DANS LE MONDE

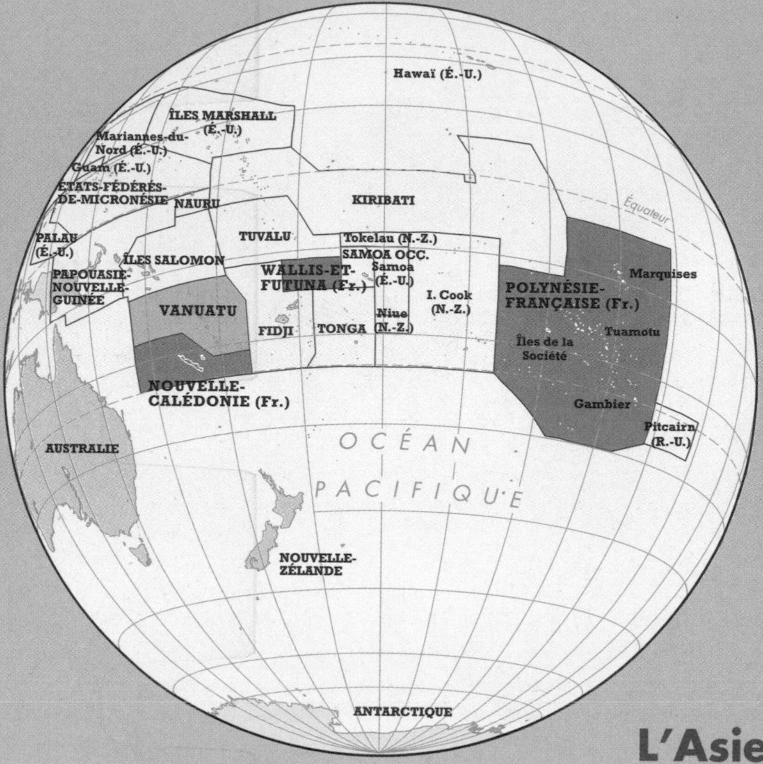

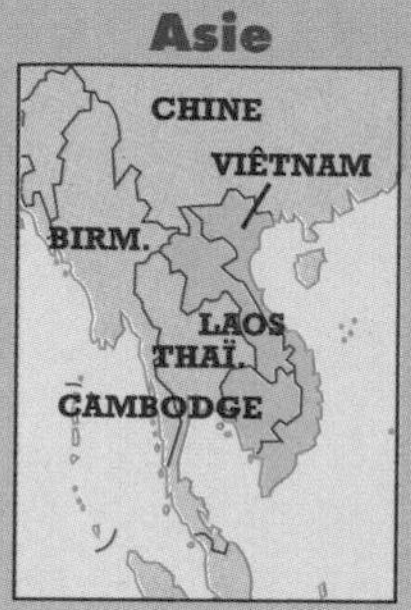

L'Asie et l'Océanie

- Communauté francophone dans un pays de langue étrangère
- Pays où le français est une langue culturelle et/ou d'enseignement
- Autres pays d'Amérique, d'Asie ou d'Océanie
- Autres pays du monde

L'Amérique

La France administrative

ÎLE-DE-FRANCE
95 VAL-D'OISE
Cergy-Pontoise
60 OISE
02 AISNE
27 EURE
Nanterre
92 HTS-DE-SEINE
93 SEINE-ST-DENIS
Bobigny
75 PARIS
78 YVELINES
Versailles
94 VAL-DE-MARNE
Créteil
77 SEINE-ET-MARNE
51 MARNE
Évry
91 ESSONNE
Melun
10 AUBE
28 EURE-ET-LOIR
89 YONNE
45 LOIRET
0 150 km
ROYAUME-UNI
PAYS-BAS
ALLEMAGNE
BELGIQUE
LUXEMBOURG
MANCHE
NORD-PAS-DE-CALAIS
62 PAS-DE-CALAIS
Lille
Arras
59 NORD
80 SOMME
Amiens
02 AISNE
PICARDIE
Beauvais
60 OISE
Laon
76 SEINE-MARITIME
HAUTE-NORMANDIE
Rouen
27 EURE
Évreux
50 MANCHE
St-Lô
Caen
14 CALVADOS
BASSE-NORMANDIE
61 ORNE
Alençon
ÎLE-DE-FRANCE
Paris
Charleville-Mézières
08 ARDENNES
Châlons-en-Champagne
51 MARNE
CHAMPAGNE-ARDENNE
Troyes
10 AUBE
Chaumont
52 HAUTE-MARNE
55 MEUSE
Bar-le-Duc
57 MOSELLE
Metz
LORRAINE
Nancy
54 MEURTHE-ET-MOSELLE
88 VOSGES
Épinal
67 BAS-RHIN
Strasbourg
ALSACE
Colmar
68 HT-RHIN
29 FINISTÈRE
Quimper
St-Brieuc
22 CÔTES-D'ARMOR
BRETAGNE
56 MORBIHAN
Vannes
35 ILLE-ET-VILAINE
Rennes
53 MAYENNE
Laval
72 SARTHE
Le Mans
PAYS-DE-LA-LOIRE
44 LOIRE-ATLANTIQUE
Nantes
Angers
49 MAINE-ET-LOIRE
85 VENDÉE
La Roche-sur-Yon
Chartres
28 EURE-ET-LOIR
Orléans
45 LOIRET
41 LOIR-ET-CHER
Blois
CENTRE
Tours
37 INDRE-ET-LOIRE
18 CHER
Bourges
Châteauroux
36 INDRE
Auxerre
89 YONNE
58 NIÈVRE
Nevers
21 CÔTE-D'OR
Dijon
BOURGOGNE
71 SAÔNE-ET-LOIRE
Mâcon
70 HTE-SAÔNE
Vesoul
Belfort
90 TERRITOIRE DE BELFORT
25 DOUBS
Besançon
FRANCHE-COMTÉ
Lons-le-Saunier
39 JURA
SUISSE
79 DEUX-SÈVRES
Niort
Poitiers
86 VIENNE
POITOU-CHARENTES
La Rochelle
17 CHARENTE-MARITIME
Angoulême
16 CHARENTE
87 HAUTE-VIENNE
Limoges
Guéret
23 CREUSE
LIMOUSIN
19 CORRÈZE
Tulle
Moulins
03 ALLIER
63 PUY-DE-DÔME
Clermont-Ferrand
AUVERGNE
15 CANTAL
Aurillac
43 HTE-LOIRE
Le Puy
01 AIN
Bourg-en-Bresse
74 HAUTE-SAVOIE
Annecy
69 RHÔNE
Lyon
42 LOIRE
St-Étienne
Chambéry
73 SAVOIE
RHÔNE-ALPES
Grenoble
38 ISÈRE
07 ARDÈCHE
Privas
Valence
26 DRÔME
ITALIE
05 HAUTES-ALPES
Gap
04 ALPES-DE-HTE-PROVENCE
Digne
06 ALPES-MARITIMES
MONACO
Nice
OCÉAN ATLANTIQUE
33 GIRONDE
Bordeaux
Périgueux
24 DORDOGNE
AQUITAINE
47 LOT-ET-GARONNE
Agen
40 LANDES
Mont-de-Marsan
64 PYRÉNÉES-ATLANTIQUES
Pau
46 LOT
Cahors
82 TARN-ET-GARONNE
Montauban
Rodez
12 AVEYRON
Albi
81 TARN
32 GERS
Auch
MIDI-PYRÉNÉES
Toulouse
31 HTE-GARONNE
Tarbes
65 HTES-PYRÉNÉES
09 ARIÈGE
Foix
Mende
48 LOZÈRE
30 GARD
Nîmes
34 HÉRAULT
Montpellier
11 AUDE
Carcassonne
LANGUEDOC-ROUSSILLON
66 PYRÉNÉES-ORIENTALES
Perpignan
84 VAUCLUSE
Avignon
13 BOUCHES-DU-RHÔNE
Marseille
PROVENCE-ALPES-CÔTE D'AZUR
83 VAR
Toulon
MER MÉDITERRANÉE
ANDORRE
ESPAGNE
© Projection CART
Bastia
2B HAUTE-CORSE
CORSE
Ajaccio
2A CORSE-DU-SUD
GUADELOUPE (DOM, 97-1)
Basse-Terre
OCÉAN ATLANTIQUE
MER DES ANTILLES
ITALIE nom de pays
Paris nom de capitale
chef lieu de région (préfecture de région)
chef lieu de département (préfecture)
frontière internationale
limite de région
limite de département
0 75 150 km
MARTINIQUE (DOM, 97-2)
Fort-de-France
ST-PIERRE-ET-MIQUELON (CT, 97-5)
CANADA
St-Pierre
NOUVELLE-CALÉDONIE (TOM)
Nouméa
OCÉAN PACIFIQUE
POLYNÉSIE FRANÇAISE (TOM)
Papeete
Tahiti
TERRES AUSTRALES ET ANTARCTIQUES FRANÇAISES (TOM)
Amsterdam
St-Paul
Crozet
Kerguelen
OCÉAN INDIEN
Terre Adélie
GUYANE FRANÇAISE (DOM, 97-3)
Cayenne
SURINAM
BRÉSIL
RÉUNION (DOM, 97-4)
St-Denis
MAYOTTE (CT, 97-6)
Mamoudzou
WALLIS ET FUTUNA (TOM)
Wallis
Mata-Utu
Futuna

DICTIONNAIRE DU FRANÇAIS

DICTIONNAIRE DU FRANÇAIS

RÉFÉRENCE APPRENTISSAGE

sous la direction de
Josette Rey-Debove

DICTIONNAIRES LE ROBERT

CLE INTERNATIONAL

ISBN 2-85 036-447-9 (LE ROBERT)

ISBN 2-09 033-999-3 (CLE)

DICTIONNAIRE DU FRANÇAIS

direction éditoriale
Dictionnaires LE ROBERT,
représenté par
Pierre VARROD
directeur général

direction éditoriale
CLE International
représenté par
Jean-Luc WOLLENSACK
directeur général

conception de l'ouvrage et direction de la rédaction
JOSETTE REY-DEBOVE

rédaction Sophie CHANTREAU-RAZUMIEV,
Laurence LAPORTE
Béatrice LEBEAU-BENSA
Marie-Hélène DRIVAUD (annexes)

secrétariat d'édition Claude SELLIN

coordination pédagogique (CLE) Michèle GRANDMANGIN

informatique éditoriale Karol GOSKRZYNSKI
Monique HÉBRARD, Claude SELLIN
Catherine VALAT, Estelle BULTEZ

lecture et correction Anne-Marie LENTAIGNE, Nadine NOËL-LEFORT,
Brigitte ORCEL, Muriel ZARKA-RICHARD

traducteurs des faux amis Jean-Luc Barbier (suédois), Jan Bialecki (polonais), Sergio Bittencourt Dos Anjos (portugais), Yolanda Cano (espagnol), Pierre Deshusses (allemand), Catherine Garnier (japonais), Tom Holta Heide (norvégien), Lisbeth Larsen (danois), Patricia Molteni (italien), Linda Northup (anglais), Olga Savkevitch-Litviakov (russe), Maria Tsigou (grec), Ileana Virtosu (roumain), Maurice Voituriez (néérlandais).

cartographie CART

couverture TARHA, Michel MUNIER

conception technique et maquette Gonzague RAYNAUD avec la contribution de Claude SELLIN

DICTIONNAIRE DU FRANÇAIS

AVANT-PROPOS

LES LECTEURS

Le *Dictionnaire du français* est destiné aux apprenants adolescents ou adultes. C'est un dictionnaire pour les personnes dont la langue maternelle n'est pas le français et qui ont des savoirs exprimés dans une autre langue. Pour eux, le français est une langue étrangère. Ils ne possèdent aucun des automatismes des francophones qui dès leur plus jeune âge ont assimilé la spécificité du français comme une évidence, faute de comparer avec le fonctionnement d'une autre langue.

LES PRINCIPES

Nous avons voulu pour ce dictionnaire une grande simplicité, une redondance pédagogique nécessaire à la mémorisation et l'attrait du langage vivant de la vie quotidienne.
Pour ce faire, nous avons pris le parti de **montrer** des phrases en très grand nombre, plutôt que de faire des commentaires sur les mots, dont la lecture est toujours difficile et peu stimulante.
Nous avons proscrit les abréviations dans le texte, et nous n'avons eu recours à la terminologie grammaticale qu'avec une grande discrétion, compte tenu du fait qu'elle est mal connue, largement incohérente et souvent inutile. C'est la construction des phrases et la définition du mot qui montrent si un verbe est transitif ou pas. On pourrait même se passer d'indiquer qu'il s'agit d'un verbe plutôt que d'un nom, mais nous avons maintenu ce repère pour une meilleure réception des phrases.
Au contraire, nous avons été très précis pour les formes de discours (féminins, formes conjuguées difficiles, formes contractées) en les mettant à la fois en contexte – le verbe *dire* montre dans les exemples toute sa conjugaison – et à la nomenclature, où elles sont renvoyées à la forme canonique. La grammaire française et les gallicismes ont été développés dans leur détail afin de bien positionner le français au delà des simples équivalences lexicales.

I. LA NOMENCLATURE

Le *Dictionnaire du français* présente environ 22 000 entrées. Sa nomenclature s'articule sur trois types d'unités indiquées par une typographie spéciale, mots du lexique, formes de discours (dans la phrase) et noms propres.

1. LES MOTS DU LEXIQUE

Ce sont les mots courants de la conversation et de la presse. Les termes techniques et scientifiques des professionnels ont été écartés. Les mots retenus appartiennent à trois registres linguistiques d'expression actuelle : neutre, familier ou recherché. (Voyez ci-dessous, II, 8. Niveaux de langue). Tous ces mots apparaissent en *majuscules bleues.*

Nous avons tenu compte du développement spectaculaire des **mots tronqués** en les mettant à la nomenclature *(doc, homo, imper, infos, instit, kiné, manif, maso, maths, provoc, psy, sécu, télé).* Ces mots abrégés sont renvoyés au mot complet (*documentation, homosexuel,* etc.) où ils sont traités. Certains sont beaucoup plus courants que les mots complets (auto, métro, photo, radio, télé) et font l'objet d'un article pour eux-mêmes.
Les **sigles** ont pris aussi beaucoup d'importance et sont traités comme des mots ordinaires *(S.D.F., T.G.V., V.T.T., H.L.M., P.-D.G., P.-V., Q.I., R.E.R.)* ; ces sigles sont prononcés avec le nom des lettres [ɛsdeɛf]. Lorsque le groupe de lettres peut être prononcé normalement, les sigles deviennent le plus souvent des acronymes : *S.M.I.C.* [smik], *sida* [sida], *C.A.C.* [kak], dont beaucoup de francophones ignorent la forme complète.

Des **abréviations** figurent aussi à la nomenclature : *Mme, km, kg, St, n°, av., bd., qqn.*, etc. Elles se distinguent par le fait qu'elles ne se prononcent jamais autrement que le mot dans son entier : *Mme* [madam].

Les mots à ***trait d'union*** comme *café-restaurant, centre-ville, eau-de-vie,* ou *mi-temps,* sont tous traités à leur ordre alphabétique. Des mots séparés sans trait d'union sont ajoutés à la nomenclature pour faciliter la consultation : *nulle part, à laquelle, point de vue, trait d'union.* Il n'existe aucune différence de codification entre *partout* et *nulle part,* entre *trait d'union* et *point-virgule,* entre *auquel* et *à laquelle.*

Les **homographes,** mots différents écrits de la même façon, sont précédés d'un numéro. Ce traitement séparé repose sur plusieurs principes : 1) prononciation différente ① *poster,* ② *poster* [pɔste] verbe. et ③ *poster* [pɔstɛʀ] n. m. « affiche » ; 2) étymologie différente ① *botte* n. f. « bouquet » et ② *botte* n. f. « chaussure » ; 3) sens très éloigné, non repérable ① *grenade* n. f. « fruit » et ② *grenade* n. f. « arme » ; 4) genre différent ① *mode* n. f. et ② *mode* n. m.; 5) catégorie différente ① *coton* n. m. et ② *coton* adj. invariable; ① *car* conjonction et ② *car* n. m.

2. LES FORMES VARIABLES DANS LA PHRASE

Beaucoup de mots prennent des **formes différentes** selon leur emploi dans la phrase. Il n'est pas évident pour un étranger que le mot *prennent* soit une forme de *prendre.* Aussi a-t-on mis à la nomenclature les formes difficiles qui permettent d'identifier le mot (environ 1 200). *Épouse* renvoie à l'article *époux, épouse ; nos* renvoie à *notre ; plu* renvoie à *plaire* et à *pleuvoir ; part* n.f. est suivi de *part,* forme du verbe *partir (il part) ; surpris* participe passé de *surprendre (il m'a surpris)* est suivi de *surpris* adj. « étonné » *(je suis surpris de sa réponse).*

Ces formes de discours aident beaucoup la compréhension lorsque les règles de grammaire ne peuvent rien : *il a plu toute la journée* s'interprète plutôt par le verbe *pleuvoir* que par le verbe *plaire.*

Ainsi, le lecteur distinguera directement les homographes de la langue, précédés d'un numéro, des homographes du discours (*plu* et *plu*), et des homographes langue/discours (*part* n. f. et *part* forme de *partir*) ainsi que des féminins et des formes conjuguées difficiles.

Afin que la différence soit perçue au premier coup d'œil entre les mots et leurs formes, celles-ci sont présentées en ***minuscules bleues.***

3. LES NOMS PROPRES UTILES

Le choix des *noms propres* (environ 350) a pour base des raisons linguistiques. Ces noms courants ne relèvent pas ici de l'encyclopédie ni de la connaissance, et ont été retenus pour leur différence graphique avec le nom propre d'origine (*La Haye* pour *Den Haag*), mais aussi pour leur prononciation francisée (*Los Angeles* [lɔsɑ̃ʒlɛs], Bach [bak]). Des noms propres relatifs à la France ont été donnés à cause de leur prononciation peu évidente *(Auxerre, Montpellier, Champs-Élysées).* Les noms propres sont en majuscules noires, très visibles dans la page.

Les **gentilés** (adjectifs et noms d'habitants) sont signalés au nom géographique mais traités à la nomenclature, car ce sont des mots du lexique (par exemple *bordelais, cubain, québécois* et même pour *Marseille,* les mots *marseillais, massaliote* et *phocéen,* les deux derniers se rencontrant dans la presse). De plus, ils donnent souvent, les uns et les autres matière à locutions *(filer à l'anglaise ; du pain viennois).*

II. LE PROGRAMME D'INFORMATION

Le *Dictionnaire du français* a un programme d'information riche, essentiellement destiné à l'identification des formes et à la maîtrise du sens.

Il comprend des informations **programmées** pour chaque article, énumérées ici dans l'ordre de leur succession :

importance comparée des mots
notation phonétique
catégorie grammaticale
genre et nombre (adjectif et nom)
place de l'adjectif épithète
« comptable/non comptable » (noms)
classement des emplois et gallicismes
niveaux de langue
définitions (= significations)
synonymes et contraires
constructions grammaticales
expressions figées
radical savant de même sens
« faux amis » pour 14 langues différentes

Les informations **ponctuelles,** sous forme de *remarques* (REM.), touchent tous les aspects du mot, y compris ce qu'il désigne. Ce sont des précisions utiles qui ne relèvent pas toujours du programme d'information. Certains mots grammaticaux *(on, que, très, y)* présentent de longs commentaires explicatifs des exemples.

Nous avons choisi de ne pas illustrer les mots par des dessins, images ou photos, qui sont mieux à leur place dans une encyclopédie et ne correspondent jamais à la généralité exprimée par les mots. L'**illustration** montre un objet particulier, mais pas une classe d'objets ; elle est donc plutôt dangereuse qu'utile. Quant aux dessins de situations, s'ils sont humoristiques pour plaire au lecteur, ils s'éloignent trop du sens réel des mots dont ils perturbent l'apprentissage.

La seule partie encyclopédique concerne évidemment la grammaire comme « encyclopédie de la langue ». On a présenté des **encadrés** explicatifs pour les termes de grammaire, par exemple à *adjectif, futur, pronom personnel, sujet,* etc.

1. LA FRÉQUENCE DES MOTS

Sur 20 000 mots traités, on doit établir quels sont ceux qu'il faut connaître en priorité. On prend généralement comme critère la **fréquence** du mot (nombre d'emplois) et sa **répartition** (emploi dans tous les milieux). La fréquence est insuffisante pour estimer l'importance d'un mot, car à ce titre, *un, euh...* et *putain !* sont extrêmement fréquents pour des raisons diverses.

Nous avons retenu la notion d'**importance,** qui correspond mieux aux besoins du lecteur. Est **important** un mot dont on ne peut se passer dans la vie quotidienne, ou pour comprendre, ou pour s'exprimer. Une grande partie des mots fréquents sont importants *(dormir, interdit, argent, vite),* mais d'autres moins fréquents sont extrêmement utiles parce qu'ils désignent des choses précises sans avoir de synonymes *(coincer, comparable, collision, obligatoirement).*

Il arrive souvent qu'un synonyme familier soit beaucoup plus employé que le mot neutre (*P.-V.* est plus courant que *contravention, flic* plus courant que *agent* ou *policier*), et on en a tenu compte.

Les mots importants sont indiqués par une **flèche bleue** placée en marge devant le mot. Si le mot n'est important que dans un seul de ses emplois, la flèche est placée devant cet emploi, toujours précédé d'un n° en chiffres romains (*fondre* verbe ▸ **II.** « passer à l'état liquide » ; *abaisser* verbe ▸ **II.** s'abaisser ; *facteur* n. ▸ **II.** « Personne qui distribue le courrier »).

2. LA PRONONCIATION

La prononciation de tous les mots est notée en **alphabet phonétique,** explicité au début de l'ouvrage. C'est la prononciation parisienne de nos contemporains, un peu différente de celle d'il y a cinquante ans (neutralisation de certaines voyelles, affaiblissement des consonnes doubles, etc.). Les formes conjuguées des verbes sont accompagnées de leur notation phonétique ; ainsi les prononciations sont données pour le futur : *courra* [kuʀʀa], *assurera* [asyʀʀa]. Si un **changement de prononciation** intervient dans la phrase, elle est notée dans un exemple, ainsi *en temps utile* [ɑ̃tɑ̃zytil]. Pour renforcer l'information, des **homophones** (appelés homonymes) sont présentés en remarque (à *clerc :* « l'adjectif *clair* se prononce de la même façon »).

3. LA CATÉGORIE GRAMMATICALE

Les parties du discours sont toujours indiquées ; pour le **verbe** on a le plus souvent supprimé les indications « transitif, absolument, intransitif » mal connues, et sur lesquelles les spécialistes font des réserves. L'emploi avec un complément d'objet direct est signalé par QQCH. ou QQN : ex. PRENDRE (QQCH., QQN) 1°... Le complément est aussi montré dans la définition : ③ SORTIR (familier) Mettre (qqn) à la porte. *Sortez ce type !* L'accord du participe passé est toujours donné en exemple. L'**impersonnel** est mentionné *(il semble que...),* et le **pronominal** traité en fin d'article à cause de sa forme. On a suivi (à regret) la tradition scolaire, en considérant la construction *se laver les mains* (= *laver ses mains*) comme un pronominal.

Le **genre** et le **nombre** des noms sont signalés en début d'article. L'information de genre, est montrée in extenso à la suite, par le type de déterminant (voyez ci-dessous, 5.).

4. FORMES DANS LE LEXIQUE

Certains mots ont des **variantes** graphiques ; nous avons choisi la plus courante pour l'entrée ; l'autre forme, si elle n'est pas rare, est signalée en remarque ; la manière d'écrire *événement,* traditionnelle, amène une remarque sur *évènement* en fin d'article. De même pour les variantes de prononciation *fat* adj. [fat] ou [fa].

Le français possède, pour beaucoup de mots, deux séries de **radicaux,** l'une francisée l'autre « savante » (grec ou latin). Il est nécessaire de signaler que l'adjectif du mot *école* est *scolaire,* ou que les adjectifs de *cheval* sont *chevalin* mais aussi *hippique* et *équestre* selon les contextes. Ces informations sont empruntées au *Robert Méthodique,* dictionnaire général de morphologie lexicale (1982). *Scol-* est un substitut de *école* dans de nombreux dérivés savants.

La situation inverse se présente pour les **expressions et locutions figées,** unités faites de plusieurs mots rassemblés et souvent codées avec un autre sens que celui de leurs composants. Certaines sont grammaticales *(le fait de/le fait que)* d'autres lexicales, avec une valeur de mot (*tout fait* « préparé à l'avance », *faits divers* « nouvelles peu importantes », *faire peur* « effrayer », *faire avec* « se contenter de »). D'autres enfin ont bien la valeur de plusieurs mots *(être fait comme un rat, être coutumier du fait, mettre devant le fait accompli),* et même de phrases *(c'est bien fait ! rien à faire).* Ces expressions sont présentées en majuscules et toujours suivies d'une glose (sens). Il arrive qu'elles ne soient que montrées dans des exemples, toujours en majuscules, si le sens est clair *(ce tableau FAIT BIEN dans le salon).*

Enfin, pour éviter les confusions possibles de mots entre les langues, on a signalé les **« faux amis »,** de forme proche (voyez ci-dessous 7, Le sens).

5. FORMES DANS LA PHRASE

L'**accord** au féminin et au pluriel, dans la phrase, est toujours présent : *Ce que tu dis est faux. Ce sont de fausses nouvelles. Un portail, des portails ; un travail, des travaux.* Les formes conjuguées des verbes irréguliers varient d'un exemple à l'autre. Pour JOINDRE, on trouve : *Le plombier joint deux tuyaux. Joignez une enveloppe timbrée pour la réponse. Il faut que nous le joignions absolument. Elle s'est jointe à la conversation.* Pour PLAINDRE : *Ils se sont plaints au gardien du bruit que font les voisins ;* pour PLAIRE : *Ils se sont plu dès qu'ils se sont vus.*

L'**article** est toujours présent devant les noms. Nous avons évité les expressions de *comptable/non comptable* car ce sont les choses que l'on peut compter, non les mots. Et il est beaucoup plus clair de présenter directement UN CLOU et LE CIMENT, UNE PILULE et LA PITIÉ. L'opposition peut se faire à l'intérieur d'un même mot : LE CINÉMA (l'art), UN CINÉMA (le lieu). Mais on ne doit pas oublier que la frontière est très fragile, parce que tout est comptable comme **type** *(un ciment très robuste, une pitié sincère, un cinéma archaïque, une chimie révolutionnaire).* Aussi bien, le choix du déterminant est-il sémantique, fréquentiel et pas toujours formel, puisqu'il varie selon les phrases. Le seul critère formel est la possibilité, pour UN, d'employer le pluriel DES (LA GUERRE ; UNE GUERRE, DES GUERRES). Les mots commençant par une voyelle ou un *h* muet, lorsqu'ils sont présentés par *L'* montrent leur emploi mais non leur genre : L'ART, L'ARITHMÉTIQUE.

La **conjugaison** des verbes est indiquée en tête d'article par un numéro : TENIR verbe [conjugaison 22] renvoie au tableau de conjugaison correspondant, à la fin de l'ouvrage. Mais toutes les formes courantes difficiles sont utilisées dans les exemples de l'article : *Il tient son chapeau à la main. Ils tiennent un restaurant. Tenez l'objet par le milieu. Je l'ai vu tout à l'heure, il tenait une fille dans ses bras. L'armée a tenu pendant trois jours. Qu'à cela ne tienne, nous ferons la fête sans lui,* etc.

6. LA SYNTAXE

La construction de la phrase à partir des mots relève de la grammaire. Néanmoins certains types d'emplois relèvent du dictionnaire. Pour les verbes nous avons toujours montré la possibilité de les employer avec *à* et *de (penser à faire, oublier de faire)* et avec *que* (*penser que, oublier que* et l'indicatif ; *vouloir que, refuser que* et le subjonctif). De même, l'emploi des verbes comme **verbes modaux** *(devoir, pouvoir, vouloir, préférer... faire qqch.).*

La **place des adjectifs épithètes** est partout signalée : *fautif* (après le nom), *faux* (avant le nom ou après le nom), *féroce* (après le nom, parfois avant le nom). Lorsque la place des épithètes est liée au sens, la distinction de place est faite dans le même article. Il arrive que le seul emploi courant de l'adjectif soit attribut (après ÊTRE). Les **prépositions** qui suivent l'adjectif sont données dans l'ordre de préférence : *il a été injuste avec (envers) elle.*

Enfin, lorsqu'un adverbe est aussi **adverbe de phrase,** nous l'avons montré par sa position initiale : *Dis-moi franchement ce que tu penses. Franchement, il exagère !*

7. LE SENS DES MOTS

La sélection des mots s'accompagne toujours d'une **sélection des emplois** à retenir ; car c'est le sens qui motive le choix des unités. Pour un ensemble de mots qui exclut les mots rares, on a exclu aussi les sens les moins courants.

Tout a été mis en œuvre pour établir le ou les sens d'un mot : la définition, les synonymes, les contraires, les exemples, l'organisation de la polysémie, le recensement des faux amis.

Les **définitions** sont indispensables et ne sont remplaçables par rien d'autre puisque seules, elles donnent le **sens analysé** du mot. Le synonyme n'analyse pas, les commentaires débordent le sens, les exemples n'en livrent qu'une partie. On s'est efforcé de définir de façon complète avec des mots fréquents ; pour *franchise* « qualité d'une personne qui dit ce qu'elle pense sans mentir et sans rien cacher » ; pour *fleuret* « épée à lame fine avec laquelle on fait de l'escrime ».

La définition par un synonyme ne se présente que pour passer d'un niveau de langue à un autre : *foldingue* adj. (STYLE FAMILIER) Fou (voyez ci-dessous, 8.).

La nature sémantique du sujet et celle du complément des verbes figurent à leurs places respectives dans la définition, chaque fois que l'on pourrait hésiter : SE FIGER... 1. (liquide) Devenir épais, solide... 2. (qqn) S'immobiliser - FRICTIONNER verbe. 1. Frotter vigoureusement (qqn, une partie du corps). De même pour le nom précédant l'adjectif : FROID... 4. (qqn) Qui ne s'émeut pas facilement.

Les **synonymes** sont signalés en caractères gras après la définition, parfois après l'exemple selon le contexte. On peut ainsi repérer dans la page l'essentiel des sens sans passer par les définitions. Les **contraires** sont aussi mentionnés en leur lieu, mais en caractères maigres pour éviter toute confusion avec les synonymes : *fidèle... Le témoin a fait un récit fidèle des événements* → **exact** ⟨contraires : inexact, mensonger⟩. Lorsqu'une entrée n'est pas donnée comme importante par une flèche, il faut se reporter aux synonymes pour savoir quel est le mot le plus employé : *kidnapping* et *rapt* sont moins fréquents que *enlèvement,* qui est marqué d'une flèche.

La **polysémie** est articulée par des chiffres romains qui regroupent des constructions ou des sens : *femme...* I. Être humain adulte de sexe féminin (opposé à *homme*) ; II. Épouse (opposé à *mari*). Les sens plus apparentés sont munis d'un chiffre arabe.

À l'intérieur d'un sens, des emplois différents sont séparés par un tiret : EN FINIR... mettre fin à une chose longue, désagréable. *Il faut en finir avec le chômage. – Il faut en finir avec ce type,* il faut s'en débarrasser.

Une des originalités de ce dictionnaire consiste à signaler les **faux amis** dans 14 langues. Les faux amis sont les mots français dont la forme, orale ou écrite, ressemble à celle de mots étrangers et vice versa, mais dont le sens est différent : *folie* n. f. est le faux ami français de l'allemand *Folie* et du polonais *folia* qui signifient « feuille ».

Parfois, les faux amis ne le sont que partiellement. Ainsi, le français *face* est un faux ami de l'anglais *face,* dans *les six faces d'un cube* (« côté d'un objet ») ; mais un vrai ami dans *il a une face ronde* (« visage, figure »). On a écrit dans ce cas : FAUX AMI anglais *face* ne s'emploie pas pour « côté ». Un tableau alphabétique par langues des faux amis (en fin d'ouvrage) donne comme premier mot le mot étranger, c'est-à-dire celui du lecteur non francophone : allemand *Folie* « feuille » faux ami français *folie* « maladie mentale » (allemand *Wahnsinn*) (Voyez ci-dessous, 10. Annexes).

8. NIVEAUX DE LANGUE

Trois niveaux de langue recouvrent bien l'usage actuel : normal, style familier, style recherché.
Ce qui est **normal,** neutre, ou non marqué ne porte aucune indication : *vol* n. m. Action de prendre ce qui ne vous appartient pas. Ce qui est **familier** s'emploie dans des situations de spontanéité amicale : *fauche* n. f. ... (style familier), même sens ; la mention **très familier** met en garde contre des emplois trop négligés ou vulgaires. Ce qui est **recherché** fait partie du vocabulaire des gens cultivés ou qui soignent leur style : *larcin...* (style recherché) Vol d'un objet de peu de valeur.
Lorsqu'un mot est dangereux (discourtois, péjoratif, « politiquement incorrect »), on le précise en remarque. Certaines variantes correctes sont signalées comme peu élégantes (*assoyez-vous* pour *asseyez-vous*).

9. LES EXEMPLES

Le *Dictionnaire du français* est une œuvre originale écrite entre 1996 et 1998 pour les apprenants ; aucun texte ne provient d'un autre dictionnaire Robert, parce que cet ouvrage s'adresse surtout à un public non francophone dont les besoins sont spécifiques. Ce public sait beaucoup de choses sur le monde (connaissances et culture), maîtrise moins bien l'oral que l'écrit (à la différence des francophones) et ne possède pas les automatismes hérités de la langue maternelle.
Les **exemples** ne viennent pas directement d'un corpus, mais de la réflexion du rédacteur pour produire une **phrase attendue** avec le mot en question. Une phrase attendue est la phrase qui vient naturellement à l'esprit dans une situation courante. Elle est souvent assertive, mais parfois interrogative ou exclamative : *fabriquer* verbe. 4. (STYLE FAMILIER) Faire. *Alors, qu'est-ce que tu fabriques ? Tout le monde t'attend !*
On a essayé de conférer aux exemples toutes les autres qualités d'un **bon exemple.** C'est d'abord une bonne évocation du **contenu** du mot par le contexte : *fabriquer* verbe. *Ces outils sont fabriqués en série ; fête* n. f. *Noël et Pâques sont des fêtes religieuses. Quand elle va chez le dentiste, elle n'est pas à la fête.* C'est aussi une phrase qui donne les **collocations** essentielles : *formalité* n. f. ... *Cet examen n'est qu'une simple formalité ; formule* n. f. ...*5. Catégorie de voitures de compétition. Le pilote court sur une voiture de formule un (F1).* Enfin le bon exemple est aussi une phrase qui implique la **grammaire, forme** ou **construction** : *feindre* verbe [conjugaison 52]. *Il a feint l'étonnement. Elle feignait la tristesse. Je feindrai d'avoir oublié*

10. LES INFORMATIONS EN ANNEXE

EN DÉBUT D'OUVRAGE, on trouvera des informations synthétiques sur la langue : un **alphabet phonétique** exemplifié (A.P.I.) et une *liste des abréviations* du dictionnaire ou des mots non abrégés qui donnent des indications essentielles. Cette liste est commentée afin que le lecteur comprenne bien les choix et les intentions du lexicographe.
EN FIN D'OUVRAGE, on a jugé utile de présenter une **liste générale des sigles courants,** issus du lexique ou des noms propres. Les types de sigles sont mixés, car nul ne sait à l'avance s'il s'agit d'un nom propre ou pas, même les Français. La prononciation y figure quand c'est nécessaire, et des gloses lorsque le nom est obscur ; ainsi on ne peut se contenter, pour R.A.T.P. de « Régie Autonome des Transports Parisiens » car si *la R.A.T.P. est en grève,* il n'y a plus ni bus ni métro pour circuler.

Les **conjugaisons types,** au nombre de 78 (environ 50 pages) décrivent très précisément les différences de formes conjuguées entre des verbes de suffixe différent et même des verbes qui se ressemblent par leur suffixe ; ainsi, les verbes en *-er* se répartissent en 8 types. L'ancienne classification des verbes français en 3 groupes n'est qu'une regrettable source de confusion. À chaque verbe type, on donne la liste de tous ceux qui s'alignent sur le même modèle, afin qu'on puisse voir l'importance de ce type dans la langue ; ainsi le type « 4a *appeler* » concerne 18 verbes de même conjugaison. Toutes les difficultés ou exceptions ont été signalées.

Les **noms de nombre** avec leurs correspondants en lettres sont détaillés dans un tableau qui en permet la production à l'infini. Pour l'accord de certains mots comme *cent* et *vingt,* les précisions sont données dans l'article du dictionnaire. Également liée au décryptage des chiffres, une planche sur la **lecture de l'heure** nous a paru nécessaire, d'autant que son expression est double (ou triple) en français : 10 h 45 se dit *dix heures quarante-cinq, vingt-deux heures quarante-cinq* (le soir) et *onze heures moins le quart.*

L'ensemble des faux amis est repris à l'envers en tableaux séparés pour chaque langue ; ces tableaux permettent une vue synthétique et sont complètement explicités dans deux colonnes, par exemple, en espagnol : 1) *tener* « avoir, posséder » ; 2) faux ami français *tenir* « sujetar, cumplir ».

Des informations sur les **institutions actuelles de la France** nous ont semblé utiles pour éclairer certaines parties du dictionnaire. Enfin le positionnement de la France dans l'histoire du monde, quant aux événements et aux faits de civilisation, sont présentés dans une **chronologie de l'histoire de France.** De même, quelques rappels géographiques aideront le lecteur dans ses repérages, grâce à la présentation de **cartes** de la France, de la Suisse, de la Belgique, et du Québec. Une **carte de la francophonie** permet de voir d'un coup d'œil dans quels lieux du monde on parle (plus ou moins) le français.

Nous espérons que ce dictionnaire, plus facile qu'un ouvrage monolingue pour francophones, mais plus pédagogique qu'un dictionnaire bilingue, sera apprécié des apprenants et des professeurs. Toute suggestion des lecteurs par courrier sera la bienvenue.

Josette REY-DEBOVE

LISTE DES TERMES, SIGNES

I.; II. : indique les grandes divisions de sens ou de construction grammaticale

1.; 2. : précède une définition qui donne un des sens du mot

– : précède une nuance de sens, un emploi grammatical

▪ : précède la définition lorsqu'il n'y en a qu'une

[ ] : prononciation du mot notée en alphabet phonétique (voyez le tableau)

①, ② : avant une entrée, signale qu'il s'agit d'une forme homographe d'une autre (ex. ① **DAUPHIN** et ② **DAUPHIN**)

▶ : en marge, indique qu'un emploi est fréquent ou important (mot ou sens); le choix a été fait par rapport aux synonymes

→ : ce signe indique qu'il faut aller voir ce que l'on dit au mot après la flèche

abréviation : mot raccourci de plusieurs lettres qui se prononce comme le mot complet (ex. *ex.* pour *exemple*)

abstrait : qui s'applique à des idées et non à ce qui est matériel (voyez concret)

adj. : adjectif

adj. f. : adjectif féminin, qui ne fonctionne qu'avec des noms féminins

adj. m. : adjectif masculin, qui ne fonctionne qu'avec des noms masculins

amical : emploi d'un mot dans une situation amicale

attribut : adjectif ou nom qui suit le verbe *être* ou un verbe d'état (ex. *elle devient belle; elle est médecin*)

avant le nom : signale que l'adjectif épithète se place avant le nom

avant le nom ou après le nom : signale que la place de l'adjectif épithète est variable selon le nom qu'il accompagne, ou est complètement libre

choses : objet matériel qui n'est pas un être vivant en vie

collectif : nom singulier qui désigne plusieurs individus (ex. *assemblée, réunion*)

concret : qui s'applique à des objets matériels, qu'on peut toucher

[conjugaison 8 b]; [conjugaison 22] : après chaque verbe, le type de conjugaison est donné par son numéro et on retrouve les formes conjuguées dans les tableaux complets en annexe; les lettres a, b... désignent des variantes à l'intérieur d'un même type

(contraire :) : mot qui exprime le contraire d'un autre (ex. *petit/grand*); les opposés dans une relation ne sont pas des contraires (ex. *oncle/neveu*)

déterminant : ce qui précède le nom en français (ex. *le, votre, plusieurs,* etc.)

encadré : tableau concernant une question grammaticale, en fin d'article

enfantin : langage des jeunes enfants que les parents emploient en leur parlant (ex. *dis bonjour à tatie*)

êtres vivants : personnes, animaux, plantes

euphémisme : façon d'exprimer une chose désagréable ou blessante avec des mots qui ne le sont pas

exclamatif : s'emploie dans une phrase qui se termine par un point d'exclamation, même si elle n'a qu'un seul mot (ex. *Menteur!*)

f. : féminin

FAUX AMI; FAUX AMIS : mot qui semble être le même que celui d'une autre langue, mais dont le sens est très différent (ex. verbe français *mater* et espagnol *matar* «tuer»); les faux amis entraînent des fautes de sens dans l'emploi des mots

figuré : expression qui ne doit pas être prise au sens concret (ex. *donner un coup de fil* «téléphoner»)

forme abrégée : mot dont il manque les lettres finales et qui est généralement une variante familière du mot complet (ex. *prof* pour *professeur, télé* pour *télévision*); plus rarement l'abrégement est en début de mot (ex. *ricain* pour *américain*)

forme négative : exprimée par *ne... pas, ne... jamais,* etc., ou seulement par *pas* (ex. *pas joli*)

formule de politesse : expression toute faite que l'on emploie dans certaines situations par courtoisie, surtout à l'écrit (ex. *Meilleur souvenir,* à la fin d'une lettre)

CONVENTIONNELS ET ABRÉVIATIONS

gallicisme :	construction typique de la langue française qui en principe ne se réalise pas dans une autre langue (ex. *qu'est-ce que c'est ?; la ville de Paris*)
injure; terme d'injure :	mot dépréciatif en forme d'exclamation qu'on adresse à quelqu'un (ex. *crétin! connasse!*); beaucoup d'injures sont sexuelles ou racistes
ironique :	qui dit le contraire de ce qu'on veut exprimer, pour amuser (ex. *l'avion est encore en avance!* «comme toujours il est en retard»)
m. :	masculin
marque déposée; nom déposé :	mot qui est une marque commerciale mais qui fonctionne comme un nom commun (ex. *un frigidaire*)
MASCULIN PLURIEL :	introduit la forme du pluriel quand celui-ci est irrégulier
menace; menaçant :	mot, expression qui, selon la situation, peut être employé pour menacer quelqu'un (ex. *Ne vous gênez pas!*)
n. :	nom
n. f. :	nom féminin
n. m. :	nom masculin
n. m. et n. f. :	nom qui désigne un homme ou une femme, un mâle ou une femelle (ex. *un élève, une élève; un acteur, une actrice*)
n. m. invariable; n. f. invariable :	nom qui ne porte jamais la marque du pluriel (ex. *un gaz, des gaz*)
n. m. ou n. f. :	nom qui est indifféremment du masculin ou du féminin (ex. *un après-midi, une après-midi*)
n. m. pluriel; n. f. pluriel :	nom toujours au pluriel
n. m. singulier; n. f. singulier :	nom toujours au singulier
neutre :	emploi courant d'un mot qui n'est ni familier ni recherché; ce mot peut n'avoir aucun synonyme
nom propre :	nom qui désigne une seule personne, un seul être vivant, un seul objet (ex. *Paris, Picasso, le Prado*) et reste en principe au singulier
nom propre féminin	(ex. *la Corse, l'Irlande*)
nom propre masculin	(ex. *le Canada, l'Alaska*)
onomatopée :	mot qui reproduit le son qu'il désigne (ex. *miaou!* cri du chat)
opposé à :	(mot) caractérisé dans une opposition avec un autre mot (ex. *une eau fraîche,* opposé à *tiède*)
péjoratif :	qui s'emploie comme un jugement négatif sur quelque chose ou quelqu'un
qqch. :	quelque chose désigne des objets concrets ou abstraits
qqn :	quelqu'un
rare :	qu'on n'emploie pas souvent; il y a peu de mots rares dans ce dictionnaire
réciproque :	(verbe) qui détermine une relation entre deux personnes dans les deux sens (ex. *ils se sont aidés* = l'un l'autre)
réfléchi :	(verbe) qui retourne l'action sur le sujet (ex. *elle s'est blessée* = elle-même)
régional :	qui ne s'emploie que dans certaines régions de la France ou dans d'autres endroits de la francophonie
REM. :	remarque, en fin d'article
style familier :	emploi essentiellement oral d'un mot courant dont les synonymes sont neutres ou recherchés; il est dit familier parce qu'on l'emploie avec sa famille ou ses amis, et non dans les situations officielles
style recherché :	emploi d'un mot un peu plus rare et plus élégant que ses synonymes
style très familier :	emploi oral ou écrit de mots familiers dont la signification peut être choquante ou agressive (injures, mots de la sexualité)
symbole :	signe ou abréviation d'un terme scientifique qui se prononce comme le mot qu'il remplace (ex. *cl* pour *centilitre*)
terme d'affection :	mot qui s'emploie pour manifester son affection à une personne, un animal (ex. *Comment vas-tu ma belle?*)

l'alphabet phonétique

voyelles

[i] *il, vie, lyre*
[e] *blé, jouer, chez*
[ɛ] *lait, jouet, merci*
[a] *plat, patte*
[ɑ] *pâte*
[ɔ] *fort, donner*
[o] *mot, dôme, eau, gauche*
[u] *genou, roue*
[y] *rue, vêtu*
[ø] *peu, deux, chanteuse*
[œ] *peur, meuble*
[ə] *le, premier*
[ɛ̃] *matin, plein, main*
[ɑ̃] *sans, vent*
[ɔ̃] *bon, ombre*
[œ̃] *brun, humble*

semi-consonnes

[j] *yeux, paille, pied*
[w] *oui, nouer, jouer*
[ɥ] *huile, lui, sueur*

consonnes

[p] *père, soupe*
[t] *terre, vite*
[k] *cou, qui, sac, képi*
[b] *bon, robe*
[d] *dans, aide*
[g] *gare, bague*
[f] *feu, neuf, photo*
[s] *sale, celui, ça, dessous, tasse, nation, penser*
[ʃ] *chat, tache*
[v] *vous, rêve*
[z] *zéro, maison, rose*
[ʒ] *je, gilet, bourgeon*
[l] *lent, sol*
[ʀ] *rue, venir*
[m] *main, flamme*
[n] *nous, tonne, animal*
[ɲ] *agneau, vigne*
[ŋ] *camping* (mots empruntés à l'anglais)
[x] *jota* (mots empruntés à l'espagnol)
[h] *hop !* (exclamatif)
['] *haricot, yaourt* (pas de liaison)

A

A [ɑ] n. m. **1.** *LE A ou L'A :* la première lettre de l'alphabet du français. *Le a est une voyelle. Le mot « autre » commence par un a.* **2.** *De A à Z* [dəɑazɛd], du début à la fin. *Il faut prouver par A+B* [ɑplysbe] *ce que vous affirmez,* prouver avec précision.

REM. On prononce aussi [a].

a [a] *Il a, elle a :* forme au présent du verbe **avoir.**

À [a] préposition

I. 1. Indique le lieu. *Je vais à la montagne. Si tu vas à Londres, j'y vais.* → **y.** *Le train qui vient de Madrid et qui va à Paris,* le train pour Paris. → **pour.** *Elle habite à Londres. Je préfère vivre à la campagne. Mettez le rôti au* [o] *four. Les enfants sont à côté.* – *Demain, nous irons au* [o] *marché. Il va vivre aux États-Unis* [ozetazyni]. **2.** Indique une progression. *Rangez-vous par ordre de taille : du plus petit au plus grand. La banque est ouverte du lundi au vendredi. À bientôt !* – *Il souffre à en pleurer,* jusqu'à pleurer, au point de pleurer. → **jusque.** **3.** Indique la destination. *Il a donné de l'argent à son fils* (→ **lui).** *Je n'ai rien dit à personne.* – *Elle a deux enfants à nourrir.* – *J'ai acheté des tasses à café,* pour le café. → **pour.** *Où sont mes ciseaux à ongles ?* – *J'ai beaucoup de choses à faire demain. Ces vieux journaux sont à jeter,* ils doivent être jetés.

II. 1. Indique le moment. *Venez à midi, c'est mieux qu'à onze heures. Il partira au printemps. Nous en sommes à la fin du repas.* **2.** Indique l'appartenance. *Ce livre est à moi. À qui sont ces chaussures ? À nous la liberté !* – (pour renforcer un possessif) *C'est sa voiture à elle* (→ **sien).** – (pour comparer) *Ma voiture, à moi, n'est pas grise mais rouge* (→ **mien).** – *C'est à toi de décider. À vous de jouer !* **3.** Indique le moyen. *Se chauffer au mazout. C'est un bateau à voiles ou à moteur ?* – *Nous irons nous promener à pied. Elle est partie à bicyclette.* – *J'ai acheté un fer à repasser,* pour repasser le linge. **4.** Avec. *J'ai une robe à manches longues,* avec des manches longues. *Nous mangerons des spaghettis à la sauce tomate.* **5.** *À LA... :* comme. *Je voudrais une escalope à la viennoise.* – *Il a une moustache à la Chaplin,* qui ressemble à celle de Chaplin. STYLE TRÈS FAMILIER *C'est une remarque à la con,* digne d'un con, d'une personne stupide. – *Tu parles à la légère !* pas sérieusement.

REM. **1.** *À* n'est jamais suivi de *le* ni de *les,* on dit *au, aux : je vais au travail, il va aux États-Unis.* **2.** On dit *c'est un ami à nous* mais *c'est un ami des voisins.* → **de.**

ABAISSEMENT [abɛsmɑ̃] n. m. ▪ *UN ABAISSEMENT* **1.** État de ce qui est descendu, de ce qui est à un niveau plus bas. *La météo annonce un abaissement de la température.* → **baisse.** ⟨contraire : hausse⟩ *On attend l'abaissement du niveau des eaux après l'inondation.* ⟨contraire : montée⟩ **2.** Action d'abaisser. *L'abaissement de l'âge de la retraite donnerait du travail aux jeunes.*

ABAISSER [abese] verbe [conjugaison 1a]

I. (qqn) Faire baisser (qqch.). *Voulez-vous abaisser la vitre de la voiture ?* → **baisser, descendre.** *Les banques ont abaissé leurs taux d'intérêts.* ⟨contraire : augmenter⟩

II. verbe pronominal *S'ABAISSER :* (qqn) se comporter comme une personne inférieure. *Je ne m'abaisserai pas à lui faire des excuses.* → s'**humilier.** *Elle s'est abaissée en acceptant des compromis.* → s'**avilir.**

ABANDON [abɑ̃dɔ̃] n. m. ▪ *L'ABANDON* **1.** (qqn) Action d'abandonner (qqn), de ne plus s'occuper du tout de (qqn). *Il a été condamné pour abandon d'enfants. Elle souffre de l'abandon de son mari,* du fait que son mari l'a quittée. *Il éprouve un sentiment d'abandon.* **2.** (qqn) Action d'abandonner, de laisser (qqch.). *L'abandon d'une voiture sur la route est interdit. Le jardin est À L'ABANDON,* personne ne s'en occupe. **3.** Le fait de cesser (une action). *Il a fallu se résoudre à l'abandon des recherches.* – *L'abandon d'un sportif :* situation d'un sportif qui ne continue pas une compétition. *Le skieur est contraint à l'abandon.* **4.** *AVEC ABANDON,* avec confiance et détente physique. *Le chat dort avec abandon.*

ABANDONNÉ [abɑ̃dɔne], **ABANDONNÉE** [abɑ̃dɔne] adj. (après le nom) ▪ Qu'on a laissé définitivement, dont on ne veut plus. *L'enfant abandonné a été recueilli par l'Assistance publique.* – *J'ai vu une maison abandonnée,* une maison inhabitée qui semble n'appartenir à personne. *C'est un village abandonné,* d'où les habitants sont partis.

ABANDONNER [abɑ̃dɔne] verbe [conjugaison 1a] **1.** (qqn) Quitter, laisser définitivement (qqn, un animal). *C'est cruel d'abandonner son chien sur la route.* **2.** (qqn) Cesser (une activité) définitivement. *Le détective a abandonné les recherches.* ⟨contraire : continuer⟩ *Il ne faut pas abandonner la lutte. J'abandonne !* je ne continue pas. **3.** (qqn) Laisser, ne pas conserver (qqch.). *Le président a abandonné le pouvoir. J'abandonne ma fortune à mes enfants.* → **laisser.** **4.** (qqch.) Quitter. *Ses forces l'abandonnent.* **5.** verbe pronominal *S'ABANDONNER :* (qqn) se laisser protéger physiquement, moralement. *La petite fille s'est abandonnée dans les bras de sa mère.*

ABASOURDI [abazuʀdi], **ABASOURDIE** [abazuʀdi] adj. (après le nom) ▪(qqn) Qui est très étonné, complètement stupéfait. *Je suis abasourdi par tous ces événements.* → **ahuri, hébété, sonné.** – *Il a un air abasourdi.*

ABAT-JOUR [abaʒuʀ] n. m. invariable ▪*UN ABAT-JOUR :* partie d'une lampe qui entoure l'ampoule électrique et sert à orienter les rayons de lumière vers le bas. *Sa lampe de chevet a un abat-jour de soie bleue.* PLURIEL : *des abat-jour assortis aux rideaux.*

abats [aba] *J'abats, tu abats :* forme au présent du verbe **abattre.**

ABATS [aba] n. m. pluriel ▪*LES ABATS :* organes d'un animal de boucherie (foie, rognons, tripes, langue, pieds, etc.). *Elle aime beaucoup les abats bien cuits.*

REM. *Abats* est un terme général employé dans le commerce.

ABATTAGE [abataʒ] n. m. ▪*L'ABATTAGE* **1.** Le fait d'abattre, de tuer un animal de boucherie. *L'abattage se fait dans des abattoirs.* **2.** Action d'abattre un arbre, de le couper près des racines. *L'abattage des sapins se fait à la tronçonneuse.*

ABATTANT [abatɑ̃] n. m. ▪*UN ABATTANT :* partie d'un meuble que l'on peut lever ou rabattre. *Relève l'abattant de la table pliante.*

ABATTEMENT [abatmɑ̃] n. m. **1.** *L'ABATTEMENT :* état d'une personne abattue, sans force et sans courage. *Le malade est dans un état de grand abattement.* → **épuisement, faiblesse.** *Elle ressent un abattement moral.* → **accablement, découragement, dépression, tristesse.** ⟨contraires : dynamisme, énergie⟩ **2.** *UN ABATTEMENT :* une réduction d'impôts. *Le percepteur lui a fait un abattement de deux mille francs.*

ABATTIS [abati] n. m. pluriel ▪*LES ABATTIS* **1.** Tête, cou, ailerons, pattes, foie, gésier de volaille morte. *J'achète ce poulet, mais coupez et ôtez les abattis.* **2.** STYLE FAMILIER (qqn) *NUMÉROTER SES ABATTIS :* compter ses bras et ses jambes comme si on devait les perdre. *Ah, tu veux la bagarre, eh bien tu peux numéroter tes abattis !*

ABATTOIR [abatwaʀ] n. m. ▪*UN ABATTOIR :* bâtiment où l'on tue les animaux de boucherie (bœuf, mouton, porc). *L'éleveur conduit des veaux à l'abattoir.* – *Ils ont envoyé les soldats à l'abattoir :* ils les ont envoyés se faire tuer à la guerre.

ABATTRE [abatʀ] verbe [conjugaison 41c] **1.** (qqn) Faire tomber par terre une chose verticale. *Les forestiers ont abattu des châtaigniers.* → **couper.** *Le maçon abattra le mur entre ces deux pièces.* → **démolir. 2.** Faire tomber (un avion) en tirant sur lui. *L'ennemi a abattu deux avions avec des missiles.* → **descendre. 3.** (qqn) Tuer (un animal de boucherie). *On abat les vaches dans un abattoir.* **4.** Tuer (un animal malade, blessé) avec une arme. *On a abattu le cheval blessé.* **5.** (qqn) Tuer volontairement (qqn) avec une arme. *Les gangsters ont abattu deux personnes dans la rue.* → **assassiner, supprimer. 6.** (qqch.) Rendre faible physiquement (qqn). *C'est cette forte fièvre qui vous abat.* → **fatiguer. 7.** Rendre triste, mettre dans un état d'abattement (→ **abattu**). *Ne vous laissez pas abattre par cet échec.* → **accabler, démolir, démoraliser.** ⟨contraires : réconforter, remonter⟩ **8.** *ABATTRE DU TRAVAIL :* faire beaucoup de travail rapidement. *Elle travaille bien, elle en abat, du travail !* **9.** verbe pronominal *S'ABATTRE :* tomber brusquement (sur). *L'avion de tourisme s'est abattu dans un champ.* → **s'écraser, tomber.** *Les oiseaux rapaces se sont abattus sur leur proie.* → se **jeter.**

abattu [abaty], **abattue** [abaty] *Il a abattu une cloison ; la cloison qu'il a abattue :* formes au participe passé du verbe **abattre.**

ABATTU [abaty], **ABATTUE** [abaty] adj. (après le nom) ▪Qui n'a plus de forces physiques et morales. *Le malade est abattu. Je l'ai trouvé très abattu après la mort de sa mère.* → **déprimé, triste.**

ABBAYE [abei] n. f. ▪*UNE ABBAYE :* bâtiment où vivent des religieux catholiques (moines ou religieuses). → **monastère ; couvent.** *Nous avons visité une abbaye.*

ABBÉ [abe] n. m. ▪*UN ABBÉ* **1.** Moine qui dirige une abbaye, un monastère. → **supérieur.** *L'abbé est dans le cloître.* **2.** Prêtre catholique. *L'abbé dit la messe. L'abbé qui est responsable d'une paroisse est un curé. Bonjour, monsieur l'abbé.*

ABBESSE [abɛs] n. f. ▪*UNE ABBESSE :* religieuse qui dirige une abbaye, un couvent. *L'abbesse s'appelle aussi « mère supérieure ».* → **supérieure.**

ABC [ɑbese] n. m. invariable **1.** *UN ABC :* livre illustré pour apprendre l'alphabet (qui commence par a, b, c). *Le petit garçon regarde un abc.* PLURIEL : *des abc illustrés.* **2.** Le début de ce qu'il faut savoir. *C'est l'abc du métier !*

ABCÈS [absɛ] n. m. ▪*UN ABCÈS* **1.** Poche, amas de pus qui se forme dans une partie infectée du corps. *Il a un abcès dentaire et souffre beaucoup. L'abcès mûrit,* devient plus gros. *Le dentiste a crevé l'abcès,* il l'a ouvert pour que le pus s'écoule. **2.** *Il faut CREVER L'ABCÈS,* faire cesser la discorde par des révélations, des décisions.

ABDICATION [abdikasjɔ̃] n. f. ▪*UNE ABDICATION :* action d'abandonner le gouvernement d'un pays, de renoncer au pouvoir suprême. *L'abdication d'Édouard VIII d'Angleterre eut lieu en 1936.*

ABDIQUER [abdike] verbe [conjugaison 1a] **1.** Abandonner le pouvoir suprême, le gouvernement d'un pays. *Le roi a abdiqué.* **2.** Renoncer à prendre des décisions. *C'est trop difficile, j'abdique !* → **abandonner, renoncer.**

ABDOMEN [abdɔmɛn] n. m. ▪*L'ABDOMEN :* partie du corps d'un être vivant qui se trouve au-dessous des poumons et contient le foie, l'estomac, les reins, les intestins et l'appareil génital interne. → **ventre.** *Le thorax et l'abdomen forment le tronc du corps.*

REM. *Abdomen* est un terme de médecine : on dit couramment *ventre,* sauf pour les insectes.

ABDOMINAL [abdɔminal] adj. et n. m., **ABDOMINALE** [abdɔminal] adj. **1.** adjectif (après le nom) De l'abdomen. *Le malade a des douleurs abdominales,* dans le ventre. MASCULIN PLURIEL : *les muscles ABDOMINAUX* [abdɔmino]. **2.** nom masculin (au pluriel) LES ABDOMINAUX : les muscles du ventre. – *Il est en train de FAIRE DES ABDOMINAUX,* des exercices pour développer les muscles du ventre.

ABEILLE [abɛj] n. f. ▪*UNE ABEILLE :* insecte qui vit en société, et qui produit le miel et la cire. *Le faux bourdon est une abeille mâle. La reine et les ouvrières sont des abeilles femelles. Elle s'est fait piquer par une abeille. Il pratique l'élevage des abeilles* (→ **apiculture, ruche**).

ABERRANT [abeʀɑ̃], **ABERRANTE** [abeʀɑ̃t] adj. (après le nom) ▪(qqch.) Qui est anormal et absurde. *Il a eu un comportement aberrant dans cette situation* (→ **inadapté**). *La politique du nouveau ministre est complètement aberrante.* → **absurde, incompréhensible, insensé.**

ABERRATION [abeʀasjɔ̃] n. f. **1.** *UNE ABERRATION :* idée folle, un comportement déraisonnable et inadapté. → **absurdité.** *Il a*

ACAJOU [akaʒu] n. m. singulier et adj. invariable **1.** *L'ACAJOU :* bois de couleur brun-rouge d'un arbre des forêts tropicales, avec lequel on fait des meubles. *Nous avons une armoire EN ACAJOU précieux.* **2.** adjectif (après le nom) Qui a une couleur brun-rouge. *C'est une table acajou.* PLURIEL : *des cheveux acajou.* → **roux.**

ACARIÂTRE [akaʀjɑtʀ] adj. (après le nom) ▪ (qqn) Qui est presque toujours de mauvaise humeur, qui dit des paroles désagréables. *Nous avons des voisins acariâtres.* → **hargneux.**

ACCABLANT [akablɑ̃], **ACCABLANTE** [akablɑ̃t] adj. (après le nom) **1.** *Il fait une CHALEUR ACCABLANTE,* qui fatigue physiquement. → **étouffant. 2.** (qqch.) Qui accable moralement, qui est pénible à supporter. → **inquiétant, triste.** ⟨contraires : consolant, réconfortant⟩ *Les nouvelles sont accablantes : un nouvel attentat a fait de nombreuses victimes.* **3.** *TÉMOIGNAGE ACCABLANT :* paroles ou texte d'une personne qui peuvent faire juger coupable qqn qui est soupçonné ou accusé. *Au procès, nous avons entendu le témoignage accablant d'une voisine de l'accusé.*

ACCABLEMENT [akabləmɑ̃] n. m. ▪ *L'ACCABLEMENT :* état d'une personne accablée, qui supporte mal qqch. de très pénible. *Après la mort de sa fille, il est resté pendant un an dans un accablement indescriptible.* → **abattement.**

> REM. *Accablement,* comme *abattement* sont plus physiques que *tristesse ;* la personne accablée est physiquement écrasée par sa peine.

ACCABLER [akable] verbe [conjugaison 1a] **1.** (qqn) Faire supporter (à qqn) qqch. de très pénible moralement. *Ne l'accable pas de reproches, il est déjà si mécontent de lui !* **2.** *ÊTRE ACCABLÉ DE, ÊTRE ACCABLÉ PAR,* devoir supporter un souci trop lourd pour soi. *Je l'ai trouvé très accablé par l'échec de sa femme,* très abattu, déprimé. ⟨contraire : soulagé⟩ *Il est accablé d'impôts.* → **écraser.** - *Un air triste et accablé.*

ACCALMIE [akalmi] n. f. ▪ *UNE ACCALMIE* **1.** Calme qui revient après la tempête. *Le vent et la pluie se sont arrêtés, profitons de cette accalmie pour nous promener.* **2.** Calme après des troubles, de l'agitation. *Après deux mois d'accalmie, la guerre a repris.*

ACCAPARANT [akapaʀɑ̃], **ACCAPARANTE** [akapaʀɑ̃t] adj. (après le nom) **1.** (qqn) Qui veut qu'on s'occupe constamment de lui. *Depuis sa maladie, cette enfant est devenue accaparante.* → **exigeant, possessif. 2.** (qqch.) Qui occupe beaucoup quelqu'un. *Tu ne te reposes jamais, ton travail est trop accaparant.*

ACCAPARER [akapaʀe] verbe [conjugaison 1a] **1.** (qqn) Prendre pour soi seul (qqch.). *Le dictateur a accaparé le pouvoir. Tu accapares nos étagères, je ne peux pas ranger mes livres !* **2.** (qqn) *ACCAPARER QQN,* l'empêcher par sa présence, ses exigences de s'occuper d'autre chose que de soi. *Si vous m'accaparez, je ne peux plus m'occuper du dîner.* **3.** *SE LAISSER ACCAPARER PAR (qqch.),* y passer trop de temps. *Mon père se laisse accaparer par son travail.*

ACCÉDER [aksede] verbe [conjugaison 6a] **1.** Pouvoir pénétrer (dans un lieu). *On accède aux chambres par un couloir.* **2.** Pouvoir obtenir (une situation, un pouvoir). *Il a accédé au trône :* il est devenu roi. *Nous accédons à la propriété :* nous devenons propriétaires (d'une maison) **(→ accès).**

ACCÉLÉRATEUR [akseleʀatœʀ] n. m. ▪ *UN ACCÉLÉRATEUR :* pédale d'une voiture, généralement située à droite, qui sert à accélérer, à aller plus vite. *Le conducteur appuie sur l'accélérateur. Il donne un COUP D'ACCÉLÉRATEUR. Il a toujours le pied sur l'accélérateur,* il conduit trop vite.

ACCÉLÉRATION [akseleʀasjɔ̃] n. f. **1.** *L'ACCÉLÉRATION :* augmentation de la vitesse. *Il faut contrôler l'accélération de sa voiture.* **2.** *UNE ACCÉLÉRATION :* coup d'accélérateur. *Il a démarré après plusieurs accélérations.*

ACCÉLÉRÉ [akseleʀe] adj. et n. m., **ACCÉLÉRÉE** [akseleʀe] adj. **1.** adjectif (après le nom) Rendu plus rapide. *Nous terminons le travail sur un rythme accéléré.* **2.** Film *EN ACCÉLÉRÉ,* projeté sur l'écran de façon à ce que les images aillent plus vite qu'au naturel. *En accéléré, les mouvements des acteurs deviennent mécaniques et comiques.*

> FAUX AMI
> italien **accelerato** « omnibus »

ACCÉLÉRER [akseleʀe] verbe [conjugaison 6a] **1.** (qqn) Rendre plus rapide (un mouvement). *Il faut accélérer notre marche si nous voulons arriver à l'heure.* **2.** (qqn) Faire (qqch.) plus vite. *Les maçons accéléreront* [akselɛʀʀɔ̃] *les travaux.* **3.** (qqn) Appuyer sur l'accélérateur d'une voiture. ⟨contraire : freiner⟩ *Le conducteur accélère pour dépasser une voiture.* **4.** (qqch.) verbe pronominal *S'ACCÉLÉRER :* aller plus vite. *Le rythme de la course s'accélère en approchant de l'arrivée.* ⟨contraire : ralentir⟩ *Notre marche s'est accélérée.*

ACCENT [aksɑ̃] n. m. ▪ *UN ACCENT* **1.** Manière de prononcer les mots qui n'est pas la plus courante. *Les Français de Marseille ont l'accent du Midi. Ce touriste parle français avec un fort accent allemand.* **2.** Petit signe que l'on met sur une lettre. *Le mot « rêve » a un ACCENT CIRCONFLEXE. « Céder » a un ACCENT AIGU, « père » a un ACCENT GRAVE.* **3.** *METTRE L'ACCENT SUR (qqch.),* bien montrer (qqch.) en insistant par des paroles. *Le ministre a mis l'accent sur la mauvaise situation économique.* → **souligner.**

> REM. **1.** Le français a trois accents : accent aigu (´) possible sur le *e*, accent grave (`) sur le *e*, le *a*, le *u*, et accent circonflexe (^) possible sur toutes les voyelles. **2.** Les lettres capitales ne portent généralement pas d'accent (FERME POUR CAUSE DE DECES), sauf dans les dictionnaires ; ne pas accentuer les capitales est une très mauvaise habitude qui rend les mots difficiles à lire.

ACCENTUATION [aksɑ̃tɥasjɔ̃] n. f. ▪ *L'ACCENTUATION* **1.** État de ce qui s'accentue, devient plus fort. *On observe une accentuation des difficultés entre les deux pays.* → **aggravation. 2.** Manière de mettre les accents lorsqu'on écrit. *Mon petit frère a déjà une très bonne accentuation,* il n'oublie pas, il ne confond pas les accents.

ACCENTUÉ, [aksɑ̃tɥe], **ACCENTUÉE** [aksɑ̃tɥe] adj. (après le nom) **1.** (lettre) Qui porte un accent. *Les mots où et dû ont un* u *accentué.* **2.** (caractère de qqch.) Qui est fort, est nettement perçu. *Les virages de cette route sont très accentués.*

ACCENTUER [aksɑ̃tɥe] verbe [conjugaison 1a]

I. 1. Montrer mieux, avec plus de force. *Elle accentue son type espagnol par sa coiffure et son maquillage. Le mascara accentuera* [aksɑ̃tyʀa] *la beauté de tes yeux.* **2.** (qqn) Mettre les accents sur les voyelles, en écrivant. *Cet élève anglais accentue mal les mots français.*

II. (qqch.) verbe pronominal *S'ACCENTUER :* devenir plus perceptible, plus fort. *La différence s'accentue de plus en plus entre les riches et les pauvres. Le malaise s'accentue chaque jour.* → **s'aggraver, augmenter.**

ACCEPTABLE [aksɛptabl] adj. (après le nom) **1.** (qqch.) Qui peut être accepté moralement. *Son excuse est acceptable.* ⟨contraire : inacceptable⟩ *Ceci n'est pas acceptable.* **2.** (qqch.) Qui est assez bon pour être accepté. *La qualité de cet aliment congelé est tout à fait acceptable.*

ACCEPTATION [aksɛptasjɔ̃] n. f. ▪ *L'ACCEPTATION :* le fait d'accepter. *J'ai donné mon acceptation.* → **accord.** ⟨contraire : refus⟩

ACCEPTER [aksɛpte] verbe [conjugaison 1a] **1.** Être d'accord pour prendre ce qu'on vous donne, ce qu'on vous propose. *J'accepte avec plaisir cette invitation. Est-ce que les taxis acceptent les chèques ? – Acceptez-vous de prendre pour époux Monsieur... ?* → **vouloir.** *Nous n'acceptons pas que les travailleurs soient licenciés. Cet enfant n'accepte pas l'injustice.* → **supporter. 2.** (comme formule de politesse à la fin d'une lettre) *Acceptez, je vous prie, l'expression de mes sentiments les meilleurs.* **3.** *ACCEPTER QQN,* bien vouloir le recevoir, le considérer comme faisant partie d'un groupe. *Au collège, le nouvel élève a été accepté en troisième.* **4.** verbe pronominal S'ACCEPTER : se supporter soi-même. *Il faut s'accepter avec ses défauts.* → s'**assumer.** *Ma mère ne s'est jamais acceptée.*

ACCÈS [aksɛ] n. m.

I. *L'ACCÈS* **1.** Possibilité d'entrer quelque part. *Un couloir DONNE ACCÈS aux chambres.* **2.** Possibilité d'exercer un métier, d'occuper un poste. *Il a EU ACCÈS au poste de directeur* (→ **accéder**).

II. *UN ACCÈS* **1.** Endroit par lequel on peut arriver, entrer. → **entrée.** *La police surveille tous les accès de l'immeuble.* **2.** Phénomène pathologique qui se manifeste soudain avec force. *Il a eu plusieurs accès de fièvre dans la nuit.*

REM. *Accès* appartient à la même famille de mots que *succès, décès, procès.*

ACCESSIBLE [aksesibl] adj. (après le nom) **1.** Où l'on peut accéder, arriver facilement. *Le grenier est accessible par une échelle.* **2.** Que certaines personnes peuvent voir, lire, comprendre... *Ce film est accessible aux enfants.* **3.** Dont le prix convient à (certaines personnes). *La voiture n'est pas accessible à tous les Français.* **4.** À qui on peut parler facilement. *Le député est très accessible : il suffit de lui demander un rendez-vous.*

ACCESSOIRE [akseswaʀ] adj. et n. m.

I. adjectif (après le nom) Qui n'est pas très important. → **secondaire.** *Ne nous occupons pas du jardin pour le moment, c'est accessoire et nous avons d'autres choses à faire.* ⟨contraires : essentiel, primordial⟩

II. *UN ACCESSOIRE* **1.** Objet utilisé pour une représentation théâtrale. *L'accessoiriste s'occupe des accessoires.* **2.** Objet qui accompagne un objet principal. *Cette bicyclette est vendue avec des accessoires : sacoche, porte-bagages.* **3.** Objet qui accompagne un vêtement (sac, bijoux, gants, parapluie, etc.). *Elle porte une robe noire avec des accessoires rouges.*

ACCESSOIREMENT [akseswaʀmɑ̃] adverbe ■ D'une façon accessoire, qui n'est ni essentielle ni obligatoire. → **éventuellement.** *Accessoirement, vous pouvez le prévenir de votre arrivée, mais il vous attend mercredi.*

ACCESSOIRISTE [akseswaʀist] n. m., n. f. ■ *UN ACCESSOIRISTE, UNE ACCESSOIRISTE :* une personne qui s'occupe des accessoires d'un spectacle. *L'accessoiriste ne trouve plus la canne de Chaplin !*

ACCIDENT [aksidɑ̃] n. m. ■ *UN ACCIDENT* **1.** Événement malheureux qui arrive brusquement et qui cause des destructions, des blessures, des morts. *Il y a beaucoup d'accidents de la route. Il n'y a aucun survivant à cet accident d'avion. Certains travailleurs doivent porter des casques pour éviter les accidents.* **2.** Ce qui arrive de désagréable sans être grave. *Il a cassé une coupe à champagne, c'est un petit accident.* **3.** *ACCIDENT DE TERRAIN :* trou ou bosse sur le sol. *Le skieur a fait une chute sur un accident de terrain.* **4.** STYLE RECHERCHÉ *PAR ACCIDENT :* de façon anormale, imprévisible. *C'est arrivé par accident.* → **accidentellement.**

REM. *Un incident* est moins grave qu'*un accident.*

ACCIDENTÉ [aksidɑ̃te] adj., n. m., **ACCIDENTÉE** [aksidɑ̃te] adj. et n. f.

I. adjectif (après le nom) **1.** Qui a été victime d'un accident. *On apporte du secours aux personnes accidentées.* – (qqch.) *Cette voiture accidentée n'est pas réparable.* **2.** (sol) Où il y a des trous et des bosses. ⟨contraire : plat⟩ *Il fait de la moto en terrain accidenté.*

II. *UN ACCIDENTÉ, UNE ACCIDENTÉE :* une personne accidentée. *Les accidentés de la route sont moins nombreux si la vitesse est limitée.*

ACCIDENTEL [aksidɑ̃tɛl], **ACCIDENTELLE** [aksidɑ̃tɛl] adj. (après le nom) **1.** (qqch.) Qui arrive de façon imprévue, par hasard. *Elle est en retard aujourd'hui, mais c'est accidentel,* ce n'est pas son habitude. ⟨contraire : normal⟩ **2.** *Sa mort est accidentelle,* elle est due à un accident. ⟨contraire : naturel⟩

ACCIDENTELLEMENT [aksidɑ̃tɛlmɑ̃] adverbe **1.** D'une manière imprévue, par hasard. *Si, accidentellement, il manque son train il nous téléphonera.* **2.** Du fait d'un accident. *Cet alpiniste est mort accidentellement dans l'Everest.*

ACCLAMATION [aklamasjɔ̃] n. f. ■ (surtout au pluriel) *UNE ACCLAMATION :* cri de joie pour remercier une personne qu'on admire, en public. *Des acclamations accompagnent l'arrivée du vainqueur olympique.* ⟨contraire : huée⟩

ACCLAMER [aklame] verbe [conjugaison 1a] ■ Crier pour montrer son admiration à qqn, dans un lieu public. *La foule acclame le chef de l'État. Le discours de l'écologiste a été acclamé.* ⟨contraires : huer, siffler⟩

REM. On acclame surtout par des paroles (interjections) : *Bravo ! Merci ! Continuez !*

ACCLIMATATION [aklimatasjɔ̃] n. f. ■ *JARDIN D'ACCLIMATATION :* jardin zoologique où vivent des animaux de pays exotiques, en France. *Les enfants aiment voir les singes du jardin d'acclimatation* (→ **zoo**).

ACCLIMATER [aklimate] verbe [conjugaison 1a] **1.** Habituer (une plante, un animal) à un nouveau climat. *On a acclimaté le palmier en Bretagne.* **2.** verbe pronominal S'ACCLIMATER : s'habituer à un nouveau climat, un nouveau milieu. *Le chien de traîneau, qui vient du Grand Nord, s'est bien acclimaté en Europe.* → s'**adapter.** *Ma sœur s'est acclimatée à la vie campagnarde.* → s'**habituer.**

ACCOLADE [akɔlad] n. f. ■ *UNE ACCOLADE* **1.** Geste officiel d'une personne qui passe ses bras autour des épaules d'une autre personne pour la féliciter. *Le ministre lui a DONNÉ L'ACCOLADE. Le soldat décoré a REÇU L'ACCOLADE.* **2.** Signe en forme d'arc, pour réunir plusieurs lignes d'un texte ({ }).

ACCOMMODANT [akɔmɔdɑ̃], **ACCOMMODANTE** [akɔmɔdɑ̃t] adj. (après le nom) ■ (qqn) Qui ne crée pas de difficultés inutiles. *La propriétaire s'est montrée très accommodante pour le paiement du loyer en retard.* → **gentil.**

ACCOMMODER [akɔmɔde] verbe [conjugaison 1a] **1.** Préparer les aliments pour les manger. → **cuisiner, préparer.** *Elle a l'art d'accommoder les restes.* **2.** (qqn) verbe pronominal S'ACCOMMODER DE (qqch.) : accepter avec gentillesse ce qu'on n'a pas choisi. *Mon amie s'est accommodée du canapé du salon pour la nuit.*

FAUX AMIS
anglais **to accomodate** « loger » ; italien **accomodarsi** « entrer, prendre place »

ACCOMPAGNATEUR [akɔ̃paɲatœʀ] n. m., **ACCOMPAGNATRICE** [akɔ̃paɲatʀis] n. f. ■ *UN ACCOMPAGNATEUR, UNE ACCOMPAGNA-*

TRICE **1.** Personne qui est chargée d'accompagner un groupe de personnes. *Une accompagnatrice guide les touristes.* **2.** Musicien, musicienne qui joue l'accompagnement. *L'accompagnatrice du ténor joue très discrètement.*

ACCOMPAGNEMENT [akɔ̃paɲmɑ̃] n. m. ▪ *UN ACCOMPAGNEMENT :* musique jouée par celui, celle qui accompagne la partie musicale principale. *Nous avons entendu une pièce pour flûte avec accompagnement de piano. Elle a chanté sans accompagnement,* sans instrument de musique.

ACCOMPAGNER [akɔ̃paɲe] verbe [conjugaison 1a]
I. 1. (qqn) Partir avec quelqu'un pour être avec lui. *Mon oncle part au Japon, sa femme l'accompagne. Je vous accompagne en voiture jusqu'à la gare.* **2.** (qqn) Être avec (qqn). *Une amie vient nous rendre visite, sa mère l'accompagne. Elle est accompagnée de sa mère.* → **avec.** **3.** (qqch.) Être avec (qqch.). *Un vin blanc sec accompagne les huîtres. Les frites qui accompagnent le steak sont délicieuses.* **4.** (qqn) Jouer de la musique avec qqn. *Il accompagne un chanteur au piano.*
II. verbe pronominal **1.** (qqch.) *S'ACCOMPAGNER DE :* être avec. *Son discours s'accompagne souvent de gestes menaçants.* **2.** Jouer un accompagnement musical, soutenir une mélodie, un chant principal. *La chanteuse s'est accompagnée à la guitare.*
REM. Quand on *accompagne qqn* jusque chez lui, on le *raccompagne.*

ACCOMPLI [akɔ̃pli], **ACCOMPLIE** [akɔ̃pli] adj. (après le nom) **1.** STYLE RECHERCHÉ (qqn) Qui est parfait dans son genre, qui mérite bien son nom. *C'est une secrétaire accomplie.* **2.** (qqch.) Terminé. *Mission accomplie ! Mettre quelqu'un devant LE FAIT ACCOMPLI,* sans lui avoir demandé d'abord son avis. *Ma sœur s'est mariée et a mis notre famille devant le fait accompli.*

ACCOMPLIR [akɔ̃pliʀ] verbe [conjugaison 2] **1.** (qqn) Faire et finir complètement (qqch.). *Il a accompli sa mission.* → **achever, faire. 2.** verbe pronominal S'ACCOMPLIR : (qqch.) devenir réel. *Nos vœux se sont accomplis, nous avons gagné au loto. Que vos souhaits s'accomplissent !*

ACCOMPLISSEMENT [akɔ̃plismɑ̃] n. m. ▪ *L'ACCOMPLISSEMENT :* la réalisation. *L'accomplissement de ce travail est difficile et laborieux.*

ACCORD [akɔʀ] n. m. ▪ *L'ACCORD* **1.** État des personnes qui ont les mêmes goûts, les mêmes opinions, qui ne se disputent pas. *Elle est EN ACCORD avec ses collègues de travail. Le couple vit en parfait accord.* → **harmonie. 2.** *ÊTRE D'ACCORD :* accepter ce qui est dit, ce qui est proposé. *Je suis d'accord avec vous. Nous sommes d'accord. Êtes-vous d'accord pour aller au cinéma ce soir ? Es-tu d'accord pour que nous allions au cinéma ? D'accord.* → **oui ; O.K. 3.** *SE METTRE D'ACCORD :* parvenir à penser la même chose, à agir ensemble. *Ils se sont mis d'accord pour adopter un enfant.* **4.** *UN ACCORD :* texte qui déclare que des personnes, des pays sont d'accord sur des sujets précis. *Nous sommes parvenus à un accord. Les deux pays ont signé un accord commercial.* → **traité. 5.** *DONNER SON ACCORD :* accepter, permettre. *Le maire a donné son accord pour la construction d'une nouvelle école.* **6.** Permission. *Elle a obtenu l'accord de ses parents. Ils ont quitté l'école sans l'accord de leurs professeurs.* **7.** *UN ACCORD :* en musique, ensemble de notes jouées en même temps par une seule main. *Do, mi, sol, do est un accord parfait. Le pianiste a plaqué quelques accords.* **8.** En grammaire française, correspondance obligatoire entre certaines formes. *L'accord d'un adjectif avec un nom* (ex. : *une femme charmante, des voisins charmants*).

> FAUX AMIS
> danois et norvégien **akkord,** suédois **ackord** « rémunération au rendement »

> *l'accord*
>
> Accorder un mot avec un autre, c'est lui donner les marques de genre, de nombre ou de personne de ce mot.
> En français, on accorde le verbe en personne et en nombre avec son sujet : *Les vagues s'écrasent sur la plage.* Quand un verbe a plusieurs sujets, il se met au pluriel : *Julien et Claire partent demain.*
> Les déterminants et les adjectifs qualificatifs s'accordent en genre et en nombre avec le nom ou le pronom auquel ils se rapportent : *Il a peur des grosses araignées. Ces maisons sont petites. Elles sont petites.* Quand un adjectif qualificatif se rapporte à plusieurs noms, il se met au pluriel : *Elle a un pull et un pantalon rouges.* Si les mots qualifiés sont de genre différent, l'adjectif se met au masculin : *Elle a un pull et une jupe verts.*
> L'accord de l'adjectif possessif se fait avec le genre de la chose possédée : *sa maison* (à lui).
> Voir l'accord des noms de couleur à *couleur.*
> Voir l'accord des participes à *participe.*

ACCORDÉON [akɔʀdeɔ̃] n. m. **1.** *UN ACCORDÉON :* instrument de musique à vent, qui se joue en appuyant sur des touches et en resserrant ou en étirant les plis de l'instrument. *L'accordéon est très populaire en France. Nous avons dansé une valse au son de l'accordéon.* **2.** *EN ACCORDÉON :* qui fait des plis parallèles. *Tes chaussettes sont en accordéon,* elles retombent sur les chevilles en faisant des plis.

ACCORDÉONISTE [akɔʀdeɔnist] n. m., n. f. ▪ *UN ACCORDÉONISTE, UNE ACCORDÉONISTE :* une personne qui joue de l'accordéon. *Yvette Horner est une accordéoniste célèbre.*

ACCORDER [akɔʀde] verbe [conjugaison 1a]
I. 1. Consentir à donner. ⟨contraire : refuser⟩ *Pouvez-vous m'accorder un rendez-vous ? Accordez-lui cette faveur.* **2.** Admettre (des paroles). *La question est difficile, je vous l'accorde. Je vous accorde que la question est difficile.* **3.** (qqn) Faire l'accord d'un mot avec un autre. *On doit accorder le verbe avec son sujet* (ex. : *il prend, nous prenons*). **4.** *ACCORDER DE L'IMPORTANCE À qqch.,* donner de l'importance. *Il accorde trop d'importance à des détails.* **5.** Régler le son d'un instrument de musique pour le rendre juste. *Les musiciens accordent leurs violons.*
II. verbe pronominal S'ACCORDER **1.** Aller bien ensemble. *Ces couleurs s'accordent bien. Elles se sont bien accordées.* **2.** Se donner. *Elle s'est accordé un peu de repos.*

> FAUX AMI
> espagnol **acordarse** « se rappeler »

ACCOSTER [akɔste] verbe [conjugaison 1a] ▪ (qqn) S'approcher d'une personne inconnue pour lui parler. *Elle s'est fait accoster par un inconnu.* → **aborder.**

> FAUX AMI
> espagnol **acostarse** « coucher, s'allonger »

ACCOTEMENT [akɔtmɑ̃] n. m. ▪ *UN ACCOTEMENT :* côté d'une route sans trottoirs. *Arrêtez la voiture dans l'herbe, sur l'accotement.* → **côté.**

ACCOUCHEMENT [akuʃmɑ̃] n. m. ▪ (femme) *UN ACCOUCHEMENT :* le fait de faire naître un enfant. *L'accouchement s'est bien passé. C'est son premier accouchement. L'accouchement a été difficile.*

ACCOUCHER [akuʃe] verbe [conjugaison 1a] **1.** (femme) Donner naissance à un enfant. *Elle va accoucher dans un mois environ. Ma sœur a accouché d'un garçon.* → **avoir. 2.** (qqn) Aider une femme enceinte à faire sortir son enfant vivant. *Un médecin et une sage-femme l'ont accouchée.* **3.** STYLE FAMILIER Dire enfin ce qu'on n'arrive pas à dire. *Alors c'est oui ou c'est non ? Tu accouches ?*

S'**ACCOUDER** [akude] verbe pronominal [conjugaison 1a] ▪ (qqn) S'appuyer (quelque part) sur un coude, sur les deux coudes. *Elle s'est accoudée à la fenêtre pour regarder dans la rue.*

ACCOUDOIR [akudwaʀ] n. m. ▪ *UN ACCOUDOIR :* endroit prévu pour poser le coude. *Les sièges de cette voiture n'ont pas d'accoudoirs. Elle s'est assise sur l'accoudoir du fauteuil.* → **bras.**

ACCOUPLER [akuple] verbe [conjugaison 1a] **1.** Mettre ensemble un animal mâle et un animal femelle pour qu'ils se reproduisent. *Le fermier accouple des lapins.* **2.** verbe pronominal S'ACCOUPLER : (animaux) s'unir pour avoir des petits. *Les oiseaux s'accouplent au printemps. Le chien et la chienne se sont accouplés.*

ACCOURIR [akuʀiʀ] verbe [conjugaison 11] ▪ Venir en courant, venir très vite. *Si tu l'appelles, il accourra* [akuʀʀa] *aussitôt. Elle est accourue pour aider le blessé.*

ACCOUTREMENT [akutʀəmɑ̃] n. m. ▪ *UN ACCOUTREMENT :* habillement que l'on trouve ridicule. *Je ne t'ai pas reconnu dans cet accoutrement !* → **tenue.**

ACCOUTRER [akutʀe] verbe [conjugaison 1a] ▪ (qqn) Habiller (qqn) de manière ridicule. → **affubler.** *Il faut voir comment elle accoutre son fils ! Le directeur était accoutré d'une veste rouge à carreaux blancs.*

ACCOUTUMANCE [akutymɑ̃s] n. f. ▪ *L'ACCOUTUMANCE* **1.** Le fait de s'accoutumer, de s'habituer (à qqch.). *Il a une bonne accoutumance au froid, il ne porte jamais de manteau.* **2.** Besoin de prendre (une drogue), créé par l'habitude. *La toxicomanie entraîne l'accoutumance.* → **dépendance.**

ACCOUTUMÉ [akutyme] adj., **ACCOUTUMÉE** [akutyme] adj. et n. f. **1.** adjectif (après le nom) STYLE RECHERCHÉ Habituel. *Elle est partie à l'heure accoutumée. Son jour accoutumé est le mercredi.* **2.** STYLE RECHERCHÉ *À L'ACCOUTUMÉE :* d'habitude. *Il est arrivé en retard, comme à l'accoutumée.*

REM. À la différence du mot *habituel*, *accoutumé* s'emploie surtout lorsqu'il s'agit du temps (jour, heure).

ACCOUTUMER [akutyme] verbe [conjugaison 1a] **1.** Habituer. *Les parents doivent accoutumer les enfants à être indépendants.* **2.** verbe pronominal S'ACCOUTUMER : s'habituer. *Nous nous sommes accoutumés à notre nouvelle vie.* → **adapter.** *Il va falloir s'accoutumer à se lever tôt. Ce n'est pas agréable, mais je m'y accoutumerai.*

ACCRO [akʀo] n. m., n. f. ▪ *UN ACCRO, UNE ACCRO* **1.** STYLE FAMILIER Drogué, droguée qui ne peut arrêter de prendre sa drogue. *Mon amie est une accro.* **2.** Personne qui est passionnée par qqch. *Les accros du football.* → **fanatique.**

REM. *Accro* est une forme abrégée de *accroché :* on est « accroché » par ce qu'on aime beaucoup ou par ce qui est devenu indispensable.

ACCROC [akʀo] n. m. ▪ *UN ACCROC :* trou dans un tissu déchiré par qqch qui accroche. *Vous avez un accroc dans le dos de votre veste. Elle s'est fait un accroc à son pantalon.*

> FAUX AMI
> grec **ἀκρο**
> « extrémité »

ACCROCHAGE [akʀɔʃaʒ] n. m. ▪ *UN ACCROCHAGE* **1.** Choc sans gravité entre des voitures qui ne roulent pas vite. *Nous avons eu un accrochage, la portière est un peu enfoncée.* → **accident.** **2.** Petite dispute sans gravité avec une personne peu connue. *J'ai eu un accrochage avec la secrétaire.* → STYLE FAMILIER **engueulade ; querelle.** **3.** Action d'accrocher. *L'accrochage des tableaux de l'exposition est terminé.*

ACCROCHER [akʀɔʃe] verbe [conjugaison 1a] **1.** Mettre (qqch.) sur un crochet, sur un objet pointu qui retient. *Accrochez votre veste au portemanteau.* → **suspendre.** *Nous avons accroché le tableau dans la chambre.* **2.** Fermer avec une boucle. *Accrochez votre ceinture, nous atterrissons.* **3.** STYLE FAMILIER Retenir l'attention de qqn. *Le vendeur accroche le client en montrant les qualités de ce qu'il vend. Il cherche une idée de publicité qui accroche.* **4.** Abîmer (qqch.) en retenant, en arrêtant. *J'ai accroché sa voiture en passant trop près* (→ **accrochage).** *Elle a accroché sa jupe dans les épines des rosiers, et ça a fait un trou* (→ **accroc).** *Elle a accroché son bas et son bas a filé.* **5.** verbe pronominal S'ACCROCHER : (qqn) se tenir (à qqch.) en serrant très fort. *Elle s'est accrochée à la rampe pour monter l'escalier. Accroche-toi à mon bras.* – (figuré) *Il s'accroche à ses souvenirs,* il ne veut pas les oublier. *Son fils s'accroche à elle,* il lui demande constamment de l'attention, de l'aide. – *Il faut s'accrocher !,* il faut être tenace, continuer en dépit des difficultés. → **tenir.**

ACCROCHEUR [akʀɔʃœʀ], **ACCROCHEUSE** [akʀɔʃøz] adjectif (après le nom) **1.** (qqn) Qui sait attirer les clients et les faire acheter. *C'est un bon vendeur très accrocheur.* → **persuasif.** **2.** (qqch.) Qui retient l'attention avec insistance, grossièreté. *Je n'aime pas la publicité accrocheuse.* ⟨contraire : discret⟩

ACCROISSEMENT [akʀwasmɑ̃] n. m. ▪ *L'ACCROISSEMENT :* le fait d'augmenter en nombre, en quantité, en importance. *L'accroissement du chômage est très inquiétant.* → **augmentation.** ⟨contraire : diminution⟩ *Il y a un net accroissement des connaissances, dans les sciences.* → **progrès.**

ACCROÎTRE [akʀwatʀ] verbe [conjugaison 55b] **1.** (qqn) Rendre plus grand, plus important. → **augmenter, étendre.** *Il faut accroître le nombre des naissances. Il accroît sa fortune. Ces mauvais résultats accroissent mon inquiétude.* **2.** verbe pronominal S'ACCROÎTRE : (qqch.) prendre plus d'importance. → **augmenter.** *Le mécontentement s'est accru parmi les travailleurs. Les difficultés se sont accrues.*

REM. À la différence de *croître*, pas d'accent sur *j'accrois, tu accrois* et le participe *accru.*

ACCROUPI [akʀupi], **ACCROUPIE** [akʀupi] adj. (après le nom) ▪ (qqn) Assis sur ses talons, les jambes pliées. *Des enfants accroupis regardent des fourmis.*

S'**ACCROUPIR** [akʀupiʀ] verbe pronominal [conjugaison 2] ▪ (qqn) S'asseoir sur ses talons en pliant complètement les jambes. *Elle s'est accroupie pour ouvrir le tiroir du bas. Accroupissez-vous pour qu'on ne vous voie pas !*

ACCRU [akʀy], **ACCRUE** [akʀy] adj. (après le nom) ▪ STYLE RECHERCHÉ (qqch.) Qui est devenu plus grand, qui s'est accru. *L'avion vole avec une vitesse accrue. Je ne veux surtout pas vous déranger, dit-il avec une politesse accrue.*

ACCUEIL [akœj] n. m. ▪ *L'ACCUEIL* **1.** Manière de se comporter avec une personne qui arrive, qui se présente. *Je vous demande de réserver le meilleur accueil à la personne qui va venir. J'ai reçu un bon accueil. Je vous remercie de votre accueil. Quel mauvais accueil !* **2.** *UN ACCUEIL :* manière d'accepter une idée, une œuvre. *Ce film a reçu un accueil enthousiaste de la part du public.* **3.** Lieu où l'on reçoit les visiteurs dans une entreprise, une administration. *Dès votre arrivée, présentez-vous à l'accueil.*

ACCUEILLANT [akœjɑ̃], **ACCUEILLANTE** [akœjɑ̃t] adj. (après le nom) **1.** (qqn) Qui fait un bon accueil. → **aimable, hospitalier.** *Vous serez reçu par des gens très accueillants.* **2.** (qqch.) Où l'on est bien accueilli, dont l'aspect est agréable. *C'est une maison confortable et accueillante.*

ACCUEILLIR [akœjiʀ] verbe [conjugaison 12] **1.** Se comporter d'une certaine manière avec (une personne qui arrive, qui se présente). → **recevoir.** *Demain, nous serons tous à la gare pour* *t'accueillir. Elle accueille ses invités chaleureusement. Ne va pas maintenant chez eux, ils sont encore fâchés et tu serais mal accueilli. Elle a été froidement accueillie. Il faut que nous accueillions notre ami.* **2.** Recevoir bien ou mal (qqch. qui survient, qui se présente). *Nous accueillons la nouvelle de ton arrivée avec plaisir. Le public a très bien accueilli ce nouveau film. Comment les Français ont-ils accueilli cette décision du gouvernement ?*

ACCULER [akyle] verbe [conjugaison 1a] **1.** Pousser (qqn, un animal) dans un lieu d'où il est impossible de fuir. *Les policiers ont acculé le malfaiteur dans une impasse.* **2.** Forcer (qqn) à faire une chose, ne lui laisser aucun moyen de réagir. *Il ne peut plus rien faire, il est acculé à la faillite.*

ACCUMULATEUR [akymylatœʀ] n. m. ▪ *UN ACCUMULATEUR :* un appareil qui accumule de l'électricité et la rend sous forme de courant. *Il faut brancher la batterie d'accumulateurs de la voiture.* – *ACCUS* [aky] forme abrégée familière *Elle va à la montagne pour RECHARGER SES ACCUS,* pour reprendre des forces.

ACCUMULATION [akymylasjɔ̃] n. f. ▪ *L'ACCUMULATION :* le fait d'être, peu à peu, mis ensemble et en grand nombre. *Dans le grenier, nous avons découvert une accumulation d'objets inutiles.* – *Nous avons une accumulation de preuves,* des preuves ajoutées les unes aux autres.

ACCUMULER [akymyle] verbe [conjugaison 1a]
I. Mettre ensemble, petit à petit (un grand nombre de choses). → **amasser, entasser.** *Il a accumulé les richesses. Il ne jette jamais les vieux journaux, il les accumule. La police a accumulé des preuves contre le suspect. Il accumule les erreurs, les gaffes :* il commet beaucoup d'erreurs, de maladresses. – STYLE FAMILIER *Vraiment, tu les accumules !*
II. verbe pronominal S'ACCUMULER : (qqch.) devenir petit à petit très important en quantité. *Les livres s'accumulent sur mon bureau. Pendant la nuit, la neige s'est accumulée devant la porte.*

REM. Pour les personnes, on dit *s'entasser.*

ACCUS n. m. pluriel Forme abrégée familière de **accumulateurs.**

ACCUSATEUR [akyzatœʀ] n. m. et adj., **ACCUSATRICE** [akyzatʀis] n. f. et adj. **1.** *UN ACCUSATEUR, UNE ACCUSATRICE :* une personne qui accuse. *Les témoignages des accusateurs sont accablants pour le suspect.* **2.** adjectif (après le nom) Qui accuse. *Elle lui a lancé un regard accusateur.*

ACCUSATION [akyzasjɔ̃] n. f.
I. *L'ACCUSATION* **1.** Action de désigner (qqn) comme coupable de qqch. *C'est une accusation très grave. Il est MIS EN ACCUSATION :* il est accusé. *Elle a porté une accusation contre lui,* elle l'a accusé. **2.** Action en justice par laquelle on désigne (qqn) comme coupable. → **plainte, poursuite.** *Nous étudions les principaux chefs d'accusation,* les principaux faits qui sont reprochés à l'accusé. **3.** *L'ACCUSATION :* le ou les personnes qui représentent ceux qui accusent qqn en justice. *L'accusation s'est montrée plus habile que la défense.*
II. *UNE ACCUSATION :* phrase qui accuse. *Votre accusation est mensongère. Pas d'accusations sans preuves !*

accusatrice adj. → **accusateur**

ACCUSÉ [akyze] n. m., **ACCUSÉE** [akyze] n. f. ▪ *UN ACCUSÉ, UNE ACCUSÉE :* une personne que l'on accuse d'une faute, d'un crime. → **inculpé, prévenu.** *L'accusé plaide coupable. L'accusée a été acquittée par le tribunal.*

ACCUSER [akyze] verbe [conjugaison 1a] **1.** Dire que qqn est coupable. *N'accusez pas cette personne sans preuves. On l'accuse de vol.* **2.** *ACCUSER RÉCEPTION d'une lettre,* déclarer qu'on l'a reçue. *J'accuse réception de votre lettre du 12 janvier.* **3.** Montrer. *Son visage accuse la fatigue.*

ACERBE [asɛʀb] adj. (après le nom) ▪ Agressif, qui cherche à blesser par des paroles. *Il a été acerbe dans sa réponse. Elle a formulé des critiques acerbes contre vous.*

ACÉRÉ [aseʀe], **ACÉRÉE** [aseʀe] adj. (après le nom) ▪ Dur, tranchant et pointu. *Le chat a des griffes acérées.*

ACHALANDÉ [aʃalɑ̃de], **ACHALANDÉE** [aʃalɑ̃de] adj. (après le nom) ▪ *Une boutique bien achalandée,* où il y a un grand choix de marchandises. *Je ne vais pas souvent dans cette épicerie car elle est mal achalandée.*

REM. Ce sens de *achalandé, achalandée* est parfois considéré comme une faute : pour certains, le seul sens admis de *une boutique bien achalandée* est « une boutique où il y a beaucoup de clients ». Ce sens est ancien.

ACHARNÉ [aʃaʀne], **ACHARNÉE** [aʃaʀne] adj. (après le nom) ▪ Qui fait preuve d'acharnement. → **enragé.** *Une lutte acharnée s'est engagée entre eux. Ce sont des ennemis acharnés à se détruire. C'est un joueur d'échecs acharné.*

ACHARNEMENT [aʃaʀnəmɑ̃] n. m. ▪ *L'ACHARNEMENT :* ardeur violente et tenace dans la lutte, dans l'effort. *Il défend ses idées avec un incroyable acharnement. Les soldats ont combattu avec acharnement. Il met de l'acharnement à finir son travail.*

S'**ACHARNER** [aʃaʀne] verbe pronominal [conjugaison 1a] ▪ Combattre ou poursuivre avec une fureur tenace. *Les assassins se sont acharnés sur leurs victimes.*

ACHAT [aʃa] n. m. **1.** *L'ACHAT :* action d'acheter. *J'ai fait l'achat d'une nouvelle robe. Ce vélo est très bien, tu as fait un bon achat.* → **acquisition.** *Ce matin, j'ai fait mes achats,* j'ai fait mes courses. **2.** *UN ACHAT :* ce que l'on a acheté. *Montre-moi un peu tes achats.*

ACHEMINEMENT [aʃəminmɑ̃] n. m. ▪ *L'ACHEMINEMENT :* action de diriger (qqch.) vers un lieu précis. *La poste s'occupe de l'acheminement du courrier.*

ACHEMINER [aʃəmine] verbe [conjugaison 1a] **1.** Diriger vers un lieu précis. *La poste achemine le courrier,* elle le fait parvenir à destination. **2.** verbe pronominal S'ACHEMINER : (qqn) avancer vers un lieu précis et éloigné. *Nous nous sommes acheminés vers la ville.*

ACHETER [aʃte] verbe [conjugaison 5b] **1.** Obtenir (qqch.) en payant. *J'ai acheté une bonne bouteille de vin pour le dîner. Ils achètent une maison.* ⟨contraire : vendre⟩ *Je lui ai acheté des chaussures. Je n'achèterai plus rien chez ce commerçant, il est trop cher.* **2.** verbe pronominal S'ACHETER : pouvoir être acheté. *Ce produit de beauté s'achète en pharmacie. Ces droits se sont achetés très cher.* – Acheter pour soi. *Je me suis acheté une nouvelle robe.*

FAUX AMI
portugais **achatar** « aplatir »

REM. On prononce aussi [aʃəte] à l'infinitif.

ACHETEUR [aʃtœʀ] n. m., **ACHETEUSE** [aʃtøz] n. f. ▪ *UN ACHETEUR, UNE ACHETEUSE :* une personne qui achète. → **acquéreur, client.** *Le vendeur est occupé avec un acheteur. As-tu trouvé un acheteur pour ta maison ? – Ce tableau m'intéresse, je suis acheteur,* je veux l'acheter. → **preneur.**

ACHEVÉ [aʃəve], **ACHEVÉE** [aʃəve] adj. (après le nom) ▪ Complètement terminé et parfait en son genre. *C'est une œuvre ache-*

vée. (contraire : inachevé) – (ironique) *Ce chapeau est d'un ridicule achevé.*

ACHÈVEMENT [aʃɛvmɑ̃] n. m. ▪ *L'ACHÈVEMENT* : le fait de terminer (un ouvrage). *Le magasin est fermé jusqu'à l'achèvement complet des travaux.* → **fin.** (contraire : début)

ACHEVER [aʃəve] verbe [conjugaison 5a]
I. Finir complètement. → **terminer.** *Avez-vous achevé votre travail ? L'écrivain n'a pas pu achever son roman.* (contraire : commencer) – *J'achève de ranger mon bureau et j'arrive.*
II. 1. Donner le dernier coup qui tue à (un animal, qqn) pour mettre fin à ses souffrances. → **tuer.** *On achève les chevaux blessés.* 2. Finir de ruiner la santé, la fortune, le moral de (qqn). *Mon père avait déjà beaucoup de soucis, mais ce dernier malheur l'a achevé.*

FAUX AMI
anglais **to achieve** «réaliser»

ACIDE [asid] adj. et n. m. 1. adjectif (après le nom) Aigre, piquant au goût. *Ajoute un peu de sucre dans le jus de citron, il sera moins acide. J'aime bien les petites pommes vertes un peu acides. C'est légèrement acide.* → **acidulé.** 2. *UN ACIDE* : constituant chimique universel qui attaque, brûle certaines matières. *L'acide ronge les métaux. Le chimiste a les doigts brûlés par l'acide.* – STYLE FAMILIER Drogue hallucinogène. → **L. S. D.** *Il se shoote à l'acide.*

ACIDITÉ [asidite] n. f. ▪ *L'ACIDITÉ* : goût acide. *Les enfants n'aiment pas beaucoup l'acidité du citron. Ce yaourt est d'une acidité anormale.*

ACIDULÉ [asidyle], **ACIDULÉE** [asidyle] adj. (après le nom) ▪ Dont le goût est légèrement acide. *Elle adore les bonbons acidulés.*

ACIER [asje] n. m. ▪ *L'ACIER* 1. Métal très dur formé de fer et de carbone. *Elle utilise un couteau en acier. Son cadre de bicyclette est en acier chromé.* 2. *D'ACIER* : dur et solide comme de l'acier. *Il a des muscles d'acier !* – STYLE FAMILIER *AVOIR UN MORAL D'ACIER*, un bon moral, un optimisme que rien ne peut changer. *Tout va bien, j'ai un moral d'acier !*

ACIÉRIE [asjeʀi] n. f. ▪ *UNE ACIÉRIE* : usine où l'on fabrique l'acier. *Il travaille dans une aciérie.*

ACNÉ [akne] n. f. ▪ *L'ACNÉ* : maladie de peau des adolescents, qui se manifeste par des boutons, surtout sur le visage. *Elle a de l'acné. Il est désespéré parce qu'il a une acné qui résiste à tous les traitements.*

ACOLYTE [akɔlit] n. m., n. f. ▪ *UN ACOLYTE, UNE ACOLYTE* : complice d'une personne. *Dans la rue, on a vu le malfaiteur, accompagné de ses acolytes.*

ACOMPTE [akɔ̃t] n. m. ▪ *UN ACOMPTE* : somme d'argent qui représente une partie de ce que l'on doit payer et que l'on donne d'avance. *Pour réserver sa nouvelle voiture, elle a versé un acompte de mille francs. Il a reçu cinq cents francs d'acompte.*

S'ACOQUINER [akɔkine] verbe pronominal [conjugaison 1a] ▪ Se lier (à une personne de mauvaise réputation). *Elle s'est acoquinée avec des voyous.*

À-CÔTÉ [akote] n. m. ▪ *UN À-CÔTÉ* 1. Point, problème accessoire, de moindre importance. *Depuis l'accident, je n'ai plus de voiture, mais ce n'est qu'un à-côté du problème.* 2. Somme d'argent que l'on gagne en complément. PLURIEL : *il gagne cinq mille francs, sans compter les À-CÔTÉS.*

À-COUP [aku] n. m. ▪ *UN À-COUP* : arrêt brusque suivi d'une reprise, provoquant des secousses. PLURIEL : *le moteur a des À-COUPS.* – *PAR À-COUPS* : de façon irrégulière. *La voiture avance par à-coups. – À l'école, mon fils n'a pas de très bons résultats car il travaille par à-coups.* → **irrégulièrement.**

ACOUSTIQUE [akustik] n. f. ▪ *L'ACOUSTIQUE* : qualité sonore (d'un théâtre, d'une salle de concert). *Cette salle a une bonne acoustique. Les musiciens disent que l'acoustique est excellente dans cette église.*

ACQUÉREUR [akeʀœʀ] n. m. ▪ *UN ACQUÉREUR* : une personne qui devient propriétaire de qqch. en l'achetant. *Cette maison à vendre n'a pas encore trouvé d'acquéreur.* → **acheteur.** *Madame Dupont est l'acquéreur de cette voiture.*
REM. *Acquéreur* n'a pas de féminin. On dit *elle est acquéreur.*

ACQUÉRIR [akeʀiʀ] verbe [conjugaison 21] 1. Devenir propriétaire de (qqch.). *Ma sœur a acquis une maison.* 2. Arriver à avoir (un avantage, une qualité). *En un an, ce terrain a acquis beaucoup de valeur. En travaillant beaucoup, il acquerra* [akɛʀʀa] *des connaissances*, il apprendra beaucoup de choses.
REM. La plupart des formes conjuguées de *acquérir* sont peu utilisées (au présent *j'acquiers*, à l'imparfait *j'acquérais*, au futur *j'acquerrai*).

ACQUIESCER [akjese] verbe [conjugaison 3a] ▪ Dire oui, donner son accord. *Lorsque je lui ai demandé s'il voulait venir avec moi, il a acquiescé d'un signe de tête. Nous acquiesçons à votre demande.*

① **ACQUIS** [aki], **ACQUISE** [akiz] adj. (après le nom) 1. Qui a été acquis, obtenu définitivement. *En France, les congés payés sont un avantage acquis.* 2. (qqn) *Acquis à (qqn, qqch.)* : entièrement dévoué à (qqn, qqch.). *Il est acquis à notre politique. Votre ami vous est tout acquis.*

② **ACQUIS** [aki] n. m. ▪ *UN ACQUIS* : ce qui est acquis, obtenu par le travail, par l'expérience, par une action. *Les syndicats organisent une grève pour défendre leurs acquis.*
REM. *Acquit* «reconnaissance écrite d'un paiement» se prononce de la même façon.

acquis [aki], **acquise** [akiz] *Il a acquis cette maison ; la maison qu'il a acquise* : formes au participe passé du verbe **acquérir.**

ACQUISITION [akizisjɔ̃] n. f. 1. *L'ACQUISITION* : achat (plutôt important). *Nous avons fait l'acquisition d'un grand terrain.* 2. *UNE ACQUISITION* : ce que l'on a acheté. *Si tu viens à la maison, je te montrerai mes dernières acquisitions.*

ACQUIT [aki] n. m. 1. *POUR ACQUIT* : formule que l'on écrit au dos d'un chèque, pour attester le paiement. *Écrivez «pour acquit», la date et signez.* 2. *Par acquit de conscience* : pour ne rien avoir à se reprocher par la suite. *Par acquit de conscience, je vais vérifier si j'ai bien fermé la porte de la maison.*

ACQUITTEMENT [akitmɑ̃] n. m. ▪ *UN ACQUITTEMENT* : le fait de déclarer (un accusé) non coupable. *Le tribunal a prononcé l'acquittement de l'accusé.*

ACQUITTER [akite] verbe [conjugaison 1a] 1. Déclarer (un accusé) non coupable. *Le tribunal a acquitté l'accusé.* (contraire : condamner) 2. verbe pronominal *S'ACQUITTER DE* : faire ce qu'on doit. *Elle s'acquitte de sa dette*, elle la paye. *Elle s'est très bien acquittée de la mission qu'on lui a confiée* : elle a très bien fait le travail qu'on lui a confié.

ÂCRE [ɑkʀ] adj. (après le nom ou, plus rare, avant le nom) ▪ Qui pique, qui est très irritant à l'odorat. *Ces fleurs dégagent une odeur âcre.* (contraire : doux) *On sent l'âcre fumée d'un incendie.*

ÂCRETÉ [ɑkʀəte] n. f. ▪ *L'ÂCRETÉ :* caractère de ce qui est âcre. *Cette odeur est d'une désagréable âcreté. L'âcreté de la fumée nous fait tousser.*

ACRIDIENS [akʀidjɛ̃] n. m. pluriel ▪ *LES ACRIDIENS :* famille d'insectes sauteurs. *Les criquets sont des acridiens gris ou bruns.*

ACRIMONIE [akʀimɔni] n. f. ▪ *L'ACRIMONIE :* mauvaise humeur qui s'accompagne de paroles méchantes, blessantes. → **aigreur.** *Comme il était très en colère, il a répondu avec acrimonie. Sa réponse était pleine d'une acrimonie haineuse. Malgré son mécontentement, elle a parlé SANS ACRIMONIE.*

ACROBATE [akʀɔbat] n. m., n. f. ▪ *UN ACROBATE, UNE ACROBATE :* artiste de cirque qui fait des exercices d'équilibre et de gymnastique, difficiles et souvent dangereux. *Les équilibristes, les funambules et les trapézistes sont des acrobates.*

ACROBATIE [akʀɔbasi] n. f. ▪ *UNE ACROBATIE* 1. Exercice que fait l'acrobate. *Il a réussi une acrobatie très difficile. Faire des acrobaties au trapèze.* – *Nous avons admiré des acrobaties aériennes,* des exercices d'adresse réalisés par un avion. 2. Très grande habileté nécessaire pour vaincre une difficulté. *Il me reste très peu d'argent : je vais devoir faire des acrobaties financières.*

ACROBATIQUE [akʀɔbatik] adj. (après le nom) ▪ Qui appartient à l'acrobatie. *Les clowns ont présenté un exercice acrobatique très amusant.*

ACRONYME [akʀɔnim] n. m. ▪ *UN ACRONYME* 1. En grammaire française, sigle qui se prononce comme un mot ordinaire. → **sigle.** *OVNI est l'acronyme de Objet Volant Non Identifié et se prononce* [ɔvni]. 2. Mot formé de morceaux quelconques de plusieurs mots. → **mot-valise.** *Radar est un acronyme anglais utilisé en français.*

REM. Ces formations sont imitées de l'anglais. OVNI se dit UFO ['juːfəʊ] en anglais (Unidentified Flying Object).

ACRYLIQUE [akʀilik] n. m. ▪ *L'ACRYLIQUE :* matière artificielle très utilisée pour faire des tissus, des tricots. *Il a acheté un pull en acrylique. C'est de l'acrylique très doux.*

① **ACTE** [akt] n. m. ▪ *UN ACTE :* document officiel qui constate un fait. *L'ACTE DE VENTE de la maison a été signé chez le notaire.* – *PRENDRE ACTE d'une chose,* la faire constater légalement ; la garder en mémoire. *Je prends acte de votre promesse.*

② **ACTE** [akt] n. m. ▪ *UN ACTE* 1. Ce que fait qqn. → ① **action.** *Vous êtes adulte et responsable de vos actes. C'est un acte courageux. Des inconnus se sont livrés à des actes de violence. PASSER À L'ACTE :* se décider à agir. *Elle est passée à l'acte en quittant son mari.* 2. *Faire ACTE DE PRÉSENCE :* ne paraître qu'un instant dans un lieu, par politesse ou par obligation. *Je n'ai pas envie d'aller à cette soirée, mais je ferai quand même acte de présence.*

③ **ACTE** [akt] n. m. ▪ *UN ACTE :* chacune des grandes divisions d'une pièce de théâtre. *Le premier acte se passe dans une forêt.*

ACTEUR [aktœʀ] n. m., **ACTRICE** [aktʀis] n. f. ▪ *UN ACTEUR, UNE ACTRICE :* une personne dont le métier est de jouer dans une pièce de théâtre, dans un film. → **comédien, interprète.** *Il est acteur. Le metteur en scène a choisi son acteur principal. Cette femme est une actrice célèbre.* → **star, vedette.**

ACTIF [aktif], **ACTIVE** [aktiv] adj. (après le nom) 1. (qqn) Qui aime l'action, qui aime faire beaucoup de choses. *Ce garçon est très actif. C'est une femme active.* → **dynamique.** (contraire : inactif) 2. (qqch.) Qui fait beaucoup d'effet, qui agit avec force. *Ce sirop est très actif contre la toux.* → **efficace.** 3. *Population active :* partie de la population qui travaille ou qui cherche un emploi, dans un pays. *Les chômeurs font partie de la population active.* 4. *La VOIX ACTIVE :* la forme d'un verbe où le sujet fait l'action. (contraire : passif)

> *la voix active*
>
> Les verbes qui ne peuvent pas avoir de complément d'objet direct comme *tomber, aller, s'asseoir* sont toujours à la voix active :
>
> *Elle tombe, elle est tombée.*
>
> Les verbes qui peuvent avoir un complément d'objet direct sont à la voix active quand ils sont à un temps simple *(Les élèves chantent une chanson)* ou à un temps composé conjugué avec *avoir (Les élèves ont chanté une chanson).*

① **ACTION** [aksjɔ̃] n. f.

I. 1. *UNE ACTION :* ce que fait volontairement qqn. → ② **acte, fait.** *Vous avez fait une bonne action.* → **B.A.** *Il a commis une mauvaise action.* 2. Effet produit par qqch. *L'action de ce médicament est rapide.* 3. *L'ACTION :* le fait d'agir. → **activité, travail.** (contraire : inaction) *J'aime l'action. PASSER À L'ACTION :* commencer à agir. *Réfléchissez bien avant de passer à l'action. EN ACTION :* en train d'agir. *Les équipes de secours sont déjà en action sur les lieux de l'accident. UN HOMME, UNE FEMME D'ACTION,* qui aime l'action, qui a l'habitude d'agir. *C'est une femme d'action.*

II. *L'ACTION :* ensemble des principaux événements d'une pièce de théâtre, d'un récit, d'un film. → **intrigue.** *L'action du roman se passe en Italie.* – *Film d'action,* où il y a beaucoup de scènes mouvementées. *Les enfants adorent les films d'action.*

② **ACTION** [aksjɔ̃] n. f. ▪ *UNE ACTION :* part du capital d'une société, que l'on peut acheter ou vendre et sur laquelle on peut gagner de l'argent. *Il a vendu toutes ses actions.*

ACTIONNAIRE [aksjɔnɛʀ] n. m., n. f. ▪ *UN ACTIONNAIRE, UNE ACTIONNAIRE :* une personne qui possède une ou plusieurs actions. *Elle est actionnaire d'un grand magasin.*

ACTIONNER [aksjɔne] verbe [conjugaison 1a] ▪ Mettre en marche, faire fonctionner (un mécanisme, une machine). *Dans le train, un voyageur a actionné le signal d'alarme.*

REM. *Actionner* ne s'emploie que si la mise en marche demande un effort : on ne dit pas *actionner un interrupteur.*

active adj. → **actif**

ACTIVEMENT [aktivmɑ̃] adverbe ▪ Avec beaucoup d'énergie. *En ce moment, elle prépare activement ses examens.* (contraire : mollement)

ACTIVER [aktive] verbe [conjugaison 1a] 1. Rendre plus rapide (qqch.). → **accélérer.** *L'hiver arrive, il faut activer les travaux.* (contraire : ralentir) 2. Rendre plus vif, plus fort (qqch.). *Le vent active le feu de forêt.* 3. verbe pronominal S'ACTIVER : (qqn) se montrer actif, s'occuper activement. *Les serveurs s'activent dans la salle de restaurant. Elle s'est ACTIVÉE À préparer le déjeuner.* – STYLE FAMILIER *Vous êtes en retard, il faut vous activer un peu !* → se **dépêcher,** se **presser.**

ACTIVITÉ [aktivite] n. f. 1. *L'ACTIVITÉ :* dynamisme, énergie. *Tu es d'une activité débordante, ce matin !* (contraire : inactivité) – *Ce volcan est en activité* (opposé à éteint), il est actif, il peut avoir une éruption. 2. *UNE ACTIVITÉ :* action d'une personne, d'une entreprise, d'une nation. *Mon frère a repris ses activités professionnelles depuis une semaine.* → **travail.** *Elle a beaucoup d'activités,* beaucoup d'occupations. *L'activité économique du pays est bonne.*

ACTRICE n., féminin de **acteur**

ACTUALISER [aktɥalize] verbe [conjugaison 1a] ▪ Rendre plus moderne, plus actuel (un texte). *L'année prochaine, les programmes scolaires seront actualisés.*

ACTUALITÉ [aktɥalite] n. f. ▪ *L'ACTUALITÉ* 1. Ensemble des événements, des faits qui sont arrivés il y a peu de temps. *Il s'intéresse à l'actualité sportive.* 2. (au pluriel) LES ACTUALITÉS : les informations, les nouvelles du moment. → **journal.** *Elle regarde les actualités à la télévision.* 3. Ce qui se passe maintenant, en ce moment, dans le monde. *Le racisme est un problème D'ACTUALITÉ :* le racisme est, en ce moment, un problème important dont on parle beaucoup. *Ce sujet n'est plus d'actualité.*

ACTUEL [aktɥɛl], **ACTUELLE** [aktɥɛl] adj. (après le nom ou, plus rare, avant le nom) 1. (qqch., qqn) Qui se passe maintenant, qui existe au moment présent. *La mode actuelle me plaît beaucoup. L'époque actuelle est perturbée,* celle d'aujourd'hui. → **contemporain.** *À l'heure actuelle il doit être arrivé,* maintenant, en ce moment. *Nous avons vu l'actuel champion du monde de ski,* celui qui est champion en ce moment. 2. (qqch.) Qui concerne notre époque. *La construction de l'Europe est un sujet très actuel. La drogue, la violence sont des problèmes actuels.*

FAUX AMI — anglais **actual** « réel »

ACTUELLEMENT [aktɥɛlmɑ̃] adverbe ▪ En ce moment. *Ils sont actuellement en voyage en Espagne.*

FAUX AMI — anglais **actually** « en fait »

ACUPONCTEUR [akypɔ̃ktœʀ] n. m., **ACUPONCTRICE** [akypɔ̃ktʀis] n. f. ▪ *UN ACUPONCTEUR, UNE ACUPONCTRICE :* médecin spécialiste de l'acuponcture. *Elle se fait soigner par un acuponcteur.*

ACUPONCTURE [akypɔ̃ktyʀ] n. f. ▪ *L'ACUPONCTURE :* manière de soigner un malade en faisant pénétrer de fines aiguilles en certains points de son corps. *Elle s'intéresse à l'acuponcture chinoise.*

ADAPTATION [adaptasjɔ̃] n. f. 1. *L'ADAPTATION :* le fait de s'habituer. *A-t-il eu une adaptation facile ou difficile ?* (contraire : inadaptation) *Ce travail demande une période d'adaptation,* un peu de temps pour s'habituer. *Elle a une grande faculté d'adaptation :* elle s'habitue facilement aux changements. 2. *UNE ADAPTATION :* film ou pièce de théâtre faits d'après un roman. → **transposition.** *Au cinéma, j'ai vu une bonne adaptation d'un roman de Balzac. C'est une adaptation télévisée,* une adaptation pour la télévision.

ADAPTER [adapte] verbe [conjugaison 1a] 1. Réunir et fixer ensemble des objets. → **ajuster.** *Le jardinier a adapté le tuyau d'arrosage au robinet.* 2. Faire l'adaptation de. *On a adapté ce roman pour le théâtre et pour le cinéma.* 3. verbe pronominal S'ADAPTER (À) : s'habituer (à). *T'es-tu bien adapté à ton nouveau travail ? Cette plante s'adapte mal au froid. – Elle s'est bien adaptée.*

ADDITION [adisjɔ̃] n. f. ▪ *UNE ADDITION* 1. Opération de calcul qui consiste à ajouter des nombres les uns aux autres. *120+30+12 est une addition.* → **plus.** *Elle fait une addition. Les quatre opérations de calcul sont l'addition, la soustraction, la multiplication et la division.* 2. Ce que l'on doit payer au restaurant, au café. *Garçon, l'addition, s'il vous plaît ! Je règle l'addition et nous partons.* 3. *L'ADDITION :* action d'ajouter en mélangeant, dans une recette. *Ce jus de fruits est préparé sans addition de sucre.*

REM. Au café ou au restaurant, au moment de payer, on emploie le mot *addition,* mais à l'hôtel on emploie le mot *note.* Voir aussi **facture.**

ADDITIONNER [adisjɔne] verbe [conjugaison 1a] 1. Faire le total de plusieurs nombres. *Additionnez 250 et 121* (= 371). 2. verbe pronominal S'ADDITIONNER : s'ajouter. *Les dépenses se sont additionnées.* → s'**ajouter.** 3. *ADDITIONNÉ DE (qqch.) :* dans lequel on a ajouté qqch. *Ceci est du jus de fruits additionné de sucre.*

ADEPTE [adɛpt] n. m., n. f. ▪ *UN ADEPTE, UNE ADEPTE :* fidèle d'une religion, partisan d'une doctrine. *FAIRE DES ADEPTES :* amener d'autres personnes à avoir les mêmes idées. → **convaincre, convertir.** *Cette secte a fait de nombreux adeptes. – Ta nouvelle coiffure va faire des adeptes !*

ADÉQUAT [adekwa], **ADÉQUATE** [adekwat] adj. (après le nom) ▪ (qqch.) Qui convient exactement. → **approprié, juste.** *C'est le mot adéquat. Il a enfin trouvé la solution adéquate.* (contraire : inadéquat)

REM. Le groupe de lettres *qua* se prononce le plus souvent [ka] (comme dans *qualité*), mais se prononce aussi [kwa] (comme dans *adéquat, équateur,* mots où *qua* a gardé la prononciation latine).

adhérant [adeʀɑ̃] *En adhérant :* forme au participe présent du verbe **adhérer.**

ADHÉRENCE [adeʀɑ̃s] n. f. ▪ *L'ADHÉRENCE :* état d'une chose qui adhère, qui tient fortement à une autre. *Les pneus de ma voiture sont neufs, ils ont une bonne adhérence au sol. Une mauvaise adhérence fait déraper les voitures dans les virages.*

FAUX AMI — italien **aderenza** « relations »

① **ADHÉRENT** [adeʀɑ̃], **ADHÉRENTE** [adeʀɑ̃t] adj. (après le nom) ▪ Qui adhère (à autre chose). *Certains coquillages sont adhérents au rocher.*

REM. 1. Ne pas confondre *adhérent* « qui adhère naturellement » et *adhésif* « fabriqué pour coller ». 2. Le participe présent *adhérant* se prononce de la même façon que le masculin *adhérent.*

② **ADHÉRENT** [adeʀɑ̃] n. m., **ADHÉRENTE** [adeʀɑ̃t] n. f. ▪ *UN ADHÉRENT, UNE ADHÉRENTE :* une personne qui appartient (à un parti, une association). → **membre.** *C'est un adhérent de notre parti politique. Le club accueille une nouvelle adhérente. Vous recevrez bientôt votre carte d'adhérent.*

① **ADHÉRER** [adeʀe] verbe [conjugaison 6a] ▪ (qqch.) Tenir fortement sur une surface. → **coller.** *Ce papier peint adhère mal au mur.*

② **ADHÉRER** [adeʀe] verbe [conjugaison 6a] 1. S'inscrire comme membre d'un groupe. *Il a adhéré à un syndicat. J'ai adhéré à un club d'échecs.* 2. Être d'accord avec (qqch.). *Nous adhérerons* [adɛʀʀɔ̃] *certainement à votre projet.*

REM. Comparer les formes conjuguées : au présent, *nous adhérons,* au futur, *nous adhérerons.*

ADHÉSIF [adezif] adj. et n. m., **ADHÉSIVE** [adeziv] adj. 1. adjectif (après le nom) Fabriqué pour coller, adhérer. → **collant.** *RUBAN ADHÉSIF :* bande mince et souple recouverte sur une face d'un produit collant. *L'affiche est fixée au mur avec du ruban adhésif.* → **scotch.** *L'infirmière met un pansement adhésif sur ma blessure.* → **sparadrap.** *Le gant de toilette est pendu à un crochet adhésif,* à un crochet en plastique collé au mur. 2. *UN ADHÉSIF :* pansement adhésif, un papier adhésif. *J'ai acheté une boîte d'adhésifs.*

REM. Ne pas confondre avec *adhérent.*

ADHÉSION [adezjɔ̃] n. f. ▪ *L'ADHÉSION* 1. Inscription à un groupe. *L'association enregistre de nombreuses adhésions. N'oubliez pas de remplir votre BULLETIN D'ADHÉSION.* 2. Accord volontaire. *Le maire a donné son entière adhésion au projet de construction d'une école.*

adhésive adj. → **adhésif**

AD HOC [adɔk] adjectif invariable ■ (qqch.) Qui convient tout à fait. *Pour réparer la voiture, j'ai besoin des outils ad hoc.* → **adéquat, approprié.**

REM. *Ad hoc* est une locution latine, qui se prononce de la même façon que *haddock* «poisson fumé» et que le nom du *capitaine Haddock*, personnage de la bande dessinée *Tintin et Milou*, de Hergé.

ADIEU [adjø] interjection et n. m. 1. *Adieu !* se dit à qqn que l'on quitte pour longtemps (opposé à au revoir) ou que l'on quitte pour toujours. *« Adieu, les amis ! J'espère que nous nous reverrons. » – Ton fils veut jouer de la trompette ? Alors tu peux DIRE ADIEU À ta tranquillité !* tu n'auras plus jamais de tranquillité. 2. *UN ADIEU* : fait de prendre congé, de se séparer de qqn. *Malheureusement ce n'est pas un au revoir, mais un adieu.* PLURIEL : *avant son départ, elle est venue nous faire ses ADIEUX.*

FAUX AMI — suédois **adjö** « au revoir »

REM. Dans le sud de la France, on dit souvent *adieu* pour *au revoir*, et même pour *bonjour* : « *Adieu ! Comment vas-tu ?* »

ADIPEUX [adipø], **ADIPEUSE** [adipøz] adj. (après le nom) ■ (qqn) Gras, gonflé de graisse. *C'est un homme adipeux.*

ADJACENT [adʒasɑ̃], **ADJACENTE** [adʒasɑ̃t] adj. (après le nom) 1. (qqch.) Qui est situé à côté d'autre chose. → **contigu, voisin.** *Il n'habite pas loin d'ici, sa maison est dans la rue adjacente. Elle a acheté un terrain adjacent à la forêt.* 2. (en géométrie) *Tracez deux angles adjacents,* deux angles qui ont le même sommet et un côté commun.

ADJECTIF [adʒɛktif] n. m. ■ *UN ADJECTIF* 1. Mot qui accompagne un nom, qui s'accorde en genre et en nombre avec lui et n'est pas un article. *« Grand » est un adjectif. Adjectifs démonstratifs* (ex. : *ce, cet, cette*), *adjectifs indéfinis* (ex. : *quelque*), *adjectifs interrogatifs* (ex. : *quel ?, quelle ?*), *adjectifs numéraux* (ex. : *deux, deuxième*), *adjectifs possessifs* (ex. : *mon, ma, mes*). *Adjectifs qualificatifs.* 2. *Adjectif qualificatif* ou *adjectif* : mot qui sert à qualifier, qui exprime une qualité (ex. : *grand, brun,* dans *un homme grand et brun*). *Un adjectif qualificatif peut être épithète ou attribut.*

REM. 1. Certains adjectifs comme *aucun, ce, deux, mon* sont des déterminants. → **déterminant.** 2. Les autres adjectifs comme *jeune, noir, petit* sont des adjectifs qualificatifs. 3. Pour les adjectifs qualificatifs → **qualificatif.**

adjoignent [adʒwaɲ] *Ils adjoignent, elles adjoignent* : forme au présent du verbe **adjoindre.**

adjoignit [adʒwaɲi] *Il adjoignit, elle adjoignit* : forme au passé simple du verbe **adjoindre.**

ADJOINDRE [adʒwɛ̃dʀ] verbe [conjugaison 49] ■ Associer (une personne) à (une autre) pour aider dans le travail. *Elle a trop de travail, il faut lui adjoindre un secrétaire. Il faut que nous lui adjoignions un collaborateur.*

adjoint [adʒwɛ̃], **adjointe** [adʒwɛ̃t] *Je lui ai adjoint une collaboratrice ; la collaboratrice que je lui ai adjointe* : formes au participe passé du verbe **adjoindre.**

ADJOINT [adʒwɛ̃] n. m., **ADJOINTE** [adʒwɛ̃t] n. f. ■ *UN ADJOINT, UNE ADJOINTE* : une personne qui aide qqn dans son travail et qui peut le remplacer. → **aide, assistant, collaborateur.** *La directrice a besoin d'un adjoint. Prenez rendez-vous avec mon adjoint. Il a maintenant une adjointe. Elle est adjointe au maire de Paris.*

ADJUDANT [adʒydɑ̃] n. m. ■ *UN ADJUDANT* : sous-officier des armées de terre ou de l'air chargé de la discipline. *C'est un adjudant très autoritaire. Oui, mon adjudant.*

ADJUGÉ ! [adʒyʒe] interjection ■ Ce que dit le commissaire-priseur quand il arrête les enchères en faveur d'un client. *Cinquante mille francs, adjugé !*

ADJUGER [adʒyʒe] verbe [conjugaison 3b] ■ Donner officiellement en récompense. → **attribuer, décerner.** *Elle est heureuse car le jury lui a adjugé le premier prix. Nous adjugeons le deuxième prix à...*

ADJURER [adʒyʀe] verbe [conjugaison 1a] ■ Demander avec insistance à (qqn de faire, dire qqch.). *Pour la troisième fois, je vous adjure de dire la vérité.* → **conjurer, supplier.** *Nous ne vous adjurerons* [adʒyʀʀɔ̃] *pas plus longtemps.*

admet [admɛ] *Il admet, elle admet* : forme au présent du verbe **admettre.**

admette [admɛt] *Il faut qu'il admette, qu'elle admette* : forme au subjonctif présent du verbe **admettre.**

ADMETTRE [admɛtʀ] verbe [conjugaison 56] 1. Accepter (qqn), permettre à (qqn) de faire partie d'un groupe de personnes. *Cette écolière, que le directeur a admise au lycée, n'a que neuf ans. Le directeur a ADMIS cet élève EN sixième* : cet élève a été accepté dans la classe de sixième. *Ce joueur est ADMIS À participer aux demi-finales de tennis.* → **sélectionner.** – *Les chiens ne sont pas admis dans ce magasin* : les chiens n'ont pas le droit d'entrer dans ce magasin. 2. Accepter une idée, être d'accord. (contraire : refuser) *Cet exercice est difficile, je l'admets. Le professeur n'admet pas les retards à son cours,* il ne les autorise pas. *Je n'admets pas que tu viennes chez moi sans prévenir.* – *ADMETTONS QUE, ADMETTONS* : acceptons comme vrai, pendant un moment, dans une discussion. *D'accord, admettons que tu aies raison ; mais alors, explique-moi pourquoi... Il dit qu'il ne la connaît pas : admettons.*

REM. Le verbe qui suit *admettons que* est au subjonctif : *admettons que tu dises la vérité.*

ADMINISTRATEUR [administʀatœʀ] n. m., **ADMINISTRATRICE** [administʀatʀis] n. f. ■ *UN ADMINISTRATEUR, UNE ADMINISTRATRICE* 1. Personne qui dirige et gère des biens, qui s'occupe des possessions d'une personne, d'une société. *Il est administrateur. C'est un bon administrateur, une bonne administratrice.* 2. Membre d'un conseil d'administration. *Les administrateurs de l'entreprise sont en réunion.*

ADMINISTRATIF [administʀatif], **ADMINISTRATIVE** [administʀativ] adjectif (après le nom) 1. Qui concerne l'Administration. *Renseignez-vous auprès des services administratifs. Il faut faire des démarches administratives,* essayer d'obtenir ce que l'on veut auprès de l'Administration. 2. *Il est directeur administratif,* chargé de l'administration.

ADMINISTRATION [administʀasjɔ̃] n. f. 1. *L'ADMINISTRATION* : la gestion, la direction des biens. *Le conseil d'administration de l'entreprise est réuni,* l'ensemble des personnes qui s'occupent de l'entreprise, qui gèrent l'entreprise. 2. *L'ADMINISTRATION* (avec majuscule) : le Service public, l'ensemble des services où travaillent les fonctionnaires. *Il fait des études pour entrer dans l'Administration.* → **fonction** (publique), **service** (public). *Il suit des cours à l'École Nationale d'Administration* (→ **énarque**). 3. *UNE ADMINISTRATION* (sans majuscule) : un service public. *Pour ce renseignement, adressez-vous à l'administration des douanes.*

administrative adj. → **administratif**

ADMINISTRATRICE n., féminin de **administrateur**

① **ADMINISTRER** [administʀe] verbe [conjugaison 1a] ▪ S'occuper de l'organisation d'un pays, d'une région, en dirigeant. *Le maire administre la commune.*

② **ADMINISTRER** [administʀe] verbe [conjugaison 1a] **1.** Faire prendre un médicament. *Pour l'aider à s'endormir, le médecin lui a administré un calmant.* **2.** Donner (des coups) pour punir. *Sa mère lui a administré une fessée.*

ADMIRABLE [admiʀabl] adj. (après le nom ou, parfois, avant le nom) ▪ Merveilleux, remarquable, digne d'admiration. *Pendant les vacances, nous avons vu des paysages admirables. C'est un admirable travail. Voilà une admirable comédienne,* une excellente comédienne. *C'est un homme admirable, une femme admirable,* qui a beaucoup de qualités humaines. ⟨contraires : abject, ignoble⟩

ADMIRABLEMENT [admiʀabləmɑ̃] adverbe ▪ Très bien, merveilleusement. *Il joue admirablement de la guitare. Elle danse admirablement.*

ADMIRATEUR [admiʀatœʀ] n. m., **ADMIRATRICE** [admiʀatʀis] n. f. ▪ *UN ADMIRATEUR, UNE ADMIRATRICE* : une personne qui admire qqn, qqch. *Je suis un admirateur d'Elvis Presley. Il a de nombreuses admiratrices.* → **fan.** *C'est un grand admirateur de Picasso,* un admirateur passionné de Picasso.

ADMIRATIF [admiʀatif], **ADMIRATIVE** [admiʀativ] adj. (après le nom) **1.** Qui montre de l'admiration. *En le voyant, elle a eu un regard admiratif.* **2.** Qui admire. *Admiratif, il écoute la pianiste. Les touristes admiratifs s'arrêtent pour regarder le paysage.*

ADMIRATION [admiʀasjɔ̃] n. f. ▪ *L'ADMIRATION* : sentiment de bonheur, de satisfaction que l'on ressent pour qqn, qqch. de très beau, de remarquable. *J'éprouve une très grande admiration pour lui. Elle est pleine d'admiration pour ses parents. Elle est en admiration devant eux. Les spectateurs ont poussé un CRI D'ADMIRATION. Je n'ai aucune admiration pour cet écrivain raciste. Il la regarde avec admiration.* → **émerveillement.** *Le courage de ce garçon fait l'admiration de tout le monde.*

admirative adj. → **admiratif**

ADMIRATRICE n., féminin de **admirateur**

ADMIRER [admiʀe] verbe [conjugaison 1a] ▪ Avoir de l'admiration pour (ce que l'on trouve beau, remarquable). *Il admire beaucoup sa sœur.* ⟨contraire : mépriser⟩ *Vous admirerez* [admiʀʀe] *la qualité de ce tissu. J'admire votre courage. J'admire que tu sortes malgré ce mauvais temps. Il admire beaucoup ce tableau.*

> REM. **1.** *Admirer* est parfois employé de façon ironique : *j'admire votre confiance* peut vouloir dire *«je ne suis pas aussi confiant que vous».* **2.** Le verbe qui suit *admirer que* est au subjonctif : *j'admire que tu fasses si bien ce travail.*

admis [admi], **admise** [admiz] *J'ai admis cette écolière au lycée ; cette écolière que j'ai admise au lycée* : formes au participe passé du verbe **admettre.**

ADMISSIBLE [admisibl] adj. (après le nom) **1.** Acceptable, tolérable. ⟨contraire : inadmissible⟩ *Cette injustice n'est pas admissible.* **2.** Admis à passer l'oral d'un examen. *Voici la liste des candidats admissibles.* ⟨contraire : non admissible⟩

> REM. *Admissible*, au sens de «acceptable, tolérable», s'emploie surtout en phrases négatives, avec *ne... pas* : *le racisme n'est pas admissible.*

ADMISSION [admisjɔ̃] n. f. ▪ *L'ADMISSION* : le fait d'être admis, reçu (à un examen, un concours, dans un groupe). *L'admission de mon fils dans cette école n'est pas encore décidée. Il a fait sa demande d'admission auprès du club.*

ADN [ɑdeɛn] n. m. ▪ *L'ADN* : sigle de *acide désoxyribonucléique,* acide qui transmet les caractères génétiques d'un individu.

ADO n. m., n. f. Forme abrégée familière de **adolescent, adolescente.**

ADOLESCENCE [adɔlesɑ̃s] n. f. ▪ *L'ADOLESCENCE* : période de la vie qui va de la puberté à l'âge adulte (entre 13 et 18 ans environ). *Mon fils passera bientôt de l'enfance à l'adolescence. Il a eu une adolescence difficile* : il a eu des problèmes au moment de l'adolescence.

ADOLESCENT [adɔlesɑ̃] n. m., **ADOLESCENTE** [adɔlesɑ̃t] n. f. ▪ *UN ADOLESCENT, UNE ADOLESCENTE* : jeune garçon, jeune fille à l'âge de l'adolescence. *Elle a deux enfants : un adolescent de 17 ans et une adolescente de 15 ans. Ce film est conseillé aux adolescents.* – *ADO* [ado] forme abrégée familière : *UN ADO, UNE ADO. Les ados aiment beaucoup ce chanteur.*

S'**ADONNER** [adɔne] verbe pronominal [conjugaison 1a] ▪ Se consacrer entièrement à quelque chose. *Ma fille s'est adonnée à la natation toute l'année.*

ADOPTER [adɔpte] verbe [conjugaison 1a] **1.** Prendre légalement pour fils ou pour fille (un enfant qui n'est pas de soi). *Ils ne peuvent pas avoir d'enfant, alors ils veulent en adopter un. Ils ont adopté une petite fille.* **2.** Prendre (une attitude, un comportement), par choix. *Comme il était très en colère, elle a adopté un air calme,* elle a pris une expression calme. **3.** Donner son accord par un vote. *Le projet de loi a été adopté à l'unanimité.*

ADOPTIF [adɔptif], **ADOPTIVE** [adɔptiv] adj. (après le nom) **1.** (qqn) Qui a été adopté. *C'est leur fils adoptif, leur fille adoptive.* **2.** (qqn) Qui adopte, qui prend légalement pour enfant. *Il aime beaucoup ses parents adoptifs.* **3.** (qqch.) Qu'on a choisi par goût. *La Suisse est sa patrie adoptive.*

ADOPTION [adɔpsjɔ̃] n. f. ▪ *L'ADOPTION* **1.** Fait d'adopter (un enfant). *Ils font des démarches pour l'adoption d'un enfant.* **2.** *Patrie d'adoption,* que l'on a choisie par goût, où l'on vit parce qu'on l'aime. *L'Italie est devenue sa patrie d'adoption.* **3.** Fait de donner son accord par un vote. *L'adoption de ce projet de loi est certaine.*

adoptive adj. → **adoptif**

ADORABLE [adɔʀabl] adj. (avant ou après le nom) ▪ Charmant, très joli. *Ils ont une adorable petite fille. J'ai trouvé un petit chat adorable.* – *Vous êtes adorable.*

ADORATION [adɔʀasjɔ̃] n. f. ▪ *L'ADORATION* : amour passionné et admiratif. *On connaît ton adoration pour les Beatles. Il a une adoration pour les enfants. Il est EN ADORATION devant sa fille.*

ADORER [adɔʀe] verbe [conjugaison 1a] **1.** Prier pour montrer son amour (à un dieu). *Les Incas adoraient le Soleil.* **2.** Aimer d'un amour passionné et admiratif. *Il adore son fils. Elle adore son mari. Mon amour, je t'adore. Elle adore les animaux.* **3.** Aimer beaucoup (qqch.). *Vous adorerez* [adɔʀʀe] *ce film. J'adore les fraises. Les enfants adorent qu'on leur lise des histoires. Ils adorent ça.*

ADOSSÉ [adose], **ADOSSÉE** [adose] adj. (après le nom) ▪ (qqn) *ADOSSÉ À,* qui appuie le dos contre (qqch.). *Adossé à la porte, il reste immobile.* – (qqch.) *Tu reconnaîtras la maison, elle est adossée au rocher,* elle est appuyée contre le rocher.

S'**ADOSSER** [adose] verbe pronominal [conjugaison 1a] ▪ S'appuyer en mettant le dos contre (quelque chose). *Adossez-vous à l'oreiller, c'est plus confortable. Elle s'est adossée au mur.*

ADOUCIR [adusiʀ] verbe [conjugaison 2] **1.** Rendre plus doux, plus agréable à toucher, à entendre. *Cette crème adoucit la peau.* – (qqn) *Il a adouci sa voix pour parler au bébé,* il l'a rendue plus douce (→ **radoucir**). ⟨contraire : durcir⟩ **2.** verbe pronominal S'ADOUCIR : devenir plus chaud. *Le temps s'adoucit, les températures s'adoucissent.* – *Ma grand-mère s'est adoucie en vieillissant,* elle est devenue plus gentille, plus douce.

ADOUCISSANT [adusisɑ̃] adj. et n. m., **ADOUCISSANTE** [adusisɑ̃t] adj. **1.** adjectif (après le nom) Qui calme les irritations de la peau, qui rend la peau plus douce. *Tous les matins, j'utilise une crème adoucissante.* **2.** *UN ADOUCISSANT :* produit qui rend l'eau moins calcaire, le linge plus souple. *Ajoutez de l'adoucissant dans l'eau de rinçage.*

ADOUCISSEMENT [adusismɑ̃] n. m. ▪ (temps) *L'ADOUCISSEMENT :* le fait de devenir plus chaud, plus doux. *On prévoit un adoucissement des températures dans toute la France.*

ADOUCISSEUR [adusisœʀ] n. m. ▪ *UN ADOUCISSEUR :* appareil servant à adoucir l'eau. *L'adoucisseur d'eau est en panne.*

① **ADRESSE** [adʀɛs] n. f. ▪ *UNE ADRESSE* **1.** Indication de l'endroit où habite qqn. *Écrivez lisiblement l'adresse sur l'enveloppe. Quelle est votre adresse ? Je voudrais écrire à ton frère, mais je ne connais pas sa nouvelle adresse. Il a CHANGÉ D'ADRESSE,* il n'habite plus au même endroit. *À la fin de la soirée, ils ont ÉCHANGÉ LEURS ADRESSES,* ils se sont donné leurs adresses. *Voici mon adresse.* → **coordonnées.** *J'ai perdu mon carnet d'adresses.* **2.** *À L'ADRESSE DE (qqn) :* à l'intention de qqn, destiné à qqn. *Si j'ai bien compris, cette remarque était à mon adresse ?* → **intention.**

② **ADRESSE** [adʀɛs] n. f. ▪ *L'ADRESSE* **1.** Qualité physique d'une personne adroite, habile. → **dextérité, habileté.** *Cet enfant est d'une adresse étonnante. Le basketteur a lancé le ballon dans le filet avec beaucoup d'adresse.* ⟨contraire : maladresse⟩ *Il est habile aux JEUX D'ADRESSE,* aux jeux où il faut déplacer des pièces avec délicatesse. **2.** Qualité intellectuelle d'une personne qui sait faire ce qu'il faut pour obtenir un résultat. → **diplomatie, doigté, finesse, habileté.** *Faites lui comprendre ses erreurs avec adresse, pour ne pas le vexer.*

ADRESSER [adʀese] verbe [conjugaison 1a]
I. 1. Faire parvenir, envoyer chez qqn, à l'adresse de qqn. *Je vous ai adressé ce chèque le mois dernier.* **2.** *ADRESSER LA PAROLE à qqn,* lui parler. *Ma fille ne m'a pas adressé la parole depuis deux jours ! Elle refuse de m'adresser la parole.*
II. verbe pronominal S'ADRESSER À (qqn) **1.** Parler à une personne, faire appel à une personne. *C'est à toi qu'elle s'est adressée. Pour ce renseignement, adressez-vous à l'hôtesse.* **2.** Être destiné. *Ce reproche ne s'adresse pas à vous. Ce programme télévisé s'adresse à un public jeune.*

ADROIT [adʀwa], **ADROITE** [adʀwat] adj. (après le nom) **1.** Qui est habile de ses mains, qui a de l'adresse. ⟨contraires : gauche, maladroit⟩ *Tu es adroite, tu sauras réparer cette lampe cassée. Mon frère sait tout faire, il est adroit de ses mains.* **2.** Qui se conduit avec adresse. → **rusé, habile.** *Un diplomate adroit. Ce n'est pas très adroit d'avoir dit ça !* → **malin.**

ADROITEMENT [adʀwatmɑ̃] adverbe ▪ Avec habileté, adresse. *Le joueur a adroitement attrapé le ballon. L'avocat a présenté adroitement la défense de son client.* ⟨contraire : maladroitement⟩

ADULTE [adylt] adj. et n. m., **ADULTE** [adylt] adj. et n. f. **1.** adjectif (après le nom) Qui a fini de grandir, qui a terminé sa croissance. *L'âge adulte,* chez l'être humain, de la fin de l'adolescence au début de la vieillesse. → **mûr.** *Mon fils est arrivé à l'âge adulte.* **2.** *UN ADULTE, UNE ADULTE :* un homme, une femme adulte. *C'est un adulte, une adulte à présent. Ce film n'est pas conseillé aux enfants : il est réservé aux adultes.*

ADULTÈRE [adyltɛʀ] n. m. ▪ *UN ADULTÈRE :* le fait d'avoir des rapports sexuels avec une personne autre que son mari, sa femme. → **infidélité.** *Elle a demandé le divorce pour cause d'adultère.*

ADULTÉRIN [adylteʀɛ̃], **ADULTÉRINE** [adylteʀin] adj. (après le nom) ▪ Né d'un adultère (→ **naturel**). *Les enfants adultérins ont les mêmes droits que les enfants légitimes.*

REM. L'emploi de ce mot est vieilli : on parle plutôt d'*enfants naturels*. Le féminin *adultérine* est rare.

ADVENIR [advəniʀ] verbe impersonnel [conjugaison 22] ▪ Arriver, survenir. *Je t'aiderai QUOI QU'IL ADVIENNE* [advjɛn], malgré tout ce qui peut arriver. *Advienne que pourra :* qu'il arrive ce qui doit arriver. *QU'ADVIENDRA-T-IL* [kadvjɛ̃dʀatil] *de nous si tu n'as plus de travail ?* que deviendrons-nous ? *Que va-t-il advenir de lui ?*

REM. Ce verbe s'emploie à l'infinitif et à la 3ᵉ personne seulement : *un jour, il advint que... Il est advenu que...*

advenu [advəny] *Il est advenu :* forme au participe passé du verbe **advenir.**

ADVERBE [advɛʀb] n. m. ▪ *UN ADVERBE :* mot invariable qui ajoute une précision au sens d'un verbe (ex. : marcher *lentement*), d'un adjectif (ex. : *très* agréable), d'un adverbe (ex. *trop* rapidement) ou d'une phrase (ex. *évidemment,* il est en retard).

l'adverbe

1. Un adverbe peut accompagner :

– un verbe :	*Roulez* ***lentement.*** *Il pleut* ***encore.***
– un adjectif :	*Il a des chaussures* ***trop*** *grandes.*
– un adverbe :	*Elle part* ***très*** *tôt.*
– une phrase entière :	***Évidemment,*** *tu es en retard.*

2. Beaucoup d'adverbes se terminent par *-ment* et sont construits sur un adjectif :
*unique → unique**ment**.*
Ils sont faits :
– sur le masculin de l'adjectif : *modéré → modéré**ment***
– sur le féminin : *fou, folle → folle**ment**.*
Attention ! *const**ant** → const**amment***
et *fréqu**ent** → fréqu**emment**.*

3. Certains mots sont à la fois des adjectifs et des adverbes :

adjectif	adverbe
Cette viande est ***dure.***	*Je travaille* ***dur.***
Sa robe est ***chère.***	*Sa robe coûte* ***cher.***

ADVERSAIRE [advɛʀsɛʀ] n. m., n. f. ▪ *UN ADVERSAIRE, UNE ADVERSAIRE* **1.** Personne opposée à une autre dans un combat, un conflit, une compétition. → **ennemi, rival.** ⟨contraires : allié, partenaire⟩ *Vous êtes un rude adversaire. C'est une adversaire acharnée. Ce boxeur a vaincu tous ses adversaires. Le ministre a beaucoup d'adversaires.* **2.** Personne opposée à (une idée, une pratique). *Cette réforme a des adversaires.* ⟨contraire : partisan⟩

ADVERSE [advɛʀs] adj. (après le nom) ▪ Opposé, contraire. *Nous avons battu l'équipe adverse de football.*

ADVERSITÉ [advɛʀsite] n. f. ▪ *L'ADVERSITÉ :* situation d'une personne qui a des malheurs, de la malchance. → **malheur.** *Il a gardé sa bonne humeur dans l'adversité la plus terrible.*

advient [advjɛ̃] *Il advient :* forme au présent du verbe **advenir.**

AÉRATION [aeʀasjɔ̃] n. f. ▪ *L'AÉRATION :* circulation de l'air dans (un lieu fermé). *Dans un tunnel, l'air arrive par les BOUCHES D'AÉRATION. Cette pièce a besoin d'une bonne aération.*

AÉRÉ [aeʀe], **AÉRÉE** [aeʀe] adj. (après le nom) **1.** Où l'air circule. *Je préfère dormir dans une chambre bien aérée.* **2.** *CENTRE*

AÉRÉ : lieu où les enfants des écoles ont des activités de plein air pendant les vacances. *Aux vacances de printemps, les enfants iront chaque jour au centre aéré.*

AÉRER [aeʀe] verbe [conjugaison 6a] **1.** Faire entrer de l'air (dans un lieu fermé). *Est-ce que tu aères ta chambre tous les matins ? Le dimanche, nous aérons toute la maison.* - *Demain, j'aérerai* [aɛʀʀɛ]. **2.** STYLE FAMILIER verbe pronominal S'AÉRER : prendre l'air, en faisant une promenade, en quittant la ville pour la campagne. *Après une journée de travail, j'ai besoin de m'aérer. Nous nous sommes aérés en montagne.*

AÉRIEN [aeʀjɛ̃], **AÉRIENNE** [aeʀjɛn] adj. (après le nom) **1.** Qui est à l'air libre, en plein air. *Le métro aérien permet de voir Paris.* (contraire : souterrain) **2.** Relatif à l'aviation. *Le mauvais temps a gêné le trafic aérien,* les transports par avion. *Voici une belle photo aérienne,* une photo prise d'avion. *Les forces aériennes sont en alerte,* l'aviation militaire.

AÉRO-CLUB [aeʀoklœb] n. m. *UN AÉRO-CLUB :* club où l'on pratique en amateur les sports aériens. *Mon père est membre d'un aéro-club.* PLURIEL : *des AÉRO-CLUBS.*

AÉRODROME [aeʀodʀom] n. m. *UN AÉRODROME :* terrain aménagé et équipé des installations nécessaires pour le décollage et l'atterrissage des avions. *L'avion roule sur la piste de l'aérodrome.*

AÉRODYNAMIQUE [aeʀodinamik] adj. (après le nom) Qui est conçu, dessiné pour réduire le plus possible la résistance de l'air. *Cette voiture a une forme aérodynamique.*

AÉROGARE [aeʀogaʀ] n. f. *UNE AÉROGARE :* ensemble des bâtiments d'un aéroport, réservés aux voyageurs et aux marchandises. *Cet aéroport a une aérogare accueillante. J'ai acheté des cadeaux dans les boutiques de l'aérogare.*

AÉROGLISSEUR [aeʀoglisœʀ] n. m. *UN AÉROGLISSEUR :* véhicule de transport marin ou terrestre qui se déplace sur coussin d'air. *Nous avons pris l'aéroglisseur pour nous rendre en Angleterre.*

AÉRONAUTIQUE [aeʀonotik] n. f. et adj. **1.** *L'AÉRONAUTIQUE :* la science de la navigation aérienne, technique de la construction des appareils qui se déplacent dans l'air. *Il travaille dans l'aéronautique civile.* **2.** adjectif (après le nom) Relatif à la navigation aérienne. *Il est ingénieur aéronautique.*

AÉRONAVAL [aeʀonaval] adj., **AÉRONAVALE** [aeʀonaval] adj. et n. f. **1.** adjectif (après le nom) Qui appartient à l'aviation et à la marine. *Ces équipements aéronavals sont récents.* **2.** *L'AÉRONAVALE :* l'ensemble des forces et des installations aériennes de la marine militaire française. *Il est pilote dans l'aéronavale.*

AÉRONEF [aeʀonɛf] n. m. *UN AÉRONEF :* tout appareil pouvant se déplacer dans les airs. → **avion, hélicoptère.** *Nous avons vu un aéronef étrange.*

AÉROPLANE [aeʀoplan] n. m. *UN AÉROPLANE :* ancien nom de l'avion. *Les premiers aéroplanes avaient deux paires d'ailes.*

AÉROPORT [aeʀopɔʀ] n. m. *UN AÉROPORT :* ensemble des pistes et des bâtiments nécessaires au trafic aérien, au transport aérien des voyageurs et des marchandises. *Nous arriverons à l'aéroport d'Orly, en France.*

AÉROPORTÉ [aeʀopɔʀte], **AÉROPORTÉE** [aeʀopɔʀte] adj. (après le nom) Transporté par avion. *Les troupes militaires aéroportées ont été débarquées dans la brousse.*

AÉROSOL [aeʀosɔl] n. m. *UN AÉROSOL :* appareil qui projette un liquide mélangé à un gaz, sous forme de gouttelettes très fines. → **atomiseur.** *J'ai acheté un insecticide en aérosol.*

AÉROSPATIAL [aeʀospasjal], **AÉROSPATIALE** [aeʀospasjal] adj. (après le nom) Qui appartient aux techniques de l'aviation et aux voyages dans l'espace extraterrestre. *J'aimerais faire un voyage aérospatial !* MASCULIN PLURIEL : *des voyages AÉROSPATIAUX* [aeʀospasjo].

AFFABLE [afabl] adj. (après le nom) STYLE RECHERCHÉ (qqn) Aimable et bienveillant. → **avenant, courtois.** *Son père est un homme affable, qui vous accueillera bien.*

AFFABULATION [afabylasjɔ̃] n. f. *UNE AFFABULATION :* récit inventé par un menteur. → **invention.** *C'est un mensonge, une affabulation ! Les affabulations de l'accusé compliquent l'affaire.*

AFFAIBLI [afebli], **AFFAIBLIE** [afebli] adj. (après le nom) Qui est devenu faible. *Le malade est très affaibli, il n'a pas la force de marcher.*

AFFAIBLIR [afebliʀ] verbe [conjugaison 2] **1.** Rendre faible. *De jour en jour, cette mauvaise grippe l'affaiblissait.* → **fatiguer.** **2.** verbe pronominal S'AFFAIBLIR : devenir faible. *Ma mère est malade, elle s'affaiblit. Elle voit moins bien, sa vue s'est affaiblie.* → **baisser.** - *Ils sont affaiblis par la faim.*

AFFAIBLISSEMENT [afeblismɑ̃] n. m. *UN AFFAIBLISSEMENT :* perte de force. *On observe, chez ce malade, un affaiblissement inquiétant.* - *Un affaiblissement de la monnaie est à craindre.*

AFFAIRE [afɛʀ] n. f.

I. **1.** *UNE AFFAIRE :* ce qu'une personne a à faire, qui la concerne. *Tu iras toi-même à ce rendez-vous, c'est ton affaire,* tu t'en occupes, cela ne regarde que toi. *Occupe-toi de tes affaires !* de ce qui te regarde, te concerne. *Je n'ai pas trouvé de tournevis, mais ce petit couteau FERA L'AFFAIRE,* ce petit couteau conviendra. **2.** Problème, question. *Nous avons parlé de cette affaire mille fois. Je sais pourquoi il est triste, c'est pour une AFFAIRE DE cœur. Ils se sont disputés à propos d'une affaire d'argent.* **3.** Ce qui occupe de façon embarrassante. → **difficulté, ennui.** *Se garer dans Paris, c'est TOUTE UNE AFFAIRE,* c'est difficile et compliqué. *Être TIRÉ D'AFFAIRE :* être sauvé, être hors de danger. *Nous avons eu peur pour mon oncle, mais il est tiré d'affaire, maintenant.* **4.** Ensemble de faits créant une situation compliquée. *C'est une affaire délicate. Plusieurs hommes politiques sont impliqués dans des affaires de fausses factures. Des personnes ont voulu ÉTOUFFER L'AFFAIRE,* ont voulu empêcher que l'affaire soit connue. **5.** Procès. *Une affaire criminelle est jugée aujourd'hui.* **6.** Accord conclu avec qqn. *Cette voiture marche très bien et je ne l'ai pas payée cher : j'ai vraiment fait une bonne affaire. Nous avons fait une mauvaise affaire. C'est l'affaire du siècle !* **7.** *AVOIR AFFAIRE À qqn :* avoir à discuter, à traiter avec qqn. *J'ai eu affaire au directeur. Ne recommence pas ou tu auras affaire à moi !*

II. (au pluriel) LES AFFAIRES **1.** *LES AFFAIRES de qqn :* les objets qui appartiennent à une personne. *Qui a fouillé dans mes affaires ? S'il te plaît, range tes affaires, il y en a partout.* **2.** *LES AFFAIRES :* les activités économiques. *Les affaires reprennent. Elle EST DANS LES AFFAIRES :* elle travaille comme responsable dans le commerce ou l'industrie. *C'est un HOMME D'AFFAIRES, une FEMME D'AFFAIRES,* un homme, une femme qui travaille dans les affaires. *Ma sœur est en voyage d'affaires.* **3.** *Elle travaille au ministère des AFFAIRES ÉTRANGÈRES,* dans l'administration chargée des relations avec les pays étrangers, en France.

FAUX AMIS
italien **affare** « machin » ; portugais **afazer** « occupation » ; russe **афэра** « spéculation » ; suédois **affär** « boutique »

AFFAIRÉ [afeʀe], **AFFAIRÉE** [afeʀe] adj. (après le nom) ▪ Très occupé, qui a beaucoup de choses à faire. *Ton père est affairé ce matin, il range son bureau.*

FAUX AMI
espagnol **aferrado** « obstiné »

S'**AFFAIRER** [afeʀe] verbe pronominal [conjugaison 1a] ▪ Se montrer actif, s'occuper en se dépêchant. *Les serveurs s'affairent auprès de leurs clients. Elle s'est affairée dans la cuisine avant l'arrivée des invités.*

AFFAISSEMENT [afɛsmɑ̃] n. m. ▪ *UN AFFAISSEMENT :* le fait de s'affaisser. *L'inondation a provoqué un affaissement de terrain.* → **effondrement.**

S'**AFFAISSER** [afese] verbe pronominal [conjugaison 1a] ▪ S'effondrer, plier sous un poids. *Depuis l'orage, le sol s'est affaissé par endroits.* → s'**enfoncer.** *Deux murs de la grange se sont affaissés.*

S'**AFFALER** [afale] verbe pronominal [conjugaison 1a] ▪ Se laisser tomber lourdement. *Épuisée, elle s'est affalée sur son lit.*

AFFAMÉ [afame], **AFFAMÉE** [afame] adj. (après le nom) **1.** Qui a très faim. *Je suis affamé, après cette grande promenade.* **2.** (qqn) Qui souffre de la faim. *Nous devons secourir les populations affamées.*

FAUX AMIS
espagnol et portugais **afamado** « renommé, célèbre »

① **AFFECTATION** [afɛktasjɔ̃] n. f. ▪ STYLE RECHERCHÉ (qqn) *L'AFFECTATION :* manque de naturel, de sincérité. *Comme tout le monde la regardait, elle se mit à rire avec affectation. Elle est d'une affectation irritante.*

② **AFFECTATION** [afɛktasjɔ̃] n. f. ▪ *UNE AFFECTATION* **1.** Destination (d'une chose) à un usage précis. *La mairie a décidé l'affectation d'une somme d'argent à la réparation du toit de l'église.* **2.** Désignation (de qqn) à un poste, à une fonction. *Il a demandé son affectation à Marseille.*

AFFECTÉ [afɛkte], **AFFECTÉE** [afɛkte] adj. (après le nom) ▪ (comportement) Peu naturel. → **étudié, maniéré.** *Je n'aime pas ses manières affectées. Le directeur montre une douceur affectée.* → **faux, feint.**

① **AFFECTER** [afɛkte] verbe [conjugaison 1a] ▪ STYLE RECHERCHÉ Faire semblant d'éprouver un sentiment. → **feindre, simuler.** *Malgré sa déception, il affecte la bonne humeur.*

② **AFFECTER** [afɛkte] verbe [conjugaison 1a] **1.** Destiner, réserver (qqch.) à un usage précis. *La nouvelle salle de la mairie est affectée aux cérémonies de mariage.* **2.** Désigner, nommer (qqn) à un poste. *Il a été affecté au service comptabilité.*

③ **AFFECTER** [afɛkte] verbe [conjugaison 1a] ▪ Causer une douleur morale, toucher en faisant une impression pénible. *Son échec aux examens l'a beaucoup affecté. Très affecté par la mort de son amie, il ne dort plus.*

AFFECTIF [afɛktif], **AFFECTIVE** [afɛktiv] adj. (après le nom) ▪ Qui est du domaine des sentiments. *Mon frère a des problèmes affectifs. Sa vie affective est très riche.* → **émotionnel, sentimental.**

① **AFFECTION** [afɛksjɔ̃] n. f. ▪ STYLE RECHERCHÉ *UNE AFFECTION :* une maladie. *La malade présente une affection de la gorge.*

② **AFFECTION** [afɛksjɔ̃] n. f. ▪ *L'AFFECTION :* sentiment tendre qui unit une personne à une autre. → **attachement, tendresse.** ⟨contraire : aversion⟩ *Il a une grande affection pour son frère.*

AFFECTIONNER [afɛksjɔne] verbe [conjugaison 1a] ▪ STYLE RECHERCHÉ Aimer beaucoup (qqn). *Il affectionne sa vieille grand-mère.* ⟨contraire : détester⟩

affective adj. → **affectif**

affectueuse adj. → **affectueux**

AFFECTUEUSEMENT [afɛktɥøzmɑ̃] adverbe ▪ Tendrement. *Au moment de partir, elle a embrassé sa mère affectueusement.* – (à la fin d'une lettre) *Affectueusement, Nicole.*

AFFECTUEUX [afɛktɥø], **AFFECTUEUSE** [afɛktɥøz] adj. (après le nom, parfois avant) ▪ Qui montre de l'affection, de la tendresse. *Mon petit-fils est affectueux, il vient toujours m'embrasser. Il a consolé son fils par des paroles affectueuses.* (pour finir une lettre) *Affectueuses pensées.*

AFFERMIR [afɛʀmiʀ] verbe [conjugaison 2] **1.** Rendre plus ferme. *Elle suit un traitement qui affermit les seins.* → **raffermir.** ⟨contraire : amollir⟩ **2.** Rendre plus fort, plus assuré. ⟨contraire : affaiblir⟩ *Avant de commencer son discours, elle toussa pour affermir sa voix. Ce malheur, au lieu de l'affaiblir, l'affermissait dans sa résolution. Le gouvernement cherche à affermir son autorité.* → **consolider, renforcer.**

AFFICHAGE [afiʃaʒ] n. m. ▪ *L'AFFICHAGE* **1.** Action de poser des affiches. *L'affichage publicitaire envahit la ville. Les panneaux d'affichage électoral sont dressés devant les écoles. Affichage interdit.* **2.** Présentation mécanique ou électronique de données, de résultats. *J'ai acheté une montre à AFFICHAGE NUMÉRIQUE. Nous avons rendez-vous à l'aéroport, sous le grand panneau d'affichage des horaires de départs.*

AFFICHE [afiʃ] n. f. ▪ *UNE AFFICHE :* feuille de papier portant un texte ou une image servant à annoncer qqch. au public ou à faire de la publicité, et placée sur un mur ou sur un panneau. → **avis, placard.** *Ce mur est couvert d'affiches publicitaires. Il est colleur d'affiches,* son métier est de coller les affiches. *Cette pièce de théâtre est restée un an À L'AFFICHE,* elle a été jouée pendant un an. *Cet acteur est en TÊTE D'AFFICHE,* son nom apparaît en premier sur l'affiche, comme rôle principal.

AFFICHER [afiʃe] verbe [conjugaison 1a] **1.** Annoncer par une affiche. → **placarder.** *Les horaires des cours sont affichés sur la porte.* **2.** Poser des affiches. *Défense d'afficher.* **3.** Faire apparaître (une information visuelle) sur un écran, un cadran. *J'attends que l'arrivée de l'avion soit affichée.* **4.** Bien montrer. *Mon père affiche toujours ses opinions politiques.* **5.** verbe pronominal S'AFFICHER AVEC : (qqn) se montrer volontairement en public (avec qqn). *Elle s'est affichée avec son nouveau petit ami.*

D'**AFFILÉE** [dafile] adverbe ▪ À la suite, sans s'arrêter. *Mon mari est fatigué car il a travaillé douze heures d'affilée.*

S'**AFFILIER** [afilje] verbe pronominal [conjugaison 7a] ▪ S'inscrire (à une association). *Ma fille s'est affiliée à un club de judo. Si elle a le temps, elle s'affiliera* [afiliʀa] *aussi à un club d'échecs. Il faut que vous vous affiliiez à ce club.*

AFFINER [afine] verbe [conjugaison 1a] **1.** Rendre plus délicat, plus subtil. *La lecture affine l'esprit.* **2.** verbe pronominal S'AFFINER : devenir plus mince. *Ma sœur s'est affinée depuis qu'elle fait du sport.*

AFFINITÉ [afinite] n. f. ▪ *UNE AFFINITÉ :* ressemblance, harmonie de goûts, de sentiments (entre personnes). → **accord.** *Il y a beaucoup d'affinités entre mon frère et moi. Nous avons une affinité de goûts.*

AFFIRMATIF [afiʀmatif] adj. et adverbe, **AFFIRMATIVE** [afiʀmativ] adj. et n. f. **1.** adjectif (après le nom) Qui affirme avec force, qui est catégorique. *Le médecin a été affirmatif : ta mère guérira.* – *Il a fait une réponse affirmative :* il a répondu oui. **2.** nom féminin

Répondre PAR L'AFFIRMATIVE : répondre oui. *Lorsque je lui ai demandé s'il serait présent à la réunion, il a répondu par l'affirmative.* ⟨contraire : négative⟩ 3. (adverbe) Oui (par radio). *Pouvons-nous atterrir ? – Affirmatif.*

REM. Une phrase affirmative sert à affirmer quelque chose (ex. : *le vent souffle*). Elle n'est ni interrogative ni négative. → **interrogatif, négatif.**

AFFIRMATION [afiʀmasjɔ̃] n. f. ▪ *UNE AFFIRMATION* : action d'affirmer, de soutenir qu'une chose est vraie ou possible. *Cette affirmation est très discutable. En dépit de vos affirmations, je ne crois pas qu'elle ait participé à cette affaire.*

affirmative adj. et n. f. → **affirmatif**

AFFIRMATIVEMENT [afiʀmativmɑ̃] adverbe ▪ En disant oui. *Elle a répondu affirmativement.* ⟨contraire : négativement⟩

AFFIRMER [afiʀme] verbe [conjugaison 1a] 1. (qqn) Dire avec force qu'une chose est vraie. *J'affirme que je n'ai jamais reçu cette lettre. Je vous affirme que je ne sais rien de tout cela.* → **assurer, certifier, soutenir.** *Nous affirmons avoir rencontré cet homme ce jour-là.* ⟨contraire : nier⟩ 2. Rendre plus certain, plus ferme. *Laissez votre fils affirmer sa personnalité.*

AFFLEURER [aflœʀe] verbe [conjugaison 1a] ▪ (qqch.) Apparaître, arriver au niveau de la surface du sol, de l'eau. *Par endroits, les rochers affleurent à la surface de la mer. Bientôt, les rochers affleureront* [aflœʀʀɔ̃].

AFFLICTION [afliksjɔ̃] n. f. ▪ *L'AFFLICTION* : grand chagrin, peine profonde. *Il est dans une profonde affliction. La nouvelle de la mort de son ami l'a plongé dans l'affliction.* → **chagrin, désespoir, détresse.**

AFFLIGEANT [afliʒɑ̃], **AFFLIGEANTE** [afliʒɑ̃t] adj. (après le nom) 1. (qqch.) Qui rend très triste. *Nous avons appris une nouvelle affligeante.* → **attristant, désolant.** 2. Lamentable, difficilement supportable. *Les résultats sont affligeants.* → **consternant.** *Mon voisin est d'une bêtise affligeante.*

AFFLIGER [afliʒe] verbe [conjugaison 3b] 1. (qqch.) Rendre très triste. *Cette mauvaise nouvelle affligeait beaucoup ma famille.* → **chagriner, peiner.** *Je suis très affligé.* 2. (qqn) Avoir (qqch. d'ennuyeux). *Cette comédienne est affligée d'un vilain nez. Il est affligé d'un père autoritaire.*

AFFLUENCE [aflyɑ̃s] n. f. ▪ *L'AFFLUENCE* : réunion d'une foule de gens qui vont au même endroit. *Il y a une grande affluence dans ce nouveau magasin. Il vaut mieux éviter de prendre le métro* AUX HEURES D'AFFLUENCE, aux heures où il y a beaucoup de monde.

FAUX AMI — anglais **affluence** « richesse »

AFFLUENT [aflyɑ̃] n. m. ▪ *UN AFFLUENT* : cours d'eau qui se jette dans un autre. *L'Aar est un affluent du Rhin.*

AFFLUER [aflye] verbe [conjugaison 1a] 1. (qqch.) Couler abondamment vers. *La colère fait affluer le sang au visage.* 2. (qqn) Arriver en grand nombre. *Demain, premier jour des vacances, les voyageurs afflueront* [aflyʀɔ̃] *vers les gares.*

AFFLUX [afly] n. m. ▪ *UN AFFLUX* : arrivée en grand nombre. *Il y a eu un afflux de visiteurs à l'exposition Van Gogh.* → **affluence.**

AFFOLANT [afɔlɑ̃], **AFFOLANTE** [afɔlɑ̃t] adj. (après le nom) ▪ Très inquiétant, qui affole. *Les prix augmentent encore, c'est affolant.*

AFFOLÉ [afɔle], **AFFOLÉE** [afɔle] adj. (après le nom) ▪ Rendu comme fou par une grande peur. *Mon fils est rentré très tard de l'école, j'étais complètement affolée. Les gens affolés se bousculent vers la sortie.* → **effaré, épouvanté.** – *Cette femme a l'air affolé.*

FAUX AMI — italien **affollato** « plein de monde »

AFFOLEMENT [afɔlmɑ̃] n. m. ▪ *L'AFFOLEMENT* : état d'une personne affolée. *J'ai eu une minute d'affolement car je ne retrouvais plus mes billets de train.* → **inquiétude, peur.** *Surtout, pas d'affolement !* → **panique.** DANS L'AFFOLEMENT, *j'ai oublié mes clés. Il est dans un complet affolement.*

AFFOLER [afɔle] verbe [conjugaison 1a]
I. Faire peur au point de ne plus savoir ce que l'on fait. ⟨contraires : calmer, rassurer, tranquilliser⟩ *Le début d'incendie a affolé le public.* → **effrayer, paniquer.**
II. verbe pronominal S'AFFOLER : perdre la tête par affolement. *Restez calmes, ne vous affolez pas. Elle s'est tout de suite affolée.*

FAUX AMI — italien **affollarsi** « envahir de monde »

① **AFFRANCHIR** [afʀɑ̃ʃiʀ] verbe [conjugaison 2] 1. Rendre libre un esclave, un serf. ⟨contraire : asservir⟩ *Dans l'Antiquité, le maître pouvait affranchir ses esclaves.* → **émanciper.** 2. STYLE FAMILIER Mettre au courant (en donnant des renseignements). *Allez, les copains, je ne sais rien, affranchissez-moi !* → **avertir, renseigner.**

② **AFFRANCHIR** [afʀɑ̃ʃiʀ] verbe [conjugaison 2] ▪ Mettre les timbres nécessaires sur (une lettre, un colis). *N'oubliez pas d'affranchir votre lettre. Affranchissez suffisamment votre colis.*

AFFRANCHISSEMENT [afʀɑ̃ʃismɑ̃] n. m. ▪ *L'AFFRANCHISSEMENT* : action d'affranchir une lettre, un colis. *L'affranchissement de ce colis est insuffisant.*

AFFRÉTER [afʀete] verbe [conjugaison 6a] ▪ Louer (un car, un avion, un navire). *La compagnie affrète un navire pour le transport des marchandises. Nous affréterons un car pour les excursions des touristes. Ils ont affrété un hélicoptère pour rechercher un alpiniste.*

FAUX AMI — italien **affrettare** « se presser, se hâter »

affreuse adj. → **affreux**

AFFREUSEMENT [afʀøzmɑ̃] adverbe 1. Horriblement. *Le jeune garçon a été affreusement défiguré dans l'accident.* → **atrocement.** 2. Extrêmement, terriblement. *Je suis affreusement en retard !*

AFFREUX [afʀø], **AFFREUSE** [afʀøz] adj. (avant ou après le nom) 1. Qui fait peur, qui est horrible. *J'ai fait un affreux cauchemar.* → **effrayant.** *Cette nuit, il y a eu un crime affreux.* → **abominable.** *Il ressent des douleurs affreuses.* → **atroce.** *On a entendu des cris affreux.* 2. Qui est extrêmement laid. ⟨contraires : magnifique, splendide⟩ *Il souffre d'un physique affreux.* → **hideux, repoussant.** – Déplaisant à voir. *Cet homme politique porte une affreuse petite moustache.* 3. Très désagréable. *Il fait un temps affreux.* → **détestable.** *Je n'ai pas compris cela, c'est un affreux malentendu !* → **horrible.** *Je suis en retard, c'est affreux !*

AFFRIOLANT [afʀijɔlɑ̃], **AFFRIOLANTE** [afʀijɔlɑ̃t] adj. (après le nom) 1. (qqch.) Qui excite le désir. *Elle a acheté une chemise de nuit affriolante.* 2. (qqch.) Attirant. *Je n'ai que des choses ennuyeuses à faire aujourd'hui, ce n'est pas très affriolant. Cela n'a rien d'affriolant.* → **agréable, attirant.**

REM. Au sens 2., ce mot s'emploie surtout en phrases négatives : *ce sujet de film n'est pas affriolant.*

AFFRONT [afʀɔ̃] n. m. ▪ *UN AFFRONT* : geste, parole de mépris que l'on adresse en public à qqn. → **insulte, outrage.** *Vous m'avez fait un affront en refusant de me serrer la main. J'espère qu'elle ne me fera pas l'affront de repousser mon invitation !*

AFFRONTEMENT [afʀɔ̃tmɑ̃] n. m. ▪ *UN AFFRONTEMENT* : combat. *On craint un affrontement entre la police et les manifestants.*

AFFRONTER [afʀɔ̃te] verbe [conjugaison 1a] **1.** Aller courageusement au-devant de (un adversaire, un danger). (contraire : fuir) *Les troupes affrontent l'ennemi. Je n'ai pas osé affronter mon père. Il a affronté une situation difficile.* **2.** verbe pronominal S'AFFRONTER : se heurter dans un combat. *Les ennemis se sont affrontés violemment.*

AFFUBLÉ [afyble], **AFFUBLÉE** [afyble] adj. (après le nom) **1.** Habillé de manière bizarre. → **accoutré.** *Une dame est entrée dans le restaurant, affublée d'un drôle de chapeau.* **2.** *Le pauvre homme est affublé d'un prénom ridicule,* il a un prénom ridicule.

À L'**AFFÛT** [alafy] adverbe **1.** Dans un lieu où l'on se cache pour attendre un animal. *Le chasseur EST À L'AFFÛT derrière un arbre.* **2.** Attendre, guetter (qqch.). *Le journaliste est à l'affût d'une nouvelle intéressante.*

AFFÛTER [afyte] verbe [conjugaison 1a] ▪ Rendre plus tranchant. → **aiguiser.** (contraire : émousser) *Le boucher affûte son couteau.*

AFGHAN [afgɑ̃] adj. et n. m., **AFGHANE** [afgan] adj. et n. f. **1.** adjectif (après le nom) De l'Afghanistan. *Ce chien très rapide est un lévrier afghan.* **2.** *UN AFGHAN, UNE AFGHANE* : un habitant, une habitante de l'Afghanistan. *Les Afghans.* **3.** nom masculin *L'AFGHAN* : langue du groupe iranien oriental. *Il parle afghan.*

AFIN DE [afɛ̃də] préposition ▪ (suivi de l'infinitif) Pour, en vue de. *Je vous écris afin de vous apprendre les dernières nouvelles.* → **pour.**

AFIN QUE [afɛ̃kə] conjonction ▪ (suivi du subjonctif) Pour que. *Elle est un peu sourde, parlez plus fort afin qu'elle vous entende !*

A FORTIORI [afɔʀsjɔʀi] adverbe ▪ STYLE RECHERCHÉ À plus forte raison, d'autant plus. *Je n'aurai jamais fini à temps, a fortiori si je dois répondre sans arrêt au téléphone.*

AFRICAIN [afʀikɛ̃] adj. et n. m., **AFRICAINE** [afʀikɛn] adj. et n. f. **1.** adjectif (après le nom) De l'Afrique. *Il a voyagé dans tout le continent africain. Nous aimons la musique africaine.* **2.** *UN AFRICAIN, UNE AFRICAINE* : un habitant, une habitante d'Afrique. *Les Africains.*

REM. On ne dit pas *Africain* quand il s'agit plus spécialement des *Maghrébins* : en France, *un Africain* désigne plutôt une personne d'Afrique noire.

AFRIKAANS ou **AFRIKANS** [afʀikɑ̃s] n. m. ▪ Langue néerlandaise parlée en Afrique du Sud. *L'afrikaans est, avec l'anglais, la langue officielle de l'Afrique du Sud.*

AFRIKANER [afʀikanɛʀ] n. m., n. f. ▪ *UN AFRIKANER, UNE AFRIKANER* : une personne de race blanche d'origine néerlandaise, citoyenne de l'Afrique du Sud. *Les Afrikaners.*

REM. On dit aussi *un Afrikander, une Afrikander* [afʀikɑ̃dɛʀ].

AFRIQUE [afʀik] nom propre féminin ▪ *L'AFRIQUE* : une des cinq parties du monde, au sud de l'Europe. *Nous avons fait un magnifique voyage en Afrique noire.*

AFRIQUE DU SUD [afʀikdysyd] nom propre féminin – en anglais **SOUTH AFRICA**, en afrikaans **SUID-AFRIKA** ▪ *L'AFRIQUE DU SUD* : pays d'Afrique australe. *Elle travaille en Afrique du Sud. Voulez-vous voir nos photos d'Afrique du Sud ?*

AFRO [afʀo] adj. invariable (après le nom) ▪ Se dit d'une coupe de cheveux crépus ou frisés formant une boule volumineuse autour du visage. *Il lui a fait une coupe afro.* PLURIEL : *ce coiffeur réussit bien les coupes afro.*

AFRO-AMÉRICAIN [afʀoameʀikɛ̃] adj. et n. m., **AFRO-AMÉRICAINE** [afʀoameʀikɛn] adj. et n. f. **1.** adjectif (après le nom) Qui est d'origine africaine, aux États-Unis. *Il aime surtout la musique afro-américaine.* **2.** *UN AFRO-AMÉRICAIN, UNE AFRO-AMÉRICAINE* : un habitant noir, une habitante noire d'Amérique du Nord. MASCULIN PLURIEL : *les AFRO-AMÉRICAINS.*

AGAÇANT [agasɑ̃], **AGAÇANTE** [agasɑ̃t] adj. (après le nom) ▪ Qui agace, énerve. → **exaspérant, énervant, irritant.** *C'est agaçant ce petit bruit. Mon frère a l'habitude agaçante de se ronger les ongles. Vous êtes agaçant, avec vos critiques !*

AGACÉ [agase], **AGACÉE** [agase] adj. (après le nom) ▪ Qui montre de l'agacement, de l'énervement. *Quand j'ai demandé à ce monsieur de se pousser, il a eu un geste agacé.*

AGACEMENT [agasmɑ̃] n. m. ▪ *L'AGACEMENT* : énervement mêlé d'irritation. *Lorsque le téléphone a sonné, elle a eu un geste d'agacement.*

AGACER [agase] verbe [conjugaison 3a] ▪ Mettre (qqn) dans un état d'agacement. → **énerver, irriter.** *Le bruit des voitures m'agaçait tellement que j'ai fermé la fenêtre. Il commence à m'agacer, celui-là ! N'agace pas ton frère, laisse-le tranquille.*

AGATE [agat] n. f. ▪ *UNE AGATE* : pierre fine de diverses couleurs, utilisée pour faire des bijoux, des objets précieux. *Elle a acheté un collier d'agates bleues. Cette statue est en agate verte.*

AGAVE [agav] n. m. ▪ *UN AGAVE* : grande plante décorative d'origine mexicaine, aux feuilles longues, épaisses et pointues, à hautes fleurs jaunes. *J'ai acheté un bel agave.*

ÂGE [ɑʒ] n. m. ▪ *L'ÂGE* **1.** Nombre d'années écoulées depuis la naissance de qqn. *Quel âge as-tu ? Toi et moi, nous avons le même âge. Une personne D'UN CERTAIN ÂGE* : personne qui n'est plus jeune. *Ma grand-mère est morte à l'âge de soixante-treize ans. Son fils est EN ÂGE d'aller à l'école,* il a l'âge d'aller à l'école. *Je ne peux pas venir avec toi, j'ai PASSÉ L'ÂGE de faire des courses à vélo !* je ne suis plus à l'âge où l'on fait des courses à vélo. *Ce vin a dix ans D'ÂGE.* **2.** Période de la vie. *Elle a deux enfants EN BAS ÂGE,* deux très jeunes enfants, deux bébés. *Son fils EST À L'ÂGE INGRAT,* il est adolescent. *Ma fille arrive à l'ÂGE ADULTE,* à la maturité. *Ma grand-mère est une personne du TROISIÈME ÂGE,* elle est à l'âge de la retraite. **3.** Grande période de la préhistoire. *À l'ÂGE DE LA PIERRE les outils étaient en pierre. À l'âge du bronze, à l'âge du fer, les outils étaient en bronze, en fer.* **4.** *L'ÂGE D'OR* : temps heureux, époque favorable. *L'âge d'or du cinéma,* son époque la plus remarquable.

ÂGÉ [ɑʒe], **ÂGÉE** [ɑʒe] adj. (après le nom) **1.** (qqn) Vieux. (contraire : jeune) *Son père est un homme âgé. Je suis une vieille dame âgée, maintenant. LES PERSONNES ÂGÉES* : les vieillards. *Nous respectons les personnes âgées.* **2.** (qqn) *ÂGÉ DE* : qui a tel ou tel âge. *La championne, âgée de vingt-cinq ans, a remporté sa troisième victoire. Cet arbre est âgé de deux cents ans et la maison est vieille de plus de trois siècles.*

REM. **1.** Pour être poli, courtois, on emploie *âgé, âgée* et non pas *vieux, vieille,* en parlant d'une personne. **2.** On n'emploie pas *âgé de...* pour parler d'un très jeune enfant : on dit *il a six mois,* plutôt que *il est âgé de six mois.*

AGEN [aʒɛ̃] nom propre ▪ Ville de France. *Ma sœur vit à Agen. Je suis d'Agen.*

AGENCE [aʒɑ̃s] n. f. ▪ *UNE AGENCE* **1.** Entreprise commerciale servant d'intermédiaire entre professionnels et clients. → **bureau.** *J'ai acheté mes billets d'avion dans une AGENCE DE VOYAGES. Une agence immobilière m'a aidé à trouver un appartement.* **2.** Bureaux, locaux d'une agence. *L'agence est fermée le dimanche.* **3.** *Il va à l'agence nationale pour l'emploi (A. N. P. E.)* [aɛnpeø], à l'agence chargée de proposer des emplois aux personnes qui sont au chômage. **4.** Organisme qui transmet les informations aux journalistes. *Cette nouvelle vient de l'agence française de presse (A. F. P.)* [aɛfpe].

AGENDA [aʒɛ̃da] n. m. ▪ *UN AGENDA :* carnet contenant une page pour chaque jour et sur lequel on note ses rendez-vous et tout ce que l'on a à faire. *Je consulte mon agenda.*

> FAUX AMIS
> anglais et néerlandais **agenda** « ordre du jour »

S'**AGENOUILLER** [aʒənuje] verbe pronominal [conjugaison 1a] ▪ Se mettre à genoux. *J'ai dû m'agenouiller pour attraper le chat sous l'armoire. Les fidèles se sont agenouillés pour prier. Il faut que vous vous agenouilliez pour prier.*

① **AGENT** [aʒɑ̃] n. m. ▪ (qqch.) *UN AGENT :* ce qui intervient dans la production de certains phénomènes. → **cause, facteur.** *Les agents chimiques sont responsables de la pollution.*

② **AGENT** [aʒɑ̃] n. m. ▪ *UN AGENT* **1.** Personne chargée des intérêts d'une autre personne, d'un groupe de personnes ou d'un pays. *Il est l'agent d'une puissance étrangère. La police a arrêté un AGENT SECRET,* un espion. **2.** Personne employée par les services publics ou par des entreprises. *Son père est AGENT DE POLICE* (ou, plus courant) *AGENT,* il est gardien de la paix. → **gardien, policier ;** STYLE FAMILIER **flic** *Des agents de police règlent la circulation automobile. Monsieur l'agent, pouvez-vous m'indiquer la station de métro la plus proche ?*

> REM. En France, on dit souvent *policier* pour *agent de police.* On dit aussi souvent *flic,* mais pas quand on s'adresse à un agent de police ou à un policier.

AGGLO n. m. Forme abrégée familière de **aggloméré.**

AGGLOMÉRATION [aglɔmeʀasjɔ̃] n. f. ▪ *UNE AGGLOMÉRATION :* groupe d'habitations formant un village ou une ville. *Paris est une grande agglomération. La vitesse des automobiles est limitée dans les agglomérations.*

AGGLOMÉRÉ [aglɔmeʀe] n. m. ▪ *L'AGGLOMÉRÉ :* matériau obtenu par un mélange de matières diverses réunies, pressées et collées ensemble. *Cette porte n'est pas en bois, elle est en aggloméré. C'est un aggloméré de mauvaise qualité.* – *AGGLO* [aglo] forme abrégée familière *Tu peux utiliser un panneau d'agglo pour construire cette cloison.*

AGGLOMÉRER [aglɔmeʀe] verbe [conjugaison 6a] **1.** Réunir, presser et coller en une seule masse (diverses matières). *Agglomérer de la sciure de bois.* **2.** verbe pronominal S'AGGLOMÉRER : se mélanger en une masse, un bloc. *Mélange bien, sinon la farine s'agglomérera* [aglɔmɛʀʀa] *en grumeaux. Les hommes se sont toujours agglomérés dans les grandes villes.*

S'**AGGLUTINER** [aglytine] verbe pronominal [conjugaison 1a] ▪ Se réunir de façon à former un groupe serré. *Les enfants se sont agglutinés devant la vitrine du magasin de jouets.*

AGGRAVANT [agʀavɑ̃], **AGGRAVANTE** [agʀavɑ̃t] adj. (après le nom) ▪ (qqch.) Qui aggrave, qui rend le cas plus grave. *Une CIRCONSTANCE AGGRAVANTE,* qui augmente la gravité du délit. ⟨contraire : atténuant⟩ *La fuite d'un automobiliste qui a provoqué un accident est une circonstance aggravante.*

AGGRAVATION [agʀavasjɔ̃] n. f. ▪ *L'AGGRAVATION :* le fait de s'aggraver, de devenir plus dangereux. *Le médecin a constaté une aggravation de son état de santé. Il y a une aggravation du conflit.*

AGGRAVER [agʀave] verbe [conjugaison 1a] **1.** Rendre plus grave, plus important. *Vous aggravez votre cas en mentant.* **2.** Rendre plus pénible, augmenter. *La position assise aggrave ses douleurs.* **3.** Rendre plus mauvais. *La crise économique aggrave la situation du pays.* **4.** Rendre plus profond, plus violent. *Les nouvelles mesures économiques aggravent la colère des gens.* → **redoubler.** **5.** verbe pronominal S'AGGRAVER : devenir plus grave. → **empirer.** ⟨contraire : améliorer⟩ *L'état du malade s'est aggravé dans la nuit. La situation s'est aggravée rapidement.*

AGILE [aʒil] adj. (après le nom) **1.** Qui a de la facilité et de la rapidité dans les mouvements du corps. → **alerte, leste, vif.** *C'est un enfant agile. Le pianiste a des doigts agiles.* ⟨contraire : raide⟩ **2.** Qui comprend vite. *Il a l'esprit agile.*

AGILITÉ [aʒilite] n. f. ▪ *L'AGILITÉ :* souplesse, vivacité. *Le chat a sauté sur l'armoire avec beaucoup d'agilité. Cet enfant est d'une grande agilité.*

AGIOS [aʒjo] n. m. pluriel ▪ *LES AGIOS :* l'argent que la banque retient lorsqu'un compte est à découvert. *Il faut que je mette un peu d'argent sur mon compte en banque, sinon je vais encore payer des agios. Il a payé de gros agios.*

AGIR [aʒiʀ] verbe [conjugaison 2] **1.** (qqn) Faire qqch. *Réfléchissez avant d'agir ! Ne restons pas là à ne rien faire, agissons !* **2.** (qqn) Se comporter, se conduire de telle ou telle manière. *Je n'aime pas du tout sa manière d'agir. En rendant visite à ta grand-mère, tu as bien agi. Vous avez mal agi. AGIR À LA LÉGÈRE,* sans réfléchir. *Tu agis trop souvent à la légère.* **3.** (qqch.) Être efficace. *Je tousse moins, le sirop a agi très vite.*

S'**AGIR** [aʒiʀ] verbe pronominal impersonnel [conjugaison 2] **1.** *IL S'AGIT DE* (suivi d'un nom, d'un pronom) : il est question de. *Il s'agit de toi. C'est de vous qu'il s'agit. C'est de ta santé qu'il s'agit, pas d'autre chose. De quoi s'agissait-il, déjà ? Il ne s'agit pas de ça,* ce n'est pas là notre sujet. **2.** *IL S'AGIT DE* (suivi d'un verbe à l'infinitif) : il faut. *Nous sommes en retard, il s'agit de se dépêcher.*

AGISSEMENTS [aʒismɑ̃] n. m. pluriel ▪ STYLE RECHERCHÉ *LES AGISSEMENTS :* actes malhonnêtes. *Je n'accepte plus de tels agissements. La police surveille les agissements d'un escroc.*

AGITATEUR [aʒitatœʀ] n. m., **AGITATRICE** [aʒitatʀis] n. f. ▪ *UN AGITATEUR, UNE AGITATRICE :* une personne qui pousse à l'agitation politique ou sociale. *La police a arrêté les agitateurs.* → **meneur.**

AGITATION [aʒitasjɔ̃] n. f. ▪ *L'AGITATION* **1.** Ensemble des mouvements de personnes qui vont et viennent rapidement dans tous les sens. *Il y a une grande agitation dans la rue, ce matin. Quelle agitation !* → **effervescence, remue-ménage.** ⟨contraire : calme⟩ **2.** État d'une personne tourmentée et qui ne peut rester tranquille, calme. → **excitation, nervosité.** *Il est très inquiet et dans un grand état d'agitation.* ⟨contraires : flegme, sérénité⟩ *On n'arrive pas à calmer l'agitation du malade.* **3.** Mécontentement d'ordre politique ou social, se traduisant par des manifestations, des troubles. *L'agitation sociale inquiète le gouvernement.*

> FAUX AMI
> russe **агитация** « propagande »

AGITATRICE n., féminin de **agitateur**

AGITÉ [aʒite], **AGITÉE** [aʒite] adj. (après le nom) ▪ En proie à l'agitation. ⟨contraires : calme, paisible⟩ *Par mauvais temps, la mer est* *agitée.* → **houleux.** *Le malade est très agité. Mon sommeil est agité en ce moment. Les enfants sont agités.* → **nerveux.** *Mon frère mène une vie agitée,* mouvementée.

AGITER [aʒite] verbe [conjugaison 1a] **1.** Remuer vivement en tous sens. *Le vent agite les arbres. La foule agitait des drapeaux.* – *Agitez la bouteille avant de l'ouvrir,* secouez la pour mélanger le liquide. → **secouer. 2.** (qqch.) Troubler (qqn). → **émouvoir, exciter, inquiéter, tourmenter.** ⟨contraire : calmer⟩ *Cette dispute avec son ami l'agite beaucoup.* – *La fièvre agite le malade.* **3.** verbe pronominal S'AGITER : bouger dans tous les sens, gesticuler. *Cet enfant est énervé, il s'agite beaucoup. Ne t'agite pas comme ça ! Ils se sont agités toute la journée.*

AGNEAU [aɲo] n. m., **AGNELLE** [aɲɛl] n. f. **1.** *UN AGNEAU, UNE AGNELLE :* petit de la brebis. *Quel bel agneau ! Une petite agnelle est née.* MASCULIN PLURIEL : *une brebis et ses AGNEAUX.* – *Cet homme est DOUX COMME UN AGNEAU,* son caractère est très doux, il est très pacifique. **2.** *DE L'AGNEAU :* de la viande d'agneau. *J'ai acheté des côtelettes d'agneau pour le dîner. Dimanche, nous ferons des brochettes d'agneau.*

REM. On emploie rarement le féminin *agnelle* : on dit plutôt *agneau,* pour le mâle comme pour la femelle.

À GOGO → **gogo**

AGONIE [agɔni] n. f. ■ *L'AGONIE :* derniers instants de vie d'un mourant. *Le malade a eu une longue agonie. Le blessé est entré EN AGONIE.*

FAUX AMI
grec **αγωνία** « anxiété, angoisse »

AGONIR [agɔniʀ] verbe [conjugaison 2] ■ Insulter, injurier. *Je me suis fait agonir d'injures par un automobiliste.* → **accabler.** *Il l'agonissait de sottises.*

REM. Ne pas confondre avec le verbe *agoniser.*

AGONISANT [agɔnizɑ̃], **AGONISANTE** [agɔnizɑ̃t] adj. (après le nom) **1.** (qqn) Qui est en train de mourir, qui agonise. → **moribond, mourant.** *Il a trouvé le blessé agonisant.* **2.** (qqch.) Qui meurt, qui s'éteint. *Le feu est agonisant.* → **mourant.**

AGONISER [agɔnize] verbe [conjugaison 1a] ■ (qqn) Qui meurt, qui est à l'agonie. *Le malade a perdu conscience, il agonise. Le blessé agonisait.*

AGRAFE [agʀaf] n. f. ■ *UNE AGRAFE* **1.** Petit crochet qui, passé dans un anneau ou dans une bride, sert à fermer un vêtement. *Ma jupe se ferme à la ceinture par une agrafe.* **2.** Petit fil de métal servant à fixer ensemble mécaniquement des feuilles de papier, à fixer du tissu sur un mur. *Je n'ai plus d'agrafes dans mon agrafeuse.* **3.** Petite lame qui, repliée, sert à fermer une plaie. *Le médecin a posé trois agrafes sur sa blessure.*

AGRAFER [agʀafe] verbe [conjugaison 1a] **1.** Fermer avec une agrafe. *Je n'arrive pas à agrafer mon soutien-gorge.* ⟨contraire : dégrafer⟩ **2.** Fixer ensemble des feuilles de papier avec une agrafe, fixer du tissu sur un mur avec des agrafes. *Elle agrafe les pages du dossier.* **3.** STYLE FAMILIER Arrêter. *Le malfaiteur s'est fait agrafer par la police.* → STYLE FAMILIER **épingler.**

AGRAFEUSE [agʀaføz] n. f. ■ *UNE AGRAFEUSE :* instrument servant à fixer des agrafes dans du papier ou du tissu. *Prête-moi ton agrafeuse, la mienne est vide.*

AGRAIRE [agʀɛʀ] adj. ■ Qui concerne la surface, le partage, la propriété des terres. *Le gouvernement a décidé une réforme agraire.*

AGRANDIR [agʀɑ̃diʀ] verbe [conjugaison 2] **1.** Rendre plus grand ou plus important. → **élargir, étendre, développer.** *J'ai fait agrandir la fenêtre de ma chambre. Cette photo est belle, tu devrais la faire agrandir. Le directeur veut agrandir son entreprise.* ⟨contraires : diminuer, réduire⟩ **2.** verbe pronominal S'AGRANDIR : devenir plus grand. *La ville s'est beaucoup agrandie en dix ans. Ses yeux s'agrandissent de peur,* se dilatent.

AGRANDISSEMENT [agʀɑ̃dismɑ̃] n. m. **1.** *L'AGRANDISSEMENT :* l'action d'agrandir, le fait de s'agrandir. → **élargissement, extension.** ⟨contraire : réduction⟩ *Les travaux d'agrandissement du magasin ont commencé.* **2.** *UN AGRANDISSEMENT :* reproduction agrandie d'une photographie. *Pouvez-vous faire un agrandissement de cette photo ?*

AGRÉABLE [agʀeabl] adj. (avant ou après le nom) ■ Qui plaît, qui donne du plaisir. ⟨contraires : déplaisant, désagréable⟩ *Nous avons passé une agréable soirée.* → **bon.** *Dans la salle d'attente de mon médecin, on entend une musique agréable. C'est agréable de ne rien faire.* → STYLE FAMILIER **chouette.** – *Nous avons fait la connaissance de gens très agréables.* → **sympathique.**

AGRÉABLEMENT [agʀeabləmɑ̃] adverbe ■ D'une manière agréable. *J'ai été agréablement surpris par ta lettre.* ⟨contraire : désagréablement⟩

AGRÉER [agʀee] verbe [conjugaison 1a] ■ STYLE RECHERCHÉ **1.** Accepter, approuver. *Je suis contente car ma demande de logement a été agréée. Il n'agréera* [agʀeʀa] *jamais cela.* (dans une lettre) *Veuillez agréer, Monsieur, l'expression de mes sentiments respectueux.* **2.** *ÊTRE AGRÉÉ :* être admis, autorisé. *Ce téléphone est agréé. Cette clinique est-elle agréée ?* → **conventionné.**

FAUX AMI
anglais **to agree** « être d'accord »

AGRÈG n. f. Forme abrégée familière de **agrégation.**

AGRÉGATION [agʀegasjɔ̃] n. f. ■ *UNE AGRÉGATION :* admission sur concours au titre d'agrégé ; ce concours, ce titre. *Mon frère se présente à l'agrégation de lettres. Il a plusieurs agrégations.* – AGRÈG [agʀɛg] forme abrégée familière *Il est reçu à l'agrèg.*

AGRÉGÉ [agʀeʒe] n. m., **AGRÉGÉE** [agʀeʒe] n. f. ■ *UN AGRÉGÉ, UNE AGRÉGÉE :* une personne reçue à l'agrégation. *Son professeur est une agrégée de mathématiques.*

FAUX AMI
espagnol **agregado** « attaché d'ambassade »

① **AGRÉMENT** [agʀemɑ̃] n. m. ■ STYLE RECHERCHÉ *L'AGRÉMENT :* accord, autorisation. *Nous faisons des travaux dans l'appartement avec l'agrément du propriétaire.* ⟨contraire : refus⟩

② **AGRÉMENT** [agʀemɑ̃] n. m. **1.** *L'AGRÉMENT :* le charme, l'attrait. *Nous habitons une ville animée, pleine d'agrément. Nous avons fait un VOYAGE D'AGRÉMENT,* pour le plaisir (opposé à voyage d'affaires, pour le travail). **2.** *UN AGRÉMENT :* une chose agréable. *Il n'y a pas que des agréments à cette situation.*

AGRÉMENTER [agʀemɑ̃te] verbe [conjugaison 1a] ■ Rendre plus agréable en ajoutant qqch. *Il a agrémenté son discours de quelques histoires amusantes.*

AGRÈS [agʀɛ] n. m. pluriel ■ *LES AGRÈS :* appareils de gymnastique. *Les anneaux, la barre fixe, la poutre, sont des agrès. Je vais faire des exercices aux agrès.*

AGRESSER [agʀese] verbe [conjugaison 1a] ■ Attaquer. *Deux voyous ont agressé une dame pour lui voler son sac. Elle nous agresse constamment par des critiques* (→ **agressif).**

AGRESSEUR [agʀesœʀ] n. m. ■ *UN AGRESSEUR :* une personne qui attaque physiquement qqn. *La victime a reconnu son agresseur. Les agresseurs ont pris la fuite.*

REM. Ce mot n'a pas de féminin. Pour parler d'une femme, on emploie le masculin : *l'agresseur, qui était une femme, s'est enfui.*

AGRESSIF [agresif], **AGRESSIVE** [agresiv] adj. (après le nom) **1.** (qqn) Qui a tendance à attaquer (surtout par des paroles) sans qu'on l'ait provoqué. *Pourquoi es-tu si agressif ? Il est très agressif avec les autres automobilistes.* **2.** (qqch.) Qui montre de l'agressivité. *Son attitude est agressive.* → **belliqueux, hostile.** *Il a posé sa question sur un ton agressif.* → **menaçant.** **3.** Provoquant, choquant. → **violent.** *Je n'aime pas cette couleur, elle est trop agressive.*

AGRESSION [agresjɔ̃] n. f.
I. *L'AGRESSION* **1.** Attaque armée d'un État contre un autre. *L'agression d'Hitler contre la Pologne a eu lieu en 1939.* **2.** Attaque physique de l'individu par une cause externe. *Il faut protéger sa peau contre l'agression du soleil, de la pollution.*
II. *UNE AGRESSION :* attaque violente contre une personne. *La nuit dernière, ma voisine a été victime d'une agression. Il y a souvent des agressions dans ce quartier.*

agressive adj. → **agressif**

AGRESSIVEMENT [agresivmɑ̃] adverbe ■ De façon agressive. *Elle a répondu agressivement à sa collègue.*

AGRESSIVITÉ [agresivite] n. f. ■ *L'AGRESSIVITÉ :* caractère agressif, hostilité manifestée par des paroles. ⟨contraires : bienveillance, douceur⟩ *Son agressivité avec moi ne rend pas nos relations faciles. Il est d'une agressivité insupportable.*

AGRICOLE [agrikɔl] adj. (après le nom) **1.** Qui pratique l'agriculture. *La France est un pays agricole. Mon frère est ouvrier agricole.* **2.** Qui concerne l'agriculture. *Le labour, les semailles, la moisson sont des travaux agricoles. Le tracteur et la faucheuse sont des machines agricoles. Il a une exploitation agricole,* une grande ferme de culture, d'élevage.

AGRICULTEUR [agrikyltœr] n. m., **AGRICULTRICE** [agrikyltris] n. f. ■ *UN AGRICULTEUR, UNE AGRICULTRICE :* une personne qui cultive la terre, qui élève du bétail. → **cultivateur, éleveur, fermier, paysan.** *Cet agriculteur possède deux cents hectares.*

AGRICULTURE [agrikyltyr] n. f. ■ *L'AGRICULTURE :* ensemble des travaux qui servent à produire des végétaux et des animaux utiles à l'homme. → **culture, élevage.** *Il travaille au ministère de l'Agriculture. Elle a acheté un tracteur au salon de l'agriculture, à Paris.*

AGRIPPER [agripe] verbe [conjugaison 1a] **1.** Saisir qqch. en serrant avec les doigts (pour s'accrocher). ⟨contraire : lâcher⟩ *J'ai trébuché, alors j'ai agrippé la rampe pour ne pas tomber.* **2.** verbe pronominal S'AGRIPPER : s'accrocher en serrant les doigts. → se **cramponner.** *La petite fille s'est agrippée à la jupe de sa mère. Agrippe-toi à la branche !*

AGRUMES [agrym] n. m. pluriel ■ LES AGRUMES : ensemble des oranges, citrons, pamplemousses et autres fruits du même genre. *Les mandarines sont des agrumes. Ces agrumes sont délicieux.*

S'**AGUERRIR** [ageriʀ] verbe pronominal [conjugaison 2] ■ S'habituer à supporter des choses pénibles. *Depuis qu'elle vit en montagne, elle s'est aguerrie contre le froid. Il faut qu'il s'aguerrisse.* → s'**endurcir.**

AUX **AGUETS** [ozagɛ] adverbe ■ En surveillant attentivement autour de soi. → à l'**affût.** *Le chasseur est aux aguets. Il se tient aux aguets car il est suivi par un individu.*

AGUICHANT [agiʃɑ̃], **AGUICHANTE** [agiʃɑ̃t] adj. (après le nom) ■ Qui excite, attire par des coquetteries, des manières provocantes. *C'est une jolie fille aguichante.*

> REM. Ce mot s'emploie surtout en parlant d'une femme, de ses manières, de son habillement.

AH ! [a] interjection **1.** Mot qui sert à exprimer la joie, la douleur, l'admiration, l'impatience, la surprise. → **oh.** *Ah ! vous voilà enfin ! Ah ! laisse-moi tranquille.* **2.** Mot qui sert à insister, à renforcer. *Ah zut, j'ai oublié mes clés. Ah bon, je ne savais pas. Ah non alors ! Ah oui ?* → **vraiment.** **3.** Mot qui sert à transcrire le rire. *Ah ! ah ! comme c'est drôle !*

AHURI [ayri] adj. et n. m., **AHURIE** [ayri] adj. et n. f. **1.** adjectif (après le nom) Surpris et étonné au point de paraître stupide. *Ils restent ahuris devant ce spectacle.* → **stupéfait ;** STYLE FAMILIER **baba.** *Elle a l'air complètement ahuri.* → **abruti, idiot.** **2.** *UN AHURI, UNE AHURIE Regarde cette espèce d'ahuri qui traverse la route sans regarder. Quelle ahurie !*

AHURISSANT [ayrisɑ̃], **AHURISSANTE** [ayrisɑ̃t] adj. (après le nom) ■ (qqch.) Qui étonne et déconcerte complètement. → **invraisemblable, stupéfiant.** *Cette nouvelle est ahurissante. Vous me faites des reproches ahurissants.*

ai [ɛ] *J'ai :* forme au présent du verbe **avoir.**

① **AIDE** [ɛd] n. f. ■ *L'AIDE* **1.** Appui, soutien d'une personne qui joint ses efforts à ceux d'une autre personne. → **appui, assistance, collaboration, soutien.** *J'ai besoin de ton aide pour porter cette table. J'ai réussi à réparer la voiture AVEC L'AIDE DE mon frère. Il faut VENIR EN AIDE aux malheureux. Puis-je vous offrir mon aide ? J'ai demandé de l'aide. À L'AIDE !* au secours ! **2.** *À L'AIDE DE :* en se servant de, au moyen de (qqch.). *Il a creusé un trou à l'aide d'une pelle.*

② **AIDE** [ɛd] n. m., n. f. ■ *UN AIDE, UNE AIDE :* une personne qui en aide une autre dans un travail. → **adjoint, assistant, collaborateur, second.** *J'ai trop de travail, j'ai besoin d'un aide. Une AIDE FAMILIALE :* une personne qui s'occupe des enfants, de la maison quand la mère ne peut pas le faire. *Une aide familiale vient tous les jours à la maison.*

> REM. *Aide* se joint par un trait d'union au nom du professionnel : *aide-infirmier, aide-lingère, aide-maçon.* Au pluriel, chaque mot prend un *s : des aides-comptables, des aides-électriciens.*

AIDE-MÉMOIRE [ɛdmemwar] n. m. invariable ■ *UN AIDE-MÉMOIRE :* résumé de l'essentiel des connaissances à garder en mémoire. *Les étudiants ont souvent besoin d'un aide-mémoire.* PLURIEL : *des aide-mémoire.*

AIDE-MÉNAGÈRE [ɛdmenaʒɛr] n. f. ■ *UNE AIDE-MÉNAGÈRE :* une femme qui s'occupe du ménage et des courses des personnes âgées. *Une aide-ménagère vient deux fois par semaine chez ma grand-mère.* PLURIEL : *les AIDES-MÉNAGÈRES sont payées par les mairies.*

AIDER [ede] verbe [conjugaison 1a]
I. Apporter son aide à qqn en joignant ses efforts aux siens. *Prenez ma main, je vais vous aider à vous relever. Pouvez-vous m'aider ? Aidez-moi ! Je vais t'aider à finir la vaisselle. Vos conseils m'ont beaucoup aidée.*
II. verbe pronominal S'AIDER DE : se servir de. *Elle s'est aidée de ses mains pour grimper sur le rocher. J'ai dû m'aider du dictionnaire pour trouver l'orthographe de ce mot.*

AIDE-SOIGNANT [ɛdswaɲɑ̃] n. m., **AIDE-SOIGNANTE** [ɛdswaɲɑ̃t] n. f. ■ *UN AIDE-SOIGNANT, UNE AIDE-SOIGNANTE :* une personne qui aide les infirmiers et les infirmières à donner des soins aux malades. *Ma sœur est aide-soignante à l'hôpital.* PLURIEL : *les AIDES-SOIGNANTS ne possèdent pas le diplôme d'infirmier.*

aie, ait [ɛ] *Que j'aie, qu'il ait :* formes au subjonctif présent du verbe **avoir.**

AÏE ! [aj] interjection ▪ Mot qui sert à exprimer la douleur physique, une surprise désagréable, l'inquiétude. *Aïe ! je me suis tordu le pied !* → **ouille.** *Aïe, ça va mal, le chômage augmente encore.*

REM. Parfois, on répète ce mot : *Aïe aïe aïe* [ajajaj], *voilà un policier et j'ai oublié mon permis de conduire !*

AÏEUL [ajœl] n. m., **AÏEULE** [ajœl] n. f. ▪ *UN AÏEUL, UNE AÏEULE :* grand-père, grand-mère. MASCULIN PLURIEL : *j'ai encore mes deux AÏEULS.* → **ascendant, grands-parents.**

AÏEUX [ajø] n. m. pluriel ▪ *LES AÏEUX* **1.** STYLE RECHERCHÉ Ancêtres de qqn ou personnes ayant vécu dans les siècles passés. *C'est de l'histoire ancienne, qui date du temps de nos aïeux.* **2.** *MES AÏEUX !* s'emploie comme si l'on demandait à ses ancêtres d'être là pour voir une chose incroyable. *Oh, mes aïeux ! voilà encore ce casse-pieds qui arrive !*

AIGLE [ɛgl] n. m. ▪ *UN AIGLE* **1.** Grand et puissant oiseau de proie (rapace) au bec crochu, qui vit en haute montagne. *Un aigle s'est envolé en portant un agneau dans ses serres. Le nid de l'aigle s'appelle l'aire.* **2.** (qqn) *Elle a des yeux d'aigle,* de très bons yeux, une vue perçante. **3.** STYLE FAMILIER *Ce n'est pas un aigle, ton frère,* il n'est pas très intelligent.

REM. On dit aussi *une aigle* pour la femelle : *une aigle et ses aiglons.*

AIGLON [ɛglɔ̃] n. m. ▪ *UN AIGLON :* petit de l'aigle. *Un bel aiglon est au nid.*

AIGRE [ɛgʀ] adj. et n. m.

I. (après le nom) **1.** Acide et désagréable au goût et à l'odorat. *Le lait tourné est aigre. Ce vin n'est pas très bon, il a un goût aigre.* → **acide.** **2.** *Vent aigre,* froid et piquant. *Une bise aigre souffle.* **3.** (parfois avant le nom) Plein de malveillance, de méchanceté. *Il a prononcé des paroles aigres. Il m'a fait d'aigres reproches.*

II. *À L'AIGRE. La discussion TOURNE À L'AIGRE :* les personnes qui discutent se disent soudain des choses désagréables.

REM. Au sens II., on dit plus souvent, familièrement, *la discussion tourne au vinaigre.*

AIGRE-DOUX [ɛgʀədu], **AIGRE-DOUCE** [ɛgʀədus] adj. (après le nom) **1.** (goût) À la fois acide et sucré. *J'ai mangé du porc à la sauce aigre-douce dans un restaurant chinois.* **2.** Désagréable malgré une apparente douceur. *Il y a eu d'abord un échange de propos aigres-doux, puis ils se sont franchement disputés.*

AIGRELET [ɛgʀəlɛ], **AIGRELETTE** [ɛgʀəlɛt] adj. (après le nom) ▪ (goût) Légèrement aigre. *Mon père adore les petits vins aigrelets.*

AIGRETTE [ɛgʀɛt] n. f. ▪ *UNE AIGRETTE* **1.** Groupe de plumes sur la tête de certains oiseaux. → **huppe.** *Le paon a une aigrette.* **2.** Oiseau aux belles plumes minces et allongées. *L'aigrette ressemble au héron.*

AIGREUR [ɛgʀœʀ] n. f. ▪ *L'AIGREUR* **1.** Goût aigre. → **acidité.** *Ce vin a un peu d'aigreur.* **2.** Mécontentement qui se traduit par des paroles amères et méchantes. *Très vexée, elle a répondu avec aigreur.* ⟨contraire : douceur⟩ **3.** (au pluriel) DES AIGREURS *(d'estomac) :* sensations de brûlure à l'estomac. *J'ai des aigreurs d'estomac.*

AIGRI [egʀi], **AIGRIE** [egʀi] adj. (après le nom) ▪ (qqn) Rendu désagréable et malveillant par les déceptions, les échecs, les difficultés. *La vie de ma mère n'a pas été heureuse, maintenant elle est aigrie.*

S'**AIGRIR** [egʀiʀ] verbe pronominal [conjugaison 2] **1.** Devenir aigre. *Le vin s'aigrit si la bouteille reste débouchée.* **2.** Devenir méchant et irritable. *Mon père s'aigrissait en vieillissant. Sa mère s'est aigrie.*

AIGU [egy], **AIGUË** [egy] adj. (après le nom) **1.** (bruit, son) Perçant, très haut. ⟨contraire : grave⟩ *Les enfants poussent des cris aigus. Ma sœur a une voix aiguë, moi j'ai une voix grave.* **2.** *N'oublie pas l'accent aigu sur le deuxième* e *de événement.* → **accent.** **3.** (qqch.) Violent. *Je ressens des douleurs aiguës dans le ventre.* **4.** (géométrie) *Tracez un angle aigu,* un angle plus petit que l'angle droit. **5.** (qqch.) Vif et subtil. *Son intelligence est aiguë.*

AIGUILLAGE [egɥijaʒ] n. m. ▪ *UN AIGUILLAGE* **1.** Appareil situé le long des rails, qui permet de faire changer un train de voie. *Mon père est cheminot, il travaille au poste d'aiguillage.* **2.** (figuré) Action d'orienter (qqn) dans une certaine voie. *Il ne fallait pas lui faire faire des mathématiques, c'est une ERREUR D'AIGUILLAGE.*

AIGUILLE [egɥij] n. f. ▪ *UNE AIGUILLE* **1.** Petite et fine tige d'acier pointue avec laquelle on coud. *J'ai acheté des aiguilles à coudre. Elle enfile une aiguille :* elle passe le fil à coudre dans l'extrémité percée de l'aiguille. **2.** *Impossible de trouver ce crayon dans ce fouillis, autant CHERCHER UNE AIGUILLE DANS UNE BOTTE DE FOIN,* autant chercher une chose impossible à trouver. *DE FIL EN AIGUILLE, nous avons découvert que nous étions cousins,* en passant d'une idée, d'une parole, d'un acte à un autre. **3.** *AIGUILLES À TRICOTER :* tige de métal ou de plastique pour faire du tricot. *Elle tricote avec de grosses aiguilles à tricoter.* **4.** (médecine) Tige métallique effilée qui sert à faire des piqûres. → **piqûre.** *L'infirmière enfonce l'aiguille dans le bras du malade.* **5.** Tige pointue qui indique qqch. *Les aiguilles d'une montre, d'une horloge :* les tiges qui se déplacent sur le cadran de manière à indiquer l'heure. *Les aiguilles de ma montre sont dorées. L'aiguille aimantée de la boussole indique le nord.* **6.** Feuille étroite, dure et pointue de certains arbres (résineux ou conifères). *Des aiguilles de pin couvrent le sol.* **7.** Sommet pointu d'une montagne. *Ils ont escaladé l'aiguille Verte du massif du Mont-Blanc.*

REM. On prononce le *u* dans *aiguille :* ce mot vient de *aigu* « pointu ».

AIGUILLER [egɥije] verbe [conjugaison 1a] **1.** Diriger (un train) d'une voie sur une autre. *Ce wagon a été mal aiguillé.* **2.** Diriger, orienter qqn. *Pour ce renseignement, ce n'est pas moi qu'il faut voir, on vous a mal aiguillé. Ses parents veulent l'aiguiller vers une carrière d'ingénieur. Il ne sait pas quoi faire, il faut que nous l'aiguillions.*

AIGUILLEUR [egɥijœʀ] n. m.

I. *UN AIGUILLEUR :* personne dont le métier est de manœuvrer un aiguillage. *L'aiguilleur met le train qui entre en gare sur la bonne voie.*

II. *LES AIGUILLEURS DU CIEL :* les techniciens qui guident les avions en vol. *Les aiguilleurs du ciel sont en grève.*

AIGUILLON [egɥijɔ̃] n. m. ▪ *UN AIGUILLON :* dard à venin de certains animaux, avec lequel ils piquent pour se défendre. *L'abeille, la guêpe, le scorpion piquent avec leur aiguillon.*

AIGUISER [egize] verbe [conjugaison 1a] **1.** Rendre plus coupant. → **affûter.** *Le boucher aiguise ses couteaux.* **2.** Rendre plus vif, exciter. *Cette grande promenade a aiguisé mon appétit.*

AÏKIDO [aikido] n. m. ▪ Sport de combat d'origine japonaise. *Mon fils veut faire de l'aïkido.*

AIL [aj] n. m. ▪ *L'AIL :* plante à odeur forte et à goût piquant, utilisée en cuisine. *Une gousse d'ail parfume la sauce tomate. Nous avons préparé un gigot à l'ail. Mettez de l'ail et des oignons.*

AILE [ɛl] n. f. ▪ *UNE AILE* **1.** Chacune des parties du corps qui permettent le vol à la plupart des oiseaux, à certains insectes et mammifères. *L'oiseau bat des ailes et s'envole. Les ailes du* papillon sont colorées. *Quel morceau de poulet préfères-tu manger ? Une aile ou une cuisse ?* **2.** *VOLER DE SES PROPRES AILES* : être indépendant, agir seul, sans aide. *Depuis que mon fils a trouvé du travail, il vole de ses propres ailes.* *BATTRE DE L'AILE* : être en difficulté, aller mal. *L'entreprise bat de l'aile.* **3.** Chacune des parties planes et allongées situées de chaque côté d'un avion. *Les ailes de l'avion le maintiennent en bonne position.* **4.** Partie située sur le côté d'un bâtiment. *L'aile gauche du château est récente.* **5.** Chacune des parties de la carrosserie d'une automobile qui se trouve au-dessus des roues. *J'ai embouti l'aile avant droite.* **6.** *LES AILES DU NEZ* : les parties qui, de chaque côté du nez, bordent les narines. *Avec ce rhume, j'ai les ailes du nez toutes rouges.* **7.** Gauche et droite de la ligne d'attaque d'une équipe de football, de handball, de rugby (opposé à centre et arrière). *L'aile gauche et l'aile droite de l'équipe sont en place.*

AILÉ [ele], **AILÉE** [ele] adj. (après le nom) ▪ Qui a des ailes. *Les fourmis mâles sont généralement ailées.*

AILERON [ɛlʀɔ̃] n. m. ▪ *UN AILERON* **1.** Extrémité de l'aile d'un oiseau. – (en cuisine) *Il a dîné d'un aileron de dinde.* **2.** Nageoire de certains poissons. *Le requin a des ailerons. – Ce potage chinois aux ailerons de requin est excellent.*

AILETTE [ɛlɛt] n. f. ▪ *UNE AILETTE* : chacune des lames métalliques fixées à un projectile pour l'équilibrer. *Les fléchettes ont des ailettes.*

AILIER [elje] n. m. ▪ *UN AILIER* : joueur d'une équipe de football ou de rugby, placé à la droite ou à la gauche de la ligne d'attaque. *L'ailier droit centre le ballon.*

aille [aj] *Qu'il aille, qu'elle aille* : forme au subjonctif présent du verbe **aller.**

AILLER [aje] verbe [conjugaison 1a] ▪ Piquer d'ail (un gigot) ou frotter d'ail (du pain). *Aillez votre gigot. – J'ai mis des croûtons aillés dans la salade.*

AILLEURS [ajœʀ] adverbe **1.** À un autre endroit. *Il y a trop de bruit ici, allons ailleurs.* → autre **part.** *On sera mieux ailleurs. – Où serait-on plus heureux AILLEURS QU'ici ?* **2.** *D'AILLEURS* : de toute façon, de plus, pour une autre raison. *Tu as assez regardé la télévision, d'ailleurs il est l'heure de te coucher.* **3.** *PAR AILLEURS* : d'autre part. *Je trouve que cette ville n'est pas belle et que, par ailleurs, il y fait trop froid.*

AILLOLI [ajɔli] n. m. ▪ *UN AILLOLI* : plat de morue et de légumes servi avec une mayonnaise très forte à l'ail. *Dimanche prochain, je ferai un bon ailloli pour toute la famille.*

REM. Ce plat est d'origine provençale.

AIMABLE [ɛmabl] adj. (après le nom, parfois avant le nom) ▪ Qui cherche à faire plaisir, qui est agréable. → **affable, courtois, gentil, poli.** ⟨contraires : désagréable, hargneux⟩ *La directrice est aimable avec tout le monde. Il n'a pas été très aimable. Il est aimable comme une porte de prison* : il est très désagréable. *Soyez ASSEZ AIMABLE POUR m'aider à ouvrir cette porte* (→ **amabilité).** *Je vous remercie, vous êtes très aimable. – Je vous remercie de votre aimable invitation.*

AIMABLEMENT [ɛmabləmɑ̃] adverbe ▪ D'une manière aimable, gentille. *Ton père nous a reçus très aimablement.*

AIMANT [ɛmɑ̃] n. m. ▪ *UN AIMANT* : morceau d'acier qui a reçu la propriété d'attirer le fer (→ **magnétique).** *L'aiguille de la boussole est un petit aimant.*

AIMANTÉ [ɛmɑ̃te], **AIMANTÉE** [ɛmɑ̃te] adj. (après le nom) ▪ (métal) Qui a la propriété de l'aimant. *L'aiguille aimantée de la boussole indique le nord.*

AIMER [eme] verbe [conjugaison 1a]
I. 1. Éprouver de l'amour, de la passion pour (qqn). → **adorer.** *Il aime sa femme*, il est amoureux d'elle. *Il l'aime passionnément. Je t'aime. Est-ce que tu m'aimes ?* **2.** Avoir de l'amitié, de l'affection, de la tendresse pour (qqn). ⟨contraire : détester⟩ *Je vais chez un ami que j'aime beaucoup. Elle est très gentille, je l'aime bien.* **3.** Avoir du goût pour (une chose), la trouver agréable, avoir du plaisir à la faire. *J'aime la campagne. Elle aime la musique. Aimes-tu (la musique de) Mozart ? Ma fille aime dessiner. – AIMER BIEN, MIEUX Il aime bien le sport. J'aime mieux la musique.* → **préférer.** *J'aime bien rester au lit le matin. Le chat AIME QU'on le caresse. Il aimerait bien que je vienne.* → **souhaiter. 4.** Trouver bon au goût. *J'aime le pain frais. Elle aime beaucoup les fruits de mer.* → **adorer, raffoler.**
II. verbe pronominal S'AIMER **1.** Se plaire à soi-même, se trouver bien. *Je m'aime bien dans cette robe.* **2.** Éprouver une affection ou un amour mutuel. *Nous nous aimons beaucoup, mon frère et moi. Ils se sont aimés passionnément.*

AINE [ɛn] n. f. ▪ *L'AINE* : partie du corps entre le haut de la cuisse et le bas du ventre. *Mon fils a des ganglions à l'aine. J'ai mal à l'aine droite.*

AÎNÉ [ene] adj. et n. m., **AÎNÉE** [ene] adj. et n. f. **1.** adjectif (après le nom) (qqn) Qui est né le premier. *Je vous présente mon fils aîné, ma fille aînée.* **2.** *UN AÎNÉ, UNE AÎNÉE* : enfant le plus âgé. *Je suis l'aîné de la famille. Elle est son aînée de six ans*, elle a six ans de plus que lui, qu'elle.

REM. Le dernier né de la famille est le *benjamin.* → aussi **cadet.**

AÎNESSE [ɛnɛs] n. f. ▪ *DROIT D'AÎNESSE* : ancien droit qui permettait à l'aîné de la famille d'avoir une plus grande part d'héritage que les autres enfants. *Le droit d'aînesse est aboli en France depuis 1790.*

AINSI [ɛ̃si] adverbe **1.** De cette façon. *C'est mieux ainsi. Ne me regardez pas ainsi*, comme ça. – *AINSI SOIT-IL*, formule terminant une prière chrétienne. – *ET AINSI DE SUITE* : en continuant de la même façon. *Classez les premières fiches, puis les deuxièmes et ainsi de suite. – Pour ainsi dire* : presque. *Elle est, pour ainsi dire, le chef.* **2.** Donc, comme on peut le constater. *Ainsi, vous partez ?* → **alors. 3.** *AINSI QUE* : et aussi. *Prenez la valise, ainsi que le sac.* → **et.** *Je le connais, ainsi que sa femme.*

REM. *Ainsi* s'emploie plutôt à l'écrit.

① **AIR** [ɛʀ] n. m. ▪ *L'AIR* **1.** Mélange de divers gaz qui forme l'atmosphère et que respirent les êtres vivants. *Dans les grandes villes, l'air est pollué. En montagne, on respire de l'air pur. Le médecin lui a conseillé de CHANGER D'AIR.* → **climat.** *Je suis sortie PRENDRE L'AIR*, me promener. – STYLE FAMILIER *Tu ne manques pas d'air !* : tu as du culot, tu exagères ! – *COUSSIN D'AIR* : couche d'air qui soutient un véhicule marin ou terrestre juste au-dessus du sol ou de l'eau. *L'aéroglisseur se déplace sur coussin d'air. – AIR CONDITIONNÉ.* → **climatisation. 2.** (parfois au pluriel) Ce fluide qui entoure la terre. → **ciel.** *L'avion s'élève dans les airs. – Elle est hôtesse de l'air.* **3.** *EN L'AIR* : en haut, vers le ciel. *Regarde en l'air. Mettez les bras en l'air* (→ **lever).** *Les mains en l'air, c'est un hold-up ! – Tu as mis tout en l'air* : tu as mis tout en désordre. → **déranger.** – *Tu as dis ça, mais c'est une idée en l'air*, une idée peu sérieuse, à laquelle on ne croit pas vraiment. – *Il EST TÊTE EN L'AIR*, distrait, étourdi. **4.** Ambiance dans un lieu. *Il y a de la bagarre dans l'air. Il y a de l'orage dans l'air* : l'ambiance est à la dispute, les gens sont nerveux.

REM. L'adjectif qui correspond à *air* est *aérien, aérienne.*

alliions [aljɔ̃ ; alijɔ̃] *Il faut que nous nous alliions :* forme au subjonctif du verbe s'**allier.**

allions [aljɔ̃] *Nous allions :* forme à l'imparfait du verbe **aller.**

ALLO ! [alo] interjection ■ Terme conventionnel français pour commencer une conversation au téléphone. *Allo, bonjour, je voudrais parler à Madame Dupont, s'il vous plaît. Allo, c'est toi maman ? Allo, allo, je vous entends très mal.*

REM. On écrit aussi *allô.*

ALLOCATION [alɔkasjɔ̃] n. f. ■ *UNE ALLOCATION :* somme d'argent versée régulièrement par un organisme social à qqn qui en a besoin. *Mon père a perdu son travail, il touche une allocation (de) chômage. Ma fille perçoit une allocation logement. Elle touche les ALLOCATIONS FAMILIALES pour ses trois enfants.*

ALLOCUTION [alɔkysjɔ̃] n. f. ■ *UNE ALLOCUTION :* discours bref. *Nous avons entendu une allocution télévisée du chef de l'État.*

ALLONGÉ [alɔ̃ʒe], **ALLONGÉE** [alɔ̃ʒe] adj. (après le nom) **1.** Étendu, couché. *Vous êtes fatigué, il faut rester allongé.* **2.** En longueur. *C'est une jolie femme au visage allongé.*

ALLONGER [alɔ̃ʒe] verbe [conjugaison 3b]
I. 1. Étendre (qqn) (sur le sol, sur un lit). *Lorsque je suis arrivé, on allongeait le blessé sur une civière.* → **coucher.** – *Il est allongé par terre.* **2.** Étendre une partie du corps (bras, jambes). *Allonge tes jambes sur le canapé, tu seras mieux.* – *Allongeons le pas :* marchons plus vite en faisant des pas plus longs. **3.** STYLE FAMILIER Donner un coup en étendant la main, la jambe. *Je vais t'allonger une gifle si tu continues.* → **envoyer. 4.** Rendre plus long. → **rallonger.** *Il faut allonger cette jupe de quelques centimètres.* ⟨contraire : raccourcir⟩
II. Devenir plus long (dans le temps). *Les jours allongent à partir du 22 décembre.* → **rallonger.** ⟨contraires : diminuer, raccourcir⟩
III. verbe pronominal S'ALLONGER **1.** (qqn) S'étendre, se coucher. *Je suis fatigué, je vais m'allonger un peu. Ils se sont allongés dans l'herbe.* **2.** (qqch.) Devenir plus long. *Lorsque le soleil se couche, l'ombre des arbres s'allonge.*

ALLUMAGE [alymaʒ] n. m. ■ *L'ALLUMAGE* **1.** Système qui permet au mélange air essence d'un moteur de s'enflammer. *Ma voiture a des problèmes d'allumage quand il pleut.* **2.** STYLE FAMILIER *Il a du retard à l'allumage :* il apprend, il comprend trop lentement.

ALLUMÉ [alyme], **ALLUMÉE** [alyme] adj. (après le nom) ■ STYLE FAMILIER Fou. *Il est un peu allumé, ce type !*

ALLUME-CIGARE [alymsigaʀ] n. m. ■ *UN ALLUME-CIGARE :* instrument disposé sur le tableau de bord d'une automobile et qui, chauffé au rouge, sert à allumer les cigarettes, les cigares. *Pour avoir du feu, enfoncez le bouton de l'allume-cigare.* PLURIEL : *des ALLUME-CIGARES.*

ALLUME-GAZ [alymgaz] n. m. invariable ■ *UN ALLUME-GAZ :* briquet de cuisine servant à allumer le gaz. *Je ne retrouve pas l'allume-gaz, sais-tu où il est ?* PLURIEL : *des allume-gaz.*

ALLUMER [alyme] verbe [conjugaison 1a]
I. 1. Enflammer, mettre le feu à (qqch.). ⟨contraire : éteindre⟩ *Pouvez-vous me donner du feu, pour que j'allume ma cigarette ? Je n'arrive pas à allumer le feu car le bois est humide.* **2.** Rendre lumineux en enflammant, ou par l'électricité. *Les bougies sont allumées. Allume la lampe, s'il te plaît. Attention, tes phares sont restés allumés.* – STYLE FAMILIER *Allume la lumière.* – *On n'y voit rien, allume !* – *La chambre est allumée,* il y a de la lumière. **3.** Faire fonctionner en mettant le feu, le courant électrique. *Je ne sais pas allumer le four. Allume la télévision.*
II. 1. verbe pronominal S'ALLUMER : (qqch.) devenir lumineux. *Le voyant rouge s'allume. La petite lumière s'est allumée. Dans la rue, les enseignes s'allument et s'éteignent.* **2.** Pouvoir être mis en marche. *Comment s'allume la cafetière ? Comment ça s'allume ?*

ALLUMETTE [alymɛt] n. f. ■ *UNE ALLUMETTE* **1.** Brin de bois ou de carton dont un bout est recouvert d'un produit qui s'enflamme par frottement. *Il craque une allumette et allume sa cigarette. Sais-tu où est la BOÎTE D'ALLUMETTES ?* **2.** *Je voudrais un steak avec des POMMES ALLUMETTES,* avec des pommes de terre frites, coupées très fines.

ALLURE [alyʀ] n. f. ■ *L'ALLURE* **1.** Vitesse. *La moto qui nous a dépassés roulait À TOUTE ALLURE,* très vite. *Les coureurs accélèrent l'allure. À cette allure-là, nous n'aurons jamais fini le travail ce soir.* → **cadence. 2.** Comportement, apparence d'une personne. → **aspect.** *Tu as fière allure dans ton nouveau costume. Cet homme a une DRÔLE D'ALLURE :* il a un air bizarre, un peu ridicule. **3.** Aspect de qqch. *Cette robe longue a beaucoup d'allure.*

> FAUX AMI
> anglais **allure**
> « attrait »

ALLUSION [alyzjɔ̃] n. f. ■ *UNE ALLUSION :* mot, phrase qui cherche à faire comprendre de qui on parle ou à quoi on pense, sans le dire vraiment. → **insinuation, sous-entendu.** *Je n'ai pas compris votre allusion. FAIRE ALLUSION À :* parler de qqch., de qqn, indirectement. *Il n'a fait aucune allusion à votre sujet :* il n'a pas du tout parlé de vous. *Je ne vois pas du tout à quoi vous faites allusion,* ce que vous voulez évoquer.

REM. On peut prononcer les deux *l* : [allyzjɔ̃].

ALLUVIONS [alyvjɔ̃] n. f. pluriel ■ *LES ALLUVIONS :* ensemble des cailloux, du sable, de la boue et des débris déposés par les cours d'eau. *Ces alluvions sont anciennes. Les alluvions des grands fleuves forment des deltas.*

REM. On peut prononcer les deux *l* : [allyvjɔ̃].

ALMANACH [almana] n. m. ■ *UN ALMANACH :* livre, publication qui paraît tous les ans et contient un calendrier, des renseignements divers. *Les almanachs sont souvent illustrés.*

ALORS [alɔʀ] adverbe **1.** À ce moment-là, à cette époque-là. *Le pays était alors en guerre. J'ai allumé la lampe ; c'est alors que je l'ai vu. JUSQU'ALORS :* jusqu'à cette époque-là. *Jusqu'alors, ce cinéaste n'était pas connu.* **2.** Dans ce cas, dans ces conditions. *« Tu ne veux pas ? Alors n'en parlons plus. » « Tu seras donc là ? Mais alors, ça change tout ! »* **3.** *ET ALORS :* s'emploie pour refuser une objection. *Non, je ne serai pas là, et alors ?* **4.** *ÇA ALORS ! :* s'emploie pour exprimer l'étonnement. *Ça alors, impossible d'ouvrir la porte !*

ALORS QUE [alɔʀkə] conjonction ■ Bien que. *On l'accuse alors qu'il n'est pas coupable.*

REM. *Alors que* annonce une certitude (mode indicatif) à la différence de *bien que.*

ALOUETTE [alwɛt] n. f. ■ *UNE ALOUETTE :* petit oiseau des champs, au plumage gris ou brun. *On entend une alouette chanter.*

ALOURDIR [aluʀdiʀ] verbe [conjugaison 2] **1.** Rendre lourd, plus lourd. ⟨contraire : alléger⟩ *Les bagages alourdissent la voiture.* **2.** Augmenter, aggraver. *Il ne faut pas alourdir davantage les impôts.*

ALPAGE [alpaʒ] n. m. ▪ *UN ALPAGE* : pré de haute montagne où le bétail vient se nourrir. *L'hiver arrive, les troupeaux quittent l'alpage.*

ALPHABET [alfabɛ] n. m. ▪ *UN ALPHABET* : ensemble des lettres qui servent à transcrire les sons d'une langue et qui sont classées dans un certain ordre. *L'alphabet français comporte 26 lettres et commence par a.*

ALPHABÉTIQUE [alfabetik] adj. (après le nom) ▪ Qui est dans l'ordre des lettres de l'alphabet. *Dans un dictionnaire, les mots sont classés par ORDRE ALPHABÉTIQUE.*

ALPHABÉTISATION [alfabetizasjɔ̃] n. f. ▪ *L'ALPHABÉTISATION* : enseignement de la lecture et de l'écriture aux adultes qui ne savent ni lire ni écrire. *Elle donne des cours d'alphabétisation aux travailleurs immigrés qui ne connaissent pas le français.*

ALPIN [alpɛ̃], **ALPINE** [alpin] adj. (après le nom) ▪ Des Alpes. *Elle admire les paysages alpins.*

ALPINISME [alpinism] n. m. ▪ *L'ALPINISME* : sport des ascensions à pied en montagne. → **escalade.** *Ma sœur est une passionnée d'alpinisme. L'été, nous faisons de l'alpinisme. Je pratique l'alpinisme.*

ALPINISTE [alpinist] n. m., n. f. ▪ *UN ALPINISTE, UNE ALPINISTE* : une personne qui fait de l'alpinisme. → **grimpeur.** *Une cordée d'alpinistes a escaladé la paroi.*

ALSACIEN [alzasjɛ̃] adj. et n. m., **ALSACIENNE** [alzasjɛn] adj. et n. f. **1.** adjectif (après le nom) De l'Alsace. *Nous avons mangé une choucroute dans une brasserie alsacienne.* **2.** *UN ALSACIEN, UNE ALSACIENNE* : un habitant, une habitante d'Alsace. *Elle a un costume d'Alsacienne. Les Alsaciens.* **3.** (nom masculin) *L'ALSACIEN* : ensemble des parlers germaniques d'Alsace.

ALTERCATION [altɛʀkasjɔ̃] n. f. ▪ *UNE ALTERCATION* : dispute brève et violente. *J'ai assisté à une altercation entre deux automobilistes.*

① **ALTÉRER** [alteʀe] verbe [conjugaison 6a] **1.** Changer en mal. → **abîmer, détériorer.** *Le soleil altère la couleur des rideaux.* **2.** Fausser. *Vous altérez la vérité en disant cela !* → **déguiser.** **3.** verbe pronominal S'ALTÉRER : s'abîmer. *Les couleurs s'altèrent au soleil. Les couleurs se sont altérées. Fais attention, sinon les couleurs s'altéreront* [altɛʀʀɔ̃].

② **ALTÉRER** [alteʀe] verbe [conjugaison 6a] ▪ STYLE RECHERCHÉ Donner soif. ⟨contraire : désaltérer⟩ *Cette longue marche m'a altéré* (→ **assoiffé).**

FAUX AMI
italien **alterato** « irrité »

ALTERNANCE [altɛʀnɑ̃s] n. f. ▪ *L'ALTERNANCE* : succession de choses d'une série qui reviennent toujours dans le même ordre. *Printemps, été, automne, hiver : c'est l'alternance des saisons.*

ALTERNATEUR [altɛʀnatœʀ] n. m. ▪ *UN ALTERNATEUR* : appareil qui produit du courant électrique alternatif. *L'alternateur de ma voiture est en panne.*

ALTERNATIF [altɛʀnatif], **ALTERNATIVE** [altɛʀnativ] adj. (après le nom) ▪ *Mouvement alternatif* : mouvement régulier qui a lieu dans un sens puis dans l'autre sens. *Il observe le mouvement alternatif de la marée. Courant alternatif* : courant électrique dont, régulièrement, le sens change et l'intensité varie (opposé à courant continu).

ALTERNATIVE [altɛʀnativ] n. f. ▪ *UNE ALTERNATIVE* : situation dans laquelle on se trouve quand on doit choisir entre deux solutions. *L'alternative est claire : soit tu restes ici, soit tu viens avec nous.*

ALTERNATIVEMENT [altɛʀnativmɑ̃] adverbe ▪ Tour à tour, successivement. *Nous travaillons alternativement de jour et de nuit, en nous relayant.*

ALTERNER [altɛʀne] verbe [conjugaison 1a] ▪ Se succéder et revenir régulièrement, dans le même ordre. → se **relayer.** *Les saisons alternent. Ce cinéma fait alterner deux films.*

ALTESSE [altɛs] n. f. ▪ *UNE ALTESSE* : titre donné aux princes et aux princesses. *Son Altesse royale le prince de... Oui, votre Altesse.*

ALTIER [altje], **ALTIÈRE** [altjɛʀ] adj. (après le nom) ▪ Qui a ou montre l'orgueil du noble. → **fier, hautain.** *C'est un personnage altier. Il a une attitude altière.*

ALTISTE [altist] n. m., n. f. ▪ *UN ALTISTE, UNE ALTISTE* : musicien, musicienne qui joue de l'alto. *Elle est altiste et violoniste.*

ALTITUDE [altityd] n. f. ▪ *L'ALTITUDE* : hauteur d'un endroit mesurée à partir du niveau de la mer. *L'Everest a 8 848 mètres d'altitude. Paris est à une faible altitude. L'avion PREND DE L'ALTITUDE. Mexico est EN ALTITUDE* : Mexico est à une altitude élevée.

ALTO [alto] n. m. ▪ *UN ALTO* : instrument de la famille des violons, au son grave. *Il joue de l'alto.*

ALTRUISTE [altʀɥist] adj., n. m. et n. f. **1.** adjectif (après le nom) Qui montre de la générosité, de l'intérêt pour les autres. *Il a des sentiments altruistes.* **2.** *UN ALTRUISTE, UNE ALTRUISTE* : une personne qui se soucie des autres. ⟨contraire : égoïste⟩ *C'est une altruiste.*

ALU n. m. Forme abrégée familière de **aluminium.**

ALUMINIUM [alyminjɔm] n. m. ▪ *L'ALUMINIUM* : métal léger, malléable, de couleur claire. *Enveloppe les aliments dans du papier d'aluminium.* – *ALU* [aly] forme abrégée familière *Il faut que je pense à acheter de l'alu pour le pique-nique.*

ALUNIR [alyniʀ] verbe [conjugaison 2] ▪ Se poser sur la Lune. *En 1969, des astronautes alunissaient pour la première fois.*

REM. On peut dire aussi *atterrir : les cosmonautes ont atterri,* lorsque l'on veut parler du sol lunaire sur lequel on se pose, et non de la planète.

ALUNISSAGE [alynisaʒ] n. m. ▪ *UN ALUNISSAGE* : le fait de se poser sur la Lune. *Ce sont les Américains qui ont effectué le premier alunissage.*

ALVÉOLE [alveɔl] n. f. ▪ *UNE ALVÉOLE* **1.** Petite cavité en cire que font les abeilles dans la ruche. *Les abeilles déposent leurs œufs et leur miel dans des alvéoles régulières.* **2.** Cavité. *On protège les œufs dans des emballages à alvéoles.*

REM. Ce mot peut aussi être employé au masculin : *des alvéoles réguliers,* mais cet emploi est rare.

AMABILITÉ [amabilite] n. f. ▪ *L'AMABILITÉ* **1.** Qualité d'une personne aimable, qui cherche à faire plaisir. → **gentillesse.** *Auriez-vous l'amabilité de m'ouvrir la porte ? Je vous remercie de votre amabilité.* **2.** (au pluriel) DES AMABILITÉS : des paroles aimables. *Lorsqu'ils se sont rencontrés, ils se sont dit des amabilités.*

AMADOUER [amadwe] verbe [conjugaison 1a] ▪ Apaiser, calmer (qqn) par des paroles gentilles, des flatteries, pour obtenir ce que l'on veut. *Ah, je comprends tes gentillesses, tu essaies de m'amadouer pour avoir la permission de sortir ce soir ! Tu l'amadoueras* [amaduRa] *et elle sera d'accord.*

AMAIGRI [amegRi], **AMAIGRIE** [amegRi] adj. (après le nom) ▪Devenu maigre. *Depuis sa maladie, il a le visage amaigri.*

AMAIGRISSANT [amegRisɑ̃], **AMAIGRISSANTE** [amegRisɑ̃t] adj. (après le nom) ▪Qui fait maigrir. → **amincissant.** *Elle suit un régime amaigrissant.*

REM. Il y a peu d'emplois de cet adjectif au féminin, on dit plutôt *amincissante : une crème amincissante.*

AMAIGRISSEMENT [amegRismɑ̃] n. m. ▪*L'AMAIGRISSEMENT* : le fait de maigrir. *Son amaigrissement m'inquiète.*

AMALGAME [amalgam] n. m. ▪*L'AMALGAME* 1. Mélange de choses différentes. *Il y a en lui un amalgame de timidité et de hardiesse.* 2. Mélange métallique que le dentiste utilise, sous forme de pâte, pour boucher les trous des dents. *Le dentiste a obturé ma carie avec de l'amalgame* (→ **plombage).**

AMALGAMER [amalgame] verbe [conjugaison 1a] 1. Unir des choses de nature différente, dans un mélange. → **mêler, unir.** *Amalgamez les œufs et la farine.* – *Il amalgame très habilement ses intérêts et ceux des autres.* 2. verbe pronominal S'AMALGAMER : se mélanger. *Le ciment et l'eau s'amalgament facilement. Elles se sont amalgamées.*

AMANDE [amɑ̃d] n. f. ▪*UNE AMANDE* 1. Fruit ovale de l'amandier, dont on mange la graine. *C'est la saison des amandes fraîches. N'oublie pas d'acheter des amandes salées, pour l'apéritif. J'ai mangé un croissant aux amandes. Il adore la PÂTE D'AMANDES.* 2. *VERT AMANDE* (invariable) : couleur vert clair, très doux, de l'enveloppe de l'amande. *J'ai des collants vert amande.* 3. *Elle a les yeux EN AMANDE,* allongés en forme d'amande. 4. Graine contenue dans le noyau d'un fruit. *Il aime bien manger les amandes des abricots.*

REM. *Amende* «somme d'argent» se prononce de la même façon.

AMANDIER [amɑ̃dje] n. m. ▪*UN AMANDIER* : arbre dont le fruit est l'amande. *Les amandiers sont en fleur.*

AMANITE [amanit] n. f. ▪*UNE AMANITE* : champignon à lamelles, très commun dans les forêts françaises et dont certaines espèces sont bonnes à manger, d'autres vénéneuses. → **oronge.** *Certaines amanites sont des champignons mortels.*

AMANT [amɑ̃] n. m. ▪*UN AMANT* : homme avec lequel une femme, mariée ou non, a des relations sexuelles amoureuses hors mariage. *Elle a pris un amant. Elle a un amant. Cette femme a eu beaucoup d'amants.*

REM. La femme qui a des relations sexuelles avec un homme, hors mariage, est sa *maîtresse.*

AMARRE [amaR] n. f. ▪*UNE AMARRE* : câble, cordage servant à attacher un navire, un ballon à un point fixe. *Le navire a LARGUÉ LES AMARRES,* il a lâché les cordages au moment de son départ. *Larguez les amarres !*

AMARRER [amaRe] verbe [conjugaison 1a] 1. Maintenir, retenir avec des amarres. *Le navire est amarré à quai. Vous amarrerez* [amaRRe] *l'embarcation au rivage.* 2. Fixer avec un cordage, une chaîne. *As-tu bien amarré les caisses, dans le camion ?*

REM. Comparer les formes conjuguées : au présent, *nous amarrons* [amaRɔ̃] ; au futur, *nous amarrerons* [amaRRɔ̃].

AMAS [ama] n. m. ▪*UN AMAS* : tas qui s'est formé petit à petit. → **amoncellement, entassement, monceau.** *Un amas de papiers et de journaux encombre la table. Il y a un amas de poussière sous le lit.*

AMASSER [amase] verbe [conjugaison 1a] 1. Entasser peu à peu. → **accumuler, amonceler.** *Cet homme a amassé des richesses considérables.* ⟨contraire : dilapider⟩ 2. verbe pronominal S'AMASSER : s'entasser, se rassembler en un lieu. *La neige s'amasse sur la route. La foule s'est amassée sur le quai.*

> FAUX AMI
> portugais **amassar**
> «écraser»

AMATEUR [amatœR] n. m. ▪*UN AMATEUR* 1. Personne qui aime beaucoup qqch., qui a une attirance particulière pour qqch. *Dans la famille, nous sommes tous des amateurs de musique.* – *C'est un AMATEUR D'ART :* un collectionneur, un acheteur d'objets d'art. *Je ne suis pas amateur :* je ne suis pas acheteur. – *Ce soir, je fais des crêpes, AVIS AUX AMATEURS !,* je préviens ceux qui en veulent ! 2. Personne qui pratique un art pour son seul plaisir (et non par profession). *J'adore peindre, mais je ne suis qu'un amateur. Elle joue aux échecs EN AMATEUR.* 3. Athlète, joueur qui pratique un sport sans être payé pour cela (opposé à professionnel). *Nous avons vu un match de tennis entre amateurs.* 4. Personne qui travaille sans application. *C'est du mauvais travail, c'est du bricolage, c'est du travail d'amateur !*

REM. *Amateur* s'emploie aussi pour les femmes : *elle est grand amateur de musique ;* le féminin peu usité est *amatrice.*

AMATEURISME [amatœRism] n. m. ▪*L'AMATEURISME* : caractère d'un travail non professionnel mal fait, incomplet. *C'est de l'amateurisme ! Son travail est d'un amateurisme désolant.*

AMAZONE [amazon] n. f. 1. STYLE RECHERCHÉ *UNE AMAZONE* : femme qui monte à cheval. *Nous avons rencontré une belle amazone.* 2. *EN AMAZONE* : façon particulière de monter à cheval, les deux jambes du même côté de la selle. *Elle monte en amazone.*

AMBASSADE [ɑ̃basad] n. f. ▪*UNE AMBASSADE* : bâtiment où travaille l'ambassadeur et ses services. *Il est allé demander un visa à l'ambassade.*

AMBASSADEUR [ɑ̃basadœR] n. m., **AMBASSADRICE** [ɑ̃basadRis] n. f. ▪*UN AMBASSADEUR, UNE AMBASSADRICE* 1. Personne dont le métier est de représenter son pays dans un pays étranger. *Il est ambassadeur de France à Rome.* 2. Personne chargée d'une mission. *Soyez mon ambassadrice auprès du directeur.*

REM. On dit *Madame l'ambassadeur,* ou *Madame l'ambassadrice.*

AMBIANCE [ɑ̃bjɑ̃s] n. f. ▪*L'AMBIANCE* : atmosphère agréable ou désagréable dans une réunion de gens. → **climat.** *Il y a une bonne ambiance, ici ! Il y a de l'ambiance, ce soir,* l'atmosphère est très gaie. *L'ambiance n'est pas bonne. Il y a une mauvaise ambiance dans cette réunion. Ils ont MIS DE L'AMBIANCE, pendant la soirée :* ils ont animé, égayé la soirée. *Dans ce restaurant, il y a de la musique D'AMBIANCE,* douce et agréable.

AMBIANT [ɑ̃bjɑ̃], **AMBIANTE** [ɑ̃bjɑ̃t] adj. (après le nom) ▪Qui entoure, environne le milieu où l'on se trouve. *Débouchez la bouteille et laissez le vin à température ambiante avant de servir.* – *La mauvaise humeur ambiante est pénible à supporter.*

AMBIGU [ɑ̃bigy], **AMBIGUË** [ɑ̃bigy] adj. (après le nom) ▪Qui peut être compris de plusieurs façons. → **équivoque.** *Il nous a fait une réponse ambiguë. Ton comportement est vraiment ambigu :* tes intentions ne sont pas nettes, elles peuvent se comprendre de différentes façons.

REM. Le tréma sur le e ou sur le *i* indique qu'il faut prononcer le *u* (par ex. dans *ambiguë, aiguë, exiguë* et dans *ambiguïté*).

AMBIGUÏTÉ [ɑ̃bigɥite] n. f. ▪*L'AMBIGUÏTÉ* : caractère de ce qui est ambigu. *L'ambiguïté de sa réponse me gêne,* son manque de netteté, de clarté. *Il a répondu SANS AMBIGUÏTÉ,* très clairement.

AMBITIEUX [ɑ̃bisjø] adj. et n. m., **AMBITIEUSE** [ɑ̃bisjøz] adj. et n. f. **1.** adjectif (après le nom) (qqn) Qui désire passionnément réussir, qui veut devenir qqn d'important. *Elle est ambitieuse, elle ne veut pas rester serveuse toute sa vie.* **2.** *UN AMBITIEUX, UNE AMBITIEUSE :* une personne qui a de l'ambition. *C'est un ambitieux, il travaille beaucoup.* **3.** Prétentieux et difficile à réaliser, qui est au-delà des moyens que l'on a. *Ce projet est trop ambitieux, il faut l'abandonner.*

AMBITION [ɑ̃bisjɔ̃] n. f. **1.** *L'AMBITION :* désir très fort de réussite, de fortune, de pouvoir. *Elle a beaucoup d'ambition, elle est prête à tout pour réussir.* **2.** *UNE AMBITION :* souhait, désir profond. *Ma seule ambition est de m'installer à la campagne. Je n'ai pas d'autre ambition que d'être heureux.*

AMBITIONNER [ɑ̃bisjɔne] verbe [conjugaison 1a] ▪ STYLE RECHERCHÉ Rechercher par ambition. *Il ambitionne la première place. – Elle AMBITIONNE DE réussir à ses examens.*

AMBIVALENT [ɑ̃bivalɑ̃], **AMBIVALENTE** [ɑ̃bivalɑ̃t] adj. ▪ Qui est ambigu, qui peut être compris de deux ou de plusieurs façons. *La politique étrangère du ministre est ambivalente.*

AMBRE [ɑ̃bʀ] n. m. ▪ *L'AMBRE* **1.** *AMBRE GRIS :* substance provenant de l'intestin du cachalot. *L'ambre gris est utilisé en parfumerie.* **2.** *AMBRE JAUNE :* résine d'arbres de l'époque préhistorique et qui est devenue dure et transparente, utilisée en bijouterie. *Elle a un collier d'ambre.*

AMBULANCE [ɑ̃bylɑ̃s] n. f. ▪ *UNE AMBULANCE :* voiture aménagée pour le transport des malades et des blessés. *J'ai été transporté en ambulance à l'hôpital. On entend la sirène de l'ambulance. L'ambulance a son gyrophare allumé.*

AMBULANCIER [ɑ̃bylɑ̃sje] n. m., **AMBULANCIÈRE** [ɑ̃bylɑ̃sjɛʀ] n. f. ▪ *UN AMBULANCIER, UNE AMBULANCIÈRE :* une personne qui conduit une ambulance. *L'ambulancier a mis en marche la sirène de l'ambulance.*

AMBULANT [ɑ̃bylɑ̃], **AMBULANTE** [ɑ̃bylɑ̃t] adj. **1.** (qqn) Qui se déplace d'un endroit à un autre pour exercer son métier. *Il n'y a pas de commerçants dans notre village, mais des marchands ambulants viennent régulièrement.* **2.** STYLE FAMILIER *C'est un CADAVRE AMBULANT !* c'est une personne extrêmement maigre.

ÂME [ɑm] n. f.
I. *L'ÂME* **1.** Ensemble de la sensibilité et de la pensée, chez l'être humain, par opposition au corps. *Lorsque l'on croit en Dieu, on considère que l'âme est immortelle.* **2.** *CORPS ET ÂME* [kɔʀzeɑm] : tout entier. *Il est dévoué corps et âme à ses malades. Il A RENDU L'ÂME :* il est mort. **3.** Sens moral personnel. *EN MON ÂME ET CONSCIENCE :* en toute honnêteté. *Les jurés jugent en leur âme et conscience de la culpabilité de l'accusé.* **4.** Sentiment, vie. *Cette maison est belle, mais sans âme.* **5.** *ÉTAT D'ÂME :* réaction affective souvent considérée comme gênante. *Le ministre n'arrive pas à prendre sa décision, il a des états d'âme.* **6.** *Mon fils est musicien DANS L'ÂME,* il est profondément musicien.
II. *UNE ÂME :* un être humain. *Une ville de 10 000 âmes.* → **habitant.** *Il n'y a pas ÂME QUI VIVE dans cette rue, la nuit :* il n'y a personne, la rue est déserte.

AMÉLIORATION [ameljɔʀasjɔ̃] n. f. **1.** *L'AMÉLIORATION :* changement en mieux. → **progrès.** *Le médecin a constaté une nette amélioration de l'état de santé du malade,* il a constaté que le malade allait beaucoup mieux. ⟨contraire : aggravation⟩ *Aucune amélioration du temps n'est prévue pour demain.* **2.** *UNE AMÉLIORATION :* installation meilleure. *Nous voulons faire des améliorations dans la maison.*

AMÉLIORER [ameljɔʀe] verbe [conjugaison 1a] **1.** Rendre meilleur, changer en mieux. ⟨contraire : aggraver⟩ *Il faudrait améliorer notre organisation. Le service de ce restaurant pourrait être amélioré. Pouvez-vous, ta sœur et toi, faire un effort et améliorer vos relations ? Ce sportif améliorera* [ameljɔʀʀa] *son score.* **2.** verbe pronominal *S'AMÉLIORER :* devenir meilleur. *Ce vin s'améliore avec l'âge. Le temps ne s'améliore pas.* ⟨contraire : s'arranger⟩ *Ses notes se sont améliorées.*

AMÉNAGEMENT [amenaʒmɑ̃] n. m. ▪ *L'AMÉNAGEMENT* **1.** Action, manière d'aménager. → **arrangement, disposition, organisation.** *Les Québécois s'occupent de l'aménagement du français.* **2.** *UN AMÉNAGEMENT :* modification pour améliorer. *Il faut faire quelques aménagements dans la maison, et nous pourrons nous y installer. Ce travail a besoin de quelques aménagements.*

AMÉNAGER [amenaʒe] verbe [conjugaison 3b] **1.** Arranger, installer un lieu pour un certain usage. *Nous faisons des travaux dans la maison : nous aménageons le grenier en bureau.* **2.** Modifier pour rendre plus commode, plus efficace. *Si vous aménagez votre emploi du temps, vous serez moins bousculé.*

AMENDE [amɑ̃d] n. f. ▪ *UNE AMENDE* **1.** Somme d'argent que l'on doit payer lorsqu'on n'a pas observé la loi. → **contravention.** *J'ai eu deux cents francs d'amende parce que ma voiture était mal garée. Il a payé une forte amende pour excès de vitesse.* **2.** *FAIRE AMENDE HONORABLE :* reconnaître ses erreurs et demander pardon publiquement. *Il a eu tort de mentir, mais il a fait amende honorable.*

> REM. *Amande* « fruit » se prononce de la même façon.

> FAUX AMI
> portugais **amêndoa** « amande »

AMENER [amne] verbe [conjugaison 5a] **1.** (qqn) Faire venir (une personne ou un animal qui peut suivre) avec soi. *Elle est venue hier à la maison et elle a amené son frère. D'accord, si tu ne peux pas faire autrement, amène ton chien.* **2.** Mener (une chose qui avance). *Amenez-moi votre voiture demain, je vérifierai les freins. –* (qqch.) *Les conduites amènent l'eau dans les maisons.* **3.** (qqch.) Faire venir à la suite. *J'ai bien peur que ces nuages n'amènent la pluie.* → **entraîner.** *Votre insolence ne vous amènera que des ennuis.* → **causer.** **4.** *Quel bon vent vous amène ?* formule de bienvenue à l'adresse de qqn que l'on n'attendait pas. **5.** Conduire, entraîner petit à petit à (un acte, un état). *N'amenons pas la conversation sur ce sujet. Si vous continuez à faire du bruit, je SERAI AMENÉ À me fâcher,* je serai obligé de me fâcher. **6.** Tirer à soi. *Nous entrons dans le port, amenez les voiles !* **7.** STYLE FAMILIER (qqn) verbe pronominal *S'AMENER :* venir, arriver. *Alors, qu'est-ce que tu fais, tu t'amènes ? Ils se sont amenés à deux heures du matin.*

> REM. **1.** Les Français eux-mêmes ont du mal à bien utiliser *amener* (et *ramener*), *apporter* et *emmener*. *AMENER* s'emploie pour les personnes, les êtres qui se déplacent, les choses qui avancent : *on amène qqn, un bébé, un chien, une voiture, une brouette. APPORTER* s'utilise pour les objets, pour ce qui doit être porté : *apporter un poisson dans son bocal, des fleurs, apporter une caisse, des disques.* **2.** *AMENER qqn à* s'emploie lorsqu'on ne reste pas avec la personne : *j'ai amené les enfants au cinéma* (et je suis parti). *EMMENER qqn à* s'emploie lorsqu'on reste avec la personne : *j'ai emmené les enfants au cinéma* (et je suis resté avec eux).

AMÉNITÉ [amenite] n. f. ▪ STYLE RECHERCHÉ *L'AMÉNITÉ :* amabilité, gentillesse pleine de charme. → **douceur.** *Il a eu des propos pleins d'une charmante aménité. Le professeur a traité cet élève SANS AMÉNITÉ,* durement.

S'AMENUISER [amənɥize] verbe pronominal [conjugaison 1a] ▪ Devenir plus petit. *Les chances de retrouver l'alpiniste vivant s'amenuisent de jour en jour. Les risques se sont amenuisés.*

AMER [amɛʀ], **AMÈRE** [amɛʀ] adj. **1.** (après le nom) Qui a un goût âpre, produisant dans la bouche une sensation souvent considérée comme désagréable. *Beaucoup d'enfants n'aiment pas les endives, car elles sont un peu amères. Il aime la confiture* D'ORANGES AMÈRES. **2.** (avant ou après le nom) Qui exprime de la tristesse, mêlée de mécontentement et de rancune. *Cet échec est pour elle une amère déception. Il m'a fait d'amers reproches. Il a prononcé des paroles amères. Mon frère est amer, il a l'impression que sa vie est une suite d'échecs.*

AMÈREMENT [amɛʀmɑ̃] adverbe ▪ Avec tristesse, amertume. *Ton père se plaint amèrement de ne pas recevoir de tes nouvelles. J'ai été amèrement déçu.*

AMÉRICAIN [ameʀikɛ̃] adj. et n. m., **AMÉRICAINE** [ameʀikɛn] adj. et n. f.
I. adjectif (après le nom) **1.** De l'Amérique. *Nous avons voyagé dans tout le continent américain.* **2.** Des États-Unis. *J'adore le cinéma américain.*
II. *UN AMÉRICAIN, UNE AMÉRICAINE* **1.** Un habitant, une habitante de l'Amérique. *Les Américains du Nord ; les Américains du Sud.* **2.** Personne qui habite les États-Unis d'Amérique. *C'est une Américaine, elle vit à New York.* **3.** (nom masculin) *L'AMÉRICAIN* : la langue anglaise d'Amérique. *Il parle américain couramment.*

S'**AMÉRICANISER** [ameʀikanize] verbe pronominal [conjugaison 1a] ▪ Prendre les usages, les habitudes des États-Unis. *L'Europe s'est américanisée.*

AMÉRINDIEN [ameʀɛ̃djɛ̃] adj. et n. m., **AMÉRINDIENNE** [ameʀɛ̃djɛn] adj. et n. f. **1.** adjectif (après le nom) Relatif aux Indiens d'Amérique. *Les langues amérindiennes.* **2.** *UN AMÉRINDIEN, UNE AMÉRINDIENNE* : un Indien, une Indienne d'Amérique. *Les Amérindiens.*

AMÉRIQUE [ameʀik] nom propre féminin – en anglais **AMERICA** ▪ *L'AMÉRIQUE* : une des cinq parties du monde. *L'Amérique est constituée de l'Amérique du Nord, de l'Amérique centrale et de l'Amérique du Sud. Ils voyagent en Amérique. Ils nous écrivent régulièrement d'Amérique.*

AMERRIR [ameʀiʀ] verbe [conjugaison 2] ▪ (hydravion, engin spatial) Se poser à la surface de l'eau. *La nuit dernière, à l'heure prévue, les astronautes amerrissaient dans l'océan Indien.*

AMERRISSAGE [ameʀisaʒ] n. m. ▪ *UN AMERRISSAGE* : action d'amerrir. *L'hydravion a réussi son amerrissage.*

AMERTUME [amɛʀtym] n. f. ▪ *L'AMERTUME* **1.** Goût amer. *J'aime la légère amertume des endives.* **2.** Tristesse mêlée de mécontentement et de rancune, causée par une injustice, une déception. *Elle pense avec amertume à son échec.*

AMÉTHYSTE [ametist] n. f. ▪ *UNE AMÉTHYSTE* : pierre précieuse de couleur violette. *J'ai une améthyste montée en bague.*

AMEUBLEMENT [amœbləmɑ̃] n. m. ▪ *UN AMEUBLEMENT* : ensemble des meubles, des objets et de la décoration d'un logement. *L'ameublement du salon est moderne.* → **décoration, mobilier.**

AMEUBLIR [amœbliʀ] verbe [conjugaison 2] ▪ Remuer la terre pour qu'elle se laboure facilement. *Les cultivateurs ameublissent la terre avant de la cultiver.*

AMEUTER [amøte] verbe [conjugaison 1a] ▪ Provoquer un attroupement de personnes en faisant du bruit, un scandale. *Ses cris ont ameuté les passants.*

AMI [ami] adj. et n. m., **AMIE** [ami] adj. et n. f.
I. *UN AMI, UNE AMIE* **1.** Une personne pour qui on a de l'affection, de la sympathie. → **camarade, copain,** STYLE FAMILIER **pote.** *Tu es ma meilleure amie. C'est un vieil ami de la famille. Pendant les vacances, je retrouve des* AMIS D'ENFANCE. *Nous avons passé la soirée* ENTRE AMIS. *Vous pouvez dormir à la maison, nous avons une* CHAMBRE D'AMIS. *Mon cher ami, ma chère amie* : terme d'affection ou de politesse. *UN PRIX D'AMI* : prix intéressant, avantageux. *Je vends ma voiture à un prix d'ami.* **2.** *PETIT AMI, PETITE AMIE* : amant, maîtresse. *Elle est venue nous présenter son nouveau petit ami.* → **compagnon,** STYLE FAMILIER **copain, jules, mec.** *Il a une petite amie.* → **compagne,** STYLE FAMILIER **copine, nana.** **3.** Personne qui a de bonnes relations avec une autre, avec une collectivité. *Je viens en ami, pas en ennemi. Le ministre a de nombreux amis politiques.* **4.** *FAUX AMI* : mot d'une langue qui ressemble à un mot d'une autre langue, mais qui n'a pas le même sens. *L'anglais actually ne signifie pas « actuellement » en français, mais « effectivement » : c'est un faux ami.*
II. adjectif (après le nom) **1.** Lié d'amitié. *Je vais vous présenter une personne que j'aime beaucoup, nous sommes très amis. Les pays amis.* **2.** Amical. *Les malheureux ont besoin qu'on leur tende une main amie. J'ai besoin d'une oreille amie*, d'une personne qui écoute avec amitié, affection. *Quel plaisir de voir un visage ami !*

> REM. *Mon jeune ami* peut être un terme d'affection : *Je vous présente mon jeune ami François*, mais peut aussi exprimer la supériorité, un peu de mépris envers qqn qu'on connaît peu ou qu'on n'aime pas : *Vous prêter ma voiture ? Vous n'y pensez pas, mon jeune ami !*

AMIABLE [amjabl] adj. et adverbe **1.** adjectif (après le nom) *UN CONSTAT AMIABLE* : une déclaration d'accident de voitures (sans blessé) qui peut être faite par les conducteurs, sans intervention de la police. *J'ai eu un petit accident de voiture, nous avons fait un constat amiable que j'ai envoyé à mon assurance.* **2.** adverbe *À L'AMIABLE* : en se mettant d'accord, sans faire de procès. *Ils ont divorcé à l'amiable.*

AMIANTE [amjɑ̃t] n. m. ▪ *L'AMIANTE* : minéral dont les fibres résistent au feu et qui peuvent être utilisées pour fabriquer des matériaux, des tissus. *Les murs de nombreux bâtiments sont recouverts de plaques d'amiante. Les pompiers ont combattu l'incendie, revêtus de combinaisons en amiante. Des maladies sont provoquées par l'amiante. L'amiante est dangereux pour la santé.*

AMIBE [amib] n. f. ▪ *UNE AMIBE* : animal formé d'une seule cellule, vivant dans l'eau, et dont une espèce vit en parasite dans l'intestin de l'homme. *Faites bouillir cette eau avant de la boire : attention aux amibes !*

AMICAL [amikal] adj., **AMICALE** [amikal] adj. et n. f. **1.** adjectif (après le nom, parfois avant le nom) Qui est plein d'amitié, qui exprime de l'amitié. (contraires : haineux, hostile) *Le personnel de l'hôpital a été amical avec nous. Nous avons reçu une lettre très amicale de ton frère.* → **chaleureux.** MASCULIN PLURIEL : *des gestes AMICAUX* [amiko]. *Pour m'encourager, il m'a donné une petite tape amicale sur l'épaule.* – (formules de politesse, à la fin d'une lettre) *Amical souvenir. Recevez mes salutations amicales.* **2.** *UNE AMICALE* : association de personnes ayant les mêmes activités ou les mêmes souvenirs. *Ce soir, je vais à la réunion de l'amicale des anciens élèves de l'école.*

AMICALEMENT [amikalmɑ̃] adverbe ▪ D'une manière amicale. *Nous avons bavardé amicalement toute la soirée.*

AMIDON [amidɔ̃] n. m. ▪ *L'AMIDON* **1.** Substance que l'on trouve dans certaines plantes et que l'on utilise pour épaissir certains produits alimentaires. *L'amidon est extrait du blé, du riz, du* maïs. 2. Cette substance, dont on fait une sorte de colle. *Autrefois, on durcissait les cols de chemises avec de l'amidon.*

AMINCIR [amɛ̃siʀ] verbe [conjugaison 2] 1. (qqch.) Faire paraître plus mince. *Cette robe noire vous amincit.* ⟨contraires : épaissir, grossir⟩ 2. verbe pronominal S'AMINCIR : devenir plus mince. *Depuis que je fais du vélo, mes jambes s'amincissent. Mes cuisses se sont amincies.*

AMINCISSANT [amɛ̃sisɑ̃], **AMINCISSANTE** [amɛ̃sisɑ̃t] adj. (après le nom) 1. Qui fait paraître plus mince. *J'aime bien cette robe, elle est amincissante.* 2. Qui fait mincir, maigrir. *J'ai acheté une nouvelle crème amincissante. Elle fait un régime amincissant.* → **amaigrissant.**

AMIRAL [amiʀal] n. m. ▪ *UN AMIRAL* : officier du grade le plus élevé, dans la marine nationale. *L'amiral est monté à bord.* PLURIEL : *les AMIRAUX* [amiʀo].

AMITIÉ [amitje] n. f. 1. *L'AMITIÉ* : sentiment d'affection que l'on a pour qqn. *Une grande amitié les a unis toute leur vie. L'amitié et l'amour sont des sentiments bien différents. J'ai beaucoup d'amitié pour elle. Je te remercie d'être venu pour me voir, j'apprécie beaucoup cette PREUVE D'AMITIÉ.* 2. Marque d'affection, de bienveillance. *FAIRE L'AMITIÉ DE* : terme de politesse amicale. *J'espère que vous nous ferez l'amitié de venir nous voir.* 3. Rapports amicaux. *Nous devons préserver l'amitié entre nos deux pays.* → **entente.** 4. (au pluriel) *MES AMITIÉS À votre mari* : formule de politesse. *FAIRE SES AMITIÉS* : dire des choses affectueuses. *Faites toutes mes amitiés à votre maman.*

AMNÉSIE [amnezi] n. f. ▪ *L'AMNÉSIE* : diminution ou perte totale de la mémoire. *Depuis son accident, il souffre d'amnésie.*

AMNÉSIQUE [amnezik] adj. (après le nom) ▪ (qqn) Atteint d'amnésie. *Il est complètement amnésique depuis son accident de voiture : il ne sait même plus qui il est.*

AMNISTIE [amnisti] n. f. ▪ *UNE AMNISTIE* : annulation exceptionnelle des condamnations de certaines fautes punies par la loi. *Le nouveau président de la République a décrété l'amnistie des contraventions.*

AMOCHER [amɔʃe] verbe [conjugaison 1a] ▪ STYLE FAMILIER 1. (qqn) Blesser par des coups. *Il s'est fait sérieusement amocher.* 2. (qqch.) Abîmer. *Sa voiture est bien amochée.*

AMOINDRIR [amwɛ̃dʀiʀ] verbe [conjugaison 2] 1. Diminuer (la force, l'importance). *Il cherche à amoindrir votre autorité.* → **réduire.** ⟨contraires : accroître, augmenter⟩ *La maladie l'a beaucoup amoindri,* il a perdu beaucoup de forces, il est faible. 2. verbe pronominal S'AMOINDRIR : diminuer. *Ses forces se sont amoindries.*

S'**AMOLLIR** [amɔliʀ] verbe pronominal [conjugaison 2] ▪ Devenir mou. *Le beurre s'amollit sous l'effet de la chaleur.* → **ramollir.** *La pâte à modeler s'est amollie.* ⟨contraire : durcir⟩ *Le boucher tape sur la viande afin qu'elle s'amollisse,* afin qu'elle devienne plus tendre.

AMONCELER [amɔ̃sle] verbe [conjugaison 4a] 1. Entasser, réunir en tas, en monceau. *Le jardinier amoncelle les feuilles mortes. Toute la nuit, le vent a amoncelé la neige devant la maison.* 2. verbe pronominal S'AMONCELER : former un tas. *Les livres se sont amoncelés sur mon bureau.* → s'**accumuler,** s'**amasser,** s'**entasser.**

AMONCELLEMENT [amɔ̃sɛlmɑ̃] n. m. ▪ *UN AMONCELLEMENT* : accumulation. → **amas, tas.** *Lorsque je suis rentré de vacances, j'ai trouvé un amoncellement de lettres sur mon bureau.* → **pile.**

AMONT [amɔ̃] n. m. et adj.
I. 1. *L'AMONT* : la partie d'un cours d'eau qui est entre l'endroit où l'on est et la source. *Les cours d'eau vont de l'amont vers l'aval. Nous avons marché vers l'amont,* vers la source. ⟨contraire : aval⟩ – *En montagne, l'amont est la partie plus élevée de la pente.* 2. *EN AMONT* : ce qui vient avant, dans une suite de choses. *Il faut d'abord régler les problèmes qui se trouvent en amont.*
II. adjectif invariable (après le nom) *Le SKI AMONT* : le ski qui se trouve du côté haut de la pente, plus haut que l'autre ski. *Faites un pas sur le côté avec le ski amont, puis rapprochez le ski aval.* PLURIEL : *les skis amont.*

AMORCE [amɔʀs] n. f. ▪ *UNE AMORCE* 1. Petite charge capable de faire exploser une bombe, un obus, une grenade. → **détonateur.** 2. Petite rondelle de papier contenant de la poudre capable d'exploser pour faire du bruit. *Les enfants ont acheté un PISTOLET À AMORCES.* 3. Petite bête ou petit objet jeté dans l'eau pour attirer le poisson. → **appât.** *Le pêcheur utilise des vers comme amorces.* 4. Commencement, début de qqch. → **ébauche.** *Cette rencontre entre les deux chefs d'État est l'amorce d'un rapprochement entre les pays.*

AMORCER [amɔʀse] verbe [conjugaison 3a] 1. Mettre une amorce à l'intérieur de (une charge explosive), qui déclenchera l'explosion. ⟨contraire : désamorcer⟩ *La bombe est amorcée.* 2. Mettre un appât pour attirer le poisson. *Le pêcheur amorce l'hameçon avec un ver.* → **appâter.** 3. Mettre en état de fonctionner. *Nous amorçons la pompe en la remplissant d'eau.* 4. Commencer à faire (qqch.). *La voiture amorce son virage,* elle commence à prendre son virage. 5. verbe pronominal S'AMORCER : commencer. *Une tentative de rapprochement s'est amorcée entre les deux pays.*

AMORPHE [amɔʀf] adj. (après le nom) ▪ Sans énergie, sans réaction. → **mou.** *Ce garçon n'a pas de caractère, il est complètement amorphe.* ⟨contraires : dynamique, énergique⟩

AMORTIR [amɔʀtiʀ] verbe [conjugaison 2] 1. (qqch.) Rendre moins violent, moins fort. *Dans le grenier, un épais tapis amortit le bruit des pas.* → **affaiblir, atténuer.** *Un matelas amortit la chute des sauteurs à la perche.* 2. (qqn) Rembourser (une dette) en versant de l'argent petit à petit. *Ma dette sera amortie dans trois ans.* 3. (qqn) Regagner petit à petit l'argent qui a servi à acheter un bien, grâce aux bénéfices gagnés à l'aide de ce bien. *Si je ne veux pas perdre d'argent, il faut que j'amortisse mon camion en deux ans.*

AMORTISSEUR [amɔʀtisœʀ] n. m. ▪ *UN AMORTISSEUR* : système qui permet de diminuer les secousses dans une voiture. *On est trop secoué dans cette voiture, il faut changer les amortisseurs.*

AMOUR [amuʀ] n. m.
I. *L'AMOUR* 1. Sentiment très fort de tendresse mêlée d'attirance physique que l'on éprouve pour une personne. *Il a de l'amour pour sa femme. C'est un amour partagé. Tout va bien entre eux, c'est le grand amour. Ils vivent un grand amour, un amour fou.* → **passion.** *J'ai reçu une LETTRE D'AMOUR. Il lui a fait une DÉCLARATION D'AMOUR. L'année dernière, j'ai eu une belle HISTOIRE D'AMOUR. Il a un CHAGRIN D'AMOUR.* 2. (qqn) *FAIRE L'AMOUR* : avoir des rapports sexuels. → STYLE TRÈS FAMILIER **baiser.** *Ils ont fait l'amour. Elle a fait l'amour avec son mari.* 3. Attachement profond et désintéressé à une valeur. *Il a l'amour de son métier.* 4. Sentiment d'affection, de tendresse entre les personnes d'une famille. *L'amour maternel et paternel sont très puissants,* le sentiment qu'éprouve une mère, un père, pour ses enfants. 5. Goût, intérêt très vif que l'on a pour qqch. *Elle s'occupe de son jardin avec amour.*

II. *UN AMOUR* **1.** Relation, aventure amoureuse. *Il y a eu plusieurs amours dans sa vie. Elle cherche un nouvel amour.* **2.** (au pluriel) LES AMOURS (de qqn) : sa vie amoureuse. *Comment vont tes amours ?* **3.** Relations sexuelles. *C'est la saison des amours, chez les animaux.* → **rut.** **4.** Personne aimée. *Mon amour, écris-moi.* **5.** Représentation de l'amour (souvent sous la forme d'un petit enfant armé d'un arc et de flèches). *Il peint des Amours. Ta fille est jolie comme un amour.*

REM. *Amour*, mot masculin, est parfois féminin au pluriel : *il a vécu de grandes amours ; de belles amours ; des amours passionnées.*

S'**AMOURACHER** [amuʀaʃe] verbe pronominal [conjugaison 1a] ▪ (qqn) Tomber amoureux de façon soudaine et peu sérieuse. *Elle s'est amourachée d'un garçon, mais ils ne vont pas bien ensemble.*

amoureuse adj. → **amoureux**

AMOUREUSEMENT [amuʀøzmɑ̃] adverbe **1.** Avec amour, tendrement. *Le garçon et la fille se tiennent par la main et se regardent amoureusement.* **2.** Avec un soin tout particulier. *Il s'occupe amoureusement des fleurs de son jardin.*

AMOUREUX [amuʀø] adj. et n. m., **AMOUREUSE** [amuʀøz] adj. et n. f.
I. adjectif (après le nom) Qui aime, qui éprouve de l'amour. *Il est amoureux d'une jeune fille. Elle est* TOMBÉE AMOUREUSE *de lui. Il est éperdument amoureux.*
II. *UN AMOUREUX, UNE AMOUREUSE* **1.** Personne qui éprouve de l'amour pour qqn. *Alors, tu as un amoureux ? Il est sorti avec son amoureuse. Les amoureux s'embrassent, assis sur un banc.* **2.** *UN AMOUREUX, UNE AMOUREUSE DE* : une personne qui a un goût profond pour (qqch.). → **passionné.** *Mon fils est un amoureux de la nature.*

AMOUR-PROPRE [amuʀpʀɔpʀ] n. m. ▪ *L'AMOUR-PROPRE* : sentiment vif qu'une personne a de sa valeur personnelle et du respect qu'on lui doit. *La réussite dans le travail est une satisfaction pour l'amour-propre. Elle a beaucoup d'amour-propre.* → **fierté.** *Un échec* BLESSE L'AMOUR-PROPRE, est humiliant.

REM. Ce mot s'emploie peu au pluriel : *je ne voudrais pas blesser les* AMOURS-PROPRES *de nos amis.*

AMOVIBLE [amɔvibl] adj. (après le nom) ▪ (qqch.) Qu'on peut enlever ou remettre, en parlant d'une chose habituellement fixe. *J'ai acheté des housses amovibles pour protéger les sièges de ma voiture. Son manteau a une capuche amovible.*

AMPÈRE [ɑ̃pɛʀ] n. m. ▪ *UN AMPÈRE* : unité d'intensité du courant électrique (symbole A). *Il faut installer une prise électrique de 10 ampères.*

AMPHI n. m. Forme abrégée familière de **amphithéâtre.**

AMPHIBIE [ɑ̃fibi] adj. (après le nom) **1.** (qqch.) Qui peut se déplacer sur terre ou dans l'eau. *C'est une voiture amphibie.* **2.** Qui peut vivre à l'air ou dans l'eau. *La grenouille est un animal amphibie.*

AMPHITHÉÂTRE [ɑ̃fiteɑtʀ] n. m. ▪ *UN AMPHITHÉÂTRE* **1.** Grand théâtre en plein air, en forme de cercle et à gradins en étages, que construisaient les Romains et les Grecs et où avaient lieu les jeux publics. *On assistait à des combats de gladiateurs dans l'arène centrale de l'amphithéâtre.* **2.** Salle de cours en gradins dans une école ou une faculté. *Les étudiants sont dans l'amphithéâtre.* – *AMPHI* [ɑ̃fi] forme abrégée familière *Ce matin, nous avons cours dans le grand amphi. Les deux amphis sont pleins.*

AMPHORE [ɑ̃fɔʀ] n. f. ▪ *UNE AMPHORE* : vase antique en terre cuite, à deux anses et à pied étroit. *Les amphores étaient utilisées pour conserver ou transporter des liquides et des grains.*

AMPLE [ɑ̃pl] adj. (avant ou après le nom) **1.** Large, qui a de l'ampleur. *Elle aime bien porter des vêtements amples, qui ne la serrent pas.* ⟨contraires : ajusté, cintré, collant, serré⟩ **2.** Abondant. *Passez nous voir à l'agence, nous vous donnerons de plus amples informations sur ce voyage,* nous vous donnerons plus de renseignements.

AMPLEMENT [ɑ̃pləmɑ̃] adverbe ▪ D'une manière plus que suffisante, au-delà du nécessaire. *N'apporte rien pour le dîner, j'ai acheté deux poulets rôtis, c'est amplement suffisant.* → **largement.**

AMPLEUR [ɑ̃plœʀ] n. f. ▪ *L'AMPLEUR* **1.** La largeur, le volume. *DONNER DE L'AMPLEUR* : élargir. *Cette jupe serait plus jolie si on lui donnait de l'ampleur.* **2.** Importance. *Les pompiers ont constaté l'ampleur des dégâts. Le mécontentement des salariés* PREND DE L'AMPLEUR, il augmente.

AMPLI n. m. Forme abrégée familière de **amplificateur.**

AMPLIFICATEUR [ɑ̃plifikatœʀ] n. m. ▪ *UN AMPLIFICATEUR* : appareil qui sert à rendre un son plus fort. *Dans une chaîne hi-fi, l'amplificateur est avant les haut-parleurs.* – *AMPLI* [ɑ̃pli] forme abrégée familière *Il a mis un ampli à sa guitare. Peux-tu installer deux amplis supplémentaires ?*

AMPLIFIER [ɑ̃plifje] verbe [conjugaison 7a]
I. 1. Rendre plus intense. → **augmenter.** *Quand vous serez tous là, j'amplifierai* [ɑ̃plifiʀɛ] *le son et tout le monde entendra bien.* ⟨contraire : baisser⟩ **2.** Développer en ajoutant des détails. *Dans mon roman, le chapitre sur la jeunesse du héros est un peu court : je vais l'amplifier.* → **étoffer.** *Il faut que vous l'amplifiiez.* – *Des journalistes ont amplifié le scandale,* ils l'ont exagéré. *Il ne faut pas amplifier les faits.* → **dramatiser, exagérer.**
II. verbe pronominal S'AMPLIFIER : prendre plus d'importance, augmenter. *Les combats se sont amplifiés.* → s'**intensifier.** *À mesure qu'on approche, le bruit s'amplifie.*

AMPOULE [ɑ̃pul] n. f. ▪ *UNE AMPOULE* **1.** Boule de verre contenant le filament des lampes à incandescence. *Il faut une ampoule électrique à vis ou à baïonnette ? L'ampoule est grillée, je vais la changer.* **2.** Tube de verre rempli d'un médicament liquide. *Le médecin m'a donné des fortifiants en ampoules buvables.* **3.** Petite poche de liquide qui se forme sous la peau à la suite de frottements répétés. *Tu as une ampoule au pied à cause de tes chaussures neuves. Il a coupé du bois toute la matinée et a des ampoules aux mains.*

FAUX AMI
allemand **Ampel** « feu tricolore »

AMPUTATION [ɑ̃pytasjɔ̃] n. f. ▪ *UNE AMPUTATION* : opération consistant à couper un membre, une partie d'un membre. *L'alpiniste a subi l'amputation de ses doigts gelés.*

AMPUTÉ [ɑ̃pyte] n. m., **AMPUTÉE** [ɑ̃pyte] n. f. ▪ *UN AMPUTÉ, UNE AMPUTÉE* : une personne qui a subi une amputation. *Les amputés de la guerre sont des blessés graves.*

AMPUTER [ɑ̃pyte] verbe [conjugaison 1a] **1.** Faire l'amputation de (un membre, une partie d'un membre). *On a amputé le blessé. Le blessé a été amputé d'un bras.* **2.** Supprimer une partie (de qqch.). *On a amputé ce texte.*

AMULETTE [amylɛt] n. f. ▪ *UNE AMULETTE* : petit objet que l'on porte sur soi, comme porte-bonheur. *Elle a toujours une petite chaîne autour du cou, avec des amulettes.* → **fétiche, porte-bonheur.**

AMUSANT [amyzɑ̃], **AMUSANTE** [amyzɑ̃t] adj. (après le nom, parfois avant) ▪ Drôle, qui amuse, qui fait rire ou sourire. *Nous avons vu un spectacle amusant.* → **divertissant, drôle, plaisant.**

J'ai acheté un amusant petit chapeau. Il a toujours des histoires amusantes à raconter. → STYLE FAMILIER **marrant, rigolo.** *Les enfants ont inventé un jeu très amusant.* ⟨contraire : ennuyeux⟩ – *Ce garçon n'est pas très amusant,* il est sérieux, triste.

AMUSE-GUEULE [amyzgœl] n. m. invariable ▪ *UN AMUSE-GUEULE :* petit sandwich, biscuit salé, fruit sec que l'on mange au moment de l'apéritif. PLURIEL : *on nous a servi quelques amuse-gueule avant de passer à table.*

REM. *Gueule,* mot très familier, a ici le sens de « bouche » : certains restaurants préfèrent proposer, sur leur carte, des *amuse-bouche.*

AMUSEMENT [amyzmɑ̃] n. m. ▪ *UN AMUSEMENT :* distraction agréable. *Notre plus grand amusement est de jouer aux cartes.*

AMUSER [amyze] verbe [conjugaison 1a]
I. Distraire agréablement, faire rire ou sourire. → **divertir.** *Il nous amuse avec ses histoires drôles.* ⟨contraire : ennuyer⟩ *Arrête tes grimaces, tu ne m'amuses pas.*
II. verbe pronominal S'AMUSER 1. Se distraire agréablement. *Les enfants s'amusent bien. Il s'amuse avec son chien. Nous nous sommes amusés comme des fous.* → STYLE FAMILIER **s'éclater.** *Fais-le si ça t'amuse ! Elle S'AMUSE À changer de coiffure.* – *Ça NE M'AMUSE PAS D'aller les voir dimanche,* c'est une corvée. 2. Perdre son temps. *Nous avons du chemin à faire, il ne faut pas s'amuser en route. On ne va pas s'amuser à les attendre.*

AMYGDALE [amidal] n. f. ▪ *UNE AMYGDALE :* chacun des deux organes (glandes) situés au fond de la gorge. *Ma fille doit être opérée des amygdales bientôt.*

AN [ɑ̃] n. m. ▪ *UN AN* 1. Période de douze mois qui commence à la date de naissance (d'une personne, d'un animal). *Elle a quarante ans. Elle fête ses dix-huit ans* (→ **anniversaire).** *Mon fils a quatre ans et demi. Ils ont un chat de trois ans.* – (choses) *La tour Eiffel a plus de cent ans.* 2. Période de douze mois qui commence à n'importe quel moment. → **année.** *Il a vécu à Londres pendant deux ans. Je pars dans un an et un mois. Il vit à Rome depuis trois ans. Ils sont mariés depuis dix ans. Je fais réviser ma voiture chez un garagiste deux FOIS PAR AN.* 3. Période de douze mois qui commence le 1er janvier et finit le 31 décembre. *L'an dernier, l'hiver a été très froid. Tous les ans, le facteur nous apporte un nouveau calendrier.* 4. *LE NOUVEL AN, LE JOUR DE L'AN, LE PREMIER DE L'AN :* le premier jour de l'année, le 1er janvier. *Le premier de l'an, on se souhaite une bonne année.* 5. *L'AN... Il est né l'an 250 avant Jésus-Christ. Ce film se passe en l'an 2000.* – STYLE FAMILIER *Je m'en moque, je m'en fiche COMME DE L'AN QUARANTE !* cela m'est complètement égal !

REM. 1. Les mots *an* et *année* ont le même sens mais on ne les emploie pas de la même façon : pour dire l'âge d'une personne, *an* s'emploie avec un nombre qui indique une quantité (ex. : *il a dix ans*), alors que *année* s'emploie avec un adjectif numéral qui indique l'ordre dans un ensemble *(C'est la deuxième année qu'il vient)* ou la qualité de cette durée *(Les belles années ; une année de séparation).* 2. *An* n'est jamais accompagné d'un adjectif qualificatif (sauf dans *nouvel an*), à la différence de *année.* → **année.** 3. On dit *tous les ans* ou *chaque année.*

ANACHRONIQUE [anakʀɔnik] adj. (après le nom) ▪ (qqch.) Qui apparaît, est situé par erreur dans une époque où il n'existait pas. *Montrer un avion dans un film qui se passe pendant la guerre de 1870, ce serait anachronique.*

ANACHRONISME [anakʀɔnism] n. m. ▪ *UN ANACHRONISME :* erreur qui consiste à montrer une chose à une époque où elle n'existait pas. *Une montre au poignet d'un Gaulois, c'est un anachronisme.*

ANACONDA [anakɔ̃da] n. m. ▪ *UN ANACONDA :* grand boa d'Amérique du Sud. *Les anacondas étouffent leurs proies avant de les avaler.*

ANAGRAMME [anagʀam] n. f. ▪ *UNE ANAGRAMME :* mot que l'on obtient en changeant l'ordre des lettres d'un autre mot. *« Marie » est l'anagramme de « aimer ».*

ANALGÉSIQUE [analʒezik] adj. et n. m. 1. adjectif (après le nom) Qui diminue ou supprime la douleur. → **antidouleur.** *Ce médicament a une action analgésique.* 2. *UN ANALGÉSIQUE :* médicament qui supprime ou diminue la douleur. *L'aspirine est un analgésique.*

ANALLERGIQUE [analɛʀʒik] adj. (après le nom) ▪ (substance) Qui ne provoque pas d'allergie. *J'utilise une crème de beauté anallergique.*

ANALOGIE [analɔʒi] n. f. ▪ *UNE ANALOGIE :* ressemblance établie par l'imagination. ⟨contraire : différence⟩ *Il y a des analogies entre le singe et l'homme.*

ANALOGUE [analɔg] adj. (après le nom) ▪ (qqch.) Semblable, comparable. *Ces deux livres racontent une histoire analogue.* ⟨contraire : différent⟩ *J'ai eu une idée ANALOGUE à la tienne.*

ANALPHABÈTE [analfabɛt] adj., n. m. et n. f. 1. adjectif (après le nom) Qui n'a pas appris à lire et à écrire. *Il donne des cours à des adultes analphabètes.* 2. *UN ANALPHABÈTE, UNE ANALPHABÈTE :* une personne adulte qui ne sait ni lire ni écrire. *Ses parents sont des analphabètes* (→ **alphabétisation).**

REM. Il ne faut pas confondre les *analphabètes* et les *illettrés.* → **illettré.**

ANALYSE [analiz] n. f. ▪ *UNE ANALYSE*
I. 1. Étude approfondie et explication d'une œuvre, d'un texte, d'une situation, par la mise en évidence de leurs éléments importants. *Les élèves doivent faire l'analyse d'un texte qu'ils ont lu en classe. Le journaliste a fait une bonne analyse de la situation politique.* 2. *Une ANALYSE GRAMMATICALE :* étude de la nature et du rôle des mots dans une phrase, dans une proposition. *Faites l'analyse grammaticale de ce texte.* 3. En sciences, recherche et étude des différentes parties d'un mélange, d'une substance. *Le laboratoire va me faire une analyse de sang. Les résultats de votre analyse d'urine sont normaux. L'analyse de l'air montre une forte pollution dans la ville.*
II. Psychanalyse. *Elle fait une analyse. Il est EN ANALYSE depuis deux ans.*

ANALYSER [analize] verbe [conjugaison 1a] ▪ Faire l'analyse de. *La situation politique actuelle est difficile à analyser. Il faudrait analyser l'eau de cette rivière.*

ANALYSTE [analist] n. m., n. f. ▪ *UN ANALYSTE, UNE ANALYSTE :* psychanalyste. *Ce psychiatre est un excellent analyste.*

ANALYTIQUE [analitik] adj. (après le nom) ▪ Qui analyse bien et rapidement (une situation, un problème). *Ce garçon a un esprit analytique* (opposé à synthétique).

ANANAS [anana] n. m. ▪ *UN ANANAS :* gros fruit des pays chauds, à peau épaisse, surmonté d'une touffe de feuilles et dont la pulpe jaune est très sucrée et parfumée. *Nous avons mangé un ananas frais. Veux-tu un jus d'ananas ?*

REM. On peut prononcer le s final : [ananas].

ANAR n. m., n. f. Forme abrégée de **anarchiste.**

ANARCHIE [anaʀʃi] n. f. ▪ *L'ANARCHIE :* désordre dû à une absence d'autorité, de règles et d'ordres précis. *Le pays est dans l'anarchie. Quelle anarchie dans ce service !* → **pagaille ;** STYLE TRÈS FAMILIER **bordel.**

ANARCHIQUE [anaʀʃik] adj. (après le nom) ▪ (situation) Caractérisé par l'anarchie, le désordre. *Le pays est dans un état anarchique.*

ANARCHISTE [anaʀʃist] n. m., n. f. et adj.
I. *UN ANARCHISTE, UNE ANARCHISTE* **1.** Partisan d'un système politique qui supprimerait l'État, qui éliminerait toute autorité sur les individus. *Des anarchistes manifestent en agitant le drapeau noir.* – *ANAR* [anaʀ] forme abrégée familière : *UN ANAR, UNE ANAR. Les anars.* **2.** Personne qui refuse toute autorité, toute règle. *C'est une anarchiste.*
II. adjectif (après le nom) Qui est propre aux anarchistes, qui est l'œuvre des anarchistes. *Il y a eu des attentats anarchistes dans les années 1892-1894, en France.*

ANATOMIE [anatɔmi] n. f. **1.** *L'ANATOMIE :* étude scientifique de la forme, de la structure des êtres vivants. *La dissection est une des méthodes utilisées en anatomie.* – *Les étudiants en médecine apprennent l'anatomie humaine,* toutes les parties du corps humain avec leur nom. **2.** STYLE FAMILIER *UNE ANATOMIE :* formes extérieures de qqn. *Ce garçon a une belle anatomie.*

ANATOMIQUE [anatɔmik] adj. ▪ Relatif à l'anatomie. *Nous allons faire l'étude anatomique de ce muscle.*

ANCESTRAL [ɑ̃sɛstʀal], **ANCESTRALE** [ɑ̃sɛstʀal] adj. (après le nom) ▪ Très ancien, qui vient des ancêtres. *Une haine ancestrale oppose ces deux familles.* MASCULIN PLURIEL : *des conflits ANCESTRAUX* [ɑ̃sɛstʀo].

ANCÊTRE [ɑ̃sɛtʀ] n. m., n. f. ▪ *UN ANCÊTRE, UNE ANCÊTRE* **1.** Personne de la famille de qqn, qui vivait il y a très longtemps, avant ses grands-parents. → **aïeux.** *Un ancêtre de mon mari était chercheur d'or aux États-Unis. J'ai retrouvé les noms de mes ancêtres du dix-huitième siècle.* **2.** (au pluriel) LES ANCÊTRES : les hommes et les femmes qui ont vécu longtemps avant nous. *Nos ancêtres vivaient de la chasse et de la cueillette.*

ANCHOIS [ɑ̃ʃwa] n. m. ▪ *UN ANCHOIS :* petit poisson de mer, commun en Méditerranée, salé et conservé dans l'huile. *Il mange une pizza aux anchois.*

ANCIEN [ɑ̃sjɛ̃], **ANCIENNE** [ɑ̃sjɛn] adj. (après le nom ou avant le nom) **1.** Qui existe depuis longtemps, qui date d'une époque lointaine. ⟨contraire : récent⟩ *Ils ont acheté des meubles anciens chez un antiquaire.* ⟨contraires : contemporain, moderne, neuf⟩ *C'est une coutume très ancienne dans notre pays. Il est difficile d'abandonner les anciennes habitudes.* → **vieux.** – *Cette confiture est préparée À L'ANCIENNE,* à la manière d'autrefois. **2.** Qui est depuis plus longtemps que d'autres personnes (dans une situation, une activité, un lieu...). *Il sait plus de choses que moi, car il est plus ancien dans le métier. Notre voisine est la plus ancienne locataire de l'immeuble.* **3.** Qui a existé autrefois, mais n'existe plus. *Les anciens Romains aimaient les jeux de cirque,* les Romains de l'Antiquité. *Près de chez nous, il y a une ancienne usine abandonnée.* – *C'était comme ça dans l'ancien temps.* → **autrefois.** – *Tout ça, c'est DE L'HISTOIRE ANCIENNE,* c'est du passé, n'en parlons plus. **4.** (avant le nom) Qui n'est plus ce qu'il était avant. *Les anciens élèves du lycée se sont réunis.* ⟨contraire : nouveau⟩ *L'ancien président de la République a été élu député. Elle a vu son ancien mari.* → **ex.**

FAUX AMIS
anglais **ancient** « antique, très âgé », italien **anziano** « âgé »

REM. **1.** La place de cet adjectif (avant ou après le nom) est parfois importante pour le sens : *un ancien ami* n'est plus votre ami, mais *un ami ancien* est votre ami depuis longtemps. **2.** Bien distinguer les sens de *vieux* et *ancien* : *un vieux tapis* est abîmé, usé, mais *un tapis ancien* a de la valeur.

ANCIENNEMENT [ɑ̃sjɛnmɑ̃] adverbe ▪ Dans les temps anciens, autrefois. *La France s'appelait anciennement la Gaule.*

ANCIENNETÉ [ɑ̃sjɛnte] n. f. ▪ *L'ANCIENNETÉ :* temps passé dans un emploi. *Ma sœur a dix ans D'ANCIENNETÉ dans l'enseignement,* cela fait dix ans qu'elle est dans l'enseignement. *Elle a une ancienneté de trois ans.*

ANCRE [ɑ̃kʀ] n. f. ▪ *UNE ANCRE :* lourde pièce d'acier au bout d'une chaîne, que l'on jette au fond de l'eau pour qu'elle se fixe au sol et retienne le bateau. *Le navire A JETÉ L'ANCRE dans le port. Les marins LÈVENT L'ANCRE, le bateau s'éloigne.*
REM. *Encre* « liquide coloré » se prononce de la même façon.

ANCRER [ɑ̃kʀe] verbe [conjugaison 1a] **1.** Immobiliser (un bateau) en jetant l'ancre. *Le yacht est ancré dans la baie.* **2.** Fixer (dans l'esprit). *Certains préjugés sont solidement ancrés dans l'esprit.*
REM. Ce verbe s'emploie surtout à la forme passive.

ANDALOU [ɑ̃dalu] adj. et n. m., **ANDALOUSE** [ɑ̃daluz] adj. et n. f. **1.** adjectif (après le nom) De l'Andalousie. *Aimez-vous la musique andalouse ?* (→ **flamenco).** MASCULIN PLURIEL : *des taureaux andalous.* **2.** *UN ANDALOU, UNE ANDALOUSE :* un habitant, une habitante de l'Andalousie. *Les Andalous.* **3.** (nom masculin) *L'ANDALOU :* dialecte espagnol parlé en Andalousie. *Il parle l'andalou.*

ANDALOUSIE [ɑ̃daluzi] nom propre féminin – en espagnol **ANDALUCÍA** ▪ *L'ANDALOUSIE :* région du sud de l'Espagne. *Cet été, nous irons à Séville et à Grenade, en Andalousie.*

ANDIN [ɑ̃dɛ̃] adj. et n. m., **ANDINE** [ɑ̃din] adj. et n. f. **1.** adjectif (après le nom) Des Andes, grande chaîne de montagnes de l'Amérique du Sud. *Les plateaux andins sont magnifiques.* **2.** *UN ANDIN, UNE ANDINE :* une personne qui habite les Andes. *Les Andins du Pérou.*

ANDOUILLE [ɑ̃duj] n. f. ▪ *UNE ANDOUILLE* **1.** Charcuterie à base d'intestin de porc, qui se mange froide. *Pour le pique-nique, j'ai acheté de l'andouille et du saucisson. Veux-tu une tranche d'andouille ?* **2.** STYLE FAMILIER (qqn) Imbécile, idiot. *Quelle andouille, ce garçon !* → **crétin ;** STYLE TRÈS FAMILIER **con.**

ANDOUILLER [ɑ̃duje] n. m. ▪ *UN ANDOUILLER :* chaque pointe des cornes des bois du cerf, du daim et du chevreuil. *On connaît l'âge d'un cerf en comptant le nombre de ses andouillers.*

ANDOUILLETTE [ɑ̃dujɛt] n. f. ▪ *UNE ANDOUILLETTE :* petite andouille qui se mange chaude (à la différence de l'andouille). *Le cuisinier propose de l'andouillette grillée avec de la purée.*

ANDROGYNE [ɑ̃dʀɔʒin] n. m., n. f. ▪ *UN ANDROGYNE, UNE ANDROGYNE :* une personne qui présente certains caractères de l'autre sexe (morphologie, voix, système pileux). *Leur fils est un androgyne,* un jeune homme aux allures de fille.

ÂNE [ɑn] n. m. ▪ *UN ÂNE* **1.** Animal domestique qui ressemble à un petit cheval, aux longues oreilles et au poil généralement gris. *La femelle de l'âne.* → **ânesse.** *Le petit de l'âne.* → **ânon.** *L'âne brait. Nous avons fait une excursion À DOS D'ÂNE.* – *Tu es TÊTU COMME UN ÂNE !* très têtu. **2.** *Un DOS D'ÂNE :* bosse en travers d'une route. *Freine, il y a un dos d'âne à cet endroit de la route.* **3.** Personne sotte, qui ne sait rien, qui ne connaît rien. → **ignorant.** *Quel âne, cette fille ! Tu n'es qu'un âne.*

ANÉANTIR [aneɑ̃tiʀ] verbe [conjugaison 2] **1.** Détruire complètement, au point qu'il ne reste rien. *La ville a été anéantie par un tremblement de terre.* – *J'ai peur que ce changement anéantisse mes projets.* → **annihiler.** **2.** Accabler, rendre faible, enlever toute l'énergie, la joie, à la suite d'une grande émotion. *Sa mort nous a anéantis.* → **accabler ;** STYLE FAMILIER **démolir.**

ANÉANTISSEMENT [aneɑ̃tismɑ̃] n. m. ▪ *L'ANÉANTISSEMENT* **1.** Destruction complète. *Les bombardements ont causé l'anéantissement de la ville. – Cet échec est l'anéantissement de tous nos espoirs.* **2.** Grand abattement. *Depuis la mort de son frère, elle est dans un état d'anéantissement complet.*

ANECDOTE [anɛkdɔt] n. f. ▪ *UNE ANECDOTE :* petite histoire curieuse ou amusante que l'on raconte. *Il a toujours des anecdotes à raconter.*

FAUX AMIS — grec **ανέκδοτο,** russe **анекдот** « blague »

ANECDOTIQUE [anɛkdɔtik] adj. (après le nom) ▪ Qui présente un caractère d'anecdote, sans grande importance. *Ce n'est qu'un détail anecdotique. Ce fait est anecdotique,* il ne change rien à l'affaire.

ANÉMIE [anemi] n. f. ▪ *L'ANÉMIE :* manque de globules rouges dans le sang qui entraîne un état de faiblesse. *Tu es pâle et fatiguée, peut-être as-tu un peu d'anémie ?*

S'**ANÉMIER** [anemje] verbe pronominal [conjugaison 7a] ▪ Devenir anémique, faible, épuisé. *La malade s'est anémiée. Si cette jeune fille fait ce régime alimentaire trop longtemps, elle s'anémiera* [anemiʀa] *sûrement.*

ANÉMIQUE [anemik] adj. (après le nom) ▪ Atteint d'anémie. *Il est pâle et fatigué, il doit être anémique.*

ANÉMONE [anemɔn] n. f. ▪ *UNE ANÉMONE* **1.** Plante à fleurs rouges, roses, violettes ou blanches avec un cœur de couleur sombre. *Les anémones fleurissent au début du printemps. Il lui a offert un petit bouquet d'anémones.* **2.** *Une ANÉMONE DE MER :* animal marin sans squelette, qui a de nombreux tentacules. *Les anémones de mer sont fixées aux rochers sous-marins.*

ÂNERIE [ɑnʀi] n. f. ▪ STYLE RECHERCHÉ *UNE ÂNERIE :* parole ou acte stupide. → **bêtise, sottise.** *Tais-toi donc, tu ne dis que des âneries. Qu'est-ce qu'il a encore fait comme ânerie ?* → STYLE TRÈS FAMILIER **connerie.**

ÂNESSE [ɑnɛs] n. f. ▪ *UNE ÂNESSE :* femelle de l'âne. *Une ânesse et son ânon sont dans le pré.*

ANESTHÉSIE [anɛstezi] n. f. ▪ *UNE ANESTHÉSIE :* suppression de la sensibilité à la douleur, à l'aide de certains médicaments. → **insensibilisation.** *Avant d'arracher une dent, le dentiste fait une ANESTHÉSIE LOCALE,* il insensibilise, il endort la dent. *Avant d'opérer un malade, on lui fait une ANESTHÉSIE GÉNÉRALE,* on l'endort complètement. *Le malade opéré n'est pas réveillé, il est encore SOUS ANESTHÉSIE.*

ANESTHÉSIER [anɛstezje] verbe [conjugaison 7a] ▪ Insensibiliser, endormir à l'aide de certains médicaments. *D'abord, le dentiste anesthésiera* [anɛsteziʀa] *ta gencive avant de t'arracher la dent.* → **insensibiliser.** *On va vous anesthésier, vous ne sentirez absolument rien.* → **endormir.**

REM. Deux *i* à la 1re et à la 2e personne du pluriel de l'imparfait (ex. : *nous anesthésiions*) et du subjonctif (ex. : *que vous anesthésiiez*).

ANESTHÉSISTE [anɛstezist] n. m., n. f. ▪ *UN ANESTHÉSISTE, UNE ANESTHÉSISTE :* médecin qui, à l'hôpital, en clinique, pratique l'anesthésie. *L'anesthésiste a endormi le malade et il le surveille pendant l'opération.*

ANFRACTUOSITÉ [ɑ̃fʀaktɥozite] n. f. ▪ STYLE RECHERCHÉ *UNE ANFRACTUOSITÉ :* creux profond et irrégulier de la roche. → **cavité, creux.** *Les enfants se sont cachés dans une anfractuosité de rocher.*

ANGE [ɑ̃ʒ] n. m. ▪ *UN ANGE* **1.** Dans certaines religions, être spirituel supérieur à l'homme, inférieur à Dieu, représenté sous forme humaine et avec des ailes. *Les anges sont considérés comme les messagers de Dieu auprès des hommes. – Ces enfants sont insupportables, il faut vraiment AVOIR UNE PATIENCE D'ANGE avec eux,* il faut avoir une très grande patience. *Ma fille a réussi son examen, elle EST AUX ANGES,* elle est très heureuse. **2.** Personne parfaite, très gentille. *Soyez un ange, aidez-moi à porter ces valises. Merci, vous êtes un ange ! Tu travailles COMME UN ANGE, aujourd'hui !* très bien. – (terme d'affection) *Bonne nuit, mon ange.*

ANGÉLIQUE [ɑ̃ʒelik] adj. (après le nom) ▪ STYLE RECHERCHÉ Digne d'un ange, qui fait penser à la perfection, à l'innocence d'un ange. *Il faut une patience angélique pour garder ces enfants.*

ANGELOT [ɑ̃ʒlo] n. m. ▪ *UN ANGELOT :* ange représenté sous la forme d'un très jeune enfant. *Le tableau représente une vierge entourée d'angelots.*

ANGEVIN [ɑ̃ʒvɛ̃] adj. et n. m., **ANGEVINE** [ɑ̃ʒvin] adj. et n. f. **1.** adjectif (après le nom) De la ville d'Angers ; de l'Anjou, région de France. *Nous avons traversé la campagne angevine.* **2.** *UN ANGEVIN, UNE ANGEVINE :* un habitant, une habitante de la ville d'Angers ou de l'Anjou. *Les Angevins.*

ANGINE [ɑ̃ʒin] n. f. ▪ *UNE ANGINE :* maladie, inflammation de la gorge. *Il a une angine. Tu as eu froid en sortant de la piscine et tu as attrapé une angine.*

ANGLAIS [ɑ̃glɛ] adj. et n. m., **ANGLAISE** [ɑ̃glɛz] adj. et n. f.
I. adjectif (après le nom) **1.** De l'Angleterre (au sens étendu de « Grande-Bretagne »). → **britannique.** *Ce cheval est un pur-sang anglais.* **2.** *FILER À L'ANGLAISE :* partir sans dire au revoir et sans se faire voir. *Je n'ai pas revu ton frère après le dîner, il a filé à l'anglaise ! – Nous avons mangé des pommes de terre À L'ANGLAISE,* cuites à la vapeur.
II. 1. *UN ANGLAIS, UNE ANGLAISE :* une personne qui habite l'Angleterre (et les îles britanniques). *Les Anglais.* **2.** nom masculin *L'ANGLAIS :* la langue parlée en Grande-Bretagne *(l'anglais britannique),* aux États-Unis *(l'anglais américain)* et dans l'ancien Empire anglais. *Il parle l'anglais couramment. « Sandwich » est un mot emprunté par la langue française à l'anglais* (→ **anglicisme).** **3.** nom féminin pluriel DES ANGLAISES : de longues boucles de cheveux roulées verticalement. *Quand elle était petite, ma grand-mère avait des anglaises.*

ANGLE [ɑ̃gl] n. m. ▪ *UN ANGLE* **1.** Figure géométrique formée par deux droites, deux lignes qui se coupent, se rejoignent. *Les angles se mesurent en degrés. ANGLE DROIT* ou *ANGLE À 90 DEGRÉS,* dont les côtés sont perpendiculaires. *ANGLE AIGU,* plus petit que l'angle droit. *ANGLE OBTUS,* plus grand que l'angle droit. *Un carré a quatre angles égaux. Figure géométrique à plusieurs angles.* → **polygone.** **2.** Coin. *La banque est à l'angle du boulevard et de l'avenue. J'ai rendez-vous à l'angle de la rue. Tu peux acheter des tickets de métro au tabac qui FAIT L'ANGLE,* qui est à l'angle de la rue. **3.** *SOUS UN ANGLE :* sous un certain aspect. *Vues sous cet angle, les choses sont plus simples,* les choses présentées de cette façon.

ANGLETERRE [ɑ̃glətɛʀ] nom propre féminin – en anglais **ENGLAND** ▪ *L'ANGLETERRE :* partie centrale de l'île de Grande-Bretagne. *Cet été, nous allons en Angleterre. Il nous a téléphoné d'Angleterre. Les habitants de l'Angleterre* (→ **anglais).**

ANGLICISME [ɑ̃glisism] n. m. ▪ *UN ANGLICISME :* emprunt à la langue anglaise (et à l'anglais d'Amérique). *Le mot* camping *est un anglicisme.*

REM. La langue française emprunte des mots à l'anglais *(sandwich, tee-shirt)*, mais aussi des sens (par ex. *opportunité* a pris le sens anglais de « occasion »), et des expressions (*donner le feu vert* pour « autoriser »).

ANGLO-NORMAND [ɑ̃glonɔʀmɑ̃] adj. et n. m., **ANGLO-NORMANDE** [ɑ̃glonɔʀmɑ̃d] adj. et n. f. **1.** adjectif (après le nom) Qui réunit des éléments anglais et normands. *Un cheval anglo-normand a gagné la course. Nous sommes allés dans les ÎLES ANGLO-NORMANDES* (en anglais *Channel Islands*), l'archipel britannique de la Manche. **2.** *UN ANGLO-NORMAND, UNE ANGLO-NORMANDE :* une personne qui habite les îles anglo-normandes. *Les ANGLO-NORMANDS.* **3.** nom masculin *L'ANGLO-NORMAND :* dialecte français de Normandie qui était parlé en Angleterre, du onzième au quinzième siècle. *Il lit un texte écrit en anglo-normand.*

ANGLOPHONE [ɑ̃glɔfɔn] adj., n. m. et n. f. **1.** adjectif (après le nom) De langue anglaise. *Malte est un pays anglophone.* **2.** *UN ANGLOPHONE, UNE ANGLOPHONE :* une personne qui parle anglais. *Les anglophones d'Asie.*

ANGLO-SAXON [ɑ̃glosaksɔ̃] adj. et n. m., **ANGLO-SAXONNE** [ɑ̃glosaksɔn] adj. et n. f. **1.** adjectif (après le nom) Qui concerne les peuples de civilisation britannique. *Le fait a été rapporté dans toute la presse anglo-saxonne.* **2.** *UN ANGLO-SAXON, UNE ANGLO-SAXONNE :* une personne qui appartient à l'un des peuples de civilisation britannique. *Les ANGLO-SAXONS.*

ANGOISSANT [ɑ̃gwasɑ̃], **ANGOISSANTE** [ɑ̃gwasɑ̃t] adj. (après le nom, parfois avant) ▪ (qqch.) Inquiétant, qui provoque l'angoisse. *Un silence angoissant règne dans la maison. Nous avons appris une angoissante nouvelle.*

ANGOISSE [ɑ̃gwas] n. f. ▪ *UNE ANGOISSE :* très grande inquiétude mêlée de peur. → **anxiété, inquiétude, peur.** *Ma gorge se serre, je respire mal, j'ai peu d'avoir une crise d'angoisse. Dans l'attente de ses résultats d'examen, il vit DANS L'ANGOISSE.* ⟨contraires : calme, tranquillité⟩ *Toujours pas de nouvelles de lui, cette attente est insupportable, quelle angoisse ! L'ANGOISSE DE quitter sa mère se lit sur son visage.*

ANGOISSÉ [ɑ̃gwase] adj. et n. m., **ANGOISSÉE** [ɑ̃gwase] adj. et n. f. **1.** adjectif (après le nom) Inquiet, anxieux. *Va vite rassurer tes parents, ils sont très angoissés. C'est un enfant angoissé, il dort mal. – Il lui jette un regard angoissé.* **2.** *UN ANGOISSÉ, UNE ANGOISSÉE :* une personne sujette à l'angoisse. *Parle-lui avec précaution, c'est un angoissé.* → **anxieux.**

ANGOISSER [ɑ̃gwase] verbe [conjugaison 1a] **1.** Inquiéter (qqn) vivement, provoquer de l'angoisse. *Donne-nous de tes nouvelles, ce silence nous angoisse.* → **tourmenter.** *Tais-toi, tu m'angoisses avec tes histoires.* ⟨contraires : apaiser, calmer, rassurer⟩ **2.** STYLE FAMILIER Éprouver de l'angoisse. *J'angoisse en attendant mes résultats d'examen.* → **paniquer.** *Il angoisse à mort.* → STYLE FAMILIER ① **flipper.** **3.** verbe pronominal S'ANGOISSER : devenir anxieux, éprouver de l'angoisse. *Nous sommes en retard, d'accord, mais ce n'est pas grave, tu ne vas pas t'angoisser pour ça ! Elle s'est beaucoup angoissée.*

ANGOLAIS [ɑ̃gɔlɛ] adj. et n. m., **ANGOLAISE** [ɑ̃gɔlɛz] adj. et n. f. **1.** adjectif (après le nom) Qui concerne l'Angola, pays d'Afrique occidentale. *Le bateau est au large de la côte angolaise.* **2.** *UN ANGOLAIS, UNE ANGOLAISE :* une personne qui habite l'Angola. *Les Angolais.*

ANGORA [ɑ̃gɔʀa] adj. et n. m. **1.** adjectif (après le nom) (chats, lapins, chèvres) Qui a des poils longs, doux, fins et souples. *Ils ont une chatte angora. Il élève des lapins angoras. Les poils de la chèvre angora servent à fabriquer une étoffe légère* (→ **mohair).** **2.** *L'ANGORA :* étoffe faite avec les poils d'animaux angoras. *Il a un pull en angora.*

ANGUILLE [ɑ̃gij] n. f. ▪ *UNE ANGUILLE* **1.** Poisson d'eau douce au corps allongé comme celui d'un serpent et à la peau glissante. *Les anguilles vivent en eau douce mais se reproduisent dans la mer. – Nous avons mangé de l'anguille fumée.* **2.** *IL Y A ANGUILLE SOUS ROCHE :* il se prépare une chose que l'on nous cache, mais que l'on soupçonne. *Ils se téléphonent, ils s'écrivent, ils se voient beaucoup : à mon avis, il y a anguille sous roche.*

ANGULEUX [ɑ̃gylø], **ANGULEUSE** [ɑ̃gyløz] adj. (après le nom) ▪ (corps, partie du corps) Qui est maigre et osseux. *Il a un visage anguleux.*

ANICROCHE [anikʀɔʃ] n. f. ▪ *UNE ANICROCHE :* petite difficulté. *Le voyage s'est passé sans anicroche.* → **histoire, incident.**

ANIMAL [animal] n. m. et adj., **ANIMALE** [animal] adj.
I. *UN ANIMAL* **1.** Être vivant capable de se déplacer seul (opposé à végétal). *Un insecte est un animal.* PLURIEL : *l'homme, l'éléphant, le poisson et la fourmi sont des ANIMAUX* [animo]. **2.** Être vivant qui n'est ni une plante ni un être humain. → ① **bête.** *J'aime beaucoup les animaux. Les animaux ne sont pas admis dans ce magasin. Nous étudions les animaux de la région* (→ **faune).** *On peut voir des animaux sauvages au zoo* (→ **fauve).** *Les vaches et les moutons sont des ANIMAUX DOMESTIQUES,* des animaux qui vivent près de l'homme pour l'aider, le nourrir. *Les chiens et les chats sont des ANIMAUX DE COMPAGNIE,* des animaux qui vivent près de l'homme pour lui tenir compagnie.
II. adjectif (après le nom) **1.** Qui a rapport à l'animal (sauf l'homme). *Il étudie le monde animal* (→ **zoologie).** **2.** Qui provient de l'animal. *On utilise la graisse animale pour faire la cuisine.*

ANIMATEUR [animatœʀ] n. m., **ANIMATRICE** [animatʀis] n. f. ▪ *UN ANIMATEUR, UNE ANIMATRICE* **1.** Personne qui présente un spectacle ou une émission de radio, de télévision. *Le public aime bien l'animateur de cette émission de variétés.* **2.** Personne qui organise des activités pour un groupe. *Les animateurs du club de vacances préparent un spectacle et des jeux pour la soirée.*

ANIMATION [animasjɔ̃] n. f. ▪ *L'ANIMATION* **1.** Vie, mouvement. *Il y a beaucoup d'animation dans cette rue, le jour du marché.* **2.** Technique consistant à filmer image par image, des objets, des images fixes, pour avoir, à la projection, des images en mouvement. *Les enfants aiment les FILMS D'ANIMATION,* les dessins animés.

ANIMATRICE n., féminin de **animateur**

ANIMÉ [anime], **ANIMÉE** [anime] adj. (après le nom) **1.** Vivant. *Les plantes sont des êtres animés.* ⟨contraire : inanimé⟩ **2.** Plein de vie, de mouvement. *Pendant la réunion, tout le monde a parlé, la discussion était très animée. J'habite une rue animée, où il y a des commerçants, des restaurants, des cinémas.* **3.** Auquel on a donné du mouvement. *Dimanche, les enfants iront au cinéma voir un DESSIN ANIMÉ,* un film d'animation.

FAUX AMI
norvégien **animert**
« ivre »

ANIMER [anime] verbe [conjugaison 1a] **1.** Donner du mouvement à une chose qui semble alors vivante. *On anime la marionnette en bougeant les fils.* **2.** Diriger (une discussion, un spectacle).

Un journaliste anime le débat télévisé. 3. (qqch.) Pousser (qqn) à agir. *C'est la haine qui l'anime. – Nous ne sommes plus fâchés : il est venu à la maison, animé des meilleures intentions.* 4. verbe pronominal S'ANIMER : devenir vivant. *Lorsque l'on a parlé politique, la conversation s'est animée. Les jours de marché, la rue s'anime.*

ANIMISTE [animist] n. m., n. f. ▪ *UN ANIMISTE, UNE ANIMISTE* : une personne qui pense que les choses ont une âme, comme les humains. *Ce sont des Africains animistes.*

ANIMOSITÉ [animozite] n. f. ▪ STYLE RECHERCHÉ *L'ANIMOSITÉ* : sentiment durable de malveillance envers qqn, qui pousse à lui faire du tort. (contraire : bienveillance) *Elle a une grande animosité envers son voisin, elle lui fait beaucoup d'ennuis.* → **antipathie, haine, rancune.** *Je vous le dis SANS ANIMOSITÉ.*

ANIS [ani] n. m. ▪ *L'ANIS* : plante dont on utilise les graines pour parfumer des bonbons, des boissons, certains desserts. *J'aime beaucoup les bonbons À L'ANIS. Le pastis est une boisson alcoolisée à l'anis.*

REM. 1. Dans le midi de la France, on prononce [anis]. 2. Le *raki* en Orient, et l'*ouzo* en Grèce, sont des liqueurs à l'anis.

ANISETTE [anizɛt] n. f. ▪ *UNE ANISETTE* : liqueur préparée avec des graines d'anis. *Voulez-vous de l'anisette ?* → **pastis.**

ANKYLOSÉ [ɑ̃kiloze], **ANKYLOSÉE** [ɑ̃kiloze] adj. (après le nom) ▪ Qui a du mal à bouger ou qui ne peut plus bouger ses articulations après être resté longtemps dans la même position. *Nous sommes tout ankylosés après ce long voyage en voiture. – J'ai le bras ankylosé.*

ANNALES [anal] n. f. pluriel ▪ *LES ANNALES* : l'histoire des événements de toute une période. → **chronique.** *Ces annales sont très intéressantes. Ce formidable match de tennis RESTERA DANS LES ANNALES,* sera conservé dans les souvenirs, dans l'histoire du tennis.

ANNEAU [ano] n. m. ▪ *UN ANNEAU* 1. Cercle de bois, de métal ou de plastique qui sert à retenir. *L'anneau de mon porte-clés est cassé.* PLURIEL : *j'ai cousu des ANNEAUX à mes rideaux. Une chaîne est faite d'anneaux.* → **maillon.** 2. Petit cercle de métal ou d'or, d'argent, que l'on porte au doigt. → **bague.** *Ils ont acheté leurs anneaux de mariage.* → **alliance.** – *Il porte un anneau d'or à une oreille.* 3. (au pluriel) LES ANNEAUX : cercles de métal fixés au bout de deux cordes suspendues à un portique. → **agrès.** *Le gymnaste fait des exercices aux anneaux.* 4. Chacun des cercles qui forment le corps de certains animaux. *Le ver de terre avance en dépliant ses anneaux.*

ANNÉE [ane] n. f. ▪ *UNE ANNÉE* 1. Période de douze mois qui commence le 1er janvier et finit le 31 décembre. → **an.** *Nous nous sommes mariés l'ANNÉE DERNIÈRE. Je l'ai vu EN DÉBUT D'ANNÉE. Où serez-vous pour les fêtes de FIN D'ANNÉE ? L'ANNÉE PROCHAINE, tu auras 15 ans. En quelle année êtes-vous né ? Nous vous souhaitons une bonne année. Bonne et heureuse année ! – DANS LES ANNÉES 60, la musique rock a connu un grand succès en France.* 2. Période de douze mois qui se succèdent à partir de n'importe quel moment. *Ma fille a vécu à Madrid pendant toute une année. Je n'ai pas revu ce vieil ami depuis des années. Voilà deux années de perdues. Chaque année il me souhaite mon anniversaire :* tous les ans. 3. Période de douze mois, à partir de la naissance. → **an.** *Son fils doit avoir une vingtaine d'années. – Elle est en deuxième année de médecine.* 4. Période d'activité de moins de douze mois mais commençant à date fixe, tous les ans. *En France, l'ANNÉE SCOLAIRE commence en septembre. L'année théâtrale se termine.* → **saison.**

REM. 1. Pour l'emploi de *année* et de *an* : → **an.** 2. *Année,* à la différence de *an,* peut être accompagné d'un adjectif qualificatif : *une bonne année ; une mauvaise année ; les plus belles années de notre vie ; ses dernières années.*

ANNÉE-LUMIÈRE [anelymjɛʀ] n. f. ▪ *UNE ANNÉE-LUMIÈRE* : unité de longueur astronomique, correspondant à la distance parcourue par la lumière en une année. PLURIEL : *l'étoile Proxima du Centaure est à 4,2 ANNÉES-LUMIÈRE de la Terre.*

REM. 1. Une année-lumière correspond à 9461 milliards de kilomètres. 2. Les spécialistes disent *année de lumière,* mais *année-lumière* est plus courant.

ANNEXE [anɛks] n. f. et adj.

I. *UNE ANNEXE* 1. Bâtiment supplémentaire, construit près du bâtiment principal. *L'hôtel est plein, mais je vous propose une chambre dans l'annexe.* 2. Document qui s'ajoute au document principal. *N'oubliez pas de consulter les annexes du dictionnaire.* → **appendice.** *Vous trouverez la photocopie de mon chèque EN ANNEXE.*

II. adjectif (après le nom) Qui s'ajoute à qqch. de plus important. → **accessoire, secondaire.** *Voici un peu d'argent pour tes dépenses annexes.* (contraire : essentiel)

ANNEXER [anɛkse] verbe [conjugaison 1a] 1. Joindre (une chose) à un objet principal. *N'oubliez pas d'annexer ce document au dossier.* 2. Faire passer (un pays, un territoire) sous son autorité. *La France a annexé la Savoie en 1860.*

ANNEXION [anɛksjɔ̃] n. f. ▪ *L'ANNEXION* : rattachement. *Depuis son annexion en 1860, la Savoie fait partie de la France.*

ANNIHILER [aniile] verbe [conjugaison 1a] ▪ STYLE RECHERCHÉ Anéantir, réduire à rien. *Un événement inattendu a annihilé tous nos efforts.* → **anéantir, détruire.**

ANNIVERSAIRE [anivɛʀsɛʀ] n. m. ▪ *UN ANNIVERSAIRE* 1. Jour où l'on fête un événement qui s'est produit le même jour d'une autre année. *Aujourd'hui, nous fêtons le cinquantième anniversaire de mariage de mes parents* (→ **cinquantenaire).** *En France, tous les ans, le 11 novembre, on célèbre l'anniversaire de l'armistice de 1918. C'est le centième anniversaire de la mort de cet écrivain* (→ **centenaire).** 2. *L'anniversaire de qqn :* le jour où l'on célèbre la naissance de qqn, qui s'est produite le même jour d'une autre année. *Demain, c'est mon anniversaire. Allumons les bougies du GÂTEAU D'ANNIVERSAIRE ! Il a eu beaucoup de CADEAUX D'ANNIVERSAIRE.*

> FAUX AMI
> anglais **anniversary** ne s'emploie pas pour les sens autres que « anniversaire de mariage »

ANNONCE [anɔ̃s] n. f. ▪ *UNE ANNONCE* 1. Nouvelle donnée par écrit ou oralement. → **avis, communication, nouvelle, publication.** *L'annonce de la naissance de ton fils nous a fait très plaisir. À L'ANNONCE DE l'élection du maire, les gens se sont réunis sur la place,* au moment où on l'a appris. *FAIRE UNE ANNONCE :* annoncer qqch. au micro dans un lieu public. *Cet enfant a perdu ses parents dans le grand magasin, pouvez-vous faire une annonce ?* 2. Texte que l'on fait publier dans un journal pour annoncer qqch. *Une annonce de quelques lignes nous apprend la mort du cinéaste.* 3. Texte que l'on fait publier dans un journal pour demander ou proposer qqch. *Mon fils a PASSÉ UNE ANNONCE dans le journal pour vendre son vélo. – LES PETITES ANNONCES :* ces courts textes, regroupés dans un journal. *Tous les matins, j'achète le journal et je lis les petites annonces pour trouver du travail.*

ANNONCER [anɔ̃se] verbe [conjugaison 3a] **1.** Faire savoir (qqch.) par le langage. *Ton frère nous annonce son arrivée mardi prochain. J'ai une bonne nouvelle à vous annoncer !* → **apprendre, communiquer, dire.** *Il y a un an, les journaux annonçaient la catastrophe aérienne. Elle a téléphoné pour* ANNONCER QU'*elle n'irait pas à la réunion.* **2.** Signaler (qqn) comme étant arrivé. *J'ai rendez-vous à quinze heures, pouvez-vous m'annoncer ?* **3.** Dire (qqch.) à l'avance. *La météo annonce de la pluie pour demain.* → **prévoir.** **4.** (qqch.) Être le signe de qqch. qui va arriver. *Les hirondelles annoncent le printemps. L'élection de ce maire n'annonce rien de bon.* **5.** verbe pronominal S'ANNONCER : (qqch.) se présenter comme un (bon ou mauvais) début. *La rentrée scolaire s'annonce plutôt bien. Les affaires se sont mal annoncées en début d'année.*

ANNOTATION [anɔtasjɔ̃] n. f. ▪ *UNE ANNOTATION :* note, remarque que l'on écrit sur un texte, un livre. *Le professeur de français met des annotations sur les copies de ses élèves.*

ANNOTER [anɔte] verbe [conjugaison 1a] ▪ Mettre sur (un texte, un livre) des notes personnelles. *L'auteur a annoté de sa main le manuscrit.*

ANNUAIRE [anɥɛʀ] n. m. ▪ *UN ANNUAIRE :* livre publié tous les ans et qui contient des renseignements divers. *Pour trouver l'adresse et le numéro de téléphone de ce magasin, consulte l'annuaire des téléphones.* → **bottin.** – *Annuaire électronique.* → **minitel.**

ANNUEL [anɥɛl], **ANNUELLE** [anɥɛl] adj. (après le nom) **1.** Qui a lieu tous les ans, revient chaque année. *Je prends mes* CONGÉS ANNUELS *en juillet. Dimanche prochain, c'est la fête annuelle du village.* **2.** Pour une année. *Quel est votre salaire annuel ? J'ai pris un abonnement annuel à ce journal.* **3.** PLANTES ANNUELLES (opposé à plantes vivaces), qui ne vivent qu'un an. *Elle a mis des plantes annuelles sur son balcon.*

ANNUELLEMENT [anɥɛlmɑ̃] adverbe ▪ Chaque année, par an. *Combien gagnez-vous annuellement ?*

ANNUITÉ [anɥite] n. f. ▪ *UNE ANNUITÉ :* paiement fait chaque année, comprenant le remboursement de la somme empruntée et les intérêts. *Je rembourse mon emprunt* PAR ANNUITÉS.

ANNULAIRE [anylɛʀ] n. m. ▪ *L'ANNULAIRE :* quatrième doigt de la main à partir du pouce. *Elle porte une jolie bague à l'annulaire gauche.*

ANNULATION [anylasjɔ̃] n. f. **1.** *L'ANNULATION :* le fait d'annuler, de supprimer, de rendre nul. *Je prends note de l'annulation de votre rendez-vous.* **2.** *UNE ANNULATION :* ce qui est annulé. *Il y a eu plusieurs annulations des participants.*

ANNULER [anyle] verbe [conjugaison 1a] ▪ Déclarer ou rendre nul, sans effet. *Le tribunal a annulé l'élection de ce maire. En raison du mauvais temps, les vols en direction de Moscou ont été annulés,* ils ont été supprimés.

ANOBLIR [anɔbliʀ] verbe [conjugaison 2] ▪ (qqn) Faire devenir noble, en donnant un titre de noblesse. *Le roi a anobli son écuyer. L'empereur Napoléon I*[er] *anoblissait beaucoup d'officiers.*

ANODIN [anɔdɛ̃], **ANODINE** [anɔdin] adj. (après le nom) **1.** Sans danger, sans gravité. *Cette blessure me paraît tout à fait anodine.* → **bénin.** ⟨contraire : grave⟩ **2.** Sans importance. *Pendant le dîner, nous n'avons parlé que de choses anodines.*

ANOMALIE [anɔmali] n. f. ▪ *UNE ANOMALIE :* chose anormale, bizarre. *Il y a une anomalie dans le fonctionnement de la chaudière : les radiateurs restent froids. J'ai fait la révision de votre voiture et je n'ai constaté aucune anomalie.*

ÂNON [ɑnɔ̃] n. m. ▪ *UN ÂNON :* petit de l'âne et de l'ânesse. *L'ânon marche derrière sa mère.*

ÂNONNER [ɑnɔne] verbe [conjugaison 1a] ▪ Lire, parler ou réciter d'une manière hésitante, maladroite. *Elle ânonne sa récitation.* – *Il ne sait pas vraiment lire : il ânonne.*

REM. On prononce aussi [anɔne].

ANONYMAT [anɔnima] n. m. ▪ *L'ANONYMAT :* état d'une personne, d'une chose anonyme. → **incognito.** *La personne qui nous a donné ce renseignement souhaite* GARDER L'ANONYMAT *complet,* elle souhaite que l'on ne sache pas son nom. *Il préfère* RESTER DANS L'ANONYMAT, il préfère que l'on ne connaisse pas son nom.

ANONYME [anɔnim] adj. (après le nom) **1.** Qui ne fait pas connaître son nom. *Des artistes anonymes ont décoré les cathédrales. La personne qui a donné ce renseignement est restée anonyme,* elle n'a pas voulu dire son nom. **2.** Dont l'auteur n'a pas donné son nom. *Nous avons reçu une* LETTRE ANONYME, une lettre qui n'est pas signée. *Un coup de téléphone anonyme nous a réveillés en pleine nuit.* **3.** *Une* SOCIÉTÉ ANONYME : société par actions, qui n'est désignée par le nom d'aucun des associés. *Il a mis de l'argent dans une société anonyme au capital de deux millions de francs.*

ANORAK [anɔʀak] n. m. ▪ *UN ANORAK :* veste imperméable très chaude, bien fermée, avec un capuchon, que l'on porte notamment en montagne. *Mets ton anorak, il va neiger !*

ANOREXIE [anɔʀɛksi] n. f. ▪ *L'ANOREXIE :* diminution ou perte de l'appétit, souvent d'origine psychologique. ⟨contraire : boulimie⟩ *Il souffre d'anorexie.* – ANOREXIE MENTALE : maladie d'origine psychique, caractérisée par le refus de s'alimenter. *Cette jeune fille souffre d'anorexie mentale.*

ANOREXIQUE [anɔʀɛksik] adj., n. m. et n. f. **1.** adjectif (après le nom) (qqn) Qui souffre d'anorexie. *Ils ont une fille anorexique.* **2.** *UN ANOREXIQUE, UNE ANOREXIQUE :* une personne qui souffre d'anorexie. *Les anorexiques sont difficiles à soigner.*

ANORMAL [anɔʀmal] adj. et n. m., **ANORMALE** [anɔʀmal] adj. et n. f.

I. adjectif (après le nom) **1.** Qui n'est pas normal, qui est différent de la règle générale et provoque la surprise ou l'inquiétude. *Cette chaleur est anormale pour la saison.* → **inhabituel, bizarre.** ⟨contraire : normal⟩ MASCULIN PLURIEL : *ANORMAUX* [anɔʀmo]. *J'entends, dans le moteur de la voiture, des bruits anormaux,* des bruits différents de ceux que j'entends d'habitude. *Vous n'avez pas encore reçu ma lettre ! ce retard est anormal.* **2.** Qui est atteint d'une anomalie dans son développement mental. *Ils ont peur que leur enfant soit anormal.* → **arriéré.**

II. STYLE FAMILIER *UN ANORMAL, UNE ANORMALE :* un malade mental, un déséquilibré. *C'est un pervers, un anormal, ce type !*

ANORMALEMENT [anɔʀmalmɑ̃] adverbe ▪ D'une manière anormale. *Il fait anormalement chaud pour la saison.*

ANSE [ɑ̃s] n. f. ▪ *UNE ANSE* **1.** Partie recourbée de certains objets, par laquelle on les prend, on les porte. *Prends la tasse par son anse, car le café est brûlant. L'anse du panier est cassée.* **2.** Petite baie peu profonde et à contours arrondis. → **crique.** *Le bateau a jeté l'ancre dans une anse calme.*

ANTAGONISME [ɑ̃tagɔnism] n. m. ▪ *L'ANTAGONISME :* opposition qui existe entre des personnes ou des idées différentes. → **conflit.** *Il y eut un antagonisme violent entre partisans et adversaires de l'esclavage, aux États-Unis.*

ANTALGIQUE [ɑ̃talʒik] adj. et n. m. **1.** adjectif (après le nom) Qui calme la douleur. → **analgésique, antidouleur, calmant.** *J'ai pris* *un médicament antalgique.* **2.** *UN ANTALGIQUE :* médicament qui calme la douleur. *Prenez un antalgique si la douleur revient.*

D'ANTAN [dɑ̃tɑ̃] adverbe ▪STYLE RECHERCHÉ D'autrefois, du passé. *Ma grand-mère raconte des souvenirs d'antan.*

ANTARCTIQUE [ɑ̃taʀktik] adj. et n. m.
I. adjectif (après le nom) **1.** Du pôle Sud et des régions qui l'entourent (opposé à arctique). → **austral.** *En 1911, le pôle antarctique fut atteint pour la première fois par l'explorateur norvégien Amundsen.* **2.** Qui se rapporte à ces régions. *L'expédition antarctique est revenue victorieuse.*
II. *L'ANTARCTIQUE :* le continent antarctique. *L'Antarctique est presque entièrement recouvert par une énorme masse de glace.*

ANTÉCÉDENT [ɑ̃tesedɑ̃] n. m.
I. (grammaire française) *UN ANTÉCÉDENT :* mot représenté par le pronom relatif placé après lui. *Dans la phrase « le train qui part », « train » est l'antécédent du pronom relatif « qui ».*
II. (au pluriel) LES ANTÉCÉDENTS **1.** Maladies qu'une personne ou des membres de sa famille ont eues. *Avez-vous des antécédents qui pourraient expliquer votre diabète ?* **2.** Chacun des actes, des faits bons ou mauvais du passé de qqn. *L'avocat étudie les antécédents de l'accusé.*

ANTENNE [ɑ̃tɛn] n. f. ▪*UNE ANTENNE* **1.** Organe mobile, sensible, de certains insectes et crustacés, placé à l'avant de la tête. *Les fourmis et les langoustes ont des antennes. Les antennes servent à toucher, à connaître ou reconnaître ce qui est touché.* – (figuré) (qqn) *AVOIR DES ANTENNES :* avoir de l'intuition, être capable de deviner, de comprendre les choses, les gens, sans avoir besoin de réfléchir. **2.** Tige ou assemblage métallique destiné à envoyer ou à recevoir des ondes. *L'antenne de la radio s'est cassée. Les antennes de télévision sont souvent fixées sur les toits des immeubles. Les ANTENNES PARABOLIQUES permettent de recevoir de nombreuses chaînes,* des antennes de télévision de forme ronde, capables de capter les émissions retransmises par satellite. **3.** *ÊTRE À L'ANTENNE, PASSER À L'ANTENNE :* participer à une émission de télévision, de radio, transmise au moment même. *Allez-y, parlez, vous êtes à l'antenne. Nous GARDONS L'ANTENNE pour annoncer une nouvelle de dernière minute.*

ANTÉRIEUR [ɑ̃teʀjœʀ], **ANTÉRIEURE** [ɑ̃teʀjœʀ] adj. ▪(après le nom) **1.** (événement) Qui s'est passé avant, qui est avant, dans le temps. ⟨contraire : postérieur⟩ *La découverte du continent arctique est ANTÉRIEURE À celle du continent antarctique. Cette œuvre est bien antérieure à 1930.* **2.** Qui est placé devant, en avant. *Le chat s'est cassé la patte antérieure droite.* → ② **avant.**

ANTÉRIEUREMENT [ɑ̃teʀjœʀmɑ̃] adverbe ▪À une époque antérieure, avant, dans le temps. *Cet événement s'est passé antérieurement.* → **auparavant, avant, précédemment.** ⟨contraire : postérieurement⟩ *Je l'ai connu ANTÉRIEUREMENT À cette époque,* avant cette époque.

ANTÉRIORITÉ [ɑ̃teʀjɔʀite] n. f. ▪*L'ANTÉRIORITÉ :* caractère de ce qui est antérieur, dans le temps. *Il faut reconnaître l'antériorité de cette découverte, par rapport à la vôtre.*

ANTHOLOGIE [ɑ̃tɔlɔʒi] n. f. ▪*UNE ANTHOLOGIE :* livre où sont réunies des œuvres choisies, littéraires ou musicales. *Il a publié une anthologie de la poésie française. – Le dernier discours du ministre est un MORCEAU D'ANTHOLOGIE,* c'est une page brillante, digne de figurer dans une anthologie.

ANTHROPOLOGIE [ɑ̃tʀɔpɔlɔʒi] n. f. ▪*L'ANTHROPOLOGIE :* ensemble des sciences qui étudient l'être humain. *Le musée de l'Homme, à Paris, est consacré à l'anthropologie.*

ANTHROPOLOGUE [ɑ̃tʀɔpɔlɔg] n. m., n. f. ▪*UN ANTHROPOLOGUE, UNE ANTHROPOLOGUE :* spécialiste de l'anthropologie. *Claude Lévi-Strauss est un célèbre anthropologue français.*

ANTHROPOPHAGE [ɑ̃tʀɔpɔfaʒ] adj., n. m. et n. f. **1.** adjectif (après le nom) (qqn) Qui mange de la chair humaine. *L'explorateur a observé une tribu anthropophage.* **2.** *UN ANTHROPOPHAGE, UNE ANTHROPOPHAGE :* une personne qui mange de la chair humaine. → **cannibale.** *Les ogres des contes de fées sont des anthropophages.*

ANTIBIOTIQUE [ɑ̃tibjɔtik] n. m. ▪*UN ANTIBIOTIQUE :* médicament puissant qui lutte contre les infections. *La pénicilline est un antibiotique.*

ANTIBROUILLARD [ɑ̃tibʀujaʀ] adj. (après le nom) ▪(au pluriel) *PHARES ANTIBROUILLARDS,* qui éclairent par temps de brouillard, qui percent le brouillard. *Les automobilistes ont allumé leurs phares antibrouillards.*

ANTICIPATION [ɑ̃tisipasjɔ̃] n. f. ▪*L'ANTICIPATION* **1.** *PAR ANTICIPATION :* d'avance, à l'avance. *Je souhaite régler ma dette par anticipation.* **2.** *FILM, ROMAN D'ANTICIPATION,* dont l'action se passe dans le futur. → **science-fiction.** *Jules Verne a écrit beaucoup de romans d'anticipation.*

ANTICIPÉ [ɑ̃tisipe], **ANTICIPÉE** [ɑ̃tisipe] adj. (après le nom) ▪Qui se fait avant le moment prévu. *Cet employé a pris sa retraite anticipée.* – (formule de politesse, à la fin d'une lettre) *Avec mes remerciements anticipés, je vous prie d'agréer...,* en vous remerciant à l'avance.

ANTICIPER [ɑ̃tisipe] verbe [conjugaison 1a] **1.** STYLE RECHERCHÉ Faire (qqch.) avant le moment prévu. *J'ai anticipé le paiement de ma dette.* → **avancer.** **2.** *N'ANTICIPONS PAS :* n'allons pas trop vite, suivons l'ordre normal des choses, des événements. *Je devine la fin de ce roman, mais n'anticipons pas !* **3.** En sport, Agir en devinant ce que l'adversaire s'apprête à faire. *Le gardien de but a réussi à arrêter le ballon car il a anticipé.*

FAUX AMI
italien **anticipare** « avancer de l'argent »

ANTICLÉRICAL [ɑ̃tikleʀikal], **ANTICLÉRICALE** [ɑ̃tikleʀikal] adj. (après le nom) ▪Opposé à l'influence et à l'intervention de l'Église dans la vie du pays. *Le gouvernement a pris des mesures anticléricales pour défendre la laïcité de l'État.* → **laïque.** MASCULIN PLURIEL : *des journaux ANTICLÉRICAUX* [ɑ̃tikleʀiko].

ANTICONFORMISTE [ɑ̃tikɔ̃fɔʀmist] adj. (après le nom) ▪Qui s'oppose aux traditions, aux idées habituelles. *Les jeunes gens sont parfois anticonformistes.* → **non-conformiste.** *Il a des idées anticonformistes.* ⟨contraire : conformiste⟩

ANTICONSTITUTIONNEL [ɑ̃tikɔ̃stitysjɔnɛl], **ANTICONSTITUTIONNELLE** [ɑ̃tikɔ̃stitysjɔnɛl] adj. (après le nom) ▪Contraire à la Constitution. *Cette mesure est anticonstitutionnelle.*

ANTICYCLONE [ɑ̃tisiklon] n. m. ▪*UN ANTICYCLONE :* centre de hautes pressions atmosphériques. *Les anticyclones sont cause de beau temps. L'anticyclone des Açores nous protège de la pluie.*

ANTIDÉPRESSEUR [ɑ̃tidepʀesœʀ] n. m. ▪*UN ANTIDÉPRESSEUR :* médicament qui combat les états dépressifs. *Le médecin lui a prescrit des antidépresseurs.*

ANTIDOTE [ɑ̃tidɔt] n. m. ▪*UN ANTIDOTE :* substance destinée à combattre l'effet d'un poison. → **contrepoison.** *Le médecin a administré à l'enfant un antidote contre le venin de vipère.*

ANTIDOULEUR [ɑ̃tidulœʀ] adj. invariable (après le nom) ▪Qui supprime ou diminue la douleur. → **analgésique, antalgique.** *Il a* *pris un médicament antidouleur.* PLURIEL : *des traitements antidouleur.*

ANTIGEL [ɑ̃tiʒɛl] n. m. ▪ *UN ANTIGEL* : produit qui empêche les liquides de geler. *N'oublie pas de mettre de l'antigel dans le radiateur de ta voiture, car il va faire très froid.*

ANTIHÉROS [ɑ̃tieʀo] n. m. ▪ *UN ANTIHÉROS* : personnage, héros qui n'est pas aussi viril que le héros traditionnel, habituel. *Au cinéma et dans les romans, les antihéros sont souvent charmants et maladroits.*

ANTILLAIS [ɑ̃tijɛ] adj. et n. m., **ANTILLAISE** [ɑ̃tijɛz] adj. et n. f. **1.** adjectif (après le nom) Des Antilles, archipel d'Amérique centrale. *Le rhum antillais est réputé.* **2.** *UN ANTILLAIS, UNE ANTILLAISE* : un habitant, une habitante des Antilles. *Les Antillais.*

ANTILOPE [ɑ̃tilɔp] n. f. ▪ *UNE ANTILOPE* : animal d'Afrique ou d'Asie, mammifère ruminant, aux pattes fines, aux cornes en spirale chez les mâles (→ **gazelle**). *Les antilopes sont gracieuses et très rapides.*

REM. On dit *une antilope*, même s'il s'agit d'un mâle.

ANTIMILITARISTE [ɑ̃timilitaʀist] n. m., n. f. ▪ *UN ANTIMILITARISTE, UNE ANTIMILITARISTE* : une personne qui est opposée, hostile à l'armée. *Il a participé à une manifestation d'antimilitaristes.*

ANTIMITE [ɑ̃timit] n. m. ▪ *L'ANTIMITE* : produit qui protège les lainages, les fourrures, contre les mites. *J'ai mis de l'antimite dans l'armoire.*

ANTIPATHIE [ɑ̃tipati] n. f. ▪ *L'ANTIPATHIE* : sentiment d'hostilité que l'on ressent pour une personne, même si on ne la connaît pas bien. *Elle a DE L'ANTIPATHIE POUR son voisin. Cet écrivain inspire de l'antipathie.* ⟨contraire : sympathie⟩

ANTIPATHIQUE [ɑ̃tipatik] adj. (après le nom) ▪ (qqn) Qui fait éprouver de l'antipathie. → **déplaisant, désagréable.** *Cette personne m'est antipathique,* elle me déplaît beaucoup. *Je le trouve très antipathique.* ⟨contraire : sympathique⟩ *Il a un visage antipathique.*

ANTIPODES [ɑ̃tipɔd] n. m. pluriel **1.** *LES ANTIPODES* : lieu de la Terre situé exactement à l'opposé d'un autre lieu. *La Nouvelle-Zélande est AUX ANTIPODES DE la France.* **2.** *ÊTRE AUX ANTIPODES DE* : être à l'opposé de. *Son caractère est aux antipodes du tien,* il est très différent.

ANTIPOISON [ɑ̃tipwazɔ̃] adj. invariable (après le nom) ▪ *CENTRE ANTIPOISON* : centre médical où l'on soigne les gens qui ont avalé du poison, des substances toxiques. *Quand son fils de deux ans a bu de la lessive liquide, elle l'a immédiatement emmené au centre antipoison.* PLURIEL : *des centres antipoison.*

ANTIQUAIRE [ɑ̃tikɛʀ] n. m., n. f. ▪ *UN ANTIQUAIRE, UNE ANTIQUAIRE* : marchand, marchande de meubles et d'objets anciens. *J'ai acheté cette armoire chez un antiquaire.*

> FAUX AMIS
> allemand **Antiquar,**
> roumain **anticar**
> « bouquiniste »

ANTIQUE [ɑ̃tik] adj. (après le nom) ▪ Qui appartient aux plus anciennes civilisations, à l'Antiquité. *Les Égyptiens, les Grecs, les Romains sont des peuples antiques. À Rome, nous avons admiré les ruines antiques du Forum.*

> FAUX AMIS
> anglais **antique,**
> japonais アンチック
> « objet ancien,
> d'époque »
> → **antiquités**

ANTIQUITÉ [ɑ̃tikite] n. f. **1.** *L'ANTIQUITÉ* : les plus anciennes civilisations. *Nous étudions l'Antiquité gréco-romaine et égyptienne.* **2.** (au pluriel) LES ANTIQUITÉS : les meubles, les objets anciens qui ont de la valeur. *J'ai trouvé ce vase chez un marchand d'antiquités* (→ **antiquaire**).

ANTIRACISTE [ɑ̃tiʀasist] adj. (après le nom) ▪ Qui est opposé au racisme, qui est contre le racisme. *La manifestation antiraciste a réuni des milliers de personnes.*

ANTIROUILLE [ɑ̃tiʀuj] adj. invariable (après le nom) ▪ Qui protège contre la rouille, ôte les taches de rouille. *Nous avons mis une couche de peinture antirouille sur les volets.* PLURIEL : *des peintures antirouille.*

ANTISÉMITE [ɑ̃tisemit] adj., n. m. et n. f. **1.** adjectif (après le nom) Qui est inspiré par un racisme dirigé contre les Juifs. *Il a été condamné pour avoir prononcé des paroles antisémites.* **2.** *UN ANTISÉMITE, UNE ANTISÉMITE* : une personne hostile aux Juifs, par racisme. *Ses voisins sont des antisémites.*

ANTISÉMITISME [ɑ̃tisemitism] n. m. ▪ *L'ANTISÉMITISME* : racisme dirigé contre les Juifs. *On doit combattre l'antisémitisme. Mes parents ont souffert de l'antisémitisme. Il est d'un antisémitisme violent.*

ANTISEPTIQUE [ɑ̃tisɛptik] adj. et n. m. **1.** adjectif (après le nom) Qui empêche l'infection en tuant les microbes. *L'infirmière met un pansement antiseptique sur la plaie.* **2.** *UN ANTISEPTIQUE* : produit qui tue les microbes. → **désinfectant.** *L'eau oxygénée est un antiseptique. Désinfecte ta blessure avec un antiseptique.*

ANTITERRORISTE [ɑ̃titeʀɔʀist] adj. (après le nom) ▪ Qui lutte contre le terrorisme. *Après l'attentat, le gouvernement a pris de nouvelles mesures antiterroristes.*

ANTITÉTANIQUE [ɑ̃titetanik] adj. (après le nom) ▪ Qui protège du tétanos. *On lui a fait un vaccin antitétanique.*

ANTIVOL [ɑ̃tivɔl] n. m. ▪ *UN ANTIVOL* : dispositif de sécurité pour empêcher le vol des véhicules. *N'oublie pas d'accrocher l'antivol à la roue de ton vélo.*

ANTONYME [ɑ̃tɔnim] n. m. ▪ *UN ANTONYME* : mot qui, par le sens, exprime le contraire d'un autre. → **contraire.** *« Chaud » et « froid » sont des antonymes.* ⟨contraire : synonyme⟩

ANTRE [ɑ̃tʀ] n. m. ▪ STYLE RECHERCHÉ *UN ANTRE* : caverne, grotte qui sert d'abri à une bête sauvage. *L'ours dort dans son antre.*

ANUS [anys] n. m. ▪ *L'ANUS* : petite ouverture entre les fesses qui correspond à la sortie de l'intestin.

ANVERS [ɑ̃vɛʀ] nom propre – en néerlandais **ANTWERPEN** ▪ Ville de Belgique. *Nous sommes à Anvers pour les vacances. Je reviens d'Anvers. Les habitants d'Anvers* (→ **anversois**).

ANVERSOIS [ɑ̃vɛʀswa] adj. et n. m., **ANVERSOISE** [ɑ̃vɛʀswaz] adj. et n. f. **1.** adjectif (après le nom) D'Anvers. *Nous avons visité des églises anversoises.* **2.** *UN ANVERSOIS, UNE ANVERSOISE* : un habitant, une habitante d'Anvers. *Les Anversois.*

ANXIÉTÉ [ɑ̃ksjete] n. f. ▪ *L'ANXIÉTÉ* : état d'angoisse, de grande inquiétude. *Ils vivent dans l'anxiété depuis que leur fils est à l'hôpital.* → **angoisse.** *L'anxiété se lit sur tous les visages.* ⟨contraires : calme, sérénité⟩

ANXIEUX [ɑ̃ksjø] adj. et n. m., **ANXIEUSE** [ɑ̃ksjøz] adj. et n. f. **1.** adjectif (après le nom) Angoissé, très inquiet. *Rentre vite chez toi, ta mère est anxieuse car tu es en retard. – Il lui jette des regards anxieux.* **2.** *UN ANXIEUX, UNE ANXIEUSE* : une personne qui est habituellement anxieuse. *Il est toujours inquiet, c'est un anxieux.*

AORTE [aɔRt] n. f. ▪ *L'AORTE* : artère qui part du cœur et qui donne naissance aux autres artères. *Il souffre d'un rétrécissement de l'aorte.*

AOÛT [ut] n. m. ▪ Huitième mois de l'année. *Le mois d'août a trente et un jours. Nous prenons toujours nos vacances d'été en août. Les vacanciers du mois d'août* (→ **aoûtien**). *Nous avons déjà eu des aoûts pluvieux.*

REM. On prononce aussi [u].

AOÛTIEN [ausjɛ̃] n. m., **AOÛTIENNE** [ausjɛn] n. f. ▪ *UN AOÛTIEN, UNE AOÛTIENNE* : une personne qui prend ses vacances en août. *De nombreux aoûtiens partent au bord de la mer.*

APAISANT [apɛzɑ̃], **APAISANTE** [apɛzɑ̃t] adj. (après le nom) ▪ Qui calme, qui apaise. ⟨contraires : angoissant, irritant⟩ *On rassure les enfants inquiets par des paroles apaisantes.* → **calmant.**

APAISEMENT [apɛzmɑ̃] n. m. ▪ *L'APAISEMENT* : retour à la paix, au calme. *Nous sommes partis de Paris fatigués et nerveux, mais la campagne nous apporte un peu d'apaisement.* → **calme.**

APAISER [apeze] verbe [conjugaison 1a] **1.** Calmer. *Ce médicament apaise la douleur.* ⟨contraire : exciter⟩ *Elle apaise son bébé qui pleure en le berçant. Le ministre a fait un discours rassurant pour APAISER LES ESPRITS.* ⟨contraires : angoisser, inquiéter, troubler⟩ **2.** verbe pronominal S'APAISER : devenir plus calme. *La tempête s'est apaisée. La douleur s'apaise.*

APARTÉ [aparte] n. m. ▪ *UN APARTÉ* : conversation particulière avec qqn, en se tenant à l'écart, dans une réunion. *Les deux ministres ont interrompu la réunion pour FAIRE UN APARTÉ. Ils ont eu un aparté de plusieurs minutes.* – *Il m'a parlé de ses projets EN APARTÉ,* de façon à n'être entendu que par moi.

APARTHEID [apaRtɛd] n. m. ▪ *L'APARTHEID* : séparation absolue des Noirs d'avec les Blancs, organisée par le gouvernement en Afrique du Sud. → **ségrégation.** *L'apartheid a été supprimé au cours des années 1990-1991, grâce à l'action de Nelson Mandela.*

APATHIQUE [apatik] adj. (après le nom) ▪ STYLE RECHERCHÉ Qui manque d'énergie. ⟨contraires : actif, dynamique, énergique, vif⟩ *Depuis sa maladie, elle est complètement apathique.* → **amorphe, indolent, mou.** *C'est un élève apathique.*

APATRIDE [apatRid] adj., n. m. et n. f. **1.** adjectif (après le nom) Qui est sans patrie, qui n'a pas de nationalité légale. *Nous avons un ami apatride qui essaie d'obtenir la nationalité française.* **2.** *UN APATRIDE, UNE APATRIDE* : une personne sans nationalité légale. *Certaines associations aident les réfugiés et les apatrides.*

APERCEVOIR [apɛRsəvwaR] verbe [conjugaison 28a]

I. 1. Commencer à voir, plus ou moins nettement. *Des fenêtres du premier étage, on aperçoit le clocher de l'église.* → **entrevoir. 2.** Voir brièvement, rapidement. *J'ai aperçu ton frère dans la foule. C'est une fille que j'ai aperçue tout à l'heure dans la rue. Je n'ai fait que l'apercevoir.*

II. verbe pronominal S'APERCEVOIR : (qqn) se rendre compte, remarquer. *Il était déjà dans la rue quand il S'EST APERÇU QU'il avait oublié son parapluie. Elle ne S'EST APERÇUE DE rien. Si tu ne dis pas que j'ai cassé un verre, elle ne s'en apercevra pas. Nous nous apercevons souvent trop tard de nos erreurs.*

aperçoit [apɛRswa] *Il aperçoit, elle aperçoit* : forme au présent du verbe **apercevoir.**

APERÇU [apɛRsy] n. m. ▪ *UN APERÇU* : connaissance rapide. *Nous allons vous DONNER UN APERÇU de la situation.*

APÉRITIF [apeRitif] n. m. ▪ *UN APÉRITIF* : boisson, souvent alcoolisée, que l'on prend avant le repas. *Nous avons invité les voisins à venir PRENDRE L'APÉRITIF à la maison.* – *APÉRO* [apeRo] forme abrégée familière *Allez, je t'invite à boire l'apéro ! Rendez-vous à la maison à l'heure de l'apéro ! Ils ont pris plusieurs apéros.*

> FAUX AMI
> roumain **aperitiv** « hors-d'œuvre »

APÉRO n. m. Forme abrégée familière de **apéritif.**

APESANTEUR [apəzɑ̃tœR] n. f. ▪ *L'APESANTEUR* : absence de pesanteur. *Dans la fusée, les cosmonautes sont EN ÉTAT D'APESANTEUR.*

REM. Ne pas confondre *l'apesanteur* et *la pesanteur.*

APEURÉ [apœRe], **APEURÉE** [apœRe] adj. (après le nom) **1.** STYLE RECHERCHÉ Pris de peur, effrayé. *À l'approche du lion, les antilopes apeurées s'enfuient.* **2.** Qui montre de la peur. *Ils se lancent des regards apeurés.* → **craintif.**

APHASIQUE [afazik] adj. (après le nom) ▪ Atteint d'un trouble de la parole et de la compréhension du langage dû à une maladie du cerveau. *Il est resté aphasique quelques mois à la suite d'une hémorragie cérébrale.*

APHONE [afon] adj. (après le nom) ▪ Qui n'a plus de voix, qui est atteint d'une extinction de voix. *Le chanteur est enrhumé, il est presque aphone, et ne pourra donc pas chanter ce soir.*

REM. On prononce aussi [afɔn].

APHTE [aft] n. m. ▪ *UN APHTE* : petit bouton douloureux à l'intérieur de la bouche. *J'ai un aphte qui me fait souffrir. Il mange difficilement car il a des aphtes.*

À-PIC [apik] n. m. ▪ *UN À-PIC* : paroi verticale. *Cet à-pic est vertigineux.* PLURIEL : *les chamois bondissent par-dessus les À-PICS.*

REM. On écrit le nom masculin avec un trait d'union, *un à-pic*, mais l'adverbe *à pic* n'a pas de trait d'union : *le bateau coule à pic.* → **pic.**

APICULTEUR [apikyltœR] n. m., **APICULTRICE** [apikyltRis] n. f. ▪ *UN APICULTEUR, UNE APICULTRICE* : une personne qui élève des abeilles. *L'apiculteur récolte le miel.*

APICULTURE [apikyltyR] n. f. ▪ *L'APICULTURE* : élevage et soin des abeilles pour obtenir le miel et la cire. *On peut pratiquer l'apiculture dans tous les lieux où il y a beaucoup de fleurs.*

APITOIEMENT [apitwamɑ̃] n. m. ▪ STYLE RECHERCHÉ *UN APITOIEMENT* : le fait de s'apitoyer. → **compassion, pitié.** *Allons, réagis, assez d'apitoiement sur toi-même !*

APITOYER [apitwaje] verbe [conjugaison 8a] **1.** Faire éprouver de la pitié, émouvoir. → **attendrir.** *Arrête de pleurnicher, je vois bien que tu essaies de m'apitoyer ! Tu apitoierais* [apitwaRɛ] *même un ogre, avec tes larmes !* **2.** verbe pronominal S'APITOYER : éprouver de la pitié. *Ils SE SONT APITOYÉS SUR le sort de ces malheureux. Il pleure et s'apitoie sur lui-même,* il éprouve de la pitié pour lui-même.

REM. Penser au groupe de lettres *yi* à la 1re et à la 2e personne du pluriel de l'imparfait (ex. : *nous apitoyions*) et du subjonctif (ex. : *que vous apitoyiez*).

APLANIR [aplaniR] verbe [conjugaison 2] **1.** Égaliser, rendre plan ou uni (en faisant disparaître les inégalités). → **niveler.** *Le court de tennis a été aplani au rouleau.* **2.** Faire disparaître (une difficulté). *Le gouvernement souhaite aplanir les inégalités sociales.*

3. verbe pronominal S'APLANIR : (qqch.) s'atténuer, disparaître. *Les difficultés s'aplanissent. Les ennuis se sont aplanis.*

APLATI [aplati], **APLATIE** [aplati] adj. (après le nom) ▪ Dont la courbure est moins forte que dans l'état normal. *La Terre est aplatie aux pôles.*

APLATIR [aplatiʀ] verbe [conjugaison 2]
I. Rendre plat. *Le boucher aplatit les escalopes. – Ma fille se trouve trop frisée, elle veut que le coiffeur lui aplatisse les cheveux.*
II. verbe pronominal S'APLATIR **1.** Se faire tout plat. *Le lièvre s'aplatit contre le sol pour ne pas être vu.* **2.** S'écraser. *La voiture s'est aplatie contre un arbre.* **3.** STYLE FAMILIER *S'aplatir devant qqn :* prendre une attitude soumise. *Il s'aplatit toujours devant ses supérieurs.* → s'**humilier.**

APLOMB [aplɔ̃] n. m.
I. *L'APLOMB* **1.** Position verticale. *Depuis la tempête, le vieux mur a perdu son aplomb. Le maçon vérifie l'aplomb du mur avec un fil à plomb.* **2.** *D'APLOMB :* debout, en équilibre stable. *Le joueur de tennis, bien d'aplomb sur ses jambes, attend le service de son adversaire.* **3.** *D'APLOMB :* en bon état physique et moral. *Nous étions très fatigués, mais ce mois de vacances nous a REMIS D'APLOMB.*
II. *L'APLOMB* Grande confiance en soi, grande assurance, même si l'on a tort. *Elle ment avec aplomb. Il ne manque pas d'aplomb, celui-là ! Quel aplomb !* → **culot, toupet.**

APNÉE [apne] n. f. ▪ *Plonger EN APNÉE,* en retenant sa respiration, sans matériel de plongée. *Il est resté en apnée plusieurs minutes.*

APOCALYPSE [apɔkalips] n. f. **1.** *L'APOCALYPSE :* le dernier livre du Nouveau Testament qui décrit la fin du monde. *L'Église pense que saint Jean est l'auteur de l'Apocalypse.* **2.** Terrible catastrophe qui fait penser à la fin du monde. *Après le tremblement de terre, toute la région offre UNE VISION D'APOCALYPSE* (→ **apocalyptique).**

REM. Ce mot s'écrit avec une majuscule lorsqu'il s'agit du titre du livre.

APOCALYPTIQUE [apɔkaliptik] adj. (après le nom) ▪ Qui fait penser à la fin du monde, qui est effrayant et terrifiant (→ **apocalypse).** *Les témoins ont fait une description apocalyptique de l'accident d'avion.*

FAUX AMI
grec **αποκαλυπτικός**
« révélateur »

APOGÉE [apɔʒe] n. m. ▪ STYLE RECHERCHÉ *L'APOGÉE :* le point le plus haut, le maximum. *Il est À L'APOGÉE de sa carrière.* → **sommet.** *La crise sociale semble avoir atteint son apogée.*

REM. On dit *un apogée :* ce mot est masculin.

APOLLON [apɔlɔ̃] n. m. ▪ *UN APOLLON :* un homme d'une grande beauté. *C'est un homme charmant, mais ce n'est pas un apollon !*

A POSTERIORI [apɔsteʀjɔʀi] adverbe ▪ Après avoir fait l'expérience. ⟨contraire : a priori⟩ *Je pensais qu'il avait raison, mais je constate a posteriori qu'il avait tort.*

REM. Aucun accent, ni sur le *a* ni sur le *e*, car ces mots sont latins.

① **APOSTROPHE** [apɔstʀɔf] n. f. ▪ *UNE APOSTROPHE :* parole brusque, sans politesse, que l'on adresse à qqn. *Bloqués dans un embouteillage, des automobilistes énervés se LANCENT DES APOSTROPHES et s'injurient.*

REM. Une apostrophe n'est pas forcément une injure : c'est la façon de parler, le ton employé qui compte.

② **APOSTROPHE** [apɔstʀɔf] n. f. ▪ *UNE APOSTROPHE :* signe écrit ('), qui marque l'élision, l'effacement d'une voyelle. *Dans « quelqu'un », il y a une apostrophe. L'amour s'écrit l apostrophe, a, m, o, u, r.*

REM. L'apostrophe s'emploie devant un mot qui commence par une voyelle (ex. : *examen*) ou un *h* muet (ex. : *harmonica*) ; dans ce cas l'apostrophe cache le genre du mot, puisque *l'* correspond à *le* et à *la.*

APOSTROPHER [apɔstʀɔfe] verbe [conjugaison 1a] **1.** Adresser la parole à (qqn), brusquement et sans politesse. → **interpeller.** *Un piéton a apostrophé un automobiliste qui voulait garer sa voiture sur le trottoir.* **2.** verbe pronominal S'APOSTROPHER : se parler d'une manière désagréable, sans politesse. *Les automobilistes s'apostrophent et s'injurient d'une voiture à l'autre. Deux dames se sont apostrophées.*

APOTHÉOSE [apɔteoz] n. f. ▪ *UNE APOTHÉOSE :* moment le plus réussi, le plus beau. *Le feu d'artifice est l'apothéose de la fête. Le spectacle s'est terminé EN APOTHÉOSE par un ballet magnifique.*

APÔTRE [apotʀ] n. m. ▪ *UN APÔTRE* **1.** Chacun des disciples de Jésus. *Jésus avait choisi douze apôtres pour prêcher l'Évangile.* **2.** Personne qui défend une idée et qui essaie d'en convaincre d'autres personnes. *Gandhi était l'apôtre de la non-violence.*

APPARAÎTRE [apaʀɛtʀ] verbe [conjugaison 57]
I. 1. Devenir visible, se montrer tout à coup. → se **montrer, paraître, surgir.** *Après le dernier virage, la mer apparaît au loin.* ⟨contraire : disparaître⟩ *Au milieu du dîner, mon petit garçon est apparu en pyjama.* **2.** Commencer à exister, faire son apparition. *Les dinosaures sont apparus* (ou *ont apparu*) *sur terre à l'ère secondaire. Les travaux commencent et, déjà, des difficultés apparaissent.*
II. STYLE RECHERCHÉ **1.** Sembler, paraître. *Cette affaire m'apparaît bien compliquée.* **2.** impersonnel *IL APPARAÎT QUE :* il est évident, il est clair que. *À la lecture du dossier, il apparaît que vous ne dites pas toute la vérité. Il est apparu que vous aviez tort.*

REM. **1.** Dans toute la conjugaison, *î* devant *t* (ex. : *il apparaît*). **2.** *Il apparaît que* est toujours suivi de l'indicatif, à la différence de *il semble que* (subjonctif).

APPAREIL [apaʀɛj] n. m. ▪ *UN APPAREIL* **1.** Machine qui sert à faire un travail. *Un aspirateur est un APPAREIL MÉNAGER. Nous lui avons offert un APPAREIL PHOTO. – Ma fille a un appareil dentaire,* qui sert à redresser les dents. **2.** Téléphone. *Allo, qui est À L'APPAREIL ?* **3.** Avion. *L'appareil vient de décoller.* **4.** Ensemble des organes du corps qui remplissent la même fonction. *Les poumons, les bronches, le larynx, le pharynx font partie de l'APPAREIL RESPIRATOIRE.*

APPAREILLAGE [apaʀɛjaʒ] n. m. ▪ (bateau) *UN APPAREILLAGE :* action d'appareiller, de quitter le port. *Les marins se préparent à l'appareillage.* ⟨contraire : mouillage⟩

① **APPAREILLER** [apaʀeje] verbe [conjugaison 1a] ▪ (bateau) Se préparer à partir, lever l'ancre. *Le cargo appareille.*

② **APPAREILLER** [apaʀeje] verbe [conjugaison 1a] ▪ Réunir (deux ou plusieurs choses pareilles ou semblables). *Je voudrais appareiller les rideaux et les couvertures du lit, dans ma chambre.* → **assortir.**

APPAREMMENT [apaʀamɑ̃] adverbe ▪ D'après ce que l'on peut voir. *Apparemment, il est sorti.*

APPARENCE [apaʀɑ̃s] n. f. **1.** *L'APPARENCE :* ce que l'on voit d'une personne ou d'une chose. *La maison, une fois repeinte, aura une belle apparence.* → **aspect.** *C'est un garçon d'apparence maladive.* → **air, allure.** – *EN APPARENCE, la situation* *semble s'améliorer,* extérieurement, seulement d'après ce qu'on peut en voir. *CONTRE TOUTE APPARENCE, ses affaires marchent bien,* en dépit de ce qui paraît. **2.** *UNE APPARENCE :* ce que l'on voit et qui est différent de la réalité. *Toutes les apparences sont contre lui, pourtant il est innocent. Il ne faut pas SE FIER AUX APPARENCES :* il ne faut pas croire uniquement ce que l'on voit. *Cet ours a l'air doux et gentil, mais ne vous fiez pas aux apparences : en réalité il est féroce. SOUS UNE APPARENCE DE douceur, il est féroce.* → **air.**

APPARENT [apaʀɑ̃], **APPARENTE** [apaʀɑ̃t] adj. (après le nom) **1.** Qui se voit clairement. *L'opération de l'appendicite laisse sur le ventre une cicatrice apparente.* → **visible.** ⟨contraire : invisible⟩ – *Il a beaucoup travaillé, mais sans résultat apparent.* **2.** Évident, manifeste. *Sa ruse est trop apparente pour nous tromper.* **3.** Qui n'est qu'une apparence, qui n'est pas ce qu'il paraît être. *Sous un calme apparent, c'est un grand nerveux. Je croyais cette femme chaleureuse, mais sa bienveillance n'est qu'apparente.*

APPARENTÉ [apaʀɑ̃te], **APPARENTÉE** [apaʀɑ̃te] adj. (après le nom) ▪ De la même famille. *Ces deux personnes sont apparentées. Il est APPARENTÉ À mon mari :* il est de la famille de mon mari. *Est-ce que Léon Chirac est apparenté à Pierre Chirac ?*

FAUX AMI — espagnol **aparentar** « paraître »

APPARITION [apaʀisjɔ̃] n. f.

I. 1. *L'APPARITION :* action d'apparaître, de se montrer. *Appliquez cette pommade dès l'apparition des boutons. Le soleil a FAIT SON APPARITION à six heures. Le président est venu à la réunion, mais il n'a fait qu'une COURTE APPARITION,* il est venu juste un petit moment. *Cet acteur fait une brève apparition dans le film.* **2.** Le fait de commencer à exister. *L'apparition de l'homme sur la terre date d'environ trois millions d'années.*

II. *AVOIR UNE APPARITION :* voir qqn ou qqch. invisible en temps normal. → **vision.** *Sainte Bernadette a eu des apparitions de la Vierge.*

APPART n. m. Forme abrégée familière de **appartement.**

APPARTEMENT [apaʀtəmɑ̃] n. m. ▪ *UN APPARTEMENT :* habitation de plusieurs pièces, dans un immeuble. *Il y a deux appartements par étage, dans cet immeuble. Elle loue un petit appartement dans un immeuble neuf. Nous avons acheté un grand appartement. Ils ont un bel appartement.* – *APPART* [apaʀt] forme abrégée familière *Je suis content, j'ai enfin trouvé un appart. J'ai visité beaucoup d'apparts.*

FAUX AMIS — allemand **Apartment** « studio » ; russe **апартаменты** « palace »

APPARTENANCE [apaʀtənɑ̃s] n. f. ▪ STYLE RECHERCHÉ *L'APPARTENANCE :* le fait, pour un individu, d'appartenir à une collectivité. *Quelle est son appartenance politique ? En raison de mon appartenance au club, je ne paie pas l'entrée.*

APPARTENIR [apaʀtəniʀ] verbe [conjugaison 22] **1.** *APPARTENIR À qqn :* être à qqn. *Le vélo appartient à ce garçon, demande-lui s'il veut bien te le prêter. Ce livre m'appartient. Je ne pense pas que ceci vous appartienne.* **2.** (impersonnel) *IL APPARTIENT À qqn DE :* c'est le privilège, le rôle de qqn de. *Il appartient aux parents d'élever leurs enfants :* c'est aux parents d'élever leurs enfants. *Lorsqu'il sera là, il vous appartiendra de lui expliquer la situation,* ce sera à vous d'expliquer la situation. *Il n'appartient qu'à vous de prendre cette décision :* c'est à vous seul de prendre cette décision. *Il ne vous appartenait pas d'en décider :* ce n'était pas à vous d'en décider. **3.** verbe pronominal *S'APPARTENIR :* (qqn) être libre. *Avec tous ces enfants, je ne m'appartiens plus.*

appartenu [apaʀtəny] *La maison qui a appartenu à ma mère :* forme au participe passé du verbe **appartenir.**

appartient [apaʀtjɛ̃] *Il appartient, elle appartient :* forme au présent du verbe **appartenir.**

apparu [apaʀy], **apparue** [apaʀy] *Il est apparu, elle est apparue :* formes au participe passé du verbe **apparaître.**

APPÂT [apɑ] n. m. ▪ *UN APPÂT* **1.** Nourriture qui sert à attirer des animaux pour les prendre. *Le pêcheur accroche un appât à l'hameçon.* → **amorce. 2.** Ce qui attire. *L'appât du gain lui ferait faire n'importe quoi !* l'envie, le désir de gagner de l'argent lui ferait faire n'importe quoi.

APPÂTER [apɑte] verbe [conjugaison 1a] **1.** Attirer avec un appât. → **amorcer.** *Le pêcheur appâte le poisson.* **2.** Attirer (qqn) en promettant qqch. → **allécher.** *Il s'est laissé appâter par de belles promesses.*

APPAUVRIR [apovʀiʀ] verbe [conjugaison 2] ▪ Rendre pauvre. ⟨contraire : enrichir⟩ *Des guerres continuelles ont appauvri le pays.* → **ruiner.** *Il ne faut pas que ce nouvel impôt appauvrisse les plus pauvres.*

APPEAU [apo] n. m. ▪ *UN APPEAU :* sifflet avec lequel on imite le cri des oiseaux, pour les attirer. *Le photographe s'est servi d'un appeau.* PLURIEL : *le chasseur utilise des APPEAUX.*

APPEL [apɛl] n. m. ▪ *UN APPEL* **1.** Action d'appeler pour faire venir à soi. *Crions plus fort, ils n'ont pas entendu notre appel. Ils ont répondu à nos appels. Le navire en détresse a lancé un appel au secours.* **2.** *Appel (téléphonique) :* fait d'appeler qqn, d'être appelé au téléphone. *Il y a eu deux appels pour vous,* deux coups de téléphone. *Quel est le prix de l'appel ?* **3.** *Faire des APPELS DE PHARES :* allumer et éteindre plusieurs fois ses phares, pour signaler sa présence. *L'automobiliste m'a fait des appels de phares.* **4.** Action d'appeler à haute voix des personnes par leur nom, pour savoir si elles sont là. *L'instituteur a FAIT L'APPEL : deux enfants sont absents. Deux enfants MANQUENT À L'APPEL.* **5.** *Faire un APPEL DE FONDS :* demander un nouveau versement d'argent à des actionnaires, des associés, des copropriétaires... **6.** Discours ou écrit par lequel on s'adresse aux gens pour les engager à faire qqch. *Les rebelles ont lancé un appel à la révolte.* → **incitation.** *Le 18 juin 1940 est le jour de l'appel du général de Gaulle.* **7.** *FAIRE APPEL À :* demander une aide, un service. → **solliciter.** *Si nous n'arrivons pas à déplacer seuls le piano, nous ferons appel à nos voisins. Je fais appel à votre générosité.* – (figuré) *FAIRE UN APPEL DU PIED :* faire une allusion, pour demander qqch. *Il nous a fait plusieurs appels du pied pour travailler avec nous.* **8.** Révision d'un jugement par un tribunal supérieur. *FAIRE APPEL :* demander cette révision. *Le condamné, qui se déclare innocent, a décidé de faire appel. Il a été condamné en appel.* – *Cette décision est SANS APPEL,* sans possibilité de recours.

APPELÉ [aple] n. m. ▪ *UN APPELÉ :* jeune homme qui entre dans l'armée pour faire son service militaire. *L'armée se compose d'appelés, d'engagés et de militaires de carrière.*

APPELER [aple] verbe [conjugaison 4a]

I. 1. Dire le nom de qqn, dire un mot, crier, faire un bruit ou un geste pour faire venir (qqn, un animal). → **héler, interpeller.** *Dans la rue, j'ai reconnu un ami et je l'ai appelé. Appelle les enfants, le dîner est prêt. Tu pourrais répondre quand on t'appelle ! Appelle ton chien et partons en promenade.* → **siffler.** *Ils ont APPELÉ AU SECOURS et, heureusement, quelqu'un les a entendus.* **2.** Téléphoner. *Une dame a appelé deux fois en votre absence, elle rappellera. Appelle-moi demain soir.* **3.** Inviter à venir. *Mon fils est malade, j'ai appelé le médecin. Appelez la police ! Le directeur m'a fait appeler.* → **convoquer.** – *Appelle l'ascenseur*, fais-le venir en appuyant sur le bouton. – *J'ai appelé un taxi*, j'ai téléphoné pour le faire venir. **4.** (qqch.) Demander, exiger. *Ce grave sujet appelle toute votre attention.* → **réclamer.** **5.** *EN APPELER À :* solliciter, demander. *J'en appelle à votre sens de la justice.* **6.** Donner un nom à (qqn, qqch.). *Ils appelleront leur prochain fils François.* → **nommer.** *Elle a appelé son chat Tibère. La coccinelle est appelée aussi bête à bon Dieu.* – *APPELER LES CHOSES PAR LEUR NOM ; APPELER UN CHAT UN CHAT :* être direct, employer les mots qu'il faut, même s'ils évoquent qqch. de dur, de choquant.

II. verbe pronominal S'APPELER **1.** Avoir pour nom. *Je m'appelle Pierre. Comment vous appelez-vous ? Comment s'appelle cette fleur ?* STYLE FAMILIER *Comment ça s'appelle ?* **2.** Se téléphoner. *On s'appelle demain. À l'époque, on s'appelait tous les jours. Nous nous sommes appelés hier.*

> FAUX AMIS
> espagnol et portugais
> **apelar** « faire appel, recourir à »

APPELLATION [apelasjɔ̃] n. f. ▪ *UNE APPELLATION :* nom qu'on donne à une chose. *Quelle est l'appellation courante de cette plante ?* → **mot, nom.** – *APPELLATION D'ORIGINE :* désignation d'un produit par le nom du lieu où il a été récolté, fabriqué. *Ce bordeaux est un vin d'appellation d'origine contrôlée.*

APPENDICE [apɛ̃dis] n. m. ▪ *UN APPENDICE* **1.** Partie qui prolonge une partie principale, qui semble ajoutée à elle. → **extrémité, prolongement.** *L'appendice nasal de l'éléphant est une trompe* (→ **nez**). **2.** *L'APPENDICE :* petite partie creuse qui prolonge le gros intestin. *On lui a enlevé l'appendice* (→ **appendicite**). **3.** Supplément placé à la fin d'un livre et qui contient des notes, des documents. *Un index alphabétique est donné EN APPENDICE.* → **annexe.**

APPENDICITE [apɛ̃disit] n. f. ▪ *UNE APPENDICITE :* maladie due à une inflammation de l'appendice. *Ma fille a eu une CRISE D'APPENDICITE, il a fallu l'opérer d'urgence.*

REM. On entend souvent dire, en France, de façon erronée *« on m'a opéré de l'appendicite ».* Il faut dire *« on m'a enlevé l'appendice ».*

APPENTIS [apɑ̃ti] n. m. ▪ *UN APPENTIS :* petit bâtiment avec un toit à une seule pente, adossé au mur d'une maison. *Dans l'appentis, nous rangeons les vélos et les outils.*

S'**APPESANTIR** [apəzɑ̃tiʀ] verbe pronominal [conjugaison 2] ▪ *S'APPESANTIR SUR un sujet,* en parler trop longuement. → **insister.** *Ne nous appesantissons pas sur ces détails sans importance.* ⟨contraires : glisser, passer⟩ *Nous nous sommes appesantis sur ce sujet.*

APPÉTISSANT [apetisɑ̃], **APPÉTISSANTE** [apetisɑ̃t] adj. (après le nom, parfois avant le nom) ▪ Dont l'aspect, l'odeur met en appétit ; qu'on a envie de manger. *Cette tarte dorée est appétissante. Une odeur appétissante sort de la boulangerie. Je sens une appétissante odeur de pain chaud.*

APPÉTIT [apeti] n. m. **1.** *L'APPÉTIT :* envie de manger, plaisir que l'on a à manger. *Le malade A DE L'APPÉTIT :* il a envie de manger. *As-tu bon appétit ? Elle a un bon appétit. Il n'a pas beaucoup d'appétit, depuis sa maladie. L'émotion m'a COUPÉ L'APPÉTIT,* m'a retiré l'envie de manger. *Le grand air, les promenades OUVRENT L'APPÉTIT,* donnent faim. **2.** (au pluriel) LES APPÉTITS : les besoins, les désirs des hommes. *Il veut satisfaire ses appétits.*

APPLAUDIMÈTRE [aplodimɛtʀ] n. m. ▪ *UN APPLAUDIMÈTRE :* instrument servant à mesurer la force et la durée des applaudissements. *L'applaudimètre a enregistré cinq minutes d'applaudissements.*

APPLAUDIR [aplodiʀ] verbe [conjugaison 2] ▪ Taper dans ses mains en signe de plaisir, d'admiration ou d'enthousiasme. *Les spectateurs applaudissent et crient « bravo ! ».* – *Son discours a été très applaudi.* ⟨contraire : huer⟩

APPLAUDISSEMENT [aplodismɑ̃] n. m. ▪ *UN APPLAUDISSEMENT :* battement de mains en signe de plaisir, d'admiration ou d'enthousiasme. *Son discours a SOULEVÉ UN TONNERRE D'APPLAUDISSEMENTS. À la fin de la chanson, les applaudissements éclatent. Le comédien a quitté la scène SOUS LES APPLAUDISSEMENTS du public. Il n'y a pas eu un seul applaudissement à la fin du spectacle.*

APPLICATION [aplikasjɔ̃] n. f.

I. *L'APPLICATION* **1.** Action de mettre une chose sur une autre de manière qu'elle la recouvre. *Cette pommade s'utilise en application locale. Laissez sécher la peinture après application. Il faut bien rincer les cheveux après la deuxième application de shampoing.* **2.** Mise en pratique. *Le gendarme surveille l'application du code de la route.* → **observation.** *Cette loi est toujours EN APPLICATION.* → **vigueur.** **3.** *AVEC APPLICATION :* avec soin, avec beaucoup d'attention. *Elle a écrit avec beaucoup d'application. Cet élève travaille avec application.*

II. *UNE APPLICATION :* chaque utilisation d'une découverte, d'une réflexion. *Les applications de ce théorème sont nombreuses.*

APPLIQUÉ [aplike], **APPLIQUÉE** [aplike] adj. (après le nom) **1.** Qui fait (qqch.) avec soin. *Cette élève est très appliquée.* **2.** Qui est utilisé, mis en pratique. *Elle étudie la linguistique appliquée.*

APPLIQUER [aplike] verbe [conjugaison 1a]

I. 1. Mettre une chose sur une autre de façon à la recouvrir. *Il applique une couche de peinture sur le mur.* → **étendre.** *Elle s'applique une crème sur le visage.* **2.** Employer, utiliser. *Appliquez cette méthode de classement, c'est la plus rapide.* **3.** Mettre en pratique. *Il faut appliquer la loi. Le règlement a été mal appliqué.*

II. verbe pronominal S'APPLIQUER **1.** (qqch.) Se placer, être appliqué. *Cette peinture S'APPLIQUE AU rouleau.* **2.** (qqch.) Convenir, concerner. *Le règlement S'APPLIQUE À tout le monde.* **3.** (qqn) Travailler avec soin. *Cette élève s'est appliquée.*

APPOINT [apwɛ̃] n. m. **1.** *L'APPOINT :* complément d'une somme d'argent en petite monnaie. *Pouvez-vous FAIRE L'APPOINT ?* pouvez-vous donner la somme exacte en petite monnaie ? **2.** *UN APPOINT :* ce qu'on ajoute à qqch. pour compléter. → **complément, supplément.** *Ce radiateur électrique sert de CHAUFFAGE D'APPOINT,* de chauffage supplémentaire.

APPOINTEMENTS [apwɛ̃tmɑ̃] n. m. pluriel ▪ *LES APPOINTEMENTS :* l'argent que gagne tous les mois un employé. *Quels sont vos appointements ? Elle a TOUCHÉ SES APPOINTEMENTS.* → **salaire, traitement.**

> FAUX AMI
> portugais
> **apontamentos**
> « notes »

APPORT [apɔʀ] n. m. ▪ *UN APPORT :* une contribution. *Les travaux de Pasteur ont été un apport important à la médecine.*

APPORTER [apɔʀte] verbe [conjugaison 1a] **1.** *APPORTER QQCH. À QQN :* porter qqch. là où se trouve qqn et le lui donner. *Peux-tu m'apporter mon livre ? Lorsqu'il est venu dîner à la maison, il a apporté des fleurs. Le facteur apporte le courrier. Asseyez-vous, j'apporte le café dans le salon. L'institutrice a demandé aux enfants d'apporter des gâteaux à l'école.* **2.** Fournir pour sa part. *Il a apporté sa contribution au projet* (→ **apport**). **3.** *APPORTER DU SOIN À qqch. :* mettre du soin à qqch. *Il a apporté beaucoup de soin à son travail.* **4.** Donner (un élément de connaissance). *Un* *journaliste nous apporte une information de dernière minute. Cet instituteur a beaucoup apporté à notre fils.* → **apprendre.** 5. (qqch.) Être la cause de. *Cette découverte a apporté de grands changements dans la vie quotidienne.* → **entraîner, produire.**

FAUX AMI
espagnol **aportar** « fournir »

REM. 1. Bien distinguer les verbes *apporter* et *amener* : *apporter* s'emploie pour les objets, pour ce qui doit être porté (→ **amener**). 2. Distinguer aussi *apporter* et *emporter* : quand on possède un objet et qu'on le porte dans un endroit où l'on va, on l'*apporte (Bonjour, j'apporte les livres)* ; au contraire, quand on est dans un endroit et que l'on part avec un objet, on l'*emporte (J'emporte les livres, au revoir !)* (→ **emporter**).

APPOSER [apoze] verbe [conjugaison 1a] ▪ *APPOSER SA SIGNATURE* : signer. *Il a apposé sa signature au bas du document.* → **signer.**

REM. Ce verbe est un terme de droit, qui ne s'emploie pas lorsqu'on écrit à des amis par exemple.

APPOSITION [apozisjɔ̃] n. f. ▪ *UNE APPOSITION* : procédé grammatical par lequel un mot, un groupe de mots est placé à côté d'un autre mot, d'un autre groupe de mots, sans lien, et en précise le sens. *Dans « tarte maison » (tarte faite à la maison, comme à la maison) « maison » est en apposition.*

APPRÉCIABLE [apʀesjabl] adj. (après le nom) 1. (qqch.) Intéressant, précieux. *Avoir un grand jardin en ville, c'est appréciable.* 2. Qui peut être évalué. *La différence de taille entre ces deux enfants est à peine appréciable.* → **sensible, visible.** *Les trains à grande vitesse apportent un changement appréciable.* → **important, notable.**

REM. *Inappréciable* n'est pas le contraire de *appréciable*, mais son superlatif : *cette nouvelle machine rend des services inappréciables*, très précieux, inestimables.

APPRÉCIATION [apʀesjasjɔ̃] n. f. ▪ *UNE APPRÉCIATION* : opinion, observation, remarque. *L'auteur a noté ses appréciations en marge du texte.* → **note, remarque.**

APPRÉCIER [apʀesje] verbe [conjugaison 7a] 1. Aimer, trouver bien. *Elle a apprécié votre gentillesse. Il n'a pas apprécié la plaisanterie. J'apprécierais* [apʀesiʀɛ] *que ton copain dise bonjour, lorsqu'il téléphone à la maison. – J'apprécie ce nouveau collègue.* → **estimer.** *Il sait se faire apprécier.* 2. (qqn) Déterminer la mesure de (qqch.). *Pour freiner à temps, l'automobiliste doit savoir apprécier les distances. J'ai mal apprécié le temps nécessaire.*

REM. Deux *i* à la 1re et à la 2e personne du pluriel de l'imparfait (ex. : *nous appréciions*) et du subjonctif (ex. : *que vous appréciiez*).

APPRÉHENDER [apʀeɑ̃de] verbe [conjugaison 1a] 1. STYLE RECHERCHÉ Avoir peur, s'inquiéter par avance. → **craindre, redouter.** *Elle appréhende ce voyage en avion. Il APPRÉHENDE DE rester seul.* 2. Faire prisonnier. *La police a appréhendé le malfaiteur.* → **arrêter.**

APPRÉHENSION [apʀeɑ̃sjɔ̃] n. f. ▪ *L'APPRÉHENSION* : crainte que l'on éprouve à l'avance. → **anxiété.** *Elle a un peu d'appréhension avant son examen.* (contraires : confiance, tranquillité)

APPRENANT [apʀənɑ̃] n. m., **APPRENANTE** [apʀənɑ̃t] n. f. ▪ *UN APPRENANT, UNE APPRENANTE* : une personne qui apprend, qui suit un enseignement. *Il a acheté un dictionnaire pour apprenants*, pour les personnes qui apprennent une langue.

APPRENDRE [apʀɑ̃dʀ] verbe [conjugaison 58] 1. Être informé de (qqch.). *Nous avons appris la nouvelle par la radio. La nouvelle que j'ai apprise hier va vous étonner. J'APPRENDS avec plaisir QUE tu es rentré de voyage.* 2. Faire savoir. *Il nous a appris ton arrivée.* → **annoncer.** *Tu ne m'apprends rien, j'étais déjà au courant.* 3. Enseigner. *Le professeur apprend aux élèves les verbes irréguliers anglais. Le moniteur nous apprend le ski. Cet échec ne t'a rien appris*, tu n'en as pas tiré d'enseignement. – *C'est sa mère qui lui a APPRIS À lire.* 4. Travailler pour connaître, pour avoir des connaissances. *Elle apprend l'allemand. Cet élève n'apprend pas bien ses leçons. Vous apprendrez ce texte par cœur pour la semaine prochaine. Quand il a perdu son travail, il a fallu qu'il apprenne un nouveau métier* (→ **apprentissage**). *Cet hiver, mon fils a commencé à apprendre le piano. – Elle aime apprendre et elle apprend vite.* 5. *APPRENDRE À* : chercher à devenir capable de. *Ma petite sœur apprend à marcher. En France, les enfants apprennent à lire et à écrire au cours préparatoire. Il apprend à faire du vélo. J'apprends à conduire.* 6. STYLE FAMILIER *ÇA LUI APPRENDRA* : ça lui servira de leçon. *Puisque c'est comme ça, je ne m'occuperai plus de toi, ça t'apprendra.*

APPRENTI [apʀɑ̃ti] n. m., **APPRENTIE** [apʀɑ̃ti] n. f. ▪ *UN APPRENTI, UNE APPRENTIE* : une personne en apprentissage. *Elle travaille comme apprentie chez un coiffeur. – Il a engagé un apprenti pâtissier.*

APPRENTISSAGE [apʀɑ̃tisaʒ] n. m. ▪ *UN APPRENTISSAGE* : le fait d'apprendre un métier manuel ou technique dans une école ou chez un artisan, un commerçant. → **formation.** *Sa fille est EN APPRENTISSAGE chez un coiffeur*, elle est apprentie chez un coiffeur. *Il a fini son apprentissage.*

S'APPRÊTER [apʀete] verbe pronominal [conjugaison 1a] ▪ STYLE RECHERCHÉ Se préparer (à). *Je m'apprêtais à partir lorsque le téléphone a sonné. Les soldats se sont apprêtés au combat.*

appris [apʀi], **apprise** [apʀiz] *Il a appris sa leçon ; la leçon qu'il a apprise* : formes au participe passé du verbe **apprendre.**

APPRIVOISÉ [apʀivwaze], **APPRIVOISÉE** [apʀivwaze] adj. (après le nom) ▪ (animal farouche ou sauvage) Rendu moins craintif ou moins dangereux. *Le dompteur fait un numéro avec une panthère apprivoisée. Ils ont un écureuil apprivoisé.*

REM. Une espèce animale *apprivoisée* depuis longtemps devient *domestique* (vache, cheval). Les animaux qui vivent avec l'homme, en sa compagnie, sont des animaux *de compagnie* (chat, chien).

APPRIVOISER [apʀivwaze] verbe [conjugaison 1a] 1. Rendre moins craintif, moins dangereux (un animal farouche ou sauvage). *Il a réussi à apprivoiser un aigle.* → **dresser.** 2. Mettre en confiance. *Cet enfant est difficile à apprivoiser.*

APPROBATEUR [apʀɔbatœʀ], **APPROBATRICE** [apʀɔbatʀis] adj. (après le nom) ▪ Qui montre que l'on approuve, que l'on est favorable. *Lorsque je lui ai demandé s'il était d'accord avec moi, il a eu un geste approbateur. Un silence approbateur a suivi son discours.* (contraire : désapprobateur)

APPROBATION [apʀɔbasjɔ̃] n. f. ▪ STYLE RECHERCHÉ *UNE APPROBATION* : accord, consentement que l'on donne. *Les conseillers municipaux ont donné leur approbation au projet du maire.* → **adhésion, agrément.** (contraires : désapprobation, refus)

approbatrice adj. → **approbateur**

APPROCHANT [apʀɔʃɑ̃], **APPROCHANTE** [apʀɔʃɑ̃t] adj. (après le nom) ▪ Qui a de la ressemblance avec. → **semblable.** *Je crois qu'il s'appelle Duland, ou QUELQUE CHOSE D'APPROCHANT.*

APPROCHE [apʀɔʃ] n. f. ▪ *UNE APPROCHE* 1. Le fait d'approcher de. *Le chat ne s'est pas enfui À MON APPROCHE. Les enfants sont tout excités À L'APPROCHE des vacances.* 2. *D'APPROCHE* : pour s'approcher de. *Il fait des TRAVAUX D'APPROCHE pour se réconcilier avec moi*, il emploie des moyens adroits. – *Pour arriver au pied de la montagne, la MARCHE D'APPROCHE est longue*, la partie du chemin qui est avant l'escalade. 3. (au pluriel) LES APPROCHES : ce qui est près de. *AUX APPROCHES DE la ville, la circulation automobile est plus importante.*

APPROCHER [apʀɔʃe] verbe [conjugaison 1a]
I. *APPROCHER QQCH. :* mettre plus près. *Approche un peu la lampe, s'il te plaît. Approchez votre chaise de la table.* → **avancer, rapprocher.** ⟨contraires : éloigner, reculer⟩
II. 1. Venir plus près. *N'approchez pas, j'ai la grippe ! N'approchez pas ou je tire. L'orage approche.* **2.** *APPROCHER DE :* arriver tout près de. *Nous approchons du but. Mon père approche de la cinquantaine,* il va avoir bientôt cinquante ans. **3.** Être proche, dans le temps. *L'heure du départ approche.*
III. verbe pronominal *S'APPROCHER :* venir près, plus près. *La tempête s'approche. Les navires se sont APPROCHÉS DE la côte. Ne t'approche pas du feu ! Approchez-vous de moi, que je vous regarde.*

APPROFONDIR [apʀɔfɔ̃diʀ] verbe [conjugaison 2] **1.** Creuser plus profond. *Les ouvriers ont approfondi le fossé.* **2.** Étudier plus profondément. *Approfondissez vos connaissances.*

APPROPRIÉ [apʀɔpʀije], **APPROPRIÉE** [apʀɔpʀije] adj. (après le nom) ▪ Qui convient. *Pour réparer ta moto, il faut les outils appropriés. Nous recherchons la solution appropriée.* → **ad hoc.**

S'**APPROPRIER** [apʀɔpʀije] verbe pronominal [conjugaison 7b] ▪ Prendre pour soi, se donner à soi-même (qqch. qui est à qqn d'autre). *Elle s'est approprié les livres qu'on lui avait prêtés. Je ne m'approprierai* [apʀɔpʀiʀɛ] *pas ce qui ne m'appartient pas. Il s'est approprié cette découverte,* il dit qu'il en est l'auteur, alors qu'elle a été faite par un autre.

APPROUVER [apʀuve] verbe [conjugaison 1a] **1.** Être d'accord avec (qqch., qqn). *Nous approuvons cette décision.* → **approbation.** *Je n'approuve pas votre comportement. Je t'APPROUVE D'avoir décidé de partir. J'APPROUVE QUE tu aies décidé de partir.* ⟨contraire : désapprouver⟩ **2.** *LU ET APPROUVÉ :* formule que l'on écrit au bas d'un acte, d'un document pour dire qu'on l'a lu et que l'on est d'accord. *Écrivez « lu et approuvé » et signez.*

APPROVISIONNÉ [apʀɔvizjɔne], **APPROVISIONNÉE** [apʀɔvizjɔne] adj. (après le nom) ▪ *BIEN, MAL APPROVISIONNÉ,* qui offre un grand choix, un choix médiocre de marchandises. *Ce magasin est bien approvisionné.* – *Il a un compte en banque approvisionné,* sur lequel il y a de l'argent. ⟨contraire : à découvert⟩

APPROVISIONNEMENT [apʀɔvizjɔnmɑ̃] n. m. ▪ *L'APPROVISIONNEMENT :* le fait de fournir les provisions nécessaires à une communauté. *L'APPROVISIONNEMENT EN eau du campement n'est pas suffisant.* → **ravitaillement.**

APPROVISIONNER [apʀɔvizjɔne] verbe [conjugaison 1a] **1.** Fournir les provisions nécessaires. *La centrale nucléaire approvisionne toute la région en électricité.* **2.** Verser une somme d'argent (→ **provision).** *J'ai approvisionné mon compte en banque.* **3.** verbe pronominal *S'APPROVISIONNER :* se munir de provisions. *À l'escale, l'avion s'APPROVISIONNE EN carburant. Nous nous sommes approvisionnés en bois pour l'hiver. Nous nous approvisionnons une fois par semaine chez l'épicier du quartier.*

APPROXIMATIF [apʀɔksimatif], **APPROXIMATIVE** [apʀɔksimativ] adj. (après le nom) ▪ Qui n'est pas précis. *Le prix de cette maison à vendre n'est pas encore fixé, mais je peux vous donner un prix approximatif.* ⟨contraire : exact⟩ *Il m'a donné une date approximative pour le commencement des travaux.*

APPROXIMATION [apʀɔksimasjɔ̃] n. f. ▪ *UNE APPROXIMATION :* chiffre qui correspond à peu près au chiffre réel. *On estime les dégâts à un million de francs et ce n'est malheureusement qu'une approximation.* → **estimation.**

approximative adj. → **approximatif**

APPROXIMATIVEMENT [apʀɔksimativmɑ̃] adverbe ▪ À peu près, environ. *Je dépense approximativement six cents francs d'essence par mois.*

APPUI [apɥi] n. m.
I. Action d'appuyer, de s'appuyer. **1.** (concret) *PRENDRE APPUI SUR :* s'appuyer sur. *Prends appui sur moi.* – *HAUTEUR D'APPUI :* hauteur suffisante pour s'appuyer sur le coude. *Une cloison à hauteur d'appui sépare la cuisine du salon.* **2.** (abstrait) Aide. *J'ai besoin de ton appui pour réussir.* → **soutien.** *Vous pouvez COMPTER SUR MON APPUI. Ce projet A REÇU L'APPUI du ministère.* **3.** (qqch.) *À L'APPUI :* pour confirmer. *Il a démontré son innocence, PREUVES À L'APPUI,* à l'aide de preuves qui confirment son innocence.
II. *UN APPUI* **1.** Objet qui sert à soutenir. *Sa canne lui sert d'appui pour marcher.* **2.** Personne qui aide. *Il a beaucoup d'appuis parmi ses amis. Elle a de puissants appuis.* → **protecteur.**

APPUIE-TÊTE [apɥitɛt] n. m. ▪ *UN APPUIE-TÊTE :* dispositif réglable qui prolonge le dossier d'un siège et qui sert à soutenir la tête. *Un fauteuil de dentiste a un appuie-tête.* PLURIEL : *dans une voiture, les APPUIE-TÊTES protègent les passagers en cas de choc.*

REM. Ce mot peut rester invariable au pluriel et on peut écrire : *des appuie-tête.*

APPUYÉ [apɥije], **APPUYÉE** [apɥije] adj. (après le nom) ▪ Qui insiste avec force. *La directrice a fait un compliment appuyé à sa nouvelle collaboratrice.*

APPUYER [apɥije] verbe [conjugaison 8a]
I. *APPUYER QQCH., QQN :* placer (une chose) contre une autre qui la soutient. *Il APPUIE l'échelle CONTRE le mur.* – *APPUYEZ votre tête SUR le coussin.* → **mettre, poser.** (figuré) *Il appuie sa politique sur plusieurs principes.* → **soutenir.**
II. *APPUYER (SUR)* **1.** Presser, peser plus ou moins fort sur (qqch.). *Appuyez sur le bouton de droite !* → **pousser.** *Appuie sur la pédale de frein ! Le cycliste appuie sur les pédales.* **2.** Apporter son aide à (qqn). → **aider.** *Je vous appuierai* [apɥiʀɛ] *auprès du directeur.* – *J'appuierai votre candidature.* → **soutenir.** **3.** Insister avec force. *Il a beaucoup appuyé sur l'importance de ce problème. Inutile d'appuyer sur cette erreur.*
III. verbe pronominal *S'APPUYER* **1.** Se servir comme d'un appui, d'un soutien. *Appuyez-vous sur mon bras. Il s'appuie sur une canne. Elle s'est appuyée contre le mur pour ne pas tomber. Appuyez-vous au mur.* – (figuré) *Il s'appuie sur de bons arguments.* → **utiliser.** **2.** Compter sur (qqn), avoir confiance en (qqn). *Vous pouvez vous appuyer entièrement sur lui.* **3.** STYLE TRÈS FAMILIER *S'APPUYER (qqch.) :* faire (un travail ennuyeux, une corvée). *J'en ai assez, c'est toujours moi qui m'appuie la vaisselle !* → STYLE FAMILIER **se taper.** *Elle s'est appuyé toutes les corvées.*

REM. Penser au groupe de lettres *yi* à la 1re et à la 2e personne du pluriel de l'imparfait (ex. : *nous appuyions*) et du subjonctif (ex. : *que vous appuyiez*).

ÂPRE [ɑpʀ] adj. (après le nom, parfois avant le nom) **1.** Qui est désagréable au goût et laisse la langue râpeuse. *Ces fruits sont âpres.* **2.** Dur et pénible. *Ils ont eu une âpre discussion.* **3.** *ÊTRE ÂPRE AU GAIN :* être avide d'argent, ne penser qu'à gagner de l'argent. *Elle est âpre au gain.*

APRÈS [apʀɛ] préposition et adverbe
I. préposition **1.** À la suite de (qqch.), dans le temps. ⟨contraire : avant⟩ *Le printemps vient après l'hiver* (→ **postérieur).** *Après le travail, j'irai faire les courses. Cette histoire s'est passée deux ans après ta naissance. Il est arrivé juste après ton coup de téléphone.* – *Tu pourras regarder la télévision APRÈS QUE tu auras fini tes devoirs.* – *Après avoir mangé, nous sommes partis en promenade. Après être montée, elle est redescendue.* – *APRÈS*

COUP : après ce qui est arrivé, après ce qui a été dit. *Je n'ai compris son attitude qu'après coup.* **2.** Plus loin que. *Prenez la première rue à droite après le feu rouge.* **3.** Derrière (qqn, un animal). *Passez après moi. Le chat court après la souris.* – *APRÈS VOUS, je vous en prie,* formule de politesse pour laisser passer qqn devant soi. – STYLE FAMILIER *ÊTRE APRÈS QQN,* le suivre partout, l'importuner, le gêner sans cesse. *Pourquoi êtes-vous toujours après moi ?* (→ **harceler**). STYLE TRÈS FAMILIER *Il est toujours en train de crier après son fils.* **4.** *APRÈS TOUT* : en définitive, finalement. *Tu peux faire ce que tu veux : après tout, cela ne me regarde pas,* finalement, ce n'est pas moi qui suis concerné. **5.** *D'APRÈS* : selon l'avis de. *D'après la météo, il fera beau demain. D'après ce que disent les journaux, il s'est enfui. D'après moi, il ne viendra pas,* selon ce que je pense. – *Il a peint ce paysage d'après une carte postale,* en se servant d'une carte postale comme modèle.

II. adverbe Plus tard. (contraires : auparavant, avant) *Il est revenu vingt ans après. Je ne suis pas au courant des événements qui sont survenus après.* → **ensuite, postérieurement, ultérieurement.** *Il a dîné, puis, AUSSITÔT APRÈS, il est sorti. PEU DE TEMPS APRÈS, elle est sortie. Je l'ai revu, LONGTEMPS APRÈS.* – *Ce chat est trop rapide, inutile de courir après.* – *ET APRÈS, que s'est-il passé ?* – (figuré) *Et après ?* : et alors ? *Et après, qu'est-ce que ça peut faire ?*

REM. Le verbe qui suit *APRÈS QUE* est à l'indicatif (passé simple, passé composé, futur) : *après que vous êtes parti.* Cette règle est difficile à appliquer car le contraire *AVANT QUE,* plus fréquent, est toujours suivi d'un verbe au subjonctif : *avant qu'il parte.* Aussi, l'emploi de *APRÈS QUE* suivi du subjonctif se généralise, mais cet emploi est fautif : *après* implique que le fait a vraiment eu lieu et exclut l'hypothèse, donc le subjonctif.

APRÈS-DEMAIN [apʀɛdmɛ̃] adverbe ▪ Le jour qui suivra demain. *Aujourd'hui nous sommes le 4, demain nous serons le 5 et après-demain le 6* (→ **surlendemain**).

APRÈS-MIDI [apʀɛmidi] n. m. ou n. f. invariable ▪ *UN APRÈS-MIDI, UNE APRÈS-MIDI* : partie de la journée qui va de midi jusqu'au soir. *Hier, nous avons eu un après-midi très chaud. Je t'ai attendu tout l'après-midi. Il part cet après-midi. C'était par une belle après-midi d'été.* PLURIEL : *des après-midi ensoleillés.* – *Nous avons rendez-vous avec lui lundi après-midi. Il viendra à trois heures DE L'APRÈS-MIDI,* à 15 heures. (contraire : matin)

APRÈS-SKI [apʀɛski] n. m. invariable ▪ *UN APRÈS-SKI* : botte chaude de montagne que l'on porte par temps de neige, lorsqu'on ne skie pas. PLURIEL : *mets tes après-ski !*

REM. Ce mot peut aussi prendre la marque du pluriel : *des après-skis.*

A PRIORI [apʀijɔʀi] adverbe et n. m. invariable **1.** adverbe Au premier abord, avant d'avoir vérifié. *A priori, c'est une bonne idée.* (contraire : a posteriori) **2.** *UN A PRIORI* : un préjugé. *Ce n'est qu'un a priori.* PLURIEL : *elle a des a priori.*

REM. Le *a* est latin et ne porte donc pas d'accent.

À-PROPOS [apʀɔpo] n. m. ▪ Caractère de ce qui est dit ou fait au bon moment et comme il faut. *En jetant une couverture sur le fauteuil qui commençait à brûler, elle a réagi avec à-propos. Vous manquez d'à-propos !*

REM. On écrit *un à-propos,* avec trait d'union, mais *à propos, à propos de,* sans trait d'union : *Ah ! à propos, je voulais te demander...,* au fait, j'y pense brusquement ; *je vous écris à propos de votre fils,* au sujet de votre fils. → **propos.**

APTE [apt] adj. (après le nom) ▪ Capable de faire une chose. *Le médecin vous a déclarée APTE À ce travail.* (contraire : inapte) *Vous n'êtes pas apte.*

APTITUDE [aptityd] n. f. ▪ *UNE APTITUDE* **1.** Don que l'on a pour faire qqch. sans l'avoir appris. *Elle a des aptitudes pour le dessin.* **2.** Capacité acquise et reconnue. *Je ne sais pas si ce métier est en rapport avec mes aptitudes. Il a obtenu son CERTIFICAT D'APTITUDE PROFESSIONNELLE.* → **C. A. P.**

AQUARELLE [akwaʀɛl] n. f. **1.** *L'AQUARELLE* : peinture légère sur papier, avec des couleurs délayées dans de l'eau. *Il peint à l'aquarelle. Elle fait de l'aquarelle.* **2.** *UNE AQUARELLE* : l'œuvre elle-même. *Ce musée expose des aquarelles de Delacroix.*

AQUARIUM [akwaʀjɔm] n. m. ▪ *UN AQUARIUM* **1.** Récipient en verre que l'on remplit d'eau pour y faire vivre des animaux, des plantes aquatiques. *Tous les matins, elle nourrit les poissons rouges de son aquarium. Regarde, il y a des tortues d'eau dans ces aquariums.* **2.** Lieu où l'on entretient des aquariums. *Nous avons visité l'aquarium de Monaco.*

REM. Le groupe de lettres *qua* se prononce [kwa] dans *aquarelle, aquarium* et *aquatique* (et aussi dans *équateur, équation*) alors qu'en règle générale, il se prononce [ka] (ex. : *quatre, remarquable*).

AQUATIQUE [akwatik] adj. (après le nom) ▪ (êtres vivants) Qui vit, qui pousse dans l'eau ou au bord de l'eau (opposé à terrestre, aérien). *Les poissons sont des animaux aquatiques. Ils ont mis des plantes aquatiques dans leur aquarium.*

AQUEDUC [akdyk] n. m. ▪ *UN AQUEDUC* : canal qui conduit l'eau d'un endroit à un autre. *L'aqueduc romain de Nîmes, en France, traverse des ravins sur des ponts, dont le célèbre pont du Gard.*

ARABE [aʀab] adj., n. m. et n. f. **1.** adjectif (après le nom) De l'Arabie ; des peuples du Proche-Orient et du nord de l'Afrique, qui parlent arabe. *Il vivent dans un pays arabe. Il écoute de la musique arabe.* – *Les chiffres arabes* (opposé à romain) : les dix signes de notre numérotation, de 0 à 9. *Douze s'écrit* 12 *en chiffres arabes et* XII *en chiffres romains.* **2.** *UN ARABE, UNE ARABE* : une personne originaire d'Arabie ou du Maghreb (→ **maghrébin**). *Les Arabes. C'est un jeune Arabe qui vit en France.* → **beur. 3.** nom masculin *L'ARABE* : langue parlée à l'origine en Arabie et de nos jours au Moyen-Orient et en Afrique du Nord essentiellement. *Il apprend l'arabe. Elle parle arabe couramment.*

ARABESQUE [aʀabɛsk] n. f. ▪ *UNE ARABESQUE* : ligne sinueuse qui s'enroule avec grâce. *Le cerf-volant décrit des arabesques dans le ciel.*

ARACHIDE [aʀaʃid] n. f. ▪ *UNE ARACHIDE* : graine d'une plante tropicale dont on extrait de l'huile ou que l'on mange grillée (→ **cacahouète**). *Elle fait la vinaigrette avec de l'HUILE D'ARACHIDE.*

ARAIGNÉE [aʀeɲe] n. f. ▪ *UNE ARAIGNÉE* **1.** Animal à huit pattes qui tisse une toile et possède des glandes à venin. *J'ai vu une grosse araignée dans ma chambre. L'araignée sécrète un venin qui immobilise ses proies. Elle a très peur des araignées. Dans la cave, il y a des TOILES D'ARAIGNÉE,* des réseaux de soie que l'animal tisse pour capturer ses proies. **2.** *ARAIGNÉE DE MER* : grand crabe à longues pattes, qui ressemble à une araignée. *Nous avons mangé des araignées de mer à la mayonnaise.*

ARATOIRE [aʀatwaʀ] adj. (après le nom) ▪ STYLE RECHERCHÉ Qui a rapport au labour, au travail de la terre. *L'agriculteur se livre aux travaux aratoires.* → **agricole.**

ARBALÈTE [aʀbalɛt] n. f. ▪ *UNE ARBALÈTE* : arme du Moyen Âge, arc d'acier fixé à un manche et dont la corde est tendue par un ressort. *Il pratique le tir à l'arbalète.*

ARBITRAGE [aʀbitʀaʒ] n. m. ▪ *UN ARBITRAGE* **1.** Jugement de l'arbitre. *L'arbitrage de ce match a été difficile. Les joueurs se* *plaignent d'une erreur d'arbitrage.* **2.** Règlement d'un conflit par une personne ou une assemblée en qui l'on a confiance et qui est étrangère à ce conflit. *Ces deux pays en guerre l'un contre l'autre se sont soumis à l'arbitrage des Nations Unies,* à la décision, au jugement des Nations Unies.

ARBITRAIRE [aRbitRɛR] adj. (après le nom) ▪ Qui dépend de la seule volonté, du caprice de celui qui décide, sans raison profonde. *Nous refusons cette décision arbitraire.* ⟨contraire : objectif⟩

ARBITRAIREMENT [aRbitRɛRmɑ̃] adverbe ▪ D'une manière arbitraire. *Elle a été licenciée arbitrairement.*

ARBITRE [aRbitR] n. m., n. f. ▪ *UN ARBITRE, UNE ARBITRE* **1.** Personne qui fait respecter les règles du jeu, qui contrôle la régularité d'un match, d'une épreuve sportive. *L'arbitre siffle la fin du match de football.* **2.** Personne choisie comme juge dans une dispute. *Lorsque des enfants ne sont pas d'accord, l'institutrice sert d'arbitre.* **3.** *Le LIBRE ARBITRE :* la volonté libre, sans contrainte. *Il n'avait pas son libre arbitre :* il n'a pas pu décider librement.

ARBITRER [aRbitRe] verbe [conjugaison 1a] **1.** Faire respecter les règles du jeu, contrôler la régularité d'un match, d'une compétition. *Il arbitre un match de boxe.* **2.** Donner son avis en qualité d'arbitre. *Les enfants demandent à l'instituteur d'arbitrer leur dispute,* ils lui demandent de dire qui a tort, qui a raison.

ARBORER [aRbɔRe] verbe [conjugaison 1a] ▪ STYLE RECHERCHÉ Porter (qqch.) sur soi avec le désir d'être regardé. *Il arbore fièrement son blouson neuf.* → **exhiber.**

ARBORESCENT [aRbɔResɑ̃], **ARBORESCENTE** [aRbɔResɑ̃t] adj. (après le nom) ▪ (plante) Qui prend la forme d'un arbre, avec des ramifications. *Le bambou est un roseau arborescent.*

ARBORICULTURE [aRbɔRikyltyR] n. f. ▪ *L'ARBORICULTURE :* culture des arbres. *L'arboriculture concerne la culture des arbres fruitiers et des arbres d'ornement.*

ARBRE [aRbR] n. m. ▪ *UN ARBRE* **1.** Plante de grande taille qui possède un tronc et ne porte des branches qu'à partir d'une certaine hauteur. *Un arbre a des racines, un tronc, des branches et des feuilles. Ils ont de petits arbres dans leur jardin.* → **arbrisseau, arbuste.** *Il se repose à l'ombre d'un arbre. Ils font la culture des arbres* (→ **arboriculture, sylviculture).** *Ils ont planté des arbres fruitiers. Cette forêt compte beaucoup d'arbres très vieux. Les enfants aiment grimper aux arbres.* **2.** *ARBRE DE NOËL :* sapin que l'on décore de guirlandes, de boules de toutes les couleurs, le jour de Noël, dans les maisons. *Tous les cadeaux sont au pied de l'arbre de Noël.* **3.** *ARBRE GÉNÉALOGIQUE :* dessin représentant un arbre dont chaque branche montre les liens de parenté entre tous les membres d'une famille. *Il a fait l'arbre généalogique de sa famille.* **4.** Tige de métal qui reçoit ou transmet un mouvement en tournant sur elle-même. *L'arbre de transmission de la voiture est cassé.*

ARBRISSEAU [aRbRiso] n. m. ▪ *UN ARBRISSEAU :* un petit arbre. *Le lilas est un arbrisseau.* → **arbuste.** PLURIEL : *des ARBRISSEAUX.*

ARBUSTE [aRbyst] n. m. ▪ *UN ARBUSTE :* un petit arbre. → **arbrisseau.** *L'aubépine est un arbuste.*

ARC [aRk] n. m. ▪ *UN ARC* **1.** Arme formée d'une tige souple que l'on courbe au moyen d'une corde attachée aux deux extrémités, pour lancer des flèches. *Les Indiens tiraient des flèches avec leurs arcs. Le TIR À L'ARC est un sport. Son mari est tireur à l'arc,* il pratique le tir à l'arc. *Au moment de lancer une flèche, on BANDE L'ARC en tendant la corde.* – (figuré) *AVOIR PLUSIEURS CORDES À SON ARC, PLUS D'UNE CORDE À SON ARC :* avoir plus d'une ressource, plus d'une possibilité pour réussir. **2.** Portion d'une courbe. *Un ARC DE CERCLE de 90 degrés égale un quart de cercle. – Leur nouveau canapé est EN ARC DE CERCLE,* il est de forme courbe. **3.** Courbe d'une voûte, formée par plusieurs arcs de cercle. *Les arcs des cathédrales gothiques sont en ogive.* **4.** *ARC DE TRIOMPHE :* monument formant une arcade. *Les arcs de triomphe, d'origine romaine, étaient construits pour célébrer l'entrée d'un souverain dans une ville ou la victoire d'une armée.*

ARCADE [aRkad] n. f. ▪ *UNE ARCADE* **1.** Ouverture en forme d'arc, sur piliers ou colonnes. *Nous nous sommes promenés sous les arcades de la place Saint-Marc, à Venise.* **2.** *L'ARCADE SOURCILIÈRE :* la partie du visage en forme d'arc, au-dessus de chaque œil, où se trouvent les sourcils. *Le boxeur est blessé à l'arcade sourcilière.*

ARC-BOUTANT [aRkbutɑ̃] n. m. ▪ *UN ARC-BOUTANT :* construction en forme d'arc qui soutient de l'extérieur une voûte, un mur. PLURIEL : *les ARCS-BOUTANTS d'une cathédrale gothique.*

S'ARC-BOUTER [aRkbute] verbe pronominal [conjugaison 1a] ▪ Prendre solidement appui contre qqch. pour pousser, résister. *Le vent soufflait si fort qu'elle s'est arc-boutée contre la porte pour la refermer.*

ARC-EN-CIEL [aRkɑ̃sjɛl] n. m. ▪ *UN ARC-EN-CIEL :* arc multicolore qui apparaît dans le ciel lorsque les rayons du soleil rencontrent des gouttes de pluie. *L'arc-en-ciel est un phénomène météorologique. Un arc-en-ciel est apparu après l'orage.* PLURIEL : *des ARCS-EN-CIEL* [dezaRkɑ̃sjɛl].

ARCHAÏQUE [aRkaik] adj. (après le nom) ▪ STYLE RECHERCHÉ Qui ne s'emploie plus, qui appartient à une époque passée. → **ancien, vieux.** *Il utilise des méthodes de travail archaïques, il devrait en changer !* ⟨contraires : actuel, moderne⟩

ARCHAÏSME [aRkaism] n. m. **1.** STYLE RECHERCHÉ *L'ARCHAÏSME :* caractère de ce que l'on n'emploie plus, de ce qui est d'une époque passée. *Vous ne pouvez pas continuer à travailler avec des méthodes d'un tel archaïsme.* ⟨contraire : modernisme⟩ **2.** *UN ARCHAÏSME :* mot, sens d'un mot qu'on emploie, alors qu'il n'est plus en usage. *Le verbe* partir *a eu autrefois le sens de «partager» : ce sens est aujourd'hui un archaïsme.* ⟨contraire : néologisme⟩

ARCHE [aRʃ] n. f. ▪ *UNE ARCHE* **1.** Voûte d'un pont, en forme d'arc. *Le bateau passe sous l'arche.* **2.** Construction en forme d'arc. *La Grande Arche de la Défense, près de Paris se voit depuis l'arc de triomphe de l'Étoile.*

ARCHÉOLOGIE [aRkeɔlɔʒi] n. f. ▪ *L'ARCHÉOLOGIE :* étude des civilisations anciennes d'après les monuments, les objets, les écrits découverts notamment lors de fouilles. *Il fait des études d'archéologie. Il étudie l'archéologie égyptienne.*

ARCHÉOLOGIQUE [aRkeɔlɔʒik] adj. (après le nom) ▪ Qui a rapport à l'archéologie. *Les fouilles archéologiques permettent de retrouver des restes de monuments et d'objets très anciens.*

ARCHÉOLOGUE [aRkeɔlɔg] n. m., n. f. ▪ *UN ARCHÉOLOGUE, UNE ARCHÉOLOGUE :* une personne qui s'occupe d'archéologie. *Une équipe d'archéologues a découvert une ville enfouie depuis trois mille ans.*

ARCHER [aRʃe] n. m. ▪ *UN ARCHER :* un tireur à l'arc. *Les archers ont disputé un championnat.*

REM. Autrefois, les archers étaient des soldats armés d'arcs.

ARCHET [aʀʃɛ] n. m. ▪ *UN ARCHET :* baguette sur laquelle sont tendus des crins qui servent à faire vibrer les cordes de certains instruments de musique (→ **corde**). *Ce violoniste a un beau COUP D'ARCHET,* il sait bien faire vibrer les cordes du violon avec son archet.

ARCHÉTYPE [aʀketip] n. m. ▪ STYLE RECHERCHÉ *UN ARCHÉTYPE :* ce qui a existé autrefois et sert aujourd'hui de modèle. *Ce personnage est l'archétype du héros moderne.*

ARCHEVÊQUE [aʀʃəvɛk] n. m. ▪ *UN ARCHEVÊQUE :* évêque qui dirige plusieurs diocèses. *L'archevêque a plusieurs évêques sous ses ordres.*

ARCHICONNU [aʀʃikɔny], **ARCHICONNUE** [aʀʃikɔny] adj. (après le nom) ▪ STYLE FAMILIER Très connu. *Il nous a raconté une histoire archiconnue,* que tout le monde connaît.

ARCHIFAUX [aʀʃifo], **ARCHIFAUSSE** [aʀʃifos] adj. (après le nom) ▪ STYLE FAMILIER Qui est complètement faux, contraire à la vérité. *Ce que vous dites est faux, archifaux !*

ARCHIPEL [aʀʃipɛl] n. m. ▪ *UN ARCHIPEL :* groupe d'îles. *Le bateau est au large de l'archipel des Açores.*

ARCHITECTE [aʀʃitɛkt] n. m., n. f. ▪ *UN ARCHITECTE, UNE ARCHITECTE* **1.** Personne dont le métier est de concevoir la création d'un bâtiment, d'un édifice, d'en dessiner les plans et d'en diriger la réalisation. *Mon frère est architecte. Une architecte a fait les plans de notre maison. L'architecte Pei est l'auteur de la pyramide du Louvre, à Paris.* **2.** *ARCHITECTE D'INTÉRIEUR :* architecte chargé de l'aménagement intérieur d'un local. *C'est un architecte d'intérieur qui a aménagé notre maison.*

ARCHITECTURE [aʀʃitɛktyʀ] n. f. ▪ *L'ARCHITECTURE* **1.** L'art de construire les édifices. *Elle a suivi des cours d'architecture.* **2.** Manière dont est construit un bâtiment. *L'architecture de cette église est très belle.*

ARCHIVER [aʀʃive] verbe [conjugaison 1a] ▪ Classer (un document) dans des archives. *Ne jetez pas ces documents, il vaut mieux les archiver.*

ARCHIVES [aʀʃiv] n. f. pluriel **1.** *LES ARCHIVES :* documents, dossiers anciens dont on n'a pas besoin tous les jours et qui sont conservés et classés. *Pour connaître les plans de la ville il y a trois cents ans, il faut consulter les archives de la mairie. Ces archives sont très intéressantes. Prenez soin de cette photographie, c'est un DOCUMENT D'ARCHIVES.* **2.** Le lieu où sont conservées les archives. *Ce dossier est aux archives, je vais le chercher tout de suite.*

REM. Ce mot s'emploie parfois au singulier : *écoutez bien cet extrait musical, c'est une archive.*

ARCTIQUE [aʀktik] adj. et n. m.
I. adjectif (après le nom) **1.** Des régions polaires du Nord (opposé à antarctique). → **boréal.** *En 1909, l'explorateur américain Peary a atteint le pôle arctique.* **2.** Qui se rapporte à ces régions. *Les ours blancs sont sur la banquise arctique.*
II. nom masculin *L'ARCTIQUE :* la région du pôle Nord. *Il étudie la faune et la flore de l'Arctique.*

ARDEMMENT [aʀdamɑ̃] adverbe ▪ Avec ardeur. → **beaucoup, vivement.** *Il souhaite ardemment te revoir.*

ARDENT [aʀdɑ̃], **ARDENTE** [aʀdɑ̃t] adj. (après le nom, parfois avant le nom) **1.** STYLE RECHERCHÉ Très chaud, brûlant. *Au mois d'août, ici, le soleil est ardent.* → **brûlant. 2.** *Une CHAPELLE ARDENTE :* une chambre mortuaire où brûlent de nombreux cierges autour d'un ou plusieurs cercueils. *Les corps des victimes de la catastrophe reposent dans une chapelle ardente.* **3.** *ÊTRE SUR DES CHARBONS ARDENTS :* être très impatient ; être très inquiet. *Ils attendent les résultats d'examen de leur fille, ils sont sur des charbons ardents.* **4.** (sentiment) Très vif, très fort. *Il a un ardent désir de réussir.* → **violent.**

ARDEUR [aʀdœʀ] n. f. ▪ *L'ARDEUR :* énergie et entrain. *Elle travaille AVEC ARDEUR.* → **courage, dynamisme.** *Quelle ardeur !* → **fougue.** *Il a défendu ses idées avec ardeur.* → **passion.** ⟨contraires : indifférence, indolence⟩

ARDILLON [aʀdijɔ̃] n. m. ▪ *UN ARDILLON :* pointe de métal qui fait partie d'une boucle et s'engage dans un trou de ceinture, de courroie. *Je ne peux pas fermer ma ceinture car l'ardillon est tordu.*

ARDOISE [aʀdwaz] n. f.
I. *L'ARDOISE :* pierre gris foncé qui, découpée en plaques, sert à la couverture des maisons. *En Bretagne, beaucoup de maisons ont des toits en ardoise.*
II. *UNE ARDOISE* **1.** Chaque plaque de cette pierre. *Ils ont une maison avec un toit d'ardoises. La grêle a cassé plusieurs ardoises.* **2.** Tablette faite avec cette pierre, sur laquelle on écrit avec une craie ; tablette enduite d'un produit, sur laquelle on écrit avec un crayon spécial. *Les écoliers écrivent parfois sur des ardoises.* **3.** STYLE FAMILIER Somme d'argent que l'on doit au total. *Cette année, l'ardoise sera lourde pour le contribuable.*

ARDU [aʀdy], **ARDUE** [aʀdy] adj. (après le nom) ▪ Très difficile. *C'est un travail ardu.* ⟨contraires : aisé, facile⟩ *Une tâche ardue ne me fait pas peur !*

ARE [aʀ] n. m. ▪ *UN ARE :* unité de mesure pour la surface des terrains. *Un are vaut cent mètres carrés (100 m^2). Ils ont acheté un terrain de soixante ares.*

ARÈNE [aʀɛn] n. f.
I. *UNE ARÈNE :* piste de sable au centre d'un amphithéâtre où se déroulaient les jeux romains et où ont lieu maintenant les courses de taureaux. *Le taureau est entré dans l'arène.*
II. (au pluriel) LES ARÈNES **1.** Amphithéâtre romain. *Nous avons visité les arènes de Lutèce, à Paris.* **2.** Amphithéâtre où se déroulent les corridas. *Ils habitent près des arènes de Málaga, en Espagne.*

ARÉOPAGE [aʀeɔpaʒ] n. m. ▪ STYLE RECHERCHÉ *UN ARÉOPAGE :* assemblée de savants, de spécialistes, de personnages importants. *Un aréopage d'écrivains attribue les prix littéraires.*

ARÊTE [aʀɛt] n. f. ▪ *UNE ARÊTE* **1.** Petit os mince et pointu du squelette des poissons osseux. *J'ai avalé une arête !* **2.** Ligne où se rejoignent deux surfaces qui forment un angle. *Un dé a six faces et douze arêtes. L'arête de son nez est très régulière.*

FAUX AMI
espagnol **arete**
« petit anneau »

ARGENT [aʀʒɑ̃] n. m. ▪ *L'ARGENT* **1.** Métal précieux blanc et brillant. *Elle a des bijoux en or et en argent. Ils ont de la vaisselle d'argent* (→ **argenterie**). **2.** Moyen de paiement, monnaie, en pièces ou en billets ; ce que représente cette monnaie. → **capital, fortune, richesse ;** STYLE FAMILIER **blé, fric, pognon, rond.** *Elle gagne beaucoup d'argent. Ils ont beaucoup d'argent :* ils sont riches. *Il me doit de l'argent. Peux-tu me prêter un peu d'argent ? Combien d'argent veux-tu ? Nous avons déposé l'argent à la banque. Il est prêt à tout pour de l'argent :* il est vénal. *Avant son départ pour l'Angleterre, elle a changé de l'argent français en livres* (→ **devise**). *J'ai dépensé trop d'argent, le mois dernier. Il est À COURT D'ARGENT* (→ STYLE FAMILIER **fauché**). *Nous avons des difficultés d'argent* (→ **financier, pécuniaire**). *Il*

N'ARRIVE PAS À METTRE DE L'ARGENT DE CÔTÉ, à économiser (→ **épargner**). – *JETER L'ARGENT PAR LES FENÊTRES :* dépenser trop, sans faire attention (→ **gaspiller**). – *PAYER ARGENT COMPTANT*, sans crédit. – (figuré) *Il prend tout POUR ARGENT COMPTANT :* il croit tout ce qu'on lui dit, tout ce qu'on lui promet.

FAUX AMI
italien **argento** seulement employé au sens 1. («métal»)

ARGENTÉ [arʒɑ̃te], **ARGENTÉE** [arʒɑ̃te] adj. (après le nom) **1.** (qqch.) Qui est recouvert d'une fine couche d'argent. *Ces couverts ne sont pas en argent, mais en MÉTAL ARGENTÉ.* **2.** (qqch.) Qui a la couleur de l'argent. *Ses cheveux sont blancs, avec des reflets argentés.* **3.** (qqn) STYLE FAMILIER Qui a de l'argent. *Nous ne sommes pas très argentés en ce moment.* → **riche.**

REM. Au sens de «qui a de l'argent», *argenté* s'emploie surtout en phrases négatives : *il n'est pas argenté* «il n'a pas d'argent».

ARGENTERIE [arʒɑ̃tri] n. f. ▪ *L'ARGENTERIE :* vaisselle, couverts en argent. *Les voleurs ont emporté l'argenterie.*

ARGENTIN [arʒɑ̃tɛ̃] adj. et n. m., **ARGENTINE** [arʒɑ̃tin] adj. et n. f. **1.** adjectif (après le nom) D'Argentine. *Ils dansent un tango argentin.* **2.** *UN ARGENTIN, UNE ARGENTINE :* une personne qui habite en Argentine. *Les Argentins parlent l'espagnol.*

ARGENTINE [arʒɑ̃tin] nom propre féminin – en espagnol **ARGENTINA** ▪ *L'ARGENTINE :* pays d'Amérique du Sud. *La capitale de l'Argentine est Buenos Aires. Ils vivent en Argentine. Je reviens d'Argentine.*

ARGILE [arʒil] n. f. ▪ *L'ARGILE :* terre molle et grasse, imperméable, dont on se sert pour fabriquer des poteries et des briques. *Le sculpteur a réalisé une statue d'argile. Cette argile est très molle.*

REM. L'argile est aussi appelée *terre glaise*.

ARGILEUX [arʒilø], **ARGILEUSE** [arʒiløz] adj. (après le nom) ▪ (sol) De la nature de l'argile. *Ce terrain argileux est glissant.*

ARGOT [argo] n. m. ▪ *L'ARGOT* **1.** Langage familier et original du milieu des malfaiteurs. *En argot, «rouscailler bigorne» veut dire «parler argot». De nombreux mots d'argot sont passés dans la langue commune.* **2.** Langage familier particulier à une profession, à un groupe de personnes. *Dans l'argot des lycéens, «pion» veut dire «surveillant», «bahut» veut dire lycée.*

ARGOTIQUE [argɔtik] adj. (après le nom) ▪ Qui a rapport à l'argot. *Il emploie souvent des termes argotiques.*

ARGUER [argɥe] verbe [conjugaison 1a] ▪ STYLE RECHERCHÉ Prendre pour prétexte, donner comme raison. *Pour expliquer son retard, il a argué que sa montre était arrêtée.*

REM. **1.** La lettre *u* de *arguer* se prononce dans toute la conjugaison, comme la lettre *u* du verbe *tuer* (cf. l'anglais *to argue* «se disputer»). Les prononciations [arge], pour *arguer*, [ilarg] pour *il argue* ([ilargy]) sont fautives mais assez courantes. **2.** Ne pas oublier le *e* au futur : *il arguera* [argyra].

ARGUMENT [argymɑ̃] n. m. ▪ *UN ARGUMENT :* ce que l'on dit pour prouver qqch. → **raison.** *Elle a trouvé de bons arguments pour que ses parents l'autorisent à sortir ce soir. C'est un mauvais argument. Je ne trouve plus rien à dire, je suis À COURT D'ARGUMENTS.* – *Ce vendeur a de bons arguments de vente* (→ **argumentaire**).

FAUX AMI
italien **argomento** «sujet»

ARGUMENTAIRE [argymɑ̃tɛr] n. m. ▪ *UN ARGUMENTAIRE :* document utilisé par le vendeur, contenant tous les arguments de vente. *Le vendeur revoit son argumentaire avant de voir ses clients.*

ARGUMENTATION [argymɑ̃tasjɔ̃] n. f. ▪ *UNE ARGUMENTATION :* raisonnement, ensemble d'arguments. *Son argumentation est solide.*

ARIDE [arid] adj. (après le nom) **1.** (lieu) Où il ne pousse aucune plante, par manque d'humidité. → **sec.** *Le désert est une région aride. Cette terre, brûlée par le soleil est aride.* ⟨contraires : fertile, humide⟩ **2.** Qui est difficile, peu agréable. *Le sujet de ce film est trop aride pour des enfants.* → **rébarbatif, sévère.**

ARIDITÉ [aridite] n. f. ▪ *L'ARIDITÉ* **1.** État de ce qui est aride. → **sécheresse.** *Dans cette région, l'aridité du sol empêche toute culture.* **2.** Difficulté. *Pour certaines personnes, les mathématiques sont d'une grande aridité.* → **sévérité.**

ARISTOCRATE [aristɔkrat] n. m., n. f. ▪ *UN ARISTOCRATE, UNE ARISTOCRATE :* une personne de l'aristocratie. → **noble.** *En France, avant la Révolution de 1789, les aristocrates avaient de nombreux privilèges.*

ARISTOCRATIE [aristɔkrasi] n. f. ▪ *L'ARISTOCRATIE :* ensemble des nobles. → **noblesse.** *En France, avant la Révolution de 1789, l'aristocratie détenait le pouvoir.*

ARISTOCRATIQUE [aristɔkratik] adj. (après le nom) ▪ Digne d'un aristocrate. → **distingué, élégant, raffiné.** *Il a des manières aristocratiques.*

ARISTOTE [aristɔt] nom propre ▪ Savant et philosophe grec du IVᵉ siècle avant J.-C. *Il étudie la philosophie d'Aristote.*

ARITHMÉTIQUE [aritmetik] n. f. et adj. **1.** *L'ARITHMÉTIQUE :* partie des mathématiques qui étudie les nombres. → **calcul.** *Je ne suis pas très bon en arithmétique. L'arithmétique est sa matière préférée.* **2.** adjectif (après le nom) Relatif à l'arithmétique, aux nombres. *Les quatre opérations arithmétiques sont l'addition, la soustraction, la multiplication et la division.*

ARLEQUIN [arləkɛ̃] nom propre – en italien **ARLECCHINO** ▪ Personnage de la comédie italienne. *Arlequin porte un costume fait de pièces triangulaires de toutes les couleurs.*

ARMAGNAC [armaɲak] n. m. **1.** *L'ARMAGNAC :* boisson très alcoolisée, eau-de-vie de raisin faite en Armagnac, région du sud-ouest de la France. *On nous a servi un petit verre de vieil armagnac.* **2.** *UN ARMAGNAC :* verre de cette boisson. *Deux armagnacs, s'il vous plaît !*

ARMATEUR [armatœr] n. m. ▪ *UN ARMATEUR :* une personne qui loue ou possède des bateaux de pêche ou de commerce et qui vit de l'argent qu'ils rapportent. *Ces bateaux appartiennent à un riche armateur grec.*

ARMATURE [armatyr] n. f. ▪ *UNE ARMATURE :* ensemble de tiges ou de tubes rigides qui servent à soutenir ou à consolider qqch. → **charpente.** *La tente de camping a une armature métallique.* – *Elle porte un soutien-gorge à armature.*

ARME [arm] n. f. ▪ *UNE ARME* **1.** Instrument qui sert à tuer ou à blesser. *Le malfaiteur BRAQUE SON ARME SUR le policier. Il l'a tué à l'ARME BLANCHE*, avec une arme tranchante en métal (→ **couteau, épée, poignard**). *Elle a une ARME À FEU* (→ **carabine, fusil, mitraillette, pistolet, revolver**). *L'arme du crime est un fusil. L'arme atomique représente un danger considérable pour le monde entier. Les rebelles PRENNENT LES ARMES*, ils se préparent au combat. *Les ennemis RENDENT LES ARMES*, ils abandonnent le combat. *AUX ARMES, citoyens !* prenez les armes, préparez-vous au combat ! – *On a PASSÉ le traître PAR LES ARMES*, on l'a fusillé. *PASSER L'ARME À GAUCHE :* mourir. **2.** (figuré) Moyen d'agir contre un adversaire. *La calomnie est une arme terrible. UNE*

ARME À DOUBLE TRANCHANT : un argument, un moyen qui peut toucher l'adversaire, mais qui peut aussi se retourner, toucher la personne qui l'emploie. **3.** (au pluriel) LES ARMES : l'ensemble des dessins, des symboles qui sont l'emblème d'une famille, d'une ville. → **armoiries, blason.** *Les armes de la ville de Paris représentent un navire qui vogue sur l'eau.*

ARMÉ [aʀme], **ARMÉE** [aʀme] adj. (après le nom) **1.** (qqn) Qui porte une arme. *Des hommes armés ont attaqué un magasin. Un homme ARMÉ JUSQU'AUX DENTS,* avec beaucoup d'armes sur lui. *La banque a été le lieu d'une attaque À MAIN ARMÉE,* faite par des personnes qui portaient des armes (→ **hold-up**). **2.** Qui se fait avec des armes. *Un CONFLIT ARMÉ semble inévitable* (→ **guerre**). **3.** (qqn) Qui a des moyens de défense psychologiques. *Il n'est pas assez armé pour supporter cette injustice. Elle est armée contre ce genre de personne.* **4.** *BÉTON ARMÉ :* béton rendu plus solide par une armature en acier. *Ce pont est en béton armé.*

ARMÉE [aʀme] n. f. **1.** *L'ARMÉE :* ensemble des forces militaires d'un pays. *Il est DANS L'ARMÉE :* il est militaire de métier. *Il est À L'ARMÉE :* il fait son service militaire. *Il est dans l'armée de l'air,* dans l'aviation militaire. *L'armée de terre :* l'infanterie. **2.** *UNE ARMÉE :* réunion importante de troupes assemblées pour combattre. *Les armées ennemies ont franchi la frontière.* **3.** *UNE ARMÉE DE :* un grand nombre de. *Une armée d'hôtesses guide les visiteurs.*

FAUX AMI
portugais **armada** «flotte»

ARMEMENT [aʀməmɑ̃] n. m. ▪ *UN ARMEMENT :* ensemble des moyens d'attaque ou de défense d'un soldat, d'une troupe, d'un pays. *Les soldats et leur armement se déplacent en camion.*

ARMÉNIE [aʀmeni] nom propre féminin – en arménien **HAYASTAN** ▪ *L'ARMÉNIE :* État du Caucase dont la capitale est Erevan. *Il est en voyage en Arménie. Nous revenons d'Arménie. Les habitants d'Arménie* (→ **arménien**).

ARMÉNIEN [aʀmenjɛ̃] adj. et n. m., **ARMÉNIENNE** [aʀmenjɛn] adj. et n. f. **1.** adjectif (après le nom) D'Arménie. *Nous avons bu du vin arménien.* **2.** *UN ARMÉNIEN, UNE ARMÉNIENNE :* personne originaire d'Arménie. *Les Arméniens.* **3.** nom masculin *L'ARMÉNIEN :* la langue de l'Arménie. *Il parle l'arménien.*

ARMER [aʀme] verbe [conjugaison 1a]
I. 1. Donner des armes ou du matériel militaire. ⟨contraire : désarmer⟩ *On a armé les soldats pour le combat.* **2.** *Armer un fusil,* tendre le ressort qui permet au coup de partir. *Le chasseur arme son fusil. – Le photographe arme son appareil photo,* il remonte le mécanisme de déclenchement pour qu'il soit prêt à fonctionner. **3.** *Armer un navire,* l'équiper pour qu'il puisse prendre la mer. *On a armé le bateau, il peut partir.*
II. verbe pronominal S'ARMER DE **1.** Se munir (d'une arme). *Le forcené s'est armé d'un fusil. – Elle s'est armée d'un balai pour chasser une souris.* **2.** *S'armer de courage, de patience :* avoir du courage, de la patience. *Il faut s'armer de patience, car l'attente sera longue.*

ARMISTICE [aʀmistis] n. m. ▪ *UN ARMISTICE :* accord conclu entre des pays en guerre, pour arrêter les combats. *Les deux pays ennemis ont signé un armistice. Après l'armistice, on signe la paix.*

REM. *L'Armistice,* avec *a* majuscule, désigne en France l'accord signé en 1918 et fêté tous les 11 novembre.

ARMOIRE [aʀmwaʀ] n. f. ▪ *UNE ARMOIRE* **1.** Meuble haut, fermé par une ou deux portes, dans lequel on range le linge, les vêtements. *Dans la chambre, il y a une grande armoire. Ils ont une ARMOIRE À GLACE,* dont la porte est recouverte d'un miroir. – (figuré) STYLE FAMILIER *Cet homme est une vraie armoire à glace !* il a un dos large et très musclé. **2.** Petit meuble de rangement fixé au mur. *L'armoire à pharmacie est dans la salle de bains.*

ARMOIRIES [aʀmwaʀi] n. f. pluriel ▪ *LES ARMOIRIES :* ensemble des emblèmes d'une famille noble ou d'une ville représenté sur un blason. *La fleur de lys figurait dans les armoiries des rois de France.* → **arme, blason.**

ARMURE [aʀmyʀ] n. f. ▪ *UNE ARMURE :* vêtement fait de plaques de métal que portaient autrefois les soldats pour se protéger. *La cuirasse et la cotte de maille font partie de l'armure. Le chevalier met son armure pour participer au tournoi.*

ARMURERIE [aʀmyʀʀi] n. f. ▪ *UNE ARMURERIE :* magasin de l'armurier. *Il a acheté sa carabine dans une armurerie.*

ARMURIER [aʀmyʀje] n. m. ▪ *UN ARMURIER :* une personne qui fabrique ou qui vend des armes. *Elle a acheté son fusil de chasse chez un armurier.*

ARN [ɑɛʀɛn] n. m. invariable ▪ Sigle de *acide ribonucléique,* l'acide qui est présent dans le noyau des cellules. *Il n'y a pas longtemps qu'on a découvert l'ARN.*

AROMATE [aʀɔmat] n. m. ▪ *UN AROMATE :* plante à odeur agréable que l'on utilise pour parfumer les aliments. *Le thym, le laurier, le poivre sont des aromates.* → **condiment, épice.**

FAUX AMIS
grec **αρώματα** «parfums» ; russe **аромат** «arôme, saveur»

AROMATIQUE [aʀɔmatik] adj. (après le nom) ▪ Qui est un aromate. *Les plantes aromatiques ont une odeur agréable et s'utilisent en cuisine.*

AROMATISÉ [aʀɔmatize], **AROMATISÉE** [aʀɔmatize] adj. (après le nom) ▪ Parfumé. *Elle mange des yaourts aromatisés au chocolat.*

ARÔME [aʀom] n. m. ▪ *UN ARÔME :* odeur agréable qui se dégage d'un aliment, d'une fleur. *Un délicieux arôme de café vient de la cuisine.*

ARPENT [aʀpɑ̃] n. m. ▪ *UN ARPENT :* ancienne mesure de surface des terres, qui valait de 20 à 50 ares. *Sa grand-mère disait qu'elle était propriétaire de cent arpents de vigne.*

ARPENTER [aʀpɑ̃te] verbe [conjugaison 1a] ▪ Parcourir à grands pas (un lieu précis). *Elle arpente sa chambre en réfléchissant,* elle marche de long en large dans sa chambre.

ARPENTEUR [aʀpɑ̃tœʀ] n. m. ▪ *UN ARPENTEUR :* une personne dont le métier est de mesurer des surfaces et les reliefs des terrains. *La CHAÎNE D'ARPENTEUR, longue de dix mètres, sert à prendre les mesures des terrains.*

ARQUÉ [aʀke], **ARQUÉE** [aʀke] adj. (après le nom) ▪ Courbé en forme d'arc. *Il a les jambes arquées.*

ARRACHAGE [aʀaʃaʒ] n. m. ▪ *L'ARRACHAGE :* action d'arracher (une plante). *L'arrachage des pommes de terre se fait à la main ou avec une machine.* → **récolte.**

ARRACHEMENT [aʀaʃmɑ̃] n. m. ▪ *UN ARRACHEMENT :* vive douleur morale provoquée par une séparation. *Le départ de sa femme est pour lui un véritable arrachement.* → **déchirement.**

D'**ARRACHE-PIED** [daʀaʃpje] adverbe ▪ Sans s'arrêter et en faisant beaucoup d'efforts. *Nous avons travaillé d'arrache-pied, pour terminer à temps.*

ARRACHER [aʀaʃe] verbe [conjugaison 1a]
I. 1. Enlever, détacher (qqch.) en tirant dessus. *Le jardinier arrache les mauvaises herbes. Elle arrache les clous plantés dans*

le mur avec une pince. Le dentiste m'a arraché une dent. **2.** Enlever de force (qqch.) à qqn, à un animal, lui faire lâcher ce qu'il tient. *Un voleur m'a arraché mon sac !* → **prendre.** *Il me l'a* ARRACHÉ DES MAINS, il me l'a pris alors que je le tenais dans mes mains. *Ma fille a arraché un oiseau des griffes de son chat.* **3.** Obtenir avec peine. *Elle ne voulait rien dire, mais j'ai fini par lui arracher son secret.* → **extorquer.** **4.** Séparer violemment (des personnes). *On a arraché cet enfant à sa mère.* → **enlever.** **5.** Faire sortir (d'un état, d'une situation) malgré une résistance. *La sonnerie du réveil l'a brutalement* ARRACHÉ AU *sommeil.* → **tirer** (de).
II. verbe pronominal S'ARRACHER **1.** Être arraché. *Les carottes s'arrachent facilement.* **2.** Se prendre l'un à l'autre (ce que chacun veut). *Les enfants s'arrachent leurs jouets.* – STYLE FAMILIER *Ce vendeur est excellent, tout le monde se l'arrache,* se dispute sa présence. **3.** *S'ARRACHER LES CHEVEUX :* être désespéré. *Je n'arrive pas à finir ce travail, c'est à s'arracher les cheveux !*

ARRACHEUR [aʀaʃœʀ] n. m. ▪ *MENTIR COMME UN ARRACHEUR DE DENTS,* mentir vraiment beaucoup, sans en être gêné (comme mentaient les mauvais dentistes qui promettaient que leur patient n'aurait pas mal). *Je ne crois plus rien de ce qu'il dit car il ment comme un arracheur de dents.*

ARRAISONNER [aʀɛzɔne] verbe [conjugaison 1a] ▪ *ARRAISONNER UN NAVIRE :* arrêter un navire en mer et l'inspecter, le contrôler. *Les garde-côtes ont arraisonné le navire et vérifié ses marchandises.*

ARRANGEANT [aʀɑ̃ʒɑ̃], **ARRANGEANTE** [aʀɑ̃ʒɑ̃t] adj. (après le nom) ▪ (qqn) Qui comprend les difficultés des autres et essaie de les supprimer. *Lorsque j'ai dû changer mes horaires de travail, le directeur* S'EST MONTRÉ TRÈS ARRANGEANT. → **accommodant, conciliant.** *Elle a un patron arrangeant.*

ARRANGEMENT [aʀɑ̃ʒmɑ̃] n. m. ▪ *UN ARRANGEMENT* **1.** Accord. *Un arrangement a mis fin à leur dispute. Ne t'inquiète pas, nous trouverons un arrangement,* une solution qui nous conviendra. **2.** Installation, action de disposer les choses dans un certain ordre. *L'arrangement de cette maison est très réussi.* **3.** Accompagnement instrumental, écrit à partir d'une mélodie. *Qui a fait les arrangements de cette chanson ?*

ARRANGER [aʀɑ̃ʒe] verbe [conjugaison 3b]
I. 1. Placer (une chose) correctement ou comme on préfère. *Elle arrange des fleurs dans un vase.* → **disposer.** *Ils ont bien arrangé leur appartement.* → **aménager.** **2.** Organiser, préparer. *J'ai vu le directeur tout à l'heure : il arrangeait un rendez-vous avec deux clients.* **3.** STYLE FAMILIER Dire du mal de (qqn). *La critique a drôlement arrangé ce cinéaste :* la critique a dit beaucoup de mal de ce cinéaste. **4.** Remettre en bon état. ⟨contraire : endommager⟩ *Il faut arranger cette serrure qui ferme mal.* **5.** Régler un problème. *Ne vous inquiétez pas, je vais arranger ça. Son arrivée a tout arrangé.* **6.** (qqch.) Être pratique. *Venez plutôt demain, cela m'arrange. Ce rendez-vous dans l'après-midi ne m'arrange pas du tout. Nous pouvons venir à dix heures du matin, est-ce que ça vous arrange ?* → **convenir.** *Cela m'arrangerait qu'il vienne rapidement. Ça nous arrangerait bien s'il venait rapidement.*
II. verbe pronominal S'ARRANGER **1.** *S'ARRANGER POUR :* faire ce qu'il faut (pour arriver à ce qu'on veut). *Elle s'est arrangée pour être assise au premier rang.* → se **débrouiller.** *Arrange-toi pour être là dimanche.* **2.** Se mettre d'accord. *Il* S'EST ARRANGÉ AVEC *la voisine pour qu'elle nourrisse le chat pendant les vacances.* **3.** (qqch.) Aller mieux, s'améliorer. *Finalement, après bien des difficultés, tout s'est arrangé.*

> FAUX AMI
> italien **arrangiarsi** au sens II., mais sans complément « y arriver »

ARRAS [aʀas] nom propre ▪ Ville du Pas-de-Calais, dans le nord de la France. *Je vais à Arras* [aaʀas]. *J'habite Arras. Je reviens d'Arras.*

ARRESTATION [aʀɛstasjɔ̃] n. f. ▪ *UNE ARRESTATION :* action d'arrêter une personne pour la mettre en prison. *La police a* PROCÉDÉ À L'ARRESTATION *du cambrioleur.* ÊTRE EN ÉTAT D'ARRESTATION : être arrêté (par la police). *Vous êtes en état d'arrestation !*

ARRÊT [aʀɛ] n. m.
I. *L'ARRÊT :* action d'arrêter, de s'arrêter, de cesser d'avancer. *Il ne faut pas descendre avant l'arrêt complet du train. Nous ferons plusieurs arrêts sur l'autoroute afin de nous reposer.* → **étape, halte.** – *Les voitures sont* À L'ARRÊT, elles n'avancent pas. – *Je suis* TOMBÉ EN ARRÊT *devant la vitrine :* je me suis arrêté brusquement, saisi par l'admiration, la surprise. – *L'arbitre siffle un* ARRÊT DE JEU, il interrompt le match en raison d'un incident.
II. *UN ARRÊT* **1.** Fin d'un fonctionnement. *Il est mort d'un arrêt du cœur,* d'une syncope. *Le médecin lui a donné un* ARRÊT DE TRAVAIL, un congé de maladie. **2.** *SANS ARRÊT :* sans interruption. → **constamment.** *Il pleut sans arrêt depuis trois jours. Les enfants se disputent sans arrêt,* sans cesse. **3.** Endroit où s'arrête un véhicule. *Nous attendons à l'arrêt d'autobus,* à l'endroit où les autobus s'arrêtent pour laisser monter et descendre les voyageurs. *Je descends au prochain arrêt.* → **station.** **4.** (sports) Action d'arrêter le ballon. *Le gardien de but a fait un bel arrêt.* **5.** Action d'arrêter une personne. → **arrestation.** *MANDAT D'ARRÊT :* ordre d'arrestation et d'emprisonnement contre un inculpé en fuite. *Un mandat d'arrêt a été lancé contre lui.* – *Le meurtrier a été incarcéré à la* MAISON D'ARRÊT *de Lyon,* à la prison de Lyon.
REM. On dit *un arrêt d'autobus,* mais *une station de métro, de taxis.*

① **ARRÊTÉ** [aʀete], **ARRÊTÉE** [aʀete] adj. (après le nom) ▪ Définitif, qui ne changera pas. *Il a des idées bien arrêtées sur la question.*

② **ARRÊTÉ** [aʀete] n. m. ▪ *UN ARRÊTÉ :* décision prise par un ministre, un préfet, un maire. *L'école sera fermée demain, par* ARRÊTÉ MUNICIPAL, sur décision du maire.

ARRÊTER [aʀete] verbe [conjugaison 1a]
I. 1. Empêcher (qqn) d'avancer, (qqch.) de fonctionner. *J'ai arrêté un passant pour lui demander mon chemin. Arrêtez-le !* empêchez-le de s'enfuir ! *Il a arrêté sa voiture devant le magasin.* → **immobiliser, stopper.** *Il est tard, arrête la télévision !* → **éteindre.** **2.** Interrompre, faire finir (ce qui se développe). *Le sang coule trop fort, il faut arrêter cette hémorragie.* **3.** Fixer. *Nous avons arrêté la date de la prochaine réunion.* **4.** *ARRÊTER DE (faire) :* interrompre ce que l'on était en train de faire. ⟨contraire : continuer⟩ *Tu devrais* ARRÊTER DE *travailler et te reposer un peu.* → **cesser.** *Elle n'arrête pas de pleurer depuis ce matin. Arrête de bouger !* – *Arrête ! ça suffit comme ça ! Arrête !* **5.** Faire prisonnier. *La police a arrêté plusieurs personnes. Il a été arrêté, puis relâché car il n'y avait pas de preuves contre lui.* → **arrestation.** **6.** Interrompre l'activité professionnelle de (qqn) par un arrêt de travail. *Le médecin m'a arrêté huit jours.*
II. verbe pronominal S'ARRÊTER **1.** Faire halte. *Arrêtons-nous ici pour déjeuner. L'autobus est passé sans s'arrêter. Le train s'arrête à Lyon. Avant d'aller en Italie, nous nous arrêterons quelques jours à Nice.* – *La route s'arrête ici,* elle se termine ici. **2.** Ne plus fonctionner. *Ma montre s'est arrêtée,* elle ne marche plus. **3.** Cesser, s'interrompre. *Le bruit s'est enfin arrêté.* – *Elle* S'EST ARRÊTÉE DE *lire. Nous nous sommes arrêtés de fumer.*

ARRHES [aʀ] n. f. pluriel ▪ *LES ARRHES :* la somme d'argent que l'on donne à l'avance sur le prix d'un achat, d'une location, pour conclure l'accord. *Nous avons VERSÉ DES ARRHES très importantes en commandant notre nouvelle voiture. J'ai DONNÉ DES ARRHES pour réserver la chambre d'hôtel.*

REM. Pour louer une chambre d'hôtel *on verse des arrhes,* pour louer un appartement *on verse une caution.*

ARRIÈRE [aʀjɛʀ] n. m., adj. invariable et adverbe
I. 1. *L'ARRIÈRE :* la partie qui est derrière. ⟨contraire : ② avant⟩ *Préférez-vous vous asseoir à l'avant ou à l'arrière de la voiture ? Installez-vous à l'arrière, vous serez mieux. Nos places sont à l'arrière du train.* → **queue.** *L'arrière du bateau.* → **poupe. 2.** *UN ARRIÈRE :* joueur qui, au rugby, au football, est placé derrière les autres. *Les arrières défendent les buts, les avants attaquent.*
II. adjectif invariable (après le nom) Qui est derrière. *Le chien est sur la banquette arrière de la voiture.* PLURIEL : *l'ours se dresse sur ses pattes arrière.* ⟨contraire : avant⟩
III. adverbe **1.** Vers le côté, le lieu qui est derrière. ⟨contraire : en avant⟩ *Elle renverse la tête en arrière* [ɑ̃naʀjɛʀ] *et se met à rire. Ses cheveux sont tirés en arrière.* **2.** *FAIRE MACHINE ARRIÈRE, FAIRE MARCHE ARRIÈRE :* faire aller vers l'arrière, dans la direction opposée au sens de la marche. *La voiture fait marche arrière.* – (figuré) Revenir sur ce qu'on a dit, sur ce qu'on a décidé. *Quand il a compris que nous n'étions pas d'accord, il a fait machine arrière.* **3.** Derrière les autres, à la traîne. *Avance, ne reste pas tout seul en arrière !* → **derrière.**

ARRIÉRÉ [aʀjeʀe], **ARRIÉRÉE** [aʀjeʀe] adj. (après le nom) **1.** (qqn) Qui est en retard pour son âge, qui ne s'est pas développé normalement. *Les enfants arriérés vont dans des écoles spécialisées.* **2.** (qqch.) Qui n'est pas moderne. *C'est un homme aux idées arriérées.*

ARRIÈRE-BOUTIQUE [aʀjɛʀbutik] n. f. ▪ *UNE ARRIÈRE-BOUTIQUE :* pièce située au fond, à l'arrière d'un magasin. *Les marchandises sont entreposées dans l'arrière-boutique.* PLURIEL : *des ARRIÈRE-BOUTIQUES.*

ARRIÈRE-GARDE [aʀjɛʀgaʀd] n. f. ▪ *L'ARRIÈRE-GARDE :* troupe de soldats qui marche derrière une armée pour la protéger. ⟨contraire : avant-garde⟩ *L'ennemi a attaqué l'arrière-garde par surprise.* PLURIEL : *des ARRIÈRE-GARDES.*

ARRIÈRE-GOÛT [aʀjɛʀgu] n. m. ▪ *UN ARRIÈRE-GOÛT :* goût désagréable qui reste dans la bouche après avoir mangé qqch. *Ce fruit a un arrière-goût amer.* PLURIEL : *des ARRIÈRE-GOÛTS.*

ARRIÈRE-GRAND-MÈRE [aʀjɛʀgʀɑ̃mɛʀ] n. f. ▪ *L'ARRIÈRE-GRAND-MÈRE DE :* mère de la grand-mère ou du grand-père. *Dimanche prochain, je rendrai visite à mon arrière-grand-mère.* PLURIEL : *des ARRIÈRE-GRANDS-MÈRES.*

REM. Au pluriel, on peut écrire aussi *des arrière-grand-mères,* sans s à *grand.*

ARRIÈRE-GRAND-PÈRE [aʀjɛʀgʀɑ̃pɛʀ] n. m. ▪ *L'ARRIÈRE-GRAND-PÈRE DE :* père de la grand-mère ou du grand-père. *Mon arrière-grand-père est le grand-père de ma mère.* PLURIEL : *des ARRIÈRE-GRANDS-PÈRES.*

REM. Au pluriel, on peut écrire aussi *des arrière-grand-pères,* sans s à *grand.*

ARRIÈRE-GRANDS-PARENTS [aʀjɛʀgʀɑ̃paʀɑ̃] n. m. pluriel ▪ *LES ARRIÈRE-GRANDS-PARENTS DE :* les parents des grands-parents. *Mon fils a encore quatre arrière-grands-parents.*

ARRIÈRE-PAYS [aʀjɛʀpei] n. m. invariable ▪ *L'ARRIÈRE-PAYS :* partie d'une région située à plusieurs kilomètres de la côte. *Ils ont une maison dans l'arrière-pays de Nice.* PLURIEL : *des arrière-pays.*

ARRIÈRE-PENSÉE [aʀjɛʀpɑ̃se] n. f. ▪ *UNE ARRIÈRE-PENSÉE :* pensée, idée que l'on cache, que l'on ne dit pas. *Je vous le dis sans arrière-pensée,* franchement. PLURIEL : *des ARRIÈRE-PENSÉES.*

ARRIÈRE-PETITE-FILLE [aʀjɛʀpətitfij] n. f. ▪ *L'ARRIÈRE-PETITE-FILLE DE :* fille d'un petit-fils ou d'une petite-fille. *L'arrière-grand-mère est avec son arrière-petite-fille.* PLURIEL : *des ARRIÈRE-PETITES-FILLES.*

ARRIÈRE-PETIT-FILS [aʀjɛʀpətifis] n. m. ▪ *L'ARRIÈRE-PETIT-FILS DE :* fils d'un petit-fils ou d'une petite-fille. *Ma grand-mère a un arrière-petit-fils.* PLURIEL : *des ARRIÈRE-PETITS-FILS.*

ARRIÈRE-PETITS-ENFANTS [aʀjɛʀpətizɑ̃fɑ̃] n. m. pluriel ▪ *LES ARRIÈRE-PETITS-ENFANTS DE :* les enfants des petits-enfants. *Elle a des enfants, des petits-enfants et des arrière-petits-enfants !*

ARRIÈRE-PLAN [aʀjɛʀplɑ̃] n. m. ▪ *L'ARRIÈRE-PLAN :* le plan le plus éloigné, dans une perspective. → **lointain.** *Sur cette photo, au premier plan on voit un visage de femme et à l'arrière-plan on aperçoit la mer.* PLURIEL : *des ARRIÈRE-PLANS.*

ARRIÈRE-SAISON [aʀjɛʀsɛzɔ̃] n. f. ▪ *L'ARRIÈRE-SAISON :* l'automne. *Cette année, nous avons une belle arrière-saison, chaude et ensoleillée.* PLURIEL : *des ARRIÈRE-SAISONS.*

ARRIÈRE-TRAIN [aʀjɛʀtʀɛ̃] n. m. ▪ *L'ARRIÈRE-TRAIN :* partie postérieure du corps (d'un animal). *Le chien est assis sur son arrière-train.* PLURIEL : *des ARRIÈRE-TRAINS.*

REM. *Arrière-train* ne se dit que des quadrupèdes (animaux qui ont quatre pattes).

ARRIVAGE [aʀivaʒ] n. m. ▪ *UN ARRIVAGE :* arrivée de marchandises. *Le poissonnier attend plusieurs arrivages de langoustes.*

ARRIVANT [aʀivɑ̃] n. m., **ARRIVANTE** [aʀivɑ̃t] n. f. ▪ *UN ARRIVANT, UNE ARRIVANTE :* une personne qui arrive quelque part. *Poussez-vous un peu, pour que les nouveaux arrivants puissent entrer.*

ARRIVÉE [aʀive] n. f. ▪ *L'ARRIVÉE* **1.** Action d'arriver. *Un ami m'a écrit, il m'annonce son arrivée dans trois jours. Nous ferons une fête pour ton arrivée. Quelle est l'heure d'arrivée du courrier ? Les voyageurs attendent l'arrivée du train.* ⟨contraire : départ⟩ – *Les coureurs, les uns après les autres, franchissent la LIGNE D'ARRIVÉE,* la ligne qui marque l'endroit de la fin de la course (opposé à ligne de départ). – *Je vous écrirai dès mon arrivée,* au moment où j'arriverai. **2.** Début. *Voici l'arrivée du printemps.* → **apparition. 3.** Lieu où arrivent les voyageurs. *Je vous attends à l'arrivée.* ⟨contraire : départ⟩ **4.** *UNE ARRIVÉE :* endroit où arrive un liquide, un gaz. *Il y a une fuite, ferme vite les arrivées d'eau !*

ARRIVER [aʀive] verbe [conjugaison 1a]
I. 1. Être dans un endroit après s'être déplacé. *Nous arriverons à Paris demain.* ⟨contraire : partir⟩ *Je n'aime pas arriver chez les gens sans prévenir. Nous voilà enfin arrivés !* – *J'arrive demain par le train et je repars après-demain. J'arrive en voiture. Il arrive de Londres,* il vient de Londres. *Je suis arrivée la première.* – *Le premier arrivé attend les autres.* – *Dépêche-toi, le taxi arrive. Le courrier est arrivé.* **2.** Approcher, venir vers qqn. *« Alors, tu viens ? – Oui, j'arrive tout de suite ! » Elle arrive en courant. Le cheval arrive au galop.* **3.** Atteindre (une certaine hauteur, un certain niveau). *L'eau lui arrive au genou.* → **monter.** *La Seine arrive jusqu'au pont.* → **atteindre.** *Cet enfant grandit beaucoup, il m'arrive à l'épaule.* – (figuré) *Il ne t'arrive pas à la cheville,* il est moins intelligent, moins capable... que toi. – *Tu arrives à l'âge*

adulte, tu deviens adulte. → **atteindre.** *Il arrive toujours à ses fins :* il obtient toujours ce qu'il veut. **4.** *ARRIVER À (faire) :* réussir à. *J'arrive à faire des économies.* → **parvenir.** *Je n'y arrive pas. Nous n'y arriverons jamais, c'est trop difficile ! – Si tu t'y prends comme ça, tu n'arriveras à rien :* si tu fais les choses ainsi, tu ne réussiras pas du tout. **5.** Approcher. *Les enfants sont heureux quand les vacances arrivent.* – *EN ARRIVER À :* finir par (faire, penser qqch.). *Nous en arrivons à nous demander s'il est vraiment coupable. Il faudra peut-être l'hospitaliser, mais je ne voudrais pas EN ARRIVER LÀ.*
II. (se produire) **1.** Avoir lieu, se produire. *Un accident est vite arrivé. C'est arrivé hier. Comment est-ce arrivé ? Que faut-il faire quand ça arrive ? Cela ne m'est jamais arrivé. Ça peut arriver à tout le monde de se tromper.* **2.** (impersonnel) *IL ARRIVE :* il se produit. *Qu'est-il arrivé ?* que s'est-il passé ? *Rassurez-vous, il n'arrivera rien. QUOI QU'IL ARRIVE :* de toute façon, malgré tout ce qui peut se passer. *IL M'ARRIVE de me mettre en colère. « Est-ce qu'il vous est arrivé de l'emmener ? – Ça m'est arrivé. »* – *IL ARRIVE QUE. Il arrive qu'elle vienne seule :* elle vient parfois seule.

ARRIVISTE [aʀivist] n. m., n. f. et adj. **1.** *UN ARRIVISTE, UNE ARRIVISTE :* une personne qui est prête à tout pour réussir dans son travail, dans la vie. *Les arrivistes n'ont aucun scrupule.* **2.** adjectif (après le nom) Qui est prêt à tout pour réussir. *J'ai une collègue arriviste.*

ARROGANCE [aʀɔgɑ̃s] n. f. ▪ *L'ARROGANCE :* comportement orgueilleux, méprisant et insolent. *Il a répondu avec une arrogance incroyable.* ⟨contraires : déférence, humilité, respect⟩

ARROGANT [aʀɔgɑ̃], **ARROGANTE** [aʀɔgɑ̃t] adj. (après le nom) ▪ Qui montre une insolence méprisante. *C'est une personne arrogante, très antipathique.* ⟨contraire : respectueux⟩ – *Il a un air arrogant.*

S'**ARROGER** [aʀɔʒe] verbe pronominal [conjugaison 3b] ▪ STYLE RECHERCHÉ Se donner (un droit, une qualité) sans y avoir droit. → s'**approprier,** s'**attribuer.** *Il s'arrogeait des droits sur sa sœur. Les titres qu'elle s'est arrogés ne lui appartiennent pas.*

ARRONDIR [aʀɔ̃diʀ] verbe [conjugaison 2] **1.** Rendre rond. *Les vagues arrondissent les galets.* – (figuré) *ARRONDIR LES ANGLES :* faire en sorte d'adoucir les problèmes entre les personnes. *Pour qu'une dispute n'éclate pas, il faut savoir arrondir les angles.* **2.** *ARRONDIR UN CHIFFRE, un total,* le simplifier en chiffre rond, sans virgule. *Arrondir 11,5 en 11 ou en 12. Vous me devez deux cent trente francs et cinquante centimes, mais arrondissons à deux cent trente francs.* **3.** verbe pronominal *S'ARRONDIR :* devenir rond. *Elle attend un bébé, son ventre s'arrondit. Tes formes se sont arrondies !*

ARRONDISSEMENT [aʀɔ̃dismɑ̃] n. m. ▪ *UN ARRONDISSEMENT* **1.** En France, division administrative du département, dirigée par un sous-préfet. *L'arrondissement est lui-même divisé en plusieurs cantons.* **2.** Division administrative de certaines grandes villes de France (Paris, Lyon et Marseille). *Il y a vingt arrondissements à Paris. Nous habitons dans le cinquième arrondissement.*

ARROSAGE [aʀozaʒ] n. m. ▪ *L'ARROSAGE :* action d'arroser, de mouiller qqch. en versant de l'eau dessus. *Tous les soirs, nous faisons l'arrosage du jardin. J'ai acheté un TUYAU D'ARROSAGE de dix mètres de long,* un tube souple et long dans lequel passe l'eau et qui sert à arroser.

ARROSER [aʀoze] verbe [conjugaison 1a] **1.** Mouiller (qqch.) en versant de l'eau en pluie dessus. *En été, nous arrosons les plantes tous les soirs. Les pompiers arrosent un foyer d'incendie. – Je me suis fait arroser,* mouiller par la pluie, des éclaboussures. → **asperger, tremper. 2.** (fleuve) Couler à travers. → **traverser.** *La Seine arrose le Bassin parisien.* **3.** STYLE FAMILIER Fêter (qqch.) en buvant. *Il a réuni tous ses amis pour arroser sa victoire. – Il faut arroser ça !*

ARROSEUR [aʀozœʀ] n. m. ▪ *UN ARROSEUR :* appareil automatique qui arrose les plantes en tournant sur lui-même. *Nous avons installé des arroseurs sur la pelouse du jardin.*

ARROSEUSE [aʀozøz] n. f. ▪ *UNE ARROSEUSE :* voiture munie d'un réservoir d'eau, pour l'arrosage des rues, dans les villes. *L'arroseuse passe pour laver les trottoirs.*

ARROSOIR [aʀozwaʀ] n. m. ▪ *UN ARROSOIR :* récipient muni d'une anse et d'un court tuyau terminé par une plaque percée de petits trous, pour arroser en pluie. *Pour arroser son jardin, il doit remplir plusieurs fois son arrosoir au robinet.*

> REM. L'extrémité percée de trous de l'arrosoir s'appelle *la pomme d'arrosoir.*

ARSENAL [aʀsənal] n. m. ▪ *UN ARSENAL* **1.** Lieu où sont gardées en réserve des armes et des munitions. *Les policiers ont trouvé un arsenal chez un malfaiteur.* **2.** Ensemble nombreux de choses compliquées. *Il a, chez lui, tout un arsenal de matériel de camping.* **3.** Lieu où l'on construit et où l'on répare les navires de guerre. *L'arsenal se trouve au fond du port militaire.* PLURIEL : *des ARSENAUX* [aʀsəno].

ARSENIC [aʀsənik] n. m. ▪ *L'ARSENIC :* poison très violent. *L'assassin a mis de l'arsenic dans le café de sa victime.*

ART [aʀ] n. m. ▪ *L'ART* **1.** Ensemble des activités humaines qui consistent à créer de belles choses. *Nous aimons beaucoup l'art moderne. Votre fille étudie-t-elle toujours l'HISTOIRE DE L'ART ? Une ŒUVRE D'ART :* un objet, une peinture, une sculpture très beaux (→ **artistique**). *On m'a offert un LIVRE D'ART,* contenant des reproduction d'œuvres d'art. **2.** Chacun des modes d'expression de la beauté. *La peinture, la musique, la photographie sont des arts. Le SEPTIÈME ART :* le cinéma. *L'ART DRAMATIQUE :* le théâtre. *Le soir, il se rend à son cours d'art dramatique. Les BEAUX-ARTS :* les arts qui travaillent particulièrement les formes (architecture, gravure, peinture, sculpture). *Son fils est inscrit à l'École des beaux-arts.* **3.** Adresse, habileté, talent qui permet d'obtenir qqch de bien. *Ce professeur A L'ART DE se faire obéir sans crier,* il sait se faire obéir sans avoir besoin de crier. *Ils ont aménagé leur appartement AVEC ART,* ils l'ont très bien aménagé, avec talent. **4.** Ensemble des connaissances, des techniques et des règles dans un domaine particulier. *L'ART CULINAIRE l'intéresse. – Un OUVRAGE D'ART,* d'architecture. *Les ponts sont des ouvrages d'art. – Il nous a reçus DANS LES RÈGLES DE L'ART,* avec toutes les bonnes manières de faire.

> REM. **1.** Les six arts principaux sont : *la peinture, la sculpture, l'architecture, la musique, la poésie et la danse. Le cinéma* est le septième art, *la télévision* est le huitième et *la bande dessinée* le neuvième art. **2.** *Are* « mesure de surface » et *arrhes* « argent que l'on donne à l'avance » se prononcent de la même façon.

ARTÈRE [aʀtɛʀ] n. f. ▪ *UNE ARTÈRE* **1.** Vaisseau sanguin qui part du cœur et distribue le sang dans tout le corps. *Les artères amènent le sang aux organes et les veines le ramènent au cœur.* **2.** Rue importante d'une ville. *En fin de journée, les grandes artères de Paris sont souvent encombrées de voitures.*

ARTÉRIEL [aʀteʀjɛl], **ARTÉRIELLE** [aʀteʀjɛl] adj. (après le nom) ▪ Des artères. *Le médecin a pris ma TENSION ARTÉRIELLE,* il a mesuré la pression de mon sang dans les artères.

ARTHROSE [aʀtʀoz] n. f. ▪ *L'ARTHROSE :* maladie douloureuse des articulations du squelette. *Ma mère a de l'arthrose.*

ARTICHAUT [artiʃo] n. m. ▪ *UN ARTICHAUT* **1.** Légume de forme plutôt ronde dont on mange la base des feuilles et le fond. *Ce soir, nous mangerons des artichauts à la vinaigrette. Retire bien tout le foin du fond de l'artichaut. Nous avons mangé des* CŒURS D'ARTICHAUTS, l'ensemble des feuilles tendres situées au centre de petits artichauts, et dont on a coupé le haut avant de les cuisiner. **2.** *Avoir un* CŒUR D'ARTICHAUT : être capable de tomber amoureux de plusieurs personnes à la fois.

ARTICLE [artikl] n. m. ▪ *UN ARTICLE* **1.** Texte complet sur un sujet, faisant partie d'un journal, d'un livre. *Il lit tous les articles de journaux sur le sida. Elle a publié un article dans une revue scientifique. On trouve ce que les mots veulent dire dans les articles d'un dictionnaire.* **2.** Chacun des paragraphes d'un texte officiel. *Lis les articles de la Déclaration des droits de l'homme. Lisez bien cet article de loi.* **3.** *ÊTRE À L'ARTICLE DE LA MORT* : être sur le point de mourir. *Le malade est à l'article de la mort,* il est à l'agonie. **4.** Objet en vente dans un magasin. *Cette boutique vend des articles de sport. Nous n'avons pas cet article en magasin.* **5.** En français (et dans d'autres langues), mot qui, placé devant un nom sert à le déterminer et prend la marque du genre et du nombre. → **déterminant.** *«Le», «la», «les» sont des articles définis ; «un», «une», «des» sont des articles indéfinis ; «du», «de la» sont des articles partitifs.*

REM. **1.** En français, tous les noms sont précédés d'un déterminant qui peut être l'article *(le chien)* ou un autre mot *(ce chien). Les articles définis* s'emploient devant un nom désignant une personne, un être, une chose que l'on connaît ou que l'on peut reconnaître parmi d'autres : *le garçon, le chien, la chambre. Les articles indéfinis* s'emploient devant un nom désignant une personne, un être, une chose que l'on ne connaît pas *(une fille, un chat, une maison)* sauf lorsque le nom est déterminé par un adjectif ou un complément *(Ils ont une fille handicapée. Ils ont une maison confortable. Voici un tissu qui vous plaira). Les articles partitifs* s'emploient devant un nom désignant une chose que l'on ne peut pas compter : *elle a du chagrin ; il boit de la bière.* **2.** Les articles *le, la* et *un, une* servent aussi à désigner la classe, l'ensemble des... *(Le lion est un mammifère).* **3.** Lorsqu'on ne sait pas quelle personne (pour le sexe) exerce une fonction, on emploie l'article au masculin. *Les enfants sont aidés par leur instituteur.*

ARTICULAIRE [artikylɛr] adj. (après le nom) ▪ Qui concerne les articulations du squelette. *Sa grand-mère a un rhumatisme articulaire.*

ARTICULATION [artikylasjɔ̃] n. f. **1.** *L'ARTICULATION* : prononciation. *Son articulation n'est pas très claire, je n'ai pas bien compris ce qu'il a dit.* **2.** *UNE ARTICULATION* : endroit où s'emboîtent deux os. *Le genou est une articulation. Il a des douleurs dans les articulations.*

ARTICULÉ [artikyle], **ARTICULÉE** [artikyle] adj. (après le nom) ▪ (poupée) Dont ont peut faire bouger la tête, les bras et les jambes. *Il joue avec une poupée articulée.*

ARTICULER [artikyle] verbe [conjugaison 1a] **1.** Faire entendre les sons de la voix en faisant bouger les lèvres et la langue. *Articule mieux, je ne comprends pas ce que tu dis !* **2.** verbe pronominal S'ARTICULER : former une articulation (2.). *La main s'articule à l'avant-bras au niveau du poignet. Le pied s'articule avec la jambe.*

> FAUX AMI
> roumain **a articula**
> «mettre un article à (un mot)»

ARTIFICE [artifis] n. m. ▪ *UN ARTIFICE* **1.** Moyen habile. *Il a trouvé la solution du problème de mathématiques par un artifice de calcul.* **2.** Moyen habile pour déguiser la vérité. → **ruse.** *Cet homme politique utilise tous les artifices.* **3.** *FEU D'ARTIFICE* : série de fusées et d'explosifs lumineux et colorés que l'on fait exploser dans le ciel les nuits de fête. *Le 14 juillet, on* TIRE DES FEUX D'ARTIFICE *dans toute la France.* – (figuré) Ce qui éblouit par le nombre, la rapidité, la beauté et l'intelligence des idées. *Son discours était un véritable feu d'artifice.*

ARTIFICIEL [artifisjɛl], **ARTIFICIELLE** [artifisjɛl] adj. (après le nom) **1.** Qui est produit par la technique de l'homme, non par la nature. ⟨contraire : naturel⟩ *Derrière le barrage, il y a un lac artificiel. Je n'aime pas beaucoup les fleurs artificielles.* **2.** Qui manque de naturel. → **affecté, forcé.** *Ce comédien m'agace, je lui trouve un sourire artificiel.*

ARTIFICIELLEMENT [artifisjɛlmɑ̃] adverbe ▪ D'une manière artificielle. *Les fruits de serre sont produits artificiellement. Le blessé est maintenu artificiellement en vie.*

ARTILLERIE [artijri] n. f. ▪ *L'ARTILLERIE* **1.** Matériel de guerre comprenant les canons, les obus. *L'artillerie ennemie a bombardé la ville. Des tirs d'artillerie se font entendre.* **2.** Partie de l'armée qui combat avec ce matériel. *L'artillerie est intervenue pour défendre le village.*

ARTISAN [artizɑ̃] n. m. ▪ *UN ARTISAN* : une personne qui fait un travail manuel et qui est son propre patron. *Les potiers, les cordonniers sont des artisans.*

REM. Pour parler d'une femme, on dit : *une femme artisan ; elle est artisan ; c'est un artisan,* parfois *c'est une artisane.*

ARTISANAL [artizanal], **ARTISANALE** [artizanal] adj. (après le nom) ▪ Qui est relatif à l'artisan. *Le métier de cordonnier est resté artisanal.* – *Je connais un magasin où l'on vend des poteries artisanales,* faites par des artisans. ⟨contraire : industriel⟩ MASCULIN PLURIEL : *des tapis ARTISANAUX* [artizano].

ARTISANAT [artizana] n. m. ▪ *UN ARTISANAT* : métier, activité des artisans. *Les produits de l'artisanat sont en vente au marché.*

> FAUX AMI
> roumain **artizanat**
> «boutique d'objets d'art faits par des artisans»

ARTISTE [artist] n. m., n. f. et adj.

I. *UN ARTISTE, UNE ARTISTE* **1.** Personne qui fait des œuvres d'art. *Les peintres, les sculpteurs, les compositeurs de musique sont des artistes.* **2.** Personne dont le métier est d'interpréter des œuvres musicales, de chanter ou de jouer la comédie. *Marlène Dietrich fut une grande artiste du cinéma et du music-hall.* → **acteur, comédien, interprète.** *Les comédiens pénètrent dans le théâtre par l'*ENTRÉE DES ARTISTES. **3.** Personne qui est sensible à l'art. → **esthète.** *Il juge de ce texte en artiste.*

II. adjectif (après le nom) Qui aime les arts, la beauté. *Cette petite fille est déjà très artiste. Elle a un tempérament artiste :* elle montre du goût et de l'intérêt pour les arts.

ARTISTIQUE [artistik] adj. (après le nom) **1.** Qui a rapport avec l'art. *Cette région possède de grandes richesses artistiques.* **2.** Qui est fait, présenté avec art. *Ces fleurs sont disposées de manière artistique dans le vase. Sa fille est championne de* PATINAGE ARTISTIQUE.

ARUM [arɔm] n. m. ▪ *UN ARUM* : plante à longue tige épaisse et à fleurs blanches en forme de grands cornets. *Une corbeille d'arums a été offerte à la mariée.*

as [a] *Tu as* : forme au présent du verbe **avoir.**

AS [as] n. m. ▪ *UN AS* **1.** Côté d'un dé à jouer marqué d'un seul point ou d'un seul signe. *Il a lancé le dé et c'est l'as qui est sorti.* **2.** Carte à jouer marquée d'un seul signe. *Il a trois as dans son jeu. Elle a tiré l'as de trèfle.* – STYLE FAMILIER *Il est* PLEIN AUX AS : il est très riche. **3.** *UN AS* : une personne qui réussit très bien dans une activité. *C'EST UN AS DU VOLANT,* un très bon conducteur. → **champion.** *En informatique, tu es un as !* tu es très bon, excellent.

REM. Un jeu de cartes comporte quatre as : *l'as de carreau, l'as de cœur, l'as de pique* et *l'as de trèfle.*

ASCENDANCE [asɑ̃dɑ̃s] n. f. ▪ *L'ASCENDANCE :* origine familiale. *Elle est d'ascendance bretonne,* sa famille est d'origine bretonne. (contraire : descendance)

① **ASCENDANT** [asɑ̃dɑ̃] n. m. ▪ *UN ASCENDANT :* un ancêtre. *Mes ascendants sont bretons du côté de mon père et alsaciens du côté de ma mère.* → **aïeul.** (contraire : descendant)

REM. Ce mot ne s'emploie pas beaucoup au singulier.

② **ASCENDANT** [asɑ̃dɑ̃], **ASCENDANTE** [asɑ̃dɑ̃t] adj. (après le nom) ▪ Qui va vers le haut. *Il observe le mouvement ascendant de cet astre.* (contraire : descendant) *La température du malade suit une courbe ascendante,* elle monte.

③ **ASCENDANT** [asɑ̃dɑ̃] n. m. ▪ *L'ASCENDANT :* grande influence, pouvoir sur qqn. *Vous avez de l'ascendant sur lui, essayez de le faire changer d'avis.*

ASCENSEUR [asɑ̃sœʀ] n. m. ▪ *UN ASCENSEUR :* appareil, qui dans un immeuble, sert à transporter les personnes d'un étage à l'autre. *Prenez l'ascenseur, nous habitons au cinquième. On peut monter à quatre personnes maximum dans cet ascenseur. Montez par l'escalier, l'ascenseur est en panne.*

REM. Un *monte-charge* sert à transporter des objets.

ASCENSION [asɑ̃sjɔ̃] n. f. ▪ *L'ASCENSION* **1.** Action de monter au sommet d'une montagne. → **escalader.** *Nous avons FAIT L'ASCENSION du mont Blanc. La première ascension de l'Everest eut lieu en 1953.* **2.** Montée vers une réussite sociale. *Il étudie l'ascension de Bonaparte vers le pouvoir. Son ascension sociale a été rapide.*

ASCÈTE [asɛt] n. m., n. f. ▪ *UN ASCÈTE, UNE ASCÈTE :* une personne qui, par choix ou par amour de Dieu, se prive de tout plaisir matériel. *Il a mené une vie d'ascète. – Elle ne boit jamais de vin ? Quelle ascète !*

ASCÉTIQUE [asetik] adj. (après le nom) ▪ Relatif aux ascètes. *Après sa maladie, il était d'une maigreur ascétique. Ces moines mènent une vie ascétique,* pauvre et austère.

ASEPTISER [asɛptize] verbe [conjugaison 1a] ▪ Nettoyer en débarrassant de tous les microbes. *Le médecin aseptise la plaie. – La salle d'opération a été aseptisée.*

ASEXUÉ [asɛksɥe], **ASEXUÉE** [asɛksɥe] adj. (après le nom) **1.** (qqn) Qui ne semble pas appartenir à un sexe déterminé. *Avec ses cheveux longs, il est totalement asexué, on ne sait plus si c'est un garçon ou une fille.* **2.** (êtres vivants) Qui n'a pas de sexe. *Ceci est une fleur asexuée.*

ASIATIQUE [azjatik] adj., n. m. et n. f. **1.** adjectif (après le nom) De l'Asie. *Le continent asiatique est immense.* **2.** *UN ASIATIQUE, UNE ASIATIQUE :* un habitant, une habitante d'Asie. *Les Asiatiques.*

ASIE [azi] nom propre féminin ▪ *L'ASIE :* une des cinq parties du monde, à l'est de l'Europe. *L'Inde, la Chine et le Japon sont en Asie. Le thé vient d'Asie. Les peuples d'Asie* (→ **asiatique).**

ASILE [azil] n. m. ▪ *UN ASILE* **1.** Endroit où l'on se met à l'abri, en sûreté contre un danger. *Les victimes de l'inondation ont TROUVÉ ASILE dans une école.* → **refuge.** *Les réfugiés ont demandé l'ASILE POLITIQUE à la France,* ils ont demandé à la France de les accueillir parce qu'ils sont persécutés dans leur pays. *Des demandeurs d'asile sont à l'aéroport.* **2.** Lieu où l'on accueille certaines personnes qui en ont besoin. *Les personnes sans abri peuvent dormir dans des asiles de nuit. Ils ont mis leur grand-père dans un asile de vieillards.* → **hospice.**

FAUX AMIS
italien **asilo** « crèche » ; roumain **azil** ne s'emploie pas au sens 1.

ASPARTAME [aspaʀtam] n. m. ▪ *L'ASPARTAME :* produit que l'on utilise à la place du sucre dans les aliments, les boissons. *Ma sœur sucre son café avec de l'aspartame car elle veut rester mince. L'aspartame est bon pour son régime.*

ASPECT [aspɛ] n. m. **1.** *L'ASPECT :* manière dont qqn, qqch. se présente aux yeux. *Ces pommes ont un bel aspect.* → **apparence.** *Un homme d'aspect misérable m'a demandé un peu d'argent.* → **air.** **2.** *UN ASPECT :* manière dont une chose se présente à l'esprit. *Je n'avais pas vu la chose sous cet aspect.* → **angle, côté.** *Il faut envisager le problème sous tous ses aspects.*

FAUX AMI
allemand **Aspekt** « position d'un astre »

REM. La finale de *aspect* se prononce comme celle de *respect* [ʀɛspɛ] et de *suspect* [syspɛ]. On ne fait pas la liaison entre le *t* de *aspect* et une voyelle : *un visage d'aspect agréable* [daspɛagʀeabl].

ASPERGE [aspɛʀʒ] n. f. ▪ *UNE ASPERGE :* plante dont les pousses en forme de longues tiges pointues se mangent cuites. *J'ai acheté une BOTTE D'ASPERGES. Au dîner, il y avait un excellent potage aux POINTES D'ASPERGES. Nous avons mangé des asperges à la vinaigrette.*

ASPERGER [aspɛʀʒe] verbe [conjugaison 3b] **1.** Projeter un liquide sur. → **arroser.** *Le camion m'a aspergé les pieds en roulant dans une flaque d'eau. Nous aspergeons nos plantes d'intérieur tous les dimanches.* **2.** verbe pronominal S'ASPERGER : s'arroser le corps. *Les éléphants s'aspergent avec leur trompe. Elle s'est aspergée de champagne en ouvrant la bouteille ! – Elle s'est aspergé le visage d'eau fraîche.*

ASPÉRITÉ [aspeʀite] n. f. ▪ *UNE ASPÉRITÉ :* partie qui dépasse sur une surface rugueuse. *Le rocher est assez facile à escalader car il présente de nombreuses aspérités.* → **saillie.**

ASPHALTE [asfalt] n. m. ▪ *L'ASPHALTE :* mélange noirâtre qui sert à recouvrir les trottoirs et les chaussées. → **bitume, goudron.** *L'asphalte des trottoirs brille sous la pluie. L'asphalte est chaud quand il y a du soleil.*

ASPHYXIANT [asfiksjɑ̃], **ASPHYXIANTE** [asfiksjɑ̃t] adj. (après le nom) **1.** Qui asphyxie. *Des gaz asphyxiants ont été utilisés pendant la Première Guerre mondiale.* **2.** Qui fait étouffer moralement, qui empêche de s'épanouir. *Quelle ambiance asphyxiante dans ce bureau, avec ces collègues si désagréables !*

ASPHYXIE [asfiksi] n. f. ▪ *L'ASPHYXIE :* arrêt involontaire de la respiration. *Le manque d'oxygène provoque l'asphyxie. Le malheureux a été retrouvé mort par asphyxie.* → **étouffement.**

ASPHYXIER [asfiksje] verbe [conjugaison 7a] **1.** (qqch.) Causer l'asphyxie. *L'absence d'air asphyxie. – Il a été retrouvé à moitié asphyxié par une fuite de gaz.* **2.** (qqch.) Étouffer par une contrainte ou par la suppression d'une chose vitale. *Une nouvelle augmentation des impôts asphyxierait* [asfiksiʀɛ] *l'économie.* **3.** verbe pronominal S'ASPHYXIER : (qqn) se donner la mort par asphyxie. *La malheureuse s'est asphyxiée au gaz.*

ASPIC [aspik] n. m. ▪ *UN ASPIC :* vipère des montagnes d'Europe. *On trouve des aspics en France et en Italie. Cléopâtre est morte piquée par un aspic.*

ASPIRATEUR [aspiʀatœʀ] n. m. ▪ *UN ASPIRATEUR :* appareil qui sert à aspirer la poussière. *Il s'est acheté un aspirateur. La femme de ménage passe l'aspirateur sur la moquette.*

① **ASPIRATION** [aspiʀasjɔ̃] n. f. ▪ *L'ASPIRATION :* action d'inspirer l'air dans les poumons. → **inspiration.** (contraire : expiration) *L'inspiration et l'expiration de l'air sont les deux moments de la respiration.*

② **ASPIRATION** [aspiʀasjɔ̃] n. f. ▪ *UNE ASPIRATION :* souhait, désir. *L'ASPIRATION AU bonheur est naturelle. Les aspirations d'un peuple à la liberté. Je ne sais pas quelles sont ses aspirations.*

ASPIRÉ [aspiʀe], **ASPIRÉE** [aspiʀe] adj. (après le nom) ▪ *H ASPIRÉ :* en français, lettre h au début d'un mot et qui empêche de faire la liaison et l'élision (opposé à muet). *La première lettre de « haricot » est un h aspiré, celle de « harmonica » est un h muet.*

REM. On dit *le haricot* [ləaʀiko], *les haricots* [leaʀiko].

① **ASPIRER** [aspiʀe] verbe [conjugaison 1a] **1.** Faire entrer de l'air dans les poumons. *Aspirez profondément, puis expirez. Lorsque je vous le dirai, vous aspirerez* [aspiʀʀe] *à fond.* → **inspirer. 2.** Attirer (un liquide, du gaz, des poussières) en faisant le vide. *L'enfant aspire son jus d'orange avec une paille. Beaucoup de fumeurs aspirent la fumée.* → **avaler, inhaler.** ⟨contraire : expirer⟩

② **ASPIRER** [aspiʀe] verbe [conjugaison 1a] ▪ *ASPIRER À :* désirer, souhaiter. *Après tout ce travail, j'aspire au repos. Il n'aspire qu'à se reposer.*

ASPIRINE [aspiʀin] n. f. **1.** *L'ASPIRINE :* médicament qui combat la douleur et la fièvre. *Prenez un comprimé d'aspirine pour calmer votre migraine.* – *Être blanc comme un cachet d'aspirine :* être très blanc de peau. *Va un peu au grand air, tu es blanche comme un cachet d'aspirine.* **2.** *UNE ASPIRINE :* un comprimé de ce médicament. *J'ai pris deux aspirines et j'ai toujours mal à la tête.*

S'**ASSAGIR** [asaʒiʀ] verbe pronominal [conjugaison 2] ▪ (qqn) Devenir plus sage, plus calme. *Les enfants s'assagissent en grandissant. Avec l'âge, ces jeunes gens s'assagiront. Ils se sont assagis.*

ASSAILLANT [asajɑ̃] n. m., **ASSAILLANTE** [asajɑ̃t] n. f. ▪ *UN ASSAILLANT, UNE ASSAILLANTE :* une personne qui attaque, agresse. *Les assaillants se sont précipités sur l'armée adverse.* → **agresseur, attaquant.**

ASSAILLIR [asajiʀ] verbe [conjugaison 13] **1.** Se précipiter sur (qqn, qqch.) pour attaquer. *Les ennemis assaillent la forteresse par surprise* (→ **assaut**). *Une dame a été assaillie par deux voyous qui voulaient lui voler son sac.* → **agresser, attaquer. 2.** Se jeter sur. *Le ministre est assailli par les journalistes qui veulent l'interviewer.* **3.** *ASSAILLIR (qqn) DE QUESTIONS,* lui poser beaucoup de questions. *La star a été assaillie de questions par ses admirateurs.*

ASSAINIR [aseniʀ] verbe [conjugaison 2] ▪ Rendre plus sain, meilleur pour la santé. *Les ouvriers assainissent ce terrain marécageux.* → **assécher, drainer.** *On assainit l'eau en la filtrant.* ⟨contraire : polluer⟩

ASSAINISSEMENT [asenismɑ̃] n. m. ▪ *L'ASSAINISSEMENT :* action de rendre (qqch.) plus sain, meilleur pour la santé. *Des travaux d'assainissement ont été entrepris dans cette plaine marécageuse : les marais vont être asséchés.*

ASSAISONNEMENT [asɛzɔnmɑ̃] n. m. ▪ *UN ASSAISONNEMENT :* tout ce qui sert à donner plus de goût aux aliments. *Le sel, le poivre, le citron, le vinaigre, la moutarde, les fines herbes sont des assaisonnements.* → **aromate, condiment, épice.** *Cette salade est un peu fade, elle manque d'assaisonnement.*

ASSAISONNER [asɛzɔne] verbe [conjugaison 1a] ▪ Mettre (dans la nourriture) du sel, des épices ou d'autres produits qui donnent plus de goût. *Ma sœur assaisonne la salade avec de l'huile, du vinaigre, du sel, du poivre et un peu de moutarde.*

ASSASSIN [asasɛ̃] n. m. ▪ *UN ASSASSIN :* une personne qui tue volontairement une autre personne. → **criminel, meurtrier.** *L'assassin s'est servi d'un couteau pour tuer sa victime.*

REM. On emploie aussi *assassin* en parlant d'une femme : *l'assassin était une femme.*

ASSASSINAT [asasina] n. m. ▪ *UN ASSASSINAT :* action de tuer volontairement qqn. *Ce dangereux criminel a commis plusieurs assassinats.* → **crime, meurtre.**

ASSASSINER [asasine] verbe [conjugaison 1a] ▪ Tuer volontairement (qqn). *Des terroristes ont assassiné tous les gens du village. Le président Kennedy est mort assassiné.*

ASSAUT [aso] n. m. ▪ *L'ASSAUT* **1.** Attaque. *Notre armée a bien résisté aux violents assauts des ennemis. Les soldats SONT MONTÉS À L'ASSAUT DE la prison,* ils ont attaqué la prison. **2.** STYLE RECHERCHÉ (qqn) *PRENDRE D'ASSAUT un lieu :* se précipiter en grand nombre dans un lieu. *L'été dernier, les touristes ont pris d'assaut tous les hôtels, on ne trouvait plus une seule chambre à louer.*

ASSÈCHEMENT [asɛʃmɑ̃] n. m. ▪ *L'ASSÈCHEMENT :* action de rendre sec (le sol). *En été, la chaleur provoque l'assèchement de la rivière. La commune a décidé l'assèchement des marais.* → **assainissement, drainage.** ⟨contraire : irrigation⟩

ASSÉCHER [aseʃe] verbe [conjugaison 6a] ▪ Enlever l'eau (du sol) pour le rendre sec. *On a asséché le marécage.* → **drainer.** *La forte chaleur de l'été assèche la rivière.* → **tarir.** ⟨contraire : inonder⟩

ASSEMBLAGE [asɑ̃blaʒ] n. m. ▪ *L'ASSEMBLAGE :* réunion de choses groupées, attachées ensemble. *Un cahier est un assemblage de feuilles.* → **ensemble.** *Les jeux de construction sont des jeux d'assemblage,* des jeux dans lesquels il faut fixer les uns aux autres les morceaux qui vont ensemble.

ASSEMBLÉE [asɑ̃ble] n. f. ▪ *UNE ASSEMBLÉE* **1.** Groupe de personnes réunies au même endroit pour la même raison. *Une nombreuse assemblée assiste au concert.* → **assistance, public. 2.** Groupe de personnes qui se réunissent pour discuter de certaines affaires, régler certains problèmes. *L'ASSEMBLÉE NATIONALE réunit tous les députés de France. La direction de l'entreprise a convoqué l'ASSEMBLÉE GÉNÉRALE de tous les actionnaires.*

ASSEMBLER [asɑ̃ble] verbe [conjugaison 1a] **1.** Faire tenir (des choses) ensemble. *Mon petit frère assemble l'une avec l'autre chaque pièce du puzzle. L'ouvrier a assemblé toutes les parties des placards de la cuisine.* → **joindre. 2.** verbe pronominal S'ASSEMBLER : (qqn) se réunir. *Les Indiens se sont assemblés autour d'un grand feu.* → se **rassembler.**

ASSENER [asene] verbe [conjugaison 5a] **1.** (qqn) Donner (un coup). *Le boxeur assène à son adversaire un violent coup de poing à la mâchoire.* → **appliquer. 2.** Dire avec brutalité. *Vous lui assenez toutes ces injures alors qu'il ne peut même pas répondre !*

REM. On prononce le premier e comme un é [e], bien qu'il n'ait pas d'accent. Mais on peut aussi écrire *asséner,* et conjuguer alors ce verbe selon le modèle 6a.

ASSENTIMENT [asɑ̃timɑ̃] n. m. ▪ *L'ASSENTIMENT* **1.** STYLE RECHERCHÉ Accord. *Mon oncle a obtenu l'assentiment du maire pour faire construire sa maison.* ⟨contraire : désaccord⟩ **2.** Acte, geste par lequel on montre que l'on est d'accord avec quelqu'un. *Il hoche la tête en SIGNE D'ASSENTIMENT,* pour dire qu'il est d'accord.

ASSEOIR [aswaʀ] verbe [conjugaison 26] **1.** Mettre (qqn) en appui sur les fesses. *J'assieds* [asje] (ou *assoit*) *mon bébé dans le fauteuil pour lui donner à manger.* **2.** verbe pronominal S'ASSEOIR :

poser ses fesses sur un siège ou par terre. *Luc s'assied* (ou *s'assoit) sur la table. Il s'est assis. Elle s'est assise. Asseyez-vous* [asejevu], *je vous en prie. Et si nous nous asseyions ? Nous nous assiérons* (ou *assoirons*) *par terre s'il n'y a plus de siège libre. Il est fatigué : il faut qu'il s'asseye* [asɛj] (ou *s'assoie*).

REM. On peut dire *assieds-toi* ou *assois-toi*. Les formes en *e (il s'assied, asseyez-vous)* sont préférables aux formes en *o (il s'assoyait, assoyez-vous).*

ASSERMENTÉ [asɛʀmɑ̃te], **ASSERMENTÉE** [asɛʀmɑ̃te] adj. (après le nom) ▪ Qui a prêté serment devant le tribunal. *Au procès, le médecin assermenté a déclaré que le criminel était entièrement responsable de son crime.*

REM. En France, dans les procès, les experts ou spécialistes d'un domaine ainsi que les témoins, doivent *prêter serment.*

ASSERTION [asɛʀsjɔ̃] n. f. ▪ *UNE ASSERTION* **1.** Affirmation. *Tu es peut-être sûr de ce que tu dis, mais moi, je mets tes assertions en doute.* **2.** En grammaire, toute phrase qui n'est ni une interrogation, ni une négation, ni un ordre. *«Je partirai demain» est une assertion.* → **affirmation.**

ASSERVIR [asɛʀviʀ] verbe [conjugaison 2] ▪ Réduire (qqn) en esclavage, soumettre à son autorité. *Les Romains ont asservi de nombreux peuples.* → **assujettir, soumettre.** ⟨contraires : affranchir, libérer⟩ *À l'époque des colonies, les pays les plus forts asservissaient des pays plus faibles.*

REM. *Asservir* ne se conjugue pas comme *servir* (ex. : *nous asservissons* et *nous servons*).

asseyons [asɛjɔ̃] *Nous asseyons :* forme au présent du verbe **asseoir.**

ASSEZ [ase] adverbe

I. 1. Avec la quantité, l'intensité nécessaire et minimum. *J'ai assez mangé, je n'ai plus faim. Le malade ne dort pas assez, il lui faut un calmant. Je n'ai pas assez dormi. Tu ne travailles pas assez, tu vas échouer à ton examen !* → **suffisamment.** *Assez discuté ! Prenons une décision.* **2.** Plutôt. *Cet enfant est assez grand pour son âge. Elle a parlé assez longtemps.* → **plutôt.** *Je partage assez son opinion.*

II. *ASSEZ DE* **1.** *En nombre suffisant, en quantité suffisante. Je n'ai pas assez d'enveloppes pour envoyer mes lettres, donnez-m'en d'autres. «Avez-vous assez de sucre dans votre café ? – Merci, j'en ai assez, ça va».* **2.** *EN AVOIR ASSEZ DE (qqn, qqch.)*, en être fatigué, ne plus pouvoir le supporter. *J'en ai assez de ces cris, tais-toi, à la fin !* → STYLE FAMILIER **marre.** *On en a assez de toi, va-t'en ! (J'en ai) Assez ! Ça suffit !* (→ **suffire).**

FAUX AMI — italien **assai** «beaucoup, très»

ASSIDU [asidy], **ASSIDUE** [asidy] adj. (après le nom) **1.** (qqn) Qui est régulièrement présent là où il doit être. *Les élèves de la classe sont assidus aux cours.* → **exact, ponctuel.** **2.** STYLE RECHERCHÉ (qqch.) Régulier, constant. *L'étude d'une langue étrangère doit être assidue pour donner de bons résultats. L'étudiant a fait des efforts assidus.*

ASSIDUITÉ [asidɥite] n. f. ▪ *L'ASSIDUITÉ :* présence régulière. *Cet étudiant assiste aux cours avec assiduité.* → **ponctualité, régularité.** ⟨contraire : absentéisme⟩ *Il est d'une assiduité remarquable. Vous manquez un peu d'assiduité.*

ASSIDÛMENT [asidymɑ̃] adverbe ▪ D'une manière assidue, régulière. *Elle travaille assidûment à son prochain roman.* → **régulièrement.**

assied [asje] *Il assied, elle assied :* forme au présent du verbe **asseoir.**

ASSIÉGER [asjeʒe] verbe [conjugaison 6b] **1.** Encercler pour attaquer (une ville, une forteresse). *Les troupes ont assiégé la citadelle pendant plusieurs mois.* **2.** Essayer de pénétrer dans. *Nous assiégeons les guichets du théâtre afin d'obtenir les meilleures places.*

assiérai [asjeʀɛ] *J'assiérai :* forme au futur du verbe **asseoir.**

ASSIETTE [asjɛt] n. f. ▪ *UNE ASSIETTE* **1.** Plat pour une personne, dans lequel on met de la nourriture. *J'ai cassé une assiette. La serveuse du restaurant pose l'assiette creuse sur l'assiette plate. Tu peux ranger cette pile d'assiettes à dessert.* – *Finis ton assiette,* la nourriture qui est dans ton assiette. **2.** STYLE FAMILIER *Je ne suis pas dans mon assiette aujourd'hui,* je ne me sens pas en bonne santé, en forme.

FAUX AMI — norvégien **asjett** «soucoupe»

ASSIETTÉE [asjete] n. f. ▪ *UNE ASSIETTÉE :* contenu d'une assiette. *Elle avait tellement faim qu'elle a mangé trois assiettées de soupe.*

ASSIGNER [asiɲe] verbe [conjugaison 1a] **1.** STYLE RECHERCHÉ Attribuer, donner (à qqn). *Dans la classe le professeur assigne une place à chaque élève.* **2.** Appeler à comparaître en justice. *Il a été assigné au tribunal parce qu'il doit un an de loyer à son propriétaire.* **3.** *ASSIGNER (qqn) À RÉSIDENCE,* l'obliger à habiter dans un lieu fixé par la loi. *À sa sortie de prison, le chef des rebelles a été assigné à résidence.*

ASSIMILATION [asimilasjɔ̃] n. f. ▪ *L'ASSIMILATION* **1.** Transformation des aliments absorbés, en chair et en sang. *L'assimilation des aliments se fait après la digestion.* **2.** Le fait de comprendre et de retenir ce que l'on apprend. *L'assimilation du vocabulaire et des règles de grammaire est nécessaire pour apprendre une langue.* **3.** Action par laquelle des étrangers, des immigrés s'habituent et s'intègrent au pays dans lequel ils vivent. *L'assimilation des immigrés se fait peu à peu.* → **insertion, intégration.**

ASSIMILER [asimile] verbe [conjugaison 1a] **1.** (qqn) *ASSIMILER À qqn, qqch. :* confondre avec qqn, qqch. *On ne peut pas assimiler l'homme à une machine.* **2.** *Assimiler (un aliment, une substance),* le transformer et s'en nourrir. *Le corps assimile les aliments. J'assimile mal les graisses,* je les digère mal. **3.** (qqn) Comprendre et retenir (ce que l'on apprend). *Pour apprendre une langue, il faut assimiler le vocabulaire et les règles de grammaire.* – *Ses connaissances sont bien assimilées.* **4.** verbe pronominal *S'ASSIMILER :* (étrangers, immigrés) s'habituer, s'intégrer au pays dans lequel on vit. *Les immigrés se sont assimilés peu à peu en apprenant la langue de leur nouveau pays.* → **s'intégrer.**

ASSIS [asi], **ASSISE** [asiz] adj. (après le nom) **1.** Appuyé seulement sur les fesses (→ **asseoir).** *Il est assis sur une chaise. Qui est la dame assise dans le fauteuil ? Je suis assise par terre. S'il vous plaît, restez assis !* ⟨contraire : debout⟩ **2.** *Une PLACE ASSISE,* où l'on peut s'asseoir. *Ce car comporte soixante places assises.* ⟨contraire : debout⟩

ASSISES [asiz] n. f. pluriel ▪ *LES ASSISES* **1.** *COUR D'ASSISES :* tribunal qui juge les criminels. *L'assassin a été envoyé AUX ASSISES,* jugé devant la cour d'assises. **2.** Réunion d'un parti politique, d'un syndicat. → **congrès.** *Cette année, le parti TIENT SES ASSISES à Lyon.*

① **ASSISTANCE** [asistɑ̃s] n. f. ▪ *L'ASSISTANCE :* ensemble de personnes réunies pour assister à qqch. *Une nombreuse assistance écoute le pianiste.* → **auditoire, public.**

② **ASSISTANCE** [asistɑ̃s] n. f. ▪ *L'ASSISTANCE* **1.** Secours donné et reçu. *Le navire a envoyé un message radio : il DEMANDE ASSIS-*

TANCE *aux bateaux qui pourraient l'aider. Peu après l'accident, les pompiers ont* PORTÉ ASSISTANCE *aux blessés.* (contraire : non-assistance) **2.** *L'*ASSISTANCE PUBLIQUE : l'administration qui s'occupe de l'aide sociale, en particulier des enfants sans famille. *Abandonnés par leurs parents, les trois enfants ont été mis à l'Assistance publique. C'est un enfant de l'Assistance.*

REM. L'organisme qui s'occupe des enfants abandonnés ne s'appelle plus officiellement *l'Assistance publique*, mais, *l'Aide sociale à l'enfance.*

ASSISTANT [asistɑ̃] n. m., **ASSISTANTE** [asistɑ̃t] n. f. ▪ *UN ASSISTANT, UNE ASSISTANTE* **1.** Personne qui aide qqn dans son travail. *Le directeur est en voyage d'affaires, c'est son assistant qui nous recevra.* → **adjoint.** *L'assistante du metteur en scène règle les derniers détails avant le tournage.* → **aide. 2.** *ASSISTANTE SOCIALE* : femme dont le métier est d'aider, de conseiller les personnes malades et les familles sans argent ou en difficulté. – *Une ASSISTANTE MATERNELLE garde mon bébé,* une nourrice. **3.** Enseignant chargé d'aider les professeurs, à l'université. *Elle est assistante d'anglais à la faculté des lettres de Lille.*

ASSISTÉ [asiste] n. m. et adj., **ASSISTÉE** [asiste] n. f. et adj.
I. *UN ASSISTÉ, UNE ASSISTÉE* : personne qui reçoit une aide de l'État pour vivre. *Ce vieil homme ne veut rien demander à personne, il refuse d'être un assisté.*
II. adjectif (après le nom) **1.** Aidé. *Cette voiture possède la DIRECTION ASSISTÉE,* un système spécial qui permet au conducteur de faire un minimum d'effort en manœuvrant. **2.** (qqch.) Qui utilise l'informatique. *Ce journal est une publication assistée par ordinateur (P. A. O.). Il fait du dessin assisté par ordinateur (D. A. O.).*

① **ASSISTER** [asiste] verbe [conjugaison 1a] ▪ *ASSISTER À (qqch.)* **1.** Être présent pour voir, entendre. *Des milliers de jeunes ont assisté à son concert. Assisterez-vous au match ? J'ai assisté à la bagarre :* j'ai été témoin de la bagarre. – *J'y ai assisté.* **2.** Constater (un événement nouveau, un changement). *On assiste depuis peu à une diminution du chômage.*

② **ASSISTER** [asiste] verbe [conjugaison 1a] ▪ *Assister qqn* : être auprès de lui pour l'aider. → **seconder.** *Le secrétaire assiste son patron* (→ **assistant**). *Les infirmières de l'hôpital assistent les médecins.*

ASSOCIATION [asɔsjasjɔ̃] n. f. **1.** *L'ASSOCIATION* : le fait d'associer, de s'associer. *Son association avec son frère a été un échec. L'association des deux amis devrait réussir.* **2.** *UNE ASSOCIATION* : groupe de personnes qui s'unissent dans un même intérêt. *Ils ont formé une association pour la défense des animaux en voie de disparition. Tous les membres de l'association étaient présents à la réunion* (→ **sociétaire**). *Il appartient à une association de parents d'élèves.* **3.** *ASSOCIATION D'IDÉES* : idée ou image qui, pour quelqu'un, fait penser automatiquement à une autre idée, une autre image. *La couleur jaune évoque le soleil, par association d'idées.*

ASSOCIÉ [asɔsje] n. m., **ASSOCIÉE** [asɔsje] n. f. ▪ *UN ASSOCIÉ, UNE ASSOCIÉE* : une personne qui travaille avec une autre et qui a mis de l'argent dans l'entreprise. → **partenaire.** *Cette avocate est l'associée de son père.*

ASSOCIER [asɔsje] verbe [conjugaison 7a]
I. 1. *ASSOCIER (qqn) À (qqch.)* : faire participer. *Le boulanger a associé son fils à son commerce,* il l'a pris comme associé, comme partenaire. **2.** Mettre ensemble (des idées, des mots). *Bientôt, ce petit enfant associera* [asosiʀa] *les mots pour former des phrases.* **3.** Allier, unir dans son esprit (une chose à une autre). *Cette jeune fille associe la drôlerie à l'intelligence.* – *Ce parfum est associé à ma mère,* il me fait penser à ma mère.
II. verbe pronominal *S'ASSOCIER* **1.** Se grouper. *Les deux médecins se sont associés. Elle s'est associée à sa sœur pour ouvrir un magasin de fleurs. Il va s'associer avec un ami.* **2.** *Je m'associe à votre bonheur,* j'y prends part, je le partage.

ASSOIFFÉ [aswafe], **ASSOIFFÉE** [aswafe] adj. (après le nom) ▪ (êtres vivants) **1.** Qui a soif (→ ② **altérer**). *Donne à boire à ce chien assoiffé ! – Cette plante est assoiffée,* elle manque d'eau. **2.** STYLE RECHERCHÉ *Il est ASSOIFFÉ DE réussite* : il veut réussir.

ASSOMBRIR [asɔ̃bʀiʀ] verbe [conjugaison 2]
I. (qqch.) **1.** Rendre plus sombre. *De gros nuages noirs assombrissent le ciel.* → **obscurcir. 2.** Rendre triste. *La mauvaise nouvelle a assombri l'assistance.* → **attrister.**
II. verbe pronominal *S'ASSOMBRIR* **1.** Devenir plus sombre. *Le ciel s'assombrit de plus en plus : il va pleuvoir.* **2.** Devenir triste. → se **rembrunir.** *Son visage s'est assombri.*

ASSOMMANT [asɔmɑ̃], **ASSOMMANTE** [asɔmɑ̃t] adj. (après le nom) ▪ Ennuyeux. *J'ai vu un film assommant, j'ai dormi pendant toute la séance.* → STYLE FAMILIER **barbant, rasant.** *Tu es assommante avec toutes ces questions.*

ASSOMMER [asɔme] verbe [conjugaison 1a] **1.** Donner un coup sur la tête, de manière à étourdir. *Le voleur a assommé le veilleur de nuit de l'immeuble.* **2.** Ennuyer. *Tu nous assommes avec tes histoires !* → **fatiguer ;** STYLE FAMILIER **barber.**

> FAUX AMIS
> espagnol **asomar** « apparaître, laisser voir » ; portugais **assomar** « surgir »

ASSORTI [asɔʀti], **ASSORTIE** [asɔʀti] adj. (après le nom) **1.** Qui est en harmonie, qui va bien avec (qqch.) *Elle porte une écharpe et des gants assortis. Les rideaux de la chambre sont assortis au papier peint.* → **coordonné.** – *Ce couple est bien assorti* : l'homme et la femme vont bien ensemble. **2.** *Le rayon mercerie de ce grand magasin est très bien assorti,* il y a un grand choix de marchandises. **3.** (au pluriel) De différentes sortes. *Il m'a offert une boîte de chocolats assortis.*

> FAUX AMI
> italien **assorto** « plongé dans ses pensées »

ASSORTIMENT [asɔʀtimɑ̃] n. m. ▪ *UN ASSORTIMENT* **1.** Assemblage de choses qui vont d'ordinaire ensemble. *Voici un assortiment de vaisselle en porcelaine.* → **service. 2.** Plat composé de divers aliments de même sorte présentés ensemble. *Avant le dessert, il y avait un bel assortiment de fromages.*

ASSORTIR [asɔʀtiʀ] verbe [conjugaison 2] ▪ Mettre ensemble des choses qui vont bien ensemble. *Les hommes élégants assortissent leur cravate à leur chemise.*

*S'*ASSOUPIR [asupiʀ] verbe pronominal [conjugaison 2] ▪ S'endormir à moitié. *Elle s'est assoupie en regardant la télévision. Fatigués, les enfants s'assoupissent dans la voiture.* → **somnoler.**

ASSOUPLIR [asupliʀ] verbe [conjugaison 2] **1.** Rendre plus souple. *La danse et la gymnastique assouplissent le corps.* **2.** Rendre moins sévère. *Le nouveau directeur du lycée a assoupli le règlement.* **3.** verbe pronominal *S'ASSOUPLIR* : devenir plus souple. *Il fait du yoga pour s'assouplir. Mes chaussures de cuir se sont assouplies. Son caractère s'assouplira en vieillissant.*

ASSOURDIR [asuʀdiʀ] verbe [conjugaison 2] **1.** Rendre comme sourd en étourdissant. *Ne criez pas si fort, vous m'assourdissez !* **2.** (qqch.) Rendre moins sonore, moins bruyant. *Les tapis assourdissent le bruit des pas.* → **amortir.**

ASSOURDISSANT [asuʀdisɑ̃], **ASSOURDISSANTE** [asuʀdisɑ̃t] adj. (après le nom) ▪ Qui assourdit. *Les voisins font un bruit assourdissant,* très fort. *Les camions passent dans la rue avec un fracas assourdissant.*

ASSOUVIR [asuviʀ] verbe [conjugaison 2] **1.** Calmer complètement (un violent appétit). *Pendant la marche, les alpinistes assouvissent leur faim en mangeant du chocolat et des fruits secs.* → **apaiser, satisfaire.** **2.** Satisfaire pleinement (un désir, une passion). *Cette petite fille assouvit sa curiosité en fouillant dans tous les placards de la maison.* → **satisfaire.**

REM. On *assouvit sa faim* et on *étanche sa soif.*

ASSUJETTIR [asyʒetiʀ] verbe [conjugaison 2] **1.** STYLE RECHERCHÉ (qqn) Mettre sous sa dépendance (un peuple). *Les Romains ont assujetti de nombreux peuples.* → **asservir, soumettre.** **2.** *ÊTRE ASSUJETTI À qqch.* : y être soumis. *De nombreuses personnes sont assujetties à l'impôt,* elles doivent payer des impôts.

ASSUMER [asyme] verbe [conjugaison 1a] **1.** Se charger de. *Cette jeune femme assume une grosse responsabilité dans ce travail.* → **endosser.** *La municipalité assume des charges importantes.* → **supporter.** *ASSUMER UN RISQUE* : prendre un risque consciemment. *J'assume le risque de perdre. J'en assume le risque.* **2.** *ASSUMER DE (faire)* : accepter (une situation et ses conséquences). *Elle assume très bien de ne pas travailler, car elle préfère s'occuper de ses enfants.* ⟨contraire : refuser⟩ **3.** verbe pronominal S'ASSUMER : (qqn) se prendre en charge. *Depuis que mon fils a trouvé du travail, il s'assume financièrement. Sa fille s'est assumée très jeune.*

① **ASSURANCE** [asyʀɑ̃s] n. f. ▪ *L'ASSURANCE* **1.** Confiance en soi. *Il parle avec beaucoup d'assurance.* → **aisance.** ⟨contraire : timidité⟩ *Cette jeune pianiste est douée, mais elle manque d'assurance.* **2.** Promesse, garantie qui rend une chose certaine. *Il m'a DONNÉ L'ASSURANCE QU'il reviendrait bientôt,* il me l'a promis, garanti.

② **ASSURANCE** [asyʀɑ̃s] n. f. **1.** *L'ASSURANCE* : le fait d'assurer par un contrat qui garantit le remboursement des dépenses en cas de vol ou d'accident. *Les occupants d'un logement doivent avoir un CONTRAT D'ASSURANCE contre le vol, l'incendie, les dégâts des eaux. Tous les propriétaires de véhicules à moteur doivent avoir une POLICE D'ASSURANCE. J'ai une assurance tous risques,* qui couvre tous les risques. *En France, la Sécurité sociale s'occupe de l'assurance maladie,* du remboursement des frais de maladie. **2.** *UNE ASSURANCE,* ce contrat. *Elle a plusieurs assurances sur la vie. Il a déclaré le vol auprès de sa COMPAGNIE D'ASSURANCES.*

① **ASSURÉ** [asyʀe], **ASSURÉE** [asyʀe] adj. (après le nom) **1.** (qqch.) Certain. → **sûr.** *Il est si bon élève que son succès à l'examen est assuré.* → **garanti.** **2.** *Un air assuré,* qui montre que l'on est sûr de soi. *Il a répondu d'un air assuré que c'était d'accord.* ⟨contraires : embarrassé, timide⟩ *Le bébé marche d'un pas mal assuré,* d'un pas hésitant.

② **ASSURÉ** [asyʀe] n. m., **ASSURÉE** [asyʀe] n. f. ▪ *UN ASSURÉ, UNE ASSURÉE* : une personne qui a un contrat d'assurance. *Les assurés d'une compagnie d'assurances sont remboursés en cas d'accident ou de vol.*

REM. *Les assurés sociaux* sont les personnes qui bénéficient de la Sécurité sociale.

ASSURÉMENT [asyʀemɑ̃] adverbe ▪ STYLE RECHERCHÉ D'une manière certaine. → **certainement, sûrement.** *Viendrez-vous demain soir ? – Assurément !* → **oui.**

① **ASSURER** [asyʀe] verbe [conjugaison 1a]

I. *ASSURER QQCH.* **1.** Affirmer, garantir. *Je t'ASSURE QUE c'est vrai. Il nous a assurés qu'il s'occuperait de tout. – Ce n'est pas facile, je t'assure !* **2.** Faire qu'une chose fonctionne, ne s'arrête pas. *Le vigile assure la garde de l'immeuble pendant la nuit. Un car assure la liaison entre le village et la ville.*

II. *ASSURER* (qqn) STYLE FAMILIER Savoir affronter les difficultés, être à la hauteur. *C'est un chef qui assure. En planche à voile, elle assure,* elle est très forte.

III. verbe pronominal S'ASSURER **1.** Prendre une assurance. *Il s'assure contre le vol.* **2.** (qqn) Devenir sûr. → **contrôler, vérifier.** *« Assurez-vous que vous n'avez rien oublié dans l'avion », dit l'hôtesse. Elle s'est assurée de l'exactitude de la nouvelle. Je vais m'en assurer.*

② **ASSURER** [asyʀe] verbe [conjugaison 1a] **1.** Garantir par un contrat d'assurance. *C'est la même compagnie qui assure notre appartement et notre voiture.* **2.** verbe pronominal S'ASSURER : (qqn) prendre une assurance. *Nous nous sommes assurés contre le vol. Elle s'assurera* [asyʀʀa] *contre l'incendie.*

ASSUREUR [asyʀœʀ] n. m. ▪ *UN ASSUREUR* : une personne qui établit des contrats d'assurance. *Mon assureur m'a remboursé ma moto volée.*

ASSYRIEN [asiʀjɛ̃] adj. et n. m., **ASSYRIENNE** [asiʀjɛn] adj. et n. f. **1.** adjectif (après le nom) Qui appartient à l'Assyrie, pays qui était situé au nord de l'ancienne Mésopotamie (Irak actuel). *La civilisation assyrienne était très riche.* **2.** *UN ASSYRIEN, UNE ASSYRIENNE* : un habitant, une habitante de l'ancienne Assyrie. *Les Assyriens.* **3.** nom masculin *L'ASSYRIEN* : la langue parlée par les Assyriens. *Il a su déchiffrer un texte écrit en assyrien.*

ASTÉRISQUE [asteʀisk] n. m. ▪ *UN ASTÉRISQUE* : petit signe en forme d'étoile (*) qui se place à côté d'un mot pour le signaler. *Dans ce livre, chaque mot suivi d'un astérisque est expliqué dans une note au bas de la page.*

REM. On entend souvent des Français dire *une astérisque,* ce qui est fautif : il faut dire *un astérisque.*

ASTHMATIQUE [asmatik] adj., n. m. et n. f. **1.** adjectif (après le nom) Qui a de l'asthme. *Ma sœur est asthmatique. Ils ont un enfant asthmatique.* **2.** *UN ASTHMATIQUE, UNE ASTHMATIQUE* : une personne qui a de l'asthme. *Les asthmatiques supportent mal la pollution de l'air.*

ASTHME [asm] n. m. ▪ *L'ASTHME* : maladie qui empêche de respirer normalement. *Quand on a une crise d'asthme, on manque d'air et on suffoque. Il a un asthme chronique.*

ASTICOT [astiko] n. m. ▪ *UN ASTICOT* : larve de mouche ressemblant à un petit ver blanc que les pêcheurs mettent au bout de l'hameçon pour attirer le poisson. *Le pêcheur accroche un gros asticot au bout de sa ligne.*

ASTICOTER [astikɔte] verbe [conjugaison 1a] ▪ STYLE FAMILIER (qqn) Agacer (qqn) pour de petites choses. *Arrête d'asticoter ta sœur.*

ASTIGMATE [astigmat] adj. (après le nom) ▪ (qqn) Qui a un défaut de la courbure de l'œil qui empêche de voir nettement les objets proches. *Il est astigmate et doit porter des lunettes.*

ASTIQUER [astike] verbe [conjugaison 1a] ▪ Faire briller en frottant. *La femme de ménage astique les meubles avec de la cire. On astique les chaussures avec du cirage.*

ASTRAKAN [astʀakɑ̃] n. m. ▪ Fourrure à poils bouclés d'une variété d'agneau d'Asie centrale tué très jeune. *Elle a un manteau d'astrakan noir. Cet astrakan est très beau.*

ASTRAL [astʀal], **ASTRALE** [astʀal] adj. (après le nom) ▪ Des astres. *Certaines personnes croient à l'influence des astres sur l'homme. Il s'est fait faire son THÈME ASTRAL par une voyante,* son horoscope. → **astrologique.** MASCULIN PLURIEL : *les phénomènes ASTRAUX* [astʀo].

ASTRE [astʀ] n. m. ▪ *UN ASTRE* : étoile ou planète que l'on peut voir (à l'œil nu ou avec l'aide d'un instrument). *Le Soleil, la Lune et la Terre sont des astres. Les astronomes observent les astres avec un télescope.*

> FAUX AMI
> russe **астра** «aster (fleur)»

ASTREIGNANT [astʀɛɲɑ̃], **ASTREIGNANTE** [astʀɛɲɑ̃t] adj. (après le nom) ▪ (qqch.) Qui astreint, contraint (qqn). *Ce travail est très astreignant.* → **contraignant.** *Il fait une tâche astreignante.*

astreigne [astʀɛɲ] *Que j'astreigne ; qu'il astreigne, qu'elle astreigne* : forme au subjonctif du verbe **astreindre.**

ASTREINDRE [astʀɛ̃dʀ] verbe [conjugaison 52b] **1.** *ASTREINDRE (qqn) À* : forcer, contraindre (qqn) à. *On astreint les sportifs à un entraînement très dur.* → **assujettir.** *Les diabétiques sont astreints à un régime sévère.* **2.** verbe pronominal *S'ASTREINDRE À* : se forcer à. *Quand il travaillait, il s'astreignait à aller au bureau à pied. Elle s'est astreinte à aller à la piscine deux fois par semaine.*

astreint [astʀɛ̃], **astreinte** [astʀɛ̃t] *Il a astreint sa fille à... ; sa fille qu'il a astreinte à...* : formes au participe passé du verbe **astreindre.**

ASTROLOGIE [astʀɔlɔʒi] n. f. ▪ *L'ASTROLOGIE* : étude de l'influence des astres sur le caractère et l'avenir des gens. *L'astrologie permet d'établir l'horoscope d'une personne.*

ASTROLOGIQUE [astʀɔlɔʒik] adj. (après le nom) ▪ Relatif à l'astrologie. *Les SIGNES ASTROLOGIQUES* : les signes du zodiaque. *Il y a douze signes astrologiques. De quel signe astrologique êtes-vous ?*

ASTROLOGUE [astʀɔlɔg] n. m., n. f. ▪ *UN ASTROLOGUE, UNE ASTROLOGUE* : une personne qui fait de l'astrologie. *Il a consulté une astrologue pour savoir ce qui allait lui arriver cette année.*

ASTRONAUTE [astʀonot] n. m., n. f. ▪ *UN ASTRONAUTE, UNE ASTRONAUTE* : une personne qui se déplace dans un véhicule spatial, hors de l'atmosphère de la Terre. *Youri Gagarine est le premier astronaute à être allé dans l'espace, en 1961.* → **cosmonaute.** *Les astronautes sont montés dans la navette spatiale.*

ASTRONAUTIQUE [astʀonotik] n. f. ▪ *L'ASTRONAUTIQUE* : science qui étudie la navigation dans l'espace. *Son fils veut devenir ingénieur en astronautique.*

ASTRONEF [astʀɔnɛf] n. m. ▪ *UN ASTRONEF* : véhicule qui sert à se déplacer dans l'espace. *L'astronef se dirige vers la Lune, avec trois astronautes à son bord.*

ASTRONOME [astʀɔnɔm] n. m., n. f. ▪ *UN ASTRONOME, UNE ASTRONOME* : spécialiste de l'astronomie. *Les astronomes étudient le ciel dans des observatoires. L'astronome observe une étoile dans son télescope.*

ASTRONOMIE [astʀɔnɔmi] n. f. ▪ *L'ASTRONOMIE* : science qui étudie l'univers, les astres. *L'astronomie a permis de mieux connaître notre galaxie.*

ASTRONOMIQUE [astʀɔnɔmik] adj. (après le nom) **1.** *Une LUNETTE ASTRONOMIQUE* : instrument avec lequel on observe les astres. *L'astronome observe le ciel avec une lunette astronomique.* **2.** *Un PRIX ASTRONOMIQUE* : un prix très élevé. *Cette voiture de luxe coûte une somme astronomique.*

ASTROPHYSIQUE [astʀofizik] n. f. ▪ *L'ASTROPHYSIQUE* : partie de l'astronomie qui étudie la nature des astres, leur formation et leur évolution. *Il est étudiant en astrophysique.*

ASTUCE [astys] n. f. ▪ *UNE ASTUCE* **1.** Petite invention habile. *J'ai trouvé une astuce pour empêcher la porte de claquer.* → **ruse, truc.** **2.** Plaisanterie. *Il fait sans cesse des astuces pour amuser ses amis.*

ASTUCIEUSEMENT [astysjøzmɑ̃] adverbe ▪ D'une manière astucieuse, ingénieuse. *Ce placard est astucieusement fait, il y a beaucoup de place à l'intérieur.*

ASTUCIEUX [astysjø], **ASTUCIEUSE** [astysjøz] adj. (après le nom, parfois avant le nom) **1.** Adroit, malin. *Les inventeurs sont astucieux. C'est une astucieuse petite fille. – C'est astucieux d'avoir fait cette remarque.* **2.** (qqch.) Bien fait, pratique. *Ce sac est vraiment astucieux avec toutes ces poches ! C'est très astucieux.*

ASTURIES [astyʀi] nom propre féminin pluriel – en espagnol **ASTURIAS** ▪ *LES ASTURIES* : région du nord de l'Espagne. *Il y a des mines de fer et de charbon dans les Asturies. Le prince héritier d'Espagne a le titre de prince des Asturies.*

ASYMÉTRIQUE [asimetʀik] adj. (après le nom) ▪ (qqch.) Qui n'est pas symétrique. → **dissymétrique.** (contraire : symétrique) *Cette année les coupes de cheveux asymétriques sont à la mode,* les coupes où les cheveux n'ont pas la même longueur de chaque côté. *Le gymnaste s'exerce aux BARRES ASYMÉTRIQUES,* aux barres parallèles dont l'une est plus basse que l'autre.

ATCHOUM ! [atʃum] interjection ▪ Bruit que l'on fait en éternuant. *Au milieu d'un grand silence, on a entendu «atchoum» !*

ATELIER [atəlje] n. m. ▪ *UN ATELIER* **1.** Lieu où travaille un artisan, un ouvrier. *Le menuisier scie des planches dans son atelier. Elle travaille dans un atelier de couture.* **2.** Lieu où travaille un peintre, un sculpteur. *Autrefois, à Paris, beaucoup de peintres avaient leurs ateliers dans les quartiers de Montparnasse et de Montmartre.*

> FAUX AMI
> suédois **atelje** ne s'emploie pas pour les artisans (1.)

ATERMOIEMENT [atɛʀmwamɑ̃] n. m. ▪ *UN ATERMOIEMENT* : fait de remettre une action à plus tard. *Après bien des atermoiements, ils ont fini par accepter de venir.* → **délai, retard.**

ATHÉE [ate] n. m., n. f. et adj. **1.** *UN ATHÉE, UNE ATHÉE* : une personne qui ne croit pas en Dieu. → **incroyant.** *Ce sont des athées.* **2.** adjectif (après le nom) Qui ne croit pas en Dieu. *Il a épousé une femme athée.* (contraire : croyant)

ATHÈNES [atɛn] nom propre féminin ▪ Capitale de la Grèce, pays du sud de l'Europe. *Nous irons à Athènes. Nous revenons d'Athènes.*

ATHÉNIEN [atenjɛ̃] n. m. et adj., **ATHÉNIENNE** [atenjɛn] n. f. et adj. **1.** *UN ATHÉNIEN, UNE ATHÉNIENNE* : un habitant, une habitante d'Athènes. *Les Athéniens.* **2.** adjectif (après le nom) De la ville d'Athènes. *Le Parthénon est un monument athénien.*

ATHLÈTE [atlɛt] n. m., n. f. ▪ *UN ATHLÈTE, UNE ATHLÈTE* : sportif, sportive qui fait de la gymnastique, du saut, de la course ou du lancer. *C'est un athlète complet. Cet athlète représentera son pays aux jeux Olympiques. – Il a un corps d'athlète,* un corps fort et musclé.

ATHLÉTIQUE [atletik] adj. (après le nom) ▪ (qqn) Qui a un corps musclé comme celui d'un athlète. *C'est un beau garçon, grand et athlétique. – Il a un corps athlétique.*

ATHLÉTISME [atletism] n. m. ▪ *L'ATHLÉTISME* : ensemble de sports comprenant la gymnastique, le saut, la course et le lancer (du poids, du disque ou du javelot). *Les championnats d'Europe d'athlétisme ont lieu cette semaine.*

ATLAS [atlas] n. m. ▪ *UN ATLAS :* livre de cartes de géographie. *Je cherche dans l'atlas où se trouve cette ville d'Australie.*

ATMOSPHÈRE [atmɔsfɛʀ] n. f. **1.** *L'ATMOSPHÈRE :* couche de gaz qui entoure la Terre et certains astres. *L'atmosphère de la Terre contient de l'azote et de l'oxygène.* **2.** *UNE ATMOSPHÈRE :* ambiance. *Il y a dans cette maison une atmosphère très chaleureuse.* → **climat.**

ATMOSPHÉRIQUE [atmɔsfeʀik] adj. ▪ De l'atmosphère. *La pression atmosphérique se mesure avec un baromètre. Les conditions atmosphériques sont excellentes aujourd'hui, il fait très beau.*

ATOLL [atɔl] n. m. ▪ *UN ATOLL :* le en forme d'anneau, faite de coraux. *Il y a beaucoup d'atolls dans le Pacifique.*

REM. L'eau qui est enfermée à l'intérieur de l'atoll s'appelle *un lagon* ou *une lagune.*

ATOME [atom] n. m. ▪ *UN ATOME* **1.** La plus petite quantité de matière qui peut se combiner avec d'autres pour former les objets de l'univers. *Une molécule d'eau est formée de deux atomes d'hydrogène et d'un atome d'oxygène. Un atome est formé d'un noyau et d'électrons.* **2.** Petite quantité. *Elle n'a pas un atome d'humour :* elle n'a pas du tout d'humour. **3.** *AVOIR DES ATOMES CROCHUS AVEC qqn :* avoir de la sympathie, de l'attirance pour qqn. *Je ne la vois pas très souvent car je n'ai pas d'atomes crochus avec elle.* → **affinité.** *Nous n'avons pas d'atomes crochus :* nous n'avons pas d'attirance l'un envers l'autre.

ATOMIQUE [atɔmik] adj. (après le nom) **1.** Qui concerne les atomes. *Le numéro, le nombre atomique d'un corps chimique,* le nombre d'éléments d'un atome, correspondant à son numéro dans la classification des éléments. **2.** Qui concerne le noyau de l'atome. *L'énergie atomique est libérée par la désintégration de l'atome.* → **nucléaire.** *Les Américains ont lancé la première BOMBE ATOMIQUE sur la ville japonaise d'Hiroshima le 6 août 1945.* **3.** Qui produit ou utilise l'énergie nucléaire. *Les CENTRALES ATOMIQUES produisent de l'électricité.*

ATOMISEUR [atɔmizœʀ] n. m. ▪ *UN ATOMISEUR :* petit flacon qui projette un liquide en fines gouttelettes lorsqu'on appuie sur le bouchon. *Ce parfum est vendu en flacon ou en atomiseur.* → **vaporisateur.**

ATOURS [atuʀ] n. m. pluriel ▪ STYLE RECHERCHÉ *LES ATOURS :* ensemble des parures et des bijoux les plus beaux. *La princesse arriva au bal vêtue de ses plus beaux atours.*

REM. *Atours* est un mot que l'on trouve surtout dans les contes pour enfants.

ATOUT [atu] n. m. ▪ *UN ATOUT* **1.** Dans les jeux de cartes, couleur qui vaut plus que les autres. *L'atout de cette partie est le cœur. Nous jouons atout trèfle. Ce joueur a de l'atout dans son jeu.* **2.** Moyen de réussir. *Son physique est son meilleur atout pour réussir dans le cinéma.* → **chance.** – *Avec ses diplômes et son expérience, il A TOUS LES ATOUTS DANS SON JEU :* il a les meilleures chances de réussir.

ÂTRE [ɑtʀ] n. m. ▪ STYLE RECHERCHÉ *UN ÂTRE :* partie de la cheminée où l'on fait le feu. *De grosses bûches brûlent dans l'âtre.* → **foyer.**

ATROCE [atʀɔs] adj. **1.** (qqch.) Très cruel. *Cet homme a commis un crime atroce. C'est atroce ce qu'il a fait !* → **abominable, affreux, épouvantable.** **2.** (qqch.) Insupportable. *J'ai senti en tombant une douleur atroce dans le genou. J'ai une peur atroce des chiens.* → **horrible.** **3.** Très désagréable. *Il a fait un temps atroce, cet été :* il a fait mauvais temps. → **affreux.**

ATROCEMENT [atʀɔsmɑ̃] adverbe ▪ D'une manière atroce. *Les victimes de l'incendie ont été atrocement brûlées.* → **horriblement.** *Je me suis fait atrocement mal en me coinçant le doigt dans la porte.* – *On s'ennuie atrocement, ici, allons-nous en !* → **terriblement.**

ATROCITÉ [atʀosite] n. f. ▪ *UNE ATROCITÉ* **1.** Acte atroce, cruel. *Les nazis ont commis des atrocités pendant la Deuxième Guerre mondiale.* **2.** Cruauté. *L'atrocité de son crime est inimaginable.*

ATROPHIÉ [atʀɔfje], **ATROPHIÉE** [atʀɔfje] adj. (après le nom) ▪ *UN MEMBRE, UN ORGANE ATROPHIÉ,* devenu beaucoup plus petit à cause d'une maladie. *Depuis qu'il a eu la poliomyélite, sa jambe droite est atrophiée.*

S'**ATTABLER** [atable] verbe pronominal [conjugaison 1a] ▪ S'asseoir à table pour manger ou boire. *Tous les membres de la famille se sont attablés pour le dîner.*

ATTACHANT [ataʃɑ̃], **ATTACHANTE** [ataʃɑ̃t] adj. (après le nom) ▪ Qui attire la sympathie et touche la sensibilité. *Il a une personnalité très attachante. La Grèce est un pays attachant.*

ATTACHE [ataʃ] n. f. **1.** *UNE ATTACHE :* ce qui sert à faire tenir, à attacher les objets ensemble. *Les liens, les agrafes et les trombones sont des attaches.* **2.** (au pluriel) LES ATTACHES : les liens que l'on garde avec une personne ou un lieu. *Il a gardé des attaches dans le village de son enfance.* → **lien.**

① **ATTACHÉ** [ataʃe], **ATTACHÉE** [ataʃe] adj. (après le nom) **1.** Lié, fixé. *Le prisonnier a les mains attachées dans le dos.* ⟨contraire : détaché⟩ *Elle porte un sac attaché à la ceinture.* **2.** (qqn) *ATTACHÉ À :* qui donne beaucoup d'importance sentimentale à. *Elle est très attachée à sa famille,* elle l'aime beaucoup. *L'amitié est la chose à laquelle il est le plus attaché.*

FAUX AMI
portugais **atacado** « attaqué »

② **ATTACHÉ** [ataʃe] n. m., **ATTACHÉE** [ataʃe] n. f. ▪ *UN ATTACHÉ, UNE ATTACHÉE :* une personne qui travaille dans un service important. *Elle est attachée de direction,* elle travaille pour le directeur de l'entreprise. *Il est attaché commercial.* – *Elle est ATTACHÉE DE PRESSE :* elle s'occupe des relations entre son entreprise et les médias.

ATTACHÉ-CASE [ataʃekɛz] n. m. ▪ *UN ATTACHÉ-CASE :* mallette plate et rectangulaire servant à transporter des documents. *Chaque matin, il se rend à son bureau avec son attaché-case.* PLURIEL : *des ATTACHÉS-CASES.*

REM. Ce mot est un emprunt à l'anglais.

ATTACHEMENT [ataʃmɑ̃] n. m. ▪ *L'ATTACHEMENT :* sentiment qui nous unit aux personnes et aux choses que l'on aime. → **affection, amitié, amour.** *Ce professeur a beaucoup d'attachement pour ses élèves. J'éprouve un véritable attachement pour cette région.*

ATTACHER [ataʃe] verbe [conjugaison 1a]
I. 1. Faire tenir par un lien. *Le cavalier attache son cheval à un arbre. Les soldats ont attaché leur prisonnier sur une chaise.* → **ligoter.** *Elle attache ses cheveux avec une barrette.* ⟨contraire : détacher⟩ **2.** Joindre, fermer avec une attache. *L'avion va décoller, les passagers attachent leur ceinture de sécurité.* → **boucler.** *Elle attache son collier à l'aide du fermoir.* → **fermer.** *Il attache ses chaussures avec les lacets.* → **lacer.** – *La ficelle qui attachait le paquet s'est cassée.* **3.** *ATTACHER DE L'IMPORTANCE À qqch. :* trouver qu'une chose est importante. *Ils attachent beaucoup d'importance à l'éducation de leurs enfants.* → **accorder.** *Il attache trop d'importance aux détails et ne voit pas ce qui est important.*

II. verbe pronominal S'ATTACHER **1.** (qqch.) Se fermer. *Cette robe s'attache dans le dos.* **2.** *S'ATTACHER À (qqn, un animal, un lieu)*, se mettre à l'aimer. *Le chien s'est très vite attaché à ses nouveaux maîtres. Elle s'est tellement attachée à ce village qu'elle y vient chaque été.* ⟨contraire : se détacher⟩

ATTAQUANT [atakɑ̃] n. m., **ATTAQUANTE** [atakɑ̃t] n. f. ▪ *UN ATTAQUANT, UNE ATTAQUANTE :* une personne qui commence le combat. *Les attaquants ont été repoussés.* → **assaillant.** ⟨contraire : défenseur⟩

ATTAQUE [atak] n. f. ▪ *UNE ATTAQUE* **1.** Fait de commencer le combat. *Les ennemis ont lancé contre nous une violente attaque.* → **offensive.** *Ils sont PASSÉS À L'ATTAQUE :* ils ont attaqué. *Une attaque aérienne a détruit la ville.* → **bombardement, raid.** **2.** Effort pour gagner un point, dans un sport ou un jeu. *Ce footballeur est meilleur à l'attaque qu'à la défense.* **3.** Acte violent contre qqn. *Le bijoutier a été victime d'une ATTAQUE À MAIN ARMÉE,* d'un hold-up. → STYLE FAMILIER **braquage.** **4.** (souvent au pluriel) Critique violente. *Le ministre a répondu aux attaques de ses adversaires.* **5.** Accès brusque (d'une maladie). *Il vient d'avoir une attaque cardiaque et a été transporté d'urgence à l'hôpital.* → **crise.** – *Il est mort d'une attaque,* d'une congestion cérébrale.

ATTAQUER [atake] verbe [conjugaison 1a] **1.** Commencer le combat. *Les ennemis ont attaqué par surprise.* **2.** S'élancer sur (qqn) pour le battre, le voler ou le tuer. *Les malfaiteurs ont attaqué la vieille dame pour lui voler son sac. – Des bandits veulent attaquer la banque. Le lion a attaqué une gazelle.* **3.** Faire des reproches violents à, critiquer. *Le gouvernement a vivement attaqué l'opposition.* **4.** Commencer à faire qqch. *Les cyclistes attaquent la côte. – Allez, on attaque !* → **aborder, entamer.** **5.** (qqch.) Détruire, ronger. *La rouille attaque le fer.* **6.** verbe pronominal S'ATTAQUER À : commencer. *Il est temps de m'attaquer à mes révisions, l'examen est dans un mois. Elle s'est attaquée au rangement de sa chambre.*

ATTARDÉ [ataʀde], **ATTARDÉE** [ataʀde] adj. (après le nom) ▪ (qqn) Qui est en retard dans sa croissance, son développement. *Cette fillette de quatre ans ne parle pas encore, elle est un peu attardée. Il est dans un centre pour enfants attardés.* ⟨contraire : précoce⟩

S'**ATTARDER** [ataʀde] verbe pronominal [conjugaison 1a] ▪ (qqn) **1.** Se mettre en retard. *Ne vous attardez pas si vous voulez être de retour avant la nuit.* → **traîner.** *Au lieu de rentrer directement, elles se sont attardées chez des amis.* **2.** Perdre du temps. *Ne nous attardons pas à ces détails et parlons de l'essentiel.* → s'**appesantir,** s' **arrêter.**

atteignons [atɛɲɔ̃] *Nous atteignons :* forme au présent du verbe **atteindre.**

ATTEINDRE [atɛ̃dʀ] verbe [conjugaison 52b] **1.** Parvenir à (un lieu). *Le bateau atteint le quai, puis les passagers débarquent.* → **arriver** (à), **gagner.** *Il faut qu'ils atteignent le sommet de la montagne avant la nuit. – ATTEINDRE UN BUT :* parvenir à ce qu'on s'était fixé. *Il a maintenant atteint son objectif : devenir écrivain.* **2.** Arriver à toucher ou à prendre (un objet). *Je n'arrive pas à atteindre ce livre, l'étagère est trop haute.* **3.** (qqch.) Parvenir à (un lieu, une hauteur). *Le mont Blanc atteint quatre mille huit cent sept mètres.* **4.** Toucher (une personne, un animal), blesser avec un projectile, une arme. *Le chasseur a atteint le sanglier à la tête. L'oiseau a été atteint en plein vol. – Le missile a atteint son objectif. La balle l'a atteint à la jambe.* ⟨contraires : manquer, rater⟩ **5.** (qqch.) Faire du mal à, toucher (qqn). *Il a beaucoup de courage au milieu de tous les malheurs qui l'ont atteint. Rien ne l'atteint :* il est indifférent à tout. → **émouvoir, troubler.** *Dites tout ce que vous voulez, ça ne m'atteint pas !*

REM. Penser au groupe de lettres *gni* à la 1re et à la 2e personne du pluriel de l'imparfait (ex. : *nous atteignions*) et du subjonctif (ex. : *que vous atteigniez*).

atteint [atɛ̃], **atteinte** [atɛ̃t] *Il a atteint la rivière ; la rivière qu'il a atteinte :* formes au participe passé du verbe **atteindre.**

ATTEINT [atɛ̃], **ATTEINTE** [atɛ̃t] adj. (après le nom) **1.** Touché par une maladie. *C'est un malade atteint du sida.* **2.** STYLE FAMILIER Fou. *Elle est bien atteinte, la pauvre !*

ATTEINTE [atɛ̃t] n. f. ▪ *L'ATTEINTE* **1.** *HORS D'ATTEINTE :* impossible à attraper. *Ces pommes en haut de l'arbre sont hors d'atteinte.* **2.** STYLE RECHERCHÉ *PORTER ATTEINTE À :* nuire à. *Ces calomnies portent atteinte à son honneur.*

ATTELAGE [atlaʒ] n. m. ▪ *UN ATTELAGE :* groupe de bêtes qui tire une voiture, une charrue. *C'est l'attelage de chevaux de Ben Hur qui a gagné la course de chars contre l'attelage de Messala. Il participe à une course d'attelages de chiens de traîneau.*

ATTELER [atle] verbe [conjugaison 4a] **1.** Attacher (un animal) à une voiture, à une charrette, pour la tirer. *Au départ de la course, chaque concurrent attelle ses chiens au traîneau.* ⟨contraire : dételer⟩ – *Le mécanicien attelle la locomotive aux wagons,* il l'attache aux wagons. **2.** verbe pronominal S'ATTELER À *(un travail) :* se mettre à (un travail souvent long et difficile). *Je m'attellerai dès demain au rangement de la cave. Elle s'est attelée à ses révisions.*

ATTELLE [atɛl] n. f. ▪ *UNE ATTELLE :* petite planche qui sert à maintenir un os fracturé. *Le vétérinaire a fixé une attelle sur la patte cassée du chien.*

ATTENDRE [atɑ̃dʀ] verbe [conjugaison 41a]
I. 1. Rester au même endroit jusqu'à ce que qqn ou qqch. arrive. *Les parents attendent leurs enfants à la sortie de l'école. Je t'attendrai jusqu'à midi. Je l'ai attendu une heure mais il n'est pas venu au rendez-vous. Attends-moi, tu marches trop vite ! Attendez ! Je vais vous aider.* **2.** Ne rien faire avant (que qqn, qqch. arrive). *Le lion attend le bon moment pour attaquer. On n'attend plus que toi pour commencer à déjeuner. J'ATTENDS QUE tu reviennes.* **3.** (femme) *ATTENDRE UN ENFANT :* être enceinte. *Elle attend un enfant pour le mois de juin :* elle va avoir un enfant au mois de juin. **4.** *EN ATTENDANT :* jusqu'à tel moment. *J'ai rendez-vous à quatre heures, en attendant, je vais finir ce travail. Ils ont loué la maison EN ATTENDANT DE pouvoir l'acheter. Asseyez-vous donc EN ATTENDANT QU'il arrive !*
II. verbe pronominal S'ATTENDRE À : (qqch.) penser que qqch. arrivera. *Je ne m'attendais vraiment pas à cela ! Je m'attends au pire. Nous nous sommes attendus au pire. Tout le monde S'ATTENDAIT À CE QUE le champion gagne la course mais il l'a perdue.*

FAUX AMIS
anglais **to attend** « assister à » ; espagnol **atender** « s'occuper de » ; portugais **atender** « servir (un client) »

ATTENDRI [atɑ̃dʀi], **ATTENDRIE** [atɑ̃dʀi] adj. (après le nom) ▪ *Un AIR ATTENDRI,* ému. *La maman regarde son bébé d'un air attendri.*

ATTENDRIR [atɑ̃dʀiʀ] verbe [conjugaison 2] **1.** Émouvoir, toucher. *Ses larmes m'attendrissent et j'ai envie de le consoler.* ⟨contraire : endurcir⟩ *Elle s'est laissé attendrir par ce chien abandonné et elle l'a adopté.* **2.** verbe pronominal S'ATTENDRIR : se laisser émouvoir. *Elle déteste les gens qui s'attendrissent sur eux-mêmes. Ce n'est pas le moment de s'attendrir. Elle s'est attendrie sur un chaton perdu.*

ATTENDRISSANT [atɑ̃dʀisɑ̃], **ATTENDRISSANTE** [atɑ̃dʀisɑ̃t] adj. (après le nom) ▪ Émouvant, touchant. *Ces chatons sont attendrissants. Quelle scène attendrissante !*

ATTENDRISSEMENT [atɑ̃dʀismɑ̃] n. m. ▪ *UN ATTENDRISSEMENT :* émotion. *La jeune mère contemple son bébé avec attendrissement. Très ému, il a versé des larmes d'attendrissement. Assez d'attendrissements, passons à l'action.*

attendu [atɑ̃dy], **attendue** [atɑ̃dy] *Il a attendu sa femme ; la femme qu'il a attendue :* formes au participe passé du verbe **attendre.**

ATTENTAT [atɑ̃ta] n. m. ▪ *UN ATTENTAT* **1.** Action violente, agression contre des personnes ou contre des biens appartenant à des personnes, pour des raisons politiques. *Les attentats terroristes font chaque jour de nouvelles victimes. Il a été victime d'un attentat à la bombe,* provoqué par une bombe. **2.** *ATTENTAT À LA PUDEUR :* acte, geste grossier, indécent qui peut choquer la personne qui en est l'objet. *Se promener tout nu dans la rue est un attentat à la pudeur.*

ATTENTE [atɑ̃t] n. f. **1.** *L'ATTENTE :* temps passé à attendre. *Il y a dix minutes d'attente entre chaque autobus. Il y a une longue FILE D'ATTENTE devant le cinéma* (→ **queue**). *Les patients du médecin sont assis dans la SALLE D'ATTENTE.* **2.** *UNE ATTENTE :* le fait de compter sur qqn ou qqch. → **demande, désir.** *Sa lettre NE RÉPOND PAS À MON ATTENTE,* n'est pas du tout celle que j'espérais. – STYLE RECHERCHÉ *CONTRE TOUTE ATTENTE, il s'est montré charmant,* contrairement à ce que je croyais.

FAUX AMIS
anglais **attempt** « essai » ; portugais **atenta** « attentive (f.) »

ATTENTER [atɑ̃te] verbe [conjugaison 1a] ▪ *ATTENTER À :* essayer, tenter d'agresser, de tuer (→ **attentat**). *Les terroristes ont ATTENTÉ À LA VIE du président de la République,* ils ont essayé de le tuer. *Désespérée, elle a ATTENTÉ À SES JOURS,* elle s'est suicidée.

ATTENTIF [atɑ̃tif], **ATTENTIVE** [atɑ̃tiv] adj. (après le nom) **1.** (qqn) Qui écoute, regarde ou agit avec attention, application. (contraire : distrait) *Pendant le concert, les auditeurs sont attentifs.* – *Tout le monde écoutait d'un AIR ATTENTIF.* **2.** *ÊTRE ATTENTIF À :* faire attention à, veiller à. *Le jeune conducteur est attentif à ce que lui explique le moniteur de l'auto-école. Soyez attentifs à faire ce qu'on vous dit.* **3.** (qqch.) Qui montre de l'attention. *Les infirmières de l'hôpital entourent tous les malades de SOINS ATTENTIFS.* → **assidu, zélé.**

ATTENTION [atɑ̃sjɔ̃] n. f. **1.** *L'ATTENTION :* attitude de quelqu'un qui écoute, regarde et agit soigneusement, sans être distrait. *Faites un effort d'attention.* → **concentration.** *Les étudiants écoutent AVEC ATTENTION les explications du professeur.* → **application.** (contraire : distraction) *VOTRE ATTENTION, s'il vous plaît :* écoutez, s'il vous plaît. **2.** *FAIRE ATTENTION À :* tenir compte de. *Fais attention aux voitures en traversant. Vous ne faites pas attention à ce que je vous dis.* – *ATTENTION À la marche, tu vas tomber !* prends garde à la marche. – (interjection) *ATTENTION ! tu vas renverser ce verre !* **3.** *UNE ATTENTION :* action gentille envers une personne. *C'est une maîtresse de maison parfaite, elle entoure ses invités d'attentions. Elle est pleine d'attentions pour les autres.* → **égard, prévenance.**

ATTENTIONNÉ [atɑ̃sjɔne], **ATTENTIONNÉE** [atɑ̃sjɔne] adj. (après le nom) ▪ (qqn) Qui fait attention aux autres, qui veille à ce que rien ne leur manque. *C'est un hôte attentionné, il veille à ce que chacun ait ce qu'il lui faut.* → **prévenant.**

REM. Il ne faut pas confondre *attentionné* et *attentif* « qui écoute, regarde avec attention ».

ATTENTISME [atɑ̃tism] n. m. ▪ *L'ATTENTISME :* attitude qui consiste, pour un pays, un gouvernement, à attendre que des événements arrivent avant de prendre une décision. *Face à la grève, le gouvernement a choisi l'attentisme. Il est d'un attentisme inébranlable.*

ATTENTIVEMENT [atɑ̃tivmɑ̃] adverbe ▪ Avec attention. *Le conducteur regarde attentivement la route.* (contraire : distraitement)

ATTÉNUANT [atenɥɑ̃], **ATTÉNUANTE** [atenɥɑ̃t] adj. (après le nom) ▪ *CIRCONSTANCE ATTÉNUANTE :* fait qui diminue l'importance d'une mauvaise action. *L'accusé a été reconnu coupable avec circonstances atténuantes, à cause de son enfance malheureuse. Ceci n'est pas une circonstance atténuante.*

ATTÉNUER [atenɥe] verbe [conjugaison 1a] **1.** (qqch.) Rendre moins fort, moins violent. *Les calmants atténuent la douleur.* → **apaiser.** *Un tapis atténuerait* [atenyʀɛ] *le bruit des pas sur le parquet.* → **amortir, assourdir.** (contraire : augmenter) **2.** verbe pronominal S'ATTÉNUER : (qqch.) devenir moins fort, moins violent. *La douleur s'est atténuée peu à peu. Ce mauvais souvenir s'atténuera* [atenyʀa] *avec le temps.*

ATTERRANT [ateʀɑ̃], **ATTERRANTE** [ateʀɑ̃t] adj. (après le nom) ▪ (qqch.) Accablant, affligeant. *Ce garçon est d'une bêtise atterrante. C'est atterrant, cette mauvaise volonté !* → **consternant.**

ATTERRER [ateʀe] verbe [conjugaison 1a] ▪ Jeter dans l'étonnement et la tristesse. *La nouvelle de cet affreux accident nous a atterrés. Cette triste nouvelle les atterrera* [atɛʀʀa]. → **accabler, consterner.** *J'ai été atterré d'apprendre cela.*

ATTERRIR [ateʀiʀ] verbe [conjugaison 2] ▪ (avion, fusée) Se poser sur le sol. *Les avions atterrissent sur cette piste.* (contraire : décoller)

ATTERRISSAGE [ateʀisaʒ] n. m. ▪ *UN ATTERRISSAGE :* moment où un avion, une fusée touche terre. *Les passagers attachent leur ceinture de sécurité avant l'atterrissage.* (contraire : décollage) *L'avion a dû faire un ATTERRISSAGE FORCÉ,* atterrir immédiatement à cause d'ennuis mécaniques. *L'aérodrome a plusieurs PISTES D'ATTERRISSAGE.*

ATTESTATION [atɛstasjɔ̃] n. f. ▪ *UNE ATTESTATION :* papier qui donne la preuve (de qqch.). *Le propriétaire d'une auto doit avoir une ATTESTATION D'ASSURANCE,* un papier qui prouve que son auto est bien assurée. *Il vous faut une attestation de domicile.* → **certificat.**

ATTESTÉ [atɛste], **ATTESTÉE** [atɛste] adj. (après le nom) ▪ *UN FAIT ATTESTÉ,* certain. *L'intelligence des rats est un fait attesté.*

ATTESTER [atɛste] verbe [conjugaison 1a] **1.** (qqn) Donner la preuve qu'une chose est vraie. *Les témoins ont attesté l'innocence de l'accusé.* → **certifier, garantir.** *J'atteste avoir perdu mon passeport. La chose est attestée par tous.* **2.** (qqch.) Servir de témoignage. *La quittance de loyer atteste que le locataire a payé son loyer.* → **certifier, prouver.** **3.** *ATTESTER DE :* donner pour vrai. *J'atteste de sa bonne foi.*

S'**ATTIFER** [atife] verbe pronominal [conjugaison 1a] ▪ STYLE FAMILIER S'habiller d'une manière ridicule. *Elle s'est attifée n'importe comment, avec de vieux vêtements.* → **affubler.**

ATTIRAIL [atiʀaj] n. m. ▪ *UN ATTIRAIL :* ensemble d'objets dont on se sert dans une activité. *Le pêcheur déballe ses lignes, ses hameçons : tout son attirail de pêche.* → **équipement ;** STYLE FAMILIER **barda, fourbi.** PLURIEL : *des ATTIRAILS compliqués.*

ATTIRANCE [atiʀɑ̃s] n. f. ▪ *L'ATTIRANCE :* force qui pousse vers (qqn, qqch.). *J'éprouve de l'attirance pour lui.* → **désir.**

⟨contraires : aversion, dégoût⟩ *Il ressent une forte attirance envers elle. Ma sœur a toujours eu de l'attirance pour les métiers dangereux.*

ATTIRANT [atiʀɑ̃], **ATTIRANTE** [atiʀɑ̃t] adj. (après le nom) ▪ Attrayant, séduisant. *Beaucoup de jeunes trouvent le métier de journaliste attirant.* → **attrayant.** ⟨contraire : rebutant⟩ *C'est une femme très attirante.* → **séduisant.** ⟨contraire : repoussant⟩

ATTIRER [atiʀe] verbe [conjugaison 1a] **1.** Faire venir à soi. *L'aimant attire le fer. Il l'a attirée à lui pour l'embrasser.* ⟨contraire : repousser⟩ **2.** Faire venir. *La lumière attire les papillons de nuit.* ⟨contraire : éloigner⟩ *Ce spectacle a beaucoup de succès : il attire de nombreux spectateurs.* **3.** Solliciter (le regard, l'attention). *Les couleurs vives attirent le regard. J'attire votre attention sur ce point.* **4.** Inspirer l'envie de vouloir se rapprocher de (qqn, qqch.). *Il est très attiré par les blondes aux yeux noirs.* → **séduire.** *Les pays méditerranéens m'attirent plus que les pays nordiques.* → **intéresser.** **5.** Provoquer. *Ses manières lui attireront* [atiʀʀɔ̃] *l'antipathie générale,* auront pour résultat l'antipathie générale. **6.** verbe pronominal S'ATTIRER QQCH. : attirer qqch. à soi, sur soi. *Tu vas t'attirer des ennuis, si tu continues. Les ennuis qu'elle s'est attirés ne sont pas terminés !*

> FAUX AMIS
> anglais **to attire** « habiller » ; portugais **atirar** « jeter »

ATTISER [atize] verbe [conjugaison 1a] **1.** *ATTISER UN FEU,* le faire brûler plus fort. *On attise le feu avec un soufflet ou en remuant les braises avec un tisonnier.* **2.** Rendre plus fort, plus vif (un sentiment). *Ce politicien attise la haine par ses discours violents.* → **exciter.**

ATTITUDE [atityd] n. f. ▪ *UNE ATTITUDE* **1.** Manière de tenir son corps. *Elle a une attitude très gracieuse sur cette photo.* **2.** Manière de se comporter, de faire, de réagir. *Je ne comprends pas son attitude envers nous.* → **comportement.** *Elle a changé d'attitude vis-à-vis de moi depuis quelque temps. Quelle est l'attitude du gouvernement sur ce sujet ?* → **position.** *Son attitude face au problème est très courageuse.*

ATTOUCHEMENT [atuʃmɑ̃] n. m. ▪ *UN ATTOUCHEMENT :* caresse sexuelle, fait de toucher avec la main. *Le pédophile est accusé d'attouchements sur plusieurs enfants.*

ATTRACTIF [atʀaktif], **ATTRACTIVE** [atʀaktiv] adj. (après le nom) ▪ (qqch.) Qui attire (les clients). *Dans ce grand magasin, les prix sont très attractifs.* → **attrayant, séduisant.** *Ce commerçant pratique des prix attractifs.*

REM. *Attractif* est un mot de la langue du commerce.

ATTRACTION [atʀaksjɔ̃] n. f. **1.** *L'ATTRACTION :* force qui attire. *L'attraction terrestre nous retient au sol.* → **gravitation, pesanteur.** **2.** Force qui attire. *Elle exerce sur lui une forte attraction.* → **attirance, attrait.** ⟨contraire : répulsion⟩ **3.** *UNE ATTRACTION :* distraction dans une foire, une fête foraine. *Les manèges, les autos tamponneuses et les stands de tir sont des attractions de fêtes foraines. Disneyland est un célèbre PARC D'ATTRACTIONS.*

ATTRAIT [atʀɛ] n. m. **1.** *L'ATTRAIT :* le fait d'attirer. *L'attrait de la nouveauté le pousse à voyager toujours plus loin.* → **séduction.** **2.** *UN ATTRAIT :* ce qui attire, séduit. *En été comme en hiver, la montagne a bien des attraits.* → **charme.**

ATTRAPE [atʀap] n. f. ▪ *UNE ATTRAPE :* objet qui sert à faire des farces. *Les enfants ont acheté des boules puantes chez le marchand de FARCES ET ATTRAPES.*

ATTRAPE-NIGAUD [atʀapnigo] n. m. ▪ *UN ATTRAPE-NIGAUD :* chose qui cherche à tromper les gens naïfs. *Cette publicité n'est qu'un attrape-nigaud.* PLURIEL : *des ATTRAPE-NIGAUDS.*

ATTRAPER [atʀape] verbe [conjugaison 1a]
I. (prendre) **1.** Réussir à prendre, à saisir. *L'araignée attrape les mouches dans sa toile. Le chat a attrapé une souris. Gare à toi si je t'attrape ! Attrape le ballon !* **2.** Réussir à monter dans (un véhicule qui roule). *J'ai couru, mais je n'ai pas pu attraper le bus.* → **avoir.** **3.** STYLE FAMILIER (qqn) *ÊTRE BIEN ATTRAPÉ :* être surpris et déçu. *Si je gagne le pari, tu seras bien attrapé.*
II. (subir) (qqn) Recevoir, subir (une chose désagréable). *J'ai encore attrapé une contravention aujourd'hui.* – *Ma sœur a pris froid et elle a attrapé un bon rhume,* elle a un rhume.

ATTRAYANT [atʀɛjɑ̃], **ATTRAYANTE** [atʀɛjɑ̃t] adj. (après le nom) ▪ Attirant, séduisant. *Ce livre a des illustrations attrayantes. Ce programme n'est pas très attrayant.*

REM. *Attrayant* et *attractif* ont à peu près le même sens, cependant *attrayant* se dit pour les choses les plus variées alors qu'*attractif* s'emploie plutôt dans la langue du commerce et de la publicité.

ATTRIBUER [atʀibɥe] verbe [conjugaison 1a] **1.** Donner à (qqn) dans une distribution. *Le notaire attribuera* [atʀibyʀa] *à chaque enfant une part égale de l'héritage des parents. Un prix littéraire a été attribué à ce jeune écrivain.* → **décerner.** **2.** Donner comme cause, comme auteur. *À quoi faut-il attribuer la diminution des naissances dans les pays riches ? On attribue cette œuvre non signée au grand peintre Rubens.*

ATTRIBUT [atʀiby] n. m. ▪ *UN ATTRIBUT* **1.** Mot relié au sujet ou au complément d'objet par des verbes comme « être », « paraître », « sembler » ou « devenir ». *Dans la phrase « la mer est bleue », « bleue » est l'attribut du sujet « la mer ». Les adjectifs qualificatifs sont des attributs ou des épithètes.* **2.** Ce qui appartient particulièrement à un être ou à une chose. *La parole et le rire sont des attributs de l'homme.* → **caractère, caractéristique, particularité, qualité.** – *Le sceptre est l'attribut de la royauté.* → **emblème, signe, symbole.**

ATTRIBUTION [atʀibysjɔ̃] n. f. ▪ *L'ATTRIBUTION* **1.** Le fait de donner, dans une distribution. *Le directeur de l'usine a annoncé au personnel l'attribution d'une prime.* **2.** (au pluriel) LES ATTRIBUTIONS DE *qqn,* ce qu'il est chargé de faire. *Répondre au courrier fait partie des attributions d'une secrétaire. Désolé, je ne peux pas vous aider, cela NE RENTRE PAS DANS MES ATTRIBUTIONS.*

ATTRISTANT [atʀistɑ̃], **ATTRISTANTE** [atʀistɑ̃t] adj. (après le nom) ▪ Désolant, navrant. *Les nouvelles de ce pays en guerre sont attristantes. Quel spectacle attristant !* → **affligeant.**

ATTRISTER [atʀiste] verbe [conjugaison 1a] ▪ Rendre triste. *La mort de son chien l'a attristé.* → **chagriner.** ⟨contraire : réjouir⟩ *Cela m'attriste de te voir partir.* → **désoler.**

ATTROUPEMENT [atʀupmɑ̃] n. m. ▪ *UN ATTROUPEMENT :* groupe de personnes qui s'arrête dans la rue pour voir quelque chose. *Deux hommes ont commencé à se battre et un attroupement s'est aussitôt formé.*

S'**ATTROUPER** [atʀupe] verbe pronominal [conjugaison 1a] ▪ (qqn) Se rassembler pour regarder qqch. *Les passants se sont attroupés devant l'accident.* ⟨contraire : se disperser⟩

AU → **à**

AUBAINE [obɛn] n. f. ▪ STYLE RECHERCHÉ *UNE AUBAINE :* chance inattendue. *J'ai retrouvé cent francs dans la poche de ma veste, quelle aubaine !* ⟨contraire : malchance⟩

① **AUBE** [ob] n. f. ▪ *L'AUBE :* moment où il commence à faire clair, juste avant le lever du soleil. *Nous nous sommes levés à l'aube pour faire une excursion en montagne.* ⟨contraire : crépuscule⟩

REM. L'*aube* précède l'*aurore*.

② **AUBE** [ob] n. f. ▪ *UNE ROUE À AUBES :* roue garnie de pales et qui tourne dans l'eau. *Autrefois, sur le Mississippi, les bateaux avaient des roues à aubes. On peut voir la roue à aubes du vieux moulin.*

AUBÉPINE [obepin] n. f. ▪ *UNE AUBÉPINE :* petit arbre à épines et à fleurs blanches ou roses qui sentent très bon. *Le chemin est bordé de haies d'aubépines.*

AUBERGE [obɛʀʒ] n. f. ▪ *UNE AUBERGE* **1.** Hôtel ou hôtel-restaurant, à la campagne. *Le soir, ils se sont arrêtés dans une charmante auberge.* **2.** *Une AUBERGE DE JEUNESSE :* hôtel très simple qui reçoit de jeunes voyageurs pour une petite somme d'argent. *Ces jeunes gens qui voyagent à pied s'arrêtent le soir dans des auberges de jeunesse.*

AUBERGINE [obɛʀʒin] n. f. ▪ *UNE AUBERGINE :* légume de forme allongée, à peau lisse et violette. *On met des aubergines dans la ratatouille.*

AUBETTE [obɛt] n. f. ▪ *UNE AUBETTE :* kiosque à journaux ou abri pour les voyageurs des transports en commun. → **abribus, kiosque.**

REM. Ce mot est employé en Belgique.

AUCUBA [okyba] n. m. ▪ *UN AUCUBA :* petit arbre originaire d'Asie, à feuilles vertes tachées de jaune. *Il y a de jolis aucubas dans le parc.*

AUCUN [okɛ̃], **AUCUNE** [okyn] adj. et pronom **1.** adjectif (avant le nom) Pas un seul. *Je n'ai lu aucun livre de cet auteur.* ⟨contraire : chaque⟩ *Elle n'a aucune amie.* ⟨contraire : plusieurs⟩ *Avez-vous des nouvelles de votre fille, depuis son départ ? – Non, aucune.* **2.** pronom Pas une seule personne, pas une seule chose. *Connais-tu ses frères et sœurs ? – Je n'en connais aucun.* ⟨contraire : tous⟩ *Je ne connais aucun d'eux. Aucune d'elles ne me plaît.* **3.** *SANS AUCUN*, où il n'y a pas de. *Il a une vie sans aucun plaisir.*

FAUX AMIS
espagnol **alguno,**
portugais **algum**
« quelque »

AUCUNEMENT [okynmɑ̃] adverbe ▪ STYLE RECHERCHÉ En aucune façon, pas du tout. *Est-ce que cela vous ennuie si je passe un coup de téléphone ? – Aucunement !* → **nullement.**

AUDACE [odas] n. f. ▪ *L'AUDACE :* hardiesse, courage devant le danger, les difficultés. *Il faut de l'audace pour être cascadeur. – Il ne manque pas d'audace, celui-là !* → STYLE FAMILIER **culot, toupet.**

AUDACIEUX [odasjø], **AUDACIEUSE** [odasjøz] adj. (après le nom, parfois avant le nom) **1.** (qqn) Qui ose faire des choses dangereuses et difficiles. *Ces navigateurs sont bien audacieux de faire cette course autour du monde.* → **courageux, hardi.** ⟨contraires : lâche, peureux, poltron⟩ *Un explorateur audacieux s'est aventuré au cœur de l'Amazonie.* **2.** (qqch.) Qui demande de l'audace. *Les alpinistes ont mis plusieurs années à organiser leur audacieuse expédition.* **3.** (qqch.) Qui innove. *Ce théâtre a une architecture audacieuse,* complètement nouvelle.

AU-DEDANS [odədɑ̃] adverbe ▪ À l'intérieur. *Au-dedans, la maison est assez grande.* → **intérieurement.** ⟨contraire : extérieurement⟩ – *Il ne faut pas garder vos sentiments au-dedans de vous :* à l'intérieur de vous.

AU-DEHORS [odəɔʀ] adverbe ▪ À l'extérieur. *Le plat est tombé et toute la sauce s'est répandue au-dehors.* – (figuré) *Au-dehors elle est aimable, mais elle est en colère intérieurement.* → **extérieurement.**

AU-DELÀ [odəla] adverbe, préposition et n. m. **1.** adverbe Plus loin. *On peut nager jusqu'à la bouée, au-delà c'est dangereux.* ⟨contraire : en deçà⟩ **2.** préposition *AU-DELÀ DE :* plus loin que. *La frontière est au-delà de cette montagne.* – (figuré) *Cette histoire est AU-DELÀ DE TOUTE IMAGINATION,* elle dépasse tout ce qu'on peut imaginer, elle est invraisemblable. **3.** nom masculin *L'AU-DELÀ :* le monde que l'on imagine après la mort. *Les chrétiens croient à l'au-delà. Il s'intéresse au monde de l'au-delà.*

AU-DESSOUS [odsu] adverbe et préposition
I. adverbe En bas. *Au-dessous, l'appartement est vide, personne ne l'habite.*
II. 1. préposition *AU-DESSOUS DE :* plus bas que. *Ce matin, il fait cinq degrés au-dessous de zéro. Ce tableau a été vendu bien au-dessous de sa valeur,* beaucoup moins cher qu'il ne vaut. **2.** *ÊTRE AU-DESSOUS DE TOUT :* n'être capable de rien, n'avoir aucune valeur. *On ne peut pas te faire confiance, tu es vraiment au-dessous de tout ! Son spectacle est au-dessous de tout,* il est nul.

AU-DESSUS [odsy] adverbe et préposition
I. adverbe En haut. *Les chambres sont au-dessus.* – Pour indiquer une supériorité. *Cette robe est trop petite, donnez-moi la taille au-dessus.*
II. préposition **1.** *AU-DESSUS DE :* plus haut que, en haut de. *Il fait six degrés au-dessus de zéro. Elle porte une jupe au-dessus du genou.* **2.** *ÊTRE AU-DESSUS DE CELA :* être supérieur à, mépriser. *Les critiques ne l'atteignent pas, il est au-dessus de ça.*

AU-DEVANT DE [odəvɑ̃də] préposition **1.** À la rencontre de. *La petite fille se précipite au-devant de son père.* **2.** *ALLER AU-DEVANT DU DANGER :* prendre des risques trop grands. *Il ne se rend pas compte que l'alpinisme est un sport dangereux et il va au-devant du danger.*

AUDIBLE [odibl] adj. (après le nom) ▪ (bruit, son) Que l'on peut entendre. *Monte un peu le son de la radio, cette chanson est à peine audible.* ⟨contraire : inaudible⟩

AUDIENCE [odjɑ̃s] n. f. ▪ *UNE AUDIENCE* **1.** Entrevue, entretien. *Le pape a accordé une audience à un groupe de pèlerins.* **2.** Séance de tribunal où l'on écoute les témoins, les avocats, l'accusé. *Le juge A LEVÉ L'AUDIENCE car il y avait trop d'agitation dans la salle,* il a interrompu la séance. **3.** Public touché par un média. *Le film a bénéficié d'une très large audience,* d'un grand succès. *On peut mesurer l'audience d'une chaîne de télévision* (→ **audimat).**

REM. *Audience* est parfois employé à tort pour *auditoire* « ensemble des gens qui écoutent », d'après l'anglais *audience* « public, assistance, auditoire ». Il ne faut pas confondre non plus avec *assistance* « public qui assiste à qqch., un spectacle ».

AUDIMAT [odimat] n. m. ▪ *UN AUDIMAT :* audience d'une chaîne, d'une émission de télévision. *Cette émission de variétés a un excellent audimat : elle est regardée chaque semaine par de nombreux téléspectateurs.*

AUDIOVISUEL [odjovizɥɛl] adj. et n. m., **AUDIOVISUELLE** [odjovizɥɛl] adj. **1.** adjectif (après le nom) (qqch.) Qui utilise à la fois le son et l'image. *Ces étudiants apprennent le français avec une MÉTHODE AUDIOVISUELLE. Les laboratoires de langue possèdent du MATÉRIEL AUDIOVISUEL,* des diapositives, des films et des bandes magnétiques qui servent à apprendre des langues étrangères. **2.** nom masculin *L'AUDIOVISUEL :* l'ensemble des chaînes de télévision. *En France, l'audiovisuel s'est beaucoup développé grâce à de nouvelles chaînes privées.*

AUDIT [odit] n. m. ▪ *UN AUDIT* **1.** Contrôle de la comptabilité et de la gestion d'une entreprise par une personne extérieure. *Les salariés ont demandé un audit de leur entreprise qui leur paraît mal gérée.* **2.** Personne ou société qui fait des audits. → **auditeur.** *L'audit a vérifié tous les comptes des deux dernières années.*

AUDITEUR [oditœʀ] n. m., **AUDITRICE** [oditʀis] n. f. ▪ *UN AUDITEUR, UNE AUDITRICE* **1.** Personne qui écoute (qqn, la radio). *Le conférencier est écouté attentivement par ses auditeurs. Un journaliste de la station de radio répond à la question d'une auditrice.* **2.** Audit. *L'auditeur a demandé au directeur certains renseignements sur la gestion de la société.*

AUDITIF [oditif], **AUDITIVE** [oditiv] adj. (après le nom) ▪ De l'oreille ou de l'ouïe. *Le nerf auditif sert à entendre. Mon grand-père a des problèmes auditifs,* il n'entend pas très bien.

AUDITION [odisjɔ̃] n. f. ▪ *L'AUDITION* **1.** Le fait d'entendre, de percevoir les sons. *Ma grand-mère n'a pas une très bonne audition,* elle entend mal. **2.** Action d'entendre ou d'être entendu dans un tribunal. *Le juge a réclamé l'audition des principaux témoins.* **3.** *UNE AUDITION :* séance d'essai donné par un musicien, un comédien qui espère se faire engager. *La jeune comédienne PASSE UNE AUDITION pour jouer le rôle de Chimène.* → **auditionner.**

AUDITIONNER [odisjɔne] verbe [conjugaison 1a] **1.** (qqn) Passer une audition. *Ce violoniste auditionne pour devenir premier violon dans l'orchestre national.* **2.** Écouter (un musicien, un comédien) pour le juger, l'engager. *Le metteur en scène a auditionné de jeunes comédiens pour trouver celui qui jouera le rôle principal de la pièce.*

AUDITOIRE [oditwaʀ] n. m. ▪ *UN AUDITOIRE :* ensemble des personnes qui écoutent (qqn). *La pianiste a joué devant un auditoire nombreux.*

AUDITORIUM [oditɔʀjɔm] n. m. ▪ *UN AUDITORIUM :* salle aménagée spécialement pour l'enregistrement de concerts. *La ville possède l'un des plus grands auditoriums du pays.*

AUDITRICE n., féminin de **auditeur**

AUGMENTATION [ɔgmɑ̃tasjɔ̃] n. f. ▪ *L'AUGMENTATION :* le fait de devenir plus grand, plus élevé. *Les prix ont subi une légère augmentation le mois dernier.* → **hausse.** *Le gouvernement craint une augmentation du nombre des chômeurs.* → **accroissement.** *Il espère avoir une augmentation de salaire.* ⟨contraire : diminution⟩ – *Il a demandé une augmentation à son patron,* une augmentation de salaire, un salaire plus élevé.

AUGMENTER [ɔgmɑ̃te] verbe [conjugaison 1a]
I. 1. *AUGMENTER (qqch.),* rendre (qqch.) plus grand, plus élevé. *On a augmenté le prix des timbres.* ⟨contraires : baisser, diminuer⟩ **2.** *AUGMENTER (qqn) :* donner plus d'argent à (un salarié). *Son patron l'a augmenté de cinq cents francs par mois. La direction a décidé d'augmenter tout le personnel.*
II. (qqch.) Devenir plus grand, plus élevé. *Le nombre des chômeurs augmente. Le prix de l'essence augmentera la semaine prochaine.* → **monter.** *Sa tristesse augmente.* → s'**accentuer.**

AUGURE [ogyʀ] n. m. ▪ STYLE RECHERCHÉ *UN AUGURE* **1.** (qqch.) *ÊTRE DE BON, DE MAUVAIS AUGURE :* être bon, mauvais signe. *Il a l'air souriant et détendu, c'est de bon augure* [bɔnogyʀ]. **2.** *UN OISEAU DE MAUVAIS AUGURE :* une personne qui annonce de mauvaises nouvelles. *Cet oiseau de mauvais augure avait prédit que tout cela finirait mal, mais personne ne l'a cru.*

AUJOURD'HUI [oʒuʀdɥi] adverbe **1.** Le jour où l'on est. *C'est aujourd'hui lundi, hier c'était dimanche et demain ce sera mardi. Il part aujourd'hui. Aujourd'hui, l'entrée dans les musées est gratuite. Ce sera tout pour aujourd'hui.* **2.** De nos jours, à l'époque actuelle. *Autrefois, les trains marchaient à la vapeur, aujourd'hui ils marchent à l'électricité.* → **maintenant.** ⟨contraire : autrefois⟩ *Les jeunes D'AUJOURD'HUI sont plus grands que leurs parents au même âge.*

AULNE [on] n. m. ▪ *UN AULNE :* arbre qui vit dans les endroits humides. *L'aulne pousse près des rivières et peut vivre cent ans.*

REM. **1.** On peut aussi prononcer le *l* de *aulne :* [oln]. **2.** *Le Roi des Aulnes* est le titre français d'une célèbre ballade de Goethe : *Erlkönig.*

AULX [o] *Des aulx* (rare) : forme au pluriel de **ail.**

AUMÔNE [omon] n. f. ▪ *UNE AUMÔNE :* argent donné à un mendiant, à un pauvre. *Ce vieil homme miséreux en est réduit à vivre d'aumône.* → **charité.** *Autrefois, les mendiants DEMANDAIENT L'AUMÔNE à la porte des églises,* ils mendiaient à la porte des églises.

AUMÔNIER [omonje] n. m. ▪ *UN AUMÔNIER :* prêtre dans un lycée, un hôpital, une prison. *L'aumônier de l'hôpital visite chaque jour les malades pour les réconforter.*

AUPARAVANT [opaʀavɑ̃] adverbe ▪ STYLE RECHERCHÉ Avant cela, d'abord. *Vous me raconterez cela, mais auparavant asseyez-vous.* → **avant.** ⟨contraire : après⟩ *Un mois auparavant, elle m'avait écrit.*

AUPRÈS DE [opʀɛdə] préposition ▪ À côté de. *Viens t'asseoir auprès de moi.* → **près.** *L'infirmière est restée toute la nuit auprès du malade.*

AUQUEL [okɛl] pronom masculin, **À LAQUELLE** [alakɛl] pronom féminin
I. pronom relatif **1.** (personne) À qui. → à **qui.** *L'ami auquel j'ai prêté de l'argent ne m'a jamais remboursé. La jeune fille à laquelle tu viens de parler est ma sœur.* – MASCULIN PLURIEL : *les gens AUXQUELS* [okɛl] *je me suis adressé.* – FÉMININ PLURIEL : *les personnes AUXQUELLES* [okɛl] *j'ai demandé de l'aide.* **2.** (chose) À (cette chose) *C'est le produit auquel nous sommes habitués. Regardez la fenêtre à laquelle il manque une vitre.* → **où.**
II. pronom interrogatif *Auquel des deux frères veux-tu parler ? À laquelle de ces questions avez-vous déjà répondu ?*

REM. **1.** *Auquel* est une forme contractée de *au* et de *quel, laquelle* est la forme contractée de *la* et de *quelle.* **2.** *Auquel, à laquelle* sont obligatoires pour les choses. → à **quoi.** Voyez l'encadré pronoms **relatifs.**

aura [ɔʀa] *Il aura, elle aura :* forme au futur du verbe **avoir.**

AURÉOLE [ɔʀeɔl] n. f. ▪ *UNE AURÉOLE* **1.** Cercle doré qui entoure la tête du Christ, de la Vierge et des saints, dans les tableaux. *L'auréole permet de distinguer les saints parmi les personnages du tableau.* **2.** Marque arrondie laissée sur un tissu ou un papier par un liquide qui a séché. *Ce détachant ne laisse aucune auréole sur le tissu.*

AU REVOIR → **revoir**

AURICULAIRE [ɔʀikylɛʀ] n. m. ▪ *UN AURICULAIRE :* petit doigt de la main. *On peut se gratter l'intérieur de l'oreille avec l'auriculaire.*

AURIFÈRE [ɔʀifɛʀ] adj. (après le nom) ▪ (qqch.) Qui contient de l'or. *Le chercheur d'or a trouvé une grosse pépite dans un terrain aurifère.*

AURORE [ɔʀɔʀ] n. f. ▪ *L'AURORE* : moment où le soleil se lève et produit une lumière rose. *Le fermier se lève à l'aurore pour aller travailler aux champs.* – *AUX AURORES* : très tôt. *Je ne tiens pas à me lever aux aurores pour prendre l'avion.*

REM. *L'aurore* suit immédiatement *l'aube.*

AUSCULTER [ɔskylte] verbe [conjugaison 1a] ▪ Écouter le bruit du cœur, de la respiration. *Le médecin ausculte le malade avec son stéthoscope.*

AUSPICES [ɔspis] n. m. pluriel ▪ STYLE RECHERCHÉ *SOUS DE BONS AUSPICES* : sous des signes favorables. *Le voyage avait commencé SOUS LES MEILLEURS AUSPICES,* dans les meilleures conditions.

AUSSI [osi] adverbe et conjonction

I. adverbe **1.** (dans une comparaison d'égalité) *Elle est aussi grande que son frère. Viens aussi vite que tu le peux. Ce n'est pas aussi simple que vous croyez.* **2.** Également. *Son père veut bien et sa mère aussi. « Vous trouvez cela injuste ? C'est aussi mon avis. » « Dors bien ! – Toi aussi ! »* **3.** En plus. *Je prendrai aussi des frites. Il parle le chinois et aussi le japonais.*

II. conjonction (marquant une conséquence) Pour cette raison. *Cette maison est très grande, aussi est-elle très chère.*

REM. **1.** Avec un verbe négatif, on n'emploie pas *aussi* mais *non plus* : *sa mère ne veut pas et son père non plus.* **2.** La phrase qui suit la conjonction *aussi* est généralement construite avec l'inversion du sujet.

AUSSITÔT [osito] adverbe **1.** Tout de suite, sans attendre. *Il m'a appelé et je suis venu aussitôt. Aussitôt après ton départ, je me suis couché.* → **dès.** *Il est arrivé aussitôt après.* **2.** *AUSSITÔT QUE* : dès que. *Aussitôt que le réveil sonne, il se lève. Je suis venue aussitôt que j'ai pu.* → **sitôt.**

REM. Le comparatif *aussi tôt* s'écrit en deux mots, comme *aussi tard.*

AUSTÈRE [ɔstɛʀ] adj. (après le nom) **1.** (qqn) Qui est très sérieux et refuse le luxe et les plaisirs de la vie. *C'est un homme austère qui ne plaisante jamais, mange très peu et ne boit pas une goutte d'alcool.* – *Il mène la vie austère d'un ascète.* **2.** (qqch.) Triste et sans ornement. *La façade du palais est austère : en granit gris, sans aucune sculpture.* → **sévère.** *Elle portait une robe noire à manches longues, un peu austère.*

AUSTÉRITÉ [ɔsteʀite] n. f. ▪ *L'AUSTÉRITÉ* : sévérité et absence de plaisir dans la manière de vivre. *Ces moines mènent une vie pleine d'austérité,* sérieuse et dure. *Depuis la crise économique, le gouvernement mène une POLITIQUE D'AUSTÉRITÉ,* il fait des économies pour surmonter la crise. → **rigueur.**

AUSTRAL [ɔstʀal], **AUSTRALE** [ɔstʀal] adj. (après le nom) ▪ Du pôle Sud. *L'Australie est dans l'hémisphère austral,* dans l'hémisphère sud. *Les terres australes sont peu habitées.* → **antarctique.** ⟨contraire : boréal⟩ *Le Zimbabwe est un pays de l'Afrique australe,* un pays du sud de l'Afrique. MASCULIN PLURIEL : *les pays AUSTRALS.*

AUSTRALIE [ɔstʀali] nom propre féminin – en anglais **AUSTRALIA** ▪ *L'AUSTRALIE* : grand pays d'Océanie, au sud de la Nouvelle-Guinée et de l'Indonésie. *L'Australie est la plus grande île du monde. Ils ont fait un voyage en Australie.*

AUSTRALIEN [ɔstʀaljɛ̃] adj. et n. m., **AUSTRALIENNE** [ɔstʀaljɛn] adj. et n. f. **1.** adjectif (après le nom) De l'Australie. *Sydney et Melbourne sont de grandes villes australiennes.* **2.** *UN AUSTRALIEN, UNE AUSTRALIENNE* : un habitant, une habitante d'Australie. *Les Australiens.*

AUTANT [otɑ̃] adverbe **1.** *AUTANT DE* : le même nombre, la même quantité de. *Ce service à thé a six tasses et autant de soucoupes. Je n'ai jamais vu autant de livres dans une maison. Il naît autant de garçons que de filles. Il ne faut pas boire autant d'alcool.* – *Je ne suis pas capable d'EN FAIRE AUTANT,* de faire la même chose. *Fais-en autant !* **2.** *AUTANT QUE* : de la même façon, au même degré. *J'aime les voyages autant que toi. J'aime autant le thé que le café.* → **comme.** **3.** *D'AUTANT PLUS QUE* : encore plus pour la raison que. *Il fait d'autant plus froid aujourd'hui qu'il y a du vent,* il fait encore plus froid parce qu'il y a du vent.

AUTEL [otɛl] n. m. ▪ *UN AUTEL* : dans une église, table devant laquelle le prêtre célèbre la messe. *Le prêtre pose le calice sur l'autel.*

REM. *Hôtel* « maison ayant de nombreuses chambres où l'on peut dormir en payant » se prononce de la même façon.

AUTEUR [otœʀ] n. m. ▪ *UN AUTEUR* **1.** Personne qui est la cause de qqch. *Les auteurs du hold-up de la banque ont été arrêtés.* → **responsable.** *Que l'auteur de cette mauvaise farce lève la main !* **2.** Personne qui a écrit un livre, fait une œuvre d'art. *Balzac et Zola sont de grands auteurs français.* → **écrivain.** *Il est l'auteur et le compositeur de cette chanson. Qui est l'auteur de la Joconde ?* qui a peint la Joconde ?

REM. On dit *un auteur* en parlant d'une femme. *Patricia Highsmith est un célèbre auteur de romans policiers.* – Au Québec (Canada), on écrit *une auteure.*

AUTHENTICITÉ [otɑ̃tisite] n. f. ▪ *UNE AUTHENTICITÉ* **1.** Qualité d'une œuvre d'art qui a été réellement faite par son auteur. *Les experts ont reconnu l'authenticité de ce tableau, qui n'est pas une copie mais un véritable Picasso.* **2.** Qualité d'une parole qu'on peut croire, qui dit la vérité. *Les juges ont vérifié l'authenticité de tous les témoignages,* ils ont vérifié que tous les témoignages disaient la vérité.

AUTHENTIFIER [otɑ̃tifje] verbe [conjugaison 7a] ▪ Reconnaître comme réellement fait par son auteur (une œuvre d'art). *Les experts authentifieront* [otɑ̃tifiʀɔ̃] *ce tableau.*

AUTHENTIQUE [otɑ̃tik] adj. (avant ou après le nom) **1.** (œuvre d'art) Qui a été réellement fait par son auteur. *Ce tableau est un Rembrandt authentique. C'est un authentique Rembrandt.* ⟨contraire : faux⟩ *Ce n'est pas une copie mais une commode Louis XV authentique,* une commode qui date vraiment de l'époque de Louis XV. **2.** Qui a vraiment existé. *Tous les personnages du film sont absolument authentiques.* → **réel, vrai.** **3.** (qqch.) Qui dit la vérité. *Ce livre est le récit authentique de ses aventures.* → **fidèle, véridique.** ⟨contraire : mensonger⟩

AUTO [oto] n. f. ▪ *UNE AUTO* : automobile, voiture. *Les autos sont garées les unes derrière les autres dans la rue. Ils sont allés à Bruxelles en auto. Je suis allé au Salon de l'auto.*

REM. *Auto,* forme abrégée de *automobile,* est un mot qui vieillit. On emploie plus souvent *voiture,* sauf dans *le Salon de l'auto.*

AUTOBIOGRAPHIE [otobjɔgʀafi] n. f. ▪ *UNE AUTOBIOGRAPHIE* : histoire de la vie d'un auteur écrite par lui-même. *Le célèbre écrivain rédige actuellement son autobiographie.* → **mémoires.**

AUTOBUS [otobys] n. m. ▪ *UN AUTOBUS* : grande voiture qui transporte plusieurs dizaines de personnes dans les villes. *Il prend l'autobus chaque matin pour aller travailler. Les passagers montent et descendent aux ARRÊTS D'AUTOBUS. De nombreuses LIGNES D'AUTOBUS desservent la ville.* – *BUS* [bys] forme abrégée familière *Les bus sont nombreux à cette heure-ci.*

REM. Les autobus ont la même fonction que les tramways, mais ceux-ci sont sur des rails.

AUTOCAR [ɔtɔkaʀ] n. m. ▪ *UN AUTOCAR :* grande voiture confortable qui transporte de nombreuses personnes sur un assez long trajet. *Vous avez voyagé en autocar ou en train ? Des autocars de tourisme sont garés sur le parking.*

> FAUX AMI
> italien **autocarro** « camion »

AUTOCASSABLE [otokasabl] adj. (après le nom) ▪ *Une AMPOULE AUTOCASSABLE,* qui peut être cassée aux extrémités sans utiliser de lime. *Ce médicament est vendu en ampoules autocassables.*

AUTOCHENILLE [otoʃnij] n. f. ▪ *UNE AUTOCHENILLE :* automobile dont les roues sont entourées de bandes métalliques articulées. *Les autochenilles se déplacent sur tous les terrains. L'armée utilise des autochenilles.*

AUTOCHTONE [ɔtɔktɔn] n. m., n. f. ▪ STYLE RECHERCHÉ *UN AUTOCHTONE, UNE AUTOCHTONE :* une personne qui est née dans le pays où elle vit. *Les voyageurs égarés ont demandé leur chemin à des autochtones,* à des gens du pays. → **indigène.**

AUTOCOLLANT [otokɔlɑ̃] adj. et n. m., **AUTOCOLLANTE** [otokɔlɑ̃t] adj. **1.** adjectif (après le nom) *Une ENVELOPPE AUTOCOLLANTE :* une enveloppe dont le rabat colle de lui-même sans avoir besoin d'être mouillé. *Il a acheté un paquet d'enveloppes autocollantes.* **2.** *UN AUTOCOLLANT :* image, vignette qui colle d'elle-même. *Elle a mis des autocollants sur la porte du réfrigérateur.*

AUTOCRATE [otokʀat] n. m. ▪ *UN AUTOCRATE :* souverain dont le pouvoir n'est soumis à aucun contrôle. → **despote, dictateur, tyran.** *Les tsars étaient des autocrates.*

AUTOCUISEUR [otokɥizœʀ] n. m. ▪ *UN AUTOCUISEUR :* appareil qui sert à cuire rapidement les aliments sous la pression de la vapeur. *On utilise l'autocuiseur pour cuire les légumes à la vapeur.* → **cocotte-minute.**

AUTODAFÉ [otodafe] n. m. ▪ *L'AUTODAFÉ :* action de détruire par le feu. *Le gouvernement des militaires a ordonné l'autodafé des livres interdits. Il y a eu un autodafé.*

REM. C'est un mot d'origine portugaise.

AUTODÉFENSE [otodefɑ̃s] n. f. ▪ *L'AUTODÉFENSE :* le fait de se défendre tout seul, sans l'aide de la police, lorsqu'on est attaqué. *Il est partisan de l'autodéfense et il garde un fusil chez lui.*

AUTODÉTERMINATION [otodetɛʀminasjɔ̃] n. f. ▪ *L'AUTODÉTERMINATION :* le fait, pour les habitants d'un pays, de décider de la situation politique du pays. *L'autodétermination de l'Algérie en faveur de l'indépendance date de 1962.*

AUTODIDACTE [otodidakt] n. m., n. f. ▪ *UN AUTODIDACTE, UNE AUTODIDACTE :* une personne qui a appris ce qu'elle sait toute seule, sans professeur. *L'écrivain Jean-Jacques Rousseau était un autodidacte. C'est une autodidacte.*

AUTO-ÉCOLE [otoekɔl] n. f. ▪ *UNE AUTO-ÉCOLE :* école où l'on apprend à conduire une voiture. *On s'inscrit dans une auto-école pour passer le permis de conduire. Il est moniteur d'auto-école.* – PLURIEL : *des AUTO-ÉCOLES.*

AUTOGRAPHE [otogʀaf] n. m. ▪ *UN AUTOGRAPHE :* signature d'une personne célèbre, parfois accompagnée de quelques mots. *La chanteuse signe des autographes à ses admirateurs.*

AUTOMATE [ɔtɔmat] n. m. ▪ *UN AUTOMATE :* machine qui a l'aspect d'un être humain ou d'un animal et qui exécute certains mouvements grâce à un mécanisme. *Ce musée possède une belle collection d'automates qui jouent de la musique.* – *Dès que le réveil sonne, il se lève COMME UN AUTOMATE,* sans être conscient de ce qu'il fait. → **robot.**

AUTOMATIQUE [ɔtɔmatik] adj. (après le nom) **1.** (qqch.) Qui fonctionne tout seul, grâce à un mécanisme. *Cette voiture a l'EMBRAYAGE AUTOMATIQUE. Il met sa carte de crédit dans la fente du DISTRIBUTEUR AUTOMATIQUE et prend les billets qui sortent de la machine.* **2.** Que l'on fait sans y penser. *Elle ferma la porte à clé d'un geste automatique* (→ **automatiquement).**

AUTOMATIQUEMENT [ɔtɔmatikmɑ̃] adverbe **1.** Grâce à un mécanisme. *La porte de l'ascenseur s'ouvre automatiquement quand il arrive à l'étage.* **2.** Sans penser à ce qu'on fait, sans réfléchir. *J'ai répondu « non » automatiquement, mais j'aurai dû réfléchir.* → **machinalement. 3.** STYLE FAMILIER Forcément, obligatoirement. *Si vous l'empêchez de sortir, automatiquement il aura envie de désobéir.*

AUTOMATISME [ɔtɔmatism] n. m. ▪ *UN AUTOMATISME :* accomplissement de mouvements, d'actes, sans l'intervention de la volonté. *L'automatisme de la respiration existe chez tous les êtres vivants. L'habitude crée des automatismes.*

AUTOMNE [otɔn] n. m. ▪ Saison de l'année qui vient après l'été et avant l'hiver. *Les feuilles jaunissent et tombent en automne. Nous avons eu plusieurs automnes pluvieux ces dernières années.*

REM. Le *m* devant le *n* ne se prononce pas.

AUTOMOBILE [ɔtɔmɔbil] n. f. et adj.

I. *UNE AUTOMOBILE :* voiture à moteur. → **auto, voiture.** *Les premières automobiles datent des années 1890. Je suis venu en automobile.*

II. adjectif (après le nom) Relatif aux automobiles. *Ce pilote a gagné les plus grandes COURSES AUTOMOBILES du monde,* les plus grandes courses de voitures. *Il fait du sport automobile,* des courses de voitures. *L'industrie automobile se porte mal dans ce pays.*

REM. Il n'existe pas d'adjectif formé sur le mot *voiture.*

AUTOMOBILISTE [ɔtɔmɔbilist] n. m., n. f. ▪ *UN AUTOMOBILISTE, UNE AUTOMOBILISTE :* une personne qui conduit une voiture. *Les gendarmes arrêtent les automobilistes qui ne respectent pas le code de la route.* → **conducteur.**

AUTONEIGE [otonɛʒ] n. f. ▪ *UNE AUTONEIGE :* voiture montée sur chenilles pour circuler sur la neige. *Il est venu en autoneige.*

REM. *Autoneige* est un mot qui vient du français du Canada.

AUTONOME [ɔtɔnɔm] adj. (après le nom) **1.** Qui se gouverne tout seul. *Cette région est devenue autonome.* → **libre. 2.** (qqn) Qui se débrouille tout seul, sans l'aide de personne. *Cet enfant est très autonome pour son âge.* → STYLE FAMILIER **débrouillard.** – *Malgré son handicap, cet homme s'est organisé et réussit à mener une vie autonome.*

REM. On prononce aussi [otonom].

AUTONOMIE [ɔtɔnɔmi] n. f. ▪ *L'AUTONOMIE* **1.** Droit pour un pays ou une région de se gouverner et d'avoir son originalité. *Cette province réclame son autonomie.* **2.** Indépendance, liberté. *Elle veut travailler car elle tient à son autonomie,* elle ne veut dépendre de personne. *Cette maison d'édition a perdu son autonomie.* **3.** Temps pendant lequel un avion, un bateau peut avancer sans avoir besoin de reprendre du carburant. *Cet avion a huit heures d'autonomie.*

REM. **1.** Pour un pays, l'*autonomie* n'est pas forcément l'*indépendance,* qui est une séparation politique complète. **2.** On prononce aussi [otonomi].

AUTONOMISTE [ɔtɔnɔmist] n. m., n. f. ▪ *UN AUTONOMISTE, UNE AUTONOMISTE :* personne ou parti politique qui réclame l'autonomie d'une région. *Des autonomistes corses ont organisé une manifestation.*

AUTOPORTRAIT [otopɔʀtʀɛ] n. m. ▪ *UN AUTOPORTRAIT* : portrait d'un artiste fait par lui-même. *Rembrandt et Van Gogh ont peint des autoportraits.*

AUTOPROPULSÉ [otopʀɔpylse], **AUTOPROPULSÉE** [otopʀɔpylse] adj. (après le nom) ▪ (qqch.) Qui est propulsé par ses propres moyens, sans pilote. *Une fusée autopropulsée a été envoyée dans l'espace.*

AUTOPSIE [ɔtɔpsi] n. f. ▪ *UNE AUTOPSIE* : examen médical d'un cadavre pour connaître la cause de la mort. *L'autopsie a montré que la victime avait été empoisonnée.*

AUTORADIO [otoʀadjo] n. m. ▪ *UN AUTORADIO* : poste de radio installé dans une voiture. *Il allume l'autoradio dès qu'il monte dans sa voiture.*

AUTORAIL [otoʀaj] n. m. ▪ *UN AUTORAIL* : petit train à moteur Diesel. *Un autorail circule plusieurs fois par jour entre ces deux villes. Plusieurs AUTORAILS sont passés.*

AUTORISATION [ɔtɔʀizasjɔ̃] n. f. **1.** *L'AUTORISATION* : permission. *Les étudiants n'ont pas l'AUTORISATION DE quitter la salle avant la fin de l'examen.* → **droit.** (contraires : défense, interdiction) **2.** *UNE AUTORISATION* : papier qui donne le droit de (faire qqch.). *En France, les jeunes de moins de dix-huit ans doivent posséder une AUTORISATION DE SORTIE du territoire pour quitter le pays sans leurs parents. Montrez-moi votre autorisation.*

AUTORISÉ [ɔtɔʀize], **AUTORISÉE** [ɔtɔʀize] adj. (après le nom) ▪ Permis. *Le stationnement des voitures est autorisé dans cette rue.* (contraires : défendu, interdit) *Vitesse maximum autorisée : 130 km/h.*

AUTORISER [ɔtɔʀize] verbe [conjugaison 1a] ▪ Donner la permission, le droit à (qqn). *Le directeur AUTORISE les élèves À sortir plus tôt aujourd'hui.* → **permettre.** (contraires : défendre, interdire)

AUTORITAIRE [ɔtɔʀitɛʀ] adj. (après le nom) ▪ (qqn) Qui impose sa volonté, force les autres à obéir. *C'est une femme autoritaire. – Il a un caractère autoritaire.*

AUTORITÉ [ɔtɔʀite] n. f. ▪ *L'AUTORITÉ* **1.** *AVOIR DE L'AUTORITÉ* : savoir se faire obéir. *Ce professeur a beaucoup d'autorité sur ses élèves. Elle manque d'autorité.* **2.** *L'AUTORITÉ* : le droit de donner des ordres, de commander. *Les parents ont toute autorité sur leurs enfants. – Les employés travaillent SOUS L'AUTORITÉ DU chef,* sous les ordres du chef. **3.** (qqch.) *FAIRE AUTORITÉ* : être reconnu dans un domaine par les gens importants, par les gens qui sont au courant. *Ce livre sur la Deuxième Guerre mondiale fait autorité auprès des historiens.* **4.** *UNE AUTORITÉ* : personne reconnue pour son pouvoir, son savoir. *Ce professeur est une autorité dans le domaine.* – (au pluriel) LES AUTORITÉS : les personnes qui ont le pouvoir. *Les autorités militaires sont à la tête de l'armée. La manifestation a été interdite par les autorités,* par le gouvernement.

AUTOROUTE [otorut] n. f. ▪ *UNE AUTOROUTE* : large route réservée aux voitures, cars, camions, motos, où l'on peut circuler vite et où les deux sens de circulation sont complètement séparés. *Sur les autoroutes françaises, la vitesse maximum autorisée est de cent trente kilomètres à l'heure. Il emprunte une autoroute à six voies,* qui a trois voies dans chaque sens.

AUTO-STOP [otostɔp] n. m. ▪ *L'AUTO-STOP* : le fait d'arrêter une voiture pour monter dedans et être transporté gratuitement. *Mes cousins ont FAIT DE L'AUTO-STOP de Paris à Rome. Ils ont visité toute l'Italie en auto-stop.*

> REM. **1.** Pour faire de l'auto-stop, on fait signe aux voitures en levant le pouce en l'air. **2.** On dit plus souvent *faire du stop.* → **stop.**

AUTO-STOPPEUR [otostɔpœʀ] n. m., **AUTO-STOPPEUSE** [otostɔpøz] n. f. ▪ *UN AUTO-STOPPEUR, UNE AUTO-STOPPEUSE* : une personne qui fait de l'auto-stop. *Un auto-stoppeur fait signe aux voitures sur le bord de l'autoroute.* PLURIEL : *le camion s'est arrêté pour prendre deux AUTO-STOPPEUSES.*

AUTOUR [otuʀ] adverbe et préposition **1.** adverbe En entourant. *Les scouts ont fait un grand feu et se sont assis autour,* en l'entourant. *La maison est isolée, il y a une épaisse forêt TOUT AUTOUR,* une forêt qui entoure la maison de tous les côtés. **2.** préposition *AUTOUR DE* : dans l'espace qui entoure, environne. *Les poussins se sont groupés autour de la poule. Il regarde autour de lui d'un air inquiet. La Terre tourne autour du Soleil,* elle en fait le tour. *Il a une écharpe autour du cou.*

AUTRE [otʀ] adj. et pronom
I. adjectif (avant le nom) **1.** (avec l'article) Qui n'est pas le même. *Moi, je suis d'accord, demandez l'avis des autres personnes. Non, je préfère l'autre solution. Essayons par un autre moyen. Je n'ai pas d'autre idée. Elle veut un salaire et n'accepte RIEN D'AUTRE. Demandez à QUELQU'UN D'AUTRE. – J'achèterai ces chaussures une AUTRE FOIS,* à un moment différent, plus tard. *– Je l'ai aperçu L'AUTRE JOUR dans la rue,* il y a quelque temps. **2.** (avec l'article) Supplémentaire, nouveau. *Elle veut un autre enfant. Il nous faut d'autres collaborateurs,* des collaborateurs en plus. *Je boirai bien un autre café, et toi ? J'essaierai UNE AUTRE FOIS,* à nouveau. **3.** (sans article) *AUTRE CHOSE* : quelque chose de différent ou en plus. *Parlons d'autre chose, tu veux bien ? Vous faut-il autre chose ? demande le vendeur.* – adverbe *AUTRE PART* : dans un endroit différent. → **ailleurs.** *Ce restaurant est fermé, allons autre part. Autre part, ce sera fermé aussi.*
II. pronom **1.** *UN AUTRE, UNE AUTRE* : une autre personne. *Ce n'est pas lui, c'est un autre, vous confondez. LES AUTRES* : les autres personnes. → **autrui.** *Ne sois pas égoïste, pense aux autres. Laissez-en pour les autres.* – Un autre objet. *En voilà un autre. Il y en a une autre qui est beaucoup mieux. Les autres me plaisent aussi.* **2.** *L'UN ET L'AUTRE. L'un est brun et l'autre blond. « Laquelle préfères-tu de ces deux robes ? – NI L'UNE NI L'AUTRE »,* aucune des deux. – *LES UNS voulaient continuer à marcher, LES AUTRES préféraient s'arrêter.* – *L'UN L'AUTRE* : réciproquement. *Ils se méprisent l'un l'autre. Aimez-vous LES UNS LES AUTRES. Ces trois sœurs n'arrêtent pas de s'insulter les unes les autres,* de s'insulter réciproquement. **3.** *L'AUTRE* : autrui. *Il faut respecter l'autre, même s'il est différent de soi.*

AUTRE CHOSE → **autre**

AUTREFOIS [otʀəfwa] adverbe ▪ Dans le temps passé. *Autrefois les avions n'existaient pas.* → STYLE FAMILIER **avant, jadis.** (contraires : actuellement, aujourd'hui, maintenant) *Il a gardé les habitudes d'autrefois,* du passé.

> REM. Il ne faut pas confondre *autrefois* avec *une autre fois* « à un autre moment » ou bien « à nouveau, encore ».

FAUX AMI
portugais **outra vez** « une autre fois, de nouveau »

AUTREMENT [otʀəmɑ̃] adverbe **1.** D'une autre manière, différemment. *Si tu agissais autrement, tu réussirais mieux. Je ne peux pas faire autrement, c'est plus fort que moi.* **2.** Dans le cas contraire. *Dépêchez-vous, autrement nous serons en retard au cinéma !* → **sinon.**

AUTRE PART → **part**

AUTRICHE [otʀiʃ] nom propre féminin – en allemand **ÖSTERREICH** ▪ *L'AUTRICHE* : pays d'Europe dont la capitale est Vienne. *L'Autriche est un pays montagneux. Ils passent leurs vacances en Autriche.*

AUTRICHIEN [otʀiʃjɛ̃] adj. et n. m., **AUTRICHIENNE** [otʀiʃjɛn] adj. et n. f. **1.** (après le nom) D'Autriche. *Les montagnes autrichiennes sont magnifiques.* **2.** *UN AUTRICHIEN, UNE AUTRICHIENNE :* un habitant, une habitante d'Autriche. *Les Autrichiens parlent l'allemand.*

AUTRUCHE [otʀyʃ] n. f. ▪ *UNE AUTRUCHE* **1.** Très grand oiseau d'Afrique, qui court vite et ne vole pas. *Les œufs d'autruche sont très gros. Autrefois, on mettait des PLUMES D'AUTRUCHES sur les chapeaux.* **2.** *LA POLITIQUE DE L'AUTRUCHE,* celle qui consiste à refuser de voir le danger comme l'autruche qui se cache la tête quand elle se sent menacée. *Ce gouvernement mène la politique de l'autruche.*

AUTRUI [otʀɥi] pronom ▪ STYLE RECHERCHÉ Une autre personne, les autres personnes. *C'est plus facile de voir les défauts d'autrui que les siens.* → **autre.**

AUVENT [ovɑ̃] n. m. ▪ *UN AUVENT :* petit toit qui s'avance au-dessus d'une porte. *Il s'est abrité de la pluie sous l'auvent de la porte d'entrée.*

REM. Un *auvent vitré* s'appelle une *marquise.*

AUVERGNAT [ovɛʀɲa] adj. et n. m., **AUVERGNATE** [ovɛʀɲat] adj. et n. f. **1.** adjectif (après le nom) De l'Auvergne, région du centre de la France. *Il a l'accent auvergnat. La bourrée auvergnate est une danse paysanne d'autrefois.* **2.** *UN AUVERGNAT, UNE AUVERGNATE :* un habitant, une habitante de l'Auvergne. *Les Auvergnats.*

AUX → **à**

AUXERRE [osɛʀ] nom propre féminin ▪ Ville de France, en Bourgogne. *Je reviens d'Auxerre. Ils vivent à Auxerre.*

REM. Attention à la prononciation (→ **Bruxelles**).

AUXILIAIRE [ɔksiljɛʀ] adj., n. m. et n. f.

I. adjectif (après le nom) Qui aide mais n'est pas indispensable. *Le bateau est équipé d'un MOTEUR AUXILIAIRE,* d'un moteur de secours.

II. 1. *UN AUXILIAIRE, UNE AUXILIAIRE :* une personne qui en aide une autre dans son travail. *Sa secrétaire est pour lui une auxiliaire précieuse.* → **aide. 2.** *UN AUXILIAIRE :* verbe utilisé pour former les temps composés. *Les verbes avoir et être sont des auxiliaires.*

AUXQUELS, AUXQUELLES → **auquel**

AV. → **avenue**

AVACHI [avaʃi], **AVACHIE** [avaʃi] adj. (après le nom) **1.** (qqch.) Vieux et déformé. *Il a des chaussures avachies.* **2.** (qqn) Sans énergie, mou. *Il est complètement avachi dans son fauteuil, en train de regarder la télévision.*

AVAL [aval] n. m. ▪ *L'AVAL* **1.** Côté vers lequel descend un cours d'eau. *La rivière est plus large vers l'aval.* ⟨contraire : amont⟩ **2.** *Nantes est EN AVAL DE Tours,* plus loin de la source de la Loire que Tours.

AVALANCHE [avalɑ̃ʃ] n. f. ▪ *UNE AVALANCHE* **1.** Masse de neige qui se détache d'une montagne en emportant tout sur son passage. *Un skieur imprudent a été emporté par une avalanche.* **2.** Grande quantité. *Les acteurs célèbres reçoivent une avalanche de lettres d'admirateurs. On lui a fait une avalanche de compliments.*

AVALER [avale] verbe [conjugaison 1a] **1.** Faire descendre dans son gosier. *On avale la nourriture après l'avoir mâchée.* → **absorber, ingurgiter.** *Il avale un comprimé d'aspirine avec une gorgée d'eau. Elle avale la fumée de sa cigarette.* – *AVALER DE TRAVERS :* laisser passer la nourriture du côté de la gorge qui sert à respirer. *Quand on avale de travers, il faut tousser pour ne pas s'étouffer.* **2.** STYLE FAMILIER Croire. *Cette histoire est difficile à avaler.* → **admettre.** *Elle est tellement naïve qu'elle avale n'importe quoi.*

FAUX AMI
espagnol **avalar**
« valider »

AVANCE [avɑ̃s] n. f.

I. *L'AVANCE* **1.** Marche, progression. *Il faut arrêter l'avance de l'ennemi.* ⟨contraire : recul⟩ **2.** Distance ou temps qui sépare une personne ou une chose de ce qui est derrière elle. *Le coureur A PRIS DE L'AVANCE SUR les autres,* il est devant les autres, il est en tête. *Le champion a cent mètres d'avance sur ses concurrents.* ⟨contraire : retard⟩ – *Ils sont arrivés EN AVANCE à la gare,* avant l'heure prévue. – *Cet enfant est EN AVANCE pour son âge,* il est précoce (→ **avancé**). – *Il faut s'y prendre À L'AVANCE pour réserver si on veut avoir des places pour le concert,* il faut réserver bien avant la date fixée.

II. *UNE AVANCE* **1.** Somme d'argent donnée avant le moment prévu. *Il a demandé une avance à son patron pour payer son déménagement.* → **acompte.** *Je lui ai déjà fait deux avances.* **2.** *FAIRE DES AVANCES À QQN,* essayer d'avoir des relations amoureuses avec lui. *C'est lui qui m'a fait des avances.*

FAUX AMI
suédois **avance**
« bénéfice »

AVANCÉ [avɑ̃se], **AVANCÉE** [avɑ̃se] adj. (après le nom) **1.** (qqn) Qui est en avance par rapport aux autres. *Ce petit garçon est avancé pour ses trois ans.* → **précoce. 2.** STYLE RECHERCHÉ *UNE HEURE AVANCÉE,* tardive. *Elles sont allées danser cette nuit et sont rentrées à une heure très avancée.* **3.** *DES IDÉES AVANCÉES :* des idées modernes. *Mon grand-père avait des idées avancées pour son époque.* ⟨contraire : rétrograde⟩ **4.** *TE VOILÀ BIEN AVANCÉ :* ce que tu as fait ne t'a servi à rien. *Lui qui voulait arriver avant tout le monde, le voilà bien avancé, maintenant !*

REM. L'expression *recherche avancée* est un anglicisme ; il faut dire *recherche de pointe.*

AVANCEMENT [avɑ̃smɑ̃] n. m. ▪ *L'AVANCEMENT* **1.** Le fait de progresser. *Elle a eu de l'avancement,* un poste plus important et mieux payé, dans son travail. → **promotion. 2.** Progrès. *Le contremaître surveille l'avancement des travaux.*

AVANCER [avɑ̃se] verbe [conjugaison 3a]

I. *AVANCER QQCH., QQN* **1.** Pousser, déplacer (qqch.) vers l'avant. *Elle avance un fauteuil à son invité. Elle avança la main vers le cendrier.* → **approcher. 2.** Faire progresser. *Je vais t'aider, ça t'avancera !* ça te fera gagner du temps. ⟨contraire : retarder⟩ *Ce contretemps n'avance pas les choses.* **3.** Faire arriver avant le moment prévu. *Il a avancé son retour de deux jours.* ⟨contraires : différer, reculer⟩ **4.** *AVANCER DE L'ARGENT À QQN,* lui prêter de l'argent. *Avance-moi cent francs, je te les rendrai lundi* (→ **avance**).

II. *AVANCER* **1.** Aller en avant. *Les explorateurs avançaient lentement dans l'épaisse forêt.* – *Je n'avance pas dans ce travail.* **2.** (qqch.) Être placé en avant. *Sa lèvre supérieure avance légèrement,* elle est légèrement proéminente. **3.** (qqch.) Être en avance. *Ma montre avance d'une minute.* ⟨contraire : retarder⟩

III. verbe pronominal *S'AVANCER* **1.** (qqn) S'approcher. *À la fin de la pièce, tous les acteurs se sont avancés pour saluer.* **2.** Prendre de l'avance. *Elle s'est avancée dans son travail pour pouvoir partir plus tôt.* **3.** (qqch.) Être en avant, dans l'espace. *La falaise s'avance au-dessus de la mer.* **4.** Donner son avis, s'engager. *C'est un sujet que je connais mal, je ne veux pas trop m'avancer.*

AVANIE [avani] n. f. ▪ STYLE RECHERCHÉ *UNE AVANIE :* humiliation, affront. *Je ne supporterai pas plus longtemps ces avanies.*

① **AVANT** [avɑ̃] préposition et adverbe
I. préposition **1.** Indique qu'une chose en précède une autre dans le temps (→ **antérieur**). *Je suis arrivé avant lui,* plus tôt que lui. ⟨contraire : après⟩ *Réfléchis bien AVANT DE te décider. Dépêchons-nous de rentrer AVANT QUE la nuit vienne.* **2.** Indique qu'un lieu en précède un autre. *La maison est juste avant le virage. Le train ne s'arrête pas avant Paris.* **3.** Indique la place dans un ordre. *Elle fait passer ses enfants avant son mari,* elle considère ses enfants comme plus importants que son mari. – *AVANT TOUT :* d'abord, principalement. *Dans les accidents, il faut avant tout éviter la panique.*
II. adverbe **1.** (dans le temps) Plus tôt. *Il vit à Paris, mais avant il habitait Lyon.* → **auparavant.** *Réfléchis avant, tu décideras après. Il est tombé malade la semaine d'avant,* la semaine qui a précédé. – STYLE FAMILIER Autrefois. *Avant, on vivait sans télé !* **2.** (dans l'espace) *Tu vois cette forêt ? La maison est juste avant. C'est dangereux de se pencher en avant, on risque de tomber. EN AVANT, marche !* avancez !

REM. *Avant que* est suivi du subjonctif, alors que *après que* est suivi de l'indicatif. → **après.**

② **AVANT** [avɑ̃] n. m. et adj. invariable **1.** *L'AVANT :* la partie d'un objet qui est devant. ⟨contraire : arrière⟩ *Le capitaine se tient À L'AVANT du bateau* (→ **proue**). *Dans l'avion, il préfère s'asseoir à l'avant plutôt qu'à l'arrière.* → **devant.** **2.** *UN AVANT :* joueur d'une équipe de football ou de rugby qui est placé devant les autres. *Les avants des deux équipes se préparent à entrer dans la mêlée.* **3.** adjectif invariable (après le nom) Qui est devant. *Le chien est blessé à la patte avant.* → **antérieur.** PLURIEL : *les roues avant d'une voiture.* ⟨contraire : arrière⟩

AVANTAGE [avɑ̃taʒ] n. m. ▪ *UN AVANTAGE* **1.** Ce qui donne une supériorité à (qqn, qqch.). *Cette candidate au poste d'ingénieur a l'avantage de parler quatre langues.* ⟨contraire : handicap⟩ **2.** Supériorité dans un combat, une lutte. *Notre équipe A PRIS L'AVANTAGE SUR l'équipe adverse,* elle a été meilleure que l'équipe adverse. **3.** Ce qui est utile, profitable. *Quel est l'avantage de cette nouvelle lessive ?* → **bénéfice, intérêt.** *Un des avantages de cet appartement, c'est sa situation.* ⟨contraires : désavantage, inconvénient⟩

AVANTAGER [avɑ̃taʒe] verbe [conjugaison 3b] **1.** Donner un avantage. *Sa bonne connaissance du français l'avantage beaucoup par rapport aux autres candidats au poste.* **2.** Mettre en valeur le physique. *Sa nouvelle coiffure l'avantageait.* → **embellir.**

AVANTAGEUSEMENT [avɑ̃taʒøzmɑ̃] adverbe ▪ D'une manière avantageuse. *Ma nouvelle voiture remplace avantageusement l'ancienne,* elle est mieux.

AVANTAGEUX [avɑ̃taʒø], **AVANTAGEUSE** [avɑ̃taʒøz] adj. (après le nom) ▪ Qui offre un avantage. *Nous avons acheté notre maison à un prix très avantageux,* très intéressant. – *La grande boîte de gâteaux est plus avantageuse que la petite.* → **économique.**

AVANT-BRAS [avɑ̃bʀa] n. m. invariable ▪ *L'AVANT-BRAS :* partie du corps qui va du coude au poignet. *Elle s'est blessée à l'avant-bras.* PLURIEL : *il a les avant-bras musclés.*

AVANT-CENTRE [avɑ̃sɑ̃tʀ] n. m. ▪ *UN AVANT-CENTRE :* joueur de football qui joue au centre de la ligne d'attaque. *Il est avant-centre.* PLURIEL : *les AVANTS-CENTRES.*

AVANT-DERNIER [avɑ̃dɛʀnje] adj. et n. m., **AVANT-DERNIÈRE** [avɑ̃dɛʀnjɛʀ] adj. et n. f. **1.** adjectif (avant le nom) Qui est avant le dernier. *Aujourd'hui, nous sommes l'avant-dernier jour du mois. C'est l'avant-dernière fille de la famille.* **2.** *L'AVANT-DERNIER, L'AVANT-DERNIÈRE :* celui, celle qui est avant le dernier. *C'est l'avant-dernier des garçons. Elle est arrivée l'avant-dernière.* PLURIEL : *les AVANT-DERNIERS, les AVANT-DERNIÈRES.*

AVANT-GARDE [avɑ̃gaʀd] n. f. ▪ *L'AVANT-GARDE* **1.** Partie d'une armée qui est envoyée en avant. *Les soldats de l'avant-garde ont attaqué l'armée ennemie.* ⟨contraire : arrière-garde⟩ PLURIEL : *les AVANT-GARDES.* **2.** *D'AVANT-GARDE :* très en avance sur ce qui existe dans l'art. *Il déteste la peinture d'avant-garde,* très moderne. *C'est un cinéaste d'avant-garde.*

AVANT-GOÛT [avɑ̃gu] n. m. ▪ *UN AVANT-GOÛT :* aperçu que l'on a de quelque chose qui va se produire. *La lecture de ce guide de voyage m'a donné un avant-goût de mes prochaines vacances.* PLURIEL : *des AVANT-GOÛTS.*

AVANT-HIER [avɑ̃tjɛʀ] adverbe ▪ Le jour qui a précédé hier. *Il a fait très beau hier et avant-hier* (→ **avant-veille**).

AVANT-PREMIÈRE [avɑ̃pʀəmjɛʀ] n. f. ▪ *UNE AVANT-PREMIÈRE :* présentation d'un film, d'une pièce de théâtre ou d'une exposition avant la présentation ou l'ouverture au public. *Ce film a été présenté aux journalistes EN AVANT-PREMIÈRE,* avant la sortie officielle. PLURIEL : *des AVANT-PREMIÈRES.*

AVANT-PROPOS [avɑ̃pʀɔpo] n. m. invariable ▪ *UN AVANT-PROPOS :* introduction au début d'un livre. *Dans son avant-propos, l'auteur explique pourquoi il a écrit son livre.* → **préface.** PLURIEL : *des avant-propos.*

AVANT-VEILLE [avɑ̃vɛj] n. f. ▪ *L'AVANT-VEILLE :* le jour qui précède la veille du jour dont on parle (→ **avant-hier**). *Je l'ai vu l'avant-veille de son départ.* PLURIEL : *des AVANT-VEILLES.*

AVARE [avaʀ] adj., n. m. et n. f.
I. adjectif (après le nom) **1.** Qui a de l'argent et refuse de le dépenser. *Il a toujours été économe, mais en vieillissant il est devenu avare. C'est un homme avare.* → STYLE FAMILIER **radin.** ⟨contraires : dépensier, généreux⟩ **2.** *Son patron est AVARE DE compliments,* il ne fait presque jamais de compliments.
II. *UN AVARE, UNE AVARE :* une personne qui n'aime pas dépenser son argent. *Cette vieille dame est une avare : elle ne donne jamais d'argent à ses petits-enfants.*

AVARICE [avaʀis] n. f. ▪ Refus de dépenser de l'argent. *Ils se privent de tout par avarice. Il est d'une avarice sordide.*

AVARIE [avaʀi] n. f. ▪ *UNE AVARIE :* dégât qui se produit sur un bateau. *La tempête a causé des avaries à tous les bateaux qui étaient en mer.* → **dommage.**

FAUX AMI
russe **авария**
« accident, panne »

AVARIÉ [avaʀje], **AVARIÉE** [avaʀje] adj. (après le nom) ▪ (nourriture) Gâté, pourri. *Il faut jeter cette viande avariée, elle sent mauvais.*

AVATAR [avataʀ] n. m. ▪ *UN AVATAR :* aventure malheureuse. *Ces voyageurs ont eu de nombreux avatars en traversant le Sahara.* → **ennui.**

AVEC [avɛk] préposition **1.** En compagnie de. *Hier, j'ai dîné avec une amie.* ⟨contraire : sans⟩ **2.** Contre. *Il s'est battu avec un voyou.* **3.** Qui a. *Elle fume des cigarettes avec filtre. Ils ont une grande maison avec piscine.* **4.** *Il s'entend bien avec ses parents :* ses parents et lui ont de bonnes relations. **5.** *Avec ce temps affreux, on ne peut pas sortir,* à cause de ce temps affreux. **6.** À l'aide de. *On enfonce un clou avec un marteau.* **7.** *Le bateau avance avec lenteur,* lentement. *Elle nous a aidés avec gentillesse,* gentiment.

AVENANT [avnɑ̃], **AVENANTE** [avnɑ̃t] adj. (après le nom) ▪ Aimable, accueillant. *Cette commerçante est avenante. – Elle a un air avenant.*

AVÈNEMENT [avɛnmɑ̃] n. m. ▪ *L'AVÈNEMENT* : arrivée au pouvoir d'un souverain. *L'avènement du roi Juan Carlos Ier d'Espagne a eu lieu en 1975.*

AVENIR [avniʀ] n. m. ▪ *L'AVENIR* **1.** Le temps à venir. *Les voyantes prédisent l'avenir.* → **futur.** – *À L'AVENIR* : à partir de maintenant. *Soyez plus prudent à l'avenir* (→ **désormais, dorénavant**). **2.** *L'AVENIR DE qqn*, sa situation future. *À douze ans, Anne pense déjà à son avenir : elle sera médecin.* → **carrière.** *Ce jeune pianiste est doué, il aura sûrement un brillant avenir.* → **destin, destinée.**

AVENTURE [avɑ̃tyʀ] n. f. ▪ *UNE AVENTURE* **1.** Ce qui arrive d'imprévu, de surprenant. *Les héros de roman vivent parfois d'étranges aventures. Nous avons eu bien des aventures pendant ce voyage. J'aime les ROMANS et les FILMS D'AVENTURES,* avec des épisodes mouvementés. **2.** *L'AVENTURE* : le risque dans une action, dans une entreprise. *Très jeune, il avait déjà le goût de l'aventure. – Nous nous sommes perdus dans la forêt et nous avons marché À L'AVENTURE,* sans savoir où nous allions, au hasard. **3.** *DIRE LA BONNE AVENTURE* : prédire l'avenir. *Une gitane lui a dit la bonne aventure.*

S'**AVENTURER** [avɑ̃tyʀe] verbe pronominal [conjugaison 1a] ▪ Prendre le risque d'aller dans un endroit dangereux. *Je ne m'aventurerais pas dans la forêt en pleine nuit.* → se **risquer.** *Elle s'est aventurée seule dans le désert.*

AVENTUREUX [avɑ̃tyʀø], **AVENTUREUSE** [avɑ̃tyʀøz] adj. (après le nom) **1.** Plein d'aventures. *Les explorateurs ont une vie aventureuse.* **2.** Plein de risques. *Ce projet est aventureux, il vaut mieux l'abandonner.* → **hasardeux.**

AVENTURIER [avɑ̃tyʀje] n. m., **AVENTURIÈRE** [avɑ̃tyʀjɛʀ] n. f. ▪ *UN AVENTURIER, UNE AVENTURIÈRE* : une personne qui recherche l'aventure par goût du risque ou pour l'argent. *Ces aventuriers parcouraient le monde à la recherche d'or et de richesses.*

AVENUE [avny] n. f. ▪ *UNE AVENUE* : large rue, dans une ville. → **boulevard.** *L'avenue des Champs-Élysées et l'avenue de l'Opéra sont des avenues de Paris.*

REM. L'abréviation pour *avenue* est *av.*

S'**AVÉRER** [aveʀe] verbe pronominal [conjugaison 6a] ▪ Se montrer comme étant. *Ce projet s'avère impossible à réaliser.* → se **révéler.** *Vos prévisions se sont avérées justes. Je suis sûr que cela s'avérera* [avɛʀʀa] *satisfaisant.*

AVERSE [avɛʀs] n. f. ▪ *UNE AVERSE* : forte pluie, le plus souvent de courte durée, qui tombe brusquement. *Nous sommes allés nous promener entre deux averses. Il y a des averses de grêle.*

AVERSION [avɛʀsjɔ̃] n. f. ▪ *L'AVERSION* : sentiment de mépris et de dégoût. *J'ai de l'aversion pour ce genre de personne.* → **antipathie, répulsion.** ⟨contraire : sympathie⟩ *Il a le mensonge EN AVERSION* : il déteste le mensonge.

AVERTI [avɛʀti], **AVERTIE** [avɛʀti] adj. (après le nom) ▪ Qui est au courant, qui connaît bien. *Elle est avertie de ces problèmes. C'est un homme averti.* → **avisé, expérimenté.** – *Ce film est réservé à un PUBLIC AVERTI,* il ne peut pas être vu par tout le monde.

AVERTIR [avɛʀtiʀ] verbe [conjugaison 2] ▪ Informer (qqn) de qqch. pour qu'il fasse attention. *Avertissons-les du danger.* → **prévenir.** *Il n'avait averti personne de ses intentions. Je t'AVERTIS QU'il faudra changer d'attitude. Je vous aurais averti !*

AVERTISSEMENT [avɛʀtismɑ̃] n. m. ▪ *UN AVERTISSEMENT* : appel à l'attention, à la prudence. *Il n'écoute les avertissements de personne.* → **avis, conseil, recommandation.**

> FAUX AMI
> anglais **advertisement** «annonce publicitaire»

AVERTISSEUR [avɛʀtisœʀ] n. m. ▪ *UN AVERTISSEUR* : appareil destiné à donner un signal. *La voiture de police met en marche son avertisseur sonore. On entend un concert d'avertisseurs.* → **klaxon.**

AVEU [avø] n. m. **1.** *L'AVEU DE* : le fait d'avouer. *Je vais vous faire l'aveu d'un secret que vous ne répéterez à personne. L'aveu de son amour lui coûtait un peu.* **2.** *UN AVEU* : chose personnelle et pénible à dire. – (au pluriel) DES AVEUX : fait de reconnaître que l'on est coupable. *L'accusé a fait des aveux complets. Le meurtrier EST PASSÉ AUX AVEUX,* il a avoué.

AVEUGLE [avœgl] adj., n. m. et n. f.

I. adjectif (après le nom) **1.** (êtres animés) Qui ne voit pas (→ **cécité**). *Cet homme est aveugle de naissance. Il est né aveugle. Notre vieux chien est presque aveugle.* **2.** (qqn) Incapable de juger correctement. *On dit que l'amour rend aveugle.* ⟨contraire : lucide⟩ **3.** (qqch.) Qui empêche de réfléchir, de juger correctement. *Il a une CONFIANCE AVEUGLE dans sa femme.* → **absolu, total.**

II. *UN AVEUGLE, UNE AVEUGLE* : une personne qui ne peut pas voir. *L'aveugle se déplace dans la rue avec une canne blanche.*

AVEUGLEMENT [avœgləmɑ̃] n. m. ▪ *L'AVEUGLEMENT* : manque de lucidité, de clairvoyance. *Son aveuglement le mènera à la catastrophe.* ⟨contraires : clairvoyance, lucidité⟩

AVEUGLÉMENT [avœglemɑ̃] adverbe ▪ Sans réfléchir. *Ce chien obéit aveuglément à son maître.*

AVEUGLER [avœgle] verbe [conjugaison 1a] **1.** Gêner la vue par une lumière trop vive. *À la sortie du tunnel, nous avons été aveuglés par le soleil.* → **éblouir.** **2.** Empêcher de raisonner, de juger correctement. *La colère l'aveugle, il n'arrive plus à se contrôler.*

À L'**AVEUGLETTE** [alavœglɛt] adverbe **1.** Sans y voir clair. *Il cherche à l'aveuglette l'interrupteur électrique.* **2.** Sans réfléchir. *On ne prend pas une décision grave à l'aveuglette.*

avez [ave] *Vous avez* : forme au présent du verbe **avoir.**

AVIATEUR [avjatœʀ] n. m., **AVIATRICE** [avjatʀis] n. f. ▪ *UN AVIATEUR, UNE AVIATRICE* : une personne qui pilote un avion. *Hélène Boucher fut une grande aviatrice.*

AVIATION [avjasjɔ̃] n. f. ▪ *L'AVIATION* **1.** Tout ce qui concerne les avions. *Les progrès de l'aviation ont été très rapides.* → **aéronautique.** *Les avions décollent et atterrissent sur un TERRAIN D'AVIATION.* → **aérodrome, aéroport.** *Les vols Paris-New York sont assurés par de nombreuses COMPAGNIES D'AVIATION* (→ **aérien**). **2.** Armée de l'air. *L'aviation ennemie a bombardé la ville.*

AVIATRICE n., féminin de **aviateur**

AVIDE [avid] adj. (après le nom) ▪ Qui désire (qqch.) avec force. *Cet homme politique est AVIDE DE POUVOIR.*

AVIDEMENT [avidmɑ̃] adverbe ▪ D'une manière avide. *Il lut avidement les dernières pages du roman policier pour connaître la fin de l'histoire.*

AVIDITÉ [avidite] n. f. ▪ *L'AVIDITÉ* : désir très fort pour qqch. *Il mange avec avidité. Elle contemplait avec avidité les superbes bijoux dans la vitrine du magasin.* → **convoitise.** – Désir d'argent. *Son avarice et son avidité sont bien connues.*

S'AVILIR [aviliʀ] verbe pronominal [conjugaison 2] ▪ Devenir méprisable, vil. *Ils s'avilissent en acceptant ce marché honteux.* → **déchoir.** *Elle s'est avilie.*

AVINÉ [avine], **AVINÉE** [avine] adj. (après le nom) ▪ (qqn) Qui a bu trop de vin. *Des hommes avinés chantent et crient dans la rue.* – *Il a une haleine avinée,* qui sent le vin.

AVION [avjɔ̃] n. m. ▪ *UN AVION :* appareil volant avec un moteur et des ailes, qui sert à transporter des personnes et des marchandises. *Ils sont allés EN AVION à Madrid. Elle a PRIS L'AVION. L'avion a atterri à 12 h 24. Il a envoyé sa lettre PAR AVION.*

AVIRON [aviʀɔ̃] n. m. **1.** *UN AVIRON :* rame. *Les avirons font avancer la barque.* – *Le moteur du bateau est tombé en panne, ils ont dû rentrer au port À L'AVIRON,* en ramant. **2.** *L'AVIRON :* sport qui consiste à faire des promenades ou des courses en bateau à rames. *Quand il fait beau, elle FAIT DE L'AVIRON sur le lac.*

AVIS [avi] n. m. ▪ *UN AVIS* **1.** Opinion. *J'aimerais avoir ton avis sur cette affaire. Donnez-moi votre avis là-dessus. Je ne suis pas de ton avis :* je ne suis pas d'accord avec toi. *Il change tout le temps d'avis.* – *À MON AVIS :* selon moi. *À mon avis, il vaudrait mieux attendre demain. Que faudrait-il faire, à votre avis ?* **2.** Texte qui informe sur un sujet précis. *Dans ce magasin, un avis informe les acheteurs que les chiens sont interdits. Il regarde toujours les avis de naissance et de décès dans le journal.*

> FAUX AMIS
> danois et norvégien **avis** « journal »

AVISÉ [avize], **AVISÉE** [avize] adj. (après le nom) ▪ (qqn) Qui agit avec à-propos, intelligence et prudence. *C'est un homme d'affaires avisé. Elle a été BIEN AVISÉE DE nous prévenir.* → **inspiré.**

AVISER [avize] verbe [conjugaison 1a]
I. Avertir. *Ils ont avisé tous leurs amis de leur changement d'adresse.* → **prévenir.**
II. verbe pronominal S'AVISER **1.** S'apercevoir. *Elles se sont avisées trop tard de leur méprise.* **2.** Prendre la décision de. *NE T'AVISE PAS DE recommencer !* n'essaie pas de recommencer.

> FAUX AMI
> espagnol **avisar** ne s'emploie qu'au sens I. (« avertir, prévenir »)

① **AVOCAT** [avɔka] n. m., **AVOCATE** [avɔkat] n. f. ▪ *UN AVOCAT, UNE AVOCATE :* une personne dont le métier est d'aider les gens à comprendre la loi et à se défendre devant un tribunal. *Il a consulté son avocat avant de signer le contrat. L'avocate de l'accusé a fait une brillante plaidoirie.*

REM. En parlant d'une femme, on emploie le féminin (ex. : *maître Marie X, avocate*), toutefois le masculin est courant (ex. : *maître Marie X, avocat à la cour ; elle est avocat*).

② **AVOCAT** [avɔka] n. m. ▪ *UN AVOCAT :* fruit vert ou marron, à gros noyau, de la forme et de la taille d'une poire, dont la chair jaune-vert a un goût voisin de celui de l'artichaut. *Nous avons mangé de l'avocat aux crevettes.*

AVOINE [avwan] n. f. ▪ *L'AVOINE :* céréale dont les épis forment de légères grappes tombantes. *Les chevaux mangent de l'avoine. Ce champ donne une très bonne avoine.* – *Il mange des FLOCONS D'AVOINE pour son petit-déjeuner.*

① **AVOIR** [avwaʀ] verbe [conjugaison 34]
I. 1. Posséder. *Elle a une belle maison. Ils ont beaucoup d'argent. Nous n'avions plus de quoi vivre à cette époque.* – *Avez-vous eu beau temps, en Grèce ? A-t-il fait beau ?* **2.** Porter sur soi. *Elle a sa robe verte.* → **porter.** *As-tu du feu ? Auriez-vous* [ɔʀjevu] *l'heure, s'il vous plaît ?* **3.** (indiquant des relations de parenté, d'affection) *Ils ont deux enfants. Nous avons beaucoup d'amis. Elle n'a plus sa mère :* sa mère est morte. **4.** Obtenir, se procurer. *Qu'est-ce que tu as eu pour ton anniversaire ? J'ai eu cette robe pour presque rien,* je l'ai achetée très peu cher. *Il aura* [ɔʀa] *son bac s'il travaille,* il sera reçu. – STYLE FAMILIER Tromper. *Tu nous a bien eus !* → STYLE TRÈS FAMILIER ① **baiser, couillonner.** *On les aura !* → **battre, vaincre. 5.** Présenter en soi. *Mon père a les yeux bleus. Elles auront vingt ans demain. Elle a du charme. Vous avez beaucoup de courage.* – (qqch.) *Ça n'a rien d'extraordinaire. Cet arbre a dix mètres de haut.* → **mesurer. 6.** Éprouver, ressentir. *J'AI MAL À la tête. Nous avions faim et soif. Il n'a plus envie de rien. J'aurais beaucoup de peine s'il lui arrivait du mal. Ils avaient toujours eu beaucoup d'amitié pour elle.* – *Je ne sais pas ce qu'il A À pleurer comme ça. Qu'est-ce que tu as ? Le médecin a dit qu'il n'avait rien,* qu'il n'était pas malade. – *Il a les mains sales. J'ai la tête qui tourne.*
II. 1. *AVOIR À :* être dans l'obligation de, devoir. *Je n'avais rien à faire ce jour-là. Il a sa famille à nourrir. Attends un moment, j'ai à te parler.* – *N'AVOIR QU'À :* devoir seulement. *Tu n'as qu'à fermer à clé, c'est tout. Ils n'ont qu'à s'en aller, s'ils ne sont pas contents :* qu'ils s'en aillent s'ils ne sont pas contents. *Il n'avait qu'à faire attention et ce ne serait pas arrivé,* il aurait dû faire attention. – *N'AVOIR PLUS QU'À :* ne pas pouvoir faire autrement que. *On n'a plus qu'à partir.* **2.** Auxiliaire servant à conjuguer aux temps composés les verbes transitifs, la plupart des verbes intransitifs, ainsi que les verbes *avoir* et *être. J'ai fini mon livre. Ils avaient enfin réussi. Quand il eut terminé son repas, il se leva. Vous l'aurez voulu !* c'est votre faute, tant pis pour vous. **3.** *IL Y A* [ilja], STYLE FAMILIER [ja] : il existe. → ② **y** (III.) *Il y a du thé dans la tasse. Il y avait beaucoup de monde sur la plage. Il n'y a plus de pain :* il ne reste pas de pain. *Il n'y en a plus. Il y a longtemps qu'elle est partie :* cela fait longtemps qu'elle est partie. *Il y a des gens qui exagèrent.* – *QU'EST-CE QU'IL Y A ?* [kɛskilja], STYLE FAMILIER [kɛskija] : que se passe-t-il ? – *IL N'Y A QU'À* [ilnjaka], STYLE FAMILIER [jaka] : il faut seulement, il faut simplement. *Il n'y a qu'à attendre, on verra bien.*

REM. **1.** Pas de *i* dans la forme du subjonctif *ayez (que vous ayez)* (contrairement à *que vous payiez*) ainsi qu'à l'impératif (ex. : *ayez du courage*). **2.** Voyez *IL Y A* emplois plus développés, à ② **y** (III.).

② **AVOIR** [avwaʀ] n. m. **1.** STYLE RECHERCHÉ *L'AVOIR :* ce que l'on possède. *Il a gaspillé tout son avoir.* → **bien, capital, fortune. 2.** *UN AVOIR :* papier qui atteste qu'un commerçant doit de l'argent à un client. *Le marchand m'a fait un avoir de cent francs. Il note les avoirs sur un carnet.*

AVOISINANT [avwazinɑ̃], **AVOISINANTE** [avwazinɑ̃t] adj. (après le nom) ▪ (lieu) Qui est voisin, proche. *Il y a des embouteillages dans les rues avoisinantes.*

avons [avɔ̃] *Nous avons :* forme au présent du verbe **avoir.**

AVORTEMENT [avɔʀtəmɑ̃] n. m. **1.** *L'AVORTEMENT :* interruption volontaire de la grossesse. *En France, l'avortement est autorisé par la loi.* **2.** *UN AVORTEMENT,* cette opération. *Elle a déjà eu plusieurs avortements.*

REM. Un avortement naturel s'appelle une *fausse couche.*

AVORTER [avɔʀte] verbe [conjugaison 1a] **1.** Accoucher volontairement avant le temps normal d'un fœtus. *Cette jeune femme a avorté. Elle s'est fait avorter.* **2.** (qqch.) Être arrêté dans son développement, ne pas réussir. *Le projet a avorté car il n'était pas au point.* → **échouer.** ⟨contraire : réussir⟩

AVORTON [avɔʀtɔ̃] n. m. ▪ *UN AVORTON :* personne petite et mal faite, qui n'a pas l'air complètement développée. *Il ne me fait pas peur, c'est un avorton !*

REM. *Avorton* est un mot péjoratif et injurieux.

AVOUABLE [avwabl] adj. (après le nom) ▪ Que l'on peut dire sans honte. *Il a des intentions très avouables.* → **honnête.** (contraire : inavouable)

AVOUÉ [avwe] n. m. ▪ *UN AVOUÉ :* juriste nommé par le ministre de la justice, qui représente auprès de certains tribunaux les personnes engagées dans un procès et qui rédige des textes de droit. *L'avoué que j'ai consulté est une femme.*

AVOUER [avwe] verbe [conjugaison 1a] **1.** Reconnaître qu'une chose est vraie. *J'avoue mon ignorance dans ce domaine.* → **admettre, reconnaître.** (contraire : nier) *Le responsable de l'erreur a avoué sa faute. Il a avoué s'être trompé. AVOUE QU'il n'a pas tout à fait tort.* **2.** Faire des aveux, reconnaître qu'on est coupable. *Le commissaire est sûr que le coupable avouera* [avuʀa].

AVRIL [avʀil] n. m. ▪ Quatrième mois de l'année. *Le mois d'avril a trente jours. En avril, il commence à faire bon. Le 1*[er] *avril, on fait des farces que l'on appelle des POISSONS D'AVRIL. Il y a souvent des avrils pluvieux.*

AXE [aks] n. m. ▪ *UN AXE* **1.** Ligne droite qui passe au milieu de qqch. *Une ligne blanche marque l'axe de la route. La Terre tourne autour de son axe,* de la ligne imaginaire qui va du pôle Nord au pôle Sud. – (figuré) *Sa politique est dans l'axe de celle du dernier président.* → **direction.** **2.** *L'AXE D'UNE ROUE :* la tige qui permet à une roue de tourner sur elle-même. **3.** *LES GRANDS AXES de circulation :* les routes principales. *En voiture, il n'aime pas emprunter les grands axes, il préfère les routes secondaires.*

AXER [akse] verbe [conjugaison 1a] ▪ Orienter. *Elle a axé sa vie sur le travail. – Le gouvernement mène une politique axée sur la lutte contre le chômage.*

AXIOME [aksjom] n. m. ▪ *UN AXIOME :* vérité que l'on ne peut pas démontrer mais qui est admise par tous dans le raisonnement. *Il faut admettre les axiomes mathématiques et philosophiques.* → **principe.**

ayant [ɛjɑ̃] *En ayant :* forme au participe présent du verbe **avoir.**

ayons [ɛjɔ̃] *Que nous ayons :* forme au subjonctif du verbe **avoir.**

AZALÉE [azale] n. f. ▪ *UNE AZALÉE :* petit arbre qui donne de très belles fleurs blanches, roses ou rouges, en hiver. *Il a acheté chez le fleuriste une azalée en pot.*

AZIMUT [azimyt] n. m. ▪ STYLE FAMILIER *DANS TOUS LES AZIMUTS :* dans toutes les directions, dans tous les sens. *Les oiseaux se sont envolés dans tous les azimuts. – Les scientifiques font des recherches TOUS AZIMUTS,* dans toutes les directions.

AZOTE [azɔt] n. m. ▪ Gaz qui constitue les quatre cinquièmes de l'air, et qui entre dans la formation des tissus vivants. *L'azote est incolore et n'a pas d'odeur.*

A. Z. T. [ɑzɛdte] n. m. invariable ▪ Médicament utilisé dans le traitement du sida. *Ce malade du sida est soigné avec de l'A. Z. T.*

AZTÈQUE [aztɛk] adj., n. m. et n. f. **1.** adjectif (après le nom) D'un ancien peuple du Mexique. *On peut voir des statues aztèques dans ce musée.* **2.** *UN AZTÈQUE, UNE AZTÈQUE :* un ancien habitant, une ancienne habitante du Mexique. *Les Aztèques adoraient le Soleil.*

AZUR [azyʀ] n. m. ▪ *L'AZUR* **1.** STYLE RECHERCHÉ Couleur bleue du ciel et de la mer. → **bleu.** *Il admire l'azur du ciel. Il a des yeux d'azur. Le ciel est d'un merveilleux azur.* **2.** *LA CÔTE D'AZUR :* la côte de la Méditerranée, en France, entre Toulon et Menton. *Nous passons nos vacances sur la Côte d'Azur.*

B

B [be] n. m. invariable ▪ *LE B :* deuxième lettre de l'alphabet du français. *Le b est une consonne. Il y a des b majuscules* (B) *et des b minuscules* (b).

REM. Le *b* se prononce généralement à la fin des mots, sauf dans *plomb*.

① **BABA** [baba] n. m. ▪ *UN BABA :* gâteau arrosé de sirop alcoolisé. *J'aime les babas au rhum.*

② **BABA** [baba] adj. (après le nom) ▪ STYLE FAMILIER *EN RESTER BABA :* être très étonné. *Elles ne s'attendaient pas à ça, elles en sont restées babas.* → **ébahi, stupéfait.**

BABILLER [babije] verbe [conjugaison 1a] ▪ (jeunes enfants) Faire entendre des bruits qui ne sont pas encore des mots. *Le bébé babille dans son berceau.*

BABINES [babin] n. f. pluriel ▪ *LES BABINES :* lèvres de certains animaux. *Le chien RETROUSSE SES BABINES et montre les dents d'un air menaçant. Le chat SE LÈCHE LES BABINES après avoir bu son lait.*

BABIOLE [babjɔl] n. f. ▪ *UNE BABIOLE* **1.** Petit objet sans valeur. *Elle a rapporté des babioles de son dernier voyage.* → **bricole.** **2.** Chose sans importance. *Les deux amis inséparables se sont fâchés pour une babiole.* → **bagatelle, bêtise.**

BÂBORD [bɑbɔʀ] n. m. ▪ Côté gauche d'un bateau lorsqu'on regarde vers l'avant (opposé à tribord). *Les passagers du bateau commencent à distinguer une île à bâbord.*

BABOUCHE [babuʃ] n. f. ▪ *UNE BABOUCHE :* chaussure de cuir plate et souple, sans talon, portée dans les pays arabes. *Elle a rapporté une paire de babouches du Maroc.*

BABOUIN [babwɛ̃] n. m. ▪ *UN BABOUIN :* singe d'Afrique au museau allongé et aux grosses lèvres. *Les babouins du zoo amusent les enfants.*

BABY-FOOT [babifut] n. m. invariable ▪ *UN BABY-FOOT :* football de table. *Les deux frères font une partie de baby-foot.* – PLURIEL : *des baby-foot.*

REM. *Baby-foot* est un mot qui vient de l'anglais.

BABY-SITTER [babisitœʀ] n. m., n. f. ▪ *UN BABY-SITTER, UNE BABY-SITTER :* une personne qui garde des enfants quand les parents sont sortis. *Elle se fait de l'argent de poche en étant baby-sitter.* PLURIEL : *des BABY-SITTERS.*

REM. *Baby-sitter* est un mot anglais.

BABY-SITTING [babisitiŋ] n. m. ▪ *LE BABY-SITTING :* garde de jeunes enfants par un ou une baby-sitter. *Ma fille fait du baby-sitting.* PLURIEL : *des BABY-SITTINGS.*

REM. *Baby-sitting* est un mot anglais.

① **BAC** [bak] n. m. ▪ *UN BAC :* bateau qui sert à traverser un cours d'eau, un lac ou un détroit. *Le bac transporte des voyageurs, des marchandises et des voitures entre la côte et l'île.*

② **BAC** [bak] n. m. ▪ *UN BAC :* récipient sans couvercle utilisé pour divers usages. *Il y a des BACS À FLEURS sur le balcon. Les BACS À GLACE du réfrigérateur servent à faire des glaçons. Range la salade dans le BAC À LÉGUMES du réfrigérateur.*

③ **BAC** [bak] n. m. ▪ STYLE FAMILIER *LE BAC :* baccalauréat. *Elle a passé son bac l'année dernière.* → STYLE FAMILIER **bachot.**

FAUX AMI
anglais **back** « dos »

REM. *Bac* est plus courant que *bachot.*

BACCALAURÉAT [bakalɔʀea] n. m. ▪ *LE BACCALAURÉAT :* en France, Examen que l'on passe à la fin des études secondaires. *Les élèves de terminale passeront leur baccalauréat en juin.* → STYLE FAMILIER ③ **bac, bachot.** *Elle est titulaire du baccalauréat* (→ **bachelier).**

REM. En Suisse, l'examen qui correspond au baccalauréat s'appelle *la maturité.*

BACH [bak] nom propre ▪ Nom d'une famille de musiciens allemands du XVIIIe siècle, dont le plus célèbre est *Jean-Sébastien Bach* (1685-1750).

BÂCHE [bɑʃ] n. f. ▪ *UNE BÂCHE :* grande couverture en toile imperméable servant à protéger un objet du mauvais temps. *Le chargement du camion est recouvert d'une bâche.*

FAUX AMI
espagnol **bache** « trou d'une chaussée, d'une route »

BACHELIER [baʃəlje] n. m., **BACHELIÈRE** [baʃəljɛʀ] n. f. ▪ *UN BACHELIER, UNE BACHELIÈRE :* une personne qui a obtenu le baccalauréat. *Il faut être bachelier pour préparer ce concours.*

BÂCHER [bɑʃe] verbe [conjugaison 1a] ▪ Couvrir, recouvrir d'une bâche. *Il bâche sa voiture pour qu'elle ne s'abîme pas.* – *Un camion bâché est garé dans la rue.*

BACHOT [baʃo] n. m. ▪ STYLE FAMILIER *LE BACHOT :* baccalauréat. *Il a passé son bachot en juin dernier.* → ③ **bac.**

REM. Ce mot est légèrement vieilli. On dit plutôt *bac.*

BACHOTER [baʃɔte] verbe [conjugaison 1a] ▪ Préparer son bachot ou un autre examen en travaillant beaucoup au dernier moment. *Il n'a rien fait de l'année, mais il a bachoté une semaine avant l'examen.*

BACILLE [basil] n. m. ▪ *UN BACILLE :* microbe de très petite taille en forme de bâton, formé d'une seule cellule. *Le bacille de Koch est la cause de la tuberculose.*

REM. Attention aux deux *ll* qu'on pourrait oublier à cause de la prononciation.

BACKGROUND [bakgʀaund] n. m. ▪ *LE BACKGROUND :* l'arrière-plan (d'une action, d'un événement). *Il faudrait connaître exactement le background de la situation pour avoir une idée juste.* → **cadre, contexte.**

REM. Ce mot vient de l'anglais. Il vaut mieux dire *arrière-plan.*

BÂCLER [bɑkle] verbe [conjugaison 1a] ▪ STYLE FAMILIER Faire un travail vite et mal. *Les mauvais élèves bâclent leurs devoirs. – C'est du travail bâclé.*

BACTÉRIE [bakteʀi] n. f. ▪ *UNE BACTÉRIE :* être vivant de très petite taille formé d'une seule cellule. *Les bactéries vivent dans l'air, dans l'eau, dans les plantes et sont parasites de certains animaux. Les bacilles sont des bactéries.*

BADAUD [bado] n. m. ▪ *UN BADAUD :* une personne curieuse qui s'arrête dans la rue pour regarder ce qui se passe. *Des badauds regardaient l'accident avec le plus grand intérêt.*

BADERNE [badɛʀn] n. f. ▪ STYLE FAMILIER *UNE VIEILLE BADERNE :* un vieux militaire borné. *Il y a encore quelques vieilles badernes dans ce régiment.*

BADGE [badʒ] n. m. ▪ *UN BADGE :* insigne portant une inscription ou une image et que l'on accroche sur ses vêtements. *Les participants au congrès portent tous un badge où est inscrit leur nom et leur pays. Les organisateurs ont distribué des badges.*

REM. *Badge* est un mot anglais.

BADIGEON [badiʒɔ̃] n. m. ▪ *UN BADIGEON :* peinture faite avec de l'eau, de la chaux et un colorant, avec laquelle on peint les murs. *Le peintre a passé un coup de badigeon sur le mur.*

BADIGEONNER [badiʒɔne] verbe [conjugaison 1a] **1.** Enduire d'une couche de badigeon. *Le peintre a badigeonné la façade de la maison.* **2.** Enduire. *L'infirmière badigeonne les genoux de l'enfant de mercurochrome.*

BAFFE [baf] n. f. ▪ STYLE FAMILIER *UNE BAFFE :* une gifle. *Il a reçu une baffe.* → **claque ;** STYLE FAMILIER **beigne.** *Tu veux une paire de baffes ?*

FAUX AMI — italien **baffi** « moustaches »

BAFFLE [bafl] n. m. ▪ *UN BAFFLE :* haut-parleur d'une chaîne stéréo. *Les baffles sont dissimulés aux deux extrémités du salon.*

REM. Ce mot vient de l'anglais.

BAFOUER [bafwe] verbe [conjugaison 1a] ▪ Traiter avec mépris. *On l'a bafoué devant tout le monde.* → **ridiculiser.** *Elle bafouerait* [bafyʀɛ] *avec joie tous ces gens prétentieux, si elle l'osait.*

BAFOUILLER [bafuje] verbe [conjugaison 1a] ▪ Parler d'une manière embrouillée, en cherchant ses mots et en n'articulant pas bien. *Il bafouille d'émotion quand il doit faire un discours.* → **bredouiller.** – *Elle a bafouillé des excuses.*

BÂFRER [bɑfʀe] verbe [conjugaison 1a] ▪ STYLE FAMILIER Manger avec gloutonnerie et excès. *Il ne mange pas, il bâfre !* → STYLE FAMILIER **bouffer,** s'**empiffrer,** se **goinfrer.**

BAGAGE [bagaʒ] n. m.

I. *UN BAGAGE* **1.** (au pluriel) LES BAGAGES : les valises, les sacs que l'on emporte avec soi quand on voyage. *Ils ont fait enregistrer leurs bagages avant de monter dans l'avion. Des* CHARIOTS À BAGAGES *sont à la disposition des voyageurs dans les gares et les aéroports.* → **caddie. 2.** *UN BAGAGE À MAIN :* bagage que l'on prend avec soi dans l'avion. *Les bagages à main ne doivent pas être encombrants.*

II. *LE BAGAGE* **1.** *PLIER BAGAGE :* s'en aller. *Le cirque a plié bagage après la représentation.* **2.** Connaissances qu'une personne a acquises. *Il a un important bagage en biologie :* il sait beaucoup de choses en biologie.

BAGARRE [bagaʀ] n. f. ▪ *UNE BAGARRE :* un échange de coups. *Des bagarres ont éclaté entre la police et les manifestants. – Attention, il va y avoir* DE LA BAGARRE. → STYLE FAMILIER **baston.**

SE **BAGARRER** [bagaʀe] verbe pronominal [conjugaison 1a] **1.** Se battre, se donner des coups. *Ces deux frères se bagarreront* [bagaʀʀɔ̃] *sans arrêt si on les laisse ensemble.* **2.** Se donner du mal. *Elle s'est bagarrée pour obtenir ce poste :* elle a lutté pour obtenir ce poste. → **lutter.**

BAGARREUR [bagaʀœʀ] adj. et n. m., **BAGARREUSE** [bagaʀøz] adj. et n. f. **1.** adjectif (après le nom) Qui aime se battre. *C'est un enfant bagarreur.* → **batailleur. 2.** *UN BAGARREUR, UNE BAGARREUSE :* une personne combative, qui aime se battre, lutter. *Quel bagarreur, ce gamin ! C'est une bagarreuse, elle réussira sûrement dans la vie.*

BAGATELLE [bagatɛl] n. f. ▪ *UNE BAGATELLE* **1.** Petite chose sans importance. *Il s'amuse à des bagatelles et perd son temps.* → **bêtise, futilité. 2.** Petite somme d'argent. *J'ai trouvé ce vase au marché aux puces pour une bagatelle,* pour très peu d'argent. **3.** STYLE FAMILIER *LA BAGATELLE :* le plaisir sexuel. *Il est porté sur la bagatelle :* il aime faire l'amour.

BAGNARD [baɲaʀ] n. m. ▪ *UN BAGNARD :* criminel qui était enfermé dans un bagne. *Les bagnards portaient des vêtements rayés noir et blanc.* → **forçat.**

BAGNE [baɲ] n. m. ▪ *UN BAGNE* **1.** Lieu où étaient emprisonnés les criminels condamnés aux travaux forcés. *Il y avait autrefois des bagnes à Toulon et à Cayenne, en Guyane.* **2.** Lieu où les conditions de travail sont pénibles. *Il travaille beaucoup pour très peu d'argent, c'est vraiment le bagne !* → **enfer.**

FAUX AMI — portugais **banho** « bain »

BAGNOLE [baɲɔl] n. f. ▪ STYLE FAMILIER *UNE BAGNOLE :* une automobile. *Mon frère a une vieille bagnole. Quelle belle bagnole !*

BAGOUT [bagu] n. m. ▪ *AVOIR DU BAGOUT :* parler beaucoup en étant très convaincant. *Les vendeurs et les représentants ont du bagout. Quel bagout !*

REM. On peut écrire aussi *bagou.*

BAGUE [bag] n. f. ▪ *UNE BAGUE :* anneau que l'on porte au doigt et qui est parfois orné d'une pierre précieuse. *Elle portait plusieurs bagues à chaque doigt. Sa bague de fiançailles est ornée d'un rubis.*

FAUX AMI — portugais **baga** « baie »

BAGUETTE [bagɛt] n. f. ▪ *UNE BAGUETTE* **1.** Petit bâton mince. *Le chef d'orchestre dirige avec sa baguette. Les Chinois mangent avec des baguettes. – On tape sur la grosse caisse et sur le* tambour avec des *BAGUETTES DE TAMBOUR*. **2.** *BAGUETTE MAGIQUE* : petit bâton avec lequel, dans les contes, les magiciens et les fées font des choses extraordinaires. *La fée transforme le vilain crapaud en beau prince avec sa baguette magique.* – *D'UN COUP DE BAGUETTE MAGIQUE* : d'une manière magique. *Ça ne va pas changer d'un coup de baguette magique.* **3.** Pain long et mince. *Va chez le boulanger acheter une baguette bien cuite.*

BAH ! [ba] interjection ▪ Mot exprimant l'indifférence, l'insouciance. *Bah ! Ce n'est pas bien grave.* → **bof.**

BAHUT [bay] n. m. ▪ *UN BAHUT* : buffet campagnard large et bas. *Ils ont un beau bahut breton dans leur maison de campagne.*

① **BAIE** [bɛ] n. f. ▪ *UNE BAIE* : partie de la côte qui rentre dans la terre. *Plusieurs bateaux sont dans la baie.* → **anse, crique.**

② **BAIE** [bɛ] n. f. ▪ *UNE BAIE* : grande ouverture où se trouve une fenêtre ou une porte. *Des BAIES VITRÉES rendent cette pièce très claire.*

③ **BAIE** [bɛ] n. f. ▪ *UNE BAIE* : petit fruit juteux contenant des pépins. *Les groseilles, les mûres, les myrtilles sont des baies. Nous avons cueilli des baies sauvages.*

BAIGNADE [bɛɲad] n. f. ▪ *LA BAIGNADE* : bain dans la mer, une rivière, un lac ou une piscine. *Cette plage est dangereuse, la baignade y est interdite.*

BAIGNER [beɲe] verbe [conjugaison 1a]
I. 1. (qqn) Donner un bain à. *Il baigne son bébé chaque soir.* **2.** (mer) Toucher, entourer. *La mer Méditerranée baigne la Côte d'Azur.* **3.** (liquide) Mouiller complètement. *La sueur baignait son front.* – *Elle a le visage baigné de larmes.* → **inonder.** **4.** (qqch.) Tremper dans un liquide. *La viande baigne dans une sauce peu appétissante.* → **nager.**
II. verbe pronominal SE BAIGNER : se mettre dans l'eau pour nager, pour le plaisir. *L'été au bord de la mer, elle se baigne tous les jours. Ils se sont baignés dans la piscine de l'hôtel. Il ne faut pas que vous vous baigniez aujourd'hui.*

REM. On ne dit pas *se baigner dans une baignoire*, on dit plutôt *prendre un bain.*

BAIGNEUR [bɛɲœʀ] n. m., **BAIGNEUSE** [bɛɲøz] n. f. **1.** *UN BAIGNEUR, UNE BAIGNEUSE* : une personne qui se baigne dans la mer, une rivière ou une piscine. *Aujourd'hui, il fait beau, les baigneurs sont nombreux sur la plage.* **2.** *UN BAIGNEUR* : poupée représentant un bébé. *La petite fille joue avec son baigneur.* → **poupon.**

BAIGNOIRE [bɛɲwaʀ] n. f. ▪ *UNE BAIGNOIRE* **1.** Grande cuve dans laquelle on prend des bains pour se laver. *Dans cette salle de bains, la baignoire est encastrée.* – *Une BAIGNOIRE SABOT* : une baignoire très courte dans laquelle on se tient assis. **2.** Dans un théâtre, Loge du rez-de-chaussée. *Pour voir la représentation de « Carmen » à l'Opéra, ils ont eu des places dans une baignoire.*

BAIL [baj] n. m. ▪ *UN BAIL* : contrat que l'on signe quand on loue un appartement, une maison, un magasin. *Nous avons signé un bail de trois ans pour la maison. Le bail expire dans six mois.* PLURIEL : *des BAUX* [bo].

BÂILLEMENT [bɑjmɑ̃] n. m. ▪ *UN BÂILLEMENT* : le fait de bâiller. *Cette conférence était si longue que certains auditeurs retenaient avec peine des bâillements d'ennui.*

BÂILLER [bɑje] verbe [conjugaison 1a] **1.** Ouvrir très grand la bouche sans le faire exprès en inspirant fortement. *On bâille quand on a faim, quand on s'ennuie ou quand on est fatigué. Il BÂILLE À S'EN DÉCROCHER LA MÂCHOIRE,* très fort. **2.** (vêtement) Être trop ouvert, mal fermé. *Il avait dénoué sa cravate et son col de chemise bâillait.*

> FAUX AMIS
> espagnol et portugais **bailar** « danser »

BÂILLON [bɑjɔ̃] n. m. ▪ *UN BÂILLON* : morceau de tissu que l'on met sur la bouche d'une personne pour l'empêcher de parler ou de crier. *La victime a réussi à dénouer son bâillon et a appelé à l'aide.*

BÂILLONNER [bɑjɔne] verbe [conjugaison 1a] ▪ Mettre un bâillon à (qqn). *Les voleurs ont attaché et bâillonné leur victime.*

REM. Attention au deux *n* !

BAIN [bɛ̃] n. m. ▪ *UN BAIN* **1.** Action de mettre son corps ou une partie de son corps dans l'eau ou un autre liquide pour se laver ou se soigner. *Elle prend un BAIN DE PIEDS. Elle aime les BAINS DE VAPEUR* (→ **sauna**). – *Les BAINS DE BOUCHE sont bons pour le mal de dents,* le fait de faire circuler un liquide spécial dans la bouche. **2.** Le fait de mettre son corps dans une baignoire pleine d'eau pour se laver ou se reposer. *Elle PREND UN BAIN chaque soir,* elle se met dans la baignoire. *La baignoire est dans la SALLE DE BAINS. Il s'essuie avec la SERVIETTE DE BAIN.* – *Je me suis fait couler un bain* : j'ai fait couler de l'eau dans la baignoire pour me mettre dedans. – *J'ai acheté un flacon de BAIN MOUSSANT,* de produit qui fait mousser l'eau du bain. **3.** Le fait d'entrer dans la mer ou dans une piscine pour nager ou pour le plaisir. *Elle préfère les bains de mer aux bains en rivière ou en piscine.* **4.** *BAIN DE SOLEIL* : exposition de son corps au soleil pour bronzer. → STYLE FAMILIER **bronzette.** *Elle prend des bains de soleil sur son balcon.* **5.** *BAIN DE FOULE* : le fait de se mêler à une foule. *En voyage, le président aime prendre des bains de foule et serrer la main des gens du pays.*

REM. L'adjectif qui correspond à *bain* est *balnéaire.*

BAIN-MARIE [bɛ̃maʀi] n. m. ▪ *LE BAIN-MARIE* : eau chaude dans laquelle on met un récipient contenant ce qu'on veut faire chauffer sans atteindre cent degrés. *Le cuisinier fait la sauce au BAIN-MARIE.* PLURIEL : *des BAINS-MARIE.*

BAÏONNETTE [bajɔnɛt] n. f. ▪ *UNE BAÏONNETTE* **1.** Lame pointue qui se met au bout d'un fusil de guerre. *Autrefois, les soldats de l'infanterie avaient des FUSILS À BAÏONNETTE.* **2.** *AMPOULE À BAÏONNETTE* : ampoule électrique qui se fixe sur la douille à l'aide de deux petites tiges, un peu comme se fixaient les baïonnettes des fusils. *Il faut acheter des ampoules à baïonnette et des ampoules à vis.*

BAISEMAIN [bɛzmɛ̃] n. m. ▪ *UN BAISEMAIN* : geste de politesse qui consiste, pour un homme, à poser les lèvres sur la main d'une femme. *Il FAIT UN BAISEMAIN à la maîtresse de maison.*

① **BAISER** [beze] n. m. ▪ *UN BAISER* : action de poser ses lèvres sur une personne en signe d'affection. *Elle m'a fait un baiser sur la joue* : elle m'a embrassé sur la joue. → **bise, bisou.** *Elle le couvre de baisers.*

> FAUX AMI
> allemand **Baiser** « meringue »

② **BAISER** [beze] verbe [conjugaison 1a] ▪ STYLE TRÈS FAMILIER **1.** Faire l'amour à. *Il ne baise plus sa femme.* – *Elle n'aime pas baiser.* **2.** Tromper. *Tu nous as bien baisés !* → STYLE FAMILIER **avoir.**

REM. Autrefois, on employait *baiser* au sens d'embrasser, mais le sens moderne est le seul qui subsiste.

BAISSE [bɛs] n. f. ▪ *LA BAISSE :* diminution. *La météo a annoncé une baisse des températures.* ⟨contraire : hausse⟩ *Le franc EST EN BAISSE par rapport au dollar,* il baisse, devient moins fort que le dollar. ⟨contraire : augmentation⟩

BAISSER [bese] verbe [conjugaison 1a]
I. 1. Mettre plus bas. *Il baisse la vitre de sa voiture pour parler à l'agent de police. Baisse le store, il y a trop de soleil.* ⟨contraires : lever, relever⟩ **2.** Incliner vers le sol (une partie du corps). *Il baisse la tête d'un air piteux.* → **courber, incliner.** *Baisse les yeux, tu devrais avoir honte !* **3.** Diminuer la force, l'intensité de. *Baisse un peu le son, on ne s'entend plus !* ⟨contraire : monter⟩ **4.** (qqch.) Devenir moins haut. *Le niveau de la rivière a baissé.* → **descendre. 5.** Diminuer de valeur. *Les prix ont baissé, le mois dernier.* ⟨contraires : augmenter, monter⟩ **6.** Devenir moins bon. *Quand on vieillit la vue baisse.* **7.** Devenir plus faible. *Le jour baisse :* il commence à faire nuit.
II. verbe pronominal SE BAISSER : se pencher vers le sol. *Baissez-vous pour entrer dans la grotte. Il y a beaucoup de champignons, cette année, il suffit de se baisser pour les ramasser.*

BAJOUE [baʒu] n. f. ▪ *UNE BAJOUE* **1.** Partie de la face de certains animaux, sur le côté, entre l'œil et la mâchoire. *Le hamster garde de la nourriture dans ses bajoues.* **2.** Joue qui pend, chez certaines personnes. *La vieille dame a des bajoues.*

BAKCHICH [bakʃiʃ] n. m. ▪ *UN BAKCHICH :* pourboire, dans les pays orientaux. *Le guide nous a réclamé un bakchich pour nous conduire où nous voulions. Il a fallu donner des bakchichs.*
REM. Ce mot vient du turc.

BAL [bal] n. m. ▪ *UN BAL :* grande fête où l'on danse. *Nous avons été invités à un BAL COSTUMÉ,* un bal où les invités sont déguisés. PLURIEL : *le 14 juillet, il y a de nombreux bals dans toute la France.*

BALADE [balad] n. f. ▪ STYLE FAMILIER *UNE BALADE :* promenade. *Nous avons fait une grande balade dans la forêt. Ils sont partis EN BALADE.*

> FAUX AMIS
> anglais **ballad,** grec **μπαλάντα,** portugais **balada** « ballade, poème »

REM. *Ballade* « poème » se prononce de la même façon.

SE **BALADER** [balade] verbe pronominal [conjugaison 1a] ▪ STYLE FAMILIER Se promener. *Elles se sont baladées dans les rues. – Elle a ENVOYÉ BALADER ce casse-pieds,* elle s'est débarrassée de lui.

BALADEUR [baladœʀ] n. m. ▪ *UN BALADEUR :* appareil portatif servant à écouter de la musique, formé d'un casque léger relié à un lecteur de cassettes, de disques compacts ou à un poste de radio. *Il écoute ses cassettes préférées sur son baladeur.* → **walkman.**
REM. Il vaut mieux dire *baladeur* que walkman.

BALAFRE [balafʀ] n. f. ▪ *UNE BALAFRE :* longue coupure faite par un objet tranchant, ou cicatrice d'une blessure. *Il s'est fait une balafre à la joue en se rasant.* → **estafilade.**

BALAFRÉ [balafʀe], **BALAFRÉE** [balafʀe] adj. (après le nom) ▪ (visage) Qui a une longue cicatrice sur le visage. *Son mari a la joue balafrée.*

BALAI [balɛ] n. m. ▪ *UN BALAI* **1.** Brosse souple à long manche, que l'on passe sur le sol pour enlever la poussière, les ordures. *Donne un COUP DE BALAI sous la table pour enlever les miettes. Les balais sont rangés dans le PLACARD À BALAIS. Il faut racheter uneMANCHE À BALAI. Où est le petit balai ?* (→ **balayette). –** STYLE FAMILIER *Du balai !* va-t'en ! **2.** *BALAI D'ESSUIE-GLACE :* lame de caoutchouc fixée à la tige d'un essuie-glace de voiture et qui nettoie le pare-brise et parfois aussi la vitre arrière. *Vos balais d'essuie-glace sont usés, il faut les changer.*

> FAUX AMI
> portugais **balaio** « panier »

REM. *Ballet* « danse » se prononce de la même façon.

BALAI-BROSSE [balɛbʀɔs] n. m. ▪ *UN BALAI-BROSSE :* brosse à gros poils, montée sur un manche à balai et servant à frotter le sol. *La femme de ménage frotte le carrelage avec un balai-brosse.* PLURIEL : *des BALAIS-BROSSES.*

① **BALANCE** [balɑ̃s] n. f. **1.** *UNE BALANCE :* instrument qui sert à peser des objets ou des personnes. *Le marchand de légumes pèse les pommes sur sa balance. Il monte sur la balance et l'aiguille indique soixante-dix kilos.* → **pèse-personne. 2.** *LA BALANCE :* septième signe du zodiaque. *Le signe de la Balance commence le 23 septembre et finit le 22 octobre. – Ses enfants sont tous les deux Balance,* ils sont de ce signe.

> FAUX AMIS
> anglais **balance,** suédois **balans** « équilibre »

② **BALANCE** [balɑ̃s] n. f. ▪ STYLE FAMILIER *UNE BALANCE :* personne qui dénonce son complice, le balance. *Je ne suis pas une balance !*

BALANCELLE [balɑ̃sɛl] n. f. ▪ *UNE BALANCELLE :* fauteuil balançoire à plusieurs places, à toit en tissu, que l'on met dans les jardins. *Elles sont assises toutes les deux dans la balancelle.*

BALANCEMENT [balɑ̃smɑ̃] n. m. ▪ *LE BALANCEMENT :* mouvement de va-et-vient. *Le balancement du bateau sur l'eau rend certaines personnes malades.* → **oscillation.** *Le balancement du trapéziste si loin du sol est impressionnant.*

BALANCER [balɑ̃se] verbe [conjugaison 3a] **1.** Faire aller d'un côté puis de l'autre plusieurs fois. *Il balançait les bras en marchant.* **2.** STYLE FAMILIER Jeter. *Il a balancé la bouteille par la fenêtre.* **3.** STYLE FAMILIER Dénoncer. *Le criminel a balancé son complice à la police.* → ② **balance. 4.** verbe pronominal SE BALANCER : aller d'un côté puis de l'autre plusieurs fois. *La petite fille se balance sur la balançoire. Ne vous balancez pas sur cette chaise, elle est fragile ! Le bateau se balançait au bout de son ancre.*

BALANCIER [balɑ̃sje] n. m. ▪ *UN BALANCIER :* tige de métal qui va d'un côté et de l'autre, dans une horloge. *On entend le tic-tac du balancier dans la pièce silencieuse.*

BALANÇOIRE [balɑ̃swaʀ] n. f. ▪ *UNE BALANÇOIRE :* petit siège suspendu à deux cordes sur lequel on s'amuse à se balancer. *La petite fille est sur la balançoire et son frère la pousse. Elle fait de la balançoire.*

BALAYAGE [balɛjaʒ] n. m. ▪ *LE BALAYAGE :* le fait de balayer. *Le balayage des chambres est terminé.*

BALAYER [baleje] verbe [conjugaison 8b] **1.** Enlever (la poussière, les ordures) avec un balai. *Il balaie la neige qui est devant la porte. La femme de ménage balaiera* [balɛʀa] *toute la maison quand elle viendra.* **2.** Se débarrasser de. *Balayez tous vos préjugés !*
REM. **1.** On peut écrire aussi *je balaye* [balɛj], *je balayerai* [balɛjʀɛ], *que je balaye.* **2.** *yi* à la 1re et à la 2e personne du pluriel de l'imparfait (ex. : *nous balayions*) et du subjonctif (ex. : *que vous balayiez*).

BALAYETTE [balɛjɛt] n. f. ▪ *UNE BALAYETTE :* un petit balai à manche court. *Il ramasse les morceaux du verre cassé avec la balayette.*

BALAYEUR [balɛjœʀ] n. m., **BALAYEUSE** [balɛjøz] n. f. ▪ *UN BALAYEUR, UNE BALAYEUSE :* une personne chargée de balayer les rues et les lieux publics. *Les balayeurs balaient les quais du métro.*

BALAYURES [balejyʀ] n. f. pluriel ▪ *LES BALAYURES :* tout ce qu'on enlève avec un balai pour le jeter. *Jette les balayures dans le vide-ordures.*

BALBUTIEMENT [balbysimɑ̃] n. m.
I. *UN BALBUTIEMENT :* manière de parler d'une personne qui parle à voix basse en articulant mal. *Très ému, il répondit à la question qu'on lui posait par des balbutiements.* → **bredouillement.**
II. (au pluriel) LES BALBUTIEMENTS : les débuts maladroits (d'une science, d'une technique). *En 1900, le cinéma en était encore à ses balbutiements.*

BALBUTIER [balbysje] verbe [conjugaison 7a] ▪ Dire à voix basse en articulant mal. *Il a balbutié une phrase que personne n'a comprise.* → **bafouiller, bredouiller.** *Il balbutiera* [balbysiʀa] *peut-être une excuse.*

BALCON [balkɔ̃] n. m. ▪ *UN BALCON* **1.** Plate-forme qui avance sur une façade et qui communique avec l'intérieur d'un bâtiment par une fenêtre ou une porte-fenêtre. *Elle est sortie sur le balcon. Il y a des bacs à fleurs sur le balcon. La balustrade du balcon est en fer forgé.* **2.** Étage dans une salle de spectacle, au-dessus de l'orchestre. *Nous avons eu des places au balcon.* → **corbeille.**

BALDAQUIN [baldakɛ̃] n. m. ▪ *UN BALDAQUIN :* petit toit de tissu placé au-dessus d'un lit. *Dans les châteaux, on voit souvent des LITS À BALDAQUIN.*

BÂLE [bɑl] nom propre masculin – en allemand **BASEL** ▪ Ville de Suisse, aux frontières de la France et de l'Allemagne. *On parle allemand à Bâle. Ils viennent de Bâle.*

BALEINE [balɛn] n. f. ▪ *UNE BALEINE* **1.** Très grand animal (mammifère) qui vit dans la mer. *Les baleines sont des cétacés. Certaines baleines mesurent vingt-cinq mètres de long et pèsent cent cinquante tonnes. La bouche de la baleine est garnie de fanons.* **2.** Tige de métal sur laquelle un tissu est tendu. *Son parapluie s'est retourné à cause du vent et une des baleines s'est cassée.*

BALEINIER [balenje] n. m. ▪ *UN BALEINIER :* bateau équipé pour le traitement industriel des baleines pêchées par des bateaux plus petits. *Les baleines sont dépecées sur les baleiniers.*

BALÈZE [balɛz] adj. (après le nom) ▪ STYLE FAMILIER (qqn) Grand et fort. *C'est un garçon balèze.* → STYLE FAMILIER **baraqué.** *Elle est drôlement balèze, cette fille !*

REM. On peut écrire aussi *balèse.*

BALINAIS [balinɛ] adj. et n. m., **BALINAISE** [balinɛz] adj. et n. f. **1.** adjectif (après le nom) De l'île de Bali, en Indonésie. *Elle aime la musique balinaise.* **2.** *UN BALINAIS, UNE BALINAISE :* un habitant, une habitante de Bali. *Les Balinais.*

BALISAGE [balizaʒ] n. m. ▪ *UN BALISAGE :* ensemble de signaux qui indiquent à un navigateur, à un pilote, à un skieur, les dangers à éviter et la route à suivre. *Le balisage du chenal permet aux bateaux de rentrer facilement au port.*

BALISE [baliz] n. f. ▪ *UNE BALISE* **1.** Signal qui indique à un bateau, à un avion ou à un train les endroits dangereux et qui montre le chemin. *Des balises guident les bateaux jusqu'à l'entrée du port. La nuit, on voit les balises lumineuses qui bordent le terrain d'atterrissage.* **2.** Signal informatique dans un texte. *On ne voit pas les balises quand le texte est imprimé.*

BALISER [balize] verbe [conjugaison 1a] **1.** Signaler par des balises. *Les techniciens balisent les pistes de ski. Les côtes sont balisées pour guider les bateaux.* **2.** STYLE FAMILIER Avoir peur. *Elle balise en attendant les résultats de son examen.*

BALIVERNES [balivɛʀn] n. f. pluriel ▪ STYLE RECHERCHÉ *DES BALIVERNES :* des paroles, des jugements sans intérêt ou sans fondement. → STYLE TRÈS FAMILIER **connerie.** *Allons, cessez de dire des balivernes ! TRÊVE DE BALIVERNES :* revenons à des choses plus sérieuses. *Balivernes !* c'est faux.

BALKANIQUE [balkanik] adj. (après le nom) ▪ Des Balkans, péninsule du sud-est de l'Europe. *Nous avons fait un voyage dans les pays balkaniques.*

BALLADE [balad] n. f. ▪ *UNE BALLADE* **1.** Petit poème de plusieurs couplets, avec un refrain. *« La Ballade des pendus » est un poème de François Villon.* **2.** Petit morceau de musique qui illustre le texte d'une ballade. *Chopin a composé de nombreuses ballades.*

REM. Ce mot se prononce de la même façon que *balade* « promenade ».

BALLANT [balɑ̃], **BALLANTE** [balɑ̃t] adj. (après le nom) ▪ (partie du corps) Qui remue, se balance par manque d'appui. *Ne reste pas là à nous regarder travailler, LES BRAS BALLANTS,* les bras pendants. *Elle était assise sur la digue, LES JAMBES BALLANTES.*

BALLAST [balast] n. m. ▪ *LE BALLAST :* couche de pierres sur laquelle sont posés les rails d'une voie ferrée. *Les ouvriers entretiennent le ballast.*

REM. Ce mot vient de l'anglais ainsi que beaucoup d'autres termes de chemin de fer.

BALLE [bal] n. f. ▪ *UNE BALLE* **1.** Petit objet rond et élastique avec lequel on joue. *Les deux garçons se lancent et se renvoient la balle. Elles JOUENT À LA BALLE. La balle a rebondi sur le sol. Le chien joue avec une balle de tennis.* **2.** Petit morceau de métal envoyé par une arme à feu et qui peut blesser ou tuer. *Il met des balles dans son revolver. Il est mort, tué d'une balle en plein cœur.*

FAUX AMIS
anglais **ball** ne s'emploie pas pour l'arme à feu ; italien **balla** « bobard »

BALLERINE [balʀin] n. f. ▪ *UNE BALLERINE* **1.** Danseuse de ballet. *Les ballerines de l'Opéra portent des tutus de tulle blanc.* **2.** Chaussure de femme, très plate, qui ressemble à un chausson de danse. *Elle a des ballerines de cuir rouge.*

BALLES [bal] n. f. pluriel ▪ STYLE FAMILIER Francs. *J'en ai eu pour vingt balles. T'as pas cent balles ?*

BALLET [balɛ] n. m. ▪ *UN BALLET :* danse exécutée sur une scène de théâtre par des danseurs et des danseuses. *Le « Lac des Cygnes » est un célèbre ballet. Nous sommes allés voir des ballets à l'Opéra. Il est MAÎTRE DE BALLET :* il dirige les danseurs et les danseuses. *Ma fille fait partie d'un CORPS DE BALLET,* d'un groupe de danseurs et de danseuses.

REM. *Balai* « ustensile » se prononce de la même façon.

BALLON [balɔ̃] n. m. ▪ *UN BALLON* **1.** Grosse balle. *Les enfants jouent au ballon sur la plage. Le football, le rugby et le volley-ball sont des JEUX DE BALLON. Le ballon de football est rond, le ballon de rugby est ovale.* **2.** Mince enveloppe de caoutchouc que l'on gonfle avec un gaz plus léger que l'air et que l'on tient à la main par une ficelle. *L'enfant a lâché son ballon qui s'est envolé aussitôt.* **3.** Appareil formé d'une grosse boule gonflée avec un gaz plus léger que l'air à laquelle est attachée une nacelle, qui peut voler et transporter des passagers. *Nous avons fait une promenade en ballon au-dessus des châteaux de la Loire.* → **dirigeable, montgolfière.** **4.** *BALLON D'ALCOOTEST,* destiné à contrôler le taux d'alcool dans le sang. *Les gendarmes ont arrêté ce conducteur qui allait trop vite et l'ont fait SOUFFLER DANS LE BALLON.*

FAUX AMIS
l'allemand **Ballon,** le suédois **ballong** ne s'emploient pas au sens 1. (« grosse balle ») roumain **balon,** aussi « imperméable »

BALLONNÉ [balɔne], **BALLONNÉE** [balɔne] adj. (après le nom) ▪ (qqn) Gonflé (comme un ballon). *Elle digère mal et se sent toute ballonnée.*

BALLOT [balo] n. m. ▪ *UN BALLOT :* paquet enveloppé dans du tissu. *Elle a donné un ballot de vieux vêtements à la Croix-Rouge.*

BALLOTTAGE [balɔtaʒ] n. m. ▪ *LE BALLOTTAGE :* résultat du premier tour d'une élection, où aucun des candidats n'a obtenu la majorité requise. *Les deux candidats SONT EN BALLOTTAGE,* aucun des deux n'a eu assez de voix pour être élu au premier tour.

BALLOTTER [balɔte] verbe [conjugaison 1a] ▪ *ÊTRE BALLOTTÉ :* être secoué dans un sens, puis dans l'autre. *On est ballotté dans ce train inconfortable. – Cet enfant EST BALLOTTÉ ENTRE ses deux parents qui ne s'entendent pas,* il est tiraillé entre son père et sa mère.

BALL-TRAP [baltʀap] n. m. ▪ *UN BALL-TRAP :* appareil à ressort qui lance des disques d'argile servant de cibles pour le tir au fusil. *Ce chasseur s'exerce régulièrement au ball-trap pour améliorer son tir.* PLURIEL : *des BALL-TRAPS.*

REM. Ce mot vient de l'anglais *ball* « balle » et *trap* « piège ».

BALLUCHON [balyʃɔ̃] n. m. ▪ *UN BALLUCHON :* petit paquet contenant des objets personnels maintenus dans un carré de tissu noué aux quatre coins. *Les sacs et les valises ont remplacé les balluchons.* – STYLE FAMILIER *Il va FAIRE SON BALLUCHON :* il va partir.

REM. On écrit aussi *baluchon.*

BAL-MUSETTE [balmyzɛt] n. m. ▪ *LE BAL-MUSETTE :* en France, bal populaire où l'on danse généralement au son de l'accordéon. *Au bal-musette, on danse la java et la valse musette* (→ **musette**). PLURIEL : *des BALS-MUSETTES.*

BALNÉAIRE [balneɛʀ] adj. (après le nom) ▪ *Une STATION BALNÉAIRE :* une ville située au bord de la mer, où l'on peut se baigner. *Deauville est une célèbre station balnéaire française, sur la côte normande.*

REM. *Balnéaire* est l'adjectif qui correspond à *bain.*

BALOURD [baluʀ] adj. et n. m., **BALOURDE** [baluʀd] adj. et n. f. **1.** adjectif (après le nom) Maladroit, sans délicatesse. *Son mari est un homme balourd.* **2.** *UN BALOURD, UNE BALOURDE :* une personne peu délicate, grossière. *Quel gros balourd : il dit toujours des choses qui blessent.* → **lourdaud.** *Quelle balourde, cette pauvre fille !*

BALTE [balt] adj., n. m. et n. f. **1.** adjectif (après le nom) Des pays qui bordent la mer Baltique. *Les pays baltes sont la Lituanie, la Lettonie et l'Estonie. Il parle plusieurs langues baltes.* **2.** *UN BALTE, UNE BALTE :* un habitant, une habitante des pays qui bordent la mer Baltique. *Les Lituaniens, les Lettons et les Estoniens sont des Baltes.*

BALUSTRADE [balystʀad] n. f. ▪ *UNE BALUSTRADE :* barrière qui empêche de tomber dans le vide quand on est sur un balcon, une terrasse ou un pont. *Je me suis appuyé à la balustrade du petit pont.* → **garde-fou, parapet, rambarde.** *La balustrade du balcon est en fer forgé.*

BAMBIN [bɑ̃bɛ̃] n. m. ▪ STYLE FAMILIER *UN BAMBIN :* jeune enfant âgé de deux à quatre ans. *Ils ont deux charmants bambins.* → **gamin.**

REM. Le féminin *bambine* [bɑ̃bin] est rare.

BAMBOU [bɑ̃bu] n. m. **1.** *UN BAMBOU :* plante des pays chauds à très haute tige creuse qui est employée pour fabriquer des objets de toutes sortes. *Les Chinois mangent les POUSSES DE BAMBOU,* les bourgeons de bambou. PLURIEL : *une plantation de bambous.* **2.** *LE BAMBOU :* bois exotique. *Dans le salon, il y avait une table basse et des fauteuils en bambou.*

BAN [bɑ̃] n. m. ▪ *UN BAN* **1.** *PUBLIER LES BANS :* afficher l'annonce d'un mariage à la mairie. *Les bans du mariage sont affichés dans le hall de la mairie.* **2.** *ÊTRE AU BAN DE LA SOCIÉTÉ :* ne plus être accepté par les autres, être rejeté. *Par sa vie scandaleuse, le poète anglais Byron a été mis au ban de la société de son pays.* **3.** Applaudissement en cadence. *Un ban pour le vainqueur de la course !*

REM. *Banc* « siège » se prononce de la même façon.

BANAL [banal], **BANALE** [banal] adj. (après le nom, parfois avant le nom) ▪ (qqch.) Ordinaire, courant. *C'est un cas très banal. Il leur est arrivé une histoire banale. Ce n'est qu'une banale angine.* ⟨contraires : bizarre, curieux, étonnant, extraordinaire, original⟩ *Ça, ce n'est pas banal !* MASCULIN PLURIEL : *des faits banals.*

> FAUX AMI
> néerlandais **banaal** « terne, ennuyeux »

BANALEMENT [banalmɑ̃] adverbe ▪ D'une manière banale. *Elle était habillée banalement, sans aucune recherche.*

BANALITÉ [banalite] n. f. **1.** *LA BANALITÉ :* caractère banal. *La banalité de la vie de tous les jours est parfois pesante.* ⟨contraire : originalité⟩ **2.** *UNE BANALITÉ :* chose courante sans intérêt. *Il ne dit que des banalités.*

BANANE [banan] n. f. ▪ *UNE BANANE* **1.** Fruit allongé à grosse peau jaune et à chair farineuse. *La chair des bananes est très nourrissante. Il a GLISSÉ SUR UNE PEAU DE BANANE,* on l'a fait tomber. – *Un RÉGIME DE BANANES :* une grappe de bananes. *Sur un bananier, il y a plusieurs régimes de bananes.* **2.** Coiffure en forme de banane. *Ce jeune loubard est fier de sa banane.* **3.** Sac allongé qu'on porte à la ceinture. *Elle portait une banane en cuir pour les excursions.*

BANANIER [bananje] n. m. ▪ *UN BANANIER :* plante des pays chauds dont le fruit est la banane. *Les bananiers ont de très grandes feuilles.*

BANC [bɑ̃] n. m. ▪ *UN BANC* **1.** Long siège avec ou sans dossier, pour plusieurs personnes. *Il y a deux bancs de chaque côté de la table. Elle est assise sur un banc de jardin. Il y a un banc rembourré dans le salon.* → **banquette.** **2.** *Un BANC DE POISSONS :* une grande quantité de poissons qui se déplacent ensemble. *Les pêcheurs ont repéré un banc de sardines à proximité du bateau.* **3.** *Un BANC DE SABLE :* un amas de sable de forme allongée. *Le navire s'est échoué sur un banc de sable.*

BANCAIRE [bɑ̃kɛʀ] adj. (après le nom) ▪ D'une banque. *Ils ont obtenu un prêt bancaire pour acheter leur maison. Vous pouvez payer par CHÈQUE BANCAIRE,* par un chèque que l'on peut toucher dans une banque. *Elle vérifie le relevé de son compte bancaire.*

BANCAL [bɑ̃kal], **BANCALE** [bɑ̃kal] adj. (après le nom) ▪ (meuble) Dont les pieds n'ont pas tous la même hauteur. *Ce siège est bancal, prenez-en un autre. Nous avons mangé sur une table bancale.* MASCULIN PLURIEL : *des meubles bancals.*

BANDAGE [bɑ̃daʒ] n. m. ▪ *UN BANDAGE :* pansement fait avec une bande de tissu qui entoure. *Le blessé a un bandage autour de la tête.*

BANDANT [bɑ̃dɑ̃], **BANDANTE** [bɑ̃dɑ̃t] adj. (après le nom) ▪ STYLE TRÈS FAMILIER **1.** (qqn) Qui excite sexuellement. *Il a rencontré une fille bandante.* **2.** (qqch.) Intéressant. *Ce n'est pas très bandant, ce travail.*

① **BANDE** [bɑ̃d] n. f. ▪ *UNE BANDE :* groupe de personnes qui font des choses ensemble. *Une bande de jeunes du quartier a formé un groupe de rock.* – *FAIRE BANDE À PART :* se mettre à l'écart d'un groupe. *Venez avec les autres, ne faites pas bande à part.*

FAUX AMI — anglais **band** « orchestre »

② **BANDE** [bɑ̃d] n. f.
I. *UNE BANDE :* morceau de tissu, de papier long et étroit qui sert à lier, recouvrir, maintenir, border ou orner. *Le colis est fermé par une bande de papier adhésif.* → **lanière.**
II. *Une BANDE DESSINÉE :* une suite de dessins qui racontent une histoire. *Mon frère est amateur de bandes dessinées* (→ **bédé).**
III. Long ruban de pellicule où sont enregistrés des sons ou des images. *La cassette vidéo d'un film contient la bande du film.* → **pellicule.** *La bande sonore du film est disponible sur cassette et CD* (→ **bande-son).**

BANDE-ANNONCE [bɑ̃danɔ̃s] n. f. ▪ *UNE BANDE-ANNONCE :* petit morceau d'un film qui sert à le présenter au public juste avant sa sortie. *Au cinéma, on a vu la bande-annonce d'un film français qui sortira la semaine prochaine.* PLURIEL : *des BANDES-ANNONCES.*

BANDEAU [bɑ̃do] n. m. ▪ *UN BANDEAU* **1.** Bande de tissu qui retient les cheveux. *Ce joueur de tennis porte souvent un bandeau.* → **serre-tête.** PLURIEL : *des BANDEAUX.* **2.** Morceau de tissu que l'on met sur les yeux et que l'on noue derrière la tête pour empêcher de voir. *Les malfaiteurs avaient mis un bandeau sur les yeux de leur victime.*

① **BANDER** [bɑ̃de] verbe [conjugaison 1a] **1.** Entourer d'un bandage. *L'infirmière bande la main blessée du malade.* **2.** Mettre un bandeau sur les yeux de (qqn). *Les gangsters ont bandé les yeux de leurs victimes.* – *L'otage avait les yeux bandés.*

② **BANDER** [bɑ̃de] verbe [conjugaison 1a]
I. (qqn) Tendre avec effort. *L'archer bande la corde de son arc. L'athlète bande tous ses muscles et prend son élan pour sauter.*
II. (hommes) STYLE FAMILIER Être en érection. *Les hommes bandent quand ils sont excités sexuellement.* – *Ça le fait bander,* c'est très excitant pour lui. → **bandant.**

BANDEROLE [bɑ̃dʀɔl] n. f. ▪ *UNE BANDEROLE :* bande de tissu tendue entre deux bâtons et portant une inscription. *Les manifestants portaient de larges banderoles avec des slogans hostiles au gouvernement.*

FAUX AMI — russe **бандероль** « colis postal »

BANDE-SON [bɑ̃dsɔ̃] n. f. ▪ *UNE BANDE-SON :* pellicule sur laquelle sont enregistrées les paroles et la musique d'un film. *C'est l'ingénieur du son qui réalise la bande-son.* PLURIEL : *des BANDES-SONS.*

REM. On dit aussi *bande sonore.*

BANDIT [bɑ̃di] n. m. ▪ *UN BANDIT :* un malfaiteur. *Les bandits se sont enfuis avec leur magot.* → **gangster.**

BANDITISME [bɑ̃ditism] n. m. ▪ *LE BANDITISME :* l'activité des bandits. *La police lutte contre le grand banditisme.*

BANDOULIÈRE [bɑ̃duljɛʀ] n. f. ▪ *UNE BANDOULIÈRE :* bande de cuir ou de tissu que l'on passe d'une épaule à la hanche opposée et qui soutient une arme ou un sac. *La bandoulière du fusil est cassée.* – *Elle porte son sac à main EN BANDOULIÈRE,* en mettant la bandoulière sur son épaule.

BANJO [bɑ̃dʒo] n. m. ▪ *UN BANJO :* instrument de musique à cordes ressemblant à une petite guitare ronde. *Un musicien joue du banjo dans la rue.*

BANLIEUE [bɑ̃ljø] n. f. ▪ *LA BANLIEUE :* ensemble des communes qui entourent une grande ville. *Nous habitons dans la banlieue de Paris. Il habite en banlieue. Ils ont acheté un PAVILLON DE BANLIEUE.* – (au pluriel) *Il y a des problèmes sociaux dans les banlieues.*

BANLIEUSARD [bɑ̃ljøzaʀ] n. m., **BANLIEUSARDE** [bɑ̃ljøzaʀd] n. f. ▪ *UN BANLIEUSARD, UNE BANLIEUSARDE :* une personne qui vit en banlieue. *Beaucoup de banlieusards prennent le train pour aller travailler.*

BANNI [bani], **BANNIE** [bani] adj. (après le nom) ▪ Chassé de son pays. *Les opposants bannis cherchent refuge à l'étranger.* → **exilé.**

BANNIÈRE [banjɛʀ] n. f. ▪ *UNE BANNIÈRE* **1.** Drapeau d'une église, d'une association, d'une ville et servant d'emblème, de signe de reconnaissance. *Le curé marche en tête de la procession, portant la bannière de la paroisse.* → **oriflamme.** – *LA BANNIÈRE ÉTOILÉE :* le drapeau des États-Unis d'Amérique. *La bannière étoilée flotte sur la Maison Blanche.* **2.** *C'EST LA CROIX ET LA BANNIÈRE :* c'est très difficile. *C'est la croix et la bannière pour faire obéir cet enfant.*

FAUX AMI — grec **μπανιέρα** « baignoire »

BANNIR [baniʀ] verbe [conjugaison 2] **1.** (qqn) Chasser de son pays. *Dans la Grèce antique, on bannissait les citoyens jugés dangereux.* → **exiler.** **2.** Supprimer. *Elle veut maigrir et elle a banni le sucre de son alimentation.*

BANNISSEMENT [banismɑ̃] n. m. ▪ *LE BANNISSEMENT :* le fait de chasser une personne de son pays. *Autrefois, en France, les criminels les plus dangereux étaient condamnés au bannissement.*

BANQUE [bɑ̃k] n. f. ▪ *UNE BANQUE :* lieu où l'on peut déposer de l'argent ou en emprunter. *Elle a un COMPTE EN BANQUE. Il dépose tout l'argent qu'il gagne à la banque. Ma banque m'a prêté cent mille francs pour acheter mon appartement. La banque ferme à dix-sept heures.*

FAUX AMIS — anglais **bank** « rive » ; italien **banco** « comptoir »

BANQUER [bɑ̃ke] verbe [conjugaison 1a] ▪ STYLE FAMILIER Payer. *Ses parents ont banqué pour lui acheter une voiture.*

BANQUEROUTE [bɑ̃kʀut] n. f. ▪ *LA BANQUEROUTE :* faillite accompagnée de délits. *Ce patron s'est enfui après avoir FAIT BANQUEROUTE.*

BANQUET [bɑ̃kɛ] n. m. ▪ *UN BANQUET :* repas de fête où sont invitées de nombreuses personnes. *Pour leur mariage, ils ont invité cent personnes au banquet. Ce restaurant possède une salle pour noces et banquets.*

BANQUETTE [bɑ̃kɛt] n. f. ▪ *UNE BANQUETTE :* banc rembourré, recouvert de cuir, de plastique ou de tissu. *Au restaurant, c'est plus confortable d'être assis sur la banquette que sur une chaise. On peut rabattre la banquette arrière de la voiture.*

BANQUIER [bɑ̃kje] n. m. ▪ *UN BANQUIER :* une personne qui dirige une banque, qui a un poste important dans une banque. *Il a demandé conseil à son banquier pour placer son argent.*

REM. Le féminin *banquière* [bɑ̃kjɛʀ] est rare.

BANQUISE [bɑ̃kiz] n. f. ▪ *LA BANQUISE :* étendue de glace flottant dans les mers polaires. *La banquise peut atteindre plusieurs mètres d'épaisseur. Un fragment s'est détaché de la banquise* (→ **iceberg**).

BANTOU [bɑ̃tu] n. m. et adj., **BANTOUE** [bɑ̃tu] n. f. et adj. **1.** *UN BANTOU, UNE BANTOUE :* Africain, Africaine appartenant à des peuples qui vivent du Cameroun à l'Afrique du Sud. *Les Bantous.* **2.** *LE BANTOU :* famille de langues parlées par les Bantous. *Il comprend le bantou.* **3.** adjectif (après le nom) Qui se rapporte aux Bantous. *Il parle plusieurs langues bantoues.*

BAOBAB [baɔbab] n. m. ▪ *UN BAOBAB :* très gros arbre d'Afrique tropicale. *Le tronc des baobabs peut mesurer trente mètres de circonférence.*

BAPTÊME [batɛm] n. m. ▪ *LE BAPTÊME* **1.** Cérémonie au cours de laquelle une personne devient chrétienne. *J'ai assisté au baptême de leur fille. Son NOM DE BAPTÊME est Paul,* le prénom qu'il a reçu au moment de son baptême. **2.** *Un BAPTÊME DE L'AIR :* premier vol en avion. *Ce voyage en avion est mon baptême de l'air.*

REM. On ne prononce pas le *p*.

BAPTISER [batize] verbe [conjugaison 1a] **1.** Donner le baptême à (qqn). *Le prêtre baptise le nouveau-né.* **2.** Donner un nom à. *Elle a baptisé son chat Prosper.*

REM. On ne prononce pas le *p*.

BAQUET [bakɛ] n. m. ▪ *UN BAQUET :* cuve en bois à bords bas. *Le raisin est transporté dans des baquets avant d'être pressé.*

① **BAR** [baʀ] n. m. ▪ *UN BAR* **1.** Lieu public où l'on peut consommer des boissons debout devant un comptoir ou assis sur de hauts tabourets. *Il y a d'excellents cocktails au bar de l'hôtel.* **2.** Le comptoir d'un bar, d'un café. *Il a pris son café au bar.*

② **BAR** [baʀ] n. m. ▪ *UN BAR :* poisson de mer à chair très appréciée. *Le cuisinier a préparé du bar au fenouil.*

REM. Dans le Midi de la France, ce poisson est appelé *loup*. Il correspond à l'anglais *bass*.

BARAGOUINER [baʀagwine] verbe [conjugaison 1a] ▪ Parler très mal, en faisant beaucoup de fautes. *Il baragouine un peu d'allemand.*

BARAKA [baʀaka] n. f. ▪ STYLE FAMILIER *LA BARAKA :* chance. *Tu as la baraka, aujourd'hui !*

REM. *Baraka* est un mot qui vient de l'arabe.

BARAQUE [baʀak] n. f. ▪ *UNE BARAQUE* **1.** Petite construction en planches, peu solide. *Les forains ont installé leurs baraques. Le jardinier range ses outils dans une baraque au fond du jardin.* → **cabane.** **2.** STYLE FAMILIER Maison où l'on ne se sent pas bien. *Le chauffage est en panne, on gèle dans cette baraque.*

BARAQUÉ [baʀake], **BARAQUÉE** [baʀake] adj. (après le nom) ▪ STYLE FAMILIER (qqn) Bien bâti. *C'est un homme assez petit mais baraqué.* → STYLE FAMILIER **balèze.**

FAUX AMI
italien **barraccato** « qui vit dans une baraque »

BARAQUEMENT [baʀakmɑ̃] n. m. ▪ *UN BARAQUEMENT :* maison provisoire, destinée à loger des ouvriers près de leur chantier ou à abriter des réfugiés. *Les maçons rentrent dans leurs baraquements, après leur journée de travail.*

BARATIN [baʀatɛ̃] n. m. ▪ STYLE FAMILIER **1.** *UN BARATIN :* discours destiné à séduire ou à tromper. *Le vendeur fait son baratin habituel. Ça va, arrête ton baratin, je ne te crois pas !* **2.** *LE BARATIN :* ce type de discours. *Ce garçon FAIT DU BARATIN à toutes les filles,* il essaie de les séduire par de belles paroles.

BARBANT [baʀbɑ̃], **BARBANTE** [baʀbɑ̃t] adj. (après le nom) ▪ STYLE FAMILIER Ennuyeux. *J'ai lu un livre barbant. Cette réunion est vraiment barbante.* → **assommant, rasant.**

BARBAQUE [baʀbak] n. f. ▪ STYLE FAMILIER *LA BARBAQUE :* la mauvaise viande. *Ce qu'elle est dure, cette barbaque !* → STYLE FAMILIER **bidoche.**

BARBARE [baʀbaʀ] n. m., n. f. et adj. **1.** *UN BARBARE, UNE BARBARE :* une personne qui n'est pas civilisée et qui montre de la cruauté. *Les rebelles se sont comportés comme des barbares avec leurs victimes.* → **brute, sauvage.** **2.** adjectif (après le nom) Cruel, sauvage. *Il a commis un crime barbare.* → **atroce.**

BARBARIE [baʀbaʀi] n. f. ▪ *LA BARBARIE :* grande cruauté. *Les rebelles ont commis des ACTES DE BARBARIE,* ils ont fait subir des tortures et ils ont perpétré des massacres.

BARBE [baʀb] n. f. ▪ *LA BARBE* **1.** Poils qui poussent sur le visage d'un homme. *Mon père se rase la barbe chaque matin avec un rasoir électrique.* **2.** Poils du menton et des joues qu'on laisse pousser. *Il a une barbe et une moustache* (→ **barbu**). **3.** *À LA BARBE DE :* devant, en présence de. *L'automobiliste est passé au feu rouge à la barbe de l'agent de police.* **4.** Chose ennuyeuse. *Quelle barbe de se lever si tôt ! C'est la barbe, cette réunion. Tais-toi ! la barbe !* ça suffit.

BARBECUE [baʀbəkju] n. m. ▪ *UN BARBECUE* **1.** Gril au charbon de bois, en plein air. *Nous avons fait griller des saucisses sur le barbecue du jardin.* **2.** Repas en plein air où l'on se sert d'un barbecue. *Nos voisins nous ont invités à un barbecue dimanche. Ils font souvent des barbecues.*

REM. Beaucoup de Français prononcent familièrement [baʀbəky].

BARBELÉ [baʀbəle] adj. et n. m., **BARBELÉE** [baʀbəle] adj. **1.** adjectif (après le nom) *FIL DE FER BARBELÉ :* fil de fer garni de pointes. *Il faut installer une clôture de fils de fer barbelés.* **2.** nom masculin (au pluriel) DES BARBELÉS : des fils de fer barbelés. *Autour du pré, il y a des barbelés pour empêcher les vaches de sortir.*

BARBER [baʀbe] verbe [conjugaison 1a] ▪ STYLE FAMILIER **1.** Contrarier. *Ça me barbe d'aller à ce rendez-vous.* **2.** verbe pronominal SE BARBER : s'ennuyer. *Nous nous sommes barbés toute la soirée.*

BARBICHE [baʀbiʃ] n. f. ▪ *UNE BARBICHE :* petite barbe sous le menton. *Notre professeur de français a une barbiche noire.* → **bouc.**

BARBITURIQUE [baʀbityʀik] n. m. ▪ *UN BARBITURIQUE :* médicament qui calme et fait dormir. *Le médecin a prescrit des barbituriques à ce malade insomniaque.*

BARBOTER [baʀbɔte] verbe [conjugaison 1a] **1.** S'agiter dans l'eau. *Les enfants barbotent dans la piscine.* **2.** STYLE FAMILIER Voler. *On m'a barboté mon portefeuille.* → **chiper, faucher, piquer.**

BARBOUILLAGE [baʀbujaʒ] n. m. ▪ *UN BARBOUILLAGE :* dessin fait vite et mal. *Les enfants on fait des barbouillages sur le mur.*

BARBOUILLÉ [baʀbuje], **BARBOUILLÉE** [baʀbuje] adj. (après le nom) ▪ *Avoir l'ESTOMAC BARBOUILLÉ :* avoir la nausée. *Je suis barbouillé :* j'ai mal au cœur, j'ai envie de vomir.

BARBOUILLER [baʀbuje] verbe [conjugaison 1a] ▪ Salir. *Des voyous ont barbouillé le mur de la mairie de graffitis. Il ne faut pas que vous barbouilliez les murs. – Le bébé a le visage barbouillé de chocolat.*

BARBU [barby] adj. m. et n. m. **1.** adjectif (après le nom) (homme) Qui a une barbe. *Un grand jeune homme barbu et moustachu est passé vous voir.* (contraire : imberbe) **2.** *UN BARBU :* un homme qui porte une barbe. *J'ai vu deux barbus qui traversaient la rue.*

BARBUE [barby] n. f. ▪ *UNE BARBUE :* poisson de mer assez plat qui ressemble au turbot. *Nous avons mangé une barbue à l'oseille.*

BARDEAU [bardo] n. m. ▪ *UN BARDEAU :* petite planche en forme de tuile servant dans la construction des maisons, en montagne. *Un bardeau est tombé du toit.* PLURIEL : *des toits de BARDEAUX.*

BARDER [barde] verbe [conjugaison 1a] ▪ STYLE FAMILIER *ÇA VA BARDER :* les choses vont devenir dangereuses, violentes. *S'il apprend qu'on l'a trompé, il se mettra en colère et ça va barder !*

BARÈME [barɛm] n. m. ▪ *UN BARÈME :* tableau qui donne le résultat de certains calculs. *Il consulte le barème des impôts pour savoir combien il devra payer.*

BARIL [baril] n. m. ▪ *UN BARIL* **1.** Petit tonneau. *J'ai acheté un baril de lessive au supermarché.* **2.** Unité de mesure du pétrole (environ cent cinquante-neuf litres). *Le prix du baril a de nouveau augmenté.*

REM. On prononce généralement le *l* final [baril], et la prononciation [bari] est très recherchée.

BARILLET [barijɛ] n. m. ▪ *UN BARILLET :* cylindre d'un revolver, dans lequel on met les cartouches. *Il y a six cartouches dans le barillet.*

BARIOLÉ [barjɔle], **BARIOLÉE** [barjɔle] adj. (après le nom) ▪ De plusieurs couleurs vives mélangées. *Elle a une écharpe bariolée autour du cou.* → **multicolore.** (contraire : uni)

BARJO [barʒo] adj. (après le nom) ▪ STYLE FAMILIER Fou, farfelu. *Elle a toujours été un peu barjo, cette fille ! Ce sont des types complètement barjos.*

BARMAN [barman] n. m. ▪ *UN BARMAN :* homme qui prépare et sert des boissons alcoolisées, des cocktails, derrière le bar d'un hôtel, d'une boîte de nuit. *Le barman de cet hôtel prépare des cocktails, avec ou sans alcool.*

REM. **1.** Ce mot vient de l'anglais. **2.** On emploie le pluriel français : *des barmans* et aussi le pluriel anglais : *des BARMEN* [barmɛn].

BAROMÈTRE [barɔmɛtr] n. m. ▪ *UN BAROMÈTRE :* appareil qui sert à mesurer la pression de l'air et à prévoir le temps qu'il fera. *Le baromètre est au beau fixe.*

BARON [barɔ̃] n. m., **BARONNE** [barɔn] n. f. ▪ *UN BARON, UNE BARONNE :* en France, personne noble dont le titre est entre celui de chevalier et celui de vicomte. *Le baron Haussmann a transformé Paris sous le Second Empire. Madame la baronne attend des invités pour le dîner.*

BAROQUE [barɔk] adj. (après le nom) **1.** *LE STYLE BAROQUE :* style du dix-septième siècle, très orné, avec des sculptures peintes ou dorées. *Le style baroque vient d'Italie. Nous avons visité de magnifiques églises baroques en Bavière. Il écoute de la musique baroque.* **2.** Bizarre. *Tu as vraiment des idées baroques, parfois.* → **extravagant.**

BAROUDEUR [barudœr] n. m. ▪ *UN BAROUDEUR :* homme qui aime se battre. *C'est un vieux baroudeur qui a fait plusieurs guerres.*

BARQUE [bark] n. f. ▪ *UNE BARQUE :* un petit bateau. *Ils ont une barque à moteur. Nous avons fait une promenade en barque, sur le lac.*

BARQUETTE [barkɛt] n. f. ▪ *UNE BARQUETTE* **1.** Petite tarte de forme allongée. *Pour le dessert, il y a des barquettes aux framboises.* **2.** Petit plat rigide et léger dans lequel on met des aliments. *La charcutière verse une portion de paella dans une barquette en aluminium.*

BARRAGE [baraʒ] n. m. ▪ *UN BARRAGE* **1.** Le fait de barrer une route, un passage. *Les gendarmes ont établi des barrages sur toutes les routes.* **2.** Grand mur de béton très épais construit en travers d'une rivière pour l'empêcher de couler. *Au-dessus du barrage, il y a une usine hydroélectrique. Nous avons vu le barrage d'Assouan, en Égypte.*

BARRE [bar] n. f. ▪ *UNE BARRE* **1.** Morceau de bois, de métal ou de plastique, allongé et droit. *Les prisonniers ont assommé le gardien avec une barre de fer. Dans le gymnase, on peut faire des exercices aux BARRES PARALLÈLES et à la BARRE FIXE.* **2.** *BARRE DE CHOCOLAT :* friandise au chocolat qui a la forme d'une barre. *Mon fils a mangé une barre de chocolat. – Mon fils emporte des barres aux céréales à l'école.* **3.** Trait allongé. *La barre de fraction sépare le numérateur du dénominateur. Il ne met pas de barre sur les « t ».* **4.** Levier ou roue qui sert à manœuvrer le gouvernail d'un bateau. *Le capitaine tient fermement la barre. IL EST À LA BARRE :* il gouverne le bateau. **5.** Lieu où comparaissent les témoins et où plaident les avocats, dans un tribunal. *Le premier témoin s'avance à la barre.* **6.** Lieu où déferlent de très hautes vagues le long d'une plage ou d'une côte. *Une barre très dangereuse empêche les bateaux de s'approcher de la côte.* **7.** STYLE FAMILIER *AVOIR UN COUP DE BARRE :* être très fatigué tout à coup. *J'ai eu un coup de barre vers onze heures.* → STYLE FAMILIER ② **pompe.**

BARREAU [baro] n. m. **1.** Chaque petite barre qui ferme une ouverture. PLURIEL : *des BARREAUX. Le hamster s'agrippe aux barreaux de sa cage. Les fenêtres des prisons ont des barreaux. Le voleur est DERRIÈRE LES BARREAUX,* en prison. **2.** *Les barreaux d'une échelle,* chaque barre horizontale d'une échelle sur laquelle on pose le pied. → **échelon.** *Un barreau de l'échelle est cassé.* **3.** *LE BARREAU :* l'ensemble des avocats. *Maître X est inscrit au barreau de Paris. Il est avocat au barreau.*

BARRER [bare] verbe [conjugaison 1a] **1.** Fermer (un chemin, un passage). *Les ouvriers ont barré la route pour faire des travaux.* → **boucher.** – *Attention, route barrée à cinq cents mètres. – Ne me barrez pas la route,* ne m'empêchez pas de passer, ne me faites pas obstacle. **2.** Diriger (un bateau) en tenant la barre. *C'est le capitaine qui barre.* **3.** Supprimer (ce qui est écrit) en faisant un trait. *Elle barrera* [barra] *plusieurs noms sur la liste.* → **biffer, raturer, rayer.** **4.** STYLE FAMILIER verbe pronominal SE BARRER : s'en aller, s'enfuir. *Ils se sont barrés en vitesse. Barre-toi.* → se **casser,** se **tirer.**

BARRETTE [barɛt] n. f. ▪ *UNE BARRETTE :* pince étroite et allongée qui sert à maintenir les cheveux. *Une barrette d'écaille retient ses cheveux sur la nuque.*

BARREUR [barœr] n. m., **BARREUSE** [barøz] n. f. ▪ *UN BARREUR, UNE BARREUSE :* une personne qui tient la barre sur un bateau. *C'est une excellente barreuse.*

BARRICADE [barikad] n. f. ▪ *UNE BARRICADE :* barrage construit en travers d'une rue avec des pavés et divers objets (meubles, etc.). *Les manifestants ont élevé des barricades dans plusieurs rues.*

BARRICADER [barikade] verbe [conjugaison 1a] **1.** *BARRICADER UNE PORTE,* la fermer solidement pour qu'on ne puisse pas l'ouvrir de l'extérieur. *Elle barricade sa porte, parce qu'elle a peur des voleurs.* **2.** verbe pronominal SE BARRICADER : s'enfermer dans une maison, dans une pièce pour se protéger des autres. *Ils se sont barricadés chez eux, ils ne veulent voir personne.*

BARRIÈRE [baʀjɛʀ] n. f. ▪ *UNE BARRIÈRE* : assemblage de morceaux de bois ou de métal qui ferme un passage, sert de clôture. *Les barrières du passage à niveau sont baissées : le train va arriver. La barrière du jardin est peinte en blanc.*

BARRIQUE [baʀik] n. f. ▪ *UNE BARRIQUE* : tonneau qui contient deux cents litres. *Les barriques de vin sont rangées dans la cave.*

BARRIR [baʀiʀ] verbe [conjugaison 2] ▪ (éléphant) Pousser son cri. *Au loin, un éléphant barrissait.*

BARRISSEMENT [baʀismɑ̃] n. m. ▪ *UN BARRISSEMENT* : cri de l'éléphant. *On entend le barrissement des éléphants, dans la savane.*

BAR-TABAC [baʀtaba] n. m. ▪ *UN BAR-TABAC* : café où se trouve un bureau de tabac. *J'ai acheté des cigarettes au bar-tabac du village.* → **tabac.** PLURIEL : *des BARS-TABACS.*

BARYTON [baʀitɔ̃] n. m. ▪ *UN BARYTON* : chanteur dont la voix se trouve entre la voix haute du ténor et la voix grave de la basse. *Cet air a été spécialement écrit pour les barytons.*

① **BAS** [ba] adj., adverbe et n. m.
I. adjectif (après ou avant le nom) **1.** (après le nom) (qqch.) Qui est près du sol, qui a peu de hauteur. *Dans cette région, les maisons sont basses.* ⟨contraire : haut⟩ *Dans le salon, il y a une table basse et des fauteuils. Le ciel est couvert de gros nuages bas, il va pleuvoir.* **2.** *MARÉE BASSE* : le moment où le niveau de la mer est le plus faible, où la plage est découverte. *À marée basse, les pêcheurs vont pêcher les crevettes dans les mares.* **3.** Penché vers le sol. *Il est parti tout honteux, la tête basse.* **4.** *À VOIX BASSE* : très doucement. *Dans les églises, on parle à voix basse.* **5.** (avant le nom) Dont le prix n'est pas élevé. *J'ai acheté cette machine À BAS PRIX.* ⟨contraire : élevé⟩ *Ce couple a des enfants EN BAS ÂGE*, des enfants très jeunes. **6.** *LES BAS MORCEAUX* : les morceaux de viande de qualité inférieure. *Il donne les bas morceaux à son chien.* **7.** Méprisable. *La jalousie est un sentiment bas.* → **vil.** *Cet acte est une basse vengeance* (→ **bassement).**
II. adverbe **1.** À une faible hauteur, près du sol. *L'avion vole bas, il va atterrir.* ⟨contraire : haut⟩ **2.** Doucement. *Tu parles trop bas, je n'entends rien.* ⟨contraire : fort⟩ *Il parle TOUT BAS à son voisin*, à voix basse. **3.** *La malade est bien bas* : elle se porte très mal. **4.** (animal) *METTRE BAS* : donner naissance à son petit, à ses petits. *La chatte a mis bas cette nuit ; elle a eu cinq chatons.*
III. nom masculin *LE BAS* **1.** La partie inférieure. *Le bas de sa jupe est décousu. Il vaut mieux prendre ce meuble par le bas.* → **base.** *Signez AU BAS DE la page. Il n'a pas voulu monter chez moi, il est resté EN BAS. On lit une page DE HAUT EN BAS*, en commençant par le haut et en finissant par le bas. **2.** *Dans la vie, il y a DES HAUTS ET DES BAS*, des moments où ça va bien et d'autres où ça va mal. **3.** *À BAS le racisme !* on est contre le racisme. ⟨contraire : vive⟩

② **BAS** [ba] n. m. ▪ *UN BAS* : vêtement féminin qui couvre le pied et la jambe jusqu'au haut de la cuisse. *Certaines femmes préfèrent les bas aux collants. Elle a des bas de dentelle noire.*

BASALTE [bazalt] n. m. ▪ *LE BASALTE* : roche volcanique noirâtre très dure, formée de cristaux. *Le basalte est liquide lorsqu'il sort des volcans et devient solide ensuite.*

BASANÉ [bazane], **BASANÉE** [bazane] adj. (après le nom) ▪ (peau) Bronzé de naissance. *Les gens d'Amérique du Sud ont le teint basané.* ⟨contraires : blanc, clair⟩

BAS-CÔTÉ [bakote] n. m. ▪ *UN BAS-CÔTÉ* : côté d'une route. *Un camion en panne est arrêté sur le bas-côté.* – PLURIEL : *des BAS-CÔTÉS.*

BASCULE [baskyl] n. f. ▪ *UNE BASCULE* **1.** *Un FAUTEUIL À BASCULE* : un fauteuil sur lequel on peut se balancer d'avant en arrière. *Dans le grenier, il y a un vieux fauteuil à bascule.* → **rocking-chair. 2.** Balance qui sert à peser les objets lourds ou encombrants. *Les ouvriers ont hissé la caisse sur la bascule.*

BASCULER [baskyle] verbe [conjugaison 1a] **1.** Renverser, culbuter. *Le jardinier bascule la brouette pour vider son contenu.* **2.** Tomber, se renverser de façon que le haut ou le côté soit en bas. *L'alpiniste a perdu l'équilibre et a basculé dans le ravin.*

BASE [baz] n. f.
I. *LA BASE* **1.** Partie inférieure d'une chose sur laquelle elle repose. *La base de la colonne est sculptée.* → ① **bas, pied.** ⟨contraires : haut, sommet⟩ **2.** En géométrie, Ligne ou surface perpendiculaire à la hauteur. *La base d'un triangle est à l'opposé du sommet.* **3.** *À BASE DE* : fait principalement de. *Ce dessert est fait à base de chocolat*, il y a surtout du chocolat dedans.
II. *UNE BASE* **1.** Lieu où sont installés des militaires avec leur matériel. *Les soldats ont regagné leur base. L'avion a rejoint la base aérienne.* **2.** (au pluriel) LES BASES : les connaissances, les choses les plus importantes à savoir dans un domaine. → **rudiment.** *Cet élève a de bonnes bases en français. Le jeune musicien manque de bases en solfège.* **3.** (grammaire) Mot simple à partir duquel on produit des dérivés. Feuille *est la base de* feuillage *et de* effeuiller.

REM. Ne pas confondre *base, radical* et *racine.* → **racine** (encadré).

BASE-BALL [bɛzbol] n. m. ▪ *LE BASE-BALL* : jeu de balle qui vient du cricket, pratiqué aux États-Unis. *Il joue au base-ball.*

REM. Ce mot vient de l'anglais.

BASER [baze] verbe [conjugaison 1a] **1.** *ÊTRE BASÉ quelque part* : être installé quelque part. *Ce sous-marin est basé à Brest*, sa base, son port d'attache est Brest. **2.** Prendre pour base, pour élément principal, dans un raisonnement. *Le juge base son accusation sur plusieurs preuves.* → **fonder. 3.** verbe pronominal SE BASER : s'appuyer, se fonder. *Elle s'est basée sur quoi pour affirmer ça ?*

BAS-FOND [bafɔ̃] n. m. ▪ *UN BAS-FOND* **1.** Partie du fond de l'eau qui n'est pas profonde mais où l'on peut naviguer sans danger. PLURIEL : *les géographes ont repéré tous les BAS-FONDS de la baie.* **2.** (au pluriel) LES BAS-FONDS : les couches misérables de la société où les hommes sont dégradés moralement. *« Les Bas-Fonds » est le nom français du célèbre drame de Gorki.*

REM. Le *bas-fond* est plus profond que le *haut-fond*, qui rend la navigation impossible.

BASILIC [bazilik] n. m. ▪ *LE BASILIC* : plante aromatique que l'on emploie surtout dans la cuisine méditerranéenne. *Nous avons mangé des tomates à l'huile d'olive et au basilic.*

BASILIQUE [bazilik] n. f. ▪ *UNE BASILIQUE* : grande église. *Nous avons visité la basilique Saint-Pierre, à Rome.*

① **BASKET** [baskɛt] n. f. ▪ *UNE BASKET* : chaussure de sport à épaisse semelle de caoutchouc. *Beaucoup de jeunes portent des jeans et des baskets.*

② **BASKET** [baskɛt] n. m. ▪ *LE BASKET* : jeu entre deux équipes de cinq joueurs qui doivent lancer le ballon dans le panier de l'autre équipe. *J'ai assisté à un match de basket.*

REM. *Basket* vient de l'anglais. On dit aussi *basket-ball* [baskɛtbol].

BASKETTEUR [baskɛtœʀ] n. m., **BASKETTEUSE** [baskɛtøz] n. f. ▪ *UN BASKETTEUR, UNE BASKETTEUSE :* une personne qui joue au basket. *Les deux équipes de basketteurs se sont affrontées pendant le match.*

BASQUE [bask] adj., n. m. et n. f. **1.** adjectif (après le nom) *LE PAYS BASQUE :* le pays qui s'étend sur les versants français et espagnols des Pyrénées occidentales. *Nous sommes allés au Pays basque. Le berger a un béret basque.* **2.** *UN BASQUE, UNE BASQUE :* un habitant, une habitante du pays basque. → **euskarien.** *Les Basques sont un peuple très ancien.* **3.** *LE BASQUE :* la langue parlée par les Basques. *Le basque est une langue d'origine inconnue.*

BAS-RELIEF [baʀəljɛf] n. m. ▪ *UN BAS-RELIEF :* sculpture qui se détache à peine sur le fond. *Ce bas-relief représente des lions.* PLURIEL : *des BAS-RELIEFS.*

BASSE [bas] n. f. ▪ *LA BASSE* **1.** *UNE VOIX DE BASSE :* la plus grave des voix d'homme. *Cet air a été écrit pour une voix de basse.* ⟨contraire : ténor⟩ **2.** (au pluriel) LES BASSES : les sons les plus graves d'un instrument de musique (opposé à aigu). *J'ai réglé le poste de radio de sorte qu'on entende mieux les basses.* **3.** *UNE BASSE :* contrebasse. *Ce musicien joue de la basse dans un orchestre de jazz.*

BASSE-COUR [baskuʀ] n. f. ▪ *UNE BASSE-COUR :* cour de ferme où l'on élève des volailles. *Les poules et les poussins picorent du grain dans la basse-cour.* – PLURIEL : *des BASSES-COURS.*

BASSEMENT [basmɑ̃] adverbe ▪ D'une manière basse, vile, indigne. *Cet employé flatte bassement ses supérieurs pour obtenir une promotion. Ce sont des détails bassement matériels.*

BASSESSE [basɛs] n. f. ▪ *UNE BASSESSE :* un acte méprisable, vil. *Il est prêt à toutes les bassesses pour réussir.*

BASSET [basɛ] n. m. ▪ *UN BASSET :* chien de chasse, à pattes très courtes. *Le basset poursuit le lapin jusqu'à son terrier.*

BASSIN [basɛ̃] n. m. ▪ *UN BASSIN* **1.** Construction destinée à recevoir de l'eau. *Les enfants font flotter leurs petits bateaux sur le bassin du jardin public. Il a plongé dans le GRAND BASSIN de la piscine,* dans la partie la plus profonde. *Les enfants barbotent dans le PETIT BASSIN,* dans la partie peu profonde. **2.** Grande plaine en forme de cuvette. *Paris est au centre du Bassin parisien.* **3.** Région traversée par un fleuve et ses affluents. *Le bassin de la Seine.* **4.** Région où se trouvent des mines. *Dans le nord de la France, il y avait un bassin houiller.* **5.** Ensemble des os au bas de la colonne vertébrale, où s'attachent les os des cuisses. *Le bassin des femmes est plus large que celui des hommes.*

BASSINE [basin] n. f. ▪ *UNE BASSINE :* récipient large et creux qui sert dans une maison pour le ménage ou la lessive. *Le linge trempe dans une bassine.* → **cuvette.**

BASSINER [basine] verbe [conjugaison 1a] ▪ STYLE FAMILIER (qqn) Ennuyer, fatiguer. *Tu nous bassines avec tes histoires !*

BASSISTE [basist] n. m., n. f. ▪ *UN BASSISTE, UNE BASSISTE :* musicien, musicienne qui joue de la contrebasse (→ **basse).** *Leur fils est bassiste dans un orchestre de jazz.*

BASSON [basɔ̃] n. m. ▪ *UN BASSON :* instrument de musique en bois, qui a un son grave. *Ma fille apprend à jouer du basson au conservatoire.*

BASTINGAGE [bastɛ̃gaʒ] n. m. ▪ *LE BASTINGAGE :* barrière qui borde le pont d'un bateau. *Les passagers du paquebot sont accoudés au bastingage.*

BASTION [bastjɔ̃] n. m. ▪ *UN BASTION :* construction qui dépasse une fortification. *Il admire les bastions du château fort.*

BASTON [bastɔ̃] n. m. ou n. f. ▪ STYLE FAMILIER *LE BASTON* ou *LA BASTON :* bagarre. *Il va y avoir du baston à la sortie du bal.*

BAS-VENTRE [bavɑ̃tʀ] n. m. ▪ *LE BAS-VENTRE :* partie du ventre qui est au-dessous du nombril. *Le malade a de violentes douleurs dans le bas-ventre.* PLURIEL : *des BAS-VENTRES.*

BATAILLE [bataj] n. f. ▪ *UNE BATAILLE* **1.** Combat entre deux armées. *Les batailles de Napoléon ont fait de nombreux morts. Les deux armées SE SONT LIVRÉ BATAILLE,* elles se sont battues. *Nos ennemis ont perdu la bataille.* **2.** *EN BATAILLE :* en désordre. *Quand on se réveille, on a souvent les cheveux en bataille.*

BATAILLER [bataje] verbe [conjugaison 1a] ▪ S'acharner pour obtenir une chose difficile. *Nous avons bataillé une heure pour le faire changer d'avis.* → **lutter.**

BATAILLEUR [batajœʀ], **BATAILLEUSE** [batajøz] adj. (après le nom) ▪ Qui aime se battre. *C'est un garçon batailleur.* → **bagarreur.** – *Tu es d'humeur batailleuse, ce matin.* → **agressif.**

BATAILLON [batajɔ̃] n. m. ▪ *UN BATAILLON :* troupe de soldats qui réunit plusieurs compagnies. *Il appartient à un bataillon de parachutistes.*

BÂTARD [bɑtaʀ] adj. et n. m., **BÂTARDE** [bɑtaʀd] adj. et n. f.
I. adjectif (après le nom) (animal) Qui n'est pas de race pure. *Nous avons adopté un chien bâtard.*
II. 1. *UN BÂTARD, UNE BÂTARDE :* animal dont le père et la mère ne sont pas de la même race. *Cette chienne est une bâtarde de caniche et de cocker. Ses trois chiens sont tous des bâtards.* **2.** *UN BÂTARD :* pain de deux cent cinquante grammes, plus court que la baguette. *Je voudrais un bâtard et un croissant, s'il vous plaît.*

BATEAU [bato] n. m. ▪ *UN BATEAU* **1.** Construction faite pour flotter, naviguer, transporter sur l'eau des personnes et des marchandises. → **navire, vaisseau.** *Le bateau de pêche rentre au port. Il a un bateau à voile.* → **voilier.** PLURIEL : *des BATEAUX à moteur. Les barques, les paquebots, les cargos, les péniches et les pétroliers sont des bateaux très différents les uns des autres.* – *Un BATEAU DE PLAISANCE :* un bateau avec lequel on navigue pour le plaisir. → **yacht.** *Il travaille dans la construction des bateaux* (→ **naval). 2.** *LE BATEAU :* moyen de transport. *Nous AVONS PRIS LE BATEAU pour aller sur l'île,* nous sommes montés sur le bateau. *J'aime FAIRE DU BATEAU :* j'aime naviguer (→ **nautique). 3.** Partie la plus basse du trottoir, devant la sortie d'un garage. *Il est interdit aux voitures de stationner sur les bateaux.*

> REM. *Bateau* est un mot très général, alors que *navire* et *bâtiment* désignent de gros bateaux et *embarcation* de petits bateaux comme les *barques* et les *canots.*

BATEAU-CITERNE [batositɛʀn] n. m. ▪ *UN BATEAU-CITERNE :* gros bateau qui transporte des liquides. *Un pétrolier est un bateau-citerne.* PLURIEL : *des BATEAUX-CITERNES.*

BATEAU-PILOTE [batopilɔt] n. m. ▪ *UN BATEAU-PILOTE :* bateau qui ouvre la voie à un gros navire. *Le bateau-pilote conduit le pétrolier vers le port.* PLURIEL : *des BATEAUX-PILOTES.*

BATELEUR [batlœʀ] n. m., **BATELEUSE** [batløz] n. f. ▪ *UN BATELEUR, UNE BATELEUSE :* personne qui faisait des numéros d'acrobatie, d'adresse ou de force dans les foires et sur les places publiques. *Autrefois, il y avait des bateleurs sur le Pont-Neuf à Paris.*

BATELIER [batəlje] n. m., **BATELIÈRE** [batəljɛʀ] n. f. ▪ *UN BATELIER, UNE BATELIÈRE :* personne dont le métier est de conduire un bateau sur les rivières et les canaux. *Ce batelier transporte du bois dans sa péniche.* → **marinier.**

BÂTI [bati], **BÂTIE** [bati] adj. (après le nom) **1.** (terrain) Sur lequel est construit un bâtiment. *Mon oncle a acheté un terrain bâti.* **2.** (qqn) *BIEN BÂTI* : qui a le corps bien fait, musclé. *C'est un homme bien bâti. Cette femme est vraiment mal bâtie, avec son torse trop long et ses jambes courtes.*

BATIFOLER [batifɔle] verbe [conjugaison 1a] ▪ STYLE FAMILIER S'amuser à de petits jeux. *Les enfants batifolent sur la pelouse avec leur chien.* → **folâtrer.**

BÂTIMENT [batimɑ̃] n. m. ▪ *UN BÂTIMENT* **1.** Construction. *L'église du village est un bâtiment très ancien.* → **édifice.** *Nous habitons le bâtiment A, au fond de la cour.* → **immeuble. 2.** *LE BÂTIMENT* : les industries de la construction. *Les ouvriers du bâtiment travaillent sous la direction de l'architecte.* **3.** Grand navire. *Les bâtiments de guerre sont peints en gris.*

BÂTIR [batiʀ] verbe [conjugaison 2] **1.** Construire. *On a bâti ce nouveau quartier en quelques mois.* → **construire, édifier.** (contraires : démolir, détruire) – *Terrain à bâtir*, pour lequel on a un permis de construire. **2.** Coudre provisoirement à grands points. *Il faut que la couturière bâtisse la robe avant de la faire essayer à sa cliente.*

BÂTISSE [batis] n. f. ▪ *UNE BÂTISSE* : un grand bâtiment. *Ils habitent dans la bâtisse blanche en haut de la colline.*

REM. Ce mot évoque souvent une construction laide et triste.

BÂTISSEUR [batisœʀ] n. m., **BÂTISSEUSE** [batisøz] n. f. ▪ *UN BÂTISSEUR, UNE BÂTISSEUSE* : personne qui bâtit ou fait beaucoup bâtir. *Les évêques du treizième siècle furent des bâtisseurs de cathédrales.* → **constructeur.**

BÂTON [batɔ̃] n. m. ▪ *UN BÂTON* **1.** Long morceau de bois que l'on peut tenir à la main. *Le berger s'appuie sur son bâton, pour marcher.* → **canne.** *Le chien a reçu un coup de bâton.* **2.** *BÂTON DE SKI* : tige d'acier avec une poignée, sur laquelle un skieur s'appuie pour avancer. *Le skieur plante ses bâtons dans la neige avant de s'élancer sur la piste.* **3.** Objet long et mince. *Le professeur a des bâtons de craie de toutes les couleurs. Elle s'est acheté un bâton de rouge à lèvres.* **4.** *METTRE DES BÂTONS DANS LES ROUES* : créer des difficultés, des obstacles. *Nos adversaires nous mettent des bâtons dans les roues et l'affaire n'avance pas.* – *PARLER À BÂTONS ROMPUS* : parler en changeant sans cesse de sujet. *Nous avons parlé de choses et d'autres, à bâtons rompus.*

FAUX AMIS
l'italien **bastone** ne s'emploie que pour la canne ; russe **батон** « baguette (pain) »

BÂTONNET [batɔnɛ] n. m. ▪ *UN BÂTONNET* : objet en forme de petit bâton. *J'ai acheté un bâtonnet de colle.* → **stick.**

BATRACIEN [batʀasjɛ̃] n. m. ▪ *UN BATRACIEN* : animal qui vit à la fois sur terre et dans l'eau et qui change de forme en se développant. *Les crapauds et les grenouilles sont des batraciens.*

bats [ba] *Je bats ; tu bats* : forme au présent du verbe **battre.**

BATTAGE [bataʒ] n. m.
I. *LE BATTAGE DU BLÉ* : la séparation des grains de l'épi, en battant le blé. *Le battage du blé se fait avec une moissonneuse-batteuse.*
II. *LE BATTAGE* : publicité exagérée. *On a fait beaucoup de battage autour de ce nouveau roman.* → **bruit, publicité.**

battant [batɑ̃] *En battant* : forme au participe présent du verbe **battre.**

① **BATTANT** [batɑ̃] n. m. ▪ *UN BATTANT* **1.** Bâton de métal suspendu à l'intérieur d'une cloche. *Le choc du battant contre la paroi de la cloche produit la sonnerie.* **2.** Partie d'une porte ou d'une fenêtre qui peut s'ouvrir et se fermer. *La porte d'entrée a deux battants, elle s'ouvre en deux parties. La porte-fenêtre est ouverte à DOUBLE BATTANT* : les deux parties de la porte-fenêtre sont ouvertes.

② **BATTANT** [batɑ̃] adj. (après le nom) **1.** *UNE PLUIE BATTANTE* : une pluie qui tombe très fort. *Nous sommes rentrés de notre promenade sous une pluie battante.* **2.** *LE CŒUR BATTANT*, qui bat très fort. *Le candidat a le cœur battant en attentant les résultats de l'examen.*

BATTEMENT [batmɑ̃] n. m. **1.** *UN BATTEMENT* : série de coups ou de chocs légers. *J'aime entendre le battement de la pluie contre les vitres. Le médecin écoute les battements du cœur du malade avec son stéthoscope.* **2.** *LE BATTEMENT* : intervalle de temps libre. *Il y a une heure de battement entre les deux trains qu'il doit prendre.*

BATTERIE [batʀi] n. f. ▪ *UNE BATTERIE* **1.** Ensemble des instruments à percussion d'un orchestre, comprenant la grosse caisse, les cymbales, la timbale. *Mon frère joue de la batterie dans un orchestre de jazz* (→ **batteur). 2.** *Une BATTERIE DE CUISINE* : l'ensemble des ustensiles de métal servant à faire la cuisine. *Il a une batterie de casseroles en cuivre.* **3.** Ce qui fournit de l'électricité. *La batterie de la voiture est à plat, il faut la recharger* (→ **accumulateur).**

BATTEUR [batœʀ] n. m. ▪ *UN BATTEUR* **1.** Personne qui tient la batterie dans un orchestre. *Il est batteur de jazz.* **2.** Fouet pour battre ou mélanger les aliments. *Le pâtissier bat les blancs d'œufs avec un batteur électrique.*

BATTEUSE → **moissonneuse-batteuse**

BATTRE [batʀ] verbe [conjugaison 41c]
I. 1. Donner des coups (à qqn, à un animal). *Cet homme bat son chien pour le punir. Cette mère n'a jamais battu ses enfants.* → **frapper, taper. 2.** Remporter une victoire sur (un adversaire). *Napoléon battit les Autrichiens et les Russes à Austerlitz en 1805.* → **vaincre.** *Notre équipe de foot a été battue par 3 à 0.* **3.** Frapper avec un instrument. *La femme de ménage battra les tapis la prochaine fois qu'elle viendra.* ON BAT LE BLÉ *avec une moissonneuse-batteuse*, on sépare le grain des épis. *Autrefois, on BATTAIT LE TAMBOUR pour annoncer les nouvelles à la population*, on frappait le tambour avec des baguettes. **4.** Mélanger complètement. *Battez six œufs dans un bol.* **5.** Produire des mouvements répétés. *Ravi, le public BATTAIT DES MAINS*, le public applaudissait. *Les oiseaux et les papillons BATTENT DES AILES.* **6.** Parcourir en cherchant. *Les pompiers ont battu la forêt pour retrouver le fugitif* (→ **battue). 7.** *BATTRE LA MESURE* : indiquer le rythme de la musique. *Le chef d'orchestre bat la mesure avec sa baguette.* **8.** (qqch.) Taper de façon régulière. *Son cœur bat fort.* **9.** (qqch.) Taper. *La pluie bat contre les vitres. Le volet est mal attaché, il fait du bruit en battant contre le mur.* **10.** STYLE TRÈS FAMILIER *J'en ai rien à battre* : ça m'est égal. *Tes ennuis, j'en ai rien à battre.* → STYLE TRÈS FAMILIER **cirer, foutre.**
II. verbe pronominal SE BATTRE **1.** Se quereller, se bagarrer. *Ces deux frères se battent sans arrêt.* → se **chamailler.** *Ne vous battez pas comme ça, il y en aura pour tout le monde.* **2.** Combattre contre un adversaire. *Les deux hommes se sont battus à coups de poing. Il S'EST BATTU COMME UN LION contre tous*, il a combattu avec vaillance. **3.** STYLE FAMILIER *SE BATTRE AVEC qqch.* : avoir des difficultés avec qqch. *Ça fait une heure que je me bats avec cette serrure.* → se **débattre. 4.** Lutter, faire de grands efforts. *Ces gens se battent pour leur idéal. Rien n'est*

gagné, il va falloir se battre. → **batailler,** se **démener.** *Ne te laisse pas faire, bats-toi.*

battu [baty], **battue** [baty] *Nous avons battu l'équipe de foot ; l'équipe que nous avons battue :* formes au participe passé du verbe **battre.**

BATTU [baty], **BATTUE** [baty] adj. (après le nom) **1.** Qui a reçu des coups. *Il est bénévole dans un centre pour enfants battus.* → **martyr.** – (figuré) *Il a l'air d'UN CHIEN BATTU :* il a l'air malheureux et terrorisé. **2.** *Les YEUX BATTUS :* le tour des yeux bleuâtre comme quand on a reçu des coups. *Nous avions tous les yeux battus après cette nuit sans sommeil.* → **cerné.** **3.** *DES ŒUFS BATTUS EN NEIGE :* le blanc des œufs fouetté vivement pour qu'il devienne mousseux et ferme. *Mélangez les œufs battus en neige avec le chocolat fondu.* **4.** *Un sol en TERRE BATTUE :* un sol en terre tassée et durcie. *Il joue au tennis sur un court en terre battue.*

BATTUE [baty] n. f. ▪ *UNE BATTUE :* le fait de battre les buissons, les bois pour en faire sortir les êtres vivants. *Les sauveteurs ont organisé une battue dans la forêt pour rechercher l'enfant disparu.*

BAUME [bom] n. m. ▪ *UN BAUME* **1.** Pommade qui calme la douleur. *Le médecin lui a recommandé de masser l'endroit douloureux avec un baume.* **2.** (qqch.) *METTRE DU BAUME AU CŒUR :* adoucir le chagrin. *Tes paroles réconfortantes m'ont mis du baume au cœur.*

BAUXITE [boksit] n. f. ▪ *LA BAUXITE :* roche rouge qui sert à faire de l'aluminium. *La région renferme des gisements de bauxite.*

BAVARD [bavaʀ] adj. et n. m., **BAVARDE** [bavaʀd] adj. et n. f.
I. adjectif (après le nom) **1.** Qui parle beaucoup. *C'est un enfant bavard.* ⟨contraire : silencieux⟩ *Elle est BAVARDE COMME UNE PIE :* elle parle sans arrêt. *Tu n'es pas bavard, ce matin !* **2.** Qui raconte ce qu'on lui dit à tout le monde. *On ne peut rien lui confier, elle est trop bavarde.* → **indiscret.** ⟨contraire : discret⟩
II. *UN BAVARD, UNE BAVARDE :* une personne qui parle trop. *C'est un incorrigible bavard. Quelle bavarde !*

BAVARDAGE [bavaʀdaʒ] n. m. **1.** *LE BAVARDAGE :* le fait de parler sans arrêt. *Cet élève a été puni pour bavardage pendant les cours.* **2.** *UN BAVARDAGE :* paroles inutiles. *Assez de bavardages, mettons-nous au travail.*

BAVARDER [bavaʀde] verbe [conjugaison 1a] **1.** Parler beaucoup en discutant de choses et d'autres. *Ces élèves bavardent au lieu d'écouter le professeur. La boulangère bavarde volontiers avec ses clients.* → STYLE FAMILIER **bavasser.** **2.** Être indiscret en parlant trop. *Tout le monde est au courant : quelqu'un a sûrement bavardé !*

BAVAROIS [bavaʀwa] adj. et n. m., **BAVAROISE** [bavaʀwaz] adj. et n. f. **1.** adjectif (après le nom) De Bavière, région du sud de l'Allemagne. *Nous avons fait un voyage dans les montagnes bavaroises.* **2.** *UN BAVAROIS, UNE BAVAROISE :* un habitant, une habitante de Bavière. *Les Bavarois.* **3.** *UNE BAVAROISE :* entremets froid fait avec de la gelée, des œufs et de la crème aromatisée. *Le pâtissier a préparé une bavaroise aux framboises.*

BAVASSER [bavase] verbe [conjugaison 1a] ▪ STYLE FAMILIER Bavarder. *Ces deux amies bavassent pendant des heures au téléphone.*
REM. Ce mot est péjoratif.

BAVE [bav] n. f. ▪ *LA BAVE* **1.** Salive qui coule de la bouche. *Le bébé a de la bave qui coule sur son menton.* **2.** Liquide gluant produit par certains mollusques. *L'escargot laisse une traînée de bave brillante sur la feuille verte.*

BAVER [bave] verbe [conjugaison 1a] **1.** Laisser couler de la bave. *Quand il a mal aux dents, le bébé bave. Le chien bave en regardant le rôti.* **2.** STYLE FAMILIER (qqn) *EN BAVER :* souffrir, peiner. *Ce peintre a eu une vie difficile : il en a bavé avant d'être connu.* **3.** (peinture, encre) Déborder, s'étaler à côté. *On ne peut pas lire le titre de cet article de journal, l'encre a bavé partout.*

BAVEUX [bavø], **BAVEUSE** [bavøz] adj. (après le nom) **1.** Qui bave. *Il a la bouche baveuse.* **2.** *Une OMELETTE BAVEUSE :* une omelette peu cuite, dont l'intérieur est encore liquide. *Préfères-tu ton omelette baveuse ou bien cuite ?*

BAVIÈRE [bavjɛʀ] nom propre féminin – en allemand **BAYERN** ▪ *LA BAVIÈRE :* région d'Allemagne du Sud. *Ils habitent en Bavière* (→ **bavarois).** *Ils reviennent de Bavière.*

BAVOIR [bavwaʀ] n. m. ▪ *UN BAVOIR :* petit morceau de tissu qui protège la poitrine des bébés quand ils bavent. *La nourrice a attaché un bavoir autour du cou du bébé.*

BAVURE [bavyʀ] n. f. ▪ *UNE BAVURE* **1.** Trace laissée par l'encre ou la peinture qui a coulé ou débordé. *L'encre a fait des bavures sur la page.* **2.** Erreur ou action illégale faite par des policiers. *On a évité la bavure dans cette affaire policière.*

BAZAR [bazaʀ] n. m. ▪ *UN BAZAR* **1.** Marché, en Orient. *Les touristes aiment visiter le grand bazar d'Istanbul.* → **souk.** **2.** Magasin où l'on vend toutes sortes d'objets. *J'ai acheté de la ficelle et du savon au bazar près de chez moi.* → **droguerie.** **3.** STYLE FAMILIER *LE BAZAR :* grand désordre. *Quel bazar dans cette chambre, rien n'est à sa place !* → **fouillis ;** STYLE TRÈS FAMILIER **bordel.** *Il y a du bazar.* **4.** STYLE FAMILIER Ensemble d'objets en désordre. *Tu devrais ranger tout ton bazar.*
REM. *Bazar* est un mot qui vient du persan.

BAZARDER [bazaʀde] verbe [conjugaison 1a] ▪ STYLE FAMILIER Se débarrasser de (vieux objets). *Nous avons bazardé ces vieux meubles qui encombraient le grenier.*

BAZOOKA [bazuka] n. m. ▪ *UN BAZOOKA :* arme en forme de long tube qui sert à lancer de petits obus. *Les chars avancent sous le tir des bazookas.*
REM. *Bazooka* est un mot américain.

B. C. B. G. adj. invariable Forme abrégée de **bon chic bon genre.** → **genre.**

B. D. → **bédé**

BÉANT [beɑ̃], **BÉANTE** [beɑ̃t] adj. (après le nom) ▪ Grand ouvert. *Un gouffre béant s'ouvre devant les pas des alpinistes. Du sang coule de la plaie béante.*

BÉAT [bea], **BÉATE** [beat] adj. (après le nom) ▪ Qui exprime la satisfaction d'une manière exagérée et un peu bête. *Elle regarde son bébé avec un sourire béat. Il a un AIR BÉAT. Cette jeune fille est BÉATE D'ADMIRATION devant son fiancé.*

BÉATITUDE [beatityd] n. f. ▪ STYLE RECHERCHÉ *LA BÉATITUDE :* bonheur parfait. *Elle est étendue sur la plage, au soleil, dans une douce béatitude.*

BEAU [bo] adj., adverbe et n. m. ; **BELLE** [bɛl] adj., adverbe et n. f.
I. adjectif (avant le nom, parfois après le nom) **1.** Agréable à voir ou à entendre. *Nous avons une belle vue depuis notre chambre. Quelle belle femme ! Son mari est un très bel homme. C'est un homme beau.* MASCULIN PLURIEL : *de BEAUX yeux.* → **joli, magnifique, superbe.** ⟨contraires : affreux, laid, moche, vilain⟩ – *Cet acteur de cinéma est BEAU COMME UN DIEU,* extrêmement beau. STYLE RECHERCHÉ *La petite princesse était BELLE COMME LE JOUR,* très

belle. **2.** (qqch.) Digne d'admiration. *Il a eu un beau geste en pardonnant à son ennemi.* → **bon, généreux. 3.** Très réussi, très satisfaisant. *Quel beau voyage nous avons fait !* → **agréable.** *Les joueurs ont fait une belle partie. Mon frère a une belle situation,* il a un travail satisfaisant et bien payé. *Quel beau temps aujourd'hui, il n'y a pas un seul nuage !* – (temps) *Il fait beau.* → **clair, ensoleillé.** ⟨contraire : mauvais⟩ *Nous sortirons quand il fera beau.* **4.** *UN BEAU JOUR :* un certain jour. *Un beau jour, tu le regretteras. Il sont arrivés un BEAU MATIN.* **5.** (qqch.) Gros, important. *J'ai acheté un beau poulet au marché. Il a mangé une belle part de gâteau. Nous avons eu une belle peur.* → **grand.** – *C'est un beau salaud. Elle est au lit avec une belle angine.* → **bon.** *J'ai trouvé deux belles fautes dans le texte.*

II. adverbe **1.** *AVOIR BEAU :* s'efforcer en vain de. *On a eu beau crier de toutes nos forces, personne ne nous a entendus. J'ai beau lui expliquer, il ne comprend toujours pas,* bien que je lui explique. **2.** *DE PLUS BELLE :* de nouveau et encore plus fort. *La pluie s'est mise à tomber de plus belle.* **3.** *BEL ET BIEN :* réellement, vraiment. *Je me suis bel et bien trompé, je le reconnais.*

III. nom masculin *LE BEAU* **1.** La beauté, ce qui est beau. *Elle n'aime que le beau. Il vaut mieux acheter du beau, ça dure plus longtemps,* il vaut mieux acheter de beaux objets de bonne qualité. **2.** *Le chien FAIT LE BEAU :* le chien se dresse sur ses pattes arrière.

IV. nom féminin *LA BELLE* **1.** Belle jeune femme, dans les histoires. *« La Belle au bois dormant » est un conte de fées.* **2.** STYLE FAMILIER Jeune fille, petite fille. *Bonjour, ma belle ! Il est sorti avec sa belle,* celle qu'il aime. **3.** Partie qui doit départager les adversaires, dans un jeu. *Après la revanche, les deux joueurs feront la belle.*

REM. Au singulier, *beau* devient *bel* devant un nom masculin commençant par une voyelle (ex. : *un bel oiseau*) ou un *h* muet (ex. : *un bel homme*).

BEAUCOUP [boku] adverbe **1.** *BEAUCOUP DE :* un grand nombre de, une grande quantité de. *Il y a beaucoup de touristes à Venise. Ils ont beaucoup d'enfants.* ⟨contraire : peu⟩ *J'ai beaucoup de choses à faire aujourd'hui.* – *Ces gens ont beaucoup d'argent.* → STYLE FAMILIER **plein.** *Cet artiste a beaucoup de talent.* **2.** Trop. *Deux accidents dans le mois, ça fait beaucoup.* **3.** Énormément. *Cet élève travaille beaucoup. Ma mère aime beaucoup le théâtre.* **4.** (avec un adverbe de quantité) *J'en veux beaucoup plus. C'est beaucoup mieux comme ça. Prends un peu de mon whisky, j'en ai beaucoup trop.* **5.** *DE BEAUCOUP :* avec une grande différence. *Je ne me suis pas trompé de beaucoup :* je me suis peu trompé. *Ce coureur est de beaucoup le meilleur,* il est de loin le meilleur, il est bien meilleur que les autres. **6.** De nombreuses personnes, de nombreuses choses. *Beaucoup pensent comme vous. Parmi les assiettes, beaucoup sont cassées.* ⟨contraires : aucun, nul⟩

BEAUF [bof] n. m. ▪ STYLE FAMILIER *UN BEAUF :* un Français aux idées étroites, grossier dans ses manières et conservateur en politique. *Son mari est un beauf.*

REM. *Beauf* est l'abréviation de *beau-frère.*

BEAU-FILS [bofis] n. m. ▪ *LE BEAU-FILS DE* **1.** Fils que son mari ou son épouse a eu d'un précédent mariage. *Il a épousé une veuve et il a un beau-fils et une belle-fille.* PLURIEL : *des BEAUX-FILS.* **2.** Mari de la fille. *Son beau-fils a repris son cabinet de médecin.* → **gendre.**

REM. *Gendre* est plus courant que *beau-fils* (sens 2.).

BEAU-FRÈRE [bofʀɛʀ] n. m. ▪ *LE BEAU-FRÈRE DE* **1.** Frère du mari ou de l'épouse. *Elle s'entend mieux avec son beau-frère qu'avec sa belle-sœur.* **2.** Mari de la sœur ou de la belle-sœur. PLURIEL : *il a deux BEAUX-FRÈRES.*

BEAUJOLAIS [boʒɔlɛ] n. m. ▪ *LE BEAUJOLAIS :* vin français d'une région proche de Lyon. *Nous avons bu une bouteille de beaujolais nouveau en mangeant une côte de bœuf.*

BEAU-PÈRE [bopɛʀ] n. m. ▪ *LE BEAU-PÈRE DE* **1.** Père de l'épouse ou du mari. *Elle s'entend mieux avec son beau-père qu'avec sa belle-mère.* **2.** Mari de la mère, qui n'est pas le père. *Le beau-père et son beau-fils aiment bien jouer aux échecs ensemble.* PLURIEL : *des BEAUX-PÈRES.*

BEAUTÉ [bote] n. f. ▪ *LA BEAUTÉ* **1.** Caractère de ce qui est beau. *Les artistes ont le sens de la beauté.* → **esthétique.** *La beauté de ce paysage est exceptionnelle.* → **harmonie, majesté, splendeur.** ⟨contraire : laideur⟩ *J'admire la beauté du coucher de soleil. Ce tableau est D'UNE GRANDE BEAUTÉ,* il est extrêmement beau. **2.** Qualité d'une personne belle. *Elle ÉTAIT EN BEAUTÉ ce soir-là,* elle était particulièrement belle. *Beaucoup de femmes soignent leur peau avec des PRODUITS DE BEAUTÉ* (→ **cosmétique).** *SE FAIRE UNE BEAUTÉ :* se maquiller et se coiffer. *Elle s'est fait une beauté avant de sortir.* **3.** *UNE BEAUTÉ :* une femme très belle. *Ce n'est pas une beauté, mais elle a un certain charme.* **4.** (au pluriel) STYLE RECHERCHÉ LES BEAUTÉS : les choses belles. *Les beautés artistiques de la Grèce sont très nombreuses.*

BEAUX-ARTS [bozaʀ] n. m. pluriel ▪ *LES BEAUX-ARTS :* les arts qui ont pour but de représenter ce qui est beau (→ **architecture, gravure, peinture, sculpture).** *Ce sculpteur a étudié les beaux-arts à Paris. Il est élève à l'École des beaux-arts.*

REM. On appelle souvent *l'École des beaux-arts : les Beaux-arts. Les étudiants des Beaux-arts.*

BEAUX-PARENTS [bopaʀɑ̃] n. m. pluriel ▪ *LES BEAUX-PARENTS DE :* les parents du mari ou de la femme. *Ses beaux-parents la considèrent comme leur fille.*

BÉBÉ [bebe] n. m. et adj. invariable

I. *UN BÉBÉ* **1.** Enfant très jeune. *Un bébé vient de naître.* → **nouveau-né.** *La maman allaite son bébé. Cette jeune femme ATTEND UN BÉBÉ,* elle est enceinte. **2.** (suivi d'un nom d'animal) Très jeune animal. *Ces bébés chiens sont adorables* (→ **chiot).**

II. adjectif invariable (après le nom) Qui se conduit comme un bébé. *Cette petite fille a cinq ans, mais elle est encore très bébé.*

FAUX AMI — anglais **baby** « enfant (garçon ou fille) ».

BÉBÉ-ÉPROUVETTE [bebeepʀuvɛt] n. m. ▪ *UN BÉBÉ-ÉPROUVETTE :* enfant conçu en dehors du corps de sa mère. *Le premier bébé-éprouvette est né en 1978.* – PLURIEL : *des BÉBÉS-ÉPROUVETTES.*

BEC [bɛk] n. m. ▪ *UN BEC* **1.** Bouche des oiseaux formée par deux parties dures qui recouvrent des mâchoires sans dents. *Le moineau a saisi un ver avec son bec.* **2.** *CLOUER LE BEC À QQN,* le faire taire. *Je lui ai dit ce que je pensais de sa façon d'agir et ça lui a cloué le bec.* – *SE DÉFENDRE BEC ET ONGLES :* se défendre avec vigueur. *Quand on l'a attaqué, il s'est défendu bec et ongles.* **3.** Partie d'un récipient qui s'avance en pointe et qui sert à verser. *Le bec de la théière est cassé.*

BÉCANE [bekan] n. f. ▪ STYLE FAMILIER *UNE BÉCANE :* bicyclette, moto, mobylette. *Mon frère répare sa vieille bécane dans le garage.*

BÉCASSE [bekas] n. f. ▪ *UNE BÉCASSE* **1.** Oiseau au long bec, à chair très bonne à manger. *Le chien rapporte la bécasse que le chasseur a tuée.* **2.** STYLE FAMILIER Personne sotte. *Quelle bécasse, cette fille !* → STYLE FAMILIER **gourde.**

BÉCHAMEL [beʃamɛl] n. f. ▪ *UNE BÉCHAMEL :* sauce blanche faite avec du lait. *Il y a au menu des endives à la béchamel.*

REM. On dit aussi *sauce béchamel.*

BÊCHE [bɛʃ] n. f. ▪ *UNE BÊCHE :* outil de jardinage en forme de pelle plate et tranchante, avec un long manche. *Le jardinier retourne la terre avec une bêche* (→ **bêcher**).

BÊCHER [beʃe] verbe [conjugaison 1a] ▪ Retourner la terre avec une bêche. *Mon père bêche le jardin.*

BECQUÉE [beke] n. f. ▪ *LA BECQUÉE :* ce qu'un oiseau prend dans son bec pour se nourrir et nourrir ses petits. *L'hirondelle donne la becquée à ses petits.*

BECTANCE [bɛktɑ̃s] n. f. ▪ STYLE FAMILIER *LA BECTANCE :* nourriture. *La bectance est prête.* → STYLE FAMILIER **bouffe.**

REM. On écrit aussi *becquetance.*

BECTER [bɛkte] verbe [conjugaison 1a] ▪ STYLE FAMILIER Manger. *C'est l'heure de becter.* → STYLE FAMILIER **bouffer.** *Il n'y a rien à becter, ici.*

BEDAINE [bədɛn] n. f. ▪ STYLE FAMILIER *UNE BEDAINE :* ventre rebondi. *Les hommes ont parfois de la bedaine en vieillissant. Il a une grosse bedaine.* → STYLE FAMILIER **bide, bidon.**

BÉDÉ [bede] n. f. ▪ *UNE BÉDÉ :* une bande dessinée. *C'est un grand lecteur de bédés.*

REM. On a d'abord écrit *B. D.*, initiales de *bande dessinée*, puis on a écrit *bédé*, comme on prononce.

BEDONNANT [bədɔnɑ̃], **BEDONNANTE** [bədɔnɑ̃t] adj. (après le nom) ▪ (qqn) Qui a un gros ventre. *Son mari est un homme un peu bedonnant.* → **ventru.**

BÉE [be] adj. ▪ *BOUCHE BÉE :* la bouche grande ouverte d'étonnement. *La nouvelle l'a tellement étonné qu'il est resté bouche bée, incapable de parler. – Elle est restée BOUCHE BÉE devant son cadeau,* muette d'admiration.

BEFFROI [befʀwa] n. m. ▪ *UN BEFFROI :* tour contenant une cloche et souvent un carillon, située près de l'hôtel de ville, dans le nord de la France et en Belgique. *Midi vient de sonner au beffroi de Bruges.*

BÉGAIEMENT [begɛmɑ̃] n. m. ▪ *LE BÉGAIEMENT :* défaut de prononciation d'une personne qui répète les syllabes de manière saccadée ou qui n'arrive pas du tout à prononcer un mot (→ **bègue**). *Un orthophoniste l'a guéri de son bégaiement.*

BÉGAYANT [begɛjɑ̃], **BÉGAYANTE** [begɛjɑ̃t] adj. (après le nom) ▪ (qqn) Qui bégaye. *Nous avons écouté un orateur bégayant. – Il a parlé d'une voix bégayante.*

BÉGAYER [begeje] verbe [conjugaison 8b] ▪ Parler avec peine, en répétant les syllabes et en ayant du mal à articuler normalement les mots. *Ce garçon bégaie quand il est ému.* → **bredouiller.** *Si tu le brusques, il bégaiera* [begɛʀa].

REM. *yi* à la 1re et à la 2e personne du pluriel à l'imparfait (ex. : *vous bégayiez*) et au subjonctif (ex. : *que nous bégayions*).

BÉGONIA [begɔnja] n. m. ▪ *UN BÉGONIA :* plante à fleurs rouges, jaunes ou blanches, à feuilles brillantes et aux tiges cassantes. *Dans le jardin, il y a une plate-bande de bégonias.*

BÈGUE [bɛg] adj., n. m. et n. f. **1.** adjectif (après le nom) Qui parle avec difficulté, en répétant plusieurs fois la même syllabe. *Ils ont un enfant bègue de naissance.* **2.** *UN BÈGUE, UNE BÈGUE :* une personne qui parle difficilement. *Cet homme est un ancien bègue. Ces bègues sont soignés par un orthophoniste.*

BEIGE [bɛʒ] adj. et n. m. **1.** adjectif (après le nom) (qqch.) Brun très clair. *Cette femme porte un tailleur et des chaussures beiges.* **2.** *LE BEIGE :* la couleur beige. *Le beige est une couleur claire. Il a une cravate d'un beau beige.*

BEIGNE [bɛɲ] n. f. ▪ STYLE FAMILIER *UNE BEIGNE :* gifle. *L'enfant a reçu une bonne beigne.* → **claque ;** STYLE FAMILIER **baffe.**

BEIGNET [bɛɲɛ] n. m. ▪ *UN BEIGNET :* pâte cuite dans la friture. *Nous avons mangé des beignets de crevettes et des beignets aux pommes.*

BEL → **beau**

BEL CANTO [bɛlkɑ̃to] n. m. invariable ▪ *LE BEL CANTO :* art du chant selon la tradition de l'opéra italien des dix-septième et dix-huitième siècles. *Il est amateur de bel canto.*

REM. *Bel canto* vient de l'italien et signifie « beau chant » dans cette langue.

BÊLEMENT [bɛlmɑ̃] n. m. ▪ *UN BÊLEMENT :* cri des moutons et des chèvres. *On entend le bêlement des agneaux.*

BÊLER [bele] verbe [conjugaison 1a] ▪ (moutons, chèvres) Pousser son cri. *Attachée à un piquet, la chèvre bêle.*

BELETTE [bəlɛt] n. f. ▪ *UNE BELETTE :* petit animal carnassier au corps allongé, aux pattes courtes et au pelage fauve. *Les belettes mangent des poules et des lapins.*

BELGE [bɛlʒ] adj., n. m. et n. f. **1.** adjectif (après le nom) De Belgique. *Elle boit de la bière belge.* **2.** *UN BELGE, UNE BELGE :* un habitant, une habitante de Belgique. *Les Belges parlent français et flamand.*

BELGIQUE [bɛlʒik] nom propre féminin – en néerlandais **BELGIË**, en allemand **BELGIEN** ▪ *LA BELGIQUE :* pays de l'Europe occidentale. *La capitale de la Belgique est Bruxelles. Les habitants de Belgique sont les Belges. Nous habitons en Belgique.*

BELGRADE [bɛlgʀad] nom propre – en serbo-croate **BEOGRAD** ▪ Capitale de la Serbie et de la République fédérale de Yougoslavie. *Ma famille est restée à Belgrade. Nous revenons de Belgrade.*

BÉLIER [belje] n. m.

I. *UN BÉLIER* mouton mâle. *Le bélier est le mâle de la brebis.*

II. Signe du zodiaque qui va du 21 mars au 20 avril. *Il est né sous le signe du Bélier. – Elle est Bélier :* elle est née sous le signe du Bélier. *Elles sont toutes les deux Bélier.*

belle adj. → **beau**

BELLE-FILLE [bɛlfij] n. f. ▪ *LA BELLE-FILLE DE* **1.** Épouse du fils. → **bru.** *Il considère sa belle-fille comme sa fille.* PLURIEL : *des BELLES-FILLES.* **2.** Fille que son mari ou sa femme a eue d'un premier mariage. *Elle a une belle-fille et un beau-fils.*

BELLE-MÈRE [bɛlmɛʀ] n. f. ▪ *LA BELLE-MÈRE DE* **1.** Mère du mari ou de l'épouse. *Marie s'entend bien avec sa belle-mère, pas du tout avec son beau-père.* **2.** Épouse du père, qui n'est pas la mère. *Son père et sa belle-mère sont mariés depuis dix ans.* PLURIEL : *des BELLES-MÈRES.*

BELLE-SŒUR [bɛlsœʀ] n. f. ▪ *LA BELLE-SŒUR DE* **1.** Sœur de la femme ou du mari. *Elle a une belle-sœur et un beau-frère.* **2.** Femme du frère ou du beau-frère. *Pour l'instant, j'habite chez mon frère et ma belle-sœur.* PLURIEL : *des BELLES-SŒURS.*

BELLICISTE [belisist] adj., n. m. et n. f. **1.** adjectif (après le nom) Qui est partisan de la force dans le règlement des conflits internationaux. *Il a formé un gouvernement belliciste. – Le ministre a fait des déclarations bellicistes.* **2.** *UN BELLICISTE, UNE BELLICISTE :* un partisan, une partisane de la guerre. *Les bellicistes se sont violemment opposés aux pacifistes.*

BELLIGÉRANT [beliʒeʀɑ̃], adj. et n. m., **BELLIGÉRANTE** [beliʒeʀɑ̃t] adj. **1.** adjectif (après le nom) (État, pays) Qui prend part à une guerre. *Les représentants des nations belligérantes doivent se* *rencontrer.* **2.** (au pluriel) LES BELLIGÉRANTS : les pays en guerre. *Les belligérants ont signé la paix.*

BELLIQUEUX [belikø], **BELLIQUEUSE** [belikøz] adj. (après le nom) **1.** (peuple) Qui aime faire la guerre. *Ce peuple a toujours été belliqueux.* ⟨contraire : pacifique⟩ **2.** (qqn) Qui aime la dispute, la bagarre. → **agressif.** *C'est un homme belliqueux.* → **batailleur.**

BELON [bəlɔ̃] n. f. ▪ *UNE BELON* : huître bretonne plate et arrondie, à chair savoureuse. *Nous avons dégusté une douzaine de délicieuses belons.*

REM. *Belon* est parfois employé au masculin : *un belon.*

BELOTE [bəlɔt] n. f. ▪ *LA BELOTE* : jeu de cartes très populaire, qui se joue avec 32 cartes. *Les quatre amis ont joué à la belote toute la soirée. Ils* ONT FAIT UNE BELOTE.

BÉMOL [bemɔl] n. m. et adj. invariable **1.** *UN BÉMOL* : signe musical (♭) qui abaisse d'un demi-ton la note devant laquelle il est placé, la rendant moins aiguë. *Il y a un bémol devant le mi.* – (figuré) *Il va falloir mettre un bémol,* baisser le ton, agir plus doucement. **2.** adjectif invariable (après le nom) *Cette sonate est en mi bémol majeur. Il oublie les mi bémol.*

REM. À l'inverse, le *dièse* fait monter une note d'un demi-ton.

BÉNÉDICTION [benediksjɔ̃] n. f. ▪ *UNE BÉNÉDICTION* **1.** Action d'un prêtre qui bénit les fidèles. *L'évêque* DONNE SA BÉNÉDICTION *aux fidèles,* il les bénit. **2.** Chose heureuse qui se produit au bon moment. *Quelle bénédiction que tu te sois trouvé là !* → **chance, bonheur.** ⟨contraire : malédiction⟩

BÉNÉFICE [benefis] n. m. ▪ *UN BÉNÉFICE* **1.** Gain que l'on réalise lorsqu'on revend plus cher ce que l'on a acheté. *Cette entreprise fait chaque année de gros bénéfices.* ⟨contraire : perte⟩ **2.** Avantage. *Il n'a tiré aucun bénéfice de son expérience. Ce spectacle est donné* AU BÉNÉFICE DES *enfants malades* : l'argent gagné par ce spectacle ira aux enfants malades.

> FAUX AMI
> anglais **benefits** « avantages »

BÉNÉFICIER [benefisje] verbe [conjugaison 7a] ▪ Profiter. *Les chômeurs bénéficieront* [benefisiʀɔ̃] *d'une réduction dans le train. Ce vieux monsieur bénéficie d'une bonne santé.*

REM. *ii* à la 1re et à la 2e personne du pluriel à l'imparfait (ex. : *vous bénéficiiez*) et au subjonctif (ex. : *que nous bénéficiions*).

BÉNÉFIQUE [benefik] adj. ▪ (après le nom) Qui fait du bien. *Ses vacances lui ont été bénéfiques.* → **bienfaisant, salutaire.** ⟨contraire : néfaste⟩

BÉNÉVOLAT [benevɔla] n. m. ▪ *LE BÉNÉVOLAT* : situation d'une personne qui fait un travail sans y être obligée et sans être payée. *Ces religieuses font du bénévolat en soignant les malades.*

BÉNÉVOLE [benevɔl] n. m., n. f. et adj. **1.** *UN BÉNÉVOLE, UNE BÉNÉVOLE* : une personne qui fait un travail sans y être obligée et sans être payée. *Nous avons besoin de bénévoles pour venir en aide à la population de ce pays en guerre.* **2.** adjectif (après le nom) Qui fait un travail gratuitement et sans y être obligé. *Ces infirmières bénévoles travaillent en Afrique.* – *Il fait un travail bénévole* : il travaille gratuitement et sans obligation.

BÉNÉVOLEMENT [benevɔlmɑ̃] adverbe ▪ Volontairement et gratuitement. *Cette femme travaille bénévolement à la Croix-Rouge.*

BÉNI [beni], **BÉNIE** [beni] adj. (après le nom) ▪ STYLE RECHERCHÉ *L'ÉPOQUE BÉNIE* : l'époque heureuse. *Où sont les temps bénis où nous étions des enfants ?*

REM. Ne pas confondre *avec bénit* « qui a reçu la bénédiction du prêtre ».

BÉNIN [benɛ̃], **BÉNIGNE** [beniɲ] adj. ▪ (qqch.) Qui n'est pas grave. *Ils ont eu un accident bénin. Le rhume est une maladie bénigne. Elle a une tumeur bénigne,* non cancéreuse. ⟨contraire : malin⟩

BÉNIR [beniʀ] verbe [conjugaison 2] **1.** Mettre sous la protection de Dieu. *L'évêque bénit les fidèles. La foule a été bénie par le pape.* **2.** Consacrer au cours d'une cérémonie. *Le prêtre bénit l'eau* (→ **bénit**). **3.** (Dieu) Accorder sa grâce. *Que Dieu vous bénisse !* **4.** Glorifier pour manifester sa satisfaction, sa reconnaissance. *Nous bénissons le jour où nous vous avons rencontré. Je bénis le médecin qui m'a sauvé.* ⟨contraire : maudire⟩ *Soyez bénis !* → **remercier.**

BÉNIT [beni], **BÉNITE** [benit] adj. (après le nom) ▪ (qqch.) Qui a reçu la bénédiction du prêtre. *Le bénitier de l'église est rempli d'eau bénite.*

REM. Il ne faut pas confondre avec *béni.* → **béni** et **bénir.**

BÉNITIER [benitje] n. m. ▪ *UN BÉNITIER* : petit bassin contenant de l'eau bénite, à l'entrée d'une église. *Les fidèles trempent le bout des doigts dans le bénitier et font un signe de croix en entrant dans l'église.*

BENJAMIN [bɛ̃ʒamɛ̃] n. m., **BENJAMINE** [bɛ̃ʒamin] n. f. ▪ *LE BENJAMIN, LA BENJAMINE* : personne la plus jeune d'une famille, d'un groupe. *Je suis le benjamin de la famille* (→ **cadet**). ⟨contraire : aîné⟩ *La benjamine de la classe a les notes les meilleures.*

BENNE [bɛn] n. f. ▪ *UNE BENNE* : partie d'un camion où l'on charge les matériaux, et qui peut basculer. *La benne bascule et le sable est déversé. Le contenu des poubelles est versé dans la* BENNE À ORDURES.

BENZINE [bɛ̃zin] n. f. ▪ *LA BENZINE* : produit chimique utilisé pour nettoyer les vêtements. *La benzine enlève très bien les taches de graisse.*

> FAUX AMIS
> grec **βενζινα,** roumain **benzină,** russe **бензин** « essence »

BÉQUILLE [bekij] n. f. ▪ *UNE BÉQUILLE* **1.** Canne spéciale sur laquelle on s'appuie pour marcher avec une seule jambe. *Il s'est cassé la jambe et il marche avec des béquilles.* **2.** Support qui maintient debout un vélomoteur ou une moto lorsqu'ils sont arrêtés ou un bateau hors de l'eau. *Le motard hisse sa moto sur la béquille.*

BÉQUILLER [bekije] verbe [conjugaison 1a] **1.** Mettre (une moto, un vélomoteur) sur sa béquille. *Le motocycliste béquille sa moto.* **2.** Mettre des béquilles à un bateau. *La mer descend, il va falloir béquiller.*

BERBÈRE [bɛʀbɛʀ] adj., n. m. et n. f. **1.** adjectif (après le nom) Relatif à un peuple d'Afrique du Nord. *Ils ont rencontré des tribus berbères.* **2.** *UN BERBÈRE, UNE BERBÈRE* : une personne originaire de ce peuple d'Afrique du Nord. *Les Touaregs et les Kabyles sont des Berbères.* **3.** *LE BERBÈRE* : la langue parlée par les Berbères. *Le berbère et l'arabe sont parlés en Afrique du Nord.*

BERCAIL [bɛʀkaj] n. m. ▪ *RENTRER AU BERCAIL* : rentrer chez soi, dans sa famille. *Nous sommes enfin rentrés au bercail.*

BERCEAU [bɛʀso] n. m. ▪ *UN BERCEAU* : petit lit de bébé que l'on peut balancer. *Le bébé dort dans son berceau.* PLURIEL : *des BERCEAUX.* – *Il a un enfant au berceau,* un bébé.

BERCER [bɛʀse] verbe [conjugaison 3a] ▪ Balancer doucement dans ses bras ou dans un berceau. *La jeune mère berçait son bébé pour qu'il s'endorme.*

REM. ç devant *a* (ex. : *je berçais*) et *o* (ex. : *nous berçons*).

BERCEUSE [bɛʀsøz] n. f. ▪ *UNE BERCEUSE :* chanson douce que l'on chante pour endormir les enfants. *La maman chante une berceuse et le bébé s'endort.*

BÉRET [beʀɛ] n. m. ▪ *UN BÉRET :* coiffure ronde, souple et plate, en tissu de laine. *Le berger a un béret basque. Les marins français portent des bérets bleus à pompon rouge.*

BERGE [bɛʀʒ] n. f. ▪ *LA BERGE :* bord d'un cours d'eau, d'un canal. *Les pêcheurs se sont installés sur la berge.*

BERGER [bɛʀʒe] n. m., **BERGÈRE** [bɛʀʒɛʀ] n. f. **1.** *UN BERGER, UNE BERGÈRE :* personne qui garde les moutons et les chèvres. *L'été, les bergers vivent en haute montagne avec leurs troupeaux. Le CHIEN DE BERGER garde le troupeau.* **2.** Chien de berger. *Nos voisins ont un berger allemand.*

BERGERIE [bɛʀʒəʀi] n. f. ▪ *UNE BERGERIE :* bâtiment qui abrite les moutons et les chèvres. *Le berger trait les brebis dans la bergerie.*

BERK ! [bɛʀk] interjection ▪ Mot qui exprime le dégoût. *Il y a une mouche dans mon café, berk !* → **pouah.**

REM. On dit aussi *beurk !* [bœʀk].

BERLIN [bɛʀlɛ̃] nom propre ▪ Capitale de l'Allemagne. *Ils vivent à Berlin* **(→ berlinois).** *Nous venons de Berlin.*

BERLINE [bɛʀlin] n. f. ▪ *UNE BERLINE :* automobile à quatre portes et à quatre places. *Les berlines sont plus confortables que les coupés.*

REM. *Berline* est un mot de l'industrie automobile, et la plupart des voitures sont des berlines.

BERLINGOT [bɛʀlɛ̃go] n. m. ▪ *UN BERLINGOT* **1.** Bonbon acidulé en forme de petite pyramide. *Il m'a offert une boîte de berlingots.* **2.** Emballage pour les liquides, de la forme du bonbon. *Il y a un berlingot de lait dans le réfrigérateur.* **3.** Emballage de plastique souple pour les petites doses de liquide. *Achète un berlingot d'eau de Javel.*

BERLINOIS [bɛʀlinwa] adj. et n. m., **BERLINOISE** [bɛʀlinwaz] adj. et n. f. **1.** adjectif (après le nom) De Berlin. *J'ai visité des musées berlinois.* **2.** *UN BERLINOIS, UNE BERLINOISE :* un habitant, une habitante de Berlin. *Les Berlinois.*

BERLUE [bɛʀly] n. f. ▪ *Avoir la berlue :* avoir des visions. *C'est bien lui que je vois là-bas ou j'ai la berlue ?*

BERMUDA [bɛʀmyda] n. m. ▪ *UN BERMUDA :* short étroit qui descend jusqu'aux genoux. *Elle a mis un vieux bermuda et un tee-shirt.*

EN **BERNE** [ɑ̃bɛʀn] adverbe ▪ *Drapeau EN BERNE,* serré contre sa hampe. *Les drapeaux sont mis en berne en signe de deuil.*

BERNE [bɛʀn] nom propre – en allemand **BERN** ▪ Capitale de la Confédération suisse. *Ils iront à Berne, cet été. Le train vient de Berne.*

BERNER [bɛʀne] verbe [conjugaison 1a] ▪ STYLE RECHERCHÉ Tromper en se moquant. *L'escroc a berné même les plus malins.* → **duper.** *Elle s'est laissé berner par son associé.*

À TOUTE **BERZINGUE** [atutbɛʀzɛ̃g] adverbe ▪ STYLE FAMILIER **1.** Très vite. *La voiture va à toute berzingue.* **2.** Au maximum. *Il a mis la radio à toute berzingue.*

REM. **1.** On dit aussi *à tout berzingue* [atubɛʀzɛ̃g]. **2.** *Berzingue* est un mot ancien, qui n'existe plus que dans cette locution.

BESOGNE [bəzɔɲ] n. f. ▪ STYLE RECHERCHÉ *LA BESOGNE :* travail que l'on est obligé de faire. *Avant de repeindre cette pièce, il faut lessiver les murs : c'est une rude besogne.* → **tâche.** – *ALLER VITE EN BESOGNE :* travailler rapidement ; aller trop vite. *Tu vas vite en besogne et tu ne réfléchis pas assez.*

BESOIN [bəzwɛ̃] n. m. ▪ *LE BESOIN* **1.** Chose absolument nécessaire. *Se nourrir et dormir sont des besoins.* → **nécessité.** – *Les plantes ONT BESOIN DE lumière,* il leur faut de la lumière. *Elle A BESOIN DE parler à quelqu'un. J'AI BESOIN QUE vous m'aidiez.* **2.** (au pluriel) LES BESOINS : les excréments. *Le chat A FAIT SES BESOINS sur la moquette.* **3.** *Être DANS LE BESOIN :* manquer de tout. *Cette association aide les familles dans le besoin.* → **gêne.** **4.** *AU BESOIN :* si c'est nécessaire. *Au besoin, appelle-moi et je viendrai.*

REM. Le *besoin* est différent de l'*envie.*

BESTIAL [bɛstjal], **BESTIALE** [bɛstjal] adj. (après le nom) ▪ Sauvage, brutal comme l'est une bête. *L'assassin était un homme bestial. Il a un air bestial.* MASCULIN PLURIEL : *des instincts BESTIAUX* [bɛstjo].

BESTIALITÉ [bɛstjalite] n. f. ▪ STYLE RECHERCHÉ *LA BESTIALITÉ :* caractère bestial. *La bestialité de ses appétits dégoûtait tout le monde.* → **grossièreté.** ⟨contraires : délicatesse, raffinement⟩

BESTIAUX [bɛstjo] n. m. pluriel ▪ *LES BESTIAUX :* les gros animaux élevés à la ferme. *Le paysan va vendre une vache au MARCHÉ AUX BESTIAUX.* → **bétail.** *Ils ont voyagé dans des WAGONS À BESTIAUX.*

BESTIOLE [bɛstjɔl] n. f. ▪ *UNE BESTIOLE :* un petite bête. *J'ai vu une drôle de bestiole rentrer dans un trou du mur.*

BEST-SELLER [bɛstsɛlœʀ] n. m. ▪ *UN BEST-SELLER :* livre qui a un grand succès. *Ce roman est le best-seller de l'année.* PLURIEL : *des BEST-SELLERS.*

REM. Le mot vient de l'anglais et signifie dans cette langue « le mieux vendu ».

BÉTAIL [betaj] n. m. ▪ *LE BÉTAIL :* ensemble des animaux élevés à la ferme. *Le bétail est dans les prés.* → **bestiaux, cheptel.** *Le gros bétail :* les vaches et les chevaux. *Le petit bétail :* les moutons et les chèvres.

BÉTAILLÈRE [betajɛʀ] n. f. ▪ *UNE BÉTAILLÈRE :* camion à claire-voie servant au transport des chevaux et des animaux de boucherie. *La bétaillère remplie de porcs se dirige vers l'abattoir.*

① **BÊTE** [bɛt] n. f. ▪ *UNE BÊTE* **1.** Animal. *La plupart des enfants aiment les bêtes. Les lions et les tigres sont des bêtes féroces. Les vaches sont des bêtes à cornes. J'ai été piqué par une petite bête* **(→ bestiole).** *J'ai vu une BÊTE À BON DIEU,* une coccinelle. **2.** (au pluriel) LES BÊTES : le bétail. *C'est l'heure de nourrir les bêtes.* **3.** *Il a de la fièvre ce matin et il est MALADE COMME UNE BÊTE,* il est très malade, il se sent très mal. *Elle travaille COMME UNE BÊTE,* beaucoup. – *Arrête de FAIRE LA BÊTE, tu comprends très bien ce que je veux dire :* arrête de faire semblant de ne pas comprendre. **4.** (qqn) STYLE FAMILIER *GRANDE BÊTE, GROSSE BÊTE :* idiot, nigaud. *Mais grosse bête, je ne parlais pas sérieusement.*

② **BÊTE** [bɛt] adj. (après le nom) **1.** (qqn) Qui manque d'intelligence. *Il est plus bête que méchant. Il est BÊTE COMME SES PIEDS, BÊTE COMME UNE OIE, BÊTE À MANGER DU FOIN :* il est extrêmement bête. → **idiot, sot, stupide ;** STYLE TRÈS FAMILIER **crétin, con.** ⟨contraire : intelligent⟩ *Elle est loin d'être bête. Il a oublié d'être bête.* **2.** (qqch.) Stupide. *Ce film est trop bête !* → **idiot, inepte.** – *C'est TOUT BÊTE, BÊTE COMME CHOU :* c'est facile à faire, facile à deviner. **3.** (qqn) Étourdi. *Suis-je bête, j'ai oublié mes clés !* **4.** (qqch.) Absurde, regrettable. *Ils ont eu un accident tout bête,* qui aurait pu être évité. *C'est bête, je ne m'en souviens pas !*

BÊTEMENT [bɛtmɑ̃] adverbe ▪ D'une manière bête. *L'accident est arrivé bêtement,* d'une façon absurde. *J'ai TOUT BÊTEMENT oublié mon sac,* tout simplement.

BÊTIFIER [betifje] verbe [conjugaison 7a] ▪ Faire l'enfant, dire des bêtises. *Parfois, les adultes bêtifient devant les jeunes enfants. Il bêtifiera* [betifiʀa] *devant son petit-fils, comme tous les grands-pères.*

REM. *ii* à la 1re et à la 2e personne du pluriel à l'imparfait (ex. : *nous bêtifiions*) et au subjonctif (ex. : *que vous bêtifiiez*).

BÊTISE [betiz] n. f. **1.** *LA BÊTISE :* manque d'intelligence. *Il est d'une bêtise incroyable.* → **sottise, stupidité.** (contraire : intelligence) **2.** *UNE BÊTISE :* action ou parole sotte ou maladroite. *Cet enfant est insupportable, il ne fait que des bêtises.* → STYLE TRÈS FAMILIER **connerie.** *Tu viens de dire une grosse bêtise.* → **ânerie. 3.** Chose peu importante. *Ces deux amis se sont fâchés pour une bêtise.* → **bagatelle, broutille.**

BÉTON [betɔ̃] n. m. ▪ *LE BÉTON* **1.** Matériau dur et résistant fait avec un mélange de sable, de gravier, de ciment et d'eau, et qui sert à construire. *Ce pont est en béton. Des tours de béton dominent le fleuve.* **2.** *BÉTON ARMÉ :* béton renforcé à l'intérieur par des tiges de métal. *Le mur est en béton armé.* **3.** *EN BÉTON :* solide, inattaquable. *Ils nous ont donné des arguments en béton.*

FAUX AMI
espagnol **betún** «cirage, bitume»

BÉTONNER [betɔne] verbe [conjugaison 1a] ▪ Construire en béton. *Le boulevard qui longe la mer a été entièrement bétonné,* les immeubles du boulevard ont été construits en béton.

BÉTONNIÈRE [betɔnjɛʀ] n. f. ▪ *UNE BÉTONNIÈRE :* cuve tournante servant à fabriquer le béton. *Ce camion est muni d'une bétonnière.*

BETTERAVE [bɛtʀav] n. f. ▪ *LA BETTERAVE :* plante cultivée pour sa grosse racine. *On extrait du sucre de la BETTERAVE À SUCRE. Les BETTERAVES FOURRAGÈRES servent de nourriture au bétail. On mange les BETTERAVES ROUGES cuites. Acheter de la betterave.*

BEUGLEMENT [bøgləmɑ̃] n. m. ▪ *UN BEUGLEMENT :* cri de la vache. *On entend des beuglements qui viennent de l'étable.* → **meuglement, mugissement.**

BEUGLER [bøgle] verbe [conjugaison 1a] ▪ (vache) Pousser son cri. *Les vaches beuglent.* → **meugler, mugir.**

BEUR [bœʀ] n. m., n. f. ▪ STYLE FAMILIER *UN BEUR, UNE BEUR :* jeune Maghrébin né en France de parents immigrés. *Elle a épousé un beur.*

REM. **1.** Le féminin est *beur, beure* ou *beurette (une beur, une beure, une jolie beurette).* **2.** *Beurre* «matière grasse» se prononce de la même façon.

BEURK ! → **berk !**

BEURRE [bœʀ] n. m. ▪ *LE BEURRE :* matière grasse obtenue en battant la crème du lait. *Je mets un morceau de beurre sur mon pain. Elle préfère le beurre salé au beurre doux. Le cuisinier fait la cuisine au beurre ou à l'huile.* – STYLE FAMILIER *Sa femme va travailler, ça mettra DU BEURRE DANS LES ÉPINARDS,* ça améliorera leur situation financière. *Dans cette affaire, il COMPTE POUR DU BEURRE,* il compte pour rien.

BEURRÉ [bœʀe], **BEURRÉE** [bœʀe] adj. (après le nom) ▪ (qqch.) Sur lequel il y a du beurre. *Je mange une tartine de pain beurré.*

BEURRER [bœʀe] verbe [conjugaison 1a] ▪ Recouvrir, enduire de beurre. *Je beurre mon pain. Le pâtissier beurrera* [bœʀʀa] *un moule à gâteau.*

BEURRIER [bœʀje] n. m. ▪ *UN BEURRIER :* petit récipient dans lequel on met le beurre. *Le beurrier est dans le réfrigérateur.*

BEUVERIE [bøvʀi] n. f. ▪ STYLE RECHERCHÉ *UNE BEUVERIE :* réunion où les gens boivent trop et sont ivres. *Le dîner s'est terminé en beuverie.*

BÉVUE [bevy] n. f. ▪ *UNE BÉVUE :* erreur grossière due à l'ignorance ou à la maladresse. *En oubliant de l'inviter, tu as commis une impardonnable bévue.* → **bourde,** ① **impair ;** STYLE FAMILIER ② **gaffe.**

BEYROUTH [bɛʀut] nom propre ▪ Capitale du Liban. *Cet avion va à Beyrouth. Il habite Beyrouth.*

BIAFRAIS [bjafʀɛ] adj. et n. m., **BIAFRAISE** [bjafʀɛz] adj. et n. f. **1.** adjectif (après le nom) Du Biafra, région du Nigeria, en Afrique. *Les séparatistes biafrais furent vaincus en 1970.* **2.** *UN BIAFRAIS, UNE BIAFRAISE :* un habitant, une habitante du Biafra. *Les Biafrais.*

BIAIS [bjɛ] n. m. ▪ *UN BIAIS* **1.** L'un des différents aspects d'une chose. *Par quel biais faut-il aborder le problème ?* → **côté. 2.** Moyen détourné. *Il va falloir trouver un biais pour parvenir à un résultat.* → **détour. 3.** *EN BIAIS, DE BIAIS :* en diagonale, en oblique. *Il a traversé la rue en biais. Je l'ai regardée de biais, sans qu'elle me voie.*

BIAISER [bjeze] verbe [conjugaison 1a] ▪ Employer des moyens détournés. *L'inculpé biaisait sans cesse et refusait d'avouer qu'il avait participé au hold-up. Inutile de biaiser, dites la vérité !*

BIBELOT [biblo] n. m. ▪ *UN BIBELOT :* petit objet décoratif. *Il y a des bibelots sur la cheminée.*

BIBERON [bibʀɔ̃] n. m. ▪ *UN BIBERON :* petite bouteille fermée par une tétine, avec laquelle on donne à boire aux bébés. *Le bébé boit six biberons par jour,* il boit le contenu de six biberons par jour.

BIBLE [bibl] n. f. **1.** *LA BIBLE :* le livre sacré des juifs et des chrétiens. *La Bible chrétienne contient l'Ancien Testament (juif) et le Nouveau Testament (chrétien). Les Américains jurent sur la Bible de dire la vérité.* **2.** *UNE BIBLE :* livre très important (pour qqn). *Ce vieux livre est ma bible, je le consulte très souvent,* j'adore ce vieux livre, je trouve toujours ce que j'y cherche.

BIBLIOBUS [biblijobys] n. m. ▪ *UN BIBLIOBUS :* petit camion aménagé en bibliothèque qui se déplace dans certains quartiers des villes et dans les villages. *Le bibliobus passe dans le village une fois par semaine.*

BIBLIOGRAPHIE [biblijɔgʀafi] n. f. ▪ *UNE BIBLIOGRAPHIE* **1.** Répertoire des ouvrages écrits sur un sujet particulier. *Cette thèse comporte une importante bibliographie.* **2.** *Consultez la bibliographie de cet auteur,* la liste de ses œuvres. *Je vous envoie mon curriculum et ma bibliographie.*

BIBLIOTHÉCAIRE [biblijɔtekɛʀ] n. m., n. f. ▪ *UN BIBLIOTHÉCAIRE, UNE BIBLIOTHÉCAIRE :* une personne qui s'occupe de classer et de prêter les livres, dans une bibliothèque. *La bibliothécaire m'a conseillé ce livre.*

BIBLIOTHÈQUE [biblijɔtɛk] n. f. ▪ *UNE BIBLIOTHÈQUE* **1.** Meuble où l'on range des livres. *Les livres sont classés par genre sur les rayons de la bibliothèque. Il y a une bibliothèque vitrée dans le salon.* **2.** Salle ou bâtiment où sont classés des livres que l'on peut consulter sur place ou emprunter. *Elle emprunte régulièrement des livres à la bibliothèque municipale,* à la bibliothèque de sa commune. **3.** Collection de livres. *Mon professeur a une importante bibliothèque chez lui.*

BIBLIQUE [biblik] adj. (après le nom) ▪ De la Bible. *Noé et Job sont des personnages bibliques.*

BICEPS [bisɛps] n. m. ▪ *LE BICEPS* : muscle du bras. *À force de faire du sport, elle a de gros biceps.* → STYLE FAMILIER **biscoteau.**

BICHE [biʃ] n. f. ▪ *UNE BICHE* : femelle du cerf. *La biche et son faon broutent l'herbe de la clairière.*

> FAUX AMI
> portugais **bicha** « file d'attente »

BICHONNER [biʃɔne] verbe [conjugaison 1a] **1.** Prendre beaucoup de soin de. *Il bichonne sa voiture avec amour.* **2.** verbe pronominal SE BICHONNER : s'arranger avec soin et coquetterie. *Elle s'est bichonnée pendant des heures devant la glace avant d'aller à son rendez-vous.* → se **pomponner.**

BICOLORE [bikɔlɔʀ] adj. (après le nom) ▪ (qqch.) De deux couleurs. *Elle porte des mocassins bicolores, noir et blanc.*

BICOQUE [bikɔk] n. f. ▪ *UNE BICOQUE* **1.** Petite maison mal construite et plutôt laide. *Ils habitent une bicoque sans confort au bord de la plage.* **2.** STYLE FAMILIER Maison. *Ils ont acheté une grande bicoque délabrée.* → **baraque.**

BICYCLETTE [bisiklɛt] n. f. ▪ *UNE BICYCLETTE* : véhicule à deux roues, avec un guidon et deux pédales. *Nous sommes venus À BICYCLETTE. Les enfants font de la bicyclette dans le jardin.* → **vélo.**

BIDE [bid] n. m. ▪ STYLE FAMILIER *UN BIDE* **1.** Ventre. *Son mari commence à avoir du bide. Il a pris du bide.* **2.** Échec complet. *Le spectacle A FAIT UN BIDE.* → **four.** *C'est le bide !*

BIDET [bidɛ] n. m. ▪ *UN BIDET* : cuvette ovale et basse, sur pied, servant à faire sa toilette intime. *Dans la salle de bains, il y a un lavabo, une baignoire et un bidet.*

BIDOCHE [bidɔʃ] n. f. ▪ STYLE FAMILIER *LA BIDOCHE* : la viande. *Il a mangé un gros morceau de bidoche.*

BIDON [bidɔ̃] n. m. et adj. invariable
I. *UN BIDON* **1.** Récipient en métal ou en plastique, fermé par un bouchon. *Il y a toujours un bidon d'essence dans le coffre de la voiture.* **2.** STYLE FAMILIER Ventre. *Il a un gros bidon.* → STYLE FAMILIER **bide.** **3.** STYLE FAMILIER *DU BIDON* : des mensonges. *Tout ce que ce type raconte, c'est du bidon.* → **bluff.** *C'est pas du bidon* : c'est vrai.
II. adjectif invariable STYLE FAMILIER (après le nom) Simulé, truqué. *Ce sont des élections bidon.* – *Il est bidon, ce mec* : il n'est pas ce qu'il prétend être.

SE **BIDONNER** [bidɔne] verbe pronominal [conjugaison 1a] ▪ STYLE FAMILIER Rire beaucoup. *Ils se sont bien bidonnés.* → STYLE FAMILIER se **marrer, rigoler.**

BIDONVILLE [bidɔ̃vil] n. m. ▪ *UN BIDONVILLE* : quartier formé de baraques faites de planches, de tôles, de vieux bidons, où habitent des gens très pauvres. *Ils ont trouvé refuge dans un bidonville. Nous avons vu des bidonvilles en Amérique du Sud.* → **favela.**

BIDULE [bidyl] n. m. ▪ STYLE FAMILIER *UN BIDULE* : objet qu'on ne connaît pas ou dont on ignore le nom. *Qu'est-ce que c'est que ce bidule ?* → STYLE FAMILIER **machin, truc.**

BIELLE [bjɛl] n. f. ▪ *UNE BIELLE* : tige rigide, en métal, articulée aux deux bouts, qui transmet un mouvement entre deux pièces. *Le garagiste vérifie les bielles du moteur.*

BIÉLORUSSIE [bjelɔʀysi] nom propre féminin – en biélorusse **BELARUS** ▪ *LA BIÉLORUSSIE* : pays d'Europe orientale. *Ils vivent en Biélorussie. Il nous a écrit de Biélorussie.*

BIEN [bjɛ̃] adverbe, adj. invariable et n. m.
I. adverbe **1.** D'une manière satisfaisante. *Sa femme est toujours bien habillée.* ⟨contraire : mal⟩ *Il conduit bien. Tiens-toi bien.* → **correctement.** *Bien joué !* → **habilement.** *Tu AS BIEN FAIT* : tu as fait ce qu'il fallait. *C'est BIEN FAIT pour lui* : ce qui lui arrive est mérité. *Vous FERIEZ BIEN DE vous dépêcher* : vous devriez vous dépêcher. **2.** Tout à fait, très. *Je suis bien contente d'être en vacances. Cet enfant est encore bien petit pour rester seul.* → **trop.** *Ton histoire nous a bien fait rire.* → **beaucoup.** *Il m'agace parfois, mais je l'aime bien.* – *J'y suis allé bien souvent. Nous en avons bien assez*, suffisamment. *C'est bien dommage.* – *Tu as BIEN DE la chance de partir*, beaucoup de chance. *Nous y sommes allés bien des fois*, souvent. **3.** Au moins. *Ça fait bien une heure que je l'attends.* → **largement.** *Cette maison vaut bien deux millions de francs.* **4.** Vraiment. *C'est bien elle qui parlait. Tu pars bien demain ? C'est bien fini.* → **vraiment, réellement.** **5.** En fait et malgré les difficultés. *Il va bien finir par arriver.* → **forcément.** *Attendons, nous verrons bien.* – *J'irais bien avec vous* : j'aimerais aller avec vous.
II. adjectif attribut invariable **1.** Satisfaisant. *Ce sera très bien comme ça. Bien ! maintenant, on peut commencer.* → **bon, parfait.** *Elle se sent très bien en ce moment* : elle est en très bonne santé. ⟨contraire : mal⟩ *Ce n'est pas bien de faire ça* : ce n'est pas moral de faire ça. **2.** (qqn) Capable de faire ce qu'il faut. *Ce médecin est très bien.* **3.** Beau. *Cette femme est encore bien pour son âge.* **4.** À l'aise. *Je suis bien dans ces chaussures. Je me sens bien quand je suis seul.* → **bien-être.** **5.** *ÊTRE BIEN AVEC qqn* : s'entendre bien, être en bons termes avec qqn. *Je suis bien avec tous mes voisins.* **6.** (qqch.) *FAIRE BIEN* : produire un bel effet. *Ces rideaux font bien avec le canapé.*
III. adjectif invariable épithète (après le nom) (qqn) Convenable, comme il faut. *Ce sont des gens très bien.* → **chic.** – *Elle a épousé un type bien*, qui a des qualités morales. *Ce sont des filles bien.*
IV. *LE BIEN* **1.** Ce qui est agréable, utile. *Ce sirop m'a FAIT DU BIEN, je ne tousse plus*, ce sirop m'a soulagé. ⟨contraire : mal⟩ *C'est POUR TON BIEN que je te dis ça*, c'est dans ton intérêt. **2.** Ce qui est juste, honnête. *La conscience permet de distinguer le bien du mal. Il fait LE BIEN autour de lui* : il donne de son temps ou de son argent à ceux qui en ont besoin. → **charité.** **3.** *UN BIEN* : une chose que l'on possède. *Ses parents lui ont laissé tous leurs biens à leur mort. Il n'est pas intéressé par les biens matériels.*
V. *BIEN QUE* conjonction → **bien que.**

BIEN-AIMÉ [bjɛ̃neme], **BIEN-AIMÉE** [bjɛ̃neme] adj., n. m. et n. f. ▪ STYLE RECHERCHÉ **1.** adjectif (après le nom, parfois avant le nom) Qui est aimé tendrement. *Je t'embrasse, mon fils bien-aimé. Mon bien-aimé fils va venir.* → **cher.** *À ma fille bien-aimée.* PLURIEL : *mes enfants BIEN-AIMÉS.* **2.** *LE BIEN-AIMÉ, LA BIEN-AIMÉE* : la personne que l'on aime. *Son bien-aimé lui a écrit.* → **amant, amoureux.** *À bientôt, ma bien-aimée.*

BIEN-ÊTRE [bjɛ̃nɛtʀ] n. m. invariable ▪ *LE BIEN-ÊTRE* **1.** Plaisir que l'on ressent quand on est content ou heureux. *Une sensation de bien-être l'envahit en entrant dans la baignoire.* → **béatitude, bonheur.** **2.** Bonne situation matérielle. *La population de ce pays jouit d'un certain bien-être.* → **aisance, confort.**

BIENFAISANCE [bjɛ̃fəzɑ̃s] n. f. ▪ *LA BIENFAISANCE* : action de faire le bien, d'aider les personnes qui en ont besoin. *Elle travaille bénévolement pour une ASSOCIATION DE BIENFAISANCE* (→ **caritatif**). *Il a légué sa fortune à des œuvres de bienfaisance.*

BIENFAISANT [bjɛ̃fəzɑ̃], **BIENFAISANTE** [bjɛ̃fəzɑ̃t] adj. (après le nom) ▪ (qqch.) Qui fait du bien. *Les cures thermales ont une ac-*

tion bienfaisante sur la santé. → **salutaire.** ⟨contraires : malfaisant, nuisible⟩ *Cette région jouit d'un climat bienfaisant.*

BIENFAIT [bjɛ̃fɛ] n. m. ▪ *UN BIENFAIT* **1.** Action bienfaisante, salutaire. *Je commence à ressentir les bienfaits du traitement.* → **bénéfice, effet.** ⟨contraire : méfait⟩ **2.** STYLE RECHERCHÉ Action bonne, généreuse. *Le vieux roi comblait ses sujets de ses bienfaits.* → **don, faveur.**

BIENFAITEUR [bjɛ̃fɛtœʀ] n. m. et adj., **BIENFAITRICE** [bjɛ̃fɛtʀis] n. f. et adj. **1.** *UN BIENFAITEUR, UNE BIENFAITRICE :* une personne qui fait du bien, qui apporte son aide. *Ceci est le don d'une généreuse bienfaitrice.* → **donateur, protecteur.** – *LES BIENFAITEURS DE L'HUMANITÉ :* les grands inventeurs. *Pasteur est un bienfaiteur de l'humanité.* **2.** adjectif (après le nom) Qui fait le bien. *Les membres bienfaiteurs de l'association se réunissent ce soir,* ceux qui ont donné beaucoup d'argent pour aider l'association.

BIEN-FONDÉ [bjɛ̃fɔ̃de] n. m. ▪ *LE BIEN-FONDÉ :* conformité au droit ou à la raison. *Les autorités compétentes examineront le bien-fondé de votre demande.* → **pertinence.**

BIENHEUREUX [bjɛ̃nøʀø] adj. et n. m., **BIENHEUREUSE** [bjɛ̃nøʀøz] adj. et n. f. **1.** adjectif (avant le nom) (qqch.) Qui rend très heureux. *Il a eu la bienheureuse idée d'apporter du champagne.* → **agréable.** **2.** STYLE FAMILIER *UN BIENHEUREUX, UNE BIENHEUREUSE :* une personne qui n'a pas de soucis. *Le bébé DORT COMME UN BIENHEUREUX dans son berceau,* il dort profondément.

BIENNE [bjɛn] nom propre – en allemand **BIEL** ▪ Ville de Suisse. *Ils sont allés à Bienne. Nous venons de Bienne.*

BIEN PORTANT → **portant**

BIEN QUE [bjɛ̃kə] conjonction ▪ Quoique. *Bien qu'elle ne soit plus très jeune, elle est encore en excellente santé. Je suis venu bien que je n'aie pas été invité.* – *Bien que malade, il est venu.*

REM. *Bien que* est suivi d'un verbe au subjonctif.

BIENSÉANCE [bjɛ̃seɑ̃s] n. f. ▪ STYLE RECHERCHÉ *LA BIENSÉANCE* **1.** Respect des règles de la politesse, de la bonne éducation. *La bienséance l'empêche de poser à son hôte des questions trop personnelles. Il respecte les règles de la bienséance.* → **politesse, savoir-vivre.** **2.** (au pluriel) LES BIENSÉANCES : les usages à respecter. *Les gens bien élevés respectent les bienséances.* → **convenance.**

BIENTÔT [bjɛ̃to] adverbe ▪ Dans peu de temps. *C'est bientôt la fin des vacances.* → **presque.** *Votre anniversaire, c'est bientôt ? Aujourd'hui, nous partons, mais nous reviendrons bientôt.* → **prochainement.** – *À BIENTÔT :* j'espère vous revoir dans peu de temps. *Au revoir et à bientôt ! À très bientôt !*

REM. Il ne faut pas confondre *bientôt* et *bien tôt (vous partez bien tôt, ce matin !).*

BIENVEILLANCE [bjɛ̃vɛjɑ̃s] n. f. ▪ *LA BIENVEILLANCE :* gentillesse et indulgence (envers une personne). *Il est d'une grande bienveillance envers tous.* ⟨contraires : hostilité, malveillance, méchanceté⟩

BIENVEILLANT [bjɛ̃vɛjɑ̃], **BIENVEILLANTE** [bjɛ̃vɛjɑ̃t] adj. (après le nom) ▪ Gentil et indulgent. *Mon patron est bienveillant avec ses employés. C'est un homme bienveillant.* ⟨contraires : hostile, malveillant, méchant⟩ – *Il lui a fait une critique bienveillante.*

BIENVENU [bjɛ̃vny] adj. et n. m., **BIENVENUE** [bjɛ̃vny] adj. et n. f. **1.** adjectif (après le nom) Qui vient au bon moment. *Vos conseils seront les bienvenus,* ils seront reçus avec plaisir. → **opportun.** *Il m'a fait une remarque bienvenue.* **2.** *LE BIENVENU, LA BIENVENUE :* la personne ou la chose que l'on accueille avec plaisir. *Entrez, vous êtes les bienvenus à la maison. Ton offre est la bienvenue.*

BIENVENUE [bjɛ̃vny] n. f. ▪ *LA BIENVENUE* **1.** *Souhaiter la bienvenue à qqn,* bien l'accueillir, manifester sa joie de le voir, de le recevoir. *Je vous souhaite la bienvenue dans notre pays. Bienvenue à la maison !* – *Le maire leur a dit des paroles de bienvenue.* **2.** STYLE FAMILIER (Québec) *Merci de votre aide !* – *Bienvenue !* il n'y a pas de quoi, de rien.

① **BIÈRE** [bjɛʀ] n. f. ▪ *LA BIÈRE :* boisson gazeuse alcoolisée faite avec de l'orge et du houblon. *La bière belge et la bière allemande sont réputées. Il préfère la bière blonde à la bière brune. Il boit sa bière dans une chope.* – *Garçon, deux bières !* deux verres de bière. *Bière pression ou bière bouteille ?*

② **BIÈRE** [bjɛʀ] n. f. ▪ STYLE RECHERCHÉ *UNE BIÈRE :* un cercueil. *On a MIS le mort EN BIÈRE. LA MISE EN BIÈRE aura lieu demain à 8 heures.*

BIFFER [bife] verbe [conjugaison 1a] ▪ Rayer (ce qui est écrit) pour supprimer. *Il a biffé deux noms sur la liste.* → **barrer.**

BIFTECK [biftɛk] n. m. ▪ *UN BIFTECK :* tranche de viande de bœuf à griller. → **steak.** *Je voudrais deux beaux biftecks. Il mange un bifteck haché.*

> FAUX AMI
> grec **μπιφτέκι** « steak haché aux herbes »

BIFURCATION [bifyʀkasjɔ̃] n. f. ▪ *UNE BIFURCATION :* division d'une route en deux branches. *À la bifurcation, il faut prendre la route de droite.* → **embranchement, fourche.**

BIFURQUER [bifyʀke] verbe [conjugaison 1a] **1.** (route) Se séparer en deux pour former une fourche. *La route bifurque à la sortie du village.* **2.** Abandonner un chemin pour en suivre un autre. *La voiture a bifurqué à gauche.*

BIGAME [bigam] adj. (après le nom) ▪ (qqn) Qui a deux femmes ou deux maris en même temps. *En France, la loi interdit d'être bigame.* ⟨contraire : monogame⟩

BIGARRÉ [bigaʀe], **BIGARRÉE** [bigaʀe] adj. (après le nom) ▪ (qqch.) Qui a des couleurs vives et variées. *Les poissons exotiques ont des couleurs bigarrées. Elle a une écharpe bigarrée.* → **bariolé.**

BIGARREAU [bigaʀo] n. m. ▪ *UN BIGARREAU :* cerise rouge et blanche à chair ferme. *J'ai mangé un bigarreau.* PLURIEL : *ce cerisier donne des BIGARREAUX.*

BIGLEUX [biglø], **BIGLEUSE** [bigløz] adj. (après le nom) ▪ STYLE FAMILIER (qqn) Qui voit mal. *Tu ne vois pas cette tache, tu es bigleuse ou quoi ?* → STYLE FAMILIER **miro.**

BIGORNEAU [bigɔʀno] n. m. ▪ *UN BIGORNEAU :* petit coquillage à coquille grise ou noire à spirale, qui ressemble à un escargot. *Le bigorneau se colle aux rochers.* PLURIEL : *elle fait cuire les bigorneaux au court-bouillon.*

BIGOUDI [bigudi] n. m. ▪ *UN BIGOUDI :* petit rouleau autour duquel on enroule chaque mèche de cheveux pour les friser. *La coiffeuse met des bigoudis à sa cliente.*

BIGRE ! [bigʀ] interjection ▪ Mot exprimant l'étonnement, l'admiration ou la crainte. *Bigre, quelle aventure !*

BIJOU [biʒu] n. m. ▪ *UN BIJOU* **1.** Petit objet, souvent précieux, que l'on porte sur soi comme ornement. *Elle a un bijou fantaisie* (→ **toc**). PLURIEL : *les bagues, les bracelets, les boucles d'oreilles et les colliers sont des BIJOUX. Son mari la COUVRE DE BIJOUX :* son mari lui offre beaucoup de bijoux. **2.** Objet très délicat, très soigné. *Cette cathédrale est un bijou d'architecture. Ce petit appartement est un bijou.*

REM. Au pluriel, *bijou* prend un x comme *caillou, chou, genou, hibou, joujou* et *pou*.

BIJOUTERIE [biʒutʀi] n. f. ▪ *UNE BIJOUTERIE :* magasin où l'on vend des bijoux. *Il y a des bijoux magnifiques dans la vitrine de cette bijouterie.* → **joaillerie.**

BIJOUTIER [biʒutje] n. m., **BIJOUTIÈRE** [biʒutjɛʀ] n. f. ▪ *UN BIJOUTIER, UNE BIJOUTIÈRE :* une personne qui fabrique ou vend des bijoux. *Il a acheté un collier chez le bijoutier.* → **joaillier.**

BILAN [bilɑ̃] n. m. **1.** *UN BILAN :* tableau des comptes qu'une entreprise fait tous les ans. *Le comptable de l'usine FAIT LE BILAN ANNUEL. L'entreprise a fait de mauvaises affaires l'an dernier, elle va DÉPOSER SON BILAN,* elle va faire faillite car elle ne peut plus payer ses dettes. **2.** *LE BILAN :* résultat d'ensemble. *Le bilan du tremblement de terre est très lourd, il y a des centaines de victimes. Le gouvernement a fait le bilan de son action,* il a comparé les choses positives et les choses négatives dans ce qu'il a fait. **3.** *Un BILAN DE SANTÉ :* un ensemble d'examens médicaux qui permettent de voir si tout fonctionne bien dans le corps. *Son médecin lui a prescrit un bilan de santé.*

BILATÉRAL [bilateʀal], **BILATÉRALE** [bilateʀal] adj. (après le nom) ▪ Qui se rapporte à deux côtés. *Dans cette rue, le STATIONNEMENT BILATÉRAL est autorisé,* le stationnement des deux côtés de la rue. ⟨contraire : unilatéral⟩ MASCULIN PLURIEL : *BILATÉRAUX* [bilateʀo].

BILE [bil] n. f. ▪ *LA BILE :* liquide amer fabriqué par le foie, qui aide à la digestion. *Il a vomi de la bile.* – STYLE FAMILIER *SE FAIRE DE LA BILE :* se tourmenter. *Allons, ne te fais pas de bile, tout ira bien.*

VÉSICULE **BILIAIRE** → **vésicule**

BILINGUE [bilɛ̃g] adj. (après le nom) **1.** (qqn) Qui parle parfaitement deux langues. *Son père est français et sa mère italienne, elle est complètement bilingue.* **2.** (qqch.) Qui est en deux langues. *Il a acheté un dictionnaire bilingue français-anglais. Ils ont mis leurs enfants dans une école bilingue.*

BILLARD [bijaʀ] n. m. ▪ *UN BILLARD* **1.** Jeu qui se pratique avec trois billes en ivoire que l'on fait rouler à l'aide d'un grand bâton de bois sur une table spéciale. *Mon père aime bien jouer au billard.* **2.** Table rectangulaire recouverte de feutre vert sur laquelle on joue au billard. *Le billard occupe toute la pièce.* **3.** STYLE FAMILIER Table d'opération chirurgicale. *Il est MONTÉ SUR LE BILLARD ce matin pour une légère intervention chirurgicale.*

BILLE [bij] n. f.
I. *UNE BILLE :* petite boule. *Les enfants jouent aux billes dans la cour de récréation. Les boules de billard sont rouges et blanches.* – (figuré) *REPRENDRE SES BILLES :* ne pas continuer une association financière.
II. *Un STYLO À BILLE :* un stylo qui a une petite boule à l'extrémité qui laisse sortir l'encre en roulant sur le papier. *Cette lettre est écrite au stylo à bille.*

FAUX AMI
portugais **bilha** « cruche »

BILLET [bijɛ] n. m. ▪ *UN BILLET* **1.** *UN BILLET (DE BANQUE) :* un rectangle de papier qui représente une certaine somme d'argent. *J'ai payé mes achats avec un billet de cinq cents francs. J'ai pris de l'argent dans un distributeur de billets* **(→ billetterie).** **2.** Petit morceau de papier donnant accès quelque part. *Il faut prendre les billets à la caisse du musée pour voir l'exposition. Les voyageurs montrent leur billet de train au contrôleur.* → **ticket.** – *J'ai acheté un billet de loterie, je gagnerai peut-être le gros lot.*

BILLETTERIE [bijɛtʀi] n. f. ▪ *UNE BILLETTERIE :* distributeur automatique qui permet de retirer de l'argent ou de prendre des billets de train en présentant une carte de crédit. *J'ai retiré mille francs à la billetterie.*

BIMBELOTERIE [bɛ̃bəlɔtʀi] n. f. ▪ *LA BIMBELOTERIE :* ensemble de bibelots. *Dans le quartier touristique, il y a de nombreuses boutiques de bimbeloterie.* → **bazar.**

BINAIRE [binɛʀ] adj. (après le nom) **1.** Composé de deux éléments. *Douze est un nombre binaire.* – *Le LANGAGE BINAIRE d'un ordinateur :* le langage machine basé sur les deux nombres 1 et 0. **2.** *Un RYTHME BINAIRE :* un rythme à deux temps. *Les rythmes à deux temps et à quatre temps sont binaires.*

BINER [bine] verbe [conjugaison 1a] ▪ Remuer la terre à la surface autour des plantes. *Le jardinier est en train de biner.*

BINETTE [binɛt] n. f. ▪ *UNE BINETTE :* outil de jardinage qui sert à remuer la terre autour des plantes. *La binette et les autres outils sont rangés dans une cabane au fond du jardin.*

BINGO [biŋgo] n. m. ▪ *LE BINGO :* jeu de loto très répandu en Amérique du Nord, en Grande-Bretagne et en Irlande. *Il joue au bingo.*

BINIOU [binju] n. m. ▪ *UN BINIOU :* instrument de musique à vent, composé d'un sac de cuir et de trois tuyaux. *On joue du biniou en Bretagne. Nous avons dansé au son des binious.*

BIO [bjo] adj. (après le nom) ▪ (qqch.) STYLE FAMILIER Biologique, naturel. *Ils pratiquent l'agriculture bio, sans pesticide ni engrais de synthèse.* → **écologique.** PLURIEL : *des produits BIOS ou BIO.*

FAUX AMI
suédois **bio** « cinéma »

REM. *Bio* est l'abréviation de *biologique*.

BIOCHIMIE [bjoʃimi] n. f. ▪ *LA BIOCHIMIE :* partie de la chimie qui s'occupe des êtres vivants. *Les étudiants en médecine étudient la biochimie.*

BIODÉGRADABLE [bjodegʀadabl] adj. (après le nom) ▪ (produit, matériau) Qui peut être dégradé, décomposé par les bactéries. *Elle utilise une lessive biodégradable. Ces déchets sont biodégradables.*

BIOGRAPHIE [bjɔgʀafi] n. f. ▪ *UNE BIOGRAPHIE :* livre qui raconte la vie d'une personne. *Je lis une biographie de Balzac.*

REM. Certains écrivains ou personnages célèbres écrivent eux-mêmes leur propre biographie : ils écrivent leur *autobiographie* ou leurs *mémoires*.

BIOLOGIE [bjɔlɔʒi] n. f. ▪ *LA BIOLOGIE :* science qui étudie les êtres vivants. *Mon frère étudie la biologie à l'université.*

BIOLOGIQUE [bjɔlɔʒik] adj. (après le nom) ▪ Naturel. *Il ne mange que des produits biologiques.* → STYLE FAMILIER **bio.**

BIOLOGISTE [bjɔlɔʒist] n. m., n. f. ▪ *UN BIOLOGISTE, UNE BIOLOGISTE :* spécialiste de la biologie. *Plus tard, elle veut devenir biologiste.*

BIOPSIE [bjɔpsi] n. f. ▪ *UNE BIOPSIE :* prélèvement d'un morceau de peau ou d'organe d'un être vivant pour l'examiner au microscope. *Le chirurgien a fait faire une biopsie de la tumeur qu'il vient d'enlever à un patient.*

BIP [bip] n. m. ▪ Signal d'un répondeur téléphonique. *Laissez votre message après le bip sonore,* parlez quand vous aurez entendu *bip !*

BIPÈDE [bipɛd] adj. et n. m. **1.** adjectif (après le nom) Qui marche sur deux pieds ou deux pattes. *L'homme est bipède. L'oiseau est un animal bipède.* **2.** *UN BIPÈDE :* être vivant qui marche sur deux pieds ou deux pattes. *L'être humain et les oiseaux sont des bipèdes.*

BIQUE [bik] n. f. ▪ STYLE FAMILIER *UNE BIQUE* **1.** Chèvre. *Il a une peau de bique au pied de son lit.* **2.** *Une VIEILLE BIQUE :* une dame assez âgée et méchante. *Cette vieille bique nous observe derrière sa fenêtre.* **3.** *CROTTE DE BIQUE :* chose sans valeur. *Elle ne se prend pas pour de la crotte de bique !* elle est prétentieuse. – *Crotte de bique !* zut !

① **BIS** [bi], **BISE** [biz] adj. (après le nom) ▪ Gris presque beige. *Le pain bis doit sa couleur au son qu'il contient. La femme de ménage repasse des torchons de toile bise.*

② **BIS** [bis] adj. et interjection **1.** adjectif (après le nom) Indique la répétition d'un numéro. *J'habite au 10 et lui au 10 bis.* **2.** *Bis !* cri par lequel le public demande à un chanteur, à un musicien de répéter ce que l'on vient d'entendre. *Les spectateurs applaudissent et crient « bis, bis ! »* (→ **bisser**).

BISCORNU [biskɔʀny], **BISCORNUE** [biskɔʀny] adj. (après le nom) **1.** (qqch.) Qui a une forme irrégulière. *Il est difficile de ranger les meubles dans cette chambre biscornue.* **2.** STYLE FAMILIER Compliqué et bizarre. → **tordu.** *Quelles idées biscornues tu as parfois !*

BISCOTEAU [biskɔto] n. m. ▪ STYLE FAMILIER *UN BISCOTEAU :* biceps. PLURIEL : *mon cousin a de gros BISCOTEAUX.*

BISCOTTE [biskɔt] n. f. ▪ *UNE BISCOTTE :* tranche de pain de mie séchée au four. *Il mange des biscottes sans sel.*

> FAUX AMIS
> grec **μπισκότο,** italien **biscotto** « biscuit »

BISCUIT [biskɥi] n. m. ▪ *UN BISCUIT* **1.** Petit gâteau sec qui se conserve longtemps. *Elle a un paquet de biscuits dans son sac. As-tu pensé à acheter des biscuits salés pour l'apéritif ?* **2.** Gâteau à base de farine, de sucre et d'œufs. *Elle a préparé un biscuit à la confiture pour le goûter.* **3.** Porcelaine blanche cuite au four, qui imite le marbre. *Il y a une statuette en biscuit sur la cheminée.*

① **BISE** [biz] n. f. ▪ STYLE FAMILIER *UNE BISE :* un baiser. *Il a FAIT LA BISE à tout le monde en arrivant :* il a embrassé tout le monde. *Grosses bises et à bientôt !* → STYLE FAMILIER **bisou.**

REM. *Bise* est le mot familier pour *baiser. Bisou* est encore plus familier que *bise.*

② **BISE** [biz] n. f. ▪ *LA BISE :* vent froid et sec qui souffle du nord, en hiver et au printemps, en France. *Une bise glacée souffle dans les rues.*

BISEAU [bizo] n. m. ▪ *EN BISEAU :* en oblique. *Ce miroir est taillé en biseau.*

BISON [bizɔ̃] n. m. ▪ *UN BISON :* bœuf sauvage au front large et bombé, aux cornes courtes, aux épaules plus hautes que la croupe et à la tête ornée d'une épaisse crinière. *Les bisons ont une bosse sur le cou.*

BISOU [bizu] n. m. ▪ STYLE FAMILIER *UN BISOU :* un baiser. *Fais-moi un bisou. Je te fais plein de bisous. Gros bisous !* → ① **bise.**

BISSECTRICE [bisɛktʀis] n. f. ▪ *LA BISSECTRICE :* droite qui divise un angle en deux parties égales. *Tracez la bissectrice de l'angle A.*

BISSER [bise] verbe [conjugaison 1a] **1.** Faire répéter en criant « bis » et en applaudissant. *Le public a bissé le dernier morceau joué par le pianiste. – Les spectateurs bissent le chanteur.* **2.** Reprendre à la demande du public. *Le quatuor a bissé le dernier mouvement.*

BISTOURI [bistuʀi] n. m. ▪ *UN BISTOURI :* petit couteau à lame pointue et très tranchante, utilisé par les chirurgiens pour opérer. → **scalpel.** *Le chirurgien a donné le premier coup de bistouri.*

BISTRE [bistʀ] adj. invariable (après le nom) ▪ Brun noirâtre. *Il a posé du papier bistre sur les murs.* PLURIEL : *l'humidité a fait des taches bistre sur les murs.*

BISTROT [bistʀo] n. m. ▪ STYLE FAMILIER *UN BISTROT :* café, lieu où l'on consomme des boissons. *Ils ont pris un verre au bistrot du coin.*

REM. On écrit aussi *bistro.*

BITE [bit] n. f. ▪ STYLE TRÈS FAMILIER *LA BITE :* pénis.

BITUME [bitym] n. m. ▪ *LE BITUME :* pâte noire et visqueuse dont on recouvre les routes et les trottoirs. *Les ouvriers recouvrent l'autoroute de bitume.* → **asphalte, goudron.** *Le bitume est imperméable.*

BITUMÉ [bityme], **BITUMÉE** [bityme] adj. (après le nom) ▪ (route) Enduit de bitume. *La voiture roule sur la chaussée bitumée.*

BIVOUAC [bivwak] n. m. ▪ *UN BIVOUAC :* campement provisoire. *Les alpinistes ont établi leur bivouac au pied de la paroi rocheuse.*

BIVOUAQUER [bivwake] verbe [conjugaison 1a] ▪ S'installer dans un campement provisoire. *Les randonneurs bivouaquent dans une clairière.*

BIZARRE [bizaʀ] adj. (après le nom) **1.** (qqch.) Qui n'est pas habituel, que l'on explique mal. *J'ai fait un rêve bizarre, cette nuit. Tu as parfois des idées bizarres.* → **curieux, étrange, extraordinaire, insolite, singulier.** ⟨contraires : banal, normal⟩ **2.** (qqn) Dont le caractère ou la manière d'être est spéciale, extravagante. *C'est un homme un peu bizarre.* → **original.** *Tout le monde la trouve bizarre. Je me sens bizarre.*

BIZARREMENT [bizaʀmɑ̃] adverbe ▪ D'une manière bizarre. *Cette femme est bizarrement habillée.* → **curieusement, étrangement.**

BIZARRERIE [bizaʀʀi] n. f. **1.** *LA BIZARRERIE :* l'aspect bizarre. *La bizarrerie de son comportement nous a affolés.* **2.** *UNE BIZARRERIE :* chose étrange, inhabituelle ou anormale. *Il y a des bizarreries dans l'orthographe française.*

BIZARROÏDE [bizaʀɔid] adj. (après le nom) ▪ STYLE FAMILIER (qqch.) D'un genre bizarre, d'allure bizarre. → **saugrenu.** *Les enfants ont trouvé par terre un objet bizarroïde. Tu as vraiment des idées bizarroïdes.*

BIZNESS [biznɛs] n. m. ▪ *LE BIZNESS :* commerce, affaires. *Cet homme FAIT DU BIZNESS :* il fait du commerce, il est dans les affaires.

REM. La graphie *bizness* correspond à la prononciation française du mot anglais *business.* En français, on trouve aussi la graphie *business.*

BLABLABLA [blablabla] n. m. ▪ STYLE FAMILIER *LE BLABLABLA :* paroles qui ne veulent rien dire et souvent destinées à tromper. *Tout ça, c'est du blablabla. Arrête ton blablabla.* → STYLE FAMILIER **baratin.**

BLAFARD [blafaʀ], **BLAFARDE** [blafaʀd] adj. (après le nom) ▪ Pâle et sans éclat. *Le malade a le teint blafard.* → **blême, livide.** *Une lumière blafarde éclaire vaguement la pièce.*

① **BLAGUE** [blag] n. f. ▪ *UNE BLAGUE À TABAC :* un petit sac dans lequel les fumeurs mettent leur tabac. *Il range sa pipe et sa blague à tabac dans le tiroir de son bureau.*

② **BLAGUE** [blag] n. f. ▪ STYLE FAMILIER *UNE BLAGUE* **1.** Histoire inventée que l'on essaie de faire croire. *Avec lui, on ne sait jamais si c'est vrai ou si c'est une blague. Il raconte beaucoup de blagues.* – *Sans blague !* interjection qui marque le doute, l'étonnement. *Tu as réussi ? sans blague !* **2.** Farce. *Les enfants font des blagues aux adultes le 1er avril.*

BLAGUER [blage] verbe [conjugaison 1b] ▪ STYLE FAMILIER Dire des blagues. *Nous blaguons souvent entre amis. Sois un peu sérieux, tu blagues sans arrêt !* → **plaisanter.**

BLAIREAU [blɛʀo] n. m. ▪ *UN BLAIREAU* **1.** Petit animal aux pattes courtes, au pelage clair sur le dos, foncé sous le ventre, et qui se nourrit de racines, de miel et de petits animaux. *Un blaireau a creusé son terrier près de la maison.* PLURIEL : *des BLAIREAUX.* **2.** Petite brosse, autrefois en poil de blaireau, servant à faire mousser le savon à barbe. *Il fait mousser le savon avec son blaireau.*

BLÂMABLE [blɑmabl] adj. (après le nom) ▪ (action) Qui mérite d'être condamné. *Le vol est une action blâmable.* → **condamnable, répréhensible.** ⟨contraire : louable⟩ *Il a eu une attitude blâmable.*

BLÂME [blɑm] n. m. ▪ STYLE RECHERCHÉ *UN BLÂME :* réprimande que l'on fait à une personne qui a commis une faute grave. *La directrice de l'école a infligé un blâme à l'élève qui a insulté un professeur.*

BLÂMER [blɑme] verbe [conjugaison 1a] ▪ (qqn) Critiquer, désapprouver ou condamner. *Tous ses amis l'ont blâmé d'avoir agi ainsi.* ⟨contraire : féliciter⟩

FAUX AMI
allemand **blamieren** « ridiculiser »

BLANC [blɑ̃] adj. et n. m., **BLANCHE** [blɑ̃ʃ] adj. et n. f.
I. adjectif (après le nom) **1.** De la couleur la plus claire qui existe. *La neige est blanche. Elle n'aime que les fleurs blanches. Il dort dans des draps blancs. Les aveugles ont une canne blanche.* **2.** D'une couleur très pâle. *Son père est un homme aux cheveux blancs. Il préfère le vin blanc au vin rouge. Elle était blanche de colère.* → **pâle.** **3.** (papier) Sur lequel il n'y a rien d'écrit. *Certains électeurs ont mis un bulletin blanc dans l'urne.* **4.** *Une NUIT BLANCHE :* une nuit sans sommeil. *J'ai passé une nuit blanche et je me sens très fatigué.* **5.** (qqn) Qui appartient à la race des gens à peau très claire. *Il a épousé une femme blanche.*
II. *LE BLANC* **1.** Couleur blanche. *La mariée est habillée de blanc. Ces photos ont été tirées en noir et blanc* (opposé à en couleur). **2.** Vin blanc. *J'ai bu un verre de blanc. On a servi du blanc et du rouge.* **3.** *Un CHÈQUE EN BLANC :* un chèque sur lequel le montant n'est pas inscrit. *Attention, ne perds pas ce chèque en blanc !* **4.** *TIRER À BLANC :* tirer des cartouches sans balles. *Les policiers ont tiré à blanc pour effrayer les bandits.* **5.** *CHAUFFER UN MÉTAL À BLANC :* chauffer un métal jusqu'à ce qu'il devienne blanc. *La tôle a été chauffée à blanc.*
III. *UN BLANC* **1.** Partie blanche (de qqch.). *Un BLANC DE POULET :* la chair du dos et des ailes du poulet. *Il y a du poulet, tu veux une cuisse, une aile ou du blanc ? Un BLANC D'ŒUF :* la partie incolore et visqueuse de l'œuf. *Le cuisinier sépare les blancs des jaunes. Elle fait monter des blancs en neige :* elle bat les blancs des œufs pour en faire une mousse. **2.** *UN BLANC :* un espace non écrit. *Laisse plus de blancs entre les mots quand tu écris, on ne comprend rien !*
IV. *UN BLANC, UNE BLANCHE :* une personne de race blanche. *En Europe, il y a surtout des Blancs.*

BLANCHÂTRE [blɑ̃ʃɑtʀ] adj. (après le nom) ▪ D'une couleur plus ou moins blanche, pas très belle. *Cette sauce blanchâtre est peu appétissante.*

REM. Le suffixe *-âtre* de *blanchâtre* est péjoratif. On le retrouve dans beaucoup d'autres adjectifs de couleur *(bleuâtre, jaunâtre, noirâtre).*

blanche adj. → **blanc**

BLANCHE [blɑ̃ʃ] n. f. ▪ *UNE BLANCHE :* note de musique qui vaut deux noires. *Une blanche vaut la moitié d'une ronde.*

BLANCHEUR [blɑ̃ʃœʀ] n. f. ▪ *LA BLANCHEUR :* couleur blanche. *Ces draps sont d'une blancheur éclatante.*

BLANCHIR [blɑ̃ʃiʀ] verbe [conjugaison 2] **1.** Rendre blanc. *La neige blanchit les sommets.* **2.** Devenir blanc. *Il a blanchi de rage. Les cheveux blanchissent avec l'âge.*

BLANCHISSERIE [blɑ̃ʃisʀi] n. f. ▪ *UNE BLANCHISSERIE :* magasin où l'on donne le linge à laver. *Le linge sort de la blanchisserie, il est propre et repassé.*

BLANCHISSEUR [blɑ̃ʃisœʀ] n. m., **BLANCHISSEUSE** [blɑ̃ʃisøz] n. f. ▪ *UN BLANCHISSEUR, UNE BLANCHISSEUSE :* une personne dont le métier est de laver le linge et de le repasser. *Elle porte son linge chez le blanchisseur chaque semaine.*

BLANQUETTE [blɑ̃kɛt] n. f. ▪ *UNE BLANQUETTE :* ragoût de viande blanche, parfois de poisson, dans une sauce blanche. *Nous avons mangé de la blanquette de veau à l'ancienne.*

BLASÉ [blaze], **BLASÉE** [blaze] adj. (après le nom) ▪ (qqn) Qui manque d'enthousiasme, à qui rien ne fait plus plaisir. *Cette jeune actrice a eu du succès trop tôt : à vingt ans, elle est déjà blasée.* – *Il a un air blasé.*

BLASON [blazɔ̃] n. m. ▪ *UN BLASON :* dessin particulier qui représente une famille noble, une ville. *Le blason de la ville de Paris représente un bateau qui vogue.* → **armoiries.**

BLASPHÈME [blasfɛm] n. m. ▪ *UN BLASPHÈME :* parole qui insulte Dieu ou la religion. *Beaucoup de jurons sont des blasphèmes.*

BLASPHÉMER [blasfeme] verbe [conjugaison 6a] ▪ Dire des blasphèmes. *Le Christ fut accusé d'avoir blasphémé. Ces gens blasphèment contre Dieu.*

BLAZER [blazɛʀ] n. m. ▪ *UN BLAZER :* veste croisée ou droite. *Certains écoliers portent des blazers bleu marine et des pantalons gris.*

REM. *Blazer* est un mot qui vient de l'anglais.

BLÉ [ble] n. m. ▪ *LE BLÉ* **1.** Céréale dont le grain sert à faire de la farine, de la semoule. → **froment.** *On récolte le blé en été : c'est la moisson. Les grains de blé forment un épi. En Bretagne, nous avons mangé des galettes de blé noir, des galettes de sarrasin.* – *Leur fils est BLOND COMME LES BLÉS,* très blond. **2.** STYLE FAMILIER Argent. *On n'a pas assez de blé pour partir en vacances.* → STYLE FAMILIER **fric, pognon.**

BLED [blɛd] n. m. **1.** *LE BLED :* la campagne, en Afrique du Nord. *Ils habitent en plein bled.* **2.** STYLE FAMILIER *UN BLED :* petit village isolé, en France. *Nos amis vivent loin de la ville, dans un bled perdu.* → STYLE FAMILIER **patelin.**

BLÊME [blɛm] adj. (après le nom) ▪ Très pâle. *Après l'accident, il était blême de peur.* → **livide.** *Il a le teint blême.* → **blafard.**

BLÊMIR [blemiʀ] verbe [conjugaison 2] ▪ Devenir très pâle. *Peu à peu, elle blêmissait de rage.* → **pâlir.** *Il a blêmi de peur.*

BLESSANT [blɛsɑ̃], **BLESSANTE** [blɛsɑ̃t] adj. (après le nom) ▪ Qui blesse, qui vexe, qui fait de la peine. *Sans le vouloir, il a été blessant.* → **méchant, offensant.** *Elle lui a dit des paroles blessantes.*

BLESSÉ [blese] adj. et n. m., **BLESSÉE** [blese] adj. et n. f. **1.** adjectif (après le nom) (êtres vivants) Qui a reçu une blessure. *Il y a eu trois personnes grièvement blessées dans l'accident. Nous avons recueilli un oiseau blessé.* **2.** *UN BLESSÉ, UNE BLESSÉE* : une personne blessée. *La blessée a été transportée à l'hôpital.* *LES GRANDS BLESSÉS* : les personnes atteintes de blessures graves. *LES BLESSÉS LÉGERS,* dont les blessures sont peu graves.

BLESSER [blese] verbe [conjugaison 1a] **1.** Donner un coup qui provoque une plaie, une meurtrissure. *Les gangsters ont grièvement blessé le caissier de la banque. Elle a été blessée dans un accident de voiture.* **2.** (qqch.) Causer une impression désagréable, pénible. *Ce bruit me blesse l'oreille.* **3.** Faire de la peine, offenser. *Ta remarque l'a sûrement blessé.* → **vexer.** *Un rien le blesse* (→ **susceptible, vulnérable**). **4.** verbe pronominal SE BLESSER : se faire mal. *Cette maladroite s'est blessée avec un couteau. Elle s'est blessée à la jambe en tombant.* – *Elle s'est blessé la main.*

BLESSURE [blesyʀ] n. f. ▪ *UNE BLESSURE* : dégât fait à une partie du corps. *Elle s'est fait une blessure au doigt.* → **plaie.** *L'infirmière met du désinfectant sur la blessure. Tu as une bien vilaine blessure,* une blessure grave, infectée.

BLET [blɛ], **BLETTE** [blɛt] adj. (après le nom) ▪ (fruit) Trop mûr, dont la chair s'est ramollie. *Ces poires sont blettes, il faut les jeter.*

BLEU [blø] adj. et n. m., **BLEUE** [blø] adj.
I. adjectif (après le nom) **1.** Qui est de la même couleur qu'un ciel sans nuage. *Cet enfant a de beaux yeux bleus. La mer est bleue.* **2.** D'une couleur presque bleue. *Les enfants étaient bleus de froid.* **3.** *Un BIFTECK BLEU* : un bifteck très saignant, presque cru. *Il a demandé au serveur un steak bleu.* **4.** *Une PEUR BLEUE* : une très grande peur. *La petite fille avait une peur bleue toute seule, dans le noir.*
II. nom masculin *LE BLEU* **1.** Couleur bleue. *Les volets de la maison sont d'un beau bleu. Il a un pull bleu clair. Sa robe est BLEU CIEL. Elle a une jupe BLEU MARINE.* **2.** *UN BLEU* : marque bleue sur la peau, due à un coup. *Après sa chute de vélo, il était couvert de bleus.* → **ecchymose, hématome.** **3.** Fromage de lait de vache qui contient des moisissures. *J'ai mangé du bleu d'Auvergne.* **4.** Combinaison de travail en toile très solide. *Le mécanicien a mis son bleu.*

> REM. *Bleu* ne s'accorde jamais lorsqu'il est suivi d'un autre mot qui qualifie la couleur : on écrit *des jupes bleues,* mais *des jupes bleu marine, des pulls bleu clair, des robes bleu ciel.*

BLEUÂTRE [bløɑtʀ] adj. (après le nom) ▪ (qqch.) D'une couleur presque bleue. *On aperçoit au loin une fumée bleuâtre.*

BLEUET [bløɛ] n. m. ▪ *UN BLEUET* **1.** Fleur bleue qui pousse dans les champs. *Il a fait un bouquet de bleuets.* **2.** Au Canada, myrtille. *Elle a fait une tarte aux bleuets.*

BLEUIR [bløiʀ] verbe [conjugaison 2] **1.** Devenir bleu. *L'horizon bleuit au lever du jour.* **2.** Rendre bleu. *Le froid bleuissait les doigts de l'alpiniste.*

BLEUTÉ [bløte], **BLEUTÉE** [bløte] adj. (après le nom) ▪ D'une couleur légèrement bleue. *Ses cheveux blancs ont des reflets bleutés.*

BLINDÉ [blɛ̃de] adj. et n. m., **BLINDÉE** [blɛ̃de] adj. **1.** adjectif (après le nom) (qqch.) Recouvert d'une plaque de métal qui protège. *Cet appartement est fermé par une porte blindée.* **2.** *UN BLINDÉ* : un véhicule militaire blindé. *Les chars sont des blindés.* **3.** (qqn) Endurci. *Cet homme a eu tant de malheurs qu'il est blindé.*

> FAUX AMI
> anglais **blind**
> « aveugle »

BLINDER [blɛ̃de] verbe [conjugaison 1a] **1.** Protéger (un véhicule, une porte) d'une plaque de métal. *Le serrurier a blindé la porte d'entrée.* **2.** Endurcir. *Ce grand malheur l'a blindé.* **3.** verbe pronominal SE BLINDER : s'endurcir. *On ne peut pas pleurer tout le temps, il faut se blinder, dans la vie. Elle s'est blindée.*

BLOC [blɔk] n. m. ▪ *UN BLOC* **1.** Gros morceau solide. *Des blocs de pierre se sont détachés de la falaise. On extrait des blocs de marbre de la carrière.* **2.** Ensemble de feuilles de même dimension, collées ensemble sur un côté. → **bloc-notes.** *Elle a détaché une feuille du bloc de papier à lettres. Où est mon bloc ?* **3.** (qqn) *FAIRE BLOC (CONTRE qqn)* : former un groupe uni. *Les habitants de la ville ont tous fait bloc contre l'agresseur.* **4.** *EN BLOC* : totalement, globalement. *Certains députés ont rejeté en bloc les propositions du gouvernement.* **5.** *À BLOC* : complètement, à fond. *Les boulons sont vissés à bloc.*

> FAUX AMI
> roumain **bloc**
> « immeuble, bâtiment »

BLOCAGE [blɔkaʒ] n. m. ▪ *UN BLOCAGE* **1.** Le fait d'empêcher de faire bouger, changer (qqch.). *Le gouvernement a décidé le blocage des prix,* il a fixé les prix pour en empêcher la hausse. **2.** (qqn) Impossibilité d'agir ou de réagir dans une situation. *Cet enfant n'arrive pas à apprendre à lire : il a un blocage. C'est un blocage psychologique.*

BLOC-CUISINE [blɔkkɥizin] n. m. ▪ *UN BLOC-CUISINE* : ensemble des éléments de cuisine occupant le moins d'espace possible. *Ce studio est équipé d'un bloc-cuisine.* PLURIEL : *des BLOCS-CUISINES.*

BLOC-NOTES [blɔknɔt] n. m. ▪ *UN BLOC-NOTES* : bloc de papier. *Le journaliste écrit sur son bloc-notes.* PLURIEL : *des BLOCS-NOTES.*

> REM. Ce mot est un peu vieilli ; de nos jours on dit plutôt simplement *bloc.*

BLOCUS [blɔkys] n. m. ▪ *FAIRE LE BLOCUS d'un pays* : priver un pays de relations commerciales avec d'autres pays pour l'empêcher d'acheter, de vendre des marchandises. *Ce pays est soumis à un blocus économique.* → **embargo.**

BLOND [blɔ̃] adj. et n. m., **BLONDE** [blɔ̃d] adj. et n. f.
I. 1. adjectif (après le nom) (cheveux) De la couleur la plus claire, la plus proche du jaune. *Il a rencontré une fille aux longs cheveux blonds.* → **doré.** *Elle est BLONDE COMME LES BLÉS,* très blonde. **2.** D'un jaune très clair. *Il préfère la bière blonde à la bière brune.* – *Elle fume des cigarettes blondes.*
II. 1. *UN BLOND, UNE BLONDE* : une personne aux cheveux blonds. *C'est un blond aux yeux bleus. Son amie est une petite blonde. Il préfère les brunes aux blondes.* **2.** (au pluriel) DES BLONDES : des cigarettes blondes. *Il fume des blondes légères.*

BLONDEUR [blɔ̃dœʀ] n. f. ▪ *LA BLONDEUR* : caractère de ce qui est blond. *J'aime la blondeur des blés.*

BLOQUER [blɔke] verbe [conjugaison 1a] **1.** Grouper, réunir en un seul bloc. *J'ai bloqué tous mes rendez-vous dans la même journée.* **2.** Empêcher de bouger, de se mouvoir. *Le gardien de but bloque le ballon. Nous sommes restés bloqués une heure dans un embouteillage.* → **coincer.** **3.** Boucher, obstruer. *Des travaux* *bloquent la rue, on ne peut pas passer.* **4.** *BLOQUER LES PRIX :* empêcher les prix de monter. *Le gouvernement a bloqué les prix et les salaires des fonctionnaires.* → **geler.** (contraire : débloquer) **5.** Perturber, empêcher de réagir. *Son échec au concours l'a complètement bloqué.*

SE **BLOTTIR** [blɔtiʀ] verbe pronominal [conjugaison 2] ▪ (êtres vivants) Se ramasser sur soi-même de manière à occuper le moins de place possible. *Le petit enfant se blottit dans les bras de sa mère. Elle s'est blottie sur le canapé.* → se **pelotonner.** *Les oiseaux se blottissent au creux de leur nid.*

BLOUSE [bluz] n. f. ▪ *UNE BLOUSE :* vêtement long que l'on porte par-dessus les autres pour les protéger quand on travaille. *À l'hôpital, les médecins et les infirmières portent une blouse blanche.*

> FAUX AMIS
> allemand **Bluse,** portugais **blusa,** roumain **bluză** «chemisier»

BLOUSON [bluzɔ̃] n. m. ▪ *UN BLOUSON :* veste courte serrée aux hanches. *Le jeune homme est habillé d'un blouson de cuir et d'un jean.*

BLUE-JEANS → **jean**

BLUFF [blœf] n. m. ▪ *LE BLUFF :* attitude qui a pour but d'impressionner les autres en exagérant, en se vantant ou en les trompant. *Il a essayé de nous faire croire cette histoire, mais on a bien vu que c'était du bluff. Il a voulu nous AVOIR AU BLUFF.* → **bluffer.**

REM. Ce mot vient de l'anglais.

BLUFFER [blœfe] verbe [conjugaison 1a] ▪ STYLE FAMILIER Essayer de tromper, de faire illusion. *Ne le croyez pas, il bluffe. Il bluffe souvent, au poker. – Il nous bluffe.*

BOA [bɔa] n. m. ▪ *UN BOA :* gros serpent d'Amérique du Sud, sans venin, qui étouffe sa proie dans ses anneaux. → **anaconda.** *Les boas digèrent même les os des animaux qu'ils mangent.*

BOBARD [bɔbaʀ] n. m. ▪ STYLE FAMILIER *UN BOBARD* **1.** Paroles fantaisistes dites pour tromper ou se mettre en valeur. *Tu nous racontes des bobards.* → **blague, boniment. 2.** Fausse nouvelle. *Il ne faut pas croire tous les bobards des journaux à scandale.*

BOBINE [bɔbin] n. f. ▪ *UNE BOBINE :* petit cylindre sur lequel est enroulé du fil, du ruban. *Le chat déroule la bobine de fil en jouant. J'ai mis une nouvelle bobine dans l'appareil photo.* → **pellicule, rouleau.**

BOBO [bobo] n. m. ▪ STYLE FAMILIER *UN BOBO* **1.** (langage des enfants) Douleur physique, mal. *Ça fait bobo. J'AI BOBO :* j'ai mal. **2.** Petite plaie, petite égratignure. *Il se plaint au moindre bobo. C'est un petit bobo de rien du tout.*

> FAUX AMI
> portugais **bobo** «idiot»

BOBONNE [bɔbɔn] n. f. ▪ STYLE FAMILIER **1.** (sans déterminant) Épouse. *Il est venu avec bobonne et les enfants.* **2.** *UNE BOBONNE :* femme d'âge mûr, bourgeoise et conformiste d'aspect. *Elle s'habille comme une bobonne.*

REM. *Bobonne* est un mot très péjoratif.

BOCAGE [bɔkaʒ] n. m. ▪ *UN BOCAGE :* région où les prés et les champs sont fermés par des haies et des arbres. *La Normandie est une région de bocages.*

BOCAL [bɔkal] n. m. ▪ *UN BOCAL* **1.** Récipient en verre, à ouverture assez large, dans lequel on conserve les aliments. *J'ai acheté un bocal de cornichons.* PLURIEL : *des BOCAUX* [boko]. **2.** Aquarium rond. *Le poisson rouge tourne dans son bocal.*

> FAUX AMIS
> grec **μπουκάλι** «bouteille» ; russe **бокал** «coupe, flûte»

BODY [bɔdi] n. m. ▪ *UN BODY :* vêtement féminin d'une seule pièce, à manches courtes ou sans manches, et culotte. *Elle a un body de gymnastique.* → **justaucorps.** *J'ai acheté deux bodys* [bɔdi].

REM. *Body* est un mot anglais. On emploie parfois le pluriel anglais *bodies.*

BŒUF [bœf] n. m. ▪ *UN BŒUF* **1.** Taureau que l'on a rendu incapable de se reproduire. *Un vieux bœuf broute dans le pré. On élève les bœufs* [bø] *pour leur viande.* → **bovin. 2.** Viande de bœuf ou de vache. *Nous avons mangé du rôti de bœuf et de la purée.* → **rosbif.**

BOF ! [bɔf] interjection ▪ Mot qui sert à exprimer l'indifférence, la lassitude. *Bof ! Ce n'est même pas la peine d'essayer !* → **bah !** *« Tu ne veux pas goûter ce gâteau ? – Bof ! »*

BOGUE [bɔg] n. m. ▪ *UN BOGUE :* défaut dans un logiciel, entraînant son mauvais fonctionnement. *Il y a des bogues dans le programme.*

REM. *Bogue* est l'adaptation française de l'anglais *bug.*

BOHÈME [bɔɛm] adj. (après le nom) ▪ (qqn) Qui vit comme il en a envie, sans souci du lendemain, en marge de la société. *Beaucoup d'artistes sont bohèmes. Elle est un peu bohème.*

BOHÉMIEN [bɔemjɛ̃] n. m., **BOHÉMIENNE** [bɔemjɛn] n. f. ▪ *UN BOHÉMIEN, UNE BOHÉMIENNE :* nomade qui vit dans une roulotte ou une caravane. → **gitan, romanichel.** *Certaines bohémiennes lisent l'avenir dans les lignes de la main.*

BOIRE [bwaʀ] verbe [conjugaison 53] **1.** Avaler un liquide. *Les bébés boivent du lait. Bois ça, c'est bon ! Nous buvons généralement de l'eau à table. Il a bu son verre d'un seul coup. Nous boirons l'apéritif sur la terrasse.* **2.** Absorber beaucoup d'alcool. *Il ne faut pas que tu boives autant, c'est mauvais pour la santé. Quand il a bu, il devient violent.* **3.** *BOIRE LES PAROLES de qqn :* écouter ce qu'il dit avec attention et admiration. *Dans la salle d'audience, le public buvait les paroles du célèbre avocat.* **4.** (qqch.) Absorber un liquide. *Le buvard boit l'encre.*

BOIS [bwa] n. m.

I. *UN BOIS* **1.** Terrain couvert d'arbres. *Il y a un bois derrière la maison. C'est agréable de se promener dans les bois.* → **forêt. 2.** *LES BOIS (d'un cerf, d'un renne, d'un élan) :* les cornes de ces animaux **(→ andouiller).** *Les mâles seuls portent des bois, sauf chez les rennes.* **3.** *LES BOIS :* instruments de musique en bois, parfois en métal, munis de trous et dans lesquels on souffle. *La flûte, le hautbois, la clarinette, le basson et le saxophone sont des bois.*

II. *LE BOIS* **1.** Matière dont est fait un arbre **(→ ligneux).** *Allons ramasser du bois pour faire du feu. Cette table est en bois.* **2.** STYLE FAMILIER *UN CHÈQUE EN BOIS :* un chèque sans provision. *C'est interdit de faire des chèques en bois.* – *AVOIR LA GUEULE DE BOIS :* avoir la bouche pâteuse et sèche à force d'avoir trop bu d'alcool. *Il a une sacrée gueule de bois.*

BOISÉ [bwaze], **BOISÉE** [bwaze] adj. (après le nom) ▪ (lieu) Couvert de bois. *En face de la maison, il y a une colline boisée.*

BOISERIE [bwazʀi] n. f. ▪ *UNE BOISERIE :* panneau décoratif en bois. *Les murs de la salle à manger du château sont recouverts de boiseries.*

BOISSON [bwasɔ̃] n. f. **1.** *UNE BOISSON :* liquide qui se boit. *« Et comme boisson, que prendrez-vous ? De l'eau, du vin, du jus d'orange ? ». L'hiver, on apprécie les boissons chaudes.* **2.** *LA BOISSON :* l'alcool, quand il est consommé en trop grande quantité. *Il a renoncé définitivement à la boisson.* → **alcoolisme.**

BOÎTE [bwat] n. f. ▪ *UNE BOÎTE* **1.** Récipient, en matière rigide (carton, bois, métal, plastique), qui a généralement un couvercle et qui se transporte facilement. *Les BOÎTES DE CONSERVE sont rangées dans l'armoire. Elle range ses boucles d'oreilles dans une petite boîte. Nous avons eu plusieurs boîtes de chocolat pour Noël.* **2.** *Une BOÎTE AUX LETTRES :* une boîte, sur la voie publique dans laquelle on met le courrier que l'on poste. *Elle a déposé sa lettre dans la boîte aux lettres.* – *Regarde s'il y a du courrier dans la boîte aux lettres,* dans la boîte privée à l'entrée d'une maison, d'un immeuble où le facteur dépose le courrier. **3.** *UNE BOÎTE (DE NUIT) :* lieu ouvert la nuit, où l'on boit et l'on danse. *Beaucoup de jeunes aiment les boîtes de nuit.* – STYLE FAMILIER *Ils VONT EN BOÎTE :* ils sortent dans des boîtes de nuit.

BOITER [bwate] verbe [conjugaison 1a] ▪ Marcher en penchant le corps d'un côté plus que de l'autre. *Il boite un peu lorsqu'il est fatigué.*

BOITEUX [bwatø], **BOITEUSE** [bwatøz] adj. (après le nom) **1.** Qui boite. *Le poète anglais Byron était boiteux. C'est une vieille femme boiteuse.* **2.** (meuble) Qui n'est pas d'aplomb sur ses pieds. *Cette table est boiteuse.* → **bancal.** **3.** (qqch.) Qui manque d'équilibre et de solidité. *Un raisonnement boiteux.*

BOÎTIER [bwatje] n. m. ▪ *UN BOÎTIER :* partie d'un objet qui renferme un mécanisme ou une pile. *Ma montre a un boîtier en or. Il faut ouvrir le boîtier de la lampe de poche pour changer la pile.*

BOITILLER [bwatije] verbe [conjugaison 1a] ▪ Boiter légèrement. *Le cheval boitille d'une patte avant.*

boive [bwav] *Qu'il boive, qu'elle boive :* forme au subjonctif de **boire.**

BOL [bɔl] n. m. **1.** *UN BOL :* petit récipient rond servant à contenir des liquides. *La soupe est servie dans des bols.* **2.** Contenu d'un bol. *Chaque matin, il boit un grand bol de café. Voulez-vous un bol de riz ?* **3.** STYLE FAMILIER *J'en ai RAS LE BOL :* j'en ai assez, j'en ai marre. **4.** *Elle A DU BOL :* elle a de la chance. → **pot, veine.** *MANQUE DE BOL, il est déjà parti,* pas de chance. *Elle a eu un COUP DE BOL,* de la chance.

BOLÉRO [bɔleʀo] n. m. ▪ *UN BOLÉRO* **1.** Petit gilet très court et assez large, souvent sans fermeture. *Elle a mis un boléro de velours noir.* **2.** Œuvre musicale inspirée d'une danse espagnole assez lente. *Nous avons écouté le « Boléro » de Ravel.*

BOLET [bɔlɛ] n. m. ▪ *UN BOLET :* champignon charnu dont le dessous du chapeau présente de fins tubes serrés. *Certains bolets sont comestibles.* → **cèpe.**

BOLIDE [bɔlid] n. m. ▪ *UN BOLIDE :* voiture très rapide. *Un bolide nous a dépassé.*

BOLIVIE [bɔlivi] nom propre féminin – en espagnol **BOLIVIA** ▪ *LA BOLIVIE :* pays d'Amérique du Sud. *Nous t'écrivons de Bolivie. Nous faisons un voyage en Bolivie.*

BOLIVIEN [bɔlivjɛ̃] adj. et n. m., **BOLIVIENNE** [bɔlivjɛn] adj. et n. f. **1.** adjectif (après le nom) De Bolivie, pays de l'Amérique du Sud. *Sucre est la capitale bolivienne.* **2.** *UN BOLIVIEN, UNE BOLIVIENNE :* un habitant, une habitante de Bolivie. *Les Boliviens.*

BOMBARDEMENT [bɔ̃baʀdəmɑ̃] n. m. ▪ *UN BOMBARDEMENT :* action de lancer des bombes ou des obus. *Plusieurs villes de France ont été détruites par les bombardements de la Deuxième Guerre mondiale.*

BOMBARDER [bɔ̃baʀde] verbe [conjugaison 1a] ▪ Lancer des bombes. *Les avions ennemis bombardent la ville.*

BOMBARDIER [bɔ̃baʀdje] n. m. ▪ *UN BOMBARDIER :* avion équipé pour lancer des bombes. *Les bombardiers ont largué leurs bombes au-dessus de la voie ferrée.*

① **BOMBE** [bɔ̃b] n. f. ▪ *UNE BOMBE* **1.** Engin qui détruit en explosant. *Les avions ont lâché leurs bombes sur le pont. La police a découvert une BOMBE À RETARDEMENT,* une bombe qui explose au bout d'un temps déterminé à l'avance. *La BOMBE ATOMIQUE utilise l'énergie nucléaire.* – *La démission du président a fait l'effet d'une bombe,* elle a causé une très grande surprise. **2.** Petit bidon qui projette des gouttelettes de liquide ou de mousse lorsqu'on appuie sur le bouchon. *Elle tue les moustiques avec la bombe d'insecticide. Il utilise de la mousse à raser en bombe.* **3.** Casquette rigide de forme arrondie que l'on porte pour monter à cheval. *La bombe protège la tête du cavalier en cas de chute.*

② **BOMBE** [bɔ̃b] n. f. ▪ STYLE FAMILIER *UNE BOMBE :* repas, partie de plaisir où l'on boit beaucoup. *Ils ont FAIT LA BOMBE toute la nuit,* ils ont fait la fête, ils se sont amusés. → **java.**

BOMBÉ [bɔ̃be], **BOMBÉE** [bɔ̃be] adj. (après le nom) ▪ (qqch.) Renflé, arrondi. *Cet enfant a le front bombé.*

BOMBER [bɔ̃be] verbe [conjugaison 1a] **1.** *BOMBER LE TORSE :* faire le fier, se tenir bien droit, poitrine en avant parce qu'on est fier. *Le gagnant bombe le torse et a un grand sourire.* **2.** STYLE FAMILIER Aller très vite. → **foncer.** *On a du boulot en retard, il va falloir bomber !* **3.** STYLE FAMILIER Peindre, inscrire avec une bombe de peinture. *Ils ont bombé des slogans sur les murs.*

BÔME [bom] n. f. ▪ *UNE BÔME :* barre horizontale sur laquelle est attachée la grand-voile d'un bateau. *Les anciens voiliers avaient des bômes en bois.*

① **BON** [bɔ̃], **BONNE** [bɔn] adj. (avant le nom, parfois après le nom) **1.** (qqch.) Agréable à manger, à boire ou à sentir. *Quel bon gâteau !* → **délicieux, succulent.** *Une bonne odeur vient de la cuisine.* ⟨contraire : mauvais⟩ **2.** (qqch.) Plaisant, agréable. *Nous avons passé de bonnes vacances. L'eau est bonne aujourd'hui, elle est à 25 degrés :* elle est agréable pour se baigner. *J'ai vu un bon film, hier soir.* – (souhait) *Bonne fête ! Bon voyage ! Bonne année et bonne santé !* **3.** (qqch.) Qui a les qualités qu'on attend. *Mets de bonnes chaussures pour marcher. Cette région a une bonne terre.* → **fertile.** *Je vais te donner un bon conseil.* → **utile.** *C'est une bonne excuse.* → **valable.** *Mon grand-père est âgé, mais en bonne santé.* **4.** (qqn) Qui fait bien ce qu'il a à faire. *C'est un bon médecin. Il a de bons copains.* – *ÊTRE BON EN* [bɔ̃ɑ̃] : réussir dans un domaine. *Il est bon en math, mais mauvais en français.* **5.** (qqch.) *BON POUR :* qui fait du bien. *Le sport est bon pour la santé.* → **bénéfique.** **6.** *BON À* [bɔ̃a] *(qqch.) :* qui mérite de. *Ces fruits sont pourris, ils sont bons à jeter. C'est bon à savoir.* – (qqn) *Il n'est BON À RIEN :* il ne sait rien faire, c'est un incapable. – *À QUOI BON ?* à quoi cela sert-il ? *À quoi bon continuer ?* → **pourquoi.** **7.** Convenable, honorable. *Cet enfant a de bonnes lectures.* → **sain.** *Elle est d'une bonne famille.* **8.** *LE BON* (et substantif) : la chose, la personne qui convient. *Nous sommes sur la bonne route. J'arrive au bon moment. Tu n'as* *pas demandé le renseignement à la bonne personne.* **9.** (avant ou après le nom) (qqn) Qui fait du bien aux autres. *C'est un homme bon.* → **généreux.** ⟨contraire : méchant⟩ *Il a bon cœur.* **10.** Gentil. *Tu es un bon garçon.* **11.** (comportement) Qui exprime, témoigne de la bonté. *Mettez-y un peu de bonne volonté.* **12.** STYLE FAMILIER *Il t'a À LA BONNE, le patron :* il t'aime bien. **13.** (qqch., après un nombre) *Il y a dix bons kilomètres jusqu'au village :* il y a plus de dix kilomètres. *Mettez une bonne pincée de sel :* mettez une grosse pincée de sel.

FAUX AMI
italien **buono** « sage »

REM. **1.** Devant une voyelle ou un *h* muet, *bon* se prononce [bɔn] *(bon anniversaire* [bɔnanivɛʀsɛʀ]). **2.** Le comparatif de *bon* est *meilleur.* On dit *plus... bon* quand ces deux mots ne se suivent pas *(plus ou moins bon).* **3.** Le mot *bond* « saut » se prononce de la même façon. **4.** *Bon* est peu courant en parlant des personnes. → **chic, gentil.**

② **BON** [bɔ̃] adverbe et interjection

I. adverbe **1.** *IL FAIT BON :* la température est douce. *Ces roses SENTENT BON :* elles ont un parfum agréable. ⟨contraire : mauvais⟩ **2.** *POUR DE BON :* réellement, véritablement. *Il a l'air fâché pour de bon.*

II. interjection *Bon !* (marquant la satisfaction) *Tu as fini ? Bon, alors on y va !* – (marquant la surprise) *Ah bon ? Je n'avais pas compris ça !* – (marquant le mécontentement) *Allons bon, voilà qu'il commence à pleuvoir !*

③ **BON** [bɔ̃] n. m.

I. *LE BON* **1.** Ce qui est bon. *Il y A DU BON et du mauvais dans ce livre.* – *Finalement, cette situation a du bon,* elle présente des avantages. **2.** (au pluriel) STYLE RECHERCHÉ LES BONS : les personnes gentilles. *Dans ce film, il y a les bons et les méchants.*

II. *UN BON :* papier donnant le droit à une personne d'exiger un service ou de réclamer de l'argent. *J'ai envoyé le bon de commande. Ces bons donnent droit à 10 % de réduction dans tout le magasin.*

BONASSE [bɔnas] adj. (après le nom) ▪ (qqn) Qui est trop gentil, qui se laisse faire, par bêtise ou par peur des conflits. *C'est un homme bonasse.* → **faible, mou.** – *Elle a un air bonasse.*

BONBON [bɔ̃bɔ̃] n. m. ▪ *UN BONBON :* friandise faite avec du sucre parfumé, que l'on suce ou que l'on croque. *J'ai acheté un paquet de bonbons à la menthe. Voulez-vous un bonbon ?*

FAUX AMI
espagnol **bombón** « chocolat »

REM. *Bonbon* est une répétition de *bon.*

BONBONNE [bɔ̃bɔn] n. f. ▪ *UNE BONBONNE :* grosse bouteille. *Il faut remplacer la bonbonne de gaz.*

REM. *Bonbonne* s'écrit avec un *n* avant le *b* (au lieu d'un *m* normal devant le *b*) par analogie avec *bonbon.*

BONBONNIÈRE [bɔ̃bɔnjɛʀ] n. f. ▪ *UNE BONBONNIÈRE :* boîte à bonbons, souvent en matière précieuse. *Elle a une bonbonnière en porcelaine.*

BOND [bɔ̃] n. m. ▪ *UN BOND* **1.** Le fait de s'élever de terre par un mouvement brusque. *Les kangourous avancent par bonds.* → **saut.** *Le ballon a fait plusieurs bonds.* → **rebondir.** *D'un bond, il s'est mis debout.* – *Elle n'a FAIT QU'UN BOND jusqu'à chez elle :* elle s'est précipitée chez elle. **2.** (qqch.) *FAIRE UN BOND :* progresser subitement. *Le chômage a fait un bond cette année.* – *BOND EN AVANT :* progression rapide. *Certaines découvertes permettent à l'industrie de faire des bonds en avant.* **3.** *FAIRE FAUX BOND (à qqn) :* manquer un rendez-vous (avec qqn). *J'ai attendu mon amie une heure, mais elle m'a fait faux bond.*

FAUX AMI
brésilien **bonde** « tramway »

BONDE [bɔ̃d] n. f. ▪ *UNE BONDE :* système qui ferme le trou par lequel se vide l'eau d'un lavabo, d'un évier, d'une baignoire. *Lève la bonde pour que l'eau s'écoule.*

BONDÉ [bɔ̃de], **BONDÉE** [bɔ̃de] adj. (après le nom) ▪ (véhicules) Qui contient le maximum de personnes. *Au moment des vacances, les trains sont bondés.* → **bourré ; comble.**

BONDIR [bɔ̃diʀ] verbe [conjugaison 2] **1.** S'élever brusquement de terre par un saut. *Le lion bondit sur la gazelle.* → s'**élancer, sauter.** *Dans la cour, les enfants bondissent de joie.* **2.** Se précipiter. *Quand le téléphone a sonné, elle a bondi pour répondre.*

BON ENFANT → ② **enfant**

À **BON ESCIENT** → **escient**

BONHEUR [bɔnœʀ] n. m. **1.** *LE BONHEUR :* l'état dans lequel on se trouve quand on est heureux. *Les invités ont souhaité beaucoup de bonheur aux jeunes mariés.* ⟨contraire : malheur⟩ *L'argent ne FAIT PAS LE BONHEUR :* l'argent ne suffit pas pour rendre heureux. *Les amoureux NAGENT DANS LE BONHEUR :* ils sont très heureux. **2.** *UN BONHEUR :* événement qui rend heureux. *La naissance de leur fils est un grand bonheur pour eux.* → **joie.** *Quel bonheur de ne rien faire !* → **béatitude.** **3.** Chance. *On dit que les trèfles à quatre feuilles PORTENT BONHEUR* (→ **porte-bonheur**). – *PAR BONHEUR, il n'a pas plu ce jour-là.* → **heureusement.**

BONHOMME [bɔnɔm] n. m. ▪ STYLE FAMILIER *UN BONHOMME :* homme, monsieur. *Un gros bonhomme chauve. Un sale bonhomme :* un homme méchant, désagréable. → **type.** PLURIEL : *des BONSHOMMES* [bɔ̃zɔm]. – *Les enfants ont fait un BONHOMME DE NEIGE dans le jardin.*

FAUX AMI
portugais
bom homem
« brave homme »

REM. **1.** *Bonhomme* s'écrit en un seul mot, mais au pluriel, *bon* et *homme* prennent un *s (des bonshommes),* voir aussi *madame* (pluriel : *mesdames*) et *monsieur* (pluriel : *messieurs*). **2.** L'emploi de *bonhomme* sans qualificatif est peu courtois, de même que l'emploi de *bonne femme.* → **femme.**

SE **BONIFIER** [bɔnifje] verbe pronominal [conjugaison 7a] ▪ Devenir meilleur. *Ce vin se bonifiera* [bɔnifiʀa] *en vieillissant. La terre s'est bonifiée.*

BONIMENT [bɔnimɑ̃] n. m. ▪ STYLE FAMILIER *UN BONIMENT :* parole mensongère pour tromper. *Assez de boniments !* → STYLE FAMILIER **bobard.** *Ne crois pas ce qu'il t'a raconté, c'est du boniment.* → STYLE FAMILIER **baratin.**

BONJOUR [bɔ̃ʒuʀ] n. m. ▪ *UN BONJOUR* **1.** Salutation qu'on emploie quand on rencontre qqn. *Bonjour, Monsieur ! Bonjour, ça va ?* (→ **bonsoir**). *Bonjour les enfants !* → **salut.** **2.** Le mot bonjour. *Cet enfant est très mal élevé, il ne dit jamais bonjour.* ⟨contraire : au revoir⟩ **3.** *C'est SIMPLE COMME BONJOUR :* c'est très simple.

REM. *Bonjour* s'emploie à n'importe quel moment de la journée. *Bonsoir* ne s'emploie que le soir.

BON MARCHÉ → **marché**

BONNE [bɔn] n. f. ▪ *UNE BONNE :* une personne qui fait le ménage, la cuisine au domicile de son employeur et qui habite chez son employeur. → **domestique, servante.** *Elle vit dans une CHAMBRE DE BONNE, sous les toits.*

REM. Ce mot ne s'emploie plus beaucoup : on dit plutôt *employée de maison.*

À LA **BONNE** → **bon**

BONNE FEMME → **femme**

BONNET [bɔnɛ] n. m. ▪ *UN BONNET :* coiffure souple et sans bord couvrant une partie importante de la tête. *Les enfants portent des bonnets de laine, l'hiver. À la piscine, le BONNET DE BAIN est obligatoire.*

BONNETERIE [bɔnɛtʀi] n. f. ▪ *LA BONNETERIE :* fabrication et commerce de vêtements en tissu à mailles. *Les bas, les collants, les chaussettes et les slips sont des articles de bonneterie.*

BON SENS → ③ **sens**

BONSHOMMES → **bonhomme**

BONSOIR [bɔ̃swaʀ] n. m. ▪ *UN BONSOIR* **1.** Salutation adressée à une personne que l'on rencontre ou que l'on quitte en fin de journée. *Bonsoir, Madame !* (→ **bonjour**). *Bonsoir, je vais me coucher !* **2.** Le mot bonsoir. *Dis bonsoir à tout le monde.*

BONTÉ [bɔ̃te] n. f. ▪ *LA BONTÉ*
I. Qualité d'une personne gentille et indulgente. *Son père est un homme d'une grande bonté.* ⟨contraire : méchanceté⟩
II. *AVOIR LA BONTÉ DE :* avoir l'amabilité, la gentillesse de. *Auriez-vous la bonté de m'aider à ouvrir cette porte ?*

BONUS [bonys] n. m. ▪ *UN BONUS :* réduction sur le prix d'une prime d'assurance automobile accordée au conducteur qui n'a pas d'accident. ⟨contraire : malus⟩ *Ce conducteur a eu un accrochage et a perdu son bonus.*

BON VIVANT → ② **vivant**

BONZE [bɔ̃z] n. m. ▪ *UN BONZE :* prêtre de la religion bouddhiste. *Les bonzes ont le crâne rasé.*

BOOMERANG [bumʀɑ̃g] n. m. ▪ *UN BOOMERANG :* morceau de bois dur recourbé qui revient vers celui qui l'a lancé si le but n'est pas atteint. *Les Australiens chassaient le kangourou avec des boomerangs.*
REM. Le mot vient d'une langue australienne.

① **BORD** [bɔʀ] n. m. ▪ *LE BORD* **1.** Contour, limite, extrémité d'une surface. *Il est assis sur le bord de sa chaise.* ⟨contraire : fond⟩ *Le verre est rempli JUSQU'AU BORD :* jusqu'en haut. *Nous passons nos vacances AU BORD DE la mer :* sur le rivage, le long de la mer. → **côte.** *Il y a des fleurs au bord de la route,* sur le côté de la route. ⟨contraire : milieu⟩ **2.** *ÊTRE AU BORD DE :* être tout près de. *Elle ne pleure pas, mais elle est au bord des larmes.*

② **BORD** [bɔʀ] n. m. ▪ *LE BORD* **1.** Côté d'un bateau (→ **bâbord, tribord**). *Défense de jeter des objets PAR-DESSUS BORD :* défense de jeter des objets à la mer. **2.** Côté d'un bateau par rapport au vent. *Le bateau VIRE DE BORD,* il change de direction. **3.** Le navire lui-même. *Bienvenue À BORD, dit le capitaine aux passagers :* bienvenue dans le bateau. *Un officier rédige le JOURNAL DE BORD :* le compte rendu de la vie sur le bateau. – *À BORD (d'un avion, d'une voiture) :* à l'intérieur (d'un avion, d'une voiture). *Les passagers de l'avion montent à bord.* **4.** *LES MOYENS DU BORD :* ceux qu'offre la situation. *Il faudra se débrouiller avec les moyens du bord.* **5.** *ÊTRE DU BORD DE :* (qqn) être du même parti, avoir la même opinion que lui. *Nous ne sommes pas du même bord.*

BORDEAUX [bɔʀdo] n. m. et adj. **1.** *LE BORDEAUX :* le vin de la région de Bordeaux. *Préférez-vous le bourgogne ou le bordeaux ? Nous avons bu un verre de bordeaux.* **2.** adjectif (après le nom) Rouge foncé. *Elle a une jolie jupe bordeaux et des mocassins bordeaux.*

BORDÉE [bɔʀde] n. f. ▪ *UNE BORDÉE D'INJURES :* une suite d'injures. *Furieux, il a lancé une bordée d'injures à l'automobiliste.*

BORDEL [bɔʀdɛl] n. m. ▪ STYLE TRÈS FAMILIER *UN BORDEL* **1.** Maison de prostitution. *Il est allé au bordel.* **2.** Grand désordre. *Quel bordel, dans cette maison ! Il y a un de ces bordels, ici !* → STYLE FAMILIER **bazar, foutoir, pagaille ;** STYLE TRÈS FAMILIER **boxon.**

BORDELAIS [bɔʀdəlɛ] adj. et n. m., **BORDELAISE** [bɔʀdəlɛz] adj. et n. f. **1.** adjectif (après le nom) De Bordeaux, ville du sud-ouest de la France, ou de la région de Bordeaux. *Le vignoble bordelais est célèbre dans le monde entier. La région bordelaise.* **2.** *UN BORDELAIS, UNE BORDELAISE :* un habitant, une habitante de Bordeaux. *Les Bordelais.*

BORDÉLIQUE [bɔʀdelik] adj. (après le nom) ▪ STYLE FAMILIER **1.** (lieu) Où il y a du désordre. *C'est bordélique ici !* **2.** (qqn) Très désordonné. *Ce qu'il est bordélique, je ne sais pas comment il retrouve ses affaires !* → **désordonné.**

BORDER [bɔʀde] verbe [conjugaison 1a] **1.** (qqch.) Occuper le bord de. *Des haies bordent le chemin de chaque côté.* – *C'est une jolie route bordée d'arbres.* **2.** Garnir d'un bord, d'une bordure. *Elle a des mouchoirs bordés de dentelle.* **3.** *BORDER UN LIT :* replier le bord des draps et des couvertures sous le matelas. *Borde bien le drap de chaque côté !* – *La maman borde son fils dans son lit,* elle borde le lit de son fils quand il est couché.

BORDURE [bɔʀdyʀ] n. f. ▪ *LA BORDURE :* ce qui borde, est le long du bord. *Il y a une bordure de fleurs autour de la pelouse. Son anorak a une capuche à bordure de fourrure.* – *La maison est située EN BORDURE DE mer,* à côté de la mer.

BORÉAL [bɔʀeal], **BORÉALE** [bɔʀeal] adj. (après le nom) ▪ Du pôle Nord. *On pêche le hareng dans les mers boréales.* → **arctique.** ⟨contraire : austral⟩ MASCULIN PLURIEL : *BORÉAUX* [bɔʀeo]. – *L'AURORE BORÉALE :* phénomène lumineux qui apparaît dans les régions polaires. *L'aurore boréale décrit un arc lumineux dans le ciel.*
REM. Au masculin pluriel, on dit aussi *boréals,* mais plus rarement.

BORGNE [bɔʀɲ] adj. et n. m., n. f. **1.** adjectif (après le nom) (êtres vivants) Qui ne voit que d'un œil. *Le pirate était borgne, avec un bandeau noir sur un œil. Cette jument est borgne.* **2.** *UN BORGNE, UNE BORGNE :* une personne qui ne voit que d'un œil. *Les borgnes ne voient pas le relief.*

BORNE [bɔʀn] n. f. ▪ *UNE BORNE* **1.** Petit bloc de pierre ou de ciment servant à marquer une limite sur un terrain ou une route. *Il y a des bornes tous les kilomètres, le long des petites routes.* **2.** STYLE FAMILIER Kilomètre. *Il reste encore cent bornes à faire.* **3.** Limite. *Je veux bien être gentil mais ma patience a des bornes. Attention, tu dépasses les bornes !* tu exagères.

BORNÉ [bɔʀne], **BORNÉE** [bɔʀne] adj. (après le nom) ▪ (qqn) Qui a l'esprit peu ouvert, qui ne comprend pas ou n'admet pas d'autres idées que les siennes. *Ce sont des gens bornés, on ne pourra pas les faire changer d'avis.* – *Il a un esprit borné.* → **étroit.** ⟨contraire : ouvert⟩

SE **BORNER** [bɔʀne] verbe pronominal [conjugaison 1a] ▪ *SE BORNER À :* se contenter de. *Elle n'a pas lu ce livre complètement, elle s'est bornée à parcourir quelques pages.*

BOSNIE-HERZÉGOVINE [bɔsniɛʀzegɔvin] nom propre féminin – en serbo-croate **BOSNA i HERCEGOVINA** ▪ *LA BOSNIE-HERZÉGOVINE :* pays des Balkans. *Il travaille en Bosnie-Herzégovine. Il arrive de Bosnie-Herzégovine.*

BOSQUET [bɔskɛ] n. m. ▪ *UN BOSQUET :* petit groupe d'arbres ou d'arbustes plantés dans un jardin ou dans un parc. *Les amoureux s'embrassent derrière un bosquet.*

BOSSE [bɔs] n. f. ▪ *UNE BOSSE* **1.** Boule qui se forme sous la peau après un choc. *Je me suis fait une bosse au front en me cognant.* **2.** Grosseur dans le dos. *Cet homme est difforme, il a une bosse.* → **bossu. 3.** STYLE FAMILIER *ROULER SA BOSSE :* mener une vie aventureuse. *Ce journaliste est allé dans de nombreux pays, il a roulé sa bosse.* – *Ce garçon a LA BOSSE DU commerce,* il est doué pour le commerce. → **don, génie. 4.** Partie arrondie sur le dos de certains animaux. *Le chameau a deux bosses, le dromadaire a une bosse.* **5.** Partie bombée d'un terrain. *La route est pleine de creux et de bosses.*

BOSSER [bɔse] verbe [conjugaison 1a] ▪ STYLE FAMILIER Travailler. *Il bosse même le dimanche.*

BOSSEUR [bɔsœʀ] adj. et n. m., **BOSSEUSE** [bɔsøz] adj. et n. f. ▪ STYLE FAMILIER **1.** adjectif (après le nom) Qui travaille beaucoup. *Il n'est pas très bosseur.* **2.** *UN BOSSEUR, UNE BOSSEUSE :* personne qui travaille beaucoup. *Elle travaille même le dimanche, quelle bosseuse !*

BOSSU [bɔsy] adj. et n. m., **BOSSUE** [bɔsy] adj. et n. f. **1.** adjectif (après le nom) (qqn) Qui a une bosse dans le dos. *Polichinelle est bossu. Elle se tient mal, elle est un peu bossue.* **2.** *UN BOSSU, UNE BOSSUE :* une personne qui a une bosse dans le dos. *Autrefois, on disait que toucher la bosse d'un bossu portait chance.*

BOTANIQUE [bɔtanik] n. f. et adj. **1.** *LA BOTANIQUE :* la science qui étudie les végétaux. *Il fait des études de botanique.* **2.** adjectif (après le nom) *Un JARDIN BOTANIQUE :* un jardin où l'on cultive de nombreuses espèces de plantes et d'arbres. *Le jardin botanique de la ville est à côté du zoo.*

BOTANISTE [bɔtanist] n. m., n. f. ▪ *UN BOTANISTE, UNE BOTANISTE :* spécialiste de la botanique. *C'est une remarquable botaniste.*

① **BOTTE** [bɔt] n. f. ▪ *UNE BOTTE :* assemblage de végétaux dont les tiges sont liées ensemble. *Au marché, j'ai acheté une botte de radis et une botte d'asperges. Les enfants ont construit une cabane avec des bottes de paille.*

② **BOTTE** [bɔt] n. f. ▪ *UNE BOTTE :* chaussure montante qui couvre le pied et la jambe. *Les bottes en caoutchouc protègent de la pluie. Le cavalier enfile ses BOTTES DE CHEVAL,* ses bottes pour monter à cheval.

BOTTÉ [bɔte], **BOTTÉE** [bɔte] adj. ▪ (qqn) Qui porte des bottes. *Bottée et casquée, elle est prête pour faire de la moto.*

> REM. Le *CHAT BOTTÉ* est un personnage célèbre des contes de Perrault.

BOTTER [bɔte] verbe [conjugaison 1a] **1.** STYLE FAMILIER Plaire, convenir. *Ça me botte !* **2.** STYLE FAMILIER Donner un coup de pied à. *Si tu continues, je vais te botter les fesses !* **3.** Frapper du pied le ballon. *Le footballeur a botté en touche.*

BOTTILLON [bɔtijɔ̃] n. m. ▪ *UN BOTTILLON :* botte courte. *L'hiver, elle met des bottillons.*

BOTTIN [bɔtɛ̃] n. m. ▪ (nom déposé) *LE BOTTIN :* annuaire téléphonique. *J'ai trouvé son numéro de téléphone dans le bottin.*

BOTTINE [bɔtin] n. f. ▪ *UNE BOTTINE :* chaussure montante qui serre la cheville. *Elle a des bottines à lacets.*

BOUBOU [bubu] n. m. ▪ *UN BOUBOU :* longue tunique large portée par les Noirs d'Afrique. *Ces boubous multicolores sont très beaux.*

BOUC [buk] n. m. ▪ *UN BOUC* **1.** Mâle de la chèvre. *Les boucs ont une odeur forte.* **2.** Petite barbe à la pointe du menton. *Il a un bouc et une moustache.* → **barbiche.**

BOUCAN [bukɑ̃] n. m. ▪ STYLE FAMILIER *LE BOUCAN :* du bruit. *Les voisins font du boucan.* → **tapage, vacarme ;** STYLE FAMILIER **potin, raffut, ramdam.**

BOUCHE [buʃ] n. f. **1.** *LA BOUCHE :* ouverture dans le bas du visage, bordée par les lèvres et communiquant avec la gorge. *Les amoureux s'embrassent sur la bouche. Le bébé dort avec son pouce dans la bouche. Ce n'est pas poli de parler la bouche pleine. Il a besoin de soins de la bouche et des dents.* – *Ne FAIS pas LA FINE BOUCHE :* ne fais pas le difficile. – *La bonne odeur qui sort de la cuisine me MET L'EAU À LA BOUCHE,* me donne envie de manger. – *Il n'a pas OUVERT LA BOUCHE de la soirée,* il n'a pas du tout parlé. – *La nouvelle a circulé DE BOUCHE À OREILLE,* elle s'est transmise d'une personne à l'autre. **2.** *UNE BOUCHE :* ouverture, entrée de qqch. → **orifice.** *Les voyageurs entrent et sortent par la BOUCHE DU MÉTRO. Sur le trottoir, il y a des BOUCHES D'ÉGOUT,* les entrées des égouts.

> REM. **1.** Les adjectifs qui correspondent à *bouche* sont buccal *(médicament à prendre par voie buccale),* et oral *(contraception orale).* **2.** On emploie *bouche* pour certains animaux comme le cheval, le bœuf et le poisson. Pour les animaux carnassiers, on dit *la gueule* et pour les oiseaux et la tortue *le bec.*

BOUCHÉ [buʃe], **BOUCHÉE** [buʃe] adj. (après le nom) **1.** (qqch.) Fermé, obstrué. *Le lavabo est bouché, quelque chose empêche l'eau de s'écouler. Quand on est enrhumé, on a LE NEZ BOUCHÉ,* plein de sécrétions épaisses. **2.** (qqn) Qui ne comprend rien. *Elle est complètement bouchée, cette fille.* → **obtus.**

BOUCHE-À-BOUCHE [buʃabuʃ] n. m. invariable ▪ *FAIRE LE BOUCHE-À-BOUCHE :* souffler de l'air avec sa bouche dans la bouche d'une personne qui respire très mal ou qui ne respire plus. *Le pompier fait du bouche-à-bouche au noyé.* PLURIEL : *des bouche-à-bouche.*

BOUCHÉE [buʃe] n. f. ▪ *UNE BOUCHÉE* **1.** Quantité d'aliment qu'on met dans la bouche en une seule fois. *J'ai avalé une trop grosse bouchée de viande. Les enfants sont sortis de table dès la dernière bouchée,* le dernier morceau avalé. **2.** *Ils ont acheté ce terrain POUR UNE BOUCHÉE DE PAIN,* pour très peu d'argent. – *Si on veut terminer ce travail à temps, il va falloir METTRE LES BOUCHÉES DOUBLES,* il va falloir aller plus vite. **3.** *UNE BOUCHÉE (AU CHOCOLAT) :* un gros bonbon au chocolat fourré. *Il adore les bouchées au chocolat.*

① **BOUCHER** [buʃe] verbe [conjugaison 1a] **1.** Fermer ce qui était ouvert ou creux. *On bouche une bouteille avec un bouchon.* ⟨contraire : déboucher⟩ *Les maçons bouchent les trous dans le mur.* → **combler. 2.** (qqch.) Obstruer. *Des cheveux bouchent le lavabo et empêchent l'eau de s'écouler. Un embouteillage bouche la rue.* → **bloquer.** – *Cette rue est bouchée à cause des travaux.* – STYLE FAMILIER *Ça alors, ça m'en bouche un coin !* ça m'étonne tellement que j'en reste muet ! **3.** verbe pronominal SE BOUCHER : s'obstruer. *La conduite d'eau s'est bouchée. Le fromage sentait tellement mauvais que tous les invités se sont bouché le nez !* ils se pinçaient le nez avec les doigts.

② **BOUCHER** [buʃe] n. m., **BOUCHÈRE** [buʃɛʀ] n. f. ▪ *UN BOUCHER, UNE BOUCHÈRE :* une personne qui vend de la viande. *Le boucher prépare un rôti. La bouchère prend les commandes au téléphone.*

BOUCHERIE [buʃʀi] n. f. ▪ *UNE BOUCHERIE* **1.** Magasin où l'on vend de la viande. *Elle a acheté un gigot et des steaks à la boucherie.* **2.** *LES ANIMAUX DE BOUCHERIE :* les animaux élevés et tués pour leur viande. *Les bœufs, les moutons et les porcs sont des animaux de boucherie.* **3.** Combat où il y a beaucoup de morts, beaucoup de sang versé. *La Première Guerre mondiale a été une épouvantable boucherie.* → **carnage, massacre.**

BOUCHE-TROU [buʃtʀu] n. m. ▪ (qqn, qqch.) *UN BOUCHE-TROU* : ce qui remplit une place vide à un moment où on ne trouve rien de mieux. *Cette émission de télévision sert de bouche-trou entre les informations et le match de football.* PLURIEL : *des BOUCHE-TROUS.*

BOUCHON [buʃɔ̃] n. m. ▪ *UN BOUCHON* **1.** Objet qui sert à fermer un récipient. *Remets le bouchon sur la bouteille.* **2.** Petit objet léger fixé sur une ligne de pêche. *Le bouchon s'enfonce dans l'eau, un poisson vient de mordre à l'hameçon.* **3.** Encombrement de voitures. *Il y a de nombreux bouchons sur les autoroutes le dimanche soir.* → **embouteillage.**

BOUCHONNÉ [buʃɔne] adj. (après le nom) ▪ *VIN BOUCHONNÉ,* qui a un goût de bouchon. *Sommelier ! le vin est bouchonné, veuillez changer la bouteille.*

BOUCLE [bukl] n. f. ▪ *UNE BOUCLE* **1.** Anneau qui sert à fermer une ceinture, une courroie. *Il attache la boucle de sa ceinture de pantalon.* **2.** *BOUCLES D'OREILLES* : petits bijoux qu'on fixe aux oreilles. *Je lui ai offert une paire de boucles d'oreilles pour son anniversaire.* **3.** Ligne courbe. *La rivière fait des boucles.* → **méandre.** **4.** Mèche de cheveux enroulée sur elle-même. *Ce petit garçon a de belles boucles blondes.*

BOUCLER [bukle] verbe [conjugaison 1a] **1.** Attacher au moyen d'une boucle. *N'oubliez pas de boucler votre ceinture de sécurité.* – *J'ai juste le temps de boucler ma valise,* de la fermer. **2.** Fermer. *Il est l'heure de boucler le magasin.* ⟨contraire : ouvrir⟩ *La police boucle le quartier,* elle entoure tout le quartier et empêche le passage. – STYLE TRÈS FAMILIER *Boucle-la !* : tais-toi ! *Je te conseille de la boucler,* de te taire (en fermant la bouche). **3.** Achever, terminer. *Le cycliste a bouclé le tour de piste en un temps record. Les étudiants ont du mal à boucler leur programme.* **4.** Avoir, prendre la forme de boucles. *Les cheveux de cette jeune fille bouclent naturellement.* → **friser.**

BOUCLIER [buklije] n. m. ▪ *UN BOUCLIER* : plaque épaisse que les guerriers portaient au bras pour se protéger. *Le chevalier a brisé sa lance sur le bouclier de son adversaire.* – *Quand le projet de loi a été déposé, ce fut UNE LEVÉE DE BOUCLIERS,* une protestation générale.

BOUDDHA [buda] nom propre ▪ Fondateur du bouddhisme (v. 563-v. 483 av. J.-C.).

BOUDDHISME [budism] n. m. ▪ *LE BOUDDHISME* : doctrine religieuse d'Asie. *Son fils s'est converti au bouddhisme.*

BOUDDHISTE [budist] n. m., n. f. et adj. **1.** *UN BOUDDHISTE, UNE BOUDDHISTE* : adepte du bouddhisme. *Après un voyage en Inde, il est devenu bouddhiste.* **2.** adjectif (après le nom) Relatif au bouddhisme. *Il est moine bouddhiste* (→ **bonze).**

BOUDER [bude] verbe [conjugaison 1a] ▪ Montrer que l'on est fâché en prenant un air mécontent et en refusant de parler. *Arrête de bouder, tu n'es plus une petite fille !*

> REM. À la place de *bouder*, on peut dire *faire la tête : cette petite fille fait la tête*, et familièrement, *faire la gueule*.

BOUDEUR [budœʀ], **BOUDEUSE** [budøz] adj. (après le nom) **1.** (qqn) Qui boude souvent. *C'est un petit garçon très boudeur.* **2.** (qqch.) Qui montre que l'on est mécontent, que l'on boude. *Oh, tu as une mine boudeuse, aujourd'hui !*

BOUDIN [budɛ̃] n. m. **1.** *LE BOUDIN* : boyau rempli de sang et de graisse de porc assaisonnés et cuits. *Nous avons mangé du boudin. Le boudin noir se mange grillé.* – *Il aime le boudin blanc* : la charcuterie de même forme, faite avec du lait et des viandes blanches. – STYLE FAMILIER *S'EN ALLER EN EAU DE BOUDIN,* se dit d'une affaire qui échoue. *Ce projet avait bien commencé, mais il s'en va en eau de boudin.* **2.** STYLE FAMILIER *UN BOUDIN* : fille que l'on trouve mal faite, petite et grosse. *Quel boudin, cette fille !*

> FAUX AMI
> italien **budino** « crème renversée »

BOUDINÉ [budine], **BOUDINÉE** [budine] adj. (après le nom) **1.** (qqn) Serré (comme un boudin) dans un vêtement trop petit. *Elle a grossi, regarde comme elle est boudinée dans son jean ! Tu es tout boudiné dans cette veste.* **2.** (qqch.) En forme de boudin. *Il a des doigts boudinés,* courts et gros.

BOUE [bu] n. f. ▪ *LA BOUE* **1.** Terre mouillée par la pluie et devenue molle et grasse. *Les enfants pataugent dans la boue des chemins.* → **gadoue.** *Tes chaussures sont tachées de boue.* – (figuré) *TRAÎNER QQN DANS LA BOUE,* en dire beaucoup de mal. *Il nous a traînés dans la boue, et maintenant il voudrait qu'on soit aimables !* **2.** Vase, terre mêlée d'éléments minéraux qui se dépose au fond de l'océan et que l'on utilise pour traiter certaines maladies. *Le médecin m'a prescrit des bains de boue.*

BOUÉE [bwe] n. f. ▪ *UNE BOUÉE* **1.** Anneau gonflé d'air que l'on passe autour de la taille pour flotter à la surface de l'eau. *Il a appris à nager avec une bouée. Nous avons lancé une BOUÉE DE SAUVETAGE à une personne qui se noyait.* **2.** Objet flottant qui sert de signal pour les bateaux. *Cette bouée signale un rocher dangereux.* → **balise.**

BOUEUX [buø], **BOUEUSE** [buøz] adj. (après le nom) ▪ (qqch.) Qui est plein de boue. *Après une grosse pluie, les chemins sont boueux. Essuie tes pieds, tes chaussures sont boueuses.*

BOUFFANT [bufɑ̃], **BOUFFANTE** [bufɑ̃t] adj. (après le nom) ▪ (qqch.) Qui reste gonflé. ⟨contraires : collant, serré⟩ *Elle porte un jupon bouffant sous sa robe. Sa chemise a des manches bouffantes.*

BOUFFE [buf] n. f. ▪ STYLE FAMILIER *LA BOUFFE* : nourriture. *Mon père aime la bonne bouffe. FAIRE LA BOUFFE* : faire la cuisine. *J'en ai assez, c'est toujours moi qui fais la bouffe !* → STYLE FAMILIER **boustifaille.** – *On se fait une petite bouffe entre amis.* → **repas.**

BOUFFÉE [bufe] n. f. ▪ *UNE BOUFFÉE* **1.** Souffle aspiré ou rejeté par la bouche ou le nez. *J'ai ouvert la fenêtre et j'ai respiré une bonne bouffée d'air pur. Il fume sa pipe par petites bouffées.* **2.** Souffle qui arrive tout à coup. *Le vent apporte l'odeur des fleurs par bouffées. Des bouffées d'air frais arrivent par la fenêtre ouverte.* **3.** Accès brusque et passager. *J'ai senti une bouffée de colère m'envahir. Elle a des bouffées de chaleur.*

BOUFFER [bufe] verbe [conjugaison 1a] ▪ STYLE FAMILIER **1.** Manger. *Je connais un petit restaurant où l'on bouffe bien. On n'a plus rien à bouffer.* → STYLE FAMILIER **becter.** – *Avoir envie de bouffer qqn,* être très en colère contre lui. *Il m'a énervé, je l'aurais bouffé !* **2.** (qqch.) Consommer. *Cette voiture bouffe trop d'huile.* **3.** verbe pronominal *SE BOUFFER LE NEZ* : se disputer. *Ils n'arrêtent pas de se bouffer le nez ! Elles se sont bouffé le nez toute la soirée.*

BOUFFI [bufi], **BOUFFIE** [bufi] adj. (après le nom) ▪ (qqch.) Gonflé, enflé. *Ses paupières sont bouffies par le manque de sommeil. Tu as les yeux tout bouffis, tu n'as pas bien dormi ?*

BOUFFON [bufɔ̃] n. m. et adj., **BOUFFONNE** [bufɔn] adj. **1.** *UN BOUFFON* : une personne qui était chargée de distraire, d'amuser le roi ou un seigneur. → **fou.** *Le bouffon du roi avait aussi le droit de critiquer le roi.* **2.** adjectif (après le nom) Très drôle et un peu fou. *Il s'est retrouvé en pyjama dans l'ascenseur : la situation était assez bouffonne.*

BOUGE [buʒ] n. m. ■ *UN BOUGE* : café, hôtel mal fréquenté. *Nous avons trouvé un bouge encore ouvert à 2 h du matin, près du port.*

BOUGEOIR [buʒwaʀ] n. m. ■ *UN BOUGEOIR* : petit support pour les bougies. → **chandelier.** *Nous avons éteint les lumières et allumé les bougies dans leurs bougeoirs.*

REM. Le bougeoir est plus petit que le chandelier.

BOUGEOTTE [buʒɔt] n. f. ■ STYLE FAMILIER *AVOIR LA BOUGEOTTE* : bouger tout le temps, ne pas pouvoir rester tranquille. *Cet enfant a la bougeotte, il a du mal à rester assis à sa place. Mon frère a la bougeotte : il est arrivé d'Italie hier et il repart demain en Autriche.*

BOUGER [buʒe] verbe [conjugaison 3b] **1.** Faire un mouvement, des mouvements. → **remuer.** *Arrête de bouger,* tiens-toi tranquille. *Ne bougeons plus ! Haut les mains, que personne ne bouge ! – Le vent fait bouger les branches.* **2.** Se déplacer, aller d'un endroit à un autre. *Tu peux me téléphoner quand tu veux, je ne bouge pas de chez moi,* je ne sors pas. **3.** (qqch.) Changer (surtout en phrases négatives). *Ce trimestre, les prix n'ont pas bougé.* **4.** Faire qqch. pour montrer son mécontentement. *Le peuple commence à bouger.* **5.** Remuer, déplacer. *Je ne peux plus bouger le bras. Elle n'a pas BOUGÉ LE PETIT DOIGT pour m'aider,* elle n'a rien fait pour m'aider. **6.** STYLE FAMILIER verbe pronominal SE BOUGER. *Bouge-toi de là,* pousse-toi pour laisser la place. *Elle ne s'est pas bougée pour me laisser passer.*

BOUGIE [buʒi] n. f. ■ *UNE BOUGIE* **1.** Bâton de cire ou de paraffine contenant une mèche, que l'on fait brûler pour éclairer, décorer. *Pendant la panne d'électricité, nous nous sommes ÉCLAIRÉS À LA BOUGIE.* → **chandelle.** *C'est le moment d'allumer les bougies du gâteau d'anniversaire. Allez, souffle les bougies du gâteau !,* éteins-les en soufflant dessus. **2.** Appareil d'allumage des moteurs à explosion. *Ma voiture ne démarre pas, les bougies sont certainement encrassées. Le garagiste a changé les bougies de la voiture.*

FAUX AMI
italien **bugia** « mensonge »

BOUGON [bugɔ̃], **BOUGONNE** [bugɔn] adj. (après le nom) **1.** (qqn) Qui est souvent de mauvaise humeur. *C'est un homme bougon, mais au fond il est gentil. Elle est un peu bougonne.* → **grognon.** **2.** (qqch.) Qui montre la mauvaise humeur. *J'ai l'impression que tu es d'humeur bougonne, aujourd'hui !*

REM. Pour les femmes ont peut dire aussi *elle est bougon.*

BOUGONNER [bugɔne] verbe [conjugaison 1a] ■ Parler tout bas pour soi seul, en disant son mécontentement. → **grommeler ;** STYLE FAMILIER **râler, ronchonner.** *Arrête de bougonner et dis-moi franchement ce que tu penses. Mon père n'est pas de bonne humeur, il a bougonné toute la journée.*

BOUILLABAISSE [bujabɛs] n. f. ■ *UNE BOUILLABAISSE* : plat méditerranéen de poissons que l'on sert dans son bouillon avec des petites tranches de pain et un ailloli épicé. *Nous avons mangé une bouillabaisse dans un restaurant du Vieux-Port de Marseille.*

BOUILLANT [bujɑ̃], **BOUILLANTE** [bujɑ̃t] adj. (après le nom) **1.** Qui est en train de bouillir. *Plongez les pâtes dans l'eau bouillante.* **2.** Très chaud. *Attention, ce café est bouillant !* → **brûlant.** ⟨contraires : froid, glacé⟩ **3.** *ÊTRE BOUILLANT D'IMPATIENCE* : être très impatient à force d'attendre, d'espérer qqch. *Il est bouillant d'impatience en attendant sa nouvelle moto.*

bouille [buj] *Qu'il bouille, qu'elle bouille* : forme au subjonctif du verbe **bouillir.**

BOUILLE [buj] n. f. ■ STYLE FAMILIER *UNE BOUILLE* : figure, visage. *Son fils est très mignon, il a une BONNE BOUILLE.* → **tête.**

BOUILLI [buji], **BOUILLIE** [buji] adj. (après le nom) **1.** Que l'on a fait bouillir. *Laissez refroidir le lait bouilli. J'ai nettoyé sa blessure à l'eau bouillie.* **2.** Cuit dans de l'eau bouillante. *Nous avons mangé du poisson grillé et des pommes de terre bouillies.*

BOUILLIE [buji] n. f. ■ *LA BOUILLIE* **1.** Aliment fait de lait et de farine cuits ensemble et surtout destiné aux bébés qui n'ont pas encore de dents. *Le bébé mange sa bouillie.* **2.** *EN BOUILLIE* : écrasé jusqu'à ressembler à de la bouillie. *Les pommes de terre sont trop cuites, elles sont en bouillie.* – STYLE FAMILIER *Si tu répètes cette histoire, je te RÉDUIS EN BOUILLIE,* je te casse la figure.

BOUILLIR [bujiʀ] verbe [conjugaison 15] **1.** (liquide) Être en ébullition, s'agiter en formant des bulles sous l'effet de la chaleur. *L'eau bout à 100 degrés. Faites bouillir le lait et laissez-le refroidir. Attends que l'eau bouille avant de la verser sur le thé. Dès que l'eau bouillira, tu pourras y mettre le riz.* **2.** Cuire dans un liquide qui bout. *La viande du pot-au-feu a bouilli deux heures.* – *FAIRE BOUILLIR LA MARMITE* : assurer l'existence matérielle de sa famille. *Ce n'est pas avec ce salaire minable qu'on peut faire bouillir la marmite.* **3.** Stériliser dans l'eau qui bout. *Lavez le biberon, puis faites-le bouillir.* **4.** (qqn) Être dans un état d'énervement, d'agitation. *Elle bout d'impatience en attendant ses résultats d'examen,* elle est très impatiente.

REM. Les Français ont du mal à conjuguer ce verbe courant : on entend souvent [buʀa] pour [bujiʀa] *(bouillira)* au futur, ce qui est très fautif.

BOUILLOIRE [bujwaʀ] n. f. ■ *UNE BOUILLOIRE* : récipient à anse, à bec et à couvercle qui sert à faire bouillir de l'eau. *Nous avons acheté une bouilloire électrique.*

BOUILLON [bujɔ̃] n. m. **1.** *LE BOUILLON* : potage fait avec le liquide dans lequel les aliments ont cuit. *Ce soir, je prendrai un bouillon de légumes. Donnez-lui du bouillon. Un bol de bouillon !* **2.** *UN BOUILLON* : bulles qui se forment dans un liquide en train de bouillir. *Lorsque l'eau bout à gros bouillons, vous pouvez y jeter les pâtes,* lorsque l'eau bout très fort. *Au premier bouillon, retire la casserole du feu,* dès que l'eau commence à bouillir. **3.** *BOUILLON DE CULTURE* : liquide dans lequel on laisse se développer les microbes pour les étudier. – *Cette eau polluée est un véritable bouillon de culture,* elle est remplie de microbes qui s'y développent facilement.

FAUX AMI
roumain **bulion** « coulis de tomate »

BOUILLONNEMENT [bujɔnmɑ̃] n. m. ■ *LE BOUILLONNEMENT* **1.** Mouvement d'un liquide qui bouillonne. *Elle surveille le bouillonnement du lait sur le feu.* **2.** Agitation. *Un bouillonnement d'idées m'empêche de dormir.*

BOUILLONNER [bujɔne] verbe [conjugaison 1a] **1.** (liquide) Remuer en formant de grosses bulles, des bouillons. *Par endroits, l'eau du fleuve bouillonne.* **2.** S'agiter. *De nombreuses idées bouillonnent dans sa tête. – La nouvelle institutrice bouillonne d'idées,* elle a beaucoup d'idées.

BOUILLOTTE [bujɔt] n. f. ■ *UNE BOUILLOTTE* : récipient que l'on remplit d'eau très chaude et que l'on glisse dans un lit pour se chauffer. *Veux-tu une bouillotte, pour te réchauffer ? En hiver, nous nous faisons des bouillottes.*

BOULANGER [bulɑ̃ʒe] n. m., **BOULANGÈRE** [bulɑ̃ʒɛʀ] n. f. ■ *UN BOULANGER, UNE BOULANGÈRE* : une personne qui fait et vend du pain. *N'oublie pas d'acheter des croissants chez le boulanger.*

BOULANGERIE [bulɑ̃ʒʀi] n. f. ▪ *UNE BOULANGERIE :* boutique du boulanger où l'on vend du pain et souvent d'autres produits. *Nous allons tous les matins à la boulangerie pour acheter du pain frais. Ma fille achète ses bonbons à la boulangerie.*

BOULANGERIE-PÂTISSERIE [bulɑ̃ʒʀipatisʀi] n. f. ▪ *UNE BOULANGERIE-PÂTISSERIE :* boutique où l'on fait et vend du pain et aussi des gâteaux. PLURIEL : *dans mon quartier, il y a deux BOULANGERIES-PÂTISSERIES.*

BOULE [bul] n. f. ▪ *UNE BOULE* **1.** Objet de forme ronde. *La Terre a la forme d'une boule.* → **sphère.** *Je voudrais un cornet de glace à deux boules : une boule au citron, et une boule à la vanille.* – *BOULE DE NEIGE :* boule que l'on forme dans la main avec de la neige. *Les enfants ont fait une bataille de boules de neige.* – (figuré) *FAIRE BOULE DE NEIGE :* grossir, aller en s'amplifiant. *Ses dettes ont fait boule de neige, il est maintenant presque ruiné.* **2.** *EN BOULE :* en forme de boule. *Le chat dort, roulé en boule.* – STYLE FAMILIER *Si tu continues à m'agacer, je vais me METTRE EN BOULE,* en colère. **3.** Sphère de bois, de métal ou d'ivoire qu'on fait rouler dans certains jeux. *Elle a lancé la boule de bowling. La boule de billard roule sur le tapis vert.* → **bille. 4.** (au pluriel) LES BOULES : jeu d'équipe qui consiste à faire rouler sur le sol des boules de métal et à les faire se rapprocher le plus possible d'un but (appelé *cochonnet*). → **pétanque.** *Nous avons regardé les gens du village JOUER AUX BOULES sur la place.* **5.** STYLE FAMILIER Tête. *Tu PERDS LA BOULE, ma parole !* tu deviens fou ! **6.** STYLE TRÈS FAMILIER *AVOIR LES BOULES :* avoir peur ou être énervé. *Les examens commencent demain, j'ai les boules !*

BOULEAU [bulo] n. m. ▪ *UN BOULEAU :* arbre à écorce blanche et à petites feuilles légères des pays du Nord. *On utilise le bouleau pour faire de la pâte à papier.* PLURIEL : *une forêt de BOULEAUX.*

REM. Le mot familier *boulot* « travail » se prononce de la même façon.

BOULEDOGUE [buldɔg] n. m. ▪ *UN BOULEDOGUE :* chien de garde à grosse tête, au museau carré et à fortes mâchoires (→ **dogue).** *Le bouledogue est de race anglaise.*

BOULET [bulɛ] n. m. ▪ *UN BOULET* **1.** Grosse boule de métal que lançaient les canons, autrefois. *La jambe du soldat a été emportée par un boulet de canon.* – *Les députés ont TIRÉ À BOULETS ROUGES sur le ministre,* ils l'ont critiqué, ils l'ont attaqué violemment. **2.** Lourde boule de métal au bout d'une chaîne, et que l'on attachait à la cheville de certains condamnés pour les empêcher de fuir. *Les bagnards étaient condamnés à traîner le boulet.* – *Ce vieil oncle désagréable est pour nous un vrai boulet,* une charge pénible. *Quel boulet !*

BOULETTE [bulɛt] n. f. ▪ *UNE BOULETTE* **1.** Petite boule faite à la main. *Il joue à faire des boulettes avec de la mie de pain.* – *Nous avons mangé des boulettes de viande,* de petites boules de viande hachée cuisinée. **2.** STYLE FAMILIER Parole ou action maladroite. *Tu as fait une boulette en disant l'âge de cette dame devant tout le monde.* → **bévue, bourde ;** STYLE FAMILIER ② **gaffe.**

BOULEVARD [bulvaʀ] n. m. ▪ *UN BOULEVARD* **1.** Rue très large, souvent plantée d'arbres. → **avenue.** *Nous nous promenons sur les grands boulevards. La voiture a pris le boulevard périphérique,* le boulevard qui entoure Paris et est réservé à la circulation automobile (→ **périphérique). 2.** *THÉÂTRE DE BOULEVARD,* d'un comique léger et traditionnel. *Nous sommes allés voir une pièce de boulevard.*

BOULEVERSANT [bulvɛʀsɑ̃], **BOULEVERSANTE** [bulvɛʀsɑ̃t] adj. (après le nom) ▪ Très émouvant. *Le film était si bouleversant que j'ai pleuré. C'est une histoire bouleversante.*

BOULEVERSEMENT [bulvɛʀsəmɑ̃] n. m. ▪ *UN BOULEVERSEMENT :* grand changement. *Son divorce a été un bouleversement dans sa vie. La guerre a causé de grands bouleversements dans le pays.*

BOULEVERSER [bulvɛʀse] verbe [conjugaison 1a] **1.** (qqch.) Provoquer une émotion violente et pénible. ⟨contraire : calmer⟩ *La mort de sa mère l'a bouleversé.* **2.** (qqn) Mettre en grand désordre. *Elle a bouleversé le bureau en cherchant le papier à lettres.* → **déranger.** ⟨contraire : ranger⟩ **3.** Changer complètement et brutalement. *Le départ de son mari a bouleversé sa vie.*

BOULIMIE [bulimi] n. f. ▪ (qqn) *LA BOULIMIE :* besoin de manger de grandes quantités d'aliments, que l'on ne peut calmer et qui accompagne souvent certains troubles psychologiques. ⟨contraire : anorexie⟩ *Son fils souffre de boulimie.*

BOULISTE [bulist] n. m., n. f. ▪ *UN BOULISTE, UNE BOULISTE :* personne qui joue aux boules. *Tous les boulistes du village sont invités à participer au tournoi.*

BOULON [bulɔ̃] n. m. ▪ *UN BOULON :* ensemble fait d'une vis et d'un écrou qui s'adaptent l'un à l'autre. *Les éléments de cette étagère métallique sont fixés par des boulons.* – *Le ministre RESSERRE LES BOULONS,* il réorganise les choses de manière plus efficace, plus sévère.

BOULONNER [bulɔne] verbe [conjugaison 1a] ▪ STYLE FAMILIER Travailler. *On boulonne toute la semaine et en plus il faudrait travailler le dimanche ?*

① **BOULOT** [bulo] n. m. ▪ STYLE FAMILIER *LE BOULOT :* travail. *Je cherche du boulot. Allez, au boulot ! Il a enfin trouvé un bon boulot. Je ne veux pas m'occuper de cela, c'est ton boulot,* c'est à toi de faire cela. – *Il est BOULOT BOULOT,* il prend son travail au sérieux.

② **BOULOT** [bulo], **BOULOTTE** [bulɔt] adj. (après le nom) ▪ (qqn) Petit et gros. *Cette femme est jolie, mais elle est un peu boulotte.*

BOULOTTER [bulɔte] verbe [conjugaison 1a] ▪ STYLE FAMILIER (qqn) Manger. *Il n'y a rien à boulotter, ici !*

① **BOUM** [bum] interjection et n. m. **1.** (interjection) *BOUM !* mot qui sert à imiter le bruit de qqch. qui tombe, qui imite le bruit d'un choc ou celui d'une explosion. *On roulait, et boum ! le moteur a explosé. Ça a fait boum !* **2.** *UN BOUM :* un bruit de choc, d'explosion. *Au milieu de la nuit, on a entendu un grand boum.* – *Ils sont EN PLEIN BOUM,* en pleine activité, en plein travail.

② **BOUM** [bum] n. f. ▪ STYLE FAMILIER *UNE BOUM :* fête de jeunes adolescents qui se réunissent pour danser chez l'un d'entre eux. *Mon fils fait une boum à la maison.*

BOUQUET [bukɛ] n. m. ▪ *UN BOUQUET* **1.** Assemblage décoratif de fleurs, de feuillages coupés et réunis par leurs tiges. *J'ai offert un bouquet de roses à ma mère. Nous avons cueilli des violettes et nous en avons fait de petits bouquets. Je vais mettre ce bouquet dans un vase.* – *BOUQUET GARNI :* thym, laurier et persil que l'on ajoute à un plat cuisiné pour le parfumer. *Ajoutez un bouquet garni à la sauce.* **2.** *Le BOUQUET du FEU D'ARTIFICE était magnifique :* le groupe des plus belles fusées qui terminent le feu d'artifice. – (figuré) *C'EST LE BOUQUET :* c'est l'ennui, le problème qui s'ajoute à tous les ennuis que l'on avait déjà. → **comble.** *Les clés sont perdues ? Alors là, c'est le bouquet !* **3.** Parfum d'un vin. → **arôme.** *Ce vin a du bouquet.*

BOUQUIN [bukɛ̃] n. m. ▪ STYLE FAMILIER *UN BOUQUIN :* livre. *As-tu lu le bouquin que je t'ai prêté ? C'est un très bon bouquin. Ne reste pas là enfermé avec tes bouquins !*

BOUQUINER [bukine] verbe [conjugaison 1a] ▪ STYLE FAMILIER Lire un livre. *Pendant les vacances, je bouquine toute la journée.*

BOUQUINISTE [bukinist] n. m., n. f. ▪ *UN BOUQUINISTE, UNE BOUQUINISTE :* marchand, marchande de livres qui ne sont pas neufs. *Il y a des bouquinistes sur les quais de la Seine, à Paris.*

BOURBIER [buʀbje] n. m. ▪ *UN BOURBIER :* lieu plein de boue. *Dès qu'il pleut, ce chemin devient un vrai bourbier.*

BOURBON [buʀbɔ̃] n. m. ▪ *UN BOURBON :* whisky américain à base de maïs. *Mon père n'aime pas tellement le bourbon, il préfère le scotch.*

BOURDE [buʀd] n. f. ▪ *UNE BOURDE :* maladresse, faute lourde. *Tu as fait une bourde, en parlant de notre projet.* → **bévue, gaffe.**

BOURDON [buʀdɔ̃] n. m. ▪ *UN BOURDON* **1.** Insecte de la famille des abeilles, au corps lourd, velu, et qui vole en faisant un bruit grave. *Les bourdons installent leurs nids sous la terre ou dans la mousse.* **2.** Grosse cloche à son grave. *Nous avons entendu le bourdon de Notre-Dame de Paris.* **3.** STYLE FAMILIER *AVOIR LE BOURDON :* être triste, avoir le cafard. → **cafard.** *Je m'ennuie de toi, j'ai le bourdon.*

BOURDONNEMENT [buʀdɔnmɑ̃] n. m. ▪ *UN BOURDONNEMENT* **1.** Bruit grave, sourd et continu, que font certains insectes en volant. *Le bourdonnement des abeilles est très fort, dans les lavandes.* **2.** Murmure produit par un grand nombre de voix humaines. *Dans la classe, on entend un bourdonnement de conversations.* **3.** *BOURDONNEMENT D'OREILLE :* perception très gênante de sons graves et continus qui ne proviennent pas d'un bruit extérieur. *Je n'entends pas bien ce que tu dis car j'ai des bourdonnements d'oreilles.*

BOURDONNER [buʀdɔne] verbe [conjugaison 1a] ▪ Faire entendre un bourdonnement. *Les abeilles bourdonnent autour des fleurs.*

BOURG [buʀ] n. m. ▪ *LE BOURG :* gros village. *Tous les mardis, nous allons faire nos courses au marché du bourg.*

BOURGE n. m., n. f. et adj. Forme abrégée de **bourgeois.**

BOURGEOIS [buʀʒwa] n. m. et adj., **BOURGEOISE** [buʀʒwaz] n. f. et adj.

I. *UN BOURGEOIS, UNE BOURGEOISE* **1.** Autrefois, Personne qui avait de l'argent et habitait la ville. *Il y avait les nobles, les bourgeois, les prêtres et les paysans.* **2.** De nos jours, Personne dont le travail n'est pas manuel et qui gagne assez d'argent pour vivre facilement. ⟨contraires : ouvrier, paysan⟩ *Les banquiers, les industriels sont des GRANDS BOURGEOIS,* leur situation sociale est importante. *Les employés, les commerçants sont des PETITS BOURGEOIS.*

II. adjectif (après le nom) (qqch.) Qui concerne la bourgeoisie, sa manière de vivre. *Nous habitons un quartier bourgeois de la ville,* un quartier riche. → **cossu.** ⟨contraire : populaire⟩ *Mes parents ont une vie bourgeoise,* une vie aisée, confortable, calme et rangée. ⟨contraires : artiste, bohème⟩

> REM. On dit aussi familièrement et de manière péjorative *les bourges : Je n'ai pas envie d'aller dîner chez les bourges.*

BOURGEOISIE [buʀʒwazi] n. f. ▪ *LA BOURGEOISIE :* ensemble des personnes dont le travail n'est pas manuel et qui possèdent les moyens de production (opposé à prolétariat). *Il y a la petite et la grande bourgeoisie.*

BOURGEON [buʀʒɔ̃] n. m. ▪ *UN BOURGEON :* petite pousse de forme arrondie qui apparaît sur la tige ou la branche d'un arbre et qui donnera les feuilles ou les fleurs. *Les bourgeons s'ouvrent, éclatent au printemps.*

BOURGEONNER [buʀʒɔne] verbe [conjugaison 1a] ▪ Produire des bourgeons. *Les arbres bourgeonnent au printemps.*

BOURGMESTRE [buʀgmɛstʀ] n. m. ▪ (En Belgique, en Suisse, en Allemagne, aux Pays-Bas) *UN BOURGMESTRE :* une personne qui dirige les affaires de la commune. *Les fonctions du bourgmestre sont semblables à celles du maire, en France.*

BOURGOGNE [buʀgɔɲ] n. m. ▪ *LE BOURGOGNE :* vin rouge ou blanc de la région française de Bourgogne. *Ce bourgogne est excellent. Préférez-vous le bourgogne ou le bordeaux ?*

BOURGUIGNON [buʀgiɲɔ̃] adj. et n. m., **BOURGUIGNONNE** [buʀgiɲɔn] adj. et n. f.

I. adjectif (après le nom) **1.** De la Bourgogne. *Il a un fort accent bourguignon.* **2.** *LE BŒUF BOURGUIGNON :* plat de bœuf cuisiné avec du vin rouge et des oignons. *Au menu, il y avait un excellent bœuf bourguignon.*

II. *UN BOURGUIGNON, UNE BOURGUIGNONNE :* un habitant, une habitante de la Bourgogne. *Les Bourguignons.*

BOURRADE [buʀad] n. f. ▪ *UNE BOURRADE :* poussée brutale que l'on donne à qqn avec le poing, le coude, l'épaule. *Un homme m'a donné une bourrade pour passer devant moi. Les joueurs de l'équipe gagnante se donnent des bourrades amicales.*

BOURRASQUE [buʀask] n. f. ▪ *LA BOURRASQUE :* coup de vent violent qui dure peu de temps. → **tornade.** *La bourrasque a déraciné plusieurs arbres. – Le vent souffle EN BOURRASQUES,* brutalement et violemment. → **rafale.**

BOURRATIF [buʀatif], **BOURRATIVE** [buʀativ] adj. (après le nom) ▪ (aliment) Qui donne la sensation d'avoir l'estomac trop plein. ⟨contraire : léger⟩ *Cette tarte aux oignons est bourrative.*

BOURRÉ [buʀe], **BOURRÉE** [buʀe] adj. (après le nom) **1.** *BOURRÉ DE :* entièrement plein de. *J'ai trouvé un portefeuille bourré de billets de banque. Cette valise est BOURRÉE À CRAQUER,* elle est très pleine, trop pleine. *Il nous a écrit une lettre bourrée de fautes d'orthographe.* → **truffé.** *– Cet adolescent est bourré de complexes,* il a beaucoup de complexes. **2.** STYLE FAMILIER Ivre. *Le voisin, complètement bourré, est tombé dans l'escalier.* → **soûl ;** STYLE TRÈS FAMILIER **paf.**

> REM. On entend souvent dire, à tort, *bourré de remords :* il faut dire *bourrelé de remords.* → **bourrelé.**

BOURREAU [buʀo] n. m. ▪ *UN BOURREAU* **1.** Celui qui applique les peines physiques ordonnées par la justice et qui exécute les condamnés à mort. *Le bourreau appliquait la torture. En France, le bourreau mettait à mort les condamnés en leur coupant la tête.* PLURIEL : *des BOURREAUX.* **2.** Personne qui fait souffrir, qui martyrise qqn, physiquement ou moralement. ⟨contraire : victime⟩ *C'est un vrai bourreau. Cet homme est un bourreau d'enfants. – BOURREAU DES CŒURS :* homme qui séduit beaucoup de femmes. *Il passe d'une femme à une autre, c'est un vrai bourreau des cœurs.* **3.** *BOURREAU DE TRAVAIL :* personne qui travaille beaucoup. *Cette femme est un bourreau de travail.*

> FAUX AMIS
> italien **burro** « beurre » ; espagnol et portugais **burro** « âne »

BOURRÉE [buʀe] n. f. ▪ *LA BOURRÉE :* danse du folklore de diverses régions du centre de la France. *Nous avons dansé la bourrée auvergnate.*

BOURRELÉE [buʀle], **BOURRELÉE** [buʀle] adj. (après le nom) ▪ (qqn) *BOURRELÉ DE REMORDS :* plein de remords, de regrets, pour avoir fait ou n'avoir pas fait qqch. *Je ne l'ai pas vu avant sa mort, je suis bourrelé de remords.*

REM. On entend souvent dire *bourré de remords*, ce qui est fautif. → **bourré.**

BOURRELET [buʀlɛ] n. m. ▪ *UN BOURRELET* **1.** Bande de mousse ou de caoutchouc que l'on fixe aux bords des portes ou des fenêtres pour empêcher l'air de passer. *Je sens de l'air froid qui arrive, il faudrait calfeutrer la fenêtre avec un bourrelet.* **2.** Pli de graisse arrondi en certains endroits du corps. *Elle a grossi : elle a des bourrelets à la taille et de la cellulite.*

BOURRER [buʀe] verbe [conjugaison 1a]
I. 1. Remplir au maximum en tassant. *Elle bourrera* [buʀʀa] *sa valise, et on ne pourra pas la fermer.* **2.** Donner à manger qqch. en grande quantité. *Elle bourre son petit-fils de gâteaux.* → **gaver. 3.** *BOURRER LE CRÂNE à qqn,* essayer de lui faire croire des choses fausses. STYLE FAMILIER *Arrête de lui BOURRER LE MOU,* de lui faire croire des choses fausses. **4.** *BOURRER (qqn) DE COUPS,* le frapper de beaucoup de coups. *Il l'a bourré de coups de poing et de coups de pied.* **5.** STYLE FAMILIER Faire vite, faire plus vite. *Il va falloir bourrer si l'on veut finir à temps.* → se **dépêcher,** se **presser.**
II. verbe pronominal SE BOURRER **1.** Manger en trop grande quantité. *Ne te bourre pas de pain avant le dîner.* → se **goinfrer.** *Elle s'est bourrée de pommes de terre.* **2.** STYLE TRÈS FAMILIER Boire trop d'alcool. → s'**enivrer.** *Elle s'est bourrée. – Elle s'est bourré la gueule.*

BOURRICHE [buʀiʃ] n. f. ▪ *UNE BOURRICHE :* grand panier sans anse servant à transporter du poisson, des coquillages. *J'ai acheté une bourriche d'huîtres pour le dîner.*

BOURRIQUE [buʀik] n. f. ▪ *UNE BOURRIQUE* **1.** Âne ou ânesse. – *Ma fille est têtue comme une bourrique,* elle est très têtue. – *FAIRE TOURNER (qqn) EN BOURRIQUE,* le rendre un peu fou à force de caprices, de taquineries. *Cette petite fille fait tourner sa mère en bourrique.* **2.** Personne bête et têtue. *Quelle bourrique !*

BOURRU [buʀy], **BOURRUE** [buʀy] adj. (après le nom) ▪ Peu aimable. ⟨contraires : affable, avenant⟩ *Ma tante est un peu bourrue, mais au fond c'est une brave femme.*

① **BOURSE** [buʀs] n. f. ▪ *UNE BOURSE* **1.** Petit sac de forme ronde, fermé par un cordon et dans lequel on met les pièces de monnaie. → **porte-monnaie.** *Elle range sa monnaie dans une bourse.* **2.** *À LA PORTÉE DE TOUTES LES BOURSES :* peu cher, bon marché. *Cette voiture n'est pas à la portée de toutes les bourses.* **3.** Somme d'argent que verse l'État à un élève pour l'aider à payer ses études. *Cet étudiant a obtenu une bourse.*

FAUX AMIS
italien **borsa** « sac » ; polonais **bursa** « pension »

② **BOURSE** [buʀs] n. f. ▪ *LA BOURSE* **1.** Marché public où se font des opérations financières ; le lieu de ce marché. *La Bourse de Paris, de Tokyo.* **2.** Ensemble des opérations traitées à la Bourse. *Cette société est COTÉE EN BOURSE. Elle suit les cours de la Bourse.* → **cote.** – *La Bourse monte, baisse,* les cours de la Bourse montent, baissent. *La chute de la Bourse.* → **krach.**

REM. Ce mot s'écrit avec une majuscule.

① **BOURSIER** [buʀsje] n. m. et adj., **BOURSIÈRE** [buʀsjɛʀ] n. f. et adj. **1.** *UN BOURSIER, UNE BOURSIÈRE :* une personne qui fait ses études et qui a obtenu une bourse de l'État. *Les boursiers sont souvent des élèves qui travaillent bien.* **2.** adjectif (après le nom) Qui a obtenu une bourse pour faire ses études. *Il y a trois élèves boursiers dans cette classe.*

② **BOURSIER** [buʀsje] n. m. et adj., **BOURSIÈRE** [buʀsjɛʀ] n. f. et adj. **1.** *UN BOURSIER, UNE BOURSIÈRE :* une personne qui exerce sa profession à la Bourse. *Les boursiers spéculent.* **2.** adjectif (après le nom) Relatif à la Bourse. *Les opérations boursières se font à la Bourse.*

BOURSOUFLÉ [buʀsufle], **BOURSOUFLÉE** [buʀsufle] adj. (après le nom) ▪ Gonflé par endroits. *Depuis son accident, elle a le visage boursouflé.* → **bouffi, enflé.**

BOURSOUFLURE [buʀsuflyʀ] n. f. ▪ *UNE BOURSOUFLURE :* gonflement que présente par endroits une surface plate. *On voit des boursouflures sur la peinture du mur.*

BOUSCULADE [buskylad] n. f. ▪ *LA BOUSCULADE* **1.** Mouvement désordonné d'une foule, de gens qui se poussent, se heurtent. *Comme les gens couraient tous vers la sortie de secours, il y a eu une bousculade. Je vais partir tôt, pour éviter la bousculade dans le métro.* → **cohue. 2.** Grande agitation. *Dans la bousculade du départ, nous avons oublié une valise.*

BOUSCULER [buskyle] verbe [conjugaison 1a] **1.** Pousser, heurter. *Un homme a bousculé tout le monde pour passer le premier.* **2.** Changer brutalement. *Ma grand-mère n'aime pas bousculer ses habitudes.* **3.** Obliger qqn à se dépêcher. *Ne me bousculez pas, laissez-moi réfléchir.* → **presser.** *Je n'ai pas pu vous téléphoner car j'ai été très bousculé ces jours derniers,* j'ai été très occupé par des choses urgentes. **4.** verbe pronominal SE BOUSCULER : se pousser, se heurter réciproquement. *Les gens se sont bousculés vers la sortie.* – (figuré) *Les idées se bousculent dans ma tête,* elles arrivent en grand nombre et se mélangent.

BOUSE [buz] n. f. ▪ *UNE BOUSE :* excrément des bovins (vaches, bœufs, taureaux, veaux). *L'agriculteur a marché dans une BOUSE DE VACHE.*

BOUSILLER [buzije] verbe [conjugaison 1a] ▪ STYLE FAMILIER Mettre en mauvais état. → **abîmer.** *Le chat a bousillé le canapé avec ses griffes. Ma montre est bousillée.* → STYLE FAMILIER **flinguer.**

BOUSSOLE [busɔl] n. f. ▪ *UNE BOUSSOLE :* un instrument qui sert à s'orienter grâce à une aiguille aimantée qui indique le nord. *L'explorateur a pu sortir de la forêt grâce à sa boussole.*

BOUSTIFAILLE [bustifaj] n. f. ▪ STYLE FAMILIER *LA BOUSTIFAILLE :* nourriture, repas. *À table ! c'est l'heure de la boustifaille.* → STYLE FAMILIER **bouffe.**

bout [bu] *Il bout, ça bout :* forme au présent du verbe **bouillir.**

BOUT [bu] n. m. **1.** *UN BOUT :* partie de qqch. → **morceau.** *La couturière a fait une robe de poupée avec un bout de tissu. Elle mange un bout de pain avec du chocolat. La liste des courses est écrite sur un bout de papier. Ça fait un bout de temps que je t'attends,* un long moment. **2.** *LE BOUT :* partie qui termine un objet dans le sens de la longueur. *Les enfants utilisent des ciseaux à bout rond. Le bébé a le bout du nez tout froid. Les enfants sont assis EN BOUT DE table. Sa chambre est AU BOUT DU couloir. – Mettez les planches BOUT À BOUT* [butabu]. – *Le directeur est dérangé À TOUT BOUT DE CHAMP,* tout le temps, à chaque instant. **3.** *AU BOUT de :* la fin d'une durée. *Les spectateurs sont restés JUSQU'AU BOUT. Je suis parti au bout d'un moment. – Le coureur est À BOUT DE FORCES,* il n'a plus de forces, il est exténué. *Ma patience est À BOUT,* je n'ai plus de patience. *Les élèves ont POUSSÉ leur professeur À BOUT,* ils l'ont exaspéré et fait perdre patience. **4.** STYLE FAMILIER *Mettre les bouts :* s'en aller. *Allez, on met les bouts.*

BOUTADE [butad] n. f. ▪ *UNE BOUTADE :* chose dite pour plaisanter. → **plaisanterie.** *Ce n'est pas vrai, c'est une boutade.*

BOUTE-EN-TRAIN [butɑ̃tʀɛ̃] n. m. invariable ▪ *UN BOUTE-EN-TRAIN :* une personne qui met de la gaieté, de l'animation autour d'elle. *C'est un boute-en-train.* PLURIEL : *des boute-en-train.*

BOUTEILLE [butɛj] n. f. ▪ *UNE BOUTEILLE* **1.** Récipient au goulot étroit, en verre ou en plastique, destiné à contenir un liquide. *J'ai acheté une bouteille de vin et deux bouteilles de jus de fruit. Il reste une bouteille de bière.* → **canette.** *Le vigneron met du vin EN BOUTEILLES. Il boit À LA BOUTEILLE.* **2.** Contenu d'une bouteille. *Les invités ont bu deux bouteilles de champagne.* **3.** Récipient en métal destiné à contenir un gaz sous pression ou de l'air liquide. *Il faut changer la bouteille de gaz de la cuisinière. Le plongeur saute dans l'eau avec ses bouteilles d'oxygène sur le dos.*

BOUTIQUE [butik] n. f. ▪ *UNE BOUTIQUE* **1.** Local situé au rez-de-chaussée, dans lequel un commerçant ou un artisan vend sa marchandise. → **magasin.** *L'épicier a fait repeindre sa boutique. Nous avons acheté des cadeaux dans les boutiques de l'aéroport.* **2.** STYLE FAMILIER *PARLER BOUTIQUE :* parler de son travail. *Ils ont parlé boutique toute la soirée.*

> FAUX AMI
> portugais **botica** « pharmacie »

BOUTON [butɔ̃] n. m. ▪ *UN BOUTON* **1.** Bourgeon qui va donner naissance à une fleur. *Ce bouton de rose est ravissant. Les pivoines sont EN BOUTONS.* **2.** Petit objet, le plus souvent rond, servant à fermer un vêtement grâce à une boutonnière ou à une bride. *La couturière coud les boutons du manteau.* **3.** Partie d'un mécanisme ou d'un appareil électrique que l'on tourne ou sur lequel on appuie pour le faire fonctionner. *Le facteur appuie sur le bouton de la sonnette. Tourne le bouton de gauche pour allumer la radio.* **4.** Petite grosseur à la surface de la peau. *Ce jeune homme a des boutons sur le visage. Le bébé a une éruption de boutons sur tout le corps.* → **pustule.**

BOUTON-D'OR [butɔ̃dɔʀ] n. m. ▪ *UN BOUTON-D'OR :* fleur des champs jaune doré. → **renoncule.** PLURIEL : *les BOUTONS-D'OR poussent au printemps.*

BOUTONNÉ [butɔne], **BOUTONNÉE** [butɔne] adj. (après le nom) ▪ Qui se ferme avec des boutons. *Elle a une robe boutonnée devant.*

BOUTONNER [butɔne] verbe [conjugaison 1a] **1.** Fermer (un vêtement) avec des boutons. *Boutonne ton manteau, il fait froid.* ⟨contraire : déboutonner⟩ **2.** verbe pronominal SE BOUTONNER : (vêtement) être fermé par des boutons. *Sa robe se boutonne devant.*

BOUTONNEUX [butɔnø], **BOUTONNEUSE** [butɔnøz] adj. (après le nom) ▪ Qui a des boutons sur la peau. *Les adolescents sont souvent boutonneux. – Il a un visage boutonneux.*

BOUTONNIÈRE [butɔnjɛʀ] n. f. ▪ *UNE BOUTONNIÈRE :* petite fente faite dans un vêtement pour y passer un bouton. *Sa veste a trois boutonnières.*

BOUTURE [butyʀ] n. f. ▪ *UNE BOUTURE :* morceau d'une plante que l'on met dans la terre pour former une nouvelle plante. *Le jardinier fait des boutures de géranium.*

BOVIN [bɔvɛ̃] adj. et n. m., **BOVINE** [bɔvin] adj. **1.** (après le nom) Qui a rapport aux animaux de l'espèce du bœuf. *Il y a de nombreuses races bovines. Dans cette région, on pratique l'élevage bovin. – Elle a un REGARD BOVIN,* morne et bête. **2.** (au pluriel) *LES BOVINS :* les animaux de l'espèce du bœuf. *Les vaches, les bisons, les buffles, les zébus sont des bovins.*

BOWLING [buliŋ] n. m. ▪ *LE BOWLING* **1.** Jeu qui consiste à faire tomber des quilles au bout d'une piste en lançant une grosse boule percée de trois trous pour les doigts. *Ils aiment jouer au bowling.* **2.** Local où sont installées des pistes pour jouer au bowling. *Ils vont souvent au bowling.*

REM. *Bowling* est un mot anglais et le bowling est un jeu américain.

BOX [bɔks] n. m. ▪ *UN BOX* **1.** Endroit où l'on loge un seul cheval. *La jument est dans son box.* **2.** Endroit d'un garage délimité par deux cloisons. *L'automobiliste gare sa voiture dans son box.* **3.** *Il est dans le BOX DES ACCUSÉS,* dans l'endroit où sont les accusés pendant leur procès.

REM. Le pluriel anglais *(des boxes)* est à éviter, tous les mots français terminés par *x* étant invariables. On dit donc *des box.*

BOXE [bɔks] n. f. ▪ *LA BOXE :* sport de combat qui oppose deux adversaires portant des gants spéciaux, qui se battent à coups de poing. *Les boxeurs ont mis leurs GANTS DE BOXE. Les combats de boxe ont lieu sur un ring. Le match de boxe est en cinq rounds.*

> FAUX AMI
> anglais **box** « boîte »

BOXER [bɔksɛʀ] n. m. ▪ *UN BOXER :* short léger, doublé d'un slip avec lequel on se baigne. *Le boxer ressemble à un caleçon.*

REM. *Boxer* est un mot anglais, abréviation de *boxer-short.*

BOXEUR [bɔksœʀ] n. m. ▪ *UN BOXEUR :* une personne qui fait de la boxe. *Les deux boxeurs sont montés sur le ring.*

BOXON [bɔksɔ̃] n. m. ▪ STYLE TRÈS FAMILIER *UN BOXON :* désordre. *Qu'est-ce que c'est que ce boxon ?* → **bazar ;** STYLE TRÈS FAMILIER **bordel.**

BOYAU [bwajo] n. m. ▪ *UN BOYAU* **1.** Intestin d'un animal. *On utilise les boyaux de porc et de veau dans la fabrication du saucisson et du boudin. Les cordes des instruments de musique et des raquettes de tennis sont faites avec des boyaux.* **2.** Pneu très mince, sans chambre à air, d'une bicyclette de course. *Le cycliste examine les boyaux de son vélo avant de prendre le départ.* **3.** Passage long et étroit. *La rue se termine en boyau.*

BOYCOTTER [bɔjkɔte] verbe [conjugaison 1a] ▪ Refuser d'avoir des relations avec un pays ou un groupe, d'acheter un produit ou de participer à des manifestations, pour montrer son mécontentement. *Ce pays a boycotté les Jeux olympiques.*

BOY-SCOUT → **scout**

B. P. [bepe] n. f. Sigle de **B**oîte **p**ostale.

BRACELET [bʀaslɛ] n. m. ▪ *UN BRACELET* **1.** Bijou que l'on porte autour du poignet. *Elle a un bracelet en or.* **2.** Bande de cuir, de tissu ou de métal qui tient la montre au poignet. *J'ai changé le bracelet de ma montre.*

BRACELET-MONTRE [bʀaslɛmɔ̃tʀ] n. m. ▪ *UN BRACELET-MONTRE :* montre attachée à un bracelet. *Mes parents m'ont offert un bracelet-montre pour mon anniversaire.* PLURIEL : *des BRACELETS-MONTRES.*

REM. On dit aussi *une montre-bracelet.*

BRACONNER [bʀakɔne] verbe [conjugaison 1a] ▪ Chasser, pêcher sans en avoir le droit. *Le garde-chasse a surpris des gens qui braconnaient dans la forêt.*

BRACONNIER [bʀakɔnje] n. m., **BRACONNIÈRE** [bʀakɔnjɛʀ] n. f. ▪ *UN BRACONNIER, UNE BRACONNIÈRE :* une personne qui braconne. *Les braconniers posent des pièges.*

BRADER [bʀade] verbe [conjugaison 1a] ■ Vendre (qqch.) moins cher pour se débarrasser. → **liquider.** *En juillet, les commerçants bradent les robes d'été qu'ils n'ont pas vendues.* → **solder.**

FAUX AMI
portugais **bradar**
« crier, s'exclamer »

BRADERIE [bʀadʀi] n. f. ■ *UNE BRADERIE :* foire où l'on vend tout à bas prix. *J'ai acheté des verres à la braderie.*

BRAGUETTE [bʀagɛt] n. f. ■ *UNE BRAGUETTE :* ouverture sur le devant d'un pantalon. *Le petit garçon a oublié de fermer sa braguette.*

BRAHMANE [bʀaman] n. m. ■ *UN BRAHMANE :* membre de la première des castes de l'Inde. *Il est brahmane.*

BRAHMANISME [bʀamanism] n. m. ■ *LE BRAHMANISME :* système social et religieux de l'Inde caractérisé par la suprématie des brahmanes. *Les adeptes du brahmanisme.*

BRAILLARD [bʀajaʀ], **BRAILLARDE** [bʀajaʀd] adj. (après le nom) ■ STYLE FAMILIER Qui braille. *Les enfants braillards sont pénibles dans les lieux publics.*

BRAILLE [bʀaj] n. m. ■ *LE BRAILLE :* écriture à base de points en relief utilisée par les aveugles. *Elle sait lire le braille. Ce livre est imprimé en braille.*

REM. Le braille a été inventé par Louis *Braille.*

BRAILLEMENT [bʀajmɑ̃] n. m. ■ *UN BRAILLEMENT :* cri de qqn qui braille. *Les braillements du bébé sont fatigants.*

BRAILLER [bʀaje] verbe [conjugaison 1a] ■ STYLE FAMILIER Crier fort, parler ou chanter en criant. *Arrêtez de brailler comme ça, on ne s'entend plus !* → **hurler ;** STYLE FAMILIER **gueuler.**

BRAIRE [bʀɛʀ] verbe [conjugaison 50] **1.** (âne) Pousser son cri. *L'âne brait.* **2.** STYLE FAMILIER *FAIRE BRAIRE qqn,* l'importuner, l'ennuyer énormément. *Fiche-moi la paix, tu me fais braire.*

REM. *Braire* s'emploie surtout au présent et à l'infinitif.

BRAISE [bʀɛz] n. f. ■ *LA BRAISE :* ensemble de morceaux de bois qui brûlent encore mais sans faire de flammes. *La côte de bœuf cuit sur la braise du barbecue.* – *Elle a des YEUX DE BRAISE,* des yeux noirs et brillants.

BRAISÉ [bʀeze], **BRAISÉE** [bʀeze] adj. (après le nom) ■ Cuit sans eau et à feu doux dans un récipient. *Le cuisinier a préparé des endives braisées.*

BRAMER [bʀame] verbe [conjugaison 1a] ■ (cerf) Pousser son cri. *La biche brame.*

BRANCARD [bʀɑ̃kaʀ] n. m. ■ *UN BRANCARD* **1.** Sorte de lit sans pieds, formé d'une toile tendue entre deux barres et porté par deux personnes. → **civière.** *Le blessé a été transporté sur un brancard.* **2.** Chacune des deux barres de bois d'un attelage entre lesquelles on attache un âne, un cheval, un bœuf. *Le cheval est attelé au brancard.* – *Il a RUÉ DANS LES BRANCARDS :* il s'est révolté.

BRANCARDIER [bʀɑ̃kaʀdje] n. m., **BRANCARDIÈRE** [bʀɑ̃kaʀdjɛʀ] n. f. ■ *UN BRANCARDIER, UNE BRANCARDIÈRE :* une personne qui porte un brancard, une civière. *Les brancardiers ont transporté le blessé dans l'ambulance.*

BRANCHAGES [bʀɑ̃ʃaʒ] n. m. pluriel ■ *LES BRANCHAGES :* ensemble de branches coupées. *Les enfants ramassent des branchages bien secs pour faire du feu.*

BRANCHE [bʀɑ̃ʃ] n. f. ■ *UNE BRANCHE* **1.** Partie d'un arbre qui part du tronc et qui porte les feuilles, les fleurs, les fruits. *L'écureuil saute de branche en branche.* **2.** Chacune des deux tiges d'un objet qui partent d'un axe ou du centre. *J'ai cassé une branche de mes lunettes.* **3.** *Une branche de la famille a émigré aux États-Unis au début du siècle,* une partie de la famille. **4.** Partie d'un domaine, d'un secteur. *« Dans quelle branche travaillez-vous ? – Dans l'automobile. »*

BRANCHÉ [bʀɑ̃ʃe], **BRANCHÉE** [bʀɑ̃ʃe] adj. (après le nom) ■ STYLE FAMILIER **1.** (qqn) Qui est informé de tout ce qui est actuel, à la mode. *C'est un jeune homme branché. Pour ça, je crois que je ne suis pas branché.* **2.** Qui est à la mode. *Nous avons dîné dans un restaurant branché.* ⟨contraire : ringard⟩

BRANCHEMENT [bʀɑ̃ʃmɑ̃] n. m. ■ *UN BRANCHEMENT :* action de brancher. *Un employé est venu faire le branchement du téléphone,* il a relié la ligne téléphonique au réseau.

BRANCHER [bʀɑ̃ʃe] verbe [conjugaison 1a] **1.** Raccorder (un appareil, une canalisation) à un circuit. *L'employé a branché le téléphone. Je branche l'aspirateur (sur la prise).* ⟨contraire : débrancher⟩ **2.** Faire aller dans un certain sens. → **orienter.** *Le journaliste a branché le débat sur l'économie.* **3.** STYLE FAMILIER Intéresser vivement. *Est-ce que ça te branche d'aller au cinéma ce soir ?,* est-ce que ça te plaît ? **4.** verbe pronominal SE BRANCHER : (qqch.) pouvoir être branché. *Son rasoir électrique se branche sur l'allume-cigare de sa voiture.*

BRANCHIE [bʀɑ̃ʃi] n. f. ■ *UNE BRANCHIE :* organe avec lequel respirent les poissons et les animaux qui vivent dans l'eau. *Les poissons, les grenouilles, les crabes, les huîtres respirent avec leurs branchies.*

BRANDIR [bʀɑ̃diʀ] verbe [conjugaison 2] ■ Agiter (qqch.) en tenant en l'air, de façon menaçante. *Les manifestants brandissent des pancartes.*

BRANLANT [bʀɑ̃lɑ̃], **BRANLANTE** [bʀɑ̃lɑ̃t] adj. (après le nom) ■ (qqch.) Qui ne tient pas bien, est instable. ⟨contraire : stable⟩ *Ne vous asseyez pas sur cette chaise branlante.* → **bancal.**

BRANLE-BAS [bʀɑ̃lba] n. m. invariable ■ *UN BRANLE-BAS (DE COMBAT) :* agitation désordonnée avant de faire quelque chose. → **remue-ménage.** *Quel branle-bas de combat dans la cuisine quand tout le monde s'est mis à faire la vaisselle !* PLURIEL : *des branle-bas.*

BRANLER [bʀɑ̃le] verbe [conjugaison 1a] **1.** *BRANLER LA TÊTE,* la remuer d'avant en arrière ou de gauche à droite. *Le vieux monsieur branle la tête en écoutant la radio.* **2.** Bouger, ne pas être stable. *La table branle un peu, il faut mettre une cale.* **3.** STYLE TRÈS FAMILIER Faire. *Qu'est-ce que tu branles ?* → STYLE FAMILIER **fiche ;** STYLE TRÈS FAMILIER **foutre, glander.** *J'en ai rien à branler :* cela m'est égal. → STYLE TRÈS FAMILIER **battre, cirer.** **4.** STYLE TRÈS FAMILIER verbe pronominal SE BRANLER : se masturber.

BRANLEUR [bʀɑ̃lœʀ] n. m., **BRANLEUSE** [bʀɑ̃løz] n. f. ■ STYLE FAMILIER *UN BRANLEUR, UNE BRANLEUSE :* une personne qui ne fait rien de son temps. → **flemmard ;** STYLE FAMILIER **glandeur.** *Quel branleur !*

BRAQUAGE [bʀakaʒ] n. m. ■ *LE BRAQUAGE* **1.** Action de braquer les roues d'un véhicule. *Cette voiture a un grand RAYON DE BRAQUAGE,* les roues décrivent un grand cercle quand le volant est manœuvré à fond. **2.** STYLE FAMILIER Attaque à main armée. *Le voleur a été condamné pour le braquage d'une banque.*

BRAQUER [bʀake] verbe [conjugaison 1a] **1.** Tourner (une arme à feu, un appareil) dans une direction. *Le voleur a braqué son revolver sur le gardien.* **2.** (regard) Fixer. *Tous les regards sont braqués sur la princesse.* **3.** STYLE FAMILIER Attaquer à main armée.

Des voyous ont braqué une bijouterie. 4. Changer la direction des roues d'un véhicule en tournant le volant. *L'automobiliste braque pour se garer.* 5. verbe pronominal SE BRAQUER : (qqn) se buter, s'opposer obstinément. → se **bloquer.** *Ma fille ne comprend rien en mathématiques parce qu'elle s'est braquée.*

BRAQUEUR [brakœr] n. m., **BRAQUEUSE** [brakøz] n. f. ▪ STYLE FAMILIER *UN BRAQUEUR, UNE BRAQUEUSE* : une personne qui attaque avec une arme pour voler. *Les braqueurs ont été condamnés à cinq ans de prison.*

BRAS [bra] n. m. ▪ *LE BRAS* 1. Chacun des deux membres supérieurs des êtres humains, qui est attaché à l'épaule et se termine par la main. *La mère tient son enfant dans les bras. Les élèves sont assis les bras croisés. Les deux amoureux sont tombés dans les bras l'un de l'autre. La mariée entre dans l'église AU BRAS DE son père,* en lui tenant le bras. *Les deux amies sont parties BRAS DESSUS BRAS DESSOUS,* en se donnant le bras. – *Le directeur A LE BRAS LONG,* il a beaucoup d'influence. *IL RESTE LES BRAS CROISÉS* : il attend sans rien faire. *Elle a BAISSÉ LES BRAS* : elle renonce à lutter. *LES BRAS M'EN TOMBENT* : je suis stupéfait. 2. Personne qui travaille, agit. *L'agriculture a besoin de bras. Elle est le BRAS DROIT du directeur,* elle est sa collaboratrice la plus proche. 3. Accoudoir. *Les bras du fauteuil sont en bois.* 4. *UN BRAS DE MER* : étroite étendue de mer entre deux terres. → **détroit.** *Nous avons traversé un bras de mer.*

> FAUX AMIS
> anglais **bra** « soutien-gorge » ; russe **бра** « lampe fixée au mur »

BRASIER [brazje] n. m. ▪ *UN BRASIER* : ensemble des objets ou des matières en train de brûler dans un incendie. *En quelques minutes, la maison est devenue un gigantesque brasier.*

À **BRAS-LE-CORPS** [abralkɔr] adverbe ▪ Avec les bras et par le milieu du corps. *Le catcheur a saisi son adversaire à bras-le-corps.*

BRASSARD [brasar] n. m. ▪ *UN BRASSARD* : bande de tissu que l'on met autour du bras et qui sert d'insigne. *On reconnaît les sauveteurs à leur brassard.*

BRASSE [bras] n. f. ▪ *LA BRASSE* : nage sur le ventre, où l'on avance en étendant puis en pliant les bras et les jambes. *Il sait nager la brasse et le crawl.*

BRASSER [brase] verbe [conjugaison 1a] 1. *BRASSER LA BIÈRE,* la fabriquer. *On brasse la bière en Flandre et en Alsace* (→ **brasserie**). 2. Remuer en mélangeant. *Le linge est brassé dans la machine à laver. Le prestidigitateur brasse les cartes.* 3. *BRASSER DE L'ARGENT* : disposer de beaucoup d'argent pour faire des affaires. *Les banquiers brassent des milliards.*

BRASSERIE [brasri] n. f. ▪ *UNE BRASSERIE* 1. Usine où l'on fabrique de la bière. *Les écoliers ont visité une brasserie en Alsace.* 2. Grand café-restaurant. *Nous avons mangé une choucroute dans une brasserie.*

BRASSEUR [brasœr] n. m., **BRASSEUSE** [brasøz] n. f. ▪ *UN BRASSEUR, UNE BRASSEUSE* : une personne qui fabrique de la bière. *Les brasseurs français sont installés en Flandre et en Alsace.*

BRASSIÈRE [brasjɛr] n. f. ▪ *UNE BRASSIÈRE* : petite chemise de bébé qui se ferme dans le dos. *Le bébé a une brassière en coton.*

> FAUX AMI
> anglais **brassière** « soutien-gorge »

BRATISLAVA [bratislava] nom propre – en hongrois **POSZONY** ▪ Capitale de la Slovaquie, sur le Danube. *Nous sommes allés à Bratislava. Bratislava s'appelait autrefois Presbourg.*

BRAVADE [bravad] n. f. ▪ *PAR BRAVADE* : pour montrer son courage, pour se faire admirer ou impressionner les autres. *Le nageur a sauté du grand plongeoir par bravade.*

BRAVE [brav] adj. 1. (après le nom) Qui est courageux au combat, ne recule pas devant un danger. ⟨contraires : lâche, peureux⟩ *C'est un soldat brave et décidé* (→ **bravoure**). *Le taureau était brave* (corrida). 2. (avant le nom) Honnête et bon. *C'est une brave femme qui aime rendre service.* → **gentil.**

> FAUX AMI
> italien **bravo** « calé, fort »

BRAVEMENT [bravmɑ̃] adverbe ▪ Avec courage. → **courageusement, vaillamment.** *Les soldats ont combattu bravement.*

BRAVER [brave] verbe [conjugaison 1a] 1. Affronter courageusement (qqch. de dangereux). *Les marins ont bravé la tempête.* 2. Ne pas respecter en montrant que l'on n'a pas peur des conséquences. *Personne n'ose braver les ordres du directeur.*

BRAVO [bravo] interjection et n. m. 1. interjection *BRAVO !* mot que l'on dit pour féliciter qqn ou que l'on crie à la fin d'un spectacle que l'on a aimé. *Bravo ! tu es le meilleur !* 2. *UN BRAVO* : un applaudissement. *Les bravos ont duré dix minutes.*

BRAVOURE [bravur] n. f. ▪ *LA BRAVOURE* 1. Qualité d'une personne brave, courageuse. *Les soldats se sont battus avec bravoure.* → **courage, héroïsme, vaillance.** ⟨contraire : lâcheté⟩ 2. *Un MORCEAU DE BRAVOURE* : passage d'une œuvre particulièrement brillant qui attire les bravos. *La tirade du nez est le morceau de bravoure de « Cyrano de Bergerac ».*

BREAK [brɛk] n. m. ▪ *UN BREAK* : voiture en forme de fourgonnette, à l'arrière vitré. *Est-ce qu'on peut transporter une armoire dans ce break ?*

REM. *Break* est un mot anglais.

BREBIS [brəbi] n. f. ▪ *UNE BREBIS* : mouton femelle. *Le bélier, la brebis et son agneau sont dans le pré. Ce fromage est fait avec du lait de brebis.*

BRÈCHE [brɛʃ] n. f. ▪ *UNE BRÈCHE* 1. Trou dans un mur ou dans une clôture. *Les ouvriers ont colmaté la brèche ouverte par les vagues dans la digue.* 2. STYLE RECHERCHÉ *BATTRE EN BRÈCHE* : attaquer vivement. *Le président a été battu en brèche par ses opposants politiques.* 3. *ÊTRE TOUJOURS SUR LA BRÈCHE* : être toujours en train de travailler, toujours en action. *Un médecin de campagne est toujours sur la brèche.*

BREDOUILLE [brəduj] adj. (après le nom) ▪ *REVENIR, RENTRER BREDOUILLE* : ne rien rapporter (de la chasse, de la pêche), ne rien avoir obtenu (d'une démarche, d'une entrevue). *Les pêcheurs sont rentrés bredouilles,* sans poisson.

BREDOUILLEMENT [brədujmɑ̃] n. m. ▪ *UN BREDOUILLEMENT* : ensemble de paroles confuses. → **balbutiement.** *Je n'ai rien compris à ses bredouillements.*

BREDOUILLER [brəduje] verbe [conjugaison 1a] ▪ Dire d'une façon incompréhensible en bafouillant. *Il a bredouillé des excuses que personne n'a comprises.*

BREF [brɛf] adj. et adverbe, **BRÈVE** [brɛv] adj.
I. adjectif 1. (avant ou après le nom) Qui ne dure pas longtemps. → **court.** ⟨contraire : long⟩ *Un bref instant, j'ai cru que j'allais tomber* (→ **brièveté**). *L'entretien a été bref.* – *Elle a reçu une lettre brève,* une lettre courte. 2. (après le nom) (qqn) Qui ne perd pas de temps, ne fait pas de long discours. *Soyez bref !*
II. adverbe Pour résumer en peu de mots, pour conclure la discussion. *Bref, il n'y a rien de changé.*

BRELOQUE [bʀəlɔk] n. f. ▪ *UNE BRELOQUE* : petit bijou accroché à un bracelet, à un collier, à une chaîne. *Elle a un bracelet à breloques.*

BRÉSIL [bʀezil] nom propre masculin – en portugais **BRASIL** ▪ *LE BRÉSIL* : pays d'Amérique du Sud, dont la capitale est Brasília. *Ils vont au Brésil, pour le carnaval de Rio. Je reviens du Brésil.*

BRÉSILIEN [bʀeziljɛ̃] adj. et n. m., **BRÉSILIENNE** [bʀeziljɛn] adj. et n. f. **1.** (après le nom) Du Brésil. *La samba est une danse brésilienne.* **2.** *UN BRÉSILIEN, UNE BRÉSILIENNE* : un habitant, une habitante du Brésil. *Les Brésiliens.* **3.** nom masculin *LE BRÉSILIEN* : le portugais parlé au Brésil.

BRETELLE [bʀətɛl] n. f. ▪ *UNE BRETELLE* **1.** Chacune des deux bandes de tissu qui passent sur les épaules et retiennent certains sous-vêtements ou vêtements féminins. *La jeune fille a une robe à bretelles. Une bretelle de son soutien-gorge s'est cassée.* → **épaulette.** **2.** (au pluriel) DES BRETELLES ou UNE PAIRE DE BRETELLES : bandes élastiques passant sur les épaules servant à retenir un pantalon ou une jupe. *Fais-tu tenir ton pantalon avec une ceinture ou avec des bretelles ?* **3.** Bande de cuir ou de tissu que l'on passe sur les épaules pour porter un objet lourd ou encombrant. *Le chasseur porte son fusil par la bretelle. Les sacs à dos ont des bretelles.* **4.** Route très courte qui relie une route à une autoroute. *La voiture s'est engagée sur la bretelle de l'autoroute.*

BRETON [bʀətɔ̃] adj. et n. m., **BRETONNE** [bʀətɔn] adj. et n. f. **1.** (après le nom) De Bretagne, région de l'ouest de la France. *Aimes-tu les crêpes bretonnes ?* **2.** *UN BRETON, UNE BRETONNE* : un habitant, une habitante de Bretagne. *Les Bretons.* **3.** nom masculin *LE BRETON* : langue celtique parlée en Bretagne.

BRETZEL [bʀɛtzɛl] n. m. ▪ *UN BRETZEL* : biscuit léger en forme de huit ou de petit bâton, avec des grains de sel. *Vous nous donnerez des bretzels avec l'apéritif.*

REM. *Bretzel* est un mot alsacien qui vient de l'allemand *Brezel.*

BREUVAGE [bʀœvaʒ] n. m. ▪ *UN BREUVAGE* : boisson spéciale au goût bizarre. *Quel est cet infâme breuvage ?*

FAUX AMI
anglais **beverage** « boisson non alcoolisée »

brève adj. → **bref**

BREVET [bʀəvɛ] n. m. ▪ *UN BREVET* **1.** Diplôme prouvant que l'on a réussi un examen. *En France, à la fin de la classe de 3ᵉ, on passe le BREVET DES COLLÈGES. Pour conduire un avion, il faut avoir son BREVET DE PILOTE.* **2.** *BREVET D'INVENTION* : document officiel prouvant qu'une personne a inventé qqch. *L'inventeur a déposé son brevet.*

BREVETER [bʀəvte] verbe [conjugaison 4b] ▪ Protéger (une invention) par un brevet d'invention. *L'inventeur a fait breveter son appareil. Ce procédé est breveté.*

REM. *Breveter* s'emploie surtout à l'infinitif et au participe passé.

BRÉVIAIRE [bʀevjɛʀ] n. m. ▪ *UN BRÉVIAIRE* : livre contenant les prières que les prêtres catholiques doivent lire chaque jour. *Le curé marche en lisant son bréviaire.*

BRIBES [bʀib] n. f. pluriel ▪ *DES BRIBES DE CONVERSATION* : des fragments de conversation. *J'entends derrière la porte des bribes de leur conversation.*

BRIC-À-BRAC [bʀikabʀak] n. m. invariable ▪ *UN BRIC-À-BRAC* : ensemble de vieux objets en désordre. → **bazar.** *Quel bric-à-brac dans la cave !* PLURIEL : *des bric-à-brac.*

BRICOLAGE [bʀikɔlaʒ] n. m. ▪ *LE BRICOLAGE* **1.** Action de bricoler, habitude de bricoler. *Le voisin fait du bricolage tous les dimanches.* **2.** Réparation peu soignée, peu solide ou mal faite. *Ça ne tiendra jamais, c'est du bricolage !*

BRICOLE [bʀikɔl] n. f. ▪ *UNE BRICOLE* : petit objet sans valeur, petite chose sans importance. *J'ai acheté une bricole pour ta fille. Nous nous sommes disputés pour une bricole.* → **broutille.** – STYLE FAMILIER *Il va t'ARRIVER DES BRICOLES*, des ennuis.

BRICOLER [bʀikɔle] verbe [conjugaison 1a] **1.** Faire de petits travaux manuels pour installer, réparer. *Le voisin bricole dans son garage.* **2.** Installer, réparer (qqch.) comme on peut, avec ingéniosité. *L'automobiliste a bricolé le moteur de sa voiture.*

BRICOLEUR [bʀikɔlœʀ] n. m., **BRICOLEUSE** [bʀikɔløz] n. f. ▪ *UN BRICOLEUR, UNE BRICOLEUSE* : une personne qui aime bricoler, qui aime faire de petits travaux manuels pour réparer ou installer qqch. *Notre voisin est un bricoleur très habile.*

BRIDE [bʀid] n. f. ▪ *UNE BRIDE* **1.** Partie du harnais attachée à la tête du cheval et qui sert à le diriger. *Le cavalier tient son cheval par la bride.* – *Avoir LA BRIDE SUR LE COU* : être libre, pouvoir faire ce que l'on veut. *Le cheval court À BRIDE ABATTUE*, très vite. **2.** Petit anneau de tissu ou de fil servant à retenir un bouton, une agrafe. *Les boutons de sa veste de fourrure s'attachent avec des brides.*

BRIDÉ [bʀide], **BRIDÉE** [bʀide] adj. (après le nom) ▪ *YEUX BRIDÉS*, dont les paupières semblent tirées sur le côté, vers les tempes. *De nombreux Asiatiques ont les yeux bridés.*

① **BRIDGE** [bʀidʒ] n. m. ▪ *LE BRIDGE* : jeu de cartes qui se joue à quatre et dans lequel il faut faire le nombre de plis que l'on a annoncé. *Ils jouent au bridge toutes les semaines. Les joueurs sont autour de la table de bridge.*

② **BRIDGE** [bʀidʒ] n. m. ▪ *UN BRIDGE* : appareil dentaire qui sert à tenir une fausse dent. *Le dentiste lui a posé un bridge en porcelaine.*

BRIE [bʀi] n. m. ▪ *LE BRIE* : fromage fait avec du lait de vache, à pâte molle, en forme de grand cercle. *Voulez-vous du brie ou du camembert ?*

REM. Le brie est fabriqué dans la Brie, région française de l'est du Bassin parisien.

BRIÈVEMENT [bʀijɛvmɑ̃] adverbe ▪ En peu de mots. *Dis-moi brièvement ce qui s'est passé.* ⟨contraire : longuement⟩

BRIÈVETÉ [bʀijɛvte] n. f. ▪ *LA BRIÈVETÉ* : caractère de ce qui est bref, ne dure pas longtemps. *La brièveté de sa visite nous a surpris. Tout le monde a apprécié la brièveté de son discours.* ⟨contraire : longueur⟩

BRIGADE [bʀigad] n. f. ▪ *UNE BRIGADE* **1.** Unité à l'intérieur d'une division, dans l'armée. *Son père est GÉNÉRAL DE BRIGADE.* **2.** Petit groupe d'hommes sous les ordres d'un chef. *La BRIGADE DE GENDARMERIE est sur le lieu de l'accident.*

BRIGADIER [bʀigadje] n. m. ▪ *UN BRIGADIER* **1.** Militaire ayant le grade le moins élevé. *Son frère est brigadier.* **2.** Chef d'une brigade de gendarmerie. *Demandez l'autorisation au brigadier.*

BRIGAND [bʀigɑ̃] n. m. ▪ *UN BRIGAND* **1.** Personne qui appartenait à une bande armée qui volait et pillait. → **bandit, malfaiteur, voleur.** *La diligence a été attaquée par des brigands. Cette forêt était autrefois un REPAIRE DE BRIGANDS.* **2.** Personne malhonnête. → **escroc.** *Ce commerçant est un brigand.*

BRIGANDAGE [bʀigɑ̃daʒ] n. m. ▪ *LE BRIGANDAGE :* vol, pillage fait avec violence par des gens armés. *Ils sont accusés d'actes de brigandage.*

BRIGUER [bʀige] verbe [conjugaison 1b] ▪ STYLE RECHERCHÉ Vouloir absolument obtenir (un avantage). *Le maire du village briguait un siège de député.*

FAUX AMI
portugais **brigar** « se bagarrer »

BRILLAMMENT [bʀijamɑ̃] adverbe ▪ D'une manière brillante, remarquable. *Ma fille a été brillamment reçue à son examen. Il a brillamment réussi.*

① **BRILLANT** [bʀijɑ̃], **BRILLANTE** [bʀijɑ̃t] adj. **1.** (après le nom) Qui brille. → **étincelant.** *L'or est un métal brillant.* (contraire : terne) **2.** (avant ou après le nom) Qui se fait remarquer par sa perfection. *Ce diplomate fait une brillante carrière.* → **remarquable.** *Ce journaliste a une conversation brillante. Je l'ai trouvée brillante dans ce débat. Son fils est un brillant élève.* (contraire : médiocre) – *Sa santé n'est guère brillante,* elle est mauvaise.

② **BRILLANT** [bʀijɑ̃] n. m. ▪ *UN BRILLANT* **1.** Éclat de ce qui brille. *Ce shampoing donne du brillant aux cheveux.* **2.** Petit diamant taillé. *Sa bague a trois brillants.*

BRILLANTINE [bʀijɑ̃tin] n. f. ▪ *LA BRILLANTINE :* produit que l'on met sur les cheveux pour les rendre brillants. *Le danseur se met de la brillantine sur les cheveux.*

BRILLER [bʀije] verbe [conjugaison 1a] **1.** Émettre ou renvoyer une lumière vive. → **étinceler, luire, scintiller.** *Le soleil brille dans le ciel. Il faut bien cirer ses chaussures pour les faire briller.* **2.** (qqn) Se faire remarquer par ses qualités, son talent. *Le candidat a brillé à son examen. Il faut que vous brilliez dans la conversation pour que l'on vous remarque.*

BRIMADE [bʀimad] n. f. ▪ *UNE BRIMADE :* action de maltraiter quelqu'un, de lui faire du mal pour l'humilier, le vexer. *Ce garçon a subi des brimades.*

BRIMER [bʀime] verbe [conjugaison 1a] ▪ Empêcher (qqn) de faire ce qu'il veut en lui imposant sa volonté. *Son chef de service la brime. Elle se sent brimée par son mari.*

BRIN [bʀɛ̃] n. m. ▪ *UN BRIN* **1.** Tige fine, jeune pousse (d'une plante) qui sort de terre. *Des pâquerettes poussent au milieu des brins d'herbe. Le 1er mai, on offre un brin de muguet.* **2.** Filament de chanvre ou de lin. *Une corde est faite de plusieurs brins.* **3.** Petite quantité. *Il n'y a pas un brin de vent aujourd'hui. Si tu avais un brin de bon sens, tu leur téléphonerais pour t'excuser.*

FAUX AMI
portugais **brim** « toile »

BRINDILLE [bʀɛ̃dij] n. f. ▪ *UNE BRINDILLE :* petite branche sèche. *J'ai ramassé des brindilles pour allumer le feu.*

BRINGUE [bʀɛ̃g] n. f. ▪ STYLE FAMILIER *Une GRANDE BRINGUE :* une fille très grande. *Une grande bringue m'a ouvert la porte.*

REM. Ce mot est péjoratif.

BRIO [bʀijo] n. m. ▪ *AVEC BRIO :* avec talent, habileté et aisance. *Le pianiste a joué son morceau avec brio.* → **virtuosité.** *Quel brio quand il raconte des histoires !*

BRIOCHE [bʀijɔʃ] n. f. ▪ *UNE BRIOCHE* **1.** Pâtisserie légère faite avec de la farine, du beurre, des œufs et de la levure qui la fait gonfler. *Voulez-vous de la brioche ou des croissants pour votre petit déjeuner ?* **2.** STYLE FAMILIER Ventre. → **bedaine.** *Mon père a une petite brioche.*

BRIQUE [bʀik] n. f. ▪ *UNE BRIQUE* **1.** Bloc rectangulaire de terre, rouge ou jaune, utilisé dans la construction. *Le mur est en briques.* **2.** Emballage rectangulaire utilisé pour des liquides alimentaires. *Il y a une brique de lait et une brique de jus d'orange dans le réfrigérateur.* **3.** STYLE FAMILIER Somme d'un million de centimes (10 000 francs français). *Le boucher a gagné dix briques au loto.*

BRIQUET [bʀikɛ] n. m. ▪ *UN BRIQUET :* un petit appareil qui produit une flamme. *Le fumeur allume sa cigarette avec un briquet.*

BRISE [bʀiz] n. f. ▪ *LA BRISE :* vent peu violent. *Cette légère brise est bien agréable.*

BRISE-GLACE [bʀizglas] n. m. ▪ *UN BRISE-GLACE :* bateau renforcé à l'avant, qui navigue dans les mers froides où il peut briser la glace. *Le brise-glace ouvre un chemin dans la banquise.* PLURIEL : *des BRISE-GLACES.*

REM. Au pluriel, ce mot peut aussi s'écrire *des BRISE-GLACE,* invariable.

BRISER [bʀize] verbe [conjugaison 1a]
I. 1. Mettre en morceaux. → **casser.** *Le voleur a brisé un carreau pour entrer dans la maison.* **2.** Interrompre brusquement. *Le gouvernement veut briser la grève,* il veut la faire échouer. *Cet incident a brisé sa carrière.*
II. verbe pronominal SE BRISER **1.** (qqch.) Se casser. *L'assiette s'est brisée en tombant.* **2.** (mer) Déferler. *Les vagues se brisent sur les rochers.*

REM. Aux sens I., 1. et II., 1., *briser* est moins courant que *casser,* sauf au Québec.

BRISE-TOUT [bʀiztu] n. m. et n. f. invariables ▪ *UN BRISE-TOUT, UNE BRISE-TOUT :* une personne maladroite qui casse tout ce qu'elle touche. *Tu es une véritable brise-tout !* PLURIEL : *des brise-tout.*

BRITANNIQUE [bʀitanik] adj. et n. m., n. f. **1.** (après le nom) De Grande-Bretagne. *Les îles Britanniques.* **2.** *UN BRITANNIQUE, UNE BRITANNIQUE :* un habitant, une habitante de Grande-Bretagne. *Les Anglais sont des Britanniques.*

BROC [bʀo] n. m. ▪ *UN BROC :* récipient haut, avec une anse et un bec verseur évasé, qui sert à transporter des liquides. *La vieille femme remplit son broc d'eau à la fontaine.*

BROCANTE [bʀɔkɑ̃t] n. f. ▪ *LA BROCANTE* **1.** Commerce d'objets anciens. *Mon frère a acheté une lampe ancienne dans une FOIRE À LA BROCANTE.* **2.** Magasin du brocanteur. *J'ai trouvé de jolis bijoux dans une brocante.*

BROCANTEUR [bʀɔkɑ̃tœʀ] n. m., **BROCANTEUSE** [bʀɔkɑ̃tøz] n. f. ▪ *UN BROCANTEUR, UNE BROCANTEUSE :* une personne dont le métier est de vendre de vieux objets. *Ma femme a trouvé ces chaises chez un brocanteur.*

BROCHE [bʀɔʃ] n. f. ▪ *UNE BROCHE* **1.** Bijou que l'on attache sur un vêtement avec une épingle à fermoir. *Il a offert une broche en or à sa femme.* **2.** Tige de fer pointue que l'on passe dans un morceau de viande ou dans une volaille et que l'on fait tourner dans un four ou au-dessus du feu pendant la cuisson. *Ils ont mangé du poulet rôti à la broche.* **3.** Tige de métal utilisée en chirurgie pour maintenir un os fracturé. *Le chirurgien a mis une broche au blessé.*

BROCHÉ [bʀɔʃe], **BROCHÉE** [bʀɔʃe] adj. (après le nom) ▪ (livres) Qui a une couverture souple. *Un livre broché coûte moins cher qu'un livre relié.*

BROCHET [bʀɔʃɛ] n. m. ▪ *UN BROCHET :* poisson d'eau douce, long et mince, qui a des centaines de dents lui permettant d'attaquer et de manger les autres poissons. *Le brochet est un poisson excellent à manger.*

BROCHETTE [bʀɔʃɛt] n. f. ▪ *UNE BROCHETTE* **1.** Petite broche sur laquelle on enfile de petits morceaux d'aliments pour les faire cuire. *Nous avons mangé des brochettes de bœuf. Le cuisinier fait griller des brochettes.* **2.** STYLE FAMILIER Rangée (de personnes). *Une brochette de vedettes est sur scène.*

BROCHURE [bʀɔʃyʀ] n. f. ▪ *UNE BROCHURE :* petit livre qui contient peu de pages. → **livret.** *J'ai reçu une brochure publicitaire.*

BROCOLI [bʀɔkɔli] n. m. ▪ *UN BROCOLI :* chou originaire d'Italie, dont on mange les fleurs vertes en bouquet. *Le rôti est servi avec des brocolis.*

BRODER [bʀɔde] verbe [conjugaison 1a] **1.** Décorer (un tissu) de dessins faits avec des points de couture en relief. *Ma grand-mère brode une nappe.* **2.** Raconter qqch. en ajoutant des détails inventés. *Mon frère ne peut pas s'empêcher de broder quand il raconte une histoire.*

BRODERIE [bʀɔdʀi] n. f. **1.** *LA BRODERIE :* action de broder. *Elle fait de la broderie.* **2.** *UNE BRODERIE :* dessin fait sur un tissu avec des points de couture, pour le décorer. *La nappe est ornée de broderies bleues.*

BRONCHER [bʀɔ̃ʃe] verbe [conjugaison 1a] ▪ (employé au négatif) Montrer que l'on est mécontent. *Personne n'a bronché quand le chef a tapé du poing sur la table. Les enfants ont obéi SANS BRONCHER.* → **protester.**

BRONCHES [bʀɔ̃ʃ] n. f. pluriel ▪ *LES BRONCHES :* conduits qui amènent l'air de la trachée-artère aux poumons et qui se divisent ensuite en fins conduits. *Le malade a les bronches fragiles. Ce sirop dégage bien les bronches.*

BRONCHITE [bʀɔ̃ʃit] n. f. ▪ *UNE BRONCHITE :* maladie provoquée par l'inflammation des bronches, qui fait tousser et qui empêche de bien respirer. *Tous les hivers, j'ai des bronchites.*

BRONZAGE [bʀɔ̃zaʒ] n. m. ▪ *LE BRONZAGE* **1.** Fait de bronzer, d'avoir la peau qui devient brune. *Elle se met de la crème solaire pour accélérer le bronzage.* **2.** Couleur de la peau bronzée. → **hâle.** *Quel beau bronzage !*

BRONZE [bʀɔ̃z] n. m. **1.** *LE BRONZE :* alliage de cuivre et d'étain. *Les cloches sont en bronze. Le coureur a eu la médaille de bronze,* il a eu le troisième prix dans la compétition. **2.** *UN BRONZE :* objet d'art en bronze. *Un magnifique bronze est posé sur la cheminée.*

BRONZÉ [bʀɔ̃ze], **BRONZÉE** [bʀɔ̃ze] adj. (après le nom) ▪ Bruni par le soleil. → **hâlé.** *Ils sont rentrés de vacances bien bronzés.*

FAUX AMI
polonais **brązowy** « marron »

BRONZER [bʀɔ̃ze] verbe [conjugaison 1a]
I. 1. Avoir la peau qui devient brune, sous l'effet du soleil ou de rayons ultraviolets. → **brunir.** *Les gens bronzent vite sur la plage. Mets-toi de la crème À BRONZER* (→ **solaire**). **2.** verbe pronominal SE BRONZER : (qqn) se mettre au soleil pour bronzer. *Ma sœur se bronze sur la terrasse. Elle s'est bronzée toute la journée.*
II. Recouvrir d'une couche de bronze. *Le sculpteur bronze la statue de plâtre.*

BRONZETTE [bʀɔ̃zɛt] n. f. ▪ STYLE FAMILIER *LA BRONZETTE :* action de se faire bronzer au soleil. *Alors, on FAIT BRONZETTE ?*

BROSSE [bʀɔs] n. f. ▪ *UNE BROSSE* **1.** Ustensile fait d'un assemblage de poils fixés sur un support, qui sert à nettoyer en frottant. *Mon mari passe la brosse à habits sur sa veste. Où est la brosse à chaussures ? N'oublie pas ta BROSSE À DENTS, et ta BROSSE À CHEVEUX. Donne-toi un coup de brosse :* brosse-toi les cheveux. – *Le petit garçon a les CHEVEUX EN BROSSE,* coupés court et raides comme les poils d'une brosse. **2.** Pinceau de peintre, large et plat. *Le peintre peint le mur à la brosse.*

BROSSER [bʀɔse] verbe [conjugaison 1a] **1.** Nettoyer en frottant avec une brosse. *Elle brosse le sol. Il brosse ses dents avant de se coucher.* – *Elle brosse ses cheveux :* elle passe une brosse dans ses cheveux pour les démêler, les coiffer. **2.** *BROSSER UN TABLEAU :* décrire sans donner de détails. *Un journaliste a brossé le tableau de la situation économique du pays.* **3.** verbe pronominal SE BROSSER : passer une brosse dans, sur. *Elle s'est brossé les cheveux. Brosse-toi les dents.* – STYLE FAMILIER *Tu peux te brosser :* tu n'auras pas ce que tu veux.

BROUETTE [bʀuɛt] n. f. ▪ *UNE BROUETTE :* petit chariot à une roue placée à l'avant, muni de deux bras. *Le fermier pousse une brouette remplie de terre.*

BROUHAHA [bʀuaa] n. m. ▪ *LE BROUHAHA :* bruit fait par de nombreuses personnes qui parlent en même temps. *On entend le brouhaha des conversations. Quel brouhaha !*

BROUILLARD [bʀujaʀ] n. m. ▪ *LE BROUILLARD :* air humide formé de très petites gouttes d'eau qui flottent près du sol et empêchent de bien voir. *Les alpinistes se sont perdus dans le brouillard. La NAPPE DE BROUILLARD s'est dissipée.*

BROUILLE [bʀuj] n. f. ▪ *UNE BROUILLE :* mésentente entre des amis ou entre les membres d'une famille. *La brouille entre le frère et la sœur n'a pas duré longtemps.*

BROUILLÉ [bʀuje], **BROUILLÉE** [bʀuje] adj. (après le nom) **1.** *ŒUFS BROUILLÉS,* dont le jaune et le blanc sont mêlés pendant la cuisson. *Il a mangé des œufs brouillés.* **2.** *TEINT BROUILLÉ :* mauvaise mine. *Le malade a le teint brouillé.*

BROUILLER [bʀuje] verbe [conjugaison 1a]
I. 1. Mélanger. *Les joueurs brouillent les cartes.* **2.** Rendre trouble. *Les larmes lui brouillent la vue.* **3.** Rendre confus. *L'assassin a brouillé les pistes.*
II. verbe pronominal SE BROUILLER **1.** (temps) Devenir mauvais. *Le temps se brouille, il va sûrement pleuvoir.* → se **détraquer,** se **gâter.** **2.** (qqn) Se fâcher. *Les deux amis se sont brouillés pour une histoire d'argent. Elle s'est brouillée avec son frère. Il ne faut pas que nous nous brouillions avec lui.*

① **BROUILLON** [bʀujɔ̃], **BROUILLONNE** [bʀujɔn] adj. (après le nom) ▪ Qui ne sait pas s'organiser, qui manque de méthode. → **désordonné.** *Elle ne range pas ses affaires et ne note pas ses rendez-vous : elle est très brouillonne.* ⟨contraires : méthodique, ordonné⟩

② **BROUILLON** [bʀujɔ̃] n. m. ▪ *UN BROUILLON :* première rédaction d'un texte que l'on doit corriger et recopier proprement ensuite. *Voici le brouillon de ma lettre. L'élève fait son exercice AU BROUILLON. À l'école, j'ai besoin d'un cahier de brouillon.*

BROUSSAILLE [bʀusaj] n. f. ▪ *UNE BROUSSAILLE* **1.** Ensemble de jeunes arbres, de plantes et de buissons qui poussent sans être cultivés. *Le feu a pris dans les broussailles.* **2.** *Il a les cheveux EN BROUSSAILLE,* emmêlés et touffus.

BROUSSE [bʀus] n. f. ▪ *LA BROUSSE :* terrain couvert de petits arbres et de buissons, dans les pays chauds. *On a retrouvé les touristes qui s'étaient perdus dans la brousse.*

BROUTER [bʀute] verbe [conjugaison 1a]. (animaux) Arracher l'herbe et la manger. → **paître.** *Les vaches broutent l'herbe dans le pré.*

BROUTILLE [bʀutij] n. f. *UNE BROUTILLE :* petit détail qui n'a pas d'importance. → **bagatelle, bêtise.** *Les deux amis se sont fâchés pour des broutilles.*

BROYER [bʀwaje] verbe [conjugaison 8a]. Écraser et mettre en très petits morceaux. *On broie la nourriture avec ses dents. Il faut que vous broyiez les légumes avec le mixeur.* – *BROYER DU NOIR,* être très triste. *S'il est seul, il broiera* [bʀwaʀa] *du noir.*

BRR ! [bʀʀ] interjection. Onomatopée qui sert à exprimer une sensation de frisson. *Brr, ferme la fenêtre, j'ai froid !*

BRU [bʀy] n. f. *LA BRU :* femme du fils. → **belle-fille.** *Je m'entends très bien avec ma bru.*

REM. *Bru* est moins courant que *belle-fille.*

BRUGES [bʀyʒ] nom propre – en néerlandais **BRUGGE.** Ville de Belgique. *Nous sommes allés à Bruges.*

BRUGNON [bʀyɲɔ̃] n. m. *UN BRUGNON :* fruit qui est une variété de pêche à peau lisse. → **nectarine.** *Le client a demandé des brugnons bien mûrs.*

BRUINE [bʀɥin] n. f. *LA BRUINE :* petite pluie très fine et souvent froide. → **crachin.** *Il tombe de la bruine.*

BRUIRE [bʀɥiʀ] verbe [conjugaison 2]. Faire un bruit léger. *Le ruisseau bruit au pied de la colline. Les feuilles bruissent doucement.*

REM. Ce verbe ne s'emploie qu'à l'infinitif, à la 3e personne et au participe présent *(bruissant).*

BRUISSEMENT [bʀɥismɑ̃] n. m. *LE BRUISSEMENT :* bruit léger et continu. *On entend le bruissement des feuilles dans les arbres.*

bruit [bʀɥi] *Il bruit, elle bruit :* forme au présent du verbe **bruire.**

BRUIT [bʀɥi] n. m. *LE BRUIT* **1.** Son que l'on entend. *Je ne comprends pas ce que tu dis, il y a trop de bruit.* ⟨contraire : silence⟩ *J'aime le bruit du vent dans les arbres. Il y a quelqu'un dans l'allée, on entend un bruit de pas sur le gravier. Les voisins FONT DU BRUIT.* → **tapage, vacarme ;** STYLE FAMILIER **boucan, potin, raffut, ramdam.** *Mon frère est rentré sans faire de bruit.* **2.** Information peu sûre que les gens disent partout. → **rumeur.** *Ce n'est qu'un bruit, on n'a pas de preuve. LE BRUIT COURT que le président va nommer un nouveau ministre.*

BRUITAGE [bʀɥitaʒ] n. m. *LE BRUITAGE :* fabrication des bruits qui accompagnent l'action au cinéma, au théâtre, à la radio, à la télévision. *Le bruitage du film a été réalisé en studio.*

BRÛLANT [bʀylɑ̃], **BRÛLANTE** [bʀylɑ̃t] adj. (après le nom) **1.** (qqch.) Très chaud, qui peut donner une sensation de brûlure. *Le malade boit un thé brûlant.* → **bouillant.** ⟨contraire : glacé⟩ *Attention ! le plat est brûlant, il sort du four ! Les baigneurs marchent sur le sable brûlant.* – *Un sujet brûlant,* qu'il vaut mieux éviter d'aborder. *Ne parlons pas de ça, c'est un sujet brûlant.* **2.** (qqn) Qui a de la fièvre. *Mon fils doit avoir de la fièvre, il est brûlant.* – *Il a le front brûlant, les mains brûlantes.*

BRÛLÉ [bʀyle] adj. et n. m., **BRÛLÉE** [bʀyle] adj. et n. f. **1.** (après le nom) Qui a brûlé. *Cette viande n'est pas mangeable, elle est complètement brûlée.* **2.** *LE BRÛLÉ :* l'odeur d'une chose qui brûle. *Ça sent le brûlé dans la cuisine.* **3.** *UN BRÛLÉ, UNE BRÛLÉE :* une personne qui souffre de brûlures très graves. *Le blessé a été transporté à l'hôpital, dans le service des GRANDS BRÛLÉS.*

À **BRÛLE-POURPOINT** [abʀylpuʀpwɛ̃] adverbe. Tout à coup, d'une façon inattendue. *Un journaliste a posé une question au Président à brûle-pourpoint.*

BRÛLER [bʀyle] verbe [conjugaison 1a] **1.** Être en feu. *La maison brûle,* elle est en flammes. → **flamber. 2.** Se consumer. *Le bois humide brûle mal dans la cheminée.* **3.** Cuire trop longtemps et devenir noir. *Le gâteau est resté trop longtemps dans le four, il a brûlé.* **4.** (qqn) Détruire par le feu. *Elle a brûlé toutes les lettres de son ex-mari. La jardinière brûlera les mauvaises herbes quand il n'y aura plus de vent.* → **incinérer.** *Le corps du mort sera brûlé* **(→ crémation). 5.** Abîmer par le feu ou par la chaleur. *Elle a brûlé un torchon en le repassant.* **6.** Faire souffrir comme une brûlure. *La neige brûle les doigts.* **7.** Passer sans s'arrêter à (un endroit prévu). *L'automobiliste a brûlé le stop.* → **griller. 8.** *BRÛLER D'IMPATIENCE,* être très impatient. *Il brûle d'impatience de connaître la fin du roman policier.* **9.** verbe pronominal SE BRÛLER : (qqn) se faire une brûlure. *La cuisinière s'est brûlée en sortant le plat du four.* – *Elle s'est brûlé le doigt.*

BRÛLEUR [bʀylœʀ] n. m. *UN BRÛLEUR :* partie d'un appareil d'où sort la flamme. *Il faut nettoyer les brûleurs de la cuisinière à gaz.*

BRÛLURE [bʀylyʀ] n. f. *UNE BRÛLURE* **1.** Blessure faite par une flamme, un objet trop chaud, une radiation ou un acide. *La cuisinière s'est fait une brûlure à la main.* **2.** Trou fait dans quelque chose qui a brûlé. *Il y a des brûlures de cigarette sur la moquette.* **3.** Sensation d'irritation. *Ce médicament donne des BRÛLURES D'ESTOMAC.*

BRUME [bʀym] n. f. *LA BRUME :* brouillard léger. *La montagne est dans la brume. Le capitaine du bateau fait sonner la CORNE DE BRUME,* l'instrument sonore qui signale la présence du bateau.

FAUX AMI
anglais **broom**
« balai »

BRUMEUX [bʀymø], **BRUMEUSE** [bʀymøz] adj. (après le nom) **1.** Où il y a de la brume. *La météo prévoit un temps brumeux pour demain.* ⟨contraire : clair⟩ **2.** Qui est vague, confus. *Je n'ai que des souvenirs brumeux de cette soirée.* ⟨contraire : précis⟩

BRUMISATEUR [bʀymizatœʀ] n. m. (marque déposée). *UN BRUMISATEUR :* appareil qui envoie un liquide en fines gouttelettes, utilisé pour les soins de la peau. → **aérosol, atomiseur.** *L'esthéticienne utilise un brumisateur d'eau de rose.*

BRUN [bʀœ̃] adj. et n. m., **BRUNE** [bʀyn] adj. et n. f. **1.** (après le nom) De couleur sombre, entre le roux et le noir. → **marron.** *Le voisin a les cheveux bruns. Au zoo, j'ai vu des ours bruns et des ours blancs.* – *Ma sœur est brune,* elle a les cheveux bruns. – *Elle fume du tabac brun.* ⟨contraire : blond⟩ **2.** *UN BRUN, UNE BRUNE :* une personne qui a les cheveux bruns. *Un beau brun te cherche !* **3.** *LE BRUN :* la couleur brune. *Ses cheveux sont brun foncé, d'un beau brun foncé.*

BRUNÂTRE [bʀynatʀ] adj. (après le nom) D'une couleur un peu brune. *Ce liquide brunâtre ne ressemble pas vraiment à du bon café !*

BRUNIR [bʀyniʀ] verbe [conjugaison 2]. Avoir la peau qui devient brune sous l'effet du soleil. → **bronzer.** *Il faut que tu ailles sur la plage et que tu brunisses un peu.* – *Elle a une belle peau brunie par le soleil.* → **hâlé.**

BRUN-ROUX [bʀœ̃ʀu] adj. invariable (après le nom). D'une couleur entre le brun et le roux. *Elle a une chevelure brun-roux.* MASCULIN PLURIEL : *elle a les cheveux brun-roux.*

BRUSHING [bʀœʃiŋ] n. m. *LE BRUSHING :* manière de coiffer les cheveux avec une brosse ronde tout en les séchant avec un séchoir à main. *Elle se fait un brushing tous les matins.*

BRUSQUE [bʀysk] adj. (avant le nom, parfois après le nom) **1.** (après le nom) (qqn) Qui agit avec rudesse, d'une manière imprévisible. *C'est un enfant brusque. Il est brusque avec sa petite sœur.* ⟨contraire : doux⟩ – *Il a renversé son verre d'un geste brusque.* **2.** (avant le nom, parfois après le nom) (qqch.) Qui se produit subitement. *Il y a eu un brusque refroidissement de la température. J'ai une brusque envie de manger des fraises.* → **soudain.** *Nous craignons un changement brusque de la situation.*

BRUSQUEMENT [bʀyskəmɑ̃] adverbe ▪ D'une manière inattendue et rapide. *Il a brusquement changé d'avis.* → **brutalement.** *Brusquement la pluie a cessé,* tout d'un coup. → **soudain.**

BRUSQUER [bʀyske] verbe [conjugaison 1a] **1.** Être dur et brusque avec (qqn). *Il ne faut pas brusquer ta fille, elle est très sensible. Ne me brusquez pas !* **2.** Faire se produire plus vite que prévu. *J'ai brusqué mon départ.* → **avancer.** *Ne brusquons pas les choses, prenons notre temps.*

BRUSQUERIE [bʀyskəʀi] n. f.
I. *LA BRUSQUERIE :* façon brusque de se comporter avec quelqu'un. → **brutalité, rudesse.** *La nourrice traite les bébés avec brusquerie.* ⟨contraire : douceur⟩
II. Rapidité inattendue. *La brusquerie de son départ a étonné tout le monde.* → **soudaineté.**

BRUT [bʀyt], **BRUTE** [bʀyt] adj. (après le nom) **1.** Qui est à l'état naturel, n'a pas été transformé par l'homme. *Le pétrole brut est du pétrole non raffiné. Un diamant brut est non taillé.* – *Je préfère le champagne brut,* le champagne très peu sucré. **2.** *Le poids brut d'un objet,* le poids de l'objet avec son emballage. ⟨contraire : net⟩ *Cette boîte de haricots verts a un poids brut de 500 grammes. Son salaire brut est de 10 000 francs,* son salaire avant déduction des taxes et des cotisations.

> FAUX AMI
> italien **brutto** « laid »

BRUTAL [bʀytal], **BRUTALE** [bʀytal] adj. (après le nom, parfois avant le nom) **1.** (qqn) Violent. *Son père est un homme brutal.* ⟨contraire : doux⟩ *Elle est brutale avec les animaux.* MASCULIN PLURIEL : *des gardiens BRUTAUX* [bʀyto]. **2.** Qui peut choquer. *Elle a répondu avec une franchise un peu brutale.* **3.** (qqch.) Brusque et violent. *Le choc entre les deux voitures a été brutal.* – (avant ou après le nom) *Il y a eu une brutale accélération. On enregistre une augmentation brutale des prix.* ⟨contraire : progressif⟩

> FAUX AMI
> néerlandais **brutaal** « impertinent »

BRUTALEMENT [bʀytalmɑ̃] adverbe **1.** D'une manière brutale, violente. → **violemment.** *Quelqu'un a frappé brutalement à la porte.* **2.** D'une manière soudaine. → **brusquement.** *La température du malade a monté brutalement.* ⟨contraire : progressivement⟩

BRUTALISER [bʀytalize] verbe [conjugaison 1a] ▪ (qqn) Traiter avec brutalité (qqn, un animal). → **maltraiter.** *Arrêtez de brutaliser ce chien !*

BRUTALITÉ [bʀytalite] n. f. ▪ *LA BRUTALITÉ* **1.** Défaut d'une personne brutale, violente. ⟨contraire : douceur⟩ *Le boxeur a frappé son adversaire avec brutalité.* → **violence.** **2.** Caractère inattendu et violent. *Les témoins de l'accident ont tous signalé la brutalité du choc.* **3.** (au pluriel) DES BRUTALITÉS : des actes violents. *Les victimes de brutalités policières ont porté plainte.*

brute adj. → **brut**

BRUTE [bʀyt] n. f. ▪ *UNE BRUTE* **1.** Personne grossière et stupide. *Il ne comprend rien, c'est une brute.* **2.** Personne brutale, violente et cruelle. *Notre voisin bat son chien comme une brute. Ah, la brute ! Quelle sale brute !*

BRUXELLES [bʀysɛl] nom propre – en néerlandais **BRUSSEL** ▪ Capitale de la Belgique. *Je vais à Bruxelles.*

> REM. Beaucoup de Français disent [bʀyksɛl] (ce qui est fautif), mais les Wallons prononcent ainsi pour se distinguer des Flamands, en Belgique.

BRUXELLOIS [bʀysɛlwa] adj. et n. m., **BRUXELLOISE** [bʀysɛlwaz] adj. et n. f. **1.** (après le nom) De Bruxelles. *L'Atomium est un célèbre monument bruxellois.* **2.** *UN BRUXELLOIS, UNE BRUXELLOISE :* une personne qui habite Bruxelles. *Le français est la langue parlée par 85 % des Bruxellois.*

BRUYAMMENT [bʀɥijamɑ̃] adverbe ▪ En faisant beaucoup de bruit. ⟨contraire : silencieusement⟩ *Le malade éternue bruyamment.*

BRUYANT [bʀɥijɑ̃], **BRUYANTE** [bʀɥijɑ̃t] adj. (après le nom) **1.** Qui fait du bruit. *Ces enfants sont bruyants. Je ne veux pas d'une voiture bruyante.* ⟨contraire : silencieux⟩ **2.** Où il y a du bruit. *Vous habitez dans une rue bruyante !* ⟨contraire : tranquille⟩

> REM. Certains Français prononcent [bʀyjɑ̃], [bʀyjɑ̃t], mais c'est moins correct.

BRUYÈRE [bʀyjɛʀ] n. f. ▪ *LA BRUYÈRE :* plante à petites fleurs roses ou mauves, qui pousse sur les landes. *Nous avons marché dans les bruyères.*

B. T. S. [beteɛs] n. m. Sigle de **B**revet de **t**echnicien **s**upérieur. *Mon frère a réussi un B. T. S. de prothésiste dentaire.*

bu [by], **bue** [by] *Il a bu une bière ; les bières qu'il a bues :* formes au participe passé du verbe **boire.**

BUCAREST [bykaʀɛst] nom propre – en roumain **BUCUREŞTI** ▪ Capitale de la Roumanie. *Je suis allé à Bucarest.*

BUCCAL [bykal], **BUCCALE** [bykal] adj. (après le nom) ▪ Qui a rapport à la bouche. *Ce médicament est à prendre par VOIE BUCCALE :* par la bouche. → **oral.** MASCULIN PLURIEL : *des soins BUCCAUX* [byko].

BÛCHE [byʃ] n. f. ▪ *UNE BÛCHE* **1.** Morceau de bois que l'on fait brûler pour se chauffer. *Remets une bûche dans la cheminée.* **2.** *La BÛCHE DE NOËL,* le gâteau en forme de bûche, que l'on mange à Noël. *Le 24 décembre, les bûches de Noël remplissent la vitrine de la pâtisserie.*

① **BÛCHER** [byʃe] n. m. ▪ *UN BÛCHER :* tas de bois sur lequel on brûle le corps d'un mort ou sur lequel on brûlait autrefois des condamnés à mort. *Jeanne d'Arc fut brûlée sur un bûcher, en 1431.*

② **BÛCHER** [byʃe] verbe [conjugaison 1a] ▪ STYLE FAMILIER Travailler avec acharnement. *Elle bûche pour réussir son examen.*

BÛCHERON [byʃʀɔ̃], n. m., **BÛCHERONNE** [byʃʀɔn] n. f. ▪ *UN BÛCHERON, UNE BÛCHERONNE :* une personne dont le métier est d'abattre des arbres dans une forêt. *Le bûcheron est parti travailler avec sa hache et sa tronçonneuse.* → **forestier.**

BÛCHEUR [byʃœʀ] n. m., **BÛCHEUSE** [byʃøz] n. f. ▪ STYLE FAMILIER *UN BÛCHEUR, UNE BÛCHEUSE :* une personne qui travaille beaucoup, avec acharnement. *Seuls des bûcheurs peuvent réussir ce concours.*

BUDGET [bydʒɛ] n. m. ▪ *UN BUDGET* **1.** Ensemble des recettes et des dépenses de l'État, d'une collectivité ou d'une entreprise pendant une période d'un an. *Le budget de l'Éducation natio-*

nale a été voté par les députés. Ces dépenses ne sont pas inscrites au budget. **2.** Ensemble des gains et des dépenses que l'on prévoit et que l'on organise. *Mon budget me permet d'acheter une nouvelle voiture. Ce budget est équilibré,* les dépenses ne sont pas plus importantes que les recettes. *J'ai réussi à BOUCLER MON BUDGET,* à l'équilibrer.

BUDGÉTER [bydʒete] verbe [conjugaison 6a] ▪ Inscrire au budget. *Il faut que le maire budgète la construction d'une nouvelle école. Le président de la commission budgétera toutes les dépenses.*

BUÉE [bɥe] n. f. ▪ *LA BUÉE :* vapeur qui se dépose en gouttelettes sur une surface froide. *Les vitres de la voiture sont couvertes de buée.*

BUENOS AIRES [bɥenozɛʀ] nom propre ▪ Capitale de l'Argentine. *Êtes-vous déjà allé à Buenos Aires ?*

BUFFET [byfɛ] n. m. ▪ *UN BUFFET* **1.** Meuble dans lequel on range la vaisselle, les verres, les couverts, les nappes et les serviettes. *Les assiettes sont dans le buffet de la salle à manger.* **2.** Grande table sur laquelle sont posés des plats de nourriture et des boissons pour une réception. *Les invités sont devant le buffet. Allons au buffet prendre une coupe de champagne.* **3.** *Un BUFFET DE GARE :* café-restaurant installé dans une gare. *Des voyageurs boivent un café au buffet de la gare.*

> FAUX AMI
> espagnol **bufete** « étude, cabinet »

BUFFLE [byfl] n. m. ▪ *UN BUFFLE :* gros animal d'Asie et d'Afrique qui ressemble au bœuf, avec de grandes cornes recourbées. *Le buffle est un mammifère qui vit en troupeaux.*

BUIS [bɥi] n. m. ▪ *UN BUIS :* petit arbre à petites feuilles toujours vertes, souvent utilisé pour faire des bordures de jardin. *Le jardinier taille les buis.*

> REM. Les buis sont utilisés pour les décors géométriques des parcs à la française.

BUISSON [bɥisɔ̃] n. m. ▪ *UN BUISSON :* groupe de petits arbres sauvages serrés les uns contre les autres. *Les enfants se sont cachés derrière les buissons.* → **fourré.**

BUISSONNIÈRE [bɥisɔnjɛʀ] adj. f. (après le nom) ▪ *FAIRE L'ÉCOLE BUISSONNIÈRE :* jouer, se promener pendant les heures de cours au lieu d'aller en classe. *Les enfants ont fait l'école buissonnière.*

BULBE [bylb] n. m. ▪ *UN BULBE* **1.** Partie arrondie d'une plante, qui se trouve sous terre et qui est remplie de réserves de nourriture grâce auxquelles la plante repousse tous les ans. → **oignon.** *Le jardinier a planté des bulbes de tulipes. La jacinthe est une plante à bulbe.* **2.** Toit arrondi comme une coupole, dont le haut est resserré en pointe. *Les bulbes d'une église russe.*

BULGARE [bylgaʀ] adj., n. m. et n. f. **1.** (après le nom) De Bulgarie. *Les dessins animés bulgares sont réputés.* **2.** *UN BULGARE, UNE BULGARE :* un habitant, une habitante de Bulgarie. *Les Bulgares.* **3.** nom masculin *LE BULGARE :* langue slave du groupe méridional.

BULGARIE [bylgaʀi] nom propre féminin – en bulgare **BULGARIJA** ▪ Pays de l'Europe du Sud-Est, dont la capitale est Sofia. *Il a passé ses vacances en Bulgarie.*

BULLDOZER [byldozɛʀ] n. m. ▪ *UN BULLDOZER :* grosse machine très puissante, montée sur des chenilles, qui sert à déplacer de grandes quantités de terre ou de pierres. *Des bulldozers ont défoncé la colline pour faire passer l'autoroute.*

> REM. L'équivalent français de ce mot anglais est *bouteur* [butœʀ], mais il est rarement utilisé.

BULLE [byl] n. f. ▪ *UNE BULLE* **1.** Petite boule d'air ou de gaz qui s'élève à la surface d'un liquide. *L'eau qui bout fait des bulles. Il y a des bulles dans l'eau gazeuse et le champagne.* **2.** Espace entouré d'un trait dans lequel sont écrites les paroles des personnages d'une bande dessinée, d'un roman-photo. *Les bulles sont parfois remplies d'onomatopées.*

BULLETIN [byltɛ̃] n. m. ▪ *UN BULLETIN* **1.** Papier sur lequel sont inscrites les notes d'un élève et les appréciations des professeurs. *Les parents doivent signer le bulletin de leur enfant. Ma fille a eu un bon bulletin.* **2.** *BULLETIN DE VOTE :* papier sur lequel est écrit le nom d'un candidat à une élection. *L'électeur met son bulletin dans l'urne* (→ **voter**). **3.** Information courte et précise communiquée au public. *Les marins écoutent le BULLETIN MÉTÉOROLOGIQUE avant de partir en mer. Les médecins ont publié le BULLETIN DE SANTÉ du président.* **4.** Papier établissant la preuve que l'on a fait quelque chose. *Le client garde le double du bulletin de commande.*

BULLETIN-RÉPONSE [byltɛʀepɔ̃s] n. m. ▪ *UN BULLETIN-RÉPONSE :* papier imprimé que l'on doit remplir et renvoyer pour répondre à une enquête, participer à un jeu ou faire une commande. *Joignez une enveloppe timbrée à votre bulletin-réponse.* PLURIEL : *des BULLETINS-RÉPONSES.*

BUNGALOW [bɛ̃galo] n. m. ▪ *UN BUNGALOW :* petite maison de vacances très simple. *Les membres du club de vacances sont logés dans des bungalows.*

> FAUX AMI
> allemand **Bungalow** « luxueuse villa de plain-pied »

> REM. *Bungalow* est un mot anglais qui vient de l'hindi (Inde).

BURALISTE [byʀalist] n. m., n. f. ▪ *UN BURALISTE, UNE BURALISTE :* une personne qui a un bureau de tabac. *Les buralistes vendent du tabac, des timbres, des briquets, etc.*

BUREAU [byʀo] n. m. ▪ *UN BUREAU* **1.** Table, qui a souvent des tiroirs, sur laquelle on écrit, on travaille. *La secrétaire est assise à (derrière) son bureau.* PLURIEL : *il y a deux BUREAUX.* **2.** Pièce dans laquelle sont installés la table de travail et les objets dont on a besoin pour travailler. *La directrice est dans son bureau. Veuillez passer dans mon bureau.* **3.** Lieu où travaillent les employés et les cadres d'une entreprise, d'une administration. *La standardiste vient au bureau en métro. Téléphonez-moi aux HEURES DE BUREAU,* aux heures de travail. **4.** Établissement ouvert au public. *On achète des cigarettes dans un BUREAU DE TABAC.* → **buraliste.** *On envoie un mandat du BUREAU DE POSTE. Le BUREAU DE VOTE ouvre à 8 heures,* le local où l'on vote. **5.** Ensemble des dirigeants d'une association ou d'un parti politique. *Le bureau se réunit tous les mardis.*

> FAUX AMIS
> l'allemand **Büro** et le suédois **byrä** ne s'emploient pas au sens 1. (« table »)

BUREAUCRATIE [byʀokʀasi] n. f. ▪ *LA BUREAUCRATIE :* influence excessive de l'administration sur la vie des gens. *La bureaucratie est pesante dans ce pays.*

BURIN [byʀɛ̃] n. m. ▪ *UN BURIN* **1.** Outil formé d'un morceau d'acier allongé qui sert à graver. → **ciseau.** *Le graveur grave la plaque de cuivre au burin.* **2.** Outil d'acier qui sert à couper des métaux ou à tailler des pierres. *Le maçon tape sur le burin avec un gros marteau.*

BURINÉ [byʀine], **BURINÉE** [byʀine] adj. (après le nom) ▪ (visage) Qui a des rides profondes. *Le vieil homme a un visage buriné. – Le vieillard a les traits burinés.*

BURLESQUE [byʀlɛsk] adj. (après le nom) **1.** Drôle et extravagant, un peu fou. *Charlie Chaplin a joué dans des films burlesques.* ⟨contraires : grave, tragique⟩ **2.** (qqch.) Tout à fait ridicule et absurde. *Quelle idée burlesque !*

BURNOUS [byʀnu(s)] n. m. ▪ *UN BURNOUS :* un grand manteau de laine à capuche et sans manches, comme en ont les Arabes au Maghreb. *L'homme est enveloppé dans un burnous.*

BUS [bys] n. m. ▪ *UN BUS :* un autobus. *Il prend le bus pour aller au bureau. Je suis venu en bus. Les gens attendent à l'arrêt du bus* (→ **arrêt**).

BUSE [byz] n. f. ▪ *UNE BUSE :* oiseau rapace qui vit le jour et mange des rongeurs et des oiseaux. *Une buse plane au-dessus de la colline.*

BUSQUÉ [byske], **BUSQUÉE** [byske] adj. (après le nom) ▪ (nez) Qui a une courbure très marquée. *Il a un nez busqué.*

BUSTE [byst] n. m. **1.** *LE BUSTE :* partie du corps humain, du cou à la taille. → **torse.** *Les soldats défilent, le buste bien droit.* **2.** *UN BUSTE :* sculpture représentant la tête et une partie des épaules et de la poitrine d'une personne. *Un buste de Napoléon est posé sur leur cheminée.*

BUSTIER [bystje] n. m. ▪ *UN BUSTIER :* sous-vêtement ou corsage de femme très décolleté, sans bretelles, qui couvre le buste. *La présentatrice a un bustier de soie assorti à sa jupe.*

but [by] *Il but, elle but :* forme au passé simple du verbe **boire.**

BUT [byt] n. m. ▪ *UN BUT* **1.** Endroit que l'on vise, qu'il faut atteindre. *Le tireur à l'arc a atteint son but.* → **cible. 2.** Endroit où l'on veut aller. *Allons jusqu'à la rivière, c'est un joli but de promenade.* **3.** Espace d'un terrain de football, de handball, délimité par des poteaux et un filet dans lequel il faut envoyer le ballon. *Le joueur a envoyé le ballon dans les buts. Il est GARDIEN DE BUT.* **4.** Point gagné quand le ballon est entré dans le but. *Notre équipe a marqué trois buts. L'équipe a gagné trois buts à un.* **5.** Ce que l'on veut réussir à faire. → **objectif.** *Mon but est de vous aider. C'est le but de ma visite.* → **raison.** *J'irai DROIT AU BUT :* je dirai ce que j'ai à dire sans hésiter et sans perdre de temps. **6.** *DE BUT EN BLANC :* brusquement, sans précaution. *Le policier lui a annoncé la mort de son mari de but en blanc.*

BUTANE [bytan] n. m. ▪ *LE BUTANE :* gaz employé comme combustible, vendu en bouteille de métal. *La cuisinière et le chauffage de la maison fonctionnent au butane.*

BUTÉ [byte], **BUTÉE** [byte] adj. (après le nom) ▪ Qui ne change pas d'opinion, qui refuse de comprendre. → **entêté, obstiné, têtu.** *C'est un enfant buté.*

① **BUTER** [byte] verbe [conjugaison 1a] **1.** Heurter qqch. avec le pied. *Il a buté contre une pierre et il est tombé.* → **trébucher. 2.** Rencontrer une difficulté. *Elle apprend à lire et elle bute encore sur certains mots.* **3.** verbe pronominal SE BUTER : (qqn) s'entêter. *Ma femme s'est butée, elle ne changera pas d'avis.*

② **BUTER** [byte] verbe [conjugaison 1a] ▪ STYLE FAMILIER Tuer. → **assassiner.** *Donne-moi ton fric ou je te bute ! Mon copain s'est fait buter par un flic.*

BUTIN [bytɛ̃] n. m. ▪ *LE BUTIN* **1.** Ensemble de ce qui est pris à l'ennemi pendant la guerre. *Ils ont amassé un lourd butin.* **2.** Ensemble de choses volées. *Les voleurs se sont partagé le butin. Chacun est reparti avec sa part de butin.* **3.** Résultat d'une longue recherche. *L'archéologue est fier de son butin.*

BUTINER [bytine] verbe [conjugaison 1a] ▪ (abeille) Aller de fleur en fleur prendre le pollen et le nectar. *Des abeilles butinent les lavandes.*

BUTOIR [bytwaʀ] n. m. ▪ *UN BUTOIR* **1.** Obstacle qui empêche d'aller trop loin. *Ce butoir empêche la porte de taper sur le mur. Le train s'arrête devant le butoir placé au bout de la voie ferrée.* **2.** *LA DATE BUTOIR :* le dernier délai. → **limite.** *Vous devez rendre votre dossier avant la date butoir du 3 février.*

BUTTE [byt] n. f. ▪ *UNE BUTTE* **1.** Petite colline. → **monticule.** *De nombreux touristes se promènent sur la butte Montmartre, à Paris.* **2.** *ÊTRE EN BUTTE À :* être exposé à. *Depuis la parution de son dernier livre, cet écrivain est en butte à toutes les critiques.*

BUVABLE [byvabl] adj. (après le nom) ▪ Que l'on peut boire, qui n'a pas un goût désagréable. *On nous a servi un vin très buvable.* ⟨contraire : imbuvable⟩ *Cette eau n'est pas buvable.* → **potable.**

BUVARD [byvaʀ] n. m. ▪ *UN BUVARD :* papier spécial qui sèche l'encre. *Autrefois, les écoliers écrivaient à la plume et séchaient l'encre avec un buvard.*

BUVETTE [byvɛt] n. f. ▪ *UNE BUVETTE :* petit local ou comptoir où l'on sert à boire. *Nous irons boire un verre à la buvette du théâtre pendant l'entracte.*

BUVEUR [byvœʀ] n. m., **BUVEUSE** [byvøz] n. f. ▪ *UN BUVEUR, UNE BUVEUSE* **1.** Personne qui a l'habitude de boire (une certaine boisson). *Ma collègue est une grande buveuse de thé.* **2.** Personne qui est en train de boire. *Les buveurs sont nombreux à la terrasse des cafés.* → **consommateur. 3.** Personne qui boit beaucoup d'alcool. → **alcoolique, ivrogne.** *C'est un buveur invétéré.*

buvons [byvɔ̃] *Nous buvons :* forme au présent du verbe **boire.**

BYZANCE [bizɑ̃s] nom propre féminin ▪ Ville de l'ancienne Thrace, qui devint la capitale de l'Empire romain en 330 sous le nom de Constantinople et fut ensuite appelée Istanbul en 1453. – *Mais c'est Byzance !* c'est superbe, c'est luxueux !

BYZANTIN [bizɑ̃tɛ̃] adj. et n. m., **BYZANTINE** [bizɑ̃tin] adj. et n. f. **1.** (après le nom) De Byzance. *L'Empire byzantin,* l'Empire romain d'Orient (fin IVe s.-1453). *Je suis allé voir des mosaïques byzantines.* **2.** *UN BYZANTIN, UNE BYZANTINE :* un habitant, une habitante de l'Empire byzantin, de Byzance. *Les Byzantins.* **3.** (après le nom) (qqch.) Qui est sans intérêt et trop subtil. *Allons au fait, assez de querelles byzantines !*

C

① **C** [se] n. m. invariable ▪ *LE C :* troisième lettre de l'alphabet du français. *Le c est une consonne. Il y a des c majuscules* (C) *et des c minuscules* (c). *Hameçon s'écrit avec un c cédille* (ç).

REM. *C* se prononce [k] devant *A, O, U (car, corps, cure)*, devant une consonne *(clou)* et en finale *(bac)*. Il note le son [s] devant *I, E* et *Y (ciel, cerise, cygne)*. *Ç* se prononce [s] *(reçu)*. – Le groupe *CC* note [k] devant *A, O* et *U (accord, occasion, accueil)* et devant une consonne *(accroître)*. Il se prononce [ks] devant *I, E* et *Y (accepter, accident, coccyx)*. – *SC* note [sk] devant *A, O* et *U (scandale)* ou [s] devant *E* et *I (scène, scier)*. – *CH* se prononce [ʃ] *(chat, chirurgie, catch)*, parfois [k] *(chœur, orchestre)* et *SCH* note [ʃ] *(schéma, kirsch)*. – *C* est généralement prononcé à la fin des mots. Il se prononce [g] dans *zinc* [zɛ̃g] et dans *second* [səgɔ̃].

② **C** [sɑ̃] adj. invariable ▪ Cent, en chiffres romains.

C' → ② **ce**

ÇA [sa] pronom ▪ STYLE FAMILIER Ceci, cela. *Donne-moi ça. Qu'est-ce que c'est que ça ? Ne vous mêlez pas de ça. Il ne manquait plus que ça ! Tout mais pas ça ! Je n'ai jamais dit ça. Ça m'ennuie de partir. Ça me fait mal, ce bouton ! « Ça va ? – Oui, ça va bien, merci ! » Ça alors, c'est incroyable !*

REM. À l'oral *ça* remplace complètement *cela*, sans être familier. À l'écrit, *cela* est assez courant, mais dans l'écriture recherchée. *Ceci* ne fonctionne plus qu'en opposition avec *cela*.

ÇÀ [sa] adverbe ▪ *ÇÀ ET LÀ :* un peu partout. *Des vêtements traînent çà et là sur le lit.*

CABALISTIQUE [kabalistik] adj. (après le nom) ▪ *DES SIGNES CABALISTIQUES :* des signes mystérieux, incompréhensibles. *Au bas de la page, des signes cabalistiques sont griffonnés.*

CABAN [kabɑ̃] n. m. ▪ *UN CABAN :* veste longue en gros tissu de laine, à deux rangées de boutons. *Les marins portent des cabans bleu marine.*

CABANE [kaban] n. f. ▪ *UNE CABANE :* petite maison en bois, peu confortable. *Les enfants ont construit une cabane au fond du jardin. Le râteau est dans la cabane à outils. La fermière nettoie la cabane à lapins* (→ **clapier**).

FAUX AMIS
grec **καμπάνα** « cloche » ; roumain **cabană** « chalet »

CABARET [kabaʀɛ] n. m. ▪ *UN CABARET :* lieu où l'on va le soir voir un spectacle, boire et danser. *Ils ont passé la soirée dans un cabaret parisien.*

CABAS [kaba] n. m. ▪ *UN CABAS :* sac à provisions à deux anses, que l'on porte au bras. *Elle revient du marché, son cabas rempli de légumes.*

CABESTAN [kabɛstɑ̃] n. m. ▪ *UN CABESTAN :* appareil autour duquel on enroule un câble pour tirer de lourdes charges. *Sur un navire, le cabestan sert à lever l'ancre.* → **treuil.**

CABILLAUD [kabijo] n. m. ▪ *UN CABILLAUD :* morue fraîche. *Nous avons mangé des filets de cabillaud.*

CABINE [kabin] n. f. ▪ *UNE CABINE* **1.** Chambre dans un bateau. *Ils ont retenu une cabine sur un paquebot qui part pour les Antilles.* **2.** Petit local destiné à un usage précis. *Je me suis arrêté pour téléphoner dans une CABINE TÉLÉPHONIQUE. Sur la plage, il y a des CABINES DE BAIN pour se changer. Elle essaie une robe dans la CABINE D'ESSAYAGE du magasin.* **3.** Partie d'un avion, d'un camion réservée au pilote et au conducteur. *Le pilote est dans la CABINE DE PILOTAGE, à l'avant de l'avion.* – *CABINE SPATIALE :* habitacle d'un engin spatial. *Les astronautes vivent dans la cabine spatiale de la fusée.*

CABINET [kabinɛ] n. m. ▪ *UN CABINET* **1.** *Un CABINET DE TOILETTE :* petite pièce où il y a un lavabo. *Le cabinet de toilette est à côté de la chambre.* **2.** Bureau d'un avocat, d'un médecin, d'un dentiste. *Le médecin reçoit ses patients dans son cabinet.* **3.** *LE CABINET D'UN MINISTRE :* les gens qui travaillent avec lui. *Le cabinet du ministre est dirigé par le chef de cabinet.* **4.** (au pluriel) LES CABINETS : l'endroit où l'on fait ses besoins. *Les cabinets sont au fond du couloir.* → **toilettes, waters, W.-C.**

CÂBLE [kɑbl] n. m. ▪ *UN CÂBLE* **1.** Grosse corde. *Le paquebot est retenu au quai par des câbles d'acier.* **2.** *Un CÂBLE ÉLECTRIQUE :* gros fil de métal qui transporte l'électricité. *Des câbles électriques sous-marins amènent l'électricité jusqu'à l'île.* **3.** *LE CÂBLE :* la télévision qui diffuse des programmes spéciaux à des abonnés. *Nous sommes abonnés au câble* (→ **câblé**).

CÂBLÉ [kable], **CÂBLÉE** [kable] adj. (après le nom) ▪ *Une CHAÎNE DE TÉLÉVISION CÂBLÉE :* chaîne de télévision qui diffuse des programmes spéciaux à ses abonnés. – STYLE FAMILIER *Nous sommes câblés :* nous sommes abonnés à la télévision par câble.

CÂBLER [kable] verbe [conjugaison 1a] ▪ Équiper du câble (3.), d'un réseau câblé. *Les techniciens câbleront notre ville bientôt.*

CABOSSÉ [kabɔse], **CABOSSÉE** [kabɔse] adj. (après le nom) ▪ (qqch.) Couvert de bosses, défoncé. *Il a une vieille voiture toute cabossée.*

CABOTEUR [kabɔtœʀ] n. m. ▪ *UN CABOTEUR :* bateau qui navigue près des côtes. *Le petit caboteur suit la côte.*

CABOTIN [kabɔtɛ̃] adj. et n. m., **CABOTINE** [kabɔtin] adj. et n. f. 1. adjectif (après le nom) (qqn) Qui cherche à se faire remarquer ou admirer. *Je n'aime pas cet acteur, il est trop cabotin.* ⟨contraire : simple⟩ 2. *UN CABOTIN, UNE CABOTINE :* une personne qui cherche à se faire remarquer, admirer. *Quelle cabotine, cette fille !*

SE **CABRER** [kabʀe] verbe pronominal [conjugaison 1a] ▪ (cheval) Se dresser sur ses pattes arrière. *Les chevaux ont eu peur et se sont cabrés.*

CABRI [kabʀi] n. m. ▪ *UN CABRI :* petit de la chèvre. *Les cabris sautent derrière leur mère.* → **chevreau.**

CABRIOLE [kabʀijɔl] n. f. ▪ *UNE CABRIOLE :* tour que l'on fait sur soi-même, en mettant la tête en bas et les jambes en l'air, de façon à retomber de l'autre côté. *Les enfants FONT DES CABRIOLES dans l'herbe,* ils sautent gaiement, se roulent dans l'herbe. → **galipette.**

CABRIOLET [kabʀijɔlɛ] n. m. ▪ *UN CABRIOLET :* voiture décapotable. *Il est venu en cabriolet de sport.*

C. A. C. [kak] n. m. ▪ *L'indice C. A. C. 40 :* l'indice établi sur la base de quarante titres cotés à la Bourse de Paris. *Aujourd'hui, à la Bourse de Paris, l'indice C. A. C. 40 est stable.*

CACA [kaka] n. m. et adj. 1. STYLE FAMILIER *LE CACA :* l'excrément. → STYLE FAMILIER **merde.** *Le bébé a FAIT CACA dans sa couche.* – (figuré) *C'est du caca,* ça ne vaut rien. 2. adjectif invariable (après le nom) *CACA D'OIE :* d'une couleur jaune verdâtre. *Il a une veste caca d'oie.* PLURIEL : *des chaussettes caca d'oie.*

REM. *Caca* appartient au langage des enfants.

CACAHOUÈTE [kakawɛt] n. f. ▪ *UNE CACAHOUÈTE :* graine de l'arachide, qui se mange grillée. *Des cacahouètes salées sont servies à l'apéritif. Il étale du BEURRE DE CACAHOUÈTE sur sa tartine.*

REM. On écrit aussi *cacahuète* [kakawɛt].

CACAO [kakao] n. m. ▪ *LE CACAO :* graine d'un arbre qui sert à fabriquer le chocolat. *Le cacao pur est très amer.*

CACATOÈS [kakatɔɛs] n. m. ▪ *UN CACATOÈS :* perroquet à gros bec portant une touffe de plumes sur la tête. *Les cacatoès s'apprivoisent facilement.*

CACHALOT [kaʃalo] n. m. ▪ *UN CACHALOT :* gros animal marin de la famille des baleines qui a une très grosse tête et des dents. *Les cachalots sont des mammifères.*

CACHE [kaʃ] n. f. ▪ *UNE CACHE :* cachette. *Les gangsters avaient dissimulé leurs pistolets dans UNE CACHE D'ARMES.*

CACHE-CACHE [kaʃkaʃ] n. m. invariable ▪ Jeu où l'un des joueurs doit trouver les autres, qui se sont cachés. *Les enfants jouent à cache-cache. Ils font une partie de cache-cache dans le jardin.* PLURIEL : *des cache-cache.*

CACHEMIRE [kaʃmiʀ] n. m. ▪ *LE CACHEMIRE :* tissu ou tricot fin en poil de chèvre du Cachemire, très doux et très chaud. *Il a un pull en cachemire. Elle met son châle de cachemire.*

REM. On trouve parfois la graphie anglaise *cashmere* [kaʃmiʀ].

CACHE-NEZ [kaʃne] n. m. invariable ▪ *UN CACHE-NEZ :* écharpe qui se porte autour du cou. *Mets ton cache-nez en laine.* PLURIEL : *des cache-nez.*

CACHER [kaʃe] verbe [conjugaison 1a]
I. 1. Mettre (qqch., qqn) dans un endroit où il est difficile de le trouver. *Elle a caché ses bijoux dans le four.* → **dissimuler ;** STYLE FAMILIER **planquer.** *On n'a pas le droit de cacher un prisonnier évadé.* 2. (qqch.) Empêcher de voir. *De gros nuages noirs cachent le soleil.* 3. (qqn) Ne pas montrer, ne pas dire. *Elle cache ses larmes.* ⟨contraire : montrer⟩ *Tu me caches la vérité, j'en suis sûr !* → **dissimuler.** ⟨contraire : dévoiler⟩ – *CACHER SON JEU :* dissimuler son but. *Elle est maligne, elle cache bien son jeu.*
II. verbe pronominal SE CACHER 1. Faire en sorte de ne pas être vu ou trouvé. *Les enfants se sont cachés dans le grenier. Cache-toi vite, ils vont te voir ! – Le soleil s'est caché derrière un nuage.* 2. *SE CACHER DE qqn :* cacher à qqn ce que l'on dit ou ce que l'on fait. *Cet adolescent se cache de ses parents pour fumer.* 3. *IL NE S'EN CACHE PAS :* il en convient, il le reconnaît. *Il n'aime pas beaucoup ses collègues et il ne s'en cache pas.*

> FAUX AMI
> espagnol **cachear** « fouiller »

CACHET [kaʃɛ] n. m. ▪ *UN CACHET* 1. Médicament en forme de pastille que l'on avale. *J'ai pris un cachet contre le mal de tête.* 2. Marque que l'on imprime avec un tampon. *Le cachet de la poste indique la date et le lieu d'envoi d'une lettre.* 3. Argent gagné par un acteur, un chanteur ou un musicien. *Les acteurs de cinéma célèbres touchent de gros cachets.*

CACHETER [kaʃte] verbe [conjugaison 4b] ▪ Fermer une enveloppe en la collant. *Il cachette sa lettre avant de la poster.* ⟨contraire : décacheter⟩

CACHETTE [kaʃɛt] n. f. ▪ *UNE CACHETTE* 1. Lieu où l'on peut cacher un objet ou se cacher. *J'ai trouvé une bonne cachette pour mes économies. Le chat ne veut pas sortir de sa cachette.* 2. *EN CACHETTE :* en se cachant, en secret. *Ses parents ne veulent pas qu'il fume, alors il fume en cachette. Il fume en cachette de ses parents,* sans que ses parents le sachent.

CACHOT [kaʃo] n. m. ▪ *UN CACHOT* 1. Cellule de prison petite et obscure. *Le prisonnier a été jeté dans un cachot.* 2. En prison, punition qui consiste à être isolé dans une cellule. *Le détenu a fait un mois de cachot pour avoir tenté de s'évader.*

CACHOTTERIE [kaʃɔtʀi] n. f. ▪ (généralement au pluriel) *UNE CACHOTTERIE :* petit secret que l'on cherche à cacher. *Tu en fais des cachotteries ! Assez de cachotteries, dis-nous tout ce que tu sais !*

CACHOTTIER [kaʃɔtje] n. m. et adj., **CACHOTTIÈRE** [kaʃɔtjɛʀ] n. f. et adj. 1. *UN CACHOTTIER, UNE CACHOTTIÈRE :* une personne qui dissimule de petits secrets. *Quelle petite cachottière, elle ne nous avait pas dit qu'elle allait se marier !* 2. adjectif (après le nom) Qui a de petits secrets. *Il ne dira rien, c'est un enfant très cachottier.*

CACHOU [kaʃu] n. m. ▪ *UN CACHOU :* pastille brune parfumée à l'extrait du fruit d'un acacia d'Asie. *Tu veux un cachou ? Elle aime sucer des cachous.*

CACOPHONIE [kakɔfɔni] n. f. ▪ *LA CACOPHONIE :* rencontre de sons déplaisants, qui sonnent faux et ne vont pas ensemble. *Les musiciens de l'orchestre accordent leurs instruments tous en même temps, quelle cacophonie !* ⟨contraire : harmonie⟩

CACTUS [kaktys] n. m. ▪ *UN CACTUS :* plante grasse des pays chauds, couverte de piquants. *Les cactus résistent à la sécheresse.*

CADASTRE [kadastʀ] n. m. ▪ *LE CADASTRE :* cahier sur lequel figurent les plans de tous les terrains et de toutes les constructions avec leur superficie et le nom de leur propriétaire. *On peut consulter le cadastre de la commune à la mairie.*

CADAVÉRIQUE [kadaveʀik] adj. (après le nom) ▪ Qui fait penser à un cadavre. *Le malade est cadavérique. Il a un* TEINT CADAVÉRIQUE, très pâle, comme celui d'un mort.

CADAVRE [kadavʀ] n. m. ▪ *UN CADAVRE :* corps d'une personne morte ou d'un animal mort. *Le cadavre de la gazelle a été dévoré par les lions et les vautours.* – STYLE FAMILIER *Elle a l'air d'un CADAVRE AMBULANT :* elle a l'air malade (→ **cadavérique**).

CADDIE [kadi] n. m. (marque déposée) ▪ *UN CADDIE :* petit chariot de métal que l'on trouve dans les supermarchés, les gares et les aéroports. *Elle pousse son caddie jusqu'à la caisse. Où sont les caddies ?*

REM. *Caddie* est un mot anglais.

CADEAU [kado] n. m. ▪ *UN CADEAU* **1.** Objet que l'on offre à quelqu'un. *J'ai eu un beau cadeau pour mon anniversaire : une chaîne hi-fi.* PLURIEL : *à Noël, on fait des CADEAUX à sa famille et à ses amis.* – *Garde ce livre, je t'EN FAIS CADEAU,* je te le donne, je te l'offre. **2.** *NE PAS FAIRE DE CADEAU À qqn,* être dur, sévère avec lui. *En affaires, il ne fait pas de cadeau. Les deux frères ne s'aiment pas beaucoup et ne se sont pas fait de cadeau,* ils ont été durs l'un envers l'autre. **3.** STYLE FAMILIER *C'EST PAS UN CADEAU :* c'est difficile à supporter. *Un type comme lui, c'est pas un cadeau !* **4.** *Du PAPIER CADEAU :* du papier spécial pour envelopper les cadeaux. *La vendeuse fait un paquet cadeau,* un joli paquet destiné à être offert.

CADENAS [kadna] n. m. ▪ *UN CADENAS :* petite serrure mobile avec un anneau, servant à fermer une porte, un coffre, une malle. *La porte de la cave a un cadenas* (→ **cadenassé**). *La clé du cadenas est perdue, on ne peut plus ouvrir cette malle.*

> FAUX AMI
> grec **καδένα** «chaîne»

CADENASSÉ [kadnase], **CADENASSÉE** [kadnase] adj. (après le nom) ▪ Fermé avec un cadenas. *La cave est fermée par une porte cadenassée.*

CADENCE [kadɑ̃s] n. f. ▪ *LA CADENCE :* rythme régulier. *Les danseurs marquent la cadence. C'est difficile de travailler à cette cadence.* → **allure, vitesse.** – *Les rameurs plongent les avirons dans l'eau EN CADENCE,* au même rythme, en même temps.

> FAUX AMI
> polonais **kadencja** «durée d'un mandat»

CADENCÉ [kadɑ̃se], **CADENCÉE** [kadɑ̃se] adj. (après le nom) ▪ Rythmé. *Les soldats défilent AU PAS CADENCÉ,* en faisant des pas réguliers tous en même temps.

CADET [kadɛ] n. m. et adj., **CADETTE** [kadɛt] n. f. et adj.
I. 1. *LE CADET, LA CADETTE :* l'enfant qui est né après l'aîné. *Pierre est l'aîné, Paul est le cadet et Marie est la benjamine.* **2.** *ÊTRE LE CADET DE qqn,* être plus jeune que lui. *Mon frère est mon cadet de deux ans,* il a deux ans de moins que moi. **3.** Jeune sportif âgé de quinze à dix-sept ans. *Il joue dans l'équipe des cadets.* **4.** *C'est LE CADET DE MES SOUCIS :* c'est le dernier, le moindre de mes soucis. *Beaucoup de gens ne l'aiment pas, mais c'est le cadet de ses soucis.*
II. adjectif (après le nom) Qui est né après l'aîné. *Je vous présente mon fils cadet. Voici notre fille cadette.*

CADIX [kadiks] nom propre – en espagnol **CÁDIZ** ▪ Ville du sud de l'Espagne. *Il est en vacances à Cadix.*

CADRAGE [kadʀaʒ] n. m. ▪ *UN CADRAGE :* mise en place de l'image au cinéma, à la télévision ou dans une photo. *Cette photo est réussie, elle a un excellent cadrage.*

CADRAN [kadʀɑ̃] n. m. ▪ *UN CADRAN* **1.** Partie d'une pendule, d'une montre où l'on peut lire l'heure. *Les aiguilles se déplacent sur le cadran de l'horloge. Il a une montre à cadran lumineux.* – *FAIRE LE TOUR DU CADRAN :* dormir douze heures de suite. *Il s'est couché à minuit et s'est levé à midi, il a fait le tour du cadran.* **2.** *Un CADRAN SOLAIRE :* tige dont l'ombre, projetée sur un mur par le soleil, indique l'heure. *Les cadrans solaires existent depuis le quatrième siècle avant notre ère.* **3.** Surface plane de divers appareils à aiguilles. *Un cadran indique la vitesse sur le tableau de bord d'une voiture.* **4.** *CADRAN (DE TÉLÉPHONE) :* cercle percé de trous qui porte les lettres et les chiffres permettant de composer un numéro. *Il a composé le numéro de téléphone sur le cadran.*

REM. Les téléphones modernes n'ont plus de cadran mais un clavier.

CADRE [kadʀ] n. m. ▪ *UN CADRE* **1.** Bordure qui entoure une glace, un tableau ou une photo. *Il a mis la photo de ses enfants dans un cadre* (→ **encadrer**). **2.** *Le CADRE D'UN VÉLO :* la partie en métal qui supporte la selle, le guidon, les roues et les pédales. *Le cadre de sa bicyclette est en aluminium.* **3.** Paysage qui entoure un espace. *La maison est située dans un très joli cadre.* → **décor, site.** *Ils vivent dans un cadre agréable.* → **environnement, milieu. 4.** *LE CADRE DE :* les limites de. *Ta question n'est pas dans le cadre du sujet. Cette décision sort du cadre de mes responsabilités.* **5.** Personne responsable dans une entreprise, qui encadre des salariés. *Les cadres de l'usine ont été convoqués par le directeur général. Marie est un cadre.*

> FAUX AMIS
> italien **quadro** «tableau» ; russe **кадр** «séquence»

CADRÉ [kadʀe], **CADRÉE** [kadʀe] adj. (après le nom) ▪ (image) Dont les éléments ne sont pas à leur place. *Cette photo est mal cadrée, l'un des personnages est coupé sur le côté.*

CADRER [kadʀe] verbe [conjugaison 1a] **1.** *CADRER UNE PHOTO :* mettre le sujet au centre de l'image. *Un bon photographe cadre bien les photos.* **2.** (qqch.) Aller bien avec qqch. *Tous ces témoignages ne cadrent pas ensemble.* → **coïncider, concorder, correspondre.** *Son témoignage cadre avec le vôtre.*

CADREUR [kadʀœʀ] n. m. ▪ *UN CADREUR :* une personne dont le métier est de filmer avec une caméra de cinéma ou de télévision. *Il est cadreur à la télévision.* → **caméraman.**

REM. En France, il est recommandé de dire *cadreur* plutôt que *caméraman.*

CADUC [kadyk], **CADUQUE** [kadyk] adj. (après le nom) **1.** *FEUILLES CADUQUES :* feuilles qui tombent à l'automne et repoussent au printemps. *Les marronniers sont des arbres à feuilles caduques.* ⟨contraire : persistant⟩ **2.** Qui n'est plus valable. *Cette loi est caduque.* → **périmé.**

① **CAFARD** [kafaʀ] n. m. ▪ *UN CAFARD :* petit insecte brun qui vit dans les maisons et sort la nuit. *On tue les cafards avec de l'insecticide.*

② **CAFARD** [kafaʀ] n. m. ▪ *AVOIR LE CAFARD :* être triste et déprimé. *J'ai le cafard quand la nuit tombe. Ce mauvais temps DONNE LE CAFARD.* STYLE FAMILIER *Ça fout le cafard. Quel cafard !* → **déprime.**

CAFARDEUX [kafaʀdø], **CAFARDEUSE** [kafaʀdøz] adj. (après le nom) ▪ (qqn) Triste et déprimé. *Je me sens un peu cafardeuse aujourd'hui.*

CAFÉ [kafe] n. m.
I. *LE CAFÉ* **1.** Graines d'un arbuste des pays chauds que l'on fait griller et que l'on moud pour en faire une boisson. *Il faut acheter du café. On sent dans la rue une bonne odeur de café*

grillé. On peut acheter le café en grains ou moulu. **2.** Boisson faite avec ces graines. *Le matin, il boit un grand bol de café. Il boit son CAFÉ SERRÉ,* très fort. – *Il sort les tasses et les cuillères À CAFÉ,* pour servir le café.
II. *UN CAFÉ* **1.** Une tasse de café. *Je veux un CAFÉ NOIR,* sans lait. *J'ai bu un CAFÉ CRÈME,* un café auquel on ajoute un peu de crème (ou du lait). *Deux cafés au lait et deux croissants, s'il vous plaît.* **2.** Lieu public où l'on sert des boissons. → **bar, buvette.** *Quand il fait beau, il y a du monde à la terrasse des cafés. – Le GARÇON DE CAFÉ sert les consommations aux clients.*

CAFÉ-RESTAURANT [kafeʀɛstɔʀɑ̃] n. m. ▪ *UN CAFÉ-RESTAURANT :* lieu public où l'on peut consommer des boissons et prendre des repas. *Nous avons déjeuné rapidement dans un café-restaurant.* → **brasserie, bistrot, cafétéria.** PLURIEL : *des CAFÉS-RESTAURANTS.*

CAFÉ-TABAC [kafetaba] n. m. ▪ *UN CAFÉ-TABAC :* café où se trouve un bureau de tabac. *J'ai acheté un paquet de cigarettes et des timbres au café-tabac du coin.* → **bar-tabac.** PLURIEL : *des CAFÉS-TABACS.*

CAFÉTÉRIA [kafeteʀja] n. f. ▪ *UNE CAFÉTÉRIA :* lieu où l'on consomme des boissons, des sandwichs et des plats simples. *Nous avons déjeuné à la cafétéria du centre commercial.*

CAFÉ-THÉÂTRE [kafeteɑtʀ] n. m. ▪ *UN CAFÉ-THÉÂTRE :* une petite salle où l'on peut consommer et où l'on assiste à des spectacles de théâtre d'un style nouveau. *Cet acteur a commencé sa carrière sur la scène d'un café-théâtre.* PLURIEL : *des CAFÉS-THÉÂTRES.*

CAFETIÈRE [kaftjɛʀ] n. f. ▪ *UNE CAFETIÈRE :* appareil servant à faire le café. *Cette cafetière électrique fait un très bon café.*

CAFOUILLER [kafuje] verbe [conjugaison 1a] ▪ STYLE FAMILIER S'embrouiller. *J'ai cafouillé dans mes calculs, je n'arrive pas au bon résultat.*

CAGE [kaʒ] n. f. ▪ *UNE CAGE* **1.** Abri fermé par un grillage ou par des barreaux, où l'on enferme des animaux vivants. *La cage est restée ouverte et l'oiseau s'est envolé. Le hamster dort dans sa cage. Il ne faut pas s'approcher de la cage aux fauves.* **2.** *Une CAGE D'ESCALIER, D'ASCENSEUR,* l'espace où l'escalier est installé, où fonctionne un ascenseur, dans un immeuble ou une maison. *La cage d'escalier est très étroite.* **3.** *La CAGE THORACIQUE :* l'ensemble formé par les vertèbres, les côtes, le sternum et le diaphragme. *Le cœur et les poumons sont à l'intérieur de la cage thoracique.*

CAGEOT [kaʒo] n. m. ▪ *UN CAGEOT :* caisse légère servant à transporter des fruits, des légumes. *Le marchand de légumes sort les salades et les melons du cageot.*

CAGIBI [kaʒibi] n. m. ▪ *UN CAGIBI :* petite pièce, souvent sans fenêtre, qui sert de débarras. *L'aspirateur est rangé dans un cagibi, sous l'escalier.*

CAGNOTTE [kaɲɔt] n. f. ▪ *UNE CAGNOTTE :* argent mis en commun par un groupe de personnes. *Ils ont fait une cagnotte pour s'acheter une cafetière.*

CAGOULE [kagul] n. f. ▪ *UNE CAGOULE* **1.** Capuchon qui recouvre la tête et le visage, avec des trous pour les yeux. *Les malfaiteurs avaient le visage dissimulé par une cagoule.* **2.** Bonnet de tricot qui s'enfile et passe sous le menton. *Les cagoules protègent la tête et le cou du froid.* → **passe-montagne.**

CAHIER [kaje] n. m. ▪ *UN CAHIER :* assemblage de feuilles de papier réunies par le côté et protégées par une couverture. *J'ai acheté un cahier de cent pages. Faites cet exercice sur votre cahier de brouillon.*

CAHIN-CAHA [kaɛ̃kaa] adverbe ▪ STYLE FAMILIER Tant bien que mal, péniblement. *La charrette avance cahin-caha sur le chemin. « Comment vont les affaires ? – Cahin-caha. »*

CAHOT [kao] n. m. ▪ *UN CAHOT :* secousse d'une voiture sur un mauvais terrain. *Sur la piste, les passagers de la voiture ont été secoués par les cahots.*

REM. *Chaos* « grand désordre » se prononce de la même façon.

CAHOTER [kaɔte] verbe [conjugaison 1a] ▪ Être secoué par les cahots. *La voiture cahote sur le mauvais chemin.*

CAHOTEUX [kaɔtø], **CAHOTEUSE** [kaɔtøz] adj. (après le nom) ▪ (route) Qui secoue les voitures à cause des creux et des bosses. *Un chemin cahoteux mène à la ferme.*

CAHUTE [kayt] n. f. ▪ *UNE CAHUTE :* petite cabane. *Les outils de jardin sont rangés dans une cahute.*

FAUX AMI
allemand **Kajüte**
« cabine de bateau »

CAÏD [kaid] n. m. ▪ STYLE FAMILIER *UN CAÏD :* personnage très important dans son milieu. *La police a arrêté un caïd de la drogue. – Ce garçon JOUE AU CAÏD pour impressionner les filles de la bande,* il fait le chef.

CAILLE [kaj] n. f. ▪ *UNE CAILLE :* petit oiseau à queue courte, qui ressemble à une perdrix. *La caille est un oiseau migrateur, qui passe l'hiver en Afrique. – Nous avons mangé des cailles rôties.*

CAILLER [kaje] verbe [conjugaison 1a] **1.** (liquide) Devenir presque solide. *Le lait caille.* → **coaguler.** **2.** STYLE FAMILIER Avoir froid. *On caille, ici ! – Ça caille aujourd'hui :* il fait très froid aujourd'hui.

CAILLOT [kajo] n. m. ▪ *UN CAILLOT :* petite masse de sang coagulé. *L'artère de ce malade est bouchée par un caillot.*

CAILLOU [kaju] n. m. ▪ *UN CAILLOU :* petite pierre. *Arrêtons-nous, j'ai un caillou dans ma chaussure.* PLURIEL : *des CAILLOUX blancs.*

REM. Au pluriel, *caillou* se termine par *x*, comme *bijou, chou, genou, hibou, joujou* et *pou.*

CAILLOUTEUX [kajutø], **CAILLOUTEUSE** [kajutøz] adj. (après le nom) ▪ Où il y a beaucoup de cailloux. *Une route caillouteuse mène au village.*

CAÏMAN [kaimɑ̃] n. m. ▪ *UN CAÏMAN :* crocodile d'Amérique du Sud. *Le caïman noir de l'Amazone est le plus grand des caïmans.*

CAIRE → LE CAIRE

CAIROTE [kɛʀɔt] n. m., n. f. et adj. **1.** *UN CAIROTE, UNE CAIROTE :* un habitant, une habitante du Caire. *Les Cairotes.* **2.** adjectif (après le nom) De la ville du Caire. *La population cairote est nombreuse.*

CAISSE [kɛs] n. f. ▪ *UNE CAISSE* **1.** Grande boîte ou coffre servant à emballer et à transporter des marchandises, des objets. *Les déménageurs transportent les caisses dans leur grand camion. Il y a des caisses de livres au grenier. Le vin est livré en caisses de douze bouteilles.* **2.** Coffre, tiroir où se trouve l'argent d'un commerçant. *Les malfaiteurs ont vidé la caisse de la station-service* (→ **tiroir-caisse**). **3.** Argent contenu dans la caisse. *Les voleurs sont partis avec la caisse.* **4.** *Une CAISSE ENREGISTREUSE :* machine qui calcule et qui enregistre les ventes dans un magasin. *La caissière enregistre chaque article sur le clavier de la caisse enregistreuse. – Un TICKET DE CAISSE est délivré à chaque* *acheteur,* un ticket sur lequel est inscrit le prix de chaque article. **5.** Lieu où l'on paie, dans un magasin. *Il y a de nombreuses caisses dans un hypermarché. Nous avons fait la queue à la caisse du cinéma pour prendre les billets.* **6.** Établissement où l'on dépose de l'argent. *Beaucoup de gens mettent leurs économies à la CAISSE D'ÉPARGNE.* **7.** *GROSSE CAISSE :* instrument de musique qui ressemble à un gros tambour et sur lequel on frappe. *La grosse caisse est un instrument à percussion.*

CAISSETTE [kɛsɛt] n. f. ▪ *UNE CAISSETTE :* une petite caisse. *Une caissette de pêches.*

REM. Ne pas confondre avec *cassette.*

CAISSIER [kesje] n. m., **CAISSIÈRE** [kesjɛʀ] n. f. ▪ *UN CAISSIER, UNE CAISSIÈRE :* une personne qui prend ou donne de l'argent, qui tient une caisse. *La caissière du supermarché s'est trompée en me rendant la monnaie.*

> FAUX AMI
> portugais **caixeiro** « vendeur »

CAJOLER [kaʒɔle] verbe [conjugaison 1a] ▪ (qqn) Être doux, gentil, caressant avec (qqn). *Cette maman cajole ses enfants.* → **câliner, dorloter.**

CAJOU [kaʒu] n. m. ▪ *UNE NOIX DE CAJOU :* fruit d'un arbre exotique dont l'amande se mange comme la cacahouète. *La maîtresse de maison a servi des noix de cajou et des amandes salées à l'apéritif.*

CAKE [kɛk] n. m. ▪ *LE CAKE :* gâteau garni de raisins secs et de fruits confits. *Vous reprendrez bien une tranche de cake ?*

REM. *Cake* vient de l'anglais.

CALAMAR [kalamaʀ] n. m. ▪ *UN CALAMAR :* mollusque marin dont la tête est entourée de huit bras et de deux tentacules. *Le calamar ressemble à la seiche. Nous avons mangé des calamars frits.*

REM. On dit aussi *calmar* [kalmaʀ].

CALAMITÉ [kalamite] n. f. ▪ *UNE CALAMITÉ :* grand malheur qui atteint beaucoup de gens. *La famine, la guerre et les épidémies sont des calamités.* → **cataclysme, catastrophe, désastre, fléau.**

CALANDRE [kalɑ̃dʀ] n. f. ▪ *UNE CALANDRE :* garniture de métal sur le devant du radiateur d'une voiture. *La calandre de sa voiture est défoncée.*

CALANQUE [kalɑ̃k] n. f. ▪ *UNE CALANQUE :* lieu où la mer pénètre profondément dans les rochers, en Méditerranée. → **crique.** *Nous nous sommes baignés dans les calanques de Piana, en Corse.*

CALCAIRE [kalkɛʀ] n. m. et adj. **1.** *LE CALCAIRE :* la matière de certaines roches, blanche ou colorée, que l'on peut chauffer pour faire de la chaux. *On trouve souvent des fossiles dans le calcaire. Le calcaire s'est déposé sur les parois de la casserole.* **2.** adjectif (après le nom) (roche, sol) Qui contient du calcaire. *Cette eau est très calcaire. La craie est une roche calcaire.*

CALCINÉ [kalsine], **CALCINÉE** [kalsine] adj. (après le nom) ▪ (qqch.) Complètement brûlé. *Après l'incendie de la forêt, les arbres étaient calcinés.* → **carbonisé.**

CALCIUM [kalsjɔm] n. m. ▪ *LE CALCIUM :* métal blanc que l'on trouve dans de nombreux éléments qui composent la terre ainsi que dans les organismes vivants. *Le lait contient du calcium. Il faut consommer du calcium pour avoir des os solides et de bonnes dents.*

① **CALCUL** [kalkyl] n. m. ▪ *LE CALCUL* **1.** Action de compter, de faire des opérations. *Il faut faire des calculs très compliqués pour trouver le résultat. Il FAIT LE CALCUL de ses jours de vacances :* il compte ses jours de vacances. *J'ai fait une ERREUR DE CALCUL :* je me suis trompé en comptant. – *CALCUL MENTAL :* action de compter en réfléchissant, sans écrire. *Le calcul mental est un bon exercice pour l'esprit.* **2.** Technique qui permet de faire des opérations sur les nombres. *Mon père est bon en calcul.* → **arithmétique. 3.** *UN CALCUL :* réflexion, raisonnement. *D'après mes calculs, nous devrions arriver vers seize heures.* – *Tu as fait un mauvais calcul en pensant qu'il y aurait peu de voitures sur l'autoroute,* tu as mal raisonné. – *Il a agi PAR CALCUL,* de manière intéressée (→ **calculateur).**

② **CALCUL** [kalkyl] n. m. ▪ *UN CALCUL :* petit caillou qui se forme dans la vésicule ou dans les reins et qui peut rendre malade. *On l'a opéré d'un calcul dans un rein.*

CALCULATEUR [kalkylatœʀ] n. m. et adj., **CALCULATRICE** [kalkylatʀis] n. f. et adj. **1.** adjectif (après le nom) (qqn) Qui est habile à arranger des plans, des projets et à faire ce qui lui est profitable. *C'est un homme politique calculateur. Elle a été aimable avec nous pour qu'on lui rende ce service : elle est calculatrice.* → **intéressé.** ⟨contraire : spontané⟩ **2.** *UN CALCULATEUR, UNE CALCULATRICE :* une personne habile à combiner des plans, des projets. *Méfie-toi d'elle, elle n'est pas sincère, c'est une calculatrice.*

CALCULATRICE [kalkylatʀis] n. f. ▪ *UNE CALCULATRICE :* machine permettant de faire des opérations sur les nombres. *Il a une calculatrice de poche.* → **calculette.**

CALCULER [kalkyle] verbe [conjugaison 1a] **1.** Chercher en faisant un calcul. *L'élève calcule la surface du triangle. Essaie de calculer de tête,* mentalement, sans poser les opérations. *Le comptable fait ses additions avec une MACHINE À CALCULER.* **2.** Estimer la probabilité de (un événement). → **évaluer.** *Le candidat calcule ses chances de réussite à l'examen.* **3.** Prévoir comme il faut. *L'escroc a bien CALCULÉ SON COUP.*

CALCULETTE [kalkylɛt] n. f. ▪ *UNE CALCULETTE :* machine à calculer de petite dimension. *Les élèves font leurs additions avec leur calculette.*

① **CALE** [kal] n. f. ▪ *LA CALE* **1.** Partie d'un bateau située sous le pont. *Les marchandises sont dans la cale.* **2.** Plan incliné servant à la construction et à la réparation des bateaux. *Le bateau est en CALE SÈCHE,* dans le bassin du port, qu'on peut vider. → **bassin.**

② **CALE** [kal] n. f. ▪ *UNE CALE :* ce que l'on met sous un objet pour le rendre stable. *Il faut mettre une cale sous le pied de cette table bancale.*

CALÉ [kale], **CALÉE** [kale] adj. (après le nom) ▪ STYLE FAMILIER **1.** (qqn) Qui est très instruit. *C'est un enfant calé en histoire.* → **fort.** ⟨contraire : nul⟩ **2.** (qqch.) Difficile. *Ce problème est trop calé pour moi.* → **ardu, compliqué.** ⟨contraire : facile⟩

CALÈCHE [kalɛʃ] n. f. ▪ *UNE CALÈCHE :* voiture à cheval, à quatre roues, que l'on peut couvrir avec une capote. *Nous avons visité la vieille ville en calèche.*

CALEÇON [kalsɔ̃] n. m. ▪ *UN CALEÇON* **1.** Sous-vêtement à jambes longues ou courtes, pour homme. *Mon père préfère les caleçons aux slips. Il nous a ouvert la porte en caleçon !* **2.** Pantalon souple, moulant, pour femme. *La jeune fille est en caleçon noir et tee-shirt jaune.*

> FAUX AMIS
> grec **καλσόν** « collant » ; italien **calzoni** « pantalon »

CALÉDONIEN [kaledɔnjɛ̃] adj. et n. m., **CALÉDONIENNE** [kaledɔnjɛn] adj. et n. f. **1.** adjectif (après le nom) De Nouvelle-Calédonie. *Les paysages calédoniens sont magnifiques.* **2.** *UN CALÉDONIEN, UNE CALÉDONIENNE :* un habitant, une habitante de Nouvelle-Calédonie. *Les Calédoniens* (ou *Néo-Calédoniens*).

CALEMBOUR [kalɑ̃buʀ] n. m. ▪ *UN CALEMBOUR :* jeu de mots fait avec des mots qui se prononcent de la même façon ou presque de la même façon, mais qui ont des sens différents. *« Si tu es gai, ris donc (guéridon) » est un calembour.*

CALENDRIER [kalɑ̃dʀije] n. m. ▪ *LE CALENDRIER* **1.** Division du temps en années, en mois et en jours. *Selon le calendrier solaire, une année est le temps mis par la Terre pour tourner autour du Soleil.* **2.** Tableau où sont inscrits les mois, les semaines, les jours d'une année et des renseignements divers (fêtes, noms des saints, heures du lever et du coucher du soleil...). *Je regarde la date sur le calendrier des postes. Son prénom n'est pas dans le calendrier.* **3.** État, date par date, d'un ensemble d'activités. *Le calendrier des réunions a été établi.* → **planning.** *Son calendrier est très chargé,* son emploi du temps.

CALE-PIED [kalpje] n. m. ▪ *UN CALE-PIED :* petite pièce de métal fixée sur la pédale d'une bicyclette pour tenir le pied. *Le cycliste pose son pied dans le cale-pied.* PLURIEL : *des CALE-PIEDS.*

CALEPIN [kalpɛ̃] n. m. ▪ *UN CALEPIN :* petit carnet de poche. *Je vais noter ton adresse dans mon calepin.*

CALER [kale] verbe [conjugaison 1a] **1.** Rendre stable au moyen d'une cale. *Il faut caler cette table bancale.* **2.** (moteur) S'immobiliser, s'arrêter de fonctionner. *La voiture a calé au démarrage.* **3.** (qqn) S'arrêter, ne plus savoir faire. *Ce problème est trop difficile pour moi, je cale.* – STYLE FAMILIER *Les invités n'ont pas pris de dessert, ils ont calé avant la fin du repas,* ils n'ont pas pu continuer à manger, car ils n'avaient plus faim.

> FAUX AMIS
> italien **calare** « baisser » ; portugais **calar** « taire »

CALFATER [kalfate] verbe [conjugaison 1a] ▪ Boucher les trous de la coque de (un bateau). *Le pêcheur a calfaté sa barque.*

CALFEUTRER [kalføtʀe] verbe [conjugaison 1a] **1.** Boucher parfaitement toutes les fentes et les petites ouvertures. *L'ouvrier a calfeutré les fenêtres pour empêcher les courants d'air.* **2.** verbe pronominal SE CALFEUTRER : (qqn) s'enfermer. *La vieille dame s'est calfeutrée chez elle, elle ne veut voir personne.*

CALIBRE [kalibʀ] n. m. ▪ *LE CALIBRE* **1.** Diamètre intérieur d'un tube, du canon d'une arme à feu. *Ce pistolet est de calibre 7,65.* **2.** Grosseur, taille. *Les canons ont envoyé des obus de gros calibre. La fermière range ensemble les œufs de même calibre.*

CALICE [kalis] n. m. ▪ *LE CALICE* **1.** Partie de la fleur qui l'enveloppe quand elle est en bouton, et qui reste à la base des pétales quand elle a fleuri. *Le calice des roses est vert.* **2.** Vase dans lequel le prêtre met le vin qu'il consacre quand il célèbre la messe. *Le prêtre pose le calice sur l'autel.* **3.** *Elle a BU LE CALICE JUSQU'À LA LIE :* elle a subi qqch. de pénible, de cruel jusqu'au bout.

CALIFE [kalif] n. m. ▪ *UN CALIFE :* autrefois, chef religieux et souverain, dans les pays musulmans. *Les califes étaient les successeurs de Mahomet.*

REM. On peut aussi écrire *khalife.*

À **CALIFOURCHON** [akalifuʀʃɔ̃] adverbe ▪ Assis une jambe d'un côté d'une chose, la deuxième de l'autre côté, comme à cheval. *Le petit garçon est assis à califourchon sur le tronc d'arbre.*

CÂLIN [kɑlɛ̃] adj. et n. m., **CÂLINE** [kɑlin] adj. **1.** adjectif (après le nom) Qui aime caresser et être caressé. *C'est un enfant très câlin.* **2.** *UN CÂLIN :* échange de tendresses, de caresses. *La mère et son enfant FONT UN CÂLIN.*

CÂLINER [kɑline] verbe [conjugaison 1a] ▪ Traiter avec douceur et tendresse, faire des câlins à (qqn). → **cajoler, dorloter.** *Le père câline son enfant.*

CALLEUX [kalø], **CALLEUSE** [kaløz] adj. (après le nom) ▪ Dont la peau est durcie et épaissie. ⟨contraires : doux, lisse⟩ *Le maçon a les mains calleuses.*

CALL-GIRL [kolgœʀl] n. f. ▪ *UNE CALL-GIRL :* prostituée de luxe, que l'on appelle par téléphone. *Elle fait partie d'un réseau de call-girls.* PLURIEL : *des CALL-GIRLS.*

REM. *Call-girl* est un mot anglais.

CALMANT [kalmɑ̃] adj. et n. m., **CALMANTE** [kalmɑ̃t] adj. **1.** adjectif (après le nom) Qui calme la douleur, rend calme. → **apaisant.** ⟨contraire : excitant⟩ *Elle boit une tisane calmante avant de se coucher.* **2.** *UN CALMANT :* médicament qui calme la douleur ou l'anxiété. *Le malade prend des calmants.*

CALMAR → **calamar**

CALME [kalm] n. m. et adj.

I. *LE CALME* **1.** Absence de bruit et d'agitation. *Les habitants des grandes villes aiment le calme de la campagne.* → **paix.** *L'écrivain travaille dans le calme. J'ai besoin de calme pour me concentrer.* → **tranquillité.** **2.** État d'une personne qui n'est ni agitée, ni énervée, ni inquiète. → **quiétude, sérénité.** *J'ai GARDÉ MON CALME pendant la tempête.* → **sang-froid.** *Taisez-vous, un peu de calme s'il vous plaît ! Du calme !*

II. adjectif (après le nom) **1.** (qqch.) Qui n'est pas agité. *Nous passons nos vacances dans un endroit très calme.* → **tranquille.** *La mer est calme,* il n'y a pas de vagues. **2.** (qqn) Qui n'est ni agité, ni bruyant. *C'est une enfant calme. Reste calme, ne t'énerve pas !* → STYLE FAMILIER **cool.** **3.** Qui a une faible activité. *Les affaires de l'entreprise sont calmes en ce moment.*

CALMEMENT [kalməmɑ̃] adverbe ▪ Avec calme, dans le calme. *Réfléchis calmement avant de prendre ta décision.*

CALMER [kalme] verbe [conjugaison 1a] **1.** Diminuer (une sensation, un sentiment), rendre moins fort. *Ce médicament calme la douleur.* → **soulager.** **2.** Rendre calme. → **apaiser.** *Elle prend son bébé dans les bras pour le calmer.* **3.** verbe pronominal SE CALMER : devenir calme. *La mer s'est calmée. Calme-toi, tout ça n'est pas grave.*

CALMOS ! [kalmos] interjection ▪ STYLE FAMILIER Du calme !, restons calmes ! *Ne nous énervons pas, calmos !*

CALOMNIE [kalɔmni] n. f. ▪ *LA CALOMNIE :* chose fausse et méchante que l'on dit au sujet de qqn. → **diffamation.** – *Je n'ai jamais fait de prison, c'est (une) de la calomnie !*

CALOMNIER [kalɔmnje] verbe [conjugaison 7a] ▪ Dire des choses fausses et méchantes au sujet de (qqn) pour le discréditer, lui faire du tort. → **diffamer.** *Certains journaux ont calomnié le président. J'espère qu'on ne me calomniera* [kalɔmniʀa] *jamais.*

CALOMNIEUX [kalɔmnjø], **CALOMNIEUSE** [kalɔmnjøz] adj. (après le nom) ▪ Qui contient une calomnie. → **diffamatoire, mensonger.** *Tout ce que vous dites est faux, ce sont des propos calomnieux !*

CALORIE [kalɔʀi] n. f. ▪ *UNE CALORIE :* unité de mesure de la quantité d'énergie fournie par les aliments, utilisée en diététique. *Un adulte a besoin, en moyenne, de 2 500 calories par* *jour. Ce yaourt est PAUVRE EN CALORIES. Ce dessert est RICHE EN CALORIES.*

CALORIQUE [kalɔʀik] adj. (après le nom) ▪ Relatif à l'apport en calories d'un aliment. *Le cassoulet est un plat calorique.*

CALOT [kalo] n. m. ▪ *UN CALOT :* bonnet rigide et allongé que portent certains militaires. *Le soldat a mis son calot sur la tête.*

CALOTTE [kalɔt] n. f. ▪ *UNE CALOTTE* **1.** Petit bonnet rond qui ne couvre que le sommet de la tête. *Le pape a une calotte blanche.* **2.** STYLE FAMILIER Tape sur la tête, sur le visage. → **claque, gifle.** *Si tu continues, tu vas avoir une calotte !* **3.** *La CALOTTE GLACIAIRE :* masse de neige et de glace qui recouvre le sommet de certaines montagnes et les pôles. *Une immense calotte glaciaire recouvre presque tout le Groenland.*

CALQUE [kalk] n. m. ▪ *UN CALQUE* **1.** Copie d'un dessin à l'aide d'un papier transparent spécial. *Les élèves ont fait le calque de la carte de la Roumanie,* ils l'ont décalquée. **2.** Traduction littérale dans une autre langue. *« Lune de miel » est un calque de l'anglais « honeymoon ».*

CALUMET [kalymɛ] n. m. ▪ *UN CALUMET :* pipe à long tuyau que fumaient les Indiens. *Les deux chefs indiens ont fumé le CALUMET DE LA PAIX.*

CALVA n. m. Forme abrégée familière de **calvados.**

CALVADOS [kalvados] n. m. ▪ *LE CALVADOS :* eau-de-vie de cidre fabriquée dans le Calvados, département de l'ouest de la France. *Ils ont bu un verre de calvados à la fin du repas.* – *CALVA* [kalva] forme abrégée familière *Il a bu deux calvas.*

CALVAIRE [kalvɛʀ] n. m. ▪ *UN CALVAIRE* **1.** Croix qui rappelle la mort de Jésus-Christ, dressée sur une butte ou à un carrefour. *Il y a de nombreux calvaires en Bretagne.* **2.** Longue suite de souffrances. *Sa maladie a été un calvaire.* → **martyre.**

CALVITIE [kalvisi] n. f. ▪ *LA CALVITIE :* absence de cheveux. *Son mari a une calvitie. Il est atteint de CALVITIE PRÉCOCE* (→ **chauve).**

CAMARADE [kamaʀad] n. m., n. f. ▪ *UN CAMARADE, UNE CAMARADE :* une personne avec qui on partage les mêmes activités et que l'on aime bien. → **copain.** *Mon fils joue dans le jardin avec ses camarades de classe.*

FAUX AMI
italien **camerata** « membre du parti fasciste »

CAMARADERIE [kamaʀadʀi] n. f. ▪ *LA CAMARADERIE :* relations entre camarades. *Il y a un bon esprit de camaraderie dans la classe.*

CAMBODGIEN [kɑ̃bɔdʒjɛ̃] adj. et n. m., **CAMBODGIENNE** [kɑ̃bɔdʒjɛn] adj. et n. f. **1.** (après le nom) Du Cambodge. *L'art cambodgien.* **2.** *UN CAMBODGIEN, UNE CAMBODGIENNE :* un habitant, une habitante du Cambodge. *Les Cambodgiens.*

CAMBOUIS [kɑ̃bwi] n. m. ▪ *LE CAMBOUIS :* graisse noircie de machine, de moteur. *Le garagiste a les mains pleines de cambouis.*

CAMBRÉ [kɑ̃bʀe], **CAMBRÉE** [kɑ̃bʀe] adj. (après le nom) ▪ *Elle a le DOS CAMBRÉ,* trop creusé, pas assez droit.

CAMBRIOLAGE [kɑ̃bʀijɔlaʒ] n. m. ▪ *UN CAMBRIOLAGE :* vol commis dans une maison, un magasin, une banque. → **braquage, hold-up.** *Il y a eu un cambriolage dans l'immeuble cette nuit.*

CAMBRIOLER [kɑ̃bʀijɔle] verbe [conjugaison 1a] ▪ Voler après être entré de force dans un endroit. *Des voyous ont cambriolé la pharmacie.* → **dévaliser.** *Ils se sont fait cambrioler plusieurs fois.*

CAMBRIOLEUR [kɑ̃bʀijɔlœʀ] n. m., **CAMBRIOLEUSE** [kɑ̃bʀijɔløz] n. f. ▪ *UN CAMBRIOLEUR, UNE CAMBRIOLEUSE :* une personne qui fait des cambriolages. → **voleur.** *Les cambrioleurs ont été arrêtés et mis en prison.*

CAMBROUSSE [kɑ̃bʀus] n. f. ▪ STYLE FAMILIER *LA CAMBROUSSE :* la campagne. *Il ne connaît rien, il n'est jamais sorti de sa cambrousse !*

CAME [kam] n. f. ▪ STYLE FAMILIER *LA CAME :* la drogue. *Lorsqu'il s'est fait arrêter, il avait de la came sur lui.*

CAMÉ [kame], **CAMÉE** [kame] adj. (après le nom) ▪ STYLE FAMILIER Qui prend de la drogue. → **drogué.** *Un jeune camé a été conduit à l'hôpital.*

CAMÉLÉON [kameleɔ̃] n. m. ▪ *UN CAMÉLÉON :* grand lézard d'Afrique et d'Asie qui change de couleur selon l'endroit où il se trouve, pour se cacher. *Le caméléon a une langue aussi longue que son corps.*

CAMÉLIA [kamelja] n. m. ▪ *UN CAMÉLIA* **1.** Petit arbre toujours vert, à feuilles ovales et brillantes. *Les camélias fleurissent en hiver.* **2.** Fleur de cet arbre. *Le chanteur a un camélia blanc à la boutonnière.*

CAMELOT [kamlo] n. m. ▪ *UN CAMELOT :* marchand qui vend dans la rue des marchandises peu chères. *Des camelots vendent des gadgets devant les grands magasins.*

CAMEMBERT [kamɑ̃bɛʀ] n. m. ▪ *UN CAMEMBERT :* fromage rond à croûte blanche et à pâte molle, fait avec du lait de vache en Normandie. *J'aime le camembert lorsqu'il est bien fait,* à point pour être mangé.

REM. *Camembert* est le nom d'un village de Normandie, où ce fromage a été inventé.

CAMÉRA [kameʀa] n. f. ▪ *UNE CAMÉRA :* appareil qui sert à faire des films. *Le cinéaste est derrière la caméra. Il filme sa famille avec une caméra vidéo.* → **caméscope.**

FAUX AMIS
allemand **Camera,** anglais **camera,** « appareil photo » ; italien **camera** « chambre »

REM. On prend des photos avec un *appareil photo.*

CAMÉRAMAN [kameʀaman] n. m. ▪ *UN CAMÉRAMAN :* une personne dont le métier est de faire fonctionner une caméra. → **cadreur.** *Elle est caméraman à la télévision.*

REM. **1.** *Caméraman* vient de l'anglais. On recommande d'employer de préférence *cadreur.* **2.** Le pluriel français est *des caméramans,* mais on peut dire aussi *des cameramen* [kameʀamɛn].

CAMEROUNAIS [kamʀunɛ] adj. et n. m., **CAMEROUNAISE** [kamʀunɛz] adj. et n. f. **1.** adjectif (après le nom) Du Cameroun. *La forêt camerounaise.* **2.** *UN CAMEROUNAIS, UNE CAMEROUNAISE :* un habitant, une habitante du Cameroun. *Les Camerounais.*

CAMÉSCOPE [kameskɔp] n. m. ▪ *UN CAMÉSCOPE :* appareil portatif formé d'une caméra vidéo et d'un magnétoscope. *Ils ont filmé les premiers pas de leur enfant avec leur caméscope.*

CAMION [kamjɔ̃] n. m. ▪ *UN CAMION :* gros véhicule qui sert à transporter des choses lourdes ou encombrantes. → **poids** (lourd). *Les déménageurs ont pu garer leur camion devant la porte. Un camion de livraison bloque la rue.*

CAMION-CITERNE [kamjɔ̃sitɛʀn] n. m. ▪ *UN CAMION-CITERNE :* camion dans lequel on transporte des liquides. *L'essence est transportée dans un camion-citerne.* PLURIEL : *des CAMIONS-CITERNES.*

CAMIONNETTE [kamjɔnɛt] n. f. ▪ *UNE CAMIONNETTE :* petit camion. *Le plombier est venu avec sa camionnette.*

CAMIONNEUR [kamjɔnœʀ] n. m. ▪ *UN CAMIONNEUR :* une personne dont le métier est de conduire un camion. → **routier.** *Les camionneurs ont déchargé les caisses.*

CAMOUFLAGE [kamuflaʒ] n. m. ▪ *LE CAMOUFLAGE :* ensemble des moyens qui permettent de cacher du matériel de guerre, des troupes. *Les soldats ont mis leur tenue de camouflage,* leurs vêtements militaires qui ont la couleur du sol, des feuilles.

CAMOUFLER [kamufle] verbe [conjugaison 1a] **1.** Changer l'apparence de (qqch.) pour qu'on ne reconnaisse pas ou qu'on ne voie pas. → **cacher, dissimuler.** *Les soldats ont camouflé leurs chars. Le meurtre a été camouflé en suicide.* → **maquiller.** **2.** verbe pronominal SE CAMOUFLER : se cacher en modifiant son apparence. *Le caméléon se camoufle en changeant de couleur. Les soldats se sont camouflés avec des branchages.*

CAMP [kɑ̃] n. m. ▪ *UN CAMP* **1.** Terrain où sont installées des troupes. → **campement.** *Les sentinelles montent la garde à l'entrée du camp.* **2.** Lieu où sont regroupés des prisonniers. *Les soldats pris par l'ennemi ont été mis dans des camps de prisonniers. Pendant la guerre, certains prisonniers ont été groupés dans des CAMPS DE CONCENTRATION.* **3.** Zone d'habitations sommaires. *Les populations qui ont fui leur pays en guerre ont été placées dans des CAMPS DE RÉFUGIÉS.* **4.** Terrain aménagé pour des campeurs. *Nous avons installé notre tente dans un camp au bord d'un ruisseau.* → **camping.** *Ils passent leurs vacances dans un CAMP DE NUDISTES,* dans un lieu aménagé où l'on vit tout nu. **5.** *LIT DE CAMP :* lit pliant léger, facilement transportable. *Les enfants ont dormi sur des lits de camp.* **6.** STYLE FAMILIER *FICHE LE CAMP,* STYLE TRÈS FAMILIER *FOUTRE LE CAMP :* s'en aller, partir. → **décamper.** *Les voleurs ont fichu le camp dès qu'ils ont entendu du bruit.* → **déguerpir.** *Foutez le camp de là !* **7.** Groupe opposé à un autre. *Les joueurs sont partagés en deux camps.* → **équipe.** *Il faut choisir son camp. Ce député est passé dans le camp de l'opposition. Il a changé de camp.*

> FAUX AMI
> espagnol **campo** « campagne »

CAMPAGNARD [kɑ̃paɲaʀ], **CAMPAGNARDE** [kɑ̃paɲaʀd] adj. (après le nom) **1.** Que l'on trouve à la campagne. *J'ai acheté une belle armoire campagnarde.* **2.** *BUFFET CAMPAGNARD :* ensemble de plats et de boissons régionaux, servis sur une table, dans une réception. *Pour la fête, ils ont préparé un buffet campagnard.*

① **CAMPAGNE** [kɑ̃paɲ] n. f. ▪ *LA CAMPAGNE :* ensemble des terres, en-dehors des villes, où il y a de la verdure, des champs, des forêts. *Mes parents vivent à la campagne.* → STYLE FAMILIER **cambrousse.** *Le week-end, nous allons dans notre MAISON DE CAMPAGNE,* notre résidence secondaire à la campagne.

> FAUX AMI
> allemand **Kampagne** « campagne électorale » → ② **campagne**

② **CAMPAGNE** [kɑ̃paɲ] n. f. ▪ *UNE CAMPAGNE* **1.** Expédition militaire. *Les troupes sont en campagne. La campagne d'Égypte opposa la France à la Grande-Bretagne en 1798.* **2.** Ensemble de moyens employés pour faire connaître un produit, les idées que l'on a. *La sortie de ce film a été accompagnée d'une campagne publicitaire importante. Les hommes politiques sont en CAMPAGNE ÉLECTORALE. Ce député FAIT CAMPAGNE pour la réduction du temps de travail,* il fait beaucoup de réunions pour expliquer ses idées.

CAMPAGNOL [kɑ̃paɲɔl] n. m. ▪ *UN CAMPAGNOL :* petit rongeur, de la taille d'une souris, à queue courte et poilue, qui vit dans les champs. *Les campagnols vivent dans des terriers.*

CAMPANULE [kɑ̃panyl] n. f. ▪ *UNE CAMPANULE :* plante à fleurs bleues ou violettes, en forme de clochettes. *Les champs sont pleins de campanules.*

CAMPEMENT [kɑ̃pmɑ̃] n. m. ▪ *UN CAMPEMENT :* lieu où l'on campe. → **camp.** *Des nomades ont installé leur campement à l'entrée de la ville.*

CAMPER [kɑ̃pe] verbe [conjugaison 1a] **1.** Faire du camping, vivre en plein air, sous une tente ou dans une caravane. *Cet été, nous camperons au bord de la mer.* **2.** S'installer provisoirement quelque part. *Tant que les travaux dans la chambre ne sont pas finis, nous campons dans le salon.* **3.** *CAMPER SUR SES POSITIONS :* ne pas changer d'avis. *Elle ne reviendra pas sur sa décision, elle campe sur ses positions.* **4.** *CAMPER UN PERSONNAGE,* le décrire avec précision en donnant toutes ses caractéristiques. → **planter.** *Dans le premier chapitre du roman, l'auteur a campé tous ses personnages.* **5.** verbe pronominal SE CAMPER : (qqn) se tenir droit et immobile, dans une attitude assurée. *Les gendarmes se sont campés devant la voiture.*

> FAUX AMI
> italien **campare** « vivre de »

CAMPEUR [kɑ̃pœʀ] n. m., **CAMPEUSE** [kɑ̃pøz] n. f. ▪ *UN CAMPEUR, UNE CAMPEUSE :* une personne qui fait du camping. *Des campeurs ont planté leur tente au bord de la rivière.*

CAMPING [kɑ̃piŋ] n. m. **1.** *LE CAMPING :* activité qui consiste à vivre en plein air et à dormir sous une tente ou dans une caravane. *Tous les étés, nous FAISONS DU CAMPING. Il y a un TERRAIN DE CAMPING au bord de l'eau.* **2.** *UN CAMPING :* terrain aménagé pour camper. *Les douches du camping municipal sont très propres. Il y a plusieurs campings dans la région.*

CAMPING-CAR [kɑ̃piŋkaʀ] n. m. ▪ *UN CAMPING-CAR :* camionnette aménagée pour le camping. *Il y a tout le confort dans ce camping-car.* PLURIEL : *des CAMPING-CARS.*

CAMPING-GAZ [kɑ̃piŋgaz] n. m. invariable ▪ *UN CAMPING-GAZ :* petit réchaud que l'on utilise en camping. *Il faut racheter une bouteille de gaz pour le camping-gaz.* PLURIEL : *des camping-gaz.*

CAMPUS [kɑ̃pys] n. m. ▪ *UN CAMPUS :* université située dans un grand parc, hors de la ville. *Voici le plan du campus de Grenoble.* → **université.**

> FAUX AMI
> grec **κάμπος** « plaine »

CANADIEN [kanadjɛ̃] adj. et n. m., **CANADIENNE** [kanadjɛn] adj. et n. f. **1.** adjectif (après le nom) Du Canada. *Le Saint-Laurent est un grand fleuve canadien.* **2.** *UN CANADIEN, UNE CANADIENNE :* un habitant, une habitante du Canada. *Les Canadiens français et les Canadiens anglais.*

CANADIENNE [kanadjɛn] n. f. ▪ *UNE CANADIENNE :* longue veste doublée de peau de mouton. *Il fait très froid, mets ta canadienne.*

CANAILLE [kanaj] n. f. ▪ *UNE CANAILLE :* une personne malhonnête et méprisable. → **crapule, fripouille.** *Cette canaille m'a escroqué dix mille francs. Ce type est une canaille.*

CANAL [kanal] n. m. ▪ *UN CANAL* **1.** Cours d'eau construit par l'homme. *Les péniches utilisent le canal de la Marne au Rhin. Le canal de Suez relie la mer Rouge à la Méditerranée. Les agriculteurs ont creusé un CANAL D'IRRIGATION.* PLURIEL : *des CANAUX* [kano]. **2.** Intermédiaire. *J'ai trouvé un emploi PAR LE CANAL DES petites annonces du journal.* **3.** Bande de fréquence servant à la transmission des ondes radioélectriques. *Quel est le canal de cette chaîne de télévision ?*

FAUX AMI
italien **canale** « chaîne de télévision, de radio »

CANALISATION [kanalizasjɔ̃] n. f. ▪ *UNE CANALISATION :* tuyau ou câble protégé par où passe un liquide ou un gaz. *Les canalisations de gaz sont souterraines.*

CANALISER [kanalize] verbe [conjugaison 1a] **1.** Rendre (un cours d'eau) navigable. *On a canalisé la rivière pour faciliter la navigation des péniches.* **2.** Empêcher (qqn ou qqch.) d'aller dans n'importe quelle direction. *Les policiers ont canalisé la foule des manifestants. – Il faut canaliser ton imagination.*

CANAPÉ [kanape] n. m. ▪ *UN CANAPÉ* **1.** Long siège confortable, à dossier, sur lequel plusieurs personnes peuvent s'asseoir ensemble. *Mon mari s'est endormi sur le canapé du salon.* **2.** Petite tranche de pain de mie sur laquelle on met certains aliments. *À l'apéritif, on nous a servi des canapés au fromage et aux anchois.*

CANAPÉ-LIT [kanapeli] n. m. ▪ *UN CANAPÉ-LIT :* canapé que l'on peut transformer en lit. *Vous pourrez dormir sur le canapé-lit.* PLURIEL : *des CANAPÉS-LITS.*

CANARD [kanaʀ] n. m. ▪ *UN CANARD* **1.** Oiseau au large bec aplati et aux pattes palmées, qui nage très bien. *Les canards sont dans la mare. Le chasseur a tué un canard sauvage. Dans cette région, on élève les canards pour faire du confit et du foie gras.* **2.** STYLE FAMILIER *Elle marche EN CANARD,* la pointe des pieds vers l'extérieur. *Il fait un FROID DE CANARD,* il fait très froid. **3.** Morceau de sucre trempé dans une liqueur ou dans du café. *J'ai pris un canard dans ton verre de cognac.* **4.** STYLE FAMILIER Journal. *Elle lit son canard en prenant son petit-déjeuner.*

CANARI [kanaʀi] n. m. ▪ *UN CANARI :* petit oiseau, de la famille du serin, au plumage jaune. *Notre voisine a un couple de canaris en cage.*

REM. Le canari est originaire des îles *Canaries.*

CANASSON [kanasɔ̃] n. m. ▪ STYLE FAMILIER *UN CANASSON :* cheval. *Alors, fais-le avancer, ton canasson !*

CANCAN [kɑ̃kɑ̃] n. m. ▪ *UN CANCAN :* histoire méchante et souvent fausse que l'on raconte sur qqn. → **commérage, ragot.** *Les gens racontent beaucoup de cancans sur la voisine. N'écoute pas tous ces cancans !*

CANCER [kɑ̃sɛʀ] n. m.
I. *LE CANCER :* maladie très grave, provoquée par la multiplication de cellules qui détruisent les tissus et forment une tumeur. *Son mari est mort d'un cancer du poumon. Il faut aider la recherche sur le cancer,* les travaux faits pour comprendre et mieux soigner cette maladie.
II. *LE CANCER :* signe du zodiaque, qui va du 22 juin au 22 juillet. *Elle est née sous le signe du Cancer. – Elle est Cancer :* elle est née sous le signe du Cancer. *Nous sommes tous les deux Cancer.*

CANCÉREUX [kɑ̃seʀø], **CANCÉREUSE** [kɑ̃seʀøz] adj. (après le nom) **1.** Qui est de la nature d'un cancer. *Elle a une tumeur cancéreuse au sein.* → **malin.** **2.** (qqn) Atteint d'un cancer. *Elle a été hospitalisée dans le service des malades cancéreux.*

CANCÉRIGÈNE [kɑ̃seʀiʒɛn] adj. (après le nom) ▪ Qui peut provoquer un cancer. *On dit que le tabac est une substance cancérigène.*

CANCRE [kɑ̃kʀ] n. m. ▪ STYLE FAMILIER *UN CANCRE :* mauvais élève paresseux. *Son fils est un cancre.*

CANDÉLABRE [kɑ̃delabʀ] n. m. ▪ *UN CANDÉLABRE :* grand chandelier à plusieurs branches. → **flambeau.** *Les salles du château étaient autrefois éclairées par des candélabres.*

FAUX AMI
roumain **candelabru** « lustre »

CANDEUR [kɑ̃dœʀ] n. f. ▪ *LA CANDEUR :* qualité d'une personne qui ne voit pas le mal. → **innocence, naïveté.** *Cette jeune fille est pleine de candeur* (→ **candide).**

CANDI [kɑ̃di] adj. m. (après le nom) ▪ *SUCRE CANDI :* sucre lisse et transparent, cristallisé. *Le petit garçon suce du sucre candi.*

CANDIDAT [kɑ̃dida] n. m., **CANDIDATE** [kɑ̃didat] n. f. ▪ *UN CANDIDAT, UNE CANDIDATE :* une personne qui veut obtenir un travail, qui passe un examen ou se présente à une élection. *Il y a beaucoup de candidats à ce poste. Elle s'est PORTÉE CANDIDATE aux élections pour être maire.*

CANDIDATURE [kɑ̃didatyʀ] n. f. ▪ *UNE CANDIDATURE :* état de candidat. *Elle a POSÉ SA CANDIDATURE à l'élection des délégués du personnel. Les candidatures à ce poste sont nombreuses.*

CANDIDE [kɑ̃did] adj. (après le nom) ▪ Qui est plein de candeur, ne pense pas à mal. *Elle a un air candide.* → **ingénu, innocent, naïf, pur.** ⟨contraires : faux, fourbe⟩

CANE [kan] n. f. ▪ *UNE CANE :* femelle du canard. *À la ferme, il y a des canards, des canes et des canetons. Nous avons mangé des œufs de cane.*

FAUX AMIS
italien **cane** « chien » ; portugais **cana** « canne »

REM. Le mot *canne* « bâton de marche » se prononce de la même façon.

CANETON [kantɔ̃] n. m. ▪ *UN CANETON :* petit du canard et de la cane. *Le caneton est sorti de l'œuf.*

CANETTE [kanɛt] n. f. ▪ *UNE CANETTE* **1.** Petite boîte en métal cylindrique, contenant une boisson. *Voulez-vous une canette de bière bien fraîche ?* **2.** Bobine de fil sur un métier à tisser ou une machine à coudre. *La couturière remplit sa canette.*

CANEVAS [kanva] n. m. ▪ *UN CANEVAS* **1.** Grosse toile aux fils très espacés, sur laquelle on fait de la tapisserie. *Les enfants font du canevas.* **2.** Plan d'une œuvre littéraire avant qu'elle soit écrite. → **ébauche, esquisse.** *Elle a fait le canevas de son discours, il lui reste à l'écrire.*

CANICHE [kaniʃ] n. m. ▪ *UN CANICHE :* petit chien à poil frisé. *Ils ont un caniche nain. Il suit sa femme COMME UN CANICHE,* il ne la quitte jamais, il la suit pas à pas.

CANICULE [kanikyl] n. f. ▪ *LA CANICULE :* période de très grande chaleur. ⟨contraire : froid⟩ *Nous sommes en pleine canicule. C'est la canicule.*

FAUX AMI
russe **каникулы** « les vacances »

CANIDÉS [kanide] n. m. pluriel ▪ *LES CANIDÉS :* famille de mammifères carnivores, au corps élancé, bons coureurs. *Le chien, le loup, le renard, le chacal sont des canidés.*

CANIF [kanif] n. m. ▪ *UN CANIF :* petit couteau dont la lame ou les lames se replient dans le manche. *Le scout taille un mor-*

ceau de bois avec son canif. – (figuré) *Donner* UN COUP DE CANIF DANS LE CONTRAT : être infidèle à son mari, à sa femme. *Elle a donné un coup de canif dans le contrat.*

CANIN [kanɛ̃], **CANINE** [kanin] adj. (après le nom) ▪ Relatif aux chiens. *Les chiens appartiennent à la* RACE CANINE. *Une exposition canine,* de chiens.

CANINE [kanin] n. f. ▪ *UNE CANINE* : dent pointue située de part et d'autre des incisives. *Les êtres humains ont quatre canines.*

CANIVEAU [kanivo] n. m. ▪ *UN CANIVEAU* : rigole creusée le long du trottoir, dans une rue, dans laquelle s'écoulent les eaux. *Les chiens doivent faire leurs besoins dans le caniveau.* PLURIEL : *des* CANIVEAUX.

CANNABIS [kanabis] n. m. ▪ *LE CANNABIS* : plante d'origine indienne dont on tire une drogue ; cette drogue. *Les douaniers ont trouvé du cannabis dans les bagages d'un voyageur. Il fume du cannabis.* → **haschisch, marijuana ;** STYLE FAMILIER **herbe.**

CANNE [kan] n. f. ▪ *UNE CANNE* **1.** Bâton sur lequel on s'appuie en marchant. *Après son accident, mon père a marché plusieurs mois avec une canne. Les aveugles ont une* CANNE BLANCHE. **2.** *Une* CANNE À PÊCHE : long bâton au bout duquel est attaché un fil pour pêcher. *Les pêcheurs sont partis avec leurs cannes à pêche* [kanapɛʃ]. **3.** *LA* CANNE À SUCRE : plante à grande tige, à écorce lisse et dure, dont on extrait le *sucre de canne. On cultive la canne à sucre dans les pays chauds.*

REM. La *cane* est la femelle du canard.

CANNELLE [kanɛl] n. f. ▪ *LA CANNELLE* : poudre marron clair tirée de l'écorce d'un arbre des pays chauds, dont on se sert comme épice pour donner du goût à certains aliments. *Pour le dessert, je prépare de la compote de pommes à la cannelle.*

CANNIBALE [kanibal] n. m., n. f. et adj. **1.** *UN CANNIBALE, UNE CANNIBALE* : une personne qui mange de la chair humaine. → **anthropophage.** *Robinson Crusoé a sauvé Vendredi des cannibales.* **2.** adjectif (après le nom) (animaux) Qui se nourrit d'un animal de la même espèce. *La mante religieuse est cannibale.*

CANOË [kanɔe] n. m. ▪ *UN CANOË* : petit bateau très léger et fin, que l'on fait avancer avec une pagaie (→ **kayak).** *Les vacanciers descendent la rivière en canoë.*

① **CANON** [kanɔ̃] n. m. ▪ *UN CANON* **1.** Arme en forme de gros tube très lourd qui sert à lancer des obus. *Les canons ennemis ont bombardé la ville. Les soldats ont tiré au canon. On entend de loin les coups de canon.* – STYLE FAMILIER *De la* CHAIR À CANON : des soldats exposés à être tués. *Nous ne sommes pas de la chair à canon !* **2.** Tube d'une arme à feu. *Il a pointé le canon de son revolver vers la porte. L'assassin s'est servi d'un fusil à canon scié.* **3.** *Un* CANON À NEIGE : appareil qui fabrique et projette de la neige artificielle. *Il a très peu neigé, on a dû utiliser les canons à neige pour pouvoir skier sur les pistes.* **4.** STYLE FAMILIER Verre de vin. *Le chasseur a bu un canon avant de rentrer chez lui.*

② **CANON** [kanɔ̃] n. m. ▪ *UN CANON* **1.** Chant à plusieurs voix dans lequel les personnes chantent les unes après les autres la même mélodie. *Les enfants ont chanté « Frère Jacques »* EN CANON. **2.** Ensemble des règles qui déterminent les proportions idéales de l'être humain. *Le canon de la beauté change selon les époques.*

CAÑON → **canyon**

CANONISER [kanɔnize] verbe [conjugaison 1a] ▪ Mettre au nombre des saints honorés par l'Église catholique. *Jeanne d'Arc a été canonisée en 1920.*

CANONNADE [kanɔnad] n. f. ▪ *UNE CANONNADE* : tir d'un ou de plusieurs canons. *On entend la canonnade au loin.*

CANOT [kano] n. m. ▪ *UN CANOT* : petit bateau léger ouvert sur le dessus. *Les naufragés ont tous embarqué dans les* CANOTS DE SAUVETAGE. *Les enfants sont partis en mer sur un* CANOT PNEUMATIQUE.

CANOTAGE [kanɔtaʒ] n. m. ▪ *LE CANOTAGE* : promenade en canot, en barque. *Nous avons fait du canotage sur le lac.*

CANOTER [kanɔte] verbe [conjugaison 1a] ▪ Se promener en canot, en barque. *Les enfants canotent sur le lac.*

CANOTIER [kanɔtje] n. m. ▪ *UN CANOTIER* : chapeau de paille rond, à fond plat, à la mode au début du XXe siècle en France. *Le chanteur Maurice Chevalier portait un canotier.*

CANTAL [kɑ̃tal] n. m. ▪ *LE CANTAL* : fromage à pâte jaune très ferme, fait avec du lait de vache, dans la région du Cantal, en France. *J'ai mangé un morceau de cantal. Il a acheté deux cantals.*

CANTATE [kɑ̃tat] n. f. ▪ *UNE CANTATE* : morceau de musique joué par un orchestre et comportant des parties chantées. *Bach a composé de nombreuses cantates.*

CANTATRICE [kɑ̃tatʀis] n. f. ▪ *UNE CANTATRICE* : chanteuse d'opéra ou de chant classique. *La Callas était une merveilleuse cantatrice.*

CANTINE [kɑ̃tin] n. f. ▪ *UNE CANTINE* **1.** Salle où l'on sert les repas dans une école, une entreprise. *Les élèves déjeunent à la cantine.* **2.** Grande malle en bois ou en métal. *Dans le grenier, il y a une cantine remplie de vieux vêtements.*

FAUX AMIS
italien **cantina** « cave » ; roumain **cantină** « restaurant »

CANTIQUE [kɑ̃tik] n. m. ▪ *UN CANTIQUE* : chant religieux chrétien. *On chante des cantiques à la messe.*

CANTON [kɑ̃tɔ̃] n. m. ▪ *UN CANTON* **1.** Partie d'un département, plus petite que l'arrondissement, en France. *La principale ville du canton est le* CHEF-LIEU DE CANTON. **2.** Chacun des vingt-trois États de la Confédération helvétique. *La Chaux-de-Fonds est dans le canton de Neuchâtel.*

À LA **CANTONADE** [alakɑ̃tɔnad] adverbe ▪ En s'adressant à tout le monde en même temps. *En arrivant dans le bar, elle a dit bonjour à la cantonade.*

CANTONAIS [kɑ̃tɔnɛ], **CANTONAISE** [kɑ̃tɔnɛz] adj. (après le nom) ▪ De Canton, ville de Chine. *Nous avons mangé du* RIZ CANTONAIS, du riz préparé avec des œufs en omelette, des légumes, des crevettes, etc.

CANTONAL [kɑ̃tɔnal], **CANTONALE** [kɑ̃tɔnal] adj. (après le nom) **1.** Qui concerne le canton français. *Les conseillers généraux sont élus aux* ÉLECTIONS CANTONALES. **2.** Qui concerne le canton suisse. *Il y a des lois cantonales et des lois fédérales.* MASCULIN PLURIEL : *des délégués* CANTONAUX [kɑ̃tɔno].

CANTONNEMENT [kɑ̃tɔnmɑ̃] n. m. ▪ *UN CANTONNEMENT* : lieu où l'on installe provisoirement des soldats. *Ces bâtiments peuvent servir de cantonnement.*

CANTONNER [kɑ̃tɔne] verbe [conjugaison 1a] **1.** Installer provisoirement (des troupes) dans un endroit. *Les soldats ont été cantonnés dans des maisons inhabitées.* **2.** Laisser volontairement (qqn) dans un lieu, dans un état. *Cette comédienne est cantonnée dans les rôles de servante.* **3.** verbe pronominal SE CANTON-

NER : (qqn) limiter ses activités. *Elle s'est cantonnée à faire un peu de ménage.*

CANTONNIER [kɑ̃tɔnje] n. m. ▪ *UN CANTONNIER :* ouvrier qui s'occupe de l'entretien des routes, des chemins. *Le cantonnier tond les bas-côtés du sentier.*

CANULAR [kanylaʀ] n. m. ▪ *UN CANULAR :* farce, histoire inventée pour tromper qqn. → **mystification.** *Des étudiants ont MONTÉ UN CANULAR.*

CANYON [kanjɔn] n. m. ▪ *UN CANYON :* vallée étroite et très profonde, creusée par un cours d'eau. *Nous avons visité le Grand Canyon du Colorado, aux États-Unis.*

REM. On écrit aussi *cañon.*

CAOUTCHOUC [kautʃu] n. m. **1.** *LE CAOUTCHOUC :* matière élastique et imperméable qui vient du latex de certaines plantes (→ **hévéa**) ou qui est fabriquée. *Le pêcheur a mis ses bottes en caoutchouc.* **2.** *UN CAOUTCHOUC :* plante d'appartement aux larges feuilles épaisses et brillantes. → **ficus.** *Il y a un caoutchouc dans le salon.*

FAUX AMI
roumain **cauciuc (de maşina)** « pneu »

CAOUTCHOUTEUX [kautʃutø], **CAOUTCHOUTEUSE** [kautʃutøz] adj. (après le nom) ▪ Qui est ferme et élastique comme du caoutchouc. *Je n'arrive pas à manger cette viande caoutchouteuse.*

CAP [kap] n. m. ▪ *UN CAP* **1.** Pointe de terre qui s'avance dans la mer. *Le cap Horn est au sud de l'Amérique.* **2.** Direction que suit un avion ou un bateau. *Le bateau a MIS LE CAP SUR Marseille. Le pilote a CHANGÉ DE CAP.* **3.** *DE PIED EN CAP* [dəpjetɑ̃kap] : des pieds à la tête. *Les soldats sont armés de pied en cap.*

REM. Une *cape* est un manteau sans manches.

C. A. P. [seape] n. m. invariable ▪ *UN C. A. P :* certificat d'aptitude professionnelle. *Mon frère a passé son C. A. P. de boulanger.*

REM. *C. A. P.* est le sigle de ***C**ertificat d'**a**ptitude **p**rofessionnelle.*

CAPABLE [kapabl] adj. (après le nom) **1.** Qui peut faire qqch. *Cet athlète est capable de courir un marathon.* → **apte.** ⟨contraires : inapte, incapable⟩ *Elle est capable d'avoir oublié notre rendez-vous,* elle peut l'avoir oublié. *Cet homme EST CAPABLE DE TOUT,* il est prêt à tout faire, sans scrupule et sans prudence. **2.** Qui fait bien ce qu'il fait. → **compétent, habile.** *C'est un ouvrier très capable.* ⟨contraire : incompétent⟩

CAPACITÉ [kapasite] n. f. ▪ *LA CAPACITÉ* **1.** Qualité d'une personne qui peut faire qqch. *Je suis étonné par la capacité de cet enfant à comprendre vite.* → **aptitude.** **2.** *DES CAPACITÉS :* ce qu'on est capable de faire. *Elle a de grandes capacités intellectuelles.* → **compétence.** *Il faut utiliser toutes vos capacités.* **3.** Quantité que peut contenir un récipient. → **contenance.** *Cette bouteille a une capacité d'un litre.*

CAPARAÇONNÉ [kapaʀasɔne], **CAPARAÇONNÉE** [kapaʀasɔne] adj. (après le nom) ▪ Recouvert d'une armure ou d'une protection souvent décorée. *Le chevalier montait un cheval caparaçonné.*

REM. On entend parfois des Français dire *carapaçonné,* ce qui est fautif : ce mot n'a rien à voir avec *carapace.*

CAPE [kap] n. f. ▪ *UNE CAPE :* manteau sans manches, qui enveloppe le corps et les bras. *Elle a mis une cape sur sa robe du soir.* – *Le livre d'Alexandre Dumas « Les Trois Mousquetaires » est un roman DE CAPE ET D'ÉPÉE,* un roman dont les héros ont des capes et se battent à l'épée. *Les filles RIENT SOUS CAPE en regardant un garçon,* en cachette, discrètement.

C. A. P. E. S. [kapɛs] n. m. ▪ *LE C. A. P. E. S. :* certificat d'aptitude au professorat de l'enseignement secondaire. *Elle a passé son C. A. P. E. S. d'histoire. Elle a un C. A. P. E. S. de russe.*

REM. *C. A. P. E. S.* est le sigle de ***C**ertificat d'**a**ptitude au **p**rofessorat de l'**e**nseignement **s**econdaire.*

CAPILLAIRE [kapilɛʀ] adj. (après le nom) **1.** Relatif aux cheveux. *Le coiffeur vend des lotions capillaires.* **2.** *VAISSEAU CAPILLAIRE :* vaisseau sanguin fin comme un cheveu. *Le malade a une inflammation des vaisseaux capillaires.*

CAPITAINE [kapitɛn] n. m. ▪ *UN CAPITAINE* **1.** Officier qui est à la tête d'une compagnie. *Le capitaine porte trois galons. Oui, mon capitaine. Le capitaine des pompiers est arrivé sur le lieu de l'incendie.* **2.** Officier qui commande un navire de commerce. *Le capitaine est sur le pont.* **3.** Chef d'une équipe sportive. *Le capitaine de l'équipe de football entraîne ses joueurs.*

① **CAPITAL** [kapital], **CAPITALE** [kapital] adj. (après le nom) **1.** (qqch.) Très important. *Il a joué un rôle capital dans la négociation de paix.* → **essentiel.** MASCULIN PLURIEL : *CAPITAUX* [kapito]. ⟨contraire : secondaire⟩ *Il est capital que je puisse parler au directeur.* → **indispensable, fondamental, primordial.** *Ce livre est une œuvre capitale,* une œuvre très importante. → **principal.** **2.** *La PEINE CAPITALE :* la peine de mort. *La peine capitale a été abolie en France en 1981.*

② **CAPITAL** [kapital] n. m. ▪ *UN CAPITAL* **1.** Ensemble des biens que possède une personne. → **fortune, patrimoine.** *Son capital est constitué d'immeubles et de tableaux.* **2.** Somme d'argent que l'on place pour qu'elle rapporte des intérêts. *Il a placé son capital dans une banque.* PLURIEL : *des CAPITAUX* [kapito]. **3.** *LE GRAND CAPITAL :* ensemble de ceux qui possèdent les richesses, les moyens de production. *Le prolétariat s'oppose au grand capital* (→ **capitalisme**).

CAPITALE [kapital] n. f. ▪ *UNE CAPITALE* **1.** Ville d'un pays où siège le gouvernement. *Paris est la capitale de la France.* **2.** Ville la plus importante dans un domaine particulier. → **métropole.** *La Mecque est la capitale de l'islam.* **3.** Lettre majuscule. *La phrase commence par une capitale. Écrivez votre nom en capitales.*

CAPITALISME [kapitalism] n. m. ▪ *LE CAPITALISME :* organisation d'un pays où la plupart des capitaux et des moyens de production appartiennent à des personnes et non à l'État. ⟨contraires : communisme, socialisme⟩ *Les communistes sont contre le capitalisme.*

CAPITALISTE [kapitalist] adj., n. m. et n. f. **1.** adjectif (après le nom) Relatif au capitalisme. *Ce pays a une économie capitaliste.* ⟨contraires : communiste, socialiste⟩ **2.** *UN CAPITALISTE, UNE CAPITALISTE :* une personne qui possède des capitaux. *C'est un riche capitaliste.* ⟨contraire : prolétaire⟩

CAPITEUX [kapitø], **CAPITEUSE** [kapitøz] adj. (après le nom) ▪ (odeur, goût) Qui fait tourner la tête. *Ces fleurs ont un parfum capiteux,* très fort. *Nous avons bu un vin capiteux.* → **enivrant.**

CAPITONNÉ [kapitɔne], **CAPITONNÉE** [kapitɔne] adj. (après le nom) ▪ (siège) Qui est rembourré, recouvert de tissu ou de cuir et piqué de points réguliers. *Ce fauteuil capitonné est très confortable.*

CAPITULATION [kapitylasjɔ̃] n. f. ▪ *UNE CAPITULATION :* action de se rendre, de cesser de se battre en acceptant les conditions de l'ennemi. → **reddition.** *Le général a signé la capitulation.*

CAPITULER [kapityle] verbe [conjugaison 1a] ▪ Se rendre à l'ennemi, cesser de se battre. *Le chef des Gaulois Vercingétorix a capitulé à Alésia.* ⟨contraire : résister⟩ – *Ce travail est trop difficile, je capitule,* j'abandonne.

CAPORAL [kapɔral] n. m. ▪ *UN CAPORAL :* militaire qui a le grade le moins élevé. *Le caporal commande quatre ou cinq hommes.* PLURIEL : *des CAPORAUX* [kapɔro].

CAPOT [kapo] n. m. ▪ *UN CAPOT :* partie de la carrosserie d'un véhicule qui recouvre le moteur. *Le garagiste ouvre le capot de la voiture.*

CAPOTE [kapɔt] n. f. ▪ *UNE CAPOTE* **1.** Toit pliant, en toile imperméable, en cuir ou en plastique, d'une voiture décapotable, d'un landau. *Il fait beau, on peut baisser la capote. Il y a trop de vent, relève la capote.* **2.** Grand manteau porté par les militaires. *Le soldat a mis sa capote kaki.* **3.** STYLE FAMILIER *CAPOTE (ANGLAISE) :* préservatif masculin. *Il a acheté une boîte de capotes à la pharmacie.*

> FAUX AMI
> roumain **capot** « robe de chambre »

CAPOTER [kapɔte] verbe [conjugaison 1a] **1.** (bateau, voiture) Se renverser. *Le bateau a capoté.* → **chavirer.** **2.** STYLE FAMILIER Échouer. *Son projet risque de capoter.*

CÂPRE [kɑpʀ] n. f. ▪ *UNE CÂPRE :* bouton d'un petit arbre, de couleur verte, que l'on conserve dans le vinaigre et que l'on met dans certains plats. *La cuisinière a préparé du poisson avec une sauce aux câpres.*

CAPRICE [kapʀis] n. m. **1.** *UN CAPRICE :* envie soudaine qui ne dure pas longtemps. *Leur fils FAIT sans cesse DES CAPRICES,* il se met en colère pour avoir ce qu'il veut. *Ses parents CÈDENT À TOUS SES CAPRICES.* **2.** (au pluriel) LES CAPRICES : changements fréquents et imprévisibles. *Les caprices de la mode font que les jupes allongent ou raccourcissent.*

CAPRICIEUX [kapʀisjø], **CAPRICIEUSE** [kapʀisjøz] adj. (après le nom) **1.** (qqn) Qui fait des caprices. *Ce petit garçon est très capricieux,* il fait des colères pour avoir ce qu'il veut. **2.** (qqch.) Qui change souvent et rapidement, sans qu'on puisse le prévoir. *Il fait beau puis il pleut : le temps est capricieux.*

CAPRICORNE [kapʀikɔʀn] n. m. ▪ *LE CAPRICORNE :* signe du zodiaque, qui va du 21 décembre au 19 janvier. *Elle est née sous le signe du Capricorne. – Son fils est Capricorne,* il est né sous le signe du capricorne. *Mes enfants sont Capricorne.*

CAPSULE [kapsyl] n. f. ▪ *UNE CAPSULE* **1.** Bouchon plat en métal qui sert à fermer certaines bouteilles. *Prends le décapsuleur pour enlever la capsule de la bouteille de bière.* **2.** Fruit dont l'enveloppe est sèche et dure et qui s'ouvre tout seul quand il est mûr. *Les fruits du pavot et du genêt sont des capsules.* **3.** Enveloppe de certains médicaments. → **cachet.** *La malade doit prendre deux capsules pendant les repas.* **4.** *CAPSULE SPATIALE :* partie d'une fusée dans laquelle sont les astronautes. → **cabine.** *Les astronautes s'installent dans la capsule spatiale.*

CAPTER [kapte] verbe [conjugaison 1a] **1.** *CAPTER L'ATTENTION :* retenir l'attention en intéressant. *Le conférencier capte l'attention du public.* **2.** Recueillir (un fluide, une énergie). *On capte l'eau de la rivière pour alimenter la ville.* **3.** Recevoir les ondes, les images d'un émetteur. *Grâce au câble, on peut capter de nombreuses télévisions étrangères.*

CAPTIF [kaptif] n. m. et adj., **CAPTIVE** [kaptiv] n. f. et adj. ▪ STYLE RECHERCHÉ **1.** *UN CAPTIF, UNE CAPTIVE :* une personne privée de liberté. → **prisonnier.** *Les captifs ont été enchaînés.* **2.** adjectif (après le nom) Qui est privé de liberté. *Les soldats captifs sont enfermés dans un camp.*

CAPTIVANT [kaptivɑ̃], **CAPTIVANTE** [kaptivɑ̃t] adj. (après le nom, parfois avant le nom) ▪ Qui captive, qui intéresse énormément. → **passionnant.** *J'ai lu un roman captivant. C'est la captivante histoire d'une famille de pionniers. Mon grand-père est captivant quand il raconte ses souvenirs.* ⟨contraire : ennuyeux⟩

CAPTIVER [kaptive] verbe [conjugaison 1a] ▪ Retenir l'attention en intéressant. → **passionner.** *Ce roman m'a captivé. Le public est captivé par le conférencier.* ⟨contraire : ennuyer⟩

CAPTIVITÉ [kaptivite] n. f. ▪ *LA CAPTIVITÉ* **1.** Situation dans laquelle est un prisonnier de guerre, un otage. *Il a vécu EN CAPTIVITÉ plusieurs années dans un camp.* **2.** Situation dans laquelle vit un animal qui a été capturé. *On peut voir au zoo des ANIMAUX EN CAPTIVITÉ.* ⟨contraire : liberté⟩

CAPTURE [kaptyʀ] n. f. **1.** *LA CAPTURE :* action de s'emparer de (qqn, un animal). *La capture de l'assassin par les policiers a été difficile.* **2.** *UNE CAPTURE :* ce que l'on a capturé. *Le chasseur est fier de sa capture.* → **prise.**

CAPTURER [kaptyʀe] verbe [conjugaison 1a] ▪ Attraper (un être vivant). *Les chasseurs ont capturé un lion qu'ils vont envoyer dans un zoo. L'armée ennemie capturera* [kaptyʀʀa] *des soldats.* → **arrêter, prendre.** ⟨contraires : relâcher, libérer⟩

CAPUCHE [kapyʃ] n. f. ▪ *UNE CAPUCHE :* partie d'un vêtement attachée au col et qu'on peut rabattre sur la tête. → **capuchon.** *Il pleut, mets ta capuche ! Il a un anorak à capuche.*

CAPUCHON [kapyʃɔ̃] n. m. ▪ *UN CAPUCHON* **1.** Capuche. *Elle a un imperméable à capuchon.* **2.** Bouchon de stylo. *Visse bien le capuchon de ton stylo.*

CAPUCINE [kapysin] n. f. ▪ *UNE CAPUCINE :* plante à feuilles rondes et à fleurs orangées, jaunes ou rouges. *Il a acheté un pot de capucines.*

CAQUET [kakɛ] n. m. ▪ *LE CAQUET* **1.** Cri de la poule quand elle pond (→ **gloussement**). *On entend des caquets dans le poulailler.* **2.** Bavardage désagréable. *Je vais lui RABATTRE (RABAISSER) SON CAQUET,* le faire taire.

CAQUETER [kakte] verbe [conjugaison 5b] ▪ (poules) Pousser des cris au moment de pondre (→ **glousser**). *Les poules caquètent.*

> REM. Ce verbe peut se conjuguer aussi comme le verbe *jeter :* les poules *caquettent.*

① **CAR** [kaʀ] conjonction ▪ Parce que. *Mon frère met des lunettes, car il est myope.* ⟨contraire : donc⟩

② **CAR** [kaʀ] n. m. ▪ *UN CAR :* un autocar. *Le car pour le centre ville passe toutes les heures. Un car de touristes est garé devant l'église.*

> FAUX AMIS
> anglais **car,** espagnol et portugais **carro** « voiture »

CARABINE [kaʀabin] n. f. ▪ *UNE CARABINE :* fusil léger à canon court. *À la fête foraine, il y a un stand de TIR À LA CARABINE. Les enfants s'amusent à tirer À LA CARABINE sur des boîtes de conserve.*

CARACOLER [kaʀakɔle] verbe [conjugaison 1a] ▪ (chevaux) Faire des sauts. *La jument caracole sur le chemin.*

CARACTÈRE [kaʀaktɛʀ] n. m. **1.** *UN CARACTÈRE :* lettre d'imprimerie. *Les livres pour enfants sont écrits en gros caractères.* **2.** *LE CARACTÈRE :* ensemble des manières habituelles d'être, de se comporter. *Le directeur a un caractère autoritaire.* → **personnalité, tempérament.** *Ma grand-mère est jeune DE CARACTÈRE. AVOIR BON CARACTÈRE :* être aimable, conciliant et toujours de bonne humeur. *Elle a très bon caractère. AVOIR MAUVAIS CARACTÈRE :* être désagréable et souvent de mauvaise humeur. *Comme tu as mauvais caractère !* **3.** (qqn) *AVOIR DU CARACTÈRE :*

avoir de la détermination et de la fermeté. *Ce jeune homme manque de caractère.* → **personnalité.** – (qqch.) *Leur maison* A DU CARACTÈRE, elle est originale. → **style.** 4. Particularité. *Cette maladie présente les caractères de la rougeole.* → **caractéristique.** *Ce courrier a un caractère officiel,* il est officiel.

FAUX AMIS
anglais **character** « personnage » ; norvégien **karakter** « note (scolaire) »

CARACTÉRIEL [kaʀakteʀjɛl] adj. et n. m., **CARACTÉRIELLE** [kaʀakteʀjɛl] adj. et n. f. 1. adjectif (après le nom) Qui concerne le caractère, la manière d'être. *Depuis le divorce de ses parents, cet enfant a des troubles caractériels.* – *C'est un enfant caractériel,* qui a des troubles du caractère, du comportement. 2. *UN CARACTÉRIEL, UNE CARACTÉRIELLE :* une personne qui a des troubles caractériels, qui vit difficilement en groupe. *Leur fille ne s'adapte pas à l'école, c'est une caractérielle.*

CARACTÉRISÉ [kaʀakteʀize], **CARACTÉRISÉE** [kaʀakteʀize] adj. (après le nom) ▪ (qqch.) Dont le caractère est bien marqué, qui peut être facilement reconnu. → **net.** *C'est une rougeole caractérisée.* → **typique.**

CARACTÉRISER [kaʀakteʀize] verbe [conjugaison 1a] ▪ (qqch.) Être le caractère principal de (qqn, qqch.). *La générosité ne la caractérise pas !*

CARACTÉRISTIQUE [kaʀakteʀistik] adj. et n. f. 1. adjectif (après le nom) Qui est particulier et que l'on reconnaît bien. → **déterminant.** *L'éther a une odeur caractéristique.* → **spécifique, typique.** 2. *UNE CARACTÉRISTIQUE :* ce qui est le caractère principal de (qqn, qqch.). *Le* s *est la caractéristique du pluriel en français.* → **marque, signe.** *Quelles sont les caractéristiques de cette voiture ?* → **particularité.** *Cet avion a la caractéristique de pouvoir se poser sur une piste très courte.*

CARAFE [kaʀaf] n. f. ▪ *UNE CARAFE* 1. Bouteille en verre ou en cristal, large à la base et plus resserrée en haut. *Le serveur pose une carafe d'eau sur la table. Nous avons bu du vin rouge* EN CARAFE, servi dans une carafe. 2. STYLE FAMILIER *RESTER EN CARAFE :* être oublié, laissé de côté et attendre. *La voiture est tombée en panne et nous sommes restés en carafe sur l'autoroute.*

CARAMBOLAGE [kaʀɑ̃bɔlaʒ] n. m. ▪ *UN CARAMBOLAGE* 1. STYLE FAMILIER Série de voitures qui se rentrent les unes dans les autres. *Il y a eu un carambolage sur l'autoroute à cause du brouillard* (→ **accident).** 2. Au billard, Coup dans lequel une bille en touche deux autres. *Le joueur a fait plusieurs carambolages à la suite.*

CARAMEL [kaʀamɛl] n. m. 1. *LE CARAMEL :* sirop brun, brillant et collant, obtenu en faisant cuire du sucre avec un peu d'eau. *Pour le dessert, je prendrai une* CRÈME (AU) CARAMEL. 2. *UN CARAMEL :* bonbon au caramel. *Est-ce que tu préfères les caramels mous ou les caramels durs ?*

CARAMÉLISÉ [kaʀamelize], **CARAMÉLISÉE** [kaʀamelize] adj. (après le nom) ▪ Recouvert de caramel. *Le cuisinier a préparé des pommes caramélisées.*

CARAPACE [kaʀapas] n. f. ▪ *UNE CARAPACE :* partie dure du corps de certains animaux, qui les enveloppe et les protège. *Les crustacés ont une carapace. La tortue a rentré sa tête et ses pattes sous sa carapace.* – *Elle s'est fait une carapace d'égoïsme.*

SE **CARAPATER** [kaʀapate] verbe pronominal [conjugaison 1a] ▪ STYLE FAMILIER S'en aller très vite. → **s'enfuir ;** STYLE FAMILIER **décamper.** *Les voleurs se sont carapatés dès qu'ils ont entendu du bruit.*

CARAVANE [kaʀavan] n. f. ▪ *UNE CARAVANE* 1. Groupe de voyageurs qui traversent une région désertique. *Une caravane de nomades traverse le désert.* 2. Groupe de personnes qui se déplacent. *La caravane du Tour de France est l'ensemble des personnes qui accompagnent les coureurs.* 3. Remorque tirée par une voiture, aménagée pour servir de maison. → **roulotte.** *Ils aiment le camping et partent toujours en vacances en caravane.*

FAUX AMI
l'allemand **Karawane** ne s'emploie pas pour les sens 2. et 3.

CARAVELLE [kaʀavɛl] n. f. ▪ *UNE CARAVELLE :* bateau à voiles qu'on utilisait aux XVe et XVIe siècles. *Christophe Colomb est parti en mer avec trois caravelles.*

CARBONE [kaʀbɔn] n. m. 1. *LE CARBONE :* élément présent dans la terre et les organismes vivants. *Le charbon et le pétrole contiennent du carbone.* OXYDE DE CARBONE : gaz toxique. *Les gaz d'échappement des voitures contiennent de l'oxyde de carbone. On réussit à dater les vestiges archéologiques grâce au* CARBONE 14, au carbone radioactif. 2. *UN CARBONE :* papier recouvert de couleur qui, placé entre deux feuilles de papier permet de faire un double. *Le secrétaire a tapé la lettre en deux exemplaires avec un carbone.*

CARBONIQUE [kaʀbɔnik] adj. (après le nom) ▪ *GAZ CARBONIQUE :* mélange de carbone et d'oxygène. *L'air qu'on expire est chargé de gaz carbonique.*

CARBONISÉ [kaʀbɔnize], **CARBONISÉE** [kaʀbɔnize] adj. (après le nom) ▪ Complètement brûlé et transformé en charbon. → **calciné.** *Le rôti est malheureusement carbonisé !*

CARBURANT [kaʀbyʀɑ̃] n. m. 1. *LE CARBURANT :* ce qui brûle en donnant de l'énergie. *Il n'y a plus de carburant.* 2. *UN CARBURANT :* matière liquide qui sert à faire fonctionner un moteur (→ **combustible).** *L'essence, le kérosène, le mazout sont des carburants.*

CARBURATEUR [kaʀbyʀatœʀ] n. m. ▪ *UN CARBURATEUR :* partie d'un moteur dans laquelle le carburant se mélange à l'air. *Le garagiste nettoie et règle le carburateur de la voiture.*

CARCAN [kaʀkɑ̃] n. m. ▪ *UN CARCAN* 1. Collier de fer fixé à un poteau, où l'on attachait par le cou un condamné. *Le criminel a été condamné au carcan.* 2. Ce qui empêche de faire ce qu'on voudrait. → **contrainte, entrave.** *La discipline est un carcan. Il faut se libérer de ce carcan !*

CARCASSE [kaʀkas] n. f. ▪ *UNE CARCASSE* 1. Ensemble des os (d'un animal mort). → **squelette.** *Les hyènes se battent autour de la carcasse de l'antilope.* 2. Ce qui reste d'une volaille quand on a enlevé les ailes, les cuisses et les blancs. *Garde la carcasse du poulet pour le chien.* 3. STYLE FAMILIER Le corps humain. *Amène ta carcasse !* 4. Charpente d'un appareil, d'une construction. → **armature.** *La voiture a brûlé, il ne reste que la carcasse.*

CARCÉRAL [kaʀseʀal], **CARCÉRALE** [kaʀseʀal] adj. (après le nom) ▪ De la prison. *Nous avons regardé à la télévision un film sur le milieu carcéral. La vie carcérale est très pénible.* MASCULIN PLURIEL : *les problèmes* CARCÉRAUX [kaʀseʀo].

CARDIAQUE [kaʀdjak] adj., n. m. et n. f. 1. adjectif (après le nom) Qui concerne le cœur. *Le* MUSCLE CARDIAQUE, *c'est le cœur. Elle a une maladie cardiaque. Le malade a eu une* CRISE CARDIAQUE. 2. *UN CARDIAQUE, UNE CARDIAQUE :* une personne qui a une maladie du cœur. *C'est un cardiaque. Ce film d'horreur est déconseillé aux cardiaques !*

CARDIGAN [kaRdigɑ̃] n. m. ■ *UN CARDIGAN* : veste de laine tricotée, à manches longues, qui se boutonne devant. → **gilet.** *Il fait frais, mets un cardigan !*

① **CARDINAL** [kaRdinal] n. m. ■ *UN CARDINAL* : prêtre catholique de rang très élevé, nommé par le pape pour être membre de l'assemblée qui élit et conseille le pape. *Un cardinal a des habits de couleur pourpre.* PLURIEL : *des CARDINAUX* [kaRdino].

② **CARDINAL** [kaRdinal], **CARDINALE** [kaRdinal] adj. (après le nom) **1.** *NOMBRE CARDINAL* : nombre qui indique une quantité (opposé à nombre ordinal). *Trois est un nombre cardinal.* MASCULIN PLURIEL : *les nombres CARDINAUX* [kaRdino]. **2.** *Les quatre POINTS CARDINAUX* : les points à partir desquels on détermine la situation des autres points de l'horizon. *L'est, le nord, l'ouest et le sud sont les quatre points cardinaux.*

les points cardinaux

1. Le point cardinal est un **nom**

On ne met pas de majuscule quand on parle de direction (ex. : *nous allons vers le sud ; cette ville est située au nord de l'Allemagne*).

On met une majuscule quand on parle d'un pays, d'une région, d'un lieu (ex. : *Marseille est une ville du Sud de la France ; ils habitent dans le Nord ; ils ont fait un voyage dans le Sud tunisien ; l'Afrique du Sud*).

2. Le point cardinal est un **adjectif**

On ne met pas de majuscule (ex. : *la frontière ouest du pays ; ils habitent dans la banlieue est de la ville ; ils font repeindre la façade sud de la maison*) sauf pour les noms propres géographiques (ex. : *le pôle Sud ; l'Atlantique Nord*).

CARDIOLOGIE [kaRdjɔlɔʒi] n. f. ■ *LA CARDIOLOGIE* : partie de la médecine qui s'occupe du cœur. *Le malade a été hospitalisé dans le service de cardiologie.*

CARDIOLOGUE [kaRdjɔlɔg] n. m. et n. f. ■ *UN CARDIOLOGUE, UNE CARDIOLOGUE* : médecin spécialiste des maladies du cœur. *Elle a consulté une cardiologue.*

CARÊME [kaRɛm] n. m. ■ *LE CARÊME* : période de quarante-six jours, qui va de mardi gras jusqu'à Pâques. *Le carême était une période de jeûne pour les chrétiens.*

CARENCE [kaRɑ̃s] n. f. ■ *UNE CARENCE* : absence ou insuffisance d'un ou de plusieurs éléments nécessaires à l'organisme. *Ce malade souffre d'une carence en fer.*

CARESSANT [kaRɛsɑ̃], **CARESSANTE** [kaRɛsɑ̃t] adj. (après le nom) **1.** Qui aime les caresses. → **affectueux, câlin, tendre.** *C'est un enfant caressant.* **2.** Agréable comme une caresse. → **doux.** *Son mari a une voix caressante.*

CARESSE [kaRɛs] n. f. ■ *UNE CARESSE* : action de toucher doucement, pour procurer une sensation agréable. *Le vétérinaire fait une caresse au chat.*

CARESSER [kaRese] verbe [conjugaison 1a] **1.** Faire une caresse, des caresses, par plaisir, par tendresse. *Les chats aiment qu'on les caresse. Il caresse sa femme amoureusement. – Il caresse les cheveux de son fils.* **2.** *CARESSER qqn DU REGARD*, le regarder amoureusement. *Le jeune homme caresse sa fiancée du regard.* **3.** (qqch.) Effleurer, toucher doucement, agréablement. *Le vent caresse mes cheveux.* **4.** Penser souvent à qqch. que l'on espère. *Nous caressons l'espoir de la revoir.* **5.** verbe pronominal SE CARESSER : se faire des caresses. *Ils se sont caressés. – Elles se sont caressé les cheveux.*

CARGAISON [kaRgɛzɔ̃] n. f. ■ *LA CARGAISON* **1.** Ensemble des marchandises transportées par un bateau, un avion, un camion. → **fret.** *Les bateaux sont à quai, on décharge leurs cargaisons.* **2.** STYLE FAMILIER Grande quantité. *Il a toujours toute une cargaison d'histoires drôles à raconter.*

CARGO [kaRgo] n. m. ■ *UN CARGO* : navire destiné au transport des marchandises. *Les cargos qui transportent le pétrole s'appellent les pétroliers.*

CARIBOU [kaRibu] n. m. ■ *UN CARIBOU* : renne du Canada. *Nous avons vu des caribous se baigner dans un lac.*

CARICATURAL [kaRikatyRal], **CARICATURALE** [kaRikatyRal] adj. (après le nom) **1.** Qui est comme une caricature. *Son nez est caricatural : il est gros, avec une verrue au bout.* **2.** Qui change la réalité en exagérant certains défauts, certains aspects ridicules. *Il a fait une description caricaturale d'un touriste qui photographiait la tour penchée de Pise.* MASCULIN PLURIEL : *CARICATURAUX* [kaRikatyRo].

CARICATURE [kaRikatyR] n. f. ■ *UNE CARICATURE* **1.** Dessin amusant qui insiste sur les défauts, sur les aspects un peu ridicules d'une personne. *Il y a une caricature d'un homme politique dans le journal.* **2.** Représentation faussée d'une réalité. *Ceci n'est qu'une caricature de procès !* → **parodie, simulacre.**

CARICATURER [kaRikatyRe] verbe [conjugaison 1a] **1.** Dessiner en exagérant les défauts, les côtés ridicules. *Les dessinateurs humoristiques caricaturent les hommes politiques.* **2.** Déformer en simplifiant ou en exagérant. *Il caricaturera* [kaRikatyRRa] *ce que je viens de dire.* ⟨contraires : enjoliver, idéaliser⟩

CARIE [kaRi] n. f. ■ *UNE CARIE* : maladie qui détruit l'émail et l'ivoire d'une dent, en formant un trou. *J'ai mal aux dents, je dois avoir des caries.*

CARIÉ [kaRje], **CARIÉE** [kaRje] adj. (après le nom) ■ (dent) Atteint de carie. *Le dentiste a découvert que j'avais deux dents cariées.*

CARILLON [kaRijɔ̃] n. m. ■ *UN CARILLON* **1.** Ensemble de cloches qui sonnent en même temps avec des sons différents. *On entend le carillon de l'église.* **2.** Sonnerie (d'une horloge) qui sonne automatiquement les heures. *Ce carillon sonne les quarts d'heure, les demi-heures et les heures.* **3.** Sonnerie produisant plusieurs sons différents. *La porte du magasin est équipée d'un carillon.* → **sonnette.**

CARILLONNER [kaRijɔne] verbe [conjugaison 1a] **1.** Sonner en carillon. *Les cloches de l'église carillonnent.* **2.** Sonner bruyamment. *Il n'y a personne chez eux, nous avons carillonné à la porte pendant cinq minutes.* **3.** Proclamer bruyamment. *Le Brésil a carillonné la victoire de son champion.* → **claironner.**

CARITATIF [kaRitatif], **CARITATIVE** [kaRitativ] adj. (après le nom) ■ Qui a pour but de porter secours aux personnes démunies. *Nous avons créé une association caritative qui prépare des repas pour vingt personnes par jour.*

CARLINGUE [kaRlɛ̃g] n. f. ■ *LA CARLINGUE* : partie d'un avion où se trouvent l'équipage et les passagers. *Les animaux ne sont pas admis dans la carlingue.*

CARMIN [kaRmɛ̃] n. m. et adj. invariable **1.** *LE CARMIN* : couleur rouge vif. *Ce soir, elle portera une robe d'un beau carmin* (→ **vermillon).** **2.** adjectif invariable (après le nom) D'une couleur rouge vif. *Un ruban carmin retient ses cheveux.* PLURIEL : *des bottines carmin.*

CARNAGE [kaRnaʒ] n. m. ■ *UN CARNAGE* : massacre, tuerie. *Cette guerre est un affreux carnage.* → **boucherie, tuerie.**

CARNASSIER [kaRnasje] adj. et n. m., **CARNASSIÈRE** [kaRnasjɛR] adj. et n. f. **1.** adjectif (après le nom) (animaux) Qui est avide de viande crue. *La loutre est carnassière.* **2.** *UN CARNASSIER :* animal qui chasse ses proies et se nourrit de viande crue. *Le tigre et le lion sont des carnassiers.* → **carnivore.**

REM. L'être humain n'est pas un *carnassier :* c'est un *carnivore.*

CARNATION [kaʀnasjɔ̃] n. f. ▪ STYLE RECHERCHÉ *LA CARNATION :* couleur, apparence de la chair d'une personne. → **teint.** *Elle a une belle carnation de brune.*

CARNAVAL [kaʀnaval] n. m. ▪ *UN CARNAVAL :* grande fête avec des cortèges, des chars, des bals, des déguisements et des masques. *Le carnaval de Rio est très célèbre. Nous avons vu de très beaux carnavals.*

CARNET [kaʀnɛ] n. m. ▪ *UN CARNET* **1.** Petit cahier. → **calepin.** *J'ai noté les adresses et les numéros de téléphone de mes amis dans mon CARNET D'ADRESSES. CARNET DE NOTES :* carnet personnel de chaque élève, dans lequel figurent leurs notes. *Les élèves font signer leur carnet de notes à leurs parents.* **2.** Assemblage de chèques, de tickets, de timbres détachables. *Je voudrais un CARNET DE MÉTRO, s'il vous plaît,* un carnet de tickets de métro (et d'autobus). *Il ne reste que deux timbres dans mon CARNET DE TIMBRES. Mon CARNET DE CHÈQUES est toujours rangé dans mon sac.*

FAUX AMIS
espagnol **carné,**
roumain **carnet** « carte (d'adhérent) »

CARNIVORE [kaʀnivɔʀ] adj., n. m. et n. f. **1.** adjectif (après le nom) Qui se nourrit notamment de chair animale. *Le requin est un animal carnivore. Les plantes carnivores capturent de petits insectes, des vers.* **2.** *UN CARNIVORE :* un animal, une personne qui se nourrit de chair animale. *Le chien, le lion, l'ours, l'homme sont des carnivores.*

REM. L'homme est *carnivore* mais pas *carnassier.*

CAROLINGIEN [kaʀɔlɛ̃ʒjɛ̃], **CAROLINGIENNE** [kaʀɔlɛ̃ʒjɛn] adj. (après le nom) ▪ De Charlemagne, de son époque. *Il étudie l'art carolingien.*

CAROTTE [kaʀɔt] n. f. et adj. invariable

I. *UNE CAROTTE* **1.** Plante dont on mange la racine rouge orangé, crue ou cuite. *Aimez-vous les CAROTTES RÂPÉES ? Elle prépare de la purée de carottes pour son bébé.* – STYLE FAMILIER *Les CAROTTES SONT CUITES :* tout est fini, nous avons perdu, échoué. *Lorsqu'il a entendu la sirène de la police, il a dit : « Je crois que les carottes sont cuites ».* **2.** Panneau rouge, à double pointe, qui signale un bureau de tabac, en France. *Les commerces ne sont pas tous fermés : la carotte du tabac est encore allumée.*

II. adjectif invariable (après le nom) De la couleur rouge orangé de la carotte. *Je n'aime pas beaucoup ce pull rouge carotte.* PLURIEL : *elle a les cheveux carotte.* → **roux.**

CAROTTER [kaʀɔte] verbe [conjugaison 1a] ▪ STYLE FAMILIER Prendre par ruse. → **extorquer, soutirer, voler.** *Il m'a carotté un billet de cent francs.*

CARPE [kaʀp] n. f. **1.** *UNE CARPE :* gros poisson qui vit dans l'eau douce. *La carpe a un corps couvert d'écailles, des lèvres épaisses.* – *Rester MUET COMME UNE CARPE,* sans rien dire du tout. *Tu peux lui raconter un secret, elle est muette comme une carpe,* elle ne répète rien. **2.** *SAUT DE CARPE,* étant couché sur le dos, le fait de se relever brusquement sur ses pieds, sans s'aider de ses mains. *Il est très fort, il sait faire le saut de carpe !*

CARQUOIS [kaʀkwa] n. m. ▪ *UN CARQUOIS :* étui à flèches. *Les tireurs à l'arc rangent leurs flèches dans un carquois.*

CARRE [kaʀ] n. f. ▪ *UNE CARRE :* baguette qui borde et renforce la semelle d'un ski. *Le skieur prend son virage sur les carres.*

CARRÉ [kaʀe] n. m. et adj., **CARRÉE** [kaʀe] adj.

I. 1. *UN CARRÉ :* figure géométrique qui a les quatre côtés égaux et les quatre angles droits. *Ce carré a dix centimètres de côté. On pose les jetons sur les carrés du damier.* → **case. 2.** *LE CARRÉ D'UN NOMBRE,* ce nombre multiplié par lui-même. *Seize est le carré de quatre. Quatre au carré est égal à seize* ($4^2=16$). **3.** Surface ayant une forme voisine d'un carré. *Mon père cultive un carré de terre.* **4.** Objet ayant une forme carrée. *Un délicieux goûter : du pain et des carrés de chocolat.* **5.** Chambre d'un navire, servant de salon ou de salle à manger pour les officiers. *Tous les soirs, il dîne au carré des officiers.* **6.** Ensemble de quatre cartes à jouer semblables. *Quelle chance ! Au poker, il a eu un carré d'as !* **7.** *COUPE (DE CHEVEUX) AU CARRÉ,* où les cheveux sont coupés tous à la même hauteur. *Sa sœur s'est fait faire une coupe au carré.* – STYLE FAMILIER *Mettre, faire* (à qqn) *LA TÊTE AU CARRÉ,* le frapper. *Il me provoque, ce type, je vais lui faire la tête au carré.*

II. adjectif (après le nom) **1.** Qui forme un carré. *Cette table est carrée.* – *Un MÈTRE CARRÉ :* surface d'un carré qui a 1 mètre de côté. *Cette chambre mesure 12 mètres carrés* ($12\ m^2$). – *RACINE CARRÉE d'un nombre :* nombre dont le carré est égal à ce nombre. *4 est la racine carrée de 16* ($\sqrt{16}=4$). **2.** *Un visage carré,* aux angles bien marqués. *Il a un visage carré et énergique.* ⟨contraires : ovale, rond⟩ – *Cet homme a des épaules carrées,* des épaules larges. **3.** *Être CARRÉ EN AFFAIRES :* être direct et droit dans ses relations avec les autres. *J'aime bien travailler avec lui, car il est carré en affaires.*

CARREAU [kaʀo] n. m.

I. *LE CARREAU* **1.** Pavé plat de forme carrée. *C'est un carreau de terre cuite.* PLURIEL : *des CARREAUX recouvrent les murs de la salle de bains* (→ **carrelage). 2.** STYLE FAMILIER *RESTER SUR LE CARREAU :* être abandonné, hors course. *Lorsque sa femme l'a quitté, il est resté sur le carreau.*

II. *UN CARREAU* **1.** Plaque de verre des fenêtres, des portes vitrées. → **vitre.** *Le vitrier a remplacé le carreau cassé. Nous avons choisi une fenêtre à petits carreaux. Il est laveur de carreaux.* **2.** Dessin fait de plusieurs carrés. *Elle a une jupe à petits carreaux. Les enfants apprennent à écrire sur du papier à gros carreaux.*

III. *LE CARREAU :* l'une des quatre couleurs, dans un jeu de cartes, dont la marque est un carreau rouge. *Dans son jeu, il a l'as de carreau.* – STYLE FAMILIER *SE TENIR À CARREAU :* rester complètement tranquille pour ne pas se faire remarquer, sous une menace. *Tiens-toi à carreau, sinon...*

FAUX AMIS
espagnol **carro** « chariot, voiture »,
portugais **carro** « voiture »

CARREFOUR [kaʀfuʀ] n. m. ▪ *UN CARREFOUR :* lieu où se croisent plusieurs rues ou plusieurs routes. → **croisement.** *Prenez à gauche au prochain carrefour. Attention, ralentissez car ce carrefour est dangereux.*

CARRELAGE [kaʀlaʒ] n. m. ▪ *LE CARRELAGE :* sol, mur d'une pièce recouvert de carreaux. *Le carrelage de la salle de bains est bleu. Dans l'entrée il y a du carrelage au sol, dans le salon il y a du parquet et dans la chambre de la moquette.*

CARRELÉ [kaʀle], **CARRELÉE** [kaʀle] adj. (après le nom) ▪ (qqch.) Recouvert de carreaux. *Le sol et les murs de la salle de bains sont carrelés.*

CARRELET [kaʀlɛ] n. m. ▪ *UN CARRELET :* poisson de mer plat. *Nous avons pêché deux carrelets.* → **plie.**

CARRÉMENT [kaʀemɑ̃] adverbe ▪ Franchement. *Je lui ai dit carrément ce que je pensais.*

① **CARRIÈRE** [kaʀjɛʀ] n. f. UNE CARRIÈRE : métier, profession qui présente une progression. *Elle a fait une belle carrière : elle est entrée comme caissière et maintenant elle est directrice de l'entreprise. Elle a eu une brillante carrière. Ce professeur a fait toute sa carrière dans le même lycée. – Son père est un militaire* DE CARRIÈRE, de métier.

② **CARRIÈRE** [kaʀjɛʀ] n. f. UNE CARRIÈRE : terrain en plein air d'où l'on tire de la pierre, du sable, du marbre pour construire des maisons, des bâtiments. *Les carrières de marbre de Paros, en Grèce, sont célèbres.*

CARRIÉRISTE [kaʀjeʀist] n. m., n. f. UN CARRIÉRISTE, UNE CARRIÉRISTE : une personne qui recherche avant tout la réussite professionnelle, sociale. *C'est une carriériste sans scrupules.* → **arriviste.**

REM. Ce mot est péjoratif.

CARRIOLE [kaʀjɔl] n. f. UNE CARRIOLE : petite charrette. *Lorsque ma grand-mère était petite fille, elle allait au marché dans une carriole tirée par un âne.*

CARROSSABLE [kaʀɔsabl] adj. (après le nom) (chemin) Sur lequel les voitures peuvent rouler sans difficulté. *Le chemin qui mène à la maison a été refait, il est maintenant carrossable.* → **praticable.** *Cette piste n'est pas carrossable.*

CARROSSE [kaʀɔs] n. m. UN CARROSSE : voiture de luxe couverte, à quatre roues, tirée par des chevaux. *Autrefois, seuls les nobles avaient des carrosses.* – STYLE FAMILIER (qqn) *Être* LA CINQUIÈME ROUE DU CARROSSE : être inutile. *J'en ai assez, personne ne s'occupe de moi, je suis la cinquième roue du carrosse !*

FAUX AMIS
italien **carrozza** « wagon » ; portugais **carroça** « charrette »

CARROSSERIE [kaʀɔsʀi] n. f. LA CARROSSERIE : parties en tôle d'une voiture. *Les ailes, les portières, le toit, le capot et le coffre forment la carrosserie. Son accident de voiture n'est pas trop grave, seule la carrosserie est abîmée.*

CARRURE [kaʀyʀ] n. f. LA CARRURE **1.** Largeur du dos, d'une épaule à l'autre. *Depuis que ton fils a grandi, il a une carrure d'athlète !* il a le dos très large, comme les athlètes, les sportifs. **2.** Force, valeur (d'une personne). *La directrice précédente avait une autre carrure,* elle était plus compétente. *Nous pensons qu'il n'a pas la carrure pour cette responsabilité.* → **envergure.**

CARTABLE [kaʀtabl] n. m. UN CARTABLE : sac d'écolier à bretelles ou à poignée. *Ton cartable est trop lourd pour être porté à la main, porte-le plutôt sur le dos.*

① **CARTE** [kaʀt] n. f. UNE CARTE **1.** UNE CARTE À JOUER ou CARTE : petit carton rectangulaire portant une figure ou un dessin et faisant partie d'un jeu. *Un jeu de cartes comprend 32 ou 52 cartes. La couleur des cartes.* → **carreau, cœur, pique, trèfle.** *Voulez-vous faire une partie de cartes ? Les enfants jouent aux cartes. C'est à toi de battre les cartes et de les distribuer.* – TIRER LES CARTES (à qqn), lui prédire son avenir à l'aide d'un jeu de cartes. *La cartomancienne m'a tiré les cartes et m'a prédit que j'aurai beaucoup de bonheur dans la vie.* – BROUILLER LES CARTES : compliquer volontairement une affaire pour la rendre difficile à comprendre. *Nos ennemis ont brouillé les cartes : la situation est très confuse.* JOUER SA DERNIÈRE CARTE : tenter sa dernière chance. *Il sait qu'il joue sa dernière carte et que s'il échoue, tout est perdu.* JOUER CARTES SUR TABLE : agir franchement. *Je vais te dire la vérité, mais je voudrais que toi aussi tu joues cartes sur table.* **2.** DONNER CARTE BLANCHE À qqn, le laisser libre de choisir, de décider. *Dans cette mission, vous avez carte blanche.* **3.** Liste des plats ou des vins, avec leurs prix, dans un restaurant. *Le serveur apporte la carte aux clients* (→ **menu**). **4.** UNE CARTE (DE VISITE) : petit carton sur lequel sont imprimés son nom, son adresse, son téléphone. *Voici ma carte, nous prendrons rendez-vous par téléphone.* **5.** UNE CARTE POSTALE : carte dont l'une des faces est illustrée d'une photo, d'un dessin, l'autre face servant à la correspondance. *Pendant mon voyage, je vous enverrai des cartes postales.* **6.** UNE CARTE D'IDENTITÉ : papier prouvant l'identité de qqn. *Je n'ai pas ma carte d'identité sur moi.* – *La* CARTE D'ÉTUDIANT *donne droit à une réduction dans les cinémas, les musées...* – CARTE GRISE : titre de propriété d'une voiture. *L'automobiliste a montré la carte grise de sa voiture au policier.* – *Payez-vous en chèque ou avec votre* CARTE BLEUE ? – CARTE ORANGE : carte d'abonnement mensuel ou annuel qui permet d'utiliser librement les transports en commun à Paris et en banlieue. *Chaque début de mois, j'achète ma carte orange.*

FAUX AMIS
anglais **cart** « charrette » ; espagnol **carta** « lettre » ; roumain **carte** « livre »

REM. Au restaurant, *on mange à la carte* en choisissant librement ses plats ou bien *on prend le menu*, qui propose un repas complet à prix fixe.

② **CARTE** [kaʀt] n. f. UNE CARTE : représentation dessinée de la surface du monde ou d'une partie du monde, d'un pays, d'une ville, etc. *Nous avons une carte du globe.* → **mappemonde, planisphère.** *Un recueil de cartes est un atlas. Regarde sur la carte de l'Allemagne et montre-moi où se trouve Berlin. La carte routière est dans la voiture.*

CARTE-RÉPONSE [kaʀtʀepɔ̃s] n. f. UNE CARTE-RÉPONSE : carte qui accompagne un questionnaire et sur laquelle on porte sa réponse. *As-tu posté la carte-réponse du jeu ?* PLURIEL : *des* CARTES-RÉPONSES.

CARTÉSIEN [kaʀtezjɛ̃], **CARTÉSIENNE** [kaʀtezjɛn] adj. (après le nom) ESPRIT CARTÉSIEN, clair, logique. → **méthodique.** (contraires : confus, obscur) *Les mathématiciens ont un esprit cartésien.*

REM. Cet adjectif vient du nom du philosophe français Descartes.

CARTHAGINOIS [kaʀtaʒinwa] adj. et n. m., **CARTHAGINOISE** [kaʀtaʒinwaz] adj. et n. f. **1.** adjectif (après le nom) De Carthage, ville d'Afrique du Nord. *Nous avons visité les ruines carthaginoises.* **2.** UN CARTHAGINOIS, UNE CARTHAGINOISE : un habitant, une habitante de Carthage. *Les Carthaginois.*

CARTILAGE [kaʀtilaʒ] n. m. UN CARTILAGE : os souple et élastique. *Les ailes du nez sont formées de cartilage.*

CARTILAGINEUX [kaʀtilaʒinø], **CARTILAGINEUSE** [kaʀtilaʒinøz] adj. (après le nom) Composé de cartilage. *L'oreille est cartilagineuse.*

CARTOMANCIEN [kaʀtɔmɑ̃sjɛ̃] n. m., **CARTOMANCIENNE** [kaʀtɔmɑ̃sjɛn] n. f. UN CARTOMANCIEN, UNE CARTOMANCIENNE : une personne qui prédit l'avenir à l'aide d'un jeu de cartes. *Il a consulté une cartomancienne qui lui a prédit la richesse et l'amour.*

CARTON [kaʀtɔ̃] n. m. **1.** LE CARTON : papier dur et épais. *La couverture de ce livre est en carton.* **2.** UN CARTON : boîte en carton. *Nous avons rangé toutes nos affaires dans des cartons.* **3.** CARTON À DESSIN : grand portefeuille de carton, servant à ranger des grandes feuilles, des plans. *Elle range tous ses dessins dans des cartons à dessin.* **4.** CARTON JAUNE, CARTON ROUGE : punition donnée à un footballeur par l'arbitre qui montre une carte rouge ou jaune, selon la gravité de la faute. *Un footballeur a eu un carton jaune pour avoir fait tomber volontairement un joueur de l'équipe adverse.*

FAUX AMI
brésilien **cartão** « carte »

CARTONNÉ [kaʀtɔne], **CARTONNÉE** [kaʀtɔne] adj. (après le nom) ▪ En carton. *Ce livre a une couverture cartonnée.*

CARTON-PÂTE [kaʀtɔ̃pɑt] n. m. ▪ *DE CARTON-PÂTE, EN CARTON-PÂTE :* faux, imité. *Les paysages de ce western sont en carton-pâte !*

① **CARTOUCHE** [kaʀtuʃ] n. f. ▪ *UNE CARTOUCHE* **1.** Petit tube rempli de poudre et de plombs que l'on met dans une arme à feu. *Le chasseur a mis deux cartouches dans son fusil.* **2.** Petit tube rempli d'encre. *Il faut que je change la cartouche de mon stylo.* → **recharge. 3.** Étui contenant dix paquets de cigarettes semblables. *Il a acheté une cartouche de cigarettes au bureau de tabac.*

② **CARTOUCHE** [kaʀtuʃ] n. m. ▪ *UN CARTOUCHE :* emplacement réservé à la légende ou au titre d'un tableau, d'une carte de géographie, etc. *Cette statue n'a pas son cartouche.*

① **CAS** [ka] n. m. ▪ *UN CAS* **1.** Ce qui arrive ou peut arriver. → **circonstance, situation.** *La naissance de triplés est un cas assez rare,* un événement assez rare. *Il faut que le docteur vienne tout de suite : c'est un CAS DE VIE OU DE MORT,* c'est extrêmement grave. *EN CAS DE problème, n'hésitez pas à m'appeler,* si vous avez un problème. *Je serai peut-être en retard : DANS CE CAS, je te téléphone et DANS LE CAS CONTRAIRE, pas de problème. AU CAS OÙ je serais très en retard, ne m'attendez pas :* si je suis très en retard, ne m'attendez pas. *Je ne sais pas si tu restes mais EN TOUT CAS, moi, je pars,* quoi qu'il arrive, quoi que tu fasses, moi je pars. **2.** *FAIRE CAS DE :* tenir compte de. *Il ne fait aucun cas de mes conseils.* **3.** Situation définie par la loi. *C'est un CAS DE LÉGITIME DÉFENSE,* un acte de défense contre une agression, permis par la loi. **4.** *CAS DE CONSCIENCE :* scrupule, inquiétude que l'on a lorsqu'on ne sait pas très bien si on doit faire une chose ou non. *La décision de le laisser seul alors qu'il est si malade nous a posé un véritable cas de conscience.* **5.** État d'un malade. *Il y a de nombreux cas de grippe dans la région. C'est un cas grave, désespéré.*

> FAUX AMI
> italien **caso** « hasard, affaire »

② **CAS** [ka] n. m. ▪ *UN CAS :* chacune des formes d'un mot qui présente des changements de la désinence, selon le genre, le nombre et la fonction grammaticale, dans certaines langues (→ **déclinaison).** *L'allemand a quatre cas.*

CASANIER [kazanje], **CASANIÈRE** [kazanjɛʀ] adj. (après le nom) **1.** (qqn) Qui aime rester à la maison. → STYLE FAMILIER **pantouflard.** *Son père est un homme casanier. En vieillissant, elle devient casanière.* **2.** (qqch.) Qui est régulier, très organisé. *Cette vie casanière m'ennuie !*

CASAQUE [kazak] n. f. ▪ *UNE CASAQUE :* veste de jockey. *Le cheval favori est monté par un jockey en casaque bleue.*

CASCADE [kaskad] n. f. ▪ *UNE CASCADE* **1.** Chute d'eau. *Plus loin, le torrent se transforme en une cascade qui tombe de vingt mètres dans les rochers.* **2.** Ce qui se produit par séries et rapidement. *Mon mari s'est cassé la jambe, j'ai perdu toutes mes clés et ma fille a raté son examen, bref, une cascade de problèmes.* **3.** Acrobatie, exercice dangereux, réalisé par un cascadeur au cinéma, au théâtre. *Demain, nous filmerons les cascades de l'accident de voitures.*

CASCADEUR [kaskadœʀ] n. m., **CASCADEUSE** [kaskadøz] n. f. ▪ *UN CASCADEUR, UNE CASCADEUSE :* acrobate qui tourne les scènes dangereuses au cinéma, au théâtre. *Ce n'est pas la vedette du film que l'on voit sauter du toit de la maison, c'est un cascadeur.*

① **CASE** [kaz] n. f. ▪ *UNE CASE :* maison très simple, dans les villages d'Afrique noire (→ **hutte, paillote).** *Les cases sont souvent rondes et en terre sèche.*

> FAUX AMIS
> espagnol et italien **casa** « maison »

② **CASE** [kaz] n. f. ▪ *UNE CASE* **1.** Partie séparée d'un meuble, d'un casier, pour ranger qqch. *Les épingles sont rangées dans une case de la boîte à couture. Mon fils a oublié un cahier dans la case de sa table, à l'école.* → **casier. 2.** STYLE FAMILIER (qqn) *Il lui MANQUE UNE CASE, il A une CASE VIDE :* il est anormal, fou. *Elle a une CASE EN MOINS, ma parole !* **3.** Chaque carré du jeu de l'oie, de dames, d'échecs, etc. *Un échiquier a 64 cases. Une grille de mots croisés a des cases noires et des cases blanches. Pour répondre aux questions, mettez des croix dans les cases.* – *REVENIR À LA CASE DÉPART :* revenir à une situation que l'on croyait dépassée, recommencer depuis le début. *Finalement, la banque n'est plus d'accord pour me prêter de l'argent, c'est le RETOUR À LA CASE DÉPART,* à la situation du début. **4.** *CASE POSTALE :* boîte postale, en Suisse, au Québec. *As-tu bien mis les lettres dans la case postale ?*

LE **CAS ÉCHÉANT** → **échéant**

CASER [kaze] verbe [conjugaison 1a] ▪ STYLE FAMILIER **1.** Mettre dans un petit espace. → **placer.** *Ouf ! J'ai réussi à caser toutes mes affaires dans le tiroir.* → STYLE FAMILIER **fourrer.** *Impossible de caser cette grosse valise dans le coffre de la voiture.* **2.** verbe pronominal SE CASER : se marier. *Il en a assez d'être célibataire : il cherche à se caser. Elle s'est enfin casée.*

> FAUX AMIS
> espagnol et portugais **casar** « marier »

CASERNE [kazɛʀn] n. f. ▪ *UNE CASERNE :* bâtiment où logent les soldats, les troupes. *Les soldats se rassemblent dans la cour de la caserne. La caserne des pompiers est à la sortie du village.* – STYLE FAMILIER *Cette école est une vraie caserne.*

CASHMERE → **cachemire**

CASIER [kazje] n. m. ▪ *UN CASIER* **1.** Meuble composé de compartiments, de cases. *N'oublie pas tes affaires de gymnastique dans le casier. Les bouteilles de vin sont rangées dans un CASIER À BOUTEILLES.* **2.** *CASIER JUDICIAIRE :* document sur lequel sont notées les condamnations prononcées contre qqn. *L'inculpé A UN CASIER,* il a déjà été condamné. **3.** Panier que l'on plonge dans l'eau pour pêcher les gros crabes, les langoustes, les homards. *Le pêcheur a trouvé de gros crabes dans ses casiers.*

CASINO [kazino] n. m. ▪ *UN CASINO :* établissement proposant des distractions et des jeux d'argent. *Ils sont allés jouer à la roulette au casino municipal.*

CASQUE [kask] n. m. ▪ *UN CASQUE* **1.** Objet dur et solide qui couvre la tête et la protège des chocs. *Le chevalier met son armure et son casque.* → **heaume.** *Il porte toujours un casque pour faire de la moto.* **2.** Appareil qui coiffe la tête et est équipé de deux écouteurs. *Son casque sur la tête, son baladeur dans la poche, il est parti se promener. La nuit, pour ne déranger personne, j'écoute de la musique avec un casque.* **3.** Séchoir à cheveux en forme de casque. → **séchoir.** *Le coiffeur installe sa cliente sous le casque.*

> FAUX AMI
> portugais **casca** « écorce »

CASQUÉ [kaske], **CASQUÉE** [kaske] adj. (après le nom). Qui a la tête couverte d'un casque. *Les motards doivent être casqués.*

CASQUER [kaske] verbe [conjugaison 1a]. STYLE FAMILIER Payer. *Je reçois les factures et je casque, c'est tout.*

CASQUETTE [kaskɛt] n. f.. *UNE CASQUETTE* : coiffure plate, garnie d'une visière. *Il y a beaucoup de soleil, mets ta casquette.*

CASSANT [kasɑ̃], **CASSANTE** [kasɑ̃t] adj. (après le nom) **1.** (qqch.) Qui se casse facilement. ⟨contraires : résistant, solide⟩ *La fonte est un métal cassant. Mes cheveux sont très cassants.* → **fragile.** *La tige de cette plante est CASSANTE COMME DU VERRE.* **2.** (qqn) Qui montre son autorité par des paroles dures. → **brutal, dur, sec, tranchant.** ⟨contraires : conciliant, doux⟩ *Ce directeur est trop cassant avec ses collaborateurs.* **3.** (qqch.) Dur, brutal. *Elle lui a répondu sur un ton cassant.* **4.** STYLE FAMILIER (en phrase négative) Fatigant. *J'aimerais bien trouver un petit boulot pas trop cassant pour l'été.*

CASSATION [kasasjɔ̃] n. f.. *COUR DE CASSATION* : tribunal supérieur de justice. *La cour de cassation peut annuler le jugement d'un autre tribunal.*

CASSE [kas] n. f., n. m.
I. *LA CASSE* **1.** Action de casser. *Protège bien la vaisselle, sinon il y aura DE LA CASSE pendant le transport.* → **dégât.** **2.** *Mettre une voiture À LA CASSE,* à la ferraille, dans un endroit où l'on récupère les pièces encore bonnes des voitures trop vieilles ou inutilisables.
II. *UN CASSE* STYLE FAMILIER Cambriolage. *Des malfaiteurs ont fait un casse. Ils ont réussi le casse du siècle,* un cambriolage vraiment très important.

> FAUX AMI
> portugais **caça** «chasse»

CASSÉ [kase], **CASSÉE** [kase] adj. (après le nom) **1.** Rompu, brisé. *Sa jambe cassée le fait souffrir.* **2.** *Du BLANC CASSÉ* : du blanc mêlé d'une très petite quantité de gris ou de jaune. *Je ne voudrais pas que les murs soient tout à fait blancs, je préférerais qu'ils soient peints en blanc cassé.* **3.** *VOIX CASSÉE,* faible, voilée. → **éraillée, rauque.** *Il m'a répondu d'une voix cassée par l'émotion.*

CASSE-COU [kasku] n. m., n. f. et adj. invariables **1.** *UN CASSE-COU, UNE CASSE-COU* : une personne qui va au-devant du danger sans beaucoup réfléchir. → **imprudent, téméraire.** *La pauvre, son fils est un casse-cou.* PLURIEL : *ces fillettes sont des casse-cou.* **2.** adjectif (après le nom) Qui s'expose au danger. PLURIEL : *Ces filles sont très casse-cou.*

> REM. On peut aussi faire varier ce mot au pluriel : *ce sont des casse-cous ; ils sont très casse-cous.*

CASSE-CROÛTE [kaskʀut] n. m. invariable. *UN CASSE-CROÛTE* : repas rapide et léger. → **en-cas,** STYLE FAMILIER **casse-dalle.** *Si tu as faim, fais-toi un petit casse-croûte.* PLURIEL : *où sont les casse-croûte du pique-nique ?*

CASSE-DALLE [kasdal] n. m. invariable. *UN CASSE-DALLE* STYLE FAMILIER **1.** Sandwich. *J'ai mangé un casse-dalle au comptoir d'un café.* PLURIEL : *des casse-dalle.* **2.** Petit repas rapide. → **en-cas, casse-croûte.** *On se fait un petit casse-dalle ?*

CASSE-GUEULE [kasgœl] n. m. et adj. invariables. STYLE FAMILIER
I. *UN CASSE-GUEULE* : endroit où l'on risque de tomber. *Cette pente boueuse est un vrai casse-gueule !*
II. adjectif (après le nom) *Fais attention où tu mets les pieds, c'est casse-gueule, ici.* PLURIEL : *des endroits casse-gueule.*

CASSE-NOIX [kasnwa] n. m. invariable. *UN CASSE-NOIX* : instrument qui sert à casser la coquille des noix, des noisettes et des amandes. *J'ai oublié le casse-noix, trouve deux cailloux pour casser les amandes.* PLURIEL : *des casse-noix.*

CASSE-PIEDS [kaspje] n. m., n. f. et adj. invariables **1.** *UN CASSE-PIEDS, UNE CASSE-PIEDS* : une personne gênante, énervante. → **importun,** STYLE FAMILIER **emmerdeur.** *Ce type est un vrai casse-pieds, il téléphone toujours à l'heure du dîner. Quelle casse-pieds !* PLURIEL : *des casse-pieds.* **2.** adjectif invariable (après le nom) Ennuyeux. → **assommant,** STYLE FAMILIER **emmerdant.** *Ce que tu peux être casse-pieds ! – Ce film est casse-pieds.* PLURIEL : *ils sont casse-pieds.*

CASSER [kase] verbe [conjugaison 1a]
I. 1. Briser, mettre en morceaux. *J'ai cassé un verre en faisant la vaisselle. Comment as-tu fait pour casser cette chaise ? – Attention, ça casse !* **2.** STYLE FAMILIER *CASSER LA CROÛTE* : manger. *On a cassé la croûte au bistrot du coin. – CASSER DU SUCRE SUR LE DOS de qqn,* en dire du mal. *Les employés ont cassé du sucre sur le dos de l'ancien directeur. – CASSER LA BARAQUE* : avoir un grand succès. *Ce nouveau groupe de rock casse la baraque. – CASSER SA PIPE* : mourir. *Le vieux a cassé sa pipe. – CASSER LES OREILLES (à qqn)* : fatiguer. *Arrête de crier, tu nous casses les oreilles ! – Ne te CASSE PAS LA TÊTE* : ne te fatigue pas, ne te fais pas de soucis. *Ne te casse pas la tête, tout va s'arranger. – CASSER LA FIGURE, LA GUEULE à qqn,* le frapper à coups de poing. *Si tu continues, je te casse la gueule.* **3.** Rompre, briser l'os (d'un membre, du nez, etc.). *Il s'est cassé la jambe. Son agresseur lui a cassé trois dents d'un coup de poing. – CASSER LES PIEDS à qqn,* le gêner, l'ennuyer. → **casse-pieds.** *Tais-toi, tu nous casses les pieds.* **4.** Endommager qqch. au point de l'empêcher de fonctionner. *J'ai cassé ma montre.* **5.** STYLE FAMILIER *ÇA NE CASSE RIEN* : ça n'a rien de remarquable. *Ce n'est pas mal, mais ça ne casse rien. – À TOUT CASSER* : pas plus. *Ça coûtera 100 francs à tout casser. – À TOUT CASSER* : extraordinaire. *Nous avons fait une fête à tout casser.* **6.** Annuler (un acte, un jugement). *Leur mariage a été cassé.* **7.** Interrompre ou gêner. *Il ne faut pas casser cette grève. – CASSER LES PRIX* : diminuer les prix brusquement. *Le nouveau magasin de vêtements casse les prix !*
II. verbe pronominal SE CASSER **1.** Pouvoir être brisé, être réduit en morceaux. *Ces verres sont fragiles, ils se cassent facilement.* **2.** STYLE FAMILIER Se donner du mal. *Elle ne s'est pas cassée pour préparer son cours.* → se **fatiguer,** se **fouler.** **3.** STYLE FAMILIER Partir. *C'est l'heure, je me casse, à demain. Cassez-vous !* partez au plus vite ! **4.** STYLE FAMILIER *SE CASSER LA FIGURE* : tomber. *Elle s'est cassé la figure dans l'escalier. –* STYLE TRÈS FAMILIER *SE CASSER LE CUL POUR* : se donner du mal pour. *Alors moi, je me casse le cul pour t'aider et toi, tu ne me dis même pas merci !*

> FAUX AMIS
> espagnol et portugais **casar** «marier» ; portugais **caçar** «chasser»

CASSEROLE [kasʀɔl] n. f.. *UNE CASSEROLE* **1.** Récipient en métal, muni d'un manche, dans lequel on met les aliments à cuire ou à chauffer. *Nous avons acheté une BATTERIE DE CASSEROLES,* des casseroles de différentes tailles. **2.** *Faire un bruit de casserole* : faire un bruit très désagréable. *Ce piano désaccordé fait un bruit de casserole. – TRAÎNER UNE CASSEROLE* : être mêlé à une affaire qui déshonore, qui fait perdre sa bonne réputation. *Le maire de la ville traîne une casserole de détournement de fonds.*

CASSE-TÊTE [kastɛt] n. m. invariable ▪ *UN CASSE-TÊTE* **1.** Exercice difficile et compliqué, qui demande beaucoup de réflexion. *Ce problème de mathématiques est un vrai casse-tête.* PLURIEL : *des casse-tête.* **2.** Jeu de patience, assemblage de pièces compliqué. *Je n'ai jamais réussi à faire ce casse-tête chinois.*

FAUX AMI
russe **кастет**
« matraque »

CASSETTE [kasɛt] n. f. ▪ *UNE CASSETTE* **1.** Boîtier contenant une bande magnétique permettant l'enregistrement et la lecture du son. *Mon fils écoute toute la journée ses cassettes des Beatles.* – *Est-ce qu'il y a une CASSETTE VIDÉO dans le magnétoscope ?* une cassette dont la bande reproduit le son et l'image (→ **vidéocassette**). **2.** Petit coffre où l'on rangeait de l'argent, des bijoux. *La cassette d'Harpagon a disparu* (personnage de *l'Avare*, pièce de Molière).

CASSEUR [kasœʀ] n. m., **CASSEUSE** [kasøz] n. f. ▪ *UN CASSEUR, UNE CASSEUSE :* personne qui, au cours d'une manifestation, commet des actes de vandalisme sur la voie publique. *Les casseurs qui se sont mêlés aux manifestants ont brisé des vitrines de magasins et ont incendié des voitures.*

① **CASSIS** [kasis] n. m. **1.** *UN CASSIS :* arbuste, groseillier à petits fruits noirs. *Dans ce jardin, il y a des cassis et des framboisiers.* **2.** *LE CASSIS :* fruits de cette plante, dont on fait de la confiture, du sirop, de la liqueur. *Il étale de la gelée de cassis sur une tartine grillée.* – *(CRÈME DE) CASSIS :* liqueur de cassis. *Je boirais bien un petit verre de cassis ! Je préfère du cassis.*

② **CASSIS** [kasis] n. m. ▪ *UN CASSIS :* creux en travers d'une route. *Les cassis et les dos d'âne sont signalés par des panneaux.*

REM. On prononce aussi [kasi].

CASSOULET [kasulɛ] n. m. ▪ *LE CASSOULET :* plat cuisiné composé de haricots blancs et de diverses viandes (oie, canard, porc, mouton). *Je vous ai préparé du cassoulet pour le dîner.*

REM. Le cassoulet est un ragoût.

CASSURE [kasyʀ] n. f. ▪ *UNE CASSURE* **1.** Endroit où un objet est cassé. → **fêlure, fente.** *Elle a recollé la lampe, mais on voit encore la cassure.* **2.** *LA CASSURE D'UN PANTALON :* l'endroit où le pantalon se plie sur la chaussure. *La cassure de son pantalon est bien nette* (→ **pli**).

CASTAGNE [kastaɲ] n. f. ▪ STYLE FAMILIER *UNE CASTAGNE :* une bagarre. *Il y a souvent des castagnes, dans ce bistrot. Il y a eu de la castagne, hier soir, dans la rue.* → **baston.**

CASTAGNER [kastaɲe] verbe [conjugaison 1a] ▪ STYLE FAMILIER **1.** Cogner. *Parfois, ça castagne dur entre les jeunes du quartier.* **2.** verbe pronominal SE CASTAGNER : se bagarrer. *Des bandes de jeunes se sont castagnées toute la nuit.*

CASTAGNETTES [kastaɲɛt] n. f. pluriel ▪ *DES CASTAGNETTES :* petit instrument de musique à percussion, composé de deux morceaux de bois réunis par un cordon et que l'on fait claquer l'un contre l'autre dans sa main pour accompagner certaines danses espagnoles. *À Grenade, nous avons admiré des danseuses jouer des castagnettes. Elle a de belles castagnettes.*

CASTE [kast] n. f. ▪ *UNE CASTE* **1.** Classe sociale fermée, en Inde. *Deux personnes de castes différentes ne peuvent pas se marier.* **2.** Groupe de gens considéré comme attaché à ses coutumes, à ses habitudes et à ses privilèges et ne s'ouvrant à aucune personne étrangère. → **clan.** *Il a l'esprit de caste.*

CASTILLAN [kastijɑ̃] n. m. et adj., **CASTILLANE** [kastijan] n. f. et adj.
I. nom **1.** *UN CASTILLAN, UNE CASTILLANE :* une personne originaire de Castille (province d'Espagne). *Les Castillans.* **2.** nom masculin *LE CASTILLAN :* la langue officielle de l'Espagne. → **espagnol.** *Parlez-vous le castillan ?*
II. adjectif (après le nom) De Castille. *Elle s'intéresse à la culture castillane.*

CASTOR [kastɔʀ] n. m. ▪ *UN CASTOR :* petit animal rongeur, des lacs et des rivières des pays froids, à large queue plate et aux pattes palmées. *Nous avons vu des barrages construits par les castors sur les rivières du Canada.*

CASTRATEUR [kastʀatœʀ], **CASTRATRICE** [kastʀatʀis] adj. (après le nom) ▪ (qqn) Qui provoque la crainte imaginaire de l'ablation du pénis. *Il a une mère castratrice.*

CASTRER [kastʀe] verbe [conjugaison 1a] ▪ Pratiquer une opération sur un animal mâle, un homme, pour l'empêcher de se reproduire. → **châtrer.** *Un bœuf est un taureau qu'on a castré.*

CATACLYSME [kataklism] n. m. ▪ *UN CATACLYSME :* bouleversement de la surface de la Terre par inondation, tremblement de terre, ou cyclone. → **catastrophe, désastre.** *La ville a été détruite et cent mille personnes ont trouvé la mort dans le cataclysme.*

CATACOMBES [katakɔ̃b] n. f. pluriel ▪ LES CATACOMBES : souterrain où l'on enterrait les morts, où l'on gardait les ossements. *Les premiers chrétiens enterraient les morts dans des catacombes. On peut visiter les catacombes de Paris.* → **ossuaire.**

CATALAN [katalɑ̃] adj. et n. m., **CATALANE** [katalan] adj. et n. f. **1.** adjectif (après le nom) De Catalogne française et espagnole. *La capitale catalane est Barcelone.* **2.** *UN CATALAN, UNE CATALANE :* un habitant, une habitante de Catalogne. *Les Catalans.* **3.** *LE CATALAN :* la langue parlée en Catalogne. *À Barcelone, on parle le catalan.*

CATALOGNE [katalɔɲ] nom propre féminin – en catalan **CATALUNYA**, en espagnol **CATALUÑA** ▪ *LA CATALOGNE :* région autonome du nord-est de l'Espagne. *Ils vivent en Catalogne. Nous revenons de Catalogne.*

CATALOGUE [katalɔg] n. m. ▪ *UN CATALOGUE :* livre ou brochure contenant la liste détaillée et la description d'objets à vendre. *Elle choisit des vêtements dans un catalogue de vente par correspondance.*

CATAMARAN [katamaʀɑ̃] n. m. ▪ *UN CATAMARAN :* voilier à deux coques. *Les catamarans sont très rapides.*

CATAPLASME [kataplasm] n. m. ▪ *UN CATAPLASME :* bouillie épaisse et chaude que l'on mettait autrefois sur la peau, entre deux linges, pour soigner une inflammation. *Lorsqu'elle toussait, ma grand-mère se faisait des cataplasmes.*

CATAPULTE [katapylt] n. f. ▪ *UNE CATAPULTE :* ancienne machine de guerre qui lançait de lourds projectiles. *Les Romains utilisaient des catapultes.*

CATARACTE [kataʀakt] n. f. ▪ *UNE CATARACTE :* très grande chute d'eau. *Nous avons admiré les cataractes du Niagara.*

REM. Une cataracte est beaucoup plus grande qu'une cascade.

CATASTROPHE [katastʀɔf] n. f. ▪ *UNE CATASTROPHE* **1.** Malheur terrible et brutal. *C'est une affreuse catastrophe.* → **calamité, désastre, drame.** *Nous avons évité de peu la catastrophe. La catastrophe aérienne a fait une centaine de victimes. Les tremblements de terre, les inondations et les éruptions volcaniques sont des CATASTROPHES NATURELLES.* **2.** *UN FILM CATASTROPHE :*

film qui raconte une catastrophe. *Mon frère aime beaucoup les films catastrophe.* 3. *L'avion a atterri* EN CATASTROPHE, d'urgence et en prenant des risques. 4. Événement fâcheux. *Si elle échoue à son examen, pour ses parents, ce sera une catastrophe.*

CATASTROPHIQUE [katastʀɔfik] adj. (après le nom) 1. (qqch.) Qui a le caractère d'une catastrophe. *C'est un événement catastrophique.* → **affreux, désastreux, effroyable, épouvantable.** *Le tremblement de terre a eu des conséquences catastrophiques.* 2. (qqch.) Très grave, irrémédiable. *La situation est préoccupante, mais pas catastrophique.* → **dramatique.** 3. Très mauvais. *J'ai eu une note catastrophique en maths.* → **désastreux.**

CATCH [katʃ] n. m. ▪ *LE CATCH* : lutte où presque tous les coups sont permis et qui est surtout un spectacle. *Nous avons assisté à un match de catch très réussi.*

REM. *Catch* est un mot qui vient de l'anglais.

CATCHEUR [katʃœʀ] n. m., **CATCHEUSE** [katʃøz] n. f. ▪ *UN CATCHEUR, UNE CATCHEUSE* : une personne qui fait du catch. *Sur le ring, les deux catcheuses se sont empoignées.*

CATÉCHISME [kateʃism] n. m. ▪ *LE CATÉCHISME* : cours où sont enseignés les principes de la foi chrétienne. *Au catéchisme, les enfants apprennent leurs prières et se préparent à la communion.*

CATÉGORIE [kategɔʀi] n. f. ▪ *UNE CATÉGORIE* : groupe dans lequel on range, on classe les choses du même genre. *Les livres sont rangés par catégories dans la bibliothèque.* → **classe, espèce, famille, genre, série.** *Il appartient à cette catégorie de gens très mal élevés.* → **sorte.**

CATÉGORIQUE [kategɔʀik] adj. (après le nom) ▪ (parole) Qui ne permet aucun doute, ne souffre aucune discussion. *Sa réponse a été catégorique.* → **clair, net.** ⟨contraires : équivoque, évasif⟩ – (qqn) *Il a été catégorique sur ce point.*

CATHÉDRALE [katedʀal] n. f. ▪ *UNE CATHÉDRALE* : une grande église qui dépend d'un évêque. *La cathédrale de Chartres est très célèbre.*

CATHO n. m., n. f. Forme abrégée familière de **catholique.**

CATHOLICISME [katɔlisism] n. m. ▪ *LE CATHOLICISME* : la religion des chrétiens qui reconnaissent le pape comme chef. *Le catholicisme est la religion la plus répandue en France.*

CATHOLIQUE [katɔlik] adj., n. m. et n. f.
I. adjectif (après le nom) 1. Relatif au catholicisme. *Il est de religion catholique. En France, beaucoup de gens sont catholiques,* sont de religion catholique. 2. STYLE FAMILIER *PAS TRÈS CATHOLIQUE* : dont on se méfie. *Cette affaire ne semble pas très catholique,* elle a l'air louche.
II. *UN CATHOLIQUE, UNE CATHOLIQUE* : un chrétien, une chrétienne qui reconnaît l'autorité du pape. *Les catholiques sont des chrétiens. C'est un bon catholique : il va à la messe tous les dimanches.* – CATHO [kato] forme abrégée familière *C'est une famille de cathos.*

EN **CATIMINI** [ɑ̃katimini] adverbe ▪ En cachette, discrètement. *Elle est sortie de la maison en catimini.* → en **douce,** en **tapinois.**

CAUCHEMAR [koʃmaʀ] n. m. ▪ *UN CAUCHEMAR* 1. Rêve qui fait peur, qui angoisse. *Cette nuit, j'ai fait d'affreux cauchemars.* 2. STYLE FAMILIER Chose ou personne qui effraie ou obsède. *L'accord des participes passés français est le cauchemar des écoliers.* → **hantise.** *Quel cauchemar, cette journée ! J'ai eu une journée de cauchemar* (→ **cauchemardesque).** *Ce directeur, c'est un cauchemar.*

CAUCHEMARDESQUE [koʃmaʀdɛsk] adj. (après le nom) ▪ Qui ressemble à un mauvais rêve. *Nous avons fait un voyage cauchemardesque.* → **horrible.**

CAUSANT [kozɑ̃], **CAUSANTE** [kozɑ̃t] adj. (après le nom) ▪ (qqn) Qui aime causer, bavarder. *Tu n'es pas très causante, ce matin,* tu ne parles pas beaucoup.

REM. Cet adjectif s'emploie surtout à la forme négative.

CAUSE [koz] n. f. ▪ *UNE CAUSE* 1. Ce qui fait qu'un événement se produit. *Quelle est la cause de ton chagrin ?* → **origine.** *On ne connaît pas encore les causes de l'accident.* → **motif, raison.** – *À CAUSE DE* : en raison de, par la faute de. *Les routes sont glissantes à cause du verglas. Tout est arrivé à cause de toi.* – *Le magasin est fermé POUR CAUSE D'inventaire,* parce qu'on est en train de faire l'inventaire. – *Je suis furieuse contre lui,* ET POUR CAUSE, parce que j'ai de bonnes raisons d'être furieuse. 2. Affaire plaidée devant la justice par un avocat. *Il faudra un très bon avocat pour gagner la cause de ce malfaiteur.* → **procès.** *Sa cause paraît perdue d'avance.* 3. *PLAIDER LA CAUSE DE* qqn, le défendre. *Elle a plaidé la cause de son fils, mais le directeur a maintenu la punition. – Après un mois de grève, les ouvriers ont* OBTENU GAIN DE CAUSE, les ouvriers ont obtenu ce qu'ils demandaient. – *EN CONNAISSANCE DE CAUSE* : en connaissant les faits. *Ils ont agi en connaissance de cause.* 4. *EN CAUSE* : en question. *Dans cette affaire, les intérêts en cause sont considérables. Je te rassure, tu n'es pas en cause,* tu n'es pas concerné. *Toutes les décisions ONT ÉTÉ REMISES EN CAUSE,* ont été remises en question. 5. Idée morale, sociale pour laquelle on combat. *Défendre la liberté, c'est une noble cause.*

① **CAUSER** [koze] verbe [conjugaison 1a] ▪ (qqch.) Être la cause de. *La grève des transports a causé de gros embouteillages dans la ville.* → **provoquer.** *Cette nouvelle nous cause beaucoup de joie.*

② **CAUSER** [koze] verbe [conjugaison 1a] ▪ Parler tranquillement avec (qqn). *La concierge cause avec une voisine.* → **bavarder.** *Les deux amies causent ensemble.*

> FAUX AMIS
> danois **causere** « présenter une affaire » ; norvégien **kåsere** « faire une conférence »

REM. On dit *parler de qqch.* (il n'est pas élégant de dire *causer de qqch.*).

CAUSTIQUE [kostik] adj. (après le nom) 1. (produit) Qui attaque, brûle la peau. *La soude est une matière caustique.* → **corrosif.** *Tenez les produits caustiques hors de la portée des enfants.* 2. Qui blesse par des phrases moqueuses. *Ce journaliste a l'esprit caustique.* → **mordant.** ⟨contraire : bienveillant⟩ – *Vous êtes caustique.* → **acerbe.**

CAUTION [kosjɔ̃] n. f. ▪ *UNE CAUTION* 1. Somme d'argent qui sert de garantie lorsqu'on loue qqch. et qui est rendue à la fin de la location. *Le nouveau locataire de l'appartement a versé une caution au propriétaire.* 2. Personne qui s'engage à rembourser à la place d'une autre, si elle ne peut le faire. *J'ai servi de caution à mon fils pour l'achat de sa maison.* 3. *SUJET À CAUTION* : dont on ne peut pas être sûr. → **douteux.** *Cette nouvelle est sujette à caution,* il faut la vérifier.

> FAUX AMI
> anglais **caution** « prudence »

CAUTIONNER [kosjɔne] verbe [conjugaison 1a] ▪ Garantir une idée, une action en l'approuvant. *Les syndicats ne cautionnent pas la politique d'austérité du gouvernement.* → **soutenir.**

CAVALCADE [kavalkad] n. f. ▪ *UNE CAVALCADE* 1. Chevauchée. *Il adore les scènes de cavalcade dans les westerns.* 2. STYLE FAMILIER Course bruyante et désordonnée. *Quelle cavalcade dans l'escalier de l'école à l'heure de la sortie !*

CAVALER [kavale] verbe [conjugaison 1a] ▪ STYLE FAMILIER Courir, se déplacer beaucoup. *J'ai cavalé pour arriver à l'heure à mon rendez-vous.*

CAVALERIE [kavalʀi] n. f. ▪ *LA CAVALERIE :* dans l'armée, ensemble des troupes qui combattaient à cheval. *La cavalerie moderne est motorisée.*

① **CAVALIER** [kavalje] n. m., **CAVALIÈRE** [kavaljɛʀ] n. f.
I. *UN CAVALIER, UNE CAVALIÈRE* **1.** Personne qui monte à cheval. *La cavalière et son cheval ont gagné le concours hippique. C'est un bon cavalier.* **2.** Personne avec qui on forme un couple dans un cortège, un bal, une cérémonie. *La jeune fille danse avec son cavalier. Changez de cavalière !*
II. *UN CAVALIER* **1.** Militaire qui est dans la cavalerie. *Les hussards étaient des cavaliers.* **2.** Pièce du jeu d'échecs qui représente une tête de cheval et qui avance en oblique. *L'un des joueurs avance son cavalier.* **3.** (figuré) *FAIRE CAVALIER SEUL :* agir seul. *Il n'aime pas travailler en groupe, il préfère faire cavalier seul.*

FAUX AMI
allemand **Kavalier** « homme galant »

② **CAVALIER** [kavalje], **CAVALIÈRE** [kavaljɛʀ] adj. (après le nom) ▪ (attitude) Qui manque de respect envers les autres. *Il n'est pas venu à la soirée et il ne s'est même pas excusé, c'est un peu cavalier.* → **désinvolte.** ⟨contraire : respectueux⟩

CAVALIÈREMENT [kavaljɛʀmɑ̃] adverbe ▪ D'une manière désinvolte et impolie. *Il s'est comporté cavalièrement en ne répondant pas à ma lettre.* ⟨contraire : respectueusement⟩

CAVE [kav] n. f. ▪ *UNE CAVE* **1.** Partie d'un bâtiment située sous terre. *Les caves du château sont voûtées. Mon père conserve ses bouteilles de vin dans sa cave.* → **cellier.** – *DE LA CAVE AU GRENIER :* de bas en haut, de fond en comble. *Les policiers ont fouillé la maison de la cave au grenier,* ils ont fouillé partout. **2.** Les vins conservés dans une cave. *Ce restaurant a une excellente cave.*

FAUX AMIS
anglais **cave** « grotte » ; italien **cava** « carrière, mine »

CAVEAU [kavo] n. m. ▪ *UN CAVEAU :* petite construction souterraine servant de tombeau. *Mes grands-parents sont enterrés dans le caveau de famille.* PLURIEL : *des CAVEAUX.*

CAVERNE [kavɛʀn] n. f. ▪ *UNE CAVERNE :* trou creusé naturellement dans la roche. *Les spéléologues explorent les cavernes.* → **grotte.** *L'ours s'installe dans une caverne pour hiberner.* – *L'ÂGE DES CAVERNES :* la préhistoire. *Les hommes ont appris à faire du feu à l'âge des cavernes.* – *L'HOMME DES CAVERNES :* l'homme préhistorique. *L'homme des cavernes dessinait sur les parois des grottes.*

CAVERNEUX [kavɛʀnø], **CAVERNEUSE** [kavɛʀnøz] adj. ▪ (son) Qui semble venir des profondeurs d'une caverne. *Une voix caverneuse.* → **grave.**

CAVIAR [kavjaʀ] n. m. ▪ *LE CAVIAR :* petits œufs gris ou noirs de l'esturgeon que l'on mange crus. *Le caviar est très apprécié.*

CAVISTE [kavist] n. m., n. f. ▪ *UN CAVISTE, UNE CAVISTE :* une personne chargée du soin de la cave et des vins chez un producteur de vins ou dans un restaurant. *Le caviste a mis le vin en bouteilles.*

REM. Le sommelier est la personne qui conseille la clientèle dans le choix de ses vins.

CAVITÉ [kavite] n. f. ▪ STYLE RECHERCHÉ *UNE CAVITÉ :* creux, trou. *Il y a des crabes dans les cavités des rochers.*

CD n. m. Forme abrégée de **disque compact.** → **compact.**

CD-ROM [sedeʀɔm] n. m. invariable ▪ *UN CD-ROM :* disque sur lequel sont stockées des données (texte, son, image) que l'on peut consulter sur l'écran d'un ordinateur. *J'ai acheté un dictionnaire sur CD-ROM.* PLURIEL : *des CD-ROM de jeux.*

① **CE** [sə], **CET** [sɛt] adj. démonstratif m., **CETTE** [sɛt] adj. démonstratif f. ▪ (avant le nom) Sert à montrer la personne ou la chose désignée dans la réalité, dans la pensée ou par ce qu'on vient de dire. *Cet hôtel est réputé. Ce livre est un dictionnaire. Cette robe te va bien. En ce moment, j'ai beaucoup de travail. Ce soir, nous allons au cinéma.* PLURIEL : *CES* [se] *garçons. CES filles sont sympas.* – *Je ne l'ai pas vu ces jours-ci. En ce temps-là il y avait la guerre.*

REM. Au masculin, *ce* prend la forme *cet* devant une voyelle (ex. : *cet enfant, cet arbre*) et devant un *h* muet (ex. : *cet homme*).

② **CE** [sə] pronom démonstratif ▪ Sert à désigner ce que la personne qui parle montre ou a dans l'esprit. **1.** (avec le verbe être) *C'est beau, ici ! C'est une journée ensoleillée. Ce sera facile. Ce ne sera pas facile. C'est lui, je le reconnais. Ce sont eux* (mais *c'est nous, c'est vous*). *Ce n'est pas eux. Qui est-ce ? Est-ce à vous ? C'est à moi.* – (redoublé) *Qu'est-ce que c'est ?* – *C'EST... QUI, C'EST... QUE* sert à mettre en relief une partie de la phrase. *C'est sa femme qui a téléphoné. C'est une bonne idée que tu as eue !* – *C'EST... À... DE. C'est à toi de jouer. C'est à mourir de rire.* **2.** *CE QUI, CE QUE, CE DONT, CE À QUOI. Regarde ce qui se passe, ce qu'il fait. Ce dont on parle. Ce à quoi je pense.* – STYLE FAMILIER *CE QUE :* combien, à quel point. *Ce que c'est beau ! Ce que t'es bête !* → **comme.** **3.** *SUR CE :* après cette parole. *Et sur ce, il est parti.*

REM. **1.** *Ce* s'écrit *c'* devant les formes du verbe *être* commençant par une voyelle (ex. : *c'est, c'était*), devant *en* (ex. : *c'en est*) et s'écrit *ç* devant *a* (ex. : *ç'a été*). **2.** *C'est* est en rivalité avec l'impersonnel *il est : C'est interdit de fumer / Il est interdit de fumer.*

CECI [səsi] pronom démonstratif ▪ Désigne la chose que l'on montre, ce qui va suivre ou encore une chose opposée à une autre. *Comment s'appelle ceci ? Retenez bien ceci.* → STYLE FAMILIER **ça.** *Ceci n'empêche pas cela. CECI DIT, il faut agir.*

REM. *Ceci* (opposé à *cela*) peut servir à désigner les choses les plus proches : *donnez-moi ceci et puis cela, là-bas.* Il ne s'emploie pas souvent seul.

CÉCITÉ [sesite] n. f. ▪ *LA CÉCITÉ :* état d'une personne qui est aveugle. *Ce vieux monsieur ne voit plus bien, sa cécité est presque totale.*

CÉDER [sede] verbe [conjugaison 6a] **1.** Laisser à qqn qqch. que l'on avait. *Dans les transports en commun il cède toujours sa place aux personnes âgées.* → **donner.** *Nous cédons notre tour, car il y a trop de monde.* → **passer.** – *CÉDER DU TERRAIN :* reculer. *L'ennemi cède du terrain. Nous ne céderons pas !* ⟨contraire : résister⟩ **2.** *CÉDER À qqn :* faire ce qu'il veut. *Ces parents cèdent trop facilement à leur fils. Ils cèdent à tous ses caprices.* → **obéir.** **3.** Fléchir, capituler. *Il suffit d'attendre, il finira bien par céder.* ⟨contraire : résister⟩ *Je ne céderai pas sur ce point.* **4.** (qqch.) Fléchir, plier, rompre. *Les branches du pommier cèdent sous le poids des fruits. La corde a cédé.*

REM. Au futur, malgré le é, on prononce [ɛ] : *tu céderas* [tysɛdʀa].

CEDEX [sedɛks] n. m. ▪ *LE CEDEX :* système de distribution postale qui permet aux entreprises d'avoir leur courrier tôt le matin, à la poste. – (dans une adresse) *Entreprise..., 27 rue de..., 75640 Paris Cedex 13.*

REM. *Cedex* est un sigle qui signifie ***C****ourrier d'****E****ntreprise à* ***D****istribution* ***Ex****ceptionnelle.*

CÉDILLE [sedij] n. f. ▪ *UNE CÉDILLE :* petit signe que l'on place sous la lettre *c* lorsqu'elle est suivie d'un *a*, d'un *o* ou d'un *u* pour indiquer qu'elle doit être prononcée [s]. *Il y a une cédille dans les mots «façade», «soupçon» et «gerçure». «Ç» est prononcé «c cédille».*

CÈDRE [sɛdʀ] n. m. *UN CÈDRE :* grand arbre d'origine méditerranéenne, aux branches très étalées, presque horizontales. *Le cèdre est un conifère. Nous avons marché dans une forêt de pins et de cèdres.* – Son bois. *C'est un meuble en cèdre.*

CEINTURE [sɛ̃tyʀ] n. f. *UNE CEINTURE* **1.** Bande de tissu ou de cuir servant à serrer les vêtements à la taille. *Cette robe a une ceinture. Il boucle la large ceinture de son pantalon.* → **ceinturon.** *Elle a serré sa ceinture d'un cran.* – *SE SERRER LA CEINTURE :* se priver pour faire des économies. *Ils se sont serré la ceinture pour pouvoir acheter leur appartement.* **2.** *Une CEINTURE DE JUDO :* bande de tissu que portent les judokas sur leur kimono et dont la couleur indique leur force. *Il est ceinture noire de judo,* il est dans la catégorie la plus forte. **3.** *Une CEINTURE DE SÉCURITÉ :* courroie qui, dans une voiture ou un avion, maintient les passagers contre leur siège. *Au moment du décollage, les passagers de l'avion attachent leur ceinture de sécurité.* – *Une CEINTURE DE SAUVETAGE :* bourrelet de caoutchouc ou de liège qui entoure la taille et permet de flotter sur l'eau. *Les naufragés ont eu le temps de mettre leur ceinture de sauvetage* (→ **gilet**). **4.** *LA CEINTURE :* partie du corps serrée par la ceinture. *On a de l'eau jusqu'à la ceinture.* → **taille.**

> FAUX AMI
> espagnol **cintura**
> «taille d'une personne»

CEINTURER [sɛ̃tyʀe] verbe [conjugaison 1a] (qqn) Attraper qqn en entourant la taille avec les bras. *Les policiers ceintureront* [sɛ̃tyʀʀɔ̃] *le voleur.*

CEINTURON [sɛ̃tyʀɔ̃] n. m. *UN CEINTURON :* large ceinture de cuir. *Il enfile son jean et boucle son ceinturon.*

CELA [səla] pronom démonstratif **1.** Désigne ce qui est plus éloigné ou ce qui précède (parfois opposé à *ceci*). *Ceci est une souris, cela est un rat.* **2.** Cette chose-là. *Que dis-tu de cela ?* → STYLE FAMILIER **ça.** *Cela ne fait rien. Il y a deux ans DE CELA, j'étais à Madrid.*

REM. **1.** Dans la langue courante, on emploie plutôt *çà*. **2.** *Ceci* sert à désigner les choses les plus proches : *j'ai pris ceci, montrez-moi aussi cela.*

CÉLÉBRATION [selebʀasjɔ̃] n. f. *LA CÉLÉBRATION :* le fait de célébrer une cérémonie, une fête. *La célébration de leur mariage aura lieu samedi.*

CÉLÈBRE [selɛbʀ] adj. Très connu. *C'est un écrivain célèbre.* → **illustre, renommé, réputé.** *Cette actrice est célèbre pour ses caprices. Les parfums français sont célèbres dans le monde entier.* → **fameux.**

CÉLÉBRER [selebʀe] verbe [conjugaison 6a] **1.** Fêter un événement par une cérémonie, une démonstration. *En France, le 14 juillet, on célèbre la prise de la Bastille.* → **commémorer. 2.** Accomplir solennellement. *Le maire a célébré leur mariage.*

CÉLÉBRITÉ [selebʀite] n. f. **1.** *LA CÉLÉBRITÉ :* très grande renommée. *La célébrité de Picasso est mondiale.* → **renom, popularité. 2.** *UNE CÉLÉBRITÉ :* une personne célèbre. *Au festival de Cannes, les photographes entourent les célébrités du cinéma.* → **personnalité, vedette.**

CÉLERI [sɛlʀi] n. m. *LE CÉLERI :* plante dont on mange les tiges, les feuilles et la racine, crues ou cuites. *J'ai acheté du céleri en branches, pas une tête de céleri. Nous avons mangé de la purée de céleri.*

REM. Le é de *céleri* se prononce [ɛ].

CÉLERI-RAVE [sɛlʀiʀav] n. m. *LE CÉLERI-RAVE :* racine charnue du céleri. *En entrée, il y a du céleri-rave râpé.* PLURIEL : *des CÉLERIS-RAVES.*

CÉLÉRITÉ [seleʀite] n. f. STYLE RECHERCHÉ *LA CÉLÉRITÉ :* rapidité à faire qqch. *Il a fait ce qu'on lui demandait avec célérité.* → **promptitude.** (contraire : lenteur)

CÉLESTE [selɛst] adj. (après le nom) STYLE RECHERCHÉ Du ciel. *La VOÛTE CÉLESTE est étoilée :* le ciel est étoilé. *On observe les CORPS CÉLESTES,* les astres.

CÉLIBAT [seliba] n. m. *LE CÉLIBAT :* état d'une personne qui n'est pas mariée. *Les prêtres catholiques vivent dans le célibat.*

CÉLIBATAIRE [selibatɛʀ] adj., n. m. et n. f. **1.** adjectif (après le nom) (qqn) Qui n'est pas marié. *Il est resté célibataire. Cette jeune femme est mère célibataire,* elle n'est pas mariée et elle a un ou plusieurs enfants. **2.** *UN CÉLIBATAIRE, UNE CÉLIBATAIRE :* une personne qui n'est pas mariée. *C'est un célibataire endurci,* un homme qui n'a jamais été marié et qui ne veut pas se marier.

CELLE pronom, féminin de **celui**

CELLE-CI, CELLE-LÀ → **celui-ci, celui-là**

CELLIER [selje] n. m. *UN CELLIER :* lieu frais installé pour conserver du vin et des provisions. *Les bouteilles de vin sont rangées sur les étagères du cellier* (→ **cave**).

> FAUX AMI
> portugais **celeiro**
> «grange»

CELLOPHANE [selɔfan] n. f. (marque déposée) *DE LA CELLOPHANE :* fine feuille de matière transparente qui sert à emballer. *Ces tranches de jambon sont SOUS CELLOPHANE,* elles sont emballées dans de la cellophane.

① **CELLULE** [selyl] n. f. *UNE CELLULE* **1.** Élément très petit qui entre dans la composition de tous les êtres vivants. *Tous les tissus de l'organisme sont formés de cellules. Une cellule nerveuse.* → **neurone.** *Les cellules reproductrices.* → **ovule, spermatozoïde. 2.** *La CELLULE (D'UN APPAREIL PHOTO) :* dispositif servant à mesurer le temps d'exposition nécessaire pour prendre une photo. **3.** (abstrait) Élément d'un ensemble. *La famille est la cellule de la société.*

② **CELLULE** [selyl] n. f. *UNE CELLULE :* petite pièce où l'on enferme qqn. *Les prisonniers sont enfermés dans des cellules.*

CELLULITE [selylit] n. f. *LA CELLULITE :* couche de graisse et d'eau qui se trouve sous la peau. *Beaucoup de femmes ont de la cellulite sur les cuisses.*

CELTIQUE [sɛltik] adj. et n. m. **1.** adjectif (après le nom) Relatif aux Celtes, groupe de peuples d'origine indo-européenne, dont la civilisation s'étendit en Europe occidentale du Xe au IIIe siècle avant notre ère. *Les Bretons, les Irlandais et les Gallois sont des peuples celtiques. J'aime la musique celtique.* **2.** *LE CELTIQUE :* la famille de langues parlées par les Celtes. *Le breton, le gaélique et le gallois sont du celtique.*

CELUI [səlɥi] pronom masculin, **CELLE** [sɛl] pronom féminin Pronom démonstratif qui désigne la personne ou la chose dont il est question. *J'ai oublié mon stylo, je prendrai celui de ma sœur. La porte du salon et celle de la chambre sont restées ouvertes.* MASCULIN PLURIEL : *les éléphants d'Asie sont plus petits que CEUX* [sø] *d'Afrique.* – *De tous mes frères, Paul est celui que je préfère. Ceux qui ont terminé peuvent partir. Qui est celle à qui tu parlais tout à l'heure ?* qui est la fille, la femme à qui tu parlais. – *Il FAIT CELUI QUI n'entend pas :* il fait semblant de ne rien entendre.

CELUI-CI [səlɥisi], **CELUI-LÀ** [səlɥila] pronom masculin, **CELLE-CI** [sɛlsi], **CELLE-LÀ** [sɛlla] pronom féminin ■ Pronoms démonstratifs, CELUI-CI désigne ce qui est le plus rapproché, CELUI-LÀ ce qui est le plus éloigné. *De ces deux voitures, celle-ci est la plus rapide, mais celle-là est la plus confortable.* MASCULIN PLURIEL : *CEUX-CI* [søsi], *CEUX-LÀ* [søla]. *De ces gâteaux, ceux-ci sont meilleurs que ceux-là. Je voudrais des pommes : donnez-moi celles-ci et puis celles-là. – Il est fou, celui-là !*

REM. *Celui-ci* et *celui-là* se prononcent souvent [sɥisi], [sɥila].

CENDRE [sɑ̃dʀ] n. f. ■ *LA CENDRE* 1. Ce qui reste de qqch. qui a brûlé. *Elle secoue la cendre de sa cigarette dans le cendrier. Les ordures ont été réduites en cendres* (→ **brûler, incinérer**). *Pour le dîner, nous avons fait cuire des pommes de terre sous la cendre.* 2. *LES CENDRES DE qqn,* ce qui reste de lui après incinération. *Ses cendres ont été recueillies dans une urne.* 3. Les restes d'une personne, après sa mort. *Les cendres de Napoléon sont aux Invalides, à Paris.*

CENDRIER [sɑ̃dʀije] n. m. ■ *UN CENDRIER :* récipient où l'on met les cendres et les mégots de cigarettes. *Il a écrasé sa cigarette dans le cendrier.*

CENSÉ [sɑ̃se], **CENSÉE** [sɑ̃se] adj. (après le nom) ■ (qqn) Qui est supposé. *Elle était censée être à Paris, mais elle n'y est pas, apparemment. Il n'est pas censé le savoir.*

REM. *Sensé* « raisonnable » se prononce de la même façon.

CENSEUR [sɑ̃sœʀ] n. m. ■ *UN CENSEUR* 1. Personne qui est chargée par un gouvernement de juger si la sortie d'un livre, d'un film, d'un spectacle peut être autorisée. *Les censeurs ont interdit ce film aux adolescents de moins de seize ans* (→ **censure**). 2. Personne qui était chargée de faire respecter la discipline dans un lycée (→ **proviseur**). *Bonjour, Monsieur le censeur. Ce lycéen est appelé dans le bureau de Madame le censeur.*

REM. *Censeur* n'a pas de féminin. On dit *cette femme est un redoutable censeur.*

CENSURE [sɑ̃syʀ] n. f. ■ *LA CENSURE* 1. Examen des livres, des journaux, des films et des spectacles exigé par le gouvernement avant d'en autoriser la sortie. *Dans ce pays de dictature militaire, tous les journaux d'opposition sont interdits par la censure. Ce film a obtenu son VISA DE CENSURE.* 2. L'ensemble des censeurs. *La censure a exigé quelques coupures dans la pièce.* 3. Avis défavorable d'une assemblée sur la politique d'un gouvernement. *Ce parti a voté la censure.*

CENSURER [sɑ̃syʀe] verbe [conjugaison 1a] ■ Interdire complètement ou en partie un livre, un journal, un film ou un spectacle. *Ils censureront* [sɑ̃syʀʀɔ̃] *le film. Les scènes trop violentes du film ont été censurées.*

CENT [sɑ̃] adj., pronom et n. m.

I. adjectif (avant le nom ou après le nom) 1. (avant le nom) Dix fois dix (100 ; C). *Tu me dois cent francs. Le village est à cinq cents mètres. Cette barrique contient deux cent vingt-cinq litres de vin* (→ **hectolitre**). *C'est une ville de trois cent mille habitants. – Cela coûte dix-huit cents francs* (ou *mille huit cents*). – (figuré) *Dépêche-toi, je ne t'attendrai pas pendant CENT SEPT ANS,* pendant très longtemps. 2. (avant le nom) Un grand nombre de. *Il répète CENT FOIS la même chose. Il FAIT LES CENT PAS devant la maison,* il va et il vient devant la maison. *Ah, te voilà, nous ÉTIONS AUX CENT COUPS,* nous étions très inquiets. *Son fils fait LES QUATRE CENTS COUPS,* il fait des choses interdites et dangereuses. 3. invariable (après le nom) Centième. *Ouvrez votre livre page cent. C'est le numéro quatre cent qui a gagné. En l'an 1700 (mille sept cent ou dix-sept cent).*

II. pronom Cent personnes, cent choses. *Nous serons cent. Nous sommes cent un* [sɑ̃œ̃]. *Il en reste cent. Il y en avait deux cents.*

III. 1. *CENT :* le nombre cent. *Soixante et quarante font cent. – POUR CENT (%),* exprime une proportion par rapport à cent (→ **pourcentage**). *Ce candidat aux élections n'a eu que cinq pour cent (5 %) des voix. C'est du fromage à quarante pour cent (40 %) de matière grasse. – Il est breton À CENT POUR CENT :* il est complètement breton. 2. *LE CENT :* ce qui porte le numéro cent. *Ils habitent au cent de la rue Jean Moulin.*

REM. 1. *Cent* prend un *s* au pluriel *(cinq cents),* sauf quand il est suivi d'un autre nombre *(cinq cent trois).* 2. On fait la liaison devant un nom (ex. : *cent ans* [sɑ̃tɑ̃], *deux cents hommes* [døsɑ̃zɔm]), mais on prononce [sɑ̃] dans tous les autres cas (ex. : *cent un* [sɑ̃œ̃]).

CENTAINE [sɑ̃tɛn] n. f. ■ *UNE CENTAINE* 1. Groupe de cent unités. *Dans « six cents », « six » est le chiffre des centaines.* 2. Cent environ. *Il y avait une centaine d'invités à leur mariage. Le facteur distribue des centaines de lettres par jour.*

CENTAURE [sɑ̃tɔʀ] n. m. ■ *UN CENTAURE :* un être imaginaire, moitié homme et moitié cheval. *Les centaures ont la tête et le buste d'un homme et le corps d'un cheval.*

CENTENAIRE [sɑ̃tnɛʀ] adj., n. m. et n. f. 1. adjectif (après le nom) Qui a au moins cent ans. *Dans la forêt, il y a plusieurs chênes centenaires. C'est un vieillard centenaire.* 2. *UN CENTENAIRE, UNE CENTENAIRE :* une personne qui a cent ans ou plus de cent ans. *Le village est fier de ses deux centenaires.* 3. *LE CENTENAIRE de qqn, d'un événement :* le centième anniversaire. *En 1997, c'était le centenaire du tournoi international de tennis du stade Roland-Garros, à Paris.*

CENTIÈME [sɑ̃tjɛm] adj., n. m. et n. f.

I. adjectif (avant le nom) Qui a le numéro cent. *On a fêté le centième anniversaire de la mort de cet écrivain célèbre* (→ **centenaire**). *La pièce en est à sa centième représentation.*

II. 1. *LE CENTIÈME :* partie d'un tout divisé en cent. *Le centimètre est le centième du mètre. – Je n'ai pas fait le centième de ce que je voulais faire,* la plus petite partie de ce que je voulais faire (→ **quart**). 2. *LE CENTIÈME, LA CENTIÈME :* ce qui porte le numéro cent. *Elle est la centième de la liste. Il est le deux centième.*

REM. Celui qui suit le centième est le *cent-unième.*

CENTIGRAMME [sɑ̃tigʀam] n. m. ■ *UN CENTIGRAMME :* centième partie du gramme (abréviation : *cg*). *Cette enveloppe pèse 20 grammes, soit 2 000 centigrammes.*

CENTILITRE [sɑ̃tilitʀ] n. m. ■ *UN CENTILITRE :* centième partie du litre (abréviation : *cl*). *Mélangez l'œuf dans vingt centilitres de crème.*

CENTIME [sɑ̃tim] n. m. ■ *UN CENTIME :* la centième partie du franc. *J'ai donné à ma fille une pièce de cinquante centimes pour qu'elle s'achète des bonbons. Je n'ai pas un centime sur moi,* pas du tout d'argent, pas un sou.

CENTIMÈTRE [sɑ̃timɛtʀ] n. m. ■ *UN CENTIMÈTRE* 1. Centième partie du mètre (abréviation : *cm*). *À sa naissance, ce bébé mesurait cinquante centimètres. On mesure les surfaces en centimètres carrés* (cm^2) *et les volumes en centimètres cubes* (cm^3). 2. Ruban gradué en centimètres et qui sert à prendre des mesures. *La couturière mesure la longueur de la jupe avec son centimètre.*

CENTRAFRICAIN [sɑ̃tʀafʀikɛ̃] adj. et n. m., **CENTRAFRICAINE** [sɑ̃tʀafʀikɛn] adj. et n. f. 1. adjectif (après le nom) De la République centrafricaine, pays d'Afrique centrale. *La capitale centrafricaine est Bangui.* 2. *UN CENTRAFRICAIN, UNE CENTRAFRICAINE :* UN HABITANT, UNE HABITANTE DE LA RÉPUBLICAINE CENTRAFRICAINE. *Les Centrafricains.*

CENTRAL [sɑ̃tʀal] adj. et n. m., **CENTRALE** [sɑ̃tʀal] adj.
I. adjectif (après le nom) **1.** (qqch.) Qui est situé au centre. *Ils habitent un quartier central.* ⟨contraires : excentrique, périphérique⟩ MASCULIN PLURIEL : *CENTRAUX* [sɑ̃tʀo]. *Ils ont voyagé dans les steppes de l'Asie centrale. Le Massif central est au centre de la France.* **2.** Principal. *C'est le personnage central de la pièce. C'est une question centrale,* essentielle, très importante. **3.** *Dans leur maison de campagne, ils ont fait installer le CHAUFFAGE CENTRAL,* un chauffage qui permet de chauffer toutes les pièces à partir d'une seule chaudière.
II. *Un CENTRAL TÉLÉPHONIQUE :* lieu où arrivent tous les fils d'un même réseau de téléphone. *Il y a de nombreux centraux téléphoniques à Paris.*

CENTRALE [sɑ̃tʀal] n. f. ▪ *UNE CENTRALE :* usine qui produit de l'électricité. *Les CENTRALES THERMIQUES produisent de l'électricité en brûlant du charbon. Les CENTRALES NUCLÉAIRES produisent de l'électricité au moyen de réacteurs nucléaires.*

CENTRALISER [sɑ̃tʀalize] verbe [conjugaison 1a] ▪ Rassembler, réunir dans un même lieu. *Ce centre de documentation centralise toutes les informations que vous recherchez.* – *Par rapport à l'Allemagne, la France est un pays très centralisé,* où toutes les décisions importantes pour le pays sont prises à Paris, la capitale (opposé à fédéral).

CENTRE [sɑ̃tʀ] n. m. **1.** *LE CENTRE :* point qui est au milieu. *Le centre d'un cercle se trouve à égale distance de tous les points de la circonférence. Il y a un bouquet de roses au centre de la table. Ils habitent dans le centre de la ville.* → **centre-ville.** **2.** *Il se croit LE CENTRE DU MONDE :* il ramène tout à lui, se trouve plus important que tout le reste. **3.** *Les CENTRES NERVEUX :* les parties du système nerveux reliées aux différents organes par les nerfs. *Depuis son accident de voiture, il est paralysé car ses centres nerveux ont été endommagés.* **4.** *UN CENTRE :* lieu où certaines activités sont regroupées. *Près de chez moi, il y a un CENTRE COMMERCIAL où je peux faire tous mes achats. À Paris, le Centre Georges Pompidou est un CENTRE CULTUREL. Le CENTRE SPORTIF de notre quartier possède un gymnase, une piscine et des tennis.*

CENTRE-VILLE [sɑ̃tʀəvil] n. m. ▪ *LE CENTRE-VILLE :* le centre d'une ville. *Les plus belles boutiques sont regroupées dans le centre-ville.* PLURIEL : *DES CENTRES-VILLES.*

CENTRIFUGE [sɑ̃tʀifyʒ] adj. (après le nom) ▪ *FORCE CENTRIFUGE :* force qui repousse les objets loin du centre, vers l'extérieur. *Cet appareil extrait le jus des fruits par la force centrifuge.* ⟨contraire : centripète⟩

CENTRIPÈTE [sɑ̃tʀipɛt] adj. (après le nom) ▪ *FORCE CENTRIPÈTE :* force qui ramène les objets vers le centre. *La force centripète est égale et opposée à la force centrifuge.*

CENTUPLE [sɑ̃typl] n. m. ▪ *LE CENTUPLE :* nombre cent fois plus grand. *Mille est le centuple de dix.*

CEP [sɛp] n. m. ▪ *UN CEP :* pied de vigne. *Le viticulteur taille les ceps.*
REM. Le mot *cèpe* « champignon » se prononce de la même façon.

CÈPE [sɛp] n. m. ▪ *UN CÈPE :* gros champignon à chapeau brun et à chair blanche, très bon à manger. *Nous avons mangé une délicieuse omelette aux cèpes.*

CEPENDANT [səpɑ̃dɑ̃] adverbe et conjonction ▪ STYLE RECHERCHÉ Pourtant, néanmoins. *Elle mange beaucoup et cependant elle reste mince.*

CÉRAMIQUE [seʀamik] n. f. ▪ *LA CÉRAMIQUE :* matière à base d'argile avec laquelle on fabrique des objets de poterie en terre cuite, en faïence, en porcelaine. *Les murs de la salle de bains sont recouverts de carreaux de céramique bleue.*

CERCEAU [sɛʀso] n. m. ▪ *UN CERCEAU :* cercle de bois, de métal ou de plastique. *L'acrobate fait un numéro avec un cerceau.* PLURIEL : *au cirque, on voit des lions et des tigres sauter à travers des CERCEAUX enflammés. Autrefois, les enfants JOUAIENT AU CERCEAU,* ils faisaient rouler un cerceau en le poussant avec un bâton.

CERCLE [sɛʀkl] n. m. ▪ *UN CERCLE* **1.** Figure géométrique formée par une courbe fermée sur elle-même dont tous les points sont à égale distance d'un point fixe appelé centre. → **rond.** *On trace un cercle avec un compas. Calculez la circonférence, le rayon, le diamètre et la surface de ce cercle. La clôture est en forme de cercle* (→ **circulaire).** *La moitié d'un cercle est un demi-cercle.* **2.** Ligne imaginaire sur le globe terrestre. → **équateur, méridien, tropique.** *Ils sont partis en expédition jusqu'au cercle polaire.* **3.** Courbe décrivant à peu près un cercle. *L'aigle décrit des cercles au-dessus de l'agneau.* → **circonférence, rond.** **4.** Objet en forme de cercle. *Le soleil forme un cercle lumineux dans le ciel.* → **disque.** *L'emblème des Jeux olympiques est formé de cinq cercles entrelacés.* → **anneau.** **5.** Groupe de personnes ou d'objets placés en rond. *Un cercle d'admirateurs s'est formé autour du chanteur. Élargissons le cercle pour que tout le monde puisse s'asseoir !* **6.** Groupe. *Mon grand-père n'est pas seul : il a un cercle d'amis.* **7.** *Un CERCLE VICIEUX :* situation fâcheuse et sans solution dans laquelle on est enfermé. *La vengeance entraîne la vengeance, c'est un cercle vicieux.* – *C'est un cercle infernal.*

CERCLÉ [sɛʀkle], **CERCLÉE** [sɛʀkle] adj. (après le nom) ▪ (qqch.) Entouré d'un cercle. *Il a l'air sérieux avec ses lunettes cerclées d'écaille.*

CERCUEIL [sɛʀkœj] n. m. ▪ *UN CERCUEIL :* longue caisse dans laquelle on met le corps d'un mort pour l'enterrer. *Le cercueil a été descendu dans la tombe.*

CÉRÉALE [seʀeal] n. f. ▪ *UNE CÉRÉALE* **1.** Plante dont les grains servent à nourrir l'homme et les animaux. *Le blé, l'avoine, l'orge, le maïs et le seigle sont des céréales.* **2.** (au pluriel) DES CÉRÉALES : flocons de céréales que l'on mange arrosés de lait froid. *Ma fille prend un grand bol de céréales pour son petit-déjeuner.*

CÉRÉBRAL [seʀebʀal], **CÉRÉBRALE** [seʀebʀal] adj. (après le nom) ▪ Qui a rapport au cerveau. *Son père est mort d'une hémorragie cérébrale.* MASCULIN PLURIEL : *CÉRÉBRAUX* [seʀebʀo].

CÉRÉMONIAL [seʀemɔnjal] n. m. ▪ STYLE RECHERCHÉ *LE CÉRÉMONIAL :* ensemble des règles qui doivent être appliquées dans un certain ordre au cours de cérémonies. → **étiquette, protocole.** *À l'église, il y a un cérémonial à respecter. Ces cérémonials sont ennuyeux !*

CÉRÉMONIE [seʀemɔni] n. f. ▪ *UNE CÉRÉMONIE* **1.** Célébration solennelle d'un acte ou d'un événement important. *Après la cérémonie du baptême, il y a eu un déjeuner. La visite de ce chef d'État a donné lieu à plusieurs cérémonies officielles.* **2.** Manifestation excessive de politesse, de courtoisie. *Vous faites beaucoup de cérémonies pour peu de chose.* → **façon.** – *Nos amis nous ont invités à dîner SANS CÉRÉMONIE,* en toute simplicité, sans faire de manières.

CÉRÉMONIEUX [seʀemɔnjø], **CÉRÉMONIEUSE** [seʀemɔnjøz] adj. (après le nom) ▪ Qui fait trop de cérémonies. *Même quand elle* *reçoit de vieux amis, elle est toujours cérémonieuse.* → **solennel.** ⟨contraires : simple, familier⟩ – *Le vieux monsieur salue la jeune fille d'un air cérémonieux.*

CERF [sɛʀ] n. m. ■ *UN CERF :* grand animal mâle qui porte des bois sur la tête et vit en troupeaux dans les forêts. *Le cerf est avec sa femelle* (→ **biche**) *et son petit* (→ **faon**). *Les cerfs brament dans les bois.*

REM. Les mots *cerf, serf, serre* et *serres* se prononcent tous de la même façon.

CERFEUIL [sɛʀfœj] n. m. ■ *LE CERFEUIL :* plante aromatique que l'on utilise dans la cuisine pour parfumer les aliments. *Nous avons mangé un potage au cerfeuil.*

CERF-VOLANT [sɛʀvɔlɑ̃] n. m. ■ *UN CERF-VOLANT :* objet volant fait de papier ou de tissu tendu sur des baguettes, que l'on tire avec une ficelle pour le faire voler dans le vent. *Le petit garçon fait voler son cerf-volant sur la plage.* PLURIEL : *des CERFS-VOLANTS.*

REM. Le mot *cerf-volant* pourrait venir non pas de *cerf* mais de *serpent*, car en Orient, et notamment en Chine, les cerfs-volants représentent souvent des serpents ou des dragons.

CERISE [s(ə)ʀiz] n. f. et adj. invariable **1.** *UNE CERISE :* petit fruit rouge, rond et charnu, qui a un noyau et une longue queue. *J'ai mangé une tarte aux cerises. Il étale de la confiture de cerises sur son pain.* **2.** adjectif invariable (après le nom) D'une couleur rouge sombre. *Il a une cravate cerise.* PLURIEL : *des rubans cerise.*

CERISIER [s(ə)ʀizje] n. m. ■ *UN CERISIER :* arbre fruitier qui produit des cerises. *Au printemps, les cerisiers sont en fleur. On utilise le bois de cerisier pour fabriquer des meubles.*

CERNE [sɛʀn] n. m. ■ *UN CERNE :* cercle bleuâtre ou brunâtre qui entoure parfois les yeux. *Quand elle est fatiguée, elle a de grands cernes sous les yeux.*

CERNÉ [sɛʀne], **CERNÉE** [sɛʀne] adj. (après le nom) ■ *Des YEUX CERNÉS,* qui ont un cerne dessous. *Quand je n'ai pas assez dormi, j'ai les yeux cernés.*

CERNER [sɛʀne] verbe [conjugaison 1a] **1.** Entourer, encercler. *La police a cerné le quartier pour empêcher les malfaiteurs de s'enfuir. – Vous êtes cernés, rendez-vous !* **2.** *CERNER UN PROBLÈME,* le voir tel qu'il se présente. *Nous avons cerné toutes les difficultés qu'il reste à résoudre.*

CERTAIN [sɛʀtɛ̃], **CERTAINE** [sɛʀtɛn] adj. et pronom
I. adjectif (après le nom, parfois avant le nom) **1.** (qqch.) (après le nom) Sûr, assuré. ⟨contraires : douteux, incertain⟩ *C'est un fait certain. Sa bonne volonté est certaine.* → **évident.** *C'est possible, mais ce n'est pas certain.* – STYLE FAMILIER *C'est sûr et certain. – Il est certain que c'est la meilleure solution.* **2.** (événement) (après le nom) Que l'on peut prévoir, qui arrivera. *La victoire est certaine. Son départ est maintenant certain.* → **inéluctable, inévitable. 3.** (qqn) *ÊTRE CERTAIN DE qqch. :* penser que la chose est sûre. *Nous sommes certains de son honnêteté. Nous en sommes absolument certains* (→ **certitude**). – *Je suis CERTAIN QU'ils réussiront.* **4.** (avant le nom) Imprécis, difficile à fixer. *Un certain nombre de gens pensent cela. Il faudra un certain temps pour arriver à un résultat. Elle a fait preuve d'un certain courage,* d'un courage assez grand. *C'est un monsieur d'un certain âge,* un monsieur qui n'est plus très jeune. **5.** *UNE CERTAINE Madame Durand est venue,* une dame qui dit être Madame Durand. **6.** (au pluriel) (avant le nom) Quelques-uns parmi d'autres. *Ça se passe comme ça dans certains pays.*
II. (pronom pluriel) *CERTAINS :* certaines personnes. *Certains pensent qu'il a tort de faire cela. Certains sont d'accord, d'autres pas. Certaines d'entre elles sont venues.*

CERTAINEMENT [sɛʀtɛnmɑ̃] adverbe **1.** D'une manière certaine, sûre. *Cela arrivera certainement un jour.* → **sûrement. 2.** (pour renforcer une affirmation) *Elle est certainement plus douée que sa sœur.* → **réellement, vraiment.** – (dans une réponse affirmative) *Est-ce que tu crois que son cadeau lui plaira ? – Certainement !* → **sûrement. 3.** Probablement. *Ils viendront certainement dimanche.*

CERTES [sɛʀt] adverbe ■ STYLE RECHERCHÉ Certainement, bien sûr. *Ce n'est pas l'idéal, certes, mais c'est mieux que rien. Ah ! certes non. – Tu veux bien ? – Certes !* → **oui.**

CERTIFICAT [sɛʀtifika] n. m. ■ *UN CERTIFICAT* **1.** Papier qui donne la preuve (de qqch.). *Le médecin m'a délivré un CERTIFICAT DE MALADIE pour mon employeur. Montrez-moi votre certificat de vaccination. Un CERTIFICAT DE TRAVAIL indique le genre de travail effectué par un salarié dans une entreprise.* → **attestation. 2.** Papier qui indique la réussite à un examen ; cet examen. *Il a été reçu à son certificat d'aptitude professionnelle* (→ **C. A. P.**).

CERTIFIER [sɛʀtifje] verbe [conjugaison 7a] **1.** Assurer qu'une chose est vraie. *Le garagiste m'a CERTIFIÉ QUE ma voiture serait réparée ce soir.* → **affirmer.** *Je certifierai* [sɛʀtifiʀe] *ce que j'ai vu à la police. Nous certifions que nous aurons terminé à temps. Il faut que vous certifiiez votre déclaration.* **2.** Garantir par un papier officiel. *La copie de ce document a été CERTIFIÉE CONFORME,* reconnue comme authentique, exactement semblable à l'original.

CERTITUDE [sɛʀtityd] n. f. **1.** *UNE CERTITUDE :* ce qui est certain. *Il ne viendra plus maintenant, c'est une certitude.* → **évidence.** *Il y a peu de certitudes dans cette enquête.* ⟨contraire : incertitude⟩ **2.** *AVOIR LA CERTITUDE DE qqch.,* en être sûr. *J'ai la certitude que tout finira par s'arranger.*

CÉRUMEN [seʀymɛn] n. m. ■ *LE CÉRUMEN :* matière jaune et poisseuse comme de la cire, qui se forme dans l'oreille. *Le médecin lui a enlevé un bouchon de cérumen qui l'empêchait de bien entendre.*

CERVEAU [sɛʀvo] n. m. ■ *LE CERVEAU* **1.** Organe contenu dans le crâne de l'homme et des vertébrés. *Le cerveau est l'organe principal du système nerveux.* PLURIEL : *des CERVEAUX. Il a été opéré d'une tumeur au cerveau* (→ **cérébral**). **2.** Lieu de la pensée, de la vie de l'esprit et de l'intelligence. *Les savants ont un cerveau bien organisé.* → **esprit, tête.** – *AVOIR LE CERVEAU MALADE, DÉRANGÉ :* être fou. *Il faut avoir le cerveau malade pour imaginer des choses pareilles.* **3.** Personne considérée en fonction de son intelligence. *Ce savant est un cerveau,* c'est une personne extrêmement intelligente. *FUITE DES CERVEAUX :* départ important des chercheurs, des intellectuels vers des pays qui leur proposent de meilleures conditions de travail. → **esprit. 4.** Personne qui dirige. *Cet homme est le cerveau de la bande de malfaiteurs.* **5.** Lieu d'où l'on dirige et prend les décisions. *La tour de contrôle est le cerveau de l'aéroport.*

CERVELLE [sɛʀvɛl] n. f. ■ *LA CERVELLE* **1.** Matière nerveuse qui forme le cerveau. – *Après avoir perdu toute sa fortune, il s'est FAIT SAUTER LA CERVELLE,* il s'est suicidé d'une balle dans la tête. **2.** Cerveau de certains animaux, que l'on peut manger. *J'ai mangé de la cervelle d'agneau.* **3.** Intelligence, esprit. *Il est gentil, mais il n'a pas beaucoup de cervelle. Elle oublie toutes ses affaires, quelle TÊTE SANS CERVELLE !* (→ **écervelé**). – *SE CREUSER LA CERVELLE :* réfléchir pour trouver qqch. (idée, souvenir). *J'ai beau me creuser la cervelle, je ne me rappelle pas où j'ai garé la voiture.*

CERVICAL [sɛʀvikal], **CERVICALE** [sɛʀvikal] adj. (après le nom) ▪ (qqch.) De la région de la nuque. *J'ai mal aux vertèbres cervicales.* MASCULIN PLURIEL : *des massages CERVICAUX* [sɛʀviko].

CERVOISE [sɛʀvwaz] n. f. ▪ *LA CERVOISE* : bière d'orge ou de blé fabriquée dans l'Antiquité et chez les Gaulois jusqu'au Moyen Âge. *Le Gaulois Astérix, personnage de bande dessinée, est grand amateur de cervoise.*

CES → ① **ce**

Jules **CÉSAR** [sezaʀ] nom propre – en latin **CAESAR** ▪ Empereur romain (101 avant J.-C. – 44 avant J.-C.).

CÉSARIENNE [sezaʀjɛn] n. f. ▪ *UNE CÉSARIENNE* : opération qui consiste à faire une incision sur l'abdomen de la mère afin de faire sortir l'enfant de l'utérus. *Le médecin a dû lui FAIRE UNE CÉSARIENNE.*

SANS **CESSE** [sɑ̃sɛs] adverbe ▪ Sans arrêt. *Ces enfants mal élevés font sans cesse des colères.* → **continuellement.**

CESSER [sese] verbe [conjugaison 1a] **1.** (qqch.) Prendre fin, se terminer. *La douleur cesse par moments. La pluie a cessé.* – *FAIRE CESSER* : arrêter, interrompre. *Faites cesser ce bruit, on ne s'entend plus !* **2.** (qqn) *CESSER DE* : arrêter de. *Cessez de ricaner, toutes les deux ! Tout le monde a cessé de parler.* – *Le bébé NE CESSE PAS DE pleurer,* il pleure sans arrêt. *Il n'a pas cessé de râler pendant tout le voyage.*

CESSEZ-LE-FEU [seselfø] n. m. invariable ▪ *UN CESSEZ-LE-FEU* : arrêt des combats. *Le cessez-le-feu a été proclamé à dix heures ce matin.* PLURIEL : *des cessez-le-feu.*

CESSION [sesjɔ̃] n. f. ▪ *LA CESSION* : action de céder un bien ou un droit gratuitement ou pour de l'argent. *La cession de sa propriété lui a rapporté beaucoup d'argent.*

REM. *Session* « période pendant laquelle se tient une assemblée » se prononce de la même façon.

C'EST-À-DIRE [sɛtadiʀ] conjonction ▪ Annonce une explication, une précision (abréviation : *c.-à-d.* [sɛtadiʀ]). *Il est douze heures, c'est-à-dire midi.*

CET → ① **ce**

CÉTACÉ [setase] n. m. ▪ *UN CÉTACÉ* : animal marin qui ressemble à un très gros poisson, mais qui est un mammifère. *La baleine, le cachalot et le dauphin sont des cétacés.*

CETTE → ① **ce**

CEUX → **celui**

CF. ou **CF.** [kɔ̃fɛʀ] ▪ Abréviation qui, dans un texte, invite le lecteur à se reporter à ce qui suit. *Beaucoup d'expressions françaises veulent dire* partir (cf. s'en aller, foutre le camp, se tirer).

CHACAL [ʃakal] n. m. ▪ *UN CHACAL* : animal sauvage d'Afrique et d'Asie, qui ressemble au loup et au renard. *Le chacal se nourrit de charognes. Les chacals vivent en troupeaux.*

CHACUN [ʃakɛ̃] pronom masculin, **CHACUNE** [ʃakyn] pronom féminin **1.** Chaque personne, chaque chose. *Il a parlé à chacun d'eux. Chacune d'entre elles a reçu un cadeau. Répondez chacun à votre tour, et pas tous en même temps. Les amoureux se sont disputés et sont partis chacun de leur côté. Ils ont bu une bouteille chacun. Ces bracelets coûtent dix francs chacun,* dix francs l'unité. **2.** Toute personne. *C'est chacun pour soi. Je ne peux pas t'aider, chacun son métier.* **3.** STYLE RECHERCHÉ *TOUT UN CHACUN* : chaque personne. *Il aimerait réussir, comme tout un chacun,* comme tout le monde.

CHAGRIN [ʃagʀɛ̃] n. m. **1.** *LE CHAGRIN* : peine, tristesse. *Quand mon grand-père est mort, j'ai eu du chagrin. Elle a encore du chagrin.* **2.** *UN CHAGRIN* : peine causée par un événement particulier. *Il a eu un chagrin d'amour. Vous oublierez* [ubliʀe] *tous vos chagrins.*

CHAGRINER [ʃagʀine] verbe [conjugaison 1a] ▪ (qqch.) Faire de la peine, du chagrin à (qqn). *Son attitude me chagrine.* → **attrister, peiner.** *C'est ça qui me chagrine.* → **tracasser.**

CHAHUT [ʃay] n. m. ▪ *LE CHAHUT* : agitation bruyante. *Les élèves ont fait du chahut dans la classe en attendant le professeur.* → **tapage, vacarme.** *Quel chahut, là-dedans !*

CHAHUTÉ [ʃayte], **CHAHUTÉE** [ʃayte] adj. (après le nom) ▪ (professeur) Qui subit un chahut pendant son cours. *La prof de dessin est très chahutée.*

CHAHUTER [ʃayte] verbe [conjugaison 1a] ▪ Faire du chahut dans une classe. *Certains élèves chahutent au fond de la classe.* – *Au début de l'année, les élèves chahutent un peu les professeurs.*

CHAHUTEUR [ʃaytœʀ], **CHAHUTEUSE** [ʃaytøz] adj. (après le nom) ▪ (qqn) Qui aime chahuter. *Les élèves chahuteurs seront punis.*

CHAÎNE [ʃɛn] n. f. ▪ *UNE CHAÎNE* **1.** Suite d'anneaux de métal entrelacés. *L'ancre est attachée au bateau par une grosse chaîne. Elle porte au poignet une petite chaîne d'or.* → **gourmette.** *Une chaîne de sûreté empêche la porte de s'ouvrir complètement. La chaîne d'un vélo transmet le mouvement du pédalier à la roue arrière.* **2.** (au pluriel) LES CHAÎNES : chaînes adaptées aux pneus pour éviter à une voiture de glisser sur la neige. *Il a beaucoup neigé en montagne, mettez les chaînes.* **3.** Fils de tissu disposés dans le sens de la longueur (opposé à trame). *Un fil de chaîne a été tiré.* **4.** *UNE CHAÎNE DE MONTAGNES* : une suite de montagnes. *La chaîne des Pyrénées sépare la France de l'Espagne.* **5.** *CHAÎNE (HAUTE-FIDÉLITÉ)* ou *CHAÎNE HI-FI* [ʃɛnifi] : ensemble d'appareils séparés (platine, lecteur laser, amplificateur, tuner, haut-parleurs, radio, magnétophone) reproduisant des sons. *J'ai eu une nouvelle chaîne plus puissante, pour mon anniversaire.* **6.** Émetteur de télévision. *Il y a des chaînes publiques et des chaînes privées. Un bon film passe ce soir sur la troisième chaîne.* **7.** Dans l'industrie, Installation intégrant plusieurs postes de travail à la suite pour fabriquer des objets en série. *Il est ouvrier sur une chaîne de montage d'automobiles.* – *Le TRAVAIL À LA CHAÎNE* : le travail sur une chaîne de fabrication. *Le travail à la chaîne est pénible pour les ouvriers car ils font toujours les mêmes gestes.* **8.** Association d'entreprises de commerce. *Ce grand magasin appartient à une chaîne de grandes surfaces. Il dirige une chaîne d'hôtels et de restaurants,* des hôtels et des restaurants appartenant au même groupe et offrant les mêmes services. → **circuit, réseau.** **9.** *La CHAÎNE ALIMENTAIRE* : les rapports qui existent entre les différentes espèces végétales, animales et humaine, du point de vue de la nourriture. *Des animaux mangent des animaux herbivores et sont eux-mêmes mangés par d'autres animaux : c'est la chaîne alimentaire.* **10.** *La CHAÎNE DU FROID* : les moyens de conserver en bon état les aliments périssables, entre leur production et leur consommation. *Un camion frigorifique est tombé en panne sur la route, rompant la chaîne du froid.* **11.** *Une RÉACTION EN CHAÎNE* : suite de réactions déclenchées les unes par les autres. *Après la déclaration du ministre, il y a eu une réaction en chaîne des syndicats, puis de l'opposition.* **12.** Suite de personnes qui se passent qqch. de main en main. *Pendant l'incendie, tous les habitants du village ONT FAIT LA CHAÎNE pour se passer des seaux d'eau.*

REM. *Chêne* « arbre » se prononce de la même façon.

CHAÎNETTE [ʃɛnɛt] n. f. ▪ *UNE CHAÎNETTE* : petite chaîne. *La jeune fille porte une chaînette d'or autour du cou.*

CHAÎNON [ʃɛnɔ̃] n. m. ▪ *UN CHAÎNON* : anneau d'une chaîne. *Certains chaînons de l'ancre sont rouillés.* → **maillon.**

CHAIR [ʃɛʀ] n. f. ▪ *LA CHAIR* **1.** Partie molle du corps de l'homme et des animaux. *La chair du bœuf est rouge.* → **viande.** – *C'est bien lui, EN CHAIR ET EN OS,* en personne. – *Il est BIEN EN CHAIR,* il est un peu gros. **2.** Aspect du corps. *Elle a la chair ferme.* – *AVOIR LA CHAIR DE POULE* : avoir la peau hérissée à cause de la peur ou du froid. *Ce film était effrayant, j'en ai encore la chair de poule !* **3.** *COULEUR CHAIR* : de la couleur rose de la peau des gens de race blanche. *Elle a acheté des bas couleur chair.* **4.** Le corps (opposé à l'esprit). *Nous sommes des êtres de chair et de sang. Les chrétiens croient que le Christ s'est fait chair* (→ **incarner**). **5.** STYLE RECHERCHÉ Les besoins du corps, des sens. *Il est attiré par les plaisirs de la chair,* de la sexualité. **6.** Viande des mammifères et des oiseaux. *Les anthropophages se nourrissent de chair humaine.* **7.** *CHAIR À SAUCISSE* : viande crue hachée, à base de porc. *Le cuisinier farcit des tomates avec de la chair à saucisse.* **8.** Partie de certains animaux et des végétaux que l'on peut manger. *La chair de la sole est délicate. Les poires ont une chair parfumée.*

> FAUX AMI
> anglais **chair** « chaise »

REM. Les mots *chair, chaire, cher* et *chère* se prononcent de la même façon.

CHAIRE [ʃɛʀ] n. f. ▪ *UNE CHAIRE* **1.** Dans une église, haute tribune du haut de laquelle le prêtre fait son sermon aux fidèles. *Le prêtre est monté en chaire.* **2.** Poste le plus élevé pour un professeur d'université. *Ce professeur occupe la chaire de littérature anglaise à la Sorbonne.*

CHAISE [ʃɛz] n. f. ▪ *UNE CHAISE* **1.** Siège à pieds, à dossier, sans bras, pour une seule personne. *Ils ont acheté des chaises de cuisine et des chaises de jardin. Prends la chaise pliante. Je me suis assise sur une chaise et elle dans un fauteuil.* – *ÊTRE ASSIS ENTRE DEUX CHAISES* : être dans une situation incertaine, instable. *Il ne sait pas si son poste sera maintenu ou s'il sera envoyé à l'étranger, il est assis entre deux chaises.* STYLE FAMILIER *Il est LE CUL ENTRE DEUX CHAISES.* – *Une CHAISE LONGUE* : siège de toile pliant que l'on peut régler de manière à pouvoir s'allonger plus ou moins complètement. *C'est agréable de se mettre dans le jardin, au soleil, sur une chaise longue !* → **transat.** **2.** *La CHAISE ÉLECTRIQUE* : siège qui sert à électrocuter les condamnés à mort, dans certains États des États-Unis. *Demain à l'aube, le condamné passera sur la chaise électrique.*

> FAUX AMIS
> allemand **Chaise** « diligence » ; allemand **Chaiselongue** « divan »

CHALAND [ʃalɑ̃] n. m. ▪ *UN CHALAND* : bateau à fond plat qui sert à transporter des marchandises sur les fleuves et les canaux. *Le chaland passe lentement sur le fleuve.* → **péniche.**

CHÂLE [ʃɑl] n. m. ▪ *UN CHÂLE* : grand morceau de tissu que les femmes portent sur les épaules. *La jeune femme porte un grand châle de cachemire bordé de franges.*

CHALET [ʃalɛ] n. m. ▪ *UN CHALET* : maison de bois dans les montagnes d'Europe. *Nous avons passé nos vacances d'hiver dans un chalet des Alpes suisses.*

> FAUX AMI
> polonais **szalet** « toilettes, W.-C. »

CHALEUR [ʃalœʀ] n. f. ▪ *LA CHALEUR* **1.** Température élevée. *Ils se sont réchauffés à la chaleur du feu de bois. Il fait une chaleur étouffante ici,* il fait très chaud. ⟨contraires : fraîcheur, froid⟩ *Il fait une chaleur humide. Quelle chaleur !* comme il fait chaud. *Cet été, il y a eu une vague de chaleur,* une période de temps très chaud. **2.** (au pluriel) LES CHALEURS : période pendant laquelle il fait chaud. *Aux premières chaleurs, les fleurs s'ouvrent. C'est arrivé pendant les grandes chaleurs.* **3.** Phénomène physique qui se traduit par l'augmentation de la température, des effets électriques, la dilatation et des changements d'état. *Le degré est une unité de chaleur* (→ **thermique**). **4.** État des femelles des mammifères, quand elles acceptent l'approche du mâle. *Notre chienne est en chaleur.* → **rut.** **5.** Animation, enthousiasme. *Elle accueille ses amis avec chaleur.* ⟨contraires : froideur, indifférence, tiédeur⟩

CHALEUREUSEMENT [ʃaløʀøzmɑ̃] adverbe ▪ Avec chaleur, enthousiasme. *Avant de partir, nous avons chaleureusement remercié nos hôtes de leur charmant accueil.* → **chaudement.**

CHALEUREUX [ʃaløʀø], **CHALEUREUSE** [ʃaløʀøz] adj. (après le nom) ▪ Plein de chaleur, d'enthousiasme. *Ce sont des amis chaleureux. Nos amis nous ont réservé un accueil chaleureux.*

CHALOUPE [ʃalup] n. f. ▪ *UNE CHALOUPE* : bateau ouvert sur le dessus, sans pont. *Le capitaine a donné l'ordre de mettre les chaloupes de sauvetage à la mer.* → **canot.**

CHALUMEAU [ʃalymo] n. m. ▪ *UN CHALUMEAU* : outil qui produit un jet de gaz enflammé. *L'ouvrier met des lunettes spéciales pour faire une soudure au chalumeau.* PLURIEL : *des CHALUMEAUX.*

CHALUT [ʃaly] n. m. ▪ *UN CHALUT* : grand filet en forme d'entonnoir, attaché à l'arrière d'un bateau de pêche, qui racle le fond de la mer ou permet de pêcher entre deux eaux. *Ce bateau pêche la morue au chalut.*

CHALUTIER [ʃalytje] n. m. ▪ *UN CHALUTIER* : bateau de pêche équipé d'un chalut. *Les chalutiers sont partis pendant trois semaines à la pêche au thon.*

SE **CHAMAILLER** [ʃamaje] verbe pronominal [conjugaison 1a] ▪ STYLE FAMILIER Se disputer. *Les deux sœurs se sont chamaillées toute la soirée. Ne vous chamaillez pas ! Je ne vous ai pas fait venir pour que vous vous chamailliez.*

CHAMARRÉ [ʃamaʀe], **CHAMARRÉE** [ʃamaʀe] adj. (après le nom) ▪ (étoffe, vêtement) Décoré d'ornements de soie ou de métal aux couleurs vives. *Elle a une robe chamarrée.*

CHAMBARDEMENT [ʃɑ̃baʀdəmɑ̃] n. m. ▪ STYLE FAMILIER *UN CHAMBARDEMENT* : bouleversement, changement brutal. *Après le coup d'État, ce pays a connu un grand chambardement.*

CHAMBELLAN [ʃɑ̃bɛllɑ̃] n. m. ▪ *UN CHAMBELLAN* : noble qui s'occupait de la chambre du souverain et de sa garde-robe. *Le chambellan dirigeait de très nombreux valets de chambre.*

REM. On peut aussi prononcer [ʃɑ̃belɑ̃].

CHAMBRANLE [ʃɑ̃bʀɑ̃l] n. m. ▪ *UN CHAMBRANLE* : cadre fixé au mur autour d'une porte ou d'une fenêtre. *Il s'est appuyé au chambranle de la porte.*

CHAMBRE [ʃɑ̃bʀ] n. f. ▪ *UNE CHAMBRE* **1.** Pièce où l'on dort. *Il y a cinq chambres dans cette maison en comptant la chambre d'amis. Ils ont un appartement de trois chambres, salon, cuisine, salle de bains. J'ai réservé une chambre d'hôtel.* – *Le malade a dû GARDER LA CHAMBRE,* il a dû rester dans sa chambre, ne pas sortir à cause de sa maladie. **2.** Pièce aménagée spécialement pour un usage particulier. *Le boucher garde des bœufs et des moutons entiers dans la CHAMBRE FROIDE. Les clients d'une banque déposent leurs objets de valeur dans les coffres de la CHAMBRE FORTE.* – *Pendant la Deuxième Guerre mondiale, les nazis ont exterminé six millions de Juifs dans les*

CHAMBRES À GAZ des camps de concentration. **3.** *La CHAMBRE DES DÉPUTÉS :* en France, l'ensemble des députés. → **assemblée.** *C'est la Chambre des députés qui discute et vote les projets de loi.* **4.** *La CHAMBRE DE COMMERCE d'une ville :* les représentants des commerçants et des industriels d'une ville. *La Chambre de commerce et d'industrie de cette ville est très active.* **5.** *La CHAMBRE À AIR :* le tube de caoutchouc gonflé d'air qui est à l'intérieur d'un pneu. *Le cycliste répare la chambre à air de son pneu avec de la colle et une rustine.*

REM. Maintenant, la *Chambre des députés* est appelée *l'Assemblée nationale.*

CHAMEAU [ʃamo] n. m. ▪ *UN CHAMEAU* **1.** Grand animal d'Asie qui a deux bosses sur le dos et un pelage laineux. *Les nomades du désert voyagent à dos de chameau. Il a une couverture en poil de chameau.* PLURIEL : *une caravane de CHAMEAUX.* **2.** Personne méchante ou désagréable. *Cette vieille dame est un chameau. Quel vieux chameau !*

REM. Le *chameau* a deux bosses et le *dromadaire* n'en a qu'une.

CHAMELIER [ʃaməlje] n. m. ▪ *UN CHAMELIER :* homme qui conduit les chameaux et qui en prend soin. *Le chamelier fait boire les chameaux dans l'oasis.*

CHAMELLE [ʃamɛl] n. f. ▪ *UNE CHAMELLE :* femelle du chameau. *Les nomades boivent du lait de chamelle.*

CHAMOIS [ʃamwa] n. m. ▪ *UN CHAMOIS* **1.** Animal aux cornes lisses et recourbées, très agile, qui vit dans les montagnes. *Le chamois est un animal protégé qu'il est interdit de chasser. On nettoie l'argenterie et les carrosseries de voiture avec une PEAU DE CHAMOIS.* **2.** Épreuve de ski de l'École de ski français, slalom spécial en temps imposé. *Elle a passé son chamois.*

FAUX AMI — allemand **Chamois** « couleur beige foncé »

CHAMONIARD [ʃamɔnjaʀ] n. m. et adj., **CHAMONIARDE** [ʃamɔnjaʀd] n. f. et adj. **1.** *UN CHAMONIARD, UNE CHAMONIARDE :* un habitant, une habitante de Chamonix, station des Alpes françaises. *Les Chamoniards.* **2.** adjectif (après le nom) De Chamonix. *Les guides de montagne chamoniards sont réputés.*

CHAMP [ʃɑ̃] n. m. ▪ *UN CHAMP* **1.** Étendue de terre cultivée. *Le village est entouré de champs de blé et de champs de maïs. L'agriculteur laboure son champ avec son tracteur.* **2.** (au pluriel) *LES CHAMPS :* les terres cultivées ou qui peuvent être cultivées. *Les paysans font les travaux des champs* (→ **agricole**). *Le bleuet et le coquelicot sont des FLEURS DES CHAMPS.* – *À TRAVERS CHAMPS :* hors des chemins. *Nous allons couper À TRAVERS CHAMPS pour rentrer.* **3.** Terrain. *Le CHAMP DE BATAILLE était jonché de morts,* le lieu du combat. *Ces soldats sont tombés au CHAMP D'HONNEUR,* ils ont été tués à la guerre. – *Les chevaux s'élancent sur le CHAMP DE COURSES,* sur l'hippodrome. **4.** *Un CHAMP MAGNÉTIQUE :* le lieu où l'on peut constater un phénomène magnétique. *Un champ magnétique entoure l'aimant.* **5.** Domaine. *Cette entreprise voudrait élargir le champ de ses activités.* – (figuré) *LAISSER LE CHAMP LIBRE À qqn,* le laisser faire ce qu'il veut. *Organisez-vous comme vous voudrez, je vous laisse le champ libre.* **6.** *À TOUT BOUT DE CHAMP* [atubudʃɑ̃] : à tout moment, sans arrêt. *Je ne peux pas terminer une phrase, vous m'interrompez à tout bout de champ !*

CHAMPAGNE [ʃɑ̃paɲ] n. m. ▪ *LE CHAMPAGNE :* vin blanc ou rosé rendu mousseux, fabriqué en Champagne, région de l'est de la France. *Nous avons débouché une bouteille de champagne pour fêter l'événement. Voulez-vous une coupe de champagne ?*

CHAMPÊTRE [ʃɑ̃pɛtʀ] adj. (après le nom) ▪ STYLE RECHERCHÉ Qui appartient à la campagne, aux champs. *J'aime la vie champêtre.* → **rustique.** *Nous avons fait un déjeuner champêtre, dans la prairie.*

CHAMPIGNON [ʃɑ̃piɲɔ̃] n. m. ▪ *UN CHAMPIGNON :* plante sans feuilles, formée d'un pied surmonté d'un chapeau. *Dimanche, nous irons dans la forêt ramasser des champignons. Il y a des champignons comestibles et des champignons vénéneux. J'ai préparé une omelette aux champignons.* – *CHAMPIGNONS DE PARIS,* champignons blancs vendus dans le commerce.

FAUX AMI — l'allemand **Champignon** ne s'emploie pas pour d'autres espèces que le champignon de Paris.

CHAMPION [ʃɑ̃pjɔ̃] n. m. et adj., **CHAMPIONNE** [ʃɑ̃pjɔn] n. f. et adj.
I. *UN CHAMPION, UNE CHAMPIONNE* **1.** Sportif, sportive qui remporte une épreuve. *Il est champion du monde de course à pied. C'est une championne de natation.* **2.** Personne remarquable dans un domaine. *En informatique, c'est une vraie championne.* → **as.**
II. adjectif (après le nom) Remarquable. *Il est champion pour ce genre de réparation.* – STYLE FAMILIER (qqch.) Extraordinaire, remarquable. *Bravo, c'est champion ce que tu as fait là !*

CHAMPIONNAT [ʃɑ̃pjɔna] n. m. ▪ *UN CHAMPIONNAT :* épreuve sportive officielle dont le vainqueur est déclaré champion. *Quel pays a gagné le championnat du monde de football l'an dernier ? Elle participe au championnat d'Europe de gymnastique féminine.*

CHAMPS-ÉLYSÉES [ʃɑ̃zelize] nom propre masculin pluriel ▪ *LES CHAMPS-ÉLYSÉES :* célèbre avenue de Paris qui relie la place de la Concorde à la place Charles-de-Gaulle (place de l'Étoile). *J'ai vu ce film dans un cinéma des Champs-Élysées. Promenons-nous sur les Champs-Élysées. Nous nous sommes donné rendez-vous aux Champs-Élysées.*

CHANCE [ʃɑ̃s] n. f.
I. 1. *LA CHANCE :* le hasard, le sort qui fait que l'on est favorisé ou non. *Ses amis lui ont souhaité bonne chance pour son voyage. Bonne chance ! La chance a tourné :* la bonne chance est devenue mauvaise (ou inversement). **2.** *AVOIR DE LA CHANCE :* être favorisé par le sort, avoir des choses heureuses qui arrivent dans sa vie. *Tu as de la chance de partir en vacances !* → STYLE FAMILIER **veine.** *Quelle chance tu as !* ⟨contraire : malchance⟩ *C'est un coup de chance.* → STYLE FAMILIER **pot.** *Pas de chance !*
II. 1. *UNE CHANCE :* possibilité qu'une chose se produise. *Il y a de fortes chances (pour) qu'il rentre demain,* il est probable qu'il rentrera demain. *Il y a une chance sur deux pour que ça marche.* **2.** Occasion. *Il ne faut pas laisser passer cette chance. C'est ta dernière chance.* → **espoir.**

FAUX AMIS — allemand **Chance** et espagnol **chance** ne s'emploient pas pour le sens 1. ; anglais **chance** « hasard »

CHANCELANT [ʃɑ̃slɑ̃], **CHANCELANTE** [ʃɑ̃slɑ̃t] adj. (après le nom) **1.** (pas) Qui manque d'équilibre. *Le vieux monsieur marche d'un pas chancelant. Il a une démarche chancelante.* **2.** Fragile. *Elle va mieux, mais sa santé est encore chancelante.* ⟨contraire : solide⟩

CHANCELER [ʃɑ̃sle] verbe [conjugaison 4a] ▪ Pencher d'un côté et de l'autre, comme si on allait tomber. *Après cette journée épuisante, il est si fatigué qu'il chancelle. Il chancelait de fatigue.*

FAUX AMIS — espagnol et portugais **cancelar** « annuler »

REM. Au futur : *il chancellera.*

CHANCELIER [ʃɑ̃səlje] n. m. **1.** Premier ministre, en Allemagne et en Autriche. *Le président de la République française a reçu le chancelier allemand au palais de l'Élysée.* **2.** *Le* CHANCELIER DE L'ÉCHIQUIER : en Grande-Bretagne, le ministre des Finances. *Le chancelier de l'Échiquier a pris des mesures rigoureuses contre la crise économique.*

CHANCEUX [ʃɑ̃sø], **CHANCEUSE** [ʃɑ̃søz] adj. (après le nom) ■ (qqn) Qui a de la chance. *Une cliente chanceuse a gagné à la tombola.* → STYLE FAMILIER **veinard.** (contraire : malchanceux) – *J'ai eu la main chanceuse : j'ai tiré le bon numéro.*

CHANDAIL [ʃɑ̃daj] n. m. ■ *UN CHANDAIL :* gros tricot de laine qui s'enfile par la tête. *Il a un chandail à col roulé.* → **pull-over.** *J'ai plusieurs chandails.*

CHANDELIER [ʃɑ̃dəlje] n. m. ■ *UN CHANDELIER :* support sur lequel on met les chandelles, les cierges et les bougies. *Il y a une paire de chandeliers d'argent sur la cheminée.*

REM. Un chandelier est plus grand qu'un bougeoir.

CHANDELLE [ʃɑ̃dɛl] n. f. ■ *UNE CHANDELLE* **1.** Bâton de graisse animale, contenant une mèche, que l'on fait brûler. *Autrefois, on s'éclairait à la chandelle. Ils ont dîné AUX CHANDELLES,* en s'éclairant avec des bougies. **2.** *DEVOIR UNE FIÈRE CHANDELLE À qqn,* lui devoir beaucoup de reconnaissance. *Tu m'as empêché de faire une grosse bêtise, je te dois une fière chandelle.* – *DES ÉCONOMIES DE BOUTS DE CHANDELLES :* de toutes petites économies de rien du tout. *Il croit gagner de l'argent en faisant des économies de bouts de chandelles.* – *EN VOIR TRENTE-SIX CHANDELLES :* être étourdi après un coup, un choc. *Il a reçu la porte dans la figure et il a vu trente-six chandelles.* – *LE JEU N'EN VAUT PAS LA CHANDELLE. Il y a trop de travaux à faire dans cette maison, LE JEU N'EN VAUT PAS LA CHANDELLE,* la chose n'en vaut pas la peine. **3.** (avion) *MONTER EN CHANDELLE :* monter tout droit, verticalement. *L'avion est monté en chandelle.*

CHANGE [ʃɑ̃ʒ] n. m. **1.** *LE CHANGE :* action de changer une monnaie contre une autre. *Les touristes ont changé leurs francs contre des dollars au BUREAU DE CHANGE,* au bureau où l'on change de l'argent. **2.** *PERDRE AU CHANGE :* faire un échange désavantageux. *Ils ont échangé leur vieille voiture contre une plus récente qui est tout le temps en panne : ils ont perdu au change.* **3.** *UN CHANGE :* couche jetable pour changer un bébé. *Il faut que j'achète un paquet de changes.*

CHANGEANT [ʃɑ̃ʒɑ̃], **CHANGEANTE** [ʃɑ̃ʒɑ̃t] adj. (après le nom) **1.** Qui change souvent. *Le temps est très changeant, ces jours-ci.* → **instable, variable.** *Elle est d'humeur changeante, on ne sait jamais comment elle va réagir.* **2.** (qqch.) Qui change d'aspect. *Sa robe est faite dans un tissu aux reflets changeants.* → **chatoyant.**

CHANGEMENT [ʃɑ̃ʒmɑ̃] n. m. ■ *LE CHANGEMENT* **1.** Le fait de changer. *La météo a annoncé un changement de temps pour demain.* → **évolution, variation.** *Changement de programme : nous ne partons plus en vacances en août, mais en septembre. J'ai remarqué chez elle un changement d'attitude.* **2.** Le fait d'abandonner une chose pour une autre. *Nous avons signalé à la poste notre changement d'adresse. Le changement d'heure se fera en octobre,* le passage de l'heure d'été à l'heure d'hiver. *Un CHANGEMENT D'AIR te fera du bien :* le fait de changer d'endroit te fera du bien. **3.** *LE CHANGEMENT :* état de ce qui évolue, se modifie. *C'est un homme qui tient à ses habitudes et qui déteste le changement.* **4.** *UN CHANGEMENT :* chose qui change, qui évolue. *La naissance de jumeaux a été un grand changement dans leur vie.* → **bouleversement, mutation.** **5.** *Le CHANGEMENT DE VITESSE d'une voiture :* le mécanisme qui permet de passer les vitesses. *Le levier de changement de vitesse lui est resté dans la main.*

CHANGER [ʃɑ̃ʒe] verbe [conjugaison 3b]

I. 1. Céder (une chose) contre une autre. *Nous changeons nos francs contre des dollars. Je ne changerais pas ma place contre la sienne.* → **donner, quitter.** **2.** Remplacer (une chose, une personne) par une autre. *Elle a changé les rideaux de sa chambre. Le garagiste change la roue de la voiture. Il faut changer les draps,* mettre des draps propres. *Il change son bébé,* il lui met une couche propre. **3.** *CHANGER (une chose) DE PLACE,* la mettre ailleurs. *De temps en temps, je change les meubles de place.* → **déplacer.** **4.** Rendre différent. *Cette rencontre a changé sa vie.* → **bouleverser, transformer.** *Il change sa voix pour qu'on ne le reconnaisse pas.* → **contrefaire, déguiser.** *Elle est trop âgée, on ne la changera pas. Cette nouvelle coiffure la change beaucoup.* – *Dans les contes de fées, les vilains crapauds SONT CHANGÉS EN beaux princes.* → **transformer, métamorphoser.** – *Tes arguments ne CHANGERONT rien À mes projets,* ils ne les modifieront pas. **5.** *CHANGER DE. Je veux bien CHANGER DE PLACE avec toi :* je veux bien prendre ta place et que tu prennes la mienne. *Ça leur a fait du bien de CHANGER D'AIR,* de partir. *Ce pays a changé de gouvernement,* il a un nouveau gouvernement. *Tu as changé de coiffure ? La maison a changé de propriétaire. Je ne pense pas qu'elle change d'avis.* **6.** Devenir différent, se modifier. *On dirait que le temps va changer. Les choses changent, heureusement !* → **évoluer.** *Tu n'as pas changé, tu es toujours le même !*

II. verbe pronominal SE CHANGER **1.** Se transformer en, devenir. *La citrouille s'est changée en carrosse.* **2.** Mettre d'autres vêtements. *Elle se change pour le dîner.*

CHANSON [ʃɑ̃sɔ̃] n. f. ■ *UNE CHANSON* **1.** Texte écrit sur une musique, généralement divisé en couplets et refrain, fait pour être chanté. → **chant.** *Quel est le titre de cette chanson ? Je me souviens de l'air mais pas des paroles de cette chanson. Il chante une chanson d'amour. Il est l'auteur de chansons à succès.* → **tube.** **2.** Le genre musical formé par les chansons. *De grandes vedettes de la chanson participent à l'émission.* **3.** Bruit harmonieux. *Écoute la chanson des vagues sur la plage.* → **chant, murmure.**

CHANSONNIER [ʃɑ̃sɔnje] n. m. ■ *UN CHANSONNIER :* une personne qui compose des sketchs et chante des chansons satiriques. *Nous avons assisté à un spectacle de chansonniers, dans un cabaret de Montmartre, à Paris.*

REM. Les chansons ou les sketchs des chansonniers s'inspirent généralement de l'actualité politique.

CHANT [ʃɑ̃] n. m. ■ *UN CHANT* **1.** Air, mélodie que l'on chante, généralement sur des paroles. *La Marseillaise est un chant patriotique.* → **hymne.** *Il connaît beaucoup de chants populaires et folkloriques. Nous avons appris des chants de Noël.* **2.** *LE CHANT :* l'art de chanter. *Il pratique le chant au conservatoire. Elle suit des cours de chant avec un PROFESSEUR DE CHANT.* **3.** Bruit agréable. *Dans le jardin, on entend le chant des oiseaux.*

CHANTAGE [ʃɑ̃taʒ] n. m. ■ *LE CHANTAGE :* le fait d'exiger de qqn de l'argent ou un autre avantage en le menaçant de révéler une chose que l'on sait sur lui. *Le chantage est puni par la loi. Le malfaiteur a essayé de FAIRE DU CHANTAGE à sa victime. C'est du chantage ! Je refuse de céder au chantage.*

CHANTER [ʃɑ̃te] verbe [conjugaison 1a] **1.** Former avec la voix des sons musicaux. *Tu chantes bien. Il y a des gens qui chantent juste et d'autres qui chantent faux. Dans le car, les enfants chantent À TUE-TÊTE. CHANTONS EN CHŒUR.* – *Ils ont chanté une très belle chanson de Noël.* **2.** (oiseaux) Produire des sons, des bruits. *Il fait beau, les oiseaux chantent.* → **gazouiller, siffler.** **3.** *FAIRE CHANTER qqn*, essayer d'obtenir quelque chose de lui en le menaçant. *Cet individu a voulu faire chanter sa victime, mais sans succès* (→ **chantage, maître chanteur).**

> FAUX AMI
> néerlandais **chanteren**
> «faire chanter»

CHANTEUR [ʃɑ̃tœʀ] n. m., **CHANTEUSE** [ʃɑ̃tøz] n. f. ▪ *UN CHANTEUR, UNE CHANTEUSE* : une personne dont le métier est de chanter. *Il est chanteur de charme. Nous allons écouter une chanteuse d'opéra.* → **cantatrice.** *Il est chanteur dans un groupe de rock.*

CHANTIER [ʃɑ̃tje] n. m. ▪ *UN CHANTIER* **1.** Lieu où des ouvriers travaillent ensemble pour construire un immeuble, une maison, un pont ou une route. *Le port du casque est obligatoire sur les chantiers. Le CHEF DE CHANTIER explique le travail aux ouvriers. On construit des bateaux dans les CHANTIERS NAVALS.* **2.** *METTRE EN CHANTIER*, commencer un travail. *Cet écrivain a mis en chantier un nouveau roman.* **3.** STYLE FAMILIER Lieu en désordre. *Quel chantier dans cette pièce, on ne peut même plus entrer !* → **bazar ;** STYLE TRÈS FAMILIER **bordel.**

CHANTILLY [ʃɑ̃tiji] n. f. ▪ *CRÈME CHANTILLY* : crème fouettée et sucrée. *Elle mange une glace surmontée de crème chantilly.* – *Nous avons mangé des fraises à la chantilly. J'ai acheté de la chantilly en bombe.*

CHANTONNER [ʃɑ̃tɔne] verbe [conjugaison 1a] ▪ Chanter à mi-voix, très doucement. *Quand il se réveille de bonne humeur, il chantonne sous la douche.* → **fredonner.**

CHANVRE [ʃɑ̃vʀ] n. m. ▪ *LE CHANVRE* : plante à feuilles en forme de palmes dont la tige est utilisée pour fabriquer des textiles. *Le chanvre sert à faire de la ficelle et de la corde.*

CHAOS [kao] n. m. ▪ *LE CHAOS* : grand désordre. *La guerre a plongé le pays dans le chaos.*

REM. *Cahot* «secousse» se prononce de la même façon.

CHAOTIQUE [kaɔtik] adj. (après le nom) ▪ Qui a l'aspect d'un chaos, qui est en grand désordre. *Il y a un amas chaotique de vieilles carcasses de voitures sur le bord de la route.* → **désordonné.** ⟨contraire : ordonné⟩

CHAPARDER [ʃapaʀde] verbe [conjugaison 1a] ▪ STYLE FAMILIER Voler (de petites choses). *Son fils a chapardé un crayon dans une papeterie.* – *Il chaparde dans les magasins.*

CHAPEAU [ʃapo] n. m. ▪ *UN CHAPEAU* **1.** Coiffure d'homme ou de femme, assez rigide. *Mon père met un chapeau quand il fait froid. J'ai mis un CHAPEAU DE SOLEIL. Elle a un grand chapeau de paille.* PLURIEL : *des CHAPEAUX.* – (figuré) *DONNER UN COUP DE CHAPEAU, TIRER SON CHAPEAU À qqn*, lui exprimer son admiration. *C'est vraiment bien ce que vous avez fait, je vous tire mon chapeau.* STYLE FAMILIER *Chapeau ! bravo ! Je n'aurais jamais eu ton courage, chapeau !* **2.** Partie supérieure du champignon. *Les cèpes ont un chapeau aplati et lisse, les morilles un chapeau brun avec des alvéoles.* **3.** STYLE FAMILIER *SUR LES CHAPEAUX DE ROUES*, très vite. *L'automobiliste a pris le virage sur les chapeaux de roues.*

CHAPELET [ʃaplɛ] n. m. ▪ *UN CHAPELET* **1.** Objet formé de petites boules enfilées comme un collier, que l'on fait glisser entre ses doigts en récitant des prières. *Il a un chapelet de bois.* – *Cette religieuse DIT SON CHAPELET tous les jours*, elle récite ses prières avec son chapelet. **2.** Suite de choses semblables. *Un chapelet d'îles est visible depuis la côte.*

> FAUX AMI
> portugais **chapeleta**
> «clapet»

CHAPELIER [ʃapəlje] n. m., **CHAPELIÈRE** [ʃapəljɛʀ] n. f. ▪ *UN CHAPELIER, UNE CHAPELIÈRE* : une personne qui fait ou vend des chapeaux. *Il s'est acheté un feutre et une casquette chez le chapelier.*

CHAPELLE [ʃapɛl] n. f. ▪ *UNE CHAPELLE* **1.** Petite église. *Au sommet de la montagne, il y a une chapelle abandonnée.* **2.** Partie d'une église à l'écart de la partie centrale, où se trouve un autel. *Dans la cathédrale, la chapelle dédiée à la Sainte Vierge est toujours bien fleurie.*

CHAPELURE [ʃaplyʀ] n. f. ▪ *LA CHAPELURE* : miettes de pain sec râpé ou biscotte écrasée. *Les escalopes panées sont passées dans de l'œuf battu, puis recouvertes de chapelure.*

CHAPITEAU [ʃapito] n. m. ▪ *UN CHAPITEAU* **1.** Partie qui s'élargit en haut d'une colonne. *La colonne a un chapiteau orné de feuilles.* PLURIEL : *les CHAPITEAUX grecs sont très élégants.* **2.** Tente d'un cirque. *Le cirque a installé son chapiteau sur la place du village.*

CHAPITRE [ʃapitʀ] n. m. ▪ *UN CHAPITRE* **1.** Chacune des parties d'un livre qui se suivent, portent un numéro et parfois un titre. *Ce roman a trente-deux chapitres. Dans ce roman policier, on ne découvre le coupable qu'au dernier chapitre.* **2.** Sujet, question. *Dans cette école, le directeur est très sévère SUR LE CHAPITRE de la discipline.*

Charlie **CHAPLIN** [ʃaplin] ▪ Acteur et cinéaste américain d'origine britannique (1889-1977), appelé aussi Charlot. *J'aime beaucoup les films de Charlie Chaplin.*

REM. En français, on prononce parfois [ʃaplɛ̃].

CHAPON [ʃapɔ̃] n. m. ▪ *UN CHAPON* : jeune coq castré que l'on engraisse pour le manger. *Nous avons mangé un chapon rôti.*

CHAQUE [ʃak] adj. indéfini singulier **1.** S'emploie quand on veut parler en particulier d'une personne ou d'une chose qui fait partie d'un tout. *Chaque enfant a droit aux mêmes chances que les autres. Chaque chose doit être à sa place. Chaque jour, le soleil se lève. Il me dit bonjour CHAQUE FOIS QU'il me voit.* → **quand.** **2.** STYLE FAMILIER Chacun. *Ces écharpes coûtent cent francs chaque.* → **pièce.**

REM. **1.** *Chaque* ne s'emploie jamais dans une phrase négative ou interrogative. **2.** Le sens 2. est critiqué. Il vaut mieux dire : *ces écharpes coûtent cent francs chacune.*

CHAR [ʃaʀ] n. m. ▪ *UN CHAR* **1.** Engin militaire blindé armé d'un canon et monté sur chenilles. *Le 14 juillet, à Paris, les chars défilent sur les Champs-Élysées.* → **tank.** **2.** Grande voiture décorée transportant des personnages déguisés ou masqués. *Nous admirons les chars fleuris du carnaval.* **3.** Dans l'Antiquité, voiture à deux roues tirée par un ou plusieurs chevaux. *Les Romains faisaient des courses de chars.*

CHARABIA [ʃaʀabja] n. m. ▪ STYLE FAMILIER *LE CHARABIA* : langage incorrect et difficile à comprendre. *Je ne comprends rien à ce charabia !*

CHARADE [ʃaʀad] n. f. ▪ *UNE CHARADE* : énigme où l'on doit deviner un mot de plusieurs syllabes, dont chacune forme un autre mot, et dont on donne la définition. *Connais-tu cette charade ? : mon premier est la première lettre de l'alphabet* (A), *mon second abrite les oiseaux* (nid) *et mon tout est un prénom féminin* (Annie).

CHARBON [ʃaʀbɔ̃] n. m. ▪ *LE CHARBON :* matière noire que l'on tire du sol et que l'on brûle pour produire de l'énergie. → **houille.** *Il travaillait dans une mine de charbon du nord de la France. Ils se chauffent au charbon. Dans la cuisine, il y a un poêle à charbon. Elle fait griller des saucisses dans le barbecue avec du* CHARBON DE BOIS, du bois qui a brûlé très lentement et pas totalement. – (figuré) *ÊTRE SUR DES CHARBONS ARDENTS :* être très impatient, très inquiet. *Les lycéens sont sur des charbons ardents en attendant les résultats du bac.*

CHARBONNIER [ʃaʀbɔnje] n. m. ▪ *UN CHARBONNIER :* marchand de charbon. *Les charbonniers ont livré tous leurs sacs de charbon.*

REM. En France, il n'y a plus beaucoup de charbonniers, car on se chauffe de moins en moins au charbon.

CHARCUTER [ʃaʀkyte] verbe [conjugaison 1a] ▪ STYLE FAMILIER Opérer (qqn) de manière maladroite. *Je refuse de me faire charcuter par ce chirurgien.*

CHARCUTERIE [ʃaʀkytʀi] n. f. **1.** *LA CHARCUTERIE :* ensemble des produits fabriqués avec de la viande de porc. *Je ne mange pas de charcuterie.* **2.** *UNE CHARCUTERIE,* un de ces produits. *Dans cette ASSIETTE DE CHARCUTERIES, il y a du jambon, du pâté, de l'andouille et du saucisson.* **3.** *UNE CHARCUTERIE :* magasin du charcutier. *Elle a acheté un rôti de porc à la charcuterie.*

CHARCUTIER [ʃaʀkytje] n. m., **CHARCUTIÈRE** [ʃaʀkytjɛʀ] n. f. ▪ *UN CHARCUTIER, UNE CHARCUTIÈRE :* une personne qui prépare et vend des produits fabriqués avec de la viande de porc, et souvent des plats chauds (→ **traiteur**). *La charcutière coupe six tranches de jambon et pèse les saucisses.*

CHARDON [ʃaʀdɔ̃] n. m. ▪ *UN CHARDON :* plante à épines, dont la fleur devient piquante quand elle sèche. *Les ânes mangent des chardons.*

CHARDONNERET [ʃaʀdɔnʀɛ] n. m. ▪ *UN CHARDONNERET :* petit oiseau au plumage coloré et au chant agréable. *Les chardonnerets ne sont pas des oiseaux farouches.*

REM. Les chardonnerets aiment beaucoup les graines de chardon, d'où leur nom.

CHARENTAISE [ʃaʀɑ̃tɛz] n. f. ▪ *UNE CHARENTAISE :* pantoufle en tissu chaud et à carreaux. *Les charentaises ne sont pas très élégantes, mais elles sont très confortables.*

CHARGE [ʃaʀʒ] n. f.
I. *LA CHARGE* **1.** Poids à transporter. → **fardeau.** *Les ânes peuvent porter de lourdes charges sur leur dos.* **2.** Quantité de poudre ou de munitions qu'une arme à feu peut contenir. *La charge de dynamite a fait exploser le rocher.* **3.** Action d'accumuler l'électricité. *La batterie de la voiture est EN CHARGE.* **4.** Travail à faire, tâche. *En France, le Premier ministre a la charge de diriger le gouvernement.* → **responsabilité.** *C'est sa mère qui a PRIS EN CHARGE l'organisation de la fête,* qui s'en est occupée entièrement. **5.** Nécessité de payer. *Cette jeune femme a deux enfants À CHARGE,* elle doit subvenir à leurs besoins. – *L'entretien du musée est À LA CHARGE DE la ville :* la ville doit payer l'entretien du musée. – *Les soins seront entièrement PRIS EN CHARGE par la Sécurité sociale,* ils seront entièrement remboursés par la Sécurité sociale.
II. *UNE CHARGE* **1.** (au pluriel) *LES CHARGES (D'UN IMMEUBLE) :* les frais d'entretien. *Le loyer est de trois mille francs sans les charges et trois mille trois cents francs CHARGES COMPRISES.* – *Les CHARGES DE FAMILLE.* → **dépense.** **2.** Accusation, preuve qui pèse sur un accusé. *De très lourdes charges pèsent sur l'accusé.* – *Les faits cités par le TÉMOIN À CHARGE sont accablants pour l'accusé,* par le témoin qui accuse. **3.** Attaque brusque et violente. *Dans les westerns, il y a des charges de cavalerie. La charge de police a fait reculer les manifestants.* – (figuré) *REVENIR À LA CHARGE :* insister, refaire une demande. *Son patron lui a refusé une augmentation, mais il compte bien revenir à la charge.*

REM. Éviter l'anglicisme *être en charge de qqch.*, pour avoir comme fonction, être responsable de...

CHARGÉ [ʃaʀʒe] adj. et n. m., **CHARGÉE** [ʃaʀʒe] adj. et n. f.
I. adjectif (après le nom) **1.** Qui porte une charge. *Elle est arrivée, les bras chargés de cadeaux.* → **plein, rempli.** *Ce camion est trop chargé.* – *Laisse-moi t'aider, tu es CHARGÉ COMME UNE MULE !* – *Attention, le fusil est chargé,* il est rempli de munitions. **2.** Alourdi. *J'ai trop mangé, j'ai l'estomac chargé.* → **lourd.** – *Le malade a la langue chargée,* blanche. **3.** (qqch.) *CHARGÉ DE :* plein de. *Il peint un ciel chargé de nuages.* – *Le ciel est chargé.* **4.** (temps) Rempli. *Mon emploi du temps est trop chargé, je ne peux pas vous recevoir aujourd'hui. Demain, j'ai une journée très chargée,* remplie d'occupations. **5.** (qqn) Responsable. *Voici la personne chargée de l'affaire. Il est chargé de famille.*
II. 1. *UN CHARGÉ DE MISSION, UNE CHARGÉE DE MISSION :* une personne engagée pour remplir une fonction, généralement dans l'administration. *C'est une chargée de mission auprès du ministre.* **2.** *UN CHARGÉ DE COURS, UNE CHARGÉE DE COURS :* professeur qui assure certains cours à l'université. *Ils sont chargés de cours à la Sorbonne.*

CHARGEMENT [ʃaʀʒəmɑ̃] n. m. **1.** *LE CHARGEMENT :* action de charger. *Le chargement du camion a été long, il y avait beaucoup de caisses.* ⟨contraire : déchargement⟩ **2.** *UN CHARGEMENT :* marchandises chargées. *Attention, le chargement est mal fixé !* → **cargaison.** *Il a perdu la moitié de son chargement.*

CHARGER [ʃaʀʒe] verbe [conjugaison 3b]
I. 1. Mettre sur (un homme, un animal), dans (un véhicule) des choses à transporter. *Les déménageurs chargent les meubles dans le camion. Les dockers ont chargé le navire de grosses caisses.* ⟨contraire : décharger⟩ *Elle a chargé le cheval.* **2.** Mettre de la poudre, des balles (dans une arme à feu). *Le chasseur charge sa carabine avec des cartouches.* **3.** *CHARGER UNE CAMÉRA, UN APPAREIL PHOTO,* mettre de la pellicule à l'intérieur. *Le photographe charge son appareil photo.* **4.** *CHARGER QUELQU'UN DE qqch.,* lui confier une tâche, un travail. *Le directeur a chargé sa secrétaire de répondre au courrier. La baby-sitter est chargée de s'occuper des enfants.* **5.** Attaquer en se jetant sur. *Les policiers ont chargé les manifestants.*
II. verbe pronominal SE CHARGER DE : s'occuper de qqch., en prendre la responsabilité. *Reposez-vous, nous nous chargeons de tout. Elle s'est chargée de ça. Je m'en chargerai, si tu veux.*

FAUX AMI
anglais **to charge**
« faire payer »

CHARGEUR [ʃaʀʒœʀ] n. m. ▪ *UN CHARGEUR :* lieu où l'on met les balles ou les cartouches dans une arme à feu. *Le gangster a vidé le chargeur de son pistolet sur sa victime.*

CHARIOT [ʃaʀjo] n. m. ▪ *UN CHARIOT :* petite voiture à quatre roues que l'on utilise pour transporter des objets. *Le voyageur a mis son sac et sa valise sur un CHARIOT À BAGAGES. Il pousse son chariot rempli de courses, au supermarché.* → **caddie.**

CHARISME [kaʀism] n. m. ▪ STYLE RECHERCHÉ *LE CHARISME :* qualité d'une personne qui exerce un grand charme, un grand pouvoir sur les autres. *Cet homme politique a un grand charisme.*

CHARITABLE [ʃaʀitabl] adj. (après le nom) **1.** (qqn) Bon et généreux envers les autres. *Une personne charitable l'a aidé.* ⟨contraires : dur, égoïste⟩ *Tu n'es pas très charitable envers lui.* **2.** (qqch.) Qui montre de la charité. *Je vais te donner un conseil charitable. La Croix-Rouge est une* ORGANISATION CHARITABLE, qui vient en aide aux plus pauvres → **caritatif.**

CHARITÉ [ʃaʀite] n. f. ▪ *LA CHARITÉ* **1.** Amour et générosité envers les autres. *La charité est une vertu chrétienne.* **2.** *DEMANDER LA CHARITÉ* : demander de l'argent. *Dans la rue, un mendiant demande la charité.* → **aumône. 3.** *Une VENTE DE CHARITÉ* : vente dont l'argent gagné sera distribué à ceux qui en ont besoin (→ **kermesse).** *Le curé organise chaque année une vente de charité pour aider les familles en difficulté. Il donne de l'argent à des œuvres de charité* (→ **caritatif).**

REM. La notion de *charité* est religieuse contrairement à celle de *solidarité* qui est sociale, et plus neutre.

CHARIVARI [ʃaʀivaʀi] n. m. ▪ *LE CHARIVARI* : grand bruit, agitation. *Les spectateurs mécontents se lèvent, sifflent et font du charivari dans la salle.* → **chahut, tapage.**

CHARLATAN [ʃaʀlatɑ̃] n. m. ▪ *UN CHARLATAN* **1.** Personne qui trompe les gens en leur faisant croire qu'elle peut les guérir. *Elle va encore plus mal depuis qu'elle a vu ce charlatan.* **2.** Mauvais médecin. *Ce médecin est un charlatan.*

CHARLEMAGNE [ʃaʀləmaɲ] nom propre – en latin **CAROLUS MAGNUS** ▪ Roi des Francs (742-814), qui fut couronné empereur d'Occident en 800. *Charlemagne a fondé l'empire carolingien.*

CHARLOTTE [ʃaʀlɔt] n. f. ▪ *UNE CHARLOTTE* : dessert fait avec des fruits, des biscuits et de la crème. *Comme dessert, je prendrai une charlotte aux poires et au coulis de framboises.*

FAUX AMI
polonais **szarlotka**
« gâteau aux pommes »

CHARMANT [ʃaʀmɑ̃], **CHARMANTE** [ʃaʀmɑ̃t] adj. (après le nom, parfois avant le nom) ▪ Très agréable. *C'est une jeune femme charmante. Merci pour cette charmante soirée ! C'est charmant, chez vous !*

① **CHARME** [ʃaʀm] n. m. ▪ *UN CHARME* : arbre à bois blanc et dur et à feuilles ovales. *Certains charmes peuvent atteindre vingt mètres de haut.*

② **CHARME** [ʃaʀm] n. m. ▪ *LE CHARME* : qualité de ce qui plaît, attire, séduit. → **séduction.** *Sa sœur n'est pas vraiment jolie, mais elle* A DU CHARME, elle est séduisante. – *Elle ne peut pas s'empêcher de* FAIRE DU CHARME À *tous les hommes,* d'essayer de les séduire.

CHARMER [ʃaʀme] verbe [conjugaison 1a] **1.** Séduire par son charme. *Mon frère n'est pas très beau, mais il charme les femmes par son humour et sa gentillesse.* → **attirer, séduire. 2.** *ÊTRE CHARMÉ DE* : être très content de, ravi. *Toutes les deux, nous avons été charmées de faire votre connaissance.*

CHARMEUR [ʃaʀmœʀ] adj. et n. m., **CHARMEUSE** [ʃaʀmøz] adj. **1.** adjectif (après le nom) Qui charme, séduit. *On ne peut pas résister à son sourire charmeur.* **2.** *Un CHARMEUR DE SERPENTS* : dans les pays orientaux, personne qui montre au public des serpents venimeux qui semblent être devenus inoffensifs grâce à la musique. *Pendant que le charmeur de serpents joue de la flûte, le serpent se dresse et paraît écouter la musique.*

CHARNEL [ʃaʀnɛl], **CHARNELLE** [ʃaʀnɛl] adj. (après le nom) ▪ STYLE RECHERCHÉ Qui concerne l'amour physique, l'instinct sexuel. → **sensuel, sexuel.** *Les désirs charnels deviennent moins forts avec l'âge.*

CHARNIER [ʃaʀnje] n. m. ▪ *UN CHARNIER* : lieu où sont entassés de nombreux cadavres. *On a découvert des charniers dans les camps de concentration nazis.*

CHARNIÈRE [ʃaʀnjɛʀ] n. f. ▪ *UNE CHARNIÈRE* : pièce de métal qui permet d'ouvrir et de fermer une porte, un couvercle. *Il faudrait huiler la charnière de cette porte, pour qu'elle ne grince plus.* → **gond.**

CHARNU [ʃaʀny], **CHARNUE** [ʃaʀny] adj. (après le nom) **1.** (corps) Qui est formé de chair. *Les fesses sont les parties les plus charnues du corps.* **2.** Qui a beaucoup de chair. *Elle a des lèvres charnues.* ⟨contraire : mince⟩ – *Cette pêche est charnue et bien mûre.*

CHAROGNARD [ʃaʀɔɲaʀ] n. m. ▪ *UN CHAROGNARD* : animal qui se nourrit de charognes. *Le vautour et la hyène sont des charognards.*

CHAROGNE [ʃaʀɔɲ] n. f. ▪ *UNE CHAROGNE* : cadavre d'animal en train de pourrir. *Des hyènes dévorent la charogne d'une gazelle.*

CHARPENTE [ʃaʀpɑ̃t] n. f. ▪ *UNE CHARPENTE* : assemblage de pièces de bois ou de métal soutenant le toit d'un bâtiment. *La charpente de cette vieille ferme est en bois.*

CHARPENTIER [ʃaʀpɑ̃tje] n. m. ▪ *UN CHARPENTIER* : personne qui fait des charpentes. *Le charpentier vérifie l'état de la charpente.*

CHARPIE [ʃaʀpi] n. f. ▪ *METTRE EN CHARPIE* : déchiqueter, déchirer en petits morceaux. *Le chien a mis la balle de tennis en charpie.*

CHARRETIER [ʃaʀtje] n. m. ▪ *UN CHARRETIER* : personne qui conduit une charrette. *Le charretier crie « hue » à son cheval pour le faire avancer.* – *JURER COMME UN CHARRETIER,* très grossièrement. *Quand il est en colère, il jure comme un charretier.*

CHARRETTE [ʃaʀɛt] n. f. ▪ *UNE CHARRETTE* : voiture à deux roues tirée par un cheval ou par un tracteur. *Sur la petite route de campagne, la voiture a doublé une charrette remplie de foin.* → **remorque.**

CHARRIER [ʃaʀje] verbe [conjugaison 7a] **1.** Transporter dans un chariot. *Nous avons charrié du bois jusqu'à la ferme.* **2.** (cours d'eau) Entraîner, transporter. *Cet hiver, quand il gèlera, la rivière charriera* [ʃaʀiʀa] *des glaçons.* **3.** STYLE FAMILIER (qqn) Se moquer gentiment de quelqu'un. *Tous ses copains le charrient à propos de cette fille.* → **taquiner. 4.** STYLE FAMILIER (qqn) Exagérer. *Tu charries, quand même ! Il ne faut pas charrier.*

CHARRUE [ʃaʀy] n. f. ▪ *UNE CHARRUE* : instrument agricole qui sert à labourer la terre. *Le soc de la charrue creuse des sillons dans le sol. Une charrue peut être tirée par des bœufs ou par un tracteur.* – (figuré) *METTRE LA CHARRUE AVANT LES BŒUFS* : commencer par faire ce qui devrait être fait après. *Il a mis la charrue avant les bœufs en s'achetant une voiture avant d'avoir du travail.*

CHARTE [ʃaʀt] n. f. ▪ *UNE CHARTE* : document qui contient le règlement d'une organisation. *La charte des Nations unies a été signée en 1945.*

CHARTER [ʃaʀtɛʀ] n. m. ▪ *UN CHARTER* : avion loué pour un vol par une compagnie qui vend les places moins cher que sur un vol normal. *Ils ont pris un charter pour aller au Canada.*

REM. Ce mot vient de l'anglais.

CHASSE [ʃas] n. f. ▪ *LA CHASSE* **1.** Action de poursuivre les animaux pour les prendre ou les tuer. *Mon père aime beaucoup la chasse. Il va à la chasse au sanglier et au chevreuil avec son fusil* *et son chien. Il fait la chasse aux grands fauves en Afrique* (→ **safari**). – *Il va à une* CHASSE À COURRE, en poursuivant le gibier à cheval. – *Mon fils va à la chasse aux papillons avec son filet.* 2. Période où l'on a le droit de chasser. *Dimanche, c'est l'ouverture de la chasse.* 3. UNE CHASSE : lieu où l'on chasse. *Sur l'écriteau, il y a écrit « chasse gardée, interdit d'entrer ». Il y a de nombreuses chasses privées, en Sologne.* 4. Action de poursuivre. *Dans la ville, les policiers se sont livrés à une véritable* CHASSE À L'HOMME, ils ont poursuivi un individu recherché. 5. *Un* AVION DE CHASSE : avion de combat aérien qui poursuit les avions ennemis. *Un avion de chasse a abattu un hélicoptère.* 6. UNE CHASSE D'EAU : le mécanisme qui entraîne l'eau du réservoir dans la cuvette des toilettes. *On tire la chasse (d'eau) après avoir utilisé les toilettes.*

CHASSÉ-CROISÉ [ʃasekʀwaze] n. m. ■ UN CHASSÉ-CROISÉ : situation dans laquelle les personnes ou les choses se croisent. *Les uns entrent, d'autres sortent, c'est un véritable chassé-croisé.* PLURIEL : *des* CHASSÉS-CROISÉS.

CHASSE-NEIGE [ʃasnɛʒ] n. m. invariable ■ UN CHASSE-NEIGE : grosse voiture qui enlève la neige sur les routes. *Le chasse-neige a déblayé la route.* PLURIEL : *des chasse-neige.*

CHASSER [ʃase] verbe [conjugaison 1a] 1. Poursuivre (des animaux) pour les tuer ou les attraper. *Son frère et sa mère aiment bien chasser. Sur le lac, on chasse le canard. – Certains animaux sont chassés pour leur fourrure, d'autres pour être mis dans des zoos ou des cirques.* 2. Mettre, pousser dehors. *Il faut chasser cette idée de ton esprit. Ces hommes ont été chassés de leur pays.* → **bannir, exiler.** – *L'âne chasse les mouches avec sa queue.* 3. (qqch.) Faire partir de force. *Ce produit chasse les mauvaises odeurs dans la maison. Le vent a chassé les nuages.*

CHASSEUR [ʃasœʀ] n. m. ■ UN CHASSEUR 1. Personne qui pratique la chasse. *Les chasseurs sont partis tôt ce matin avec leurs chiens et leurs fusils. – Le renard est un bon chasseur.* 2. *Un* CHASSEUR ALPIN : soldat spécialisé dans les combats en montagne. *Il a fait son service militaire dans les chasseurs alpins.* 3. Avion utilisé dans les combats aériens. *Les chasseurs ont mitraillé des bombardiers ennemis.*

REM. Le féminin de *chasseur* (1) est *chasseuse*, mais il est rare. On trouve aussi *chasseresse* en poésie, mais ce mot est encore plus rare.

CHÂSSIS [ʃɑsi] n. m. ■ UN CHÂSSIS 1. *Le* CHÂSSIS D'UNE VOITURE, la partie en métal sur laquelle est fixée la carrosserie. *Dans l'accident, le châssis de la voiture n'a pas résisté au choc.* 2. *Le* CHÂSSIS D'UNE FENÊTRE, le cadre qui entoure les vitres. *Le châssis de cette fenêtre est en bois.*

CHASTE [ʃast] adj. (après le nom, parfois avant le nom) 1. (qqn) Qui refuse les relations sexuelles. *C'est une chaste jeune fille.* → **pur, vertueux.** ⟨contraires : débauché, impur⟩ 2. (comportement) D'où l'érotisme est absent. *Il lui a donné un chaste baiser. Ils mènent une vie très chaste.* 3. (vêtement) Décent, qui ne dévoile pas le corps. *Une tenue chaste est exigée dans les rues du village.* → **pudique.** ⟨contraire : indécent⟩

CHASTETÉ [ʃastəte] n. f. ■ LA CHASTETÉ : comportement d'une personne qui refuse les plaisirs sexuels pour des raisons morales. *Les moines vivent dans la chasteté. Ils ont fait* VŒU DE CHASTETÉ : ils ont renoncé à toute vie sexuelle.

CHAT [ʃa] n. m., **CHATTE** [ʃat] n. f. ■ UN CHAT, UNE CHATTE 1. Petit animal familier au poil doux, aux yeux brillants et aux oreilles triangulaires et aux griffes qu'il peut rentrer. *Ils ont un chat noir et un chat tigré. La chatte est avec ses chatons. Le chat miaule parce qu'il veut sortir. Les chats ronronnent quand on les caresse. Le chat a fait ses griffes sur le canapé. Oh, le joli petit chat !* → STYLE FAMILIER **minet, minou.** – (figuré) *Il n'y a* PAS UN CHAT *ici*, il n'y a personne. *Je n'arrive pas à deviner, je* DONNE MA LANGUE AU CHAT, je ne sais pas répondre. – STYLE FAMILIER *Il a* UN CHAT DANS LA GORGE : il est enroué. *Il n'y a pas de quoi* FOUETTER UN CHAT : ce n'est pas important, ce n'est pas grave. – ÊTRE COMME CHIEN ET CHAT : s'entendre mal, se disputer. *Le frère et la sœur sont comme chien et chat.* APPELER UN CHAT UN CHAT : appeler les choses par leur nom. *Il faut appeler un chat un chat : ce n'est pas de l'ignorance, c'est de la bêtise.* 2. (terme d'affection entre des personnes) *Mon petit chat, ma petite chatte. Bonjour, mon chat !*

> FAUX AMIS
> espagnol **chato** « verre de vin » ; portugais **chato** « ennuyeux »

CHÂTAIGNE [ʃɑtɛɲ] n. f. ■ UNE CHÂTAIGNE : fruit du châtaignier à l'écorce lisse et rousse, que l'on mange grillé ou bouilli. *La châtaigne est contenue dans une enveloppe verte hérissée de piquants. Dans la rue, il y a souvent des vendeurs de châtaignes grillées.* → **marron.**

CHÂTAIGNIER [ʃɑteɲe] n. m. ■ UN CHÂTAIGNIER : grand arbre des régions tempérées, à feuilles longues et découpées et à écorce rougeâtre. *On fait des charpentes et des tonneaux avec le bois du châtaignier.*

REM. Presque tous les noms d'arbres, en français, se terminent par *-ier.*

CHÂTAIN [ʃɑtɛ̃] adj. m. (après le nom) ■ (cheveux) Brun assez clair. *Elle a les cheveux châtains. – Elle est châtain clair. Il a les cheveux châtain foncé.*

REM. *Châtain* ne s'emploie qu'au masculin : *une femme châtain ; une chevelure châtain.*

CHÂTEAU [ʃɑto] n. m. ■ UN CHÂTEAU 1. Grande et belle habitation. *Il a acheté un petit château en Bourgogne. Le roi de France Louis XIV a fait construire le château de Versailles.* → **palais.** PLURIEL : *des* CHÂTEAUX. *Les châteaux de la Loire sont réputés. Les châteaux du Bordelais donnent leurs noms aux vins de Bordeaux.* – (figuré) *Mener une* VIE DE CHÂTEAU : mener une vie sans souci, riche et oisive. *Nous avons fait une très belle croisière autour en Méditerranée, c'était la vie de château !* 2. *Un* CHÂTEAU FORT : château fortifié du Moyen Âge (→ **donjon, pont-levis**). *Les châteaux forts étaient entourés de murailles et de fossés.* 3. *Un* CHÂTEAU D'EAU : grand réservoir situé sur une hauteur, qui donne de l'eau aux habitants d'une région. *Il y a plusieurs châteaux d'eau dans la région.* 4. *Un* CHÂTEAU DE SABLE : construction faite avec du sable humide, sur une plage. *Les enfants ont fait un concours de châteaux de sable.*

CHÂTELAIN [ʃɑtlɛ̃] n. m., **CHÂTELAINE** [ʃɑtlɛn] n. f. ■ UN CHÂTELAIN, UNE CHÂTELAINE : une personne qui possède un château. *C'est le châtelain lui-même qui fait visiter le château.*

CHAT-HUANT [ʃayɑ̃] n. m. ■ UN CHAT-HUANT : oiseau de proie nocturne qui a sur la tête deux touffes de plumes semblables à des oreilles de chat. *Le chat-huant est une sorte de chouette.* PLURIEL : *les* CHATS-HUANTS *vivent dans les vieux troncs d'arbres.*

CHÂTIER [ʃɑtje] verbe [conjugaison 7a] ■ STYLE RECHERCHÉ 1. (qqn) Punir. *On a sévèrement châtié les coupables.* 2. CHÂTIER SON LANGAGE : surveiller son langage, faire attention à parler correctement. *Quand le directeur de l'école sera là, les élèves châtieront* [ʃatiʀɔ̃] *leur langage.*

> FAUX AMI
> portugais **chatear** « ennuyer »

CHÂTIMENT [ʃɑtimɑ̃] n. m. ■ STYLE RECHERCHÉ UN CHÂTIMENT : punition sévère. *Les coupables ont eu un châtiment exemplaire. Dans les écoles, les* CHÂTIMENTS CORPORELS *sont interdits.* → **correction.**

CHATOIEMENT [ʃatwamɑ̃] n. m. ▪ *LE CHATOIEMENT :* reflet changeant selon la lumière. *Il admire le chatoiement de la soie.*

① **CHATON** [ʃatɔ̃] n. m. ▪ *UN CHATON :* petit du chat. *Notre chatte a eu six chatons.*

② **CHATON** [ʃatɔ̃] n. m. ▪ *UN CHATON* **1.** Fleur en épi de certains arbres. *Les peupliers ont des chatons.* **2.** Tête d'une bague où est encastrée une pierre précieuse. *Une émeraude est sertie dans le chaton de cette bague.*

CHATOUILLE [ʃatuj] n. f. ▪ STYLE FAMILIER *UNE CHATOUILLE :* action de chatouiller. *Cette petite fille craint les chatouilles* (→ **chatouilleux**). *Il me FAIT DES CHATOUILLES,* il me chatouille.

CHATOUILLER [ʃatuje] verbe [conjugaison 1a] **1.** Toucher qqn sur la peau, sous les bras de manière à le faire rire. *Elle chatouille son frère.* **2.** Donner envie, exciter doucement. *L'idée de partir en voyage me chatouille depuis longtemps.*

CHATOUILLEUX [ʃatujø], **CHATOUILLEUSE** [ʃatujøz] adj. (après le nom) **1.** Qui réagit très facilement aux chatouilles. *Ne me touchez pas, je suis très chatouilleuse !* **2.** Qui se fâche facilement, qui réagit vivement. *Il est très CHATOUILLEUX SUR le respect qu'on lui doit.* → **susceptible.** – *Il a un caractère chatouilleux.*

CHATOYANT [ʃatwajɑ̃], **CHATOYANTE** [ʃatwajɑ̃t] adj. (après le nom) ▪ Qui a des reflets changeants avec la lumière. *Le satin est une étoffe chatoyante.*

CHATOYER [ʃatwaje] verbe [conjugaison 8a] ▪ Changer de couleur selon la lumière. *Le diamant chatoiera* [ʃatwaʀa] *au soleil.* → **miroiter.** *Les robes de soie et de satin des danseuses chatoient dans la lumière.*

CHÂTRER [ʃɑtʀe] verbe [conjugaison 1a] ▪ Enlever les organes sexuels (d'un animal). *Le bœuf est un taureau que l'on a châtré.* → **castrer.**

CHAUD [ʃo] adj. et n. m., **CHAUDE** [ʃod] adj.
I. adjectif (après le nom, parfois avant le nom) **1.** Qui est à une température élevée. *J'ai pris un bain chaud pour me délasser. L'eau est trop chaude, tu vas te brûler ! Il a pris un thé bien chaud. J'ai bu une boisson chaude.* (contraires : frais, froid, glacé) *Attention, c'est chaud ! C'est trop chaud* (→ **bouillant, brûlant**). *C'est à peine chaud* (→ **tiède**). *Il y a des pays chauds, des pays froids et des pays tempérés.* – *Cet enfant est chaud,* il a de la fièvre. → **fiévreux.** **2.** (qqch.) Qui réchauffe, qui garde la chaleur. *Le soleil n'est pas encore très chaud. Emportez des lainages chauds.* **3.** Qui a gardé la chaleur. *Le lit est encore chaud.* – (figuré) *Voici une nouvelle toute chaude,* très récente. **4.** *Les animaux À SANG CHAUD :* les animaux qui gardent constamment la même température (opposé à animaux à sang froid). **5.** *Avoir le sang chaud :* être ardent, sensuel. *C'est le quartier chaud de la ville,* où se trouvent les prostituées. **6.** (qqn) Qui met de la passion dans ce qu'il fait. *Ce sont de chauds admirateurs.* → **ardent, fervent, passionné.** *Je ne suis pas très chaud pour y aller.* → STYLE FAMILIER **emballé.** **7.** (qqch.) Animé, passionné. *Il y a une chaude ambiance ici. Nous avons eu une chaude discussion à ce sujet.* → **vif.** **8.** (qqch.) Qui donne une impression de passion. *Elle a une voix chaude.* – *Je préfère les tons chauds, vifs.*
II. **1.** *LE CHAUD :* la chaleur. *Il craint le chaud autant que le froid.* – *Avec tous ces courants d'air, j'ai attrapé un CHAUD ET FROID,* un refroidissement. **2.** *AU CHAUD :* dans un endroit chaud. *Le bébé est bien au chaud dans son petit lit. Le cuisinier a gardé les plats au chaud,* dans le four. **3.** *AVOIR CHAUD :* souffrir de la chaleur. *Si tu as trop chaud, enlève ton pull ! Il fait chaud, aujourd'hui.* **4.** *Le malade a été opéré À CHAUD,* pendant la crise.

CHAUDEMENT [ʃodmɑ̃] adverbe **1.** De manière à avoir chaud, à conserver la chaleur. *Habillez-vous chaudement, il fait froid.* **2.** Vivement. *Les organisateurs du concours ont chaudement félicité le gagnant.* → **chaleureusement.**

CHAUDIÈRE [ʃodjɛʀ] n. f. ▪ *UNE CHAUDIÈRE :* appareil qui fournit du chauffage, de l'énergie mécanique ou électrique. *Ils ont une chaudière à mazout.*

CHAUDRON [ʃodʀɔ̃] n. m. ▪ *UN CHAUDRON :* récipient en métal, avec une anse, que l'on suspendait autrefois au-dessus du feu, pour faire cuire, chauffer qqch. *Un chaudron en cuivre décore la cheminée.*

CHAUFFAGE [ʃofaʒ] n. m. ▪ *LE CHAUFFAGE* **1.** Action de chauffer, production de chaleur. *On leur a livré du bois de chauffage. Les cheminées et les radiateurs sont des APPAREILS DE CHAUFFAGE. J'ai mis le chauffage, car il fait un peu froid.* **2.** Manière de chauffer. *La maison est équipée d'un chauffage électrique. CHAUFFAGE CENTRAL,* qui chauffe toute une maison, tout un immeuble à partir d'une seule chaudière. *Cet appartement a le chauffage central.* **3.** *UN CHAUFFAGE :* appareil qui donne de la chaleur. *Le chauffage est en panne, on gèle !*

CHAUFFANT [ʃofɑ̃], **CHAUFFANTE** [ʃofɑ̃t] adj. (après le nom) ▪ Qui chauffe. *Une couverture chauffante recouvre le lit. J'ai mis l'eau à bouillir sur une plaque chauffante,* sur une plaque électrique sur laquelle on chauffe, on cuit les aliments.

CHAUFFARD [ʃofaʀ] n. m. ▪ *UN CHAUFFARD :* mauvais conducteur. *Ce chauffard est passé au feu rouge et a blessé un piéton.*

CHAUFFE-EAU [ʃofo] n. m. invariable ▪ *UN CHAUFFE-EAU :* appareil qui chauffe l'eau. *Mon chauffe-eau est en panne.* PLURIEL : *des chauffe-eau à gaz.*

CHAUFFE-PLAT [ʃofpla] n. m. ▪ *UN CHAUFFE-PLAT :* dessous-de-plat chauffé à l'alcool ou à l'électricité, qui permet de garder les plats au chaud sur la table. *Pose la soupière sur le chauffe-plat.* PLURIEL : *des CHAUFFE-PLATS électriques.*

CHAUFFER [ʃofe] verbe [conjugaison 1a]
I. **1.** Rendre chaud, plus chaud. *Le gardien a chauffé la maison avant l'arrivée du propriétaire. Il chauffe de l'eau à 100 degrés,* il la fait bouillir. **2.** Devenir chaud. *J'ai fait chauffer de l'eau pour le thé. Le four chauffe.* (contraire : refroidir) **3.** Produire de la chaleur. *Ce radiateur électrique chauffe bien.* **4.** Devenir trop chaud. → s'**échauffer.** *Il va falloir s'arrêter, le moteur de la voiture chauffe.*
II. verbe pronominal SE CHAUFFER **1.** (être animé) S'exposer au soleil. *Le chien se chauffe au soleil.* **2.** (qqn) Chauffer son habitation. *Ils se chauffent au gaz.*

CHAUFFEUR [ʃofœʀ] n. m. ▪ *UN CHAUFFEUR* **1.** Personne qui conduit un véhicule. → **conducteur.** *Le chauffeur et les passagers de la voiture sont sortis indemnes de l'accident.* – STYLE FAMILIER *Un CHAUFFEUR DU DIMANCHE :* un mauvais conducteur (qui ne conduit que le dimanche). → **chauffard.** **2.** Personne dont le métier est de conduire (un véhicule). *Il est chauffeur de taxi.*

> REM. Ce mot n'a pas de féminin. Pour une femme, on dit : *elle est chauffeur de bus* ou *le chauffeur du car est une femme.*

CHAUFFEUSE [ʃoføz] n. f. ▪ *UNE CHAUFFEUSE :* fauteuil bas, sans accoudoirs. *Le canapé et les chauffeuses du salon sont assortis.*

CHAUME [ʃom] n. m. ▪ *LE CHAUME* **1.** Partie courte de la tige des céréales qui reste plantée en terre après la moisson. *Il n'y a plus que les chaumes dans le champ de blé. Les chaumes piquent les pieds nus.* **2.** Paille qui couvre le toit de certaines maisons. *Ils ont une maison à toit de chaume* (→ **chaumière**).

CHAUMIÈRE [ʃomjɛʀ] n. f. ▪ *UNE CHAUMIÈRE :* petite maison à toit de chaume. *Nous avons acheté une chaumière normande.*

CHAUSSÉE [ʃose] n. f. ▪ *LA CHAUSSÉE :* partie de la rue, de la route, où circulent les voitures. *Ne reste pas sur la chaussée, reste sur le trottoir. Attention, chaussée glissante !*

> FAUX AMIS
> allemand **Chaussee** « grand-route » ; brésilien **calçada** « trottoir » ; polonais **szosa** « route »

CHAUSSE-PIED [ʃospje] n. m. ▪ *UN CHAUSSE-PIED :* objet dont on se sert pour faire entrer plus facilement le pied dans la chaussure. *Elle se sert d'un chausse-pied en corne pour mettre ses chaussures.* PLURIEL : *des CHAUSSE-PIEDS.*

CHAUSSER [ʃose] verbe [conjugaison 1a] **1.** Mettre (des chaussures) à ses pieds. *Le pêcheur chausse ses bottes de caoutchouc pour aller à la pêche.* → **enfiler.** – *Le skieur chausse des skis,* il les met aux pieds. – *Ma mère chausse du 38,* elle porte des chaussures de taille 38. **2.** Mettre des chaussures à (qqn). *La jeune mère chausse sa petite fille.* ⟨contraire : déchausser⟩ **3.** verbe pronominal SE CHAUSSER : mettre ses chaussures. *Elle s'est habillée et elle s'est chaussée.*

CHAUSSE-TRAPE [ʃostʀap] n. f. ▪ *UNE CHAUSSE-TRAPE :* piège, embûche. *Je n'ai pas vu la chausse-trape !* PLURIEL : *cette dictée est pleine de CHAUSSE-TRAPES.*

REM. On écrit aussi *chausse-trappe*, sous l'influence de *trappe* « piège ».

CHAUSSETTE [ʃosɛt] n. f. ▪ *UNE CHAUSSETTE* **1.** Vêtement de maille qui couvre le pied et une partie de la jambe. *Il a mis une paire de chaussettes de laine. Elle a des chaussettes courtes* (→ **socquette**). – *Il m'a LAISSÉ TOMBER COMME UNE VIEILLE CHAUSSETTE :* il ne s'est plus occupé de moi, comme il aurait fait d'une chose sans importance. **2.** STYLE FAMILIER *JUS DE CHAUSSETTE :* mauvais café très léger. *C'est du vrai jus de chaussette, ce café !* **3.** *PULL CHAUSSETTE :* pull moulant, à côtes très serrées. *Elle a plusieurs pulls chaussette.*

> FAUX AMI
> roumain **şosetă** « socquette »

CHAUSSON [ʃosɔ̃] n. m. ▪ *UN CHAUSSON* **1.** Chaussure d'intérieur, souple, légère et chaude. *À la maison, il met des chaussons.* → **charentaise, pantoufle.** **2.** Chaussure souple. *N'oubliez pas vos chaussons de gymnastique.* **3.** Pâtisserie faite de pâte feuilletée fourrée. *J'ai mangé un chausson aux pommes.*

> FAUX AMI
> roumain **şoşon** « chaussure en caoutchouc »

CHAUSSURE [ʃosyʀ] n. f. ▪ *UNE CHAUSSURE* **1.** Ce que l'on met au pied pour marcher et qui a une semelle résistante. → **soulier ;** STYLE FAMILIER **godasse, pompe.** *Il s'est acheté une paire de chaussures. Voulez-vous des chaussures plates ou des chaussures à talons (hauts) ? Les escarpins, les mocassins et les ballerines sont des chaussures. Elle a des chaussures de ville et des chaussures de sport* (→ ① **basket, tennis**). *Mes chaussures de ski sont confortables. Elle a de grosses chaussures de marche. Quelle est votre taille de chaussure ?* → **pointure.** *Il cire ses chaussures de cuir.* – *TROUVER CHAUSSURE À SON PIED :* trouver ce qui convient ; trouver un mari ou une femme. *Tout le monde croyait qu'il resterait célibataire, mais il a finalement trouvé chaussure à son pied.* **2.** *LA CHAUSSURE :* l'industrie, le commerce de la chaussure. *Les ouvriers de la chaussure sont en grève.*

CHAUVE [ʃov] adj. (après le nom) ▪ (qqn) Qui n'a plus de cheveux. *Certains hommes deviennent chauves en vieillissant* (→ **calvitie**). – *Il a le crâne chauve,* dégarni.

CHAUVE-SOURIS [ʃovsuʀi] n. f. ▪ *UNE CHAUVE-SOURIS :* petit animal nocturne qui ressemble à une souris et qui a des ailes. *La chauve-souris vole.* PLURIEL : *les CHAUVES-SOURIS dorment le jour, suspendues la tête en bas.*

CHAUVIN [ʃovɛ̃], **CHAUVINE** [ʃovin] adj. (après le nom) ▪ (qqn) Qui a une admiration exagérée pour son pays et trouve que tout est moins bien à l'étranger. *Il est chauvin et il méprise les étrangers.* → **xénophobe.** – *Il a eu une attitude bêtement chauvine pendant le match de football.*

CHAUVINISME [ʃovinism] n. m. ▪ *LE CHAUVINISME :* attitude d'une personne qui admire exagérément son pays. *Le chauvinisme des supporters d'une équipe nationale de football est bien connu.*

CHAUX [ʃo] n. f. ▪ *LA CHAUX :* matière blanche obtenue en chauffant du calcaire. *Dans ce village, les murs des maisons sont blanchis à la chaux. Le ciment est un mélange de chaux et d'argile.*

REM. L'adjectif *chaud* se prononce de la même façon.

CHAVIRER [ʃaviʀe] verbe [conjugaison 1a] ▪ (bateau) Se retourner complètement. *La barque a chaviré, mais heureusement, personne ne s'est noyé. Arrêtez de bouger ou la barque chavirera !* [ʃaviʀʀa].

CHEF [ʃɛf] n. m. ▪ *UN CHEF* **1.** Personne qui commande, qui dirige. *Un soldat obéit à ses chefs. Le président de la République est le chef de l'État. Le général de Gaulle fut un important CHEF D'ÉTAT. Elle est chef d'entreprise.* → **patron, P.-D. G.** *Son mari est chef de gare. Le CHEF DE CHANTIER montre le travail aux ouvriers. Le chef de la bande de voyous a été arrêté.* → **meneur.** – *Le CHEF D'ORCHESTRE dirige avec sa baguette.* – *Qui est le CHEF DE FAMILLE ?* qui est la personne qui est responsable de la famille ? **2.** Cuisinier qui dirige la cuisine d'un restaurant. *C'est un grand chef,* un excellent cuisinier. *Goûtez la terrine du chef,* faite par le cuisinier lui-même. **3.** *EN CHEF :* en qualité de chef. *Il est rédacteur en chef.* **4.** Personne remarquable. *En informatique, c'est un chef.* → **as.** – *Tu t'es débrouillé comme un chef,* vraiment très bien.

REM. *Chef* n'a pas de féminin. En parlant d'une femme, on dit : *Madame X, le chef de service. La chef* s'emploie parfois dans la langue populaire. Une femme qui est chef scout est appelée *cheftaine.*

CHEF-D'ŒUVRE [ʃɛdœvʀ] n. m. ▪ *UN CHEF-D'ŒUVRE* **1.** La meilleure œuvre d'un artiste. *Le « Cid » est le chef-d'œuvre de Corneille.* **2.** Œuvre parfaite en son genre. *Ce tableau est un véritable chef-d'œuvre.* → **perfection.** PLURIEL : *des CHEFS-D'ŒUVRE.*

CHEF-LIEU [ʃɛfljø] n. m. ▪ *UN CHEF-LIEU :* en France, ville principale d'un département ou d'un canton. *Pau est le chef-lieu du département des Pyrénées-Atlantiques.* → **préfecture.** PLURIEL : *des CHEFS-LIEUX.*

CHEIK [ʃɛk] n. m. ▪ *UN CHEIK :* chef de tribu, dans un pays arabe. *Les cheiks sont des hommes respectés.*

REM. On écrit parfois *cheikh* ou *sheik.*

CHEMIN [ʃəmɛ̃] n. m.

I. *UN CHEMIN* **1.** Voie étroite et non goudronnée, qui permet d'aller d'un lieu à un autre, et qui suit les mouvements du terrain sur lequel il est tracé. *Un petit chemin caillouteux mène à la ferme.* → **piste, sentier.** *Ils ont suivi le chemin de montagne.* **2.** Distance à parcourir pour aller d'un lieu à un autre. → **parcours, trajet.** *Il y a un long chemin à faire entre les deux villes. Nous avons fait la moitié du chemin* (→ à **mi-chemin**). **3.** Direction. *Quel chemin faut-il prendre ? Nous avons demandé notre*

chemin à un passant, car nous étions perdus. → **route.** *Pouvez-vous m'indiquer le chemin de la plage ? Ils se sont trompés de chemin. Ils ont pris le mauvais chemin. Je passerai à la poste, c'est sur mon chemin,* je passe par là. **4.** *SE METTRE EN CHEMIN :* partir. *Mettons-nous en chemin sans tarder. Nous avons FAIT DU CHEMIN depuis ce matin* **(→ avancer, marcher).** – STYLE RECHERCHÉ *Il a changé d'idée CHEMIN FAISANT,* pendant le trajet. – *Je l'ai rencontré EN CHEMIN,* sur mon trajet. **5.** Conduite qu'il faut suivre pour arriver à un but. → **moyen, voie.** *Il voudrait réussir sa vie, mais il n'en PREND PAS LE CHEMIN.* – *Je n'IRAI PAS PAR QUATRE CHEMINS :* j'agirai franchement, sans détour. *Je n'irai pas par quatre chemins pour lui dire ce que je pense.* – *L'idée A FAIT SON CHEMIN,* a progressé, a abouti. – *TROUVER qqn, qqch. SUR SON CHEMIN :* rencontrer un adversaire, un obstacle. *Que je ne te trouve plus jamais sur mon chemin !*
II. *LE CHEMIN DE FER* [ʃəmɛ̃dfɛʀ] **1.** Moyen de transport qui utilise la voie ferrée. *Cette ligne de chemin de fer va être fermée. Les marchandises arrivent par chemin de fer.* → **train.** *Il y a eu un accident de chemin de fer* **(→ déraillement). 2.** Entreprise qui exploite des lignes de chemin de fer. *Il travaille à la Société nationale des chemins de fer français (S. N. C. F.)* [ɛsɛnseɛf] **(→ cheminot).**

REM. On prononce aussi [ʃmɛ̃].

CHEMINÉE [ʃəmine] n. f. ▪ *UNE CHEMINÉE* **1.** Lieu où l'on fait du feu dans une maison. *Les soirs d'hiver, nous faisons de grandes flambées dans la cheminée.* → **âtre, foyer. 2.** Partie de la cheminée qui encadre l'âtre. *Il y a une cheminée en marbre dans le salon.* **3.** Partie supérieure du tuyau qui sert à évacuer la fumée. *Sur les toits, on voit les cheminées des immeubles. Il y a de hautes cheminées d'usine.*

REM. On prononce aussi [ʃmine].

CHEMINER [ʃəmine] verbe [conjugaison 1a] ▪ Avancer lentement et avec peine. *Les randonneurs cheminent à travers la forêt.* – *Cette idée commence à cheminer dans son esprit,* à faire son chemin, à se préciser dans son esprit.

CHEMINOT [ʃəmino] n. m. et adj. **1.** *UN CHEMINOT :* une personne qui travaille dans les chemins de fer. *Les cheminots se sont mis en grève.* **2.** adjectif (après le nom) Des cheminots. *Les syndicats cheminots sont en réunion.*

REM. On prononce aussi [ʃmino].

CHEMISE [ʃəmiz] n. f. ▪ *UNE CHEMISE* **1.** Vêtement boutonné devant et couvrant le torse. *Elle a mis une chemise d'homme. Il a une chemise à manches courtes.* → **chemisette.** *Elle a acheté une chemise de femme.* → **chemisier, corsage.** – *Il est EN MANCHES DE CHEMISE,* sans veston. – *CHANGER DE qqch. COMME DE CHEMISE,* en changer constamment. *On ne sait jamais ce qu'il pense, il change d'avis comme de chemise. J'ai beaucoup d'ennuis, mais il s'en moque COMME DE SA PREMIÈRE CHEMISE,* il ne s'y intéresse pas du tout, il s'en moque. – STYLE TRÈS FAMILIER *Ces deux-là, ils sont COMME CUL ET CHEMISE,* ils s'entendent très bien. **2.** *UNE CHEMISE DE NUIT :* vêtement de nuit pour femme (autrefois aussi pour homme). *Elle dort en chemise de nuit de satin.* **3.** Couverture, étui servant à mettre des documents. → **dossier.** *Toutes les factures sont rangées dans une chemise en carton.*

FAUX AMI
japonais シュミーズ «combinaison de femme»

REM. On prononce aussi [ʃmiz].

CHEMISETTE [ʃəmizɛt] n. f. ▪ *UNE CHEMISETTE :* chemise à manches courtes. *Il a mis un pantalon de toile et une chemisette.*

REM. On prononce aussi [ʃmizɛt].

CHEMISIER [ʃəmizje] n. m. ▪ *UN CHEMISIER :* chemise de femme. → **corsage.** *Elle a un chemisier de soie.*

REM. On prononce aussi [ʃmizje].

CHENAL [ʃənal] n. m. ▪ *UN CHENAL :* passage navigable entre un port, une rivière, et la mer, entre des rochers, des îles, dans le lit d'un fleuve. *Le chenal qui mène au port est indiqué par des balises.* PLURIEL : *des CHENAUX* [ʃəno].

CHENAPAN [ʃənapɑ̃] n. m. ▪ *UN CHENAPAN :* enfant, adolescent turbulent. → **galopin, garnement, vaurien.** *Ces chenapans ont cassé une vitre !*

REM. On prononce aussi [ʃnapɑ̃].

CHÊNE [ʃɛn] n. m. **1.** *UN CHÊNE :* grand arbre de l'hémisphère Nord, à feuilles découpées, dont le fruit est le gland et qui peut atteindre quarante mètres de haut. *Nous avons traversé une forêt de chênes. Certains chênes peuvent vivre cinq cents ans. Dans l'Antiquité, le chêne était considéré comme un arbre sacré.* **2.** *LE CHÊNE :* bois de cet arbre. *Ils ont une table en chêne massif.*

REM. Le mot *chaîne* «suite d'anneaux» se prononce de la même façon.

CHÊNE-LIÈGE [ʃɛnljɛʒ] n. m. ▪ *UN CHÊNE-LIÈGE :* chêne dont l'écorce fournit le liège. *Il y a un chêne-liège devant la maison.* PLURIEL : *en Corse, il y a beaucoup de CHÊNES-LIÈGES.*

CHENET [ʃənɛ] n. m. ▪ *UN CHENET :* chacune des deux pièces de métal placées à l'intérieur d'une cheminée et sur lesquelles on pose les bûches. *Il y a une paire de chenets en bronze dans la cheminée.*

CHENIL [ʃənil] n. m. ▪ *UN CHENIL :* lieu où l'on garde des chiens et où l'on élève des chiens de race. *Pendant les vacances, ils laissent leur chienne dans un chenil.*

REM. On prononce aussi [ʃnil].

CHENILLE [ʃənij] n. f. ▪ *UNE CHENILLE* **1.** Larve du papillon, au corps allongé et mou, divisé en anneaux, et souvent recouvert de poils. *La chenille s'enferme dans un cocon où elle se métamorphose en papillon.* **2.** Bande formée de plaques de métal articulées et enroulées autour des roues d'un véhicule et permettant de se déplacer sur tous les terrains. *Les tanks et les bulldozers sont équipés de chenilles.*

CHEPTEL [ʃɛptɛl] n. m. ▪ *UN CHEPTEL :* ensemble du bétail. *La région a un important cheptel bovin. Cet éleveur a un beau cheptel,* beaucoup de bêtes.

REM. La prononciation cultivée est [ʃtɛl], mais elle n'est pas très courante.

CHÈQUE [ʃɛk] n. m. ▪ *UN CHÈQUE :* papier imprimé, émis par une banque, sur lequel on inscrit une somme d'argent et le nom de la personne ou de la société qui pourra recevoir cet argent. *Il paye par un chèque bancaire,* émis par une banque. *Les chèques postaux,* émis par la poste. *Elle a un carnet de chèques dans son sac* **(→ chéquier).** *Il fait son chèque à l'ordre du commerçant. Il a touché un chèque :* il a reçu l'argent dont le montant est indiqué sur le chèque **(→ encaisser).** *Voulez-vous payer par chèque, par carte bancaire ou en espèces ? Une cliente a fait un CHÈQUE SANS PROVISION,* STYLE FAMILIER *un CHÈQUE EN BOIS,* elle a fait un chèque alors qu'il n'y a pas d'argent sur son compte.

CHÈQUE-RESTAURANT [ʃɛkʀɛstɔʀɑ̃] n. m. ▪ *UN CHÈQUE-RESTAURANT :* chèque émis par une entreprise et permettant au salarié de cette entreprise de payer son déjeuner. *Il reste un seul chèque-restaurant dans mon carnet.* PLURIEL : *des CHÈQUES-RESTAURANT.*

CHÉQUIER [ʃekje] n. m. ▪ *UN CHÉQUIER :* carnet de chèques. *Je viens d'utiliser le dernier chèque de mon chéquier.*

① **CHER** [ʃɛʀ], **CHÈRE** [ʃɛʀ] adj. (après le nom ou avant le nom) ▪ (qqn) **1.** (après le nom) Que l'on aime beaucoup, pour qui l'on éprouve une grande affection. *Une de mes amies très chères m'a écrit. Ses enfants sont ce qu'elle a de plus cher au monde.* → **précieux. 2.** (avant le nom) (formule de politesse) *Cher monsieur. Mon cher confrère. Mes chers amis, nous voilà tous réunis.*

② **CHER** [ʃɛʀ] adj. et adverbe, **CHÈRE** [ʃɛʀ] adj.
I. adjectif (après le nom) (qqch.) Qui coûte beaucoup d'argent. (contraire : bon marché) *Ils ont dîné dans un restaurant très cher. Cette voiture est beaucoup trop chère pour moi.*
II. adverbe **1.** *Les robes de grands couturiers COÛTENT CHER,* valent beaucoup d'argent. *J'ai fait une affaire avec ces chaussures, je ne les ai pas PAYÉES CHER,* je n'ai pas donné beaucoup d'argent pour les avoir. **2.** *Il me le PAIERA CHER :* je me vengerai de ce qu'il m'a fait. *Il a osé dire que j'avais menti ? Il me le paiera très cher.*

REM. *Chair* « substance du corps » et *chaire* « tribune » se prononcent de la même façon.

CHERCHER [ʃɛʀʃe] verbe [conjugaison 1a] **1.** Essayer de trouver, de découvrir. *Je cherche mes lunettes partout. Nous cherchons un appartement plus grand. Cherche ce mot dans le dictionnaire. On t'a cherché pendant une heure. – Il cherchait la solution de son problème. Je cherche dans ma mémoire, dans mes souvenirs :* j'essaie de me rappeler. – *Mais qu'est-ce que tu vas chercher là ?* qu'est-ce que tu vas imaginer ? – (figuré) *Tu CHERCHES MIDI À QUATORZE HEURES :* tu vois des difficultés là où il n'y en a pas. **2.** *CHERCHER À :* essayer de, s'efforcer de (faire qqch.). *Le prisonnier cherche à s'échapper.* → **tenter.** *Je cherche à comprendre.* **3.** Essayer d'obtenir. *Ce jeune homme voudrait se marier : il cherche une femme. Ma fille cherche un travail. Ne bougez pas, on va chercher du secours. – C'est bien fait pour lui, il L'A BIEN CHERCHÉ,* il a tout fait pour en arriver là. **4.** *ALLER, PASSER, VENIR CHERCHER qqn, qqch. :* aller, passer, venir prendre qqn, qqch. *Elle est allée chercher son fils à l'école. Ce soir, je passerai chercher le colis à la poste.* – STYLE FAMILIER *Si tu me cherches, tu vas me trouver !* si tu veux avoir des ennuis avec moi, tu vas en avoir ! **5.** STYLE FAMILIER *ÇA VA CHERCHER DANS LES 1 000 francs :* ça coûte environ 1 000 francs.

FAUX AMI
italien **cerchiàre**
« entourer »

CHERCHEUR [ʃɛʀʃœʀ] n. m., **CHERCHEUSE** [ʃɛʀʃøz] n. f. ▪ *UN CHERCHEUR, UNE CHERCHEUSE :* une personne qui fait de la recherche scientifique. → **savant, scientifique.** *Sa femme est chercheuse dans un laboratoire de biologie.*

CHÈRE [ʃɛʀ] n. f. ▪ STYLE RECHERCHÉ *FAIRE BONNE CHÈRE :* bien manger. *Ce restaurant est réputé : on y fait bonne chère.*

CHÉRI [ʃeʀi] adj. et n. m., **CHÉRIE** [ʃeʀi] adj. et n. f. **1.** adjectif (après le nom) (qqn) Tendrement aimé. *Mes enfants chéris arrivent demain. – Ce petit est l'ENFANT CHÉRI de sa grand-mère.* → **préféré. 2.** *(MON) CHÉRI, (MA) CHÉRIE :* façon affectueuse d'appeler une personne que l'on aime. *Bonsoir, ma petite chérie ! À bientôt, chéri ! – C'est le chéri de ses parents,* le préféré. → **chouchou.**

CHÉRIR [ʃeʀiʀ] verbe [conjugaison 2] ▪ STYLE RECHERCHÉ Aimer tendrement. *Ma grand-mère chérissait tous ses petits-enfants.*

CHÉROT [ʃeʀo] adj. m. (après le nom) ▪ STYLE FAMILIER (qqch.) Trop cher. *C'est un peu chérot pour moi, ce manteau !*

CHERRY [ʃeʀi] n. m. ▪ *LE CHERRY :* liqueur de cerise. *Nous avons bu un verre de cherry. – Deux cherrys, s'il vous plaît !*

REM. *Cherry* est un mot anglais qui veut dire « cerise ». Au pluriel, on peut écrire *cherrys* (pluriel francisé, le plus courant) ou *cherries* (pluriel anglais).

CHÉRUBIN [ʃeʀybɛ̃] n. m. ▪ *UN CHÉRUBIN* **1.** Ange représenté par une tête d'enfant avec des ailes. *Il y a souvent des chérubins dans les tableaux religieux anciens.* **2.** Joli enfant à l'air sage. *Ils sont venus avec leurs petits chérubins.*

CHÉTIF [ʃetif], **CHÉTIVE** [ʃetiv] adj. (après le nom) ▪ (qqn) Petit, faible et de santé fragile. *C'est un enfant chétif.* → **maladif, malingre, souffreteux.** – *Elle a un air chétif.*

CHEVAL [ʃəval] n. m. ▪ *UN CHEVAL* **1.** Grand animal domestique, à crinière, capable de porter une personne ou des charges sur son dos et de tirer des charrettes. *Le cheval est un mammifère. La femelle du cheval est une jument et son petit un poulain.* PLURIEL : *des CHEVAUX* [ʃəvo] *de course. Il a un CHEVAL DE SELLE,* sur lequel on monte (→ **monture).** *Son fils FAIT DU CHEVAL tous les dimanches,* il fait de l'équitation. *Le fermier a un CHEVAL DE TRAIT,* qui tire des charrettes, des traîneaux. *Ce cheval de petite taille est un poney. Ce cheval a un beau pelage* (→ **robe).** *Le cheval hennit. J'ai assisté à une course de chevaux* (→ **hippique).** *Le cheval va au pas, au trot puis au galop. Le cheval s'est cabré.* **2.** *À CHEVAL :* sur un cheval. *Nous avons fait une promenade à cheval. J'aime bien monter à cheval. Il apprend l'art de monter à cheval* (→ **équestre ; équitation).** – *Elle est à cheval sur le mur,* assise sur le mur, une jambe pendant d'un côté du mur et l'autre jambe de l'autre côté (→ à **califourchon).** – (figuré) *Son père est À CHEVAL SUR LES PRINCIPES,* il est très exigeant sur les principes, très strict. **3.** *J'ai une FIÈVRE DE CHEVAL,* une très forte fièvre. *Ne MONTE PAS SUR TES GRANDS CHEVAUX !* ne t'emporte pas, ne te mets pas en colère. **4.** *CHEVAL À BASCULE :* jouet d'enfant. *Il se balance sur son cheval à bascule. – Les enfants montent sur les chevaux de bois du manège.* **5.** *CHEVAL D'ARÇONS :* appareil de gymnastique qui sert à faire des exercices de saut, de voltige. *Il est très fort au cheval d'arçons.* PLURIEL : *des CHEVAUX D'ARÇONS* ou *des CHEVAL D'ARÇONS.* **6.** *CHEVAL FISCAL :* unité de calcul basée sur la cylindrée d'un véhicule et servant à déterminer les taxes (abréviation : *CV*). PLURIEL : *une voiture de cinq CHEVAUX FISCAUX (5 CV). Il a une cinq chevaux,* une voiture de 5 chevaux fiscaux.

REM. On prononce aussi [ʃval].

CHEVALERESQUE [ʃəvalʀɛsk] adj. (après le nom) **1.** Qui a rapport au chevalier, à la chevalerie. *On écrivait des romans chevaleresques au Moyen Âge.* **2.** Digne d'un chevalier d'autrefois, noble et généreux. *Il s'est montré chevaleresque envers elle.*

CHEVALERIE [ʃəvalʀi] n. f. ▪ *LA CHEVALERIE* **1.** Organisation à la fois militaire et religieuse propre à la noblesse, au Moyen Âge. *Les règles de la chevalerie étaient la bravoure, la courtoisie, la loyauté et la protection des faibles. Il lit des romans de chevalerie,* des romans du Moyen Âge qui racontent les exploits et les amours des chevaliers (→ **chevaleresque). 2.** L'ensemble des chevaliers. *Seuls les jeunes nobles pouvaient entrer dans la chevalerie.*

CHEVALET [ʃəvalɛ] n. m. ▪ *UN CHEVALET :* support sur lequel est posé le tableau d'un artiste peintre. *Le peintre a disposé son chevalet et ses couleurs devant le paysage qu'il veut peindre.*

CHEVALIER [ʃəvalje] n. m. ▪ *UN CHEVALIER* **1.** Au Moyen Âge, seigneur assez riche pour posséder un cheval et des armes, et qui appartenait à l'ordre de la chevalerie. *Les jeunes nobles étaient ARMÉS CHEVALIERS,* ils étaient faits chevaliers. *Les chevaliers devaient montrer leur bravoure et protéger les faibles.*

2. STYLE RECHERCHÉ *Le* CHEVALIER SERVANT *d'une dame*, l'homme qui s'occupe d'elle en société, qui l'accompagne partout quand elle sort. → **cavalier.** *Elle a un nouveau chevalier servant.* **3.** Personne qui est membre d'un ordre honorifique. *Elle vient d'être nommée chevalier de la Légion d'honneur.*

CHEVALIÈRE [ʃəvaljɛʀ] n. f. ▪ *UNE CHEVALIÈRE* : une bague dont le dessus plat porte des armoiries ou des initiales gravées. *Il porte une chevalière au petit doigt.*

CHEVALIN [ʃəvalɛ̃], **CHEVALINE** [ʃəvalin] adj. (après le nom) **1.** Qui concerne le cheval. *Il y a de nombreuses races chevalines. Il travaille dans une boucherie chevaline*, dans une boucherie où l'on vend de la viande de cheval. **2.** (partie du corps humain) Qui fait penser à un cheval. *Il a un profil chevalin.*

CHEVAL-VAPEUR [ʃəvalvapœʀ] n. m. ▪ *UN CHEVAL-VAPEUR* : ancienne unité de puissance d'un moteur (symbole : *ch*). PLURIEL : *une automobile de 45 CHEVAUX-VAPEUR* [ʃəvovapœʀ].

CHEVAUCHÉE [ʃəvoʃe] n. f. ▪ *UNE CHEVAUCHÉE* : promenade, course à cheval. *Elle aime faire de longues chevauchées dans la forêt.*

CHEVAUCHER [ʃəvoʃe] verbe [conjugaison 1a] **1.** STYLE RECHERCHÉ Aller à cheval. *Dans les westerns, les cow-boys chevauchent des journées entières.* **2.** Aller à califourchon sur. *Les sorcières des contes chevauchent des balais.* **3.** verbe pronominal SE CHEVAUCHER : (qqch.) se recouvrir en partie. *Il a deux dents de devant qui se chevauchent.*

CHEVELU [ʃəvly], **CHEVELUE** [ʃəvly] adj. (après le nom) **1.** *LE CUIR CHEVELU* : la peau du crâne, qui porte les cheveux. *Ce shampoing est bon pour le cuir chevelu.* **2.** Qui a beaucoup de cheveux ou des cheveux longs. *Des jeunes gens chevelus jouent de la guitare dans le métro* (opposé à chauve, rasé, tondu).

CHEVELURE [ʃəvlyʀ] n. f. ▪ *LA CHEVELURE* : ensemble des cheveux. *Elle a une longue chevelure blonde.* → **crinière, toison.** *Il a une chevelure emmêlée.* → **tignasse.**

CHEVET [ʃəvɛ] n. m. ▪ *LE CHEVET* **1.** *LE CHEVET D'UN LIT*, la partie où l'on pose la tête. *Elle a allumé sa LAMPE DE CHEVET pour lire au lit*, la lampe posée à la tête du lit. – *Je relis ce roman régulièrement, c'est mon LIVRE DE CHEVET*, mon livre préféré, celui que je relis souvent. **2.** *AU CHEVET DE qqn*, à côté de son lit. *Elle est restée au chevet de son enfant malade toute la nuit.*

REM. On prononce aussi [ʃvɛ].

CHEVEU [ʃəvø] n. m. ▪ *UN CHEVEU* **1.** Poil qui pousse sur la tête d'un être humain (→ **chevelure**). PLURIEL : *il a les CHEVEUX épais, fins. On peut avoir des cheveux raides, des cheveux frisés, bouclés, crépus. Vous préférez les cheveux blonds, bruns ou roux ? Elle a beaucoup de cheveux blancs. En vieillissant, il commence à perdre ses cheveux* (→ **chauve**). *Je me suis lavé les cheveux ce matin. Elle s'est fait couper les cheveux. Il a un traitement pour les cheveux* (→ **capillaire**). **2.** *C'est UNE HISTOIRE À FAIRE DRESSER LES CHEVEUX SUR LA TÊTE*, une histoire effrayante. – STYLE FAMILIER *IL SE FAIT DES CHEVEUX POUR elle* : il se fait du souci, il s'inquiète pour elle. – *Les gens compliqués cherchent toujours à COUPER LES CHEVEUX EN QUATRE*, à compliquer les choses (→ STYLE FAMILIER **pinailler**). *Cette histoire est TIRÉE PAR LES CHEVEUX*, elle est peu vraisemblable, amenée d'une manière forcée et peu logique. – *Elle A UN CHEVEU SUR LA LANGUE* : elle zézaye. – *À UN CHEVEU PRÈS* : à très peu de chose près. *Il s'en est fallu d'un cheveu qu'il se fasse écraser. C'était à un cheveu près.* – *COMME UN CHEVEU SUR LA SOUPE* : au mauvais moment. *Elle arrive toujours comme un cheveu sur la soupe.*

REM. On prononce aussi [ʃvø].

CHEVILLE [ʃəvij] n. f. ▪ *UNE CHEVILLE* **1.** Petit morceau de bois allongé servant à assembler les parties d'un meuble. *Les pieds de cette table sont fixés par des chevilles.* **2.** Articulation située entre la jambe et le pied. *Elle s'est foulé la cheville en tombant. On avait de l'eau jusqu'aux chevilles.* – *Son mari NE LUI ARRIVE PAS À LA CHEVILLE*, il est beaucoup moins bien qu'elle.

REM. On prononce aussi [ʃvij].

CHÈVRE [ʃɛvʀ] n. f., n. m.

I. *UNE CHÈVRE* **1.** Animal ruminant à cornes recourbées, à poil épais, capable de grimper et de sauter. → STYLE FAMILIER **bique.** *J'ai vu un troupeau de chèvres dans la montagne. J'aime beaucoup le fromage de chèvre. La chèvre bêle. La chèvre est avec ses chevreaux* (→ **cabri**). **2.** STYLE FAMILIER *FAIRE DEVENIR CHÈVRE, RENDRE qqn CHÈVRE*, l'énerver jusqu'à lui faire perdre la tête, le rendre fou. *Arrête de faire tout ce bruit, tu me rends chèvre !*

II. *LE CHÈVRE* : fromage de chèvre. *Voulez-vous du chèvre ou du camembert ?*

REM. Le mâle de la chèvre est le *bouc*.

CHEVREAU [ʃəvʀo] n. m. ▪ *UN CHEVREAU* **1.** Petit de la chèvre. → **cabri.** *Le chevreau tète sa mère.* PLURIEL : *des CHEVREAUX.* **2.** Peau de chèvre ou de chevreau qui a été tannée. *Elle a des gants en chevreau.*

CHÈVREFEUILLE [ʃɛvʀəfœj] n. m. ▪ *LE CHÈVREFEUILLE* : plante grimpante, à fleurs très parfumées. *La haie de chèvrefeuille sent bon le miel.*

CHEVREUIL [ʃəvʀœj] n. m. ▪ *UN CHEVREUIL* : animal de la famille du cerf, assez petit, à la robe fauve et au ventre blanc. *Le chevreuil est un ruminant.*

REM. La femelle du chevreuil est la *biche*. Son petit est le *faon*.

CHEVRIER [ʃəvʀije] n. m., **CHEVRIÈRE** [ʃəvʀijɛʀ] n. f. ▪ *UN CHEVRIER, UNE CHEVRIÈRE* : berger, bergère qui garde les chèvres. *Le chevrier mène paître ses chèvres dans la montagne.*

CHEVRON [ʃəvʀɔ̃] n. m. ▪ *UN CHEVRON* **1.** Pièce de bois inclinée qui s'appuie sur les poutres et forme la charpente du toit. *Les chevrons du toit sont en chêne.* **2.** Ruban cousu sur les manches des uniformes militaires, en forme de V renversé. *Il a des chevrons dorés sur sa veste.* **3.** Dessin en forme de zigzag. *Elle a une veste à chevrons noirs et blancs.*

CHEVRONNÉ [ʃəvʀɔne], **CHEVRONNÉ** [ʃəvʀɔne] adj. (après le nom) ▪ (qqn) Expérimenté. *C'est un pilote chevronné.*

CHEVROTANT [ʃəvʀɔtɑ̃], **CHEVROTANTE** [ʃəvʀɔtɑ̃t] adj. (après le nom) ▪ *UNE VOIX CHEVROTANTE*, une voix cassée qui tremblote. *Les vieillards ont parfois une voix chevrotante.*

CHEWING-GUM [ʃwiŋgɔm] n. m. ▪ *UN CHEWING-GUM* : gomme à mâcher aromatisée. *Il mâche un chewing-gum à la menthe.* PLURIEL : *un paquet de CHEWING-GUMS.*

REM. *Chewing-gum* est un mot anglais.

CHEZ [ʃe] préposition **1.** Dans la maison de, au logis de (qqn). *Je les ai invités chez moi. Il est rentré chez lui. Serez-vous chez vous, demain ? Chacun chez soi. Sa voiture est garée devant chez lui. Faites comme chez vous* : mettez-vous à l'aise. *Je vais chez le boulanger*, dans la boutique du boulanger. *Elle se sent partout chez elle* : elle se sent à l'aise partout. **2.** Dans le pays de. *Chez les Anglais, on roule à gauche.* **3.** Dans l'esprit, le caractère, le comportement de. *Il y a quelque chose que je ne comprends pas chez elle. C'est une réaction habituelle chez lui.* **4.** Dans l'œuvre de. *On trouve ce mot chez Rabelais.*

CHEZ-SOI [ʃeswa] n. m. invariable ▪ *UN CHEZ-SOI* : domicile personnel. *Chacun aime avoir un chez-soi.* → **foyer, maison.** PLURIEL : *des chez-soi confortables.*

CHIALER [ʃjale] verbe [conjugaison 1a] ▪ STYLE FAMILIER Pleurer. *Ce gosse chiale pour un rien. Arrête de chialer ! Ça ne sert à rien de chialer !*

CHIANT [ʃjɑ̃], **CHIANTE** [ʃjɑ̃t] adj. (après le nom) ▪ STYLE TRÈS FAMILIER Contrariant, énervant. → STYLE FAMILIER **emmerdant.** *Ce qu'elle est chiante, cette gamine ! Tais-toi, tu es vraiment chiant ! C'est chiant ! C'est chiant comme la pluie !* très ennuyeux.

CHIC [ʃik] adj. invariable, n. m. et interjection
I. adjectif invariable (après le nom ou avant le nom) **1.** (après le nom) Élégant. *Sa mère est une femme chic.* PLURIEL : *des robes chic. Nous sommes allés à une soirée chic.* **2.** (avant le nom) STYLE FAMILIER Sympathique, généreux. *Tu peux lui parler, c'est un chic type.* → **bon, brave.** *Vous êtes une chic fille. C'est chic de sa part de nous aider.*
II. *LE CHIC* **1.** Élégance, allure. *Cette robe a beaucoup de chic. Cette femme s'habille avec chic.* **2.** Adresse, facilité à faire qqch. → **aisance, savoir-faire.** – *Il A LE CHIC POUR tomber malade quand on a besoin de lui.*
III. interjection *CHIC !* : marquant le plaisir, la satisfaction. → ② **chouette.** *Chic, alors ! Mon dessert préféré !*

CHICANE [ʃikan] n. f. ▪ *UNE CHICANE* **1.** Dispute, querelle. *Il cherche chicane à tout le monde, pour n'importe quoi.* **2.** Passage en zigzag que l'on est obligé d'emprunter, dans un parcours. *Les policiers ont installé des chicanes sur la route. Les chicanes d'un slalom, au ski, comprennent trois portes ou plus.*

SE **CHICANER** [ʃikane] verbe pronominal [conjugaison 1a] ▪ (qqn) Se disputer, se quereller. *Ils se chicanent sans arrêt. Les deux sœurs se sont chicanées toute la journée.*

① **CHICHE** [ʃiʃ] adj. (après le nom) **1.** STYLE RECHERCHÉ *ÊTRE CHICHE DE* : être avare de. *Son professeur est CHICHE DE compliments,* il ne fait pas beaucoup de compliments. → **avare. 2.** (nourriture) Peu abondant. *Le repas était excellent, mais un peu chiche.* → **frugal.** ⟨contraires : abondant, copieux, généreux⟩

② **CHICHE !** [ʃiʃ] interjection ▪ STYLE FAMILIER Exprime le défi. *Tu n'oseras jamais sauter de si haut ! – Chiche !* vous allez voir que j'en suis capable.

CHICHEMENT [ʃiʃmɑ̃] adverbe ▪ D'une manière chiche, avare. *Il vit chichement,* pauvrement.

CHICHIS [ʃiʃi] n. m. pluriel ▪ STYLE FAMILIER *FAIRE DES CHICHIS* : faire des manières, manquer de simplicité. *Tu fais bien des chichis pour peu de chose.* → **embarras, façon, simagrée.** *Pas tant de chichis !*

> FAUX AMI
> portugais **xixi** « pipi »

CHICON [ʃikɔ̃] n. m. ▪ *UN CHICON* : en Belgique, Endive. *Nous mangeons des chicons.*

CHICORÉE [ʃikɔʀe] n. f. ▪ *LA CHICORÉE* **1.** Plante dont on mange les feuilles en salade. → **frisée, scarole.** *Nous avons mangé une salade de chicorée aux lardons.* **2.** Boisson qui ressemble au café, faite avec la racine de la chicorée. *Le matin, il boit un grand bol de chicorée.*

> FAUX AMI
> allemand **Chicorée** « endive »

CHIEN [ʃjɛ̃] n. m., **CHIENNE** [ʃjɛn] n. f.
I. 1. *UN CHIEN, UNE CHIENNE* : animal domestique carnivore voisin du loup, dont il existe de nombreuses races. → STYLE FAMILIER **clébard.** *La chienne est avec ses chiots. Leur chien est un CHIEN DE RACE* (opposé à bâtard). *C'est un bon chien de chasse. Nous avons visité une exposition de chiens* (→ **canin**). *Le chien jappe, aboie. Ils ont un chien de garde. Attention, chien méchant ! Tenez votre chien en laisse, dans la rue.* **2.** *Il nous a reçus COMME UN CHIEN DANS UN JEU DE QUILLES* : il nous a reçus d'une manière très désagréable. *Le frère et la sœur s'entendent COMME CHIEN ET CHAT,* ils s'entendent très mal. *Il traite sa fille COMME UN CHIEN,* très mal. *Je n'aime pas conduire ENTRE CHIEN ET LOUP,* au crépuscule, quand la nuit commence à tomber. *Il fait un TEMPS À NE PAS METTRE UN CHIEN DEHORS* : il fait un très mauvais temps. **3.** *DE CHIEN,* très mauvais. *Il fait un temps de chien. Aujourd'hui, elle est d'une humeur de chien,* de très mauvaise humeur. *J'ai eu un MAL DE CHIEN à ouvrir cette serrure,* j'ai eu les plus grandes difficultés. *Une rage de dents, ça fait un mal de chien,* ça fait très mal. **4.** *NOM D'UN CHIEN !* juron familier. *Nom d'un chien ! Il nous a encore échappé !* **5.** Charme. *Elle n'est pas belle, mais elle A DU CHIEN,* elle est séduisante.
II. *LE CHIEN* : la pièce d'un fusil ou d'un pistolet, en forme de coude. – *Il est couché EN CHIEN DE FUSIL,* sur le côté, les genoux repliés.

CHIENDENT [ʃjɛ̃dɑ̃] n. m. ▪ *LE CHIENDENT* : mauvaise herbe dont les racines se développent partout. *Le jardinier arrache le chiendent qui pousse sur la pelouse.* – *Je frotte le sol avec une BROSSE DE CHIENDENT,* une brosse faite avec la racine séchée de cette plante.

CHIER [ʃje] verbe [conjugaison 7a] ▪ STYLE TRÈS FAMILIER **1.** Se vider l'intestin des excréments qu'il contient. → STYLE RECHERCHÉ **déféquer ;** STYLE FAMILIER faire **caca.** – *Il chie de peur dans son froc.* **2.** *FAIRE CHIER qqn* : l'embêter, l'ennuyer. *Arrête un peu, tu nous fais chier ! – Ça commence à me faire chier, cette histoire !* ça commence à devenir désagréable (→ **chiant**). – *On se fait chier, ici !* on s'ennuie. – *ENVOYER CHIER qqn,* le rembarrer. *On lui a demandé gentiment un service, mais il nous a envoyés chier.* → STYLE FAMILIER **balader.** – *EN CHIER* : supporter des choses pénibles, souffrir. *Vous allez en chier.* → **baver.** *Pendant son service militaire, il en a chié.* – *Y A PAS À CHIER* : c'est évident. *Y a pas à chier, j'ai perdu toutes mes clés.* – *À CHIER* : très laid, très mauvais. *Ce film est à chier. Il est nul à chier. Il a un goût à chier.* – *ÇA VA CHIER* : les choses vont aller mal. → STYLE FAMILIER **barder.** *Je vais me mettre en colère, ça va chier.*

CHIFFON [ʃifɔ̃] n. m. ▪ *UN CHIFFON* **1.** Vieux morceau de tissu. *Il y a un tas de chiffons sous l'évier. Avec des chiffons, on fait du papier. Il essuie la table avec un CHIFFON À POUSSIÈRE,* servant à enlever la poussière sur les meubles. **2.** (vêtements) *EN CHIFFON* : en désordre. *Ses vêtements sont EN CHIFFON sur la chaise,* ils sont mis n'importe comment, sans aucun soin (→ **chiffonné**). **3.** (au pluriel) STYLE FAMILIER DES CHIFFONS : vêtements de femme. *Entre elles, elles aiment bien PARLER CHIFFONS.*

CHIFFONNÉ [ʃifɔne], **CHIFFONNÉE** [ʃifɔne] adj. (après le nom) **1.** (tissu, vêtement) Froissé, fripé. *Ta jupe est toute chiffonnée, tu devrais la repasser.* **2.** (visage) Fatigué. *Tu as un visage chiffonné ce matin.*

CHIFFONNER [ʃifɔne] verbe [conjugaison 1a] **1.** Froisser, friper. *J'ai chiffonné ma jupe.* **2.** Ennuyer, contrarier. *Ça me chiffonne, cette histoire.*

① **CHIFFRE** [ʃifʀ] ▪ *UN CHIFFRE* **1.** Caractère qui représente un nombre. *Il y a les chiffres arabes* (1, 2, 3, 4) *et les chiffres romains* (I, V, IX, L). *Cent trois est un nombre de plusieurs* *chiffres. On peut écrire un nombre en chiffres ou en lettres. Le comptable additionne des colonnes de chiffres.* **2.** Nombre représenté par des chiffres. *Le chiffre des dépenses s'élève à plusieurs millions de francs.* → **montant, somme.** – *Le* CHIFFRE D'AFFAIRES *de cette société a augmenté, cette année,* la somme des ventes effectuées cette année.

FAUX AMI
portugais **chifre** «corne»

② **CHIFFRE** [ʃifʀ] n. m. ▪ *UN CHIFFRE* **1.** Combinaison de signes qui sert à correspondre secrètement. *Le message de l'espion était écrit en chiffre* (opposé à en clair). – *Il a oublié le chiffre du coffre-fort,* la combinaison de chiffres qui permet de l'ouvrir. **2.** Lettres initiales entrelacées. *Tout le linge est marqué au chiffre de la famille.*

CHIFFRÉ [ʃifʀe], **CHIFFRÉE** [ʃifʀe] adj. (après le nom) ▪ (qqch.) Écrit en chiffre. *Il faut décoder ce message chiffré,* traduire ce message qui est écrit en signes secrets.

CHIFFRER [ʃifʀe] verbe [conjugaison 1a] **1.** Évaluer en chiffres. *Il chiffre ses dépenses à dix mille francs par mois. Les experts ont chiffré les dégâts causés par les inondations.* **2.** Atteindre un coût élevé. *Toutes ces dépenses, ça finit par chiffrer.*

CHIGNOLE [ʃiɲɔl] n. f. ▪ *UNE CHIGNOLE :* outil qui sert à percer des trous. → **perceuse.** *Il faut percer un trou à la chignole avant d'enfoncer cette vis.*

CHIGNON [ʃiɲɔ̃] n. m. ▪ *UN CHIGNON :* coiffure dans laquelle les cheveux longs sont roulés et attachés derrière la tête ou sur la tête. *Ma tante porte un petit chignon au sommet de la tête. Elle s'est fait un chignon sur la nuque.* – *Les deux sœurs* SE CRÊPENT LE CHIGNON *sans arrêt,* elles se battent, se querellent tout le temps.

CHILI [ʃili] nom propre masculin – en espagnol **CHILE** ▪ *LE CHILI :* pays d'Amérique du Sud, s'étendant entre l'océan Pacifique et les Andes, et dont la capitale est Santiago. *Nous sommes allées au Chili. Ils reviennent du Chili. Ils habitent le Chili* **(→ chilien).**

CHILIEN [ʃiljɛ̃] adj. et n. m., **CHILIENNE** [ʃiljɛn] adj. et n. f. **1.** adjectif (après le nom) Du Chili. *La monnaie chilienne est le nouveau peso.* **2.** *UN CHILIEN, UNE CHILIENNE :* un habitant, une habitante du Chili. *Les Chiliens parlent espagnol.*

CHIMÈRE [ʃimɛʀ] n. f. ▪ *UNE CHIMÈRE :* rêve impossible à réaliser. → **fantasme, illusion, utopie.** *Aller sur Mars est une de ses chimères.*

REM. Dans la mythologie grecque, la Chimère était un monstre à tête et poitrail de lion, à ventre de chèvre et à queue de dragon, et qui crachait des flammes.

CHIMÉRIQUE [ʃimeʀik] adj. (après le nom) ▪ (qqch.) Irréalisable, utopique. *Il a un projet chimérique* (contraires : raisonnable, réel, solide)

CHIMIE [ʃimi] n. f. ▪ *LA CHIMIE :* science qui étudie comment sont faits les éléments de la nature, la manière dont ils se combinent, se transforment et réagissent entre eux. *Les élèves font des expériences de chimie dans le laboratoire. La chimie est utile à d'autres sciences et à l'industrie.*

CHIMIQUE [ʃimik] adj. (après le nom) ▪ Relatif à la chimie, aux éléments qu'elle étudie. *Le chercheur étudie les réactions chimiques d'une cellule. Connaissez-vous la formule chimique de l'eau ?* – *L'industrie chimique fabrique des* PRODUITS CHIMIQUES. → **artificiel, synthétique.** – *Les* ARMES CHIMIQUES *sont des produits très toxiques utilisés pour tuer les populations.*

CHIMISTE [ʃimist] n. m., n. f. ▪ *UN CHIMISTE, UNE CHIMISTE :* une personne qui étudie et pratique la chimie. *Sa femme est chimiste dans une société de produits pharmaceutiques. Il est ingénieur chimiste.*

FAUX AMI
anglais **chemist** signifie aussi «pharmacien»

CHIMPANZÉ [ʃɛ̃pɑ̃ze] n. m. ▪ *UN CHIMPANZÉ :* grand singe intelligent qui vit en petits groupes dans les arbres des forêts humides d'Afrique. *Les chimpanzés s'apprivoisent très facilement.*

CHINCHILLA [ʃɛ̃ʃila] n. m. ▪ *UN CHINCHILLA :* petit rongeur d'Amérique du Sud, à la belle fourrure gris clair. *Le chinchilla est élevé pour sa fourrure.* – *Elle a un manteau de chinchilla.*

CHINE [ʃin] nom propre féminin – en chinois **ZHŌNGGUÓ** ▪ *LA CHINE :* grand pays d'Asie, dont la capitale est Pékin. *Nous partons pour la Chine. Ils sont en Chine. Elles reviennent de Chine. Ils habitent la Chine* **(→ chinois).**

CHINÉ [ʃine], **CHINÉE** [ʃine] adj. (après le nom) ▪ (tissu) Fait de fils de couleurs différentes, alternés de façon irrégulière. *Elle porte une veste chinée dans les tons bruns.*

CHINOIS [ʃinwa] adj. et n. m., **CHINOISE** [ʃinwaz] adj. et n. f.
I. adjectif (après le nom) De Chine. *Où as-tu trouvé ce paravent chinois ? Il adore la cuisine chinoise. Nous avons dîné dans un restaurant chinois.*
II. 1. *UN CHINOIS, UNE CHINOISE :* un habitant, une habitante de la Chine, une personne qui est originaire de Chine. *Les Chinois.* **2.** nom masculin *LE CHINOIS :* la langue parlée en Chine, et spécialement dans la région de Pékin. *Mon fils apprend le chinois au lycée.* **3.** STYLE FAMILIER *C'EST DU CHINOIS :* c'est incompréhensible **(→ hébreu).** **4.** Restaurant chinois. *Nous avons déjeuné dans un petit chinois du quartier.*

CHIOT [ʃjo] n. m. ▪ *UN CHIOT :* très jeune chien. *Les chiots de notre chienne jouent ensemble en jappant.*

CHIOTTES [ʃjɔt] n. f. pluriel ▪ STYLE TRÈS FAMILIER *LES CHIOTTES :* toilettes. *Il est aux chiottes. Les chiottes sont bouchées.*

CHIPER [ʃipe] verbe [conjugaison 1a] ▪ STYLE FAMILIER Voler. *Tu m'as encore chipé mon briquet !* → STYLE FAMILIER **piquer.**

CHIPIE [ʃipi] n. f. ▪ *UNE CHIPIE* **1.** Femme méchante. *Quelle vieille chipie !* **2.** Petite fille qui aime agacer les autres. *Sa fille est une vraie chipie.*

CHIPOTER [ʃipɔte] verbe [conjugaison 1a] ▪ STYLE FAMILIER **1.** Manger par petits morceaux, sans plaisir. *Elle chipote de petits bouts de viande dans son assiette.* **2.** Discuter sur des détails, faire des histoires pour rien. *Il est très radin et au restaurant, il chipote sur l'addition. On ne va pas chipoter pour si peu !*

CHIPS [ʃips] n. f. pluriel ▪ *DES CHIPS :* pommes de terre frites coupées en tranches très fines. *Il a mangé tout un paquet de chips avant le déjeuner. Ces chips sont délicieuses.*

REM. Ce mot vient de l'anglais et veut dire «copeaux».

CHIQUE [ʃik] n. f. ▪ *UNE CHIQUE :* tabac que l'on mâche. *Le vieux paysan mâche sa chique* **(→ chiquer).**

CHIQUÉ [ʃike] n. m. ▪ STYLE FAMILIER *LE CHIQUÉ :* action de simuler, de faire semblant. *Tout le monde croit qu'il souffre beaucoup, mais c'est* DU CHIQUÉ. → **bluff, cinéma.**

CHIQUENAUDE [ʃiknod] n. f. ▪ *UNE CHIQUENAUDE :* léger coup donné avec un doigt replié contre le pouce et que l'on détend brusquement. *D'une chiquenaude, il pousse la boulette de pain.*

CHIQUER [ʃike] verbe [conjugaison 1a] ▪ Mâcher du tabac. *Le vieux paysan chique du matin au soir. Il achète du tabac à chiquer.*

CHIRURGICAL [ʃiʀyʀʒikal], **CHIRURGICALE** [ʃiʀyʀʒikal] adj. (après le nom) ▪ (qqch.) Relatif à la chirurgie. *Il a subi une INTERVENTION CHIRURGICALE,* une opération à l'intérieur de son corps. PLURIEL : *le chirurgien se sert d'INSTRUMENTS CHIRURGICAUX* [ʃiʀyʀʒiko] *pour opérer ses malades.*

CHIRURGIE [ʃiʀyʀʒi] n. f. ▪ *LA CHIRURGIE :* partie de la médecine qui s'occupe des opérations sur le corps des patients. *Le malade a été hospitalisé dans le service de chirurgie de l'hôpital. Il est spécialiste dans la chirurgie du cœur. Il est docteur en chirurgie dentaire.*

CHIRURGIEN [ʃiʀyʀʒjɛ̃] n. m. ▪ *UN CHIRURGIEN* **1.** Médecin qui opère les malades et les blessés. *Le chirurgien a opéré le malade. Elle est chirurgien.* **2.** *CHIRURGIEN DENTISTE :* dentiste qui peut opérer. *Elle doit consulter un chirurgien dentiste.*

REM. En parlant d'une femme, on dit *un chirurgien. Elle est chirurgien dentiste.*

CHLORE [klɔʀ] n. m. ▪ *LE CHLORE :* gaz jaune verdâtre, à l'odeur désagréable. *On désinfecte l'eau des piscines avec du chlore. L'eau de Javel contient du chlore.*

CHLOROFORME [klɔʀɔfɔʀm] n. m. ▪ *LE CHLOROFORME :* liquide incolore employé en médecine pour anesthésier les malades. *Le médecin endort le malade en lui faisant respirer du chloroforme.*

CHLOROPHYLLE [klɔʀɔfil] n. f. ▪ *LA CHLOROPHYLLE :* matière colorante des plantes, qui se forme à la lumière. *La chlorophylle permet aux plantes d'absorber le gaz carbonique et de rejeter l'oxygène.* – *Il utilise du dentifrice à la chlorophylle.*

CHOC [ʃɔk] n. m. ▪ *UN CHOC* **1.** Rencontre brutale de deux choses qui entrent violemment en contact l'une avec l'autre. → **collision, heurt.** *Il a reçu un choc violent sur la tête.* → **coup.** *Le choc entre les deux voitures a été terrible. On entend le choc des verres les uns contre les autres.* → **cliquetis.** *Cette montre est garantie contre tous les chocs.* **2.** Rencontre violente (d'hommes). → **affrontement, bataille, combat, lutte.** *Le choc des deux armées ennemies a été meurtrier. Nos troupes ont TENU LE CHOC,* elles ont résisté. – *Ce sont des troupes DE CHOC,* qui sont toujours en première ligne. → **commando. 3.** Conflit, opposition. *C'est le choc entre leurs deux personnalités. Le choc de cultures différentes.* **4.** Émotion brutale. *Il a eu un choc psychologique.* → **traumatisme.** *J'ai eu un choc en la voyant ainsi. Ça m'a fait un choc.* → **coup.** *Je suis encore sous le choc.* – *Il est en état de choc* (→ **choquer**). **5.** *CHOC EN RETOUR :* contrecoup d'un choc, d'un événement sur la personne qui l'a provoqué ou sur le point d'où il est parti. *Elle n'avait pas prévu le choc en retour.*

CHOCHOTTE [ʃɔʃɔt] adj. et n. f. ▪ STYLE FAMILIER **1.** adjectif (après le nom) (qqn) Maniéré, qui manque de naturel. *Elle est un peu chochotte.* **2.** *UNE CHOCHOTTE :* une personne maniérée. *Quelle chochotte !*

CHOCOLAT [ʃɔkɔla] n. m. et adj. invariable

I. *LE CHOCOLAT :* mélange de cacao, de graisse végétale et de sucre. *Tu as mangé une tablette de chocolat ! Il ne reste qu'un carré de chocolat. Certains préfèrent le CHOCOLAT AU LAIT, les autres le CHOCOLAT NOIR. Il adore le gâteau au chocolat. Veux-tu une glace au chocolat ou à la vanille ?*

II. *UN CHOCOLAT* **1.** Bonbon au chocolat. *Il m'a offert une grosse boîte de chocolats.* **2.** Boisson faite avec de la poudre de cacao délayée. *Elle a bu un chocolat chaud.*

III. adjectif (après le nom) De couleur brun-rouge foncé. *Il a une moquette chocolat dans sa chambre.* PLURIEL : *des mocassins chocolat.*

CHOCOLATÉ [ʃɔkɔlate], **CHOCOLATÉE** [ʃɔkɔlate] adj. (après le nom) ▪ Parfumé au chocolat. *J'ai mangé un dessert chocolaté.*

① **CHŒUR** [kœʀ] n. m. ▪ *UN CHŒUR* **1.** Groupe de chanteurs qui chantent ensemble. *Il fait partie d'un chœur.* → **chorale.** *Il fait partie des chœurs de l'Opéra de Paris* (→ **choriste**). **2.** Composition musicale destinée à être chantée par plusieurs personnes. *Ils chantent un chœur à trois voix.* **3.** *EN CHŒUR :* ensemble. *Chantons tous en chœur ! Ils ont répondu en chœur.*

REM. *Cœur* « organe » se prononce de la même façon.

② **CHŒUR** [kœʀ] n. m. ▪ *LE CHŒUR* **1.** Partie d'une église où se trouve l'autel. *Le chœur de cette cathédrale est magnifique.* **2.** *ENFANT DE CHŒUR :* jeune garçon qui aide le prêtre pendant les offices religieux catholiques. *Les enfants de chœur se tiennent de chaque côté du prêtre.*

CHOIR [ʃwaʀ] verbe **1.** STYLE RECHERCHÉ Tomber. *Épuisé, il s'est laissé choir dans un fauteuil.* **2.** STYLE FAMILIER *LAISSER CHOIR :* abandonner. → STYLE FAMILIER **plaquer.** *Elle laisse choir tous ses amis.*

REM. **1.** Ce verbe n'a pas une conjugaison complète. Au présent : *je chois, tu chois, il choit* (uniquement). Au passé simple : *je chus, nous chûmes* et au participe passé : *chu, chue.* Au futur, *je choirai* ou *je cherrai, nous choirons* ou *nous cherrons* sont des formes vieillies. **2.** Au sens 1., *choir* est peu employé de nos jours. Le mot courant est *tomber.* Le sens 2. est moins rare.

CHOISIR [ʃwaziʀ] verbe [conjugaison 2] **1.** Prendre de préférence parmi d'autres. *On choisit ses amis, pas sa famille. Les électeurs choisiront dimanche leurs députés.* → **élire.** *Son patron l'a choisi pour ce poste.* → **désigner.** *Il choisit toujours le meilleur morceau. Choisissez une carte. Il sait choisir les vins. Elle a choisi le métier de médecin.* – *Le moment est mal choisi :* ce n'est pas le bon moment. – *Laissez-le choisir. Tu as bien choisi, c'est exactement l'objet qui convient.* **2.** Être difficile dans le choix de. *Il choisit ses mots avec soin.* → **sélectionner, trier. 3.** Se décider entre plusieurs possibilités ou propositions. *Il est parfois difficile de choisir. Elle a CHOISI D'avoir des enfants. En choisissant de partir à l'étranger, il s'est éloigné de ses amis. C'est à toi de choisir. Choisis : c'est lui ou moi !*

CHOIX [ʃwa] n. m.

I. *LE CHOIX* **1.** Action de choisir, décision par laquelle on donne la préférence à une chose, à une possibilité en écartant les autres. *Tu as fait un bon choix. C'est un mauvais choix. Avez-vous fait votre choix ? Le choix des électeurs s'est porté sur un candidat de l'opposition.* **2.** Liberté de choisir ; existence de plusieurs choses, de plusieurs solutions entre lesquelles choisir. *Tu as le choix entre deux solutions. Il faut que j'accepte, je n'ai pas le choix. On a l'EMBARRAS DU CHOIX :* on peut décider entre de nombreuses choses. – *Au menu, c'est fromage ou dessert, AU CHOIX,* on prend l'un ou l'autre. **3.** *DE CHOIX :* de qualité. *Cette viande est DE PREMIER CHOIX,* de la meilleure qualité.

II. *UN CHOIX* **1.** Ce que l'on a choisi. *Elle a trouvé de jolies sandales et elle est ravie de son choix.* **2.** Ensemble de choses parmi lesquelles on peut choisir. *Ce magasin offre un très grand choix d'articles.* → **assortiment, éventail, gamme.** *Il y a le choix. Il y a du choix.* **3.** Ensemble de choses choisies pour leurs qualités. → **sélection.** *Ce livre est un choix de poésies.* → **anthologie, recueil.**

CHOLÉRA [kɔleʀa] n. m. ▪ *LE CHOLÉRA :* très grave maladie contagieuse qui provoque des vomissements, des diarrhées, des crampes et une grande fatigue. *Il y a une épidémie de choléra.* → **peste.**

CHOLESTÉROL [kɔlɛsteʀɔl] n. m. ▪ *LE CHOLESTÉROL :* substance grasse qui se trouve dans le sang et dans la plupart des cellules de l'organisme. *C'est dangereux pour la santé d'avoir un taux de cholestérol trop élevé.* STYLE FAMILIER *Son mari a du cholestérol,* un taux de cholestérol trop élevé.

CHÔMAGE [ʃomaʒ] n. m. ▪ *LE CHÔMAGE* **1.** Situation d'une personne privée d'emploi, qui n'a pas de travail et n'en trouve pas. *L'usine a fermé et tous les ouvriers sont AU CHÔMAGE. Il y a du CHÔMAGE TECHNIQUE,* un arrêt de travail momentané dû à des raisons techniques. *Les personnes qui sont sans emploi touchent une ALLOCATION DE CHÔMAGE.* **2.** Situation de la population active sans travail. *La lutte contre le chômage est une priorité pour le gouvernement. Le taux de chômage est élevé en Europe.* **3.** Allocation versée aux personnes sans emploi. *Il touche le chômage depuis un an.*

CHÔMÉ [ʃome], **CHÔMÉE** [ʃome] adj. (après le nom) ▪ *JOUR CHÔMÉ :* jour férié et payé. *Dans certains pays, le premier mai est un jour chômé.*

CHÔMER [ʃome] verbe [conjugaison 1a] ▪ STYLE FAMILIER *NE PAS CHÔMER :* travailler beaucoup, s'activer. *J'ai rangé la maison, fait les courses et la cuisine : je n'ai pas chômé aujourd'hui.*

REM. Ce verbe ne s'emploie plus qu'à la forme négative. Autrefois, *chômer* voulait dire «être au chômage».

CHÔMEUR [ʃomœʀ] n. m., **CHÔMEUSE** [ʃomøz] n. f. ▪ *UN CHÔMEUR, UNE CHÔMEUSE :* une personne qui est privée d'emploi. *Le nombre de chômeurs ne cesse d'augmenter. Elle est chômeuse depuis deux mois.*

CHOPE [ʃɔp] n. f. ▪ *UNE CHOPE :* récipient épais muni d'une anse, utilisé pour boire de la bière. *Il boit son thé dans une chope en grès. Une chope de bière, s'il vous plaît !*

CHOPER [ʃɔpe] verbe [conjugaison 1a] ▪ STYLE FAMILIER **1.** Arrêter, prendre. *Le voleur s'est fait choper par les flics.* → STYLE FAMILIER **pincer, piquer. 2.** Attraper. *J'ai chopé un bon rhume avec ce froid.*

Frédéric **CHOPIN** [ʃɔpɛ̃] nom propre ▪ Musicien polonais (1810-1849). *J'écoute des préludes de Chopin, pour piano.*

CHOQUANT [ʃɔkɑ̃], **CHOQUANTE** [ʃɔkɑ̃t] adj. (après le nom) ▪ (qqch.) Contraire aux bonnes manières, à la bonne éducation. → **déplacé, grossier, inconvenant.** *Il nous a tenu des propos choquants.* → **révoltant, scandaleux.** *J'ai trouvé son attitude choquante. Ça n'a rien de choquant.*

CHOQUER [ʃɔke] verbe [conjugaison 1a] **1.** Contrarier, gêner en agissant d'une manière contraire à la bonne éducation, à ce qui se fait d'habitude en société. *Son attitude grossière a choqué tout le monde.* → **heurter, scandaliser.** (contraires : plaire, séduire) *Il est très provocateur, il aime choquer. Ça ne me choque pas.* **2.** Faire une impression désagréable, pénible. *Ce film violent peut choquer les personnes sensibles. Ces sons discordants choquent l'oreille.* **3.** *ÊTRE CHOQUÉ :* avoir subi un choc, un léger traumatisme. *Il est resté choqué après son accident.*

CHORALE [kɔʀal] n. f. ▪ *UNE CHORALE :* groupe de personnes qui chantent ensemble. *Ma tante chante dans une chorale.* → ① **chœur.** *Elle fait partie de la chorale* (→ **choriste).**

CHORÉGRAPHIE [kɔʀegʀafi] n. f. ▪ *LA CHORÉGRAPHIE :* art de composer des ballets, de régler les figures et les pas d'un ballet. *Cette danseuse fait aussi de la chorégraphie. – La chorégraphie du «Lac des cygnes» est due à Marius Petipa,* la façon dont sont réglés tous les pas de danse.

CHORISTE [kɔʀist] n. m., n. f. ▪ *UN CHORISTE, UNE CHORISTE :* une personne qui chante dans un chœur. *Ils sont choristes de l'Opéra.*

CHOSE [ʃoz] n. f. et adj.

I. *UNE CHOSE* **1.** Terme général qui désigne tout ce qui existe. → ② **être, événement, objet.** *La chose qui me plairait le plus, c'est de voyager. C'est une chose bien agréable que d'avoir un ami. AVANT TOUTE CHOSE,* d'abord. *Avant toute chose, dis-moi si tu comptes rester ici. DE DEUX CHOSES L'UNE,* il y a deux possibilités (l'une excluant l'autre). *De deux choses l'une, ou tu pars, ou tu restes, décide-toi.* **2.** (au pluriel) LES CHOSES : le réel, la réalité. *Il faut regarder les choses en face. Allez au fond des choses et donnez plus de détails dans votre texte.* **3.** Objet. *Il y a beaucoup de choses dans ce magasin. C'est pour moi, toutes ces belles choses ? J'ai mis un tas de choses dans la valise, je ne peux plus la fermer.* **4.** Ce qui a lieu, ce qui existe, ce qui se fait. *Voilà une bonne chose de faite ! Ce n'est pas une chose à faire.* – (souvent au pluriel) LES CHOSES. → **circonstance, événement.** *En mettant les choses au mieux, il sera là demain,* en considérant l'hypothèse la plus favorable. *En mettant les choses au pire :* en considérant l'hypothèse la moins favorable. *Il faut prendre les choses comme elles sont :* il faut accepter les événements tels qu'ils sont. *Ce sont des choses qui arrivent.* **5.** *LA CHOSE :* ce dont il s'agit. *Comment a-t-il pris la chose ? C'est chose faite.* – (au pluriel) *J'ai mis les choses au point.* **6.** Paroles, discours. *Je vais vous dire une bonne chose. Dites-lui bien des choses de ma part :* faites-lui mes amitiés. *Il faut lui répéter cent fois la même chose.* **7.** *AUTRE CHOSE. Je cherche autre chose d'aussi beau. Il à l'air de penser à autre chose. J'ai autre chose à faire. Là, c'est autre chose, tout autre chose,* c'est différent. **8.** *LA MÊME CHOSE. Je voudrais la même chose. Avec toi, c'est toujours la même chose.* → **pareil.**

II. *QUELQUE CHOSE* pronom indéfini *Je cherche quelque chose. Voulez-vous prendre quelque chose ?* un peu de nourriture ou une boisson. *Il a quelque chose d'ennuyeux à lui dire. Quelque chose me dit que ça ne s'est pas bien passé :* je devine que ça ne s'est pas bien passé. *Il lui est sûrement arrivé quelque chose :* il lui est sûrement arrivé un accident, un ennui. *Tu y es quand même pour quelque chose, dans cette affaire,* tu y as pris une certaine part. *Ça m'a fait quelque chose de le voir malheureux,* ça m'a ému. – STYLE FAMILIER *C'est quelque chose, quand même !* c'est un peu fort.

III. adjectif STYLE FAMILIER *TOUT CHOSE. Il se sentait tout chose,* il éprouvait une sorte de malaise difficile à décrire.

> FAUX AMI
> de *quelque chose :* portugais **qualquer coisa** «n'importe quoi»

REM. **1.** *Quelque chose* est masculin : *quelque chose de beau, de bon. Voulez-vous un petit quelque chose à manger ?* **2.** Attention *quelque chose* s'écrit en deux mots ; son abréviation est *qqch.*

CHOU [ʃu] n. m. ▪ *UN CHOU* **1.** Plante cultivée pour l'alimentation, qui a des feuilles lisses et arrondies qui se recouvrent les unes les autres, formant une grosse boule dure. *J'ai acheté un chou blanc et un chou vert. Le cuisinier a fait une salade de chou rouge.* PLURIEL : des *CHOUX. Nous avons mangé des choux de Bruxelles. Le brocoli et le chou-fleur sont des variétés de choux. – LE CHOU. La choucroute est faite avec du chou.* – (figuré) *Avoir les oreilles EN FEUILLES DE CHOU,* grandes et décollées. – *Il lit une FEUILLE DE CHOU,* un mauvais journal. **2.** *C'EST BÊTE COMME*

CHOU : c'est simple, facile à faire, à comprendre. *C'est bête comme chou, cet exercice* (→ **enfantin**). *Nous* AVONS FAIT CHOU BLANC : nous avons échoué. **3.** MON CHOU, (féminin) MA CHOUTE [ʃut] : expressions de tendresse. *À bientôt, mes petits choux ! Un petit bout de chou m'a ouvert la porte,* un petit enfant. **4.** Petit gâteau léger en forme de boule. *Veux-tu des choux à la crème ?*

CHOUCHOU [ʃuʃu] n. m., **CHOUCHOUTE** [ʃuʃut] n. f. ▪ STYLE FAMILIER *UN CHOUCHOU, UNE CHOUCHOUTE* : favori, préféré. *Cet homme politique est le chouchou des médias. C'est la chouchoute de ses parents, la dernière de la famille ! Le professeur a des chouchous.*

CHOUCHOUTER [ʃuʃute] verbe [conjugaison 1a] ▪ STYLE FAMILIER Dorloter, gâter. *Elle chouchoute trop ses enfants. Elle aime bien se faire chouchouter par sa grand-mère, pendant les vacances.*

CHOUCROUTE [ʃukʀut] n. f. ▪ *LA CHOUCROUTE* : chou coupé en fines lamelles et fermenté dans la saumure. *J'ai acheté de la choucroute chez le charcutier. Nous avons mangé une excellente* CHOUCROUTE GARNIE, un plat de choucroute accompagné de charcuterie.

① **CHOUETTE** [ʃwɛt] n. f. ▪ *UNE CHOUETTE* : oiseau rapace nocturne, à gros yeux ronds, qui ressemble au hibou, mais qui n'a pas d'aigrette sur la tête. *Une chouette hulule dans la nuit. Les chouettes se nourrissent de petits rongeurs.*

② **CHOUETTE** [ʃwɛt] adj. et interjection ▪ STYLE FAMILIER **1.** adjectif (avant ou après le nom) Beau, agréable. *Nous avons fait une chouette balade. Cet appartement est très chouette. – Ton père a été chouette avec nous,* gentil, sympathique. **2.** interjection *CHOUETTE !* : exprimant l'enthousiasme, la satisfaction. *Chouette ! Il fait un temps superbe !* → **chic.**

CHOU-FLEUR [ʃuflœʀ] n. m. ▪ *UN CHOU-FLEUR* : chou dont on mange les fleurs qui forment une grosse masse blanche. *Achète un chou-fleur. –* LE CHOU-FLEUR. *Au dîner, il y a du chou-fleur au gratin.* PLURIEL : *des* CHOUX-FLEURS.

CHOUQUETTE [ʃukɛt] n. f. ▪ *UNE CHOUQUETTE* : petit gâteau, chou recouvert de sucre en grains. *J'ai acheté des chouquettes à la boulangerie.*

CHOYER [ʃwaje] verbe [conjugaison 8a] ▪ Dorloter, donner beaucoup de tendresse à (qqn). *Ces parents choient leurs trois enfants de la même façon.* → **cajoler** ; STYLE FAMILIER **chouchouter.** *La grand-mère choiera* [ʃwaʀa] *son petit-fils quand il viendra chez elle pour les vacances. Cet enfant a des problèmes, il faut que vous le choyiez. – Ce sont des enfants très choyés.*

CHRÉTIEN [kʀetjɛ̃] adj. et n. m., **CHRÉTIENNE** [kʀetjɛn] adj. et n. f. **1.** adjectif (après le nom) Qui croit en Jésus-Christ, appartient au christianisme. *Il est devenu chrétien. Elle a la foi chrétienne. L'ère chrétienne commence à la naissance du Christ.* **2.** *UN CHRÉTIEN, UNE CHRÉTIENNE* : une personne qui croit en Jésus-Christ, qui est de religion chrétienne. *Les catholiques, les orthodoxes et les protestants sont des chrétiens. Les premiers chrétiens furent persécutés.*

CHRÉTIENTÉ [kʀetjɛ̃te] n. f. ▪ *LA CHRÉTIENTÉ* : l'ensemble des peuples chrétiens et des pays où le christianisme est la religion la plus importante. *La France, l'Italie et l'Espagne font partie de la chrétienté.*

CHRISTIANISME [kʀistjanism] n. m. ▪ *LE CHRISTIANISME* : religion des chrétiens. *Le christianisme est basé sur la croyance en Jésus-Christ. La Bible est le livre sacré du christianisme.*

CHROME [kʀom] n. m. ▪ *LE CHROME* **1.** Métal gris, brillant et dur. *Le chrome sert à fabriquer l'acier inoxydable.* **2.** Pièce d'une voiture, d'une bicyclette en acier recouvert de chrome. *Chaque dimanche, il astique les chromes de sa voiture.*

CHROMÉ [kʀome], **CHROMÉE** [kʀome] adj. (après le nom) ▪ *ACIER CHROMÉ* : acier recouvert d'une couche de chrome pour qu'il ne rouille pas. *Le guidon du vélo de course est en acier chromé.*

CHROMOSOME [kʀomozom] n. m. ▪ *UN CHROMOSOME* : chacun des éléments du noyau de la cellule, de forme définie et en nombre constant pour chaque espèce, et qui détermine l'hérédité (→ **gène**). *Chez l'homme, il y a vingt-trois paires de chromosomes. Les chromosomes X et Y sont les chromosomes sexuels.*

① **CHRONIQUE** [kʀɔnik] adj. (après le nom) **1.** (maladie) Qui dure longtemps et se développe lentement (opposé à aigu). *Les gens qui fument beaucoup sont souvent atteints de* BRONCHITE CHRONIQUE. **2.** (qqch.) Qui dure. → **permanent.** *Le pays est atteint de chômage chronique. Sa mauvaise humeur est chronique.* (contraire : temporaire)

② **CHRONIQUE** [kʀɔnik] n. f. ▪ *UNE CHRONIQUE*
I. (souvent au pluriel) Recueil de faits historiques. → **annales, mémoires.** *Les chroniques racontent les événements dans l'ordre où ils se sont passés.*
II. Article de journal ou de revue, émission de radio ou de télévision qui parle régulièrement d'un sujet particulier. *Je lis la chronique littéraire de mon quotidien.* → **rubrique.**

CHRONO n. m. Forme abrégée familière de **chronomètre.**

CHRONOLOGIE [kʀɔnɔlɔʒi] n. f. **1.** *LA CHRONOLOGIE* : ordre dans lequel les événements se succèdent. *Le commissaire a établi avec précision la chronologie des faits, le soir du meurtre.* → **déroulement.** **2.** *UNE CHRONOLOGIE* : texte qui énumère les dates. *Je travaille sur une chronologie du dix-neuvième siècle.*

CHRONOLOGIQUE [kʀɔnɔlɔʒik] adj. (après le nom) ▪ Relatif à la chronologie. *Reprenons les choses dans l'ordre chronologique,* dans l'ordre où elles se sont passées. *À la fin de mon livre, il y a un tableau chronologique du règne des rois de France.*

CHRONOMÈTRE [kʀɔnɔmɛtʀ] n. m. ▪ *UN CHRONOMÈTRE* : instrument servant à mesurer une durée de manière très précise. *Ce chronomètre donne les centièmes de seconde. –* CHRONO [kʀono] forme abrégée familière : *DES CHRONOS. Le coureur a parcouru la distance en trois minutes chrono,* la vitesse étant mesurée au chronomètre.

CHRONOMÉTRER [kʀɔnɔmetʀe] verbe [conjugaison 6a] ▪ Mesurer (une durée) avec un chronomètre. *L'arbitre chronomètre la course. – Les coureurs ont été chronométrés.*

CHRYSANTHÈME [kʀizɑ̃tɛm] n. m. ▪ *UN CHRYSANTHÈME* : fleur à pétales fins et nombreux, qui fleurit en automne. *J'ai acheté au marché un gros bouquet de chrysanthèmes blancs. Elle a déposé un pot de chrysanthèmes sur la tombe de sa mère.*

REM. Traditionnellement, le chrysanthème est la fleur des morts, que l'on dépose sur les tombes, à la Toussaint.

CHTIMI [ʃtimi] n. m., n. f. et adj. ■ STYLE FAMILIER **1.** UN *CHTIMI*, UNE *CHTIMI* : une personne originaire du nord de la France. *Les Chtimis.* **2.** adjectif (après le nom) Du nord de la France. *Il parle avec l'accent chtimi.*

REM. On écrit parfois *ch'timi.*

CHUCHOTEMENT [ʃyʃɔtmɑ̃] n. m. ■ UN *CHUCHOTEMENT* : bruit de voix très faible. *On entend des chuchotements dans la pièce voisine.* → **murmure.**

CHUCHOTER [ʃyʃɔte] verbe [conjugaison 1a] ■ Parler tout bas, en remuant à peine les lèvres. → **murmurer.** *Il lui chuchote quelques mots à l'oreille.* ⟨contraires : crier, hurler⟩

CHUT ! [ʃyt] interjection ■ Se dit pour demander le silence. → **silence.** *Chut ! Il dort ! Chut ! Taisez-vous !*

REM. *Chute* «le fait de tomber» se prononce de la même façon.

CHUTE [ʃyt] n. f. ■ *LA CHUTE* **1.** Le fait de tomber. *Elle a fait une chute et s'est cassé le bras. Il a fait une mauvaise chute dans l'escalier.* – *Attention, chute de pierres ! On annonce de violentes chutes de neige pour la journée de demain.* – *On assiste à la chute des feuilles, en automne.* – *Elle utilise une lotion contre la chute des cheveux.* **2.** *CHUTE D'EAU* : déplacement d'une masse d'eau qui tombe à la verticale. *Les chutes du Niagara sont célèbres. Les cascades et les cataractes sont des chutes d'eau.* **3.** (gouvernement) Le fait de passer dans une situation plus mauvaise, d'échouer. *La chute de l'Empire romain eut lieu en 476.* → **écroulement, ruine.** **4.** Baisse, diminution. *Une chute des températures est prévue pour les jours prochains.* **5.** *UNE CHUTE* : reste (de qqch. que l'on a coupé). *La fillette a fait une robe à sa poupée dans des chutes de tissu.*

FAUX AMI
portugais **chute** «coup de pied»

CHUTER [ʃyte] verbe [conjugaison 1a] **1.** STYLE FAMILIER (qqn) Échouer. *Le candidat a chuté sur la première question.* **2.** (qqch.) Baisser. *Les prix ont chuté de 10 %.*

CHYPRE [ʃipʀ] nom propre féminin ■ *CHYPRE* : pays insulaire de la Méditerranée orientale. *Nous sommes en vacances à Chypre. Ils nous ont envoyé une carte postale de Chypre.*

CHYPRIOTE [ʃipʀijɔt] adj., n. m. et n. f. **1.** adjectif (après le nom) De l'île de Chypre, entre la Grèce et la Turquie. *Il admire l'art chypriote.* **2.** UN *CHYPRIOTE*, UNE *CHYPRIOTE* : un habitant, une habitante de Chypre. *Les Chypriotes.*

REM. On dit aussi *cypriote* [sipʀijɔt].

① **CI** [si] adverbe ■ Après un nom précédé de *ce, cette, ces* ou après un pronom démonstratif, apporte une précision. *C'est cet homme-ci, je le reconnais. Il devrait venir ces jours-ci.* – (opposé à là) *Prends cette chaise-là, celle-ci est cassée.*

REM. Devant un adjectif ou un adverbe, *ci* veut dire «ici» (→ **ci-contre, ci-dessous, ci-dessus, ci-inclus, ci-joint).** Voir aussi **par-ci, par-là.**

② **CI** [si] pronom démonstratif ■ Ceci. (employé avec ça) *Il est exigeant : il veut toujours ci ou ça. Comment allez-vous ?* – *COMME CI COMME ÇA* : plus ou moins bien, pas très bien.

REM. *Ci* est l'abréviation de *ceci.*

CIBLE [sibl] n. f. ■ *UNE CIBLE* **1.** But que l'on vise et sur lequel on tire. *Le tireur à l'arc a touché le milieu de la cible.* **2.** Personne qui est l'objet de critiques, de moqueries. *La pauvre fille est la cible des mauvaises plaisanteries des garçons.* **3.** Public visé. *Il faut bien étudier la cible avant de lancer un nouveau produit sur le marché.*

CIBLER [sible] verbe [conjugaison 1a] ■ Déterminer (le public d'un produit). *L'agence de publicité cible la clientèle de cette nouvelle lessive.* – *Ce produit est mal ciblé,* il ne correspond pas à un marché réel.

CIBOULETTE [sibulɛt] n. f. ■ *LA CIBOULETTE* : plante aux longues feuilles cylindriques et creuses, au léger goût d'oignon, utilisée pour aromatiser les plats. *Il y a un peu de ciboulette dans la sauce de la salade.*

CICATRICE [sikatʀis] n. f. ■ *UNE CICATRICE* : marque laissée sur la peau par une blessure après sa guérison. *On voit à peine la cicatrice de son opération.* → **couture.**

CICATRISATION [sikatʀizasjɔ̃] n. f. ■ (blessure) *LA CICATRISATION* : le fait de se fermer, de guérir. *La cicatrisation de la plaie a été rapide.*

CICATRISER [sikatʀize] verbe [conjugaison 1a] **1.** Faire guérir, se refermer (une plaie). *Cette pommade cicatrise les brûlures.* **2.** (plaie) Se refermer, guérir. *La blessure cicatrise mal.* **3.** verbe pronominal SE CICATRISER : se refermer. *La coupure ne s'est pas encore cicatrisée.*

CI-CONTRE [sikɔ̃tʀ] adverbe ■ Vis-à-vis, en face (d'un texte). *Regardez la photo ci-contre.*

CI-DESSOUS [sidəsu] adverbe ■ Sous ce qu'on vient d'écrire, plus bas (dans un texte). *Reportez-vous à l'article ci-dessous.*

REM. On prononce aussi [sidsu].

CI-DESSUS [sidəsy] adverbe ■ Au-dessus de ce qui est écrit, plus haut. *Voyez le texte ci-dessus.*

REM. On prononce aussi [sidsy].

CIDRE [sidʀ] n. m. ■ *LE CIDRE* : jus de pomme fermenté et pétillant. *Ils ont mangé une crêpe et bu un bol de cidre.*

FAUX AMI
portugais **cidra** «sorte de gros citron»

CIEL [sjɛl] n. m. ■ *LE CIEL* **1.** Espace que l'on voit au-dessus de nos têtes et qui est limité par l'horizon. *Le soleil brille dans le ciel. Regarde la voûte du ciel.* → **firmament.** *Il y a un beau ciel bleu aujourd'hui. Le ciel est nuageux. C'est un ciel d'orage. Il admire le ciel étoilé.* PLURIEL : *des CIELS* ou parfois *des CIEUX* [sjø]. – *L'avion a explosé EN PLEIN CIEL,* très haut dans les airs. *Il LÈVE LES YEUX AU CIEL d'un air exaspéré,* il lève les yeux vers le haut. *Levez les bras au ciel,* en l'air. *Voilà un beau cadeau qui TOMBE DU CIEL,* qui arrive sans qu'on s'y attende. *J'ai REMUÉ CIEL ET TERRE pour retrouver mes clés,* je les ai cherchées partout. **2.** (invariable) *BLEU CIEL* : bleu clair. → **azur.** *Elle a une robe bleu ciel.* PLURIEL : *des robes bleu ciel.* **3.** Espace vu de la Terre, où semblent évoluer les étoiles, les planètes et les galaxies. *La Terre est un astre du ciel. Je regarde une carte du ciel.* – *À la fête foraine, les enfants ÉTAIENT AU SEPTIÈME CIEL,* ils étaient ravis. **4.** Paradis. ⟨contraire : enfer⟩ *Les chrétiens croient que l'âme des défunts va au ciel. Dieu est au royaume des cieux.* **5.** La divinité, la providence. → **Dieu.** *Il faut prier le ciel que cette mésaventure ne nous arrive pas. Remercions le ciel de cela.*

REM. Ce mot a un double pluriel. Le pluriel courant est *ciels* (ex. : *de beaux ciels étoilés*), mais *cieux* s'emploie dans la langue poétique (ex. : *sous des cieux plus cléments*) ou religieuse (ex. : *«Notre Père qui êtes aux cieux»*).

CIERGE [sjɛʀʒ] n. m. ▪ *UN CIERGE :* bougie que l'on fait brûler dans une église. *Brûler un cierge à un saint est un geste de piété.*

CIGALE [sigal] n. f. ▪ *UNE CIGALE :* insecte des régions méditerranéennes, à quatre ailes, et dont le mâle fait un bruit strident. *C'est agréable d'entendre le chant des cigales, en Provence.*

> FAUX AMI
> espagnol **cigala** « langoustine »

CIGARE [sigaʀ] n. m. ▪ *UN CIGARE :* rouleau de feuilles de tabac, que l'on fume. *Sa mère aime fumer un petit cigare, après un bon repas.*

> FAUX AMIS
> grec **τσιγάρο,** portugais **cigarro,** roumain **ţigară** « cigarette »

CIGARETTE [sigaʀɛt] n. f. ▪ *UNE CIGARETTE :* petit rouleau de tabac haché et enveloppé dans un papier fin. *J'ai acheté un paquet de cigarettes et un briquet au tabac. Il fume dix cigarettes par jour.*

CI-GÎT [siʒi] adverbe ▪ Ici est enterré. *Ci-gît un grand écrivain.*

REM. Ce mot est formé de l'adverbe *ci* et de la 3ᵉ personne du singulier du verbe *gésir* « être étendu ».

CIGOGNE [sigɔɲ] n. f. ▪ *UNE CIGOGNE :* grand oiseau migrateur blanc, au bout des ailes noir, aux longues pattes et au bec rouge, long et droit. *Les cigognes sont des échassiers.*

CI-INCLUS [siɛ̃kly], **CI-INCLUSE** [siɛ̃klyz] adj. (après le nom) ▪ (qqch.) Inclus ici, placé ici, à l'intérieur. *La facture ci-incluse est à payer dans les quinze jours.*

REM. Quand *ci-inclus* est placé avant le nom, il a valeur d'adverbe et ne s'accorde pas (ex. : *vous trouverez ci-inclus la copie de notre facture*).

CI-JOINT [siʒwɛ̃], **CI-JOINTE** [siʒwɛ̃t] adj. (après le nom) ▪ (qqch.) Joint ici même, joint à ceci. *Veuillez prendre connaissance des documents ci-joints.*

REM. *Ci-joint* reste invariable quand il est placé avant le nom (ex. : *ci-joint la copie de notre lettre*).

CIL [sil] n. m. ▪ *UN CIL :* poil qui borde la paupière et qui protège l'œil. *Cet enfant a de longs cils. Elle se maquille les cils.*

CIME [sim] n. f. ▪ *UNE CIME :* extrémité pointue (d'un arbre, d'une montagne, d'un rocher). → **faîte, sommet.** *Un oiseau s'est posé à la cime de l'arbre. Les cimes des montagnes sont couvertes de neige.*

CIMENT [simɑ̃] n. m. ▪ *LE CIMENT :* poudre à base de chaux, qui durcit en séchant quand on la mélange avec de l'eau et qu'on utilise dans la construction. *Les ouvriers ont déposé des sacs de ciment. Ce ciment est à prise rapide. Le mur est en ciment.*

> FAUX AMI
> espagnol **cimiento** « origine, fondement »

CIMENTER [simɑ̃te] verbe [conjugaison 1a] **1.** Recouvrir avec du ciment, faire tenir avec du ciment. *Le maçon cimente les briques pour faire un mur.* **2.** Rendre plus solide. → **raffermir.** *Les difficultés ont cimenté leur amitié.*

CIMETERRE [simtɛʀ] n. m. ▪ *UN CIMETERRE :* sabre à lame large et recourbée, utilisé autrefois par les Turcs. *Le Turc a frappé son ennemi de son cimeterre.*

CIMETIÈRE [simtjɛʀ] n. m. ▪ *UN CIMETIÈRE* **1.** Lieu où l'on enterre les morts. *Il est allé au cimetière mettre des fleurs sur la tombe de sa femme.* **2.** *Cimetière de voitures :* lieu où l'on met des véhicules abîmés qui ne sont plus utilisables. *La voiture accidentée a été transportée au cimetière de voitures.*

CINÉ n. m. Forme abrégée familière de **cinéma.**

CINÉASTE [sineast] n. m., n. f. ▪ *UN CINÉASTE, UNE CINÉASTE :* une personne dont le métier est de faire des films. → **réalisateur.** *Ce film a été réalisé par une jeune cinéaste.*

CINÉ-CLUB [sineklœb] n. m. ▪ *UN CINÉ-CLUB :* association de personnes aimant le cinéma, qui organise des projections de films suivies de débats. *Mon fils fait partie du ciné-club de son lycée.* PLURIEL : *des CINÉ-CLUBS.*

CINÉMA [sinema] n. m. ▪ *LE CINÉMA* **1.** Procédé qui permet d'enregistrer et de projeter des images animées ; art de réaliser des films. *Charlot est un personnage célèbre du CINÉMA MUET. De nos jours, le cinéma est parlant. Ce roman a été adapté pour le cinéma. Il FAIT DU CINÉMA :* il réalise des films. *Elle est actrice de cinéma. Ce film a été tourné dans des studios de cinéma.* **2.** *UN CINÉMA :* salle de spectacle où l'on projette des films. *Il y a trois cinémas dans cette petite ville.* – *CINÉ* [sine] forme abrégée familière *Il y a beaucoup de cinés dans ce quartier.* **3.** STYLE FAMILIER *FAIRE DU CINÉMA, TOUT UN CINÉMA :* faire des manières, exagérer pour se faire remarquer. *Arrête ton cinéma !* → **cirque.** *Elle se fait tout un cinéma :* elle imagine les choses comme elle voudrait qu'elles soient.

CINÉMATOGRAPHIQUE [sinematɔgʀafik] adj. (après le nom) ▪ Qui concerne le cinéma. *Il travaille dans l'industrie cinématographique.*

CINÉPHILE [sinefil] n. m., n. f. ▪ *UN CINÉPHILE, UNE CINÉPHILE :* une personne qui aime et connaît bien le cinéma. *C'est une vraie cinéphile.*

CINGLANT [sɛ̃glɑ̃], **CINGLANTE** [sɛ̃glɑ̃t] adj. (après le nom) **1.** (pluie, vent) Qui fouette, frappe. *J'ai couru sous une pluie cinglante.* → **battant.** **2.** Qui blesse, fait de la peine. → **blessant.** *Le journaliste lui a fait une remarque cinglante.* → **vexant.** ⟨contraire : aimable⟩

CINGLÉ [sɛ̃gle] adj. et n. m., **CINGLÉE** [sɛ̃gle] adj. et n. f. ▪ STYLE FAMILIER **1.** adjectif (après le nom) Fou. → STYLE FAMILIER **dingue, timbré.** *Ce type est complètement cinglé. C'est une fille cinglée.* **2.** *UN CINGLÉ, UNE CINGLÉE :* une personne folle. *Un cinglé m'a abordée dans le métro pour me demander en mariage.*

① **CINGLER** [sɛ̃gle] verbe [conjugaison 1a] **1.** (pluie, vent) Frapper, fouetter. *Ce vent glacial me cingle le visage.* **2.** Frapper fort avec un objet long et mince. *Le cavalier cingle son cheval avec un fouet.*

② **CINGLER** [sɛ̃gle] verbe [conjugaison 1a] ▪ (bateau à voile) Se diriger dans une direction. *Le voilier cingle vers la Corse.*

CINQ [sɛ̃k] adj., pronom et n. m. invariables

I. adjectif invariable (avant le nom ou après le nom) **1.** (avant le nom) Quatre plus un (5 ; V). *La main a cinq doigts. La vue, l'odorat, le goût, le toucher et l'ouïe sont les cinq sens. Nos voisins ont cinq enfants. La concierge revient dans CINQ MINUTES,* très bientôt, tout de suite. **2.** (après le nom) Cinquième. *Ouvrez votre livre page cinq. Il est cinq heures vingt.*

II. pronom Cinq personnes, cinq choses. *Ils sont venus à cinq. Il en reste cinq.*

III. 1. *UN CINQ :* le chiffre cinq. *Il écrit mal ses cinq.* **2.** *CINQ :* le nombre cinq. *LE CINQ. Cinq et deux font sept. Cet élève a eu cinq sur dix à sa dictée,* sa note est de cinq sur dix. **3.** *LE CINQ, LA CINQ :* ce qui porte le numéro cinq. *Ils habitent au cinq de la rue de l'Église. Nous sommes le cinq :* c'est le cinquième jour du mois. *Il a pioché le cinq de cœur,* la carte à jouer portant cinq cœurs. *Pour ses chemises, il prend du cinq,* de la taille cinq. *Dans la course de chevaux, c'est le cinq qui a gagné,* le cheval portant le numéro cinq. *Le serveur apporte la note de la* *cinq*, de la table, de la chambre cinq. – *J'ai regardé une émission sur la cinq*, sur la cinquième chaîne de télévision française.

REM. 1. On prononce toujours [sɛ̃k] devant une voyelle (*cinq amis* [sɛ̃kami]). Devant une consonne, il est recommandé de prononcer [sɛ̃] (*cinq doigts* [sɛ̃dwa]). 2. *Cinq* s'emploie en composition (ex. : *trente-cinq, cent cinq*).

CINQUANTAINE [sɛ̃kɑ̃tɛn] n. f. ▪ *UNE CINQUANTAINE* 1. Nombre d'environ cinquante. *Il y a une cinquantaine d'invités.* 2. Âge de cinquante ans, d'environ cinquante ans. *Cet homme approche de la cinquantaine*, il va bientôt avoir cinquante ans. *Sa femme a une BONNE CINQUANTAINE*, elle a plus de cinquante ans.

CINQUANTE [sɛ̃kɑ̃t] adj., pronom et n. m. invariables
I. adjectif invariable (avant le nom ou après le nom) 1. (avant le nom) Cinq fois dix (50 ; L). *J'ai acheté un cahier de cinquante pages. Sa femme a cinquante ans. Je ne le répéterai pas CINQUANTE FOIS*, un grand nombre de fois. 2. (avant ou après le nom) Cinquantième. *Ouvrez votre livre page cinquante.*
II. pronom Cinquante personnes, cinquante choses. *Ils sont cinquante. Il en reste cinquante.*
III. 1. *CINQUANTE. Quarante-deux plus huit font cinquante. Cinquante pour cent (50 %) des gens interrogés sont d'accord*, la moitié. 2. *LE CINQUANTE, LA CINQUANTE* : qui porte le numéro cinquante. *Ils habitent au cinquante de l'avenue Foch. Le serveur apporte la note de la cinquante*, de la table, de la chambre cinquante.

REM. *Cinquante* s'emploie en composition (ex. : *cinquante et un, cinquante-deux, cent cinquante*).

CINQUANTENAIRE [sɛ̃kɑ̃tnɛʀ] n. m. ▪ *LE CINQUANTENAIRE* : cinquantième anniversaire. *Le roi a fêté le cinquantenaire de son règne.* → **jubilé.**

CINQUANTIÈME [sɛ̃kɑ̃tjɛm] adj., n. m. et n. f.
I. adjectif (avant le nom) Qui a le numéro cinquante. *Le coureur est arrivé cinquantième. Ils habitent au cinquantième étage d'une tour.*
II. 1. *LE CINQUANTIÈME* : partie d'un tout divisé en cinquante parts égales. *Dix est le cinquantième de cinq cents. Mesurez les deux cinquantièmes.* 2. *LE CINQUANTIÈME, LA CINQUANTIÈME* : ce qui a le numéro cinquante. *Elle est la cinquantième du concours.*

REM. Celui qui suit le cinquantième est le *cinquante-et-unième.*

CINQUIÈME [sɛ̃kjɛm] adj., n. m. et n. f.
I. adjectif (avant le nom) Qui a le numéro cinq, qui vient après le quatrième. *Ils habitent au cinquième étage. C'est la cinquième fois en un an. Elle est arrivée cinquième.*
II. 1. nom masculin *LE CINQUIÈME* : partie d'un tout divisé en cinq parts égales. *Il a perdu les deux cinquièmes de sa fortune.* 2. *LE CINQUIÈME, LA CINQUIÈME* : ce qui a le numéro cinq. *Elle est la cinquième à avoir répondu.* 3. *Son bureau est au cinquième*, au cinquième étage. *Ils habitent dans le cinquième*, dans le cinquième arrondissement de la ville. 4. *LA CINQUIÈME* : la deuxième classe du collège, en France. *Mon fils a treize ans, il est en cinquième.*

REM. *Cinquième* s'emploie en composition (ex. : *vingt-cinquième* [vɛ̃tsɛ̃kjɛm], *cent cinquième*).

CINTRE [sɛ̃tʀ] n. m. ▪ *UN CINTRE* 1. Barre courbée et munie d'un crochet, qui sert à suspendre les vêtements. *Mets ta veste sur un cintre.* 2. *EN PLEIN CINTRE* : en demi-cercle. *Cette église romane a une voûte en plein cintre.* 3. (au pluriel) LES CINTRES : la partie du théâtre au-dessus de la scène. *Les décors descendent des cintres.*

CINTRÉ [sɛ̃tʀe], **CINTRÉE** [sɛ̃tʀe] adj. (après le nom) ▪ Qui est serré à la taille. *Le mannequin porte une veste cintrée.*

CIRAGE [siʀaʒ] n. m. ▪ *LE CIRAGE* : produit qui sert à faire briller le cuir. *Elle a acheté une boîte de cirage noir chez le cordonnier. Il met du cirage sur ses chaussures*, il les cire. – STYLE FAMILIER *ÊTRE DANS LE CIRAGE* : ne pas avoir les idées claires. *Après son accident, l'automobiliste était complètement dans le cirage.*

CIRCONCIS [siʀkɔ̃si] adj. (après le nom) ▪ À qui on a fait une circoncision. *Un jeune garçon circoncis.*

CIRCONCISION [siʀkɔ̃sizjɔ̃] n. f. ▪ *LA CIRCONCISION* : opération au cours de laquelle on enlève le prépuce. *On a pratiqué la circoncision sur ce bébé.*

CIRCONFÉRENCE [siʀkɔ̃feʀɑ̃s] n. f. ▪ *LA CIRCONFÉRENCE* : longueur d'un cercle, qui est égale au produit de son diamètre par π [pi]. *La circonférence est le périmètre du cercle.*

CIRCONFLEXE [siʀkɔ̃flɛks] adj. (après le nom) ▪ *ACCENT CIRCONFLEXE* : accent en forme de V renversé (ˆ) qu'on met au-dessus d'une voyelle. *L'accent circonflexe permet de prononcer différemment a* [a] *et â* [ɑ], *o* [ɔ] *et ô* [o], *é* [e] *et ê* [ɛ] *et de faire la différence entre des mots comme du et dû. Hôpital s'écrit avec un o accent circonflexe.*

REM. L'accent circonflexe se place sur les voyelles *a, e, i, o* et *u* ; il ne change pas le son du *i* et du *u*.

CIRCONSCRIPTION [siʀkɔ̃skʀipsjɔ̃] n. f. ▪ *UNE CIRCONSCRIPTION* : division d'un pays, d'un territoire. *Le canton, l'arrondissement, le département sont des circonscriptions administratives françaises. Le diocèse est une circonscription religieuse. Le député visite sa CIRCONSCRIPTION ÉLECTORALE*, la partie du département dans laquelle il a été élu.

CIRCONSPECT [siʀkɔ̃spɛ], **CIRCONSPECTE** [siʀkɔ̃spɛkt] adj. (après le nom) ▪ Qui fait attention à ce qu'il dit et à ce qu'il fait. → **prudent.** *Je reste circonspect, bien qu'elle jure de dire la vérité.*

CIRCONSTANCE [siʀkɔ̃stɑ̃s] n. f. ▪ *UNE CIRCONSTANCE* 1. Ce qui caractérise le moment présent. → **situation.** *En quelle circonstance a-t-elle dit ça ?* → **occasion.** *Étant donné les circonstances, il n'y aura pas de fête cette année. En raison des circonstances, nous ne viendrons pas. Après l'accident, le maire a fait un discours DE CIRCONSTANCE*, qui convient à ce qui s'est passé. 2. (souvent au pluriel) Particularité qui accompagne un événement. → **condition.** *Il faut tenir compte des circonstances avant de juger. Sait-on dans quelles circonstances le feu a pris ?* 3. Événement particulier. *Pour la circonstance, il a mis une cravate.*

CIRCONVENIR [siʀkɔ̃vniʀ] verbe [conjugaison 22] ▪ STYLE RECHERCHÉ Agir sur (qqn, qqch.) avec ruse pour obtenir ce qu'on veut. → **entortiller.** *Il l'a circonvenu avec ses belles paroles. Ne vous laissez pas circonvenir !*

circonvenu [siʀkɔ̃vny], **circonvenue** [siʀkɔ̃vny] *Il a circonvenu l'assemblée ; l'assemblée qu'il a circonvenue* : formes au participe passé du verbe **circonvenir.**

CIRCUIT [siʀkɥi] n. m. ▪ *UN CIRCUIT* 1. Parcours organisé. *Les touristes ont fait le circuit des châteaux de la Loire.* 2. Parcours d'une course qui fait une boucle. *Les coureurs automobiles tournent sur le circuit du Mans pendant vingt-quatre heures.* 3. Ensemble des fils électriques par où passe le courant. *L'interrupteur permet d'interrompre ou de rétablir le passage du courant électrique dans le circuit.* 4. Ensemble des tuyaux et des vannes par où passe un fluide. *Un réacteur nucléaire a un CIRCUIT DE REFROIDISSEMENT.*

① **CIRCULAIRE** [siʀkylɛʀ] adj. (après le nom) 1. Qui a la forme d'un cercle. → **rond.** *La piste du cirque est circulaire.* 2. Qui fait un mouvement qui ressemble à un cercle. *L'inspecteur jette un* *regard circulaire dans la pièce.* **3.** Qui fait un tour complet. *Un boulevard circulaire fait le tour de la ville.* → **périphérique.**

② **CIRCULAIRE** [sirkylɛr] n. f. ▪ *UNE CIRCULAIRE :* lettre identique envoyée à plusieurs personnes en même temps. *Les parents d'élèves ont reçu une circulaire du directeur.*

CIRCULATION [sirkylasjɔ̃] n. f. ▪ *LA CIRCULATION* **1.** Le fait de se déplacer en utilisant les voies de communication. *La circulation aérienne est perturbée par le mauvais temps.* **2.** Mouvement des véhicules dans une ville et sur la route. *Il y a beaucoup de circulation les jours de départ en vacances,* il y a beaucoup de voitures qui circulent. → **trafic.** *Le camion est sur une route À GRANDE CIRCULATION. Le cycliste a été victime d'un ACCIDENT DE LA CIRCULATION.* – STYLE FAMILIER *Il a DISPARU DE LA CIRCULATION :* on ne sait pas ce qu'il est devenu. **3.** Mouvement d'un fluide qui se déplace. *LA CIRCULATION DU SANG :* le circuit que fait le sang dans le corps. *Ma grand-mère a vu le médecin, elle a une bonne circulation.* **4.** Mouvement de quelque chose qui se répand. *La Banque de France a mis un nouveau billet de cinq cents francs EN CIRCULATION. Son nouveau livre sera en circulation la semaine prochaine,* il sera en vente.

CIRCULATOIRE [sirkylatwar] adj. (après le nom) ▪ Qui concerne la circulation du sang. *Le cœur, les veines, les artères et les vaisseaux sanguins composent l'APPAREIL CIRCULATOIRE. Le malade a des troubles circulatoires,* des problèmes de circulation du sang.

CIRCULER [sirkyle] verbe [conjugaison 1a] **1.** Se déplacer sur les voies de communication. *Suite à une grève, aucun avion ne circulera demain. Ça circule mal aujourd'hui :* il y a beaucoup de circulation automobile. → **rouler.** *Circulez ! il n'y a rien à voir,* avancez, ne restez pas là. **2.** Se déplacer dans un circuit. *Le sang circule dans le corps.* → **couler.** *La sève circule dans les plantes.* **3.** Aller de main en main. *Une pétition circule parmi les locataires de l'immeuble. Il y a beaucoup de faux billets qui circulent en ce moment.* **4.** Se répandre. *Le bruit circule que le maire va peut-être démissionner.* → **courir.**

CIRE [sir] n. f. ▪ *LA CIRE* **1.** Matière jaune et molle que fabriquent les abeilles pour construire les alvéoles de leur ruche. *Ces bougies sont faites avec de la cire. Elle s'enlève les poils des jambes avec de la CIRE À ÉPILER.* **2.** Produit à base de cire qui sert à entretenir le bois. *La femme de ménage passe de la cire liquide sur le buffet.* → **encaustique.**

REM. *Sire,* titre donné à un souverain quand on s'adresse à lui, se prononce de la même façon.

CIRÉ [sire] adj. et n. m., **CIRÉE** [sire] adj.
I. adjectif (après le nom) **1.** Enduit de cire. *Attention de ne pas glisser sur le parquet ciré !* **2.** Enduit d'un vernis qui rend imperméable. *La table de la cuisine est recouverte d'une TOILE CIRÉE.*
II. *UN CIRÉ :* vêtement imperméable en toile cirée ou plastifiée. *Le marin a mis son ciré jaune.*

CIRER [sire] verbe [conjugaison 1a] **1.** Frotter avec de la cire. *La femme de ménage cire les meubles.* → **encaustiquer.** **2.** Frotter avec du cirage. *Tu cireras* [sirra] *tes chaussures demain.* – STYLE TRÈS FAMILIER *J'en ai RIEN À CIRER :* cela m'est égal, je m'en moque, je n'en ai rien à faire. *Il est furieux à cause de moi ? Eh bien, j'en ai rien à cirer.* → STYLE TRÈS FAMILIER **battre, foutre.**

CIREUX [sirø], **CIREUSE** [sirøz] adj. (après le nom) **1.** Qui a la consistance de la cire. *Cette pâte est cireuse.* **2.** (teint) Qui a la couleur jaunâtre de la cire. *La malade a mauvaise mine, elle a le teint cireux.*

CIRQUE [sirk] n. m. ▪ *LE CIRQUE* **1.** Spectacle avec combats de gladiateurs et d'animaux et les courses de chars, qui avaient lieu dans une arène, dans l'Antiquité. *Les Romains aimaient beaucoup les JEUX DU CIRQUE.* **2.** *UN CIRQUE :* lieu de spectacle, souvent couvert d'une tente (→ **chapiteau**), où les spectateurs sont assis sur des gradins autour d'une piste ronde sur laquelle des clowns, des acrobates, des prestidigitateurs font leur numéro. *Les enfants aiment beaucoup aller au cirque.* **3.** Spectacle donné dans ce lieu. *J'adore le cirque.* – STYLE FAMILIER Activité désordonnée. *Qu'est-ce que c'est que ce cirque ?* → **bazar ;** STYLE TRÈS FAMILIER **bordel.** *Arrête ton cirque !* arrête de te faire remarquer. → **cinéma.** **4.** *UN CIRQUE :* ensemble de montagnes disposées en cercle ou en demi-cercle. *Le cirque de Gavarnie, dans les Pyrénées françaises, est très beau.* – Dépression circulaire à la surface de la Lune. *L'astronome observe un cirque lunaire.*

CIRRHOSE [siroz] n. f. ▪ *UNE CIRRHOSE :* maladie très grave du foie. *Les cirrhoses sont souvent provoquées par un abus d'alcool prolongé.*

CISAILLES [sizaj] n. f. pluriel ▪ *DES CISAILLES :* gros ciseaux utilisés pour couper du métal ou une branche d'arbre. *Le jardinier coupe une branche avec ses cisailles.* → **sécateur.**

CISEAU [sizo] n. m. ▪ *UN CISEAU :* outil d'acier qui sert à tailler le bois, la pierre, le fer. *Le sculpteur se sert d'un ciseau.* PLURIEL : *des CISEAUX.*

CISEAUX [sizo] n. m. pluriel ▪ *LES CISEAUX* **1.** Instrument formé de deux lames réunies et croisées en leur milieu, qui sert à couper. *Le couturier coupe du tissu avec ses ciseaux. Elle fait des découpages avec sa PAIRE DE CISEAUX. La manucure coupe les ongles avec des CISEAUX À ONGLES. Tous les ciseaux ont disparu.* **2.** *Sauter EN CISEAUX,* en levant les jambes l'une après l'autre, comme les lames d'une paire de ciseaux. *Il saute très bien en ciseaux.*

REM. On peut dire *des ciseaux* ou *une paire de ciseaux.*

CISELÉ [sizle], **CISELÉE** [sizle] adj. (après le nom) ▪ Qui a été décoré très finement avec un ciseau. *Une coupe en or ciselé est posée sur la table.*

CISELER [sizle] verbe [conjugaison 5a] ▪ Décorer finement avec un ciseau (le métal, la pierre). *Le joaillier cisèle un bracelet.*

CITADELLE [sitadɛl] n. f. ▪ *UNE CITADELLE :* forteresse qui dominait une ville pour la protéger. *Les habitants assiégés se sont réfugiés derrière les remparts de la citadelle.*

CITADIN [sitadɛ̃] n. m., **CITADINE** [sitadin] n. f. ▪ *UN CITADIN, UNE CITADINE :* une personne qui habite dans une ville. *Les Parisiens, les Londoniens, les Athéniens sont des citadins.*

CITATION [sitasjɔ̃] n. f. ▪ *UNE CITATION* **1.** Extrait d'une œuvre ou d'un discours d'un auteur, d'un personnage célèbre. *Les candidats à l'examen doivent commenter une citation de Shakespeare. Le professeur donne la référence de la citation.* **2.** *CITATION À COMPARAÎTRE :* obligation de se présenter devant un tribunal, en tant que témoin ou pour être jugé. *J'ai reçu une citation à comparaître.*

CITÉ [site] n. f. ▪ *UNE CITÉ* **1.** Ville. *Nous habitons dans une grande cité.* → **ville. 2.** Partie la plus ancienne d'une ville. *Notre-Dame-de-Paris est située dans l'île de la Cité.* **3.** Groupement d'immeubles. *Mon fils étudiant habite dans une CITÉ UNIVERSITAIRE. Il habite dans une cité,* dans un ensemble de grands bâtiments où les logements sont peu chers, à l'écart d'une grande ville. *Des sans-abri ont été recueillis dans une CITÉ D'URGENCE.*

> FAUX AMI
> l'italien **città,** seul mot pour ville, n'a pas les autres emplois.

CITÉ-DORTOIR [sitedɔʀtwaʀ] n. f. ▪ *UNE CITÉ-DORTOIR :* grand ensemble d'immeubles où les habitants ne sont là que la nuit, leur lieu de travail étant très éloigné. *Ils habitent dans une cité-dortoir, en grande banlieue.* PLURIEL : *des CITÉS-DORTOIRS.*

CITER [site] verbe [conjugaison 1a] **1.** Dire exactement ce que quelqu'un a écrit ou dit. *Le professeur a cité un vers de Rimbaud.* **2.** Donner le nom (de qqn, de qqch.). → **nommer.** *Citez-moi cinq fleuves espagnols.* **3.** Désigner (qqn, qqch. digne d'intérêt). → **signaler.** *Elle CITE toujours son frère EN EXEMPLE.* **4.** Obliger (qqn) à comparaître en justice. *L'avocat de la défense a cité un témoin.*

CITERNE [sitɛʀn] n. f. ▪ *UNE CITERNE* **1.** Grand réservoir dans lequel on reçoit et on conserve l'eau de pluie. *La citerne est pleine.* **2.** Cuve fermée, dans laquelle on garde des liquides (mazout, vin, etc.). *La citerne à mazout est percée.*

CITOYEN [sitwajɛ̃] n. m., **CITOYENNE** [sitwajɛn] n. f. ▪ *UN CITOYEN, UNE CITOYENNE* **1.** Personne qui a la nationalité d'un pays républicain. *Monsieur Dupont est citoyen français. Les électeurs ont accompli leur DEVOIR DE CITOYEN,* ils ont voté **(→ civique). 2.** Terme que l'on employait pour s'adresser aux gens ou pour parler d'eux, pendant la Révolution française. *Le citoyen Danton a été guillotiné.*

CITRON [sitʀɔ̃] n. m. et adj. invariable **1.** *UN CITRON :* fruit du citronnier, de couleur jaune clair et au goût acide. *Les citrons sont des agrumes. Je mets une rondelle de citron dans ma tasse de thé. Elle boit un jus de citron. Voulez-vous un CITRON PRESSÉ ? Le cuisinier ajoute un ZESTE DE CITRON dans la sauce.* **2.** adjectif invariable (après le nom) De la couleur du citron. *Elle a une écharpe jaune citron. Elle a mis une robe citron.* PLURIEL : *des gants citron.*

CITRONNADE [sitʀɔnad] n. f. ▪ *LA CITRONNADE :* boisson faite de jus de citron ou de sirop de citron et d'eau. *Nous avons bu une bonne citronnade bien fraîche.*

CITRONNIER [sitʀɔnje] n. m. ▪ *UN CITRONNIER :* arbre à fleurs blanches, cultivé dans les pays chauds, qui donne les citrons. *L'allée du parc est bordée de citronniers.*

CITROUILLE [sitʀuj] n. f. ▪ *UNE CITROUILLE :* gros fruit rond jaune orangé. → **potiron.** *La citrouille est une courge. Dans les contes de fées, les citrouilles se transforment en carrosses.* – STYLE FAMILIER *J'ai LA TÊTE COMME UNE CITROUILLE,* la tête pleine de soucis, d'inquiétudes.

CIVET [sivɛ] n. m. ▪ *UN CIVET :* viande (de lapin, de lièvre, gibier) qu'on a fait mariner dans du vin et qu'on fait cuire dans une sauce avec du sang et des oignons **(→ ragoût).** *Le cuisinier a préparé du CIVET DE LIÈVRE.*

CIVIÈRE [sivjɛʀ] n. f. ▪ *UNE CIVIÈRE :* lit formé d'une toile tendue entre des barres, qui sert à transporter des malades, des blessés. → **brancard.** *Les sauveteurs ont mis le blessé sur une civière.*

CIVIL [sivil] adj. et n. m., **CIVILE** [sivil] adj.
I. adjectif (après le nom) **1.** Qui concerne toute la population d'un pays. *La GUERRE CIVILE vient d'éclater,* une guerre entre tous les citoyens du même pays. *Nous avons des DROITS CIVILS,* des droits que tous les citoyens ont. **2.** Qui n'est pas militaire. *Le général a mis ses vêtements civils.* **3.** Qui n'est pas religieux. *Le MARIAGE CIVIL aura lieu à la mairie de Montreuil.* **4.** Qui est très poli. → **courtois.** *Son mari est un homme très civil.* ⟨contraire : grossier⟩
II. nom masculin **1.** *UN CIVIL :* une personne qui n'est pas militaire. *La bombe a fait plusieurs morts parmi les civils.* **2.** *LE CIVIL :* la vie civile. *Que fait-il DANS LE CIVIL ?* quand il n'est pas dans l'armée. **3.** Vêtements civils. *Les soldats sont partis en permission EN CIVIL,* pas en uniforme.

CIVILEMENT [sivilmɑ̃] adverbe ▪ *Se marier civilement,* à la mairie. ⟨contraire : religieusement⟩ *Ils se sont mariés civilement à la mairie de leur village.*

CIVILISATION [sivilizasjɔ̃] n. f. **1.** *LA CIVILISATION :* ensemble des progrès que le monde a faits et continue à faire. *On parle souvent des bienfaits de la civilisation.* **2.** *UNE CIVILISATION :* manière de vivre et de penser d'un peuple à un certain moment. → **culture.** *La civilisation de l'Égypte ancienne était très avancée.*

CIVILISÉ [sivilize], **CIVILISÉE** [sivilize] adj. (après le nom) **1.** Qui a une civilisation évoluée. *Nous vivons dans un pays civilisé.* **2.** STYLE FAMILIER Qui se comporte d'une manière agréable avec les autres. → **courtois, poli.** *Tu peux t'adresser à lui sans avoir peur, c'est un homme civilisé.*

CIVILISER [sivilize] verbe [conjugaison 1a] **1.** Faire passer (un peuple) à un état social considéré comme plus avancé, à une manière de vivre plus évoluée pour permettre de faire des progrès. *Les Grecs ont civilisé l'Occident.* **2.** STYLE FAMILIER Rendre (qqn) plus poli. *La vie en communauté l'a un peu civilisé.*

CIVIQUE [sivik] adj. (après le nom) ▪ Qui concerne le citoyen. *Voter est un DEVOIR CIVIQUE. Les élèves suivent des cours d'INSTRUCTION CIVIQUE,* qui portent sur les droits et les devoirs des citoyens. *Il a l'ESPRIT CIVIQUE,* le sens de ses responsabilités en tant que citoyen.

CIVISME [sivism] n. m. ▪ *LE CIVISME :* attitude d'une personne qui a l'esprit civique. *Les habitants de la ville ont fait preuve de civisme en n'utilisant pas leur voiture les jours de forte pollution.*

CLAFOUTIS [klafuti] n. m. ▪ *UN CLAFOUTIS :* un gâteau fait avec des œufs, du lait et des fruits. *Le pâtissier a préparé un clafoutis aux pruneaux.*

CLAIR [klɛʀ] adj., n. m. et adverbe, **CLAIRE** [klɛʀ] adj.
I. adjectif (après le nom) **1.** Qui reçoit beaucoup de lumière du jour **(→ clarté).** *Leur appartement est très clair.* → **lumineux.** ⟨contraires : obscur, sombre⟩ **2.** Qui est peu coloré. ⟨contraire : foncé⟩ *Son mari a les yeux clairs. Elle s'habille toujours avec des couleurs claires.* **3.** Pur et transparent. *L'eau du torrent est claire.* → **limpide.** ⟨contraire : trouble⟩ **4.** (sons) Net et pur. *Il m'a répondu d'une voix claire.* **5.** Facile à comprendre. *Les explications du professeur sont très claires.* → **intelligible.** ⟨contraire : compliqué⟩ *Ce journaliste est clair quand il explique la situation actuelle.* → **explicite.** *J'ai mal dormi, je n'ai pas les idées claires ce matin.* **6.** Qui est évident et sans équivoque. *Il faut que les choses soient claires entre nous* **(→ clarifier).** *Cette affaire n'est pas claire,* elle est suspecte. **7.** (temps) Beau et sans nuages. *Le temps est clair aujourd'hui. Par temps clair, on peut voir de l'autre côté du lac.*
II. nom masculin **1.** *CLAIR DE LUNE :* lumière que la Lune envoie sur la Terre, la nuit quand elle brille. *Les amoureux se sont*

promenés au clair de lune. Il y a un beau clair de lune ce soir. **2.** *Tirer une affaire* AU CLAIR, l'élucider, trouver des explications. *Comment le voleur a-t-il pu s'introduire dans l'appartement sans passer par la porte ? Il faut tirer cette affaire au clair.* **3.** *EN CLAIR :* en termes simples. *En clair, qu'est-ce que tu veux exactement ?* explique-toi clairement. **4.** *LE PLUS CLAIR :* la plus grande partie. *Les enfants passent le plus clair de leur temps à jouer.*
III. adverbe **1.** *VOIR CLAIR :* bien voir. *Je ne vois plus clair, je dois mettre des lunettes. – On commence à y voir plus clair dans cette affaire,* à comprendre. **2.** *Parler clair,* sans détour. *Je lui ai dit HAUT ET CLAIR ce que je pense de son attitude,* franchement.

CLAIRE [klɛʀ] n. f. ▪ *UNE CLAIRE* ou *UNE FINE DE CLAIRE :* huître que l'on a gardée plusieurs semaines dans un bassin d'eau de mer peu profond. *Elle a mangé une douzaine de fines de claire.*

CLAIREMENT [klɛʀmɑ̃] adverbe **1.** D'une manière claire, nette. → **distinctement.** *On verra plus clairement les montagnes quand la brume se sera levée.* → **nettement.** **2.** D'une manière simple et compréhensible. ⟨contraire : vaguement⟩ *Explique-moi clairement ce que tu veux.*

À **CLAIRE-VOIE** [aklɛʀvwa] adverbe ▪ (ouverture) Qui présente des vides, de petites ouvertures. *Des rayons de soleil entrent dans la chambre par les volets à claire-voie.*

CLAIRIÈRE [klɛʀjɛʀ] n. f. ▪ *UNE CLAIRIÈRE :* endroit d'une forêt où il n'y a pas d'arbres et où il fait plus clair. *Nous avons pique-niqué dans une clairière.*

CLAIRON [klɛʀɔ̃] n. m. ▪ *UN CLAIRON :* instrument de musique à vent, en cuivre, utilisé dans l'armée. *Le soldat SONNE DU CLAIRON. Les soldats sont réveillés par une sonnerie de clairon.*

CLAIRONNER [klɛʀɔne] verbe [conjugaison 1a] ▪ Annoncer d'une manière bruyante, sans discrétion. → **clamer, proclamer.** *Il est allé claironner partout son succès à son examen. Il CLAIRONNE QU'il a été reçu à son examen.*

CLAIRSEMÉ [klɛʀsəme], **CLAIRSEMÉE** [klɛʀsəme] adj. (après le nom) ▪ Réparti d'une manière espacée, peu serrée. *Mon grand-père a les cheveux clairsemés.* ⟨contraire : dru⟩ *Ici, la forêt est clairsemée.* ⟨contraire : touffu⟩ *La population est clairsemée dans cette région.* ⟨contraire : dense⟩

CLAIRVOYANCE [klɛʀvwajɑ̃s] n. f. ▪ *LA CLAIRVOYANCE :* vue claire et lucide des choses. → **lucidité.** *Il a un esprit d'une grande clairvoyance.* → **perspicacité.**

CLAIRVOYANT [klɛʀvwajɑ̃], **CLAIRVOYANTE** [klɛʀvwajɑ̃t] adj. (après le nom) ▪ Qui a un jugement sûr, qui a une vue claire des choses et ne se laisse pas tromper. *Cet avocat a l'esprit clairvoyant.* → **perspicace.**

CLAM [klam] n. m. ▪ *UN CLAM :* coquillage comestible. → **palourde.** *Nous avons mangé des clams* [klams].

CLAMER [klame] verbe [conjugaison 1a] ▪ Faire savoir en criant, avec violence. *L'accusé clame son innocence.* → **proclamer.**

CLAMEUR [klamœʀ] n. f. ▪ *UNE CLAMEUR :* ensemble de cris poussés par de nombreuses personnes en même temps. *Une clameur s'élève du stade à chaque fois qu'un but est marqué.*

CLAMSER [klamse] verbe [conjugaison 1a] ▪ STYLE TRÈS FAMILIER Mourir. → STYLE TRÈS FAMILIER **claquer, crever.** *Il a clamsé, le vieux.*

CLAN [klɑ̃] n. m. ▪ *UN CLAN* **1.** Petit groupe de personnes qui ont les mêmes goûts, les mêmes idées et qui s'opposent aux autres. *La classe est divisée en deux clans.* → **camp.** **2.** Groupe formé par un certain nombre de familles qui ont un ancêtre en commun, en Irlande et en Écosse. *En Écosse, chaque clan porte un tissu écossais différent.*

CLANDESTIN [klɑ̃dɛstɛ̃], **CLANDESTINE** [klɑ̃dɛstin] adj. (après le nom) **1.** Qui est fait en cachette et qui est interdit par la loi. → **secret.** *Les opposants ont organisé une réunion clandestine.* ⟨contraires : autorisé, public⟩ *Ils écrivent dans un journal clandestin.* **2.** (qqn) Qui se cache. *On a trouvé un PASSAGER CLANDESTIN dans la soute à bagages de l'avion,* un passager qui se cache parce qu'il n'a pas payé son voyage. *Cette entreprise fait travailler des travailleurs immigrés clandestins,* des travailleurs qui sont entrés dans le pays sans en avoir le droit, parce qu'ils n'ont pas de papiers en règle.

CLANDESTINEMENT [klɑ̃dɛstinmɑ̃] adverbe ▪ D'une manière clandestine, en cachette. *Les personnes qui voyagent clandestinement s'opposent à la loi.*

CLANDESTINITÉ [klɑ̃dɛstinite] n. f. ▪ *LA CLANDESTINITÉ :* caractère de ce qui est clandestin. *Les résistants vivaient DANS LA CLANDESTINITÉ,* en se cachant.

CLAPET [klapɛ] n. m. ▪ *UN CLAPET* **1.** Petit couvercle maintenu par une charnière dans une pompe ou une machine. → **soupape.** *Le clapet de la pompe s'ouvre pour laisser passer l'air.* **2.** STYLE FAMILIER Bouche. *Ferme ton clapet !* tais-toi ! → STYLE FAMILIER **gueule.**

CLAPIER [klapje] n. m. ▪ *UN CLAPIER :* cage où l'on élève des lapins. *La fermière donne à manger aux lapins dans leur clapier.*

CLAPOTIS [klapɔti] n. m. ▪ *UN CLAPOTIS :* bruit et mouvement que font de petites vagues qui s'entrechoquent. *On entend un léger clapotis le long du quai.*

CLAQUAGE [klakaʒ] n. m. ▪ *UN CLAQUAGE :* déchirure accidentelle d'un muscle. *Le joueur de tennis s'est fait un claquage à la cuisse.*

CLAQUE [klak] n. f. ▪ *UNE CLAQUE* **1.** Coup donné sur la joue avec le plat de la main. → **gifle, tape.** *Sa mère lui a donné une PAIRE DE CLAQUES.* – STYLE FAMILIER *C'est une vraie TÊTE À CLAQUES,* une personne agaçante, qu'on a envie de gifler. **2.** STYLE FAMILIER Échec vexant. *Son échec au concours a été une claque pour lui.* **3.** *LA CLAQUE :* ensemble de personnes payées pour applaudir un spectacle. *Des amis du metteur en scène de la pièce sont venus FAIRE LA CLAQUE.* **4.** STYLE FAMILIER *EN AVOIR SA CLAQUE :* en avoir assez. → STYLE FAMILIER **marre.** *J'en ai ma claque de vos disputes.*

CLAQUEMENT [klakmɑ̃] n. m. ▪ *UN CLAQUEMENT :* bruit que fait qqch. qui claque. *Le dresseur fait obéir son chien d'un CLAQUEMENT DE DOIGTS. J'ai entendu le claquement d'une portière de voiture.*

CLAQUER [klake] verbe [conjugaison 1a] **1.** Faire un bruit sec et fort. *La porte a claqué à cause du courant d'air,* elle a fait du bruit en se fermant brusquement. *Le petit garçon claque des dents tellement il a froid.* **2.** Fermer brutalement. *Il a claqué la porte et il est parti. Il m'a claqué la porte au nez,* il ne m'a pas laissé entrer. *Il est parti en claquant la porte, pour montrer qu'il était* en colère. 3. Donner une claque à (qqn). → **gifler.** *Arrête ou je te claque !* 4. STYLE FAMILIER Cesser de fonctionner. *L'ampoule a claqué, il faut la changer.* → **griller** ; STYLE FAMILIER **péter.** 5. STYLE TRÈS FAMILIER Mourir. → STYLE TRÈS FAMILIER **clamser, crever.** *La vieille a fini par claquer.* 6. STYLE FAMILIER Dépenser. → **gaspiller.** *Elle claque tout son argent en s'achetant des fringues.* 7. STYLE FAMILIER Fatiguer. → STYLE FAMILIER **crever.** *Cette promenade nous a claqués. Je suis claquée.* 8. verbe pronominal SE CLAQUER *Se claquer un muscle :* se déchirer un muscle, se faire un claquage. *La coureuse s'est claqué un muscle.* → **froisser.**

CLAQUETTES [klakɛt] n. f. pluriel ▪ *LES CLAQUETTES :* danse où l'on fait un bruit sec avec des chaussures équipées de lames de métal sous la semelle, pour marquer le rythme. *Fred Astaire fut un célèbre DANSEUR DE CLAQUETTES. Sais-tu FAIRE DES CLAQUETTES ?*

CLARIFIER [klaʀifje] verbe [conjugaison 7a] 1. Rendre plus clair, plus facile à comprendre. → **éclaircir.** (contraires : compliquer, embrouiller) *Il faut que nous clarifiions la situation.* 2. verbe pronominal SE CLARIFIER : (qqch.) devenir plus clair. *La situation se clarifiera* [klaʀifiʀa] *quand nous aurons des informations supplémentaires. La situation s'est enfin clarifiée.*

CLARINETTE [klaʀinɛt] n. f. ▪ *UNE CLARINETTE :* instrument de musique à vent, formé d'un tube en bois terminé par un pavillon peu ouvert. *Elle sait jouer de la clarinette.*

CLARTÉ [klaʀte] n. f. ▪ *LA CLARTÉ* 1. Lumière. *Ce soir, la lune répand une douce clarté.* → **lueur.** (contraire : obscurité) 2. Qualité de ce qui est clair, transparent. *L'eau du torrent est d'une grande clarté.* → **limpidité.** 3. Caractère de ce qu'on comprend facilement. → **netteté, précision.** *Ses explications manquent de clarté. Le professeur parle avec clarté.* (contraire : confusion)

① **CLASSE** [klas] n. f.
I. *UNE CLASSE* 1. Ensemble de personnes qui ont le même genre d'activités, le même genre de vie. → **caste.** *Ils sont de la même CLASSE SOCIALE :* ils ont le même niveau social. *En France, la petite bourgeoisie représente la classe moyenne de la société. La LUTTE DES CLASSES oppose les exploités et les exploiteurs.* 2. Ensemble de personnes, d'animaux ou de choses qui ont des caractères communs. → **catégorie, espèce, sorte, type.** *Ce livre s'adresse à toutes les classes de lecteurs. Le lion appartient à la classe des mammifères. Ces jeunes sont de la même classe d'âge.* 3. Degré de confort de certains moyens de transport. *Dans le train, elle voyage toujours en première classe,* dans le wagon le plus confortable.
II. *LA CLASSE* 1. Valeur, qualité. *C'est un athlète de classe internationale. Nous avons assisté à un spectacle de grande classe.* 2. Distinction, élégance. *Cette actrice a beaucoup de classe.* → **allure.**

② **CLASSE** [klas] n. f. ▪ *UNE CLASSE* 1. Année d'étude à l'école, au collège, au lycée. *Sa fille est en classe de seconde. « En quelle classe es-tu ? – En sixième. » Il est dans une classe préparatoire aux grandes écoles.* 2. Groupe d'élèves qui suivent ensemble les mêmes cours, avec les mêmes professeurs. *Il est le premier de sa classe.* 3. Enseignement qui est fait en classe. → **cours.** *Au début de l'année, les élèves reçoivent leurs LIVRES DE CLASSE. Les professeurs FONT LA CLASSE. La RENTRÉE DES CLASSES a lieu le 6 septembre. Cet hiver, les élèves du cours moyen iront en CLASSE DE NEIGE,* ils iront faire un séjour en montagne tout en continuant à étudier. 4. Salle de classe. *La classe de votre fils est au deuxième étage. Les élèves entrent dans la classe après la récréation.* 5. L'école. *Sa fille n'a pas encore l'âge d'ALLER EN CLASSE. Où vas-tu en classe ?* dans quelle école ?

CLASSEMENT [klasmɑ̃] n. m. ▪ *LE CLASSEMENT* 1. Action de ranger dans un certain ordre. *J'ai FAIT DU CLASSEMENT dans mes papiers.* → **rangement.** (contraire : désordre) 2. Façon dont des choses sont classées. *Dans un dictionnaire, le classement des mots est alphabétique.* 3. Place d'une personne dans une compétition. → **rang.** *Ce candidat a eu un très bon classement à l'épreuve. Il est second au classement.*

CLASSER [klase] verbe [conjugaison 1a] 1. Ranger dans un certain ordre (→ **classement**). *J'ai classé toutes les fiches par ordre alphabétique.* – *CLASSER UNE AFFAIRE,* la considérer comme terminée, ne plus s'en occuper. *N'en parlons plus, c'est une affaire classée.* 2. Faire entrer dans une catégorie (→ **classification**). *On classe le castor parmi les rongeurs. Ce château a été classé monument historique.* 3. verbe pronominal SE CLASSER : (qqn) avoir une place dans un classement. *Elle s'est classée quatrième à l'épreuve de dessin.*

CLASSEUR [klasœʀ] n. m. ▪ *UN CLASSEUR :* dossier dans lequel on range des papiers, des documents. *L'étudiant range ses cours dans un classeur.*

CLASSICISME [klasisism] n. m. ▪ *LE CLASSICISME* 1. Ensemble des caractères propres à l'art de l'Antiquité et à l'art du XVIIe siècle. *Il compare le classicisme et le romantisme.* 2. Caractère de ce qui est classique, conforme aux usages. *Elle a des goûts d'un grand classicisme.*

CLASSIFICATION [klasifikasjɔ̃] n. f. ▪ *UNE CLASSIFICATION :* classement par catégories d'objets. *Le naturaliste suédois Linné a établi au XVIIIe siècle une classification des plantes* (→ **classer**).

CLASSIQUE [klasik] adj. et n. m.
I. adjectif (après le nom) 1. Considéré comme un modèle et qu'on enseigne en classe. *La Fontaine et Shakespeare sont des auteurs classiques.* 2. Qui appartient aux grands auteurs du XVIIe siècle. *Les pièces de Molière, Corneille et Racine font partie du théâtre classique.* (contraire : romantique) 3. *La MUSIQUE CLASSIQUE,* composée par les grands auteurs occidentaux. (contraires : contemporain, folklorique, léger, moderne, de variété) *Nous sommes allés écouter un concert de musique classique.* 4. *La DANSE CLASSIQUE,* enseignée dans les cours de danse traditionnels. (contraires : contemporain, folklorique, moderne, rythmique) *Leurs enfants font de la danse classique.* 5. Qui est conforme aux usages, révèle des goûts traditionnels. *Elle s'habille de manière très classique,* sans fantaisie. *Le directeur porte un veston de coupe classique.* 6. Conforme aux habitudes. → **habituel.** *Il a encore oublié ses clés, c'est classique !* – STYLE FAMILIER *C'est le coup classique !* c'était prévisible.
II. *UN CLASSIQUE* 1. Auteur, compositeur, artiste classique. *Elle connaît tous ses classiques.* 2. Œuvre classique. *Le professeur a une collection complète de classiques latins. Ce film est un classique du western,* un western caractéristique. 3. Musique classique. *Ils n'écoutent que du classique.*

CLAUSE [kloz] n. f. ▪ *UNE CLAUSE :* condition particulière d'un contrat, d'un accord, d'une loi, d'un traité, qu'il faut respecter. *Lisez bien toutes les clauses du contrat avant de signer.*

> FAUX AMI
> allemand **Klause** « cellule d'un monastère »

CLAUSTROPHOBE [klostʀɔfɔb] adj. (après le nom) ▪ Qui ne supporte pas d'être dans un endroit fermé, qui a une angoisse maladive d'être enfermé. *Son mari ne prend jamais l'ascenseur car il est claustrophobe.*

CLAVECIN [klavsɛ̃] n. m. ▪ *UN CLAVECIN :* instrument de musique à un ou plusieurs claviers et à cordes pincées (à la différence du piano). *Elle apprend à jouer du clavecin.*

CLAVICULE [klavikyl] n. f. ▪ *UNE CLAVICULE* : chaque os, en forme de S très allongé, qui va du cou à l'avant de l'épaule. *Ce sportif s'est fracturé la clavicule en tombant.*

CLAVIER [klavje] n. m. ▪ *UN CLAVIER* **1.** Ensemble des touches de certains instruments de musique sur lesquelles on appuie pour obtenir un son. *Les pianos, les accordéons ont des claviers.* **2.** Ensemble des touches d'une machine à écrire, d'un ordinateur, d'un minitel, d'un téléphone. *Elle compose le numéro de téléphone sur le clavier. Le secrétaire tape à toute vitesse sur le clavier de sa machine.*

FAUX AMI
allemand **Klavier**
« piano »

REM. Les anciens téléphones ont des cadrans. → **cadran.**

CLAVISTE [klavist] n. m., n. f. ▪ *UN CLAVISTE, UNE CLAVISTE* : une personne qui saisit des textes sur ordinateur en vue de compositions typographiques. *Autrefois dactylo, elle est devenue claviste.*

CLÉ [kle] n. f. ▪ *UNE CLÉ* **1.** Instrument de métal qui sert à faire fonctionner le mécanisme d'une serrure. *Les clés de la maison sont dans mon sac. Je ne trouve plus mon TROUSSEAU DE CLÉS. Donne un tour de clé dans la serrure. La porte est fermée À CLÉ. Les médicaments sont SOUS CLÉ,* dans un endroit fermé à clé. *La voiture démarre dès qu'on tourne la CLÉ DE CONTACT. – Le prisonnier a pris la CLÉ DES CHAMPS,* il s'est enfui. **2.** *CLÉS EN MAIN* : prêt à l'usage. *Cet industriel achète des usines clés en main.* **3.** Outil qui sert à serrer et démonter des écrous, des boulons. *Le plombier sort sa CLÉ À MOLETTE et sa CLÉ ANGLAISE.* **4.** Ce qui explique, permet de comprendre. *Le détective a trouvé la CLÉ DU MYSTÈRE.* → **solution.** *Cet écrivain a écrit un ROMAN À CLÉS,* qui met en scène des personnages et des faits réels en les déguisant. **5.** Qui est très important. *Le voisin de la victime est un témoin clé au procès.* → **essentiel. 6.** Signe placé au début d'une portée musicale pour indiquer la hauteur des notes inscrites. *Ce morceau se joue en clé de sol.* **7.** Pièce qui commande l'ouverture ou la fermeture des trous d'un instrument à vent. *La clarinette a des clés.* **8.** Prise de judo, de lutte, par laquelle on immobilise son adversaire. *Il lui a fait une clé et l'a maintenu à terre.* **9.** (écrit *clef* [kle]) *CLEF DE VOÛTE* : pierre en forme de coin placée au milieu d'une voûte et qui sert à maintenir les autres pierres. – (figuré) *C'est la clef de voûte de son argumentation,* le point le plus important sur lequel reposent les autres.

REM. Ce mot peut s'écrire *clef* dans tous ses emplois, mais on écrit plus fréquemment *clé,* sauf dans *clef de voûte.*

CLÉBARD [klebaR] n. m. ▪ STYLE FAMILIER *UN CLÉBARD* : un chien. *Où est passé ce clébard ?*

CLEF → **clé**

CLÉMENT [klemɑ̃], **CLÉMENTE** [klemɑ̃t] adj. (après le nom) **1.** Qui pardonne facilement. → **indulgent, magnanime.** ⟨contraire : sévère⟩ *Le jury s'est montré clément envers l'accusé.* **2.** (temps) Doux. *Cette année, l'hiver est clément.* ⟨contraire : rigoureux⟩

CLÉMENTINE [klemɑ̃tin] n. f. ▪ *UNE CLÉMENTINE* : fruit de couleur orange qui ressemble à une petite mandarine, à la peau fine, souvent sans pépins. *Veux-tu un quartier de ma clémentine ?*

CLERC [klɛR] n. m. ▪ *UN CLERC* **1.** Membre du clergé. *Les clercs ont un petit cercle rasé au sommet de la tête* (→ **tonsure**). **2.** STYLE RECHERCHÉ Personne instruite. → **savant.** *Il est GRAND CLERC EN LA MATIÈRE,* il s'y connaît. → **compétent, expert.** *Il ne faut pas être grand clerc pour comprendre qu'elle est amoureuse,* n'importe qui peut le deviner. **3.** *CLERC DE NOTAIRE* : employé dans une étude de notaire. *Elle est premier clerc dans l'étude de Maître Dumas.*

REM. L'adjectif *clair* se prononce de la même façon.

CLERGÉ [klɛRʒe] n. m. ▪ *LE CLERGÉ* : ensemble des ecclésiastiques (d'une église, d'un pays, d'une ville). *Les moines, les prêtres, les évêques sont des membres du clergé catholique* (→ **clérical**).

CLÉRICAL [kleRikal], **CLÉRICALE** [kleRikal] adj. (après le nom) ▪ Qui concerne le clergé. *Il a choisi la vie cléricale.* MASCULIN PLURIEL : *CLÉRICAUX* [kleRiko].

CLICHÉ [kliʃe] n. m. ▪ *UN CLICHÉ* **1.** Photo. *Ces clichés sont flous.* **2.** Idée ou expression banale et trop souvent utilisée. → **poncif, stéréotype.** *Sa conversation est pleine de clichés,* de lieux communs, d'idées banales, peu originales.

CLIENT [klijɑ̃] n. m., **CLIENTE** [klijɑ̃t] n. f. **1.** *UN CLIENT, UNE CLIENTE* : une personne qui achète qqch. ou qui paie en échange d'un service. *Les clients sont nombreux dans ce magasin.* → **acheteur.** *La vendeuse est en train de servir un client. Le médecin reçoit ses clients sur rendez-vous.* → **malade, patient.** *Le garçon de café prend la commande des clients.* → **consommateur. 2.** *UN CLIENT* : un pays importateur. *La Belgique est un client de la France sur le marché automobile.*

CLIENTÈLE [klijɑ̃tɛl] n. f. ▪ *LA CLIENTÈLE* : ensemble de clients. *Ce boucher a une clientèle fidèle,* ses clients reviennent toujours chez lui. *Ce médecin s'est fait sa clientèle en cinq ans.*

CLIGNER [kliɲe] verbe [conjugaison 1a] **1.** *CLIGNER DES YEUX,* les fermer à moitié ou les fermer et les ouvrir très vite. *Le soleil me fait cligner des yeux. Souvent, les myopes clignent des yeux pour mieux voir. Il a CLIGNÉ DE L'ŒIL à une jeune fille qui passait,* il lui a fait un clin d'œil. **2.** (yeux) Se fermer et s'ouvrir très vite. *J'ai les yeux qui clignent.*

CLIGNOTANT [kliɲɔtɑ̃] adj. et n. m., **CLIGNOTANTE** [kliɲɔtɑ̃t] adj. **1.** adjectif (après le nom) Qui s'allume et s'éteint à intervalles très courts. *Il y a un feu clignotant au carrefour,* un feu de signalisation qui indique un danger. **2.** *UN CLIGNOTANT* : lumière qui s'allume et qui s'éteint sur une voiture pour indiquer que l'on va changer de direction. *L'automobiliste met son clignotant à gauche et double le camion.*

CLIGNOTER [kliɲɔte] verbe [conjugaison 1a] ▪ S'allumer et s'éteindre à intervalles très courts, plusieurs fois de suite. *Quand le feu orange clignote, les voitures doivent ralentir.*

CLIM n. f. Forme abrégée familière de **climatisation.**

CLIMAT [klima] n. m. ▪ *LE CLIMAT* **1.** Temps qu'il fait habituellement dans un pays, une région. *La France a un climat tempéré. Le climat de cette région est chaud et humide.* **2.** Atmosphère morale. → **ambiance.** *Le climat de cette réunion est très agréable. Le CLIMAT POLITIQUE est tendu.*

CLIMATIQUE [klimatik] adj. ▪ Qui concerne le climat. *Les CONDITIONS CLIMATIQUES de cette région sont agréables. Le médecin lui a recommandé de faire une cure dans une STATION CLIMATIQUE,* où le climat est bon pour la santé.

CLIMATISATION [klimatizasjɔ̃] n. f. ▪ *LA CLIMATISATION* : installation qui permet de maintenir toujours la même température et la même humidité dans un endroit fermé. *Ils ont la climatisation dans leur voiture.* – *CLIM* [klim] forme abrégée familière *La clim est en panne !*

CLIMATISÉ [klimatize], **CLIMATISÉE** [klimatize] adj. ▪ Où il y a toujours la même température et la même humidité, grâce à la climatisation. *Ils ont acheté une voiture climatisée. La salle de cinéma est climatisée. – Elle s'est enrhumée à cause de l'AIR CLIMATISÉ.* → **conditionné.**

CLIN D'ŒIL → **œil**

CLINIQUE [klinik] n. f. et adj. **1.** *UNE CLINIQUE :* établissement médical privé où l'on soigne et où l'on opère les malades, les blessés, et où les femmes accouchent (→ **hôpital).** *Le blessé a été transporté dans une clinique.* **2.** adjectif (après le nom) *Le médecin fait l'EXAMEN CLINIQUE du malade,* il observe les manifestations de la maladie.

CLINQUANT [klɛ̃kɑ̃], **CLINQUANTE** [klɛ̃kɑ̃t] adj. (après le nom) ▪ Sans valeur et de mauvais goût. *Elle aime les bijoux clinquants.*

CLIP [klip] n. m. ▪ *UN CLIP :* petit film qui accompagne une chanson, un artiste, un produit, etc. *Les jeunes regardent les clips à la télévision.*

CLIQUE [klik] n. f. ▪ STYLE FAMILIER *UNE CLIQUE :* groupe de personnes que l'on n'aime pas. *Il est venu avec TOUTE SA CLIQUE.* → **bande.**

CLIQUETER [klikte] verbe [conjugaison 4b] ▪ (objets en métal) Faire une série de petits bruits secs. *Ses clés cliquettent dans sa poche,* elles font un petit bruit en se heurtant (→ **cliquetis).**

CLIQUETIS [klikti] n. m. ▪ *UN CLIQUETIS :* série de bruits secs que font des objets en métal qui s'entrechoquent. *On entend un cliquetis anormal dans le moteur.*

CLITORIS [klitɔʀis] n. m. ▪ *LE CLITORIS :* petit organe de la vulve, chez la femme.

CLOCHARD [klɔʃaʀ] n. m., **CLOCHARDE** [klɔʃaʀd] n. f. ▪ *UN CLOCHARD, UNE CLOCHARDE :* une personne pauvre et souvent alcoolique, qui vit sans travail et sans maison, dans les grandes villes. → **S.D.F., vagabond.** *Un clochard a passé la nuit dans l'entrée de l'immeuble.*

CLOCHE [klɔʃ] n. f. ▪ *UNE CLOCHE* **1.** Objet creux en métal, contenant un battant suspendu qui produit un son en frappant la paroi. *Les cloches de l'église sonnent à toute volée.* – *Ils ont déménagé À LA CLOCHE DE BOIS :* ils sont partis de l'endroit où ils habitaient sans payer ce qu'ils devaient. *Entendre un seul SON DE CLOCHE :* n'entendre qu'une seule version des faits. *Il faut entendre plusieurs sons de cloche pour se faire son idée.* – STYLE FAMILIER *Je vais lui SONNER LES CLOCHES,* le réprimander fortement. **2.** Objet creux qui protège en recouvrant. *Le camembert est sous la cloche à fromage.* **3.** STYLE FAMILIER Personne incapable. *Quelle cloche, ce type !* **4.** STYLE FAMILIER *SE TAPER LA CLOCHE :* bien manger. *Ils sont allés au restaurant se taper la cloche.*

À **CLOCHE-PIED** [aklɔʃpje] adverbe ▪ En sautant sur un pied et en tenant l'autre en l'air. *La petite fille saute à cloche-pied.*

① **CLOCHER** [klɔʃe] n. m. ▪ *LE CLOCHER :* partie d'une église, plus haute que le toit, dans laquelle sont les cloches. *On voit de loin le clocher de l'église du village.*

② **CLOCHER** [klɔʃe] verbe [conjugaison 1a] ▪ STYLE FAMILIER (qqch.) Avoir un défaut, ne pas être comme il faudrait. *Il y a quelque chose qui cloche dans cette histoire,* quelque chose qui ne va pas.

CLOCHETTE [klɔʃɛt] n. f. ▪ *UNE CLOCHETTE* **1.** Petite cloche. *On entend les clochettes des chèvres dans la montagne.* **2.** Fleur en forme de petite cloche. *Au milieu des feuilles, on aperçoit les clochettes du muguet.*

CLOISON [klwazɔ̃] n. f. ▪ *UNE CLOISON* **1.** Mur intérieur qui sépare les pièces d'une maison. *Ils ont abattu une cloison pour faire une grande pièce. On vous entend parler à travers la cloison.* **2.** Ce qui divise l'intérieur d'une cavité. *Dans le nez, la CLOISON NASALE sépare les fosses nasales.*

CLOISONNER [klwazɔne] verbe [conjugaison 1a] ▪ Mettre une cloison dans. *Ils ont cloisonné la grande pièce pour faire deux chambres.*

CLOÎTRE [klwatʀ] n. m. ▪ *UN CLOÎTRE* **1.** Galerie à colonnes qui entoure une cour ou un jardin carré, dans un couvent, un monastère ou à côté d'une église. *Les moines se promènent dans le cloître.* **2.** Monastère, couvent. *Elle vit dans un cloître.*

SE **CLOÎTRER** [klwatʀe] verbe pronominal [conjugaison 1a] ▪ S'enfermer, vivre volontairement dans un endroit où l'on ne voit personne. *La voisine ne sort plus, elle s'est cloîtrée chez elle.*

CLOPE [klɔp] n. f. ▪ STYLE FAMILIER *UNE CLOPE :* une cigarette. *Donne-moi une clope. Passe-moi le paquet de clopes.*

CLOQUE [klɔk] n. f. ▪ *UNE CLOQUE* **1.** Petite poche gonflée de liquide, sous la peau, faite par une brûlure ou un frottement. → **ampoule.** *Je me suis brûlé en sortant un plat du four et maintenant j'ai une cloque.* **2.** Poche d'air qui se forme dans une couche de peinture ou sous du papier peint. → **boursouflure.** *Le papier peint a été mal posé, il y a des cloques.* **3.** STYLE TRÈS FAMILIER *Être EN CLOQUE,* enceinte. *Elle est en cloque de huit mois.*

CLORE [klɔʀ] verbe [conjugaison 45] ▪ STYLE RECHERCHÉ **1.** Fermer. *Un mur clôt le jardin.* **2.** Terminer (une discussion, un débat). → **clôturer.** *Le journaliste a clos le débat.* (contraire : commencer)

clos [klo] *Je clos, tu clos :* forme au présent du verbe **clore.**

clos [klo], **close** [kloz] *Il a clos la séance ; la séance qu'il a close :* formes au participe passé du verbe **clore.**

CLOS [klo], **CLOSE** [kloz] adj. (après le nom) **1.** Fermé. *La maison a les volets clos, il n'y a personne. J'ai trouvé PORTE CLOSE :* je n'ai trouvé personne, personne ne m'a ouvert. – *Elle travaillait dans une MAISON CLOSE,* dans une maison de prostitution. → **bordel.** – *Ils vivent EN VASE CLOS,* sans voir personne. **2.** Terminé. *La séance est close. L'INCIDENT EST CLOS, n'en parlons plus.*

CLÔTURE [klotyʀ] n. f. **1.** *UNE CLÔTURE :* ce qui entoure un lieu en plein air pour le fermer. *La clôture du jardin est en bois.* **2.** *LA CLÔTURE :* le fait de se terminer. → **fin.** *La SÉANCE DE CLÔTURE de la session parlementaire aura lieu demain.*

CLÔTURER [klotyʀe] verbe [conjugaison 1a] **1.** Fermer par une clôture. *Le jardinier a clôturé le potager.* **2.** Terminer. → **clore.** *S'il était là, c'est le président qui clôturerait* [klotyʀʀɛ] *les débats.*

CLOU [klu] n. m. ▪ *UN CLOU* **1.** Petite tige pointue en métal, qui sert à fixer ou suspendre qqch. *Il plante un clou dans le mur. Elle enfonce le clou en tapant avec un marteau. Où est la boîte de clous ? Le tableau est suspendu à un clou.* – *Il est MAIGRE COMME UN CLOU,* très maigre. – STYLE FAMILIER *Ça ne vaut pas un clou :* ça ne vaut rien. *Des clous !* tu n'auras rien ! **2.** (au pluriel) LES CLOUS : passage protégé pour piétons (→ **clouté).** *Traverse dans les clous !* **3.** Moment (d'un spectacle, d'une soirée) le plus réussi, qui attire le plus l'attention. *Le numéro des trapézistes est le clou du spectacle.*

> FAUX AMI
> l'allemand **Clou** ne s'emploie pas aux sens 1. et 2.

REM. Autrefois, en France, les passages pour piétons étaient délimités par des gros clous. De nos jours, ces passages sont marqués par des bandes blanches, mais, par habitude, on dit toujours que l'on traverse *dans les clous.*

CLOUÉ [klue], **CLOUÉE** [klue] adj. (après le nom) ▪ Rendu incapable de bouger. *Elle est restée CLOUÉE SUR PLACE tellement elle a eu peur du chien.*

CLOUER [klue] verbe [conjugaison 1a] **1.** Fixer avec un ou des clous. *L'ouvrier clouera* [kluʀa] *le couvercle de la caisse quand elle sera pleine.* **2.** Rendre incapable de bouger. *La maladie le cloue au lit.* → **immobiliser.** *La peur l'a cloué sur place.* → **paralyser, pétrifier.**

CLOUTÉ [klute], **CLOUTÉE** [klute] adj. (après le nom) **1.** Garni de clous. *On équipe sa voiture de* PNEUS CLOUTÉS *pour rouler dans la neige.* **2.** *PASSAGE CLOUTÉ :* passage protégé pour piétons qui était autrefois limité par deux rangées de grosses têtes de clous, remplacés aujourd'hui par des bandes blanches. *Traverse dans le passage clouté !* (→ **clou).**

CLOWN [klun] n. m. ▪ *UN CLOWN* **1.** Artiste de cirque qui fait rire par son costume, son maquillage, ses répliques et ses grimaces. *Les enfants ont beaucoup aimé le numéro des clowns.* **2.** Personne qui fait rire comme un clown. *Sois un peu sérieux, arrête de* FAIRE LE CLOWN *!* → **pitre.**

REM. *Clown* est un mot anglais.

CLOWNERIE [klunʀi] n. f. ▪ *UNE CLOWNERIE :* plaisanterie, farce faite par qqn qui fait le clown. → **pitrerie.** *Elle fait tout le temps des clowneries pour amuser ses camarades.*

CLUB [klœb] n. m. ▪ *UN CLUB :* groupe de personnes qui se réunissent régulièrement pour exercer certaines activités. → **association.** *Mon fils est inscrit au club sportif de son lycée. Elle appartient à un club de bridge. Ils passent la soirée dans un club privé,* une boîte de nuit réservée à certaines personnes, où tout le monde ne peut pas entrer.

REM. *Club* est un mot anglais.

COAGULER [kɔagyle] verbe [conjugaison 1a] **1.** (liquide) Devenir solide. *Le sang coagule quand il est à l'air. Le lait coagule.* → **cailler.** ⟨contraire : se liquéfier⟩ **2.** verbe pronominal SE COAGULER : (qqch.) devenir solide. *Le sang s'est coagulé.*

SE **COALISER** [kɔalize] verbe pronominal [conjugaison 1a] ▪ S'unir pour combattre un adversaire commun. → s'**allier,** se **liguer.** *L'Autriche, la Russie et l'Angleterre se sont coalisées contre Napoléon Ier.*

COALITION [kɔalisjɔ̃] n. f. ▪ *UNE COALITION :* union de personnes ou de pays contre un ennemi commun. → **alliance, entente, ligue.** *Napoléon a été vaincu par la coalition de ses ennemis.*

COASSEMENT [kɔasmɑ̃] n. m. ▪ *UN COASSEMENT :* cri de la grenouille, du crapaud. *On entend des coassements dans la mare.*

COASSER [kɔase] verbe [conjugaison 1a] ▪ (grenouille, crapaud) Pousser son cri. *Les grenouilles coassent dans la mare.*

REM. Les corbeaux *croassent.* → **croasser.**

COAUTEUR [kootœʀ] n. m. ▪ *UN COAUTEUR :* une personne qui a écrit un livre ou réalisé une œuvre artistique avec une ou plusieurs autres personnes. *Les coauteurs signeront leur livre demain.*

COBAYE [kɔbaj] n. m. ▪ *UN COBAYE :* petit rongeur qui ressemble à un rat, qui a des pattes courtes et n'a pas de queue. *On utilise souvent les cobayes pour faire des expériences scientifiques.* – STYLE FAMILIER *Je refuse de servir de cobaye,* d'être utilisé comme sujet d'expérience.

REM. On appelle aussi cet animal *cochon d'Inde.* → **cochon.**

COBLENCE [kɔblɑ̃s] nom propre – en allemand **KOBLENZ** ▪ Ville d'Allemagne, au confluent de la Moselle et du Rhin. *Nous revenons de Coblence.*

COBRA [kɔbʀa] n. m. ▪ *UN COBRA :* un grand serpent venimeux d'Asie et d'Afrique. *Le cobra indien a sur le cou un dessin qui ressemble à des lunettes et qui le fait aussi appeler « serpent à lunettes ».*

COCA n. m. Forme abrégée de **coca-cola.**

COCA-COLA [kɔkakɔla] n. m. invariable (nom déposé) ▪ *LE COCA-COLA :* boisson gazeuse stimulante. *Le coca-cola est très apprécié des jeunes.* PLURIEL : *deux coca-cola s'il vous plaît !* – COCA [kɔka] forme abrégée familière *J'ai bu un coca à la terrasse d'un bistrot.*

COCAÏNE [kɔkain] n. f. ▪ *LA COCAÏNE :* drogue tirée d'un petit arbre d'Amérique du Sud. *Elle se drogue à la cocaïne.*

COCARDE [kɔkaʀd] n. f. ▪ *UNE COCARDE :* insigne rond aux couleurs d'un pays. *On reconnaît la voiture d'un député à la cocarde placée sur le pare-brise.*

COCASSE [kɔkas] adj. (après le nom) ▪ Très drôle et étonnant. *Il lui arrive toujours des aventures cocasses.* → **comique.**

COCCINELLE [kɔksinɛl] n. f. ▪ *UNE COCCINELLE :* insecte rouge, de forme arrondie, avec des points noirs sur les ailes. *Les coccinelles se nourrissent de pucerons.*

REM. On appelle aussi la coccinelle *bête à bon Dieu.*

COCCYX [kɔksis] n. m. ▪ *LE COCCYX :* petit os triangulaire situé en bas de la colonne vertébrale. *Je me suis fait très mal en tombant sur le coccyx.*

① **COCHER** [kɔʃe] n. m. ▪ *UN COCHER :* autrefois, personne qui conduisait une voiture tirée par un cheval. *Les fiacres étaient conduits par des cochers.*

② **COCHER** [kɔʃe] verbe [conjugaison 1a] ▪ Marquer d'un signe. *Cochez la bonne réponse.*

COCHÈRE [kɔʃɛʀ] adj. f. ▪ *UNE PORTE COCHÈRE :* porte d'un bâtiment, assez grande pour laisser passer une voiture. *Il est interdit de garer sa voiture devant une porte cochère.*

COCHON [kɔʃɔ̃] n. m. et adj., **COCHONNE** [kɔʃɔn] n. f. et adj.

I. *UN COCHON* **1.** Animal au corps épais, au museau terminé par un groin, élevé pour sa chair et pour sa peau. → **porc.** *Les cochons sont dans la porcherie. La femelle du cochon s'appelle la truie. Le petit du cochon est le goret, le porcelet. Nous avons vu un cochon sauvage.* → **sanglier.** – *Tu manges comme un cochon,* très salement. *Il fait un* TEMPS DE COCHON, très mauvais. *Nous n'avons pas gardé les cochons ensemble :* nous ne sommes pas amis, alors, pas de familiarités entre nous. **2.** *UN COCHON D'INDE :* un cobaye. *Elle a plusieurs cochons d'Inde dans une cage.*

II. *UN COCHON, UNE COCHONNE* STYLE FAMILIER **1.** Personne sale ou qui salit tout ce qu'elle touche. *Quelle cochonne ! va te laver les mains !* **2.** Personne qui aime dire des grossièretés d'ordre sexuel. *C'est un vieux cochon.* → **dégoûtant, vicieux.**

III. adjectif (après le nom) STYLE FAMILIER Qui peut choquer. → **grivois, osé, salace.** *Il aime raconter des* HISTOIRES COCHONNES *à la fin des repas.*

REM. Pour la viande de cochon on dit plutôt *porc.*

COCHONNAILLES [kɔʃɔnaj] n. f. pluriel ▪ STYLE FAMILIER *DES COCHONNAILLES :* ensemble d'aliments à base de viande de porc. → **charcuterie.** *Pour commencer le repas, nous avons pris une assiette de cochonnailles. Ces cochonnailles sont délicieuses.*

COCHONNER [kɔʃɔne] verbe [conjugaison 1a] ▪ STYLE FAMILIER Faire sans soin, salir. *Elle a cochonné son travail.* → STYLE FAMILIER **saloper.**

COCHONNERIE [kɔʃɔnʀi] n. f. ▪ STYLE FAMILIER *UNE COCHONNERIE* 1. Chose qui n'a pas de valeur. *Ce commerçant ne vend que des cochonneries. Ce téléviseur ne marche déjà plus, c'est vraiment* DE LA COCHONNERIE. 2. Saleté. *Le petit garçon a fait plein de cochonneries dans son cahier. Il raconte des cochonneries,* des histoires cochonnes.

COCHONNET [kɔʃɔnɛ] n. m. ▪ *LE COCHONNET :* petite boule qui sert de but aux joueurs de boules et de pétanque. *Le premier joueur lance le cochonnet.*

COCKER [kɔkɛʀ] n. m. ▪ *UN COCKER :* petit chien de chasse à poil long et doux, qui a de longues oreilles pendantes (→ **épagneul**). *Le cocker est un chien très affectueux.*

COCKTAIL [kɔktɛl] n. m. ▪ *UN COCKTAIL* 1. Boisson faite d'un mélange de jus de fruits ou d'alcools. *Le barman prépare des cocktails alcoolisés et des cocktails sans alcool.* 2. Réception de fin d'après-midi avec un buffet. → **lunch.** *Ils sont invités à un cocktail.* 3. Mélange. *Les manifestants ont envoyé des* COCKTAILS MOLOTOV *sur les policiers,* des bouteilles remplies d'un mélange de liquides qui explose.

① **COCO** [koko] n. m. ▪ *UNE NOIX DE COCO :* fruit du cocotier. *Des noix de coco sont tombées du palmier. Ma sœur mange un gâteau à la noix de coco. Elle se met de l'*HUILE DE COCO *sur le corps pour bronzer,* de l'huile extraite de la noix de coco.

② **COCO** [koko] n. m. ▪ *UN COCO* 1. Terme d'affection que l'on utilise en parlant à un garçon, à un homme. *Bonjour, mon coco. Alors mes petits cocos, ça va ?* 2. Individu que l'on trouve bizarre, un peu louche. *Quand je l'ai vu, je me suis dit « ça, c'est un drôle de coco ».*

COCON [kɔkɔ̃] n. m. ▪ *UN COCON :* enveloppe formée de longs fils de soie dont s'enveloppent les chenilles de certains papillons. *Le ver à soie s'enveloppe dans un cocon avant de se transformer en papillon.*

COCORICO [kɔkɔʀiko] onomatopée ▪ Cri du coq. *Le coq fait cocorico.*

COCOTIER [kɔkɔtje] n. m. ▪ *UN COCOTIER :* grand palmier au tronc assez fin surmonté de longues feuilles, qui produit les noix de coco. *Elle rêve d'une plage de sable fin sous les cocotiers.*

① **COCOTTE** [kɔkɔt] n. f. ▪ *UNE COCOTTE* 1. (langage des enfants) Poule. *Regarde les cocottes dans le poulailler !* 2. *COCOTTE EN PAPIER :* papier plié en forme d'oiseau. *Son fils fait des cocottes en papier pendant les cours au lieu de travailler.* 3. STYLE FAMILIER Terme d'affection que l'on utilise en parlant à une fille ou à une femme. → **poulette.** *Bonjour ma petite cocotte.*

② **COCOTTE** [kɔkɔt] n. f. ▪ *UNE COCOTTE :* marmite en fonte. *Le cuisinier a fait cuire le poulet dans la cocotte.* → **faitout.**

COCOTTE-MINUTE [kɔkɔtminyt] n. f. (marque déposée) ▪ *UNE COCOTTE-MINUTE :* cocotte dans laquelle les aliments cuisent rapidement sous la pression de la vapeur. → **autocuiseur.** *Le cuisinier fait cuire des choux-fleurs à la cocotte-minute.* PLURIEL : *des COCOTTES-MINUTE.*

COCU [kɔky] n. m. et adj., **COCUE** [kɔky] n. f. et adj. ▪ STYLE FAMILIER 1. *UN COCU, UNE COCUE :* une personne dont le mari, la femme est infidèle. *Elle l'a fait cocu. – Il a une chance de cocu,* beaucoup de chance. 2. adjectif (après le nom) Qui est trompé par son mari, sa femme. *Elle est cocue. Il adore les histoires de maris cocus.*

CODE [kɔd] n. m. ▪ *UN CODE* 1. Ensemble de lois, de règlements. *Il faut bien connaître le* CODE DE LA ROUTE *pour passer son permis de conduire. – J'ai réussi le code !* j'ai réussi l'examen du code de la route. 2. Recueil de lois. *L'avocat a sur son bureau un* CODE CIVIL, *un* CODE PÉNAL *et un* CODE DU TRAVAIL. 3. Langage secret. *L'espion a envoyé un message en utilisant un code. Son message est* EN CODE. 4. Ensemble de chiffres, de lettres permettant d'entrer quelque part. *Il y a un code pour entrer dans l'immeuble. – N'oubliez pas de mettre le* CODE POSTAL *sur l'enveloppe,* la suite de cinq chiffres, en France, qui indiquent le département et le bureau distributeur. 5. (au pluriel) LES CODES : feux de croisement, phares utilisés en ville ou lors du croisement d'autres véhicules. *Allume les codes. Cette voiture est* EN CODES.

CODÉ [kɔde], **CODÉE** [kɔde] adj. (après le nom) ▪ Écrit en code. *L'espion a envoyé un* MESSAGE CODÉ.

CODE-BARRE [kɔdbaʀ] n. m. ▪ *LE CODE-BARRE :* ensemble de lignes verticales parallèles imprimé sur une marchandise et pouvant être interprété par un lecteur optique. *Le prix du produit s'affiche à la lecture du code-barre.* PLURIEL : *des CODES-BARRES.*

COÉDITION [koedisjɔ̃] n. f. ▪ *UNE COÉDITION :* édition d'un ouvrage faite en collaboration par plusieurs éditeurs. *Cet ouvrage est paru en coédition.*

COEFFICIENT [kɔefisjɑ̃] n. m. ▪ *UN COEFFICIENT* 1. Nombre par lequel on multiplie une quantité. *Pour cet examen, les mathématiques ont le coefficient 7,* on multiplie la note obtenue par 7. 2. Pourcentage. *Il faut toujours prévoir un coefficient d'erreurs.* → **marge.**

CŒLACANTHE [selakɑ̃t] n. m. ▪ *UN CŒLACANTHE :* grand poisson de mer osseux, que l'on croyait disparu. *Le cœlacanthe peut mesurer un mètre soixante-quinze et peser quatre-vingts kilos. Les cœlacanthes existaient déjà il y a trois cents millions d'années.*

COÉQUIPIER [koekipje] n. m., **COÉQUIPIÈRE** [koekipjɛʀ] n. f. ▪ *UN COÉQUIPIER, UNE COÉQUIPIÈRE :* une personne qui est dans la même équipe que d'autres. *Elle n'a pas encore trouvé de coéquipier pour faire un rallye automobile.*

CŒUR [kœʀ] n. m.

I. *LE CŒUR* 1. Organe situé dans la poitrine, entre les deux poumons, qui reçoit le sang apporté par les veines et le renvoie dans les artères (→ **cardiaque**). *Le médecin écoute les battements du cœur du malade. Le malade a été opéré* À CŒUR OUVERT, à l'intérieur du cœur. 2. La poitrine. *Il serre ses enfants sur son cœur.* 3. L'estomac. *J'ai* MAL AU CŒUR *en voiture,* j'ai la nausée, j'ai envie de vomir. *Elle a* LE CŒUR AU BORD DES LÈVRES, envie de vomir. *Ce spectacle* SOULÈVE LE CŒUR, dégoûte (→ **écœurer**). 4. Le siège des sensations, des émotions et des sentiments. *J'ai eu un* COUP AU CŒUR, une forte émotion. *Son départ me* BRISE LE CŒUR, me fait beaucoup de peine. *Son fils a* LE CŒUR SERRÉ, LE CŒUR GROS *de la voir partir,* il est triste. *Il a des* PEINES DE CŒUR, un chagrin d'amour. *Elle l'aime* DE TOUT SON CŒUR, beaucoup. *Sa réponse* VIENT DU CŒUR, elle est spontanée et sincère. *Ce que tu me dis me* VA DROIT AU CŒUR, me fait très plaisir. *Il* A BON CŒUR, il est gentil, il fait attention aux autres. *Elle a* LE CŒUR SUR LA MAIN : elle est généreuse. *Il m'a rendu ce service* DE BON CŒUR, gentiment (→ **cordial**). *Elle a un* CŒUR DE PIERRE : elle est insensible. *Je n'ai pas le cœur à rire :* je suis triste. *Je veux* EN AVOIR LE CŒUR NET : je veux savoir la vérité. 5. La pensée intime. *Elle lui a* OUVERT SON CŒUR : elle s'est confiée à lui. *Je ne sais pas ce qu'elle pense* AU FOND DE

SON CŒUR. **6.** Partie qui se trouve au milieu. *L'île de la Cité est AU CŒUR DE Paris.* → **centre.** – *Dans la salade, ce que je préfère, c'est le cœur,* les feuilles blanches et croquantes qui sont au milieu. *Nous avons mangé des cœurs d'artichaut. Au cœur de l'été :* au milieu de l'été, en plein été. **7.** *PAR CŒUR :* de mémoire. *Les élèves apprennent leurs leçons par cœur. Je connais tout ça par cœur,* parfaitement bien.
II. *UN CŒUR* **1.** Chose en forme de cœur. *Dessiner un cœur. Cœurs brodés sur un tee-shirt.* **2.** L'une des quatre couleurs, dans un jeu de cartes, dont la marque est un cœur rouge. *Il a le roi de cœur dans son jeu.*

FAUX AMI
italien **male al cuore**
« maladie cardiaque »

COFFRE [kɔfʀ] n. m. ▪ *UN COFFRE* **1.** Meuble en bois en forme de caisse, qui s'ouvre en soulevant le couvercle. *Les poupées sont rangées dans le COFFRE À JOUETS.* **2.** Boîte en métal, très solide, avec une serrure spéciale, dans laquelle on garde des objets précieux, de l'argent. → **coffre-fort.** *Ses bijoux sont dans un coffre à la banque.* **3.** Dans une voiture, Endroit aménagé pour mettre les bagages, à l'arrière. *Cette valise est trop grande, elle ne rentre pas dans le coffre de ma voiture !* **4.** STYLE FAMILIER *AVOIR DU COFFRE :* avoir du souffle. *Il faut avoir du coffre pour chanter cet air d'opéra.*

FAUX AMI
allemand **Koffer**
« valise »

COFFRE-FORT [kɔfʀəfɔʀ] n. m. ▪ *UN COFFRE-FORT :* armoire en métal, très solide, avec une serrure spéciale. *Ils rangent leur argent dans leur coffre-fort.* PLURIEL : *des COFFRES-FORTS.*

COFFRER [kɔfʀe] verbe [conjugaison 1a] ▪ STYLE FAMILIER Mettre en prison. → **emprisonner.** *Le voleur s'est fait coffrer rapidement.* ⟨contraire : libérer⟩

COFFRET [kɔfʀɛ] n. m. ▪ *UN COFFRET* **1.** Petit coffre. *Ma bague et mon bracelet sont dans mon COFFRET À BIJOUX.* **2.** Emballage qui présente des objets d'une manière élégante. *Les deux livres sont vendus dans un coffret.*

COGNAC [kɔɲak] n. m. ▪ *LE COGNAC :* eau-de-vie de raisin produite dans la région de Cognac, en France. *Il a bu deux verres de cognac à la fin du repas.* – *Donnez-nous deux cognacs.*

COGNER [kɔɲe] verbe [conjugaison 1a] **1.** Heurter. *Un camion a cogné l'aile de ma voiture.* **2.** verbe pronominal SE COGNER : (qqn) se heurter (à qqch.). *Elle s'est cognée contre un meuble.* – *Elle s'est cogné la tête.*

COHABITATION [kɔabitasjɔ̃] n. f. ▪ *LA COHABITATION* **1.** Vie en commun. *La cohabitation avec ses beaux-parents lui est pénible.* **2.** Partage du pouvoir entre un président de la République et un gouvernement de parti politique opposé. *En France, la constitution de la Ve République permet la cohabitation.*

COHABITER [kɔabite] verbe [conjugaison 1a] **1.** Partager le même logement. *Elle cohabite avec son frère.* **2.** Pratiquer la cohabitation, en politique. *Le Président et le Premier ministre cohabitent.*

COHÉRENT [kɔeʀɑ̃], **COHÉRENTE** [kɔeʀɑ̃t] adj. (après le nom) ▪ (qqch.) Qui se compose d'éléments qui s'accordent, qui vont bien ensemble. → **logique.** *Le candidat à l'élection a présenté un programme cohérent. Ses idées sont cohérentes.* ⟨contraire : incohérent⟩ *Ce n'est pas cohérent !*

COHÉSION [kɔezjɔ̃] n. f. ▪ *LA COHÉSION :* solidarité entre les membres d'un groupe. *L'équipe montre une bonne cohésion.*

COHUE [kɔy] n. f. ▪ *LA COHUE :* foule de personnes qui se bousculent. *Quelle cohue dans les magasins au moment de Noël !*

COIFFE [kwaf] n. f. ▪ *UNE COIFFE :* bonnet de tissu ou de dentelle porté autrefois par les femmes de la campagne, faisant partie aujourd'hui des costumes folkloriques. *Il y a de nombreuses coiffes bretonnes différentes.*

COIFFER [kwafe] verbe [conjugaison 1a] **1.** Arranger les cheveux de (qqn). → **peigner.** *La petite fille coiffe sa poupée.* **2.** (voile, chapeau) Couvrir la tête. *La mariée est coiffée d'un voile en dentelle.* **3.** Dépasser d'une tête à l'arrivée d'une course. *Le gagnant a coiffé les concurrents au poteau.* **4.** Être à la tête de, réunir sous son autorité. *Cette société coiffe plusieurs filiales.* **5.** verbe pronominal SE COIFFER : arranger ses cheveux. *Elle s'est coiffée devant la glace. Coiffe-toi avant de sortir !*

COIFFEUR [kwafœʀ] n. m., **COIFFEUSE** [kwaføz] n. f. ▪ *UN COIFFEUR, UNE COIFFEUSE :* une personne dont le métier est de coiffer, de couper les cheveux. *Ma voisine va chez le coiffeur une fois par semaine.*

COIFFURE [kwafyʀ] n. f. **1.** *UNE COIFFURE :* façon dont les cheveux sont arrangés. *J'ai essayé plusieurs coiffures. Ta nouvelle coiffure te va très bien.* **2.** *LA COIFFURE :* métier de coiffeur. *Mon fils apprend la coiffure. Il travaille dans un SALON DE COIFFURE.* **3.** *UNE COIFFURE :* ce qui sert à couvrir la tête. *Les chapeaux, les bérets, les bonnets, les casquettes sont des coiffures.*

COIN [kwɛ̃] n. m. ▪ *LE COIN* **1.** Angle formé par l'intersection de deux lignes ou de deux plans. *Un carré a quatre coins. Je me suis cogné au coin de la table. On a mis un lampadaire dans un coin du salon,* dans un angle formé par deux murs. *N'oublie pas de balayer dans les coins ! L'hiver, ma grand-mère passe ses soirées AU COIN DU FEU,* près de la cheminée, près du feu. *La boulangerie est au COIN DE LA RUE,* à l'endroit où deux rues se coupent. *Il la regarde DU COIN DE L'ŒIL,* sans en avoir l'air. **2.** *UN COIN :* partie d'un espace, endroit. *Ils habitent dans un coin de la ville que je ne connais pas. La poste est DANS LE COIN,* elle n'est pas loin. *Ils sont allés AUX QUATRE COINS DU MONDE,* partout, dans le monde entier. *Son studio a un coin cuisine. Je cherche un coin tranquille pour les vacances : plusieurs coins me plaisent.* – STYLE FAMILIER *LE PETIT COIN :* les toilettes. *Il a envie d'aller au petit coin.* **3.** Instrument qui sert à fendre ou à caler. *Le bûcheron fend une bûche avec un coin.*

COINCER [kwɛ̃se] verbe [conjugaison 3a] **1.** Empêcher de bouger. *Le tiroir est coincé.* → **bloquer.** *En coinçant la bouteille entre les deux sacs de linge, elle ne se cassera pas pendant le voyage. Des victimes sont coincées sous les décombres. Je suis resté coincé dans l'ascenseur pendant la panne d'électricité.* **2.** STYLE FAMILIER Empêcher d'agir. *Les policiers ont coincé le voleur,* ils l'ont trouvé et arrêté. **3.** verbe pronominal SE COINCER : (qqch.) se bloquer. *La fermeture à glissière de mon pantalon s'est coincée.*

COÏNCIDENCE [kɔɛ̃sidɑ̃s] n. f. ▪ *UNE COÏNCIDENCE :* hasard qui fait que des événements se produisent en même temps. → **concours** (de circonstances). *Nous sommes arrivés par le même train. Quelle coïncidence !*

FAUX AMI
italien **coincidenza**
« correspondance »

COÏNCIDER [kɔɛ̃side] verbe [conjugaison 1a] **1.** Se recouvrir exactement. *Deux cercles de même rayon coïncident.* **2.** Se produire en même temps. *Sa fête COÏNCIDE AVEC mon anniversaire :* sa fête et mon anniversaire ont lieu le même jour. **3.** Correspondre exactement. → **concorder.** *Leurs témoignages coïncident.* → se **recouper.**

COIN-REPAS [kwɛ̃ʀəpa] n. m. ▪ *UN COIN-REPAS :* partie d'une cuisine où l'on peut installer une table et des sièges pour prendre ses repas. *Ils ont un coin-repas dans la cuisine.* PLURIEL : *des COINS-REPAS.*

COIRE [kwaʀ] nom propre – en allemand **CHUR** ■ Ville de Suisse romande, dans les Grisons. *Nous sommes allés à Coire.*

COÏT [kɔit] n. m. ■ *LE COÏT :* union sexuelle de l'homme et de la femme.

COL [kɔl] n. m. **1.** *LE COL :* partie du vêtement qui entoure le cou. *Son col de chemise est usé. J'ai mis un pull à COL ROULÉ,* un pull dont le col est formé d'une bande de tricot repliée sur elle-même. *L'inspecteur relève le col de son imperméable.* **2.** *UN COL :* passage entre deux sommets montagneux. *Les coureurs cyclistes passent le col du Tourmalet.* **3.** Partie rétrécie d'un organe, de certains os. *Elle a un cancer du col de l'utérus. Il s'est cassé le col du fémur.*

> FAUX AMI
> espagnol **col** « chou »

COLÉOPTÈRE [kɔleɔptɛʀ] n. m. ■ *UN COLÉOPTÈRE :* insecte qui a des ailes dures qui recouvrent des ailes plus légères. *Les coccinelles, les hannetons, les scarabées sont des coléoptères.*

COLÈRE [kɔlɛʀ] n. f. ■ *LA COLÈRE* **1.** Mécontentement violent. → **fureur, irritation, rage.** *Elle est rouge de colère. Mon père est dans une colère noire. Il est EN COLÈRE :* il est très fâché. *Son refus m'a mis en colère contre lui. Je me suis mis en colère.* **2.** *UNE COLÈRE :* accès de colère. *C'est un enfant très nerveux qui PIQUE DES COLÈRES terribles.*

COLÉREUX [kɔleʀø], **COLÉREUSE** [kɔleʀøz] adj. (après le nom) ■ Qui se met facilement en colère. → **irascible, irritable.** *C'est un enfant coléreux.* ⟨contraires : calme, doux⟩

COLIBRI [kɔlibʀi] n. m. ■ *UN COLIBRI :* très petit oiseau au plumage éclatant et au long bec, qui vit en Amérique tropicale. *Les colibris peuvent voler à reculons.*

REM. On appelle aussi cet oiseau *oiseau-mouche.*

COLIMAÇON [kɔlimasɔ̃] n. m. ■ *Un escalier EN COLIMAÇON,* qui monte en tournant en spirale, comme une coquille d'escargot. *Un escalier en colimaçon mène au grenier.*

COLIN [kɔlɛ̃] n. m. ■ *LE COLIN :* gros poisson de mer, de la même famille que la morue. *Nous avons mangé du colin froid avec de la mayonnaise.*

REM. On appelle aussi ce poisson *lieu noir.*

COLIN-MAILLARD [kɔlɛ̃majaʀ] n. m. ■ *UN COLIN-MAILLARD :* jeu où l'un des joueurs, les yeux bandés, doit chercher les autres, en attraper un et le reconnaître. *Les enfants jouent à colin-maillard dans le jardin.* PLURIEL : *ils organisent des COLIN-MAILLARDS.*

COLIQUE [kɔlik] n. f. ■ *LA COLIQUE* **1.** Diarrhée. *Elle a la colique.* **2.** Douleur violente dans le ventre. *Il a souvent des coliques.* **3.** *COLIQUE NÉPHRÉTIQUE :* violente douleur dans les reins, due au passage d'un calcul. *Il suit un traitement pour ses coliques néphrétiques.*

COLIS [kɔli] n. m. ■ *UN COLIS :* paquet emballé pour être envoyé et remis à qqn. *J'ai reçu un colis par la poste.*

COLLABORATEUR [kɔlabɔʀatœʀ] n. m., **COLLABORATRICE** [kɔlabɔʀatʀis] n. f. ■ *UN COLLABORATEUR, UNE COLLABORATRICE* **1.** Personne qui travaille avec d'autres, qui participe à un travail commun. *Je vous présente ma collaboratrice. Tous les collaborateurs du journal sont là.* **2.** Français partisan de la collaboration avec l'Allemagne, pendant la Seconde Guerre mondiale. *Les collaborateurs ont été jugés à la Libération.*

COLLABORATION [kɔlabɔʀasjɔ̃] n. f. ■ *LA COLLABORATION* **1.** Travail que l'on fait à plusieurs. *Ce livre a été écrit EN COLLABORATION. L'écrivain a travaillé en collaboration avec un historien.* **2.** Politique d'entente avec l'occupant allemand pratiquée en France par le gouvernement de Vichy, pendant la Seconde Guerre mondiale. *Les résistants se sont opposés à la collaboration.*

COLLABORER [kɔlabɔʀe] verbe [conjugaison 1a] **1.** Travailler avec d'autres personnes. → **coopérer.** *De nombreuses personnes ont collaboré à ce livre.* → **participer.** *Ils ont longtemps collaboré. Nous collaborerons* [kɔlabɔʀʀɔ̃] *à cette œuvre si on nous le demande.* **2.** Être favorable à la collaboration avec l'Allemagne, pendant la Seconde Guerre mondiale. *Il a été condamné après la guerre pour avoir collaboré.*

COLLAGE [kɔlaʒ] n. m. **1.** *LE COLLAGE :* action de coller. *Les candidats à l'élection ont besoin de bénévoles pour le collage de leurs affiches.* **2.** *UN COLLAGE :* œuvre d'art faite de divers objets et papiers collés sur une toile. *Braque et Picasso ont fait de nombreux collages.*

COLLANT [kɔlɑ̃] adj. et n. m., **COLLANTE** [kɔlɑ̃t] adj.

I. adjectif (après le nom) **1.** Qui est fait pour coller. *Je fixe une affiche au mur avec du PAPIER COLLANT.* → **adhésif. 2.** (vêtement) Très serré. *La jeune femme a un pantalon très collant.* → **moulant. 3.** Qui semble enduit de colle. *Le bébé a les mains collantes.* → **poisseux.** *Ce riz est trop cuit, il est collant.* **4.** (qqn) Dont on ne peut se débarrasser. *Nos nouveaux voisins sont vraiment collants.* → **importun.**

II. *UN COLLANT :* sous-vêtement qui unit en une seule pièce bas et culotte. *Il fait froid, mets un collant de laine. Son collant de nylon est filé.*

REM. Pour le sous-vêtement, on dit *un collant* ou *des collants* : *mets tes collants de laine.*

COLLATION [kɔlasjɔ̃] n. f. ■ *UNE COLLATION :* petit repas léger. *Nous prendrons une collation avant de partir.*

> FAUX AMIS
> italien **colazione** « petit déjeuner » ;
> polonais **kolacja** « dîner, souper »

COLLE [kɔl] n. f.

I. *LA COLLE :* matière gluante, liquide ou en pâte, utilisée pour faire tenir ensemble deux objets. *La colle s'achète en tube, en pot ou en bâton. Elle a réparé le vase cassé en mettant de la colle forte.* – STYLE FAMILIER *POT DE COLLE :* personne dont on ne peut se débarrasser. *Quel pot de colle ! – Ils vivent À LA COLLE :* ils vivent ensemble sans être mariés (→ **concubinage**).

II. *UNE COLLE* **1.** Question difficile. *Là tu me poses une colle, je ne sais pas répondre.* **2.** Exercice de préparation à un examen, un concours. *Ces étudiants ont des colles toutes les semaines.* **3.** STYLE FAMILIER Punition qui oblige un élève à venir en classe en dehors des heures de cours. → **consigne, retenue.** *Mon fils a encore deux heures de colle.*

COLLECTE [kɔlɛkt] n. f. ■ *LA COLLECTE :* action de recueillir des dons (objets, nourriture, argent) pour les redonner à ceux qui en ont besoin (→ **quête**). *Le maire a organisé une collecte de vêtements.*

COLLECTIF [kɔlɛktif], **COLLECTIVE** [kɔlɛktiv] adj. (après le nom) **1.** Qui est fait par plusieurs personnes ou qui concerne plusieurs personnes. ⟨contraire : individuel⟩ *Ils participent à un travail collectif. Ce professeur donne des cours collectifs.* ⟨contraire : particulier⟩ *Le football est un sport collectif,* un sport d'équipe. **2.** *MOT COLLECTIF :* mot qui représente un ensemble de personnes, d'animaux ou de choses. *« Peuple, troupeau, dizaine » sont des mots collectifs.*

COLLECTION [kɔlɛksjɔ̃] n. f. ■ *UNE COLLECTION* **1.** Ensemble d'objets que l'on garde parce qu'ils ont de la valeur ou qu'on les trouve intéressants. *Cette commode Louis XV est une PIÈCE*

DE COLLECTION. Mes amis m'ont montré leur collection de timbres. Ma sœur FAIT COLLECTION de porte-clés, elle les recherche, pour en avoir le plus possible et les garder (→ **collectionner**). **2.** Série de livres présentés de la même façon. *Elle a acheté les œuvres complètes de Shakespeare dans la même collection que les œuvres de Balzac.* **3.** Ensemble de vêtements créés et présentés par un grand couturier. *Cette robe fait partie de la collection de printemps.*

COLLECTIONNER [kɔlɛksjɔne] verbe [conjugaison 1a] **1.** Réunir et garder des objets de même nature. *Ma femme collectionne les boîtes d'allumettes,* elle en fait collection. **2.** STYLE FAMILIER Accumuler. *Cet automobiliste collectionne les contraventions. Les ennuis, il les collectionne !* il en a beaucoup.

COLLECTIONNEUR [kɔlɛksjɔnœʀ] n. m., **COLLECTIONNEUSE** [kɔlɛksjɔnøz] n. f. ▪ *UN COLLECTIONNEUR, UNE COLLECTIONNEUSE :* une personne qui fait une ou plusieurs collections. *C'est une collectionneuse de cartes postales.*

COLLECTIVEMENT [kɔlɛktivmɑ̃] adverbe ▪ Ensemble, à plusieurs. *Ils ont pris leur décision collectivement.* (contraires : individuellement, séparément)

COLLECTIVITÉ [kɔlɛktivite] n. f. ▪ *UNE COLLECTIVITÉ* **1.** Ensemble de personnes qui forment un groupe qui a des activités communes, des intérêts communs. → **communauté.** *Quand on part en colonie de vacances, on vit EN COLLECTIVITÉ.* **2.** Circonscription administrative. *Les COLLECTIVITÉS LOCALES ont leur budget propre.*

COLLÈGE [kɔlɛʒ] n. m. ▪ *UN COLLÈGE* **1.** En France, établissement d'enseignement secondaire qui comporte les classes de la sixième à la troisième, entre l'école primaire et le lycée. *Mes enfants vont au collège Danton.* **2.** Ensemble de personnes qui ont la même fonction. *L'ensemble des cardinaux constitue le SACRÉ COLLÈGE.*

> FAUX AMI
> anglais **college**
> « université »

COLLÉGIEN [kɔleʒjɛ̃] n. m., **COLLÉGIENNE** [kɔleʒjɛn] n. f. ▪ *UN COLLÉGIEN, UNE COLLÉGIENNE :* élève d'un collège. *Les collégiens seront en vacances demain.*

COLLÈGUE [kɔlɛg] n. m., n. f. ▪ *UN COLLÈGUE, UNE COLLÈGUE :* une personne qui travaille dans la même entreprise qu'une ou plusieurs autres. *Elle déjeune tous les jours avec ses collègues.*

COLLER [kɔle] verbe [conjugaison 1a]
I. 1. Faire tenir (deux choses) ensemble avec de la colle. → **fixer.** *Colle le timbre sur l'enveloppe.* (contraire : décoller) **2.** Mettre tout près. *Elle a collé son oreille à la porte pour écouter la conversation.* **3.** (qqch.) Faire tenir ensemble. *La sueur lui colle les cheveux.* **4.** Bien tenir sur une surface. → **adhérer.** *Ce timbre ne colle plus. Cette poêle ne colle pas. Ces caramels collent aux dents.* **5.** STYLE FAMILIER Donner pour se débarrasser. *Ils nous ont collé leurs gosses pendant le week-end.* → STYLE FAMILIER **refiler. 6.** STYLE FAMILIER Refuser à un examen. *Le jury a collé le candidat. Elle a été collée à son examen.* (contraires : admettre, recevoir) **7.** STYLE FAMILIER Poser une question à laquelle il est difficile de répondre. *Là, tu m'as collé, je ne connais pas la réponse. On ne peut pas le coller en histoire* (→ **incollable**). **8.** STYLE FAMILIER Punir (un élève) en le faisant venir en classe en dehors des heures de cours. *Ma fille est collée samedi matin.* **9.** STYLE FAMILIER Imposer sa présence à (qqn). *Va-t'en, arrête de me coller !* **10.** STYLE FAMILIER Ranger. → **mettre.** *Colle cette valise dans le haut du placard.* **11.** STYLE FAMILIER *Ça colle :* ça va, ça convient. → **marcher.** *Il y a quelque chose qui ne colle pas dans son témoignage.*
II. verbe pronominal SE COLLER **1.** (qqn) Se mettre tout près. *Cet enfant se colle toujours contre sa mère. Ne te colle pas tout le temps à moi !* **2.** STYLE FAMILIER *SE COLLER À un travail,* s'y mettre, commencer à travailler. *Il va falloir que je m'y colle. Elle s'est collée au boulot.*

> FAUX AMI
> portugais **colare**
> « filtrer »

COLLET [kɔlɛ] n. m. ▪ *UN COLLET* **1.** Piège fait d'un nœud pour prendre certains animaux. *Le collet serre le cou de l'animal qui a passé la tête dedans. Un braconnier a posé des collets. Un lièvre a été PRIS AU COLLET.* **2.** *Être COLLET MONTÉ :* être sévère, avoir des principes rigides. → **guindé.** *Mes tantes sont très collet monté.*

> FAUX AMI
> portugais **colete**
> « gilet »

COLLEUR [kɔlœʀ] n. m., **COLLEUSE** [kɔløz] n. f. ▪ *UN COLLEUR, UNE COLLEUSE :* une personne dont le métier est de coller du papier peint, des affiches. *Il est COLLEUR D'AFFICHES dans le métro.*

COLLIER [kɔlje] n. m. ▪ *UN COLLIER* **1.** Bijou que l'on porte autour du cou. *Son mari lui a offert un colller de perles.* **2.** Bande de cuir, chaîne de métal que l'on met autour du cou de certains animaux. *Le chien a son nom inscrit sur la plaque de son collier.* **3.** *Donner un COUP DE COLLIER :* faire un gros effort. *Encore un coup de collier à donner avant l'examen et ce sont les vacances !* **4.** *COLLIER (DE BARBE) :* barbe courte qui remonte sur les joues jusqu'aux tempes. *Mon père porte un collier de barbe.*

COLLIMATEUR [kɔlimatœʀ] n. m. ▪ *LE COLLIMATEUR :* partie d'une lunette, d'un fusil qui permet de l'orienter dans une direction précise. *Le chasseur regarde dans le collimateur, vise et tire.* – STYLE FAMILIER *Avoir qqn DANS LE COLLIMATEUR,* le surveiller et attendre l'occasion de l'attaquer. *Je l'ai dans le collimateur, ce collègue indiscret : dès que je le peux, je me venge.*

COLLINE [kɔlin] n. f. ▪ *UNE COLLINE :* petite hauteur de terrain arrondie. *On a une très belle vue du haut de la colline.*

COLLISION [kɔlizjɔ̃] n. f. ▪ *UNE COLLISION :* choc entre deux véhicules. → **heurt.** *Il y a eu une collision sur l'autoroute. Sa voiture est ENTRÉE EN COLLISION AVEC un camion,* elle l'a heurté, elle est rentrée dedans.

> FAUX AMI
> suédois **kollision**
> « conflit de lois »

COLLOQUE [kɔlɔk] n. m. ▪ *UN COLLOQUE :* débat sur un sujet précis, organisé entre des spécialistes. → **séminaire.** *Ce médecin participe à un colloque sur les maladies tropicales.*

> FAUX AMI
> italien **colloquio**
> « entretien d'embauche »

REM. Il y a davantage de participants à un *congrès.*

COLMATER [kɔlmate] verbe [conjugaison 1a] ▪ Fermer, boucher. *Le maçon a colmaté la fissure qu'il y avait au plafond.*

COLOGNE [kɔlɔɲ] nom propre féminin – en allemand **KÖLN** ▪ Ville d'Allemagne. *Ma cousine est née à Cologne.*

COLOMBAGE [kɔlɔ̃baʒ] n. m. ▪ *MAISON À COLOMBAGES :* maison dont les murs laissent voir la charpente en bois. *Ils ont acheté une maison à colombages en Normandie.*

COLOMBE [kɔlɔ̃b] n. f. ▪ *UNE COLOMBE :* un pigeon blanc, considéré comme le symbole de la douceur et de la paix. *Un couple de colombes roucoule sur le toit.*

COLOMBIE [kɔlɔ̃bi] nom propre féminin – en espagnol **COLOMBIA** ▪ *LA COLOMBIE :* pays d'Amérique du Sud. *Ils ont voyagé plusieurs mois en Colombie. Ils rentrent de Colombie.*

COLOMBIEN [kɔlɔ̃bjɛ̃] adj. et n. m., **COLOMBIENNE** [kɔlɔ̃bjɛn] adj. et n. f. **1.** adjectif (après le nom) De Colombie, pays d'Amérique du Sud. *Ils ont fait un voyage dans les Andes colombiennes.* **2.** *UN COLOMBIEN, UNE COLOMBIENNE :* un habitant, une habitante de Colombie. *Les Colombiens.*

COLON [kɔlɔ̃] n. m. ▪ *UN COLON :* une personne qui est allée peupler et exploiter une colonie. *Les premiers colons d'Amérique du Nord étaient surtout des Britanniques.*

COLONEL [kɔlɔnɛl] n. m. ▪ *UN COLONEL :* officier supérieur qui commande un régiment. *Oui, mon colonel !*

COLONIAL [kɔlɔnjal], **COLONIALE** [kɔlɔnjal] adj. (après le nom) ▪ Relatif aux colonies. *L'empire colonial britannique était immense. L'explorateur a un CASQUE COLONIAL,* un casque en liège, destiné à protéger la tête du soleil. MASCULIN PLURIEL : *des produits COLONIAUX* [kɔlɔnjo].

FAUX AMIS
danois et norvégien **kolonial** « épicerie »

COLONIALISME [kɔlɔnjalism] n. m. ▪ *LE COLONIALISME :* politique d'un pays qui cherche à conquérir des pays plus faibles pour en faire des colonies. *Les pays du tiers monde ont lutté contre le colonialisme.*

COLONIE [kɔlɔni] n. f. ▪ *UNE COLONIE* **1.** Pays occupé par un autre pays plus fort, plus développé, et qui en tire profit. *L'Inde était une colonie britannique* (→ **colonial**). **2.** Groupe d'étrangers originaires d'un même pays qui vivent dans la même région ou la même ville. *Les membres de la colonie russe de Paris se retrouvent souvent dans ce restaurant.* **3.** *COLONIE DE VACANCES :* groupe d'enfants qui passent leurs vacances sans leurs parents, sous la conduite de moniteurs. *Pendant l'été, mes enfants partent en colonie de vacances à la mer.* **4.** Groupe d'animaux qui vivent ensemble. *Les abeilles et les fourmis vivent en colonies.*

COLONISATION [kɔlɔnizasjɔ̃] n. f. ▪ *LA COLONISATION :* le fait de transformer un pays en colonie. *La colonisation d'une grande partie du monde par l'Europe a commencé au seizième siècle.*

COLONISER [kɔlɔnize] verbe [conjugaison 1a] ▪ Faire de (un pays) une colonie. *La France a colonisé l'Algérie.*

COLONNADE [kɔlɔnad] n. f. ▪ *UNE COLONNADE :* file de colonnes sur une ou plusieurs rangées. *Il ne reste de ce temple grec qu'une colonnade.*

COLONNE [kɔlɔn] n. f. ▪ *UNE COLONNE* **1.** Support vertical d'un bâtiment, souvent cylindrique. → **pilier, poteau.** *Les temples grecs étaient soutenus par des colonnes.* **2.** Monument formé d'une seule colonne. *Nous avons vu la colonne Vendôme, à Paris.* **3.** *La COLONNE VERTÉBRALE :* la partie centrale du squelette formée de l'ensemble des vertèbres. *La colonne vertébrale de l'homme a trente-trois vertèbres.* **4.** File de personnes, de véhicules, d'animaux se déplaçant les uns derrière les autres. *Les élèves rentrent en classe en colonnes par deux. Nous avons observé une colonne de fourmis.* **5.** Division verticale d'une page d'un livre ou d'un journal. *L'article sur les élections occupe trois colonnes du journal. Le titre est sur quatre colonnes.* **6.** Ensemble de chiffres écrits les uns sous les autres. *La colonne des unités est à la droite de celle des dizaines.* **7.** Masse de liquide ou de gaz qui prend la forme d'une colonne. *Regarde la colonne de mercure dans le thermomètre pour voir la température.*

COLORANT [kɔlɔʀɑ̃] adj. et n. m., **COLORANTE** [kɔlɔʀɑ̃t] adj. **1.** adjectif (après le nom) Qui colore, fait changer de couleur. *Le coiffeur lui a fait un shampoing colorant.* **2.** *UN COLORANT :* produit qui donne une couleur. *Ces bonbons sont garantis sans colorants.*

COLORATION [kɔlɔʀasjɔ̃] n. f. ▪ *UNE COLORATION* **1.** État de ce qui est coloré. → **couleur.** *La coloration de sa peau est jolie.* → **carnation.** **2.** Le fait de changer de couleur de cheveux. *Le coiffeur lui a fait une coloration.* → **couleur, teinture.** *Les colorations abîment les cheveux.*

COLORÉ [kɔlɔʀe], **COLORÉE** [kɔlɔʀe] adj. (après le nom) ▪ Qui a une couleur, des couleurs. ⟨contraire : incolore⟩ *L'encre est un liquide coloré.*

COLORER [kɔlɔʀe] verbe [conjugaison 1a] ▪ Donner une couleur à. *Le bon air a coloré ses joues. Le coucher de soleil colorera* [kɔlɔʀʀa] *le ciel.* ⟨contraire : décolorer⟩

COLORIAGE [kɔlɔʀjaʒ] n. m. **1.** *LE COLORIAGE :* action de colorier. *Vous ferez le coloriage du dessin au feutre.* **2.** *UN COLORIAGE :* dessin à colorier. *Son père lui a acheté un ALBUM DE COLORIAGES.*

COLORIER [kɔlɔʀje] verbe [conjugaison 7a] ▪ Mettre des couleurs sur (un dessin). *Vous colorierez* [kɔlɔʀiʀe] *les feuilles en vert foncé. Il faut que nous coloriions la carte de géographie.*

COLORIS [kɔlɔʀi] n. m. ▪ *UN COLORIS :* couleur. → **teinte.** *Cette robe existe dans divers coloris.*

COLOSSAL [kɔlɔsal], **COLOSSALE** [kɔlɔsal] adj. (après le nom) ▪ Très grand. → **énorme, gigantesque, monumental.** *Ce catcheur est d'une force colossale.* → **herculéen.** *Sa fortune est colossale.* → **immense.** ⟨contraire : minuscule⟩ MASCULIN PLURIEL : *des efforts COLOSSAUX* [kɔlɔso].

COLOSSE [kɔlɔs] n. m. ▪ *UN COLOSSE* **1.** Statue gigantesque. *Le colosse de Rhodes était une des sept merveilles du monde.* **2.** Homme très grand et très fort. → **géant.** *Cet homme est un véritable colosse.*

COLPORTER [kɔlpɔʀte] verbe [conjugaison 1a] ▪ Raconter (qqch.) à de nombreuses personnes. → **propager, répandre.** *Qui a colporté ces ragots ?*

COLZA [kɔlza] n. m. ▪ *LE COLZA :* plante à fleurs jaunes utilisée comme fourrage pour les bêtes et dont les graines servent à faire de l'huile. *L'huile de colza est une huile alimentaire.*

COMA [kɔma] n. m. ▪ *LE COMA :* état dans lequel est une personne qui a perdu conscience et qui n'a conservé que des fonctions végétatives. *Le blessé est DANS LE COMA. Il est dans un coma profond. Il est mort sans sortir du coma.*

COMBAT [kɔ̃ba] n. m. ▪ *UN COMBAT* **1.** Affrontement entre des adversaires ou des armées qui se battent. → **bataille.** *Il y a eu de violents combats. Le combat a été acharné. Un des adversaires est HORS DE COMBAT,* il ne peut plus poursuivre la lutte. **2.** Lutte organisée. *La boxe et le catch sont des SPORTS DE COMBAT. Nous avons assisté à un combat de boxe.* → **match.** *Dans certains pays, on organise des combats de coqs.* **3.** Lutte contre une difficulté. *La vie est un combat. Continuons le combat !*

COMBATIF [kɔ̃batif], **COMBATIVE** [kɔ̃bativ] adj. (après le nom) ▪ Qui aime lutter, se battre. *Notre équipe de football est très combative. Ce sont des joueurs combatifs.* ⟨contraire : pacifique⟩

REM. *Combatif,* de la famille de *combattre,* s'écrit avec un seul *t,* mais s'écrirait mieux °*combattif,* avec deux *t* comme *combattant.*

combats [kɔ̃ba] *Je combats, tu combats :* forme au présent du verbe **combattre.**

COMBATTANT [kɔ̃batɑ̃], **COMBATTANTE** [kɔ̃batɑ̃t] adj. ▪ (après le nom) *UN COMBATTANT, UNE COMBATTANTE* : une personne qui se bat, qui participe à un combat, à une guerre. *Les ANCIENS COMBATTANTS défileront demain. Les soldats doivent faire le PARCOURS DU COMBATTANT,* un parcours semé d'obstacles à accomplir en un temps donné.

COMBATTRE [kɔ̃batʀ] verbe [conjugaison 41c] **1.** Se battre contre (un ennemi). *Les Gaulois ont combattu les Romains.* **2.** Lutter contre (un mal, un danger). *Les pompiers combattent l'incendie. Il faut qu'il combatte l'infection en prenant des antibiotiques.* – *Ils ont combattu contre la faim. Nous combattrons pour la liberté.* **3.** S'opposer à (qqch.). *Je combats ton argument car je ne suis pas d'accord.*

combattu [kɔ̃baty], **combattue** [kɔ̃baty] *Il a combattu l'armée ; l'armée qu'il a combattue* : formes au participe passé du verbe **combattre.**

COMBIEN [kɔ̃bjɛ̃] adverbe et n. m. invariable
I. adverbe **1.** *COMBIEN DE* : quelle quantité de, quel nombre de. *Combien d'enfants avez-vous ? Combien d'œufs met-on pour faire ce gâteau ? Sais-tu combien (de personnes) vous êtes ? Depuis combien de temps es-tu là ?* – *Combien vous dois-je ?* quelle somme d'argent ? *Combien ça coûte ?* **2.** Dans quelle mesure. *Si tu savais combien je l'aime.* → **comme.**
II. nom masculin invariable STYLE FAMILIER *Le combien sommes-nous ?* quel jour sommes-nous, quelle est la date d'aujourd'hui ? PLURIEL : *tous les combien passe le bus ?* quelle est la fréquence des bus ?

> REM. On ne dit jamais *le combien* pour demander à une personne quel est son rang dans un classement ; on dit très familièrement *le combientième* [kɔ̃bjɛ̃tjɛm]. *Tu es arrivée la combientième ?*

① **COMBINAISON** [kɔ̃binɛzɔ̃] n. f. ▪ *UNE COMBINAISON* **1.** Sous-vêtement féminin à bretelles, descendant jusqu'aux genoux comme une robe légère. *Sous sa robe, elle porte une combinaison de soie blanche.* **2.** Vêtement fait d'un pantalon et d'une veste en une seule pièce. *Le skieur a mis sa COMBINAISON DE SKI. Le garagiste a une combinaison de mécanicien.*

② **COMBINAISON** [kɔ̃binɛzɔ̃] n. f. ▪ *UNE COMBINAISON* **1.** Façon de mettre ensemble plusieurs choses, de les combiner. *En mettant trois chiffres différents côte à côte, on peut faire six combinaisons. Connais-tu la combinaison pour ouvrir ce coffre-fort ?* la suite de chiffres et de lettres qu'il faut faire dans le bon ordre pour l'ouvrir. **2.** Moyen habile pour réussir quelque chose. → **arrangement, manœuvre.** *Il trouve toujours des combinaisons pour se sortir d'affaire.* → STYLE FAMILIER **combine.**

> FAUX AMI
> italien **combinazione** « coïncidence »

COMBINE [kɔ̃bin] n. f. ▪ STYLE FAMILIER *UNE COMBINE* : moyen astucieux, plus ou moins honnête, pour obtenir qqch. → ② **combinaison.** *Elle a des combines pour aller au cinéma sans payer. L'avocat était DANS LA COMBINE,* il participait à cette affaire louche.

COMBINÉ [kɔ̃bine] n. m. ▪ *UN COMBINÉ* **1.** Partie d'un téléphone qui contient l'écouteur et le micro. *La standardiste décroche le combiné et dit « allo ».* **2.** Compétition sportive réunissant plusieurs épreuves. *Elle dispute le COMBINÉ ALPIN,* une compétition de ski qui comprend une descente et un slalom.

COMBINER [kɔ̃bine] verbe [conjugaison 1a] **1.** Réunir (plusieurs choses) en les arrangeant d'une certaine façon. *En combinant plusieurs chiffres, on obtient beaucoup de nombres différents.* **2.** Organiser dans un but précis. *Elles ont tout combiné pour être assises l'une à côté de l'autre.* → **arranger.**

① **COMBLE** [kɔ̃bl] n. m. ▪ *LE COMBLE* **1.** Le plus haut degré de. *Les jeunes mariés sont AU COMBLE DU bonheur. L'émotion était À SON COMBLE. C'EST LE COMBLE !* il ne manquait plus que ça ! *Il a tort et il m'accuse, c'est un comble !* → **bouquet.** **2.** (au pluriel) LES COMBLES : partie d'une maison comprise entre le dernier étage et le toit. *Ils ont aménagé les combles en salle de jeu. Sa chambre est SOUS LES COMBLES.* **3.** *DE FOND EN COMBLE* : complètement, de haut en bas. *Les policiers ont fouillé la maison de fond en comble.*

② **COMBLE** [kɔ̃bl] adj. (après le nom) ▪ Rempli de monde. → **plein.** *Impossible de monter dans le bus, il est comble.* → **bondé, bourré, complet.** *Cette pièce a beaucoup de succès, tous les soirs le théâtre FAIT SALLE COMBLE,* la salle est remplie au maximum.

COMBLÉ [kɔ̃ble], **COMBLÉE** [kɔ̃ble] adj. (après le nom) ▪ Très content parce que ses souhaits sont réalisés. *Avec tous ces cadeaux, je suis vraiment comblé ! Je suis un homme comblé !*

COMBLER [kɔ̃ble] verbe [conjugaison 1a] **1.** Remplir (un vide, un creux). *Les ouvriers ont comblé le puits.* → **boucher.** ⟨contraire : creuser⟩ **2.** *COMBLER DE* : donner beaucoup de. *Ses grands-parents le comblent de cadeaux. Cette nouvelle me comble de joie.* **3.** Satisfaire entièrement. *Votre proposition comble mes vœux. Vous me comblez.*

COMBUSTIBLE [kɔ̃bystibl] adj. et n. m. **1.** adjectif (après le nom) Qui peut brûler. *Le bois est une matière combustible.* **2.** *UN COMBUSTIBLE* : matière que l'on fait brûler pour faire de la chaleur. *Le charbon et le mazout sont des combustibles.*

COMBUSTION [kɔ̃bystjɔ̃] n. f. ▪ *LA COMBUSTION* : le fait de brûler par l'action du feu, de se consumer. *La combustion du bois produit de la chaleur.*

COMÉDIE [kɔmedi] n. f. ▪ *UNE COMÉDIE* **1.** Pièce de théâtre ou film qui divertit, qui fait rire. *« La Locandiera » est une comédie de Goldoni. Nous sommes allés voir une comédie au cinéma. J'aime beaucoup les COMÉDIES MUSICALES,* les pièces ou les films divertissants où se mêlent la musique, le chant, la danse et la parole. *« Chantons sous la pluie » est une célèbre comédie musicale.* **2.** Représentation d'une pièce. *Les acteurs JOUENT LA COMÉDIE.* **3.** *LA COMÉDIE* : attitude insupportable. *Cet enfant FAIT LA COMÉDIE tous les soirs pour ne pas se coucher. Tu ne t'es pas fait vraiment mal, c'est de la comédie,* ce n'est pas vrai, tu fais semblant d'avoir mal. **4.** Difficulté. *Quelle comédie pour se garer dans ce quartier !* → **cinéma, cirque.**

COMÉDIEN [kɔmedjɛ̃] n. m., **COMÉDIENNE** [kɔmedjɛn] n. f. ▪ *UN COMÉDIEN, UNE COMÉDIENNE* **1.** Personne dont le métier est de jouer dans une pièce, un film. → **acteur.** *Il fait partie d'une troupe de comédiens. C'est une excellente comédienne.* **2.** Personne qui fait semblant. *Quel comédien, il nous ferait croire n'importe quoi !*

> FAUX AMI
> anglais **comedian** « un, une comique »

COMESTIBLE [kɔmɛstibl] adj. et n. m. pluriel **1.** adjectif (après le nom) Que l'on peut manger. *Les girolles sont des champignons comestibles.* ⟨contraires : toxique, vénéneux⟩ – *Ce gâteau est tout à fait comestible,* mangeable. ⟨contraire : immangeable⟩ **2.** nom masculin (au pluriel) DES COMESTIBLES : des denrées alimentaires. *J'ai fait les courses dans un magasin de comestibles.*

COMÈTE [kɔmɛt] n. f. ▪ *UNE COMÈTE* : astre qui laisse une traînée lumineuse en libérant des gaz et des poussières, quand il passe près du Soleil. *La comète de Halley passe tous les soixante-seize ans.* – *TIRER DES PLANS SUR LA COMÈTE* : faire des projets irréalisables. *Arrête de tirer des plans sur la comète !*

COMIQUE [kɔmik] adj., n. m. et n. f.
I. adjectif (après le nom) Qui fait rire. → **amusant, cocasse, drôle.** *Nous avons vu un film comique.* → **burlesque.** ⟨contraires : sérieux, sinistre, triste⟩
II. 1. *UN COMIQUE, UNE COMIQUE :* artiste qui fait rire, qui joue des rôles comiques ou qui écrit ou interprète des sketchs drôles. → **fantaisiste.** *Elle joue toujours des rôles de comiques.* **2.** *LE COMIQUE :* ce qui fait rire. ⟨contraire : tragique⟩ *Le comique de l'histoire, c'est que c'était vraiment le voisin qui était sur mon toit. Son père a le sens du comique.* → **humour.**

FAUX AMIS
allemand **komisch** « bizarre » ; anglais **comic** « bande dessinée »

COMITÉ [kɔmite] n. m. ▪ *UN COMITÉ :* petit groupe de personnes qui s'occupent de certaines affaires, qui donnent leur avis sur certaines choses. → **commission.** *Le réveillon du jour de l'an est organisé par le COMITÉ DES FÊTES du village. Mon collègue a été élu au COMITÉ D'ENTREPRISE,* au groupe formé par les représentants du personnel et présidé par le chef de l'entreprise, qui a un rôle de consultation et de contrôle sur la marche de l'entreprise. *Nous dînerons EN PETIT COMITÉ,* avec très peu de personnes, juste entre nous.

COMMANDANT [kɔmɑ̃dɑ̃] n. m. ▪ *UN COMMANDANT* **1.** Officier qui a un commandement militaire. *Il était capitaine et il vient de passer commandant.* **2.** Officier qui commande un navire. *Le commandant est sur le pont.* **3.** *Le COMMANDANT DE BORD :* le pilote d'un avion. *Le commandant de bord vous souhaite un bon voyage.*

COMMANDE [kɔmɑ̃d] n. f. ▪ *UNE COMMANDE* **1.** Ordre par lequel un client demande une marchandise ou une consommation. *J'ai PASSÉ UNE COMMANDE de livres chez le libraire. Le serveur PREND LES COMMANDES des consommateurs. Le vendeur remplit le BON DE COMMANDE. Ce produit n'est disponible que SUR COMMANDE,* que si on le commande. **2.** Marchandise commandée. *Votre commande est arrivée.* **3.** Mécanisme qui sert à diriger un véhicule, à faire fonctionner un appareil. *Le pilote est AUX COMMANDES de l'avion. – Où est la commande à distance du téléviseur ?* → **télécommande.**

FAUX AMIS
anglais **command** « ordre » ; russe **команда** « équipe »

COMMANDEMENT [kɔmɑ̃dmɑ̃] n. m.
I. *LE COMMANDEMENT* **1.** Action de commander. *Le colonel a l'habitude du commandement.* **2.** Pouvoir, droit de commander. → **autorité, direction.** *Le général a pris le commandement des opérations.*
II. *UN COMMANDEMENT* **1.** Ordre bref, donné à haute voix, dans l'armée. *À mon commandement, halte !* **2.** Règle de conduite donnée par Dieu. → **loi.** *Les dix commandements furent transmis par Moïse.*

COMMANDER [kɔmɑ̃de] verbe [conjugaison 1a] **1.** Être le chef de. *César commandait l'armée romaine.* → **conduire, diriger.** – *Le général COMMANDE À ses troupes. Il a l'habitude de commander. Qui est-ce qui commande ici ?* **2.** *COMMANDER DE :* donner l'ordre de. *Le professeur commande de se taire.* → ② **ordonner.** **3.** Demander en passant une commande. *Elle va commander une caisse de champagne par correspondance. Avez-vous commandé les desserts ?* **4.** Faire fonctionner. *Dans une voiture, la pédale du milieu commande les freins.*

FAUX AMI
anglais **to command** ne s'emploie pas pour les sens 2., 3. et 4.

COMMANDO [kɔmɑ̃do] n. m. ▪ *UN COMMANDO :* petit groupe d'hommes armés spécialement entraînés pour des combats rapides et isolés. *Des commandos de parachutistes ont attaqué le village pendant la nuit. Il fait partie d'un commando de terroristes.*

COMME [kɔm] conjonction et adverbe
I. conjonction et adverbe **1.** De la même manière que. *Cet enfant est têtu comme une mule,* il est aussi têtu qu'une mule. *Elle a les yeux bleus, comme son frère,* de même que son frère. *Elle s'habille COMME SI elle avait vingt ans.* – STYLE FAMILIER *Elle est jolie COMME TOUT,* extrêmement jolie. **2.** De cette manière. *Ne te balance pas COMME ÇA, tu vas tomber.* – STYLE FAMILIER *C'est comme ça et pas autrement. Ça va COMME CI COMME ÇA,* ni bien ni mal. **3.** Ainsi que. *J'ai oublié tout ça, comme le reste.* **4.** De la manière que. *Riche comme il est, il pourrait vous aider. Nous ferons COMME IL VOUS PLAIRA,* selon vos désirs. *Fais ton travail COMME IL FAUT,* bien, correctement. *C'est un jeune homme comme il faut,* très convenable. **5.** En tant que. *Elle travaille comme secrétaire chez un médecin.* – STYLE FAMILIER *Que voulez-vous comme dessert ?*
II. conjonction **1.** Puisque. *Comme il était en retard, il a fallu l'attendre.* → **parce que.** **2.** STYLE RECHERCHÉ Au moment où. *Mon cousin est arrivé comme je partais.*
III. adverbe **1.** Combien, que. *Comme c'est cher ! Comme elle est gentille !* **2.** Comment. *Tu sais comme il est.*

COMMÉMORATIF [kɔmemɔʀatif], **COMMÉMORATIVE** [kɔmemɔʀativ] adj. (après le nom) ▪ (qqch.) Qui rappelle le souvenir d'une personne, d'un événement. *Une plaque commémorative a été posée sur l'immeuble où a habité ce célèbre écrivain.*

COMMÉMORATION [kɔmemɔʀasjɔ̃] n. f. ▪ *UNE COMMÉMORATION :* cérémonie qui rappelle le souvenir d'une personne, d'un événement. *Tous les ans a lieu la commémoration de l'indépendance du pays.*

COMMÉMORER [kɔmemɔʀe] verbe [conjugaison 1a] ▪ Rappeler par une cérémonie le souvenir de (une personne, un événement). → **fêter.** *En France, le défilé du 14 juillet commémore la prise de la Bastille et le début de la Révolution de 1789. Nous commémorerons* [kɔmemɔʀʀɔ̃] *cet événement.*

COMMENCÉ [kɔmɑ̃se], **COMMENCÉE** [kɔmɑ̃se] adj. (après le nom) ▪ Que l'on a commencé à faire. *Une fois le traitement commencé, vous irez mieux. Toute heure de travail commencée est due.*

COMMENCEMENT [kɔmɑ̃smɑ̃] n. m. ▪ *LE COMMENCEMENT* **1.** Ce qui vient d'abord, première partie. → **début.** ⟨contraire : fin⟩ *Où est le commencement de la rue ?* où sont les premiers numéros de la rue ? *Nous sommes arrivés en retard au cinéma et nous avons manqué le commencement du film. J'ai dormi du commencement à la fin de la conférence.* **2.** adverbe *Au commencement, nous devions nous rencontrer chez vous,* initialement.

COMMENCER [kɔmɑ̃se] verbe [conjugaison 3a] **1.** Se mettre à faire (qqch.). ⟨contraires : finir, terminer⟩ *Il faut que tu commences tes devoirs. J'ai commencé la lecture d'un nouveau livre.* → **entamer.** **2.** *COMMENCER À :* entreprendre de. *Commençons à travailler en l'attendant,* mettons-nous à travailler. *Je commence à comprendre ce qui s'est passé. – Nous allions commencer sans vous.* – STYLE FAMILIER *Tu commences à m'énerver.* **3.** *COMMENCER PAR :* faire d'abord (qqch.). *Nous commencerons le dîner par des crevettes. Commençons par le commencement. Vous avez beaucoup de choses à faire, À COMMENCER PAR ranger vos affaires.* **4.** (qqch.) Être au commencement de. *Le mot qui commence la phrase s'écrit avec une majuscule.* **5.** (qqch.) Avoir pour début. → **débuter.** *Le mot hippopotame commence par* *un h. Ça commence mal. L'année commence le 1er janvier. Le film va commencer.* **6.** *Il* COMMENCE À *neiger* : il se met à neiger.

REM. Le c prend une cédille devant *a* et *o* : *je commençais, nous commençons.*

COMMENT [kɔmɑ̃] adverbe **1.** De quelle façon. *Bonjour, comment allez-vous ?* STYLE FAMILIER *Comment ça va ? Dis-moi comment (il faut) faire. « Comment venez-vous ? – Par le train ». Qu'est-ce que tu dis ? Comment ?* (pour faire répéter). → **pardon, quoi.** **2.** *N'IMPORTE COMMENT* : sans soin, au hasard. *Elle a fait ses devoirs n'importe comment.* **3.** Exclamation montrant l'étonnement, l'indignation. → **quoi.** *Comment, tu as encore perdu tes clés !*

COMMENTAIRE [kɔmɑ̃tɛʀ] n. m. ▪ *UN COMMENTAIRE* **1.** Ensemble d'explications, de remarques sur un texte. *À cet examen, l'épreuve de langue comporte un commentaire littéraire.* **2.** Explication apportée sur un sujet. *Le journaliste a fait immédiatement un commentaire sur le discours du ministre. Je ne ferai aucun commentaire sur ce qui vient de se passer.* **3.** Remarque désagréable sur l'attitude ou les paroles de qqn. *Je te dispense de tes commentaires.* – STYLE FAMILIER *SANS COMMENTAIRE* : la chose se suffit à elle-même, il n'est pas utile de dire qqch. de plus. *Tu as encore perdu ton sac ? Sans commentaire !*

COMMENTATEUR [kɔmɑ̃tatœʀ] n. m., **COMMENTATRICE** [kɔmɑ̃tatʀis] n. f. ▪ *UN COMMENTATEUR, UNE COMMENTATRICE* : journaliste de radio ou de télévision qui commente l'actualité, un reportage. *Le commentateur sportif nous fait vivre le match comme si nous y étions.*

COMMENTER [kɔmɑ̃te] verbe [conjugaison 1a] ▪ Faire des remarques, donner des explications sur (un texte, des faits). *Le journaliste commente le match de tennis. Le député a commenté le discours du ministre.*

COMMÉRAGE [kɔmeʀaʒ] n. m. ▪ STYLE FAMILIER *UN COMMÉRAGE* : bavardage méchant et indiscret sur les autres. → **cancan, potin, racontar, ragot.** *Elle aime assez FAIRE DES COMMÉRAGES sur ses voisins.*

COMMERÇANT [kɔmɛʀsɑ̃] n. m. et adj., **COMMERÇANTE** [kɔmɛʀsɑ̃t] n. f. et adj.

I. *UN COMMERÇANT, UNE COMMERÇANTE* : personne qui fait du commerce. → **marchand, négociant, vendeur.** *Le boucher, le boulanger sont des commerçants. Ce commerçant vient de refaire son magasin.*

II. adjectif (après le nom) **1.** Où il y a de nombreux magasins. *Il fait toutes ses courses dans une rue commerçante.* **2.** Qui sait bien vendre, qui a le sens du commerce. *La fleuriste est très commerçante, j'achète toujours les fleurs qu'elle me conseille.*

COMMERCE [kɔmɛʀs] n. m. ▪ *LE COMMERCE* **1.** Achat et vente de marchandises. *Elle veut travailler dans le commerce. Il FAIT DU COMMERCE. Il a fait ses études dans une ÉCOLE DE COMMERCE. Il est VOYAGEUR DE COMMERCE,* représentant. *Connaissez-vous le chiffre du COMMERCE EXTÉRIEUR ?* le chiffre des exportations et des importations. *Ce produit est DANS LE COMMERCE,* sur le marché. **2.** *UN COMMERCE* : point de vente tenu par un commerçant. → **boutique, magasin.** *Elle a ouvert un commerce de lingerie. Il y a beaucoup de commerces dans cette rue* (→ **commerçant**).

COMMERCIAL [kɔmɛʀsjal], **COMMERCIALE** [kɔmɛʀsjal] adj. (après le nom) **1.** Qui concerne le commerce. *Elle travaille dans une entreprise commerciale. Il fait les courses au CENTRE COMMERCIAL,* un lieu couvert où il y a toutes sortes de magasins. *Ce livre a eu un grand succès commercial,* il a été vendu à de nombreux exemplaires. MASCULIN PLURIEL : *les services COMMERCIAUX* [kɔmɛʀsjo] *d'une entreprise.* **2.** Qui est fait pour plaire au grand public et rapporter de l'argent. *Ce film est purement commercial.*

COMMERCIALISER [kɔmɛʀsjalize] verbe [conjugaison 1a] ▪ Mettre en vente. → **distribuer.** *On vient de commercialiser un nouveau médicament.*

COMMÈRE [kɔmɛʀ] n. f. ▪ *UNE COMMÈRE* : femme curieuse qui passe son temps à raconter des histoires, souvent fausses et méchantes, sur les autres (→ **commérage**). *Quelle commère !*

REM. On emploie aussi ce mot pour parler d'un homme : *mon voisin est une vraie commère.*

commets [kɔmɛ] *Je commets, tu commets* : forme au présent du verbe **commettre.**

COMMETTRE [kɔmɛtʀ] verbe [conjugaison 56]

I. Faire (qqch. de mal). *Tu commets une imprudence en roulant si vite sur cette petite route. Il ne faut pas qu'il commette encore une erreur. L'assassin a déjà commis plusieurs meurtres.* → **perpétrer.**

II. STYLE RECHERCHÉ verbe pronominal SE COMMETTRE : compromettre sa réputation. *Elle s'est commise avec des gens peu recommandables.*

commis [kɔmi], **commise** [kɔmiz] *Il a commis une erreur ; l'erreur qu'il a commise* : formes au participe passé du verbe **commettre.**

COMMIS [kɔmi] n. m. ▪ *UN COMMIS* : employé de magasin ou de bureau. *Mon frère est commis chez un boucher.*

FAUX AMI
italien **commesso**
« vendeur »

COMMISSAIRE [kɔmisɛʀ] n. m. ▪ *UN COMMISSAIRE* **1.** *UN COMMISSAIRE (DE POLICE)* : officier de la police nationale qui s'occupe du maintien de l'ordre et de la sécurité et qui a sous ses ordres des inspecteurs et des agents de police. *La victime a porté plainte devant le commissaire.* **2.** *COMMISSAIRE AUX COMPTES* : personne chargée de contrôler les comptes d'une société. *Elle est commissaire aux comptes.* **3.** Personne qui vérifie qu'une épreuve sportive se déroule normalement. *Les commissaires du Tour de France se sont réunis.*

REM. On peut dire au féminin *une commissaire.*

COMMISSAIRE-PRISEUR [kɔmisɛʀpʀizœʀ] n. m. ▪ *UN COMMISSAIRE-PRISEUR* : une personne dont le métier est d'estimer le prix d'objets et de les vendre aux enchères. *Le commissaire-priseur tape sur la table avec son marteau quand un objet a trouvé un acheteur.* PLURIEL : *des COMMISSAIRES-PRISEURS.*

REM. On peut dire au féminin *une commissaire-priseuse* [kɔmisɛʀpʀizøz].

COMMISSARIAT [kɔmisaʀja] n. m. ▪ *UN COMMISSARIAT (DE POLICE)* : bâtiment où sont installés les bureaux d'un commissaire de police. *Le voleur a été emmené au commissariat.*

① **COMMISSION** [kɔmisjɔ̃] n. f. ▪ *UNE COMMISSION* **1.** Message que qqn doit transmettre. *Le directeur m'a chargé de te FAIRE UNE COMMISSION. J'ai une commission pour toi.* **2.** (au pluriel) LES COMMISSIONS : les achats pour la maison (nourriture, produits d'entretien, etc.). → **course, provision.** *Mon mari est allé FAIRE LES COMMISSIONS.* **3.** (langage des enfants) *Faire la petite, la grosse commission* : uriner, aller à la selle (→ **caca, pipi**). **4.** Pourcentage que reçoit un intermédiaire pour son action. *L'agence immobilière qui a vendu la maison touche 15 % de commission. L'agence prend une commission.*

② **COMMISSION** [kɔmisjɔ̃] n. f. ▪ *UNE COMMISSION :* groupe de personnes choisies pour étudier un projet, préparer ou contrôler un travail, prendre des décisions. → **comité.** *La commission se réunira demain. Il est membre d'une commission d'enquête.*

COMMISSURES [kɔmisyʀ] n. f. pluriel ▪ *LES COMMISSURES DES LÈVRES :* l'endroit où les lèvres se joignent. *Quand on sourit, les commissures des lèvres se relèvent.*

① **COMMODE** [kɔmɔd] n. f. ▪ *UNE COMMODE :* meuble à tiroirs, à hauteur d'appui, dans lequel on peut ranger du linge, des vêtements. *Tous mes foulards sont dans le deuxième tiroir de la commode de ma chambre.*

② **COMMODE** [kɔmɔd] adj. (après le nom) **1.** Facile à utiliser. → **pratique.** *Prends un sac commode pour voyager.* **2.** Facile. → **simple.** *Ce n'est pas commode de le faire changer d'avis.* → **aisé.** *Ce mot est pourtant commode à expliquer.* ⟨contraires : compliqué, difficile⟩ **3.** (qqn) *PAS COMMODE :* d'un caractère difficile, sévère. *La directrice n'est pas commode.*

COMMODÉMENT [kɔmɔdemɑ̃] adverbe ▪ D'une manière commode. *Installez-vous commodément,* à votre aise. → **confortablement.**

COMMODITÉ [kɔmɔdite] n. f. ▪ *LA COMMODITÉ* **1.** Qualité de ce qui est commode. → **facilité.** *POUR PLUS DE COMMODITÉ, les livres sont rangés dans la bibliothèque par ordre alphabétique.* **2.** (au pluriel) LES COMMODITÉS : les installations qui rendent la vie plus confortable. *Cet appartement a toutes les commodités.*

COMMOTION [komosjɔ̃] n. f. ▪ *UNE COMMOTION :* grand choc qui n'entraîne pas de blessures visibles. *Elle ne peut plus parler depuis sa COMMOTION CÉRÉBRALE.*

FAUX AMI
italien **commozione**
« émotion »

COMMOTIONNÉ [komosjɔne], **COMMOTIONNÉE** [komosjɔne] adj. (après le nom) ▪ Qui a subi une commotion. *Il a été fortement commotionné par cet accident.*

COMMUN [kɔmœ̃] adj. et n. m., **COMMUNE** [kɔmyn] adj.
I. adjectif (après le nom) **1.** Qui s'applique à plusieurs personnes, plusieurs choses. *Les deux sœurs dorment dans une chambre commune,* elles partagent la même chambre. ⟨contraires : individuel, particulier⟩ *L'escalier appartient aux PARTIES COMMUNES de l'immeuble. Les associés ont des INTÉRÊTS COMMUNS. Ces amis ont beaucoup de POINTS COMMUNS.* → **comparable, semblable.** *Le mur est COMMUN AUX deux maisons,* il est mitoyen. *Cette décision a été prise DANS L'INTÉRÊT COMMUN.* → **général.** **2.** *NOM COMMUN :* nom de tous les individus d'une même espèce (opposé à propre). *« Chat » et « table » sont des noms communs.* **3.** *EN COMMUN :* qui appartient à plusieurs personnes. *Ils ont mis tout leur argent en commun,* ensemble. *Je suis venue en utilisant les TRANSPORTS EN COMMUN,* les véhicules publics utilisés par tous, comme le train, le métro, le bus. **4.** Qui se fait à plusieurs. *Ils ont décidé de venir D'UN COMMUN ACCORD.* **5.** Que l'on rencontre souvent, qui est ordinaire. *« Martin » est un nom de famille commun en France.* → **banal, courant.** ⟨contraire : rare⟩ *Cet haltérophile est d'une force PEU COMMUNE,* il est très fort. *Ces fleurs sont communes dans les prés au printemps.* → **courant, répandu.**
II. nom masculin **1.** *LE COMMUN DES MORTELS :* les gens ordinaires, qui sont la majorité. *Elle a besoin de sommeil comme le commun des mortels.* **2.** *HORS DU COMMUN :* exceptionnel. *Il a eu une vie hors du commun.* **3.** (au pluriel) LES COMMUNS : l'ensemble des bâtiments d'une propriété qui ne sont pas l'habitation principale des propriétaires. *Leurs domestiques habitent dans les communs.*

COMMUNAL [kɔmynal], **COMMUNALE** [kɔmynal] adj. (après le nom) ▪ Qui appartient à la commune. *Mes enfants vont à l'ÉCOLE COMMUNALE.* MASCULIN PLURIEL : *les chemins COMMUNAUX* [kɔmyno].

COMMUNAUTAIRE [kɔmynotɛʀ] adj. (après le nom) ▪ Qui se fait en groupe, en communauté. *Les moines mènent une vie communautaire. Les PAYS COMMUNAUTAIRES :* les pays européens de la C. E. E.

COMMUNAUTÉ [kɔmynote] n. f. ▪ *UNE COMMUNAUTÉ* **1.** Groupe de personnes qui vivent ensemble en mettant leurs biens en commun. *Ma fille vit dans une communauté. Ils vivent EN COMMUNAUTÉ.* **2.** Groupe de religieux qui vivent ensemble et suivent la même règle. *Il appartient à une communauté de moines.* **3.** Ensemble de personnes qui ont des intérêts communs. → **collectivité.** *Mes voisins appartiennent à la communauté musulmane.* **4.** Groupe d'États. *La France appartient à la Communauté européenne.* **5.** Caractère de ce qui est commun, de ce qui appartient à plusieurs personnes. *Il a une maison EN COMMUNAUTÉ avec ses frères et sœurs :* il est propriétaire d'une maison avec ses frères et sœurs.

COMMUNE [kɔmyn] n. f. ▪ *UNE COMMUNE :* division administrative du territoire français, administrée par un maire. → **village, ville.** *Ils habitent dans une commune de cinq mille habitants.*

FAUX AMI
italien **comune**
« mairie »

COMMUNÉMENT [kɔmynemɑ̃] adverbe ▪ Selon l'usage commun, ordinaire. → **couramment, généralement, ordinairement.** ⟨contraires : exceptionnellement, rarement⟩ *On dit communément que l'argent ne fait pas le bonheur.*

COMMUNIANT [kɔmynjɑ̃] n. m., **COMMUNIANTE** [kɔmynjɑ̃t] n. f. ▪ *UN COMMUNIANT, UNE COMMUNIANTE :* une personne qui communie. *Les communiants s'avancent vers l'autel. Un PREMIER COMMUNIANT, une PREMIÈRE COMMUNIANTE :* personne qui fait sa première communion. *Les premiers communiants ont été pris en photo.*

COMMUNICANT [kɔmynikɑ̃], **COMMUNICANTE** [kɔmynikɑ̃t] adj. (après le nom) ▪ Qui communique. *À l'hôtel, ils ont pris des CHAMBRES COMMUNICANTES,* des chambres qui ont une porte de communication entre elles. *Les élèves ont appris le principe des VASES COMMUNICANTS,* des vases qui, reliés par un tube, ont toujours le même niveau de liquide.

REM. *Communiquant* (écrit avec *qu*) est le participe présent du verbe *communiquer : une chambre communiquant avec la salle de bains.*

COMMUNICATIF [kɔmynikatif], **COMMUNICATIVE** [kɔmynikativ] adj. (après le nom) **1.** (qqch.) Qui se communique facilement. *Mon père a un rire communicatif.* → **contagieux.** **2.** (qqn) Qui dit ses idées, ses sentiments. → **expansif, ouvert.** *C'est une femme communicative.* ⟨contraires : renfermé, secret, taciturne⟩

COMMUNICATION [kɔmynikasjɔ̃] n. f. ▪ *LA COMMUNICATION* **1.** Le fait de communiquer, d'échanger des informations à l'aide de la parole, de gestes ou de signes. *Cet enfant a des difficultés de communication.* **2.** Message, information que l'on communique. *Le maire a une communication importante à nous faire.* **3.** Conversation par téléphone. *Mon mari est EN COMMUNICATION avec un client.* **4.** *UNE COMMUNICATION :* utilisation du téléphone, comptée en minutes. *Combien coûte la communication ? J'ai reçu le relevé de mes communications pour le trimestre.* **5.** Passage d'un lieu dans un autre. *Il y a une porte de communication entre les deux chambres. L'avion est un*

MOYEN DE COMMUNICATION très rapide. Les routes et les voies ferrées sont des VOIES DE COMMUNICATION.

COMMUNIER [kɔmynje] verbe [conjugaison 7a] ▪ (chrétiens) Recevoir la communion. *Dimanche, mon grand-père ira à la messe et il communiera* [kɔmyniʀa]. *Nous communiions tous les ans à Pâques quand nous étions jeunes.*

REM. Penser aux deux *i* à la 1re et à la 2e personne du pluriel de l'imparfait (ex. : *vous communiiez*) et du subjonctif (ex. : *que nous communiions*).

COMMUNION [kɔmynjɔ̃] n. f. **1.** *LA COMMUNION :* sacrement chrétien qui rappelle le sacrifice du Christ. → **Eucharistie.** *Les catholiques font généralement leur PREMIÈRE COMMUNION lorsqu'ils sont enfants,* ils communient pour la première fois et font leur profession de foi. **2.** *Être EN COMMUNION d'idées :* partager les mêmes idées, être en accord total. *Il est bien agréable d'être en communion d'idées.*

communiquant [kɔmynikɑ̃] *En communiquant :* forme au participe présent du verbe **communiquer.**

REM. *Communicant* (avec un c) est un adjectif : *ils ont des chambres communicantes.*

COMMUNIQUÉ [kɔmynike] n. m. ▪ *UN COMMUNIQUÉ :* information faite au public. *Le gouvernement a fait paraître un communiqué dans tous les journaux.*

COMMUNIQUER [kɔmynike] verbe [conjugaison 1a] **1.** Faire savoir. *Le directeur nous a communiqué ses projets.* J'ai communiqué l'heure du train à ton père. **2.** Échanger des informations, être en relation avec (qqn). *Ils communiquent régulièrement par fax. Les sourds-muets communiquent par gestes.* **3.** Faire partager. *J'ai communiqué ma joie à tout le monde.* **4.** Transmettre. *Le Soleil communique sa chaleur à la Terre.* **5.** Être en rapport par un passage. *Les deux chambres communiquent,* il y a une porte entre les deux chambres. *La salle à manger communique avec la cuisine.* **6.** verbe pronominal SE COMMUNIQUER : (qqch.) se transmettre. *Son rire et sa bonne humeur se sont communiqués à toute l'assemblée.*

COMMUNISME [kɔmynism] n. m. ▪ *LE COMMUNISME :* doctrine politique établissant l'appartenance de tous les biens de production à l'État, fondée par Karl Marx (→ **socialisme).** ⟨contraire : capitalisme⟩ *Ce sont des adeptes du communisme* (→ **communiste).**

COMMUNISTE [kɔmynist] adj., n. m. et n. f. **1.** adjectif (après le nom) Qui est pour le communisme. *Il est inscrit au PARTI COMMUNISTE. Sa sœur est militante communiste.* **2.** *UN COMMUNISTE, UNE COMMUNISTE :* une personne favorable au communisme ou inscrite au parti communiste. *En France, les communistes ont obtenu plusieurs sièges de députés aux dernières élections.*

COMPACT [kɔ̃pakt] adj. et n. m., **COMPACTE** [kɔ̃pakt] adj.
I. adjectif (après le nom) **1.** Fait de parties très serrées. *Ce matin, il y a une brume compacte.* → **dense, épais. 2.** Qui occupe peu de place. *Il a une chaîne stéréo compacte.* **3.** *DISQUE COMPACT :* disque lu par un rayon laser. *Elle a beaucoup de disques compacts.* – *C. D.* [sede] forme abrégée familière *Je lui ai offert un C. D. Elle est en train de ranger ses C. D.*
II. *UN COMPACT :* un disque compact. *Combien as-tu de compacts ?*

COMPAGNE [kɔ̃paɲ] n. f. ▪ *UNE COMPAGNE* **1.** Femme, fille qui partage les mêmes activités que d'autres personnes. → **camarade.** *Ma fille joue avec ses compagnes de classe.* **2.** Femme avec qui vit un homme (→ **compagnon).** *Il nous a présenté sa nouvelle compagne.*

COMPAGNIE [kɔ̃paɲi] n. f.
I. *LA COMPAGNIE :* présence auprès de qqn. *Elle aime la compagnie des enfants :* elle aime être avec des enfants. *Il a besoin de compagnie,* de ne pas être seul. *J'ai voyagé EN COMPAGNIE DE ton frère,* avec ton frère. *Une jeune fille vient TENIR COMPAGNIE au malade tous les après-midi,* elle reste auprès du malade pour lui parler, le distraire. *Ça lui fait de la compagnie. Elle m'a FAUSSÉ COMPAGNIE :* elle est partie brusquement alors qu'elle devait rester. *La vieille dame a plusieurs ANIMAUX DE COMPAGNIE,* des animaux domestiques qui vivent avec elle, qui lui tiennent compagnie.
II. *UNE COMPAGNIE* **1.** Entreprise commerciale. → **société.** *Il travaille dans une COMPAGNIE D'ASSURANCES. De nouvelles compagnies aériennes proposent des vols très peu chers.* – *Cie* [kɔ̃paɲi] forme abrégée familière *Entreprise Dupont et Cie.* **2.** Troupe de théâtre. *Une compagnie donne un spectacle ce soir dans notre ville.* **3.** Troupe de soldats placée sous les ordres d'un capitaine. *Un bataillon est formé de plusieurs compagnies.* – *COMPAGNIES RÉPUBLICAINES DE SÉCURITÉ :* Formations militaires chargées d'assurer l'ordre, en France. → **C. R. S.**

COMPAGNON [kɔ̃paɲɔ̃] n. m. ▪ *UN COMPAGNON* **1.** Personne avec qui on fait qqch. *Mon fils est avec ses compagnons de jeu.* → **camarade.** – *Son chien est son plus fidèle compagnon.* **2.** Homme avec qui vit une femme (→ **compagne).** *Elle doit venir nous présenter son nouveau compagnon.* **3.** Ouvrier qui a fini son apprentissage chez un artisan. *Des compagnons vont faire nos travaux.*

FAUX AMIS
italien **compagno** « camarade » ; suédois **kompanjon** « associé »

COMPARABLE [kɔ̃paʀabl] adj. (après le nom) ▪ Qui est peu différent et peut donc être comparé. *Ces deux tissus sont de qualité comparable.* ⟨contraire : différent⟩ *Les résultats qu'il a obtenus cette année sont COMPARABLES À ceux qu'il a eus l'année dernière. Leurs intelligences ne sont pas comparables,* elles sont incomparables. *Ce n'est pas comparable !*

COMPARAISON [kɔ̃paʀɛzɔ̃] n. f. ▪ *LA COMPARAISON* **1.** Le fait d'examiner les ressemblances et les différences entre deux personnes, deux animaux ou deux choses. *FAITES LA COMPARAISON de ce tableau avec celui-là. Faites la comparaison entre la vie à la campagne et la vie en ville. Ce restaurant ne SOUTIENT pas LA COMPARAISON avec son concurrent,* il est nettement moins bien. *Il est tout petit, EN COMPARAISON elle est très grande. PAR COMPARAISON AVEC lui, elle est immense. Il n'y a pas de comparaison possible entre eux deux. C'est sans comparaison :* ce n'est pas comparable. **2.** *UNE COMPARAISON :* manière de s'exprimer en établissant un rapport entre deux choses. *« Il est aimable comme une porte de prison » est une comparaison.*

COMPARAÎTRE [kɔ̃paʀɛtʀ] verbe [conjugaison 57] ▪ Se présenter parce qu'on y est obligé. *L'accusé a COMPARU DEVANT le tribunal. Il faut qu'il comparaisse en justice. Elle comparaît en tant que témoin.*

REM. Toujours un *î* devant *t* : *il comparaît, je comparaîtrai.*

COMPARATIF [kɔ̃paʀatif] adj. et n. m., **COMPARATIVE** [kɔ̃paʀativ] adj. **1.** adjectif (après le nom) Qui fait une comparaison. *Avant d'acheter une nouvelle voiture, elle lit les études comparatives qui ont été faites dans les journaux spécialisés.* **2.** *LE COMPARATIF :* emploi d'un adjectif ou d'un adverbe dans une comparaison.

le comparatif

Le comparatif d'un adjectif ou d'un adverbe, c'est cet adjectif ou cet adverbe précédé de *plus*, *moins* ou *aussi*.
Plus vieux est le comparatif de supériorité de *vieux*.
Moins longtemps est le comparatif d'infériorité de *longtemps*.
Aussi grand est le comparatif d'égalité de *grand*.
Le complément du comparatif est introduit par *que* :
Ma fille est plus grande que moi.
Il existe des comparatifs irréguliers :
bon a pour comparatif de supériorité *meilleur*
mauvais a pour comparatif de supériorité *pire*.

COMPARATIVEMENT [kɔ̃paʀativmɑ̃] adverbe ▪ Par comparaison, en comparant. *Il est grand, comparativement à son père.*

COMPARER [kɔ̃paʀe] verbe [conjugaison 1a] **1.** Examiner les ressemblances et les différences. *On peut comparer ces deux écrivains. On* COMPARE *souvent ce peintre* AVEC *un autre. On la* COMPARE *souvent* À *sa sœur.* – *Tu compareras* [kɔ̃paʀʀa] *avant de choisir.* **2.** Rapprocher en faisant une comparaison. *Il compare son professeur à un dragon.*

COMPARTIMENT [kɔ̃paʀtimɑ̃] n. m. ▪ *UN COMPARTIMENT* **1.** Division dans une boîte, un tiroir, un meuble, un casier. → **case.** *Le beurre est rangé dans un compartiment spécial du réfrigérateur.* **2.** Partie d'une voiture de train délimitée par des cloisons. *Toutes les places de ce compartiment sont réservées, regardez dans celui d'à côté.*

comparu [kɔ̃paʀy] *Il a comparu, elle a comparu :* forme au participe passé du verbe **comparaître.**

COMPAS [kɔ̃pa] n. m. ▪ *UN COMPAS* **1.** Instrument à deux branches qui s'écartent, qui sert à tracer des cercles. *Dessinez avec votre compas un cercle de deux centimètres de rayon.* – *AVOIR LE COMPAS DANS L'ŒIL :* juger une mesure à vue d'œil, avec une grande précision. *S'il dit qu'on peut passer cette armoire par la porte, tu peux le croire : il a le compas dans l'œil.* **2.** Boussole qui sert à la navigation maritime et aérienne. *Le pilote regarde son compas.*

FAUX AMIS
anglais **compas,** allemand **Kompass** ne s'emploient pas pour le sens 1.

COMPASSION [kɔ̃pasjɔ̃] n. f. ▪ STYLE RECHERCHÉ *LA COMPASSION :* sentiment qui pousse à plaindre les autres et à partager leur peine. → **pitié.** *Il éprouve de la compassion pour les aveugles* (→ **compatir).**

COMPATIBLE [kɔ̃patibl] adj. (après le nom) ▪ (qqch.) Qui peut aller avec autre chose, peut exister en même temps qu'autre chose. *Ce magnétoscope est compatible avec ce téléviseur,* ils peuvent fonctionner ensemble. ⟨contraire : incompatible⟩ *La vie de journaliste n'est pas toujours compatible avec une vie de famille.*

COMPATIR [kɔ̃patiʀ] verbe [conjugaison 2] ▪ *COMPATIR À :* avoir de la compassion pour (une souffrance). *Je compatissais à leur douleur,* je la partageais.

COMPATRIOTE [kɔ̃patʀijɔt] n. m., n. f. ▪ *UN COMPATRIOTE, UNE COMPATRIOTE :* une personne qui a la même patrie, est du même pays qu'une autre. *Nous avons rencontré quelques compatriotes pendant notre voyage à l'étranger.*

COMPENSATION [kɔ̃pɑ̃sasjɔ̃] n. f. ▪ *UNE COMPENSATION :* avantage qui fait oublier un inconvénient. *Ils ont un appartement très petit, mais* EN COMPENSATION *ils ont une très belle vue. Comme vous êtes venus travailler un dimanche, je vous donne une compensation de cinq cents francs.*

COMPENSER [kɔ̃pɑ̃se] verbe [conjugaison 1a] ▪ Faire oublier un inconvénient en donnant un avantage. *Son intelligence compense largement sa laideur.* → **contrebalancer.**

COMPÉTENCE [kɔ̃petɑ̃s] n. f. ▪ *LA COMPÉTENCE* **1.** Connaissance approfondie qui donne le droit de donner son avis ou de décider. → **aptitude, capacité.** *Ce professeur enseigne avec compétence. L'infirmière s'est occupée de moi avec compétence.* – (au pluriel) *Cela n'entre pas dans mes compétences.* **2.** Étendue du pouvoir d'une autorité publique. *Cette affaire est* DE LA COMPÉTENCE *d'un juge.* → **ressort.**

COMPÉTENT [kɔ̃petɑ̃], **COMPÉTENTE** [kɔ̃petɑ̃t] adj. (après le nom) **1.** Qui a les connaissances suffisantes pour bien juger, pour bien faire son métier. → **capable.** *Elle s'est fait opérer par un chirurgien très compétent. Dans les milieux compétents, on pense que... Il est* COMPÉTENT EN *archéologie.* **2.** Qui a le droit de s'occuper d'une affaire. *Adressez-vous à l'autorité compétente.*

COMPÉTITIF [kɔ̃petitif], **COMPÉTITIVE** [kɔ̃petitiv] adj. (après le nom) ▪ Qui peut supporter la concurrence, la compétition. *Ce commerçant pratique des prix compétitifs.*

COMPÉTITION [kɔ̃petisjɔ̃] n. f. ▪ *UNE COMPÉTITION* **1.** Épreuve sportive dans laquelle on cherche à gagner. → **course, épreuve.** *Mon fils participe à une compétition de judo.* → **match.** *Elle a remporté une compétition de natation. Cette équipe a l'*ESPRIT DE COMPÉTITION. **2.** Recherche du même résultat, du même avantage par deux ou plusieurs personnes, par deux ou plusieurs entreprises. *On a demandé des devis à plusieurs entrepreneurs pour les mettre* EN COMPÉTITION. → **concurrence.**

COMPILATION [kɔ̃pilasjɔ̃] n. f. ▪ *UNE COMPILATION* **1.** Recueil d'extraits de textes, de documents portant sur une matière. *On vient de publier une compilation sur la peinture espagnole.* **2.** Disque, cassette présentant les succès d'un chanteur, les morceaux les plus connus d'un compositeur ou d'un genre musical. *Il a acheté une compilation d'opéras.* – COMPIL [kɔ̃pil] forme abrégée familière *J'écoute une compil de slows. Des compils.*

COMPLAINTE [kɔ̃plɛ̃t] n. f. ▪ *UNE COMPLAINTE :* chanson triste au ton plaintif. *Les marins chantent une complainte en s'éloignant du port.*

SE **COMPLAIRE** [kɔ̃plɛʀ] verbe pronominal [conjugaison 54] ▪ Trouver du plaisir (dans une situation désagréable). *Il* SE COMPLAÎT DANS *son malheur. Elle* SE COMPLAISAIT À *dire du mal de tout le monde.* → **aimer.**

FAUX AMI
italien **compiacersi** « se réjouir »

REM. Le participe passé *complu* est invariable, comme *plu* de *plaire* : *elles se sont complu à nous taquiner.*

complais [kɔ̃plɛ] *Je me complais, tu te complais :* forme au présent du verbe se **complaire.**

COMPLAISANCE [kɔ̃plɛzɑ̃s] n. f. ▪ *LA COMPLAISANCE* **1.** Disposition à rendre service, à aider les autres. *Auriez-vous* LA COMPLAISANCE DE *m'approcher une chaise ?* → **obligeance.** *C'est un homme d'une grande complaisance.* → **amabilité.** **2.** DE COMPLAISANCE : pour plaire, pour faire plaisir. *Il lui a fait un sourire de complaisance,* peu sincère. *Le médecin lui a fait un* CERTIFICAT DE COMPLAISANCE, un certificat médical auquel il n'avait pas droit, car il n'était pas malade. **3.** Sentiment dans lequel on se complaît. *Elle parle de ses succès avec complaisance.*

COMPLAISANT [kɔ̃plɛzɑ̃], **COMPLAISANTE** [kɔ̃plɛzɑ̃t] adj. (après le nom) ▪ Qui est toujours prêt à rendre service. *Nos voisins se sont montrés très complaisants envers nous.* → **serviable.** *Elle a des amis complaisants.*

COMPLÉMENT [kɔ̃plemɑ̃] n. m. ▪ *UN COMPLÉMENT* **1.** Ce qui s'ajoute ou doit s'ajouter à une chose pour qu'elle soit complète. *L'envoyé spécial du journal doit nous transmettre des compléments d'information. Vous paierez le complément le mois prochain.* **2.** Mot ou groupe de mots qui complète le sens d'un autre mot ou d'un autre groupe de mots.

le complément

1. Il existe des **compléments de nom :**
Les phares ***de la côte.***
Des patins ***à glace.***
Ils font partie du groupe du nom.
Il existe des **compléments de l'adjectif :**
Un homme facile ***à vivre.***
Elle est contente ***de son sort.***
Son père est plus âgé ***que sa mère.***
Ils font partie du groupe de l'adjectif.
Il existe des **compléments du verbe.** Ils font partie du groupe du verbe.
2. Les **compléments indirects** sont introduits par une préposition :
Les enfants vont ***à la plage.***
J'offre un cadeau ***à ma sœur.***
Les **compléments directs** ne sont pas introduits par une préposition :
Nous avons invité ***nos voisins.***
Le petit garçon veut ***des bonbons.***
Cette robe coûte ***cinq cents francs.***
Certains compléments directs sont des **compléments d'objet directs.** Ce sont ceux qui peuvent devenir sujet du verbe à la voix passive, par exemple ***nos voisins*** dans *Nous avons invité nos voisins,* puisqu'on peut dire : *Nos voisins ont été invités par nous.*
Les verbes qui peuvent avoir un complément d'objet direct sont des *verbes transitifs.*
Dans les phrases à la voix passive, le complément du verbe introduit par *par* est le *complément d'agent.*
3. Il existe aussi des **compléments de la phrase :**
Le matin, *mon mari mange des yaourts.*
Le directeur est en vacances ***depuis trois jours.***
Ce sont des **compléments circonstanciels.** On les distingue des compléments du verbe parce qu'ils peuvent changer de place.
Certains sont introduits par une préposition :
Depuis trois jours, *le directeur est en vacances.*
D'autres se présentent sans préposition :
Mon mari mange des yaourts ***le matin.***
On distingue des compléments circonstanciels de
lieu : *Le chien court* ***dans la forêt.***
temps : ***Le soir,*** *les enfants se couchent tôt.*
manière : *Il marche* ***d'un bon pas.***
cause : *Il marche* ***par plaisir.***

COMPLÉMENTAIRE [kɔ̃plemɑ̃tɛʀ] adj. (après le nom) **1.** Qui apporte un complément. *Téléphonez-nous pour tout renseignement complémentaire.* **2.** Des *ANGLES COMPLÉMENTAIRES,* dont la somme est égale à quatre-vingt dix degrés.

① **COMPLET** [kɔ̃plɛ] adj. et n. m., **COMPLÈTE** [kɔ̃plɛt] adj.
I. adjectif (après le nom, parfois avant le nom) **1.** (après le nom) Auquel il ne manque rien. *Le jeu de cartes est complet.* → **entier.** ⟨contraire : incomplet⟩ *Elle a lu les œuvres complètes de Stefan Zweig. Il donne à son chat des ALIMENTS COMPLETS,* qui contiennent tout ce qui est nécessaire à l'organisme. **2.** (après le nom) Où il n'y a plus de place. *Il n'y a plus de chambre libre, l'hôtel est complet.* → **plein.** *Le train est complet. C'est complet !* il n'y a plus de place. ⟨contraire : vide⟩ **3.** (après le nom, parfois avant le nom) Qui est parfait dans son genre. *Ce sportif est un athlète complet. Cet artiste est tombé dans un complet oubli.* → **total.**
II. nom masculin *AU COMPLET, AU GRAND COMPLET :* dans sa totalité. *La famille est réunie au complet :* tous les membres de la famille sont là.

② **COMPLET** [kɔ̃plɛ] n. m. ▪ *UN COMPLET :* costume d'homme, composé d'un pantalon et d'une veste de même tissu et parfois d'un gilet. → **costume.** *Mon père s'est fait faire un complet sur mesure.*

REM. Ce mot est un peu vieilli, on dit plutôt un *costume.*

COMPLÈTEMENT [kɔ̃plɛtmɑ̃] adverbe ▪ D'une manière complète, tout à fait. *Le malade est complètement guéri.* → **entièrement, totalement.** *Tu es complètement folle ! C'est complètement faux.* ⟨contraire : partiellement⟩

COMPLÉTER [kɔ̃plete] verbe [conjugaison 6a] **1.** Rendre complet en ajoutant ce qui manque. *Complétez la phrase par le mot qui manque. Il complète sa collection de timbres chaque fois qu'il le peut.* **2.** verbe pronominal SE COMPLÉTER : former un tout en s'associant. *Leurs caractères se complètent parfaitement.*

① **COMPLEXE** [kɔ̃plɛks] adj. (après le nom) **1.** Qui est composé de plusieurs éléments différents qui s'entremêlent. *Voici un problème complexe. Un NOMBRE COMPLEXE,* qui a une partie réelle et une partie imaginaire. *Nous étudions les nombres complexes.* **2.** Difficile. *Cette affaire est très complexe.* → **compliqué.** ⟨contraire : simple⟩

② **COMPLEXE** [kɔ̃plɛks] n. m. ▪ *UN COMPLEXE*
I. Ensemble de caractéristiques psychologiques acquises dans la petite enfance. *Il a un COMPLEXE D'INFÉRIORITÉ :* il a le sentiment pénible d'être moins bien que les autres. *Elle a un COMPLEXE DE SUPÉRIORITÉ :* elle se croit mieux que les autres. – STYLE FAMILIER *AVOIR DES COMPLEXES :* être timide, manquer de confiance en soi. *Il a des complexes parce qu'il est petit. – Les boutons sur la figure lui donnent DES COMPLEXES. Elle est BOURRÉE DE COMPLEXES.*
II. Ensemble de bâtiments et d'installations, groupés et destinés à la même utilisation. *Il y a un grand COMPLEXE SPORTIF à l'entrée de la ville. Il est ouvrier dans un complexe sidérurgique.*

COMPLEXÉ [kɔ̃plɛkse], **COMPLEXÉE** [kɔ̃plɛkse] adj. (après le nom) ▪ STYLE FAMILIER Qui a des complexes. *Elle est complexée parce qu'elle a un grand nez. C'est un enfant complexé.* → **inhibé.**

COMPLEXITÉ [kɔ̃plɛksite] n. f. ▪ *LA COMPLEXITÉ :* caractère de ce qui est complexe. *Le phénomène des marées est d'une grande complexité.* ⟨contraire : simplicité⟩

COMPLICATION [kɔ̃plikasjɔ̃] n. f. **1.** *LA COMPLICATION :* caractère de ce qui est compliqué. *Le mécanisme de cette machine est d'une complication incroyable.* → **complexité.** ⟨contraire : simplicité⟩ **2.** (au pluriel) DES COMPLICATIONS : éléments qui apportent une difficulté supplémentaire, qui viennent compliquer les choses. *J'aimerais éviter les complications.* – Phénomènes nouveaux qui se produisent au cours d'une maladie. *Le malade a une angine à complications. Le médecin craint des complications.* → **aggravation.**

COMPLICE [kɔ̃plis] n. m., n. f. et adj.
I. *UN COMPLICE, UNE COMPLICE :* une personne qui en aide une autre à faire qqch. de mal. *L'auteur du crime et ses complices ont été arrêtés.* → **acolyte.**
II. adjectif (après le nom) **1.** (qqn) Qui participe à une mauvaise action. *Elle a été complice d'un vol.* **2.** (qqch.) Qui montre une entente secrète et amicale. *Il lui a adressé un regard complice.*

COMPLICITÉ [kɔ̃plisite] n. f. ▪ *LA COMPLICITÉ* **1.** Participation à qqch. de mal commis par un autre. *Le receleur a été arrêté pour complicité de vol.* – (au pluriel) DES COMPLICITÉS : des personnes complices. *Il a fallu des complicités pour dévaliser cette bijouterie.* **2.** Entente profonde entre des personnes. *Il y a une grande complicité entre les deux frères.* → **connivence.**

COMPLIMENT [kɔ̃plimɑ̃] n. m. ▪ *UN COMPLIMENT* **1.** Paroles que l'on dit à qqn pour le féliciter. *Le professeur a FAIT DES COMPLIMENTS aux meilleurs élèves de la classe.* → **félicitations.** *Elle lui fait DES COMPLIMENTS DE son succès. Je lui ai fait des COMPLIMENTS pour son succès. Tous mes compliments !* **2.** Petit discours fait en l'honneur de qqn. *Mes enfants me récitent un compliment le jour de la fête des mères.*

COMPLIMENTER [kɔ̃plimɑ̃te] verbe [conjugaison 1a] ▪ Faire un compliment, des compliments à (qqn). *On l'a complimenté pour son succès à son examen.* → **féliciter.**

COMPLIQUÉ [kɔ̃plike], **COMPLIQUÉE** [kɔ̃plike] adj. (après le nom) **1.** Difficile à faire, à comprendre. *Cette histoire est trop compliquée, je n'y comprends rien.* → **embrouillé.** *C'est un problème compliqué.* ⟨contraire : simple⟩ – STYLE FAMILIER *Ce n'est pourtant pas compliqué :* c'est évident. **2.** Qui est fait d'éléments complexes. *Cet appareil a un mécanisme compliqué.* **3.** (qqn) Qui aime la complication. *C'est un homme compliqué.*

COMPLIQUER [kɔ̃plike] verbe [conjugaison 1a] **1.** Rendre difficile. *Il complique toujours tout.* ⟨contraire : simplifier⟩ **2.** verbe pronominal SE COMPLIQUER : (qqch.) devenir compliqué. *L'affaire s'est compliquée,* elle est devenue plus difficile. – (qqn) *Ne te complique pas la vie !* ne rends pas ta vie plus difficile ! *Elle s'est compliqué la vie.*

COMPLOT [kɔ̃plo] n. m. ▪ *UN COMPLOT :* projet secret préparé par plusieurs personnes contre qqn ou contre un groupe de personnes. *Des terroristes ont organisé un complot contre le président de la République. Il a trempé dans un complot.* → **conjuration, conspiration.**

COMPLOTER [kɔ̃plɔte] verbe [conjugaison 1a] **1.** Préparer en secret une action contre qqn. *Des terroristes ont COMPLOTÉ DE tuer le roi. – Ils complotent contre le roi.* → **conspirer.** **2.** Préparer à plusieurs en secret. *Je ne sais pas ce que les enfants sont en train de comploter.* → **manigancer.**

complu [kɔ̃ply] *Il s'est complu, elles se sont complu :* forme au participe passé du verbe se **complaire.**

COMPORTEMENT [kɔ̃pɔʀtəmɑ̃] n. m. **1.** *UN COMPORTEMENT :* manière de se conduire, de se comporter. *Sa famille a eu un comportement admirable face à sa maladie.* → **attitude.** *Elle a un comportement bizarre vis-à-vis de ses collègues.* → **conduite.** **2.** *LE COMPORTEMENT :* ensemble de réactions que l'on peut observer. *Ce savant observe le comportement des fourmis.*

COMPORTEMENTAL [kɔ̃pɔʀtəmɑ̃tal], **COMPORTEMENTALE** [kɔ̃pɔʀtəmɑ̃tal] adj. (après le nom) ▪ Relatif au comportement. MASCULIN PLURIEL : *elle a des troubles COMPORTEMENTAUX* [kɔ̃pɔʀtəmɑ̃to].

① **COMPORTER** [kɔ̃pɔʀte] verbe [conjugaison 1a] **1.** Être composé de. *La maison comporte deux étages.* → **avoir,** ② **comprendre.** **2.** Contenir en soi. *Toute règle comporte des exceptions.* → **inclure.** ⟨contraire : exclure⟩ *Elle a beaucoup de problèmes : pas de travail ET TOUT CE QUE ÇA COMPORTE,* tout ce qui s'ajoute à cela, tout ce qui accompagne cela.

② SE **COMPORTER** [kɔ̃pɔʀte] verbe pronominal [conjugaison 1a] ▪ Se conduire, agir d'une certaine manière. *Les enfants se sont bien comportés pendant la cérémonie. Comment s'est-elle comportée ?*

COMPOSANT [kɔ̃pozɑ̃] n. m. ▪ *UN COMPOSANT :* élément qui entre dans la composition de qqch. *L'hydrogène et l'oxygène sont les deux composants de l'eau.*

COMPOSÉ [kɔ̃poze], **COMPOSÉE** [kɔ̃poze] adj. (après le nom) ▪ Formé de plusieurs éléments. *Au restaurant, j'ai pris une SALADE COMPOSÉE,* de la salade verte mélangée avec des tomates et divers ingrédients. *« Oiseau-mouche » et « portefeuille » sont des MOTS COMPOSÉS,* des mots formés de plusieurs mots. *TEMPS COMPOSÉ :* temps formé de l'auxiliaire et du participe passé du verbe conjugué. *« J'ai mangé » est la première personne du singulier du verbe manger au PASSÉ COMPOSÉ.*

COMPOSER [kɔ̃poze] verbe [conjugaison 1a] **1.** (qqn) Faire en assemblant plusieurs éléments. *Le fleuriste a composé un bouquet magnifique. Je compose son numéro de téléphone :* je forme son numéro de téléphone sur le cadran ou sur le clavier. **2.** Entrer dans la composition de. *Les membres qui composent le jury sont au nombre de douze. Un balai est composé d'une brosse et d'un manche.* **3.** Écrire (une œuvre musicale). *Mozart a composé son premier opéra à l'âge de douze ans* (→ **compositeur).** – *Ce musicien compose beaucoup.* **4.** verbe pronominal SE COMPOSER : (qqch.) être composé. *Sa fortune SE COMPOSE D'immeubles et de terres.* → **comporter, comprendre.**

COMPOSITEUR [kɔ̃pozitœʀ] n. m. ▪ *UN COMPOSITEUR :* une personne qui compose de la musique. *Bach est un grand compositeur.*

REM. Le féminin *compositrice* est rare.

COMPOSITION [kɔ̃pozisjɔ̃] n. f. ▪ *UNE COMPOSITION* **1.** Ce qui compose qqch. *Connaissez-vous la composition de ce médicament ? Quelle est la composition de l'équipe ?* → **constitution.** **2.** Manière de former un tout en assemblant plusieurs éléments. *Le cuisinier nous a présenté un plat DE SA COMPOSITION.* → **confection.** **3.** Action de composer une œuvre artistique. *La composition de son livre lui a pris plusieurs années. – Cet acteur joue un RÔLE DE COMPOSITION,* un rôle qui ne correspond pas à sa personnalité ni à son emploi habituel. **4.** Œuvre d'art. *Ce peintre fait des compositions abstraites. Cette composition florale est magnifique.* **5.** Autrefois, devoir fait en classe. *Ma mère réussissait toujours ses compositions d'histoire.* → **contrôle.** **6.** *Être DE BONNE COMPOSITION :* tout accepter, être accommodant. *Ses parents sont de bonne composition pour supporter toutes ses bêtises.*

REM. En France, de nos jours, les devoirs faits en classe s'appellent des *contrôles : un contrôle de français, d'anglais, d'histoire.*

COMPOSTER [kɔ̃pɔste] verbe [conjugaison 1a] ▪ Valider (un billet, un ticket) en le mettant dans une machine qui inscrit un code dessus. *Compostez votre billet avant de monter dans le train.*

> FAUX AMI
> suédois **kompostera** « faire un engrais à partir de végétaux »

COMPOTE [kɔ̃pɔt] n. f. ▪ *LA COMPOTE :* dessert fait de fruits cuits avec de l'eau et du sucre. *Il mange de la compote de pommes.* – STYLE FAMILIER *J'ai tellement marché que mes pieds sont EN COMPOTE,* meurtris.

COMPRÉHENSIBLE [kɔ̃pʀeɑ̃sibl] adj. (après le nom) ▪ Que l'on peut comprendre facilement. *Donnez des explications compréhensibles par tous.* → **intelligible.** *Son attitude est bien compréhensible.* → **normal.** ⟨contraire : incompréhensible⟩

COMPRÉHENSIF [kɔ̃pʀeɑ̃sif], **COMPRÉHENSIVE** [kɔ̃pʀeɑ̃siv] adj. (après le nom) ▪ (qqn) Qui comprend et accepte les actions, les attitudes des autres. *Elle a la chance d'avoir des parents compréhensifs.* → **indulgent, tolérant.** *Son patron s'est montré très compréhensif.*

> FAUX AMI
> anglais **comprehensive** « qui comprend (2.) la totalité »

COMPRÉHENSION [kɔ̃pʀeɑ̃sjɔ̃] n. f. ▪ *LA COMPRÉHENSION* **1.** Possibilité d'être compris. *La ponctuation aide à la compréhension d'un texte.* → **clarté. 2.** Qualité d'une personne qui est capable de comprendre et d'accepter les actions et les attitudes des autres. *Le directeur a fait preuve de compréhension.* → **indulgence, tolérance.** *Merci de votre compréhension.* ⟨contraire : incompréhension⟩

① **COMPRENDRE** [kɔ̃pʀɑ̃dʀ] verbe [conjugaison 58] **1.** Avoir une idée claire de ce que signifie (qqch.). *Je ne comprends pas l'anglais. Il faut qu'il comprenne l'énoncé du problème. Elle n'a rien compris à mes explications. J'ai donné des explications qu'il a mal comprises. Il comprit sûrement l'allusion. C'est facile à comprendre* (→ **compréhensible**). **2.** Se faire une idée des raisons de (qqch.). *Nous ne comprenons pas les raisons de l'accident.* → **saisir.** *Notre professeur comprendra notre fatigue.* → **admettre.** *Je COMPRENDS QU'il soit malheureux. Je ne COMPRENAIS pas COMMENT il avait fait. Comprends-tu pourquoi ?* – (menace) *Ça suffit, tu comprends ?* → familier **piger. 3.** Accepter l'attitude, le comportement de (qqn). *Ses parents ne le comprennent pas,* ils ne sont pas compréhensifs. *Comprends-moi, je ne pouvais pas faire autrement !* – *Il comprend la plaisanterie,* il l'admet sans se vexer.

② **COMPRENDRE** [kɔ̃pʀɑ̃dʀ] verbe [conjugaison 58] ▪ Contenir en soi. *La maison comprend quatre chambres.* → **avoir, comporter, compter.** *Le concours comprenait trois épreuves. Le prix du loyer comprend toutes les charges.* → **inclure.**

comprends [kɔ̃pʀɑ̃] *Je comprends, tu comprends :* forme au présent du verbe **comprendre.**

comprenons [kɔ̃pʀənɔ̃] *Nous comprenons :* forme au présent du verbe **comprendre.**

COMPRESSE [kɔ̃pʀɛs] n. f. ▪ *UNE COMPRESSE :* morceau de tissu fin replié sur plusieurs épaisseurs, que l'on met sur une blessure. *L'infirmière pose une compresse de gaze sur la brûlure.* → **pansement.**

> FAUX AMI
> italien **compressa** « cachet, comprimé »

COMPRESSIBLE [kɔ̃pʀesibl] adj. (après le nom) ▪ Qui peut être comprimé, qui peut diminuer de volume. *Les gaz sont compressibles.*

COMPRESSION [kɔ̃pʀesjɔ̃] n. f. ▪ *LA COMPRESSION* **1.** Action de comprimer. *La compression de l'air augmente sa densité.* **2.** Diminution. *Une compression de personnel est prévue à l'usine,* une réduction du nombre des employés.

① **COMPRIMÉ** [kɔ̃pʀime], **COMPRIMÉE** [kɔ̃pʀime] adj. (après le nom) ▪ Dont le volume a été diminué par pression. *Les camions ont des freins à AIR COMPRIMÉ.*

② **COMPRIMÉ** [kɔ̃pʀime] n. m. ▪ *UN COMPRIMÉ :* médicament en forme de pastille, fait de poudre pressée. *Si tu as mal à la tête, prends un COMPRIMÉ D'ASPIRINE.* → **cachet.**

COMPRIMER [kɔ̃pʀime] verbe [conjugaison 1a] ▪ Serrer en appuyant pour diminuer le volume de (qqch.). *Le médecin comprime l'artère pour arrêter l'hémorragie. Ce pantalon lui comprime le ventre.*

compris [kɔ̃pʀi], **comprise** [kɔ̃pʀiz] *J'ai compris la leçon ; la leçon que j'ai comprise :* formes au participe passé du verbe **comprendre.**

COMPRIS [kɔ̃pʀi], **COMPRISE** [kɔ̃pʀiz] adj. (après le nom ou avant le nom pour *non compris* et *y compris*) **1.** Contenu dans qqch. *Le menu est à cent francs, service compris,* le service étant inclus dans le prix à payer. *Ce prix est donné TOUTES TAXES COMPRISES* (abréviation : *T. T. C.* [tetese]). *Le prix de la chambre d'hôtel est de trois cents francs, petit-déjeuner non compris. C'est deux cents francs TOUT COMPRIS. Le domaine fait trois hectares, Y COMPRIS la forêt.* **2.** Dont le sens est saisi. *On ne peut pas retenir une leçon mal comprise.*

> REM. **1.** *Non compris* est invariable quand il est placé avant le nom et s'accorde quand il est placé après : *non compris les charges ; charges non comprises.* **2.** *Y compris* est invariable quand il est placé avant le nom et peut s'accorder ou non quand il est placé après : *y compris les boissons ; les boissons y compris* ou *les boissons y comprises.*

COMPROMETTANT [kɔ̃pʀɔmetɑ̃], **COMPROMETTANTE** [kɔ̃pʀɔmetɑ̃t] adj. (après le nom) ▪ Qui peut mettre en danger la réputation de qqn. *Le maître chanteur a des documents compromettants en sa possession.*

COMPROMETTRE [kɔ̃pʀɔmɛtʀ] verbe [conjugaison 56] **1.** Mettre (qqn) dans une situation difficile vis-à-vis d'autres personnes, faire perdre sa bonne réputation à (qqn). *Ses associés l'ont compromis dans une affaire louche.* **2.** Mettre dans une situation difficile. *Elle compromet sa santé en fumant trop. Le mauvais temps compromettrait notre promenade en montagne. L'affaire est compromise.* **3.** verbe pronominal SE COMPROMETTRE : (qqn) s'engager dans une affaire qui peut porter atteinte à sa réputation. *Il ne faut pas que le maire se compromette avec ces escrocs. Elle s'est compromise.*

compromis [kɔ̃pʀɔmi], **compromise** [kɔ̃pʀɔmiz] *Il s'est compromis ; elle s'est compromise :* formes au participe passé du verbe **compromettre.**

COMPROMIS [kɔ̃pʀɔmi] n. m. ▪ *UN COMPROMIS :* arrangement qui aboutit à un accord entre plusieurs personnes. *Les deux adversaires ont trouvé un compromis.* → **accord.**

COMPTABILITÉ [kɔ̃tabilite] n. f. ▪ *LA COMPTABILITÉ* **1.** Ensemble des comptes, des dépenses et des recettes. *Le caissier tient la comptabilité du restaurant. Ses livres de comptabilité sont bien à jour.* **2.** Service qui s'occupe de la comptabilité d'une entreprise. *Passez prendre votre chèque à la comptabilité.*

COMPTABLE [kɔ̃tabl] n. m., n. f. et adj. **1.** *UN COMPTABLE, UNE COMPTABLE :* une personne dont le métier est de tenir des comptes. *Elle est chef comptable. Le comptable fait le bilan annuel de l'entreprise.* **2.** adjectif (après le nom) Qui concerne la comptabilité. *Il y a eu une erreur comptable dans le bilan.*

COMPTANT [kɔ̃tɑ̃] adverbe ▪ *Payer comptant :* payer en une fois, sans crédit. *Elle a acheté sa voiture comptant.* ⟨contraire : à crédit⟩

> FAUX AMI
> norvégien **kontant** « en liquide »

COMPTE [kɔ̃t] n. m. ▪ *LE COMPTE* **1.** Action de compter, d'évaluer une quantité. → **calcul.** *Le touriste fait le compte des monuments qu'il a visités. Trois plus trois égalent six, le compte est bon. Nous arrivons à un COMPTE ROND,* sans décimale, sans fraction. *TOUT COMPTE FAIT, il a raison,* tout bien considéré. *EN FIN DE COMPTE, il est venu,* finalement. *Je ne sais pas comment j'ai FAIT MON COMPTE pour me perdre,* comment je m'y suis pris. **2.** (au pluriel) Ensemble des dépenses et des recettes. *Le commerçant tient son LIVRE DE COMPTES à jour. Il fait ses* *comptes.* **3.** *UN COMPTE :* dépôt d'une somme d'argent dans un établissement financier. *Je viens d'ouvrir un compte à la poste. Son salaire est viré sur (à) son COMPTE EN BANQUE. Il a plusieurs comptes en banque dans des banques différentes.* **4.** *Travailler À SON COMPTE :* être son propre employeur, ne pas avoir de patron. *Elle s'est installée à son compte.* **5.** *SUR LE COMPTE DE :* au sujet de. *On raconte beaucoup de choses sur son compte,* sur lui. *L'accident du car a été mis sur le compte de la fatigue du conducteur,* il a été attribué à la fatigue. **6.** *TENIR COMPTE DE :* prendre en considération, attacher de l'importance à. *Je n'ai pas tenu compte de sa remarque. COMPTE TENU des circonstances, il n'a pas été inquiété,* étant donné les circonstances. *PRENDRE EN COMPTE :* accorder de l'importance à, ne pas négliger. *Il faut prendre en compte l'enfance malheureuse de l'accusé.* **7.** Explication, rapport. *Le journaliste REND COMPTE de ce qu'il a vu,* il fait le rapport de ce qu'il a vu. – (au pluriel) *Je n'ai de COMPTES À RENDRE à personne :* je fais ce que je veux sans avoir à m'expliquer, à me justifier. **8.** *SE RENDRE COMPTE :* s'apercevoir, voir. *Elle s'est rendu compte trop tard qu'elle avait oublié ses clés.* **9.** *UN COMPTE RENDU :* récit d'un événement fait par une personne qui l'a vécu. → **rapport, récit.** *Ma fille m'a fait un compte rendu enthousiaste de ses vacances. Le patron nous a demandé nos comptes rendus de réunions.* → **résumé.** – Texte qui analyse un livre. *Les comptes rendus sont à la fin de la revue.* → **critique.**

REM. *Conte* «histoire» et *comte* «noble» se prononcent de la même façon.

COMPTE-GOUTTES [kɔ̃tgut] n. m. invariable ▪ *UN COMPTE-GOUTTES :* petit tube en verre qui sert à compter les gouttes d'un liquide et à le verser goutte à goutte. *Avec le compte-gouttes, je mets trois gouttes de médicament dans un verre d'eau.* PLURIEL : *des compte-gouttes.* – *AU COMPTE-GOUTTES :* en très petites quantités, avec parcimonie. *Ses parents lui donnent de l'argent au compte-gouttes.*

COMPTER [kɔ̃te] verbe [conjugaison 1a] **1.** Connaître les nombres et les dire dans l'ordre. *Mon petit-fils SAIT COMPTER jusqu'à vingt.* **2.** Trouver une quantité en se servant des chiffres, en calculant. *Le petit garçon compte ses billes. Elle compte les jours qui restent jusqu'aux vacances. Les jours du malade sont comptés,* il ne lui reste plus longtemps à vivre. *Vous êtes couverts par l'assurance à COMPTER D'AUJOURD'HUI,* à partir d'aujourd'hui. **3.** Mettre dans une quantité, un total. *Nous sommes quinze, SANS COMPTER les enfants. Le serveur a oublié de compter les cafés dans l'addition,* il a oublié de faire payer les cafés. **4.** Mesurer avec parcimonie. *Mon frère dépense sans compter,* sans regarder à la dépense. **5.** Comporter. *Ce village compte deux cents habitants.* → **avoir.** **6.** Prévoir. *Je compte partir demain,* j'en ai l'intention. → **penser.** *Je compte bien qu'il viendra.* → **espérer.** **7.** Avoir de l'importance. *Son avis compte beaucoup pour moi. Il n'y a que le résultat qui compte.* → **importer.** **8.** *COMPTER SUR :* s'appuyer sur. *Vous pouvez compter sur lui,* avoir confiance en lui. *Comptez sur moi. Je compte sur votre participation. J'y compte bien.* **9.** Faire partie de. *Ce réalisateur compte parmi les plus grands.* **10.** *COMPTER AVEC :* tenir compte de. *Il a de l'influence et il faut compter avec lui.*

COMPTE RENDU → **compte** (9.)

COMPTEUR [kɔ̃tœʀ] n. m. ▪ *UN COMPTEUR :* appareil qui sert à compter, à mesurer une vitesse, un volume, une quantité. *Dans un taxi, le prix de la course s'inscrit au compteur. Le conducteur regarde le COMPTEUR DE VITESSE de sa voiture. Il fait du cent à l'heure au compteur. Le compteur d'électricité est dans le placard de l'entrée. L'employé du gaz est venu RELEVER LE COMPTEUR,* il est venu noter la consommation de gaz.

COMPTINE [kɔ̃tin] n. f. ▪ *UNE COMPTINE :* petite poésie ou petite chanson facile à apprendre et à retenir, qui sert à désigner celui à qui sera attribué un rôle dans un jeu. *Connaissez-vous la comptine qui commence par «Une souris verte qui courait dans l'herbe» ?*

COMPTOIR [kɔ̃twaʀ] n. m. ▪ *UN COMPTOIR* **1.** Longue table, haute et étroite, sur laquelle on sert les consommations dans un café. *Elle a pris son café au comptoir.* → STYLE FAMILIER **zinc.** **2.** Longue table sur laquelle un commerçant présente ses marchandises aux clients. *Le marchand de tissu étale la pièce d'étoffe sur le comptoir.* **3.** Installation commerciale dans un pays éloigné. *Autrefois, la France avait des comptoirs en Inde.*

COMPULSIF [kɔ̃pylsif], **COMPULSIVE** [kɔ̃pylsiv] adj. (après le nom) ▪ Qui est caractérisé par l'impossibilité de ne pas faire qqch. *Il a une conduite compulsive. Il ne peut pas s'empêcher de se ronger les ongles, c'est compulsif.*

COMTE [kɔ̃t] n. m., **COMTESSE** [kɔ̃tɛs] n. f. ▪ *UN COMTE, UNE COMTESSE :* en France, personne noble dont le titre est entre celui de vicomte et de marquis. *Le comte et la comtesse donnent un bal la semaine prochaine.*

COMTÉ [kɔ̃te] n. m. ▪ *UN COMTÉ* **1.** En France, domaine qui était possédé par un comte. *Le comté de Toulouse a été intégré au domaine royal en 1271.* **2.** En Grande-Bretagne et dans les pays anglo-saxons, division administrative du territoire. *Ils habitent dans le comté du Surrey.*

CON [kɔ̃] adj. (m. et f.) et n. m., **CONNE** [kɔn] adj. et n. f. ▪ STYLE TRÈS FAMILIER

I. adjectif (après le nom) **1.** (qqn) Très bête. *Son mari est plutôt con. Elle est con d'avoir accepté. Cette fille est complètement conne.* → **crétin, idiot.** *Il est CON COMME UN BALAI,* très con. **2.** (qqch.) Ridicule. *Nous avons vu un film con. C'est con de se quitter comme ça. C'est trop con !* → **bête.**

II. **1.** *UN CON, UNE CONNE :* une personne très bête. *Quel con !* → **imbécile.** *Bande de cons ! C'est une vraie conne. Sale con ! C'est un vieux con. Il ne faut pas me prendre pour un con.* **2.** *À LA CON :* inepte. *Ce sont des arguments à la con.*

REM. Au féminin, on emploie indifféremment l'adjectif *con* ou *conne* : *elle est conne* ou *elle est con.*

CONARD [kɔnaʀ] n. m. ▪ STYLE TRÈS FAMILIER *UN CONARD :* homme, garçon très bête, crétin. → **imbécile.** *Quel conard, ce mec !* → STYLE TRÈS FAMILIER **con.** *J'en ai assez de tous ces conards !*

REM. On écrit aussi *connard.*

CONASSE [kɔnas] n. f. ▪ STYLE TRÈS FAMILIER *UNE CONASSE :* fille, femme très bête, crétine. → **imbécile.** *Quelle conasse, cette nana !* → STYLE TRÈS FAMILIER **con.** *Espèce de conasse !*

REM. On écrit aussi *connasse.*

CONCASSER [kɔ̃kase] verbe [conjugaison 1a] ▪ Écraser en mettant en petits morceaux. *Cet engin concasse les cailloux.* → **broyer.** – *J'ai acheté du poivre concassé,* pour faire des steaks au poivre.

CONCAVE [kɔ̃kav] adj. (après le nom) ▪ Arrondi en creux. *Dans un miroir concave, on se voit très grand et très maigre.* (contraire : convexe)

CONCENTRATION [kɔ̃sɑ̃tʀasjɔ̃] n. f. ▪ *LA CONCENTRATION* **1.** Rassemblement de personnes ou de choses dans le même lieu. *Il y a une grande concentration d'entreprises industrielles dans cette région. Les prisonniers de guerre ont été mis dans des CAMPS DE CONCENTRATION.* **2.** Attention intense, portée sur un seul objet. *Il faut beaucoup de concentration pour jouer aux échecs.*

CONCENTRÉ [kɔ̃sɑ̃tʀe] adj. et n. m., **CONCENTRÉE** [kɔ̃sɑ̃tʀe] adj. **I.** adjectif (après le nom) **1.** *LAIT CONCENTRÉ :* lait dont on a éliminé une grande partie de l'eau. *Elle met du lait concentré sucré dans son thé.* **2.** Qui a son attention portée sur un seul objet. *Il ne faut pas déranger un enfant concentré sur sa lecture.* **II.** *DU CONCENTRÉ :* produit dont on a éliminé une grande partie de l'eau. *Le cuisinier ajoute du CONCENTRÉ DE TOMATES dans sa sauce.*

CONCENTRER [kɔ̃sɑ̃tʀe] verbe [conjugaison 1a] **1.** Rassembler dans un seul endroit. *L'ennemi a concentré ses troupes autour de la ville.* → **grouper, masser.** ⟨contraire : disperser⟩ **2.** Appliquer à un seul objet. *Concentre ton esprit sur ta lecture.* **3.** verbe pronominal SE CONCENTRER : (qqn) porter sa pensée sur un seul objet. *Elle s'est concentrée sur son problème. Taisez-vous, je n'arrive pas à me concentrer !*

CONCENTRIQUE [kɔ̃sɑ̃tʀik] adj. (après le nom) ▪ Qui a le même centre. *Dessinez deux cercles concentriques.*

CONCEPT [kɔ̃sɛpt] n. m. ▪ *UN CONCEPT :* représentation mentale et abstraite d'un objet. *Les élèves font une dissertation de philosophie sur le concept de temps.* → **idée, notion, représentation.**

> FAUX AMI
> suédois **koncept**
> « brouillon, projet »

CONCEPTION [kɔ̃sɛpsjɔ̃] n. f. ▪ *LA CONCEPTION* **1.** Manière de créer par l'imagination, de concevoir qqch. *Nous n'avons pas la même conception de la vie.* → **idée.** *Cette voiture est d'une conception entièrement nouvelle.* **2.** Moment où un enfant est conçu, à la suite de la rencontre d'un spermatozoïde et d'un ovule. *L'enfant naît neuf mois après sa conception.*

CONCERNANT [kɔ̃sɛʀnɑ̃] préposition ▪ À propos de, au sujet de. *La Préfecture de police a pris des mesures concernant la circulation automobile.* → **touchant.**

CONCERNER [kɔ̃sɛʀne] verbe [conjugaison 1a] **1.** (qqch.) Avoir rapport à, s'appliquer à. *Les lois concernent tous les citoyens. Cette lettre te concerne. Ça ne me concerne pas. EN CE QUI ME CONCERNE, je suis d'accord,* pour moi, quant à moi. – *Cette mesure concerne la circulation sur autoroute.* **2.** *ÊTRE CONCERNÉ :* être intéressé, touché. *Les enfants ne sont pas concernés par cette loi.*

CONCERT [kɔ̃sɛʀ] n. m. **1.** *UN CONCERT :* spectacle où l'on écoute de la musique. *L'orchestre a donné un concert en plein air. Mon fils est allé à plusieurs concerts de rock.* **2.** *LE CONCERT :* ensemble de bruits faits en même temps. *On entend un concert de klaxons dans la rue.* **3.** STYLE RECHERCHÉ *DE CONCERT :* ensemble et en accord. *Ils sont venus de concert.* → **conserve.**

SE **CONCERTER** [kɔ̃sɛʀte] verbe pronominal [conjugaison 1a] ▪ Se mettre d'accord pour agir ensemble. *Nous nous sommes concertés avant de prendre notre décision. Ils sont arrivés à la même conclusion sans se concerter.*

CONCERTISTE [kɔ̃sɛʀtist] n. m., n. f. ▪ *UN CONCERTISTE, UNE CONCERTISTE :* musicien, musicienne qui donne des concerts. *Cette pianiste est une concertiste connue dans le monde entier.*

CONCERTO [kɔ̃sɛʀto] n. m. ▪ *UN CONCERTO :* œuvre musicale pour orchestre et un ou deux instruments solistes. *Ce musicien a composé des concertos pour piano et orchestre.*

> REM. *Concerto* est un mot italien dont le pluriel a été francisé.

CONCESSION [kɔ̃sesjɔ̃] n. f. ▪ *UNE CONCESSION* **1.** Le fait d'abandonner un point de discussion, de céder sur certains points pour arriver à un accord. *On est souvent obligé de FAIRE DES CONCESSIONS. Elle lui a fait une concession.* **2.** Terrain, dans un cimetière, dans lequel on enterre ses morts. *À la mort de leurs parents, ils ont acheté une concession à perpétuité.*

CONCESSIONNAIRE [kɔ̃sesjɔnɛʀ] n. m., n. f. ▪ *UN CONCESSIONNAIRE, UNE CONCESSIONNAIRE :* une personne qui a un droit de vente exclusif dans une région. *Il est concessionnaire d'une grande marque d'automobiles.*

CONCEVABLE [kɔ̃svabl] adj. (après le nom) ▪ Que l'on peut imaginer, comprendre. *Votre projet est tout à fait concevable.* ⟨contraire : inconcevable⟩ *Cela n'est pas concevable !*

CONCEVOIR [kɔ̃səvwaʀ] verbe [conjugaison 28a] **1.** Avoir une idée claire de (qqch.). *On conçoit facilement l'attachement des enfants à leurs parents.* → ① **comprendre.** *Je concevrais qu'il soit déçu.* **2.** Créer, imaginer. *Dans notre entreprise, nous concevons des meubles de rangement. Ce matériel a été conçu pour le camping. Cet appartement est BIEN CONÇU,* il est commode parce qu'il a été bien pensé. **3.** (femme) Former (un enfant) dans son utérus. *Ce sont les femmes qui conçoivent les enfants.*

> REM. Une cédille au *c* devant *o* et *u* : *il conçoit, qu'il conçoive, elle a conçu.*

CONCIERGE [kɔ̃sjɛʀʒ] n. m., n. f. ▪ *UN CONCIERGE, UNE CONCIERGE :* une personne qui garde un immeuble. *On vient de repeindre la loge des concierges. La concierge est dans l'escalier.* → **gardien.**

CONCILE [kɔ̃sil] n. m. ▪ *UN CONCILE :* assemblée des évêques de l'Église catholique, présidée par le pape. *Le pape Jean XXIII convoqua le concile de Vatican II.*

CONCILIABULE [kɔ̃siljabyl] n. m. ▪ *UN CONCILIABULE :* conversation où l'on parle tout bas, comme pour dire des secrets. *Les deux enfants tiennent un conciliabule au fond de la classe. Ils ont eu un long conciliabule.*

CONCILIANT [kɔ̃siljɑ̃], **CONCILIANTE** [kɔ̃siljɑ̃t] adj. (après le nom) ▪ Qui cherche à arranger les choses avec les autres, qui fait des concessions. → **accommodant, arrangeant, complaisant.** *Le directeur s'est montré conciliant. C'est une personne très conciliante.* ⟨contraire : intraitable⟩ *J'ai eu un accident de voiture avec un automobiliste peu conciliant : il a refusé de remplir le constat amiable.* – *Elle a prononcé des paroles conciliantes.*

CONCILIATION [kɔ̃siljasjɔ̃] n. f. ▪ *UNE CONCILIATION :* arrangement (entre des adversaires, des idées, des intérêts contraires). *Après de longues discussions, nous sommes arrivés à une conciliation. Le juge a fait une procédure de conciliation,* une proposition d'arrangement.

CONCILIER [kɔ̃silje] verbe [conjugaison 7a] ▪ Mettre en accord (des adversaires), faire aller ensemble (des choses, des idées différentes, des intérêts contraires). → **accorder, réconcilier.** ⟨contraire : opposer⟩ *Le juge essaie de concilier les adversaires. Il est difficile de concilier des opinions opposées. Le temps conciliera* [kɔ̃siliʀa] *peut-être leurs caractères. Pour dresser un animal sauvage, il faut concilier la force et la douceur.*

> REM. Deux *i* de suite à la 1re et à la 2e personne du pluriel de l'imparfait (ex. : *nous conciliions*) et du subjonctif présent (ex. : *que vous conciliiez*).

CONCIS [kɔ̃si], **CONCISE** [kɔ̃siz] adj. (après le nom) ▪ Qui n'exprime que ce qui est important. → **sobre, succinct.** *Elle a écrit un rapport à la fois concis et précis, sans détails inutiles. Soyez concis !* → **bref.** *La pensée de cet écrivain est claire et concise.* ⟨contraire : redondant⟩

CONCISION [kɔ̃sizjɔ̃] n. f. ▪ *LA CONCISION :* qualité d'une personne concise, de ce qui est concis, exprimé en peu de mots.

Il nous a raconté toute cette affaire compliquée avec concision. → **brièveté, sobriété.**

CONCITOYEN [kɔ̃sitwajɛ̃] n. m., **CONCITOYENNE** [kɔ̃sitwajɛn] n. f. ▪ *UN CONCITOYEN, UNE CONCITOYENNE :* citoyen, citoyenne du même État, d'une même ville (que d'autres citoyens). → **compatriote.** *Le maire s'est adressé à ses concitoyens,* aux habitants de sa ville. *Il a commencé ainsi son discours : « Mes chers concitoyens... ».*

CONCLAVE [kɔ̃klav] n. m. ▪ *UN CONCLAVE :* assemblée de cardinaux réunis pour élire un nouveau pape. *Le conclave a lieu dix jours après la mort du pape.*

conclu [kɔ̃kly], **conclue** [kɔ̃kly] *Ils ont conclu la paix ; la paix qu'ils ont conclue :* formes au participe passé du verbe **conclure.**

concluant [kɔ̃klyɑ̃] *En concluant :* forme au participe présent du verbe **conclure.**

CONCLUANT [kɔ̃klyɑ̃], **CONCLUANTE** [kɔ̃klyɑ̃t] adj. (après le nom) ▪ (qqch.) Qui prouve, qui donne un résultat clair. → **convaincant, probant.** *Nous avons essayé d'habituer le chat et le chien à rester ensemble, mais l'expérience n'a pas été très concluante, ils se sont battus. Nous avons fait des essais concluants.*

CONCLURE [kɔ̃klyʀ] verbe [conjugaison 35] **1.** Terminer (qqch.) par un accord. *La guerre est finie, les pays ennemis ont enfin conclu la paix. La paix que ces deux États ont conclue est fragile.* – *MARCHÉ CONCLU !* d'accord, nous faisons l'affaire ensemble. **2.** Terminer (un discours, un texte). ⟨contraire : commencer⟩ *Enfin, je conclurai mon discours par des remerciements... Il conclut toujours ses romans de façon amusante.* – *Tout ceci est bien trop long, concluez ! Maintenant, il faut qu'il conclue.* **3.** *CONCLURE QUE :* se faire une idée (de qqch.) après avoir réfléchi. *Après avoir examiné le malade, le médecin conclut qu'il doit être opéré. Ne le voyant pas arriver, nous en avons conclu qu'il avait raté son train.* → **déduire. 4.** *CONCLURE À :* arriver à une conclusion après avoir réfléchi, examiné. *Les policiers concluent à l'assassinat et non à l'accident.*

CONCLUSION [kɔ̃klyzjɔ̃] n. f. ▪ *LA CONCLUSION* **1.** Partie qui termine un texte ou un discours. → **dénouement, fin.** ⟨contraires : début, introduction, prologue⟩ *La conclusion du roman nous permet de découvrir qui est l'assassin. Dans la conclusion de son discours, il a résumé tous ses arguments.* **2.** *EN CONCLUSION :* pour finir, donc. *En conclusion, nous pouvons dire que l'expérience est réussie.* – STYLE FAMILIER *Conclusion : il n'y a qu'à attendre.* **3.** *UNE CONCLUSION :* ce à quoi on arrive logiquement après avoir raisonné, observé. → **déduction.** ⟨contraire : hypothèse⟩ *À la suite de ses observations, Galilée en est arrivé à la conclusion que la Terre tournait autour du Soleil. Quelles sont vos conclusions ? L'avocat n'a pas encore fourni ses conclusions.*

conclut [kɔ̃kly] *Il conclut, elle conclut :* forme au présent et au passé simple du verbe **conclure.**

conçoit [kɔ̃swa] *Il conçoit, elle conçoit :* forme au présent du verbe **concevoir.**

CONCOMBRE [kɔ̃kɔ̃bʀ] n. m. ▪ *UN CONCOMBRE :* légume de forme allongée et de couleur verte, à peau lisse et qui se mange le plus souvent cru, en salade. *Le concombre, coupé en fines rondelles, est délicieux servi avec de la vinaigrette.*

CONCORDE [kɔ̃kɔʀd] n. f. ▪ *LA CONCORDE :* bonne entente. *La concorde règne dans cette famille.* → **accord, harmonie.** ⟨contraires : discorde, zizanie⟩

CONCORDER [kɔ̃kɔʀde] verbe [conjugaison 1a] ▪ Être en accord. → **coïncider, correspondre.** *Tous les témoignages concordent : une femme vêtue de rouge est sortie de l'immeuble à 20 heures. Son témoignage concorde avec le mien.*

CONCOURIR [kɔ̃kuʀiʀ] verbe [conjugaison 11] **1.** Participer à un concours, à une compétition. *Il a concouru pour l'agrégation de philosophie. De nombreux pays concourront* [kɔ̃kuʀʀɔ̃] *pour le prochain championnat du monde de ski* (→ **concurrent). 2.** *CONCOURIR À :* aller vers un même but, vers un même résultat. *Tout concourt à son bonheur : il a trouvé du travail, il s'est fiancé, et il a retrouvé la santé. Si nous voulons réussir, il faut que tous nos efforts concourent au même but.*

CONCOURS [kɔ̃kuʀ] n. m.
I. *UN CONCOURS* **1.** Épreuve où le nombre des reçus est limité et fixé à l'avance. → **compétition.** *Les candidats du concours attendent les résultats. Son fils prépare le concours d'entrée dans une école d'ingénieurs. Il se présente au concours.* – STYLE FAMILIER *C'est UNE BÊTE À CONCOURS :* c'est un candidat qui réussit toujours ce genre d'épreuve. **2.** Suite d'épreuves organisées. *Elle participe à un concours hippique. Ma sœur a gagné le concours de photo. Ce musicien est HORS CONCOURS,* il ne peut concourir car il est bien supérieur aux autres concurrents. **3.** Jeu organisé par la publicité, les médias et où les gagnants reçoivent des prix. *Ils vont en Grèce car ils ont gagné à un concours télévisé.*
II. *LE CONCOURS* **1.** Aide, coopération. *La fête a été un succès grâce au concours de tous.* → **collaboration, participation.** *Ils nous ont PRÊTÉ LEUR CONCOURS :* ils nous ont apporté leur aide. → **appui. 2.** *UN CONCOURS DE CIRCONSTANCES :* un ensemble de choses qui se produisent en même temps par hasard. *Nous nous sommes rencontrés par un heureux concours de circonstances. Un malheureux concours de circonstances a provoqué la catastrophe.*

> FAUX AMIS
> allemand **Konkurs,** suédois **konkurs** « faillite »

concouru [kɔ̃kuʀy] *Il a concouru, elle a concouru :* forme au participe passé du verbe **concourir.**

CONCRET [kɔ̃kʀɛ], **CONCRÈTE** [kɔ̃kʀɛt] adj. (après le nom) ▪ (qqch.) Qui peut être vu ou touché. ⟨contraire : abstrait⟩ *Un crayon est une chose concrète, la liberté est une chose abstraite. Il a retiré des avantages concrets de son nouveau travail.* → **matériel, réel, tangible.**

CONCRÈTEMENT [kɔ̃kʀɛtmɑ̃] adverbe ▪ D'une manière concrète, en fait, en pratique. → **pratiquement.** *Que peut-on faire concrètement, pour vous aider ?*

CONCRÉTISATION [kɔ̃kʀetizasjɔ̃] n. f. ▪ *LA CONCRÉTISATION :* le fait de se concrétiser, de rendre réel (ce qui est abstrait). *Cette réussite est la concrétisation de tous ses espoirs.*

SE **CONCRÉTISER** [kɔ̃kʀetize] verbe pronominal [conjugaison 1a] ▪ Devenir concret, réel. *Tous ses projets se sont concrétisés.* → se **matérialiser,** se **réaliser.**

conçu [kɔ̃sy], **conçue** [kɔ̃sy] *Il a conçu la maquette ; la maquette qu'il a conçue :* formes au participe passé du verbe **concevoir.**

CONCUBINAGE [kɔ̃kybinaʒ] n. m. ▪ *LE CONCUBINAGE :* état de deux personnes qui vivent ensemble, sans être mariées, en union libre. → **liaison.** *Ils vivent EN CONCUBINAGE depuis deux ans* (→ **maritalement).**

CONCURRENCE [kɔ̃kyʀɑ̃s] n. f. ■ *LA CONCURRENCE* **1.** Rivalité entre plusieurs personnes, plusieurs entreprises. ⟨contraires : association, entente⟩ *Dans ma rue, deux commerçants se font une concurrence acharnée,* chacun essaie de faire mieux, de vendre moins cher que l'autre pour attirer les clients. *C'est de la concurrence déloyale ! Ils sont EN CONCURRENCE pour ce poste,* ils sont en rivalité. → **compétition.** – *Ces prix DÉFIENT TOUTE CONCURRENCE,* ils sont très bas. **2.** *FAIRE CONCURRENCE À :* se trouver en concurrence avec. → **concurrencer.** *Ce nouveau produit fait concurrence à l'autre produit, plus ancien.* **3.** *JUSQU'À CONCURRENCE DE :* jusqu'à ce qu'une somme en égale une autre. *Vous devrez rembourser jusqu'à concurrence de cent mille francs.*

> FAUX AMI
> espagnol
> **concurrencia**
> « affluence »

CONCURRENCER [kɔ̃kyʀɑ̃se] verbe [conjugaison 3a] ■ Faire concurrence à. *Les supermarchés concurrencent dangereusement les petits commerces de quartier,* ils prennent leur clientèle. *Ce petit restaurant a dû fermer car deux nouveaux restaurants le concurrençaient.*

CONCURRENT [kɔ̃kyʀɑ̃] n. m., **CONCURRENTE** [kɔ̃kyʀɑ̃t] n. f. ■ *UN CONCURRENT, UNE CONCURRENTE* **1.** Personne, entreprise en concurrence, en rivalité avec une autre, avec d'autres. *Ce commerçant cherche à éliminer son concurrent.* → **rival.** *Votre concurrent vend moins cher ! Il y a plusieurs concurrents pour ce poste.* → **candidat. 2.** Personne qui participe, contre d'autres personnes, à une compétition, à un jeu. *Elle a battu toutes ses concurrentes, à la course.*

CONCURRENTIEL [kɔ̃kyʀɑ̃sjɛl], **CONCURRENTIELLE** [kɔ̃kyʀɑ̃sjɛl] adj. (après le nom) ■ (qqch.) Qui n'a pas à craindre la concurrence. → **compétitif.** *Ce grand magasin fait des prix concurrentiels.*

CONDAMNABLE [kɔ̃danabl] adj. (après le nom) ■ (qqch.) Qui mérite d'être condamné, critiqué. ⟨contraires : louable, recommandable⟩ *Il a une attitude condamnable.* → **blâmable, critiquable.**

CONDAMNATION [kɔ̃danasjɔ̃] n. f. **1.** *UNE CONDAMNATION :* décision de justice qui condamne une personne à une peine. ⟨contraire : acquittement⟩ *L'assassin avait déjà plusieurs condamnations. La condamnation à mort n'existe plus en France. – Cette nouvelle loi risque d'être la condamnation du petit commerce,* elle risque de faire disparaître le petit commerce. **2.** *LA CONDAMNATION :* fermeture définitive. *J'ai demandé à l'architecte la condamnation de plusieurs portes.*

CONDAMNÉ [kɔ̃dane] n. m. et adj., **CONDAMNÉE** [kɔ̃dane] n. f. et adj.

I. *UN CONDAMNÉ, UNE CONDAMNÉE :* une personne qui a été condamnée par la justice. *En France, le président de la République a le droit de gracier les condamnés.*

II. adjectif (après le nom) **1.** (qqn) Que la justice a condamné à une peine. *Un innocent condamné à tort a été relâché.* **2.** (qqn) Qui ne guérira pas. *Le malade est condamné.* → **incurable. 3.** (passage) Qui est définitivement fermé, par où on ne passera plus. *Il y a une porte condamnée entre les deux chambres.*

CONDAMNER [kɔ̃dane] verbe [conjugaison 1a] **1.** Faire subir une peine, une punition à (qqn), par un jugement. *Le chauffard a été condamné à mille francs d'amende pour excès de vitesse. On a condamné le coupable à vingt ans de prison. – Il a été condamné.* ⟨contraire : acquitter⟩ **2.** Obliger, forcer. *Avec cette jambe cassée, je suis condamné à rester allongé pendant un mois.* → **contraindre. 3.** Interdire ou critiquer fortement. → **désapprouver.** *Nous condamnons toute cette violence avec la plus grande fermeté.* **4.** Fermer un lieu, un passage, pour qu'on ne puisse plus l'utiliser. *On a condamné la porte pendant les travaux.*

CONDENSATION [kɔ̃dɑ̃sasjɔ̃] n. f. ■ *LA CONDENSATION :* phénomène par lequel la vapeur d'eau se transforme en eau. *Il y a de la condensation sur les vitres.*

CONDENSER [kɔ̃dɑ̃se] verbe [conjugaison 1a] **1.** Réduire, résumer. *Condensez un peu votre texte pour n'en garder que l'essentiel.* → **abréger. 2.** Transformer la vapeur en eau. *Le froid condense la vapeur d'eau en fines gouttelettes* **(→ buée).**

CONDIMENT [kɔ̃dimɑ̃] n. m. ■ *UN CONDIMENT :* produit à saveur forte qu'on ajoute aux aliments pour leur donner plus de goût. *Le sel et le poivre, le thym, les cornichons et la moutarde sont des condiments.*

▸ **CONDITION** [kɔ̃disjɔ̃] n. f. ■ *UNE CONDITION* **1.** Situation sociale. *Sa famille est de condition modeste,* elle a un rang peu élevé dans la société. **2.** État physique, moral. *Cet élève est EN BONNE CONDITION pour passer son examen,* il est bien préparé. *Êtes-vous en bonne ou en mauvaise condition ? La condition physique de ce sportif est excellente.* → **forme.** – *METTRE EN CONDITION :* mettre en état de comprendre, d'accepter. → **préparer.** *Le maire a essayé de mettre les habitants de sa ville en condition avant de leur annoncer l'augmentation des impôts.* **3.** Chose nécessaire qui est indispensable, qui est exigée. *En France, avoir dix-huit ans est une condition pour pouvoir voter. Quelles sont les conditions à remplir, pour ce travail ?* qu'est-ce qui est exigé ? **4.** *À... CONDITION :* seulement si. *D'accord, je pars avec toi, mais À UNE CONDITION : tu me laisseras conduire la voiture. – Demain, nous partirons en promenade À CONDITION QU'il fasse beau,* seulement s'il fait beau. *On peut y aller À CONDITION DE partir tôt.* **5.** (au pluriel) LES CONDITIONS : ce qui accompagne un fait, une situation. *Notre voyage s'est fait dans de très bonnes conditions : il ne faisait pas trop chaud et il y avait peu de monde dans le train. – DANS CES CONDITIONS :* dans ce cas. *Dans ces conditions, je refuse.*

CONDITIONNÉ [kɔ̃disjɔne], **CONDITIONNÉE** [kɔ̃disjɔne] adj. (après le nom) **1.** *L'AIR CONDITIONNÉ :* système réglable qui maintient une température constante (généralement plus fraîche) dans un lieu **(→ climatisation).** *Dans cette entreprise, il y a l'air conditionné dans tous les bureaux.* **2.** Un *RÉFLEXE CONDITIONNÉ :* un réflexe qui se déclenche automatiquement par habitude. *Pour un chien, le fait de saliver quand il entend le bruit de la porte du réfrigérateur est un réflexe conditionné.*

CONDITIONNEL [kɔ̃disjɔnɛl] n. m. ■ *LE CONDITIONNEL :* un temps du verbe. *Dans la phrase « Je le ferais si tu me le demandais », le verbe « faire » est au conditionnel.*

> *le conditionnel*
>
> Le **conditionnel** est un temps du verbe.
> Dans une proposition subordonnée, il indique un futur par rapport au verbe de la principale qui est au passé :
> *Nous avons promis que nous **viendrions** ce soir.*
> Le **conditionnel** peut aussi indiquer qu'une action n'est pas sûre ou qu'elle est imaginée :
> ***Aimerais**-tu qu'il vienne ?*
> *Si tu venais, je **serais** contente.*

▸ **CONDOLÉANCES** [kɔ̃dɔleɑ̃s] n. f. pluriel ■ *PRÉSENTER SES CONDOLÉANCES à qqn,* lui dire que l'on partage sa peine quand une personne de sa famille est morte. *Je vous présente mes condoléances. – Toutes mes condoléances.*

CONDOR [kɔ̃dɔʀ] n. m. ▪ *UN CONDOR :* grand oiseau rapace de la famille du vautour. *Il y a des condors dans les Andes, en Amérique du Sud.*

CONDUCTEUR [kɔ̃dyktœʀ] n. m., **CONDUCTRICE** [kɔ̃dyktʀis] n. f. **1.** *UN CONDUCTEUR, UNE CONDUCTRICE :* une personne qui conduit un véhicule. *Le conducteur de la voiture a mis ses lunettes.* → **automobiliste, chauffeur.** *Son mari est conducteur de train. Elle est conductrice d'autobus. C'est une excellente conductrice.* **2.** *UN CONDUCTEUR :* corps qui laisse passer le courant électrique, la chaleur. *Les métaux sont de bons conducteurs.*

FAUX AMIS
anglais **conductor,**
russe **кондуктор**
« contrôleur (bus) »

CONDUIRE [kɔ̃dɥiʀ] verbe [conjugaison 38b] **1.** (qqn) Mener (qqn) quelque part. → **accompagner, emmener, mener.** *Le matin, je conduis mon fils à l'école.* **2.** (qqn) Diriger (un véhicule). *Il a eu un accident de voiture : il conduisait trop vite. Je préfère conduire sur route. Avez-vous le* PERMIS DE CONDUIRE *?* le certificat qui donne le droit de conduire un véhicule. **3.** (qqch.) Faire passer. *Les métaux conduisent bien la chaleur et l'électricité.* **4.** (qqch.) Mener quelque part. *Ce chemin conduit à la ferme.* **5.** (qqn) Commander, diriger. *Il a conduit l'armée à la victoire. Elle conduit l'orchestre de sa ville.* **6.** verbe pronominal SE CONDUIRE : se comporter. → **agir.** *Elle s'est très mal conduite envers moi.*

conduit [kɔ̃dɥi], **conduite** [kɔ̃dɥit] *Il a conduit la voiture ; la voiture qu'il a conduite :* formes au participe passé du verbe **conduire.**

CONDUIT [kɔ̃dɥi] n. m. ▪ *UN CONDUIT :* canal étroit, tuyau dans lequel passe un liquide ou un gaz. → **tube.** *Nous avons fermé le conduit d'eau.* → **conduite.**

CONDUITE [kɔ̃dɥit] n. f. **1.** *LA CONDUITE :* action de conduire un véhicule. *Ma fille prend des leçons de conduite,* elle apprend à conduire un véhicule (→ **auto-école).** **2.** Action de guider, de mener. *Nous avons visité le musée* SOUS LA CONDUITE *d'un gardien.* **3.** Façon de se comporter, d'agir. → **attitude, comportement, tenue.** *Je ne te félicite pas pour ta conduite : tu as été insupportable ! Cet élève a eu un zéro de conduite,* il a eu la plus mauvaise note parce qu'il n'a pas suivi la discipline de l'école. – *ÉCART DE CONDUITE :* erreur ou faute morale qui ne dure pas. *Ce jeune homme a fait des écarts de conduite.* **4.** *UNE CONDUITE :* canalisation, tuyau dans lequel passe un liquide, un gaz. → **tuyau.** *As-tu bien fermé les conduites d'eau ?*

CÔNE [kon] n. m. ▪ *LE CÔNE* **1.** Figure géométrique dont la base est circulaire et le sommet pointu. *Dessinez un cône.* – *L'arbre est taillé en forme de cône* (→ **conique).** **2.** Objet de cette forme. *Un cornet de glace a la forme d'un cône.*

CONFECTION [kɔ̃fɛksjɔ̃] n. f. ▪ *LA CONFECTION* **1.** Préparation, fabrication. *La confection de ce plat est longue. Je vais vous faire un gâteau de ma confection.* **2.** *LA CONFECTION :* l'industrie du vêtement. *Il travaille dans la confection.*

CONFECTIONNER [kɔ̃fɛksjɔne] verbe [conjugaison 1a] ▪ STYLE RECHERCHÉ Faire, préparer soi-même. *Ma mère a confectionné un gâteau au chocolat.*

CONFÉDÉRATION [kɔ̃fedeʀasjɔ̃] n. f. ▪ *UNE CONFÉDÉRATION :* union, groupement de plusieurs États. *La Confédération helvétique est le groupement de tous les cantons suisses.* → **fédération.** – (En France) *Il est inscrit à la Confédération Générale du Travail (C. G. T.* [seʒete]). → **syndicat.**

CONFÉDÉRÉ [kɔ̃fedeʀe] n. m. **CONFÉDÉRÉE** [kɔ̃fedeʀe] n. f. ▪ *UN CONFÉDÉRÉ, UNE CONFÉDÉRÉE* **1.** Membre de la Confédération helvétique. *Chers confédérés...* **2.** Pendant la guerre de Sécession américaine, les Sudistes opposés aux Fédéraux. *L'armée des Confédérés fut battue par les Fédéraux.*

CONFÉRENCE [kɔ̃feʀɑ̃s] n. f. ▪ *UNE CONFÉRENCE* **1.** Assemblée de hautes personnalités discutant d'un sujet important. *Une conférence internationale s'est réunie à Paris.* **2.** Réunion de travail, dans une entreprise. *La directrice est* EN CONFÉRENCE. → **assemblée, congrès, réunion.** **3.** Réunion où qqn parle d'un sujet précis en public. *Nous avons assisté à une conférence sur l'Antarctique.* **4.** *CONFÉRENCE DE PRESSE :* réunion où une ou plusieurs personnes s'adressent aux journalistes et répondent à leurs questions. *Le président de la République donne une conférence de presse.*

FAUX AMI
anglais **conference**
« congrès »

CONFÉRENCIER [kɔ̃feʀɑ̃sje] n. m., **CONFÉRENCIÈRE** [kɔ̃feʀɑ̃sjɛʀ] n. f. ▪ *UN CONFÉRENCIER, UNE CONFÉRENCIÈRE :* une personne qui parle en public, qui fait des conférences. *Le conférencier a parlé pendant deux heures.*

CONFESSER [kɔ̃fese] verbe [conjugaison 1a] **1.** STYLE RECHERCHÉ Avouer, reconnaître ce que l'on a fait. *Je* CONFESSE QUE *j'ai eu tort.* → **nier.** **2.** verbe pronominal SE CONFESSER : avouer, dire ses péchés à un prêtre, dans la religion catholique (→ **confession).** *Il a refusé de se confesser. Elle s'est confessée.*

CONFESSEUR [kɔ̃fesœʀ] n. m. ▪ *UN CONFESSEUR :* un prêtre à qui l'on se confesse, dans la religion catholique. *Avez-vous tout dit à votre confesseur ?*

CONFESSION [kɔ̃fesjɔ̃] n. f. ▪ *LA CONFESSION* **1.** Déclaration de ses péchés à un prêtre, dans la religion catholique. *Le prêtre a entendu ma confession. Il m'a entendu* EN CONFESSION. – *On lui donnerait le bon Dieu sans confession :* cette personne est d'apparence honnête et sage (mais trompeuse). *Avec son air timide, on lui donnerait le bon Dieu sans confession.* **2.** Appartenance à une religion. *Dans notre quartier vivent ensemble des gens de toutes confessions.* → **croyance.** **3.** *UNE CONFESSION :* action de se confier. *Je vais vous faire une confession.* → **confidence.** *Jean-Jacques Rousseau a écrit ses confessions.*

CONFESSIONNAL [kɔ̃fesjɔnal] n. m. ▪ *UN CONFESSIONNAL :* dans une église, cabine en bois dans laquelle on se confesse. *Il s'est agenouillé dans le confessionnal.* PLURIEL : *des* CONFESSIONNAUX [kɔ̃fesjɔno].

CONFETTI [kɔ̃feti] n. m. ▪ *UN CONFETTI :* petite rondelle de papier coloré que l'on lance par poignées dans une fête. *Les enfants ont lancé des confettis sur les passants.*

FAUX AMI
italien **confetti**
« dragées »

CONFIANCE [kɔ̃fjɑ̃s] n. f. ▪ *LA CONFIANCE* **1.** Sentiment agréable que l'on éprouve quand on sait qu'on ne sera pas déçu, que l'on est sûr de qqn, de qqch. ⟨contraires : défiance, méfiance⟩ *J'AI CONFIANCE EN lui,* je suis sûr de lui, je sais que je peux compter sur lui. *Je sais que je peux te* FAIRE CONFIANCE. *Nous faisons une entière confiance à notre médecin. J'ai une confiance totale en lui. Je n'ai absolument pas confiance en lui. Faites-moi confiance :* croyez-moi, soyez sûr de moi. *Avec ce moniteur, on se* SENT EN CONFIANCE. *Ce voisin ne m'*INSPIRE PAS CONFIANCE, je me méfie de lui. *Ton calme me* DONNE CONFIANCE, me rassure. *Tu as toute ma confiance.* – *La confiance règne !* tout le monde se méfie. *Il ne veut pas me prêter sa voiture : la confiance règne !* **2.** Sentiment qui fait que l'on est sûr de soi-même, de ses capacités. *Il a confiance en sa force. Cette adolescente* MANQUE DE CONFIANCE *en elle,* elle n'est pas sûre d'elle, elle est timide.

CONFIANT [kɔ̃fjɑ̃], **CONFIANTE** [kɔ̃fjɑ̃t] adj. (après le nom) ▪ Qui a confiance en qqn, en qqch. ⟨contraire : méfiant⟩ *Tu es trop confiant :* tu ne te méfies pas assez. *C'est un homme confiant.*

CONFIDENCE [kɔ̃fidɑ̃s] n. f. **1.** *UNE CONFIDENCE :* secret qui concerne soi-même et que l'on dit à qqn. *Il m'a fait ses confidences : il est amoureux.* → **aveu.** *CONFIDENCE POUR CONFIDENCE, je t'avoue que je ne l'aime pas non plus,* puisque tu m'as dit un secret, je t'en dis un à mon tour. **2.** *LA CONFIDENCE :* le secret. *DANS LA CONFIDENCE :* dans le secret. *À part toi, qui est dans la confidence ?* qui est informé. – *EN CONFIDENCE :* secrètement. *Je te le dis en confidence, ne le répète pas !*

> FAUX AMIS
> anglais **confidence** « confiance » ; italien **confidenza** « familiarité »

CONFIDENT [kɔ̃fidɑ̃] n. m., **CONFIDENTE** [kɔ̃fidɑ̃t] n. f. ▪ *UN CONFIDENT, UNE CONFIDENTE :* une personne à qui l'on fait ses confidences. *Son frère est son confident.*

> FAUX AMIS
> anglais **confident** « sûr de soi » ; italien **confidente** « indic »

CONFIDENTIEL [kɔ̃fidɑ̃sjɛl], **CONFIDENTIELLE** [kɔ̃fidɑ̃sjɛl] adj. (après le nom) ▪ (qqch.) Qui se dit, se fait dans le secret. *Ce que je vais vous dire est confidentiel, ne le répétez pas. Cette lettre est confidentielle,* elle ne doit être lue que par son destinataire.

CONFIER [kɔ̃fje] verbe [conjugaison 7a] **1.** Laisser (qqn, qqch.) à la garde de qqn. *Je te confie mon fils. Demain, je confierai* [kɔ̃fiʀɛ] *mes clés au gardien de l'immeuble. Son patron lui a confié une lourde responsabilité. Puis-je vous confier ma valise ?* **2.** Dire en confidence. *Il m'a CONFIÉ QU'il comptait partir. Je pense que si vous confiiez vos soucis à qqn, cela vous ferait du bien.* **3.** verbe pronominal SE CONFIER : faire des confidences. *Elle ne s'est confiée à personne. Il faut que vous vous confiiez.*

CONFINÉ [kɔ̃fine], **CONFINÉE** [kɔ̃fine] adj. (après le nom) **1.** Enfermé. *À cause de cette grippe, je dois rester confiné dans ma chambre.* **2.** *AIR CONFINÉ,* renfermé. *Il faudrait ouvrir la fenêtre, l'air est confiné,* il n'a pas été renouvelé.

CONFINS [kɔ̃fɛ̃] n. m. pluriel ▪ *AUX CONFINS DE :* à la limite, à la frontière de. *Le Tchad est aux confins du Sahara.*

CONFIRMATION [kɔ̃fiʀmasjɔ̃] n. f. ▪ *LA CONFIRMATION :* action de confirmer. ⟨contraires : annulation, démenti⟩ *Nous attendons la confirmation de la nouvelle,* que la nouvelle soit certaine. *Nous en avons la confirmation,* nous en avons la certitude.

CONFIRMER [kɔ̃fiʀme] verbe [conjugaison 1a] **1.** Rendre certain ce qui ne l'était pas tout à fait. → **certifier.** ⟨contraires : démentir, nier⟩ *Il a téléphoné à son père pour lui confirmer l'heure d'arrivée de son train. Je téléphone pour confirmer le rendez-vous.* ⟨contraire : annuler⟩ – *On nous a CONFIRMÉ QUE le spectacle était annulé. Le témoin confirme qu'il n'a jamais vu cet homme. Les résultats de l'enquête confirment ce que nous pensions.* → **démontrer, prouver. 2.** verbe pronominal SE CONFIRMER : (qqch.) devenir certain. *La grève des transports se confirme.* – (impersonnel) *Il se confirme qu'il avait raison.*

CONFISERIE [kɔ̃fizʀi] n. f. ▪ *UNE CONFISERIE* **1.** Magasin où l'on vend des bonbons, des sucreries. *Nous avons acheté des chocolats dans une confiserie.* **2.** Bonbon, sucrerie. *Les caramels, les réglisses, les fruits confits sont des confiseries.* → **friandise.**

CONFISQUER [kɔ̃fiske] verbe [conjugaison 1a] ▪ Prendre provisoirement (un objet) à un enfant, un élève, pour le punir. *Le professeur a confisqué le baladeur de mon fils : il écoutait de la musique pendant les cours. Je te confisque ton ballon.*

CONFIT [kɔ̃fi] n. m. et adj., **CONFITE** [kɔ̃fit] adj. **1.** *UN CONFIT :* préparation de viande cuite et mise en conserve dans sa graisse. *J'ai acheté un confit d'oie. Nous avons mangé un cassoulet au confit de canard.* **2.** adjectif (après le nom) (aliment) Conservé à l'aide de certains produits (miel, vinaigre, sel, sucre, graisse). *Je vais faire un gâteau aux FRUITS CONFITS,* avec des fruits préparés dans un sirop de sucre.

CONFITURE [kɔ̃fityʀ] n. f. ▪ *LA CONFITURE :* fruits que l'on a fait cuire longtemps dans du sucre. → **gelée, marmelade.** *Nous avons fait de la confiture de fraises. Les pots de confiture sont dans le placard.*

CONFLICTUEL [kɔ̃fliktɥɛl], **CONFLICTUELLE** [kɔ̃fliktɥɛl] adj. (après le nom) ▪ STYLE RECHERCHÉ (qqch.) Qui peut entraîner un conflit. *La situation est conflictuelle.*

CONFLIT [kɔ̃fli] n. m. ▪ *UN CONFLIT :* lutte, opposition entre des pays ou des personnes. → **antagonisme, désaccord.** *Les deux guerres mondiales ont été de grands conflits internationaux. Il est entré EN CONFLIT avec son patron,* il s'est opposé à son patron.

CONFLUENT [kɔ̃flyɑ̃] n. m. ▪ *LE CONFLUENT :* endroit où deux cours d'eau se rejoignent (→ **affluent).** *La ville allemande de Coblence est au confluent de la Moselle et du Rhin.*

CONFONDRE [kɔ̃fɔ̃dʀ] verbe [conjugaison 41a]
I. 1. Se tromper en croyant qu'une personne est une autre personne, qu'une chose est une autre chose. *Je confonds toujours ces deux enfants, tellement ils se ressemblent. Il a confondu les clés de la maison avec celles de son bureau. Les enfants qui apprennent à lire confondent souvent certaines lettres. Il confond les p et les b.* **2.** Mêler, pour ne former qu'un tout. *Le nombre des touristes, toutes nationalités confondues, augmente.*
II. verbe pronominal SE CONFONDRE **1.** (qqch.) Se mélanger. *Certains jours, les couleurs du ciel et de la mer se confondent.* **2.** (qqn) *Il s'est CONFONDU EN REMERCIEMENTS,* il a remercié plusieurs fois de suite. *Elle s'est aperçue qu'elle s'était trompée et elle s'est CONFONDUE EN EXCUSES,* elle s'est excusée plusieurs fois de suite.

confonds [kɔ̃fɔ̃] *Je confonds, tu confonds :* forme au présent du verbe **confondre.**

confondu [kɔ̃fɔ̃dy], **confondue** [kɔ̃fɔ̃dy] *Il a confondu deux lettres ; les deux lettres qu'il a confondues :* formes au participe passé du verbe **confondre.**

CONFORME [kɔ̃fɔʀm] adj. (après le nom) **1.** (qqch.) *CONFORME À :* dont la forme est semblable à (celle d'un modèle). → **analogue, identique, pareil, semblable.** ⟨contraire : différent⟩ *Cette écriture est conforme à la vôtre. L'installation électrique de la maison est conforme aux normes de sécurité,* elle est en accord avec les normes de sécurité. – *Cette signature est CERTIFIÉE CONFORME,* elle est garantie authentique. *C'est une COPIE CONFORME,* une copie absolument fidèle à l'original. → **exact. 2.** Qui convient (à qqch.). → **adapté, approprié.** *Il mène une vie conforme à ses désirs.*

CONFORMÉMENT [kɔ̃fɔʀmemɑ̃] adverbe ▪ *CONFORMÉMENT À :* d'après, selon. *CONFORMÉMENT À la loi,* d'après, selon la loi. *Tout s'est passé conformément à ce que nous avions prévu,* comme nous l'avions prévu. ⟨contraire : contrairement⟩

SE **CONFORMER** [kɔ̃fɔʀme] verbe pronominal [conjugaison 1a] ▪ *SE CONFORMER À :* se comporter de manière à être en accord avec. → se **plier,** se **régler, suivre.** *Conformez-vous strictement au règlement.* → **obéir, observer.** ⟨contraire : s'opposer⟩ *Elle s'est conformée aux ordres.*

CONFORMISME [kɔ̃fɔʀmism] n. m. ▪ *LE CONFORMISME :* fait de se conformer aux usages, aux traditions. *Il déteste le conformisme bourgeois.*

CONFORMISTE [kɔ̃fɔʀmist] adj. (après le nom) ▪ (qqn) Qui se conforme aux usages, aux traditions. *Elle ne fait jamais rien d'original, elle est très conformiste !* → **conventionnel.** ⟨contraires : anticonformiste, non-conformiste⟩

CONFORMITÉ [kɔ̃fɔʀmite] n. f. ▪ *LA CONFORMITÉ :* caractère de ce qui est conforme. → **accord.** *Son témoignage est EN CONFORMITÉ avec la déclaration des voisins,* il est en accord avec la déclaration des voisins. ⟨contraires : désaccord, opposition⟩

CONFORT [kɔ̃fɔʀ] n. m. ▪ *LE CONFORT :* tout ce qui rend la vie matérielle plus facile et plus agréable. *Cet appartement est bien installé, rien n'y manque, il y a tout le confort. Quel manque de confort dans cette voiture ! Elle va souvent dans des hôtels de luxe car elle aime son confort.*

> FAUX AMI
> néerlandais **komfoor**
> « chauffe-plats »

CONFORTABLE [kɔ̃fɔʀtabl] adj. (après le nom, parfois avant le nom) **1.** Qui offre du confort. *Comme ce fauteuil est confortable ! Ils ont une maison confortable.* ⟨contraire : inconfortable⟩ **2.** Qui assure la sécurité. *Il a toujours gagné un confortable salaire.*

CONFORTABLEMENT [kɔ̃fɔʀtabləmɑ̃] adverbe ▪ D'une manière confortable. *Il est confortablement installé devant la télévision.* – *Elle gagne confortablement sa vie :* elle gagne bien sa vie, elle a assez d'argent.

CONFORTER [kɔ̃fɔʀte] verbe [conjugaison 1a] ▪ *CONFORTER QQN DANS :* renforcer qqn dans (un comportement, une idée). *Les premiers résultats du vote me confortent dans mon opinion : il y aura un changement de majorité politique.*

> FAUX AMI
> italien **confortare**
> « réconforter »

CONFRÈRE [kɔ̃fʀɛʀ] n. m. ▪ *UN CONFRÈRE :* une personne qui exerce la même profession libérale qu'une autre. → **collègue, consœur.** *Le chirurgien a demandé l'avis d'un de ses confrères sur ce cas difficile.*

REM. Un homme médecin qui s'adresse à une femme médecin emploie le mot *confrère : « Madame et cher confrère » ;* une femme médecin qui s'adresse à une autre femme médecin emploie également le mot *confrère,* ou le mot *consœur.* → **consœur.**

CONFRONTATION [kɔ̃fʀɔ̃tasjɔ̃] n. f. ▪ *UNE CONFRONTATION* **1.** Action de mettre en présence (des personnes) pour comparer ce qu'elles disent. → **comparaison.** *Il y aura demain une confrontation des témoins du drame.* **2.** Comparaison (de choses). *La confrontation de ces deux textes est intéressante.*

CONFRONTER [kɔ̃fʀɔ̃te] verbe [conjugaison 1a] **1.** Mettre en présence (des personnes) pour comparer ce qu'elles disent. *Le juge a confronté l'accusé avec la victime. Les témoins de l'accident ont été confrontés.* **2.** *ÊTRE CONFRONTÉ À qqch. :* être obligé de faire face à qqch. *Il est confronté à de grosses difficultés.* **3.** Comparer d'une manière suivie. *Nous avons confronté les deux textes.*

CONFUS [kɔ̃fy], **CONFUSE** [kɔ̃fyz] adj. (après le nom) **1.** (qqch.) Qui est embrouillé, peu clair et que l'on a du mal à comprendre. *Ses explications pour excuser son retard sont très confuses.* ⟨contraire : clair⟩ – *Dans le restaurant, on entend un bruit confus de voix,* un bruit vague, que l'on distingue mal. → **brouhaha.** **2.** (qqn) Qui est gêné, honteux. *Je suis confus d'arriver en retard.* → **désolé, navré.** *Je suis confus :* excusez-moi.

> FAUX AMI
> anglais **confused**
> « (personne) qui ne comprend pas »

CONFUSION [kɔ̃fyzjɔ̃] n. f. ▪ *LA CONFUSION* **1.** Situation embrouillée. → **désordre, trouble.** *Dans la confusion générale, il a perdu sa valise.* **2.** Manque de netteté, de clarté. *Quelle confusion dans ses explications, je n'y comprends rien !* – *Ce malade souffre de CONFUSION MENTALE,* de démence. **3.** Trouble d'une personne honteuse, confuse. *Lorsqu'elle a compris son erreur, elle a rougi de confusion.* **4.** *UNE CONFUSION :* erreur que l'on commet lorsque l'on confond entre elles (des personnes, des choses). *Vous faites une confusion, je ne suis pas Madame X et je ne vous connais pas. Il y a une confusion de dates, ce n'était pas en 1996 mais en 1995.*

CONGÉ [kɔ̃ʒe] n. m. ▪ *LE CONGÉ* **1.** Permission de s'absenter, de quitter son service, son travail. *ÊTRE EN CONGÉ,* en vacances. *Cet employé est en congé.* – (au pluriel) *Les CONGÉS PAYÉS,* auxquels les salariés ont droit annuellement. – *Elle est en congé de maternité,* elle a un arrêt de travail parce qu'elle est enceinte, parce qu'elle vient d'accoucher. *Il a un congé maladie de quinze jours.* **2.** *PRENDRE CONGÉ :* dire au revoir aux personnes chez qui l'on est, avant de partir. *Avant de prendre congé, nous voudrions vous remercier de cette excellente soirée.* **3.** *DONNER SON CONGÉ À qqn,* le renvoyer (→ **congédier**). *Le patron a donné son congé à un de ses employés.*

CONGÉDIER [kɔ̃ʒedje] verbe [conjugaison 7a] **1.** Renvoyer définitivement (une personne que l'on emploie). *S'il le faut, le directeur de l'usine congédiera* [kɔ̃ʒediʀa] *plusieurs ouvriers.* → **licencier, remercier. 2.** Prier (qqn) de s'en aller. *Il est tard, il faut que nous vous congédiions. Il nous a congédiés d'une manière très impolie.*

CONGÉLATEUR [kɔ̃ʒelatœʀ] n. m. ▪ *UN CONGÉLATEUR :* appareil frigorifique qui congèle les aliments et les conserve à une température inférieure à moins dix-huit degrés. *Les surgelés sont rangés dans le congélateur.*

CONGELÉ [kɔ̃ʒle], **CONGELÉE** [kɔ̃ʒle] adj. (après le nom) ▪ Conservé à une température inférieure à moins dix-huit degrés. *Elle fait cuire des haricots verts congelés.* → **surgelé.**

CONGELER [kɔ̃ʒle] verbe [conjugaison 5a] **1.** Mettre à une température inférieure à moins dix-huit degrés pour conserver. *Les pêcheurs congèlent les poissons sur le bateau dès qu'ils sont pêchés.* **2.** verbe pronominal SE CONGELER : (liquide) passer à l'état solide sous l'action du froid. *L'eau se congèle à zéro degré.* → se **solidifier.** *Il fait très froid, l'eau s'est congelée.*

CONGÈRE [kɔ̃ʒɛʀ] n. f. ▪ *UNE CONGÈRE :* amas de neige entassée par le vent. *Des congères bloquent la route.*

CONGESTION [kɔ̃ʒɛstjɔ̃] n. f. ▪ *UNE CONGESTION :* maladie causée par une trop grande quantité de sang dans un organe. *Il est mort d'une CONGESTION CÉRÉBRALE. Elle s'est bien remise de sa CONGESTION PULMONAIRE.*

CONGESTIONNÉ [kɔ̃ʒɛstjɔne], **CONGESTIONNÉE** [kɔ̃ʒɛstjɔne] adj. (après le nom) ▪ (visage) Rouge sous l'effet d'une présence trop importante de sang dans les vaisseaux. *Le professeur avait le visage congestionné tellement il était en colère.*

CONGO [kõgo] nom propre masculin ▪ *LA RÉPUBLIQUE DÉMOCRATIQUE DU CONGO :* pays d'Afrique centrale. *La capitale de la république démocratique du Congo est Kinshasa. Ils vivent au Congo.*

CONGOLAIS [kõgɔlɛ] adj. et n. m., **CONGOLAISE** [kõgɔlɛz] adj. et n. f. **1.** adjectif (après le nom) Du Congo. *L'Oubangui est une rivière congolaise.* **2.** *UN CONGOLAIS, UNE CONGOLAISE :* un habitant, une habitante du Congo. *Les Congolais.* **3.** *UN CONGOLAIS :* gâteau à la noix de coco. *J'aime beaucoup les congolais.*

CONGRATULER [kõgʀatyle] verbe [conjugaison 1a] **1.** STYLE RECHERCHÉ Féliciter vivement (qqn). *Tout le monde congratule l'heureux gagnant.* **2.** verbe pronominal SE CONGRATULER : se féliciter réciproquement. *Les candidats reçus se sont congratulés longuement à l'annonce des résultats.*

CONGRE [kõgʀ] n. m. ▪ *UN CONGRE :* poisson de mer au corps cylindrique et sans écailles, qui ressemble à une grande anguille. *À leur naissance, les congres sont des larves transparentes comme du verre.*

CONGRÈS [kõgʀɛ] n. m. ▪ *UN CONGRÈS :* réunion de personnes qui se rassemblent pour échanger leurs idées ou se communiquer leurs études. *Elle participe à un congrès de médecins.*

REM. Il y a moins de participants à un *colloque*.

CONGRESSISTE [kõgʀesist] n. m., n. f. ▪ *UN CONGRESSISTE, UNE CONGRESSISTE :* une personne qui participe à un congrès. *Les congressistes sont tous descendus dans le même hôtel.*

CONIFÈRE [kɔnifɛʀ] n. m. ▪ *UN CONIFÈRE :* arbre qui porte des aiguilles, qui produit de la résine et dont les fruits sont en forme de cônes. *Le pin, le sapin, l'épicéa, le mélèze sont des conifères.* → **résineux.**

CONIQUE [kɔnik] adj. (après le nom) ▪ Qui a la forme d'un cône. *Cet oiseau a un bec conique. Les pommes de pin sont coniques.*

REM. Pas d'accent circonflexe sur le *o*, contrairement à *cône*.

CONJECTURE [kõʒɛktyʀ] n. f. ▪ *UNE CONJECTURE :* opinion qui ne se fonde sur rien de sûr. *Ce ne sont que des conjectures.* → **hypothèse, présomption, supposition.** *Il ne faut pas se PERDRE EN CONJECTURES.*

REM. Ne pas confondre avec *conjoncture*.

CONJOINT [kõʒwɛ̃] n. m., **CONJOINTE** [kõʒwɛ̃t] n. f. ▪ *UN CONJOINT, UNE CONJOINTE :* une personne mariée. *Ce papier doit être signé par les deux conjoints.* → **époux.** *Elle doit nous présenter son conjoint.*

REM. Le féminin *conjointe* est rare.

CONJONCTION [kõʒõksjõ] n. f. **1.** *LA CONJONCTION :* action de joindre, de réunir. *Ils ont réussi grâce à la conjonction de leurs efforts.* **2.** *UNE CONJONCTION :* en grammaire, mot qui sert à joindre deux mots ou deux groupes de mots.

la conjonction

Les conjonctions sont des mots invariables.

Les **conjonctions de coordination** relient entre eux des mots, des groupes de mots ou des propositions qui ont la même fonction.
Ce sont : *mais, ou, et, donc, or, ni, car.*

Les **conjonctions de subordination** relient entre elles des propositions. La proposition introduite par une conjonction de subordination est une proposition subordonnée : *J'ignore quand il va venir.*

Les principales conjonctions de subordination sont : *que, si, comme, comment, combien, quand, pourquoi, lorsque, puisque, quoique, parce que, bien que, alors que.* Ne pas confondre avec certains adverbes : *dites-moi comment, combien, où, quand, pourquoi.*

CONJONCTURE [kõʒõktyʀ] n. f. ▪ *LA CONJONCTURE :* situation qui résulte de circonstances particulières. *La conjoncture économique est bonne. Dans la conjoncture actuelle, nous ne pouvons pas nous engager.* → **situation.**

CONJUGAISON [kõʒygɛzõ] n. f. ▪ *LA CONJUGAISON :* ensemble des formes que peut prendre un verbe. *Le verbe « aller » a une conjugaison irrégulière. Consultez les tableaux de conjugaison.*

la conjugaison

1. L'ensemble des formes que peut prendre un verbe est sa conjugaison.

Ces formes varient avec la personne ou les personnes représentées par le sujet :
*tu parl**es**, nous parl**ons**, ils* ou *elles parl**ent*** (présent de l'indicatif).

Elles varient aussi avec le mode et le temps :
*tu parl**ais**, nous parl**ions**, ils* ou *elles parl**aient*** (imparfait de l'indicatif).

Pour certains verbes, c'est non seulement la terminaison qui change, mais aussi le radical (ex. : le verbe *pouvoir*) :
*tu **peux**, nous **pouvons**, ils* ou *elles **peuvent*** (présent de l'indicatif)
*tu **pourras*** (futur de l'indicatif)
*que tu **puisses*** (présent du subjonctif)

2. On distingue trois groupes de verbes pour la conjugaison.

Le premier groupe contient les verbes dont l'infinitif se termine par **-er**, sauf *aller* et *envoyer*. Neuf verbes sur dix appartiennent au premier groupe.

Les verbes du premier groupe ont tous les mêmes terminaisons. Certains ont un radical qui change selon le temps ou la personne :
*Je **place**, nous **plaç**ons ; je **plaç**ais, nous **plac**ions* (conjugaison 3).
*Je **juge**, nous **juge**ons ; je **juge**ais, nous **jug**ions* (conjugaison 3).
*J'**appel**le, nous **appel**ons ; j'**appel**ais ; j'**appelle**rai* (conjugaison 4).
*J'**achè**te, nous **achet**ons ; j'**achet**ais ; j'**achète**rai* (conjugaison 5).

Les conjugaisons 1, 3, 4, 5, 6, 7 et 8 sont, dans ce dictionnaire, celles des verbes du premier groupe.

Le **deuxième groupe** est celui des verbes dont l'infinitif se termine en **-ir** (sauf *haïr*) et dont la première personne du pluriel du présent de l'indicatif se termine en *-issons.* Il y a environ trois cents verbes du deuxième groupe. Ils se conjuguent tous de la même façon, suivant le modèle de *finir.* C'est la conjugaison 2 de ce dictionnaire.

Le **troisième groupe** contient tous les autres verbes. Par exemple *partir,* dont la première personne du pluriel du présent de l'indicatif est *partons,* et aussi *aller, mettre, perdre, valoir,* etc. Ces verbes ont des conjugaisons différentes. Elles sont numérotées de 9 à 61 dans ce dictionnaire.

CONJUGAL [kõʒygal], **CONJUGALE** [kõʒygal] adj. (après le nom) ▪ Relatif à des gens mariés, à des époux. *J'ai visité leur domicile conjugal,* où habitent les conjoints. MASCULIN PLURIEL : *les liens CONJUGAUX* [kõʒygo].

CONJUGUER [kõʒyge] verbe [conjugaison 1b] **1.** Réciter ou écrire la conjugaison de (un verbe). *Les élèves conjuguaient le verbe être au présent de l'indicatif.* **2.** Joindre ensemble. *Nous réussirons si nous conjuguons nos efforts.* → **unir. 3.** verbe pronominal SE CONJUGUER : (verbe) avoir telle conjugaison. *Le verbe fleurir se conjugue comme finir.*

CONJURATION [kõʒyʀasjõ] n. f. ▪ *UNE CONJURATION :* projet secret préparé par plusieurs personnes unies par un serment, contre qqn ou contre un groupe de personnes. *Brutus organisa une conjuration pour tuer Jules César.* → **complot, conspiration.**

CONJURER [kɔ̃ʒyʀe] verbe [conjugaison 1a] ▪ STYLE RECHERCHÉ Demander avec insistance. → **adjurer, implorer.** *Je vous conjure de me croire. Je vous en conjure.*

CONNAISSANCE [kɔnɛsɑ̃s] n. f.
I. *LA CONNAISSANCE* **1.** Le fait de connaître (qqch.). *Elle a une bonne connaissance de l'allemand. Il* PREND CONNAISSANCE *de sa lettre,* il la lit pour savoir ce qu'elle contient. *À MA CONNAISSANCE, il n'est jamais venu ici,* autant que je sache. **2.** *PERDRE CONNAISSANCE :* s'évanouir. *Son mari a perdu connaissance en apprenant la nouvelle.* → **conscience. 3.** Lien qui s'établit entre des personnes qui se rencontrent. *J'ai FAIT LA CONNAISSANCE de son frère. Nous avons FAIT CONNAISSANCE cet été. Enchanté de faire votre connaissance !* **4.** *EN CONNAISSANCE DE CAUSE :* avec raison, en étant bien informé. *Il a pris sa décision en toute connaissance de cause.*
II. 1. (au pluriel) LES CONNAISSANCES : ce que l'on sait parce qu'on l'a appris. *Cet élève manque de connaissances en géographie.* **2.** *UNE CONNAISSANCE :* personne que l'on connaît sans être ami avec elle. *Nous avons rencontré quelques connaissances au théâtre, pendant l'entracte.*

connaisse [kɔnɛs] *Que je connaisse, qu'il connaisse, qu'elle connaisse :* forme au subjonctif du verbe **connaître.**

CONNAISSEUR [kɔnɛsœʀ] n. m., **CONNAISSEUSE** [kɔnɛsøz] n. f. ▪ *UN CONNAISSEUR, UNE CONNAISSEUSE :* une personne compétente, qui s'y connaît (dans un domaine). *C'est un connaisseur en vins. Elle parle en connaisseur.*

REM. Le féminin est rare : en parlant d'une femme, on emploie couramment le masculin.

CONNAÎTRE [kɔnɛtʀ] verbe [conjugaison 57] **1.** Savoir parce qu'on a appris. *Elle ne connaît pas ce mot. Connais-tu la nouvelle ?* ⟨contraire : ignorer⟩ **2.** Avoir dans l'esprit. *Je connais bien Londres, car j'y suis allé plusieurs fois. Il faut que tu connaisses le code de la route pour conduire.* **3.** *S'Y CONNAÎTRE EN :* être compétent en. *Il s'y connaît en informatique. Je sais de quoi je parle, et je m'y connais ! Elle N'Y CONNAÎT RIEN EN musique.* **4.** Ressentir. *Mon grand-père connut la faim pendant la guerre.* → **éprouver.** *Elle connaissait bien le problème. Il ne connaît pas sa force :* il ne se rend pas compte de sa force. **5.** (qqch.) Avoir. *C'est un bon film qui connaîtra sans doute le succès.* **6.** Être conscient de l'existence de (qqn). *Je connais cet acteur, mais je ne me rappelle plus son nom. Je connais cette fille de vue,* je ne la connais pas bien, je l'ai simplement aperçue, sans lui parler. **7.** Avoir des relations sociales avec (qqn). *Connaissez-vous mes parents ? Je ne connais personne en Italie. Vous l'apprécierez davantage en le connaissant mieux.* **8.** verbe pronominal SE CONNAÎTRE : être en relation. *Elles se sont connues pendant les vacances :* elles ont fait connaissance pendant les vacances. *Ils se connaissent depuis longtemps.*

REM. Toujours un *î* devant *t : il connaît, elle connaîtra.*

CONNARD → **conard**

CONNASSE → **conasse**

CONNE n., féminin de **con**

CONNECTER [kɔnɛkte] verbe [conjugaison 1a] ▪ Relier (des appareils électriques). *L'installateur a connecté le magnétoscope au téléviseur.*

CONNERIE [kɔnʀi] n. f. ▪ STYLE TRÈS FAMILIER **1.** *LA CONNERIE :* caractère de ce qui est con. *La connerie des électeurs me fait peur. La connerie de ses décisions est dangereuse.* **2.** *UNE CONNERIE :* une bêtise. *Arrête de dire des conneries !* (→ **déconner**). *J'ai fait une connerie. Quelle connerie, la guerre !* quelle chose absurde.

CONNIVENCE [kɔnivɑ̃s] n. f. ▪ *DE CONNIVENCE :* par une entente secrète. *Le cambrioleur et le veilleur de nuit étaient DE CONNIVENCE,* ils s'étaient mis d'accord. → **complice.** *Le gardien était de connivence avec le voleur. Elle lui a adressé un sourire de connivence.*

CONNOTER [kɔnɔte] verbe [conjugaison 1a] ▪ (mot) Évoquer (qqch.) en plus de son sens. *Le mot « tigre » connote la puissance,* il fait penser à la puissance.

connu [kɔny], **connue** [kɔny] *Il a connu une femme ; la femme qu'il a connue :* formes au participe passé du verbe **connaître.**

CONNU [kɔny], **CONNUE** [kɔny] adj. (après le nom) **1.** Que tout le monde connaît. *C'est un acteur connu.* → **célèbre, renommé.** *« Hamlet » est une pièce de théâtre très connue.* ⟨contraire : inconnu⟩ **2.** Que tout le monde sait. *Il ne faut pas parler la bouche pleine, c'est bien connu.*

connut [kɔny] *Il connut, elle connut :* forme au passé simple du verbe **connaître.**

CONQUÉRANT [kɔ̃keʀɑ̃], n. m., **CONQUÉRANTE** [kɔ̃keʀɑ̃t] n. f. ▪ *UN CONQUÉRANT, UNE CONQUÉRANTE :* une personne qui fait des conquêtes en combattant. *César fut le conquérant de la Gaule. Guillaume le Conquérant.*

CONQUÉRIR [kɔ̃keʀiʀ] verbe [conjugaison 21] **1.** Soumettre par la force, acquérir par les armes. *César conquit la Gaule. En conquérant ce pays, il a agrandi son empire.* ⟨contraire : perdre⟩ **2.** Obtenir en luttant. *Ce nageur a conquis le titre de champion de France, il conquerra* [kɔ̃kɛʀʀa] *peut-être celui de champion du monde.* **3.** Acquérir une forte influence sur. *Ses supérieurs veulent qu'il conquière une nouvelle clientèle.* – *Il conquiert le cœur de toutes les femmes.* → **charmer, séduire.**

CONQUÊTE [kɔ̃kɛt] n. f.
I. *LA CONQUÊTE* **1.** Action de conquérir. *La conquête de ce pays a été longue.* ⟨contraire : perte⟩ **2.** STYLE FAMILIER Femme séduite. *Il est venu avec sa dernière conquête.*
II. *UNE CONQUÊTE* **1.** Ce qui est conquis. *La Gaule fut une conquête de César.* **2.** Action de séduire (qqn). *Il FAIT LA CONQUÊTE DE toutes les femmes.*

conquiers [kɔ̃kjɛʀ] *Je conquiers, tu conquiers :* forme au présent du verbe **conquérir.**

conquis [kɔ̃ki], **conquise** [kɔ̃kiz] *Il a conquis une région ; la région qu'il a conquise :* formes au participe passé du verbe **conquérir.**

CONSACRER [kɔ̃sakʀe] verbe [conjugaison 1a]
I. 1. Rendre sacré en dédiant à un dieu. *Les Anciens avaient consacré ce temple à Jupiter. Cette église est consacrée à la Sainte Vierge* (→ **consécration**). **2.** Employer (son temps) à qqch. de précis, donner (de son temps) à qqn. *Il consacre beaucoup de temps à ses enfants.* → **accorder.** *Cette religieuse a consacré sa vie aux lépreux.*
II. verbe pronominal SE CONSACRER À : faire exclusivement. *Cette actrice s'est consacrée à son métier toute sa vie.*

CONSCIEMMENT [kɔ̃sjamɑ̃] adverbe ▪ D'une façon consciente, en le sachant. *Elle l'a consciemment humilié devant tout le monde.* → **sciemment, volontairement.** ⟨contraire : inconsciemment⟩

CONSCIENCE [kɔ̃sjɑ̃s] n. f. ▪ *LA CONSCIENCE* **1.** Pouvoir de se rendre compte de ce qui se passe autour de soi. *Le blessé a PERDU CONSCIENCE,* il s'est évanoui. → **connaissance.** *Ces enfants n'ont pas conscience du danger,* ils ne savent pas qu'il y a du danger. ⟨contraire : inconscience⟩ *Elle* PREND CONSCIENCE *de son talent.* **2.** Ce qui permet de juger si qqch. est bien ou mal. *Agis selon ta conscience. Elle a vérifié si elle avait bien fermé le gaz,* PAR ACQUIT DE CONSCIENCE, pour se tranquilliser. *J'ai fait mon devoir, j'ai* LA CONSCIENCE TRANQUILLE. *J'ai ma conscience pour moi :* je suis sûr d'avoir fait ce qu'il fallait. *Il a quelque chose* SUR LA CONSCIENCE : il a qqch. à se reprocher. *Dis ce que tu as sur la conscience,* ce qui te tracasse. → **cœur.** EN MON ÂME ET CONSCIENCE : dans ma plus intime conviction. AVOIR BONNE CONSCIENCE : être satisfait de soi sur le plan moral. *Il a* MAUVAISE CONSCIENCE : il se sent coupable. **3.** Application et soin apportés à ce que l'on fait. *Cet ouvrier a une grande* CONSCIENCE PROFESSIONNELLE (→ **consciencieux).**

CONSCIENCIEUSEMENT [kɔ̃sjɑ̃sjøzmɑ̃] adverbe ▪ Avec soin, en s'appliquant. *Elle travaille consciencieusement.*

CONSCIENCIEUX [kɔ̃sjɑ̃sjø], **CONSCIENCIEUSE** [kɔ̃sjɑ̃sjøz] adj. (après le nom) **1.** (qqn) Qui fait le mieux possible. *Mon fils est un étudiant consciencieux.* **2.** (qqch.) Qui est fait avec conscience. *Elle a fait un travail consciencieux.*

CONSCIENT [kɔ̃sjɑ̃], **CONSCIENTE** [kɔ̃sjɑ̃t] adj. (après le nom) **1.** (qqn) Qui se rend compte de ce qu'il fait et de ce qu'il éprouve. *Le directeur est conscient de ses responsabilités. Il faut bien rester conscient du danger. Elle est consciente d'avoir fait une erreur. Le blessé est resté conscient,* il n'a pas perdu connaissance, il ne s'est pas évanoui. ⟨contraire : inconscient⟩ **2.** (qqch.) Dont on a conscience. *Elle a la volonté consciente d'humilier son mari.* ⟨contraire : inconscient⟩

CONSCRIT [kɔ̃skʀi] n. m. ▪ UN CONSCRIT : soldat qui vient d'être recruté pour le service militaire. *Les conscrits viennent d'arriver à la caserne.* → **appelé.**

CONSÉCRATION [kɔ̃sekʀasjɔ̃] n. f. ▪ LA CONSÉCRATION **1.** Action de dédier à un dieu, de consacrer. *Le prêtre a décidé la consécration de cette église à la Sainte Vierge.* **2.** Confirmation (de qqch.). *L'acteur principal du film a reçu un prix qui marque la consécration de son talent. Ce film est la consécration de sa carrière.*

CONSÉCUTIF [kɔ̃sekytif], **CONSÉCUTIVE** [kɔ̃sekytiv] adj. (après le nom) **1.** (au pluriel) Qui se suivent immédiatement. *Il a plu pendant trois jours consécutifs,* trois jours de suite. *On a entendu deux coups de feu consécutifs.* → **successif. 2.** CONSÉCUTIF À : qui suit, qui est une conséquence de. *Elle ressent une grande fatigue consécutive à tous les efforts qu'elle a fournis.*

CONSEIL [kɔ̃sɛj] n. m. ▪ UN CONSEIL **1.** Opinion que l'on donne à qqn sur ce qu'il faut faire. → **avis, recommandation.** *Je vais te donner un conseil d'ami. Il m'a donné un bon conseil. C'est un mauvais conseil.* **2.** LE CONSEIL : action de conseiller. *Il a pris ce médicament* SUR LE CONSEIL *du pharmacien. Elle a* DEMANDÉ CONSEIL *à ses amis.* PRENDS CONSEIL *auprès d'un avocat. Son père est un homme* DE BON CONSEIL. **3.** Assemblée de personnes qui donnent leur avis. *Les membres de l'association* TIENNENT CONSEIL, ils sont réunis pour délibérer. *En France, le* CONSEIL DES MINISTRES *se réunit tous les mercredis,* l'ensemble des ministres réunis sous la présidence du président de la République. *Le* CONSEIL MUNICIPAL : en France, l'ensemble des conseillers, présidé par le maire, qui s'occupent d'une commune. CONSEIL D'ADMINISTRATION : réunion des actionnaires ou des associés d'une société qui administrent cette société. *Elle est membre de plusieurs conseils d'administration. À la fin de chaque trimestre, il y a un* CONSEIL DE CLASSE, une réunion des professeurs et des délégués des élèves et de leurs parents. **4.** Personne dont le métier est de donner des conseils, d'assister qqn. *Ma sœur est conseil en communication dans une maison d'édition. J'ai consulté un* CONSEIL JURIDIQUE.

① **CONSEILLER** [kɔ̃seje] n. m., **CONSEILLÈRE** [kɔ̃sejɛʀ] n. f. ▪ UN CONSEILLER, UNE CONSEILLÈRE **1.** Personne qui donne des conseils. *C'est un bon conseiller. La colère est* MAUVAISE CONSEILLÈRE. *Les élèves consultent le* CONSEILLER D'ORIENTATION, la personne dont le métier est de juger la meilleure orientation que doit suivre un élève. *Sa mère est* CONSEILLÈRE D'ÉDUCATION *dans un collège,* elle est chargée de l'administration et de la discipline dans ce collège. **2.** Membre d'un conseil. *Ma femme est* CONSEILLÈRE MUNICIPALE *de notre ville,* elle fait partie du conseil municipal.

② **CONSEILLER** [kɔ̃seje] verbe [conjugaison 1a] **1.** CONSEILLER *qqch. À qqn,* lui indiquer ce qu'il faut faire ou ne pas faire. *Le médecin lui conseille la prudence.* → **recommander.** *Il faut que vous lui conseilliez de se tenir tranquille. Le notaire m'a conseillé de placer mon argent dans l'immobilier. Je conseille ce magasin à tous mes amis.* ⟨contraire : déconseiller⟩ **2.** *Conseiller qqn,* lui indiquer ce qu'il doit faire. *Conseillez-moi, je ne sais pas quoi faire. L'accusé est conseillé par son avocat.* ⟨contraire : consulter⟩

consens [kɔ̃sɑ̃] *Je consens, tu consens :* forme au présent du verbe **consentir.**

CONSENSUS [kɔ̃sɛ̃sys] n. m. ▪ LE CONSENSUS : accord d'une grande majorité de personnes sur un sujet. *Cette décision du ministre a recueilli un large consensus. Il faut tenir compte du consensus social.*

CONSENTANT [kɔ̃sɑ̃tɑ̃], **CONSENTANTE** [kɔ̃sɑ̃tɑ̃t] adj. (après le nom) ▪ Qui accepte, consent. *Les enfants ne sont pas des victimes consentantes.* ⟨contraire : récalcitrant⟩

CONSENTEMENT [kɔ̃sɑ̃tmɑ̃] n. m. ▪ LE CONSENTEMENT : accord donné à un projet, décision de ne pas s'y opposer. *Ils se sont mariés sans le consentement de leurs parents.* → **autorisation, permission.** *Je lui ai demandé son consentement. Leur divorce s'est fait par* CONSENTEMENT MUTUEL, les deux époux étant d'accord sur tout. ⟨contraires : désaccord, opposition, refus⟩

consenti [kɔ̃sɑ̃ti], **consentie** [kɔ̃sɑ̃ti] *Il a consenti une réduction ; la réduction qu'il a consentie :* formes au participe passé du verbe **consentir.**

CONSENTIR [kɔ̃sɑ̃tiʀ] verbe [conjugaison 16b] **1.** CONSENTIR À *qqch.* : ne pas empêcher que qqch. se fasse. *Leurs parents ont consenti à leur mariage,* ils ont donné leur consentement. → **autoriser, permettre.** *Consentez-vous à prendre Monsieur X pour époux ?* → **accepter.** *Je t'en prie, consens à ma demande. J'y consens.* ⟨contraires : empêcher, interdire, s'opposer, refuser⟩ **2.** Accepter. *Il faut absolument que la banque me consente un prêt.* → **accorder.** *Il consentirait qu'elle vienne, mais seule. Le vendeur nous a consenti un rabais.*

CONSÉQUENCE [kɔ̃sekɑ̃s] n. f. ▪ UNE CONSÉQUENCE **1.** Suite que qqch. entraîne. *La guerre a eu des conséquences tragiques. La sécheresse a de graves conséquences sur les récoltes.* → **effet.** *Cette décision peut être lourde de conséquences. Cela a eu pour conséquence de... On subit toujours les conséquences de ses actes. Ça ne* TIRERA *pas* À CONSÉQUENCE. *C'est une erreur* SANS CONSÉQUENCE, sans suite désagréable. ⟨contraire : cause⟩ **2.** EN CONSÉQUENCE : compte tenu de ce qui précède, pour cette raison. *Vous avez dépassé les délais, en conséquence je ne vous paierai pas tout de suite.* → **donc.**

CONSÉQUENT [kɔ̃sekɑ̃], **CONSÉQUENTE** [kɔ̃sekɑ̃t] adj. (après le nom) **1.** Qui raisonne avant d'agir. *C'est un homme conséquent* *avec lui-même.* → **cohérent, logique.** (contraire : inconséquent) 2. STYLE FAMILIER Important. *Ils ont dépensé une somme conséquente pour faire repeindre leur salon.* → **considérable.** 3. *PAR CONSÉQUENT :* comme suite logique. *Il pleut, par conséquent nous n'irons pas pique-niquer.* → **ainsi, donc.**

CONSERVATEUR [kɔ̃sɛʀvatœʀ] n. m. et adj., **CONSERVATRICE** [kɔ̃sɛʀvatʀis] n. f. et adj.
I. *UN CONSERVATEUR, UNE CONSERVATRICE* 1. Personne qui organise et administre un musée, une bibliothèque. *C'est lui le conservateur du Louvre.* 2. Personne qui défend les idées du passé en politique, qui veut maintenir l'ordre social existant. *Les conservateurs s'opposent aux réformateurs.*
II. *UN CONSERVATEUR :* produit que l'on met dans les aliments pour les conserver plus longtemps. *Cette confiture est garantie sans conservateur.*
III. adjectif (après le nom) Qui est favorable au maintien de l'ordre existant. *Elle est inscrite au parti conservateur. Il a des idées conservatrices.* → **réactionnaire.** (contraires : progressiste, révolutionnaire)

CONSERVATION [kɔ̃sɛʀvasjɔ̃] n. f. ▪ *LA CONSERVATION* 1. Le fait de garder intact, de conserver dans le même état. *Le froid permet la conservation des aliments. Les hommes et les animaux ont l'INSTINCT DE CONSERVATION,* un instinct qui les pousse à sauver leur vie par tous les moyens quand ils se sentent menacés. 2. État de ce qui est conservé. *Ce tableau est en état de parfaite conservation.*

CONSERVATOIRE [kɔ̃sɛʀvatwaʀ] n. m. ▪ *UN CONSERVATOIRE :* école qui forme des musiciens, des comédiens. *Ma fille suit des cours de piano au conservatoire municipal.*

CONSERVE [kɔ̃sɛʀv] n. f. ▪ *LA CONSERVE* 1. Aliment conservé dans un récipient hermétique. *Le placard de la cuisine est rempli de BOÎTES DE CONSERVE. En camping, nous mangeons surtout des conserves.* 2. Boîte ou bocal contenant des aliments. *Ma grand-mère met les haricots du jardin en conserve.*

CONSERVER [kɔ̃sɛʀve] verbe [conjugaison 1a] 1. Garder en bon état. *On peut conserver la viande plusieurs jours dans le réfrigérateur.* → **garder.** *Sa grand-mère a conservé la ligne,* elle n'a pas grossi. 2. Garder avec soi. *Je conserve toutes ses lettres.* (contraire : jeter) 3. Ne pas perdre. *Conserve ton calme.* → **garder.** *Ce vieillard a conservé toute sa tête,* il ne perd pas ses idées. 4. Faire durer. *Nous conservons un excellent souvenir de notre voyage. Elle a conservé de bonnes relations avec son ex-mari.* 5. verbe pronominal SE CONSERVER : (qqch.) rester intact. *Le beurre se conserve au froid. La viande est bien conservée.*

CONSIDÉRABLE [kɔ̃sideʀabl] adj. (après le nom) ▪ Très grand, très important. *Une foule considérable les attend. Le menuisier a fait un travail considérable. Ça représente une somme considérable,* beaucoup d'argent. → **énorme.** (contraires : faible, insignifiant, petit)

CONSIDÉRABLEMENT [kɔ̃sideʀabləmɑ̃] adverbe ▪ De manière considérable. *Le prix de l'essence a considérablement augmenté.* → **beaucoup, énormément.**

CONSIDÉRATION [kɔ̃sideʀasjɔ̃] n. f. ▪ *LA CONSIDÉRATION* 1. Action d'examiner avec attention. *Nous PRENONS EN CONSIDÉRATION toutes les candidatures,* nous en tenons compte, nous les étudions toutes. *Cette remarque est digne de CONSIDÉRATION,* elle est intéressante. 2. STYLE RECHERCHÉ Estime que l'on porte à qqn. *Cet employé jouit de la considération de ses chefs.* (dans une lettre) *Veuillez agréer l'assurance de ma considération distinguée.* 3. *EN CONSIDÉRATION DE :* en tenant compte de. *On a réduit sa peine de prison en considération de sa bonne conduite.* 4. (au pluriel) DES CONSIDÉRATIONS : observations sur un sujet. *Dans son discours, le ministre s'en est tenu à des considérations générales. Toutes ces considérations sont inutiles.*

CONSIDÉRER [kɔ̃sideʀe] verbe [conjugaison 6a] 1. *CONSIDÉRER COMME :* estimer, juger. *C'est un ami, mais je le considère comme mon frère.* → **regarder.** *Elle le considère comme un homme intelligent,* elle le trouve intelligent. 2. *CONSIDÉRER QUE :* penser que. *Nous considérons que ce sera plus facile à plusieurs. Considérant que vous avez tort, nous refusons votre proposition.* 3. Examiner avec attention. *Avant de me décider, je considérerai* [kɔ̃sidɛʀʀɛ] *le pour et le contre. TOUT BIEN CONSIDÉRÉ :* en tenant compte de tous les aspects de la question. *Tout bien considéré, je refuse.*

CONSIGNE [kɔ̃siɲ] n. f.
I. *UNE CONSIGNE* 1. Ordre de faire qqch. *Tu ne dois ouvrir à personne, c'est la consigne.* → **règlement.** *Les CONSIGNES DE SÉCURITÉ sont affichées sur la porte.* → **instruction.** 2. Punition qui oblige un élève à venir en classe en dehors des heures de cours. *Mon fils a eu deux heures de consigne.* → **retenue ;** STYLE FAMILIER **colle.** 3. Prix d'un emballage qui est remboursé si on le rapporte. *Le litre de limonade coûte cinq francs plus deux francs de consigne pour la bouteille.*
II. *LA CONSIGNE :* lieu où l'on peut faire garder ses bagages dans une gare, un aéroport. *Le voyageur a mis ses bagages à la consigne.*

CONSIGNER [kɔ̃siɲe] verbe [conjugaison 1a] 1. Empêcher (qqn) de sortir pour punir. *Tous les élèves ont été consignés mercredi matin.* → **retenir.** 2. STYLE RECHERCHÉ Noter par écrit. *Le touriste consigne dans un carnet toutes ses impressions de voyage.* → **écrire, noter.** 3. Faire payer (un emballage) en s'engageant à reprendre et à rembourser. *La bouteille de gaz est consignée.*

> FAUX AMI
> italien **consegnare** «remettre, livrer»

CONSISTANCE [kɔ̃sistɑ̃s] n. f. ▪ *LA CONSISTANCE* 1. État d'une matière. *Quand le beurre n'est pas dans le réfrigérateur, il prend une consistance molle,* il devient mou. *La mayonnaise est en train de PRENDRE CONSISTANCE,* d'épaissir. 2. État de ce qui est ferme, solide. *Il a un caractère sans consistance,* sans fermeté.

CONSISTANT [kɔ̃sistɑ̃], **CONSISTANTE** [kɔ̃sistɑ̃t] adj. (après le nom) 1. Qui est épais. *Le cuisinier prépare une sauce consistante.* 2. STYLE FAMILIER Qui nourrit. *Elle a pris un petit-déjeuner consistant avant de partir travailler.* → **copieux, solide, substantiel.**

CONSISTER [kɔ̃siste] verbe [conjugaison 1a] 1. *CONSISTER EN :* être constitué par. *Son mobilier consiste en une chaise, une table et un lit.* → se **composer.** *En quoi consiste votre projet ?* quel est votre projet ? 2. *CONSISTER À :* avoir pour caractère principal. *Son travail consiste à réparer les appareils ménagers.*

CONSŒUR [kɔ̃sœʀ] n. f. ▪ *UNE CONSŒUR :* femme qui exerce la même profession qu'une autre personne. *Maître X, avocat, a invité quelques confrères et consœurs à dîner. Ma chère consœur.*

CONSOLANT [kɔ̃sɔlɑ̃], **CONSOLANTE** [kɔ̃sɔlɑ̃t] adj. (après le nom) ▪ (qqch.) Qui peut consoler. *Il a su prononcer des paroles consolantes.* → **réconfortant.** *C'est consolant de se dire que nous ne sommes pas seuls dans ce cas.*

CONSOLATEUR [kɔ̃sɔlatœʀ] n. m., **CONSOLATRICE** [kɔ̃sɔlatʀis] n. f. ▪ STYLE RECHERCHÉ *UN CONSOLATEUR, UNE CONSOLATRICE :* une personne qui console, qui dit des paroles consolantes. *Tu as été mon consolateur dans ces moments difficiles.*

CONSOLATION [kɔ̃sɔlasjɔ̃] n. f. **1.** *LA CONSOLATION :* soulagement apporté à une douleur, à un chagrin. → **réconfort.** *Elle lui a dit quelques mots de consolation. Les perdants ont eu un LOT DE CONSOLATION.* **2.** *UNE CONSOLATION :* ce qui console. *C'est une consolation pour lui d'avoir des amis. Il y a des consolations à sa triste existence.*

CONSOLE [kɔ̃sɔl] n. f. ▪ *UNE CONSOLE* **1.** Petite table étroite appuyée contre un mur. *Mon frère met toujours ses clés sur la console de l'entrée.* **2.** *UNE CONSOLE DE JEUX (VIDÉO) :* petit ordinateur avec un écran ou relié à un téléviseur, avec lequel on joue à des jeux vidéo. *Mon fils est toujours devant sa console de jeux.*

CONSOLER [kɔ̃sɔle] verbe [conjugaison 1a] **1.** (qqn) Soulager la peine, le chagrin de (qqn). *Elle a consolé son petit frère en lui racontant une histoire.* → **apaiser, calmer, réconforter.** ⟨contraires : attrister, peiner⟩ **2.** (qqch.) Apporter un soulagement à (qqn). *Ce bon souvenir l'a vite consolé. Ça me console de savoir qu'un jour tu reviendras.* ⟨contraires : chagriner, désoler⟩ **3.** verbe pronominal SE CONSOLER : oublier son chagrin. *Elle ne s'est jamais consolée d'avoir perdu son chat. – Ils se sont consolés ensemble.*

CONSOLIDER [kɔ̃sɔlide] verbe [conjugaison 1a] ▪ Rendre plus solide. *Le maçon a consolidé le mur avec du ciment.* → **renforcer.**

CONSOMMATEUR [kɔ̃sɔmatœʀ] n. m., **CONSOMMATRICE** [kɔ̃sɔmatʀis] n. f. ▪ *UN CONSOMMATEUR, UNE CONSOMMATRICE* **1.** Personne qui achète et utilise des marchandises, des produits, des services. *Les commerçants cherchent à satisfaire les besoins des consommateurs.* → **acheteur, client.** *Ces fruits sont vendus directement du producteur au consommateur,* sans intermédiaire. *Je suis abonné à une revue de défense du consommateur.* ⟨contraires : fournisseur, producteur⟩ **2.** Personne qui boit qqch. dans un bar. *De nombreux consommateurs sont à la terrasse des cafés.* **3.** Personne qui a l'habitude de consommer (qqch.). *C'est un grand consommateur de bière.*

CONSOMMATION [kɔ̃sɔmasjɔ̃] n. f.
I. *LA CONSOMMATION* **1.** Usage que l'on fait de qqch. *Quand il est enrhumé, il fait une grande consommation de mouchoirs en papier.* **2.** Utilisation des biens et des services. *La publicité POUSSE À LA CONSOMMATION,* donne envie de consommer, d'acheter. *La SOCIÉTÉ DE CONSOMMATION :* la société qui est dans un système économique qui pousse à consommer et suscite des besoins.
II. *UNE CONSOMMATION :* boisson que l'on prend dans un bar. *Le garçon de café a pris la commande des consommations.* → **boisson.** *Il est parti sans payer sa consommation.*

CONSOMMÉ [kɔ̃sɔme] n. m. ▪ *UN CONSOMMÉ :* bouillon de viande concentré. *Pour commencer le repas, nous prendrons un consommé de poulet.*

CONSOMMER [kɔ̃sɔme] verbe [conjugaison 1a] **1.** Absorber (des aliments) pour se nourrir. *Les Français consomment beaucoup de fromage.* → **manger.** *Elle consomme son thé sur la terrasse.* → **boire.** **2.** Utiliser pour fonctionner. *Cette voiture consomme peu d'essence. – Cette voiture consomme trop.* **3.** Prendre une boisson dans un bar. *Elle consomme au comptoir.*

CONSONNE [kɔ̃sɔn] n. f. ▪ *UNE CONSONNE :* lettre qui représente un bruit produit par le passage de l'air dans la gorge et dans la bouche. *Dans le mot « mer », il y a deux consonnes, « m » et « r », et une voyelle « e ».*

CONSPIRATEUR [kɔ̃spiʀatœʀ] n. m., **CONSPIRATRICE** [kɔ̃spiʀatʀis] n. f. ▪ *UN CONSPIRATEUR, UNE CONSPIRATRICE :* une personne qui conspire. *Des conspirateurs ont organisé un complot contre le roi.*

CONSPIRATION [kɔ̃spiʀasjɔ̃] n. f. ▪ *UNE CONSPIRATION* **1.** Accord secret entre plusieurs personnes pour renverser le pouvoir établi. *Une conspiration contre le roi a échoué.* → **complot, conjuration.** **2.** Entente dirigée contre qqn ou qqch. *« Toi non plus tu ne veux pas me dire ce qui s'est passé ? Mais c'est la CONSPIRATION DU SILENCE ! »*

CONSPIRER [kɔ̃spiʀe] verbe [conjugaison 1a] ▪ S'entendre en secret pour renverser le pouvoir, participer à une conspiration. *Ils conspirent contre la République.* → **comploter.** *En prison, vous ne conspirerez* [kɔ̃spiʀʀe] *plus !*

CONSPUER [kɔ̃spɥe] verbe [conjugaison 1a] ▪ STYLE RECHERCHÉ Manifester bruyamment en public contre (qqn, qqch.). *Les spectateurs du match ont conspué l'arbitre,* ils lui ont crié des injures. → **huer.** ⟨contraires : acclamer, applaudir, ovationner⟩ *Nous conspuerons* [kɔ̃spyʀɔ̃] *cet homme politique.*

CONSTAMMENT [kɔ̃stamɑ̃] adverbe ▪ Sans cesse, tout le temps. *Je suis constamment dérangée par le téléphone.* → **continuellement.** ⟨contraires : jamais, parfois, rarement⟩

CONSTANCE [kɔ̃stɑ̃s] n. f. ▪ *LA CONSTANCE* **1.** Qualité d'une personne qui poursuit ce qu'elle fait quoiqu'il arrive. *Cet élève travaille avec constance.* → **persévérance, ténacité.** – STYLE FAMILIER *Vous avez DE LA CONSTANCE pour supporter ce bruit !* → **patience.** **2.** (qqch.) Caractère de ce qui ne change pas. *Dans sa lettre, il se plaint de la constance du mauvais temps.* → **permanence, persistance, régularité.**

CONSTANT [kɔ̃stɑ̃], **CONSTANTE** [kɔ̃stɑ̃t] adj. (après le nom, parfois avant le nom) ▪ (qqch.) Qui ne change pas et ne s'arrête jamais. *Le thermostat permet d'avoir une température constante dans la pièce.* ⟨contraire : variable⟩ *Ses enfants sont pour lui un souci constant.* → **continuel, permanent.** *Il a de constants besoins d'argent.*

CONSTANTINOPLE [kɔ̃stɑ̃tinɔpl] nom propre féminin ▪ Ville de Turquie, ancienne Byzance, qui prit ensuite le nom d'İstanbul. → **İstanbul.** *Il a vécu à Constantinople.*

CONSTAT [kɔ̃sta] n. m. ▪ *UN CONSTAT* **1.** Document officiel qui décrit une situation. *Le locataire a été obligé de payer son loyer après le CONSTAT D'HUISSIER. Après l'accident, les deux automobilistes ont FAIT UN CONSTAT. Ils ont fait un CONSTAT AMIABLE :* les conducteurs ont rempli un document pour leurs assurances, après l'accident, sans faire intervenir la police. **2.** Résultat de l'observation d'une situation. *Un divorce est un CONSTAT D'ÉCHEC.*

CONSTATATION [kɔ̃statasjɔ̃] n. f. **1.** *LA CONSTATATION :* le fait de se rendre compte de (qqch.). *Après l'inondation, un expert est venu faire la constatation des dégâts.* **2.** *UNE CONSTATATION :* ce que l'on constate. *Le juge étudie les constatations de l'enquête policière. J'ai fait plusieurs constatations,* j'ai constaté plusieurs choses.

CONSTATER [kɔ̃state] verbe [conjugaison 1a] ▪ Se rendre compte de. *J'ai rapidement constaté mon erreur.* → **découvrir.** *Vous pouvez constater par vous-même qu'il n'est pas là.* → **noter, observer.** *Le médecin a constaté le décès du malade.*

CONSTELLATION [kɔ̃stelasjɔ̃] n. f. ▪ *UNE CONSTELLATION :* groupe d'étoiles qui font un dessin particulier dans le ciel. *La Grande Ourse est une constellation.*

CONSTERNANT [kɔ̃stɛʀnɑ̃], **CONSTERNANTE** [kɔ̃stɛʀnɑ̃t] adj. (après le nom) ▪ (qqch.) Qui rend triste. *Nous venons d'apprendre une nouvelle consternante.* → **désolant, navrant.** *Il est d'une bêtise consternante,* qui fait de la peine tellement elle est grande.

CONSTERNATION [kɔ̃stɛʀnasjɔ̃] n. f. ▪ *LA CONSTERNATION :* profonde tristesse. *Cette mauvaise nouvelle a provoqué la consternation dans la population.* → **accablement.** *À la consternation générale, les impôts augmentent.* ⟨contraire : joie⟩

CONSTERNER [kɔ̃stɛʀne] verbe [conjugaison 1a] ▪ Attrister énormément. *Cette nouvelle nous a consternés.* → **désoler, navrer.** ⟨contraire : réjouir⟩ *Son mauvais travail me consterne. – Ne prends pas cet air consterné !*

CONSTIPATION [kɔ̃stipasjɔ̃] n. f. ▪ *LA CONSTIPATION :* difficulté dans l'évacuation des excréments de son corps. *Mon père souffre de constipation. J'ai acheté un médicament contre la constipation.* ⟨contraire : diarrhée⟩

CONSTIPÉ [kɔ̃stipe], **CONSTIPÉE** [kɔ̃stipe] adj. (après le nom) **1.** Qui a du mal à faire ses besoins. *Il est constipé parce qu'il a mangé trop de chocolat.* **2.** STYLE FAMILIER (qqn) Mal à l'aise. *C'est un garçon assez constipé,* pas très drôle. → **guindé.** – *Il a l'AIR CONSTIPÉ,* embarrassé.

> FAUX AMI
> espagnol **constipado** « enrhumé »

CONSTITUANT [kɔ̃stitɥɑ̃] adj. et n. m., **CONSTITUANTE** [kɔ̃stitɥɑ̃t] adj. **1.** adjectif (après le nom) Qui entre dans la composition de qqch. *L'azote et l'oxygène sont des éléments constituants de l'air.* **2.** *UN CONSTITUANT :* un élément constituant. *L'hydrogène et l'oxygène sont les constituants de l'eau.* → **composant.**

CONSTITUÉ [kɔ̃stitɥe], **CONSTITUÉE** [kɔ̃stitɥe] adj. (après le nom) ▪ *BIEN, MAL CONSTITUÉ :* dont le corps est bien, mal formé. *Ce nouveau-né est bien constitué, il n'a aucune malformation.*

CONSTITUER [kɔ̃stitɥe] verbe [conjugaison 1a] **1.** Composer. *Une table est constituée d'un plateau et de quatre pieds. Notre association est constituée de vingt membres.* → **former.** **2.** Organiser. *Les deux frères ont constitué leur propre société.* → **créer, fonder, monter.** *Le Premier ministre constituera* [kɔ̃stityʀa] *son gouvernement. L'avocat a constitué un dossier.* **3.** Être. *La présence de ce meurtrier constitue une menace.* → **représenter.** **4.** (qqn) verbe pronominal SE CONSTITUER *Elle s'est CONSTITUÉE PRISONNIÈRE,* elle s'est livrée à la police.

CONSTITUTION [kɔ̃stitysjɔ̃] n. f. ▪ *LA CONSTITUTION* **1.** Action de constituer (qqch.). *L'avocat travaille à la constitution du dossier de son client.* → **établissement.** **2.** Ce qui compose qqch. *Quelle est la constitution de l'eau ?* → **composition.** **3.** Ensemble des caractères physiques d'une personne, d'un animal. *Cet enfant est de constitution délicate. Son père est d'une robuste constitution.* **4.** *La Constitution :* l'ensemble des textes qui règlent la forme de gouvernement d'un pays. *Une réforme de la Constitution vient d'être votée.*

CONSTITUTIONNEL [kɔ̃stitysjɔnɛl], **CONSTITUTIONNELLE** [kɔ̃stitysjɔnɛl] adj. (après le nom) ▪ Qui concerne la Constitution d'un pays. ⟨contraire : anticonstitutionnel⟩ *Cette loi n'est pas constitutionnelle,* elle n'est pas en accord avec la Constitution. *En France, le CONSEIL CONSTITUTIONNEL veille au respect de la Constitution.*

CONSTRUCTEUR [kɔ̃stʀyktœʀ] n. m., **CONSTRUCTRICE** [kɔ̃stʀyktʀis] n. f. ▪ *UN CONSTRUCTEUR, UNE CONSTRUCTRICE :* une personne ou une entreprise qui construit. *Les grands constructeurs d'automobiles cherchent à fabriquer des voitures moins chères.* → **fabricant.**

CONSTRUCTIBLE [kɔ̃stʀyktibl] adj. (après le nom) ▪ (terrain) Sur lequel on a le droit de construire (une maison, un bâtiment). *Nous avons acheté un terrain constructible au bord de la mer. Ce terrain n'est pas constructible.*

CONSTRUCTIF [kɔ̃stʀyktif], **CONSTRUCTIVE** [kɔ̃stʀyktiv] adj. (après le nom) ▪ (qqch.) Qui propose des solutions, apporte des améliorations. *Le professeur a fait des remarques constructives.* → **positif.** ⟨contraire : négatif⟩ – *Arrêtez de vous plaindre, soyez constructif !*

CONSTRUCTION [kɔ̃stʀyksjɔ̃] n. f.
I. *LA CONSTRUCTION :* action de construire. *La construction de la maison a été rapide.* → **édification.** *L'architecte inspecte l'immeuble EN CONSTRUCTION,* en train d'être bâti. ⟨contraires : démolition, destruction⟩ *La pierre, le bois, le béton, le métal sont des MATÉRIAUX DE CONSTRUCTION. Mon fils joue avec son JEU DE CONSTRUCTION,* un jeu fait d'éléments que l'on doit assembler pour construire qqch.
II. *UNE CONSTRUCTION* **1.** Bâtiment construit. *Il y a beaucoup de constructions neuves dans le quartier.* → **bâtiment, édifice, immeuble, maison.** **2.** Manière dont est élaboré qqch. *Étudions la construction de ce poème. La construction d'un mot.* → **formation.** **3.** Place des mots dans la phrase. *Elle a fait une faute de construction. Connaissez-vous cette construction grammaticale ?*

CONSTRUIRE [kɔ̃stʀɥiʀ] verbe [conjugaison 38b] **1.** Bâtir, suivant un plan. *Les ouvriers construisent un nouvel immeuble.* → **bâtir, édifier.** *C'est une maison bien construite. Il s'est blessé en construisant sa bibliothèque. On construit une autoroute entre les deux villes.* ⟨contraires : démolir, détruire⟩ **2.** Assembler des éléments pour faire un objet. *Autrefois on construisait des avions dans cette usine.* → **fabriquer.** **3.** Créer, composer. *Il faut que l'écrivain construise bien son roman, pour qu'on ne devine pas la fin trop tôt.* → **élaborer.** **4.** Tracer (une figure géométrique). *Construisez un triangle rectangle.* **5.** Mettre (des mots) dans un certain ordre. *Cette phrase est mal construite.* **6.** verbe pronominal SE CONSTRUIRE : (qqch.) devoir être construit. *Le verbe « finir » se construit avec la préposition « de ».*

construit [kɔ̃stʀɥi], **construite** [kɔ̃stʀɥit] *Il a construit la maison ; la maison qu'il a construite :* formes au participe passé du verbe **construire.**

CONSUL [kɔ̃syl] n. m. ▪ *UN CONSUL* **1.** Chacun des deux magistrats qui exerçaient le pouvoir, sous la République, dans l'Antiquité romaine. *Pompée était consul.* **2.** Chacun des trois magistrats qui gouvernèrent la République française de 1799 à 1804. *Napoléon Bonaparte fut Premier consul.* **3.** Personne chargée de défendre les intérêts de ses compatriotes à l'étranger. *Il est consul de France à Barcelone.*

CONSULAT [kɔ̃syla] n. m. ▪ *LE CONSULAT* **1.** Charge de consul dans une ville étrangère. *Elle a obtenu le consulat de Rome.* **2.** Bureaux et services d'un consul, dans une ville étrangère. *Il faut aller au consulat pour avoir un visa.*

CONSULTATION [kɔ̃syltasjɔ̃] n. f. ▪ *LA CONSULTATION* **1.** Examen d'un malade par un médecin dans son cabinet médical. *Le médecin est en consultation, ensuite il ira faire ses visites à domicile.* **2.** Action de lire pour chercher une information. *Une encyclopédie est un OUVRAGE DE CONSULTATION.* **3.** Le fait de consulter (qqn) pour avoir un avis. *Après consultation d'un expert, j'ai décidé que...*

CONSULTER [kɔ̃sylte] verbe [conjugaison 1a] **1.** Demander un conseil, un avis à (qqn). *Je dois consulter un avocat. Si tu as encore mal, consulte un médecin,* fais-toi examiner par un médecin. **2.** Regarder (qqch.) pour trouver un renseignement. *Consulte le dictionnaire si tu n'es pas sûr du sens de ce mot.* **3.** (médecin) Recevoir des patients. *Le docteur X consulte tous les matins.*

SE **CONSUMER** [kɔ̃syme] verbe pronominal [conjugaison 1a] ▪ Brûler complètement et devenir de la cendre. *Ta cigarette s'est consumée dans le cendrier.*

> FAUX AMIS
> espagnol **consumar,** polonais **konsumować,** roumain **a consuma** « consommer »

CONTACT [kɔ̃takt] n. m.
I. *LE CONTACT* **1.** Position de deux choses, de deux corps qui se touchent. *Certaines maladies se communiquent par simple contact. Mon mari ne supporte pas le contact du nylon. Il s'est brûlé AU CONTACT DU poêle,* en touchant le poêle. *La confiture moisit au contact de l'air,* lorsqu'elle est trop longtemps au contact de l'air. **2.** *CONTACT (ÉLECTRIQUE) :* jonction entre deux pièces électriques permettant le passage du courant. *Il y a un FAUX CONTACT qui empêche l'appareil de fonctionner. L'automobiliste MET LE CONTACT,* il fait démarrer le moteur de la voiture. *Il tourne la CLÉ DE CONTACT,* la clé qui permet de mettre le contact. **3.** Relation que l'on établit avec qqn. *Ce professeur a un bon contact avec ses élèves. Les contacts humains ne sont pas toujours faciles,* les relations entre les personnes. *SE METTRE EN CONTACT AVEC qqn :* joindre, rencontrer qqn. *Elle a beaucoup changé À SON CONTACT,* en ayant des rapports avec lui. *J'ai PRIS CONTACT AVEC un avocat :* je me suis mis en relation avec un avocat. *Gardons le contact :* donnons-nous des nouvelles. *J'AI PERDU LE CONTACT avec lui :* je ne le vois plus, je n'ai plus de relations avec lui. *Il ne faut pas perdre le contact avec ses enfants,* il faut garder de bonnes relations avec eux. **4.** *VERRES, LENTILLES DE CONTACT :* verres correcteurs de vue que l'on met directement sur l'œil. *Elle porte des verres de contact depuis plusieurs années.*
II. *UN CONTACT :* personne qui donne des renseignements discrètement. *L'espion n'a pas donné le nom de ses contacts.*

CONTACTER [kɔ̃takte] verbe [conjugaison 1a] ▪ Se mettre en contact, en relation avec (qqn). *En cas de problème, contactez-moi.* → **joindre, toucher.**

> REM. Ce verbe est critiqué, car son emploi est un calque de l'anglais. On lui préfère *prendre contact avec.*

CONTAGIEUX [kɔ̃taʒjø], **CONTAGIEUSE** [kɔ̃taʒjøz] adj. (après le nom) **1.** (maladie) Qui se transmet, qui s'attrape facilement. *La rougeole est une maladie contagieuse.* → **transmissible. 2.** Qui est malade et peut transmettre sa maladie. *Le malade est isolé, car il est encore contagieux.* **3.** Qui se communique facilement. *Il a un rire contagieux.* → **communicatif.**

CONTAGION [kɔ̃taʒjɔ̃] n. f. ▪ *LA CONTAGION :* transmission d'une maladie à qqn. *Le malade est isolé à cause des risques de contagion.*

CONTAMINER [kɔ̃tamine] verbe [conjugaison 1a] **1.** Transmettre une maladie à. *L'élève malade a contaminé toute la classe.* **2.** Polluer. *Le mercure risque de contaminer la rivière.* → **infecter.**

CONTE [kɔ̃t] n. m. ▪ *UN CONTE :* histoire inventée qui raconte des aventures merveilleuses, pour distraire. *Perrault, Grimm et Andersen ont écrit de nombreux contes. Ma fille aime qu'on lui raconte des CONTES DE FÉES,* où interviennent des fées. – *Ce qui m'arrive est un vrai conte de fées,* une aventure très agréable.

> FAUX AMI
> italien **conte** « comte »

CONTEMPLATION [kɔ̃tɑ̃plasjɔ̃] n. f. ▪ *LA CONTEMPLATION :* attitude d'une personne qui observe avec attention. *Le peintre est EN CONTEMPLATION devant son tableau. La contemplation de ce paysage me ravit.*

CONTEMPLER [kɔ̃tɑ̃ple] verbe [conjugaison 1a] ▪ Regarder avec attention et admiration, pendant un temps assez long. *Les touristes contemplent le coucher de soleil sur la mer.*

> FAUX AMI
> italien **contemplare** « prévoir »

CONTEMPORAIN [kɔ̃tɑ̃pɔʀɛ̃] adj. et n. m., **CONTEMPORAINE** [kɔ̃tɑ̃pɔʀɛn] adj. et n. f.
I. adjectif (après le nom) **1.** *CONTEMPORAIN DE :* qui est de la même époque que. *Shakespeare était contemporain de Cervantès,* ils ont vécu à la même époque. *Ces deux événements sont contemporains,* ils se sont produits à la même époque. ⟨contraires : antérieur, postérieur⟩ **2.** Qui est de notre temps. *Aimez-vous la musique contemporaine ?* → **moderne.** *Elle n'aime pas la mode contemporaine.* → **actuel, présent.** ⟨contraire : ancien⟩
II. *UN CONTEMPORAIN, UNE CONTEMPORAINE :* une personne qui vit à la même époque (qu'une autre). *Voltaire et son contemporain Jean-Jacques Rousseau. Le ministre s'adresse à ses contemporains.*

CONTENANCE [kɔ̃tnɑ̃s] n. f. ▪ *LA CONTENANCE* **1.** Quantité que peut contenir (un récipient). *Cette bouteille a une contenance d'un litre.* → **capacité, volume. 2.** Manière de se tenir. → **attitude.** *Il a allumé une cigarette pour se DONNER UNE CONTENANCE,* pour avoir l'air à l'aise, ne pas montrer son embarras. *Le témoin a PERDU CONTENANCE,* il s'est troublé.

contenant [kɔ̃tənɑ̃] *En contenant :* forme au participe présent du verbe **contenir.**

CONTENANT [kɔ̃tənɑ̃] n. m. ▪ *UN CONTENANT :* ce qui peut contenir qqch. *Cette boîte est un joli contenant. Pour une bouteille de vin, le contenant est la bouteille et le contenu est le vin.*

CONTENIR [kɔ̃təniʀ] verbe [conjugaison 22] **1.** (qqch.) Avoir en soi. *Le vin contient de l'alcool.* → **renfermer.** *Sa lettre contient de nombreuses fautes d'orthographe.* → **comporter.** *Ce dictionnaire contient des tableaux de conjugaison.* **2.** (qqch.) Pouvoir faire entrer à l'intérieur de soi. *Cette bouteille contient un litre,* elle a une capacité d'un litre. *Cette salle de spectacle contiendra mille personnes.* **3.** (qqn) Empêcher d'avancer. *Il faut que la police contienne cette foule de manifestants.* – *J'essaie de contenir mes larmes,* de les retenir. → **refouler. 4.** verbe pronominal SE CONTENIR : (qqn) ne pas exprimer ses sentiments. *Elle a eu envie de rire, mais elle s'est contenue.* → se **contrôler,** se **maîtriser,** se **retenir.**

CONTENT [kɔ̃tɑ̃], **CONTENTE** [kɔ̃tɑ̃t] adj. (après le nom) **1.** *CONTENT DE qqch. :* heureux de qqch. *Elle est très contente de te revoir.* → **heureux.** *Je suis content de m'en aller. Ils sont contents de leurs cadeaux. Es-tu content qu'il fasse beau ?* – *NON CONTENT DE me devoir de l'argent, il veut encore m'emprunter la voiture,* il ne lui suffit pas de me devoir de l'argent. **2.** *CONTENT DE qqn,* satisfait de ce qu'il a fait. *Le professeur est content de ses élèves.* ⟨contraire : mécontent⟩ *C'est un homme CONTENT DE LUI,* vaniteux. **3.** Qui éprouve du plaisir et le montre. *Tout le monde était content.* → **gai, joyeux.** *Il avait l'air content.*

CONTENTEMENT [kɔ̃tɑ̃tmɑ̃] n. m. ▪ STYLE RECHERCHÉ *LE CONTENTEMENT :* sentiment d'une personne qui n'a envie de rien de plus que ce qu'elle a. *Le contentement se lit sur son visage.* → **satisfaction.**

CONTENTER [kɔ̃tɑ̃te] verbe [conjugaison 1a] **1.** Rendre (qqn) content en lui donnant ce qu'il désire. *Nous voulons contenter tous nos clients.* → **satisfaire. 2.** verbe pronominal SE CONTENTER DE : (qqn) ne rien demander de plus. *Il se contente de peu. Contentez-vous de ce que vous avez ! Elle s'est contentée de sourire :* elle a juste souri.

contenu [kɔ̃təny], **contenue** [kɔ̃təny] *Il a contenu ses larmes ; les larmes qu'il a contenues :* formes au participe passé du verbe **contenir.**

CONTENU [kɔ̃təny] n. m. ▪ *LE CONTENU* **1.** Ce qui est à l'intérieur de qqch. *Le consommateur a bu tout le contenu de la bouteille. Pour une boîte de sucre, le contenant est la boîte et le contenu est le sucre.* **2.** Ce que dit un texte. *Quel est le contenu de cette loi ?* → **teneur.** *Il faut soigner la forme et le contenu.*

CONTER [kɔ̃te] verbe [conjugaison 1a] **1.** STYLE RECHERCHÉ Raconter. *Ma grand-mère aimait nous conter des histoires.* **2.** *NE PAS S'EN LAISSER CONTER :* ne pas se laisser tromper facilement. *Tu peux me raconter ce que tu veux, mais je ne m'en laisse pas conter.*

FAUX AMI
italien **contare**
« compter »

REM. *Compter* « connaître les nombres » se prononce de la même façon.

CONTESTABLE [kɔ̃tɛstabl] adj. (après le nom) ▪ (qqch.) Que l'on peut contester. *Sa décision est contestable.* → **discutable.** (contraire : incontestable)

CONTESTATAIRE [kɔ̃tɛstatɛʀ] n. m., n. f. et adj. **1.** *UN CONTESTATAIRE, UNE CONTESTATAIRE :* une personne qui s'oppose aux valeurs de la société, qui n'est pas d'accord. *Des contestataires manifestent devant le ministère.* **2.** adjectif (après le nom) Qui montre son désaccord avec la société. *Des étudiants contestataires se sont mis en grève.*

CONTESTATION [kɔ̃tɛstasjɔ̃] n. f.▪ *LA CONTESTATION* **1.** Le fait de contester qqch. *Sa décision n'a pas soulevé de contestation.* → **discussion, objection.** *C'est ce boxeur qui a gagné, sans contestation possible.* **2.** Le fait de contester les valeurs de la société. *En France, il y a eu une très forte contestation des étudiants en mai 1968.*

CONTESTER [kɔ̃tɛste] verbe [conjugaison 1a] **1.** Refuser d'admettre (qqch.) et discuter. *L'accusé conteste ce que dit le témoin.* → **nier.** *Je conteste qu'il soit sincère. Personne ne conteste son autorité.* (contraire : approuver) **2.** S'opposer aux valeurs de la société. *Des manifestants contestent dans la rue.*

FAUX AMI
espagnol **contestar**
« répondre »

CONTEUR [kɔ̃tœʀ] n. m., **CONTEUSE** [kɔ̃tøz] n. f. ▪ *UN CONTEUR, UNE CONTEUSE :* personne qui écrit ou raconte des contes, des histoires. *Ce vieil homme est un excellent conteur.*

CONTEXTE [kɔ̃tɛkst] n. m. ▪ *UN CONTEXTE* **1.** Texte qui entoure un mot, une phrase et qui explique son sens. *Il faut remettre le mot dans son contexte pour le comprendre.* **2.** Ensemble des circonstances dans lesquelles se produit un événement. → **situation.** *Il faudrait connaître son contexte familial pour comprendre la réaction de cet enfant.* → **environnement.** *Replaçons les élections dans le contexte politique de l'époque.*

contient [kɔ̃tjɛ̃] *Il contient, elle contient :* forme au présent du verbe **contenir.**

CONTIGU [kɔ̃tigy], **CONTIGUË** [kɔ̃tigy] adj. (après le nom) ▪ (qqch.) Qui touche à autre chose. *Les deux jardins sont contigus,* ils sont l'un à côté de l'autre. *La salle à manger est contiguë au salon.*

REM. Le tréma sur le e au féminin indique que l'on doit prononcer le *u.*

CONTINENT [kɔ̃tinɑ̃] n. m. **1.** *UN CONTINENT :* grande étendue de terre comprise entre deux océans. *L'Europe, l'Asie, l'Afrique, l'Amérique et l'Océanie sont les cinq continents traditionnels ; on considère parfois l'Antarctique comme un sixième continent.* **2.** *LE CONTINENT :* la terre par rapport à une île. *Le tunnel sous la Manche relie les îles Britanniques au continent.*

CONTINENTAL [kɔ̃tinɑ̃tal], **CONTINENTALE** [kɔ̃tinɑ̃tal] adj. (après le nom) ▪ Relatif à un continent. *Dans ce pays éloigné de la mer, il y a un CLIMAT CONTINENTAL,* un climat qui ne subit pas l'influence de l'océan. MASCULIN PLURIEL : *des pays CONTINENTAUX* [kɔ̃tinɑ̃to].

CONTINGENCES [kɔ̃tɛ̃ʒɑ̃s] n. f. pluriel ▪ *LES CONTINGENCES :* les choses qui n'ont pas une grande importance. *Ce sont d'ennuyeuses contingences. Ne nous laissons pas submerger par les contingences de la vie quotidienne,* les événements terre-à-terre.

CONTINGENT [kɔ̃tɛ̃ʒɑ̃] n. m. ▪ *LE CONTINGENT :* ensemble des jeunes gens qui font leur service militaire en même temps. *Nos pères étaient du même contingent.*

CONTINU [kɔ̃tiny], **CONTINUE** [kɔ̃tiny] adj. (après le nom) ▪ (qqch.) Qui ne s'arrête pas. *Il y a eu une pluie continue toute la journée. Un bruit continu vient de chez les voisins.* → **incessant, ininterrompu.** *Ces élèves ont fourni un effort continu tout au long de l'année. Dans cette usine, les ouvriers font la JOURNÉE CONTINUE,* ils s'arrêtent peu de temps pour le déjeuner. *La ligne blanche continue au milieu de la chaussée indique que l'on n'a pas le droit de doubler.* (contraire : discontinu)

CONTINUATION [kɔ̃tinɥasjɔ̃] n. f. ▪ *LA CONTINUATION :* l'action de continuer. *Nous craignons la continuation de la guerre.* → **poursuite, suite.** (contraire : arrêt) – STYLE FAMILIER *BONNE CONTINUATION ! :* souhait que l'on adresse à qqn de continuer à bien faire ce qu'il fait. *Au revoir et bonne continuation !*

CONTINUEL [kɔ̃tinɥɛl], **CONTINUELLE** [kɔ̃tinɥɛl] adj. (après le nom) ▪ (qqch.) Qui n'arrête pas ou se répète à intervalles rapprochés. → **constant.** *Ils ont entre eux des disputes continuelles.* (contraire : rare) *Il y a des pluies continuelles en ce moment.*

CONTINUELLEMENT [kɔ̃tinɥɛlmɑ̃] adverbe ▪ Sans arrêt. *Elle se plaint continuellement.* → **constamment, toujours.** (contraires : jamais, parfois, rarement)

CONTINUER [kɔ̃tinɥe] verbe [conjugaison 1a] **1.** (qqn) Ne pas arrêter. *Mon fils continue ses études.* → **poursuivre.** (contraire : abandonner) *Continuez votre lecture.* (contraires : cesser, interrompre) *Elle CONTINUERA* [kɔ̃tinyʀa] *à travailler après dîner.* – STYLE RECHERCHÉ *Ils CONTINUENT DE parler malgré le bruit.* (contraire : arrêter) **2.** (qqch.) Ne pas s'arrêter. *Le chemin continue après la ferme.* → se **prolonger.** *Prenez de l'aspirine si la douleur continue.* → **persister.** *Ça va continuer encore longtemps ce bruit ?* **3.** verbe pronominal SE CONTINUER : (qqch.) se prolonger. *La route se continue jusqu'à la mer.*

CONTINUITÉ [kɔ̃tinɥite] n. f. ▪ *LA CONTINUITÉ :* caractère de ce qui est continu, de ce qui ne s'arrête pas. *Nos enfants assureront la continuité de l'espèce humaine.*

CONTONDANT [kɔ̃tɔ̃dɑ̃], **CONTONDANTE** [kɔ̃tɔ̃dɑ̃t] adj. (après le nom) ▪ STYLE RECHERCHÉ *Une ARME CONTONDANTE,* qui blesse sans couper ni percer (opposé à tranchant). *Les bâtons et les matraques sont des armes contondantes.*

CONTORSION [kɔ̃tɔʀsjɔ̃] n. f. ▪ *UNE CONTORSION :* mouvement volontaire et compliqué de parties du corps. *L'acrobate fait des contorsions incroyables.* → **acrobatie.**

CONTOUR [kɔ̃tuʀ] n. m. ▪ *LE CONTOUR* : ligne qui fait le tour d'un objet. *Dans l'obscurité, on distingue à peine le contour des meubles.* → **bord, tour.** *L'artiste commence à dessiner le contour du visage de son modèle.* → **ovale.**

FAUX AMI
italien **contorno** « garniture de légumes »

CONTOURNER [kɔ̃tuʀne] verbe [conjugaison 1a] ▪ Faire le tour de, passer autour. *L'autoroute contourne la ville.* – (figuré) *Nous avons contourné la difficulté.* → **éluder, esquiver ; incontournable.**

CONTRACEPTIF [kɔ̃tʀasɛptif] adj. et n. m., **CONTRACEPTIVE** [kɔ̃tʀasɛptiv] adj. **1.** adjectif (après le nom) Qui empêche d'avoir des enfants. *Beaucoup de femmes utilisent des moyens contraceptifs.* **2.** *UN CONTRACEPTIF* : produit ou objet que l'on utilise pour ne pas avoir d'enfant. *La pilule, le stérilet, le préservatif sont des contraceptifs.*

CONTRACEPTION [kɔ̃tʀasɛpsjɔ̃] n. f. ▪ *LA CONTRACEPTION* : l'ensemble des moyens utilisés pour ne pas avoir d'enfant. *Il y a différentes méthodes de contraception* (→ **contraceptif**).

CONTRACTÉ [kɔ̃tʀakte], **CONTRACTÉE** [kɔ̃tʀakte] adj. (après le nom) **1.** (muscle) Tendu, raidi. ⟨contraires : décontracté, détendu⟩ *Les muscles du sportif sont contractés dans l'effort. Il nous montre un visage contracté par la douleur. Ne sois pas si contractée, détends-toi.* **2.** Formé de deux éléments réunis en un seul. *« Au » est la forme contractée de « à le », « du » la forme contractée de « de le ».*

① **CONTRACTER** [kɔ̃tʀakte] verbe [conjugaison 1a] **1.** Raidir, tendre (un muscle). ⟨contraires : décontracter, détendre⟩ *Les coureurs contractent leurs muscles avant le départ de la course.* **2.** verbe pronominal SE CONTRACTER : se tendre, devenir raide. *Les muscles de l'haltérophile se sont contractés sous l'effort.* – *J'ai senti ma gorge se contracter,* se serrer, se nouer.

② **CONTRACTER** [kɔ̃tʀakte] verbe [conjugaison 1a] **1.** *Contracter une assurance* : prendre une assurance. → **souscrire.** *Nous avons contracté une assurance pour notre maison et notre voiture.* **2.** *Contracter une maladie,* l'attraper. *Tous les enfants de la crèche ont contracté la rougeole.* **3.** *Contracter une habitude* : prendre une habitude. → **acquérir.** *Mon frère a contracté très jeune la mauvaise habitude de fumer.*

CONTRACTION [kɔ̃tʀaksjɔ̃] n. f. **1.** (muscle) *LA CONTRACTION* : le fait de se contracter, de se tendre. *On voit qu'il souffre à la contraction de son visage.* ⟨contraires : décontraction, relâchement⟩ **2.** *Contraction de texte* : exercice scolaire qui consiste à résumer un texte littéraire après l'avoir analysé. *Le professeur de français a donné à faire à ses élèves la contraction d'un texte de Malraux.*

CONTRACTUEL [kɔ̃tʀaktɥɛl] n. m., **CONTRACTUELLE** [kɔ̃tʀaktɥɛl] n. f. ▪ *UN CONTRACTUEL, UNE CONTRACTUELLE* : une personne chargée par la police de mettre des contraventions aux automobilistes en stationnement interdit. *Les contractuelles ont mis des contraventions à toutes les voitures qui ont dépassé le temps de stationnement.*

REM. À Paris, on a appelé les contractuelles les *aubergines*, puis les *pervenches* à cause de la couleur de leur uniforme.

CONTRADICTION [kɔ̃tʀadiksjɔ̃] n. f. **1.** *LA CONTRADICTION* : action de contredire qqn ; échange d'idées entre des personnes qui disent le contraire l'une de l'autre. → **objection, opposition.** *C'est un enfant gâté qui ne supporte pas la contradiction. Tu es en contradiction avec toi-même en disant cela. Les enfants ont souvent l'ESPRIT DE CONTRADICTION vis-à-vis de leurs parents,* ils aiment contredire leurs parents, s'opposer à eux. **2.** Opposition entre deux choses contraires que l'on affirme en même temps. *Il y a une contradiction entre « Marc est grand » et « Marc est petit ».* → **incompatibilité.** *Les deux affirmations sont EN CONTRADICTION* (→ **contradictoire**). – *Ce texte est plein de contradictions.*

CONTRADICTOIRE [kɔ̃tʀadiktwaʀ] adj. (après le nom) **1.** *Des AFFIRMATIONS CONTRADICTOIRES,* qui se contredisent l'une l'autre. → **contraire, opposé.** *On ne peut pas dire à la fois « Paul est beau » et « Paul est affreux », les deux choses sont contradictoires. C'est contradictoire de dire cela.* **2.** (qqch.) Contraire, incompatible. *On remarque, chez ce peintre, des influences contradictoires.* → **opposé.** ⟨contraires : identique, semblable⟩

contraignant [kɔ̃tʀɛɲɑ̃] *En contraignant* : forme au participe présent du verbe **contraindre.**

CONTRAIGNANT [kɔ̃tʀɛɲɑ̃], **CONTRAIGNANTE** [kɔ̃tʀɛɲɑ̃t] adj. (après le nom) ▪ (qqch.) Qui contraint, qui gêne. → **astreignant.** *Nous avons des horaires de travail contraignants,* qui laissent peu de liberté.

contraigne [kɔ̃tʀɛɲ] *Que je contraigne, qu'il contraigne, qu'elle contraigne* : forme au subjonctif du verbe **contraindre.**

CONTRAINDRE [kɔ̃tʀɛ̃dʀ] verbe [conjugaison 52a] **1.** *CONTRAINDRE À* : forcer, obliger (qqn) à. → **astreindre.** *La dictature qui règne dans ce pays contraint les journalistes au silence. Ses crises d'asthme le contraignent à suivre un traitement. Les circonstances le contraignirent à modifier ses plans. Le mauvais temps nous a contraints à rester à la maison. Il est contraint à l'immobilité à cause d'une entorse à la cheville. Ce professeur veut développer la mémoire de ses élèves en les contraignant à apprendre des poèmes par cœur.* **2.** verbe pronominal SE CONTRAINDRE : se forcer. *La danseuse se contraint à faire des exercices plusieurs heures par jour. Elle s'est contrainte à sortir malgré le froid très vif.*

contrains [kɔ̃tʀɛ̃] *Je contrains, tu contrains* : forme au présent du verbe **contraindre.**

contraint [kɔ̃tʀɛ̃], **contrainte** [kɔ̃tʀɛ̃t] *L'homme que l'on a contraint à partir ; la femme que l'on a contrainte à rester* : formes au participe passé du verbe **contraindre.**

CONTRAINT [kɔ̃tʀɛ̃], **CONTRAINTE** [kɔ̃tʀɛ̃t] adj. (après le nom) **1.** Gêné, mal à l'aise. *Il m'a fait un sourire contraint.* → **embarrassé.** **2.** (qqn) *CONTRAINT ET FORCÉ* : sous la contrainte, en y étant obligé. *Ils ont dû tout accepter, contraints et forcés.*

CONTRAINTE [kɔ̃tʀɛ̃t] n. f. **1.** *LA CONTRAINTE* : violence exercée contre qqn. *Le caissier a dû donner tout l'argent SOUS LA CONTRAINTE,* en étant menacé. **2.** Obligation, devoir. *Dans chaque métier, il y a des contraintes.* → **exigence.**

CONTRAIRE [kɔ̃tʀɛʀ] adj. et n. m.
I. adjectif (après le nom) **1.** (qqch.) Qui s'oppose à. → **opposé.** ⟨contraires : même, pareil, semblable⟩ *Le mari et la femme sont d'un avis contraire sur l'éducation de leur fils. Tournez dans le sens contraire des aiguilles d'une montre.* → **inverse.** *« Beau » et « laid » sont deux mots de sens contraire. C'est contraire à ses habitudes de boire de l'alcool.* **2.** (qqch.) Qui gêne le cours, le développement de (qqch.). *Le navigateur a eu des vents contraires pendant la traversée de l'Atlantique.* → **défavorable.** *Un destin contraire l'a empêché de réussir.* → **adverse, hostile.** *La chance lui a été contraire.* ⟨contraire : favorable⟩

II. 1. *LE CONTRAIRE :* ce qui est opposé à (qqch.). → **inverse.** *Il fait parfois LE CONTRAIRE DE ce qu'il dit. Je ne dis pas le contraire. Prouve-moi le contraire et je te croirai. Elle est tout le contraire de sa sœur. C'est exactement le contraire.* **2.** *AU CONTRAIRE :* contrairement, d'une manière opposée. *Vous ne me dérangez pas, au contraire. Il ne la déteste pas, bien au contraire,* loin de là. **3.** *UN CONTRAIRE :* un mot de sens contraire (opposé à synonyme). → **antonyme.** *« Petit » est le contraire de « grand ».*

CONTRAIREMENT [kɔ̃trɛrmɑ̃] adverbe ▪ D'une manière contraire, opposée, inverse. *CONTRAIREMENT À ce qu'on pourrait croire, cet exercice n'est pas très difficile. Il n'était pas au courant, contrairement aux apparences,* malgré les apparences.

CONTRARIANT [kɔ̃trarjɑ̃], **CONTRARIANTE** [kɔ̃trarjɑ̃t] adj. (après le nom) **1.** (qqch.) Qui empêche de faire ce qu'on veut, qui contrarie, gêne, ennuie. → **ennuyeux, fâcheux, gênant.** *Ce retard est bien contrariant.* **2.** (qqn) Qui s'oppose. *Il n'est pas contrariant, il est toujours d'accord avec tout le monde.* → **accommodant.**

CONTRARIÉ [kɔ̃trarje], **CONTRARIÉE** [kɔ̃trarje] adj. (après le nom) ▪ Ennuyé, fâché, mécontent. *Le patron est très contrarié par le retard du courrier. Qu'est-ce que tu as ? Tu as l'air contrarié.* – *C'est un gaucher contrarié,* que l'on a forcé à utiliser sa main droite.

CONTRARIER [kɔ̃trarje] verbe [conjugaison 7a] **1.** S'opposer à (qqch.), à la réalisation de (qqch.). *Le mauvais temps a contrarié notre projet de pique-nique.* → **contrecarrer, déranger.** ⟨contraires : aider, favoriser⟩ **2.** Mécontenter (qqn) en s'opposant à lui. *Cette petite fille contrarie ses parents.* **3.** Rendre mécontent, inquiet. *Ça me contrarierait* [kɔ̃trarirɛ] *beaucoup de perdre cette bague.* → **ennuyer, fâcher ;** STYLE FAMILIER **embêter.**

REM. Penser aux lettres *ii* de la 1re et de la 2e personne du pluriel de l'imparfait (ex. : *vous contrariiez*) et du subjonctif (ex. : *que nous contrariions*).

CONTRARIÉTÉ [kɔ̃trarjete] n. f. ▪ *UNE CONTRARIÉTÉ :* mécontentement causé par ce qui s'oppose à ce que l'on veut. → **déception, irritation, mécontentement.** ⟨contraire : satisfaction⟩ *La perte de mon bracelet m'a causé une vive contrariété. Toutes ces contrariétés lui ont coupé l'appétit.*

CONTRASTE [kɔ̃trast] n. m. **1.** *UN CONTRASTE :* opposition qui fait ressortir les différences entre deux choses. → **opposition.** *Quel contraste entre ces deux frères : l'un est grand et blond, l'autre petit et brun. C'est un paysage de contrastes.* **2.** *LE CONTRASTE :* la différence de lumière entre les parties claires et les parties sombres d'une image (télévisée, photographique). *Il faut régler le contraste pour que l'image soit meilleure. Ces photos manquent de contraste.*

CONTRASTER [kɔ̃traste] verbe [conjugaison 1a] ▪ S'opposer de façon frappante. *Sa gentillesse d'aujourd'hui CONTRASTE AVEC sa mauvaise humeur d'hier.* → **trancher.** *Ces deux couleurs contrastent entre elles de manière désagréable.* → **jurer.** ⟨contraires : s'accorder, s'harmoniser⟩

CONTRAT [kɔ̃tra] n. m. ▪ *UN CONTRAT :* accord entre plusieurs personnes fixant les droits et les devoirs de chacun. *Avant d'emménager, on doit souscrire un CONTRAT D'ASSURANCE* (→ **contracter**). *Les nouveaux mariés ont signé leur CONTRAT DE MARIAGE devant le notaire. Un CONTRAT DE TRAVAIL est un accord entre un employé et son employeur. Il a signé son contrat.*

CONTRAVENTION [kɔ̃travɑ̃sjɔ̃] n. f. ▪ *UNE CONTRAVENTION :* amende que l'on doit payer quand on a commis une infraction. *Mon frère a eu une contravention pour excès de vitesse.* → **P.-V.** *Les contractuelles posent des contraventions sur le pare-brise des voitures mal garées.*

CONTRE [kɔ̃tr] préposition, adverbe et n. m. invariable

I. préposition **1.** Marque la proximité, le contact. *J'ai poussé le lit contre le mur.* → **près** (de). *Le bébé se serre contre sa mère. Les amoureux dansent joue contre joue.* **2.** À l'opposé de, dans le sens contraire à. *Le bateau avance contre le courant* (→ **contre-courant**). *Cette décision est contre votre intérêt. On ne peut pas soigner certains malades contre leur volonté.* **3.** En dépit de. *Contre toute apparence, c'est lui qui a raison.* → **malgré.** **4.** En opposition à, dans la lutte avec. *Je suis en colère contre mon fils. Le gouvernement essaie de lutter contre la crise économique* (→ **combattre**). *Nous sommes contre la peine de mort.* – *Notre voisin A QUELQUE CHOSE CONTRE NOUS,* il nous reproche quelque chose, il ne nous aime pas beaucoup. **5.** Pour se protéger, se défendre de. *Voici un excellent sirop contre (pour) la toux.* → **pour.** *Assurez-vous contre le vol, c'est plus prudent. Il s'est fait vacciner contre la grippe.* **6.** En échange de. → **moyennant.** *Ce colis vous est envoyé contre remboursement. Nous avons échangé notre appartement parisien contre une maison en banlieue.* **7.** Indiquant la proportion. *La résolution a été votée à quinze voix contre neuf.* STYLE FAMILIER *On parie à cent contre un qu'il ne le fera pas.*

II. adverbe *Certains étaient pour, mais la majorité était contre,* la majorité n'était pas d'accord. *Ils ont presque tous voté contre. Je n'ai rien contre :* je ne m'y oppose pas. – *PAR CONTRE :* au contraire, en revanche. *Dans cette famille, les parents sont charmants, par contre les enfants sont odieux.*

III. *LE POUR ET LE CONTRE :* les avantages et les inconvénients. *Il faut peser le pour et le contre avant de prendre une décision importante. Dans les deux situations, il y a DU POUR et il y a DU CONTRE,* il y a des choses bien et des choses mauvaises.

REM. *Par contre* est parfois critiqué : on lui préfère *en revanche.*

CONTRE-ALLÉE [kɔ̃trale] n. f. ▪ *UNE CONTRE-ALLÉE :* allée qui longe une rue plus importante. *J'ai garé ma voiture dans la contre-allée.* PLURIEL : *La grande avenue est bordée de deux CONTRE-ALLÉES.*

CONTRE-ATTAQUE [kɔ̃tratak] n. f. ▪ *UNE CONTRE-ATTAQUE :* attaque lancée après avoir été attaqué. *Notre armée a lancé contre l'ennemi une violente contre-attaque.* → **contre-offensive.** *La contre-attaque de l'équipe de football a été foudroyante.* → **riposte.** *Le politicien mis en cause a lancé une contre-attaque dans un journal.* PLURIEL : *des CONTRE-ATTAQUES.*

CONTRE-ATTAQUER [kɔ̃tratake] verbe [conjugaison 1a] ▪ Faire une contre-attaque. *Les troupes ennemies ont contre-attaqué.* → **riposter.**

CONTREBALANCER [kɔ̃trəbalɑ̃se] verbe [conjugaison 3a] ▪ Équilibrer, compenser. *Elle trouvait que les avantages contrebalançaient largement les inconvénients.*

CONTREBANDE [kɔ̃trəbɑ̃d] n. f. ▪ *LA CONTREBANDE :* l'action d'introduire en fraude, dans un pays, des marchandises interdites ou dont on ne paie pas les droits de douane. *Ils font la contrebande du tabac. C'est illégal de faire de la contrebande.*

CONTREBANDIER [kɔ̃trəbɑ̃dje] n. m., **CONTREBANDIÈRE** [kɔ̃trəbɑ̃djɛr] n. f. ▪ *UN CONTREBANDIER, UNE CONTREBANDIÈRE :* une personne qui fait de la contrebande. → **trafiquant.** *Les douaniers ont arrêté des contrebandiers.*

EN **CONTREBAS** [ɑ̃kɔ̃tʀəba] adverbe ▪ Plus bas, en dessous. *La maison est sur une hauteur, la route passe en contrebas. On voit la route EN CONTREBAS de la maison.*

CONTREBASSE [kɔ̃tʀəbas] n. f. ▪ *UNE CONTREBASSE :* grand instrument de musique à quatre cordes, qui ressemble à un très gros violon et qui a des notes très graves. *On peut jouer de la contrebasse avec ou sans archet. Son fils joue de la contrebasse dans un orchestre de jazz* (→ **basse ; bassiste**).

CONTRECARRER [kɔ̃tʀəkaʀe] verbe [conjugaison 1a] ▪ Faire obstacle en s'opposant à. *Le mauvais temps a contrecarré notre projet de pique-nique. S'il pleuvait, cela contrecarrerait* [kɔ̃tʀəkaʀʀɛ] *nos plans.* → **contrarier.** ⟨contraire : favoriser⟩

À **CONTRECŒUR** [akɔ̃tʀəkœʀ] adverbe ▪ En se forçant, malgré soi. *Elle prête ses affaires à contrecœur,* de mauvaise grâce, à regret. ⟨contraires : de bonne grâce, volontiers⟩

CONTRECOUP [kɔ̃tʀəku] n. m. ▪ *UN CONTRECOUP :* événement qui se produit en réaction à un autre. *L'entreprise a des difficultés car elle subit le contrecoup de la crise économique.* → **conséquence, effet, réaction.**

À **CONTRE-COURANT** [akɔ̃tʀəkuʀɑ̃] adverbe ▪ En remontant le courant, contre le courant. *Le bateau a du mal à naviguer à contre-courant.* – (figuré) *On ne peut pas aller à contre-courant de son époque.*

CONTREDIRE [kɔ̃tʀədiʀ] verbe [conjugaison 37b] **1.** (qqn) S'opposer à (qqn) en disant le contraire de ce qu'il dit. *Cet adolescent contredit sans arrêt ses parents.* ⟨contraire : approuver⟩ *Ne me contredisez pas !* **2.** (qqch.) Démentir. *Ce beau soleil contredit les prévisions de la météo.* **3.** verbe pronominal SE CONTREDIRE : dire successivement des choses contradictoires. *Le témoin se contredit à chaque phrase.* → se **couper.** *Elle s'est contredite* (→ **contradiction**).

REM. *Contredire* se conjugue comme *dire,* sauf à la 2e personne du pluriel au présent : *vous dites* mais *vous contredisez.*

contredisez [kɔ̃tʀədize] *Vous contredisez ; ne me contredisez pas :* forme au présent et à l'impératif du verbe **contredire.**

CONTRÉE [kɔ̃tʀe] n. f. ▪ STYLE RECHERCHÉ *UNE CONTRÉE :* pays, région. *Depuis son plus jeune âge, elle rêve de voyager dans des contrées lointaines.*

CONTREFAÇON [kɔ̃tʀəfasɔ̃] n. f. **1.** *LA CONTREFAÇON :* l'action de contrefaire, d'imiter une œuvre littéraire, artistique, industrielle en nuisant à son auteur. → **copie, imitation.** *La contrefaçon d'un produit est punie par la loi.* **2.** *UNE CONTREFAÇON :* imitation frauduleuse. *Méfiez-vous des contrefaçons des produits de marque.*

CONTREFAIRE [kɔ̃tʀəfɛʀ] verbe [conjugaison 60] **1.** Imiter (une œuvre, un produit) de façon malhonnête, pour tromper. → **falsifier.** *Les faussaires ont très bien contrefait ces billets de banque* (→ **contrefaçon**). *Il contrefera la signature de sa mère sur son bulletin scolaire.* **2.** Changer l'apparence de (qqch.) pour tromper. *Il a parlé au téléphone en contrefaisant* [kɔ̃tʀəfəzɑ̃] *sa voix.* → **déguiser.**

REM. *Contrefaire* se conjugue comme *faire.* Le passé simple *(il contrefit, nous contrefîmes)* est rare. La prononciation de *ai* devant *s* est [ə] : *nous contrefaisons* [kɔ̃tʀəfəzɔ̃].

contrefait [kɔ̃tʀəfɛ] *Il contrefait, elle contrefait :* forme au présent du verbe **contrefaire.**

contrefait [kɔ̃tʀəfɛ], **contrefaite** [kɔ̃tʀəfɛt] *Il a contrefait la signature ; la signature qu'il a contrefaite :* formes au participe passé du verbe **contrefaire.**

CONTREFAIT [kɔ̃tʀəfɛ], **CONTREFAITE** [kɔ̃tʀəfɛt] adj. (après le nom) ▪ (qqn) Mal bâti, mal conformé. → **difforme.** *C'est une pauvre femme contrefaite.*

contrefasse [kɔ̃tʀəfas] *Que je contrefasse ; qu'il contrefasse, qu'elle contrefasse :* forme au subjonctif du verbe **contrefaire.**

SE **CONTREFICHE** [kɔ̃tʀəfiʃ] verbe pronominal [conjugaison 1a] ▪ STYLE FAMILIER Se moquer complètement. *Je me fiche et je me contrefiche qu'il vienne ou pas.* → STYLE FAMILIER se **fiche ;** STYLE TRÈS FAMILIER se **foutre.** *Je m'en contrefiche.*

CONTREFORT [kɔ̃tʀəfɔʀ] n. m. ▪ *UN CONTREFORT* **1.** Pilier, mur servant d'appui à un autre mur. → **arc-boutant.** *Regarde les contreforts de la cathédrale.* **2.** Pièce de cuir qui renforce l'arrière d'une chaussure. *Ces chaussures ont de bons contreforts aux talons.* **3.** Chaîne de montagne qui sert d'appui à une chaîne principale. *Il y a déjà de la neige sur les contreforts des Alpes.*

CONTRE-INDICATION [kɔ̃tʀɛ̃dikasjɔ̃] n. f. ▪ *UNE CONTRE-INDICATION :* ce qui empêche d'appliquer un traitement médical. *Pour ce médicament, il y a une contre-indication en cas de grossesse.* PLURIEL : *des CONTRE-INDICATIONS.*

CONTRE-INDIQUÉ [kɔ̃tʀɛ̃dike], **CONTRE-INDIQUÉE** [kɔ̃tʀɛ̃dike] adj. (après le nom) ▪ Dangereux, déconseillé dans un cas particulier. *Ce médicament est contre-indiqué pour les enfants de moins de quinze ans.* PLURIEL : *ils sont CONTRE-INDIQUÉS.* – *C'est contre-indiqué pour de jeunes enfants.*

À **CONTRE-JOUR** [akɔ̃tʀəʒuʀ] adverbe ▪ Dans un éclairage où la lumière vient en sens inverse de celui du regard. *Cette photo a été prise à contre-jour.*

CONTREMAÎTRE [kɔ̃tʀəmɛtʀ] n. m., **CONTREMAÎTRESSE** [kɔ̃tʀəmɛtʀɛs] n. f. ▪ *UN CONTREMAÎTRE, UNE CONTREMAÎTRESSE :* une personne qui dirige une équipe d'ouvriers. *Le contremaître montre le travail aux ouvriers. Madame X est contremaîtresse dans une usine de chaussures.*

REM. **1.** Le contremaître est un *chef d'équipe, un agent de maîtrise.* **2.** Pour une femme, on peut dire *elle est contremaîtresse* ou *elle est contremaître.*

CONTRE-OFFENSIVE [kɔ̃tʀɔfɑ̃siv] n. f. ▪ *UNE CONTRE-OFFENSIVE :* une contre-attaque dans le but d'enlever à l'ennemi l'initiative des opérations. *La contre-offensive a été violente.* PLURIEL : *des CONTRE-OFFENSIVES.*

EN **CONTREPARTIE** [ɑ̃kɔ̃tʀəpaʀti] adverbe ▪ En échange de ce que l'on donne, du service que l'on rend. *Tu feras les courses et, en contrepartie, je ferai la cuisine.*

CONTRE-PERFORMANCE [kɔ̃tʀəpɛʀfɔʀmɑ̃s] n. f. ▪ *UNE CONTRE-PERFORMANCE :* mauvaise performance, un mauvais résultat d'une personne qui réussit bien d'habitude. *Notre championne a malheureusement fait une contre-performance.* PLURIEL : *une série de contre-performances.*

CONTREPÈTERIE [kɔ̃tʀəpɛtʀi] n. f. ▪ *UNE CONTREPÈTERIE :* inversion des lettres ou des syllabes d'un ensemble de mots en vue d'en former d'autres qui ont un sens comique ou osé. *« Il a glissé dans la piscine » pour « il a pissé dans la glycine » est une contrepèterie.*

CONTRE-PIED [kɔ̃tʀəpje] n. m. **1.** *PRENDRE LE CONTRE-PIED DE qqch. :* faire ou dire le contraire de qqch., pour s'opposer à qqn. *Cette adolescente prend le contre-pied de tout de ce que disent ses parents.* **2.** *À CONTRE-PIED :* alors qu'on est sur le mauvais pied. *Le ballon a surpris le footballeur à contre-pied.*

CONTREPLAQUÉ [kɔ̃tʀəplake] n. m. ▪ *LE CONTREPLAQUÉ :* bois formé de plaques minces collées ensemble. *L'étagère est en contreplaqué.*

CONTREPOIDS [kɔ̃tʀəpwa] n. m. **1.** *UN CONTREPOIDS :* poids qui fait équilibre à un autre poids. *Il y a deux contrepoids dans une horloge.* **2.** *LE CONTREPOIDS :* ce qui équilibre, compense. *Dans les régimes parlementaires, le pouvoir des députés FAIT CONTREPOIDS À celui du gouvernement.*

CONTREPOISON [kɔ̃tʀəpwazɔ̃] n. m. ▪ *UN CONTREPOISON :* produit destiné à combattre, à neutraliser l'effet d'un poison. → **antidote.** *Je me suis fait mordre par une vipère ; le médecin m'a aussitôt administré un contrepoison.* → **antidote.**

CONTRE-PROPOSITION [kɔ̃tʀəpʀɔpozisjɔ̃] n. f. ▪ *UNE CONTRE-PROPOSITION :* proposition que l'on fait pour l'opposer à une autre. *L'acheteur a fait une contre-proposition de prix au vendeur de l'appartement.* PLURIEL : *des CONTRE-PROPOSITIONS.*

CONTRER [kɔ̃tʀe] verbe [conjugaison 1a] ▪ S'opposer avec succès à. *Cette adolescente contre sa mère en toute occasion. Notre équipe de football a contré l'attaque de l'équipe adverse. Il s'est fait contrer plusieurs fois dans ses arguments.*

CONTRESENS [kɔ̃tʀəsɑ̃s] n. m. **1.** *UN CONTRESENS :* interprétation contraire au sens véritable. *Beaucoup d'étudiants ont fait des contresens dans leur version française.* **2.** *À CONTRESENS :* dans la direction contraire à la direction normale. *Cette voiture a pris l'autoroute à contresens,* dans le mauvais sens.

CONTRETEMPS [kɔ̃tʀətɑ̃] n. m. **1.** *UN CONTRETEMPS :* événement imprévu qui retarde, complique ce qu'on avait projeté de faire. → **difficulté, empêchement, ennui.** *Un contretemps m'a empêché d'être à l'heure à ce rendez-vous.* **2.** *À CONTRETEMPS :* au mauvais moment, mal à propos. *Tu bats la mesure à contretemps.* – (figuré) *Il fait tout à contretemps.*

CONTREVENANT [kɔ̃tʀəv(ə)nɑ̃] n. m., **CONTREVENANTE** [kɔ̃tʀəv(ə)nɑ̃t] n. f. ▪ *UN CONTREVENANT, UNE CONTREVENANTE :* une personne qui ne respecte pas un règlement. *Les contrevenants devront payer une amende.*

CONTREVENIR [kɔ̃tʀəvəniʀ] verbe [conjugaison 22] ▪ *CONTREVENIR À :* agir contrairement à (une obligation). *Vous avez contrevenu à la loi.* → **enfreindre, transgresser, violer.** (contraires : se conformer, se plier) *Les automobilistes qui contreviennent au code de la route doivent payer une amende* (→ **contravention ; contrevenant).** *J'espère que tu ne contreviendras* [kɔ̃tʀəvjɛ̃dʀa] *pas au règlement.*

REM. On prononce aussi [kɔ̃tʀəvniʀ].

contrevenu [kɔtʀəvəny] *Ils ont contrevenu à la loi :* forme au participe passé du verbe **contrevenir.**

CONTRIBUABLE [kɔ̃tʀibɥabl] n. m., n. f. ▪ *UN CONTRIBUABLE, UNE CONTRIBUABLE :* une personne qui paie des impôts. *Les contribuables déclarent leurs revenus au fisc chaque année.*

CONTRIBUER [kɔ̃tʀibɥe] verbe [conjugaison 1a] ▪ *CONTRIBUER À :* participer à, prendre part à (qqch.). *Chaque salarié contribue à la bonne marche de l'entreprise.* → **collaborer, coopérer.** *Les membres de l'association contribueront* [kɔ̃tʀibyʀɔ̃] *à l'œuvre commune.* – *Tous ses amis ont contribué à son cadeau d'anniversaire :* tous ses amis ont donné de l'argent pour lui faire un cadeau d'anniversaire.

CONTRIBUTION [kɔ̃tʀibysjɔ̃] n. f. **1.** *LA CONTRIBUTION :* part que l'on prend à la réalisation de qqch. *Pasteur a apporté une importante contribution à la science.* → **collaboration, concours, participation.** – *La maîtresse de maison A MIS tous ses invités À CONTRIBUTION,* elle leur a demandé leur aide. **2.** *UNE CONTRIBUTION :* part que chacun donne pour une dépense commune. → **part, quote-part.** *C'est le trésorier de l'association qui reçoit la contribution de chaque membre.* **3.** (au pluriel) LES CONTRIBUTIONS. → **impôt.** *Tout le monde paie des contributions directes et des contributions indirectes* (→ **contribuable).**

CONTRÔLE [kɔ̃tʀol] n. m. **1.** *LE CONTRÔLE :* vérification, examen (de droits, de documents). *Les douaniers sont chargés du contrôle des bagages des voyageurs qui passent la frontière. Les policiers font un contrôle d'identité dans le métro. Le président de cette société vient de subir un contrôle fiscal dans son entreprise. Les étudiants sont soumis au CONTRÔLE CONTINU DES CONNAISSANCES,* ils sont notés tout au long de l'année sur leurs travaux, leurs connaissances. **2.** Devoir, interrogation, en classe. *Lundi, il y aura un contrôle de maths.* **3.** Vérification du bon état d'un appareil. *En France, tous les véhicules de plus de trois ans doivent passer un CONTRÔLE TECHNIQUE. Tous les ans, il faut faire le contrôle de la chaudière.* **4.** Surveillance. *Le contrôle des sportifs permet de lutter contre le dopage. Ce régime doit être suivi sous contrôle médical.* **5.** Bureau où se fait un contrôle. *Présentez-vous au contrôle des billets, porte 32.* **6.** Le fait de maîtriser (qqch.) *Un groupe international a pris le contrôle de cette société. L'automobiliste a perdu le contrôle de sa voiture,* il n'a plus réussi à la diriger. *De la TOUR DE CONTRÔLE de l'aéroport, les aiguilleurs du ciel guident les pilotes.* **7.** *Le CONTRÔLE DES NAISSANCES :* le fait de maîtriser le nombre des naissances (dans une famille, un pays) grâce à la contraception. → **planning** (familial). **8.** Le fait de se maîtriser, de rester maître de soi. *Quand on est en colère, on perd le contrôle de soi.* → **maîtrise.**

REM. *Prendre le contrôle d'une situation, d'une affaire* est un anglicisme.

CONTRÔLER [kɔ̃tʀole] verbe [conjugaison 1a] **1.** Faire un contrôle. → **examiner, inspecter, vérifier.** *Le pompiste contrôle le niveau d'huile de la voiture et la pression des pneus. Le médecin a contrôlé la tension artérielle du malade. Les billets seront contrôlés dans le train.* **2.** Dominer. *Ma mère a parfois du mal à contrôler ses réactions.* → **maîtriser.** **3.** Avoir sous sa domination, en son pouvoir. *Les rebelles contrôlent la capitale du pays. Ce groupe industriel contrôle de nombreuses sociétés.* **4.** verbe pronominal SE CONTRÔLER : rester maître de soi. *Il ne peut pas se contrôler quand il est énervé.* → **se maîtriser.** *Elle s'est contrôlée et elle est restée calme.*

FAUX AMI
anglais **to control** « avoir la direction, la maîtrise de »

CONTRÔLEUR [kɔ̃tʀolœʀ] n. m., **CONTRÔLEUSE** [kɔ̃tʀoløz] n. f. ▪ *UN CONTRÔLEUR, UNE CONTRÔLEUSE :* une personne dont le métier est de faire des contrôles. *Dans le train, le contrôleur demande aux voyageurs leur billet. Les contrôleurs de la navigation aérienne sont en grève,* les aiguilleurs du ciel. *Elle est contrôleuse de gestion.*

CONTRORDRE [kɔ̃tʀɔʀdʀ] n. m. ▪ *UN CONTRORDRE :* ordre qui ordonne le contraire d'un ordre déjà donné. *Partez demain, sauf contrordre. Il y a contrordre, vous ne partez plus.*

CONTROVERSE [kɔ̃tʀɔvɛʀs] n. f. ▪ *UNE CONTROVERSE :* discussion qui oppose ceux qui y participent. → **débat, polémique.** *Ce procès a suscité une vive controverse dans le pays.*

CONTROVERSÉ [kɔ̃tʀɔvɛʀse], **CONTROVERSÉE** [kɔ̃tʀɔvɛʀse] adj. (après le nom) ▪ (qqch.) Qui fait l'objet d'une vive discussion. → **contesté, discuté.** *Le choix du nouveau Premier ministre par* *le président de la République est très controversé. Il est l'auteur d'une théorie scientifique controversée.*

CONTUSION [kɔ̃tyzjɔ̃] n. f. ▪ STYLE RECHERCHÉ *UNE CONTUSION :* blessure faite par un choc, sans déchirure de la peau. → **bleu, bosse, ecchymose, meurtrissure.** *Le blessé ne souffre que de légères contusions.*

CONVAINCANT [kɔ̃vɛ̃kɑ̃], **CONVAINCANTE** [kɔ̃vɛ̃kɑ̃t] adj. (après le nom) **1.** (qqch.) Propre à convaincre. *Il nous faut une preuve convaincante.* → **décisif.** *Donnez-nous des arguments convaincants.* → **probant.** *Ce n'est pas très convaincant.* **2.** (qqn) Qui convainc. *L'avocat de l'accusé a été très convaincant.* → **persuasif.**

REM. *Convainquant*, participe présent du verbe *convaincre*, se prononce de la même façon.

CONVAINCRE [kɔ̃vɛ̃kʀ] verbe [conjugaison 42] **1.** Amener (qqn) à croire que qqch. est vrai ou nécessaire. → **persuader.** *L'avocat convainc le juge de l'innocence de son client. Il a convaincu tout le monde par son éloquence. Il est innocent, j'en suis convaincu,* j'en ai la certitude. *Il faudrait qu'on le convainque de rester.* **2.** STYLE RECHERCHÉ *CONVAINCRE (qqn) DE :* donner des preuves de (sa faute, sa culpabilité). *L'espion a été convaincu de trahison envers son pays.*

REM. **1.** Au présent : *je convaincs, il convainc, nous convainquons.* **2.** Surtout utilisé pour les formes *convaincre* et *convaincu.*

convaincs [kɔ̃vɛ̃] *Je convaincs, tu convaincs :* forme au présent du verbe **convaincre.**

convaincu [kɔ̃vɛ̃ky], **convaincue** [kɔ̃vɛ̃ky] *Il a convaincu sa mère ; sa mère qu'il a convaincue :* formes au participe passé du verbe **convaincre.**

convainquant [kɔ̃vɛ̃kɑ̃] *En convainquant :* forme au participe présent du verbe **convaincre.**

REM. L'adjectif *convaincant* se prononce de la même façon.

convainque [kɔ̃vɛ̃k] *Que je convainque ; qu'il convainque, qu'elle convainque :* forme au subjonctif du verbe **convaincre.**

convainquit [kɔ̃vɛ̃ki] *Il convainquit, elle convainquit :* forme au passé simple du verbe **convaincre.**

CONVALESCENCE [kɔ̃valesɑ̃s] n. f. ▪ *LA CONVALESCENCE :* période où l'on va mieux après une maladie, une opération, avant d'être complètement rétabli. *Après avoir été entre la vie et la mort, il s'est rétabli et il est maintenant EN CONVALESCENCE. Il aura une longue convalescence.*

CONVALESCENT [kɔ̃valesɑ̃], adj. et n. m., **CONVALESCENTE** [kɔ̃valesɑ̃t] adj. et n. f. **1.** adjectif (après le nom) Qui vient d'être malade et qui va mieux, tout en étant encore faible. *Elle a besoin de repos, car elle est encore convalescente.* **2.** *UN CONVALESCENT, UNE CONVALESCENTE :* une personne qui vient d'être malade et qui va mieux. *Le convalescent se repose à la campagne.*

CONVENABLE [kɔ̃vnabl] adj. (après le nom) **1.** Suffisant, acceptable. *Son salaire est tout à fait convenable.* → **correct, décent.** *Il a trouvé un logement convenable.* **2.** Conforme aux règles de la politesse. *Dans les églises, les visiteurs doivent avoir une tenue convenable.* ⟨contraires : incorrect, inconvenant⟩ **3.** (qqn) Qui respecte les convenances. *C'est une jeune fille très convenable,* très comme il faut. **4.** STYLE RECHERCHÉ (qqch.) Qui convient, qui va bien. *Je n'ai pas d'outils convenables pour réparer ce meuble.* → **approprié.** *Il faut choisir le moment convenable.* → **favorable, opportun, propice.**

CONVENABLEMENT [kɔ̃vnabləmɑ̃] adverbe ▪ D'une manière convenable, correcte. *Tenez-vous convenablement, les enfants !* → **correctement.** *Ils sont convenablement logés.* → ① **bien.**

CONVENANCE [kɔ̃vnɑ̃s] n. f. **1.** *UNE CONVENANCE :* ce qui convient à (qqn). → **goût.** *Une collègue a pris un congé pour convenance personnelle,* parce que cela l'arrangeait. – *Dans les soldes du grand magasin, j'ai trouvé une robe À MA CONVENANCE,* qui me convient, qui me plaît. **2.** (au pluriel) LES CONVENANCES : ce qui est en accord avec les usages de la morale et la politesse. *Les gens bien élevés respectent toujours les convenances. Il a eu une attitude contraire aux convenances* (→ **inconvenant).**

CONVENIR [kɔ̃vniʀ] verbe [conjugaison 22] **1.** (qqn) *CONVENIR DE :* reconnaître, admettre. *Elle s'est trompée et a convenu de son erreur. J'ai eu tort, j'en conviens.* → **avouer.** *Convenez-en.* – *Vous CONVIENDREZ QU'il a raison.* **2.** (qqn) Se mettre d'accord, s'entendre pour faire qqch. *Les deux amies ont convenu d'un rendez-vous. Demain soir, ça conviendrait très bien. Elles ont convenu de s'écrire chaque semaine.* STYLE RECHERCHÉ *Elles sont convenues de s'écrire souvent.* – *Il a été convenu que nous nous retrouverions devant le cinéma.* – *Nous irons ensemble, COMME CONVENU,* comme il a été convenu. **3.** (qqch.) *CONVENIR À qqch. :* être approprié, aller bien pour. *Tous les invités portent des vêtements qui conviennent à une fête.* – *Je ne trouve pas le mot qui convient.* **4.** (qqch.) *CONVENIR À qqn :* être utile ou agréable à qqn. *Ce traitement ne convient pas au malade.* → **réussir.** *Cette chambre me convient parfaitement.* → **plaire.** *Venez demain, si cela vous convient. Il faudrait que ça lui convienne.* **5.** *IL CONVIENT :* il faut, il est souhaitable. *Les invités remercient la maîtresse de maison comme il convient. C'est ce qu'il convient d'appeler un imbécile.* STYLE RECHERCHÉ *Il convient que vous alliez lui rendre visite.*

REM. Au passé simple : *je convins* [kɔ̃vɛ̃], *nous convînmes* [kɔ̃vɛ̃m].

CONVENTION [kɔ̃vɑ̃sjɔ̃] n. f. **1.** *UNE CONVENTION :* accord entre deux ou plusieurs personnes sur un sujet précis. → **contrat, engagement, pacte, traité.** *Le patronat et les syndicats ont signé une convention sur le temps de travail. Des conventions commerciales lient ces deux pays.* – *Des CONVENTIONS COLLECTIVES ont été signées entre les employeurs et les salariés sur les conditions de travail.* **2.** (au pluriel) LES CONVENTIONS (SOCIALES) : ce qu'il faut faire, penser ou dire dans une société, les règles qu'il faut respecter. *Ces gens-là sont très attachés aux conventions sociales* (→ **conventionnel).**

CONVENTIONNÉ [kɔ̃vɑ̃sjɔne],**CONVENTIONNÉE** [kɔ̃vɑ̃sjɔne] adj. (après le nom) ▪ *Un MÉDECIN CONVENTIONNÉ,* qui est lié par une convention, un accord avec la Sécurité sociale. *Tous les médecins de ce cabinet sont conventionnés.*

CONVENTIONNEL [kɔ̃vɑ̃sjɔnɛl], **CONVENTIONNELLE** [kɔ̃vɑ̃sjɔnɛl] adj. (après le nom) ▪ Conforme à ce qu'il faut faire, penser ou dire dans une société donnée. *Il a des idées très conventionnelles.* → **convenu, traditionnel.** ⟨contraire : original⟩ *C'est un homme conventionnel dans ses rapports avec les autres.*

convenu [kɔ̃vny], **convenue** [kɔ̃vny] *Ce qu'ils ont convenu ; ce qu'elles sont convenues de faire :* formes au participe passé du verbe **convenir.**

CONVENU [kɔ̃vny], **CONVENUE** [kɔ̃vny] adj. (après le nom) **1.** (qqch.) Qui est le résultat d'un accord. → **décidé, prévu.** *Nous vous paierons le prix convenu.* **2.** STYLE RECHERCHÉ (qqch.) Conforme aux conventions. *Cet auteur a un style très convenu.* → **banal, conventionnel.**

CONVERGER [kɔ̃vɛʀʒe] verbe [conjugaison 3b] **1.** Se diriger vers (un même point). *Autrefois, plusieurs routes convergeaient vers le village.* → **aboutir.** *Tous les regards convergent sur lui.* **2.** Aboutir au même résultat. *Nos théories convergent.* (contraire : diverger) *Les efforts de chacun convergent au même résultat.*

CONVERSATION [kɔ̃vɛʀsasjɔ̃] n. f. ▪ *UNE CONVERSATION* **1.** Échange de paroles. → **discussion, entretien.** *Nous avons eu une longue conversation, toutes les deux.* → **dialogue, tête-à-tête.** *Sur le palier, il a ENGAGÉ LA CONVERSATION avec son voisin. Je les ai trouvés en grande conversation,* en train de se parler. *Ne change pas de conversation, s'il te plaît,* ne change pas de sujet. *Ne parlons pas politique : avec lui, il vaut mieux éviter ce SUJET DE CONVERSATION. Elle a eu une longue conversation téléphonique.* → **communication.** – *Les deux chefs d'État ont eu des conversations secrètes.* → **conciliabule. 2.** *LA CONVERSATION DE qqn :* sa manière de parler ; ce qu'il dit. *Cet homme est intéressant et sa conversation est brillante.* – STYLE FAMILIER *Il a de la conversation,* il parle facilement.

REM. À la différence de l'*entretien* et de la *discussion*, la *conversation* n'a pas forcément un sujet précis.

CONVERSER [kɔ̃vɛʀse] verbe [conjugaison 1a] ▪ Parler avec qqn de manière spontanée et familière. → **bavarder.** *Nous avons conversé un long moment.*

CONVERSION [kɔ̃vɛʀsjɔ̃] n. f. ▪ *LA CONVERSION* **1.** Le fait de changer de religion. *La conversion du roi des Francs Clovis au christianisme date de l'an 496. Sa conversion au bouddhisme est récente.* **2.** Le fait d'exprimer une quantité dans une autre unité. *Faites la conversion de mètres en centimètres, de dollars en francs.*

CONVERTIR [kɔ̃vɛʀtiʀ] verbe [conjugaison 2] **1.** Amener (qqn) à adopter une croyance, une religion. *Autrefois, les missionnaires convertissaient au christianisme les païens des pays lointains.* **2.** Faire adhérer (qqn) à une opinion. *Un de ses amis l'a converti au socialisme. Mon mari m'a convertie au tennis.* **3.** Exprimer une quantité dans une autre unité. *Convertissez les heures en secondes.* **4.** verbe pronominal SE CONVERTIR : (qqn) adopter une croyance, une religion. *Après un long séjour en Inde, notre voisin s'est converti au bouddhisme.* – *Elle s'est convertie à votre avis.* → **adopter.**

CONVEXE [kɔ̃vɛks] adj. (après le nom) ▪ (qqch.) Arrondi vers l'extérieur, courbe. *Dans un miroir convexe, on se voit petit et gros.* → **bombé.** (contraire : concave)

CONVICTION [kɔ̃viksjɔ̃] n. f. ▪ *LA CONVICTION* **1.** Le fait d'être certain, sûr de qqch. *Le jury a la conviction que l'accusé est innocent.* → **certitude.** *Il en a l'INTIME CONVICTION :* il en est profondément sûr sans preuves objectives. *Il fait tout cela PAR CONVICTION,* parce qu'il y croit. *Ce militant politique défend ses idées AVEC CONVICTION. Cet acteur n'est pas très bon : il joue son rôle SANS CONVICTION,* sans y croire, sans enthousiasme. **2.** *Une PIÈCE À CONVICTION :* un objet qui sert de preuve contre un coupable. *Les policiers ont trouvé une pièce à conviction sur le lieu du crime.* **3.** (au pluriel) LES CONVICTIONS : les choses auxquelles on croit. *Il ne partage pas les convictions politiques de sa femme.* → **opinion.** *C'est contraire à mes convictions.* → **idée.**

convient [kɔ̃vjɛ̃] *Il convient, elle convient :* forme au présent du verbe **convenir.**

CONVIER [kɔ̃vje] verbe [conjugaison 7a] ▪ STYLE RECHERCHÉ Inviter à (un repas, une réunion) *Il convie ses amis à dîner une fois par semaine. Dans un mois, l'ambassadeur conviera* [kɔ̃viʀa] *une centaine d'invités à une réception. Vous êtes aimablement conviés à assister à ce concert.*

CONVIVE [kɔ̃viv] n. m., n. f. ▪ *UN CONVIVE, UNE CONVIVE :* une personne invitée à un repas avec d'autres. *Les convives sont au nombre de cinq.* → **hôte, invité.**

CONVIVIAL [kɔ̃vivjal], **CONVIVIALE** [kɔ̃vivjal] adj. (après le nom) ▪ Qui favorise les échanges entre les gens. *Chez eux, on se sent bien, il y a une ambiance très conviviale.* PLURIEL : *des repas CONVIVIAUX* [kɔ̃vivjo].

CONVOCATION [kɔ̃vɔkasjɔ̃] n. f. **1.** *LA CONVOCATION :* l'action de faire venir (qqn, un groupe de personnes). *La présidente a demandé la convocation exceptionnelle du Conseil d'administration de la société.* **2.** *UNE CONVOCATION :* lettre par laquelle on convoque qqn. *La secrétaire a envoyé les convocations aux participants à la réunion.*

CONVOI [kɔ̃vwa] n. m. ▪ *UN CONVOI* **1.** Suite de véhicules, de personnes qui se déplacent ensemble. *Un convoi militaire a traversé la ville. Sur la route, nous avons croisé un CONVOI EXCEPTIONNEL de dix camions.* **2.** *CONVOI (DE CHEMIN DE FER).* → **train.** *Le chef de gare a fait ajouter une rame au convoi.* **3.** Cortège funèbre. *La famille du disparu marche en tête du convoi.* → **enterrement.**

CONVOITER [kɔ̃vwate] verbe [conjugaison 1a] ▪ Désirer avec force (ce qui n'est pas à soi). *Les enfants convoitent l'héritage de leur grand-mère. Le chef de service convoite la place du président.* → **ambitionner, briguer.**

CONVOITISE [kɔ̃vwatiz] n. f. ▪ *LA CONVOITISE :* le désir très fort de posséder (qqch.). → **avidité, cupidité.** *Elle regarde avec convoitise les bijoux dans la vitrine. Sa fortune excite les convoitises,* elle fait beaucoup d'envieux.

CONVOQUER [kɔ̃vɔke] verbe [conjugaison 1a] **1.** Appeler à se réunir. *Les candidats sont convoqués lundi à huit heures.* **2.** Faire venir (qqn). *Le patron a convoqué plusieurs d'entre nous dans son bureau.*

CONVULSIF [kɔ̃vylsif], **CONVULSIVE** [kɔ̃vylsiv] adj. (après le nom) ▪ (qqch.) Qui a le caractère mécanique, involontaire et violent des convulsions. *Quand il a appris son échec à l'examen, il a été pris d'un rire convulsif.* → **nerveux, spasmodique.** *Désespérée, elle a éclaté en sanglots convulsifs.*

CONVULSION [kɔ̃vylsjɔ̃] n. f. ▪ *UNE CONVULSION :* contraction violente et involontaire des muscles. → **spasme.** *Dans la nuit, le bébé a été pris de convulsions. Il a eu des convulsions.*

COOL [kul] adj. invariable (après le nom) ▪ STYLE FAMILIER Calme et agréable. *Elle a des parents très cool. « Nous partons en vacances. – Cool ! »* → **super.**

REM. Ce mot vient de l'anglais.

COOPÉRANT [kɔɔpeʀɑ̃] adj. et n. m., **COOPÉRANTE** [kɔɔpeʀɑ̃t] adj. **1.** adjectif (après le nom) Qui coopère, participe. → **coopératif.** *Vraiment, tu n'es pas très coopérante !* **2.** *UN COOPÉRANT :* jeune homme qui fait son service militaire dans un pays étranger pour aider à son développement. *Les coopérants sont des médecins, des professeurs, des ingénieurs ou des techniciens.*

COOPÉRATIF [kɔɔpeʀatif] adj., **COOPÉRATIVE** [kɔɔpeʀativ] adj. et n. f. **1.** adjectif (après le nom) (qqn) Qui aide, qui participe à un effort. *Dans cette famille nombreuse, les enfants sont très coopératifs : les uns mettent le couvert, les autres font la cuisine.* **2.** *UNE COOPÉRATIVE :* association gérée de personnes unies pour produire, vendre et acheter. *Le fermier vend le lait de ses vaches à la coopérative agricole.*

COOPÉRATION [kɔɔperasjɔ̃] n. f. ▪ *LA COOPÉRATION* **1.** Participation à une œuvre commune, à un projet commun. → **aide, collaboration, concours.** *Chacun a apporté sa coopération efficace au projet.* **2.** Aide économique, technique et culturelle apportée par les pays développés aux pays les moins développés. *Leur fils a fait son service militaire dans la coopération au Mali* (→ **coopérant).**

COOPÉRER [kɔɔpere] verbe [conjugaison 6a] ▪ Travailler avec qqn à (qqch.). *Tous les membres de l'équipe coopèrent au projet.* → **collaborer, contribuer, participer.** *Nous coopérerons* [kɔɔpɛrrɔ̃] *avec vous.*

COORDINATION [kɔɔrdinasjɔ̃] n. f. ▪ *COORDINATION* **1.** Arrangement, organisation de plusieurs choses pour atteindre un but. *Il y a une bonne coordination entre les services de cette entreprise.* **2.** *Une CONJONCTION DE COORDINATION :* un mot qui relie entre eux des mots, des groupes de mots ou des propositions qui ont la même fonction. *« Et », « ou » et « ni » sont des conjonctions de coordination* (→ **conjonction).**

COORDONNÉES [kɔɔrdɔne] n. f. pluriel ▪ *LES COORDONNÉES* **1.** Indications permettant de joindre qqn (adresse, numéro de téléphone). *Vos coordonnées sont inscrites dans mon carnet. Laissez vos coordonnées et nous vous téléphonerons.* **2.** *Les coordonnées d'un point :* les éléments qui permettent de situer un point sur une courbe, une surface, dans un espace. *Les coordonnées d'un point sont déterminées par l'abscisse et l'ordonnée.* → **abscisse, ordonnée.**

COORDONNER [kɔɔrdɔne] verbe [conjugaison 1a] ▪ Organiser, combiner pour atteindre un but, un résultat. *Les sauveteurs ont coordonné leurs efforts pour porter secours aux blessés* (→ **coordination).** *Pour apprendre à nager, il faut bien coordonner ses mouvements.*

COPAIN [kɔpɛ̃] n. m. et adj., **COPINE** [kɔpin] n. f. et adj. ▪ STYLE FAMILIER **1.** *UN COPAIN, UNE COPINE :* un ami, une amie. → STYLE FAMILIER **pote.** *J'ai prêté ma voiture à un copain. Tu es ma meilleure copine. Ce soir, on va dîner chez des copains. – Elle est venue avec son copain :* son petit ami, son compagnon. **2.** adjectif (après le nom) Ami. *Quand je les ai connus, ils étaient très copains. Ma fille et sa fille sont copines.*

COPEAU [kɔpo] n. m. ▪ *UN COPEAU :* déchet de bois ou de métal en forme de ruban, obtenu en égalisant une pièce de bois ou de métal avec un instrument tranchant. *Le copeau se détache et tombe par terre.* PLURIEL : *des COPEAUX.*

COPENHAGUE [kɔpənag] nom propre – en danois **KØBENHAVN** ▪ Capitale du Danemark, sur l'île de Sjaelland. *Ils reviennent de Copenhague. Nous allons à Copenhague.*

COPIE [kɔpi] n. f. ▪ *UNE COPIE* **1.** Reproduction (d'un écrit). → **double, photocopie.** *Son futur employeur lui réclame la copie de ses diplômes.* → **duplicata.** *La copie du contrat est pour vous, moi je garde l'original.* **2.** Devoir qu'un élève, un étudiant rédige sur une feuille qu'il remet au professeur. *Cet élève a rendu une excellente copie.* → ② **devoir.** *Le professeur corrige les copies de ses étudiants.* **3.** Feuille double sur laquelle on écrit un devoir. *Il a acheté à la papeterie un paquet de copies.* **4.** Reproduction d'une œuvre d'art. *Ce n'est pas le tableau original, c'est une copie.* → ① **faux, imitation.** **5.** Exemplaire d'un film de cinéma. *Ce film sera présenté dans les salles sur copie neuve.*

> FAUX AMI
> anglais **copy** « exemplaire »

COPIER [kɔpje] verbe [conjugaison 7a] **1.** Reproduire (un écrit). *Ma fille copie le résumé de sa leçon dans son cahier.* → **recopier.** *Il faut que vous copiiez le résumé. Il a copié mon adresse dans son carnet. Tu me copieras* [kɔpira] *cette recette de cuisine, si tu as le temps.* **2.** Reproduire une œuvre originale. → **imiter.** *Au Louvre, on voit souvent de jeunes peintres qui copient les grands maîtres.* **3.** Reproduire sans en avoir le droit (le texte d'un livre, le devoir d'un autre). *Cet élève a copié dans le manuel. – En classe, c'est interdit de COPIER SUR son voisin,* c'est interdit de regarder ce qu'écrit son voisin et d'écrire exactement la même chose.

REM. À l'imparfait : *nous copiions, vous copiiez.*

COPIEUSEMENT [kɔpjøzmɑ̃] adverbe ▪ En abondance, beaucoup. ⟨contraire : peu⟩ *Les enfants se servent copieusement car ils ont faim.* STYLE FAMILIER *On s'ennuie copieusement, ici !*

COPIEUX [kɔpjø], **COPIEUSE** [kɔpjøz] adj. (après le nom, parfois avant) ▪ Abondant. *Dans ce petit restaurant, nous avons fait un repas copieux.* → **plantureux.** ⟨contraire : frugal⟩ *Les parts sont copieuses.* ⟨contraire : petit⟩ *En partant, il a laissé un copieux pourboire.* → **généreux.**

COPILOTE [kopilɔt] n. m., n. f. ▪ *UN COPILOTE, UNE COPILOTE :* le second pilote, dans un avion. *La copilote étudie la carte.*

COPINE n., féminin de **copain**

COPINER [kɔpine] verbe [conjugaison 1a] ▪ STYLE FAMILIER Avoir des relations de camaraderie. *Ma fille copine facilement avec les autres.*

COPRODUCTION [kopʀɔdyksjɔ̃] n. f. ▪ *UNE COPRODUCTION :* la production (d'un film, d'un spectacle) par plusieurs producteurs, souvent de nationalités différentes. *Ce film est une coproduction franco-italienne. Il a été réalisé en coproduction.*

COPROPRIÉTAIRE [kopʀɔpʀijetɛʀ] n. m., n. f. ▪ *UN COPROPRIÉTAIRE, UNE COPROPRIÉTAIRE :* une personne qui est propriétaire d'un appartement dans un immeuble où il y a d'autres propriétaires. *Demain, il y aura une réunion de copropriétaires.*

COPROPRIÉTÉ [kopʀɔpʀijete] n. f. ▪ *LA COPROPRIÉTÉ :* la propriété (d'un seul bien) par plusieurs personnes. *Cet immeuble est en copropriété. – Ces travaux sont à la charge de la copropriété,* des copropriétaires.

COQ [kɔk] n. m. ▪ *UN COQ :* oiseau de basse-cour, mâle de la poule. *Le coq et les poules sont dans la basse-cour. Le matin, à la campagne, on entend le chant du coq* (→ **cocorico).** *Il s'est levé AU CHANT DU COQ,* très tôt. *– Au menu, il y a du COQ AU VIN. – Quand ils sont en vacances chez leurs grands-parents, les enfants sont COMME DES COQS EN PÂTE* [dekɔkɑ̃pɑt], ils sont choyés, dorlotés. *Elle n'arrive jamais à raconter une histoire du début à la fin, elle PASSE toujours DU COQ À L'ÂNE,* elle passe d'un sujet à l'autre.

REM. Le *coq gaulois* est le symbole de la France.

COQUE [kɔk] n. f. ▪ *LA COQUE* **1.** Enveloppe très dure de certains fruits. → **coquille.** *Elle casse les coques de noix avec une pierre.* **2.** *ŒUF À LA COQUE :* œuf de poule cuit dans l'eau bouillante avec sa coquille sans qu'il soit dur. *Veux-tu un œuf à la coque pour ton petit déjeuner ?* **3.** *LA COQUE D'UN BATEAU :* la partie extérieure d'un bateau, du fond aux côtés, sur laquelle on construit le pont et où sont installés tous les équipements. *Il repeint la coque de son bateau.* **4.** *UNE COQUE :* petit coquillage arrondi dont la coquille est en deux parties et qui vit dans le sable des plages. *Nous avons acheté des coques chez le poissonnier.*

REM. *Coq* « oiseau de basse-cour » se prononce de la même façon [kɔk].

COQUELICOT [kɔkliko] n. m. ▪ *UN COQUELICOT :* fleur rouge vif qui pousse dans les champs, en été. *J'ai fait un bouquet de* *coquelicots.* – *Elle est devenue* ROUGE COMME UNE COQUELICOT, toute rouge (de honte).

COQUELUCHE [kɔklyʃ] n. f. ▪ *LA COQUELUCHE* **1.** Maladie contagieuse caractérisée par une toux violente. *Sa fille a la coqueluche.* **2.** *Ce bel acteur de cinéma* EST LA COQUELUCHE *de toutes les filles,* il est aimé, admiré de toutes les filles.

COQUET [kɔkɛ], **COQUETTE** [kɔkɛt] adj. (après le nom, parfois avant) **1.** (après le nom) Qui cherche à plaire par sa façon de s'habiller, par son élégance. *Cette petite fille est très coquette. C'est un homme assez coquet.* **2.** (après le nom) (qqch.) Qui a un aspect soigné, plaisant. *Ils ont un logement coquet. C'est coquet, chez vous.* → **charmant.** **3.** (après le nom ou avant le nom) (somme d'argent) Assez important. *Ils ont fait un héritage assez coquet. Leur maison leur a coûté* LA COQUETTE SOMME D'*un million de francs.*

COQUETIER [kɔktje] n. m. ▪ *UN COQUETIER :* petite coupe dans laquelle on met un œuf à la coque pour le manger. *Pose les coquetiers et les petites cuillères sur la table.*

COQUETTERIE [kɔkɛtʀi] n. f. ▪ *LA COQUETTERIE :* désir de plaire en étant élégant et soigné. → **élégance.** *Cette vieille dame a gardé une certaine coquetterie,* elle est encore coquette.

COQUILLAGE [kɔkijaʒ] n. m. ▪ *UN COQUILLAGE* **1.** Animal marin, mollusque dont le corps est protégé par une coquille. *Les moules, les huîtres et les coques sont des coquillages. Il faut manger les coquillages quand ils sont très frais.* **2.** La coquille vide des coquillages. *Les enfants ont fait des colliers de coquillages.*

REM. On appelle souvent les coquillages des *fruits de mer.* → **fruit.**

COQUILLE [kɔkij] n. f. ▪ *UNE COQUILLE* **1.** Enveloppe dure qui recouvre le corps de la plupart des mollusques. → **carapace.** *L'huître ouvre et ferme sa coquille pour aspirer l'eau. L'escargot sort de sa coquille dès qu'il pleut.* **2.** *COQUILLE SAINT-JACQUES :* mollusque qui est dans une grande coquille plate, très bon à manger. *Nous avons mangé des coquilles Saint-Jacques à la crème.* **3.** Enveloppe de l'œuf des oiseaux. *Le poussin a brisé sa coquille.* **4.** Enveloppe dure des noix, des noisettes, des amandes. → **coque.** *On casse les coquilles avec un casse-noix.* – *COQUILLE DE NOIX :* très petit bateau. *Le navigateur s'est embarqué sur une coquille de noix pour traverser l'Atlantique.*

COQUIN [kɔkɛ̃] n. m. et adj., **COQUINE** [kɔkin] n. f. et adj.
I. *UN COQUIN, UNE COQUINE :* une personne espiègle, malicieuse. → **chenapan, garnement.** *Rends-moi mes lunettes, petite coquine ! Quel coquin !*
II. adjectif (après le nom) **1.** (enfant) Taquin, malicieux. *Tu es un petit garçon très coquin !* **2.** (qqch.) Qui évoque la sexualité. *Il aime bien raconter des histoires coquines.* → **grivois, leste.**

① **COR** [kɔʀ] n. m. ▪ *UN COR* **1.** Instrument de musique à vent, en cuivre, formé d'un long tube enroulé sur lui-même et terminé par une partie évasée. *Mon cousin joue du cor dans un orchestre. Dans la forêt, on entend des cors de chasse.* **2.** *À COR ET À CRI :* bruyamment, avec insistance. *Dans ce restaurant, il faut réclamer à cor et à cri pour être servi.*

FAUX AMI
portugais **cor**
« couleur »

② **COR** [kɔʀ] n. m. ▪ *UN COR :* petite boule de peau très dure qui se forme parfois sur les orteils. → **durillon.** *Elle a des cors aux pieds. Le pédicure lui a soigné son cor.*

CORAIL [kɔʀaj] n. m. **1.** (rare) Petit animal recouvert de calcaire qui vit dans les mers chaudes en colonies formant des rochers. PLURIEL : *les* CORAUX [kɔʀo] *forment des récifs et des îles dans l'océan Pacifique.* **2.** *LE CORAIL :* matière calcaire rose vif qui forme les coraux. *J'ai vu une belle photo de la grande barrière de corail, au nord-est de l'Australie. Des plongeurs pêchent le corail. Le corail est utilisé en bijouterie.* – *Elle a un collier de corail.* **3.** Partie rouge comestible de la coquille Saint-Jacques, du homard et de la langouste. *Le corail de la coquille Saint-Jacques a un goût excellent.*

CORANIQUE [kɔʀanik] adj. (après le nom) ▪ (qqch.) Qui a rapport au Coran. → **islamique, musulman.** *Les musulmans respectent la loi coranique. On enseigne le Coran dans les écoles coraniques.*

CORBEAU [kɔʀbo] n. m. ▪ *UN CORBEAU :* oiseau à plumage noir ou gris, au grand bec courbe. *Le corbeau croasse.* PLURIEL : *les corbeaux.*

CORBEILLE [kɔʀbɛj] n. f. ▪ *UNE CORBEILLE* **1.** Panier léger. *Les fruits sont dans une* CORBEILLE D'OSIER. *La* CORBEILLE À PAIN *est sur la table. J'ai jeté ces prospectus dans la* CORBEILLE À PAPIER. – *Apporte la corbeille de fruits,* remplie de fruits. **2.** Balcon situé au-dessus de l'orchestre, dans une salle de spectacle. *Nous avons loué une corbeille, pour le concert.*

CORBILLARD [kɔʀbijaʀ] n. m. ▪ *UN CORBILLARD :* voiture qui sert à transporter un cercueil jusqu'au cimetière. *Le cortège funèbre suit le corbillard.*

CORDAGE [kɔʀdaʒ] n. m. ▪ *UN CORDAGE :* grosse corde servant à la manœuvre des bateaux, des machines. → **câble, corde.** *Le bateau est retenu au quai par de gros cordages.*

CORDE [kɔʀd] n. f. ▪ *UNE CORDE* **1.** Assemblage de fils tordus ensemble, plus gros et plus résistants qu'une ficelle. *La vieille valise est fermée par une petite corde.* → **cordelette, ficelle.** *Les alpinistes sont reliés par une corde pendant l'escalade. Les gangsters ont ligoté leur victime avec une corde.* – *Aujourd'hui, il* PLEUT DES CORDES, *il* TOMBE DES CORDES, il pleut beaucoup. **2.** *LA CORDE :* matière faite de corde. *Elle a des espadrilles à semelle de corde.* **3.** Fil très solide. *Le linge est en train de sécher sur la* CORDE À LINGE. – *Nous sommes sur* LA CORDE RAIDE, dans une situation délicate, difficile. *Dans la cour de l'école, les petites filles jouent à la* CORDE À SAUTER. *Dans le gymnase, il y a des* CORDES LISSES et des CORDES À NŒUDS, des agrès servant à grimper. *L'archer tend la corde de son arc.* – *Il a* PLUS D'UNE CORDE À SON ARC, il a plus d'une ressource pour réussir, pour atteindre son but. *Il ne faudrait pas trop* TIRER SUR LA CORDE, abuser d'un avantage ou de la patience de qqn. **4.** Lien que l'on passe autour du cou de qqn pour le pendre. *Le malheureux a été condamné au supplice de la corde,* de la pendaison. – *Ce célibataire endurci a fini par se mettre* LA CORDE AU COU, par se marier. **5.** Trame d'un tissu devenue visible par l'usure. *Ce pauvre homme porte un manteau usé jusqu'à la corde* (→ **élimé).** **6.** Sur certains instruments de musique, fil de métal ou boyau qui sert à produire des sons. *Le musicien tend les cordes de sa guitare. Le violon, le violoncelle, la mandoline sont des* INSTRUMENTS À CORDES. **7.** *Faire vibrer, toucher* LA CORDE SENSIBLE, parler à qqn de ce qui le touche le plus. *Quand on lui parle de sa fille unique, on touche la corde sensible.* **8.** *Les cordes vocales :* les membranes situées dans la gorge et qui vibrent quand on parle. *Les cordes vocales vibrent sous la pression de l'air.* **9.** STYLE FAMILIER *C'est dans mes cordes :* je suis compétent pour cela. *Je ne peux pas accepter ce travail, il n'est pas dans mes cordes.* **10.** (au pluriel) LES CORDES : les instruments à cordes. *Nous avons entendu un quatuor à cordes,* une œuvre pour deux violons, alto et violoncelle. *Moins fort, les cordes !*

CORDÉE [kɔʀde] n. f. ▪ *UNE CORDÉE :* groupe d'alpinistes reliés les uns aux autres par une corde. *La cordée progresse lentement sur le glacier.*

CORDELETTE [kɔʀdəlɛt] n. f. ▪ *UNE CORDELETTE :* corde fine. → **cordon.** – *Les rideaux de la chambre sont retenus par une cordelette.*

CORDIAL [kɔʀdjal], **CORDIALE** [kɔʀdjal] adj. (après le nom) ▪ Qui vient du cœur. *Nos amis nous ont fait un accueil cordial.* → **chaleureux.** ⟨contraires : froid, hostile⟩ MASCULIN PLURIEL : *des sentiments CORDIAUX* [kɔʀdjo]. (dans une lettre) *Veuillez croire à l'assurance de mes sentiments les plus cordiaux.* – *Son père est un homme cordial,* amical et chaleureux.

CORDIALEMENT [kɔʀdjalmɑ̃] adverbe ▪ D'une manière chaleureuse, amicale. *Ils nous ont reçus très cordialement.* → **amicalement, chaleureusement.** – STYLE FAMILIER *Je la déteste cordialement,* de tout mon cœur, avec force.

CORDIALITÉ [kɔʀdjalite] n. f. ▪ *LA CORDIALITÉ :* attitude chaleureuse, amicale. *Notre voisin nous a salué avec cordialité.* → **chaleur, sympathie.** ⟨contraire : froideur⟩

CORDON [kɔʀdɔ̃] n. m. ▪ *UN CORDON* **1.** Petite corde fine servant d'attache. → **cordelette, lien.** *Les branches de ses lunettes sont retenues avec un cordon. La capuche de son anorak ferme par un cordon.* **2.** *Le CORDON OMBILICAL :* le conduit qui relie le fœtus à sa mère. *On coupe le cordon ombilical juste après l'accouchement.* **3.** Rangée de plusieurs personnes alignées. *Un cordon de policiers barre la route.* → **file, ligne.**

> FAUX AMI
> roumain **cordon**
> « ceinture »

CORDON-BLEU [kɔʀdɔ̃blø] n. m. ▪ *UN CORDON-BLEU :* personne qui fait très bien la cuisine. *Ma mère est un fin cordon-bleu.* PLURIEL : *des CORDONS-BLEUS.*

CORDONNIER [kɔʀdɔnje] n. m. ▪ *UN CORDONNIER :* personne qui répare les chaussures. *Le cordonnier a ressemelé mes bottines.*

> FAUX AMI
> portugais **cordoeiro**
> « fabricant de cordes »

CORDOUE [kɔʀdu] nom propre – en espagnol **CÓRDOBA** ▪ Ville du sud de l'Espagne, en Andalousie. *En septembre, nous irons à Cordoue. Je reviens de Cordoue.*

CORÉE DU NORD [kɔʀedynɔʀ] nom propre féminin ▪ *LA CORÉE DU NORD :* pays d'Asie du Sud-Est. *La capitale de la Corée du Nord est Pyongyang. Les habitants de la Corée du Nord sont les Nord-Coréens. Nous avons fait un magnifique voyage en Corée du Nord. Nous revenons de Corée du Nord.*

CORÉE DU SUD [kɔʀedysyd] nom propre féminin ▪ *LA CORÉE DU SUD :* pays d'Asie du Sud-Est. *La capitale de la Corée du Sud est Séoul. Les habitants de la Corée du Sud sont les Sud-Coréens. Nous revenons d'un très beau voyage en Corée du Sud. Ils nous écrivent de Corée du Sud.*

CORÉEN [kɔʀeɛ̃] adj. et n. m., **CORÉENNE** [kɔʀeɛn] adj. et n. f. **1.** adjectif (après le nom) De Corée-du-Nord, de Corée-du-Sud. *Le peuple coréen est divisé en Nord-Coréens et en Sud-Coréens.* **2.** *UN CORÉEN, UNE CORÉENNE :* un habitant, une habitante de la Corée (du Nord ou du Sud). *Les Coréens.* **3.** nom masculin *LE CORÉEN :* la langue parlée en Corée. *Il a appris le coréen pour son travail.*

CORIACE [kɔʀjas] adj. (après le nom) **1.** (qqch.) Très dur. *Cette viande est coriace, je n'arrive pas à la couper.* → ① **ferme.** ⟨contraire : tendre⟩ **2.** (qqn) Qui ne cède pas. *Il est coriace, en affaires.* → **dur.**

CORMORAN [kɔʀmɔʀɑ̃] n. m. ▪ *UN CORMORAN :* oiseau de mer au plumage sombre, au cou et au bec allongés, aux pattes palmées et qui plonge pour attraper les poissons. *Le cormoran niche dans les falaises.*

CORNE [kɔʀn] n. f.
I. *UNE CORNE* **1.** Chacune des deux pointes dures sur la tête de certains animaux. *Les bovins, les gazelles, les rhinocéros ont des cornes. Les bœufs, les vaches et les chèvres sont des BÊTES À CORNES. Le taureau a blessé le torero d'un coup de corne.* – *Dans la vie, il faut PRENDRE LE TAUREAU PAR LES CORNES,* il faut affronter les difficultés. **2.** Instrument sonore servant à avertir. *La CORNE DE BRUME avertit les bateaux du danger.* **3.** *Les cornes d'un escargot, d'une limace,* les petits appendices allongés qui sont sur leur tête et qui portent les yeux. **4.** Pli au coin d'une feuille de papier. *J'ai fait une corne à la page où j'ai arrêté ma lecture.*
II. *LA CORNE* **1.** Matière dure formant certaines parties du corps des animaux. *Les sabots du cheval, le bec des oiseaux, les griffes des mammifères et les écailles des tortues sont EN CORNE.* – *Ce peigne est en corne.* **2.** Matière dure faite de peau morte sur certaines parties du corps humain. *À force de marcher pieds nus, on a de la corne sous les pieds.*

REM. Les cornes d'un cerf s'appellent des *bois.*

CORNÉE [kɔʀne] n. f. ▪ *LA CORNÉE :* enveloppe transparente du globe de l'œil. *La cornée est une membrane.*

CORNEILLE [kɔʀnɛj] n. f. ▪ *UNE CORNEILLE :* oiseau gris ou noir, plus petit que le corbeau. *Les corneilles se sont envolées de l'arbre en croassant.*

REM. On dit *une corneille,* pour le mâle comme pour la femelle.

CORNEMUSE [kɔʀnəmyz] n. f. ▪ *UNE CORNEMUSE :* instrument de musique formé d'un sac de cuir sur lequel sont placés des tuyaux percés de trous. *On joue de la cornemuse en Bretagne et en Écosse.*

① **CORNER** [kɔʀne] verbe [conjugaison 1a] ▪ Plier un coin d'une feuille de papier, faire une corne. *Mon fils a la mauvaise habitude de corner les pages des livres.*

② **CORNER** [kɔʀnɛʀ] n. m. ▪ *UN CORNER :* faute commise par un joueur de football qui a envoyé la balle derrière la ligne de but de son équipe. *Le corner est tiré d'un angle du terrain.*

CORNET [kɔʀnɛ] n. m. ▪ *UN CORNET* **1.** Objet en forme de corne. *Le pâtissier vend des glaces en cornet. J'ai acheté un cornet de frites,* des frites dans un cône en papier. **2.** En Suisse, sac en papier, en plastique. *La vendeuse a mis les articles achetés par le client dans un cornet.*

CORNICHE [kɔʀniʃ] n. f. ▪ *UNE CORNICHE* **1.** Partie qui dépasse en haut d'un mur ou d'un meuble. *Une corniche protège l'immeuble de la pluie. L'armoire est ornée d'une corniche.* **2.** *Une ROUTE EN CORNICHE surplombe la mer,* une route qui surplombe la côte escarpée, le long de la mer.

> FAUX AMI
> italien **cornice**
> « cadre »

CORNICHON [kɔʀniʃɔ̃] n. m. ▪ *UN CORNICHON :* petit concombre cueilli avant qu'il soit mûr et conservé dans du vinaigre. *J'ai acheté un bocal de cornichons.*

> FAUX AMI
> italien **cornicione**
> « corniche »

CORNU [kɔʀny], **CORNUE** [kɔʀny] adj. (après le nom) ▪ Qui a des cornes. *Les vaches et les chèvres sont des animaux cornus.*

CORNUE [kɔʀny] n. f. ▪ *UNE CORNUE :* récipient à col étroit, long et recourbé, utilisé par les chimistes. *Dans son laboratoire, le chimiste distille un liquide rougeâtre dans une cornue.*

COROGNE → LA COROGNE

COROLLE [kɔʀɔl] n. f. ▪ *LA COROLLE :* l'ensemble des pétales d'une fleur. *Les coquelicots ont une corolle rouge.*

CORONAIRE [kɔʀɔnɛʀ] adj. et n. f. pluriel **1.** adjectif (après le nom) *Les ARTÈRES CORONAIRES :* les artères qui partent de l'aorte et qui irriguent le cœur. *Il y a deux artères coronaires.* **2.** *LES CORONAIRES :* les artères coronaires. *On lui a fait une radio des coronaires.*

CORPORATION [kɔʀpɔʀasjɔ̃] n. f. ▪ *UNE CORPORATION :* ensemble des personnes qui font le même métier. *Il existe des corporations de médecins, des corporations de menuisiers...*

CORPORATISME [kɔʀpɔʀatism] n. m. ▪ *LE CORPORATISME :* défense des intérêts d'une catégorie professionnelle précise. *Le corporatisme est très développé dans la presse.*

CORPOREL [kɔʀpɔʀɛl], **CORPORELLE** [kɔʀpɔʀɛl] adj. (après le nom) ▪ Qui concerne le corps. *Les châtiments corporels sont interdits dans les écoles françaises.* → **physique.** *Les soins corporels sont importants,* les soins du corps, l'hygiène.

CORPS [kɔʀ] n. m. ▪ *LE CORPS* **1.** Partie matérielle de l'homme et des animaux (opposé à l'esprit, l'âme). *Les parties du corps humain sont la tête, le tronc et les membres. Il est entré dans l'eau jusqu'au milieu du corps* (→ à **mi-corps**). *Je suis un homme sain de corps et d'esprit.* – *Se donner CORPS ET ÂME* [kɔʀzeam] *À qqn, qqch.,* s'y consacrer totalement. *Il se donne corps et âme à son travail.* – *On a retrouvé le corps de la victime,* le cadavre de la victime. – *Elle est attentive aux soins du corps* (→ **corporel**). *Il a un corps d'athlète, un très beau corps.* → ① **physique.** *Elle entretient son corps par des exercices* (→ **gymnastique**). – *Elle PLEURE TOUTES LES LARMES DE SON CORPS,* elle pleure abondamment. *Les soldats se sont battus CORPS À CORPS* [kɔʀakɔʀ], en luttant le corps de leurs adversaires contre le leur. *Ils se sont lancés À CORPS PERDU DANS LE TRAVAIL,* avec courage et ardeur. *L'idée commence à PRENDRE CORPS,* à prendre forme, à prendre tournure. *Il a fait ce qu'on lui demandait À SON CORPS DÉFENDANT,* malgré lui, à contrecœur. **2.** Partie principale d'une chose. *Dans le corps de l'article, on peut lire...,* dans le texte de l'article. – *Le navire a sombré CORPS ET BIENS* [kɔʀzebjɛ̃], totalement (les personnes, les marchandises, le navire). **3.** Groupe organisé de personnes. *Les professeurs appartiennent au CORPS ENSEIGNANT, les médecins et les infirmiers au CORPS MÉDICAL. Un CORPS DE MÉTIER :* ensemble de gens qui font le même métier. *L'entrepreneur fait travailler plusieurs corps de métiers.* **4.** *UN CORPS :* objet matériel, substance. *Les astres sont des corps célestes. Le fer, l'oxygène sont des corps simples.* → **élément.** *L'eau est un corps composé d'oxygène et d'hydrogène. L'huile est un corps gras.* → **graisse.**

REM. *Cor* « instrument de musique » et « boule de peau très dure » se prononce de la même façon.

CORPULENCE [kɔʀpylɑ̃s] n. f. ▪ *LA CORPULENCE :* taille et grosseur du corps. *Ces deux frères n'ont pas la même corpulence : l'un est grand et mince, l'autre petit et gros.*

CORPULENT [kɔʀpylɑ̃], **CORPULENTE** [kɔʀpylɑ̃t] adj. (après le nom) ▪ (qqn) Qui a une forte corpulence, qui est large et gros. *Ces trois messieurs corpulents ne vont pas pouvoir entrer ensemble dans l'ascenseur. Sa mère est une femme corpulente.* ⟨contraires : mince, fluet⟩

CORRECT [kɔʀɛkt], **CORRECTE** [kɔʀɛkt] adj. (après le nom) **1.** Qui ne présente pas d'erreurs, de fautes. *Il s'exprime dans un français très correct.* ⟨contraires : fautif, incorrect⟩ *Ce devoir est correct.* **2.** Convenable, décent. *Une tenue correcte est exigée pour pénétrer dans l'église.* **3.** Conforme à la morale, à la justice. *Ce n'est pas correct de passer devant tout le monde,* cela ne se fait pas, ce n'est pas bien. *Il n'a pas été correct, dans cette affaire.* → **honnête, régulier.** *Le discours du président est POLITIQUEMENT CORRECT,* les mots, les formules employés ne nuisent pas, ne font pas de tort. **4.** STYLE FAMILIER Acceptable, passable, moyen. *Son salaire n'est pas très élevé, il est correct. Nous sommes descendus dans un hôtel modeste, mais correct.*

CORRECTEMENT [kɔʀɛktəmɑ̃] adverbe **1.** Sans erreur, sans faute. *Ce mot n'est pas orthographié correctement.* **2.** Convenablement, comme il faut. *Les enfants, tenez-vous correctement.* **3.** D'une manière acceptable, suffisamment. *Il est correctement payé pour ce qu'il fait.*

CORRECTEUR [kɔʀɛktœʀ] n. m., **CORRECTRICE** [kɔʀɛktʀis] n. f. ▪ *UN CORRECTEUR, UNE CORRECTRICE* **1.** Personne qui corrige des devoirs d'examen. *Les correcteurs du bac ne connaissent pas le nom du candidat dont ils corrigent le devoir.* → **examinateur.** **2.** Personne dont le métier est de relire les textes à imprimer et de corriger les fautes d'orthographe et de typographie. *Elle est correctrice dans un journal.* **3.** nom masculin *CORRECTEUR D'ORTHOGRAPHE :* logiciel qui permet de corriger automatiquement certaines fautes d'orthographe. *Ce traitement de texte possède un correcteur d'orthographe.*

CORRECTION [kɔʀɛksjɔ̃] n. f.

I. *LA CORRECTION* **1.** Action de corriger (un devoir, un texte) pour enlever les fautes. *Les examinateurs font la correction des copies d'examen. Il travaille au service de correction d'un grand journal.* **2.** (qqch.) Qualité de ce qui est correct, qui ne s'écarte pas des règles. *Son langage est d'une grande correction.* → **pureté.** **3.** Attitude d'une personne correcte, polie, bien élevée. *Ces gens sont d'une parfaite correction.* → **éducation, politesse.** ⟨contraire : incorrection⟩

II. *UNE CORRECTION* **1.** Faute corrigée. *L'instituteur fait les corrections en rouge sur les devoirs de ses élèves. Ce texte est rempli de corrections.* → **rature.** **2.** Élimination d'une erreur. *Je voudrais apporter une correction à ce que vous avez dit.* **3.** Ensemble de coups donnés à qqn. *Tu vas voir la bonne correction que tu vas recevoir !* → STYLE FAMILIER **raclée.**

CORRÉLATION [kɔʀelasjɔ̃] n. f. ▪ *LA CORRÉLATION* lien, rapport entre (deux choses). *Il y a une corrélation entre l'habitude de fumer et le cancer du poumon.* → **correspondance.** *L'adverbe de négation* ne *s'emploie en corrélation avec* pas, plus *et* jamais. → **liaison.** – *Les deux choses sont EN CORRÉLATION,* les deux choses sont liées.

CORRESPONDANCE [kɔʀɛspɔ̃dɑ̃s] n. f. ▪ *LA CORRESPONDANCE* **1.** Rapport, relation entre (deux choses). *Il y a une correspondance entre le poids et la taille d'une personne.* → **corrélation.** **2.** Accord. → **affinité, harmonie.** *Les deux amis sont en parfaite correspondance d'idées.* → **communion.** **3.** Liaison entre deux moyens de transport. *Des cars assurent la correspondance entre la gare et l'aéroport.* → **changement.** *Les voyageurs attendent sur le quai la correspondance pour Paris,* ils attendent le train qui fait la liaison avec Paris. *J'ai manqué la correspondance, je dois attendre le prochain train.* **4.** Échange de lettres entre deux personnes. *Les deux amies entretiennent une correspondance régulière : elles s'écrivent chaque semaine.* – *Elle reçoit des catalogues de vente PAR CORRESPONDANCE. Il suit des cours par correspondance.* **5.** Ensemble des lettres que l'on envoie et que l'on reçoit. *Un ministre reçoit une abondante correspondance.* → **courrier.**

CORRESPONDANT [kɔʀɛspɔ̃dɑ̃] n. m., **CORRESPONDANTE** [kɔʀɛspɔ̃dɑ̃t] n. f. ▪ *UN CORRESPONDANT, UNE CORRESPONDANTE* **1.** Personne avec laquelle on communique par lettres. *Mon fils a une correspondante allemande.* **2.** Personne à qui on téléphone. *Le numéro de votre correspondant a changé.* **3.** Journaliste qui envoie ses informations du lieu éloigné où il se trouve. → **envoyé, reporter.** *Il est correspondant d'un grand journal à New York. Lisez page dix l'article de notre correspondant permanent à Madrid.*

CORRESPONDRE [kɔʀɛspɔ̃dʀ] verbe [conjugaison 41a] **1.** (qqch.) *CORRESPONDRE À :* être en accord, s'accorder avec. *L'an I de l'ère musulmane correspond à l'an 622 de l'ère chrétienne. Ce qu'il raconte ne correspond pas à la réalité.* → **concorder.** *Cela ne correspond à rien.* → **rimer.** – *Cette expression anglaise ne correspond à rien en français,* on ne peut pas la traduire, elle n'a pas d'équivalent. – *Il voudrait que la réalité corresponde à ses désirs,* qu'elle soit conforme à ses désirs. **2.** (qqn) Avoir des relations par lettres. *Nous correspondons depuis plusieurs années. Les deux amis ont correspondu toute leur vie.*

corresponds [kɔʀɛspɔ̃] *Je corresponds, tu corresponds :* forme au présent du verbe **correspondre.**

correspondu [kɔʀɛspɔ̃dy] *Il a correspondu, elle a correspondu :* forme au participe passé du verbe **correspondre.**

CORRIDA [kɔʀida] n. f. ▪ *UNE CORRIDA* **1.** Spectacle au cours duquel un torero combat et tue un taureau. *Les spectateurs sont nombreux pour assister à la corrida dans les arènes de Séville.* **2.** STYLE FAMILIER Épreuve, difficulté. *Quelle corrida, pour faire obéir ce gosse !*

REM. *Corrida* est un mot espagnol : on dit aussi *course de taureaux.*

CORRIDOR [kɔʀidɔʀ] n. m. ▪ *UN CORRIDOR :* couloir étroit qui communique avec plusieurs pièces d'un même étage. *Il y a trois chambres qui donnent sur le corridor.*

CORRIGÉ [kɔʀiʒe] n. m. ▪ *UN CORRIGÉ :* devoir donné comme modèle. *Le professeur donne le corrigé du problème.*

CORRIGER [kɔʀiʒe] verbe [conjugaison 3b] **1.** Faire disparaître les fautes (→ **correction).** *L'auteur corrige son manuscrit avant de le confier à son éditeur.* → **réviser, revoir.** **2.** Relever les fautes (d'un devoir) de manière à pouvoir donner une note. *Le professeur corrige les copies de ses élèves. Les devoirs ont été corrigés.* **3.** Rendre exact ou plus exact. → **rectifier.** *Je tiens à corriger vos affirmations.* **4.** Rendre normal ce qui ne l'est pas. *Sa vue est corrigée par des lentilles de contact.* **5.** Donner des coups pour punir. → **battre.** *Il a corrigé son fils désobéissant* (→ **correction).** **6.** verbe pronominal SE CORRIGER : se guérir. *Il n'arrive pas à se corriger de sa paresse. Elle s'est corrigée.*

CORROMPRE [kɔʀɔ̃pʀ] verbe [conjugaison 41b] **1.** Rendre mauvais ce qui est sain et honnête dans l'âme. *Socrate a été accusé de corrompre la jeunesse.* → **pervertir.** **2.** Pousser (qqn) à agir de manière malhonnête ou immorale en lui donnant de l'argent ou d'autres avantages en échange. *L'avocat a corrompu un témoin en lui offrant de l'argent.* → **acheter.**

REM. Au présent : *je corromps, il corrompt ;* au subjonctif présent : *qu'il corrompe.*

corrompu [kɔʀɔ̃py], **corrompue** [kɔʀɔ̃py] *Il a corrompu une femme ; la femme qu'il a corrompue :* formes au participe passé du verbe **corrompre.**

CORROMPU [kɔʀɔ̃py], **CORROMPUE** [kɔʀɔ̃py] adj. (après le nom) (qqn) ▪ Que l'on a corrompu, que l'on peut corrompre. → **vénal.** *Il a été condamné par un juge corrompu.* (contraires : incorruptible, intègre)

CORROSIF [kɔʀozif], **CORROSIVE** [kɔʀoziv] adj. (après le nom) **1.** (matière) Qui attaque, ronge par une action chimique. *Les acides sont corrosifs.* **2.** Qui attaque avec violence. *Il a un humour corrosif.* → **caustique, subversif.** *Elle est l'auteur d'une œuvre corrosive.*

CORRUPTION [kɔʀypsjɔ̃] n. f. ▪ *LA CORRUPTION :* l'emploi de moyens malhonnêtes pour faire agir qqn contre son devoir, sa conscience. *La corruption de fonctionnaires est un délit. Dans cette affaire, il y a eu tentative de corruption.*

CORSAGE [kɔʀsaʒ] n. m. ▪ *UN CORSAGE :* vêtement de femme qui couvre le buste. → **chemisier.** *Elle a mis une jupe et un corsage blanc.*

CORSAIRE [kɔʀsɛʀ] n. m. ▪ *UN CORSAIRE :* autrefois, capitaine d'un navire qui attaquait et pillait les bateaux de commerce des pays ennemis. *Surcouf et Jean Bart furent de célèbres corsaires.* – *Elle a un PANTALON CORSAIRE,* un pantalon moulant qui s'arrête au-dessous du genou.

REM. Contrairement aux corsaires, les *pirates* attaquaient tous les navires sans distinction.

CORSE [kɔʀs] adj., n. m. et n. f. **1.** adjectif (après le nom) Qui concerne la Corse, grande île au sud-est de la France. *Nous nous sommes promenés dans le maquis corse.* **2.** *UN CORSE, UNE CORSE :* un habitant, une habitante de la Corse. *Les Corses.* **3.** nom masculin *LE CORSE :* la langue parlée en Corse. *Le corse est un dialecte italien.*

CORSÉ [kɔʀse], **CORSÉE** [kɔʀse] adj. (après le nom) ▪ (aliment) Qui a un goût très fort. *Il a bu un café corsé. Le rôti est servi avec une sauce corsée,* épicée. – *C'est corsé, ce problème !* c'est difficile.

CORSET [kɔʀsɛ] n. m. ▪ *UN CORSET :* sous-vêtement rigide qui serre la taille et le ventre des femmes. *Autrefois, les femmes portaient des corsets.*

CORTÈGE [kɔʀtɛʒ] n. m. ▪ *UN CORTÈGE* **1.** Ensemble de personnes qui marchent les unes derrière les autres dans une cérémonie, un défilé. *Le cortège escorte les jeunes mariés à la sortie de l'église. Un cortège de manifestants se dirige vers le lieu du rassemblement.* **2.** STYLE RECHERCHÉ Suite. *C'est de nouveau la guerre et son cortège d'atrocités.*

CORTISONE [kɔʀtizɔn] n. f. ▪ *LA CORTISONE :* hormone utilisée pour lutter contre les inflammations. *Le médecin lui a fait une piqûre de cortisone.*

CORVÉE [kɔʀve] n. f. ▪ *UNE CORVÉE* **1.** Obligation, travail pénible ou ennuyeux que l'on doit faire. (contraire : plaisir) *Pour moi, c'est une corvée de ranger mes affaires. Je dois aller voir ma vieille tante, quelle corvée !* **2.** Travail que l'on fait à tour de rôle dans un groupe, une communauté de gens vivant ensemble. *Les soldats doivent faire chaque jour des corvées. Aujourd'hui, il est de corvée d'épluchage des pommes de terre,* c'est à lui d'éplucher les pommes de terre.

COSAQUE [kɔzak] n. m. ▪ *UN COSAQUE :* autrefois, cavalier de l'armée russe. *Une troupe de cosaques a envahi la plaine.*

COSIGNER [kosiɲe] verbe [conjugaison 1a] ▪ (qqn) Signer avec d'autres. *Les deux chefs d'État ont cosigné le traité de paix.*

COSMÉTIQUE [kɔsmetik] n. m. et adj. **1.** (souvent au pluriel) *UN COSMÉTIQUE :* un produit de beauté. *Cette femme utilise de nombreux cosmétiques.* **2.** adjectif (après le nom) Relatif aux soins de beauté. *On vend des produits cosmétiques dans les parfumeries et les pharmacies.*

COSMIQUE [kɔsmik] adj. (après le nom) ■ Du monde extraterrestre (→ **cosmos**). *Beaucoup de gens rêvent de faire un voyage cosmique.* → **interplanétaire, spatial.**

COSMONAUTE [kɔsmɔnot] n. m., n. f. ■ *UN COSMONAUTE, UNE COSMONAUTE :* une personne qui voyage dans l'espace. → **astronaute, spationaute.** *Le premier cosmonaute fut le Soviétique Gagarine, qui fit le tour de la Terre en 1961.*

REM. Le mot *cosmonaute* s'emploie surtout à propos des expéditions spatiales soviétiques.

COSMOPOLITE [kɔsmɔpɔlit] adj. (après le nom) **1.** (lieu) Où l'on rencontre des personnes de tous les pays, qui subit l'influence de nombreux pays (opposé à national). *Les grandes villes du monde sont cosmopolites.* **2.** Qui est formé de personnes de tous les pays. *Une foule cosmopolite marche dans les rues.*

COSMOS [kɔsmos] n. m. ■ *LE COSMOS :* l'espace extraterrestre (→ **cosmique**). *Les Russes ont envoyé une nouvelle fusée dans le cosmos.*

FAUX AMI
grec **κόσμος** « les gens, le monde »

COSSARD [kɔsaʀ] adj. et n. m., **COSSARDE** [kɔsaʀd] adj. et n. f. ■ STYLE FAMILIER (qqn) **1.** Paresseux. *Elle est un peu cossarde de nature.* → **flemmard.** ⟨contraire : travailleur⟩ **2.** *UN COSSARD, UNE COSSARDE :* une personne paresseuse. *Allons, debout, bande de cossards !*

COSSE [kɔs] n. f. ■ *UNE COSSE* **1.** Enveloppe allongée qui contient les graines de certains légumes. *Les petits pois et les haricots sont enfermés dans des cosses.* **2.** Anneau de métal à l'extrémité d'un câble que l'on fixe sur une batterie de voiture. *Le garagiste a débranché les cosses de la batterie.*

COSSU [kɔsy], **COSSUE** [kɔsy] adj. (après le nom) **1.** (qqn) Qui paraît riche, aisé. *Ce sont des gens cossus.* **2.** (qqch.) Qui montre que l'on est riche. *Ils habitent une maison cossue,* belle et confortable.

COSTARD [kɔstaʀ] n. m. ■ STYLE FAMILIER *UN COSTARD :* costume d'homme. *Tu portes un beau costard, ce matin !*

COSTARICAIN [kɔstaʀikɛ̃] adj. et n. m., **COSTARICAINE** [kɔstaʀikɛn] adj. et n. f. **1.** adjectif (après le nom) Du Costa Rica, pays d'Amérique centrale. *Le café costaricain est réputé.* **2.** *UN COSTARICAIN, UNE COSTARICAINE :* un habitant, une habitante du Costa Rica. *Les Costaricains parlent l'espagnol.*

COSTAUD [kɔsto] adj. et n. m., **COSTAUDE** [kɔstod] adj. et n. f.
I. adjectif (après le nom) STYLE FAMILIER **1.** (qqn) Fort, robuste. → STYLE FAMILIER **balèze.** ⟨contraires : fluet, faible⟩ *Il faut des hommes costauds pour soulever ce meuble. Elle est petite mais costaude (ou costaud).* **2.** STYLE FAMILIER (qqch.) Solide, résistant. *Ce tissu est costaud, il résiste à tout.*
II. STYLE FAMILIER **1.** *UN COSTAUD, UNE COSTAUDE* (ou *UNE COSTAUD*) : une personne forte, vigoureuse. *Il n'en a pas l'air, mais c'est un costaud.* **2.** nom masculin *DU COSTAUD :* qqch. de solide, de résistant. *Ce pantalon, c'est vraiment du costaud.*

REM. Au féminin singulier, on peut dire *costaude* ou *costaud* (ex. : *une fille* **costaude** ou *une fille* **costaud**). Au féminin pluriel, on peut dire : *elles sont rudement* **costaudes** ou bien *elles sont rudement* **costaud** (invariable).

COSTUME [kɔstym] n. m. ■ *UN COSTUME* **1.** Vêtement d'homme, fait d'un pantalon et d'une veste assortis, parfois avec un gilet. *Mon mari a mis son costume bleu.* → ② **complet.** **2.** Vêtement particulier à un pays ou à une époque. *Le petit garçon a mis son costume de cow-boy pour se déguiser. Les habitants du village font un spectacle de danses en costumes folkloriques.*

FAUX AMIS
espagnol **costumbre** « coutume » ; italien **costume** « déguisement, maillot de bain » ; roumain **costum** « maillot de bain »

REM. Le vêtement de femme fait d'une veste et d'une jupe ou d'un pantalon assortis est un *tailleur.*

COSTUMÉ [kɔstyme], **COSTUMÉE** [kɔstyme] adj. (après le nom) ■ *BAL COSTUMÉ,* où tous les gens sont déguisés. *Au bal costumé, nous étions déguisés en extraterrestres !*

COTE [kɔt] n. f. ■ *LA COTE* **1.** Valeur d'une marchandise, d'une monnaie, d'une action. *Quelle est la cote de cette voiture d'occasion ?* **2.** Estimation. *Un sondage montre la COTE DE POPULARITÉ des hommes politiques. Sa cote a baissé.* – STYLE FAMILIER *Cet acteur A LA COTE auprès des femmes,* il plaît beaucoup aux femmes. **3.** Chiffre qui indique une dimension, un niveau, sur une carte, un plan. *La rivière a atteint la COTE D'ALERTE,* le niveau à partir duquel commence une inondation.

COTÉ [kɔte], **COTÉE** [kɔte] adj. (après le nom) **1.** Très estimé, qui plaît. *Il a acheté un tableau d'un peintre très coté.* **2.** *COTÉ EN BOURSE,* qui est traité à la Bourse. *Cette société est cotée en Bourse.* **3.** Qui comporte l'indication des dimensions. *Voici le plan coté de la maison.*

① **CÔTE** [kot] n. f. ■ *UNE CÔTE* **1.** Os long, plat et courbe du thorax, qui s'articule sur la colonne vertébrale derrière et le sternum devant. *Les êtres humains ont douze paires de côtes.* **2.** Morceau de viande qui est le long de cet os. *Nous avons mangé une côte de bœuf. J'ai acheté des côtes d'agneau.* → **côtelette.** **3.** *CÔTE À CÔTE :* l'un à côté de l'autre. *Les deux amies se sont assises côte à côte.* **4.** Rayure en relief d'un tissu, d'un tricot. *Elle a un pantalon en velours à fines côtes* (→ **côtelé**).

② **CÔTE** [kot] n. f. ■ *LA CÔTE* **1.** Route inclinée. *La côte est raide.* → **montée, pente.** **2.** Le bord de la mer. *Ici, la côte est escarpée. Les plages de la côte sont très belles. Ils passent leurs vacances sur la Côte d'Azur,* le bord de la Méditerranée, en France, entre les villes de Cassis et de Menton.

CÔTÉ [kote] n. m. ■ *LE CÔTÉ* **1.** Partie du corps qui va de l'épaule à la hanche. *Le boxeur a reçu un coup dans le côté.* → **flanc.** **2.** Partie gauche ou droite de tout le corps. *Le cœur est dans le côté gauche du corps. Asseyez-vous À MES CÔTÉS,* près de moi. **3.** Partie gauche ou droite (→ **latéral**). *On peut stationner des deux côtés de la rue.* **4.** Direction. *De quel côté est-il parti ?* vers où ? *Il se promène DU CÔTÉ DE la piscine,* aux alentours de la piscine. **5.** *DE MON CÔTÉ :* en ce qui me concerne. *De mon côté, j'ai fait ce qu'il fallait. Fais ce qu'il faut de ton côté. D'UN AUTRE CÔTÉ, on ne peut être sûr de rien,* en regardant la question d'une façon différente. *La majorité des spectateurs du match est DU CÔTÉ DE notre équipe,* est pour notre équipe. *Ils ont réussi à mettre de l'argent DE CÔTÉ,* à garder de l'argent en réserve. **6.** Limite d'une figure géométrique. *Un carré a ses quatre côtés égaux. Un cube a six côtés.* → **face.** **7.** Partie d'un objet opposée à l'autre. *Elle a écrit sur les deux côtés de la feuille de papier* (→ **recto, verso**). **8.** *À CÔTÉ :* à une distance proche. *Ils habitent à côté,* tout près. *Nous sommes très amis* avec les gens *D'À CÔTÉ*. *Sa maison est À CÔTÉ DE la nôtre. Tes ennuis ne sont pas graves à côté des miens,* comparés aux miens. – STYLE FAMILIER *À CÔTÉ DE ÇA* : en revanche. *Son fils est très coléreux, mais à côté de ça, il est tellement gentil !* **9.** Manière dont une chose se présente. *Son métier a de bons côtés.* → **aspect.** *Il faut prendre la vie DU BON CÔTÉ,* avec optimisme. **10.** Aspect du caractère de qqn. *Elle a de bons côtés,* des qualités. *Il est coléreux, c'est son mauvais côté,* son défaut.

COTEAU [kɔto] n. m. ▪ *UN COTEAU* **1.** Petite colline. *Leur maison est au pied du coteau.* **2.** Pente d'une colline. PLURIEL : *les vignes poussent bien sur les COTEAUX ensoleillés.*

CÔTELÉ [kotle], **CÔTELÉE** [kotle] adj. (après le nom) ▪ (tissu) Qui a des rayures en relief. *Elle a un pantalon en VELOURS CÔTELÉ.*

CÔTELETTE [kotlɛt] n. f. ▪ *UN CÔTELETTE* : côte d'un animal de boucherie de taille moyenne. *Nous avons mangé des côtelettes de porc.*

> FAUX AMI
> allemand **Koteletten** « favoris » (ancien emploi français de *côtelettes*)

REM. Pour le mouton, l'agneau, le porc et le veau, on peut dire *côtelette* ou *côte*. Pour le bœuf, on dit toujours *côte*.

CÔTIER [kotje], **CÔTIÈRE** [kotjɛʀ] adj. (après le nom) ▪ Qui est près du bord de la mer, des côtes. *Une route côtière longe la plage. Ce bateau fait de la navigation côtière,* près du rivage.

COTILLONS [kɔtijɔ̃] n. m. pluriel ▪ *DES COTILLONS* : accessoires (serpentins, confettis, chapeaux en papier, etc.) dont on se sert dans certaines fêtes. *Au réveillon il y avait des petits cotillons.*

COTISATION [kɔtizasjɔ̃] n. f. ▪ *UNE COTISATION* : somme d'argent que l'on donne pour faire partie d'une association ou pour avoir droit à certains avantages. *Tous les ans, elle envoie sa cotisation à l'association sportive de son lycée. Nous avons recueilli les cotisations des membres.*

COTISER [kɔtize] verbe [conjugaison 1a] **1.** Donner de l'argent régulièrement à un organisme pour bénéficier de ses avantages, ou à une association pour en faire partie. *Elle cotise à un club de judo.* **2.** verbe pronominal SE COTISER : donner chacun une certaine somme d'argent pour une dépense commune. *Les élèves se sont cotisés pour faire un cadeau à leur professeur.*

côtoie [kotwa] *Il côtoie, elle côtoie* : forme au présent du verbe **côtoyer.**

① **COTON** [kɔtɔ̃] n. m. ▪ *LE COTON* **1.** Matière végétale faite des fils qui entourent les graines du cotonnier. *Sa robe est en tissu de coton.* **2.** Tissu de coton. *Il a des chaussettes en coton.* **3.** Plante des pays chauds qui fournit le coton. → **cotonnier.** *Il travaille dans un champ de coton.* **4.** *COTON (HYDROPHILE)* : coton utilisé pour les soins. *Il a acheté un paquet de coton à la pharmacie.* → **ouate.** **5.** *Elle a ÉLEVÉ son fils DANS DU COTON,* elle l'a trop protégé. – *FILER UN MAUVAIS COTON* : être dans une situation dangereuse. *Il est en mauvaise santé, je crois qu'il file un mauvais coton.*

② **COTON** [kɔtɔ̃] adj. invariable (après le nom) ▪ STYLE FAMILIER Difficile. *Ça va être coton !* PLURIEL : *ils ont des problèmes coton.*

COTONNADE [kɔtɔnad] n. f. ▪ *LA COTONNADE* : tissu de coton. *La table est couverte d'une nappe de cotonnade bleue.*

COTONNEUX [kɔtɔnø], **COTONNEUSE** [kɔtɔnøz] adj. (après le nom) **1.** Qui a la consistance du coton. *Ces pêches ne sont pas bonnes, elles sont cotonneuses,* fades et sans jus. **2.** Qui ressemble à du coton. *Le ciel est rempli de nuages cotonneux.*

COTONNIER [kɔtɔnje] n. m. ▪ *UN COTONNIER* : arbuste des pays chauds à fleurs blanches dont la graine est entourée de longs fils (→ **coton**). *On cultive les cotonniers pour récolter le coton.*

REM. On dit aussi *coton : la culture du coton.*

CÔTOYER [kotwaje] verbe [conjugaison 8a] **1.** Être souvent avec (qqn). *Les journalistes côtoient de nombreuses personnalités.* → **coudoyer.** **2.** verbe pronominal SE CÔTOYER : se voir souvent. *Ils se sont côtoyés dans leur jeunesse.* → se **fréquenter.** *Nos enfants se côtoieront* [kotwaʀɔ̃] *à l'école.*

COTTE [kɔt] n. f. ▪ *UNE COTTE DE MAILLES* : tunique en fils de métal que les soldats portaient au Moyen Âge. *Jeanne d'Arc avait une cotte de mailles.*

COU [ku] n. m. ▪ *LE COU* : partie du corps qui est entre la tête et le tronc. *La girafe a un très long cou. Les cygnes ont des cous longs et souples. Cette robe dégage le cou,* elle est décolletée. *Il fait froid, mets une écharpe autour du cou. La petite fille s'est JETÉE AU COU de son père,* elle l'a embrassé vivement. *Il a PRIS SES JAMBES À SON COU* : il s'est enfui en courant très vite. *Le malheureux est endetté JUSQU'AU COU,* complètement.

REM. Un *coup* « mouvement brusque » se prononce de la même façon.

COUAC [kwak] n. m. ▪ *UN COUAC* : fausse note émise par un instrument de musique ou par un chanteur. *Le trompettiste a fait plusieurs couacs pendant le concert.*

COUCHAGE [kuʃaʒ] n. m. ▪ *LE COUCHAGE* **1.** Action de coucher (qqn). *C'est l'heure du couchage des enfants.* **2.** *SAC DE COUCHAGE* : sorte de grand sac de tissu rempli de duvet dans lequel on se couche. *Les campeurs ont emporté leurs sacs de couchage.*

COUCHANT [kuʃɑ̃] adj. m. et n. m. **1.** adjectif (après le nom) *SOLEIL COUCHANT,* près de disparaître sous l'horizon. *Les touristes admirent le paysage au soleil couchant.* ⟨contraire : levant⟩ **2.** *LE COUCHANT* : l'endroit où le soleil se couche. *Regarde vers le couchant.* → **occident, ouest.**

COUCHE [kuʃ] n. f. ▪ *UNE COUCHE* **1.** STYLE RECHERCHÉ Lit. *La princesse est étendue sur sa couche.* **2.** Morceau de tissu ou de matière absorbante dont on enveloppe les fesses d'un bébé. *Le bébé a fait pipi, il faut changer sa couche.* → **couche-culotte.** **3.** *FAUSSE COUCHE* [foskuʃ] : expulsion d'un fœtus mort, avant la fin de la grossesse. *Elle a fait plusieurs fausses couches* (→ **avortement**). **4.** Épaisseur d'une matière étalée sur une surface. *Le peintre met deux couches de peinture sur le mur. La pelouse est recouverte d'une fine couche de neige.* – STYLE FAMILIER *EN TENIR UNE COUCHE* : être complètement stupide. *Il ne comprend rien, il en tient une sacrée couche !* **5.** Ensemble d'éléments disposés en zones superposées. *Les couches géologiques permettent de dater les découvertes archéologiques.* **6.** *COUCHE SOCIALE* : ensemble de personnes qui appartiennent au même milieu social. *Ils sont tous les deux de la même couche sociale.* → ① **classe.**

> FAUX AMI
> russe **куш** « somme d'argent »

COUCHÉ [kuʃe], **COUCHÉE** [kuʃe] adj. (après le nom) ▪ Étendu. *Le malade reste couché sur le dos.* ⟨contraires : assis, debout⟩

COUCHE-CULOTTE [kuʃkylɔt] n. f. ▪ Culotte garnie de matière absorbante, que l'on met à un bébé et que l'on jette quand elle est sale. *Le bébé a fait pipi, il faut lui changer sa couche-culotte.* PLURIEL : *des COUCHES-CULOTTES.*

① **COUCHER** [kuʃe] verbe [conjugaison 1a]

I. 1. Mettre au lit (qqn). *Les parents couchent leurs enfants.* ⟨contraire : lever⟩ **2.** Mettre dans une position horizontale. *Le vent* *couche les blés.* → **incliner, pencher.** *Couchez vos bouteilles dans un casier.* ⟨contraire : redresser⟩ **3.** Passer la nuit. *Demain soir, nous coucherons à l'hôtel. Les deux sœurs couchent dans la même chambre.* → **dormir.** *Dans cet appartement, il y a deux* CHAMBRES À COUCHER. – STYLE FAMILIER *Il a un nom* À COUCHER DEHORS, difficile à prononcer et à retenir. **4.** STYLE FAMILIER COUCHER AVEC QQN : avoir des relations sexuelles avec qqn. *Ils couchent ensemble.*

II. verbe pronominal SE COUCHER **1.** Se mettre dans la position allongée. *Les enfants se sont couchés par terre.* → s'**allonger,** s'**étendre.** **2.** Se mettre au lit. *Ils se sont couchés à minuit.* ⟨contraire : se lever⟩ *Va te coucher, il est tard.* **3.** (soleil) Descendre sous la ligne d'horizon. *Le soleil se couche à l'ouest* (→ **couchant).**

② **COUCHER** [kuʃe] n. m. ▪ *LE COUCHER* **1.** Action de se coucher. *C'est l'heure du coucher. Ce sirop est à prendre au coucher.* ⟨contraire : lever⟩ **2.** Moment où le soleil se couche. *Il y a des couchers de soleil magnifiques.*

COUCHETTE [kuʃɛt] n. f. ▪ *UNE COUCHETTE* **1.** Lit dans une cabine de bateau. *Le passager est étendu sur sa couchette.* **2.** Banquette aménagée en lit, dans un train de nuit. *Le voyageur a réservé une couchette.*

① **COUCOU** [kuku] n. m. ▪ *UN COUCOU* **1.** Oiseau gris avec des rayures noires, de la taille d'un pigeon, à la queue longue et aux ailes pointues. *La femelle du coucou pond dans le nid d'autres oiseaux.* **2.** Pendule dont la sonnerie, ressemble au cri du coucou. *Le coucou a sonné midi.* **3.** Plante à fleurs jaunes qui fleurit au début du printemps. *Nous avons cueilli des coucous dans les champs.* → **primevère.** **4.** STYLE FAMILIER Petit avion d'un modèle ancien. *Je ne suis pas rassuré de monter dans ce coucou.*

REM. Le cri du coucou ressemble à *coucou.*

② **COUCOU !** [kuku] interjection ▪ Mot que l'on emploie pour signaler sa présence à des amis ou son arrivée chez des amis. *Coucou, c'est moi !*

COUDE [kud] n. m. ▪ *LE COUDE* **1.** Endroit où se plie le bras, où s'emboîtent le bras et l'avant-bras. *Le coude est l'articulation du membre supérieur. Ne mets pas tes coudes sur la table quand tu manges.* – *Elle est partie* COUDES AU CORPS, très vite, en courant. *Les coureurs sont* AU COUDE À COUDE, très proches l'un de l'autre. *Elles se* SERRENT LES COUDES, elles s'entraident. STYLE FAMILIER *Il aime bien* LEVER LE COUDE : il boit beaucoup. **2.** Partie de la manche d'un vêtement qui recouvre le coude. *Les coudes de son pull sont usés.* **3.** *UN COUDE* : angle courbe que fait un objet. *La route suit les coudes de la rivière.* → **méandre.** *Les tuyaux forment plusieurs coudes.*

COUDÉ [kude], **COUDÉE** [kude] adj. (après le nom) ▪ Qui fait un coude. *Un tuyau coudé.*

COU-DE-PIED [kudpje] n. m. ▪ *LE COU-DE-PIED* : partie bombée du dessus du pied, entre la cheville et les orteils. *Elle a reçu de l'eau bouillante sur le cou-de-pied.* PLURIEL : *des* COUS-DE-PIED.

REM. Quand on envoie un ballon avec le pied, on donne un *coup de pied* dans le ballon.

coudoie [kudwa] *Il coudoie, elle coudoie* : forme au présent du verbe **coudoyer.**

COUDOYER [kudwaje] verbe [conjugaison 8a] **1.** Passer près de (qqn). *On coudoie beaucoup d'inconnus dans le métro.* **2.** Être souvent avec (qqn). *Il coudoiera* [kudwaʀa] *des célébrités quand il sera journaliste.* → **côtoyer, fréquenter.**

COUDRE [kudʀ] verbe [conjugaison 48] ▪ Faire tenir au moyen de points faits avec un fil passé dans une aiguille. *Je couds l'ourlet et la jupe sera finie. Tu coudras demain les boutons de ta veste. Couds le bouton avec un fil solide. Il faut que je couse une robe pour ma fille. Cette robe a été cousue à la main.* – *Ma grand-mère cousait très bien. La couturière a une* MACHINE À COUDRE. *Elle utilise un* DÉ À COUDRE *pour protéger son doigt.*

couds [ku] *Je couds, tu couds* : forme au présent du verbe **coudre.**

COUENNE [kwan] n. f. ▪ *LA COUENNE* : peau de porc flambée, qui recouvre le lard et le jambon. *Enlève la couenne du jambon.*

REM. Le *e* se prononce [a], comme dans *femme.*

① **COUETTE** [kwɛt] n. f. ▪ *UNE COUETTE* : grand édredon qui recouvre un lit et qui sert de drap de dessus et de couverture. *Il faut mettre une housse de couette propre.*

② **COUETTE** [kwɛt] n. f. ▪ *UNE COUETTE* : chacune des deux grosses mèches de cheveux retenues par un élastique, un ruban ou une barrette, au-dessus des oreilles. *Elle s'est fait des couettes.*

COUFFIN [kufɛ̃] n. m. ▪ *UN COUFFIN* : grand panier avec des anses dans lequel on couche un bébé. *Le bébé dort dans son couffin.*

COUILLE [kuj] n. f. ▪ STYLE TRÈS FAMILIER *UNE COUILLE* **1.** Testicule. *Une paire de couilles.* – *Il a des couilles (au cul)* : il est courageux. **2.** Erreur, ennui. *Il y a une couille, nous ne pourrons pas partir demain comme prévu.*

COUILLON [kujɔ̃] n. m., **COUILLONNE** [kujɔn] n. f. ▪ STYLE FAMILIER *UN COUILLON, UNE COUILLONNE* : un imbécile, une imbécile. *Quel couillon, ce mec !* → STYLE TRÈS FAMILIER **con.**

FAUX AMIS
danois et norvégien **kujon** « personne sans courage »

COUILLONNER [kujɔne] verbe [conjugaison 1a] ▪ STYLE FAMILIER Tromper. *Cet escroc a couillonné tout le monde.* → **avoir,** STYLE TRÈS FAMILIER ② **baiser.** *Il s'est fait couillonner.*

FAUX AMI
allemand **kujonieren** « embêter »

COULANT [kulɑ̃], **COULANTE** [kulɑ̃t] adj. (après le nom) **1.** *NŒUD COULANT,* qui fait une boucle qui se resserre quand on tire dessus. *Le marin fait un nœud coulant.* **2.** (fromage) Dont la pâte coule un peu. *Elle aime le camembert coulant,* dont la pâte est très crémeuse. **3.** (qqn) STYLE FAMILIER Qui laisse faire. *Ses parents sont très coulants.* → **indulgent.** ⟨contraire : sévère⟩

COULÉE [kule] n. f. ▪ *UNE COULÉE* : un liquide épais qui s'écoule. *Une* COULÉE DE LAVE *s'échappe du volcan en éruption.*

COULER [kule] verbe [conjugaison 1a] **1.** (liquide) Se déplacer. *La rivière coule vers l'est. Le sang coule dans les veines.* → **circuler.** *L'eau coule du robinet.* → s'**écouler.** **2.** Laisser échapper un liquide. *Mon stylo coule.* → **fuir.** *Elle est enrhumée, elle a le nez qui coule.* **3.** Ne pas pouvoir rester à la surface de l'eau. *Le navire a coulé.* → **sombrer.** *Je ne sais pas nager, j'ai peur de couler !* ⟨contraire : flotter⟩ **4.** Verser (une matière liquide) dans un moule. *L'ouvrier coule du béton.* **5.** Faire s'enfoncer dans l'eau. *Le sous-marin a coulé un bateau ennemi.* **6.** STYLE RECHERCHÉ Passer. *Ils sont à la retraite et coulent des jours heureux.* **7.** COULER DE SOURCE : être la conséquence normale, être évident. *Si tu travailles, tu gagnes de l'argent, ça coule de source.* **8.** STYLE FAMILIER verbe pronominal SE LA COULER DOUCE : avoir une vie heureuse, sans se faire de souci. *Il ne fait rien, il se la coule douce pendant que les autres travaillent !*

COULEUR [kulœʀ] n. f.

I. *LA COULEUR* **1.** Impression que produisent sur l'œil la lumière et la surface d'un objet. *L'arc-en-ciel est composé de plusieurs couleurs. De quelle couleur sont ses yeux ? Il porte une chemise de couleur claire et un pantalon de couleur foncée.* → **coloris, nuance, teinte ; coloré. 2.** Chacune des marques, dans un jeu de cartes. *Trèfle, carreau, cœur et pique sont les quatre couleurs.* **3.** Apparence colorée de la peau. *Les enfants ont pris des couleurs à la montagne,* ils ont les joues roses. *Elle a changé de couleur en apprenant la mauvaise nouvelle,* elle est devenue très pâle. *C'est un homme, une femme* DE COULEUR, un homme, une femme de race noire. **4.** Apparence, aspect de qqch. *Soudain, le récit prend une couleur tragique.* – STYLE FAMILIER *Son argent, on n'en a jamais vu la couleur :* on n'a jamais vu son argent. **5.** STYLE RECHERCHÉ *SOUS COULEUR DE :* sous prétexte de. *Ils ont attaqué sous couleur de se défendre.* **6.** (au pluriel) LES COULEURS : le drapeau d'un pays. *Le capitaine du bateau fait hisser les couleurs.* → **pavillon.**

II. *UNE COULEUR* **1.** Toute couleur autre que noir, blanc ou gris. *Le photographe a pris des photos* EN COULEUR(S) *et en noir et blanc.* – *Ils ont un téléviseur couleur,* qui diffuse des images en couleurs. *Elle porte une écharpe de plusieurs couleurs.* → **multicolore. 2.** Matière colorante que l'on applique sur une surface. *Le peintre étale les couleurs sur sa toile* (→ **peinture**). *Les enfants dessinent avec des* CRAYONS DE COULEUR. **3.** *EN VOIR DE TOUTES LES COULEURS :* subir beaucoup de choses désagréables. *Cet enfant nous en aura fait voir de toutes les couleurs.*

REM. Les couleurs de l'arc-en-ciel sont : violet, indigo, bleu, vert, jaune, orangé, rouge.

les mots désignant des couleurs

1. Les *adjectifs de couleur* s'accordent le plus souvent en genre et en nombre avec le nom auquel ils se rapportent :
des robes ***vertes.***

Les *adjectifs de couleur* sont invariables quand ils sont accompagnés d'un autre mot qui les précise :
des yeux ***vert clair*** *; une nappe* ***bleu nuit.***

2. Les *noms de choses* désignant des couleurs sont invariables :
des yeux ***marron*** *; des jupes* ***abricot.***

Il y a six exceptions : ***écarlate, fauve, incarnat, mauve, pourpre*** et ***rose :***
des joues ***écarlates*** *; des étoffes* ***incarnates.***

3. Entre deux termes de couleur, on met un trait d'union et chaque terme reste invariable :
une maison ***gris-bleu*** *; des yeux* ***bleu-vert.***

Entre deux mots dont l'un n'est pas un nom de couleur, on ne met pas de trait d'union et chaque terme reste invariable :
des volets ***vert pomme.***

COULEUVRE [kulœvʀ] n. f. ▪ *UNE COULEUVRE* **1.** Serpent qui peut mesurer un mètre soixante-dix et qui se nourrit de petits rongeurs. *La couleuvre n'est pas venimeuse, elle est inoffensive pour l'homme.* – *Il est* PARESSEUX COMME UNE COULEUVRE, très paresseux. **2.** *AVALER DES COULEUVRES :* supporter beaucoup de choses désagréables sans se plaindre. *Avec ce patron, elle en a avalé des couleuvres !*

COULIS [kuli] n. m. ▪ *LE COULIS* **1.** Purée de fruits crus. *Le gâteau est recouvert d'un coulis de framboises.* **2.** Sauce obtenue en faisant cuire très longtemps à feu doux. *J'ai fait un coulis de tomates.*

COULISSE [kulis] n. f. ▪ *UNE COULISSE* **1.** Rainure le long de laquelle glisse une porte, une fenêtre. *Le salon est séparé de la salle à manger par une porte à coulisse.* **2.** Ourlet dans lequel on fait passer un cordon. *Le paquet de coton est fermé par une coulisse.*

COULISSER [kulise] verbe [conjugaison 1a] ▪ Glisser dans une rainure, dans une coulisse. *Cette porte coulisse.*

COULISSES [kulis] n. f. pluriel ▪ *LES COULISSES* **1.** Partie d'un théâtre située sur les côtés et en arrière de la scène. *Les coulisses sont cachées aux spectateurs. Le comédien attend dans les coulisses le moment d'entrer en scène.* **2.** Ce qui est secret, ce que la majorité des gens ne sait pas. *Il est dans les coulisses de la politique.* → **dessous.**

COULOIR [kulwaʀ] n. m. ▪ *UN COULOIR* **1.** Passage long et étroit qui permet d'aller d'une pièce dans une autre. *Ma chambre est au bout du couloir.* → **corridor.** *On marche beaucoup dans les couloirs du métro,* dans les couloirs qui permettent d'aller d'un endroit à un autre dans une station de métro. – *D'après des* BRUITS DE COULOIR, *il serait nommé ministre,* d'après ce qu'on peut entendre dire. → **rumeur. 2.** Passage réservé à certains véhicules. *Il est interdit aux voitures de circuler dans les* COULOIRS D'AUTOBUS. *Les avions doivent suivre les couloirs aériens.*

FAUX AMI
roumain **culoar**
« autoroute à quatre voies »

COUP [ku] n. m. ▪ *UN COUP* **1.** Mouvement que l'on fait en tapant, en heurtant. *Le menuisier enfonce le clou à coups de marteau.* **2.** Mouvement d'une partie du corps. *Le footballeur donne un* COUP DE PIED *dans le ballon. J'ai besoin que tu me donnes un* COUP DE MAIN, que tu m'aides. *Jette un* COUP D'ŒIL *par la fenêtre,* regarde rapidement. **3.** Choc que l'on fait subir à qqn pour lui faire mal. *J'ai reçu un coup. Elle s'est donné un coup :* elle s'est cognée. *Les deux hommes* EN SONT VENUS AUX COUPS, ils ont fini par se battre. *Le veilleur de nuit a été roué de coups, bourré de coups. Le malfaiteur a été condamné pour* COUPS ET BLESSURES. → **sévices. 4.** Décharge d'une arme à feu. *Le témoin a entendu deux coups de feu. Le lapin a reçu un coup de fusil.* **5.** Mouvement rapide que l'on fait faire à un objet. *Il passe un* COUP DE BALAI *dans la cuisine,* il balaie rapidement. *Elle se donne un* COUP DE PEIGNE. *Passe un* COUP DE FER *sur ton pantalon,* repasse-le rapidement. *L'automobiliste donne un coup de frein,* il freine. **6.** Bruit fait par certains appareils. *J'ai entendu un coup de sonnette à la porte. L'arbitre donne un coup de sifflet. Il y a eu plusieurs coups de téléphone,* plusieurs appels téléphoniques. **7.** Action qui touche qqn moralement. *Cette nouvelle nous a fait un coup.* → **choc, émotion.** – STYLE FAMILIER *Il faut* TENIR LE COUP : il faut résister à la fatigue, aux soucis. **8.** Action soudaine et violente. *Un coup de vent a fait voler nos chapeaux. Mon frère a un* COUP DE SOLEIL *sur le nez,* une petite brûlure. **9.** Action hasardeuse. *C'est un* COUP DE CHANCE ! un heureux hasard. *Il faut* RISQUER LE COUP, essayer. *Elle a manqué son coup :* elle a échoué. **10.** Action malhonnête. *On ne sait pas qui a* FAIT LE COUP. *Faire les* QUATRE CENTS COUPS : faire toutes les bêtises possibles. – STYLE FAMILIER *Le gardien est* DANS LE COUP, il est au courant ou il participe à l'action. **11.** Fois. *J'ai réussi du premier coup,* à la première tentative. *Il gagne à tous les coups !* à chaque fois. → **toujours.** *Du même coup :* par la même occasion. **12.** STYLE FAMILIER *DISCUTER LE COUP :* bavarder. *Je l'ai rencontré dans la rue et on a discuté le coup.* **13.** Quantité bue en une fois. *Il a bu un coup de trop* (de vin). STYLE FAMILIER *Viens, je te paye un coup,* à boire. **14.** Action rapide faite en une seule fois. *La malade a eu deux rhumes* COUP SUR COUP, à la suite. *L'alpiniste est tombé et il est mort* SUR LE COUP, immédiatement. *Je n'ai compris qu'*APRÈS COUP, plus tard. *Il s'est mis à pleuvoir* TOUT À COUP, TOUT D'UN COUP, brusquement. → **soudain.**

COUPABLE [kupabl] adj., n. m. et n. f.

I. adjectif (après le nom) **1.** (qqn) Qui a commis une faute. *Un cambrioleur est coupable de vol. L'accusé a été reconnu cou-*

pable. ⟨contraire : innocent⟩ *Je me sens coupable de ne pas l'avoir aidé.* → **fautif.** **2.** (qqch.) Que l'on condamne. *Il a eu des pensées coupables,* de mauvaises pensées. → **honteux, inavouable, répréhensible.**
II. *UN COUPABLE, UNE COUPABLE :* une personne qui a fait qqch. de mal. *La police recherche les coupables.*
REM. Le nom qui correspond à l'adjectif *coupable* est *culpabilité.*

COUPANT [kupɑ̃], **COUPANTE** [kupɑ̃t] adj. (après le nom) ▪ Qui coupe bien. *J'ai besoin d'un couteau bien coupant.* → **tranchant.**

① **COUPE** [kup] n. f. ▪ *UNE COUPE* **1.** Verre à pied, peu profond et très large. *Elle a des coupes à champagne en cristal. On boit le champagne dans des coupes ou dans des flûtes.* **2.** Contenu d'une coupe. *J'ai bu trois coupes de champagne.* **3.** Récipient large et rond, avec ou sans pied. *Une coupe de fruits est sur la table.* **4.** Coupe de métal, que l'on donne au vainqueur d'une compétition sportive. *Le joueur de tennis a remporté la coupe.* **5.** Compétition où le vainqueur gagne une coupe. *Cette équipe de football participe à la coupe de France.*

FAUX AMIS
grec **κούπα** « tasse » ; portugais **copo** « verre »

② **COUPE** [kup] n. f. ▪ *UNE COUPE* **1.** Façon dont les cheveux sont coupés. *Votre nouvelle coupe vous va très bien.* **2.** Manière dont on coupe le tissu, le cuir, pour faire un vêtement. *Elle a un manteau de coupe classique.* **3.** Étendue de forêt où l'on abat des arbres. *Les forestiers ont fait une COUPE SOMBRE,* ils ont coupé quelques arbres. – *On a fait une coupe sombre dans le personnel de l'entreprise,* on a licencié beaucoup d'employés. **4.** Dessin qui représente un objet comme s'il était coupé en deux. *Pour expliquer la circulation du sang, le professeur dessine une coupe du cœur au tableau. L'architecte fait le plan de la maison EN COUPE.* **5.** *Être SOUS LA COUPE DE qqn :* dépendre de qqn. *Il est tombé sous la coupe d'un maître chanteur.* **6.** *À LA COUPE,* coupé à la demande du client et vendu au poids. *Acheter du fromage à la coupe.*

COUPÉ [kupe] n. m. ▪ *UN COUPÉ :* automobile à deux portes, qui a deux ou quatre places, comme une voiture de sport. *Il s'est acheté un coupé blanc.*

FAUX AMIS
néerlandais **coupé**, russe **купе** « compartiment d'un train »

COUPE-FAIM [kupfɛ̃] n. m. invariable ▪ *UN COUPE-FAIM :* médicament qui empêche d'avoir faim. *Mon oncle prend un coupe-faim avant le repas pour maigrir.* PLURIEL : *des coupe-faim.*
REM. Au pluriel, on écrit aussi : *des coupe-faims.*

COUPE-GORGE [kupgɔʀʒ] n. m. invariable ▪ *UN COUPE-GORGE :* lieu dangereux où l'on risque de se faire attaquer par des malfaiteurs. *Cette impasse est un vrai coupe-gorge.* PLURIEL : *des coupe-gorge.*
REM. Au pluriel, on écrit aussi : *des coupe-gorges.*

COUPE-PAPIER [kuppapje] n. m. invariable ▪ *UN COUPE-PAPIER :* lame qui sert à couper du papier plié. *Elle prend un coupe-papier pour ouvrir l'enveloppe.* PLURIEL : *des coupe-papier.*

COUPER [kupe] verbe [conjugaison 1a]
I. 1. Être tranchant. *Ce couteau coupe bien.* **2.** Diviser (qqch.) avec un objet tranchant. *Je coupe le pain avec un couteau. Le charcutier coupe le saucisson en rondelles. Coupe le gâteau en six (parts).* **3.** Rendre plus court en enlevant une partie. *Il est allé chez le coiffeur se faire couper les cheveux. La manucure m'a coupé les ongles.* **4.** Prendre (un morceau) en séparant avec un instrument tranchant. *Le cuisinier coupe trois tranches de rôti.* **5.** Enlever (qqch. qui tient à un ensemble). *Le jardinier a coupé une branche du pommier. Le chirurgien a dû couper le bras du blessé.* → **amputer.** *Autrefois on coupait la tête des condamnés à mort.* → **décapiter, guillotiner.** – *J'en donnerais MA TÊTE, MA MAIN À COUPER :* j'en suis sûr. **6.** Diviser en plusieurs parties. *Le salon est coupé en deux par une cloison.* **7.** Interrompre. *Ne me coupe pas la parole ! Cette nouvelle nous a coupé l'appétit. Des publicités coupent le film.* – *L'eau est coupée pendant la durée des travaux.* **8.** Passer au milieu de. *La rue coupe le boulevard un peu plus loin.* → **croiser.** **9.** Prendre un chemin plus court. *Nous couperons à travers champs.*
II. verbe pronominal SE COUPER **1.** (qqn) Se blesser avec un instrument tranchant. *Mon mari s'est coupé en se rasant.* – (figuré) *Elle s'est COUPÉE EN QUATRE pour lui rendre service,* elle a fait tout ce qu'elle pouvait. **2.** (qqch.) Être coupé. *Cette viande est tendre, elle se coupe facilement.* **3.** Se servir en coupant. *Elle s'est coupé une tranche de jambon.* **4.** Se faire une entaille. *Elle s'est coupée.* – *Elle s'est coupé le doigt.* **5.** (qqn) Perdre le contact avec (qqn). *Après son divorce, elle s'est coupée de ses amis.* **6.** (qqch.) Se croiser. *Les deux rues se coupent à angle droit.* **7.** (qqn) Dire le contraire de ce que l'on veut dire, après avoir menti. *L'accusé s'est coupé.* → se **trahir.**

COUPEROSE [kupʀoz] n. f. ▪ *LA COUPEROSE :* rougeurs sur la peau, dues à la dilatation des vaisseaux sanguins. *Il a de la couperose sur le nez.*

COUPEROSÉ [kupʀoze], **COUPEROSÉE** [kupʀoze] adj. (après le nom) ▪ Atteint de couperose. *Elle a le teint couperosé.*

COUPE-VENT [kupvɑ̃] n. m. invariable ▪ *UN COUPE-VENT :* vêtement dont le tissu empêche l'air de passer. *Le skieur met son coupe-vent.* PLURIEL : *des coupe-vent.*
REM. On rencontre parfois le pluriel : *des coupe-vents.*

COUPLE [kupl] n. m. ▪ *UN COUPLE* **1.** Un homme et une femme réunis. *Les couples de danseurs sont sur la piste. Ses parents font un beau couple.* **2.** Un homme et une femme vivant ensemble, mariés ou non. *Elle loue son appartement à un jeune couple sans enfant.* **3.** Deux personnes du même sexe, vivant ensemble. *Un couple d'homosexuels habite à côté.* **4.** Deux animaux de la même espèce, mâle et femelle. *Un couple de pigeons.*

COUPLET [kuplɛ] n. m. ▪ *UN COUPLET* **1.** Chacune des parties d'une chanson séparées par le refrain. *« La Marseillaise » a sept couplets.* → **strophe.** **2.** Propos sans cesse répété. *Mon oncle nous a encore sorti son couplet habituel sur la politique du gouvernement.*

COUPOLE [kupɔl] n. f. ▪ *UNE COUPOLE* **1.** Toit en forme de demi-sphère. *La coupole de Saint-Pierre-de-Rome est célèbre.* → **dôme.** **2.** *LA COUPOLE :* l'Académie française. *Cet écrivain a été reçu sous la Coupole,* il est devenu académicien.

COUPON [kupɔ̃] n. m. ▪ *UN COUPON* **1.** Reste d'un rouleau de tissu. *On peut faire une jupe dans ce coupon.* **2.** Ticket prouvant que l'on a payé. *Le contrôleur vérifie les coupons des cartes de transport.*

COUPON-RÉPONSE [kupɔ̃repɔ̃s] n. m. ▪ *UN COUPON-RÉPONSE :* partie d'une annonce publicitaire que l'on remplit et que l'on envoie. *Pour bénéficier de notre offre promotionnelle, renvoyez le coupon-réponse avant la fin du mois.* PLURIEL : *des COUPONS-RÉPONSES.*

COUPURE [kupyʀ] n. f. ▪ *UNE COUPURE* **1.** Blessure faite par un instrument tranchant. *Mon fils s'est fait une coupure au doigt.* → **entaille.** **2.** Interruption. *Il y aura des coupures d'électricité pendant la durée des travaux. Le film est interrompu par des* *coupures publicitaires.* – STYLE FAMILIER *C'est bientôt la coupure du déjeuner.* → **pause.** 3. Suppression d'une partie d'un texte, d'un film. *Le film est passé à la télévision avec des coupures,* sans certaines scènes du film. 4. Billet de banque. *Les ravisseurs ont demandé une rançon en PETITES COUPURES,* en billets de faible valeur. 5. *COUPURE DE JOURNAL :* article découpé dans un journal. *Elle garde toutes les coupures de journaux où l'on parle de son fils.*

① **COUR** [kuʀ] n. f. ▪ *UNE COUR :* espace en plein air, situé au milieu de bâtiments. *Les poubelles sont dans la cour de l'immeuble. À l'école, les enfants jouent dans la COUR DE RÉCRÉATION.*

② **COUR** [kuʀ] n. f. ▪ *LA COUR* 1. Ensemble des personnes qui entourent un roi. *Le roi est dans le jardin, avec toute sa cour.* → **courtisan.** 2. Groupe de personnes qui entourent un personnage important pour lui plaire et obtenir des avantages. *Une cour de fidèles entoure le ministre.* 3. *FAIRE LA COUR à une femme,* chercher à la séduire. *Mon frère fait la cour à ma meilleure amie,* il la courtise. 4. *LA COUR :* le tribunal. *Maître X, avocat à la Cour. Messieurs, la Cour !*

COURAGE [kuʀaʒ] n. m. ▪ *LE COURAGE* 1. Énergie et entrain que l'on a pour faire qqch. *Je n'ai pas eu le courage de me lever de bonne heure.* → **ardeur.** *Arme-toi de courage et vas-y !* 2. Force morale de faire qqch. malgré le danger ou la peur. *Les pompiers ont besoin de courage pour affronter les incendies. Les soldats se sont battus avec courage.* → **vaillance.** ⟨contraires : faiblesse, lâcheté⟩ *Fais preuve de courage : plonge ! Elle PREND SON COURAGE À DEUX MAINS :* elle se décide malgré la difficulté, le danger, sa peur ou sa timidité. *Bon courage !*

> FAUX AMI
> russe **кураж** « fanfaronnade »

COURAGEUSEMENT [kuʀaʒøzmɑ̃] adverbe ▪ Avec courage. *Les sauveteurs sont entrés courageusement dans la maison en flammes.* → **bravement, vaillamment.** ⟨contraire : lâchement⟩

COURAGEUX [kuʀaʒø], **COURAGEUSE** [kuʀaʒøz] adj. (après le nom) 1. Qui agit malgré le danger ou la peur. *Les pompiers sont des hommes courageux.* → **brave.** ⟨contraires : lâche, peureux⟩ 2. Qui a de l'énergie. *Je ne me sens pas très courageuse, ce matin.* ⟨contraire : paresseux⟩ 3. (qqch.) Qui montre que l'on a du courage. *C'est très courageux de faire ça.*

COURAMMENT [kuʀamɑ̃] adverbe 1. Avec facilité et aisance. *Mon père parle anglais couramment,* très bien. 2. D'une manière habituelle. *Ce mot s'emploie couramment.* → **fréquemment, souvent.** ⟨contraires : jamais, rarement⟩

> FAUX AMI
> anglais **currently** « actuellement »

courant [kuʀɑ̃] *En courant :* forme au participe présent du verbe **courir.**

① **COURANT** [kuʀɑ̃], **COURANTE** [kuʀɑ̃t] adj. (après le nom) 1. *L'EAU COURANTE,* qui arrive directement par des tuyaux. *Cette maison n'a pas l'eau courante.* 2. Qui se produit fréquemment, que l'on utilise souvent. *« Faire » est un verbe très courant.* → **fréquent.** ⟨contraire : rare⟩ *C'est courant de réagir comme ça.* → **classique, habituel.** *Ces fleurs sont courantes dans nos régions.* → **commun, ordinaire.**

② **COURANT** [kuʀɑ̃] n. m. ▪ *LE COURANT* 1. Mouvement de l'eau. *La barque a été entraînée par le courant. Ne vous baignez pas dans cette rivière, il y a trop de courant, le courant est trop fort.* 2. *COURANT D'AIR :* air qui circule entre deux ouvertures. *Ferme la fenêtre, je sens un courant d'air.* 3. Électricité qui passe dans des câbles. *La lampe s'est éteinte car il y a une panne de courant. Les électriciens doivent rétablir le courant.* 4. Mouvement d'idées. *Il y a plusieurs courants dans ce parti politique.* → **tendance.** 5. *Être AU COURANT,* informé. *Je suis au courant de la nouvelle,* je la sais. *Tenez-moi au courant de vos projets.* 6. *DANS LE COURANT de :* pendant. *Ma sœur passera dans le courant du mois.*

> FAUX AMIS
> polonais **kurant** « carillon » ; portugais **corante** « colorant »

COURBATU [kuʀbaty], **COURBATUE** [kuʀbaty] adj. (après le nom) ▪ Qui a des douleurs musculaires dans tout le corps, qui a des courbatures. *Je me sens courbatu.* → **courbaturé.**

REM. *Courbatu* s'écrit avec un seul *t*, bien qu'étant de la famille de *battre*.

COURBATURE [kuʀbatyʀ] n. f. ▪ *UNE COURBATURE :* douleur dans un muscle due à un effort ou à la fièvre. *Après cette marche en montagne, j'ai des courbatures dans les jambes.*

COURBATURÉ [kuʀbatyʀe] adj. (après le nom) ▪ Qui a des courbatures. *Elle est courbaturée après le cours de gymnastique.* → **courbatu.**

COURBE [kuʀb] adj. et n. f.
I. adjectif (après le nom) Qui change de direction sans faire d'angle, qui est arrondi. *Tracez une ligne courbe.* → **courbé.** ⟨contraires : droit, rectiligne⟩ *La surface de la Terre est courbe.*
II. *UNE COURBE* 1. Ligne courbe. *La route fait une courbe.* → **tournant, virage.** 2. Ligne d'un graphique montrant l'évolution d'un phénomène. *Le médecin regarde la courbe de température du malade.*

COURBÉ [kuʀbe], **COURBÉE** [kuʀbe] adj. (après le nom) ▪ Qui a la forme d'une courbe. *La vieille dame a le dos courbé.* ⟨contraire : droit⟩

COURBER [kuʀbe] verbe [conjugaison 1a] 1. Rendre courbe (qqch. qui est droit). *Le poids des fruits courbe les branches de l'arbre.* → **plier.** ⟨contraire : redresser⟩ 2. Pencher (qqch.) vers le bas. *L'élève courbe la tête pour lire.* → **incliner.** 3. Devenir courbe. *L'arbre courbe sous le poids des fruits.* → **ployer.** 4. verbe pronominal SE COURBER : devenir courbe. *La branche s'est courbée sous le poids de la neige. Le chanteur se courbe pour saluer.* → **s'incliner.** ⟨contraires : se redresser, se relever⟩

COURBETTE [kuʀbɛt] n. f. ▪ *UNE COURBETTE :* façon de s'incliner devant qqn avec exagération, en signe de politesse et de soumission. *Les courtisans FAISAIENT DES COURBETTES devant le roi.*

COURBURE [kuʀbyʀ] n. f. ▪ *LA COURBURE :* forme de ce qui est courbe. → **galbe.** *De l'espace, on peut admirer la courbure de la Terre.*

coure [kuʀ] *Que je coure, qu'il coure, qu'elle coure :* forme au subjonctif du verbe **courir.**

COUREUR [kuʀœʀ] n. m., **COUREUSE** [kuʀøz] n. f. ▪ *UN COUREUR, UNE COUREUSE* 1. Personne qui court. *C'est un bon coureur.* 2. Personne qui participe à une course. *Les coureurs sont prêts à prendre le départ. Il est coureur cycliste.* 3. Personne qui recherche les aventures amoureuses. *Méfie-toi de lui, c'est un coureur !*

COURGE [kuʀʒ] n. f. ▪ *UNE COURGE :* plante potagère que l'on cultive pour ses fruits **(→ citrouille, courgette, potiron).** *Les courges ont de très longues tiges qui poussent à ras de terre.*

COURGETTE [kuʀʒɛt] n. f. ▪ *UNE COURGETTE :* petite courge verte, allongée, que l'on mange cuite comme légume. *Le cuisinier a préparé un gratin de courgettes.*

COURIR [kuʀiʀ] verbe [conjugaison 11]
I. **1.** (êtres animés) Se déplacer rapidement par une suite d'élans, en portant le poids du corps sur une jambe puis sur l'autre, ou sur une patte puis sur l'autre. *Cours, tu es en retard ! Ne cours pas si vite ! Je n'ai pas pu le rattraper car il courait trop vite. Je suis essoufflée car j'ai couru à toute vitesse. Il a* COURU À PERDRE HALEINE, au point d'avoir du mal à respirer. *Mon chien a couru toute la journée dans la forêt.* **2.** Participer à une course. *Les chevaux qui ont couru aujourd'hui sont au repos.* **3.** Aller rapidement (quelque part). *Je prends ma voiture et je cours chez vous.* – *Attention, vous* COUREZ À *l'échec,* vous allez rapidement subir un échec. – STYLE FAMILIER *COURIR APRÈS qqn,* rechercher sa compagnie avec empressement. *Il court après cette femme depuis des mois.* – STYLE FAMILIER *Tu peux toujours courir !* se dit pour refuser qqch. *Il veut que je lui prête ma voiture, mais il peut toujours courir !* **4.** (eau) Couler. *La rivière court entre deux rangées d'arbres.* **5.** (nouvelle) Circuler, passer de l'un à l'autre. → se **répandre.** *Le* BRUIT COURT QUE... : on dit que... *Le bruit court que le directeur va démissionner.* – *Je me demande qui a fait courir ce bruit,* qui l'a répandu, qui l'a fait circuler. **6.** STYLE FAMILIER *LAISSER COURIR :* laisser faire. *Ma fille est désagréable en ce moment, mais je laisse courir, elle se calmera.*
II. *COURIR QQCH.* **1.** Faire une course de. *Mon frère courra* [kuʀʀa] *un cent mètres dimanche prochain,* il participera à une course de cent mètres. **2.** Être exposé à. *Les pompiers courent de graves dangers. Si tu ne pars pas maintenant, tu cours le risque de rater ton train.* **3.** Tenter, essayer. *Tous les concurrents ont* COURU LEUR CHANCE. *Il faut que tu coures ta chance.* **4.** Aller dans de nombreux endroits. *Au moment de Noël, les gens courent les magasins.* **5.** STYLE TRÈS FAMILIER *Il me court (sur le système, sur le haricot) :* il m'ennuie. *Tu nous cours, avec tes histoires :* tu nous fatigues avec tes ennuis, tes problèmes.

REM. Le cheval ne court pas, il *galope ;* un cheval qui *court* est un cheval qui fait une course.

COURONNE [kuʀɔn] n. f. ▪ *UNE COURONNE* **1.** Cercle de métal que l'on met autour de la tête, comme marque d'autorité. *Les rois et les reines portent des couronnes.* → **diadème.** **2.** Objet circulaire. *Elle a déposé une couronne (funéraire) sur la tombe de son oncle,* un cercle de fleurs et de feuillages. *NI FLEURS NI COURONNES :* notice écrite sur un faire-part de décès pour préciser que la famille du défunt souhaite un enterrement sans fleurs ni couronnes. – *J'ai acheté une couronne chez le boulanger,* un pain en forme d'anneau. **3.** Capsule dont on recouvre une dent malade. *Le dentiste a posé à son patient une couronne en or.* **4.** *La* PETITE COURONNE, *la* GRANDE COURONNE : la banlieue proche, la banlieue lointaine qui entourent Paris. *Ils habitent la petite couronne.*

COURONNÉ [kuʀɔne], **COURONNÉE** [kuʀɔne] adj. (après le nom) **1.** (genou) Blessé par une écorchure ronde. *Le petit garçon est tombé, il a les genoux tout couronnés.* **2.** *Les* TÊTES COURONNÉES : les souverains. *Certains journaux s'intéressent beaucoup à la vie des têtes couronnées.*

COURONNEMENT [kuʀɔnmɑ̃] n. m. ▪ *LE COURONNEMENT* **1.** Cérémonie au cours de laquelle on couronne un souverain. *Le couronnement de Napoléon Ier.* → **sacre.** **2.** Ce qui rend parfait. *Ce succès a été le couronnement de sa carrière.*

COURONNER [kuʀɔne] verbe [conjugaison 1a] **1.** Proclamer (qqn) souverain en lui plaçant une couronne sur la tête. *Napoléon a été couronné empereur des Français en 1804.* → **sacrer.** **2.** Récompenser. *Ses efforts ont été* COURONNÉS DE SUCCÈS, ont abouti au succès. **3.** (ironique) Rendre parfait. *D'abord j'ai raté mon train et* POUR COURONNER LE TOUT, *j'ai perdu mes clés !*

courra [kuʀʀa] *Il courra, elle courra :* forme au futur du verbe **courir.**

À COURRE [akuʀ] adverbe ▪ *CHASSE À COURRE :* chasse qui se fait à cheval et où les chasseurs et leurs chiens poursuivent le gros gibier. *Pendant la chasse à courre, deux cerfs sont tombés épuisés de fatigue.*

REM. *Courre,* ancienne forme du verbe *courir,* ne s'emploie plus que dans *chasse à courre.*

COURRIER [kuʀje] n. m. ▪ *LE COURRIER* **1.** Ensemble des lettres, cartes et journaux envoyés ou à envoyer par la poste. *Le facteur distribue le courrier. Est-ce que le courrier est arrivé ? J'ai reçu beaucoup de courrier. As-tu posté le courrier ? Il lit son courrier.* **2.** Transport des lettres, des journaux. *J'ai bien reçu votre lettre et je vous réponds* PAR RETOUR DU COURRIER, je vous réponds immédiatement. **3.** Article, rubrique d'un journal. *Je lis le courrier des lecteurs.* LE COURRIER DU CŒUR, où les lecteurs expliquent leurs problèmes sentimentaux et demandent des conseils. *Elle aime lire le courrier du cœur des journaux féminins.*

FAUX AMI
russe **курьер**
«coursier»

COURROIE [kuʀwa] n. f. ▪ *UNE COURROIE :* bande étroite d'une matière souple et résistante, qui sert à attacher. *Cette vieille valise tient fermée à l'aide d'une courroie.* → **lanière, sangle.** – *Une* COURROIE DE TRANSMISSION, qui transmet le mouvement d'une poulie à une autre. *Le garagiste vérifie les courroies de transmission d'un moteur.*

COURROUCER [kuʀuse] verbe [conjugaison 3a] ▪ STYLE RECHERCHÉ Mettre en colère. *Ma grand-mère ne supportait pas que les enfants quittent la table sans demander la permission, cela la courrouçait.* – *Elle est très courroucée. Pourquoi as-tu cet air courroucé ?*

COURROUX [kuʀu] n. m. ▪ STYLE RECHERCHÉ *LE COURROUX :* colère, fureur. *On redoute le courroux du roi.*

cours [kuʀ] *Je cours, tu cours :* forme au présent du verbe **courir.**

① **COURS** [kuʀ] n. m. ▪ *LE COURS* **1.** (fleuve, rivière, ruisseau) Mouvement de l'eau qui s'écoule. *Les torrents ont un cours rapide.* – *Un* COURS D'EAU : un fleuve, une rivière, un torrent, un ruisseau. *De nombreux cours d'eau traversent la région. Ce cours d'eau n'est pas navigable,* on ne peut pas s'y déplacer en bateau. **2.** (qqn) DONNER LIBRE COURS À *sa joie,* ne plus la contenir. → **manifester.** *Quand elle a su qu'elle avait réussi son examen, elle a donné libre cours à sa joie. Une fois seul, il a donné libre cours à son chagrin.* **3.** Suite dans le temps. *Le cours des événements nous inquiète.* → **déroulement.** *La maladie* SUIT SON COURS, elle évolue normalement. *L'école* EST EN COURS DE *réparation,* elle est en train d'être réparée. *Il est revenu plusieurs fois en France* AU COURS DE *l'année,* pendant l'année. → **durant, pendant.** *Il a beaucoup voyagé au cours de sa carrière.* **4.** (qqch.) *AVOIR COURS :* être reconnu, utilisé. *Cette monnaie n'a plus cours. Ces façons de travailler ne devraient plus avoir cours,* elles ne devraient plus exister. **5.** *UN COURS :* prix fixé, chaque jour, des marchandises, des valeurs. *Le cours du cacao est en hausse. Le cours du dollar a baissé.* → **taux.** *Il s'intéresse aux cours de la Bourse.*

② **COURS** [kuʀ] n. m. ▪ *UN COURS* **1.** Leçon sur une matière. *Le professeur* DONNE UN COURS. *L'élève* SUIT UN COURS. *Les élèves* SONT EN COURS DE *géographie.* → **leçon.** *Mon fils prend des* COURS PARTICULIERS *de piano,* il suit des leçons pour lui seul. *Cet étudiant a vingt heures de cours par semaine. Ma sœur prend des cours de conduite,* elle apprend à conduire un véhicule. **2.** Chacune des classes de l'enseignement primaire, en France. *Le* COURS PRÉPARATOIRE (C. P. [sepe]), première classe de l'enseignement primaire, pour les enfants de six ans. *Son fils ENTRE EN C. P. Le COURS ÉLÉMENTAIRE 1, 2 (C. E. 1* [seøɛ̃], *C. E. 2* [seødø]), pour les enfants de sept, huit ans. *Ma fille est en C. E. 2. Le COURS MOYEN 1, 2 (C. M. 1* [seɛmɛ̃], *C. M. 2* [seɛmdø]), pour les enfants de neuf, dix ans. *Après le C. M. 2, les enfants entrent en sixième, au collège.* – *Les COURS DU SOIR,* enseignement pour les adultes ou pour les jeunes qui ne vont plus à l'école, après leurs heures de travail. *Il va au cours du soir pour apprendre à travailler sur ordinateur.* **3.** Établissement scolaire. *Elle a inscrit ses enfants dans un cours privé.* ⟨contraire : public⟩

③ **COURS** [kuʀ] n. m. ▪ *UN COURS :* avenue servant de promenade. *Le cours Mirabeau, à Aix-en-Provence, en France.*

④ **COURS** [kuʀ] n. m. ▪ *Un VOYAGE AU LONG COURS :* une longue traversée d'un navire. *Ils ont fait un voyage au long cours de France en Amérique du Sud.*

COURSE [kuʀs] n. f.
I. *LA COURSE* **1.** Action de courir. *Je l'ai rattrapé à la course. Ils sont partis AU PAS DE COURSE,* en courant. **2.** Épreuve sportive de vitesse. *Il a participé à une course de motos. Elle fait de la COURSE À PIED. Nous avons vu une course de chevaux. Il aime la course automobile.* – *DE COURSE :* destiné à la course. *Il a acheté un cheval de course. Elle a un vélo de course.* – (au pluriel) LES COURSES : les courses de chevaux où l'on prend des paris. → **P. M. U.** *Il joue aux courses. Il a perdu beaucoup d'argent aux courses.* **3.** Progression rapide, dans une lutte entre personnes. *Depuis le départ du directeur, il y a une course au pouvoir, dans l'entreprise.* – (qqn) *ÊTRE DANS LA COURSE :* être au courant, savoir ce qu'il faut faire. *Depuis sa maladie, il n'est plus dans la course.*
II. *UNE COURSE* **1.** (taxi) Trajet. *Combien vous dois-je, pour la course ?* **2.** Marche, randonnée. *Ils ont fait une course en montagne.* → **ascension, excursion. 3.** Achat. *Sa mère est partie faire une course. Tous les samedis, il fait ses courses au supermarché,* il achète tout ce qui est nécessaire à la vie de tous les jours. *Je ne serai pas chez moi demain matin car j'ai une course à faire.* – *Où as-tu rangé les courses ?* ce que l'on a acheté.

FAUX AMI — polonais **kurs** « cours »

COURSIER [kuʀsje] n. m., **COURSIÈRE** [kuʀsjɛʀ] n. f. ▪ *UN COURSIER, UNE COURSIÈRE :* personne dont le métier est de faire certaines courses pour une entreprise, qui va chercher et apporter des lettres, des paquets. *Un coursier passera prendre cette lettre urgente vers 18 heures.*

REM. On appelle aussi le coursier un *garçon de courses.*

① **COURT** [kuʀ], **COURTE** [kuʀt] adj. et adverbe
I. adjectif (après le nom, parfois avant le nom) **1.** Qui a peu de longueur. *Elle a les cheveux courts.* ⟨contraire : long⟩ *Elle porte une robe courte. L'herbe courte picote les pieds nus.* **2.** Qui dure peu de temps. *En hiver, les jours sont plus courts qu'en été. J'ai attendu un court moment.* → **petit.** *Pendant un court moment, j'ai cru avoir oublié mes clés.* – *« Tu ne te rappelles plus cette dispute ? Eh bien, tu AS LA MÉMOIRE COURTE ! »* tu oublies vraiment très vite ! **3.** (qqch.) Qui est peu développé. *Il nous a fait un court récit de ce qu'il avait vu.* → **bref.** *Elle parle rapidement, en phrases courtes.* **4.** STYLE FAMILIER Insuffisant. *Je n'ai que trente francs pour faire les courses, c'est un peu court.* → **juste. 5.** *À COURT TERME :* dans peu de temps. *Nous espérons avoir de bons résultats à court terme.* **6.** (qqn) *AVOIR LE SOUFFLE COURT :* s'essouffler rapidement. *Il fume trop, il a le souffle court dès qu'il monte un escalier.*
II. (adverbe) **1.** De manière courte. *Elle a les cheveux coupés court. Elle aime bien s'habiller très court,* porter des jupes, des robes courtes. *FAIRE COURT :* abréger, écourter. *Vos textes sont trop longs, faites plus court !* – (qqch.) *TOURNER COURT :* ne pas aboutir. *Leur projet a tourné court.* – (qqn) *COUPER COURT À un entretien,* l'interrompre au plus vite. *Furieux, il a coupé court à la conversation.* **2.** *TOUT COURT :* sans rien d'autre. *« Vous vous appelez Marie-Claire ? – Non, Marie, tout court. »* **3.** *À COURT D'arguments :* sans plus savoir que dire, quoi répondre. *Je n'ai pas pu le faire changer d'avis : au bout d'une heure de discussion, j'étais à court d'arguments. Ils ne partent pas en vacances car ils sont à court d'argent,* ils n'ont plus d'argent. – *Il n'a pas pu vous prévenir car il a été PRIS DE COURT,* il n'a pas eu assez de temps.

REM. Les mots *cour* et *cours* se prononcent de la même façon que le masculin *court.*

② **COURT** [kuʀ] n. m. ▪ *UN COURT (DE TENNIS) :* terrain aménagé pour le tennis. *Elle préfère jouer sur les courts en terre battue.*

COURTAGE [kuʀtaʒ] n. m. ▪ *LE COURTAGE :* procédé de vente de marchandises, de produits, en allant au domicile des clients, en leur téléphonant... *Cette entreprise vend des encyclopédies par courtage.*

COURT-BOUILLON [kuʀbujɔ̃] n. m. ▪ *UN COURT-BOUILLON :* bouillon composé d'eau, de vin blanc et d'épices, dans lequel on faire cuire du poisson. *Il fait cuire une sole au court-bouillon.* PLURIEL : *des COURTS-BOUILLONS.*

COURT-CIRCUIT [kuʀsiʀkɥi] n. m. ▪ *UN COURT-CIRCUIT :* interruption du circuit électrique qui se produit quand deux fils électriques se touchent. *L'incendie a été provoqué par un court-circuit.* PLURIEL : *des COURTS-CIRCUITS.*

COURTISAN [kuʀtizɑ̃] n. m. ▪ *UN COURTISAN :* personne qui vivait à la cour, dans l'entourage du roi. *Le roi se promène, entouré de ses courtisans.*

COURTISER [kuʀtize] verbe [conjugaison 1a] ▪ STYLE RECHERCHÉ Faire la cour à (qqn), chercher à plaire. *Il courtise cette femme depuis un mois.*

FAUX AMI — grec **κουρδίζω** « remonter une montre ; accorder une guitare »

COURTOIS [kuʀtwa], **COURTOISE** [kuʀtwaz] adj. (après le nom) ▪ STYLE RECHERCHÉ Très poli, très aimable. *C'est une femme très courtoise.* – *Il a des manières courtoises.* ⟨contraires : grossier, impoli⟩

COURTOISIE [kuʀtwazi] n. f. ▪ STYLE RECHERCHÉ *LA COURTOISIE :* politesse, amabilité. *C'est une personne charmante, d'une grande courtoisie.* ⟨contraire : grossièreté⟩

COURTRAI [kuʀtʀɛ] nom propre – en néerlandais **KORTRIJK** ▪ Ville de Belgique. *Ils sont à Courtrai. Ils reviennent de Courtrai.*

couru [kuʀy] *Il a couru, elle a couru :* forme au participe passé du verbe **courir.**

COURU [kuʀy], **COURUE** [kuʀy] adj. (après le nom) ▪ STYLE FAMILIER Prévu. *Le résultat est couru d'avance.* → **certain, sûr.** *C'était couru !*

cousait [kuzɛ] *Il cousait, elle cousait :* forme à l'imparfait du verbe **coudre.**

COUSCOUS [kuskus] n. m. ▪ *LE COUSCOUS :* plat d'Afrique du Nord fait de semoule servie avec de la viande, des légumes et de la sauce piquante. *Nous avons mangé un couscous, du couscous.*

REM. En France, on appelle *couscous royal* le couscous servi avec plusieurs viandes, du mouton, du poulet, des merguez.

couse [kuz] *Que je couse, qu'il couse, qu'elle couse :* forme au subjonctif du verbe **coudre.**

① **COUSIN** [kuzɛ̃] n. m., **COUSINE** [kuzin] n. f. ▪ *LE COUSIN, LA COUSINE DE :* se dit des enfants et des descendants de personnes qui sont frère et sœur. *Ma tante va avoir un bébé qui sera mon cousin. Mon frère a trois enfants : ce sont les cousins de ma fille.*

FAUX AMI
grec **κουζίνα**
« cuisine ; cuisinière »

REM. Les *cousins germains* ont le même grand-père ou la même grand-mère. → **germain.**

② **COUSIN** [kuzɛ̃] n. m. ▪ *UN COUSIN :* gros moustique aux pattes très longues. *Les soirs d'été, les cousins volent autour des lampes allumées.*

COUSSIN [kusɛ̃] n. m. ▪ *UN COUSSIN* **1.** Objet fait d'une enveloppe souple et rembourrée, sur lequel on s'assied, on s'appuie. *Il y a plusieurs coussins sur le canapé. Veux-tu un coussin sous ta tête ?* **2.** *COUSSIN D'AIR :* zone d'air comprimé qui sert de support. *L'aéroglisseur avance sur coussin d'air.*

cousu [kuzy], **cousue** [kuzy] *Il a cousu la robe ; la robe qu'il a cousue :* formes au participe passé du verbe **coudre.**

COUSU [kuzy], **COUSUE** [kuzy] adj. (après le nom) **1.** Attaché par des points de couture. *Elle a des gants COUSUS MAIN,* faits à la main, non à la machine. **2.** (qqn) *COUSU D'OR :* très riche. *C'est une famille cousue d'or.*

COÛT [ku] n. m. ▪ *LE COÛT :* prix que coûte une chose. *Quel est le coût annuel de votre voiture ? LE COÛT DE LA VIE :* tout ce que l'on doit dépenser pour vivre. *Le coût de la vie augmente.*

REM. Certains Français prononcent le *t* final de *coût :* [kut].

COÛTANT [kutɑ̃] adj. m. ▪ *PRIX COÛTANT :* prix qu'une chose a coûté. *Ce magasin revend ses marchandises au prix coûtant,* sans bénéfice.

COUTEAU [kuto] n. m. ▪ *UN COUTEAU* **1.** Instrument composé d'un manche et d'une lame servant à couper. *Ce couteau coupe bien. La cuillère, la fourchette et le couteau sont à côté de l'assiette.* → **couvert.** PLURIEL : *des COUTEAUX. J'ai besoin d'un COUTEAU DE CUISINE. Il a toujours un COUTEAU DE POCHE sur lui,* un couteau pliant. → **canif, opinel.** *Un COUTEAU SUISSE :* couteau pliant à plusieurs lames et divers outils. *Les couteaux suisses sont très pratiques.* – *Il a un visage EN LAME DE COUTEAU,* un visage très maigre et allongé. **2.** Cet instrument, utilisé comme une arme. → **poignard.** *Il a sorti de sa poche un couteau À CRAN D'ARRÊT,* un couteau pliant dont l'ouverture de la lame est commandée par un mécanisme. *Elle lui a donné un coup de couteau. La victime a reçu un coup de couteau.* – *ÊTRE À COUTEAUX TIRÉS avec qqn,* en guerre ouverte. *Ces deux chefs de service sont à couteaux tirés.* **3.** Coquillage fait de deux coquilles très longues. *Les couteaux s'enfoncent dans le sable des plages.*

COUTELAS [kutla] n. m. ▪ *UN COUTELAS :* grand couteau à lame large et bien tranchante. *Le boucher découpe la viande avec un coutelas.*

COUTELLERIE [kutɛlʀi] n. f. ▪ *UNE COUTELLERIE :* boutique où l'on fabrique, où l'on vend des couteaux, des ciseaux, des rasoirs. *Il a acheté son couteau de pêche dans une coutellerie de son quartier.*

COÛTER [kute] verbe [conjugaison 1a] **1.** Valoir un certain prix. *Ce stylo coûte 50 francs. Cette voiture coûte cher,* son prix est élevé. → **chiffrer.** *Combien ça coûte ? Les cinq cent mille francs que cette maison m'a coûté.* – STYLE FAMILIER *COÛTER LES YEUX DE LA TÊTE, LA PEAU DES FESSES :* être vraiment très cher, hors de prix. *Ces vacances m'ont coûté la peau des fesses.* **2.** Entraîner des dépenses. *L'alcoolisme coûte cher à la société.* – (figuré) *Cela pourrait vous coûter cher,* vous attirer de graves ennuis. **3.** Causer (une peine, des efforts). *Ce travail nous a coûté bien des efforts. Pense aux efforts que ce travail lui a coûtés.* – *COÛTER LA VIE :* faire mourir. *Le pilote a fait une erreur qui lui a coûté la vie.* **4.** Être pénible, difficile. *Cela me coûte beaucoup de renoncer à ce projet. Depuis sa maladie, tout lui coûte,* tout lui pèse, tout lui est difficile. *Ça ne coûte rien d'essayer,* ce n'est pas difficile. – *COÛTE QUE COÛTE :* quels que soient les efforts et les risques, à tout prix. *Elle veut gagner la course coûte que coûte. Il faut y arriver coûte que coûte.* → **absolument.**

REM. Le participe passé *coûté* ne s'accorde pas quand il est accompagné d'un complément de prix : *les deux cents francs que m'a coûté cette valise. Coûté* s'accorde dans les autres cas avec le complément d'objet direct : *les efforts que m'a coûtés ce projet.*

COÛTEUX [kutø], **COÛTEUSE** [kutøz] adj. (après le nom) ▪ Qui coûte cher. *Cette voiture est trop coûteuse pour nous. Les vêtements de luxe sont coûteux.* ⟨contraires : bon marché, économique⟩

COUTUME [kutym] n. f. ▪ *LA COUTUME* **1.** Habitude, tradition d'un pays, d'un groupe de personnes. → **usage.** *On offre des dragées pour un baptême, c'est la coutume.* ⟨contraires : exception, nouveauté⟩ – *L'ethnologue s'intéresse aux coutumes des peuples.* **2.** *AVOIR COUTUME DE :* avoir l'habitude de. *Ils ont coutume de passer leurs vacances en Bretagne.* **3.** *DE COUTUME :* d'habitude. *Comme de coutume, il est arrivé en retard.*

COUTUMIER [kutymje], **COUTUMIÈRE** [kutymjɛʀ] adj. (après le nom) ▪ STYLE RECHERCHÉ **1.** Habituel. *Le mensonge ne lui est pas coutumier.* **2.** *ÊTRE COUTUMIER DU FAIT :* avoir l'habitude d'agir d'une certaine façon. *C'est sûrement elle qui a laissé les lumières allumées, elle est coutumière du fait.*

COUTURE [kutyʀ] n. f.
I. *LA COUTURE* **1.** Action de coudre. *Elle FAIT DE LA COUTURE :* elle coud. – *Une BOÎTE À COUTURE,* où l'on range les bobines de fil, les aiguilles, etc. *Le dé à coudre est rangé dans la boîte à couture.* **2.** Profession des personnes qui font des vêtements. *Il travaille dans la couture. La couture est devenue industrielle.* → **prêt-à-porter.** – *MAISON DE COUTURE :* entreprise de confection de vêtements de luxe. *Les maisons de couture de Paris sont célèbres dans le monde entier. La HAUTE COUTURE :* les couturiers dont le talent est célèbre. *Cette jeune fille est mannequin dans la haute couture,* chez un grand couturier.
II. *UNE COUTURE* **1.** Assemblage par une suite de points faits avec du fil et une aiguille. *Une des coutures de ta robe a craqué.* **2.** *Examiner (qqch, qqn) SOUS TOUTES LES COUTURES,* dans tous les sens, partout et très attentivement. *Le médecin a examiné le malade sous toutes les coutures.* – (qqn) *BATTRE QQN À PLATE COUTURE, À PLATES COUTURES,* le vaincre d'une manière écrasante, complètement. *Il a battu son adversaire aux échecs à plates coutures.*

FAUX AMI
italien **cottura**
« cuisson »

COUTURIER [kutyʀje] n. m. ▪ *UN COUTURIER :* personne qui crée des vêtements de luxe, qui dirige une maison de couture. *Cette robe est un modèle de GRAND COUTURIER,* d'un couturier dont le talent est célèbre.

REM. Pour les femmes, on dit aussi *couturier : Coco Chanel fut un grand couturier.*

COUTURIÈRE [kutyʀjɛʀ] n. f. ▪ *UNE COUTURIÈRE :* femme dont le métier est de coudre, de faire des vêtements. *Elle s'est fait faire une robe par une couturière.*

REM. Le *tailleur* confectionne des vêtements sur mesure pour hommes.

COUVÉE [kuve] n. f. ▪ *UNE COUVÉE* **1.** Ensemble des œufs couvés par un oiseau. *Ces poussins sont de la même couvée.* → **nichée.** **2.** Les petits qui viennent de sortir des œufs, d'éclore. *La cane traverse la cour, suivie de sa couvée.*

COUVENT [kuvɑ̃] n. m. ▪ *UN COUVENT* **1.** Maison où vivent en commun des religieuses ou des moines. *Les religieuses assistent à la messe dans la chapelle du couvent. Leur fille est ENTRÉE AU COUVENT,* elle est devenue religieuse. **2.** Pensionnat de jeunes filles dirigé par des religieuses. *Elle a été élevée au couvent.*

REM. Pour les moines, ont dit plutôt *monastère.*

COUVER [kuve] verbe [conjugaison 1a] **1.** (oiseau) Rester pendant un certain temps sur (des œufs) pour les faire éclore. *La mésange couve ses œufs. – La poule couve.* **2.** (qqn) Protéger trop, entourer constamment de soins. *Elle couve ses enfants. Il ne sait rien faire lui-même, sa mère l'a trop couvé. – COUVER DES YEUX :* regarder avec tendresse. *Il couve des yeux sa fille qui apprend à marcher.* **3.** (qqn) Être atteint d'une maladie sans qu'elle se déclare vraiment. *Voilà pourquoi tu étais fatigué : tu couvais la rougeole. J'espère que tu ne couves pas quelque chose,* que tu n'es pas sur le point d'être malade. **4.** (qqch.) Être actif sans qu'on le voie. *Le feu couve sous la cendre. – La révolte couve depuis longtemps,* elle se prépare depuis longtemps.

COUVERCLE [kuvɛʀkl] n. m. ▪ *UN COUVERCLE :* ce qui sert à fermer l'ouverture d'un récipient assez large. *Mets un couvercle sur la casserole. Où est le couvercle du pot de confiture ?*

REM. Pour les récipients étroits, on dit *bouchon.*

couvert [kuvɛʀ], **couverte** [kuvɛʀt] *Il a couvert la casserole ; la casserole qu'il a couverte :* formes au participe passé du verbe **couvrir.**

① **COUVERT** [kuvɛʀ], **COUVERTE** [kuvɛʀt] adj. (après le nom) **1.** Qui a un vêtement chaud. *Tu n'es pas assez couverte, tu vas prendre froid. Es-tu bien couvert ?* **2.** Qui a un chapeau sur la tête. (contraire : découvert) *Restez couvert,* gardez votre chapeau. **3.** Qui a sur lui (qqch.). *Tes chaussures sont couvertes de boue.* **4.** (qqch.) Qui a qqch. au-dessus. *La ville aura bientôt une piscine couverte,* fermée et avec un toit (opposé à piscine découverte). *Le ciel est couvert,* il y a des nuages. *Le temps est couvert :* il ne fait pas beau, il y a des nuages. **5.** (qqch.) Caché. *Il a le visage couvert d'un masque. –* (figuré) *À MOTS COUVERTS,* qui cachent un peu ce que l'on veut dire. *Il m'a fait comprendre la situation à mots couverts.* **6.** (qqn) Protégé. *Il ne risque rien, il est couvert par le patron. Nous sommes couverts contre le vol.* → **assurer.**

② **COUVERT** [kuvɛʀ] n. m. **1.** *LE COUVERT :* ensemble des objets que l'on met sur la table pour le repas. *Tu peux METTRE LE COUVERT,* mettre sur la table les objets nécessaires pour le repas. **2.** *UN COUVERT :* les objets de table destinés à chaque personne. *Ajoute un couvert, nous sommes quatre ce soir. J'ai réservé une table de douze couverts.* **3.** (au pluriel) *LES COUVERTS :* les couteaux, les cuillères et les fourchettes. *Nous leur avons offert des couverts en argent. Les couverts sont dans le tiroir.*

> FAUX AMIS
> allemand **Kuvert** « enveloppe » ; grec **κουβέρτα** « couverture »

À **COUVERT** [akuvɛʀ] adverbe ▪ Dans un lieu où l'on est protégé. → à l'**abri.** *Nous nous sommes mis à couvert dès que l'orage a éclaté.* (contraire : à découvert)

COUVERTURE [kuvɛʀtyʀ] n. f. ▪ *UNE COUVERTURE* **1.** Pièce de tissu chaud qu'on place sur les draps et qui recouvre le lit. *Nous sommes bien au chaud sous les couvertures. – TIRER LA COUVERTURE À soi :* dire que le mérite d'une chose vient de soi. *Elle n'a pas fait ce travail et pourtant elle tire la couverture à elle.* **2.** Ce qui recouvre les pages d'un livre, d'un cahier. *La couverture de ce livre est rouge. J'aime bien la couverture de ce magazine. Il a sa photo EN COUVERTURE,* sur la couverture. **3.** Toit. *Leur maison a une couverture en ardoise.* **4.** Ce qui sert à cacher, à dissimuler (une chose critiquable). *Son commerce lui sert de couverture, en réalité c'est un escroc.* **5.** *LA COUVERTURE SOCIALE :* protection dont bénéficient tous les assurés sociaux. *Il a une bonne couverture sociale : son hospitalisation a été entièrement remboursée.*

> FAUX AMI
> grec **κουβερτούρα** « chocolat noir des pâtisseries »

COUVEUSE [kuvøz] n. f. ▪ *UNE COUVEUSE* **1.** Appareil utilisé pour faire éclore les œufs qui ne sont pas couvés. *Ces poussins sont nés en couveuse.* **2.** Appareil qui maintient à température égale les nouveau-nés fragiles. *Leur bébé est né, mais il doit rester en couveuse pendant quelques jours.*

COUVRANT [kuvʀɑ̃], **COUVRANTE** [kuvʀɑ̃t] adj. (après le nom) ▪ Qui couvre, recouvre parfaitement. *J'ai besoin d'une peinture couvrante.*

COUVRE-FEU [kuvʀəfø] n. m. ▪ *LE COUVRE-FEU :* en temps de guerre, heure à partir de laquelle il est interdit de circuler dans les rues. *Rentrez vite avant le couvre-feu.* PLURIEL : *des COUVRE-FEUX.*

COUVRE-LIT [kuvʀəli] n. m. ▪ *UN COUVRE-LIT :* tissu recouvrant un lit, par-dessus les draps et les couvertures. → **dessus-de-lit.** *Dans sa chambre, le couvre-lit bleu est assorti aux rideaux.* PLURIEL : *des COUVRE-LITS.*

COUVREUR [kuvʀœʀ] n. m. ▪ *UN COUVREUR :* ouvrier qui fait ou répare les toitures des maisons. *Le couvreur est en train de poser les tuiles.*

COUVRIR [kuvʀiʀ] verbe [conjugaison 18]

I. 1. Placer, mettre (qqch.) sur une autre chose. *Il faut couvrir cette casserole avec un couvercle. Couvre ton lit avec le dessus-de-lit. Le peintre a couvert le mur de peinture.* **2.** (qqch.) Être placé sur qqch. *Une jolie nappe couvre la table.* **3.** Mettre une grande quantité de. *Ils ont couvert le mur de dessins.* → **graffiti, tag.** *COUVRIR qqn DE...,* lui donner beaucoup de... *Il couvre sa femme de cadeaux.* → **combler.** *Les gens l'ont couvert d'injures.* → **accabler.** – *Il est couvert de dettes :* il doit beaucoup d'argent, il a beaucoup de dettes. **4.** (qqch.) Être répandu sur. *Les feuilles couvrent le sol.* → **joncher.** **5.** *COUVRIR LA VOIX de qqn,* dominer, étouffer la voix de qqn. *L'orchestre couvre la voix du chanteur.* **6.** (qqn) Protéger. *Pendant la fusillade, elle a couvert sa fille de son corps,* elle a placé son corps sur celui de sa fille. *Ce chef de service couvre toujours son équipe,* il abrite son équipe sous son autorité, il la défend. – *Vas-y, je te couvre !* je protège ta sortie, ta fuite, avec mon arme à feu. **7.** Assurer le paiement de qqch. *Mon assurance couvre les frais d'hôpital,* elle rembourse les frais d'hôpital. **8.** (qqn) Parcourir. *Les coureurs ont couvert la distance en trois heures.*

II. verbe pronominal *SE COUVRIR* **1.** (qqn) Mettre des vêtements chauds. *Couvre-toi bien, il fait très froid ce matin. Nous nous sommes bien couverts pour sortir.* (contraire : se découvrir) **2.** *Il* s'est COUVERT DE *ridicule* : il a fait qqch. qui l'a rendu complètement ridicule. *Pendant la guerre, la ville s'est couverte de gloire.* **3.** (ciel, temps) Devenir couvert. → **couvert.** *Le ciel se couvre de nuages,* il se remplit de nuages. – *Le temps se couvre,* il devient sombre. **4.** (qqn) Se protéger. *Il a menti pour se couvrir.*

COW-BOY [kobɔj] n. m. ▪ *UN COW-BOY* : celui qui garde de grands troupeaux dans l'ouest des États-Unis. *Ce cow-boy a gagné le rodéo.* PLURIEL : *un film de COW-BOYS* [kobɔj] (→ **western**).

REM. *Cow-boy* est un mot américain – Pour l'Amérique du Sud, on dit *gaucho.*

COYOTE [kɔjɔt] n. m. ▪ *UN COYOTE* : animal sauvage d'Amérique, à la fourrure fauve, qui ressemble au loup et au chacal. *Les chacals se nourrissent surtout d'animaux morts.*

CRABE [kʀab] n. m. ▪ *UN CRABE* **1.** Animal marin à carapace, à corps arrondi et qui a huit pattes et deux pinces (→ **araignée** [de mer], **étrille, tourteau**). *Elle mange du crabe à la mayonnaise.* **2.** *Un PANIER DE CRABES* : ensemble de personnes qui se nuisent, se portent préjudice. *Cette entreprise est un vrai panier de crabes.*

CRAC ! [kʀak] interjection ▪ Mot imitant un bruit sec (de choc, de qqch. qui se casse). *Tout à coup, crac ! la branche s'est cassée.*

CRACHAT [kʀaʃa] n. m. ▪ *UN CRACHAT* : salive ou matière épaisse et gluante que l'on rejette par la bouche. *C'est sale, il y a des crachats sur le trottoir.*

CRACHÉ [kʀaʃe] adj. invariable (après le nom) ▪ *TOUT CRACHÉ* : très ressemblant. *Cet enfant, c'est sa mère tout craché. C'est son portrait tout craché.* PLURIEL : *ces enfants, c'est leurs parents tout craché.*

CRACHER [kʀaʃe] verbe [conjugaison 1a] **1.** Rejeter de la salive, des crachats hors de la bouche. *Il a craché par terre. Défense de cracher. Elle lui a craché au visage.* **2.** Projeter hors de la bouche. *Va tout de suite cracher ton chewing-gum !* **3.** Dire violemment. *Il lui a craché des injures à la figure.* **4.** *CRACHER SUR qqn* : dire des choses désagréables sur qqn que l'on déteste. *Avant il aimait cette fille, maintenant il crache dessus.* **5.** *NE PAS CRACHER SUR qqch.* : aimer qqch. *Elle ne crache pas sur l'alcool.* **6.** STYLE FAMILIER Donner (de l'argent). *Ils lui ont fait cracher toutes ses économies.* → **casquer, débourser. 7.** (qqch.) Émettre en lançant. *Le volcan crache de la lave.*

CRACHIN [kʀaʃɛ̃] n. m. ▪ *LE CRACHIN* : pluie fine et serrée. → **bruine.** *Un petit crachin désagréable tombe depuis deux jours.*

CRACOVIE [kʀakɔvi] nom propre féminin – en polonais **KRAKÓW** ▪ Ville de Pologne. *Ils partent à Cracovie. Elle revient de Cracovie.*

CRADO [kʀado] adj. (après le nom) ▪ STYLE FAMILIER Très sale, crasseux. *Il faut laver ce chien, il est tout crado ! Elles sont vraiment crados !*

CRAIE [kʀɛ] n. f. **1.** *LA CRAIE* : roche blanche calcaire qui s'effrite facilement. *À Étretat, il y a des falaises de craie.* → **crayeux. 2.** *UNE CRAIE* : petit bâton fait à partir de cette roche et qui sert à écrire, à dessiner. *Achète une boîte de craies blanches et une boîte de craies de couleur. Un écolier écrit à la craie sur le tableau noir.*

craignant [kʀɛɲɑ̃] *En craignant* : forme du participe présent du verbe **craindre.**

craigne [kʀɛɲ] *Qu'il craigne, qu'elle craigne* : forme au subjonctif du verbe **craindre.**

CRAINDRE [kʀɛ̃dʀ] verbe [conjugaison 52a] **1.** Avoir peur. → **appréhender, redouter.** *Ne craignez rien, ce chien n'est pas méchant. Calmez-vous, il n'y a plus rien à craindre. Il ne viendra pas, je le crains. Il craint son professeur. Nous attendons de ses nouvelles, mais nous craignons le pire. « Vous voilà enfin ! Nous craignions tous un accident ! »* **2.** *CRAINDRE QUE* : avoir peur que. *Je crains qu'elle ne parte,* je crains son départ. **3.** *CRAINDRE DE* : avoir peur de. *Pardonnez-moi, je crains d'avoir été maladroit !* **4.** Mal supporter. *Ferme la fenêtre, je crains les courants d'air. Ces plantes craignent le froid.* **5.** (surtout en phrases négatives) Risquer. *Tranquillisez-vous, votre fils ne craint rien, il est en sécurité avec nous.* **6.** STYLE FAMILIER *ÇA CRAINT* : c'est désagréable, c'est pénible, c'est laid. *Ce spectacle, ça craint.*

craint [kʀɛ̃], **crainte** [kʀɛ̃t] *Il a craint cette nouvelle ; la nouvelle qu'il a crainte* : formes au participe passé du verbe **craindre.**

CRAINTE [kʀɛ̃t] n. f. ▪ *LA CRAINTE* : la peur. → **appréhension.** *Je n'ai qu'une crainte, c'est qu'il refuse. Soyez SANS CRAINTE, nous surveillons vos enfants. Vous pouvez parler sans crainte devant nous. Elle ferme sa porte à clé PAR CRAINTE DES voleurs,* parce qu'elle a peur des voleurs.

CRAINTIF [kʀɛ̃tif], **CRAINTIVE** [kʀɛ̃tiv] adj. (après le nom) ▪ Peureux, souvent inquiet. *C'est une petite fille craintive,* qui a tendance à avoir peur de tout. – *Il a un air craintif.*

CRAMÉ [kʀame] n. m. ▪ STYLE FAMILIER *LE CRAMÉ* : le brûlé. *Ça sent le cramé, ici.*

CRAMER [kʀame] verbe [conjugaison 1a] ▪ STYLE FAMILIER Brûler. *Éteins la cuisinière, les carottes vont cramer ! La bagnole a cramé entièrement.*

CRAMOISI [kʀamwazi], **CRAMOISIE** [kʀamwazi] adj. (après le nom) **1.** Rouge foncé. *Une étoffe cramoisie.* **2.** (teint, peau) Très rouge. *Quand elle lui a parlé, il est devenu cramoisi.*

CRAMPE [kʀɑ̃p] n. f. ▪ *UNE CRAMPE* : contraction brusque et douloureuse d'un muscle. *Le cycliste a eu une crampe au mollet. Elle a des crampes d'estomac.*

CRAMPON [kʀɑ̃pɔ̃] n. m. ▪ *UN CRAMPON* **1.** *Des CHAUSSURES À CRAMPONS,* des chaussures dont la semelle est munie de petites pointes. *Les footballeurs ont des chaussures à crampons. Les alpinistes mettent leurs crampons,* des semelles métalliques à pointes qui se fixent sous les chaussures de montagne, pour franchir sans glisser les pentes de neige, de glace. **2.** Personne dont on a du mal à se débarrasser. *Il a encore téléphoné, quel crampon !*

SE **CRAMPONNER** [kʀɑ̃pɔne] verbe pronominal [conjugaison 1a] ▪ S'accrocher fermement. → s'**agripper,** se **retenir.** *J'ai senti que je glissais, alors je me suis cramponné à une branche. Elle s'est cramponnée au bras de son père.* – *Il se cramponne à cet espoir. Elle se cramponne à la vie :* elle résiste à la mort.

① **CRAN** [kʀɑ̃] n. m. ▪ *UN CRAN* **1.** Entaille faite dans qqch. de dur, qui sert à accrocher, à retenir. *Cette étagère est trop haute, il faudrait la baisser d'un cran.* **2.** Place occupée (par qqn) dans une rangée. *Poussez-vous d'un cran sur la droite, s'il vous plaît.* **3.** Entaille qui retient ou libère une pièce de mécanisme. *Il a un couteau à cran d'arrêt* (→ **couteau**). **4.** (qqn) *ÊTRE À CRAN* : être très énervé, prêt à se mettre en colère. *Je suis à cran, alors taisez-vous !* **5.** Trou qui permet de régler une ceinture, une lanière. *Si tu as mal au ventre, desserre ta ceinture d'un cran.* **6.** Forme ondulée donnée aux cheveux. *Le coiffeur lui a fait des crans.*

② **CRAN** [kʀɑ̃] n. m. ▪ *LE CRAN* : courage, audace. *Elle a eu le cran de refuser. Il lui a fallu du cran.*

CRÂNE [kʀɑn] n. m. ▪ *LE CRÂNE* 1. Ensemble des os qui renferment le cerveau. *Il s'est fait une fracture du crâne en tombant. Les os du crâne et ceux de la face forment la tête.* 2. Tête, sommet de la tête. *Le crâne de mon grand-père est rond et chauve.* – STYLE FAMILIER *Avoir mal au crâne,* mal à la tête. 3. Cerveau. *« Tu ne comprends rien ! Tu ne m'écoutes pas ! Mais qu'est-ce que tu as dans le crâne ? »* STYLE FAMILIER *Enfonce-toi bien ça dans le crâne !,* essaie de retenir ça, de ne pas l'oublier.

CRÂNER [kʀɑne] verbe [conjugaison 1a] ▪ STYLE FAMILIER Prendre un air supérieur, vaniteux. → STYLE FAMILIER **frimer,** la **ramener.** *Il crâne, dans sa nouvelle voiture !*

CRÂNEUR [kʀɑnœʀ] n. m. et adj., **CRÂNEUSE** [kʀɑnøz] n. f. et adj. 1. *UN CRÂNEUR, UNE CRÂNEUSE :* une personne prétentieuse. *Quel crâneur ! C'est une crâneuse.* → STYLE FAMILIER **frimeur.** 2. adjectif (après le nom) Prétentieux, prétentieuse. *Je trouve cette fille un peu crâneuse.*

CRÂNIEN [kʀɑnjɛ̃], **CRÂNIENNE** [kʀɑnjɛn] adj. (après le nom) ▪ Du crâne. *Les os du crâne forment la BOÎTE CRÂNIENNE.*

CRANTÉ [kʀɑ̃te], **CRANTÉE** [kʀɑ̃te] adj. (après le nom) ▪ *Des CHEVEUX CRANTÉS,* qui ont des crans. *Il a les cheveux crantés.*

CRAPAUD [kʀapo] n. m. ▪ *UN CRAPAUD :* petit animal trapu, aux pattes arrière courtes et à la peau rugueuse, qui appartient à la même famille que la grenouille. *Les crapauds se nourrissent d'insectes.*

CRAPULE [kʀapyl] n. f. ▪ *UNE CRAPULE :* personne très malhonnête. *Cette crapule devrait être en prison.* → **canaille.**

CRAPULEUX [kʀapylø], **CRAPULEUSE** [kʀapyløz] adj. (après le nom) ▪ (qqch.) Très malhonnête et sordide. *Un CRIME CRAPULEUX a été commis cette nuit.* → **ignoble.**

CRAQUELÉ [kʀakle], **CRAQUELÉE** [kʀakle] adj. (après le nom) ▪ Couvert de petites fentes. *La terre est sèche, elle est toute craquelée.* → **fendillé.**

CRAQUELURE [kʀaklyʀ] n. f. ▪ *UNE CRAQUELURE :* petite fente à la surface d'une matière vernie, de l'émail d'une porcelaine, d'un tableau. *Il faudrait restaurer ce tableau ancien qui est plein de craquelures.*

CRAQUEMENT [kʀakmɑ̃] n. m. ▪ *UN CRAQUEMENT :* bruit sec (d'une chose qui craque). *J'entends un craquement dans l'escalier.*

CRAQUER [kʀake] verbe [conjugaison 1a] 1. Faire un bruit sec. *Ce vieux plancher craque.* 2. Se déchirer, se casser en faisant un bruit sec. *Sa jupe a craqué quand elle s'est assise. Le cinéma est PLEIN À CRAQUER,* complètement plein. 3. Ne plus résister physiquement ou nerveusement. *Après plusieurs heures d'interrogatoire, l'accusé a craqué et il a avoué.* → s'**effondrer.** – STYLE FAMILIER *Je n'en peux plus, je vais craquer !*

CRASSE [kʀas] n. f. 1. *LA CRASSE :* couche de saleté sur la peau, le linge, les objets. *On voit la crasse sur les poignets de sa chemise.* → **saleté.** 2. STYLE FAMILIER *UNE CRASSE :* méchanceté que l'on fait à qqn. *Sa collègue lui fait toujours des crasses.*

CRASSEUX [kʀasø], **CRASSEUSE** [kʀasøz] adj. (après le nom) ▪ Couvert de crasse, très sale. *Il porte une chemise crasseuse.* → **sale ;** STYLE FAMILIER **crado.** ⟨contraire : ① propre⟩

CRATÈRE [kʀatɛʀ] n. m. ▪ *UN CRATÈRE* 1. Ouverture en haut d'un volcan par où sort la lave. *De la lave en fusion sort du cratère.* 2. Trou à la surface d'une planète. *On voit les cratères de la Lune.*

CRAVACHE [kʀavaʃ] n. f. ▪ *UNE CRAVACHE :* bâton mince avec lequel un cavalier tape son cheval pour le faire avancer. *Le cheval avance à coups de cravache.* – *Il mène ses enfants À LA CRAVACHE,* avec sévérité et brutalité.

CRAVACHER [kʀavaʃe] verbe [conjugaison 1a] 1. Frapper à coups de cravache. *Le cavalier cravache son cheval.* 2. STYLE FAMILIER Aller vite. *Il va falloir cravacher pour finir à temps.* → se **dépêcher,** se **presser.**

CRAVATE [kʀavat] n. f. ▪ *UNE CRAVATE :* bande de tissu que l'on passe sous le col d'une chemise et que l'on noue devant. *Mon père a mis un costume bleu et une cravate à pois. Je ne sais pas faire les nœuds de cravate.*

CRAWL [kʀol] n. m. ▪ *LE CRAWL :* nage sur le ventre, dans laquelle on tire les bras en avant tour à tour, en battant continuellement des jambes. *Le crawl est une nage plus rapide que la brasse.*

REM. *Crawl* est un mot anglais.

CRAYEUX [kʀɛjø], **CRAYEUSE** [kʀɛjøz] adj. (après le nom) ▪ Fait de craie. *Nous nous sommes promenés sur des falaises crayeuses.*

CRAYON [kʀɛjɔ̃] n. m. ▪ *UN CRAYON :* bâton contenant une mine, qui sert à écrire, dessiner, tracer des traits. *Elle écrit au crayon noir. Il colorie son dessin avec des CRAYONS DE COULEUR. Ma fille a un BON COUP DE CRAYON,* elle dessine bien.

FAUX AMI — grec **κραγιόν** « rouge à lèvres »

CRAYONNER [kʀɛjɔne] verbe [conjugaison 1a] ▪ Dessiner, écrire avec un crayon, sans apporter beaucoup de soin. *J'ai crayonné son numéro de téléphone sur un bout de papier.*

CRÉANCIER [kʀeɑ̃sje] n. m., **CRÉANCIÈRE** [kʀeɑ̃sjɛʀ] n. f. ▪ *UN CRÉANCIER, UNE CRÉANCIÈRE :* personne à qui l'on doit de l'argent. *Elle a remboursé ses créanciers.* ⟨contraire : débiteur⟩

CRÉATEUR [kʀeatœʀ] n. m. et adj., **CRÉATRICE** [kʀeatʀis] n. f. et adj. 1. *UN CRÉATEUR, UNE CRÉATRICE :* personne qui est l'auteur d'une chose nouvelle. *On dit que Dieu est le créateur du ciel et de la terre. Il est le créateur d'une théorie scientifique.* → **inventeur, père.** *Elle est créatrice de mode :* elle crée des vêtements. 2. adjectif (après le nom) Qui peut inventer, créer. *Ce publicitaire a un esprit créateur.* → **créatif.**

CRÉATIF [kʀeatif], **CRÉATIVE** [kʀeativ] adj. (après le nom) ▪ Qui a des idées nouvelles, qui a de l'imagination. *Il a un esprit créatif.* → **créateur.**

CRÉATION [kʀeasjɔ̃] n. f. ▪ *LA CRÉATION* 1. Action de donner naissance à qqch. à partir de rien. *La Bible raconte la création du monde.* → **genèse.** 2. Action de faire une chose qui n'existait pas encore. *Il travaille dans cette société depuis sa création.* → **commencement, début.** ⟨contraire : suppression⟩ *Cette nouvelle usine va favoriser des créations d'emplois.* 3. *UNE CRÉATION :* ce qui est créé par l'homme. *Ce peintre a fait une création remarquable.* → **œuvre.** *Ce couturier présente ses dernières créations,* ses nouveaux modèles.

CRÉATIVITÉ [kʀeativite] n. f. ▪ *LA CRÉATIVITÉ :* qualité d'une personne qui a de l'imagination et qui peut créer. *Les enfants ont souvent une grande créativité.*

CRÉATURE [kʀeatyʀ] n. f. ▪ *UNE CRÉATURE :* un être vivant. *L'homme est une CRÉATURE HUMAINE. Il a épousé une CRÉATURE DE RÊVE,* une très jolie femme. – *Dans ce film de science-fiction, on voit des créatures bizarres.*

CRÉCELLE [kʀesɛl] n. f. ▪ *UNE CRÉCELLE :* petit instrument en bois, fait d'une petite planche qui tourne autour d'un axe en faisant du bruit. *Les enfants nous cassent les oreilles avec leurs crécelles.* – *Je trouve que ce chanteur a une* VOIX DE CRÉCELLE, aiguë et désagréable.

CRÈCHE [kʀɛʃ] n. f. ▪ *UNE CRÈCHE*
I. Représentation de la naissance de Jésus-Christ dans une étable, à Bethléem. *À Noël, les enfants installent une crèche au pied du sapin.*
II. Établissement qui reçoit dans la journée les très jeunes enfants dont les parents travaillent. *Il dépose son bébé à la crèche et part travailler.*

CRÉCHER [kʀeʃe] verbe [conjugaison 6a] ▪ STYLE FAMILIER Habiter. *Où crèches-tu ? Nous créchons chez des copains.*

CRÉDIBILITÉ [kʀedibilite] n. f. ▪ *LA CRÉDIBILITÉ :* ce qui fait qu'on peut croire une personne, une chose. *Ce film manque de crédibilité.*

CRÉDIBLE [kʀedibl] adj. (après le nom) ▪ Que l'on peut croire. *Ce qu'il dit n'est pas crédible.* → **croyable, vraisemblable.** *Ce témoin est-il vraiment crédible ?* peut-on le croire, est-il digne de confiance ? → **fiable.**

CRÉDIT [kʀedi] n. m.
I. *LE CRÉDIT* **1.** Possibilité de payer plus tard. *Ils ont acheté leur voiture* À CRÉDIT, sans payer immédiatement. ⟨contraire : au comptant⟩ *Ce commerçant* FAIT CRÉDIT, il accepte qu'on ne le paie pas tout de suite. *La maison ne fait pas crédit,* elle exige d'être payée dès qu'on lui achète qqch. – *CARTE DE CRÉDIT :* carte magnétisée qui permet d'acheter sans paiement immédiat. *J'ai payé mes achats avec ma carte de crédit.* **2.** Somme d'argent donnée pour un usage particulier. *Le directeur a obtenu des crédits pour repeindre l'école.*
II. *UN CRÉDIT* **1.** Prêt accordé par une banque. *Ils ont pris un crédit sur dix ans pour acheter leur maison.* **2.** Argent qui est sur un compte en banque, dont on peut se servir. *Vous avez trois mille francs à votre crédit.* → ② **avoir.** ⟨contraire : débit⟩ **3.** STYLE RECHERCHÉ Influence qu'a une personne grâce à la confiance qu'elle inspire. *Elle a du crédit auprès de son chef.*

CRÉDITER [kʀedite] verbe [conjugaison 1a] ▪ Verser (une somme d'argent) sur un compte en banque. *Il a crédité son compte de deux mille francs.* ⟨contraire : débiter⟩

CRÉDITEUR [kʀeditœʀ], **CRÉDITRICE** [kʀeditʀis] adj. (après le nom) ▪ *COMPTE CRÉDITEUR,* sur lequel il y a de l'argent. *Votre compte est créditeur de deux cents francs.* ⟨contraire : débiteur⟩

CRÉDULE [kʀedyl] adj. (après le nom) ▪ Qui croit trop facilement tout ce qu'on lui dit, tout ce qu'il entend, tout ce qu'il lit. *C'est une femme bonne et crédule.* → **naïf.** ⟨contraires : incrédule, méfiant⟩

CRÉDULITÉ [kʀedylite] n. f. ▪ *LA CRÉDULITÉ :* grande facilité à croire n'importe quoi. *Il a profité de ma crédulité pour me vendre cette voiture qui marche mal.* → **confiance, naïveté.** ⟨contraires : incrédulité, méfiance⟩

CRÉER [kʀee] verbe [conjugaison 1a] **1.** Faire exister à partir de rien. *On dit que Dieu créa le ciel et la terre.* **2.** Faire exister (qqch. qui n'existait pas encore). *Il a créé sa société.* → **fonder, monter.** *Un romancier crée des personnages.* → **concevoir, inventer.** *Ce comédien a créé le rôle,* il en a été le premier interprète. **3.** Faire une œuvre d'art. *Le peintre veut être seul quand il crée.* **4.** Être la cause de (qqch.). *Mes enfants me créent des soucis.* → **donner.** *Votre refus créerait* [kʀeʀɛ] *des difficultés.* → **causer, produire, provoquer, susciter.** *Nous ne voudrions pas vous créer des ennuis.* → **occasionner.** **5.** Fabriquer (un produit nouveau). *Cette nouvelle voiture a été créée dans notre usine de Strasbourg.*

CRÉMAILLÈRE [kʀemajɛʀ] n. f. ▪ *UNE CRÉMAILLÈRE :* tige de fer avec des crans pendue dans une cheminée, à laquelle on peut suspendre une marmite au-dessus du feu. *La marmite de soupe est accrochée à la crémaillère.* – *PENDRE LA CRÉMAILLÈRE :* fêter son installation dans un nouveau logement. *Ils ont invité tous leurs amis pour pendre la crémaillère.*

CRÉMATION [kʀemasjɔ̃] n. f. ▪ *LA CRÉMATION :* action de brûler le corps d'un mort. *La crémation aura lieu à 15 heures.* → **incinération.**

CRÉMATOIRE [kʀematwaʀ] adj. (après le nom) ▪ *FOUR CRÉMATOIRE,* dans lequel on brûle le corps d'un mort. → **crématorium.**
REM. Ce mot évoque généralement les camps d'extermination nazis. On emploie *crématorium* pour parler du four des cimetières.

CRÉMATORIUM [kʀematɔʀjɔm] n. m. ▪ *UN CRÉMATORIUM :* lieu, four, où l'on brûle les morts, dans un cimetière. *La famille est réunie devant le crématorium.*

① **CRÈME** [kʀɛm] n. f. ▪ *LA CRÈME* **1.** Matière grasse du lait, avec laquelle on fait le beurre. *J'ai mangé des fraises avec de la* CRÈME FRAÎCHE. *Le cuisinier a préparé des escalopes à la crème.* **2.** Plat sucré fait avec du lait et des œufs. *Le gâteau est accompagné d'une crème anglaise. Pour le dessert, je prendrai une crème caramel.* **3.** Produit que l'on utilise pour les soins de la peau. *Il utilise de la* CRÈME À RASER. *Elle se met de la crème de nuit avant de se coucher. Il faut se mettre de la crème solaire pour bronzer sans prendre de coups de soleil.* **4.** *Un* CAFÉ CRÈME : un café servi avec de la crème ou du lait. *Le serveur apporte deux cafés crème.* → ③ **crème.** **5.** STYLE FAMILIER *C'est la* CRÈME DES HOMMES, le meilleur des hommes.

FAUX AMI
roumain **cremă (de ghete)** « cirage »

② **CRÈME** [kʀɛm] adj. invariable ▪ D'une couleur blanche un peu jaune. *Elle a une robe crème.* PLURIEL : *des gants crème.*

③ **CRÈME** [kʀɛm] n. m. ▪ Café servi avec de la crème ou du lait. *Deux grands crèmes, s'il vous plaît !*
REM. On dit aussi *café crème* (→ ① **crème**).

CRÉMERIE [kʀɛmʀi] n. f. ▪ *UNE CRÉMERIE :* magasin ou rayon d'un magasin où l'on vend des produits laitiers et des œufs. *J'ai acheté du lait frais à la crémerie.* – STYLE FAMILIER *CHANGER DE CRÉMERIE :* quitter un lieu pour aller ailleurs parce que l'on n'est pas content. *On est mal reçu ici, viens, on change de crémerie.*
REM. *Crémerie* s'écrit avec un *é*, malgré la prononciation.

CRÉMEUX [kʀemø], **CRÉMEUSE** [kʀemøz] adj. (après le nom) ▪ Qui contient beaucoup de crème. *Le rôti est accompagné d'une sauce crémeuse.*

CRÉMIER [kʀemje] n. m., **CRÉMIÈRE** [kʀemjɛʀ] n. f. ▪ *UN CRÉMIER, UNE CRÉMIÈRE :* personne qui vend des produits laitiers et des œufs. *Ce crémier vend de très bons fromages.*

CRÉNEAU [kʀeno] n. m. ▪ *UN CRÉNEAU* **1.** Ouverture rectangulaire en haut d'une tour ou d'un rempart, qui servait à observer et à se défendre. *Le soldat envoie des flèches depuis un* réneau. PLURIEL : des CRÉNEAUX. 2. FAIRE UN CRÉNEAU : manœuvrer pour garer sa voiture entre deux voitures en stationnement le long d'un trottoir. *L'automobiliste fait une créneau.* 3. Intervalle de temps libre. *Le directeur pourra vous recevoir cet après-midi, il a un créneau vers 15 heures.* 4. MONTER AU CRÉNEAU : s'engager dans une lutte, dans une action. *Le ministre est monté au créneau et s'est adressé aux manifestants.*

CRÉOLE [kReɔl] n. m., n. f. 1. *UN CRÉOLE, UNE CRÉOLE* : une personne blanche née dans les anciennes colonies tropicales (Antilles, Guyane, Réunion, etc.). *La deuxième femme de Napoléon, Joséphine, était une créole.* 2. *LE CRÉOLE* : langue provenant du contact du français, de l'espagnol, du portugais, de l'anglais et du néerlandais avec des langues indigènes. *Il parle le créole de la Martinique.* 3. *UNE CRÉOLE* : boucle d'oreille en forme d'anneau. *Elle a des créoles en or.*

① **CRÊPE** [kRɛp] n. f. ▪ *UNE CRÊPE* : fine galette molle composée de lait, d'œufs et de farine, cuite dans une poêle ou sur une plaque. *Ma grand-mère nous a fait des crêpes au sucre.* – La même galette de blé noir, et salée. *J'ai déjeuné d'une crêpe à l'andouille.* → **galette.** – *S'APLATIR COMME UNE CRÊPE* : se soumettre lâchement. *Il s'est aplati comme une crêpe devant le policier.* – *RETOURNER QQN COMME UNE CRÊPE*, lui faire changer brutalement d'opinion. *Elle l'a retourné comme une crêpe.*

② **CRÊPE** [kRɛp] n. m. ▪ *LE CRÊPE* 1. Tissu léger de soie ou de laine, à l'aspect granuleux. *Elle porte une robe longue en crêpe.* 2. Caoutchouc qui sert à faire des semelles. *Le marcheur a des chaussures à semelle (de) crêpe.*

CRÊPER [kRepe] verbe [conjugaison 1a] 1. Rebrousser les cheveux en sens contraire du sens normal pour les faire gonfler. *Le coiffeur lui a crêpé les cheveux. – Elle a les cheveux crêpés.* 2. STYLE FAMILIER verbe pronominal *SE CRÊPER LE CHIGNON* : se battre, se quereller violemment. *Les deux sœurs se crêpent souvent le chignon. Elles se sont encore crêpé le chignon.*

CRÊPERIE [kRɛpRi] n. f. ▪ *UNE CRÊPERIE* : lieu où l'on fait et où l'on vend des crêpes. *Elles ont mangé des crêpes dans une crêperie bretonne. Cette crêperie fait restaurant.*

CRÉPI [kRepi] n. m. ▪ *UN CRÉPI* : couche granuleuse de plâtre ou de ciment que l'on applique sur un mur. *Le mur de la ferme est en crépi blanc.*

CRÉPIR [kRepiR] verbe [conjugaison 2] ▪ Recouvrir (un mur) de crépi. *Il faut que le maçon crépisse le mur de la grange.*

CRÉPITEMENT [kRepitmɑ̃] n. m. ▪ *UN CRÉPITEMENT* : bruit sec répété. *On entend le crépitement des mitraillettes.*

CRÉPITER [kRepite] verbe [conjugaison 1a] ▪ Faire un bruit sec et répété. *Le feu crépite dans la cheminée.*

CRÉPU [kRepy], **CRÉPUE** [kRepy] adj. (après le nom) ▪ *CHEVEUX CRÉPUS*, frisés et très serrés. *Elle a les cheveux crépus.*

CRÉPUSCULE [kRepyskyl] n. m. ▪ *LE CRÉPUSCULE* : lumière du jour qui devient plus faible, juste après le coucher du soleil. *Nous avons fait une promenade au crépuscule*, à la nuit tombante.

CRESSON [kResɔ̃] n. m. ▪ *LE CRESSON* : plante qui pousse dans l'eau douce, dont on mange les feuilles arrondies vert foncé. *J'ai acheté une BOTTE DE CRESSON. Faisons une soupe au cresson.*

REM. On prononce aussi [kRəsɔ̃].

CRÊTE [kRɛt] n. f. ▪ *LA CRÊTE* 1. Morceau de chair rouge dentelé, situé sur la tête de certains oiseaux. *Le coq a une crête plus grosse que celle de la poule.* 2. Ligne formée par le sommet d'une montagne. *Les randonneurs ont suivi le chemin de crête.* → **faîte.** 3. Sommet d'une vague. *La crête des vagues est couverte d'écume.* ⟨contraire : creux⟩

> FAUX AMI
> roumain **cretă** « craie »

CRÉTIN [kRetɛ̃] n. m., **CRÉTINE** [kRetin] n. f. ▪ STYLE FAMILIER *UN CRÉTIN, UNE CRÉTINE* : une personne stupide. *Quel crétin, ce mec !* → **idiot, imbécile.**

CRÉTINISER [kRetinize] verbe [conjugaison 1a] ▪ Rendre idiot. *Ces émissions de télévision nous crétinisent !* → **abêtir, abrutir.**

CREUSER [kRøze] verbe [conjugaison 1a]
I. 1. Faire un trou dans (qqch.). *Les ouvriers creusent le sol.* → **évider.** – *SE CREUSER LA TÊTE, LA CERVELLE* : réfléchir en faisant un grand effort. *Je me creuse la tête pour me rappeler son numéro de téléphone.* 2. Faire (qqch.) en enlevant de la matière. *Le chien creuse un trou dans le jardin pour cacher son os. Les ouvriers creusent un tunnel.* ⟨contraire : combler⟩ 3. STYLE FAMILIER Donner faim. *Le grand air, ça creuse !* 4. Étudier plus à fond. *Il faut creuser cette question.* → **approfondir.**
II. verbe pronominal SE CREUSER 1. Devenir creux. *Ses joues se sont creusées.* 2. Devenir plus important. *Un fossé s'est creusé entre lui et ses parents. L'écart se creuse entre les concurrents.* 3. Réfléchir. *Elle s'est creusé la tête pour trouver une solution.*

CREUSET [kRøzɛ] n. m. ▪ *UN CREUSET* : récipient dans lequel on fait fondre les métaux, on brûle certaines substances. *Le chimiste utilise un creuset en terre.*

CREUX [kRø] adj. et n. m., **CREUSE** [kRøz] adj.
I. adjectif (après le nom) 1. Qui est vide à l'intérieur. *Le mur est en briques creuses.* – *AVOIR LE NEZ CREUX* : avoir du flair, deviner. *Tu as eu le nez creux de passer par cette petite route, car l'autoroute est embouteillée.* 2. Qui présente une courbe vers l'intérieur. → **concave.** *On sert la soupe dans des assiettes creuses.* ⟨contraire : plat⟩ 3. Vide de sens. *Il n'a dit que des paroles creuses*, sans intérêt. 4. *HEURES CREUSES*, pendant lesquelles les activités sont ralenties (opposé à heures de pointe). *Il préfère prendre le métro aux heures creuses.*
II. *UN CREUX* 1. Vide intérieur. *Le crabe est dans un creux du rocher.* → **cavité, trou.** – STYLE FAMILIER *Avoir un creux* : avoir faim. *J'ai un petit creux après cette promenade !* 2. Partie arrondie vers l'intérieur. *Elle a pris l'oiseau dans le creux de la main.* → **paume.** *Le chemin est plein de creux et de bosses.* 3. *Le creux d'une vague* : le bas de la vague. ⟨contraire : crête⟩ *On ne voit plus le nageur, il est dans le creux de la vague. – L'entreprise est dans le* CREUX DE LA VAGUE, au plus bas de son succès, de sa réussite.

CREVAISON [kRəvɛzɔ̃] n. f. ▪ *UNE CREVAISON* : ouverture brutale et accidentelle d'un objet gonflé ou tendu. *La crevaison d'un pneu l'a obligé à changer la roue.*

CREVANT [kRəvɑ̃], **CREVANTE** [kRəvɑ̃t] adj. (après le nom) ▪ STYLE FAMILIER 1. (qqch.) Très fatigant. *Elle fait un travail crevant.* → **épuisant, éreintant, exténuant, tuant.** 2. (qqn) Qui fait beaucoup rire. *Il est crevant avec la casquette de son père sur la tête !* → **drôle.**

CREVASSE [kRəvas] n. f. ▪ *UNE CREVASSE* 1. Fente profonde, à la surface d'un mur, d'un plafond. *Il y a une crevasse dans le mur.* → **lézarde.** 2. Cassure profonde dans la glace. *L'alpiniste est tombé dans une crevasse.* 3. Petite fente dans la peau faite par le froid. *En hiver, il faut se protéger les mains et les lèvres pour ne pas avoir de crevasses.* → **gerçure.**

CREVÉ [kʀəve], **CREVÉE** [kʀəve] adj. (après le nom) **1.** (qqch.) Qui a éclaté. *Le garagiste répare le pneu crevé.* **2.** (plante, animal) Mort. *On a trouvé des rats crevés dans la cave.* **3.** STYLE FAMILIER Très fatigué. *Je suis complètement crevée.* → **exténué.**

CRÈVE [kʀɛv] n. f. ▪ STYLE FAMILIER *ATTRAPER LA CRÈVE :* prendre froid. *Je suis en train d'attraper la crève. J'ai la crève :* je suis enrhumé.

CREVER [kʀəve] verbe [conjugaison 5a] **1.** Éclater. *Les bulles de savon crèvent en touchant un obstacle. Un pneu du vélo a crevé,* la chambre à air s'est percée et s'est dégonflée. **2.** Faire éclater (qqch. qui est gonflé, tendu). *Le dentiste a crevé l'abcès et le pus est sorti. Le skieur a failli se crever un œil avec son bâton.* **3.** (plante, animal) Mourir. *Cette plante crèvera si tu ne l'arroses pas.* **4.** STYLE TRÈS FAMILIER (qqn) Mourir. *Il a failli crever dans l'accident de voiture.* – STYLE FAMILIER *Il fait une chaleur à crever :* il fait très chaud. *On crève de froid ici !* on a très froid. **5.** STYLE FAMILIER Fatiguer beaucoup. *Ce nouveau travail me crève.* → **épuiser.** **6.** *CREVER LES YEUX :* être évident, sauter aux yeux. *Il est amoureux d'elle, ça crève les yeux.* – *CREVER LE CŒUR :* faire beaucoup de peine. *Ça me crève le cœur de le voir dans cet état.* **7.** STYLE FAMILIER verbe pronominal SE CREVER : (qqn) se fatiguer. *Elle s'est crevée au travail.*

CREVETTE [kʀəvɛt] n. f. ▪ *UNE CREVETTE :* petit crustacé comestible qui vit dans la mer. *Nous allons à la pêche aux crevettes.*

CRI [kʀi] n. m. ▪ *UN CRI* **1.** (qqn) Son perçant fait par la voix. *Le bébé pousse des cris aigus. Elle a poussé un cri de peur.* **2.** Parole prononcée très fort, sur un ton aigu. *Les manifestants poussent des cris d'indignation.* – STYLE FAMILIER *Elle a une robe DERNIER CRI,* très à la mode, le mieux dans son genre. **3.** Son que font les animaux. *Le cri du chat est le miaulement. Le chien pousse son cri,* il aboie.

CRIANT [kʀijɑ̃], **CRIANTE** [kʀijɑ̃t] adj. (après le nom) ▪ Qui fait protester. *Cette décision est d'une injustice criante.* → **révoltant.**

CRIARD [kʀijaʀ], **CRIARDE** [kʀijaʀd] adj. (après le nom) **1.** Aigu et désagréable. *Il a une VOIX CRIARDE.* ⟨contraire : doux⟩ **2.** (couleur) Désagréable à voir. *Je n'aime pas les couleurs criardes. Sa veste est d'un rouge criard,* très vif. → **voyant.**

CRIBLE [kʀibl] n. m. ▪ *UN CRIBLE :* instrument percé de nombreux trous qui sert à trier des objets de différentes grosseurs. *Elle passe le sable au crible.* → **passoire, tamis.** – *Le policier a PASSÉ AU CRIBLE tous les témoignages,* il les a examinés avec soin et en détail.

CRIBLÉ [kʀible], **CRIBLÉE** [kʀible] adj. (après le nom) **1.** Percé de nombreux trous. *Le cadavre est criblé de balles.* **2.** *Être CRIBLÉ DE DETTES,* en avoir beaucoup. *Elle est criblée de dettes et elle ne peut pas les payer.*

CRIC [kʀik] n. m. ▪ *UN CRIC :* appareil à manivelle qui sert à soulever des choses très lourdes. *Le garagiste place le cric sous la voiture pour la soulever et changer la roue.*

CRICKET [kʀikɛt] n. m. ▪ *LE CRICKET :* sport d'équipe britannique qui se joue avec une balle recouverte de cuir. *Ils jouent au cricket.*

REM. *Criquet* «insecte» se prononce de la même façon.

CRIÉE [kʀije] n. f. ▪ *VENTE À LA CRIÉE :* vente de marchandises aux enchères. *Les marchands de poisson sont sur le port pour la vente à la criée.*

CRIER [kʀije] verbe [conjugaison 7b] **1.** Faire entendre un ou plusieurs cris. *Les enfants crient de joie. Nous criions tellement nous avions peur. Je ne crierai* [kʀiʀɛ] *pas.* **2.** Parler très fort. *Ne criez pas, je ne suis pas sourde.* → **hurler.** **3.** Dire (qqch.) d'une voix forte. *Un automobiliste crie des insultes à un piéton. J'ai entendu quelqu'un crier «au secours !». Le professeur a crié aux élèves de se taire.*

> FAUX AMIS
> anglais **to cry** «pleurer» ; espagnol et portugais **criar** «élever (un enfant)»

CRIME [kʀim] n. m. ▪ *UN CRIME* **1.** Faute très grave punie par la loi. *Il est jugé pour crime contre la sûreté de l'État.* **2.** Le fait de tuer volontairement qqn. *Un crime a été commis cette nuit. L'auteur du crime a été arrêté.* → **assassinat, homicide, meurtre.** *Les policiers ont retrouvé l'arme du crime,* l'arme qui a servi à tuer. *C'est un crime parfait,* dont on ne peut retrouver l'auteur. **3.** Acte que l'on condamne avec force. *C'est un crime de couper de si beaux arbres. Ce n'est pas un crime de mentir,* ce n'est pas très grave.

CRIMINALITÉ [kʀiminalite] n. f. ▪ *LA CRIMINALITÉ :* ensemble des actes criminels commis. *La criminalité est en hausse dans ce quartier de la ville.*

CRIMINEL [kʀiminɛl] n. m. et adj., **CRIMINELLE** [kʀiminɛl] n. f. et adj. **I.** *UN CRIMINEL, UNE CRIMINELLE* **1.** Personne qui a tué volontairement qqn. *Le criminel sera jugé en cour d'assises.* → **assassin, meurtrier.** **2.** Personne qui a fait qqch. de mal puni par la loi. *Un dangereux criminel a été arrêté.* → **malfaiteur.**
II. adjectif (après le nom) Qui constitue un crime. *L'usine a été détruite par un incendie criminel.*

CRIN [kʀɛ̃] n. m. ▪ *LE CRIN* **1.** Poil long et rude qui pousse sur le cou, la queue et le bas des pattes du cheval et de quelques autres animaux. *Le cheval, l'âne, le bœuf, la chèvre ont des crins.* **2.** Ce poil, utilisé à divers usages. *On se frictionne le corps avec un GANT DE CRIN,* fait avec du crin. *Le fauteuil est rembourré avec du crin.* **3.** *À TOUT CRIN, À TOUS CRINS :* passionné, énergique. *C'est un écologiste à tout crin.*

CRINIÈRE [kʀinjɛʀ] n. f. ▪ *LA CRINIÈRE* **1.** Ensemble des poils qui poussent sur le cou de certains animaux. *Le lion a une superbe crinière. Le cavalier se tient à la crinière de son cheval.* **2.** STYLE FAMILIER Chevelure abondante. *Elle a une crinière blonde.*

CRIQUE [kʀik] n. f. ▪ *UNE CRIQUE :* partie du rivage où la mer s'enfonce dans la terre en faisant un abri. *Nous nous sommes baignés dans une crique.* → **anse, baie.**

CRIQUET [kʀikɛ] n. m. ▪ *UN CRIQUET :* insecte très vorace, qui peut voler et sauter (→ **sauterelle**). *Une nuée de criquets s'est abattue sur le champ et a tout dévoré en quelques minutes.*

CRISE [kʀiz] n. f. ▪ *UNE CRISE* **1.** Arrivée soudaine et brutale ou aggravation brusque d'une maladie. *Il est mort d'une CRISE CARDIAQUE,* d'un accident survenu au cœur. → **attaque.** *Elle a parfois des crises d'asthme.* **2.** Manifestation soudaine et violente d'une émotion. *Elle a souvent des crises de larmes. Il a eu une CRISE DE NERFS. Nous avons eu une crise de fou rire.* **3.** *LA CRISE :* période difficile d'une époque ou d'une situation. *Le pays souffre de la crise économique,* des difficultés de l'économie. *Cet adolescent est EN CRISE.*

CRISPER [kRispe] verbe [conjugaison 1a]
I. 1. Contracter les muscles de (une partie du corps). *La douleur lui crispe le visage. – Elle a eu un sourire crispé.* 2. STYLE FAMILIER Exaspérer énormément. *Il a le don de me crisper.* → **agacer, énerver, irriter.** (contraires : apaiser, détendre)
II. verbe pronominal SE CRISPER 1. S'agripper. *Sa main s'est crispée sur la poignée de la porte.* 2. Se raidir, se contracter. *Ne vous crispez pas, détendez-vous.*

CRISSER [kRise] verbe [conjugaison 1a] ▪ Faire un bruit grinçant de frottement. *Le gravier crisse sous nos pas. L'automobiliste fait crisser ses pneus.*

CRISTAL [kristal] n. m. ▪ *LE CRISTAL* 1. Roche transparente et dure. *Le quartz est du cristal.* 2. Variété de verre transparent et incolore. *Du cristal de Bohême, de Baccarat. Nous avons acheté des verres en cristal. Cette coupe de cristal est très belle.* 3. *UN CRISTAL* : élément cristallisé d'un liquide, qui prend une forme géométrique. *Les cristaux de neige sont en étoile. Il y a des cristaux sur la vitre.* → **givre.** 4. *CRISTAL LIQUIDE* : liquide qui divise en deux le rayon lumineux qui le pénètre comme le cristal. PLURIEL : *un écran à CRISTAUX* [kRisto] *liquides.*

CRISTALLIN [kRistalɛ̃] adj. et n. m., **CRISTALLINE** [kRistalin] adj.
I. adjectif (après le nom) 1. Clair, transparent comme le cristal. → **limpide, pur.** *L'eau de la source est cristalline. – Une voix cristalline,* très pure. *Les enfants de cette chorale ont des voix cristallines.* 2. *Une ROCHE CRISTALLINE,* formée de cristaux visibles à l'œil nu. *Le mica, le schiste, le granit sont des roches cristallines.*
II. *LE CRISTALLIN* : la partie transparente de l'œil, en forme de lentille, à l'arrière de la pupille. *Le cristallin prend une forme bombée pour permettre la vision des objets rapprochés.*

CRISTALLISÉ [kRistalize], **CRISTALLISÉE** [kRistalize] adj. (après le nom) ▪ Formé de petits cristaux. *Le gâteau est recouvert de sucre cristallisé.*

CRITÈRE [kRitɛR] n. m. ▪ *UN CRITÈRE* : ce qui permet de porter un jugement. *Sur quels critères vous basez-vous pour faire votre choix ?*

CRITIQUABLE [kRitikabl] adj. (après le nom) ▪ (qqch.) Qui mérite d'être critiqué. *Son attitude est plus que critiquable, elle est condamnable.* (contraires : irréprochable, louable)

① **CRITIQUE** [kRitik] adj. (après le nom) ▪ Difficile, qui peut avoir des suites ennuyeuses, regrettables. → **alarmant, préoccupant.** *Les alpinistes sont dans une situation critique.* → **grave.** – *La période critique de l'épidémie est maintenant passée.*

② **CRITIQUE** [kRitik] adj. (après le nom) 1. *ESPRIT CRITIQUE* : qui s'interroge toujours avant de croire que ce qui est affirmé est vrai. *« Tu crois ce qu'a dit le journaliste ? Tu manques vraiment d'esprit critique ! »* – Examiner qqch., qqn *D'UN ŒIL CRITIQUE,* observer soigneusement, en cherchant les qualités et les défauts. *Avant de sortir, elle a examiné ma tenue d'un œil critique.* 2. (qqn) Dont les jugements font surtout apparaître les défauts. → **négatif, sévère.** (contraires : constructif, positif) *Il s'est montré très critique envers son travail. Il est trop critique.*

③ **CRITIQUE** [kRitik] n. m., n. f.
I. *UNE CRITIQUE* 1. Ce qui est dit en bien ou en mal d'une œuvre. *La critique de son dernier livre est très bonne. Il a lu toutes les critiques de ce film,* tous les articles de journaux qui parlent de ce film. 2. Jugement défavorable. *C'est une critique sévère. Elle ne supporte pas qu'on lui fasse des critiques.* → **reproche.** (contraire : louange) *Il a formulé quelques critiques sur ta façon de travailler.*
II. *UN CRITIQUE, UNE CRITIQUE* : une personne dont le métier est de juger les œuvres d'art, les ouvrages de l'esprit. *Elle est critique de cinéma. Il est critique d'art.* – *LA CRITIQUE* : l'ensemble des critiques. *La critique a été sévère dans tous les journaux.*

CRITIQUER [kRitike] verbe [conjugaison 1a] ▪ Donner son avis en faisant ressortir les défauts. → **blâmer, condamner.** *Elle critique toujours tout, rien ne lui plaît.* (contraires : approuver, louer)

CROASSEMENT [kRɔasmɑ̃] n. m. ▪ *LE CROASSEMENT* : cri du corbeau et de la corneille. *Les corbeaux poussent des croassements.*

CROASSER [kRɔase] verbe [conjugaison 1a] ▪ (oiseau) Pousser son cri. *Les corbeaux et les corneilles croassent.*
REM. Les corbeaux *croassent* et les grenouilles *coassent.*

CROATE [kRɔat] adj., n. m. et n. f. 1. Relatif à la Croatie et à ses habitants. *La capitale croate est Zagreb.* 2. *UN CROATE, UNE CROATE* : un habitant, une habitante de la Croatie. *Les Croates.* 3. nom masculin *LE CROATE* : la langue parlée en Croatie.

CROATIE [kRɔasi] nom propre féminin – en croate **HRVATSKA** ▪ *LA CROATIE* : État d'Europe, dans les Balkans. *Nous irons en Croatie. Il revient de Croatie.*

CROC [kRo] n. m. ▪ *UN CROC* 1. Dent pointue de certains animaux. → **canine.** *Le chien menaçant montre ses crocs.* – STYLE FAMILIER *AVOIR LES CROCS* : avoir très faim. *Quand est-ce qu'on mange ? J'ai les crocs !* 2. Instrument muni d'un crochet servant à suspendre qqch. *Le boucher suspend la viande à des crocs.*

CROC-EN-JAMBE [kRɔkɑ̃ʒɑ̃b] n. m. ▪ *UN CROC-EN-JAMBE* : manière de faire perdre l'équilibre à qqn qui marche, en accrochant sa jambe avec le pied. → **croche-pied.** *Madame ! Il m'a fait un croc-en-jambe !* PLURIEL : *des CROCS-EN-JAMBE* [kRɔkɑ̃ʒɑ̃b].

CROCHE [kRɔʃ] n. f. ▪ *UNE CROCHE* : note de musique qui vaut la moitié d'une noire. *La queue de la croche porte un crochet. Est-ce une double, une triple ou une quadruple croche ?*

CROCHE-PIED [kRɔʃpje] n. m. ▪ *UN CROCHE-PIED* : manière de faire perdre l'équilibre à qqn qui marche, en accrochant sa jambe avec le pied. → **croc-en-jambe.** *Elle lui a fait un croche-pied.* PLURIEL : *des CROCHE-PIEDS.*

CROCHET [kRɔʃɛ] n. m. ▪ *UN CROCHET* 1. Pièce de métal recourbée, pour pendre ou retenir qqch. *Le tableau est suspendu à un crochet. Le boucher suspend la viande à des crochets.* → **croc.** 2. *VIVRE AUX CROCHETS DE qqn* : vivre grâce à son argent. *Il vit à nos crochets depuis des mois.* 3. Tige dont une extrémité recourbée retient le fil qui doit passer dans la maille. *Ce pull a été fait au crochet.* – *FAIRE DU CROCHET* : tricoter avec un crochet. *Elle aime bien faire du crochet.* 4. Signe graphique dont chaque extrémité est en angle droit [...]. *Mettez les mots écrits en phonétique ENTRE CROCHETS.* 5. Changement de direction qui allonge l'itinéraire. *Nous ne serons pas chez vous avant demain car nous avons FAIT UN CROCHET PAR Paris. Je ferai un crochet chez vous en allant au bureau.* 6. Coup de poing, donné le bras plié (opposé à direct). *Le boxeur lui a envoyé un crochet du droit,* du bras droit.

CROCHETER [kRɔʃte] verbe [conjugaison 5b] 1. Ouvrir (une serrure) en forçant avec un crochet. *Les cambrioleurs ont crocheté la serrure.* 2. Tricoter (qqch.) avec un crochet. *Elle crochète une écharpe.*

CROCHU [kRɔʃy], **CROCHUE** [kRɔʃy] adj. (après le nom) **1.** Recourbé. *L'aigle a un bec crochu.* **2.** *AVOIR DES ATOMES CROCHUS AVEC qqn :* avoir de la sympathie, de l'attirance pour qqn. *Il a rencontré une jeune fille et il a immédiatement eu des atomes crochus avec elle.*

CROCO n. m. Forme abrégée familière de **crocodile.**

CROCODILE [kRɔkɔdil] n. m. **1.** *UN CROCODILE :* long reptile carnivore des pays chauds, vivant aussi bien à l'air que dans l'eau, à fortes mâchoires et à quatre courtes pattes (→ **alligator, caïman, gavial).** *Le crocodile noie sa proie avant de la dévorer.* – (qqn) *VERSER DES LARMES DE CROCODILE :* verser des larmes non sincères, faire semblant d'être triste. *Il verse des larmes de crocodile pour essayer de nous émouvoir.* **2.** *LE CROCODILE :* cuir de crocodile utilisé pour faire des sacs, des chaussures, des portefeuilles. *Il a une ceinture en crocodile.* – *CROCO* [kRɔko] forme abrégée familière *Des chaussures en croco.*

REM. Le crâne du crocodile est moins large que celui de l'alligator.

CROCUS [kRɔkys] n. m. ▪ *UN CROCUS :* plante à bulbe, à tige courte, qui fleurit très tôt au printemps. *Nous avons vu des crocus jaunes, violets.*

CROIRE [kRwaR] verbe [conjugaison 44] **1.** Penser que (qqch.) est vrai. ⟨contraire : douter⟩ *Je crois ce que vous dites. Tu n'as pas cru cette histoire, j'espère ! Toutes ces histoires, je les ai crues* (→ **crédible).** *Quand il était petit, il croyait tout ce qu'on lui racontait. Nous ne croyons pas ces mensonges. JE VOUS PRIE DE CROIRE QUE :* vous pouvez être sûr que. *Je vous prie de croire qu'il sera puni.* **2.** *CROIRE QQN,* penser que ce qu'il dit est vrai. *Je vous crois. Je ne le crois plus, il est trop menteur. Je ne te crois pas !* **3.** *NE PAS EN CROIRE SES YEUX, SES OREILLES :* s'étonner vraiment beaucoup de ce qu'on voit, de ce qu'on entend. *Quand elle m'a dit cela, je n'en ai pas cru mes oreilles.* **4.** Considérer comme vraisemblable, sans en être sûr. → **estimer, juger, penser, supposer.** *« Tu es là ? Je croyais être seule ! » Nous croyons arriver vers vingt heures :* nous pensons arriver vers vingt heures. *Tu es venu en voiture ? Nous croyions que tu arriverais par le train. « Crois-tu qu'il viendra ? Je crois que oui ». Pour gagner, il faut que l'équipe croie à la victoire. J'ai cru que j'allais gagner.* **5.** (dans une lettre) *Je vous prie de croire à l'expression de mes sentiments les meilleurs. Veuillez croire à mes sentiments les meilleurs.* **6.** Être persuadé de l'existence et de la valeur de. *Tu y crois, toi, à la vie éternelle ? CROIRE EN DIEU :* être convaincu que Dieu existe, avoir la foi religieuse. – *Il croit au père Noël :* il est naïf (→ **crédule).** *Tu espères une nouvelle augmentation de salaire ? Tu crois au père Noël !* **7.** verbe pronominal SE CROIRE : s'imaginer, se représenter. *Je ne reconnaissais plus le paysage, je me croyais perdue. Elle s'est crue plus maligne que les autres ! Il se croit tout permis. Tu te crois intelligente ?* STYLE FAMILIER *Qu'est-ce qu'il se croit celui-là ?* pour qui se prend-il ? STYLE FAMILIER *Où tu te crois ?* (pour avoir cette attitude). *Retire tes pieds de la table, non mais, où tu te crois ?*

crois [kRwa] *Je crois, tu crois :* forme au présent du verbe **croire.**

CROISADE [kRwazad] n. f. ▪ *UNE CROISADE* **1.** Expédition militaire menée par les chrétiens contre les musulmans en Terre sainte, au Moyen Âge. *Il y a eu huit grandes croisades.* **2.** Lutte. *Le gouvernement mène une croisade contre le tabac.*

① **CROISÉ** [kRwaze] n. m. ▪ *UN CROISÉ :* chevalier chrétien qui partait en croisade pour chasser les musulmans de Terre sainte, au Moyen Âge. *Les croisés avaient une croix cousue sur leurs vêtements.*

② **CROISÉ** [kRwaze], **CROISÉE** [kRwaze] adj. (après le nom) **1.** Disposé en croix. *Il a des bretelles croisées dans le dos.* – *RESTER LES BRAS CROISÉS,* sans rien faire. *Aide-moi au lieu de rester les bras croisés !* **2.** Un *FEU CROISÉ* de questions : des questions pressantes venant de plusieurs personnes en même temps, et qui s'adressent à une personne. *Il a dû répondre à un feu croisé de questions.* **3.** *MOTS CROISÉS :* jeu d'esprit dans lequel chacune des lettres d'un mot disposé horizontalement fait également partie d'un mot disposé verticalement, chaque mot devant être trouvé à partir d'une définition. *Il aime beaucoup faire des mots croisés.* → **cruciverbiste.**

CROISÉE [kRwaze] n. f. ▪ STYLE RECHERCHÉ **1.** *LA CROISÉE DES CHEMINS :* l'endroit où les chemins se croisent, se coupent → **carrefour, croisement.** *Ils se sont rencontrés à la croisée des chemins.* **2.** *UNE CROISÉE :* fenêtre. *Ouvre les croisées.*

CROISEMENT [kRwazmɑ̃] n. m. **1.** *UN CROISEMENT :* endroit où des routes se croisent, se coupent. → **carrefour.** *Prenez à droite au prochain croisement.* **2.** *LE CROISEMENT :* action de croiser. *Il a fait un croisement de doigts.* – *FEUX DE CROISEMENT,* sur un véhicule, lumières qui n'éblouissent pas le conducteur que l'on croise. → **code.** *N'oubliez pas de mettre vos feux de croisement.* **3.** (animaux) Mélange de races. *Le mulet est le résultat du croisement entre une jument et un âne.*

CROISER [kRwaze] verbe [conjugaison 1a]

I. 1. (qqn) Mettre (deux choses) l'une sur l'autre, à peu près en forme de croix. *Il s'est assis et a croisé les jambes. Croisez les bras.* **2.** (qqch.) Traverser. *La voix ferrée croise la route,* elle la coupe. **3.** Rencontrer, passer à côté de, en allant en sens contraire. *J'ai revu notre ami par hasard : je l'ai croisé hier dans la rue. – La voiture qui nous a croisés roulait très vite.* **4.** Accoupler (des animaux, des plantes d'espèces différentes). *Cet éleveur a croisé deux races de chevaux.* **5.** (bateau) Naviguer en allant et venant dans les mêmes parages. *Le navire croise au large de la Bretagne.*

II. verbe pronominal SE CROISER **1.** (qqch.) Se couper, être en travers l'un sur l'autre. *Deux routes se croisent à la sortie du village.* **2.** Rencontrer, passer l'un à côté de l'autre en allant dans des directions opposées. *Ils se sont croisés dans l'escalier. Les deux trains se croiseront à 17 heures. – Nos lettres se sont croisées,* elles ont été postées en même temps. **3.** *SE CROISER LES BRAS :* rester sans rien faire. *Au lieu de nous aider, ils se sont croisé les bras !*

CROISEUR [kRwazœR] n. m. ▪ *UN CROISEUR :* grand navire de guerre. *Les croiseurs surveillent les routes maritimes.*

CROISIÈRE [kRwazjɛR] n. f. **1.** *UNE CROISIÈRE :* voyage touristique en bateau. *Ils font une croisière en Méditerranée. Ils sont partis en croisière.* **2.** *RÉGIME, VITESSE DE CROISIÈRE :* allure, vitesse moyenne régulière pour un navire, pour un avion, sur une longue distance. *La vitesse de croisière de cet avion est de 800 kilomètres à l'heure. – Nous avons atteint notre vitesse de croisière, dans notre travail :* nous faisons notre travail à une allure régulière et satisfaisante.

CROISSANCE [kRwasɑ̃s] n. f. ▪ *LA CROISSANCE* **1.** Le fait de croître, de grandir. → **développement.** *À dix ans, un enfant est EN PLEINE CROISSANCE. Il surveille la croissance de ses plantes.* **2.** Développement, progression. ⟨contraires : déclin, régression⟩ *L'entreprise est en pleine croissance. La croissance économique d'un pays,* le développement de sa production. *Ce pays a une forte croissance économique.*

croissant [kRwasɑ̃] *En croissant :* forme au participe présent du verbe **croître.**

CROISSANT [kRwasɑ̃] n. m. **1.** *Un CROISSANT DE LUNE,* la partie visible de la lune éclairée en une forme étroite, creusée en rondi (→ ① **quartier**). *Un croissant de lune éclaire faiblement le sommet de la montagne.* **2.** Petite pâtisserie recourbée, en forme de croissant. *Achète trois croissants à la boulangerie pour le petit-déjeuner.*

REM. Suite des phases de la lune : nouvelle lune, premier croissant, pleine lune, dernier croissant.

CROISSANT [kRwasɑ̃], **CROISSANTE** [kRwasɑ̃t] adj. (après le nom) ▪ (qqch.) Qui croît, s'accroît. *Les enfants sont rangés par ordre croissant de taille,* du plus petit au plus grand. ⟨contraire : décroissant⟩ *Elle l'a écouté, avec une colère croissante,* qui va en augmentant.

CROÎTRE [kRwatR] verbe [conjugaison 55a] **1.** STYLE RECHERCHÉ (plante) Grandir progressivement. *Les mauvaises herbes croissent vite.* → **grandir, pousser.** *Le chêne croît lentement.* **2.** Devenir plus grand, plus nombreux. *Le nombre des naissance a crû.* → **s'accroître, augmenter.** *La lune croît.* – *Les jours croissent au printemps,* ils deviennent plus longs. ⟨contraire : diminuer⟩

REM. Le verbe *croître* prend un accent circonflexe aux trois premières personnes du présent de l'indicatif (*je croîs, tu croîs, il croît*) et du passé simple (*je crûs, tu crûs, il crût*) et au participe passé masculin singulier (*crû*), ce qui distingue ces formes des formes correspondantes du verbe *croire.* Le participe passé perd son accent circonflexe dans les formes très rares du féminin et du masculin pluriel (*crue, crus*).

CROIX [kRwa] n. f. ▪ *UNE CROIX* **1.** Instrument de supplice fait de deux poteaux qui se croisent à angle droit, sur lequel on attachait les condamnés pour les faire mourir (→ **crucifier**). *Jésus est mort sur la croix.* **2.** Objet qui a la forme de la croix de Jésus-Christ. *Dans ses mains, elle a une croix de bois.* → **crucifix.** *Une croix est en haut du clocher de l'église.* – *Il porte une croix en or à son cou,* un bijou en forme de croix. **3.** Décoration en forme de croix. *Il a reçu la croix de guerre.* **4.** Marque formée par deux traits croisés. *Faites une croix dans la case de la bonne réponse.* – *FAIRE UNE CROIX SUR qqch.* : renoncer définitivement à qqch. *Cette année, nous avons fait une croix sur les vacances.* – *EN CROIX* : à angle droit ou presque. *Mettez les bras en croix,* les bras étendus horizontalement de chaque côté du corps.

CROQUANT [kRɔkɑ̃], **CROQUANTE** [kRɔkɑ̃t] adj. (après le nom) Qui croque sous la dent. *J'aime les cornichons croquants. Voici une pomme bien croquante.*

REM. Une pomme est *croquante,* mais un gâteau sec est *croustillant.*

CROQUE-MADAME [kRɔkmadam] n. m. invariable ▪ *UN CROQUE-MADAME* : croque-monsieur sur lequel on a placé un œuf au plat. *Je voudrais un croque-madame, s'il vous plaît.* PLURIEL : *des croque-madame.*

CROQUEMITAINE [kRɔkmitɛn] n. m. ▪ *LE CROQUEMITAINE* **1.** Personnage imaginaire dont on menace les enfants pour les faire obéir. *Si tu n'es pas sage, le croquemitaine va venir te voir !* **2.** Personne très sévère qui fait peur. *Arrête de jouer les croquemitaines.*

REM. Ce mot peut aussi s'écrire avec un trait d'union : *croque-mitaine,* au pluriel *des croque-mitaines.*

CROQUE-MONSIEUR [kRɔkməsjø] n. m. invariable ▪ *UN CROQUE-MONSIEUR* : sandwich chaud fait de pain de mie, de jambon et de fromage. *Un croque-monsieur, s'il vous plaît ! J'ai déjeuné rapidement d'un croque-monsieur.* PLURIEL : *des croque-monsieur.*

CROQUEMORT [kRɔkmɔR] n. m. ▪ STYLE FAMILIER *UN CROQUEMORT* : personne qui travaille aux pompes funèbres et qui est chargée du transport des morts au cimetière. *Les croquemorts installent le cercueil dans le corbillard.*

REM. Ce mot peut aussi s'écrire avec un trait d'union : *croque-mort,* au pluriel *des croque-morts.*

CROQUER [kRɔke] verbe [conjugaison 1a] **1.** (aliment que l'on mange) Faire un bruit sec. *La pomme croque sous la dent.* → **craquer.** **2.** (qqn) Mordre. *Il croque dans une pomme.* **3.** (qqn) Réduire en petits morceaux avec les dents. *Je ne suce pas les bonbons, je les croque. Aimez-vous le CHOCOLAT À CROQUER ?* (opposé à chocolat à cuire).

REM. La pomme *croque,* mais le pain *croustille.*

CROQUET [kRɔkɛ] n. m. ▪ *LE CROQUET* : jeu qui consiste à faire passer des boules de bois sous de petits arcs, à l'aide d'un maillet. *Les enfants jouent au croquet dans le jardin.*

CROQUETTE [kRɔkɛt] n. f. ▪ *UNE CROQUETTE* **1.** Boulette de pâte et de hachis que l'on fait frire dans l'huile. *Elle prépare des croquettes de pommes de terre.* **2.** Aliment pour chien, pour chat, sous forme de boulette sèche et croquante. *J'ai donné au chat ses croquettes et un bol d'eau fraîche.*

CROQUIS [kRɔki] n. m. ▪ *UN CROQUIS* : dessin rapide. → **esquisse.** *Elle a fait un croquis des lieux où s'est produit l'accident.*

CROSS [kRɔs] n. m. ▪ *LE CROSS* **1.** Course à pied en terrain varié, avec des obstacles, dans la nature. *Nous avons fait du cross dans la forêt.* **2.** Course de vélo, de moto, en terrain accidenté. *Il a acheté un vélo de cross.*

REM. Ce mot vient de l'anglais.

CROSSE [kRɔs] n. f. ▪ *UNE CROSSE* **1.** Bâton recourbé d'évêque. *L'évêque a une crosse d'argent.* **2.** Bâton recourbé utilisé dans certains jeux pour pousser la balle. *On joue au hockey en poussant une balle avec une crosse.* **3.** Extrémité recourbée. *Les fougères ont des crosses.* – *Le violon a une crosse,* une partie recourbée qui porte les chevilles. **4.** Partie d'une arme à feu portative. *On appuie la crosse du fusil sur l'épaule. Il l'a assommé avec la crosse de son revolver.*

CROTALE [kRɔtal] n. m. ▪ *UN CROTALE* : serpent très venimeux qui fait du bruit avec sa queue, appelé aussi *serpent à sonnette. Les crotales vivent en Amérique.*

CROTTE [kRɔt] n. f. ▪ *UNE CROTTE* **1.** Excrément. *Le chien a fait une crotte sur le trottoir.* – (figuré) *C'est de la crotte,* ça ne vaut rien. → STYLE FAMILIER **caca, merde.** – STYLE FAMILIER *Crotte ! Crotte de bique !* interjections de dépit. → **flûte, zut.** **2.** *CROTTE DE NEZ* : matière épaisse et sèche, dans le nez. *Il a retiré une crotte de nez avec son index.* **3.** *CROTTE DE CHOCOLAT, EN CHOCOLAT* : bonbon rond au chocolat. *Nous lui avons offert une boîte de crottes en chocolat.*

CROTTÉ [kRɔte], **CROTTÉE** [kRɔte] adj. (après le nom) ▪ Couvert de boue. *Tes chaussures sont toutes crottées.*

CROTTIN [kRɔtɛ̃] n. m. ▪ *LE CROTTIN* **1.** Excréments du cheval. *Le crottin est un bon engrais pour les fleurs. Il a ramassé du crottin.* **2.** Petit fromage de chèvre de forme arrondie. *Nous avons mangé une salade au crottin chaud.*

CROULER [kRule] verbe [conjugaison 1a] **1.** (qqch.) Tomber sous l'effet du poids. *Le vieux mur croule.* → **s'écrouler, s'effondrer.** – *Je croule de sommeil* : j'ai très sommeil, je tombe de sommeil. **2.** *CROULER SOUS* : plier sous le poids de. *L'arbre croule sous les fruits.* – *Je croule sous le travail* : j'ai beaucoup de travail. – *La salle de spectacle croule sous les applaudissements,* elle est comme menacée de tomber en ruines par le bruit des applaudissements. **3.** S'effondrer. *Tous nos projets ont croulé.*

CROUPE [kʀup] n. f. ▪ *LA CROUPE* **1.** Partie arrière arrondie du corps de certains animaux, d'où part la queue. *Le cavalier donne un coup de cravache sur la croupe de son cheval.* – *EN CROUPE* : à cheval et sur la croupe, derrière le cavalier en selle. *Elle a aidé son fils à monter en croupe.* **2.** STYLE FAMILIER Fesses, derrière (humain). *Elle a une croupe rebondie !* **3.** Sommet arrondi (d'une colline, d'une montagne). *On aperçoit un troupeau de vaches, sur la croupe de la montagne.*

CROUPIER [kʀupje] n. m., **CROUPIÈRE** [kʀupjɛʀ] n. f. ▪ *UN CROUPIER, UNE CROUPIÈRE* : personne qui travaille dans une maison de jeu, tient le jeu, paie et ramasse l'argent pour le compte de l'établissement. *Le croupier ramasse les jetons sur la table de jeu.*

CROUPION [kʀupjɔ̃] n. m. ▪ *LE CROUPION* : partie arrière du corps des oiseaux, qui porte les plumes de la queue. *Il aime manger le croupion du poulet.*

CROUPIR [kʀupiʀ] verbe [conjugaison 2] **1.** (eau) Ne pas s'écouler et devenir mauvaise. → **stagner.** *Ne buvez pas, c'est de l'eau qui croupit !* **2.** (qqn) Rester dans un endroit sans en sortir. *Depuis de longues années, il croupissait en prison.*

CROUSTILLANT [kʀustijɑ̃], **CROUSTILLANTE** [kʀustijɑ̃t] adj. (après le nom) **1.** Qui croustille, qui craque légèrement sous la dent. *Elle adore le pain frais et croustillant.* ⟨contraire : mou⟩ **2.** Excitant. *Il nous a donné des détails croustillants sur sa soirée.*

REM. Le pain est *croustillant*, mais la pomme est *croquante*.

CROUSTILLER [kʀustije] verbe [conjugaison 1a] ▪ Craquer légèrement sous la dent. *Ces petits gâteaux secs croustillent délicieusement.*

CROÛTE [kʀut] n. f.
I. *LA CROÛTE* **1.** Partie extérieure du pain, durcie par la cuisson. *Elle préfère manger la croûte et laisser la mie. Ils ont donné des croûtes de pain aux oiseaux.* – STYLE FAMILIER *CASSER LA CROÛTE* : manger. *Nous avons cassé la croûte dans un petit bistrot.* – *GAGNER SA CROÛTE* : gagner sa nourriture, sa vie. *Mon père gagne sa croûte à l'usine.* **2.** Pâte cuite qui entoure (un aliment). *Ce charcutier fait un délicieux PÂTÉ EN CROÛTE.* **3.** Partie extérieure du fromage. *Certaines personnes mangent la croûte du fromage, d'autres pas.* **4.** *La CROÛTE TERRESTRE* : la partie superficielle du globe terrestre. → **écorce.** *La croûte terrestre continentale est épaisse de 30 kilomètres.*
II. *UNE CROÛTE* **1.** Plaque dure qui se forme sur une plaie. *N'arrache pas la croûte, tu vas saigner. Son visage est couvert de croûtes.* **2.** STYLE FAMILIER Mauvais tableau. *Ce peintre ne fait que des croûtes.*

CROÛTON [kʀutɔ̃] n. m. ▪ *UN CROÛTON* **1.** Extrémité d'un pain long. *Ce qu'il préfère, dans le pain, c'est le croûton.* **2.** Petit morceau de pain sec ou frit. *Il a préparé une salade aux lardons avec des croûtons.* **3.** STYLE FAMILIER Personne qui a l'esprit étroit, qui n'aime pas les idées nouvelles. *Ne fais pas attention à ce qu'il dit, c'est un vieux croûton.*

CROYABLE [kʀwajabl] adj. (après le nom) ▪ Que l'on peut croire. ⟨contraire : incroyable⟩ *Est-ce croyable ?* → **crédible, pensable, possible.** *Cette histoire est à peine croyable. Ce n'est pas croyable !*

REM. *Croyable* s'emploie surtout en phrases négatives.

CROYANCE [kʀwajɑ̃s] n. f. **1.** *LA CROYANCE* : le fait de croire qu'une chose est vraie. *Ce militant politique est animé par la CROYANCE DANS un monde meilleur.* ⟨contraire : doute⟩ *La CROYANCE EN Dieu a donné un sens à sa vie.* → **foi.** ⟨contraire : incroyance⟩ **2.** *UNE CROYANCE* : ce que l'on croit. *Il faut respecter les croyances de chacun. Ses croyances religieuses l'ont sou tenu dans l'adversité.* → **conviction.**

CROYANT [kʀwajɑ̃] adj. et n. m., **CROYANTE** [kʀwajɑ̃t] adj. et n. f. **1.** Qui croit en Dieu. *Sa grand-mère est très croyante.* ⟨contraires athée, incroyant⟩ **2.** *UN CROYANT, UNE CROYANTE* : une personne qui croit en Dieu. → **fidèle.** *C'est une vraie croyante.*

croyons [kʀwajɔ̃] *Nous croyons* : forme au présent du verbe **croire**

C. R. S. [seɛʀɛs] n. m. ▪ *UN C. R. S.* : policier membre d'un compagnie républicaine de sécurité. *Les C. R. S. ont repouss les manifestants.*

① **CRU** [kʀy] n. m. ▪ *UN CRU* **1.** Terrain planté de vignes. → **vi gnoble.** *J'ai visité les crus de la région de Bordeaux, en France* **2.** Vin produit par un vignoble. *La France est réputée pour se grands crus,* pour ses très bons vins provenant de vignoble célèbres. **3.** *DE SON CRU,* de son invention. *Voici une recette d cuisine de mon cru.*

② **CRU** [kʀy], **CRUE** [kʀy] adj. (après le nom) **1.** (aliment) Qui n'es pas cuit. *Il aime les carottes crues. Certains légumes se mangen crus* (→ **crudités**). *Il aime le bifteck presque cru.* → **bleu.** **2.** (cou leur, lumière) Vif, violent. *La lumière crue fait mal aux yeux.* **3.** Di sans douceur, sans prendre de précautions, même si c'est pé nible. *Il a fait une description très crue de l'accident.* – STYL FAMILIER *C'est la VÉRITÉ TOUTE CRUE* : c'est l'entière vérité **4.** *MONTER À CRU* : monter à cheval sans selle. *C'est une trè bonne cavalière, elle monte souvent à cru.*

cru [kʀy], **crue** [kʀy] *Il a cru cette histoire ; l'histoire qu'il a crue* formes au participe passé du verbe **croire.**

crû [kʀy], **crue** [kʀy] *L'arbre a crû ;* (très rare) *la rivière est crue* formes au participe passé du verbe **croître.**

CRUAUTÉ [kʀyote] n. f. **1.** *LA CRUAUTÉ* : méchanceté des per sonnes cruelles, qui prennent du plaisir à faire souffri ⟨contraires : bienveillance, bonté⟩ *Ce chien a été traité ave cruauté.* → **férocité, méchanceté, sadisme.** – *CRUAUTÉ MEN TALE,* qui s'exerce sur le plan psychologique. *Il lui a dit cela Mais c'est de la cruauté mentale !* **2.** *UNE CRUAUTÉ* : une actio cruelle. → **atrocité.** *C'est une cruauté inutile. Les cruautés exe cées sur les prisonniers sont intolérables.* → **torture.**

CRUCHE [kʀyʃ] n. f. ▪ *UNE CRUCHE* **1.** Récipient, pot souvent e terre, à col étroit et à large panse, muni d'un bec et d'un anse. → **pichet.** *Une cruche à eau est posée sur la table.* **2.** STYL FAMILIER Personne bête et ignorante. *Quelle cruche !* → **gourde imbécile.**

CRUCIAL [kʀysjal], **CRUCIALE** [kʀysjal] adj. (après le nom) ▪ Très im portant. *Voici le moment crucial.* → **capital, décisif.** *La fai dans le monde est un problème crucial.* → **essentiel.** MASCULIN PL RIEL : *des problèmes CRUCIAUX* [kʀysjo].

CRUCIFIER [kʀysifje] verbe [conjugaison 7a] ▪ Attacher, clouer (u condamné) sur la croix pour l'y faire mourir. *Jésus fut crucifi Vous ne crucifierez* [kʀysifiʀe] *pas les condamnés.*

CRUCIFIX [kʀysifi] n. m. ▪ *UN CRUCIFIX* : croix sur laquelle est re présenté Jésus crucifié. *Il a accroché un crucifix sur le mur, au dessus de son lit.*

CRUCIVERBISTE [kʀysivɛʀbist] n. m., n. f. ▪ *UN CRUCIVERBISTE UNE CRUCIVERBISTE* : amateur de mots croisés (→ ② **croisé**) *Mon père est un cruciverbiste acharné.* → **mots-croisiste.**

RUDITÉS [kRydite] n. f. pluriel ■ *DES CRUDITÉS :* légumes que l'on nange crus. *Nous avons mangé de délicieuses crudités. Elle a ommencé son repas par une assiette de crudités : des carottes âpées, des concombres et des tomates.*

RUE [kRy] n. f. ■ *UNE CRUE :* montée des eaux d'un cours l'eau. *Les pluies très fortes ont provoqué une crue de la rivière. e fleuve est EN CRUE,* ses eaux sont en train de monter. *La ernière crue a provoqué une grave inondation.*

RUEL [kRyɛl], **CRUELLE** [kRyɛl] adj. (après le nom, parfois avant le om) **1.** (qqn) Qui a du plaisir à faire souffrir, à voir souffrir. → **dur, méchant, sadique.** *C'est un homme cruel.* ⟨contraires : bon, endre⟩ *Le pays est gouverné par un tyran cruel et sanguinaire.* → **bourreau, monstre.** *Ne sois pas cruel avec les animaux.* – *Le igre est cruel.* → **féroce. 2.** (qqch.) Qui manifeste de la cruauté. *'est une décision cruelle qu'il a fallu prendre. Il a eu un sourire ruel.* → **mauvais.** *Cette guerre a été longue et cruelle.* → **sanlant. 3.** (parfois avant le nom) (qqch.) Qui fait souffrir. *La mort de on mari a été une perte cruelle pour elle.* → **douloureux, pénible.** *Ils ont traversé une cruelle épreuve.* → **terrible.**

RUELLEMENT [kRyɛlmɑ̃] adverbe **1.** Avec cruauté. *Il traite cruelement son chien.* → **méchamment.** ⟨contraires : doucement, genment, tendrement⟩ **2.** D'une façon douloureuse, pénible. *'ette brûlure me fait cruellement souffrir.* → **affreusement, atroement, terriblement.**

RÛMENT [kRymɑ̃] adverbe ■ D'une manière sèche et dure, sans nénagement. *Il lui a dit crûment ce qu'il pensait de sa manière 'agir.* → **brutalement.**

RUSTACÉ [kRystase] n. m. ■ *UN CRUSTACÉ :* animal recouvert 'une carapace rigide, qui possède des pattes articulées, des ntennes, des branchies pour respirer, qui vit dans l'eau. *La revette, le crabe, l'écrevisse, la langouste et le homard sont des rustacés comestibles. Nous avons mangé un plateau de coquilages et de crustacés,* un plateau de fruits de mer.

rut [kRy] *Il crut, elle crut :* forme au passé simple du verbe **croire.**

RYPTE [kRipt] n. f. ■ *UNE CRYPTE :* partie souterraine d'une glise, servant de tombeau. *Les reliques d'un saint sont conserées dans la crypte de la cathédrale.*

UBA [kyba] nom propre ■ Île et État des Antilles, entre les Étatsnis et l'Amérique centrale, dont la capitale est La Havane. *lous avons fait un voyage à Cuba. Ils habitent Cuba.*

UBAIN [kybɛ̃] adj. et n. m., **CUBAINE** [kybɛn] adj. et n. f. **1.** adjectif près le nom) De Cuba. *Il fume des cigares cubains. J'écoute de a musique cubaine.* **2.** *UN CUBAIN, UNE CUBAINE :* un habiant, une habitante de Cuba. *De nombreux Cubains vivent en xil.*

UBE [kyb] n. m. ■ *LE CUBE* **1.** Solide dont les six faces sont des arrés égaux. *Un cube a huit sommets et douze arêtes égales.* . *UN CUBE :* objet en forme de cube (→ **cubique).** *Un dé est un ube. Ces immeubles sont des cubes de béton. Il met des cubes e glace dans son verre. Le bébé joue avec ses cubes en bois.* . Se dit d'une mesure qui exprime le volume d'un corps. *Un IÈTRE CUBE (m^3) :* le volume d'un cube d'un mètre de côté. *'e camion a un volume de vingt mètres cubes (20 m^3). Il a une noto de cinq cents centimètres cubes de cylindrée (500 cm^3).* . *Le cube d'un nombre,* ce nombre multiplié deux fois de suite ar lui-même. *Le cube de quatre est égal à soixante-quatre ; au cube égale 64 ($4^3=64$).*

UBIQUE [kybik] adj. (après le nom) **1.** (qqch.) Qui a la forme d'un ube. *L'architecte a construit un immeuble cubique. Voici une boîte cubique.* **2.** *La RACINE CUBIQUE d'un nombre n :* le nombre dont le cube est égal à n. *2 est la racine cubique de 8.*

CUBISME [kybism] n. m. ■ *LE CUBISME :* mouvement artistique qui, entre 1910 et 1930, représentait les objets comme des figures géométriques simples, ressemblant au cube. *Picasso, Braque et Juan Gris furent les peintres les plus connus du cubisme.*

CUCUL [kyky] adj. (après le nom) ■ STYLE FAMILIER Niais, un peu ridicule. *Ce film est un peu cucul. Ils sont gentils, mais un peu cuculs.* – (invariable) *Il ne lit que des livres CUCUL LA PRALINE !* → STYLE FAMILIER **tarte, ringard.**

REM. On écrit parfois *cucu.*

CUEILLETTE [kœjɛt] n. f. ■ *LA CUEILLETTE* **1.** Action de cueillir. *Voici l'époque de la cueillette des pommes.* → **récolte. 2.** Les fleurs ou les fruits que l'on a cueillis. *Nous avons fait une belle cueillette.* **3.** Ramassage des végétaux comestibles par les populations qui ne pratiquent pas la culture. *Ce peuple vit de la chasse et de la cueillette.*

CUEILLIR [kœjiR] verbe [conjugaison 12] ■ Détacher (une fleur, un fruit) de la tige. *Je cueille des roses dans le jardin pour en faire un bouquet. Nous cueillerons des tulipes. Ne cueillez pas ces fruits, c'est interdit. Il faut que nous cueillions des haricots pour le dîner.*

CUI-CUI [kɥikɥi] interjection et n. m. invariable **1.** interjection STYLE FAMILIER *CUI-CUI ! :* bruit imitant le cri d'un oiseau. *Les oiseaux FONT CUI-CUI,* ils pépient. **2.** *UN CUI-CUI :* un cri d'oiseau. *On entend un cui-cui dans l'arbre.* – PLURIEL : *les cui-cui des moineaux.*

CUILLÈRE [kɥijɛR] n. f. ■ *UNE CUILLÈRE* **1.** Accessoire de table ou de cuisine composé d'un manche et d'une partie creuse, qui sert à faire la cuisine ou à porter à la bouche des aliments liquides ou peu solides. *Il y a des cuillères à soupe, des cuillères à dessert, des cuillères à café. Le cuisinier remue la sauce avec une cuillère en bois. Il donne à manger à son bébé avec une cuillère.* **2.** Contenu d'une cuillère. *Prenez une cuillère à café de ce sirop.* → **cuillerée. 3.** STYLE FAMILIER *Il a terminé tout ce qu'il avait à faire EN TROIS COUPS DE CUILLÈRE À POT,* très vite. *Aujourd'hui, je suis À RAMASSER À LA PETITE CUILLÈRE,* je suis très fatigué. *Dis donc, TU N'Y VAS PAS AVEC LE DOS DE LA CUILLÈRE,* tu y vas un peu fort, tu agis sans modération.

REM. On écrit aussi *cuiller.*

CUILLERÉE [kɥijRe] n. f. ■ *UNE CUILLERÉE :* contenu d'une cuillère. *Au bout de deux cuillerées, je n'avais plus faim. Ajoutez une cuillerée à soupe de farine,* le contenu d'une cuillère à soupe.

REM. **1.** On prononce aussi ce mot [kɥijeRe]. **2.** On écrit aussi *cuillérée* [kɥijeRe].

CUIR [kɥiR] n. m. ■ *LE CUIR* **1.** Peau d'un animal sans son poil, tannée et préparée pour faire des vêtements, des accessoires. → **peau.** *Il a mis des chaussures de cuir. Les jeunes portent des blousons en cuir.* **2.** *CUIR CHEVELU :* peau du crâne recouverte par les cheveux. *Ce shampoing est bon pour le cuir chevelu.*

CUIRASSE [kɥiRas] n. f. ■ *UNE CUIRASSE* **1.** Partie de l'armure qui recouvre le buste. *Les soldats romains portaient une cuirasse, un casque et un bouclier.* – *LE DÉFAUT DE LA CUIRASSE, chez lui, c'est son fils handicapé,* c'est son point le plus sensible, le plus vulnérable. **2.** Revêtement d'acier qui protège les navires de guerre. *La cuirasse des navires de guerre les protège contre les obus.*

CUIRASSÉ [kɥiRase] n. m. ■ *UN CUIRASSÉ :* navire de guerre blindé. *Le cuirassé Potemkine.*

CUIRASSIER [kɥiʀasje] n. m. ▪ *UN CUIRASSIER :* soldat qui portait une cuirasse et qui combattait à cheval. *Les cuirassiers appartenaient à la cavalerie.*

CUIRE [kɥiʀ] verbe [conjugaison 38b] **1.** Rendre (un aliment) mangeable en le soumettant à une forte chaleur. *Chaque jour, le boulanger cuit le pain dans son four. Le cuisinier cuit la viande sur le gril et les légumes dans une cocotte. Voici comment je cuis les homards* (→ **cuisson**). *Elle s'est brûlée en cuisant la viande. Cuisez à feu vif. J'ai acheté du chocolat À CUIRE pour faire un gâteau.* **2.** Transformer (une matière) sous l'action de la chaleur. *Le potier a cuit un vase dans son four.* **3.** (aliment) Devenir bon à manger sous l'action de la chaleur. *Elle a fait cuire le poulet au four.* → **griller, rôtir.** *Les pâtes doivent cuire dans beaucoup d'eau. Laissez cuire à feu doux. Qu'est-ce qui cuit ? Une tarte aux pommes cuisait dans le four. Ça cuit trop fort, baisse un peu le feu ! En attendant que le rôti cuise, on va manger l'entrée. À table, c'est cuit !* → **cuit.** **4.** (qqch.) Produire une sensation de brûlure. *Après être resté trop longtemps au soleil, le visage lui cuisait.*

cuisant [kɥizɑ̃] *En cuisant :* forme au participe présent du verbe **cuire.**

CUISANT [kɥizɑ̃], **CUISANTE** [kɥizɑ̃t] adj. (après le nom, parfois avant le nom) ▪ (qqch.) Qui provoque une douleur, une peine très vive. *Elle a ressenti une douleur cuisante. Il a essuyé un cuisant échec.*

CUISINE [kɥizin] n. f.
I. *LA CUISINE* **1.** Préparation des aliments (→ **culinaire**). *Ce soir, mon mari a fait la cuisine* (→ **cuisiner**). *La cuisine chinoise est très raffinée. Je vais essayer une nouvelle recette de mon LIVRE DE CUISINE.* **2.** Aliments préparés que l'on mange aux repas. *Mon oncle est amateur de bonne cuisine.* → **gastronomie.** *Cette cuisine est trop épicée.* **3.** STYLE FAMILIER Manœuvre louche. *Que penser de la cuisine électorale ?* → STYLE FAMILIER **magouille.**
II. *UNE CUISINE :* pièce dans laquelle on prépare les repas. *La cuisine du restaurant est immense. L'appartement dispose d'une cuisine équipée. Ils ont acheté des meubles et des éléments de cuisine. Ils préfèrent dîner dans la cuisine. – Le studio a un coin cuisine.*

CUISINÉ [kɥizine], **CUISINÉE** [kɥizine] adj. (après le nom) ▪ *Un PLAT CUISINÉ,* vendu tout préparé chez un traiteur, un charcutier. *Cette charcuterie vend des plats cuisinés excellents.*

CUISINER [kɥizine] verbe [conjugaison 1a] **1.** Faire la cuisine. *Ma femme cuisine très bien.* **2.** Préparer (des aliments). *Son père lui cuisine de bons petits plats.* **3.** STYLE FAMILIER Interroger (qqn) pour chercher par tous les moyens à obtenir des aveux, des renseignements. *Les flics ont cuisiné le suspect toute la nuit.*

CUISINIER [kɥizinje] n. m., **CUISINIÈRE** [kɥizinjɛʀ] n. f. ▪ *UN CUISINIER, UNE CUISINIÈRE* **1.** Personne dont le métier est de faire la cuisine. → **chef ;** STYLE FAMILIER **cuistot.** *Les cuisiniers des grands restaurants portent une toque blanche.* **2.** Personne qui sait faire la cuisine. *Sa femme est très bonne cuisinière.* → **cordon-bleu.**

CUISINIÈRE [kɥizinjɛʀ] n. f. ▪ *UNE CUISINIÈRE :* appareil qui sert à faire cuire les aliments. *Vous avez une cuisinière électrique ou une cuisinière à gaz ? La casserole est sur la plaque de cuisson de la cuisinière.*

CUISSARDE [kɥisaʀd] n. f. ▪ *UNE CUISSARDE :* botte qui monte jusqu'en haut des cuisses. *Le pêcheur a mis ses cuissardes.*

CUISSE [kɥis] n. f. ▪ *LA CUISSE* **1.** Partie de la jambe qui va de la hanche au genou. *Cet athlète a les cuisses musclées. On a de l'eau jusqu'à mi-cuisse. Il s'est cassé l'os de la cuisse.* → **fémur.** – (animaux) *Nous avons mangé des cuisses de grenouille. Préfères-tu l'aile ou la cuisse du poulet ?* → **pilon.** **2.** STYLE FAMILIER *Il se croit SORTI DE LA CUISSE DE JUPITER :* il se croit supérieur à tout le monde.

> REM. La cuisse du porc, c'est le *jambon ;* celle du mouton, c'est le *gigot.*

CUISSON [kɥisɔ̃] n. f. ▪ *LA CUISSON :* action de cuire ; préparation des aliments par l'action de la chaleur. *Ce rôti nécessite une heure de cuisson. Quelle cuisson voulez-vous pour votre entrecôte, saignante ou à point ? Les plaques de cuisson de la cuisinière sont encore chaudes.*

CUISTOT [kɥisto] n. m. ▪ STYLE FAMILIER *UN CUISTOT :* cuisinier (d'une collectivité). *Pendant son service militaire, il était cuistot à la caserne.*

cuit [kɥi], **cuite** [kɥit] *Elle a cuit la viande ; la viande qu'il a cuite :* formes au participe passé du verbe **cuire.**

CUIT [kɥi], **CUITE** [kɥit] adj. (après le nom) **1.** (aliment) Qui a subi la cuisson pour être consommé. ⟨contraire : ② cru⟩ *J'aime la viande bien cuite, cuite à point. Ce riz est trop cuit.* **2.** (qqch.) Qui a subi la cuisson pour un usage particulier. *Le potier fait des vases et des pots avec de la terre cuite* (→ **argile, glaise**). **3.** STYLE FAMILIER *ÊTRE CUIT :* être perdu, battu. *Rendez-vous, vous êtes cuits* → **fichu.** *Il n'y a plus rien à faire, c'est cuit ! – C'est DU TOUT CUIT :* c'est facile, c'est réussi d'avance.

CUITE [kɥit] n. f. ▪ STYLE FAMILIER *PRENDRE UNE CUITE :* s'enivrer, se soûler. *Elle a pris une cuite. Quelle cuite !*

CUIVRE [kɥivʀ] n. m.
I. *LE CUIVRE :* métal rouge pas très dur, bon conducteur d'électricité. *Il y a des mines de cuivre en Amérique, en Afrique et en Sibérie. Les fils électriques sont en cuivre. Des casseroles de cuivre sont suspendues dans la cuisine.*
II. (au pluriel) LES CUIVRES **1.** Les objets de cuisine, les bibelots en cuivre ou en bronze. *La femme de ménage astique les cuivres.* **2.** Les instruments de musique à vent en cuivre. *La trompette et le trombone sont des cuivres.*

CUIVRÉ [kɥivʀe], **CUIVRÉE** [kɥivʀe] adj. (après le nom) ▪ (qqch.) Qui a la couleur rougeâtre du cuivre. *Ses cheveux ont des reflets cuivrés. Les Indiens d'Amérique ont la peau cuivrée.*

CUL [ky] n. m. ▪ *LE CUL* **1.** STYLE TRÈS FAMILIER Le derrière, les fesses → **arrière-train.** *Le bébé est cul nu sur la plage. Cette fille a un gros cul. Elle est BAS DU CUL :* elle a les jambes courtes. *Il est tombé sur le cul. – Le trou du cul :* l'anus. *– J'en suis RESTÉ sur le cul quand il m'a dit ça, j'en ai été très étonné. Ce n'est vraiment pas la peine de SE CASSER LE CUL :* ce n'est pas la peine de faire autant d'efforts. *Il veut toujours PÉTER PLUS HAUT QUE SON CUL :* il veut toujours faire des choses trop difficiles pour lui. *Ils sont COMME CUL ET CHEMISE :* ils sont inséparables, ils sont très amis. **2.** STYLE FAMILIER (qqn) *Quel FAUX CUL, ce type !* quel hypocrite ! **3.** STYLE TRÈS FAMILIER L'amour physique, la sexualité. *Il ne s'intéresse qu'au cul. Elle a horreur des HISTOIRES DE CUL,* des plaisanteries sexuelles. *Nous avons vu un film de cul,* un film pornographique. **4.** Fond de certains objets. *Nettoyez bien le cul des casseroles. – Il a FAIT CUL SEC :* il a bu son verre d'un coup.

> REM. De tous les emplois de *cul,* seul le sens 4. est neutre, ni familier ni vulgaire.

CULASSE [kylas] n. f. ▪ *LA CULASSE* **1.** Extrémité postérieure du canon d'une arme à feu. *Il charge son fusil par la culasse.* **2.** Partie supérieure du cylindre d'un moteur à combustion ou à explosion, dans laquelle les gaz sont comprimés. *Il faut changer le joint de culasse.*

:ULBUTE [kylbyt] n. f. ▪ *UNE CULBUTE* **1.** Saut que l'on fait en ›ettant la tête par terre et les jambes en haut, de façon à etomber de l'autre côté. → **cabriole, galipette.** *Au cirque, le lown fait des culbutes pour amuser les enfants.* **2.** Chute où on tombe brusquement à la renverse. *Il a fait une culbute lans l'escalier.* **3.** *Ce banquier a FAIT LA CULBUTE,* il a fait faillite, s'est ruiné. → **banqueroute.**

ULBUTER [kylbyte] verbe [conjugaison 1a] **1.** Tomber à la renverse, ıire une culbute. *La voiture a culbuté dans le fossé.* → **basculer, dégringoler.** **2.** Faire tomber brusquement (qqn), renverer. *Le cycliste s'est fait culbuter par une voiture.*

UL-DE-JATTE [kydʒat] n. m., n. f. ▪ *UN CUL-DE-JATTE, UNE CUL-›E-JATTE :* infirme qui n'a plus de jambes. *Le cul-de-jatte est 'ans un fauteuil roulant.* PLURIEL : *des CULS-DE-JATTE.*

UL-DE-SAC [kydsak] n. m. ▪ *UN CUL-DE-SAC :* rue sans issue. › **impasse.** *Ce chemin ne mène nulle part, c'est un cul-de-sac.* .URIEL : *des CULS-DE-SAC.*

ULINAIRE [kylinɛʀ] adj. (après le nom) ▪ (qqch.) Qui concerne la uisine, la préparation des aliments. *Ce cuisinier a appris l'art ılinaire chez de célèbres confrères. Cette préparation culinaire st très délicate à réussir.*

ULMINANT [kylminɑ̃], **CULMINANTE** [kylminɑ̃t] adj. (après le nom) *Le POINT CULMINANT :* le lieu le plus élevé d'une région. *Le ıont Blanc est le point culminant de la France.* – (figuré) *La ivilisation grecque antique a atteint son point culminant au ᵉ siècle avant notre ère, sous Périclès.* → **apogée, sommet.**

ULOT [kylo] n. m. ▪ STYLE FAMILIER *LE CULOT :* l'audace. *Il ne manque as de culot de nous demander ça ! il exagère ! Il a un de ces ılots ! Quel culot !* → STYLE FAMILIER **toupet.**

ULOTTE [kylɔt] n. f. ▪ *UNE CULOTTE* **1.** *CULOTTE (COURTE) :* vêtement qui couvre de la ceinture aux genoux, porté par les en- ›nts et les sportifs. → **bermuda, short.** *Les footballeurs de cette quipe portent une culotte bleue et un maillot blanc.* **2.** Panta- ›n. *Le cavalier a une culotte de cheval,* un pantalon pour mon- ›r à cheval, large aux cuisses. – STYLE FAMILIER *Dans le couple, c'est ı femme qui PORTE LA CULOTTE,* c'est sa femme qui ommande. **3.** Vêtement féminin e dessous qui couvre le corps de taille au haut des cuisses. → **slip.** *'le a un soutien-gorge et une culotte en dentelle assortis.*

> FAUX AMI
> roumain **chilot** « caleçon »

ULOTTÉ [kylɔte], **CULOTTÉE** [kylɔte] adj. (après le nom) ▪ STYLE FAMI- ΞR (qqn) Qui a du culot, du toupet. *Elle est culottée, cette fille, e prendre notre place !* ⟨contraire : timide⟩

ULPABILISER [kylpabilize] verbe [conjugaison 1a] **1.** Donner le sen- ›ment d'être coupable. *Cet accident le culpabilise alors qu'il 'est pas responsable. Tu essaies toujours de me culpabiliser ! – 'le est culpabilisée par cette histoire.* **2.** Se sentir coupable. *Ils ılpabilisent depuis l'accident arrivé à leur fille.*

ULPABILITÉ [kylpabilite] n. f. ▪ *LA CULPABILITÉ* **1.** État d'une per- ›nne coupable. *L'enquête a établi la culpabilité de l'accusé.* ontraire : innocence⟩ **2.** *SENTIMENT DE CULPABILITÉ :* impression e se sentir coupable, d'avoir commis une faute. *Elle a un ›ntiment de culpabilité depuis l'accident.*

ULTE [kylt] n. m. ▪ *LE CULTE* **1.** Hommage religieux rendu à un ieu, un saint ou à un objet considéré comme un dieu. *Les ztèques rendaient un culte au Soleil.* **2.** Ensemble des pra- ques religieuses destinées à honorer la divinité. *Le prêtre ca- ıolique, le pasteur protestant, le rabbin et l'imam sont des mi- istres du culte. Le culte catholique :* la religion catholique. *Les synagogues et les mosquées sont des lieux de culte,* des lieux de prière. **3.** Service religieux protestant. *Le culte est célébré dans le temple par le pasteur.* **4.** Admiration, vénération que l'on porte à (qqn ou qqch.). *Elle voue un véritable culte à son grand-père. Certaines personnes ont le culte de la famille, d'autres le culte de l'argent.*

CUL-TERREUX [kyterø] n. m. ▪ STYLE FAMILIER *UN CUL-TERREUX :* un paysan. *C'est un cul-terreux.* PLURIEL : *des CULS-TERREUX.*
REM. Ce mot est péjoratif et injurieux.

CULTIVABLE [kyltivabl] adj. (après le nom) ▪ (sol) Que l'on peut cultiver. *Cette vallée a de bonnes terres cultivables.*

CULTIVATEUR [kyltivatœʀ] n. m., **CULTIVATRICE** [kyltivatʀis] n. f. ▪ *UN CULTIVATEUR, UNE CULTIVATRICE :* personne qui cultive la terre. *Dans cette région, il y a de riches cultivateurs.*

CULTIVÉ [kyltive], **CULTIVÉE** [kyltive] adj. (après le nom) **1.** (sol) Mis en valeur, exploité. *Il fait le tour de ses terres cultivées.* → **champ.** – *Le blé et le maïs sont des plantes cultivées,* que l'on fait pousser (opposé à sauvage). **2.** (qqn) Instruit, qui a de la culture (→ ② **culture).** ⟨contraire : inculte⟩ *Ce candidat est un homme cultivé. – C'est un esprit cultivé.*

CULTIVER [kyltive] verbe [conjugaison 1a] **1.** Travailler (la terre) pour lui faire produire des plantes utiles à l'homme. *Le paysan cultive ses champs.* **2.** Faire pousser (une plante). *Dans cette région, les agriculteurs cultivent des céréales.* **3.** Développer par l'éducation, l'instruction. → **éduquer, former.** *Ils cultivent les dons artistiques de leurs enfants.* → **développer.** **4.** Entretenir des relations amicales avec (qqn) dans un but intéressé. *Cet artiste ne fréquente pas n'importe qui, il cultive ses relations.* → **soigner.** *C'est un homme à cultiver, il peut nous être utile un jour.* **5.** verbe pronominal SE CULTIVER : (qqn) enrichir son esprit, s'instruire. *Elle s'est cultivée toute sa vie en lisant, en fréquentant les musées et en voyageant.*

① **CULTURE** [kyltyʀ] n. f. ▪ *LA CULTURE* **1.** Le fait de cultiver la terre. → **agriculture.** *Le labour, les semailles et la moisson sont des travaux de culture* (→ **agricole).** *Ces fermiers font de la culture biologique.* **2.** Le fait de cultiver (une plante). *Dans cette région, on pratique la culture de la vigne* (→ **viticulture).** *Aux abords des grandes villes, il y a des cultures maraîchères.* **3.** (au pluriel) LES CULTURES : les terres cultivées. *Les cultures occupent 35 % du sol français.* **4.** *Culture microbienne :* méthode qui consiste à faire se développer des microbes, des germes dans un lieu spécial. *Les biologistes font des cultures microbiennes dans des laboratoires.*

② **CULTURE** [kyltyʀ] n. f. ▪ *LA CULTURE* **1.** Les connaissances que l'on a acquises. *Mon père a une solide culture. Il a une culture plus littéraire que scientifique. Les candidats au poste doivent avoir une bonne CULTURE GÉNÉRALE,* ils doivent savoir les choses générales que tout le monde doit connaître. *Le ministre de la Culture assistera au concert. On va jouer une nouvelle pièce à la MAISON DE LA CULTURE de notre ville,* dans le lieu réservé aux manifestations artistiques. **2.** Les connaissances et les traditions particulières à un pays, à une nation. → **civilisation.** *La culture occidentale est très différente de la culture orientale. Il connaît bien la culture japonaise.* **3.** *La CULTURE PHYSIQUE :* le développement du corps à l'aide d'exercices spéciaux. → **gymnastique.** *Elle fait de la culture physique tous les matins. Il fait des exercices de culture physique.*

CULTUREL [kyltyʀɛl], **CULTURELLE** [kyltyʀɛl] adj. (après le nom) ▪ (qqch.) Qui permet de se cultiver, d'apprendre. *Dans notre ville, il y a beaucoup d'activités culturelles. Nous avons vu une très bonne pièce au centre culturel.*

CUMUL [kymyl] n. m. ▪ *LE CUMUL :* l'action de cumuler (des activités, des avantages). *En France, le cumul des mandats est réglementé,* les hommes politiques n'ont pas le droit d'exercer trop de mandats, de fonctions en même temps.

CUMULER [kymyle] verbe [conjugaison 1a] ▪ *Cumuler des fonctions :* exercer plusieurs fonctions en même temps. *Beaucoup d'hommes politiques cumulent la fonction de maire et celle de député,* ils sont en même temps maire et député.

CUMULUS [kymylys] n. m. ▪ *UN CUMULUS* **1.** Gros nuage arrondi, que l'on voit par beau temps. *Il y a quelques cumulus dans le ciel.* **2.** (marque déposée) Gros chauffe-eau électrique en forme de cylindre. → **ballon.** *Nous avons un cumulus dans la salle de bains.*

CUPIDE [kypid] adj. (après le nom) ▪ STYLE RECHERCHÉ (qqn) Avide d'argent. *C'est un homme d'affaires cupide.* → **avide.** ⟨contraire : désintéressé⟩

CUPIDITÉ [kypidite] n. f. ▪ *LA CUPIDITÉ :* désir insatiable de gagner de l'argent. → **avidité.** *Sa cupidité est sans limites.* ⟨contraire : désintéressement⟩

① **CURE** [kyʀ] n. f. ▪ *UNE CURE* **1.** Traitement médical particulier. *Mon mari fait une cure d'amaigrissement pour perdre quelques kilos. Ma mère a fait une CURE THERMALE à Vichy,* un traitement dans la station thermale de Vichy (→ **curiste**). – STYLE FAMILIER *L'été, au bord de la mer, nous faisons une cure de poisson,* nous mangeons beaucoup de poisson. **2.** STYLE RECHERCHÉ *N'AVOIR CURE DE qqch. :* s'en moquer, ne pas s'en soucier. *Tout le monde l'a prévenu, mais il n'en a cure, il n'écoute personne.*

② **CURE** [kyʀ] n. f. ▪ *UNE CURE :* maison d'un curé. → **presbytère.** *La cure est entourée d'un petit jardin.*

CURÉ [kyʀe] n. m. ▪ *UN CURÉ :* prêtre catholique responsable d'une paroisse. *Le curé de l'église Sainte-Catherine est jeune. Bonjour, monsieur le curé.*

CURE-DENT [kyʀdɑ̃] n. m. ▪ *UN CURE-DENT :* petit bâtonnet pointu qui sert à se curer les dents. *Il se passe un cure-dent entre les dents.* PLURIEL : *des CURE-DENTS.*

REM. On écrit parfois *un cure-dents* (pluriel : *des cure-dents*).

CURE-PIPE [kyʀpip] n. f. ▪ *UN CURE-PIPE :* instrument qui sert à nettoyer et à gratter les pipes. *Il s'est acheté un cure-pipe au bureau de tabac.* PLURIEL : *des CURE-PIPES.*

CURER [kyʀe] verbe [conjugaison 1a] ▪ Nettoyer en raclant. *Le fermier curera* [kyʀʀa] *la citerne quand elle sera vide.* – *Elle se cure les ongles avec un bâtonnet en bois,* elle enlève la saleté qui est sous ses ongles.

> FAUX AMI
> italien **curare** «soigner»

CURETON [kyʀtɔ̃] n. m. ▪ STYLE FAMILIER *UN CURETON :* prêtre catholique. *Il a été élevé chez les curetons.*

REM. Ce mot est péjoratif.

CURIEUSEMENT [kyʀjøzmɑ̃] adverbe ▪ D'une manière curieuse, bizarre. *Cette femme est curieusement habillée.* → **bizarrement, étrangement.**

CURIEUX [kyʀjø] adj. et n. m., **CURIEUSE** [kyʀjøz] adj. et n. f. **I.** adjectif (après le nom, parfois avant le nom) **1.** (après le nom) Qui veut voir ou savoir qqch. *Je suis curieuse de savoir ce que tu en penses. C'est un enfant curieux de tout.* ⟨contraire : indifférent⟩ – *C'est un ESPRIT CURIEUX,* une personne qui cherche toutes les occasions de s'instruire. **2.** (après le nom) Qui cherche à connaître ce qui ne le regarde pas. *Tu es vraiment trop curieux, je ne te dirai rien.* → **indiscret.** ⟨contraire : discret⟩ **3.** (avant ou après le nom) Qui attire l'attention, provoque la curiosité. → **bizarre, étonnant, étrange, singulier.** ⟨contraires : banal, ordinaire⟩ *J'ai vu une chose curieuse, ce matin, dans la rue. Elle avait l'impression que tout le monde la regardait COMME UNE BÊTE CURIEUSE,* comme un phénomène bizarre. *Mon oncle est un curieux personnage. Elle a une curieuse façon de s'habiller. C'est curieux, je suis sûr d'avoir fermé la porte à clé, et elle est ouverte !* → **drôle.** **II.** *UN CURIEUX, UNE CURIEUSE :* une personne curieuse, qui veut voir ou savoir qqch. *La police a dispersé les curieux qui voulaient voir l'accident.* → **badaud.**

CURIOSITÉ [kyʀjozite] n. f. **1.** *LA CURIOSITÉ :* envie d'apprendre, de connaître des choses nouvelles. ⟨contraire : indifférence⟩ *Voilà un livre qui va satisfaire ta curiosité sur les plantes. Ses paroles ont excité ma curiosité. Je n'ai même pas eu la curiosité de lui demander s'il était marié.* **2.** Envie de savoir les secrets de qqn. *La curiosité est un vilain défaut.* → **indiscrétion.** ⟨contraire : discrétion⟩ *Il a été bien puni de sa curiosité.* **3.** *UNE CURIOSITÉ :* chose intéressante parce qu'elle est inhabituelle. *Les volcans et les geysers sont des curiosités de la nature. J'aime chercher des curiosités chez les brocanteurs.*

CURISTE [kyʀist] n. m., n. f. ▪ *UN CURISTE, UNE CURISTE :* personne qui fait une cure thermale. *Les curistes prennent des bains et boivent de l'eau de source pour se soigner.*

CURRICULUM [kyʀikylɔm] n. m. ▪ *UN CURRICULUM :* document sur lequel figurent les indications fournies par une personne sur son état civil, sa formation et ses diplômes, sa carrière professionnelle. *Il joint un curriculum à sa lettre de demande d'emploi. Il a envoyé plusieurs curriculums.* – *C. V.* [seve] forme abrégée courante *Elle a un bon C. V. Il a envoyé plusieurs C. V.*

REM. On dit aussi *curriculum vitæ,* qui veut dire en latin «cours de la vie», et d'où vient la forme C.V.

CURRY [kyʀi] n. m. **1.** *LE CURRY :* poudre jaune foncé composée de plusieurs épices, utilisée dans la cuisine indienne. *Le cuisinier a préparé du riz au curry.* **2.** *UN CURRY :* plat préparé avec du curry. *Nous avons mangé un excellent curry d'agneau. J'aime les currys à l'indienne.*

CUTANÉ [kytane], **CUTANÉE** [kytane] adj. (après le nom) ▪ (qqch) Qui concerne la peau. *L'eczéma est une maladie cutanée.*

CUTI n. f. Forme abrégée familière de **cutiréaction.**

CUTIRÉACTION [kytiʀeaksjɔ̃] n. f. ▪ *UNE CUTIRÉACTION :* test médical qui consiste à introduire sous la peau un liquide permettant de vérifier la réaction à la tuberculose. *Le médecin a fait une cutiréaction à tous les enfants de la classe.* – *CUTI* [kyti] forme abrégée familière *On lui a fait une cuti. Des cutis.*

REM. On écrit aussi *cuti-réaction,* mais cette orthographe avec trait d'union est moins courante.

CUVE [kyv] n. f. ▪ *UNE CUVE* **1.** Grand récipient servant à divers usages dans l'industrie. *Le raisin fermente et se transforme en vin dans de grandes cuves.* **2.** Grand réservoir. *La cuve à mazout est vide.*

CUVÉE [kyve] n. f. ▪ *UNE CUVÉE* **1.** Quantité de vin contenu dans une cuve. *Ces tonneaux sont de la même cuvée.* **2.** Vin produit par une vigne. *La cuvée de cette année est excellente.*

CUVER [kyve] verbe [conjugaison 1a] ▪ STYLE FAMILIER (qqn) *CUVER SON VIN :* se reposer, dormir après avoir trop bu. *Ne le réveillez pas, il cuve son vin.*

:UVETTE [kyvɛt] n. f. ▪ *UNE CUVETTE* **1.** Récipient large et peu ›rofond, qui sert à la toilette, à la vaisselle ou à la lessive. *Des :haussettes trempent dans une cuvette en plastique.* → **bassine.** **:.** Partie peu profonde d'un lavabo, des W.-C. qui contient 'eau. *La cuvette des W.-C. est pleine de tartre.* **3.** Partie d'une égion plus basse que ce qui l'entoure. → **bassin.** *La ville est 'onstruite au fond d'une cuvette.*

FAUX AMI — russe **кювет** « fossé »

:V → **cheval** (fiscal).

:.V. n. m. Forme abrégée pour **curriculum.**

:YANURE [sjanyʀ] n. m. ▪ *LE CYANURE :* poison chimique très 'iolent. *L'espion s'est suicidé en avalant du cyanure.*

:YCLABLE [siklabl] adj. (après le nom) ▪ *Piste cyclable :* piste réser-'ée aux bicyclettes et aux cyclomoteurs. *Dans cette ville, il y a ›eaucoup de pistes cyclables.*

:YCLAMEN [siklamɛn] n. m. ▪ *UN CYCLAMEN :* petite plante à leurs mauves, roses ou blanches, à la tige recourbée en forme le crosse. *Il a apporté un pot de cyclamens à ses amis.*

) CYCLE [sikl] n. m. ▪ *UN CYCLE* **1.** Suite d'événements qui se épètent sans arrêt, et toujours dans le même ordre. *Le cycle les saisons. Printemps, été, automne, hiver : c'est le cycle des aisons. Le cycle menstruel de la femme est d'environ 28 jours.* **:.** *Cycle d'études :* suite de plusieurs années d'études formant ın ensemble complet. *En France, les études secondaires sont éparties en deux cycles d'enseignement.*

) CYCLE [sikl] n. m. ▪ *UN CYCLE :* véhicule à deux ou trois roues, ans carrosserie, qui avance grâce à la pression des pieds sur les pédales ou grâce à un moteur. *Les bicyclettes, les tricycles, :s motos sont des cycles. Son oncle tient un magasin de cycles.*

REM. *Cycle* est un terme administratif et commercial.

YCLIQUE [siklik] adj. (après le nom) ▪ (phénomène) Qui se reproduit régulièrement, en suivant les mêmes étapes. *On assiste ›u retour cyclique des saisons.* → **périodique.**

YCLISME [siklism] n. m. ▪ *LE CYCLISME :* sport qui constitue à aire de la bicyclette. *Le cyclisme professionnel. Eddy Merckx fut ›n champion du cyclisme.*

YCLISTE [siklist] adj., n. m. et n. f. **1.** adj. (après le nom) Qui oncerne le cyclisme, la course à vélo. *Le Tour de France est ›ne grande course cycliste.* **2.** *UN CYCLISTE, UNE CYCLISTE :* une ersonne qui est à bicyclette, qui fait de la bicyclette. *Ce hauffard a failli renverser un cycliste. Les cyclistes roulent sur la iste cyclable.*

YCLOCROSS [siklokʀɔs] n. m. ▪ *LE CYCLOCROSS :* sport cycliste ur des terrains difficiles, en dehors des routes et des chemins. *participe à une épreuve de cyclocross.*

REM. On écrit aussi *cyclo-cross.*

CYCLOMOTEUR [siklomɔtœʀ] n. m. ▪ *UN CYCLOMOTEUR :* bicyclette équipée d'un moteur de faible puissance. → **vélomoteur.** *Les cyclomoteurs ont un moteur de moins de 50 cm³ de cylindrée.*

CYCLONE [siklon] n. m. ▪ *UN CYCLONE :* forte tempête accompagnée d'un vent très violent. *Un violent cyclone a dévasté l'île.* → **ouragan, tornade, typhon.** *Dans les pays tropicaux, il y a souvent des cyclones.*

CYGNE [siɲ] n. m. ▪ *UN CYGNE :* grand oiseau au plumage généralement blanc, aux pattes palmées et au très long cou, qui vit sur les eaux douces. *Un couple de cygnes nage lentement sur l'étang.*

REM. *Cygne* se prononce comme *signe* [siɲ].

CYLINDRE [silɛ̃dʀ] n. m. ▪ *UN CYLINDRE* **1.** Objet en forme de rouleau, dont les deux extrémités sont deux cercles égaux. *Un rouleau à pâtisserie et un tambour sont des cylindres. Calculer le diamètre d'un cylindre.* → **calibre. 2.** Partie d'un moteur, en forme de cylindre, dans laquelle bouge le piston. *Ce moteur a quatre cylindres. – Il a acheté une six cylindres,* une voiture dont le moteur a six cylindres.

CYLINDRÉE [silɛ̃dʀe] n. f. ▪ *UNE CYLINDRÉE :* volume des cylindres d'un moteur, en rapport avec sa puissance. *Ils ont une voiture de 1 500 cm³ de cylindrée. Les cyclomoteurs ont une petite cylindrée : moins de 50 cm³.*

CYLINDRIQUE [silɛ̃dʀik] adj. (après le nom) ▪ (qqch.) Qui a la forme d'un cylindre. *Les rouleaux, les tubes et les bobines sont des objets cylindriques.*

CYMBALE [sɛ̃bal] n. f. ▪ *UNE CYMBALE :* chacun des deux disques en cuivre ou en bronze, légèrement creux au centre, qui composent un instrument de musique à percussion. *Ce morceau de musique se termine par un grand coup de cymbales.*

CYNIQUE [sinik] adj. (après le nom) ▪ (qqn) Qui exprime ouvertement des sentiments ou des idées contraires à la morale ou à l'opinion générale, souvent pour choquer. *Son frère est un individu cynique. – Il m'a fait une remarque cynique.*

CYNISME [sinism] n. m. ▪ *LE CYNISME :* attitude cynique, qui montre que l'on méprise la morale et les conventions sociales. → STYLE RECHERCHÉ **impudence.** *Cet homme fait preuve d'un cynisme choquant. Quel cynisme !*

CYPRÈS [sipʀɛ] n. m. ▪ *UN CYPRÈS :* arbre de la famille des conifères, droit et élancé, qui ne perd jamais son feuillage vert sombre. *Les allées du cimetière sont bordées de cyprès.*

CYPRIOTE → **chypriote**

D

① **D** [de] n. m. invariable **1.** *LE D :* quatrième lettre de l'alphabet du français. *La lettre d est une consonne. Un d minuscule* (d). *Un d majuscule* (D). PLURIEL : *tes d sont mal écrits.* **2.** STYLE FAMILIER *Le système D :* le système des gens débrouillards. *Comment as-tu réussi à débloquer la porte ? C'est le système D !*

REM. *D* ne se prononce pas lorsqu'il est à la fin d'un mot (*grand* [gʀɑ̃], *laid* [lɛ]), sauf à la fin de certains mots étrangers (*raid* [ʀɛd]). En liaison, *d* se prononce [t] : *un grand homme* [ɛ̃gʀɑ̃tɔm], *un grand ami* [ɛ̃gʀɑ̃tami].

② **D** [sɛ̃sɑ̃] adj. invariable ▪ Cinq cents, en chiffres romains.

D' → **de**

D'ABORD → **abord**

D'ACCORD → **accord**

DACTYLO [daktilo] n. m., n. f. ▪ *UN DACTYLO, UNE DACTYLO :* personne dont le métier est de taper des textes à la machine à écrire ou de les saisir sur ordinateur en utilisant un traitement de textes. *Ce texte a été tapé par plusieurs dactylos. Elle est sténo et dactylo.* → **sténodactylo.**

REM. Les personnes qui saisissent des textes sur ordinateur sont des *clavistes.*

DACTYLOGRAPHIE [daktilɔgʀafi] n. f. ▪ *LA DACTYLOGRAPHIE :* technique d'écriture avec la machine à écrire ou de saisie des textes sur ordinateur en utilisant un traitement de textes. *Il apprend la dactylographie.*

DACTYLOGRAPHIÉ [daktilɔgʀafje], **DACTYLOGRAPHIÉE** [daktilɔgʀafje] adj. (après le nom) ▪ Tapé à la machine à écrire ou saisi sur ordinateur, à l'aide d'un traitement de textes. *Votre texte doit faire une page dactylographiée* (opposé à imprimé).

DADA [dada] n. m. ▪ *UN DADA* **1.** (langage des petits enfants) Cheval. *Hop ! Hop ! À dada sur mes genoux !* **2.** STYLE FAMILIER Sujet préféré, idée sur laquelle on revient toujours. *Sa collection de timbres, c'est son dada.* → **marotte.**

FAUX AMI
grec **νταντά**
« nourrice »

DADAIS [dadɛ] n. m. ▪ *UN DADAIS :* garçon à l'air un peu bête, maladroit. → **nigaud, sot.** *Une espèce de grand dadais a fait tomber la pile de livres sur le présentoir.*

D'AFFILÉE → **affilée**

DAGUE [dag] n. f. ▪ *LA DAGUE :* épée courte. *Le chevalier a tué son ennemi d'un coup de dague.*

DAHLIA [dalja] n. m. ▪ *UN DAHLIA :* plante à grosses fleurs rondes très décoratives. *Un bouquet de dahlias multicolores décore le salon.*

DAIGNER [deɲe] verbe [conjugaison 1a] ▪ Accepter de (faire qqch.) bien qu'on se juge supérieur. *Il a daigné nous parler. Elle n'a pas daigné répondre à mon invitation. Si vous daigniez m'écouter, je vous dirais que...*

DAIM [dɛ̃] n. m. **1.** *UN DAIM :* animal de la même famille que le cerf, qui a une robe tachetée de blanc en été et des bois reliés entre eux comme des palmes. *Les daims sont des ruminants.* **2.** *LE DAIM :* cuir fin et doux, ressemblant à la peau de daim tannée. *Demain, je mettrai mon pantalon de daim. Il a acheté une veste en daim.*

DALLAGE [dalaʒ] n. m. ▪ *LE DALLAGE :* ensemble des dalles qui recouvrent un sol. *Le dallage de la terrasse est en céramique.*

① **DALLE** [dal] n. f. ▪ *UNE DALLE* **1.** Plaque de pierre ou de ciment dont on recouvre le sol. *Le sol de l'entrée est recouvert de dalles de marbre. Au rez-de-chaussée de la maison, les ouvriers ont COULÉ UNE DALLE de béton,* ils ont recouvert le sol de béton frais. **2.** STYLE FAMILIER Gorge. *SE RINCER LA DALLE :* boire. – *AVOIR LA DALLE :* avoir faim. *Quand est-ce qu'on mange ? J'ai la dalle !*

② QUE **DALLE** [kədal] adverbe ▪ STYLE FAMILIER Rien. *On n'y voit que dalle, ici ! J'y entrave que dalle !* je n'y comprends rien !

DALLÉ [dale], **DALLÉE** [dale] adj. (après le nom) ▪ Recouvert de dalles. *Ils ont une entrée dallée de marbre.*

DAM [dam] n. m. ▪ STYLE RECHERCHÉ *AU GRAND DAM DE qqn :* au désavantage de qqn. *Une prime lui a été accordée, au grand dam de ses collègues.*

DAME [dam] n. f. ▪ *UNE DAME* **1.** Femme. *Un monsieur et une dame vous demandent. Une très jolie dame est arrivée. Qui est cette vieille dame ?* **2.** Une *GRANDE DAME :* une femme importante, qui est admirée. *C'est une grande dame de la chanson,* une artiste exceptionnelle. – *La PREMIÈRE DAME DE FRANCE :* la femme du président de la République. *La première dame de France est en visite officielle à l'étranger.* **3.** Chacune des quatre cartes à jouer représentant une reine. *Il a la dame de pique dans son jeu.* **4.** Deuxième pièce en importance après le roi, au jeu d'échecs. → **reine.** *Sa dame a pris ma tour.* **5.** (au pluriel) JEU DE DAMES ou LES DAMES : jeu qui se joue à deux, avec des pions noirs et des pions blancs sur un damier. *Nous avons joué aux dames toute la soirée. Veux-tu faire une partie de dames ?*

DAMER [dame] verbe [conjugaison 1a] **1.** Tasser (le sol, la neige). *Les pistes de ski ont été damées.* **2.** *DAMER LE PION À (qqn),* être victorieux, avoir bien répondu à une attaque. *Tu lui as damé le pion.*

DAMIER [damje] n. m. ▪ *UN DAMIER :* plateau carré divisé en cent carreaux blancs et noirs, sur lequel on joue aux dames (→ **échiquier**). *Nous avons installé tous les pions sur le damier.*

DAMNATION [danasjɔ̃] n. f. ▪ *LA DAMNATION :* condamnation à aller en enfer après la mort. *« La damnation de Faust » est une œuvre musicale de Berlioz.*

DAMNÉ [dane] adj. et n. m., **DAMNÉE** [dane] adj. et n. f.
I. adjectif (après le nom ou avant le nom) **1.** (après le nom) Condamné à aller en enfer après la mort. *Les catholiques pensent que s'ils meurent en état de péché, ils seront damnés. Ils prient pour les âmes damnées.* **2.** (avant le nom) (qqch.) Qui provoque la mauvaise humeur, la colère. *Cette damnée voiture est encore en panne !*
II. *UN DAMNÉ, UNE DAMNÉE :* une personne condamnée aux peines de l'enfer. *À la fin de sa maladie, il a SOUFFERT COMME UN DAMNÉ,* de manière abominable.

SE **DANDINER** [dɑ̃dine] verbe pronominal [conjugaison 1a] ▪ Balancer le corps d'une jambe sur l'autre, d'une patte sur l'autre. *Les canards se dandinent en marchant. La gamine, très embarrassée, s'est dandinée devant nous.*

DANEMARK [danmark] nom propre masculin – en danois **DANMARK** ▪ *LE DANEMARK :* pays d'Europe du Nord. *Il est né au Danemark. Les habitants du Danemark sont les Danois. Je reviens du Danemark.*

DANGER [dɑ̃ʒe] n. m. ▪ *LE DANGER* **1.** Ce qui menace l'existence d'une personne ou d'une chose, qui fait courir un risque. *Les pompiers affrontent le danger avec courage. Il faut partir, nous sommes EN DANGER. Ne restez pas là, il y a DANGER DE MORT. La traversée de la rivière est SANS DANGER. Le blessé EST HORS DE DANGER,* il est sauvé, il ne risque plus de mourir. – *PAS DE DANGER qu'il me prête de l'argent !* ça n'arrivera pas ! **2.** *Un DANGER PUBLIC :* une personne qui met les autres en danger, par maladresse ou insouciance. *Cet automobiliste est un danger public.*

dangereuse adj. → **dangereux**

DANGEREUSEMENT [dɑ̃ʒʀøzmɑ̃] adverbe ▪ D'une manière dangereuse. *Cet automobiliste conduit dangereusement. Vous vivez dangereusement,* en prenant des risques.

DANGEREUX [dɑ̃ʒʀø], **DANGEREUSE** [dɑ̃ʒʀøz] adj. (après le nom, parfois avant le nom) **1.** (qqch.) Qui présente ou est un danger. *Ce produit est dangereux à respirer. Fumer est dangereux pour la santé.* → **nocif, toxique.** ⟨contraire : inoffensif⟩ *Attention, cette route est dangereuse.* ⟨contraire : sûr⟩ *Il est dangereux d'arrêter la voiture sur le côté de cette route étroite.* → **périlleux.** – *Vous JOUEZ UN JEU DANGEREUX, dans ce conflit,* votre manière d'agir risque de mal finir, elle peut se retourner contre vous. **2.** (qqn) Qui peut nuire, faire du mal. *Cet homme est dangereux. C'est une dangereuse criminelle.* → **redoutable.** – (animal) *Cette vipère est dangereuse pour l'homme.*

DANGEROSITÉ [dɑ̃ʒʀozite] n. f. ▪ STYLE RECHERCHÉ *LA DANGEROSITÉ :* le caractère dangereux de (qqch.). *La dangerosité de cette maladie est certaine.*

DANOIS [danwa] adj. et n. m., **DANOISE** [danwaz] adj. et n. f. **1.** adjectif (après le nom) Du Danemark. *Nous avons bu une bière danoise.* **2.** *UN DANOIS, UNE DANOISE :* un habitant, une habitante du Danemark. *Les Danois.* **3.** nom masculin *LE DANOIS :* la langue germanique parlée au Danemark et au Groenland. *Il parle le danois.*

DANS [dɑ̃] préposition **1.** Marque le lieu. *Les gâteaux sont rangés dans le placard,* à l'intérieur du placard. *Ils sont dans la boîte, je les ai mis dedans.* → **dedans.** *Les enfants sont dans leur chambre, ils y sont.* → **y.** *Monte dans la voiture.* → **en.** *Asseyez-vous dans ce fauteuil. Je l'ai rencontré dans la rue. Elle vit dans le Midi. J'ai lu un article intéressant dans le journal.* – *Elle travaille dans l'enseignement.* **2.** Marque la manière. *Arrête de pleurer, ne te mets pas dans cet état ! Il est dans une mauvaise situation.* **3.** Marque le temps, indique un moment, une époque. *Dans un premier temps, nous ferons une réunion,* d'abord. *Dans sa jeunesse, elle aimait danser,* quand elle était jeune. *Je reviens dans cinq minutes. « Quand partez-vous ? – Dans quinze jours »,* quinze jours après celui-ci. *Je m'occupe de vous dans une minute, dans un instant,* bientôt. **4.** *DANS LES :* un chiffre voisin de. *Cette voiture doit coûter dans les soixante mille francs,* environ soixante mille francs.
▌REM. Pour l'expression du lieu, voyez aussi **à, en.**

DANSANT [dɑ̃sɑ̃], **DANSANTE** [dɑ̃sɑ̃t] adj. (après le nom) ▪ Pendant lequel on danse. *Nous sommes invités à une SOIRÉE DANSANTE.*

DANSE [dɑ̃s] n. f. **1.** *LA DANSE :* suite de mouvements, de pas que l'on fait au rythme de la musique (→ **chorégraphie**). *Sa fille prend des cours de danse. Elle a des CHAUSSONS DE DANSE,* des chaussons qui permettent de se mettre sur les pointes. *Le maître de ballet règle les pas de danse.* **2.** Type de pas et de mouvements qui porte un nom. *La valse, le tango, le rock sont des danses. M'accorderez-vous cette danse ? Quelles danses sont à la mode ?* **3.** *ENTRER DANS LA DANSE :* entrer en action, se mêler à qqch. *Les automobilistes étaient prêts à se battre, mais la police est entrée dans la danse et ils se sont calmés.* – *MENER LA DANSE :* diriger l'action d'un groupe. *Des gosses ont cassé les vitres de l'école, c'est le plus jeune qui menait la danse.*
▌REM. L'adjectif *dense* « épais » se prononce de la même façon.

DANSER [dɑ̃se] verbe [conjugaison 1a] **1.** Faire des mouvements, des pas de danse, au rythme de la musique. *Les jeunes sont allés danser en boîte. Voulez-vous danser ? Il a invité une fille à danser. J'adore danser ! Vous dansez bien !* – *Il danse très bien le rock.* **2.** *NE PAS SAVOIR SUR QUEL PIED DANSER :* hésiter, ne pas savoir quoi faire. *« Alors, tu acceptes ou pas ? Avec toi, on ne sait jamais sur quel pied danser. »* **3.** Remuer comme dans une danse. *Les flammes dansent dans la cheminée.*

DANSEUR [dɑ̃sœʀ] n. m., **DANSEUSE** [dɑ̃søz] n. f. ▪ *UN DANSEUR, UNE DANSEUSE* **1.** Personne dont le métier est de danser. *Il est danseur à l'Opéra de Paris. Elle est DANSEUSE ÉTOILE :* elle occupe la première place dans le corps de ballet. *Il est danseur étoile. Elle est danseuse de ballet.* → **ballerine.** **2.** *PÉDALER EN DANSEUSE :* pédaler debout sur les pédales d'une bicyclette. *En montant la côte, j'ai dû pédaler en danseuse.* **3.** Personne qui danse. *Des couples de danseurs évoluent sur la piste. Il est très bon danseur. Les danseuses du cabaret donnent un spectacle de qualité.* → **girl.**

D'ANTAN → **antan**

DANTE [dɑ̃t] nom propre ▪ Écrivain italien (1265-1321).

DANTZIG → GDAŃSK

DARD [daʀ] n. m. ▪ *UN DARD :* petite pointe que certains animaux ont à l'arrière de leur abdomen et avec laquelle ils piquent et introduisent leur venin. → **aiguillon.** *Les guêpes et les scorpions ont un dard.*

REM. Les moustiques piquent avec leur stylet (situé à l'avant de la tête) et sucent le sang avec leur trompe.

DARE-DARE [daʀdaʀ] adverbe ▪ STYLE FAMILIER Très vite. *Nous sommes partis dare-dare à la gare.*

D'ARRACHE-PIED → **arrache-pied**

DARWINISME [daʀwinism] n. m. ▪ Théorie de Darwin selon laquelle l'évolution des espèces vivantes serait due aux lois de la sélection naturelle. *Le darwinisme est exposé dans l'œuvre de Darwin « De l'origine des espèces ». Le darwinisme affirme que l'espèce humaine descend d'espèces animales.*

DATE [dat] n. f. ▪ *LA DATE* **1.** Indication du jour, du mois et de l'année. *Le 27 janvier 1756 est la DATE DE NAISSANCE de Mozart. Quelle est votre date de naissance ? À quelle date devez-vous le voir ?* quel jour ? (→ **quand**). *La date des prochains jeux Olympiques est fixée. C'est une date historique.* – *PRENDRE DATE :* décider avec qqn la date d'un rendez-vous. *Téléphonez-moi et nous prendrons date.* **2.** *Se connaître DE LONGUE DATE,* depuis longtemps. – *Ce livre FERA DATE,* il marquera un moment important dans l'histoire de l'écriture, des idées.

> FAUX AMIS
> allemand **Daten** « données informatiques » ; anglais **date** « rendez-vous amoureux » ; espagnol **dato** « donnée »

REM. Le mot *datte* « fruit » se prononce de la même façon.

DATER [date] verbe [conjugaison 1a] **1.** Mettre la date. *Vous avez oublié de dater votre chèque. Datez et signez ce document, s'il vous plaît. J'ai reçu votre lettre, datée du 7 août.* **2.** *DATER DE :* exister depuis (telle époque), avoir eu lieu à (telle époque). *L'église du village date du XIIe siècle. CELA NE DATE PAS D'HIER :* c'est ancien. *Je te raconte des souvenirs qui ne datent pas d'hier !* – *À DATER DE :* à partir de. *Vos heures de travail vous seront payées à dater d'aujourd'hui.*

DATTE [dat] n. f. ▪ *UNE DATTE :* petit fruit brun et allongé, très sucré, qui pousse en grappe sur le dattier. *On mange les dattes fraîches ou sèches. Il a acheté un RÉGIME DE DATTES,* l'ensemble des dattes qui poussent en grappe sur la même tige.

> FAUX AMI
> portugais **data** « date »

DATTIER [datje] n. m. ▪ *UN DATTIER :* grand palmier d'Afrique du Nord et du Moyen-Orient, qui donne des dattes. *Les dattiers sont nombreux dans une oasis.*

① **DAUPHIN** [dofɛ̃] n. m. ▪ *UN DAUPHIN :* grand animal marin au museau allongé en forme de bec muni de nombreuses dents pointues. *Les dauphins sont des mammifères. Un BANC DE DAUPHINS suit le bateau.*

② **DAUPHIN** [dofɛ̃] n. m. ▪ *LE DAUPHIN* **1.** Autrefois, fils aîné du roi de France. *Le Grand Dauphin :* le fils de Louis XIV. **2.** Successeur choisi par un chef d'État, un président d'entreprise. *Le dictateur a désigné son dauphin.*

REM. Pour désigner le fils du roi de France, *Dauphin* s'écrit avec un *D* majuscule.

DAUPHINOIS [dofinwa], **DAUPHINOISE** [dofinwaz] adj. (après le nom) ▪ Du Dauphiné, province montagneuse française. *Dans ce restaurant, ils font un très bon GRATIN DAUPHINOIS,* un plat fait de pommes de terre, de crème fraîche et parfois de fromage râpé, doré au four.

DAURADE → **dorade**

DAVANTAGE [davɑ̃taʒ] adverbe ▪ Plus. *Tu dois travailler davantage si tu veux réussir tes examens. Je n'attendrai pas davantage,* pas plus longtemps. *J'en veux davantage. Elle travaille davantage que moi.*

① **DE** [də] ou **D', DU** [dy], **DES** [de] préposition
I. 1. Indique le lieu d'où l'on vient, d'où vient qqch. *Elle sort de sa chambre. Ils reviennent DES États-Unis* [dezetazyni]. – *J'ai reçu une lettre de ma sœur. « D'où êtes-vous ? – De Florence. » Mes lunettes sont tombées de mon sac. Le train de Paris,* qui vient de Paris (opposé à pour). *Il faut sortir de là, il faut en sortir.* → **en. 2.** Indique le temps. *DU... (contraction de de le) AU... :* de telle date à telle date. *Nous serons en vacances du 15 juin au 4 juillet,* à partir du 15 juin et jusqu'au 4 juillet. *Elle a voyagé de nuit,* pendant la nuit. **3.** Indique la cause, le moyen, la manière. *Tu trembles de froid. Il est fou de colère. Je meurs de faim ! Elle a pleuré de joie. Il m'a fait un signe de tête,* avec la tête. *Il a donné un coup de pied.* **4.** Indique la mesure. *Cet arbre fait trois mètres de haut. Ma montre avance de cinq minutes. Ils ont une maison de deux étages,* qui a deux étages. *J'ai un billet de cinquante francs. Il gagne soixante francs de l'heure,* par heure. – *DE... EN... :* marque l'intervalle. *Elle embellit DE JOUR EN JOUR. Ce petit garçon sait compter de dix en dix. Elle travaille DE MIEUX EN MIEUX. J'espère que tu viendras nous voir DE TEMPS EN TEMPS* [dətɑ̃zɑ̃tɑ̃], parfois, quelquefois. **5.** Présente la relation exprimée par le possessif. *Les enfants de mon frère,* ses enfants. *Les ordres du patron,* ses ordres. **6.** Introduit le nom d'un auteur. *J'ai vu un film de Woody Allen. Le théâtre de Shakespeare. Un portrait de Picasso,* signé par lui. **7.** Indique l'appartenance. *Le dossier du fauteuil, de la chaise.* **8.** Indique la matière. *Elle a acheté une veste de cuir.* → **en. 9.** Indique le genre, le style. *Elle aime les films de guerre. Un portrait de Picasso,* qui le représente. **10.** Indique le contenu. *Voulez-vous un verre d'eau ? Un troupeau de moutons. Il a une collection de timbres.* **11.** Indique la totalité ou la partie d'un ensemble. *Un de nous doit rester ici. C'est le plus grand de tous. L'essentiel du livre est terminé. Voulez-vous un peu de sucre ? Prenez un peu de ces gâteaux.*
II. fonctions grammaticales **1.** Après un verbe. *Je me souviens de lui. Nous avons parlé de tout. Nous parlerons de ça plus tard.* → **en.** – *Elle l'a traité de menteur.* – *Cette soupe est d'un mauvais !* elle est très mauvaise. **2.** Devant un verbe. *C'est à nous d'y aller. C'est facile de critiquer !* – *Arrêtez de crier ! Je regrette de partir.* **3.** Après un adjectif. *Il est avide de tendresse. Elle est contente de lui.* **4.** Après un nom. *C'est un abus de pouvoir !* **5.** (en apposition) (gallicisme) Qui est. *La ville de Paris. Un amour d'enfant. Cet imbécile de mec est encore en retard.* **6.** Après un adverbe. *Il a agi indépendamment de moi. Le téléphone est à côté de la radio.* **7.** Devant un adjectif, un pronom, un participe passé, un adverbe. (facultatif) *J'ai trois jours (de) libres. Et encore un carreau (de) cassé !* – (obligatoire) *Passez par la porte de derrière. Elle parle des idées d'autrefois. Je te demande cinq minutes de plus. Quoi de neuf ? Il n'y a rien de neuf, rien de nouveau. En voici une de terminée. Il y en a deux de cassés.*

REM. **1.** *De* se change en *d'* devant une voyelle *(une histoire d'amour)* ou un *h* muet *(un film d'horreur).* **2.** Ne pas confondre *des* (contraction de *de les*) et *des* pluriel de *un.*

② **DE** [də] ou **D', DU** [dy] article ▪ S'emploie devant des noms de choses que l'on ne compte pas ou que l'on ne peut pas compter. *Voulez-vous du vin, de la bière ou de l'eau ? Il ne mange pas de viande. Je n'ai plus d'argent. Il fait de la musique.*

Il joue du Mozart. – (devant un nom sans singulier) *Il mange DES épinards* [dezepinaʀ], *DE bons épinards.*

REM. 1. *De* se change en *d'* devant une voyelle *(il n'y a plus d'eau)* ou un *h* muet *(il n'y a plus d'herbe).* 2. *Du* est la contraction de *de le.* 3. Il est plus élégant de dire *nous mangeons de bonnes pâtes* plutôt que *des bonnes pâtes.*

③ **DE** [də] ou **D'** article ▪ Pluriel de l'article *un, une* qui s'emploie à la place de *des* devant un adjectif. → ② **des, un.** *Elle a de longs cheveux blonds. Je fais souvent d'affreux cauchemars. Ce sont d'horribles mensonges ! Coupez de plus grosses tranches, s'il vous plaît. J'ai mangé de meilleures fraises, j'en ai mangé de meilleures.*

REM. 1. *De* se change en *d'* devant une voyelle *(d'affreux cauchemars)* ou un *h* muet *(d'horribles cauchemars).* 2. Dire ou écrire *elle a des beaux cheveux* n'est pas fautif mais est moins élégant que *elle a de beaux cheveux.*

① **DÉ** [de] n. m. ▪ *UN DÉ :* petit cube dont chaque face est marquée de un à six points. *Les enfants jouent aux dés. Ils font une partie de dés. Un joueur lance les dés. Les dés roulent sur le plateau de jeu.*

② **DÉ** [de] n. m. ▪ *UN DÉ :* petit étui dans lequel on met le bout du doigt qui pousse l'aiguille quand on coud. *La couturière met son DÉ À COUDRE. Elle coud toujours avec un dé.*

DÉAMBULER [deɑ̃byle] verbe [conjugaison 1a] ▪ Marcher tranquillement et sans but précis. *Des promeneurs déambulent dans la rue.*

DÉBÂCLE [debɑkl] n. f. ▪ *LA DÉBÂCLE* 1. Rupture des glaces dans un cours d'eau gelé, au moment du dégel. *Au moment de la débâcle, des morceaux de glace sont emportés par le courant.* 2. Fuite précipitée. → **débandade.** *La retraite des soldats s'est terminée en débâcle.* → **déroute.** 3. Effondrement soudain. *C'est la débâcle pour son entreprise.* → **faillite, ruine.**

DÉBALLAGE [debalaʒ] n. m. ▪ *LE DÉBALLAGE* 1. Action de déballer, de sortir de son emballage. *L'épicier commence le déballage de ses marchandises.* (contraire : emballage) 2. STYLE FAMILIER Grand désordre. *Quel déballage, dans ta chambre !* 3. STYLE FAMILIER Le fait de dire, d'avouer des choses personnelles qui étaient cachées. → **aveu.** *Il m'a raconté tous ses secrets, ça a été le grand déballage.*

DÉBALLER [debale] verbe [conjugaison 1a] 1. Sortir et étaler (ce qui était dans un emballage). *L'épicier déballe ses marchandises. Les enfants déballent leurs cadeaux.* (contraires : emballer, empaqueter, envelopper) 2. STYLE FAMILIER Dire (tout ce qui était caché). *Elle a déballé tous ses secrets.*

DÉBANDADE [debɑ̃dad] n. f. ▪ *LA DÉBANDADE* 1. Fuite rapide et en tous sens. *Dès qu'il s'est mis à pleuvoir, tout le monde a couru, c'était la débandade.* 2. *À LA DÉBANDADE :* dans le désordre, la confusion. *L'entreprise va mal, tout va à la débandade.*

DÉBANDER [debɑ̃de] verbe [conjugaison 1a] 1. Retirer la bande, le bandage de. *Asseyez-vous, je vais débander votre cheville.* 2. STYLE TRÈS FAMILIER Cesser d'être en érection. *Les hommes débandent lorsqu'ils ne sont plus excités sexuellement.* (contraire : bander) 3. STYLE FAMILIER *TRAVAILLER SANS DÉBANDER,* sans s'arrêter. *On a travaillé pendant trois jours sans débander.*

DÉBARBOUILLER [debaʀbuje] verbe [conjugaison 1a] 1. Nettoyer, laver la figure de (qqn). *Il débarbouille son enfant.* 2. verbe pronominal SE DÉBARBOUILLER : se laver la figure. *Elle n'a pas pris de douche, elle s'est juste débarbouillée.*

DÉBARCADÈRE [debaʀkadɛʀ] n. m. ▪ *LE DÉBARCADÈRE :* lieu d'un port, réservé à l'embarquement et au débarquement des passagers et des marchandises d'un navire. *Les voyageurs attendent leurs bagages sur le débarcadère.* → **embarcadère.**

DÉBARDEUR [debaʀdœʀ] n. m. ▪ *UN DÉBARDEUR* 1. Personne qui charge et décharge un navire. *Les débardeurs transportent les caisses sur le quai.* → **docker.** 2. Maillot de corps sans manches, très échancré. *Elle est habillée d'un short rouge et d'un débardeur blanc.*

DÉBARQUEMENT [debaʀkəmɑ̃] n. m. ▪ *LE DÉBARQUEMENT* 1. Action de faire sortir, de débarquer (des personnes, des marchandises) d'un navire, d'un avion. *Le débarquement des passagers a commencé.* (contraire : embarquement) 2. Opération militaire consistant à faire débarquer des troupes en terrain ennemi. *Le débarquement des troupes alliées eut lieu le 6 juin 1944 en Normandie. Ils sont allés sur les plages du débarquement,* où a eu lieu le débarquement, en France.

DÉBARQUER [debaʀke] verbe [conjugaison 1a] 1. (qqn) Quitter un navire, un avion. *Tous les passagers ont débarqué.* (contraire : embarquer) 2. Faire sortir (qqn, qqch.) d'un navire. *On a débarqué les marchandises sur le quai.* → **décharger.** 3. STYLE FAMILIER *DÉBARQUER CHEZ qqn :* arriver chez qqn sans prévenir. *Il a débarqué chez nous en pleine nuit.* 4. STYLE FAMILIER Ne pas savoir (qqch.), n'être pas au courant. *Raconte-moi ce qui s'est passé, je débarque.*

DÉBARRAS [debaʀa] n. m. 1. *UN DÉBARRAS :* endroit où l'on range les objets qui encombrent, qui ne servent pas beaucoup. *Les valises et les malles sont dans le débarras.* 2. STYLE FAMILIER *LE DÉBARRAS :* le fait d'être débarrassé de (qqn, qqch.). *Quel débarras, depuis qu'on a vendu ces livres ! BON DÉBARRAS !* se dit pour exprimer le soulagement après le départ d'une personne désagréable ou dont la présence était gênante. *Il est parti ? Ouf, bon débarras !*

DÉBARRASSER [debaʀase] verbe [conjugaison 1a] 1. Enlever ce qui gêne, ce qui encombre, embarrasse. *Nous avons débarrassé le salon pour poser la moquette. Il a débarrassé l'étagère de tous les livres. DÉBARRASSER (LA TABLE) :* enlever le couvert, tout ce qui a servi pour le repas. *Les enfants débarrassent la table. Vous pouvez débarrasser.* – STYLE FAMILIER *DÉBARRASSER LE PLANCHER :* partir, être chassé. *Les enfants, vous m'empêchez de travailler, alors, débarrassez le plancher.* 2. verbe pronominal SE DÉBARRASSER DE : se libérer de (qqch., qqn). *Elle s'est enfin débarrassée de ce vieux divan. Débarrassez-vous de votre manteau :* enlevez votre manteau. – *Débarrassez-vous :* enlevez votre manteau, votre chapeau. – *Il n'arrive pas à se débarrasser de ses mauvaises habitudes,* il n'arrive pas à les abandonner. → **guérir.** – *Comment nous débarrasser de ce type qui nous suit ? Ils se sont débarrassés d'un témoin gênant,* ils l'ont tué.

DÉBAT [deba] n. m. ▪ *UN DÉBAT :* discussion sur un sujet précis. *La projection du film sera suivie d'un débat. Nous pouvons OUVRIR LE DÉBAT en parlant de... :* nous pouvons commencer la discussion en parlant de... *Nous sommes au CŒUR DU DÉBAT,* au point essentiel, capital du sujet de la discussion. *Le ministre a participé à un DÉBAT TÉLÉVISÉ,* à une discussion organisée et dirigée, à la télévision. *J'ai assisté à plusieurs débats sur ce sujet.*

débats [deba] *Je débats, tu débats :* forme au présent du verbe **débattre.**

DÉBATTEUR [debatœʀ] n. m. ▪ *UN DÉBATTEUR :* orateur habile dans les discussions publiques, les débats. *Cet homme politique est un redoutable débatteur.*

REM. Ce mot bien francisé vient de l'anglais *debater.*

① **DÉBATTRE** [debatʀ] verbe [conjugaison 41c] ▪ Discuter (qqch.) en étudiant le pour et le contre, en donnant des arguments. *Le vendeur et moi, nous avons débattu le prix de cette voiture d'occasion. Je débats le prix avec le vendeur pour qu'il vende moins cher.* (dans une annonce) *Vends téléviseur presque neuf, PRIX À DÉBATTRE,* à discuter avec la personne intéressée. → **marchander.** *Il faut qu'on débatte ensemble les conditions du contrat.* → **négocier.**

REM. On entend souvent dire, en France, *débattre de, en débattre,* ce qui est fautif : *on débat qqch.*

② SE **DÉBATTRE** [debatʀ] verbe pronominal [conjugaison 41c] ▪ Lutter, en faisant beaucoup d'efforts, en s'agitant, pour se libérer. *La victime s'est débattue et a réussi à s'enfuir.* → se **démener, résister.** *Le chat s'est longtemps débattu contre le courant avant de se noyer.*

débattu [debaty], **débattue** [debaty] *Ils ont débattu la question ; la question qu'ils ont débattue :* formes au participe passé du verbe **débattre.** – *Il s'est débattu ; elle s'est débattue :* formes au participe passé du verbe se **débattre.**

DÉBAUCHE [deboʃ] n. f. ▪ *LA DÉBAUCHE* **1.** Excès dans les plaisirs sexuels. → **luxure.** *La loi punit l'incitation des mineurs à la débauche,* le fait de pervertir les jeunes de moins de dix-huit ans, de les pousser à avoir une conduite sexuelle déréglée. **2.** Usage qui dépasse la mesure, la normale (de qqch.). *Le peintre a traduit son émotion par une débauche de couleurs. Ce film donne une débauche de détails pénibles.* → **abus, excès.**

DÉBAUCHÉ [deboʃe] n. m., **DÉBAUCHÉE** [deboʃe], n. f. ▪ STYLE RECHERCHÉ *UN DÉBAUCHÉ, UNE DÉBAUCHÉE :* personne qui vit dans la débauche. *Tu n'es qu'un débauché ! Une bande de débauchés a fait du bruit toute la nuit.*

DÉBAUCHER [deboʃe] verbe [conjugaison 1a] **1.** Renvoyer (des ouvriers, des employés) parce qu'il n'y a plus de travail. *L'entreprise a débauché dix employés.* → **congédier, licencier.** ⟨contraires : embaucher, engager, recruter⟩ **2.** Convaincre (qqn) de quitter son emploi pour rejoindre une autre équipe. *Un grand patron a débauché mon assistant pour qu'il travaille avec lui.*

DÉBECTER [debɛkte] verbe [conjugaison 1a] ▪ STYLE FAMILIER Dégoûter. *Le poisson me débecte. Son attitude nous a débectés.* – *Tu me débectes,* je te déteste, tu me dégoûtes. ⟨contraire : plaire⟩

DÉBILE [debil] adj., n. m. et n. f.

I. adjectif (après le nom) **1.** STYLE FAMILIER Imbécile, idiot. *Tu as dit ça ? Mais tu es complètement débile !* – *Nous avons vu un film débile à la télévision.* **2.** Dont l'intelligence ne s'est pas développée normalement. *Ils sont malheureux car ils ont un enfant débile.* → **arriéré.** **3.** Qui manque complètement de force physique. → **faible, malingre.** *Ce nouveau-né est trop débile pour survivre.*

II. 1. *UN DÉBILE (MENTAL), UNE DÉBILE (MENTALE) :* une personne dont l'intelligence ne s'est pas développée normalement. *Un débile ne dépasse pas le niveau mental d'un enfant de huit ans.* **2.** STYLE FAMILIER Imbécile. *Quelle débile, cette fille ! Tu es complètement débile !* → **fou ;** STYLE FAMILIER **demeuré.**

DÉBILITÉ [debilite] n. f. **1.** *LA DÉBILITÉ MENTALE :* mauvais développement de l'intelligence. *La débilité mentale correspond, pour un adulte, à un âge mental d'environ huit ans.* **2.** STYLE FAMILIER Idiotie. *Ce film est d'une rare débilité.*

① **DÉBINER** [debine] verbe [conjugaison 1a] ▪ STYLE FAMILIER Dire du mal de. *Elle a encore débiné ses collègues.* → **dénigrer, médire.**

② SE **DÉBINER** [debine] verbe pronominal [conjugaison 1a] ▪ STYLE FAMILIER Se sauver, s'enfuir. *Ils se sont débinés quand la police est arrivée.* → se **tirer.**

① **DÉBIT** [debi] n. m. ▪ *LE DÉBIT :* partie d'un compte où sont inscrites les sommes que l'on doit. *Sur mon relevé de banque, mon salaire est inscrit dans la colonne des crédits, mes dépenses sont dans la colonne des débits.* ⟨contraire : crédit⟩

② **DÉBIT** [debi] n. m.

I. *LE DÉBIT* **1.** Vente continue de marchandises. *Il y a beaucoup de débit dans ce grand magasin.* **2.** Quantité de liquide qui s'écoule en un temps donné. *Ce robinet a un débit très faible.* **3.** Vitesse à laquelle on parle. *Ce ministre a un débit très rapide,* il parle très vite. *Quel débit ! Je ne comprends rien.*

II. *UN DÉBIT DE BOISSONS, DE TABAC :* un endroit où l'on vend des boissons, du tabac. *Les cafés et les bars sont des débits de boissons. Il y a un débit de tabac au coin de la rue.* → **bureau, tabac.**

① **DÉBITER** [debite] verbe [conjugaison 1a] ▪ Porter une somme au débit de. *Nous avons débité mille francs de votre compte :* nous avons ôté, enlevé mille francs de votre compte. *J'ai téléphoné à ma banque pour savoir si mon chèque de trois mille francs avait été débité.* ⟨contraire : créditer⟩

② **DÉBITER** [debite] verbe [conjugaison 1a] **1.** Découper (qqch.) en morceaux. *Nous avons abattu l'arbre mort et nous l'avons débité. Le boucher a débité un bœuf entier.* **2.** Vendre régulièrement au détail. *Les grands magasins débitent beaucoup de marchandises. Cette épicerie débite du vin.* **3.** Faire s'écouler régulièrement (un liquide dans un temps donné). *La fontaine du village débite mille litres par heure.* **4.** Dire longuement, d'une façon monotone. *Le journaliste sportif débite les résultats des courses. Arrête de débiter des mensonges !*

DÉBITEUR [debitœʀ] n. m., **DÉBITRICE** [debitʀis] n. f. ▪ *UN DÉBITEUR, UNE DÉBITRICE :* personne qui doit (de l'argent) à qqn. *Mon oncle m'a prêté de l'argent : je suis son débiteur.* ⟨contraire : créancier⟩

DÉBLAIS [deblɛ] n. m. pluriel ▪ *LES DÉBLAIS :* terre, débris de construction que l'on a enlevés. *Les déblais ont été enlevés par un camion.*

DÉBLATÉRER [deblateʀe] verbe [conjugaison 6a] ▪ Parler longtemps et avec force (contre qqn, qqch.). → **médire, vitupérer.** *Elle a déblatéré toute la soirée sur ses voisins. Elle déblatérera* [deblatɛʀʀa] *encore contre eux.* – *Il déblatère sans cesse.*

DÉBLAYER [debleje] verbe [conjugaison 8b] ▪ Débarrasser (un lieu) de ce qui gêne, de ce qui encombre. *Il faut que tu déblaies la cave pour pouvoir ranger les bouteilles de vin.* → **dégager.** *Demain, nous déblaierons* [deblɛʀɔ̃] *le grenier.* – STYLE FAMILIER *J'ai besoin de place, déblayez-moi tout ça.* → **ranger.** *Allez-vous-en, déblayez le terrain !*

DÉBLOCAGE [deblɔkaʒ] n. m. ▪ *LE DÉBLOCAGE :* le fait de débloquer (qqch.). *Le déblocage des salaires a été difficile à obtenir.* ⟨contraire : blocage⟩

DÉBLOQUER [deblɔke] verbe [conjugaison 1a]

I. 1. Remettre (une chose bloquée) en marche, en état de fonctionnement. *Le serrurier a débloqué la serrure.* ⟨contraire : bloquer⟩ – *Il faut débloquer la situation.* **2.** Annuler l'interdiction de vendre (des marchandises), de disposer librement (de crédits, de biens). *La mairie a débloqué des crédits pour les travaux de l'école.* ⟨contraire : bloquer⟩ **3.** verbe pronominal SE DÉBLOQUER : se dégager d'un blocage. *Dans l'usine, la situation s'est débloquée : les grévistes et la direction vont reprendre les discussions.*

II. STYLE FAMILIER Dire des sottises, dire n'importe quoi. *Excuse-moi, mais tu débloques complètement !* → STYLE FAMILIER **délirer ;** STYLE TRÈS FAMILIER **déconner.**

DÉBOIRES [debwaʀ] n. m. pluriel ▪ STYLE RECHERCHÉ *DES DÉBOIRES :* des ennuis. *Elle a eu de nombreux déboires dans son travail.* ‹contraires : réussite, succès› *Il a ESSUYÉ DES DÉBOIRES :* il a supporté, il a eu des difficultés, des ennuis.

DÉBOISEMENT [debwazmɑ̃] n. m. ▪ *LE DÉBOISEMENT :* le fait d'enlever, de couper les arbres d'un bois. *Avant le déboisement, il y avait ici une belle forêt.*

DÉBOISER [debwaze] verbe [conjugaison 1a] ▪ Enlever, couper les arbres d'un bois. *Avant de construire l'autoroute, il a fallu déboiser de nombreux terrains. La colline a été déboisée.*

DÉBOÎTER [debwate] verbe [conjugaison 1a] **1.** Sortir d'une file de voitures. *L'automobiliste a mis son clignotant et a déboîté pour doubler. – La voiture a déboîté brusquement.* **2.** Faire sortir de ce qui emboîte. *Je n'arrive pas à déboîter ces deux tuyaux.* **3.** verbe pronominal SE DÉBOÎTER : sortir (un os) de l'articulation. *Elle s'est déboîté l'épaule.* → **démettre, luxer.**

DÉBORDANT [debɔʀdɑ̃], **DÉBORDANTE** [debɔʀdɑ̃t] adj. (après le nom) ▪ (sentiment) Qui se manifeste avec force. *Calmez votre imagination débordante ! Avant la promenade, le chien aboie, saute et court : il est débordant de joie.*

DÉBORDÉ [debɔʀde], **DÉBORDÉE** [debɔʀde] adj. (après le nom) ▪ Submergé, envahi (par les occupations, le travail). *Elle se couche tard, elle se lève tôt, elle ne sort plus : elle est débordée. Elle est débordée de travail.*

DÉBORDER [debɔʀde] verbe [conjugaison 1a] **1.** Se répandre, passer par-dessus bord. *L'eau a débordé de la baignoire. Attention, ça va déborder ! – La rivière a débordé et a inondé les champs,* elle est sortie de son lit, elle s'est répandue hors de ses limites habituelles. (→ **inondation**). *– C'est la goutte d'eau qui fait déborder le vase :* c'est la petite chose pénible qui s'ajoute aux ennuis que l'on a déjà et qui rend l'ensemble insupportable. **2.** *DÉBORDER DE :* être plein, rempli de (un sentiment, un état que l'on montre). *Il déborde de tendresse en regardant sa femme. Avec sa gaieté, sa vitalité et ses joues rouges, cet enfant déborde de santé ! Il déborde de joie. – Les journaux débordent de détails sur l'accident.* **3.** Aller au-delà de, dépasser (le bord). *Ce petit garçon fait bien attention à ne pas déborder les traits, en coloriant son dessin. – Attention, tu débordes ! – Votre question déborde le cadre du problème.* **4.** verbe pronominal SE DÉBORDER : (qqn) repousser les draps et les couvertures, en dormant, les tirer de dessous les bords du matelas. *Mon fils bouge beaucoup en dormant et il se déborde.* ‹contraire : border› *Elle s'est débordée pendant la nuit.*

DÉBOUCHÉ [debuʃe] n. m. ▪ *UN DÉBOUCHÉ* **1.** Lieu où l'on vend un produit. *Cet industriel a trouvé de nouveaux débouchés à l'étranger. Il n'y a pas de débouchés dans ce pays.* **2.** Accès à un emploi. *Les études d'informatique offrent de nombreux débouchés,* de nombreuses possibilités de trouver un emploi.

① **DÉBOUCHER** [debuʃe] verbe [conjugaison 1a] **1.** Enlever ce qui bouche. *Le plombier a débouché le lavabo.* **2.** Enlever le bouchon. *Elle débouche la bouteille avec un tire-bouchon.* → **ouvrir.** ‹contraires : boucher, reboucher›

② **DÉBOUCHER** [debuʃe] verbe [conjugaison 1a] **1.** Passer d'un lieu resserré dans un lieu plus large. *Nous étions dans la forêt lorsque soudain nous avons débouché dans une clairière ensoleillée. La rue débouche dans une avenue,* elle arrive, elle aboutit dans une avenue. **2.** Aboutir, conduire à. *J'en ai assez de ces discussions qui ne DÉBOUCHENT SUR rien !*

DÉBOUCHEUR [debuʃœʀ] n. m. ▪ *UN DÉBOUCHEUR :* produit utilisé pour déboucher un conduit. *J'ai acheté un déboucheur pour le tuyau du lavabo.*

DÉBOULER [debule] verbe [conjugaison 1a] ▪ STYLE FAMILIER **1.** Descendre très vite. *Quand on a sonné à la porte, les enfants ont déboulé du premier étage pour ouvrir.* → **dévaler.** **2.** Arriver brusquement. *Il a déboulé chez nous en pleine nuit, sans prévenir.* → **débarquer.**

DÉBOURSER [debuʀse] verbe [conjugaison 1a] ▪ Dépenser, payer. *Il a passé des vacances chez des amis, sans rien débourser. – Je ne débourserai pas un centime.*

DÉBOUSSOLÉ [debusɔle], **DÉBOUSSOLÉE** [debusɔle] adj. (après le nom) ▪ Rendu incapable de savoir ce qu'il faut faire. *Depuis la mort de sa femme, il est complètement déboussolé.* → **désemparé,** STYLE FAMILIER **paumé.**

DEBOUT [dəbu] adverbe **1.** Sur ses pieds (opposé à assis, couché). *Ne restez pas debout, asseyez-vous ! La vieille dame S'EST MISE DEBOUT avec effort,* elle s'est levée avec effort. *Un homme SE TIENT DEBOUT devant la porte,* il est debout, sur ses pieds. *Je ne TIENS PAS DEBOUT :* je suis très fatigué, au point de ne plus pouvoir rester debout. *– DEBOUT !* levez-vous ! *– Il ne reste plus de place pour s'asseoir dans le train : nous voyagerons debout. – Il n'y a plus de places assises dans cet autobus, il n'y a que des PLACES DEBOUT,* tous les sièges sont occupés, on ne peut pas s'asseoir, il faut rester debout. **2.** Levé (opposé à couché). *Je suis toujours debout à six heures du matin. Il est très tard et tu es encore debout ! – Il faut que les enfants se couchent, ils DORMENT DEBOUT,* ils ont tellement sommeil qu'ils s'endorment même sans être couchés. *– Pour expliquer son retard, il nous a raconté une histoire À DORMIR DEBOUT,* il nous a raconté des choses, des événements que l'on ne peut pas croire, qui sont invraisemblables (→ **mensonge**). **3.** Posé verticalement (opposé à à plat). *Rangez vos livres debout sur l'étagère.* **4.** (mur, bâtiment) *TENIR DEBOUT :* se dresser en bon état, être solide. *Le toit de cette vieille maison est très abîmé mais les murs tiennent debout.* (figuré) (propos) *Je crois ce qu'il a dit : ses explications tiennent debout,* elles sont vraisemblables. *Excusez-moi, mais ce que vous racontez ne tient pas debout.*

REM. **1.** *Debout* est toujours invariable. **2.** *Debout* se prononce parfois aussi [dbu] : *ça ne tient pas debout* [santjɛ̃padbu].

DÉBOUTONNER [debutɔne] verbe [conjugaison 1a] ▪ Ouvrir (un vêtement) en sortant les boutons de leur boutonnière. *Comme il fait très chaud, il a déboutonné sa chemise.* ‹contraire : boutonner›

DÉBRAILLÉ [debʀaje], **DÉBRAILLÉE** [debʀaje] adj. (après le nom) ▪ Dont les vêtements sont en désordre sur le corps. *Mon fils a joué dehors toute la journée, il est rentré à la maison tout débraillé.*

DÉBRANCHER [debʀɑ̃ʃe] verbe [conjugaison 1a] **1.** Arrêter le fonctionnement de (un appareil électrique) en supprimant son branchement. *N'oublie pas de débrancher le fer à repasser ! Débranche la lampe avant de changer l'ampoule. Il débranche le téléphone pour ne pas être dérangé.* **2.** STYLE FAMILIER *DÉBRANCHER UN MALADE,* le séparer des appareils qui le maintiennent artificiellement en vie. *Ne pouvant plus rien faire pour sauver le blessé, les médecins ont décidé de le débrancher.*

DÉBRAYAGE [debʀɛjaʒ] n. m. ▪ *LE DÉBRAYAGE* **1.** Le fait de débrayer, d'interrompre la liaison entre le moteur et les roues (d'un véhicule). ‹contraire : embrayage› *Il faut appuyer sur la pédale de débrayage pour passer une vitesse.* **2.** Arrêt de travail volontaire du personnel. *À l'usine, il y a eu deux heures de débrayage en signe de protestation.*

REM. Le *débrayage* est un arrêt de travail plus court que la *grève.*

DÉBRAYER [debʀeje] verbe [conjugaison 8b] **1.** Interrompre la liaison entre le moteur et les roues. *Débrayez, passez la vitesse, embrayez.* ⟨contraire : embrayer⟩ **2.** Arrêter le travail pour protester. *Les ouvriers ont débrayé ce matin,* ils se sont mis en grève. *Demain, nous débraierons* [debʀɛʀɔ̃], ou *nous débrayerons* [debʀɛjʀɔ̃].

REM. Ce verbe se conjugue comme *payer : je débraie* [debʀɛ] ou *je débraye* [debʀɛj].

DÉBRIDÉ [debʀide], **DÉBRIDÉE** [debʀide] adj. (après le nom) ▪ (qqch.) Sans retenue, très libre. → **déchaîné, effréné.** *Cet écrivain, grâce à son imagination débridée, nous fait vivre des aventures merveilleuses.*

DÉBRIS [debʀi] n. m. **1.** (le plus souvent au pluriel) *DES DÉBRIS :* restes d'un objet cassé, d'une chose détruite. *Je vois de nombreux débris sur le sol. Attention, regardez où vous marchez, il y a des débris de verre par terre.* → **fragment, morceau. 2.** STYLE FAMILIER *Un VIEUX DÉBRIS :* une personne très âgée et dont l'intelligence est diminuée. *Laisse-le tranquille, ce vieux débris.*

REM. *Vieux débris* est une expression très blessante.

DÉBROUILLARD [debʀujaʀ], **DÉBROUILLARDE** [debʀujaʀd] adj. (après le nom) ▪ STYLE FAMILIER Qui est assez habile, assez malin pour se sortir d'une situation difficile ou pour faire ce qu'il veut. *Sa fille est très débrouillarde : à huit ans elle prend le métro toute seule.* → **dégourdi, démerdard.** ⟨contraire : maladroit⟩ *Il a été assez débrouillard pour se faufiler au premier rang, pendant le concert.* ⟨contraire : empoté⟩ *Tu n'es pas très débrouillard !*

DÉBROUILLARDISE [debʀujaʀdiz] n. f. ▪ *LA DÉBROUILLARDISE :* qualité d'une personne débrouillarde. *Allons, un peu de débrouillardise !*

DÉBROUILLER [debʀuje] verbe [conjugaison 1a]

I. Rendre compréhensible. *Les policiers ont réussi à débrouiller ce crime mystérieux.* → **démêler, éclaircir.** ⟨contraire : embrouiller⟩

II. STYLE FAMILIER verbe pronominal SE DÉBROUILLER : se tirer habilement d'affaire, être débrouillard. *Sa fille s'est très bien débrouillée pour retrouver son chemin. Débrouille-toi :* arrange-toi tout seul car personne ne viendra t'aider. *Ne t'inquiète pas pour moi, je saurai me débrouiller.* → STYLE FAMILIER se **démerder.** *Il ne parle pas français couramment, mais il se débrouille,* il arrive à comprendre et à se faire comprendre.

DÉBROUSSAILLER [debʀusaje] verbe [conjugaison 1a] ▪ Enlever, arracher les broussailles de (un terrain). *Nous avons débroussaillé un grand espace devant la maison pour semer du gazon.* → **défricher.**

DÉBUSQUER [debyske] verbe [conjugaison 1a] **1.** Faire sortir (le gibier) du bois où il est caché. *Le chasseur a débusqué un lièvre.* **2.** Faire sortir (qqn) de son refuge. *Ils ont débusqué l'ennemi.*

DÉBUT [deby] n. m. ▪ *LE DÉBUT* **1.** Commencement. *Nous sommes arrivés en retard et nous avons raté le début du film.* ⟨contraires : fin, terme⟩ *Nous faisons quelques travaux dans la maison, mais CE N'EST QU'UN DÉBUT,* il y aura d'autres travaux après. *Nous avons vu une pièce de théâtre, mais un spectateur nous a dérangés DU DÉBUT À LA FIN. C'est le début du mois. Son fils arrive début mars,* il arrive au début du mois de mars. *Nous aurons du temps libre EN DÉBUT DE semaine. Je n'ai pas fini mon livre, j'en suis AU DÉBUT,* je le commence. *Au début de leur mariage, tout allait bien, ils ont eu des problèmes par la suite. Il y a une scène magnifique TOUT AU DÉBUT du film,* dès les premières images du film. *DÈS LE DÉBUT du livre, nous savons qui est l'assassin.* **2.** *UN DÉBUT DE :* un commencement de. *Je suis un peu malade : j'ai un début de grippe.* **3.** (au pluriel) LES DÉBUTS : les premières apparitions à la scène. *Cet acteur a FAIT SES DÉBUTS au théâtre,* il a commencé à jouer, à travailler au théâtre.

DÉBUTANT [debytɑ̃] adj. et n. m., **DÉBUTANTE** [debytɑ̃t] adj. et n. f. **1.** adjectif (après le nom) (qqn) Qui commence à apprendre qqch. *Dans l'école de mon fils, il y a deux instituteurs débutants. Elle est pianiste débutante.* **2.** *UN DÉBUTANT, UNE DÉBUTANTE :* une personne qui débute, qui commence à apprendre qqch. *Je ne sais pas très bien conduire ma voiture, je suis une débutante.* → **apprenti, novice.** *Son fils apprend à jouer de la guitare avec une méthode pour débutants,* un livre spécialement écrit pour les personnes qui n'ont jamais joué de guitare.

DÉBUTER [debyte] verbe [conjugaison 1a] **1.** Commencer. *Les cours DÉBUTENT À huit heures. Les vacances DÉBUTENT EN juillet.* ⟨contraires : finir, se terminer⟩ *Le film DÉBUTE PAR une poursuite de voitures.* **2.** Commencer dans une carrière, dans une activité. *Il a débuté comme simple employé, maintenant il est directeur* (→ **débutant).**

REM. *Débuter qqch.* est fautif, il faut dire *commencer qqch.*

EN **DEÇÀ** [ɑ̃dəsa] adverbe ▪ De ce côté-ci. *Tu es en deçà de la vérité :* tu es en-dessous de la vérité. ⟨contraire : au-delà⟩

DÉCA n. m. Forme abrégée familière de **décaféiné.**

DÉCACHETER [dekaʃte] verbe [conjugaison 4b] ▪ Ouvrir (une lettre). *Elle décachette la lettre qu'elle vient de recevoir.* ⟨contraire : cacheter⟩

DÉCADE [dekad] n. f. ▪ *UNE DÉCADE :* période de dix jours. *En France, dans le calendrier républicain de 1793, la décade a remplacé la semaine.*

REM. On dit *décennie* pour «période de dix ans».

DÉCADENCE [dekadɑ̃s] n. f. ▪ *LA DÉCADENCE :* le fait de s'affaiblir, d'aller vers le déclin, la ruine. → **affaiblissement, chute, déclin, ruine.** *La décadence de l'Empire romain a commencé avec les invasions barbares.*

DÉCAFÉINÉ [dekafeine] adj. et n. m. **1.** adjectif (après le nom) *CAFÉ DÉCAFÉINÉ :* café auquel on a enlevé les produits qui peuvent énerver. *Garçon, deux cafés décaféinés et un thé, s'il vous plaît !* **2.** *UN DÉCAFÉINÉ :* un café décaféiné. *Après le dîner, j'ai bu un décaféiné. Le soir, il vaut mieux boire DU DÉCAFÉINÉ si l'on veut dormir.* – *DÉCA* [deka] forme abrégée familière *Deux décas, s'il vous plaît !*

DÉCALAGE [dekalaʒ] n. m. ▪ *LE DÉCALAGE* **1.** Écart dans l'espace ou dans le temps entre deux choses qui ne coïncident pas. *Il y a trois heures de décalage horaire entre les deux pays,* il y a un écart de trois heures entre les deux pays. **2.** Différence, désaccord. *Il y a un léger décalage entre ce que tu dis et ce que tu fais.* ⟨contraires : accord, conformité⟩

DÉCALCIFICATION [dekalsifikasjɔ̃] n. f. ▪ *LA DÉCALCIFICATION :* diminution de la quantité de calcium contenue dans le corps. *Ma tante fait de la décalcification des os.*

DÉCALCOMANIE [dekalkɔmani] n. f. ▪ *UNE DÉCALCOMANIE :* image que l'on détache du papier sur lequel elle est collée, pour la fixer ailleurs. *Les enfants ont collé des décalcomanies sur la couverture de leurs cahiers.*

DÉCALER [dekale] verbe [conjugaison 1a] **1.** Déplacer légèrement. → **avancer, reculer ; changer.** *J'ai décalé mon départ d'une jour-*

née à cause de ce rendez-vous. → **remettre, reporter.** 2. verbe pronominal SE DÉCALER : se déplacer légèrement. *Décalez-vous de deux places pour que les nouveaux arrivants puissent s'asseoir. Elle s'est décalée d'une place.*

DÉCALQUER [dekalke] verbe [conjugaison 1a] ▪ Reproduire un dessin à l'aide d'un papier transparent, d'un calque. *Les élèves décalquent la carte de l'Europe sur leur cahier de géographie.*

DÉCAMPER [dekɑ̃pe] verbe [conjugaison 1a] ▪ STYLE FAMILIER (qqn) S'en aller à toute vitesse. *Quand ils ont entendu du bruit, les cambrioleurs ont décampé !* → **déguerpir ;** STYLE FAMILIER **décaniller.**

DÉCANILLER [dekanije] verbe [conjugaison 1a] ▪ STYLE FAMILIER (qqn) Partir. *Il va falloir décaniller de bonne heure, demain.*

DÉCANTER [dekɑ̃te] verbe [conjugaison 1a]
I. (qqn) Débarrasser (un liquide) des impuretés qu'il contient. → **filtrer.** *On décante le vin en laissant déposer les impuretés au fond de la bouteille.*
II. 1. verbe pronominal SE DÉCANTER : (liquide) devenir clair et pur. *Le vin se décante lentement.* 2. Devenir plus clair, moins confus. *La situation s'est décantée peu à peu.*

DÉCAPANT [dekapɑ̃] adj. et n. m., **DÉCAPANTE** [dekapɑ̃t] adj.
I. adjectif (après le nom) 1. (produit) Qui débarrasse (une surface) de la matière, des dépôts qui la recouvrent. *Il faut passer un produit décapant sur ce parquet.* 2. (qqch.) Qui remet en cause les vieilles habitudes. *Il a un humour décapant.*
II. *UN DÉCAPANT :* un produit décapant. *Le peintre applique un décapant sur la porte avant de la repeindre.*

DÉCAPER [dekape] verbe [conjugaison 1a] ▪ (qqn) Nettoyer (une surface) en enlevant les saletés qui la recouvrent. *Il faut décaper la table de bois avant de la vernir.*

DÉCAPITER [dekapite] verbe [conjugaison 1a] ▪ Trancher la tête de (qqn). *Autrefois, en France, on décapitait les condamnés à mort.* → **guillotiner.** *Le roi de France Louis XVI a été décapité en 1793.*

DÉCAPOTABLE [dekapɔtabl] adj. et n. f. 1. adjectif (après le nom) (voiture) Dont on peut replier la capote. *C'est agréable de rouler en voiture décapotable, l'été.* 2. *UNE DÉCAPOTABLE :* une voiture décapotable. *Son mari a acheté une décapotable.* → **cabriolet.**

DÉCAPSULER [dekapsyle] verbe [conjugaison 1a] ▪ Enlever la capsule (d'une bouteille) en la soulevant d'un côté. *Il décapsule une bouteille de bière.* → **ouvrir.**

DÉCAPSULEUR [dekapsylœʀ] n. m. ▪ *UN DÉCAPSULEUR :* objet de métal servant à décapsuler les bouteilles. *Le décapsuleur est dans un tiroir de la cuisine.* → **ouvre-bouteilles.**

SE **DÉCARCASSER** [dekaʀkase] verbe pronominal [conjugaison 1a] ▪ STYLE FAMILIER (qqn) Se donner beaucoup de peine, faire beaucoup d'efforts pour arriver à un résultat. → se **démener.** *C'est pour vous que je me décarcasse. Elle s'est décarcassée pour trouver du travail.*

DÉCATHLON [dekatlɔ̃] n. m. ▪ *LE DÉCATHLON :* compétition d'athlétisme masculin comportant dix épreuves disputées par les mêmes athlètes. *Cet athlète pratique le décathlon.*

DÉCÉDÉ [desede], **DÉCÉDÉE** [desede] adj. (après le nom) ▪ (qqn) Mort. *Ma fille est décédée. Les personnes décédées seront incinérées.*

REM. L'emploi de *mort, morte* étant trop brutal, on lui préfère l'adjectif *décédé, décédée,* courant dans le langage administratif.

DÉCÉDER [desede] verbe [conjugaison 6a] ▪ (qqn) Mourir. *Ma grand-mère est décédée l'année dernière. Je l'ai vu juste avant qu'il ne décède,* avant sa mort.

REM. Ce mot s'emploie surtout dans la langue administrative, surtout au passé composé.

DÉCELER [des(ə)le] verbe [conjugaison 5a] ▪ Découvrir, trouver (ce qui était caché). *Le plombier décèle la fuite d'eau.* → **détecter, trouver.** *Nous ne décelons rien d'anormal.*

DÉCEMBRE [desɑ̃bʀ] n. m. ▪ Le douzième et dernier mois de l'année. *Nous avons eu un décembre pluvieux. Le mois de décembre a 31 jours. Nous sommes en décembre. Noël est le 25 décembre. J'aime les décembres neigeux.*

DÉCEMMENT [desamɑ̃] adverbe ▪ D'une manière décente, correcte. *On ne peut pas vivre décemment sans argent. Habillez-vous décemment pour visiter l'église.* → **correctement.** *On ne peut décemment pas partir avant la fin du dîner.* → **raisonnablement.**

DÉCENCE [desɑ̃s] n. f. ▪ *LA DÉCENCE :* le respect des convenances. → **bienséance, pudeur.** *Habillez-vous avec décence.* ⟨contraire : indécence⟩ *Vous pourriez avoir la décence de vous taire.* → **correction, politesse.** *Un peu de décence !*

DÉCENNAL [desenal], **DÉCENNALE** [desenal] adj. (après le nom) ▪ (qqch.) Qui dure dix ans. *Un plan décennal a été établi pour les grands travaux.* MASCULIN PLURIEL : *des plans DÉCENNAUX* [deseno].

DÉCENNIE [deseni] n. f. ▪ *UNE DÉCENNIE :* période de dix ans. *Son père a dirigé cette société pendant trois décennies. – Il y a des décennies que nous utilisons l'électricité,* il y a longtemps.

REM. Certaines personnes emploient *décade* « période de dix jours » pour *décennie,* ce qui est fautif.

DÉCENT [desɑ̃], **DÉCENTE** [desɑ̃t] adj. (après le nom) 1. Conforme aux convenances. → **convenable.** *Il vaut mieux porter une tenue décente pour entrer dans une église.* ⟨contraire : indécent⟩ 2. (qqch.) Acceptable, passable. *Son salaire n'est pas important mais il est décent.* → **correct.**

DÉCENTRALISER [desɑ̃tʀalize] verbe [conjugaison 1a] ▪ Déplacer en banlieue ou en province une entreprise, une administration qui se trouvait dans la capitale. *Cette société parisienne a décentralisé à Lyon certaines de ses activités.* ⟨contraire : centraliser⟩

DÉCEPTION [desɛpsjɔ̃] n. f. ▪ *UNE DÉCEPTION :* tristesse que l'on éprouve lorsque l'on est déçu, que l'on n'a pas eu ce qu'on espérait (→ **décevoir**). *Cet échec lui a causé une grosse déception.* → **déconvenue, désappointement.** *Il se rappelle toutes les déceptions qu'il a eues dans sa vie. Quelle déception !*

FAUX AMI
anglais **deception**
« tromperie »

DÉCERNER [desɛʀne] verbe [conjugaison 1a] ▪ Accorder une récompense à qqn. *Le jury a décerné à cette jeune fille le premier prix du concours de dessin.*

DÉCÈS [desɛ] n. m. ▪ *LE DÉCÈS :* mort d'une personne. *L'annonce de son décès a été publiée dans le journal. Le décès remonte à plusieurs heures,* il a eu lieu il y a plusieurs heures. *Magasin fermé pour cause de décès.*

DÉCEVANT [desəvɑ̃], **DÉCEVANTE** [desəvɑ̃t] adj. (après le nom) ▪ (qqch.) Qui ne correspond pas à ce qu'on attendait, qui cause de la déception. *Ce roman est décevant. Il a des résultats décevants. Tout cela est bien décevant !* ⟨contraire : encourageant⟩

DÉCEVOIR [desəvwaʀ] verbe [conjugaison 28a] ■ Causer une déception, parce que qqn ou qqch. n'est pas comme on le souhaite. *Tu m'as menti, tu me déçois beaucoup. Je suis déçue de mon voyage. Nos amis ont été déçus de ne pas nous trouver.*

DÉCHAÎNÉ [deʃene], **DÉCHAÎNÉE** [deʃene] adj. (après le nom) **1.** (qqn) Excité, que l'on ne peut arrêter. *Ces enfants sont déchaînés, ce soir.* ⟨contraire : calme⟩ **2.** (éléments) Qui se manifeste avec une grande violence. *Le bateau navigue sur une mer déchaînée,* démontée. *Des vents déchaînés soufflent en rafales.*

DÉCHAÎNEMENT [deʃɛnmɑ̃] n. m. ■ *LE DÉCHAÎNEMENT :* le fait de se déchaîner, de devenir violent. *Le bateau a pu s'abriter avant le déchaînement de la tempête.* – *Nous craignons un déchaînement de violence sociale.* → **explosion.**

DÉCHAÎNER [deʃene] verbe [conjugaison 1a] **1.** Déclencher, provoquer (une réaction). ⟨contraires : apaiser, calmer⟩ *Le concert du pianiste a déchaîné l'enthousiasme du public. Les grimaces du clown déchaînent les rires des enfants.* **2.** verbe pronominal SE DÉCHAÎNER : se déclencher, commencer dans la violence. *Soudain, la tempête s'est déchaînée.* – (qqn) *L'orateur s'est déchaîné contre le gouvernement,* il s'est mis en colère, s'est emporté contre lui.

DÉCHANTER [deʃɑ̃te] verbe [conjugaison 1a] ■ (qqn) Perdre ses illusions (dans une occasion précise). *Quand mon frère a compris qu'il n'aurait pas de promotion dans sa société, il a déchanté. Au début, il était content, mais il commence à déchanter.*

DÉCHARGE [deʃaʀʒ] n. f. **1.** *Une DÉCHARGE PUBLIQUE :* terrain où l'on jette les ordures. *Il faudrait porter ce tas de gravats à la décharge publique.* → **déchetterie. 2.** Coup tiré avec une arme à feu. *Le faisan a reçu une décharge de plombs dans l'aile.* **3.** *Une DÉCHARGE ÉLECTRIQUE :* secousse désagréable provoquée par le passage du courant électrique lorsque l'on touche un fil dénudé ou un appareil mal isolé. *J'ai reçu une décharge électrique en touchant ce fil.*

DÉCHARGÉ [deʃaʀʒe], **DÉCHARGÉE** [deʃaʀʒe] adj. (après le nom) ■ (arme) Qui ne contient pas de balles. *Ce revolver est déchargé.* ⟨contraire : chargé⟩

DÉCHARGEMENT [deʃaʀʒəmɑ̃] n. m. ■ *LE DÉCHARGEMENT :* le fait de décharger (des marchandises). *Le déchargement du camion a pris plusieurs heures.* ⟨contraire : chargement⟩

DÉCHARGER [deʃaʀʒe] verbe [conjugaison 3b]
I. *DÉCHARGER QQCH.* **1.** Débarrasser de (un chargement). *Les déménageurs déchargent le camion.* ⟨contraire : charger⟩ **2.** Sortir (un chargement). *Toutes les marchandises ont été déchargées de la camionnette.* **3.** *DÉCHARGER UNE ARME,* la vider en tirant toutes les balles, toutes les cartouches. *Le bandit a déchargé son pistolet sur le policier* (→ **tirer**). – *Elle décharge sa colère sur son mari :* elle passe sa colère sur son mari. → **passer. 4.** Enlever la charge électrique d'un appareil. *La batterie de la voiture est déchargée.*
II. *DÉCHARGER QQN DE* **1.** Débarrasser de (une charge, un objet encombrant). *Je vais vous décharger de vos paquets. Décharge-moi de tout ça et pose-le sur la table.* **2.** Débarrasser de (un travail, une responsabilité). *Nous vous déchargeons de toutes les corvées.* **3.** verbe pronominal SE DÉCHARGER : se débarrasser de. *Elle s'est déchargée de ce travail sur son assistante.*

DÉCHARNÉ [deʃaʀne], **DÉCHARNÉE** [deʃaʀne] adj. (après le nom) ■ Très maigre, qui n'a plus que la peau sur les os. *Le malade a un visage décharné.* ⟨contraires : charnu, gras⟩

SE **DÉCHAUSSER** [deʃose] verbe pronominal [conjugaison 1a] **1.** (qqn) Enlever ses chaussures. *Les musulmans se déchaussent avant d'entrer dans une mosquée. Déchausse-toi ! Elle s'est déchaussée.* ⟨contraire : se chausser⟩ **2.** (dent) N'être plus bien maintenu dans la gencive. *Il faut que j'aille chez le dentiste, une de mes dents se déchausse.*

DÈCHE [dɛʃ] n. f. ■ STYLE FAMILIER *LA DÈCHE :* le manque d'argent. *Les parents n'ont plus de travail et la famille est DANS LA DÈCHE.* → **gêne, misère.**

DÉCHÉANCE [deʃeɑ̃s] n. f. ■ *LA DÉCHÉANCE :* situation beaucoup plus mauvaise que celle où l'on était et où l'on perd sa dignité (→ **déchoir**). *Cet homme autrefois célèbre, vit dans la misère, quelle déchéance !* ⟨contraires : ascension, progrès⟩ *Beaucoup de gens ont peur de la déchéance physique.* → **dégradation, vieillissement.**

DÉCHET [deʃɛ] n. m. ■ *UN DÉCHET :* ce qui reste et que l'on ne peut ni utiliser ni consommer. → **résidu.** *Les déchets alimentaires sont jetés dans la poubelle.* → **détritus, ordure.** *Des déchets industriels polluent les rivières. Les déchets radioactifs sont très dangereux.* – *Cette viande est bonne, mais il y a beaucoup de déchets,* il y en a beaucoup à jeter. → **perte.**

REM. Ce mot s'emploie surtout au pluriel.

DÉCHETTERIE [deʃɛtʀi] n. f. ■ *UNE DÉCHETTERIE :* lieu où peuvent être déposés les déchets toxiques ou les déchets que l'on peut recycler. *Les déchetteries sont généralement à la sortie de la ville.*

DÉCHIFFRER [deʃifʀe] verbe [conjugaison 1a] **1.** Traduire, réussir à comprendre ce qui est chiffré, codé ou écrit dans une écriture inconnue. *Champollion a déchiffré le premier les hiéroglyphes. L'espion déchiffre le message codé qu'il a reçu.* **2.** Lire difficilement (une écriture manuscrite). *Tu écris mal, j'ai du mal à déchiffrer ton écriture.* **3.** Lire une partition musicale. *Le pianiste déchiffre un morceau qu'il ne connaît pas.*

DÉCHIQUETÉ [deʃikte], **DÉCHIQUETÉE** [deʃikte] adj. (après le nom) ■ (qqch.) En morceaux à la suite d'un arrachement. *Après l'accident du car, on a retrouvé les corps déchiquetés des victimes. J'ai retrouvé une feuille de papier déchiquetée.*

DÉCHIQUETER [deʃikte] verbe [conjugaison 4b] ■ Déchirer en petits morceaux, mettre en pièces. *Le lion déchiquette la gazelle avec les dents.*

DÉCHIRANT [deʃiʀɑ̃], **DÉCHIRANTE** [deʃiʀɑ̃t] adj. (après le nom) ■ (qqch.) Qui émeut fortement, qui fait souffrir. → **douloureux.** *Les amoureux se sont fait des adieux déchirants. On a entendu un cri déchirant.*

DÉCHIREMENT [deʃiʀmɑ̃] n. m. ■ *UN DÉCHIREMENT :* grande douleur morale. *Le départ de leur fille est pour eux un déchirement.* → **arrachement.**

DÉCHIRER [deʃiʀe] verbe [conjugaison 1a]
I. 1. Mettre en lambeaux. *Elle déchirera* [deʃiʀʀa] *la photo de son ancien amoureux. Le chien a déchiré une pantoufle.* → **déchiqueter. 2.** Arracher une partie par accident. *Regarde, tu as déchiré ton pantalon,* tu y as fait un accroc. – *Cette robe est déchirée à la manche. Elle est toute déchirée.* **3.** (qqch.) Causer une vive douleur physique. *Ces sons trop aigus nous déchirent le tympan.* **4.** (qqch.) Causer une grande douleur morale. *Cette séparation lui déchire le cœur.* → **affliger.** – *La petite fille est déchirée à l'idée de quitter ses parents.* **5.** (qqch.) Troubler par des divisions. *Une violente guerre civile déchire le pays.* → **diviser, ravager.**
II. verbe pronominal SE DÉCHIRER **1.** (papier, tissu) Se séparer par arrachement. *Sa chemise s'est déchirée au coude.* – *Elle s'est*

déchiré un muscle. → **claquer, froisser.** – *À l'idée d'être loin de l'homme qu'elle aime, son cœur se déchire,* elle éprouve un violent chagrin. **2.** (qqn) Se faire du mal réciproquement, avec une grande violence. *Jour après jour, les deux amants se sont déchirés.*

REM. On déchire ou on arrache les matières molles (→ **lambeau**) ; on casse, on brise les matières dures (→ **morceau**).

DÉCHIRURE [deʃiʀyʀ] n. f. ▪ *UNE DÉCHIRURE* **1.** Ouverture, fente faite en déchirant. *Cette jupe a une déchirure.* → **accroc.** **2.** Ouverture irrégulière dans la chair. *Les déchirures musculaires sont douloureuses.* → **claquage.**

REM. On dit la *déchirure d'un muscle*, mais la *fracture d'un os.*

DÉCHOIR [deʃwaʀ] verbe [conjugaison 25] **1.** (qqn) *DÉCHOIR DE :* tomber dans une situation plus mauvaise que celle où l'on était. *Il déchoit de son rang s'il accepte cette proposition.* → s'**abaisser,** se **dégrader.** *La noblesse française a été déchue de ses privilèges à la Révolution de 1789.* → **déposséder, priver.** **2.** (qqn) Être rabaissé moralement ou socialement (→ **déchéance**). *Il déchoira à ses propres yeux s'il accepte cela.*

REM. **1.** Au subjonctif : *qu'il déchoie.* **2.** *Déchoir* s'emploie surtout à l'infinitif, au passé composé et au participe passé. On n'utilise ni l'imparfait ni le participe présent.

déchu [deʃy], **déchue** [deʃy] *Il a déchu de son poste ; elle est déchue de ses fonctions :* formes au participe passé du verbe **déchoir.**

DÉCHU [deʃy], **DÉCHUE** [deʃy] adj. (après le nom) ▪ (qqn) Retombé à un rang inférieur. *Elle est déchue de ses droits sur son enfant* (→ **déchéance**). *C'est un roi déchu.* → **détrôné.**

DÉCI [desi] n. m. ▪ *UN DÉCI :* en Suisse, décilitre de vin, consommé dans un café. *Le patron a servi aux consommateurs deux décis de vin blanc.*

DÉCIBEL [desibɛl] n. m. ▪ *UN DÉCIBEL :* unité servant à mesurer un son (symbole *dB*). *C'est un son de quarante décibels.*

DÉCIDÉ [deside], **DÉCIDÉE** [deside] adj. (après le nom) **1.** (qqn) Qui n'hésite pas à prendre une décision, qui sait ce qu'il veut. *Mon père est un homme décidé.* ⟨contraires : indécis, hésitant⟩ **2.** (qqch.) Réglé, fixé. *Nous partons en vacances en Corse, c'est décidé.*

DÉCIDÉMENT [desidemɑ̃] adverbe ▪ D'une manière certaine, définitive. *Décidément, tu n'as pas de chance, aujourd'hui !*

DÉCIDER [deside] verbe [conjugaison 1a] **1.** (qqn) Prendre une décision. → **arrêter, fixer.** *Nous n'avons encore rien décidé. C'est elle qui décide,* qui prend les décisions. – *Elle A DÉCIDÉ QU'elle ferait un voyage cet été.* **2.** *DÉCIDER QQN À faire qqch.*, le pousser, l'inciter à le faire. *J'ai décidé ma fille à m'accompagner à la piscine.* **3.** *DÉCIDER DE faire qqch. :* prendre la décision, faire le choix de le faire. *Il a décidé d'apprendre à conduire.* **4.** verbe pronominal SE DÉCIDER : prendre une décision. *« Que veux-tu comme dessert, un fruit ou une glace ? Décide-toi ! » Après quelques hésitations, elle s'est enfin décidée.* – *Nos voisins SE SONT DÉCIDÉS À vendre leur maison,* ils ont fait le choix, ils ont pris la décision de la vendre. → se **résoudre.** *Elle s'est finalement décidée pour la robe bleue,* à choisir la robe bleue.

DÉCIGRAMME [desigʀam] n. m. ▪ *UN DÉCIGRAMME :* unité de poids, valant le dixième du gramme (symbole *dg*). *Dix décigrammes valent un gramme.*

DÉCILITRE [desilitʀ] n. m. ▪ *UN DÉCILITRE :* mesure de capacité valant le dixième du litre (symbole *dl*). *Dix décilitres font un litre.*

REM. En Suisse, un décilitre de vin s'appelle *un déci*, dans la langue courante. → **déci.**

DÉCIMAL [desimal] adj., **DÉCIMALE** [desimal] adj. et n. f. **1.** *NOMBRE DÉCIMAL :* nombre qui a des chiffres placés après la virgule. *3,25 est un nombre décimal et 3 est un nombre entier.* MASCULIN PLURIEL : *les nombres DÉCIMAUX* [desimo]. – *SYSTÈME DÉCIMAL :* système de poids et mesures dans lequel les unités ont pour base le nombre dix. *En France, on utilise le système décimal pour compter et mesurer.* **2.** *UNE DÉCIMALE :* chacun des chiffres placés à droite de la virgule dans un nombre décimal. *Dans le nombre 6,45 les décimales sont les chiffres 4 et 5.*

REM. Au Canada et dans les pays anglo-saxons, on met un point au lieu d'une virgule pour marquer les décimales (3.25 au lieu de 3,25). Cet usage commence à se répandre en France à cause de l'affichage des calculettes et des ordinateurs.

DÉCIMER [desime] verbe [conjugaison 1a] ▪ Faire mourir une grande quantité d'êtres vivants. → **exterminer.** *Une épidémie a décimé le quart de la population du pays.*

DÉCIMÈTRE [desimɛtʀ] n. m. **1.** *UN DÉCIMÈTRE :* unité de longueur valant la dixième partie du mètre (symbole *dm*). *Il faut dix décimètres pour faire un mètre.* **2.** *UN DOUBLE DÉCIMÈTRE :* règle graduée mesurant deux décimètres (ou vingt centimètres). *Elle a un double décimètre dans son cartable.*

DÉCISIF [desizif], **DÉCISIVE** [desiziv] adj. (après le nom) ▪ (qqch.) Qui amène à un résultat définitif, fait changer les choses. *Notre équipe de football a marqué un but décisif.* → **capital, important.** *Cette victoire est décisive.* – *JEU DÉCISIF :* au tennis, type de jeu qui départage les joueurs qui sont à six jeux partout. *La première manche s'est terminée par un jeu décisif.*

DÉCISION [desizjɔ̃] n. f. **1.** *UNE DÉCISION :* résolution. *J'ai pris une importante décision. Il a pris la décision d'arrêter de fumer :* il a décidé d'arrêter de fumer. *Elle ne reviendra pas sur sa décision :* elle ne changera pas d'avis. **2.** *LA DÉCISION :* qualité d'une personne qui décide sans hésitation. *Dans ce genre de travail, il faut montrer de la décision.* → **fermeté, initiative.** ⟨contraire : indécision⟩

DÉCLAMATION [deklamasjɔ̃] n. f. ▪ *LA DÉCLAMATION* **1.** Art de déclamer, de prononcer les mots d'une voix solennelle, en rythmant les phrases. → **éloquence.** *Ce comédien prend des cours de déclamation.* **2.** Emploi de phrases un peu trop éloquentes, pompeuses. → **emphase.** *Les déclamations de cet homme politique sont ennuyeuses.*

DÉCLAMATOIRE [deklamatwaʀ] adj. (après le nom) ▪ Trop solennel. *Le ministre dit son discours d'un ton déclamatoire.* → **emphatique, pompeux.**

DÉCLAMER [deklame] verbe [conjugaison 1a] ▪ Dire d'une voix très solennelle, en rythmant les phrases. *Le comédien déclame son rôle. Le maire a déclamé son discours.*

DÉCLARATION [deklaʀasjɔ̃] n. f. ▪ *UNE DÉCLARATION :* fait de déclarer, de faire savoir (qqch.). *Le président a fait une déclaration à la presse. Quand on a été victime d'un vol, il faut faire une déclaration à la police. Les contribuables remplissent chaque année leur DÉCLARATION DE REVENUS,* ils font savoir à l'État combien ils ont gagné dans l'année. – *Il m'a fait une DÉCLARATION (D'AMOUR),* il m'a avoué son amour. *Ce compliment, c'est une déclaration ?*

DÉCLARER [deklaʀe] verbe [conjugaison 1a] **1.** Exprimer, faire connaître publiquement (un sentiment, une volonté, une vérité). → **annoncer, proclamer, révéler.** *Le ministre a déclaré sa volonté de lutter contre le chômage. Il déclarera* [deklaʀʀa] *son amour à la jeune fille. Ce pays veut DÉCLARER LA GUERRE à son voisin. Le témoin a déclaré à la police avoir entendu des bruits,* *juste avant le crime.* – *Le président* DÉCLARE QU'*il n'a rien à dire aux journalistes sur cette affaire.* → **assurer, prétendre.** 2. Faire connaître (à une autorité) l'existence de (qqn, qqch.). *Il est allé déclarer la naissance de son fils à la mairie. Les douaniers demandent aux voyageurs s'ils ont des marchandises à déclarer. Avez-vous quelque chose à déclarer ? Les contribuables déclarent leurs revenus,* ils disent combien ils ont gagné dans l'année. 3. (qqch.) verbe pronominal SE DÉCLARER : commencer à apparaître. *Un incendie s'est déclaré dans la cave de l'immeuble. La fièvre s'est déclarée dans la nuit.*

DÉCLASSÉ [deklase], **DÉCLASSÉE** [deklase] adj. (après le nom) 1. (qqch.) Qui n'est plus classé dans l'ordre. *Les fiches sont déclassées.* 2. Qu'on a mis dans une catégorie inférieure ou hors catégorie. *Un athlète déclassé. Les prix sont bas parce que l'hôtel est déclassé, il n'a plus que deux étoiles.*

DÉCLENCHEMENT [deklɑ̃ʃmɑ̃] n. m. ▪ (qqch.) *LE DÉCLENCHEMENT :* fait de se déclencher, de commencer à se manifester. *Le déclenchement de l'alarme de cette voiture est automatique. Un incident a provoqué le déclenchement des hostilités entre ces deux pays.*

DÉCLENCHER [deklɑ̃ʃe] verbe [conjugaison 1a] 1. Mettre en marche, faire fonctionner (un mécanisme). *Ce bouton déclenche l'ouverture du portail.* → **provoquer.** *Voici comment on déclenche la sonnerie de ce réveil.* 2. Provoquer. *Les farces du clown déclenchent les rires des enfants.* → **déchaîner.** 3. verbe pronominal SE DÉCLENCHER : (mécanisme) se mettre à fonctionner. *L'alarme s'est déclenchée toute seule.*

DÉCLIC [deklik] n. m. ▪ *UN DÉCLIC* 1. Bruit sec que fait un mécanisme en se déclenchant. *J'ai entendu le déclic, la photo a été prise.* 2. Déclenchement (d'une idée). *Pendant le cours de maths, j'ai eu un déclic, j'ai tout compris !*

DÉCLIN [deklɛ̃] n. m. ▪ *LE DÉCLIN :* état de ce qui diminue, de ce qui devient moins fort. *C'est le déclin du jour.* → **crépuscule.** *Le jour est* SUR SON DÉCLIN, il baisse, il diminue. – *Le déclin d'une civilisation,* la diminution de son importance, de sa puissance. *Le déclin de l'Empire romain commença au IVᵉ siècle après Jésus-Christ.* → **affaiblissement, décadence.** ⟨contraires : épanouissement, essor, progrès⟩

DÉCLINAISON [deklinɛzɔ̃] n. f. ▪ *UNE DÉCLINAISON :* ensemble des formes que prennent, dans certaines langues, les noms, les adjectifs et les pronoms, selon les genres, les nombres et les cas. *Connaissez-vous les déclinaisons du latin ? Le russe et l'allemand sont des* LANGUES À DÉCLINAISONS, qui comportent des déclinaisons.

DÉCLINER [dekline] verbe [conjugaison 1a]

I. 1. Diminuer, baisser **(→ déclin).** *Le jour décline, c'est bientôt la nuit.* → **tomber.** *Les forces du malade déclinent.* → **décroître.** – *Ce vieillard décline de jour en jour,* il s'affaiblit. 2. *DÉCLINER UNE INVITATION,* la refuser. ⟨contraire : accepter⟩ *Elle a décliné l'invitation de ses amis, car elle est fatiguée.* 3. STYLE RECHERCHÉ Repousser, rejeter. *Le magasin DÉCLINE TOUTE RESPONSABILITÉ en cas de vol,* il affirme qu'il n'est pas responsable en cas de vol.
II. 1. *DÉCLINER UN MOT.* → **déclinaison.** 2. *DÉCLINER UN PRODUIT :* présenter à l'acheteur une gamme de produits dérivés. 3. *DÉCLINER SON IDENTITÉ :* donner des informations sur son identité, dire qui l'on est. *Le témoin de l'accident décline son identité aux policiers.*

DÉCLOUER [deklue] verbe [conjugaison 1a] ▪ Défaire ce qui est cloué. *Il a décloué la caisse pour brûler le bois.* ⟨contraire : clouer⟩ *Vous déclouerez* [dekluʀe] *ces planches.*

DÉCOCHER [dekɔʃe] verbe [conjugaison 1a] 1. Lancer brusquement (un projectile). *Le tireur a décoché une flèche qui a atteint son but.* 2. Envoyer, lancer (qqch.) comme une flèche. *Furieuse, elle lui a décoché un regard terrible.*

DÉCODER [dekɔde] verbe [conjugaison 1a] ▪ Déchiffrer (un message) d'après un code. ⟨contraire : coder⟩ *L'espion décode le message codé.*

DÉCODEUR [dekɔdœʀ] n. m. ▪ *UN DÉCODEUR :* appareil qui sert à voir clairement les émissions volontairement brouillées d'une chaîne de télévision. *Le décodeur est placé au-dessus de notre téléviseur.*

DÉCOIFFER [dekwafe] verbe [conjugaison 1a] 1. Déranger les cheveux de (qqn). → **dépeigner.** ⟨contraires : coiffer, recoiffer⟩ *Le vent nous a décoiffés.* – *Elle est toute décoiffée.* 2. STYLE FAMILIER (qqch.) Déranger, surprendre. *Cette publicité décoiffe !*

déçoit [deswa] *Il déçoit, elle déçoit :* forme au présent du verbe **décevoir.**

déçoive [deswav] *Que je déçoive, qu'il déçoive, qu'elle déçoive :* forme du subjonctif du verbe **décevoir.**

DÉCOLÉRER [dekɔleʀe] verbe [conjugaison 6a] ▪ (qqn) *NE PAS DÉCOLÉRER :* ne pas cesser d'être en colère. *Il ne décolère pas depuis hier soir. Elle n'a pas décoléré ces derniers jours. Elle ne décolérera* [dekɔlɛʀʀa] *pas si on ne lui donne pas raison.*

DÉCOLLAGE [dekɔlaʒ] n. m. ▪ (avion) *LE DÉCOLLAGE :* le fait de décoller, de s'élever en l'air. *Veuillez attacher vos ceintures de sécurité pendant le décollage et pendant l'atterrissage.*

DÉCOLLER [dekɔle] verbe [conjugaison 1a] 1. (avion) S'élever en l'air. *L'avion roule sur la piste, puis il décolle.* ⟨contraire : atterrir⟩ 2. Détacher ce qui est collé. *Le peintre décolle le papier peint du mur.* ⟨contraire : coller⟩ – *Il a* LES OREILLES DÉCOLLÉES, les oreilles très écartées de la tête. 3. STYLE FAMILIER *Il ne décolle pas d'ici,* il nous gêne et ne part pas. 4. verbe pronominal SE DÉCOLLER : (qqch.) se détacher de, ne plus adhérer à. *Le timbre s'est décollé de l'enveloppe. L'affiche s'est décollée.*

DÉCOLLETÉ [dekɔlte] adj. et n. m., **DÉCOLLETÉE** [dekɔlte] adj. 1. adjectif (après le nom) (vêtement) Qui laisse voir le cou et une partie de la poitrine ou du dos. → **échancré.** *Elle porte une robe très décolletée.* 2. *LE DÉCOLLETÉ :* la partie d'un vêtement qui montre le cou et une partie de la poitrine. *Cette robe a un décolleté en pointe.*

DÉCOLONISATION [dekɔlɔnizasjɔ̃] n. f. ▪ *LA DÉCOLONISATION :* l'ensemble de faits par lequel une colonie devient un pays indépendant. *La décolonisation de l'Afrique s'est faite après 1950.* ⟨contraire : colonisation⟩

DÉCOLORANT [dekɔlɔʀɑ̃] n. m. ▪ *UN DÉCOLORANT :* produit qui décolore, qui rend plus claire la couleur de qqch. *L'eau de Javel est un décolorant.*

DÉCOLORATION [dekɔlɔʀasjɔ̃] n. f. ▪ *LA DÉCOLORATION :* le fait de décolorer (qqch.). *Elle s'est fait faire une décoloration des cheveux.* ⟨contraire : coloration⟩

DÉCOLORÉ [dekɔlɔʀe], **DÉCOLORÉE** [dekɔlɔʀe] adj. (après le nom) 1. (qqch.) Qui a perdu sa couleur. *Il a une chemise toute décolorée.* 2. *Des* CHEVEUX DÉCOLORÉS, qui sont devenus très clairs. *Elle a les cheveux décolorés.* – *C'est une blonde décolorée,* une femme aux cheveux blonds décolorés.

DÉCOLORER [dekɔlɔʀe] verbe [conjugaison 1a] 1. Enlever, effacer la couleur de (qqch.). *Le soleil décolorera* [dekɔlɔʀʀa] *les rideaux.*

(contraire : colorer) *Le coiffeur lui a décoloré les cheveux.* **2.** verbe pronominal SE DÉCOLORER : (qqch.) perdre sa couleur. *Ces rideaux se sont décolorés au soleil.* → **déteindre, passer.**

DÉCOMBRES [dekɔ̃bʀ] n. m. pluriel ▪ *LES DÉCOMBRES :* tas de matériaux provenant d'un bâtiment détruit. → **gravats.** *Il ne reste plus que des décombres. Les sauveteurs ont retrouvé des corps sous les décombres.*

REM. Quand un bâtiment s'est abîmé avec le temps, on parle de *ruines*.

DÉCOMMANDER [dekɔmɑ̃de] verbe [conjugaison 1a] ▪ (qqn) **1.** Annuler une commande. *J'ai décommandé la robe que j'avais commandée sur catalogue.* (contraire : commander) **2.** Annuler une invitation. *Elle est tombée malade et elle a décommandé ses invités.* **3.** verbe pronominal SE DÉCOMMANDER : annuler un rendez-vous. *Deux invités se sont décommandés juste avant le dîner.*

DÉCOMPOSER [dekɔ̃poze] verbe [conjugaison 1a]
I. Analyser, séparer les différentes parties d'un ensemble. (contraire : composer) *Décomposez la phrase en propositions. Le professeur de danse décompose le mouvement pour mieux l'expliquer à ses élèves.*
II. verbe pronominal SE DÉCOMPOSER **1.** (être vivant) Pourrir. *Le gibier commence à se décomposer au bout de quelques jours. La poule s'est décomposée.* **2.** (visage) S'altérer, devenir différent sous l'effet d'une émotion très forte. *À la vue de l'énorme araignée noire, son visage s'est décomposé de peur.*

DÉCOMPOSITION [dekɔ̃pozisjɔ̃] n. f. ▪ *LA DÉCOMPOSITION :* la dégradation (d'une matière vivante) suivie de putréfaction. → **pourriture.** *Le cadavre de l'oiseau est EN DÉCOMPOSITION, EN ÉTAT DE DÉCOMPOSITION,* en train de se décomposer.

DÉCOMPTE [dekɔ̃t] n. m. ▪ *LE DÉCOMPTE* **1.** Ce qu'il y a à déduire sur une somme que l'on paie. → **déduction, réduction.** *Le patron de l'hôtel a FAIT LE DÉCOMPTE des arrhes que nous avions déjà versées,* il a calculé ce qu'il nous reste à payer. **2.** Décomposition (d'une somme) en éléments. *Voici le décompte des frais prévus pour restaurer cette maison.*

DÉCONCERTANT [dekɔ̃sɛʀtɑ̃], **DÉCONCERTANTE** [dekɔ̃sɛʀtɑ̃t] adj. (après le nom) ▪ (qqch.) Qui déconcerte, qui étonne. → **déroutant.** *Elle a parfois une attitude déconcertante. Ses réactions sont déconcertantes, on ne sait jamais ce qu'elle va faire.*

DÉCONCERTER [dekɔ̃sɛʀte] verbe [conjugaison 1a] ▪ Troubler, embarrasser, ne pas savoir ce qu'il faut faire ou dire. *La question de l'examinateur a déconcerté le candidat.* → **décontenancer, désarçonner.** – *Son attitude déconcerte souvent.*

DÉCONFIT [dekɔ̃fi], **DÉCONFITE** [dekɔ̃fit] adj. (après le nom) ▪ Déçu et honteux. → **dépité, penaud.** *Après son échec, il était tout déconfit.* (contraire : triomphant) – *« Qu'est-ce que tu as ? Tu as une mine déconfite ! » Le champion a un air déconfit après sa défaite.*

DÉCONFITURE [dekɔ̃fityʀ] n. f. ▪ *LA DÉCONFITURE :* une défaite, un échec. *Notre projet a malheureusement tourné à la déconfiture.* (contraire : triomphe)

DÉCONGELER [dekɔ̃ʒle] verbe [conjugaison 5a] ▪ Ramener (un aliment congelé) à une température supérieure à zéro degré. (contraire : congeler) *Ce plat se décongèlera vite au four à micro-ondes.* – *Il ne faut pas congeler à nouveau un aliment décongelé.*

DÉCONNECTER [dekɔnɛkte] verbe [conjugaison 1a] **1.** Supprimer un branchement dans un circuit électrique. → **débrancher.** *L'électricien déconnecte deux fils électriques.* (contraires : connecter, relier) – *Ces fils sont déconnectés.* **2.** (qqn) *ÊTRE DÉCONNECTÉ :* ne plus être concerné par (qqch.), ne plus s'intéresser à (qqch.). *Depuis l'accident il est déconnecté de la réalité.*

DÉCONNER [dekɔne] verbe [conjugaison 1a] ▪ STYLE TRÈS FAMILIER **1.** (qqn) Dire ou faire des bêtises, des absurdités. → STYLE FAMILIER **débloquer.** *Tu déconnes complètement !* **2.** Plaisanter. → STYLE FAMILIER **blaguer, rigoler.** *Arrête de déconner ! Allez, assez déconné, un peu de sérieux !* – *SANS DÉCONNER :* sérieusement. *Sans déconner, ce que je t'ai dit est vrai.* **3.** (qqch.) Mal fonctionner. *Ce réveil déconne complètement, il faut que je le fasse réparer.*

DÉCONSEILLER [dekɔ̃seje] verbe [conjugaison 1a] ▪ Conseiller de ne pas choisir, de ne pas prendre (qqch.). (contraires : conseiller, recommander) *Le médecin m'a déconseillé le sport, car j'ai mal au dos.* – *Je vous DÉCONSEILLE DE partir seule, c'est trop dangereux.* → **dissuader.** – *Les bains de soleil prolongés sont déconseillés,* contre-indiqués.

DÉCONSIDÉRER [dekɔ̃sideʀe] verbe [conjugaison 6a] **1.** Priver (qqn) de l'estime, de la considération des autres. → **discréditer.** (contraires : considérer, honorer) *Sa méchanceté l'a déconsidéré auprès de tout le monde. Ce scandale te déconsidérera* [dekɔ̃ sidɛʀʀa]. **2.** verbe pronominal SE DÉCONSIDÉRER : perdre l'estime, la considération des autres. *Tu te déconsidères en faisant cela. Elle s'est déconsidérée par ce scandale.*

DÉCONTENANCER [dekɔ̃tnɑ̃se] verbe [conjugaison 3a] **1.** Faire perdre (à qqn) son assurance. → **déconcerter.** *La question a décontenancé le candidat.* – *Elle a paru un peu décontenancée, mais elle a retrouvé aussitôt son aplomb.* **2.** verbe pronominal SE DÉCONTENANCER : perdre son assurance, ne plus savoir que dire ou que faire. *Au début, il se décontenançait facilement, mais maintenant il a beaucoup d'assurance. Elle s'est décontenancée devant l'examinateur.*

DÉCONTRACTÉ [dekɔ̃tʀakte], **DÉCONTRACTÉE** [dekɔ̃tʀakte] adj. (après le nom) **1.** (muscle) Détendu. (contraire : contracté) *Après le cours de yoga, tous les muscles de son corps sont décontractés.* → **souple.** – *Elle se sent complètement décontractée.* **2.** (qqn) Sans peur, sans angoisse. *C'est une fille très décontractée, que rien ni personne n'intimide.* → STYLE FAMILIER **relax.** (contraires : contraint, embarrassé, guindé) **3.** (qqch.) Qui a de l'aisance, de la désinvolture. *Cette jeune femme a une allure décontractée. Elle porte une tenue confortable et décontractée.*

SE **DÉCONTRACTER** [dekɔ̃tʀakte] verbe pronominal [conjugaison 1a] ▪ Se détendre, se relaxer. *Décontractez-vous avant l'examen, sortez, allez au cinéma ! Elle s'est décontractée.*

DÉCONTRACTION [dekɔ̃tʀaksjɔ̃] n. f. ▪ *LA DÉCONTRACTION* **1.** Relâchement des muscles, détente du corps. → **relaxation.** *La décontraction des muscles est totale dans le sommeil.* (contraire : contraction) **2.** Désinvolture, aisance. *Cet étudiant passe toujours ses examens avec la plus grande décontraction.*

DÉCONVENUE [dekɔ̃vny] n. f. ▪ *UNE DÉCONVENUE :* une déception. *Je n'ai pas pu aller au concert de mon chanteur préféré, quelle déconvenue !* → **désappointement.**

DÉCOR [dekɔʀ] n. m. ▪ *LE DÉCOR* **1.** Ce qui sert à décorer (un intérieur). → **décoration.** *Le décor de cet appartement est très élégant.* – *Ces assiettes ont un décor floral, elles sont décorées de fleurs.* **2.** Endroit où l'on vit, cadre de vie. → **ambiance, atmosphère.** *Ils vivent dans un décor agréable, au milieu des livres et des plantes.* **3.** STYLE FAMILIER (véhicule) *ALLER DANS LE DÉCOR :* quitter accidentellement la route. *Le conducteur a perdu le contrôle et la voiture est allée dans le décor.* **4.** (au pluriel) LES

DÉCORS : ce qui représente le lieu où se passe l'action, sur une scène de théâtre, un plateau de cinéma ou de télévision. *Plusieurs décors se succèdent au cours de la pièce. Ce film a été tourné en DÉCORS NATURELS,* dans un paysage véritable et non dans un studio de cinéma.

> FAUX AMIS
> allemand **Decor** « solennité » ; italien **decoro** « dignité » ; portugais **decoro** « décorum »

DÉCORATEUR [dekɔʀatœʀ] n. m., **DÉCORATRICE** [dekɔʀatʀis] n. f. ▪ *UN DÉCORATEUR, UNE DÉCORATRICE :* personne dont le métier est de faire des décors de théâtre ou de cinéma ou de décorer l'intérieur de maisons. *Ils ont fait aménager leur maison par une décoratrice.*

DÉCORATIF [dekɔʀatif], **DÉCORATIVE** [dekɔʀativ] adj. (après le nom) ▪ (qqch.) Qui sert à décorer, qui fait un effet joli et agréable. *Cette plante est très décorative dans la pièce.*

DÉCORATION [dekɔʀasjɔ̃] n. f. ▪ *LA DÉCORATION* **1.** Le fait de décorer. *C'est elle qui a fait la décoration de leur appartement. Mon fils voudrait changer la décoration de sa chambre,* la manière dont sa chambre est décorée. **2.** Ornement qui décore. *À Noël, il y a des décorations dans les rues.* **3.** Insigne, médaille que l'État donne à qqn pour le récompenser. *La Légion d'honneur et la médaille du Travail sont des décorations. Le président lui a remis sa décoration.*

> FAUX AMI
> russe **декорация** « décor de théâtre »

DÉCORATRICE n., féminin de **décorateur**

DÉCORER [dekɔʀe] verbe [conjugaison 1a] **1.** Orner de manière à rendre plus beau. *Les enfants décoreront* [dekɔʀʀɔ̃] *le sapin de Noël avec des guirlandes. Ma fille a décoré les murs de sa chambre avec des affiches de cinéma.* **2.** Donner (à qqn) une décoration. *Il a été décoré de la Légion d'honneur.*

DÉCORTIQUER [dekɔʀtike] verbe [conjugaison 1a] ▪ Enlever l'enveloppe dure ou la coquille de qqch. qui se mange. *Au zoo, le singe décortique des cacahouètes. Sais-tu décortiquer les crevettes ? – Elle a mis des amandes décortiquées sur son gâteau.*

DÉCOUCHER [dekuʃe] verbe [conjugaison 1a] ▪ (qqn) Ne pas rentrer coucher chez soi. *Ma fille n'est pas rentrée de la nuit : elle a découché.*

DÉCOUDRE [dekudʀ] verbe [conjugaison 48] **1.** Défaire ce qui était cousu. ⟨contraire : coudre⟩ *Elle découd l'ourlet de sa jupe. Il a décousu son pantalon en se baissant* (→ **décousu**). *Il faut que je découse la doublure de ce manteau.* **2.** STYLE RECHERCHÉ *EN DÉCOUDRE :* se battre. *Il est toujours prêt à en découdre.* **3.** verbe pronominal SE DÉCOUDRE : (vêtement) se détacher aux coutures. *La manche de cette veste s'est décousue, il faudrait la recoudre.*

DÉCOULER [dekule] verbe [conjugaison 1a] ▪ (qqch.) Être la conséquence, le résultat. → **provenir, résulter.** *Il faut accepter la situation et tout ce qui en découle.*

DÉCOUPAGE [dekupaʒ] n. m. **1.** *UN DÉCOUPAGE :* image destinée à être découpée dans du papier ou du carton. *La grand-mère a acheté à sa petite-fille un album de découpages.* **2.** Image découpée dans du papier, du carton. *L'enfant FAIT DES DÉCOUPAGES,* il découpe des images. **3.** *LE DÉCOUPAGE :* division du scénario d'un film en séquences et en plans. *En tournant le film, le cinéaste suit le découpage du scénario.*

DÉCOUPÉ [dekupe], **DÉCOUPÉE** [dekupe] adj. (après le nom) ▪ (qqch.) Dont les bords irréguliers ont des entailles en forme de dents de scie. *Les feuilles du platane sont découpées. La côte de cette île est très découpée,* elle est irrégulière, avec beaucoup de baies et de caps.

DÉCOUPER [dekupe] verbe [conjugaison 1a] **1.** Couper en morceaux. *C'est toujours mon père qui découpe le poulet. Le menuisier découpe la planche avec une scie.* **2.** Couper en suivant un tracé, un contour. *Découpez ce bulletin suivant le pointillé. Les enfants découpent des photos dans un journal.* **3.** verbe pronominal SE DÉCOUPER : (qqch.) se détacher avec un contour net. *Au loin, les montagnes se découpent sur le ciel. Une silhouette s'est découpée nettement au clair de lune.*

DÉCOURAGEANT [dekuʀaʒɑ̃], **DÉCOURAGEANTE** [dekuʀaʒɑ̃t] adj. (après le nom) ▪ Qui décourage, démoralise, rebute. → **démoralisant, déprimant.** *Les premiers résultats de l'expérience sont un peu décourageants.* ⟨contraire : encourageant⟩ – *Tu ne fais aucun effort, tu es vraiment décourageante !*

DÉCOURAGEMENT [dekuʀaʒmɑ̃] n. m. ▪ *LE DÉCOURAGEMENT :* sentiment de tristesse et d'abattement que l'on éprouve quand on a perdu courage. ⟨contraire : courage⟩ *Allons, rien n'est perdu, ne vous laissez pas aller au découragement !*

DÉCOURAGER [dekuʀaʒe] verbe [conjugaison 3b] **1.** Enlever à (qqn) le courage, l'énergie, l'envie de faire qqch. *Son échec l'a découragé.* → **abattre, démoraliser.** *Il ne faut pas décourager les bonnes volontés.* ⟨contraires : encourager, stimuler⟩ **2.** verbe pronominal SE DÉCOURAGER : perdre son courage. *Ne nous décourageons pas, nous finirons bien par réussir ! Elle s'est vite découragée.*

décousu [dekuzy], **décousue** [dekuzy] *Il a décousu sa poche ; la poche qu'il a décousue :* formes au participe passé du verbe **découdre.**

DÉCOUSU [dekuzy], **DÉCOUSUE** [dekuzy] adj. (après le nom) **1.** Dont les coutures sont défaites. *Ta jupe est décousue par derrière.* **2.** (phrase) Sans suite, sans liaison. → **incohérent.** ⟨contraires : cohérent, suivi⟩ *Dans son sommeil, il prononce des phrases décousues. Avec l'émotion, son récit était complètement décousu.*

découvert [dekuvɛʀ], **découverte** [dekuvɛʀt] *Il a découvert la vérité ; la vérité qu'il a découverte :* formes au participe passé du verbe **découvrir.**

① **DÉCOUVERT** [dekuvɛʀ], **DÉCOUVERTE** [dekuvɛʀt] adj. (après le nom) **1.** (partie du corps) Qui n'a pas de vêtement, qui est nu. ⟨contraire : couvert⟩ *Cette robe du soir laisse les épaules découvertes. – Il a la tête découverte :* il ne porte pas de chapeau. **2.** *À VISAGE DÉCOUVERT :* sans masque, sans détour. → **franchement, ouvertement.** *Nous avons parlé sans rien nous cacher, à visage découvert.* **3.** *TERRAIN DÉCOUVERT :* sans arbres, sans obstacle pour la vue. *Les cavaliers chevauchent en terrain découvert.*

② **DÉCOUVERT** [dekuvɛʀ] n. m. et adverbe

I. *UN DÉCOUVERT :* l'argent que qqn a dépensé sur son compte en banque, alors qu'il ne l'avait pas. *Il a un gros découvert à la banque, il va payer des agios.*

II. adverbe *À DÉCOUVERT* **1.** Dans un lieu qui n'est pas protégé. *Les cow-boys chevauchent à découvert.* ⟨contraire : à couvert⟩ **2.** (compte en banque) Sans argent dessus. *Mon compte est à découvert, ce mois-ci.*

DÉCOUVERTE [dekuvɛʀt] n. f. ▪ *LA DÉCOUVERTE* **1.** Fait de découvrir ce qui est caché ou inconnu. *Les enfants ont fait une découverte dans le grenier. La découverte de l'Amérique par Christophe Colomb date de 1492. C'est à Pasteur que l'on doit la découverte du vaccin contre la rage.* → **invention.** – *Les explorateurs partent À LA DÉCOUVERTE de lieux inconnus.* → **recherche.** **2.** *UNE DÉCOUVERTE :* chose que l'on a découverte. *Montre-moi ta découverte.* → **trouvaille.** *J'ai fait plusieurs découvertes en faisant mon enquête.*

DÉCOUVRIR [dekuvʀiʀ] verbe [conjugaison 18]
I. 1. (qqn) Arriver à connaître ce qui était caché ou ignoré. *Peu à peu, l'enfant découvre le monde qui l'entoure. Le commissaire de police découvrira la vérité sur ce meurtre.* → **dévoiler, révéler.** ⟨contraire : cacher⟩ *Les aventuriers ont découvert un trésor dans la forêt vierge.* → **trouver.** *Ce savant a découvert un nouveau médicament.* → **inventer.** – *Elle* A DÉCOUVERT QUE *son mari lui mentait,* elle s'est aperçue qu'il lui mentait. **2.** (qqn) Apercevoir. *De la terrasse, vous découvrez la mer.*
II. verbe pronominal SE DÉCOUVRIR **1.** (qqn) Enlever ce qui couvre. ⟨contraire : se couvrir⟩ *Ma fille s'est découverte en dormant,* elle a repoussé ses couvertures. **2.** (qqn) Ôter son chapeau. *Les hommes se découvrent en entrant dans une église.* **3.** Se rendre compte de. *Elle s'est découvert la passion du football.*

DÉCRASSER [dekʀase] verbe [conjugaison 1a] ▪ Débarrasser de la crasse. → **laver, nettoyer.** ⟨contraires : encrasser, salir⟩ *Le garagiste décrasse les bougies de la voiture.*

DÉCRET [dekʀɛ] n. m. ▪ *UN DÉCRET :* décision écrite du gouvernement (→ ② **arrêté).** *En France, les décrets sont publiés dans le « Journal officiel ».*

DÉCRÉTER [dekʀete] verbe [conjugaison 6a] **1.** Ordonner par un décret. *Le gouvernement a décrété la réglementation de la circulation automobile.* **2.** *DÉCRÉTER QUE :* décider avec autorité. *Soudain, il décrète qu'il ne veut plus partir.*

DÉCRIÉ [dekʀije], **DÉCRIÉE** [dekʀije] adj. (après le nom) ▪ Injustement critiqué, dénigré. *De nos jours, cet écrivain est décrié.* – *C'est une loi très décriée.*

DÉCRIRE [dekʀiʀ] verbe [conjugaison 39] **1.** (qqn) Représenter (qqch.) par écrit ou par la parole → **dépeindre, exposer, raconter.** *Ce romancier décrit très bien la nature* (→ **description).** *Décris-moi cette personne. Il veut que je lui décrive la situation en détail. Les choses sont exactement comme il les a décrites.* **2.** Tracer. *La route décrit des virages. L'oiseau vole en décrivant des cercles dans le ciel.* → **former.**

décrit [dekʀi], **décrite** [dekʀit] *Il a décrit la situation ; la situation qu'il a décrite :* formes au participe passé du verbe **décrire.**

décrive [dekʀiv] *Qu'il décrive, qu'elle décrive :* forme au subjonctif du verbe **décrire.**

DÉCROCHER [dekʀɔʃe] verbe [conjugaison 1a] **1.** Détacher (qqch.) qui est accroché. *Après les fêtes de Noël, elle a décroché les guirlandes du sapin.* ⟨contraire : accrocher⟩ **2.** Soulever le combiné de son support, pour répondre au téléphone. *À la première sonnerie, j'ai décroché et j'ai dit « Allo ! ».* ⟨contraire : raccrocher⟩ **3.** STYLE FAMILIER Obtenir. *Il a du mal à décrocher son bac. Cette entreprise a décroché un important contrat. Elle a décroché une augmentation de salaire.* **4.** STYLE FAMILIER Cesser de s'intéresser à qqch. *Après une heure de cours, beaucoup d'élèves décrochent.* **5.** Abandonner (pour un moment ou complètement) son activité. *Tu es fatigué en ce moment, tu devrais décrocher un peu et partir en vacances.*

DÉCROISSANT [dekʀwasɑ̃], **DÉCROISSANTE** [dekʀwasɑ̃t] adj. (après le nom) ▪ (qqch.) Qui diminue petit à petit, qui décroît. ⟨contraire : ② croissant⟩ *Classez ces nombres en ordre décroissant,* du plus grand au plus petit.

DÉCROÎTRE [dekʀwatʀ] verbe [conjugaison 55b] ▪ (qqch.) Diminuer petit à petit. ⟨contraires : s'accroître, augmenter, croître⟩ *Ma vue décroît.* → **baisser, diminuer.** *Les forces du malade décroissent de jour en jour.* → s'**affaiblir, décliner.** *Le niveau des eaux de la rivière a décru* (→ **décrue).**

REM. Le participe passé s'écrit *décru* sans accent circonflexe, contrairement à celui de *croître* qui s'écrit *crû.*

DÉCRUE [dekʀy] n. f. ▪ *LA DÉCRUE :* baisse du niveau d'un fleuve ou d'une rivière après une crue. ⟨contraire : crue⟩ *La rivière a commencé sa décrue.*

déçu [desy], **déçue** [desy] *Il a déçu une fille ; la fille qu'il a déçue :* formes au participe passé du verbe **décevoir.**

DÉÇU [desy], **DÉÇUE** [desy] adj. (après le nom) **1.** Qui éprouve une déception, qui est triste et désappointé de n'avoir pas obtenu ce qu'il attendait ou espérait. → **dépité, désappointé.** ⟨contraires : content, satisfait⟩ *Elle est très déçue de ses résultats : elle espérait mieux. Nous avons été déçus de ne pas vous voir* (→ **décevoir).** – STYLE FAMILIER *NE PAS ÊTRE DÉÇU (DU VOYAGE) :* rencontrer les difficultés, les contrariétés prévues. *Si tu décides de t'occuper de ce flemmard, tu ne seras pas déçu du voyage !* **2.** Qui n'a pas été réalisé. *Elle a eu dans sa vie un grand amour déçu.*

DÉCUPLER [dekyple] verbe [conjugaison 1a] **1.** (qqn) Rendre (qqch.) dix fois plus grand. *Il a décuplé sa fortune en vingt ans.* **2.** (qqch.) Devenir dix fois plus grand. *La population du pays a décuplé en cent ans.* **3.** (qqch.) Augmenter de beaucoup. *La colère décuple ses forces.* → **multiplier.**

DÉDAIGNABLE [dedɛɲabl] adj. (après le nom) ▪ (qqch.) Qui est à dédaigner, à mépriser. *Cet avantage n'est pas dédaignable.*

REM. Cet adjectif s'emploie surtout dans des tournures négatives.

DÉDAIGNER [dedeɲe] verbe [conjugaison 1a] **1.** Considérer (qqch., qqn) avec dédain, avec mépris. → **mépriser.** ⟨contraire : apprécier⟩ *C'est un homme très simple, qui dédaigne l'argent. Il ne faut pas que vous dédaigniez leur aide.* – *Cet écrivain est dédaigné par les critiques.* – *Un jour de vacances de plus, ce n'est pas à dédaigner,* ce n'est pas à négliger, c'est intéressant. **2.** STYLE RECHERCHÉ *DÉDAIGNER DE faire qqch. :* ne pas vouloir s'abaisser, s'humilier à faire qqch. *Il a dédaigné de répondre à ma lettre.*

DÉDAIGNEUX [dedɛɲø], **DÉDAIGNEUSE** [dedɛɲøz] adj. (après le nom) ▪ Qui montre du dédain, du mépris. → **hautain, méprisant.** *C'est une belle femme dédaigneuse.* – *Il regarde tout le monde d'un air dédaigneux.* → **supérieur.** ⟨contraires : admiratif, respectueux⟩ *Elle a fait une moue dédaigneuse.*

DÉDAIN [dedɛ̃] n. m. ▪ *LE DÉDAIN :* sentiment que l'on éprouve pour qqn ou qqch. que l'on ne trouve pas digne d'intérêt. → **arrogance, mépris.** ⟨contraires : admiration, estime, respect⟩ *Il considère les autres avec le plus grand dédain. Cette adolescente n'a que du dédain pour les adultes. Elle a refusé notre aide avec un sourire de dédain.* → **dédaigneux, méprisant.**

DÉDALE [dedal] n. m. **1.** *UN DÉDALE :* lieu où l'on risque de se perdre à cause de la complication des détours. → **labyrinthe.** *Dans ce bâtiment, il y a un dédale de couloirs.* **2.** Ensemble de choses embrouillées, compliquées. → **confusion.** *Le dédale des lois est difficile à comprendre.*

FAUX AMI
portugais **dedal** « dé à coudre »

DEDANS [dədɑ̃] adverbe et n. m.
I. adverbe **1.** À l'intérieur. *Il a ouvert le coffre de la voiture et il a mis les valises dedans.* ⟨contraire : dehors⟩ *J'ai ouvert l'enveloppe pour regarder ce qu'il y avait dedans.* – STYLE FAMILIER *RENTRER DEDANS* [ʀɑ̃tʀeddɑ̃] : heurter (qqch.) avec violence. *Les deux voitures se sont rentrées dedans.* – STYLE FAMILIER *SE FICHE,* STYLE TRÈS FAMILIER *SE FOUTRE DEDANS :* se tromper. *Il faut que je refasse tous*

mes calculs, je me suis foutu dedans. **2.** *DE DEDANS* : de l'intérieur. *De dedans, on ne peut rien voir.* – *EN DEDANS* [ɑ̃dɑ̃] : à l'intérieur. *Il marche les pieds en dedans,* les pieds tournés vers l'intérieur.
II. *LE DEDANS* : l'intérieur. *Le dedans de la boîte est doublé de rouge. Le bruit vient du dedans.*

DÉDICACE [dedikas] **1.** *LA DÉDICACE* : inscription imprimée en tête d'un ouvrage, par laquelle un auteur fait l'hommage de son œuvre à qqn (→ **dédier**). *Ce roman porte en (comme) dédicace «À ma mère».* **2.** *UNE DÉDICACE* : formule manuscrite qu'un auteur, un chanteur ou un comédien met sur un livre, un disque ou une photo en hommage à qqn. *Après le spectacle le chanteur ne peut échapper aux dédicaces.* → **autographe.** *Je possède un exemplaire de ce livre avec une dédicace de l'auteur.*

DÉDICACER [dedikase] verbe [conjugaison 3a] ▪ (qqn) Mettre une dédicace. *Il y a quelques mois, l'auteur lui dédicaça son livre.* → **dédier.** – *Il collectionne les exemplaires dédicacés,* avec une dédicace.

DÉDIER [dedje] verbe [conjugaison 7a] **1.** Inscrire le nom de qqn du début d'un livre, d'une œuvre, en signe de reconnaissance ou d'amitié. *Si j'écris mes mémoires, je les dédierai* [dediʀɛ] *à ma femme et à mes enfants.* → **dédicacer. 2.** Consacrer (une église, un lieu saint) à (une divinité, un saint). *Ce temple grec était dédié au dieu Apollon. Cette église est dédiée à la Vierge.*

SE **DÉDIRE** [dediʀ] verbe pronominal [conjugaison 37b] ▪ STYLE RECHERCHÉ Ne pas tenir sa parole. *Tu dis que tu veux m'aider, et aussitôt après tu te dédis.* → **contredire.** *Il ne faut pas qu'il se dédise de ses engagements* → **renier.** *Les acheteurs se sont dédits, ils n'ont plus voulu acheter l'appartement.*

REM. *Se dédire* se conjugue comme *dire* sauf à la 2ᵉ personne du pluriel du présent *(vous vous dédisez)* et de l'impératif *(dédisez-vous).*

dédit [dedi], **dédite** [dedit] *Il s'est dédit, elle s'est dédite* : formes au participe passé du verbe se **dédire.**

DÉDOMMAGEMENT [dedɔmaʒmɑ̃] n. m. ▪ *LE DÉDOMMAGEMENT* : ce que l'on obtient pour réparer un dommage que l'on a subi. *Ils ont obtenu trente mille francs de dédommagement pour le vol de leur voiture.* → **compensation, réparation.** *L'assurance a versé de l'argent aux victimes EN DÉDOMMAGEMENT de l'inondation.*

DÉDOMMAGER [dedɔmaʒe] verbe [conjugaison 3b] **1.** Payer (qqn) pour réparer un dommage qu'il a subi. *La compagnie d'assurances nous dédommagera du cambriolage de la maison.* → **indemniser.** *Toutes les victimes de l'accident ont été dédommagées.* **2.** Donner une compensation à (qqn). *Nous vous dédommageons de tout ce que vous avez fait pour nous. Comment pourrai-je te dédommager de la peine que tu t'es donnée ?* → **récompenser.**

DÉDOUBLEMENT [dedubləmɑ̃] n. m. ▪ *LE DÉDOUBLEMENT* **1.** Action de dédoubler (qqch.), de partager (qqch.) en deux. *Les parents d'élèves ont réclamé le dédoublement de certaines classes surchargées.* **2.** *DÉDOUBLEMENT DE LA PERSONNALITÉ* : maladie dans laquelle le malade a deux personnalités différentes, l'une normale et l'autre qui le pousse à faire automatiquement des choses malgré lui. *Certains malades mentaux souffrent de dédoublement de la personnalité.*

DÉDOUBLER [deduble] verbe [conjugaison 1a] **1.** Partager en deux. *Le directeur de l'école a dédoublé les classes où les élèves étaient trop nombreux.* – *Pendant les vacances, certains trains ont été dédoublés,* il y a eu des trains supplémentaires. **2.** verbe pronominal SE DÉDOUBLER : se diviser en deux. *Mes ongles se sont dédoublés.*

DÉDRAMATISER [dedʀamatize] verbe [conjugaison 1a] ▪ Enlever son caractère dramatique à (qqch.). *Dans son discours, le ministre a dédramatisé la situation.* ⟨contraire : dramatiser⟩

DÉDUCTIBLE [dedyktibl] adj. (après le nom) ▪ (somme d'argent) Que l'on peut déduire, soustraire. *Certains frais professionnels sont déductibles des impôts.*

DÉDUCTION [dedyksjɔ̃] n. f. **1.** *LA DÉDUCTION* : le fait de soustraire (une somme d'une autre). *Voici ce que vous aurez à payer, après déduction de la somme déjà versée.* → **décompte, soustraction.** *On a fait la déduction de ses frais.* **2.** *UNE DÉDUCTION* : raisonnement qui part d'une observation. *D'après les déductions du commissaire, le crime a été commis avant minuit.* → **conclusion.**

DÉDUIRE [dedɥiʀ] verbe [conjugaison 38b] **1.** Enlever (une certaine somme) d'un total à payer. *Je déduis du total les dix francs que tu me dois.* → **soustraire.** ⟨contraires : additionner, ajouter⟩ *Le commerçant déduit du compte la somme déjà versée. Ça fait mille francs, en déduisant les frais.* – *Il reste dix mille francs, tous frais déduits.* **2.** Trouver en raisonnant. *Nous en déduisons donc que vous êtes satisfaits. À son air joyeux, j'en ai déduit qu'elle était reçue à son examen.* → **conclure.**

déduisons [dedɥizɔ̃] *Nous déduisons* : forme au présent du verbe **déduire.**

déduit [dedɥi], **déduite** [dedɥit] *Il a déduit une somme ; la somme qu'il a déduite* : formes au participe passé du verbe **déduire.**

DÉESSE [deɛs] n. f. ▪ *UNE DÉESSE* : divinité féminine (→ **dieu**). *Chez les Romains, Vénus était la déesse de l'amour.* – *Cette fille a UN CORPS DE DÉESSE,* un corps parfait, sans un défaut.

DÉFAILLANCE [defajɑ̃s] n. f. ▪ *UNE DÉFAILLANCE* **1.** Moment passager de faiblesse physique. *Le conducteur a eu une défaillance et s'est évanoui au volant.* → **malaise. 2.** Défaut de fonctionnement. *L'accident du car est dû à une défaillance des freins.* – *L'orateur a eu une défaillance de mémoire,* il a eu un trou de mémoire, il ne s'est plus rappelé ce qu'il voulait dire. **3.** Faiblesse, incapacité. *Le politicien a évoqué la défaillance des pouvoirs publics dans cette affaire.* ⟨contraires : force, fermeté⟩

DÉFAILLANT [defajɑ̃], **DÉFAILLANTE** [defajɑ̃t] adj. (après le nom) ▪ (qqch.) Qui s'affaiblit, décline, fonctionne mal. *Je ne me souviens plus très bien de cela, ma mémoire est défaillante.* → **chancelant, faible.** *Dans cette affaire, la justice s'est montrée défaillante.* → **incapable, inefficace.**

DÉFAILLIR [defajiʀ] verbe [conjugaison 13] ▪ STYLE RECHERCHÉ **1.** Avoir un moment de grande faiblesse physique. → **s'évanouir.** *Elle défaille à la vue du sang.* **2.** Faiblir, manquer à son devoir. *Restons unis sans défaillir. Cet homme n'a jamais défailli en accomplissant sa tâche. On est sûr qu'il ne défaillira jamais.* → **faillir ;** STYLE FAMILIER **flancher.**

REM. Surtout employé à l'infinitif.

DÉFAIRE [defɛʀ] verbe [conjugaison 60]
I. 1. Faire une action, un geste qui supprime, annule ce qui avait été fait. *Je défais le paquet que je viens de recevoir.* ⟨contraire : faire⟩ *Défaisons* [defəzɔ̃] *vite ce colis pour voir ce qu'il y a dedans. Attention, vous défaites tout ce que j'ai fait ! Elle défit avec précaution le ruban qui entourait la boîte.* → **dénouer.** *Dès qu'il arrivait dans sa chambre d'hôtel, il défaisait* [defəzɛ] *sa*

valise, il vidait sa valise. *Nous déferons* [defʀɔ̃] *nos valises plus tard.* **2.** STYLE RECHERCHÉ Mettre en déroute (une armée). → **battre, vaincre.** *L'armée de Napoléon a été défaite par les Anglais à Waterloo en 1815* (→ **défaite**).
II. verbe pronominal SE DÉFAIRE **1.** (qqch.) Cesser d'être fait, arrangé. *Ton lacet s'est défait, ne marche pas dessus !* ton lacet s'est dénoué. *Sa natte s'est défaite.* **2.** (qqn) *SE DÉFAIRE DE :* se débarrasser de (qqn, qqch.). *La directrice de l'usine s'est défaite d'un de ses ouvriers. Il faudrait qu'il se défasse de cette mauvaise habitude.* → **perdre.** – *Défaites-vous :* enlevez votre manteau, déshabillez-vous.

défaisons [defəzɔ̃] *Nous défaisons :* forme au présent du verbe **défaire.**

défait [defɛ], **défaite** [defɛt] *Il a défait sa valise ; la valise qu'il a défaite :* formes au participe passé du verbe **défaire.**

DÉFAIT [defɛ], **DÉFAITE** [defɛt] adj. (après le nom) **1.** (qqch.) Qui n'est plus fait, qui n'est plus arrangé. *Il y a des vêtements sur le lit défait. Ce nœud est défait, je vais le refaire.* **2.** (qqn) Qui a l'air épuisé. → **abattu, exténué.** *À l'enterrement de son père, elle avait le visage défait,* pâle et décomposé.

DÉFAITE [defɛt] n. f. ▪ *UNE DÉFAITE* **1.** Perte d'une bataille, d'une guerre. *Nos troupes ont subi une grave défaite.* ⟨contraire : victoire⟩ – *Les footballeurs étaient tristes après leur défaite,* après avoir été vaincus. **2.** Échec public. *Ce député ne se représentera plus aux élections après sa défaite électorale,* après son échec aux élections.

FAUX AMI
portugais **defeito**
« défaut »

défaites [defɛt] *Vous défaites :* forme au présent du verbe **défaire.**

DÉFAITISTE [defetist] adj., n. m. et n. f. **1.** adjectif (après le nom) Qui ne croit pas à la victoire et veut abandonner la lutte. *Ne soyez pas défaitistes, nous allons gagner.* – *Certains soldats, fatigués de la guerre, ont prononcé des paroles défaitistes.* **2.** *UN DÉFAITISTE, UNE DÉFAITISTE :* une personne qui ne croit pas à la victoire. *C'est à cause de défaitistes comme vous que nous risquons de perdre la guerre.*

défasse [defas] *Que je défasse ; qu'il défasse, qu'elle défasse :* forme au subjonctif du verbe **défaire.**

DÉFAUT [defo] n. m.
I. *UN DÉFAUT* **1.** Ce qui n'est pas bien, ce qui est imparfait chez qqn. *Cette jeune fille a un corps parfait, sans défaut.* → **imperfection.** *La paresse est un vilain défaut.* ⟨contraire : qualité⟩ *Il a beaucoup de défauts, mais il n'est pas méchant.* **2.** Détail imparfait, partie mal faite de qqch. *L'objet présente un défaut de fabrication.* → **défectueux.** *Cette jupe a un défaut : elle ne va pas très bien à la taille.* → **imperfection.** *Ce film n'a qu'un défaut : il est trop long.* → **inconvénient.**
II. *LE DÉFAUT DE :* action de manquer de (qqch.). → **absence.** **1.** *FAIRE DÉFAUT :* manquer. *Après six mois de prison, le courage commence à faire défaut au prisonnier.* → **abandonner.** **2.** *À DÉFAUT DE :* en l'absence de, faute de (qqch.). *À défaut de café, je prendrai du thé.* **3.** *PRENDRE EN DÉFAUT :* prendre en faute. *Nous l'avons pris en défaut de mensonge :* nous l'avons surpris en train de faire un mensonge.

DÉFAVORABLE [defavɔʀabl] adj. (après le nom) **1.** (qqn) Qui n'est pas favorable, qui s'oppose à la réalisation de qqch. *Le maire de la ville est défavorable au projet de parking.* → **hostile.** ⟨contraire : favorable⟩ **2.** (qqch.) Qui a des effets mauvais, fâcheux. *Malgré des conditions très défavorables, l'avion a réussi à se poser sur la piste.* → **contraire, désavantageux, mauvais.**

DÉFAVORABLEMENT [defavɔʀabləmɑ̃] adverbe ▪ D'une manière défavorable. *J'ai été défavorablement impressionné.* ⟨contraire : favorablement⟩

DÉFAVORISÉ [defavɔʀize], **DÉFAVORISÉE** [defavɔʀize] adj. (après le nom) ▪ Qui n'a pas reçu les mêmes possibilités, les mêmes avantages qu'un autre. *Les petits sont défavorisés pour jouer au basket,* ils sont désavantagés. *Il vient d'un milieu défavorisé,* pauvre. ⟨contraires : favorisé, privilégié⟩

DÉFECTION [defɛksjɔ̃] n. f. ▪ STYLE RECHERCHÉ *UNE DÉFECTION :* le fait de ne pas venir là où l'on est attendu. *Les défections ont été si nombreuses que la réunion a été annulée.* → **absence.** *De nombreux invités ont FAIT DÉFECTION,* ne sont pas venus.

DÉFECTUEUX [defɛktɥø], **DÉFECTUEUSE** [defɛktɥøz] adj. (après le nom) ▪ (qqch.) Qui a des défauts, des imperfections non prévisibles. *Ce lave-vaisselle est défectueux, il faut le renvoyer au fabricant. J'ai acheté un livre dont la reliure est défectueuse : il manque vingt-quatre pages.*

① **DÉFENDRE** [defɑ̃dʀ] verbe [conjugaison 41a]
I. 1. (qqn) Protéger contre une attaque en se battant. *L'armée défend la patrie en danger.* ⟨contraire : attaquer⟩ *Il l'a défendue contre ses agresseurs.* **2.** (qqn) Soutenir contre des accusations, des attaques. *L'avocat défend son client,* il plaide pour lui. *Je défends mes intérêts. Je défendrai mes idées quoi qu'il arrive. L'architecte a défendu son projet devant le conseil municipal.* **3.** *À SON CORPS DÉFENDANT :* à contrecœur, malgré soi. *Il a trahi ses amis à son corps défendant.* **4.** (qqch.) Protéger contre des attaques. *Ce manteau défend du froid.* → **garantir, préserver.**
II. verbe pronominal SE DÉFENDRE **1.** Résister à une attaque. *Les assiégés se sont défendus avec courage.* → se **battre, lutter.** *Il sait très bien se défendre tout seul. Défends-toi, espèce de lâche !* **2.** Se protéger. *Achetez un produit pour vous défendre contre les moustiques. Défendons-nous contre la maladie.* **3.** STYLE FAMILIER Être capable de faire qqch. *Ma fille se défend bien en mathématiques,* elle est bonne en mathématiques. → se **débrouiller,** s'en **tirer.** **4.** (qqn) *SE DÉFENDRE DE :* refuser d'admettre. *Il se défend d'avoir été nazi.* **5.** STYLE FAMILIER (qqch.) Se justifier. *Son point de vue se défend,* on peut le comprendre et être d'accord. *Vous aimez les rousses ? Ça se défend !*
REM. *Se défendre* est plus fort que *se protéger.*

② **DÉFENDRE** [defɑ̃dʀ] verbe [conjugaison 41a] **1.** *DÉFENDRE À (qqn) DE (faire qqch.),* l'empêcher de faire qqch., lui demander de ne pas le faire. *Ses parents lui défendent de sortir le soir.* → **interdire.** ⟨contraires : autoriser, permettre⟩ – *Il est défendu de fumer dans cette salle. C'est défendu* (→ **défense**). **2.** *DÉFENDRE (qqch.) À (qqn),* lui demander de ne pas utiliser. *Le médecin lui défend le sel. L'alcool est défendu au malade.* **3.** *SE DÉFENDRE DE :* s'interdire de. *Je me défends de juger sans preuve.*

défendu [defɑ̃dy], **défendue** [defɑ̃dy] *Il a défendu la ville ; la ville qu'il a défendue ; il est défendu de fumer :* formes au participe passé du verbe **défendre.**

DÉFENDU [defɑ̃dy], **DÉFENDUE** [defɑ̃dy] adj. (après le nom) ▪ Protégé (contre une attaque). *Les fortifications permettent d'avoir un château bien défendu.* – (qqn) *Elle est bien défendue,* elle a de bons moyens de défense psychologique.

① **DÉFENSE** [defɑ̃s] n. f. ▪ *LA DÉFENSE* **1.** Protection d'un lieu contre une attaque. → **dissuasion.** *La garde assure la défense du château.* ⟨contraire : attaque⟩ *Les soldats ont des armes de défense,* qui servent à se défendre (→ **défensif**). **2.** Protection, soutien que l'on accorde à qqn. *Elle PREND toujours LA DÉFENSE DE son petit frère.* **3.** Le fait de se défendre. *Il a de la défense :* il sait résister aux agressions des autres. → **riposte.** *Il a tué son agresseur, c'est un cas de* LÉGITIME DÉFENSE, un acte interdit par la loi mais permis en cas de nécessité absolue. *C'est un enfant sans défense,* vulnérable. **4.** Le fait de défendre qqn contre une accusation. *On peut dire pour sa défense que...* → **excuse.** *L'avocat assure la défense de son client.* – *La parole est à la défense :* c'est à l'avocat de prendre la parole, au cours d'un procès. **5.** Le fait de défendre une idée, une cause. *Il se bat pour la défense des droits de l'homme dans son pays.* **6.** Dans certains sports d'équipe, ensemble des joueurs qui protègent les buts. *Il joue en défense.* **7.** (au pluriel) LES DÉFENSES (de l'organisme) : les moyens biologiques dont dispose l'organisme pour se défendre contre les microbes et l'infection. *Le malade n'a plus de défenses.* **8.** Chacune des deux dents très longues de certains animaux qui leur sert de moyen de défense. *Les sangliers et les éléphants ont des défenses.*

② **DÉFENSE** [defɑ̃s] n. f. ▪ *LA DÉFENSE :* le fait de défendre de faire qqch., d'interdire. *Le panneau porte l'inscription : Défense de marcher sur les pelouses.* → **interdiction.** ⟨contraires : autorisation, permission⟩ *Défense d'afficher.*

REM. Ce mot est presque le contraire de ① *défense.*

DÉFENSEUR [defɑ̃sœʀ] n. m. ▪ *UN DÉFENSEUR* **1.** Personne qui défend qqn ou qqch. contre une attaque. *Les défenseurs de la ville ont remporté le combat.* ⟨contraire : attaquant⟩ *Elle se fait le défenseur des enfants exploités.* **2.** Personne qui soutient une idée, une cause. *C'est un ardent défenseur de la cause des femmes.* ⟨contraire : adversaire⟩ **3.** Personne qui défend un accusé devant un tribunal. *On a donné un défenseur à l'accusé.* → **avocat.**

REM. Ce mot n'a pas de féminin ; on dit *elle est son défenseur.*

DÉFENSIF [defɑ̃sif], **DÉFENSIVE** [defɑ̃siv] adj. (après le nom) ▪ Qui sert à la défense, à se défendre. *Un bouclier est une arme défensive.* ⟨contraire : offensif⟩

DÉFENSIVE [defɑ̃siv] n. f. ▪ *Être SUR LA DÉFENSIVE :* être prêt à se défendre contre une attaque. *Ne reste pas toujours sur la défensive !* ⟨contraire : offensive⟩

DÉFÉQUER [defeke] verbe [conjugaison 6a] ▪ Expulser ses excréments. → STYLE TRÈS FAMILIER **chier.**

REM. *Déféquer* est un terme médical qui ne s'emploie pas dans la langue courante. On dit plutôt *aller à la selle* ou, dans la langue familière : *faire caca.*

défera [defʀa] *Il défera, elle défera :* forme au futur du verbe **défaire.**

DÉFÉRENCE [defeʀɑ̃s] n. f. ▪ STYLE RECHERCHÉ *LA DÉFÉRENCE :* respect que l'on témoigne à qqn. *Il parle à son patron avec déférence.*

DÉFERLER [defɛʀle] verbe [conjugaison 1a] **1.** (vagues) Se briser en roulant et former de l'écume. *Les vagues déferlent sur la plage.* **2.** (foule) Se précipiter, à la manière des vagues. *Les manifestants ont déferlé sur la place.*

DÉFI [defi] n. m. ▪ *UN DÉFI* **1.** Parole par laquelle on déclare à qqn que l'on pense qu'il est incapable de faire qqch. *LANCER UN DÉFI À qqn,* le provoquer en lui proposant de faire qqch. qu'on le pense incapable de faire. *Je te METS AU DÉFI DE sauter plus haut que moi. Vas-tu RELEVER LE DÉFI ?* accepter d'essayer. **2.** Refus de se soumettre. *Il lui a lancé un regard de défi.* → **provocation.**

DÉFIANCE [defjɑ̃s] n. f. ▪ STYLE RECHERCHÉ *LA DÉFIANCE :* sentiment d'une personne qui n'a pas confiance. *Elle l'a regardé avec défiance.* → **méfiance.** ⟨contraire : confiance⟩

DÉFICIENCE [defisjɑ̃s] n. f. ▪ *UNE DÉFICIENCE :* insuffisance. *Cet enfant souffre de déficience mentale,* son développement mental est insuffisant. *Le malade est mort d'une déficience cardiaque.* → **faiblesse.**

DÉFICIENT [defisjɑ̃], **DÉFICIENTE** [defisjɑ̃t] adj. (après le nom) ▪ Qui a une insuffisance. *Elle a une santé déficiente.* → **fragile.**

FAUX AMI
italien **deficiente**
« imbécile »

DÉFICIT [defisit] n. m. ▪ *UN DÉFICIT :* somme d'argent qui manque quand les dépenses sont plus importantes que les recettes. *L'entreprise a un déficit de plusieurs millions de francs. Ce déficit sera difficile à combler.* ⟨contraire : bénéfice⟩

DÉFICITAIRE [defisitɛʀ] adj. (après le nom) ▪ (qqch.) Qui a un déficit. *Le budget de l'entreprise est déficitaire,* les dépenses sont plus importantes que les recettes.

DÉFIER [defje] verbe [conjugaison 7a] **1.** Inviter (qqn) à être son adversaire. *Si tu acceptais, je te défierais* [defiʀɛ] *aux échecs.* **2.** Provoquer (qqn) en lui demandant de faire qqch. que l'on pense qu'il est incapable de faire. *Je te défie de faire mieux que moi,* je te mets au défi. **3.** Refuser de se soumettre à, ne pas hésiter à affronter. *Les alpinistes défient le danger.* → **braver.** **4.** (qqch.) Ne pas être menacé par. *Ces prix défient toute concurrence.*

FAUX AMI
portugais **desfiar**
« effilocher »

SE **DÉFIER** [defje] verbe pronominal [conjugaison 7a] ▪ STYLE RECHERCHÉ *SE DÉFIER DE :* ne pas avoir pleine confiance en, se mettre en garde contre. *Je me défie de lui.* → se **méfier.** *Si j'étais toi, je me défierais* [defiʀɛ] *de lui. Elle s'est défiée de ses promesses.* → **douter.** ⟨contraire : se fier⟩

DÉFIGURER [defigyʀe] verbe [conjugaison 1a] **1.** Rendre laid (qqch.). *Cette usine défigure le village.* → **enlaidir.** *Des immeubles défigureraient* [defigyʀʀɛ] *la côte.* **2.** Abîmer le visage de (qqn). *Cette cicatrice l'a défiguré.* ⟨contraire : embellir⟩

DÉFILÉ [defile] n. m. ▪ *UN DÉFILÉ* **1.** Passage étroit entre deux montagnes. *Les Indiens ont attaqué le convoi à la sortie du défilé.* **2.** Ensemble des troupes qui passent en colonnes. *Nous avons assisté au défilé du 1er Mai.* **3.** Déplacement de personnes qui marchent les unes derrière les autres. *Le défilé de mannequins commence à quinze heures.*

DÉFILER [defile] verbe [conjugaison 1a] **1.** Marcher en file, en rangs. *Les soldats défilent le jour de la fête nationale. Les mannequins défilent pour montrer au public les nouveaux modèles des grands couturiers.* **2.** Se suivre sans interruption. *Les visiteurs ont défilé toute la journée. Les images défilent sur l'écran.*

DÉFINI [defini], **DÉFINIE** [defini] adj. (après le nom) **1.** Qui est bien précisé. *Les employés ont chacun une tâche définie à remplir. Ce jeu a des règles bien définies.* → **déterminé.** **2.** *UN ARTICLE DÉFINI :* mot qui, placé devant un nom, sert à le déterminer et prend la marque du genre et du nombre. → **déterminant.** *« Le », « la », « les » sont des articles définis.* **3.** (mot) Qui a une définition. *Ce mot est bien défini dans le dictionnaire.*

DÉFINIR [definiʀ] verbe [conjugaison 2] **1.** Indiquer avec précision la nature et les caractéristiques de (qqch., qqn). *Un sentiment est souvent difficile à définir. Avant de commencer à jouer, définissons les règles du jeu.* **2.** *DÉFINIR UN MOT,* l'expliquer, donner son sens. *Le professeur demande à ses élèves de définir certains mots du texte qu'ils étudient.*

DÉFINITIF [definitif], **DÉFINITIVE** [definitiv] adj. (après le nom) **1.** (qqch.) Qui ne changera pas. *Les résultats définitifs de l'élection seront connus demain.* ⟨contraire : provisoire⟩ *Sa résolution* est *définitive.* → **irrévocable.** 2. EN DÉFINITIVE : après tout, en fin de compte, tout bien considéré. *En définitive, nous ne partirons que demain* (→ **finalement**).

DÉFINITION [definisjɔ̃] n. f. ▪ UNE DÉFINITION 1. Explication du sens d'un mot, d'une expression. *On cherche la définition d'un mot dans un dictionnaire. Le professeur demande aux élèves la définition d'un mot difficile. Donnez la définition du mot « levain ».* – PAR DÉFINITION : par suite d'une définition qui a été donnée et acceptée. *Par définition, on ne peut rien changer au passé.* 2. Grandeur qui caractérise la finesse des détails reproduits par une image de télévision. *En Europe, la télévision couleur classique a une définition de six cent vingt-cinq lignes.*

DÉFINITIVEMENT [definitivmɑ̃] adverbe ▪ De manière définitive, pour toujours. *Ils se sont installés définitivement à la campagne.* ⟨contraire : provisoirement⟩

défit [defi] *Il défit, elle défit :* forme au passé simple du verbe **défaire.**

DÉFLAGRATION [deflagʀasjɔ̃] n. f. ▪ UNE DÉFLAGRATION : une explosion. *La déflagration a fait sauter toutes les vitres de l'immeuble.*

DÉFLATION [deflasjɔ̃] n. f. ▪ LA DÉFLATION : diminution importante et durable des prix. *Le gouvernement mène une politique de déflation.* ⟨contraire : inflation⟩

DÉFONCÉ [defɔ̃se], **DÉFONCÉE** [defɔ̃se] adj. (après le nom) 1. Qui a des trous et des bosses. *Le matelas est posé sur un sommier complètement défoncé. La voiture roule mal sur ce chemin défoncé.* 2. STYLE FAMILIER (qqn) Qui est sous l'effet de la drogue. → **drogué.** *Elle est encore défoncée.* → STYLE FAMILIER **camé.**

DÉFONCER [defɔ̃se] verbe [conjugaison 3a]
I. 1. Abîmer, casser en enfonçant. *Les cambrioleurs ont défoncé la porte. Défonçons la porte si personne ne nous ouvre !* 2. Creuser profondément (le sol). *Les ouvriers défoncent le trottoir avec des marteaux-piqueurs.*
II. STYLE FAMILIER verbe pronominal SE DÉFONCER 1. Se droguer. *Elle s'est défoncée à l'héroïne.* 2. Se donner du mal, ne pas ménager ses forces. *Ils se sont défoncés pour finir leur travail dans les délais.* → se **démener.**

DÉFORESTATION [defɔʀɛstasjɔ̃] n. f. ▪ LA DÉFORESTATION : l'action de faire disparaître une forêt. *On assiste à la déforestation de l'Amazonie.* → **déboisement.**

DÉFORMANT [defɔʀmɑ̃], **DÉFORMANTE** [defɔʀmɑ̃t] adj. (après le nom) ▪ (qqch.) Qui déforme. *Les enfants aiment se regarder dans des miroirs déformants.*

DÉFORMATION [defɔʀmasjɔ̃] n. f. ▪ LA DÉFORMATION 1. Changement de forme. *Des chaussures trop serrées peuvent provoquer une déformation des orteils.* 2. LA DÉFORMATION PROFESSIONNELLE : manières de penser prises en travaillant et que l'on continue à utiliser dans la vie courante. *Ce professeur interroge toujours ses enfants : c'est de la déformation professionnelle.*

DÉFORMER [defɔʀme] verbe [conjugaison 1a] 1. Changer la forme de (qqch.). *Il a déformé ses poches en mettant trop de choses dedans. Ce miroir déforme les traits du visage. Les rhumatismes peuvent déformer les doigts.* 2. DÉFORMER LA PENSÉE *de qqn,* en changer le sens. → **trahir.** *Vous avez déformé mes propos.* → **altérer, dénaturer.** 3. verbe pronominal SE DÉFORMER : (qqch.) changer de forme. *Mes chaussures se sont déformées. Ce tissu ne se déforme pas.*

SE **DÉFOULER** [defule] verbe pronominal [conjugaison 1a] ▪ STYLE FAMILIER Se libérer psychologiquement en faisant ce que l'on a envie de faire, sans contrainte. *Elle s'est défoulée en dansant toute la nuit.*

DÉFRAÎCHI [defʀeʃi], **DÉFRAÎCHIE** [defʀeʃi] adj. (après le nom) ▪ (qqch.) Qui n'a plus un aspect neuf, qui a perdu sa fraîcheur. *Elle a mis une robe défraîchie.*

DÉFRAYER [defʀeje] verbe [conjugaison 8b] 1. DÉFRAYER QQN, lui rembourser les dépenses qu'il a eues. *La société qui l'emploie l'a défrayé de son voyage.* 2. DÉFRAYER LA CHRONIQUE : être l'objet de toutes les conversations. *Son divorce défraiera* [defʀɛʀa] *la chronique. Elle a toujours défrayé la chronique :* elle a toujours fait beaucoup parler d'elle.
REM. On peut écrire *il défraie* [defʀɛ] ou *il défraye* [defʀɛj].

DÉFRICHEMENT [defʀiʃmɑ̃] n. m. ▪ LE DÉFRICHEMENT : action de défricher (une terre). *Le douzième siècle a été l'époque des grands défrichements en Europe.*
REM. On peut dire aussi *défrichage* [defʀiʃaʒ].

DÉFRICHER [defʀiʃe] verbe [conjugaison 1a] ▪ Préparer (une terre) pour la cultiver en enlevant les plantes sauvages, les broussailles et les arbres. *On a défriché une partie de la forêt pour cultiver du blé.*

DÉFRISER [defʀize] verbe [conjugaison 1a] 1. Faire que les cheveux ne soient plus frisés. *La pluie l'a défrisé. Elle s'est fait défriser chez le coiffeur.* 2. STYLE FAMILIER (qqch.) Déplaire, contrarier. *T'es pas content, il y a quelque chose qui te défrise ?*

DÉFROQUÉ [defʀɔke], **DÉFROQUÉE** [defʀɔke] adj. (après le nom) ▪ Qui a abandonné l'état religieux. *Un moine défroqué vient de se marier.*

DÉFUNT [defœ̃] n. m. et adj., **DÉFUNTE** [defœ̃t] n. f. et adj. 1. UN DÉFUNT, UNE DÉFUNTE : une personne morte. *Les enfants de la défunte se sont réunis autour du cercueil.* → **mort.** *Prions pour nos défunts !* 2. adjectif (avant le nom ou après le nom) STYLE RECHERCHÉ Qui est mort. *Nous sommes allés à l'enterrement de notre ami défunt.* → **décédé.** *Voici une photo de mon défunt mari.*
REM. *Défunt* est un terme respectueux pour *mort.*

DÉGAGÉ [degaʒe], **DÉGAGÉE** [degaʒe] adj. (après le nom) 1. Qui n'est pas recouvert. *Ce matin, le ciel est dégagé,* sans nuages. ⟨contraire : couvert⟩ *Je te préfère le front dégagé,* sans cheveux qui le recouvrent. *De la terrasse, on a une vue dégagée,* large. 2. Qui a de l'aisance. *Il a pris un air dégagé pour me répondre,* un air désinvolte et innocent.

DÉGAGEMENT [degaʒmɑ̃] n. m. 1. LE DÉGAGEMENT : action de faire sortir, de libérer (de ce qui gêne). *Le dégagement des blessés a pris plusieurs heures.* 2. Action de se dégager. *Faites attention au dégagement de gaz carbonique !* → **émanation.** 3. UN DÉGAGEMENT : espace libre. *Il y a plusieurs dégagements devant notre maison. Les wagons sont sur une voie de dégagement,* une voie de garage. 4. Dans certains sports, action d'envoyer le ballon le plus loin possible. *Le gardien de but a fait un dégagement.*

DÉGAGER [degaʒe] verbe [conjugaison 3b]
I. 1. Rendre libre (de ce qui retient, gêne). *Les sauveteurs ont dégagé les blessés des décombres.* → **délivrer, libérer.** 2. Débarrasser (de ce qui encombre). *Dégageons la rue pour laisser passer le camion.* – STYLE FAMILIER *Allez, dégagez !* allez-vous en, circulez ! 3. Libérer d'un engagement. *Je dégage toute responsabilité de cette affaire,* je ne me considère pas comme responsable. → **décliner.** 4. Rendre disponible. *La mairie a dégagé des*

crédits pour la construction d'une piscine municipale. → **débloquer.** **5.** Laisser échapper. *Les roses qu'il m'avait offertes dégageaient une odeur très forte.* – (figuré) *Tout le roman dégage un sentiment d'amertume.* **6.** Envoyer le ballon loin (d'un lieu). *Le footballeur a dégagé son camp.* **7.** Mettre en évidence. *Dégagez les idées principales du texte.* → **extraire, isoler, sortir.**
II. verbe pronominal SE DÉGAGER **1.** Libérer son corps (de ce qui retient). *Le blessé n'arrive pas à se dégager de la voiture accidentée.* **2.** Se libérer (d'une obligation, d'une contrainte). *Elle s'est dégagée de sa promesse.* **3.** (qqch.) Devenir libre de ce qui encombre. *Le ciel commence à se dégager.* → **s'éclaircir.** *L'avenue s'est dégagée,* l'embouteillage a cessé. **4.** (qqch.) Sortir (de qqch.). *Une épaisse fumée se dégageait du bâtiment en feu.* – (figuré) *Une atmosphère étrange se dégage de ce lieu.*

DÉGAINE [degɛn] n. f. ▪ STYLE FAMILIER *UNE DÉGAINE :* aspect général bizarre ou ridicule. *Quelle dégaine il a, avec ce chapeau !* → **allure.** *Il a une de ces dégaines !*

DÉGAINER [degene] verbe [conjugaison 1a] ▪ Sortir rapidement (une arme) de son étui. *Le bandit a dégainé son revolver.* – *Le cow-boy a dégainé le premier et a abattu son adversaire.*

DÉGARNIR [degaʀniʀ] verbe [conjugaison 2] **1.** Enlever ce qui garnit (qqch.). *Après Noël, on dégarnit le sapin,* on enlève les décorations. ⟨contraire : garnir⟩ **2.** verbe pronominal SE DÉGARNIR : perdre ses cheveux. *Ses tempes se sont dégarnies.* – *Ses frères se dégarnissent.*

DÉGÂT [dega] n. m. ▪ *UN DÉGÂT :* dommage causé par un accident, par une catastrophe. *Les averses de grêle ont fait des dégâts dans les champs de maïs. Les policiers ont constaté les dégâts faits par les cambrioleurs.* – STYLE FAMILIER *IL Y A DU DÉGÂT :* il y a beaucoup de choses abîmées.

> FAUX AMI
> portugais **desgaste**
> « usure »

DÉGEL [deʒɛl] n. m. ▪ *LE DÉGEL :* fonte des neiges et de la glace quand le temps devient plus chaud. → **redoux.** *C'est le dégel.* ⟨contraire : gel⟩

DÉGELER [deʒle] verbe [conjugaison 5a] **1.** Cesser d'être gelé. *C'est le printemps, le lac dégèle.* ⟨contraire : geler⟩ *Le cuisinier laisse dégeler la viande surgelée avant de la faire cuire.* ⟨contraire : congeler⟩ **2.** *DÉGELER L'ATMOSPHÈRE :* faire en sorte que l'ambiance soit plus détendue, qu'il n'y ait pas de gêne. *Il dégèlera l'atmosphère en racontant des histoires drôles.* → **détendre.**

DÉGÉNÉRÉ [deʒeneʀe] n. m., **DÉGÉNÉRÉE** [deʒeneʀe] n. f. ▪ *UN DÉGÉNÉRÉ, UNE DÉGÉNÉRÉE :* une personne atteinte de débilité mentale. *C'est un dégénéré.* → **débile, idiot, imbécile.**

DÉGÉNÉRER [deʒeneʀe] verbe [conjugaison 6a] ▪ *DÉGÉNÉRER EN :* se transformer en qqch. de pire. *Leur dispute dégénérera* [deʒenɛʀʀa] *en bagarre. Son rhume dégénère en bronchite.* – *La fête a dégénéré,* elle a pris une mauvaise tournure.

DÉGIVRER [deʒivʀe] verbe [conjugaison 1a] ▪ Enlever le givre de. *Il faut dégivrer le réfrigérateur régulièrement. L'automobiliste met le chauffage en marche pour dégivrer le pare-brise.*

DÉGIVREUR [deʒivʀœʀ] n. m. ▪ *UN DÉGIVREUR :* appareil qui enlève le givre. *Le dégivreur du réfrigérateur se met en marche automatiquement.*

DÉGLINGUÉ [deglɛ̃ge], **DÉGLINGUÉE** [deglɛ̃ge] adj. (après le nom) ▪ STYLE FAMILIER En mauvais état. → **abîmé, cassé.** *Il a une vieille voiture toute déglinguée.*

DÉGONFLÉ [degɔ̃fle] adj. et n. m., **DÉGONFLÉE** [degɔ̃fle] adj. et n. f. **1.** adjectif (après le nom) (qqch.) Qui est vidé de son air. *Il a retrouvé sa voiture avec les pneus dégonflés,* à plat. **2.** STYLE FAMILIER *UN DÉGONFLÉ, UNE DÉGONFLÉE :* une personne qui manque de courage pour prendre des risques. *Si tu ne fais pas ça, tu passeras pour un dégonflé.* → **lâche, peureux, poltron ;** STYLE FAMILIER **froussard, trouillard.** *J'y vais : vous êtes tous des dégonflés.*

DÉGONFLER [degɔ̃fle] verbe [conjugaison 1a]
I. 1. Faire cesser d'être gonflé. *L'enfant dégonfle son ballon,* il fait sortir l'air qui était dedans. ⟨contraire : gonfler⟩ **2.** Faire perdre de son importance à (qqch.). *Il faut dégonfler l'importance de cette nouvelle.* → **minimiser.** ⟨contraire : exagérer⟩ **3.** Devenir moins gonflé. *Sa paupière a dégonflé.* → **désenfler.** ⟨contraire : enfler⟩
II. verbe pronominal SE DÉGONFLER **1.** (qqch.) Se vider de son air. *Le matelas pneumatique s'est dégonflé.* **2.** STYLE FAMILIER (qqn) Reculer devant une action difficile, par manque de courage. *Au moment de tirer, elle s'est dégonflée.*

DÉGOULINER [deguline] verbe [conjugaison 1a] ▪ Couler lentement. *La sueur dégouline sur son front.*

DÉGOURDI [deguʀdi], **DÉGOURDIE** [deguʀdi] adj. (après le nom) ▪ Qui sait se débrouiller tout seul. *C'est un enfant dégourdi pour son âge.* → STYLE FAMILIER **débrouillard.**

SE **DÉGOURDIR** [deguʀdiʀ] verbe pronominal [conjugaison 2] **1.** *Se dégourdir les jambes,* les remuer après être resté longtemps dans la même position. *Elle s'est dégourdi les jambes. Il faut que le pianiste se dégourdisse les doigts avant de jouer.* **2.** (qqn) Se débarrasser de sa timidité, arriver à se débrouiller tout seul. *Elle s'est bien dégourdie depuis l'année dernière.*

DÉGOÛT [degu] n. m. ▪ *LE DÉGOÛT* **1.** Manque d'appétit, entraînant une sensation de répugnance. *Il a un véritable dégoût pour la viande.* → **répugnance, répulsion.** ⟨contraire : goût⟩ **2.** Impression désagréable que l'on a devant qqn ou qqch. *Elle a le dégoût de la foule. Il a PRIS son travail EN DÉGOÛT.* → **aversion.** **3.** Désapprobation morale violente. *Sa réaction me soulève le cœur de dégoût. Je n'ai pas de haine, mais j'éprouve du dégoût.*

DÉGOÛTANT [degutɑ̃], **DÉGOÛTANTE** [degutɑ̃t] adj. (après le nom, parfois avant le nom) **1.** (qqch.) Qui inspire du dégoût par son aspect extérieur. *Ce plat de nouilles est dégoûtant.* ⟨contraire : appétissant⟩ *Tu as les mains dégoûtantes,* très sales. *C'est dégoûtant de manger avec les doigts.* → **répugnant ;** STYLE FAMILIER **dégueulasse.** **2.** Qui inspire du dégoût, de la répulsion par son aspect moral. *C'est dégoûtant de faire ça !* → **écœurant, honteux, odieux, révoltant.** *Vous êtes un dégoûtant personnage.* → **ignoble.**

DÉGOÛTÉ [degute], **DÉGOÛTÉE** [degute] adj. (après le nom) **1.** Qui éprouve facilement du dégoût. *Rien ne lui plaît, il est vite dégoûté.* – *Il prend un air dégoûté devant son assiette de soupe.* **2.** *DÉGOÛTÉ DE :* qui n'a pas ou plus de goût pour. *Elle est dégoûtée de tout, plus rien ne lui fait plaisir.* → **fatigué, las.** *Il est dégoûté de vivre.*

DÉGOÛTER [degute] verbe [conjugaison 1a] **1.** Inspirer du dégoût. *Les huîtres me dégoûtent.* → **répugner.** *Ça me dégoûte d'être obligé de mentir.* → **déplaire.** *Sa lâcheté me dégoûte.* – (injure) *Va-t'en, tu me dégoûtes !* **2.** *DÉGOÛTER DE :* ôter l'envie de. *Ce mauvais temps me dégoûte des vacances. Être remercié comme cela, c'est à vous dégoûter d'être gentil !* **3.** verbe pronominal SE DÉGOÛTER : éprouver du dégoût pour soi-même. *Je me dégoûte depuis que j'ai grossi.*

> FAUX AMI
> portugais **desgostar**
> « mécontenter »

DÉGRADANT [degʀadɑ̃], **DÉGRADANTE** [degʀadɑ̃t] adj. (après le nom) ▪ (qqch.) Qui humilie, fait perdre sa dignité. *Ils ont accepté un accord dégradant.* → **déshonorant, humiliant.**

DÉGRADATION [degʀadasjɔ̃] n. f. ■ *UNE DÉGRADATION* **1.** Le fait de n'être plus en bon état. *Constatez la dégradation de la maison !* **2.** Action d'abîmer. *Le locataire a fait beaucoup de dégradations dans son appartement.* → **dégât.**

DÉGRADÉ [degʀade] n. m. ■ *UN DÉGRADÉ :* couleur qui passe peu à peu du foncé au clair. *Son écharpe est dans un dégradé de bleus.*

DÉGRADER [degʀade] verbe [conjugaison 1a]
I. 1. Enlever son grade à (un militaire). *Le colonel a été dégradé.* **2.** Mettre en mauvais état. *Des voyous ont dégradé le mur de l'église.* → **abîmer, détériorer, endommager.**
II. verbe pronominal SE DÉGRADER **1.** (qqch.) Se détériorer. *Ce monument se dégrade de jour en jour. Sa santé s'est dégradée.* → **empirer.** ⟨contraire : s'améliorer⟩ **2.** (qqn) Perdre sa dignité. *Il se dégraderait en acceptant cet accord.*

DÉGRAFER [degʀafe] verbe [conjugaison 1a] ■ Détacher ce qui est attaché avec une agrafe. *Elle dégrafe les pages du cahier.* ⟨contraire : agrafer⟩

DÉGRAFEUR [degʀafœʀ] n. m. ■ *UN DÉGRAFEUR :* instrument qui sert à enlever les agrafes. *Prête-moi ton dégrafeur et ton agrafeuse.*

DÉGRAISSAGE [degʀɛsaʒ] n. m. ■ STYLE FAMILIER *UN DÉGRAISSAGE :* diminution des frais (d'une entreprise) obtenue en licenciant du personnel. *L'entreprise a fait des bénéfices grâce à plusieurs dégraissages successifs.*

DEGRÉ [dəgʀe] n. m. ■ *UN DEGRÉ* **1.** Unité qui sert à mesurer la température. *L'eau bout à cent degrés Celsius (100 °C) et à deux cent douze degrés Fahrenheit (212 °F).* **2.** Unité qui sert à mesurer les angles, qui est égale à la trois cent soixantième partie de la circonférence. *Un angle droit est un angle de quatre-vingt-dix degrés (90°).* **3.** Unité qui sert à mesurer l'alcool contenu dans un liquide. *Ce vin fait douze degrés (12°). Prends de l'alcool à quatre-vingt-dix degrés (90°) pour désinfecter ta blessure.* **4.** Rang occupé dans un ensemble. *Cet acteur est au plus haut degré de la gloire.* → **échelon, niveau, stade.** **5.** État de développement, dans une évolution. *Le blessé est brûlé au premier degré,* légèrement. *Il est avare au plus haut degré :* il est très avare. → **point.** *Ils ont appris à se connaître PAR DEGRÉS,* peu à peu, progressivement. **6.** *AU PREMIER DEGRÉ :* que l'on comprend immédiatement. *Il fait des plaisanteries au premier degré. AU SECOND DEGRÉ :* par ironie, par jeu de mots ou par interprétation symbolique. **7.** Proximité dans les relations de parenté. *Le fils et le père sont parents au premier degré.* **8.** *DEGRÉ DE COMPARAISON de l'adjectif ou de l'adverbe :* forme que prend l'adjectif ou l'adverbe pour exprimer de façon plus ou moins forte une qualité. *« Aussi... que », « plus... que », « moins... que », « le plus », « le moins », « autant » marquent les degrés de comparaison de l'adjectif.* **9.** *ÉQUATION DU PREMIER DEGRÉ,* dont l'inconnue est à la première puissance. *Elle doit résoudre une équation du second degré,* dont l'inconnue est à la seconde puissance.

DÉGRESSIF [degʀesif], **DÉGRESSIVE** [degʀesiv] adj. (après le nom) ■ Qui va en diminuant. *Vous bénéficierez d'un tarif dégressif si vous achetez en plus grande quantité.* ⟨contraire : progressif⟩

DÉGRIFFÉ [degʀife], **DÉGRIFFÉE** [degʀife] adj. (après le nom) ■ (vêtement) Dont on a enlevé la marque pour le vendre moins cher (→ **griffe**). *Elle s'est acheté une robe de grand couturier dégriffée.*

DÉGRINGOLADE [degʀɛ̃gɔlad] n. f. ■ STYLE FAMILIER *LA DÉGRINGOLADE :* action de dégringoler. *Elle est tombée dans l'escalier, quelle dégringolade !* → **chute.** – *On assiste à la dégringolade des cours de la Bourse.*

DÉGRINGOLER [degʀɛ̃gɔle] verbe [conjugaison 1a] **1.** Descendre de haut et vite. *L'eau dégringole du toit. Elle a dégringolé dans l'escalier.* → **tomber.** – *Les cours de la Bourse dégringolent.* **2.** Descendre (qqch.) rapidement. *Les enfants dégringolent l'escalier,* ils descendent l'escalier très vite, mais sans tomber. → **dévaler.**

DÉGRISER [degʀize] verbe [conjugaison 1a] **1.** STYLE RECHERCHÉ Tirer (qqn) de l'état d'ivresse. *L'air frais la dégrisera.* → STYLE FAMILIER **dessoûler.** ⟨contraire : enivrer⟩ **2.** Faire perdre ses illusions, son enthousiasme (à qqn). *Son échec l'a dégrisé.*

DÉGROSSIR [degʀosiʀ] verbe [conjugaison 2] ■ Tailler d'une manière grossière (une matière brute) pour lui donner une forme. *Il faut que le sculpteur dégrossisse le bloc de marbre.*

SE **DÉGROUILLER** [degʀuje] verbe pronominal [conjugaison 1a] ■ STYLE FAMILIER Se dépêcher. *Allez, viens, dégrouille-toi !* → STYLE FAMILIER se **grouiller,** se **magner.** *Elle s'est dégrouillée et elle est arrivée à l'heure.*

DÉGUENILLÉ [degənije], **DÉGUENILLÉE** [degənije] adj. (après le nom) ■ Habillé avec de vieux vêtements en mauvais état. *Un clochard déguenillé fait la quête dans la rue.*
REM. Une personne déguenillée est vêtue de *guenilles.*

DÉGUERPIR [degɛʀpiʀ] verbe [conjugaison 2] ■ Partir très vite. *Le voleur a déguerpi dès qu'il a entendu du bruit.* → **décamper, dételer, filer,** se **sauver.** *Il faut que tu déguerpisses avant leur retour.* ⟨contraire : rester⟩

DÉGUEU adj. Forme abrégée familière de **dégueulasse.**

DÉGUEULASSE [degœlas] adj. (après le nom) ■ STYLE FAMILIER **1.** Très sale. *Tu as les mains dégueulasses.* → **dégoûtant, répugnant.** **2.** Très mauvais. *Il fait un temps dégueulasse.* **3.** Répréhensible. *C'est dégueulasse d'avoir fait ça.* → **moche.** – *DÉGUEU* [degø] forme abrégée familière invariable *Elles ont été dégueu avec moi.*

DÉGUEULER [degœle] verbe [conjugaison 1a] ■ STYLE FAMILIER Vomir. *J'ai envie de dégueuler.* → STYLE FAMILIER **gerber.**

DÉGUEULIS [degœli] n. m. ■ STYLE TRÈS FAMILIER *LE DÉGUEULIS :* ce qui est vomi. *Il a du dégueulis sur sa chemise.* → **vomi.**

DÉGUISEMENT [degizmɑ̃] n. m. ■ *UN DÉGUISEMENT :* vêtement et accessoires avec lesquels on se déguise. *La petite fille a mis son déguisement de fée.* → **costume, panoplie.**

DÉGUISER [degize] verbe [conjugaison 1a] **1.** Habiller et maquiller (qqn) pour lui donner l'apparence d'un personnage, d'un animal. *Elle a déguisé son fils en cow-boy et sa fille en lapin.* **2.** Modifier, transformer pour tromper. *Pour n'être pas reconnu, il a déguisé sa voix au téléphone.* → **contrefaire.** *Elle a déguisé son écriture.* **3.** verbe pronominal SE DÉGUISER : s'habiller, se maquiller pour prendre l'apparence d'un personnage, d'un animal. *Elle s'est déguisée en fée.*

DÉGUSTATION [degystasjɔ̃] n. f. ■ *UNE DÉGUSTATION :* action de déguster, de consommer des aliments, des boissons, pour les goûter. *Au marché, il y a eu une dégustation de vin : nous l'avons trouvé excellent et nous en avons acheté douze bouteilles. Menu dégustation,* qui permet de goûter de nombreux plats.

DÉGUSTER [degyste] verbe [conjugaison 1a] **1.** Boire ou manger avec grand plaisir, en appréciant le goût d'un aliment, d'une boisson. *Nous avons dégusté des huîtres et un excellent petit vin blanc. Il boit à petites gorgées, il déguste un vieil alcool.* → **goûter, savourer. 2.** STYLE FAMILIER Recevoir des coups, un mauvais traitement. *Si tu continues, tu vas déguster ! – Le patron était furieux, on a dégusté !* on s'est fait réprimander !

FAUX AMI
espagnol **disgustar** «déplaire»

DEHORS [dəɔʀ] adverbe et n. m.
I. adverbe **1.** À l'extérieur. *Les enfants jouent dehors,* hors de la maison. ⟨contraires : dedans, à l'intérieur⟩ *Il fait très bon dehors. – Mettre qqn dehors,* le renvoyer. *Allez, ouste, dehors !* sortez ! **2.** *DE DEHORS :* de l'extérieur. *Je crois que quelqu'un nous appelle de dehors. – EN DEHORS :* vers l'extérieur. *Elle marche les pieds en dehors,* la pointe des pieds tournée vers l'extérieur. – *Le ballon est tombé EN DEHORS DU terrain,* à l'extérieur du terrain. *En dehors de cela, tout va bien :* à part ce que je viens de vous dire, tout va bien. *Tenez-vous en dehors de cette dispute :* tenez-vous à l'écart de cette dispute.
II. nom masculin **1.** *LE DEHORS :* l'extérieur. *J'entends un bruit qui vient du dehors.* **2.** *LE DEHORS, LES DEHORS :* l'apparence de qqn, ce que l'on voit d'abord. *Le directeur a un dehors aimable, mais attention, il est très sévère. Sous des dehors timides, elle est en réalité hardie et courageuse.*

DÉHOUSSABLE [deusabl] adj. (après le nom) ▪ Dont on peut enlever la housse. *Nous avons acheté un canapé déhoussable.*

DÉJÀ [deʒa] adverbe **1.** Dès maintenant. *Il est quatre heures et nous avons déjà fini notre travail. Le temps passe vite : il est déjà midi !* ⟨contraire : enfin⟩ *À cinq ans, sa fille sait déjà lire. « C'est l'heure d'aller se coucher, les enfants ! – Déjà ? ».* **2.** Dès ce temps, dès lors. *À cette époque, elle avait déjà trois enfants. Demain, il sera déjà parti.* **3.** Avant. *Ses enfants ont déjà pris l'avion plusieurs fois.* **4.** STYLE FAMILIER (en fin de phrase) *Comment s'appelle-t-il déjà ?* répétez son nom, je l'ai oublié.

① **DÉJEUNER** [deʒœne] verbe [conjugaison 1a] **1.** Prendre le petit-déjeuner, le repas du matin. *Il est parti travailler sans déjeuner.* **2.** Prendre le repas de midi. *Beaucoup d'enfants déjeunent à la cantine de leur école. Des amis nous ont invités à déjeuner. J'ai déjeuné rapidement d'une salade.*

② **DÉJEUNER** [deʒœne] n. m. **1.** *LE DÉJEUNER :* repas de midi. *Je serai chez moi à l'heure du déjeuner. Nous sortons après le déjeuner* (→ **après-midi**). *Demain, la directrice aura un déjeuner d'affaires,* un repas de travail. *Aujourd'hui, j'ai un déjeuner,* je déjeune avec qqn. **2.** *UN DÉJEUNER :* ce que l'on mange au déjeuner. *Nous avons fait un bon déjeuner. Le restaurant a servi une centaine de déjeuners à midi. Ils ont fait monter deux déjeuners dans leur chambre.*
REM. Dans le nord de la France, en Belgique et au Québec, on appelle *déjeuner* le repas du matin (→ **petit-déjeuner**) et on appelle *dîner* le repas de midi.

DÉJOUER [deʒwe] verbe [conjugaison 1a] ▪ Empêcher (les manœuvres de qqn, les moyens plus ou moins honnêtes qu'il utilise pour faire qqch.) de réussir. *La police a déjoué les plans des cambrioleurs.* → **contrarier, contrecarrer.** ⟨contraire : soutenir⟩ *Nous déjouerons* [deʒuʀɔ̃] *tes plans.*

DELÀ → **au-delà, par-delà**

DÉLABRÉ [delabʀe], **DÉLABRÉE** [delabʀe] adj. (après le nom) ▪ Abîmé, en très mauvais état. *Ils ont acheté une maison délabrée, presque une ruine.*

DÉLABREMENT [delabʀəmɑ̃] n. m. ▪ *LE DÉLABREMENT :* état de ce qui est délabré, en mauvais état. *La maison est dans un état de grand délabrement, après l'inondation.* → **ruine.**

SE **DÉLABRER** [delabʀe] verbe pronominal [conjugaison 1a] ▪ S'abîmer, se détériorer. *Le toit de la maison se délabre, il faut le réparer. La maison s'est délabrée.*

DÉLACER [delase] verbe [conjugaison 3a] ▪ Desserrer ou retirer les lacets (d'une chose lacée). ⟨contraire : lacer⟩ *Si tes chaussures sont trop serrées, délace-les un peu. Quand il rentrait le soir, mon père délaçait ses chaussures avec beaucoup de plaisir.*
REM. *Délasser* « détendre, faire disparaître la fatigue » se prononce de la même façon.

DÉLAI [delɛ] n. m. ▪ *UN DÉLAI :* temps, durée que l'on a pour faire qqch. *Nous aurons fini ce travail dans le délai prévu. Vous n'avez pas respecté les délais pour livrer la marchandise :* vous avez dépassé le temps prévu pour livrer la marchandise. *Nous vous accordons un délai de quinze jours pour donner votre réponse. – SANS DÉLAI :* tout de suite, sans attendre. *Je vous demande de répondre à ma lettre sans délai. – Vous devez payer le 30, DERNIER DÉLAI,* au plus tard, le 30 étant le dernier jour fixé pour le paiement. – *Nous prendrons une décision DANS LES PLUS BREFS DÉLAIS,* très rapidement, bientôt.

DÉLAISSER [delese] verbe [conjugaison 1a] **1.** Abandonner, ne plus s'occuper de (qqn, un animal). *Depuis qu'elle a changé de lycée, elle délaisse ses anciennes amies. Il délaisse sa femme. Tu délaisses ton chien, en ce moment, alors il est triste.* **2.** Abandonner (une activité). *Il délaisse son travail, en ce moment. Elle a délaissé la danse pour le piano.*

DÉLASSANT [delasɑ̃], **DÉLASSANTE** [delasɑ̃t] adj. (après le nom) ▪ Qui délasse, repose. *Nous avons fait une promenade délassante.* ⟨contraire : fatigant⟩

DÉLASSEMENT [delasmɑ̃] n. m. ▪ *UN DÉLASSEMENT :* ce qui délasse, repose (physiquement ou intellectuellement). *Pour lui, la lecture d'un bon livre est le meilleur délassement.* → **détente, distraction.**

DÉLASSER [delase] verbe [conjugaison 1a] **1.** Faire disparaître la fatigue, la lassitude (physique ou intellectuelle). *La lecture et la musique me délassent parfaitement. – Ce spectacle délasse.* → **distraire.** ⟨contraires : fatiguer, lasser⟩ **2.** verbe pronominal SE DÉLASSER : se détendre, se reposer. *Comme elle était fatiguée, elle s'est délassée en prenant un bain chaud.*
REM. *Délacer* « défaire les lacets » se prononce de la même façon.

DÉLATEUR [delatœʀ] n. m., **DÉLATRICE** [delatʀis] n. f. ▪ STYLE RECHERCHÉ *UN DÉLATEUR, UNE DÉLATRICE :* une personne qui dénonce qqn, qui déclare qqn responsable ou coupable, pour des raisons méprisables. → **dénonciateur ;** STYLE FAMILIER **mouchard.** *Ne confie jamais de secret à ce collègue : c'est un délateur.*

DÉLATION [delasjɔ̃] n. f. ▪ STYLE RECHERCHÉ *LA DÉLATION :* dénonciation par conviction, par esprit de vengeance ou par intérêt personnel. *La délation était courante sous le régime stalinien. Il a fait une délation pour une somme d'argent* (→ **dénoncer, trahir**).

DÉLATRICE n., féminin de **délateur**

DÉLAVÉ [delave], **DÉLAVÉE** [delave] adj. (après le nom) ▪ Dont la couleur est éclaircie par les nombreux lavages ou par l'eau de Javel. *Ma fille adore son vieux jean délavé.* → **décoloré.**

DÉLAYER [deleje] verbe [conjugaison 8b] ▪ Mélanger avec un liquide. → **diluer, dissoudre.** *Pour mon petit-déjeuner, je délaie du cacao* *dans du lait. Pour faire votre pâte à crêpes, vous délaierez* [delɛʀe] *d'abord la farine dans du lait.*

REM. *Délayer* se conjugue comme payer : *je délaie* [delɛ] ou *je délaye* [delɛj], *nous délaierons* [delɛʀɔ̃] ou *nous délayerons* [delɛjʀɔ̃].

SE **DÉLECTER** [delɛkte] verbe pronominal [conjugaison 1a] ▪ STYLE RECHERCHÉ Prendre un très grand plaisir (à qqch.). → **goûter, savourer.** *Elle s'est délectée à la lecture de ce livre.* → se **régaler.** *Il se délecte en regardant un vieux film.*

DÉLÉGATION [delegasjɔ̃] n. f. ▪ *UNE DÉLÉGATION :* ensemble de personnes que l'on a chargées d'une mission, à qui l'on a donné le pouvoir de représenter d'autres personnes. *Le ministre a reçu une délégation de manifestants. Les syndicats sont allés au ministère EN DÉLÉGATION.*

DÉLÉGUÉ [delege] n. m. et adj., **DÉLÉGUÉE** [delege] n. f. et adj. 1. *UN DÉLÉGUÉ, UNE DÉLÉGUÉE :* une personne à qui l'on a donné le pouvoir de représenter une personne, un groupe de personnes et d'en défendre les intérêts. *Elle est DÉLÉGUÉE DU PERSONNEL de son entreprise.* → **porte-parole, représentant.** *Les DÉLÉGUÉS SYNDICAUX ont été reçus par le ministre.* 2. adjectif (après le nom) Qui est chargé d'une mission. *Elle est ministre déléguée auprès du Premier ministre.*

DÉLÉGUER [delege] verbe [conjugaison 6a] 1. Charger (qqn) d'une mission, de représenter une ou plusieurs personnes. *Le personnel de l'entreprise délègue ses représentants auprès de la direction.* → **envoyer.** 2. Transmettre, confier. *Demain, le chef de service déléguera une partie de son travail à ses collaborateurs. – Il ne confie jamais son travail à ses collaborateurs : il ne sait pas déléguer.*

DÉLESTAGE [delɛstaʒ] n. m. ▪ *LE DÉLESTAGE* 1. Action de délester, d'enlever du lest. *Le navire procède à son délestage.* 2. Action de dégager une route encombrée de voitures, en fermant ses accès et en proposant des déviations aux automobilistes. *Nous conseillons aux automobilistes de suivre les ITINÉRAIRES DE DÉLESTAGE.* 3. *UN DÉLESTAGE :* brève coupure volontaire du courant électrique, dans une ville. *Demain, il y aura des délestages, pour ralentir la production de la centrale électrique.*

DÉLESTER [delɛste] verbe [conjugaison 1a] 1. Rendre moins lourd en enlevant du lest. ⟨contraire : lester⟩ *On déleste une montgolfière pour la faire monter plus haut dans le ciel.* → **alléger.** 2. *DÉLESTER qqn DE,* lui prendre (ce qui lui appartient). → **voler.** *J'ai été délesté de mon portefeuille.* 3. verbe pronominal SE DÉLESTER : se débarrasser de son lest. *Le navire s'est délesté de son carburant.*

DÉLIBÉRATION [delibeʀasjɔ̃] n. f. ▪ *UNE DÉLIBÉRATION :* discussion avant de prendre une décision. *Après une longue délibération, le jury a annoncé le nom du gagnant. Le conseil municipal est en pleine délibération,* il délibère en ce moment. → **débat.**

DÉLIBÉRÉ [delibeʀe], **DÉLIBÉRÉE** [delibeʀe] adj. (après le nom) ▪ Volontaire, réfléchi. *Ce collègue a parlé avec une méchanceté délibérée.* ⟨contraire : involontaire⟩ *Il a fait ça DE PROPOS DÉLIBÉRÉ,* exprès. *C'est délibéré, chez elle, de faire attendre tout le monde.*

DÉLIBÉRÉMENT [delibeʀemɑ̃] adverbe ▪ STYLE RECHERCHÉ Volontairement, exprès. *Il m'a délibérément tourné le dos.* ⟨contraire : involontairement⟩

DÉLIBÉRER [delibeʀe] verbe [conjugaison 6a] ▪ Réfléchir et discuter ensemble avant de prendre une décision. *On n'a pas encore les résultats de l'examen, le jury délibère. Les députés délibéreront* [delibɛʀʀɔ̃] *toute la nuit.*

DÉLICAT [delika] adj. et n. m., **DÉLICATE** [delikat] adj. et n. f. I. adjectif (après le nom, parfois avant le nom) 1. (qqch.) Agréable et fin, subtil. *Ces roses ont un parfum délicat.* 2. Qui a souvent de petits problèmes de santé. *Son fils est un enfant délicat.* → **fragile.** ⟨contraire : robuste⟩ – *Ma mère est de santé délicate.* 3. Compliqué et difficile à régler. *Soyez prudents et attentifs, car la situation est délicate.* 4. (qqn) Qui fait attention aux autres, qui évite de gêner. *C'est un homme délicat.* → **fin, sensible.** – *Elle a eu un geste délicat, en nous envoyant des fleurs.* ⟨contraire : grossier⟩ *Il a toujours des attentions délicates,* qui font plaisir. *Je vous remercie de votre délicate attention.*
II. *FAIRE LE DÉLICAT, FAIRE LA DÉLICATE :* se montrer difficile à contenter. *Arrête de faire le délicat et accepte ce travail, même s'il ne te convient pas exactement.*

FAUX AMI
norvégien **delikat**
« succulent »

DÉLICATEMENT [delikatmɑ̃] adverbe 1. Finement, de manière raffinée. *Ce savon est délicatement parfumé.* 2. Avec douceur et légèreté. *L'infirmière retire délicatement le pansement du genou blessé.* → **doucement.** ⟨contraire : brutalement⟩

DÉLICATESSE [delikatɛs] n. f. ▪ *LA DÉLICATESSE* 1. Beauté fine. *Les traits du visage de cette jeune fille sont d'une grande délicatesse.* 2. Légèreté et finesse dans l'exécution d'un travail. *Ce tableau est peint avec délicatesse.* 3. Légèreté et douceur dans le toucher. *Elle lave son bébé avec beaucoup de délicatesse.* ⟨contraire : brutalité⟩ 4. Discrétion, sensibilité dans les rapports avec les autres. *Par délicatesse, il ne lui a pas fait remarquer son erreur.* → **tact.** ⟨contraire : grossièreté⟩

DÉLICE [delis] n. m. ▪ *UN DÉLICE* 1. Plaisir vif et délicat. *Quel délice de rester au lit le matin !* → **joie.** ⟨contraires : horreur, supplice⟩ 2. Chose délicieuse. *Cette tarte est un vrai délice.* → **régal.**

REM. *Délice,* mot masculin, est parfois féminin au pluriel : *des délices merveilleuses ; les délices infinies de l'amour.* Voir aussi les mots *amour* et *orgue.*

délicieuse adj. → **délicieux**

DÉLICIEUSEMENT [delisjøzmɑ̃] adverbe ▪ Très agréablement, d'une manière délicieuse. *Ça sent délicieusement bon, dans ta cuisine !*

DÉLICIEUX [delisjø], **DÉLICIEUSE** [delisjøz] adj. (après le nom, parfois avant le nom) 1. Très bon, très agréable. *Ce dessert est délicieux.* → **exquis.** ⟨contraire : mauvais⟩ *Nous avons bu un délicieux thé à la menthe.* 2. Très agréable. *Lorsqu'il l'a regardée, elle a eu la sensation délicieuse d'être aimée.* ⟨contraire : déplaisant⟩ *Quelle femme délicieuse !* quelle femme agréable et charmante !

DÉLIER [delje] verbe [conjugaison 7a] 1. Enlever des liens, détacher. *On a délié les mains du prisonnier.* ⟨contraire : lier⟩ 2. Rendre libre et agile. *Les pianistes font des exercices pour délier les doigts.* – *DÉLIER LA LANGUE de qqn,* le faire parler, lui faire dire ce qu'il pense. *Le vin lui déliera* [deliʀa] *la langue et il nous racontera tous ses malheurs.* 3. verbe pronominal SE DÉLIER : devenir libre. *Depuis le départ de ce directeur autoritaire, les langues se sont déliées,* les gens se sont mit à parler ouvertement, à dire ce qu'ils pensent.

DÉLIMITER [delimite] verbe [conjugaison 1a] ▪ Former la limite de. *Une clôture délimite le jardin.*

DÉLINQUANCE [delɛ̃kɑ̃s] n. f. ▪ *LA DÉLINQUANCE :* ensemble des délits, des actes punis par la loi. → **criminalité.** *La délinquance augmente dans certaines grandes villes. La PETITE DÉLINQUANCE :* l'ensemble des délits peu importants. *La GRANDE DÉLINQUANCE :* l'ensemble des délits très graves. *La grande délin-*

quance diminue mais la petite délinquance augmente. La DÉLINQUANCE JUVÉNILE *augmente,* l'ensemble des délits commis par les jeunes gens de moins de dix-huit ans.

DÉLINQUANT [delɛ̃kɑ̃] n. m. et adj., **DÉLINQUANTE** [delɛ̃kɑ̃t] n. f. et adj. **1.** UN DÉLINQUANT, UNE DÉLINQUANTE : une personne qui a commis un délit, un acte puni par la loi. *Le délinquant a été condamné à une peine de prison. C'est une jeune délinquante.* **2.** adjectif (après le nom) L'ENFANCE DÉLINQUANTE : l'ensemble des enfants qui commettent des délits. *Ce juge s'occupe particulièrement de l'enfance délinquante.*

DÉLIRANT [delirɑ̃], **DÉLIRANTE** [delirɑ̃t] adj. (après le nom) **1.** Extravagant, fou, qui manque de mesure. *Cette jeune fille ment, elle a une imagination délirante. Au moment de la promenade, mon chien montre une joie délirante,* une très grande joie. **2.** Excessif, déraisonnable. *Nous avons visité un appartement à vendre, mais le vendeur demande un prix délirant.* → **exorbitant.** (contraire : raisonnable) **3.** STYLE FAMILIER Très fou. *J'ai vu un film délirant. C'est complètement délirant, ce nouveau jeu ! J'ai passé une soirée délirante.*

REM. On entend souvent de jeunes Français dire *c'est délire !, c'est complètement délire !,* pour *c'est délirant !* « c'est fou ».

DÉLIRE [deliʀ] n. m. ▪ LE DÉLIRE **1.** Trouble mental, désordre de la pensée qui se manifeste par une confusion entre le réel et l'imaginaire. *On m'a raconté que, pendant ma maladie, je parlais d'étoiles et de nuages dans mon délire.* – *Le malade a un* DÉLIRE DE PERSÉCUTION, il croit subir des cruautés, des injustices de la part des autres. **2.** Grand enthousiasme. *Quand le chanteur est apparu sur la scène, ça a été le délire, les gens se sont levés en criant, en sifflant et en tapant dans leurs mains. La foule* EN DÉLIRE *a applaudi très longuement.* **3.** STYLE FAMILIER Chose excessive. *Le propriétaire demande six mille francs de loyer pour son petit appartement,* C'EST DU DÉLIRE !

DÉLIRER [deliʀe] verbe [conjugaison 1a] **1.** Avoir le délire (sous l'effet de la fièvre). *Le malade a déliré toute la nuit. Peut-être qu'il délirera* [deliʀʀa] *de fièvre.* **2.** STYLE FAMILIER Montrer par ses paroles, ses actes, qu'on a perdu le sens des réalités. *Tu crois que je vais te prêter ma voiture ? Tu délires !* tu es malade. → STYLE FAMILIER **débloquer, déménager.**

DÉLIT [deli] n. m. ▪ UN DÉLIT : acte puni par la loi. *Le vol de voitures est un délit. Le cambrioleur a été pris* EN FLAGRANT DÉLIT, il a été vu au moment où il volait, il a été pris sur le fait. *Vous avez* COMMIS UN DÉLIT : vous avez accompli un acte puni par la loi.

DÉLIVRANCE [delivʀɑ̃s] n. f. ▪ LA DÉLIVRANCE
I. 1. STYLE RECHERCHÉ Libération. *Le prisonnier attend avec impatience le moment de sa délivrance.* (contraires : captivité, détention) **2.** Soulagement à la fin d'une gêne, d'un mal. *Après avoir avoué son crime, il a éprouvé un réel sentiment de délivrance,* il s'est vraiment senti mieux.
II. Le fait de remettre (un papier officiel à qqn). *La délivrance d'un passeport se fait rapidement :* on obtient rapidement un passeport.

DÉLIVRER [delivʀe] verbe [conjugaison 1a]
I. 1. Rendre libre. *Mon fils a délivré un lièvre pris dans un piège. La police a délivré les otages.* → **libérer.** (contraire : emprisonner) **2.** DÉLIVRER *qqn* DE, le débarrasser d'une gêne, d'un mal. *Ce médicament l'a délivré de ses maux de tête. Depuis que j'ai appris à nager, je suis délivrée de ma peur de l'eau.*
II. Remettre (qqch.) à qqn. *La mairie délivre les fiches d'état civil. Le médecin m'a délivré une ordonnance.*

FAUX AMI
anglais **to deliver**
« livrer »

DÉLOCALISER [delɔkalize] verbe [conjugaison 1a] ▪ Changer l'emplacement de (une activité de production). *L'usine de cette région a été délocalisée,* elle a été déplacée.

DÉLOGER [delɔʒe] verbe [conjugaison 3b] ▪ Faire partir (qqn, un animal) du lieu où il se trouve. *Le chat a délogé une famille de souris du grenier.* (contraire : installer) *On ne peut pas le déloger de là. Autrefois, on délogeait les locataires facilement : maintenant, ils sont mieux protégés.*

DÉLOYAL [delwajal], **DÉLOYALE** [delwajal] adj. (après le nom) **1.** Qui n'est pas honnête, qui ne respecte pas ses promesses. → **traître.** *Il a été déloyal en racontant à d'autres personnes les secrets de son amie.* (contraires : honnête, loyal) PLURIEL : *des adversaires* DÉLOYAUX [delwajo]. *C'est déloyal de tricher en jouant aux cartes.* **2.** CONCURRENCE DÉLOYALE : rapport entre des producteurs, des commerçants qui se disputent une clientèle en utilisant des moyens peu honnêtes. *Ce commerçant attire la clientèle en baissant ses prix beaucoup plus que tous les autres, c'est de la concurrence déloyale !*

DELTA [dɛlta] n. m. ▪ UN DELTA : embouchure d'un fleuve qui se divise en plusieurs bras. *Le delta du Nil a une très grande superficie.*

DELTAPLANE [dɛltaplan] n. m. ▪ (marque déposée) UN DELTAPLANE **1.** Engin utilisé pour le vol libre, formé d'une toile triangulaire tendue sur des tubes légers et pouvant supporter une ou deux personnes. *On reconnaît bien son deltaplane rouge dans le ciel.* **2.** Sport pratiqué avec un deltaplane. *Son fils fait du deltaplane et du parapente.*

DÉLUGE [delyʒ] n. m. ▪ UN DÉLUGE **1.** LE DÉLUGE : l'inondation due à des pluies continues et qui submergea la Terre en noyant presque tous ses habitants, selon la Bible. *Seule l'arche de Noé échappa au Déluge.* – *Après moi le déluge !* je profite du moment présent, sans penser à l'avenir. *Je pars et je vous laisse seuls, après moi le déluge !* **2.** Très forte pluie, pluie torrentielle. *Il est brusquement tombé un véritable déluge et la cave de la maison a été rapidement inondée.* **3.** Très grande quantité. *Les attaquants du château fort ont reçu un déluge de flèches.*

DÉLURÉ [delyʀe], **DÉLURÉE** [delyʀe] adj. (après le nom) ▪ (qqn) Malin et vif. *Sa fille de six ans est très délurée.* → **dégourdi, futé.** (contraire : empoté) – *Il est mignon, avec son air déluré !*

DÉMAGNÉTISÉ [demaɲetize], **DÉMAGNÉTISÉE** [demaɲetize] adj. (après le nom) ▪ Qui a perdu son caractère magnétique. *À la banque, ils ont détruit ma carte de crédit démagnétisée.*

DÉMAGO adj., n. m. et n. f. Forme abrégée familière de **démagogue.**

DÉMAGOGIE [demagɔʒi] n. f. ▪ LA DÉMAGOGIE : politique par laquelle on flatte les sentiments des gens pour avoir leur adhésion, leurs faveurs. *Beaucoup de politiciens font de la démagogie pour obtenir des voix aux élections.*

DÉMAGOGIQUE [demagɔʒik] adj. (après le nom) ▪ Fait ou dit pour plaire à un très grand nombre de gens et gagner leur faveur. *Le candidat aux élections a fait un discours démagogique pour se faire élire.*

DÉMAGOGUE [demagɔg] n. m., n. f. et adj. **1.** UN DÉMAGOGUE, UNE DÉMAGOGUE : une personne qui flatte les gens dans un but intéressé. *Vous ne pensez pas ce que vous dites, vous n'êtes* *qu'un démagogue !* – DÉMAGO [demago] forme abrégée familière : UN DÉMAGO, UNE DÉMAGO. *Quels démagos !* **2.** Qui flatte les gens pour en obtenir ce qu'il veut. *C'est un politicien démagogue.* – DÉMAGO [demago] forme abrégée familière *Son discours est trop démago !*

DEMAIN [dəmɛ̃] adverbe et n. m.
I. adverbe Le jour qui suit celui où l'on parle. *Aujourd'hui nous sommes dimanche et demain c'est lundi. Je viendrai te voir demain. Je pars demain matin. « Pourrons-nous nous voir demain après-midi ? Non ? Alors, demain soir ? ».* – STYLE FAMILIER *C'EST PAS DEMAIN LA VEILLE* [sɛpadmɛ̃lavɛj] : ce n'est pas pour bientôt. *« Il veut que je lui donne les clés de mon appartement ? Eh bien, c'est pas demain la veille. »*
II. nom masculin **1.** *Au revoir et* À DEMAIN, nous nous reverrons demain. – *Vous pouvez rester à la maison jusqu'à demain soir.* – *À partir de demain, je suis en vacances. J'ai acheté un rôti pour demain.* – *Mon augmentation de salaire, ce n'est pas pour demain,* ce n'est pas pour bientôt. – *« On t'attend depuis dix minutes ! C'est pour aujourd'hui ou pour demain ? »,* tu viens maintenant ou tu viens plus tard, tu viens oui ou non ? **2.** L'avenir. *Et le monde de demain, à quoi ressemblera-t-il ?*
REM. **1.** *Demain* se prononce souvent [dmɛ̃] : *à demain !* [admɛ̃]. **2.** Ne pas confondre avec *le lendemain* « le jour d'après ».

DEMANDE [dəmɑ̃d] n. f. **1.** *UNE DEMANDE :* action de demander, de faire savoir à qqn ce que l'on veut. *Votre demande d'appartement a été acceptée. Il y a plus de* DEMANDES D'EMPLOIS *que d'offres d'emplois. Je ne sais pas comment formuler ma demande,* comment écrire ou dire ce que je veux. *Nous ne pouvons pas satisfaire votre demande :* nous ne pouvons pas vous accorder ce que vous voulez. *Je vous fais une demande pressante.* → **réclamation.** *Le chanteur est revenu sur scène,* À LA DEMANDE GÉNÉRALE, parce que tout le monde demandait qu'il revienne chanter. → **désir, souhait.** – *DEMANDE EN MARIAGE :* démarche par laquelle un homme demande à une jeune fille, à une femme si elle accepte de se marier avec lui. *Il lui a fait sa demande.* **2.** *LA DEMANDE :* ce qui est demandé par l'ensemble des acheteurs. *Comme il fait très chaud, les gens veulent tous acheter des ventilateurs en même temps mais les magasins ne peuvent pas* FAIRE FACE À LA DEMANDE, ils ne peuvent pas satisfaire tout le monde, leurs stocks sont épuisés. *C'est la loi de l'offre et de la demande qui décide des prix.*

DEMANDÉ [dəmɑ̃de], **DEMANDÉE** [dəmɑ̃de] adj. ▪ Que l'on demande beaucoup. *Ce bon comédien est très demandé et doit refuser de tourner des films.*

DEMANDER [demɑ̃de] verbe [conjugaison 1a] **1.** Faire savoir (ce que l'on veut obtenir). *Mon fils m'a demandé de l'argent pour s'acheter un disque. Il demande un rendez-vous à son patron.* → **réclamer.** *Elle a demandé ce poste de surveillante.* → **postuler.** *Le capitaine du bateau demandait du secours. Pour son premier emploi, il demande quinze mille francs par mois,* il veut obtenir ce salaire. *Un élève a demandé la permission de sortir. Je ne lui demanderai plus rien. Je ne lui ai rien demandé, de quoi il se mêle ? Je vous* DEMANDE PARDON : je vous présente mes excuses. – *L'accusé* DEMANDE À *être entendu,* il désire, il souhaite qu'on écoute ce qu'il a à dire. – *Je* NE DEMANDE QU'*à vous croire :* je suis prêt à vous croire, je désire croire ce que vous dites. *Je ne demande que ça :* c'est justement ce que je veux. – *Je te* DEMANDE DE *me répondre. Je vous demanderai de bien vouloir me répondre.* – *Il* DEMANDE QUE *tu viennes.* **2.** Vouloir, avoir envie de. → **désirer, souhaiter.** *Être tranquille chez lui, voilà tout ce qu'il demande,* il ne veut que cela. – *Je* NE DEMANDE PAS MIEUX QUE *de l'aider :* je suis très content, je suis ravi de l'aider. – *Vraiment, je ne demande pas mieux !* **3.** Réclamer, prier de donner, d'apporter (qqch.). *Au restaurant, il demanda l'addition,* il voulut payer. *Le policier m'a demandé mes papiers,* il a voulu que je lui montre mes papiers d'identité. **4.** Faire chercher (qqn), faire savoir que l'on a besoin de (qqn). *On demande, pour ce poste, une vendeuse expérimentée,* on a besoin d'une bonne vendeuse. *Le directeur vous demande,* il veut vous voir. *On vous demande au téléphone :* qqn veut vous parler au téléphone. – *Il a* DEMANDÉ *cette jeune fille* EN MARIAGE, il veut l'épouser et désire savoir si elle accepte. **5.** Faire savoir (ce que l'on veut de qqn). *Nous demandons toute votre attention :* écoutez bien ce qu'on va dire. **6.** (qqch.) Réclamer, avoir pour condition de succès. *La réalisation d'un puzzle demande de la patience. Ce travail demandera beaucoup de soin.* → **nécessiter, exiger. 7.** Essayer de savoir en posant des questions, en interrogeant. *Le policier m'a demandé mon nom et mon adresse. Si nous étions perdus nous demanderions notre chemin. Il fait toujours ce qu'il veut, il ne me demande pas mon avis,* il ne cherche pas à savoir ce que je pense. – STYLE FAMILIER *On ne te demande pas l'heure qu'il est !* mêle-toi de ce qui te regarde, occupe-toi de tes affaires ! – *Si tu ne sais pas, demande.* **8.** verbe pronominal SE DEMANDER : se poser une question à soi-même. *Je me demande quelle heure il peut bien être. Elle s'est demandé où il était.* – STYLE FAMILIER *C'est à se demander s'il comprend ce qu'on lui dit !*

FAUX AMI
anglais **to demand**
« exiger »

REM. *Demander* se prononce parfois [dmɑ̃de] : *je vais demander* [ʒəvɛdmɑ̃de].

DEMANDEUR [dəmɑ̃dœʀ] n. m., **DEMANDEUSE** [dəmɑ̃døz] n. f. ▪ *UN DEMANDEUR, UNE DEMANDEUSE :* une personne qui demande, qui réclame qqch. *Le nombre des* DEMANDEURS D'EMPLOI *augmente avec la crise économique,* le nombre de gens qui cherchent du travail. *La France accueille de nombreux* DEMANDEURS D'ASILE, des personnes qui ont fui leur pays et qui réclament l'asile politique.

DEMANDEUR D'EMPLOI → **emploi**

DÉMANGEAISON [demɑ̃ʒɛzɔ̃] n. f. ▪ *UNE DÉMANGEAISON :* picotement sur la peau qui donne envie de se gratter. *Les piqûres de moustiques provoquent des démangeaisons. Cette pommade calme les démangeaisons.*

DÉMANGER [demɑ̃ʒe] verbe [conjugaison 3b] **1.** Provoquer un picotement qui donne envie de se gratter. *Les piqûres d'orties me démangent.* – *Le nez me démange.* – STYLE FAMILIER *Attention à toi, la main me démange !* j'ai envie de te donner une claque. **2.** STYLE FAMILIER Donner envie (de faire qqch.). *Tout à l'heure, ça me démangeait de poser une question, mais je n'ai pas osé.*

DÉMANTELER [demɑ̃tle] verbe [conjugaison 5a] **1.** Démolir des murs, des murailles. *Les attaquants ont démantelé la tour du château.* **2.** Détruire. *La police démantèle chaque jour des réseaux de trafic de drogue.*

DÉMANTIBULÉ [demɑ̃tibyle], **DEMANTIBULÉE** [demɑ̃tibyle] adj. (après le nom) ▪ STYLE FAMILIER Démoli. *Tu peux jeter ce vieux vélo tout démantibulé.*

DÉMAQUILLANT [demakijɑ̃] adj. et n. m., **DÉMAQUILLANTE** [demakijɑ̃t] adj. **1.** adjectif (après le nom) Qui sert à enlever le maquillage. *Tous les soirs, j'utilise un lait démaquillant.* **2.** *UN DÉMAQUILLANT :* produit pour enlever le maquillage. *Où est mon démaquillant pour les yeux ?*

SE **DÉMAQUILLER** [demakije] verbe pronominal [conjugaison 1a] ▪ Enlever son maquillage. *Je me démaquille soigneusement tous les soirs. Elle s'est démaquillée avant de se coucher.*

DÉMARCATION [demaʀkasjɔ̃] n. f. ▪ *LA LIGNE DE DÉMARCATION :* ligne qui sépare deux régions, deux territoires. → **frontière,**

séparation. *Pendant la Deuxième Guerre mondiale, il y avait, en France, une ligne de démarcation qui séparait la zone occupée par les Allemands de la zone libre.*

DÉMARCHE [demaʀʃ] n. f. **1.** *LA DÉMARCHE :* façon de marcher. → **allure, pas.** *Ce sportif a une démarche souple. Elle a toujours une démarche assurée,* elle marche d'un pas sûr. **2.** *UNE DÉMARCHE :* tentative, essai auprès de qqn pour obtenir qqch. *Quand j'ai perdu mon sac, j'ai dû faire de nombreuses démarches au commissariat et à la mairie pour faire refaire mes papiers d'identité.*

DÉMARQUER [demaʀke] verbe [conjugaison 1a] **1.** Enlever la marque d'origine (d'un vêtement) pour le vendre moins cher. → **solder.** *Les commerçants démarquent les vêtements pour les vendre en solde.* **2.** verbe pronominal SE DÉMARQUER DE : prendre ses distances avec qqn, montrer que l'on est différent de lui, lorsque l'on n'est pas d'accord avec ce qu'il dit, avec ses actions. *Le ministre s'est nettement démarqué de ce parti politique. Elle s'est démarquée de ses collègues.*

DÉMARRAGE [demaʀaʒ] n. m. ▪ *LE DÉMARRAGE* **1.** (véhicule) Le fait d'être mis en marche. *Le moteur a calé au démarrage. La voiture de course a fait un démarrage foudroyant,* elle est partie à toute vitesse. - *Le cycliste a fait un bon démarrage,* il a bien pris le départ. **2.** Le fait de commencer qqch. *Les ministres font un meeting pour le démarrage de la campagne électorale.*

DÉMARRER [demaʀe] verbe [conjugaison 1a] **1.** (véhicule) Se mettre en marche, se mettre à fonctionner. *Le moteur a démarré du premier coup. La voiture ne veut pas démarrer. Fais démarrer le camion, j'arrive tout de suite.* - *La voiture a démarré brusquement,* elle a commencé à rouler. ⟨contraires : s'arrêter, stopper⟩ **2.** (qqch.) Se mettre à réussir. *Les affaires démarreront* [demaʀʀɔ̃] *bientôt.*

DÉMARREUR [demaʀœʀ] n. m. ▪ *UN DÉMARREUR :* mécanisme qui sert à mettre un moteur en marche. *Tournez la clé du démarreur, passez la première vitesse et commencez à rouler.*

DÉMASQUER [demaske] verbe [conjugaison 1a] **1.** Faire connaître (qqn) pour ce qu'il est vraiment. *La police a démasqué le coupable.* **2.** verbe pronominal SE DÉMASQUER : se trahir, montrer son vrai caractère, ses vraies intentions. *Elle n'est pas aussi sympathique qu'elle en a l'air : elle s'est démasquée en refusant de nous aider.*

DÉMÂTER [demɑte] verbe [conjugaison 1a] ▪ (bateau) Perdre son mât. *La course est finie pour lui car son bateau a démâté pendant la tempête.*

D'EMBLÉE → **emblée**

DÉMÊLÉ [demele] n. m. ▪ *UN DÉMÊLÉ :* difficulté, problème compliqué que l'on a avec qqn. *Il a des démêlés avec tous ses voisins.* → **différend, dispute.** *Elle a eu des démêlés avec la justice.*

DÉMÊLER [demele] verbe [conjugaison 1a] **1.** Séparer (ce qui est emmêlé). *Elle démêle ses cheveux avec un peigne.* **2.** Rendre clair, compréhensible (une chose compliquée). *La police a du mal à démêler cette affaire mystérieuse.* → **débrouiller.** *C'est difficile de DÉMÊLER LE VRAI DU FAUX dans ce qu'il dit,* de distinguer la vérité et le mensonge. → **discerner.**

DÉMÊLOIR [demɛlwaʀ] n. m. ▪ *UN DÉMÊLOIR :* peigne à dents bien écartées, servant à démêler les cheveux. *J'ai un démêloir pour démêler les cheveux et un peigne pour me coiffer.*

DÉMÉNAGEMENT [demenaʒmɑ̃] n. m. ▪ *UN DÉMÉNAGEMENT :* transport des objets et des meubles d'un logement dans un autre. ⟨contraire : emménagement⟩ *Le déménagement est pour demain. Un vase a été cassé pendant le déménagement. Les meubles sont rangés dans le CAMION DE DÉMÉNAGEMENT.*

DÉMÉNAGER [demenaʒe] verbe [conjugaison 3b] **1.** Changer de logement, aller habiter ailleurs. *Nous déménagerons le mois prochain.* - STYLE FAMILIER *Allons, déménage !* va t'en ! **2.** Transporter (des objets, des meubles) d'un lieu dans un autre. *Nous déménageons tous les livres du salon dans le bureau.* **3.** STYLE FAMILIER Être fou, déraisonner. *Depuis le départ de sa femme, il déménage complètement. Tu déménages !* → STYLE FAMILIER **débloquer, délirer.**

DÉMÉNAGEUR [demenaʒœʀ] n. m. ▪ *UN DÉMÉNAGEUR :* homme dont le métier est de faire des déménagements. *Les déménageurs emportent les meubles dans le camion.*

DÉMENCE [demɑ̃s] n. f. ▪ *LA DÉMENCE* **1.** Ensemble de troubles de l'esprit très graves. → **aliénation, folie.** *Il a eu une crise de démence.* **2.** Façon de se comporter, d'agir qui n'est pas raisonnable. *C'est de la démence d'agir ainsi.* → **folie, inconscience.**

SE **DÉMENER** [demәne] verbe pronominal [conjugaison 5a] **1.** Bouger, s'agiter violemment dans tous les sens. *La voleuse s'est démenée pour échapper aux policiers.* → se **débattre. 2.** Faire beaucoup d'efforts pour arriver à un résultat. *Il se démène pour trouver du travail.*

REM. On prononce souvent [demne].

démens [demɑ̃] *Je démens, tu démens :* forme au présent du verbe **démentir.**

DÉMENT [demɑ̃] n. m. et adj., **DÉMENTE** [demɑ̃t] n. f. et adj. **1.** *UN DÉMENT, UNE DÉMENTE :* une personne atteinte de démence, de folie. → **fou.** *Le crime a été commis par un dément.* **2.** adjectif (après le nom) STYLE FAMILIER Qui est un peu fou, extraordinaire. *Nous avons vu un film dément. C'est dément !* → **délirant, génial.**

démente [demɑ̃t] *Que je démente ; qu'il démente, qu'elle démente :* forme au subjonctif du verbe **démentir.**

DÉMENTI [demɑ̃ti] n. m. ▪ *UN DÉMENTI :* déclaration par laquelle on affirme que ce qui a été dit est faux. *Le ministre a OPPOSÉ UN DÉMENTI à l'annonce de sa démission :* il n'a pas l'intention de démissionner. ⟨contraire : confirmation⟩

DÉMENTIR [demɑ̃tiʀ] verbe [conjugaison 16b] ▪ Dire que (qqch.) n'est pas vrai. *Le ministre a démenti la nouvelle de sa démission. La nouvelle a été démentie. Il a déclaré : « Je démens ces accusations mensongères ! » Il faut que tu démentes ce témoignage.*

DÉMERDARD [demɛʀdaʀ], **DÉMERDARDE** [demɛʀdaʀd] adj. (après le nom) ▪ STYLE FAMILIER (qqn) Qui sait se sortir habilement des difficultés, qui sait obtenir ce qu'il veut. *Je ne m'inquiète pas pour lui, il est très démerdard.* → STYLE FAMILIER **débrouillard.**

SE **DÉMERDER** [demɛʀde] verbe pronominal [conjugaison 1a] ▪ STYLE FAMILIER Se débrouiller, trouver une solution. *Ce ne sont pas mes affaires, démerdez-vous tout seul. Elle s'est bien démerdée, pour une débutante. Il faut que je me démerde pour rembourser l'argent.*

DÉMESURE [demәzyʀ] n. f. ▪ *LA DÉMESURE :* manque de mesure, exagération. *Il fait tout avec démesure.* → **excès, outrance.** ⟨contraires : mesure, modération⟩

DÉMESURÉ [demәzyʀe], **DÉMESURÉE** [demәzyʀe] adj. (après le nom) ▪ (qqch.) **1.** Qui dépasse la mesure habituelle. → **énorme,**

immense. *Ce pétrolier a une taille démesurée.* → **colossal, gigantesque. 2.** Trop grand, sans borne. → **énorme, excessif, exagéré, illimité, immense.** *Il est d'un orgueil démesuré. Vos prétentions sont démesurées.* ⟨contraires : mesuré, modéré, raisonnable⟩

DÉMESURÉMENT [deməzyʀemɑ̃] adverbe ▪ D'une manière démesurée. *Comment peux-tu marcher sur ces talons démesurément hauts ?* → **exagérément, excessivement.**

démets [demɛ] *Je démets, tu démets :* forme au présent du verbe **démettre.**

DÉMETTRE [demɛtʀ] verbe [conjugaison 56]
I. Retirer qqn de son poste, de sa fonction. *Son patron l'a démise de son poste d'assistante.* → **congédier, renvoyer.** *Il a été démis de son poste pour faute grave.*
II. verbe pronominal SE DÉMETTRE **1.** Quitter ses fonctions, démissionner. *Le président se démettra de ses fonctions à la fin de l'année* (→ **démission). 2.** *SE DÉMETTRE qqch. :* se déplacer (un os, une articulation). *Elle s'est démis l'épaule en tombant de cheval.* ⟨contraire : remettre⟩

DEMEURE [dəmœʀ] n. f.
I. STYLE RECHERCHÉ **1.** *UNE DEMEURE :* belle et grande maison. *Sa famille possède une vieille demeure en Normandie.* **2.** *La DERNIÈRE DEMEURE de qqn,* son tombeau. *Nous avons accompagné notre ami jusqu'à sa dernière demeure.*
II. *LA DEMEURE* **1.** *METTRE QQN EN DEMEURE DE faire qqch. :* donner à qqn l'ordre de faire qqch. → **ordonner.** *Le juge l'a mis en demeure de tenir ses engagements.* – *C'est une véritable MISE EN DEMEURE.* → **sommation, ultimatum. 2.** *À DEMEURE :* en permanence, d'une manière stable. *Ils se sont installés à demeure à la campagne.* **3.** *Il n'y a pas PÉRIL EN LA DEMEURE :* ce n'est pas la peine de se dépêcher, rien ne presse.

> FAUX AMI
> anglais **demure**
> « discret, modeste »

DEMEURÉ [dəmœʀe] adj. et n. m., **DEMEURÉE** [dəmœʀe] adj. et n. f. **1.** adjectif (après le nom) Dont l'intelligence n'est pas développée normalement. *Ils ont une fille demeurée.* → **attardé, retardé, débile.** *Ce garçon ne comprend rien à ce qu'on lui dit, il doit être un peu demeuré.* – STYLE FAMILIER *Tu es demeurée ou quoi ?* → **bête. 2.** STYLE FAMILIER *UN DEMEURÉ, UNE DEMEURÉE :* un idiot, une idiote. *Allons, bande de demeurés, faites un effort pour essayer de comprendre !*

DEMEURER [dəmœʀe] verbe [conjugaison 1a] ▪ STYLE RECHERCHÉ **1.** Rester, continuer à être (dans un état, une situation). *Pendant que je lui parle, il demeure immobile. Les enfants ont souvent du mal à demeurer en repos.* – *La porte est demeurée fermée.* **2.** *EN DEMEURER LÀ :* en rester là, ne pas avoir de suite. *Les choses en sont demeurées là.* – STYLE RECHERCHÉ *IL N'EN DEMEURE PAS MOINS QUE :* il reste que, le fait est que. *Il n'en demeure pas moins qu'il a eu tort d'accepter.* → **rester. 3.** Habiter, avoir son domicile. *Où demeurez-vous ?* → **résider, vivre.** *Pendant les prochaines vacances, nous demeurerons* [dəmœʀʀɔ̃] *chez des amis.*

> FAUX AMI
> espagnol **demorar**
> « retarder »

> REM. Aux sens 1. et 2., ce verbe se conjugue avec l'auxiliaire *être* (ex. : *ils sont demeurés silencieux*), alors qu'au sens 3., il se conjugue avec l'auxiliaire *avoir* (ex. : *nous avons demeuré longtemps ici*).

DEMI [dəmi] adj., adverbe et n. m., **DEMIE** [dəmi] adj. et n. f.
I. adjectif (après le nom) *ET DEMI, ET DEMIE :* et la moitié d'un, et la moitié d'une. *Ce bébé a un an et demi,* il est âgé d'un an et la moitié d'un an. *Il est trois heures et demie,* trois heures et la moitié d'une heure. *Il est minuit et demi.*
II. adverbe *À DEMI :* à moitié, presque. *Les enfants sont à demi nus sur la plage. Nous avons recueilli un oiseau à demi mort de froid. Quand elle fait les choses, elle ne les fait pas à demi,* elle les fait jusqu'au bout.
III. *UN DEMI* **1.** La moitié de l'unité. *Un demi et un demi font un.* **2.** Verre de bière. *Il a bu deux demis au comptoir d'un café.* – *UN DEMI PANACHÉ :* boisson à base de bière et de limonade. *Garçon, deux demis panachés, s'il vous plaît !* **3.** Joueur de rugby ou de football, entre les avants et les arrières. *Mon frère est DEMI DE MÊLÉE dans l'équipe de rugby de notre ville.*
IV. *UNE DEMIE* **1.** La moitié d'une. *Voulez-vous une baguette entière ou seulement une demie ?* **2.** *LA DEMIE (d'une heure) :* la moitié d'une heure. *Le cours se termine à la demie. Il est la demie passée,* la moitié d'une heure après telle heure.

> REM. *Demi* sert à former des adjectifs et des noms ; dans ce cas, il est suivi d'un trait d'union et il reste invariable (ex. : *du lait demi-écrémé, une bouteille demi-pleine, des enfants demi-nus ; une demi-douzaine, une demi-heure, un demi-tour*).

DEMI-BOUTEILLE [dəmibutɛj] n. f. ▪ *UNE DEMI-BOUTEILLE :* petite bouteille contenant environ trente-sept centilitres. *Nous avons pris une demi-bouteille de vin rouge.* PLURIEL : *des DEMI-BOUTEILLES.*

DEMI-CERCLE [dəmisɛʀkl] n. m. ▪ *UN DEMI-CERCLE :* moitié d'un cercle limité par le diamètre. *Le demi-cercle mesure cent quatre-vingts degrés. Pelouse en demi-cercle.* PLURIEL : *des DEMI-CERCLES.*

DEMI-DOUZAINE [dəmiduzɛn] n. f. ▪ *UNE DEMI-DOUZAINE :* la moitié d'une douzaine (ou six unités). *J'ai acheté une demi-douzaine d'œufs.* → **six.** PLURIEL : *trois DEMI-DOUZAINES d'huîtres.*

DEMI-FINALE [dəmifinal] n. f. ▪ *UNE DEMI-FINALE :* l'avant-dernière épreuve d'une compétition. *Les gagnants de la demi-finale participeront à la finale.* PLURIEL : *des DEMI-FINALES.*

DEMI-FRÈRE [dəmifʀɛʀ] n. m. ▪ *LE DEMI-FRÈRE DE :* frère par le père ou la mère seulement. *C'est son demi-frère.* PLURIEL : *il a deux DEMI-FRÈRES et une demi-sœur.*

DEMI-HEURE [dəmijœʀ] n. f. ▪ *UNE DEMI-HEURE :* la moitié d'une heure. *Le film commence dans une demi-heure. Il y a une demi-heure d'attente.* PLURIEL : *il y a un train toutes les DEMI-HEURES.*

DEMI-JOURNÉE [dəmiʒuʀne] n. f. ▪ *UNE DEMI-JOURNÉE :* la moitié d'une journée. *J'ai passé une demi-journée à tout ranger.* PLURIEL : *elle travaille trois DEMI-JOURNÉES par semaine.*

DEMI-MESURE [dəmiməzyʀ] n. f. ▪ *UNE DEMI-MESURE :* moyen insuffisant et provisoire. *Ce n'est qu'une demi-mesure.* PLURIEL : *il a horreur des DEMI-MESURES.*

À **DEMI-MOT** [adəmimo] adverbe ▪ Sans avoir besoin de beaucoup de mots. *Ils se sont compris à demi-mot.*

DÉMINER [demine] verbe [conjugaison 1a] ▪ Débarrasser (un lieu) des mines qui en rendent l'accès dangereux. *Après la guerre, les spécialistes de l'armée ont déminé les plages du débarquement, en Normandie.*

DEMI-PENSION [dəmipɑ̃sjɔ̃] n. f. ▪ *LA DEMI-PENSION* **1.** Dans un hôtel, service comprenant le petit-déjeuner et un seul repas par jour. *À l'hôtel, en Corse, nous avions pris la demi-pension. Quel est le prix de la demi-pension ?* PLURIEL : *des DEMI-PENSIONS.* **2.** Situation dans laquelle un élève prend son repas de midi à l'école. *Cet élève EST EN DEMI-PENSION au collège* (→ **demi-pensionnaire).**

DEMI-PENSIONNAIRE [dəmipɑ̃sjɔnɛʀ] n. m., n. f. ▪ *UN DEMI-PENSIONNAIRE, UNE DEMI-PENSIONNAIRE :* un élève, une élève qui prend les repas de midi à l'école (opposé à externe, interne). *Elle est demi-pensionnaire.* PLURIEL : *les DEMI-PENSIONNAIRES vont en récréation après le déjeuner.*

démis [demi], **démise** [demiz] *Il s'est démis l'épaule ; l'épaule qu'il s'est démise :* formes au participe passé du verbe **démettre.**

DEMI-SAISON [dəmisɛzɔ̃] n. f. ▪ *LA DEMI-SAISON :* période de l'année où il ne fait ni très chaud ni très froid (l'automne ou le printemps). *Elle portait des VÊTEMENTS DE DEMI-SAISON,* des vêtements ni trop légers ni trop chauds. PLURIEL : *il n'y a pas de DEMI-SAISONS dans ce pays, l'été suit directement l'hiver.*

DEMI-SEL [dəmisɛl] adj. invariable (après le nom) ▪ *BEURRE DEMI-SEL :* beurre peu salé. *J'ai acheté un paquet de beurre demi-sel.*

DEMI-SIÈCLE [dəmisjɛkl] n. m. ▪ *UN DEMI-SIÈCLE :* la moitié d'un siècle, cinquante ans. *Ce roi a régné pendant un demi-siècle.* PLURIEL : *des DEMI-SIÈCLES.*

DEMI-SŒUR [dəmisœʀ] n. f. ▪ *LA DEMI-SŒUR DE :* sœur par le père ou la mère seulement. *C'est ma demi-sœur.* PLURIEL : *il a deux DEMI-SŒURS et un demi-frère.*

DÉMISSION [demisjɔ̃] n. f. ▪ *UNE DÉMISSION :* fait de quitter volontairement et définitivement son travail, ses fonctions. *Le chef du gouvernement a DONNÉ SA DÉMISSION au président de la République,* il a quitté son poste, ses fonctions (→ **démissionner).** *Il a envoyé une LETTRE DE DÉMISSION à son patron,* une lettre dans laquelle il disait qu'il partait, qu'il quittait son travail.

DÉMISSIONNER [demisjɔne] verbe [conjugaison 1a] ▪ Quitter son travail, son poste, se démettre de ses fonctions. *Elle a démissionné de son poste car elle a trouvé un travail plus intéressant et mieux payé. J'ai envie de démissionner.*

DEMI-TARIF [dəmitaʀif] n. m. ▪ *LE DEMI-TARIF :* tarif qui est la moitié du prix normal. *Dans ce cinéma, les étudiants et les chômeurs ont droit à des places à demi-tarif. Dans le train, les enfants PAIENT DEMI-TARIF jusqu'à douze ans,* ils paient la moitié du prix normal. PLURIEL : *des DEMI-TARIFS.*

DEMI-TON [dəmitɔ̃] n. m. ▪ *UN DEMI-TON :* intervalle plus petit que le ton, entre deux degrés successifs de la gamme, dans la musique occidentale. *Le dièse hausse une note d'un demi-ton.* PLURIEL : *des DEMI-TONS.*

DEMI-TOUR [dəmituʀ] n. m. ▪ *UN DEMI-TOUR* **1.** Moitié d'un tour que l'on fait sur soi-même. *Demi-tour à droite, droite !* PLURIEL : *des DEMI-TOURS.* **2.** *FAIRE DEMI-TOUR :* revenir sur ses pas, retourner d'où l'on vient. *J'ai fait demi-tour pour aller chercher mon parapluie que j'avais oublié au restaurant. Quand on a vu le monde qu'il y avait sur la plage, on a fait demi-tour et on est rentrés à la maison.*

DÉMOBILISATION [demɔbilizasjɔ̃] n. f. ▪ *LA DÉMOBILISATION* **1.** Fait de renvoyer chez eux des hommes qui avaient été enrôlés dans une armée. *Après la guerre, la démobilisation des soldats a commencé.* ⟨contraire : mobilisation⟩ **2.** Baisse de la participation (d'un groupe) à l'effort général. *Le parti a perdu les élections et la démobilisation des militants est grande.*

DÉMOBILISER [demɔbilize] verbe [conjugaison 1a] **1.** Faire quitter l'armée à (des soldats). *À la fin de la guerre, les troupes ont été démobilisées.* ⟨contraire : mobiliser⟩ **2.** Priver (des militants, l'opinion) de leur raison de défendre une cause. *Les querelles à l'intérieur du syndicat démobilisent les militants.* → **démotiver.**

DÉMOCRATE [demɔkʀat] n. m., n. f. et adj. **1.** *UN DÉMOCRATE, UNE DÉMOCRATE :* une personne qui est pour la démocratie, qui croit à la démocratie. *Dans ce pays, les démocrates ont gagné les élections.* **2.** adjectif (après le nom) Relatif à la démocratie. *C'est un esprit démocrate. Le parti démocrate et le parti républicain sont les deux grands partis politiques des États-Unis.*

DÉMOCRATIE [demɔkʀasi] n. f. ▪ *LA DÉMOCRATIE* **1.** Forme de gouvernement dans laquelle le pouvoir appartient à des personnes élues par les citoyens, par le peuple (opposé à dictature). *La démocratie a aussi ses inconvénients.* – STYLE FAMILIER *Dis donc, nous sommes en démocratie, j'ai le droit de parler !* **2.** Pays dans lequel existe cette forme de gouvernement. *La République française et le Royaume uni sont des démocraties.*

DÉMOCRATIQUE [demɔkʀatik] adj. (après le nom) **1.** Qui appartient à la démocratie. *La France est un pays démocratique.* **2.** Qui respecte la démocratie. *Des élections démocratiques seront organisées à l'automne.* **3.** Qui respecte la volonté de chacun. *Après un vote démocratique, les élèves ont élu leurs représentants.*

DÉMOCRATIQUEMENT [demɔkʀatikmɑ̃] adverbe ▪ D'une manière démocratique. *Le président de la République est élu démocratiquement.*

DÉMOCRATISER [demɔkʀatize] verbe [conjugaison 1a] **1.** Rendre (qqch.) plus populaire, mettre à la portée d'un grand nombre de personnes. *La baisse du prix des billets d'avion a démocratisé les voyages à l'étranger.* **2.** verbe pronominal SE DÉMOCRATISER : devenir populaire, à la portée de tous. *Beaucoup de sports comme le tennis ou le golf se sont démocratisé.*

DÉMODÉ [demɔde], **DÉMODÉE** [demɔde] adj. (après le nom) ▪ (qqch.) Qui n'est plus à la mode. → **désuet, ringard, vieillot.** *Elle porte une robe démodée.* ⟨contraire : à la mode⟩ *Ma grand-mère a des idées démodées sur l'éducation.* → **archaïque, dépassé, périmé.** ⟨contraire : d'avant-garde⟩

SE **DÉMODER** [demɔde] verbe pronominal [conjugaison 1a] ▪ (qqch.) Ne plus être à la mode. *Cette forme de jupe s'est très vite démodée. Ce genre de meuble se démodera vite.*

DÉMOGRAPHIE [demɔgʀafi] n. f. ▪ *LA DÉMOGRAPHIE :* l'étude de la population. *La démographie permet de connaître le nombre d'habitants d'un pays, le nombre de naissances, de mariages et de morts par an.*

DEMOISELLE [dəmwazɛl] n. f. ▪ *UNE DEMOISELLE* **1.** Jeune fille (→ **mademoiselle).** STYLE RECHERCHÉ *Quand ces demoiselles seront prêtes, nous pourrons partir. Et que veut cette petite demoiselle ?* → **fille. 2.** STYLE RECHERCHÉ Femme qui ne s'est jamais mariée. *L'appartement du dessus est occupé par deux vieilles demoiselles.* **3.** *Une DEMOISELLE D'HONNEUR :* petite fille ou jeune fille qui accompagne la mariée pendant la cérémonie du mariage. *La mariée et ses quatre demoiselles d'honneur marchent en tête du cortège.*

DÉMOLIR [demɔliʀ] verbe [conjugaison 2] **1.** Détruire (une construction). *Les bombes ont démoli tout le quartier ancien de la ville.* → **abattre, détruire, raser.** ⟨contraires : bâtir, construire, édifier⟩ **2.** Mettre en morceaux, casser. → STYLE FAMILIER **bousiller, déglinguer.** *Mon petit garçon démolit tous ses jouets.* **3.** Mettre en mauvais état. *Ces cachets me démolissent l'estomac : je vais arrêter d'en prendre.* → STYLE FAMILIER **esquinter. 4.** STYLE FAMILIER Mettre (qqn) hors de combat en frappant. *Le boxeur a démoli son adversaire.* **5.** Ruiner la réputation, l'influence de (qqn). *Ce metteur en scène a été démoli par les critiques des journalistes.* → **éreinter. 6.** STYLE FAMILIER Abattre, déprimer. *Cette mauvaise nouvelle m'a complètement démoli.*

DÉMOLISSEUR [demɔlisœʀ] n. m., **DÉMOLISSEUSE** [demɔlisøz] n. f. ▪ *UN DÉMOLISSEUR, UNE DÉMOLISSEUSE :* une personne qui démolit un bâtiment. → **bâtisseur, constructeur.** *Les démolisseurs ont abattu les murs du vieil immeuble.*

DÉMOLITION [demɔlisjɔ̃] n. f. ▪ *LA DÉMOLITION :* fait de démolir (une construction). *Le maire de la ville a ordonné la démolition de ce vieux quartier insalubre.* → **destruction.** ⟨contraire : construction⟩ *Le chantier de démolition emploie beaucoup d'ouvriers.*

DÉMON [demɔ̃] n. m. ▪ *UN DÉMON* **1.** Ange déchu, révolté contre Dieu, dans lequel vit l'esprit du mal, dans la religion chrétienne. → **diable.** *Autrefois, certains magiciens évoquaient les démons.* **2.** *LE DÉMON :* Satan (appelé aussi Lucifer ou Belzébuth), prince des démons, ange révolté contre Dieu et qui représente le Mal, dans la croyance chrétienne. *D'après les chrétiens, le démon tente les hommes pour les inciter à faire le mal.* **3.** Personne méchante, malfaisante. *Quel démon, cette femme ! Ange ou démon ?* **4.** Enfant espiègle, turbulent. *Il est temps de mettre au lit ces petits démons.* → **diable.** **5.** STYLE RECHERCHÉ *LE DÉMON DE :* ce qui personnifie une mauvaise tentation, un défaut auquel il est difficile de résister. *Le démon de la curiosité l'a poussée à ouvrir cette lettre qui ne lui était pas adressée.*

DÉMONIAQUE [demɔnjak] adj. (après le nom) ▪ Digne d'un démon, du démon. *Je crains toujours ses idées démoniaques. Il a parfois un sourire démoniaque qui met mal à l'aise.* → **diabolique, satanique.** ⟨contraire : angélique⟩

DÉMONSTRATEUR [demɔ̃stʀatœʀ] n. m., **DÉMONSTRATRICE** [demɔ̃stʀatʀis] n. f. ▪ *UN DÉMONSTRATEUR, UNE DÉMONSTRATRICE :* une personne qui montre les qualités d'un produit, qui explique comment fonctionne un appareil avant de le vendre. *Sa femme est démonstratrice d'appareils ménagers dans un grand magasin.*

DÉMONSTRATIF [demɔ̃stʀatif] adj. et n. m., **DÉMONSTRATIVE** [demɔ̃stʀativ] adj.
I. adjectif (après le nom) **1.** (qqn) Qui montre, manifeste facilement ses sentiments. *Elle dit toujours ce qu'elle ressent, elle est très démonstrative.* → **expansif, ouvert.** ⟨contraires : renfermé, réservé⟩ **2.** *UN ADJECTIF DÉMONSTRATIF :* adjectif qui sert à désigner une personne ou une chose dont on a déjà parlé ou que l'on montre. *« Ce », « cet », « cette » et « ces » sont des adjectifs démonstratifs.* **3.** *UN PRONOM DÉMONSTRATIF :* pronom qui désigne un être ou une chose dont on a déjà parlé ou que l'on montre, qui représente un nom, une idée. *« Ce », « ceci », « cela », « ça », « celui », « celle » sont des pronoms démonstratifs.* **II.** *UN DÉMONSTRATIF :* adjectif ou pronom démonstratifs. *« Celui » et « cette » sont des démonstratifs.*

DÉMONSTRATION [demɔ̃stʀasjɔ̃] n. f. ▪ *UNE DÉMONSTRATION* **1.** Le fait de montrer ses sentiments, ses intentions. *Il m'a fait de nombreuses démonstrations d'amitié.* → **manifestation, marque.** *Le chien accueille son maître avec des démonstrations de joie.* **2.** Raisonnement qui montre comment on arrive à un résultat. *Le professeur fait au tableau la démonstration du théorème.* → **preuve.** **3.** Action de montrer comment fonctionne un appareil, d'expliquer les bienfaits d'un produit. *Quand elle a acheté un nouveau lave-linge, le vendeur lui a fait une démonstration,* il lui a montré comment le lave-linge fonctionnait.

> FAUX AMIS
> allemand **Demonstration,**
> anglais **demonstration**
> « manifestation de rue »

DÉMONSTRATRICE n., féminin de **démonstrateur**

DÉMONTABLE [demɔ̃tabl] adj. (après le nom) ▪ (objet, appareil) Que l'on peut démonter et remonter facilement. *Ce jouet est entièrement démontable.*

DÉMONTAGE [demɔ̃taʒ] n. m. ▪ *LE DÉMONTAGE :* action de démonter (qqch.). *Les déménageurs ont terminé le démontage de la bibliothèque.* ⟨contraire : montage⟩

DÉMONTÉ [demɔ̃te], **DÉMONTÉE** [demɔ̃te] adj. (après le nom) **1.** Dont on a démonté les parties, les éléments. *Le carburateur est démonté.* **2.** *UNE MER DÉMONTÉE,* très agitée. *Aujourd'hui, les bateaux sont restés au port car la mer est démontée.* ⟨contraire : calme⟩

DÉMONTER [demɔ̃te] verbe [conjugaison 1a] **1.** *Démonter un objet,* le défaire en séparant toutes les pièces, toutes les parties dont il est fait. *Il faut démonter le cirque et les tentes pour partir ailleurs. Elle a démonté son réveil pour le réparer.* ⟨contraires : monter, remonter⟩ **2.** (cheval) Faire tomber son cavalier. *La jument a démonté sa cavalière.* → **désarçonner.** **3.** Déconcerter, troubler (qqn), faire perdre son assurance à (qqn). *Le candidat ne s'est pas laissé démonter par la question de l'examinateur.* **4.** verbe pronominal SE DÉMONTER : perdre son assurance, être déconcerté. → **troubler.** *Le professeur a voulu intimider l'élève, mais celle-ci ne s'est pas démontée.*

DÉMONTRER [demɔ̃tʀe] verbe [conjugaison 1a] **1.** (qqn) Montrer de manière claire et évidente la vérité de (qqch.). → **établir, prouver.** *Le professeur démontre le théorème à ses élèves* **(→ démonstration).** *L'avocat a DÉMONTRÉ QUE son client était innocent.* **2.** (qqch.) Indiquer, montrer, révéler. *Ces événements démontrent qu'un changement de politique est nécessaire.*

DÉMORALISANT [demɔʀalizɑ̃], **DÉMORALISANTE** [demɔʀalizɑ̃t] adj. (après le nom) ▪ Qui démoralise, décourage. *Ces échecs successifs sont démoralisants.* → **décourageant, déprimant.** *C'est démoralisant de recommencer trois fois le même travail.* ⟨contraires : encourageant, réconfortant⟩

DÉMORALISER [demɔʀalize] verbe [conjugaison 1a] **1.** Faire perdre le moral à (qqn), décourager. *Tout ce que j'ai encore à faire, ça me démoralise ! – Après son échec à l'examen, il était complètement démoralisé.* **2.** verbe pronominal SE DÉMORALISER : se décourager. *Il se démoralise facilement, il faut toujours l'encourager. Elle s'est démoralisée très vite.*

> FAUX AMI
> polonais
> **demoralizować**
> « dépraver »

DÉMORDRE [demɔʀdʀ] verbe [conjugaison 41a] ▪ *NE PAS DÉMORDRE DE :* renoncer à (qqch.), abandonner. *Il n'a pas voulu démordre de son idée. Elle n'en démordra pas.*

REM. Ce verbe ne s'emploie qu'à la forme négative.

démords [demɔʀ] *Je n'en démords pas, tu n'en démords pas :* forme au présent du verbe **démordre.**

démordu [demɔʀdy] *Elle n'a pas démordu de ses idées :* forme au participe passé du verbe **démordre.**

DÉMOTIVANT [demɔtivɑ̃], **DÉMOTIVANTE** [demɔtivɑ̃t] adj. (après le nom) ▪ Qui démotive, décourage. *On ne reconnaît pas son travail et il trouve cela démotivant.* → **décourageant.** ⟨contraire : motivant⟩ *Il y a une ambiance démotivante dans cette entreprise.*

DÉMOTIVER [demɔtive] verbe [conjugaison 1a] ▪ Faire perdre à (qqn) l'envie ou la raison de continuer un travail, une action. *L'absence d'augmentation de salaire démotive les salariés de l'usine.* → **démobiliser, démoraliser.** *Il ne faut pas démotiver les gens par de constantes critiques. Cet échec l'a complètement démotivé.* ⟨contraires : encourager, motiver⟩

DÉMOULER [demule] verbe [conjugaison 1a] ▪ Retirer du moule. *Le sculpteur démoule la statue de plâtre.* ⟨contraire : mouler⟩ *Elle a démoulé le gâteau après l'avoir retiré du four.*

DÉMUNI [demyni], **DÉMUNIE** [demyni] adj. (après le nom) **1.** Qui est privé de, qui manque de (qqch. d'important). *Je suis sorti ce matin en étant complètement démuni d'argent. Il y a de plus en plus de gens démunis de tout,* qui manquent de tout, qui n'ont rien pour vivre. **2.** (au pluriel) *LES PLUS DÉMUNIS :* ceux qui manquent de tout. *Parmi ces femmes, les plus démunies sont aidées par des bénévoles.*

DÉMUNIR [demyniʀ] verbe [conjugaison 2] ▪ STYLE RECHERCHÉ **1.** Priver (qqn) d'une chose importante. *Je ne veux pas vous démunir de votre monnaie.* → **dépouiller. 2.** verbe pronominal SE DÉMUNIR : se priver de (qqch. d'important). → se **dessaisir.** *Cette religieuse s'est démunie de tout avant d'entrer au couvent.*

DÉMYSTIFIER [demistifje] verbe [conjugaison 7a] **1.** Détromper (qqn qui a été abusé, berné). *Cet article de journal a démystifié les victimes de ce guérisseur.* ⟨contraire : mystifier⟩ **2.** Priver (qqch.) de son mystère en montrant de quoi il s'agit vraiment. *La publication de ce scandale financier a démystifié la politique du gouvernement.*

REM. Au sens 2., l'emploi de ce verbe est parfois critiqué.

DÉNATURÉ [denatyʀe], **DÉNATURÉE** [denatyʀe] adj. (après le nom) **1.** (produit) Dont la nature a été modifiée, altérée. *Ce vin a un drôle de goût, il doit être dénaturé.* **2.** Contraire à ce qui est considéré comme naturel, chez l'être humain. *Il aime les fruits pourris : il a des goûts dénaturés.* → **dépravé, pervers. 3.** (parents) Qui néglige ses devoirs envers ses enfants. *C'est une MÈRE DÉNATURÉE, incapable de prendre soin de sa fille.*

DÉNATURER [denatyʀe] verbe [conjugaison 1a] **1.** Altérer la nature, le goût de (un produit). *Trop de sel dénature le goût des aliments.* **2.** Changer la nature de (qqch.), donner une fausse apparence à (qqch.). → **altérer.** *Certains journaux ont dénaturé les faits.* → **déformer.** *Je n'ai jamais dit ça, tu dénatures ma pensée. Si on disait ça, ça dénaturerait* [denatyʀʀɛ] *mes paroles.*

DÉNEIGEMENT [denɛʒmɑ̃] n. m. ▪ *LE DÉNEIGEMENT :* le fait de déblayer la neige qui bloque une route, une voie. *Le chasse-neige a terminé le déneigement de la route.* ⟨contraire : enneigement⟩

DÉNEIGER [deneʒe] verbe [conjugaison 3b] ▪ Enlever la neige de (une voie de communication, un accès). *Déneigeons l'entrée du garage pour que la voiture puisse passer. – Toutes les routes sont déneigées.* ⟨contraire : enneigé⟩

DÉNICHER [deniʃe] verbe [conjugaison 1a] **1.** Enlever d'un nid (des oiseaux, des œufs). *Les enfants ont déniché des œufs d'hirondelle.* **2.** Trouver après avoir beaucoup cherché. *J'ai déniché un miroir ancien chez un brocanteur. Nos amis ont déniché un grand appartement grâce aux petites annonces d'un journal.*

DÉNIGREMENT [denigʀəmɑ̃] n. m. ▪ *LE DÉNIGREMENT :* action de dénigrer, de critiquer, de dire du mal. → **critique.** ⟨contraires : éloge, louange⟩ *Les journaux ont commencé une véritable CAMPAGNE DE DÉNIGREMENT contre le nouveau gouvernement,* ils se sont mis à critiquer systématiquement le nouveau gouvernement.

DÉNIGRER [denigʀe] verbe [conjugaison 1a] ▪ Critiquer, dire du mal de (qqn, qqch.). *Il dénigre toujours ce que font les autres.* ⟨contraires : approuver, louer, vanter⟩

DÉNIVELLATION [denivelasjɔ̃] n. f. ▪ *UNE DÉNIVELLATION :* différence de niveau. *Il y a mille trois cents mètres de dénivellation entre le pied de la montagne et le sommet.*

DÉNOMBRER [denɔ̃bʀe] verbe [conjugaison 1a] ▪ Faire le compte de. *Le moniteur de la colonie de vacances dénombre tous les enfants avant chaque promenade.* → **compter.** *Les sauveteurs ont dénombré cent deux victimes dans l'accident du train.* → **recenser.**

DÉNOMINATEUR [denɔminatœʀ] n. m. ▪ *LE DÉNOMINATEUR :* nombre placé sous la barre d'une fraction et indiquant le diviseur. *Une fraction comporte un dénominateur et un numérateur. Ces fractions n'ont pas le même dénominateur. Cherchez le DÉNOMINATEUR COMMUN de ces fractions,* obtenu en réduisant plusieurs fractions au même dénominateur. – (figuré) *Le dénominateur commun entre ces deux amis est leur amour de la nature,* l'élément commun, ce qui les rapproche.

DÉNOMMÉ [denɔme], **DÉNOMMÉE** [denɔme] adj. (avant un nom propre) ▪ *LE DÉNOMMÉ (UNTEL), LA DÉNOMMÉE (UNE TELLE) :* la personne appelée (Untel, Une Telle). *C'est le dénommé Dupont qui a gagné,* celui qui s'appelle Dupont.

DÉNOMMER [denɔme] verbe [conjugaison 1a] ▪ Donner un nom à (qqn, qqch.). *On dénomme les habitants de la France les Français.* → **appeler, nommer.** *Ils ont dénommé leur fille Marie.*

DÉNONCER [denɔ̃se] verbe [conjugaison 3a] **1.** Désigner (qqn) comme coupable. *Le voleur a dénoncé ses complices à la police.* → **accuser, trahir ;** STYLE FAMILIER **balancer, moucharder. 2.** Faire connaître, signaler. *Nous dénonçons vigoureusement ces abus. Ce scandale financier a été dénoncé dans la presse.* **3.** *DÉNONCER UN CONTRAT :* rompre, annuler un contrat. *Elle a dénoncé son contrat d'assurance quand elle a vendu sa voiture.* **4.** verbe pronominal SE DÉNONCER : dire que l'on est coupable, se livrer. *L'assassin s'est dénoncé à la police. Elle s'est dénoncée.*

DÉNONCIATEUR [denɔ̃sjatœʀ] n. m., **DÉNONCIATRICE** [denɔ̃sjatʀis] n. f. ▪ *UN DÉNONCIATEUR, UNE DÉNONCIATRICE :* une personne qui dénonce (qqn) à la police, à la justice. → **délateur, indicateur ;** STYLE FAMILIER **mouchard.** *Le commissaire de police a reçu une lettre du dénonciateur du voleur.*

DÉNONCIATION [denɔ̃sjasjɔ̃] n. f. **1.** *UNE DÉNONCIATION :* action de dénoncer (qqn, qqch.). *Le témoin a fait une fausse dénonciation à la police.* → **délation.** *Le commissaire a reçu une lettre de dénonciation,* une lettre qui accusait qqn. *La police l'a su par plusieurs dénonciations.* **2.** *LA DÉNONCIATION :* rupture, annulation. *La dénonciation du contrat doit être faite dans un mois.*

DÉNONCIATRICE n., féminin de **dénonciateur**

DÉNOTER [denɔte] verbe [conjugaison 1a] ▪ (qqch.) Indiquer, montrer. *Son attitude dénote un grand égoïsme.*

DÉNOUEMENT [denumɑ̃] n. m. ▪ *UN DÉNOUEMENT* **1.** Façon dont se termine une histoire, une pièce de théâtre. *Le dénouement de cette pièce est vraiment imprévu.* → **conclusion, épilogue. 2.** Manière dont se termine une affaire difficile. *Attendons le dénouement. Cette affaire a eu un dénouement tragique.* → **fin, issue.**

DÉNOUER [denwe] verbe [conjugaison 1a] **1.** Défaire un nœud, une chose nouée. → **délier, détacher.** *Elle a dénoué la ceinture de sa robe.* ⟨contraire : nouer⟩ *Il dénouera* [denuʀa] *ses lacets avant d'enlever ses chaussures. – Ses cheveux sont dénoués,* défaits, libres. **2.** Démêler, éclaircir (une affaire, une difficulté). *Le détective a dénoué une bien étrange intrigue.* → **résoudre.**

DÉNOYAUTER [denwajote] verbe [conjugaison 1a] ▪ Enlever le noyau de (un fruit). *Elle dénoyaute les prunes pour faire une tarte. – J'ai acheté un bocal d'olives dénoyautées.*

DENRÉE [dɑ̃ʀe] n. f. ■ *UNE DENRÉE* **1.** Produit alimentaire. → **aliment.** *Les fruits sont des DENRÉES PÉRISSABLES.* **2.** *UNE DENRÉE RARE :* une chose rare, précieuse. *La véritable amitié est une denrée rare.* → **rareté.**

REM. *Denrée* est moins courant que *aliment.*

DENSE [dɑ̃s] adj. (après le nom) **1.** Épais, compact. *Il y a ce matin un brouillard très dense.* → **épais.** – *Une foule dense marche dans les couloirs du métro,* une foule nombreuse et serrée. ⟨contraire : clairsemé⟩ **2.** (matière) Qui occupe un certain volume par rapport à l'air ou à l'eau (→ **densité**). *L'eau est plus dense que l'air :* l'eau est plus lourde que l'air pour un volume égal. **3.** Qui comporte beaucoup d'éléments dans peu de place. *Cet écrivain a un style très dense.* → **concis.**

REM. *Danse* «suite de mouvements» se prononce de la même façon.

DENSITÉ [dɑ̃site] n. f. ■ *LA DENSITÉ* **1.** Épaisseur. *La densité de la fumée rend l'air irrespirable.* **2.** *LA DENSITÉ DE LA POPULATION :* le nombre d'habitants par kilomètre carré. *Dans les villes, la densité de population est beaucoup plus grande qu'à la campagne.* **3.** Rapport entre le volume d'un corps et son poids par comparaison avec le même volume d'eau (pour les liquides et les solides) ou d'air (pour les gaz). *La densité de l'or est plus forte que celle du plomb.*

DENT [dɑ̃] n. f. ■ *UNE DENT* **1.** Chacun des petits organes durs de la bouche, de couleur blanche, planté dans les gencives, servant à mordre et à mâcher. *L'homme a trente-deux dents, de différentes sortes.* → **canine, incisive, molaire.** – *LES DENTS DE LAIT :* les premières dents, qui tombent vers l'âge de six ou sept ans et sont remplacées par les dents définitives. *Mon fils vient de perdre une dent de lait.* – *LES DENTS DE SAGESSE :* les molaires situées tout au fond de la bouche, qui poussent vers l'âge de dix-huit ans. *Le dentiste lui a arraché une dent de sagesse.* – *Il faut se brosser les dents matin et soir. J'ai acheté une nouvelle BROSSE À DENTS. Il a MAL AUX DENTS : il a sûrement une carie. Il a une RAGE DE DENTS :* il a très mal aux dents. *ELLE SERRE LES DENTS* (de douleur). *Mon fils a la fièvre, il CLAQUE DES DENTS.* – *Le bébé FAIT SES DENTS,* ses premières dents sont en train de pousser. – *Ce chien a des dents très pointues.* → **croc.** *Le tigre MONTRE LES DENTS d'un air menaçant.* – *Il n'a pas DESSERRÉ LES DENTS de la soirée,* il n'a pas dit un seul mot. *Je ne comprends pas ce que tu dis : tu PARLES ENTRE TES DENTS,* tu ne parles pas distinctement. – *L'enfant MORD À BELLES DENTS dans une tartine,* il mord fort dedans. – *Elle n'a pas l'air d'avoir faim, elle MANGE DU BOUT DES DENTS,* elle mange à contrecœur, sans appétit. – *Il va SE CASSER LES DENTS :* il va échouer. – *Elle A UNE DENT CONTRE moi :* elle m'en veut. – *Ce garçon A LES DENTS LONGUES,* il est très ambitieux. – *En ce moment, à l'usine, tous les ouvriers SONT SUR LES DENTS,* ils sont très occupés, ils ont beaucoup à faire. – *Je n'ai RIEN À ME METTRE SOUS LA DENT et j'ai affreusement faim,* je n'ai rien à manger. – STYLE FAMILIER *Il A LA DENT,* il a faim. – *Il me remboursera QUAND LES POULES AURONT DES DENTS,* jamais. – *Les soldats sont ARMÉS JUSQU'AUX DENTS,* ils sont très bien armés. **2.** Chacune des parties pointues de certains objets. *Il manque plusieurs dents à mon peigne* (→ **édenté**). *Cette fourche a trois dents.* – *EN DENTS DE SCIE :* qui présente une forme irrégulière faite d'une suite de pointes et de creux. *La courbe de température du malade est en dents de scie, elle est irrégulière.* → **irrégulier.**

FAUX AMI
anglais **dent** «bosse sur du métal»

DENTAIRE [dɑ̃tɛʀ] adj. (après le nom) ■ Qui concerne les dents. *J'ai un abcès dentaire,* un abcès à une dent. *Cette petite fille porte un APPAREIL DENTAIRE pour lui redresser les dents.*

DENTÉ [dɑ̃te], **DENTÉE** [dɑ̃te] adj. (après le nom) ■ (qqch.) Dont le bord a des entailles, des dents pointues. *Cet engrenage est formé de plusieurs roues dentées.*

DENTELÉ [dɑ̃tle], **DENTELÉE** [dɑ̃tle] adj. (après le nom) ■ (qqch.) Dont les bords sont découpés. *L'ortie a des feuilles dentelées.*

DENTELLE [dɑ̃tɛl] n. f. ■ *LA DENTELLE* **1.** Tissu très fin et très léger fait d'un réseau de fils entrelacés formant des dessins et dont le bord est généralement dentelé. *Elle porte un chemisier de dentelle. La table est recouverte d'une nappe en dentelle blanche.* **2.** STYLE FAMILIER *NE PAS FAIRE DANS LA DENTELLE :* agir sans délicatesse, se montrer grossier. *Il ne fait pas dans la dentelle, avec ses grosses plaisanteries.* **3.** *DES CRÊPES DENTELLE,* biscuit feuilleté très léger. *Nous avons mangé des crêpes dentelle avec la glace.*

DENTIER [dɑ̃tje] n. m. ■ *UN DENTIER :* appareil dentaire comportant des fausses dents. *Ma grand-mère a perdu toutes ses dents et elle porte un dentier.* → STYLE FAMILIER **râtelier.**

DENTIFRICE [dɑ̃tifʀis] n. m. ■ *LE DENTIFRICE :* produit qui sert à nettoyer les dents. *Elle se lave les dents avec un dentifrice spécial pour les gencives fragiles. Le tube de dentifrice est resté ouvert.*

DENTISTE [dɑ̃tist] n. m., n. f. ■ *UN DENTISTE, UNE DENTISTE :* une personne dont le métier est de soigner les dents. *Je suis allé chez le dentiste, car j'ai un abcès à une dent. Sa femme est dentiste.*

DENTITION [dɑ̃tisjɔ̃] n. f. ■ *LA DENTITION :* l'ensemble des dents. *Il a une bonne dentition,* des dents en bon état.

DÉNUDER [denyde] verbe [conjugaison 1a] **1.** Mettre à nu, dépouiller de ce qui recouvre. *L'électricien a dénudé les fils électriques,* il a enlevé la gaine qui les isole. *Cette robe dénude complètement le dos.* → **découvrir.** ⟨contraires : couvrir, recouvrir⟩ **2.** STYLE RECHERCHÉ verbe pronominal SE DÉNUDER : se déshabiller, se mettre nu. *Sur la plage, les baigneurs se sont dénudés,* ils se sont mis nus.

DÉNUÉ [denɥe], **DÉNUÉE** [denɥe] adj. (après le nom) ■ *DÉNUÉ DE :* dépourvu de, qui manque de. *Cette organisation aide les personnes dénuées de tout.* → **démuni.** – *Mon frère est dénué de la moindre fantaisie,* il n'a aucune fantaisie. *Elle n'est pas dénuée d'humour :* elle a de l'humour. *Ce film est dénué d'intérêt,* il est sans intérêt. → **dépourvu.**

DÉNUEMENT [denymɑ̃] n. m. ■ *LE DÉNUEMENT :* l'état d'une personne qui est dénuée de tout, qui manque du nécessaire pour vivre. *Ces pauvres gens vivent dans le dénuement le plus complet.* → **misère, pauvreté.** ⟨contraire : richesse⟩

DÉODORANT [deɔdɔʀɑ̃] n. m. ■ *UN DÉODORANT :* produit de toilette utilisé contre l'odeur de transpiration. *Elle se met du déodorant sous les bras chaque matin après sa douche.*

DÉPANNAGE [depanaʒ] n. m. ■ *UN DÉPANNAGE :* réparation de ce qui est en panne. *Le garagiste vient d'être appelé pour le dépannage d'une voiture sur l'autoroute. Il a fait trois dépannages dans la journée.*

DÉPANNER [depane] verbe [conjugaison 1a] **1.** Réparer (ce qui est en panne). *Un technicien a dépanné notre téléviseur.* **2.** STYLE FAMILIER Tirer (qqn) d'embarras en lui rendant service. *Peux-tu me prêter cent francs jusqu'à demain, ça me dépannerait ?*

DÉPANNEUR [depanœʀ] n. m. ■ *UN DÉPANNEUR :* une personne dont le métier est de dépanner. *La télévision est en panne, il faut appeler le dépanneur.*

DÉPANNEUSE [depanøz] n. f. ▪ *UNE DÉPANNEUSE :* voiture qui remorque les automobiles en panne. *La dépanneuse remorque la voiture en panne jusqu'au garage.*

DÉPAQUETER [depakte] verbe [conjugaison 4b] ▪ Défaire (un paquet). *L'enfant dépaquette ses cadeaux d'anniversaire.* ⟨contraire : empaqueter⟩

DÉPAREILLÉ [depaʀeje], **DÉPAREILLÉE** [depaʀeje] adj. (après le nom) **1.** (série, collection) Qui n'est pas complet, qui est formé d'éléments qui ne sont pas assortis. *Ces verres sont dépareillés, il n'y en a pas deux identiques.* ⟨contraire : assorti⟩ **2.** Qui n'est plus avec les autres objets qui formaient une paire, une collection. *Ces deux chaussettes sont dépareillées : l'une est jaune et l'autre est bleue. J'ai retrouvé un volume dépareillé de « la Comédie humaine » de Balzac.*

DÉPARER [depaʀe] verbe [conjugaison 1a] ▪ Nuire à l'harmonie de (qqch.). *Si cette affreuse maison est construite, elle déparera* [depaʀʀa] *le paysage.* → **enlaidir.** ⟨contraires : agrémenter, embellir⟩

> FAUX AMI
> espagnol **deparar** « fournir »

DÉPART [depaʀ] n. m. ▪ *LE DÉPART* **1.** Action de partir. *Nous préparons notre départ en voyage.* ⟨contraire : arrivée⟩ *Nous sommes SUR LE DÉPART :* nous sommes prêts à partir. – *Les coureurs sont sur LA LIGNE DE DÉPART,* sur la ligne d'où ils partent. *Les bateaux PRENDRONT LE DÉPART de la course à treize heures,* ils partiront à treize heures. *L'un des chevaux a pris un mauvais départ,* il est parti avant, au mauvais moment. – (figuré) *Cette expérience a été l'occasion pour lui de prendre un nouveau départ dans la vie.* **2.** Le fait de quitter un lieu, une situation. *Depuis son départ à la retraite, elle s'est mise à peindre. Certains députés demandent le départ du président.* → **démission. 3.** Commencement (d'une action, d'un mouvement). → **début, origine.** *Personne n'avait prévu cela AU DÉPART,* au début. *Il faudrait se mettre d'accord DÈS LE DÉPART. – L'idée DE DÉPART est celle-ci,* l'idée initiale. – *Ces amoureux ont oublié le POINT DE DÉPART de leur dispute,* l'origine de leur dispute. ⟨contraires : aboutissement, fin⟩ **4.** (au pluriel) LES DÉPARTS : voyageurs, voitures, trains qui partent. *Il y a de nombreux départs le week-end. C'est la grève, il n'y a aucun départ à la gare aujourd'hui.*

DÉPARTAGER [depaʀtaʒe] verbe [conjugaison 3b] ▪ Choisir entre (des personnes qui sont à égalité). *Une question supplémentaire départagera les candidats ex æquo au concours. Départageons les concurrents en tirant au sort :* désignons le vainqueur des concurrents à égalité en tirant au sort.

DÉPARTEMENT [depaʀtəmɑ̃] n. m. ▪ *UN DÉPARTEMENT :* partie du territoire français dirigée par un préfet assisté par le Conseil général. *La France comprend quatre-vingt-seize départements métropolitains et quatre départements d'outre-mer. Marseille est le chef-lieu du département des Bouches-du-Rhône.*

> FAUX AMIS
> espagnol **departamento** « compartiment ; rayon ; service » ; norvégien **departement** « ministère »

DÉPARTEMENTAL [depaʀtəmɑ̃tal], **DÉPARTEMENTALE** [depaʀtəmɑ̃tal] adj. (après le nom) ▪ Qui appartient au département, dépend du département. *L'automobiliste a emprunté une route départementale.* MASCULIN PLURIEL : *les services DÉPARTEMENTAUX* [depaʀtəmɑ̃to].

SE **DÉPARTIR** [depaʀtiʀ] verbe pronominal [conjugaison 16a] ▪ *SE DÉPARTIR DE :* abandonner, renoncer à. *Elle ne s'est jamais départie de son calme.* ⟨contraires : conserver, garder⟩

> REM. Ce verbe ne s'emploie qu'à l'infinitif et aux temps composés. Il se conjugue comme *partir* et non comme *répartir* (ex. : *il ne se départ jamais de son sourire*).

DÉPASSÉ [depase], **DÉPASSÉE** [depase] adj. (après le nom) **I.** (idée) Démodé, périmé. *Ma grand-mère a des idées dépassées sur l'éducation des enfants.* ⟨contraires : actuel, nouveau⟩ **II.** (qqn) Qui ne peut plus maîtriser la situation. *Il est complètement DÉPASSÉ PAR LES ÉVÉNEMENTS,* il ne peut plus y faire face.

DÉPASSEMENT [depasmɑ̃] n. m. ▪ *LE DÉPASSEMENT :* action de dépasser (un véhicule). *Le dépassement en haut d'une côte est dangereux. Attention, dépassement interdit sur deux kilomètres.*

DÉPASSER [depase] verbe [conjugaison 1a] **1.** Passer devant. *La voiture met sont clignotant pour dépasser le camion.* → **doubler. 2.** Aller plus loin que (qqch.). *Les coureurs ont dépassé la ligne d'arrivée.* **3.** Aller plus loin (en dimensions), être plus long, plus haut, plus grand que. *Il dépasse son frère de cinq centimètres :* il est plus grand que son frère de cinq centimètres. – *L'entretien a dépassé dix minutes,* il a duré plus de dix minutes. *Sa jupe DÉPASSE DE son manteau.* **4.** Faire plus que (qqn) dans un domaine. *En classe, il dépasse tous ses camarades.* → **devancer, surpasser. 5.** Aller au-delà de (certaines limites). → **franchir, outrepasser, passer.** *Cette fois, tu as dépassé la mesure,* tu as vraiment exagéré. – *Les mots ont dépassé ma pensée. Les résultats ont dépassé toutes nos espérances :* les résultats ont été bien meilleurs que prévu. *Je n'y arriverai pas, cela dépasse mes forces,* c'est trop difficile pour moi. – *Ça le dépasse :* c'est trop difficile pour lui ; il ne peut admettre, imaginer cela. → **dérouter, étonner. 6.** verbe pronominal SE DÉPASSER : faire un effort pour aller jusqu'au bout de ses possibilités. *Elle s'est vraiment dépassée pour obtenir ce succès.* → se **surpasser.**

DÉPASSIONNER [depasjɔne] verbe [conjugaison 1a] ▪ Rendre moins passionné, plus objectif (une discussion, une question). *Le journaliste qui mène le débat télévisé a dépassionné la discussion entre les participants.* → **dédramatiser.**

SE **DÉPATOUILLER** [depatuje] verbe pronominal [conjugaison 1a] ▪ STYLE FAMILIER Se sortir d'une situation embarrassante. *Il va falloir se dépatouiller de tout cela. Elle s'est dépatouillée toute seule.*

DÉPAYSANT [depeizɑ̃], **DÉPAYSANTE** [depeizɑ̃t] adj. (après le nom) ▪ Qui dépayse, fait changer de milieu, de cadre de vie. *J'ai trouvé mon séjour en Chine très dépaysant. C'est une atmosphère assez dépaysante.*

DÉPAYSÉ [depeize], **DÉPAYSÉE** [depeize] adj. (après le nom) ▪ Dérouté, désorienté par le changement d'habitudes, de milieu. *En Amérique, elle se sent toujours un peu dépaysée.*

DÉPAYSEMENT [depeizmɑ̃] n. m. ▪ *LE DÉPAYSEMENT :* état d'une personne dépaysée, qui n'est plus dans son pays, dans son milieu habituel. *Ils aiment voyager dans des pays insolites, car ils recherchent avant tout le dépaysement.*

DÉPAYSER [depeize] verbe [conjugaison 1a] ▪ Troubler, désorienter en changeant de pays, de milieu, de cadre de vie. *Le voyage qu'elle doit faire au Japon la dépaysera sûrement. Leur séjour en Afrique les a beaucoup dépaysés.*

DÉPECER [depəse] verbe [conjugaison 3a et 5] ▪ Découper en morceaux (un animal). *Le boucher dépèce un bœuf. Dans la savane, les lions dépècent une gazelle.*

> REM. Le *c* a une cédille devant *a* (ex. : *il dépeçait*) et devant *o* (ex. : *nous dépeçons*).

DÉPÊCHE [depɛʃ] n. f. ▪ *UNE DÉPÊCHE :* message transmis très rapidement. *Les journalistes reçoivent des dépêches qui les informent des derniers événements.*

DÉPÊCHER [depeʃe] verbe [conjugaison 1a]
I. STYLE RECHERCHÉ Envoyer (qqn) pour porter rapidement un message. → **expédier.** *Le roi a dépêché un messager auprès de son puissant voisin.*
II. verbe pronominal SE DÉPÊCHER : faire vite, se presser. *Elle S'EST DÉPÊCHÉE DE s'habiller.* → se **hâter ;** STYLE FAMILIER se **grouiller,** se **magner.** ⟨contraires : lambiner, traîner⟩ *Allons, dépêchez-vous, nous allons être en retard ! –* STYLE FAMILIER *Allez, dépêche !* dépêche-toi.

dépeigne [depɛɲ] *Que je dépeigne ; qu'il dépeigne, qu'elle dépeigne :* forme au subjonctif du verbe **dépeigner** et du verbe **dépeindre.**

DÉPEIGNER [depeɲe] verbe [conjugaison 1a] ▪ Déranger les cheveux de (qqn). *Le vent nous a dépeignés.* → **décoiffer.** ⟨contraires : coiffer, peigner⟩ – *Recoiffe-toi, tu es toute dépeignée.*

DÉPEINDRE [depɛ̃dʀ] verbe [conjugaison 52b] ▪ Décrire, représenter en détail. *Tu dépeins très bien la scène. Il voulait que je lui dépeigne chaque bibelot de la maison. Les choses sont exactement comme il me les a dépeintes.*

REM. À l'imparfait : *il dépeignait ;* au futur : *il dépeindra ;* au participe présent : *dépeignant.*

dépeint [depɛ̃], **dépeinte** [depɛ̃t] *Il a dépeint la scène ; la scène qu'il a dépeinte :* formes au participe passé du verbe **dépeindre.**

DÉPENAILLÉ [depənaje], **DÉPENAILLÉE** [depənaje] adj. (après le nom) ▪ Dont les vêtements sont déchirés, en mauvais état ou en désordre. *Des enfants dépenaillés courent dans les rues.* → **débraillé, déguenillé.**

DÉPENDANCE [depɑ̃dɑ̃s] n. f. ▪ *LA DÉPENDANCE* **1.** Le fait pour qqn de dépendre de qqn ou de qqch. *La dépendance d'un nouveau-né vis-à-vis de sa mère est totale.* ⟨contraires : autonomie, indépendance⟩ *Autrefois, les anciennes colonies d'Afrique étaient SOUS LA DÉPENDANCE des pays européens.* → **autorité, empire, joug. 2.** Besoin très fort de prendre de la drogue, créé par l'habitude. *La toxicomanie entraîne la dépendance.* → **accoutumance. 3.** (au pluriel) LES DÉPENDANCES (d'une propriété), les bâtiments et les terres qui en font partie. *Les écuries et le pavillon de chasse sont des dépendances du château.*

DÉPENDANT [depɑ̃dɑ̃], **DÉPENDANTE** [depɑ̃dɑ̃t] adj. (après le nom) ▪ Qui dépend de qqn ou de qqch. → **soumis, subordonné, tributaire.** ⟨contraires : autonome, indépendant⟩ *Les chiens sont dépendants de leur maître. Les deux choses sont dépendantes l'une de l'autre. – Les handicapés ou les personnes âgées sont des PERSONNES DÉPENDANTES,* des personnes qui ont besoin de l'aide de quelqu'un pour les aider dans leur vie de tous les jours.

① **DÉPENDRE** [depɑ̃dʀ] verbe [conjugaison 41a] ▪ *DÉPENDRE DE* **1.** Être soumis à l'intervention de (qqn, qqch.). *La décision dépend de toi. Cela ne dépend pas de vous. Si ça ne dépendait que de moi, ce serait déjà fait. Je ne sais pas si nous irons à la plage demain, ça dépendra du temps qu'il fera. – « Est-ce qu'il est gentil ? – Ça dépend ! »* c'est variable. *Ça dépend où. Ça dépend quand, avec qui, comment, pourquoi.* **2.** Être sous l'autorité de. *Jusqu'à leur majorité, les enfants dépendent de leurs parents. Il a longtemps dépendu de sa femme. Il ne faut pas que tu dépendes de lui. Pour exporter, ce pays dépend de l'Europe,* il a besoin de l'Europe. **3.** Faire partie de. → **appartenir.** *Ce parc dépend de la propriété que vous apercevez là-bas. Cette université dépend de l'académie de Lyon.* → **relever.**

REM. L'emploi au passé simple est rare (ex. : *ça ne dépendit que de lui*).

② **DÉPENDRE** [depɑ̃dʀ] verbe [conjugaison 41a] ▪ Retirer ce qui est pendu. *Elle a dépendu les rideaux pour les laver.* → **décrocher.** ⟨contraire : pendre⟩

① **dépendu** [depɑ̃dy] *L'homme dont elle a dépendu :* forme au participe passé du verbe ① **dépendre.**

② **dépendu** [depɑ̃dy], **dépendue** [depɑ̃dy] *Elle a dépendu une veste ; la veste qu'elle a dépendue :* formes au participe passé du verbe ② **dépendre.**

AUX **DÉPENS** DE [odepɑ̃də] préposition **1.** En causant un dommage à (qqn), au détriment de (qqn). *Tout le monde a ri À SES DÉPENS :* tout le monde a ri de lui. **2.** À la charge de (qqn). *Pendant longtemps, elle a vécu AUX DÉPENS DE son frère,* aux frais de son frère.

REM. *Dépens* était un nom masculin pluriel signifiant « dépense ».

DÉPENSE [depɑ̃s] n. f. **1.** *UNE DÉPENSE :* emploi d'une somme d'argent en vue d'un achat, d'un paiement. ⟨contraires : recette, revenu⟩ *L'achat de cette maison est une grosse dépense pour eux. Elle règle toutes ses dépenses par chèque.* → **frais.** *Ils donnent à leur fille de l'argent de poche pour ses menues dépenses. – Il est très généreux et NE REGARDE PAS À LA DÉPENSE,* il n'a pas peur de dépenser de l'argent, il n'est pas avare. **2.** Sortie d'argent. *Les gains et les dépenses sont équilibrés. Sur ce livre de comptes, la colonne des dépenses est à côté de celle des recettes.* **3.** Quantité de matière consommée. *La dépense d'essence est peu importante sur cette voiture.* → **consommation. 4.** *LA DÉPENSE :* usage, emploi. *La gymnastique demande une grande dépense physique,* un important effort physique. *Je ne sais pas si cette dépense de temps en vaut la peine.*

> FAUX AMIS
> espagnol et portugais **despensa** « garde-manger, cellier »

DÉPENSER [depɑ̃se] verbe [conjugaison 1a] **1.** Employer de l'argent. *Ils ont dépensé beaucoup d'argent pour acheter leur maison de campagne. Je n'ai pas dépensé un sou aujourd'hui.* → **débourser.** ⟨contraire : économiser⟩ – *Il dépense sans compter.* **2.** Consommer. *Notre chaudière dépense peu de mazout. Nous avons dépensé beaucoup d'électricité cet hiver.* **3.** Employer (son temps, ses efforts). *Tu dépenses ton énergie inutilement. Elle a dépensé des trésors de patience pour le convaincre.* → **déployer. 4.** verbe pronominal SE DÉPENSER : faire des efforts. *Elle se dépense beaucoup physiquement quand elle nage. Les enfants se sont dépensés aujourd'hui, ils sont fatigués.* → se **démener.**

DÉPENSIER [depɑ̃sje], **DÉPENSIÈRE** [depɑ̃sjɛʀ] adj. (après le nom) ▪ (qqn) Qui dépense beaucoup d'argent. *Son mari est très dépensier.* ⟨contraires : avare, économe⟩

DÉPERDITION [depɛʀdisjɔ̃] n. f. ▪ *UNE DÉPERDITION :* diminution, perte. *Ces fenêtres ferment mal, ça fait une déperdition de chaleur dans la maison.* ⟨contraire : augmentation⟩

DÉPÉRIR [depeʀiʀ] verbe [conjugaison 2] ▪ S'affaiblir peu à peu. *Dans les pays très pauvres, les enfants dépérissent par manque de nourriture. – Cette plante n'a pas été arrosée, elle dépérit.* ⟨contraires : s'épanouir, se développer⟩

SE **DÉPÊTRER** [depetʀe] verbe pronominal [conjugaison 1a] ▪ *SE DÉPÊTRER DE :* se dégager de. *Le chat s'est pris les pattes dans la pelote de laine et a du mal à s'en dépêtrer.* ⟨contraire : s'empêtrer⟩ – *Elle s'est dépêtrée toute seule de ses soucis.* → se **sortir.**

DÉPEUPLEMENT [depœpləmɑ̃] n. m. ▪ *LE DÉPEUPLEMENT* : le fait de se dépeupler. *Le dépeuplement des campagnes est dû au développement de l'industrie dans les villes.*

DÉPEUPLER [depœple] verbe [conjugaison 1a] **1.** Faire perdre des habitants à (un lieu). *Au Moyen Âge, la peste et la famine dépeuplaient des régions entières.* ⟨contraires : peupler, repeupler⟩ **2.** verbe pronominal SE DÉPEUPLER : perdre sa population, ses habitants. *Les campagnes se sont dépeuplées au profit des villes.*

DÉPILATOIRE [depilatwaʀ] adj. et n. m. **1.** adjectif (après le nom) *CRÈME DÉPILATOIRE*, qui détruit les poils superflus. *Elle fait disparaître les poils de ses jambes avec une crème dépilatoire.* **2.** *UN DÉPILATOIRE* : produit cosmétique qui élimine les poils superflus. *J'ai acheté un nouveau dépilatoire.*

DÉPISTAGE [depistaʒ] n. m. ▪ *LE DÉPISTAGE* : recherche (d'une maladie). *Le laboratoire lui a fait un test de dépistage du sida.*

DÉPISTER [depiste] verbe [conjugaison 1a] **1.** Trouver en suivant une piste. *Les chiens ont dépisté un sanglier. – Les policiers ont dépisté le voleur qui se cachait dans un immeuble,* ils ont retrouvé sa trace. **2.** Reconnaître (une maladie). *Ce médecin a un bon diagnostic : il dépiste rapidement les maladies chez ses patients.*

DÉPIT [depi] n. m. ▪ *LE DÉPIT* : chagrin mêlé de colère et de déception. *Son refus nous causa un grand dépit.* → **amertume, désappointement, ressentiment.** *Elle éprouve du dépit de la réussite des autres.*

EN **DÉPIT** DE [ɑ̃depidə] préposition **1.** Sans tenir compte de, malgré. *Il a refusé cette offre très intéressante en dépit de nos conseils.* → **malgré. 2.** *EN DÉPIT DU BON SENS* : n'importe comment, très mal. *Ce travail a été fait en dépit du bon sens.*

DÉPITÉ [depite], **DÉPITÉE** [depite] adj. (après le nom) ▪ Qui éprouve du dépit. *Elle était toute dépitée après cet échec. – Ne prends pas cet air dépité !*

DÉPLACÉ [deplase], **DÉPLACÉE** [deplase] adj. (après le nom) **1.** (qqch.) Qui n'est pas approprié, qui ne convient pas à la situation. *Il fait sans cesse des plaisanteries déplacées.* → **choquant, inconvenant, incorrect.** *Cette remarque est déplacée, à mon avis.* **2.** *UNE PERSONNE DÉPLACÉE* : une personne qui a dû quitter son pays à la suite d'une guerre, d'un changement de régime politique. → **réfugié.** *Toutes les personnes déplacées venant de ce pays en guerre ont été accueillies sur notre territoire.*

DÉPLACEMENT [deplasmɑ̃] n. m. **1.** *LE DÉPLACEMENT* : action de déplacer, de changer la place de (qqch.). *Le déplacement de la bibliothèque va être très difficile.* **2.** Action de changer (qqn) de poste. *Ce fonctionnaire a demandé son déplacement en province.* → **changement, détachement, mutation. 3.** *UN DÉPLACEMENT* : action de se déplacer, d'aller d'un lieu à un autre. ⟨contraire : immobilité⟩ *Il est maintenant très vieux et les déplacements lui sont pénibles.* – STYLE FAMILIER *Ça vaut le déplacement* : cela mérite qu'on vienne voir. *Vous devriez voir leur nouvel appartement, ça mérite le déplacement.* → **détour. 4.** Voyage que quelqu'un fait pour son travail. *Monsieur X est EN DÉPLACEMENT cette semaine. Les représentants de cette société ont droit à des FRAIS DE DÉPLACEMENT.*

DÉPLACER [deplase] verbe [conjugaison 3a]
I. 1. Changer de place (qqch.). *J'ai déplacé tous les meubles du salon.* → **bouger, déménager.** – *DÉPLACER LA QUESTION, LE PROBLÈME* : s'écarter du sujet. *Il ne s'agit pas de ça, ne déplaçons pas le problème !* **2.** Faire changer (qqn) de poste. → **muter.** *Ce professeur était en poste en province l'an dernier, mais cette année il a été déplacé à Paris.* **3.** Faire venir, attirer à soi. *Quand il fait un concert, le groupe de rock déplace les foules,* il attire beaucoup de gens.
II. verbe pronominal SE DÉPLACER **1.** Changer de place, se mouvoir. *Notre avion se déplace à grande vitesse.* → **avancer. 2.** Quitter sa place. *Une des élèves de la classe s'est déplacée pour aller au tableau. J'ai passé ma commande par téléphone, sans me déplacer.* **3.** Voyager. *Il se déplace beaucoup dans son métier.* **4.** *Se déplacer qqch.*, se démettre (un os, une articulation). *Elle s'est déplacé une vertèbre en portant un poids trop lourd.*

DÉPLAIRE [deplɛʀ] verbe [conjugaison 54]
I. *DÉPLAIRE À* **1.** Ne pas plaire à (qqn), causer du dégoût, de l'aversion. ⟨contraire : plaire⟩ *Cet endroit me déplaît, partons ! Le nouveau patron a déplu à tous dès qu'il est arrivé,* il a été antipathique à tous. *Je ne lui déplais pas, on dirait,* je lui plais. *Ce travail ne me déplairait pas. – Ça me déplaît de faire des excuses.* → **coûter. 2.** Causer une irritation passagère. *Ses remarques ironiques déplaisent, en général.* → **contrarier, indisposer. 3.** STYLE RECHERCHÉ *NE VOUS EN DÉPLAISE* : que cela vous plaise ou non, quoi que vous en pensiez. *Elle ne suivra pas votre conseil, ne vous en déplaise. N'EN DÉPLAISE À sa femme, il restera toujours le même,* même si cela déplaît à sa femme.
II. verbe pronominal SE DÉPLAIRE **1.** Ne pas se trouver bien (quelque part). *Ils se déplaisent à la campagne, ils vont revenir à Paris.* **2.** *Se déplaire (l'un l'autre)* : être antipathique l'un à l'autre. *Dès qu'ils se sont vus, ils se sont déplu.*

REM. Le participe passé est toujours invariable, car ce verbe n'a jamais de complément d'objet direct (ex. : *ils se sont déplu*).

DÉPLAISANT [deplɛzɑ̃], **DÉPLAISANTE** [deplɛzɑ̃t] adj. (après le nom) **1.** Qui déplaît. *Je n'ai jamais vu quelqu'un d'aussi déplaisant.* → **antipathique, désagréable.** ⟨contraires : agréable, charmant, plaisant⟩ *Quelle femme déplaisante !* **2.** Qui contrarie. → **agaçant, contrariant, gênant, pénible.** *C'est vraiment déplaisant d'attendre comme ça ! Ce que ça peut être déplaisant ! – Il ne sait faire que des réflexions déplaisantes.* → **désobligeant.**

DÉPLIANT [deplijɑ̃] n. m. ▪ *UN DÉPLIANT* : prospectus plié plusieurs fois. *Dans l'agence de voyages, les clients peuvent consulter des dépliants sur les pays qu'ils peuvent visiter.*

DÉPLIER [deplije] verbe [conjugaison 7b] **1.** Étendre, défaire (ce qui est plié). ⟨contraires : plier, replier⟩ *Il déplie la chemise neuve pour l'essayer. Elle a déplié la carte routière pour regarder le trajet.* → **déployer.** *Il faudrait que nous dépliions le canapé pour pouvoir y dormir.* **2.** verbe pronominal SE DÉPLIER : s'étendre. *Le parachute se dépliera* [depliʀa] *pendant le saut,* il s'ouvrira.

déploie [deplwa] *Je déploie ; il déploie, elle déploie* : forme au présent et au subjonctif du verbe **déployer.**

DÉPLOIEMENT [deplwamɑ̃] n. m. ▪ *LE DÉPLOIEMENT* **1.** Action de déployer ; état de ce qui est déployé. *Le général en chef a ordonné le déploiement de toute l'armée.* **2.** STYLE RECHERCHÉ Grande démonstration. *Il nous a reçus avec un grand déploiement d'amabilité. La fête s'est déroulée dans un déploiement de luxe.* → **étalage.**

DÉPLORABLE [deplɔʀabl] adj. (après le nom, parfois avant le nom) **1.** (qqch.) Qui rend triste. *La maison est dans un état déplorable.* → **attristant, lamentable. 2.** Très regrettable. *Un déplorable incident nous a empêchés de continuer la réunion.* → **fâcheux. 3.** Très mauvais. *Cet élève a eu des résultats déplorables à l'examen.* ⟨contraire : excellent⟩ *Il fait un temps déplorable.* → **exécrable.**

DÉPLORER [deplɔʀe] verbe [conjugaison 1a] **1.** Constater avec tristesse (qqch.). *On déplore la mort de plusieurs personnes dans cet accident.* → **pleurer. 2.** Regretter beaucoup. *Nous avons* *déploré votre absence à la réunion. Je* DÉPLORE QU'*il n'ait pas pu venir. Je* DÉPLORERAIS [deplɔʀʀɛ] *D'avoir à te le redire.* ⟨contraire : se réjouir⟩

DÉPLOYER [deplwaje] verbe [conjugaison 8a] **1.** Étendre complètement (ce qui est plié). *L'oiseau déploie ses ailes et s'envole.* → **étendre, ouvrir.** ⟨contraire : replier⟩ **2.** Disposer sur une grande étendue. *Le général déploiera* [deplwaʀa] *son armée.* **3.** STYLE RECHERCHÉ Montrer avec force. *Il faut que nous déployions toute notre énergie pour finir à temps.* **4.** *Rire* À GORGE DÉPLOYÉE : rire aux éclats.

DÉPLUMÉ [deplyme], **DÉPLUMÉE** [deplyme] adj. (après le nom) ▪ STYLE FAMILIER Qui a perdu ses cheveux. *Il a le crâne déplumé.* → **chauve.** *Il est déplumé depuis quelques années* (→ se **dégarnir**).

DÉPOLI [depɔli], **DÉPOLIE** [depɔli] adj. (après le nom) ▪ VERRE DÉPOLI : verre qui laisse passer la lumière sans être transparent. → **translucide.** *La vitre de la salle de bains est en verre dépoli.*

DÉPOLLUTION [depɔlysjɔ̃] n. f. ▪ LA DÉPOLLUTION : action de supprimer ou de diminuer la pollution. *On a procédé à la dépollution du lac.* → **épuration.**

DÉPORTATION [depɔʀtasjɔ̃] n. f. ▪ LA DÉPORTATION : emprisonnement dans un camp de concentration. *Pendant la Deuxième Guerre mondiale, beaucoup de résistants et de Juifs sont morts* EN DÉPORTATION.

DÉPORTÉ [depɔʀte] n. m., **DÉPORTÉE** [depɔʀte] n. f. ▪ UN DÉPORTÉ, UNE DÉPORTÉE : une personne internée dans un camp de concentration, hors de son pays. *Un de ses ancêtres est mort dans un camp de déportés. Les déportés des nazis portaient des uniformes à rayures.*

DÉPORTER [depɔʀte] verbe [conjugaison 1a] **1.** Envoyer dans un camp de concentration. *De nombreux Juifs furent déportés en Allemagne, pendant la Deuxième Guerre mondiale.* **2.** Faire changer de direction. *Le vent a déporté la voiture sur le bas-côté.* → **dévier.**

DÉPOSER [depoze] verbe [conjugaison 1a] **1.** Poser (une chose que l'on portait). *Elle a déposé une gerbe de fleurs sur la tombe. Défense de déposer des ordures.* **2.** Laisser (qqn) quelque part après l'y avoir conduit en voiture. *Il dépose sa fille à l'école tous les matins.* **3.** Mettre (qqch.) en lieu sûr, dans un endroit où on ne peut pas le voler. *Ils déposent leur argent à la banque.* ⟨contraire : retirer⟩ *Le voyageur a déposé ses bagages à la consigne.* → **confier.** **4.** Faire enregistrer. *Il a déposé une plainte au commissariat de police. Ce commerçant a déposé son bilan,* il s'est déclaré en faillite. **5.** Témoigner. *Ce témoin déposera contre l'accusé.* **6.** (qqch.) Laisser aller au fond. *Ce vin a déposé,* il a laissé du dépôt. **7.** Renverser (qqn). *Les révolutionnaires ont déposé le dictateur.* **8.** verbe pronominal SE DÉPOSER : (qqch.) se mettre. *La poussière s'est déposée sur les meubles.*

> FAUX AMI
> espagnol **desposar** «épouser»

DÉPOSITAIRE [depozitɛʀ] n. m., n. f. ▪ UN DÉPOSITAIRE, UNE DÉPOSITAIRE **1.** STYLE RECHERCHÉ Personne à qui on confie qqch. d'important. *Tu es le dépositaire de mon secret.* **2.** Commerçant qui vend des marchandises qu'il a en dépôt. *Il est le seul dépositaire de cette marque dans la région.* → **concessionnaire.**

DÉPOSITION [depozisjɔ̃] n. f. ▪ UNE DÉPOSITION : déclaration faite par un témoin en justice, dans un procès, une enquête. *Le témoin signe sa déposition.* → **témoignage.** *L'inspecteur de police recueille les dépositions des témoins du crime.*

DÉPOSSÉDER [depɔsede] verbe [conjugaison 6a] ▪ Enlever (à qqn) ce qu'il possède. *On l'a dépossédé de ses biens.* → **dépouiller, priver.** ⟨contraire : rendre⟩ *Il ne faudrait pas qu'on le dépossède injustement de son poste.*

DÉPÔT [depo] n. m. ▪ UN DÉPÔT **1.** Action de mettre en lieu sûr. *Son testament est en dépôt chez un notaire. J'ai fait un important dépôt à la banque.* → **versement.** – *Les banques reçoivent l'argent de leurs clients en dépôt.* **2.** Lieu où l'on dépose du matériel, où on le range. → **entrepôt.** *Le soir, les autobus rentrent au dépôt.* → **garage.** *Ce terrain n'est pas un dépôt d'ordures.* → **dépotoir.** **3.** Prison où sont gardés momentanément des prisonniers. *Le voleur arrêté a passé la nuit au dépôt.* **4.** LE DÉPÔT : matière qui se dépose au fond d'un liquide. *Il y a du dépôt au fond de la bouteille de vin.* → **lie.**

DÉPOTOIR [depɔtwaʀ] n. m. ▪ UN DÉPOTOIR **1.** Lieu public où l'on dépose les ordures. *Le dépotoir est en dehors de la ville.* → **décharge.** **2.** STYLE FAMILIER Lieu où l'on met les choses dont on veut se débarrasser. *La cave sert de dépotoir.* → **débarras.**

DÉPOUILLE [depuj] n. f. ▪ UNE DÉPOUILLE **1.** Peau d'un animal, enlevée après sa mort. *Le chasseur a mis dans sa chambre la dépouille d'un ours qu'il a tué.* **2.** STYLE RECHERCHÉ DÉPOUILLE MORTELLE : corps d'une personne qui vient de mourir. *Ils se sont recueillis devant la dépouille de leur ami.* → **cadavre.** *Le Président a fait son discours devant les dépouilles des victimes de l'accident.*

DÉPOUILLEMENT [depujmɑ̃] n. m. ▪ LE DÉPOUILLEMENT : action d'ouvrir les enveloppes, de compter et de classer les bulletins de vote, lors d'une élection ou d'un référendum. *J'ai participé au dépouillement du scrutin.*

DÉPOUILLER [depuje] verbe [conjugaison 1a] **1.** Enlever la peau de (un animal mort). *Le chasseur dépouille le lièvre qu'il vient de tuer.* **2.** Prendre à (qqn) tout ce qu'il a. *Les bandits ont dépouillé les passagers de la diligence.* → **dévaliser.** *Il s'est laissé dépouiller par ses enfants.* → **déposséder.** **3.** Lire et examiner avec soin. *L'avocat dépouille son courrier avant de se mettre à travailler.*

REM. Penser au groupe de lettres *illi* à la 1re et à la 2e personne du pluriel à l'imparfait (ex. : *nous dépouillions*) et au subjonctif (ex. : *que vous dépouilliez*).

DÉPOURVU [depuʀvy], **DÉPOURVUE** [depuʀvy] adj. (après le nom) ▪ DÉPOURVU DE : qui n'a pas de, qui manque de. *Voici une fleur dépourvue de corolle. Son mari est totalement dépourvu d'humour.* → **dénué.** *Cette situation n'est pas dépourvue de charme,* elle a du charme.

AU **DÉPOURVU** [odepuʀvy] adverbe ▪ Sans que l'on soit préparé, averti. *Sa question m'a prise au dépourvu.*

DÉPRAVÉ [depʀave], **DÉPRAVÉE** [depʀave] adj. (après le nom) ▪ STYLE RECHERCHÉ Qui n'a pas de moralité. *Il fréquente des amis dépravés.* → **corrompu, pervers, vicieux.** – *Ils ont des mœurs dépravées.*

DÉPRÉCIER [depʀesje] verbe [conjugaison 7a] **1.** STYLE RECHERCHÉ (qqn) Ne pas apprécier à sa juste valeur, chercher à déconsidérer. *Il ne faut pas que vous dépréciiez votre mari devant vos enfants.* → **critiquer, dénigrer, rabaisser.** ⟨contraire : valoriser⟩ **2.** (qqch.) Diminuer la valeur de (qqch.). *La proximité d'une usine dépréciera* [depʀesiʀɛ] *l'immeuble.* → **dévaloriser.** **3.** verbe pronominal SE DÉPRÉCIER : perdre de sa valeur. *Une voiture se déprécie rapidement. La monnaie de ce pays s'est dépréciée.*

> FAUX AMI
> espagnol **despreciar** «mépriser»

REM. Même famille de mots que *apprécier* et *précieux.*

DÉPRÉDATION [depredasjɔ̃] n. f. ▪ *UNE DÉPRÉDATION* : dégât matériel fait exprès. *Des voyous ont commis des déprédations dans les magasins du quartier.* → **dégradation.**

DÉPRESSIF [depresif], **DÉPRESSIVE** [depresiv] adj. (après le nom) ▪ Qui est souvent déprimé, triste et abattu. *Il a épousé une femme dépressive.*

DÉPRESSION [depresjɔ̃] n. f. **1.** *UNE DÉPRESSION* : état de grande lassitude, de tristesse, de fatigue et de découragement. *Il passe souvent par des moments de dépression.* → **mélancolie** ; STYLE FAMILIER **déprime.** *Elle a eu une DÉPRESSION NERVEUSE,* une grave crise d'abattement. **2.** Creux dans un terrain. *L'eau de pluie s'accumule dans une dépression au fond du jardin.* ⟨contraire : éminence⟩ **3.** *DÉPRESSION (ATMOSPHÉRIQUE)* : zone de basse pression atmosphérique (opposé à anticyclone). *Une dépression est actuellement située sur l'Irlande.*

DÉPRIMANT [deprimɑ̃], **DÉPRIMANTE** [deprimɑ̃t] adj. (après le nom) ▪ Qui rend triste et sans énergie. *Il fait un temps déprimant. Ces nouvelles sont vraiment déprimantes.* → **démoralisant.** ⟨contraire : réjouissant⟩

DÉPRIME [deprim] n. f. ▪ STYLE FAMILIER *UNE DÉPRIME* : état de tristesse et d'abattement. *Il est en pleine déprime.* → **dépression.** *Quand il cesse de boire, c'est la déprime.*

DÉPRIMÉ [deprime], **DÉPRIMÉE** [deprime] adj. (après le nom) ▪ Qui est triste, découragé et abattu moralement. *Je me sens complètement déprimé.* → **cafardeux, mélancolique.**

DÉPRIMER [deprime] verbe [conjugaison 1a] **1.** Décourager, rendre (qqn) triste et abattu. *Son échec l'a beaucoup déprimé.* → **abattre, démoraliser. 2.** STYLE FAMILIER Être triste et abattu. *Il déprime depuis qu'il est au chômage* (→ **dépressif**).

DEPUIS [dəpɥi] préposition et adverbe **1.** À partir de (un moment donné). *Ils sont mariés depuis le 27 octobre. Il a plu depuis mon arrivée.* → **dès.** *Depuis quand es-tu là ? Je ne l'ai pas revu depuis lundi. Il s'est passé beaucoup de choses depuis sa mort. Je n'ai pas reçu de tes nouvelles DEPUIS QUE tu es parti. – Je l'ai rencontré avant-hier, mais je ne l'ai pas revu depuis.* ⟨contraire : avant⟩ **2.** Pendant la durée passée qui sépare du moment dont on parle. *Il est parti depuis dix minutes :* il y a dix minutes qu'il est parti. *Elle est malade depuis plusieurs années. Depuis combien de temps l'avez-vous vu ? Ils ont fait connaissance depuis peu,* récemment. **3.** À partir de (un lieu). *Ce chien nous suit depuis la ferme. On entend la musique depuis le coin de la rue. Il y a l'autoroute DEPUIS Paris JUSQU'À Bordeaux.*

> FAUX AMIS
> espagnol **después**, portugais **depois** « après »

DÉPUTÉ [depyte] n. m., **DÉPUTÉE** [depyte] n. f. ▪ *UN DÉPUTÉ, UNE DÉPUTÉE* : personne élue pour faire partie d'une assemblée où elle représente le peuple. *En France, les députés constituent l'Assemblée nationale et forment le* **Parlement** *avec les sénateurs. Il est député européen,* membre du **Parlement** européen. *Elle a été élue députée. Madame la députée va vous recevoir.*

DER [dɛr] n. m., n. f. ▪ STYLE FAMILIER *LE DER, LA DER* : dernier, dernière. *Viens boire un der à la maison,* un dernier verre. *LA DER DES DERS* : la guerre après laquelle il n'y en aura plus. *On a appelé la guerre de 1914-1918 la der des ders. DIX DE DER* : les dix points que donne la dernière levée à la belote.
REM. *Der* est l'abréviation de *dernier, dernière.*

DÉRACINER [derasine] verbe [conjugaison 1a] **1.** Arracher (ce qui tient au sol par des racines). *L'orage a déraciné plusieurs arbres.* **2.** Arracher (qqn) de son pays, du milieu dans lequel il vivait. *La guerre déracine souvent des familles entières.*

DÉRAILLEMENT [derajmɑ̃] n. m. ▪ *UN DÉRAILLEMENT* : accident de chemin de fer au cours duquel le train sort des rails. *Le déraillement a fait beaucoup de victimes.*

DÉRAILLER [deraje] verbe [conjugaison 1a] **1.** (train) Sortir des rails. *Un train de marchandises a déraillé cette nuit.* **2.** STYLE FAMILIER (qqn) S'écarter du bon sens. *Tu déraillles complètement en ce moment !* → **déraisonner, divaguer** ; STYLE FAMILIER **débloquer, déménager.**

DÉRAILLEUR [derajœr] n. m. ▪ *UN DÉRAILLEUR* : mécanisme qui permet de changer de vitesse sur une bicyclette, en faisant passer la chaîne d'un pignon sur un autre. *Son vélo est équipé d'un dérailleur à quatre vitesses.*

DÉRAISONNABLE [derɛzɔnabl] adj. (après le nom) ▪ Qui n'est pas raisonnable. *Il a eu une conduite déraisonnable.* → **absurde, insensé.** ⟨contraire : raisonnable⟩

DÉRAISONNER [derɛzɔne] verbe [conjugaison 1a] ▪ STYLE RECHERCHÉ Dire des choses qui n'ont aucun sens. *Vous déraisonnez totalement !* → **divaguer** ; STYLE FAMILIER **dérailler.**

DÉRANGÉ [derɑ̃ʒe], **DÉRANGÉE** [derɑ̃ʒe] adj. (après le nom) **1.** *Avoir l'ESPRIT DÉRANGÉ* : être un peu fou. *Il est bien gentil, mais il a l'esprit un peu dérangé.* → STYLE FAMILIER **détraqué. 2.** *Avoir l'ESTOMAC DÉRANGÉ* : avoir du mal à digérer, être un peu malade du ventre. *Je ne prendrai pas de dessert, j'ai l'estomac un peu dérangé.*

DÉRANGEMENT [derɑ̃ʒmɑ̃] n. m. ▪ *UN DÉRANGEMENT* **1.** État de ce qui ne fonctionne pas bien. *Le téléphone est EN DÉRANGEMENT,* il est en panne, il ne fonctionne plus, il est hors service. **2.** Action de déranger, de gêner (qqn). *J'espère que je ne vous cause pas de dérangement. Je voudrais vous éviter ce dérangement.*

DÉRANGER [derɑ̃ʒe] verbe [conjugaison 3b] **1.** Mettre en désordre (qqch.). *Il a dérangé ses papiers en cherchant la facture d'électricité.* → **déplacer.** ⟨contraires : classer, ranger⟩ **2.** Gêner (qqn) dans ce qu'il fait. *Excusez-moi de vous déranger. Ne les dérangeons pas pendant qu'ils font la sieste.* → **importuner. 3.** verbe pronominal SE DÉRANGER : (qqn) cesser de faire ce que l'on faisait, quitter le lieu où l'on était. *Elle s'est dérangée pour venir me voir. Ne vous dérangez pas pour moi !*

DÉRAPAGE [derapaʒ] n. m. ▪ *UN DÉRAPAGE* **1.** Action de déraper. *L'automobiliste a fait plusieurs dérapages contrôlés,* il a fait exprès de faire déraper sa voiture. **2.** Changement imprévu et non contrôlé d'une situation. *On assiste depuis ces derniers mois au dérapage des prix.*

DÉRAPER [derape] verbe [conjugaison 1a] **1.** (véhicule) Glisser sur le sol. *La voiture a dérapé sur le verglas.* → **patiner. 2.** S'écarter des prévisions, échapper au contrôle. *La conversation a dérapé et ils se sont tous quittés fâchés.*

DÉRÉGLER [deregle] verbe [conjugaison 6a] **1.** Faire que (une chose) ne soit plus réglée. *L'orage a déréglé le temps.* → **détraquer.** *Ne dérègle pas la télévision !* ⟨contraire : réparer⟩ **2.** verbe pronominal SE DÉRÉGLER : (qqch.) ne plus être bien réglé. *Ma montre s'est encore déréglée.*

DÉRIDER [deride] verbe [conjugaison 1a] **1.** Rendre (qqn) moins triste, moins soucieux. *Rien ne le déride.* → **égayer. 2.** verbe pronominal SE DÉRIDER : (qqn) sourire, rire. *Elle s'est déridée à la fin de la soirée.*

DÉRISION [derizjɔ̃] n. f. ▪ *LA DÉRISION* : mépris qui pousse à rire, à se moquer. *Il a dit ça par dérision,* pour se moquer. → **ironie.**

Elle TOURNE *tout* EN DÉRISION : elle ne prend rien au sérieux (→ **ridicule**). *Elle est un* OBJET DE DÉRISION *pour tous ses collègues.* → **moquerie, raillerie.**

DÉRISOIRE [deʀizwaʀ] adj. (après le nom) ▪ (qqch.) Qui est si insuffisant que cela fait rire. *Il a un salaire dérisoire.* → **insignifiant, ridicule.** *Tout ce travail pour un résultat aussi dérisoire !* → **minable.**

DÉRIVATIF [deʀivatif] n. m. ▪ UN DÉRIVATIF : distraction qui détourne l'esprit de ses préoccupations, qui permet d'oublier ses soucis. *Le sport est un bon dérivatif. Il cherche un dérivatif à ses ennuis.* → **exutoire.**

DÉRIVATION [deʀivasjɔ̃] n. f. ▪ UNE DÉRIVATION **1.** Action de dériver (un cours d'eau). *Les ouvriers ont construit un canal de dérivation.* → **détournement. 2.** Voie de circulation par où l'on fait passer les voitures en cas de besoin. *Empruntez la dérivation pour éviter les lieux de l'accident.* → **déviation.**

DÉRIVE [deʀiv] n. f. **1.** LA DÉRIVE : déviation d'un bateau ou d'un avion par rapport à sa route normale. *Le voilier est parti* À LA DÉRIVE, sans être guidé. – (figuré) *S'en aller, partir à la dérive* : se laisser aller, ne plus être dirigé. *Ses affaires vont à la dérive, il va sûrement faire faillite.* **2.** LA DÉRIVE DES CONTINENTS : théorie selon laquelle les continents flotteraient sur une masse visqueuse. **3.** UNE DÉRIVE : petit aileron mobile, vertical, qui s'enfonce dans l'eau et qui empêche un voilier de dériver. *Relevez vos dérives !*

DÉRIVÉ [deʀive] n. m. ▪ UN DÉRIVÉ **1.** Mot construit sur un autre mot. **2.** Produit qui vient d'un autre produit. *Le plastique est un dérivé du pétrole.*

> REM. Les dérivés sont formés avec un suffixe (« chanter » → « chanteur ») ou un préfixe (« voir » → « prévoir »).

① **DÉRIVER** [deʀive] verbe [conjugaison 1a] **1.** (qqn) Détourner (des eaux) pour les faire aller dans une autre direction. *On a dérivé ce cours d'eau.* → **dévier. 2.** (bateau, avion) S'écarter de sa direction sous l'effet du vent ou des courants. *Le bateau dérive dangereusement.*

② **DÉRIVER** [deʀive] verbe [conjugaison 1a] ▪ (qqch.) DÉRIVER DE : venir de. *Le mot « chaudement » dérive de « chaud ».*

DÉRIVEUR [deʀivœʀ] n. m. ▪ UN DÉRIVEUR : bateau à voile qui a une dérive. *Tous les étés, mes enfants font du dériveur sur le lac.*

DERMATOLOGIE [dɛʀmatɔlɔʒi] n. f. ▪ LA DERMATOLOGIE : partie de la médecine qui étudie et soigne les maladies de la peau. *Il est allé au service de dermatologie de l'hôpital pour faire soigner son eczéma.*

DERMATOLOGUE [dɛʀmatɔlɔg] n. m., n. f. ▪ UN DERMATOLOGUE, UNE DERMATOLOGUE : médecin spécialiste des maladies de la peau. *La dermatologue lui a prescrit une pommade pour soigner son eczéma.*

DERNIER [dɛʀnje] adj. et n. m., **DERNIÈRE** [dɛʀnjɛʀ] adj. et n. f.
I. adjectif (avant le nom, parfois après le nom) **1.** Qui vient après tous les autres. *Le 31 décembre est le dernier jour de l'année. J'ai pris le dernier train de la journée pour Lille.* ⟨contraire : premier⟩ *C'est la dernière fois que je te le dis. N'attends pas la dernière minute pour te préparer. Faisons un dernier effort.* → **suprême, ultime.** *Ce coureur est arrivé dernier. Ma fille est dernière en anglais.* **2.** Qui est le plus proche du moment présent. *Ils se sont vus le mois dernier,* le mois qui précède celui-ci. → **passé.** ⟨contraire : prochain⟩ *C'était pendant la dernière guerre. Il est toujours habillé* À LA DERNIÈRE MODE, à la mode la plus récente. *Quel est le dernier film que vous avez vu ?* le film que vous avez vu le plus récemment. *Quelles sont les dernières nouvelles ?* **3.** Le plus bas, le plus mauvais. *Ce tissu est de la dernière qualité.* → **pire. 4.** Le plus haut, le plus grand. *L'accusé a protesté de son innocence avec la dernière énergie.*
II. LE DERNIER, LA DERNIÈRE **1.** Celui, celle qui est après tous les autres. *Il est le dernier de la classe. C'est le* PETIT DERNIER *de la famille,* l'enfant le plus jeune. → **benjamin.** *C'est le* DERNIER DE MES SOUCIS. → **cadet, moindre. 2.** CE DERNIER, CETTE DERNIÈRE : la personne dont on vient de parler. *« Tu veux une cigarette ? – Oui, répondit ce dernier ».* **3.** EN DERNIER : à la fin, après tout le reste. *Cela vient en dernier dans mes préoccupations.*

DERNIÈREMENT [dɛʀnjɛʀmɑ̃] adverbe ▪ Il y a peu de temps. *Nous nous sommes vus dernièrement.* → **récemment.**

À LA **DÉROBÉE** [aladeʀɔbe] adverbe ▪ STYLE RECHERCHÉ En cachette, sans se faire voir ni remarquer. *Il observe ses voisins à la dérobée.* ⟨contraire : ouvertement⟩

DÉROBER [deʀɔbe] verbe [conjugaison 1a] ▪ STYLE RECHERCHÉ
I. 1. Prendre sans se faire remarquer (qqch. qui appartient à qqn d'autre). *On lui a dérobé son portefeuille dans le métro.* → **subtiliser, voler** ; STYLE FAMILIER **piquer. 2.** (qqch.) Empêcher de voir. *Les arbres dérobent la maison aux regards.* → **masquer.** – *Elle est sortie par une porte dérobée,* qui permet d'entrer et de sortir sans être vu.
II. verbe pronominal SE DÉROBER **1.** (qqn) SE DÉROBER À : éviter de subir. *Elle s'est dérobée à ses responsabilités.* → **échapper,** se **soustraire. 2.** (sol) S'effondrer. *Le sol se dérobe sous ses pas.*

DÉROGATION [deʀɔgasjɔ̃] n. f. ▪ UNE DÉROGATION : autorisation exceptionnelle, permettant de ne pas respecter une loi, un règlement. *Le routier a obtenu une dérogation pour traverser la ville.* → **dispense.**

DÉROUILLÉE [deʀuje] n. f. ▪ STYLE FAMILIER UNE DÉROUILLÉE : ensemble de coups donnés à qqn. *Il s'est pris une dérouillée.* → **correction, volée** ; STYLE FAMILIER **raclée.**

DÉROULEMENT [deʀulmɑ̃] n. m. ▪ LE DÉROULEMENT **1.** Façon dont les choses se passent, les unes à la suite des autres. *Voici le déroulement des opérations telles qu'elles sont prévues.* → **enchaînement. 2.** Le fait de dérouler (un objet). *Le déroulement du tuyau d'arrosage a pris quelques minutes.*

DÉROULER [deʀule] verbe [conjugaison 1a]
I. Étendre (ce qui est roulé). *Elle déroule le tapis du salon.* ⟨contraires : enrouler, rouler⟩
II. verbe pronominal SE DÉROULER : (qqch.) prendre place dans le temps, avoir lieu. *L'histoire se déroule à Casablanca.* → se **passer.** *La cérémonie s'est déroulée sans incident. Tout s'est déroulé normalement.*

DÉROUTANT [deʀutɑ̃], **DÉROUTANTE** [deʀutɑ̃t] adj. (après le nom) ▪ Qui provoque l'étonnement, qui déroute. *Il a une attitude déroutante. Tu es vraiment déroutant.* → **déconcertant.**

DÉROUTE [deʀut] n. f. ▪ LA DÉROUTE : fuite désordonnée de troupes de soldats vaincus. → **débâcle, débandade.** *Le général a mis l'ennemi* EN DÉROUTE.

DÉROUTER [deʀute] verbe [conjugaison 1a] **1.** Faire changer de route, de direction, de destination. *Les pirates de l'air ont dérouté l'avion vers Oslo.* → **détourner. 2.** Étonner (qqn) au point de rendre incapable de réagir, de se conduire comme il faudrait. *Votre question me déroute, je ne sais pas quoi vous répondre.* → **déconcerter, désarçonner, désorienter, embarrasser.**

DERRICK [deRik] n. m. ▪ *UN DERRICK* : échafaudage métallique monté au-dessus d'un puits de pétrole et qui supporte l'outil qui sert à forer. *Les champs du Texas sont couverts de derricks.*

REM. *Derrick* est un mot anglais. L'équivalent français est *une tour de forage.*

DERRIÈRE [dɛRjɛR] préposition, adverbe et n. m.
I. préposition **1.** En arrière, au dos de. *Elle s'est cachée derrière la porte.* ⟨contraire : devant⟩ *Regardez derrière vous. Le chien est sorti de derrière la haie.* **2.** À la suite de. *Les enfants marchent les uns derrière les autres.* → **après.**
II. adverbe **1.** Du côté opposé à la face, en arrière. *Sa robe se boutonne derrière.* ⟨contraire : devant⟩ *Le dernier coureur est arrivé loin derrière. Le petit garçon a mis son pull (LE) DEVANT DERRIÈRE,* à l'envers. **2.** *PAR DERRIÈRE* : dans le dos. *Les voyous l'ont attaqué par derrière.* ⟨contraire : de face⟩ *Elle dit du mal de lui par derrière,* sans qu'il le sache.
III. *LE DERRIÈRE* **1.** Le côté qui est placé derrière, le côté postérieur. *Le derrière de l'immeuble donne sur un jardin.* → **arrière.** ⟨contraire : devant⟩ *Le chien s'est mis debout sur ses pattes de derrière.* **2.** Partie du corps de l'homme et de certains animaux, qui comprend les fesses et l'anus. *Il a un gros derrière.* → STYLE FAMILIER **postérieur** ; STYLE TRÈS FAMILIER **cul.** *Elle est tombée sur le derrière.*

① **DES** → ① **de,** ② **de**

② **DES** [de] article indéfini pluriel ▪ Pluriel de *un, une* **1.** (placé devant un nom commun) *Elle a acheté un livre et des cahiers.* → **plusieurs.** *Des soucis, j'en ai !* → **en.** **2.** STYLE FAMILIER (placé devant un nom de nombre) *Il se lève à des dix heures du matin.*

REM. Devant un adjectif, *des* est remplacé par *de (il a toujours de bonnes idées)* sauf si l'adjectif fait corps avec le nom *(il mange des petits fours).*

DÈS [dɛ] préposition **1.** À partir de (tel moment). *Il est debout dès le lever du soleil.* → **depuis.** *Je vous en remercie DÈS À PRÉSENT,* tout de suite. *Venez me voir dès mon retour.* → **sitôt.** **2.** STYLE RECHERCHÉ *DÈS LORS* : dès ce moment. *Dès lors, il n'a plus jamais été le même.* **3.** *DÈS QUE* : à partir de l'instant où. *Prévenez-moi dès qu'il sera là.* → **aussitôt, quand.** *Je viendrai dès que possible.*

DÉSABUSÉ [dezabyze], **DÉSABUSÉE** [dezabyze] adj. (après le nom) ▪ Qui a perdu ses illusions. *Elle est désabusée.* → **désenchanté.** – *Il nous a fait un sourire désabusé.* → **blasé.**

DÉSACCORD [dezakɔR] n. m. ▪ *UN DÉSACCORD* **1.** (qqn) Le fait de ne pas être d'accord. *Il y a eu entre eux un léger désaccord.* → **différend, discorde.** *Ils sont EN DÉSACCORD au sujet des vacances.* **2.** (qqch.) Le fait de ne pas aller ensemble. *Il y a un désaccord entre ce qu'il dit et ce qu'il fait.* → **contradiction.**

DÉSACCORDÉ [dezakɔRde], **DÉSACCORDÉE** [dezakɔRde] adj. (après le nom) ▪ (instrument de musique) Qui n'est plus accordé. *Il joue sur un vieux piano désaccordé.*

DÉSAFFECTÉ [dezafɛkte], **DÉSAFFECTÉE** [dezafɛkte] adj. (après le nom) ▪ Qui n'est plus utilisé comme cela avait été prévu. *Des logements ont été aménagés dans l'usine désaffectée.*

DÉSAGRÉABLE [dezagReabl] adj. (après le nom, parfois avant le nom) **1.** (qqch.) Qui déplaît. *Cette odeur est désagréable. Le réveil fait un bruit désagréable.* → **déplaisant, pénible.** ⟨contraire : agréable⟩ *J'ai la désagréable impression d'être suivi. C'est désagréable de sortir par ce temps.* **2.** (qqn) Dont le comportement blesse, choque. *Sa mère est une femme désagréable.* → **antipathique, odieux.** *Ce commerçant est vraiment très désagréable, je n'irai plus chez lui.* ⟨contraires : agréable, aimable⟩ *Mesure tes paroles, ne sois pas désagréable.*

DÉSAGRÉABLEMENT [dezagReabləmɑ̃] adverbe ▪ D'une manière désagréable. *Elle a été désagréablement surprise par son attitude.* ⟨contraire : agréablement⟩

DÉSAGRÉGATION [dezagRegasjɔ̃] n. f. ▪ *LA DÉSAGRÉGATION* : décomposition de (qqch.) par la séparation des parties. *La pluie a provoqué la désagrégation du ciment.*

DÉSAGRÉGER [dezagReʒe] verbe [conjugaison 6b] **1.** Décomposer (qqch.) en séparant les éléments qui étaient unis. → **désintégrer.** *La pluie désagrège les pierres tendres.* **2.** verbe pronominal SE DÉSAGRÉGER : (qqch.) se décomposer. *On lui avait fait une farce : on lui avait mis dans son café un faux sucre qui ne se désagrégeait pas.* → se **dissoudre.** *La roche s'est désagrégée.*

DÉSAGRÉMENT [dezagRemɑ̃] n. m. ▪ *UN DÉSAGRÉMENT* : chose désagréable, qui contrarie. *Cet enfant nous cause bien des désagréments.* → **ennui, souci.** *Cette situation présente des désagréments.* → **inconvénient.** ⟨contraire : ② agrément⟩

DÉSALTÉRANT [dezalteRɑ̃], **DÉSALTÉRANTE** [dezalteRɑ̃t] adj. (après le nom) ▪ (boisson) Qui enlève la soif, qui désaltère. *Voulez-vous une boisson désaltérante ? Le thé glacé est très désaltérant.*

DÉSALTÉRER [dezalteRe] verbe [conjugaison 6a] **1.** Apaiser la soif. *L'eau fraîche désaltère.* ⟨contraire : ② altérer⟩ – *Un verre d'eau te désaltérera* [dezaltɛRRa]. **2.** verbe pronominal SE DÉSALTÉRER : boire pour ne plus avoir soif. *Elle s'est désaltérée en buvant de la limonade.*

DÉSAMIANTAGE [dezamjɑ̃taʒ] n. m. ▪ *LE DÉSAMIANTAGE* : action de débarrasser (un bâtiment) de l'amiante qu'il contient. *Les ouvriers réclament le désamiantage de leur usine.*

DÉSAMORCER [dezamɔRse] verbe [conjugaison 3a] **1.** Enlever l'amorce qui peut déclencher une explosion. *Les policiers ont réussi à désamorcer la bombe.* ⟨contraire : amorcer⟩ **2.** Interrompre le fonctionnement de (qqch. qui devait être amorcé). *La pompe est désamorcée,* le liquide qui était dedans a été enlevé. ⟨contraire : amorcer⟩ **3.** Enlever tout caractère menaçant, dangereux ou ennuyeux à (qqch.). *La direction a désamorcé la grève en accordant des augmentations de salaire aux ouvriers.* → **neutraliser.**

REM. Une cédille au *c* devant un *a* (ex. : *il désamorçait*) et un *o* (ex. : *nous désamorçons*).

DÉSAPPOINTÉ [dezapwɛ̃te], **DÉSAPPOINTÉE** [dezapwɛ̃te] adj. (après le nom) ▪ STYLE RECHERCHÉ Qui n'a pas obtenu ce qu'il voulait et qui en est déçu. *Elle est toute désappointée que ses amis ne soient pas venus.* – *Il a un air désappointé.* → **déçu, dépité.**

DÉSAPPOINTEMENT [dezapwɛ̃tmɑ̃] n. m. ▪ STYLE RECHERCHÉ *LE DÉSAPPOINTEMENT* : sentiment d'une personne qui n'a pas obtenu ce qu'elle voulait et qui est déçue. *Je n'ai pas pu cacher mon désappointement devant son refus.* → **déception, déconvenue.**

DÉSAPPROBATEUR [dezapRɔbatœR], **DÉSAPPROBATRICE** [dezapRɔbatRis] adj. (après le nom) ▪ Qui montre que l'on n'est pas d'accord, que l'on désapprouve. *Il a écouté son discours avec un air désapprobateur.* ⟨contraire : approbateur⟩

DÉSAPPROBATION [dezapRɔbasjɔ̃] n. f. ▪ *LA DÉSAPPROBATION* : mécontentement qui montre que l'on n'est pas d'accord, que l'on désapprouve. *Un murmure de désapprobation a suivi le discours du ministre.* ⟨contraire : approbation⟩

DÉSAPPROUVER [dezapRuve] verbe [conjugaison 1a] ▪ Ne pas être d'accord avec (qqch., qqn). *Je désapprouve votre attitude.* → **blâmer, condamner, critiquer.** *Nous vous désapprouvons d'avoir accepté cette offre.* ⟨contraire : approuver⟩

DÉSARÇONNER [dezarsɔne] verbe [conjugaison 1a] **1.** (cheval) Faire tomber de la selle. *La jument a désarçonné son cavalier.* **2.** Mettre (qqn) dans l'embarras et lui faire perdre son assurance. *Cette question l'a désarçonné et il n'a rien répondu.* → **décontenancer, dérouter.**

DÉSARMANT [dezarmɑ̃], **DÉSARMANTE** [dezarmɑ̃t] adj. (après le nom) ▪ Qui fait cesser la colère, qui enlève toute réaction agressive. *Il est d'une naïveté désarmante.* → **attendrissant, déconcertant.** *Cet enfant est désarmant.*

DÉSARMEMENT [dezarməmɑ̃] n. m. ▪ *LE DÉSARMEMENT* **1.** Réduction ou suppression des armements nationaux. *Une conférence sur le désarmement est en train de se tenir.* **2.** *Le désarmement d'un navire,* le fait d'en retirer le matériel et l'équipage. *La compagnie de navigation a décidé le désarmement du paquebot.*

DÉSARMER [dezarme] verbe [conjugaison 1a] **1.** Enlever son arme à (qqn). *Le policier a désarmé le malfaiteur.* ⟨contraire : armer⟩ **2.** Réduire ou supprimer les armements de (un pays). *Après la Deuxième Guerre mondiale, les Alliés ont désarmé l'Allemagne.* **3.** *Désarmer un navire,* en retirer le matériel et l'équipage et le garder en réserve. *De nombreux bateaux de pêche ont été désarmés.* **4.** Rendre moins sévère. *Sa gentillesse me désarme,* me pousse à être indulgent. *Je SUIS DÉSARMÉ PAR tant de naïveté.*

DÉSARROI [dezarwa] n. m. ▪ *LE DÉSARROI :* trouble moral qui empêche de savoir ce qu'il faut faire. *Il faut aider cette famille qui est EN PLEIN DÉSARROI depuis l'accident.* → **angoisse, détresse, égarement.** *L'assassinat du Président a jeté le pays dans le désarroi.* ⟨contraires : assurance, fermeté⟩

DÉSASTRE [dezastr] n. m. ▪ *UN DÉSASTRE :* malheur très grave. *L'incendie de forêt qui a ravagé la région est un désastre écologique.* → **catastrophe.** *Sa mort est un désastre pour ses enfants.*

DÉSASTREUX [dezastrø], **DÉSASTREUSE** [dezastrøz] adj. (après le nom) ▪ (qqch.) Malheureux, mauvais. *Ils ont pris une initiative désastreuse, qui a fait échouer le projet. Les résultats scolaires de son fils sont désastreux.* → **catastrophique, déplorable, lamentable.**

> FAUX AMI
> portugais **desastrado** « maladroit »

DÉSAVANTAGE [dezavɑ̃taʒ] n. m. ▪ *UN DÉSAVANTAGE* **1.** Ce qui rend inférieur, moins bon. *Être grand quand on veut être jockey, c'est un gros désavantage.* → **handicap.** ⟨contraires : avantage, bénéfice⟩ **2.** Défaut, inconvénient. *Quels sont les désavantages de ce métier ?* → **désagrément.** *Brusquement, la partie a TOURNÉ AU DÉSAVANTAGE DU joueur de tennis français,* elle est devenue moins bonne pour lui.

DÉSAVANTAGER [dezavɑ̃taʒe] verbe [conjugaison 3b] ▪ Mettre dans un état d'infériorité. *Sa timidité le désavantage.* → **handicaper.** ⟨contraire : avantager⟩ *Pendant ses examens scolaires, il avait une angine qui le désavantageait.*

DÉSAVANTAGEUX [dezavɑ̃taʒø], **DÉSAVANTAGEUSE** [dezavɑ̃taʒøz] adj. (après le nom) ▪ Qui n'avantage pas, qui rend inférieur. *Il faut refaire ce contrat car il est désavantageux pour nous.* → **défavorable.** ⟨contraire : avantageux⟩

DÉSAVEU [dezavø] n. m. ▪ *UN DÉSAVEU :* le fait de dire que l'on n'est pas d'accord avec qqn. → **désapprobation.** *Cet homme politique mérite le désaveu de tous ses collègues.* PLURIEL : *des DÉSAVEUX.*

DÉSAVOUER [dezavwe] verbe [conjugaison 1a] ▪ Déclarer que l'on n'est pas d'accord avec (qqn, ce qu'il a dit ou ce qu'il a fait). *Le directeur n'a pas désavoué son adjoint. Les propos de cet homme politique ont été désavoués par son parti.* → **condamner, désapprouver.** ⟨contraires : approuver, confirmer⟩ *Il ne désavouera* [dezavura] *jamais ses enfants.*

DESCELLER [desele] verbe [conjugaison 1a] ▪ Arracher, détacher (ce qui est fixé dans la pierre). *Il faut desceller les carreaux abîmés du mur de la salle de bains et les remplacer.*

> REM. *Il décèle* [desɛl] « il découvre (ce qui était caché) » (du verbe *déceler*) se prononce de la même façon que *il descelle.*

DESCENDANCE [desɑ̃dɑ̃s] n. f. ▪ *LA DESCENDANCE :* l'ensemble des personnes qui ont un même ancêtre. *Mon arrière-grand-mère a une nombreuse descendance : elle a quatre enfants, dix petits-enfants et sept arrière-petits-enfants.* ⟨contraire : ascendance⟩

① **DESCENDANT** [desɑ̃dɑ̃] n. m., **DESCENDANTE** [desɑ̃dɑ̃t] n. f. ▪ *UN DESCENDANT, UNE DESCENDANTE :* une personne qui descend d'un ancêtre, qui a un ancêtre. *Cette femme est une descendante de Jules Verne,* Jules Verne est son ancêtre. ⟨contraire : ascendant⟩

② **DESCENDANT** [desɑ̃dɑ̃], **DESCENDANTE** [desɑ̃dɑ̃t] adj. (après le nom) ▪ (qqch.) **1.** Qui descend. *Les enfants ont ramassé des coquillages à MARÉE DESCENDANTE* (opposé à marée montante), quand la mer descend, découvre le rivage. **2.** (son) Qui va du plus aigu au plus grave. *Le pianiste travaille sa gamme descendante* (opposé à gamme ascendante).

DESCENDRE [desɑ̃dr] verbe [conjugaison 41a]
I. avec l'auxiliaire *être* **1.** Aller du haut vers le bas. *Il est descendu à la cave. Elle est descendue. Tu descends par l'escalier ou par l'ascenseur ?* ⟨contraire : monter⟩ *Descends de là, tu vas tomber ! L'avion commence à descendre. Le soleil descend sur l'horizon,* il se couche. – *Les ouvriers en colère sont descendus dans la rue,* ils sont allés dans la rue pour manifester. **2.** Aller vers le sud. *Nous resterons quelques jours en Belgique puis nous descendrons vers l'Italie.* **3.** Sortir (d'un véhicule). *Les voyageurs descendent du train. Je descends à la prochaine station (de métro, d'autobus). Vous descendez à la prochaine (station) ?* – *Il est descendu de cheval et il continue la promenade à pied.* **4.** Aller vers ce que l'on considère comme plus bas, comme moins bien. *Depuis que je sais qu'il a menti, il est descendu dans mon estime,* j'ai une moins bonne opinion de lui. – *Il est DESCENDU BIEN BAS :* il s'est beaucoup abaissé, il a perdu sa dignité, sa fierté. → **tomber.** **5.** Aller en pente. *La rue descend jusqu'à une grande place.* **6.** Diminuer de niveau. → **baisser.** *La mer commence à descendre,* elle se retire. ⟨contraire : monter⟩ *La température est descendue au-dessous de zéro.* **7.** *DESCENDRE DE :* être issu de, venir de. *L'homme descend-il du singe ?* a-t-il le singe pour ancêtre ? (→ ① **descendant**).
II. avec l'auxiliaire *avoir* **1.** Aller en bas, vers le bas de. *Elle a descendu l'escalier à toute vitesse. Nous avons descendu la rivière en canoë.* **2.** Porter de haut en bas. *Les déménageurs descendent les meubles du quatrième étage. Descends la valise de l'armoire, s'il te plaît !* **3.** STYLE FAMILIER Boire. *Ma copine et moi, nous avons descendu deux bouteilles de vin pendant le déjeuner !* **4.** STYLE FAMILIER Abattre. *Pendant la guerre, il a descendu deux avions ennemis. Le chef de gang s'est fait descendre dans la rue.* → **tuer.** **5.** *DESCENDRE EN FLAMMES :* critiquer, attaquer violemment. → **démolir, éreinter.** *Les critiques ont détesté ce nouveau film, ils l'ont descendu en flammes.*

descendu [desɑ̃dy], **descendue** [desɑ̃dy] *Il a descendu la rue en courant ; la rue qu'il a descendue en courant :* formes au participe passé du verbe **descendre.**

DESCENTE [desɑ̃t] n. f.
I. *LA DESCENTE* **1.** Action d'aller d'un lieu élevé vers un autre lieu plus bas. *Les alpinistes qui sont au sommet de la montagne vont commencer la descente. Nous avons fait une belle descente à ski. Ce cycliste est très bon EN DESCENTE. Attention, la descente de ce ravin est dangereuse. – L'avion commence sa descente sur Paris.* **2.** STYLE FAMILIER *AVOIR UNE BONNE DESCENTE :* boire beaucoup et rapidement de l'alcool. *Il a bu tout ça ! Il a une bonne descente !* **3.** Le fait de descendre (d'un véhicule). *Nous t'attendrons à ta descente du train.*
II. *UNE DESCENTE* **1.** Chemin, pente par laquelle on descend. *Freinez dans la descente ! Pour aller à la ville, il n'y a que des montées et des descentes.* ⟨contraires : côte, montée⟩ **2.** *UNE DESCENTE DE LIT :* petit tapis sur lequel on pose les pieds en descendant du lit. *Je dois acheter deux descentes de lit.* **3.** Arrivée brusque (pour contrôler, pour perquisitionner). *La police a fait une descente dans un bar. La nuit dernière, il y a eu une DESCENTE DE POLICE.*

DESCRIPTIF [dɛskʀiptif] adj. et n. m., **DESCRIPTIVE** [dɛskʀiptiv] adj. **1.** adjectif (après le nom) (qqch.) Qui montre, qui explique dans le détail comment sont les choses. *Il y a beaucoup de passages descriptifs, dans ce roman.* **2.** *UN DESCRIPTIF :* document qui décrit (qqch.) très clairement, au moyen de dessins, de plans, de légendes. *Nous avons reçu un descriptif de la maison que nous louerons pendant les vacances.*

DESCRIPTION [dɛskʀipsjɔ̃] n. f. ▪ *UNE DESCRIPTION :* action de décrire, de dire précisément comment est (qqch.). *Faites la description d'un paysage d'automne. Votre description n'est pas assez précise. Les témoins de l'attaque de la banque ont fait une description fidèle du voleur.*

DÉSEMPARÉ [dezɑ̃paʀe], **DÉSEMPARÉE** [dezɑ̃paʀe] adj. (après le nom) ▪ Qui est troublé au point de ne plus savoir que dire ou que faire. *J'ai rencontré une dame désemparée car elle avait perdu son chien.*

SANS **DÉSEMPARER** [sɑ̃dezɑ̃paʀe] adverbe ▪ Sans s'arrêter, sans arrêt. *Nous avons travaillé toute la journée et toute la nuit, sans désemparer.*
REM. *Désemparer* est un ancien verbe signifiant « abandonner ».

DÉSEMPLIR [dezɑ̃pliʀ] verbe [conjugaison 2] ▪ *NE PAS DÉSEMPLIR :* être constamment plein (de gens). *Cette comédie a beaucoup de succès, le théâtre ne désemplit pas. Ces magasins ne désemplissent pas.*

DÉSENCHANTÉ [dezɑ̃ʃɑ̃te], **DÉSENCHANTÉE** [dezɑ̃ʃɑ̃te] adj. (après le nom) ▪ Qui a perdu ses illusions, son enthousiasme. *Je l'ai vu après son échec : ce n'est plus qu'un homme désenchanté.* → **désabusé.**

DÉSENFLER [dezɑ̃fle] verbe [conjugaison 1a] ▪ Cesser d'être enflé. *Grâce au traitement, mon genou désenfle.* → **dégonfler.** ⟨contraires : enfler, gonfler⟩

DÉSÉQUILIBRE [dezekilibʀ] n. m. ▪ *LE DÉSÉQUILIBRE* **1.** Absence d'équilibre, mauvaise position qui risque de faire tomber qqn, qqch. *Attention, cette pile de livres est EN DÉSÉQUILIBRE, remets-la bien droite.* ⟨contraire : équilibre⟩ *Le skieur est tombé car il s'est retrouvé en position de déséquilibre.* **2.** Inégalité. *Il y a un déséquilibre de forces entre les deux équipes.* **3.** Manque d'équilibre mental. *Si son déséquilibre s'aggrave, il ne pourra plus travailler.*

DÉSÉQUILIBRÉ [dezekilibʀe] n. m., **DÉSÉQUILIBRÉE** [dezekilibʀe] n. f. ▪ *UN DÉSÉQUILIBRÉ, UNE DÉSÉQUILIBRÉE :* une personne qui n'a plus son équilibre mental, personne folle. *Le crime a été commis par un déséquilibré.* → **détraqué, névrosé.**

DÉSÉQUILIBRER [dezekilibʀe] verbe [conjugaison 1a] **1.** Faire perdre l'équilibre, mettre dans une mauvaise position qui peut provoquer la chute de (qqn, qqch.). *Le boxeur a déséquilibré son adversaire.* **2.** Provoquer un déséquilibre mental chez (qqn). *Cet échec l'a complètement déséquilibré.* → **déstabiliser.**

① **DÉSERT** [dezɛʀ], **DÉSERTE** [dezɛʀt] adj. (après le nom) **1.** Sans habitants. *Les naufragés ont pu atteindre une ÎLE DÉSERTE.* → **inhabité.** **2.** Où il n'y a personne. *Nous avons découvert une plage déserte. Il est tard, les rues sont désertes.* → **vide.** ⟨contraire : peuplé⟩

② **DÉSERT** [dezɛʀ] n. m. ▪ *LE DÉSERT* **1.** Région très sèche, sans végétation et pratiquement inhabitée. *Il existe des déserts chauds et des déserts froids. Le désert du Sahara est aride. Le fennec est aussi appelé renard du désert.* **2.** Lieu pratiquement inhabité. *Quel désert, cette campagne !* **3.** Lieu où il n'y a pas d'activités. *Il n'y a pas de cinéma, pas de théâtre, dans cette ville, c'est un désert culturel.*

DÉSERTER [dezɛʀte] verbe [conjugaison 1a] **1.** Abandonner (un lieu où l'on était installé). *Les jeunes désertent les campagnes pour aller vivre en ville.* ⟨contraires : rester, revenir⟩ **2.** Quitter l'armée sans en avoir le droit. *Des soldats ont déserté.* ⟨contraires : rallier, rejoindre⟩

DÉSERTEUR [dezɛʀtœʀ] n. m. ▪ *UN DÉSERTEUR :* soldat qui a quitté l'armée sans en avoir le droit. *Les déserteurs sont sévèrement punis.*

DÉSERTION [dezɛʀsjɔ̃] n. f. ▪ *LA DÉSERTION :* le fait de quitter l'armée sans en avoir l'autorisation. *Le jeune soldat a été jugé pour désertion.*

DÉSERTIQUE [dezɛʀtik] adj. (après le nom) **1.** Du désert. *Le Sahara a un climat désertique.* **2.** Qui a les caractères du désert. *Cette région désertique est peu accueillante.*

DÉSESPÉRANT [dezɛspeʀɑ̃], **DÉSESPÉRANTE** [dezɛspeʀɑ̃t] adj. (après le nom) **1.** Qui fait perdre espoir, qui décourage. *Il fait toujours les mêmes erreurs, c'est désespérant.* → **décourageant.** ⟨contraire : encourageant⟩ **2.** Désagréable. *Il fait un temps désespérant,* très mauvais et qui semble ne pas pouvoir changer. ⟨contraire : agréable⟩

DÉSESPÉRÉ [dezɛspeʀe], **DÉSESPÉRÉE** [dezɛspeʀe] adj. (après le nom) **1.** (qqn) Qui est dans une grande détresse, qui n'a plus d'espoir. *C'est un homme désespéré, depuis la mort de son fils. Je suis désespéré, je ne crois plus à rien.* ⟨contraire : heureux⟩ **2.** (qqch.) Qui est extrême, très grand et dicté par une situation dangereuse. *L'alpiniste fait des efforts désespérés pour retrouver son chemin dans la tempête de neige.* **3.** Qui ne laisse aucun espoir. *Le malade est dans un état désespéré,* il va mourir. *La situation est grave mais pas désespérée,* elle peut encore s'améliorer. *C'est une entreprise désespérée.* → **vain.**

DÉSESPÉRÉMENT [dezɛspeʀemɑ̃] adverbe **1.** De manière désespérée. *Elle regrette désespérément ton départ. Il se sent désespérément seul. – Le public n'est pas venu : le théâtre est resté désespérément vide.* **2.** Avec acharnement, de toutes ses forces. *Elle lutte désespérément contre la maladie. J'ai désespérément essayé de te joindre au téléphone toute la journée et toute la nuit.* → en **vain.**

DÉSESPÉRER [dezɛspeʀe] verbe [conjugaison 6a] **1.** Cesser d'espérer. *Je DÉSESPÈRE DE retrouver mes clés,* je pense que je ne les retrouverai pas. *Il ne désespère pas de trouver du travail :* il espère trouver du travail. – *Il ne faut pas désespérer !* il ne faut pas se décourager ! ⟨contraire : espérer⟩ **2.** Réduire au désespoir.

La mort de ses parents l'a désespéré. ⟨contraires : consoler, réconforter⟩ **3.** Découragera, décevoir profondément. *Elle fait toujours les mêmes erreurs, elle me désespère. Je pense qu'il continuera avec patience, qu'il ne désespérera* [dezɛspɛʀʀa] *pas.*

DÉSESPOIR [dezɛspwaʀ] n. m. ▪ *LE DÉSESPOIR* **1.** Très grande tristesse avec perte d'espoir. → **chagrin, détresse.** *Son désespoir est immense. Il a eu tant de malheurs qu'il a cédé au désespoir,* il est devenu désespéré. – *Il était en train de se noyer, mais il a lutté AVEC L'ÉNERGIE DU DÉSESPOIR,* avec les dernières forces qui apparaissent alors que tout semble perdu. **2.** *FAIRE LE DÉSESPOIR DE qqn :* être la cause d'une grande contrariété pour qqn. *Cet enfant fait le désespoir de ses parents,* il les désespère. – *ÊTRE AU DÉSESPOIR :* regretter beaucoup. *Je suis au désespoir de vous avoir fait attendre si longtemps !* **3.** *EN DÉSESPOIR DE CAUSE :* en essayant une dernière fois et sans croire vraiment que l'on va réussir. *J'ai demandé de nombreuses fois à mes voisins de faire moins de bruit et en désespoir de cause, je les ai menacés d'appeler la police.*

DÉSHABILLÉ [dezabije] n. m. ▪ *UN DÉSHABILLÉ :* vêtement féminin d'étoffe légère, que l'on met chez soi. *Le soir, elle aime mettre son déshabillé de soie. Elle nous a reçus en déshabillé.*

REM. Le déshabillé est plus luxueux et plus léger que le peignoir ou la robe de chambre.

DÉSHABILLER [dezabije] verbe [conjugaison 1a] **1.** Enlever les habits de (qqn). *Il déshabille son petit garçon pour le mettre au lit.* **2.** verbe pronominal SE DÉSHABILLER : enlever ses vêtements. *Elle s'est déshabillée dans la salle de bains.*

DÉSHABITUER [dezabitɥe] verbe [conjugaison 1a] ▪ Faire perdre une habitude à (qqn). *Faites beaucoup de sport, cela vous déshabituera* [dezabityʀa] *plus facilement de fumer.*

DÉSHERBER [dezɛʀbe] verbe [conjugaison 1a] ▪ Enlever les mauvaises herbes de. *Nous allons désherber ce coin de jardin et nous y planterons des fleurs. On désherbe les allées avec un désherbant.*

DÉSHÉRITÉ [dezeʀite] n. m. et adj., **DÉSHÉRITÉE** [dezeʀite] n. f. et adj.

I. *UN DÉSHÉRITÉ, UNE DÉSHÉRITÉE :* une personne pauvre, qui n'a pas les avantages qu'ont les autres. *Les organisations humanitaires viennent en aide aux déshérités.*

II. adjectif (après le nom) **1.** Privé d'héritage. *C'est un enfant déshérité.* **2.** Qui est pauvre et n'a pas les avantages qu'ont les autres. *Il faut aider les populations déshéritées.* ⟨contraire : privilégié⟩

DÉSHÉRITER [dezeʀite] verbe [conjugaison 1a] ▪ Priver (qqn) de l'héritage auquel il a droit. *Il est très en colère contre sa fille, il veut la déshériter,* il ne veut pas en faire son héritière.

DÉSHONNEUR [dezɔnœʀ] n. m. ▪ *LE DÉSHONNEUR :* perte de l'honneur. *Il n'y a pas de déshonneur à avouer son erreur.* → **honte.** ⟨contraire : honneur⟩

DÉSHONORANT [dezɔnɔʀɑ̃], **DÉSHONORANTE** [dezɔnɔʀɑ̃t] adj. (après le nom) ▪ Qui déshonore, qui fait perdre l'honneur. → **honteux.** *Il a eu une conduite déshonorante. Allez, pleure si tu as du chagrin, ça n'a rien de déshonorant,* ce n'est pas honteux.

DÉSHONORER [dezɔnɔʀe] verbe [conjugaison 1a] **1.** Faire perdre son honneur, sa bonne réputation à (qqn). *Leur fils est un voyou qui déshonore sa famille.* ⟨contraire : honorer⟩ **2.** verbe pronominal SE DÉSHONORER : perdre son honneur. *Cet homme politique se déshonorerait* [dezɔnɔʀʀɛ] *en trahissant son pays. Elle s'est déshonorée en acceptant ce compromis.*

REM. *Déshonorer* n'a qu'un seul *n*, alors que *honneur* en a deux.

DÉSHYDRATÉ [dezidʀate], **DÉSHYDRATÉE** [dezidʀate] adj. (après le nom) **1.** Auquel on a fait perdre son eau. *Les légumes déshydratés se conservent longtemps.* **2.** STYLE FAMILIER *ÊTRE DÉSHYDRATÉ :* avoir soif. *Je suis complètement déshydraté.* → **assoiffé.**

SE **DÉSHYDRATER** [dezidʀate] verbe pronominal [conjugaison 1a] ▪ Perdre l'eau nécessaire à l'organisme. *Lorsqu'il fait chaud, il faut faire boire les bébés souvent, car ils se déshydratent rapidement. Elle s'est déshydratée.*

DÉSIGNATION [dezinasjɔ̃] n. f. ▪ *LA DÉSIGNATION :* nomination. *On attend la désignation du nouveau directeur,* on attend qu'il soit choisi.

DÉSIGNER [dezine] verbe [conjugaison 1a] **1.** Montrer, signaler de façon précise. *Dans la boulangerie, la cliente désigne du doigt les gâteaux qu'elle veut acheter.* → **indiquer. 2.** Être le nom de. *En anglais, « duck » désigne le canard.* **3.** Choisir (qqn). *Nous avons désigné celui qui sera chef de l'équipe.* → **nommer.**

DÉSILLUSION [dezilyzjɔ̃] n. f. ▪ *UNE DÉSILLUSION :* perte d'une illusion, d'une bonne impression que l'on avait de qqn, de qqch. *Je croyais mon fils incapable de mentir, quelle désillusion !* → **déception.**

DÉSINENCE [dezinɑ̃s] n. f. ▪ *UNE DÉSINENCE :* en français, élément variable selon la phrase, qui s'ajoute au radical d'un verbe. *Dans « sortez », « ez » est la désinence.*

DÉSINFECTANT [dezɛ̃fɛktɑ̃] n. m. et adj., **DÉSINFECTANTE** [dezɛ̃fɛktɑ̃t] adj. **1.** *UN DÉSINFECTANT :* produit qui sert à désinfecter, à nettoyer en tuant les microbes. *L'infirmière a nettoyé ma blessure avec un désinfectant.* **2.** adjectif (après le nom) Qui sert à désinfecter. *Il faut acheter un produit désinfectant pour bien nettoyer la poubelle.*

DÉSINFECTER [dezɛ̃fɛkte] verbe [conjugaison 1a] ▪ Nettoyer en tuant les microbes. *Je vais désinfecter ta blessure avant de mettre un pansement.*

DÉSINFECTION [dezɛ̃fɛksjɔ̃] n. f. ▪ *LA DÉSINFECTION :* nettoyage qui débarrasse des microbes. *La désinfection de la salle d'opération de l'hôpital est terminée.*

DÉSINFORMATION [dezɛ̃fɔʀmasjɔ̃] n. f. ▪ (médias) *LA DÉSINFORMATION :* présentation faussée, trompeuse, de faits. *Le journal télévisé n'a pas présenté les choses comme elles se sont réellement passées : ce n'est pas de l'information, mais de la désinformation !* → **intoxication.**

DÉSINTÉGRATION [dezɛ̃tegʀasjɔ̃] n. f. ▪ *LA DÉSINTÉGRATION :* transformation des atomes d'un élément qu'on désintègre. *La désintégration de l'uranium produit de l'énergie nucléaire.*

DÉSINTÉGRER [dezɛ̃tegʀe] verbe [conjugaison 6a] **1.** Détruire complètement en réduisant en morceaux. *L'explosion a désintégré l'avion. Pour obtenir de l'énergie nucléaire, on désintègre l'uranium.* **2.** verbe pronominal SE DÉSINTÉGRER : se détruire. *La fusée s'est désintégrée dans l'espace.* → se **désagréger.**

DÉSINTÉRESSÉ [dezɛ̃teʀese], **DÉSINTÉRESSÉE** [dezɛ̃teʀese] adj. (après le nom) ▪ (qqn) Qui n'agit pas par intérêt personnel, qui ne recherche pas le profit, l'argent. *C'est un homme désintéressé, en qui l'on peut avoir confiance.* → **généreux.** ⟨contraire : intéressé⟩

DÉSINTÉRESSEMENT [dezɛ̃teʀɛsmɑ̃] n. m. ▪ *LE DÉSINTÉRESSEMENT :* qualité d'une personne qui agit sans penser à son intérêt personnel. *Elle s'occupe des autres avec désintéressement.* → **générosité.**

SE **DÉSINTÉRESSER** [dezɛ̃teʀese] verbe pronominal [conjugaison 1a] ▪ Ne plus porter intérêt à (qqn, qqch.). *Il se désintéresse de son travail.* ⟨contraire : s'intéresser⟩ *Elle s'est désintéressée de ses enfants.* → **négliger.** ⟨contraire : se préoccuper de⟩

DÉSINTOXICATION [dezɛ̃tɔksikasjɔ̃] n. f. ▪ *LA DÉSINTOXICATION :* traitement qui a pour but de faire perdre l'habitude de l'alcool à un alcoolique ou de la drogue à un toxicomane. *Il est en CURE DE DÉSINTOXICATION. Elle a complètement arrêté de boire de l'alcool depuis sa désintoxication.*

DÉSINTOXIQUER [dezɛ̃tɔksike] verbe [conjugaison 1a] ▪ Faire subir à (qqn) une cure de désintoxication. *Dans cette clinique, on désintoxique les alcooliques.*

DÉSINVOLTE [dezɛ̃vɔlt] adj. (après le nom) ▪ (qqn) Qui montre une liberté un peu insolente, sans souci des autres. *Elle s'est montrée très désinvolte en ne prévenant pas de son absence. Il a parlé de la maladie de sa femme d'une façon très désinvolte.* ⟨contraire : sérieux⟩

DÉSINVOLTURE [dezɛ̃vɔltyʀ] n. f. ▪ *LA DÉSINVOLTURE :* attitude désinvolte. *Il a agi avec désinvolture.* ⟨contraires : respect, sérieux⟩ *Nous lui avons demandé pourquoi il n'était pas au rendez-vous, il a répondu avec désinvolture qu'il avait oublié. Quelle désinvolture !* → **sans-gêne.**

DÉSIR [deziʀ] n. m. **1.** *UN DÉSIR :* envie d'avoir qqch., de faire qqch. *Cet enfant est trop gâté : sa grand-mère satisfait tous ses désirs.* → **souhait.** *Vos désirs sont des ordres. Elle a un grand DÉSIR DE réussir sa vie professionnelle. « Tu es sûre d'avoir une augmentation ? Tu prends tes désirs pour des réalités ! »,* tu crois faussement que la réalité est semblable à ce que tu souhaites. **2.** *LE DÉSIR :* envie du plaisir sexuel. → **libido.** *Dès qu'il a vu cette jeune femme, le désir l'a envahi,* il a eu très envie de faire l'amour avec elle. *Elle éprouve du désir pour lui,* elle a envie de lui.

DÉSIRABLE [deziʀabl] adj. (après le nom) **1.** Qui mérite d'être désiré. *Vous avez toutes les qualités désirables pour cet emploi.* → **souhaitable.** ⟨contraire : indésirable⟩ **2.** Qui inspire le désir sexuel. → **excitant.** *Il trouve cette femme désirable.*

DÉSIRER [deziʀe] verbe [conjugaison 1a] **1.** Vouloir (qqch.), avoir envie de (qqch.). → **souhaiter.** *Je désire vous parler. Elle désirerait* [deziʀʀɛ] *vous rencontrer. Que désirez-vous ?* **2.** (qqch.) *LAISSER À DÉSIRER :* être imparfait, n'être pas très bien fait. *Son travail laisse à désirer.* **3.** *SE FAIRE DÉSIRER :* ne pas se dépêcher et arriver en retard, alors que l'on est attendu. *Te voilà enfin ! Tu te fais désirer !* **4.** Éprouver du désir sexuel pour (qqn), avoir envie de (qqn). *Il désire cette femme,* il a envie de faire l'amour avec elle.

DÉSIREUX [deziʀø], **DÉSIREUSE** [deziʀøz] adj. (après le nom) ▪ *DÉSIREUX DE :* qui a envie de, qui souhaite. *Elle est désireuse de vous connaître :* elle aimerait vous connaître. *J'ai rencontré un homme désireux de vous parler.*

SE **DÉSISTER** [deziste] verbe pronominal [conjugaison 1a] ▪ Se retirer d'une élection. *Elle s'est désistée en faveur d'un candidat qui a plus de chances qu'elle d'être élu,* elle a retiré sa candidature pour faciliter l'élection d'un autre candidat.

DÉSOBÉIR [dezɔbeiʀ] verbe [conjugaison 2] ▪ Ne pas obéir, faire ce qui est défendu ou ne pas faire ce qui a été ordonné. *Il a DÉSOBÉI À ses parents.* ⟨contraire : obéir⟩ – *Ne désobéissez pas !*

DÉSOBÉISSANCE [dezɔbeisɑ̃s] n. f. ▪ *LA DÉSOBÉISSANCE :* le fait de désobéir. *Votre désobéissance sera punie.* ⟨contraire : obéissance⟩

DÉSOBÉISSANT [dezɔbeisɑ̃], **DÉSOBÉISSANTE** [dezɔbeisɑ̃t] adj. (après le nom) ▪ Qui désobéit. *Son fils est un enfant désobéissant.* ⟨contraire : obéissant⟩

DÉSOBLIGEANT [dezɔbliʒɑ̃], **DÉSOBLIGEANTE** [dezɔbliʒɑ̃t] adj. (après le nom) ▪ Peu aimable et vexant. *Le directeur m'a fait une remarque désobligeante.* → **désagréable.**

DÉSODORISANT [dezɔdɔʀizɑ̃] adj. et n. m., **DÉSODORISANTE** [dezɔdɔʀizɑ̃t] adj. **1.** adjectif (après le nom) Qui enlève les mauvaises odeurs d'un lieu. *Ça sent mauvais ici, apporte-moi la bombe désodorisante, s'il te plaît.* **2.** *UN DÉSODORISANT :* produit qui enlève, qui absorbe les mauvaises odeurs. *J'ai mis du désodorisant dans les toilettes.*

REM. Le produit qui enlève les odeurs corporelles est un *déodorant.*

DÉSŒUVRÉ [dezœvʀe], **DÉSŒUVRÉE** [dezœvʀe] adj. (après le nom) ▪ (qqn) Qui n'a rien à faire ou qui ne fait rien. → **inactif, inoccupé, oisif.** *Lorsqu'il rentre du bureau, il n'est jamais désœuvré car il a quatre enfants.*

DÉSŒUVREMENT [dezœvʀəmɑ̃] n. m. ▪ *LE DÉSŒUVREMENT :* état d'une personne qui ne fait rien, qui n'a rien à faire. *Les jeunes gens du quartier s'attardent dans la rue par désœuvrement.*

DÉSOLANT [dezɔlɑ̃], **DÉSOLANTE** [dezɔlɑ̃t] adj. (après le nom) ▪ (qqch.) Qui rend triste. *La vue de cette colline brûlée est un spectacle désolant.* → **affligeant, consternant, navrant.** ⟨contraire : réjouissant⟩

DÉSOLATION [dezɔlasjɔ̃] n. f. ▪ STYLE RECHERCHÉ *LA DÉSOLATION :* grande tristesse. *La nouvelle de sa mort nous a plongés dans la désolation,* nous a remplis de tristesse.

DÉSOLÉ [dezɔle], **DÉSOLÉE** [dezɔle] adj. (après le nom)
I. (lieu) Désert et triste. *C'est une région désolée, après l'incendie de forêt.*
II. (qqn) *ÊTRE DÉSOLÉ :* regretter. *Je SUIS DÉSOLÉ DE vous avoir fait attendre.* – *Désolé, je ne peux pas vous renseigner,* excusez-moi.

DÉSOLER [dezɔle] verbe [conjugaison 1a] **1.** Faire de la peine à (qqn), attrister. *Son échec me désole.* → **navrer.** **2.** verbe pronominal SE DÉSOLER : être très contrarié. *Elle SE DÉSOLE DE ne pas pouvoir vous aider.* ⟨contraire : se réjouir⟩

SE **DÉSOLIDARISER** [desɔlidaʀize] verbe pronominal [conjugaison 1a] ▪ Ne plus soutenir les personnes dont on était solidaire. → **abandonner.** *Elle s'est désolidarisée de ses collègues en refusant de faire la grève.*

DÉSOPILANT [dezɔpilɑ̃], **DÉSOPILANTE** [dezɔpilɑ̃t] adj. (après le nom) ▪ Très drôle, qui fait rire. → **comique.** *Elle nous a raconté une histoire désopilante.*

DÉSORDONNÉ [dezɔʀdɔne], **DÉSORDONNÉE** [dezɔʀdɔne] adj. (après le nom) **1.** (qqn) Qui ne range pas ses affaires, qui manque d'ordre. *Tu ne sais jamais où sont tes affaires, tu es vraiment désordonné.* → STYLE FAMILIER **bordélique.** ⟨contraires : ordonné, rangé⟩ **2.** (qqch.) Mal réglé, sans ordre. *Quand ils ont entendu les coups de feu, les gens se sont dispersés dans une fuite désordonnée. J'ai aperçu un homme qui faisait de grands gestes désordonnés.*

DÉSORDRE [dezɔʀdʀ] n. m. ▪ *LE DÉSORDRE* **1.** Absence d'ordre. *Range ta chambre, elle est EN DÉSORDRE. Tu as mis du désordre partout ! Quel désordre !* → **fouillis, pagaille** ; STYLE FAMILIER **bazar, chantier** ; STYLE TRÈS FAMILIER **bordel, foutoir.** **2.** Rupture de l'ordre, de l'harmonie dans un groupe. *Quelques jeunes sèment le désordre dans le lycée,* ils gênent le bon fonctionnement du lycée. **3.** (au pluriel) DES DÉSORDRES : des troubles, de l'agitation qui interrompent la tranquillité publique. *De graves désordres ont éclaté dans le pays.*

DÉSORGANISATION [dezɔʀganizasjɔ̃] n. f. ▪ *LA DÉSORGANISATION :* désordre, action de désorganiser. *Les employés se plaignent de la désorganisation de leur entreprise.* ⟨contraire : organisation⟩

DÉSORGANISER [dezɔʀganize] verbe [conjugaison 1a] ▪ Déranger, détruire l'organisation de. ⟨contraire : organiser⟩ *Nous voulions faire un pique-nique et une promenade, mais la pluie a désorganisé notre journée. Le cancer désorganise les tissus qu'il envahit.*

DÉSORIENTER [dezɔʀjɑ̃te] verbe [conjugaison 1a] **1.** Faire perdre la direction à suivre à (qqn). *L'arrivée de la nuit nous a désorientés et nous nous sommes perdus dans la forêt.* **2.** Rendre hésitant sur ce qu'il faut dire ou sur ce qu'il faut faire. *Sa question m'a désorienté.* → **déconcerter.**

DÉSORMAIS [dezɔʀmɛ] adverbe ▪ À partir de maintenant. *Désormais, la piscine sera ouverte le mardi jusqu'à 22 heures.* → **dorénavant.**

DÉSOSSER [dezɔse] verbe [conjugaison 1a] **1.** Enlever les os de. *Le boucher désosse une épaule de mouton.* **2.** Mettre en pièces détachées. *Ils ont désossé une vieille voiture abandonnée.*

DESPOTE [dɛspɔt] n. m. ▪ *UN DESPOTE :* souverain qui gouverne avec une autorité arbitraire et absolue. *Le pays souffre depuis qu'il est gouverné par ce despote.* → **dictateur, tyran.**

> FAUX AMI
> grec **δεσπότης** «maître des lieux ; évêque»

DESPOTIQUE [dɛspɔtik] adj. (après le nom) **1.** Tyrannique. *Le pays est gouverné par un souverain despotique.* ⟨contraire : libéral⟩ **2.** Très autoritaire. *L'entreprise est dirigée par un patron despotique.*

DESQUELS, DESQUELLES → **duquel**

SE **DESSAISIR** [desezir] verbe pronominal [conjugaison 2] ▪ Se démunir, se séparer volontairement de (qqch.). *Il refuse de se dessaisir de sa collection de timbres. L'avocate s'est dessaisie de l'affaire.*

DESSALER [desale] verbe [conjugaison 1a] ▪ Rendre moins salé ou enlever le sel complètement de. *Le cuisinier fait tremper la morue dans l'eau pour la dessaler.*

DESSAOULER → **dessoûler**

DESSÉCHÉ [deseʃe], **DESSÉCHÉE** [deseʃe] adj. (après le nom) ▪ Qui a été rendu sec. *Il a les lèvres desséchées. Les légumes desséchés se conservent bien.* → **déshydraté.**

DESSÈCHEMENT [desɛʃmɑ̃] n. m. ▪ *LE DESSÈCHEMENT :* état de ce qui est desséché. *Cette crème lutte contre le dessèchement de la peau.*

DESSÉCHER [deseʃe] verbe [conjugaison 6a] **1.** Rendre sec. *Le froid dessèche la peau. La chaleur desséchait la terre.* → **brûler.** *On a desséché ces légumes pour les conserver.* **2.** Rendre insensible, faire perdre à (qqn) la faculté de s'émouvoir. *La jalousie lui a desséché le cœur.* **3.** verbe pronominal SE DESSÉCHER : (qqn) devenir maigre. *Elle s'est desséchée en vieillissant.*

DESSEIN [desɛ̃] n. m. ▪ STYLE RECHERCHÉ *UN DESSEIN* **1.** Idée de faire qqch. *Elle a formé le dessein de créer sa société.* → **intention, plan, projet.** *Il fait des économies DANS LE DESSEIN DE faire un voyage.* → **but.** **2.** *À DESSEIN :* volontairement. *C'est à dessein que je n'ai pas répondu à sa lettre.* → **exprès.**

> REM. *Dessin* «représentation d'un objet par des traits» se prononce de la même façon.

DESSERRER [desere] verbe [conjugaison 1a] **1.** Relâcher (ce qui est serré). *Si tu grossis encore, tu desserreras* [desɛʀʀa] *ta ceinture d'un cran. Desserre le frein !* **2.** *NE PAS DESSERRER LES DENTS :* ne rien dire, se taire. *Elle n'a pas desserré les dents de la soirée.* **3.** verbe pronominal SE DESSERRER : (qqch.) devenir moins serré. *La vis s'est desserrée.*

> REM. *Je desserre* [desɛʀ] se prononce de la même façon que *je dessers* (du verbe *desservir*) et *dessert* «plat de la fin du repas».

dessers [desɛʀ] *Je dessers, tu dessers :* forme au présent du verbe **desservir.**

> REM. *Je desserre* (du verbe *desserrer*) se prononce de la même façon.

DESSERT [desɛʀ] n. m. **1.** *UN DESSERT :* plat sucré que l'on sert à la fin du repas, après le fromage. *Que voulez-vous comme dessert ? Il y a un grand choix de desserts.* **2.** *LE DESSERT :* moment du repas où l'on mange le dessert. *Venez nous voir après le dessert.*

DESSERVIR [desɛʀviʀ] verbe [conjugaison 14] **1.** Enlever (d'une table) ce qui a servi au repas. *Le garçon dessert la table.* → **débarrasser.** – *Vous pouvez desservir.* **2.** (moyen de transport) S'arrêter dans un lieu. *Un train et un car desservent cette ville plusieurs fois par jour. Ce village est bien desservi,* il est relié aux autres par de nombreux moyens de transport. **3.** Faire communiquer. *Le couloir dessert plusieurs chambres,* il donne accès à plusieurs chambres. **4.** Rendre un mauvais service à (qqn). *Sa timidité le dessert auprès de son patron,* lui cause du tort. → **nuire.** *Ne le desservons pas auprès de ses amis.* ⟨contraires : aider, servir⟩

DESSIN [desɛ̃] n. m.

I. *UN DESSIN* **1.** Représentation d'un objet par des traits que l'on trace sur une surface. *La petite fille fait un dessin pour sa mère. Il y a des dessins humoristiques affichés sur le mur. Voici le dessin simplifié de la circulation du sang.* → **croquis, schéma.** **2.** STYLE FAMILIER *FAIRE UN DESSIN À qqn,* lui expliquer qqch. en détail. *Tu as compris ou il faut te faire un dessin ? Inutile de te faire un dessin :* tu as tout compris, les choses sont claires. **3.** *UN DESSIN ANIMÉ :* film composé de dessins qui s'enchaînent en représentant les phases successives du mouvement. *Les enfants aiment beaucoup regarder des dessins animés.*

II. *LE DESSIN* **1.** L'art de dessiner. *Il a toujours aimé FAIRE DU DESSIN,* dessiner. *Il est professeur de dessin au lycée. Elle range ses feuilles dans un CARTON À DESSIN. L'architecte travaille sur sa TABLE À DESSIN.* **2.** Ensemble des lignes que font des formes naturelles. *Le dessin de son visage est très pur.* → **contour.**

> REM. *Dessein* «projet» se prononce de la même façon.

DESSINATEUR [desinatœʀ] n. m., **DESSINATRICE** [desinatʀis] n. f. ▪ *UN DESSINATEUR, UNE DESSINATRICE :* une personne dont le métier est de dessiner. *Il est DESSINATEUR INDUSTRIEL,* spécialisé dans les dessins techniques. *Elle est DESSINATRICE DE MODE.* → **modéliste.** *C'est un très bon dessinateur.*

DESSINER [desine] verbe [conjugaison 1a] **1.** (qqn) Faire un dessin. *Il dessine un bateau :* il représente un bateau par le dessin. *Le décorateur a dessiné les costumes de cette pièce de théâtre. – Il dessine au crayon ou à la plume. Elle dessine très bien.* **2.** (qqch.) Faire ressortir les contours. *Cette robe dessine bien les formes du corps.* **3.** (qqch.) Former. *La côte dessine une suite de courbes.* **4.** verbe pronominal SE DESSINER : (qqch.) apparaître avec un contour net. *Une ombre s'est dessinée sur le mur.* → se **détacher, ressortir.**

DESSOÛLER [desule] verbe [conjugaison 1a] **1.** (qqn) Cesser d'être soûl. *Il n'a pas dessoûlé de la nuit :* il a été ivre toute la nuit. **2.** STYLE FAMILIER (qqch.) Faire cesser d'être soûl. *Le grand air le dessoûlera.* → STYLE RECHERCHÉ **dégriser.** ⟨contraire : soûler⟩

REM. On écrit aussi *dessaouler.*

DESSOUS [dəsu] adverbe, préposition et n. m.
I. adverbe et préposition **1.** À la partie inférieure. *L'étiquette avec le prix du vase est collée dessous,* sous le vase. ⟨contraire : dessus⟩ *Soulève la couverture, le chat est caché dessous.* **2.** *EN DESSOUS :* contre la partie inférieure. *Soulève le livre, le billet est en dessous,* sous le livre. – (figuré) *Il rit en dessous,* en cachette, sans se montrer. *Elle le regarde par en dessous,* sournoisement. – *On a sorti des blessés DE DESSOUS les décombres.*
II. *LE DESSOUS* **1.** Face inférieure (de qqch.), ce qui est plus bas. *Il a le dessous des pieds endolori.* → **plante.** *Le dessous de l'assiette est peint. Ils sont amis avec leurs voisins (de l'étage) du dessous.* → **inférieur.** ⟨contraire : dessus⟩ **2.** La face cachée (de qqch.). *On ne connaît pas toujours le dessous des cartes.* **3.** (au pluriel) LES DESSOUS : les sous-vêtements féminins. *Elle a des dessous en dentelle.* **4.** *AVOIR LE DESSOUS :* être dans un état d'infériorité. *Il s'est battu et il a eu le dessous,* il s'est fait battre, il a perdu. ⟨contraire : dessus⟩ **5.** *ÊTRE DANS LE TRENTE-SIXIÈME DESSOUS,* dans une très mauvaise situation. *Depuis sa rupture, il est dans le trente-sixième dessous,* il est très déprimé.

REM. Penser à aller voir *au-dessous, ci-dessous, là-dessous, par-dessous* à l'ordre alphabétique.

DESSOUS-DE-BOUTEILLE [dəsudbutɛj] n. m. invariable ▪ *UN DESSOUS-DE-BOUTEILLE :* petit support sur lequel on pose une bouteille sur une table. *La bouteille de vin est sur un dessous-de-bouteille en liège.* PLURIEL : *des dessous-de-bouteille.*

DESSOUS-DE-PLAT [dəsudpla] n. m. invariable ▪ *UN DESSOUS-DE-PLAT :* support sur lequel on pose un plat sur une table. *Pose ce plat très chaud sur le dessous-de-plat.* PLURIEL : *des dessous-de-plat.*

DESSOUS-DE-TABLE [dəsudtabl] n. m. invariable ▪ *UN DESSOUS-DE-TABLE :* argent que donne en cachette et illégalement un acheteur à un vendeur. → **pot-de-vin.** *Il a obtenu le marché grâce à un dessous-de-table.* PLURIEL : *des dessous-de-table.*

DESSUS [dəsy] adverbe, préposition et n. m.
I. adverbe et préposition **1.** À la face supérieure. *La chaise est cassée, ne vous asseyez pas dessus ! Regarde l'enveloppe, l'adresse est écrite dessus.* ⟨contraire : dessous⟩ **2.** (exprimant l'idée de contact) *Relève ta jupe pour ne pas marcher dessus. Les soldats ennemis leur sont tombés dessus. Je ne sais pas où sont mes lunettes, je n'arrive pas à METTRE LA MAIN DESSUS,* à les trouver. *Ton stylo est là, tu as LE NEZ DESSUS,* tu es tout près. **3.** *DE DESSUS. Retire la nappe de dessus la table.*
II. *LE DESSUS* **1.** Face supérieure (de qqch.). *Le dessus de la table est couvert de poussière. Les voisins (de l'étage) du dessus sont très bruyants.* ⟨contraire : dessous⟩ – *Le DESSUS DU PANIER :* ce qu'il y a de meilleur. *Ses amis sont le dessus du panier* (→ **élite**). **2.** *AVOIR LE DESSUS :* avoir l'avantage, gagner. *C'est elle qui a eu le dessus dans la discussion.* ⟨contraire : dessous⟩ *Il faut REPRENDRE LE DESSUS,* se remettre après une difficulté, une maladie.

REM. Penser à aller voir *au-dessus, ci-dessus, là-dessus, par-dessus* à l'ordre alphabétique.

DESSUS-DE-LIT [dəsydli] n. m. invariable ▪ *UN DESSUS-DE-LIT :* tissu recouvrant un lit, par-dessus les draps et les couvertures. *Leur lit est recouvert d'un dessus-de-lit en coton blanc.* → **couvre-lit.** PLURIEL : *des dessus-de-lit.*

DÉSTABILISER [destabilize] verbe [conjugaison 1a] **1.** Rendre moins stable (une situation, une institution, un pays). *L'augmentation des prix déstabilise l'économie du pays. Les manifestations ont déstabilisé le gouvernement.* → **ébranler. 2.** Rendre (qqn) faible, moralement. *Son licenciement l'a déstabilisé.*

DESTIN [dɛstɛ̃] n. m. ▪ *LE DESTIN* **1.** Puissance supérieure qui, selon certaines croyances, fixerait les événements. *Pour les chrétiens, la notion de providence a remplacé celle de destin.* → **fatalité. 2.** Ensemble des événements qui composent la vie d'un être humain et contre lesquels on ne peut rien faire. *On n'échappe pas à son destin !* → **destinée, fatalité, sort.** *Il a eu un destin tragique,* une vie ou une mort tragique. *C'est le destin !* cela devait arriver. *C'est ton destin.* **3.** Ce qu'il va advenir de qqch. *On ne sait pas quel sera le destin de ce roman.* → **avenir.**

DESTINATAIRE [dɛstinatɛʀ] n. m., n. f. ▪ *UN DESTINATAIRE, UNE DESTINATAIRE :* une personne à qui est envoyé qqch. *L'adresse du destinataire est sur l'enveloppe. Qui est le destinataire de cette lettre ?* ⟨contraire : expéditeur⟩

DESTINATION [dɛstinasjɔ̃] n. f. ▪ *LA DESTINATION* **1.** Lieu où l'on va, où l'on envoie qqch. *Ils sont partis pour une destination inconnue. Le train À DESTINATION DE Venise entre en gare,* le train pour Venise. ⟨contraire : en provenance⟩ *Le colis est bien arrivé À DESTINATION.* **2.** Ce pour quoi une chose est faite. *Quelle est la destination de cet appareil ?* → **emploi, usage, utilisation.**

DESTINÉE [dɛstine] n. f. **1.** STYLE RECHERCHÉ *LA DESTINÉE :* puissance qui semble fixer les événements. *Tu ne peux t'en prendre qu'à la destinée.* → **destin. 2.** *UNE DESTINÉE :* destin particulier d'une personne. *Il a eu une heureuse destinée.* **3.** STYLE RECHERCHÉ Vie. *Le prince et la princesse unirent leurs destinées,* ils se marièrent. → **existence.**

DESTINER [dɛstine] verbe [conjugaison 1a] **1.** *DESTINER qqch. À :* fixer à l'avance l'emploi de qqch. *Je destine cette somme d'argent à l'achat d'une voiture. Cette remarque t'est destinée,* elle est faite pour toi. **2.** *DESTINER qqn À :* préparer qqn à un emploi, un état. *Ses parents le destinent à la carrière diplomatique.* **3.** verbe pronominal SE DESTINER À : (qqn) se préparer à (un emploi). *Elle s'est destinée à l'enseignement.*

DESTITUER [dɛstitɥe] verbe [conjugaison 1a] ▪ Priver (qqn) de son emploi, de son poste, de sa fonction. *Le général en chef a destitué un officier. Ce magistrat risque d'être destitué de ses fonctions.* → **démettre, renvoyer.** *Qui le destituera* [dɛstityʀa] *?*

DESTRUCTEUR [dɛstʀyktœʀ], **DESTRUCTRICE** [dɛstʀyktʀis] adj. (après le nom) ▪ Qui détruit. *Le pays a subi une guerre destructrice.* → **meurtrier.**

DESTRUCTION [dɛstʀyksjɔ̃] n. f. ▪ *LA DESTRUCTION* **1.** Action de faire disparaître, de détruire (qqch. qui est construit). *Les autorités ont ordonné la destruction de tous ces vieux immeubles.* → **démolition.** ⟨contraire : construction⟩ **2.** Action de tuer (des êtres vivants). *Ce produit est radical pour la destruction des insectes.* → **élimination, extermination.**

DÉSUET [dezɥɛ], **DÉSUÈTE** [dezɥɛt] adj. (après le nom) ▪ (qqch.) Qui a un caractère ancien, démodé. *Cette gravure ancienne a un charme désuet.* → **suranné, vieillot.** ⟨contraire : moderne⟩

REM. On peut prononcer aussi [desɥɛ], [desɥɛt].

EN **DÉSUÉTUDE** [ɑ̃dezɥetyd] adverbe ▪ (qqch.) *TOMBER EN DÉSUÉTUDE :* être abandonné, ne plus être utilisé. *Cette loi est tombée en désuétude.* ⟨contraire : en vigueur⟩

REM. On peut prononcer aussi [ɑ̃desɥetyd].

DÉSUNION [dezynjɔ̃] n. f. ▪ *LA DÉSUNION* : désaccord entre des personnes qui étaient unies ou qui devraient être unies. *Cet héritage a jeté la désunion dans la famille.* → **division, mésentente.** ⟨contraire : union⟩

DÉSUNIR [dezyniʀ] verbe [conjugaison 2] ▪ STYLE RECHERCHÉ Faire cesser l'union entre (des personnes), jeter le désaccord. *Il ne faudrait pas que cette dispute les désunisse.* → **diviser, séparer.** ⟨contraire : unir⟩

DÉTACHABLE [detaʃabl] adj. (après le nom) ▪ Que l'on peut détacher, dégager de ce qui attache. *Renvoyez le coupon détachable. Ce bloc de papier est composé de feuilles détachables.*

DÉTACHANT [detaʃɑ̃] n. m. ▪ *UN DÉTACHANT* : produit qui enlève les taches. *Ce détachant est épatant pour enlever les taches de gras sur la soie.*

DÉTACHÉ [detaʃe], **DÉTACHÉE** [detaʃe] adj. (après le nom) **1.** *DES PIÈCES DÉTACHÉES* : des pièces que l'on achète pour remplacer les pièces usées d'un moteur, d'une machine. *Vous trouverez un nouveau fouet pour votre batteur à œufs au rayon des pièces détachées.* **2.** Qui montre un manque d'intérêt, du détachement. *Il nous a répondu d'un air détaché.* → **indifférent.**

DÉTACHEMENT [detaʃmɑ̃] n. m. **1.** *LE DÉTACHEMENT* : indifférence devant ce qui se passe autour de soi. *Elle parle de son échec avec détachement.* → **désinvolture, indifférence. 2.** *UN DÉTACHEMENT* : petit groupe de soldats détachés de la troupe pour un service spécial. *Plusieurs détachements militaires ont été envoyés en renfort.* **3.** Situation d'un fonctionnaire affecté provisoirement à d'autres fonctions. *Il est EN DÉTACHEMENT au ministère de l'agriculture.*

① **DÉTACHER** [detaʃe] verbe [conjugaison 1a]
I. 1. Dégager de ce qui tient attaché. *Le gardien détache le prisonnier.* → **libérer.** *Elle détache ses cheveux.* ⟨contraire : attacher⟩ **2.** Enlever (un élément attaché) d'un ensemble. *Le mécanicien détache le wagon du train. Détachez le coupon-réponse en suivant les pointillés.* → **découper. 3.** Faire partir loin (qqn) pour faire qqch. *Le colonel a détaché un groupe d'éclaireurs.* **4.** Détourner (les yeux, le regard, les pensées). *Elle ne peut DÉTACHER SES YEUX de son enfant. On ne peut jamais détacher son attention.*
II. verbe pronominal SE DÉTACHER **1.** Cesser d'être attaché. *La chienne s'est détachée toute seule.* **2.** Se séparer. *Les fruits trop mûrs se sont détachés de l'arbre. Le coureur se détache du peloton,* il est devant. **3.** Apparaître plus nettement. *Le portrait se détache sur un fond sombre.* → **ressortir. 4.** *Se détacher de qqn,* ne plus avoir l'affection, l'amitié ou l'amour que l'on avait pour lui. *Elle s'est détachée de ses amis. Ils se détachent l'un de l'autre.* ⟨contraire : s'attacher⟩

② **DÉTACHER** [detaʃe] verbe [conjugaison 1a] ▪ Enlever les taches. *Il a donné son costume à détacher au teinturier.* → **nettoyer.**

DÉTAIL [detaj] n. m. **1.** *UN DÉTAIL* : élément peu important dont on pourrait se passer. *Il nous a raconté son aventure avec tous les détails. Connaissez-vous les détails de cette affaire ? Donnez-nous des détails sur votre voyage. Je ne sais pas s'il viendra, mais C'EST UN DÉTAIL,* cela n'a pas d'importance. **2.** *LE DÉTAIL* : l'ensemble des éléments d'un ensemble. *Raconte-nous ce qui t'est arrivé, sans entrer DANS LE DÉTAIL. L'inspecteur de police examine les lieux EN DÉTAIL,* sans rien laisser de côté. **3.** Le fait d'acheter ou de vendre par petites quantités. *C'est un commerce de détail. Vous pouvez n'acheter qu'un verre, nous les vendons AU DÉTAIL,* un par un (opposé à en gros).

> FAUX AMI
> russe **деталь** « pièce, élément »

DÉTAILLANT [detajɑ̃] n. m., **DÉTAILLANTE** [detajɑ̃t] n. f. ▪ *UN DÉTAILLANT, UNE DÉTAILLANTE* : une personne qui a un commerce et qui vend au détail. *Il est détaillant en fruits et légumes* (opposé à grossiste).

DÉTAILLER [detaje] verbe [conjugaison 1a] **1.** Examiner en détail, avec précision. *Elle détaille tout le monde* : elle regarde tout le monde des pieds à la tête. – *Il nous a fait un récit détaillé de ce qui lui est arrivé,* minutieux et précis, avec tous les détails. **2.** Vendre par petites quantités, au détail. *Autrefois, nous détaillions ces assiettes, mais maintenant nous les vendons par douze.*

DÉTALER [detale] verbe [conjugaison 1a] ▪ STYLE FAMILIER S'en aller très rapidement, en courant, pour fuir. *Le chat a détalé dès qu'il a entendu du bruit.* → **déguerpir, filer,** se **sauver** ; STYLE FAMILIER **décamper.**

DÉTARTRER [detaʀtʀe] verbe [conjugaison 1a] ▪ Enlever le tartre de (qqch.). *Un ouvrier est venu détartrer la chaudière. Je me suis fait détartrer les dents par le dentiste.* ⟨contraire : entartrer⟩

DÉTAXER [detakse] verbe [conjugaison 1a] ▪ Supprimer ou diminuer la taxe sur (une marchandise). *On a détaxé ce produit.* ⟨contraire : taxer⟩ – *On peut acheter des cigarettes et des parfums détaxés dans les aéroports internationaux.*

DÉTECTER [detɛkte] verbe [conjugaison 1a] ▪ Découvrir la présence de (qqch. de caché). *Le plombier a détecté une fuite de gaz.* → **déceler.**

DÉTECTION [detɛksjɔ̃] n. f. ▪ *LA DÉTECTION* : action de détecter. *Le radar permet la détection des avions.*

DÉTECTIVE [detɛktiv] n. m. **1.** *UN DÉTECTIVE (PRIVÉ)* : une personne qui fait des enquêtes policières pour un client, sans appartenir à la police. *Elle va faire appel à un détective pour essayer de retrouver son mari disparu.* **2.** En Grande-Bretagne, policier chargé des enquêtes. *Il est détective à Scotland Yard.*

déteigne [detɛɲ] *Que je déteigne ; qu'il déteigne, qu'elle déteigne* : forme au subjonctif du verbe **déteindre.**

DÉTEINDRE [detɛ̃dʀ] verbe [conjugaison 52b] **1.** Perdre sa couleur. *Sa chemise a déteint au lavage. Attention, ça déteint !* **2.** *DÉTEINDRE SUR* : donner de sa couleur à. *J'ai peur que ces chaussettes ne déteignent sur le reste du linge.* **3.** (qqn) *DÉTEINDRE SUR* : avoir de l'influence sur. *Elle ne le fréquente plus, car il déteignait sur elle.* → **influencer.**

DÉTELER [detle] verbe [conjugaison 4a] **1.** Détacher (un animal attelé). *Le cocher dételle son cheval.* ⟨contraire : atteler⟩ **2.** *SANS DÉTELER* : sans s'arrêter. *Ils ont travaillé toute la journée sans dételer.*

DÉTENDRE [detɑ̃dʀ] verbe [conjugaison 41a]
I. 1. Relâcher (ce qui est tendu). *Le guitariste détend les cordes de sa guitare.* ⟨contraire : tendre⟩ **2.** Supprimer la fatigue, faire cesser la tension de (qqn). *Un bain chaud vous détendra.* → **délasser, relaxer.** – *Ses plaisanteries ont DÉTENDU L'ATMOSPHÈRE,* ont rendu l'atmosphère plus agréable.

II. verbe pronominal SE DÉTENDRE **1.** (qqch.) Devenir moins tendu. *Le ressort s'est détendu brusquement.* **2.** (qqn) Se laisser aller, se décontracter. *Elle s'est détendue en écoutant de la musique. Il faut qu'il se détende avant de partir. Détends-toi un peu !* → **reposer.** – *Je vais marcher un peu pour me détendre les jambes.* → se **dégourdir.** *Elle s'est détendu les jambes.*

détendu [detɑ̃dy], **détendue** [detɑ̃dy] *Il a détendu la corde ; la corde qu'il a détendue :* formes au participe passé du verbe **détendre.**

DÉTENDU [detɑ̃dy], **DÉTENDUE** [detɑ̃dy] adj. (après le nom) ▪ Calme. *Elle est très détendue.* ⟨contraires : nerveux, tendu⟩ *Il a l'air détendu.* → **décontracté, serein.** *L'atmosphère est détendue.*

DÉTENIR [detəniʀ] verbe [conjugaison 22] **1.** Avoir en sa possession, garder (qqch.). *Ce musée détient de magnifiques statues. Je détiens des lettres compromettantes. Cet antiquaire détenait des objets volés.* → **receler.** **2.** Avoir, posséder. *C'est vous qui détenez encore le record du monde du cent mètres nage libre. Qui détient le pouvoir dans ce pays ?* **3.** Retenir (qqn) prisonnier. *Il ne faudrait pas que le malfaiteur détienne des otages.* → **séquestrer.** *Il a été détenu en prison pendant six mois.*
REM. *Détenir* se prononce souvent [detniʀ].

DÉTENTE [detɑ̃t] n. f. ▪ *LA DÉTENTE* **1.** Moment de repos après une période de tension. *J'ai vraiment besoin de détente,* de me détendre. → **décontraction, délassement, répit.** **2.** Mouvement rapide que l'on fait en projetant son corps ou une partie du corps en avant, comme un ressort qui se détend. *Le gardien de but a pu arrêter le ballon grâce à sa détente.* **3.** Pièce d'une arme à feu qui sert à faire partir le coup. *Le policier a appuyé sur la détente.* – STYLE FAMILIER *Il est DUR À LA DÉTENTE :* il ne comprend pas vite, il est lent à réagir. **4.** Diminution de la tension au cours d'un conflit. *Le gouvernement mène une politique de détente.*

DÉTENTEUR [detɑ̃tœʀ] n. m., **DÉTENTRICE** [detɑ̃tʀis] n. f. ▪ *UN DÉTENTEUR, UNE DÉTENTRICE :* une personne qui détient quelque chose. *Vous êtes le détenteur d'un secret bien lourd. Elle est la détentrice du record du monde de saut en hauteur.*

DÉTENTION [detɑ̃sjɔ̃] n. f. ▪ *LA DÉTENTION* **1.** Le fait d'avoir quelque chose en sa possession. *Il a été arrêté pour détention illégale d'armes.* **2.** Le fait d'être en prison. *Elle a été condamnée à un an de détention.* → **emprisonnement, incarcération, réclusion.** *Il est resté EN DÉTENTION plusieurs années.*

détenu [detny], **détenue** [detny] *Il a détenu une lettre ; la lettre qu'il a détenue :* formes au participe passé du verbe **détenir.**

DÉTENU [detny] n. m., **DÉTENUE** [detny] n. f. ▪ *UN DÉTENU, UNE DÉTENUE :* une personne qui est en prison. *Le détenu a reçu une visite de sa femme.* → **prisonnier.**

DÉTERGENT [detɛʀʒɑ̃] adj. et n. m., **DÉTERGENTE** [detɛʀʒɑ̃t] adj. **1.** adjectif (après le nom) Qui nettoie et dissout les saletés. *Il utilise un produit détergent pour laver la vaisselle.* **2.** *UN DÉTERGENT :* produit détergent. *Ce détergent est biodégradable.*

DÉTÉRIORATION [deteʀjɔʀasjɔ̃] n. f. ▪ *LA DÉTÉRIORATION :* le fait d'être abîmé, en mauvais état. *La détérioration du mur est due à une fuite d'eau.* → **dégradation.** *On constate une détérioration des relations entre ces deux pays.* ⟨contraire : amélioration⟩

DÉTÉRIORER [deteʀjɔʀe] verbe [conjugaison 1a]
I. Mettre en mauvais état et rendre inutilisable. *Si tu ranges ces livres dans la cave, l'humidité les détériorera* [deteʀjɔʀʀa]. → **abîmer,** ① **altérer, endommager.**

II. verbe pronominal SE DÉTÉRIORER **1.** Perdre son bon état. *Le matériel s'est détérioré.* → s'**abîmer.** **2.** (relations) Devenir mauvais. *Leurs relations se sont détériorées.* ⟨contraire : s'améliorer⟩

DÉTERMINANT [detɛʀminɑ̃] adj. et n. m., **DÉTERMINANTE** [detɛʀminɑ̃t] adj. **1.** adjectif (après le nom) Qui pousse à agir de telle ou telle façon. *Sa mère a eu un rôle déterminant dans cette affaire.* **2.** *UN DÉTERMINANT :* en français, mot qui précède le nom et s'accorde avec lui, mais qui n'est pas un adjectif qualificatif.

les déterminants

Le déterminant est un constituant du groupe du nom.
Parmi les déterminants, on distingue :
- les articles définis *(le, la, les)* ;
- les articles indéfinis *(un, une, des)* ;
- les articles partitifs *(du, de la)* ;
- les adjectifs démonstratifs *(ce, cet, cette, ces)* ;
- les adjectifs possessifs *(mon, ma, mes, ton, ta, tes, son, sa, ses, notre, nos, votre, vos, leur, leurs)* ;
- les adjectifs numéraux cardinaux *(un, deux, trois...)* ;
- les adjectifs numéraux ordinaux *(premier, deuxième, troisième...)* ;
- les adjectifs indéfinis *(aucun, certain, chaque, différents, divers, maint, nul, plusieurs, quelque, tel, tout).*

Dans un groupe du nom, il peut y avoir plusieurs déterminants :
Un bébé boit un biberon ***toutes les quatre*** *heures.*

DÉTERMINATION [detɛʀminasjɔ̃] n. f. ▪ *LA DÉTERMINATION* **1.** Manière de se comporter d'une personne décidée, qui sait ce qu'elle veut. *Elle a répondu avec détermination. Il a fait preuve de détermination.* **2.** Action de déterminer, d'indiquer avec précision. *La détermination de la longitude se fait par rapport aux méridiens.*

DÉTERMINÉ [detɛʀmine], **DÉTERMINÉE** [detɛʀmine] adj. (après le nom) **1.** (qqch.) Qui a été précisé. *Il faut une quantité déterminée de farine pour faire ce gâteau.* → **défini, précis.** ⟨contraire : indéterminé⟩ **2.** (qqn) Qui se décide. *C'est un homme DÉTERMINÉ À me nuire.* – *Il a l'air déterminé.*

DÉTERMINER [detɛʀmine] verbe [conjugaison 1a] **1.** Indiquer avec précision. *Ils ont déterminé la date de leur mariage.* → **décider, fixer.** *L'enquête permettra de déterminer les raisons de l'accident.* → **établir.** **2.** Entraîner la décision volontaire de (qqn). *Son licenciement l'a DÉTERMINÉ À partir pour l'étranger.* **3.** (qqch.) Être la cause de. *Son manque de travail a déterminé son échec.* → **causer, provoquer.** **4.** verbe pronominal SE DÉTERMINER À : prendre la décision de. *Elle s'est finalement déterminée à accepter.* → se **décider,** se **résoudre.**

DÉTERMINISME [detɛʀminism] n. m. ▪ *LE DÉTERMINISME :* principe scientifique suivant lequel les conditions d'existence d'un phénomène sont déterminées de telle façon que, ces conditions étant posées, le phénomène ne peut pas ne pas se produire. ⟨contraire : hasard⟩

DÉTERRER [deteʀe] verbe [conjugaison 1a] **1.** Sortir de terre (qqch. d'enfoui). *Le chien a déterré un os.* ⟨contraire : enterrer⟩ **2.** Découvrir (qqch. de caché). *S'ils fouillaient dans le grenier, ils déterreraient* [detɛʀʀɛ] *sans doute des lettres oubliées.* → **dénicher.**

DÉTESTABLE [detɛstabl] adj. (après le nom, parfois avant le nom) ▪ Très désagréable, très mauvais. *Elle est d'une humeur détestable aujourd'hui.* → **abominable, épouvantable, exécrable.** *Il a la détestable habitude de fumer au lit.* ⟨contraire : agréable⟩

DÉTESTER [detɛste] verbe [conjugaison 1a] **1.** Ne pas aimer du tout (qqn). *Elle déteste tous ses voisins.* → **haïr.** ⟨contraires : adorer, aimer⟩ **2.** Ne pas supporter (qqch.). *Je déteste ce temps. Elle dé-*

teste attendre, elle a horreur de cela. *Il* DÉTESTE QUE *ses enfants fassent du bruit.* – *Je ne déteste pas ce tableau,* je l'aime bien.

détiens [detjɛ̃] *Je détiens, tu détiens :* forme au présent du verbe **détenir.**

DÉTONATEUR [detɔnatœʀ] n. m. ▪ *UN DÉTONATEUR* **1.** Mécanisme qui sert à provoquer une explosion. *Le terroriste appuie sur le détonateur de la bombe.* **2.** Fait qui déclenche une action. *L'arrestation du chef des rebelles a été le détonateur de la révolte.*

REM. *Détonateur* et *détonation* s'écrivent avec un seul *n,* bien qu'étant de la famille de *tonner.*

DÉTONATION [detɔnasjɔ̃] n. f. ▪ *UNE DÉTONATION :* bruit soudain et violent de quelque chose qui explose. *J'ai entendu la détonation d'une arme à feu. Une forte détonation a réveillé tous les habitants du quartier.*

DÉTOUR [detuʀ] n. m. ▪ *UN DÉTOUR* **1.** Tracé qui ne fait pas une ligne droite, qui s'écarte du chemin direct. *La rivière fait des détours.* → **méandre.** *Le chasseur a vu un lièvre* AU DÉTOUR DU CHEMIN, à l'endroit où le chemin tourne. → **tournant. 2.** Action de parcourir un chemin plus long que le chemin direct. ⟨contraire : raccourci⟩ *Nous avons* FAIT UN DÉTOUR *pour venir vous voir.* → **crochet.** *Ce restaurant* VAUT LE DÉTOUR, il vaut la peine que l'on fasse un détour. **3.** STYLE RECHERCHÉ *SANS DÉTOUR :* simplement, franchement. *Je vous le dis sans détour,* tout net.

DÉTOURNÉ [detuʀne], **DÉTOURNÉE** [detuʀne] adj. (après le nom) **1.** Qui n'est pas direct, fait des détours. *Ils ont pris des chemins détournés pour venir.* **2.** Qui ne va pas droit au but. *Il a utilisé des* MOYENS DÉTOURNÉS *pour me dire ce qu'il pensait de moi.* → **indirect.** ⟨contraire : direct⟩

DÉTOURNEMENT [detuʀnəmɑ̃] n. m. ▪ *UN DÉTOURNEMENT* **1.** Action de changer la direction. *Le détournement du ruisseau a permis d'irriguer le champ.* → **dérivation.** *Les pirates de l'air ont été jugés pour* DÉTOURNEMENT D'AVION, pour avoir obligé le pilote d'un avion à changer de destination. **2.** Action de détourner (de l'argent) à son profit. *Elle a été arrêtée pour* DÉTOURNEMENT DE FONDS. → **vol. 3.** *DÉTOURNEMENT DE MINEUR :* séduction d'une personne mineure par une personne majeure. *Il a été condamné pour détournement de mineure.*

DÉTOURNER [detuʀne] verbe [conjugaison 1a] **1.** Changer la direction de (qqch.). *L'agriculteur a détourné un cours d'eau.* → **dériver, dévier.** *Des pirates de l'air ont détourné un avion.* → **dérouter ; détournement. 2.** Changer le cours de (qqch.). *L'accusé a réussi à détourner les soupçons sur quelqu'un d'autre.* → **éloigner.** *N'essaie pas de* DÉTOURNER LA CONVERSATION : ne parle pas d'autre chose pour éviter un sujet délicat. **3.** Écarter (qqn) du chemin à suivre. *Rien ne le détourne de son travail.* **4.** Tourner d'un autre côté. *Elle a détourné les yeux quand elle l'a vu entrer. Il détourne la tête pour cacher ses larmes.* **5.** Prendre pour soi d'une manière malhonnête. *Le caissier avait détourné une grosse somme d'argent.* → **voler. 6.** verbe pronominal SE DÉTOURNER : (qqn) tourner la tête pour ne pas voir ou ne pas être vu. *Elle s'est détournée d'un air dédaigneux.*

DÉTRACTEUR [detʀaktœʀ] n. m., **DÉTRACTRICE** [detʀaktʀis] n. f. ▪ *UN DÉTRACTEUR, UNE DÉTRACTRICE :* une personne qui critique, cherche à rabaisser le mérite de qqn, la valeur de qqch. *Le ministre a répondu à ses détracteurs.* → **adversaire.** *Les détracteurs du projet ont rédigé une pétition.*

DÉTRAQUÉ [detʀake] adj. et n. m., **DÉTRAQUÉE** [detʀake] adj. et n. f.

I. adjectif (après le nom) **1.** Qui ne fonctionne pas bien. *La télévision est détraquée, il faut la faire réparer.* **2.** En mauvais état. *Il a la santé détraquée.* – STYLE FAMILIER *Il a le cerveau détraqué.* → **dérangé.**

II. STYLE FAMILIER *UN DÉTRAQUÉ, UNE DÉTRAQUÉE :* une personne un peu folle. *L'enfant a été séquestré par un détraqué sexuel.* → **malade, pervers.**

DÉTRAQUER [detʀake] verbe [conjugaison 1a] **1.** Empêcher le bon fonctionnement de (un mécanisme). *Elle a encore détraqué le téléviseur.* → **abîmer, dérégler.** ⟨contraires : arranger, réparer⟩ **2.** verbe pronominal SE DÉTRAQUER : s'abîmer. *Le temps s'est détraqué.* → se **gâter.** *Ça se détraque vite, ces machines. La télévision s'est détraquée.* – STYLE FAMILIER *Elle s'est détraqué l'estomac en mangeant trop de bonbons,* elle met son estomac en mauvais état.

DÉTREMPÉ [detʀɑ̃pe], **DÉTREMPÉE** [detʀɑ̃pe] adj. (après le nom) ▪ Très mouillé et rendu mou. *La voiture s'est embourbée dans un chemin détrempé.*

DÉTREMPER [detʀɑ̃pe] verbe [conjugaison 1a] ▪ Rendre mou en mouillant, en mélangeant avec un liquide. *La pluie détrempe les chemins.*

DÉTRESSE [detʀɛs] n. f. ▪ *LA DÉTRESSE* **1.** Sentiment d'abandon et de solitude. *On entend des* CRIS DE DÉTRESSE *qui viennent de sous les décombres.* **2.** Situation très pénible. *On ne peut rester insensible devant la détresse des populations sinistrées.* → **malheur, misère. 3.** Situation d'un avion, d'un bateau qui est en danger. *Le navire* EN DÉTRESSE *a envoyé un S. O. S.* → **perdition.** – *L'automobiliste a mis en marche les* FEUX DE DÉTRESSE *de sa voiture,* il fait fonctionner tous les feux clignotants en même temps (→ **warning).**

AU **DÉTRIMENT** DE [odetʀimɑ̃də] préposition ▪ En faisant du tort à. *Le caissier s'est trompé en me rendant la monnaie* À MON DÉTRIMENT, à mon désavantage. *L'erreur est à son détriment,* il en est la victime.

DÉTRITUS [detʀity] n. m. ▪ *UN DÉTRITUS :* reste sale ou inutilisable que l'on jette. *Il y a un tas de détritus au milieu de la cour.* → **déchet, immondices, ordure.**

REM. On peut prononcer [detʀitys].

DÉTROIT [detʀwa] n. m. ▪ *UN DÉTROIT :* bras de mer étroit entre deux terres rapprochées, qui fait communiquer deux mers. *Le pas de Calais est un détroit entre la France et la Grande-Bretagne, qui fait communiquer la Manche et la mer du Nord.*

DÉTROMPER [detʀɔ̃pe] verbe [conjugaison 1a] **1.** Faire comprendre à (qqn) qu'il se trompe, tirer (qqn) d'erreur. *Il m'a détrompé sur ce point. Je n'ai pas osé la détromper,* lui dire qu'elle avait tort. **2.** verbe pronominal SE DÉTROMPER : se rendre compte que l'on s'est trompé. *Détrompez-vous, il n'en est rien :* n'en croyez rien.

REM. La forme pronominale ne s'emploie qu'à l'infinitif, à l'impératif (ex. : *détrompe-toi*) et au subjonctif (ex. : *il faut qu'il se détrompe*).

DÉTRÔNER [detʀone] verbe [conjugaison 1a] **1.** Chasser du trône (un souverain). *Les révolutionnaires ont détrôné le roi.* → **déposer.** ⟨contraire : couronner⟩ **2.** Faire passer au deuxième rang, prendre la place de (qqch.). *L'ordinateur a détrôné la machine à écrire.* → **éclipser, éliminer, supplanter.**

DÉTROUSSER [detʀuse] verbe [conjugaison 1a] ▪ STYLE RECHERCHÉ Dépouiller (qqn) de ce qu'il a, en usant de la violence. *Les bandits ont détroussé les passagers de la diligence.* → **dévaliser.**

DÉTRUIRE [detʀɥiʀ] verbe [conjugaison 38b] **1.** Défaire entièrement (une construction). *Il a fallu que l'on détruise ces immeubles vétustes.* → **abattre, démolir, raser ; destruction.** *Le tremblement de terre détruisit presque toute la ville.* → **anéantir, annihi-**

ler. ⟨contraires : bâtir, construire⟩ **2.** Faire disparaître. *Les orages de grêle ont ruiné la région en détruisant les récoltes.* → **dévaster.** *Le meurtrier a détruit toutes les preuves de sa culpabilité.* ⟨contraires : conserver, garder⟩ *Je détruis cette lettre compromettante.* **3.** Tuer (un être vivant). *Cet insecticide détruit les pucerons.* → **exterminer.** **4.** STYLE RECHERCHÉ verbe pronominal SE DÉTRUIRE : (qqn) se tuer. *Il a tenté de se détruire.* → se **suicider.**

détruit [detʀɥi], **détruite** [detʀɥit] *Ils ont détruit la ville ; la ville qu'ils ont détruite :* formes au participe passé du verbe **détruire.**

DETTE [dɛt] n. f. ▪ *UNE DETTE* **1.** Somme d'argent qu'une personne doit à une autre. *Il faut toujours payer ses dettes,* rembourser l'argent que l'on doit. *Il s'est acquitté de ses dettes. Elle a beaucoup de dettes. Il est* CRIBLÉ DE DETTES, il en a beaucoup. **2.** Devoir qu'impose une obligation que l'on a envers quelqu'un. *J'AI UNE DETTE ENVERS vous qui m'avez tant aidé,* je vous suis très reconnaissant.

DEUIL [dœj] n. m. ▪ *UN DEUIL* **1.** Mort d'une personne proche. → **perte.** *Il y a eu plusieurs deuils dans cette famille, cette année.* **2.** STYLE RECHERCHÉ Douleur que l'on éprouve de la mort de qqn. *Le pays est plongé dans le deuil à la suite de cet horrible attentat.* **3.** Signes extérieurs liés à la perte d'un proche. *À l'enterrement, la famille porte des vêtements de deuil,* des vêtements noirs ou de couleur sombre, en France. *Cette femme est* EN DEUIL, elle porte des vêtements de deuil. – STYLE FAMILIER *Il a les ongles en deuil,* noirs, sales. **4.** *FAIRE SON DEUIL DE QQCH.,* y renoncer. *J'ai fait mon deuil de ce voyage que je ne ferai jamais !*

DEUSIO → **deuzio**

DEUX [dø] adj., pronom, n. m. et n. f.
I. adjectif (avant le nom ou après le nom) **1.** (avant le nom) Un plus un (2 ; II). *Ils ont deux enfants* [døzɑ̃fɑ̃]. *Il s'est fait opérer des deux yeux* [døzjø]. – *ENTRE LES DEUX :* ni ceci, ni cela. *« Fait-il chaud ou froid ? – Entre les deux. » L'amour et l'amitié,* ÇA FAIT DEUX, ce sont deux choses bien différentes, qui n'ont rien à voir ensemble. *Attends-moi, j'en ai* POUR DEUX MINUTES, j'en ai pour très peu de temps. *J'ai* DEUX MOTS À TE DIRE, quelques mots (peu aimables). **2.** (avant ou après le nom) Deuxième. *Elle a commencé le tome deux du roman. Nous sommes le 2 avril* [lə døavʀil] : c'est le deuxième jour du mois d'avril.
II. pronom Deux personnes, deux choses. *Ils sont venus à deux. Vous avez l'air de bien vous connaître, tous les deux,* l'un et l'autre. *Les soldats marchent* EN RANG PAR DEUX. À NOUS DEUX ! et maintenant, faisons ce que nous avons à faire ensemble. – STYLE FAMILIER *Il est paresseux* COMME PAS DEUX, comme personne d'autre ne l'est.
III. 1. *UN DEUX :* le chiffre deux. *Il écrit mal ses deux.* **2.** *DEUX :* le nombre deux. *Cinq et deux font sept. Elle a eu un deux en maths,* sa note est deux. *Mettez-vous* DEUX PAR DEUX. – *C'est clair* COMME DEUX ET DEUX FONT QUATRE : c'est simple et évident. – STYLE FAMILIER *Il est parti* EN MOINS DE DEUX, en très peu de temps. *Je n'ai* FAIT NI UNE NI DEUX *et je l'ai suivi :* je me suis décidé immédiatement. **3.** *LE DEUX, LA DEUX :* ce qui porte le numéro deux. *Nous sommes le deux :* c'est le deuxième jour du mois. *Ils habitent au deux de la rue Carnot. Dans son jeu, elle a le deux de trèfle,* la carte à jouer portant deux trèfles. *Pour ses chemises, il prend du deux,* de la taille deux. *Dans la course de chevaux, c'est le deux qui a gagné,* le cheval portant le numéro deux. *Le serveur apporte la note de la deux,* de la table, de la chambre deux. – *J'ai regardé un film sur la deux,* sur la deuxième chaîne de télévision française.

REM. **1.** *Deux* se prononce [døz] devant une voyelle ou un *h* muet (ex. : *deux enfants* [døzɑ̃fɑ̃] ; *deux hommes* [døzɔm]). **2.** *Deux* s'emploie en composition (ex. : *vingt-deux, cent deux*).

DEUXIÈME [døzjɛm] adj., n. m. et n. f. **1.** adjectif (avant le nom) Qui a le numéro deux, qui vient après le premier. → **second.** *Ils habitent au deuxième étage. C'est la deuxième fois que je perds mes clés. Il est deuxième en latin.* **2.** *LE DEUXIÈME, LA DEUXIÈME :* ce qui a le numéro deux. *Le bureau du directeur est au deuxième,* au deuxième étage. *Ils habitent dans le deuxième,* le deuxième arrondissement de la ville. *Elle est arrivée la deuxième.*

REM. *Deuxième* s'emploie en composition (ex. : *vingt-deuxième* [vɛ̃tdøzjɛm], *cent deuxième* [sɑ̃døzjɛm]).

DEUXIÈMEMENT [døzjɛmmɑ̃] adverbe ▪ En deuxième lieu. → **secundo ;** STYLE FAMILIER **deuzio.** *Premièrement, tu es en retard, deuxièmement, tu ne t'excuses même pas !*

DEUX-PIÈCES [døpjɛs] n. m. invariable ▪ *UN DEUX-PIÈCES* **1.** Maillot de bain de femme, formé d'un slip et d'un soutien-gorge. *Elle porte un deux-pièces en coton à carreaux.* **2.** Appartement de deux pièces. *Ils ont vendu leur studio pour acheter un deux-pièces.* PLURIEL : *des deux-pièces.*

DEUX-POINTS [døpwɛ̃] n. m. invariable ▪ Signe de ponctuation formé de deux points superposés (:) et placé devant une énumération ou une explication *Deux-points, ouvrez les guillemets.*

DEUX-ROUES [døʀu] n. m. invariable ▪ *UN DEUX-ROUES :* véhicule à deux roues. *Il a acheté un deux-roues.* PLURIEL : *les bicyclettes, les cyclomoteurs et les motos sont des deux-roues.* → **cycle.** *Cette voie est réservée aux deux-roues.*

DEUZIO [døzjo] adverbe ▪ STYLE FAMILIER Deuxièmement. *Primo, je ne sais pas ; deuzio, si je le savais, je ne te le dirais pas.*

REM. On écrit parfois *deusio* ou *deuxio.*

DÉVALER [devale] verbe [conjugaison 1a] ▪ Descendre brutalement ou rapidement. *Les rochers dévalent de la montagne.* – *Elle a dévalé l'escalier dès qu'elle a entendu la sonnerie du téléphone.* → STYLE FAMILIER **dégringoler.**

DÉVALISER [devalize] verbe [conjugaison 1a] **1.** Voler à (qqn) tout ce qu'il a sur lui. *Des loubards l'ont dévalisé dans un couloir du métro.* – *Les malfaiteurs ont dévalisé la banque.* → **cambrioler.** **2.** STYLE FAMILIER *DÉVALISER UN MAGASIN,* y faire de nombreux achats. *Au moment de Noël, les boutiques sont dévalisées.*

DÉVALORISANT [devalɔʀizɑ̃], **DÉVALORISANTE** [devalɔʀizɑ̃t] adj. (après le nom) ▪ Qui dévalorise, donne peu de valeur à. ⟨contraire : valorisant⟩ *Elle trouve son métier dévalorisant. Cette activité est dévalorisante pour lui.*

DÉVALORISER [devalɔʀize] verbe [conjugaison 1a] **1.** Diminuer la valeur de (une monnaie, une marchandise). ⟨contraire : valoriser⟩ *Le gouvernement a dévalorisé la monnaie nationale.* → **dévaluer.** – *Ce produit est dévalorisé sur le marché,* il n'a plus de valeur. **2.** Déprécier, dénigrer, critiquer. *Il cherche toujours à dévaloriser le talent des autres.* **3.** verbe pronominal SE DÉVALORISER : perdre de sa valeur. *Cette monnaie s'est dévalorisée peu à peu.*

DÉVALUATION [devalɥasjɔ̃] n. f. ▪ *LA DÉVALUATION :* diminution de la valeur d'une monnaie par rapport aux monnaies des autres pays. → **chute.** *Le gouvernement est contre la dévaluation de la monnaie.*

DÉVALUER [devalɥe] verbe [conjugaison 1a] **1.** Diminuer la valeur de (une monnaie). *Le ministre a dévalué la monnaie nationale* (→ **dévaluation**). **2.** verbe pronominal SE DÉVALUER : perdre de sa valeur. *Cette monnaie s'est beaucoup dévaluée depuis six mois.* – *Ces idées à la mode se dévalueront* [devalyʀɔ̃] *vite.*

DEVANCER [dəvɑ̃se] verbe [conjugaison 3a] **1.** Être devant, laisser derrière soi. *Le coureur a devancé tous ses concurrents.* → **dé-**

passer, distancer. *Devançons-les, ils ne pourront plus nous rattraper.* ⟨contraire : suivre⟩ – (dans le temps) *Ceux qui nous ont devancés ont aidé au progrès.* → **succéder.** 2. Être meilleur que, surpasser. *Ce candidat au concours devance tous ses rivaux.* 3. Aller au-devant de (une demande, un désir). → **prévenir.** *Autrefois, son mari devançait ses moindres désirs.* – *Le soldat a devancé l'appel,* il a fait son service militaire avant d'avoir l'âge de le faire.

REM. On prononce souvent [dvɑ̃se] : *il nous a devancés* [dvɑ̃se].

DEVANCIER [dəvɑ̃sje] n. m., **DEVANCIÈRE** [dəvɑ̃sjɛʀ] n. f. ▪ *UN DEVANCIER, UNE DEVANCIÈRE :* une personne qui en a précédé une autre (dans une action). *Ce jeune savant veut poursuivre les recherches de ses devanciers.* → **prédécesseur.** ⟨contraire : successeur⟩

DEVANT [dəvɑ̃] préposition, adverbe et n. m.
I. préposition 1. En face de (qqn, qqch.). ⟨contraire : derrière⟩ *Ne te mets pas devant moi, je ne vois rien. Il y a une voiture devant le portail.* 2. En présence de (qqn). *Ne dis pas ça devant lui.* – *Tous les hommes sont égaux devant la loi,* face à la loi. 3. Dans la direction qui est en face de ; à l'avant de. *Je suis allé droit devant moi.* – *Ils ont du temps devant eux :* ils ont encore le temps, ils ne sont pas pressés.
II. adverbe Du côté du visage de qqn ou de la face de qqch. ; en avant. *Il marche devant et les autres derrière. Ce pull se ferme devant.* ⟨contraire : derrière⟩ *Sa robe se boutonne par devant. Passez devant :* passez le premier.
III. *LE DEVANT* 1. La partie qui est placée devant. ⟨contraire : arrière⟩ *Sa chambre est sur le devant de la maison.* → **façade.** *Le cheval soulève ses pattes de devant quand il se cabre.* → **antérieur.** ⟨contraire : derrière⟩ 2. *PRENDRE LES DEVANTS :* agir avant qqn. *Il voulait m'appeler mais j'ai pris les devants, j'ai appelé la première.*

REM. On prononce aussi [dvɑ̃] : *passez devant* [pasedvɑ̃].

DEVANTURE [dəvɑ̃tyʀ] n. f. ▪ *UNE DEVANTURE* 1. Façade d'une boutique. *La devanture de la bijouterie a été repeinte.* 2. Partie d'un magasin où l'on voit les marchandises, à l'intérieur ou à l'extérieur. → **étalage, vitrine.** *Elle aime beaucoup l'une des bagues qui est EN DEVANTURE.*

DÉVASTER [devaste] verbe [conjugaison 1a] ▪ Ruiner en détruisant. → **ravager.** *La guerre a dévasté ce pays.* – *Cette région a été dévastée par les inondations.*

DÉVEINE [devɛn] n. f. ▪ STYLE FAMILIER *LA DÉVEINE :* la malchance. → **poisse.** *Il pleut le jour du pique-nique, quelle déveine !* ⟨contraires : chance, veine⟩

DÉVELOPPEMENT [devlɔpmɑ̃] n. m. ▪ *LE DÉVELOPPEMENT* 1. Fait de se développer. → **croissance, épanouissement.** *Le jardinier a mis de l'engrais pour favoriser le développement des plantes.* – *Ces parents s'occupent beaucoup de leur fils et veillent au développement de son intelligence.* – *Ce secteur de l'industrie est EN PLEIN DÉVELOPPEMENT.* → **essor, expansion, progrès.** – *Ce pays est EN VOIE DE DÉVELOPPEMENT,* un pays dont l'économie est en train de se développer. 2. (au pluriel) LES DÉVELOPPEMENTS (d'une affaire), les suites, les prolongements. *Cet incident a eu des développements.* → **rebondissement.** 3. Exposition détaillée (d'un sujet). *Il s'est lancé dans un long développement, on ne pouvait plus l'arrêter.* → **exposé ;** STYLE FAMILIER **tirade.** *Une dissertation se compose d'une introduction, d'un développement et d'une conclusion.* 4. Opération qui consiste à faire apparaître les images fixées sur la pellicule photographique par des procédés chimiques. *Le photographe effectue le développement et le tirage des photos.*

DÉVELOPPER [devlɔpe] verbe [conjugaison 1a] 1. Faire grandir, favoriser la croissance de. *La gymnastique développe les muscles. Les nombreux voyages qu'il a faits ont développé sa curiosité.* → **accroître.** – *Cet homme d'affaires a beaucoup développé son entreprise.* → **agrandir.** – *Cet enfant a un sens musical très développé,* il est très sensible à la musique. 2. Exposer en détail. *Développez votre pensée.* 3. *Développer une pellicule :* faire apparaître les images fixées sur la pellicule par des procédés chimiques. *Le laboratoire photographique a développé mes photos de vacances.* 4. verbe pronominal SE DÉVELOPPER : croître, s'épanouir. *Cette adolescente s'est beaucoup développée, cette année,* elle a grandi. *Les plantes ont besoin de lumière pour se développer.* – *Cette entreprise se développe d'année en année,* elle prend de l'extension, devient plus importante. → **prospérer.** ⟨contraires : décliner, régresser⟩

DEVENIR [dəvniʀ] verbe [conjugaison 22] 1. Passer d'un état à un autre, commencer à être. *Je deviens fou avec ce bruit. Mon vieux chien devient sourd. La chenille deviendra papillon. Cette jeune actrice est devenue riche et célèbre. Il ne faudrait pas que ça devienne trop compliqué.* 2. Être dans un état, avoir un sort, un résultat particulier. *Alors, qu'est-ce que vous devenez ? Je ne sais pas ce que sont devenues mes lunettes,* je ne sais pas où elles sont.

devenu [dəvny], **devenue** [dəvny] *Il est devenu beau ; elle est devenue belle :* formes au participe passé du verbe **devenir.**

DÉVERGONDÉ [devɛʀgɔ̃de] adj. et n. m., **DÉVERGONDÉE** [devɛʀgɔ̃de] adj. et n. f. 1. adjectif (après le nom) (qqn) Qui manque de pudeur, qui ne respecte pas les règles de la morale sexuelle. → **débauché.** *Leur fille n'a que quinze ans, mais elle est déjà dévergondée.* 2. *UN DÉVERGONDÉ, UNE DÉVERGONDÉE :* une personne sans pudeur, débauchée. *Quelle petite dévergondée !*

DÉVERSER [devɛʀse] verbe [conjugaison 1a] 1. Laisser tomber en versant. *Le camion a déversé du sable sur le chantier.* → **décharger.** 2. Laisser sortir, répandre en grande quantité. *Chaque jour, le métro déverse des flots de voyageurs sur le quai.* 3. verbe pronominal SE DÉVERSER : (liquide) s'écouler, se vider. *Les eaux sales se déversent dans les égouts. L'eau s'est déversée dans le bassin. Ce fleuve se déverse dans la mer.*

SE **DÉVÊTIR** [devetiʀ] verbe pronominal [conjugaison 20] ▪ STYLE RECHERCHÉ Enlever ses vêtements. → se **déshabiller.** ⟨contraire : se vêtir⟩ *Il se dévêt puis il se couche. Elle s'est entièrement dévêtue.* → **dénuder.**

dévêts [devɛ] *Je me dévêts, tu te dévêts :* forme au présent du verbe se **dévêtir.**

dévêtu [devety], **dévêtue** [devety] *Il s'est dévêtu ; elle s'est dévêtue :* formes au participe passé du verbe se **dévêtir.**

DÉVÊTU [devety], **DÉVÊTUE** [devety] adj. (après le nom) ▪ STYLE RECHERCHÉ Qui ne porte pas de vêtements. → **nu.** *Dans ce magazine, il y a des photos de jeunes femmes dévêtues.*

DÉVIANT [devjɑ̃], **DÉVIANTE** [devjɑ̃t] adj. (après le nom) ▪ (comportement, opinion) Qui s'écarte de ce qui est normal, naturel. *Ce délinquant a une conduite déviante.*

DÉVIATION [devjasjɔ̃] n. f. 1. *LA DÉVIATION :* action de dévier, de détourner (des véhicules) d'un chemin. *La déviation de tous les véhicules pour cause de travaux a été décidée par le préfet.* 2. *UNE DÉVIATION :* changement anormal de position, dans le corps. → **déformation.** *Ce malade a une déviation de la colonne vertébrale.* 3. Chemin que doivent prendre des véhicules dé-

·iés. *Pour aller à Paris, il faut prendre une déviation pendant dix* *:ilomètres.*

·ÉVIER [devje] verbe [conjugaison 7a] **1.** Faire changer de direction. *·endant les travaux, on déviera* [deviʀa] *la circulation jusqu'à* *·aris.* → **détourner. 2.** Se détourner de sa voie, de sa direction ·ormale. *La balle a dévié en heurtant le filet. – La conversation* *lévie,* elle change de sujet.

·EVIN [dəvɛ̃] n. m. ▪ *UN DEVIN* : une personne qui prétend pré-·ire l'avenir. *Les Grecs et les Romains de l'Antiquité consultaient* *les devins.* – STYLE FAMILIER *Si tu ne me dis rien, je ne peux pas* *:avoir ce qui ne va pas, JE NE SUIS PAS DEVIN,* je ne peux pas ·eviner.

REM. Le féminin de *devin* est *devineresse,* mais il est très rare.

·EVINER [dəvine] verbe [conjugaison 1a] **1.** Trouver par l'intuition ·u en faisant des suppositions. *J'ai deviné son secret.* → **décou-·rir.** *Tu ne devineras jamais qui j'ai rencontré ce matin. Devine* *:e que j'ai dans mon sac ! Devine !* **2.** Trouver la solution de ·une énigme). *Ce rébus est facile à deviner. Personne n'a deviné* *·a réponse à cette charade.*

REM. On prononce souvent [dvine] : *elle a deviné* [ɛladvine].

DEVINETTE [dəvinɛt] n. f. ▪ *UNE DEVINETTE* : question amusante ·ont il faut trouver la réponse. → **charade, énigme, rébus.** *Je te* *·ropose une devinette. – Les enfants aiment jouer aux devi-* *·nettes,* à ce jeu où l'on pose des questions amusantes.

·EVIS [dəvi] n. m. ▪ *UN DEVIS* : estimation du prix que doivent ·oûter des travaux. *Nous avons demandé un devis à l'entrepre-* *·neur avant de faire des travaux dans la maison.*

DÉVISAGER [devizaʒe] verbe [conjugaison 3b] ▪ Regarder le visage de (qqn) avec attention ou insistance. → **fixer.** *Quand elle en-* *·tra, tout le monde la dévisagea avec curiosité.*

DEVISE [dəviz] n. f. ▪ *UNE DEVISE* **1.** Courte phrase qui exprime un idéal, une pensée, un sentiment. *« Liberté, égalité, frater-* *·nité », c'est la devise de la France.* **2.** Règle de vie. *« Ne rien faire* *à moitié » pourrait être sa devise.* **3.** Monnaie considérée par rapport aux autres. *Le dollar est une devise forte,* une monnaie qui a beaucoup de valeur par rapport à d'autres. – *Avant son départ pour les États-Unis, il est allé chercher des devises,* de l'argent étranger.

DÉVISSER [devise] verbe [conjugaison 1a] **1.** Défaire (ce qui est vissé). *Il dévisse le couvercle du pot de confiture.* ⟨contraire : visser⟩ – *Le bouchon du tube est dévissé.* **2.** (alpiniste) Lâcher prise et tomber. *Les deux alpinistes ont dévissé et sont tombés dans une crevasse.*

DÉVOILEMENT [devwalmɑ̃] n. m. ▪ *LE DÉVOILEMENT* : action de dévoiler, d'être dévoilé. *Le dévoilement de l'énigme a lieu à la fin du roman.*

DÉVOILER [devwale] verbe [conjugaison 1a] **1.** Enlever le voile qui cache (qqch. ou qqn). *Le ministre dévoilera la statue à la fin de son discours.* ⟨contraire : voiler⟩ **2.** Révéler ce qui était caché. *Il nous a dévoilé ses véritables intentions.* ⟨contraire : cacher⟩ **3.** verbe pronominal SE DÉVOILER : apparaître, se montrer. *Le mystère se dévoile peu à peu.*

> FAUX AMI
> espagnol **desvelar**
> « empêcher de dormir »

① **DEVOIR** [dəvwaʀ] verbe [conjugaison 28b]
I. 1. Avoir à payer (de l'argent). *Je dois de l'argent à mon frère. Il doit trois mois de loyer à son propriétaire. Vous me devez encore mille francs* (→ **dette**). *Il faut payer l'argent qui est dû. Il va lui remettre les sommes qui lui sont dues. – Je lui dois bien ça,* il mérite ça en retour. **2.** Être redevable à (qqn, qqch.) de ce que l'on possède. *Il ne veut rien devoir à personne. Elle DOIT LA VIE à cet excellent médecin,* elle a été sauvée par lui. **3.** Être obligé à (qqch.) par les convenances, la morale, la loi. *Les plus jeunes doivent le respect aux personnes âgées. Je vous dois une explication.*
II. 1. Être dans l'obligation de. *Il devra travailler tout l'été pour partir en vacances à l'automne. Je devrais terminer ce travail ce soir. Vous auriez dû me prévenir. Il a agi comme il devait. – Je dois dire que j'ai eu tort :* j'avoue que j'ai eu tort. **2.** Être conduit nécessairement à. *Il a dû s'arrêter de fumer. Ça devait arriver !* c'était sûr. **3.** Avoir l'intention de. *Nous devions partir hier, mais il y a eu un contretemps.* **4.** Marquant la probabilité, l'hypothèse. *Il doit faire froid l'hiver, dans ce pays. Vous devez vous tromper :* vous vous trompez, selon moi. *Elle a dû se tromper :* elle s'est probablement trompée.
III. verbe pronominal SE DEVOIR **1.** *SE DEVOIR DE* : être obligé de se consacrer à. *Elle pense qu'elle se doit à ses enfants :* elle pense que c'est son rôle de s'occuper de ses enfants. **2.** *COMME IL SE DOIT* : comme il faut ; STYLE FAMILIER comme prévu. *Le ministre présidera la réunion, comme il se doit.*

REM. Le participe passé s'écrit avec un accent circonflexe sur le *u* seulement au masculin singulier pour éviter la confusion avec *du* (ex. : *il a dû sortir ; les efforts qu'il a dû faire ; une infection due à un virus ; les égards dus à son rang*).

② **DEVOIR** [dəvwaʀ] n. m. **1.** *LE DEVOIR* : l'obligation morale en général. *C'est un homme de devoir,* un homme qui respecte l'obligation morale. *Il a le sens du devoir. – SE METTRE EN DEVOIR DE :* se disposer à, se mettre à. *Ses amis se mirent en devoir de le prévenir du danger.* **2.** *UN DEVOIR, DES DEVOIRS* : ce que l'on doit faire. → **obligation, responsabilité.** *Voter est un droit mais aussi un devoir. Le président de la République assume tous les devoirs de sa charge. Je manque à tous mes devoirs en ne m'occupant pas assez de mes invités. C'est un devoir pénible qu'il doit accomplir.* → **corvée.** – *Il est DE MON DEVOIR de vous prévenir.* **3.** Exercice écrit qu'un professeur demande à ses élèves. → **composition, épreuve, interrogation.** *Cet élève a fini ses devoirs et il a appris ses leçons pour demain. Le professeur rendra les devoirs corrigés au prochain cours.* → **copie.**

DÉVORANT [devɔʀɑ̃], **DÉVORANTE** [devɔʀɑ̃t] adj. (après le nom) **1.** *UNE FAIM DÉVORANTE,* qui pousse à manger beaucoup. *À la campagne, j'ai toujours une faim dévorante.* → **insatiable. 2.** STYLE RECHERCHÉ Qui consume, détruit. *Un feu dévorant a détruit le bâtiment en quelques heures. – Elle a pour cet homme une passion dévorante.* → **ardent, brûlant.**

DÉVORER [devɔʀe] verbe [conjugaison 1a] **1.** (animal) Manger en déchirant avec les dents. *La lionne dévore la gazelle.* – STYLE FAMILIER *J'ai été dévoré par les moustiques, cette nuit :* j'ai été piqué abondamment par les moustiques. **2.** (qqn) Manger avec voracité. *Cet enfant est en pleine croissance, il dévore !* **3.** Lire avec avidité. *Ce roman est passionnant, je l'ai dévoré d'un bout à l'autre.* **4.** *DÉVORER qqn, qqch. DES YEUX, DU REGARD* : regarder avec intensité qqn, qqch., que l'on désire ou qui intéresse. *L'enfant dévore des yeux les jouets dans la vitrine du magasin. Il est très amoureux, il la dévore des yeux.* **5.** Faire disparaître complètement. *L'édifice entier a été dévoré par les flammes.* → **consumer.** – *Cette activité dévorera* [devɔʀʀa] *tout mon temps.* → **absorber, prendre. 6.** STYLE RECHERCHÉ (qqch.) Tourmenter. *La soif le dévore.* → **consumer.** – *Après cette mauvaise action, il est dévoré de remords.*

DÉVOT [devo], **DÉVOTE** [devɔt] adj. (après le nom) ▪ (qqn) Très attaché aux pratiques religieuses. → **fervent, pieux.** ⟨contraires : impie, incroyant⟩ *Elle va à la messe tous les jours, elle est très dévote. – Elle mène une vie dévote,* pieuse.

REM. *Dévot* est moins courant que *pieux.*

DÉVOTION [devosjɔ̃] n. f. ▪ *LA DÉVOTION* **1.** Attachement très grand à la religion, aux pratiques religieuses. → **ferveur, piété.** *Elle prie dans l'église, dans une attitude pleine de dévotion. Les chapelets, les médailles, les croix sont des OBJETS DE DÉVOTION.* **2.** Culte particulier que l'on rend à un saint. *Elle a une grande dévotion pour la Vierge.* **3.** Adoration, vénération. *Il a une grande dévotion pour sa mère.* – *Cette femme est À LA DÉVOTION DE ses enfants,* elle leur est entièrement dévouée.

DÉVOUÉ [devwe], **DÉVOUÉE** [devwe] adj. (après le nom) ▪ Toujours prêt à rendre service, à être agréable à (qqn). → **serviable.** *C'est l'ami le plus dévoué qui existe.* → **fidèle, loyal.** *Cette mère est entièrement dévouée à son fils,* elle se consacre totalement à lui (→ se **dévouer**). – *Veuillez croire à mes sentiments dévoués :* formule de politesse avec laquelle on termine une lettre qui rend service.

DÉVOUEMENT [devumɑ̃] n. m. ▪ *LE DÉVOUEMENT :* qualité d'une personne dévouée, qui fait tout pour rendre service. ⟨contraires : égoïsme, indifférence⟩ *Elle s'occupe complètement de sa fille infirme, quel dévouement !* → **abnégation.** *Il est d'un dévouement sans borne :* il fait tout pour aider.

SE **DÉVOUER** [devwe] verbe pronominal [conjugaison 1a]
I. Se consacrer entièrement à (qqn, qqch.). *Ce savant se dévoue à ses recherches.* → **vouer.**
II. Faire qqch. de pénible pour (qqn, une cause). → se **sacrifier.** *Il est toujours prêt à se dévouer. Elle s'est toujours dévouée.* – STYLE FAMILIER *Si personne ne veut aller faire les courses, je me dévouerai* [devuʀɛ].

DÉVOYÉ [devwaje] adj. et n. m., **DÉVOYÉE** [devwaje] adj. et n. f. **1.** adj. (après le nom) Qui est sorti du droit chemin. → **délinquant.** *Ce jeune homme est dévoyé.* **2.** *UN DÉVOYÉ, UNE DÉVOYÉE :* une personne qui a commis des actes répréhensibles. *De jeunes dévoyés ont volé une voiture.*

devrait [dəvʀɛ] *Il devrait, elle devrait :* forme au conditionnel du verbe **devoir.**

DEXTÉRITÉ [dɛksteʀite] n. f. ▪ *LA DEXTÉRITÉ* **1.** Adresse des mains, aisance dans l'exécution de qqch. *Le peintre manie son pinceau avec dextérité.* → **habileté.** ⟨contraires : gaucherie, maladresse⟩ **2.** Agilité d'esprit, adresse dans la manière d'agir. → **art, habileté, savoir-faire.** *Ce journaliste mène les débats avec dextérité.*

DIABÈTE [djabɛt] n. m. ▪ *LE DIABÈTE :* maladie due à une impossibilité du corps à assimiler les sucres, et se manifestant par la présence de sucre dans le sang et dans l'urine. *On soigne le diabète avec de l'insuline.*

DIABÉTIQUE [djabetik] adj., n. m. et n. f. **1.** adjectif (après le nom) Qui a du diabète. *Ils ont un enfant diabétique.* **2.** *UN DIABÉTIQUE, UNE DIABÉTIQUE :* une personne atteinte de diabète. *Sa mère suit un régime sans sucre pour diabétiques.*

DIABLE [djabl] n. m.
I. *UN DIABLE* **1.** Personnage qui représente le Mal, dans la tradition chrétienne. → **démon.** *Le diable est souvent représenté avec des cornes, des pieds fourchus et une longue queue.* **2.** *LE DIABLE :* le prince des démons, Satan. *Le Diable représente le mal et Dieu représente le bien. Faust a vendu son âme au diable.* – (figuré) *Ces enfants ont LE DIABLE AU CORPS,* ils sont agités, insupportables. *Il s'est DÉMENÉ COMME UN BEAU DIABLE pour arriver à ce qu'il voulait,* il a déployé beaucoup d'énergie. *Nos voisins TIRENT LE DIABLE PAR LA QUEUE,* ils n'ont pas assez d'argent pour vivre. *C'EST BIEN LE DIABLE SI je ne trouve personne pour m'aider :* ce serait étonnant que je ne trouve personne pour m'aider. **3.** *AU DIABLE :* très loin. *Mes cousins habitent au diable, dans une lointaine banlieue.* ENVOYER QQN AU DIABLE, le repousser avec impatience ou dureté (→ **rabrouer**, STYLE FAMILIER **rembarrer**). *Allez au diable, je ne veux plus vous voir* – *AU DIABLE les gens tristes :* que les gens tristes s'en aillent. – *À LA DIABLE :* sans soin, n'importe comment. *Ce travail a été fait à la diable. Tu t'es coiffée à la diable, aujourd'hui !* – *DU DIABLE, DE TOUS LES DIABLES :* extrême, excessif. *J'ai un mal de tous les diables à retrouver mes clés.* – *EN DIABLE :* très, terriblement. *Elle est intelligente en diable, cette petite fille.* **4.** STYLE RECHERCHÉ *DIABLE !* interjection marquant la surprise. *Diable, c'est cher, ce fauteuil !* – *QUE DIABLE !* marque l'impatience. *Tu n'en mourras pas, que diable !*
II. STYLE RECHERCHÉ **1.** Enfant turbulent, insupportable. → **démon.** *Ces petits diables ont besoin de prendre l'air, ils commencent à s'agiter.* **2.** *PAUVRE DIABLE,* homme pauvre, qui fait pitié. *Un pauvre diable dans la rue m'a demandé une pièce de monnaie.*
III. Petit chariot de métal, à deux roues, pour transporter des colis. *Il a mis sa valise sur le diable.*

DIABLEMENT [djabləmɑ̃] adverbe ▪ STYLE FAMILIER Très. *Il fait diablement chaud, aujourd'hui.* → **rudement, terriblement.**

DIABLERIE [djabləʀi] n. f. ▪ *UNE DIABLERIE :* parole, action malicieuse, espiègle. → **espièglerie.** *Ces enfants inventent sans cesse de nouvelles diableries.*

DIABLOTIN [djablɔtɛ̃] n. m. ▪ *UN DIABLOTIN :* un petit diable. *Cette illustration représente un diable entouré de diablotins.*

DIABOLIQUE [djabɔlik] adj. (après le nom) ▪ Qui tient du diable, évoque le diable. → **démoniaque, satanique.** ⟨contraire : angélique⟩ *Il faut se méfier de lui, c'est un homme diabolique. Je n'aime pas son sourire diabolique.* → **méchant.** *Ils ont inventé cette ruse diabolique pour se débarrasser de leurs ennemis.* → **infernal.**

DIABOLISER [djabɔlize] verbe [conjugaison 1a] ▪ STYLE RECHERCHÉ Faire passer (qqn) pour diabolique, dangereux. *Cet homme politique diabolise ses adversaires.*

DIABOLO [djabɔlo] n. m. ▪ *UN DIABOLO* **1.** Jouet formé d'une bobine faite de deux cônes opposés et de deux baguettes reliées par une ficelle que l'on tend plus ou moins pour faire tourner, lancer et rattraper la bobine. *Des fillettes jouent au diabolo dans la cour de l'école.* **2.** Boisson faite d'un mélange de limonade et de sirop. *Je prendrai un diabolo menthe.*

DIADÈME [djadɛm] n. m. ▪ *UN DIADÈME :* bijou féminin en forme de couronne, que l'on pose sur les cheveux. *La princesse porte un magnifique diadème de perles.*

DIAGNOSTIC [djagnɔstik] n. m. ▪ *UN DIAGNOSTIC :* action d'identifier une maladie d'après ses symptômes. *Le médecin a fait son diagnostic : c'est une pneumonie. Il y a parfois des erreurs de diagnostic, ou plusieurs diagnostics possibles.*

DIAGNOSTIQUER [djagnɔstike] verbe [conjugaison 1a] ▪ Reconnaître (une maladie) en faisant un diagnostic. *Le médecin a diagnostiqué rapidement la bronchite de son patient.*

DIAGONALE [djagɔnal] n. f. ▪ *UNE DIAGONALE* **1.** Ligne droite qui relie deux angles opposés dans une figure géométrique qui a au moins quatre côtés. *Un carré a deux diagonales.* **2.** *EN DIAGONALE :* en oblique, en biais. *Il a traversé la rue en diagonale.* – *Lire en diagonale,* lire rapidement (→ **parcourir**). *Quand elle n'a pas beaucoup de temps, elle lit le journal en diagonale.*

DIALECTE [djalɛkt] n. m. ▪ *UN DIALECTE* : forme particulière d'une langue parlée dans une région. *Le wallon est un dialecte français parlé en Belgique.*

REM. Le mot *dialecte* n'est pas péjoratif, contrairement à *patois*, qui peut l'être.

DIALOGUE [djalɔg] n. m. ▪ *UN DIALOGUE* **1.** Conversation entre plusieurs personnes. *Le dialogue entre les deux amies a duré longtemps.* → **échange, tête-à-tête.** – *UN DIALOGUE DE SOURDS* : conversation où les deux interlocuteurs ne se comprennent pas. *Aucun des deux n'essaie de comprendre ce que dit l'autre, c'est un vrai dialogue de sourds.* **2.** Contact, discussion entre deux groupes pour trouver un accord. *Les partenaires sociaux cherchent à renouer le dialogue,* à discuter ensemble. **3.** Paroles qu'échangent les personnages d'un film, d'une pièce de théâtre ou d'un livre. *Les dialogues de ce film sont très drôles.*

REM. *Dialogue* est aujourd'hui compris comme un échange entre deux personnes.

DIALOGUER [djalɔge] verbe [conjugaison 1b] ▪ Avoir une conversation, s'entretenir avec (qqn). → **converser.** *Le directeur de l'usine a DIALOGUÉ AVEC les représentants des syndicats. Nous dialoguons volontiers si nous en avons l'occasion.*

DIALOGUISTE [djalɔgist] n. m., n. f. ▪ *UN DIALOGUISTE, UNE DIALOGUISTE* : une personne qui écrit des dialogues de films ou de séries télévisées. *Le dialoguiste travaille avec le scénariste.*

DIAM n. m. Forme abrégée familière de **diamant.**

DIAMANT [djamɑ̃] n. m. ▪ *UN DIAMANT* **1.** Pierre précieuse la plus brillante et la plus dure, le plus souvent incolore. *Sa bague est ornée d'un saphir entouré de petits diamants.* → ② **brillant.** *Son mari lui a offert une alliance de diamants pour leur anniversaire de mariage.* – *DIAM* [djam] forme abrégée familière *Ils ont volé des diams* [djams]. **2.** Instrument au bout duquel se trouve une pointe de diamant et qui sert à couper le verre. *Le vitrier découpe la plaque de verre avec un diamant.*

DIAMÉTRALEMENT [djametʀalmɑ̃] adverbe ▪ (avis) *DIAMÉTRALEMENT OPPOSÉ* : radicalement, totalement opposé. *Ces deux frères ont des opinions politiques diamétralement opposées : l'un a des idées plutôt conservatrices, l'autre des idées progressistes.*

DIAMÈTRE [djamɛtʀ] n. m. ▪ *LE DIAMÈTRE* **1.** Ligne droite qui passe par le centre d'un cercle ou d'une sphère. *Le rayon est la moitié du diamètre.* **2.** La plus grande largeur ou grosseur d'un objet cylindrique ou arrondi. *Le tronc de cet arbre a deux mètres de diamètre. Le diamètre du tuyau est de cinq centimètres.* → **calibre.**

DIAPASON [djapazɔ̃] n. m. ▪ *UN DIAPASON* **1.** Petit instrument de métal, en forme de fourche à deux branches, qui donne la note de référence pour l'accord des instruments, le *la*, lorsqu'on le fait vibrer. *Le chef d'orchestre vérifie que le son des instruments est juste avec son diapason.* **2.** *AU DIAPASON* : en harmonie avec les idées, l'humeur de (qqn) ou avec les circonstances. *Tout le monde est gai et lui est triste : il n'est pas au diapason des autres.*

DIAPHRAGME [djafʀagm] n. m. ▪ *LE DIAPHRAGME* **1.** Muscle large et mince qui sépare le thorax de l'abdomen. *Le hoquet est provoqué par de violentes contractions du diaphragme.* **2.** Ouverture réglable servant à faire entrer plus ou moins de lumière dans un appareil photo. *Il règle l'ouverture du diaphragme avant de prendre sa photo.* **3.** *UN DIAPHRAGME,* préservatif féminin.

DIAPO n. f. Forme abrégée familière de **diapositive.**

DIAPOSITIVE [djapozitiv] n. f. ▪ *UNE DIAPOSITIVE* : image photographique positive sur film transparent, que l'on peut projeter sur un écran. *Il nous a passé des diapositives en couleurs de son voyage au Mali.* – *DIAPO* [djapo] forme abrégée familière : *UNE DIAPO. Pendant la conférence, il y a eu une projection de diapos.*

DIARRHÉE [djaʀe] n. f. ▪ *LA DIARRHÉE* : évacuation fréquente de selles liquides. ⟨contraire : constipation⟩ *Le bébé a la diarrhée.* → **colique.**

DIATRIBE [djatʀib] n. f. ▪ *UNE DIATRIBE* : critique violente, souvent injurieuse. → **attaque.** *Elle s'est lancée dans une longue diatribe contre la télévision.* ⟨contraire : éloge⟩

DICTATEUR [diktatœʀ] n. m. ▪ *UN DICTATEUR* : chef d'État qui, après s'être emparé du pouvoir, gouverne seul, sans aucun contrôle. → **despote, tyran.** *Hitler était un dictateur.*

REM. Le féminin *dictatrice* est très rare, comme la personne.

DICTATORIAL [diktatɔʀjal], **DICTATORIALE** [diktatɔʀjal] adj. (après le nom) **1.** (qqch.) Qui appartient à un dictateur, est imposé par un dictateur. *Le pays a vécu autrefois sous un régime dictatorial.* MASCULIN PLURIEL : *des pouvoirs DICTATORIAUX* [diktatɔʀjo]. **2.** (qqch.) Qui fait penser à un dictateur. *Il parle à ses subordonnés sur un ton dictatorial.* → **autoritaire, impérieux.**

DICTATURE [diktatyʀ] n. f. ▪ *UNE DICTATURE* **1.** Régime politique autoritaire dans lequel une seule personne ou un petit groupe de personnes exerce le pouvoir sans aucun contrôle. *Un général a instauré une dictature militaire dans ce pays.* **2.** *LA DICTATURE DU PROLÉTARIAT* : dans le marxisme, période pendant laquelle le pouvoir est exercé par le peuple et devant aboutir à une société sans classe. *La notion de dictature du prolétariat a été abandonnée.*

DICTÉE [dikte] n. f. ▪ *UNE DICTÉE* **1.** Exercice scolaire consistant en un texte lu par le professeur et que les élèves doivent écrire avec l'orthographe correcte. *Cet élève a fait deux fautes dans sa dictée. Il a eu trois fautes à sa dictée.* – *Le professeur de musique fait une DICTÉE MUSICALE,* un exercice qui consiste à noter les notes de musique en les entendant. **2.** *LA DICTÉE* : action de dicter. *ÉCRIRE SOUS LA DICTÉE de qqn* : écrire le texte qu'une personne dit à voix haute. *Elle a écrit cette lettre sous la dictée de son patron.*

DICTER [dikte] verbe [conjugaison 1a] **1.** Dire (un texte) à voix haute en détachant bien les mots pour qu'une autre personne l'écrive au fur et à mesure. *Le professeur dicte aux élèves l'énoncé du devoir de français.* **2.** Indiquer en secret et à l'avance à qqn (ce qu'il doit faire ou dire). *C'est sa mère qui lui a dicté sa conduite.* → **inspirer, suggérer.** *L'attitude de nos adversaires dictera* [diktəʀa] *la nôtre.* **3.** Imposer. *Les ravisseurs DICTENT LEURS CONDITIONS pour relâcher les otages. Personne ne lui a jamais DICTÉ SA LOI.*

DICTION [diksjɔ̃] n. f. ▪ *LA DICTION* : manière de prononcer, de réciter (un discours, des vers). → **élocution.** *Il prend des cours de diction, car il veut être comédien. Elle a une bonne diction.*

DICTIONNAIRE [diksjɔnɛʀ] n. m. ▪ *UN DICTIONNAIRE* : recueil de mots classés par ordre alphabétique donnant leur orthographe et leurs sens ou leur traduction dans une autre langue. *Cherche dans le dictionnaire comment s'écrit le mot « dextérité » et ce qu'il signifie. C'est souvent utile de consulter des dictionnaires. Ce dictionnaire signale les difficultés de la langue. Ce mot n'est pas dans le dictionnaire. Ce dictionnaire est un bilingue* *français-espagnol.* – *DICO* [diko] forme abrégée familière *C'est un gros dico. J'ai plusieurs dicos.*

REM. Un *dictionnaire de langue* donne des informations sur les mots d'une langue et ses emplois. Un *dictionnaire encyclopédique* renseigne sur les choses et les idées désignées par les mots, il contient des noms propres. Un *dictionnaire bilingue* est un dictionnaire de langue qui donne la traduction des mots d'une langue dans une autre langue.

DICTON [diktɔ̃] n. m. ▪ *UN DICTON :* pensée en forme de proverbe qui a pour sujet la vie quotidienne ou le temps qu'il fait. *« En mai, fais ce qu'il te plaît » est un vieux dicton français.*

DIDACTIQUE [didaktik] adj. (après le nom) 1. Qui a pour but d'instruire, qui a rapport à l'enseignement. → **pédagogique.** *Ce livre est très didactique, il est écrit pour des spécialistes.* 2. Qui appartient à la langue savante. *Les termes didactiques sont des termes de spécialistes et de savants.* (contraire : courant)

DIÈSE [djɛz] n. m. et adj. invariable 1. *UN DIÈSE :* signe musical (#) qui élève d'un demi-ton la note devant laquelle il est placé (opposé à bémol). *Il y a un dièse devant le fa.* 2. adjectif invariable (après le nom) *Ce concerto est en fa dièse majeur. Il écrit des do dièse.*

REM. À l'inverse, le bémol abaisse une note d'un demi-ton.

DIESEL [djezɛl] n. m. ▪ *UN DIESEL* 1. Moteur qui fonctionne au gazole. *Ce camion est équipé d'un diesel. Les diesels polluent beaucoup l'atmosphère.* – *Ce camion a un moteur diesel.* 2. Véhicule équipé d'un tel moteur. *Il a acheté un diesel, il trouve ça plus économique.*

DIÈTE [djɛt] n. f. ▪ *LA DIÈTE :* traitement médical au cours duquel le malade mange très peu pendant quelques jours. *Le médecin a mis son patient À LA DIÈTE à la suite d'une indigestion.*

DIÉTÉTICIEN [djetetisjɛ̃] n. m., **DIÉTÉTICIENNE** [djetetisjɛn] n. f. ▪ *UN DIÉTÉTICIEN, UNE DIÉTÉTICIENNE :* spécialiste qui donne des conseils pour une alimentation équilibrée, saine et adaptée aux besoins de chacun. *La diététicienne lui a donné un régime alimentaire pour maigrir.*

DIÉTÉTIQUE [djetetik] n. f. et adj. 1. *LA DIÉTÉTIQUE :* la science des régimes alimentaires, adaptés aux besoins de chacun. *Il est spécialiste en diététique.* – *J'ai acheté ces jus de fruits dans le rayon de diététiques du magasin,* dans la partie du magasin réservée aux produits alimentaires de régime. 2. adjectif (après le nom) *DES ALIMENTS DIÉTÉTIQUES :* des aliments spécialement préparés pour les régimes alimentaires. *Elle ne consomme que des aliments diététiques.*

DIEU [djø] n. m.

I. (dans les religions où l'on croit en un dieu unique) → **monothéisme.** 1. *DIEU :* être unique, pur esprit tout-puissant et éternel par lequel on explique l'existence du monde. *Il croit en Dieu.* 2. *LE DIEU DE :* l'Être suprême unique. *Allah est le Dieu des musulmans et Yahvé est le Dieu des juifs.* 3. *DIEU SAIT... :* se dit pour appuyer une affirmation. *Dieu sait si j'ai travaillé, dans ma vie :* j'ai beaucoup travaillé, dans ma vie. – *DIEU MERCI !* expression par laquelle la personne qui parle fait intervenir Dieu ou remercie Dieu d'être intervenu. *Dieu merci, personne n'a été blessé dans l'accident.* – *Ah, mon Dieu, j'ai perdu mon sac !* 4. (jurons) *Nom de Dieu, le prisonnier s'est enfui ! Bon Dieu, on va rater le train !*

II. *UN DIEU,* PLURIEL : *DES DIEUX.* 1. (dans les religions où l'on croit en l'existence de plusieurs dieux) → **polythéisme.** 2. Être supérieur qui a des pouvoirs sur l'homme et qui a un rôle particulier. → **divinité, idole ; déesse.** *Les anciens faisaient des sacrifices pour que les dieux leur soient favorables. Connais-tu tous les dieux et les déesses de la Grèce antique ?* 3. *ÊTRE BEAU COMME UN DIEU :* être très beau. *Son petit ami est beau comme un dieu. Il joue du piano COMME UN DIEU,* admirablement (→ **divinement**). – *Il a JURÉ SES GRANDS DIEUX qu'il n'était pas coupable,* il a juré avec force, solennellement. 4. Personne que l'on traite comme un dieu. *Elle adore son père, c'est son dieu,* elle a un véritable culte pour lui. → **idole.**

REM. 1. S'écrit toujours avec une majuscule pour parler du Dieu unique, avec une minuscule dans les autres cas. 2. L'adjectif qui correspond à *Dieu* ou *dieu* est *divin.*

DIFFAMATION [difamasjɔ̃] n. f. ▪ *LA DIFFAMATION :* chose fausse que l'on dit ou que l'on écrit sur qqn et qui porte atteinte à son honneur. *Les journaux à scandale font souvent des diffamations sur les personnes célèbres.* → **calomnie, médisance.** *Cet homme politique fait un PROCÈS EN DIFFAMATION.*

DIFFAMATOIRE [difamatwaʀ] adj. (après le nom) ▪ Qui est une diffamation, qui est faux. *Les journaux à scandales ont souvent des propos diffamatoires. Ce que vous dites est diffamatoire.*

DIFFAMER [difame] verbe [conjugaison 1a] ▪ Dire des choses fausses sur (qqn), en le rendant responsable d'un fait précis qui porte atteinte à son honneur. → **médire.** *En disant cela, vous diffamez injustement un honnête homme.* → **calomnier, discréditer.** *Ces personnes ont été diffamées.*

différant [difeʀɑ̃] *En différant :* forme au participe présent du verbe **différer.**

DIFFÉRÉ [difeʀe] n. m. ▪ *UN DIFFÉRÉ :* fait de diffuser une émission de télévision ou de radio après son enregistrement (opposé à direct). *Ce que nous voyons en ce moment, c'est du différé, ce n'est pas du direct. À cause du décalage horaire, le match de tennis sera retransmis EN DIFFÉRÉ,* après qu'il aura eu lieu.

DIFFÉREMMENT [difeʀamɑ̃] adverbe ▪ D'une manière différente. *Je ne suis pas de ton avis, je pense différemment.* → **autrement.**

DIFFÉRENCE [difeʀɑ̃s] n. f. 1. *LA DIFFÉRENCE :* ce qui différencie une chose d'une autre, un être d'un autre. *Il y a une grande différence entre ces deux pays.* → **distinction, particularité.** (contraires : ressemblance, similitude) *Quelle est la différence entre une chaise et un fauteuil ? Elle ne fait pas de différence entre ses enfants,* elle agit de la même façon avec tous. *Il y a une grande DIFFÉRENCE D'ÂGE entre mes deux enfants : l'un a six mois, l'autre a dix ans.* → **écart.** *Il faut reconnaître aux humains le DROIT À LA DIFFÉRENCE,* accepter que les êtres humains sont tous différents et qu'ils ont le droit d'être différents. – *Ma fille aime le sport, À LA DIFFÉRENCE DE son frère,* son frère est différent, il n'aime pas le sport. → **contraire.** 2. *UNE DIFFÉRENCE :* aspect différent. *Analysez les différences et les ressemblances entre ces deux situations. Je suis d'accord avec vous, à cette DIFFÉRENCE PRÈS QUE...,* avec cette seule différence que... 3. Complément d'une somme d'argent. *Nous devons payer deux mille francs : je donne mille cinq cents francs, vous paierez la différence, c'est-à-dire cinq cents francs.* → **reste.**

DIFFÉRENCIER [difeʀɑ̃sje] verbe [conjugaison 7a] 1. Faire apparaître la différence entre deux choses, entre deux êtres. *Montrez ce qui différencie le singe de l'homme. Il est difficile de différencier ces jumeaux.* → **distinguer.** 2. verbe pronominal SE DIFFÉRENCIER : se distinguer par une différence, par des différences. *Pour le prochain match, les joueurs de notre équipe se différencieront* [difeʀɑ̃siʀɔ̃] *de leurs adversaires par leurs maillots rouges. Les deux jumelles se sont différenciées en se coiffant différemment.*

DIFFÉREND [difeʀɑ̃] n. m. ▪ *UN DIFFÉREND :* désaccord dû à une différence d'opinions, à des intérêts différents. *Les parents ont* parfois des différends à propos de l'éducation de leurs enfants. → **conflit, dispute, querelle.**

REM. L'adjectif *différent* « qui n'est pas semblable » et le participe présent *différant* (du verbe *différer*), se prononcent de la même façon que *différend*.

DIFFÉRENT [difeʀɑ̃], **DIFFÉRENTE** [difeʀɑ̃t] adj. (après le nom, parfois avant le nom) **1.** (après le nom) Qui n'est pas semblable. → **autre, dissemblable, distinct.** *Mes deux filles sont très différentes : l'une est blonde et l'autre est brune.* ⟨contraires : identique, semblable⟩ *Mon opinion politique est* DIFFÉRENTE DE *la tienne. Ils ont des idées différentes sur la question.* **2.** (au pluriel, avant le nom) Plusieurs. *La vendeuse nous a montré différents modèles de chaussures.* → **divers.** *Différentes personnes ont vu l'accident.*

REM. *Différend* « dispute » et le participe présent *différant* (du verbe *différer*) se prononcent de la même façon que l'adjectif *différent*.

① **DIFFÉRER** [difeʀe] verbe [conjugaison 6a] ▪ Être différent. *Je ne suis pas de ton avis, nos opinions diffèrent.* → **diverger, s'opposer.** *Nos conclusions différeront* [difɛʀʀɔ̃] *un peu.*

② **DIFFÉRER** [difeʀe] verbe [conjugaison 6a] ▪ Remettre à plus tard. ⟨contraires : avancer, hâter⟩ *Nous avons différé notre départ.* → **ajourner, repousser, retarder.** *Si vous ne pouvez être là, la secrétaire différera* [difɛʀʀa] *le rendez-vous. La banque accepte que je diffère le remboursement.*

DIFFICILE [difisil] adj. et n.

I. adj. (après le nom, parfois avant le nom) **1.** Qui ne peut se faire qu'avec effort. → **ardu, dur.** *Ce mot est difficile à prononcer.* ⟨contraire : facile⟩ *Ce matin, les élèves ont fait un difficile exercice de géométrie.* → **compliqué.** *Comme elle est timide, il lui est difficile de parler aux personnes qu'elle ne connaît pas.* **2.** Qui présente des difficultés. *La situation économique du pays est difficile.* → **délicat.** *Les alpinistes sont bloqués dans une crevasse difficile d'accès,* où il n'est pas facile de les rejoindre. **3.** Pénible, éprouvant. *Mon père a vécu des moments très difficiles pendant la guerre.* **4.** Dont le caractère n'est pas facile, pas agréable. *Son fils est un enfant difficile. Elle est* DIFFICILE À *contenter :* elle est rarement contente de ce que l'on fait pour elle. *Ce petit chien n'est pas difficile, il mange de tout !*

II. n. m. et n. f. *FAIRE LE DIFFICILE, LA DIFFICILE :* ne pas être satisfait d'une chose avantageuse qu'on vous propose. *Ce n'est pas le moment de faire la difficile quand il y a tant de chômeurs.*

DIFFICILEMENT [difisilmɑ̃] adverbe ▪ Avec difficulté, avec peine. *Depuis son accident, elle marche difficilement.* ⟨contraire : facilement⟩

DIFFICULTÉ [difikylte] n. f.

I. *LA DIFFICULTÉ* **1.** Ce qui rend qqch. difficile (à faire, à comprendre). *Les exercices de grammaire sont classés par ordre croissant de difficulté,* ils sont classés du plus facile au plus difficile. – *Elle aime la difficulté.* ⟨contraire : facilité⟩ **2.** Mal que l'on a pour faire qqch. *La vieille dame marche* AVEC DIFFICULTÉ, difficilement. ⟨contraire : facilité⟩ *J'ai trouvé votre maison* SANS DIFFICULTÉ, je n'ai eu aucun mal à la trouver. → **problème.** – *Sa fille a des difficultés en mathématiques.* **3.** *EN DIFFICULTÉ :* dans une situation difficile. *Un alpiniste est en difficulté dans la montagne.*

II. *UNE DIFFICULTÉ* **1.** Chose difficile. → **ennui, problème.** *Il a des difficultés financières, en ce moment,* des problèmes d'argent. *Il faut surmonter cette difficulté, après tout ira mieux.* **2.** Ce que l'on dit, ce que l'on fait pour ne pas faire qqch. *Il n'a pas* FAIT DE DIFFICULTÉS *pour venir avec nous.*

DIFFORME [difɔʀm] adj. (après le nom) ▪ (qqn, animal) Qui n'a pas la forme qu'il devrait avoir normalement. *Depuis qu'il a grossi, il est devenu difforme. Elle a accouché d'un enfant difforme.*

DIFFUSER [difyze] verbe [conjugaison 1a] **1.** Transmettre par la radio ou par la télévision. *La première chaîne diffuse un feuilleton. Le discours du Président sera diffusé en direct.* **2.** Faire connaître au public. *Tous les journaux ont diffusé la nouvelle.* **3.** Répandre dans toutes les directions. *Cette cheminée diffuse une agréable chaleur. L'abat-jour de ma lampe diffuse une douce lumière.*

> FAUX AMI
> anglais **to diffuse** ne s'emploie pas au sens 3.

DIFFUSION [difyzjɔ̃] n. f. ▪ *LA DIFFUSION* **1.** Transmission par la radio, par la télévision. *La diffusion des films est interrompue par des spots publicitaires. Nous avons mal entendu la journaliste car la diffusion était mauvaise.* **2.** Vente d'un livre, d'un journal. *Les albums de Tintin ont une grande diffusion dans le monde entier.*

DIGÉRER [diʒeʀe] verbe [conjugaison 6a] **1.** Transformer à l'intérieur de son appareil digestif (les aliments que l'on a mangés). *Mon grand-père a mal digéré son repas. Il ne digère pas bien le lait. Ne mange pas d'œufs, tu ne les digéreras* [diʒɛʀʀa] *pas. Je n'ai pas de problème de digestion : je digère tout ! – Je digère mal.* **2.** STYLE FAMILIER Supporter (qqch. de désagréable). *Je n'ai toujours pas digéré ce qu'elle a dit pendant la réunion. Ces licenciements sont durs à digérer.*

DIGESTE [diʒɛst] adj. (après le nom) ▪ Qui peut être facilement digéré. *Les légumes cuits sont digestes.* ⟨contraire : indigeste⟩ *Le café au lait n'est pas une boisson très digeste.*

DIGESTIF [diʒɛstif] adj. et n. m., **DIGESTIVE** [diʒɛstiv] adj.

I. adjectif (après le nom) **1.** Qui sert à la digestion. *Le foie, l'estomac et l'intestin sont des organes de l'*APPAREIL DIGESTIF. *La salive et la bile sont des* SUCS DIGESTIFS. *Le* TUBE DIGESTIF *traverse le corps de la bouche à l'anus,* l'ensemble des organes par où passent les aliments que l'on mange et où ils se transforment. **2.** Qui facilite la digestion. *J'ai bu une tisane digestive.*

II. *UN DIGESTIF :* alcool, liqueur que l'on boit après le repas. *Voulez-vous un digestif ?*

DIGESTION [diʒɛstjɔ̃] n. f. ▪ *LA DIGESTION :* transformation des aliments dans l'appareil digestif. *Ma mère a des problèmes de digestion. Avez-vous une bonne digestion ? Boire une tisane après le repas peut aider à la digestion.*

DIGICODE [diʒikɔd] n. m. ▪ *UN DIGICODE :* appareil sur lequel on fait un code et qui commande l'ouverture d'une porte. *L'immeuble est équipé d'un digicode.*

DIGITAL [diʒital], **DIGITALE** [diʒital] adj. (après le nom) **1.** *LES EMPREINTES DIGITALES :* les traces laissées par la pulpe des doigts dont le dessin, propre à chaque personne, permet une identification précise. *Le cambrioleur met des gants pour ne pas laisser ses empreintes digitales sur ce qu'il touche.* **2.** *UN CODE DIGITAL,* dans lequel on utilise des nombres. → **numérique.** *Il faut utiliser un code digital pour entrer dans cet immeuble* (→ **digicode**). MASCULIN PLURIEL : *DIGITAUX* [diʒito].

DIGITALE [diʒital] n. f. ▪ *UNE DIGITALE :* plante très vénéneuse dont les fleurs, violettes et portées par une haute tige sont en forme de doigt de gant. *Les digitales poussent dans les clairières.*

DIGNE [diɲ] adj. (après le nom, parfois avant le nom) **1.** *DIGNE DE :* qui mérite (qqch.). *Ces sauveteurs sont dignes d'admiration.* ⟨contraire : indigne⟩ *Ce livre est digne d'intérêt.* **2.** *DIGNE DE :* qui est en accord avec (qqn ou qqch.). *Ce mensonge n'est pas digne de toi,* n'est pas en accord avec ton caractère, avec ton comportement habituel. **3.** Qui est grave et sérieux. *Elle a su rester digne, malgré son chagrin. – D'un air digne, il est monté sur l'estrade pour recevoir sa décoration.*

DIGNEMENT [diɲəmɑ̃] adverbe. Avec dignité, calme et retenue. *Le ministre a dignement continué son chemin, malgré les sifflements de la foule.*

DIGNITAIRE [diɲitɛʀ] n. m. *UN DIGNITAIRE :* une personne qui a un très haut rang dans une hiérarchie officielle. *Les hauts dignitaires de l'État doivent être reçus par le Président.*

DIGNITÉ [diɲite] n. f. *LA DIGNITÉ :* calme et retenue qui montre que l'on a le respect de soi-même. *C'est un homme d'une grande dignité. Arrête de te plaindre, un peu de dignité !* → **amour-propre, fierté, honneur.** *Restez calme, vous manquez de dignité.*

DIGRESSION [digʀesjɔ̃] n. f. *UNE DIGRESSION :* développement écrit ou oral qui s'écarte du sujet. *Le maire a FAIT DES DIGRESSIONS pendant son discours. Il s'est perdu dans des digressions, personne n'a plus rien compris.*

DIGUE [dig] n. f. *UNE DIGUE :* longue construction qui protège des eaux de la mer, d'un fleuve. *Les vagues sont arrêtées par la digue. Quelques personnes se sont installées sur la digue pour pêcher.*

DIJONNAIS [diʒɔnɛ] adj. et n. m., **DIJONNAISE** [diʒɔnɛz] adj. et n. f. 1. adjectif (après le nom) De Dijon, ville de France. *La moutarde dijonnaise est réputée.* 2. *UN DIJONNAIS, UNE DIJONNAISE :* une personne qui habite la ville de Dijon. *Les Dijonnais.* 3. nom masculin *LE DIJONNAIS :* région française. *Nous nous sommes promenés dans le Dijonnais.*

DILAPIDER [dilapide] verbe [conjugaison 1a]. Dépenser (beaucoup d'argent) en faisant n'importe quoi, de façon désordonnée. *Il a dilapidé sa fortune en jouant aux courses.* → **dissiper, gaspiller.** (contraires : amasser, épargner)

DILATATION [dilatasjɔ̃] n. f. *LA DILATATION :* augmentation de volume. *La dilatation du mercure permet de mesurer la température.* (contraire : compression)

DILATER [dilate] verbe [conjugaison 1a] 1. Augmenter le volume de (qqch.). *La chaleur dilate le mercure contenu dans le thermomètre.* (contraires : comprimer, contracter) 2. verbe pronominal SE DILATER : augmenter de volume. *Quand il fait chaud, les veines se dilatent,* elles gonflent. *Dans l'obscurité, ses pupilles se sont dilatées,* elles se sont agrandies.

DILEMME [dilɛm] n. m. *UN DILEMME :* choix difficile que l'on a à faire entre deux possibilités contraires. *Je ne sais pas si je dois partir ou si je dois rester, quel dilemme !*

REM. On entend souvent des Français prononcer [dilɛmn], ce qui est fautif.

DILETTANTE [diletɑ̃t] n. m., n. f. *UN DILETTANTE, UNE DILETTANTE :* une personne qui s'occupe d'une chose, qui fait qqch. avec plaisir, mais en amateur, sans le faire sérieusement. *Il fait de la musique en dilettante.* → **amateur.**

DILIGENCE [diliʒɑ̃s] n. f. *UNE DILIGENCE :* voiture à chevaux qui servait à transporter les voyageurs. *Les grandes diligences pouvaient être tirées par huit chevaux.*

DILUER [dilɥe] verbe [conjugaison 1a] 1. Mélanger dans un liquide. *Elle dilue du sirop d'orange dans de l'eau. Vous diluerez* [dilyʀe] *soigneusement ce médicament dans de l'eau.* 2. Affaiblir (un discours, un écrit) en y mêlant trop de détails, en le développant trop. *Ce passage de son texte est tellement dilué qu'on ne comprend plus rien.*

DIMANCHE [dimɑ̃ʃ] n. m. 1. Dernier jour de la semaine, souvent consacré au repos. *Le dimanche vient après le samedi et avant le lundi. Nous avons passé le dimanche en famille. Ils vont à la campagne presque tous les dimanches.* – *Venez nous voir dimanche,* dimanche prochain. – *Les enfants ont mis leurs habits du dimanche,* les habits qu'ils ne mettent que le dimanche (→ **s'endimancher**). 2. *DU DIMANCHE :* se dit d'une personne qui fait qqch. en amateur, qui n'a pas d'expérience. *C'est un peintre du dimanche. Conducteur du dimanche !*

DÎME [dim] n. f. *LA DÎME :* impôt que les paysans français devaient autrefois payer à l'Église catholique. *La dîme a été abolie par la Révolution française de 1789.*

DIMENSION [dimɑ̃sjɔ̃] n. f. 1. *LES DIMENSIONS* Grandeur de qqch. en volume ou en surface. → **mesure.** *Quelles sont les dimensions de cette armoire ?* quelles sont sa longueur, sa largeur et sa hauteur ? *Prends les dimensions du tiroir de la table, sans oublier sa profondeur. Nous devons relever les dimensions du jardin,* prendre ses mesures. – *Ce paquet a de trop grandes dimensions pour que je le porte seul,* il est trop grand, trop encombrant. 2. *EN TROIS DIMENSIONS :* avec effet de perspective, de profondeur. *Ce dessin est en trois dimensions.* 3. Importance. *Avant de l'attaquer, prenez bien les dimensions de votre adversaire,* connaissez-le bien, jugez sa force, son importance (→ **évaluer**). 4. *LA DIMENSION :* l'importance que l'on évalue. *Comment a-t-il pu commettre une erreur de cette dimension ?* → **taille.** *L'accident a pris la dimension d'une catastrophe.*

DIMINUÉ [diminɥe], **DIMINUÉE** [diminɥe] adj. (après le nom). Affaibli, amoindri. *C'est un homme diminué depuis sa maladie. Je l'ai trouvé très diminué.*

DIMINUER [diminɥe] verbe [conjugaison 1a] 1. Rendre plus petit. *Il faut diminuer la longueur de cette jupe* (→ **raccourcir**). *Diminuez la vitesse de votre véhicule.* → **réduire.** *Le gouvernement essaie de diminuer les impôts.* → **baisser.** *Il veut diminuer sa consommation de cigarettes :* il veut réduire sa consommation de cigarettes, il veut fumer moins. 2. Rendre moins grand, moins fort. *La maladie a diminué ses forces.* 3. Réduire les mérites, la valeur de (qqn). *Elle prend plaisir à diminuer sa collègue.* → **dénigrer, rabaisser.** 4. Devenir moins grand. *En automne, les jours diminuent,* l'espace de temps entre le lever et le coucher du soleil devient plus court. → **décroître, raccourcir.** *Mon grand-père vieillit, ses forces diminuent.* → **baisser.** *Le chômage ne diminue pas. Le mois prochain, les prix diminueront* [diminyʀɔ̃]. (contraire : augmenter)

DIMINUTIF [diminytif] n. m. *UN DIMINUTIF* 1. Mot formé d'un mot et d'un suffixe qui donne une idée de petitesse. *« Fillette » est le diminutif de « fille ».* 2. Nom propre formé d'un nom propre et d'un suffixe, ou d'une syllabe redoublée de ce nom propre et qui donne une nuance affectueuse. *« Jeannot » est le diminutif de « Jean », « Loulou » est le diminutif de « Louis ». Est-ce que tu as un diminutif ?*

DIMINUTION [diminysjɔ̃] n. f. *LA DIMINUTION :* baisse, réduction. *Nous espérons une diminution des prix.* (contraire : hausse) *Le gouvernement étudie la diminution du temps de travail.* (contraire : augmentation) – *Faites-moi une diminution sur le prix.* → **rabais.**

DINDE [dɛ̃d] n. f. *UNE DINDE* 1. Oiseau de basse-cour qui est la femelle du dindon. *À la ferme, il y a des dindes avec leurs dindonneaux.* 2. Cette volaille, préparée pour être mangée. *À Noël, nous mangerons de la dinde aux marrons.* 3. Fille sotte, femme sotte. *Petite dinde, regarde ce que tu as fait !*

DINDON [dɛ̃dɔ̃] n. m. *UN DINDON* 1. Grand oiseau de basse-cour dont la tête et le cou n'ont pas de plumes et sont recouverts d'une peau rouge violacé. *Le dindon est le mâle de la dinde.* 2. *ÊTRE LE DINDON DE LA FARCE :* être la personne qui a été trompée, dans une affaire. *Tout le monde a eu des avantages et moi je n'ai rien, je suis le dindon de la farce.*

DINDONNEAU [dɛ̃dɔno] n. m. ■ *UN DINDONNEAU* **1.** Petit de la dinde et du dindon. PLURIEL : *nous avons vu une dinde et ses DINDONNEAUX.* **2.** Cette volaille, préparée pour être mangée. *J'ai acheté un rôti de dindonneau.*

① **DÎNER** [dine] verbe [conjugaison 1a] **1.** Prendre le repas du soir. *Des amis nous ont invités à dîner. À quelle heure dînez-vous ? Demain, nous dînerons au restaurant.* **2.** (Canada, Belgique, Suisse) Prendre le repas de midi. → ① **déjeuner.** *Nous dînons à midi et demi.*

② **DÎNER** [dine] n. m. ■ *LE DÎNER* **1.** Repas du soir. *À table, le dîner est prêt ! Combien serons-nous pour le dîner ? Nous avons fait un petit dîner entre amis.* **2.** (Canada, Belgique, Suisse) Repas de midi. → ② **déjeuner.** *Le dîner sera servi à midi.*

DÎNETTE [dinɛt] n. f. **1.** *LA DÎNETTE :* repas que les enfants font semblant de prendre, pour s'amuser. *Les enfants jouent à la dînette.* **2.** *UNE DÎNETTE :* service de table tout petit, qui sert de jouet. *Pour Noël, ma fille veut une dînette.*

DINGUE [dɛ̃g] adj., n. m. et n. f.
I. STYLE FAMILIER adjectif (après le nom) **1.** Fou, bizarre. *« Regarde comme ce type conduit mal ! Il est complètement dingue ! »* → STYLE FAMILIER **cinglé.** *Ma parole, elle est devenue dingue !* **2.** Remarquable par sa bizarrerie, sa nouveauté. *Nous avons passé une soirée dingue.* → **dément.**
II. STYLE FAMILIER *UN DINGUE, UNE DINGUE :* une personne un peu folle. *Il n'est jamais chez lui, il mène UNE VIE DE DINGUE. Ne l'écoute pas, c'est un dingue.*

DINOSAURE [dinɔzɔʀ] n. m. ■ *UN DINOSAURE :* animal préhistorique qui avait quatre pattes. *Les dinosaures sont des reptiles. Certains dinosaures mesuraient plus de trente mètres.*

DIOCÈSE [djɔsɛz] n. m. ■ *UN DIOCÈSE :* région placée sous l'autorité d'un évêque ou d'un archevêque. *La France est divisée en quatre-vingt-sept diocèses.*

DIPHTÉRIE [difteʀi] n. f. ■ *LA DIPHTÉRIE :* grave maladie contagieuse qui provoque des étouffements. *Il est vacciné contre la diphtérie.*

DIPHTONGUE [diftɔ̃g] n. f. ■ *UNE DIPHTONGUE :* voyelle qui change de timbre vers la fin de sa prononciation. *Dans l'anglais « take », « a » est une diphtongue* [ei].

> REM. **1.** Il n'y a pas de diphtongues en français. **2.** Dans les emprunts, les diphtongues anglaises sont changées, en français, en voyelles ordinaires : *baby* se prononce [bebi], *go* se prononce [go].

DIPLODOCUS [diplɔdɔkys] n. m. ■ *UN DIPLODOCUS :* grand reptile préhistorique, à quatre pattes, au cou et à la queue très longs. *Les diplodocus vivaient dans les montagnes Rocheuses, en Amérique du Nord.*

DIPLOMATE [diplɔmat] n. m., n. f. et adj. **1.** *UN DIPLOMATE, UNE DIPLOMATE :* une personne chargée par un gouvernement de représenter son pays dans un pays étranger. *Les ambassadeurs sont des diplomates.* **2.** adjectif (après le nom) Qui sait régler les problèmes entre les gens avec habileté et délicatesse. *Elle n'est pas assez diplomate pour régler cette dispute.*

DIPLOMATIE [diplɔmasi] n. f. ■ *LA DIPLOMATIE*
I. 1. Partie de la politique qui concerne les relations entre les États. *Il a une longue expérience de la diplomatie.* **2.** Métier du diplomate. *Elle est dans la diplomatie :* elle est diplomate.
II. Habileté, tact. *Il a su mettre fin à leur dispute avec diplomatie.*

DIPLOMATIQUE [diplɔmatik] adj. (après le nom) **1.** Relatif à la diplomatie, aux relations entre les États. *Il faut éviter tout INCIDENT DIPLOMATIQUE. Ces deux pays ont rompu leurs RELATIONS DIPLOMATIQUES,* ils refusent toute discussion entre eux. **2.** Qui est habile, adroit dans ses relations avec les autres. *« Je l'ai traité de menteur. – Ce n'est pas très diplomatique ! »*

DIPLÔME [diplom] n. m. ■ *UN DIPLÔME* **1.** Document qui prouve que l'on a réussi un examen. *Elle a un diplôme d'ingénieur. Quels diplômes a-t-il ?* **2.** Examen pour obtenir un diplôme. *Il a réussi son diplôme d'infirmier.*

DIPLÔMÉ [diplome] adj. et n. m., **DIPLÔMÉE** [diplome] adj. et n. f. **1.** adjectif (après le nom) Qui a obtenu un diplôme. *Elle est infirmière diplômée.* **2.** *UN DIPLÔMÉ, UNE DIPLÔMÉE :* une personne qui a obtenu un diplôme. *Voici la liste des nouveaux diplômés.*

DIRE [diʀ] verbe [conjugaison 37a]
I. Exprimer par la parole **1.** Exprimer, communiquer (qqch.). *J'ai quelque chose à vous dire.* (contraires : cacher, dissimuler, taire) *Je vais le DIRE À ma mère. Dis-moi ce que tu vas faire. Sa mère DIT QU'elle est malade. Elle dit être malade. Nous disons la vérité. Vous dites des bêtises. Dites-moi pourquoi il n'est pas venu. Ne dites pas n'importe quoi. Ils disent des mensonges. Ils ne disent rien :* ils se taisent. *Je vous ai déjà dit cela. Je l'ai dit cent fois.* → **répéter.** *Qu'avez-vous dit ?* répétez car je n'ai pas entendu, je n'ai pas compris. *La vérité, je l'ai dite. Le service météo dit qu'il fera beau demain.* → **affirmer, annoncer, assurer.** *Je ne sais plus quoi dire. Je ne dirai ton secret à personne. Il faut que tu dises ce que tu penses :* il faut que tu exprimes tes idées, ce que tu as dans la tête. *Tais-toi, tu ne sais pas ce que tu dis,* tu parles de qqch. que tu ne connais pas, tu dis n'importe quoi. *Son fils lui a dit carrément qu'il refusait de venir,* il l'a exprimé clairement et brutalement. *Il ne recommencera pas, c'est moi qui vous le dis :* j'annonce avec force que je ferai ce qu'il faut pour qu'il ne recommence pas. *« Il est parti ? – Mais oui, puisque je te le dis. » – Dis-moi bonjour. S'il te plaît, dis oui ! Il a dit non.* – *VOULOIR DIRE :* désirer exprimer. *Je n'ai pas compris : qu'est-ce qu'il a voulu dire ?* – *À VRAI DIRE, je n'en sais rien :* vraiment, pour dire la vérité, je n'en sais rien. – *C'EST BEAUCOUP DIRE :* c'est exagéré. *« Il paraît que ton frère est très malade ? – Très malade, c'est beaucoup dire : il est juste fatigué. »* – *C'est toi qui le dis :* je ne suis pas de ton avis. *« Il ne ment jamais. – Alors là, c'est toi qui le dis ! »* – *CECI DIT, CELA DIT :* ayant dit ces mots, malgré tout. *« Je ne peux pas partir en vacances. Ceci dit, je vais quand même essayer ». Ceci dit, il est parti :* après ces mots, il est parti. – *À QUI LE DITES-VOUS !* se dit pour signaler à la personne qui vient de parler que l'on connaît bien ce dont elle parle. *« La grippe a été difficile à soigner, cet hiver. – À qui le dites-vous ! Je suis resté malade quinze jours ! »* **2.** Décider, convenir de. *« Prenons rendez-vous : disons mardi prochain. » – Elle est arrivée à l'heure dite,* à l'heure fixée, décidée. – *AUSSITÔT DIT, AUSSITÔT FAIT :* ce qui a été décidé ou souhaité a été fait immédiatement. *« Et si nous partions un peu à la campagne ? – Aussitôt dit, aussitôt fait, nous préparons les bagages. »* **3.** Avoir une opinion, croire. *Dites votre avis.* → **donner.** *Il dit toujours du bien de vous :* il exprime toujours la bonne opinion qu'il a de vous. *Elle dit souvent du mal des autres.* → **médire.** *Qu'en dites-vous ?* dites-nous ce que vous en pensez. – *DIRE QUE... !* exprime l'étonnement ou l'indignation. *Dire que tu as déjà quinze ans ! Dire que j'ai été si gentille avec lui ! – ON DIRAIT QU'il va pleuvoir :* on a l'impression, on croirait qu'il va pleuvoir. *Qu'est-ce que c'est que ce fruit, on dirait une orange,* ce fruit ressemble à une orange. **4.** Ordonner. *Faites ce que je dis.* → **commander.** *Je vous avais dit de ne pas faire ça.* → **conseiller, recommander.** *Dites-lui de venir immédiatement.* **5.** Employer (une forme

de langue) en parlant. *Comment dit-on «amour» en italien ? On ne dit pas «computer» en français : on dit «ordinateur».* **6.** Sert à attirer l'attention, dans une conversation. *Dis, tu pourrais répondre, quand on te parle. Dites, faites attention ! DITES DONC, vous, arrêtez de me marcher sur les pieds ! Tu viens, dis ?*
II. Exprimer par écrit. *Que disent les journaux ce matin ?* → **annoncer.** *Je vous ai dit dans ma lettre, que...* → **écrire.** *Cet écrivain n'a rien à dire,* il n'a pas d'idées intéressantes. – (pour rapporter des paroles par écrit) *«Je n'en sais rien», dit-il.*
III. 1. Faire connaître autrement que par la parole ou par l'écrit. *Son silence EN DIT LONG :* son silence exprime beaucoup de choses. → **exprimer, montrer.** *Quelque chose me dit qu'il viendra :* je pense qu'il viendra. *Voyons ce que nous dit ce petit vin,* voyons quel goût il a. **2.** STYLE FAMILIER Avoir tel aspect. *«J'ai changé les meubles du salon de place. – Ah, et qu'est-ce que ça dit ? – C'est beaucoup mieux.»* **3.** *DIRE QQCH. À qqn.* → **plaire, tenter.** *Que diriez-vous d'une promenade ?* est-ce qu'une promenade vous plairait ? *Je vous invite au restaurant, est-ce que cela vous dit ?* est-ce que cette idée vous plaît ? *Non, cela ne me dit rien,* cela ne me tente pas, je n'en ai pas envie. – *Venez avec nous SI LE CŒUR VOUS EN DIT,* si vous le désirez, si ça vous fait envie. **4.** *VOULOIR DIRE :* signifier, avoir tel sens. *Qu'est-ce que ça veut dire ? Ces deux mots ne veulent pas dire la même chose. «Que veut dire "dress" en anglais ? Ça veut dire "robe".»*
IV. verbe pronominal SE DIRE **1.** Exprimer par la parole que l'on est dans tel ou tel état. *Elle se dit malade. – Il se dit honnête, mais je trouve qu'il ne l'est pas,* il prétend être honnête. **2.** Être employé oralement. *«Chien» se dit «dog» en anglais. Ce mot ne se dit plus.* **3.** Dire à soi-même, penser. *Elle s'est dit que tout allait s'arranger :* elle pensait que tout allait s'arranger. *«Il n'est pas venu car sa voiture est en panne. – C'est bien ce que je me disais.» Dites-vous bien que je ne serai pas toujours là pour vous aider.*

REM. On retrouve *dire* dans *contredire, se dédire, maudire, médire, prédire* et dans *c'est-à-dire.* Voir ces mots à la nomenclature.

DIRECT [diʀɛkt] adj. et n. m., **DIRECTE** [diʀɛkt] adj.
I. adjectif (après le nom) **1.** Qui est en ligne droite, sans détour. *Quel est le chemin le plus direct pour arriver au village ?* (contraires : détourné, sinueux) **2.** Sans intermédiaire, sans relais. *Il est en contact direct avec le Président :* il peut communiquer avec le Président sans passer par qqn d'autre. (contraire : indirect) *Au bureau, elle a une ligne directe,* une ligne téléphonique qui ne passe pas par le standard. – *UN COMPLÉMENT DIRECT,* construit sans préposition. *Les verbes transitifs directs sont suivis d'un COMPLÉMENT D'OBJET DIRECT. Dans la phrase «je mange une pomme», «pomme» est le complément d'objet direct du verbe «manger».* **3.** (qqn) Qui n'use pas de détour, qui va droit au but. *C'est un homme franc et direct.* **4.** (moyen de transport) Qui ne s'arrête pas ou peu (opposé à omnibus). *Ils ont pris un train direct pour Lyon. Y a-t-il un vol direct pour Tokyo ?*
II. nom masculin **1.** *UN DIRECT :* coup de poing donné tout droit. *Le boxeur a reçu un direct du gauche.* **2.** (radio, télévision) *EN DIRECT :* transmis sans enregistrement, au moment même où l'on filme, où l'on fait la prise de son (opposé à en différé). *Le match de football sera retransmis en direct. Je vous parle en direct de l'hélicoptère. Cette chanteuse chante toujours en direct* (opposé à en différé, en play-back). – *Elle préfère le direct.*

DIRECTEMENT [diʀɛktəmɑ̃] adverbe **1.** Sans faire de détours. *Ce soir, je rentrerai directement du bureau à la maison. La chambre donne directement sur le jardin :* la chambre a une porte qui ouvre sur le jardin. **2.** Sans intermédiaire, sans rien ni personne d'autre. *Je ne peux pas vous répondre, adressez-vous directement au responsable. Il achète son vin directement chez le viticulteur. Le ministre a été directement impliqué dans ce scandale,* il a été clairement mêlé au scandale. (contraire : indirectement)

DIRECTEUR [diʀɛktœʀ] n. m. et adj., **DIRECTRICE** [diʀɛktʀis] n. f. et adj. **1.** *LE DIRECTEUR, LA DIRECTRICE :* la personne qui dirige (une entreprise, un établissement, une administration). → **chef, patron, président.** *Son frère est directeur général d'une société. Écrivez à la directrice du journal. – Adressez-vous à Madame la directrice. Bonjour, Monsieur le directeur.* **2.** adjectif (après le nom) (qqch.) Qui donne une direction générale, une orientation. *Quelle est l'idée directrice de votre livre ?*

DIRECTION [diʀɛksjɔ̃] n. f.
I. *LA DIRECTION* **1.** Action de diriger. *Une femme énergique assume la direction de l'usine.* → **gestion.** *Nous travaillons SOUS LA DIRECTION d'un homme sérieux et compétent.* **2.** Fonction, poste de directeur, de directrice. *On m'a confié la direction de l'entreprise.* **3.** La personne ou l'équipe qui dirige. *J'ai demandé à parler à la direction.*
II. *UNE DIRECTION* **1.** Orientation, voie à suivre (pour aller dans un lieu). *C'est la bonne direction. PRENDRE UNE DIRECTION :* aller vers un lieu. *Quelle direction a-t-il prise ? Il a pris la direction de la gare :* il est parti vers la gare. *Il faut changer de direction. Pour aller à République en métro, prenez la direction Mairie des Lilas. Cet autobus va EN DIRECTION DE la Porte d'Italie,* il va vers la Porte d'Italie. *Les enfants sont partis dans toutes les directions pour se cacher.* **2.** Orientation dans l'espace. *Plusieurs personnes regardent dans la même direction.* – (figuré) *Il faut chercher dans toutes les directions pour trouver une solution.* **3.** Évolution. *Les événements prennent une direction inquiétante.* → **tour.** **4.** Ensemble des mécanismes qui permettent de guider les roues d'une voiture. *Il est plus facile de tourner les roues avec la DIRECTION ASSISTÉE. Ces deux voitures ont des directions différentes.*

DIRECTIVES [diʀɛktiv] n. f. pluriel ▪ *DES DIRECTIVES :* indications données par une personne qui dirige. *Le chef a donné des directives très précises.*

DIRECTORIAL [diʀɛktɔʀjal], **DIRECTORIALE** [diʀɛktɔʀjal] adj. ▪ Du directeur, qui concerne le directeur, la directrice. *Il a pris ses fonctions directoriales à la tête de l'entreprise.* MASCULIN PLURIEL : *les bureaux DIRECTORIAUX* [diʀɛktɔʀjo] *sont au septième étage.*

DIRECTRICE n., féminin de **directeur**

DIRIGEABLE [diʀiʒabl] adj. et n. m. **1.** adjectif (après le nom) Qui peut être dirigé. *Un ballon dirigeable passe dans le ciel.* **2.** *UN DIRIGEABLE :* ballon gonflé à l'hydrogène, qui navigue grâce à un système de propulsion et d'orientation. *Les dirigeables peuvent transporter des passagers.*

DIRIGEANT [diʀiʒɑ̃] n. m. et adj., **DIRIGEANTE** [diʀiʒɑ̃t] n. f. et adj. **1.** *UN DIRIGEANT, UNE DIRIGEANTE :* une personne qui dirige. → **chef, directeur.** *Les dirigeants de plusieurs entreprises se sont réunis.* → **patron.** **2.** adjectif (après le nom) Qui dirige. *Il fait partie des CLASSES DIRIGEANTES,* des classes sociales qui exercent le pouvoir ou qui influencent le gouvernement.

FAUX AMI
allemand **Dirigent** «chef d'orchestre»

DIRIGER [diʀiʒe] verbe [conjugaison 3b]
I. 1. Être le chef, le responsable, la responsable de. → **administrer, gérer.** *Elle dirige cette entreprise depuis dix ans* (→ **direction**). *Il a dirigé des travaux. Voici les travaux qu'elle a dirigés. – Nous dirigeons le débat. Le commissaire dirige l'enquête.* → **mener.** *Qui dirige cet orchestre ?* **2.** Guider dans une certaine direction, vers un lieu. *Le capitaine dirige son bateau vers le port.*

lle met son clignotant et dirige son véhicule vers la gauche. • Orienter dans une certaine direction. *Le cambrioleur dirige a lampe de poche vers le coffre-fort. Il a dirigé son revolver sur noi.* → **braquer.** – *Elle a dirigé son regard vers un ami.* → **porter.** *Ce que j'ai dit n'était pas dirigé contre vous.*
. verbe pronominal SE DIRIGER **1.** Aller vers (un lieu). *Tout à 'heure, j'ai vu ton frère : il se dirigeait vers la gare.* → **aller, avancer, marcher.** *L'aiguille de la boussole se dirige vers le ord,* elle se tourne, elle s'oriente vers le nord. **2.** Choisir une rientation professionnelle. *Elle s'est dirigée vers la médecine.*

isant [dizɑ̃] *En disant* : forme au participe présent du verbe **dire.**

ISCERNEMENT [disɛʀnəmɑ̃] n. m. ▪ *LE DISCERNEMENT* : capacité e l'esprit à juger clairement. *Nous étions tous affolés, mais il a gi avec discernement, ce qui nous a beaucoup aidés.* → **prudence, réflexion.** (contraire : confusion) *Tu as manqué de discernement et tu t'es trompé.*

ISCERNER [disɛʀne] verbe [conjugaison 1a] **1.** Réussir à voir ce qui st difficilement visible. *À cause du brouillard, on discerne à eine le bord de la route.* → **distinguer.** *Je discerne la silhouette 'un chat dans l'arbre.* **2.** Faire la distinction entre (des choses nêlées, confondues). *Le commissaire a du mal à discerner le rai du faux dans les déclarations du suspect,* il a du mal à éparer ce qui est vrai de ce qui est faux. → **démêler, distinuer.** (contraires : confondre, mêler)

ISCIPLE [disipl] n. m., n. f. ▪ *UN DISCIPLE, UNE DISCIPLE* : une ersonne qui reçoit ou qui a reçu l'enseignement d'un maître t qui adopte ses idées, sa façon de vivre. *Ce philosophe a de ombreux disciples.*

ISCIPLINE [disiplin] n. f. ▪ *UNE DISCIPLINE* **1.** Ce que l'on étudie, e que l'on enseigne à l'école ou à l'université. *La chimie est ne discipline scientifique.* → **matière.** *Quelle discipline enseinez-vous ?* **2.** Ensemble des règles que l'on doit respecter our que l'ordre règne. (contraire : indiscipline) *Vous devez resecter la discipline. Dans ce lycée, la discipline n'est pas très évère.* **3.** Règle de conduite que l'on s'oblige à respecter. *Il n'a fallu beaucoup de discipline pour travailler seul.*

ISCIPLINÉ [disipline], **DISCIPLINÉE** [disipline] adj. (après le nom) Qui respecte le règlement. → **obéissant, soumis.** *Les soldats isciplinés marchent au pas.* (contraire : indiscipliné)

ISCO [disko] n. m. et adj. invariable **1.** *LE DISCO* : musique de lanse d'origine américaine, inspirée du jazz et du rock. *Le lisco était à la mode entre les années 1975 et 1980. Mes enants écoutent surtout du disco.* **2.** adjectif invariable (après le nom) *:st-ce que ta fille aime la musique disco ?* PLURIEL : *elle aime toutes es musiques disco.*

ISCONTINU [diskɔ̃tiny], **DISCONTINUE** [diskɔ̃tiny] adj. (après le om) ▪ Qui n'est pas continuel, qui s'arrête puis reprend. *Le éléphone a une sonnerie discontinue.* (contraire : continu)

ANS **DISCONTINUER** [sɑ̃diskɔ̃tinɥe] adverbe ▪ Sans arrêt. *Il a plu endant trois jours sans discontinuer.*

REM. *Discontinuer* est un verbe qui signifie « cesser ».

ISCORDANT [diskɔʀdɑ̃], **DISCORDANTE** [diskɔʀdɑ̃t] adj. (après e nom) ▪ (qqch.) Qui ne s'accorde pas (avec une autre chose emblable). *Il y a des sons discordants, dans cet orchestre de illage !* (contraire : harmonieux)

ISCORDE [diskɔʀd] n. f. ▪ *LA DISCORDE* : désaccord. *Dans cette amille, la politique est un sujet de discorde.* → **dispute.** (contraire : ntente)

DISCOTHÈQUE [diskɔtɛk] n. f. ▪ *UNE DISCOTHÈQUE* **1.** Lieu où sont entreposés des disques que l'on peut emprunter. *La discothèque de mon quartier a un très bon choix de disques de musique de films.* **2.** Lieu où l'on peut écouter des disques et danser. *Ils sont allés danser dans une discothèque.* → **boîte.** **3.** Collection de disques. *Sa fille a une discothèque bien fournie.*

discoure [diskuʀ] *Il faut qu'il discoure, qu'elle discoure* : forme au subjonctif du verbe **discourir.**

DISCOURIR [diskuʀiʀ] verbe [conjugaison 11] ▪ Parler longuement et de façon peu intéressante de qqch. *Ils discourent encore et n'ont toujours pas pris de décision. Tu discours trop, abrège un peu ! Il faut toujours qu'il discoure, il est ennuyeux. Vous discourrez* [diskuʀʀe] *encore pendant des heures et pour quel résultat ?*

> FAUX AMI
> espagnol **discurrir**
> « couler, passer »

DISCOURS [diskuʀ] n. m. ▪ *UN DISCOURS* **1.** Paroles prononcées en public pour une occasion particulière. *Le maire a prononcé un discours pour l'inauguration de la piscine. Ce soir, le président de la République fera un discours télévisé.* → **allocution.** *Le père de la jeune mariée a fait un discours à la fin du repas.* **2.** Propos développé. *Il m'a fait tout un discours sur le bonheur.* → **laïus, tirade.**

DISCOURTOIS [diskuʀtwa], **DISCOURTOISE** [diskuʀtwaz] adj. (après le nom) ▪ STYLE RECHERCHÉ Qui n'est pas poli, pas aimable. *C'est un homme discourtois. Il s'est montré discourtois envers son voisin.* → **grossier, impoli.** (contraires : courtois, poli)

discouru [diskuʀy] *Il a discouru, elle a discouru* : forme au participe passé du verbe **discourir.**

DISCRÉDITER [diskʀedite] verbe [conjugaison 1a] **1.** Faire perdre la confiance que l'on avait en (qqn). *Cette erreur l'a discrédité auprès de son patron.* → **déconsidérer.** **2.** verbe pronominal SE DISCRÉDITER : ne plus inspirer confiance, perdre de son crédit. *Elle s'est discréditée aux yeux de tous.*

DISCRET [diskʀɛ], **DISCRÈTE** [diskʀɛt] adj. (après le nom, rarement avant le nom) **1.** Qui n'intervient pas dans les affaires des autres. *C'est une femme discrète, elle ne pose jamais de questions embarrassantes.* → **réservé.** (contraire : indiscret) **2.** Qui sait garder un secret. *Soyez discret à ce sujet, n'en parlez à personne.* **3.** (qqch.) Qui n'attire pas l'attention. *Elle aime les bijoux discrets.* → **sobre.** (contraires : clinquant, voyant) *J'ai fait une discrète allusion à son départ.*

DISCRÈTEMENT [diskʀɛtmɑ̃] adverbe ▪ D'une manière qui n'attire pas l'attention. *Il est parti discrètement avant la fin de la réunion,* sans se faire remarquer. (contraire : ostensiblement)

> FAUX AMI
> italien **discretamente**
> « assez bien, pas mal »

DISCRÉTION [diskʀesjɔ̃] n. f. ▪ *LA DISCRÉTION* **1.** Attitude d'une personne discrète, qui n'intervient pas dans les affaires des autres. *Je ne lui ai pas demandé son âge, par discrétion.* (contraires : indiscrétion, sans-gêne) **2.** Qualité d'une personne qui sait garder un secret. *Vous pouvez compter sur ma discrétion. Discrétion assurée !* **3.** *À DISCRÉTION* : autant que l'on veut. *Dans ce menu, le vin est à discrétion.* → **volonté.**

DISCRIMINATION [diskʀiminasjɔ̃] n. f. ▪ *LA DISCRIMINATION* : le fait de séparer un groupe de personnes des autres et de le traiter plus mal. *La loi s'applique à tous SANS DISCRIMINATION,* elle est la même pour tout le monde. → **distinction.** *Dans certains pays, la discrimination existe toujours.* → **ségrégation.**

DISCRIMINATOIRE [diskʀiminatwaʀ] adj. (après le nom) ▪ Qui distingue un groupe de personnes d'un autre, à son détriment.

Dans ce pays, des mesures discriminatoires sont prises contre les immigrés.

DISCULPER [diskylpe] verbe [conjugaison 1a] **1.** Prouver l'innocence de (qqn). *Ce témoignage disculpe l'accusé.* → **innocenter.** ⟨contraire : accuser⟩ **2.** verbe pronominal SE DISCULPER : prouver son innocence. *Elle s'est disculpée en fournissant un alibi.* → se **justifier.**

DISCUSSION [diskysjɔ̃] n. f. **1.** *UNE DISCUSSION :* conversation au cours de laquelle chacun donne son avis (→ **discuter**). *Ils ont eu une longue discussion au sujet des vacances. C'était une discussion ou une dispute ? La discussion porte sur les élections.* → **débat.** *Tous les participants ont pu prendre part à la discussion.* **2.** *LA DISCUSSION :* action de discuter, d'examiner (qqch.) et de donner son avis. *Le projet de loi est EN DISCUSSION au Sénat.* **3.** Le fait de s'opposer à (une décision). *Ces ordres sont à exécuter SANS DISCUSSION.*

DISCUTABLE [diskytabl] adj. (après le nom) **1.** Que l'on peut mettre en doute, plutôt faux. *Il a émis une opinion discutable.* → **contestable.** *Elle aurait dû accepter ? C'est très discutable, ce n'est pas mon avis.* ⟨contraires : évident, indiscutable⟩ **2.** Plutôt mauvais. *Sa politique est discutable.* → **critiquable.** *Ces rideaux sont d'un goût discutable.* → **douteux.**

DISCUTAILLER [diskytaje] verbe [conjugaison 1a] ▪ STYLE FAMILIER Discuter longuement sur un sujet sans intérêt. *Ils ont discutaillé tard dans la nuit. Je ne vais pas discutailler pour cinquante francs !*

DISCUTÉ [diskyte], **DISCUTÉE** [diskyte] adj. (après le nom) **1.** (qqch.) Qui soulève des discussions, sur quoi personne n'est d'accord. *Cette théorie est très discutée.* → **controversé.** **2.** (qqn) Dont la valeur est mise en cause, les actes critiqués. *Ce ministre est un homme politique très discuté.*

DISCUTER [diskyte] verbe [conjugaison 1a] **1.** Parler avec d'autres en échangeant des idées, en donnant son avis sur un sujet (→ **discussion**). *Ils ont DISCUTÉ DE politique toute la soirée.* – STYLE FAMILIER *Elles DISCUTENT LE COUP devant la porte :* elles parlent de choses et d'autres. → **bavarder.** **2.** Examiner (qqch.) en étudiant le pour et le contre. *Les députés sont en train de discuter un projet de loi. Assez discuté ! il faut agir.* **3.** Mettre en doute (l'existence de qqch.). *Les invités de l'émission discutent l'existence des extraterrestres.* **4.** S'opposer à (qqch.). *Vous n'avez pas à discuter les ordres du chef. – Obéis sans discuter !* → **ergoter, protester.** **5.** verbe pronominal SE DISCUTER : (qqch.) être mis en question ; être plutôt faux, plutôt mauvais. *Son opinion se discute,* elle est discutable. *Ça se discute :* c'est discutable. *Ça ne se discute pas :* c'est incontestable.

dise [diz] *Que je dise ; qu'il dise, qu'elle dise :* forme au subjonctif du verbe **dire.**

DISETTE [dizɛt] n. f. ▪ *LA DISETTE :* manque de nourriture. *Les mauvaises récoltes ont entraîné la disette.* → **famine, pénurie.** ⟨contraire : abondance⟩

DISGRÂCE [disgʀɑs] n. f. ▪ *LA DISGRÂCE :* état dans lequel est une personne qui a perdu la faveur de la personne ou des personnes dont elle dépend. *Le ministre de Louis XIV était TOMBÉ EN DISGRÂCE.*

> FAUX AMI
> italien **disgrazia**
> « malheur »

DISGRACIEUX [disgʀasjø], **DISGRACIEUSE** [disgʀasjøz] adj. (après le nom) ▪ Qui n'a aucune grâce, manque d'élégance. *Elle a quelques poils disgracieux sur le visage.*

disjoignons [disʒwaɲɔ̃] *Nous disjoignons :* forme au présent du verbe **disjoindre.**

DISJOINDRE [disʒwɛ̃dʀ] verbe [conjugaison 49] **1.** Écarter les unes des autres (des parties qui sont jointes). *Le gel a disjoint les pierres du mur.* → **séparer.** *Elle disjoint les lèvres et rit.* **2.** Envisager séparément. *Disjoignons ces deux affaires pour les juger.* → **dissocier.** **3.** verbe pronominal SE DISJOINDRE : (qqch.) s'écarter (l'un de l'autre). *Il ne faut pas que les planches se disjoignent. Des pierres se sont disjointes.*

disjoins [disʒwɛ̃] *Je disjoins, tu disjoins :* forme au présent du verbe **disjoindre.**

disjoint [disʒwɛ̃], **disjointe** [disʒwɛ̃t] *Le gel a disjoint les pierres ; les pierres que le gel a disjointes :* formes au participe passé du verbe **disjoindre.**

DISJOINT [disʒwɛ̃], **DISJOINTE** [disʒwɛ̃t] adj. (après le nom) ▪ Qui n'est plus joint. *Le maçon va devoir cimenter les pierres disjointes. Ce sont deux sujets disjoints,* séparés. ⟨contraire : conjoint⟩

DISJONCTER [disʒɔ̃kte] verbe [conjugaison 1a]

I. (disjoncteur) Se mettre en position d'interruption de courant. *Ça a disjoncté pendant l'orage.* → **sauter.**

II. STYLE FAMILIER (qqn) Perdre le contact avec la réalité. *Elle a complètement disjoncté quand son ami l'a quittée.*

DISJONCTEUR [disʒɔ̃ktœʀ] n. m. ▪ *UN DISJONCTEUR :* interrupteur automatique de coupure du courant. *Le disjoncteur avait sauté pendant l'orage, et nous étions dans l'obscurité.*

DISLOQUER [dislɔke] verbe [conjugaison 1a] **1.** Séparer violemment (les parties d'un ensemble). *Le vent a disloqué la cabane, il l'a complètement démolie.* → **casser.** **2.** verbe pronominal SE DISLOQUER : se casser complètement. *La chaise s'est disloquée quand il s'est assis dessus.*

> FAUX AMI
> portugais **deslocar**
> « déplacer »

DISPARAÎTRE [dispaʀɛtʀ] verbe [conjugaison 57] **1.** Cesser d'être visible. *Le soleil disparaît derrière la montagne.* → se **cacher.** *Le prestidigitateur FAIT DISPARAÎTRE le lapin.* ⟨contraire : apparaître⟩ **2.** Être introuvable. *Mes lunettes ont encore disparu,* elles ne sont pas là où je pensais qu'elles étaient. → se **volatiliser.** **3.** (qqn) Ne plus être là, sans explication. *Quand il s'est réveillé, son fils avait disparu* (→ **disparition**). **4.** Cesser d'exister. *Des marins disparaissent en mer.* → **mourir.** *La brume disparaîtra bientôt.* → se **dissiper,** s'**évaporer.** *La tache a disparu.* → **partir.** *Ces coutumes disparaissent peu à peu. Ses craintes ont disparu.* → **cesser,** s'**évanouir.** *La douleur a disparu comme par enchantement.*

> REM. **1.** On emploie l'auxiliaire *avoir* pour exprimer l'action et l'auxiliaire *être* pour indiquer l'état : *il a disparu hier ; il est disparu depuis un an.* **2.** Dans toute la conjugaison *î* devant *t* (ex. : *il disparaît ; elle disparaîtra*).

DISPARATE [dispaʀat] adj. (après le nom) **1.** *Des choses disparates* qui ne vont pas ensemble, qui ne s'accordent pas. *Ils ont des meubles disparates dans leur salon.* → **hétéroclite.** ⟨contraire : assorti⟩ **2.** Qui est constitué d'éléments qui ne vont pas ensemble. *Leur mobilier est disparate.*

DISPARITÉ [dispaʀite] n. f. ▪ *LA DISPARITÉ :* grande différence entre des choses que l'on compare. *Il y a une disparité des salaires selon les régions. La disparité de nos goûts n'empêche pas notre amitié.*

DISPARITION [dispaʀisjɔ̃] n. f. ▪ *LA DISPARITION* **1.** Le fait de ne plus être visible. *Nous admirons la lente disparition du soleil à l'horizon.* ⟨contraire : apparition⟩ **2.** Action de disparaître en cessant d'exister. *Elle pleure la disparition de son mari.* → **mort.** *Ces animaux sont protégés car ils sont EN VOIE DE DISPARITION.* → **extinction.** **3.** *UNE DISPARITION :* absence inexplicable. *I*

est la dissolution du mariage. **2.** Le fait de se dissoudre, de fondre. *La dissolution du sucre dans l'eau est rapide.*

dissolvant [disɔlvɑ̃] *En dissolvant :* forme au participe présent du verbe **dissoudre.**

DISSOLVANT [disɔlvɑ̃] n. m. ▪ *LE DISSOLVANT :* produit liquide qui sert à enlever le vernis à ongles. *Elle se passe du dissolvant sur les ongles.*

dissolve [disɔlv] *Que je dissolve ; qu'il dissolve, qu'elle dissolve :* forme au subjonctif du verbe **dissoudre.**

DISSOUDRE [disudʀ] verbe [conjugaison 51] **1.** Désagréger (un corps) au moyen d'un liquide. *L'eau dissout lentement le calcaire. Je fais dissoudre le sucre dans mon café.* **2.** Mettre fin également à (qqch.). *Le juge a dissous leur mariage. Il faut que le président dissolve son groupe politique. L'assemblée a été dissoute.* **3.** verbe pronominal SE DISSOUDRE : fondre. *La lessive se dissout dans l'eau.*

REM. Le verbe *dissoudre* ne se conjugue pas au passé simple.

dissous [disu], **dissoute** [disut] *Il a dissous l'assemblée ; l'assemblée qu'il a dissoute :* formes au participe passé du verbe **dissoudre.**

REM. *Dissolu,* ancien participe passé du verbe *dissoudre,* veut dire « corrompu ».

DISSOUS [disu], **DISSOUTE** [disut] adj. (après le nom) ▪ Que l'on a supprimé légalement. *Les membres de l'assemblée dissoute ont reçu une indemnité.*

DISSUADER [disɥade] verbe [conjugaison 1a] ▪ Amener (qqn) à renoncer (à faire qqch.). *Nous l'avons DISSUADÉ DE venir :* nous l'avons convaincu de ne pas venir. ⟨contraire : persuader⟩

DISSUASIF [disɥazif], **DISSUASIVE** [disɥaziv] adj. ▪ (qqch.) Qui dissuade celui qui veut faire une mauvaise action. *Ce sont des armes dissuasives,* destinées à faire peur pour se défendre.

DISSUASION [disɥazjɔ̃] n. f. ▪ Le fait de dissuader. *Les armes atomiques constituent une FORCE DE DISSUASION,* destinée à convaincre l'adversaire de ne pas attaquer.

DISSYMÉTRIQUE [disimetʀik] adj. (après le nom) ▪ Dont les parties, placées de part et d'autre d'un axe, ne sont pas semblables. *Cette église a une façade dissymétrique.* → **asymétrique.** ⟨contraire : symétrique⟩

DISTANCE [distɑ̃s] n. f. ▪ *LA DISTANCE* **1.** Longueur qui sépare deux choses. *Quelle distance y a-t-il entre Londres et Rome ? À quelle distance la Lune se trouve-t-elle de la Terre ?* → **éloignement.** *Il y a une distance de trois mètres entre chaque arbre de l'allée.* → **intervalle.** *Ces deux magasins sont situés À ÉGALE DISTANCE de chez moi.* **2.** Espace qui sépare deux personnes. *Plusieurs coureurs ont pris de la distance sur les autres,* ils les ont devancés. – *Je GARDE MES DISTANCES avec lui,* je reste en retrait, je ne suis pas familier avec lui. *J'ai PRIS MES DISTANCES. Il faut le TENIR À DISTANCE,* l'empêcher d'approcher, ne pas le fréquenter. **3.** Écart entre deux moments. *Ces deux livres ont été écrits À UN AN DE DISTANCE.* → **intervalle.** *Ils sont arrivés à une minute de distance.* **4.** Différence notable. *Il y a une distance entre le désir et la réalité.* → **abîme.**

DISTANCER [distɑ̃se] verbe [conjugaison 3a] ▪ Dépasser (ce qui avance) d'une certaine distance. *Le champion a rapidement distancé les autres nageurs.* → **devancer.** *Courons plus vite et distançons-les !*

DISTANT [distɑ̃], **DISTANTE** [distɑ̃t] adj. (après le nom)
I. (qqch.) Séparé par un intervalle. *Tous les arbustes sont distants les uns des autres de cinquante centimètres.* → **éloigné.**
II. (qqn) Qui garde ses distances, n'est pas familier avec les autres. *Elle s'est montrée très distante envers nous.* – *Elle a un air distant.* → **froid, réservé.**

DISTENDRE [distɑ̃dʀ] verbe [conjugaison 41a]
I. Tendre trop fort, déformer en allongeant. *Des mouvements violents distendent les muscles et les ligaments.* → **étirer.** – *Ce vieux pull est tout distendu.*
II. verbe pronominal SE DISTENDRE **1.** Devenir distendu, relâché. *En vieillissant, la peau se distend.* **2.** (relations) Devenir moins fréquent. *Les deux amis étaient autrefois très proches, mais leurs relations se sont distendues.*

DISTILLATION [distilasjɔ̃] n. f. ▪ *LA DISTILLATION :* procédé destiné à purifier (un liquide ou un corps solide) par ébullition suivie d'une condensation de la vapeur dans un autre récipient. *La distillation des fruits donne de l'eau-de-vie.*

REM. Ce mot se prononce comme s'il n'avait qu'un *l.*

DISTILLER [distile] verbe [conjugaison 1a] **1.** Soumettre (qqch.) à la distillation. *On distille le pétrole pour obtenir de l'essence.* **2.** Laisser couler goutte à goutte. *Les pins distillent de la résine.* **3.** *DISTILLER L'INFORMATION,* la donner peu à peu et d'une manière incomplète. *Le directeur de cette entreprise distille les informations.*

REM. Ce mot se prononce comme s'il n'avait qu'un *l.*

DISTILLERIE [distilʀi] n. f. ▪ *UNE DISTILLERIE :* lieu où l'on fabrique les produits de la distillation. *Il y a une distillerie de cognac à la sortie du village.*

REM. Ce mot se prononce comme s'il n'avait qu'un *l.*

DISTINCT [distɛ̃], **DISTINCTE** [distɛ̃kt] adj. (après le nom) **1.** Qui ne se confond pas avec qqch. d'analogue, de voisin. *Ils ont tous les deux des caractères bien distincts.* → **différent.** *Ce problème est bien DISTINCT DU précédent* (→ **distinguer**). **2.** Qui se voit ou qui s'entend bien. *Parlez d'une voix distincte.* → **clair, net.** ⟨contraire : confus⟩ *Dans l'ombre, j'ai vu une silhouette distincte.* → **visible.** ⟨contraire : indistinct⟩

REM. *Distinct* peut se prononcer aussi [distɛ̃kt], comme le féminin.

DISTINCTEMENT [distɛ̃ktəmɑ̃] adverbe ▪ D'une manière distincte. *Parle distinctement,* en articulant bien. → **clairement.** *On voit distinctement des traces de pas dans la neige.* → **nettement.**

DISTINCTIF [distɛ̃ktif], **DISTINCTIVE** [distɛ̃ktiv] adj. (après le nom) ▪ Qui permet de faire une différence, de distinguer. *Les organisateurs ont un badge comme SIGNE DISTINCTIF.*

DISTINCTION [distɛ̃ksjɔ̃] n. f. **1.** *LA DISTINCTION :* le fait de reconnaître pour différent, de distinguer. *Il faut faire la distinction entre l'erreur et le mensonge.* → **différence.** *Le maire a invité tout le monde, SANS DISTINCTION,* sans exception. **2.** Élégance, délicatesse et réserve dans la tenue et les manières. *Cette femme a de la distinction,* elle est distinguée. ⟨contraire : vulgarité⟩ *Il manque de distinction.* **3.** *UNE DISTINCTION :* marque d'estime, honneur qui récompense le mérite. *Ce film a obtenu la plus haute distinction du festival. Elle a de nombreuses distinctions.* → **décoration, prix.**

DISTINGUÉ [distɛ̃ge], **DISTINGUÉE** [distɛ̃ge] adj. (après le nom) **1.** Qui est élégant et réservé, qui a des manières délicates. *Sa mère est une femme distinguée.* **2.** (dans une formule de politesse) Qui est remarquable, spécial. *Recevez, cher Monsieur, l'assurance de mes SENTIMENTS DISTINGUÉS,* mes sentiments les meilleurs.

DISTINGUER [distɛ̃ge] verbe [conjugaison 1b]
I. 1. (qqch.) Permettre de reconnaître, être le signe distinctif de. *La raison distingue l'homme de l'animal.* → **différencier. 2.** (qqn) Faire une différence entre des personnes, des animaux ou des choses. *Je n'arrive pas à distinguer ces jumeaux l'un de l'autre. Ils ne distinguaient pas le bien du mal. Distinguons le vrai du faux.* **3.** Percevoir d'une manière distincte, par l'un des cinq sens. *On distingue les montagnes dans le brouillard.* → **apercevoir, discerner, voir.** *On distingue le bruit d'un moteur, au loin.* → **entendre.**
II. verbe pronominal SE DISTINGUER **1.** Être différent de. *La vipère se distingue de la couleuvre par sa tête triangulaire.* **2.** Se faire remarquer. *Son père s'est distingué pendant la guerre,* il s'est couvert d'honneurs. → s'**illustrer.** *Cet élève se distingue en mathématiques,* il est au-dessus des autres. *Elle s'est distinguée par son courage.* → se **signaler.**

DISTRACTION [distʀaksjɔ̃] n. f. ▪ *LA DISTRACTION* **1.** Manque d'attention à ce que l'on fait, parce que l'on pense à autre chose. *Elle a mis du sel dans son café par distraction.* → **inattention. 2.** Changement apporté par une occupation qui distrait l'esprit. *Je travaille trop, j'ai besoin de distraction.* → **détente. 3.** *UNE DISTRACTION :* occupation qui change les idées, qui permet de se distraire. *Sa distraction préférée est d'aller au cinéma. Quelles sont vos distractions habituelles ?* → **amusement, divertissement, passe-temps.** *C'est sa seule distraction.* → **plaisir.**

distraie [distʀɛ] *Que je me distraie ; qu'il se distraie, qu'elle se distraie :* forme au subjonctif du verbe se **distraire.**

DISTRAIRE [distʀɛʀ] verbe [conjugaison 50] **1.** Détourner l'attention de (qqn), empêcher (qqn) de se concentrer. *Ce coup de téléphone m'a distrait de mon travail. Ne vous laissez pas distraire.* → **déranger. 2.** Faire passer le temps agréablement. *Nous distrayons les enfants en les emmenant au zoo.* → **divertir. 3.** verbe pronominal SE DISTRAIRE : passer le temps agréablement. *Elle se distraira en allant au cinéma. Il faut vous distraire, sortez, voyez des amis ! Il faut qu'il se distraie un peu.* → s'**amuser,** se **détendre,** se **divertir.** ⟨contraire : s'ennuyer⟩ *Elle s'est un peu distraite hier.*

REM. Ce verbe n'a pas de passé simple.

distrait [distʀɛ], **distraite** [distʀɛt] *Il a distrait sa fille ; sa fille qu'il a distraite :* formes au participe passé du verbe **distraire.**

DISTRAIT [distʀɛ], **DISTRAITE** [distʀɛt] adj. (après le nom) **1.** Absorbé par une autre occupation. *Tu as l'air distrait, tu ne fais pas du tout attention à ce que je te dis.* ⟨contraire : attentif⟩ *Elle écoute D'UNE OREILLE DISTRAITE ce que dit sa mère,* d'une manière peu attentive **(→ distraitement). 2.** Qui est, par caractère, souvent occupé à autre chose que ce qu'il fait ou qui ne fait pas attention souvent à ce qu'on lui dit. *Cet enfant est souvent distrait, il oublie ses affaires partout.* → **étourdi.**

DISTRAITEMENT [distʀɛtmɑ̃] adverbe ▪ De manière distraite, peu attentive. *J'ai écouté distraitement son histoire, je m'en souviens vaguement.* ⟨contraire : attentivement⟩

DISTRAYANT [distʀɛjɑ̃], **DISTRAYANTE** [distʀɛjɑ̃t] adj. (après le nom) ▪ Qui distrait, détend l'esprit. → **amusant, délassant, divertissant.** *Ce film est drôle et distrayant. Ce magazine est d'une lecture distrayante.* ⟨contraire : ennuyeux⟩

DISTRIBUER [distʀibɥe] verbe [conjugaison 1a] **1.** Donner à plusieurs personnes prises séparément (une partie d'une chose ou d'un ensemble de choses semblables). → **partager, répartir.** *L'un des joueurs distribue les cartes. Le chef de service a distribué le travail à chaque employé.* – *Ce produit est distribué dans les grandes surfaces,* il est vendu dans les grandes surfaces. *Ce film est distribué dans les plus grandes salles de la capitale,* on peu le voir dans les plus grandes salles de la capitale. **2.** Donner au hasard et à profusion. *Elle dit à ses enfants qu'elle leur distribuera* [distʀibyʀa] *des fessées s'ils ne sont pas sages.* **3.** Répartir dans plusieurs endroits. *Un réseau de canalisations distribue le gaz dans la ville.* → **amener, conduire.**

DISTRIBUTEUR [distʀibytœʀ] n. m., **DISTRIBUTRICE** [distʀibytʀis] n. f. **1.** *UN DISTRIBUTEUR :* appareil, machine qui sert à distribuer (des objets, des boissons, etc.). *Il a mis une pièce dans le distributeur automatique de boissons pour avoir un café. J'ai pris de l'argent au distributeur de billets de banque.* → **billetterie. 2.** *UN DISTRIBUTEUR, UNE DISTRIBUTRICE (DE FILMS) :* une personne qui assure le placement des films dans les salles de cinéma. *Ce distributeur de films s'occupe de la promotion des films européens.*

FAUX AMI
italien **distributore** «pompe à essence»

DISTRIBUTION [distʀibysjɔ̃] n. f. ▪ *LA DISTRIBUTION* **1.** Répartition entre des personnes. *Le facteur s'occupe de la distribution du courrier. Des bénévoles assurent la distribution de vivres et de vêtements aux plus démunis.* – *Cette pièce de théâtre a une excellente distribution,* les acteurs qui jouent dedans sont excellents. – *Son père s'occupe de distribution de films,* de la répartition des films dans les salles de cinéma **(→ distributeur).** – *LA GRANDE DISTRIBUTION :* la vente en grandes surfaces. *La lessive est un produit de grande distribution,* un produit que l'on trouve dans toutes les grandes surfaces. – *DISTRIBUTION DES PRIX :* dans une école, cérémonie au cours de laquelle on donne des récompenses au meilleurs élèves, avant les vacances d'été. *Le directeur de l'école a fait un discours pour la distribution des prix.* **2.** Répartition dans des lieux différents. *La distribution de l'eau se fait par des canalisations.* **3.** Arrangement, disposition selon un certain ordre. *La distribution des chapitres est harmonieuse dans ce roman.* → **ordre. 4.** *LA DISTRIBUTION D'UN APPARTEMENT :* la répartition des différentes pièces. *Cet appartement a une distribution très pratique.*

DISTRICT [distʀikt] n. m. ▪ *UN DISTRICT URBAIN :* groupement de communes formant une seule agglomération ; groupement administratif des communes voisines. *Paris et les villes de la banlieue forment le district du grand Paris.*

dit [di], **dite** [dit] *Il a dit une phrase ; la phrase qu'il a dite :* formes au participe passé du verbe **dire.**

dites [dit] *Vous dites :* forme au présent du verbe **dire.**

DIURNE [djyʀn] adj. (après le nom) **1.** (animal) Qui se montre le jour, est actif pendant le jour ⟨contraire : nocturne⟩ *Le faucon est un oiseau diurne. Ces papillons sont diurnes.* – (plante) *Les fleurs diurnes s'ouvrent le jour et se ferment la nuit.* **2.** Qui a lieu, se produit le jour. *La température diurne est de vingt degrés, aujourd'hui.*

DIVA [diva] n. f. ▪ *UNE DIVA :* une cantatrice célèbre. *Maria Callas fut une inoubliable diva. Elle fait des caprices de diva.*

REM. *Diva* est un mot italien qui signifie «déesse». Ce mot est à l'opéra ce qu'est la *star* au cinéma.

DIVAGATION [divagasjɔ̃] n. f. ▪ *UNE DIVAGATION :* le fait de déraisonner, de dire des choses incohérentes. *Les divagations du malade sont dues à une forte fièvre.* → **délire.**

DIVAGUER [divage] verbe [conjugaison 1b] ▪ Dire des choses qui n'ont pas de sens. → **déraisonner ;** STYLE FAMILIER **dérailler.** *Parfois lorsque nous buvons trop, nous divaguons. Tu divagues complètement, ma pauvre fille !* → STYLE FAMILIER **débloquer ;** STYLE TRÈS FAMILIER **déconner.**

DIVAN [divɑ̃] n. m. *UN DIVAN* : long siège sans bras ni dossier, qui peut servir de lit. *Elle s'est endormie sur le divan du salon.*

REM. Contrairement au divan, le *canapé* a un dossier.

divergeant [divɛʀʒɑ̃] *En divergeant* : forme au participe présent du verbe **diverger.**

DIVERGENCE [divɛʀʒɑ̃s] n. f. *UNE DIVERGENCE* : désaccord, différence dans les idées. *Ils ne parviennent pas à s'entendre, il y a trop de divergences d'opinions entre eux.* ⟨contraire : accord⟩

DIVERGENT [divɛʀʒɑ̃], **DIVERGENTE** [divɛʀʒɑ̃t] adj. (après le nom) 1. Qui diverge, qui s'écarte. *Des rayons divergents partent de ce foyer lumineux.* ⟨contraire : convergent⟩ *Quittons-nous ici, nos chemins sont divergents,* ils ne vont pas dans la même direction. 2. (idées) Qui ne s'accorde pas. *Le père et la mère ont des idées divergentes sur l'éducation de leurs enfants.* → **différent, opposé.**

REM. L'adjectif *divergent* et *divergeant*, le participe présent du verbe *diverger,* se prononcent de la même façon [divɛʀʒɑ̃].

DIVERGER [divɛʀʒe] verbe [conjugaison 3b] 1. (qqch.) Aller en s'écartant de plus en plus. *Ici, les deux routes divergent.* → s'**écarter.** ⟨contraire : converger⟩ 2. (qqn) Être en désaccord. *Nous divergeons sur ce point, mon mari et moi.* → s'**opposer.**

DIVERS [divɛʀ], **DIVERSE** [divɛʀs] adj. (avant le nom ou après le nom) 1. (après le nom) Qui a plusieurs aspects, plusieurs caractères différents. → **varié.** ⟨contraire : uniforme⟩ *Le paysage est très divers, dans cette région. Ce quartier a une population très diverse : de nombreuses races y sont représentées.* 2. (au pluriel) (choses que l'on compare) (avant ou après le nom) Qui présentent d'importantes différences. → **différent, varié.** ⟨contraires : identique, même, semblable⟩ *Regarde dans le dictionnaire les divers sens du mot « distribution ». Il existe des chats de diverses couleurs. Il y eut des mouvements divers dans la salle. Il est capable de parler des sujets les plus divers.* ⟨contraire : unique⟩ 3. (au pluriel) LES FAITS DIVERS : les événements du jour qui sont racontés dans la presse. *Les accidents et les crimes sont des faits divers.* – (au singulier) *Ce romancier s'est inspiré d'un fait divers pour écrire son livre.* 4. (au pluriel, avant un nom) Plusieurs. *Diverses personnes m'ont parlé de cela,* plusieurs personnes, quelques personnes. *Il m'a coupé la parole À DIVERSES REPRISES,* plusieurs fois.

DIVERSIFIER [divɛʀsifje] verbe [conjugaison 7a] Rendre divers. *Cette entreprise diversifiera* [divɛʀsifiʀa] *ses activités dès l'an prochain.* → **varier.** ⟨contraire : unifier⟩ – *Il a des goûts très diversifiés.* → **éclectique.**

DIVERSION [divɛʀsjɔ̃] n. f. STYLE RECHERCHÉ *FAIRE DIVERSION* : détourner (qqn) de ce qui le préoccupe, le chagrine ou l'ennuie. → **dérivatif, distraction.** *Une séance de cinéma FERAIT DIVERSION à ses soucis,* le détournerait, le distrairait de ses soucis. *Elle était en train de gronder sa fille, mais mon arrivée a fait diversion.*

DIVERSITÉ [divɛʀsite] n. f. *LA DIVERSITÉ* : variété. *Il y a une grande diversité de marchandises dans un supermarché.* ⟨contraire : uniformité⟩ *La diversité de ses talents m'étonne.*

DIVERTIR [divɛʀtiʀ] verbe [conjugaison 2] 1. Distraire en amusant. *Ce spectacle comique nous a bien divertis.* → **amuser.** ⟨contraire : ennuyer⟩ 2. verbe pronominal SE DIVERTIR : s'amuser, se distraire. *Les enfants se divertissent en regardant un film d'aventures. Ils se sont bien divertis hier.*

DIVERTISSANT [divɛʀtisɑ̃], **DIVERTISSANTE** [divɛʀtisɑ̃t] adj. (après le nom) Qui divertit, distrait, amuse. *Ce spectacle de marionnettes est très divertissant.* → **amusant, distrayant.** ⟨contraire : ennuyeux⟩

DIVERTISSEMENT [divɛʀtismɑ̃] n. m. *UN DIVERTISSEMENT* : moyen de se divertir, de se distraire. → **amusement, distraction.** *Le tennis et les échecs sont ses divertissements préférés.* → **loisir, passe-temps.**

DIVIN [divɛ̃], **DIVINE** [divin] adj. (après le nom) 1. Qui appartient à Dieu ou aux dieux. *Pour les chrétiens, chaque événement arrive par la volonté divine. Autrefois, les rois de France possédaient un pouvoir de droit divin,* qui était considéré comme venant de Dieu. 2. STYLE RECHERCHÉ Excellent, parfait. → **merveilleux, sublime.** *Il fait un temps divin depuis quelques jours.* → **délicieux.** *Cette tarte est divine.* → **exquis.** ⟨contraire : mauvais⟩

REM. L'expression *le divin enfant* [lədivinɑ̃fɑ̃] désigne l'enfant Jésus.

DIVINATION [divinasjɔ̃] n. f. *LA DIVINATION* : art de deviner l'avenir ou des choses cachées par des moyens magiques (→ **devin**). *Les voyantes pratiquent la divination par les cartes ou en observant le marc de café.*

DIVINEMENT [divinmɑ̃] adverbe D'une manière parfaite. *Cette cantatrice chante divinement bien.* → **merveilleusement.** *Il fait divinement beau, aujourd'hui.*

DIVINITÉ [divinite] n. f. 1. *LA DIVINITÉ* : nature divine. *Les chrétiens croient à la divinité du Christ.* 2. *UNE DIVINITÉ* : un être divin. *Les Grecs et les Romains de l'antiquité adoraient de nombreuses divinités.* → **déesse, dieu.**

DIVISER [divize] verbe [conjugaison 1a] 1. Séparer en plusieurs parties. → **fractionner, morceler.** *Le cuisinier divise la tarte en six parts égales.* → **partager.** *Le notaire a divisé l'héritage des parents entre les trois enfants.* → **répartir.** – *L'année est divisée en mois. Ce livre est divisé en dix chapitres,* il se compose de dix chapitres. 2. Calculer combien de fois une quantité est contenue dans une autre (opposé à multiplier). *Divisez cent par quatre. Cent divisé par quatre égalent vingt-cinq (100 : 4 = 25).* 3. (qqch.) Être la source d'un désaccord entre (des personnes). *Des opinions politiques opposées divisent ces deux amis.* → **désunir, opposer.** ⟨contraires : rapprocher, unir⟩ *Ce problème de société divise les Français.* – *L'opinion publique est divisée sur ce sujet,* les gens ne sont pas tous du même avis. 4. verbe pronominal SE DIVISER : se séparer en parties. *L'œuf se divise en cellules.* – *Plus loin la route se divise,* elle bifurque, se ramifie.

FAUX AMI
espagnol **divisar** « apercevoir »

DIVISEUR [divizœʀ] n. m. *LE DIVISEUR* : nombre qui en divise un autre. *Quand on divise 100 par 4, 4 est le diviseur.*

DIVISIBLE [divizibl] adj. (après le nom) Qui peut être divisé. *Les nombres pairs sont divisibles par 2.*

DIVISION [divizjɔ̃] n. f. *LA DIVISION* 1. Opération qui consiste à calculer combien de fois un nombre est contenu dans un autre (opposé à multiplication). *J'ai du mal à faire des divisions à plusieurs chiffres sans ma calculette. Cette division tombe juste,* le reste est nul. 2. Le fait de se diviser, d'être divisé. *Dans ce film, on peut observer la division d'une cellule.* 3. Trait qui divise. *Un thermomètre a des divisions.* → **graduation.** 4. Partie d'un ensemble divisé en parties. *En France, le département est une division du territoire. Les principales divisions du livre sont mentionnées au début de l'ouvrage.* 5. Partie de l'armée composée de plusieurs régiments. *Son oncle est général de division.* 6. Département, service d'une entreprise. *Il travaille à la division commerciale.* 7. Groupement de clubs sportifs, d'équipes, d'après les résultats obtenus en championnat. → **poule.** *Ce club de football joue en première division,* dans le groupe le plus fort, le meilleur. 8. Désaccord. *Il y a des divisions dans ce parti politique.*

DIVORCE [divɔRs] n. m. ▪ *LE DIVORCE* : rupture du mariage civil, à la suite d'un jugement. *Elle a demandé le divorce. Ces deux époux sont EN INSTANCE DE DIVORCE,* ils sont en train de divorcer.

DIVORCÉ [divɔRse] adj. et n. m., **DIVORCÉE** [divɔRse] adj. et n. f. **1.** adjectif (après le nom) Séparé par le divorce. *Elle fréquente un homme divorcé. Ils sont divorcés chacun de leur côté.* **2.** *UN DIVORCÉ, UNE DIVORCÉE* : une personne qui est séparée de son mari ou de sa femme par le divorce. *Il a épousé une divorcée. Cet enfant est fils de divorcés.*

DIVORCER [divɔRse] verbe [conjugaison 3a] ▪ Se séparer légalement de son mari ou de sa femme. *Nos amis ont divorcé après dix ans de mariage. Nous ne nous entendons plus, nous divorçons, c'est décidé !*

DIVULGATION [divylgasjɔ̃] n. f. ▪ *LA DIVULGATION* : action de divulguer, de révéler. → **révélation.** *La divulgation des secrets militaires est punie par la loi.*

DIVULGUER [divylge] verbe [conjugaison 1b] ▪ Faire connaître à tous (ce qui était connu de très peu de personnes). → **dévoiler, ébruiter, proclamer, répandre, révéler.** *Il est très indiscret et divulgue tous les secrets qu'on lui confie. Nous ne divulguerons pas cette nouvelle confidentielle.* ⟨contraires : cacher, dissimuler, taire⟩

DIX [dis] adj., pronom, n. m. et n. f.
I. adjectif (avant le nom ou après le nom) **1.** (avant le nom) Neuf plus un (10 ; X). *Elle tape à la machine avec les dix doigts. J'ai trouvé une pièce de dix francs. Ils reviendront dans dix jours* (→ **dizaine**). – *NEUF FOIS SUR DIX, elle est en retard,* très souvent, presque toujours. *Il faut toujours lui répéter DIX FOIS la même chose,* un grand nombre de fois. – *Cette ville a dix mille habitants. Ce repas coûte cent dix francs.* **2.** (avant ou après le nom) Dixième. *Ouvrez votre livre page dix. Nous sommes le dix mai :* c'est le dixième jour du mois de mai.
II. pronom Dix personnes, dix choses. *Ils sont venus à dix. Range les boîtes dix par dix.*
III. 1. *DIX* : le nombre dix. *Deux fois cinq font dix. Comptez jusqu'à dix. Il a eu un dix en maths,* une note de dix points. **2.** *LE DIX, LA DIX* : ce qui porte le numéro dix. *Ils habitent au dix de la rue du Général-de-Gaulle. J'ai le dix de pique,* la carte à jouer portant dix piques. *Le serveur apporte la note de la dix,* de la table, de la chambre dix.

REM. **1.** *Dix* se prononce [di] devant une consonne (ex. : *dix mois* [dimwa]), [diz] devant une voyelle (ex. : *dix ans* [dizɑ̃]) ou un *h* muet (ex. : *dix heures* [dizœR]), [dis] devant une pause (ex. : *deux fois dix* [dis], *vingt*). **2.** *Dix* s'emploie en composition (ex. : *dis-sept, cent dix*).

DIX-HUIT [dizɥit] adj., pronom, n. m. et n. f. invariables
I. adjectif invariable (avant le nom ou après le nom) **1.** (avant le nom) Dix plus huit (18 ; XVIII). *Cette jeune fille a dix-huit ans. Mon livre a dix-huit cents* (ou *mille huit cents*) *pages.* **2.** (avant ou après le nom) Dix-huitième. *J'ai arrêté ma lecture page dix-huit. Demain, nous serons le dix-huit avril,* ce sera le dix-huitième jour du mois d'avril. *Il est dix-huit heures,* six heures de l'après-midi.
II. pronom Dix-huit personnes, dix-huit choses. *Ils sont dix-huit.*
III. 1. *DIX-HUIT* : le nombre dix-huit. *Dix-huit est divisible par trois. Elle a eu dix-huit en anglais,* sa note est dix-huit. **2.** *LE DIX-HUIT, LA DIX-HUIT* : ce qui porte le numéro dix-huit. *J'habite au dix-huit de la rue d'Alsace. Le serveur apporte la note de la dix-huit,* de la table, de la chambre dix-huit.

REM. **1.** *Dix-huit* se prononce [dizɥi] devant une consonne (ex. : *dix-huit fois* [dizɥifwa]). **2.** L'adjectif numéral qui correspond à *dix-huit* est *dix-huitième* [dizɥitjɛm].

DIXIÈME [dizjɛm] adj., n. m. et n. f.
I. adjectif (avant le nom) Qui a le numéro dix, qui suit le neuvième. *Ils habitent au dixième étage (10ᵉ étage). Elle est arrivée dixième sur cent.*
II. 1. *LE DIXIÈME* : partie d'un tout divisé en dix parts égales. *La fièvre du malade a baissé d'un dixième (de degré). Les neuf dixièmes (9/10ᵉ) de la population de ce pays sont pauvres,* presque toute la population. *Sa vision n'est pas très bonne, il n'a que deux dixièmes à l'œil droit.* **2.** *LE DIXIÈME, LA DIXIÈME* : ce qui porte le numéro dix. *Elle est la dixième à réussir le concours. Son bureau est au dixième,* au dixième étage. *Ils habitent dans le dixième,* dans le dixième arrondissement de la ville.

REM. *Dixième* s'emploie en composition (ex. : *deux cent dixième* [døsɑ̃dizjɛm]).

DIX-NEUF [diznœf] adj., pronom, n. m. et n. f. invariables
I. adjectif invariable (avant le nom ou après le nom) **1.** (avant le nom) Dix plus neuf (19 ; XIX). *Elle a un fils de dix-neuf ans* [diznœvɑ̃]. *Ce village a dix-neuf cents habitants* (ou *mille neuf cents*). **2.** (avant ou après le nom) Dix-neuvième. *Le texte est à la page dix-neuf. Nous sommes le dix-neuf mai :* c'est le dix-neuvième jour du mois de mai.
II. pronom Dix-neuf personnes, dix-neuf choses. *Ils sont dix-neuf.*
III. 1. *DIX-NEUF. Dix-neuf est un nombre premier. Elle a eu dix-neuf à son examen,* sa note est dix-neuf. **2.** *LE DIX-NEUF, LA DIX-NEUF* : ce qui porte le numéro dix-neuf. *Il habite au dix-neuf de la rue Michelet. Le serveur apporte la note de la dix-neuf,* de la table, de la chambre dix-neuf. *Dans la course de chevaux, c'est le dix-neuf qui a gagné,* le cheval portant le numéro dix-neuf.

REM. L'adjectif numéral qui correspond à *dix-neuf* est *dix-neuvième* [diznœvjɛm].

DIX-SEPT [dissɛt] adj., pronom, n. m. et n. f. invariables
I. adjectif invariable (avant le nom ou après le nom) **1.** (avant le nom) Dix plus sept (17 ; XVII). *Elle vient d'avoir dix-sept ans. Il y a dix-sept cents personnes* (ou *mille sept cents personnes*). **2.** (avant ou après le nom) Dix-septième. *Nous partirons le dix-sept août. Il est dix-sept heures,* cinq heures de l'après-midi. *Il manque la page dix-sept.*
II. pronom Dix-sept personnes, dix-sept choses. *Ils sont dix-sept.*
III. 1. *DIX-SEPT* : le nombre dix-sept. *Dix-sept et trois font vingt. Il a eu dix-sept en géographie,* sa note est dix-sept. **2.** *LE DIX-SEPT, LA DIX-SEPT* : ce qui porte le numéro dix-sept. *AUJOURD'HUI, NOUS SOMMES LE DIX-SEPT,* le dix-septième jour du mois.

REM. L'adjectif numéral qui correspond à *dix-sept* est *dix-septième* [dissɛtjɛm].

DIZAINE [dizɛn] n. f. ▪ *UNE DIZAINE* **1.** Groupe de dix unités. *Le chiffre des dizaines s'écrit à gauche de celui des unités.* **2.** Groupe d'environ dix personnes, dix animaux ou dix choses de même nature. *Il y a une dizaine de personnes dans la pièce. Ils étaient une dizaine. J'aurai la réponse dans une dizaine de jours.*

DO [do] n. m. invariable ▪ *UN DO* : note de musique, la première de la gamme. → **ut.** *Ce morceau commence par un do. L'orchestre a joué une symphonie en do majeur,* dans le ton correspondant à cette note. PLURIEL : *des do dièse.*

DOC n. f. Forme abrégée familière de **documentation.**

DOCILE [dɔsil] adj. (après le nom) **1.** (être animé) Qui obéit facilement. *C'est une petite fille très docile.* → **obéissant, soumis.** *Le* *cavalier débutant monte un cheval docile.* (contraire : rétif) – *Elle est d'un caractère docile.* (contraires : rebelle, récalcitrant) **2.** *Des* CHEVEUX DOCILES, que l'on peut coiffer facilement. *J'ai des cheveux dociles que je peux coiffer comme je veux.* (contraire : indiscipliné)

DOCILITÉ [dɔsilite] n. f. ▪ *LA DOCILITÉ :* caractère soumis, tendance à obéir. *La docilité n'est pas sa principale qualité.* → **obéissance, soumission.**

DOCKER [dɔkɛʀ] n. m. ▪ *UN DOCKER :* ouvrier des docks qui charge et décharge les navires. *Les dockers du port sont en grève.* → **débardeur.**

DOCKS [dɔk] n. m. pluriel ▪ *LES DOCKS :* hangars où l'on entrepose les marchandises, dans un port. *Les docks s'étendent le long des quais, sur le port.* → **entrepôt.**

DOCTE [dɔkt] adj. (après le nom) ▪ STYLE RECHERCHÉ (air, ton) Pédant, prétentieux. *Il prend un ton docte pour expliquer les choses les plus simples.*

DOCTEUR [dɔktœʀ] n. m. ▪ *UN DOCTEUR* **1.** Personne qui a le diplôme universitaire le plus élevé (→ **doctorat**). *Pour avoir le titre de docteur, il faut soutenir une thèse. Elle est* DOCTEUR EN *philosophie. Il est docteur en médecine.* **2.** Personne qui est docteur en médecine. → **médecin.** *J'ai pris rendez-vous chez le docteur car je ne me sens pas bien.* – *Bonjour, docteur !* – *D*[r] [dɔktœʀ] abréviation *D*[r] *Dupont.*

REM. **1.** Ce mot s'emploie aussi en parlant d'une femme. Le féminin *doctoresse* ne s'emploie pratiquement plus. **2.** Il est recommandé de dire *il est médecin* plutôt que *il est docteur, je vais chez le médecin* plutôt que *je vais chez le docteur.* – On dit *docteur* dans les cas suivants : *j'ai rendez-vous chez le docteur Dupont, «bonjour docteur».* – On dit toujours *médecin* dans les cas suivants : *il est médecin généraliste, médecin spécialiste, médecin traitant ; c'est notre médecin de famille.*

DOCTORAT [dɔktɔʀa] n. m. ▪ *LE DOCTORAT :* diplôme de l'université qui donne droit au titre de docteur. *Elle a un doctorat en histoire. Son fils passera sa thèse de doctorat en juin.*

DOCTRINE [dɔktʀin] n. f. ▪ *UNE DOCTRINE :* ensemble des idées que l'on affirme être vraies et avec lesquelles on prétend orienter ou diriger l'action humaine. → **système, théorie.** *Le marxisme et le libéralisme sont des doctrines politiques et économiques. Il existe des doctrines artistiques, religieuses et philosophiques.*

DOCUMENT [dɔkymɑ̃] n. m. ▪ *UN DOCUMENT* **1.** Écrit servant de preuve ou de renseignement. *Les articles de journaux, les photos sont des documents. Il a rangé ses documents de travail dans son cartable* (→ **porte-documents**). *J'ai classé tous les documents dans un tiroir. Conservez l'original de ce document, il est précieux. Il vaut mieux faire des photocopies de ces documents.* – *Cette émission de télévision est faite à partir de* DOCUMENTS D'ARCHIVES, d'images filmées empruntées aux archives. **2.** Ce qui sert de témoignage, de preuve. *Cette photo a servi de document au procès.*

FAUX AMI
italien **documenti**
«papiers d'identité»

DOCUMENTAIRE [dɔkymɑ̃tɛʀ] adj. et n. m. **1.** adj. (après le nom) Qui a le caractère d'un document. *Ces photos ont un grand intérêt documentaire. Nous avons vu un film documentaire* (opposé à film de fiction). **2.** *UN DOCUMENTAIRE :* film instructif qui montre des documents authentiques sur des sujets divers. *Nous avons vu à la télévision un documentaire sur la faune du désert.* **3.** Qui concerne la documentation. *Ce jeune étudiant en histoire a fait d'importantes recherches documentaires dans les bibliothèques, pour rédiger sa thèse.*

DOCUMENTALISTE [dɔkymɑ̃talist] n. m., n. f. ▪ *UN DOCUMENTALISTE, UNE DOCUMENTALISTE :* une personne dont le métier est de rechercher, de rassembler, de classer et de diffuser des documents pour un organisme ou une entreprise. *Elle est documentaliste dans un lycée.*

DOCUMENTATION [dɔkymɑ̃tasjɔ̃] n. f. ▪ *LA DOCUMENTATION* **1.** Recherche de documents. *Elle travaille dans le Centre de documentation et d'information (C. D. I.* [sedei]) *d'un collège.* **2.** Ensemble de documents sur un sujet. *Les élèves ont réuni une importante documentation pour faire un exposé sur les baleines.* – DOC [dɔk] forme abrégée familière *Il me faudrait de la doc.* **3.** Notice qui informe sur un appareil. *Avez-vous une documentation sur cette voiture ?*

DOCUMENTÉ [dɔkymɑ̃te], **DOCUMENTÉE** [dɔkymɑ̃te] adj. (après le nom) **1.** (travail) Qui a utilisé des documents. *Cet article nous apprend beaucoup de choses, il est très documenté.* **2.** Informé, renseigné (par des documents). *Vous avez l'air documenté sur la question.*

SE **DOCUMENTER** [dɔkymɑ̃te] verbe pronominal [conjugaison 1a] ▪ S'informer, se renseigner à l'aide de documents. *Ils se sont documentés sur l'Australie avant d'entreprendre leur voyage : ils ont regardé de nombreux catalogues et consulté plusieurs guides.*

DODO [dodo] n. m. ▪ STYLE FAMILIER *UN DODO* **1.** *FAIRE DODO :* dormir. *Le bébé a fait un gros dodo. Il est tard, il faut* FAIRE DODO. **2.** Lit. *C'est l'heure d'*ALLER AU DODO, au lit.

REM. Ce mot appartient au langage des enfants.

DODU [dɔdy], **DODUE** [dɔdy] adj. (après le nom) ▪ Potelé, un peu gras. *Les bébés en bonne santé sont souvent un peu dodus.* → **grassouillet.** (contraire : maigre) – *Le fermier a tué une oie bien dodue.*

DOGME [dɔgm] n. m. ▪ *UN DOGME :* vérité incontestable (dans une religion, une doctrine) à laquelle il faut croire. *La vie éternelle est un dogme de la religion chrétienne.*

DOGUE [dɔg] n. m. ▪ *UN DOGUE :* chien de garde trapu, à grosse tête et à museau aplati (→ **bouledogue**). *Nos voisins ont un dogue.* – *Il est d'une* HUMEUR DE DOGUE, de très mauvaise humeur.

DOIGT [dwa] n. m. ▪ *LE DOIGT* **1.** Chacun des cinq appendices qui terminent la main ou le pied de l'homme. *Les cinq doigts de la main sont l'annulaire, l'auriculaire, l'index, le majeur et le pouce. Il y a des empreintes de doigts sur la porte* (→ **digital**). *Un élève lève le doigt pour demander la parole. En France, ce n'est pas poli de manger avec les doigts.* – STYLE FAMILIER *Elle s'est mis du vernis sur les ongles des* DOIGTS DE PIEDS, des orteils. – *Les assistants ne sont pas nombreux, on peut les compter sur les doigts d'une main. Vous avez* MIS LE DOIGT SUR *la difficulté,* vous l'avez trouvée. *Je* CROISE LES DOIGTS *pour que mon fils soit reçu à son examen,* je fais ce geste pour conjurer le sort. *Le voleur a* GLISSÉ ENTRE LES DOIGTS *des policiers,* il leur a échappé. *Tu vas te faire* TAPER SUR LES DOIGTS *si tu fais ça,* tu vas te faire réprimander. *Tout le monde le* MONTRE DU DOIGT *:* tout le monde le regarde comme un objet de honte, de scandale. *Tu t'en* MORDRAS LES DOIGTS *:* tu t'en repentiras, tu le regretteras. *Elle ne* SAIT RIEN FAIRE DE SES DIX DOIGTS *:* elle ne sait rien faire du tout. *Ces deux amis sont* COMME LES DEUX DOIGTS DE LA MAIN, ils sont très proches, très unis. STYLE FAMILIER *Tu te* METS LE DOIGT DANS L'ŒIL (JUSQU'AU COUDE) *:* tu te trompes complètement. *Cet élève sait ses leçons* SUR LE BOUT DU DOIGT, il les sait très bien. *Nous lui avons demandé de l'aide, mais il n'a* PAS LEVÉ LE PETIT DOIGT, *il n'a* PAS REMUÉ LE PETIT DOIGT, il n'a rien fait du tout. **2.** Extrémité articulée des pieds, des pattes de certains animaux. *Le chat a des doigts armés de griffes.* **3.** *LES DOIGTS D'UN GANT :* les parties du gant qui recouvrent les doigts. *L'un des doigts de ce gant est troué.* **4.** *UN DOIGT :* mesure qui fait à peu près l'épaisseur d'un doigt. *Il s'est versé un doigt de whisky dans son verre.* – *À UN DOIGT DE :* très près de. *La balle est passée à un doigt de sa tête. Pendant quelques jours, sa mère a été À DEUX DOIGTS DE la mort.*

DOIGTÉ [dwate] n. m. **1.** *UN DOIGTÉ :* manière de placer les doigts sur un instrument de musique en exécutant un morceau. *Il y a des indications de doigté sur cette partition. Ce pianiste a un bon doigté.* **2.** *LE DOIGTÉ :* l'habileté, le tact. *Il faut du doigté dans ce genre d'affaire.*

dois [dwa] *Je dois, tu dois :* forme au présent du verbe **devoir.**

doive [dwav] *Que je doive ; qu'il doive, qu'elle doive :* forme au subjonctif du verbe **devoir.**

DOLÉANCES [dɔleɑ̃s] n. f. pluriel. *LES DOLÉANCES :* plaintes pour réclamer qqch. ou pour déplorer des malheurs personnels. → **réclamation, récrimination.** *Les représentants du personnel ont présenté leurs doléances au directeur de l'usine.*

> FAUX AMI
> espagnol **dolencia** « maladie »

DOLLAR [dɔlaʀ] n. m. *LE DOLLAR :* monnaie des États-Unis d'Amérique et de plusieurs autres pays, divisée en cent cents (symbole $). *Le dollar est une monnaie forte.* – *Ce voyageur a changé ses francs contre des dollars. Ça coûte trois dollars.*

> REM. Le dollar est également la monnaie du Canada, de Hong-Kong, de l'Australie, du Liberia, de la Nouvelle-Zélande et du Zimbabwe.

DOLMEN [dɔlmɛn] n. m. *UN DOLMEN :* monument préhistorique fait d'une grosse pierre horizontale posée sur des blocs verticaux, formant une sorte de table. *Il y a beaucoup de dolmens et de menhirs en Bretagne.*

DOMAINE [dɔmɛn] n. m. *UN DOMAINE* **1.** Terre possédée par un propriétaire. *Ce domaine comprend des terres cultivées, des bois et des prairies. Il a hérité d'un domaine de cent hectares en Normandie.* **2.** *LE DOMAINE PUBLIC :* ce qui appartient à l'État et non aux particuliers. *Les cours d'eau, les routes et les voies ferrées appartiennent au domaine public.* – (œuvre littéraire ou artistique, invention) *TOMBER DANS LE DOMAINE PUBLIC :* ne plus être la propriété de son auteur ou de ses héritiers, après un certain temps. *Cette œuvre musicale est tombée dans le domaine public.* **3.** Lieu où qqn se considère comme chez lui. *Ces enfants ont fait du grenier leur domaine.* **4.** Ce qui constitue un art, une science, un sujet ou une idée. → **monde, univers.** *Dans quel domaine va-t-il faire ses études ?* – *DANS TOUS LES DOMAINES :* dans toutes les matières, sur tous les points. *Ce pays s'est beaucoup développé et a progressé dans tous les domaines.* **5.** Secteur dans lequel qqn est compétent, a des connaissances. *Le bricolage, c'est son domaine.* → **spécialité ;** STYLE FAMILIER **rayon.**

DOMANIAL [dɔmanjal], **DOMANIALE** [dɔmanjal] adj. (après le nom). Qui appartient, fait partie d'un domaine. *Cette forêt est une FORÊT DOMANIALE,* une forêt qui fait partie du domaine public, qui appartient à l'État. MASCULIN PLURIEL : *des biens DOMANIAUX* [dɔmanjo].

DÔME [dom] n. m. *UN DÔME :* toit arrondi de certains édifices. *Les touristes ont photographié le dôme de la basilique Saint-Pierre, à Rome.* → **coupole.**

> FAUX AMIS
> allemand **Dom** « cathédrale » ; polonais **dom** « maison »

DOMESTIQUE [dɔmɛstik] adj., n. m. et n. f.
I. adjectif (après le nom) **1.** Qui concerne la maison, le ménage. *Je n'aime pas beaucoup les travaux domestiques.* → **ménager.** **2.** *UN ANIMAL DOMESTIQUE :* animal apprivoisé qui vit auprès de l'homme pour l'aider, le nourrir ou lui tenir compagnie. *La vache, le cheval, le chien, le chat sont des animaux domestiques.* → **familier.** ⟨contraire : sauvage⟩
II. *UN DOMESTIQUE, UNE DOMESTIQUE :* une personne qui s'occupe du ménage, de la cuisine ou de servir à table au domicile de son employeur ou dans un hôtel. → **bonne, cuisinier, servante, valet ;** STYLE FAMILIER **larbin.** *Autrefois, dans les châteaux, il y avait de nombreux domestiques.* – *Je ne suis pas ta domestique,* fais cela toi-même.

> REM. **1.** En parlant des animaux domestiques qui tiennent compagnie à l'homme (chien, chat, hamster, etc.), on dit aussi *animaux de compagnie.* **2.** De nos jours, on dit *employé de maison* plutôt que *domestique.*

DOMESTIQUER [dɔmɛstike] verbe [conjugaison 1a]. Rendre domestique (un animal sauvage). *L'homme a domestiqué le cheval il y a très longtemps.* → **apprivoiser.**

DOMICILE [dɔmisil] n. m. *UN DOMICILE :* lieu où l'on habite. → **habitation, logement, maison, résidence.** *Téléphonez-moi à mon domicile :* téléphonez-moi chez moi. *À cause de la crise économique, il y a beaucoup de gens sans domicile fixe,* sans logement (→ **S. D. F.**). – *Le DOMICILE CONJUGAL :* le lieu où un couple marié habite officiellement. *Sa femme a abandonné le domicile conjugal.* – *Des souris ont ÉLU DOMICILE dans le grenier,* elles s'y sont installées. – *À DOMICILE :* chez qqn. *Je travaille à domicile :* je travaille chez moi. *Ce supermarché livre les commandes à domicile,* chez les clients.

DOMICILIÉ [dɔmisilje], **DOMICILIÉ** [dɔmisilje] adj. (après le nom). Qui a un domicile (quelque part). *En attendant de prendre un appartement, elle est domiciliée chez ses parents,* elle habite chez ses parents.

DOMINANT [dɔminɑ̃], **DOMINANTE** [dɔminɑ̃t] adj. (après le nom) **1.** Qui domine, exerce une autorité sur d'autres. *Dans certaines espèces animales, c'est le mâle dominant qui est le chef du groupe.* **2.** (qqch.) Qui est le plus important, qui l'emporte. → ① **capital, premier, primordial.** *Le trait dominant de son caractère est la gentillesse.* → **principal.** *La couleur dominante de ce tableau est le bleu* (→ **dominante**). *Les vents dominants sont à l'ouest, ce matin.* **3.** Qui surplombe, surmonte. → **culminant, élevé.** *Le château occupe une position dominante en haut de la colline.* ⟨contraire : inférieur⟩ – *Ce parti occupe une place dominante dans la vie politique du pays.* → **éminent.**

DOMINANTE [dɔminɑ̃t] n. f. *LA DOMINANTE* **1.** Élément essentiel, caractéristique (dans un ensemble). *La dominante de son caractère est la gaieté.* **2.** Couleur principale. *J'aime beaucoup ce tableau à dominante rose.*

DOMINATEUR [dɔminatœʀ] n. m. et adj., **DOMINATRICE** [dɔminatʀis] n. f. et adj. **1.** *UN DOMINATEUR, UNE DOMINATRICE :* une personne qui domine les autres, exerce son autorité sur les autres. *Napoléon fut le dominateur de l'Europe, au début du dix-neuvième siècle.* → **maître.** *Les nations dominatrices exploitent les nations plus faibles.* **2.** adjectif (après le nom) Qui domine, aime dominer. *Il a un regard dominateur.* → **autoritaire, impérieux.** ⟨contraire : soumis⟩

DOMINATION [dɔminasjɔ̃] n. f. *LA DOMINATION* **1.** Autorité. → **empire, suprématie.** *Les habitants de ce pays supportent mal la domination du tyran qui les gouverne.* → **joug, oppression.** ⟨contraires : indépendance, liberté⟩ *Autrefois, les esclaves vivaient SOUS LA DOMINATION DE leurs maîtres.* **2.** Le fait d'exercer une influence très forte. *Cet homme exerce sur tout le monde une domination irrésistible.* → ① **ascendant.**

DOMINER [dɔmine] verbe [conjugaison 1a] **1.** Commander. *C'est un homme qui aime dominer.* **2.** (qqch.) Être le plus apparent, le plus fort parmi plusieurs éléments. *Les femmes dominent dans ce métier,* il y a surtout des femmes dans ce métier. → **prédominer.** *L'odeur du muguet domine dans ce parfum* (→ **dominant**). **3.** Avoir en son pouvoir. *Il croit dominer sa femme. Ce pays voudrait dominer ses voisins.* → **asservir, assujettir.** *Ce sportif domine largement ses adversaires.* → **surpasser.** – *Notre équipe a dominé pendant la première partie du match.* → **mener.** **4.** Être plus fort que (qqch.), avoir une influence décisive sur. *Nous dominons la situation.* → **contrôler, maîtriser.** *Il domine sa colère.* **5.** Avoir au-dessous de soi. *De leur terrasse, ils dominent tout Paris.* → **surplomber.** *Le château domine la ville.* **6.** *DOMINER SON SUJET,* le connaître parfaitement. *Le conférencier domine son sujet.* **7.** verbe pronominal SE DOMINER : être, se rendre maître de soi, de ses réactions. *Allons, dominez-vous, restez calme !* maîtrisez-vous, contrôlez-vous. *Elle s'est dominée et elle n'a pas pleuré.*

DOMINICAL [dɔminikal], **DOMINICALE** [dɔminikal] adj. (après le nom) ▪ Qui a lieu le dimanche. *Ils aiment leur promenade dominicale en forêt.* MASCULIN PLURIEL : *les repas DOMINICAUX* [dɔminiko].

DOMINO [dɔmino] n. m. ▪ *UN DOMINO* **1.** Petite plaque rectangulaire au dos noir, dont le dessus blanc porte de zéro à six points noirs. *J'ai sorti la boîte de dominos, nous pouvons commencer à jouer.* **2.** (au pluriel) LES DOMINOS : le jeu formé de vingt-huit de ces plaques que les joueurs doivent assembler selon les règles. *Les enfants ont joué aux dominos tout l'après-midi.*

DOMMAGE [dɔmaʒ] n. m. ▪ *UN DOMMAGE* **1.** Préjudice, tort subi par qqn. ⟨contraires : avantage, bénéfice, profit⟩ *Dans l'accident, le conducteur n'a subi aucun DOMMAGE CORPOREL,* il n'a pas été blessé. *Il s'en est tiré sans dommage.* **2.** Dégât matériel causé à qqch. → **ravage.** *L'inondation a causé de grands dommages aux cultures.* → **perte.** **3.** (sans article) Chose triste, fâcheuse. *Quel dommage d'abattre de si beaux arbres. C'est dommage que vous ne soyez pas libres samedi ! Dommage !* tant pis.

DOMMAGES-INTÉRÊTS [dɔmaʒzẽterɛ] n. m. pluriel ▪ *DES DOMMAGES-INTÉRÊTS :* somme d'argent due en réparation d'un préjudice. *Il a reçu d'importants dommages-intérêts pour son accident.* → **dédommagement.**

REM. On dit aussi *dommages et intérêts* [dɔmaʒzeẽterɛ].

DOMPTER [dɔ̃te] verbe [conjugaison 1a] **1.** Faire obéir (un animal sauvage, dangereux). → **dresser.** *L'homme qui dompte ces fauves est très courageux* (→ **dompteur**). **2.** Soumettre (qqn) à son autorité. → **dominer, maîtriser, mater, soumettre.** *L'armée a dompté les rebelles.* **3.** STYLE RECHERCHÉ Maîtriser, dominer (un sentiment). *Il a du mal à dompter sa colère.* → **surmonter.**

REM. La prononciation [dɔ̃pte] est assez courante.

DOMPTEUR [dɔ̃tœʀ] n. m., **DOMPTEUSE** [dɔ̃tøz] n. f. ▪ *UN DOMPTEUR, UNE DOMPTEUSE :* une personne qui dompte les animaux. *Au cirque, le dompteur fait passer les tigres à travers des cerceaux enflammés.* → **dresseur.**

REM. On prononce aussi [dɔ̃ptœʀ], [dɔ̃ptøz].

DON [dɔ̃] n. m. ▪ *UN DON* **1.** Action d'abandonner gratuitement à qqn la propriété ou la jouissance de qqch. *Il a FAIT DON de son mobilier à un musée,* il l'a donné (→ **léguer**). **2.** Ce que l'on donne. *Elle fait souvent des dons à des œuvres charitables. Pour aider à lutter contre le cancer, envoyez vos dons à...* **3.** Avantage naturel considéré comme reçu de Dieu ou de la nature. → **bénédiction, bienfait, faveur, grâce.** *Cet argent vient au bon moment, c'est un don du ciel.* **4.** Disposition naturelle pour (qqch.). → **talent.** *Cet enfant a vraiment un DON POUR la musique* (→ **doué**). – *AVOIR LE DON DE faire qqch.,* réussir parfaitement. *Il a le don de m'agacer, celui-là.*

DONATEUR [dɔnatœʀ] n. m., **DONATRICE** [dɔnatʀis] n. f. ▪ *UN DONATEUR, UNE DONATRICE :* une personne qui fait un don, des dons à une œuvre. → **bienfaiteur.** *Dans ce musée, il y a une plaque au nom d'une généreuse donatrice.*

DONATION [dɔnasjɔ̃] n. f. ▪ *UNE DONATION :* acte par lequel un donateur abandonne un bien en faveur de qqn. → **don.** *Ce milliardaire a fait une importante donation à une œuvre charitable. Avant sa mort, ce père de famille a fait une donation à ses enfants.*

DONC [dɔ̃k] conjonction **1.** Par conséquent, en conclusion. *Il était là il y a deux minutes, il n'est donc pas loin. J'ai déjà refusé, donc inutile d'insister.* – *Je disais donc :* transition pour revenir à un sujet dont on parlait. **2.** S'emploie pour renforcer ce que l'on dit. *Taisez-vous donc* ([dɔ̃k] ou [dɔ̃]), *à la fin ! Laisse donc* ([lɛsdɔ̃k] ou [lɛsdɔ̃]) *ta sœur tranquille ! Restez donc dîner avec nous !* – STYLE FAMILIER *Dis donc* ([didɔ̃] ou [didɔ̃k]), *toi, là bas !* **3.** Sert à exprimer la surprise. *C'était donc ça* ([dɔ̃ksa] ou [dɔ̃sa]), *son fameux secret ? Allez donc savoir ce qui s'est vraiment passé !*

DONJON [dɔ̃ʒɔ̃] n. m. ▪ *UN DONJON :* tour la plus haute d'un château fort. *Le seigneur et sa famille s'étaient réfugiés dans le donjon pendant l'attaque.*

DON JUAN [dɔ̃ʒɥɑ̃] n. m. invariable ▪ *UN DON JUAN :* homme qui emploie tous les moyens pour plaire aux femmes, sans se poser de problèmes moraux. *Méfie-toi de lui, c'est un don Juan !* PLURIEL : *il joue les don Juan.*

REM. Don Juan est un personnage de théâtre qui apparaît dans la pièce de l'Espagnol Tirso de Molina *El burlador de Sevilla* (Le Trompeur de Séville) en 1630.

DONNÉ [dɔne], **DONNÉE** [dɔne] adj. (après le nom) **1.** *C'EST DONNÉ :* ce n'est pas cher. *« Cent francs, cette jupe ? C'est donné ! » Trois mille francs de loyer pour cette chambre minuscule, CE N'EST PAS DONNÉ,* c'est cher. **2.** Déterminé, précis. *Pendant le dîner, À UN MOMENT DONNÉ, elle s'est levée et elle est partie.* **3.** *ÉTANT DONNÉ les circonstances, nous ne pouvons pas partir :* vu les circonstances, nous ne pouvons pas partir. – *ÉTANT DONNÉ QUE tu es malade, tu n'iras pas en classe :* puisque tu es malade, tu n'iras pas en classe.

REM. La locution *étant donné* reste le plus souvent invariable, mais il n'est pas fautif de faire l'accord : *étant données les circonstances...*

DONNÉE [dɔne] n. f. ▪ *UNE DONNÉE* **1.** Ce qui est donné, connu dans l'énoncé d'un problème mathématique, dans les questions qui sont posées. *Lisez attentivement les données du problème.* **2.** Renseignement, élément. *Nous manquons de données pour comprendre la situation.* → **information.** *C'est une donnée intéressante.* **3.** Représentation d'une information sous une forme particulière qui permet le traitement automatique. *Toutes les données sont stockées dans l'ordinateur.*

DONNER [dɔne] verbe [conjugaison 1a]

I. *DONNER À* **1.** Offrir (qqch. à qqn), mettre (qqch.) en la possession (de qqn). ⟨contraire : recevoir⟩ *Puisque tu as aimé ce livre, je te le donne.* ⟨contraire : garder⟩ *Elle ne m'a pas prêté ce disque : elle me l'a donné. Est-ce que la jupe que j'ai donnée à votre fille lui va bien ?* – *Je lui ai donné toute ma confiance.* **2.** Céder (qqch.) en échange d'autre chose. *Je donnerais dix* *ans de ma vie pour pouvoir aller sur la Lune ! –* DONNANT, DONNANT [dɔnɑ̃dɔnɑ̃] : en ne donnant qqch., en ne rendant un service qu'à la condition de recevoir l'équivalent en échange. *Je suis d'accord pour garder tes enfants, mais alors, donnant, donnant, tu viendras un soir garder les miens !* **3.** Payer (une certaine somme d'argent à qqn). *Combien donne-t-elle à son fils pour laver sa voiture ? Elle me donne trente francs.* **4.** Confier, laisser (qqch.) à qqn pour un moment. *J'ai donné ma jupe à nettoyer. Elle donne toujours ses clés au gardien.* → **laisser.** **5.** Fournir, mettre à la disposition. *Donnez-moi un kilo de pommes, s'il vous plaît.* → **vendre.** *Pouvez-vous me donner le sel ?* → **passer.** *Donne-moi un peu d'argent pour les courses. Il faut donner du travail aux jeunes. C'est à toi de donner les cartes :* c'est à toi de distribuer les cartes (aux joueurs). *– C'est à toi de donner. – Donne la main à ton petit frère pour traverser la rue,* tiens-le par la main. *– Le médecin donne ses consultations de 16 heures à 20 heures,* il reçoit les malades de 16 heures à 20 heures. **6.** Organiser et offrir à des spectateurs, à des invités. *Ils ont donné une grande fête. Qu'est-ce qu'on donne, ce soir, au cinéma ?* quel film y a-t-il ? → **jouer.** **7.** Indiquer, communiquer. *N'oublie pas de me donner ton numéro de téléphone ! Donne-nous de tes nouvelles ! Pouvez-vous me donner l'heure ?* → **dire.** *Il nous a donné tous les détails de l'accident. Il a donné sa démission :* il a fait savoir à la direction qu'il quittait l'entreprise, il a démissionné. **8.** Transmettre (une maladie). *Je ne vous embrasse pas, car je ne veux pas vous donner mon rhume.* → **passer.** **9.** Accorder. *Donnez-moi un peu de temps pour réfléchir. La directrice a donné son accord. Son père lui a donné l'autorisation de sortir ce soir,* il l'a autorisé à sortir. *Je vous* DONNE MA PAROLE (D'HONNEUR) *:* je vous jure, je vous promets. *Je ne rentrerai pas tard, je te donne ma parole. – Il* NE DONNE PLUS SIGNE DE VIE *:* il ne bouge plus, il semble mort ; il n'envoie pas de ses nouvelles. **10.** Attribuer (qqch. à qqn). *Quel nom allez-vous donner à cet enfant ? – Retire ce chapeau, il te donne l'air bête.* **11.** Être la cause de. *Cet enfant me donne du souci. La fin du film m'a donné envie de pleurer.* → **provoquer.** *Cette promenade nous a donné soif !* ⟨contraires : enlever, retirer⟩ *Tu m'as donné une bonne idée. Je me demande ce que ça va donner :* je me demande comment ça va être, je me demande ce qu'il va se passer. *Alors, les travaux dans ta maison, qu'est-ce que ça donne ?* comment est-ce ? *– Cette histoire* DONNE À *réfléchir.* **12.** DONNER UN COUP *de poing à qqn,* le frapper avec son poing. *Elle lui a donné une gifle :* elle l'a giflé, elle l'a frappé sur le visage avec sa main. *– Je me* DONNE UN COUP DE PEIGNE *et j'arrive !* je me coiffe rapidement. *– Il faut* DONNER UN COUP DE BALAI *dans la cuisine,* il faut balayer. **13.** Ajouter (qqch. de nouveau) à une chose, à une personne. *Le sel donne du goût aux aliments.* **14.** NE PLUS SAVOIR OÙ DONNER DE LA TÊTE *:* être complètement affolé. *J'ai trop de choses à faire en même temps, je ne sais plus où donner de la tête !* **15.** DONNER SUR *:* avoir vue, avoir accès sur. *La cuisine donne sur le jardin. La fenêtre du salon donne sur la tour Eiffel :* de la fenêtre du salon, on voit la tour Eiffel.

II. verbe pronominal SE DONNER **1.** Se consacrer à. *Elle s'est donnée entièrement à son travail.* **2.** SE DONNER EN SPECTACLE *:* se faire remarquer. *Arrête de faire l'idiot et de te donner en spectacle ! Elle s'est donnée en spectacle.* **3.** S'offrir mutuellement, l'un à l'autre. *Les amoureux se sont donné des baisers avant de se quitter.* → **échanger.** *– Les enfants, il faut se donner la main pour traverser la rue.* **4.** Donner à soi-même. *Elle s'est donné la mort :* elle s'est tuée, elle s'est suicidée. *Il s'est donné beaucoup de mal pour réussir.*

> FAUX AMI
> espagnol **donar** « faire don de »

DONNEUR [dɔnœʀ] n. m., **DONNEUSE** [dɔnøz] n. f. **1.** UN DONNEUR DE SANG, UNE DONNEUSE DE SANG *:* une personne qui donne régulièrement un peu de son sang pour qu'on l'injecte dans les veines d'un blessé ou d'un malade (→ **transfusion**). *Mon frère est un donneur de sang. – Les médecins ont besoin de donneurs de moelle.* **2.** Personne qui autorise, de son vivant, le prélèvement de ses organes à sa mort, pour qu'ils soient greffés sur un blessé, un malade. *Le cœur a été pris sur le corps d'un donneur tué dans un accident de voiture.* **3.** STYLE FAMILIER Personne qui dénonce qqn à la police. *Méfie-toi de lui, c'est un donneur.* → STYLE FAMILIER **mouchard.** *Je ne suis pas un donneur !* → STYLE FAMILIER **balance.**

DON QUICHOTTE [dɔ̃kiʃɔt] n. m. invariable ▪ UN DON QUICHOTTE *:* homme généreux et peu réaliste, qui défend les faibles. *Mon père est un don Quichotte.* PLURIEL : *il joue les don Quichotte.*

> REM. *Don Quichotte* est le nom francisé du héros de roman *Don Quijote (de la Mancha)*, de Cervantès. Ce roman a aussi fourni au français le mot *dulcinée* (en espagnol *Dulcinea*), femme aimée de *Don Quijote.* → **dulcinée.**

DONT [dɔ̃] pronom **1.** (marquant la provenance) *Il travaille dans une mine dont on extrait le charbon,* d'où on extrait le charbon. *Je suis monté dans un autobus dont sortait justement un ami,* un autobus d'où sortait un ami. **2.** De qui, duquel. *Regarde ! C'est l'homme dont elle est amoureuse ! Voici le garçon dont je t'ai parlé. Je vais voir ce film dont on parle beaucoup en ce moment. C'est vraiment la maison dont je rêve. J'ai pris les livres dont j'ai besoin,* desquels j'ai besoin. *– Je vais vous raconter* CE DONT *je me souviens,* de quoi je me souviens. **3.** (marquant la possession) *Ils habitent la maison dont on aperçoit le toit, là-bas. Quelle est cette plante dont les fleurs sont bleues ?* qui a des fleurs bleues. **4.** (désignant la partie d'un tout) *Il a été condamné à deux mois de prison dont un avec sursis. C'est un très gros livre, dont voici le résumé. Hier soir, quelques personnes étaient là, dont ton père,* parmi lesquelles se trouvait ton père.

> REM. **1.** *Dont* se prononce [dɔ̃t] devant voyelle : *le livre dont il m'a parlé* [dɔ̃tilmapaʀle]. **2.** *Dont* peut être le complément du verbe *(l'homme dont on parle)*, il peut être le complément du nom *(la personne dont j'ai pris la chaise)* ou le complément de l'adjectif *(le malheur dont vous êtes responsable)*. **3.** Voir l'encadré des pronoms **relatifs.**

DOPAGE [dɔpaʒ] n. m. ▪ LE DOPAGE *:* utilisation de médicaments qui augmentent les forces, qui permettent d'aller au-delà de ses forces. *Le dopage est interdit, mais il est courant parmi les sportifs.*

DOPÉ [dɔpe], **DOPÉE** [dɔpe] adj. (après le nom) ▪ Qui a pris un médicament stimulant. *Le titre de champion a été retiré au cycliste dopé.*

DOPER [dɔpe] verbe [conjugaison 1a] **1.** Donner un médicament, une drogue qui augmente les forces. *Ils ont dopé ce cheval de course.* **2.** verbe pronominal SE DOPER : prendre un médicament, une drogue qui augmente les forces. *Cette athlète a été disqualifiée parce qu'elle s'est dopée.*

DORADE [dɔʀad] n. f. ▪ UNE DORADE *:* poisson de mer à reflets dorés ou argentés. *La chair de la dorade est délicieuse.*

> REM. Ce mot s'écrit aussi *daurade.*

DORÉ [dɔʀe] adj. et n. m., **DORÉE** [dɔʀe] adj.

I. adjectif (après le nom) **1.** Recouvert d'une mince couche d'or ou d'un métal jaune. *J'ai un très beau livre ancien,* DORÉ SUR TRANCHE, un livre dont le côté libre et lisse des feuillets est recouvert d'une fine couche d'or. *Il a une veste à boutons dorés,* en métal jaune. **2.** Qui a la couleur de l'or. *Elle a une jolie ceinture dorée. Tu as les cheveux d'un beau blond doré. Ses cheveux ont des reflets dorés.* ⟨contraire : terne⟩ *Elle peint avec de la peinture dorée. Ma fille est rentrée de vacances toute dorée.*

→ **bronzé.** – *Nous avons mangé un poulet grillé et doré au four.* **3.** *LA JEUNESSE DORÉE :* les jeunes gens riches qui ne font rien d'utile dans la vie. *Ce restaurant à la mode est fréquenté par la jeunesse dorée.*
II. *LE DORÉ* **1.** La couleur dorée. *Les petits enfants aiment beaucoup le doré.* **2.** Or ou métal jaune qui recouvre qqch. → **dorure.** *Le doré du cadre est parti.*

REM. De nos jours, *doré* signifie surtout « recouvert d'une substance imitant l'or », comme dans *bouton doré, papier doré.* Pour parler de ce qui est vraiment recouvert d'or, on précise par *à l'or fin : un bijou doré à l'or fin.*

DORÉNAVANT [dɔRenavɑ̃] adverbe ▪ À partir de maintenant, à l'avenir. ⟨contraire : autrefois⟩ *Dorénavant, le magasin sera ouvert le dimanche.* → **désormais.** *Dorénavant, soyez à l'heure !*

REM. On entend souvent des Français dire *à partir de dorénavant,* ce qui est fautif.

DORER [dɔRe] verbe [conjugaison 1a] **1.** Recouvrir d'une mince couche d'or. *Le relieur dorera* [dɔRRa] *la tranche du livre.* – STYLE FAMILIER *DORER LA PILULE À qqn,* lui faire accepter une chose désagréable par des paroles aimables, flatteuses. → **tromper.** *Elle lui a doré la pilule, alors il a tout accepté.* **2.** Prendre une couleur dorée. *Le poulet dore dans le four.* – *Faites dorer des oignons dans la poêle.* → **revenir, rissoler.** – *Elle aime se faire dorer au soleil.* → **bronzer.**

D'ORES ET DÉJÀ → **ores et déjà**

DORLOTER [dɔRlɔte] verbe [conjugaison 1a] ▪ Entourer de soins, de tendresse. *Elle dorlote son fils quand il est malade. Elle aime se faire dorloter.* → **cajoler, choyer ;** STYLE FAMILIER **chouchouter.**

DORMANT [dɔRmɑ̃], **DORMANTE** [dɔRmɑ̃t] adj. (après le nom) ▪ (eau) Qui n'est agité par aucun mouvement. *Des branches se courbent au-dessus de l'eau dormante de l'étang.*

DORMEUR [dɔRmœR] n. m., **DORMEUSE** [dɔRmøz] n. f. **1.** *UN DORMEUR, UNE DORMEUSE :* une personne qui dort. *Je n'ai pas dormi car dans le train, hier soir, un dormeur ronflait.* **2.** *UN DORMEUR :* gros crabe qui vit, quasiment immobile, dans les replis du sol marin. → **tourteau.** *En Bretagne, nous avons mangé des dormeurs délicieux.*

REM. Le mot *dormeur,* pour désigner le crabe, est surtout utilisé en Bretagne et sur la côte ouest de la France. Ailleurs, on emploie plutôt le mot *tourteau.*

DORMIR [dɔRmiR] verbe [conjugaison 16b] **1.** Être en état de sommeil. *Ne faites pas de bruit car le bébé dort, il ne faut pas le réveiller. Elle dort profondément.* ⟨contraire : veiller⟩ *J'ai dormi d'un sommeil léger.* → **sommeiller, somnoler.** *Lorsque ma fille est malade, je ne DORS QUE D'UN ŒIL,* je dors d'un sommeil léger, pour me réveiller très vite s'il le faut. *Les enfants DORMENT À POINGS FERMÉS,* ils dorment très profondément. *Va te coucher, tu DORS DEBOUT,* tu as sommeil. – *Quand je l'ai rencontré, il m'a raconté des HISTOIRES À DORMIR DEBOUT,* il m'a raconté des choses incroyables, invraisemblables. **2.** Rester inactif, sans rien faire. *Il faut se dépêcher, ce n'est pas le moment de dormir !* – *Le directeur ne fait rien, notre projet dort dans son tiroir,* le directeur ne s'en occupe pas.

dors [dɔR] *Je dors, tu dors :* forme au présent du verbe **dormir.**

DORSAL [dɔRsal], **DORSALE** [dɔRsal] adj. (après le nom) ▪ Du dos. *Docteur, j'ai des douleurs dorsales.* MASCULIN PLURIEL : *les muscles DORSAUX* [dɔRso]. – *Ces poissons ont des nageoires dorsales et des nageoires ventrales,* des nageoires sur le dos et des nageoires sur le ventre.

DORTOIR [dɔRtwaR] n. m. ▪ *UN DORTOIR :* grande salle où dorment plusieurs personnes. *En colonie de vacances, les enfants dorment dans des dortoirs.*

REM. Dans les banlieues, certains grands ensembles d'immeubles s'appellent des *cités-dortoirs.* → **cité-dortoir.**

DORURE [dɔRyR] n. f. ▪ *UNE DORURE* **1.** Mince couche d'or. *La dorure du cadre de ce tableau est abîmée.* **2.** Action de recouvrir d'une couche d'or. *Son père est spécialiste de la dorure sur bois.*

DORYPHORE [dɔRifɔR] n. m. ▪ *UN DORYPHORE :* insecte jaune à rayures noires qui dévore les feuilles des plants de pommes de terre. *Notre champ de pommes de terre est envahi par les doryphores.*

DOS [do] n. m.
I. *LE DOS* **1.** Partie du corps des êtres humains, qui va des épaules jusqu'aux reins (→ **dorsal**). *Ne vous couchez pas sur le ventre, mais sur le dos. La vieille dame a le dos courbé. J'ai mal au dos.* – *DE DOS, elle ressemble à un garçon,* quand on la voit du côté du dos. ⟨contraire : de face⟩ *Pour la promenade, nous avons rangé toutes nos affaires dans les SACS À DOS* [sakado], dans les sacs, munis de bretelles, qui se portent sur le dos. – *Nous sommes partis en promenade, sac au dos,* le sac sur le dos. – *AVOIR BON DOS :* être désigné injustement comme responsable, servir de prétexte. *Il dit qu'il est en retard à cause de sa mère, mais je crois que sa mère a bon dos,* sa mère est un mauvais prétexte. – *Il a bu un verre, le dos tourné à la cheminée,* le dos faisant face à la cheminée. *Je ne peux pas vous laisser seuls, vous faites des bêtises DÈS QUE J'AI LE DOS TOURNÉ,* dès que je pars un instant. – *Le village n'est pas loin, mais vous lui tournez le dos,* vous êtes dans la direction opposée. – *Il est tellement désagréable qu'il s'est mis tout le monde À DOS,* tout le monde est fâché avec lui. – *Je n'aime pas cette collègue car elle agit toujours DANS LE DOS des autres,* en cachant ce qu'elle fait, pour que les autres ne s'aperçoivent de rien. *Elle a fait ça DERRIÈRE MON DOS,* sans me le dire, afin que je ne puisse pas donner mon avis. – *Ce qu'il m'a raconté m'a FAIT FROID DANS LE DOS,* m'a fait très peur. – *Placez-vous tous les deux DOS À DOS* [dozado], *nous verrons lequel est le plus grand,* placez-vous dos contre dos. (figuré) *Ils ont renvoyé les adversaires dos à dos,* ils ont refusé de donner l'avantage à l'un ou à l'autre. – *C'est lui qui a fait les erreurs et il me MET TOUT SUR LE DOS,* il dit que c'est moi qui ai fait les erreurs. – *ÊTRE TOUJOURS SUR LE DOS DE qqn,* surveiller sans arrêt ce qu'il fait. *J'en ai assez de ce chef qui est toujours sur mon dos !* – *Elle dit qu'elle n'a rien à se mettre sur le dos,* qu'elle n'a pas de vêtements corrects, qu'elle n'a pas de quoi s'habiller. **2.** Face supérieure du corps des animaux. *Les enfants ont fait une promenade À DOS DE poney,* assis sur le dos du poney. *Le chat FAIT LE GROS DOS :* le chat, debout, arrondit son dos vers le haut, pattes tendues. **3.** Partie supérieure et convexe. *Elle met de la crème sur le dos de sa main,* sur le dessus de sa main (opposé à paume). – *Le dos de la cuillère,* sa partie convexe. – STYLE FAMILIER *Il n'y va pas AVEC LE DOS DE LA CUILLÈRE :* il exagère. **4.** Envers d'un papier. → **verso.** *Il a écrit son adresse au dos de l'enveloppe.*
II. *UN DOS* **1.** *DOS D'ÂNE :* bosse en travers d'une route (→ ② **cassis**). *Ralentis, il y a un dos d'âne.* **2.** Partie d'un siège sur laquelle on appuie le dos. → ① **dossier.** *Le dos de cette chaise est très confortable.* **3.** Partie étroite d'un livre qui réunit les deux côtés de sa couverture. *Le titre est au dos du livre. On voit d'abord les dos des livres dans une bibliothèque.*

DOSAGE [dozaʒ] n. m. ▪ *UN DOSAGE :* quantité de produits à mélanger. *Il ne faut prendre qu'une cuillerée de ce médicament, dans un peu d'eau : faites attention au dosage. Faites votre dosage de farine et de sucre et mélangez ces produits.*

DOSE [doz] n. f. ▪ *UNE DOSE* **1.** Quantité de médicament que l'on doit prendre en une fois. *Il ne faut pas dépasser la dose prescrite par le médecin. Ce médicament est à prendre à faible dose. Une dose massive de ce médicament peut rendre très malade.* **2.** Quantité de drogue prise en une fois. *Il est très dépendant de la drogue : il a besoin de sa dose quotidienne.* **3.** Quantité de qqch. *J'ai eu ma dose d'ennuis, aujourd'hui.* – STYLE FAMILIER *J'EN AI MA DOSE* : j'en ai assez.

DOSER [doze] verbe [conjugaison 1a] ▪ Mesurer la bonne quantité, pour faire un mélange. *Elle dose la farine et le sucre pour faire un gâteau. Dosez soigneusement votre médicament.*

DOSSARD [dosaʀ] n. m. ▪ *UN DOSSARD* : carré de tissu que les coureurs portent sur le dos et qui indique leur numéro d'ordre. *Le cycliste portant le dossard 12 a abandonné la course.*

① **DOSSIER** [dosje] n. m. ▪ *LE DOSSIER* : partie d'un siège sur laquelle on appuie le dos. *Ce dossier de fauteuil est très confortable.*

② **DOSSIER** [dosje] n. m. ▪ *UN DOSSIER* **1.** Ensemble des documents concernant une affaire, une personne. *La police possède un gros dossier sur le crime de la rue de Dunkerque. Avez-vous un dossier médical chez ce médecin ? – L'avocate connaît bien le dossier de l'accusé,* elle connaît bien tout ce qui concerne l'accusé. **2.** La pochette qui contient ces documents. *Range ces papiers dans le dossier assurances.*

> FAUX AMI
> le grec **ντοσιέ** ne s'emploie pas au sens 1.

DOT [dɔt] n. f. ▪ *UNE DOT* : argent, biens qu'une femme apporte en se mariant. *Il a donné une grosse dot à sa fille.*

DOTER [dɔte] verbe [conjugaison 1a] **1.** Donner une dot à (qqn). *Il a doté sa fille d'un million de francs.* **2.** Équiper. *La direction a doté l'usine d'un matériel très moderne.* **3.** *ÊTRE DOTÉ DE* : avoir, posséder. ⟨contraire : priver⟩ *Cette étudiante est dotée d'une grande intelligence.*

DOUANE [dwan] n. f. ▪ *LA DOUANE* **1.** Service administratif chargé de contrôler les marchandises qui passent la frontière d'un pays. *Je n'ai rien à déclarer à la douane. Vous aurez des droits de douane à payer.* **2.** Lieu où est établi ce service. *Vous passerez à la douane après le contrôle des passeports.*

DOUANIER [dwanje] n. m. et adj., **DOUANIÈRE** [dwanjɛʀ] adj. **1.** *UN DOUANIER* : employé de la douane. *Les douaniers ont fouillé nos bagages.* **2.** adjectif (après le nom) De la douane. *Les contrôles douaniers sont renforcés.*

DOUBLAGE [dublaʒ] n. m. ▪ *LE DOUBLAGE* : dans un film, Remplacement de la voix des comédiens par la voix de comédiens qui parlent une autre langue. *Le doublage de ce film anglais en français est réussi, mais je préfère voir les films en version originale.*

DOUBLE [dubl] adj., n. m. et adverbe
I. adjectif (avant le nom ou après le nom) **1.** Qui est répété deux fois ou qui est formé de deux choses semblables. *Dans le mot «pomme», il y a une consonne double. J'ai acheté des feuilles doubles.* ⟨contraire : simple⟩ *Elle fait un double nœud à ses lacets de baskets. Il ferme toujours sa porte À DOUBLE TOUR,* en donnant deux tours de clé. *J'ai ce livre en double exemplaire,* j'ai deux fois le même. *Cette voie est À DOUBLE SENS* (opposé à à sens unique), les véhicules y circulent dans les deux sens. *Dans la rue, il est interdit de garer sa voiture en DOUBLE FILE,* de laisser sa voiture garée le long d'une autre. – *METTRE LES BOUCHÉES DOUBLES* : aller plus vite, deux fois plus vite (dans un travail). *Nous avons pris du retard dans notre travail, il va falloir mettre les bouchées doubles.* **2.** Qui a deux aspects dont l'un est caché. *Il mène une DOUBLE VIE : il est marié et a des enfants avec sa femme, mais il a aussi une compagne avec laquelle il a une fille et sa femme ne le sait pas. On a découvert que cet homme est un AGENT DOUBLE,* un espion qui travaille pour les deux camps ennemis sans qu'ils le sachent.
II. 1. *LE DOUBLE* : quantité qui est égale à deux fois une autre. ⟨contraire : moitié⟩ *Dix est le double de cinq. Son salaire est le double du mien. Il gagne le double. – Les prix ont augmenté de plus du double.* **2.** *UN DOUBLE* : chose semblable à une autre. *J'ai gardé un double de ma lettre.* → **copie, duplicata.** *Pourrez-vous me donner le double de cette facture ? Il a fait faire un double de sa clé.* – *EN DOUBLE* : en deux exemplaires. *Si tu veux, tu peux prendre ce disque car je l'ai en double.* **3.** Partie de tennis entre deux équipes de deux joueurs. *Nous allons d'abord assister au double dames, puis au double messieurs. Les deux équipes ont joué un double passionnant.*
III. adverbe *VOIR DOUBLE* : voir deux choses là où il n'y en a qu'une. *J'ai bu trop de vin, je vois double !*

DOUBLÉ [duble] adj. et n. m., **DOUBLÉE** [duble] adj.
I. adjectif (après le nom) **1.** Garni d'une doublure. *Elle porte une jupe doublée. J'ai acheté un manteau chaud, DOUBLÉ DE mouton.* **2.** (qqn) *DOUBLÉ DE* : qui est aussi. *C'est une philosophe, doublée d'une mathématicienne.* **3.** (film) Qui a subi le doublage. *C'est un film doublé* (opposé à en version originale).
II. *UN DOUBLÉ* : deux réussites qui se suivent. *Ce sportif a remporté le championnat d'Europe, puis le championnat du monde, c'est un beau doublé !*

DOUBLEMENT [dubləmɑ̃] adverbe ▪ Pour deux raisons. *Il est arrivé en retard et il ne s'est pas excusé : il est doublement fautif.*

DOUBLER [duble] verbe [conjugaison 1a] **1.** Multiplier (qqch.) par deux. *On a doublé le nombre des écoles. Il a doublé sa fortune en dix ans. Si vous avez encore mal à la tête, vous pouvez doubler la dose du médicament.* **2.** Devenir double. *Les prix ont doublé.* **3.** Garnir l'intérieur de (un vêtement) de qqch. qui recouvre, qui augmente l'épaisseur. *Elle a fait doubler son manteau avec de la fourrure* (→ **doublure).** **4.** Dépasser en allant plus vite. *La voiture a doublé un camion. – Défense de doubler.* **5.** Faire le doublage de (un film). *Ils ont doublé ce film italien en anglais :* ils ont remplacé la langue italienne par le français. **6.** Remplacer (un comédien). *Dans cette scène dangereuse, un cascadeur double l'acteur principal.* **7.** STYLE FAMILIER Trahir. *Il cherche à nous doubler. Elle s'est fait doubler.* **8.** verbe pronominal SE DOUBLER DE : être aussi. *Cet avare se double d'un escroc.*

DOUBLURE [dublyʀ] n. f. ▪ *UNE DOUBLURE* **1.** Tissu ou fourrure qui garnit l'intérieur d'un vêtement. *La doublure de ta veste est décousue.* **2.** Acteur, actrice qui remplace, en cas de besoin, celui, celle qui devait jouer. *C'est une doublure qui a joué cette scène à cheval.*

douce adj. → **doux**

EN **DOUCE** → **doux**

DOUCEÂTRE [dusɑtʀ] adj. (après le nom) ▪ Qui est d'une douceur fade et écœurante. *Je n'aime pas cette eau, elle a un goût douceâtre.*

DOUCEMENT [dusmɑ̃] adverbe **1.** Lentement, sans violence. *Le train roule doucement en traversant la gare.* ⟨contraire : rapidement⟩ *Ferme la porte doucement,* sans faire de bruit. ⟨contraires : bruyamment, violemment⟩ *Doucement ! vous allez tout casser !* **2.** Gentiment, sans faire de peine. *Annonce-lui cette mauvaise* *nouvelle doucement.* ⟨contraire : brutalement⟩ **3.** Assez mal. *Les affaires vont doucement.* → **mollement.** *« Comment va le malade ? – Tout doucement ».* → **doucettement.**

DOUCEREUX [dusʀø], **DOUCEREUSE** [dusʀøz] adj. (après le nom) ▪ D'une douceur fausse, hypocrite. *Je me méfie de la politesse doucereuse de cet homme.*

DOUCETTEMENT [dusɛtmɑ̃] adverbe ▪ STYLE FAMILIER *TOUT DOUCETTEMENT* : très doucement, très lentement. *Le malade se rétablit tout doucettement.*

DOUCEUR [dusœʀ] n. f. ▪ *LA DOUCEUR* **1.** Qualité de ce qui est doux et agréable à toucher, à entendre. *La fourrure de ce chat est d'une grande douceur. La douceur de cette musique me calme.* – *La douceur de la température nous permet de dîner dans le jardin.* **2.** *EN DOUCEUR* : doucement. *La voiture a démarré en douceur.* **3.** Gentillesse, bienveillance. *Il a parlé à sa fille avec douceur. PRENDRE qqn PAR LA DOUCEUR,* être doux et calme avec lui. *Cet enfant est très gentil, quand on le prend par la douceur.* ⟨contraires : agressivité, dureté, férocité⟩ **4.** (au pluriel) LES DOUCEURS : des bonbons, des friandises. *Je vous ai apporté quelques douceurs. Les douceurs lui sont interdites.*

DOUCHE [duʃ] n. f. ▪ *LA DOUCHE* **1.** Projection d'eau en pluie, qui arrose le corps. *Ton père est sous la douche. Tous les matins, je me lève et je PRENDS UNE DOUCHE. Je prends ma douche en vitesse et j'arrive. Il préfère la douche au bain.* **2.** *DOUCHE ÉCOSSAISE* : paroles, événements très désagréables qui suivent immédiatement des paroles, des événements agréables. *Un jour il m'aime, le lendemain il ne m'aime plus : avec lui, c'est toujours la douche écossaise.* **3.** *UNE DOUCHE* : installation qui permet de prendre une douche. *Dans cet hôtel, toutes les chambres sont équipées de douches.* **4.** Forte pluie. *Tout à l'heure, j'étais dehors sans parapluie, j'ai pris la douche !* **5.** Grande déception. *Il m'a annoncé son échec à l'examen : quelle douche !*

DOUCHER [duʃe] verbe [conjugaison 1a] **1.** Arroser au moyen d'une douche. *Elle douche ses enfants et elle les met au lit.* **2.** (pluie) Mouiller abondamment. *Nous avons été douchés par l'orage.* **3.** *Il a été douché,* il a eu une grande déception. **4.** verbe pronominal SE DOUCHER : prendre une douche. *Nous nous sommes douchés.*

DOUDOUNE [dudun] n. f. ▪ *UNE DOUDOUNE* : grosse veste en duvet, légère et chaude. → **anorak.** *Mets ta doudoune, il fait très froid.*

DOUÉ [dwe], **DOUÉE** [dwe] adj. (après le nom) ▪ Qui a un don, qui est capable de comprendre vite (qqch.). *C'est un enfant très doué.* → **surdoué.** *Cette étudiante est DOUÉE POUR les mathématiques.* → **bon, fort.** *Il n'est vraiment pas doué,* il est nul.

DOUILLE [duj] n. f. ▪ *UNE DOUILLE* **1.** Pièce de métal reliée au fil électrique d'une lampe, dans laquelle on fixe l'ampoule. *Il faut débrancher la lampe avant de fixer l'ampoule dans la douille.* **2.** Cylindre qui contient l'amorce et la charge d'une cartouche. *Après le passage des chasseurs, on retrouve des douilles vides dans la forêt.*

DOUILLET [dujɛ], **DOUILLETTE** [dujɛt] adj. (après le nom) **1.** Très sensible aux petites douleurs physiques. → **délicat.** ⟨contraires : courageux, stoïque⟩ *Elle a peur des piqûres, elle est très douillette. Il n'est pas douillet, il ne se plaint jamais.* **2.** Doux et confortable. *Les soirs d'hiver, il est très agréable de se coucher dans un lit douillet.* ⟨contraire : dur⟩

DOULEUR [dulœʀ] n. f. ▪ *LA DOULEUR* **1.** Sensation physique pénible. *Il a ressenti une grande douleur au ventre :* il a eu très mal au ventre. *Ce médicament va calmer la douleur. Quand elle s'est tordu la cheville, elle a poussé un cri de douleur. Cette piqûre se fait sans douleur* (→ **indolore).** *La douleur a disparu.* **2.** Souffrance morale. *Il a eu la douleur de perdre sa mère.* → **chagrin, peine.** ⟨contraires : bonheur, joie, plaisir⟩

DOULOUREUX [duluʀø], adj. **DOULOUREUSE** [duluʀøz] adj. et n. f.

I. adjectif (après le nom, parfois avant le nom) **1.** Qui cause une douleur, qui s'accompagne d'une douleur physique. *Il a subi une opération assez douloureuse. Cette brûlure est douloureuse,* elle fait mal. ⟨contraire : indolore⟩ **2.** Qui est le lieu d'une douleur physique. *J'ai un point douloureux dans l'épaule.* → **sensible.** *Votre ventre est-il douloureux ?* → **endolori.** **3.** (parfois avant le nom) Qui cause une souffrance morale. *Leur séparation a été douloureuse. Ces douloureux souvenirs le font encore pleurer.* **4.** (qqch.) Rempli de douleur, de peine. *Elle a vécu des moments douloureux, pendant la guerre.*

II. STYLE FAMILIER *LA DOULOUREUSE* : la note à payer, l'addition. *Qui va payer la douloureuse ?*

DOUTE [dut] n. m. ▪ *UN DOUTE* **1.** État de l'esprit qui n'est pas sûr de qqch. → **incertitude.** ⟨contraires : certitude, conviction⟩ *Donne-moi des preuves, ne me laisse pas dans le doute. C'est lui l'assassin, LE DOUTE N'EST PLUS PERMIS,* on ne peut plus douter, on est sûr, maintenant, qu'il est l'assassin. *Il a été acquitté AU BÉNÉFICE DU DOUTE,* parce que l'on n'est pas absolument sûr de sa culpabilité. **2.** Jugement par lequel on doute de qqch. *J'ai des doutes sur son honnêteté :* je ne suis pas sûr qu'il soit honnête. *Elle pense avoir réussi son examen mais j'ai des doutes,* je n'y crois pas vraiment (→ **dubitatif).** *C'est bien elle que j'ai aperçue, IL N'Y A PAS DE DOUTE,* c'est certain, c'est sûr. *Il n'y a AUCUN DOUTE. C'est bien lui, SANS NUL DOUTE possible :* c'est vraiment sûr que c'est lui. *IL N'Y A PAS L'OMBRE D'UN DOUTE :* c'est absolument certain. *Il a LAISSÉ PLANER UN DOUTE sur les décisions à prendre,* il n'a pas été catégorique. **3.** *SANS DOUTE :* probablement, peut-être. *Il a SANS DOUTE oublié le rendez-vous.*

DOUTER [dute] verbe [conjugaison 1a] **1.** *DOUTER DE :* ne pas être sûr, ne pas être certain de (qqch.). ⟨contraire : croire⟩ *Le magasin est peut-être ouvert, mais j'en doute, car il est tard,* je pense qu'il ne l'est pas. *Je ne doute pas de son honnêteté. Elle doute de tout.* – *Je DOUTE fort QU'il vous reçoive.* **2.** *NE DOUTER DE RIEN :* n'hésiter devant aucun obstacle, être sûr de soi. *Il pense que je vais croire ses mensonges, il ne doute de rien !* il se fait des illusions. **3.** verbe pronominal SE DOUTER : imaginer, soupçonner. *Elle ne S'EST DOUTÉ DE rien. Je ME DOUTE bien QU'il est furieux. Je m'en doutais :* j'en étais sûr.

DOUTEUX [dutø], **DOUTEUSE** [dutøz] adj. (après le nom) **1.** Qui n'est pas certain. *Son succès aux examens est douteux.* → **incertain.** ⟨contraire : assuré⟩ *Cela me paraît douteux.* – *IL N'EST PAS DOUTEUX QU'il vienne ce soir,* c'est sûr. **2.** (qqch.) Qui n'a pas les qualités attendues. *Il ne faut pas manger cette viande, elle est douteuse,* elle n'a pas l'air fraîche. *Ce champignon est douteux,* il est peut-être vénéneux. **3.** (qqch.) Qui n'est pas très propre. *Ce verre est douteux, je n'ai pas envie de boire dedans.* – *Il fait des plaisanteries d'un GOÛT DOUTEUX.* → **mauvais.** **4.** Qu'on soupçonne d'être malhonnête. *C'est un homme douteux.* → **louche.** *Il a utilisé des procédés douteux.*

DOUVRES [duvʀ] nom propre – en anglais **DOVER** ▪ Ville et port d'Angleterre. *Pour aller à Douvres, nous sommes partis de Calais en ferry.*

DOUX [du] adj. et adverbe, **DOUCE** [dus] adj.
I. adjectif (après le nom, parfois avant le nom) **1.** Agréable à toucher. *La fourrure de ce chat est douce.* ⟨contraires : rêche, rugueux⟩ **2.** Qui ne donne pas de sensations violentes, désagréables. *L'hiver a été doux. J'aime les douces nuits d'été.* **3.** Agréable à l'oreille, peu sonore. *Elle a calmé les enfants de sa voix douce. Il s'est endormi en écoutant de la musique douce.* **4.** Agréable à la vue, peu intense. *Ce restaurant est calme et éclairé d'une lumière douce.* → **tamisé.** **5.** Qui a un goût faible ou un peu sucré. *Nous avons bu du vin doux* (opposé à sec). **6.** Qui n'est pas très fort, pas excessif. *Faites réchauffer la sauce À FEU DOUX.* → **faible, modéré.** *Le chemin descend en pente douce vers la mer.* – *La MÉDECINE DOUCE,* qui soigne avec des produits naturels. *L'homéopathie est une médecine douce. Il préfère se soigner par la médecine douce.* **7.** Gentil et patient. *Elle est très douce avec les enfants.* ⟨contraires : brutal, dur, sévère⟩ *Il est doux comme un agneau.* → **inoffensif.** *Ce chien est très doux.* ⟨contraire : agressif⟩ – *Elle a l'air doux et gentil.* – *FAIRE LES YEUX DOUX À qqn,* le regarder tendrement, amoureusement. *Elle lui fait les yeux doux pour obtenir ce qu'elle veut.* **8.** *EN DOUCE :* sans se faire voir ni entendre. *Il est parti en douce, sans dire au revoir à personne. Ils ont fait leur coup en douce :* ils ont agi en cachette.
II. adverbe **1.** *IL FAIT DOUX :* la température n'est ni trop chaude, ni trop froide. *Il fait doux, nous pouvons déjeuner dans le jardin.* **2.** STYLE FAMILIER *FILER DOUX :* obéir sans discuter. *Depuis que je l'ai grondé, il file doux !*

DOUZAINE [duzɛn] n. f. ▪ *UNE DOUZAINE* **1.** Ensemble de douze choses semblables. *Il a acheté une douzaine d'œufs,* douze œufs. *J'ai envie de manger une douzaine d'huîtres. Des amoureux, elle en a à la douzaine :* beaucoup. **2.** Nombre d'environ douze. *Ce garçon doit avoir une douzaine d'années,* environ douze ans. *Le village est à une douzaine de kilomètres d'ici.*

DOUZE [duz] adj., pronom, n. m. et n. f. invariables
I. adjectif invariable (avant le nom ou après le nom) **1.** (avant le nom) Dix plus deux (12 ; XII). *Cet immeuble a douze étages. Il y a douze mois dans une année.* – *Son salaire est de douze mille (12 000) francs par mois.* **2.** (avant ou après le nom) Douzième. *Le gagnant est le numéro douze ! Ouvrez votre livre à la page douze. Nous sommes le douze juin,* le douzième jour du mois de juin. *Il est douze heures,* midi. *Il est douze heures trente,* midi et demi.
II. pronom Douze personnes, douze choses. *Nous serons douze à table. Range-les douze par douze.*
III. 1. *DOUZE :* le nombre douze. *Trois fois quatre font douze. Elle a eu un douze en italien,* la note douze. **2.** *LE DOUZE, LA DOUZE :* ce qui porte le numéro douze. *Aujourd'hui, nous sommes le douze,* c'est le douzième jour du mois. *Il habite au douze de la rue de Bagnolet. Dans la course de chevaux, c'est le douze qui a gagné,* le cheval portant le numéro douze. *Le serveur apporte la note de la douze,* de la table, de la chambre douze.

REM. Sur le cadran d'une montre, d'une horloge, minuit et midi sont représentés par le nombre douze. Cependant, *il est douze heures* ne peut être employé que pour midi (pour minuit on dit *il est zéro heure*).

DOUZIÈME [duzjɛm] adj., n. m. et n. f.
I. adjectif (avant le nom) Qui a le numéro douze, qui vient après le onzième. *Décembre est le douzième mois de l'année. Ils habitent au douzième étage. Sa fille est douzième en histoire.*
II. 1. *LE DOUZIÈME :* partie d'un tout divisé en douze parts égales. *Chacun des douze enfants a reçu le douzième de l'héritage. Il a mangé les trois douzièmes (3/12e) du gâteau.* **2.** *LE DOUZIÈME, LA DOUZIÈME :* ce qui a le numéro douze. *Dans la course, il est arrivé le douzième. Elle est la douzième de sa classe. Son bureau est au douzième,* au douzième étage. *Ils habitent dans le douzième,* dans le douzième arrondissement de la ville.

DOYEN [dwajɛ̃] n. m., **DOYENNE** [dwajɛn] n. f. ▪ *LE DOYEN, LA DOYENNE* **1.** La personne la plus âgée. *Le doyen du village a cent trois ans.* **2.** Personne qui est la plus ancienne des membres d'un groupe officiel. *Qui est le doyen de l'Académie française ?*

DRACHE [dʀaʃ] n. f. ▪ *UNE DRACHE :* forte pluie, averse. *Nous avons couru sous la drache. Quelle drache !*

REM. Ce mot s'emploie en Belgique.

DRACONIEN [dʀakɔnjɛ̃], **DRACONIENNE** [dʀakɔnjɛn] adj. (après le nom) ▪ Extrêmement sévère. *En prison, la discipline est draconienne.* ⟨contraires : doux, indulgent⟩

DRAGÉE [dʀaʒe] n. f. ▪ *UNE DRAGÉE* **1.** Bonbon fait d'une amande recouverte de sucre durci. *On offre des dragées pour le baptême d'un enfant.* **2.** *TENIR LA DRAGÉE HAUTE À qqn,* lui faire sentir son pouvoir. *Voici plusieurs fois que la directrice dit qu'elle n'a pas le temps de le recevoir : elle lui tient la dragée haute !*

DRAGON [dʀagɔ̃] n. m. ▪ *UN DRAGON :* animal imaginaire qui a des ailes, des griffes et une queue de serpent. *Dans certaines histoires, le dragon crache du feu.*

DRAGONNE [dʀagɔn] n. f. ▪ *UNE DRAGONNE :* courroie d'un parapluie, d'un bâton de ski, d'un appareil photo que l'on passe à son poignet. *J'ai lâché l'appareil photo, mais grâce à la dragonne, il n'est pas tombé.*

DRAGUE [dʀag] n. f. ▪ STYLE FAMILIER *LA DRAGUE :* recherche d'aventures amoureuses. *Arrête un peu la drague !*

DRAGUER [dʀage] verbe [conjugaison 1b] **1.** Nettoyer le fond de (une rivière, un port, un bassin). *Ils draguent le bassin du port.* **2.** STYLE FAMILIER Chercher à lier connaissance avec (qqn) pour avoir une aventure amoureuse. *Il drague toutes les filles. Il s'est fait draguer.*

DRAGUEUR [dʀagœʀ] n. m., **DRAGUEUSE** [dʀagøz] n. f. ▪ STYLE FAMILIER *UN DRAGUEUR, UNE DRAGUEUSE :* une personne qui recherche une aventure amoureuse. *Quel dragueur, ce type !*

DRAIN [dʀɛ̃] n. m. ▪ *UN DRAIN* **1.** Tuyau souterrain qui sert à récupérer l'eau des sols trop humides. *Nous avons posé un drain autour de la maison.* **2.** Tube placé dans une plaie, qui permet l'écoulement du sang, du pus. *L'infirmière a placé un drain dans la plaie.*

DRAINAGE [dʀɛnaʒ] n. m. ▪ *LE DRAINAGE :* action de drainer un terrain. *On effectue le drainage du marais.*

DRAINER [dʀene] verbe [conjugaison 1a] **1.** Enlever l'eau de (un sol trop humide). *Il faut drainer ce champ inondé.* → **assécher.** ⟨contraire : inonder⟩ – *Le caniveau draine les eaux de pluie,* il récupère les eaux de pluie et permet leur écoulement. **2.** Faire s'écouler le sang, le pus hors de (une plaie, un organe). *Le chirurgien a placé une sonde pour drainer le rein malade.* **3.** Faire venir en attirant à soi. *Ce chanteur draine un public nombreux.*

DRAKKAR [dʀakaʀ] n. m. ▪ *UN DRAKKAR :* navire à voile carrée et à rames utilisé autrefois par les pirates normands et les navigateurs scandinaves. *La proue des drakkars était souvent ornée d'un dragon sculpté.*

DRAMATIQUE [dRamatik] adj. et n. f.
I. adjectif (après le nom) **1.** Relatif aux œuvres de théâtre. *Je prends des cours d'ART DRAMATIQUE :* j'apprends à être comédien. *Son père est un AUTEUR DRAMATIQUE,* il écrit des pièces de théâtre. **2.** Très grave et dangereux, terrible. *La situation de ce peuple qui meurt de faim est dramatique.* → **tragique.** *Cela n'a rien de dramatique :* ce n'est pas très grave.
II. *UNE DRAMATIQUE :* téléfilm d'après une œuvre littéraire. *« Qu'est-ce qu'il y a de bien, ce soir, à la télévision ? – Une dramatique. »*

FAUX AMI
anglais **dramatic**
« théâtral, spectaculaire »

DRAMATIQUEMENT [dRamatikmɑ̃] adverbe ▪ D'une manière dramatique, tragique. → **tragiquement.** *Leur voyage s'est terminé dramatiquement : ils ont eu un grave accident de voiture.*

DRAMATISATION [dRamatizasjɔ̃] n. f. ▪ *LA DRAMATISATION :* exagération de la gravité d'une chose. *Le gouvernement veut éviter toute dramatisation de l'incident.*

DRAMATISER [dRamatize] verbe [conjugaison 1a] ▪ Exagérer la gravité de (qqch.). → **amplifier.** *Cette maladie n'est pas si grave, arrête de tout dramatiser.* – *Ne dramatisons pas, ça va s'arranger !*

DRAME [dRam] n. m. ▪ *UN DRAME*
I. Pièce de théâtre dont l'action est généralement grave, tragique (opposé à comédie). → **tragédie.** *Nous sommes allés au théâtre voir un drame de Victor Hugo.*
II. Événement grave, terrible. *La mort de cet enfant a été un drame pour toute la famille. C'est un drame affreux. Ce pays en guerre vit un drame.* → **tragédie.** *Ce n'est pas si grave, il ne faut pas EN FAIRE UN DRAME,* il ne faut pas dramatiser.

DRAP [dRa] n. m. ▪ *UN DRAP* **1.** Pièce de toile que l'on met dans le lit sur le matelas, ou sous la couverture. *Voici une paire de draps pour faire ton lit : le DRAP DU DESSUS et le DRAP DU DESSOUS* (→ **drap-housse**). *Elle CHANGE souvent les DRAPS :* elle remplace les draps utilisés par des draps propres. **2.** *ÊTRE DANS DE BEAUX DRAPS :* être dans une situation difficile. *La voiture est en panne sur l'autoroute et il pleut : nous voilà dans de beaux draps.* **3.** *DRAP DE BAIN :* grande serviette éponge. *Prends un drap de bain pour aller à la plage.* **4.** *LE DRAP :* tissu serré de laine. *Il portait un costume en drap noir.*

DRAPEAU [dRapo] n. m. ▪ *UN DRAPEAU* **1.** Morceau d'étoffe fixé sur un manche, aux couleurs d'un pays et qui le représente. *Le drapeau français est bleu, blanc, rouge.* PLURIEL : *des DRAPEAUX.* **2.** *ÊTRE SOUS LES DRAPEAUX :* faire son service militaire. *Leur fils est sous les drapeaux.* **3.** Morceau d'étoffe servant de signal. *On abaisse le drapeau à damiers à l'arrivée du premier concurrent de la course automobile. Le chef de gare agite son drapeau rouge pour faire partir le train.*

SE **DRAPER** [dRape] verbe pronominal [conjugaison 1a] **1.** S'envelopper dans une grand pièce de tissu qui forme des plis. *Elle s'est drapée dans son châle.* **2.** *SE DRAPER DANS SA DIGNITÉ :* prendre une attitude fière, quand on est vexé. *Comme on riait en la regardant, elle s'est drapée dans sa dignité et elle est sortie sans un mot.*

DRAPERIE [dRapRi] n. f. ▪ *UNE DRAPERIE :* morceau de tissu ample, qui forme de grands plis. *De lourdes draperies garnissent les fenêtres du château.* → **rideau, tenture.**

DRAP-HOUSSE [dRaus] n. m. ▪ *UN DRAP-HOUSSE :* drap de dessous dont les coins et les bords sont garnis d'un élastique pour s'adapter au matelas. *Le drap-housse est bien tendu sur le matelas.* PLURIEL : *des DRAPS-HOUSSES.*

DRESDE [dRɛsd] nom propre – en allemand **DRESDEN** ▪ Ville d'Allemagne. *Ils habitent Dresde. Ils sont allés à Dresde.*

DRESSAGE [dResaʒ] n. m. ▪ *LE DRESSAGE :* action de dresser (un animal), de lui apprendre à faire qqch. *Le dressage des fauves est difficile et dangereux.*

① **DRESSER** [dRese] verbe [conjugaison 1a]
I. 1. Tenir droit et vertical. *Lorsqu'il entend un bruit, le chien dresse les oreilles.* ⟨contraires : abaisser, baisser⟩ – *Pendant le dîner, lorsque j'ai entendu que l'on parlait de moi, j'ai DRESSÉ L'OREILLE,* j'ai écouté attentivement. **2.** Faire tenir droit. *Il a dressé une échelle contre le mur pour monter dans le grenier.* **3.** Construire, installer. *La mairie a fait dresser une statue sur la place du village. Le campeurs ont dressé leur tente dans un champ.* → **monter. 4.** Faire, établir avec soin. *Nous avons dressé la liste des invités. Le policier dresse un procès-verbal à un automobiliste.* **5.** Mettre en opposition (avec qqn). *Ce directeur est tellement injuste qu'il a dressé tout le personnel contre lui.*
II. verbe pronominal SE DRESSER **1.** Se mettre droit. *Le petit enfant se dresse sur la pointe des pieds pour mieux voir ce qu'il y a sur la table. Le chien s'est dressé sur ses pattes arrière.* **2.** (qqch.) Être droit, s'élever tout droit. *La montagne se dresse à l'horizon.* – *Beaucoup d'obstacles se sont dressés devant nous :* nous avons eu beaucoup de problèmes, beaucoup de difficultés. **3.** *SE DRESSER CONTRE :* s'opposer à. *Le peuple s'est dressé contre l'ennemi.* → **s'élever.** *Elle s'est toujours dressée contre l'injustice.*

② **DRESSER** [dRese] verbe [conjugaison 1a] ▪ Habituer (un animal) à faire qqch. de précis. *Le dompteur dresse des animaux sauvages.* → **dompter.** *Ce chien d'aveugle est bien dressé.*

DRESSEUR [dResœR], **DRESSEUSE** [dResøz] n. f. ▪ *UN DRESSEUR, UNE DRESSEUSE :* une personne qui dresse des animaux. *Le dresseur de tigres fait claquer son fouet.* → **dompteur.** *Le dresseur siffle pour appeler ses chiens.* → **maître-chien.**

DRÈVE [dRɛv] n. f. ▪ *UNE DRÈVE :* allée bordée d'arbres. *Des passants se promènent sur la drève.*
REM. Ce mot s'emploie dans le nord de la France et en Belgique.

DRIBBLER [dRible] verbe [conjugaison 1a] ▪ Courir en poussant le ballon du pied (au football) ou de la main (au basket). *L'un des joueurs arrive en dribblant, évite ses adversaires et marque un but.*
REM. *Dribbler* est un mot qui vient de l'anglais.

DRING ! [dRiŋ] interjection ▪ Onomatopée qui imite le bruit d'une sonnette, d'une sonnerie. *Dring ! Quelqu'un sonne à la porte !*

DROGUE [dRɔg] n. f. **1.** *LA DROGUE :* tout produit qui agit sur le cerveau en modifiant les sensations et les réactions et qui est très dangereux pour la santé. → **stupéfiant ;** STYLE FAMILIER **came.** *Le haschisch, l'opium et la cocaïne sont de la drogue. Le trafic de drogue est puni par la loi.* **2.** *UNE DROGUE :* médicament inutile ou dangereux. *Elle prend toutes sortes de drogues pour dormir.*

DROGUÉ [dRɔge] adj. et n. m., **DROGUÉE** [dRɔge] adj. et n. f. **1.** Qui prend régulièrement de la drogue, qui est intoxiqué par la drogue. *Cette jeune lycéenne est droguée.* → STYLE FAMILIER **camé, défoncé. 2.** *UN DROGUÉ, UNE DROGUÉE :* une personne qui fait un usage régulier de la drogue. *Dans ce quartier, il y a beaucoup de drogués.* → **toxicomane.** *Cet hôpital est spécialisé dans la désintoxication des drogués.*

DROGUER [dRɔge] verbe [conjugaison 1b] **1.** Faire prendre à (qqn) une forte dose de somnifères ou de calmants. *Les ravisseurs ont drogué l'homme qu'ils ont enlevé.* **2.** verbe pronominal SE

DROGUER : prendre de la drogue, des stupéfiants. *Cette fille s'est droguée pendant quinze ans.* → STYLE FAMILIER se **défoncer.** *Quand il était jeune, il se droguait, mais il s'est fait désintoxiquer.*

DROGUERIE [dRɔgRi] n. f. ▪ *UNE DROGUERIE :* magasin où l'on vend des produits pour la toilette, l'hygiène, le ménage et l'entretien. *J'ai acheté de l'eau de Javel et de la cire à la droguerie.*

FAUX AMIS
anglais américain
drugstore
« pharmacie » ; roumain
drogherie
« parfumerie »

DROGUISTE [dRɔgist] n. m., n. f. ▪ *UN DROGUISTE, UNE DROGUISTE :* une personne qui tient une droguerie. *Le droguiste conseille une nouvelle marque de peinture à un client.*

① **DROIT** [dRwa] adj. et adverbe, **DROITE** [dRwat] adj.

I. adjectif (après le nom, parfois avant le nom) **1.** Qui est sans déviation, sans courbure d'un bout à l'autre. ⟨contraires : courbe, tordu⟩ *Tiens-toi droit ! Il est DROIT COMME UN I, COMME UN PIQUET,* très droit. *La route est toute droite.* → **rectiligne.** *La ligne droite est le plus court chemin d'un point à un autre. Il y a dix kilomètres EN LIGNE DROITE entre les deux villages.* → **directement.** – *LE DROIT CHEMIN,* celui de la bonne conduite. *Quand il était plus jeune, il n'était pas très sérieux, mais il a été remis dans le droit chemin.* – *COUP DROIT :* au tennis, façon de frapper la balle avec la face de la raquette, après rebond (opposé à volée, revers). *Ce joueur a un coup droit meilleur que son revers.* **2.** Vertical. *Ce mur n'est pas droit, il penche.* ⟨contraire : oblique⟩ *Ce piquet est tombé, il faut le remettre droit.* → **debout.** *Il a une belle écriture droite.* ⟨contraire : penché⟩ **3.** Horizontal. *Tiens ton assiette bien droite.* **4.** Dont les formes sont verticales. *Elle porte une jupe droite* (opposé à ample, plissé). **5.** *Un ANGLE DROIT :* angle de quatre-vingt-dix degrés (opposé à aigu, obtus). *Un triangle rectangle a un angle droit.* – *Ces deux rues se coupent À ANGLE DROIT,* elles sont perpendiculaires. **6.** (qqn) Franc et honnête. *C'est un homme simple et droit.* → **juste, loyal, sincère.** ⟨contraires : faux, fourbe, retors⟩

II. adverbe **1.** En ligne droite. *« La Tour Eiffel, s'il vous plaît ? – Tout droit et à gauche ». C'est droit devant vous. Ce papier n'a pas de lignes, c'est difficile d'écrire droit.* **2.** Par le chemin le plus court, le plus rapide. → **directement.** *Il est allé droit au but. Ce que vous me dites me VA DROIT AU CŒUR,* me touche beaucoup. **3.** *MARCHER DROIT :* bien se conduire, être obéissant. *Avec des parents aussi sévères, les enfants marchent droit.*

② **DROIT** [dRwa] adj. et n. m., **DROITE** [dRwat] adj.

I. adjectif (après le nom) Du côté opposé à celui du cœur de l'observateur (opposé à gauche). *Le foie est du côté droit du corps. La plupart des gens écrivent de la main droite* (→ **droitier**). – (figuré) *Le directeur commercial est LE BRAS DROIT du patron,* son principal adjoint. – *L'aile droite du château a été détruite par un incendie. Tribord est le côté droit d'un bateau en regardant vers l'avant. La ville est sur la rive droite du fleuve* (par rapport au sens du courant).

II. *LE DROIT :* le poing droit, à la boxe (opposé à gauche). *Le boxeur a reçu un DIRECT DU DROIT de son adversaire,* un coup de poing donné tout droit avec le poing droit.

③ **DROIT** [dRwa] n. m.

I. *UN DROIT* **1.** Ce que chacun peut exiger, ce qui est permis par la morale ou la société. *La liberté est un droit. Tous les citoyens ont des droits et des devoirs égaux. Vous devriez faire valoir vos droits. Ce pays a violé LES DROITS DE L'HOMME,* les libertés fondamentales définies en France en 1789. – *AVOIR LE DROIT DE :* avoir la permission, l'autorisation de. *Leurs enfants ont le droit de sortir jusqu'à minuit. Vous n'avez pas le droit de me parler de cette façon.* – *Vous AVEZ DROIT À toutes nos excuses.* STYLE FAMILIER *Les élèves ont eu droit à un sermon du directeur du collège,* ils ont dû le subir, l'écouter. – *Vous seriez EN DROIT DE protester :* vous pourriez protester. – *DE QUEL DROIT me critiquez-vous ?* en vertu de quelle autorité ? – *Ils sont DANS LEUR (BON) DROIT,* ils ont raison, ils sont en règle. ⟨contraire : tort⟩ **2.** Ce qui est permis conformément à un règlement, à une loi. → **faculté, prérogative, privilège.** *Les droits civiques sont le droit de voter et le droit d'être élu. Le DROIT DE GRÈVE existe en France depuis 1946. L'accusé ira défendre ses droits devant la justice.* **3.** Somme d'argent exigée. → **contribution, impôt, taxe.** *Pour s'inscrire à l'université, il faut payer un DROIT D'INSCRIPTION. Les droits de douane sont élevés, sur cette marchandise.* – *DROITS D'AUTEUR :* somme payée à un auteur pour son œuvre. *Ce romancier célèbre vit confortablement de ses droits d'auteur.*

II. *LE DROIT* **1.** Ce qui sert de base aux règles qui gouvernent les rapports des hommes vivant en société. → **légalité.** *Certains opposent le droit à la force.* – *La France est un État DE DROIT,* un état légitime. **2.** Pouvoir de faire ce que l'on veut. *C'est souvent le droit du plus fort qui l'emporte.* **3.** Ensemble des règles juridiques qui fonctionnent dans un pays. *Le droit français est différent du droit anglais.* – *Les prisonniers DE DROIT COMMUN sont séparés des prisonniers politiques,* les prisonniers qui subissent les règles générales de la prison, les règles habituelles. – *DE DROIT :* sans qu'il soit nécessaire de réclamer. *Vous pouvez bénéficier de plein droit de cet avantage.* – *Adresse-toi à QUI DE DROIT,* à la personne compétente. **4.** La science juridique. *Pour être avocat ou notaire, il faut faire des études de droit* (→ **juridique**). *Il fait son droit,* ses études de droit.

REM. Il y a beaucoup de branches dans le droit : le *droit civil* qui traite des personnes et des biens, le *droit constitutionnel* qui concerne l'organisation de l'État, le *droit pénal* ou *criminel* qui traite des infractions et des peines ; le *droit international* qui règle les relations entre les différents pays.

① **DROITE** [dRwat] n. f. ▪ *UNE DROITE :* ligne qui est comme un fil parfaitement tendu. ⟨contraire : courbe⟩ *Ces deux droites sont parallèles.*

② **DROITE** [dRwat] n. f. ▪ *LA DROITE* **1.** Le côté droit, la partie droite *Le gamin ne sait pas encore distinguer sa droite de sa gauche. La pharmacie est un peu plus loin, sur la droite. C'est à votre droite. Prenez la première rue sur votre droite. Son père est assis à ma droite.* **2.** Côté droit d'une route (opposé à gauche). *En France, sur les routes, les voitures doivent tenir leur droite,* elles doivent circuler sur le côté droit de la chaussée. **3.** L'ensemble des personnes qui ont des opinions politiques conservatrices ou réactionnaires. *La droite a été battue aux élections. Il milite dans un parti d'extrême droite,* un parti très réactionnaire. **4.** *À DROITE :* du côté droit. *Tournez à droite au prochain carrefour. Sois prudent, roule à droite,* sur la partie droite de la chaussée. – *Nos voisins votent à droite,* ils votent pour les candidats les plus conservateurs.

DROITIER [dRwatje] adj. et n. m., **DROITIÈRE** [dRwatjɛR] adj. et n. f. **1.** adjectif (après le nom) Qui se sert mieux de sa main droite que de sa main gauche. ⟨contraire : gaucher⟩ *Elle est droitière, mais sa sœur est gauchère.* **2.** *UN DROITIER, UNE DROITIÈRE :* une personne qui se sert mieux de sa main droite que de sa main gauche. *Cet appareil est plus facile à utiliser pour les droitiers.*

DROITURE [dRwatyR] n. f. ▪ *LA DROITURE :* qualité d'une personne droite, loyale, qui se conduit bien. → **honnêteté, loyauté, probité.** *Tous ceux qui le connaissent apprécient sa droiture.* ⟨contraires : fourberie, malhonnêteté⟩

DRÔLE [dRol] adj. (après le nom, parfois avant le nom)

I. (après le nom) Qui fait rire. → **amusant, comique ;** STYLE FAMILIER **marrant, rigolo.** ⟨contraire : triste⟩ *Cet humoriste est vraiment très*

drôle. Il a toujours des histoires drôles à raconter. La situation n'est pas drôle. Ce qu'elle est drôle, avec cette casquette !
II. 1. (avant le nom) Anormal, étonnant. → **bizarre, curieux, surprenant.** *J'ai trouvé drôle qu'elle parte sans prévenir personne. C'est drôle d'avoir fait ça.* **2.** *DRÔLE DE. Il y a une drôle d'odeur, dans cette maison. Tu as un drôle d'air, qu'est-ce que tu as ?* ⟨contraires : normal, ordinaire⟩ *Il lui est arrivé une drôle d'aventure.* → **extravagant, rocambolesque.** – STYLE FAMILIER *SE SENTIR DRÔLE :* ne pas se sentir dans son état normal. *Je ne sais pas ce que j'ai, je me sens tout drôle.* **3.** STYLE FAMILIER Fameux, rude, sacré. *Il faut une drôle de force pour supporter ça,* il faut beaucoup de force. *Il a fait de drôles de progrès depuis la dernière fois.* → **sacré.** – *EN FAIRE VOIR DE DRÔLES À qqn,* lui créer des soucis. *Leur fils leur en a fait voir de drôles.*

DRÔLEMENT [dRolmɑ̃] adverbe **1.** D'une manière bizarre, étonnante. *Cette femme est drôlement habillée, tout le monde la regarde, dans la rue.* → **bizarrement. 2.** STYLE FAMILIER D'une manière extraordinaire. → **extrêmement ;** STYLE FAMILIER **diablement.** *Les prix ont drôlement augmenté, cette année ! Sa femme est drôlement jolie.* → **rudement, très.**

DRÔLERIE [dRolRi] n. f. ▪ *LA DRÔLERIE :* caractère de ce qui est drôle. ⟨contraire : tristesse⟩ *Ce film est d'une drôlerie irrésistible. La drôlerie de sa remarque les a fait éclater de rire.*

DROMADAIRE [dRɔmadɛR] n. m. ▪ *UN DROMADAIRE :* grand animal qui ressemble au chameau, mais qui n'a qu'une seule bosse sur le dos. *Les dromadaires vivent dans le désert, en Afrique et en Inde.*

DRU [dRy] adj. et adverbe, **DRUE** [dRy] adj. **1.** adjectif (après le nom) (végétal) Qui a des pousses serrées et épaisses. *L'herbe est haute et drue.* → **épais, touffu.** – (poil) *Il a une barbe drue et noire.* ⟨contraire : clairsemé⟩ **2.** adverbe De manière serrée et en grande quantité. *La pluie tombe dru, mettons-nous à l'abri.*

DRUIDE [dRɥid] n. m. ▪ *UN DRUIDE :* prêtre chez les Gaulois ou les Celtes. *En Gaule, les druides organisaient les cérémonies religieuses et rendaient la justice.*

DU → ① **de,** ② **de**

dû [dy], **due** [dy] *Il a dû une somme ; la somme qu'il a due :* formes au participe passé du verbe **devoir.**

DÛ [dy] adj. et n. m., **DUE** [dy] adj.
I. adjectif (après le nom, parfois avant le nom) **1.** Que l'on doit (→ **devoir**). *Il a payé la somme due sans protester.* – *CHOSE PROMISE, CHOSE DUE :* on est obligé de faire ce que l'on a promis. **2.** *DÛ À :* causé par. *L'accident est dû au brouillard. Ses échecs successifs sont dus à la malchance.* **3.** *EN BONNE ET DUE FORME :* rédigé conformément à la loi et avec les formalités nécessaires. *Pour obtenir cet avantage, vous devez rédiger une demande en bonne et due forme* (→ **dûment**).
II. *LE DÛ :* ce qui est dû. *Chacun doit payer son dû,* ce qu'il doit. → **dette.** *Vous devriez réclamer votre dû,* ce que l'on vous doit.

REM. Seule la forme du masculin singulier s'écrit avec un *û.*

DUBITATIF [dybitatif], **DUBITATIVE** [dybitativ] adj. (après le nom) ▪ Qui exprime le doute, le scepticisme. ⟨contraire : affirmatif⟩ *Le commissaire regarde d'un air dubitatif l'homme qui se dit innocent.* → **incrédule, sceptique.** *Elle fait une moue dubitative.*

DUBLIN [dyblɛ̃] nom propre féminin – en gaélique **BAILE ÀTHA CLIATH** « la mare noire » ▪ Capitale de la république d'Irlande, sur l'estuaire de la Liffey. *Ils vont à Dublin. Nous venons de Dublin.*

DUBLINOIS [dyblinwa] adj. et n. m., **DUBLINOISE** [dyblinwaz] adj. et n. f. **1.** adjectif (après le nom) De Dublin. *Nous nous sommes promenés dans les vieux quartiers dublinois. Les brasseries dublinoises sont réputées.* **2.** *UN DUBLINOIS, UNE DUBLINOISE :* un habitant, une habitante de Dublin. *Les Dublinois sont très accueillants.*

DUBROVNIK [dybRɔvnik] nom propre – anciennement **RAGUSE** ▪ Ville de Croatie, sur la côte de l'Adriatique. *Nous allons à Dubrovnik. Ils viennent de Dubrovnik.*

DUC [dyk] n. m., **DUCHESSE** [dyʃɛs] n. f. ▪ *UN DUC, UNE DUCHESSE :* une personne qui porte un des titres de noblesse les plus élevés. *Le titre de duc est moins élevé que celui de prince. Le duc et la duchesse vivent dans leur grand château.*

DUCHÉ [dyʃe] n. m. ▪ *UN DUCHÉ :* territoire gouverné par un duc. *Le duché de Bretagne a été rattaché à la France au seizième siècle.*

DUCHESSE n., féminin de **duc**

DUEL [dɥɛl] n. m. ▪ *UN DUEL :* combat à armes égales entre deux personnes, exigé par la personne dont l'honneur a été blessé. *Autrefois, les nobles se battaient souvent en duel à l'épée ou au pistolet. Après cet affront, il a PROVOQUÉ son rival EN DUEL.*

DUFFEL-COAT [dœfœlkot] n. m. ▪ *UN DUFFEL-COAT :* manteau court à capuchon, en gros tissu de laine. *Il porte un duffel-coat vert avec une grosse écharpe.* PLURIEL : *des DUFFEL-COATS.*

REM. **1.** On écrit aussi *un duffle-coat, des duffle-coats.* **2.** Ce mot vient de l'anglais.

DULCINÉE [dylsine] n. f. ▪ *LA DULCINÉE :* le femme aimée. *Il regarde tendrement sa dulcinée.* → **bien-aimé.**

REM. **1.** Ce mot s'emploie en général pour plaisanter. **2.** *Dulcinée* est le nom de la femme aimée de Don Quichotte, dans le roman de Cervantès. → **don Quichotte.**

DÛMENT [dymɑ̃] adverbe ▪ Selon les règles, en bonne et due forme. *Prière de renvoyer ce formulaire, dûment daté et signé.*

DUNE [dyn] n. f. ▪ *UNE DUNE :* colline de sable fin formée par le vent le long de la mer ou dans le désert. *Des pins ont été plantés sur les dunes du littoral, pour retenir le sable.*

DUO [dyo] n. m. ▪ *UN DUO :* air de musique pour deux voix ou deux instruments. *Ce musicien a composé plusieurs duos pour violon. Ces deux cantatrices chantent un air EN DUO,* à deux voix.

DUPE [dyp] adj. et n. f. **1.** adjectif (après le nom) *ÊTRE DUPE DE (qqch., qqn),* se laisser tromper. *Personne n'est dupe de ses mensonges.* – *Il voudrait me faire croire que tout va bien, mais je ne suis pas dupe,* je ne le crois pas. **2.** STYLE RECHERCHÉ *UNE DUPE :* une personne que l'on trompe sans qu'elle s'en aperçoive. → STYLE FAMILIER **dindon, pigeon.** *J'ai été sa dupe trop longtemps. Dans cette histoire, c'est lui la dupe.* – *MARCHÉ DE DUPES,* dans lequel on a été abusé, trompé. *Tout le monde trouve des avantages dans cette affaire, sauf moi : c'est un marché de dupes.*

FAUX AMI
néerlandais **dupe** « victime »

DUPER [dype] verbe [conjugaison 1a] ▪ STYLE RECHERCHÉ Tromper. → **berner.** *Ce commerçant indélicat a facilement dupé un client trop confiant.*

DUPERIE [dypRi] n. f. ▪ STYLE RECHERCHÉ *UNE DUPERIE :* une tromperie. *Cette bonne affaire est en réalité une véritable duperie.*

DUPLEX [dyplɛks] n. m. ▪ *UN DUPLEX* **1.** Système qui permet de transmettre des programmes de radio ou de télévision émis en même temps de deux stations différentes. *Nous sommes EN DUPLEX avec Bruxelles.* **2.** Appartement sur deux étages. *Nos amis viennent d'acheter un duplex dans le centre de Paris.*

DUPLICATA [dyplikata] n. m. ▪ *UN DUPLICATA :* double, copie d'un document et ayant la même valeur que l'original. *La préfecture de police lui a délivré un duplicata de son permis de conduire.*

REM. Au pluriel, *des duplicatas* ou *des duplicata,* invariable.

DUPLICITÉ [dyplisite] n. f. ▪ *LA DUPLICITÉ :* caractère de qqn qui a deux attitudes, qui est fausse. → **fausseté, hypocrisie.** *Il n'est pas très franc, il y a de la duplicité chez lui.* ⟨contraires : droiture, franchise⟩

DUQUEL [dykɛl] pronom masculin, **DE LAQUELLE** [dəlakɛl] pronom féminin **1.** De qui. → **dont, qui.** *L'homme duquel je parle est mort depuis longtemps. La jeune fille de laquelle tu t'approches est ma sœur. C'est l'immeuble en bas duquel il y a une banque. Il y a une personne à côté de laquelle je vais m'asseoir.* – MASCULIN PLURIEL : *les gens DESQUELS* [dekɛl] *nous parlons sont très gentils.* – FÉMININ PLURIEL : *les personnes DESQUELLES* [dekɛl] *tu parles sont mes voisines.* **2.** dans une interrogation *Voici deux gâteaux : duquel as-tu envie ? De laquelle des deux sœurs es-tu l'ami ?*

REM. **1.** *Duquel* est la forme contractée de *de* et de *lequel.* → **lequel.** **2.** On peut souvent le remplacer par *dont,* ou *de qui,* plus courants. Mais *duquel* est obligatoire pour les choses, après une locution employée avec *de : l'arbre en haut duquel il s'est posé.* **3.** Voir l'encadré des pronoms **relatifs.**

DUR [dyʀ] adj., adverbe et n. m., **DURE** [dyʀ] adj. et n. f.

I. adjectif (après le nom, parfois avant le nom) **1.** Qui résiste quand on appuie, qui ne se laisse pas entamer facilement. ⟨contraires : mou, tendre⟩ *Ce sol est dur. Le fer et l'acier sont des métaux durs. Cette viande est dure,* difficile à mâcher. → **coriace.** *Les poules picorent du pain dur.* → **rassis.** *Cette matière est DURE COMME DU BOIS,* elle est très résistante. – *Tu as LA TÊTE DURE,* tu ne veux rien comprendre. → **bouché, buté, entêté, obtus.** **2.** Qui résiste à l'effort, à une action. *Cette porte est dure, il faut huiler les gonds.* – *Cette vieille dame est un peu DURE D'OREILLE,* elle n'entend pas très bien. → **sourd.** – *AVOIR LA VIE DURE :* résister longtemps à la mort. *Elle a la vie dure, cette araignée, je n'arrive pas à la tuer.* – *Certaines idées fausses ont la vie dure,* elles persistent longtemps. – *C'est un homme DUR À LA PEINE,* courageux, endurant. *Cet enfant est DUR AU MAL,* il supporte bien la douleur. ⟨contraire : douillet⟩ **3.** Difficile, qui demande des efforts. *Cet exercice est trop dur pour lui.* ⟨contraires : aisé, facile⟩ – *Cet aliment est DUR À digérer.* – *Cet échec est dur à digérer.* – *Son patron est dur à contenter.* **4.** (qqch.) Pénible à supporter, désagréable à voir, à entendre. *C'est un dur métier. Les traits de son visage sont durs,* ils sont accusés et sans grâce. *Les temps sont durs.* → **difficile.** *Ce fut une dure épreuve.* → **cruel, rude.** *Le plus dur est passé.* – *Ses enfants lui mènent la vie dure,* ils le rendent malheureux. – STYLE FAMILIER *Dur, dur !* c'est difficile, pénible à supporter. *Dur, dur, de travailler tout l'été !* **5.** (qqn) Qui manque de cœur, d'humanité. → **impitoyable, implacable, inflexible, inhumain, sévère.** *C'est un homme dur. Il est dur envers les autres.* → **exigeant.** ⟨contraires : bienveillant, indulgent, tendre⟩ – *Elle a répondu sur un ton très dur. La critique a été dure avec son dernier livre.* → **sévère.** *Le gouvernement a pris des mesures très dures pour redresser l'économie du pays.* → **draconien.**

II. adverbe **1.** Avec force, avec violence. *Les deux boxeurs cognent dur. Le soleil tape dur, à midi.* → **fort.** **2.** Avec intensité. *Ils ont travaillé dur pour réussir.*

III. **1.** *UN DUR, UNE DURE :* une personne qui n'a peur de rien, qui ne recule devant rien. *Il joue les durs, mais au fond, c'est un tendre. C'est une dure, cette petite !* – STYLE FAMILIER *C'est UN DUR À CUIRE :* c'est qqn qui ne se laisse ni impressionner ni mener. **2.** *LE DUR :* ce qui est dur, résistant. *Ils ont édifié une construction EN DUR sur leur terrain,* faite en matériau dur (opposé à préfabriqué). *La piste d'aviation est en dur,* en béton (opposé à en terre battue). **3.** nom féminin *Au cours de leur randonnée, ils ont couché SUR LA DURE,* par terre, sur le sol nu. – *Ils élèvent leurs enfants À LA DURE,* sévèrement, durement. – *Ils en ont vu DE DURES, tous les deux !* ils ont vécu des choses pénibles, difficiles.

DURABLE [dyʀabl] adj. (après le nom) ▪ (abstrait) De nature à durer longtemps. *Nous garderons de ce beau voyage un souvenir durable.* → **vif, vivace, vivant.** ⟨contraires : éphémère, fugitif⟩ *Un sentiment durable les attache l'un à l'autre.* → **profond, solide, stable.** ⟨contraire : passager⟩

DURABLEMENT [dyʀabləmɑ̃] adverbe ▪ D'une manière durable. *Si vous voulez profiter durablement de votre voyage, il faut partir au moins un mois.*

DURAILLE [dyʀaj] adj. (après le nom) ▪ STYLE FAMILIER Difficile à faire, à supporter. *Il est duraille, cet exercice !*

DURANT [dyʀɑ̃] préposition **1.** (avant le nom) Pendant la durée de. *Ils se sont rencontrés durant les vacances.* → **pendant.** **2.** (après le nom) *Il a plu trois jours durant,* pendant trois jours de suite, sans s'arrêter. *Elle devra prendre ces médicaments sa vie durant,* pendant toute sa vie.

DURCIR [dyʀsiʀ] verbe [conjugaison 2] **1.** Devenir dur. *Ce pain durcit très vite.* → **rassir.** *La neige a durci.* → se **solidifier.** ⟨contraires : s'amollir, se ramollir⟩ **2.** Rendre dur, ferme. *La sécheresse durcit le sol.* **3.** Rendre plus dur, plus intransigeant. *Il ne faudrait pas qu'ils durcissent leur position.* **4.** Faire paraître plus sévère. *Ce maquillage lui durcit les traits.* ⟨contraire : adoucir⟩ **5.** verbe pronominal SE DURCIR : devenir plus sévère, plus dur. *Le ton de la conversation s'est durci.* ⟨contraire : se radoucir⟩ *La grève s'est durcie.*

DURCISSEMENT [dyʀsismɑ̃] n. m. ▪ *UN DURCISSEMENT*

I. Le fait de devenir dur. *Le durcissement du ciment est rapide.*

II. Le fait de se durcir, de devenir plus intransigeant. *On assiste à un durcissement du conflit.* → **aggravation.**

DURÉE [dyʀe] n. f. ▪ *UNE DURÉE :* espace de temps qui s'écoule entre le début et la fin de qqch. *Quelle est la durée du spectacle ? J'ai dormi pendant toute la durée du voyage. Le magasin est fermé pour une durée indéterminée. Leur bonheur a été DE COURTE DURÉE,* il n'a pas duré longtemps.

DUREMENT [dyʀmɑ̃] adverbe **1.** Avec dureté, sans bonté. *Il m'a parlé très durement.* → **méchamment.** ⟨contraires : doucement, gentiment⟩ **2.** D'une manière pénible à supporter. *Ce deuil l'a durement éprouvé.*

DURER [dyʀe] verbe [conjugaison 1a] **1.** Se dérouler pendant un certain temps. *Le film dure deux heures,* il a une durée de deux heures. **2.** Exister pendant longtemps. *Le beau temps n'a pas duré. Pourvu que ça dure ! Cela ne peut plus durer :* il faut que cela cesse. **3.** Résister à l'usure, à la destruction. *Ces chaussures ont duré trois ans.* – STYLE FAMILIER *Ça durera* [dyʀʀa] *ce que ça durera :* tant pis si ça ne dure pas plus longtemps.

DURETÉ [dyʀte] n. f. ▪ *LA DURETÉ* **1.** Qualité de ce qui résiste quand on appuie dessus et qui ne se laisse pas entamer facilement. *La dureté du marbre est remarquable.* ⟨contraire : tendreté⟩ **2.** Caractère de ce qui est pénible à supporter. *On lui a fait subir une punition d'une dureté excessive.* → **rigueur, sévérité.**

⟨contraire : douceur⟩ **3.** Manque de sensibilité, de cœur. *Il m'a répondu avec dureté.* ⟨contraire : gentillesse⟩

DURILLON [dyʀijɔ̃] n. m. ▪ *UN DURILLON :* partie du corps où la peau devient dure et épaisse. *Elle a des durillons sous le pied.* → ② **cor.**

dut [dy] *Il dut, elle dut :* forme au passé simple du verbe **devoir.**

DUVET [dyvɛ] n. m. ▪ *LE DUVET* **1.** Petites plumes douces et légères qui couvrent le corps des jeunes oiseaux et que l'on trouve sur le ventre et sous les ailes des oiseaux adultes. *Les poussins sont couverts de duvet. Son oreiller est rempli de duvet d'oie.* **2.** Poils fins et doux de certains animaux et de certaines plantes. *Les chatons ont du duvet sous le ventre.* **3.** Poils très fins de certaines parties du corps humain. *Mon fils de quatorze ans a du duvet sur les joues,* une barbe qui commence à pousser. **4.** *UN DUVET :* sac de couchage rempli de duvet ou d'une matière semblable. *Pensez à emporter vos duvets ! Les campeurs dorment dans leur duvet.*

DUVETÉ [dyvte], **DUVETÉE** [dyvte] adj. (après le nom) ▪ Couvert de duvet. *Je préfère les pêches duvetées aux pêches à peau lisse.*

DYNAMIQUE [dinamik] adj. (après le nom, parfois avant le nom) ▪ Qui est actif, a beaucoup d'entrain et d'énergie. *C'est une femme dynamique. Un dynamique jeune homme nous a ouvert la porte.* → **efficace, énergique.** ⟨contraires : apathique, indolent, mou⟩

DYNAMISME [dinamism] n. m. ▪ *LE DYNAMISME :* qualité d'une personne qui a de l'entrain et de l'énergie. *Il a fait preuve de dynamisme.* → **ardeur, énergie, vitalité.** *Il manque de dynamisme.* → **tonus.** ⟨contraires : indolence, mollesse⟩

DYNAMITAGE [dinamitaʒ] n. m. ▪ *LE DYNAMITAGE :* action de faire sauter (qqch.) à la dynamite. *Le dynamitage de la voie ferrée a empêché l'ennemi d'avancer.*

DYNAMITE [dinamit] n. f. ▪ *LA DYNAMITE :* explosif très puissant à base de nitroglycérine. *Les soldats ont fait sauter le pont à la dynamite.* → **plastic.**

DYNAMITER [dinamite] verbe [conjugaison 1a] ▪ Faire sauter à la dynamite. *Des résistants ont dynamité un train.*

DYNAMO [dinamo] n. f. ▪ *UNE DYNAMO :* machine qui produit du courant électrique en transformant l'énergie mécanique. *La dynamo fait fonctionner le phare de la bicyclette.*

REM. *Dynamo* est l'abréviation de l'adjectif *dynamoélectrique.*

DYNASTIE [dinasti] n. f. ▪ *UNE DYNASTIE* **1.** Famille de souverains qui règnent les uns à la suite des autres. *La dynastie des Capétiens régna en France de 987 à 1328.* **2.** Succession d'hommes célèbres dans une même famille. *La dynastie des Kennedy a donné beaucoup d'hommes politiques.*

DYSENTERIE [disɑ̃tʀi] n. f. ▪ *LA DYSENTERIE :* maladie très grave des intestins, provoquant de fortes douleurs dans le ventre et des diarrhées. *Il a attrapé la dysenterie en buvant de l'eau polluée.*

REM. Le *s* se prononce [s] bien qu'il soit entre deux voyelles.

DYSLEXIQUE [dislɛksik] adj., n. m. et n. f. **1.** adjectif (après le nom) Qui a des difficultés pour lire, confond certaines lettres et intervertit les syllabes. *Cet enfant dyslexique doit consulter un orthophoniste.* **2.** *UN DYSLEXIQUE, UNE DYSLEXIQUE :* une personne dyslexique. *Les dyslexiques doivent subir une rééducation.*

E

E [ø] n. m. invariable ▪ *L'E :* cinquième lettre de l'alphabet du français. *Le e est une voyelle. Il y a des e majuscules* (E) *et des e minuscules* (e), *des e accent aigu* (é), *des e accent grave* (è), *des e accent circonflexe* (ê) *et des e avec un tréma* (ë).

REM. **1.** Le *e* se prononce [ə] quand il est suivi d'une seule consonne et d'une voyelle (ex. : *petit*) ; il se prononce [e] quand il est suivi de deux consonnes identiques et d'une voyelle (ex. : *essor, reddition*) ; il se prononce [ɛ] quand il est suivi d'une consonne prononcée dans la même syllabe (ex. : *perdu, gestion*). *É* note souvent [e] (ex. : *été*) ; *è* et *ê* notent souvent [ɛ] (ex. : *pièce, bête*). **2.** Le *e* muet marque souvent le féminin à l'écrit (ex. : *jolie*). **3.** On peut dire *l'e*, mais on dit plus souvent *le e* [lə ø].

EAU [o] n. f. ▪ *L'EAU* **1.** Liquide naturel sans odeur, sans goût, sans couleur et transparent quand il est pur. → STYLE FAMILIER **flotte.** *L'EAU DE PLUIE est douce, l'EAU DE MER est salée. Les poissons vivent dans l'eau,* ce sont des animaux aquatiques. *J'ai reçu une GOUTTE D'EAU,* une goutte de pluie. *Ne marche pas dans la FLAQUE D'EAU ! Il boit un verre d'eau. Ne buvez pas cette eau, elle n'est pas potable : prenez de l'eau minérale en bouteille. Préférez-vous de l'eau plate ou de l'eau gazeuse ? L'eau coule du robinet. J'aime bien une douche à l'eau froide. Jetez le riz dans l'eau bouillante. L'eau de vaisselle est très grasse.* PLURIEL : *les EAUX usées s'écoulent dans les égouts. Ses chaussures PRENNENT L'EAU,* elles ne sont pas étanches. *Le cuisinier fait cuire les pommes de terre À L'EAU.* **2.** (au pluriel) LES EAUX : les eaux minérales d'une station thermale. *Elle fait une cure dans une VILLE D'EAUX.* – STYLE RECHERCHÉ *Ils vont aux eaux tous les ans.* **3.** Étendue ou masse d'eau. *Il y a des nénuphars à la surface de l'eau. Les enfants jouent au bord de l'eau. Le nageur s'est jeté à l'eau. Il nage sous l'eau,* sous la surface de l'eau. **4.** *SE JETER À L'EAU :* prendre soudain une décision audacieuse. *Il faudra bien qu'il se jette à l'eau. Son projet est TOMBÉ À L'EAU,* il a échoué. *Il doit venir à huit heures ou dans CES EAUX-LÀ,* approximativement à huit heures, aux environs de huit heures. *Il n'a pas inventé l'eau tiède :* il n'est pas intelligent. *Ils vivent D'AMOUR ET D'EAU FRAÎCHE,* sans se préoccuper des nécessités matérielles. **5.** Préparation dans laquelle il y a de l'eau. *Elle se parfume avec de l'EAU DE TOILETTE ou avec de l'EAU DE COLOGNE,* une préparation parfumée et alcoolisée contenant des essences de fleurs. *Elle se décolore les cheveux avec de l'EAU OXYGÉNÉE. Le carrelage est nettoyé avec de l'EAU DE JAVEL,* un liquide désinfectant qui contient des produits chimiques. **6.** Sécrétion liquide du corps humain. *Le coureur est arrivé TOUT EN EAU,* en sueur. *Ces gâteaux me mettent L'EAU À LA BOUCHE,* me font saliver car ils me font envie.

EAU-DE-VIE [odvi] n. f. ▪ *L'EAU-DE-VIE :* boisson très alcoolisée, faite à partir du jus fermenté de fruits ou de céréales. *Voulez-vous des cerises à l'eau-de-vie ? Le cognac est de l'eau-de-vie de vin.* PLURIEL : *EAUX-DE-VIE.*

EAU-FORTE [ofɔʀt] n. f. ▪ *UNE EAU-FORTE :* gravure sur cuivre faite avec un acide spécial qui attaque le cuivre là où le vernis a été enlevé avec une pointe. *Le graveur a réalisé une belle eau-forte.* PLURIEL : *ce livre est illustré d'EAUX-FORTES.*

ÉBAHI [ebai], **ÉBAHIE** [ebai] adj. (après le nom) ▪ (qqn) Très étonné. *Elle est restée tout ébahie à cette nouvelle.* → **abasourdi, ahuri, éberlué, stupéfait ;** STYLE FAMILIER ② **baba.** *Il a l'air ébahi.*

ÉBAHIR [ebaiʀ] verbe [conjugaison 2] ▪ Étonner énormément. *Ces nouvelles nous ébahissent.* → **stupéfier.**

ébats [eba] *Je m'ébats, tu t'ébats :* forme au présent du verbe s'**ébattre.**

ÉBATS [eba] n. m. pluriel ▪ STYLE RECHERCHÉ *DES ÉBATS :* mouvements d'une personne ou d'un animal qui s'agite. *Les amoureux ont été dérangés dans leurs ébats.*

S'**ÉBATTRE** [ebatʀ] verbe pronominal [conjugaison 41c] ▪ STYLE RECHERCHÉ Bouger, remuer dans tous les sens, pour s'amuser. *Les enfants s'ébattent dans le pré. Je m'ébats dans la piscine.* → **batifoler, folâtrer.** *Ils se sont ébattus.*

ÉBAUCHE [eboʃ] n. f. ▪ *L'ÉBAUCHE* **1.** Première forme donnée à une œuvre. *Le tableau est encore à l'état d'ébauche.* → **croquis, esquisse.** *Il m'a fait lire l'ébauche de son roman.* **2.** Commencement, début (de qqch.). *L'ébauche d'un sourire se dessine sur ses lèvres.* → **amorce.**

ÉBAUCHER [eboʃe] verbe [conjugaison 1a] **1.** Donner la première forme à (qqch.). *Le sculpteur ébauche une statue.* → **esquisser.** ⟨contraire : achever⟩ **2.** Commencer, sans faire jusqu'au bout. *Elle ébauche un sourire à travers ses larmes.* → **amorcer.**

ÉBÈNE [ebɛn] n. f. ▪ *L'ÉBÈNE :* bois d'un arbre tropical, noir, très dur et lisse. *Ses bijoux sont rangés dans un coffret d'ébène. Elle a un bracelet fait dans une très belle ébène.* – *Il a des cheveux D'ÉBÈNE,* d'un noir brillant.

ÉBÉNISTE [ebenist] n. m., n. f. ▪ *UN ÉBÉNISTE, UNE ÉBÉNISTE :* artisan qui fabrique des meubles de luxe. *Cette commode a été fabriquée par un ébéniste.*

ÉBÉNISTERIE [ebenistəʀi] n. f. ▪ *UNE ÉBÉNISTERIE :* fabrication de meubles de luxe ou décoratifs. *L'acajou, l'ébène, le palissandre sont des bois d'ébénisterie,* dont on se sert pour faire de beaux meubles.

ÉBERLUÉ [ebɛʀlɥe], **ÉBERLUÉE** [ebɛʀlɥe] adj. (après le nom) ▪ Très étonné. *Ne prends pas cet air éberlué !* → **ahuri, ébahi, stupéfait.**

REM. *Éberlué* est un mot de la famille de *berlue.*

ÉBLOUIR [ebluiʀ] verbe [conjugaison 2] **1.** Troubler (la vue) par une lumière trop forte. *Les voitures m'éblouissent avec leurs phares.* → **aveugler.** **2.** Rendre plein d'admiration. *Ce spectacle nous a éblouis.* → **émerveiller, fasciner.** *Il essaie de nous éblouir.* → **épater.**

ÉBLOUISSANT [ebluisɑ̃], **ÉBLOUISSANTE** [ebluisɑ̃t] adj. (après le nom, parfois avant le nom) **1.** Qui éblouit. *La neige est d'une blancheur éblouissante.* → **éclatant.** **2.** D'une beauté merveilleuse, d'une qualité remarquable. *Le pianiste a fait une éblouissante démonstration de son talent.* → **fascinant.**

ÉBLOUISSEMENT [ebluismɑ̃] n. m. ▪ *UN ÉBLOUISSEMENT* **1.** Trouble de la vue accompagné de vertige. *Elle a eu un éblouissement et elle s'est évanouie.* **2.** Émerveillement. *Ce spectacle est un éblouissement.* → **enchantement.**

ÉBORGNER [ebɔʀɲe] verbe [conjugaison 1a] **1.** Crever un œil à (qqn, un animal), rendre borgne. *Le mousquetaire l'a éborgné avec son épée.* **2.** verbe pronominal S'ÉBORGNER : se crever un œil. *J'ai failli m'éborgner. Elle s'est éborgnée.*

ÉBOUEUR [ebwœʀ] n. m. ▪ *UN ÉBOUEUR :* une personne dont le métier est de ramasser les ordures ménagères. *Les éboueurs vident les poubelles dans la benne à ordures.*

ÉBOUILLANTER [ebujɑ̃te] verbe [conjugaison 1a] **1.** Passer à l'eau bouillante. *Le cuisinier ébouillante les choux.* **2.** verbe pronominal S'ÉBOUILLANTER : (qqn) se brûler avec un liquide bouillant. *Elle s'est ébouillantée en vidant la casserole. – Elle s'est ébouillanté les mains avec l'huile de la friture.*

ÉBOULEMENT [ebulmɑ̃] n. m. ▪ *UN ÉBOULEMENT :* chute de terre et de pierres qui s'éboulent. *Un éboulement a bloqué la route.* → **effondrement.**

S'**ÉBOULER** [ebule] verbe pronominal [conjugaison 1a] ▪ (terrain) Tomber par morceaux, en s'affaissant. *La falaise s'est éboulée.* → s'**affaisser,** s'**écrouler,** s'**effondrer.**

ÉBOULIS [ebuli] n. m. ▪ *UN ÉBOULIS :* tas de terre et de pierres éboulées. *Un éboulis de roches bloque la route.*

ÉBOURIFFER [ebuʀife] verbe [conjugaison 1a] ▪ Mettre (les cheveux) en désordre. *Le vent nous a ébouriffé les cheveux. – Elle est tout ébouriffée :* elle a les cheveux ébouriffés. → **échevelé.**

ÉBRANCHER [ebʀɑ̃ʃe] verbe [conjugaison 1a] ▪ Débarrasser (un arbre) d'une ou de toutes ses branches. *Le jardinier ébranche les pommiers.* → **élaguer, tailler.**

ÉBRANLER [ebʀɑ̃le] verbe [conjugaison 1a] **1.** Faire trembler, faire vibrer par un choc. *L'explosion a ébranlé les vitres.* → **secouer.** **2.** Affaiblir, mettre en danger. *La crise risque d'ébranler le gouvernement.* → **déstabiliser.** ⟨contraires : affermir, consolider⟩ **3.** Rendre incertain. *Cette affaire a ébranlé l'opinion publique.* → **affaiblir, entamer.** **4.** verbe pronominal S'ÉBRANLER : se mettre en marche. *Le cortège s'ébranle.* → **démarrer.** *La manifestation s'est ébranlée.*

ÉBRÉCHÉ [ebʀeʃe], **ÉBRÉCHÉE** [ebʀeʃe] adj. (après le nom) ▪ Dont le bord est abîmé, cassé. *Les pots de fleurs sont posés sur des assiettes ébréchées.*

ÉBRÉCHER [ebʀeʃe] verbe [conjugaison 6a] ▪ Abîmer en cassant le bord. *Il est maladroit, il ébrèche souvent la vaisselle en la lavant.*

ÉBRIÉTÉ [ebʀijete] n. f. ▪ *L'ÉBRIÉTÉ :* état d'une personne qui a trop bu d'alcool, qui est ivre. *Il est interdit de conduire en état d'ébriété.* → **ivresse.**

S'**ÉBROUER** [ebʀue] verbe pronominal [conjugaison 1a] ▪ S'agiter pour se débarrasser de l'eau, des saletés que l'on a sur le corps. *Le chien s'ébrouera* [ebʀuʀa] *en sortant de l'eau. La chatte s'est ébrouée.*

ÉBRUITER [ebʀɥite] verbe [conjugaison 1a] **1.** Faire connaître à de nombreuses personnes (une nouvelle gardée secrète). *Qui a ébruité la nouvelle de son mariage ?* → **divulguer.** ⟨contraire : cacher⟩ **2.** verbe pronominal S'ÉBRUITER : devenir connu par tous. *La nouvelle s'est ébruitée rapidement.* → **transpirer.**

REM. *Ébruiter* est un mot de la famille de *bruit.*

ÉBULLITION [ebylisjɔ̃] n. f. ▪ *L'ÉBULLITION* **1.** État d'un liquide qui bout. *Attendez l'ébullition pour mettre les pâtes dans l'eau. L'eau est À ÉBULLITION à cent degrés Celsius.* **2.** *EN ÉBULLITION :* dans un état de vive agitation, de surexcitation. *Tous les élèves sont en ébullition le jour de la fête de l'école.* → **effervescence.**

ÉCAILLE [ekaj] n. f. ▪ *UNE ÉCAILLE* **1.** Chacune des petites plaques dures qui recouvrent le corps des poissons et des reptiles et les pattes de certains oiseaux. *Les sardines ont des écailles argentées.* **2.** *L'ÉCAILLE :* matière qui recouvre la carapace des tortues de mer et dont on fait différents objets. *Il a des lunettes en écaille.* **3.** Petit morceau qui se détache d'une chose. *Des écailles de peinture tombent du plafond.* – STYLE RECHERCHÉ *Les écailles lui sont tombées des yeux :* ses yeux se sont ouverts, il s'est rendu compte de son erreur.

① **ÉCAILLER** [ekaje] n. m., **ÉCAILLÈRE** [ekajɛʀ] n. f. ▪ *UN ÉCAILLER, UNE ÉCAILLÈRE :* une personne qui ouvre et vend des huîtres, des fruits de mer. *L'écailler est installé devant le restaurant.*

② **ÉCAILLER** [ekaje] verbe [conjugaison 1a] **1.** Enlever les écailles de (un poisson). *Le poissonnier écaille une carpe.* **2.** Ouvrir (des huîtres). *Il faut que nous écaillions les huîtres avant de passer à table. L'écailler se sert d'un couteau à écailler.*

ÉCARLATE [ekaʀlat] adj. (après le nom) ▪ Rouge très vif. *Elle a des écharpes écarlates. Le jeune homme est devenu écarlate,* très rouge. → **cramoisi.**

ÉCARQUILLER [ekaʀkije] verbe [conjugaison 1a] ▪ Ouvrir très grand (les yeux). *Nous étions si étonnés que nous écarquillions les yeux.*

ÉCART [ekaʀ] n. m. ▪ *UN ÉCART* **1.** Différence entre deux grandeurs. *Dans le désert, il y a de grands écarts de température entre le jour et la nuit.* → **variation.** **2.** *FAIRE LE GRAND ÉCART :* écarter les jambes au maximum de façon à ce qu'elles fassent un angle de cent quatre-vingts degrés en touchant le sol. *La danseuse fait le grand écart.* **3.** Mouvement brusque, sur le côté, qui fait s'éloigner de sa direction. *Le cheval a FAIT UN ÉCART et son cavalier est tombé. La voiture fait un écart pour éviter un cycliste.* **4.** Action de s'écarter des convenances. *Il a* eu des *ÉCARTS DE CONDUITE quand il était jeune.* **5.** *À L'ÉCART :* à une certaine distance. *Viens avec nous, ne reste pas à l'écart ! La maison est À L'ÉCART DE la route,* loin de la route. – *Je reste à l'écart de leur querelle,* je ne m'en mêle pas.

ÉCARTELÉ [ekaʀtəle], **ÉCARTELÉE** [ekaʀtəle] adj. (après le nom) ▪ Tiraillé entre plusieurs possibilités. *C'est un homme écartelé entre son devoir et ses désirs.*

ÉCARTELER [ekaʀtəle] verbe [conjugaison 5a] ▪ Déchirer (un condamné à mort) en quatre, en faisant tirer ses membres par quatre chevaux. *Aujourd'hui, on n'écartèle plus les condamnés.* – *Ravaillac, l'assassin du roi de France Henri IV, est mort écartelé.*

ÉCARTEMENT [ekaʀtəmɑ̃] n. m. ▪ *L'ÉCARTEMENT :* espace qui sépare une chose d'une autre ou de plusieurs autres. *L'écartement des rails de chemin de fer n'est pas le même dans tous les pays.* → **distance.**

ÉCARTER [ekaʀte] verbe [conjugaison 1a] **1.** Mettre (plusieurs choses ou plusieurs parties d'une chose) à une certaine distance les unes des autres. *Elle écarte les rideaux avant d'ouvrir la fenêtre. Le gymnaste écarte les jambes.* **2.** *ÉCARTER DE :* mettre à une certaine distance de. *Il faut écarter la table du mur.* → **éloigner.** ⟨contraire : rapprocher⟩ **3.** Ne pas tenir compte de. *J'écarte toute idée préconçue.* → **rejeter.** *Nous écartons cette hypothèse.* → **éliminer.** **4.** Se débarrasser de. *Ne vous inquiétez pas, le danger est écarté,* il n'y a plus de danger. **5.** verbe pronominal *S'ÉCARTER :* s'éloigner. *Écartez-vous, laissez passer les sauveteurs ! Nous sommes perdus, nous nous sommes écartés du bon chemin.* ⟨contraire : se rapprocher⟩

ECCHYMOSE [ekimoz] n. f. ▪ *UNE ECCHYMOSE :* tache bleue laissée sur la peau par un coup. *Elle s'est fait une ecchymose en tombant. Il a le corps couvert d'ecchymoses.* → **bleu, hématome.**

ECCLÉSIASTIQUE [eklezjastik] adj. et n. m. **1.** adjectif (après le nom) Qui concerne une église, et spécialement l'Église catholique et son clergé. *Les moines appartiennent à des ordres ecclésiastiques.* → **religieux.** **2.** *UN ECCLÉSIASTIQUE :* membre du clergé. → **pasteur, prêtre.** *Le pape est un ecclésiastique.* ⟨contraire : laïc⟩

ÉCERVELÉ [esɛʀvəle] adj. et n. m., **ÉCERVELÉE** [esɛʀvəle] adj. et n. f. **1.** adjectif (après le nom) Qui n'a pas de jugement, de cervelle. *C'est une petite fille écervelée.* → **étourdi.** **2.** *UN ÉCERVELÉ, UNE ÉCERVELÉE :* une personne étourdie. *Quel écervelé ! Il a oublié toutes ses affaires.*

▌REM. *Écervelé* est un mot de la famille de *cervelle.*

ÉCHAFAUD [eʃafo] n. m. ▪ *L'ÉCHAFAUD* **1.** Estrade sur laquelle montaient le bourreau et le condamné à mort qui devait être décapité. *Le condamné est monté à l'échafaud.* **2.** Peine de mort où l'on coupait la tête au condamné. *Aujourd'hui, en France, les assassins ne risquent plus l'échafaud.* → **guillotine.**

ÉCHAFAUDAGE [eʃafodaʒ] n. m. ▪ *UN ÉCHAFAUDAGE* **1.** Ensemble de passerelles et de plates-formes démontable, que l'on installe pour construire ou réparer un bâtiment. *Les ouvriers ont dressé un échafaudage pour ravaler la façade de l'immeuble.* **2.** Assemblage de choses posées les unes sur les autres, souvent peu solide. *Il a un échafaudage de livres sur son bureau.*

ÉCHAFAUDER [eʃafode] verbe [conjugaison 1a] ▪ Organiser dans un but précis. *Ils ont échafaudé un plan pour se sortir d'affaire.* → **combiner, élaborer, imaginer.**

ÉCHALAS [eʃala] n. m. ▪ *UN ÉCHALAS* **1.** Pieu qui sert à soutenir une plante, un petit arbre ou un cep de vigne. *Les haricots ont poussé autour des échalas.* → **tuteur.** **2.** *UN GRAND ÉCHALAS :* une personne grande et maigre. *Un grand échalas nous a ouvert la porte.* → **escogriffe, perche.**

ÉCHALOTE [eʃalɔt] n. f. ▪ *L'ÉCHALOTE :* plante dont on utilise le bulbe, cru ou cuit, dans les assaisonnements et les sauces. *Le cuisinier prépare une sauce à l'échalote.*

ÉCHANCRÉ [eʃɑ̃kʀe], **ÉCHANCRÉE** [eʃɑ̃kʀe] adj. (après le nom) ▪ Creusé en arrondi ou en pointe. *Elle a une robe très échancrée.* → **décolleté.** *Ici, la côte est échancrée.* → **découpé.**

ÉCHANCRURE [eʃɑ̃kʀyʀ] n. f. ▪ *L'ÉCHANCRURE :* partie échancrée. *On voit sa peau bronzée dans l'échancrure de son chemisier.* → **décolleté.** *Son pull a une échancrure en V. Les baies et les golfes sont des échancrures de la côte.*

ÉCHANGE [eʃɑ̃ʒ] n. m. ▪ *UN ÉCHANGE* **1.** Action de donner (qqch.) et de recevoir (autre chose). *Je vais FAIRE UN ÉCHANGE avec toi. Faisons un échange : je vais porter ta valise et tu vas porter mon sac. Ils ont procédé à un échange de lettres. Les deux pays ont négocié un échange de prisonniers.* **2.** Opération commerciale. *Les échanges internationaux sont facilités par ce nouveau traité.* **3.** *Un ÉCHANGE DE BALLES :* au tennis, suite de balles échangées entre le service et la marque du premier point. *Dans cette partie, les échanges de balles durent longtemps.* **4.** *Un ÉCHANGE LINGUISTIQUE :* le fait d'envoyer un enfant dans une famille, à l'étranger, et de recevoir à son tour un enfant de cette famille. *Nous avons fait un échange linguistique avec des Allemands.* **5.** *EN ÉCHANGE :* à la place. *Je te prête ma voiture et en échange tu m'aides à transporter mes cartons.* → en **contrepartie.** *Il lui a donné de l'argent EN ÉCHANGE DE son silence.*

ÉCHANGER [eʃɑ̃ʒe] verbe [conjugaison 3b] **1.** Céder (qqch.) et recevoir (qqch.) en contrepartie. *Mon fils a échangé un jeu vidéo contre une petite voiture.* → **troquer.** *Nous n'échangeons pas les vêtements achetés en solde.* **2.** Donner et recevoir en retour. *Les amoureux échangent des baisers. Ils n'ont pas échangé un mot de la soirée.*

ÉCHANGEUR [eʃɑ̃ʒœʀ] n. m. ▪ *UN ÉCHANGEUR :* carrefour où des routes se croisent à des niveaux différents. *L'automobiliste est sorti de l'autoroute et a pris l'échangeur.*

ÉCHANTILLON [eʃɑ̃tijɔ̃] n. m. ▪ *UN ÉCHANTILLON* **1.** Petite quantité (de qqch.) que l'on montre pour donner une idée. *La parfumeuse m'a donné des échantillons de parfum.* **2.** Exemple remarquable. *Vous avez là un échantillon de sa bêtise.*

ÉCHAPPATOIRE [eʃapatwaʀ] n. f. ▪ *UNE ÉCHAPPATOIRE :* moyen de se tirer d'embarras. *Elle a trouvé une échappatoire pour refuser l'invitation.* → **excuse, prétexte, subterfuge.**

ÉCHAPPEMENT [eʃapmɑ̃] n. m. ▪ *L'ÉCHAPPEMENT :* sortie des gaz du moteur. *Les GAZ D'ÉCHAPPEMENT me donnent la nausée. Il faut changer le POT D'ÉCHAPPEMENT de cette voiture,* le tuyau par lequel s'échappent les gaz.

ÉCHAPPER [eʃape] verbe [conjugaison 1a] **1.** (qqn) *ÉCHAPPER À (un danger, qqch. de désagréable),* l'éviter, s'en tirer. *Nous avons échappé à un grave accident :* nous avons failli avoir un grave accident. *Vous n'échapperez pas à cette corvée.* **2.** (qqn) *ÉCHAPPER À qqn,* ne pas être pris. *Les malfaiteurs ont échappé aux policiers qui les poursuivaient.* **3.** (qqch.) *ÉCHAPPER À qqn,* ne pas être compris ou ne pas être vu par qqn. *Ce détail m'a échappé,* je ne l'avais pas remarqué. *Il est très attentif, rien ne lui échappe.* **4.** (qqch.) Cesser d'être tenu. *Le bol m'a échappé des mains,* il est tombé. → **glisser.** – *Son nom m'échappe,* je ne m'en souviens plus, je ne le retrouve plus. **5.** *L'ÉCHAPPER BELLE :* éviter de justesse un danger. *Un peu plus et nous tombions dans le ravin, nous l'avons échappé belle !*

S'**ÉCHAPPER** [eʃape] verbe pronominal [conjugaison 1a] **1.** S'enfuir. *Le chat s'est échappé de la maison.* → se **sauver.** *Des prisonniers se sont échappés.* → s'**évader. 2.** (qqch.) Sortir. *La fumée s'échappe par la cheminée.* ⟨contraire : entrer⟩

ÉCHARDE [eʃaʀd] n. f. ▪ *UNE ÉCHARDE :* petit morceau de bois ou épine qui a pénétré sous la peau par accident. *Elle a une écharde dans le doigt.*

ÉCHARPE [eʃaʀp] n. f. ▪ *UNE ÉCHARPE* **1.** Longue bande de tissu ou de tricot que l'on porte autour du cou. *Mets ton écharpe, il fait froid.* → **cache-nez.** *Elle a mis une écharpe en soie.* → **foulard. 2.** Large bande de tissu qui sert d'insigne. *En France, les maires ont une écharpe tricolore.* **3.** Bandage passé par-dessus une épaule, qui sert à tenir le bras. *Le blessé a le bras EN ÉCHARPE.*

ÉCHARPER [eʃaʀpe] verbe [conjugaison 1a] ▪ Massacrer, mettre en charpie. *Les spectateurs du match voulaient écharper l'arbitre. L'arbitre a failli SE FAIRE ÉCHARPER par la foule.* → **lyncher.**

ÉCHASSE [eʃas] n. f. ▪ *UNE ÉCHASSE :* chacun des deux longs bâtons munis d'un support pour les pieds, utilisés pour se déplacer dans les terrains difficiles. *Autrefois, les bergers des Landes étaient montés sur des échasses.*

ÉCHASSIER [eʃasje] n. m. ▪ *UN ÉCHASSIER :* oiseau des marais qui a de longues pattes fines. *Les cigognes, les bécasses, les hérons sont des échassiers.*

ÉCHAUDER [eʃode] verbe [conjugaison 1a] ▪ *SE FAIRE ÉCHAUDER, ÊTRE ÉCHAUDÉ :* être victime d'une mésaventure, éprouver une déception. *J'ai été échaudé, je ne recommencerai pas.*

ÉCHAUFFEMENT [eʃofmɑ̃] n. m. ▪ *L'ÉCHAUFFEMENT :* action de s'échauffer avant de faire un effort. *Le cours de gymnastique commence par des exercices d'échauffement.*

S'**ÉCHAUFFER** [eʃofe] verbe pronominal [conjugaison 1a] ▪ Entraîner ses muscles avant de faire un effort. *Les danseurs se sont échauffés avant la répétition.*

ÉCHAUFFOURÉE [eʃofuʀe] n. f. ▪ *UNE ÉCHAUFFOURÉE :* bagarre de courte durée. *Il y a eu une échauffourée à la sortie du bal.*

ÉCHÉANCE [eʃeɑ̃s] n. f. ▪ *UNE ÉCHÉANCE* **1.** Date à laquelle on doit payer quelque chose. *L'échéance de cette facture est le trente mai.* **2.** Délai. *C'est un projet À LONGUE ÉCHÉANCE,* qui doit se réaliser dans longtemps. *À BRÈVE ÉCHÉANCE, ils obtiendront des résultats,* dans peu de temps, bientôt.

LE CAS **ÉCHÉANT** [ləkazeʃeɑ̃] adverbe ▪ À l'occasion, si le cas se présente. → **éventuellement.** *Vous pouvez lui téléphoner et, le cas échéant, aller le voir.*

REM. *Échéant* est le participe présent du verbe *échoir*. Il n'est utilisé que dans cette locution.

ÉCHEC [eʃɛk] n. m. ▪ *UN ÉCHEC* **1.** Le fait d'échouer, de ne pas réussir. *Il a ESSUYÉ UN ÉCHEC à son examen. Vous COUREZ À L'ÉCHEC. Sa vie est une suite d'échecs. Sa démarche s'est soldée par un échec. Ses projets sont voués à l'échec.* ⟨contraires : réussite, succès, triomphe⟩ **2.** Position difficile dans laquelle on est mis. *Il a TENU son adversaire EN ÉCHEC,* il l'a empêché de prendre l'avantage.

ÉCHECS [eʃɛk] n. m. pluriel ▪ *LES ÉCHECS :* jeu qui se joue à deux, avec des pièces que l'on bouge sur un échiquier. *Il sait JOUER AUX ÉCHECS. Veux-tu faire une PARTIE D'ÉCHECS avec moi ?*

ÉCHELLE [eʃɛl] n. f.

I. *UNE ÉCHELLE* **1.** Objet formé de deux longues barres verticales, réunies par des barreaux transversaux qui servent de marches. *Le maçon appuie son échelle contre le mur. Le pompier monte sur une échelle pour aller sur le toit de la maison.* **2.** *FAIRE LA COURTE ÉCHELLE À qqn,* l'aider à grimper en lui offrant ses mains et ses épaules comme points d'appui. *Il fait la courte échelle à sa petite sœur pour qu'elle attrape des cerises dans le cerisier.*

II. *L'ÉCHELLE* **1.** Suite progressive. *Son mari s'est élevé dans l'ÉCHELLE SOCIALE,* dans la hiérarchie sociale. **2.** Rapport entre une dimension réelle et sa représentation sur un plan ou une carte. *Sur une carte à l'échelle de un centième (1/100), un mètre est représenté par un centimètre.* – *Le gouvernement a fait des réformes SUR UNE GRANDE ÉCHELLE,* il en a fait beaucoup, largement. *Ce problème se pose À L'ÉCHELLE NATIONALE,* dans le pays tout entier. **3.** Série de divisions sur un instrument de mesure. *On mesure l'intensité d'un tremblement de terre grâce à l'ÉCHELLE DE RICHTER. On mesure la force du vent avec l'ÉCHELLE DE BEAUFORT.*

ÉCHELON [eʃlɔ̃] n. m. ▪ *UN ÉCHELON* **1.** Barreau d'une échelle. *Elle a manqué un échelon et elle est tombée.* **2.** Chacun des degrés successifs d'une série. *Il a gravi tous les échelons de la hiérarchie et le voici au poste de directeur.* → **degré, niveau.**

ÉCHELONNER [eʃlɔne] verbe [conjugaison 1a] **1.** Répartir régulièrement dans le temps. *On échelonnera les paiements sur deux ans.* → **étaler. 2.** verbe pronominal S'ÉCHELONNER : se répartir dans le temps. *Les travaux se sont échelonnés sur six mois.*

ÉCHEVELÉ [eʃəvle], **ÉCHEVELÉE** [eʃəvle] adj. (après le nom) ▪ (qqn) Qui a les cheveux en désordre, décoiffés. *Elle est arrivée complètement échevelée* (→ **ébouriffer).**

ÉCHEVIN [eʃvɛ̃] n. m. ▪ *UN ÉCHEVIN :* conseiller municipal, en Belgique et aux Pays-Bas. *Les échevins sont adjoints au bourgmestre.*

REM. Ce mot désigne aussi parfois un conseiller municipal au Canada.

ÉCHINE [eʃin] n. f. ▪ *L'ÉCHINE* **1.** Colonne vertébrale de l'homme et de certains animaux. *Le cavalier a tapé son cheval sur l'échine.* – (figuré) *Cet employé PLIE L'ÉCHINE devant ses supérieurs,* il se soumet à leurs volontés. **2.** Viande du dos du porc. *Le cuisinier prépare un rôti dans l'échine.*

S'**ÉCHINER** [eʃine] verbe pronominal [conjugaison 1a] ▪ Se donner beaucoup de mal, faire beaucoup d'efforts. *Elle S'EST ÉCHINÉE À lui expliquer, mais il n'a rien compris.* → s'**épuiser,** s'**éreinter,** s'**escrimer,** se **fatiguer.**

ÉCHIQUIER [eʃikje] n. m. **1.** *UN ÉCHIQUIER :* plateau divisé en soixante-quatre cases noires et blanches, sur lequel on joue aux échecs. *Les joueurs disposent les pièces sur l'échiquier* (→ **damier). 2.** *L'ÉCHIQUIER :* situation où s'opposent des intérêts. *Ce parti a une place particulière sur l'ÉCHIQUIER POLITIQUE.* **3.** Administration financière centrale, en Grande-Bretagne. *Le CHANCELIER DE L'ÉCHIQUIER doit être reçu par la reine demain.*

ÉCHO [eko] n. m. **1.** *L'ÉCHO :* répétition d'un son renvoyé par un obstacle. *Il y a souvent de l'écho en montagne. On entend l'écho de sa voix.* **2.** Ce qui est répété par quelqu'un. *Avez-vous eu des échos de ce qui s'est passé ?* → **bruit, information, nouvelle.**

ÉCHOGRAPHIE [ekogʀafi] n. f. ▪ *UNE ÉCHOGRAPHIE :* méthode qui permet de voir sur un écran une partie de l'intérieur du corps en utilisant des ondes sonores très faibles. *On surveille la* *grossesse par échographie.* – *On lui a fait une échographie du cœur.*

ÉCHOIR [eʃwaʀ] verbe ▪ STYLE RECHERCHÉ **1.** Être réservé par le sort ou par le hasard. *La somme d'argent qui lui échoit par héritage est considérable. Elle a du mal à faire face au nouveau rôle qui lui est échu.* **2.** (dette, engagement) Arriver à échéance, à terme (→ **échéance**). *Leur contrat d'assurance échoit le 1er mars.*

REM. **1.** *Échoir* est un verbe défectif, c'est-à-dire qui n'existe ni à tous les temps ni à toutes les personnes. Au présent : *il échoit, ils échoient* ; au passé simple : *il échut* ; au futur : *il échoira* ; au conditionnel : *il échoirait* ; au participe présent : *échéant* ; au participe passé : *échu*. **2.** Il se conjugue avec l'auxiliaire *être*.

ÉCHOPPE [eʃɔp] n. f. ▪ *UNE ÉCHOPPE* : petite boutique. *Le cordonnier répare les chaussures dans son échoppe.*

ÉCHOUAGE [eʃwaʒ] n. m. ▪ *L'ÉCHOUAGE* : situation d'un bateau qui touche le fond exprès et cesse de flotter. *L'échouage des bateaux dans le port, à marée basse, permet de nettoyer la coque. Les barques sont À L'ÉCHOUAGE.*

ÉCHOUER [eʃwe] verbe [conjugaison 1a] **1.** (bateau) Toucher le fond par accident et être arrêté dans sa marche. *Le bateau a échoué sur un banc de sable.* – *Des baleines ont échoué sur la plage,* elles ont été poussées, jetées sur la plage. **2.** (qqn) S'arrêter par lassitude, ou comme poussé par le hasard. *Ils ont fini par échouer dans un restaurant minable.* **3.** Ne pas réussir. *Il ÉCHOUERA* [eʃuʀa] *À tous ses examens s'il travaille aussi peu. Tous leurs efforts ont échoué.* → **rater** ; STYLE FAMILIER **louper.** **4.** (qqn) Pousser (un bateau) de manière à toucher la côte. *Le pêcheur a échoué sa barque sur le rivage.* **5.** verbe pronominal S'ÉCHOUER : être jeté à la côte. *Le pétrolier s'est échoué sur des rochers. Des cachalots se sont échoués sur la plage.*

échu [eʃy], **échue** [eʃy] *Il lui est échu une somme ; la somme qui lui est échue* : formes au participe passé du verbe **échoir.**

ÉCLABOUSSER [eklabuse] verbe [conjugaison 1a] **1.** Couvrir d'un liquide le plus souvent salissant que l'on fait rejaillir. *La voiture a éclaboussé les passants en roulant dans une flaque d'eau.* → **arroser, asperger.** **2.** Salir moralement. *Ce scandale politique éclabousse plusieurs membres du gouvernement.*

ÉCLABOUSSURE [eklabusyʀ] n. f. ▪ *UNE ÉCLABOUSSURE* **1.** Goutte d'un liquide salissant qui a rejailli. *Il y a des éclaboussures de café sur sa chemise blanche.* → **tache.** **2.** Contrecoup d'un événement fâcheux qui salit la réputation de (qqn). *Plusieurs personnalités politiques ont reçu quelques éclaboussures du scandale.*

① **ÉCLAIR** [eklɛʀ] n. m. ▪ *UN ÉCLAIR* **1.** Lumière très forte, qui dure très peu de temps, et qui forme une ligne en zigzag pendant un orage. *Après le coup de tonnerre, il y a eu un éclair dans le ciel noir.* – *Avec la rapidité de l'éclair, à la vitesse de l'éclair,* très vite. *Il est arrivé AVEC LA RAPIDITÉ DE L'ÉCLAIR,* très vite. – *EN UN ÉCLAIR, elle a compris la situation,* très rapidement. **2.** STYLE FAMILIER (invariable) Très rapide. *Ils nous ont fait une visite éclair.* PLURIEL : *des voyages éclair.* **3.** Lumière très vive, de courte durée. *La star est éblouie par les éclairs de magnésium des appareils photo.* – *Un éclair de malice passa dans son regard.* → **lueur.** *Elle est furieuse, ses yeux lancent des éclairs.* **4.** Manifestation soudaine et passagère. *Le malade est rarement conscient, mais il a parfois quelques éclairs de lucidité,* quelques brefs moments de lucidité.

② **ÉCLAIR** [eklɛʀ] n. m. ▪ *UN ÉCLAIR* : gâteau allongé, fait de pâte à choux fourrée de crème aromatisée, glacé sur le dessus. *Je préfère les éclairs au café aux éclairs au chocolat.*

ÉCLAIRAGE [eklɛʀaʒ] n. m. **1.** *L'ÉCLAIRAGE* : action ou manière d'éclairer, de produire de la lumière artificielle. *Les lampes, les luminaires, les spots sont des appareils d'éclairage. L'éclairage électrique a remplacé l'éclairage au gaz ou au pétrole.* **2.** Manière d'éclairer. *Je déteste l'éclairage au néon. Cet éclairage indirect est agréable. L'éclairage est insuffisant dans cette pièce, on n'y voit presque rien.* **3.** Manière de décrire, d'envisager. *Sous cet éclairage, ils commencent à voir les choses différemment.* → **angle, jour.** **4.** *UN ÉCLAIRAGE* : source de lumière. *Il y a plusieurs éclairages dans le salon.* – Effet de lumière. *Les éclairagistes règlent les éclairages pour la prochaine séquence du film.*

ÉCLAIRAGISTE [eklɛʀaʒist] n. m., n. f. ▪ *UN ÉCLAIRAGISTE, UNE ÉCLAIRAGISTE* : spécialiste de l'éclairage d'un spectacle. *L'éclairagiste du théâtre a réglé toutes les lumières avant le lever du rideau.*

ÉCLAIRANT [eklɛʀɑ̃], **ÉCLAIRANTE** [eklɛʀɑ̃t] adj. (après le nom) **1.** Qui peut éclairer. *Le bateau en perdition lance des fusées éclairantes.* **2.** Qui peut éclaircir, expliquer. *Cet exemple n'est pas très éclairant, prenez-en un autre.*

ÉCLAIRCIE [eklɛʀsi] n. f. ▪ *UNE ÉCLAIRCIE* : moment où le ciel s'éclaircit et où il ne pleut plus. *Nous avons profité d'une éclaircie entre deux averses pour faire nos courses.*

ÉCLAIRCIR [eklɛʀsiʀ] verbe [conjugaison 2]
I. 1. Rendre plus clair. *Cette peinture blanche éclaircit la pièce.* ⟨contraires : assombrir, foncer⟩ **2.** Rendre moins épais, moins dense. *Les forestiers ont éclairci la futaie.* **3.** Rendre clair pour l'esprit. → **débrouiller, élucider.** *Éclaircissons ce mystère, il y a sûrement une explication.* ⟨contraires : embrouiller, obscurcir⟩
II. verbe pronominal S'ÉCLAIRCIR **1.** Devenir plus clair. *Le temps s'éclaircira peut-être au cours de la journée et nous pourrons sortir.* **2.** Devenir moins épais. *Il vieillit et ses cheveux s'éclaircissent.* **3.** Devenir plus clair, plus facile à comprendre. *Grâce à tes explications, les choses se sont éclaircies, je comprends mieux.* **4.** *S'ÉCLAIRCIR LA VOIX, LA GORGE* : se racler la gorge pour que la voix soit plus nette. *Il tousse pour s'éclaircir la voix et se met à parler. Elle s'est éclairci la voix.*

ÉCLAIRCISSEMENT [eklɛʀsismɑ̃] n. m. ▪ *UN ÉCLAIRCISSEMENT* **1.** Action d'éclaircir, fait de s'éclaircir. *Voici l'éclaircissement du mystère.* → **explication.** **2.** (au pluriel) DES ÉCLAIRCISSEMENTS : explications, renseignements pour expliquer ou justifier (qqch.). *Le commissaire a demandé au témoin des éclaircissements sur son emploi du temps le soir du crime. J'aurais besoin de quelques éclaircissements.*

ÉCLAIRÉ [ekleʀe], **ÉCLAIRÉE** [ekleʀe] adj. (après le nom) **1.** (lieu) Qui a beaucoup de lumière. *Cette pièce est bien éclairée.* ⟨contraire : sombre⟩ **2.** (qqn) Qui a de l'instruction et qui a l'esprit critique. ⟨contraire : ignorant⟩ *Seul un public éclairé peut comprendre cette pièce de théâtre.* → **averti.** *Ces livres anciens feront le bonheur des amateurs éclairés.*

ÉCLAIRER [ekleʀe] verbe [conjugaison 1a]
I. 1. Répandre de la lumière sur. *Le Soleil et la Lune éclairent la Terre. Éclaire-moi avec ta lampe, car je n'y vois rien.* – *Les devantures des boutiques sont éclairées au néon.* **2.** Répandre une espèce de lumière sur (le visage). *Un sourire radieux éclaire son visage.* → **illuminer.** ⟨contraire : assombrir⟩ **3.** Répandre de la lumière. *Ma lampe de poche est cassée, elle n'éclaire plus.* **4.** Mettre (qqn) en état de comprendre, de distinguer le vrai du faux. → **instruire.** ⟨contraire : embrouiller⟩ *Éclairez-nous sur ce sujet, car nous n'y connaissons rien.* – *ÉCLAIRER LA LANTERNE DE qqn,* lui donner des explications pour qu'il comprenne. *Éclai-*

rez ma lanterne, car je ne suis au courant de rien.* **5.** Rendre clair, facile à comprendre. *Ce commentaire éclaire la pensée de l'auteur.* → **éclaircir, expliquer.**
II. verbe pronominal S'ÉCLAIRER **1.** (qqn) Se procurer de la lumière. *Pendant la panne de courant, elle s'est éclairée à la bougie.* **2.** (qqch.) Devenir, clair, facile à comprendre. *Maintenant que tu m'as dit cela, tout s'éclaire.* ⟨contraire : s'obscurcir⟩

FAUX AMI
espagnol **aclarar** « éclaircir »

ÉCLAIREUR [eklɛrœr] n. m., **ÉCLAIREUSE** [eklɛrøz] n. f. **1.** *UN ÉCLAIREUR :* soldat qui est envoyé en reconnaissance. *Un détachement d'éclaireurs marche devant la troupe.* **2.** *UN ÉCLAIREUR, UNE ÉCLAIREUSE :* enfant ou adolescent entre onze et seize ans qui fait partie d'une association de scoutisme. *Sa fille est éclaireuse.*

① **ÉCLAT** [ekla] n. m. ■ *UN ÉCLAT* **1.** Morceau d'un objet qui éclate ou que l'on casse. *J'ai cassé un vase, il y a des éclats de verre partout dans la pièce.* → **fragment.** *Le soldat a été blessé par un éclat d'obus.* – *VOLER EN ÉCLATS :* se casser en projetant des morceaux. *Le verre est tombé de la table et a volé en éclats.* **2.** Bruit violent et soudain. *Le bébé est effrayé par les ÉCLATS DE VOIX,* le bruit fait par des personnes qui parlent très fort. *Il a entendu des ÉCLATS DE RIRE dans la pièce voisine.* – *RIRE AUX ÉCLATS,* très fort, en faisant du bruit. *La plaisanterie l'a fait rire aux éclats.* **3.** *FAIRE UN ÉCLAT :* provoquer un scandale. *Il est violent et il n'hésitera pas à faire un éclat.*

② **ÉCLAT** [ekla] n. m. ■ *L'ÉCLAT* **1.** Force, intensité d'une lumière. *Elle porte des lunettes noires pour protéger ses yeux de l'éclat du soleil.* → **luminosité.** *Ce maquillage donne de l'éclat au regard.* **2.** Couleur vive et fraîche. *Ce jaune d'or a beaucoup d'éclat* (→ **éclatant**). *Cette crème de beauté est bonne pour l'éclat du teint.* **3.** Caractère de ce qui est brillant, magnifique. → **luxe, magnificence.** *J'étais impressionné par l'éclat de cette réception.* → ① **faste.** – *D'ÉCLAT :* remarquable. *Les héros accomplissent des ACTIONS D'ÉCLAT.* → **exploit.**

ÉCLATANT [eklatɑ̃], **ÉCLATANTE** [eklatɑ̃t] adj. (après le nom) **1.** (couleur) Qui brille avec éclat. *Le gazon est d'un vert éclatant.* → **vif.** *Il porte une chemise d'une blancheur éclatante.* ⟨contraire : terne⟩ **2.** Qui se manifeste de façon frappante. *Ce comédien a remporté un succès éclatant.* → **triomphal.** *Voilà une preuve éclatante de sa mauvaise volonté.* → **évident, manifeste.**

ÉCLATÉ [eklate] n. m. ■ *UN ÉCLATÉ :* dessin qui représente les différentes parties d'une machine, d'un appareil ou d'un moteur à leur place réelle et qui montre les éléments normalement invisibles en les séparant les uns des autres. *Dans cette encyclopédie, il y a un éclaté d'un moteur d'avion.*

ÉCLATEMENT [eklatmɑ̃] n. m. ■ *L'ÉCLATEMENT* **1.** Rupture brutale d'un objet. *L'éclatement d'un tuyau de gaz a provoqué une explosion.* **2.** Division brutale d'un groupe de personnes en plusieurs groupes nouveaux. → **scission.** *Une crise politique a abouti à l'éclatement du parti.*

ÉCLATER [eklate] verbe [conjugaison 1a] **1.** Se rompre avec violence et généralement avec bruit, en projetant des morceaux, ou en s'ouvrant. → **exploser, sauter.** *Toutes les vitres ont éclaté sous l'effet de l'explosion.* → se **briser.** *Un des pneus de la voiture a éclaté.* → **crever. 2.** Se diviser (en plusieurs groupes). *Le parti a éclaté en plusieurs courants.* → se **scinder. 3.** Faire entendre un bruit soudain et violent. *À la fin du spectacle, les applaudissements éclatent.* → **retentir.** – *L'enfant a ÉCLATÉ EN sanglots quand sa mère l'a grondé.* – *ÉCLATER DE RIRE :* se mettre tout d'un coup à rire bruyamment. *En le voyant avec ce chapeau ridicule, j'ai éclaté de rire.* **4.** (qqch.) Se manifester brusquement. → **commencer.** *La guerre a éclaté dans ce pays.* → se **déclarer.** *Si le scandale éclate, le ministre devra démissionner.* **5.** Apparaître de façon claire, évidente. *La joie éclate sur son visage. La vérité éclatera un jour ou l'autre.* **6.** STYLE FAMILIER verbe pronominal S'ÉCLATER : éprouver un grand plaisir dans une activité. *Il s'éclate dans son boulot. Elle s'est éclatée avec ses amis.*

ÉCLECTIQUE [eklɛktik] adj. (après le nom) ■ Qui n'a pas de goûts exclusifs, qui ne se limite pas à une seule catégorie d'objets. *Elle est éclectique dans ses goûts musicaux, elle aime à la fois la musique classique et le jazz.* – *Il a des goûts éclectiques en littérature.*

ÉCLIPSE [eklips] n. f. ■ *UNE ÉCLIPSE* **1.** Disparition passagère d'un astre, due à son passage dans l'ombre d'un autre astre. *Hier, il y a eu une éclipse totale du Soleil pendant quelques minutes,* le Soleil a disparu totalement pendant quelques minutes, caché par la Lune. **2.** Période pendant laquelle qqn ou qqch. disparaît, n'agit plus. *Ce sportif a connu une longue éclipse avant de devenir champion du monde.* – *À ÉCLIPSES :* qui apparaît et disparaît successivement. *Ce phare est à éclipses,* il produit une lumière intermittente.

ÉCLIPSER [eklipse] verbe [conjugaison 1a] **1.** (astre) Provoquer l'éclipse d'un astre. *La Lune a éclipsé le Soleil.* → **cacher, voiler.** ⟨contraires : dévoiler, montrer⟩ **2.** Se montrer plus brillant que (qqn), plaire plus que (qqn). → **surpasser.** *Dans cette pièce de théâtre, cette jeune comédienne éclipse tous les autres acteurs.* **3.** verbe pronominal S'ÉCLIPSER : s'en aller discrètement. → s'**esquiver.** *Nous nous sommes éclipsés avant la fin du concert.*

ÉCLOPÉ [eklɔpe] adj. et n. m., **ÉCLOPÉE** [eklɔpe] adj. et n. f. **1.** adjectif (après le nom) Qui marche avec peine à cause d'un accident ou d'une blessure. → **boiteux, estropié, infirme.** *Elle est revenue éclopée des sports d'hiver.* **2.** *UN ÉCLOPÉ, UNE ÉCLOPÉE :* une personne qui marche difficilement à cause d'une blessure. *Allons, les éclopés, on arrive bientôt.*

ÉCLORE [eklɔr] verbe [conjugaison 45] **1.** (œuf) S'ouvrir. *L'œuf éclot et le poussin en sort. Les œufs sont tous éclos.* **2.** (fleur) S'ouvrir, s'épanouir. *Les roses du jardin ont éclos.* **3.** STYLE RECHERCHÉ Naître, apparaître. *Cette époque a vu éclore de grands artistes.*

REM. **1.** Ce verbe se conjugue seulement à la 3ᵉ personne (ex. : *elle éclot, elle est éclose*) et ne possède ni imparfait ni passé simple. **2.** Contrairement au verbe *clore,* il n'y a pas d'accent circonflexe sur le *o* à la 3ᵉ personne du singulier du présent.

éclos [eklo], **éclose** [ekloz] *La fleur a éclos ; la fleur qui est éclose :* formes au participe passé du verbe **éclore.**

ÉCLOSION [eklozjɔ̃] n. f. ■ *L'ÉCLOSION* **1.** Fait d'éclore. *La femelle couve ses œufs jusqu'à l'éclosion.* – *L'éclosion des bourgeons a lieu au printemps.* → **épanouissement. 2.** Naissance, apparition. *Nous venons d'assister à l'éclosion d'un nouveau talent.*

ÉCLUSE [eklyz] n. f. ■ *UNE ÉCLUSE :* ouvrage aménagé sur une rivière, un fleuve ou un canal, formé de portes comportant des vannes, destiné à retenir ou à lâcher l'eau selon les besoins et destiné à faire passer les bateaux d'un niveau à l'autre. *La péniche franchit l'écluse.*

ÉCLUSER [eklyze] verbe [conjugaison 1a] ■ STYLE FAMILIER Boire. *Il a éclusé son verre de vin d'un seul coup.* – *Ce qu'il peut écluser, c'est incroyable !*

ÉCLUSIER [eklyzje] n. m., **ÉCLUSIÈRE** [eklyzjɛr] n. f. ■ *UN ÉCLUSIER, UNE ÉCLUSIÈRE :* une personne dont le travail est de manœuvrer une écluse. *L'éclusier ouvre et ferme les portes de l'écluse.*

ÉCŒURANT [ekœʀɑ̃], **ÉCŒURANTE** [ekœʀɑ̃t] adj. (après le nom) **1.** Qui écœure, donne envie de vomir. *Il y a une odeur écœurante de cuisine dans ce restaurant.* → **dégoûtant, répugnant.** ⟨contraire : appétissant⟩ *Ce gâteau à la crème est trop sucré, c' est écœurant.* **2.** Moralement répugnant, révoltant. *C'est d'une injustice écœurante qu'un innocent soit puni à la place du coupable.* **3.** Décourageant, démoralisant. *Il a une chance écœurante aux cartes.*

ÉCŒUREMENT [ekœʀmɑ̃] n. m. ▪ *L'ÉCŒUREMENT* **1.** État d'une personne écœurée. *Elle a mangé jusqu'à l'écœurement.* → **nausée. 2.** Dégoût profond, répugnance. *Il éprouve de l'écœurement en découvrant toutes ces magouilles.* **3.** Découragement. *Elle ressent de l'écœurement après cette série d'échecs.*

ÉCŒURER [ekœʀe] verbe [conjugaison 1a] **1.** Dégoûter au point de donner envie de vomir. *Ces bonbons trop sucrés écœurent vite.* **2.** Dégoûter moralement en inspirant l'indignation ou le mépris. *Ça m'écœure, toutes ces magouilles !* → STYLE FAMILIER **débecter.** *Qu'il ne le sache jamais : ça l'écœurerait* [ekœʀʀɛ] *trop.* **3.** Décourager, démoraliser profondément. *Il a été vraiment écœuré par ce nouvel échec.*

ÉCOLE [ekɔl] n. f. ▪ *L'ÉCOLE* **1.** Lieu où est donné un enseignement à un groupe de personnes. *Il existe des écoles publiques et des écoles privées.* → **cours.** *En France, les enfants vont à l'école maternelle, puis à l'école élémentaire. Son mari a fait une école d'ingénieurs. Sa fille suit des cours dans une école de dessin.* **2.** Établissement d'enseignement primaire (opposé à collège, lycée) (→ **scolaire).** *Son fils n'a que trois ans, il n'a pas encore l'âge d'aller à l'école.* → **classe.** *Mon oncle est directeur d'école.* **3.** Ensemble des bâtiments de l'école. *À la récréation, les élèves jouent dans la cour de l'école.* **4.** Ensemble des élèves et des enseignants d'une école. *La fête de l'école aura lieu le 22 juin.* **5.** Ce qui sert à instruire, à former. *La mer est une école de courage.* – *Avec vous, cet enfant sera À BONNE ÉCOLE,* vous saurez le former, lui apprendre des choses. – *Dans sa jeunesse, il a été À RUDE ÉCOLE,* le malheur, les difficultés lui ont appris des choses. **6.** Groupe d'écrivains, d'artistes qui appartiennent au même mouvement. *Cet écrivain appartient à l'école romantique.* **7.** Ensemble de peintres d'un même pays, de la même ville ou de la même tendance. *Rembrandt est un peintre de l'école flamande.*

ÉCOLIER [ekɔlje] n. m., **ÉCOLIÈRE** [ekɔljɛʀ] n. f. ▪ *UN ÉCOLIER, UNE ÉCOLIÈRE :* enfant qui va à l'école maternelle ou à l'école primaire. → **élève.** *Les écoliers prennent le chemin de l'école, leur cartable sur le dos.* – *Comme nous n'étions pas pressés, nous avons pris LE CHEMIN DES ÉCOLIERS,* le chemin le plus long, qui permet de flâner.

ÉCOLO n. m., n. f. et adj. Forme abrégée familière de **écologiste.**

ÉCOLOGIE [ekɔlɔʒi] n. f. ▪ *L'ÉCOLOGIE :* science qui étudie le milieu où vivent les êtres vivants ainsi que les rapports des êtres vivants avec ce milieu. *La protection de l'environnement est l'un des buts de l'écologie.*

ÉCOLOGIQUE [ekɔlɔʒik] adj. (après le nom) **1.** Relatif à l'écologie. *La pollution est un problème écologique.* **2.** Qui respecte l'environnement. *Cette lessive biodégradable est écologique.*

ÉCOLOGISTE [ekɔlɔʒist] n. m., n. f. et adj. **1.** *UN ÉCOLOGISTE, UNE ÉCOLOGISTE :* une personne qui agit pour la protection de la nature et le respect de l'environnement. *Les écologistes ont obtenu plusieurs sièges aux dernières élections.* → **vert.** – *ÉCOLO* [ekɔlo] forme abrégée familière : *UN ÉCOLO, UNE ÉCOLO. Les écolos ont manifesté contre la construction d'une nouvelle centrale nucléaire.* **2.** adjectif (après le nom) Relatif à la protection de la nature. *Le mouvement écologiste s'est beaucoup développé. Quelques candidats écologistes ont été élus.* – *ÉCOLO* [ekɔlo] forme abrégée familière *Le mouvement écolo. Les députés écolos.*

ÉCONDUIRE [ekɔ̃dɥiʀ] verbe [conjugaison 38b] ▪ Repousser (qqn), refuser la demande de (qqn). *J'éconduis tous les importuns. Dès que quelqu'un se présentait, il l'éconduisait brutalement.* ⟨contraires : accueillir, recevoir⟩ *Il a été vexé qu'elle l'éconduise.* – *Un de ses amoureux éconduits l'a harcelée pendant des mois.*

éconduit [ekɔ̃dɥi], **éconduite** [ekɔ̃dɥit] *Il a éconduit une femme ; la femme qu'il a éconduite :* formes au participe passé du verbe **éconduire.**

ÉCONOME [ekɔnɔm] adj., n. m. et n. f. **1.** adjectif (après le nom) Qui évite les dépenses inutiles. *Elle a toujours été très économe.* → **avare, regardant.** *Elle a des parents économes.* ⟨contraire : dépensier⟩ – *Il est ÉCONOME DE son temps :* il ne donne pas facilement de son temps. **2.** *UN ÉCONOME, UNE ÉCONOME :* une personne qui s'occupe de l'administration matérielle, des recettes et des dépenses dans une école, un hôpital ou une communauté religieuse. *Sa mère est économe dans un lycée.* **3.** *UN ÉCONOME :* couteau qui sert à éplucher les légumes. *Pelez les pommes de terre et les carottes avec un économe.*

ÉCONOMIE [ekɔnɔmi] n. f. **1.** *UNE ÉCONOMIE :* ce que l'on évite de dépenser. *Nous ferons les travaux nous-mêmes, cela fera une sérieuse économie. Le ministre recommande de faire des économies d'énergie.* – *Il fait des ÉCONOMIES DE BOUTS DE CHANDELLE,* des économies insignifiantes. – *Voyager en avion permet une économie de temps et de fatigue.* → **gain.** ⟨contraire : perte⟩ – *FAIRE L'ÉCONOMIE DE qqch.,* s'en dispenser. *Le gouvernement ne peut pas faire l'économie de cette réforme.* **2.** (au pluriel) DES ÉCONOMIES : somme d'argent que l'on a gardée sans la dépenser. *Elle a placé ses économies à la banque. Il s'est acheté une nouvelle voiture avec ses économies.* **3.** *L'ÉCONOMIE :* la façon de gérer ce qu'on possède en évitant les dépenses inutiles. *Apprenons-lui l'économie. Ils ont transmis à leur fils leur sens de l'économie.* → **épargne.** ⟨contraire : gaspillage⟩ **4.** *L'ÉCONOMIE d'un pays :* ce qui concerne la production, la distribution et la consommation des ressources, des richesses d'un pays. *L'agriculture, l'industrie et le commerce constituent les différents secteurs de l'économie d'un pays. L'économie de ce pays est en expansion. L'économie capitaliste s'oppose à l'économie socialiste.*

ÉCONOMIQUE [ekɔnɔmik] adj. (après le nom) **1.** Qui permet de moins dépenser, de faire des économies. *Le chauffage au gaz est plus économique que le chauffage électrique.* → **avantageux.** ⟨contraire : coûteux⟩ *Ce produit existe en flacon normal ou en modèle économique,* en modèle plus grand et relativement moins cher. **2.** Qui concerne la production, la distribution et la consommation des richesses. *L'activité économique de ce pays est en crise. Tous les secteurs de la vie économique sont touchés,* tous les secteurs de l'économie. *Le gouvernement poursuit sa politique économique.*

ÉCONOMISER [ekɔnɔmize] verbe [conjugaison 1a] **1.** Ne pas dépenser (tout son argent), en garder une partie. *Elle économise une petite somme chaque mois pour s'acheter une voiture.* → **épargner.** ⟨contraire : dépenser⟩ **2.** Dépenser peu, ne pas trop consommer. *Il faut économiser l'énergie.* ⟨contraire : gaspiller⟩ – *Économise tes forces, tu en auras besoin.*

ÉCONOMISTE [ekɔnɔmist] n. m., n. f. ▪ *UN ÉCONOMISTE, UNE ÉCONOMISTE :* spécialiste de l'économie. *Sa femme est une économiste réputée.*

ÉCOPER [ekɔpe] verbe [conjugaison 1a] **1.** Vider l'eau qui s'est introduite dans un bateau. *Il y a de l'eau au fond de la barque : il va falloir écoper.* **2.** STYLE FAMILIER *Écoper (de) qqch.* : subir une peine. *L'accusé a écopé de trois ans de prison ou a écopé trois ans de prison.* – *Ce sont toujours les mêmes qui écopent,* qui sont punis. → STYLE FAMILIER **trinquer.**

ÉCORCE [ekɔʀs] n. f. ▪ *L'ÉCORCE* **1.** Partie d'un arbre qui enveloppe le tronc et les branches, et qui peut se détacher du bois. *Le bouleau a une écorce blanche.* **2.** Enveloppe dure de certains fruits. *Il enlève l'écorce de l'orange avec un couteau.* → **peau, pelure.** **3.** *L'ÉCORCE TERRESTRE :* la partie superficielle de la Terre. *L'écorce terrestre a une épaisseur d'environ trente kilomètres.* → **croûte.**

ÉCORCHÉ [ekɔʀʃe] adj. et n. m., **ÉCORCHÉE** [ekɔʀʃe] adj. et n. f. **1.** adjectif (après le nom) (partie du corps) Dont la peau est légèrement déchirée à la surface. *Le petit garçon est tombé et il a les genoux écorchés.* **2.** *UN ÉCORCHÉ :* une statue, un dessin d'homme ou d'animal représenté dépouillé de sa peau. *Les étudiants de l'école des Beaux-Arts font un dessin d'après un écorché.* **3.** *UN ÉCORCHÉ VIF, UNE ÉCORCHÉE VIVE :* une personne trop sensible, qui est facilement blessée. *On ne peut rien lui dire de peur de lui faire de la peine, c'est un écorché vif.*

ÉCORCHER [ekɔʀʃe] verbe [conjugaison 1a] **1.** Dépouiller de sa peau. *Le fermier tue le lapin et l'écorche. Autrefois, certains criminels étaient écorchés.* **2.** Déchirer légèrement la peau. *Les ronces lui ont écorché les jambes.* → **égratigner, érafler, griffer.** **3.** (son) *ÉCORCHER LES OREILLES :* être désagréable, pénible à entendre. *Éteins la radio, cette musique m'écorche les oreilles.* **4.** Déformer, mal prononcer (un mot). *Il n'aime pas que l'on écorche son nom de famille. Elle n'est pas depuis longtemps en France et elle écorche un peu le français,* elle ne le parle pas très bien. **5.** verbe pronominal S'ÉCORCHER : se déchirer légèrement la peau. *Elle s'est écorchée en tombant et ça saigne.* – *Elle s'est écorché le genou en tombant.*

ÉCORCHURE [ekɔʀʃyʀ] n. f. ▪ *UNE ÉCORCHURE :* déchirure légère de la peau. *L'enfant a des écorchures sur les genoux.* → **égratignure, éraflure.**

① **ÉCOSSAIS** [ekɔsɛ] adj. et n. m., **ÉCOSSAISE** [ekɔsɛz] adj. et n. f. **1.** adjectif (après le nom) De l'Écosse. *Le whisky écossais est réputé. Certaines danses écossaises sont très anciennes.* **2.** *UN ÉCOSSAIS, UNE ÉCOSSAISE :* une personne qui habite l'Écosse. *Certains Écossais portent des kilts.* **3.** *L'ÉCOSSAIS :* la langue parlée en Écosse. *L'écossais ne ressemble pas à l'anglais.*

② **ÉCOSSAIS** [ekɔsɛ] adj. et n. m., **ÉCOSSAISE** [ekɔsɛz] adj. et n. f. **1.** *UN TISSU ÉCOSSAIS :* tissu de fils de plusieurs couleurs qui se croisent à angle droit en formant des rayures et des carreaux. *Il porte une cravate en tissu écossais. Elle a une jupe plissée écossaise,* en tissu écossais. **2.** *UN ÉCOSSAIS :* un tissu écossais. *Cet écossais bleu et jaune est très gai.*

ÉCOSSE [ekɔs] nom propre féminin – en anglais **SCOTLAND** ▪ *L'ÉCOSSE :* région située au nord de la Grande-Bretagne, dont la capitale est Édimbourg. *Ils sont allés en Écosse. Nous revenons d'Écosse.*

ÉCOSSER [ekɔse] verbe [conjugaison 1a] ▪ Enlever la cosse de (pois, haricots). *Elle écosse des petits pois.*

ÉCOULEMENT [ekulmɑ̃] n. m. ▪ *L'ÉCOULEMENT* **1.** Fait de s'écouler ; mouvement d'un liquide qui s'écoule. *L'écoulement des eaux usées se fait dans les égouts.* → **évacuation.** **2.** *UN ÉCOULEMENT D'EAU :* endroit où les eaux usées s'écoulent. **3.** Possibilité d'écouler des marchandises. *Cette usine a augmenté l'écoulement de sa production vers l'étranger.* → **débouché, vente.**

ÉCOULER [ekule] verbe [conjugaison 1a]
I. Vendre complètement (une marchandise). *Ce magasin a écoulé tout son stock de lait.* → ② **débiter, vendre.** *Ces produits sont faciles à écouler.* ⟨contraire : stocker⟩ *Les faussaires ont écoulé tout un lot de faux billets,* ils les ont mis en circulation.
II. verbe pronominal S'ÉCOULER **1.** Couler hors d'un lieu. *Il faut boucher la fuite par où l'eau s'écoule.* → **couler, sortir.** **2.** Passer (dans un lieu) comme un flot continu. *La foule s'écoule dans les couloirs du métro.* **3.** (temps) Passer. *Les années s'écoulent, les unes après les autres. Cette journée s'est écoulée trop vite.* – *Il s'est écoulé deux mois depuis leur dernière rencontre.* – *Elle ne regrette pas ces années écoulées.*

ÉCOURTER [ekuʀte] verbe [conjugaison 1a] ▪ Rendre plus court en durée. *Le directeur a écourté la réunion car il avait un rendez-vous.* → **abréger.** ⟨contraire : allonger⟩ *Nous avons dû écourter notre séjour de quelques jours.*

ÉCOUTE [ekut] n. f. ▪ *L'ÉCOUTE* **1.** Action d'écouter (une communication téléphonique, une émission de radio). *Restez À L'ÉCOUTE DE notre station de radio,* continuez à l'écouter. *Cette émission passe à une HEURE DE GRANDE ÉCOUTE,* à une heure où beaucoup de gens écoutent. – *Ce journaliste a été mis SUR (TABLE D') ÉCOUTE par le gouvernement,* le gouvernement a demandé que la police écoute ses appels téléphoniques. **2.** Action d'écouter (qqn), de faire attention à ce qu'il dit. *Leurs relations sont fondées sur l'écoute et sur la confiance.* – *Ces parents sont À L'ÉCOUTE DE leurs enfants,* ils sont très attentifs à leurs enfants.

ÉCOUTER [ekute] verbe [conjugaison 1a]
I. **1.** Faire attention à (des bruits, des sons, des paroles). *Ne fais pas de bruit, j'écoute de la musique. Il écoute les informations à la radio, le matin et le soir. Elle est souvent distraite et n'écoute pas quand on lui parle. Tu n'as pas écouté ce que je disais. Il N'ÉCOUTE QUE D'UNE OREILLE :* il écoute distraitement. – *Alors, tu ÉCOUTES AUX PORTES, maintenant ?* tu écoutes les conversations qui ne te sont pas destinées. – *Écoute-moi, quand je te parle,* fais attention à ce que je te dis. – *ÉCOUTE, maintenant, ça suffit !* s'emploie pour attirer l'attention de la personne à qui on parle sur ce qu'on va dire. **2.** Être attentif (aux paroles, aux conseils ou aux désirs de qqn). *Il écoute toujours les conseils de ses amis.* → **suivre.** *Ce petit garçon n'écoute pas ses parents.* → **obéir.** ⟨contraire : désobéir⟩ *Si je l'écoutais, nous irions au restaurant tous les soirs.* – *Cet homme politique est très écouté,* ses conseils sont suivis. **3.** Se laisser guider par (un sentiment). *N'écoutant que son courage, il a plongé et a ramené l'enfant qui se noyait.*
II. verbe pronominal S'ÉCOUTER **1.** Suivre son désir. *Si elle s'était écoutée, elle ne serait pas allée à ce dîner.* **2.** Prêter une trop grande attention à sa santé. *Si tu ne t'écoutais pas tant, tu irais mieux.* **3.** *S'ÉCOUTER PARLER :* parler en se complaisant à ses paroles. *Ce conférencier s'écoute un peu trop parler.*

ÉCOUTEUR [ekutœʀ] n. m. ▪ *UN ÉCOUTEUR :* partie d'un casque ou d'un récepteur téléphonique que l'on applique sur l'oreille pour écouter. *Il écoute un disque sur son baladeur, les écouteurs sur les oreilles.*

ÉCOUTILLE [ekutij] n. f. ▪ *UNE ÉCOUTILLE :* ouverture rectangulaire dans le pont d'un navire, qui permet de descendre à l'intérieur. *Le capitaine a fait fermer les écoutilles, car une tempête est annoncée.*

ÉCRABOUILLER [ekʀabuje] verbe [conjugaison 1a] ▪ STYLE FAMILIER Écraser, réduire en bouillie. *Le conducteur du camion a écrabouillé un chien qui traversait la route.*

ÉCRAN [ekʀɑ̃] n. m. ▪ *UN ÉCRAN* **1.** Objet qui cache ou qui protège. *Les arbres forment un écran contre le vent. Cette crème solaire est un écran efficace contre les brûlures du soleil.* **2.** Surface sur laquelle on projette un film ou des photos. *Les images du film défilent sur l'écran. Au cinéma, je préfère m'asseoir loin de l'écran. – L'écran de ce téléviseur est plat, avec des coins carrés. – Dans ce film, une jeune actrice CRÈVE L'ÉCRAN,* est remarquable. **3.** *L'ÉCRAN :* le cinéma. *Toutes les VEDETTES DE L'ÉCRAN assistent au festival de Cannes. Ce célèbre roman va être PORTÉ À L'ÉCRAN,* on va en faire un film. *– LE PETIT ÉCRAN :* la télévision. *Ce film passe cette semaine sur le petit écran.* **4.** *ÉCRAN :* surface sur laquelle sont affichés des résultats, des images, des graphiques, dans le traitement automatique de l'information. *Les résultats apparaissent sur l'écran de l'ordinateur. Elle travaille sur écran.*

ÉCRASANT [ekʀazɑ̃], **ÉCRASANTE** [ekʀazɑ̃t] adj. (après le nom, parfois avant le nom) ▪ Qui écrase, accable. *Il fait une chaleur écrasante.* → **accablant, lourd.** *Il a des soucis écrasants, dans son travail. L'ennemi a subi une défaite écrasante. Le maire a été élu à une ÉCRASANTE MAJORITÉ.*

ÉCRASÉ [ekʀaze], **ÉCRASÉE** [ekʀaze] adj. (après le nom) **1.** Aplati et court. *Le boxeur a un nez écrasé.* **2.** *LES CHIENS ÉCRASÉS :* les faits divers sans importance. *Ce journaliste a commencé à travailler à la rubrique des chiens écrasés.*

ÉCRASEMENT [ekʀazmɑ̃] n. m. ▪ *L'ÉCRASEMENT :* destruction complète des forces d'un adversaire. *Les soldats ont combattu jusqu'à l'écrasement de l'armée ennemie.* → **anéantissement.**

ÉCRASER [ekʀaze] verbe [conjugaison 1a] **1.** Aplatir et déformer en comprimant très fort ou par un choc violent. *Le cuisinier écrase des pommes de terre pour faire de la purée.* → **broyer.** *Il écrase sa cigarette dans le cendrier. – Aïe, vous m'avez écrasé le pied !* vous m'avez marché sur le pied. **2.** Tuer en aplatissant. *J'ai écrasé une araignée.* → STYLE FAMILIER **écrabouiller. 3.** Renverser et passer sur le corps de. *Le chat s'est fait écraser par une voiture.* **4.** Dominer, humilier. *Il nous écrase de son luxe.* **5.** Faire supporter un poids trop lourd. *Elle se plaint d'être écrasée de travail,* d'avoir trop de travail. → **accabler, surcharger. 6.** Vaincre. *L'armée a écrasé la révolte.* → **anéantir. 7.** STYLE FAMILIER *EN ÉCRASER :* dormir profondément. *Il en écrase !* **8.** STYLE FAMILIER *ÉCRASE :* n'insiste pas, laisse tomber. *Ça va, toi, écrase !* **9.** verbe pronominal *S'ÉCRASER :* s'aplatir et se déformer. *L'avion s'est écrasé au sol. Tous les fruits se sont écrasés au fond du panier.*

ÉCRÉMÉ [ekʀeme], **ÉCRÉMÉE** [ekʀeme] adj. (après le nom) ▪ *LAIT ÉCRÉMÉ,* auquel on a enlevé la crème, la matière grasse. *Elle boit du café avec un peu de lait écrémé.*

ÉCREVISSE [ekʀəvis] n. f. ▪ *UNE ÉCREVISSE :* petit crustacé d'eau douce, muni de fortes pinces. *Nous avons mangé des écrevisses. – Il est devenu ROUGE COMME UNE ÉCREVISSE,* très rouge comme une écrevisse après la cuisson. → **homard.**

S'ÉCRIER [ekʀije] verbe pronominal [conjugaison 7b] ▪ Dire d'une voix forte. *Elles se sont écriées : « Jamais ! ».* → s'**exclamer.**

ÉCRIN [ekʀɛ̃] n. m. ▪ *UN ÉCRIN :* boîte dans laquelle on range des bijoux ou des objets précieux. *Elle a rangé sa bague dans son écrin.*

ÉCRIRE [ekʀiʀ] verbe [conjugaison 39]

I. 1. Tracer des lettres, des signes d'écriture. *Il a écrit son nom sur le sable. – Les enfants apprennent à lire et à écrire au cours préparatoire. Écrivez plutôt à l'encre qu'au crayon. Cette lettre n'est pas écrite à la main, mais à la MACHINE À ÉCRIRE.* **2.** Orthographier. *Je ne sais pas écrire ce mot. C'est écrit en abrégé. Écrivez ce mot en toutes lettres.* **3.** Noter par écrit. *J'ai écrit tous mes rendez-vous dans mon agenda. Elle écrit ses impressions dans son journal intime.* → **consigner. 4.** Rédiger (un message, une lettre) à l'intention de (qqn). *Quand elle part en voyage, elle écrit toujours des cartes postales à ses amis. – Il faudrait qu'il écrive à sa grand-mère pour son anniversaire.* **5.** Faire savoir par écrit. *Pour les résultats, on vous écrira. Il nous a ÉCRIT QU'il arrivait lundi.* **6.** Composer (un livre, une œuvre littéraire ou musicale). *Elle voudrait écrire un roman.* → **publier.** *Il écrit des articles pour une revue scientifique.* → **rédiger.** *C'est la plus belle sonate que ce musicien a écrite.* → **composer. 7.** Exprimer sa pensée par le langage écrit, l'écriture. *Ce journaliste écrit bien. J'aime bien la façon d'écrire de cet auteur.* → **style. 8.** Exposer (une idée) dans un ouvrage. *Je ne sais plus le nom du philosophe qui a écrit cela.* → **affirmer, soutenir.**

II. verbe pronominal *S'ÉCRIRE* **1.** S'envoyer des lettres. *Nous nous écrivons très souvent.* → **correspondre.** *Elles se sont écrit récemment.* **2.** (mot) Avoir telle orthographe. *Je ne sais pas comment ce mot s'écrit.* → s'**orthographier.** *Ça s'écrit comment ?*

écris [ekʀi] *J'écris, tu écris :* forme au présent du verbe **écrire.**

écrit [ekʀi], **écrite** [ekʀit] *Il écrit, elle écrit :* forme au présent du verbe **écrire.** – *J'ai écrit une lettre ; la lettre que j'ai écrite :* formes au participe passé du verbe **écrire.**

① **ÉCRIT** [ekʀi] n. m.

I. *UN ÉCRIT* **1.** Document, texte écrit. *Cet écrit est anonyme. Les paroles s'envolent, les écrits restent, dit le proverbe.* **2.** Ouvrage littéraire ou scientifique. *Tous les écrits de cet écrivain sont rassemblés dans la bibliothèque de sa ville natale.* → **œuvre, texte. 3.** *PAR ÉCRIT :* par un document écrit, sur le papier. *J'ai mis toutes mes idées par écrit,* je les ai écrites. *Il faut demander l'autorisation par écrit,* en écrivant.

II. 1. La langue, quand elle est écrite. *Souvent, le français est différent à l'écrit et à l'oral.* → **graphie. 2.** Les épreuves écrites d'un examen (opposé à l'oral). *Il a été reçu à l'écrit, il doit maintenant préparer l'oral.*

② **ÉCRIT** [ekʀi], **ÉCRITE** [ekʀit] adj. (après le nom) **1.** Tracé par l'écriture. *Cette phrase est très mal écrite, je n'arrive pas à la déchiffrer. Cette feuille est écrite des deux côtés,* couverte de signes d'écriture. **2.** Exprimé par l'écriture, par des textes. *Si vous voulez l'autorisation, il faut en faire la demande écrite,* en écrivant, par écrit. ⟨contraire : oral⟩ *Ce mot appartient plutôt à la langue écrite* (opposé à langue parlée). *Les épreuves écrites commenceront lundi à huit heures.* → **écrit.** ⟨contraire : oral⟩ **3.** Qui est voulu par la Providence ou par le destin. *C'était écrit que nous nous retrouverions.* → **fatal.** *Il est écrit que nos chemins se croiseront à nouveau.*

ÉCRITEAU [ekʀito] n. m. ▪ *UN ÉCRITEAU :* panneau qui porte une inscription. *À la grille du château, il y a un écriteau portant l'inscription « Propriété privée, défense d'entrer ».* PLURIEL : *des ÉCRITEAUX.*

ÉCRITURE [ekʀityʀ] n. f.

I. *L'ÉCRITURE* **1.** Ensemble de signes servant à noter la parole et la pensée de manière durable. *Les Anciens attribuaient aux Phéniciens l'invention de l'écriture. L'écriture phonétique note les sons ; l'écriture alphabétique note les lettres* (→ **graphie).** *Il y a une écriture destinée aux aveugles* (→ **braille).** *En France, l'initiation à la lecture et à l'écriture se fait vers l'âge de six ans.* **2.** Type de caractères particuliers utilisé dans cette représentation. *L'écriture égyptienne a été déchiffrée par Champollion* (→ **hiéroglyphe).** *Autrefois, l'allemand s'écrivait en écriture gothique.* **3.** Acte d'écrire. *L'écriture de son roman lui a pris un an.* → **rédaction. 4.** Écrit considéré du point de vue juridique. *Ce*

fonctionnaire est accusé de FAUX EN ÉCRITURE, d'avoir falsifié des documents. **5.** *L'ÉCRITURE (SAINTE) :* les textes de la Bible. *Les théologiens étudient l'Écriture.* **6.** *LES ÉCRITURES :* ensemble des registres sur lesquels un commerçant tient sa comptabilité. *Il est employé aux écritures,* à la comptabilité.
II. *UNE ÉCRITURE* **1.** Manière dont une personne écrit, dont elle forme les lettres. *Elle a une jolie écriture. J'ai reconnu son écriture sur l'enveloppe. La graphologie décrit les personnes d'après leur écriture.* **2.** STYLE RECHERCHÉ Manière de s'exprimer par écrit. *Ce roman est d'une écriture classique.* → **style.**

ÉCRIVAIN [ekʀivɛ̃] n. m. ▪ *UN ÉCRIVAIN* **1.** Personne qui écrit des ouvrages littéraires. *Victor Hugo est l'un des écrivains français les plus connus.* → **auteur.** *Sa femme est écrivain.* **2.** *ÉCRIVAIN PUBLIC :* personne qui écrit des lettres pour ceux qui ne savent pas écrire. *Un écrivain public lui a rédigé une lettre pour son propriétaire.*

FAUX AMI
portugais **escrivão**
« greffier »

REM. *Écrivain* s'emploie aussi en parlant d'une femme. Toutefois, certaines femmes se disent *écrivaines,* forme que l'on trouve en Suisse et au Québec.

écrivais [ekʀivɛ] *J'écrivais, tu écrivais :* forme à l'imparfait du verbe **écrire.**

écrive [ekʀiv] *Que j'écrive ; qu'il écrive, qu'elle écrive :* forme au subjonctif du verbe **écrire.**

ÉCROU [ekʀu] n. m. ▪ *UN ÉCROU :* pièce de métal ou de bois percée d'un trou, qui maintient une vis ou un boulon. *Il serre l'écrou du frein de sa bicyclette avec une clé. J'ai acheté des écrous.*

ÉCROUER [ekʀue] verbe [conjugaison 1a] ▪ Mettre (qqn) en prison. *Le juge écrouera* [ekʀuʀa] *ce meurtrier d'enfants.* → **emprisonner, incarcérer.** ⟨contraire : libérer⟩ *L'accusé a été écroué.*

ÉCROULEMENT [ekʀulmɑ̃] n. m. ▪ *L'ÉCROULEMENT* **1.** Fait de s'écrouler. *Le tremblement de terre a provoqué l'écroulement de nombreuses maisons.* → **effondrement.** **2.** Destruction complète. *Le roi a dû s'enfuir à la suite de l'écroulement de son royaume.* → **chute, ruine.** *C'est l'écroulement de toutes ses espérances.* → **anéantissement.**

S'**ÉCROULER** [ekʀule] verbe pronominal [conjugaison 1a] **1.** Tomber tout d'un coup de tout son poids. *Il y a eu une explosion et le pont s'est écroulé. La pile de livres était trop haute, elle s'est écroulée.* → s'**affaisser,** s'**effondrer.** **2.** Être détruit, anéanti brutalement. *Tous nos projets s'écroulent si vous nous quittez.* → **sombrer.** **3.** STYLE FAMILIER (qqn) Se laisser tomber lourdement. *À bout de forces, il s'écroule sur le canapé.* → s'**affaler.** **4.** (qqn) Avoir une défaillance brutale et soudaine. *L'un des boxeurs s'écroule, hors de combat.* → s'**effondrer.** **5.** STYLE FAMILIER *ÊTRE ÉCROULÉ (DE RIRE) :* être plié de rire, se tordre de rire. *Il a raconté des plaisanteries toute la soirée et nous étions écroulés en l'écoutant.*

ÉCRU [ekʀy], **ÉCRUE** [ekʀy] adj. (après le nom) **1.** (textile) Qui n'est ni blanchi ni teint et conserve sa teinte naturelle. *Elle porte une robe de soie écrue.* **2.** (vêtement) De la couleur beige clair du textile non traité. *Il a un costume d'été écru.*

ÉCU [eky] n. m. ▪ *UN ÉCU* **1.** Ancienne monnaie française. *Le roi a récompensé son fidèle serviteur d'une bourse d'écus d'or.* **2.** Bouclier, au Moyen Âge. *Les soldats du Moyen Âge se protégeaient de leurs ennemis avec leur écu.*

ÉCUEIL [ekœj] n. m. ▪ *UN ÉCUEIL* **1.** Rocher à ras de l'eau contre lequel un navire risque de se briser ou de s'échouer. → **récif.** *La carte marine signale les écueils le long de la côte.* **2.** Difficulté, obstacle qui cause un échec. *La vie est pleine d'écueils.* → **danger, piège.**

ÉCUELLE [ekɥɛl] n. f. ▪ *UNE ÉCUELLE :* assiette large et creuse, sans rebord. *Le chien mange sa pâtée dans son écuelle.*

ÉCULÉ [ekyle], **ÉCULÉE** [ekyle] adj. (après le nom)
I. Dont le talon est usé, déformé. *Je vais jeter ces vieilles chaussures éculées.*
II. Très connu, répété de nombreuses fois. *Je parie qu'il va encore nous raconter ses plaisanteries éculées.*

ÉCUME [ekym] n. f. ▪ *L'ÉCUME* **1.** Mousse blanchâtre qui se forme à la surface des vagues ou à la surface de liquides chauffés ou en train de fermenter. *La mer, en se retirant, a laissé des paquets d'écume sur la plage. Enlevez l'écume qui se forme à la surface du bouillon de viande* (→ **écumer**). **2.** Bave mousseuse ou sueur blanchâtre de certains animaux épuisés ou nerveux. *Dans l'arène, le taureau est couvert d'écume.*

ÉCUMER [ekyme] verbe [conjugaison 1a] **1.** Enlever l'écume qui s'est formée à la surface d'un liquide. *À l'aide de votre écumoire, écumez le bouillon de viande.* **2.** *ÉCUMER DE RAGE :* être au comble de la fureur. *Il écume de rage depuis qu'il a appris cette trahison.* **3.** Acheter ou prendre tout ce qui est intéressant dans (une région, un quartier...). *Par ici, on ne trouve plus de meubles anciens car les antiquaires ont écumé la région.*

ÉCUMOIRE [ekymwaʀ] n. f. ▪ *UNE ÉCUMOIRE :* ustensile de cuisine formé d'un manche et d'une partie plate percée de trous, qui sert à écumer le bouillon, la confiture ou à retirer les aliments d'un liquide chaud. *Le cuisinier retire les frites de l'huile bouillante avec une écumoire.*

ÉCUREUIL [ekyʀœj] n. m. ▪ *UN ÉCUREUIL :* petit animal rongeur au pelage roux, à la queue longue et touffue, qui vit dans les bois. *Nous avons vu un écureuil sauter de branche en branche.*

ÉCURIE [ekyʀi] n. f. ▪ *UNE ÉCURIE* **1.** Bâtiment où l'on loge les chevaux. *Les chevaux sont tous à l'écurie* (→ **box**). **2.** Ensemble des chevaux de course appartenant à un même propriétaire. *L'écurie X a gagné le Grand Prix.* **3.** Ensemble des voitures, des motos de course d'une même marque. *Quelle écurie a gagné la compétition ?*

REM. Les vaches logent dans une *étable,* les porcs dans une *porcherie,* les moutons et les chèvres dans une *bergerie.*

ÉCUSSON [ekysɔ̃] n. m. ▪ *UN ÉCUSSON :* insigne en tissu cousu sur un vêtement et montrant l'appartenance à un groupe. *Les militaires, les membres d'un club sportif portent des écussons.*

ÉCUYER [ekɥije] n. m., **ÉCUYÈRE** [ekɥijɛʀ] n. f. **1.** *UN ÉCUYER :* gentilhomme qui était au service d'un chevalier, d'un prince, au Moyen Âge. *L'écuyer suivait le chevalier à la guerre.* **2.** *UN ÉCUYER, UNE ÉCUYÈRE :* personne qui, dans un cirque, fait un numéro d'acrobatie à cheval. *L'écuyère est debout sur son cheval au galop.*

ECZÉMA [ɛgzema] n. m. ▪ *L'ECZÉMA :* maladie de la peau, caractérisée par des boutons, des rougeurs et des plaques qui se détachent. *Cet enfant est allergique au poil de chat, il a parfois de l'eczéma.*

EDELWEISS [edɛlvɛs] n. m. ▪ *UN EDELWEISS :* fleur blanche en forme d'étoile, couverte de duvet, qui pousse en haute montagne. *Nous avons vu un edelweiss dans un creux de rocher. Les edelweiss sont maintenant très rares.*

REM. Ce mot allemand se prononce aussi [edɛlvajs].

ÉDENTÉ [edɑ̃te], **ÉDENTÉE** [edɑ̃te] adj. (après le nom) ▪ Qui a perdu ses dents. *Ce vieillard édenté ne peut plus mâcher sa nourriture. – Jette ce peigne édenté !*

ÉDIFIANT [edifjɑ̃], **ÉDIFIANTE** [edifjɑ̃t] adj. (après le nom) **1.** Qui est très moral, qui montre quel comportement on doit avoir. *Lorsque j'étais petite, ma grand-mère me racontait des histoires édifiantes.* (contraire : scandaleux) **2.** (ironique) Qui permet d'apprendre comment est une personne sur le plan moral. *Nous pouvons vous donner des détails édifiants sur l'accusé.*

ÉDIFICATION [edifikasjɔ̃] n. f. ▪ *L'ÉDIFICATION :* construction. *L'édification de ce monument a duré plusieurs années.* (contraire : destruction)

ÉDIFICE [edifis] n. m. ▪ *UN ÉDIFICE :* grand bâtiment. *Dans cet édifice, il y a un musée et une bibliothèque.*

ÉDIFIER [edifje] verbe [conjugaison 7a] **1.** Construire, bâtir. *La cathédrale a été édifiée au treizième siècle.* → **élever.** *Sur cette place, la mairie édifiera* [edifiʀa] *bientôt un centre culturel.* (contraires : démolir, détruire) **2.** Donner le bon exemple à (qqn), montrer quel comportement on doit avoir. *Cette grand-mère raconte des histoires sages pour édifier ses petits-enfants.* (contraire : scandaliser) **3.** (ironique) Permettre de connaître, de savoir qui est qqn, ce qu'il pense vraiment, ce qu'il veut. *Après son dernier discours, nous voilà édifiés !*

ÉDIMBOURG [edɛ̃buʀ] nom propre – en anglais **EDINBURGH** ▪ Capitale de l'Écosse. *Nous allons en vacances à Édimbourg.*

ÉDIT [edi] n. m. ▪ *UN ÉDIT :* autrefois, loi promulguée par le roi de France. *L'édit de Nantes fut promulgué en 1598 par Henri IV et mit fin aux guerres de Religion.*

ÉDITER [edite] verbe [conjugaison 1a] **1.** Publier et mettre en vente (un livre). *Cette maison d'édition édite des romans.* – *Son livre vient d'être édité chez Flammarion.* **2.** Préparer, présenter (un texte). *Il a édité et annoté le texte.*

> FAUX AMI
> anglais **to edit** ne se dit pas au sens 1.

ÉDITEUR [editœʀ] n. m., **ÉDITRICE** [editʀis] n. f. ▪ *UN ÉDITEUR, UNE ÉDITRICE :* personne ou société qui publie des livres. *Cet éditeur est spécialisé dans les ouvrages scolaires. C'est un grand éditeur.*

ÉDITION [edisjɔ̃] n. f. ▪ *L'ÉDITION* **1.** *UNE MAISON D'ÉDITION :* entreprise qui édite, qui publie des livres. *Elle travaille dans une maison d'édition.* – *Elle travaille dans l'édition.* **2.** Série d'exemplaires d'un livre édités en une fois. *Il y a eu plusieurs éditions de ce livre :* ce livre a été édité plusieurs fois. *Mon professeur de français a tout le théâtre de Racine dans une édition du dix-huitième siècle. Je recherche l'ÉDITION ORIGINALE de ce livre,* sa première édition. **3.** Ensemble des exemplaires d'un journal imprimés en une seule fois. *J'ai lu un article intéressant dans la dernière édition du journal. Lorsqu'il arrive un événement très important, les journaux sortent en ÉDITION SPÉCIALE,* ils sont de nouveau imprimés et mis en vente pour raconter l'événement.

ÉDITORIAL [editɔʀjal] n. m. ▪ *UN ÉDITORIAL :* article dans lequel la direction d'un journal donne son avis sur un événement. *Il y a un éditorial très intéressant en première page.* PLURIEL : *des ÉDITORIAUX* [editɔʀjo].

ÉDITRICE n., féminin de **éditeur**

ÉDREDON [edʀədɔ̃] n. m. ▪ *UN ÉDREDON :* couvre-lit garni de duvet. *L'hiver, on est bien au chaud sous l'édredon !* → **couette.**

ÉDUCATEUR [edykatœʀ] n. m., **ÉDUCATRICE** [edykatʀis] n. f. ▪ *UN ÉDUCATEUR, UNE ÉDUCATRICE :* une personne chargée de l'éducation et de l'instruction des enfants. *Les enseignants sont des éducateurs.*

ÉDUCATIF [edykatif], **ÉDUCATIVE** [edykativ] adj. (après le nom) ▪ Qui développe l'intelligence et l'habileté. → **pédagogique.** *Les JEUX ÉDUCATIFS instruisent et amusent en même temps.*

ÉDUCATION [edykasjɔ̃] n. f. ▪ *L'ÉDUCATION* **1.** Ensemble des moyens utilisés pour la formation et le développement (de qqn). *Les parents s'occupent de l'éducation de leurs enfants. En France, les enseignants sont sous l'autorité du MINISTÈRE DE L'ÉDUCATION NATIONALE.* – *ÉDUCATION PHYSIQUE :* ensemble des exercices physiques, des sports qui aident au développement du corps. *À l'école, les enfants ont des cours d'éducation physique.* → **gymnastique. 2.** Connaissance de ce qu'il faut faire en société. *C'est un homme poli et courtois : il A DE L'ÉDUCATION.* → **politesse, savoir-vivre.** *Elle ne m'a pas dit bonjour, elle MANQUE D'ÉDUCATION ! Elle n'a aucune éducation.*

> FAUX AMI
> anglais **education** « les études »

ÉDUCATRICE n., féminin de **éducateur**

ÉDUQUER [edyke] verbe [conjugaison 1a] ▪ Former (un enfant) par l'éducation, en essayant de développer toutes ses qualités. *Les parents éduquent leurs enfants.*

EFFACÉ [efase], **EFFACÉE** [efase] adj. (après le nom) ▪ (qqn) Discret, modeste, qui fait en sorte de ne pas gêner. *C'est une femme tranquille et effacée.* → **humble.**

EFFACEMENT [efasmɑ̃] n. m. ▪ *L'EFFACEMENT :* discrétion, attitude effacée. *Elle a vécu dans l'effacement, pour ses enfants et son mari.*

EFFACER [efase] verbe [conjugaison 3a]
I. 1. Faire disparaître sans laisser de trace. *Effacez ce qui est écrit sur le tableau.* → **enlever.** *Le voleur a effacé ses empreintes digitales,* il les a essuyées. *Sans le vouloir, j'ai effacé une partie de mon texte à l'écran,* j'ai éliminé les informations enregistrées dans la mémoire informatique. – *Le professeur efface le tableau,* il l'essuie. **2.** Faire disparaître, faire oublier. *Effaçons les mauvais souvenirs.* – STYLE FAMILIER *Vous n'avez pas compris mes explications, alors ON EFFACE TOUT ET ON RECOMMENCE,* on reprend tout depuis le début, comme si rien n'avait été dit.
II. verbe pronominal *S'EFFACER* **1.** Disparaître en partie. *La montagne s'efface dans la brume. Ce mauvais souvenir ne s'effacera jamais (de ma mémoire).* **2.** Se tenir de façon à gêner le moins possible. *La personne qui se tenait devant la porte s'est effacée pour nous laisser passer,* elle s'est mise sur le côté.

EFFARANT [efaʀɑ̃], **EFFARANTE** [efaʀɑ̃t] adj. (après le nom) ▪ Qui étonne en indignant ou en faisant peur. → **effrayant, stupéfiant.** *Regarde ! Cette moto roule à une vitesse effarante !*

EFFARÉ [efaʀe], **EFFARÉE** [efaʀe] adj. (après le nom) ▪ Effrayé, affolé. *Il est passé en courant et nous a regardés d'un air effaré.* (contraires : calme, serein) *Je suis resté muet, complètement effaré par cette mauvaise nouvelle.* → **effrayé, épouvanté.**

EFFAREMENT [efaʀmɑ̃] n. m. ▪ *L'EFFAREMENT :* frayeur mêlée d'étonnement. *J'ai remarqué avec effarement que la porte de la maison était restée ouverte toute la nuit. Il nous a regardés avec effarement.* → **effroi, stupeur.**

EFFAROUCHER [efaʀuʃe] verbe [conjugaison 1a] ▪ Faire peur à. *Le bruit a effarouché les oiseaux qui se sont envolés.* → **effrayer.** (contraire : rassurer)

① **EFFECTIF** [efɛktif] n. m. ▪ *UN EFFECTIF :* nombre des personnes qui forment un groupe. *L'effectif de cette entreprise est de vingt-cinq salariés. Il faut augmenter nos effectifs.*

② **EFFECTIF** [efɛktif], **EFFECTIVE** [efɛktiv] adj. (après le nom) ▪ Qui produit un effet, un résultat. *Sans eux, nous n'aurions pas terminé à temps : ils nous ont apporté une aide effective.*

FAUX AMIS
danois et norvégien
effektiv « efficace »

EFFECTIVEMENT [efɛktivmɑ̃] adverbe ▪ En effet. *« Vous partez demain ? – Effectivement »,* oui, c'est vrai. *Effectivement, vous aviez raison et j'avais tort.*

EFFECTUER [efɛktɥe] verbe [conjugaison 1a] ▪ STYLE RECHERCHÉ Faire, accomplir (qqch. de délicat, de compliqué). *Le clown a effectué un saut périlleux. Le mois prochain, nous effectuerons* [efɛktyʀɔ̃] *des travaux dans la maison.*

EFFÉMINÉ [efemine], **EFFÉMINÉE** [efemine] adj. (après le nom) ▪ (homme) Qui a qqch. de féminin dans ses manières. *C'est un homme efféminé. – Il a des allures efféminées.*

EFFERVESCENCE [efɛʀvesɑ̃s] n. f. ▪ *L'EFFERVESCENCE* **1.** Agitation passagère. ⟨contraire : calme⟩ *À l'approche de Noël, les enfants sont EN EFFERVESCENCE.* → **ébullition. 2.** Bouillonnement d'un liquide produit par un dégagement de gaz qui forme des bulles. *La chaux vive entre en effervescence au contact de l'eau.*

EFFERVESCENT [efɛʀvesɑ̃], **EFFERVESCENTE** [efɛʀvesɑ̃t] adj. (après le nom) ▪ Qui produit une réaction d'effervescence. *Elle a pris un médicament effervescent,* qui fond dans l'eau en faisant des bulles.

EFFET [efɛ] n. m. ▪ *UN EFFET* **1.** Résultat produit par qqch. *Je n'ai plus mal à la tête, l'effet de ce médicament est vraiment rapide. Le médicament a FAIT EFFET rapidement,* il a agi rapidement. *Le malade n'est pas réveillé, il est encore SOUS L'EFFET DE l'anesthésie. Les effets de la réforme économique se font sentir :* la réforme économique donne des résultats que l'on peut constater. *Nous nous sommes rencontrés dans la rue par un pur EFFET DU HASARD,* par hasard, sans que nous l'ayons voulu. **2.** *UN EFFET D'OPTIQUE :* phénomène visuel particulier apparaissant dans certaines conditions. *Dans le désert, on croit voir parfois une grande nappe d'eau, par un effet d'optique.* → **illusion. 3.** Réalisation d'une chose. *La nouvelle loi PRENDRA EFFET à partir du mois de janvier,* elle s'appliquera à partir du mois de janvier. **4.** *EN EFFET :* s'emploie pour confirmer ce qui a été dit ou pour introduire une explication. *« Vous quittez la France bientôt ? – En effet : nous partons pour la Roumanie dans quinze jours. »* → **effectivement, oui.** *Elle va nager tous les mardis soir, en effet la piscine est ouverte ce jour-là jusqu'à 22 heures.* → **car. 5.** *À CET EFFET :* pour cet usage, dans cette intention. *Nous avons pu traverser le torrent grâce à un tronc d'arbre placé là à cet effet.* **6.** *SOUS L'EFFET DE :* sous l'action de. *Sous l'effet de la colère, je l'ai giflé.* → **empire. 7.** Impression. *Nous ne sommes pas très bien habillés, j'ai peur que cela fasse mauvais effet. Le voleur a profité de l'EFFET DE SURPRISE pour s'enfuir. Cette nouvelle a FAIT DE L'EFFET. –* STYLE FAMILIER *Mon déguisement a fait un EFFET BŒUF, un EFFET MONSTRE,* il a produit une vive impression. *Ça m'a fait un DRÔLE D'EFFET de le revoir après si longtemps,* cela m'a fait une impression bizarre, étrange. *– J'ai raté mon effet en racontant cette histoire car tout le monde la connaissait déjà,* je n'ai pas réussi à surprendre, à étonner. – *EFFETS SPÉCIAUX :* procédé de cinéma consistant à effectuer des trucages, à donner des impressions visuelles fortes. *Dans ce film catastrophe, les effets spéciaux sont étonnants.* **8.** (au pluriel) DES EFFETS : gestes, attitudes que l'on prend pour se mettre en valeur. *Ce ministre aime bien les effets de voix. Il nous a raconté son histoire en ménageant ses effets,* en augmentant peu à peu la force de son récit.

EFFEUILLER [efœje] verbe [conjugaison 1a] ▪ Enlever les feuilles d'un arbre ou les pétales d'une fleur. *Le vent d'automne effeuille les arbres. Les petites filles effeuillent les marguerites en récitant « il m'aime, un peu, beaucoup... »*

EFFICACE [efikas] adj. (après le nom) **1.** (qqch.) Qui produit l'effet que l'on attend. *Il me faudrait un sirop efficace contre la toux.* → **actif.** ⟨contraire : inefficace⟩ **2.** (qqn) Qui fait bien ce qu'il doit faire. *Notre nouveau collaborateur est efficace. Merci pour ton aide, tu as été très efficace.*

EFFICACEMENT [efikasmɑ̃] adverbe ▪ D'une manière efficace. *Pendant le déménagement, notre fils nous a aidés efficacement.*

EFFICACITÉ [efikasite] n. f. ▪ *L'EFFICACITÉ :* qualité d'une personne, d'une chose efficace. *Ce médicament a une grande efficacité,* il produit parfaitement l'effet désiré, il soigne bien. ⟨contraire : inefficacité⟩ *Les ouvriers ont travaillé avec efficacité,* ils ont bien fait leur travail.

EFFIGIE [efiʒi] n. f. ▪ *UNE EFFIGIE* **1.** Portrait d'une personne sur une médaille, une pièce de monnaie. *On m'a donné une pièce de monnaie ancienne, à l'effigie de Napoléon.* **2.** *BRÛLER, PENDRE qqn EN EFFIGIE :* brûler, pendre un mannequin représentant qqn. *Les manifestants ont brûlé le président en effigie.*

EFFILÉ [efile], **EFFILÉE** [efile] adj. (après le nom) **1.** Qui va en s'amincissant. *La lame effilée de ce couteau coupe très bien.* **2.** Mince et allongé. *Elle a des doigts effilés.* ⟨contraires : épais, large⟩ **3.** Coupé en fines lamelles. *Le pâtissier a mis des amandes effilées sur le gâteau.*

EFFILOCHÉ [efilɔʃe], **EFFILOCHÉE** [efilɔʃe] adj. (après le nom) ▪ Dont les fils s'en vont. *Son jean est tout effiloché dans le bas.*

S'**EFFILOCHER** [efilɔʃe] verbe pronominal [conjugaison 1a] ▪ (tissu) Se défaire fil à fil. *Ce tissu s'effiloche, il est de mauvaise qualité. L'étoffe s'est effilochée.*

EFFLANQUÉ [eflɑ̃ke], **EFFLANQUÉE** [eflɑ̃ke] adj. (après le nom) ▪ Très maigre, dont les flancs sont creux. *Nous avons trouvé un chien efflanqué, certainement abandonné. C'est un petit homme maigre, efflanqué même.*

EFFLEURER [eflœʀe] verbe [conjugaison 1a] **1.** Toucher légèrement. *Il a effleuré ma joue d'un baiser. Du bout des doigts, elle a effleuré sa main.* → **frôler.** *J'ai à peine effleuré cette fleur et tous ses pétales sont tombés.* **2.** Aborder à peine (un sujet). ⟨contraire : approfondir⟩ *Il n'a fait qu'effleurer le problème dans la conversation,* il en a très peu parlé. *Nous effleurerons* [eflœʀʀɔ̃] *le sujet sans rentrer dans les détails.* **3.** Faire une impression légère et rapide sur (qqn). *Cette idée ne m'a pas effleuré,* elle ne m'est pas venue à l'esprit.

EFFLUVE [eflyv] n. m. ▪ STYLE RECHERCHÉ *UN EFFLUVE :* odeur qui se dégage. → **parfum.** *Des effluves parfumés parviennent du jardin.*

REM. Ce mot s'emploie surtout au pluriel.

EFFONDRÉ [efɔ̃dʀe], **EFFONDRÉE** [efɔ̃dʀe] adj. (après le nom) ▪ Moralement très abattu après un malheur, un échec. *Depuis la mort de son amie, il est complètement effondré.*

EFFONDREMENT [efɔ̃dʀəmɑ̃] n. m. ▪ *L'EFFONDREMENT* **1.** Écroulement. *L'effondrement de l'immeuble a fait plusieurs victimes.* **2.** Baisse importante et brutale. *L'effondrement des cours de la Bourse a provoqué une panique.* ⟨contraire : hausse⟩ **3.** Abattement moral extrême. *Il est dans un état d'effondrement inquiétant.*

S'**EFFONDRER** [efɔ̃dʀe] verbe pronominal [conjugaison 1a] **1.** (qqch.) S'écrouler. *Le toit de la maison s'est effondré pendant l'incendie.* → **s'affaisser. 2.** (qqn) Tomber lourdement. *Je suis rentré chez moi très fatigué et je me suis effondré sur mon lit.* **3.** (qqn) Ne plus tenir, ne plus résister. *Elle s'est effondrée en larmes dans mes bras. Après des heures d'interrogatoire, le suspect s'est effondré et a tout avoué.* → STYLE FAMILIER **craquer.**

S'**EFFORCER** [efɔʀse] verbe pronominal [conjugaison 3a] ▪ *S'EFFORCER DE :* faire tous ses efforts pour (faire qqch., comprendre qqch.). *Nous nous efforçons de comprendre. Elle s'est efforcée de ne pas montrer son chagrin.* → **s'évertuer.** ⟨contraire : renoncer⟩

EFFORT [efɔʀ] n. m. ▪ *UN EFFORT :* mobilisation de toutes ses forces (physiques ou intellectuelles) pour agir, pour réussir qqch. *Elle a fait beaucoup d'efforts pour gagner la course. Votre texte est ennuyeux, faites un effort d'imagination ! Faites des efforts et vous réussirez* (→ **s'efforcer**). *Allons, fais un petit effort,* montre un peu de courage. *Il a réussi cet exercice sans effort,* sans peine, sans se donner de mal. *Vous n'arriverez pas à le faire travailler : c'est un PARTISAN DU MOINDRE EFFORT,* c'est un paresseux qui n'aime pas se donner de mal.

EFFRACTION [efʀaksjɔ̃] n. f. ▪ *UNE EFFRACTION :* le fait de briser exprès une fenêtre, une porte, une serrure. *Le voleur est entré dans la maison PAR EFFRACTION. Il y a eu vol AVEC EFFRACTION. Le cambriolage a eu lieu SANS EFFRACTION.*

effraie [efʀɛ] *J'effraie ; il effraie, elle effraie :* forme au présent du verbe **effrayer.**

REM. Autre forme au présent : *j'effraye ; il effraye, elle effraye* [efʀɛj].

EFFRAIE [efʀɛ] n. f. ▪ *UNE EFFRAIE :* chouette au plumage clair. *Les effraies sont actives la nuit et se nourrissent de rongeurs.*

EFFRAYANT [efʀɛjɑ̃], **EFFRAYANTE** [efʀɛjɑ̃t] adj. (après le nom, parfois avant le nom) ▪ Qui fait très peur. → **effroyable, épouvantable, terrible, terrifiant.** ⟨contraire : rassurant⟩ *Il nous a raconté une histoire effrayante. J'ai fait un effrayant cauchemar. Le lion pousse des rugissements effrayants.*

EFFRAYÉ [efʀeje], **EFFRAYÉE** [efʀeje] adj. (après le nom) ▪ Qui éprouve une grande peur. *Les gens effrayés se sont mis à courir.* → **affolé, épouvanté, terrifié.** ⟨contraire : rassuré⟩ – *Cette femme a un air effrayé.*

EFFRAYER [efʀeje] verbe [conjugaison 8b] **1.** Faire peur. *Tu effraies* [efʀɛ] ou *effrayes* [efʀɛj] *cet enfant, avec tes histoires terribles.* → **épouvanter, terrifier, terroriser.** ⟨contraires : apaiser, rassurer⟩ *Un épouvantail dans le champ effraiera* [efʀɛʀa] ou *effrayera* [efʀɛjʀa] *les oiseaux.* **2.** verbe pronominal S'EFFRAYER : avoir peur. *Il ne faut pas s'effrayer pour si peu.* → **s'affoler, craindre.** *Elle s'est tout de suite effrayée.*

EFFRÉNÉ [efʀene], **EFFRÉNÉE** [efʀene] adj. (après le nom) ▪ Qui est sans retenue, sans mesure. *Nous avons fait une course effrénée pour attraper le bus.*

S'**EFFRITER** [efʀite] verbe pronominal [conjugaison 1a] ▪ Tomber progressivement en petits morceaux, en poussière. *Il ne faut pas escalader ce rocher, il s'effrite dangereusement. La falaise s'est effritée.*

EFFROI [efʀwa] n. m. ▪ STYLE RECHERCHÉ *L'EFFROI :* grande peur. *L'orage a rempli les enfants d'effroi.* → **épouvante, frayeur, terreur.**

EFFRONTÉ [efʀɔ̃te] adj. et n. m., **EFFRONTÉE** [efʀɔ̃te] adj. et n. f. ▪ STYLE RECHERCHÉ **1.** adjectif (après le nom) Très insolent. ⟨contraires : réservé, respectueux, timide⟩ *Cette écolière est parfois très effrontée.* **2.** *UN EFFRONTÉ, UNE EFFRONTÉE :* une personne insolente. *Quelle effrontée ! Petit effronté !*

REM. Ce mot s'emploie surtout au sujet des enfants et des jeunes personnes.

EFFRONTÉMENT [efʀɔ̃temɑ̃] adverbe ▪ D'une manière effrontée. *Il nous a menti effrontément.*

EFFRONTERIE [efʀɔ̃tʀi] n. f. ▪ *L'EFFRONTERIE :* grande insolence. *Le gamin nous a regardés avec effronterie et nous a tiré la langue.*

EFFROYABLE [efʀwajabl] adj. (avant le nom ou après le nom) **1.** Très effrayant, terrible. *Cet accident d'avion est une effroyable catastrophe.* → **tragique.** *Soudain, nous avons entendu un bruit effroyable.* **2.** Énorme, terrible. *Ces licenciements sont un effroyable gâchis.*

EFFUSION [efyzjɔ̃] n. f. ▪ *UNE EFFUSION* **1.** Manifestation sincère d'un sentiment. *Il nous a remerciés AVEC EFFUSION,* très chaleureusement. ⟨contraire : froideur⟩ *Assez d'effusions !* **2.** *SANS EFFUSION DE SANG :* sans faire couler le sang (dans une action violente). *La bagarre s'est terminée sans effusion de sang.*

égaie [egɛ] *J'égaie ; il égaie, elle égaie :* forme au présent du verbe **égayer.**

REM. Autre forme au présent : *j'égaye ; il égaye, elle égaye* [egɛj].

ÉGAL [egal] adj. et n. m., **ÉGALE** [egal] adj. et n. f.

I. adjectif (après le nom) **1.** Qui est de même quantité, de même dimension, de même valeur. ⟨contraire : inégal⟩ *Il faut diviser ce gâteau en six parts égales.* → **équivalent, identique, pareil, semblable.** MASCULIN PLURIEL : *ces deux poids sont ÉGAUX* [ego]. *Les deux adversaires sont de force égale. La partie n'est pas égale,* il n'y a pas d'égalité car les adversaires ne sont pas de la même force. **2.** Qui ne crée pas de différence entre les personnes. *La justice doit être égale pour tous. À travail égal, salaire égal.* ⟨contraire : différent⟩ **3.** Qui a les mêmes droits, les mêmes devoirs. *Tous les hommes sont égaux.* **4.** *SANS ÉGAL :* unique, seul dans son genre. *Ce garçon est d'une bêtise sans égale.* **5.** Qui est toujours le même, qui ne change pas. *Son mari est d'un caractère égal.* → **constant, régulier.** ⟨contraire : changeant⟩ *Elle est toujours égale à elle-même :* elle ne change pas. **6.** (qqch.) *ÊTRE ÉGAL À qqn, LUI ÊTRE ÉGAL :* être indifférent à qqn, lui être indifférent. *Il ne veut pas venir ? Eh bien ça m'est égal* [samɛtegal], je m'en moque. *Tout lui est égal* [tulɥiɛtegal], tout lui est indifférent. *Ça t'est égal* [satɛegal] *? Oui, ça m'est bien égal. Ça m'est complètement égal qu'il ne vienne pas,* je m'en fiche complètement.

II. *UN ÉGAL, UNE ÉGALE :* une personne égale par le mérite ou par la condition. *La femme est l'égale de l'homme. Il est son égal.* – *TRAITER D'ÉGAL À ÉGAL avec qqn,* en personnes à égalité. *Dans cette négociation, ils ont traité d'égal à égal.*

III. (invariable) *ÉGAL :* symbole (noté =). *Écrivez en toutes lettres le signe égal.*

REM. *Sans égal* s'accorde au féminin pluriel *(ces femmes courageuses restent sans égales)* mais n'a pas de masculin pluriel *(ces hommes courageux restent sans égal).*

ÉGALEMENT [egalmɑ̃] adverbe

I. D'une manière égale, identique. *L'héritage a été partagé également entre les trois enfants.* ⟨contraire : inégalement⟩

II. De même, aussi. *Il m'a parlé de sa famille, mais il m'a également parlé de vous.*

ÉGALER [egale] verbe [conjugaison 1a] **1.** Être égal par la quantité. *Deux plus trois égalent* (ou *égale*) *cinq* (2+3=5). **2.** *Égaler un record,* réussir le même temps, le même nombre de points. *Ce coureur a égalé le record du monde,* il a fait aussi bien que le record du monde. **3.** Avoir la même qualité que. *Rien n'égale la beauté de cette œuvre.* ⟨contraires : dépasser, surpasser⟩

ÉGALISATION [egalizasjɔ̃] n. f. ▪ *L'ÉGALISATION :* fait d'égaliser. *Notre équipe a obtenu l'égalisation à la fin du match,* elle a obtenu le même nombre de points que l'autre équipe.

ÉGALISER [egalize] verbe [conjugaison 1a] **1.** Rendre égal. *Le coiffeur lui égalise les cheveux,* il coupe ses cheveux à la même longueur. **2.** Obtenir le même nombre de points que l'adversaire. *Les deux équipes ont égalisé deux à deux.* **3.** Aplanir, supprimer les creux et les bosses. *Il faut égaliser ce terrain.*

ÉGALITAIRE [egalitɛʀ] adj. (après le nom)▪ Qui recherche l'égalité absolue politiquement et socialement. *En France, une loi égalitaire a donné le droit de vote aux femmes en 1946.*

ÉGALITARISME [egalitaʀism] n. m. ▪ *L'ÉGALITARISME :* doctrine, ensemble d'idées égalitaires. *L'égalitarisme est la base de la pensée socialiste.*

ÉGALITÉ [egalite] n. f. ▪ *L'ÉGALITÉ* **1.** Qualité de ce qui est égal. ⟨contraire : inégalité⟩ *Deux minutes avant la fin du match, les deux équipes étaient À ÉGALITÉ,* elles avaient le même nombre de points. → **ex æquo.** **2.** Le fait, pour les humains, d'être égaux devant la loi, d'avoir les mêmes droits. ⟨contraires : infériorité, supériorité⟩ *« Liberté, Égalité, Fraternité » est la devise de la République française.* **3.** Qualité de ce qui est constant, régulier. *Il montre toujours une grande égalité d'humeur,* il est toujours de la même humeur. ⟨contraire : irrégularité⟩ **4.** *UNE ÉGALITÉ :* formule qui donne deux grandeurs comme égales. *X=Y est une égalité.*

ÉGARD [egaʀ] n. m.▪ *UN ÉGARD* **1.** *À L'ÉGARD DE :* envers, vis-à-vis de. *Il a été très gentil à l'égard de sa grand-mère. Son indifférence à mon égard me fait de la peine.* **2.** *À TOUS (LES) ÉGARDS :* en considérant tout, sous tous les rapports. *Il a une vie facile, à tous égards.* **3.** (au pluriel) LES ÉGARDS : les marques de respect. *Le président a été traité avec beaucoup d'égards.* ⟨contraires : indifférence, grossièreté, impolitesse⟩ *On l'a reçu avec tous les égards dus à son rang.*

ÉGAREMENT [egaʀmɑ̃] n. m.▪ *UN MOMENT D'ÉGAREMENT :* moment de folie, un moment où l'on ne sait plus ce que l'on fait. *Dans un moment d'égarement, il a essayé de la tuer.*

ÉGARER [egaʀe] verbe [conjugaison 1a] **1.** Ne plus savoir où l'on a mis, rangé (qqch.), perdre momentanément (qqch.). *J'ai encore égaré mes clés !* **2.** verbe pronominal S'ÉGARER : se perdre. *Nous nous sommes égarés dans la forêt. Je n'ai pas reçu votre lettre, elle a dû s'égarer. Êtes-vous certain que ce colis ne s'égarera* [egaʀʀa] *pas ?*

ÉGAYER [egeje] verbe [conjugaison 8b]▪ STYLE RECHERCHÉ **1.** Rendre gai. *Allez voir ce film, il vous égaiera* [egɛʀa] *certainement. Elle est triste, il faut que nous l'égayions. Le champagne nous a bien égayés.* **2.** verbe pronominal S'ÉGAYER : s'amuser. *Promène-toi, vois des amis, il faut que tu t'égaies* [egɛ] *un peu !* → se **distraire.** *Elle s'est égayée.*

REM. Autres formes au présent et au subjonctif : *j'égaye* [ʒegɛj] ; *il faut que tu t'égayes un peu.* Autre forme au futur : *allez au théâtre, cela vous égayera* [egɛjʀa].

ÉGÉE [eʒe] nom propre▪ *LA MER ÉGÉE :* partie de la Méditerranée entre la Grèce, la Crète et la Turquie. *Nous avons fait une croisière en mer Égée.*

ÉGLANTINE [eglɑ̃tin] n. f.▪ *UNE ÉGLANTINE :* rose sauvage, blanc rosé. *L'églantine pousse dans les haies et les buissons.*

ÉGLEFIN [egləfɛ̃] n. m. ▪ *UN ÉGLEFIN :* poisson de mer qui ressemble à la morue et porte une tache noire sur le flanc. *Nous avons mangé de l'églefin fumé.* → **haddock.**

ÉGLISE [egliz] n. f. **1.** *L'ÉGLISE :* l'ensemble de tous les chrétiens. → **chrétienté.** *Certains théologiens ont le titre de Docteur ou de Père de l'Église. – Le pape est le chef de l'Église catholique.* **2.** L'état ecclésiastique. *Les prêtres sont des hommes d'Église.* **3.** *UNE ÉGLISE :* bâtiment où les fidèles catholiques ou orthodoxes se réunissent pour prier. → **basilique, cathédrale, chapelle.** *Il y a de très jolies églises romanes dans cette région. Leur mariage sera célébré en l'église Sainte-Marie. Ils se sont mariés à l'église,* religieusement.

REM. **1.** Le bâtiment dans lequel les protestants se réunissent pour prier est un *temple.* **2.** Quand il s'agit de l'ensemble des chrétiens ou de l'état ecclésiastique, *Église* s'écrit avec un *É* majuscule, mais quand on parle du bâtiment, le mot s'écrit avec un é minuscule.

ÉGOCENTRIQUE [egosɑ̃tʀik] adj. (après le nom)▪ Qui ne pense qu'à soi, centre tout sur soi et ne considère le monde extérieur que par rapport à soi. *C'est un enfant égocentrique.*

ÉGOÏSME [egɔism] n. m.▪ *L'ÉGOÏSME :* trop grand attachement que l'on porte à soi-même, qui fait chercher son seul plaisir ou son seul intérêt et ne jamais s'occuper des autres, ni s'intéresser à eux. *Il est d'un égoïsme monstrueux.* ⟨contraire : générosité⟩

ÉGOÏSTE [egɔist] adj., n. m. et n. f. **1.** adjectif (après le nom) Qui fait preuve d'égoïsme. *Son mari est égoïste. C'est un homme égoïste.* ⟨contraire : généreux⟩ **2.** *UN ÉGOÏSTE, UNE ÉGOÏSTE :* une personne qui ne pense qu'à elle. *Quelle égoïste !* ⟨contraire : altruiste⟩

ÉGORGER [egɔʀʒe] verbe [conjugaison 3b] ▪ Tuer en coupant la gorge. *L'assassin égorgeait ses victimes.*

S'**ÉGOSILLER** [egozije] verbe pronominal [conjugaison 1a]▪ Crier très fort et se fatiguer la gorge. *Les spectateurs du match se sont égosillés pour encourager les joueurs.* → s'**époumoner.**

ÉGOUT [egu] n. m. ▪ *UN ÉGOUT :* canalisation souterraine qui sert à évacuer les eaux sales. *L'eau du caniveau se déverse dans l'égout. On peut visiter les égouts de Paris. Elle a jeté quelque chose dans une BOUCHE D'ÉGOUT,* dans un orifice sur le bord de la chaussée, qui mène aux égouts. *J'ai vu un RAT D'ÉGOUT,* un gros rat qui vit dans les égouts.

REM. *Égout* est un mot de la famille de *goutte.*

ÉGOUTIER [egutje] n. m.▪ *UN ÉGOUTIER :* une personne qui travaille à l'entretien des égouts. *Les égoutiers ont des bottes très hautes.*

ÉGOUTTER [egute] verbe [conjugaison 1a] **1.** Débarrasser (une chose) du liquide qu'elle contient, en le laissant couler goutte à goutte. *Le cuisinier égoutte les pâtes.* **2.** verbe pronominal S'ÉGOUTTER : (qqch.) perdre son eau goutte à goutte. *Le linge s'égoutte sur le séchoir. La serviette s'est égouttée.*

REM. *Égoutter* est un mot de la famille de *goutte.*

ÉGOUTTOIR [egutwaʀ] n. m.▪ *UN ÉGOUTTOIR :* ustensile sur lequel on met les choses à égoutter. *Les assiettes qui viennent d'être lavées sont sur l'égouttoir.*

ÉGRATIGNER [egʀatiɲe] verbe [conjugaison 1a] **1.** Écorcher en déchirant très peu la peau. *Les ronces lui ont égratigné les jambes.* → **érafler, griffer.** **2.** Abîmer légèrement. *Le chat a commencé à égratigner le canapé.* **3.** Faire de la peine avec un mot un peu méchant. *Les critiques ont égratigné ce film.* **4.** verbe pronominal S'ÉGRATIGNER : se faire une petite griffure sur la peau. *Il ne faut pas que nous nous égratignions en passant sous les fils de fer barbelés. Elle s'est égratignée.*

ÉGRATIGNURE [egʀatiɲyʀ] n. f. ▪ *UNE ÉGRATIGNURE :* petite déchirure de la peau, très légère. *L'automobiliste est sorti de l'accident SANS UNE ÉGRATIGNURE.* → **écorchure.**

ÉGRENER [egRəne] verbe [conjugaison 5a] **1.** Détacher les grains de (un épi, une cosse, une grappe). *Le vigneron égrène du raisin.* **2.** *ÉGRENER SON CHAPELET* : faire passer chaque grain du chapelet entre ses doigts en changeant de grain à chaque prière. *Elle égrènera son chapelet après la messe.*

REM. À l'infinitif, on peut prononcer aussi [egRene].

ÉGRILLARD [egRijaR], **ÉGRILLARDE** [egRijaRd] adj. (après le nom) ▪ Qui aime dire des choses un peu osées. *Il devient égrillard quand il a bu.* – *Il a raconté des histoires égrillardes.* → **grivois, osé, polisson.**

ÉGYPTE [eʒipt] nom propre féminin ▪ *L'ÉGYPTE* : pays du nord de l'Afrique, entre la Libye et Israël. *Nous avons fait un voyage en Égypte. Je reviens d'Égypte. L'Égypte est belle.*

ÉGYPTIEN [eʒipsjɛ̃] adj. et n. m., **ÉGYPTIENNE** [eʒipsjɛn] adj. et n. f. **1.** adjectif (après le nom) D'Égypte. *Les pyramides égyptiennes sont impressionnantes.* **2.** *UN ÉGYPTIEN, UNE ÉGYPTIENNE* : un habitant, une habitante d'Égypte. *Les Égyptiens.* **3.** nom masculin *L'ÉGYPTIEN* : langue arabe parlée en Égypte et au Soudan. *Parlez-vous l'égyptien ?*

EH ! [e] interjection **1.** Interjection qui sert à interpeller. → **hé !** *Eh ! toi, viens ici !* → **hep ! 2.** Interjection qui sert à renforcer certains adverbes. *« Est-ce que tu viendras ? – Eh oui ! » « Que penses-tu de ça ? – Eh bien, je ne sais pas trop ! »*

REM. On peut prononcer aussi [ɛ].

ÉHONTÉ [eɔ̃te], **ÉHONTÉE** [eɔ̃te] adj. (après le nom) **1.** (qqn) Qui n'a pas honte alors qu'il fait des choses honteuses. *C'est un tricheur éhonté.* ⟨contraire : honteux⟩ **2.** (qqch.) Dont on devrait avoir honte. *Il dit des mensonges éhontés.*

ÉJACULATION [eʒakylasjɔ̃] n. f. ▪ *L'ÉJACULATION* : émission du sperme par la verge en érection. *Généralement, l'orgasme coïncide avec l'éjaculation.*

ÉJACULER [eʒakyle] verbe [conjugaison 1a] ▪ Émettre le sperme. *Les hommes éjaculent.*

ÉJECTABLE [eʒɛktabl] adj. (après le nom) ▪ *UN SIÈGE ÉJECTABLE*, qui peut être projeté hors d'un appareil volant, avec son occupant, en cas d'accident. *Le pilote n'est pas mort grâce à son siège éjectable.* – (figuré) *Le directeur est sur un siège éjectable : il risque d'être démis de ses fonctions prochainement*, le directeur est dans une situation précaire.

ÉJECTER [eʒɛkte] verbe [conjugaison 1a] **1.** Rejeter en dehors avec violence. *Le conducteur a été éjecté de sa voiture au moment du choc.* → **projeter. 2.** STYLE FAMILIER Renvoyer (qqn). *Le représentant s'est fait éjecter.* → **expulser.**

ÉLABORATION [elabɔRasjɔ̃] n. f. ▪ *L'ÉLABORATION* : travail de l'esprit qui prépare quelque chose. *L'élaboration du projet a été longue.* → **préparation.**

ÉLABORER [elabɔRe] verbe [conjugaison 1a] ▪ Préparer avec soin, mettre au point, par un lent travail de l'esprit. *Les prisonniers élaboreront* [elabɔRRɔ̃] *un plan d'évasion.* → **échafauder.** – *Ce plat est très élaboré*, il a demandé une préparation importante.

ÉLAGUER [elage] verbe [conjugaison 1b] **1.** Couper certaines branches de (un arbre). *Les jardiniers élaguent les marronniers de l'allée.* → **tailler. 2.** Débarrasser (un texte) de détails et de développements inutiles. *Élaguons ce texte.*

① **ÉLAN** [elɑ̃] n. m. ▪ *L'ÉLAN* **1.** Mouvement rapide vers l'avant qui prépare à un saut, à un exercice physique. *Il faut PRENDRE DE L'ÉLAN avant de sauter. Le sauteur PREND SON ÉLAN et saute, il s'élance.* **2.** Mouvement d'une chose ou d'une personne lancée. *Le skieur, EMPORTÉ PAR SON ÉLAN, n'a pas pu s'arrêter avant l'arbre.* **3.** *UN ÉLAN* : mouvement vif et soudain, provoqué par un sentiment très fort. *Dans un ÉLAN DE GÉNÉROSITÉ, il a donné tous ses biens à une œuvre charitable.* → **impulsion.** *Il était toujours rabroué dans ses élans.*

② **ÉLAN** [elɑ̃] n. m. ▪ *UN ÉLAN* : grand cerf des pays du Nord, qui a une grosse tête et des bois aplatis en éventail. *Les élans vivent dans les forêts humides.*

ÉLANCÉ [elɑ̃se], **ÉLANCÉE** [elɑ̃se] adj. (après le nom) ▪ Mince et svelte. *C'est une femme élancée. Il a une silhouette élancée.* ⟨contraires : massif, ramassé, trapu⟩

ÉLANCER [elɑ̃se] verbe [conjugaison 3a] ▪ Causer une douleur brusque, aiguë et lancinante. *Sa blessure l'élançait jour et nuit.*

S'**ÉLANCER** [elɑ̃se] verbe pronominal [conjugaison 3a] ▪ Se lancer en avant avec force. *La panthère s'est élancée sur sa proie.* → **se jeter.** *Nous nous élançons à sa poursuite.*

ÉLARGIR [elaRʒiR] verbe [conjugaison 2] **1.** Rendre plus large. *Les ouvriers élargissent la route.* **2.** Faire paraître plus large. *Cette veste élargit les épaules.* **3.** Agrandir, étendre. *Nous avons fait sa connaissance en élargissant le cercle de nos amis. Il faut élargir le débat afin d'intéresser tout le monde*, il faut lui donner un caractère plus général. **4.** Mettre en liberté (un prisonnier). *Le détenu a été élargi hier.* → **libérer, relâcher.** ⟨contraire : incarcérer⟩ **5.** verbe pronominal S'ÉLARGIR : devenir plus large. *Sa jupe s'est élargie au lavage.* ⟨contraire : rétrécir⟩

ÉLARGISSEMENT [elaRʒismɑ̃] n. m. ▪ *L'ÉLARGISSEMENT* **1.** Action d'élargir, fait de s'élargir. *Les travaux d'élargissement de la route ont été rapides.* → **agrandissement.** ⟨contraire : rétrécissement⟩ **2.** Mise en liberté de (un prisonnier). *Son élargissement ne devrait plus tarder.* → **libération.** ⟨contraire : incarcération⟩

ÉLASTICITÉ [elastisite] n. f. ▪ *L'ÉLASTICITÉ* : souplesse de certaines matières qui peuvent se déformer et reprendre leur forme. *Le caoutchouc est une matière d'une grande élasticité.* ⟨contraire : rigidité⟩

ÉLASTIQUE [elastik] adj. et n. m.

I. adjectif (après le nom) **1.** Qui peut se déformer et reprendre sa forme. *Il a mis une ceinture élastique.* → **extensible.** ⟨contraire : rigide⟩ **2.** Que l'on peut faire varier selon les besoins. *Elle a des horaires élastiques.* → **flexible, souple, variable.** ⟨contraires : rigoureux, strict⟩

II. 1. *UN ÉLASTIQUE* : ruban de caoutchouc ou de tissu contenant des fils de caoutchouc. *Elle s'attache les cheveux avec un élastique.* **2.** *DE L'ÉLASTIQUE* : tissu souple contenant des fils de caoutchouc. → **stretch.** *La ceinture de sa jupe est en élastique.*

ÉLASTIQUÉ [elastike], **ÉLASTIQUÉE** [elastike] adj. (après le nom) ▪ (tissu) Muni d'un élastique. *Elle a un pantalon élastiqué à la taille.*

ÉLECTEUR [elɛktœR] n. m., **ÉLECTRICE** [elɛktRis] n. f. ▪ *UN ÉLECTEUR, UNE ÉLECTRICE* : une personne qui a le droit de vote dans une élection, un référendum. *Les électeurs mettent leur bulletin de vote dans l'urne.* → **votant.**

ÉLECTIF [elɛktif], **ÉLECTIVE** [elɛktiv] adj. (après le nom) ▪ STYLE RECHERCHÉ *AFFINITÉ ÉLECTIVE* : entente profonde. *Des affinités électives les unissent.*

ÉLECTION [elɛksjɔ̃] n. f. ▪ *UNE ÉLECTION* **1.** Choix d'une ou de plusieurs personnes par un vote. *En France, l'élection du président de la République a lieu tous les sept ans. Elle s'est présen-*

tée aux *ÉLECTIONS LÉGISLATIVES pour être député. Les députés européens sont élus lors des ÉLECTIONS EUROPÉENNES.* **2.** *La PATRIE D'ÉLECTION,* celle que l'on choisit. *La Suisse est sa patrie d'élection.*

ÉLECTORAL [elɛktɔʀal], **ÉLECTORALE** [elɛktɔʀal] adj. (après le nom) **1.** Qui concerne les électeurs. *Il faut être inscrit sur les LISTES ÉLECTORALES pour pouvoir voter.* **2.** Qui concerne une élection. *Les candidats font leur CAMPAGNE ÉLECTORALE.* MASCULIN PLURIEL : *les scores ÉLECTORAUX* [elɛktɔʀo].

ÉLECTORAT [elɛktɔʀa] n. m. ▪ *UN ÉLECTORAT :* ensemble des électeurs. *L'électorat féminin a massivement voté oui.*

ÉLECTRICE n., féminin de **électeur**

ÉLECTRICIEN [elɛktʀisjɛ̃] n. m., **ÉLECTRICIENNE** [elɛktʀisjɛn] n. f. ▪ *UN ÉLECTRICIEN, UNE ÉLECTRICIENNE :* une personne dont le métier est d'installer et de réparer le matériel et les installations électriques. *L'électricien a refait toute l'installation électrique de la maison.*

ÉLECTRICITÉ [elɛktʀisite] n. f. ▪ *L'ÉLECTRICITÉ* **1.** Forme d'énergie qui permet de s'éclairer, de se chauffer, de faire fonctionner des moteurs et que l'on utilise dans l'industrie et dans les habitations. *Ils se chauffent à l'électricité. Il y a eu une panne d'électricité.* → ② **courant.** **2.** STYLE FAMILIER La lumière électrique. *J'ai allumé l'électricité. Éteins l'électricité en quittant la pièce.*

ÉLECTRIFIER [elɛktʀifje] verbe [conjugaison 7a] ▪ Faire fonctionner en utilisant l'énergie électrique. *Le fermier électrifiera* [elɛktʀifiʀa] *toutes ses clôtures. La ligne de chemin de fer est électrifiée.*

ÉLECTRIQUE [elɛktʀik] adj. (après le nom) **1.** Relatif à l'électricité. *Ils utilisent l'énergie électrique pour se chauffer. Le courant électrique passe dans ces câbles.* **2.** Qui utilise l'électricité, qui fonctionne à l'électricité. *Un fer à repasser et une machine à laver sont des appareils électriques. Il se rase avec un rasoir électrique* (opposé à mécanique). *La petite fille joue avec un train électrique miniature.*

ÉLECTRISER [elɛktʀize] verbe [conjugaison 1a] ▪ Pousser à l'action, en produisant une impression forte. *Cet orateur électrise les foules.* → **enflammer, exalter.**

ÉLECTROCARDIOGRAMME [elɛktʀokaʀdjɔgʀam] n. m. ▪ *UN ÉLECTROCARDIOGRAMME :* tracé des phénomènes électriques du cœur. *Le cardiologue lui a fait un électrocardiogramme.*

ÉLECTROCUTER [elɛktʀɔkyte] verbe [conjugaison 1a] **1.** Tuer (un condamné à mort) par une décharge électrique, aux États-Unis. *Le condamné a été électrocuté à l'aube.* **2.** verbe pronominal S'ÉLECTROCUTER : être tué accidentellement par une décharge électrique. *Elle s'est électrocutée en touchant un câble électrique.*

ÉLECTROCUTION [elɛktʀɔkysjɔ̃] n. f. ▪ *L'ÉLECTROCUTION* **1.** Exécution par une décharge électrique. *Aux États-Unis on pratique l'électrocution.* → **chaise.** **2.** Le fait de s'électrocuter. *Il est mort par électrocution.*

ÉLECTRO-ENCÉPHALOGRAMME [elɛktʀoɑ̃sefalɔgʀam] n. m. ▪ *UN ÉLECTRO-ENCÉPHALOGRAMME :* tracé de l'activité électrique du cerveau. *Le médecin lui a fait un électro-encéphalogramme.* PLURIEL : *des ÉLECTRO-ENCÉPHALOGRAMMES.*

ÉLECTROMÉNAGER [elɛktʀomenaʒe] adj. m. ▪ *UN APPAREIL ÉLECTROMÉNAGER :* appareil ménager qui fonctionne à l'électricité. *Un aspirateur, un réfrigérateur, un fer à repasser sont des appareils électroménagers.*

ÉLECTRON [elɛktʀɔ̃] n. m. ▪ *UN ÉLECTRON :* partie de l'atome chargée d'électricité négative. *Les électrons tournent autour du noyau.*

ÉLECTRONICIEN [elɛktʀɔnisjɛ̃] n. m., **ÉLECTRONICIENNE** [elɛktʀɔnisjɛn] n. f. ▪ *UN ÉLECTRONICIEN, UNE ÉLECTRONICIENNE :* une personne spécialiste de l'électronique. *Elle est électronicienne.*

ÉLECTRONIQUE [elɛktʀɔnik] adj. et n. f. **1.** adjectif (après le nom) Qui fonctionne grâce à certaines propriétés des électrons. *Les ordinateurs sont des appareils électroniques. Mon fils joue avec des jeux électroniques. Cette particule ne peut se voir qu'avec un microscope électronique.* **2.** *L'ÉLECTRONIQUE :* partie de la physique qui étudie la production des électrons et leur comportement. *Il est ingénieur en électronique.*

ÉLECTROPHONE [elɛktʀɔfɔn] n. m. ▪ *UN ÉLECTROPHONE :* appareil électrique qui permet d'écouter des disques. *Il a remplacé son vieil électrophone par une chaîne hi-fi.* → **tourne-disque.**

ÉLÉGAMMENT [elegamɑ̃] adverbe ▪ Avec élégance. *Il est habillé très élégamment.*

ÉLÉGANCE [elegɑ̃s] n. f. ▪ *L'ÉLÉGANCE* **1.** Bon goût dans la manière de s'habiller. *Elle est toujours d'une grande élégance. Il s'habille avec élégance.* → **chic, distinction.** (contraire : vulgarité) **2.** Bon goût dans la façon de se comporter. *Il lui a fait remarquer son erreur avec élégance.* → **délicatesse.** **3.** Qualité esthétique d'une chose dont la perfection est faite de grâce et de simplicité. *Admirez l'élégance des proportions de ce château.*

ÉLÉGANT [elegɑ̃], **ÉLÉGANTE** [elegɑ̃t] adj. (après le nom, parfois avant le nom) **1.** Qui a de l'élégance, du chic. *Une femme très élégante est passée vous voir,* une femme habillée avec goût. → **chic, distingué.** *Il porte un élégant pardessus en poil de chameau.* **2.** Qui a de l'élégance morale, montre de la délicatesse pour les autres. *C'est la solution la plus élégante.* (contraires : grossier, inélégant) **3.** Qui a de la grâce. *Ce château a des tours très élégantes.*

ÉLÉGIE [eleʒi] n. f. ▪ *UNE ÉLÉGIE :* poème lyrique qui exprime une plainte douloureuse, des sentiments mélancoliques. *Les élégies de Ronsard sont célèbres.*

ÉLÉMENT [elemɑ̃] n. m.
I. *UN ÉLÉMENT* **1.** Chacune des choses qui forment un tout. *L'oxygène et l'hydrogène sont les éléments qui constituent l'eau.* → **composant, morceau, partie.** *Trouvez les éléments communs aux ensembles A et B.* **2.** Partie d'un mot qui a un sens et que l'on retrouve dans plusieurs mots. *On trouve l'élément « électro- » qui signifie électrique dans le mot « électrophone ».* **3.** Partie d'un mécanisme, d'un appareil. *Cette bibliothèque est vendue par éléments.* **4.** Personne appartenant à un groupe. *Il y a quelques BONS ÉLÉMENTS dans cette classe,* quelques bons élèves. **5.** Milieu dans lequel on se sent à son aise. *Quand il fait des mathématiques, il est DANS SON ÉLÉMENT,* dans la situation, l'activité où il est le plus à l'aise.
II. (au pluriel) LES ÉLÉMENTS **1.** Les premières choses à savoir, les bases. *Il a quelques éléments d'anglais, mais il ne parle pas couramment.* → **notion, principe, rudiments.** **2.** *LES QUATRE ÉLÉMENTS :* la terre, l'eau, l'air et le feu. *Les quatre éléments étaient considérés comme les composants de tous les corps.* **3.** Les forces naturelles qui agitent la terre, la mer, l'atmosphère. *Au milieu de la tempête, le bateau lutte contre les éléments déchaînés.*

ÉLÉMENTAIRE [elemɑ̃tɛʀ] adj. (après le nom, parfois avant le nom) **1.** Qui concerne les premiers éléments d'une science, d'un art. *Ce livre donne des notions élémentaires d'espagnol.* → **rudimen-**

taire. *Il faut connaître les principes élémentaires avant d'aller plus loin.* → **fondamental.** 2. *Le* COURS ÉLÉMENTAIRE : en France, les classes intermédiaires entre le cours préparatoire et le cours moyen, dans les écoles primaires. *Mon fils est en cours élémentaire première année.* 3. Très simple, très facile. *Il faut prendre des précautions élémentaires avant de faire un feu.* ⟨contraire : compliqué⟩ *La plus élémentaire des politesses serait de s'excuser.* – STYLE FAMILIER *C'est élémentaire !* c'est évident.

ÉLÉPHANT [elefɑ̃] n. m. ▪ *UN ÉLÉPHANT* 1. Très grand animal d'Afrique et d'Asie, mammifère herbivore, qui a une peau rugueuse, un nez allongé en trompe et de très longues incisives supérieures, les défenses, dont on tire l'ivoire (→ **pachyderme).** *Les éléphants d'Afrique ont de très grandes oreilles plates. Les éléphants barrissent.* – *Il a UNE MÉMOIRE D'ÉLÉPHANT,* une très bonne mémoire. 2. *UN ÉLÉPHANT DE MER :* très gros phoque à trompe. *Les éléphants de mer vivent dans les mers antarctiques.*

REM. La femelle de l'éléphant est l'*éléphante* [elefɑ̃t] et leur petit est l'*éléphanteau* [elefɑ̃to].

ÉLEVAGE [elvaʒ] n. m. ▪ *L'ÉLEVAGE :* ensemble des techniques par lesquelles on élève (des animaux domestiques ou utiles), en les faisant naître et se développer, en contrôlant leur entretien, leur alimentation et leur reproduction. *Ces fermiers font l'élevage des oies.* – *Le Charolais est une région d'élevage,* une région où l'on élève du bétail.

ÉLÉVATEUR [elevatœʀ] n. m. et adj., **ÉLÉVATRICE** [elevatʀis] adj. 1. *UN ÉLÉVATEUR :* appareil qui sert à soulever et à monter des choses lourdes. *Les grues sont des élévateurs.* 2. adjectif (après le nom) (appareil) Capable de soulever et de monter des choses lourdes. *La caisse est posée sur le chariot élévateur.*

FAUX AMIS
anglais américain **elevator,** « ascenseur » ; russe **элеватор** « silo »

ÉLÉVATION [elevasjɔ̃] n. f. 1. *L'ÉLÉVATION :* fait de s'élever, d'être plus haut. *On constate une élévation du niveau des eaux.* → **montée.** *Il y a eu une élévation de la température.* → **augmentation, hausse.** ⟨contraires : baisse, diminution⟩ 2. *UNE ÉLÉVATION :* terrain un peu élevé. *Leur maison est construite sur une élévation.* → **butte, éminence, hauteur.**

ÉLEVÉ [elve], **ÉLEVÉE** [elve] adj. (après le nom) 1. Haut. *Ils habitent à un étage élevé.* 2. D'une hauteur supérieure à la normale. *Ils ont payé une somme très élevée.* 3. (qqn) *BIEN, MAL ÉLEVÉ :* qui a reçu une bonne, une mauvaise éducation. *Leurs enfants sont bien élevés. Une femme très mal élevée nous a insultés.* – STYLE FAMILIER *C'est mal élevé de faire ça.* → **impoli.**

ÉLÈVE [elɛv] n. m., n. f. ▪ *UN ÉLÈVE, UNE ÉLÈVE :* une personne, généralement jeune, qui suit des cours dans un établissement d'enseignement. *Les élèves de l'enseignement primaire* (→ **écolier), de l'enseignement secondaire** (→ **collégien, lycéen), de l'enseignement supérieur** (→ **étudiant).** *Ma fille est BONNE ÉLÈVE,* elle travaille bien en classe. *Le professeur donne des devoirs à ses élèves. L'association des parents d'élèves se réunit régulièrement.*

ÉLEVER [elve] verbe [conjugaison 5a]
I. 1. Construire en hauteur. *Le maçon a élevé un mur autour du domaine.* → **dresser, édifier, ériger.** 2. Faire monter à un niveau supérieur. *L'ouverture du barrage élève le niveau de l'eau de la rivière.* 3. Porter à un degré supérieur. *Élevez le nombre quatre au carré. Le professeur élève la voix,* il parle plus fort pour montrer son mécontentement. ⟨contraire : baisser⟩ 4. Rendre moralement ou intellectuellement supérieur. *Élevons le débat.* 5. Donner un rang plus important. *Il a été élevé à la dignité d'officier de l'Ordre.* 6. Amener (un enfant) à son plein développement physique et moral. *Il élève ses enfants tout seul. Elle a très bien élevé sa fille.* → **éduquer ; élevé.** 7. Nourrir et soigner (des animaux). *Nous élevons des chevaux* (→ **élevage).**
II. verbe pronominal S'ÉLEVER 1. Aller vers le haut. *La fusée s'élève dans le ciel.* → **monter.** *La température s'est élevée de cinq degrés.* → **augmenter.** ⟨contraire : baisser⟩ 2. Se dresser. *Un château s'élève sur la colline.* 3. Atteindre. *La facture S'ÉLÈVE À cinq mille francs.* 4. (qqn) *S'ÉLEVER CONTRE qqch. :* intervenir pour combattre qqch., prendre parti contre qqch. *De nombreuses personnes se sont élevées contre cette décision.* → **dénoncer,** s'**opposer.** 5. (son) Se faire entendre. *Un cri s'est élevé dans la foule.*

ÉLEVEUR [elvœʀ] n. m., **ÉLEVEUSE** [elvøz] n. f. ▪ *UN ÉLEVEUR, UNE ÉLEVEUSE :* une personne qui élève des animaux. *Il est éleveur de porcs.*

ELFE [ɛlf] n. m. ▪ *UN ELFE :* génie de l'air, du feu ou de la terre, dans la mythologie scandinave. *Les elfes peuvent être bienveillants ou malveillants.*

S'**ÉLIDER** [elide] verbe pronominal [conjugaison 1a] ▪ (mot) Avoir sa voyelle finale remplacée par une apostrophe (→ **élision).** *L'article « le » s'élide devant une voyelle,* il devient l'.

ÉLIGIBLE [eliʒibl] adj. (après le nom) ▪ (qqn) Qui peut être élu. *Elle peut se présenter aux élections législatives, elle est éligible.*

ÉLIMÉ [elime], **ÉLIMÉE** [elime] adj. (après le nom) ▪ (tissu) Usé par le frottement. *Il a mis une veste élimée aux coudes.*

ÉLIMINATION [eliminasjɔ̃] n. f. ▪ *L'ÉLIMINATION* 1. Action d'éliminer, fait d'être éliminé. *Les spectateurs du match protestent contre l'élimination d'un joueur par l'arbitre.* – *Nous allons procéder PAR ÉLIMINATION,* en examinant et en rejetant successivement les choses, les personnes envisagées. 2. Évacuation des déchets par l'organisme. *Cette eau minérale favorise l'élimination.* → **expulsion.**

ÉLIMINATOIRE [eliminatwaʀ] adj. et n. f. 1. adjectif (après le nom) Qui sert à éliminer (un concurrent, un candidat). *Le candidat a une note éliminatoire en mathématiques,* il est refusé à son examen quelles que soient ses autres notes. *Seuls les meilleurs resteront en course après les épreuves éliminatoires.* 2. *UNE ÉLIMINATOIRE :* épreuve sportive qui sélectionne les meilleurs et élimine les autres. *Il a gagné les éliminatoires du championnat et s'est qualifié pour les quarts de finale.*

ÉLIMINER [elimine] verbe [conjugaison 1a] 1. Faire disparaître (ce qui est gênant). *Ce produit élimine les taches de gras.* → **enlever.** ⟨contraires : conserver, garder⟩ – *Les tueurs ont éliminé un témoin gênant.* → **supprimer, tuer.** 2. Enlever d'un ensemble, d'un groupe. *Le joueur qui n'a plus de cartes est éliminé.* → **écarter, exclure.** 3. Rejeter (les déchets hors du corps). *Le malade doit éliminer ce calcul rénal.* – *Transpirer permet d'éliminer.*

ÉLIRE [eliʀ] verbe [conjugaison 43] 1. Nommer (qqn) à une place en votant pour lui. *Les Français élisent leurs députés tous les cinq ans. Il a été élu président de la République* (→ **élection).** 2. STYLE RECHERCHÉ Choisir. *Il faut qu'il ÉLISE DOMICILE près de son bureau,* qu'il choisisse d'habiter près de son bureau.

élise [eliz] *Que j'élise ; qu'il élise, qu'elle élise :* forme au subjonctif du verbe **élire.**

ÉLISION [elizjɔ̃] n. f. ▪ *L'ÉLISION :* remplacement par une apostrophe de la voyelle finale d'un mot devant un autre mot commençant par une voyelle ou un *h* muet (→ **s'élider).** *Dans « l'ami », « l'habit », IL Y A ÉLISION du « e » de l'article « le ».*

REM. La règle de l'élision est la même avec les noms propres : *la bataille d'Austerlitz, le règne d'Henri IV.*

ÉLITE [elit] n. f. ▪ *L'ÉLITE :* ensemble des personnes considérées comme les plus remarquables d'un groupe. *Ce livre a été très apprécié par l'élite intellectuelle du pays,* par les personnes les plus compétentes du pays. *Les preneurs d'otages ont été abattus par des TIREURS D'ÉLITE,* des tireurs hors du commun.

ÉLITISTE [elitist] adj. (après le nom) ▪ Qui veut favoriser l'élite, au détriment du plus grand nombre. *Dans ce pays, on pratique une politique élitiste de l'enseignement.*

ÉLIXIR [eliksiʀ] n. m. ▪ STYLE RECHERCHÉ *UN ÉLIXIR :* médicament liquide à base de sirop, destiné à être pris par la bouche. *Dans cette bouteille, il y a un élixir contre la toux.*

ELLE [ɛl] pronom personnel féminin ▪ Pronom personnel féminin de la troisième personne, qui peut être sujet ou complément. (sujet) *Elle est partie. Que fait-elle ? Elles sont sœurs.* – (complément) *Voici une photo d'elle et une photo de lui* (→ **lui**). *Je pense souvent à elle. Il s'est assis entre elles deux* (→ **eux**). *Elle et lui sont venus. Elle et moi, nous sommes d'accord.*

REM. **1.** Il n'existe qu'une seule forme au féminin pour le sujet et le complément. **2.** Voir l'encadré des pronoms **personnels.**

ELLE-MÊME [ɛlmɛm] pronom personnel féminin ▪ Elle en personne. *C'est elle-même qui l'a demandé.* PLURIEL : *ELLES-MÊMES ne savent rien de leur père.* – *Elle est honteuse d'elle-même.*

REM. **1.** Le masculin de *elle-même* est *lui-même.* **2.** Voir l'encadré des pronoms **personnels.**

ELLES → **elle**

① **ELLIPSE** [elips] n. f. ▪ *UNE ELLIPSE :* omission volontaire d'un ou de plusieurs mots dans une phrase. *Dans la phrase « Mon frère joue du saxo et moi du piano », il y a ellipse de « je joue ».*

② **ELLIPSE** [elips] n. f. ▪ *UNE ELLIPSE :* figure géométrique qui a la forme d'une courbe ovale fermée. *La Terre décrit une ellipse en tournant autour du Soleil.*

① **ELLIPTIQUE** [eliptik] adj. (après le nom) ▪ (phrase, style) Où un ou plusieurs mots ne sont pas exprimés. *Cet écrivain utilise souvent des tours elliptiques.*

② **ELLIPTIQUE** [eliptik] adj. (après le nom) ▪ Qui a la forme d'une ellipse. *La Terre décrit autour du Soleil une courbe elliptique.*

ÉLOCUTION [elɔkysjɔ̃] n. f. ▪ *UNE ÉLOCUTION :* manière de parler, d'articuler les mots. *Ce comédien a une très bonne élocution. Vous devriez prendre des cours d'élocution.* → **diction.**

ÉLOGE [elɔʒ] n. m. ▪ *UN ÉLOGE :* paroles par lesquelles on exprime le bien que l'on pense de qqn. *Les pompiers ont un courage digne d'éloges.* → **compliment, félicitations, louange.** *Le directeur a FAIT L'ÉLOGE DE ses collaborateurs.* ⟨contraire : ③ critique⟩

ÉLOGIEUX [elɔʒjø], **ÉLOGIEUSE** [elɔʒjøz] adj. (après le nom) **1.** (qqch.) Qui contient des compliments, des éloges. *Le maire a dit des paroles élogieuses au sujet de chacun.* → **flatteur, laudatif. 2.** (qqn) Qui fait des éloges. *Elle a été très élogieuse à ton sujet.* ⟨contraire : ② critique⟩

ÉLOIGNÉ [elwaɲe], **ÉLOIGNÉE** [elwaɲe] adj. (après le nom) **1.** Qui est à une certaine distance. *Ils habitent une maison ÉLOIGNÉE DE la route.* → **loin.** ⟨contraire : proche⟩ **2.** Qui se situe loin dans le temps. *Ça se passait à une époque éloignée.* → **reculé.** ⟨contraire : proche⟩ **3.** Sans liens de parenté directs. *Ce sont des cousins éloignés.*

ÉLOIGNEMENT [elwaɲmɑ̃] n. m. ▪ *L'ÉLOIGNEMENT* **1.** Fait d'être loin, d'être séparé par une grande distance. *Malgré l'éloignement, leur amitié a continué.* → **distance.** ⟨contraire : proximité⟩ *Il travaille à l'étranger, loin de sa famille et il souffre beaucoup de cet éloignement.* → **séparation. 2.** Fait d'être éloigné dans le temps. *Avec l'éloignement, les choses paraissent moins graves.* → **recul.**

ÉLOIGNER [elwaɲe] verbe [conjugaison 1a]
I. 1. Mettre plus loin. *Éloignez les enfants du feu, c'est dangereux.* → **écarter.** ⟨contraires : approcher, rapprocher⟩ *Cette lotion éloigne les moustiques. Chaque jour nous éloigne de notre enfance,* nous sépare d'elle. **2.** Écarter, détourner. *Ceci nous éloigne du sujet. Sa famille a cherché à l'éloigner de ses enfants.*
II. verbe pronominal *S'ÉLOIGNER* **1.** S'en aller, partir. *Le bateau s'éloigne de la côte. Les enfants, ne vous éloignez pas !* restez près d'ici. *Il faut que nous nous éloignions au plus vite.* **2.** (qqch.) Devenir plus lointain. *Le bruit s'éloigne.* → **décroître. 3.** S'écarter, se détourner. *Elle s'est éloignée de lui peu à peu,* elle s'est détachée de lui. *Ne nous éloignons pas du sujet.*

ÉLOQUENCE [elɔkɑ̃s] n. f. ▪ *L'ÉLOQUENCE* **1.** Facilité à bien parler, à émouvoir ou à convaincre par la parole. *L'éloquence de cet avocat est célèbre. Cet orateur a beaucoup d'éloquence.* **2.** (qqch.) Qualité de ce qui est expressif sans paroles. *J'ai remarqué l'éloquence de son regard. L'éloquence des chiffres du chômage est impressionnante.*

REM. L'art de l'éloquence s'appelle la *rhétorique.*

ÉLOQUENT [elɔkɑ̃], **ÉLOQUENTE** [elɔkɑ̃t] adj. (après le nom) **1.** (qqn) Qui montre de l'éloquence. *Ce politicien est un orateur éloquent. Elle n'a pas été très éloquente sur les raisons de son départ,* elle n'en a pas beaucoup parlé. **2.** (discours) Qui est dit avec éloquence, qui convainc. *Le plaidoyer de cet avocat est très éloquent.* → **convaincant.** *Il s'est exprimé en termes éloquents.* **3.** (qqch.) Qui exprime ce qu'il veut dire sans l'aide de la parole. *Elle n'a rien dit, mais elle a eu un geste éloquent.* → **révélateur.** *Ce silence est éloquent.* → **significatif.** *Il n'y a rien à ajouter, les chiffres sont éloquents.* → **parlant, probant.**

ELSENEUR [ɛlsənœʀ] nom propre – en danois **HELSINGØR** ▪ Ville et port du Danemark, où se trouve le château d'Hamlet. *Cet été, nous irons à Elseneur. Ils viennent d'Elseneur.*

élu [ely], **élue** [ely] *Les électeurs ont élu une femme ; la femme que les électeurs ont élue :* formes au participe passé du verbe **élire.**

ÉLU [ely] adj. et n. m., **ÉLUE** [ely] adj. et n. f.
I. adjectif (après le nom) Désigné par une élection. *Les membres élus du personnel de l'entreprise se réunissent ce matin.*
II. 1. *UN ÉLU, UNE ÉLUE :* une personne désignée par une élection. *La nouvelle élue a fait un discours. Les élus locaux représentent la population d'une région.* **2.** STYLE RECHERCHÉ *L'ÉLU, L'ÉLUE :* la personne que l'on a choisi d'aimer. *Il va se marier, qui est l'heureuse élue ?*

ÉLUCIDER [elyside] verbe [conjugaison 1a] ▪ Rendre clair (ce qui était difficile à comprendre). *Le commissaire a élucidé ce crime mystérieux.* → **éclaircir.** *Beaucoup de choses restent encore à élucider, dans cette affaire.* → **clarifier, expliquer.** ⟨contraires : embrouiller, obscurcir⟩

ÉLUCUBRATION [elykybʀasjɔ̃] n. f. ▪ (surtout au pluriel) *UNE ÉLUCUBRATION :* idée, théorie qui manque de bon sens et de réalisme. *On ne peut pas prendre au sérieux ces élucubrations.* → **divagation.**

ÉLUDER [elyde] verbe [conjugaison 1a] ▪ Éviter adroitement. *N'éludez pas le problème, c'est trop facile. Tu éludes la difficulté.* → **escamoter, esquiver.** ⟨contraire : affronter⟩

ÉLYTRE [elitʀ] n. m. ▪ *UN ÉLYTRE* : aile dure de certains insectes, qui recouvre et protège l'aile transparente. *Les hannetons ont des élytres.*

REM. Certains emploient parfois le mot au féminin, comme *aile*, mais c'est une faute.

ÉMACIÉ [emasje], **ÉMACIÉE** [emasje] adj. (après le nom) ▪ Très amaigri. *Il a un beau visage émacié.* → **décharné.** ⟨contraire : empâté⟩

ÉMAIL [emaj] n. m. ▪ *L'ÉMAIL* **1.** Vernis très dur et brillant dont on recouvre certaines matières pour leur donner de l'éclat et les protéger. *Les baignoires et les lavabos sont recouverts d'émail.* **2.** Tôle ou fonte recouverte d'émail. *Elle a acheté des casseroles en émail* (→ **émaillé**). **3.** Matière transparente et très dure, qui recouvre l'ivoire des dents. *Il a perdu un morceau d'émail sur une canine.* **4.** (au pluriel) LES ÉMAUX [emo] : ouvrages d'art en émail. *Cet artiste a exposé les émaux peints qu'il a réalisés.*

ÉMAILLÉ [emaje], **ÉMAILLÉE** [emaje] adj. (après le nom) ▪ Recouvert d'émail. *L'évier est émaillé. La baignoire est en fonte émaillée.*

ÉMANATION [emanasjɔ̃] n. f. ▪ *UNE ÉMANATION* **1.** (souvent au pluriel) Odeur qui se dégage. *Je sens des émanations de gaz dans la cuisine.* → **bouffée.** *Ces émanations d'égout sont répugnantes.* → **relent.** **2.** STYLE RECHERCHÉ Ce qui émane, provient de. *Autrefois, on croyait que le pouvoir du roi était une émanation de Dieu.*

ÉMANCIPATION [emɑ̃sipasjɔ̃] n. f. ▪ *L'ÉMANCIPATION* **1.** Action de libérer ou de se libérer d'une autorité, d'une servitude ou de préjugés. *Cette féministe a consacré sa vie à l'émancipation des femmes. La pilule a contribué à l'émancipation sexuelle.* → **libération.** ⟨contraire : soumission⟩ *Ce pays a lutté pour obtenir son émancipation.* → **indépendance.** **2.** Fait d'affranchir un mineur de l'autorité de ses parents. *Une jeune fille mineure obtient l'émancipation par son mariage.*

ÉMANCIPER [emɑ̃sipe] verbe [conjugaison 1a]
I. 1. Libérer d'une autorité, d'une domination, d'une contrainte. *Presque tous les pays coloniaux ont émancipé leurs colonies.* → **affranchir.** ⟨contraire : asservir⟩ *La contraception a émancipé la sexualité.* → **libérer.** – *Ces adolescentes sont émancipées,* elles vivent sans contraintes morales ou sociales. **2.** Affranchir (un mineur) de l'autorité de ses parents. *Son fils s'est fait émanciper.*
II. verbe pronominal S'ÉMANCIPER **1.** Se libérer d'une dépendance, d'une contrainte. *Beaucoup de pays africains se sont émancipés à partir de 1950. Elle s'est peu à peu émancipée de sa famille.* **2.** STYLE FAMILIER Prendre des libertés, refuser les contraintes de la morale ou de la société. *Sa fille s'est drôlement émancipée pendant son séjour à l'étranger.*

ÉMANER [emane] verbe [conjugaison 1a] ▪ *ÉMANER DE* **1.** Se dégager, provenir de (un corps, un objet). *La chaleur qui émane de l'incendie est insupportable.* – *Il émane une très mauvaise odeur des égouts.* **2.** Provenir comme d'un rayonnement. *Le charme qui émane de sa personne est très fort.* **3.** Provenir, tirer son origine de. *La décision émane du jury.* → **venir.**

ÉMASCULER [emaskyle] verbe [conjugaison 1a] ▪ Priver (un homme) des organes génitaux externes (testicules, pénis). *Autrefois, les eunuques étaient émasculés. Il a été émasculé accidentellement.* → **castrer, châtrer.**

ÉMAUX → **email**

EMBALLAGE [ɑ̃balaʒ] n. m. ▪ *L'EMBALLAGE* **1.** Action d'emballer. *Les déménageurs se chargent de l'emballage de la vaisselle.* ⟨contraire : déballage⟩ *Le colis est recouvert de* PAPIER D'EMBALLAGE, de papier qui sert à faire des paquets. **2.** *UN EMBALLAGE* : ce qui sert à emballer. *Ne jette pas l'emballage du fer à repasser, il peut servir. Il faut jeter séparément les emballages en plastique et les emballages en carton.*

EMBALLANT [ɑ̃balɑ̃], **EMBALLANTE** [ɑ̃balɑ̃t] adj. (après le nom) ▪ (qqch.) Qui emballe, enthousiasme. *Ce n'est pas très emballant, ce projet !* → **enthousiasmant, exaltant.**

EMBALLEMENT [ɑ̃balmɑ̃] n. m. ▪ *UN EMBALLEMENT* : enthousiasme brusque. *Il faut d'abord voir de quoi il s'agit, pas d'emballement ! Méfiez-vous des emballements !* → **engouement.**

① **EMBALLER** [ɑ̃bale] verbe [conjugaison 1a] **1.** Mettre (qqch.) dans un emballage. *Les déménageurs emballent avec soin les objets fragiles.* → **empaqueter, envelopper.** ⟨contraire : déballer⟩ **2.** STYLE FAMILIER Arrêter. *La police l'a emballé.* → STYLE FAMILIER **embarquer.**

> FAUX AMI
> portugais **emballar-se** « se bercer »

② **EMBALLER** [ɑ̃bale] verbe [conjugaison 1a]
I. STYLE FAMILIER Enthousiasmer, plaire beaucoup. *Ce spectacle m'a emballé.* → **enchanter.** *Ça ne l'emballe vraiment pas d'aller à cette réception.* → **ravir.**
II. verbe pronominal S'EMBALLER **1.** (cheval) Échapper au contrôle de son cavalier. *La jument a eu peur d'une voiture et s'est emballée.* **2.** (moteur) Tourner trop rapidement. *Le moteur s'emballe.* ⟨contraire : ralentir⟩ **3.** (qqn) Se laisser dominer par l'enthousiasme, l'indignation ou la colère. *Ne t'emballe pas comme ça, personne ne t'attaque ! Elles se sont emballées un peu trop vite et maintenant elles regrettent leur choix.*

EMBARCADÈRE [ɑ̃baʀkadɛʀ] n. m. ▪ *L'EMBARCADÈRE* : lieu aménagé dans un port ou sur une rivière pour l'embarquement et le débarquement des voyageurs et des marchandises. *Les voyageurs qui ont pris leur billet peuvent accéder à l'embarcadère* (→ **débarcadère**).

EMBARCATION [ɑ̃baʀkasjɔ̃] n. f. ▪ *UNE EMBARCATION* : bateau de petite taille. *Les naufragés s'entassent dans les embarcations de sauvetage.* → **canot.**

EMBARDÉE [ɑ̃baʀde] n. f. ▪ *UNE EMBARDÉE* : changement de direction brusque et dangereux que fait un bateau ou une voiture. *Le car a fait une embardée pour éviter un vélo.* → **écart.**

EMBARGO [ɑ̃baʀgo] n. m. ▪ *UN EMBARGO* : interdiction faite à un pays d'exporter ou d'importer un produit. *Ce pays est soumis à un embargo sur les armes. L'embargo qui avait été mis sur le pétrole vient d'être levé* (→ **blocus**).

EMBARQUEMENT [ɑ̃baʀkəmɑ̃] n. m. ▪ *L'EMBARQUEMENT* : action d'embarquer, de s'embarquer. *L'embarquement des passagers commence une heure avant le départ.* ⟨contraire : débarquement⟩ *Les voyageurs sont rassemblés sur le quai d'embarquement.* → **embarcadère.** *Une carte d'embarquement donne accès à l'avion. Les passagers pour Rome, embarquement immédiat, porte numéro 10 !*

EMBARQUER [ɑ̃baʀke] verbe [conjugaison 1a]
I. 1. Faire monter dans un bateau ou dans un avion. *Le paquebot embarque des passagers à chaque escale.* ⟨contraire : débarquer⟩ *Les valises sont embarquées dans la soute de l'avion.* **2.** Monter à bord d'un bateau ou d'un avion. *Nous embarquerons à Marseille à destination de la Corse. Les passagers du vol pour Londres vont embarquer.* **3.** STYLE FAMILIER Arrêter et emmener (qqn). *Les flics l'ont embarqué. Il s'est fait embarquer dans une voiture de police.* **4.** STYLE FAMILIER Emporter avec soi. *Il a embarqué toutes mes bandes dessinées.* → **prendre.** **5.** Engager dans une

affaire difficile, dont on ne peut pas sortir facilement. *Nous voilà embarqués dans une sale histoire.* → **entraîner ;** STYLE FAMILIER **embringuer.**
II. verbe pronominal S'EMBARQUER **1.** Monter à bord d'un bateau. *Nous nous sommes embarqués sur le « Napoléon » à destination d'Ajaccio.* **2.** S'engager dans une affaire compliquée ou risquée. *Elle s'est embarquée dans une drôle d'affaire.*

EMBARRAS [ɑ̃baʀa] n. m. ▪ *L'EMBARRAS* **1.** Situation difficile, ennuyeuse ou gênante. *Votre question me met DANS L'EMBARRAS,* me gêne, me met mal à l'aise (→ **embarrasser**). *Elle a aidé un ami dans l'embarras,* un ami qui avait des problèmes d'argent. *Il a répondu n'importe quoi pour se TIRER D'EMBARRAS.* – *Je ne sais pas quelle robe mettre, j'ai L'EMBARRAS DU CHOIX,* la seule difficulté est de choisir. **2.** Malaise, gêne que l'on éprouve pour agir ou pour parler. *Il a ri pour cacher son embarras.* → **trouble.** *Il y a eu tout d'un coup un moment d'embarras.* → **confusion.** – *Il a tendance à FAIRE DES EMBARRAS,* faire des manières, manquer de naturel. **3.** Obstacle, gêne. *Je ne veux pas être un embarras pour vous.* → **charge, souci.**

FAUX AMI
espagnol **embarazo**
« grossesse »

EMBARRASSANT [ɑ̃baʀasɑ̃], **EMBARRASSANTE** [ɑ̃baʀasɑ̃t] adj. (après le nom) **1.** Qui encombre, prend trop de place. *Ces paquets sont embarrassants.* → **encombrant. 2.** Qui gêne, met dans l'embarras. *Il pose toujours des questions embarrassantes.* → **délicat, gênant ;** STYLE TRÈS FAMILIER **chiant.** *C'est une situation embarrassante, je ne sais pas quoi faire.* → **difficile.**

EMBARRASSÉ [ɑ̃baʀase], **EMBARRASSÉE** [ɑ̃baʀase] adj. (après le nom) **1.** Gêné dans ses mouvements, encombré. *Il est embarrassé, avec tous ces paquets. Aide-moi, j'ai les mains embarrassées.* ⟨contraire : libre⟩ *Elle est embarrassée dans sa longue robe,* elle n'est pas à l'aise. **2.** Qui est dans l'incertitude. *Je ne sais pas quoi lui répondre, je suis bien embarrassé.* → **indécis, perplexe. 3.** Qui montre de l'embarras, de la gêne. *Il est très timide et a souvent l'air embarrassé.* → **gauche. 4.** (qqch.) Qui manque d'aisance ou de clarté. *Elle s'est lancée dans des explications embarrassées.* → **confus, obscur.** ⟨contraire : clair⟩

EMBARRASSER [ɑ̃baʀase] verbe [conjugaison 1a]
I. 1. Encombrer, gêner dans ses mouvements. *Donne-moi ce grand sac qui t'embarrasse.* **2.** Mettre dans une position difficile, gênante. *La réaction des syndicats a embarrassé le gouvernement. Ta question m'embarrasse, je ne sais quoi répondre.* → **déconcerter, dérouter.**
II. verbe pronominal S'EMBARRASSER **1.** S'encombrer. *Elle s'est embarrassée d'un parapluie et il ne pleut même pas.* **2.** S'empêtrer. *Il s'est tellement embarrassé dans ses explications que l'on n'y comprend plus rien.* → s'**embrouiller. 3.** Se soucier, faire attention à. *Elle ne s'embarrasse pas beaucoup des autres.*
REM. Au sens 3., *s'embarrasser* ne s'emploie qu'à la forme négative.

EMBAUCHE [ɑ̃boʃ] n. f. ▪ *L'EMBAUCHE* **1.** Possibilité de travail. *Dans cette usine, il y a de l'embauche.* **2.** Action d'embaucher (qqn). *Il a reçu plusieurs offres d'embauche,* plusieurs propositions de travail.

EMBAUCHER [ɑ̃boʃe] verbe [conjugaison 1a] **1.** Engager (qqn) pour un travail. *Le directeur de l'usine a embauché une dizaine d'ouvriers.* → **recruter.** ⟨contraires : débaucher, licencier, renvoyer⟩ **2.** STYLE FAMILIER Entraîner avec soi dans une activité, une corvée. *Allez, viens, je t'embauche pour éplucher les pommes de terre.*

EMBAUCHOIR [ɑ̃boʃwaʀ] n. m. ▪ *UN EMBAUCHOIR :* instrument qui se place dans les chaussures et sert à les maintenir en forme. *Il est très soigneux et met des embauchoirs dans toutes ses chaussures.*

EMBAUMÉ [ɑ̃bome], **EMBAUMÉE** [ɑ̃bome] adj. (après le nom) ▪ (cadavre) Rempli de produits qui conservent. *On peut voir au musée des momies égyptiennes embaumées.*

EMBAUMER [ɑ̃bome] verbe [conjugaison 1a] **1.** Remplir (un cadavre) de matières qui le dessèchent et le conservent. *Les anciens Égyptiens embaumaient leurs morts.* **2.** (qqch.) Sentir bon. *Ce lilas embaume.* ⟨contraires : empester, puer⟩ **3.** Remplir (un lieu) d'une odeur agréable. *Les roses embaument le salon.* → **parfumer.**

EMBELLIR [ɑ̃beliʀ] verbe [conjugaison 2] **1.** Rendre beau ou plus beau. *Ce maquillage l'embellit.* → **avantager.** ⟨contraire : enlaidir⟩ *De nouvelles plantations embellissent le parc.* – *Vous embellissez la situation,* vous la décrivez mieux qu'elle n'est. → **enjoliver, idéaliser. 2.** Devenir beau ou plus beau. *La jeune princesse embellissait de jour en jour.* ⟨contraire : enlaidir⟩ *Elle a embelli depuis l'année dernière.*

EMBELLISSEMENT [ɑ̃belismɑ̃] n. m. ▪ *UN EMBELLISSEMENT :* action d'embellir, de rendre plus agréable à regarder. *Le nouveau maire a fait des embellissements dans certains quartiers de notre ville.*

EMBÊTANT [ɑ̃bɛtɑ̃], **EMBÊTANTE** [ɑ̃bɛtɑ̃t] adj. (après le nom) ▪ STYLE FAMILIER Qui contrarie, cause des ennuis. *Il lui arrive une histoire embêtante. Cette histoire est assez embêtante.* → **contrariant, ennuyeux, fâcheux.** *C'est embêtant, cette affaire.* → STYLE TRÈS FAMILIER **chiant.**

EMBÊTEMENT [ɑ̃bɛtmɑ̃] n. m. ▪ STYLE FAMILIER *UN EMBÊTEMENT :* chose qui donne du souci. *Il a des tas d'embêtements dans son travail.* → **contrariété, ennui ;** STYLE FAMILIER **emmerde, emmerdement.**

EMBÊTER [ɑ̃bete] verbe [conjugaison 1a] ▪ STYLE FAMILIER **1.** Ennuyer. *Ce film m'a embêté du début à la fin.* → **raser ;** STYLE FAMILIER **emmerder. 2.** Contrarier, tourmenter. *Ça l'embête d'être en retard. Arrête d'embêter ta sœur !* → **agacer. 3.** verbe pronominal S'EMBÊTER : s'ennuyer, trouver le temps long. *Qu'est-ce qu'elle s'est embêtée à ce dîner !* → STYLE FAMILIER s'**emmerder.** – *Il a huit semaines de vacances par an, il ne s'embête pas,* il n'est pas à plaindre.

D'**EMBLÉE** [dɑ̃ble] adverbe ▪ STYLE RECHERCHÉ Aussitôt, immédiatement. *Notre projet a été accepté d'emblée par la direction.*

EMBLÈME [ɑ̃blɛm] n. m. ▪ *UN EMBLÈME :* objet qui représente une idée, une autorité, un métier ou un parti. *La croix est l'emblème des chrétiens. La colombe est l'emblème de la paix.* → **symbole.**

EMBOBINER [ɑ̃bɔbine] verbe [conjugaison 1a] ▪ STYLE FAMILIER Tromper par de fausses paroles. *Le vendeur l'a embobiné et lui a vendu un appareil défectueux. Elle s'est fait embobiner par ses beaux discours.* → **avoir.**

EMBOÎTER [ɑ̃bwate] verbe [conjugaison 1a] **1.** Faire entrer (une chose dans une autre, plusieurs choses l'une dans l'autre). *Le plombier emboîte deux tuyaux l'un dans l'autre.* → **adapter, ajuster.** ⟨contraire : déboîter⟩ **2.** Envelopper comme une boîte. *Ces chaussures emboîtent bien le pied.* **3.** *EMBOÎTER LE PAS À QQN :* marcher juste derrière qqn, suivre qqn pas à pas. *Un spectateur mécontent est sorti du cinéma avant la fin du film, et un autre lui a emboîté le pas.* → **suivre.** – *Quelques ouvriers ont proposé de voter la grève et les autres leur ont emboîté le pas,* les autres les ont imités. **4.** verbe pronominal S'EMBOÎTER : (qqch.) entrer exactement dans (qqch.). *Ces deux pièces s'emboîtent l'une dans l'autre.*

EMBOLIE [ɑ̃bɔli] n. f. **.** *UNE EMBOLIE :* fermeture d'une veine par un caillot de sang. *Le voisin est mort d'une EMBOLIE PULMONAIRE.*

EMBONPOINT [ɑ̃bɔ̃pwɛ̃] n. m. **.** *L'EMBONPOINT :* état d'un corps un peu gros. *Il a tendance à l'embonpoint :* il grossit facilement. *Avec l'âge, elle a pris un peu d'embonpoint* (→ **engraisser, grossir**).

REM. *Embonpoint* prend un *n* devant le *p*.

EMBOUCHÉ [ɑ̃buʃe], **EMBOUCHÉE** [ɑ̃buʃe] adj. (après le nom) **.** (qqn) *MAL EMBOUCHÉ :* qui dit des grossièretés. *Cette gamine est vraiment mal embouchée : elle ne peut pas prononcer une phrase sans dire une grossièreté.*

EMBOUCHURE [ɑ̃buʃyʀ] n. f. **.** *L'EMBOUCHURE* **1.** Lieu où un fleuve se jette dans la mer. *La ville est située à l'embouchure du fleuve.* → **estuaire. 2.** Partie d'un instrument de musique à vent que l'on met contre les lèvres pour jouer. *Le musicien souffle dans l'embouchure de sa trompette.*

REM. Quand l'embouchure d'un fleuve se divise en plusieurs bras, on l'appelle un *delta*.

S'**EMBOURBER** [ɑ̃buʀbe] verbe pronominal [conjugaison 1a] **.** S'enfoncer dans la boue. *Notre voiture s'est embourbée dans une ornière.* → s'**enliser.** – *Il s'est embourbé dans des explications obscures.* → s'**empêtrer.**

S'**EMBOURGEOISER** [ɑ̃buʀʒwaze] verbe pronominal [conjugaison 1a] **.** Prendre les habitudes, l'esprit de la classe bourgeoise. *Quand elle était jeune, elle était gauchiste, mais avec l'âge et la réussite, elle s'est complètement embourgeoisée.*

EMBOUT [ɑ̃bu] n. m. **.** *UN EMBOUT :* morceau de métal ou de caoutchouc qui se place à l'extrémité d'un objet. *L'embout de ce parapluie est en caoutchouc. L'embout de cette seringue est transparent,* la partie sur laquelle s'emboîte l'aiguille.

EMBOUTEILLAGE [ɑ̃butɛjaʒ] n. m. **.** *UN EMBOUTEILLAGE :* encombrement de véhicules qui arrête la circulation. *Il y a un énorme embouteillage sur l'autoroute.* → **bouchon.** *Nous avons été pris dans les embouteillages, c'est pourquoi nous sommes en retard.*

EMBOUTEILLER [ɑ̃buteje] verbe [conjugaison 1a] **.** Empêcher la circulation en provoquant un encombrement. *Ce camion de livraison embouteille toute la rue.* → **encombrer.** *L'autoroute est embouteillée sur douze kilomètres.*

EMBOUTIR [ɑ̃butiʀ] verbe [conjugaison 2] **1.** Enfoncer et déformer en heurtant violemment. *Un chauffard a embouti ma voiture.* **2.** Travailler (une plaque de métal) pour l'arrondir. *Dans cette usine, les ouvriers emboutissent des plaques de tôle.*

EMBRANCHEMENT [ɑ̃bʀɑ̃ʃmɑ̃] n. m. **.** *UN EMBRANCHEMENT* **1.** Point où une voie de communication se divise. *Un panneau indicateur se dresse à l'embranchement des deux routes.* → **carrefour, croisement, intersection. 2.** Chacune des grandes divisions auxquelles les plantes et les animaux appartiennent. *L'homme appartient à l'embranchement des vertébrés.*

EMBRASER [ɑ̃bʀaze] verbe [conjugaison 1a] **1.** Enflammer. *Une cigarette mal éteinte a embrasé la forêt.* → **incendier. 2.** Illuminer. *Le soleil couchant embrase le ciel.* **3.** STYLE RECHERCHÉ Remplir d'une grande passion. *L'amour lui embrase le cœur.* → **enflammer.**

EMBRASSADE [ɑ̃bʀasad] n. f. **.** *UNE EMBRASSADE :* action de personnes qui s'embrassent avec amitié. *Que d'embrassades lorsque tous les membres de la famille se retrouvent pour fêter Noël !*

REM. *Embrassade* s'emploie souvent au pluriel.

EMBRASSER [ɑ̃bʀase] verbe [conjugaison 1a] **1.** Donner un baiser, des baisers à (qqn). *Elle embrasse ses enfants pour leur souhaiter une bonne nuit. Il l'a embrassée sur la joue.* – *Je t'embrasse affectueusement, de tout mon cœur :* formules amicales à la fin d'une lettre. **2.** STYLE RECHERCHÉ *EMBRASSER DU REGARD :* voir dans toute son étendue. *Du haut de la colline, on embrasse du regard toute la région.* **3.** STYLE RECHERCHÉ Adopter (une opinion, un parti). *Il a embrassé la carrière militaire.* → **choisir. 4.** verbe pronominal S'EMBRASSER : se donner un baiser, des baisers. *Les amoureux se sont embrassés sur la bouche.*

REM. Autrefois, *embrasser* signifiait « prendre et serrer dans ses bras » ; de nos jours on dit plutôt *étreindre, enlacer.*

EMBRASURE [ɑ̃bʀazyʀ] n. f. **.** *UNE EMBRASURE :* ouverture dans un mur dans laquelle il y a une porte ou une fenêtre. *Elle est apparue soudain dans l'embrasure de la porte.* → **encadrement.**

EMBRAYAGE [ɑ̃bʀɛjaʒ] n. m. **.** *UN EMBRAYAGE :* mécanisme qui permet d'embrayer. *Cette voiture a un embrayage automatique.* ⟨contraire : débrayage⟩ *Ce jeune conducteur fait PATINER L'EMBRAYAGE,* il le fait tourner à vide sans entraîner les roues.

EMBRAYER [ɑ̃bʀeje] verbe [conjugaison 8b] **1.** Commander le mécanisme qui permet au moteur d'un véhicule d'entraîner les roues. *Il change de vitesse et il embraye.* ⟨contraire : débrayer⟩ *Il faut que vous embrayiez doucement pour ne pas caler.* **2.** *EMBRAYER SUR* (qqch., qqn) : commencer à parler de. *Après une brève introduction, nous embraierons sur les problèmes que nous devons régler.*

REM. On peut écrire *j'embraie* [ɑ̃bʀɛ] ou *j'embraye* [ɑ̃bʀɛj], *j'embraierai* [ɑ̃bʀɛʀɛ] ou *j'embrayerai* [ɑ̃bʀɛjʀɛ] et *que j'embraie* [ɑ̃bʀɛ] ou *que j'embraye* [ɑ̃bʀɛj]. Penser au *i* à la 1re et à la 2e personne du pluriel de l'imparfait (ex. : *nous embrayions*) et du subjonctif (ex. : *que vous embrayiez*).

EMBRIGADER [ɑ̃bʀigade] verbe [conjugaison 1a] **.** Entraîner pour faire participer à une action collective. *Des amis l'ont embrigadé dans une association pour la défense des prisonniers politiques. Il ne veut pas se laisser embrigader.*

EMBRINGUER [ɑ̃bʀɛ̃ge] verbe [conjugaison 1b] **.** STYLE FAMILIER Engager de façon fâcheuse, embarrassante. *On l'a embringué dans une sale affaire.* → STYLE FAMILIER **embarquer.**

EMBROCHER [ɑ̃bʀɔʃe] verbe [conjugaison 1a] **1.** Enfiler (de la viande) sur une broche, sur des brochettes. *Elle a embroché le poulet et l'a mis dans le four.* **2.** STYLE FAMILIER Transpercer d'un coup d'épée. *Il s'est fait embrocher par son adversaire.*

EMBROUILLAMINI [ɑ̃bʀujamini] n. m. **.** STYLE FAMILIER *UN EMBROUILLAMINI :* désordre, grande confusion. *On ne s'y retrouve plus, dans cet embrouillamini.* → **imbroglio, méli-mélo.**

EMBROUILLÉ [ɑ̃bʀuje], **EMBROUILLÉE** [ɑ̃bʀuje] adj. (après le nom) **.** Très compliqué et confus. *La police doit résoudre une affaire bien embrouillée.* ⟨contraire : clair⟩

EMBROUILLER [ɑ̃bʀuje] verbe [conjugaison 1a] **1.** Emmêler (des fils). *En jouant, le chat a embrouillé la pelote de laine.* ⟨contraire : démêler⟩ **2.** Rendre obscur, compliquer. *Tu embrouilles les choses au lieu de les simplifier.* ⟨contraire : éclaircir⟩ **3.** Troubler (qqn), lui faire perdre la suite de ses idées. *Vous m'avez complètement embrouillé, je n'y comprends plus rien.* **4.** verbe pronominal S'EMBROUILLER : se perdre, ne plus se retrouver. *Elle s'est embrouillée dans ses calculs et elle doit tout recommencer. Le témoin s'embrouille dans ses explications.* → s'**empêtrer.**

EMBRUNS [ɑ̃bʀœ̃] n. m. pluriel **.** *LES EMBRUNS :* fines gouttelettes formées par les vagues et emportées par le vent. *Sur le bateau, les passagers ont le visage mouillé par les embruns.*

EMBRYON [ɑ̃bʀijɔ̃] n. m. ▪ *UN EMBRYON* **1.** Être vivant qui commence à se développer dans un œuf ou dans le ventre de sa mère. *Le kangourou naît sous forme d'embryon et se développe dans la poche de sa mère. L'embryon humain devient un fœtus à la fin du deuxième mois de grossesse.* **2.** Ce qui commence à se développer. *On commence à distinguer un embryon d'organisation.* → **début.**

EMBÛCHES [ɑ̃byʃ] n. f. pluriel ▪ *LES EMBÛCHES :* difficultés qui ressemblent à un piège. *Les questions de ce concours sont pleines d'embûches.*

EMBUER [ɑ̃bɥe] verbe [conjugaison 1a] **1.** Couvrir de buée. *Si tu prends une douche sans ouvrir la fenêtre, la vapeur d'eau embuera* [ɑ̃byʀa] *les vitres. Le pare-brise est complètement embué, on ne voit plus rien.* **2.** verbe pronominal S'EMBUER : se couvrir de buée. *Mes lunettes se sont embuées. Ses yeux s'embuent de larmes,* se mouillent de larmes.

EMBUSCADE [ɑ̃byskad] n. f. ▪ *UNE EMBUSCADE :* piège que l'on tend à qqn pour l'attaquer par surprise. *Les cow-boys sont tombés dans une embuscade tendue par des Indiens.* → **guet-apens.**

S'**EMBUSQUER** [ɑ̃byske] verbe pronominal [conjugaison 1a] ▪ Se cacher pour surprendre l'ennemi. *Les soldats se sont embusqués derrière les buissons.*

ÉMÉCHÉ [emeʃe], **ÉMÉCHÉE** [emeʃe] adj. (après le nom) ▪ STYLE FAMILIER Un peu ivre. *Après deux coupes de champagne, elle se sent légèrement éméchée. L'accident a été provoqué par un conducteur éméché.*

ÉMERAUDE [emʀod] n. f. et adj. invariable **1.** *UNE ÉMERAUDE :* pierre précieuse verte. *Les diamants et les émeraudes étincellent dans la vitrine de la bijouterie. La reine porte un superbe collier d'émeraudes. – Elle a des gants VERT ÉMERAUDE.* **2.** adjectif invariable (après le nom) D'un vert qui fait penser à l'émeraude. *Les fenêtres du salon ont des rideaux émeraude.*

ÉMERGENCE [emɛʀʒɑ̃s] n. f. ▪ STYLE RECHERCHÉ *L'ÉMERGENCE :* apparition soudaine (dans une suite d'événements ou d'idées). *L'émergence d'un fait nouveau a modifié cette théorie scientifique.*

ÉMERGER [emɛʀʒe] verbe [conjugaison 3b] **1.** Sortir d'un milieu dans lequel on est plongé et apparaître à la surface. *Les rochers émergent à marée basse ; à marée haute, ils sont immergés.* (contraire : disparaître) **2.** Se manifester, apparaître plus clairement. *La vérité finira bien par émerger.* **3.** STYLE FAMILIER Sortir du sommeil, se réveiller. *Pendant les vacances, il émergeait tous les jours vers midi.*

ÉMERVEILLEMENT [emɛʀvɛjmɑ̃] n. m. ▪ *L'ÉMERVEILLEMENT :* grande admiration. *La petite fille contemple ses cadeaux de Noël avec émerveillement.* → **enchantement.**

ÉMERVEILLER [emɛʀveje] verbe [conjugaison 1a] **1.** Remplir d'admiration. *Ce spectacle de danse nous a émerveillés.* → **éblouir.** – *Les enfants regardent les pirouettes des clowns d'un air émerveillé.* **2.** verbe pronominal S'ÉMERVEILLER : trouver merveilleux. *Les touristes s'émerveillent devant le panorama.* → **s'extasier.** *À cet âge-là, nous nous émerveillions de tout. Elles SE SONT ÉMERVEILLÉES D'avoir un si beau temps.*

émets [emɛ] *J'émets, tu émets :* forme au présent du verbe **émettre.**

émette [emɛt] *Que j'émette ; qu'il émette, qu'elle émette :* forme au subjonctif du verbe **émettre.**

ÉMETTEUR [emetœʀ] n. m. et adj., **ÉMETTRICE** [emetʀis] n. f. et adj. **I. 1.** *UN ÉMETTEUR, UNE ÉMETTRICE :* personne ou organisme qui émet, met en circulation (de l'argent). *L'émetteur de ce chèque a oublié de le signer.* **2.** *UN ÉMETTEUR :* poste qui émet des ondes capables de produire des sons ou des images. (contraire : récepteur) *L'émission de radio a été interrompue à cause d'une panne d'émetteur. Cet émetteur de télévision est très puissant. – Cet émetteur est entendu dans tout le sud de la France,* cette station de radio ou de télévision.
II. adjectif (après le nom) **1.** Qui émet, met en circulation (de l'argent, des titres). *Les chéquiers qui ne sont plus utilisés doivent être rendus à la banque émettrice.* **2.** Qui émet des ondes capables de produire des sons ou des images. *Ce poste émetteur n'est pas entendu dans le nord de la France. Cette émission de radio est émise en direct de la station émettrice.*

ÉMETTEUR-RÉCEPTEUR [emetœʀʀesɛptœʀ] n. m. ▪ *UN ÉMETTEUR-RÉCEPTEUR :* appareil comprenant un émetteur et un récepteur d'ondes capable de transmettre des sons ou des images. *Ils communiquent avec un émetteur-récepteur.* PLURIEL : *des ÉMETTEURS-RÉCEPTEURS.*

ÉMETTRE [emɛtʀ] verbe [conjugaison 56] **1.** Produire en envoyant hors de soi (des sons, des ondes, des radiations). *Ce piano mal accordé émet des sons discordants.* → **produire.** *Dans son sommeil, il a émis un vague grognement. Cette lampe émet une lumière trop faible. Le radium émet des radiations.* **2.** Envoyer des sons, des images par le moyen des ondes. *Cette station de radio émet 24 heures sur 24* (→ **émission).** – *Cette station émet sur ondes longues.* **3.** (qqn) Exprimer, formuler. *Souvent, il émettait un avis différent de celui des autres. Personne n'a fait attention aux critiques qu'elle a émises. Il faut toujours qu'il émette des doutes.* **4.** Mettre en circulation, proposer au public. *La Banque de France a émis une nouvelle pièce de dix francs.*

ÉMEUTE [emøt] n. f. ▪ *UNE ÉMEUTE :* mouvement de révolte violent d'une foule, d'un peuple. *La manifestation s'est transformée en émeute.* → **soulèvement.**

ÉMIETTER [emjete] verbe [conjugaison 1a] **1.** Réduire en miettes. *Elle émiette du pain pour nourrir les oiseaux.* **2.** verbe pronominal S'ÉMIETTER : former des miettes, tomber en miettes. *La brioche s'est émiettée quand on l'a coupée.*

ÉMIGRANT [emigʀɑ̃] n. m., **ÉMIGRANTE** [emigʀɑ̃t] n. f. ▪ *UN ÉMIGRANT, UNE ÉMIGRANTE :* une personne qui a quitté son pays pour s'installer dans un autre. *De nombreux émigrants d'Europe ont quitté leur pays pour l'Amérique au dix-neuvième siècle.*

ÉMIGRATION [emigʀasjɔ̃] n. f. ▪ *L'ÉMIGRATION :* départ définitif de personnes vers un autre pays. *Les pays pauvres ont une forte émigration.* → **exode.** (contraire : immigration)

ÉMIGRÉ [emigʀe] n. m., **ÉMIGRÉE** [emigʀe] n. f. ▪ *UN ÉMIGRÉ, UNE ÉMIGRÉE :* une personne qui a quitté son pays pour vivre ailleurs. *De nombreux émigrés d'Europe ont contribué à peupler l'Amérique. Notre pays a accueilli beaucoup d'émigrés politiques.* → **exilé, réfugié.**

REM. L'*émigrant* a quitté son pays, l'*émigré* s'est installé dans sa nouvelle patrie, comme l'*immigré*, considéré du point de vue du pays d'accueil.

ÉMIGRER [emigʀe] verbe [conjugaison 1a] ▪ Quitter son pays pour aller vivre dans un autre. *Ses grands-parents espagnols ont émigré en France pour des raisons politiques.* → **s'exiler, s'expatrier.**

ÉMINCÉ [emɛ̃se] n. m. ▪ *UN ÉMINCÉ :* très fine tranche de viande cuite. *Nous avons mangé un émincé de volaille avec une sauce au curry.*

ÉMINCER [emɛ̃se] verbe [conjugaison 3a] ▪ Couper en tranches très minces. *Émincons les oignons et faisons-les cuire doucement. – L'escalope est recouverte d'une couche de champignons émincés.*

ÉMINENCE [eminɑ̃s] n. f. ▪ *UNE ÉMINENCE* **1.** STYLE RECHERCHÉ Petite élévation de terrain. *La chapelle se dresse sur une éminence.* → **butte, hauteur, monticule.** ⟨contraires : creux, dépression⟩ **2.** Titre d'honneur donné à un cardinal. *Son Éminence, le cardinal X.* **3.** *L'ÉMINENCE GRISE d'un homme politique, d'un parti,* son conseiller personnel et secret. *Il est l'éminence grise du président.*

REM. *L'Éminence grise* était le surnom du Père Joseph, conseiller secret de Richelieu, au dix-septième siècle.

ÉMINENT [eminɑ̃], **ÉMINENTE** [eminɑ̃t] adj. (après le nom ou avant le nom) **1.** Très important, exceptionnel. *Cet homme a rendu d'éminents services au pays. Il a joué un rôle éminent.* → **considérable, supérieur.** ⟨contraire : médiocre⟩ **2.** (qqn) Très distingué, remarquable. *C'est un éminent spécialiste de la politique internationale.* ⟨contraire : inférieur⟩ *Je vous présente mon éminente collaboratrice.*

ÉMIR [emiʀ] n. m. ▪ *UN ÉMIR :* souverain d'un pays musulman. *L'émir du Koweït est en visite dans notre pays.*

ÉMIRAT [emiʀa] n. m. ▪ *UN ÉMIRAT :* état gouverné par un émir. *L'émirat de Dubaï fait partie de la fédération des Émirats arabes unis.*

émis [emi], **émise** [emiz] *Il a émis une opinion ; l'opinion qu'il a émise :* formes au participe passé du verbe **émettre.**

ÉMISSAIRE [emisɛʀ] n. m. et adj. m. **1.** *UN ÉMISSAIRE :* agent chargé d'une mission secrète. *Un émissaire du gouvernement a été envoyé pour discuter de la libération des otages.* → **envoyé.** **2.** *UN BOUC ÉMISSAIRE :* personne sur laquelle on fait retomber les torts des autres. *Je ne veux pas servir de bouc émissaire.*

ÉMISSION [emisjɔ̃] n. f. **1.** *UNE ÉMISSION :* ce qui est transmis (sons, images) grâce aux ondes. *Cette émission de radio est intéressante. Quel est le programme des émissions de la soirée, à la télévision ? J'ai vu une bonne émission sur la première chaîne.* **2.** *L'ÉMISSION :* action d'émettre, de projeter hors de soi. *L'émission du sperme est l'éjaculation. Son émission d'urine est douloureuse.* → **miction.** **3.** Action de mettre en circulation, de proposer au public. *Quand aura lieu l'émission d'un nouveau timbre-poste ?*

EMMAGASINER [ɑ̃magazine] verbe [conjugaison 1a] **1.** Amasser, accumuler. *L'écureuil emmagasine des provisions pour l'hiver.* → **entreposer, stocker.** *Après ce copieux repas, j'ai emmagasiné beaucoup d'énergie.* **2.** Garder dans l'esprit, dans la mémoire. *Ce beau voyage nous a permis d'emmagasiner de merveilleux souvenirs.* → **conserver.** *Il a su tirer parti des connaissances qu'il a emmagasinées.*

EMMAILLOTER [ɑ̃majɔte] verbe [conjugaison 1a] ▪ Envelopper dans un lange. *Autrefois, on emmaillotait les nourrissons.* → **langer.**

EMMANCHER [ɑ̃mɑ̃ʃe] verbe [conjugaison 1a] **1.** Fixer à un manche. *Il faut emmancher ce balai solidement pour qu'il reste fixé.* **2.** STYLE FAMILIER verbe pronominal S'EMMANCHER : (qqch.) s'engager, se présenter (d'une certaine façon). *Cette affaire s'emmanche mal. L'affaire s'est mal emmanchée.*

EMMANCHURE [ɑ̃mɑ̃ʃyʀ] n. f. ▪ *UNE EMMANCHURE :* chacune des deux ouvertures d'un vêtement, faites pour coudre une manche ou laisser passer le bras. *Cette veste est étroite aux emmanchures.*

EMMÊLER [ɑ̃mele] verbe [conjugaison 1a]
I. Mêler de manière désordonnée. *J'ai emmêlé les fils de la pelote.* → **embrouiller, enchevêtrer.** ⟨contraires : débrouiller, démêler⟩ *Tes cheveux sont emmêlés.*
II. verbe pronominal S'EMMÊLER **1.** Être mêlé ensemble de manière désordonnée ou confuse. *Ces fils électriques se sont emmêlés les uns dans les autres. – Il n'y comprend plus rien, tout s'emmêle dans sa tête,* tout est confus. **2.** STYLE FAMILIER *S'EMMÊLER LES PIEDS, LES PÉDALES, LES PINCEAUX :* s'embrouiller (dans une affaire, dans une explication). *Elle a voulu nous expliquer de quoi il s'agissait et elle s'est complètement emmêlé les pieds.*

EMMÉNAGEMENT [ɑ̃menaʒmɑ̃] n. m. ▪ *UN EMMÉNAGEMENT :* installation dans un nouveau logement. *Leur emménagement s'est fait peu à peu.* ⟨contraire : déménagement⟩

EMMÉNAGER [ɑ̃menaʒe] verbe [conjugaison 3b] ▪ S'installer dans un nouveau logement. *Nous emménageons dans un immeuble neuf.* ⟨contraire : déménager⟩

EMMENER [ɑ̃mne] verbe [conjugaison 5a] **1.** Mener avec soi (qqn, un animal) en allant d'un lieu dans un autre. *Elle emmène son chien partout où elle va.* **2.** Prendre (qqn) avec soi en allant quelque part. *Si tu vas à Paris, tu m'emmèneras ? Ils ont emmené les enfants au cirque.* → **accompagner.** *Il ne va pas bien, il faut l'emmener à l'hôpital.* → **conduire.** – *Nos amis nous ont emmenés visiter la région.* **3.** (véhicule) Conduire, transporter au loin. *Le bateau emmène les voyageurs en Corse.*

REM. **1.** On *emmène* une personne ou un animal, mais on *emporte* un objet. **2.** *Emmener* suppose que l'accompagnateur reste avec la personne à l'arrivée, à la différence de *amener* (ex. : *ils emmènent les enfants au cirque* [et ils y restent] et *elle l'amène à l'école* [et elle repart]).

EMMENTAL [emɛtal] n. m. ▪ *L'EMMENTAL :* fromage à croûte jaune qui ressemble au gruyère, avec de plus grands trous, fabriqué d'abord en Suisse. *Il faut acheter un morceau d'emmental. Elle râpe de l'emmental pour faire un gratin. Ces emmentals ont des goûts différents.*

REM. **1.** On prononce aussi [emɛntal]. **2.** On écrit aussi *emmenthal.*

EMMERDANT [ɑ̃mɛʀdɑ̃], **EMMERDANTE** [ɑ̃mɛʀdɑ̃t] adj. (après le nom) ▪ STYLE FAMILIER **1.** Qui contrarie, dérange beaucoup. *Ces enfants sont emmerdants, ils n'arrêtent pas de se battre.* → **assommant, casse-pieds, embêtant ;** STYLE TRÈS FAMILIER **chiant, enquiquinant.** *C'est emmerdant, cette affaire !* **2.** Ennuyeux. *Ce livre est très emmerdant, je ne le lirai pas jusqu'au bout.* → **barbant, rasant ;** STYLE TRÈS FAMILIER **chiant.** ⟨contraires : amusant, distrayant⟩ *J'ai vu un film emmerdant.*

EMMERDE [ɑ̃mɛʀd] n. f. ▪ STYLE FAMILIER *UNE EMMERDE :* embêtement, gros ennui. *Il a des emmerdes dans son boulot.* → **emmerdement.**

EMMERDEMENT [ɑ̃mɛʀdəmɑ̃] n. m. ▪ STYLE FAMILIER *UN EMMERDEMENT :* souci, ennui, difficulté. *Ils ont des emmerdements avec leur fils.* → **embêtement ;** STYLE TRÈS FAMILIER **emmerde.** *Quel emmerdement, cette voiture qui ne démarre pas !* → STYLE TRÈS FAMILIER **merde.**

EMMERDER [ɑ̃mɛʀde] verbe [conjugaison 1a] ▪ STYLE FAMILIER **1.** Importuner, contrarier. *Ça m'emmerde d'attendre. Arrête d'emmerder ton frère.* → **agacer, embêter.** *Il est vraiment emmerdé, avec cette affaire.* **2.** Ennuyer. *Les discussions politiques l'ont toujours emmerdé.* → **assommer, barber, raser.** **3.** Considérer comme inexistant, négligeable. *Les voisins, je les emmerde !* **4.** verbe pronominal S'EMMERDER : s'ennuyer. *Sa femme s'est emmerdée,* *toute seule chez elle. On ne s'emmerde pas avec eux !* on s'amuse, on se distrait. *Il ne s'emmerde pas, ce type,* il ne s'en fait pas, il a de la chance. – *On ne va pas s'emmerder à démonter le moteur :* on ne va pas démonter le moteur, ce serait trop long ou trop compliqué.

EMMERDEUR [ɑ̃mɛʀdœʀ] n. m., **EMMERDEUSE** [ɑ̃mɛʀdøz] n. f. ▪ STYLE FAMILIER *UN EMMERDEUR, UNE EMMERDEUSE :* une personne très agaçante ou très ennuyeuse. *Il a épousé une emmerdeuse.* → **casse-pieds.** *Quel bande d'emmerdeurs !*

S'**EMMITOUFLER** [ɑ̃mitufle] verbe pronominal [conjugaison 1a] ▪ S'envelopper dans des vêtements chauds. *Elle s'est emmitouflée jusqu'aux oreilles dans un grand châle. Emmitouflez-vous bien car il fait froid, ce matin.*

EMMURER [ɑ̃myʀe] verbe [conjugaison 1a] **1.** Enfermer dans un cachot muré. *Le condamné a été emmuré vivant.* **2.** Enfermer, bloquer comme par un mur. *Les mineurs ont été emmurés par un éboulement dans la galerie.*

ÉMOI [emwa] n. m. ▪ STYLE RECHERCHÉ **1.** *L'ÉMOI :* agitation, trouble. *La nouvelle de la visite du président de la République a mis toute la ville EN ÉMOI.* → **effervescence. 2.** STYLE RECHERCHÉ *UN ÉMOI :* trouble provoqué par une émotion sensuelle. *À l'adolescence, les jeunes gens connaissent leurs premiers émois.* → **émotion, excitation.**

ÉMOTIF [emɔtif], **ÉMOTIVE** [emɔtiv] adj. (après le nom) **1.** Relatif à l'émotion. *Les gens sensibles ont souvent des troubles émotifs.* → **émotionnel, nerveux. 2.** (qqn) Qui ressent très fortement les émotions, qui est facilement troublé. *C'est une petite fille très émotive.* → **impressionnable, nerveux, sensible.** *Les gens émotifs rougissent facilement.* ⟨contraires : calme, froid, impassible⟩

ÉMOTION [emosjɔ̃] n. f. ▪ *UNE ÉMOTION :* état de trouble dans lequel on est quand on éprouve un sentiment très fort. *L'amour, le chagrin, la colère et la peur sont des émotions. Sa voix tremble d'émotion. Il a du mal à cacher son émotion.* → **trouble.** *Elle évoque ces vieux souvenirs avec émotion.* → **attendrissement.** ⟨contraire : froideur⟩ – STYLE FAMILIER *Tu nous as donné des émotions :* nous avons eu peur pour toi. *Buvons un verre pour NOUS REMETTRE DE NOS ÉMOTIONS,* pour retrouver notre calme, notre état normal.

ÉMOTIONNEL [emosjɔnɛl], **ÉMOTIONNELLE** [emosjɔnɛl] adj. (après le nom) ▪ (qqch.) Qui a le caractère de l'émotion. *Sa réaction violente est due à un choc émotionnel.* → **affectif, émotif.** *Elle a une vie émotionnelle très riche :* elle ressent de nombreuses émotions dans sa vie.

REM. *Émotionnel* qui fait partie du vocabulaire de la psychologie est moins courant qu'*émotif.*

ÉMOTIONNER [emosjɔne] verbe [conjugaison 1a] ▪ STYLE FAMILIER Toucher, troubler par une émotion. *Ça ne l'émotionne pas du tout de parler en public.* → **émouvoir, impressionner.**

REM. Ce verbe est critiqué par les puristes qui préfèrent l'emploi du verbe *émouvoir.*

ÉMOTIVITÉ [emɔtivite] n. f. ▪ *L'ÉMOTIVITÉ :* caractère d'une personne émotive. *C'est un enfant d'une grande émotivité.* → **sensibilité.**

ÉMOUSSER [emuse] verbe [conjugaison 1a] **1.** Rendre moins coupant, moins pointu en usant. *J'ai émoussé la lame de mon couteau en m'en servant pour ouvrir un pot de confiture.* ⟨contraire : aiguiser⟩ *Ce crayon est émoussé par l'usage.* **2.** Rendre moins vif, moins douloureux. *Le temps émoussera son chagrin.* → **atténuer. 3.** verbe pronominal S'ÉMOUSSER : devenir moins vif, moins fort. *Le désir s'émousse avec l'habitude. Leur passion s'est émoussée.*

ÉMOUSTILLER [emustije] verbe [conjugaison 1a] ▪ STYLE FAMILIER Mettre de bonne humeur en excitant. *Le champagne émoustille les invités.* → **égayer, exciter.** ⟨contraires : calmer, refroidir⟩ – *Après quelques verres, les convives sont tout émoustillés.*

émouvant [emuvɑ̃] *En émouvant :* forme au participe présent du verbe **émouvoir.**

ÉMOUVANT [emuvɑ̃], **ÉMOUVANTE** [emuvɑ̃t] adj. (après le nom) ▪ Qui émeut, touche, provoque une émotion. *C'est une histoire très émouvante qu'il nous a racontée.* → **bouleversant, pathétique, poignant, touchant.** *J'ai trouvé ce film vraiment émouvant.*

ÉMOUVOIR [emuvwaʀ] verbe [conjugaison 27] **1.** Agiter par une émotion. *Cette musique m'émeut toujours.* → **bouleverser, toucher.** *Elle aime lire des romans qui l'émeuvent. Chaque fois que la chanteuse commençait à chanter, elle émouvait son public. C'est en émouvant ses électeurs que ce politicien a gagné les élections. Cette lettre m'a beaucoup ému.* **2.** verbe pronominal S'ÉMOUVOIR : ressentir une émotion, être touché, bouleversé. *Je m'émeus facilement.* – *Le candidat a répondu SANS S'ÉMOUVOIR à l'examinateur,* sans se troubler, en gardant son calme. *Le gouvernement S'EST ÉMU DU sort des miséreux,* il s'en est inquiété, préoccupé. *Elle s'est émue de mon silence.*

REM. Le futur est rare *(il émouvra, nous émouvrons).*

EMPAILLER [ɑ̃paje] verbe [conjugaison 1a] ▪ Bourrer de paille la peau de (un animal que l'on veut conserver). *Le chasseur a fait empailler le renard qu'il a tué.* → **naturaliser.** – *Il y a des animaux empaillés dans le hall du château.*

EMPAQUETER [ɑ̃pakte] verbe [conjugaison 4b] **1.** Faire un paquet. *J'ai empaqueté de vieux vêtements pour les donner. La vendeuse empaquette les achats de sa cliente.* → **emballer.** *Voici les livres que je vous donne, empaquetez-les.* ⟨contraire : dépaqueter⟩ **2.** Mettre en paquet. *Les ouvrières de l'usine empaquettent du sucre.*

S'**EMPARER** [ɑ̃paʀe] verbe pronominal [conjugaison 1a] ▪ *S'EMPARER DE* **1.** Prendre de force ou sans en avoir le droit. *Les terroristes s'empareront* [ɑ̃paʀʀɔ̃] *de plusieurs otages.* → **capturer.** *Les voleurs se sont emparés de la caisse du magasin.* ⟨contraires : rendre, restituer⟩ *Le dictateur s'est emparé du pouvoir.* → **usurper. 2.** Parvenir à prendre pour utiliser. *Un des joueurs de notre équipe s'empare du ballon.* → **saisir. 3.** Envahir, gagner. *La colère s'est emparée de lui tout d'un coup. Je sens le sommeil s'emparer de moi.*

FAUX AMI
espagnol **ampararse** «se protéger»

EMPÂTÉ [ɑ̃pate], **EMPÂTÉE** [ɑ̃pate] adj. (après le nom) ▪ Devenu épais, gras. *Son visage autrefois très beau, est maintenant empâté.* → **bouffi.** ⟨contraire : émacié⟩ *Il a des traits empâtés.*

EMPATTEMENT [ɑ̃patmɑ̃] n. m. ▪ *L'EMPATTEMENT :* distance qui sépare les essieux d'une voiture. *Cette voiture a un empattement très petit.*

EMPÊCHEMENT [ɑ̃pɛʃmɑ̃] n. m. ▪ *UN EMPÊCHEMENT :* ce qui empêche de faire ce que l'on voudrait ou ce que l'on devrait faire. *Je n'ai pas pu aller à mon rendez-vous car j'ai eu un empêchement de dernière minute.* → **contretemps.** *En cas d'empêchement, téléphonez-moi.* → **difficulté, obstacle.**

EMPÊCHER [ɑ̃peʃe] verbe [conjugaison 1a] **1.** Rendre impossible en s'opposant, faire obstacle à. *Les parents ont tout fait pour empêcher le mariage.* ⟨contraire : permettre⟩ *Des barrières empêchent l'accès à l'autoroute.* → **interdire.** *La tempête a empêché le départ de la course de bateaux.* – *Cela n'EMPÊCHE pas QUE vous* *avez tort, que vous ayez tort :* vous avez tort malgré tout. – *(IL) N'EMPÊCHE QUE :* cependant, malgré cela. *N'empêche que j'avais raison.* – STYLE FAMILIER *N'EMPÊCHE :* tout de même, quand même. *Elle aurait pu nous prévenir, n'empêche.* **2.** *EMPÊCHER qqn DE faire qqch.*, faire en sorte qu'il ne le puisse pas. *Tais-toi, tu empêches tout le monde de travailler. Empêchez-les de se battre !* ⟨contraire : laisser⟩ – STYLE FAMILIER *La perspective de l'examen, ÇA NE L'EMPÊCHE PAS DE DORMIR,* ça ne l'inquiète pas beaucoup. **3.** verbe pronominal S'EMPÊCHER DE : se retenir de, se défendre de. *Quand je l'ai vu avec ce chapeau ridicule, je N'AI PAS PU M'EMPÊCHER DE rire. On ne peut pas s'empêcher de l'aimer.*

EMPEREUR [ɑ̃pʀœʀ] n. m. ■ *UN EMPEREUR :* souverain d'un empire. *Auguste fut le premier empereur romain. Napoléon Ier a été couronné empereur des Français en 1804. L'empereur et l'impératrice assisteront au bal. À Paris, aux Invalides, on peut voir le tombeau de l'Empereur,* de Napoléon Ier **(→ impérial).**

EMPESÉ [ɑ̃pəze], **EMPESÉE** [ɑ̃pəze] adj. (après le nom) ■ (tissu) Durci avec de l'amidon. *Il a un col de chemise empesé.*

EMPESTER [ɑ̃pɛste] verbe [conjugaison 1a] ■ Dégager une très mauvaise odeur. *La poubelle empeste,* elle sent mauvais. **→ puer.** *Son bureau empeste le tabac.* ⟨contraire : embaumer⟩

S'**EMPÊTRER** [ɑ̃petʀe] verbe pronominal [conjugaison 1a] **1.** Être entravé, être embarrassé dans qqch. qui gêne, qui retient. *Le chat s'est empêtré dans la pelote de laine. On s'empêtre dans les ronces en marchant.* ⟨contraire : se dépêtrer⟩ **2.** Être engagé dans une situation embarrassante. *Il s'empêtre dans des explications sans fin.* **→** s'**embrouiller.** *Elle s'est empêtrée dans ses mensonges.* **→** s'**enferrer.**

EMPHASE [ɑ̃faz] n. f. ■ *L'EMPHASE :* emploi exagéré du ton solennel, prétentieux. *L'avocat s'est adressé au tribunal avec emphase.* ⟨contraire : simplicité⟩

EMPHATIQUE [ɑ̃fatik] adj. (après le nom) ■ Plein d'emphase. *Il a répondu sur un ton emphatique.* **→ déclamatoire, pompeux, solennel.** ⟨contraires : simple, sobre⟩

EMPIERRER [ɑ̃pjeʀe] verbe [conjugaison 1a] ■ Couvrir de pierres, de cailloux. *Les cantonniers empierrent la route.*

EMPIÉTER [ɑ̃pjete] verbe [conjugaison 6a] ■ *EMPIÉTER SUR* **1.** Prendre une partie de la place de, déborder sur. *La terrasse du café empiète sur le trottoir.* **2.** S'emparer de biens, de droits ou d'avantages qui appartiennent à d'autres. *Vous empiétez sur nos attributions.* **→ usurper.** ⟨contraire : respecter⟩

S'**EMPIFFRER** [ɑ̃pifʀe] verbe pronominal [conjugaison 1a] ■ STYLE FAMILIER *S'EMPIFFRER DE :* manger avec excès, d'une manière gloutonne. *Si tu t'empiffres de bonbons maintenant, tu n'auras plus faim pour le dîner.* **→** STYLE FAMILIER se **bourrer,** se **gaver,** se **goinfrer.** *Elle s'est empiffrée de petits gâteaux.*

EMPILER [ɑ̃pile] verbe [conjugaison 1a] **1.** Mettre en pile. *La femme de ménage empile les chemises qu'elle a repassées.* **2.** verbe pronominal S'EMPILER : former une pile, un tas. *Les factures se sont empilées sur son bureau.* **→** s'**accumuler,** s'**amonceler.** – *Les voyageurs s'empilent dans le métro,* ils sont très nombreux et serrés. **→** s'**entasser.**

EMPIRE [ɑ̃piʀ] n. m.

I. *UN EMPIRE* **1.** État ou ensemble d'États gouverné par un empereur ou par une impératrice. *L'empire romain était très vaste.* – *Le Premier Empire fut instauré en France par Napoléon en 1804 et le Second Empire par Napoléon III en 1852,* le régime politique dirigé par un empereur. – *POUR UN EMPIRE :* pour rien au monde, en aucune façon. *Je n'irais pas sur la Lune pour un empire.* – *Ils ont des meubles Empire,* des meubles de l'époque du Premier Empire. **2.** Ensemble de colonies. *Autrefois, les grands pays d'Europe possédaient un empire colonial.* **3.** Groupe industriel ou financier très puissant. *Ce financier a monté un gigantesque empire bancaire.*

II. *L'EMPIRE :* très grand pouvoir, autorité. *Elle a beaucoup d'empire sur lui.* **→ ascendant, influence.** *Il a perdu tout empire sur lui-même.* **→ contrôle, maîtrise.** *Certaines personnes deviennent violentes SOUS L'EMPIRE DE l'alcool,* quand elles ont bu trop d'alcool. **→ effet, emprise.**

EMPIRER [ɑ̃piʀe] verbe [conjugaison 1a] ■ Devenir pire, plus grave. *La situation a empiré depuis l'an dernier.* **→** s'**aggraver,** se **dégrader,** se **détériorer.** ⟨contraire : s'améliorer⟩ *Ça n'empirera* [ɑ̃piʀʀa] *pas.*

EMPIRIQUE [ɑ̃piʀik] adj. (après le nom) ■ Qui s'appuie sur l'expérience pratique et non sur la science. *Autrefois, les médecins utilisaient souvent des remèdes empiriques.* ⟨contraires : rationnel, scientifique⟩

REM. Ce mot appartient au vocabulaire de la science.

EMPLACEMENT [ɑ̃plasmɑ̃] n. m. ■ *L'EMPLACEMENT* **1.** Place choisie pour faire ou installer qqch. *Voilà un excellent emplacement pour monter notre tente.* **2.** Place occupée par (qqch.). *Les archéologues ont retrouvé l'emplacement d'une ancienne ville romaine.* **→ position. 3.** *UN EMPLACEMENT :* un espace utilisable. *J'ai loué un emplacement dans le parking de mon immeuble,* une aire de stationnement. **→ place.**

EMPLETTE [ɑ̃plɛt] n. f. ■ STYLE RECHERCHÉ *UNE EMPLETTE* **1.** Achat. *Elle est allée en ville faire des emplettes.* **→ course.** *J'ai fait l'emplette d'un parapluie.* **2.** Objet acheté. *Montre-moi tes emplettes.* **→ acquisition.**

REM. *Emplette* est un mot un peu vieux, qui ne s'emploie plus beaucoup. On dit plutôt *achat.*

EMPLIR [ɑ̃pliʀ] verbe [conjugaison 2] ■ STYLE RECHERCHÉ **1.** Remplir. *Une foule nombreuse emplit les rues.* **→ envahir.** ⟨contraire : vider⟩ *La nouvelle l'a empli de joie.* **→ combler. 2.** verbe pronominal S'EMPLIR : se remplir. *À chaque fois qu'elle pensait à cela, ses yeux s'emplissaient de larmes. La salle s'est emplie rapidement.*

EMPLOI [ɑ̃plwa] n. m. ■ *L'EMPLOI* **1.** Action ou manière d'utiliser qqch. *Cette peinture est prête à l'emploi. Le verbe « faire » est d'un emploi courant.* **→ usage, utilisation.** *Il fait un mauvais emploi de son argent,* il l'utilise mal. – *Il faut lire le MODE D'EMPLOI de cet appareil avant de s'en servir,* la notice qui explique comment il fonctionne. – *J'ai un EMPLOI DU TEMPS chargé :* j'ai beaucoup de choses à faire. **→ planning, programme.** – *FAIRE DOUBLE EMPLOI :* être inutile, superflu. *Ces deux livres de cuisine font double emploi,* l'un des deux est inutile. **2.** Travail que l'on fait pour gagner sa vie. *Ce jeune homme cherche un emploi.* **→ situation ;** STYLE FAMILIER **boulot, job.** *Il vient de perdre son emploi. Il est DEMANDEUR D'EMPLOI :* il est au chômage **(→ chômeur).** *Les OFFRES D'EMPLOI sont rares en ce moment.* **3.** Genre de rôle interprété par un acteur en fonction de son apparence. *Le héros du film a le physique, la tête,* STYLE FAMILIER *la gueule de l'emploi,* il a le physique, la tête qui convient au rôle qu'il joue dans le film.

EMPLOYÉ [ɑ̃plwaje] n. m., **EMPLOYÉE** [ɑ̃plwaje] n. f. ■ *UN EMPLOYÉ, UNE EMPLOYÉE* **1.** Salarié qui est employé à un travail qui n'est pas manuel et qui n'a personne sous ses ordres ni de responsabilité importante (opposé à ouvrier, cadre). *Cet employé a demandé une augmentation à son employeur. Sa femme est employée dans une banque. Les employés de cette entreprise se sont mis en grève* **(→ personnel). 2.** *UN EMPLOYÉ DE MAISON,*

UNE EMPLOYÉE DE MAISON : domestique. *Ils ont une employée de maison qui fait le ménage et la cuisine.*

EMPLOYER [ɑ̃plwaje] verbe [conjugaison 8a]
I. 1. Faire servir à, utiliser. *Il emploie une lessive liquide pour laver ses pulls. Avec son fils, elle employait la douceur plutôt que la force.* → **recourir.** *Employons bien le temps qui nous reste. Il faudra qu'ils emploient les grands moyens s'ils veulent réussir. Elle est parvenue à le convaincre en employant toute son énergie.* **2.** Faire travailler pour de l'argent. *Cette usine emploie deux cents personnes, l'an prochain elle en emploiera* [ɑ̃plwaʀa] *deux cent cinquante.*
II. verbe pronominal S'EMPLOYER **1.** (mot) Être utilisé, être en usage. *Ce mot ne s'emploie plus.* → se **dire. 2.** (qqn) *S'EMPLOYER À* : s'occuper à, se consacrer à. *Cette organisation s'emploie à aider les plus démunis. Elle s'est employée à repeindre sa chambre, ce week-end.*

EMPLOYEUR [ɑ̃plwajœʀ] n. m., **EMPLOYEUSE** [ɑ̃plwajøz] n. f. ▪ *UN EMPLOYEUR, UNE EMPLOYEUSE* : personne ou entreprise qui emploie du personnel salarié. *Son employeur a refusé de l'augmenter.* → **patron.** *L'employeur doit fournir à chaque employé un contrat de travail.*

EMPOCHER [ɑ̃pɔʃe] verbe [conjugaison 1a] **1.** Recevoir de l'argent. *Avec ce travail, il a empoché une grosse somme.* → **toucher.** ⟨contraire : débourser⟩ **2.** Mettre dans sa poche. *J'ai empoché ton briquet sans le faire exprès.*

EMPOIGNADE [ɑ̃pwaɲad] n. f. ▪ *UNE EMPOIGNADE* : discussion violente, dispute. *L'empoignade a dégénéré en bagarre.*

EMPOIGNER [ɑ̃pwaɲe] verbe [conjugaison 1a] **1.** Prendre en serrant dans la main. *Le voleur a empoigné mon sac et s'est sauvé. Elle empoigne sa fille par le bras.* → **saisir. 2.** Émouvoir profondément. *C'est un livre qui vous empoigne.* **3.** verbe pronominal S'EMPOIGNER : se quereller violemment, se battre. *Ils se sont empoignés à propos de politique.*

REM. *gni-* à la 1re et à la 2e personne du pluriel de l'imparfait (ex. : *nous empoignions*) et du subjonctif (ex. : *que vous empoigniez*).

EMPOISONNANT [ɑ̃pwazɔnɑ̃], **EMPOISONNANTE** [ɑ̃pwazɔnɑ̃t] adj. (après le nom) ▪ STYLE FAMILIER Ennuyeux, embêtant. *Tu es empoisonnante, avec tes questions !* → **assommant, casse-pieds ;** STYLE FAMILIER **chiant, emmerdant.**

EMPOISONNEMENT [ɑ̃pwazɔnmɑ̃] n. m. ▪ *UN EMPOISONNEMENT* **1.** Intoxication par un poison. *Il a été victime d'un empoisonnement dû à un champignon vénéneux.* **2.** Meurtre par le poison. *Elle est accusée de l'empoisonnement de son mari.* **3.** STYLE FAMILIER Ennui, tracas. *Je n'ai eu que des empoisonnements avec cette voiture.* → **embêtement ;** STYLE FAMILIER **emmerde, emmerdement.**

EMPOISONNER [ɑ̃pwazɔne] verbe [conjugaison 1a]
I. 1. Faire mourir ou mettre en danger de mort par un poison. *Des champignons vénéneux ont empoisonné nos voisins. – Toute la famille a été empoisonnée par des conserves avariées,* toute la famille a été intoxiquée. **2.** Mettre du poison dans. *Elle a empoisonné le café de son mari. – Certains peuples tuent leurs ennemis avec des flèches empoisonnées.* – (figuré) *C'est UN CADEAU EMPOISONNÉ qu'il t'a fait là,* un cadeau perfide, qui n'en est pas un. **3.** Infecter d'une odeur désagréable. *Tu empoisonnes la pièce, avec ton cigare.* → **polluer. 4.** Gâcher. *Ces petits soucis empoisonnent la vie.* **5.** STYLE FAMILIER Ennuyer, importuner. *Ça m'empoisonne de sortir sous la pluie. Tu nous empoisonnes, avec tes questions !* → STYLE FAMILIER **emmerder.**
II. verbe pronominal S'EMPOISONNER **1.** Se donner la mort en absorbant du poison. *Elle s'est empoisonnée avec des somnifères.* **2.** *S'EMPOISONNER LA VIE* : se créer des difficultés. *Elle s'est empoisonné la vie avec son mari. Je ne vais pas m'empoisonner l'existence avec ça !* → **gâter.**

EMPORTÉ [ɑ̃pɔʀte], **EMPORTÉE** [ɑ̃pɔʀte] adj. (après le nom) ▪ Qui se met facilement en colère. *Elle est très emportée.* → **coléreux, irascible.** ⟨contraires : ② calme, doux⟩

EMPORTEMENT [ɑ̃pɔʀtəmɑ̃] n. m. ▪ *L'EMPORTEMENT* : violent mouvement de colère. *Dans un moment d'emportement, elle a cassé toutes les assiettes.* → **fureur.** ⟨contraires : calme, sang-froid⟩

EMPORTER [ɑ̃pɔʀte] verbe [conjugaison 1a] **1.** Prendre avec soi quand on s'en va (un objet, un être inerte). *Les secouristes emportent les blessés.* → **emmener.** *J'ai emporté mon parapluie.* → **prendre.** ⟨contraire : laisser⟩ *Il est parti en emportant mon briquet. La charcuterie vend des PLATS À EMPORTER* (opposé à à consommer sur place). – *Il ne l'emportera pas au paradis* : je me vengerai tôt ou tard. **2.** Entraîner avec force. *Le cyclone a emporté de nombreuses maisons.* → **balayer.** – *Sa mère a été emportée par un cancer en quelques mois.* → **tuer. 3.** *EMPORTER LA BOUCHE,* STYLE FAMILIER *LA GUEULE* : donner une sensation de brûlure. *Le piment emporte la bouche.* **4.** Entraîner, pousser avec force. *Le train emporte les voyageurs loin de nous.* → **emmener, transporter.** *Tu t'es laissé emporter par ton imagination.* **5.** *L'EMPORTER* : se montrer supérieur, avoir le dessus. *Notre équipe l'a emporté sur l'équipe adverse.* → **gagner, triompher, vaincre.** *À la fin du roman, c'est l'amour qui l'emporte.* → **prévaloir. 6.** STYLE RECHERCHÉ verbe pronominal S'EMPORTER : se mettre en colère. *Elle ne peut pas discuter calmement, elle s'emporte toujours* (→ **emportement**). *Elle s'est emportée contre son copain et l'a injurié.*

REM. **1.** On *emporte* un objet ou une personne inerte, mais on *emmène* une personne (→ **emmener**). **2.** On *emporte* en s'en allant, mais on *apporte* en venant.

EMPOTÉ [ɑ̃pɔte] adj. et n. m., **EMPOTÉE** [ɑ̃pɔte] adj. et n. f. ▪ STYLE FAMILIER **1.** adjectif (après le nom) Maladroit, peu dégourdi. *Ce que ce garçon est empoté ! Elle a un mari empoté.* ⟨contraires : adroit, déluré⟩ **2.** *UN EMPOTÉ, UNE EMPOTÉE* : une personne maladroite et peu dégourdie. *Quelle empotée, cette fille !*

EMPREINT [ɑ̃pʀɛ̃], **EMPREINTE** [ɑ̃pʀɛ̃t] adj. (après le nom) ▪ STYLE RECHERCHÉ *EMPREINT DE* : qui porte l'empreinte de, marqué par. *Son visage est empreint de bonté.*

EMPREINTE [ɑ̃pʀɛ̃t] n. f. ▪ *UNE EMPREINTE* **1.** Marque laissée en creux ou en relief. *Des promeneurs ont laissé l'empreinte de leurs pas sur le sable. Le fermier a trouvé des empreintes de renard près du poulailler.* → **trace. 2.** *EMPREINTES DIGITALES* : traces laissées par les doigts et qui permettent d'identifier chaque personne. *Le criminel a laissé ses empreintes (digitales) sur la poignée de la porte.* **3.** Marque profonde, durable. *Il a gardé l'empreinte de son milieu familial. Cette œuvre porte l'empreinte du génie.*

EMPRESSÉ [ɑ̃pʀese], **EMPRESSÉE** [ɑ̃pʀese] adj. (après le nom) **1.** Qui est plein de zèle et de prévenance. *Cette commerçante est empressée à l'égard de ses clients.* → **attentionné.** – *Il fait une cour empressée à cette jeune fille.* **2.** STYLE RECHERCHÉ *EMPRESSÉ À* : prêt à, disposé à. *Il n'a pas l'air très empressé à nous aider.*

EMPRESSEMENT [ɑ̃pʀɛsmɑ̃] n. m. ▪ *L'EMPRESSEMENT* : zèle, ardeur que l'on met à s'occuper de qqn, à lui être agréable. *Ce restaurateur accueille les clients avec empressement. Ces enfants ne mettent pas beaucoup d'empressement à obéir.*

S'**EMPRESSER** [ɑ̃pʀese] verbe pronominal [conjugaison 1a]
I. Mettre de l'ardeur, du zèle à s'occuper de qqn ou à lui être agréable. *Tout le personnel de l'hôtel s'empresse autour de la vedette de cinéma.* ⟨contraire : négliger⟩

ENDOSSER [ɑ̃dose] verbe [conjugaison 1a] **1.** Mettre (un vêtement) sur son dos. *Elle endosse son manteau.* → **revêtir.** ⟨contraires : enlever, ôter⟩ **2.** Être responsable de. *On lui a* FAIT ENDOSSER *les erreurs d'un autre.* → **attribuer.** ⟨contraire : refuser⟩ **3.** *ENDOSSER UN CHÈQUE,* le signer au dos pour le mettre sur son compte. *N'oubliez pas d'endosser votre chèque.*

EN DOUCE → **doux**

① **ENDROIT** [ɑ̃dʀwa] n. m. ▪ *UN ENDROIT* **1.** Partie d'un espace. *Nous avons trouvé un endroit tranquille pour camper.* → **emplacement, ① lieu, place.** *À quel endroit habitez-vous ?* (→ **où**). *Retrouvons-nous au même endroit que d'habitude. Les fougères poussent dans des endroits humides.* **2.** Partie précise d'un corps, d'une chose. *À quel endroit as-tu mal ? Signez à l'endroit marqué d'une croix. La moquette est abîmée* PAR ENDROITS, çà et là, à différents points.

REM. Ne pas confondre *endroit* et *place* (réservée à qqn ou qqch.).

② **ENDROIT** [ɑ̃dʀwa] n. m. ▪ *L'ENDROIT :* côté destiné à être vu. *Il repasse sa chemise sur l'endroit. Mets ton pull à l'endroit.* ⟨contraire : envers⟩ *Écris sur l'endroit de la feuille.* → **recto.** ⟨contraire : verso⟩

ENDUIRE [ɑ̃dɥiʀ] verbe [conjugaison 38b] **1.** Recouvrir (une surface) d'une matière plus ou moins molle. *Le maçon enduit le mur de plâtre.* → **couvrir.** *Le colleur d'affiches enduisait l'affiche de colle.* **2.** verbe pronominal S'ENDUIRE : enduire (son corps, une partie de son corps). *Il faut qu'il s'enduise le corps de crème solaire. Elle s'est enduit le visage de crème grasse.*

enduit [ɑ̃dɥi], **enduite** [ɑ̃dɥit] *Il a enduit une surface ; la surface qu'il a enduite :* formes au participe passé du verbe **enduire.**

ENDUIT [ɑ̃dɥi] n. m. ▪ *UN ENDUIT :* produit que l'on applique sur un mur pour égaliser sa surface avant de peindre. *Le peintre passe de l'enduit sur le mur.* – Produit coloré appliqué à l'extérieur sur le béton des murs.

ENDURANCE [ɑ̃dyʀɑ̃s] n. f. ▪ *L'ENDURANCE :* force que l'on a pour résister à la fatigue, à la souffrance. *Le coureur doit abandonner la course car il manque d'endurance.* → **résistance.** *Il a une bonne endurance au froid.*

ENDURANT [ɑ̃dyʀɑ̃], **ENDURANTE** [ɑ̃dyʀɑ̃t] adj. (après le nom) ▪ (qqn) Qui résiste bien à la fatigue, à la souffrance. *C'est un sportif endurant.* → **résistant.** ⟨contraires : délicat, fragile⟩

ENDURCI [ɑ̃dyʀsi], **ENDURCIE** [ɑ̃dyʀsi] adj. (après le nom) **1.** Qui supporte tout, est devenu insensible. *Il a le cœur endurci.* → STYLE FAMILIER **blindé.** **2.** Qui ne change pas d'attitude ni d'opinion. *C'est une célibataire endurcie.* → STYLE RECHERCHÉ **invétéré.**

ENDURCIR [ɑ̃dyʀsiʀ] verbe [conjugaison 2] **1.** Rendre plus résistant au mal, moins sensible. *Tous ses malheurs l'ont endurci.* → **fortifier.** ⟨contraire : attendrir⟩ **2.** verbe pronominal S'ENDURCIR : (qqn) devenir plus résistant. *Il faut qu'il s'endurcisse. Elle s'est endurcie en vieillissant.* → s'**aguerrir.**

ENDURER [ɑ̃dyʀe] verbe [conjugaison 1a] ▪ Supporter avec patience (qqch. de pénible). *Il a enduré de nombreuses épreuves.* → **subir.** *Qu'est-ce qu'il a pu nous faire endurer ! Elle n'endurera* [ɑ̃dyʀʀa] *rien de plus.*

ÉNERGIE [enɛʀʒi] n. f. ▪ *L'ÉNERGIE* **1.** Force et volonté qui rendent capable d'agir. *Elle a beaucoup d'énergie.* → **dynamisme, vitalité.** *Il travaille avec énergie.* ⟨contraires : indolence, mollesse, paresse⟩ *Ils ont protesté avec énergie.* → **véhémence.** *AVEC L'ÉNERGIE DU DÉSESPOIR :* vivement. *Les naufragés rament avec l'énergie du désespoir.* **2.** Force capable de produire du travail, de la chaleur, du mouvement. *Le charbon, le pétrole, le vent sont des* SOURCES D'ÉNERGIE. *Il y a différentes sortes d'énergie : l'énergie électrique, l'énergie hydraulique, l'énergie solaire, l'énergie thermique, l'énergie nucléaire.*

ÉNERGIQUE [enɛʀʒik] adj. (après le nom) **1.** (qqch.) Très actif et efficace. *Il a pris un remède énergique contre le rhume.* ⟨contraire : inefficace⟩ **2.** (qqn) Qui a de la force et de la volonté. *C'est une femme énergique.* → **dynamique, ferme, résolu.** ⟨contraire : mou⟩ **3.** (qqch.) Puissant, fort. *Il a une poignée de main énergique.*

ÉNERGIQUEMENT [enɛʀʒikmɑ̃] adverbe ▪ D'une manière énergique, avec force et détermination. *Je proteste énergiquement.* → **fermement, vivement.** *Il m'a serré la main énergiquement.* → **vigoureusement.** ⟨contraire : mollement⟩

ÉNERGUMÈNE [enɛʀgymɛn] n. m. ▪ *UN ÉNERGUMÈNE* **1.** Personne qui s'agite beaucoup pour manifester son enthousiasme, sa joie ou sa fureur. *Une bande d'énergumènes chante dans la rue.* **2.** Personne bizarre qui fait un peu peur. *Un drôle d'énergumène rôde dans le parc.* → **individu.**

ÉNERVANT [enɛʀvɑ̃], **ÉNERVANTE** [enɛʀvɑ̃t] adj. (après le nom) ▪ Qui excite désagréablement. *Il y a un bruit très énervant dans la rue.* → **agaçant, exaspérant, irritant.** ⟨contraire : apaisant⟩ *C'est énervant d'attendre.* → **pénible.** *Tu es énervant avec toutes tes questions !* → STYLE TRÈS FAMILIER **chiant.**

ÉNERVÉ [enɛʀve], **ÉNERVÉE** [enɛʀve] adj. (après le nom) ▪ Qui est agité, qui est dans un état de grande nervosité. *Les enfants sont très énervés aujourd'hui.* → **excité, nerveux.** *Il avait l'air énervé.* → **agacé.** ⟨contraire : calme⟩

ÉNERVEMENT [enɛʀvəmɑ̃] n. m. ▪ *L'ÉNERVEMENT :* état d'une personne énervée. *Il ne peut cacher son énervement.* → **agacement, irritation, nervosité.** ⟨contraire : calme⟩

FAUX AMI
espagnol **enervamiento** «faiblesse, abattement»

ÉNERVER [enɛʀve] verbe [conjugaison 1a] **1.** Exciter, faire perdre son calme à (qqn, un animal). *Tais-toi, tu m'énerves.* → **agacer, crisper, exaspérer, excéder, irriter.** *Il commence à m'énerver.* → **gonfler.** *Ça m'énerve d'attendre.* ⟨contraires : calmer, détendre⟩ **2.** verbe pronominal S'ÉNERVER : devenir de plus en plus nerveux, perdre son calme. *Ne t'énerve pas, elle va arriver. Elle s'est énervée.*

REM. Ce mot est de la famille de *nerf.*

ENFANCE [ɑ̃fɑ̃s] n. f. ▪ *L'ENFANCE* **1.** Première période de la vie humaine qui va de la naissance à l'adolescence. *Sa mère a eu une enfance heureuse.* ⟨contraire : vieillesse⟩ *Mon grand-père me raconte ses souvenirs d'enfance. Ce sont des* AMIS D'ENFANCE, qui se connaissent depuis qu'ils sont enfants. **2.** L'ensemble des enfants. *Ces mesures sont prises pour la protection de l'enfance.* → **jeunesse.** **3.** (vieillard) *RETOMBER EN ENFANCE :* devenir sénile. *Il retombe en enfance depuis la mort de sa femme.* **4.** Première période de l'existence de (qqch.). → **commencement, début, origine.** *À cette époque, la science était encore dans l'enfance.* *C'EST L'ENFANCE DE L'ART :* c'est très facile, c'est élémentaire.

FAUX AMI
anglais **infancy** «période où l'on est un bébé»

ENFANT [ɑ̃fɑ̃] n. m., n. f. ▪ *UN ENFANT, UNE ENFANT*
I. Être humain dans les premières années de sa vie, de la naissance à l'adolescence. *Ils ont des enfants en bas âge.* → **bébé, nourrisson.** *Ma fille est une enfant turbulente.* → STYLE FAMILIER **gamin, gosse, môme.** *La rougeole est une maladie qu'ont les enfants* (→ **infantile**). *Il est médecin pour enfants* (→ **pédiatre**). *Il*

achète de la layette au rayon pour enfants. – *C'est un* JEU D'ENFANT : c'est très facile (→ **enfantin**).
II. Être humain considéré par rapport à ses parents. *Ils ont trois enfants, deux garçons et une fille.* → **fille, fils.** *Il est* ENFANT UNIQUE : il n'a pas de frères et sœurs. *Ma femme* ATTEND UN ENFANT, elle est enceinte. *Il a un enfant naturel,* né hors mariage.

FAUX AMIS
anglais **infant** « bébé » ; espagnol **infante** « infant »

BON **ENFANT** [bɔnɑ̃fɑ̃] adj. invariable (après le nom) ▪ Qui a une gentillesse simple et naïve. *Sa mère est restée bon enfant.* PLURIEL : *il a des manières bon enfant.*

ENFANTER [ɑ̃fɑ̃te] verbe [conjugaison 1a] ▪ STYLE RECHERCHÉ (femme) Donner naissance à (un enfant). *Elle a enfanté dans la douleur.* → **accoucher.**

ENFANTILLAGE [ɑ̃fɑ̃tijaʒ] n. m. ▪ UN ENFANTILLAGE : comportement qui ressemble à celui d'un enfant. *Arrête tes enfantillages ! C'est de l'enfantillage.*

ENFANTIN [ɑ̃fɑ̃tɛ̃], **ENFANTINE** [ɑ̃fɑ̃tin] adj. (après le nom) **1.** Propre à un enfant. *C'est une voix enfantine qui m'a répondu au téléphone,* une voix d'enfant. ⟨contraire : sénile⟩ **2.** Qui ne convient qu'à un enfant. *Elle fait des réflexions enfantines.* → **infantile, puéril. 3.** Très simple. *C'est d'une simplicité enfantine. C'est enfantin.* → **élémentaire.** ⟨contraire : difficile⟩

ENFER [ɑ̃fɛʀ] n. m. ▪ L'ENFER **1.** Lieu où les chrétiens pensent que vont les âmes de ceux qui ont beaucoup péché, après leur mort (opposé à paradis). *Il ne croit ni au ciel ni à l'enfer. Si tu continues à être méchant, tu iras en enfer.* **2.** D'ENFER : épouvantable, horrible. *C'est une vision d'enfer. La voiture roule* À UN TRAIN D'ENFER, très vite. – STYLE FAMILIER *Nous avons passé une soirée d'enfer,* remarquable, sensationnelle. → STYLE FAMILIER **super. 3.** Lieu, situation où l'on souffre. *Sa vie est devenue un enfer* (→ **infernal**). **4.** (au pluriel) LES ENFERS : lieu souterrain habité par les morts, séjour des ombres, dans la mythologie. *Énée est descendu aux enfers.*

ENFERMER [ɑ̃fɛʀme] verbe [conjugaison 1a] **1.** Mettre (qqn, un animal) dans un lieu dont il est impossible de sortir tout seul. *La nuit, on enferme les vaches dans l'étable. L'oiseau est enfermé dans sa cage. L'otage est enfermé dans une pièce.* → **séquestrer.** *Le malfaiteur est enfermé.* → **emprisonner.** – *Il est* BON À ENFERMER *(à l'asile)* : il est fou. → **interner.** ⟨contraire : libérer⟩ **2.** Mettre (qqch.) en lieu sûr. *L'argent est enfermé dans un coffre.* **3.** verbe pronominal S'ENFERMER : (qqn) s'isoler dans un endroit clos. *Elle s'est enfermée dans sa chambre.*

FAUX AMI
espagnol **enfermar** « tomber malade »

▌REM. Ce mot est de la famille de *fermer.*

S'**ENFERRER** [ɑ̃feʀe] verbe pronominal [conjugaison 1a] ▪ Se mettre dans une situation de plus en plus difficile, en donnant des explications et des arguments maladroits. *Elle s'est enferrée dans ses mensonges.* → s'**embrouiller,** s'**empêtrer,** s'**enfoncer.** *Si elle continue comme ça, elle s'enferrera* [ɑ̃fɛʀʀa].

ENFILADE [ɑ̃filad] n. f. ▪ UNE ENFILADE : suite de choses à la file l'une de l'autre. *Les chambres sont* EN ENFILADE.

ENFILER [ɑ̃file] verbe [conjugaison 1a] **1.** Traverser par un fil. *La couturière enfile son aiguille,* elle fait passer le fil dans le trou de l'aiguille. – STYLE FAMILIER ENFILER DES PERLES : perdre son temps à des futilités. *On n'est pas là pour enfiler des perles.* **2.** Mettre (un vêtement) en faisant passer la tête ou les membres. *J'enfile mon manteau et j'arrive.* **3.** STYLE FAMILIER verbe pronominal S'ENFILER : avaler. *Elle s'est enfilé trois croissants.* → STYLE FAMILIER s'**envoyer.** – *Il s'est enfilé tout le travail,* il a dû le faire tout seul. → STYLE FAMILIER se **taper.**

ENFIN [ɑ̃fɛ̃] adverbe **1.** Marque la fin d'une longue attente. *Il est enfin arrivé. Te voilà enfin ! La pluie s'est enfin arrêtée.* ⟨contraire : déjà⟩ **2.** Introduit le dernier élément d'une succession. *Je vous présente mon père, ma mère, ma sœur et enfin mon petit frère.* ⟨contraire : d'abord⟩ **3.** Sert à conclure. *Enfin, c'est comme ça !* → **bref. 4.** Sert à préciser ou à corriger ce qui vient d'être dit. *Elle est blonde, enfin plutôt rousse.* **5.** Marque l'impatience. *Mais enfin, qu'est-ce que tu fais ?*

ENFLAMMÉ [ɑ̃flame], **ENFLAMMÉE** [ɑ̃flame] adj. (après le nom) **1.** Qui est en flammes. *Une poutre enflammée est tombée du toit.* **2.** Atteint d'inflammation. *Il a la gorge enflammée.* → **irrité. 3.** Rempli d'ardeur, de passion. *Elle a fait un discours enflammé.* → **ardent, passionné.**

ENFLAMMER [ɑ̃flame] verbe [conjugaison 1a]
I. 1. Mettre en flammes. *Le fumeur enflamme une allumette pour allumer sa cigarette.* ⟨contraire : éteindre⟩ **2.** Remplir d'ardeur, de passion. *Cette histoire enflamme l'imagination.* → **exciter.**
II. verbe pronominal S'ENFLAMMER **1.** Prendre feu. *L'essence s'enflamme facilement* (→ **inflammable**). *La grange s'est enflammée.* **2.** S'animer, s'exalter. *Elle est toujours prête à s'enflammer.*

ENFLÉ [ɑ̃fle] adj. et n. m., **ENFLÉE** [ɑ̃fle] adj. **1.** adjectif (après le nom) Qui est devenu plus gros, à la suite d'une maladie ou d'un coup. *Il a la joue enflée, il doit avoir un abcès à une dent.* → **gonflé. 2.** STYLE FAMILIER (terme d'injure) UN ENFLÉ : un gros lourdaud, un imbécile. *Espèce d'enflé !*

ENFLER [ɑ̃fle] verbe [conjugaison 1a] ▪ (partie du corps) Augmenter de volume d'une manière anormale, à la suite d'une maladie ou d'un coup. *Sa cheville a beaucoup enflé.* → **gonfler.** ⟨contraires : désenfler, dégonfler⟩

ENFLURE [ɑ̃flyʀ] n. f. ▪ L'ENFLURE **1.** État d'une partie du corps qui est enflée. *L'enflure de sa cheville est due à une entorse.* **2.** STYLE FAMILIER (terme d'injure) Crétin. *Quelle enflure, ce mec !*

ENFOIRÉ [ɑ̃fwaʀe] n. m., **ENFOIRÉE** [ɑ̃fwaʀe] n. f. ▪ STYLE TRÈS FAMILIER Salaud. *Espèce d'enfoiré !* → STYLE TRÈS FAMILIER **enculé.**

ENFONCER [ɑ̃fɔ̃se] verbe [conjugaison 3a]
I. 1. Faire aller vers le fond, faire pénétrer profondément. *Le fermier enfonce un pieu dans la terre. Elle enfonce le clou dans le mur.* → **planter.** ⟨contraires : arracher, enlever, tirer⟩ – (figuré) ENFONCER LE CLOU : répéter ce que l'on a dit pour se faire bien comprendre ou persuader. – STYLE FAMILIER *J'essaie de lui enfoncer ça dans le crâne,* de le lui faire comprendre. **2.** Aller vers le fond. *Les roues de la voiture enfonçaient dans le sable.* **3.** Briser en poussant, en forçant. *Un camion a enfoncé la portière de la voiture. Les policiers enfonceront la porte.* → **défoncer.** – *Tu* ENFONCES UNE PORTE OUVERTE : tu démontres une chose évidente. **4.** Dire du mal de (qqn). *Il enfonce ses collègues auprès de ses supérieurs.*
II. verbe pronominal S'ENFONCER **1.** Aller vers le fond, vers le bas. *Le bateau s'enfonce dans la mer.* → **couler, sombrer.** *La voiture s'est enfoncée dans le sable.* → s'**enliser.** – *La vis s'enfonce dans le bois.* **2.** (qqn) Pénétrer, s'engager. *Les enfants s'enfoncent dans la forêt.*

ENFOUIR [ɑ̃fwiʀ] verbe [conjugaison 2] **1.** Mettre dans la terre après avoir creusé. *Le chien enfouit son os dans le jardin.* → **enterrer.** ⟨contraire : déterrer⟩ **2.** Cacher en mettant dans un lieu recouvert. *Il enfouissait ses billets dans sa poche.*

ENFOURCHER [ɑ̃fuʀʃe] verbe [conjugaison 1a] ▪ Se mettre à califourchon sur (un cheval, une bicyclette). *Elle enfourche son vélo.*

> FAUX AMI
> portugais **enforcar** « pendre »

ENFOURNER [ɑ̃fuʀne] verbe [conjugaison 1a] ▪ Mettre dans un four. *Le cuisinier enfourne le rôti.*

enfreigne [ɑ̃fʀɛɲ] *Que j'enfreigne, qu'il enfreigne, qu'elle enfreigne :* forme au subjonctif du verbe **enfreindre.**

ENFREINDRE [ɑ̃fʀɛ̃dʀ] verbe [conjugaison 52b] ▪ STYLE RECHERCHÉ Ne pas respecter (une loi, un règlement). *Je n'enfreins jamais le règlement. Il ne faut pas qu'il enfreigne la loi. N'enfreignons pas les ordres ! Elle a enfreint son engagement.* → **contrevenir, transgresser, violer.** ⟨contraires : observer, respecter⟩

REM. Le nom qui correspond à *enfreindre* est *infraction.*

enfreint [ɑ̃fʀɛ̃], **enfreinte** [ɑ̃fʀɛ̃t] *Il a enfreint la loi ; la loi qu'il a enfreinte :* formes au participe passé du verbe **enfreindre.**

S'**ENFUIR** [ɑ̃fɥiʀ] verbe pronominal [conjugaison 17] ▪ S'en aller très vite, s'éloigner en fuyant. *L'accusée s'est enfuie par le toit.* → **déguerpir, filer,** se **sauver ;** STYLE FAMILIER se **barrer,** se **casser, décamper, détaler,** se **tailler.**

ENFUMÉ [ɑ̃fyme], **ENFUMÉE** [ɑ̃fyme] adj. (après le nom) ▪ (lieu) Plein de fumée. *Je ne peux pas rester plus longtemps dans cette pièce enfumée.*

ENFUMER [ɑ̃fyme] verbe [conjugaison 1a] ▪ Remplir de fumée. *Tu nous enfumes avec ton cigare ! L'apiculteur enfume la ruche pour neutraliser les abeilles.*

ENGAGÉ [ɑ̃gaʒe] adj. et n. m., **ENGAGÉE** [ɑ̃gaʒe] adj. **1.** adjectif (après le nom) Qui se met au service d'une cause. *C'est un chanteur engagé.* **2.** *UN ENGAGÉ :* jeune homme qui a signé un engagement dans l'armée (opposé à appelé). *C'est un engagé volontaire.*

> FAUX AMI
> anglais **engaged** « fiancé »

ENGAGEANT [ɑ̃gaʒɑ̃], **ENGAGEANTE** [ɑ̃gaʒɑ̃t] adj. (après le nom) ▪ Qui attire, donne envie d'entrer en relation. *Il lui a fait un sourire engageant.* → **avenant, encourageant.** *L'entrée de l'immeuble n'est pas très engageante,* ne donne pas envie d'y aller.

ENGAGEMENT [ɑ̃gaʒmɑ̃] n. m.
I. *UN ENGAGEMENT* **1.** Action de se lier par une promesse. *Il faut respecter ses engagements.* → **parole.** *Vous pouvez essayer cette voiture, SANS ENGAGEMENT DE VOTRE PART,* sans obligation. **2.** Contrat par lequel une personne est recrutée pour travailler. *Cet acteur n'a pas d'engagement en ce moment. La secrétaire a signé sa lettre d'engagement.* → **embauche.**
II. *L'ENGAGEMENT* **1.** Action de commencer (une action). *L'engagement des négociations entre les deux pays ne devrait plus tarder.* **2.** Acte d'un intellectuel ou d'un artiste, qui met sa pensée ou son art au service d'une cause. *L'engagement politique de cet écrivain est très courageux* (→ **engagé).**

ENGAGER [ɑ̃gaʒe] verbe [conjugaison 3b]
I. 1. Prendre à son service. *Ils ont engagé une nouvelle secrétaire.* → **embaucher, recruter.** ⟨contraires : licencier, renvoyer⟩ **2.** Faire entrer (dans un endroit étroit). *Elle engage la clé dans la serrure.* ⟨contraire : retirer⟩ **3.** Commencer. *Les deux pays ont engagé des négociations.* → **entamer.** *C'est elle qui engagera la conversation.* ⟨contraires : finir, terminer⟩ **4.** Lier par une promesse. *L'architecte engage sa responsabilité.* ⟨contraire : dégager⟩ *Ça n'engage à rien :* on peut le faire en restant libre de sa décision. **5.** *ENGAGER À :* tenter d'amener à. *Je t'engage à la patience. Nous vous engageons à accepter.* ⟨contraire : déconseiller⟩
II. verbe pronominal S'ENGAGER **1.** Se lier par une promesse. *Vous ne savez pas à quoi vous vous engagez. Engageons-nous à l'aider, quoi qu'il arrive.* → **promettre. 2.** Signer un contrat avec l'armée. *Il s'est engagé dans la marine.* **3.** Entrer. *La voiture s'engagea dans la rue.* **4.** Commencer. *La conversation s'est engagée tout de suite.*

ENGELURE [ɑ̃ʒlyʀ] n. f. ▪ *UNE ENGELURE :* lésion de la peau due au froid. *Elle a des engelures aux mains et aux pieds.*

REM. Ce mot est de la famille de *gel.*

ENGENDRER [ɑ̃ʒɑ̃dʀe] verbe [conjugaison 1a] **1.** STYLE RECHERCHÉ Donner la vie à (un enfant). *Nos parents nous ont engendrés.* **2.** Faire naître, avoir pour effet. *L'injustice engendre la révolte.* → **causer, créer, entraîner, produire, provoquer.** – *IL N'ENGENDRE PAS LA MÉLANCOLIE :* il répand la bonne humeur autour de lui.

ENGIN [ɑ̃ʒɛ̃] n. m. ▪ *UN ENGIN* **1.** Appareil, instrument, machine. *Les fusées sont des engins spatiaux. Les missiles sont des engins de guerre. Les ouvriers ont ouvert un chemin dans la forêt avec des engins de terrassement.* **2.** STYLE FAMILIER Objet bizarre, que l'on ne connaît pas. *À quoi sert ce drôle d'engin ?* → **bidule, machin, truc.**

ENGLOBER [ɑ̃glɔbe] verbe [conjugaison 1a] ▪ Réunir en un tout. *La classe des mammifères englobe tous les animaux dont les femelles allaitent leurs petits.* → ② **comprendre, contenir, rassembler.**

ENGLOUTIR [ɑ̃glutiʀ] verbe [conjugaison 2] **1.** Avaler avec avidité, gloutonnerie. *Quand elle était bébé, ma fille engloutissait son biberon en cinq minutes.* → **dévorer ;** STYLE FAMILIER **engouffrer. 2.** Faire disparaître brusquement en noyant ou en submergeant. *L'inondation a englouti le village.*

ENGONCER [ɑ̃gɔ̃se] verbe [conjugaison 3a] ▪ (vêtement) Faire paraître le cou enfoncé dans les épaules. *Ce manteau l'engonçait. Il est engoncé dans sa veste,* il est mal à l'aise, trop à l'étroit.

ENGORGER [ɑ̃gɔʀʒe] verbe [conjugaison 3b] ▪ Boucher par une accumulation de matières. *Des déchets engorgeaient l'évier.* → **obstruer.**

ENGOUEMENT [ɑ̃gumɑ̃] n. m. ▪ *UN ENGOUEMENT :* admiration soudaine qui ne dure pas longtemps. *Il s'est pris d'un engouement extraordinaire pour la photo.* → **emballement.** ⟨contraire : dégoût⟩

ENGOUFFRER [ɑ̃gufʀe] verbe [conjugaison 1a] **1.** STYLE FAMILIER Avaler rapidement. *Il a engouffré deux pains au chocolat.* → **dévorer, engloutir. 2.** verbe pronominal S'ENGOUFFRER : pénétrer avec force (quelque part). *Le vent s'engouffre dans la cheminée. – Elle s'est engouffrée dans le métro.*

REM. Ce mot est de la famille de *gouffre.*

ENGOURDI [ɑ̃guʀdi], **ENGOURDIE** [ɑ̃guʀdi] adj. (après le nom) ▪ (partie du corps) Qui est momentanément privé de sensibilité. *Il a les mains engourdies par le froid.* → **gourd, paralysé, raide.**

ENGOURDIR [ɑ̃guʀdiʀ] verbe [conjugaison 2] **1.** Rendre insensible et presque paralysé. *Le froid engourdit les doigts,* les rend incapables de bouger. **2.** verbe pronominal S'ENGOURDIR : devenir engourdi. *Mes jambes s'engourdissent si je reste longtemps sans bouger. Mes doigts se sont engourdis.*

REM. Ce mot est de la même famille que *dégourdir.*

ENGOURDISSEMENT [ɑ̃guʀdismɑ̃] n. m. ▪ *L'ENGOURDISSEMENT :* état d'un membre, d'une personne qui ne peut plus bouger. *L'engourdissement s'empare de ses membres.*

ENGRAIS [ɑ̃gʀɛ] n. m. ▪ *L'ENGRAIS :* produit que l'on met dans la terre pour la rendre plus fertile, pour que les plantes poussent mieux. *Il faut mettre de l'engrais au pied de votre arbre. Le cultivateur a mis des engrais chimiques dans son champ. Le fumier et les algues sont des engrais naturels.*

ENGRAISSER [ɑ̃gʀese] verbe [conjugaison 1a] **1.** Faire grossir (des animaux). *Le fermier engraisse ses porcs.* **2.** Devenir plus gros. *Elle a beaucoup engraissé depuis l'année dernière.* → **grossir.** (contraire : maigrir)

> FAUX AMI — espagnol **engrasar** « graisser »

ENGRENAGE [ɑ̃gʀənaʒ] n. m. ▪ *UN ENGRENAGE* **1.** Système de roues dentées qui rentrent les unes dans les autres et se transmettent leur mouvement. *La direction d'une automobile est formée d'engrenages.* **2.** Enchaînement de circonstances qui aggravent une situation à laquelle on ne peut pas échapper. *Il a été pris dans l'engrenage et il s'est retrouvé en prison. Il a MIS LE DOIGT DANS L'ENGRENAGE :* il s'est mis dans un processus irréversible.

ENGROSSER [ɑ̃gʀose] verbe [conjugaison 1a] ▪ STYLE TRÈS FAMILIER Rendre (une femme) enceinte. *Elle s'est fait engrosser.*

ENGUEULADE [ɑ̃gœlad] n. f. ▪ STYLE FAMILIER *UNE ENGUEULADE :* une dispute. *Ils ont eu une engueulade.* → **querelle.**

ENGUEULER [ɑ̃gœle] verbe [conjugaison 1a] ▪ STYLE FAMILIER **1.** Gronder. *Ses parents l'ont engueulé quand il est rentré. Tu vas sûrement te FAIRE ENGUEULER.* → **réprimander.** (contraire : féliciter) **2.** verbe pronominal S'ENGUEULER : se disputer. *Ils se sont engueulés toute la soirée.* → se **quereller.**

S'**ENHARDIR** [ɑ̃aʀdiʀ] verbe pronominal [conjugaison 2] ▪ Devenir plus hardi, prendre de l'assurance. *Il faut que tu t'enhardisses. Elle s'est enhardie en vieillissant.*

ÉNIÈME [ɛnjɛm] adj. (avant le nom) ▪ D'ordre indéterminé. *Je vous le répète pour la énième fois.* → **ixième.**

> REM. On écrit aussi *nième* qui se prononce de la même façon [ɛnjɛm].

ÉNIGMATIQUE [enigmatik] adj. (après le nom) ▪ Qui est difficile à comprendre, à interpréter. *Il lui a adressé un sourire énigmatique.* → **ambigu, équivoque.**

ÉNIGME [enigm] n. f. ▪ *UNE ÉNIGME* **1.** Chose difficile à comprendre, à expliquer. *Sa disparition est une énigme.* → **mystère.** **2.** Chose à deviner d'après une description faite en termes obscurs. *Œdipe trouva l'énigme du Sphinx. Voici la CLÉ DE L'ÉNIGME,* l'explication de ce que l'on ne comprenait pas.

ENIVRER [ɑ̃nivʀe] verbe [conjugaison 1a] ▪ STYLE RECHERCHÉ **1.** Rendre ivre. *Deux verres de vin suffisent à l'enivrer.* → **griser, soûler.** **2.** Remplir d'une excitation agréable, d'une émotion très forte. *Il s'est laissé enivrer par la réussite.* **3.** verbe pronominal S'ENIVRER : se mettre en état d'ivresse. *Elle s'est enivrée.* → STYLE FAMILIER se **soûler.**

> REM. On peut aussi prononcer [enivʀe].

ENJAMBÉE [ɑ̃ʒɑ̃be] n. f. ▪ *UNE ENJAMBÉE :* un grand pas. *Il marche en faisant de grandes enjambées.*

ENJAMBER [ɑ̃ʒɑ̃be] verbe [conjugaison 1a] **1.** (qqn) Passer (par-dessus un obstacle) en étendant la jambe, en faisant un grand pas. *Il enjambe la fenêtre et saute dans le jardin. Elle a enjambé le tronc d'arbre qui est en travers du chemin.* **2.** (qqch.) Passer par-dessus en reliant les deux extrémités. *Un pont enjambe la rivière.* → **franchir.**

ENJEU [ɑ̃ʒø] n. m. ▪ *UN ENJEU* **1.** Somme d'argent que l'on met en jeu au début d'une partie et qui doit revenir au gagnant. *Il a doublé son enjeu.* PLURIEL : *les joueurs posent les ENJEUX sur la table de jeu.* **2.** Ce que l'on peut gagner ou perdre. *Quel est l'enjeu du pari ? Il faut réfléchir aux enjeux de la recherche scientifique.*

ENJÔLER [ɑ̃ʒole] verbe [conjugaison 1a] ▪ STYLE RECHERCHÉ Séduire par de belles paroles, des flatteries. *Elle l'a enjôlé et il a fini par céder.* → STYLE FAMILIER **embobiner.**

ENJÔLEUR [ɑ̃ʒolœʀ] n. m. et adj., **ENJÔLEUSE** [ɑ̃ʒoløz] n. f. et adj. ▪ STYLE RECHERCHÉ **1.** *UN ENJÔLEUR, UNE ENJÔLEUSE :* une personne qui séduit par des flatteries, de belles paroles. *Méfie-toi de lui, c'est un enjôleur.* → **séducteur.** **2.** adjectif (après le nom) Qui enjôle. *Il lui a fait un sourire enjôleur.*

ENJOLIVER [ɑ̃ʒɔlive] verbe [conjugaison 1a] **1.** Orner pour rendre plus joli. *Des roses en sucre enjolivent le gâteau.* → **embellir.** (contraire : enlaidir) **2.** Ajouter des détails plus ou moins exacts pour rendre plus agréable. *Elle a enjolivé son récit.* → **agrémenter, broder.**

ENJOLIVEUR [ɑ̃ʒɔlivœʀ] n. m. ▪ *UN ENJOLIVEUR :* plaque ronde en métal qui cache le centre d'une roue de voiture. *La voiture a des enjoliveurs en chrome.*

ENJOUÉ [ɑ̃ʒwe], **ENJOUÉE** [ɑ̃ʒwe] adj. (après le nom) ▪ Qui montre de la bonne humeur, de la gaieté. *Il s'est adressé à nous avec un ton enjoué.* (contraire : maussade)

> FAUX AMI — portugais **enjoado** « ennuyé »

ENLACER [ɑ̃lase] verbe [conjugaison 3a] **1.** Serrer (qqn) dans ses bras. *Il enlaçait sa femme tendrement.* → **étreindre.** *On les a trouvés TENDREMENT ENLACÉS.* **2.** verbe pronominal S'ENLACER : se serrer dans les bras l'un de l'autre. *Les amoureux se sont enlacés.*

ENLAIDIR [ɑ̃lediʀ] verbe [conjugaison 2] **1.** Rendre laid. *Sa verrue sur le nez l'enlaidissait.* → **défigurer.** *Cet immeuble enlaidit le paysage.* (contraires : embellir, enjoliver) **2.** Devenir laid. *Il a enlaidi en vieillissant.* **3.** verbe pronominal S'ENLAIDIR : devenir laid. *Elle s'est enlaidie.*

ENLÈVEMENT [ɑ̃lɛvmɑ̃] n. m. ▪ *L'ENLÈVEMENT* **1.** Action d'enlever (qqch.). *Dans cette ville, l'enlèvement des ordures ménagères se fait le matin.* **2.** Action d'enlever (qqn). *Les ravisseurs ont été condamnés pour enlèvement d'enfant.* → **kidnapping, rapt.** *Les enlèvements ont pour issue une rançon ou un crime.*

ENLEVER [ɑ̃lve] verbe [conjugaison 5a]
I. **1.** Faire que (qqch.) ne soit plus à la même place. *Il enlève les cahiers qui sont sur la table.* → **ôter, retirer.** *Enlève ça de là ! Enlève ton manteau.* → **quitter.** (contraire : mettre) *Le dentiste lui a enlevé une dent.* → **arracher, extraire.** **2.** Faire disparaître. *Je n'arrive pas à enlever cette tache de gras.* → **éliminer, supprimer.** (contraire : laisser) **3.** *ENLEVER À qqn :* priver qqn de. *Nous vous enlevons tout espoir. Le juge lui a enlevé la garde de son fils.* **4.** Prendre avec soi. *Les déménageurs enlèvent les meubles.* → **emporter.** **5.** Emmener (qqn) avec soi par ruse ou par violence. *Des malfaiteurs ont enlevé un enfant pour avoir une rançon.* → **kidnapper, ravir.**
II. verbe pronominal S'ENLEVER **1.** Être retiré. *La housse du canapé s'enlève très facilement* (→ **amovible**). **2.** Être supprimé. *Les taches de cambouis sur ma chemise se sont enlevées difficilement.* **3.** STYLE FAMILIER (qqn) Changer de place. *Enlève-toi de là !* pousse-toi, va ailleurs.

S'**ENLISER** [ɑ̃lize] verbe pronominal [conjugaison 1a] **1.** (véhicule) S'enfoncer. *La voiture s'est enlisée dans la boue.* → s'**embourber.**

2. (situation) Ne pas évoluer. *L'enquête s'enlise.* → **piétiner.** ‹contraire : avancer›

ENLUMINURE [ɑ̃lyminyʀ] n. f. ▪*UNE ENLUMINURE* : lettre peinte ou un dessin ornant des manuscrits anciens, des livres religieux d'autrefois. *Les moines faisaient des enluminures.*

ENNEIGÉ [ɑ̃neʒe], **ENNEIGÉE** [ɑ̃neʒe] adj. (après le nom) ▪(qqch.) Couvert de neige. *Il faut rouler avec des pneus cloutés sur les routes enneigées.*

ENNEIGEMENT [ɑ̃nɛʒmɑ̃] n. m. ▪*L'ENNEIGEMENT* : état d'un terrain couvert de neige. *L'enneigement des pistes est insuffisant pour faire du ski.*

ENNEMI [enmi] n. m. et adj., **ENNEMIE** [enmi] n. f. et adj. **I.** *UN ENNEMI, UNE ENNEMIE* **1.** Personne qui déteste qqn et qui lui veut du mal. *La victime avait-elle des ennemis ?* ‹contraire : ami› *Il s'est fait beaucoup d'ennemis.* → **adversaire, rival.** *C'est L'ENNEMI PUBLIC NUMÉRO UN,* le plus dangereux des malfaiteurs. **2.** Personne qui déteste qqch. *Ce sont des ennemis du progrès :* ils sont opposés au progrès. → **adversaire.** ‹contraire : partisan› **3.** Pays contre lequel on est en guerre. *Pendant la guerre de Cent Ans, l'Angleterre était l'ennemie de la France. L'ennemi a attaqué à l'aube,* l'armée ennemie. *Des soldats sont tombés entre les mains de l'ennemi,* ils ont été faits prisonniers. **II.** adjectif (après le nom) Qui appartient à l'ennemi. *Des avions ennemis ont survolé la ville. L'armée ennemie est très bien équipée.*

ENNOBLIR [ɑ̃nɔbliʀ] verbe [conjugaison 2] ▪(qqch.) Donner un caractère de noblesse, de grandeur morale à. *De tels sentiments l'ennoblissent.* → **grandir.**

REM. Le verbe *anoblir* signifie « faire devenir noble, donner un titre de noblesse ».

ENNUI [ɑ̃nɥi] n. m. **1.** *UN ENNUI* : chose qui donne du souci, du tracas. *J'ai bien des ennuis avec cette voiture.* → **problème.** *On dit qu'un ennui n'arrive jamais seul. Il a eu des ennuis avec la justice. Ses enfants lui ont causé des ennuis.* ‹contraire : satisfaction› *Elle a eu de graves ENNUIS DE SANTÉ. L'ENNUI, C'EST QUE je ne suis pas prêt,* ce qu'il y a d'ennuyeux. **2.** *L'ENNUI* : impression de vide, de lassitude. *Ce film est à MOURIR D'ENNUI,* il est très ennuyeux. *Elle bâille d'ennui.* ‹contraires : intérêt, plaisir›

ennuie [ɑ̃nɥi] *Je m'ennuie, il s'ennuie :* forme au présent du verbe s'**ennuyer.**

ENNUYÉ [ɑ̃nɥije], **ENNUYÉE** [ɑ̃nɥije] adj. (après le nom) ▪Préoccupé, contrarié. *Il a l'air ennuyé.*

ENNUYER [ɑ̃nɥije] verbe [conjugaison 8a] **I. 1.** Causer du souci, de la contrariété à (qqn). *Ma voiture fait un bruit qui m'ennuie.* → **contrarier, inquiéter, préoccuper, tourmenter, tracasser.** *Cela vous ennuierait-il de m'attendre ?* → **déranger, gêner.** *Ça m'ennuierait* [ɑ̃nɥiʀɛ] *de partir comme ça.* **2.** Importuner. *Tu m'ennuies avec toutes tes questions.* → **agacer, assommer, énerver, excéder, fatiguer, lasser ;** STYLE FAMILIER **embêter. 3.** Faire trouver le temps long, remplir d'ennui. *Ce conférencier ennuie tout son auditoire.* → **endormir.** *Le film nous a ennuyés.* ‹contraires : amuser, distraire, intéresser› **II.** verbe pronominal *S'ENNUYER* **1.** Éprouver de l'ennui, trouver le temps long. *Elle s'est ennuyée pendant les vacances.* → STYLE FAMILIER s'**embêter.** *Je ne m'ennuie jamais avec lui. On S'ENNUIE À MOURIR ici.* **2.** *S'ENNUYER DE qqn,* regretter son absence. *Je m'ennuie de toi, reviens vite !* → se **languir.**

ENNUYEUX [ɑ̃nɥijø], **ENNUYEUSE** [ɑ̃nɥijøz] adj. (après le nom) **1.** Qui cause de la contrariété, du souci ou de la gêne. *Ce retard est bien ennuyeux.* → **contrariant, fâcheux ;** STYLE FAMILIER **embêtant, emmerdant. 2.** Qui n'intéresse pas. *J'ai lu un livre ennuyeux.* → **assommant, casse-pieds ;** STYLE FAMILIER **barbant.** ‹contraires : amusant, intéressant›

ÉNONCÉ [enɔ̃se] n. m. ▪*UN ÉNONCÉ* : texte qui expose les données de (un problème) et contient des questions. *L'énoncé du problème est très simple.*

ÉNONCER [enɔ̃se] verbe [conjugaison 3a] ▪Dire (qqch.) très nettement, avec précision. *Le témoin énonça les faits.* → **exposer, exprimer, formuler.**

S'**ENORGUEILLIR** [ɑ̃nɔʀgœjiʀ] verbe pronominal [conjugaison 2] ▪*S'ENORGUEILLIR DE* : être fier de, tirer vanité de. *Elle s'enorgueillissait de tous ses diplômes. Il a de nombreuses décorations dont il s'enorgueillit.* → se **glorifier.** *Elle s'est enorgueillie de ses succès.*

ÉNORME [enɔʀm] adj. (après le nom ou avant le nom) ▪Très grand, très gros, très important. *L'hippopotame est un animal énorme.* → **gigantesque.** ‹contraires : minuscule, petit› *Son mari est devenu énorme.* → **obèse.** *Ils ont une énorme fortune.* → **immense.** *J'ai rencontré d'énormes difficultés.* → **considérable.** ‹contraires : insignifiant, minime› *Elle a fait une énorme faute dans sa dictée.* → **monumental.** *Ce chanteur a un énorme succès. Ce commerçant a fait d'énormes bénéfices.*

ÉNORMÉMENT [enɔʀmemɑ̃] adverbe ▪Vraiment beaucoup. *Elle aime énormément le chocolat. Il a besoin d'énormément d'argent. Il a énormément grossi.* ‹contraire : un peu›

ÉNORMITÉ [enɔʀmite] n. f. **1.** *L'ÉNORMITÉ* : caractère de ce qui est énorme. → **importance.** *L'énormité de sa fortune est impressionnante.* **2.** *UNE ÉNORMITÉ* : très grosse sottise. *Il dit des énormités. Ce livre est rempli d'énormités,* de choses fausses. → STYLE FAMILIER **connerie, contre-vérité.**

S'**ENQUÉRIR** [ɑ̃keʀiʀ] verbe pronominal [conjugaison 21] ▪STYLE RECHERCHÉ *S'ENQUÉRIR DE* : chercher à savoir. *Je m'enquiers de ta santé. Elle s'est enquise de vos nouvelles. Il s'enquerra* [ɑ̃kɛʀʀa] *de l'heure du train. Il faut qu'il s'en enquière* → s'**informer,** se **renseigner.**

enquerra [ɑ̃kɛʀʀa] *Il s'enquerra, elle s'enquerra :* forme au futur du verbe s'**enquérir.**

ENQUÊTE [ɑ̃kɛt] n. f. ▪*UNE ENQUÊTE* **1.** Recherche de la vérité par l'écoute de témoins, la réunion d'informations. *L'inspecteur mène une enquête sur le crime. Il mène l'enquête. Une enquête policière est ouverte.* **2.** Étude faite à partir de témoignages, de réponses à des questions. *Nous faisons une enquête sur le niveau de vie des Français, acceptez-vous de répondre à nos questions ?* → **sondage.** *Ils font une enquête publicitaire par téléphone.*

FAUX AMI
russe **анкета** « formulaire, questionnaire »

ENQUÊTER [ɑ̃kete] verbe [conjugaison 1a] ▪Faire une enquête. *La police enquête sur le cambriolage.*

ENQUÊTEUR [ɑ̃kɛtœʀ] n. m., **ENQUÊTRICE** [ɑ̃kɛtʀis] n. f. ▪*UN ENQUÊTEUR, UNE ENQUÊTRICE* : une personne qui fait une enquête, qui pose des questions pour une enquête. *Les enquêteurs sont sur le lieu du crime. Elle est enquêtrice publicitaire pour un grand magasin.*

REM. Au féminin, on dit aussi *enquêteuse* [ɑ̃kɛtøz].

enquiers [ɑ̃kjɛʀ] *Je m'enquiers, tu t'enquiers :* forme au présent du verbe s'**enquérir.**

ENQUIQUINANT [ɑ̃kikinɑ̃], **ENQUIQUINANTE** [ɑ̃kikinɑ̃t] adj. (après le nom) ▪ STYLE FAMILIER Qui agace, ennuie. *Ce que tu peux être enquiquinant !* → **casse-pieds ;** STYLE FAMILIER **chiant, emmerdant.**

enquis [ɑ̃ki], **enquise** [ɑ̃kiz] *Il s'est enquis, elle s'est enquise :* formes au participe passé du verbe s'**enquérir.**

ENRACINÉ [ɑ̃ʀasine], **ENRACINÉE** [ɑ̃ʀasine] adj. (après le nom) ▪ Profondément, solidement fixé dans l'esprit, dans le cœur. *Cette idée est enracinée dans son esprit, on ne pourra pas le faire changer d'avis. C'est un homme enraciné dans ses habitudes.*

ENRAGÉ [ɑ̃ʀaʒe] adj. et n. m., **ENRAGÉE** [ɑ̃ʀaʒe] adj. et n. f.
I. adjectif (après le nom) **1.** Atteint de la rage. *Elle a été mordue par un chien enragé,* par un chien qui a la rage. **2.** Furieux, fou de colère. *Cette trahison l'a rendu enragé.* → **furibond. 3.** *ENRAGÉ DE :* passionné par (qqch.). *Elle est enragée de moto.* **4.** STYLE FAMILIER *MANGER DE LA VACHE ENRAGÉE :* subir de dures privations, avoir de graves difficultés dans la vie. *Depuis que les parents n'ont plus de travail, la famille mange de la vache enragée.*
II. *UN ENRAGÉ, UNE ENRAGÉE :* une personne passionnée. *Sa fille est une enragée de cinéma.*

ENRAGER [ɑ̃ʀaʒe] verbe [conjugaison 3b] ▪ Être en rage, très en colère et énervé. *Nous enrageons de ne pas pouvoir vous aider. J'enrage ! – Arrête de faire enrager ta sœur !* arrête de l'exaspérer en la taquinant.

ENRAYER [ɑ̃ʀeje] verbe [conjugaison 8b] **1.** Arrêter la progression de (qqch. de dangereux). *Les médecins espèrent que ce nouveau médicament enrayera l'épidémie. Il faut que nous enrayions la crise économique.* **2.** verbe pronominal S'ENRAYER : (arme) se bloquer. *Je n'ai pas pu tirer car mon fusil s'est enrayé. La mitraillette s'est enrayée.*

REM. Deux formes au présent et au subjonctif : *j'enraie* [ɑ̃ʀɛ] et *j'enraye* [ɑ̃ʀɛj] *(il faut que j'enraie, que j'enraye).* Deux formes au futur : *il enraiera* [ɑ̃ʀɛʀa], *il enrayera* [ɑ̃ʀɛjʀa].

ENREGISTREMENT [ɑ̃ʀəʒistʀəmɑ̃] n. m. ▪ *L'ENREGISTREMENT* **1.** *ENREGISTREMENT DE BAGAGES :* opération par laquelle le voyageur confie ses bagages au transporteur. *Allez au guichet numéro sept pour l'enregistrement de vos bagages.* **2.** Action de fixer (un son, une image) pour pouvoir les reproduire. *Les musiciens terminent l'enregistrement de leur disque.* **3.** *UN ENREGISTREMENT :* musique enregistrée. *J'ai acheté plusieurs enregistrements de la neuvième symphonie de Beethoven.*

REM. On prononce également [ɑ̃ʀʒistʀəmɑ̃].

ENREGISTRER [ɑ̃ʀəʒistʀe] verbe [conjugaison 1a] **1.** Inscrire sur un registre ou dans une mémoire d'ordinateur. *Le libraire a enregistré ma commande de livres. L'acte de vente de la maison a été enregistré. La police enregistre les plaintes. – Les voyageurs font enregistrer leurs bagages à l'aérogare,* ils les confient au service chargé de leur transport. **2.** Constater (un phénomène, un fait). *On enregistre une forte hausse des prix.* **3.** Fixer dans sa mémoire. *Avez-vous bien enregistré ce que le professeur a dit ?* → **retenir. 4.** Transcrire et fixer (une information) à l'aide d'appareils divers. *On enregistre les battements du cœur.* **5.** Fixer (un son, une image) sur une bande magnétique, un film. *Un magnétoscope permet d'enregistrer les émissions de télévision. La musique a été enregistrée. – Cette chanteuse a enregistré plusieurs disques,* sa voix a été recueillie et conservée sur des disques.

FAUX AMI
espagnol **registrar** «fouiller»

ENRHUMÉ [ɑ̃ʀyme], **ENRHUMÉE** [ɑ̃ʀyme] adj. (après le nom) ▪ Qui a un rhume. *Un enfant enrhumé doit se moucher souvent.*

S'**ENRHUMER** [ɑ̃ʀyme] verbe pronominal [conjugaison 1a] ▪ Attraper un rhume. *Je me suis enrhumé en attendant sous la pluie. Ma fille s'est enrhumée.*

ENRICHIR [ɑ̃ʀiʃiʀ] verbe [conjugaison 2] **1.** Rendre riche, faire gagner beaucoup d'argent à. *Le tourisme enrichit ce beau village de montagne.* ⟨contraire : appauvrir⟩ **2.** Rendre (qqch.) plus complet, plus riche ou plus précieux en ajoutant un élément de valeur. *Elle a enrichi sa collection de deux timbres rares. Ces lectures enrichissent l'esprit.* **3.** verbe pronominal S'ENRICHIR : devenir riche, plus riche. *Elle s'est enrichie grâce à son travail. – La langue s'enrichit grâce aux emprunts, aux mots nouveaux.*

ENRICHISSANT [ɑ̃ʀiʃisɑ̃], **ENRICHISSANTE** [ɑ̃ʀiʃisɑ̃t] adj. (après le nom) ▪ Qui enrichit l'esprit. *Lisez ce livre, c'est une lecture enrichissante.* ⟨contraire : abêtissant⟩

ENRICHISSEMENT [ɑ̃ʀiʃismɑ̃] n. m. ▪ *L'ENRICHISSEMENT* **1.** Le fait de faire fortune. *Ce pays doit son enrichissement au pétrole.* **2.** Action, manière de rendre plus complet, plus intéressant. *Les mots nouveaux contribuent à l'enrichissement de la langue.*

ENROBÉ [ɑ̃ʀɔbe], **ENROBÉE** [ɑ̃ʀɔbe] adj. (après le nom) **1.** Recouvert d'une couche sucrée. *J'aime beaucoup les caramels enrobés de chocolat.* **2.** (qqn) Grassouillet, un peu gros. *C'est un homme d'une cinquantaine d'années, un peu enrobé.* → **dodu.** ⟨contraire : maigrichon⟩

ENRÔLER [ɑ̃ʀole] verbe [conjugaison 1a] ▪ Engager dans l'armée. *Autrefois, on enrôlait de force les paysans dans les armées du roi.* → **recruter.**

FAUX AMI
portugais **enrolar** «enrouler»

ENROUÉ [ɑ̃ʀwe], **ENROUÉE** [ɑ̃ʀwe] adj. (après le nom) ▪ (qqn) Qui a la voix rauque, voilée parce que l'on a trop crié ou à cause d'un mal de gorge. *Ce matin, je me suis réveillé enroué et enrhumé.*

ENROULER [ɑ̃ʀule] verbe [conjugaison 1a]
I. 1. Disposer (qqch.) autour de. *L'infirmière enroule une bande autour du poignet blessé.* ⟨contraire : dérouler⟩ **2.** Rouler une chose sur elle-même. *Enroulez le tapis et rangez-le dans le placard.*
II. verbe pronominal S'ENROULER **1.** S'envelopper (dans qqch. qui entoure). *Elle s'est enroulée dans une couverture pour dormir.* **2.** Faire le tour de. *Du lierre s'enroule autour du tronc de l'arbre.*

S'**ENSABLER** [ɑ̃sable] verbe pronominal [conjugaison 1a] **1.** S'enfoncer, échouer dans le sable. *La barque s'est ensablée. Le camion ne peut plus avancer, il s'est ensablé.* → s'**enliser. 2.** Se remplir de sable. *Le port s'ensable petit à petit.*

ENSANGLANTÉ [ɑ̃sɑ̃glɑ̃te], **ENSANGLANTÉE** [ɑ̃sɑ̃glɑ̃te] adj. (après le nom) ▪ Taché, couvert de sang. *Une bande ensanglantée entoure le genou du blessé.*

ENSANGLANTER [ɑ̃sɑ̃glɑ̃te] verbe [conjugaison 1a] ▪ Couvrir de sang qu'on fait couler. *Cette longue guerre a ensanglanté le pays.*

ENSEIGNANT [ɑ̃sɛɲɑ̃] n. m. et adj., **ENSEIGNANTE** [ɑ̃sɛɲɑ̃t] n. f. et adj. **1.** *UN ENSEIGNANT, UNE ENSEIGNANTE :* une personne dont le métier est d'enseigner, de transmettre des connaissances à un élève. *Les professeurs et les instituteurs sont des enseignants. Cet enseignant est apprécié de ses étudiants.* **2.** adjectif (après le nom) *LE CORPS ENSEIGNANT :* l'ensemble des professeurs et des instituteurs. *Mon fils est professeur de latin, il fait maintenant partie du corps enseignant.*

ENSEIGNE [ɑ̃sɛɲ] n. f. ▪ *UNE ENSEIGNE :* panneau portant une inscription, objet symbolique ou emblème qui signale un commerce au public. *L'enseigne d'une pharmacie est une croix lumineuse. On aperçoit de loin l'enseigne rouge du bureau de tabac.* → **carotte.** – *Être logé* À LA MÊME ENSEIGNE *que qqn :* être dans les mêmes difficultés que qqn. *La panne d'électricité est générale, nous sommes tous logés à la même enseigne.*

ENSEIGNEMENT [ɑ̃sɛɲmɑ̃] n. m. ▪ *L'ENSEIGNEMENT* **1.** Action d'enseigner, de transmettre des connaissances à un élève. → **éducation, instruction, pédagogie.** *Ce professeur donne un bon enseignement du français. En France, l'*ENSEIGNEMENT PUBLIC *est organisé par l'État, l'*ENSEIGNEMENT PRIVÉ *se pratique dans les écoles libres ou privées.* **2.** Métier des enseignants. *Mon fils est dans l'enseignement.*

ENSEIGNER [ɑ̃seɲe] verbe [conjugaison 1a] ▪ *ENSEIGNER qqch. à qqn.* **1.** Transmettre à un élève des connaissances, des techniques. *Il enseigne les mathématiques aux élèves de seconde et de première.* → **apprendre.** *Cette élève comprend et retient très vite tout ce qu'on lui enseigne.* – *Elle enseigne l'espagnol :* elle est professeur d'espagnol. **2.** Apprendre (qqch.) à (qqn) par une sorte de leçon ou en donnant l'exemple. *Leur père leur a enseigné le courage.* – *Cette expérience nous* ENSEIGNE QUE *nous devons être plus prudents.* → **montrer, prouver.**

① **ENSEMBLE** [ɑ̃sɑ̃bl] adverbe **1.** L'un avec l'autre, les uns avec les autres. *Venez tous ensemble.* ⟨contraires : individuellement, isolément⟩ *Les filles et les garçons jouent ensemble dans la cour.* ⟨contraire : séparément⟩ *Nous vivons ensemble depuis un an,* en concubinage, sans être mariés. *Ces couleurs ne vont pas ensemble,* elles ne sont pas assorties. **2.** L'un avec l'autre, les uns avec les autres et en même temps. *Ne parlez pas tous ensemble !* → **simultanément.**

② **ENSEMBLE** [ɑ̃sɑ̃bl] n. m.
I. 1. *L'ENSEMBLE DE :* la totalité. *L'instituteur s'adresse à l'ensemble de ses élèves.* ⟨contraire : partie⟩ *L'ensemble de la classe est d'accord.* – *Du haut de la tour, nous avons une* VUE D'ENSEMBLE *de la ville,* une vue générale. *Il nous a fait un résumé pour que nous ayons une vue d'ensemble de la situation* (→ **global**). – *DANS SON ENSEMBLE :* dans sa totalité. *Il a étudié la question dans son ensemble* (→ **complètement, totalement**). – *DANS L'ENSEMBLE :* en général, sans considérer les divers composants (→ **globalement**). *Dans l'ensemble, votre travail est bon mais vous avez des faiblesses en mathématiques.* ⟨contraire : détail⟩ *Dans l'ensemble, nous avons eu beau temps,* en gros. *Je vais bien, dans l'ensemble, malgré un gros rhume.* **2.** *UN ENSEMBLE :* un groupe. *Une chorale est un ensemble de chanteurs. Ce n'est pas seulement une chose, mais tout un ensemble de choses qui a provoqué l'accident.* **3.** *UN ENSEMBLE PARFAIT :* une unité, une harmonie parfaite. – *L'orchestre a commencé à jouer avec un ensemble parfait. Ce mobilier forme un bel ensemble.*
II. *UN ENSEMBLE* **1.** *UN GRAND ENSEMBLE :* groupe important d'habitations collectives, près d'une ville. → **cité.** *La vie dans les grands ensembles est souvent difficile.* **2.** Vêtements assortis. *Elle a mis un ensemble de lainage bleu, veste et pantalon, très élégant.* **3.** En mathématiques, collection d'éléments qui ont certaines propriétés communes et qui ont entre eux certaines relations. *Ils étudient la théorie des ensembles.*

ENSEMENCER [ɑ̃smɑ̃se] verbe [conjugaison 3a] ▪ Semer des graines dans la terre. *Pour les agriculteurs, c'est le moment d'ensemencer les terres.*

> REM. Une cédille sous le *c* devant *a* (ex. : *j'ensemençais*) et *o* (ex. : *nous ensemençons*).

ENSEVELIR [ɑ̃səvliʀ] verbe [conjugaison 2] **1.** Mettre au tombeau. *Les Égyptiens ensevelissaient leurs pharaons dans des pyramides.* → **enterrer, inhumer. 2.** Recouvrir complètement, faire disparaître sous un tas. *L'avalanche a enseveli plusieurs skieurs.*

ENSOLEILLÉ [ɑ̃sɔleje], **ENSOLEILLÉE** [ɑ̃sɔleje] adj. (après le nom) ▪ Rempli de la lumière du soleil. *Les enfants ont une chambre bien ensoleillée,* exposée au soleil. *Nous espérons, pour demain, une journée ensoleillée.*

ENSOMMEILLÉ [ɑ̃sɔmeje], **ENSOMMEILLÉE** [ɑ̃sɔmeje] adj. (après le nom) ▪ Qui a envie de dormir, qui est mal réveillé. ⟨contraire : éveillé⟩ *Ma fille est partie à l'école encore tout ensommeillée.*

ENSORCELER [ɑ̃sɔʀsəle] verbe [conjugaison 4a] **1.** Jeter un sort à (qqn), exercer une influence magique. *Dans les contes de fées, les sorcières ensorcellent les belles princesses.* → **envoûter. 2.** Charmer, séduire complètement. *Il est ensorcelé par sa beauté.*

ENSORCELLEMENT [ɑ̃sɔʀsɛlmɑ̃] n. m. ▪ *L'ENSORCELLEMENT :* pratique de sorcellerie. *Ils ont pratiqué les rites de l'ensorcellement.*

ENSUITE [ɑ̃sɥit] adverbe **1.** Après cela, plus tard. → **puis.** *Finis tes devoirs, ensuite tu pourras jouer.* ⟨contraire : d'abord⟩ *Et ensuite, qu'est-il arrivé ?* **2.** Derrière en suivant. *Les petits enfants marchent devant, les plus grands viennent ensuite.*

S'**ENSUIVRE** [ɑ̃sɥivʀ] verbe pronominal [conjugaison 40] **1.** *ET TOUT CE QUI S'ENSUIT :* et tout ce qui vient après, tout ce qui accompagne la chose. *Nous avons fait un bon dîner, avec champagne et tout ce qui s'ensuit.* → **etc. 2.** STYLE RECHERCHÉ Venir après cela, être la conséquence de cela. *Le prisonnier sera torturé jusqu'à ce que mort s'ensuive,* jusqu'à ce que la mort vienne. – *Je me suis trompé dans mon premier calcul,* IL S'ENSUIT QUE *toutes les opérations sont à refaire. Que va-t-il s'ensuivre ?*

> REM. Ce verbe ne s'emploie qu'à l'infinitif et à la 3e personne du singulier.

ENTAILLE [ɑ̃taj] n. f. ▪ *UNE ENTAILLE* **1.** Coupure longue et profonde. *Le couteau a glissé et je me suis fait une entaille dans le doigt.* **2.** Coupure qui enlève une partie. *Le bûcheron a fait une entaille dans le tronc du pin, pour récupérer la résine.*

ENTAILLER [ɑ̃taje] verbe [conjugaison 1a] ▪ Faire une entaille. *Le bûcheron entaille le tronc de l'arbre.*

ENTAME [ɑ̃tam] n. f. ▪ *L'ENTAME :* premier morceau coupé (d'une chose à manger). *Dans le rôti, je préfère l'entame car c'est le morceau le plus cuit. Voulez-vous l'entame du jambon ?*

ENTAMER [ɑ̃tame] verbe [conjugaison 1a] **1.** Couper, diminuer en enlevant une partie à (qqch. d'entier). *Allez, entamons ce pâté !* → **attaquer.** *Qui a entamé le paquet de bonbons ?* ⟨contraires : finir, terminer⟩ **2.** Diminuer en utilisant une partie de (un tout dont on n'a encore rien pris). *Je suis obligé d'entamer mes économies. J'ai entamé la bouteille de vin.* – *La journée est bien entamée.* **3.** (qqch.) Pénétrer en abîmant (la matière). *La rouille entame le fer.* – *Cet échec n'a pas entamé sa bonne humeur.* **4.** Commencer à faire. → **entreprendre.** *Les deux pays en guerre entament des négociations de paix.* → **engager.** ⟨contraire : achever⟩

ENTARTRER [ɑ̃taʀtʀe] verbe [conjugaison 1a] ▪ Recouvrir de tartre. *L'eau calcaire entartre les tuyaux.* ⟨contraire : détartrer⟩

ENTASSEMENT [ɑ̃tasmɑ̃] n. m. ▪ *UN ENTASSEMENT :* accumulation de choses mises les unes sur les autres. *Je vais ranger cet entassement de papiers sur mon bureau.* → **amas, amoncellement, tas.**

ENTASSER [ɑ̃tase] verbe [conjugaison 1a]
I. 1. Mettre (des choses) en tas, souvent sans ordre. *Il a entassé de vieux vêtements dans une malle. Elle entasse son courrier sur son bureau.* → **amonceler, empiler.** ⟨contraires : disperser,

éparpiller) **2.** Réunir (des personnes, des animaux) dans un lieu trop petit. *Ils ont entassé des veaux dans un camion. Les gens sont entassés dans le métro.* → **serrer, tasser.**
II. verbe pronominal S'ENTASSER **1.** Être en tas, former un tas. *Mon courrier en retard s'entasse dans un tiroir.* **2.** Être en grand nombre dans un lieu trop petit. *Cette famille nombreuse s'est entassée dans un tout petit logement.*

ENTENDRE [ɑ̃tɑ̃dʀ] verbe [conjugaison 41a]
I. 1. Percevoir (les sons) avec les oreilles. *J'entends du bruit dans l'escalier. Entends-tu le chien qui aboie ? On n'entend plus rien. Avez-vous entendu ce qu'il a dit ? Laisse un peu parler les autres, on n'entend que toi !* il n'y a que toi qui parles. – *Son grand-père n'entend plus très bien,* il est un peu sourd (→ **audition**). – *Je lui ai dit de se reposer, mais elle ne l'entend pas de cette oreille,* elle n'est pas d'accord. – *Depuis son départ, je n'ai plus jamais* ENTENDU PARLER *de lui,* on ne m'a rien dit à son sujet, je n'ai plus aucune nouvelle. *Avez-vous entendu parler de ce nouveau film ? Je ne veux pas entendre parler de cette horrible affaire,* je ne veux pas qu'on m'en parle. *Je ne veux pas en entendre parler.* – *J'ai* ENTENDU DIRE *qu'il avait quitté le pays,* je l'ai appris par hasard, en écoutant ce qui se dit. – *Je les ai entendus dire des gros mots :* j'ai entendu qu'ils disaient des gros mots. **2.** Écouter avec attention. *Hier, pendant le procès, un nouveau témoin a été entendu. Il faut que tu entendes ce que j'ai à te dire.* – *J'ai essayé de le convaincre, mais il* NE VEUT RIEN ENTENDRE, il refuse complètement mes idées, mes propositions. – *Elle ne doit pas quitter son travail maintenant, il faut lui* FAIRE ENTENDRE RAISON, il faut qu'elle accepte de suivre les conseils raisonnables. **3.** Écouter. *Ma fille est allée entendre un concert de rock.* – *À* ENTENDRE *le ministre, l'affaire est sérieuse,* si on croit, si on écoute ce que dit le ministre. **4.** Comprendre. *Elle m'a* LAISSÉ ENTENDRE *qu'elle quittait son mari,* elle me l'a fait comprendre, sans l'exprimer vraiment. *J'entends bien ce que tu veux dire. Comment entendez-vous cette phrase ?* → **interpréter.** – STYLE RECHERCHÉ *J'entends bien :* je comprends. – *Ne reviens plus ici, tu entends ?* tu as compris ? **5.** Vouloir. *Ce professeur entend se faire obéir.* J'ENTENDS QU'*on m'obéisse.* → **exiger.** – *Fais comme tu l'entends.* → **désirer.**
II. verbe pronominal S'ENTENDRE **1.** Être entendu. *Le rugissement du lion s'entend de loin.* – *Cette expression française ne s'entend plus beaucoup,* elle ne se dit plus beaucoup, elle est peu employée. **2.** Entendre, percevoir sa propre voix. *Taisez-vous un peu, on ne s'entend plus !* **3.** S'Y ENTENDRE : être habile, compétent. *Ma sœur s'y entend, en mécanique !* elle s'y connaît. **4.** Se mettre d'accord. *Entendons-nous bien :* mettons-nous d'accord. *Entendez-vous sur l'heure du prochain rendez-vous.* **5.** S'ENTENDRE AVEC *qqn :* avoir des rapports faciles avec qqn. → **entente.** *Mes enfants s'entendent bien. Ils s'entendent très mal. Comment vous entendez-vous avec elle ? Je ne m'entends pas bien avec elle. Nous ne nous entendons pas du tout. Ils se sont très bien entendus pendant les vacances.*

> FAUX AMI
> espagnol **entender** ne s'emploie pas au sens d'« écouter » mais seulement de « comprendre »

> REM. À la différence de *entendre, écouter* est volontaire et implique toujours de l'attention : *on entend les cloches qui sonnent ; on écoute un disque ;* on peut dire à qqn : *tu entends ce que je dis mais tu n'écoutes pas.*

entendu [ɑ̃tɑ̃dy], **entendue** [ɑ̃tɑ̃dy] *Il a entendu la sonnerie ; la sonnerie qu'il a entendue :* formes au participe passé du verbe **entendre.**

ENTENDU [ɑ̃tɑ̃dy], **ENTENDUE** [ɑ̃tɑ̃dy] adj. (après le nom) **1.** (qqch.) Décidé, convenu. *N'en parlons plus, c'est une affaire entendue. Nous nous retrouvons demain,* C'EST ENTENDU, c'est d'accord. – *« Venez à la maison vers quatorze heures. – Entendu ! ».* → d'**accord. 2.** BIEN ENTENDU : bien sûr, évidemment. *« Serez-vous là ? – Bien entendu ! ». Je suis allé le voir et, bien entendu, il venait de sortir.* → **naturellement.** STYLE FAMILIER *Je suis arrivé chez lui et,* COMME DE BIEN ENTENDU, *il venait de sortir.* **3.** UN AIR, UN SOURIRE ENTENDU, malin et complice. *Quand le garçon est passé près d'elles, les deux filles se sont regardées d'un air entendu. « D'accord, j'ai compris ! » dit-il avec un sourire entendu.*

ENTENTE [ɑ̃tɑ̃t] n. f. ▪ L'ENTENTE **1.** Relations amicales entre plusieurs personnes. *Il règne entre nous une entente parfaite.* → **amitié.** *Ce n'est pas le grand amour, mais ils vivent* EN BONNE ENTENTE. ⟨contraire : mésentente⟩ **2.** UNE ENTENTE : accord entre forces opposées. *Les deux pays sont arrivés à une entente,* ils ont réussi à se mettre d'accord.

ENTÉRINER [ɑ̃teʀine] verbe [conjugaison 1a] ▪ Rendre définitif et valide en approuvant officiellement. → **ratifier, valider.** *Le tribunal a entériné le rapport des experts.*

ENTERREMENT [ɑ̃tɛʀmɑ̃] n. m. ▪ UN ENTERREMENT : cérémonie au cours de laquelle on enterre un mort. → **funérailles, inhumation, obsèques.** *L'enterrement aura lieu demain. Hier, nous étions à l'enterrement d'une amie.* – STYLE FAMILIER *Hier j'ai vu son mari, il avait* UNE TÊTE D'ENTERREMENT, il avait un air triste et préoccupé.

ENTERRER [ɑ̃teʀe] verbe [conjugaison 1a] **1.** Déposer le corps de (un mort) dans la terre, dans une sépulture. ⟨contraires : déterrer, exhumer⟩ *On a enterré sa cousine hier.* → **inhumer.** – *Napoléon est enterré aux Invalides.* – *Grand-mère, tu nous enterreras* [ɑ̃tɛʀʀa] *tous !* tu vivras plus longtemps que nous ! **2.** *Il a* ENTERRÉ SA VIE DE GARÇON, il a passé avec ses amis une dernière et joyeuse soirée de célibataire avant de se marier. **3.** Abandonner ou faire disparaître (comme une chose finie, morte). *Le patron a enterré le projet.* **4.** Mettre, cacher dans la terre. *Il a enterré l'argent volé dans son jardin.* → **enfouir. 5.** verbe pronominal S'ENTERRER : se retirer dans un lieu isolé. *Elle s'est enterrée en province.*

> FAUX AMI
> espagnol **enterado** « au courant »

EN-TÊTE [ɑ̃tɛt] n. m. ▪ UN EN-TÊTE : inscription qui indique le nom et l'adresse de l'expéditeur (sur un papier). *Il m'a écrit sur du papier à lettres à* EN-TÊTE. PLURIEL : *le papier à lettres de cette société présente deux* EN-TÊTES *commerciaux.*

ENTÊTÉ [ɑ̃tete], **ENTÊTÉE** [ɑ̃tete] adj. (après le nom) ▪ Têtu. *Tu n'arriveras pas à le faire changer d'avis, c'est un homme entêté.* → **obstiné, opiniâtre.** ⟨contraires : changeant, influençable, souple⟩

ENTÊTEMENT [ɑ̃tɛtmɑ̃] n. m. ▪ L'ENTÊTEMENT : obstination à garder un comportement, une idée malgré les conseils que l'on reçoit, malgré les circonstances. *Malgré le mauvais temps il est parti en haute montagne, par entêtement. C'est de l'entêtement ! Elle a réussi grâce à son entêtement.* → **opiniâtreté, ténacité.** ⟨contraires : abandon, docilité⟩

S'**ENTÊTER** [ɑ̃tete] verbe pronominal [conjugaison 1a] ▪ Ne pas céder, s'obstiner. → se **buter.** *Plus nous essayions de la faire changer d'avis, plus elle s'est entêtée. Il* S'ENTÊTE À *faire ce qu'il ne faut pas.* ⟨contraire : céder⟩

ENTHOUSIASMANT [ɑ̃tuzjasmɑ̃], **ENTHOUSIASMANTE** [ɑ̃tuzjasmɑ̃t] adj. (après le nom) ▪ Qui fait plaisir, qui rend heureux, qui enthousiasme. *Nous avons un projet de travail enthousiasmant.* → **exaltant, passionnant.** ⟨contraire : ennuyeux⟩ *Ce n'est pas très enthousiasmant. Cette idée n'est guère enthousiasmante.*

ENTHOUSIASME [ɑ̃tuzjasm] n. m. ▪ *L'ENTHOUSIASME* **1.** Émotion vive se traduisant par une excitation joyeuse. → **allégresse, entrain, joie, passion.** *Il a accepté notre projet avec enthousiasme.* ⟨contraires : froideur, indifférence, morosité⟩ *Je travaille, mais sans enthousiasme.* **2.** Grande admiration. *La fin du spectacle a déchaîné l'enthousiasme du public.*

ENTHOUSIASMER [ɑ̃tuzjasme] verbe [conjugaison 1a] ▪ Remplir d'admiration ou de joie. → **emballer, exalter.** *Ce film m'a enthousiasmé.*

ENTHOUSIASTE [ɑ̃tuzjast] adj. (après le nom) ▪ Qui ressent de l'enthousiasme, qui est plein de joie et d'admiration. *Le public enthousiaste a applaudi pendant dix minutes. Il est enthousiaste sur le nouveau projet.* ⟨contraires : blasé, sceptique⟩ – *Le film a reçu un accueil enthousiaste.* → **chaleureux, triomphal.** ⟨contraires : froid, glacial⟩

ENTIER [ɑ̃tje] adj. et n. m., **ENTIÈRE** [ɑ̃tjɛʀ] adj.
I. adjectif (après le nom, parfois avant le nom) **1.** (après le nom) Dans toute son étendue. → **total.** *La mort du président a ému le monde entier. Cet écrivain est célèbre dans le monde entier. Je prends un mois entier de vacances,* tout un mois, un mois complet. → **tout.** *Nous avons attendu une heure entière. Il restera encore une année entière à Madrid. La maison entière a brûlé.* **2.** (après le nom) À quoi il ne manque rien. → **complet, intact, intégral.** ⟨contraire : incomplet⟩ *La boîte de chocolats est entière, on ne l'a pas entamée. Je n'achète que du lait entier,* du lait non écrémé. *Nous avons été choqués par l'accident, mais heureusement nous sommes entiers,* nous n'avons pas été gravement blessés. – *C'est un cheval entier,* un cheval qui n'a pas été châtré. ⟨contraire : châtré⟩ – *937 est un NOMBRE ENTIER,* un nombre qui ne contient pas de virgule. ⟨contraire : décimal⟩ **3.** (après le nom) *TOUT ENTIER, TOUT ENTIÈRE* (*tout* reste invariable) : absolument complet, complète. *La ville tout entière a été inondée. Il a mangé les deux gâteaux tout entiers !* – *Elle se donne tout entière à son travail :* elle se consacre entièrement, totalement à son travail. **4.** (le plus souvent avant le nom) Parfait, total. *J'ai une entière confiance en lui. Votre travail nous a donné entière satisfaction. Le problème reste entier,* il reste total car il n'a reçu aucun commencement de solution. **5.** (après le nom) (qqn) Qui n'admet aucune nuance. *Elle est entière dans ses opinions :* elle est absolue, catégorique, elle a des opinions tranchées. *C'est une femme entière.* ⟨contraires : conciliant, souple⟩ – *Il a un caractère entier.*
II. nom masculin **1.** *DANS SON ENTIER :* dans sa totalité. *Il a raconté l'histoire dans son entier* (→ **entièrement**). **2.** *EN ENTIER :* complètement, entièrement. *Je suis arrivé en retard au cinéma, je n'ai donc pas vu le film en entier.*

ENTIÈREMENT [ɑ̃tjɛʀmɑ̃] adverbe ▪ Complètement, totalement. *L'incendie a entièrement détruit la maison.* → **intégralement.** ⟨contraire : partiellement⟩ *Vous avez entièrement raison. Elle est entièrement responsable.*

ENTOMOLOGIE [ɑ̃tɔmɔlɔʒi] n. f. ▪ *L'ENTOMOLOGIE :* science qui étudie les insectes. *Mon fils se passionne pour l'entomologie.*

ENTONNER [ɑ̃tɔne] verbe [conjugaison 1a] ▪ Commencer à chanter. *La foule a entonné l'hymne national.*

ENTONNOIR [ɑ̃tɔnwaʀ] n. m. ▪ *UN ENTONNOIR :* instrument creux de forme conique et terminé par un tube, qui sert à verser un liquide ou une matière qui coule aisément dans un récipient à ouverture étroite. *Sers-toi de l'entonnoir pour transvaser le lait dans la bouteille. Sur la plage, les enfants font couler du sable dans un entonnoir.*

ENTORSE [ɑ̃tɔʀs] n. f. ▪ *UNE ENTORSE* **1.** Lésion douloureuse que l'on se fait quand on se tord une articulation. → **foulure.** *Elle s'est fait une entorse à la cheville en tombant dans l'escalier.* **2.** *FAIRE UNE ENTORSE À (qqch.) :* ne pas respecter (qqch.). *J'ai fait une entorse à mon régime en mangeant des frites !*

ENTORTILLÉ [ɑ̃tɔʀtije], **ENTORTILLÉE** [ɑ̃tɔʀtije] adj. (après le nom) ▪ Compliqué, embrouillé. *Je n'ai rien compris à ses explications entortillées.* → **embarrassé.**

ENTORTILLER [ɑ̃tɔʀtije] verbe [conjugaison 1a] **1.** Envelopper (un objet) dans qqch. que l'on tortille. *Ma fille a entortillé ses petits cadeaux dans du papier doré,* elle les a roulés dans du papier qu'elle a tordu aux deux bouts. **2.** Enrouler (un ruban, un bout de tissu, de la ficelle) autour de qqch. *En pleurant, elle entortille son mouchoir autour de son doigt.* **3.** Persuader (qqn) en le trompant. *Tu t'es laissé entortiller par de belles paroles !* → STYLE FAMILIER **avoir, embobiner.** **4.** verbe pronominal S'ENTORTILLER : s'enrouler autour de (qqch.). *Le lierre s'entortille autour du tronc d'arbre.* – STYLE FAMILIER *Ma fille s'est entortillée dans ses draps.*

ENTOURAGE [ɑ̃tuʀaʒ] n. m. ▪ *L'ENTOURAGE :* personnes qui entourent habituellement qqn, qui sont les amis, la famille de qqn. *Le meurtre a été commis par une personne de l'entourage de la victime.*

ENTOURER [ɑ̃tuʀe] verbe [conjugaison 1a]
I. 1. (qqn) Mettre autour de. *Nous avons entouré le jardin d'une clôture. La mère entoure son enfant de ses bras. Le professeur entoure les fautes en rouge.* **2.** (qqch.) Être autour de. *Un fossé entoure le château. Une clôture entoure le jardin.* **3.** (qqn) Se tenir tout autour de. *Les soldats entourent la ville.* → **cerner, encercler.** **4.** Être habituellement ou momentanément autour de (qqn). *J'ai prévenu les gens qui m'entourent,* qui vivent avec moi ou près de moi (→ **entourage**). *Beaucoup de dangers entoureront* [ɑ̃tuʀʀɔ̃] *les explorateurs.* **5.** S'occuper de (qqn), lui montrer de l'affection. *Ses amis et ses enfants l'entourent beaucoup depuis la mort de sa femme.* ⟨contraires : abandonner, délaisser⟩
II. verbe pronominal S'ENTOURER **1.** Mettre autour de soi. *Elle aime s'entourer d'objets d'art.* **2.** Réunir autour de soi. *Elle sait s'entourer d'amis.* – *Pendant l'escalade, les alpinistes se sont entourés de précautions.*

ENTOURLOUPE [ɑ̃tuʀlup] n. f. ▪ STYLE FAMILIER *UNE ENTOURLOUPE :* mauvais tour joué à qqn. *Il lui a fait une entourloupe.*
REM. On dit aussi une *entourloupette* [ɑ̃tuʀlupɛt].

ENTRACTE [ɑ̃tʀakt] n. m. ▪ *UN ENTRACTE :* temps d'arrêt entre deux parties d'un spectacle. *Nous mangerons une glace pendant l'entracte.*

ENTRAIDE [ɑ̃tʀɛd] n. f. ▪ *L'ENTRAIDE :* aide mutuelle, action de s'entraider. *Un comité d'entraide a été créé pour porter secours aux sans-abri.*

S'**ENTRAIDER** [ɑ̃tʀede] verbe pronominal [conjugaison 1a] ▪ S'aider les uns les autres. *Pendant l'inondation, tous les gens du village se sont entraidés.* → se **soutenir.**

ENTRAILLES [ɑ̃tʀaj] n. f. pluriel ▪ *LES ENTRAILLES :* ensemble des organes contenus dans le ventre. → **boyau, intestin, tripes, viscère.** *Les lions ont dévoré les entrailles du zèbre. Les entrailles sont puantes.*

ENTRAIN [ɑ̃tʀɛ̃] n. m. ▪ *L'ENTRAIN :* vivacité et bonne humeur. → **dynamisme, énergie.** *Les enfants préparent la fête de Noël avec entrain,* avec enthousiasme. ⟨contraires : mollesse, morosité⟩ *La soirée manquait d'entrain.* → **animation.**

ENTRAÎNANT [ɑ̃tʀɛnɑ̃], **ENTRAÎNANTE** [ɑ̃tʀɛnɑ̃t] adj. (après le nom) ▪ Qui donne de l'entrain, qui entraîne à la gaieté. *Cette musique a un rythme entraînant qui donne envie de danser !*

ENTRAÎNEMENT [ɑ̃tʀɛnmɑ̃] n. m. ▪ *L'ENTRAÎNEMENT* **1.** Préparation à une compétition sportive. *Il faut beaucoup d'entraînement pour devenir un champion. Le cheval est À L'ENTRAÎNEMENT.* **2.** Préparation méthodique, apprentissage par l'habitude. *Pour parvenir à bien parler une langue étrangère, il faut de l'entraînement. Vous manquez d'entraînement.*

> FAUX AMI
> anglais **entertainment** « amusement, distraction »

① **ENTRAÎNER** [ɑ̃tʀene] verbe [conjugaison 1a] **1.** Emmener, emporter de force avec soi. *Le courant entraîne le navire vers les rochers. L'alpiniste a entraîné le guide dans sa chute.* – *La chaîne du vélo entraîne la roue arrière.* **2.** Obliger ou inciter (qqn) à faire ce qu'il n'a pas vraiment envie de faire. *Sa colère l'a entraîné trop loin.* → **emporter.** *Il S'EST LAISSÉ ENTRAÎNER par de mauvais camarades.* – *Ses amis l'ont ENTRAÎNÉ À faire ce cambriolage.* → **pousser.** *Son chagrin l'entraîne à dire n'importe quoi.* **3.** Avoir pour conséquence, pour résultat. *Ces travaux ont entraîné de grosses dépenses.* → **amener,** ① **causer, produire, provoquer.**

② **ENTRAÎNER** [ɑ̃tʀene] verbe [conjugaison 1a]
I. Préparer à une compétition sportive. *Le jockey entraîne le cheval de course tous les jours. Cet athlète est bien entraîné.*
II. verbe pronominal S'ENTRAÎNER **1.** Se préparer à une compétition sportive. *Les athlètes s'entraînent tous les jours. Les nageuses se sont entraînées pour le championnat du monde. Il S'ENTRAÎNE AU saut en hauteur.* **2.** *S'ENTRAÎNER À* : faire l'apprentissage de, en s'habituant. *Elle s'entraîne à parler en public.*

ENTRAÎNEUR [ɑ̃tʀɛnœʀ] n. m., **ENTRAÎNEUSE** [ɑ̃tʀɛnøz] n. f. ▪ *UN ENTRAÎNEUR, UNE ENTRAÎNEUSE* **1.** Personne qui entraîne les chevaux pour la course. *C'est un bon entraîneur, les chevaux dont il s'occupe gagnent souvent.* **2.** Personne qui entraîne un athlète, une équipe sportive. *Elle est l'entraîneuse de l'équipe féminine de basket.*

REM. En parlant d'une femme, on dit aussi *elle est l'entraîneur de cette équipe*, ce qui permet de distinguer l'entraîneuse sportive de l'entraîneuse de bar.

ENTRAÎNEUSE [ɑ̃tʀɛnøz] n. f. ▪ *UNE ENTRAÎNEUSE* : jeune femme employée dans les bars, pour engager les clients à consommer. *Elle est entraîneuse, mais ce n'est pas une prostituée.*

ENTRAVE [ɑ̃tʀav] n. f. ▪ *UNE ENTRAVE* **1.** Lien que l'on attache aux jambes d'un animal pour gêner sa marche. *On a mis une entrave au dromadaire pour qu'il ne s'éloigne pas.* **2.** Ce qui gêne. *Cette loi est une entrave à la liberté de la presse,* elle l'empêche. *Il n'y a plus d'entrave à notre projet.* → **obstacle.** *Soyons heureux sans entraves !*

ENTRAVER [ɑ̃tʀave] verbe [conjugaison 1a] **1.** Retenir, empêcher (un animal) de bouger au moyen d'une entrave, d'un lien que l'on attache à ses jambes. *Le vétérinaire entrave le cheval pour le soigner tranquillement.* **2.** Empêcher de se réaliser. *Des difficultés ont entravé nos projets.* → **contrarier, freiner, gêner.** ⟨contraires : faciliter, favoriser⟩

ENTRE [ɑ̃tʀ] préposition **1.** Dans l'espace qui sépare (des choses, des personnes). *Les montagnes des Pyrénées s'étendent entre la France et l'Espagne. Quelle est la distance entre Milan et Venise ? Il faut garder un écart suffisant entre les arbres* (→ **intervalle**). *Écrivez ce mot entre parenthèses ou entre guillemets. Elle tient une cigarette entre ses doigts. Il a serré sa fille entre ses bras.* → **dans.** – *Le nombre 8 est entre 7 et 9.* **2.** Dans le temps qui sépare (deux dates, deux époques, deux faits). *Je serai chez moi entre dix et onze heures. Que s'est-il passé entre ces deux moments ? C'était entre les deux dernières guerres. C'est une personne ENTRE DEUX ÂGES,* ni jeune ni vieille. **3.** À égale distance de. *Le blessé est entre la vie et la mort. C'est une couleur entre le gris et le bleu. « Comment allez-vous ? – Entre les deux »,* ni bien ni mal. **4.** (choix) Au milieu de. → **parmi.** *J'hésite entre plusieurs solutions.* – *Dans cette exposition il y a, ENTRE AUTRES choses* [ɑ̃tʀotʀəʃoz], *quelques œuvres de peintres flamands,* parmi les autres choses, parmi les autres œuvres. *Pendant la fête, j'ai rencontré, entre autres* [ɑ̃tʀotʀ], *Richard et Catherine.* – *Deux d'entre nous peuvent rentrer chez eux. Lequel d'entre vous accepte de laisser sa place ? Lequel d'entre eux a menti ?* **5.** En formant un groupe fermé de personnes. *Nous avons passé la soirée entre amis. Ils ne veulent pas recevoir de visites, ils préfèrent rester entre eux. SOIT DIT ENTRE NOUS* [swa ditɑ̃tʀənu], *il se trompe,* dans le secret, de vous à moi. *Entre nous, elle fait une grossière erreur.* **6.** (relation) L'un avec l'autre, les uns avec les autres. *Il faut s'aider entre voisins. Le match entre ces deux équipes sera passionnant. Il y a eu une dispute entre le frère et la sœur. Entre elle et lui, tout se passe bien.* – *Qu'y a-t-il entre eux ?* sont-ils amoureux l'un de l'autre ? *Est-ce qu'il y a quelque chose entre eux ?* **7.** (pour permettre une comparaison) *Il y a une grande ressemblance entre un chien et un loup. Rien de commun entre ces deux personnes !*

REM. *Antre* « caverne » se prononce de la même façon.

ENTREBÂILLEMENT [ɑ̃tʀəbajmɑ̃] n. m. ▪ *UN ENTREBÂILLEMENT* : ouverture laissée par une porte ou une fenêtre entrebâillée. *Un rayon de soleil passe par l'entrebâillement de la porte.*

ENTREBÂILLER [ɑ̃tʀəbaje] verbe [conjugaison 1a] ▪ Ouvrir très peu (une porte, une fenêtre). *Pouvez-vous entrebâiller la fenêtre ?* → **entrouvrir.**

ENTRECHOQUER [ɑ̃tʀəʃɔke] verbe [conjugaison 1a] **1.** Heurter l'un contre l'autre. *Les invités ont entrechoqué leurs verres pour trinquer.* **2.** verbe pronominal S'ENTRECHOQUER : se heurter l'un contre l'autre. *Les galets s'entrechoquent sur la plage.* – (figuré) *Les idées se sont entrechoquées dans sa tête.*

ENTRECÔTE [ɑ̃tʀəkot] n. f. ▪ *L'ENTRECÔTE* : viande de bœuf coupée entre les côtes. *Au menu, il y a de l'entrecôte grillée.* – La totalité du morceau. *J'ai acheté une entrecôte de deux kilos.*

ENTRECOUPÉ [ɑ̃tʀəkupe], **ENTRECOUPÉE** [ɑ̃tʀəkupe] adj. (après le nom) ▪ Interrompu par moments. *Elle m'a raconté sa mésaventure d'une voix ENTRECOUPÉE DE sanglots.* ⟨contraire : ininterrompu⟩

ENTRECROISER [ɑ̃tʀəkʀwaze] verbe [conjugaison 1a] **1.** Croiser ensemble plusieurs fois. *Elle entrecroise des rubans de plusieurs couleurs.* → **entrelacer.** **2.** verbe pronominal S'ENTRECROISER : se croiser plusieurs fois. *Ces fils se sont entrecroisés.*

ENTRÉE [ɑ̃tʀe] n. f.
I. *L'ENTRÉE* **1.** Passage de l'extérieur à l'intérieur. *Le public s'est tu à l'entrée des acteurs sur la scène.* → **apparition, arrivée.** ⟨contraire : sortie⟩ *Il a fait son entrée dans le salon* (→ **entrer**). **2.** Possibilité ou droit d'entrer. *L'entrée dans les magasins d'alimentation est interdite aux animaux.* → **accès.** *Sa fille a réussi son examen d'entrée dans une école d'ingénieurs. L'entrée est gratuite pour les enfants, dans ce musée.* – *AVOIR SES ENTRÉES quelque part,* y être reçu facilement. *Je les connais depuis longtemps, j'ai mes entrées chez eux.* **3.** *ENTRÉE EN. L'entrée en fonction du nouveau directeur est prévue pour le mois prochain,* le moment où le nouveau directeur commencera son travail.

L'entrée en vigueur de cette loi n'a pas été précisée, le moment où elle sera appliquée. **4.** STYLE RECHERCHÉ *À L'ENTRÉE DE L'HIVER :* au début de l'hiver. *À l'entrée de l'hiver, il faudra rentrer les géraniums.*
II. *UNE ENTRÉE* **1.** Endroit par où l'on entre. *Cette maison a deux entrées, l'une devant, l'autre derrière, par le jardin.* ⟨contraire : issue⟩ **2.** Pièce située à l'entrée d'une maison, d'un appartement. *Le livreur attend dans l'entrée.* → **hall, vestibule.** **3.** Plat servi au début du repas. *Il y a du saumon fumé en entrée.* → **hors-d'œuvre.** *Au menu, on peut choisir entre trois entrées.*

SUR CES **ENTREFAITES** [syʀsezɑ̃tʀəfɛt] adverbe. À ce moment-là. *Nous discutions toutes les deux et il est arrivé sur ces entrefaites.*

REM. *Entrefaite* est un ancien nom qui signifie « intervalle de temps où survient qqch. » qui vient de l'ancien verbe *entrefaire* « faire dans l'intervalle ».

ENTREFILET [ɑ̃tʀəfilɛ] n. m. *UN ENTREFILET :* article très court, dans un journal. *La nouvelle a fait l'objet d'un entrefilet dans le journal local.*

ENTRELACER [ɑ̃tʀəlase] verbe [conjugaison 3a] **1.** Enlacer l'un avec l'autre. *La fillette entrelace des rubans de plusieurs couleurs.* → **tresser.** *Les amoureux entrelaçaient leurs doigts.* → **entrecroiser.** – *Sa bague porte ses initiales entrelacées.* **2.** verbe pronominal *S'ENTRELACER :* être enlacé, tressé ensemble. *Les plantes grimpantes s'entrelacent sur la grille du jardin.* → s'**entremêler,** s'**enchevêtrer.**

ENTRELARDÉ [ɑ̃tʀəlaʀde], **ENTRELARDÉE** [ɑ̃tʀəlaʀde] adj. (après le nom) **1.** *VIANDE ENTRELARDÉE,* avec des parties grasses et des parties maigres. *J'ai demandé de la viande entrelardée au boucher.* **2.** Entremêlé. *Il a fait un discours entrelardé de citations latines.* → **parsemé, truffé.**

ENTREMÊLER [ɑ̃tʀəmele] verbe [conjugaison 1a]. Mêler ensemble avec soin (des choses différentes). *La fleuriste entremêle des roses et des iris dans le bouquet.* → **mélanger, mêler.** – *Ses phrases sont entremêlées de longs silences* (→ **entrecoupé).**

ENTREMETS [ɑ̃tʀəmɛ] n. m. *UN ENTREMETS :* plat sucré que l'on sert après le fromage et avant les fruits. *La maîtresse de maison a servi un délicieux entremets au café.*

REM. L'entremets est un dessert.

ENTREMISE [ɑ̃tʀəmiz] n. f. *PAR L'ENTREMISE DE :* par l'intermédiaire de. *Je lui ai fait parvenir un colis par l'entremise d'un ami commun.*

ENTREPONT [ɑ̃tʀəpɔ̃] n. m. *UN ENTREPONT :* étage entre deux ponts d'un navire. *Le capitaine a découvert un passager clandestin dans l'entrepont.*

ENTREPOSER [ɑ̃tʀəpoze] verbe [conjugaison 1a] **1.** Déposer dans un entrepôt. *Les ouvriers ont entreposé leur matériel dans un hangar.* **2.** Déposer, laisser en garde. *Il a entreposé ses meubles chez des amis en attendant de trouver un appartement.*

ENTREPÔT [ɑ̃tʀəpo] n. m. *UN ENTREPÔT :* bâtiment qui sert à abriter des marchandises. *Les marchandises sont stockées dans des entrepôts avant d'être vendues en magasin.*

ENTREPRENANT [ɑ̃tʀəpʀənɑ̃], **ENTREPRENANTE** [ɑ̃tʀəpʀənɑ̃t] adj. (après le nom) **1.** Qui entreprend avec audace, hardiesse. *Cette femme active et entreprenante a monté son entreprise.* – *Il est d'un caractère entreprenant.* → **audacieux, hardi.** ⟨contraires : hésitant, timoré⟩ **2.** (homme) Qui n'hésite pas à séduire les femmes. *Méfie-toi de lui, il a du charme et il est très entreprenant.* → **coureur.**

ENTREPRENDRE [ɑ̃tʀəpʀɑ̃dʀ] verbe [conjugaison 58] **1.** Se mettre à faire (qqch. de long ou de difficile). *J'entreprends des démarches qui prendront plusieurs mois. Quand il entreprenait un nouveau roman, cet écrivain s'enfermait chez lui jusqu'à ce qu'il ait terminé. Quoi qu'il entreprenne, il réussit tout ce qu'il fait. Termine d'abord les choses que tu as entreprises avant d'en commencer de nouvelles.* – *ENTREPRENDRE DE :* commencer à. *Elle entreprit de repeindre tout l'appartement.* ⟨contraires : achever, finir, terminer⟩ **2.** STYLE FAMILIER *ENTREPRENDRE QQN SUR un sujet,* commencer à lui parler de ce sujet. *Quand il m'entreprend sur la politique, ça peut durer longtemps !*

ENTREPRENEUR [ɑ̃tʀəpʀənœʀ] n. m. *UN ENTREPRENEUR :* une personne qui se charge d'exécuter des travaux de construction qu'on lui a commandés par contrat. *Un entrepreneur de maçonnerie a réalisé d'importants travaux dans notre maison de campagne. Nous avons demandé un devis à un entrepreneur de peinture. L'entrepreneur vérifie que les ouvriers exécutent correctement les travaux.*

entreprenne [ɑ̃tʀəpʀɛn] *Que j'entreprenne, qu'il entreprenne, qu'elle entreprenne :* forme au subjonctif du verbe **entreprendre.**

entrepris [ɑ̃tʀəpʀi], **entreprise** [ɑ̃tʀəpʀiz] *J'ai entrepris une tâche ; la tâche que j'ai entreprise :* formes au participe passé du verbe **entreprendre.**

ENTREPRISE [ɑ̃tʀəpʀiz] n. f. *UNE ENTREPRISE* **1.** Ce que l'on veut entreprendre ou ce que l'on a entrepris. *Il réussit dans toutes ses entreprises,* dans tout ce qu'il fait. → **action, affaire, opération, projet.** *Buvons au succès de l'entreprise.* – *Il a un grand ESPRIT D'ENTREPRISE :* il aime entreprendre. **2.** Établissement commercial ou industriel. *Il travaille dans une importante entreprise industrielle.* → **établissement, firme.** *Après avoir été licencié, il a monté sa propre entreprise.* → **société.** *Il était salarié, maintenant il est CHEF D'ENTREPRISE* (→ **patron).**

FAUX AMI
anglais **enterprise** ne s'emploie pas au sens 2.

ENTRER [ɑ̃tʀe] verbe [conjugaison 1a]
I. (avec l'auxiliaire *être*) **1.** Passer du dehors au dedans. *Quand il est entré dans la pièce, tout le monde s'est tu.* → **pénétrer.** ⟨contraire : sortir⟩ *On ne peut pas entrer dans ce pays sans visa. Elle est entrée chez le boucher. Les acteurs entrent en scène.* **2.** Passer à l'intérieur, dedans. *Les voleurs sont entrés par la fenêtre.* → **passer.** *Entrez donc ! Frappez avant d'entrer. Défense d'entrer.* **3.** (qqch.) Pénétrer à l'intérieur. *Cette valise n'entre pas dans le coffre de la voiture.* → **rentrer.** *L'eau commence à entrer dans le bateau.* – *Le train entre en gare.* – *Le doute est entré dans son esprit.* **4.** Se mettre (dans une situation, un état). *Il est entré dans la vie active :* il a commencé à travailler. *Sa fille est entrée au couvent,* elle est devenue religieuse. – (qqch.) *Ce mot est maintenant entré dans l'usage,* il est maintenant utilisé. **5.** Commencer à faire partie de (un groupe). *Il veut entrer dans l'armée. Son fils est entré au lycée cette année.* **6.** Commencer à être (dans une période). *Cette petite fille a juste dix ans : elle est entrée dans sa onzième année. Bientôt, nous entrerons dans l'hiver.* – *ENTRER EN :* commencer à être (dans un état). *Le malade est entré en convalescence. L'eau entre en ébullition à cent degrés. Cette nouvelle loi entrera bientôt en vigueur.* – *C'est par hasard que je suis entré en relations avec lui.* **7.** Commencer à éprouver (un sentiment). *Quand il a appris la nouvelle, il est entré dans une rage folle.* **8.** (qqn) *ENTRER DANS :* se mettre à étudier, à traiter. *Il est tout de suite entré dans le vif du sujet :* il a abordé tout de suite l'essentiel de la discussion. *Je n'entrerai pas dans les détails :* je ne parlerai pas des détails. **9.** (qqch.) *ENTRER DANS :* faire partie de. *Cela n'entre pas dans mes projets de quitter Paris. Tout cela entre en*

(ligne de) compte : tout cela mérite d'être considéré. **10.** (produit) Être employé dans la composition, dans la fabrication de. *Le miel entre dans la composition du nougat.*
II. (avec l'auxiliaire *avoir*) Faire entrer. *Les contrebandiers ont entré des armes en fraude.* → **introduire.** – *La secrétaire entre des données dans l'ordinateur.* → **saisir.**

REM. On emploie couramment le verbe *rentrer* à la place du verbe *entrer.*

ENTRESOL [ɑ̃tʀəsɔl] n. m. ▪ *L'ENTRESOL* : étage situé entre le rez-de-chaussée et le premier étage, dans les maisons anciennes. *Il habite au premier, au-dessus de l'entresol.*

ENTRE-TEMPS [ɑ̃tʀətɑ̃] adverbe ▪ Dans cet intervalle de temps. *Elle est sortie faire des courses et entre-temps sa fille a téléphoné,* pendant ce temps-là sa fille a téléphoné.

ENTRETENIR [ɑ̃tʀətniʀ] verbe [conjugaison 22] **1.** Faire durer. *J'entretiens* [ɑ̃tʀətjɛ̃] *le feu en y ajoutant de nouvelles bûches.* → **alimenter.** *Les arbres entretiennent* [ɑ̃tʀətjɛn] *la fraîcheur dans la cour, l'été.* → **conserver, maintenir.** – *Nous entretenons de bons rapports avec nos voisins.* → **avoir.** *Les deux amis entretiennent une correspondance régulière,* ils s'écrivent régulièrement. **2.** Maintenir en bon état. *Il faut qu'il entretienne sa voiture s'il veut qu'elle dure longtemps. Sa maison est mal entretenue.* → **tenir.** *Il entretient sa mémoire en apprenant des poèmes par cœur.* → **exercer. 3.** Donner tout ce qu'il faut pour vivre à (qqn). *Il entretiendra ses parents quand ils seront vieux.* → **nourrir.**

FAUX AMIS
anglais **to entertain,**
espagnol **entretener**
« amuser, distraire »

REM. Le passé simple est assez rare (*j'entretins, il entretint, nous entretînmes* [ɑ̃tʀətɛ̃m]).

S'**ENTRETENIR** [ɑ̃tʀətniʀ] verbe pronominal [conjugaison 22] ▪ Avoir une conversation, un entretien. *Nous nous sommes entretenus de divers sujets.* → **parler.**

entretenu [ɑ̃tʀətny], **entretenue** [ɑ̃tʀətny] *Ils ont entretenu une correspondance ; la correspondance qu'ils ont entretenue* : formes au participe passé du verbe **entretenir.**

ENTRETENU [ɑ̃tʀətny], **ENTRETENUE** [ɑ̃tʀətny] adj. (après le nom) **1.** Tenu en bon état. *Ce jardin est bien entretenu. Leur maison est sale et mal entretenue.* **2.** (personne) Qui vit avec quelqu'un qui paie tout. *C'est un homme entretenu.* → **gigolo.**

① **ENTRETIEN** [ɑ̃tʀətjɛ̃] n. m. ▪ *L'ENTRETIEN* : ensemble des soins que l'on donne à une chose pour qu'elle reste en bon état. *L'entretien de sa voiture lui coûte cher. Nous avons un contrat pour l'entretien de la chaudière.* → **maintenance.** *Le service après-vente permet l'entretien de ce qu'on a acheté.* – *L'eau de Javel et la cire sont des PRODUITS D'ENTRETIEN,* des produits ménagers qui servent à tenir propre une maison.

② **ENTRETIEN** [ɑ̃tʀətjɛ̃] n. m. ▪ *UN ENTRETIEN* : conversation, discussion. *Il a demandé à avoir un entretien avec son patron.* → **entrevue.** *Ils ont eu un entretien tous les deux. Pourrais-je avoir un entretien téléphonique sur ce sujet ?*

FAUX AMIS
anglais
entertainment,
espagnol
entretenimiento
« amusement, distraction »

entretiens [ɑ̃tʀətjɛ̃] *J'entretiens, tu entretiens* : forme au présent du verbe **entretenir.**

S'**ENTRETUER** [ɑ̃tʀətɥe] verbe pronominal [conjugaison 1a] ▪ Se tuer les uns les autres. *Des rats affamés se sont entretués. Ils s'entretueraient* [ɑ̃tʀətyʀɛ], *s'ils le pouvaient.*

REM. On peut aussi écrire *s'entre-tuer.*

ENTREVOIR [ɑ̃tʀəvwaʀ] verbe [conjugaison 30] **1.** Voir mal ou trop rapidement. *J'entrevois le soleil derrière les nuages.* → **apercevoir.** *Je l'ai à peine entrevu au milieu de la foule.* → **distinguer. 2.** Avoir une vague idée de (qqch.), commencer à comprendre. *Il est possible qu'en discutant du problème, on entrevoie une solution.*

REM. À l'imparfait : *j'entrevoyais, nous entrevoyions.* Au futur : *il entreverra.*

entrevu [ɑ̃tʀəvy], **entrevue** [ɑ̃tʀəvy] *Il a entrevu une solution ; la solution qu'il a entrevue* : formes au participe passé du verbe **entrevoir.**

ENTREVUE [ɑ̃tʀəvy] n. f. ▪ *UNE ENTREVUE* : rencontre préparée à l'avance entre des personnes qui ont à parler, à traiter une affaire. *Les deux chefs d'État ont eu une entrevue d'une heure.* → **entretien.**

entrouvert [ɑ̃tʀuvɛʀ], **entrouverte** [ɑ̃tʀuvɛʀt] *Il a entrouvert la porte ; la porte qu'il a entrouverte* : formes au participe passé du verbe **entrouvrir.**

ENTROUVERT [ɑ̃tʀuvɛʀ], **ENTROUVERTE** [ɑ̃tʀuvɛʀt] adj. (après le nom) ▪ Qui est à peine ouvert. *La porte est entrouverte. Le chat a les yeux entrouverts.*

entrouvre [ɑ̃tʀuvʀ] *J'entrouvre, il entrouvre, elle entrouvre* : forme au présent du verbe **entrouvrir.** – *Que j'entrouvre, qu'il entrouvre, qu'elle entrouvre* : forme au subjonctif du verbe **entrouvrir.**

ENTROUVRIR [ɑ̃tʀuvʀiʀ] verbe [conjugaison 18] ▪ Ouvrir très peu. *Elle entrouvre la porte pour voir qui est là.* → **entrebâiller.** *Il entrouvrit les yeux un moment, puis les referma. J'ai entrouvert le tiroir de la commode. Il faut que tu entrouvres les volets pour voir clair.*

ÉNUMÉRATION [enymeʀasjɔ̃] n. f. ▪ *UNE ÉNUMÉRATION* : liste, inventaire. *L'élève fait l'énumération des capitales européennes,* il les énumère. *Ce catalogue comporte l'énumération de tous les objets de la collection.*

ÉNUMÉRER [enymeʀe] verbe [conjugaison 6a] ▪ Énoncer l'un après l'autre. *Elle énumère tous les cadeaux qu'elle a eus pour son anniversaire.* → **citer, dénombrer.** *Il énumérait toutes les qualités qu'il lui trouvait. Vous énumérerez* [enymɛʀʀe] *toutes les possibilités.*

ENVAHIR [ɑ̃vaiʀ] verbe [conjugaison 2] **1.** Occuper (un pays) brusquement et par la force **(→ invasion).** *Les troupes ennemies ont envahi notre pays.* → **conquérir, occuper. 2.** Occuper, prendre toute la place. *Les promeneurs envahissent les rues dès qu'il fait beau. Les mauvaises herbes envahiraient le jardin si on ne les arrachait pas. Les produits étrangers ont envahi le marché.* **3.** (sensation, sentiment) Occuper entièrement (qqn). *Peu à peu, le sommeil l'envahissait.* → **gagner.** *La colère l'envahit soudain.* → **submerger.**

ENVAHISSANT [ɑ̃vaisɑ̃], **ENVAHISSANTE** [ɑ̃vaisɑ̃t] adj. (après le nom) ▪ Qui a tendance à envahir. *Ces ronces sont envahissantes.* – *Ils ont des voisins envahissants,* qui s'introduisent dans leur intimité. → **importun, indiscret.**

ENVAHISSEMENT [ɑ̃vaismɑ̃] n. m. ▪ *L'ENVAHISSEMENT* : le fait d'envahir (un lieu), d'occuper de manière abusive ou d'occuper (qqn) complètement. *Le chemin a disparu sous l'envahissement de la mousse.* – *Elle lutte désespérément contre l'envahissement du sommeil.*

REM. *Envahissement* et *invasion* sont les deux noms qui correspondent au verbe *envahir. Envahissement* correspond aux sens 2. et 3. d'*envahir* ; *invasion* correspond au sens 1.

ENVAHISSEUR [ɑ̃vaisœʀ] n. m. ▪ *UN ENVAHISSEUR :* ennemi qui envahit un pays, qui l'occupe. *Notre armée a repoussé les envahisseurs.* → **occupant.**

S'ENVASER [ɑ̃vaze] verbe pronominal [conjugaison 1a] **1.** Se remplir de vase. *Le port s'envase, il va falloir le draguer.* **2.** S'enfoncer dans la vase. *La barque s'est envasée.* → s'**enliser.**

ENVELOPPE [ɑ̃vlɔp] n. f. ▪ *UNE ENVELOPPE* **1.** Chose souple qui enveloppe, entoure. *Cet appareil fragile est dans une enveloppe protectrice.* → **étui, gaine. 2.** Pochette faite d'une feuille de papier pliée, dans laquelle on glisse une lettre. *J'ai écrit l'adresse de mon correspondant et collé un timbre sur l'enveloppe. Il met sa lettre SOUS ENVELOPPE,* dans une enveloppe. **3.** Somme correspondant aux crédits d'un budget. *Le maire a une enveloppe d'un million de francs pour réaliser des travaux dans la ville.*

ENVELOPPÉ [ɑ̃vlɔpe], **ENVELOPPÉE** [ɑ̃vlɔpe] adj. (après le nom) ▪ (qqn) Un peu gros, bien en chair. *Elle n'est pas vraiment grosse, juste un peu enveloppée.* → **enrobé.** ⟨contraire : maigre⟩

ENVELOPPER [ɑ̃vlɔpe] verbe [conjugaison 1a] **1.** Entourer d'une chose souple qui recouvre complètement. *Elle a enveloppé son bébé dans une couverture.* → **emmitoufler.** *Le boucher enveloppe la viande dans une feuille de papier.* → **emballer, empaqueter.** ⟨contraires : déballer, dépaqueter⟩ – (qqch.) *Une feuille d'aluminium enveloppe les tranches de jambon.* **2.** Entourer de qqch. qui semble couvrir. *Le brouillard enveloppe la ville.* → **recouvrir. 3.** verbe pronominal S'ENVELOPPER : s'entourer (d'une chose souple qui couvre), se couvrir. *En sortant de sa douche, elle s'est enveloppée dans une grande serviette.*

ENVENIMÉ [ɑ̃vnime], **ENVENIMÉE** [ɑ̃vnime] adj. (après le nom) **1.** (blessure) Infecté. *La plaie est envenimée.* **2.** (parole) Plein de malveillance, d'aigreur. *Il nous a tenu des propos envenimés.* → **fielleux.**

S'ENVENIMER [ɑ̃vnime] verbe pronominal [conjugaison 1a] **1.** (blessure) S'infecter. *La plaie s'est envenimée.* **2.** Devenir plus virulent, plus violent. *Le conflit s'envenime entre ces deux pays.* → s'**aggraver.** *Leurs relations se sont envenimées.* → se **détériorer.**

ENVERGURE [ɑ̃vɛʀgyʀ] n. f. ▪ *L'ENVERGURE* **1.** Étendue des ailes déployées d'un oiseau. *Un aigle peut atteindre deux mètres cinquante d'envergure.* **2.** Ampleur de l'intelligence, puissance de l'esprit (de qqn). *C'est un homme d'une grande envergure,* capable de comprendre beaucoup de choses. *Son père était d'une autre envergure que lui.* → **calibre, classe, valeur. 3.** (qqch.) Ampleur, étendue. *Son entreprise a pris de l'envergure. Le gouvernement veut entreprendre une réforme de grande envergure,* une réforme profonde, complète.

① **ENVERS** [ɑ̃vɛʀ] préposition **1.** À l'égard de. *Tu es injuste envers moi.* → **avec.** *Elle est pleine d'indulgence envers les enfants.* → **pour, vis-à-vis. 2.** *ENVERS ET CONTRE TOUT :* malgré tous les obstacles. *Il a réussi envers et contre tout. – Elle a défendu son mari ENVERS ET CONTRE TOUS,* seule contre tout le monde.

② **ENVERS** [ɑ̃vɛʀ] n. m.

I. *L'ENVERS* **1.** Le côté d'une chose opposé à celui qui doit être vu ou que l'on voit d'habitude. ⟨contraire : ② endroit⟩ *Sur ce pull, on voit à peine la différence entre l'envers et l'endroit. Il y a une inscription sur l'envers de cette médaille.* → **revers.** – *L'ENVERS DU DÉCOR :* les inconvénients cachés d'une situation. *On ne connaît pas toujours l'envers du décor.* **2.** L'aspect opposé mais inséparable de qqch. *Les défauts sont l'envers des qualités.* → **contraire, inverse.**

II. *À L'ENVERS* adverbe **1.** Du mauvais côté, du côté qui n'est pas fait pour être vu. *Il a mis ses chaussettes à l'envers* (opposé à l'endroit). **2.** Dans le mauvais sens. *Le projectionniste a passé le film à l'envers,* en commençant par la fin. *Il s'amuse à prononcer les syllabes des mots à l'envers* (→ **verlan**). **3.** *C'EST LE MONDE À L'ENVERS :* la situation est l'inverse de ce qu'elle devrait être. *Des enfants qui font obéir leurs parents : c'est le monde à l'envers !* c'est aberrant.

ENVIABLE [ɑ̃vjabl] adj. (après le nom) ▪ (qqch.) Qui fait envie, que l'on peut envier. *Ils sont beaux et riches : leur situation paraît enviable.* → **désirable, souhaitable, tentant.** *Le sort des prisonniers est peu enviable.*

ENVIE [ɑ̃vi] n. f.

I. 1. *L'ENVIE :* sentiment de désir mêlé d'irritation et de haine qu'éprouve qqn contre celui qui possède qqch. qu'il n'a pas. *L'envie est un vilain défaut.* → **jalousie.** *Elle est très élégante dans sa nouvelle robe et les autres filles la regardent avec envie.* → **convoitise ; envier. 2.** *FAIRE ENVIE :* (qqn) inspirer de l'envie. *Il FAIT ENVIE à ses voisins, quand il passe dans sa belle voiture.*

II. 1. *ENVIE DE :* désir de (avoir, posséder, faire qqch.). *Ce beau temps donne envie de vacances.* **2.** (qqch.) Exciter le désir, la convoitise. *Ce gâteau au chocolat lui fait envie.* → **tenter.** *Qu'est-ce qui te ferait envie comme cadeau ?* → **plaisir.** – *Son envie de partir ne le quitte pas. L'envie l'a pris d'acheter une moto. J'ai UNE DE CES ENVIES de l'injurier ! J'en meurs d'envie, j'en crève d'envie,* c'est une envie très forte.

III. *AVOIR ENVIE DE* **1.** Avoir besoin de (qqch.). *J'ai envie de dormir :* j'ai sommeil. *Il a envie de manger et de boire :* il a faim et soif. *Le petit a envie de faire pipi,* d'uriner. **2.** Vouloir par choix, par plaisir. → **désirer.** *J'ai envie de cette veste, je vais l'acheter. « J'ai envie d'un bon repas, et toi ? tu n'en as pas envie ? – Si, j'en ai très envie. » – Ce soir, j'ai envie d'aller au restaurant,* j'aimerais aller au restaurant. → **aimer.** *Il n'en a aucune envie. Je n'ai qu'une envie, c'est qu'on me laisse tranquille. Elle a envie d'avoir un autre enfant.* → **souhaiter, vouloir.** – *AVOIR ENVIE DE QQN :* éprouver un désir sexuel pour qqn. *J'ai envie de toi :* je te désire.

IV. STYLE FAMILIER (au pluriel) DES ENVIES : petites peaux autour des ongles. *Elle a enlevé ses envies avec des ciseaux à ongles.*

> FAUX AMI
> portugais **envio**
> « envoi »

ENVIER [ɑ̃vje] verbe [conjugaison 7a] **1.** *ENVIER QQN,* convoiter ce qu'il possède ou désirer être à sa place. *Elle est belle, riche et célèbre et tout le monde l'envie.* → **jalouser.** *Je l'envie pour son talent. Je l'ENVIE D'avoir du talent. On l'envierait* [ɑ̃viʀɛ] *presque d'être aussi parfaite.* **2.** *ENVIER QQCH. À QQN,* désirer posséder ce qu'il possède. *Tous ses amis envient sa nouvelle voiture.* → **désirer, convoiter. 3.** Souhaiter avoir (un avantage, une qualité que qqn a). *J'envie son énergie.* → **admirer.** – *N'AVOIR RIEN À ENVIER À QQN,* avoir les mêmes qualités (ou défauts) que lui. *Il est beau et intelligent, il n'a rien à envier à son frère. Je n'ai rien à envier à personne :* je suis comblé.

> FAUX AMI
> espagnol **enviar**
> « envoyer »

REM. *ii* à la 1re et à la 2e personne du pluriel de l'imparfait (ex. : *nous enviions*) et du subjonctif (ex. : *que vous enviiez*).

ENVIEUX [ɑ̃vjø] adj. et n. m., **ENVIEUSE** [ɑ̃vjøz] adj. et n. f.

I. adjectif (après le nom) **1.** (qqn) Qui éprouve de l'envie. *Elle est envieuse de nature.* → **jaloux.** ⟨contraire : bienveillant⟩ – *Il a un caractère envieux.* **2.** (qqch.) Qui manifeste de l'envie, de la convoitise. *Les autres filles sont jalouses de sa nouvelle robe et lui lancent des regards envieux.*

II. *UN ENVIEUX, UNE ENVIEUSE :* une personne qui voudrait avoir ce que qqn d'autre possède. *C'est une envieuse qui n'est jamais contente de ce qu'elle a.* – *FAIRE DES ENVIEUX :* provoquer la convoitise, la jalousie des autres. *Sa belle moto va faire des envieux, dans le quartier.*

ENVIRON [ɑ̃viʀɔ̃] adverbe ▪ À peu près. *Elle pèse environ cinquante kilos.* → **approximativement.** *Donnez-m'en environ cinquante litres. C'est un homme d'environ quarante ans, de quarante ans environ,* il a dans les quarante ans, autour de quarante ans. *Le village est à environ dix kilomètres.* ⟨contraire : exactement⟩

ENVIRONNANT [ɑ̃viʀɔnɑ̃], **ENVIRONNANTE** [ɑ̃viʀɔnɑ̃t] adj. (après le nom) ▪ Qui est autour, dans les environs. *Il est allé marcher dans les bois environnants. La campagne environnante est très jolie.* → **proche, voisin.** ⟨contraires : éloigné, lointain⟩

ENVIRONNEMENT [ɑ̃viʀɔnmɑ̃] n. m. ▪ *L'ENVIRONNEMENT* : milieu dans lequel vivent les êtres vivants. *Il faut s'efforcer de protéger l'environnement contre la pollution.* → **nature.**

ENVIRONNER [ɑ̃viʀɔne] verbe [conjugaison 1a] **1.** (qqch.) Être autour de, aux environs de. *De hautes collines environnent la ville.* **2.** (qqn) *ÊTRE ENVIRONNÉ DE* : être entouré de. *Elle est environnée de nombreux amis.*

ENVIRONS [ɑ̃viʀɔ̃] n. m. pluriel ▪ *LES ENVIRONS* **1.** Lieux proches de qqch. *La ville n'est pas jolie, mais les environs sont assez beaux.* → **alentours.** *Il habite dans les environs,* tout près (du lieu dont on parle). **2.** *AUX ENVIRONS DE* : aux alentours de, près de. *Ils habitent aux environs de Paris.* – *Il doit être aux environs de midi.* → **environ.**

ENVISAGEABLE [ɑ̃vizaʒabl] adj. (après le nom) ▪ Qui peut être envisagé, imaginé. *Cette solution est difficilement envisageable. C'est parfaitement envisageable.*

ENVISAGER [ɑ̃vizaʒe] verbe [conjugaison 3b] **1.** Examiner par la pensée. *Il envisage le problème sous tous ses aspects.* → **considérer, examiner.** *Elle a envisagé toutes les solutions.* → **considérer.** **2.** *ENVISAGER DE* : avoir l'intention, le projet de. *Nous envisageons de vivre à l'étranger.* → **penser, projeter.** – *Nous avions ENVISAGÉ QU'il viendrait.*

ENVOI [ɑ̃vwa] n. m. **1.** *L'ENVOI* : action d'envoyer. *L'envoi de ce colis par la poste a coûté cinquante francs.* → **expédition.** *Le ministre a décidé l'envoi de troupes.* – *Le footballeur a donné le COUP D'ENVOI,* il a ouvert le jeu en envoyant le ballon. **2.** *UN ENVOI* : ce que l'on a envoyé. *J'ai bien reçu votre envoi.*

ENVOL [ɑ̃vɔl] n. m. ▪ *L'ENVOL* **1.** (oiseau) Action de s'envoler. *Le moineau a pris son envol.* → **essor.** **2.** *PISTE D'ENVOL* : piste d'où les avions décollent, sur un aéroport. *L'avion roule sur la piste d'envol, prêt au décollage.*

ENVOLÉE [ɑ̃vɔle] n. f. ▪ *UNE ENVOLÉE* : élan de l'inspiration, en poésie ou dans un discours. *L'avocat de l'accusé a eu une belle envolée sur l'innocence de son client.*

S'**ENVOLER** [ɑ̃vɔle] verbe pronominal [conjugaison 1a] **1.** Partir en volant. *Les hirondelles se sont envolées.* ⟨contraire : se poser⟩ *L'avion roule sur la piste, puis s'envole.* → **décoller.** ⟨contraire : atterrir⟩ **2.** (qqch.) Être emporté par le vent. *Son chapeau s'envole. Il y a eu un coup de vent et tous les papiers se sont envolés.* **3.** STYLE FAMILIER Disparaître subitement. *Où est ma montre ? Elle ne s'est pourtant pas envolée !* **4.** Passer rapidement, disparaître. *Les paroles s'envolent, mais les écrits restent, dit un proverbe. Tous nos espoirs se sont envolés.* → **s'évanouir.** ⟨contraire : demeurer⟩

ENVOÛTANT [ɑ̃vutɑ̃], **ENVOÛTANTE** [ɑ̃vutɑ̃t] adj. (après le nom) ▪ Qui envoûte, séduit. *Ce pays a un charme envoûtant.* → **ensorcelant, fascinant.** *Il a une personnalité envoûtante.*

ENVOÛTEMENT [ɑ̃vutmɑ̃] n. m. ▪ *L'ENVOÛTEMENT* **1.** Action d'envoûter, d'ensorceler (qqn). → **ensorcellement.** *Le sorcier prononce des formules d'envoûtement. Il fait de nombreux envoûtements.* **2.** Fascination, séduction. *Cette musique provoque une sorte d'envoûtement sur l'auditeur.* → **charme.**

ENVOÛTER [ɑ̃vute] verbe [conjugaison 1a] **1.** Faire subir à (qqn) un effet magique par des paroles spéciales prononcées devant une figurine qui représente la personne que l'on veut ensorceler. *Un sorcier a envoûté cette femme.* → **ensorceler.** **2.** Exercer un attrait, une fascination irrésistible sur (qqn). *Cette musique lancinante envoûte les auditeurs.* → **fasciner, subjuguer.**

ENVOYÉ [ɑ̃vwaje] n. m., **ENVOYÉE** [ɑ̃vwaje] n. f. ▪ *UN ENVOYÉ, UNE ENVOYÉE* : une personne que l'on a envoyée quelque part pour remplir une mission. *L'envoyé du roi a apporté un message.* → **messager.** *En première page du journal, il y a un article de notre ENVOYÉ SPÉCIAL à Moscou.* → **correspondant, reporter.**

> REM. L'envoyé du gouvernement dans un pays étranger s'appelle un *ambassadeur.*

ENVOYER [ɑ̃vwaje] verbe [conjugaison 8]
I. *ENVOYER QQN.* **1.** Faire aller (qqn) quelque part. *Au mois de juillet, j'envoie mes enfants chez leurs grands-parents, en Bretagne. Le gouvernement a envoyé des soldats sur le front.* **2.** Faire aller (qqn) quelque part (afin de faire qqch.). *Elle envoie sa fille à la boulangerie acheter du pain. Tout à l'heure, je l'enverrai acheter le journal.* – STYLE FAMILIER *ENVOYER QQN PROMENER, PAÎTRE,* STYLE TRÈS FAMILIER *ENVOYER SE FAIRE FOUTRE, ENVOYER CHIER* : repousser, rabrouer avec force. *Il m'a énervé, alors je l'ai envoyé promener.* → **rembarrer.** **3.** Pousser, jeter (qqn) quelque part. *Le boxeur a envoyé son adversaire au tapis,* il l'a fait tomber à terre. – STYLE FAMILIER *ENVOYER QQN SUR LES ROSES,* lui faire comprendre de façon peu aimable qu'il importune. *Comme il insistait, je l'ai envoyé sur les roses.*
II. *ENVOYER QQCH.* **1.** Faire parvenir. *Dès qu'il aura trouvé un nouveau travail, il enverra sa démission à son patron. Je pensais qu'il nous enverrait une carte postale.* → **adresser, expédier.** ⟨contraire : recevoir⟩ *Envoie-moi de tes nouvelles.* **2.** Jeter, lancer. *L'un des joueurs a envoyé la balle dans le filet. Tu m'envoies la fumée dans la figure ! Comme son fils l'énervait, elle lui a envoyé une gifle.* → **donner, flanquer.** **3.** Adresser à distance. *Je t'envoie mille baisers* (dans une lettre). – STYLE FAMILIER *ENVOYER TOUT PROMENER* : tout abandonner, laisser tomber. *Il y a des jours où il a envie de tout envoyer promener.* **4.** (qqch.) Faire aller jusqu'à. *Le cœur envoie le sang dans les artères.*
III. verbe pronominal S'ENVOYER **1.** S'adresser l'un à l'autre. *Les amoureux se sont envoyé de longues lettres.* **2.** STYLE TRÈS FAMILIER *S'ENVOYER EN L'AIR* : éprouver un grand plaisir. *Elle s'est envoyée en l'air avec son amant,* elle a fait l'amour avec lui. **3.** STYLE FAMILIER *S'ENVOYER qqch.* : prendre pour soi. *Elle s'est envoyé toute la bouteille de vin,* elle l'a bue tout entière à elle seule. *C'est toujours moi qui m'envoie tout le travail* : c'est toujours moi tout seul qui fais le travail. → se **taper.** **4.** STYLE TRÈS FAMILIER *S'ENVOYER QQN* : faire l'amour avec lui. *Elle s'est envoyé tous les garçons du village.*

ENVOYEUR [ɑ̃vwajœʀ] n. m. ▪ *UN ENVOYEUR* : une personne qui envoie (une lettre, un colis) par la poste. *Cette lettre n'était pas à la bonne adresse, elle a été retournée à l'envoyeur.* → **expéditeur.** ⟨contraire : destinataire⟩

ÉOLIEN [eɔljɛ̃], **ÉOLIENNE** [eɔljɛn] adj. (après le nom) **1.** Qui fonctionne par la force du vent. *Les moteurs éoliens ne polluent pas l'atmosphère.* **2.** Qui provient de l'action du vent. *Dans le désert, l'érosion éolienne forme des dunes de sable.*

ÉOLIENNE [eɔljɛn] n. f. ▪ *UNE ÉOLIENNE :* machine qui utilise l'énergie du vent. *Les éoliennes servent à pomper l'eau ou à fabriquer de l'électricité.*

ÉPAGNEUL [epaɲœl] n. m., **ÉPAGNEULE** [epaɲœl] n. f. ▪ *UN ÉPAGNEUL, UNE ÉPAGNEULE :* chien, chienne de chasse à longs poils et à oreilles pendantes. *Le cocker est une variété d'épagneul. Il a une vieille épagneule de douze ans.*

ÉPAIS [epɛ], **ÉPAISSE** [epɛs] adj. (après le nom, parfois avant le nom) **1.** Qui est gros dans son épaisseur. *Cette couverture est épaisse et chaude.* ⟨contraires : fin, mince⟩ *Ce mur est ÉPAIS DE soixante centimètres.* **2.** (qqn) Qui a des formes lourdes et massives. *C'est une femme un peu épaisse.* → **trapu.** – *Elle a la taille épaisse.* ⟨contraires : élancé, fin, mince⟩ – STYLE FAMILIER *Il n'est pas épais :* il est maigre. **3.** Qui manque de finesse, moralement. *Il a l'esprit épais.* → **grossier, vulgaire.** *Ses plaisanteries épaisses ne font rire que lui.* → **gras, lourd. 4.** Dont les éléments sont nombreux et serrés. *Elle a une chevelure épaisse :* elle a beaucoup de cheveux. → **dru, fourni.** ⟨contraire : clairsemé⟩ *Cette forêt est très épaisse, le soleil n'y pénètre jamais.* → **compact, touffu. 5.** (matière) Qui a de la consistance, qui ne coule pas facilement. *Cette sauce est trop épaisse, il faudrait ajouter un peu d'eau.* → **consistant, pâteux.** ⟨contraire : liquide⟩ **6.** (gaz, vapeur) Très dense. *On ne voit pas la route, dans ce brouillard épais. Une épaisse fumée sort de la cheminée de l'usine.*

ÉPAISSEUR [epɛsœʀ] n. f. ▪ *L'ÉPAISSEUR* **1.** Caractère de ce qui est épais, gros. *L'épaisseur de cette couverture nous protège du froid.* ⟨contraire : minceur⟩ **2.** Troisième dimension d'un objet, généralement la plus petite (les deux autres étant la longueur et la largeur) formant l'écart entre ses deux surfaces parallèles. *Les ouvriers ont creusé un tunnel dans l'épaisseur de la roche. Cette planche a cinq centimètres d'épaisseur.* – *J'ai enveloppé ce vase fragile dans une double épaisseur de papier,* dans une feuille de papier pliée en deux pour être plus épaisse. **3.** Caractère de ce qui est serré, touffu. *Tout le monde admire l'épaisseur de sa chevelure. L'épaisseur de cette forêt est angoissante.* **4.** Caractère de ce qui est consistant, dense. *Cette sauce n'est pas assez liquide, il faut ajouter de l'eau pour lui enlever de l'épaisseur.* → **consistance.** ⟨contraire : fluidité⟩ **5.** Densité. *L'épaisseur du brouillard rend la route dangereuse.* **6.** Profondeur, richesse (de l'esprit, d'un ouvrage). *Ce personnage de roman manque d'épaisseur.*

ÉPAISSIR [epesiʀ] verbe [conjugaison 2]
I. 1. (qqch.) Devenir épais, consistant, dense. *Dès que la crème épaissit, ôtez-la du feu.* **2.** (qqn) Perdre sa minceur. *Elle a épaissi après avoir eu ses enfants.* → **grossir.** ⟨contraire : maigrir⟩ – *Sa taille a épaissi.* ⟨contraire : mincir⟩ **3.** Rendre plus épais. *La farine épaissira la sauce.*
II. verbe pronominal S'ÉPAISSIR **1.** Devenir plus serré, plus compact. *Plus on avançait, plus la forêt s'épaississait.* **2.** Devenir plus dense. *Le brouillard s'épaissit, on n'y voit plus rien.* **3.** Perdre sa minceur. *Sa femme s'est épaissie avec l'âge.* ⟨contraire : s'amincir⟩ **4.** Devenir moins clair, moins compréhensible. *Le mystère s'épaissit autour du crime et le coupable reste introuvable.* ⟨contraire : s'éclaircir⟩

ÉPANCHEMENT [epɑ̃ʃmɑ̃] n. m. ▪ STYLE RECHERCHÉ *UN ÉPANCHEMENT :* communication libre et confiante de sentiments, de pensées personnelles. *C'est un garçon réservé, qui n'est pas habitué aux épanchements.* → **confidence, effusion.**

S'**ÉPANCHER** [epɑ̃ʃe] verbe pronominal [conjugaison 1a] ▪ STYLE RECHERCHÉ Exprimer librement ses sentiments cachés. *Elle s'épanche dans ses lettres. Elle s'est épanchée auprès de sa meilleure amie.* → se **confier,** se **livrer.** *On a parfois besoin de s'épancher.*

ÉPANDAGE [epɑ̃daʒ] n. m. ▪ *L'ÉPANDAGE :* opération qui consiste à répandre du fumier, de l'engrais sur un sol pour le fertiliser. *L'épandage du fumier se fait avant le labour.* – *Les ordures sont déversées sur un CHAMP D'ÉPANDAGE* (→ **décharge, dépotoir**).

ÉPANOUI [epanwi], **ÉPANOUIE** [epanwi] adj. (après le nom) **1.** (fleur) Ouvert, éclos. *Sur la table, il y a un bouquet de roses épanouies.* **2.** (visage, sourire) Qui manifeste de la joie. *Il a un visage épanoui.* → **gai, joyeux.** ⟨contraires : fermé, sombre⟩ **3.** (corps) Qui s'est développé de façon harmonieuse. *Elle a un corps épanoui.* **4.** (qqn) Qui s'est développé de façon satisfaisante. *Elle est épanouie dans son rôle de mère.* → **équilibré, heureux.** *Leurs enfants sont sains et épanouis.*

S'**ÉPANOUIR** [epanwiʀ] verbe pronominal [conjugaison 2] **1.** (fleur) Ouvrir complètement ses pétales. *Les roses s'épanouissent dans le vase.* → **éclore. 2.** Se détendre sous l'effet de la joie. *À cette bonne nouvelle, son visage s'est tout d'un coup épanoui.* ⟨contraire : s'assombrir⟩ *En entendant cela, elle s'est épanouie,* elle a manifesté de la joie. **3.** (qqn) Se développer librement dans toutes ses possibilités. *Les enfants s'épanouissent dans la confiance.* – *Laissez s'épanouir leur personnalité. Sa beauté s'est épanouie avec les années.* ⟨contraire : se flétrir⟩

ÉPANOUISSEMENT [epanwismɑ̃] n. m. ▪ *L'ÉPANOUISSEMENT* **1.** (fleur) Éclosion. *En juin, les fleurs sont dans leur plein épanouissement.* → **floraison. 2.** Entier développement. *Elle est dans tout l'épanouissement de sa beauté.* → **éclat, plénitude.** *Ces parents sont attentifs à l'épanouissement de leurs enfants.*

ÉPARGNANT [epaʀɲɑ̃] n. m., **ÉPARGNANTE** [epaʀɲɑ̃t] n. f. ▪ *UN ÉPARGNANT, UNE ÉPARGNANTE :* une personne qui économise une partie de son argent. *Le gouvernement a décidé de favoriser les épargnants. Cette nouvelle loi favorise les PETITS ÉPARGNANTS,* les personnes qui économisent peu d'argent à cause de leurs faibles revenus.

ÉPARGNE [epaʀɲ] n. f. ▪ *L'ÉPARGNE :* partie d'un revenu qui n'est pas consacrée à la consommation, qui est économisée. *Ils ont placé leur épargne et touchent des intérêts chaque année.* → **économie.** *Nous avons placé de l'argent à la CAISSE D'ÉPARGNE,* dans un organisme qui gère l'argent que les gens déposent sur des livrets et qui rapporte des intérêts.

ÉPARGNE-LOGEMENT [epaʀɲlɔʒmɑ̃] n. f. ▪ *UN PLAN D'ÉPARGNE-LOGEMENT* (abréviation : *P. E. L.*) : argent déposé par un épargnant pour pouvoir acheter un logement ou y faire des travaux en empruntant de l'argent à la banque à un taux beaucoup plus bas que le taux normal. *Ils ont ouvert un plan d'épargne-logement pour acheter leur appartement.*

ÉPARGNER [epaʀɲe] verbe [conjugaison 1a]
I. *ÉPARGNER QQCH.* **1.** Économiser (de l'argent). *Il épargne mille francs par mois pour s'acheter une voiture.* → **économiser.** ⟨contraires : dépenser, gaspiller⟩ *Au début, nous épargnions sou après sou pour acheter cette maison.* – *À force d'épargner, il a pu acheter la voiture de ses rêves.* **2.** Employer avec mesure. *Épargne tes forces, tu en auras besoin.* → **ménager.** *Il n'a rien épargné pour nous donner satisfaction.* → **négliger.**
II. *ÉPARGNER QQN,* le traiter avec ménagement, ne pas lui faire de mal. *Ce critique n'épargne personne dans son article.* → **ménager, respecter.** *Les terroristes ont épargné les femmes et les enfants,* ils ont laissé vivre les femmes et les enfants.
III. 1. *ÉPARGNER QQCH. À QQN,* ne pas lui imposer qqch., faire en sorte qu'il ne le subisse pas. *Il faut épargner toute fatigue au malade.* → **éviter.** *Épargne-moi tes commentaires :* je me passe de tes commentaires. *Rien ne nous a été épargné,* nous

n'avons pas eu de chance. 2. verbe pronominal S'ÉPARGNER *(qqch.)* : faire en sorte de ne pas subir (qqch.). → **s'éviter.** *Vous vous seriez épargné bien des ennuis en écoutant mes conseils.*

ÉPARPILLEMENT [eparpijmɑ̃] n. m. ▪ *L'ÉPARPILLEMENT :* état de choses éparpillées. *L'éparpillement de papiers sur la table montre qu'il y a eu un courant d'air.*

ÉPARPILLER [eparpije] verbe [conjugaison 1a]
I. Faire aller dans plusieurs directions. *Le vent éparpille la paille dans la cour de la ferme.* → **disperser.** *Il ne faut pas que vous éparpilliez vos papiers partout.* → **répandre.** ‹contraires : rassembler, regrouper›
II. verbe pronominal S'ÉPARPILLER 1. Aller dans plusieurs directions. *Les enfants se sont éparpillés dans la cour.* → se **disperser.** 2. (qqn) Passer d'une idée à l'autre, d'une occupation à l'autre. *Il ne travaille pas bien, car il s'éparpille facilement.* ‹contraire : se concentrer›

ÉPARS [epaR], **ÉPARSE** [epaRs] adj. (après le nom) ▪ Dispersé, éparpillé. *Ses affaires sont éparses dans sa chambre. Des pluies éparses tomberont dans la journée.*

ÉPATAMMENT [epatamɑ̃] adverbe ▪ STYLE FAMILIER D'une manière épatante, très bien. *Elle réussit épatamment les soufflés.* → **admirablement, merveilleusement.**

ÉPATANT [epatɑ̃], **ÉPATANTE** [epatɑ̃t] adj. (après le nom) ▪ STYLE FAMILIER Qui plaît beaucoup, provoque l'admiration. *J'ai passé des vacances épatantes.* → **formidable.** *Il a une femme épatante.* → **charmant ;** STYLE FAMILIER ② **chouette, super.**

ÉPATÉ [epate], **ÉPATÉE** [epate] adj. (après le nom) ▪ *NEZ ÉPATÉ :* nez court, large et aplati à la base. *Elle a le nez épaté.*

ÉPATER [epate] verbe [conjugaison 1a] ▪ STYLE FAMILIER Étonner énormément. *Son courage nous a épatés.* → **étonner, stupéfier, surprendre.** *Ça t'épate que j'aie su le faire, hein ?*

ÉPAULE [epol] n. f. ▪ *UNE ÉPAULE* 1. Partie supérieure du bras, à l'endroit où il s'attache au corps. *Il est large d'épaules. Son petit frère lui arrive à l'épaule. Elle a mis un châle sur ses épaules,* sur le haut du dos. *Il porte son fils sur les épaules,* son fils assis jambes pendantes sur sa poitrine. *Elle HAUSSE LES ÉPAULES :* elle montre son indifférence ou son mépris par un mouvement des épaules vers le haut. – (figuré) *Toute la responsabilité de l'affaire REPOSE SUR SES ÉPAULES. Il n'a pas les épaules assez larges pour diriger cette entreprise.* 2. Haut de la patte avant d'un animal que l'on mange. *Le cuisinier a préparé de l'épaule d'agneau.* 3. Partie du vêtement qui recouvre l'épaule. *Les épaules de cette veste sont rembourrées* (→ **épaulette).**

ÉPAULER [epole] verbe [conjugaison 1a] 1. Mettre l'extrémité de la crosse du fusil contre l'épaule. *Le chasseur épaule, vise et tire.* 2. (qqn) Aider (qqn) dans sa réussite. *Ses parents l'ont beaucoup épaulé.* → **soutenir.**

ÉPAULETTE [epolɛt] n. f. ▪ *UNE ÉPAULETTE* 1. Ruban qui maintient un vêtement sur chaque épaule. *On voit les épaulettes de son soutien-gorge.* → **bretelle.** 2. Matière servant à rembourrer, cousue dans l'épaule d'un vêtement. *Sa veste a des épaulettes qui lui font les épaules plus larges.*

ÉPAVE [epav] n. f. ▪ *UNE ÉPAVE* 1. Bateau naufragé, englouti ou rejeté par la mer. *Une épave s'est échouée sur la plage.* 2. Véhicule accidenté que l'on ne peut pas réparer. *Sa voiture n'est plus qu'une épave.* 3. Personne désemparée, qui ne fait rien et vit dans un état misérable. *Ce drogué est devenu une épave.* → **loque.**

REM. En termes de droit, un objet perdu s'appelle une *épave.*

ÉPÉE [epe] n. f. ▪ *UNE ÉPÉE :* arme formée d'une longue lame droite et d'une poignée munie d'une garde. *Le chevalier dégaine son épée. Ils se sont battus en duel À L'ÉPÉE. Il a reçu un coup d'épée.* – (figuré) *C'est UN COUP D'ÉPÉE DANS L'EAU,* un effort inutile, une action qui ne sert à rien. *Il a L'ÉPÉE DE DAMOCLÈS sur lui,* un danger qui peut s'abattre sur lui d'un moment à l'autre.

ÉPÉISTE [epeist] n. m., n. f. ▪ *UN ÉPÉISTE, UNE ÉPÉISTE :* une personne qui fait de l'escrime en se battant à l'épée, et non au fleuret. *C'est une remarquable épéiste.*

ÉPELER [eple] verbe [conjugaison 4a] ▪ Dire à haute voix les lettres de (un mot), l'une après l'autre. *J'épelle mon nom. Épelez ce mot.*

ÉPÉPINER [epepine] verbe [conjugaison 1a] ▪ Enlever les pépins de (un fruit). *Le cuisinier épépine les tomates avant de faire son coulis.*

ÉPERDU [epɛRdy], **ÉPERDUE** [epɛRdy] adj. (après le nom) 1. (qqn) Qui ressent une émotion très forte. *Elle est ÉPERDUE DE joie à l'idée de revoir sa vieille amie.* – *Les amoureux se jettent des regards éperdus,* passionnés. 2. (qqch.) Très rapide. *Le prisonnier évadé s'est lancé dans une FUITE ÉPERDUE.*

ÉPERDUMENT [epɛRdymɑ̃] adverbe ▪ Très fortement. *Il est ÉPERDUMENT AMOUREUX d'elle.* → **follement, passionnément.**

ÉPERLAN [epɛRlɑ̃] n. m. ▪ *UN ÉPERLAN :* très petit poisson de mer. *Nous avons mangé une friture d'éperlans.*

ÉPERON [epRɔ̃] n. m. ▪ *UN ÉPERON* 1. Petite pointe de métal fixée à la botte du cavalier, qui sert à piquer les flancs du cheval. *Le cavalier donne un coup d'éperon et le cheval part au galop.* 2. Avancée en pointe d'une montagne. *Un éperon rocheux domine la vallée.* 3. Pointe de la proue d'un navire, dans l'Antiquité. *Le bateau a éventré le navire ennemi avec son éperon.*

ÉPERONNER [epRɔne] verbe [conjugaison 1a] ▪ Piquer de l'éperon. *Le cavalier éperonne son cheval.*

ÉPERVIER [epɛRvje] n. m. ▪ *UN ÉPERVIER :* oiseau rapace, de la taille d'un pigeon. *On dresse les éperviers pour la chasse aux oiseaux.*

ÉPHÈBE [efɛb] n. m. ▪ *UN ÉPHÈBE :* jeune garçon arrivé à la puberté, dans l'Antiquité grecque. *La statue d'un éphèbe a été retrouvée dans le temple.* → **adolescent.**

ÉPHÉMÈRE [efemɛR] adj., n. m. ou n. f. 1. adjectif (après le nom) Qui est de courte durée. *Ce film a eu un succès éphémère.* → **momentané, passager, temporaire.** ‹contraire : durable› *Ils ont connu un bonheur éphémère,* qui n'a pas duré longtemps. → **fugace.** ‹contraire : éternel› 2. *UN ÉPHÉMÈRE* ou *UNE ÉPHÉMÈRE :* insecte à quatre ailes qui ressemble à la libellule, dont la larve vit un an et l'adulte un seul jour. *Nous avons vu des éphémères près du lac.*

ÉPHÉMÉRIDE [efemeRid] n. f. ▪ *UNE ÉPHÉMÉRIDE :* calendrier dont on détache une feuille chaque jour. *Il a une éphéméride sur son bureau.*

ÉPI [epi] n. m. ▪ *UN ÉPI* 1. Groupe de grains serrés qui se trouve au bout de la tige de certaines graminées. *Les épis de blé sont encore verts. Nous avons mangé des épis de maïs grillés.* 2. Mèche de cheveux qui se dresse et que l'on ne peut pas coiffer. *Il a un épi sur le sommet du crâne.* 3. *EN ÉPI :* en oblique. *La voiture est garée en épi devant le magasin.*

ÉPICE [epis] n. f. ▪ *UNE ÉPICE* **1.** Produit végétal, parfumé ou piquant, qui sert à donner du goût aux aliments. *La cannelle et le poivre sont des épices.* → **aromate, condiment.** *Le charcutier assaisonne sa préparation avec des épices.* **2.** *PAIN D'ÉPICE :* gâteau fait avec de la farine de seigle, du miel, du sucre et parfumé à l'anis. *Au goûter, les enfants ont mangé une tranche de pain d'épice.*

REM. *La route des épices* était la route des bateaux vers les Indes, où l'on trouvait les épices.

ÉPICÉ [epise], **ÉPICÉE** [epise] adj. (après le nom) **1.** Assaisonné d'épices fortes ou piquantes. *Aimez-vous la cuisine épicée ? Cette sauce est trop épicée.* (contraire : fade) **2.** Qui contient des détails égrillards. *Il nous a raconté une histoire épicée.* → **grivois, leste, osé.**

ÉPICÉA [episea] n. m. ▪ *UN ÉPICÉA :* arbre de la famille des conifères, qui a de courtes aiguilles vertes et piquantes. *Nous avons traversé une forêt d'épicéas.*

REM. Les traditionnels sapins de Noël sont souvent de jeunes épicéas.

ÉPICERIE [episʀi] n. f. **1.** *UNE ÉPICERIE :* magasin où l'on vend des produits d'alimentation générale qui se conservent. *Va à l'épicerie acheter de l'huile et une boîte de cassoulet.* **2.** *L'ÉPICERIE :* ensemble des produits d'alimentation qui se conservent. *Je range mon épicerie dans ce placard. Il a fait des provisions d'épicerie. Où est le rayon épicerie du magasin ?*

ÉPICIER [episje] n. m., **ÉPICIÈRE** [episjɛʀ] n. f. ▪ *UN ÉPICIER, UNE ÉPICIÈRE :* une personne qui tient une épicerie, s'occupe d'une épicerie. *J'ai acheté des boîtes de conserve chez l'épicier.*

ÉPICURE [epikyʀ] nom propre ▪ Philosophe grec (341-270 av. J.-C.). *C'est un disciple d'Épicure.*

ÉPIDÉMIE [epidemi] n. f. ▪ *UNE ÉPIDÉMIE :* apparition d'un grand nombre de cas (d'une maladie contagieuse). *Il y a eu une épidémie de choléra en Afrique. Faites-vous vacciner pour échapper à l'épidémie de grippe.*

REM. Une épidémie qui touche les animaux est une *épizootie.*

ÉPIDÉMIQUE [epidemik] adj. (après le nom) ▪ (maladie) Qui touche en même temps beaucoup de gens. *La peste est une maladie épidémique* (opposé à sporadique).

ÉPIDERME [epidɛʀm] n. m. ▪ *L'ÉPIDERME :* couche superficielle de la peau qui est en contact avec l'extérieur. *Les ongles, les poils et les plumes sont des productions de l'épiderme.* – (figuré) *Il A L'ÉPIDERME SENSIBLE :* il est susceptible, il se vexe facilement.

ÉPIER [epje] verbe [conjugaison 7a] ▪ Observer attentivement sans se faire voir. *Le chat épie un oiseau. Il faut que nous épiions tous ses gestes. Le policier épiera* [epiʀa] *les personnes suspectes.*

ÉPIEU [epjø] n. m. ▪ *UN ÉPIEU :* bâton long et gros, terminé par un fer plat, large et pointu. *L'épieu est une arme de guerre du Moyen Âge.* PLURIEL : *des ÉPIEUX.*

ÉPILATION [epilasjɔ̃] n. f. ▪ *L'ÉPILATION :* action d'épiler. *Elle va chez l'esthéticienne pour se faire faire une épilation des jambes.*

ÉPILEPSIE [epilɛpsi] n. f. ▪ *L'ÉPILEPSIE :* maladie nerveuse caractérisée par de brusques contractions des muscles (→ **convulsion**) et une perte de connaissance. *Il a des CRISES D'ÉPILEPSIE.*

ÉPILEPTIQUE [epilɛptik] adj., n. m. et n. f. **1.** adjectif (après le nom) Qui est atteint d'épilepsie. *Ils ont un fils épileptique.* **2.** *UN ÉPILEPTIQUE, UNE ÉPILEPTIQUE :* malade atteint d'épilepsie. *Y a-t-il des épileptiques dans votre famille ?*

ÉPILER [epile] verbe [conjugaison 1a] **1.** Arracher les poils, les cheveux de (qqn). *Elle se fait épiler les jambes.* **2.** verbe pronominal S'ÉPILER : arracher ses poils. *Elle s'est épilée. – Elle s'est épilé les sourcils.*

ÉPILOBE [epilɔb] n. m. ▪ *UN ÉPILOBE :* haute plante des lisières des forêts, aux fleurs roses ou pourpres. *On voit beaucoup d'épilobes en montagne.*

ÉPILOGUE [epilɔg] n. m. ▪ *UN ÉPILOGUE :* fin d'un récit, d'un poème, d'un discours (opposé à prologue). *Voici l'épilogue de l'histoire.* → **conclusion, dénouement.**

ÉPILOGUER [epilɔge] verbe [conjugaison 1b] ▪ *ÉPILOGUER SUR :* faire de longs commentaires sur. *N'épiloguons pas davantage sur cette affaire !* n'en parlons pas plus longuement.

ÉPINARDS [epinaʀ] n. m. pluriel ▪ *LES ÉPINARDS* **1.** Plante potagère dont on mange les feuilles qui sont épaisses et d'un vert soutenu. *Le fermier arrose le plant d'épinards.* **2.** Les feuilles de cette plante que l'on mange cuites ou crues en salade. *Nous avons mangé des escalopes de veau aux épinards.* – STYLE FAMILIER *METTRE DU BEURRE DANS LES ÉPINARDS :* améliorer la situation. *Si sa femme travaillait, ça mettrait du beurre dans les épinards.*

ÉPINE [epin] n. f. ▪ *UNE ÉPINE* **1.** Piquant d'une plante. *La rose a des épines. Elle s'est enfoncé une épine dans le doigt* (→ **écharde**). – *ENLEVER À QQN UNE ÉPINE DU PIED,* le délivrer d'un sujet de contrariété, d'une difficulté. *Vous m'enlevez une épine du pied, je suis soulagé grâce à vous.* **2.** Piquant de certains animaux. *Le hérisson a des épines.* **3.** *L'ÉPINE DORSALE :* la colonne vertébrale. *Il a reçu un coup sur l'épine dorsale.*

ÉPINEUX [epinø] adj. et n. m., **ÉPINEUSE** [epinøz] adj.
I. adjectif (après le nom) **1.** Qui a des épines, des piquants. *Le rosier a une tige épineuse.* **2.** Qui est plein de difficultés. *Voici un problème épineux à résoudre.* → **délicat, difficile.** *C'est une affaire épineuse.* → **embarrassant.**
II. *UN ÉPINEUX :* plante qui a des épines. *Le rosier et un épineux.*

ÉPINGLE [epɛ̃gl] n. f. ▪ *UNE ÉPINGLE* **1.** Petite tige d'acier fine, pointue, munie d'une tête à une extrémité. *La couturière attache l'ourlet avec des épingles.* – (figuré) *Il est toujours TIRÉ À QUATRE ÉPINGLES :* il est toujours habillé avec beaucoup de soin. *Il a su TIRER SON ÉPINGLE DU JEU :* il a su se sortir adroitement d'une situation difficile. **2.** Objet qui sert à attacher, à fixer. *La brassière du bébé est fermée par une ÉPINGLE DE NOURRICE,* une tige de métal recourbée qui se ferme, la pointe rentrée dans un étui métallique. *Son chignon tient avec des ÉPINGLES À CHEVEUX,* des tiges de métal recourbées. – *Le virage est EN ÉPINGLE À CHEVEUX,* il est très serré, en forme de U. **3.** *MONTER QQCH. EN ÉPINGLE,* lui donner une importance excessive. *Elle monte toujours tout ce qui lui arrive en épingle.*

REM. Les *épingles de nourrice* sont aussi appelées *épingles doubles* ou *épingles de sûreté.*

ÉPINGLER [epɛ̃gle] verbe [conjugaison 1a]
I. Attacher avec une épingle ou avec des épingles. *La couturière épingle l'ourlet de la jupe.*
II. STYLE FAMILIER *Épingler qqn,* l'arrêter. *Le prisonnier évadé s'est fait épingler au coin de la rue.* → **pincer, prendre.**

MOELLE **ÉPINIÈRE** → **moelle**

ÉPIQUE [epik] adj. (après le nom) **1.** (écrit) Qui raconte une action héroïque ; relatif à l'épopée. *« L'Iliade » est un poème épique.* **2.** Qui est mouvementé, plein d'aventures. *Notre voyage a été épique.* → **homérique, mémorable.**

ÉPISCOPAL [episkɔpal], **ÉPISCOPALE** [episkɔpal] adj. (après le nom) ▪ Qui appartient à l'évêque. *L'évêque est dans son palais épiscopal.* MASCULIN PLURIEL : *les habits ÉPISCOPAUX* [episkɔpo].

ÉPISODE [epizɔd] n. m. ▪ *UN ÉPISODE* **1.** Partie d'une série, division d'un feuilleton de radio ou de télévision. *Nous suivons à la télévision un feuilleton en dix épisodes.* **2.** Moment particulier dans un récit, un événement. *Il y a des épisodes très drôles dans ce livre.* → **passage.**

ÉPISODIQUE [epizɔdik] adj. (après le nom) ▪ (qqch.) Qui se produit de temps en temps, de manière irrégulière. *Elle fait des apparitions épisodiques au bureau.* → **occasionnel, sporadique.** ⟨contraire : régulier⟩

FAUX AMI
grec **επεισοδιακός**
« mouvementé, plein d'incidents »

ÉPISTÉMOLOGIE [epistemɔlɔʒi] n. f. ▪ Étude critique des sciences, destinée à déterminer leur origine logique, leur valeur et leur portée. *L'épistémologie entre dans la théorie de la connaissance.*

ÉPISTOLAIRE [epistɔlɛʀ] adj. (après le nom) ▪ Qui concerne la correspondance par lettres. *Ils ont gardé des relations épistolaires,* ils s'écrivent.

ÉPITAPHE [epitaf] n. f. ▪ *UNE ÉPITAPHE* : inscription portée sur une tombe. *Il a fait graver une épitaphe sur la tombe de sa femme : « ci-gît mon épouse bien-aimée ».*

FAUX AMI
grec **επιτάφιος**
« tombeau du Christ »

ÉPITHÈTE [epitɛt] adj. et n. f.
I. adjectif (après le nom) *UN ADJECTIF ÉPITHÈTE* : adjectif qualificatif qui n'est pas relié par un verbe au nom qu'il qualifie. *Dans la phrase : « il a des chaussures neuves », « neuves » est un adjectif épithète.* – *NOM ÉPITHÈTE* : nom qui qualifie (ex. : *« tarte maison », « paquet cadeau »*).
II. *UNE ÉPITHÈTE* **1.** Adjectif qualificatif qui n'est pas relié par un verbe au nom qu'il qualifie (opposé à attribut). *Dans la phrase : « il a des chaussures neuves », « neuves » est l'épithète de « chaussures ».* **2.** Mot que l'on dit à qqn pour le complimenter ou l'injurier. *Il l'a traité d'idiot, de crétin et autres épithètes peu flatteuses.* → **qualificatif.**

ÉPIZOOTIE [epizɔɔti] n. f. ▪ *UNE ÉPIZOOTIE* : épidémie qui touche les animaux. *Une épizootie a détruit notre troupeau de vaches.*

REM. On peut prononcer aussi [epizɔti].

ÉPLORÉ [eplɔʀe], **ÉPLORÉE** [eplɔʀe] adj. (après le nom) ▪ (qqn) Qui est en pleurs, a du chagrin. *La veuve éplorée se tient près du cercueil de son mari.*

ÉPLUCHAGE [eplyʃaʒ] n. m. ▪ *L'ÉPLUCHAGE* : action d'éplucher. *Demain, tu seras de corvée d'épluchage des pommes de terre.*

ÉPLUCHER [eplyʃe] verbe [conjugaison 1a] **1.** Enlever la peau de (un légume) et tout ce qui n'est pas bon à manger. *Le cuisinier épluche les carottes. Peux-tu m'éplucher une orange ?* → **peler.** **2.** Examiner avec soin afin de découvrir ce qu'il peut y avoir à critiquer. *L'inspecteur des impôts épluche les comptes de la société.*

ÉPLUCHURE [eplyʃyʀ] n. f. ▪ *UNE ÉPLUCHURE* : ce que l'on enlève en épluchant. *Jette les épluchures de pommes de terre dans la poubelle.*

ÉPOISSES [epwas] n. m. ▪ *L'ÉPOISSES* : fromage de lait de vache, à pâte molle. *Voulez-vous un morceau d'époisses ?*

REM. *Époisses* est le nom d'un village de Bourgogne, région française où ce fromage est fabriqué.

ÉPONGE [epɔ̃ʒ] n. f. ▪ *UNE ÉPONGE* **1.** Animal des mers chaudes, fixé au fond de l'eau, qui a un squelette léger et poreux que l'on utilise à cause de sa propriété d'absorber les liquides et de les rejeter à la pression. *Les éponges sont très douces au toucher.* **2.** Objet fait d'une matière souple qui absorbe les liquides, les rejette et sert à laver (→ **spongieux**). *Il nettoie l'évier avec une éponge.* – *PASSER L'ÉPONGE sur quelque chose,* ne plus en parler, l'oublier. *Passons l'éponge sur notre dispute.* *JETER L'ÉPONGE* : abandonner la lutte, renoncer (dans une compétition). *Presque tous les candidats ont jeté l'éponge.* **3.** *TISSU ÉPONGE* : tissu dont les fils bouclés absorbent l'eau. *Elle s'essuie les mains avec une serviette en tissu éponge.* – *Les serviettes éponge sont rangées dans le placard,* les serviettes en tissu éponge. *Il a un peignoir en éponge,* en tissu éponge.

ÉPONGER [epɔ̃ʒe] verbe [conjugaison 3b] **1.** Absorber (un liquide) avec une éponge. *Épongeons vite le lait qui s'est renversé.* **2.** Essuyer, sécher avec une éponge ou un tissu spongieux. *Il éponge la table humide.* **3.** *ÉPONGER SES DETTES,* les payer. *Il a fini par éponger ses dettes.* **4.** verbe pronominal S'ÉPONGER : s'essuyer. *Elle s'est épongée.* – *Elle s'est épongé le front avec un mouchoir.*

ÉPOPÉE [epɔpe] n. f. ▪ *UNE ÉPOPÉE* **1.** Long poème qui raconte les aventures merveilleuses d'un héros. *La « Chanson de Roland » est une épopée du Moyen Âge.* **2.** Suite d'événements historiques. *On apprend en classe l'épopée napoléonienne.* – *Notre voyage, quelle épopée !* quelle aventure ! (→ **épique**).

ÉPOQUE [epɔk] n. f. ▪ *UNE ÉPOQUE* **1.** Période historique. *Charlemagne et Shakespeare n'ont pas vécu à la même époque. Il faut vivre avec son époque.* → **siècle, temps.** *À NOTRE ÉPOQUE, on ne s'éclaire plus à la bougie,* aujourd'hui. *Ils ont vécu à LA BELLE ÉPOQUE,* au début du vingtième siècle. **2.** *D'ÉPOQUE* : ancien. *Ils ont des meubles d'époque,* qui sont vraiment anciens. → **authentique.** **3.** Moment particulier. *Nous nous sommes rencontrés l'année dernière, À CETTE ÉPOQUE, À LA MÊME ÉPOQUE,* à ce moment de l'année. *C'était L'ÉPOQUE OÙ j'habitais encore chez mes parents. C'est bientôt l'époque des vendanges.* → **saison, temps.** *Cela varie selon les époques.* → **moment.**

S'**ÉPOUMONER** [epumɔne] verbe pronominal [conjugaison 1a] ▪ Parler, crier très fort jusqu'à en être essoufflé. *Arrête de t'époumoner !* → **hurler.** *Elle S'EST ÉPOUMONÉE À appeler ses enfants.*

ÉPOUSE n., féminin de **époux**

ÉPOUSER [epuze] verbe [conjugaison 1a] **1.** Prendre pour époux, épouse, se marier avec (qqn). *Il va épouser sa voisine. Elle l'a épousé par amour.* **2.** STYLE RECHERCHÉ Adopter (une opinion, une idée). *Il a épousé mes idées.* → **partager.** **3.** (qqch.) S'adapter exactement à (une forme). *Cette robe épouse les formes du corps.* → **mouler.**

ÉPOUSSETER [epuste] verbe [conjugaison 4b] ▪ Nettoyer en enlevant la poussière. *La femme de ménage époussette les meubles avec un chiffon à poussière.*

ÉPOUSTOUFLANT [epustuflɑ̃], **ÉPOUSTOUFLANTE** [epustuflɑ̃t] adj. (après le nom) ▪ STYLE FAMILIER Qui étonne beaucoup. *Les résultats sont époustouflants.* → **incroyable, surprenant, stupéfiant.** *Elle a une assurance époustouflante.*

ÉPOUVANTABLE [epuvɑ̃tabl] adj. (après le nom, parfois avant le nom) **1.** Qui provoque une grande peur. *J'ai entendu des cris épouvantables.* → **effrayant, effroyable, horrible, terrifiant.** ⟨contraire : rassurant⟩ *Il a eu une mort épouvantable.* → **affreux, atroce.** *Un épouvantable massacre a été commis.* **2.** Très mauvais. *Tu as* *une mine épouvantable. Il a fait un temps épouvantable,* très désagréable. → **abominable.** ⟨contraire : agréable⟩

ÉPOUVANTABLEMENT [epuvɑ̃tabləmɑ̃] adverbe ▪ STYLE FAMILIER Très. *Excusez-moi je suis épouvantablement en retard.* → **terriblement.** *Il est épouvantablement jaloux.* → **affreusement.**

ÉPOUVANTAIL [epuvɑ̃taj] n. m. ▪ *UN ÉPOUVANTAIL* **1.** Objet que l'on met dans un champ, un jardin pour faire peur aux oiseaux et les empêcher de manger les graines et les fruits. *Le fermier a mis un épouvantail en forme de mannequin recouvert de vieux habits au milieu du champ de blé. Dans le jardin, il y a deux épouvantails à moineaux.* **2.** Personne très laide ou habillée d'une manière ridicule. *Quel épouvantail, cette bonne femme !* **3.** Ce que l'on utilise pour faire peur. *Le ministre met en avant l'épouvantail du chômage.* → **spectre.**

ÉPOUVANTE [epuvɑ̃t] n. f. ▪ *L'ÉPOUVANTE :* peur soudaine et violente. *Elle est restée glacée d'épouvante.* → **effroi, frayeur, horreur, terreur.** *J'aime beaucoup les FILMS D'ÉPOUVANTE,* les films qui font peur.

ÉPOUVANTÉ [epuvɑ̃te], **ÉPOUVANTÉE** [epuvɑ̃te] adj. (après le nom) ▪ (qqn) Rempli d'épouvante. *Il a reculé épouvanté. Il est épouvanté à l'idée de parler en public. – Elle a un air épouvanté.*

ÉPOUVANTER [epuvɑ̃te] verbe [conjugaison 1a] **1.** Remplir d'épouvante. *Ces histoires de fantômes épouvantent les enfants.* → **effrayer, terroriser.** ⟨contraire : rassurer⟩ **2.** Causer de l'inquiétude, de l'appréhension à (qqn). → **angoisser.** *La seule idée du mariage l'épouvante,* lui fait peur.

ÉPOUX [epu] n. m., **ÉPOUSE** [epuz] n. f. ▪ *L'ÉPOUX, L'ÉPOUSE :* personne mariée à une autre. → **conjoint.** *Les futurs époux viennent d'arriver à la mairie. Voulez-vous PRENDRE POUR ÉPOUSE mademoiselle X ici présente ?* → **femme.** *Elle a rejoint son époux à Londres.* → **mari.**

REM. *Époux* et *épouse* appartiennent au langage juridique ou littéraire. Dire *«mon épouse»* en parlant de sa femme ou *«mon époux»* en parlant de son mari est familier.

S'**ÉPRENDRE** [eprɑ̃dʀ] verbe pronominal [conjugaison 58] ▪ *S'ÉPRENDRE DE qqn,* devenir amoureux de lui. *Il s'éprend de toutes les femmes qu'il rencontre. Elle s'est éprise de son professeur. Il faut toujours qu'il s'éprenne d'une femme mariée ! Ils se sont épris l'un de l'autre.* ⟨contraire : se détacher⟩

ÉPREUVE [eprœv] n. f.
I. *UNE ÉPREUVE* **1.** Souffrance, malheur, danger. *Il a traversé de dures épreuves dans sa vie. Je vous souhaite de surmonter votre épreuve.* → **peine. 2.** Partie d'un examen. *Elle a réussi les épreuves écrites de son examen, il lui reste à passer les épreuves orales.* **3.** Compétition sportive. *Il est arrivé premier aux épreuves éliminatoires pour participer aux jeux Olympiques.* **4.** Texte imprimé tel qu'il sort avant d'être relu. *L'auteur corrige son texte sur épreuves. J'ai reçu deux jeux d'épreuves.*
II. *L'ÉPREUVE* **1.** Ce qui permet de juger, d'éprouver la valeur d'une personne (→ **éprouver).** *Elle a MIS son frère À L'ÉPREUVE,* elle lui a fait faire quelque chose de difficile pour voir s'il était capable de le faire. – *Tu mets ma patience À RUDE ÉPREUVE :* tu fais tout pour m'impatienter. *Elle a une santé À TOUTE ÉPREUVE,* une très bonne santé. **2.** Opération par laquelle on teste les qualités d'une chose. *Ces vêtements sont À L'ÉPREUVE DU feu,* ils résistent au feu.

épris [epʀi], **éprise** [epʀiz] *Il s'est épris d'elle ; elle s'est éprise de lui :* formes au participe passé du verbe s'**éprendre.**

ÉPRIS [epʀi], **ÉPRISE** [epʀiz] adj. (après le nom) ▪ (qqn) *ÉPRIS DE :* pris de passion pour. *Il est épris de justice. C'est une femme éprise de son mari.* → **amoureux.**

ÉPROUVANT [epʀuvɑ̃], **ÉPROUVANTE** [epʀuvɑ̃t] adj. (après le nom) ▪ (qqch.) Difficile à supporter. *Il fait une chaleur éprouvante.* → **fatigant, pénible.** ⟨contraire : agréable⟩

ÉPROUVER [epʀuve] verbe [conjugaison 1a] **1.** Essayer (qqch.) pour en vérifier la valeur, la qualité. *Le professeur éprouve une nouvelle méthode d'apprentissage de l'orthographe.* → **tester. 2.** Mettre à l'épreuve. *Elle a fait du trapèze volant pour éprouver son courage.* **3.** Faire souffrir. *La mort de son fils l'a durement éprouvé.* → **atteindre, frapper, marquer.** *Le pays est éprouvé par la guerre.* **4.** Avoir (un sentiment, une sensation). *Elle éprouve un sentiment de honte.* → **ressentir.** *Il éprouve une grande amitié pour elle.*

ÉPROUVETTE [epʀuvɛt] n. f. ▪ *UNE ÉPROUVETTE :* tube utilisé pour les expériences et les analyses de laboratoire. *Le pharmacien mélange des liquides dans une éprouvette.*

REM. L'enfant conçu en dehors du corps de sa mère est un *bébé-éprouvette.*

ÉPUISANT [epɥizɑ̃], **ÉPUISANTE** [epɥizɑ̃t] adj. (après le nom) ▪ Qui fatigue énormément. *Ils font un travail épuisant,* très fatigant. → **éreintant, exténuant, harassant, tuant, usant.** ⟨contraire : reposant⟩

ÉPUISÉ [epɥize], **ÉPUISÉE** [epɥize] adj. (après le nom) **1.** (qqn) Très fatigué, à bout de forces. *Elle est rentrée épuisée.* → **éreinté, exténué, fourbu, harassé ;** STYLE FAMILIER **crevé. 2.** (qqch.) Qui n'est plus en stock. *Vous ne trouverez plus ce livre en librairie, il est épuisé.*

ÉPUISEMENT [epɥizmɑ̃] n. m. ▪ *L'ÉPUISEMENT* **1.** État de ce qui est épuisé. *Les rebelles ont tiré jusqu'à épuisement des munitions,* jusqu'à ce qu'il n'y ait plus de munitions. *La mine a été exploitée jusqu'à épuisement.* **2.** Grande fatigue. *L'alpiniste est rentré dans un état d'épuisement extrême.*

ÉPUISER [epɥize] verbe [conjugaison 1a]
I. 1. Utiliser jusqu'à ce qu'il ne reste plus rien. *Le tireur a épuisé ses munitions.* **2.** Fatiguer énormément. *Cette promenade l'a épuisé.* → **éreinter, exténuer ;** STYLE FAMILIER **crever, vider.**
II. verbe pronominal S'ÉPUISER **1.** Se vider. *La mine s'est épuisée, il ne reste plus de minerai. Ses économies s'épuisent,* il n'en reste plus. **2.** (qqn) S'affaiblir complètement. *Elle s'est épuisée à force de crier. Je M'ÉPUISE À te le dire.* → se **fatiguer,** se **tuer.**

ÉPUISETTE [epɥizɛt] n. f. ▪ *UNE ÉPUISETTE :* petit filet de pêche fixé au bout d'un long manche. *Les enfants pêchent des crevettes avec une épuisette.*

ÉPURATION [epyʀasjɔ̃] n. f. ▪ *L'ÉPURATION* **1.** Action d'épurer. *L'eau est purifiée dans une STATION D'ÉPURATION.* **2.** Élimination des membres d'un groupe, d'une association, d'un parti, que l'on juge indésirables. *On a assisté dans ce pays à une épuration ethnique,* à l'extermination de populations.

ÉPURE [epyʀ] n. f. ▪ *UNE ÉPURE* **1.** Représentation linéaire d'une figure à trois dimensions. *L'architecte a fait l'épure de la charpente.* **2.** Grands traits (d'une œuvre). *L'auteur nous a présenté l'épure de son roman.* → **ébauche.**

ÉPURER [epyʀe] verbe [conjugaison 1a] **1.** Rendre pur, en éliminant les éléments étrangers. *On épure les eaux usées avant de les rejeter dans la mer.* → **purifier.** ⟨contraires : polluer, salir, souiller⟩ **2.** Éliminer certains éléments de (un groupe). *L'assemblée a été épurée.*

ÉQUARRISSEUR [ekaʀisœʀ] n. m. ▪ *UN ÉQUARRISSEUR :* personne qui coupe en quartiers un animal mort qui n'est pas bon à manger. *Le cadavre du cheval a été transporté chez l'équarrisseur.*

ÉQUATEUR [ekwatœʀ] nom propre masculin – en espagnol **ECUADOR**. *L'ÉQUATEUR :* pays d'Amérique du Sud. *Nous avons passé nos vacances en Équateur. Ils habitent l'Équateur* **(→ équatorien).**

ÉQUATEUR [ekwatœʀ] n. m. *L'ÉQUATEUR :* cercle imaginaire de la Terre, perpendiculaire à son axe de rotation, qui la partage en deux hémisphères. *L'équateur est à égale distance du pôle Nord et du pôle Sud. À l'équateur, les jours et les nuits ont la même durée.*

ÉQUATION [ekwasjɔ̃] n. f. *UNE ÉQUATION :* relation existant entre deux quantités et dépendant de certaines variables (appelées *inconnues*). *Au cours de mathématiques, les élèves ont résolu des équations,* ils ont trouvé les valeurs des inconnues. *Il existe des équations du premier et du second degré,* dont l'inconnue est à la première, à la deuxième puissance.

ÉQUATORIAL [ekwatɔʀjal], **ÉQUATORIALE** [ekwatɔʀjal] adj. (après le nom). De l'équateur. *Le climat équatorial est chaud et humide. Les explorateurs se sont perdus dans la forêt équatoriale.* MASCULIN PLURIEL : *les grands lacs ÉQUATORIAUX* [ekwatɔʀjo] *d'Afrique.*

ÉQUATORIEN [ekwatɔʀjɛ̃] adj. et n. m., **ÉQUATORIENNE** [ekwatɔʀjɛn] adj. et n. f. **1.** adj. (après le nom) De la république de l'Équateur, pays d'Amérique du Sud. *La capitale équatorienne est Quito.* **2.** *UN ÉQUATORIEN, UNE ÉQUATORIENNE :* un habitant, une habitante de l'Équateur. *Les Équatoriens sont surtout d'origine indienne.*

ÉQUERRE [ekɛʀ] n. f. *UNE ÉQUERRE :* instrument en forme de triangle, avec un vide au milieu, servant à tracer des angles droits et des perpendiculaires. *Les élèves tracent l'angle droit du triangle avec leur équerre.* – *EN ÉQUERRE :* à angle droit. *Le gymnaste grimpe à la corde, les jambes en équerre. Ce tableau n'est pas D'ÉQUERRE,* il n'est pas droit.

ÉQUESTRE [ekɛstʀ] adj. (après le nom) **1.** Qui représente une personne à cheval. *Sur la place, il y a une statue équestre du roi.* **2.** Relatif à l'équitation. *Le dressage et le saut d'obstacles font partie des SPORTS ÉQUESTRES. Elle monte à cheval dans un centre équestre.* **→ hippique.**

ÉQUIDISTANT [ekɥidistɑ̃], **ÉQUIDISTANTE** [ekɥidistɑ̃t] adj. (après le nom). Situé à égale distance de (qqch.). *Ces deux villes sont équidistantes de la mer.*

ÉQUILATÉRAL [ekɥilateʀal], **ÉQUILATÉRALE** [ekɥilateʀal] adj. (après le nom). Dont les côtés sont égaux entre eux. *Tracez un TRIANGLE ÉQUILATÉRAL.* MASCULIN PLURIEL : *des triangles ÉQUILATÉRAUX* [ekɥilateʀo].

ÉQUILIBRE [ekilibʀ] n. m. *L'ÉQUILIBRE* **1.** Position stable (d'un objet, du corps). ⟨contraire : déséquilibre⟩ *Ce jeune patineur a du mal à garder l'équilibre sur la glace. Il a PERDU L'ÉQUILIBRE :* il est tombé. – *Les deux plateaux de la balance portent le même poids : ils sont EN ÉQUILIBRE. Le funambule marche EN ÉQUILIBRE sur un fil. Ces livres sont EN ÉQUILIBRE INSTABLE, ils risquent de tomber.* **2.** Proportion harmonieuse, bonne répartition entre des choses différentes. *Il y a un équilibre entre les qualités et les défauts de chacun. Le gouvernement a rétabli l'équilibre du budget,* il a réparti les recettes et les dépenses de manière égale **(→ équilibrer).** *Le président est très attaché à l'équilibre européen,* au maintien de l'harmonie entre tous les pays européens. **→ stabilité. 3.** Harmonie qui existe chez une personne normale **(→ équilibré).** *Il a un bon équilibre qui lui permet de supporter ces moments difficiles. Après son divorce, elle a mis du temps à retrouver son équilibre.* **→ sérénité.**

ÉQUILIBRÉ [ekilibʀe], **ÉQUILIBRÉE** [ekilibʀe] adj. (après le nom) **1.** (qqch.) En équilibre. *Les deux plateaux de la balance sont équilibrés.* **→ stable.** ⟨contraire : instable⟩ **2.** (qqn) Qui a un bon équilibre mental. *C'est une fille équilibrée et épanouie.* **→ raisonnable, sain, sensé.** ⟨contraires : déséquilibré, fou⟩

ÉQUILIBRER [ekilibʀe] verbe [conjugaison 1a] **1.** Mettre en équilibre, rendre stable (qqch.). *Il ne dépense pas plus qu'il ne gagne : il équilibre bien son budget.* **2.** Donner un bon, un meilleur équilibre à (qqn). *La vie de famille l'a équilibré.* ⟨contraire : déséquilibrer⟩ **3.** verbe pronominal *S'ÉQUILIBRER :* (qqch.) être en équilibre. *Chez lui, les qualités et les défauts se sont toujours équilibrés.*

ÉQUILIBRISTE [ekilibʀist] n. m., n. f. *UN ÉQUILIBRISTE, UNE ÉQUILIBRISTE :* une personne dont le métier est de faire des exercices d'équilibre, d'adresse. **→ acrobate.** *L'équilibriste danse sur une corde.* **→ funambule.**

ÉQUINOXE [ekinɔks] n. m. *L'ÉQUINOXE :* période de l'année où le Soleil passe par l'équateur et où le jour et la nuit ont la même durée, d'un cercle polaire à l'autre. *L'équinoxe de printemps est le 21 mars, l'équinoxe d'automne le 23 septembre. Il y a de fortes marées aux équinoxes.*

REM. Ce mot est du genre masculin.

ÉQUIPAGE [ekipaʒ] n. m. *UN ÉQUIPAGE :* ensemble des personnes qui s'occupent de la manœuvre et du service sur un bateau ou un avion. *Ce navire a une centaine d'hommes d'équipage. Le commandant de bord et tous les membres de l'équipage souhaitent la bienvenue aux passagers de l'avion.*

> FAUX AMI
> espagnol **equipaje** « bagages »

ÉQUIPE [ekip] n. f. *UNE ÉQUIPE* **1.** Groupe de personnes réunies pour travailler ensemble. *Une équipe d'ouvriers a réparé la charpente du toit. Il aime beaucoup travailler EN ÉQUIPE. Il a l'ESPRIT D'ÉQUIPE,* la mentalité qu'il faut pour travailler avec d'autres gens, en parfait accord. – *FAIRE ÉQUIPE AVEC qqn,* travailler avec lui. *Faisons équipe ensemble, si tu veux.* **2.** STYLE FAMILIER Groupe de personnes qui se distraient ensemble. *Ils forment une sacrée équipe tous les trois ! C'est la fine équipe !* **3.** Groupe de personnes qui pratiquent un jeu ou un sport ensemble. *Une équipe de football comprend onze joueurs. Elle déteste les SPORTS D'ÉQUIPE. L'entraîneur de l'équipe a rassemblé les joueurs avant le match.*

ÉQUIPÉ [ekipe], **ÉQUIPÉE** [ekipe] adj. (après le nom). Qui a tout ce qu'il faut pour (une activité). *Ces randonneurs qui se sont perdus n'étaient pas équipés pour la haute montagne. Ils ont acheté un appartement avec CUISINE ÉQUIPÉE.*

ÉQUIPÉE [ekipe] n. f. *UNE ÉQUIPÉE* **1.** Sortie, promenade en toute liberté. *Je me souviens de nos équipées à bicyclette.* **2.** Aventure mouvementée dans laquelle on se lance parfois sans réfléchir. *Cette équipée aurait pu mal se terminer. Quelle équipée !* **→ expédition.**

ÉQUIPEMENT [ekipmɑ̃] n. m. *UN ÉQUIPEMENT :* ensemble du matériel, des objets nécessaires à une activité. *Il faut un équipement spécial pour faire de la plongée sous-marine.* **→ matériel.** *Cette cuisine a l'équipement électroménager le plus récent. L'équipement hôtelier de cette région est insuffisant.* **→ aménagement, installation.**

ÉQUIPER [ekipe] verbe [conjugaison 1a] **1.** Munir des choses nécessaires à une activité. *Elle équipe son fils pour la rentrée scolaire,* elle lui achète tout ce qu'il lui faut pour l'école. *L'État A ÉQUIPÉ le pays D'autoroutes. Cette voiture est équipée d'une alarme,* elle possède une alarme. **2.** verbe pronominal *S'ÉQUIPER :*

prendre avec soi tout ce qu'il faut pour une activité. *Équipez-vous de chaussures de marche pour cette randonnée.* – STYLE FAMILIER *Ils se sont équipés contre le froid.* → se **prémunir.**

ÉQUIPIER [ekipje] n. m., **ÉQUIPIÈRE** [ekipjɛʀ] n. f. ▪ *UN ÉQUIPIER, UNE ÉQUIPIÈRE :* une personne qui fait partie d'une équipe, d'un équipage. *Elle est équipière dans l'équipe féminine nationale de tennis. Ce joueur a passé le ballon à l'un de ses équipiers.* → **coéquipier.** *Le capitaine du voilier donne ses instructions à ses équipiers.*

ÉQUITABLE [ekitabl] adj. (après le nom) ▪ Qui ne favorise ni ne défavorise personne. *C'est un homme équitable.* → **impartial.** *Ce partage me paraît équitable.* → **juste.** ⟨contraire : injuste⟩

ÉQUITABLEMENT [ekitabləmɑ̃] adverbe ▪ D'une manière équitable, juste. *Partageons équitablement.*

ÉQUITATION [ekitasjɔ̃] n. f. ▪ *L'ÉQUITATION :* sport qui consiste à monter à cheval. *Sa fille FAIT DE L'ÉQUITATION,* elle fait du cheval. *Il prend des leçons d'équitation.*

ÉQUITÉ [ekite] n. f. ▪ STYLE RECHERCHÉ *L'ÉQUITÉ :* respect de ce qui est naturellement juste. *L'accusé a été jugé avec une grande équité.* → **impartialité, justice.** ⟨contraires : partialité, injustice⟩ *Ce partage est conforme à l'équité* (→ **équitable).**

équivaille [ekivaj] *Qu'il équivaille, qu'elle équivaille :* forme au subjonctif du verbe **équivaloir.**

équivalant [ekivalɑ̃] *En équivalant :* forme au participe présent du verbe **équivaloir.**

ÉQUIVALENT [ekivalɑ̃] adj. et n. m., **ÉQUIVALENTE** [ekivalɑ̃t] adj. 1. adjectif (après le nom) Qui a la même valeur. *Ces deux quantités sont équivalentes.* → **égal.** *Ces deux produits sont équivalents.* → **comparable, similaire.** ⟨contraire : différent⟩ *C'est équivalent.* → **pareil.** – *J'ai gagné au loto une somme ÉQUIVALENTE À celle que j'ai jouée.* 2. *L'ÉQUIVALENT :* la chose équivalente, qui vaut la même chose qu'une autre ou qui est à peu près semblable. *Mettez cent grammes de farine, puis l'équivalent en sucre,* la même quantité de sucre. *Je n'arrive pas à trouver d'équivalent français à ce mot anglais.* → **synonyme.**

REM. *Équivalant* avec un *a* est le participe présent du verbe *équivaloir.*

ÉQUIVALOIR [ekivalwaʀ] verbe [conjugaison 29a] ▪ *ÉQUIVALOIR À :* être égal à, avoir la même valeur que. *Une tonne équivaut à mille kilos. Cette réponse équivaudra à un refus.*

REM. Le subjonctif n'est pas très courant (ex. : *que ça équivaille*). Le participe passé *équivalu,* très peu employé, est invariable.

ÉQUIVOQUE [ekivɔk] adj. et n. f.

I. adjectif (après le nom) 1. (parole) Dont le sens n'est pas clair, qui peut être compris de plusieurs façons. *Il m'a fait une réponse équivoque.* → **ambigu.** ⟨contraires : clair, net⟩ 2. Qui n'inspire pas confiance. *Il a un passé équivoque.* → **douteux, louche, suspect.** *J'ai vu un homme à l'allure équivoque qui regardait chez nous.* → **inquiétant.**

II. *UNE ÉQUIVOQUE :* ce qui peut être interprété, compris de plusieurs manières (dans le discours ou le comportement). *Sa réaction a été sans équivoque.* → **ambiguïté.** *Je voudrais tout de suite dissiper l'équivoque.* → **malentendu, quiproquo.** *Je te dis ce que j'en pense, pour qu'il n'y ait pas d'équivoque.*

ÉRABLE [eʀabl] n. m. ▪ *UN ÉRABLE :* grand arbre à feuilles profondément dentelées, utilisé en ébénisterie et dont une espèce, l'érable du Canada, fournit un sirop riche en sucre. *Il y a beaucoup de forêts d'érables, au Canada. J'ai arrosé ma crêpe de SIROP D'ÉRABLE.*

ÉRADICATION [eʀadikasjɔ̃] n. f. ▪ STYLE RECHERCHÉ *L'ÉRADICATION :* suppression totale (d'un mal). *L'éradication de l'épidémie sera longue et difficile.*

ÉRAFLER [eʀafle] verbe [conjugaison 1a] 1. Entamer légèrement la surface de la peau de. *Le chat m'a éraflé la main avec ses griffes.* 2. Entamer légèrement la surface en rayant. *Ce chauffard a éraflé l'aile de ma voiture.* – *Le cuir du canapé est tout éraflé par endroits.* 3. verbe pronominal S'ÉRAFLER : s'arracher un petit morceau de peau. *Elle s'est éraflé les jambes en marchant dans les ronces.* → s'**écorcher,** s'**égratigner.**

ÉRAFLURE [eʀaflyʀ] n. f. ▪ *UNE ÉRAFLURE* 1. Légère écorchure. *Tu as des éraflures sur les jambes.* → **égratignure.** 2. Légère entaille. *Les déménageurs ont fait des éraflures sur le mur en déplaçant l'armoire.* → **rayure.**

ÉRAILLÉ [eʀaje], **ÉRAILLÉE** [eʀaje] adj. (après le nom) ▪ *VOIX ÉRAILLÉE,* rauque et cassée. *À force de crier, il a la voix éraillée.*

ÈRE [ɛʀ] n. f. ▪ *UNE ÈRE* 1. Période de longue durée qui commence par un événement à partir duquel on compte les années. *L'ère chrétienne commence à la naissance du Christ. L'ère musulmane commence en l'an 622 de l'ère chrétienne, date de l'émigration de Mahomet à Médine.* 2. Période de l'histoire marquée par un changement. *L'ère industrielle a commencé au dix-neuvième siècle.* → **âge, époque, période.** *Nous sommes entrés dans l'ère du multimédia.* 3. La plus grande des divisions du temps géologique. *Il y a quatre ères géologiques. Les glaciers apparaissent à l'ère quaternaire.*

REM. *Ère* se prononce comme *air* « atmosphère » et *aire* « surface ».

ÉRECTION [eʀɛksjɔ̃] n. f. ▪ *L'ÉRECTION* 1. STYLE RECHERCHÉ Action d'élever (un monument). *Au Moyen Âge, l'érection d'une cathédrale prenait plusieurs dizaines d'années.* → **construction, élévation.** 2. (homme) *EN ÉRECTION :* dont le pénis durcit et se dresse. *Un homme en érection ne peut pas uriner. L'érection permet de pénétrer le partenaire. Il a des difficultés d'érection* (→ **impuissance).** 3. *UNE ÉRECTION :* moment où l'homme est en érection. *Quand un homme est excité sexuellement, il a des érections.* → STYLE FAMILIER ② **bander.**

ÉREINTANT [eʀɛ̃tɑ̃], **ÉREINTANTE** [eʀɛ̃tɑ̃t] adj. (après le nom) ▪ Très fatigant. *Il fait un travail éreintant.* → **épuisant, exténuant.** ⟨contraire : reposant⟩ *Elle a une tâche éreintante.*

ÉREINTER [eʀɛ̃te] verbe [conjugaison 1a]

I. Causer une grande fatigue physique à. *Cette longue randonnée nous a éreintés.* → **épuiser, exténuer ;** STYLE FAMILIER **crever.** ⟨contraire : reposer⟩

II. STYLE FAMILIER Démolir par une critique violente. *Ce romancier a été éreinté par la critique. Tous les journaux ont éreinté ce film.* ⟨contraires : ① louer, vanter⟩

ÉRÉMISTE [ʼeʀemist] n. m., n. f. ▪ *UN ÉRÉMISTE, UNE ÉRÉMISTE :* une personne qui bénéficie du revenu minimum d'insertion (R. M. I.). *Dans cette ancienne ville minière, il y a beaucoup de érémistes.*

REM. 1. On écrit aussi *RMiste* ou *RMiste* [ʼeʀemist]. 2. On ne fait pas d'élision devant *érémiste* et pas de liaison (*le érémiste* [ləeʀemist]).

ERGOT [ɛʀgo] n. m. ▪ *UN ERGOT :* pointe recourbée et dure qui se trouve derrière la patte du coq et du chien. *Le coq se dresse sur ses ergots.* – (figuré) *MONTER, SE DRESSER SUR SES ERGOTS :* prendre une attitude menaçante. *Dès qu'il se sent attaqué, il monte sur ses ergots.*

ERGOTER [ɛʀgɔte] verbe [conjugaison 1a] ▪ Discuter sur des détails. *Il ergote sur tout, à propos de tout.* → STYLE FAMILIER **chipoter, pinailler.** *Tu ne vas pas ergoter pour cinquante centimes !*

ÉRIGER [eʀiʒe] verbe [conjugaison 3b] **1.** STYLE RECHERCHÉ Élever, construire. *On érigea une statue au libérateur du pays.* → **érection** (1.) **2.** STYLE RECHERCHÉ verbe pronominal S'ÉRIGER : (qqn) se donner le rôle de. *Elle s'est érigée en justicier.*

ERMITAGE [ɛʀmitaʒ] n. m. ▪ *UN ERMITAGE :* lieu isolé et désert. *Le vieil homme vit seul dans un ermitage.*

ERMITE [ɛʀmit] n. m. ▪ *UN ERMITE* **1.** Religieux qui vit seul dans un lieu désert. *Un ermite vit dans cette grotte.* **2.** *VIVRE EN ERMITE :* vivre dans la solitude. *Sors un peu, vois des amis, tu ne peux pas vivre comme un ermite.*

ÉROGÈNE [eʀɔʒɛn] adj. (après le nom) ▪ *ZONE ÉROGÈNE :* partie du corps qui peut provoquer du plaisir sexuel. *De nombreuses régions du corps peuvent être des zones érogènes.*

ÉROSION [eʀozjɔ̃] n. f. ▪ *L'ÉROSION :* usure de la surface de la Terre provoquée par les eaux qui coulent, le gel ou le vent. *L'érosion a transformé le relief de cette région. On a planté des pins pour lutter contre l'érosion des dunes.*

ÉROTIQUE [eʀɔtik] adj. (après le nom) ▪ Qui concerne l'amour et le plaisir physiques. *Ce film comporte quelques scènes érotiques. Autrefois, les romans érotiques étaient interdits. Dans ce journal, il y a des photos de jeunes femmes dans des poses érotiques,* qui stimulent le désir sexuel. → **sensuel, voluptueux.**

> FAUX AMI
> grec **ερωτικός**
> « amoureux »

REM. **1.** *Érotique* concerne le désir et le plaisir amoureux et *sexuel* la procréation. **2.** Un *film érotique* est artistique, alors qu'un *film pornographique* est obscène.

ÉROTISME [eʀɔtism] n. m. ▪ *L'ÉROTISME :* caractère de ce qui a l'amour physique pour sujet. *Il y a un érotisme fou dans ce tableau.*

ERRANT [eʀɑ̃], **ERRANTE** [eʀɑ̃t] adj. (après le nom) ▪ Qui va d'un côté et de l'autre, qui n'est pas fixé. *Il recueille tous les chiens errants du quartier.* → **perdu.** – *Les nomades mènent une vie errante.* (contraire : sédentaire)

ERRATUM [eʀatɔm] n. m. ▪ *UN ERRATUM :* faute d'impression signalée dans un ouvrage. *Il y a dans le journal d'aujourd'hui un erratum concernant l'édition d'hier.* PLURIEL : *la liste des ERRATA* [eʀata] *est longue.*

REM. On dit parfois *un errata* pour désigner la liste entière des errata, des fautes signalées dans un ouvrage (au pluriel : *des errata* ou *des erratas*).

ERREMENTS [ɛʀmɑ̃] n. m. pluriel ▪ STYLE RECHERCHÉ *LES ERREMENTS :* mauvaises habitudes ou comportements blâmables. *Il avait arrêté de boire, mais il est retombé dans ses anciens errements.* → **erreur, faute.**

ERRER [eʀe] verbe [conjugaison 1a] ▪ Aller d'un côté et de l'autre, à l'aventure, sans but. *J'ai erré longtemps, perdu dans ce quartier que je ne connaissais pas. Qu'est-ce que tu fais dans ce couloir, à ERRER COMME UNE ÂME EN PEINE,* à traîner seul et tristement. *Il errera* [ɛʀʀa] *longtemps.*

ERREUR [eʀœʀ] n. f. ▪ *UNE ERREUR* **1.** Acte de l'esprit qui prend pour vrai ce qui est faux et inversement. *C'est une erreur de croire cela.* – *FAIRE ERREUR :* se tromper. *Vous faites erreur, ce n'est pas le bon numéro.* – *IL Y A ERREUR sur la personne, la chose.* – *SAUF ERREUR :* excepté si l'on se trompe. *Il est le dernier de la famille, sauf erreur de ma part.* – *Cet homme a été condamné PAR ERREUR,* parce que l'on a cru qu'il était coupable alors qu'il était innocent. **2.** *L'ERREUR :* état de celui qui se trompe. *Vous êtes DANS L'ERREUR :* vous vous trompez, vous avez tort. (contraires : justesse, vérité) – *INDUIRE qqn EN ERREUR,* le tromper, l'abuser. *Je croyais ce qu'il m'a dit mais il m'a induit en erreur.* **3.** Opinion fausse. *Cette erreur est très répandue.* **4.** Action regrettable, maladroite ou déraisonnable. *Il a commis une grosse erreur en n'invitant pas sa famille à son mariage.* → **impair, maladresse ;** STYLE FAMILIER **bourde, gaffe.** *Le gouvernement a fait une erreur de tactique en s'opposant aux syndicats.* **5.** Écart de conduite. *Il a fait quelques erreurs de jeunesse.* **6.** Faute, inexactitude. *Ce texte est plein d'erreurs. La liste des erreurs est à la fin de l'ouvrage* (→ **erratum**). *Il y a une erreur de date dans cet article.* – *Il y a une erreur de calcul, le résultat n'est pas juste* (→ **erroné**).

ERRONÉ [eʀɔne], **ERRONÉE** [eʀɔne] adj. (après le nom) ▪ Qui contient des erreurs, constitue une erreur. *Ces anciennes croyances sont erronées. Méfiez-vous des jugements erronés.* → **faux, inexact.** (contraires : exact, juste, vrai)

ERSATZ [ɛʀzats] n. m. ▪ *UN ERSATZ :* produit alimentaire qui en remplace un autre, mais qui est moins bon. *L'aspartame est un ersatz de sucre.* → **succédané.**

REM. *Ersatz* est un mot allemand qui signifie « remplacement ».

ÉRUDIT [eʀydi] adj. et n. m., **ÉRUDITE** [eʀydit] adj. et n. f. **1.** adjectif (après le nom) Qui a un savoir approfondi dans un domaine de connaissance grâce à l'étude des documents, des textes historiques sur ce sujet. *C'est une historienne érudite.* → **cultivé, instruit.** (contraire : ignorant) – (qqch.) *Il ne lit que des ouvrages érudits sur l'histoire ancienne.* → **savant. 2.** *UN ÉRUDIT, UNE ÉRUDITE :* une personne très cultivée dans un domaine de connaissance. *Ce professeur est un érudit.* → **savant.**

ÉRUDITION [eʀydisjɔ̃] n. f. ▪ *L'ÉRUDITION :* connaissance approfondie d'un domaine fondée sur l'étude des textes, des documents traitant de ce sujet. *C'est un homme plein d'érudition.* → **culture, savoir, science.** *Elle fait des travaux d'érudition pour un vieux professeur.*

ÉRUPTION [eʀypsjɔ̃] n. f. ▪ *UNE ÉRUPTION* **1.** Mouvement par lequel jaillissent brutalement de la lave, des cendres et des gaz hors du cratère d'un volcan. *Le volcan est EN ÉRUPTION.* **2.** Apparition subite de boutons, de rougeurs, de taches sur la peau. *La rougeole se caractérise par une éruption de boutons.*

es [ɛ] *Tu es :* forme au présent du verbe **être.**

ÈS [ɛs] préposition ▪ Dans les, en matière de. → **en.** *Il est docteur ès lettres,* de la faculté des lettres. *Elle a une licence ès sciences.*

REM. *Ès* est une forme contractée de *en les* et s'emploie devant un nom au pluriel. Dans la langue courante, on dit aussi : *il est docteur en lettres, elle est licenciée en sciences.*

ESBROUFE [ɛsbʀuf] n. f. ▪ STYLE FAMILIER *L'ESBROUFE :* étalage de manières prétentieuses et insolentes par lesquelles on essaie d'impressionner. *Il FAIT DE L'ESBROUFE avec sa grosse moto.* → STYLE FAMILIER **bluff, frime.** *Il nous a eus À L'ESBROUFE,* au culot.

ESCABEAU [ɛskabo] n. m. ▪ *UN ESCABEAU :* petite échelle d'appartement pliante, à marches assez larges. *Elle est montée sur un escabeau pour atteindre le haut du placard.* → **marchepied.** PLURIEL : *des ESCABEAUX.*

ESCADRE [ɛskadʀ] n. f. ▪ *UNE ESCADRE* **1.** Flotte commandée par un vice-amiral. *L'escadre de la Méditerranée est basée à Toulon.* **2.** *UNE ESCADRE AÉRIENNE :* groupe d'avions militaires formé de plusieurs escadrons. *Une escadre de bombardiers a bombardé la ville.*

ESCADRILLE [ɛskadʀij] n. f. ▪ *UNE ESCADRILLE* : petit groupe d'avions de combat. *Une escadrille d'avions de chasse a décollé de la base aérienne.*

REM. De nos jours, on dit plutôt *escadron*.

ESCADRON [ɛskadʀɔ̃] n. m. ▪ *UN ESCADRON* **1.** Subdivision d'un régiment, dans la cavalerie, l'artillerie et la gendarmerie. *Un escadron motocycliste escorte la voiture du Président.* **2.** Escadrille, dans l'armée de l'air. *Un escadron de bombardiers vole au-dessus de la mer.*

ESCALADE [ɛskalad] n. f. ▪ *L'ESCALADE* **1.** Ascension d'une paroi abrupte. *L'escalade de ce sommet a demandé une longue préparation aux alpinistes.* – *Les enfants FONT DE L'ESCALADE sur les rochers* (→ **escalader**). **2.** Augmentation rapide. *L'escalade de la violence dans les villes est inquiétante.* → **accélération.**

ESCALADER [ɛskalade] verbe [conjugaison 1a] **1.** Passer par-dessus (un mur, une clôture). *Les cambrioleurs ont escaladé la grille et ont pénétré dans la maison.* **2.** Faire l'ascension de, grimper sur. *Les alpinistes ont escaladé un très haut sommet.* → **gravir.** ⟨contraire : descendre⟩ *Les enfants escaladent les rochers qui bordent la plage.*

ESCALATOR [ɛskalatɔʀ] n. m. ▪ (nom déposé) *UN ESCALATOR* : escalier mécanique. *Elle emprunte l'escalator pour se rendre au rayon ameublement du grand magasin, au troisième étage.*

REM. On dit aussi *escalier roulant*.

ESCALE [ɛskal] n. f. ▪ (bateau, avion) *UNE ESCALE* : action de s'arrêter pour prendre du carburant, embarquer ou débarquer des passagers ou des marchandises. *Le paquebot FAIT ESCALE à Corfou et à Rhodes.* → **halte.** *L'avion fait plusieurs escales entre Paris et Sydney.*

ESCALIER [ɛskalje] n. m. ▪ *UN ESCALIER* **1.** Suite de marches entre deux étages, qui servent à monter et à descendre. *L'escalier qui mène à la cave est étroit. Les enfants se laissent glisser sur la rampe de l'escalier. Elle était tellement pressée qu'elle a MONTÉ L'ESCALIER QUATRE À QUATRE,* plusieurs marches à la fois. – (figuré) *Il A L'ESPRIT DE L'ESCALIER* : son esprit de repartie se manifeste à retardement, quand ce n'est plus le moment. **2.** *UN ESCALIER ROULANT, UN ESCALIER MÉCANIQUE* : escalier articulé et mobile, qui transporte les usagers (notamment dans les grands magasins, le métro ou les aéroports). *Dans cet aéroport, il faut prendre l'escalier mécanique pour accéder aux salles d'embarquement* (→ **escalator**).

ESCALOPE [ɛskalɔp] n. f. ▪ *UNE ESCALOPE* **1.** Mince tranche de viande blanche (veau, dinde, poulet) ou de poisson. *Nous avons mangé d'excellentes escalopes de saumon à la crème.* **2.** Escalope de veau. *Il y a des escalopes panées au menu.*

FAUX AMI
anglais **scallop** « coquille Saint-Jacques »

ESCAMOTABLE [ɛskamɔtabl] adj. (après le nom) ▪ Qui peut être escamoté, replié. *L'avion a un train d'atterrissage escamotable. Cette table de cuisine est escamotable,* on peut la replier contre un mur.

ESCAMOTER [ɛskamɔte] verbe [conjugaison 1a] **1.** Faire disparaître (qqch.) sans être vu. *Le prestidigitateur escamote une carte. Un pickpocket lui a escamoté son portefeuille.* → **dérober, subtiliser, voler.** **2.** Rentrer, replier (la partie qui dépasse d'un mécanisme, d'une machine). *Le pilote escamote le train d'atterrissage de l'avion après avoir décollé.* **3.** Éviter habilement. *Tu escamotes toutes les difficultés, ce n'est pas honnête.* → **esquiver.**

ESCAMPETTE [ɛskɑ̃pɛt] n. f. ▪ STYLE FAMILIER *PRENDRE LA POUDRE D'ESCAMPETTE* : s'enfuir. *Surpris, les voleurs ont pris la poudre d'escampette* (→ STYLE FAMILIER **décamper, déguerpir**).

ESCAPADE [ɛskapad] n. f. ▪ *UNE ESCAPADE* : promenade ou petit voyage que l'on fait pour échapper à ses devoirs, à ses habitudes de la vie quotidienne. *Nous avons fait une escapade de trois jours en Belgique.*

ESCARGOT [ɛskaʀgo] n. m. ▪ *UN ESCARGOT* : un petit animal qui porte sur le dos une coquille arrondie en spirale et qui se nourrit de végétaux. *L'escargot est un mollusque de la classe des gastéropodes. Nous avons mangé des escargots de Bourgogne. Le cuisinier prépare un BEURRE D'ESCARGOT,* il met de l'ail, du persil et des échalotes dans du beurre. – *Aller COMME UN ESCARGOT* : aller très lentement. *Le camion avance comme un escargot, toutes les voitures le doublent.*

ESCARMOUCHE [ɛskaʀmuʃ] n. f. ▪ *UNE ESCARMOUCHE* : bref combat de peu d'importance entre des groupes de soldats de deux armées ennemies. *L'escarmouche a dégénéré et plusieurs soldats ont été tués.* → **échauffourée.**

ESCARPÉ [ɛskaʀpe], **ESCARPÉE** [ɛskaʀpe] adj. (après le nom) ▪ En pente raide. *Un chemin escarpé mène à la ferme. Les rives du torrent sont escarpées.* → **abrupt,** à **pic.**

ESCARPEMENT [ɛskaʀpəmɑ̃] n. m. ▪ *UN ESCARPEMENT* : versant en pente raide. *L'escarpement de la falaise est vertigineux.*

ESCARPIN [ɛskaʀpɛ̃] n. m. ▪ *UN ESCARPIN* : une chaussure de femme très fine à talons hauts, qui laisse le dessus du pied découvert. *Elle a mis des escarpins de daim noir.*

ESCIENT [esjɑ̃] n. m. ▪ *À BON ESCIENT* [abɔnesjɑ̃] : avec raison, avec discernement. *Il parle toujours à bon escient,* quand il faut. – *À MAUVAIS ESCIENT* [amɔvɛzesjɑ̃] : à tort. *Tu t'es mis en colère à mauvais escient.*

REM. *Escient* n'existe que dans ces expressions et vient du latin *me sciente* « moi le sachant », de *sciens* participe présent du verbe *scire* « savoir ».

S'**ESCLAFFER** [ɛsklafe] verbe pronominal [conjugaison 1a] ▪ (qqn) Éclater de rire bruyamment. *Toute la classe s'est esclaffée.* → **pouffer.**

ESCLANDRE [ɛsklɑ̃dʀ] n. m. ▪ *UN ESCLANDRE* : incident qui consiste à montrer bruyamment son mécontentement dans un lieu où il y du monde. *Un client a FAIT UN ESCLANDRE dans un restaurant réputé parce qu'il trouvait la viande mal cuite.* → **scandale.** *Il a fait de l'esclandre.*

ESCLAVAGE [ɛsklavaʒ] n. m. ▪ *L'ESCLAVAGE* **1.** État, condition d'esclave. *La France a aboli l'esclavage dans ses colonies en 1848.* **2.** État de qqn qui est soumis à un pouvoir autoritaire, tyrannique. → **domination, oppression.** *Ce dictateur a mis la population du pays en esclavage.* → **servitude.** **3.** Ce qui impose une contrainte, une perte de liberté. *Un animal de compagnie, quel esclavage !*

ESCLAVAGISTE [ɛsklavaʒist] adj., n. m. et n. f. **1.** adjectif (après le nom) Qui est partisan de l'esclavage. *Aux États-Unis, pendant la guerre de Sécession, les États du Sud esclavagistes se battaient contre les États du Nord qui étaient pour l'abolition de l'esclavage.* **2.** *UN ESCLAVAGISTE, UNE ESCLAVAGISTE* : une personne qui pratique l'esclavage. *De nos jours, les esclavagistes sont poursuivis.*

ESCLAVE [ɛsklav] n. m., n. f. et adj.

I. *UN ESCLAVE, UNE ESCLAVE* **1.** Personne entièrement privée de liberté, qui est sous la domination absolue d'un maître. *Du*

seizième au dix-neuvième siècle, des millions de Noirs furent emmenés d'Afrique pour être vendus comme esclaves en Amérique. Les esclaves pouvaient être affranchis par leur maître. Le commerce des esclaves noirs a été aboli en 1865 (→ ② **traite**). 2. Personne qui se soumet complètement à qqn, à une autorité. *Elle est l'esclave de ses enfants.* 3. Personne soumise à qqch. *Il ne faut pas être l'esclave de ses habitudes.*
II. adjectif (après le nom) *ÊTRE ESCLAVE DE :* être dépendant de, dominé par, prisonnier de (qqch., qqn). *Il est esclave de son travail. Les toxicomanes sont esclaves de la drogue.* → **dépendant.**

ESCOGRIFFE [ɛskɔgʀif] n. m. ▪ *UN GRAND ESCOGRIFFE :* homme de haute taille, mal bâti et d'allure maladroite. *Qui est ce grand escogriffe qui s'agite là-bas ?*

ESCOMPTE [ɛskɔ̃t] n. m. ▪ *UN ESCOMPTE :* réduction sur le prix de vente. *Le magasin fait un escompte de 10 % sur les meubles de cuisine.* → **rabais, remise.**

ESCOMPTER [ɛskɔ̃te] verbe [conjugaison 1a] ▪ S'attendre à (qqch.) et agir en conséquence. *Cet homme politique escompte la victoire de son parti aux élections.* → **espérer.** *Il escomptait être réélu, mais il a été battu par son adversaire.* → **compter.** – *Nous n'avons pas atteint le résultat escompté.*

ESCORTE [ɛskɔʀt] n. f. ▪ *UNE ESCORTE* 1. Troupe chargée d'accompagner et de protéger (qqn). *Une escorte de gardes du corps entoure le président. Des policiers FONT ESCORTE au ministre* (→ **escorter**). *Les prisonniers ont été placés SOUS BONNE ESCORTE,* ils sont bien surveillés, bien gardés. → ① **garde.** 2. Cortège qui accompagne qqn pour lui faire honneur. *L'escorte présidentielle est saluée par la foule.* → **suite.**

> FAUX AMI
> italien **scorta**
> « provisions »

ESCORTER [ɛskɔʀte] verbe [conjugaison 1a] 1. Accompagner pour guider, surveiller, protéger ou honorer. *Des motards escortent la voiture du ministre.* 2. Accompagner, suivre. *Les touristes sont escortés par les enfants du village.*

ESCOUADE [ɛskwad] n. f. ▪ *UNE ESCOUADE :* petit groupe d'hommes. *Une escouade de gendarmes surveille le quartier, la nuit.*

ESCRIME [ɛskʀim] n. f. ▪ *L'ESCRIME :* sport de combat dans lequel deux adversaires s'affrontent au sabre, au fleuret ou à l'épée. *Son fils fait de l'escrime. Il est champion d'Europe d'escrime.*

S'**ESCRIMER** [ɛskʀime] verbe pronominal [conjugaison 1a] 1. *S'ESCRIMER À :* faire de grands efforts pour (faire qqch.). *Le professeur s'escrime à expliquer un théorème au plus mauvais élève de sa classe.* → **s'évertuer.** 2. *S'ESCRIMER SUR qqch. :* s'efforcer de faire qqch. *Elle s'est escrimée sur cette serrure qui ne s'ouvrait pas. Il s'escrime là-dessus depuis une heure.*

ESCROC [ɛskʀo] n. m. ▪ *UN ESCROC :* une personne malhonnête qui trompe les gens pour obtenir qqch. d'eux, pour leur prendre qqch. *Ces personnes trop confiantes ont été victimes d'un escroc.* → **filou.** *Cet homme d'affaires est un véritable escroc.* → **bandit, gangster.**

> FAUX AMI
> grec **αισχρός** (adj.)
> « odieux, ignoble »

REM. Ce mot n'a pas de féminin. S'il s'agit d'une femme, on dit : *cette femme est un escroc.*

ESCROQUER [ɛskʀɔke] verbe [conjugaison 1a] 1. Obtenir (qqch. de qqn) par des moyens frauduleux, malhonnêtes. *Il lui a escroqué tout son argent.* → **extorquer, soutirer,** ② **voler ;** STYLE FAMILIER **carotter.** *Il a escroqué des millions à une vieille dame.* 2. *Escroquer qqn,* lui soustraire qqch. de manière malhonnête. *Il a escroqué une vieille dame de plusieurs millions de francs.*

ESCROQUERIE [ɛskʀɔkʀi] n. f. ▪ *UNE ESCROQUERIE :* vol effectué en trompant les gens. *Il a été condamné pour escroquerie.* – *Ses escroqueries sont bien connues.*

ESCURIAL → **L'ESCURIAL**

ESKIMO → **esquimau**

ÉSOTÉRIQUE [ezɔteʀik] adj. (après le nom) ▪ Dont le sens est caché et réservé à des initiés. *Le langage scientifique paraît souvent ésotérique.* → **incompréhensible, obscur.** *Elle aime la poésie ésotérique.* → **hermétique.** (contraires : clair, simple)

> FAUX AMI
> grec **εσωτερικός**
> « intérieur »

ESPACE [ɛspas] n. m. ▪ *L'ESPACE* 1. Surface déterminée. *Cet appartement est trop petit, nous manquons d'espace.* → **place.** *Il y a de l'espace ici* (→ **spacieux**). *Dans cette ville, il y a de nombreux ESPACES VERTS,* des lieux réservés aux jardins entre les constructions. 2. L'étendue des airs de l'atmosphère. *L'espace qui nous environne.* → **ciel.** 3. Le milieu qui est en dehors de l'atmosphère terrestre où sont les astres. (→ **extraterrestre**). *Une fusée a été envoyée dans l'espace.* → **cosmos.** *Les astronautes partent à la conquête de l'espace* (→ **spatial**). 4. Étendue de temps. *Le ciel est devenu tout sombre EN L'ESPACE DE deux minutes,* en deux minutes. 5. *UN ESPACE :* écart entre deux points, deux lignes, deux objets. *Il faut laisser un espace entre le téléviseur et le mur.* → **distance, intervalle.**

ESPACEMENT [ɛspasmɑ̃] n. m. ▪ *UN ESPACEMENT :* distance entre deux choses. *L'espacement entre les arbres de l'allée est régulier.* → **espace, intervalle.**

ESPACER [ɛspase] verbe [conjugaison 3a] 1. Mettre un certain espace entre deux choses. *Le garçon de café espace les tables.* (contraire : rapprocher) 2. Séparer par un intervalle de temps. *Nous nous voyons trop souvent, espaçons nos visites !* 3. verbe pronominal S'ESPACER : (qqch.) devenir plus rare. *Les aboiements du chien se sont espacés.*

ESPADON [ɛspadɔ̃] n. m. ▪ *UN ESPADON :* grand poisson de mer, sans écailles, dont la mâchoire supérieure est très longue et pointue en forme d'épée. *Le cuisinier a préparé de l'espadon grillé.*

ESPADRILLE [ɛspadʀij] n. f. ▪ *UNE ESPADRILLE :* chaussure légère de toile, à semelle de corde tressée. *L'été, je mets des espadrilles.*

ESPAGNE [ɛspaɲ] nom propre féminin – en espagnol **ESPAÑA** ▪ *L'ESPAGNE :* pays du sud-ouest de l'Europe. *Nous passons nos vacances en Espagne. Mes voisins reviennent d'Espagne. L'Espagne est belle. Les habitants de l'Espagne* (→ **espagnol**).

ESPAGNOL [ɛspaɲɔl] adj. et n. m., **ESPAGNOLE** [ɛspaɲɔl] adj. et n. f.
I. adjectif (après le nom) D'Espagne. *La peseta est l'unité monétaire espagnole.* → **hispanique.** *Le flamenco est une danse espagnole.* → **ibérique.**
II. 1. *UN ESPAGNOL, UNE ESPAGNOLE :* une personne qui habite l'Espagne. *Les Espagnols.* 2. nom masculin *L'ESPAGNOL :* langue parlée en Espagne et dans de nombreux pays d'Amérique latine. *Savez-vous parler l'espagnol ?* → **castillan.**

ESPAGNOLETTE [ɛspaɲɔlɛt] n. f. ▪ *UNE ESPAGNOLETTE :* poignée qui actionne une tige métallique et qui permet d'ouvrir ou de fermer une fenêtre. *La fenêtre est fermée À L'ESPAGNOLETTE,* entrouverte, l'espagnolette maintenant un écart entre les deux parties de la fenêtre.

ESPALIER [ɛspalje] n. m. ▪ *UN ESPALIER* 1. Mur le long duquel on fait pousser des arbres fruitiers. *Dans cette région, on pratique la culture EN ESPALIER.* 2. Appareil de gymnastique formé d'une échelle fixée à un mur. *Les gymnastes font des exercices à l'espalier.*

ESPÈCE [ɛspɛs] n. f. ▪ *UNE ESPÈCE* 1. Catégorie d'êtres vivants qui ont des caractères communs et se reproduisent entre eux. *Les chiens appartiennent à l'espèce canine. Ces animaux constituent une espèce en voie de disparition. À quelle espèce appartient cet arbre ?* → **essence.** *L'ESPÈCE HUMAINE :* l'ensemble des hommes. 2. Classe (de personnes, de choses) définie par un ensemble de caractères communs. *Il y a différentes espèces de verres.* → **catégorie, genre, sorte, type.** *Ça n'a AUCUNE ESPÈCE D'IMPORTANCE :* ce n'est vraiment pas grave, cela ne fait rien. *Je refuse de parler avec des gens DE VOTRE ESPÈCE,* des gens comme vous. → **acabit.** 3. *UNE ESPÈCE DE :* personne ou chose que l'on ne peut pas définir précisément et que l'on rapproche d'une autre par approximation. *Elle a une espèce de pantalon qui ressemble à un pyjama.* (injure) *Espèces d'abrutis !* 4. (au pluriel) DES ESPÈCES : de l'argent liquide. *Je n'ai pas d'espèces sur moi. Il a payé EN ESPÈCES* (opposé à par chèque, par carte de crédit ; en nature).

REM. On entend couramment l'emploi fautif *un espèce de* (accordé avec le nom qui suit). Il faut dire : *une espèce d'idiot, une espèce de camion.*

ESPÉRANCE [ɛsperɑ̃s] n. f. ▪ *L'ESPÉRANCE*
I. Sentiment qui laisse penser que ce que l'on souhaite va se réaliser. *Le vert est la couleur de l'espérance.* → **espoir.** *Je vis DANS L'ESPÉRANCE DE vous revoir bientôt. Il vit dans l'espérance qu'il vous reverra bientôt. Il a réussi CONTRE TOUTE ESPÉRANCE,* alors qu'il semblait inutile d'espérer. → **attente.**
II. *L'ESPÉRANCE DE VIE :* durée moyenne de la vie humaine dans une société donnée. *L'espérance de vie s'allonge de jour en jour.*

ESPÉRANTO [ɛsperɑ̃to] n. m. ▪ *L'ESPÉRANTO :* langue internationale, dont le lexique a été construit à partir des racines courantes des langues occidentales les plus répandues. *L'espéranto est une langue artificielle peu répandue.*

ESPÉRER [ɛspere] verbe [conjugaison 6a] ▪ Considérer (ce que l'on désire) comme devant se réaliser. *N'espérez pas une récompense :* ne comptez pas sur une récompense. → **escompter.** *Elle n'espère aucune aide de ta part. Toute sa vie, elle espérera* [ɛspɛrra] *le revoir. Je n'en espérais pas tant :* je n'y comptais pas. *J'ESPÈRE QU'il va venir,* j'aime à le croire. ⟨contraire : craindre⟩ *Je n'espérais plus qu'il viendrait. Nous espérons que vous allez bien.* → **souhaiter.** *On m'a LAISSÉ ESPÉRER que c'était possible.* → **entrevoir.** *Il espère réussir. – « Vous pensez qu'il va réussir ? – J'espère bien ! » À bientôt, j'espère ! Il n'y a plus qu'à espérer.* → **attendre.** ⟨contraire : désespérer⟩

ESPIÈGLE [ɛspjɛgl] adj. (après le nom) ▪ (enfant) Vif et malicieux, sans méchanceté. *Sa cousine est une petite fille espiègle.* → **coquin, polisson.**

REM. Ce mot vient du néerlandais *(Till) Uilenspiegel*, nom du héros d'une légende germanique.

ESPIÈGLERIE [ɛspjɛgləri] n. f. ▪ *UNE ESPIÈGLERIE :* action d'une personne espiègle. *Ce n'est pas grave, ce n'est qu'une espièglerie d'enfant.* → **farce.**

ESPION [ɛspjɔ̃] n. m., **ESPIONNE** [ɛspjɔn] n. f. ▪ *UN ESPION, UNE ESPIONNE :* une personne qui essaie de recueillir des documents, des renseignements secrets sur un pays étranger pour les transmettre à un autre pays. *C'est un espion à la solde des États-Unis.*

REM. On peut dire aussi un *agent secret.*

ESPIONNAGE [ɛspjɔnaʒ] n. m. ▪ *L'ESPIONNAGE* 1. Activité des espions. *Elle est accusée d'espionnage. J'aime bien les films d'espionnage.* 2. Action d'épier. *Il faut se méfier de l'ESPIONNAGE INDUSTRIEL,* des moyens utilisés par des concurrents pour voler des secrets industriels.

ESPIONNE n., féminin de **espion**

ESPIONNER [ɛspjɔne] verbe [conjugaison 1a] 1. Surveiller (qqn) en cachette pour connaître un secret. *Il espionne ses voisins.* → **épier.** *Arrête de m'espionner toute la journée !* 2. Recueillir des documents et des renseignements secrets sur un pays étranger et les transmettre à un autre pays. *Il espionne un pays au profit du sien.*

ESPLANADE [ɛsplanad] n. f. ▪ *UNE ESPLANADE :* grand terrain plat et dégagé devant un monument. *Les touristes sont nombreux sur l'esplanade des Invalides, à Paris.*

ESPOIR [ɛspwar] n. m. ▪ *L'ESPOIR* 1. Sentiment qui pousse à espérer. *Il est plein d'espoir.* ⟨contraire : désespoir⟩ 2. Le fait d'espérer, d'attendre avec confiance que ce que l'on souhaite se réalise. *Elle a l'espoir de réussir.* → **espérance.** *Il y a peu d'espoir qu'il vienne. On a perdu tout espoir de retrouver des survivants. C'est sans espoir* (→ **désespéré**). *Tous les espoirs sont permis. Il est venu DANS L'ESPOIR DE vous rencontrer,* parce qu'il espérait vous rencontrer. 3. Personne ou chose qui permet d'espérer. *Une transplantation cardiaque est notre dernier espoir. Ce chirurgien est notre dernier espoir.* 4. *UN ESPOIR :* personne qui a des chances d'atteindre un haut niveau dans son domaine et d'avoir un brillant avenir. *C'est un espoir du ski français.*

ESPRIT [ɛspri] n. m.
I. *L'ESPRIT* 1. Principe de la vie psychique, affective et intellectuelle (opposé à corps). *Il est SAIN DE CORPS ET D'ESPRIT. Elle a PERDU L'ESPRIT :* elle est devenue folle. *Elle a une TOURNURE D'ESPRIT particulière,* une manière particulière d'envisager les choses. *Je n'ai pas l'esprit clair ce matin,* les idées claires. *J'ai l'esprit ailleurs :* je pense à autre chose. *Où avais-je l'esprit ? Une idée me vient à l'esprit.* → **pensée.** *Dites ce qui vous PASSE PAR L'ESPRIT. Dans mon esprit, il était déjà parti,* dans mon idée, d'après moi. *Tu as l'esprit lent :* tu ne comprends pas vite. → **intelligence.** *Le voisin a eu LA PRÉSENCE D'ESPRIT d'appeler les pompiers,* l'idée de réagir vite. 2. Ensemble des manières d'agir habituelles. *Mon frère a l'esprit aventureux.* → **caractère.** *Ma grand-mère est LARGE D'ESPRIT,* elle est compréhensive. *Je n'ai pas L'ESPRIT À m'amuser.* → **tête.** *Il a MAUVAIS ESPRIT :* il est malveillant. 3. Aptitude de l'intelligence. *Mon mari a l'esprit des affaires.* → **sens.** *Tu as manqué d'ESPRIT D'À-PROPOS.* → **à-propos.** 4. Vivacité, ingéniosité dans la façon d'exposer ses idées. *Il a beaucoup d'esprit.* → **humour.** *C'est une FEMME D'ESPRIT,* qui a de l'humour (→ **spirituel**). *Il fait toujours des MOTS D'ESPRIT,* il dit des paroles drôles (→ **boutade, calembour**). *Arrête de FAIRE DE L'ESPRIT,* de faire étalage de ton esprit. 5. Attitude générale qui oriente l'action. *La réunion a eu lieu dans un esprit de révolte.* → **volonté.** *Tu n'as vraiment pas l'esprit de sacrifice. DANS CET ESPRIT :* de ce point de vue. *C'est dans cet esprit qu'il faut envisager l'avenir. – Elle a l'ESPRIT DE FAMILLE :* elle aime et soutient les membres de sa famille. 6. Personne. *C'est un esprit romanesque.* → **homme.** *Essayons de CALMER LES*

ESPRITS. **7.** (au pluriel) *RETROUVER SES ESPRITS* : revenir à soi après s'être évanoui. *Le malade a retrouvé ses esprits.*
II. *UN ESPRIT* **1.** Être immatériel, sans corps. *Dieu est un esprit.* **2.** Âme d'un mort. *« Esprit es-tu là ? » demande la voyante* (→ **spiritisme**). *Il croit aux esprits.* → **fantôme, revenant. 3.** Être imaginaire que l'on rencontre dans les mythologies et les légendes. *Les elfes, les lutins, les génies sont des esprits malfaisants ou bienfaisants.*

① **ESQUIMAU** [ɛskimo] n. m. et adj., **ESQUIMAUDE** [ɛskimod] n. f. et adj. **1.** *UN ESQUIMAU, UNE ESQUIMAUDE* : une personne habitant les terres arctiques de l'Amérique et du Groenland. → **Inuit.** MASCULIN PLURIEL : *les ESQUIMAUX habitent dans des igloos.* **2.** adjectif (après le nom) Des Esquimaux. *La population esquimaude est de race jaune.* MASCULIN PLURIEL : *des chiens ESQUIMAUX.*

REM. **1.** On emploie aussi le nom masculin et féminin *Eskimo* : *un Eskimo, une Eskimo, des Eskimos* ou *des Eskimo* et l'adjectif invariable *eskimo* : *des chiens eskimo.* **2.** *Inuit* est le seul mot utilisé au Canada.

② **ESQUIMAU** [ɛskimo] n. m. ▪ (nom déposé) *UN ESQUIMAU* : glace enrobée que l'on tient par un bâton, comme une sucette. *Nous mangerons un esquimau pendant l'entracte.* PLURIEL : *des ESQUIMAUX au chocolat.*

ESQUINTER [ɛskɛ̃te] verbe [conjugaison 1a] ▪ STYLE FAMILIER **1.** Abîmer. *Le chat a esquinté le canapé.* **2.** verbe pronominal S'ESQUINTER : se fatiguer. *Je ne vais pas M'ESQUINTER À encore te l'expliquer. Elle s'est esquintée à nous aider.*

ESQUISSE [ɛskis] n. f. ▪ *UNE ESQUISSE* **1.** Première forme de (un dessin, une sculpture). *Ce n'est encore qu'une esquisse du tableau.* → **croquis, ébauche. 2.** Plan, grandes lignes d'une œuvre littéraire. *L'auteur a présenté l'esquisse de son roman à son éditeur.* → **canevas. 3.** *L'ESQUISSE DE* : commencement d'une action. *Elle a fait l'esquisse d'un sourire avant de se mettre à pleurer.* → **ébauche.**

FAUX AMI
grec **άσκηση** « exercice »

ESQUISSER [ɛskise] verbe [conjugaison 1a] **1.** Représenter rapidement, faire une esquisse de. *Le peintre esquisse un paysage.* **2.** Commencer à faire (qqch.). *Elle a esquissé un sourire.* → **ébaucher.** (contraire : achever)

ESQUIVER [ɛskive] verbe [conjugaison 1a] **1.** Éviter de manière adroite. *Le boxeur esquive un coup de son adversaire.* – *Le ministre a réussi à esquiver une question embarrassante du journaliste,* à ne pas y répondre. → se **dérober, éluder. 2.** verbe pronominal S'ESQUIVER : s'en aller sans se faire remarquer, discrètement. *Elle s'est esquivée à la fin du repas.* → **disparaître,** s'**éclipser,** se **retirer ;** STYLE FAMILIER **filer.**

ESSAI [esɛ] n. m. ▪ *UN ESSAI* **1.** Opération par laquelle on s'assure des qualités d'une chose et de la manière de l'utiliser. *J'ai acheté un café d'une autre marque pour FAIRE UN ESSAI,* pour en voir les qualités et les défauts. → **test.** *Des essais ont été faits en laboratoire.* → **expérience.** *Il est PILOTE D'ESSAI* : il teste les prototypes d'avion. *J'ai vu ce film dans un CINÉMA D'ART ET D'ESSAI,* dans un cinéma où l'on passe des films peu diffusés. *Un nouvel employé a été pris À L'ESSAI,* avec la possibilité de ne pas l'engager s'il ne donne pas satisfaction. **2.** Action d'agir sans être sûr du résultat. *J'ai fait un essai de réconciliation.* → **tentative.** *Le sauteur à la perche a droit à trois essais.* **3.** Au rugby, avantage obtenu quand un joueur pose ou touche le ballon le premier derrière la ligne de but de l'équipe adverse. *Il a marqué deux essais au cours du match.* **4.** Livre dans lequel l'auteur dit ce qu'il pense sur un sujet. *Elle vient d'écrire un essai politique. Les élèves étudient « Les Essais » de Montaigne.* **5.** *UN BOUT D'ESSAI* : bout de film tourné pour juger un acteur. *Il a tourné plusieurs bouts d'essai et il a été engagé.*

ESSAIM [esɛ̃] n. m. ▪ *UN ESSAIM* **1.** Groupe d'abeilles qui quittent une ruche pour s'installer ailleurs. *Un essaim est suspendu à une branche de l'arbre.* **2.** Groupe (d'insectes). *Un essaim de moucherons vient de passer.*

ESSAYAGE [esɛjaʒ] n. m. ▪ *L'ESSAYAGE* : action d'essayer (un vêtement). *La cliente essaie une robe dans la CABINE D'ESSAYAGE.*

ESSAYER [eseje] verbe [conjugaison 8b] **1.** Utiliser (qqch.) pour la première fois afin de voir ses qualités et ses défauts et si cela convient. *Il essaiera* [esɛʀa] (ou *essayera* [esɛjʀa]) *plusieurs voitures avant d'en acheter une.* → **expérimenter, tester.** *J'ai essayé une nouvelle lessive.* **2.** Mettre (un vêtement) pour voir s'il va. *Elle essaie* [esɛ] (ou *essaye* [esɛj]) *une robe. Et si nous essayions ces chapeaux ?* **3.** Employer (qqch.) pour atteindre un but, sans être sûr du résultat. *J'ai essayé la douceur, il faut que j'essaie* (ou *essaye*) *la force. Elle a tout essayé.* **4.** *ESSAYER DE* : faire des efforts pour. *Essaie* (ou *essaye*) *d'arriver à l'heure.* → s'**efforcer, tâcher.** *Le prisonnier a essayé de s'évader.* → **tenter.** – *Ça ne coûte rien d'essayer.* **5.** verbe pronominal S'ESSAYER À : (qqn) s'exercer à. *Il s'essaie à la couture. Elle s'est essayée à parler en public.*

FAUX AMI
espagnol **ensayar** « répéter »

ESSAYISTE [esejist] n. m., n. f. ▪ *UN ESSAYISTE, UNE ESSAYISTE* : une personne qui écrit des essais littéraires. *Elle est essayiste.*

ESSENCE [esɑ̃s] n. f. ▪ *L'ESSENCE* **1.** Matière liquide très inflammable, tirée du pétrole, qui sert à faire fonctionner les moteurs à explosion. *L'automobiliste s'arrête à la station-service pour prendre de l'essence.* → **carburant.** *Il fait le plein d'essence. Voulez-vous de l'essence sans plomb ou du super ? La voiture est en panne d'essence. Le réservoir d'essence est vide.* **2.** Espèce (d'un arbre). *Il y a des essences très variées dans cette forêt.* **3.** Substance aromatique extraite de certaines plantes. *Il y a de l'essence de lavande dans ce parfum.* **4.** STYLE RECHERCHÉ *PAR ESSENCE* : par sa nature même. → **essentiellement.** *L'homme est par essence un être qui peut se tromper.* → **définition.**

FAUX AMI
polonais **esencja** ne s'emploie pas au sens 1. (« carburant »)

ESSENTIEL [esɑ̃sjɛl] adj. et n. m., **ESSENTIELLE** [esɑ̃sjɛl] adj.
I. adjectif (après le nom) **1.** Qui est absolument nécessaire. *Il manque une pièce essentielle pour faire cette maquette d'avion.* → **indispensable.** (contraire : inutile) **2.** Qui est le plus important. *Raconte-nous juste les faits essentiels.* → ① **capital, primordial, principal.** (contraires : accessoire, secondaire)
II. *L'ESSENTIEL* : ce qui est le plus important. *En voyage, il n'emporte que l'essentiel,* les seuls objets indispensables. *Nous manquons de l'essentiel. Vous oubliez l'essentiel.* → **principal.** *L'essentiel, c'est d'être heureux.* – *Il passe l'essentiel de son temps à lire,* la plus grande partie de son temps.

ESSENTIELLEMENT [esɑ̃sjɛlmɑ̃] adverbe ▪ Avant tout, au plus haut point. *C'est un pays essentiellement montagneux.* → **principalement, surtout.** *Je tiens essentiellement à ce qu'il soit au courant.* → **absolument.**

ESSEULÉ [esœle], **ESSEULÉE** [esœle] adj. (après le nom) ▪ (qqn) Qu'on laisse seul, sans compagnie. *Occupe-toi de cette jeune fille esseulée. Il se sent esseulé.* → **isolé, seul, solitaire.**

ESSIEU [esjø] n. m. ▪ *UN ESSIEU* : barre de métal qui relie deux roues entre elles. *Il faut changer l'essieu avant de cette voiture.* PLURIEL : *les ESSIEUX de la locomotive grincent.*

ESSOR [esɔʀ] n. m. ▪ *L'ESSOR* **1.** STYLE RECHERCHÉ (oiseau) *PRENDRE SON ESSOR* : s'envoler. *Les hirondelles ont pris leur essor.* → **envol. 2.** Développement rapide et important. *Cette industrie a PRIS UN GRAND ESSOR. Le tourisme est EN PLEIN ESSOR dans cette région.* → **croissance.**

ESSORAGE [esɔʀaʒ] n. m. ▪ *L'ESSORAGE* : action d'essorer (le linge). *La machine à laver fait du bruit pendant l'essorage.*

ESSORER [esɔʀe] verbe [conjugaison 1a] ▪ Débarrasser (une chose mouillée) d'une grande partie de l'eau qu'elle contient. *Il tord les draps pour les essorer. Tout à l'heure, elle essorera* [esɔʀʀa] *le linge. Le lave-linge essore bien.* – *Il faut essorer la salade.*

ESSOUFFLEMENT [esufləmɑ̃] n. m. ▪ *L'ESSOUFFLEMENT* : état d'une personne qui est essoufflée, qui a une respiration courte et gênée. *Son essoufflement montre qu'il a couru.*

REM. Ce mot appartient à la famille de *souffle.*

ESSOUFFLER [esufle] verbe [conjugaison 1a]
I. Mettre à bout de souffle, hors d'haleine. *Cette course m'a essoufflé. Ça essouffle de courir.*
II. verbe pronominal *S'ESSOUFFLER* **1.** (qqn) Avoir de la peine à respirer. *Le cycliste s'essouffle dans la montée.* → **haleter, suffoquer. 2.** Ne plus avoir d'inspiration. *Ce cinéaste s'essouffle, son dernier film est décevant.* **3.** Ne plus pouvoir suivre le même rythme. *L'économie s'est essoufflée ces dernières années.*

essuie [esɥi] *J'essuie ; il essuie, elle essuie* : forme au présent du verbe **essuyer.**

ESSUIE-GLACE [esɥiglas] n. m. ▪ *UN ESSUIE-GLACE* : dispositif formé d'un bras articulé et d'une raclette, destiné à essuyer le pare-brise ou la vitre arrière d'un véhicule. *Il faut changer le balai de l'essuie-glace arrière.* PLURIEL : *les ESSUIE-GLACES sont usés.*

ESSUIE-MAINS [esɥimɛ̃] n. m. invariable ▪ *UN ESSUIE-MAINS* : torchon ou serviette qui sert à s'essuyer les mains. *Passe-moi l'essuie-mains.* PLURIEL : *des essuie-mains.*

REM. On rencontre parfois au singulier *un essuie-main.*

ESSUIE-TOUT [esɥitu] n. m. et adj. invariables **1.** *UN ESSUIE-TOUT* : papier absorbant très résistant, présenté en rouleau. *Il essuie la table avec de l'essuie-tout.* PLURIEL : *des essuie-tout.* **2.** adjectif invariable (après le nom) *PAPIER ESSUIE-TOUT* : papier absorbant. *Achète des rouleaux de papier essuie-tout.* PLURIEL : *des papiers essuie-tout.*

① **ESSUYER** [esɥije] verbe [conjugaison 8a] **1.** Sécher en frottant avec une chose sèche et absorbante. *Il essuie la vaisselle avec un torchon.* ⟨contraire : mouiller⟩ – *Essuie tes larmes !* – *ESSUYER LES PLÂTRES* : occuper une habitation qui vient d'être achevée ; subir le premier les conséquences d'une situation fâcheuse. *C'est encore nous qui allons essuyer les plâtres.* **2.** Enlever la poussière, la saleté de (qqch.) en frottant. *La femme de ménage essuiera* [esɥiʀa] *le buffet avec un chiffon à poussière.* → **épousseter. 3.** verbe pronominal *S'ESSUYER* : se sécher. *Elle s'est essuyée en sortant de son bain.* – *Elle s'est essuyé les mains avec une serviette. Essuie-toi les pieds avant d'entrer.*

② **ESSUYER** [esɥije] verbe [conjugaison 8a] ▪ Avoir à supporter (qqch. de désagréable). *Le bateau a essuyé une tempête. Mon fils a essuyé un échec à son examen,* il a échoué. *Je ne voudrais pas essuyer un refus.* → **subir.**

est [ɛ] *Il est, elle est* : forme au présent du verbe **être.**

FAUX AMI
de *c'est* : italien **c'è** «il y a»

EST [ɛst] n. m. et adj. invariables
I. *L'EST* **1.** Celui des quatre points cardinaux qui est au soleil levant (opposé à ouest). *Le soleil se lève à l'est.* → **levant, orient.** *L'Allemagne est à l'est de la France.* **2.** (en France) *L'EST* : l'Alsace et la Lorraine. *Elle a l'accent de l'Est.* **3.** *L'EST* ou *les PAYS DE L'EST* : les pays à l'est de l'Europe. *La Pologne est un pays de l'Est.*
II. adjectif invariable (après le nom) Qui est à l'est. *Ils habitent dans la banlieue est de Paris,* la banlieue qui est à l'est de Paris. *Ils ont passé leurs vacances sur la côte est des États-Unis.* → **oriental.**

REM. Pour l'utilisation de la majuscule, voir l'encadré sur les points cardinaux. → ② **cardinal.**

ESTAFILADE [ɛstafilad] n. f. ▪ *UNE ESTAFILADE* : longue coupure faite par une lame, surtout au visage. *Il s'est fait une estafilade en se rasant.* → **balafre.**

ESTAMPE [ɛstɑ̃p] n. f. ▪ *UNE ESTAMPE* : image imprimée au moyen d'une planche gravée de bois ou de cuivre, ou par lithographie. *Ce livre contient de magnifiques estampes.* → **gravure.**

ESTHÈTE [ɛstɛt] n. m., n. f. ▪ *UN ESTHÈTE, UNE ESTHÈTE* : une personne qui fait passer la beauté avant tout. *Il a des goûts d'esthète. C'est une esthète.*

ESTHÉTICIENNE [ɛstetisjɛn] n. f. ▪ *UNE ESTHÉTICIENNE* : femme dont le métier est de donner des soins de beauté, de maquiller. *Elle est esthéticienne dans un institut de beauté.*

REM. Le masculin *esthéticien* [ɛstetisjɛ̃] est rare.

ESTHÉTIQUE [ɛstetik] adj. et n. f. **1.** adj. (après le nom) (qqch.) Qui est beau, agréable à regarder. *Cette danseuse a des gestes esthétiques.* ⟨contraire : inesthétique⟩ *Ces vieux rideaux ne sont pas très esthétiques.* **2.** Qui concerne l'art, le sentiment du beau. *Il n'a aucun sens esthétique* : il ne fait pas la différence entre ce qui est beau et ce qui est laid. → **artistique. 3.** Qui est fait pour améliorer l'aspect physique. *Il va passer par la CHIRURGIE ESTHÉTIQUE pour se faire refaire le nez.* **4.** n. f. *L'ESTHÉTIQUE* : l'étude du beau.

ESTHÉTIQUEMENT [ɛstetikmɑ̃] adverbe ▪ Du point de vue de la beauté. *Esthétiquement, cet objet est réussi mais il n'est vraiment pas pratique.*

ESTIMABLE [ɛstimabl] adj. (après le nom) ▪ (qqn) Digne d'estime. *C'est un homme estimable.* → **honorable, respectable.** ⟨contraire : méprisable⟩

ESTIMATION [ɛstimasjɔ̃] n. f. ▪ *L'ESTIMATION* **1.** Action de déterminer la valeur, le prix de (qqch.). *Le plombier a fait une estimation du prix des travaux.* → **devis. 2.** Action d'évaluer la grandeur, l'importance de (qqch.). *D'après les premières estimations, il y aurait une centaine de victimes.* → **évaluation.**

ESTIME [ɛstim] n. f. ▪ *L'ESTIME* **1.** Bonne opinion que l'on a d'une personne. *J'ai de l'estime pour lui.* → **considération, respect.** *Il a toute mon estime. C'est un homme DIGNE D'ESTIME,* estimable. ⟨contraires : dédain, mépris⟩ *Sa réaction l'a fait baisser DANS MON ESTIME.* **2.** Cas que l'on fait de quelque chose. *Son courage inspire de l'estime. Ce film a eu un SUCCÈS D'ESTIME,* il a eu de bonnes critiques mais n'a pas obtenu la faveur du public. **3.** Calcul approximatif de la position d'un bateau en mer. *Le voilier navigue À L'ESTIME.*

ESTIMER [ɛstime] verbe [conjugaison 1a] **1.** Donner un prix, une valeur à (qqch.). *L'expert a estimé le tableau. Leur maison est estimée deux millions de francs.* → **évaluer. 2.** Calculer approximativement. *Le nombre des blessés est encore impossible à estimer.* **3.** Avoir une opinion sur (qqn, qqch.). *J'estime indispensable de la prévenir.* → **croire, trouver.** *Elle ESTIME QUE tu devrais* *le faire.* → **juger, penser.** *J'estime avoir fait ce qu'il fallait.* **4.** Avoir une bonne opinion de (qqn). *Elle estime son nouveau collègue.* → **apprécier.** (contraire : mépriser) **5.** verbe pronominal S'ESTIMER : (qqn) se juger, se trouver. *Nous nous estimons satisfaits. Elle s'est estimée satisfaite.* ESTIMEZ-VOUS HEUREUX *d'avoir obtenu son accord. Estime-toi heureuse qu'il n'ait rien dit.*

ESTIVAL [ɛstival], **ESTIVALE** [ɛstival] adj. (après le nom) ▪ D'été. *Il fait une température estivale* (opposé à hivernal). MASCULIN PLURIEL : *des temps* ESTIVAUX [ɛstivo].

ESTIVANT [ɛstivɑ̃] n. m., **ESTIVANTE** [ɛstivɑ̃t] n. f. ▪ *UN ESTIVANT, UNE ESTIVANTE :* une personne qui passe les vacances d'été dans un lieu. *Les premiers estivants viennent d'arriver* (→ **vacancier**).

FAUX AMI — portugais **estivador** « docker »

REM. Les estivants qui prennent leurs vacances au mois d'août sont des *aoûtiens.*

ESTOMAC [ɛstɔma] n. m. ▪ *L'ESTOMAC* **1.** Chez l'homme, partie de l'appareil digestif située dans le haut de l'abdomen, entre l'œsophage et l'intestin, formée d'une poche qui reçoit les aliments. *Les aliments sont transformés dans l'estomac* (→ **digestion**). *Il a un ulcère à l'estomac* (→ **gastrique, stomacal**). *Elle a souvent des crampes d'estomac. J'ai l'estomac vide :* j'ai faim. → **ventre.** – (figuré) *Avoir l'estomac dans les talons :* avoir très faim. **2.** Chez les animaux, partie renflée du tube digestif qui reçoit les aliments. *Les ruminants ont un estomac à quatre compartiments* (→ **panse**). **3.** Partie du corps située sous les côtes. *Le boxeur a reçu un coup dans l'estomac. Son mari a pris de l'estomac,* du ventre.

ESTOMAQUÉ [ɛstɔmake], **ESTOMAQUÉE** [ɛstɔmake] adj. (après le nom) ▪ STYLE FAMILIER Très étonné. *Il en est resté tout estomaqué.* → **ahuri, surpris.**

ESTOMPER [ɛstɔ̃pe] verbe [conjugaison 1a]
I. 1. Rendre moins net. *La brume estompe le paysage.* → **voiler.** **2.** Rendre moins vif. *Le temps qui passe estompe la peine.* → **atténuer.** (contraire : raviver)
II. verbe pronominal S'ESTOMPER **1.** Devenir moins net. *Les couleurs du dessin se sont estompées,* elles ont pâli. **2.** Devenir moins vif. *La douleur va s'estomper.*

ESTONIE [ɛstɔni] nom propre féminin – en estonien **EESTI** ▪ *L'ESTONIE :* l'un des trois pays baltes. *L'été prochain, nous ferons un voyage en Estonie. Montre-moi tes photos d'Estonie.*

ESTONIEN [ɛstɔnjɛ̃] adj. et n. m., **ESTONIENNE** [ɛstɔnjɛn] adj. et n. f. **1.** adjectif (après le nom) D'Estonie, l'un des pays baltes. *Saaremaa est une île estonienne.* **2.** *UN ESTONIEN, UNE ESTONIENNE :* une personne qui habite l'Estonie. *Les Estoniens.*

ESTRADE [ɛstʀad] n. f. ▪ *UNE ESTRADE :* plancher élevé de quelques marches au-dessus du sol. *Le bureau du professeur est sur une estrade. L'orchestre est installé sur une estrade.*

FAUX AMI — portugais **estrada** « route »

ESTRAGON [ɛstʀagɔ̃] n. m. ▪ *L'ESTRAGON :* plante dont on utilise la tige et les feuilles pour parfumer les aliments. *Le cuisinier a préparé du poulet à l'estragon.*

ESTROPIÉ [ɛstʀɔpje] adj. et n. m., **ESTROPIÉE** [ɛstʀɔpje] adj. et n. f. **1.** adjectif (après le nom) Qui est gravement blessé et a perdu l'usage d'un membre. *Ils ont un enfant estropié.* → **éclopé.** *Le voilà estropié pour la vie.* → **handicapé, infirme.** **2.** *UN ESTROPIÉ, UNE ESTROPIÉE :* une personne estropiée. *Un estropié contrôle les tickets à l'entrée du musée.*

ESTROPIER [ɛstʀɔpje] verbe [conjugaison 7a] **1.** Déformer (un mot) en le prononçant ou en l'écrivant. *Elle estropie toujours les mots étrangers.* → **écorcher.** *Il ne faut pas que vous estropiiez son nom.* **2.** verbe pronominal S'ESTROPIER : se blesser gravement et perdre l'usage d'un membre. *Elle s'est estropiée en tombant d'une échelle.*

ESTUAIRE [ɛstɥɛʀ] n. m. ▪ *UN ESTUAIRE :* embouchure d'un fleuve, vaste et profonde. *La Gironde est l'estuaire de la Garonne. Saint-Nazaire est un port sur l'estuaire de la Loire.*

ESTURGEON [ɛstyʀʒɔ̃] n. m. ▪ *UN ESTURGEON :* grand poisson de mer qui pond ses œufs dans les grands fleuves. *Un esturgeon peut mesurer cinq mètres de long. Les œufs d'esturgeon sont un mets très apprécié* (→ **caviar**).

ET [e] conjonction **1.** Mot qui sert à relier deux mots, deux groupes de mots ou deux phrases et qui exprime une addition, une liaison, un rapprochement. *Elle a deux enfants : une fille et un garçon. Viens et assieds-toi. Deux et deux font quatre. Il est trois heures et demie. Sa fille a vingt et un ans. Il est arrivé* ET PUIS *il s'est mis à pleurer.* **2.** (en début de phrase) *Et ensuite, qu'est-ce qu'il a fait ? Et alors ?*

ÉTABLE [etabl] n. f. ▪ *UNE ÉTABLE :* bâtiment où sont logés les vaches, les bœufs et les veaux. *Les vaches sont dans l'étable.*

REM. Les moutons sont dans une *bergerie,* les chevaux dans une *écurie* et les porcs dans une *porcherie.*

ÉTABLI [etabli] n. m. ▪ *UN ÉTABLI :* grande table très solide, sur laquelle on travaille le bois ou des pièces de métal. *Le menuisier pose les planches sur son établi.*

ÉTABLIR [etabliʀ] verbe [conjugaison 2]
I. 1. Mettre (qqch.) dans un lieu. *Les soldats ont établi leur camp près de l'aéroport.* → **installer.** *La police va établir des barrages sur cette route.* **2.** Faire apparaître comme vrai. *Il faut que l'avocat établisse l'innocence de son client.* → **démontrer, prouver.** – *Ce fait est maintenant établi.* **3.** Mettre en vigueur. *Le directeur établit un nouveau règlement.* → **instaurer.** *Un nouvel impôt vient d'être établi.* → **créer.** **4.** Faire avec soin et précision (une liste). *Les organisateurs du concours établissent la liste des gagnants.* → **dresser.** **5.** Commencer (des relations). *Ces deux pays vont établir des relations diplomatiques. Il a établi des liens d'amitié avec sa voisine.* → **nouer.**
II. verbe pronominal S'ÉTABLIR **1.** (qqn) Se fixer (quelque part) pour y habiter ou y travailler. *Ils se sont établis au Maroc.* → **s'installer.** *Elle s'est établie à son compte.* **2.** (qqch.) Prendre naissance. *Cette coutume s'est établie il y a bien longtemps.* → **s'instaurer.**

ÉTABLISSEMENT [etablismɑ̃] n. m.
I. *L'ÉTABLISSEMENT* **1.** Action de fonder, d'établir. *L'établissement de cet impôt a provoqué le mécontentement général.* **2.** Action de s'établir dans un lieu. *Je ne les ai pas revus depuis leur établissement en province.* → **installation.** **3.** Le fait de démontrer avec des preuves à l'appui. *L'établissement de son innocence a été long.*
II. *UN ÉTABLISSEMENT* **1.** Bâtiment qui sert à un usage précis et ensemble des personnes qui y travaillent. *Une usine est un établissement industriel. Un collège, un lycée, une école sont des* ÉTABLISSEMENTS SCOLAIRES. *Il est* CHEF D'ÉTABLISSEMENT *:* il est directeur d'un établissement scolaire. **2.** (au pluriel) LES ÉTABLISSEMENTS : société commerciale ou industrielle. *Les Établissements Dupont viennent d'engager du personnel.* → **compagnie, entreprise, firme, société.** – *ETS* [etablismɑ̃] forme abrégée graphique *Les Ets Dupont.*

ÉTAGE [etaʒ] n. m. ■ *UN ÉTAGE* **1.** Chacun des niveaux d'un bâtiment, situés au-dessus du rez-de-chaussée. *Ils habitent dans un immeuble de quatre étages. J'habite au troisième (étage). Il faut monter au deuxième étage.* – *Les chambres sont À L'ÉTAGE,* au premier étage d'une maison qui n'en a qu'un. **2.** Chacun des plans (d'un objet formé de parties superposées). *Leur gâteau de mariage est à trois étages.* **3.** Chaque niveau d'un vaisseau spatial, qui peut se détacher. *Le premier étage de la fusée s'est détaché.*

REM. Au Canada, le rez-de-chaussée est considéré comme premier étage.

FAUX AMI — portugais **estágio** « stage »

S'**ÉTAGER** [etaʒe] verbe pronominal [conjugaison 3b] ■ Être disposé en rangs superposés. *Autrefois, des maisons s'étageaient sur la colline.*

ÉTAGÈRE [etaʒɛʀ] n. f. ■ *UNE ÉTAGÈRE* **1.** Planche horizontale, dans un meuble, un placard ou fixée sur un mur. *Les assiettes sont sur une étagère du buffet.* **2.** Meuble fait de montants verticaux et de tablettes horizontales. *L'étagère du salon est remplie de livres.* → **bibliothèque.**

ÉTAI [etɛ] n. m. ■ *UN ÉTAI* : grosse poutre qui soutient provisoirement. *Après la tempête, on a dû mettre des étais pour soutenir le toit.*

ÉTAIN [etɛ̃] n. m. **1.** *L'ÉTAIN* : métal blanc grisâtre, assez mou. *Ils servent le thé dans une théière en étain.* **2.** *UN ÉTAIN* : un objet en étain. *Elle a acheté des étains chez un antiquaire.*

REM. Le bronze est un alliage de cuivre et d'étain.

étais [etɛ] *J'étais, tu étais* : forme à l'imparfait du verbe **être.**

ÉTAL [etal] n. m. ■ *UN ÉTAL* **1.** Table sur laquelle on expose les marchandises dans un marché. *Les fruits et les légumes sont sur l'étal.* → **éventaire.** PLURIEL : *des étals.* **2.** Table de bois épais sur laquelle les bouchers préparent et coupent la viande. *Le boucher tranche la viande sur son étal.*

ÉTALAGE [etalaʒ] n. m. ■ *UN ÉTALAGE* **1.** Lieu où l'on expose des marchandises à vendre. *Les enfants admirent l'étalage du magasin de jouets.* → **devanture, vitrine. 2.** *FAIRE ÉTALAGE DE* : montrer avec ostentation. *Il fait étalage de sa fortune.* → **afficher, étaler.**

FAUX AMI — portugais **estalagem** « auberge »

ÉTALAGISTE [etalaʒist] n. m., n. f. ■ *UN ÉTALAGISTE, UNE ÉTALAGISTE* : une personne dont le métier est de disposer les marchandises dans les vitrines d'un magasin. *L'étalagiste refait la vitrine.*

ÉTALE [etal] adj. (après le nom) ■ (qqch.) (mer) Qui ne monte, ni ne baisse. *La mer est étale.*

ÉTALEMENT [etalmɑ̃] n. m. ■ *L'ÉTALEMENT* **1.** Action de répartir dans le temps. *Vous pouvez bénéficier de l'étalement des paiements. L'ÉTALEMENT DES VACANCES évite le surpeuplement des stations de sports d'hiver.* **2.** Action d'étaler, d'étendre. *L'étalement du tas de fumier sur la terre a pris du temps.*

ÉTALER [etale] verbe [conjugaison 1a] **1.** Disposer de façon à occuper beaucoup de place pour bien montrer. *Elle étale ses photos de vacances sur la table.* ⟨contraire : empiler⟩ *L'automobiliste étale la carte routière.* **2.** Étendre en couche fine. *Il étale du beurre sur la tranche de pain.* → **tartiner. 3.** Montrer (qqch. dont on est fier). *Ce professeur étale ses connaissances.* – *Elle étale sa vie privée.* **4.** Répartir dans le temps. *Les paiements sont étalés sur quinze mois.* → **échelonner.** *On essaie d'étaler les départs en vacances,* de faire en sorte que tout le monde ne parte pas en même temps. **5.** STYLE FAMILIER *SE FAIRE ÉTALER* : échouer. *Elle s'est fait étaler à son examen.* **6.** STYLE FAMILIER verbe pronominal S'ÉTALER : (qqn) tomber. *La dame s'est étalée de tout son long sur le trottoir.*

FAUX AMI — portugais **estalar** « éclater »

① **ÉTALON** [etalɔ̃] n. m. ■ *UN ÉTALON* : cheval mâle destiné à la reproduction. *L'étalon a sailli la jument.*

② **ÉTALON** [etalɔ̃] n. m. ■ *UN ÉTALON* **1.** Modèle légal de définition d'une unité de mesure. *On vérifie une balance avec des poids étalons.* **2.** Matière, marchandise ou monnaie qui sert de référence pour mesurer une valeur. *Le dollar sert d'étalon monétaire.*

ÉTALON-OR [etalɔ̃ɔʀ] n. m. ■ *SYSTÈME D'ÉTALON-OR* : système monétaire international dans lequel la valeur des différentes monnaies est fondée sur l'or.

① **ÉTAMINE** [etamin] n. f. ■ *L'ÉTAMINE* : étoffe mince, légère. *Elle a mis un chemisier en étamine de soie. Les rideaux sont en étamine de coton.*

② **ÉTAMINE** [etamin] n. f. ■ *UNE ÉTAMINE* : partie mâle de la fleur, qui produit le pollen. *Les insectes, en butinant, transportent le pollen des étamines sur le pistil.*

ÉTANCHE [etɑ̃ʃ] adj. (après le nom) ■ Qui ne laisse pas passer l'eau, qui ne fuit pas. *Je peux me baigner avec ma montre étanche. Le toit de la maison n'est pas étanche. Ce navire a des cloisons étanches.*

ÉTANCHÉITÉ [etɑ̃ʃeite] n. f. ■ *L'ÉTANCHÉITÉ* : qualité de ce qui est étanche. *L'étanchéité de cette montre n'est pas parfaite, il y a de la buée à l'intérieur.*

ÉTANCHER [etɑ̃ʃe] verbe [conjugaison 1a] ■ STYLE RECHERCHÉ *ÉTANCHER SA SOIF* : calmer sa soif en buvant. → se **désaltérer.** *Le chevalier étanche sa soif à la fontaine,* il boit à la fontaine.

ÉTANG [etɑ̃] n. m. ■ *UN ÉTANG* : petit lac peu profond. *Des nénuphars et des roseaux poussent dans l'étang. Nous sommes allés pêcher dans l'étang* (→ **mare**).

étant [etɑ̃] *En étant* : forme au participe présent du verbe **être.**

ÉTAPE [etap] n. f. ■ *UNE ÉTAPE* **1.** Endroit où l'on s'arrête au cours d'un voyage, notamment pour y passer la nuit. *Nous allons de Paris à Varsovie, avec une étape à Berlin.* → **halte.** *Nous avons FAIT ÉTAPE à Berlin* : nous nous sommes arrêtés à Berlin. *As-tu la liste des étapes du tour de France cycliste ?* des villes où les coureurs se reposent entre deux courses. – (figuré) *Cet élève a eu son bac à quinze ans : il a BRÛLÉ LES ÉTAPES,* il est allé plus vite que prévu, il a sauté des classes. **2.** Distance parcourue ou à parcourir avant de s'arrêter. *Nous voyagerons par petites étapes. Ils ont fait mille kilomètres en une seule étape. Demain, les cyclistes auront une longue étape.* → **route.** *Il a remporté l'étape.* **3.** Période de la vie. *L'adolescence est une étape difficile.*

① **ÉTAT** [eta] n. m. ■ *L'ÉTAT* **1.** Manière d'être physique, morale (d'un être vivant). *L'ÉTAT DE SANTÉ de votre fille est bon,* elle est en bonne santé. *Reposez-vous un peu et votre ÉTAT GÉNÉRAL s'améliorera,* votre santé s'améliorera. *Le blessé est en mauvais état,* il ne va pas bien. *Le malade est dans un état grave.* – *Elle est dans un grand état d'énervement. Ne vous mettez pas dans cet état !* calmez-vous. – (au pluriel) *Elle EST DANS TOUS SES ÉTATS* : elle est très énervée, agitée et affolée. – *Dans quel ÉTAT D'ESPRIT est-il depuis l'accident ?* que pense-t-il, comment est-il moralement ? *Il a un curieux état d'esprit, en ce moment.* → **mentalité.** – (au pluriel) *Elle a des ÉTATS D'ÂME* : elle a des réactions sentimentales un peu exagérées. *Vos états d'âme ne nous intéressent pas.* → **humeur.** *Il n'a pas d'états d'âme :* il est insensible. – *Cet automobiliste est* EN ÉTAT D'IVRESSE, il est ivre, il a trop bu. *Je ne suis pas* EN ÉTAT DE *travailler,* je ne vais pas bien et je ne peux donc pas travailler. → **mesure.** *Il a mis son adversaire* HORS D'ÉTAT DE NUIRE : il a fait ce qu'il fallait pour que son adversaire ne puisse plus faire de mal. **2.** Manière d'être (d'une chose). *Dans quel état est cette maison ? Elle est* EN MAUVAIS ÉTAT, elle est abîmée. *L'immeuble est en bon état.* – *Nous avons remis l'appartement* EN ÉTAT, en bon état. – *La voiture est* EN ÉTAT DE MARCHE, elle peut rouler, on peut l'utiliser. *Le pays est en état d'alerte. Le chômage a encore augmenté, cet* ÉTAT DE CHOSES *ne peut pas durer,* cette situation ne peut pas durer. – *Le film est encore* À L'ÉTAT DE *projet,* sous forme de projet. – *La glace est de l'eau à l'état solide.* **3.** STYLE RECHERCHÉ *FAIRE* ÉTAT DE : tenir compte de, parler de. *Ne faites pas état de ce que je viens de vous dire.* **4.** ÉTAT DES LIEUX : description écrite détaillée d'un immeuble, d'un appartement, indiquant les parties abîmées ou bien conservées. *Le propriétaire de l'appartement a fait un état des lieux avant le départ de son locataire.* **5.** DE SON ÉTAT : de son métier. *Il est pharmacien de son état :* il est pharmacien, c'est son métier. **6.** L'ÉTAT CIVIL *d'une personne :* l'ensemble des principaux renseignements concernant la situation sociale d'une personne en vie (nom, date de naissance, mariage...). *C'est à la mairie que l'on demande sa* FICHE D'ÉTAT CIVIL.

FAUX AMI
allemand **Etat** « budget »

REM. Les *verbes d'état (être, sembler, demeurer, devenir, rester...)* expriment l'existence ou la manière d'être du sujet et sont suivis d'un attribut. Ils sont opposés aux verbes qui expriment l'action *(boire, marcher, suivre, bâtir...).*

② **ÉTAT** [eta] n. m.
I. *L'*ÉTAT **1.** Autorité souveraine qui s'exerce sur un peuple et sur un territoire délimité par des frontières. → **pouvoir.** *Plusieurs* CHEFS D'ÉTAT *se sont réunis à Bruxelles. Ce président est un grand chef d'État,* c'est un homme qui gouverne très bien, qui fait des choses importantes pour son pays. *En France, le* CHEF DE L'ÉTAT *est le président de la République.* – *Les militaires ont tenté un* COUP D'ÉTAT, ils ont essayé de conquérir le pouvoir par des moyens illégaux (→ **putsch, révolution**). – *Ce scandale politique est une* AFFAIRE D'ÉTAT, une affaire grave et importante. (ironique) *D'accord, tu es enrhumé, mais n'en fais pas une affaire d'État !* **2.** Ensemble des services qui gouvernent un pays. → **administration, gouvernement.** *L'État prélève les impôts. Les fonctionnaires sont au service de l'État. Ces grands travaux sont en partie financés par l'État.*
II. UN ÉTAT : groupement humain fixé sur un territoire délimité et qui obéit au même gouvernement. → **empire, nation, pays, république, royaume.** *Ce pays est en guerre contre un État voisin. Les États-Unis sont une fédération d'États.*

ÉTATISER [etatize] verbe [conjugaison 1a]. Transformer en administration d'État, faire gérer par l'État. *Il faut étatiser cette entreprise.* → **nationaliser.** (contraire : privatiser)

ÉTAT-MAJOR [etamaʒɔʀ] n. m. UN ÉTAT-MAJOR **1.** Groupe d'officiers qui commande une armée sous les ordres d'un général. *L'état-major a décidé d'attaquer l'ennemi.* PLURIEL : *des* ÉTATS-MAJORS. **2.** Ensemble des collaborateurs directs d'un chef. *L'état-major de l'entreprise est en réunion.*

ÉTATS-UNIS [etazyni] nom propre masculin pluriel – en anglais **UNITED STATES OF AMERICA.** *Les* ÉTATS-UNIS *d'Amérique* ou *les* ÉTATS-UNIS : État fédéral d'Amérique du Nord, situé entre le Canada et le Mexique. *Les habitants des États-Unis sont les Américains.* → **américain.** *Nous allons aux États-Unis.*

ÉTAU [eto] n. m. UN ÉTAU **1.** Instrument composé de deux mâchoires qui maintiennent en le serrant un objet que l'on veut travailler. *J'ai placé dans l'étau la planche que je dois scier.* PLURIEL : *des* ÉTAUX. **2.** Ce qui enferme, entoure en serrant étroitement. *L'étau se resserre autour des assiégés.*

ÉTAYER [eteje] verbe [conjugaison 8b] **1.** Consolider (un mur, un plafond) à l'aide de poutres. *Dans la mine de charbon, les mineurs étayent les galeries qu'ils creusent.* **2.** Appuyer, soutenir (qqch.). *Vous étayerez votre raisonnement par des exemples solides.*

REM. Deux formes possibles au présent et au subjonctif : *ils étayent* [etɛj] ou *ils étaient* [etɛ] *le plafond* (cette dernière forme est peu pratique car elle est homonyme de l'imparfait du verbe *être*). Deux formes possibles au futur : *ils étayeront* [etɛjʀɔ̃] ou *ils étaieront* [etɛʀɔ̃] *les murs.*

ETC. [ɛtseteʀa] abréviation de la locution latine *et cætera.* Et le reste, et ainsi de suite. *J'ai acheté tout ce qu'il faut pour dessiner : crayons, gomme, etc.*

REM. On entend souvent prononcer [ɛksetera], ce qui est fautif.

été [ete] *J'ai été, nous avons été :* forme au participe passé du verbe **être.**

ÉTÉ [ete] n. m. L'ÉTÉ : saison la plus chaude de l'année, qui suit le printemps et précède l'automne. *Dans l'hémisphère nord, l'été commence le 21 ou le 22 juin et se termine le 22 ou le 23 septembre. En été, les jours sont plus longs. L'année dernière, nous avons eu un été pourri. Quel bel été ! Que faites-vous pendant les vacances d'été ?* (→ **estivant**). *Lorsque le froid arrive, je range les tenues d'été,* les vêtements légers (→ **estival**). *Dans cette région les étés sont très chauds.*

éteigne [etɛɲ] *Que j'éteigne ; qu'il éteigne, qu'elle éteigne :* forme au subjonctif du verbe **éteindre.**

ÉTEINDRE [etɛ̃dʀ] verbe [conjugaison 52b]
I. 1. Faire cesser de brûler. *Les pompiers ont éteint l'incendie. Il faut qu'ils éteignent* [etɛɲ] *le feu rapidement. Pouvez-vous éteindre votre cigarette ?* → **écraser.** *La cigarette est éteinte.* **2.** Faire cesser d'éclairer. *Éteins la lumière, s'il te plaît.* → **fermer.** (contraire : allumer) *J'ai éteint la lampe. As-tu éteint la cave ?* l'éclairage de la cave. – *J'éteins et j'arrive.* **3.** Arrêter le fonctionnement de (un appareil électrique). *Chaque soir, nous éteignons trop tard la télévision, il faudrait que nous l'éteignions plus tôt. Il a éteint le chauffage électrique.* → **arrêter.**
II. verbe pronominal S'ÉTEINDRE **1.** Cesser de brûler. *Le feu s'éteint.* → **mourir.** **2.** STYLE RECHERCHÉ (qqch.) Disparaître. *Son souvenir ne s'éteindra jamais.* – (êtres vivants) *Cette race animale s'éteindra, si nous ne la protégeons pas.* **3.** STYLE RECHERCHÉ (qqn) Mourir. *La malade s'est éteinte dans la nuit.*

éteins [etɛ̃] *J'éteins, tu éteins :* forme au présent du verbe **éteindre.**

éteint [etɛ̃], **éteinte** [etɛ̃t] *Il a éteint la lumière ; la lumière qu'il a éteinte :* formes au participe passé du verbe **éteindre.**

ÉTEINT [etɛ̃], **ÉTEINTE** [etɛ̃t] adj. (après le nom) **1.** Qui ne brûle plus, n'éclaire plus, ne fonctionne plus. *Aucune fumée ne s'échappe d'un volcan éteint* (opposé à en activité). *Nous avons vu une voiture qui roulait* TOUS FEUX ÉTEINTS, sans aucune lumière allumée. **2.** Qui a perdu sa vivacité. *Le malade parle avec une voix éteinte,* si faible qu'on l'entend à peine.

ÉTENDARD [etɑ̃daʀ] n. m. UN ÉTENDARD **1.** Drapeau. *Autrefois, les armées déployaient leurs étendards avant d'aller au combat.* → **bannière.** **2.** Symbole d'une cause, d'une idée. *Les grévistes agitent l'étendard de la révolte.*

ÉTENDRE [etɑ̃dʀ] verbe [conjugaison 41a]
I. 1. Déployer (un membre) dans sa longueur. *Étendez les bras.* → **allonger, étirer.** ⟨contraires : plier, replier⟩ – *L'oiseau étend ses ailes.* **2.** Placer à plat (ce qui était plié, roulé). *Il faut que j'étende le linge sur le séchoir,* il faut que je l'étale, pour qu'il sèche. **3.** Coucher (qqn) de tout son long. *Nous avons étendu le blessé sur le sol.* → **allonger.** – STYLE FAMILIER *Tu n'as pas assez travaillé, tu vas te faire étendre à l'examen,* tu vas échouer. → **refuser ;** STYLE FAMILIER **coller. 4.** Diluer, mélanger dans (un liquide). *Le sirop doit être étendu d'eau avant d'être bu.* **5.** Rendre plus grand, plus important. *Il faut que tu étendes tes connaissances en géographie.* → **accroître, augmenter.** ⟨contraires : diminuer, limiter, restreindre⟩ – *Cette mesure a été étendue à tous les travailleurs.*
II. verbe pronominal S'ÉTENDRE **1.** (qqn) S'allonger, se coucher. *Étendez-vous sur le divan. Elle s'est étendue un petit moment dans sa chambre.* **2.** (qqch.) Occuper un certain espace. *La forêt s'étend sur des kilomètres.* – *Son pouvoir s'étend sur un immense territoire.* **3.** Devenir plus grand. *L'incendie s'est étendu rapidement.* → se **propager. 4.** Développer longuement (un sujet). *J'espère qu'on ne va pas s'étendre là-dessus pendant des heures !* j'espère qu'on ne va pas en parler pendant des heures ! → s'**appesantir,** s'**attarder.**

étendu [etɑ̃dy], **étendue** [etɑ̃dy] *J'ai étendu la blessée ; la blessée que j'ai étendue :* formes au participe passé du verbe **étendre.**

ÉTENDU [etɑ̃dy], **ÉTENDUE** [etɑ̃dy] adj. (après le nom) **1.** Allongé, couché. *Il y a un homme étendu par terre.* **2.** Grand, vaste. *Près de chez nous, se trouve une forêt très étendue. De la tour, on a une vue étendue sur la ville.* – *Ce professeur a des connaissances étendues en grammaire.* ⟨contraires : réduit, restreint⟩

ÉTENDUE [etɑ̃dy] n. f. ▪ *L'ÉTENDUE* **1.** Espace, surface. *Devant nous s'ouvre une vaste étendue désertique. Le sahara a une étendue considérable.* **2.** Importance. *Le ministre est sur les lieux de l'accident, pour constater l'étendue des dégâts. Quelle est l'étendue de son pouvoir ?*

ÉTERNEL [etɛʀnɛl], **ÉTERNELLE** [etɛʀnɛl] adj.
I. (après le nom) **1.** (qqn) Qui a toujours existé et qui existera toujours. *Les chrétiens croient en un Dieu éternel.* – *Je ne suis pas éternel :* je mourrai un jour. **2.** Qui doit durer toujours, ne pas avoir de fin. → **durable, persistant.** *Ils se sont juré une amitié éternelle.* ⟨contraires : court, éphémère⟩ *L'été dernier, en haute montagne, nous avons admiré les NEIGES ÉTERNELLES,* les neiges qui ne fondent jamais.
II. (avant le nom) **1.** Qui ennuie, qui fatigue par la répétition. *J'en ai assez de vos éternelles disputes !* – *Cet homme est un éternel mécontent,* il est toujours mécontent. **2.** (qqch.) Qui est toujours avec qqn, qqch. *Nous avons vu mon grand-père arriver, avec son éternel parapluie. Elle est là, avec son éternel sourire aux lèvres...*

ÉTERNELLEMENT [etɛʀnɛlmɑ̃] adverbe **1.** Toujours. *Ils pensent que leur amour durera éternellement.* → **indéfiniment. 2.** Sans cesse, continuellement. *Vas-tu rester là éternellement ?* → **toujours.** *Cette situation ne peut pas durer éternellement. Elle est éternellement mécontente.*

S'**ÉTERNISER** [etɛʀnize] verbe pronominal [conjugaison 1a] **1.** Durer trop longtemps. *La guerre s'éternise, le peuple n'en peut plus.* – *La réunion s'est éternisée.* **2.** STYLE FAMILIER (qqn) Rester, s'attarder trop longtemps. *S'il n'arrive pas dans cinq minutes, je pars : je ne vais pas m'éterniser ici. Ne nous éternisons pas sur ce sujet.*

ÉTERNITÉ [etɛʀnite] n. f. ▪ *L'ÉTERNITÉ* **1.** État de ce qui est éternel, n'a pas de fin. *Peut-on envisager l'éternité de la matière ?* **2.** La vie après la mort, pour les croyants. *Il croit à l'éternité.* → **immortalité.** *Les amoureux se croient unis pour l'éternité.* **3.** *UNE ÉTERNITÉ :* temps extrêmement long ou qui semble très long. *Ce repas a duré une éternité.* ⟨contraire : instant⟩ *Il y a une éternité que je n'ai pas vu cet ami.*

ÉTERNUEMENT [etɛʀnymɑ̃] n. m. ▪ *UN ÉTERNUEMENT :* rejet involontaire, brusque et bruyant d'air par le nez et la bouche. → **atchoum.** *Le poivre provoque des éternuements.*

ÉTERNUER [etɛʀnɥe] verbe [conjugaison 1a] ▪ Rejeter involontairement, brusquement et avec bruit de l'air par le nez et la bouche. *Je commence à éternuer et à me moucher, c'est le rhume. Respire un peu de poivre et tu éternueras* [etɛʀnyʀa] *! Des gamins ont mis de la POUDRE À ÉTERNUER dans la classe,* de la poudre employée pour faire des farces et qui provoque des éternuements.

êtes [ɛt] *Vous êtes :* forme au présent du verbe **être.**

ÉTHER [etɛʀ] n. m. ▪ *L'ÉTHER :* liquide incolore à odeur très forte, qui s'évapore facilement, qui peut anesthésier et qui sert à désinfecter. *L'infirmier a nettoyé la plaie avec de l'éther. Une odeur d'éther flotte dans le couloir de l'hôpital.*

ÉTHIOPIE [etjɔpi] nom propre féminin ▪ *L'ÉTHIOPIE :* pays de l'Afrique de l'est. *Ils sont en voyage en Éthiopie. Nous revenons d'Éthiopie. Les habitants de l'Éthiopie* (→ **éthiopien).**

REM. L'Éthiopie s'appelait autrefois l'Abyssinie.

ÉTHIOPIEN [etjɔpjɛ̃] adj. et n. m., **ÉTHIOPIENNE** [etjɔpjɛn] adj. et n. f. **1.** adjectif (après le nom) D'Éthiopie. → **abyssin.** *Il apprend à parler la langue éthiopienne.* **2.** *UN ÉTHIOPIEN, UNE ÉTHIOPIENNE :* un habitant, une habitante d'Éthiopie. *Les Éthiopiens.*

ÉTHIQUE [etik] n. f. ▪ *L'ÉTHIQUE :* morale. *Ce parti politique n'a aucune éthique. Nous n'avons pas la même éthique en matière de biologie.*

ETHNIE [ɛtni] n. f. ▪ *UNE ETHNIE :* société humaine dont les individus parlent la même langue et ont la même culture, les mêmes traditions. *Un pays est souvent formé de plusieurs ethnies.*

REM. On utilise le mot *race* pour distinguer les caractères physiques humains (*race blanche, race noire,* etc.).

ETHNIQUE [ɛtnik] adj. (après le nom) ▪ Qui concerne la race ou l'ethnie. *Cette population présente plusieurs groupes ethniques.* → **racial.**

ETHNOLOGIE [ɛtnɔlɔʒi] n. f. ▪ *L'ETHNOLOGIE :* science qui étudie les différents groupes humains, leur façon de vivre, leur culture. *L'ethnologie fait partie des sciences humaines.*

ETHNOLOGUE [ɛtnɔlɔg] n. m., n. f. ▪ *UN ETHNOLOGUE, UNE ETHNOLOGUE :* une personne spécialiste de l'ethnologie. *L'ethnologue étudie la façon de vivre, la culture d'un groupe humain.*

ÉTINCELANT [etɛ̃slɑ̃], **ÉTINCELANTE** [etɛ̃slɑ̃t] adj. (après le nom) ▪ Qui brille vivement, qui étincelle. *J'aime regarder la neige étincelante au clair de lune.* → **scintillant.** ⟨contraire : terne⟩ – *Elle nous a regardés, les yeux étincelants de colère.* → **brillant.**

ÉTINCELER [etɛ̃sle] verbe [conjugaison 4a] ▪ Briller vivement sous un rayon lumineux. *Les diamants étincellent sous les projecteurs.* → **scintiller.** *La mer étincelle au clair de lune.*

ÉTINCELLE [etɛ̃sɛl] n. f. ▪ *UNE ÉTINCELLE* **1.** Minuscule partie brillante qui jaillit de ce qui brûle ou qui est projetée au cours d'un choc, d'un frottement. *Une gerbe d'étincelles jaillit du feu. Le forgeron fait des étincelles en travaillant le fer rougi avec son marteau.* – (figuré) *Il y a eu le licenciement injuste d'un ouvrier :*

c'est l'étincelle qui a mis le feu aux poudres, c'est l'incident qui a déclenché le conflit. **2.** Petit éclair. *Lorsque j'ai débranché le fer à repasser, il y a eu une étincelle dans la prise électrique.* **3.** (qqn) *FAIRE DES ÉTINCELLES* : réussir brillamment, être brillant. *Cet étudiant a fait des étincelles à sa soutenance de thèse.*

S'**ÉTIOLER** [etjɔle] verbe pronominal [conjugaison 1a] **1.** (plante) S'affaiblir, se faner. *Cette plante s'est étiolée car elle n'a pas été assez arrosée.* → **dépérir.** ⟨contraires : se développer, s'épanouir⟩ **2.** (qqn) S'affaiblir. *Ce malade s'étiole, dans sa chambre d'hôpital.* – (qqch.) *Ma mémoire s'étiole.*

ÉTIQUETER [etikte] verbe [conjugaison 4b] ▪ Mettre une étiquette sur (qqch.). *Elle étiquette ses bocaux de confiture.*

① **ÉTIQUETTE** [etikɛt] n. f. ▪ *UNE ÉTIQUETTE* **1.** Morceau de papier, de carton ou de tissu fixé à un objet et qui indique le prix de cet objet, sa composition, sa destination ou son propriétaire. *Elle a accroché une étiquette à la poignée de sa valise. J'ai collé les étiquettes sur les colis. L'étiquette indique qu'il faut laver ce pull à l'eau froide.* **2.** Ce qui range qqn dans une certaine catégorie politique. *Quelle est l'étiquette de cet homme politique ? Il se présente à l'élection SOUS L'ÉTIQUETTE socialiste. Cette candidate est sans étiquette,* elle n'appartient à aucun parti politique.

② **ÉTIQUETTE** [etikɛt] n. f. ▪ *L'ÉTIQUETTE* : règles que l'on doit observer en présence d'un chef d'État, d'un personnage très important. → **protocole.** *À la cour des rois, il faut respecter l'étiquette.*

ÉTIRER [etiʀe] verbe [conjugaison 1a] **1.** Rendre plus long en tirant. *Il étire un élastique.* **2.** verbe pronominal *S'ÉTIRER* : étendre ses membres en tendant ses muscles pour les délasser. *Le matin, je m'étire en bâillant. Quand le chat se réveillera, il s'étirera* [etiʀʀa]. *Elle s'est étirée.*

ÉTOFFE [etɔf] n. f.

I. *UNE ÉTOFFE* : tissu. *Pour faire sa jupe, elle a choisi une étoffe rouge.*

II. *AVOIR L'ÉTOFFE DE* : avoir les qualités, les capacités de. *Il n'a pas l'étoffe d'un chef d'État.* → **envergure.**

> REM. On dit *en tissu*, mais pas *en étoffe* : *le sac est-il en papier ou en tissu ?*

ÉTOFFER [etɔfe] verbe [conjugaison 1a] **1.** Enrichir. *Il faudrait étoffer votre texte en ajoutant des exemples.* ⟨contraire : abréger⟩ **2.** verbe pronominal *S'ÉTOFFER* : (qqn) devenir plus fort, plus large d'épaules. ⟨contraires : maigrir, s'étioler⟩ *Cette jeune fille s'est étoffée depuis qu'elle fait du sport.*

ÉTOILE [etwal] n. f. ▪ *UNE ÉTOILE* **1.** Astre visible comme un point lumineux, la nuit, et qui n'est ni le Soleil, ni la Lune. *La nuit, les étoiles brillent dans le ciel.* → **astre, comète, planète.** *L'étoile polaire est située dans la direction du pôle Nord. Nous avons observé un groupe d'étoiles.* → **constellation.** – *Comme ils n'ont pas de tente, ils dormiront À LA BELLE ÉTOILE,* en plein air, la nuit. **2.** En astronomie, Astre qui brille par lui-même et qui produit et envoie de l'énergie. *Le Soleil est une étoile moyenne. L'astronomie étudie le mouvement des étoiles* (→ **stellaire).** **3.** *Une ÉTOILE FILANTE* : météorite qui passe dans notre atmosphère en faisant une trace lumineuse. *On voit beaucoup d'étoiles filantes dans les belles nuits d'été.* **4.** Astre considéré comme ayant une influence sur la vie de qqn. *Il est né sous une mauvaise étoile. Je crois à ma bonne étoile.* **5.** Ornement, objet en forme d'étoile. *Le général a des étoiles brodées sur son képi. L'étoile de David :* l'étoile à six branches du judaïsme. – (dans un classement) *Nous avons réservé une chambre dans un petit hôtel (à) deux étoiles. C'est un bon restaurant (à) trois étoiles.* **6.** *Une ÉTOILE DE MER* : animal marin en forme d'étoile à cinq branches. *Les enfants ont trouvé une étoile de mer sur la plage.* **7.** Comédien, danseur ou sportif très célèbre. *Elle est passionnée par la vie des étoiles du cinéma.* → **star, vedette.** – *Il est DANSEUR ÉTOILE à l'Opéra de Paris :* il a le plus haut degré de tous les danseurs de l'Opéra. *Elle est danseuse étoile. Il est L'ÉTOILE MONTANTE du tennis mondial :* il devient très célèbre dans le domaine du tennis mondial.

ÉTOILÉ [etwale], **ÉTOILÉE** [etwale] adj. (après le nom) ▪ Rempli d'étoiles. *Nous avons regardé le ciel étoilé. C'est une belle nuit étoilée.* – *LA BANNIÈRE ÉTOILÉE :* le drapeau des États-Unis d'Amérique, qui porte cinquante étoiles.

ÉTONNAMMENT [etɔnamɑ̃] adverbe ▪ D'une manière étonnante, surprenante. *Les enfants sont étonnamment sages, aujourd'hui !* → **étrangement, singulièrement.**

ÉTONNANT [etɔnɑ̃], **ÉTONNANTE** [etɔnɑ̃t] adj. (après le nom, parfois avant le nom) **1.** Qui surprend, qui cause une surprise. *Je viens d'apprendre une chose très étonnante.* → **ahurissant, effarant, renversant, surprenant.** *Je trouve étonnant qu'il ne vienne pas. IL EST ÉTONNANT QU'il fasse si froid à cette saison.* ⟨contraires : banal, normal, ordinaire⟩ *Il n'y a rien d'étonnant à son refus. Je ne vois rien d'étonnant dans cette triste affaire.* **2.** (avant ou après le nom) Remarquable. → **fantastique ;** STYLE FAMILIER **extra, formidable, super.** *Ce pianiste est d'une étonnante virtuosité.* – *C'est une femme étonnante. Je vous trouve étonnant !*

ÉTONNÉ [etɔne], **ÉTONNÉE** [etɔne] adj. (après le nom) ▪ Surpris. *Quand je lui ai posé cette question, il a eu l'air étonné.*

ÉTONNEMENT [etɔnmɑ̃] n. m. ▪ *L'ÉTONNEMENT :* surprise causée par qqch. d'extraordinaire. *Cette nouvelle m'a rempli d'étonnement. À MON GRAND ÉTONNEMENT, la voiture a démarré sans problème, malgré le froid.* → **stupéfaction.**

ÉTONNER [etɔne] verbe [conjugaison 1a] **1.** Causer de la surprise à (qqn). *Votre question m'étonne.* → **surprendre.** *Cela m'ÉTONNERAIT QU'il revienne. Tu m'étonneras toujours !* – *Ça ne m'étonne pas :* j'en étais sûr. *Alors là, tu m'étonnes,* je ne te crois pas. – STYLE FAMILIER *Bien sûr, qu'il a du chagrin, tu m'étonnes !* c'est évident. *Ça m'étonnerait !* je pense que c'est peu vraisemblable. – *J'ai ÉTÉ ÉTONNÉ DE le rencontrer. Vous SEREZ ÉTONNÉ DU résultat, PAR le résultat.* **2.** verbe pronominal *S'ÉTONNER* : trouver étrange, être surpris. *Il ne fait aucun effort et il S'ÉTONNE DE ne pas faire de progrès ! Elle s'est étonnée de trouver la porte fermée. Je ne m'étonne plus de rien ! Ne t'étonne pas si je ne viens pas.*

ÉTOUFFANT [etufɑ̃], **ÉTOUFFANTE** [etufɑ̃t] adj. (après le nom) ▪ Qui empêche de respirer normalement. → **suffocant.** *Il fait une chaleur étouffante.* → **accablant.** *Un air étouffant rentre par la fenêtre.* ⟨contraires : frais, vif⟩

ÉTOUFFÉ [etufe], **ÉTOUFFÉE** [etufe] adj. (après le nom) **1.** Asphyxié par étouffement. *Il est mort étouffé.* **2.** (qqch.) Affaibli. *J'ai entendu un bruit étouffé dans l'escalier.* → **assourdi.** *Dans la classe, on entend des bruits de rires étouffés,* des bruits de rires que l'on essaie d'empêcher, de réprimer.

À L'**ÉTOUFFÉE** [aletufe] adverbe ▪ *Cuire à l'étouffée,* à la vapeur, dans un récipient fermé. → à l'**étuvée.** *Ces légumes sont cuits à l'étouffée.*

ÉTOUFFEMENT [etufmɑ̃] n. m. ▪ *UN ÉTOUFFEMENT* **1.** Difficulté anormale à respirer. *L'asthme provoque des crises d'étouffement.* **2.** Arrêt de la respiration. *Il est mort par étouffement.* → **asphyxie.**

> REM. Ne pas confondre *étouffement* et *essoufflement.*

ÉTOUFFER [etufe] verbe (conjugaison 1a)
I. 1. Faire mourir (qqn, un animal) en l'empêchant de respirer. *L'assassin a étouffé sa victime avec un oreiller. Le boa étouffe ses proies.* **2.** Gêner la respiration de (qqn). *Ne me serre pas si fort, tu m'étouffes ! La chaleur m'étouffe. Elle a pleuré si fort que les larmes l'étouffaient.* – (ironique) *Ce n'est pas l'honnêteté qui l'étouffe !* il n'est pas du tout honnête. **3.** Affaiblir (un son). *La moquette étouffe le bruit des pas.* → **amortir, assourdir, atténuer. 4.** Empêcher de se développer. → **arrêter.** *L'école ne doit pas étouffer la créativité des enfants.* – *Cet homme politique essaie d'étouffer le scandale,* de le cacher. → **dissimuler.** **5.** Avoir très chaud. *Ouvre la fenêtre, on étouffe, ici !*
II. verbe pronominal S'ÉTOUFFER **1.** Perdre la respiration. *J'ai failli m'étouffer en avalant de travers.* **2.** Mourir par asphyxie. *Elle s'est étouffée sous les couvertures.*

ÉTOURDERIE [etuʀdəʀi] n. f. ▪ *L'ÉTOURDERIE :* manque d'attention. *Son étourderie lui complique la vie. Vous avez fait des fautes d'étourderie dans votre dictée.* → **inattention, oubli.** (contraires : attention, réflexion)

ÉTOURDI [etuʀdi] adj. et n. m., **ÉTOURDIE** [etuʀdi] adj. et n. f. **1.** adjectif (après le nom) Qui ne fait pas attention à ce qu'il fait, qui oublie tout. → **distrait.** *Les enfants sont souvent étourdis.* (contraires : attentif, organisé, réfléchi) *C'est une petite fille étourdie.* **2.** *UN ÉTOURDI, UNE ÉTOURDIE :* une personne qui manque d'attention, qui oublie tout. *Tu ne sais jamais où sont tes affaires, tu n'es qu'un étourdi !*

ÉTOURDIR [etuʀdiʀ] verbe (conjugaison 2) **1.** Faire presque perdre connaissance. → **assommer ;** STYLE FAMILIER **sonner.** (contraires : réveiller, stimuler) *Ce coup sur la tête m'a étourdi. Il est encore étourdi par le choc.* **2.** Causer une sorte de vertige à (qqn). *Le vin commence à m'étourdir.* **3.** Fatiguer par le bruit, les paroles. *Taisez-vous, vous m'étourdissez !* **4.** verbe pronominal S'ÉTOURDIR : chercher à perdre une conscience claire, à ne plus se rendre compte de son état. *Il s'étourdit pour oublier son chagrin. Elle s'est étourdie grâce à la boisson.*

ÉTOURDISSANT [etuʀdisɑ̃], **ÉTOURDISSANTE** [etuʀdisɑ̃t] adj. (après le nom) ▪ Qui étourdit, qui fatigue par son bruit. (contraire : reposant) *Vous faites un vacarme étourdissant !* → **assourdissant.**

ÉTOURDISSEMENT [etuʀdismɑ̃] n. m. ▪ *UN ÉTOURDISSEMENT :* vertige, impression que tout tourne autour de soi. *Elle a eu un étourdissement et elle est tombée.* → **évanouissement.**

ÉTOURNEAU [etuʀno] n. m. ▪ *UN ÉTOURNEAU :* petit oiseau au plumage sombre tacheté de blanc. *L'étourneau est un peu plus petit que le merle.* PLURIEL : *des ÉTOURNEAUX.*

ÉTRANGE [etʀɑ̃ʒ] adj. (avant le nom ou après le nom) ▪ Qui étonne. → **bizarre, curieux.** *Il m'est arrivé une étrange aventure.* (contraires : banal, courant, ordinaire) *C'est un étrange garçon. Il a un air étrange.*

ÉTRANGEMENT [etʀɑ̃ʒmɑ̃] adverbe ▪ D'une manière étrange, étonnante. *Les enfants sont étrangement silencieux, ce soir.* → **bizarrement, curieusement.**

ÉTRANGER [etʀɑ̃ʒe] adj. et n. m., **ÉTRANGÈRE** [etʀɑ̃ʒɛʀ] adj. et n. f.
I. adjectif (après le nom) **1.** Qui est d'un autre pays. *Nous recevons souvent des amis étrangers. Beaucoup de travailleurs étrangers vivent en France.* – *À l'aéroport, la police contrôle les personnes de nationalité étrangère. Quelle langue étrangère apprenez-vous ? Elle a un accent étranger. Certaines personnes méprisent ce qui est étranger* (→ **xénophobe ; raciste**). **2.** *UN PAYS ÉTRANGER :* un pays autre que le sien. *Elle a beaucoup voyagé dans les pays étrangers.* **3.** Qui concerne les rapports entre un État et les autres États. *Il travaille au ministère des Affaires étrangères. Elle s'intéresse à la politique étrangère.* → **extérieur. 4.** *ÉTRANGER À qqn :* qui n'est pas propre ou naturel à qqn. *Le mensonge lui est étranger :* il ne ment jamais, il ne sait pas mentir. *Ce visage ne m'est pas étranger :* je connais ce visage, je l'ai déjà vu, il m'est familier. – *Nous SOMMES ÉTRANGERS À cette affaire,* nous n'y sommes pas mêlés, nous n'y avons pas participé. **5.** *UN CORPS ÉTRANGER :* toute chose qui se trouve de manière anormale dans l'organisme et qui n'en fait pas partie. *Une écharde, une balle de revolver, un objet avalé sont des corps étrangers.*
II. *UN ÉTRANGER, UNE ÉTRANGÈRE* **1.** Personne d'un autre pays que celui dont on parle. *Un Français est un étranger en Italie. Un Allemand est un étranger en France. Il a épousé une étrangère. Ce sont des étrangers qui habitent en France.* → **immigrant, immigré, réfugié, résident.** (contraires : citoyen, compatriote) **2.** Personne qui ne fait pas partie de la famille, d'un groupe. *Ils ne veulent pas d'étrangers dans leur réunion de famille. Elle n'est pour moi qu'une étrangère :* elle n'est rien pour moi.
III. *L'ÉTRANGER :* pays étranger. *Ils sont partis vivre à l'étranger* (→ **émigrer, s'expatrier**). *Voici maintenant les nouvelles de l'étranger.* → **extérieur.**

ÉTRANGLÉ [etʀɑ̃gle], **ÉTRANGLÉE** [etʀɑ̃gle] adj. (après le nom) ▪ Privé de respiration par une forte pression du cou. *Il est mort étranglé.* – *À l'enterrement, il a parlé d'une voix étranglée,* d'une voix qui est gênée par l'émotion.

ÉTRANGLEMENT [etʀɑ̃gləmɑ̃] n. m. ▪ *UN ÉTRANGLEMENT* **1.** Action d'étrangler. *Il est mort par étranglement,* étranglé. → **strangulation. 2.** Lieu resserré, très rétréci. (contraire : élargissement) *Le barrage a été construit dans un étranglement de la vallée.*

ÉTRANGLER [etʀɑ̃gle] verbe (conjugaison 1a) **1.** Empêcher de respirer en comprimant, en serrant fortement le cou. → **asphyxier, étouffer.** *L'assassin a étranglé sa victime.* **2.** Gêner ou supprimer par une contrainte insupportable. *Ce tyran étrangle les libertés.*

ÉTRANGLEUR [etʀɑ̃glœʀ] n. m. ▪ *UN ÉTRANGLEUR :* une personne qui étrangle. *La police a arrêté l'étrangleur.*

ÉTRAVE [etʀav] n. f. ▪ *L'ÉTRAVE :* élément qui forme la proue d'un navire. *Les vagues se brisent sur l'étrave.*

① **ÊTRE** [ɛtʀ] verbe (conjugaison 61)
I. 1. (ÉTAT, QUALITÉ, IDENTITÉ) – (suivi de l'adjectif) *Je suis anglais. Tu es jeune. Sois poli ! Elle est grande. La Terre est ronde. Mon fils est blond. Nous sommes fatigués. Soyons courageux. Vous êtes vraiment gentils. Elles ont été malades. « Combien êtes-vous ? – Nous sommes trois. » Ils sont beaux.* – (suivi du nom ou du pronom) indique l'identité, la fonction *Je suis Monsieur Dupont. Qui êtes-vous ? Elle est championne de ski. Vous êtes médecin ? Elle est ministre, c'est une ministre. Les enseignants ne sont pas tous fonctionnaires. Cet objet est un porte-clés. Les écureuils sont des rongeurs.* – *Soyez vous-même :* restez naturel. *Vous ne pouvez être comme elle. Si j'étais toi, je ne ferais pas ça :* à ta place, je ne ferais pas ça. **2.** (LIEU) Se trouver (quelque part). *Les enfants sont en classe. « J'entends du bruit... Qui est là ? » « Où êtes-vous ? – Nous sommes dans le jardin ! » Hier, nous étions à Marseille, demain nous serons à Lyon. Il faut que je sois à Londres demain. Elle est en prison. Comme on est bien chez soi ! La voiture est au garage.* **3.** (TEMPS) (impersonnel) *IL EST..., IL ÉTAIT..., IL SERA... :* marque un moment dans le temps. *« Quelle heure est-il* [ɛtil] ? – il est midi. » *« Quelle heure était-il lorsque vous avez entendu ce bruit ? – Il était minuit. » Dans trente*

secondes, il sera sept heures. *Il est trop tôt pour se lever ! Il est tard, il faut se coucher. Déjà huit heures, il est temps de partir,* il faut partir, il est l'heure de partir. – (personnel) *Nous sommes en juillet. « Quel jour sommes-nous ? – Nous sommes le 3 mars. »*
II. (EXISTENCE) Exister. *Je pense donc je suis. Être ou ne pas être, voilà la question.* – (impersonnel) *« Elle ne sait rien. – Et si cela était ? »,* si elle savait. *Il n'en est rien :* ce n'est pas le cas. *Il était une fois... :* formule par laquelle commencent les contes de fées. *Il était une fois une belle princesse...*
III. (ÉTAT, DISPOSITION) **1.** *ÊTRE BIEN, ÊTRE MAL :* se sentir bien, se sentir mal, relativement au confort, à la santé. *Je suis bien, dans ce fauteuil. Comme on est mal, dans cette pièce sans fenêtre ! – Comment es-tu, ce matin ?* comment te sens-tu, comment vas-tu ? → **aller.** *Je ne suis pas très bien.* **2.** (CONDITION) *Depuis sa maladie, IL EST AILLEURS, il n'est pas à ce qu'il fait,* il est distrait, il ne fait pas attention. – *Y ÊTRE :* comprendre. *Ah ! J'y suis !* j'ai compris ! *Tu n'y es pas du tout !* tu n'as rien compris. – *ÇA Y EST* [sajɛ] : c'est fini, c'est fait. *Ça y est, tu peux venir ! Actuellement, les étudiants SONT EN période d'examens ; après ils seront en vacances.*
IV. *ÊTRE À.* **1.** (POSSESSION) *Cette moto est à moi,* elle m'appartient. *À qui sont ces gants ?* – (figuré) *Je suis à vous dans un instant :* je m'occupe de vous, je vous vois dans un instant. *Voilà ! Je suis à vous, je vous écoute.* **2.** (ÉVOLUTION) *Le temps est à la pluie :* il va pleuvoir. **3.** (NÉCESSITÉ) *Ce travail est à refaire !* il faut refaire ce travail. → **falloir.** *Ces papiers sont à jeter et ces vêtements à nettoyer.*
V. *ÊTRE DE.* **1.** (PROVENANCE) *« D'où êtes-vous ? – De Normandie »,* je suis né en Normandie, je suis Normand. *Cette comédie est de Molière,* Molière l'a écrite. **2.** (PARTICIPATION) *Nous faisons une fête, serez-vous des nôtres ?* participerez-vous à notre fête, viendrez-vous à notre fête ? *« Êtes-vous de ceux qui sont d'accord ? – Oui, j'en suis. »* **3.** *EN ÊTRE J'en suis à la moitié du livre :* j'ai lu la moitié du livre. – (figuré) *Depuis que sa femme l'a quitté, il ne sait plus où il en est :* il est affolé, il ne sait plus ce qu'il doit penser, il ne comprend plus rien. *Je n'en suis pas encore là !* la situation n'est pas si avancée (en bien, en mal). *J'en suis au point d'abandonner. Tu EN ES ENCORE LÀ, malgré mes explications !* tu penses, tu crois encore une chose si fausse !
VI. *ÊTRE EN.* **1.** (MATIÈRE) *Cette maison est en briques. Ton blouson est en cuir, le mien est en plastique. Attention aux verres qui sont en cristal !* **2.** (MANIÈRE D'ÊTRE) *Le vase est en morceaux. Demain soir, au théâtre, je serai en robe longue. Elle est en pantalon.* → **porter.** *Il est tout en blanc :* il est habillé en blanc.
VII. **1.** (PARTISAN, OPPOSANT) *ÊTRE POUR, ÊTRE CONTRE :* avoir un avis favorable, défavorable. *Nous sommes contre la peine de mort. Pour qui es-tu dans cette élection ? « Aller au cinéma ? Je suis pour ! »* **2.** (PARTICIPATION) *ÊTRE POUR qqch. DANS... :* avoir une responsabilité dans. *Tu as été pour beaucoup dans ma décision,* tu m'as influencé. – *Vous y êtes pour quelque chose ! Je n'y suis pour rien !* ce n'est pas de ma faute !
VIII. **1.** (MANQUE) *ÊTRE SANS :* ne pas avoir de. *Nous sommes sans le sou :* nous n'avons pas d'argent. *Il est sans scrupules. Ces immigrés sont sans domicile et sans ressources.* **2.** *N'ÊTRE PAS SANS SAVOIR QUE :* savoir que, ne pas ignorer que. *Vous n'êtes pas sans savoir que le directeur démissionne :* vous savez que le directeur démissionne.
IX. *C'EST..., CE SONT..., C'ÉTAIT..., C'ÉTAIENT..., CE SERA..., CE SERONT...* **1.** Présentant une personne, une chose, des personnes, des choses. *Ce garçon, là-bas, c'est mon frère. Ce sont mes amis.* STYLE FAMILIER *C'est mes amis. Quand je pense que c'étaient mes amis !* STYLE FAMILIER – *C'était mes amis.* (toujours au singulier, pour l'heure) *C'est huit heures qui sonnent. Debout, c'est l'heure ! Ce sont des chiens qui aboient.* STYLE FAMILIER *C'est des chiens qui aboient. Ce sont des marguerites ; c'en est* [sɑ̃nɛ]. *Est-ce vous ?* STYLE FAMILIER *C'est vous ? Oui, c'est nous ! Allo ! c'est toi ? Ce sont eux qui ont fait ça.* (familier mais très courant) *C'est eux qui ont fait ça.* – (toujours singulier à la forme négative) *Ce n'est pas eux. C'est moi qui vous le dis. C'est à vous de répondre. – Tu ne me crois pas, mais c'est comme ça. – Ne pleure pas, ce n'est rien. – J'espère que ce ne sera pas trop difficile et que ce sera vite fait. Ça a été vite fait !* **2.** *EST-CE QUE ?* sert à poser des questions. *Est-ce que vous êtes là ? Est-ce que c'est cher ? Est-ce que ce sont des marguerites ?* STYLE FAMILIER *Quand est-ce qu'il est venu ?* quand est-il venu ?
X. auxiliaire *être* **1.** (VOIX PASSIVE) *Elle est accompagnée d'un ami. Les cambrioleurs ont été arrêtés par la police.* **2.** (TEMPS COMPOSÉS) *Ils sont partis. Elle est tombée dans l'escalier. Il était mort de froid. Elle serait restée avec nous.* **3.** (AUXILIAIRE DE VERBES PRONOMINAUX) *Elle s'est souvenue de moi. Ils se sont disputé la victoire. Elle s'est enrhumée. Les oiseaux se sont envolés. Ils se sont aimés.*

REM. **1.** Aux temps composés, le verbe être se conjugue avec l'auxiliaire *avoir : il a été, il avait été, il aura été.* **2.** Le nom attribut ne prend pas d'article avec les fonctions de personnes *(il est médecin)* sauf si le sujet est *c' (c'est un médecin, c'est mon médecin).* **3.** Le **participe passé** employé avec *être* reste invariable : 1) si l'objet direct n'est pas le pronom réfléchi : *elles se sont lavé les mains mais elles se sont lavées.* 2) s'il est suivi d'un infinitif qui ne traduit pas l'action du sujet : *la biche s'est laissé prendre au piège* (ce n'est pas *la biche* qui prend au piège) mais *elle s'est laissée tomber* (c'est *elle* qui tombe). 3) si le verbe ne peut avoir de complément d'objet direct : *elles se sont convenu, nui, parlé, souri, succédé. Ils se sont beaucoup plu en montagne.* **4.** Voir aussi **bien-être, c'est-à-dire, n'est-ce pas, peut-être, soit.**

② **ÊTRE** [ɛtʀ] n. m. ▪ *UN ÊTRE* **1.** *ÊTRE VIVANT :* ce qui vit. *Les plantes, les animaux, les humains sont des êtres vivants. Les objets ne sont pas des êtres vivants. Nous sommes des ÊTRES HUMAINS,* des hommes, des femmes et des enfants. → **homme.** – *L'Être éternel :* Dieu. **2.** Personne, individu. *Son père est un être faible et sans volonté. Leur fille est un petit être fragile.* (péjoratif) *Quel être !* quel type !

ÉTREINDRE [etʀɛ̃dʀ] verbe [conjugaison 52b] **1.** Entourer et serrer très fort avec ses bras, avec ses mains. *Il étreint ses enfants avant de partir pour un long voyage. Brusquement, j'ai senti qu'une main étreignait mon épaule.* → **empoigner.** **2.** verbe pronominal S'ÉTREINDRE : se serrer l'un contre l'autre par affection, par tendresse. *Ils se sont étreints sur le quai de la gare.*

étreint [etʀɛ̃], **étreinte** [etʀɛ̃t] *Il a étreint sa femme ; sa femme qu'il a étreinte :* formes au participe passé du verbe **étreindre.**

ÉTREINTE [etʀɛ̃t] n. f. ▪ *UNE ÉTREINTE :* action d'étreindre, d'entourer et de serrer fortement avec ses bras, ses mains. *Le catcheur resserre son étreinte. On les a surpris dans leurs étreintes amoureuses.*

ÉTRENNER [etʀene] verbe [conjugaison 1a] ▪ Utiliser pour la première fois. *Aujourd'hui, j'étrenne mes chaussures neuves !*

ÉTRENNES [etʀɛn] n. f. pluriel ▪ *LES ÉTRENNES :* somme d'argent que l'on donne à l'occasion du premier jour de l'année. *Notre grand-mère nous a donné nos étrennes le 1er janvier. Le facteur est venu chercher ses étrennes. Il a eu de grosses étrennes.*

ÉTRIER [etʀije] n. m. ▪ *UN ÉTRIER :* anneau triangulaire qui pend de chaque côté de la selle d'un cheval et dans lequel le cavalier passe le pied. *Le cavalier se dresse sur ses étriers. – Son père a beaucoup de relations, il lui a MIS LE PIED À L'ÉTRIER,* il l'a aidé en lui procurant les moyens de réussir. – *Buvons le COUP DE L'ÉTRIER,* le dernier verre avant de partir.

ÉTRILLER [etʀije] verbe [conjugaison 1a] **1.** Frotter, nettoyer (un animal) avec une brosse. *Le cavalier étrille son cheval.* → **brosser, panser. 2.** STYLE RECHERCHÉ Critiquer violemment. *Il s'est fait étriller par les spécialistes.*

ÉTRIQUÉ [etʀike], **ÉTRIQUÉE** [etʀike] adj. (après le nom) **1.** (vêtement) Trop étroit. *Ce veston est étriqué, je ne me sens pas bien dedans.* → **juste.** (contraires : ample, large) **2.** Sans envergure, trop limité. *Il a des idées étriquées.* → **borné, étroit, mesquin.** *Ils mènent une petite vie étriquée.* → **médiocre.**

ÉTROIT [etʀwa], **ÉTROITE** [etʀwat] adj. (après le nom, parfois avant le nom) **1.** Qui n'est pas large. *Un chemin étroit mène au village.* (contraire : large) *Cette fille est étroite de hanches. Mes chaussures sont trop étroites, elles me font mal.* → **juste, serré. 2.** (espace) De peu d'étendue, petit. *Le prisonnier est enfermé dans une étroite cellule.* → **exigu.** (contraire : vaste) – *Le cercle de ses relations est étroit.* **3.** (esprit, idées) Qui manque d'ouverture, d'envergure. *Dans ce milieu, les gens ont des idées étroites.* (contraire : large) *Il est ÉTROIT D'ESPRIT.* → **borné, mesquin.** (contraire : ouvert) **4.** Qui unit de près, intime. *Une étroite amitié les unit. Tous les membres de l'équipe travaillent en étroite collaboration.* **5.** *À L'ÉTROIT :* dans un espace trop petit. *La famille vit à l'étroit dans ce minuscule appartement.*

ÉTROITEMENT [etʀwatmɑ̃] adverbe **1.** Par un lien fort. *Sa fille et la mienne sont étroitement liées.* → **intimement. 2.** De près. *La police surveille étroitement tous les suspects.*

ÉTROITESSE [etʀwatɛs] n. f. ▪ *L'ÉTROITESSE* **1.** Caractère de ce qui est étroit, peu large. *L'étroitesse du chemin empêche les voitures de doubler.* **2.** Caractère d'un espace très petit. *L'étroitesse de leur logement les obligera à déménager.* → **exiguïté. 3.** Caractère de ce qui est borné, mesquin. *Son étroitesse d'esprit est affligeante.* (contraire : largeur)

ÉTRUSQUE [etʀysk] adj., n. m. et n. f. **1.** adjectif (après le nom) De l'Étrurie, région de l'Italie ancienne correspondant à peu près à l'actuelle Toscane. *La civilisation étrusque est très ancienne. L'art étrusque a été influencé par l'art grec.* **2.** *LES ÉTRUSQUES :* peuple de l'Italie ancienne qui appartenait à la plus importante civilisation avant celle de Rome. *Rome fut gouvernée par les Étrusques de –616 à –509.*

ÉTUDE [etyd] n. f. ▪ *L'ÉTUDE* **1.** Effort que fait l'esprit pour acquérir des connaissances. *Elle se consacre à l'étude du droit.* **2.** (au pluriel) LES ÉTUDES : série de travaux, d'exercices nécessaires pour apprendre, pour acquérir de l'instruction. *Leur fils FAIT SES ÉTUDES au lycée,* il suit un enseignement au lycée. *En France, les études sont obligatoires jusqu'à 16 ans.* → **scolarité.** *Elle veut faire des études de médecine. Il a fait de brillantes études.* **3.** Effort de l'esprit qui s'applique à observer et à comprendre des choses, des faits. *Les botanistes se consacrent à l'étude des plantes. Les élèves doivent faire l'étude d'un texte de Flaubert.* → **analyse, explication. 4.** Action d'examiner avec soin. *Les députés ont remis à plus tard l'étude du projet de loi.* → **examen.** *Il est parti en VOYAGE D'ÉTUDES au Japon.* **5.** *UNE ÉTUDE :* essai, travail sur un sujet. *Il faut faire une ÉTUDE DE MARCHÉ avant de lancer ce nouveau produit.* – (dans les arts) *Ce critique littéraire a écrit une très belle étude sur García Lorca. Le peintre a fait plusieurs études pour ce tableau.* → **dessin, esquisse.** – *Le pianiste a joué plusieurs études de Chopin,* un morceau de musique destiné à développer l'agilité des doigts. **6.** Temps que les élèves passent à travailler à l'école en dehors des cours. *Il a fait tous ses devoirs pendant l'étude.* **7.** Lieu où travaille un notaire, un huissier ou un commissaire-priseur. *Le notaire les a convoqués à son étude pour la signature de la vente de leur maison.*

ÉTUDIANT [etydjɑ̃] n. m. et adj., **ÉTUDIANTE** [etydjɑ̃t] n. f. et adj. **1.** *UN ÉTUDIANT, UNE ÉTUDIANTE :* une personne qui fait des études à l'université ou dans une école supérieure (→ **élève**). *Son fils est étudiant en lettres à l'Université de Strasbourg. Elle est étudiante dans une école d'ingénieurs. Au cinéma, il y a des réductions pour les étudiants.* **2.** adjectif (après le nom) Qui concerne les étudiants. *Après toutes ces années au lycée, il apprécie la vie étudiante. Le mouvement étudiant a décidé la grève des cours pour réclamer plus de professeurs.*

ÉTUDIÉ [etydje], **ÉTUDIÉE** [etydje] adj. (après le nom) **1.** Médité et préparé. *Le ministre a prononcé un discours très étudié.* (contraire : improvisé) – *Nos prix sont très étudiés,* calculés au plus juste, relativement bas pour la qualité des produits. **2.** (attitude, geste) Peu naturel. *Elle a des gestes trop étudiés.* (contraire : spontané)

ÉTUDIER [etydje] verbe [conjugaison 7a] **1.** Chercher à acquérir la connaissance de. *Il étudie l'anglais et le français.* → **apprendre.** *Sa fille étudie le piano,* elle apprend à en jouer. **2.** Chercher à comprendre en examinant. *Les chercheurs étudient les réactions des animaux à ce nouveau vaccin.* → **observer.** *Les élèves de français ont étudié cette année une pièce de Molière.* → **analyser. 3.** Examiner avec soin. *Ils ont étudié toutes les possibilités. Il faut que nous étudiions la situation. Les ingénieurs ont étudié comment fabriquer ce nouveau moteur d'avion.* **4.** Examiner pour décider, pour agir. *J'étudierai* [etydiʀe] *toutes vos suggestions.* → **considérer.** *Cette question mérite d'être étudiée.* **5.** (science) Traiter un sujet. *La sociologie étudie l'homme en société.* **6.** (qqn) Faire ses études. *Son fils étudie à l'Université* (→ **étudiant**).

ÉTUI [etɥi] n. m. ▪ *UN ÉTUI :* boîte dont la forme est adaptée pour contenir un objet précis. *Je ne trouve plus mon ÉTUI À LUNETTES. Il a rangé ses lunettes dans leur étui. Cet étui à cigarettes est en cuir.* → **enveloppe.**

ÉTUVE [etyv] n. f. ▪ *UNE ÉTUVE* **1.** Lieu fermé dont on élève la température pour faire transpirer. *On prend des bains de vapeur dans une étuve.* → **sauna.** – *Il fait une CHALEUR D'ÉTUVE dans cette pièce,* il fait une chaleur humide et pénible à supporter. **2.** Pièce où il fait trop chaud. *Quelle étuve, ici !*

À L'**ÉTUVÉE** [aletyve] adverbe ▪ (aliment) Cuit à la vapeur. *Les petits pois à l'étuvée, c'est excellent !* → à l'**étouffée.**

ÉTYMOLOGIE [etimɔlɔʒi] n. f. ▪ *L'ÉTYMOLOGIE :* origine d'un mot. *Beaucoup de mots français ont une étymologie grecque ou latine. Dans cet exercice, les élèves doivent rechercher l'étymologie de certains mots,* ils doivent rechercher de quel mot ils viennent (→ **étymon**).

ÉTYMOLOGIQUE [etimɔlɔʒik] adj. (après le nom) **1.** Relatif à l'étymologie. *Un dictionnaire étymologique donne l'étymologie des mots.* **2.** Conforme à l'étymologie. *Le sens étymologique d'un mot est le premier sens de ce mot.*

ÉTYMON [etimɔ̃] n. m. ▪ *UN ÉTYMON :* mot étranger qui donne l'étymologie d'un autre mot. *L'étymon de « école » est le latin « schola ». Beaucoup de mots français ont des étymons grecs ou latins.*

> REM. La forme qui appartient à la même langue est le radical (*scol-* dans *scolaire* et *scolarité*) ou la base (*école* dans *écolier*). → **racine** (encadré).

eu [y], **eue** [y] *Il a eu une fille ; la fille qu'il a eue :* formes au participe passé du verbe **avoir.**

EUCALYPTUS [økaliptys] n. m. ▪ *UN EUCALYPTUS :* grand arbre, aux longues feuilles pointues à l'odeur forte très particulière. *Il* *y a beaucoup d'eucalyptus au Maroc.* – *L'EUCALYPTUS :* essence de cet arbre. *Il suce des pastilles à l'eucalyptus pour soigner son mal de gorge.*

EUCHARISTIE [økaRisti] n. f. ▪ *L'EUCHARISTIE :* sacrement chrétien qui rappelle le sacrifice du Christ. → **communion.** *Le prêtre donne l'Eucharistie aux personnes qui souhaitent communier.*

EUH ! [ø] interjection ▪ Mot qui sert à exprimer le doute, l'hésitation. *Est-ce que tu veux venir au cinéma avec nous ? – Euh ! Je ne sais pas.* → **heu !**

EUNUQUE [ønyk] n. m. ▪ *UN EUNUQUE :* autrefois, homme châtré qui gardait les femmes dans les harems. *Dans l'empire turc, les eunuques étaient souvent des Noirs.*

EUPHÉMISME [øfemism] n. m. ▪ *UN EUPHÉMISME :* façon de s'exprimer qui atténue ce que l'on veut dire, en évitant de choquer. *« Disparu » est un euphémisme pour « mort ». On emploie « handicapé » à la place d'« infirme », par euphémisme.*

EUPHONIQUE [øfɔnik] adj. (après le nom) ▪ (son) Qui donne une impression d'harmonie (dans un mot, une phrase). *Le* t *dans la phrase « où va-t-il ? » est euphonique.*

EUPHORIE [øfɔRi] n. f. ▪ *L'EUPHORIE :* impression de bien-être général, de contentement. *Après avoir bu une coupe de champagne, il se sent en pleine euphorie.* ⟨contraires : dépression, tristesse⟩ *DANS L'EUPHORIE GÉNÉRALE, elle a oublié de payer.*

EUPHORIQUE [øfɔRik] adj. (après le nom) **1.** Qui provoque l'euphorie. *L'alcool est euphorique.* **2.** Qui concerne l'euphorie. *Le champagne l'a mise dans un état euphorique.* ⟨contraire : dépressif⟩ **3.** (qqn) Qui a l'air de se sentir très bien et le montre. *Elle se sent euphorique, ce matin.* ⟨contraires : déprimé, triste⟩

EURASIEN [øRazjɛ̃] adj. et n. m., **EURASIENNE** [øRazjɛn] adj. et n. f. **1.** adjectif (après le nom) D'Eurasie (ensemble formé par l'Asie et l'Europe). *Cet homme a le type eurasien.* **2.** *UN EURASIEN, UNE EURASIENNE :* personne dont l'un des parents est européen et l'autre asiatique. *Sa femme est une Eurasienne, fille d'un Français et d'une Cambodgienne. Les Eurasiens sont des métis.*

EURO [øRo] n. m. ▪ *L'EURO :* monnaie unique européenne. *Dans ce magasin, les prix sont indiqués en euros. Combien de marks y a-t-il dans un euro ?*

EUROPE [øRɔp] nom propre féminin ▪ *L'EUROPE :* une des cinq parties du monde, à l'ouest de l'Asie. *La France est en Europe. Les Espagnols et les Anglais sont des peuples d'Europe* (→ **européen**). *J'ai voyagé dans l'Europe entière.*

EUROPÉEN [øRɔpeɛ̃] adj. et n. m., **EUROPÉENNE** [øRɔpeɛn] adj. et n. f.
I. adjectif (après le nom) **1.** De l'Europe. *La France et l'Angleterre sont des pays européens. Bruxelles est une capitale européenne.* **2.** Relatif à l'unité politique et économique de l'Europe. *Cet homme politique a été élu député européen. La monnaie européenne s'appelle l'euro. Les habitants des pays qui en sont membres peuvent circuler librement dans l'UNION EUROPÉENNE.*
II. *UN EUROPÉEN, UNE EUROPÉENNE :* un habitant, une habitante d'Europe. *Les Allemands et les Espagnols sont des Européens.*

EUSKARIEN [øskaRjɛ̃] adj. et n. m., **EUSKARIENNE** [øskaRjɛn] adj. et n. f. ▪ STYLE RECHERCHÉ **1.** adjectif (après le nom) Du Pays basque. *La langue euskarienne est d'origine inconnue.* → **basque.** **2.** *UN EUSKARIEN, UNE EUSKARIENNE :* un habitant, une habitante du Pays basque. → **basque.** *Les Euskariens.*

REM. **1.** On écrit aussi *euscarien.* **2.** Le mot *basque* est beaucoup plus courant. **3.** Le mot *euskarien* vient du mot basque *euskara* « langue basque ».

EUTHANASIE [øtanazi] n. f. ▪ *L'EUTHANASIE :* ensemble des actes médicaux qui permettent de provoquer plus tôt la mort d'un malade incurable, afin de lui épargner de trop grandes ou de trop longues souffrances. *L'euthanasie a des partisans et des adversaires.*

EUX [ø] pronom personnel masculin pluriel **1.** Pronom complément qui s'emploie après une préposition, correspondant à **ils** (→ **il**), pluriel de **lui** (→ **lui**). *Il aime bien ses voisins, il va souvent chez eux. C'est à eux de parler. La carte postale vient d'eux. Ils réussiront, à eux deux,* tous les deux. – (pour insister) *Ils n'oublient pas, eux.* **2.** Pronom sujet. *Si vous ne le faites pas, eux le feront.*

REM. **1.** *Eux* se prononce comme *euh, heu* et *œufs.* **2.** Voyez l'encadré des pronoms personnels. → **personnel.**

EUX-MÊMES [ømɛm] pronom personnel masculin pluriel ▪ Eux en personne. *Eux-mêmes n'ont pas été prévenus. – Ils sont honteux d'eux-mêmes.*

REM. **1.** Le féminin de *eux-mêmes* est *elles-mêmes.* **2.** Voir l'encadré des pronoms **personnels.**

ÉVACUATION [evakɥasjɔ̃] n. f. ▪ *L'ÉVACUATION* **1.** Écoulement (d'un liquide) hors d'un lieu. *L'évacuation des eaux usées se fait par les égouts.* **2.** Action d'abandonner en masse (un lieu dangereux). *Il y a eu une alerte au feu et l'évacuation de l'immeuble s'est faite dans le calme.* **3.** Action de faire partir (des personnes) d'un lieu dangereux. *Les pompiers ont commencé l'évacuation des blessés.*

ÉVACUER [evakɥe] verbe [conjugaison 1a] **1.** Faire sortir (un liquide) d'un lieu. *Un tuyau évacue l'eau du réservoir.* → **vider.** ⟨contraire : retenir⟩ **2.** (qqn) Quitter en masse (un lieu dangereux). *Les passagers ont évacué le navire en détresse. S'il y a une alerte, les spectateurs évacueront* [evakyRɔ̃] *la salle par la porte de secours.* **3.** Faire partir (des personnes) d'un lieu où il est dangereux ou interdit de rester. *Les pompiers évacuent tous les blessés. Les rescapés du bombardement ont été évacués hors de la ville.*

ÉVADÉ [evade] adj. et n. m., **ÉVADÉE** [evade] adj. et n. f. **1.** adjectif (après le nom) (qqn) Qui s'est échappé. *Tous les prisonniers évadés ont été repris.* **2.** *UN ÉVADÉ, UNE ÉVADÉE :* une personne prisonnière qui s'est échappée. *Les évadés de la prison n'ont pas encore été retrouvés.* → **fugitif.**

S'ÉVADER [evade] verbe pronominal [conjugaison 1a] **1.** S'échapper d'un lieu où l'on est enfermé (→ **évasion**). *Les prisonniers se sont évadés grâce à l'aide d'un gardien.* → **s'enfuir,** se **sauver.** **2.** Échapper volontairement à (une réalité). *Elle s'évade de sa vie monotone en lisant des romans.* → **fuir.** *Cet enfant a du mal à fixer son attention, il s'évade sans cesse.* → **rêver.**

FAUX AMI
anglais **to evade**
« esquiver, éluder »

ÉVALUATION [evalɥasjɔ̃] n. f. ▪ *L'ÉVALUATION :* estimation de la valeur, de l'importance (de qqch.). *Le professeur a commencé à faire l'évaluation des connaissances de chaque élève. Nous avons demandé à l'entrepreneur une évaluation du coût des travaux.* → **calcul, estimation.**

ÉVALUER [evalɥe] verbe [conjugaison 1a] **1.** Porter un jugement sur la valeur, le prix de. *L'expert a évalué leur appartement à un million de francs.* → **estimer, expertiser.** **2.** Apprécier, estimer. *Il ne voit pas bien et il évalue mal les distances. On a évalué le nombre des manifestants à cinq mille. – Nous évaluerons* [evalyRɔ̃] *tous les risques avant de nous décider.*

ÉVANGÉLISER [evɑ̃ʒelize] verbe [conjugaison 1a] ▪ Prêcher l'Évangile, enseigner la parole du Christ à. *Autrefois, les missionnaires évangélisaient les païens.*

ÉVANGILE [evɑ̃ʒil] n. m. **1.** *L'ÉVANGILE* (avec un *É* majuscule) : l'enseignement de Jésus-Christ. *Les missionnaires prêchent l'Évangile pour convertir les païens à la foi chrétienne.* – *Les quatre Évangiles :* les quatre livres écrits par saint Matthieu, saint Marc, saint Luc et saint Jean et qui font partie du Nouveau Testament. *Les Évangiles racontent la vie du Christ et exposent sa doctrine. Saint Jean a écrit le quatrième Évangile.* **2.** *PAROLE D'ÉVANGILE :* chose sûre, indiscutable. *Il ne faut pas prendre tout ce qu'il dit pour parole d'évangile.*

REM. On peut écrire *parole d'évangile* ou *parole d'Évangile.*

ÉVANOUI [evanwi], **ÉVANOUIE** [evanwi] adj. (après le nom) **1.** (qqn) Sans connaissance. *Elle est restée plusieurs minutes évanouie.* **2.** (qqch.) Disparu. *Il pleure sur ses espoirs évanouis.*

S'**ÉVANOUIR** [evanwiʀ] verbe pronominal [conjugaison 2] **1.** (qqn) Perdre connaissance. *Elle s'évanouissait souvent quand elle était enceinte.* → STYLE RECHERCHÉ **défaillir.** **2.** (qqch.) Disparaître. *Tous ses espoirs se sont évanouis.* → s'**évaporer.**

ÉVANOUISSEMENT [evanwismɑ̃] n. m. **1.** *UN ÉVANOUISSEMENT :* perte de connaissance. *Il est sujet aux évanouissements.* → **syncope.** **2.** *L'ÉVANOUISSEMENT :* la disparition complète. *C'est l'évanouissement de ses espérances.* → **anéantissement.**

ÉVAPORATION [evapɔʀasjɔ̃] n. f. ▪ *L'ÉVAPORATION :* transformation d'un liquide en vapeur. *Les nuages sont dus à l'évaporation de l'eau.* ⟨contraire : condensation⟩ *Mettez un couvercle sur la casserole pour empêcher l'évaporation.*

ÉVAPORÉ [evapɔʀe] adj. et n. m., **ÉVAPORÉE** [evapɔʀe] adj. et n. f. **1.** adjectif (après le nom) (qqn) Qui a un caractère étourdi, qui n'est pas très sérieux. *Cette jeune fille évaporée ne pense qu'à s'amuser.* → **écervelé.** **2.** *UN ÉVAPORÉ, UNE ÉVAPORÉE :* une personne étourdie et peu sérieuse. *C'est une jeune évaporée.*

FAUX AMI
grec **εβαπορέ**
« concentré »

S'**ÉVAPORER** [evapɔʀe] verbe pronominal [conjugaison 1a] **1.** (liquide) Se transformer en vapeur. *L'eau s'évapore très facilement. Le contenu de ce flacon de parfum s'est évaporé.* **2.** STYLE RECHERCHÉ (sentiment) Disparaître, cesser d'exister. *Toutes ses craintes se sont évaporées. Mes espoirs s'évaporeront* [evapɔʀʀɔ̃]. **3.** STYLE FAMILIER (qqch.) Disparaître brusquement. *Mes clés ne se sont tout de même pas évaporées !* → s'**envoler,** se **volatiliser.**

ÉVASÉ [evaze], **ÉVASÉE** [evaze] adj. (après le nom) ▪ Qui va en s'élargissant. *Un entonnoir a une forme évasée. Elle a une jupe évasée,* large en bas.

ÉVASIF [evazif], **ÉVASIVE** [evaziv] adj. (après le nom) ▪ Qui ne donne pas de réponse claire, précise. *Il n'a rien dit de précis, il est resté très évasif.* – *Il a fait une réponse évasive.* → **vague.** ⟨contraires : clair, net, précis⟩

ÉVASION [evazjɔ̃] n. f. ▪ *L'ÉVASION* **1.** Le fait de s'échapper (d'un lieu où l'on est prisonnier). *Son évasion a réussi. Plusieurs détenus de la prison ont fait des TENTATIVES D'ÉVASION,* ont cherché à s'évader. – *Le nombre des évasions a augmenté.* **2.** Le fait d'échapper à une contrainte ou à la monotonie de la vie quotidienne. *Tout le monde a besoin d'évasion.* → **distraction, divertissement.** *Il aime beaucoup les FILMS D'ÉVASION,* de détente.

ÉVASIVEMENT [evazivmɑ̃] adverbe ▪ D'une manière évasive, vague. *Quand on lui a posé la question, il a répondu évasivement.* ⟨contraire : clairement⟩

ÉVÊCHÉ [eveʃe] n. m. ▪ *UN ÉVÊCHÉ* **1.** Région dont s'occupe un évêque. *En France, il y a soixante-dix évêchés.* **2.** Demeure d'un évêque. *Cet abbé a rendez-vous à l'évêché.*

ÉVEIL [evɛj] n. m. ▪ *L'ÉVEIL* **1.** (faculté, sentiment) Le fait de se manifester. *Ces parents sont attentifs à l'éveil de l'intelligence de leur enfant.* – *Dans cette classe, les enfants font des ACTIVITÉS D'ÉVEIL,* des activités qui développent l'imagination, l'intelligence et la créativité. **2.** (nature) Action de sortir du sommeil. *Au printemps, c'est l'éveil de la nature : les arbres verdissent et les fleurs poussent.* **3.** *DONNER L'ÉVEIL :* attirer l'attention, mettre en alerte quand il se passe qqch. *C'est le chien qui nous a donné l'éveil : il avait entendu des pas.* → **alerte.** – *ÊTRE EN ÉVEIL :* être attentif. *Son esprit est toujours en éveil.*

ÉVEILLÉ [eveje], **ÉVEILLÉE** [eveje] adj. (après le nom) **1.** Qui ne dort pas. *Elle est restée éveillée presque toute la nuit.* ⟨contraire : endormi⟩ **2.** Plein de vivacité. *Ils ont un petit garçon très éveillé.* → **dégourdi, déluré, vif.** ⟨contraire : abruti⟩

ÉVEILLER [eveje] verbe [conjugaison 1a]
I. **1.** STYLE RECHERCHÉ Faire sortir du sommeil. *C'est le bruit de l'orage qui nous a éveillés.* → **réveiller.** ⟨contraire : endormir⟩ **2.** Faire apparaître (ce qui était caché). *Il faut que nous éveillions la curiosité et l'intelligence de nos enfants.* → **développer, susciter.** *Il a cru que son absence éveillerait les soupçons.* → **provoquer.** *Ce nom n'éveille aucun écho en lui,* ne lui dit rien, ne lui rappelle rien.
II. verbe pronominal S'ÉVEILLER **1.** STYLE RECHERCHÉ (qqn) Sortir du sommeil. *Ce matin, elle s'est éveillée très tôt.* → se **réveiller.** **2.** (qqn) *S'ÉVEILLER À un sentiment,* l'éprouver pour la première fois. *Cette adolescente s'éveille à l'amour.* **3.** (sentiment, faculté) Naître, se manifester. *Peu à peu, l'intelligence de l'enfant s'éveille.*

ÉVÉNEMENT [evɛnmɑ̃] n. m. ▪ *UN ÉVÉNEMENT :* ce qui arrive et qui a de l'importance. *La naissance est un événement heureux et la mort un événement malheureux. Un événement imprévu l'a empêché de partir.* → **circonstance,** ② **fait.** *La chute du mur de Berlin en 1989 est un événement historique. En raison de la tournure prise par les événements, le pays est fermé aux touristes.* – *Sa femme attend UN HEUREUX ÉVÉNEMENT,* elle attend un bébé. – *Il est DÉPASSÉ PAR LES ÉVÉNEMENTS :* il ne maîtrise pas la situation. – *Quand il part en voyage, c'est un événement,* cela prend une importance exagérée. → **affaire, histoire.**

FAUX AMI
néerlandais
evenement
« manifestation »

REM. La graphie *évènement,* plus conforme à la prononciation, est admise par l'Académie française.

ÉVENTAIL [evɑ̃taj] n. m. ▪ *UN ÉVENTAIL* **1.** Petit objet que l'on tient à la main, qui s'ouvre en se dépliant et que l'on agite autour du visage pour produire un courant d'air et donner de la fraîcheur. *La jeune femme déplie son éventail et s'évente. Ces éventails viennent de Chine.* **2.** *EN ÉVENTAIL :* en forme d'éventail ouvert. *Le paon déplie sa magnifique queue en éventail.* – STYLE FAMILIER *Avoir LES DOIGTS DE PIED EN ÉVENTAIL :* se prélasser, rester sans rien faire. *Au lieu de nous aider, il reste les doigts de pied en éventail.* **3.** Ensemble de choses diverses entrant dans la même catégorie. *Ce magasin offre un très large éventail d'articles.* → **choix, gamme.**

ÉVENTAIRE [evɑ̃tɛʀ] n. m. ▪ *UN ÉVENTAIRE :* étalage en plein air, à l'extérieur d'une boutique ou sur un marché. *L'éventaire de ce marchand de fruits et légumes est coloré et appétissant.* → **étal, étalage.**

ÉVENTÉ [evɑ̃te], **ÉVENTÉE** [evɑ̃te] adj. (après le nom) **1.** (lieu) Où il y a du vent. *Cette plage est trop éventée.* ⟨contraire : abrité⟩ **2.** Altéré par l'air. *Je n'aime pas cette odeur de parfum éventé.* **3.** (secret) Connu. *C'est un secret éventé.*

ÉVENTER [evɑ̃te] verbe [conjugaison 1a]
I. (qqn) Rafraîchir (qqn) en agitant l'air. *Un serviteur éventait le roi avec un éventail.*
II. verbe pronominal S'ÉVENTER **1.** (qqn) Se rafraîchir en agitant l'air. *Lorsqu'il fait très chaud dans le métro, les voyageurs s'éventent avec leur journal.* **2.** (vin, parfum) Perdre son goût ou son parfum au contact de l'air. *La bouteille est restée ouverte et la liqueur s'est éventée.*

ÉVENTRER [evɑ̃tʀe] verbe [conjugaison 1a] **1.** Déchirer en ouvrant le ventre. *Le poissonnier éventre le saumon pour le vider. Le meurtrier a éventré sa victime de plusieurs coups de couteau.* **2.** Fendre complètement (qqch.) pour atteindre le contenu. *Les cambrioleurs ont éventré tous les matelas de la maison pour trouver de l'argent.* → **ouvrir.**

ÉVENTREUR [evɑ̃tʀœʀ] n. m. ▪ *UN ÉVENTREUR* : meurtrier qui éventre. *Jack l'Éventreur était un célèbre criminel anglais de la fin du dix-neuvième siècle.*

ÉVENTUALITÉ [evɑ̃tɥalite] n. f. **1.** *L'ÉVENTUALITÉ* : caractère de ce qui peut arriver, se produire. *Il faut envisager l'éventualité d'une guerre.* → **possibilité. 2.** *UNE ÉVENTUALITÉ* : ce qui peut se produire, cas possible. *Un conflit mondial est possible, mais ce n'est qu'une éventualité. Que ferez-vous dans cette éventualité ?* → **cas.** *Il faut être prêt à TOUTE ÉVENTUALITÉ* : il faut être prêt à réagir à n'importe quel événement. *Il faut parer à toute éventualité.*

ÉVENTUEL [evɑ̃tɥɛl], **ÉVENTUELLE** [evɑ̃tɥɛl] adj. (après le nom, parfois avant le nom) ▪ (événement) Qui peut ou non se produire. *Il faut penser aux risques éventuels d'une telle solution.* → **possible.** *Elle est restée chez elle, dans l'attente d'une éventuelle visite d'une de ses amies.* → **hypothétique, incertain.** ⟨contraires : assuré, certain, sûr⟩ – (qqn) *Cet homme politique est le successeur éventuel du Premier ministre,* il sera peut-être le successeur du Premier ministre.

ÉVENTUELLEMENT [evɑ̃tɥɛlmɑ̃] adverbe ▪ D'une manière éventuelle, possible. *J'aurais éventuellement besoin de ton aide.* → **peut-être.** *Éventuellement, vous pouvez me téléphoner chez ma sœur,* si le cas se présente.

> FAUX AMI
> anglais **eventually** « finalement »

ÉVÊQUE [evɛk] n. m. ▪ *UN ÉVÊQUE* : prêtre catholique nommé par le pape et qui dirige un diocèse. *La mitre et la crosse sont les ornements de l'évêque* (→ **épiscopal).** *Monseigneur X est l'évêque de Bordeaux.*

REM. **1.** Quand on s'adresse à un évêque, on dit *Monseigneur.* **2.** Un évêque qui dirige plusieurs diocèses est un *archevêque.*

S'**ÉVERTUER** [evɛʀtɥe] verbe pronominal [conjugaison 1a] ▪ (qqn) *S'ÉVERTUER À* : faire beaucoup d'efforts pour. *Elle s'est évertuée à lui expliquer, mais il n'avait pas l'air de comprendre.* → s'**acharner,** s'**escrimer,** s'**ingénier.** *Si on lui donne un conseil, elle s'évertuera* [evɛʀtyʀa] *à faire le contraire.*

ÉVIDEMMENT [evidamɑ̃] adverbe ▪ Bien sûr, certainement. *« Est-ce que tu es d'accord avec nous ? – Évidemment ! »* → **naturellement.** *Évidemment, il se trompe !*

> FAUX AMI
> anglais **evidently** « apparemment »

ÉVIDENCE [evidɑ̃s] n. f. **1.** *L'ÉVIDENCE* : caractère de ce qui s'impose à l'esprit comme qqch. de certain, d'indiscutable, que l'on ne peut pas mettre en doute. *L'évidence de sa mauvaise foi a été soulignée par le juge. Cela ne sert à rien de NIER L'ÉVIDENCE,* de nier la réalité. *Il faut bien SE RENDRE À L'ÉVIDENCE,* admettre ce qui est incontestable. **2.** Chose évidente, incontestable. *Il se vante, c'est une évidence* (→ **évident). 3.** *EN ÉVIDENCE* : de manière à être vu, remarqué immédiatement. *Elle a posé les photos de ses enfants en évidence sur son bureau.* **4.** STYLE RECHERCHÉ *À L'ÉVIDENCE, DE TOUTE ÉVIDENCE* : de manière absolument sûre, sans aucun doute. *De toute évidence, il s'est moqué de nous.*

> FAUX AMIS
> anglais **evidence** « preuve » ; polonais **ewidencja** « le suivi »

REM. L'*évidence* est psychologique et n'a pas besoin de preuves.

ÉVIDENT [evidɑ̃], **ÉVIDENTE** [evidɑ̃t] adj. (après le nom, parfois avant le nom) ▪ (qqch.) Qui s'impose à l'esprit comme qqch. de certain, d'indiscutable. *Voilà une raison évidente de son mécontentement.* → **visible.** *Le sens de cette phrase me paraît évident.* → **clair, transparent.** ⟨contraires : discutable, douteux⟩ *Elle manifeste une évidente mauvaise volonté.* → **flagrant, incontestable, indiscutable.** *Deux et deux font quatre, c'est évident.* → **certain, sûr.** ⟨contraire : incertain⟩ – *IL EST ÉVIDENT QU'elle cherche à nous tromper.* – *CE N'EST PAS ÉVIDENT* : ce n'est pas facile. *Ce n'est pas évident de réussir ce concours,* c'est difficile. STYLE FAMILIER *C'est pas évident.*

ÉVIDER [evide] verbe [conjugaison 1a] ▪ Creuser pour enlever une partie de matière à l'intérieur de. *Le cuisinier évide des tomates qu'il remplit de viande.*

ÉVIER [evje] n. m. ▪ *UN ÉVIER* : dans une cuisine, bassin composé d'un ou de deux bacs placé sous un robinet et dans lequel l'eau peut s'écouler. *Dans notre cuisine, il y a un évier à deux bacs en inox. La vaisselle sale est dans l'évier.*

REM. L'évier est dans la cuisine, le lavabo dans la salle de bain.

ÉVINCER [evɛ̃se] verbe [conjugaison 3a] ▪ Écarter, éliminer (qqn). *Un de ses adversaires, plus ambitieux que lui, l'a évincé de son poste. Dès qu'un concurrent convoitait sa place, il l'évinçait aussitôt.*

ÉVITER [evite] verbe [conjugaison 1a] **1.** Réussir à ne pas heurter (un obstacle). *Le cheval se cabre et évite la barrière. L'automobiliste a évité un piéton de justesse.* **2.** Faire en sorte de ne pas rencontrer, de ne pas voir (qqn). *Dès que je vois cet ennuyeux personnage, je l'évite.* → **fuir.** ⟨contraire : rechercher⟩ **3.** Ne pas subir (ce qui menace). *Heureusement, nous avons évité l'accident. On a réussi à éviter le pire.* **4.** S'abstenir de (qqch.). *Évitez le café, le soir. Il vaut mieux éviter les efforts pendant quelque temps.* **5.** *ÉVITER DE* : ne pas faire. *Évite de parler, si ça te fatigue.* → s'**abstenir,** se **dispenser.** ⟨contraires : essayer, tâcher⟩ **6.** *ÉVITER qqch. À qqn,* faire en sorte qu'il ne subisse pas un désagrément. *Je voulais t'éviter cette corvée.* → **épargner.** – *Si vous faisiez attention, ça vous éviterait des ennuis. Ça vous ÉVITERAIT D'AVOIR à sortir.* **7.** verbe pronominal S'ÉVITER : (qqn) ne pas se rencontrer, ne pas se voir l'un l'autre. *Depuis leur dispute, ils s'évitent. Ils se sont évités depuis des années.*

ÉVOCATEUR [evɔkatœʀ], **ÉVOCATRICE** [evɔkatʀis] adj. (après le nom) ▪ (qqch.) Qui rappelle des souvenirs, fait penser à qqch. *« Paréo » est un mot évocateur de vacances à la plage. Dans cette scène du film, les amoureux s'embrassent au son d'une musique évocatrice.* → **suggestif.**

ÉVOCATION [evɔkasjɔ̃] n. f. ▪ *L'ÉVOCATION* : action de rappeler à la mémoire une chose passée ou oubliée. *L'évocation de ces vieux souvenirs la rend un peu nostalgique.* → **rappel.** *Certains mots ont un grand pouvoir d'évocation,* ils rendent présents à l'esprit certaines images.

ÉVOLUÉ [evɔlɥe], **ÉVOLUÉE** [evɔlɥe] adj. (après le nom) **1.** (pays, peuple) Qui a atteint un certain degré de développement, de civilisation, de culture. *La France est un pays évolué.* → **civilisé.** ⟨contraires : arriéré, primitif⟩ **2.** (qqn) Indépendant, cultivé, aux idées larges. *Ce sont des gens évolués, ils comprendront.* ⟨contraire : rétrograde⟩

ÉVOLUER [evɔlɥe] verbe [conjugaison 1a] **1.** Faire des mouvements variés. *Les couples de danseurs évoluent avec grâce sur la piste.* **2.** Changer peu à peu, se transformer. *Avec le temps, les choses évolueront* [evɔlyʀɔ̃]. *L'informatique évolue très vite.* → **progresser.** *La maladie évolue,* elle suit son développement normal. – (qqn) *Il a beaucoup évolué depuis son mariage :* il a modifié en bien sa manière de penser, de se comporter.

ÉVOLUTIF [evɔlytif], **ÉVOLUTIVE** [evɔlytiv] adj. (après le nom) ▪ (qqch.) Capable de produire une évolution, des changements. *Le poste que propose cette entreprise est évolutif,* c'est un poste dans lequel les responsabilités et le salaire augmenteront. – *Le cancer est une* MALADIE ÉVOLUTIVE, qui va en s'aggravant.

ÉVOLUTION [evɔlysjɔ̃] n. f.
I. *L'ÉVOLUTION* **1.** Suite de transformations assez lentes et que l'on ne sent pas. *Il faut considérer les choses dans leur évolution.* ⟨contraires : immobilité, stabilité⟩ *L'évolution des techniques a permis de grands progrès.* → **développement.** *L'évolution de la situation dans ce pays est inquiétante. Évolution du temps pour demain : pluie au nord, soleil au sud. L'évolution de cette maladie est assez lente.* → **progression.** **2.** Changement dans le caractère ou les idées de qqn. *Il s'est produit chez elle une évolution profonde.* → **métamorphose.** **3.** Transformation progressive d'une espèce vivante en une autre. *Darwin et Lamarck ont développé la théorie de l'évolution (des espèces)* (→ **évolutionnisme).**
II. (au pluriel) LES ÉVOLUTIONS : suite de mouvements variés. *Le public admire les évolutions des danseuses sur la scène de l'Opéra.*

ÉVOLUTIONNISME [evɔlysjɔnism] n. m. ▪ *L'ÉVOLUTIONNISME :* théorie selon laquelle les espèces animales évoluent, se modifient au cours du temps. *L'évolutionnisme est une théorie scientifique du dix-neuvième siècle.*

ÉVOQUER [evɔke] verbe [conjugaison 1a] **1.** Rappeler à la mémoire. *Ce grand-père évoque ses souvenirs de jeunesse pour son petit-fils.* **2.** Faire apparaître à l'esprit par des images et des associations d'idées. *Ce roman évoque très bien la Provence.* → **décrire.** – *Nous avons évoqué le problème.* → **aborder, mentionner.** **3.** (qqch.) Faire penser à. *Ce nom ne lui évoque rien.* → **rappeler, suggérer.** **4.** Faire apparaître par la magie. *Ce sorcier africain évoque les esprits.* → **invoquer.** *Cette formule magique sert à évoquer les démons.*

EX [ɛks] n. m., n. f. ▪ STYLE FAMILIER *UN EX, UNE EX :* ex-mari, ex-femme. *Elle a rencontré son ex dans la rue,* son ex-mari ou son ancien amant. *Il revoie toutes ses ex,* ses ex-femmes ou ses anciennes maîtresses.

EXACERBÉ [ɛgzasɛʀbe], **EXACERBÉE** [ɛgzasɛʀbe] adj. (après le nom) ▪ (sentiment) Démesuré, très violent. *Il a un orgueil exacerbé. Sa sensibilité est exacerbée,* très vive.

EXACERBER [ɛgzasɛʀbe] verbe [conjugaison 1a] ▪ Rendre plus vif, plus violent (une douleur, un sentiment). *Ce médicament exacerbe la douleur au lieu de la calmer.* ⟨contraires : apaiser, calmer⟩ *Son patron a refusé de l'augmenter, ce qui a exacerbé sa colère.* → **exciter.**

EXACT [ɛgzakt], **EXACTE** [ɛgzakt] adj. (après le nom, parfois avant le nom) **1.** (qqch.) Entièrement conforme à la réalité, à la vérité. *Ce témoignage est exact.* → **juste, vrai.** ⟨contraires : faux, inexact⟩ *Voici l'exacte vérité.* → **strict.** *Le commissaire a demandé au témoin un compte rendu exact de son emploi du temps le soir du crime.* → **complet, précis.** *Ce que vous dites est absolument exact.* **2.** (qqch.) Qui reproduit fidèlement la réalité, le modèle. *Une photocopie est la copie exacte du texte original.* → **fidèle.** **3.** (qqch.) Qui correspond entièrement à son objet. *Votre raisonnement est exact.* → **rigoureux.** ⟨contraires : approximatif, inexact⟩ *Il commence à se faire une idée plus exacte de la situation. Je cherche le mot exact pour définir ce que je ressens.* → **propre.** **4.** (mesure, nombre, valeur) Égal à la grandeur mesurée. *L'horloge parlante donne l'heure exacte. Ce calcul est exact.* ⟨contraires : approximatif, faux⟩ – *Les* SCIENCES EXACTES : les mathématiques, l'astronomie, la physique (opposé à sciences humaines). *Les sciences exactes sont rigoureuses et précises.* **5.** (qqn) Qui est à l'heure. → **ponctuel.** *Il est toujours exact à ses rendez-vous.* ⟨contraire : en retard⟩

▮ REM. Au masculin, on prononce aussi [ɛgza].

EXACTEMENT [ɛgzaktəmɑ̃] adverbe **1.** D'une manière exacte, conformément à la vérité, à la réalité. *Que lui as-tu dit exactement ?* au juste. *Il me reste exactement trente-deux francs et vingt centimes.* → **précisément.** *Il est exactement midi.* → **juste.** ⟨contraires : approximativement, environ⟩ *Ce n'est pas exactement la même chose :* ce n'est pas tout à fait la même chose. – *Ces deux tuyaux s'adaptent exactement l'un à l'autre.* → **parfaitement.** **2.** STYLE FAMILIER Oui, c'est exact. *« Vous lui faites un procès ? – Exactement ! »* → **certainement, parfaitement.**

EXACTION [ɛgzaksjɔ̃] n. f. ▪ *UNE EXACTION* **1.** Action d'exiger ce qui n'est pas dû ou plus qu'il n'est dû. *Ce fonctionnaire est coupable d'exactions.* → **extorsion.** **2.** (au pluriel) DES EXACTIONS : mauvais traitements. *Ce régime totalitaire a commis de nombreuses exactions.* → **excès, sévices.**

▮ REM. Ce mot fait partie de la langue de l'administration ou du droit.

EXACTITUDE [ɛgzaktityd] n. f. ▪ *L'EXACTITUDE* **1.** Caractère de ce qui est conforme à la réalité, à la vérité. *Le commissaire vérifie l'exactitude des témoignages.* → **véracité, vérité.** ⟨contraires : fausseté, inexactitude⟩ **2.** Égalité d'une mesure avec ce qui est mesuré. *Avec cette machine à calculer, je suis sûr de l'exactitude du résultat.* → **justesse.** – *Cette montre est d'une grande exactitude.* → **précision.** ⟨contraires : imprécision, inexactitude⟩ **3.** Qualité de qqn qui est toujours à l'heure. *Il est toujours d'une grande exactitude à ses rendez-vous.* → **ponctualité.**

EX ÆQUO [ɛgzeko] adverbe, n. m. et n. f. invariables **1.** adverbe Sur le même rang (dans un classement). *Les deux gagnants de la course ont été classés premiers ex æquo. Ils sont tous les deux ex æquo.* **2.** *UN EX ÆQUO, UNE EX ÆQUO :* une personne placée sur le même rang qu'une autre. PLURIEL : *le jury va départager les ex æquo.*

EXAGÉRATION [ɛgzaʒeʀasjɔ̃] n. f. ▪ *L'EXAGÉRATION* **1.** Le fait de présenter qqch. en le montrant plus grand, plus important que dans la réalité. *Il y a beaucoup d'exagération dans ce qu'il raconte.* → **outrance.** ⟨contraire : mesure⟩ *Sans exagération, on peut dire qu'il en a vu, dans sa vie !* **2.** Caractère de ce qui est exagéré. *Le malade peut manger et boire, mais sans exagération,* avec modération, de manière raisonnable. → **excès.** ⟨contraire : modération⟩

EXAGÉRÉ [ɛgzaʒeʀe], **EXAGÉRÉE** [ɛgzaʒeʀe] adj. (après le nom) ▪ (qqch.) **1.** Qui dépasse la mesure. *Dans ce magasin, les prix sont vraiment exagérés.* → **excessif, exorbitant.** ⟨contraires : modéré, raisonnable⟩ **2.** Qui amplifie la réalité. *Il m'a fait des compliments exagérés.* → **outré.**

EXAGÉRÉMENT [ɛgzaʒeʀemɑ̃] adverbe ▪ D'une manière exagérée. *Cette femme est exagérément maquillée.* → **trop.**

EXAGÉRER [ɛgzaʒeʀe] verbe [conjugaison 6a] **1.** Donner plus d'importance qu'il ne faudrait à (qqch.). *On a beaucoup exagéré son rôle dans cette affaire.* → **amplifier, grossir.** ⟨contraire : minimiser⟩ *« Lui, riche ? N'exagérons rien ! » Nous n'exagérerons* [egzaʒɛʀʀɔ̃] *pas.* **2.** Abuser de qqch. *Il fait du sport mais sans exagérer.* **3.** En prendre trop à son aise. *Il est arrivé sans prévenir, franchement, il exagère !* → **abuser.** ⟨contraire : se gêner⟩

EXALTANT [ɛgzaltɑ̃], **EXALTANTE** [ɛgzaltɑ̃t] adj. (après le nom) ▪ (qqch.) Qui stimule l'intérêt, la curiosité, qui enthousiasme. *J'ai lu un livre exaltant.* → **passionnant.** *Ce projet n'a rien d'exaltant.* → **excitant ;** STYLE FAMILIER **emballant.**

EXALTATION [ɛgzaltasjɔ̃] n. f. ▪ *L'EXALTATION :* grande excitation de l'esprit. *Il est dans un état d'exaltation indescriptible.* → **fièvre, ivresse.** *L'orateur parle avec exaltation.* → **enthousiasme.**

EXALTÉ [ɛgzalte] adj. et n. m., **EXALTÉE** [ɛgzalte] adj. et n. f. **1.** adjectif (après le nom) (qqn) Qui est plein d'exaltation. *C'est un garçon exalté.* → **passionné. 2.** *UN EXALTÉ, UNE EXALTÉE :* une personne qui est trop passionnée. *L'attentat a été commis par des exaltés.* → **fanatique.**

EXALTER [ɛgzalte] verbe [conjugaison 1a] **1.** Élever (qqn) au-dessus de l'état d'esprit ordinaire, échauffer son imagination, le remplir d'enthousiasme. *Ce projet les exalte.* → **électriser, enflammer, enthousiasmer, exciter, passionner, transporter.** ⟨contraire : calmer⟩ **2.** STYLE RECHERCHÉ Élever à un haut degré d'intensité. *Ses succès ont exalté son audace.* → **grandir.** ⟨contraire : rabaisser⟩

EXAMEN [ɛgzamɛ̃] n. m. ▪ *UN EXAMEN* **1.** Action d'observer avec attention. *Les policiers font un examen minutieux des lieux où le crime a été commis. Tous les ans, nous passons un EXAMEN MÉDICAL,* nous sommes vus par un médecin qui nous examine. *On doit lui faire des examens de sang.* → **analyse. 2.** Épreuve ou série d'épreuves qui permet de vérifier les connaissances d'un candidat et de voir s'il peut passer dans l'année supérieure, entrer dans une école ou obtenir un titre. *Mon fils PASSE UN EXAMEN dans trois jours. Le baccalauréat est un examen que l'on passe à la fin des études secondaires. Ma fille a été reçue à son examen. J'ai échoué à l'EXAMEN D'ENTRÉE dans cette école de commerce.* **3.** *MISE EN EXAMEN :* mise en accusation officielle d'une personne pour un crime ou un délit. *Il risque la mise en examen pour fraude fiscale. – Il a été mis en examen* **(→ inculper).**

REM. Dans un *concours,* le nombre de reçus est limité et fixé à l'avance.

EXAMINATEUR [ɛgzaminatœʀ] n. m., **EXAMINATRICE** [ɛgzamina tʀis] n. f. ▪ *UN EXAMINATEUR, UNE EXAMINATRICE :* une personne qui fait passer un examen. *Cet examinateur est très sévère.*

EXAMINER [ɛgzamine] verbe [conjugaison 1a] **1.** Observer avec attention. *Les policiers examinent le sac de la victime.* → **inspecter.** *L'ingénieur examine les qualités et les défauts de la machine.* → **étudier.** *Il va falloir examiner ça de près.* → **regarder.** *Nous allons EXAMINER SI c'est possible de continuer. Examinons quelle est la meilleure solution.* **2.** (médecin) *EXAMINER UN MALADE,* l'observer, l'ausculter et lui faire faire certains mouvements pour reconnaître sa maladie. *Le médecin m'a examiné et a diagnostiqué une bronchite.*

EXASPÉRANT [ɛgzaspeʀɑ̃], **EXASPÉRANTE** [ɛgzaspeʀɑ̃t] adj. (après le nom) ▪ Qui énerve énormément. *Il est d'une lenteur exaspérante.* → **agaçant, crispant, énervant, horripilant, irritant.** ⟨contraires : agréable, apaisant⟩ *Cet enfant est exaspérant.*

EXASPÉRATION [ɛgzaspeʀasjɔ̃] n. f. ▪ *L'EXASPÉRATION :* état de grand énervement. *Mon exaspération est à son comble.* → **agacement, colère, irritation.** ⟨contraire : patience⟩

EXASPÉRER [ɛgzaspeʀe] verbe [conjugaison 6a] ▪ Irriter énormément. *Sa mauvaise foi m'exaspère.* → **agacer, énerver, excéder, horripiler.** *Vous nous exaspérez. Ça m'exaspère de devoir toujours répéter la même chose ! Si vous lui dites cela, vous l'exaspérerez* [egzaspɛʀʀe], *c'est tout.*

EXAUCER [ɛgzose] verbe [conjugaison 3a] **1.** (Dieu) Satisfaire (qqn) en lui accordant ce qu'il demande. *Dieu l'a exaucé.* **2.** Accueillir favorablement (une demande). *Sa prière a été exaucée. Exauçons son vœu.*

EXCAVATEUR [ɛkskavatœʀ] n. m., **EXCAVATRICE** [ɛkskavatʀis] n. f. ▪ *UN EXCAVATEUR* ou *UNE EXCAVATRICE :* machine qui sert à creuser le sol. *Les ouvriers ont défoncé la route avec un excavateur à air comprimé.* → **bulldozer.**

REM. On emploie indifféremment le nom masculin ou le nom féminin.

EXCAVATION [ɛkskavasjɔ̃] n. f. ▪ STYLE RECHERCHÉ *UNE EXCAVATION :* creux dans un terrain. *Le lièvre s'est réfugié dans une excavation.* → **cavité, trou.**

REM. Une excavation peut être naturelle ou faite par l'homme.

excédant [ɛksedɑ̃] *En excédant :* forme au participe présent du verbe **excéder.**

EXCÉDENT [ɛksedɑ̃] n. m. ▪ *L'EXCÉDENT :* ce qu'il y a en plus de la quantité fixée. *Quand on prend l'avion, il faut payer un supplément pour EXCÉDENT DE BAGAGES,* quand le poids des bagages dépasse le poids transporté gratuitement par la compagnie aérienne. → **surcharge, surplus.** *Le voyageur a des bagages EN EXCÉDENT.*

REM. *Excédant,* participe présent du verbe *excéder,* se prononce de la même façon.

EXCÉDENTAIRE [ɛksedɑ̃tɛʀ] adj. (après le nom) ▪ Supérieur à ce qu'il faudrait. *Cette année, la récolte de maïs a été excédentaire,* trop abondante. ⟨contraire : insuffisant⟩

EXCÉDER [ɛksede] verbe [conjugaison 6a] **1.** Fatiguer en irritant énormément. *Tous ces contretemps m'excèdent.* → **agacer, énerver, exaspérer.** *Tu m'excèdes avec tes questions.* ⟨contraire : reposer⟩ – *Il a l'air excédé,* à bout de nerfs. **2.** Dépasser en nombre, en quantité, en durée. *Son séjour ici n'excédera pas une semaine,* ne durera pas plus d'une semaine. *En ce temps-là, le prix du voyage n'excédait pas deux mille francs. Si votre bagage n'excède pas vingt kilos, vous n'aurez pas à payer de supplément.*

EXCELLENCE [ɛkselɑ̃s] n. f. ▪ *L'EXCELLENCE* **1.** STYLE RECHERCHÉ Caractère de ce qui est excellent. *L'excellence de ce vin est reconnue par tous.* → **perfection. 2.** *PRIX D'EXCELLENCE :* prix décerné au meilleur élève d'une classe, à la fin de l'année scolaire. *Ma fille a eu le prix d'excellence.* **3.** *PAR EXCELLENCE :* tout particulièrement, d'une manière caractéristique. *Le bébé est le symbole de l'innocence par excellence.* **4.** *EXCELLENCE :* titre donné à un ambassadeur, un ministre, un archevêque, un évêque. *Son Excellence, l'archevêque de Paris. Oui, Votre Excellence.*

EXCELLENT [ɛkselɑ̃], **EXCELLENTE** [ɛkselɑ̃t] adj. (avant le nom ou après le nom) **1.** (qqch.) Qui atteint la perfection. *Ce pâté est excellent.* → **délicieux, exquis, succulent.** *Nous avons bu un excellent vin,* un très bon vin. ⟨contraire : médiocre⟩ *Il est en excellente santé.* → **parfait.** *Elle est d'excellente humeur aujourd'hui.* ⟨contraires : exécrable, mauvais⟩ **2.** (qqn) Remarquable. *C'est une excellente comédienne.* → **admirable, merveilleux.** *Son professeur de français est excellent.*

EXCELLER [ɛksele] verbe [conjugaison 1a] ■ Être supérieur, excellent. *Cet écrivain* EXCELLE EN *poésie.* → **briller.** *Tu* EXCELLES À *ce jeu. Elle excelle à raconter des histoires.*

EXCENTRICITÉ [ɛksɑ̃tʀisite] n. f. 1. *L'EXCENTRICITÉ :* manière de se comporter différente de celle des autres. *Elle s'habille avec excentricité.* → **extravagance, originalité.** ⟨contraire : banalité⟩ 2. *UNE EXCENTRICITÉ :* ce que fait une personne excentrique. *Arrête tes excentricités et viens t'asseoir !*

EXCENTRIQUE [ɛksɑ̃tʀik] adj., n. m. et n. f.
I. adjectif (après le nom) 1. Éloigné du centre. *Ils habitent dans un quartier excentrique.* → **périphérique.** ⟨contraire : central⟩ 2. Qui n'est pas comme les autres. *Elle a toujours des robes excentriques.* → **extravagant, original.** *Il a une conduite excentrique.* → **bizarre, insolite.** *Sa femme est un peu excentrique.* → **farfelu.**
II. *UN EXCENTRIQUE, UNE EXCENTRIQUE :* une personne qui ne se comporte pas comme les autres. *C'est une excentrique.*

① **EXCEPTÉ** [ɛksɛpte] préposition ■ À l'exception de, en excluant. *Le restaurant est ouvert tous les jours, excepté le lundi,* à part le lundi. → **hormis, sauf.** *Nous sommes tous invités, excepté les enfants. Ils peuvent faire ce qu'ils veulent,* EXCEPTÉ DE *se servir de mon violon.*

REM. *Excepté,* préposition, est placé avant le nom et reste invariable.

② **EXCEPTÉ** [ɛksɛpte], **EXCEPTÉE** [ɛksɛpte] adj. (après le nom) ■ Non compris. *Le prix du menu inclut les suppléments, les boissons exceptées.*

REM. *Excepté,* adjectif, est placé après le nom et s'accorde avec celui-ci.

EXCEPTION [ɛksɛpsjɔ̃] n. f. ■ *UNE EXCEPTION* 1. Action de ne pas inclure dans (un ensemble). *Il n'y aura aucune exception à la consigne.* → **dérogation.** *Tout le monde doit assister à la réunion,* EXCEPTION FAITE *pour les malades,* à part les malades. *Tous les élèves ont été punis,* SANS EXCEPTION. → **restriction.** *Nous sommes tous rentrés dans la voiture,* À L'EXCEPTION DU *chien,* sauf le chien, excepté le chien. *C'est une* FEMME D'EXCEPTION, unique, remarquable (→ **exceptionnel**). 2. Cas particulier. *Les hommes comme lui sont l'exception,* ils sont rares. À DE RARES EXCEPTIONS, *on peut dire que... Certaines règles de grammaire admettent des exceptions.*

EXCEPTIONNEL [ɛksɛpsjɔnɛl], **EXCEPTIONNELLE** [ɛksɛpsjɔnɛl] adj. (après le nom) 1. (qqch.) Qui constitue une exception. *Le gouvernement a pris des mesures exceptionnelles.* → **spécial.** ⟨contraire : régulier⟩ 2. Qui est hors de l'ordinaire. *Il fait une chaleur exceptionnelle pour la saison.* ⟨contraires : banal, ① courant, habituel, normal, ordinaire⟩ *C'est une chance exceptionnelle.* → **extraordinaire, inattendu.** *C'est un être exceptionnel.*

EXCEPTIONNELLEMENT [ɛksɛpsjɔnɛlmɑ̃] adverbe ■ D'une manière exceptionnelle. *Exceptionnellement, la piscine sera fermée mercredi prochain,* pour une fois. ⟨contraires : communément, habituellement⟩

EXCÈS [ɛksɛ] n. m. ■ *L'EXCÈS* 1. Trop grande quantité, dépassement de la mesure ordinaire. *L'automobiliste a eu une amende pour* EXCÈS DE VITESSE, pour avoir dépassé la vitesse autorisée. *Il mangeait trop, maintenant il ne mange plus rien, il est* TOMBÉ DANS L'EXCÈS INVERSE, il est passé d'un extrême à l'autre. *Il dépense son argent* AVEC EXCÈS. → **démesure.** *Il y a des élèves* EN EXCÈS *dans cette classe :* ils sont trop nombreux. *Il boit* SANS EXCÈS, modérément. → **abus.** *Son mari est minutieux* À L'EXCÈS, trop minutieux. 2. (au pluriel) DES EXCÈS : le fait de trop boire et de trop manger. *Il ne faut pas faire d'excès.*

EXCESSIF [ɛksesif], **EXCESSIVE** [ɛksesiv] adj. (après le nom) 1. (qqch.) Qui dépasse la mesure permise ou habituelle. *Cet automobiliste roule à une vitesse excessive,* trop élevée. ⟨contraire : raisonnable⟩ *Ces roses sont à un prix excessif,* elles sont trop chères. → **exorbitant.** *Il fait une chaleur excessive dans cette pièce. Il est d'un orgueil excessif.* → **démesuré.** 2. (qqn) Qui est incapable de nuances, de modération. *C'est une femme excessive en tout.*

REM. *Excessif* est parfois employé au sens de « très grand » sans idée d'excès : cet emploi est critiqué.

EXCESSIVEMENT [ɛksesivmɑ̃] adverbe ■ D'une manière excessive. *Elle est excessivement indulgente avec ses petits-enfants.* → **démesurément, exagérément, trop.** ⟨contraires : assez, pas assez, peu⟩

EXCIPIENT [ɛksipjɑ̃] n. m. ■ *UN EXCIPIENT :* substance à laquelle on incorpore un médicament pour le rendre plus facile à absorber. *L'excipient de ce sirop est à la framboise.*

EXCISER [ɛksize] verbe [conjugaison 1a] ■ Enlever le clitoris à (une fille, une femme). *Cette petite fille va être excisée.*

EXCISION [ɛksizjɔ̃] n. f. ■ *L'EXCISION :* le fait d'enlever le clitoris d'une petite fille. *L'excision est rituelle dans certaines sociétés.*

EXCITANT [ɛksitɑ̃] adj. et n. m., **EXCITANTE** [ɛksitɑ̃t] adj.
I. adjectif (après le nom) 1. Qui provoque des sensations, qui excite. *Ils ont un projet excitant.* → **exaltant.** *Ce n'est pas très excitant de rester ici.* → STYLE FAMILIER **emballant.** – (qqn) *Sa sœur est excitante,* elle inspire le désir sexuel. 2. Qui stimule l'organisme. *Le café est excitant.* → **stimulant.**
II. *UN EXCITANT :* produit qui stimule l'organisme. *Le thé et le café sont des excitants.* → **remontant.** ⟨contraire : calmant⟩

EXCITATION [ɛksitasjɔ̃] n. f. ■ *L'EXCITATION* 1. État de grande agitation. *Quelle excitation la veille des vacances !* → **énervement.** ⟨contraire : calme⟩ 2. Action d'exciter, de provoquer. *Tous ces discours sont une* EXCITATION À *la violence.* → **incitation.** *Il a été condamné pour excitation au racisme.*

EXCITÉ [ɛksite] adj. et n. m., **EXCITÉE** [ɛksite] adj. et n. f. 1. adjectif (après le nom) Qui est très énervé, très agité. *Je n'arrive pas à calmer ces enfants excités.* ⟨contraires : calme, tranquille⟩ *Cet enfant est* EXCITÉ COMME UNE PUCE. → **surexcité.** 2. *UN EXCITÉ, UNE EXCITÉE :* une personne excitée. *Une bande d'excités a mis le feu à des voitures.*

EXCITER [ɛksite] verbe [conjugaison 1a] 1. Provoquer (une réaction). *Tous ces sous-entendus excitent notre curiosité.* → **éveiller, piquer, stimuler, susciter.** *Ce roman excite l'imagination.* → **enflammer.** 2. Rendre plus vif. *Ta réaction a excité sa colère.* → **accroître, exalter.** 3. Rendre nerveux. *Le torero excite le taureau en agitant un chiffon rouge devant lui.* 4. STYLE RECHERCHÉ *EXCITER À :* pousser à. *Des meneurs les ont excités à la révolte.* → **entraîner, inciter.** 5. Envoyer du courant électrique dans (un organe, un tissu). *Le biologiste excite un nerf pour voir sa réaction.* 6. verbe pronominal S'EXCITER : (qqn) s'énerver, s'irriter. *Arrête de t'exciter et essaie de dormir.* – STYLE FAMILIER *Elle* S'EST EXCITÉE SUR *ce projet,* elle y a pris un grand intérêt.

EXCLAMATIF [ɛksklamatif], **EXCLAMATIVE** [ɛksklamativ] adj. (après le nom) ■ (qqch.) Qui exprime une exclamation. *« Quelle surprise ! » est une phrase exclamative,* une phrase qui finit par un point d'exclamation.

EXCLAMATION [ɛksklamasjɔ̃] n. f. ■ *UNE EXCLAMATION* 1. Cri, mots que l'on dit d'une voix forte exprimant une émotion, un sentiment. *Elle a poussé une exclamation de surprise en le* *voyant arriver.* **2.** *POINT D'EXCLAMATION :* signe de ponctuation (!) qui suit une exclamation, une interjection ou une phrase exclamative. *Il y a beaucoup de points d'exclamation dans sa lettre enthousiaste.*

S'**EXCLAMER** [ɛksklame] verbe pronominal [conjugaison 1a] ▪ Dire d'une voix forte, en exprimant son étonnement, sa joie, sa colère. *« Toi ici ! » s'est-elle exclamée. Il S'EST EXCLAMÉ SUR la beauté du paysage.*

exclu [ɛkskly], **exclue** [ɛkskly] *Il a été exclu, elle a été exclue :* formes au participe passé du verbe **exclure.**

EXCLU [ɛkskly] adj. et n. m., **EXCLUE** [ɛkskly] adj. et n. f.
I. adjectif (après le nom) **1.** (qqn) Qui est refusé (dans un groupe), qui est radié. *Les membres exclus du club n'ont plus le droit d'assister aux réunions.* ⟨contraire : admis⟩ **2.** (qqch.) Que l'on refuse d'envisager. *Son retour est une chose exclue,* est hors de question. *IL N'EST PAS EXCLU QUE l'on soit obligé d'accepter,* ce n'est pas impossible. **3.** (qqch.) Qui n'est pas compris dans un compte, une énumération. *Nous partons du douze au vingt-trois janvier exclu,* le vingt-trois janvier non compris. ⟨contraires : compris, inclus⟩
II. *UN EXCLU, UNE EXCLUE :* une personne qui est rejetée par les autres. *Les chômeurs se considèrent souvent comme des exclus.*

EXCLURE [ɛksklyʀ] verbe [conjugaison 35] **1.** Renvoyer (qqn) d'un groupe où il était admis. *Le bureau du parti a exclu plusieurs membres.* → **chasser, évincer, expulser, radier, rejeter.** *Il faut que le directeur exclue de l'école les élèves indésirables.* ⟨contraires : accueillir, admettre⟩ **2.** Ne pas employer (qqch.). *Elle a exclu le sucre de son alimentation.* → **proscrire.** ⟨contraire : inclure⟩ **3.** Refuser d'envisager. *La police n'exclut aucune hypothèse.* → **rejeter.** *Je N'EXCLUS PAS QUE tu viennes. S'il y avait trop de travail, il exclurait l'idée de partir en vacances.* **4.** (qqch.) Être incompatible avec. *Le mensonge exclut la confiance,* la rend impossible.

REM. Contrairement à celui du verbe *inclure,* le participe passé de *exclure* ne prend pas de *s* au masculin singulier.

EXCLUSIF [ɛksklyzif], **EXCLUSIVE** [ɛksklyziv] adj. (après le nom) **1.** Qui est produit, vendu par une seule firme. *Cette voiture est un MODÈLE EXCLUSIF. Ce journal publie le récit exclusif de ses aventures,* un récit que l'on ne peut pas trouver ailleurs. **2.** Qui appartient à une seule personne ou à un seul groupe. *En France, l'État se réserve le droit exclusif de vendre le tabac.* **3.** Qui refuse tout partage. *Son amour est exclusif. Elle est exclusive en amitié.*

EXCLUSION [ɛksklyzjɔ̃] n. f. **1.** *UNE EXCLUSION :* action d'exclure qqn. *Cet élève a bien mérité son exclusion du lycée.* → **renvoi.** *Son exclusion du parti a été rendue publique.* → **expulsion, radiation.** ⟨contraire : admission⟩ **2.** *À L'EXCLUSION DE :* sauf. *Vous pouvez manger de tout, à l'exclusion des œufs.* → **exception.**

EXCLUSIVEMENT [ɛksklyzivmɑ̃] adverbe ▪ À l'exclusion de toute autre chose. *Les médicaments sont vendus exclusivement en pharmacie.* → **seulement, uniquement.**

EXCLUSIVITÉ [ɛksklyzivite] n. f. **1.** *L'EXCLUSIVITÉ :* droit qui appartient à une seule personne ou à un seul groupe (de produire, de vendre qqch.). *Les pharmaciens ont l'exclusivité de la vente des médicaments. Donnez-nous l'exclusivité de ce produit. Je suis allé voir un FILM EN EXCLUSIVITÉ,* qui sort pour la première fois dans un pays. **2.** *UNE EXCLUSIVITÉ :* produit vendu par une seule firme. *Ce produit est une exclusivité X.*

EXCOMMUNIER [ɛkskɔmynje] verbe [conjugaison 7a] ▪ Mettre (qqn) hors de l'Église catholique. *Le pape excommuniera* [ɛkskɔmyniʀa] *les hérétiques.*

REM. Penser aux deux *i* à la première et à la deuxième personne du pluriel à l'imparfait (ex. : *vous excommuniiez*) et au subjonctif (ex. : *que nous excommuniions*).

EXCRÉMENT [ɛkskʀemɑ̃] n. m. ▪ *UN EXCRÉMENT :* matière solide que les hommes et les animaux rejettent par l'anus après la digestion. *On a trouvé des excréments devant la porte du garage.* → **crotte, selles ;** STYLE FAMILIER **caca, merde.**

REM. Le terme médical est *matières fécales.* Les excréments des animaux ont souvent une appellation particulière : *bouse* pour les vaches, *crottin* pour les chevaux, *fiente* pour les oiseaux.

EXCRÉTION [ɛkskʀesjɔ̃] n. f. ▪ *L'EXCRÉTION :* action de rejeter les déchets de l'organisme au-dehors. *L'excrétion de l'urine.* → **évacuation, expulsion.**

EXCROISSANCE [ɛkskʀwasɑ̃s] n. f. ▪ *UNE EXCROISSANCE :* petite grosseur qui se forme sur la peau ou à l'intérieur du corps. *Une verrue est une excroissance.* → **protubérance.**

EXCURSION [ɛkskyʀsjɔ̃] n. f. ▪ *UNE EXCURSION :* action de parcourir une région pour la visiter. *Nous sommes partis EN EXCURSION toute la journée.* → **promenade.** *Avez-vous fait des excursions en montagne ?* → **randonnée.**

EXCUSABLE [ɛkskyzabl] adj. (après le nom) ▪ Que l'on peut excuser. *Il a fait une erreur bien excusable.* → **pardonnable.** ⟨contraires : impardonnable, inexcusable⟩

EXCUSE [ɛkskyz] n. f. ▪ *UNE EXCUSE* **1.** Regret que l'on témoigne à qqn de l'avoir offensé, gêné, contrarié. *J'exige des excuses. Il veut que tu lui fasses des excuses. Je vous fais toutes mes excuses. Veuillez accepter mes excuses. Il m'a présenté ses excuses. Elle s'est confondue en excuses. Il a refusé mes excuses.* **2.** Raison que l'on donne pour se défendre, pour expliquer pourquoi on a commis une faute. *Tu n'as aucune excuse d'avoir fait ça,* tu es impardonnable. → **justification, motif.** **3.** Motif que l'on donne pour se dispenser de faire qqch. que l'on devrait faire. *Elle trouve toujours de bonnes excuses pour ne pas nous aider.* → **prétexte.** *Les élèves qui ont été absents de l'école doivent présenter un MOT D'EXCUSE signé par leurs parents.*

FAUX AMI
anglais **excuse** ne s'emploie pas au sens 1. (« regret »)

EXCUSER [ɛkskyze] verbe [conjugaison 1a] **1.** Justifier (qqn, ce qu'il a fait) en donnant des excuses. *Elle essaie toujours d'excuser ses enfants.* → ① **défendre, disculper.** ⟨contraire : accuser⟩ – *Rien n'excuse sa paresse :* rien ne peut servir d'excuse à sa paresse. **2.** Accorder son pardon à (qqn), en admettant des motifs qui atténuent ou justifient sa faute. *Veuillez m'excuser pour mon retard. Excusez mon retard.* → **pardonner.** **3.** *EXCUSEZ-MOI :* je regrette (de vous gêner, de vous contredire, de vous contrarier, de refuser...). *Excusez-moi, pouvez-vous répéter ce que vous venez de dire ? Excuse-moi d'insister. Excusez-moi si je ne viens pas avec vous. « Oh ! Excusez-moi, je ne vous ai pas fait mal ? »* → **pardon.** **4.** Reconnaître à (qqn) le droit de ne pas faire qqch. qu'il devrait faire. *Monsieur X, souffrant, s'est fait excuser.* **5.** verbe pronominal S'EXCUSER : présenter des excuses. *Je m'excuse pour mon retard. Elle s'est excusée de son insolence. Excusez-vous d'être arrivé en retard. Je m'en excuse.*

FAUX AMI
anglais **to excuse** ne s'emploie pas aux sens 4. et 5.

REM. Quand on présente des excuses, *je m'excuse* peut être compris comme « je suis indulgent pour moi » et l'usage de la politesse recommande d'employer plutôt *excusez-moi.*

EXÉCRABLE [ɛgzekʀabl] adj. (après le nom) ■ Extrêmement mauvais. *Ce vin est exécrable.* → STYLE FAMILIER **dégueulasse.** ⟨contraire : délicieux⟩ *Il fait un temps exécrable.* → **abominable, affreux, détestable.** *Elle est d'une humeur exécrable.* → **épouvantable.** ⟨contraires : agréable, bon, excellent⟩

REM. On peut prononcer aussi [ɛksekʀabl].

EXÉCRER [ɛgzekʀe] verbe [conjugaison 6a] ■ STYLE RECHERCHÉ Ne pas aimer du tout. *J'exècre l'odeur du tabac.* → **détester.** *Nous exécrons ce genre d'individus.* → **haïr.** ⟨contraires : adorer, aimer⟩

REM. On peut prononcer aussi [ɛksekʀe].

EXÉCUTANT [ɛgzekytɑ̃] n. m., **EXÉCUTANTE** [ɛgzekytɑ̃t] n. f. ■ *UNE EXÉCUTANT, UNE EXÉCUTANTE* 1. Personne qui travaille sous les ordres de qqn et qui exécute ses ordres, sans prendre d'initiatives personnelles. *Ce n'est qu'un exécutant, il n'est pas responsable.* 2. Musicien qui joue dans un orchestre. *L'orchestre est composé de vingt exécutants.* → **interprète.**

EXÉCUTER [ɛgzekyte] verbe [conjugaison 1a]
I. 1. Faire (ce qui est prévu ou ordonné). *Ce plan est difficile à exécuter.* → **accomplir, réaliser.** *Il n'a pas les moyens financiers d'exécuter son projet. Mes ordres ont-ils été exécutés ?* 2. Faire (un travail). *Les voisins ont fait exécuter des travaux dans leur maison.* → **effectuer, faire.** *Cette broderie a été exécutée à la main.* 3. Interpréter (une œuvre musicale). *Le pianiste exécute une ballade de Chopin.* → **jouer.** 4. Faire (certains mouvements réglés d'avance). *La danseuse exécute un pas de danse très difficile. Le trapéziste exécute un saut très dangereux.* 5. Rendre réelle une décision de justice. *Le condamné exécutera une peine de prison de trois mois.* 6. verbe pronominal S'EXÉCUTER : (qqn) se décider à faire qqch. de pénible ou de désagréable. *Je lui ai demandé plusieurs fois de m'aider, elle s'est finalement exécutée.*
II. Faire mourir (qqn) après une décision de justice ou pour se venger. *Le bourreau a exécuté le condamné à mort. Les bandits ont exécuté un témoin gênant.* → **abattre, supprimer, tuer.**

EXÉCUTIF [ɛgzekytif] adj. et n. m., **EXÉCUTIVE** [ɛgzekytiv] adj. 1. adjectif (après le nom) (qqch.) *LE POUVOIR EXÉCUTIF* : le pouvoir qui fait appliquer les lois. *Dans une démocratie libérale, le pouvoir exécutif est séparé du pouvoir législatif et du pouvoir judiciaire.* 2. *L'EXÉCUTIF* : le pouvoir exécutif. *En France, l'exécutif est partagé entre le président de la République et le gouvernement.*

EXÉCUTION [ɛgzekysjɔ̃] n. f. ■ *L'EXÉCUTION* 1. Action de réaliser (un projet), de faire (ce qui a été ordonné). *L'exécution du projet a commencé.* → **réalisation.** *Le général exige l'exécution immédiate de ses ordres. « Exécution ! »* obéissez ! *Le projet a été MIS À EXÉCUTION,* a commencé à être exécuté. 2. Le fait d'exécuter (un travail). *Le chef de chantier dirige l'exécution des travaux.* 3. Le fait de subir effectivement (une peine). *L'exécution de la peine est immédiate.* 4. Manière d'interpréter une œuvre musicale. *L'exécution de cette sonate est difficile.* → **interprétation.** 5. *UNE EXÉCUTION (CAPITALE)* : mise à mort d'un condamné. *Il n'y a plus d'exécutions en France depuis l'abolition de la peine de mort, en 1981. – Les otages ont été victimes d'une exécution sommaire,* d'une mise à mort sans jugement.

① **EXEMPLAIRE** [ɛgzɑ̃plɛʀ] adj. (après le nom) 1. (qqch.) Qui peut servir d'exemple. *Ces enfants ont une conduite exemplaire.* → **parfait.** *Les pompiers font preuve d'un courage exemplaire.* ⟨contraire : scandaleux⟩ 2. Dont l'exemple doit servir de leçon. *Les rebelles ont eu un châtiment exemplaire.*

② **EXEMPLAIRE** [ɛgzɑ̃plɛʀ] n. m. ■ *UN EXEMPLAIRE* : chacun des objets semblables d'une série. *Ce roman a été tiré à dix mille exemplaires. Photocopiez ce texte en dix exemplaires.* → **copie.**

EXEMPLE [ɛgzɑ̃pl] n. m. ■ *L'EXEMPLE* 1. Modèle que l'on peut imiter. *Ces enfants ont MONTRÉ LE MAUVAIS EXEMPLE en désobéissant. DONNE LE BON EXEMPLE à ton petit frère. Elle lui a DONNÉ L'EXEMPLE de ce qu'il fallait faire. « Plonge ! C'est à toi de donner l'exemple »,* de le faire le premier. *Il devrait PRENDRE EXEMPLE SUR toi,* faire comme toi. *Elle a SUIVI L'EXEMPLE de ses sœurs.* 2. Châtiment qui doit servir de leçon. *Il a été puni POUR L'EXEMPLE.* 3. Chose semblable ou comparable à celle dont on parle. *Il a une maladie très rare, c'est le seul exemple que je connaisse.* → **cas.** *Elle est d'une beauté SANS EXEMPLE,* unique. 4. *UN EXEMPLE* : ce qui prouve, illustre ce que l'on veut démontrer. *Voilà un exemple de sa bêtise. Les exemples ne manquent pas. Le professeur demande de donner des exemples de fleurs.* → **spécimen.** *Un dictionnaire contient des exemples,* des phrases qui sont citées pour illustrer l'emploi d'un mot et mieux comprendre sa définition. 5. *PAR EXEMPLE* : pour confirmer ou illustrer ce que l'on vient de dire. *Certains mammifères vivent dans la mer, par exemple les baleines.* → **ainsi, notamment.** – STYLE FAMILIER *Par exemple !* pour exprimer la surprise. *Ah ! ça, par exemple !*

EXEMPT [ɛgzɑ̃], **EXEMPTE** [ɛgzɑ̃t] adj. (après le nom) ■ *EXEMPT DE* : qui n'est pas soumis à. *Comme notre voisin a des revenus modestes, il est exempt d'impôts,* il n'a pas à payer d'impôts. *Elle a une vie exempte de soucis,* sans soucis.

EXEMPTER [ɛgzɑ̃te] verbe [conjugaison 1a] ■ *EXEMPTER qqn DE,* l'autoriser à ne pas remplir une obligation. *Notre voisin est exempté d'impôts,* il n'a pas à payer d'impôts. → **dispenser.** ⟨contraires : assujettir, astreindre⟩

REM. On peut prononcer ou non le *p* : [ɛgzɑ̃te] ou [ɛgzɑ̃pte].

EXERCER [ɛgzɛʀse] verbe [conjugaison 3a]
I. 1. Soumettre à une activité régulière pour développer. *Les athlètes exercent leurs muscles. Nous exerçons notre mémoire en faisant du calcul mental.* → **entraîner.** 2. *EXERCER À* : soumettre à un entraînement pour créer une habitude. *On exerce les soldats au maniement des armes. Le patron exerce ses apprentis à utiliser leurs outils.* 3. Mettre en usage (un moyen d'action). *Elle exerçait sa méchanceté sur ses employés. Le président exerce le pouvoir. Il fait un métier où il peut exercer son talent.* 4. Pratiquer (une activité professionnelle). *Quel métier exercez-vous ?* → **faire.** *Sa femme exerce la médecine,* elle est médecin.
II. verbe pronominal S'EXERCER 1. (qqn) Faire souvent la même chose pour en acquérir la pratique. *Les sportifs s'exercent tous les jours.* → s'**entraîner.** *Exerçons-nous à plonger.* 2. (qqch.) Être exercé, se faire sentir. *Son influence s'est exercée sur tout le monde.*

EXERCICE [ɛgzɛʀsis] n. m.
I. 1. *L'EXERCICE (PHYSIQUE)* : activité physique effectuée pour faire travailler son corps. *Il faut FAIRE DE L'EXERCICE pour rester en forme.* → **gymnastique, sport.** *Le médecin lui a dit de PRENDRE DE L'EXERCICE.* 2. *UN EXERCICE* : travail que l'on fait pour s'exercer dans un domaine particulier. *L'athlète s'échauffe en faisant des exercices. Le professeur donne des exercices à faire à ses élèves,* des devoirs. *Ma fille a des exercices de mathématiques à faire pour demain.* → **problème.**
II. Le fait d'exercer un métier. *Ce guérisseur a été condamné pour EXERCICE ILLÉGAL DE LA MÉDECINE.* → **pratique.** *Le docteur X est encore EN EXERCICE,* il exerce encore la médecine.

EX-FEMME [ɛksfam] n. f. ■ *UNE EX-FEMME* : femme avec qui un homme a été marié et dont il a divorcé. *Ses enfants vivent avec son ex-femme,* son ancienne épouse. → STYLE FAMILIER **ex.** PLURIEL : *des EX-FEMMES.*

EXHALER [ɛgzale] verbe [conjugaison 1a] ▪ Dégager (une odeur). *Ces roses exhalent un parfum très fort,* elles sentent fort. → **répandre.**

EXHAUSTIF [ɛgzostif], **EXHAUSTIVE** [ɛgzostiv] adj. (après le nom) ▪ Qui contient tout sur un sujet, ne laisse rien de côté. *Le surveillant a fait la* LISTE EXHAUSTIVE *des élèves absents.* → ① **complet.** ⟨contraire : incomplet⟩

EXHAUSTIVITÉ [ɛgzostivite] n. f. ▪ *L'EXHAUSTIVITÉ :* caractère de ce qui est exhaustif, complet. *La bibliographie de cet auteur a été faite avec un grand souci de rigueur et d'exhaustivité.*

EXHIBER [ɛgzibe] verbe [conjugaison 1a] 1. Montrer de façon à être bien vu, à attirer l'attention. *Ce militaire exhibe ses décorations.* → **arborer.** ⟨contraire : cacher⟩ 2. verbe pronominal S'EXHIBER : se montrer avec ostentation. *Il déteste s'exhiber en public. Elle s'est exhibée tous les jours avec un homme différent !*

EXHIBITION [ɛgzibisjɔ̃] n. f. 1. *UNE EXHIBITION :* action de montrer au public (ce qu'on ne doit pas montrer). *On fait l'exhibition des êtres bizarres, dans les fêtes foraines.* 2. *UNE EXHIBITION :* spectacle de personnes qui montrent ce qu'elles savent faire. *Les acrobates ont fait une exhibition remarquée.*

FAUX AMI
anglais **exhibition** « exposition »

EXHIBITIONNISTE [ɛgzibisjɔnist] n. m., n. f. ▪ *UN EXHIBITIONNISTE, UNE EXHIBITIONNISTE :* une personne qui prend plaisir à montrer son sexe à des inconnus. *Un exhibitionniste a été arrêté devant l'école.*

EXHORTATION [ɛgzɔʀtasjɔ̃] n. f. ▪ *UNE EXHORTATION :* paroles dites pour inciter qqn à faire qqch. *Son* EXHORTATION À *la patience nous a calmés.* → **appel, encouragement, incitation, recommandation.**

EXHORTER [ɛgzɔʀte] verbe [conjugaison 1a] ▪ *EXHORTER qqn À :* s'efforcer par des discours de persuader qqn de faire qqch. *Nous exhortons les automobilistes à la prudence.* → **encourager, inciter, inviter.** ⟨contraire : dissuader⟩

EXHUMER [ɛgzyme] verbe [conjugaison 1a] 1. Retirer de la terre. *Les archéologues ont exhumé un squelette de dinosaure.* → **déterrer.** *Le juge a fait exhumer le corps de la victime pour faire une nouvelle autopsie.* ⟨contraires : enterrer, inhumer⟩ 2. Tirer de l'oubli. *Quel intérêt y a-t-il à exhumer tous ces vieux souvenirs ?* → **ressusciter.**

exigeant [ɛgziʒɑ̃] *En exigeant :* forme au participe présent du verbe **exiger.**

EXIGEANT [ɛgziʒɑ̃], **EXIGEANTE** [ɛgziʒɑ̃t] adj. (après le nom) ▪ Qui a l'habitude d'exiger, qui est difficile à satisfaire. *C'est une cliente exigeante.* ⟨contraire : accommodant⟩ *Il est très* EXIGEANT SUR *la propreté.*

EXIGENCE [ɛgziʒɑ̃s] n. f. 1. *L'EXIGENCE :* caractère d'une personne difficile à satisfaire. *Cette cliente est d'une exigence insupportable.* 2. (au pluriel) DES EXIGENCES : ce qu'une personne réclame. *Ses exigences sont de plus en plus importantes.* → **demande, réclamation.** – *Quelles sont vos exigences ?* quelle somme d'argent voulez-vous ?

EXIGER [ɛgziʒe] verbe [conjugaison 3b] 1. (qqn) Demander avec force et autorité (ce que l'on pense avoir le droit d'obtenir). *J'exige des excuses.* → **réclamer.** *Les ravisseurs ont exigé une rançon. Le professeur exigeait le silence.* → **ordonner.** *Ses parents exigent trop de lui. Elle* EXIGE QUE *tu t'en ailles.* → **vouloir.** – *Quels sont les diplômes exigés pour occuper ce poste ?* (→ **requis).** 2. (qqch.) Rendre indispensable, obligatoire. *Ce travail exige beaucoup d'attention.* → **nécessiter, requérir.**

EXIGU [ɛgzigy], **EXIGUË** [ɛgzigy] adj. (après le nom) ▪ (espace) Très petit. *Ils ont un jardin exigu. Les chambres sont trop exiguës.* → **minuscule.** ⟨contraires : grand, immense, vaste⟩

EXIGUÏTÉ [ɛgzigɥite] n. f. ▪ *UNE EXIGUÏTÉ :* petitesse d'un espace. *Le salon est difficile à meubler, à cause de son exiguïté.* ⟨contraire : grandeur⟩

EXIL [ɛgzil] n. m. ▪ *L'EXIL :* situation d'une personne qui est obligée de vivre hors de son pays. *Cet opposant politique a été condamné à l'exil.* → **bannissement.** *Ils vivent* EN EXIL *depuis vingt ans.*

EXILÉ [ɛgzile] adj. et n. m., **EXILÉE** [ɛgzile] adj. et n. f. 1. adjectif (après le nom) Qui vit en exil. *Elle s'est mariée avec un opposant politique exilé.* → **expatrié.** 2. *UN EXILÉ, UNE EXILÉE :* une personne qui a dû partir de son pays. *Ce pays accueille les exilés politiques.*

EXILER [ɛgzile] verbe [conjugaison 1a]
I. Obliger (qqn) à vivre hors de son pays. *Les militaires qui ont pris le pouvoir ont exilé tous les opposants.* → **bannir, proscrire.**
II. verbe pronominal S'EXILER 1. Quitter son pays pour aller vivre ailleurs. *Ces révolutionnaires ont dû s'exiler.* → **émigrer,** s'**expatrier.** 2. S'éloigner volontairement. *Ils se sont exilés à la campagne.*

EXISTANT [ɛgzistɑ̃],**EXISTANTE** [ɛgzistɑ̃t] adj. (après le nom) 1. Qui existe, qui a une réalité. *Il confond les choses existantes et les choses imaginaires.* → **réel.** ⟨contraires : inexistant, virtuel⟩ 2. Qui existe actuellement. *Il faut se conformer aux lois existantes,* en vigueur.

EXISTENCE [ɛgzistɑ̃s] n. f. ▪ *L'EXISTENCE* 1. Le fait d'être, d'exister, d'avoir une réalité. *Sa grand-mère croit à l'existence des fantômes. Les radiographies ont montré l'existence d'une tumeur.* → **présence.** *Cette coutume a plusieurs siècles d'existence,* elle existe depuis plusieurs siècles. *Ces pauvres gens ont des* MOYENS D'EXISTENCE *insuffisants,* des ressources insuffisantes. 2. Vie considérée dans sa durée, son contenu. *Ils mènent une existence tranquille à la campagne.* → **vie.** *Elle a beaucoup voyagé* AU COURS DE SON EXISTENCE, pendant sa vie. *Quelle existence !* quelle vie.

EXISTER [ɛgziste] verbe [conjugaison 1a] 1. Avoir une réalité. *La licorne est un animal imaginaire qui n'a jamais existé.* → ① **être.** *Cette coutume existe depuis longtemps.* → **persister.** *Cette variété de serpents n'existe pas en Europe,* il n'y en a pas en Europe. → se **rencontrer,** se **trouver.** – IL EXISTE *des plantes carnivores,* il y en a. – STYLE FAMILIER *Les gens généreux, ça existe.* 2. (êtres animés) Être en vie. *Vous ferez ce que vous voudrez quand j'aurai cessé d'exister.* → **vivre.** *C'est comme ça depuis qu'elle existe,* depuis qu'elle est née. 3. (qqch.) Avoir de l'importance. *Plus rien n'existe pour elle quand elle lit.* → **compter.**

EX-MARI [ɛksmaʀi] n. m. ▪ *UN EX-MARI :* homme avec qui une femme a été mariée et dont elle a divorcé. *Elle a gardé d'excellents rapports avec son ex-mari.* → STYLE FAMILIER **ex.** PLURIEL : *des* EX-MARIS.

EXODE [ɛgzɔd] n. m. ▪ *L'EXODE* **1.** Départ en masse (d'une population). *Au dix-neuvième siècle, on a assisté à un exode massif des Irlandais vers les États-Unis.* → **émigration, fuite.** – *De nos jours, on assiste à un* EXODE RURAL, au dépeuplement des campagnes au profit des villes. **2.** En France, fuite des civils devant les soldats allemands, en 1940. *Pendant l'exode, beaucoup de civils ont été mitraillés sur les routes.*

FAUX AMI
grec **ἔξοδος** « sortie »

REM. Avec une majuscule, *l'Exode* désigne l'émigration des Hébreux hors d'Égypte.

EXONÉRATION [ɛgzɔneʀasjɔ̃] n. f. ▪ *UNE EXONÉRATION :* le fait de dispenser de payer (une taxe, un impôt). *Ce placement financier bénéficie d'une exonération fiscale.* → **abattement.**

EXONÉRÉ [ɛgzɔneʀe], **EXONÉRÉE** [ɛgzɔneʀe] adj. (après le nom) ▪ *EXONÉRÉ D'IMPÔTS :* non soumis à l'impôt. *Ils ont fait un placement exonéré d'impôts. Notre voisin a des revenus très faibles, il est exonéré d'impôts* (→ **exempter).**

EXORBITANT [ɛgzɔʀbitɑ̃], **EXORBITANTE** [ɛgzɔʀbitɑ̃t] adj. (après le nom) ▪ (qqch.) Qui dépasse la mesure. *Cette voiture coûte un prix exorbitant,* elle est beaucoup trop chère. → **exagéré, excessif, prohibitif.** ⟨contraires : modéré, modique⟩

EXORBITÉ [ɛgzɔʀbite], **EXORBITÉE** [ɛgzɔʀbite] adj. (après le nom) ▪ *DES YEUX EXORBITÉS :* des yeux grands ouverts, qui semblent sortir de l'orbite. *Elle est arrivée en courant, les yeux exorbités de peur.*

EXORCISER [ɛgzɔʀsize] verbe [conjugaison 1a] **1.** Délivrer (qqn) de ses démons à l'aide de formules et de cérémonies. ⟨contraire : ensorceler⟩ *Le prêtre a exorcisé la jeune fille en récitant des prières.* **2.** Chasser, éliminer (un sentiment pénible). *Il faut exorciser ta peur.*

EXOTIQUE [ɛgzɔtik] adj. (après le nom) ▪ Qui est apporté des pays lointains et chauds. *L'ananas et la mangue sont des fruits exotiques. J'ai acheté une plante exotique.* → **tropical.**

EXOTISME [ɛgzɔtism] n. m. ▪ *L'EXOTISME :* ce qui est exotique. *Elle est très attirée par l'exotisme.*

EXPANSIF [ɛkspɑ̃sif], **EXPANSIVE** [ɛkspɑ̃siv] adj. (après le nom) ▪ Qui dit facilement ce qu'il pense, ce qu'il ressent. → **démonstratif, exubérant.** *C'est un petit garçon très expansif.* ⟨contraires : renfermé, réservé, timide⟩ *Cette femme est peu expansive.*

EXPANSION [ɛkspɑ̃sjɔ̃] n. f. ▪ *L'EXPANSION :* augmentation en importance. *L'industrie automobile est en pleine expansion* → **croissance, développement, essor.** ⟨contraires : diminution, récession, recul⟩

EXPATRIÉ [ɛkspatʀije] n. m., **EXPATRIÉE** [ɛkspatʀije] n. f. ▪ *UN EXPATRIÉ, UNE EXPATRIÉE :* une personne qui a quitté sa patrie ou qui en a été chassée. ⟨contraire : rapatrié⟩ *Ce pays généreux accueille beaucoup d'expatriés.*

S'EXPATRIER [ɛkspatʀije] verbe pronominal [conjugaison 7b] ▪ Quitter sa patrie pour s'établir dans un autre pays. → **émigrer, s'exiler.** *Ces gens se sont expatriés pour trouver du travail. S'ils ne trouvent pas de travail, ils s'expatrieront* [ɛkspatʀiʀɔ̃]. *Malheureusement, il faut que nous nous expatriions.*

EXPECTORATION [ɛkspɛktɔʀasjɔ̃] n. f. ▪ *UNE EXPECTORATION :* matière rejetée par la bouche, provenant des voies respiratoires. → **crachat.** *Le laboratoire analyse les expectorations d'un malade.*

EXPÉDIENT [ɛkspedjɑ̃] n. m. ▪ *UN EXPÉDIENT :* moyen qui peut aider, pendant quelque temps, à sortir d'une difficulté. *Nous trouverons bien un expédient pour régler ce problème d'argent.* → STYLE FAMILIER **combine, truc.** – *VIVRE D'EXPÉDIENTS :* être obligé, pour avoir un peu d'argent pour vivre, d'utiliser des moyens peu honnêtes. *Ce sont des gens sans travail, sans argent et qui vivent d'expédients.*

EXPÉDIER [ɛkspedje] verbe [conjugaison 7a] **1.** Envoyer à une adresse. *Il a expédié le colis par la poste à ses parents.* **2.** Se débarrasser de (qqn) en l'envoyant quelque part. *Si les enfants sont trop énervés, je les expédierai* [ɛkspediʀɛ] *au lit.* **3.** Faire (qqch.) rapidement. *Il faut d'abord que nous expédiions ce travail, puis nous pourrons commencer la réunion.* – *Mon fils expédie trop souvent ses devoirs du soir,* il fait ses devoirs rapidement et sans soin, pour s'en débarrasser.

EXPÉDITEUR [ɛkspeditœʀ] n. m., **EXPÉDITRICE** [ɛkspeditʀis] n. f. ▪ *UNE EXPÉDITEUR, UNE EXPÉDITRICE :* une personne qui envoie une lettre, un paquet. *L'expéditeur a écrit son adresse au dos de l'enveloppe. L'expéditrice a mal écrit le nom du destinataire. La poste a retourné sa lettre à l'expéditeur.* → **envoyeur.**

EXPÉDITIF [ɛkspeditif], **EXPÉDITIVE** [ɛkspeditiv] adj. (après le nom) ▪ (qqn) Qui fait les choses, le travail très rapidement, sans attendre. → **rapide, vif.** *Il prend très vite ses décisions, c'est un homme expéditif. Elle est expéditive en affaires.* – (qqch.) *Il trouvera bien un moyen expéditif pour régler ce problème.*

EXPÉDITION [ɛkspedisjɔ̃] n. f.
I. *L'EXPÉDITION :* l'envoi. *Cette employée s'occupe de l'expédition du courrier.*
II. *UNE EXPÉDITION :* marchandise expédiée, envoyée. *Les expéditions augmentent, au moment de Noël.* → **colis.**
III. Voyage d'exploration dans un pays lointain, dans une région difficile d'accès. *Des alpinistes organisent une expédition dans les montagnes de l'Himalaya. C'est leur seconde expédition.* – *C'est une véritable expédition !* se dit d'un déplacement avec beaucoup de matériel. *Voyager avec deux bébés, c'est une véritable expédition !*

EXPÉDITRICE n., féminin de **expéditeur**

EXPÉRIENCE [ɛkspeʀjɑ̃s] n. f.
I. *L'EXPÉRIENCE :* savoir, connaissance que l'on a acquise par la pratique. *Elle est institutrice depuis plusieurs années et a une grande expérience des enfants,* elle connaît bien les enfants car elle s'en occupe depuis longtemps. → **habitude.** *Elle a beaucoup plus d'expérience que moi* (→ **expérimenté).** ⟨contraires : ignorance, inexpérience⟩ *C'est un homme* D'EXPÉRIENCE, il a appris à connaître et à comprendre la vie grâce à toutes les situations qu'il a vécues.
II. *UNE EXPÉRIENCE* **1.** Opération scientifique destinée à étudier un phénomène. *Les expériences de laboratoire font progresser les connaissances* (→ **expérimenter).** *Les élèves font des expériences de physique et de chimie.* **2.** Essai, tentative. *Nous allons faire une expérience de vie commune :* nous allons essayer de vivre ensemble. *Il faut tenter l'expérience ! Après plusieurs expériences, ça devenait plus facile.*

FAUX AMI
anglais **experience** ne s'emploie qu'au sens I.

EXPÉRIMENTAL [ɛkspeʀimɑ̃tal], **EXPÉRIMENTALE** [ɛkspeʀimɑ̃tal] adj. (après le nom) **1.** Fondé sur l'expérience. ⟨contraire : théorique⟩ *La physique et la chimie sont des sciences expérimentales.* MASCULIN PLURIEL : *des traitements* EXPÉRIMENTAUX [ɛkspeʀimɑ̃to]. **2.** Qui permet de vérifier les qualités de qqch. *Ce médicament en est encore au stade expérimental,* au stade des expériences.

EXPÉRIMENTÉ [ɛkspeʀimɑ̃te], **EXPÉRIMENTÉE** [ɛkspeʀimɑ̃te] adj. (après le nom). (qqn) Qui a de l'expérience, qui a appris beaucoup de choses par la pratique. *Il faut un homme expérimenté pour diriger cette entreprise.* → **chevronné.** ⟨contraires : débutant, inexpérimenté⟩

FAUX AMI
anglais **experimented** « qui a été essayé »

EXPÉRIMENTER [ɛkspeʀimɑ̃te] verbe [conjugaison 1a]. Essayer, utiliser (qqch.) pour étudier, pour juger ses qualités, ses défauts. *Le pilote de course expérimente un nouveau modèle de voiture. Le laboratoire expérimente un vaccin.*

EXPERT [ɛkspɛʀ] adj. et n. m., **EXPERTE** [ɛkspɛʀt] adj.
I. adjectif (avant le nom ou après le nom) Qui est devenu très habile grâce à l'expérience, à la pratique. ⟨contraires : inexpérimenté, maladroit ; amateur⟩ *Ma sœur a toujours aimé le bricolage, c'est une experte bricoleuse.* → **expérimenté.** – *La couturière tâte le tissu d'une main experte.*
II. *UN EXPERT* **1.** Personne qui s'y connaît bien dans un domaine. *Il connaît très bien l'astronomie, c'est UN EXPERT EN LA MATIÈRE,* il est savant, instruit dans ce domaine. **2.** Personne dont le métier consiste à donner un avis sûr. *Il faut consulter un expert. L'expert de la compagnie d'assurances examine la voiture accidentée. Je connais un EXPERT EN meubles et objets d'art.*

REM. En parlant d'une femme, on dit : *C'est un expert.*

EXPERT-COMPTABLE [ɛkspɛʀkɔ̃tabl] n. m. *UN EXPERT-COMPTABLE* : une personne qui est responsable des comptabilités qu'elle vérifie ou organise. *Elle est expert-comptable.* PLURIEL : *des EXPERTS-COMPTABLES.*

REM. Au sujet d'une femme, on peut dire *une expert-comptable* ou plus rarement, *une experte-comptable* [ɛkspɛʀtkɔ̃tabl].

EXPERTISER [ɛkspɛʀtize] verbe [conjugaison 1a]. *FAIRE EXPERTISER* : montrer à un expert, pour qu'il donne son avis. *L'assurance a fait expertiser les dégâts causés par l'inondation.* → **estimer, évaluer.** *Il a fait expertiser ses tableaux, pour être sûr de leur authenticité.*

EXPIER [ɛkspje] verbe [conjugaison 7a]. Réparer (une faute, un crime) en subissant une peine. *Le coupable expiera* [ɛkspiʀa] *sa faute.* – *Il faut que vous expiiez !*

EXPIRATION [ɛkspiʀasjɔ̃] n. f.
I. *UNE EXPIRATION* : mouvement qui fait sortir l'air des poumons. *Respirez à fond : inspiration... expiration...* → **respiration.**
II. *L'EXPIRATION DE* : moment où se termine un délai. *Ce passeport ARRIVERA À EXPIRATION dans deux ans. L'expiration du contrat est prévue à la fin de l'année.* → **échéance, fin, terme.**

EXPIRER [ɛkspiʀe] verbe [conjugaison 1a] **1.** Rejeter l'air qui se trouve dans les poumons. *On respire en inspirant et en expirant.* **2.** STYLE RECHERCHÉ Mourir. *Le blessé a expiré,* il a rendu le dernier soupir. **3.** Ne plus être valable. → **finir.** *Mon passeport expirera* [ɛkspiʀʀa] *dans deux mois.*

EXPLICATIF [ɛksplikatif], **EXPLICATIVE** [ɛksplikativ] adj. (après le nom). Qui donne des explications. *Une notice explicative est jointe à l'appareil photo,* le mode d'emploi de l'appareil photo.

EXPLICATION [ɛksplikasjɔ̃] n. f. *UNE EXPLICATION* **1.** Ce qui sert à faire comprendre qqch. → **commentaire, éclaircissement.** *Le professeur donne des explications très claires. Les dictionnaires donnent l'explication des mots.* → **définition.** **2.** Cause, raison. → **motif.** *Il y a une grève à la poste : c'est l'explication du retard dans le courrier. J'espère que tu as une explication valable à ton absence d'hier.* **3.** Discussion dans laquelle on s'explique, on fait connaître les raisons de son comportement. *Ils ont eu une longue explication. La mère et la fille ont déjà eu plusieurs explications orageuses.*

EXPLICITE [ɛksplisit] adj. (après le nom) **1.** (qqch.) Très clair et précis, qui ne laisse aucun doute. → **net.** *Il a fait une déclaration explicite.* ⟨contraire : implicite⟩ *Ce message n'est pas explicite, je ne sais pas très bien ce que je dois faire.* **2.** (qqn) Qui s'exprime clairement et se fait bien comprendre. *Il a été très explicite.*

EXPLICITER [ɛksplisite] verbe [conjugaison 1a]. Formuler, dire très clairement, plus clairement. *Pouvez-vous expliciter votre pensée ?*

EXPLIQUER [ɛksplike] verbe [conjugaison 1a]
I. 1. Faire comprendre en développant. *Le professeur explique aux élèves le mouvement de la Terre autour du Soleil. Expliquez-moi vos projets.* → **exposer.** *Ce serait trop long à expliquer. Il lui EXPLIQUE QUE nous avons besoin d'elle.* – *Le mode d'emploi explique le fonctionnement de l'appareil photo.* → **montrer.** **2.** Faire connaître la raison, la cause de qqch. *Explique-moi pourquoi tu pleures. Il a eu du mal à expliquer son retard.* – *Comment expliquez-vous qu'il puisse vivre sans travailler ?* comment le comprenez-vous ? **3.** (qqch.) Être la cause, la raison de. *Le verglas explique l'accident de voiture. Cela n'explique pas tout. Cela n'explique pas qu'elle n'écrive plus.*
II. verbe pronominal S'EXPLIQUER **1.** Faire connaître sa pensée. *Je ne sais pas si je me suis bien expliqué. Je m'explique...* je vais préciser, je vais donner des détails sur ce que je viens de dire. **2.** Donner la raison d'un fait. *Elle ne s'est pas expliquée sur son retard. Je m'en suis déjà expliqué.* → **justifier.** **3.** Avoir une discussion pour se comprendre. *Nous nous sommes expliqués et nous avons fini par nous mettre d'accord.* – STYLE FAMILIER *Ils sont partis s'expliquer dehors* : ils sont partis se battre dehors. **4.** *S'EXPLIQUER QQCH.* : trouver la raison, la cause de qqch. *Elle ne s'est pas expliqué leur présence.* → **comprendre.**

EXPLOIT [ɛksplwa] n. m. *UN EXPLOIT* : action remarquable, exceptionnelle. → **prouesse.** *L'alpiniste a réalisé un exploit extraordinaire.* → **performance.** *Ce jeune coureur a battu le record du monde, c'est un véritable exploit !*

EXPLOITANT [ɛksplwatɑ̃] n. m., **EXPLOITANTE** [ɛksplwatɑ̃t] n. f. *UN EXPLOITANT, UNE EXPLOITANTE* : une personne ou une société qui fait fonctionner, qui gère une entreprise. *Mon cousin est exploitant agricole.*

EXPLOITATION [ɛksplwatasjɔ̃] n. f.
I. *UNE EXPLOITATION* : entreprise que l'on met en valeur. *Mon frère dirige une exploitation agricole* (→ **domaine, ferme, propriété**).
II. *L'EXPLOITATION* **1.** Action de mettre en valeur, d'exploiter. *Les agriculteurs travaillent à l'exploitation de la terre. Cette ligne de chemin de fer n'est plus EN EXPLOITATION,* elle n'est plus exploitée. → **service.** **2.** Action de se servir de (qqn), de son travail pour en tirer profit. *Nous faire travailler autant, en nous payant si peu, c'est de l'exploitation ! Les syndicats ont protesté contre l'exploitation des ouvriers.*

EXPLOITER [ɛksplwate] verbe [conjugaison 1a] **1.** Travailler (une chose) pour la mettre en valeur, pour gagner de l'argent sur sa production. *Les agriculteurs exploitent la terre.* **2.** Faire produire les meilleurs résultats à (qqch.). *Cette idée est excellente, il faut l'exploiter. Quand on lui a proposé ce travail, elle n'a pas su EXPLOITER SA CHANCE,* elle n'a pas su en profiter, en tirer avantage. **3.** Se servir de (qqn, qqch.) pour son propre profit. *Dans cette société, le riche exploite le pauvre. Ton patron ne te paye pas assez, il t'exploite !* → **abuser.** *Cet homme politique exploite la confiance de ses électeurs. Elle exploite ta faiblesse.*

EXPLOITEUR [ɛksplwatœʀ] n. m., **EXPLOITEUSE** [ɛksplwatøz] n. f. ▪ *UN EXPLOITEUR, UNE EXPLOITEUSE* : une personne qui exploite les autres. *Les ouvrières manifestent contre leur patron qu'elles traitent d'exploiteur.*

EXPLORATEUR [ɛksplɔʀatœʀ] n. m., **EXPLORATRICE** [ɛksplɔʀatʀis] n. f. ▪ *UN EXPLORATEUR, UNE EXPLORATRICE* : une personne qui va dans un pays lointain, dans une région inconnue ou mal connue, pour l'étudier. *Un explorateur a disparu dans la forêt vierge.*

EXPLORATION [ɛksplɔʀasjɔ̃] n. f. ▪ *UNE EXPLORATION* : action d'explorer, d'aller dans des pays lointains ou mal connus. *Ce jeune garçon rêve de partir en exploration.*

EXPLORATRICE n., féminin de **explorateur**

EXPLORER [ɛksplɔʀe] verbe [conjugaison 1a] ▪ Parcourir (une région, un pays mal connu) en l'étudiant avec soin. *Stanley et Livingstone explorèrent l'Afrique au dix-neuvième siècle. – Demain, les enfants exploreront* [ɛksplɔʀʀɔ̃] *leur nouveau jardin.*

EXPLOSER [ɛksploze] verbe [conjugaison 1a] **1.** (qqch.) Se rompre brutalement, éclater violemment. *La bombe a explosé. L'avion a explosé en plein ciel.* → STYLE FAMILIER **péter, sauter.** *Le gaz explose au contact d'une flamme.* **2.** (sentiment) Se manifester brusquement et violemment. *Les ouvriers ont d'abord été très patients, puis leur colère a explosé.* → **éclater.** – *Son attitude méprisante m'a fait exploser* (de colère).

EXPLOSIF [ɛksplozif] adj. et n. m., **EXPLOSIVE** [ɛksploziv] adj.
I. adjectif (après le nom) **1.** Qui peut exploser. *La dynamite est une matière explosive.* **2.** (situation) Qui peut provoquer des conflits. *Entre le patron et les ouvriers, la situation est explosive,* elle est critique, très tendue.
II. *UN EXPLOSIF* : une matière qui peut exploser. *La dynamite et le plastic sont des explosifs. Il y a eu un attentat à l'explosif.*

EXPLOSION [ɛksplozjɔ̃] n. f. ▪ *UNE EXPLOSION* **1.** Éclatement brusque et violent. → **déflagration.** *L'explosion de la bombe a fait de nombreuses victimes. L'explosion de gaz a détruit l'immeuble. – La chaudière a FAIT EXPLOSION,* elle a explosé. **2.** Bruit de cet éclatement. *J'ai entendu une explosion.* → **détonation. 3.** Manifestation soudaine et violente d'un sentiment. *L'arrivée des coureurs a provoqué une explosion de joie dans la foule. Ce gorille en cage a parfois des explosions de colère et de désespoir.*

EXPO n. f. Forme abrégée familière de **exposition.**

EXPORT n. m. Forme abrégée familière de **exportation.**

EXPORTATEUR [ɛkspɔʀtatœʀ] n. m. et adj., **EXPORTATRICE** [ɛkspɔʀtatʀis] n. f. et adj. **1.** *UN EXPORTATEUR, UNE EXPORTATRICE* : personne ou pays qui vend des produits à l'étranger. *Son père est un exportateur de vin. Le Japon est un grand exportateur de voitures.* → **vendeur.** *La Grande-Bretagne est une exportatrice de bovins.* **2.** adjectif (après le nom) Qui exporte. *L'Arabie Saoudite est un PAYS EXPORTATEUR de pétrole.* ⟨contraire : importateur⟩

EXPORTATION [ɛkspɔʀtasjɔ̃] n. f. ▪ *UNE EXPORTATION* **1.** Vente de marchandises à l'étranger. ⟨contraire : importation⟩ *Certaines voitures sont fabriquées spécialement pour l'exportation.* **2.** nom masculin *EXPORT* [ɛkspɔʀ] forme abrégée familière *Il travaille dans le service export d'une entreprise,* dans le service qui s'occupe des produits vendus à l'étranger. *Il travaille à l'export.* **3.** Ce qui est vendu à l'étranger. *Ce pays a augmenté ses exportations de céréales. Il y a un équilibre entre les importations et les exportations.*

EXPORTATRICE n. et adj., féminin de **exportateur**

EXPORTER [ɛkspɔʀte] verbe [conjugaison 1a] ▪ Vendre à l'étranger. *La France exporte du vin.* ⟨contraire : importer⟩

EXPOSANT [ɛkspozɑ̃] n. m., **EXPOSANTE** [ɛkspozɑ̃t] n. f. ▪ *UN EXPOSANT, UNE EXPOSANTE* : une personne qui montre, qui expose ses œuvres, ses produits. *La Foire de Paris groupe de nombreux exposants.*

① **EXPOSÉ** [ɛkspoze] n. m. ▪ *UN EXPOSÉ* : petit discours, petite conférence que l'on fait sur un sujet précis. *Mon fils a fait un exposé sur la flore et la faune des montagnes.*

② **EXPOSÉ** [ɛkspoze], **EXPOSÉE** [ɛkspoze] adj. (après le nom) ▪ (qqch.) Orienté, tourné vers. *Notre maison a deux chambres exposées à l'est et une chambre exposée à l'ouest. Cette maison est la mieux exposée du village, elle est au soleil toute la journée.*

EXPOSER [ɛkspoze] verbe [conjugaison 1a]
I. 1. Présenter, disposer (des choses) de manière à ce qu'elles soient bien vues. ⟨contraires : cacher, dissimuler⟩ *Tous nos modèles de chaussures sont exposés en vitrine. Ce peintre expose ses tableaux dans une galerie de peinture. – Quel musée expose des Picasso ?* **2.** Faire connaître, présenter en ordre (des faits, des idées). → **décrire.** *Exposez-nous les détails de votre projet.* **3.** Placer, disposer de manière à soumettre à l'action de. *Il a exposé son linge au soleil pour le faire sécher. Quand on prend une photo, la pellicule est exposée à la lumière.* **4.** Mettre (qqn) dans une situation dangereuse. *Mon frère est guide de haute montagne : son métier l'expose au danger.*
II. verbe pronominal *S'EXPOSER* **1.** Se soumettre à l'action de. *Elle s'est exposée trop longtemps au soleil.* **2.** Se mettre en danger, courir des risques. *Le soldat a combattu avec courage mais sans s'exposer.*

EXPOSITION [ɛkspozisjɔ̃] n. f. **1.** *UNE EXPOSITION* : présentation d'objets, d'œuvres que l'on montre au public. *Nous sommes allés à une exposition d'œuvres de Van Gogh. Il a vu toutes les expositions de peinture.* **2.** *L'EXPOSITION* : l'orientation d'un bâtiment. *Cet appartement a une bonne exposition,* il est orienté au soleil. **3.** Action de soumettre à l'action de. *Évitez les longues expositions au soleil :* ne restez pas trop longtemps au soleil.

① **EXPRÈS** [ɛkspʀɛ] adverbe **1.** Spécialement. *Nous sommes venus exprès pour vous voir.* → **intentionnellement.** ⟨contraire : par hasard⟩ – *FAIRE EXPRÈS* : faire volontairement. *J'ai fait ça exprès, pour te rendre service.* ⟨contraire : involontairement⟩ *Je suis sûre qu'il a FAIT EXPRÈS DE me marcher sur les pieds. Pardon, je ne l'ai pas fait exprès !* STYLE FAMILIER *C'est exprès, cette façon de faire du bruit ?* **2.** *UN FAIT EXPRÈS* [fɛtɛkspʀɛ] : coïncidence, ensemble de faits fâcheux, ennuyeux qui arrivent en même temps. *Nous étions en retard et, comme par un fait exprès, la voiture n'a pas voulu démarrer.*

② **EXPRÈS** [ɛkspʀɛs] adj. invariable (après le nom) ▪ *Une LETTRE EXPRÈS, un COLIS EXPRÈS,* remis immédiatement au destinataire, par porteur spécial. *Le facteur est venu lui remettre une lettre exprès.*
REM. *Express* « qui va vite » se prononce de la même façon.

③ **EXPRÈS** [ɛkspʀɛs], **EXPRESSE** [ɛkspʀɛs] adj. (après le nom) ▪ *DÉFENSE EXPRESSE de...* : défense absolue de. *Défense expresse d'ouvrir les portières avant l'arrêt du train en gare. Il faut respecter l'interdit exprès de fumer dans les lieux publics.*

EXPRESS [ɛkspʀɛs] adj. et n. m. invariables
I. adjectif (après le nom) Qui assure un déplacement rapide. *Nous avons voyagé en TRAIN EXPRESS,* dans un train qui ne s'arrête

que dans un petit nombre de gares. *Il emprunte le réseau express régional* (→ **R.E.R.**). *À Paris, la* VOIE EXPRESS *longe la Seine.*
II. *UN EXPRESS* **1.** Train rapide qui ne s'arrête que dans quelques gares. *L'express pour Paris partira à 12 h 17.* **2.** Café fait à la vapeur, à l'aide d'un percolateur. *Un express et deux croissants, s'il vous plaît !*

EXPRESSÉMENT [ɛkspʀesemɑ̃] adverbe. Absolument. *Il est expressément interdit de fumer dans les lieux publics.*

EXPRESSIF [ɛkspʀesif], **EXPRESSIVE** [ɛkspʀesiv] adj. (après le nom) **1.** Qui montre bien ce que l'on pense, ce que l'on ressent. *Il a eu un geste expressif, qui voulait dire « ça m'est égal ».* → **éloquent, significatif.** **2.** Qui a beaucoup d'expression, de vivacité. → **animé.** *Son visage expressif la rend attirante.* → **mobile,** ① **vivant.** (contraires : inexpressif, terne)

EXPRESSION [ɛkspʀesjɔ̃] n. f.
I. *UNE EXPRESSION* Le fait de montrer (les émotions, les sentiments) par le comportement extérieur, par le visage. → **air, mine.** *Tu as une expression bien joyeuse, ce matin ! Elle a les mêmes expressions que sa mère.* → **mimique.**
II. *L'EXPRESSION* **1.** Action ou manière d'exprimer, de s'exprimer par le langage. *Il faut respecter la liberté d'expression,* la liberté de dire ce que l'on pense. – *Cet auteur étranger est d'expression allemande,* il s'exprime en langue allemande. – *Veuillez agréer l'expression de mes sentiments distingués, de mes sentiments respectueux :* formules de politesse qui terminent une lettre. **2.** *MOYEN D'EXPRESSION :* moyen de s'exprimer, de communiquer par des signes. *Les enfants ont de nombreux moyens d'expression.* – Moyen de s'exprimer, de se manifester. (par l'art) *Le dessin, la danse, le cinéma sont des moyens d'expression.* (par l'action) *La grève est leur seul moyen d'expression.* **3.** *Être RÉDUIT, RÉDUITE À SA PLUS SIMPLE EXPRESSION,* à la forme la plus simple. *Son mobilier est réduit à sa plus simple expression : un lit et une table.*
III. *UNE EXPRESSION* (grammaire) Groupe de mots employés ensemble avec un sens particulier. *« Bête comme ses pieds » est une expression qui veut dire « très bête ».* → **locution, tournure.** *Dans votre texte, ayez de l'imagination et du style, évitez les EXPRESSIONS TOUTES FAITES !* évitez les formules banales, trop souvent utilisées. → **cliché.**

> FAUX AMI
> polonais **ekspresja** « caractère expressif »

REM. Quand une expression désigne une chose, c'est un terme : *une scie à métaux.* → **terme.**

EXPRESSIONNISME [ɛkspʀesjɔnism] n. m. *L'EXPRESSIONNISME :* forme d'art qui s'attache à l'intensité de l'expression. *Van Gogh est un précurseur de l'expressionnisme* (souvent opposé à *impressionnisme*). – *C'est un représentant de l'expressionnisme allemand.*

EXPRESSIONNISTE [ɛkspʀesjɔnist] adj., n. m. et n. f. **1.** adjectif (après le nom) Qui s'inspire de l'expressionnisme. *Ce musée propose une exposition de peintres expressionnistes* (souvent opposé à *impressionniste*). – *Nous avons admiré de très belles peintures expressionnistes.* **2.** *UN EXPRESSIONNISTE, UNE EXPRESSIONNISTE :* artiste qui s'inspire de l'expressionnisme. *Nous admirons les expressionnistes flamands.*

EXPRIMER [ɛkspʀime] verbe [conjugaison 1a]
I. **1.** Faire connaître (ce que l'on pense, ce que l'on ressent) par son comportement ou par le langage. *Je sais comment tu exprimes ton mécontentement : tu fronces les sourcils. Exprimez votre pensée en termes clairs. J'ai exprimé plusieurs fois mon opinion dans la presse.* – *Je ne sais comment vous exprimer ma reconnaissance.* → **prouver.** *Cet artiste peintre exprime sa souffrance dans sa peinture.* **2.** Servir à noter (une quantité, une relation). *Le signe « = » exprime l'égalité.*
II. verbe pronominal *S'EXPRIMER* **1.** Manifester sa pensée par le langage, par les gestes. *Elle s'est exprimée en français et en anglais. Cet enfant s'exprime très bien.* → **parler.** *Il a du mal à s'exprimer car il est très ému. Exprimez-vous clairement, pour que l'on vous comprenne bien. Le ministre s'est déjà exprimé sur ce sujet à la radio. Les sourds-muets s'expriment par gestes.* **2.** Montrer librement sa personnalité, ses sentiments. *Il faut laisser cet adolescent s'exprimer. Le peintre s'est exprimé dans un grand nombre de tableaux.*

> FAUX AMI
> espagnol **exprimir** s'emploie pour « presser (un citron) »

EXPROPRIER [ɛkspʀɔpʀije] verbe [conjugaison 7b]. Obliger (qqn) à céder légalement à l'État son terrain, son immeuble, sa maison, contre de l'argent. *On a exproprié des centaines de familles pour construire des immeubles neufs. Je refuse de quitter ma maison, je refuse que vous m'expropriiez ! L'État nous expropriera* [ɛkspʀɔpʀiʀa] *l'année prochaine.*

EXPULSER [ɛkspylse] verbe [conjugaison 1a]. Chasser par la loi (qqn) du lieu où il vit. *Ils ont expulsé un locataire. On l'a expulsé de son pays.* → **bannir, exiler.** *Son fils a été expulsé du collège.* → **exclure.**

EXPULSION [ɛkspylsjɔ̃] n. f. *UNE EXPULSION :* action de chasser (qqn) du lieu où il vit. *S'il ne paye pas son loyer, le locataire risque l'expulsion. Il y a eu de nombreuses expulsions d'émigrés sans papiers.*

EXPURGÉ [ɛkspyʀʒe], **EXPURGÉE** [ɛkspyʀʒe] adj. (après le nom) . (texte) D'où l'on a ôté des passages qui auraient pu gêner la morale de certaines personnes. *Ce livre existe en édition intégrale et en édition expurgée.*

EXQUIS [ɛkski], **EXQUISE** [ɛkskiz] adj. (après le nom, parfois avant le nom) **1.** Très bon. *Nous avons mangé une tarte exquise. On nous a servi d'exquis petits gâteaux secs.* → **délicieux.** – *C'est exquis !* (contraire : mauvais) **2.** Très agréable, charmant. *Il a épousé une femme exquise.* → **adorable.** *C'est un homme exquis.* (contraires : exécrable, ignoble, infect) – *Elle a des manières exquises.* – *Pendant les vacances, nous avons eu un temps exquis.* → **divin.**

EXSANGUE [ɛgzɑ̃g] adj. (après le nom). Qui a perdu beaucoup de sang. *Un blessé exsangue vient d'être admis à l'hôpital.*

EXTASE [ɛkstaz] n. f. *L'EXTASE :* admiration éperdue. *Elle est EN EXTASE devant son frère.* – *C'est l'extase !* c'est le bonheur total.

S'EXTASIER [ɛkstazje] verbe pronominal [conjugaison 7a]. Montrer son admiration, son enthousiasme. → s'**émerveiller.** *Les visiteurs du musée se sont extasiés devant ce célèbre tableau. La famille s'extasiera* [ɛkstaziʀa] *devant le bébé, c'est sûr !*

EXTENSIBLE [ɛkstɑ̃sibl] adj. (après le nom) . (qqch.) Qui peut s'étendre, s'étirer. *Son pantalon de ski est en tissu extensible.* → **élastique.**

EXTENSION [ɛkstɑ̃sjɔ̃] n. f. *L'EXTENSION* **1.** Mouvement par lequel on étend un membre. *Le professeur de gymnastique demande à ses élèves de faire des mouvements de flexion puis d'extension. Mettez vos jambes en extension.* **2.** Augmentation, développement. *Les pompiers ont évité l'extension de l'incendie.* → **propagation.** *Cette ville a pris une extension considérable.* → **essor.**

EXTÉNUANT [ɛkstenɥɑ̃], **EXTÉNUANTE** [ɛkstenɥɑ̃t] adj. (après le nom). Extrêmement fatigant. → **épuisant, éreintant.** *Nous fai-*

sons un travail exténuant. → STYLE FAMILIER **crevant, tuant.** *C'est exténuant.*

EXTÉNUÉ [ɛkstenɥe], **EXTÉNUÉE** [ɛkstenɥe] adj. (après le nom) ▪ (qqn) Extrêmement fatigué. *Il est rentré exténué de son travail.* → **épuisé.**

EXTÉNUER [ɛkstenɥe] verbe [conjugaison 1a] **1.** Rendre très faible, fatiguer énormément. *Cette longue marche nous a exténués.* → **épuiser, éreinter ;** STYLE FAMILIER **crever. 2.** verbe pronominal S'EXTÉNUER : se fatiguer. *Écoutez-moi bien car je ne M'EXTÉNUERAI* [ɛkstenyʀɛ] *pas À répéter cent fois la même chose. Elle s'est exténuée à crier.*

EXTÉRIEUR [ɛksteʀjœʀ] adj. et n. m., **EXTÉRIEURE** [ɛksteʀjœʀ] adj.
I. adjectif (après le nom) **1.** (qqch.) Qui est dehors. ⟨contraire : intérieur⟩ *Un escalier extérieur mène à une terrasse.* **2.** (qqch.) *EXTÉRIEUR À* : qui est hors de (qqch.). *Tracez un cercle et une ligne droite extérieure à ce cercle. – Vos remarques sont extérieures au sujet,* elles ne font pas partie du sujet, elles sont hors sujet. **3.** Qui est au-dehors. *Je range mes clés dans la poche extérieure de ma veste.* → **externe.** ⟨contraire : intérieur⟩ *Il faut repeindre les murs extérieurs de la maison. Nous sommes venus par les BOULEVARDS EXTÉRIEURS,* par les boulevards qui font le tour de la ville. → **périphérique. 4.** Qui concerne les pays étrangers. *Il s'intéresse à la politique extérieure de son pays,* aux relations entre son pays et les pays étrangers. → **étranger. 5.** Que l'on peut voir de dehors. *Comment est l'aspect extérieur de l'immeuble ?* → **apparent, visible.**
II. *L'EXTÉRIEUR* **1.** *À L'EXTÉRIEUR* : dehors. *Rentrez vite, ne restez pas à l'extérieur,* ne restez pas dehors. *Les usines sont à l'extérieur de la ville,* elles sont en dehors de la ville. ⟨contraires : dans, à l'intérieur⟩ **2.** Les pays étrangers. *Nos relations avec l'extérieur ont changé.* → **étranger. 3.** *VU DE L'EXTÉRIEUR* : objectivement, en ne se fiant qu'à ce que l'on voit réellement. *Vu de l'extérieur, elle ne paraît pas si malade.* **4.** Face externe (d'une chose). *L'extérieur du coffret est sculpté, l'intérieur est tapissé de soie.*

FAUX AMI
allemand **Exterieur** «aspect d'un cheval»

EXTÉRIEUREMENT [ɛksteʀjœʀmɑ̃] adverbe **1.** À l'extérieur, vu de l'extérieur. *Extérieurement, la maison est très jolie.* ⟨contraire : intérieurement⟩ **2.** En apparence. *Il a l'air heureux, mais il ne l'est qu'extérieurement.* → **apparemment.**

S'**EXTÉRIORISER** [ɛksteʀjɔʀize] verbe pronominal [conjugaison 1a] ▪ Exprimer, montrer (des sentiments). *Il est timide, il ne sait pas s'extérioriser. – Ses sentiments s'extériorisent peu. Sa colère s'est extériorisée.*

EXTERMINATION [ɛkstɛʀminasjɔ̃] n. f. ▪ *L'EXTERMINATION* : action de tuer, de massacrer systématiquement et jusqu'au dernier. → **anéantissement, destruction.** *Ils ont tenté l'extermination de tout un peuple* **(→ génocide).** *Des millions de personnes sont mortes dans des CAMPS D'EXTERMINATION.*

EXTERMINER [ɛkstɛʀmine] verbe [conjugaison 1a] ▪ Tuer systématiquement, jusqu'au dernier. *Certaines tribus d'Indiens d'Amérique ont été exterminées.* → **anéantir, massacrer.**

① **EXTERNE** [ɛkstɛʀn] adj. (après le nom) ▪ Qui est situé en dehors, à l'extérieur. ⟨contraire : interne⟩ *La face externe du coffre est sculptée, la face interne est tapissée de soie. – Ce médicament est À USAGE EXTERNE,* il ne faut pas l'avaler.

② **EXTERNE** [ɛkstɛʀn] n. m., n. f. ▪ *UN EXTERNE, UNE EXTERNE* **1.** Élève qui va à l'école sans être pensionnaire et sans déjeuner à la cantine. ⟨contraires : demi-pensionnaire, interne, pensionnaire⟩ *Les externes rentrent chez eux à l'heure du déjeuner et le soir après les cours.* **2.** Étudiant en médecine ayant effectué plus de trois ans d'études. *Les externes assistent les internes dans les hôpitaux.*

EXTINCTEUR [ɛkstɛ̃ktœʀ] n. m. ▪ *UN EXTINCTEUR* : appareil capable d'éteindre un début d'incendie (par projection d'une mousse carbonique). *Les extincteurs sont obligatoires sur les lieux de travail.*

EXTINCTION [ɛkstɛ̃ksjɔ̃] n. f. ▪ *L'EXTINCTION* **1.** Action d'éteindre. *Les pompiers ont lutté contre le feu jusqu'à son extinction. – À la pension, l'EXTINCTION DES FEUX est à 22 heures,* on éteint les lumières à 22 heures. **2.** *EN VOIE D'EXTINCTION* : en train de disparaître. *Plusieurs espèces animales sont en voie d'extinction.* → **disparition.** ⟨contraire : développement⟩ **3.** *UNE EXTINCTION DE VOIX* : impossibilité, pendant quelque temps, de parler d'une voix claire. *Le chanteur a dû annuler son récital car il a une extinction de voix.*

EXTIRPER [ɛkstiʀpe] verbe [conjugaison 1a] **1.** Arracher complètement. *Le jardinier extirpe les mauvaises herbes.* **2.** STYLE FAMILIER Faire sortir (qqn, qqch.) avec difficulté. → **extraire, tirer.** *Tous les matins, il faut extirper ma fille de son lit ! – Il a réussi à extirper mille francs à sa cousine,* il a obtenu qu'elle lui donne mille francs, alors qu'elle n'était pas d'accord. → **extorquer.**

EXTORQUER [ɛkstɔʀke] verbe [conjugaison 1a] ▪ Obtenir (qqch.) de (qqn) par force ou par ruse. *Un homme malhonnête nous a extorqué deux mille cinq cents francs.* → **escroquer, soutirer, voler.**

EXTORSION [ɛkstɔʀsjɔ̃] n. f. ▪ *L'EXTORSION* : action d'extorquer, de prendre par force ou par ruse. *Elle a obtenu cet argent par extorsion. Il a été condamné pour EXTORSION DE FONDS sous la menace,* pour avoir obtenu de l'argent en menaçant qqn. → **chantage.**

EXTRA [ɛkstʀa] n. m. et adj. invariable
I. *UN EXTRA* **1.** Chose ajoutée à ce qui est habituel. *Ce soir nous ferons un petit extra, nous dînerons au champagne ! Nous n'avons pas assez d'argent pour faire des extras.* **2.** Serveur, serveuse que l'on engage pour une occasion particulière. *Pour le repas de mariage de notre fille, trois extras nous ont aidés.*
II. adjectif invariable (après le nom) STYLE FAMILIER Très bien, formidable. *Nous avons passé une soirée extra.* PLURIEL : *elle fait des confitures extra. C'est extra !* → **épatant, sensationnel, super.**

FAUX AMI
anglais **extra** ne s'emploie pas au sens II.

REM. **1.** *Extra* est l'abréviation de *extraordinaire.* **2.** *Extra,* nom masculin, est le plus souvent variable au pluriel, *des extras,* mais on peut aussi écrire *des extra,* invariable.

EXTRACTION [ɛkstʀaksjɔ̃] n. f. ▪ *L'EXTRACTION* **1.** Action d'extraire, d'enlever une chose du lieu où elle est enfouie ou enfoncée. *Dans la mine, les mineurs travaillent à l'extraction du charbon.* **2.** Action d'arracher. *Je n'ai pas eu mal pendant l'extraction de ma dent.* **3.** STYLE RECHERCHÉ *Cette famille est DE HAUTE EXTRACTION,* de condition sociale, d'origine élevée. *Ils sont de BASSE EXTRACTION,* d'origine modeste.

EXTRADITION [ɛkstʀadisjɔ̃] n. f. ▪ *L'EXTRADITION* : action de justice internationale permettant à un État de se faire livrer un individu poursuivi ou condamné qui se trouve sur le territoire d'un autre état. *L'Italie a demandé l'extradition d'un terroriste qui se trouve en Allemagne.*

EXTRA-FIN [ɛkstʀafɛ̃] adj. (après le nom) ▪ (qqch.) Très fin. *Pour faire cette broderie, j'ai besoin d'une aiguille extra-fine. – J'ai acheté* *du chocolat extra-fin,* de qualité supérieure. MASCULIN PLURIEL : *des petits pois EXTRA-FINS.*

REM. On écrit aussi *extrafin,* en un seul mot ; pluriel : *extrafins.*

extraie [ɛkstʀɛ] *Que j'extraie ; qu'il extraie, qu'elle extraie :* forme au subjonctif du verbe **extraire.**

EXTRAIRE [ɛkstʀɛʀ] verbe [conjugaison 50] **1.** Retirer (qqch.) du lieu où il est enfoncé, enfoui. ⟨contraires : ajouter ; enfoncer, enfouir⟩ *Le mineur extrait le charbon de la mine* **(→ extraction).** *Il faut que le médecin extraie la balle de l'épaule du blessé.* **→ extirper, retirer.** *Le dentiste a extrait la dent.* **→ arracher, enlever.** *La dent qu'il a extraite était très abîmée.* **2.** Faire sortir (qqn) d'un lieu étroit. *On a extrait les blessés de la voiture accidentée.* **3.** Tirer (un passage) d'un livre, d'un texte. *Il a extrait des passages de ce livre* **(→ extrait). 4.** Séparer (une substance) du corps dont elle fait partie. *Nous extrayons de l'huile du tournesol. J'extrais le jus d'une orange.* **→ presser. 5.** *EXTRAIRE UNE RACINE CARRÉE,* la calculer. *Il faut que nous extrayions la racine carrée de ce nombre.* **6.** STYLE FAMILIER verbe pronominal S'EXTRAIRE : sortir avec difficulté d'un lieu étroit. *Le pilote s'extrait de sa voiture de course. Elle s'est extraite de son lit.*

extrait [ɛkstʀɛ], **extraite** [ɛkstʀɛt] *Il a extrait la racine carrée ; la racine carrée qu'il a extraite :* formes au participe passé du verbe **extraire.**

EXTRAIT [ɛkstʀɛ] n. m. ▪ *UN EXTRAIT* **1.** Parfum concentré. *Il a offert à sa mère un flacon d'extrait de lavande.* **→ essence. 2.** Passage tiré d'une œuvre. *Nous avons vu un extrait de ce film à la télévision. Je n'ai pas lu ce livre en entier mais j'en ai lu des extraits. Le professeur a cité de larges extraits d'un livre.* **→ citation. 3.** Copie d'un acte officiel. *Il est allé à la mairie pour demander un extrait d'acte de naissance.*

EXTRALUCIDE [ɛkstʀalysid] adj. (après le nom) *UNE VOYANTE EXTRALUCIDE :* une personne qui prédit l'avenir, qui devine ce qui est caché. *Une voyante extralucide lui a dit qu'il rencontrerait bientôt le grand amour.*

REM. Ce mot s'écrit parfois avec un trait d'union : *une voyante extra-lucide, des voyantes extra-lucides.*

EXTRAORDINAIRE [ɛkstʀaɔʀdinɛʀ] adj. (après le nom, parfois avant le nom) **1.** (après le nom) Qui n'est pas habituel, que l'on ne fait pas souvent. **→ exceptionnel, inhabituel.** ⟨contraires : ordinaire, habituel⟩ *Le président a convoqué le comité d'entreprise pour une réunion extraordinaire. Le gouvernement a pris des mesures extraordinaires pour lutter contre le chômage.* **2.** (après le nom) Qui étonne, provoque la surprise ou l'admiration. **→ bizarre, curieux, étrange, insolite.** *Il m'est arrivé une aventure extraordinaire.* **→ incroyable, inouï.** ⟨contraire : banal⟩ *Ce petit garçon adore les contes extraordinaires.* **→ fabuleux, merveilleux.** – *Je trouve extraordinaire qu'il ne nous ait pas prévenus.* **→ anormal, surprenant. 3.** (parfois avant le nom) Remarquable. *Ce garçon a d'extraordinaires qualités,* de très grandes qualités, des qualités exceptionnelles. ⟨contraires : médiocre, moyen⟩ *Elle est d'une beauté extraordinaire.* **→ admirable, sublime.** *C'est un homme extraordinaire. Il n'a rien d'extraordinaire, il est comme tout le monde.* – *Nous avons vu un film extraordinaire,* un film excellent, formidable. **→** STYLE FAMILIER **extra.**

REM. La prononciation [ɛkstʀɔʀdinɛʀ] est courante mais fautive.

EXTRAORDINAIREMENT [ɛkstʀaɔʀdinɛʀmɑ̃] adverbe ▪ Très, d'une manière peu commune. *Cet acteur est extraordinairement beau.* **→ extrêmement, prodigieusement.** *Elle est extraordinairement intelligente.* ⟨contraires : faiblement, peu⟩

EXTRAPOLER [ɛkstʀapɔle] verbe [conjugaison 1a] ▪ Généraliser un peu vite en appliquant une idée, une chose connue à une autre idée, à une autre chose moins connue, pour en tirer des conclusions, des hypothèses. *Ce n'est pas parce qu'il était en retard la dernière fois qu'il sera en retard aujourd'hui, tu extrapoles !*

EXTRATERRESTRE [ɛkstʀateʀɛstʀ] n. m., n. f. ▪ *UN EXTRATERRESTRE, UNE EXTRATERRESTRE :* créature qui habiterait une autre planète que la Terre. *Il n'y a pas de preuve scientifique de l'existence des extraterrestres.*

EXTRAVAGANCE [ɛkstʀavagɑ̃s] n. f. ▪ *UNE EXTRAVAGANCE :* idée, parole, action bizarre, choquante. *On ne se met pas debout sur une table de restaurant, c'est une extravagance !* **→ excentricité.**

EXTRAVAGANT [ɛkstʀavagɑ̃], **EXTRAVAGANTE** [ɛkstʀavagɑ̃t] adj. (après le nom) ▪ Bizarre et un peu fou. *Elle a souvent des idées extravagantes.* **→ déraisonnable.** ⟨contraire : raisonnable⟩ *Il fait des dépenses extravagantes.* **→ excessif.** ⟨contraire : modéré⟩ – *C'est un homme extravagant.* **→ excentrique.** ⟨contraires : raisonnable, sage, sensé⟩

extrayons [ɛkstʀɛjɔ̃] *Nous extrayons :* forme au présent du verbe **extraire.**

EXTRÊME [ɛkstʀɛm] adj. et n. m.

I. adjectif (avant le nom ou après le nom) **1.** Très grand, au plus haut degré. *Ils ont revu leurs amis avec un plaisir extrême. Soyez d'une extrême prudence, sur la route. Le médecin l'a envoyé à l'hôpital en extrême urgence.* **2.** Qui est tout à fait au bout, qui est le plus éloigné de la moyenne. *Ma patience a atteint l'extrême limite.* **→ dernier.** – *Les explorateurs sont dans une situation extrême,* très grave. – *Cet homme politique est d'extrême droite,* il est du parti le plus réactionnaire, le plus éloigné du centre, parmi les partis de droite. *Elle a des idées d'extrême gauche.*

II. *UN EXTRÊME* **1.** *PASSER D'UN EXTRÊME À L'AUTRE :* exagérer dans un sens puis dans un autre. *Tout à l'heure il pleurait, maintenant il rit, il passe d'un extrême à l'autre !* **2.** (au pluriel) LES EXTRÊMES : les deux limites opposées. *Ces deux sœurs sont vraiment les deux extrêmes,* elles sont complètement différentes. **3.** *À L'EXTRÊME :* au-delà de toute mesure. *Elle est susceptible à l'extrême.* **→ extrêmement, très.**

EXTRÊMEMENT [ɛkstʀɛmmɑ̃] adverbe ▪ Très, à un très haut degré. *Cette famille est extrêmement riche.* **→ extraordinairement, prodigieusement.** ⟨contraires : médiocrement, peu⟩

EXTRÊME-ONCTION [ɛkstʀɛmɔ̃ksjɔ̃] n. f. ▪ *L'EXTRÊME-ONCTION :* sacrement qu'un prêtre catholique donne à une personne qui est sur le point de mourir. *L'abbé a administré l'extrême-onction au mourant.* PLURIEL : *des EXTRÊMES-ONCTIONS.*

IN **EXTREMIS** **→ in extremis**

EXTRÉMISTE [ɛkstʀemist] adj., n. m. et n. f. **1.** adjectif (après le nom) Qui soutient les idées politiques les plus éloignées du centre. *Il lit chaque jour un journal extrémiste.* ⟨contraire : modéré⟩ **2.** *UN EXTRÉMISTE, UNE EXTRÉMISTE :* une personne qui soutient des idées politiques éloignées du juste milieu, du centre. *Il milite dans un parti d'extrémistes.*

EXTRÉMITÉ [ɛkstʀemite] n. f. ▪ *L'EXTRÉMITÉ* **1.** Partie qui se trouve au bout, à la limite d'une chose, qui termine une chose. **→ bout, fin, terminaison.** *Il s'est coupé l'extrémité du doigt. Ils habitent à l'extrémité du village.* ⟨contraires : centre, milieu⟩ **2.** (au pluriel) LES EXTRÉMITÉS : les pieds et les mains. *Elle a les extrémités glacées.* **3.** *ÊTRE À LA DERNIÈRE EXTRÉMITÉ :* être sur le point de mourir. *Le malade est à la dernière extrémité,* il est à l'agonie.

EXUBÉRANCE [ɛgzybeʀɑ̃s] n. f. ■ *L'EXUBÉRANCE :* vitalité qui se manifeste dans le comportement, dans les propos. *Les enfants ont montré leur joie avec exubérance.* ⟨contraires : calme, froideur, réserve⟩

EXUBÉRANT [ɛgzybeʀɑ̃], **EXUBÉRANTE** [ɛgzybeʀɑ̃t] adj. (après le nom) **1.** (qqch.) Très abondant. *Dans la jungle, la végétation est exubérante.* → **luxuriant.** ⟨contraires : maigre, pauvre⟩ *L'écrivain Rabelais avait une imagination exubérante.* **2.** (qqn) Qui manifeste ses sentiments sans retenue. *Il est gai et exubérant.* → **démonstratif, expansif.** ⟨contraires : calme, réservé, taciturne⟩ – (sentiment) *Elle est d'une gaieté exubérante.*

EXULTER [ɛgzylte] verbe [conjugaison 1a] ■ Éprouver et montrer une joie immense. → **jubiler.** *Après leur victoire, les footballeurs exultent et s'embrassent.* ⟨contraires : se désespérer, se désoler⟩

EXUTOIRE [ɛgzytwaʀ] n. m. ■ STYLE RECHERCHÉ *UN EXUTOIRE :* ce qui permet de se libérer d'un besoin, d'une envie. *La peinture est pour lui un exutoire pour exprimer son besoin de créer. Il cherche un exutoire à sa colère.* → **dérivatif.**

F

F [ɛf] n. m. invariable. *LE F* ou *L'F* : sixième lettre de l'alphabet du français. *Le f est une consonne.* – *Il y a des f minuscules* (f) *et des f majuscules* (F). *Fable est un mot qui commence par un f.*

REM. *F* se prononce [v] dans *neuf heures* [nœvœʀ] et *neuf ans* [nœvɑ̃].

FA [fa] n. m. invariable. *UN FA* : note de musique, la quatrième de la gamme. *Ce morceau commence par un fa.* – *Le pianiste a joué une sonate en fa majeur,* dans le ton correspondant à cette note. PLURIEL : *des fa dièse.*

FABLE [fabl] n. f. *UNE FABLE* : petit récit en vers ou en prose, qui donne un enseignement moral. *« La Cigale et la Fourmi » est une fable de La Fontaine. À la fin des fables, il y a une morale.*

FABRICANT [fabʀikɑ̃] n. m., **FABRICANTE** [fabʀikɑ̃t] n. f. *UN FABRICANT, UNE FABRICANTE* : personne qui fabrique des produits ou qui dirige l'entreprise qui les fabrique. *Je renvoie au fabricant mon aspirateur qui ne fonctionne pas. Les fabricants de jouets inventent chaque année de nouveaux modèles.*

REM. Le nom masculin *fabricant* ne s'écrit pas comme *fabriquant,* participe présent du verbe *fabriquer.*

FABRICATION [fabʀikasjɔ̃] n. f. *LA FABRICATION* : action ou art de fabriquer. *La fabrication des violons n'est pas industrielle, mais artisanale* : les violons ne sont pas fabriqués en série dans des usines, mais à la main, par des artisans. *Personne ne sait exactement de quoi est faite cette boisson, c'est un SECRET DE FABRICATION. Cet appareil a un DÉFAUT DE FABRICATION, il faut le renvoyer à l'usine.*

fabriquant [fabʀikɑ̃] *En fabriquant* : forme au participe présent du verbe **fabriquer.**

FABRIQUE [fabʀik] n. f. *UNE FABRIQUE* : manufacture, usine de moyenne importance, où l'on fait des objets en série. *Cette fabrique de meubles fait des placards de cuisine. Il y a une MARQUE DE FABRIQUE sur ces assiettes,* il y a la marque du fabricant.

FABRIQUER [fabʀike] verbe [conjugaison 1a] 1. Faire (un objet). *Comme il est très bricoleur, il a fabriqué lui-même sa bibliothèque.* → **confectionner, faire.** 2. Faire, produire (des objets destinés à la vente). *Cette usine fabrique des jouets.* → **faire, produire.** – *Ces outils sont fabriqués en série.* 3. Faire en imitant et pour tromper. *Les faussaires ont fabriqué de faux billets de banque.* 4. STYLE FAMILIER Faire. *Alors, qu'est-ce que tu fabriques ? Tout le monde t'attend !* → STYLE FAMILIER ① **fiche, foutre.**

FABULER [fabyle] verbe [conjugaison 1a]. Raconter des choses imaginées comme si elles étaient vraies. *Beaucoup d'enfants fabulent.*

FABULEUSEMENT [fabyløzmɑ̃] adverbe. D'une manière fabuleuse, incroyable. *Cet homme d'affaires est fabuleusement riche.* → **prodigieusement.**

FABULEUX [fabylø], **FABULEUSE** [fabyløz] adj. (après le nom) 1. STYLE RECHERCHÉ Qui n'existe que dans les histoires, les légendes ou l'imagination. *Les sirènes sont des êtres fabuleux.* → **imaginaire, légendaire.** 2. Incroyable mais vrai. *Cet explorateur a vécu des aventures fabuleuses.* → **extraordinaire, fantastique.** *C'est fabuleux, tout ce qui lui est arrivé !* 3. Énorme. *Ce tableau a été vendu à un prix fabuleux.* → **prodigieux.**

FAC n. f. Forme abrégée de **faculté.**

FAÇADE [fasad] n. f. 1. *LA FAÇADE* : devant d'un bâtiment, où se trouve l'entrée principale. *La façade de cette maison est en pierre. Les ouvriers réparent la façade de l'immeuble.* 2. *UNE FAÇADE* : apparence trompeuse. *Il a l'air gentil, mais attention, ce n'est qu'une façade. C'est une gentillesse de façade* (→ **extérieur**).

FACE [fas] n. f. *LA FACE* 1. Visage. *Ce soldat a été blessé à la face.* → **figure.** *Les maxillaires sont des os de la face. Il est tombé la face contre terre,* le visage contre le sol. – *Il a peur de PERDRE LA FACE,* de perdre sa dignité, de perdre son honneur. *Nous avons réussi à SAUVER LA FACE,* à garder notre honneur, notre dignité, malgré l'échec. 2. Côté d'une pièce de monnaie, d'une médaille qui porte une figure (opposé à pile). *Le côté face de cette pièce représente le chef de l'État,* l'endroit de cette pièce. 3. Chacun des côtés d'un objet. *Un dé à jouer a six faces. Les alpinistes ont escaladé la face nord de la montagne.* 4. Aspect sous lequel qqch. se présente. *Il faut examiner la situation sous toutes ses faces.* → **angle, côté.** 5. *FAIRE FACE À* : présenter la face, l'avant dans une certaine direction. *L'hôtel fait face à la gare.* – *Courageusement, elle fait face à son adversaire,* elle se tient devant lui. – *Ils ont dû faire face à des problèmes d'argent* : ils ont dû affronter des problèmes d'argent. – *Il faut FAIRE FACE* : il faut réagir (devant une difficulté). 6. *FACE À* : en faisant face à, vis-à-vis de. *La maison est* *face à la mer,* devant la mer. *Il s'est montré courageux face au danger.* → **devant.** 7. *EN FACE :* par-devant. *Il n'a pas eu le courage de me regarder en face,* de me regarder dans les yeux, d'affronter mon regard. *Je lui ai dit en face qu'il n'est qu'un incapable,* je lui ai dit directement, franchement. *Il faut voir les choses en face,* telles qu'elles sont réellement. – *EN FACE DE :* vis-à-vis de. *Ils sont restés sans rien dire l'un en face de l'autre* (ou en face l'un de l'autre). – *La maison D'EN FACE va être démolie.* 8. *FACE À FACE :* les visages tournés l'un vers l'autre. *Je me suis trouvé face à face avec une ancienne amie. Nous sommes restés face à face un certain temps,* l'un en face de l'autre. 9. *DE FACE :* du côté du visage. *Il est photographié de face et de profil.* ⟨contraire : de dos⟩

> FAUX AMI
> anglais **face** ne s'emploie pas pour « côté »

FACE-À-FACE [fasafas] n. m. invariable ▪ *UN FACE-À-FACE :* débat entre deux personnalités. *Un face-à-face télévisé a opposé le Premier ministre et le chef de l'opposition.* PLURIEL : *des face-à-face.*

FACÉTIE [fasesi] n. f. ▪ STYLE RECHERCHÉ *UNE FACÉTIE :* plaisanterie, farce. *Elle aime bien faire des facéties.* → **blague.**

FACÉTIEUX [fasesjø], **FACÉTIEUSE** [fasesjøz] adj. (après le nom) ▪ STYLE RECHERCHÉ Qui aime dire ou faire des facéties. *Elle a un caractère facétieux.* → **farceur.** *C'est une petite fille facétieuse.* ⟨contraires : grave, sérieux⟩

FACETTE [fasɛt] n. f. ▪ *UNE FACETTE* 1. Chacune des petites faces d'un objet qui en a beaucoup. *Un diamant a de nombreuses facettes.* 2. Chacun des aspects d'une chose. *Il faut examiner toutes les facettes du problème.* → **angle, face.** *C'est un homme qui a une personnalité À FACETTES,* difficile à comprendre. 3. Chaque élément formant l'œil des insectes. *Les mouches ont des YEUX À FACETTES.*

FÂCHÉ [fɑʃe], **FÂCHÉE** [fɑʃe] adj. (après le nom) 1. Mécontent. *Elle sera fâchée si on ne vient pas. Qu'est-ce que tu as ? Tu as l'air fâché.* → **contrarié.** ⟨contraires : content, satisfait⟩ – (qqn) *FÂCHÉ DE (QQCH.) :* qui est désolé, qui regrette. *Elle est fâchée de ce retard.* → **désolé, navré.** *Je ne suis pas fâché de son départ :* je suis content de son départ. *Je ne suis pas FÂCHÉ QU'il parte.* 2. *FÂCHÉ CONTRE (qqn) :* en colère contre. *Il a l'air fâché contre nous.* 3. *FÂCHÉ AVEC (qqn) :* brouillé avec lui. *Elle est fâchée avec ses parents. Ils sont fâchés depuis dix ans.* – STYLE FAMILIER *Il est fâché avec l'orthographe :* il est mauvais en orthographe.

FÂCHER [fɑʃe] verbe [conjugaison 1a]
I. Irriter, mécontenter (qqn). → **déplaire.** *J'ai dû dire une chose qui l'a fâché.* ⟨contraire : réjouir⟩
II. verbe pronominal SE FÂCHER 1. Se mettre en colère. *Si tu continues, je vais me fâcher. Elle s'est fâchée contre son fils.* → STYLE RECHERCHÉ **s'emporter.** 2. *SE FÂCHER AVEC (qqn),* arrêter ses relations avec lui. *Il s'est fâché avec sa sœur et il ne la voit plus. Elles se sont fâchées pour une bêtise.* → se **brouiller.** ⟨contraire : se réconcilier⟩

FÂCHERIE [fɑʃʀi] n. f. ▪ *UNE FÂCHERIE :* brouille, désaccord entre des personnes qui se sont fâchées. *Les fâcheries ne durent jamais longtemps, entre eux.*

FÂCHEUX [fɑʃø], **FÂCHEUSE** [fɑʃøz] adj. (avant le nom ou après le nom) ▪ STYLE RECHERCHÉ Qui cause de l'ennui ou de la souffrance. *Nous venons d'apprendre une fâcheuse nouvelle.* → **mauvais, triste.** *Un contretemps fâcheux l'a retardé.* → **regrettable.** *C'est vraiment fâcheux !* → **contrariant, embêtant, ennuyeux.**

FACHO n. m., n. f. et adj. Forme abrégée de **fasciste.**

FACIAL [fasjal], **FACIALE** [fasjal] adj. (après le nom) ▪ De la face. *Elle a des douleurs faciales.* MASCULIN PLURIEL : *les muscles FACIAUX* [fasjo].
REM. Au pluriel, on peut dire aussi *facials : les muscles facials.*

FACILE [fasil] adj. (après le nom) 1. Qui se fait sans effort. *C'est un travail facile.* → **aisé, simple.** ⟨contraires : ardu, compliqué, difficile, dur⟩ *C'est FACILE COMME BONJOUR, FACILE COMME TOUT :* c'est très facile. → **enfantin.** – *Ils ont une vie facile,* une vie sans souci d'argent, une vie agréable. – *Cette recette de cuisine est FACILE À réussir. C'est pourtant facile à comprendre !* 2. Agréable, gentil. *Elle n'a pas un caractère facile. Mon fils est facile à vivre,* il n'est pas compliqué dans la vie. *Son mari est un homme facile à vivre.* 3. Sans recherche, sans profondeur. *Ton raisonnement est un peu facile.* 4. (qqn) Qui fait volontiers ce qu'on attend de lui. *Cet enfant est vraiment facile.* → **docile.** *Ce patron n'est pas facile avec son personnel.* → ② **commode.** ⟨contraire : dur⟩

FACILEMENT [fasilmɑ̃] adverbe 1. Sans effort. *Il a résolu facilement toutes les difficultés.* → **aisément.** ⟨contraire : difficilement⟩ 2. Pour peu de chose. *Elle se vexe facilement.*

FACILITÉ [fasilite] n. f. ▪ *LA FACILITÉ* 1. Caractère de ce qui se fait sans effort. *Ce travail est d'une grande facilité.* → **simplicité.** ⟨contraire : difficulté⟩ 2. *UNE FACILITÉ :* moyen qui permet de faire qqch. sans effort, sans problème. *Il a eu toutes les facilités pour devenir un vrai sportif.* → **occasion, possibilité.** – *FACILITÉS (DE PAIEMENT) :* conditions spéciales, délais dans le paiement (d'un achat, d'une dette). *Le magasin fait des facilités à ses meilleurs clients.* 3. Don, aptitude que l'on a pour faire qqch. sans effort. *Elle écrit avec facilité.* → **facilement.** (au pluriel) *Son fils a des facilités en maths,* il est bon en maths. 4. Absence d'effort qui entraîne un manque de qualité. *Il ne faut pas céder à la facilité. Il est paresseux et cherche toujours les SOLUTIONS DE FACILITÉ,* les solutions où il n'y a pas d'effort à faire.

FACILITER [fasilite] verbe [conjugaison 1a] 1. Rendre facile, plus facile. *Vos conseils ont facilité ma décision.* → **aider.** *Ton attitude ne nous facilite pas les choses.* ⟨contraire : compliquer⟩ 2. verbe pronominal SE FACILITER (qqch.) : se rendre (qqch.) facile. *Tu ne te facilites pas la vie en faisant cela.* → **simplifier.** *Elle ne s'est pas facilité les choses.*

FAÇON [fasɔ̃] n. f. ▪ *UNE FAÇON* 1. *FAÇON DE :* manière d'agir, de faire, de se comporter. *Il y a plusieurs façons de procéder.* → **moyen, méthode.** *Je n'aime pas sa façon d'agir.* – *C'est une façon de parler :* les mots qui sont dits ne correspondent pas exactement à la pensée de celui qui les prononce. – STYLE FAMILIER *Je vais lui dire ma façon de penser :* je vais lui dire franchement ce que je pense de lui, de ce qu'il fait. – *Voilà LA FAÇON DONT les choses se sont passées.* 2. *DE... FAÇON. Ne réponds pas de cette façon ! Il s'exprime de façon très claire. De quelle façon l'accident s'est-il produit ?* → **comment.** *D'UNE FAÇON GÉNÉRALE, il n'a pas de chance.* → **généralement.** *DE TOUTE FAÇON, il est trop tard,* quoi qu'il en soit, en tout cas. *Elle est habillée D'UNE FAÇON très originale. Il était parti très tôt DE FAÇON À être en avance.* → **afin** (de). *Parlez dans le micro DE FAÇON À CE QU'on vous entende.* → **afin** (que). 3. *À LA FAÇON DE :* comme. *Ce vieil homme vit seul à la façon d'un ermite. Elle veut tout faire à sa façon.* → **guise.** *Il lui a joué un tour À SA FAÇON :* il lui a joué un mauvais tour. 4. *EN AUCUNE FAÇON :* en aucun cas. *Vous ne me dérangez en aucune façon.* → **nullement.** 5. (au pluriel) LES FAÇONS (de qqn) : la manière dont qqn agit, dont il se comporte. *Il a de drôles de façons, ce type.* → **manière.** – *FAIRE DES FAÇONS :* avoir des manières peu naturelles. *Elle en fait des façons !* → **chichis, simagrées.** *Elle a fait beaucoup de façons avant d'accepter notre invitation.* → **embarras, histoire.** *J'accepte SANS FAÇON,* simplement. – *Non merci, SANS FAÇON,* sincèrement, franchement. **6.** *LA FAÇON :* travail d'un artiste, d'un artisan. *Pour recouvrir ce fauteuil, elle a acheté le tissu et payé un tapissier pour la façon.* → **confection, exécution.**

REM. On peut écrire : *de toute façon* ou *de toutes façons.*

FAÇONNER [fasɔne] verbe [conjugaison 1a] **1.** Travailler (une matière) pour donner une forme particulière. *Le potier façonne de l'argile pour en faire un vase.* → **modeler. 2.** Faire (un ouvrage) en travaillant la matière. *L'ouvrier a façonné une pièce mécanique avec une machine-outil.*

FAC-SIMILÉ [faksimile] n. m. ■ *UN FAC-SIMILÉ :* reproduction exacte (d'un écrit, d'un dessin). → **copie, photocopie.** *Ce n'est pas l'original, c'est un fac-similé. Cette édition ancienne a été reproduite en fac-similé.* PLURIEL : *la transmission des FAC-SIMILÉS.* → **fax, télécopie.**

① **FACTEUR** [faktœʀ] n. m. ■ *UN FACTEUR* **1.** Élément qui contribue à un résultat. *La réussite du projet dépend de plusieurs facteurs.* → **paramètre.** – *Le FACTEUR CHANCE est important.* **2.** Chacun des termes d'une multiplication. *Le produit est le résultat de la multiplication de deux facteurs.*

② **FACTEUR** [faktœʀ] n. m., **FACTRICE** [faktʀis] n. f.
I. *UN FACTEUR :* fabricant de certains instruments de musique. *Un FACTEUR D'ORGUES a rénové les orgues de la cathédrale.*
II. *UN FACTEUR, UNE FACTRICE :* personne qui distribue le courrier et les colis envoyés par la poste. *La factrice m'a apporté un colis et une lettre recommandée.*

FAUX AMI — italien **fattore** « fermier »

REM. Le terme officiel dans l'administration des postes est *préposé.* → **préposé.**

FACTICE [faktis] adj. (après le nom) ■ Faux, imité. *Dans la vitrine de cette parfumerie, il y a des flacons de parfum factices.* ⟨contraire : vrai⟩

FAUX AMIS — danois et norvégien **faktisk**, polonais **faktyczny** « réel »

FACTION [faksjɔ̃] n. f. **1.** *UNE FACTION :* groupe, parti qui provoque des troubles dans un pays en s'opposant violemment au pouvoir. *Une faction révolutionnaire a tenté de prendre le pouvoir.* **2.** Surveillance que fait un soldat armé sur un lieu précis. *Deux soldats SONT EN FACTION devant l'entrée du palais,* ils gardent l'entrée du palais.

REM. On peut dire aussi : *les soldats SONT DE FACTION.*

FACTURE [faktyʀ] n. f. ■ *UNE FACTURE :* note détaillée d'une somme à payer. *Le plombier a envoyé sa facture. Elle a réglé sa facture d'électricité.*

REM. Au restaurant, on emploie le mot *addition* et à l'hôtel le mot *note.*

FACTURER [faktyʀe] verbe [conjugaison 1a] ■ Dresser la facture de. *On m'a facturé cet article 200 francs. Toutes les marchandises ont été facturées,* ont été mises sur la facture. *La caissière facturera* [faktyʀʀa] *nos achats.*

FACULTATIF [fakyltatif], **FACULTATIVE** [fakyltativ] adj. (après le nom) ■ Qui n'est pas obligatoire. *Cette matière est facultative à l'examen.* ⟨contraire : obligatoire⟩ *Vous pouvez ne pas assister à la réunion, c'est facultatif.*

FACULTÉ [fakylte] n. f.
I. *LA FACULTÉ :* possibilité ou droit pour qqn de faire qqch. *Si cela ne vous plaît pas, vous avez la faculté de refuser.* → **droit, liberté.**
II. *UNE FACULTÉ* **1.** Aptitude, capacité. *Ce vieux monsieur n'a plus toutes ses facultés,* il n'a plus toute sa raison. *Elle a de grandes facultés intellectuelles :* elle est très intelligente. *Il a une bonne FACULTÉ D'ADAPTATION :* il s'adapte facilement. → **facilité. 2.** Partie d'une université où est donné l'enseignement d'une matière, d'une discipline. *Elle fait ses études à la faculté des lettres. Après son bac, leur fils s'est inscrit en faculté.* – *FAC* [fak] forme abrégée familière *Il est en fac. Ce professeur a enseigné dans plusieurs facs. Elle est prof de fac.*

FAUX AMI — anglais **faculty** « personnel enseignant »

FADA [fada] adj. et n. m. ■ STYLE FAMILIER **1.** adj. (après le nom) Dans le midi de la France, Un peu fou, cinglé. *Il est complètement fada, ce type ! Ils sont fadas.* **2.** *UN FADA :* un homme un peu fou. *Bande de fadas !*

FAUX AMI — portugais **fada** « fée »

FADAISE [fadɛz] n. f. ■ *UNE FADAISE :* parole, plaisanterie sotte ou insignifiante. *Il ne dit que des fadaises.* → **niaiserie, platitude.**

FADASSE [fadas] adj. (après le nom) ■ STYLE FAMILIER Trop fade. *Ce thé n'a pas assez infusé, il est fadasse.* → **insipide.** – *Elle a un pull et une jupe de couleurs fadasses.* → **terne.**

FADE [fad] adj. (après le nom) **1.** (aliment) Qui manque de goût, de saveur. *Cette soupe est fade, elle manque de sel.* → **insipide.** ⟨contraires : épicé, fort, relevé⟩ **2.** Sans éclat. *Je n'aime pas ce bleu fade. Ce beige est un peu fade.* → **terne.** ⟨contraire : vif⟩ *Elle est d'une beauté un peu fade.*

FADEUR [fadœʀ] n. f. ■ *LA FADEUR* **1.** Caractère de ce qui a un goût fade. *Ce potage sans sel est d'une grande fadeur.* ⟨contraire : saveur⟩ **2.** Caractère de ce qui est insignifiant, ennuyeux. *Ce qu'elle dit est d'une fadeur attristante.* → **platitude.**

FAGOT [fago] n. m. ■ *UN FAGOT :* ensemble de petites branches attachées ensemble. *Mets un fagot dans la cheminée pour allumer le feu.* – *En notre honneur, il a ouvert une bouteille de vin DE DERRIÈRE LES FAGOTS,* un très bon vin vieilli à la cave.

FAUX AMIS — allemand **Fagott**, portugais **fagote** « basson »

FAGOTÉ [fagɔte], **FAGOTÉE** [fagɔte] adj. (après le nom) ■ STYLE FAMILIER (qqn) *Être MAL FAGOTÉ :* être mal habillé. *Elle n'a aucun goût, elle est toujours mal fagotée.*

FAIBLARD [fɛblaʀ], **FAIBLARDE** [fɛblaʀd] adj. (après le nom) ■ STYLE FAMILIER Un peu faible. *La malade se sent faiblarde, ce matin. Il est faiblard, ce café !* – *Ton raisonnement est un peu faiblard.*

FAIBLE [fɛbl] adj. et n. m.
I. adjectif (après le nom, parfois avant le nom) **1.** (qqn) Qui manque de force physique. *Le convalescent est encore faible.* ⟨contraires : fort, vigoureux⟩ *Elle se sent toute faible.* → **affaibli, fatigué, las. 2.** (qqch.) Qui a peu de résistance, de solidité. *Cette poutre est trop faible pour supporter un poids.* → **fragile. 3.** Qui n'est pas en état de lutter, de résister. *Il se sent faible devant l'adversité.* → **désarmé, impuissant.** ⟨contraire : fort⟩ **4.** (élève, étudiant) Qui suit difficilement (dans sa classe, dans une matière). *Cet élève est faible en chimie.* → **mauvais, médiocre.** ⟨contraires : bon, fort⟩ **5.** (qqch.) Sans valeur, sans force. *Ce chapitre est le plus faible du livre. Cet argument est faible.* ⟨contraire : fort⟩ **6.** (qqn) Qui manque de volonté, de force morale. *C'est un homme faible et influençable.* → **lâche, mou.** ⟨contraire : énergique⟩ *Elle est beaucoup trop faible avec ses enfants.* → **indulgent.** ⟨contraire : sévère⟩ **7.** (après le nom ou avant le nom) (qqch.) Qui a peu d'intensité, de force. *Une faible lumière éclaire la pièce.* → **pâle.** *J'ai entendu un faible bruit.* → **étouffé, léger.** *Il parle d'une voix très faible, on l'entend à peine.* ⟨contraire : fort⟩ **8.** (avant le nom) (qqch.) Peu important.

Une faible quantité de sel suffit. → **petit.** *L'avion vole à faible hauteur. Il reste un faible espoir de retrouver des survivants.* → **maigre.** 9. *LE CÔTÉ, LE POINT, LA PARTIE FAIBLE DE (qqch., qqn) :* ce qu'il y a d'insuffisant, de défectueux dans qqch., chez qqn. *Les maths sont le point faible de cet élève.* → **faiblesse.** *Le début est la partie faible du livre.*
II. 1. (au pluriel) LES FAIBLES : les personnes faibles, sans défense. *Il faut aider les faibles.* – *Cet avocat défend LE FAIBLE ET L'OPPRIMÉ,* les personnes qui sont sans défense et opprimées. 2. *UN FAIBLE, UNE FAIBLE :* une personne qui manque de volonté, de caractère. *Son mari est un faible.* – *UN FAIBLE D'ESPRIT :* une personne qui n'a pas toutes ses capacités intellectuelles. *C'est un faible d'esprit.* 3. *AVOIR UN FAIBLE POUR,* un goût, un penchant pour. *Elle a un faible pour son dernier fils,* elle le préfère à ses autres enfants. *J'ai un faible pour le chocolat :* j'aime énormément le chocolat. ⟨contraires : dégoût, répulsion⟩

FAIBLEMENT [fɛbləmɑ̃] adverbe 1. D'une manière faible. *L'armée ennemie s'est faiblement défendue.* → **mollement.** ⟨contraires : énergiquement, vigoureusement⟩ 2. À un faible degré. *La cave est faiblement éclairée.* → **peu.** ⟨contraires : beaucoup, fortement⟩

FAIBLESSE [fɛblɛs] n. f. ■ *LA FAIBLESSE* 1. Manque de force physique. *Le malade est d'une grande faiblesse.* ⟨contraire : force⟩ 2. Incapacité à se défendre, à résister. *Les partis de l'opposition profitent de la faiblesse du gouvernement.* → **fragilité.** ⟨contraire : force⟩ 3. Manque de capacité, de valeur intellectuelle. *Cet élève a une faiblesse en maths.* 4. Manque de force morale, d'énergie. *Elle a cédé par faiblesse.* → **lâcheté.** *Ils sont d'une grande faiblesse avec leurs enfants.* → **indulgence.** ⟨contraire : fermeté⟩ 5. Défaut qui montre un manque de fermeté, de force morale. *Chacun a ses faiblesses.* 6. Manque d'importance, d'intensité. *La faiblesse de leurs revenus les empêche de partir en vacances. La faiblesse de sa voix trahit sa fatigue.* ⟨contraire : puissance⟩

FAIBLIR [febliʀ] verbe [conjugaison 2] 1. (qqch.) Devenir faible. *Les forces du malade faiblissent peu à peu.* → s'**affaiblir, décliner.** *Le pouls faiblit.* 2. Perdre de sa force, de son ardeur. *Son courage faiblit.* → **diminuer.** *Nous avons travaillé sans faiblir pour terminer à temps.* 3. Perdre de sa force, de son importance. *Le vent a faibli en fin de journée.* ⟨contraire : forcir⟩ *L'espoir de retrouver des survivants faiblit.* → **diminuer.** 4. (œuvre de l'esprit) Devenir moins bien. *La pièce faiblit un peu au troisième acte.*

FAÏENCE [fajɑ̃s] n. f. ■ *LA FAÏENCE :* terre cuite recouverte de vernis ou d'émail. *Ces assiettes sont en faïence. Les murs de la salle de bain sont recouverts de carreaux de faïence.* – *Ils se sont REGARDÉS EN CHIENS DE FAÏENCE :* ils sont restés l'un en face de l'autre sans se parler.

faille [faj] *Qu'il faille :* forme au subjonctif du verbe **falloir.**

FAILLE [faj] n. f. ■ *UNE FAILLE* 1. Cassure dans l'écorce terrestre. *Le tremblement de terre a provoqué des failles dans la région.* → **fissure.** 2. Défaut, faiblesse. *Ton raisonnement a des failles. Il a une volonté sans faille.*

FAILLIBLE [fajibl] adj. (après le nom) ■ Qui peut se tromper. *Tous les hommes sont faillibles.* ⟨contraire : infaillible⟩

FAILLIR [fajiʀ] verbe [conjugaison 2]
I. STYLE RECHERCHÉ *FAILLIR À :* ne pas faire ce que l'on doit faire. *Il a failli à sa promesse.*
II. Être sur le point de, n'être pas loin de (faire qqch.). *J'ai failli tomber :* je suis presque tombé, mais cela ne s'est pas produit.
REM. Ce verbe ne s'emploie qu'à l'infinitif et aux temps composés.

FAILLITE [fajit] n. f. 1. *LA FAILLITE :* situation d'un commerçant qui ne peut plus payer ses dettes ni tenir ses engagements. *Le libraire du quartier a FAIT FAILLITE et a dû fermer sa boutique. Il est EN FAILLITE.* 2. *UNE FAILLITE :* échec complet d'une entreprise, d'une idée. *Leur mariage est une faillite. Cet industriel a fait plusieurs faillites.*

FAIM [fɛ̃] n. f. ■ *LA FAIM* 1. Sensation que l'on éprouve quand on a besoin de manger. *C'est bientôt l'heure du déjeuner, j'ai faim !* STYLE FAMILIER *J'ai très faim ! J'ai une FAIM DE LOUP, je MEURS DE FAIM :* j'ai une grande envie de manger (→ **affamé**). *Il n'a plus faim après ce copieux repas. Cette promenade lui a DONNÉ FAIM.* – *Beaucoup de gens ne MANGENT PAS À LEUR FAIM,* ils ne mangent pas suffisamment. *Ce repas était trop léger, je suis RESTÉ SUR MA FAIM,* j'ai encore faim après avoir mangé. 2. Manque de nourriture. *Cette organisation humanitaire lutte contre la faim dans le monde.* → **malnutrition.** 3. Besoin ardent, aspiration. *Les enfants ont faim de tendresse.* → **envie, soif.**
REM. *Faim* se prononce comme le nom féminin *fin* « achèvement », l'adjectif *fin* « mince » et l'adjectif *feint* « simulé ».

FAINÉANT [feneɑ̃] n. m. et adj., **FAINÉANTE** [feneɑ̃t] n. f. et adj. 1. *UN FAINÉANT, UNE FAINÉANTE :* une personne qui ne veut rien faire. *Allons, gros fainéant, debout !* → **paresseux.** *Au travail, bande de fainéants !* 2. adjectif (après le nom) Paresseux. *Cet élève est un peu fainéant.* → **feignant.** ⟨contraire : travailleur⟩

FAINÉANTER [feneɑ̃te] verbe [conjugaison 1a] ■ Faire le fainéant. *Il fainéante au lit jusqu'à midi.* → **paresser.**

FAIRE [fɛʀ] verbe [conjugaison 60]
I. 1. Réaliser (une chose matérielle). *Le menuisier fait des meubles.* → **construire, fabriquer.** *L'oiseau fait son nid. Autrefois ma mère faisait* [fəzɛ] *des gâteaux.* → **confectionner.** 2. Produire (qqch.) hors de soi. *Elle a fait trois beaux enfants.* → **avoir.** *La chatte a fait ses petits dans le grenier.* – *FAIRE SES BESOINS :* évacuer ses excréments. *Il a fait ses besoins derrière un arbre.* STYLE FAMILIER *Le bébé a FAIT PIPI dans sa couche.* → **uriner.** – *Le nourrisson FAIT SES DENTS,* ses dents poussent. 3. (qqch.) Produire, émettre (une substance). *Ce shampoing fait beaucoup de mousse* (→ **mousser**). 4. (qqn) Se fournir en, prendre (qqch.). *Elle a fait des provisions pour toute la semaine.* → s'**approvisionner.** – *Le magasin ne fait plus cet article.* → **vendre.** 5. (qqch.) Constituer (quant à la quantité, la qualité) *Deux et deux font quatre.* → **égaler.** *Cent grammes de farine, ça ne fait pas assez,* il n'y en a pas assez. – STYLE FAMILIER *Ça commence à bien faire :* ça suffit, en voilà assez.
II. 1. Effectuer un mouvement. *Demain, le malade fera quelques pas.* → **marcher.** *Cet enfant fait plein de grimaces.* – *Dès qu'elle est contrariée, elle FAIT LA TÊTE,* STYLE TRÈS FAMILIER *elle FAIT LA GUEULE.* → **bouder.** – *FAISONS* [fəzɔ̃] *COMME SI on ne l'avait pas vu.* → **feindre.** 2. Effectuer (un travail, une opération), s'occuper à (qqch.). *Elle fait le ménage et la cuisine. Il faut faire le calcul.* → **calculer.** *Ma fille fait ses devoirs.* – *Mon fils ne fait rien à l'école,* il ne travaille pas. → STYLE FAMILIER **fiche ;** STYLE TRÈS FAMILIER **foutre.** – *J'ai beaucoup à faire :* je suis très occupé. *Il a de quoi faire,* de quoi s'occuper. – *Ils ne sont pas encore là, qu'est-ce qu'ils font ?* → **fabriquer.** – STYLE FAMILIER *(IL) FAUT LE FAIRE !* il faut en être capable, c'est difficile. *Reprendre des études à son âge, il faut le faire !* – *AVOIR À FAIRE AVEC (qqn) :* avoir des relations avec qqn. *Je n'ai rien à faire avec cet individu.* 3. Avoir (une activité suivie). *Que faites-vous dans la vie ? – Je fais des études d'ingénieur. Quand elle était jeune, elle faisait du sport.* 4. Accomplir (une action). *Je crois que tu fais une erreur.* → **commettre.** *Elle fait beaucoup d'efforts. Quoi qu'il fasse, il ne réussira pas. Par moments, elle ne sait plus ce qu'elle fait,* elle perd la tête. *Tu en fais trop :* tu exagères. *Je suis contente qu'il ait des ennuis, C'EST BIEN FAIT,* c'est mérité. *RIEN À FAIRE, il ne*

veut pas céder. **5.** Agir. *Faites comme vous voulez. Fais vite.* → se **dépêcher.** *Tu as bien fait. Il a cru bien faire.* – *Il va falloir* FAIRE AVEC : il va falloir s'en contenter. – *Il* N' EN FAIT QU'à *sa tête* : il ne fait que ce qui lui plaît. – FAIRE BIEN DE, MIEUX DE. *La nuit tombe, tu ferais mieux de rentrer,* tu devrais rentrer. – FAIRE *qqch.* POUR *qqn* : aider qqn, lui rendre service. *Que puis-je faire pour vous ?* – STYLE FAMILIER *Il ne faut pas me* LA FAIRE : il ne faut pas essayer de me tromper. **6.** Être la cause de. *Faites-moi plaisir. Tu m'as fait mal.* **7.** (qqch.) Avoir un effet. *L'explosion a fait du bruit. Cela ne fait rien :* c'est sans importance. *Qu'est-ce que ça peut vous faire ?* en quoi cela vous regarde-t-il. – FAIRE À *(qqch.),* Y FAIRE. *On ne peut rien y faire, c'est comme ça.* – STYLE FAMILIER (qqn) SAVOIR Y FAIRE : être habile, débrouillard. *Il sait y faire, avec les chevaux.* – FAIRE QUE : marque le souhait. *Mon Dieu, faites qu'il réussisse !* **8.** Parcourir (un trajet, une distance). *Nous avons fait le trajet en une heure. Elle a fait dix kilomètres à vélo.* **9.** Durer. *Ces chaussures m'ont fait deux ans.* **10.** Exprimer par la parole. *Aïe !, fit-il.* → **dire.** – (geste) *Elle fit « non » de la tête.* – *La pendule fait tic-tac. Ça a fait boum !* **11.** Présenter tel aspect. *Ce tissu fait des plis.* → **former.** *La route fait un coude.* → **dessiner.** – *« Cheval » fait « chevaux » au pluriel.* → **devenir.** **12.** Avoir pour mesure, pour valeur. *Cette valise fait vingt kilos.* → **peser.** *Ça fera mille francs.* → **coûter.** (qqn) *Elle fait un mètre soixante-dix.* → **mesurer.** **13.** Constituer un certain temps. *Ça fait deux heures que j'attends.* **14.** STYLE FAMILIER (qqn) Subir (un trouble physique, un mal). *Le bébé fait de la fièvre.* → **avoir.** *Il a fait une grosse angine.*

III. 1. Arranger, disposer (qqch.) comme il faut. *Il a fait la vaisselle.* → **laver, nettoyer.** *As-tu fait ton lit ?* **2.** STYLE FAMILIER Vendre (à un certain prix). *Je vous le fais cent francs.* **3.** FAIRE... DE *(qqn, qqch.)* : faire passer d'un état à un autre. *Ils ont fait de leur fils un enfant gâté.* – *Il a fait tout un drame.* STYLE FAMILIER *Il a fait tout un plat d'une chose sans importance.* – N'AVOIR QUE FAIRE DE : n'avoir aucun besoin de. *Je n'ai que faire de ses compliments.* – *Qu'as-tu fait de l'argent ?* qu'est-il devenu ? – STYLE FAMILIER *Qu'ai-je bien pu faire de mes clés ?* où les ai-je mises ? **4.** (qqn) Jouer un rôle. *C'est un jeune acteur qui fait le frère du héros.* → **interpréter, jouer.** – *Arrête de faire l'imbécile,* d'agir comme un imbécile. STYLE FAMILIER *Ne fais pas le con.* – *Elle fait l'innocente.* → **contrefaire, simuler.** **5.** Avoir l'air, donner l'impression de. *Elle fait vieux, elle fait vieille pour son âge.* → **paraître.** *Ça fait chic, ce tailleur. Ce tableau fait bien dans le salon.* → **être.**

IV. (pour exprimer les conditions atmosphériques ou du milieu) *L'hiver, il fait nuit très tôt. Il fait clair, dans cet appartement. L'été dernier, il faisait trente degrés à l'ombre. Il* FAIT BON *vivre ici.*

V. Devant un verbe (qqn) **1.** Être cause que. *Tu as fait tomber un gant. Fais cuire les légumes ! Faites-les taire. Faites-le (s') asseoir.* – STYLE FAMILIER *Il nous* FAIT SUER, *il nous* FAIT CHIER : il nous embête, il nous ennuie. **2.** Demander à qqn de (produire, de faire). *J'ai fait réparer mon vélo. Les rideaux que j'ai fait nettoyer sont prêts.* – FAIRE FAIRE : charger (qqn) d'exécuter. *Il s'est fait faire un costume par son tailleur. La robe qu'elle s'est fait faire a coûté cher. J'ai fait faire une analyse de sang.*

VI. verbe pronominal SE FAIRE **1.** Se former. *Le vin se fait en vieillissant.* → s'**améliorer,** se **bonifier.** *Ces chaussures vont se faire,* le cuir va s'assouplir. – *Il s'est fait tout seul :* il est devenu ce qu'il est par lui-même. **2.** Commencer à être. *Mon chien se fait vieux.* → **devenir.** – (impersonnel) *Il se fait tard :* il commence à être tard. **3.** (qqn) Devenir volontairement. *Elle s'est fait belle pour sortir.* **4.** SE FAIRE À : s'habituer à. *Ils se sont faits à leur nouvelle vie.* → s'**accoutumer,** s' **adapter.** *Décidément, je ne peux pas m'y faire.* **5.** STYLE FAMILIER S'EN FAIRE : se tourmenter, être soucieux. *Ne t'en fais pas, tout va s'arranger !* – *Elle ne s'en fait pas, celle-là :* elle ne se gêne pas. **6.** STYLE FAMILIER SE FAIRE QQN, le supporter. *Celui-là, il faut se le faire !* **7.** (qqch.) Être fait. *Ça s'est fait très vite.* → **arriver,** se **passer.** *C'est ce qui se fait de mieux.* → **exister.** **8.** Être pratiqué couramment, être à la mode. *Cela se faisait autrefois, mais ça ne se fait plus.* – *Ça ne se fait pas :* c'est mal élevé, c'est incorrect. **9.** (impersonnel) (qqch.) Être, arriver. *Il se fit un grand silence. Comment se fait-il qu'il ne soit pas là ?* **10.** Se procurer. *Elle s'est fait beaucoup d'amis.* **11.** Former en soi, se donner. *Nous nous faisons du souci pour lui.*

REM. Le participe passé de *faire* suivi d'un infinitif est invariable (ex. : *la chambre que j'ai fait peindre*).

FAIRE-PART [fɛʀpaʀ] n. m. invariable. UN FAIRE-PART : lettre imprimée annonçant une naissance, un mariage ou un décès. *Nous avons reçu un faire-part de décès.* PLURIEL : *les faire-part de mariage ont été envoyés à tous les invités.*

FAISABLE [fəzabl] adj. (après le nom). (qqch.) Qui peut être fait. *La chose est faisable.* → **possible, réalisable.** ⟨contraire : infaisable⟩ *Ce n'est pas faisable pour l'instant.*

FAISAN [fəzɑ̃] n. m., **FAISANE** [fəzan] n. f. et adj. **1.** UN FAISAN, UNE FAISANE : oiseau à plumage très coloré et à longue queue chez le mâle, de la même famille que la poule et dont la chair est très délicate. *Le chasseur a tué un faisan. Nous avons mangé un excellent faisan aux choux.* **2.** adjectif féminin (après le nom) *Une* POULE FAISANE : une faisane. *Une poule faisane a traversé la clairière.*

FAISANDÉ [fəzɑ̃de], **FAISANDÉE** [fəzɑ̃de] adj. (après le nom) . (viande) Qui commence à pourrir, à se décomposer. *Le gibier se mange faisandé. Elle n'aime pas la viande faisandée.*

faisant [fəzɑ̃] *En faisant :* forme au participe présent du verbe **faire.**

FAISCEAU [fɛso] n. m. . UN FAISCEAU **1.** Ensemble de choses semblables, de forme allongée, liées ensemble. *Un fagot est formé d'un faisceau de branches.* PLURIEL : *des* FAISCEAUX. **2.** FAISCEAU LUMINEUX : ensemble de rayons lumineux provenant d'un même lieu, d'un même endroit. *Le faisceau du phare se voit de très loin en mer.* **3.** Ensemble d'éléments qui vont dans le même sens. *Le commissaire a réuni un faisceau de preuves contre le suspect.*

fait [fɛ], **faite** [fɛt] *Il a fait une course ; la course qu'il a faite :* formes au participe passé du verbe **faire.**

① **FAIT** [fɛ], **FAITE** [fɛt] adj. (après le nom) **1.** (qqn) Qui a tel aspect. *Elle est très bien faite :* elle a un corps bien proportionné, harmonieux. → **bâti,** STYLE FAMILIER ① **fichu, foutu.** *Il est bien fait de sa personne :* il est bel homme. **2.** Qui est arrivé à son développement. *C'est maintenant un homme fait.* → **mûr.** ⟨contraire : jeune⟩ – *Ce camembert est bien fait, il est fait* À CŒUR, il est à point, bon à manger. **3.** Fabriqué, exécuté, composé. *Elle aime le travail bien fait.* – TOUT FAIT : préparé à l'avance, tout prêt. *Ce charcutier vend des plats tout faits.* – *Il faut se méfier des* IDÉES TOUTES FAITES, des préjugés. **4.** Fardé, maquillé. *Elle a les yeux faits.* – *Ses ongles sont faits en rouge sombre.* → **peint, verni.** **5.** STYLE FAMILIER (qqn) ÊTRE FAIT : être pris (par la police). *Les malfaiteurs sont* FAITS COMME DES RATS.

② **FAIT** [fɛ] n. m.

I. LE FAIT **1.** (LE) FAIT DE : l'action de faire. *Le fait de parler à quelqu'un l'a soulagé.* → ② **acte,** ① **action.** *Il est* COUTUMIER DU FAIT : il a l'habitude d'agir ainsi. – *Le voleur a été* PRIS SUR LE FAIT, il a été surpris en train de voler, il a été pris en flagrant délit. – *Les* FAITS ET GESTES *de qqn,* ses activités. *Nos voisins surveillent tous nos faits et gestes.* **2.** Action remarquable. *Cette chanson du Moyen Âge raconte les* FAITS D'ARMES *d'un chevalier,* ses exploits guerriers, ses prouesses. **3.** Action qui peut

entraîner des problèmes avec la justice. *Ce jeune homme est accusé de* VOIE DE FAIT *sur agent,* de coups donnés à un agent. – *PRENDRE FAIT ET CAUSE POUR qqn,* prendre sa défense. *Elle prend toujours fait et cause pour ses enfants.* **4.** *Je lui ai* DIT SON FAIT *:* je lui ai dit franchement ce que je pensais de lui.
II. *UN FAIT* **1.** Ce qui est arrivé, ce qui s'est passé. *Voilà le déroulement des faits.* → **événement.** *Il faut rappeler certains faits.* – *On l'a* MIS DEVANT LE FAIT ACCOMPLI *:* on l'a obligé à accepter qqch. qui a été fait sans qu'on l'ait consulté, sans son accord. – *LE FAIT QUE tu sois mon amie ne change rien.* **2.** Information, nouvelle (dans un journal). *Elle s'occupe des* FAITS DIVERS, des nouvelles peu importantes. **3.** Ce qui existe réellement (opposé à idée, rêve) *Il faut juger d'après les faits.* → **réalité.** *C'est un fait :* c'est certain, c'est vrai. – *LE FAIT EST QUE le suspect a un alibi :* il faut admettre que le suspect a un alibi. – *EN FAIT :* en réalité. *En fait, j'étais en vacances à ce moment-là.* → **effectivement.** **4.** Sujet particulier dont il est question. *Il a l'air sûr de son fait,* de ce qu'il dit. *Allez au fait,* à l'essentiel. – (en tête de phrase) *AU FAIT :* à propos, à ce sujet. *Au fait, quand partez-vous en vacances ?*

REM. Le *t* final ne se prononce pas, sauf en fin de phrase (ex. : *on l'a pris sur le fait* [syʀləfɛt]). Certains prononcent le *t* final dans des expressions comme : *du fait de* [dyfɛtdə], *du fait que* [dyfɛtkə], *par le fait* [paʀləfɛt], *de fait* [dəfɛt], *en fait* [ɑ̃fɛt] et *au fait* [ofɛt]. Cette prononciation est jugée familière par les puristes.

FAÎTE [fɛt] n. m. ▪ *LE FAÎTE* STYLE RECHERCHÉ **1.** Partie la plus haute (de qqch. d'élevé). *Un oiseau est perché au faîte de l'arbre.* → **cime, haut, sommet.** ⟨contraires : base, pied⟩ **2.** Le plus haut point, le plus haut degré. *Cette jeune actrice est au faîte de la gloire.* → **apogée, sommet.**

REM. *Faîte* se prononce comme *fête* « réception joyeuse ».

FAITOUT [fɛtu] n. m. ▪ *UN FAITOUT :* grand récipient en métal, à deux poignées et à couvercle. *Elle fait bouillir les légumes dans un faitout.* → ② **cocotte, marmite.** *J'ai deux faitouts en cuivre.*

FAUX AMI
portugais **faz-tudo**
« intendant »

REM. On écrit aussi *fait-tout* (pluriel : *des fait-tout*).

FAKIR [fakiʀ] n. m. ▪ *UN FAKIR :* personne qui donne un spectacle montrant des numéros d'hypnose, d'insensibilité à la douleur ou de divination. *Les fakirs portent souvent des turbans.*

FALAISE [falɛz] n. f. ▪ *UNE FALAISE :* paroi rocheuse qui tombe verticalement dans la mer. *Les falaises de craie d'Étretat, en Normandie, sont célèbres.*

FALBALAS [falbala] n. m. pluriel ▪ *DES FALBALAS :* ornements excessifs sur des vêtements. *Ces falbalas sont laids ! Elle n'aime pas les robes à falbalas.*

FALKLAND → MALOUINES

FALLACIEUX [falasjø], **FALLACIEUSE** [falasjøz] adj. (après le nom) ▪ STYLE RECHERCHÉ (qqch.) Destiné à tromper. *Il ne faut pas croire à ses promesses fallacieuses.* → ① **faux, mensonger.** ⟨contraires : honnête, sincère⟩

FALLOIR [falwaʀ] verbe impersonnel [conjugaison 29b]
I. 1. Être nécessaire. *Il faut* [fo] *un visa pour aller dans ce pays. Combien d'argent te faut-il ? Il lui faudra* [fodʀa] *quelqu'un pour l'aider. Il a fallu une heure pour y aller. « Tu n'es pas content de ton cadeau ? Eh bien, qu'est-ce qu'il te faut ! »,* tu es vraiment difficile ! – STYLE FAMILIER *Il ne lui en faut pas beaucoup pour être content :* il est facilement content. **2.** Être nécessaire de. *Il faudrait l'avertir. Il faudra lui en parler. Je ne suis pas sûr qu'il faille* [faj] *accepter.* – *Il faut voir,* STYLE FAMILIER *faut voir :* cela demande réflexion. – *Il* FAUT QU'*il vienne. Il faudra bien qu'elle le sache. Il a fallu qu'ils arrivent à ce moment-là ! :* ils sont arrivés comme par une fatalité à ce moment-là. **3.** *IL LE FAUT :* c'est nécessaire, indispensable. *Je n'ai pas envie de partir, mais il le faut.* **4.** COMME IL FAUT *:* comme il convient. *Tiens-toi à table comme il faut.* → **convenablement.** – *C'est une jeune fille comme il faut,* convenable, bien élevée.
II. Être nécessaire, selon la logique, le raisonnement. *Il faut vraiment être idiot pour croire ça ! Faut-il être bête, tout de même !* – STYLE FAMILIER *Faut pas t'en faire.* – *Reprendre ses études à 60 ans,* FAUT LE FAIRE *!,* c'est remarquable, admirable.
III. verbe pronominal impersonnel S'EN FALLOIR *IL S'EN FAUT DE :* il manque. *Il n'est pas reçu à son examen, il s'en faut d'un point. Elle a failli tomber, il s'en est fallu de peu.* – *Il n'est pas bête,* LOIN S'EN FAUT, loin de là.

REM. Ce verbe ne s'emploie qu'à l'infinitif et à la 3e personne du masculin singulier.

FALSIFICATION [falsifikasjɔ̃] n. f. ▪ *LA FALSIFICATION :* action de falsifier, de rendre faux ou de dénaturer. *La falsification des pièces d'identité est punie par la loi.* – *Ceci n'est qu'une falsification !*

FALSIFIER [falsifje] verbe [conjugaison 7a] ▪ Altérer, dénaturer pour tromper. *On falsifie le vin en ajoutant du sucre. Le comptable a falsifié les comptes.* → **truquer.** *Non, vous ne falsifierez* [falsifiʀe] *rien du tout !*

FALZAR [falzaʀ] n. m. ▪ STYLE FAMILIER *UN FALZAR :* pantalon. *Où est mon falzar ?* → STYLE FAMILIER **froc.**

MAL **FAMÉ** [malfame], MAL **FAMÉE** [malfame] adj. (après le nom) ▪ (lieu) Qui a une mauvaise réputation parce qu'il est mal fréquenté. *Ils se retrouvent toujours dans un bar mal famé.*

REM. **1.** *Famé* peut s'employer avec l'adverbe *bien (bien famé)* mais cet emploi est devenu rare. **2.** On peut écrire en un seul mot : *malfamé, malfamée.*

FAMÉLIQUE [famelik] adj. (après le nom) ▪ STYLE RECHERCHÉ Qui est très maigre parce qu'il ne mange pas à sa faim. *Un chat famélique erre dans le parc.*

FAMEUX [famø], **FAMEUSE** [famøz] adj. (avant le nom ou après le nom) **1.** Qui est très connu, en bien ou en mal. *Le fameux malfaiteur a été arrêté. La région est fameuse pour ses vins.* → **célèbre, renommé, réputé.** **2.** Remarquable. *Elle a un fameux culot d'avoir fait ça.* → STYLE FAMILIER **sacré.** **3.** Très bon. *Ce vin est fameux.* → **excellent.** ⟨contraire : mauvais⟩ **4.** *PAS FAMEUX :* pas très bon. *Fumer n'est pas fameux pour la santé. Ce devoir n'est pas fameux,* il est médiocre.

FAMILIAL [familjal], **FAMILIALE** [familjal] adj. (après le nom) ▪ Qui concerne la famille. *Noël est une fête familiale,* que l'on passe en famille. *Ils touchent les* ALLOCATIONS FAMILIALES, une somme d'argent donnée aux gens qui ont des enfants à charge. MASCULIN PLURIEL : *il a eu des ennuis* FAMILIAUX [familjo].

SE **FAMILIARISER** [familjaʀize] verbe pronominal [conjugaison 1a] ▪ *SE FAMILIARISER AVEC qqch.,* s'y habituer peu à peu. *Elle s'est familiarisée avec sa nouvelle maison.* → s'**accoutumer,** s'**adapter.**

FAMILIARITÉ [familjaʀite] n. f. ▪ *LA FAMILIARITÉ* **1.** Relations simples et amicales, comme celles qu'ont entre eux les membres d'une même famille. *Ils sont unis par une grande familiarité.* → **intimité.** **2.** Manière simple de se comporter avec qqn. *Elle lui a parlé AVEC FAMILIARITÉ.* **3.** (au pluriel) DES FAMILIARITÉS : façons trop libres, manière d'être, comportement trop désinvolte avec qqn. *Je n'aime pas beaucoup ces familiarités. Il se permet des familiarités avec son patron.*

FAMILIER [familje] adj. et n. m., **FAMILIÈRE** [familjɛʀ] adj.
I. adjectif (après le nom) **1.** Que l'on connaît bien. *C'est une voix familière qui a répondu au téléphone.* ⟨contraires : étranger, inconnu⟩**2.** *FAMILIER À qqn,* dont l'usage lui est habituel. *Le mensonge lui est familier :* il a l'habitude de mentir. **3.** (qqn) Qui a des rapports simples avec les autres. *Le directeur est familier avec ses employés.* ⟨contraires : distant, réservé⟩ *Cet élève est trop familier avec ses professeurs,* trop libre, trop désinvolte. ⟨contraire : respectueux⟩ – *Elle a des manières familières.* **4.** *ANIMAL FAMILIER :* animal apprivoisé qui vit dans la maison. *Leurs animaux familiers sont un chat et un chien* (→ **domestique**). **5.** *MOT FAMILIER,* que l'on emploie dans la conversation courante, mais que l'on évite de dire quand on s'adresse à un supérieur, à une personne que l'on respecte et que l'on évite d'écrire dans un ouvrage sérieux. *« Bagnole » est un mot familier pour « voiture ».* ⟨contraires : recherché, soutenu⟩ *« Chauve comme un œuf » est une expression familière.*
II. *UN FAMILIER :* une personne qui est considérée comme un membre de la famille. *L'assassin est sûrement un familier de la victime.* → **intime.**

FAMILIÈREMENT [familjɛʀmɑ̃] adverbe. D'une manière simple et naturelle. *Elle l'a pris familièrement par le bras.* – *On dit familièrement « moche » pour « laid ».*

FAMILLE [famij] n. f. *LA FAMILLE* **1.** Ensemble formé par le père, la mère et les enfants. *Ils vont fonder une famille,* avoir un ou des enfants. *Mon fils va faire un séjour linguistique dans une famille allemande. À partir de trois enfants, en France, on a droit à une carte de réduction de FAMILLE NOMBREUSE. Quand nous sommes malades, nous faisons venir notre médecin DE FAMILLE,* qui s'occupe de notre famille. – *Elle est MÈRE DE FAMILLE :* elle a des enfants. *C'est une famille de cinq enfants,* où il y a cinq enfants. – *Cet ami fait partie de la famille,* on le considère comme un membre de la famille. **2.** Ensemble de personnes liées par le mariage, la naissance, l'adoption. *Indiquez votre NOM DE FAMILLE et votre prénom. Nous passons toujours Noël EN FAMILLE,* entre gens de la famille. *Ils ont l'ESPRIT DE FAMILLE :* les membres de la famille sont solidaires entre eux. *Les deux cousins ont un AIR DE FAMILLE,* ils se ressemblent. **3.** Suite des personnes qui descendent les unes des autres, de génération en génération. *C'est un descendant de la famille des Habsbourg. Il vient d'une famille de musiciens,* où l'on est musicien de génération en génération. *C'est un jeune homme DE BONNE FAMILLE,* dont la famille est bien considérée. **4.** Classement qui rassemble des groupes d'animaux ou de plantes. *Le bœuf et la vache appartiennent à la famille des bovins.* **5.** *Une FAMILLE DE MOTS :* groupe de mots qui proviennent d'un même radical (→ **dérivé**).

> FAUX AMI
> russe **фамилия** « nom (de famille) »

> *famille de mots*
>
> Une **famille de mots** est l'ensemble des mots qui contiennent un même mot. ***Rouge, rouge**âtre, **rouge**aud, **rouge**-gorge, **rouge**ole, **rouge**oyer, **roug**et, **roug**eur, **roug**ir* et *Peau-**Rouge*** sont les mots qui constituent la famille de **rouge.**
> On parle aussi de famille de mots pour des mots qui contiennent un même élément. Par exemple, les mots ***somn**oler, **somn**olent, **somn**olence, **somn**ambule, in**somn**ie* contiennent ***somn-***. ***Somn-*** est un élément qui a le sens de « sommeil ». Tous les mots qui contiennent l'élément ***somn-*** sont de la même famille.

FAMINE [famin] n. f. *LA FAMINE :* manque de nourriture qui fait qu'une population souffre de la faim. *La sécheresse a détruit les récoltes et provoqué la famine dans la région.* → **disette.**

FAN [fan] n. m., n. f. STYLE FAMILIER *UN FAN, UNE FAN :* personne qui admire beaucoup une vedette. *C'est une fan de Luis Mariano.* → **admirateur.**

REM. *Fan* est un mot anglais.

FANA [fana] adj., n. m. et n. f. STYLE FAMILIER **1.** adjectif (après le nom) Qui a une passion pour qqn ou pour qqch. *Elles sont fanas de moto.* → **fanatique. 2.** *UN FANA, UNE FANA :* une personne qui a une grande passion pour qqn ou pour qqch. *Les fanas de football ne ratent pas un match à la télévision.*

FANAL [fanal] n. m. *UN FANAL :* grosse lanterne sur un bateau. *Le fanal de la barque du pêcheur est allumé.* PLURIEL : *des FANAUX* [fano].

FANATIQUE [fanatik] adj., n. m. et n. f.
I. adjectif (après le nom) **1.** Qui a une foi absolue, qui croit aveuglément une doctrine ou une personne et qui est capable de tout pour faire triompher ses idées. *Des militants fanatiques ont commis un attentat.* → **intolérant, sectaire. 2.** Qui a une grande passion pour qqch., une grande admiration pour qqn. *Elle est fanatique de danse.* → **fou** ; STYLE FAMILIER **fana.**
II. *UN FANATIQUE, UNE FANATIQUE* **1.** Personne qui est capable de tout pour ses idées. *Un fanatique a assassiné le président.* **2.** Personne qui a une grande passion pour qqch. ou une grande admiration pour qqn. *C'est une fanatique d'opéra.* → STYLE FAMILIER **fana.**

FANATISER [fanatize] verbe [conjugaison 1a] . Rendre fanatique, prêt à tout pour défendre ses idées. *Cet orateur fanatise les foules.* → **enflammer.**

FANATISME [fanatism] n. m. *LE FANATISME :* comportement d'une personne fanatique, prête à tout pour défendre ses idées. *Le fanatisme peut être très dangereux.* ⟨contraire : tolérance⟩

FANÉ [fane], **FANÉE** [fane] adj. (après le nom). (fleur, plante) Qui n'a plus sa fraîcheur, n'est plus épanoui et se dessèche. *Il faut jeter ces roses fanées.*

FANER [fane] verbe [conjugaison 1a] **1.** Faire perdre sa fraîcheur à (une fleur, une plante). *Le soleil fane les roses.* → **flétrir. 2.** verbe pronominal SE FANER : (fleur, plante) perdre sa fraîcheur et se dessécher. *Les roses se sont fanées,* elles sont devenues sèches et elles sont mortes. → se **flétrir.**

FANFARE [fɑ̃faʀ] n. f. **1.** *UNE FANFARE :* orchestre composé d'instruments en cuivre et d'instruments à percussion. *La fanfare municipale défilera dimanche dans les rues de la ville.* **2.** STYLE FAMILIER *RÉVEIL EN FANFARE,* brutal. *Les enfants nous ont réveillés en fanfare à six heures du matin !*

FANFARON [fɑ̃faʀɔ̃] n. m., **FANFARONNE** [fɑ̃faʀɔn] n. f. *UN FANFARON, UNE FANFARONNE :* personne qui se vante de son courage ou de ses exploits, réels ou non. *Il FAIT LE FANFARON devant ses amis.*

FANFARONNADE [fɑ̃faʀɔnad] n. f. *UNE FANFARONNADE :* paroles d'un fanfaron. *Ne l'écoute pas, ce sont des fanfaronnades !* → **vantardise.**

FANFRELUCHE [fɑ̃fʀəlyʃ] n. f. *UNE FANFRELUCHE :* petit ornement léger des vêtements féminins. *Elle a mis une robe À FANFRELUCHES, avec des nœuds et des pompons.*

FANGE [fɑ̃ʒ] n. f. STYLE RECHERCHÉ *LA FANGE :* la boue. *Les porcs se roulent dans la fange.*

FANION [fanjɔ̃] n. m. ▪ UN FANION : petit drapeau. *Les membres du club sportif ont mis un fanion à leur vélo.*

FANTAISIE [fɑ̃tezi] n. f. **1.** LA FANTAISIE : originalité amusante. *Sa vie manque de fantaisie. C'est une petite fille qui a de la fantaisie. – Elle a une vie pleine de fantaisie.* → **imprévu. 2.** UNE FANTAISIE : envie soudaine. *Elle lui passe toutes ses fantaisies. Il lui a* PRIS LA FANTAISIE DE *changer les meubles de place dans sa chambre.* → **caprice, désir.** – *Il agit* À SA FANTAISIE, de la manière qui lui plaît. → **goût, humeur. 3.** *Des objets* DE FANTAISIE ou FANTAISIE, sans valeur mais originaux. *Elle aime beaucoup les bijoux fantaisie.*

FAUX AMI
italien **fantasia**
« imagination »

FANTAISISTE [fɑ̃tezist] adj., n. m. et n. f.
I. adjectif (après le nom) **1.** (qqn) Qui ne fait pas sérieusement ce qu'il a à faire. *C'est un étudiant un peu trop fantaisiste.* ⟨contraires : consciencieux, sérieux⟩ **2.** (qqch.) Qui n'est pas sérieux. *Il nous a donné une explication fantaisiste,* qui n'est pas la bonne. ⟨contraires : exact, juste, vrai⟩
II. UN FANTAISISTE, UNE FANTAISISTE **1.** Personne qui n'agit pas avec sérieux. *C'est une fantaisiste, on ne peut pas lui faire confiance.* → **amateur, dilettante, fumiste. 2.** Artiste de music-hall qui chante des chansons amusantes, raconte des histoires drôles, fait des imitations. *Nous avons vu un spectacle avec un fantaisiste très drôle.* → **comique, humoriste.**

FANTASMAGORIQUE [fɑ̃tasmagɔʀik] adj. (après le nom) ▪ (qqch.) Qui semble irréel. *Ils ont assisté à un spectacle fantasmagorique.* → **fantastique, féerique.**

FANTASME [fɑ̃tasm] n. m. ▪ UN FANTASME : situation imaginée par laquelle on cherche à échapper à la réalité. *Elle a des fantasmes de gloire.* → **rêve.**

FAUX AMI
grec **φάντασμα**
« fantôme »

REM. On peut écrire aussi *phantasme,* mais cette orthographe est vieillie.

FANTASMER [fɑ̃tasme] verbe [conjugaison 1a] ▪ Se laisser aller à des fantasmes. *Il fantasme sur son avenir,* il se fait des idées. – *Arrête de fantasmer, ça n'arrivera jamais !*

FANTASQUE [fɑ̃task] adj. (après le nom) ▪ (qqn) Qui change souvent d'humeur, dont on ne peut prévoir le comportement. *C'est un enfant fantasque.* → **capricieux, lunatique.** ⟨contraire : posé⟩ – *Elle a un esprit fantasque.*

FANTASSIN [fɑ̃tasɛ̃] n. m. ▪ UN FANTASSIN : soldat qui combat à pied. *Ces soldats sont de simples fantassins* (→ **infanterie**).

FANTASTIQUE [fɑ̃tastik] adj. (après le nom, parfois avant le nom) **1.** Qui est créé par l'imagination, n'existe pas réellement. *La licorne est un animal fantastique.* → **fabuleux, imaginaire, merveilleux.** ⟨contraire : réel⟩ **2.** Où domine le surnaturel. *Les enfants aiment qu'on leur lise des contes fantastiques.* ⟨contraire : réaliste⟩ **3.** (avant ou après le nom) Qui semble imaginaire, irréel. *Ce paysage est d'une fantastique beauté.* → **extraordinaire.** ⟨contraires : banal, ordinaire⟩ *Elle est d'une beauté fantastique.* **4.** Qui étonne énormément. *Ils vivent dans un luxe fantastique.* → **extravagant, incroyable, inouï, invraisemblable.** *Il a eu une chance fantastique.* **5.** (avant ou après le nom) Remarquable. *Le cuisinier a préparé un fantastique coq au vin.* → **excellent.** *Cette femme est fantastique.* → **épatant, formidable.** *Ce qui nous arrive est absolument fantastique.* → STYLE FAMILIER **génial, super.**

FANTÔME [fɑ̃tom] n. m. **1.** UN FANTÔME : être imaginaire qui serait l'apparition d'une personne morte. *Est-ce que tu crois aux fantômes ?* → **revenant, spectre.** *On raconte que ce château est hanté par le fantôme d'une duchesse.* **2.** TRAIN FANTÔME, qui passe dans des lieux obscurs peuplés d'apparitions fantastiques. *À la fête foraine, nous sommes allés dans le train fantôme.*

FAON [fɑ̃] n. m. ▪ UN FAON : petit du daim, du cerf ou du chevreuil. *Une biche et son faon sont à l'orée de la forêt.*

REM. Le groupe de lettres *aon* de *faon* se prononce [ɑ̃] comme dans *paon* et *taon.*

FARAMINEUX [faʀaminø], **FARAMINEUSE** [faʀaminøz] adj. (après le nom) ▪ STYLE FAMILIER (quantité) Beaucoup trop important. *Ils paient un loyer faramineux,* très élevé. → **exorbitant.** *Il a mangé une quantité faramineuse de bonbons.* → **prodigieux.**

REM. On a écrit aussi *pharamineux.*

FARANDOLE [faʀɑ̃dɔl] n. f. ▪ UNE FARANDOLE : danse exécutée par une file de danseurs qui se tiennent par la main. *Les invités du mariage ont* FAIT LA FARANDOLE.

REM. Cette danse est originaire de Provence, région du sud-est de la France.

① **FARCE** [faʀs] n. f. ▪ UNE FARCE **1.** Tour que l'on joue à qqn. *Les enfants lui ont* FAIT UNE FARCE. → **canular, niche, plaisanterie ;** STYLE FAMILIER ② **blague. 2.** Objet qui sert à faire une farce. *J'ai acheté une fausse cuillère qui fond dans le café, dans un magasin de* FARCES ET ATTRAPES. → **attrape. 3.** Petite comédie très simple. *« Le Médecin malgré lui » de Molière est une farce.*

② **FARCE** [faʀs] n. f. ▪ LA FARCE : mélange d'aliments hachés que l'on met dans une viande, un poisson, des légumes. *Le cuisinier met de la farce dans les tomates* (→ **farcir**).

FARCEUR [faʀsœʀ] n. m. et adj., **FARCEUSE** [faʀsøz] n. f. et adj. **1.** UN FARCEUR, UNE FARCEUSE : personne qui aime plaisanter, faire des farces. *Quel farceur !* → **plaisantin. 2.** adjectif (après le nom) Qui aime faire des farces. *C'est un enfant farceur.*

FAUX AMI
espagnol **farsante**
« imposteur »

FARCI [faʀsi], **FARCIE** [faʀsi] adj. (après le nom) ▪ Rempli de farce. *Le cuisinier prépare des tomates farcies,* remplies de chair à saucisse.

FARCIR [faʀsiʀ] verbe [conjugaison 2]
I. Remplir avec de la farce. *Le cuisinier farcit une carpe.*
II. STYLE FAMILIER verbe pronominal SE FARCIR **1.** Manger. *Elle s'est farci trois croissants à la suite.* **2.** Faire (qqch. de désagréable). *Il faut encore que je me farcisse tout le travail.* → STYLE FAMILIER **se taper. 3.** Supporter (qqn, qqch.). *Mes invités ne partaient pas, j'ai dû me les farcir jusqu'à deux heures du matin. Celui-là,* IL FAUT SE LE FARCIR *!*

FARD [faʀ] n. m. **1.** LE FARD : produit coloré que l'on met sur le visage pour se maquiller. *Elle se met du* FARD À PAUPIÈRES *bleu et du* FARD À JOUES. **2.** STYLE FAMILIER (qqn) PIQUER UN FARD : rougir brusquement. *Ce qu'on lui a dit l'a vexée et elle a piqué un fard.*

FAUX AMI
portugais **fardo**
« fardeau »

REM. *Phare* « projecteur » se prononce de la même façon.

FARDÉ [farde], **FARDÉE** [farde] adj. (après le nom) ▪ Qui est maquillé. *Elle a les yeux fardés.* → **fait.** *J'ai rencontré une femme trop fardée.*

FARDEAU [fardo] n. m. ▪ UN FARDEAU **1.** Chose pesante qu'il faut porter. *L'âne porte un pesant fardeau.* → **charge, chargement, poids.** PLURIEL : *des* FARDEAUX. **2.** Chose pénible qu'il faut supporter. *Cette responsabilité est un lourd fardeau.*

SE **FARDER** [farde] verbe pronominal [conjugaison 1a] ▪ Se mettre du fard. *Elle s'est fardée avant de sortir.* → se **maquiller.**

FAUX AMI
portugais **fardar** « mettre un uniforme »

FARFELU [farfəly], **FARFELUE** [farfəly] adj. (après le nom) ▪ Un peu fou. *Il a souvent des idées farfelues.* → **bizarre, cocasse, saugrenu.** *C'est un garçon un peu farfelu.* → **loufoque.**

FARFOUILLER [farfuje] verbe [conjugaison 1a] ▪ STYLE FAMILIER Fouiller en mettant du désordre. *Elle farfouille dans son sac pour trouver ses clés.*

FARINE [farin] n. f. ▪ *LA FARINE* 1. Poudre obtenue en broyant les graines de certaines céréales et servant à l'alimentation. *Le cuisinier épaissit la sauce avec de la farine de maïs. On peut faire des crêpes avec de la farine de blé ou de la farine de sarrasin.* 2. Farine de froment. *Le cuisinier roule les escalopes dans la farine avant de les faire cuire.* – STYLE FAMILIER *ROULER qqn DANS LA FARINE,* le tromper, lui faire croire des choses fausses. *Nous avions confiance en lui et il nous a roulés dans la farine.* 3. Poudre obtenue en broyant des graines ou certaines plantes. *On utilise de la farine de pomme de terre en pâtisserie. Autrefois, on faisait des cataplasmes avec de la farine de moutarde.*

FARINER [farine] verbe [conjugaison 1a] ▪ Saupoudrer ou enrober de farine. *Farinez les poissons avant de les mettre dans la poêle.*

FARINEUX [farinø] adj. et n. m., **FARINEUSE** [farinøz] adj. 1. adjectif (après le nom) Dont le goût et la consistance font penser à de la farine. *Ces poires ne sont pas bonnes, elles sont farineuses. Les pommes de terre farineuses s'écrasent bien une fois qu'elles sont cuites.* 2. *UN FARINEUX :* légume qui contient de la fécule. *Les haricots, les lentilles, les pommes de terre sont des farineux.* → **féculent.**

FARNIENTE [farnjɛnte] n. m. ▪ *LE FARNIENTE :* le fait de rien faire, de se laisser vivre doucement. *Ce que je préfère pendant les vacances, c'est le farniente.* → **oisiveté.**

REM. *Farniente* est un mot italien que l'on prononce aussi [farnjɑ̃t] en français.

FAROUCHE [faruʃ] adj. (après le nom, parfois avant le nom) 1. (animal) Qui s'enfuit quand on l'approche. → **craintif, peureux, sauvage.** (contraire : apprivoisé) *Cette biche est venue près de nous, elle n'est pas farouche.* 2. (qqn) Qui a peur du contact avec les autres. *C'est une enfant farouche,* elle n'aime pas rencontrer des gens qu'elle ne connaît pas. → **timide.** (contraire : sociable) 3. (qqn) Qui refuse de se soumettre. *Ils ont eu affaire à un adversaire farouche.* → **acharné.** 4. (avant ou après le nom) (qqch.) Qui manifeste de la violence et de l'acharnement. *Il a une haine farouche des pollueurs. L'ennemi a opposé une farouche résistance.*

FAROUCHEMENT [faruʃmɑ̃] adverbe ▪ Avec violence et détermination. *Nous sommes farouchement opposés à ce projet.* → **violemment.** (contraire : mollement)

FASCICULE [fasikyl] n. m. ▪ *UN FASCICULE :* petit livre comprenant peu de pages, qui représente une partie d'un ouvrage publié par fragments. *Cette encyclopédie est vendue par fascicules qui paraissent toutes les semaines.*

FASCINANT [fasinɑ̃], **FASCINANTE** [fasinɑ̃t] adj. (après le nom) ▪ Qui fascine, attire fortement et éblouit. *Elle est d'une beauté fascinante.* → **envoûtant, troublant.** *Ce qu'il y de fascinant chez lui, ce sont ses yeux.*

FASCINATION [fasinasjɔ̃] n. f. ▪ *LA FASCINATION :* influence très forte à laquelle on ne peut pas résister. *Cet acteur exerce une étrange fascination sur moi.* → **magnétisme, séduction.**

FASCINER [fasine] verbe [conjugaison 1a] ▪ Éblouir et attirer par son pouvoir de séduction. *Le numéro du prestidigitateur a fasciné les spectateurs.* → **captiver, émerveiller.**

FASCISME [faʃism] n. m. ▪ *LE FASCISME :* système politique fondé sur un parti unique et un chef tout-puissant qui contrôle tout, qui n'admet aucune opposition et élimine ses adversaires par la violence (→ **dictature**). *Mussolini a établi le fascisme en Italie en 1922.*

REM. Il existe aussi la prononciation [fasism], moins fréquente.

FASCISTE [faʃist] n. m., n. f. et adj. 1. *UN FASCISTE, UNE FASCISTE :* un partisan, une partisane du fascisme, d'un régime totalitaire. *Il a combattu les fascistes toute sa vie.* – *FACHO* [faʃo] forme abrégée familière : *UN FACHO, UNE FACHO. Il s'est battu avec des fachos.* 2. adjectif (après le nom) Qui est propre au fascisme. *Il a des idées fascistes. Un régime fasciste a été instauré dans ce pays.* → **totalitaire.**

fasse [fas] *Que je fasse ; qu'il fasse, qu'elle fasse :* forme au subjonctif du verbe **faire.**

① **FASTE** [fast] n. m. ▪ *LE FASTE :* grand luxe. *Ils nous ont reçus avec faste.* → **pompe.** (contraire : simplicité)

② **FASTE** [fast] adj. (après le nom) ▪ *JOUR FASTE,* heureux, où tout réussit, où l'on a de la chance. *Aujourd'hui est un jour faste, j'ai gagné le premier prix.* → **favorable.** (contraire : néfaste)

FAUX AMI
anglais **fast** « rapide »

FASTIDIEUX [fastidjø], **FASTIDIEUSE** [fastidjøz] adj. (après le nom) ▪ (qqch.) Qui est ennuyeux et monotone. *J'en ai assez de ce travail fastidieux.* → **assommant ;** STYLE TRÈS FAMILIER **chiant.** (contraires : amusant, distrayant, intéressant)

FAUX AMI
anglais **fastidious** « méticuleux »

FASTUEUX [fastɥø], **FASTUEUSE** [fastɥøz] adj. (après le nom) ▪ Plein de luxe. *Ils ont une vie fastueuse.* → **luxueux, somptueux.** (contraire : simple)

FAUX AMI
allemand **fastuos** « extravagant »

FAT [fat], **FATE** [fat] adj. (après le nom) ▪ STYLE RECHERCHÉ (qqn) Qui montre qu'il est content de lui d'une manière déplaisante et un peu ridicule. *C'est un garçon gentil mais un peu fat.* → **poseur, prétentieux, suffisant, vaniteux.** (contraire : modeste) – *Il a un air fat.*

REM. Au masculin, on peut aussi prononcer [fa].

FATAL [fatal], **FATALE** [fatal] adj. (après le nom) 1. Fixé par le destin. *Le moment fatal est arrivé.* → **fatidique.** 2. Qui doit forcément se produire. *Il n'a pas assez travaillé et il a échoué à son examen, C'ÉTAIT FATAL.* → **inéluctable, inévitable, obligatoire.** 3. (qqch.) Qui donne la mort. *Cette mauvaise nouvelle lui a porté un coup fatal,* l'a tué. → **mortel.** *Le malade est au plus mal, on attend l'issue fatale,* sa mort. *Le conducteur a commis une imprudence qui lui a été fatale.* 4. Qui a des effets catastrophiques. *Les averses de grêle ont été FATALES AUX récoltes. Une maladresse pourrait être FATALE POUR vous.* → **funeste, malheureux.** *Il a eu des oublis fatals.* 5. *UNE FEMME FATALE,* qui attire irrésistiblement tous ceux qui l'approchent. *Elle a un regard de femme fatale.*

FAUX AMI
allemand **fatal** « désagréable »

FATALEMENT [fatalmɑ̃] adverbe ▪ D'une manière inévitable. *Cela devait fatalement arriver.* → **forcément, inéluctablement, inévitablement, obligatoirement.**

FATALISTE [fatalist] adj., n. m. et n. f. 1. adjectif (après le nom) (qqn) Qui accepte les événements en pensant qu'ils sont fixés par le destin et qu'ils sont inévitables. *Elle est devenue une vieille femme fataliste.* **2.** *UN FATALISTE, UNE FATALISTE :* une personne fataliste. *« Jacques le Fataliste » est un roman de Diderot.*

FATALITÉ [fatalite] n. f. ▪ *LA FATALITÉ :* suite de coïncidences fâcheuses que l'on ne peut pas expliquer, hasard malheureux. *C'est une fatalité qu'il ait pris cet avion qui a explosé en vol.* ⟨contraire : chance⟩ *Ce n'est pas de ma faute, c'est la fatalité.* → **destin.**

FATIDIQUE [fatidik] adj. (après le nom) ▪ (moment) Qui doit fatalement arriver. *Voici l'heure fatidique où sont affichés les résultats de l'examen !* → **fatal.**

FATIGABILITÉ [fatigabilite] n. f. ▪ *LA FATIGABILITÉ :* le fait d'être facilement fatigué. *Cet enfant est d'une fatigabilité anormale, peut-être est-il malade.*

FATIGANT [fatigɑ̃], **FATIGANTE** [fatigɑ̃t] adj. (après le nom) **1.** (qqch.) Qui provoque de la fatigue. *J'ai eu une journée fatigante.* → **épuisant, harassant, tuant.** *Ce travail est très fatigant.* → **éreintant, exténuant, pénible ;** STYLE FAMILIER **crevant.** ⟨contraire : reposant⟩ **2.** (qqch., qqn) Qui ennuie, lasse. *C'est fatigant de toujours répéter la même chose.* → **assommant, ennuyeux, fastidieux, lassant, usant ;** STYLE FAMILIER **barbant.** *Tais-toi un peu, tu es vraiment fatigant !* → **agaçant ;** STYLE FAMILIER **chiant, embêtant, emmerdant.**

REM. L'adjectif *fatigant* s'écrit sans *u*, contrairement au participe présent du verbe *fatiguer (fatiguant).*

fatiguant [fatigɑ̃] *En fatiguant :* forme au participe présent du verbe **fatiguer.**

FATIGUE [fatig] n. f. ▪ *LA FATIGUE :* état résultant d'un effort intense ou prolongé ou d'un manque de sommeil. *Je suis envahi d'une grande fatigue.* → **lassitude.** *Je TOMBE DE FATIGUE, je suis MORT DE FATIGUE,* très fatigué. → **épuisement.** *Ce n'est pas une fatigue physique, mais une fatigue intellectuelle.* → **surmenage.** *Elle se remet lentement de la fatigue du voyage,* causée par le voyage.

FATIGUÉ [fatige], **FATIGUÉE** [fatige] adj. (après le nom) **1.** Dont l'activité est diminuée à la suite d'un effort excessif. *Ce sportif a les muscles fatigués. J'ai l'estomac fatigué.* → **dérangé.** *Il se sent fatigué.* → **épuisé, éreinté, exténué, fourbu, harassé, las, moulu ;** STYLE FAMILIER **crevé.** ⟨contraire : frais⟩ – *Tu as l'air fatigué.* ⟨contraire : reposé⟩ **2.** *FATIGUÉ DE :* las de. → **blasé, dégoûté.** *Elle est fatiguée de tout.*

FATIGUER [fatige] verbe [conjugaison 1b]
I. 1. Causer de la fatigue à. *Ces mouvements fatiguent le cœur. Cette promenade nous a fatigués.* → **épuiser, éreinter, exténuer.** ⟨contraires : délasser, détendre, reposer⟩ **2.** (qqn) Ennuyer. *Cet orateur fatigue ses auditeurs.* → **assommer, lasser.** ⟨contraires : amuser, intéresser⟩ *Il nous fatigue avec ses plaintes continuelles.* → **énerver. 3.** (moteur, machine) Avoir du mal à fonctionner. *La voiture fatigue dans les montées.* → **peiner.**
II. verbe pronominal SE FATIGUER **1.** Se donner de la fatigue. *Il se fatigue très vite. Elle ne s'est vraiment pas fatiguée :* elle ne s'est pas donné de mal. → STYLE FAMILIER se **casser,** se **fouler.** *Je ne vais pas ME FATIGUER À t'expliquer encore une fois !* → s'**échiner,** s'**escrimer,** s'**évertuer. 2.** *SE FATIGUER DE :* en avoir assez de. *Elle s'est vite fatiguée de ses nouveaux jouets.* → se **lasser. 3.** Provoquer la fatigue de. *Elle s'est fatigué les yeux à force de regarder la télévision.*

FATRAS [fatʀa] n. m. ▪ *UN FATRAS :* tas d'objets en désordre. *Il cherche son pull bleu sous un fatras de vêtements.* → **amoncellement.**

FATWA [fatwa] n. f. ▪ *UNE FATWA :* décret religieux musulman qui dit si un acte est conforme à la loi islamique. *L'imam a lancé une fatwa contre un écrivain.*

FAUBOURG [fobuʀ] n. m. ▪ *UN FAUBOURG :* quartier populaire ou industriel d'une ville, situé loin du centre, à la périphérie. *Ils habitent dans les faubourgs de Marseille.*

REM. Les *faubourgs* font partie de la ville, tandis que la *banlieue* se situe en dehors de ses limites.

FAUCHE [foʃ] n. f. ▪ STYLE FAMILIER *LA FAUCHE :* action de prendre qqch. qui ne vous appartient pas. *Il y a beaucoup de fauche dans les supermarchés.* → **vol.**

FAUCHÉ [foʃe], **FAUCHÉE** [foʃe] adj. (après le nom) ▪ STYLE FAMILIER Qui n'a pas ou qui a peu d'argent. *Je suis complètement fauché.* → **pauvre.** ⟨contraire : riche⟩

① **FAUCHER** [foʃe] verbe [conjugaison 1a] **1.** Couper avec une faux ou avec une faucheuse. *Les agriculteurs fauchent le blé.* → **moissonner. 2.** Faire tomber. *La voiture a fauché trois piétons qui étaient sur le bord de la route.* → **renverser.**

② **FAUCHER** [foʃe] verbe [conjugaison 1a] ▪ STYLE FAMILIER Prendre qqch. qui ne vous appartient pas. *On lui a fauché son portefeuille.* → **voler ;** STYLE FAMILIER **piquer.**

FAUCHEUSE [foʃøz] n. f. ▪ *UNE FAUCHEUSE :* machine agricole qui sert à couper les plantes fourragères et les céréales. *L'agriculteur conduit la faucheuse.*

FAUCILLE [fosij] n. f. ▪ *UNE FAUCILLE :* outil tranchant fait d'une lame d'acier en demi-cercle fixée au bout d'un manche et qui sert à couper l'herbe, les céréales. *La fermière coupe de l'herbe pour les lapins avec une faucille.*

FAUCON [fokɔ̃] n. m. ▪ *UN FAUCON :* oiseau de proie au bec court et crochu et aux ailes pointues, qui vit le jour. *Autrefois, on dressait les faucons pour la chasse.*

FAUCONNERIE [fokɔnʀi] n. f. ▪ *LA FAUCONNERIE :* art d'élever et de dresser les faucons et les autres oiseaux de proie pour la chasse. *« Leurre » est un terme de fauconnerie.*

SE **FAUFILER** [fofile] verbe pronominal [conjugaison 1a] ▪ Passer, se glisser adroitement sans se faire remarquer. *Elle s'est faufilée entre les invités. Faufile-toi dans la file d'attente.*

FAUNE [fon] n. f. ▪ *LA FAUNE :* ensemble des animaux (d'une région). *Dans les parcs nationaux, la faune et la flore sont protégées.*

FAUSSAIRE [fosɛʀ] n. m., n. f. ▪ *UN FAUSSAIRE, UNE FAUSSAIRE :* personne qui fait des faux, des imitations et les vend en faisant croire que ce sont des vrais. *Ce tableau est l'œuvre d'un faussaire.*

FAUSSE COUCHE → **couche**

FAUSSEMENT [fosmɑ̃] adverbe **1.** Contre la vérité. *Il a été faussement accusé de vol,* à tort. **2.** D'une manière étudiée, affectée. *Il parle avec un air faussement gai.* ⟨contraire : vraiment⟩

FAUSSER [fose] verbe [conjugaison 1a] **1.** (qqch.) Rendre faux, inexact. *Une erreur de calcul fausse le résultat.* **2.** (qqn) Déformer (un objet) en forçant. *Le cambrioleur a faussé la serrure.* **3.** *FAUSSER COMPAGNIE À qqn,* le quitter brusquement sans prévenir. *Il m'a faussé compagnie à l'entrée du métro.*

REM. *Fossé* « trou dans le sol » se prononce de la même façon.

FAUSSETÉ [foste] n. f. ▪ *LA FAUSSETÉ* **1.** Caractère d'une chose fausse, contraire à la vérité. *L'avocat démontre la fausseté de l'accusation portée contre son client.* ⟨contraire : vérité⟩ **2.** Caractère de ce qui manque de justesse. *Je lui prouverai la fausseté de son raisonnement.* → **inexactitude.** ⟨contraires : exactitude, justesse⟩ **3.** Défaut de caractère qui consiste à dissimuler ce que l'on pense ou à mentir. *Il est d'une fausseté incroyable.* → **duplicité, hypocrisie.** ⟨contraires : franchise, sincérité⟩

FAUST [fost] nom propre – en allemand **FAUSTUS**. Personnage légendaire qui vendit son âme au diable. *Faust est le héros d'un poème dramatique de Goethe.*

faut [fo] *Il faut :* forme au présent du verbe **falloir.**

FAUTE [fot] n. f. *UNE FAUTE* **1.** Erreur. *Faites-vous des FAUTES D'ORTHOGRAPHE ? Elle fait des fautes de français. Il a oublié de mettre un accent sur le «e» de «bête», c'est une faute d'inattention. – Il a fait deux fautes à sa dictée,* deux erreurs d'orthographe. **2.** Mauvaise action. *Il a commis une faute très grave. Avouez votre faute. Il a été licencié pour FAUTE PROFESSIONNELLE. Elle a été prise EN FAUTE,* en train de faire qqch. de mal. **3.** Responsabilité d'une action. *Il a échoué et C'EST SA FAUTE,* il en est responsable. *C'est LA FAUTE DE mon frère si je suis en retard. Ce n'est pas MA FAUTE :* je n'y suis pour rien. *Elle est malheureuse PAR LA FAUTE DE son mari,* à cause de son mari. **4.** *FAUTE DE :* par manque de. *Elle a accepté ce travail, faute de mieux,* parce qu'elle n'a rien trouvé de mieux. *Le présumé coupable a été relâché, faute de preuves. Soyez à l'heure, FAUTE DE QUOI vous serez considéré comme absent. Je ne sais pas tricoter, ce n'est pas faute d'avoir essayé,* pourtant j'ai essayé. **5.** *SANS FAUTE :* à coup sûr, certainement. *Soyez là sans faute à huit heures !*

> FAUX AMI
> anglais **fault** «défaut»

FAUTEUIL [fotœj] n. m. *UN FAUTEUIL :* siège avec un dossier et des bras, pour une seule personne. *Elle s'est assise dans un fauteuil devant la cheminée. Il aime se balancer sur son FAUTEUIL À BASCULE.* → **rocking-chair.** *L'infirme se déplace dans un FAUTEUIL ROULANT.* – STYLE FAMILIER *DANS UN FAUTEUIL :* facilement, sans rencontrer de difficulté. *Il a gagné la course dans un fauteuil.*

> REM. On peut dire *s'asseoir dans un fauteuil* ou *sur un fauteuil,* alors que l'on dit toujours *s'asseoir sur une chaise.*

FAUTIF [fotif] adj. et n. m., **FAUTIVE** [fotiv] adj. et n. f.
I. adjectif (après le nom) **1.** (qqn) Qui est en faute, qui a fait qqch. de mal. *Elle se sent fautive de ne pas nous avoir prévenus.* → **coupable, responsable.** ⟨contraire : innocent⟩ **2.** (qqch.) Qui contient des fautes, des erreurs. → **erroné, incorrect, inexact.** ⟨contraires : correct, exact, juste⟩ *Il a mis des citations fautives dans son texte.*
II. *LE FAUTIF, LA FAUTIVE :* la personne qui est en faute. *C'est lui le fautif.*

FAUVE [fov] adj. et n. m.
I. adjectif (après le nom) **1.** *Une BÊTE FAUVE :* félin sauvage de grande taille. *Les lions, les tigres, les panthères sont des bêtes fauves.* **2.** D'un jaune un peu roux. *Il a une barbe fauve.*
II. 1. *UN FAUVE :* une bête fauve. *Nous sommes allés voir les fauves du zoo.* **2.** *LES FAUVES :* les peintres d'une école de peinture française du début du vingtième siècle. *Matisse et Derain faisaient partie des Fauves.*

① **FAUX** [fo] adj., adverbe et n. m., **FAUSSE** [fos] adj.
I. adjectif (avant le nom ou après le nom) **1.** Contraire à la vérité. → **erroné, incorrect, inexact, mauvais.** ⟨contraires : bon, exact, juste⟩ *Ce que tu dis est faux.* ⟨contraire : vrai⟩ *Le candidat a donné une réponse fausse. Ce sont de fausses nouvelles.* → **fallacieux.** *Son ami a fait un faux témoignage.* → **mensonger.** ⟨contraire : sincère⟩ *C'est un FAUX TÉMOIN,* un témoin qui fait un faux témoignage. *IL EST FAUX DE dire ça. IL EST FAUX QUE vous m'ayez vu. C'est faux !* c'est un mensonge. **2.** Qui semble vrai mais ne l'est pas. *Elle a un collier de fausses perles. Ce sont de fausses fleurs dans le vase.* → **artificiel.** *Il a mis une fausse barbe pour se déguiser.* → **factice, postiche.** *Le prestidigitateur se sert de fausses cartes.* → **truqué.** *Ce billet de banque est faux, c'est un faux billet. Ces malfaiteurs fabriquent de la FAUSSE MONNAIE* (→ **faux-monnayeur**). *Il a passé la frontière avec de FAUX PAPIERS. Ce tableau de Van Gogh est faux,* ce n'est pas Van Gogh qui l'a peint. *C'est un faux Van Gogh.* ⟨contraires : authentique, véritable⟩ **3.** (qqn) Qui n'est pas ce qu'il veut paraître. *Son frère est un faux gentil,* il a l'air gentil mais il ne l'est pas. – *Il a l'air faux.* → **hypocrite.** **4.** Qui n'est pas justifié. *On a cru qu'il y avait une bombe dans l'avion, mais c'était une FAUSSE ALERTE. J'ai eu une FAUSSE JOIE en croyant le voir arriver. C'est un FAUX PROBLÈME,* qu'il n'y a pas lieu de se poser. **5.** (qqch.) Qui n'est pas comme il devrait être. *Elle a fait un FAUX MOUVEMENT,* un mouvement maladroit. *Il a fait des FAUX PLIS en repassant sa chemise. – Ce piano est faux,* il ne joue pas juste. *Le violoniste a fait une FAUSSE NOTE.* **6.** Qui n'est pas correct, juste, exact. *Ton calcul est faux. J'ai fait un faux numéro (de téléphone). Elle a fait un FAUX SENS en traduisant le texte,* elle a mal interprété le sens d'un mot ou d'une phrase.
II. adverbe D'une manière qui n'est pas juste. *Il CHANTE FAUX.*
III. 1. *LE FAUX :* ce qui n'est pas vrai. *Avec lui, c'est difficile de distinguer le vrai du faux.* **2.** *UN FAUX :* imitation que l'on fait passer pour vraie. *Ce tableau est un faux.* → **copie.** *Ce testament est un faux. Il a été condamné pour FAUX ET USAGE DE FAUX. Je m'inscris EN FAUX contre ce que tu dis,* j'affirme que ce n'est pas vrai.

② **FAUX** [fo] n. f. *UNE FAUX :* outil fait d'un long manche et d'une lame d'acier qui sert à couper l'herbe. *L'agriculteur fauche les mauvaises herbes avec une faux. La Mort est représentée avec une faux.*

FAUX-FILET [fofilɛ] n. m. *UN FAUX-FILET :* morceau de bœuf situé à côté du filet. *J'aime manger le faux-filet saignant.* PLURIEL : *des FAUX-FILETS.*

FAUX-FUYANT [fofɥijɑ̃] n. m. *UN FAUX-FUYANT :* moyen que l'on utilise pour éviter de s'expliquer, de se prononcer, de se décider. *Elle a trouvé un faux-fuyant pour ne pas faire la corvée.* → **échappatoire, excuse, prétexte.** PLURIEL : *des FAUX-FUYANTS.*

FAUX-MONNAYEUR [fomonɛjœʀ] n. m. *UN FAUX-MONNAYEUR :* personne qui fabrique de la fausse monnaie. *Un faux-monnayeur a été arrêté.* PLURIEL : *des FAUX-MONNAYEURS ont écoulé de faux billets de cinq cents francs.*

FAVELA [favela] n. f. *UNE FAVELA :* ensemble d'habitations populaires sans confort, au Brésil. *Les pauvres de Rio vivent dans des favelas.* → **bidonville.**

FAVEUR [favœʀ] n. f. *LA FAVEUR* **1.** Avantage que l'on accorde à qqn parce qu'on l'apprécie. *Puis-je vous demander une faveur ? Il nous a FAIT LA FAVEUR DE nous accompagner.* → **plaisir.** *Elle ne lui a même pas accordé la faveur d'un regard. – Elle a eu droit à un TRAITEMENT DE FAVEUR,* on s'est occupé spécialement d'elle. *Ils ont eu des BILLETS DE FAVEUR pour aller au théâtre,* des billets gratuits ou à tarif réduit. **2.** *EN FAVEUR DE qqn :* au bénéfice de qqn, dans son intérêt. *Il y a une erreur en ma faveur. Elle est intervenue en faveur du candidat.* **3.** *À LA FAVEUR DE qqch. :* à l'aide de qqch., en profitant de qqch. *Le prisonnier s'est échappé à la faveur de la nuit.* → **grâce.** **4.** Considération qui donne de l'importance à qqn. *Cet acteur a la faveur du public,* il est populaire. **5.** STYLE RECHERCHÉ *UNE FAVEUR :* ruban étroit. *Il a attaché toutes ses lettres avec une faveur rose.*

> FAUX AMI
> espagnol **favor** «service»

FAVORABLE [favɔʀabl] adj. (après le nom) **1.** (qqn) *FAVORABLE À :* qui est bien disposé à l'égard de. *Le chef est favorable à mon projet.* ⟨contraires : défavorable, hostile, opposé⟩ **2.** (qqch.) Qui aide à ce que qqch. se réalise. *Il faut attendre le moment favorable pour lui parler.* → **opportun, propice.** *Elle s'est montrée sous un jour favorable.* → **flatteur.**

FAVORABLEMENT [favɔʀabləmɑ̃] adverbe ▪ D'une manière favorable. *Ma demande a été accueillie favorablement.* → **bien.** ⟨contraire : défavorablement⟩

FAVORI [favɔʀi] adj. et n. m., **FAVORITE** [favɔʀit] adj. et n. f.
I. adjectif (après le nom) Que l'on préfère, que l'on aime particulièrement. *Ma grand-mère m'a préparé mon dessert favori.* → **préféré.** *Quelle est ta chanteuse favorite ?*
II. nom **1.** *LE FAVORI, LA FAVORITE :* la personne que qqn préfère. *Sa fille aînée est la favorite de ses enfants. La marquise de Pompadour était la favorite du roi de France Louis XV,* sa maîtresse préférée. **2.** *LE FAVORI :* le cheval qui a les meilleures chances de gagner une course (opposé à outsider). *Ce cheval est le favori du tiercé de demain.* **3.** (au masculin pluriel) DES FAVORIS : touffe de barbe sur les joues, de chaque côté du visage. *On ne porte plus tellement les favoris.*

FAVORISÉ [favɔʀize], **FAVORISÉE** [favɔʀize] adj. (après le nom) ▪ Qui a reçu plus d'avantages qu'un autre. *Il appartient à une catégorie sociale favorisée.* → **privilégié.** ⟨contraire : défavorisé⟩

FAVORISER [favɔʀize] verbe [conjugaison 1a] **1.** (qqn) Donner un avantage à (qqn). *Le professeur a favorisé un élève.* → **aider, avantager.** **2.** (qqch.) Être favorable à (qqn, qqch.). *Les circonstances m'ont favorisé. La nature ne l'a pas favorisé. La faiblesse du pouvoir favorise la révolte.* → **faciliter.**

FAVORITISME [favɔʀitism] n. m. ▪ *LE FAVORITISME :* le fait d'accorder qqch. à qqn que l'on préfère plutôt qu'à une personne qui le mérite. *Ma mère ne punit jamais ma petite sœur, C'EST DU FAVORITISME !*

FAX [faks] n. m. ▪ *UN FAX* **1.** Système qui permet de reproduire un document à distance, en passant par une ligne téléphonique. *Il nous a envoyé le compte rendu de la réunion par fax.* → **télécopie.** **2.** Appareil qui reproduit la copie ainsi obtenue. *Elle a un fax chez elle.* → **télécopieur.** **3.** Copie transmise par cet appareil. *J'ai reçu plusieurs fax aujourd'hui.*

FAXER [fakse] verbe [conjugaison 1a] ▪ Envoyer un fax. *Je vous faxe le document dès qu'il est prêt.*

FÉBRILE [febʀil] adj. (après le nom) **1.** Qui a de la fièvre. *Je me sens fébrile ce matin.* → **fiévreux.** **2.** Très agité. *Il y a une activité fébrile dans ce magasin.*

FÉBRILITÉ [febʀilite] n. f. ▪ *LA FÉBRILITÉ :* état d'agitation, d'énervement. *Il attend ses résultats d'examen avec fébrilité.*

FÉCAL [fekal], **FÉCALE** [fekal] adj. (après le nom) ▪ *Les MATIÈRES FÉCALES :* les excréments. → **selles.** *Le médecin lui a demandé de faire examiner ses matières fécales.* MASCULIN PLURIEL : *fécaux* [feko].

FÉCOND [fekɔ̃], **FÉCONDE** [fekɔ̃d] adj. (après le nom) **1.** (hommes, animaux) Capable de se reproduire. ⟨contraire : stérile⟩ *La femme est féconde pendant la période de l'ovulation. Les animaux hybrides comme le mulet ne sont pas féconds.* **2.** Qui a beaucoup d'enfants, de petits. *Les lapins sont très féconds.* → **prolifique.** **3.** Qui produit beaucoup. *Elle a fait un travail fécond.* → **fructueux.** *La journée a été FÉCONDE EN événements,* il s'est passé beaucoup de choses. → **fertile.** ⟨contraire : pauvre⟩ *Victor Hugo fut un écrivain fécond,* qui a beaucoup écrit.

FÉCONDATION [fekɔ̃dasjɔ̃] n. f. ▪ *LA FÉCONDATION :* union d'une cellule mâle et d'une cellule femelle aboutissant à la transformation d'un œuf, d'un ovule en embryon. *Chez certains animaux, la fécondation se fait dans le corps de la femelle, chez d'autres elle se fait à l'extérieur. Des bébés sont nés grâce à la fécondation in vitro.* → **F.I.V.**

FÉCONDITÉ [fekɔ̃dite] n. f. ▪ *LA FÉCONDITÉ* **1.** Possibilité de se reproduire, d'avoir des enfants, des petits. *La fécondité des lapines est importante.* ⟨contraire : stérilité⟩ **2.** Le fait de produire beaucoup. *Il a une imagination d'une fécondité étonnante.*

FÉCULE [fekyl] n. f. ▪ *LA FÉCULE :* matière farineuse composée d'amidon, contenue dans les pommes de terre et certains autres légumes. *On se sert de la fécule en cuisine.*

FÉCULENT [fekylɑ̃] n. m. ▪ *UN FÉCULENT :* légume qui contient de la fécule. *Les haricots et les pommes de terre sont des féculents.* → **farineux.**

FÉDÉRAL [fedeʀal], **FÉDÉRALE** [fedeʀal] adj. (après le nom) **1.** *ÉTAT FÉDÉRAL,* dirigé par un gouvernement central et des assemblées locales. *La République fédérale de Yougoslavie est composée du Monténégro et de la Serbie.* MASCULIN PLURIEL : *les États-Unis, le Canada et la Suisse sont des États FÉDÉRAUX* [fedeʀo]. **2.** Relatif au gouvernement central, dans un État fédéral. *La police fédérale s'occupe de l'enquête.*

FÉDÉRALISME [fedeʀalism] n. m. ▪ *LE FÉDÉRALISME :* système politique d'un État fédéral. *Dans le fédéralisme, c'est le gouvernement central qui mène la politique internationale.*

FÉDÉRATION [fedeʀasjɔ̃] n. f. ▪ *UNE FÉDÉRATION* **1.** État formé de la réunion de plusieurs États. *Le Canada est une fédération.* **2.** Groupement de plusieurs associations, sociétés, clubs, partis politiques, syndicats. *Il est inscrit à la Fédération française de football.*

FÉE [fe] n. f. ▪ *UNE FÉE :* femme imaginaire qui a des pouvoirs magiques. *Les fées ont une baguette magique. La fée Carabosse est une méchante fée. Une BONNE FÉE s'est penchée sur le berceau de la princesse. Les enfants aiment beaucoup les CONTES DE FÉES. – Elle a des DOIGTS DE FÉE :* elle est très habile de ses mains.

FÉERIQUE [feeʀik] adj. (après le nom) **1.** Qui appartient au monde des fées. *Ce livre nous emmène dans un monde féerique.* **2.** D'une beauté irréelle, qui semble sortir d'un conte de fées. *Ce paysage est absolument féerique.* → **merveilleux.**
REM. On peut aussi prononcer [feʀik].

feignant [fɛɲɑ̃] *En feignant :* forme au participe présent du verbe **feindre.**

FEIGNANT [fɛɲɑ̃] adj. et n. m., **FEIGNANTE** [fɛɲɑ̃t] adj. et n. f. ▪ STYLE FAMILIER **1.** adjectif (après le nom) Paresseux. *C'est un enfant feignant.* ⟨contraire : travailleur⟩ **2.** *UN FEIGNANT, UNE FEIGNANTE :* une personne paresseuse. *Quel feignant !* → **fainéant.**
REM. Un feignant *feint* de travailler.

FEINDRE [fɛ̃dʀ] verbe [conjugaison 52b] **1.** Faire croire à (un sentiment, une qualité). *Il a feint l'étonnement.* → ① **affecter, simuler.** *Elle feignait la tristesse. Il faut que nous feignions l'indifférence.* **2.** *FEINDRE DE :* faire semblant de. *Feignons de ne pas l'avoir entendu. Il faut que tu feignes d'être d'accord. Je feindrai d'avoir oublié.*

feins [fɛ̃] *Je feins ; tu feins :* forme au présent du verbe **feindre.**

feint [fɛ̃], **feinte** [fɛ̃t] *Il a feint la joie ; la joie qu'il a feinte :* formes au participe passé du verbe **feindre.**

FEINT [fɛ̃], **FEINTE** [fɛ̃t] adj. (après le nom) ▪ (qqch.) Qui n'est pas vrai. *Cette joie feinte est exaspérante.*

FEINTE [fɛ̃t] n. f. ▪ *UNE FEINTE* **1.** Coup, mouvement par lequel on trompe l'adversaire en menaçant un côté alors que l'on attaque de l'autre côté. *Le boxeur a FAIT UNE FEINTE et a réussi à se dégager.* **2.** Ruse. *On a cru qu'il était parti, mais c'était une feinte : en fait, il était caché derrière le rideau.* → **piège.**

FÊLER [fele] verbe [conjugaison 1a] **1.** Fendre sans casser en morceaux. *J'ai fêlé l'assiette en la heurtant.* **2.** verbe pronominal SE FÊLER : (qqch.) se fendre sans se casser complètement. *La tasse s'est fêlée.*

FÉLICITATIONS [felisitasjɔ̃] n. f. pluriel ▪ *DES FÉLICITATIONS :* compliments que l'on adresse à qqn pour lui montrer que l'on est content pour lui ou fier de lui. *Recevez nos chaleureuses félicitations. Toutes nos félicitations pour votre mariage !* (contraire : condoléances) *Le candidat a été reçu avec les félicitations du jury.* (contraire : blâme)

FÉLICITER [felisite] verbe [conjugaison 1a] **1.** Dire à (qqn) que l'on est content de ce qui lui arrive d'heureux. *Le maire félicite les jeunes mariés.* **2.** Faire à (qqn) des compliments sur son travail, sa conduite, sa réussite. *Je te félicite pour ton courage.* → **complimenter.** *Elle l'a félicité d'avoir réussi son examen.* **3.** verbe pronominal SE FÉLICITER : (qqn) s'estimer content. *Elle s'est félicitée d'avoir pris cette décision.* → se **réjouir.**

FÉLIN [felɛ̃] n. m. et adj., **FÉLINE** [felin] adj. **1.** *UN FÉLIN :* animal carnassier du type chat. *Le tigre et la panthère sont des félins* (→ **fauve**). **2.** adjectif (après le nom) Qui a les mouvements souples du chat. *Cette fille a une démarche féline.*

FELLATION [felasjɔ̃] n. f. ▪ *LA FELLATION :* acte sexuel consistant à exciter le sexe d'un homme par des caresses buccales. *Elle lui a fait une fellation.* → STYLE TRÈS FAMILIER **pipe.**

FÊLURE [felyʀ] n. f. ▪ *UNE FÊLURE :* fente d'une chose fêlée. *La tasse a une fêlure.* → **fissure.**

FEMELLE [fəmɛl] n. f. et adj.
I. *UNE FEMELLE :* animal du sexe féminin, qui peut former les œufs ou les petits dans son corps. *La chèvre est la femelle du bouc.* (contraire : mâle)
II. adjectif (après le nom) **1.** (animaux) Qui est une femelle. *J'ai vu un kangourou femelle.* (contraire : mâle) **2.** (plantes) Qui donne un fruit. *Les dattes poussent sur les dattiers femelles. – Le pistil est l'organe femelle des fleurs.* **3.** *Une PRISE FEMELLE :* prise de courant électrique destinée à recevoir la prise mâle. *Il faut faire attention que les enfants ne mettent pas leurs doigts dans les prises femelles.*

FÉMININ [feminɛ̃] adj. et n. m., **FÉMININE** [feminin] adj.
I. adjectif (après le nom) **1.** Qui est propre à la femme. *Elle attend un enfant de sexe féminin,* une fille. *C'est une voix féminine qui m'a répondu au téléphone.* (contraire : masculin) **2.** Qui a les caractères de la femme. *Elle est très féminine. Il a des traits un peu féminins.* → **efféminé.** (contraire : viril) **3.** Composé de femmes. *Elle est dans l'équipe féminine de handball.* **4.** Qui concerne les femmes. *Il ne compte plus ses succès féminins,* ses conquêtes amoureuses. *Elle est abonnée à plusieurs revues féminines,* qui s'adressent aux femmes. **5.** *Un NOM FÉMININ :* nom qui peut être précédé au singulier des articles « la » ou « une ». *« Table » est un nom féminin. « Belle » est un adjectif féminin. « Une », « la », « cette » « ma » sont des déterminants féminins,* qui accompagnent des noms féminins. (contraire : masculin) *Le GENRE FÉMININ :* catégorie grammaticale des mots féminins. *Petite est un adjectif du genre féminin,* *petit est du genre masculin.*
II. *LE FÉMININ* **1.** Le genre féminin. *Girafe est du féminin.* **2.** Forme au féminin. *Le féminin de « conducteur » est « conductrice ». Le féminin de « un élève » est « une élève ». « Médecin » n'a pas de féminin.* (contraire : masculin)

FÉMINISER [feminize] verbe [conjugaison 1a]
I. Donner un féminin à (un mot). *On féminise les noms de métiers.*
II. verbe pronominal SE FÉMINISER **1.** (qqn) Prendre un aspect plus féminin. *Sa fille s'est féminisée en grandissant.* **2.** (groupe) Se composer d'un plus grand nombre de femmes qu'auparavant. *Ce parti politique se féminise.*

FÉMINISME [feminism] n. m. ▪ *LE FÉMINISME :* mouvement d'idées qui préconise l'extension des droits de la femme et de son rôle dans la société. *Le féminisme s'est beaucoup développé dans les pays occidentaux depuis 1960.*

FÉMINISTE [feminist] adj., n. m. et n. f. **1.** adjectif (après le nom) Qui demande l'égalité des droits entre les hommes et les femmes. *Les revendications féministes sont nombreuses.* **2.** *UN FÉMINISTE, UNE FÉMINISTE :* personne partisane du féminisme. *Il y a une manifestation de féministes cet après-midi.*

FÉMINITÉ [feminite] n. f. ▪ *LA FÉMINITÉ :* ensemble des caractères qui appartiennent plutôt aux femmes. *Cette jeune fille manque de féminité.*

FEMME [fam] n. f.
I. *UNE FEMME* **1.** Être humain adulte, de sexe féminin (opposé à homme). *Il y a deux hommes et une femme qui vous attendent.* → **dame ;** STYLE FAMILIER **gonzesse, meuf, nana.** *Sa mère est une belle femme. C'est une JEUNE FEMME charmante. C'est une femme divorcée. Sa sœur est FEMME AU FOYER,* elle n'exerce pas de profession. *C'est une FEMME DU MONDE,* une femme riche, de la haute société. *C'est une MAÎTRESSE FEMME,* une femme énergique et autoritaire. *Elle est FEMME à se venger,* elle en est capable. **2.** STYLE FAMILIER *BONNE FEMME :* femme. *Qui c'est cette bonne femme ? Il y a deux bonshommes et trois bonnes femmes dans le hall.* – *DE BONNE FEMME :* transmis par la tradition populaire. *Cette tisane est un remède de bonne femme.* **3.** *FEMME DE MÉNAGE :* employée qui vient faire le ménage dans une maison ou un bureau et qui est généralement payée à l'heure. *Ils ont deux femmes de ménage.* – *FEMME DE CHAMBRE :* domestique attachée au service intérieur d'une maison, d'un hôtel. *La femme de chambre vous apportera le petit-déjeuner dans votre chambre.*
II. *LA FEMME de qqn,* son épouse (opposé à mari). *Il nous a présenté sa femme. Sa première femme s'est remariée. Comment va votre femme ? Nous voyageons, ma femme et moi. Ils vivent comme mari et femme.* – STYLE RECHERCHÉ *Il va PRENDRE FEMME,* se marier.

FAUX AMI
portugais **fêmea**
« femelle »

REM. *Épouse* est un terme administratif ou populaire.

FÉMUR [femyʀ] n. m. ▪ *LE FÉMUR :* os long de la cuisse. *La vieille dame s'est cassé le col du fémur.*

FENAISON [fənɛzɔ̃] n. f. ▪ *LA FENAISON :* action de couper et de récolter le foin. *La fenaison se fait en été.*

SE **FENDILLER** [fɑ̃dije] verbe pronominal [conjugaison 1a] ▪ Se couvrir de petites fentes. *La peinture de la fenêtre s'est fendillée. Les lèvres se fendillent sous l'effet du froid.* → **gercer.**

fendis [fɑ̃di] *Je fendis, tu fendis :* forme au passé simple du verbe **fendre.**

FENDRE [fɑ̃dʀ] verbe [conjugaison 41a]
I. 1. Couper dans le sens de la longueur. *Le fermier fend du bois avec une hache. Le trapéziste s'est fendu le crâne en tombant.* → **ouvrir. 2.** *FENDRE LE CŒUR* : faire beaucoup de peine, de chagrin. *Ça me fend le cœur de le laisser tout seul.* **3.** S'ouvrir un chemin à travers. *Le navire fend les flots. Je fends la foule pour sortir,* je marche au milieu de la foule. → **écarter.**
II. verbe pronominal SE FENDRE **1.** S'ouvrir, se couvrir de fentes. *Il ne faut pas que le mur se fende.* → se **fissurer. 2.** STYLE FAMILIER *SE FENDRE DE qqch.* : offrir qqch. *Elle s'est fendue d'une montre pour mon anniversaire,* elle m'a offert une montre. *Il ne s'est pas fendu :* ce cadeau ne lui a pas coûté cher. **3.** STYLE FAMILIER *SE FENDRE LA PIPE* : rire aux éclats. *Elle s'est fendu la pipe toute la soirée* (→ **rigoler).**

fends [fɑ̃] *Je fends, tu fends :* forme au présent du verbe **fendre.**

fendu [fɑ̃dy], **fendue** [fɑ̃dy] *Il a fendu une bûche ; la bûche qu'il a fendue :* formes au participe passé du verbe **fendre.**

FENDU [fɑ̃dy], **FENDUE** [fɑ̃dy] adj. (après le nom) **1.** Qui a une fente. *Elle a mis une jupe fendue sur le côté.* **2.** Ouvert en longueur, comme une fente. *Il sourit, la bouche fendue jusqu'aux oreilles.*

FENÊTRE [fənɛtʀ] n. f. ▪ *UNE FENÊTRE* **1.** Ouverture faite dans un mur, une paroi, pour laisser entrer l'air et la lumière du jour. *Les fenêtres du salon donnent sur le parc. Le salon a une grande fenêtre.* → ② **baie.** *Je regarde par la fenêtre. Je vais me mettre À LA FENÊTRE pour le voir arriver,* je vais regarder par la fenêtre. *Les voisins sont aux fenêtres,* ils regardent par les fenêtres. – *Il JETTE L'ARGENT PAR LES FENÊTRES* : il dépense beaucoup d'argent. **2.** Châssis vitré qui ferme cette ouverture. *Ferme la fenêtre, il fait froid !* → **croisée.** *Elle dort les fenêtres ouvertes.* **3.** *ENVELOPPE À FENÊTRE,* avec un rectangle de papier transparent à travers lequel on voit le nom et l'adresse écrits sur la lettre. *On reçoit souvent les factures dans des enveloppes à fenêtre.*

FENNEC [fenɛk] n. m. ▪ *UN FENNEC :* petit renard à grandes oreilles pointues, qui vit dans les déserts d'Afrique du Nord et d'Arabie. *Les fennecs se nourrissent de petits animaux qu'ils chassent pendant la nuit.*
REM. On l'appelle aussi *renard des sables.*

FENOUIL [fənuj] n. m. ▪ *LE FENOUIL :* plante de forme arrondie, aux feuilles vertes et blanches, serrées comme un poing fermé à leur base, qui a un goût d'anis. *On mange le fenouil cru ou cuit. Le cuisinier a préparé du poisson au fenouil.*

FENTE [fɑ̃t] n. f. ▪ *UNE FENTE :* ouverture longue et étroite. *La petite fille met une pièce dans la fente de sa tirelire. Il y a une fente dans le mur.* → **fissure.**

FÉODAL [feɔdal], **FÉODALE** [feɔdal] adj. (après le nom) ▪ Qui appartient à l'organisation politique et sociale du Moyen Âge. *Dans le régime féodal, le seigneur confiait un domaine à son vassal* (→ **fief).** MASCULIN PLURIEL : *les seigneurs FÉODAUX* [feɔdo].

FÉODALITÉ [feɔdalite] n. f. ▪ *LA FÉODALITÉ :* organisation politique et sociale du Moyen Âge, caractérisée par l'existence de fiefs. *La féodalité s'est établie en France et dans toute l'Europe occidentale.*

FER [fɛʀ] n. m. ▪ *LE FER* **1.** Métal gris qui se déforme facilement quand on le chauffe et qui conduit bien la chaleur. *Je travaille dans l'industrie du fer* (→ **métallurgie, sidérurgie).** *Le fer rouille quand il est longtemps mouillé. Les balcons sont en FER FORGÉ. Le champ est entouré de FILS DE FER BARBELÉS.* – *L'ÂGE DU FER :* période où les hommes ont commencé à travailler le fer, vers 1000 avant Jésus-Christ. – *Il y croit DUR COMME FER,* avec une grande conviction. **2.** Sels de fer. *Les épinards sont riches en fer.* **3.** *DE FER :* très fort. *Il a une santé de fer :* il est très résistant, il n'est jamais malade. *Elle a une poigne de fer,* très vigoureuse. **4.** Partie en fer d'un instrument, d'un outil, d'une arme. *Une hache est faite d'un manche et d'un fer.* **5.** Instrument en métal. *Elle repasse la robe avec un FER À REPASSER,* un instrument en métal muni d'une poignée, qui, une fois chaud, sert à repasser le linge. *Il donne un COUP DE FER à sa chemise,* il la repasse rapidement. *Le plombier soude les deux tuyaux avec un FER À SOUDER. L'éleveur marque ses bœufs au FER ROUGE,* avec une tige de fer chauffée au rouge. **6.** *UN FER À CHEVAL :* morceau de métal en forme de U que l'on met sur le dessous des sabots d'un cheval, d'un âne, d'un mulet. *Le maréchal-ferrant pose les fers à cheval.* – STYLE FAMILIER *Ma sœur est tombée LES QUATRE FERS EN L'AIR,* à la renverse, sur le dos. – *EN FER À CHEVAL :* en forme de U. *La table de la salle de réunion est en fer à cheval.* **7.** (au pluriel) LES FERS : ce qui sert à enchaîner un prisonnier. *Le prisonnier a été mis AUX FERS,* il a été enchaîné.

FER-BLANC [fɛʀblɑ̃] n. m. ▪ *LE FER-BLANC :* tôle de fer recouverte d'une couche d'étain pour qu'elle ne rouille pas. *Les boîtes de conserve sont en fer-blanc.* PLURIEL : *des FERS-BLANCS.*

fera [fəʀa] *Il fera, elle fera :* forme au futur du verbe **faire.**

FÉRIÉ [fɛʀje], **FÉRIÉE** [fɛʀje] adj. (après le nom) ▪ *JOUR FÉRIÉ,* où l'on ne travaille pas parce qu'il y a une fête légale. *Le dimanche et le 1er Mai sont des jours fériés.* ⟨contraire : ouvrable⟩

FAUX AMI — italien **feriale** « jour de travail »

① **FERME** [fɛʀm] adj. et adverbe
I. adjectif (après le nom, parfois avant le nom) **1.** (qqch.) Qui a de la consistance, sans être très dur. *La lotte est un poisson à chair ferme. Ces abricots ne sont pas mûrs, ils sont encore fermes.* ⟨contraires : flasque, mou⟩ **2.** (êtres animés) Qui se tient bien, sans tomber. *Ce bébé n'est pas encore ferme sur ses jambes.* → **solide.** – *Je l'attends DE PIED FERME,* sans crainte, prêt à l'affronter. **3.** (avant ou après le nom) (qqn) Qui ne change pas d'avis, n'hésite pas et ne se laisse pas influencer. *Ils sont très fermes avec leurs enfants.* → **déterminé, inflexible.** ⟨contraire : faible⟩ – *Il a la ferme intention d'y aller,* il ne changera pas d'avis. **4.** Qui a de l'assurance. *Elle a signé d'une main ferme.* ⟨contraire : hésitant⟩ **5.** (qqch.) Qui ne change pas. *Ils se sont mis d'accord sur un PRIX FERME ET DÉFINITIF,* sur lequel on ne reviendra pas.
II. adverbe **1.** Avec force et vigueur. *Ils discutent ferme,* avec de nombreux arguments. **2.** Beaucoup. *Elle s'ennuie ferme.* **3.** D'une manière définitive. *Il a acheté ferme.*

② **FERME** [fɛʀm] n. f. ▪ *UNE FERME* **1.** Exploitation agricole. *Ces agriculteurs exploitent une ferme très importante dans la Beauce. Ils achètent les produits de la ferme* (→ **fermier). 2.** Ensemble formé par les bâtiments, les terres et la maison d'un agriculteur. *Les poules sont dans la cour de la ferme.*

FERMÉ [fɛʀme], **FERMÉE** [fɛʀme] adj. (après le nom) **1.** Que l'on a fermé. *La porte est fermée à clé.* → **clos.** *Ce musée est fermé le mardi.* ⟨contraire : ouvert⟩ *Boucherie fermée le lundi.* **2.** Où l'on n'entre pas facilement. *Ils vivent dans un milieu très fermé.* **3.** (qqn) Qui a du mal à communiquer. *C'est un enfant très fermé.* ⟨contraire : expansif⟩ **4.** (qqn) *FERMÉ À :* inaccessible à, insensible à. *Il est fermé aux techniques nouvelles,* il n'y comprend rien.

FERMEMENT [fɛʀməmɑ̃] adverbe **1.** Avec force. *L'alpiniste se tient fermement au rocher.* ⟨contraire : mollement⟩ **2.** Avec fermeté. *Elle est fermement décidée à refuser.* → **résolument.**

FERMENT [fɛʀmɑ̃] n. m. ▪ *UN FERMENT :* très petit organisme capable de transformer une matière vivante. *On met des ferments dans le lait pour fabriquer des yaourts.*

FERMENTATION [fɛʀmɑ̃tasjɔ̃] n. f. ▪ *LA FERMENTATION :* transformation d'une substance sous l'action d'organismes microscopiques. *Le vin provient de la fermentation du jus de raisin.*

FERMENTÉ [fɛʀmɑ̃te], **FERMENTÉE** [fɛʀmɑ̃te] adj. (après le nom) ▪ Qui a subi une fermentation. *Le camembert est un fromage fermenté.*

FERMENTER [fɛʀmɑ̃te] verbe [conjugaison 1a] ▪ Se transformer sous l'action d'organismes microscopiques. *Le vin fermente dans les cuves.*

FERMER [fɛʀme] verbe [conjugaison 1a]
I. 1. Boucher un passage, une ouverture. *Ferme la porte, il fait froid !* ⟨contraire : ouvrir⟩ **2.** Priver de communication avec l'extérieur. *Le voyageur ferme sa valise. L'automobiliste ferme sa voiture à clé. La vendeuse a fermé la boutique. La bibliothèque sera fermée au mois d'août.* **3.** Rapprocher (les parties d'un organe, les éléments d'un objet) pour qu'il n'y ait plus d'ouverture, d'écart. *Le bébé ferme les yeux et s'endort. Ferme la bouche quand tu manges !* – STYLE FAMILIER *La ferme !* tais-toi ! taisez-vous ! – *Les élèves ferment leurs livres et leurs cahiers à la fin du cours. Il ne pleut plus, tu peux fermer ton parapluie. Ferme ton manteau.* → **boutonner. 4.** Empêcher d'utiliser (un passage). *La route est fermée à cause de la neige.* → **barrer.** *Une barrière ferme l'entrée du champ.* → STYLE RECHERCHÉ **clore. 5.** STYLE FAMILIER Arrêter (un courant) par un mécanisme. *Il est prudent de fermer l'eau avant de partir en vacances.* → **couper.** *Ferme bien le robinet, sinon il goutte.* – *J'ai fermé la télévision,* je l'ai éteinte. ⟨contraire : allumer⟩ **6.** Mettre une fin à. *Le client a fermé son compte bancaire. Fermez les guillemets.* **7.** Être le dernier élément de. *C'est mon père qui ferme la marche.* **8.** Être fermé. *Le magasin ferme à dix-neuf heures. Le restaurant fermera au mois de juillet.* **9.** Être en état d'être fermé. *La porte ferme mal.*
II. verbe pronominal SE FERMER **1.** Devenir fermé. *La porte s'est fermée toute seule. Ces fleurs se ferment à la tombée de la nuit.* → se **refermer.** ⟨contraire : s'ouvrir⟩ **2.** Pouvoir être fermé. *Ma robe se ferme dans le dos.* → s'**attacher.**

> FAUX AMI
> italien **fermare**
> « arrêter »

FERMETÉ [fɛʀməte] n. f. ▪ *LA FERMETÉ* **1.** Qualité d'une personne qui ne change pas d'avis quand elle a pris une décision. *Il a refusé le projet avec fermeté.* → **détermination, résolution.** ⟨contraire : mollesse⟩ **2.** Qualité d'une personne qui est autoritaire sans être brutale. *Ils font preuve de fermeté avec leurs enfants.* → **autorité.** ⟨contraire : faiblesse⟩ **3.** État de ce qui est ferme, consistant. *La pâte à tarte doit avoir de la fermeté.*

FERMETTE [fɛʀmɛt] n. f. ▪ *UNE FERMETTE :* petite ferme servant de maison de campagne. *Ils ont acheté une fermette en Normandie.*

FERMETURE [fɛʀmətyʀ] n. f. **1.** *UNE FERMETURE :* dispositif qui sert à fermer. *La fermeture de ce coffre-fort est très perfectionnée. Son blouson est fermé par une FERMETURE À GLISSIÈRE,* une fermeture formée de deux bandes de tissu portant des dents qui s'emboîtent les unes dans les autres. – (marque déposée) *Son blouson a une FERMETURE ÉCLAIR,* une fermeture à glissière. **2.** *LA FERMETURE :* action de fermer. *Attention à la fermeture automatique des portes du train !* – *Nous n'avons pas pu entrer dans le musée, nous sommes arrivés après l'heure de la fermeture.* ⟨contraire : ouverture⟩

FERMIER [fɛʀmje] n. m. et adj., **FERMIÈRE** [fɛʀmjɛʀ] n. f. et adj.
I. *UN FERMIER, UNE FERMIÈRE :* une personne qui s'occupe d'une ferme. *Le fermier est dans les champs.* → **agriculteur, cultivateur, paysan.**
II. adjectif (après le nom) Qui vient d'une ferme, est fabriqué dans une ferme. *Ce poulet fermier est délicieux* (opposé à industriel). *Je préfère le beurre fermier au beurre pasteurisé.*

FERMOIR [fɛʀmwaʀ] n. m. ▪ *UN FERMOIR :* attache ou agrafe qui sert à fermer, à tenir fermé. *Ce collier a un fermoir en argent.*

> FAUX AMI
> grec **φερμουάρ**
> « fermeture éclair »

FÉROCE [feʀɔs] adj. (après le nom, parfois avant le nom) **1.** (animaux) Cruel par instinct. *Les fauves sont des BÊTES FÉROCES.* ⟨contraires : apprivoisé, inoffensif⟩ **2.** (qqn) Très méchant et brutal. *Il a été féroce avec son rival.* → **cruel, dur, impitoyable.** – *Il fait souvent des réflexions d'une ironie féroce.* **3.** (avant ou après le nom) Très grand. *Cet adolescent a un féroce appétit.* → **terrible.** *J'ai une faim féroce !*

FÉROCEMENT [feʀɔsmɑ̃] adverbe ▪ D'une manière féroce. *Le lion a attaqué férocement la gazelle.*

FÉROCITÉ [feʀɔsite] n. f. ▪ *LA FÉROCITÉ :* grande cruauté. *Le tigre est d'une férocité terrible. Il a fait une réflexion d'une grande férocité.*

FERRAILLE [feʀaj] n. f. ▪ *LA FERRAILLE* **1.** Ensemble de morceaux de fer hors d'usage. *Il y a un tas de ferraille dans la cour. Son vélo est bon à mettre à la ferraille.* **2.** STYLE FAMILIER Petite monnaie. *Je n'ai que de la ferraille dans mon porte-monnaie.*

FERRAILLEUR [feʀajœʀ] n. m. ▪ *UN FERRAILLEUR :* marchand de ferraille. *Le ferrailleur récupère et vend la ferraille.*

FERRÉ [feʀe], **FERRÉE** [feʀe] adj. (après le nom) **1.** Garni de morceaux de fer. *L'alpiniste a mis des chaussures ferrées.* **2.** *VOIE FERRÉE :* voie de chemin de fer formée des rails sur lesquels les trains circulent. *La voie ferrée est bloquée par la neige.* **3.** (qqn) *ÊTRE FERRÉ SUR un sujet,* bien le connaître. *Elle est FERRÉE EN géographie.* → **fort ;** STYLE FAMILIER **calé.**

FERRONNERIE [feʀɔnʀi] n. f. ▪ *LA FERRONNERIE :* fabrication d'objets en fer forgé. *Il travaille dans la ferronnerie.*

FERROVIAIRE [feʀɔvjɛʀ] adj. (après le nom) ▪ Relatif aux chemins de fer. *Le RÉSEAU FERROVIAIRE de ce pays est insuffisant,* l'ensemble de ses lignes de chemin de fer.

FERRY [feʀi] n. m. ▪ *UN FERRY :* bateau qui transporte des trains ou des voitures et leurs passagers. *Nous avons pris le ferry pour aller en Angleterre.* → ① **bac.**

> REM. **1.** *Ferry* est l'abréviation du mot anglais *ferry-boat.* **2.** Le pluriel est *des ferrys,* mais on emploie aussi le pluriel anglais *ferries.* **3.** Au Québec, on emploie le mot *traversier* pour éviter cet anglicisme.

FERTILE [fɛʀtil] adj. (après le nom) **1.** (sol) Où les cultures poussent bien, qui produit beaucoup de végétation. *Cet agriculteur cultive des terres fertiles.* → **productif.** ⟨contraires : aride, improductif, stérile⟩ **2.** (femelle) Qui est capable de faire des petits. → **fécond.** *Les lapines sont très fertiles.* **3.** (qqch.) *FERTILE EN :* qui fournit beaucoup de. *Le voyage a été fertile en événements.* → **fécond.** ⟨contraire : pauvre⟩ – *Il a une imagination fertile.*

FERTILISANT [fɛʀtilizɑ̃] adj. et n. m., **FERTILISANTE** [fɛʀtilizɑ̃t] adj.
1. adjectif (après le nom) Qui fertilise. *Le fumier est un produit*

fertilisant. **2.** *UN FERTILISANT :* produit qui fertilise le sol. *L'agriculteur met du fertilisant sur les cultures.* → **engrais.**

FERTILISER [fɛʀtilize] verbe [conjugaison 1a] ▪ Rendre fertile (une terre). *Les engrais fertilisent le sol.*

FERTILITÉ [fɛʀtilite] n. f. ▪ *LA FERTILITÉ* **1.** Qualité d'un sol fertile. *Les engrais améliorent la fertilité du sol.* ⟨contraire : aridité⟩ **2.** Capacité d'avoir des enfants. *Avec l'âge, la fertilité diminue.* → **fécondité.** ⟨contraire : stérilité⟩ **3.** Capacité à créer, à inventer. *Les enfants ont une grande fertilité d'imagination.* → **richesse.** ⟨contraire : pauvreté⟩

FÉRU [feʀy], **FÉRUE** [feʀy] adj. (après le nom) ▪ (qqn) Passionné par. *Elle est férue d'équitation.*

FERVENT [fɛʀvɑ̃], **FERVENTE** [fɛʀvɑ̃t] adj. (après le nom, parfois avant le nom) **1.** (avant ou après le nom) (qqn) Qui a de la ferveur, de l'enthousiasme. ⟨contraire : indifférent⟩ *C'est un fervent admirateur de la peinture moderne. Ce sont des socialistes fervents.* **2.** (qqch.) Où il entre de la ferveur, de l'ardeur. *Il éprouve pour sa femme un amour fervent.* → **ardent, passionné.**

FERVEUR [fɛʀvœʀ] n. f. ▪ *LA FERVEUR* **1.** Ardeur très vive du sentiment religieux. *Dans l'église, les fidèles prient avec ferveur.* → **dévotion.** **2.** Élan de qqn qui réagit ou agit avec ardeur, enthousiasme. *Ils s'aiment avec ferveur.* → **force.** ⟨contraires : froideur, indifférence, tiédeur⟩

FESSE [fɛs] n. f. **1.** *UNE FESSE :* chacune des deux parties charnues situées à l'arrière du bassin, chez l'homme. *Elle s'est fait un bleu à une fesse en tombant. Ce banc est dur, il fait mal aux fesses.* → **derrière ;** STYLE FAMILIER **cul, postérieur.** *Ce pantalon est serré, il moule les fesses.* **2.** STYLE TRÈS FAMILIER *POSE TES FESSES sur ce fauteuil :* assieds-toi sur ce fauteuil. *GARE TES FESSES :* pousse-toi. – *Son père lui a BOTTÉ LES FESSES,* il lui a donné un coup de pied dans les fesses. *Il mérite un COUP DE PIED AUX FESSES.* – *Il n'est pas rassuré, sur ce cheval : il SERRE LES FESSES* (de peur). – *Le voleur a les flics AUX FESSES,* derrière lui, à ses trousses. – *Occupe-toi de tes fesses :* occupe-toi de tes affaires, ceci ne te concerne pas. – La sexualité. *Elle n'aime pas les HISTOIRES DE FESSES,* les plaisanteries sexuelles. → STYLE TRÈS FAMILIER **cul.**

FESSÉE [fese] n. f. ▪ *UNE FESSÉE :* coups donnés sur les fesses. *La fillette a reçu une bonne fessée. Son père lui a donné une fessée, la fessée.*

FESTIN [fɛstɛ̃] n. m. ▪ *UN FESTIN :* repas copieux et excellent. *Des asperges, du poulet rôti, du poisson grillé, de la salade, des fromages et des desserts, quel festin !* → STYLE FAMILIER **gueuleton.**

FESTIVAL [fɛstival] n. m. ▪ *UN FESTIVAL* **1.** Grande manifestation musicale. *Nous sommes allés au festival de Bayreuth voir des opéras de Wagner. Les festivals de Salzbourg et d'Aix-en-Provence sont célèbres.* **2.** Série de représentations théâtrales ou cinématographiques qui ont lieu dans une ville, dans une région, pendant une période assez courte. *Ce film a été primé au festival de Cannes, l'an dernier. Le festival d'Avignon est un festival de théâtre.* – (figuré) STYLE FAMILIER *Il a fait des gaffes toute la soirée, c'était un vrai festival !*

FESTIVALIER [fɛstivalje] n. m., **FESTIVALIÈRE** [fɛstivaljɛʀ] n. f. ▪ *UN FESTIVALIER, UNE FESTIVALIÈRE :* personne qui participe à un festival. *Les festivaliers ont applaudi debout à la fin du film.*

FESTIVITÉS [fɛstivite] n. f. pluriel ▪ *LES FESTIVITÉS :* fêtes, réjouissances. *Pendant la visite des souverains, il y aura d'importantes festivités. Voilà le programme des festivités.*

FESTOYER [fɛstwaje] verbe [conjugaison 8a] ▪ Prendre part à une fête, à un festin. *Nous avons festoyé toute la nuit ! Venez mes amis et nous festoierons !* [fɛstwaʀɔ̃].

FÊTARD [fɛtaʀ] n. m., **FÊTARDE** [fɛtaʀd] n. f. ▪ STYLE FAMILIER *UN FÊTARD, UNE FÊTARDE :* personne qui aime s'amuser, faire la fête tard dans la nuit. *Une bande de fêtards nous a réveillés à cinq heures du matin.*

FÊTE [fɛt] n. f.
I. *UNE FÊTE* **1.** Jour destiné à rappeler par des cérémonies le souvenir agréable d'un événement. *Le 14 Juillet est la fête nationale française. Noël et Pâques sont des fêtes religieuses. Ils seront aux sports d'hiver pendant LES FÊTES,* entre Noël et le jour de l'an. **2.** Jour où l'on célèbre un saint et les personnes qui portent son nom. *Mes amis m'ont souhaité ma fête.* – STYLE FAMILIER *Ça va être ta fête ! :* méfie-toi, tu vas avoir des ennuis. **3.** Réception joyeuse où sont invités des amis, de la famille. *Elle a fait une fête pour ses 40 ans.* → **réception, soirée.** **4.** Ensemble de réjouissances organisées pour une occasion spéciale. *Une fête est organisée en l'honneur du champion. La SALLE DES FÊTES est à côté de la mairie.* – *Nous sommes allés à la FÊTE FORAINE,* à la foire où il y a des attractions.
II. *LA FÊTE* **1.** *FAIRE LA FÊTE :* s'amuser avec des amis. *Le soir du réveillon, ils ont fait la fête toute la nuit.* → **festoyer.** **2.** Bonheur, joie, plaisir. *Au moment de Noël, les rues illuminées ont un air de fête.* – *Elle SE FAIT UNE FÊTE DE cette soirée à l'opéra,* elle s'en réjouit à l'avance. – *Quand je rentre chez moi le soir, mon chien ME FAIT FÊTE,* il m'accueille joyeusement. – *Aujourd'hui, il A LE CŒUR EN FÊTE,* il se sent gai, heureux. – *À LA FÊTE :* heureux. *Il n'a jamais été à pareille fête :* il n'a jamais été aussi heureux. *Quand elle va chez le dentiste, elle n'est pas à la fête,* elle passe un mauvais moment.
▪ REM. *Fête* se prononce comme *faîte* « partie élevée de qqch. ».

FÊTER [fete] verbe [conjugaison 1a] **1.** Célébrer par une fête. *Il a fêté son succès avec sa famille et ses amis.* **2.** Faire fête à, accueillir avec joie. *Ce soir, nous fêterons notre ami.*

FÉTICHE [fetiʃ] n. m. ▪ *UN FÉTICHE :* objet ou animal qui, d'après certaines personnes, porte bonheur. *Elle a un fétiche dont elle ne se sépare jamais : un petit ours en peluche.* → **mascotte, porte-bonheur.**

FÉTICHISME [fetiʃism] n. m. ▪ *LE FÉTICHISME :* perversion sexuelle qui consiste à reporter le désir érotique sur des objets. *Le fétichisme de la chaussure est bien connu.*

FÉTIDE [fetid] adj. (après le nom) ▪ (qqch.) Qui a une odeur très mauvaise. *La poubelle dégage une odeur fétide.* → **nauséabond.**

FÉTU [fety] n. m. ▪ *UN FÉTU (de paille) :* un brin de paille. *Tu as un fétu de paille dans les cheveux.* – *Le bateau est emporté dans la tempête comme un fétu.*

FEU [fø] n. m.
I. *LE FEU* **1.** Dégagement de lumière et de chaleur qui se produit quand on brûle qqch. *Les hommes ont appris à FAIRE LE FEU il y a très longtemps. Un pyromane a MIS LE FEU à la forêt.* → **enflammer.** *La maison est EN FEU.* – *Tu JOUES AVEC LE FEU :* ce que tu fais est dangereux, imprudent, tu joues avec le danger. *C'est lui le coupable, j'en METTRAIS MA MAIN AU FEU,* j'en suis absolument sûr. – STYLE FAMILIER *Mon fils PÈTE LE FEU en ce moment,* il a beaucoup d'énergie, il est très en forme. **2.** Flammes provenant de matières combustibles. *Il fait froid, FAISONS UN FEU dans la cheminée.* → **flambée.** – *Les enfants ont FAIT UN FEU DE CAMP sur la plage,* une veillée autour d'un feu. – *Sa colère n'a été qu'UN FEU DE PAILLE,* un sentiment vif et passager. –

Installez-vous AU COIN DU FEU, près de la cheminée. **3.** Source de chaleur pour la cuisson des aliments. *Elle a mis la casserole sur le feu. Il faut cuire ces légumes d'abord* À FEU VIF, *puis* À FEU DOUX, d'abord fort, puis doucement. **4.** Incendie. *Au feu ! Il y a le feu à la maison ! Le feu s'est propagé rapidement. Ce matériau est traité contre le feu.* → **ignifugé.** *Les pompiers ont éteint le feu.* – STYLE FAMILIER *Il n'y a pas le feu :* rien ne presse. – *Les rebelles ont mis le pays* À FEU ET À SANG, ils l'ont ravagé. **5.** *Le chagrin l'a tué* À PETIT FEU, lentement et cruellement. **6.** Ce qui sert à allumer le tabac. *Avez-vous du feu ?* des allumettes ou un briquet.
II. LE FEU **1.** *Une* ARME À FEU : arme qui lance un projectile quand la poudre contenue dans la cartouche s'enflamme. *Le fusil et le pistolet sont des armes à feu.* – COUP DE FEU : détonation. *Le témoin a entendu plusieurs coups de feu.* – *Cette plaisanterie a* FAIT LONG FEU, elle ne fait plus d'effet, elle ne fait plus rire. *Leur association* N'A PAS FAIT LONG FEU, elle n'a pas duré longtemps. **2.** Tir d'arme à feu. *Les bandits ont* OUVERT LE FEU, ils ont tiré les premiers. *Ils ont* FAIT FEU *sur les policiers*, ils ont tiré sur les policiers. **3.** FEU D'ARTIFICE : série de fusées et d'explosifs lumineux et colorés que l'on fait exploser dans le ciel les nuits de fête. *La nuit du 14 Juillet, on* TIRE DES FEUX D'ARTIFICE *dans toute la France.* **4.** STYLE FAMILIER UN FEU : pistolet. *Le gangster a sorti son feu.*
III. UN FEU **1.** Source de lumière. *Les feux des projecteurs sont éblouissants.* **2.** Signal lumineux destiné à éclairer un véhicule. *Un bateau navigue tous feux éteints.* → **fanal.** *La voiture roule avec ses feux de position allumés. Ce camion est en panne : ses feux de détresse clignotent.* → **warning.** **3.** Signal lumineux réglant la circulation routière. *Le feu est rouge, les voitures s'arrêtent. La voiture a démarré au feu vert.* – *Ses parents* LUI ONT DONNÉ LE FEU VERT *pour faire une fête*, ils l'ont autorisé à faire une fête. **4.** *Le prestidigitateur a transformé un mouchoir en lapin : les enfants* N'Y ONT VU QUE DU FEU, ils n'ont pas vu comment il a fait. **5.** Éclat. *Ce diamant brille de mille feux.*
IV. LE FEU **1.** Sensation de chaleur intense, de brûlure. *Elle a les joues* EN FEU, très chaudes et rouges. – *Cette lotion calme le* FEU DU RASOIR, l'irritation de la peau après s'être rasé. **2.** Ardeur des sentiments, des passions. *Dans le feu de la colère, il a été très grossier.* → **exaltation.** *Dans le feu de l'action, j'ai cassé un verre.* → **fougue.** – *Elle a un tempérament* DE FEU, passionné. – *Il est* TOUT FEU TOUT FLAMME *pour ce projet :* il est enthousiasmé par ce projet.

FEUILLAGE [fœjaʒ] n. m. ▪ LE FEUILLAGE : l'ensemble des feuilles d'un arbre ou d'une plante de grande taille. *Les aucubas ont un beau feuillage. L'hiver, les arbres du parc perdent leur feuillage.*

FEUILLE [fœj] n. f.
I. UNE FEUILLE : partie plate et verte des végétaux, qui part de la branche ou de la tige. *Beaucoup d'arbres perdent leurs feuilles en automne* (→ **caduc**). *Les feuilles mortes recouvrent le sol. Les feuilles de menthe sentent très bon.* – *Mon chien a peur, il* TREMBLE COMME UNE FEUILLE, il tremble beaucoup.
II. UNE FEUILLE **1.** Morceau de papier rectangulaire. *Les écoliers écrivent leur nom sur une feuille blanche.* → ② **page.** *Cette feuille est écrite sur le recto, mais le verso est vierge :* cette page est écrite sur l'endroit, mais il n'y a rien sur l'envers. *Il a acheté des feuilles volantes pour mettre dans son classeur*, des feuilles libres. **2.** Papier, document. *Chaque salarié reçoit une* FEUILLE DE PAIE, un papier sur lequel est écrit ce qu'il gagne. *Le malade envoie sa* FEUILLE DE SOINS *à la Sécurité sociale*, le document rempli par le médecin et par le malade. **3.** Mince plaque (d'une matière quelconque). *Le contreplaqué est fait de feuilles de bois collées ensemble. La coupole de l'église est dorée à la feuille d'or.* **4.** STYLE FAMILIER Oreille. *Son grand-père* EST DUR DE LA FEUILLE, il est un peu sourd, il entend mal.

FEUILLET [fœjɛ] n. m. ▪ UN FEUILLET : feuille de papier utilisée sur ses deux faces. *Il manque un feuillet à ce livre. Ce manuscrit a cinq cents feuillets.* → ② **page.**
REM. L'endroit d'un feuillet s'appelle *le recto*, l'envers *le verso*.

FEUILLETÉ [fœjte] adj. et n. m., **FEUILLETÉE** [fœjte] adj. **1.** adjectif (après le nom) Qui est fait de lames superposées. *Le pare-brise de cette voiture est en verre feuilleté.* – PÂTE FEUILLETÉE : pâte légère formée de fines feuilles superposées. *La pâte feuilletée de cette tarte est délicieuse.* **2.** UN FEUILLETÉ : pâtisserie sucrée ou salée faite avec de la pâte feuilletée. *Ce feuilleté au jambon est excellent.*

FEUILLETER [fœjte] verbe [conjugaison 4b] ▪ Tourner les pages d'un livre, d'un cahier en regardant rapidement. *Elle feuillette une revue en attendant son tour chez le dentiste.*

FEUILLETON [fœjtɔ̃] n. m. ▪ UN FEUILLETON **1.** Fragment de roman qui paraît régulièrement dans un journal. *Chaque jour, elle lit le feuilleton dans le journal.* → **roman-feuilleton.** **2.** Histoire en plusieurs épisodes, à la radio ou à la télévision. *Beaucoup de téléspectateurs ont regardé ce feuilleton.* → **série.**

FEUILLU [fœjy] adj. et n. m., **FEUILLUE** [fœjy] adj. **1.** adjectif (après le nom) (arbre) Qui possède des feuilles. *Les arbres feuillus perdent leurs feuilles en automne.* **2.** (au pluriel) LES FEUILLUS : les arbres qui ont des feuilles (opposé à conifères, résineux, arbres qui ont des aiguilles). *La région est couverte de forêts de feuillus.*

FEUTRE [føtʀ] n. m.
I. LE FEUTRE : tissu épais fait de laine ou de poils écrasés. *Elle a mis ses chaussons à semelle de feutre.*
II. UN FEUTRE **1.** Chapeau de feutre. *Dans ce vieux film policier, le détective a un feutre marron.* **2.** Stylo dont la pointe est en feutre ou en nylon. *Il a écrit sa lettre avec un feutre.* → **stylo-feutre.**

FEUTRÉ [føtʀe], **FEUTRÉE** [føtʀe] adj. (après le nom) **1.** Qui a l'aspect du feutre. *Après un lavage, ce pull est tout feutré.* **2.** Silencieux, peu sonore. *Le chat marche à pas feutrés.*

FEUTRINE [føtʀin] n. f. ▪ LA FEUTRINE : tissu de laine feutré. *Elle a fait des marionnettes pour son fils avec de la feutrine de couleurs vives.*

FÈVE [fɛv] n. f. ▪ UNE FÈVE **1.** Graine ressemblant à un gros haricot, que l'on mange fraîche ou séchée. *Au menu, il y a des fèves au lard.* **2.** Petit objet de porcelaine, de métal ou de plastique que l'on cache dans la galette des Rois. *Celui qui trouve la fève aura la couronne de roi !*

FÉVRIER [fevʀije] n. m. ▪ Deuxième mois de l'année, qui a 28 jours les années ordinaires et 29 jours une année sur quatre. *Nous irons faire du ski en février. Il y a des févriers très froids.*

FI ! [fi] interjection **1.** Mot exprimant le dédain, le mépris ou le dégoût. *Fi donc ! Le vilain jaloux !* **2.** FAIRE FI DE : dédaigner, mépriser. *Il a fait fi de tous les conseils.*
REM. Au sens 1, *fi* ne s'emploie pratiquement plus.

FIABLE [fjabl] adj. (après le nom) ▪ À quoi on peut se fier, en qui on peut avoir confiance. *C'est une voiture très fiable. Sa mémoire n'est plus très fiable.* → **fidèle.** – *Mes amis sont des gens fiables.* → **sérieux.**

FIACRE [fjakʀ] n. m. ▪ UN FIACRE : voiture à cheval que l'on loue. *Nous avons fait une promenade en fiacre pour visiter la ville.*

FIANÇAILLES [fjɑ̃saj] n. f. pluriel. *LES FIANÇAILLES* **1.** Promesse solennelle de mariage. *Ils ont eu de longues fiançailles. On a annoncé les fiançailles de ces deux jeunes gens. Il a offert à sa future femme une BAGUE DE FIANÇAILLES.* **2.** Temps qui s'écoule entre la promesse de mariage et la célébration du mariage. *Ils ont eu de longues fiançailles. Leurs fiançailles ont duré six mois.*

FIANCÉ [fjɑ̃se] n. m., **FIANCÉE** [fjɑ̃se] n. f. *LE FIANCÉ, LA FIANCÉE :* personne engagée par une promesse de mariage. *Il nous a présenté sa fiancée. Les fiancés se marieront cet été.*

SE **FIANCER** [fjɑ̃se] verbe pronominal [conjugaison 3a]. S'engager par une promesse solennelle de mariage. *Les deux jeunes gens se sont fiancés hier. Fiançons-nous, puis marions-nous au printemps.*

FIASCO [fjasko] n. m. *UN FIASCO :* échec complet. *Cette pièce de théâtre est un fiasco.* (contraires : succès, triomphe) *Deux fiascos dans l'année, c'est trop !*

FIBRE [fibʀ] n. f. **1.** *UNE FIBRE :* chacun des filaments souples et allongés, qui groupés ensemble, forment certaines matières. *Les muscles et les nerfs sont formés de fibres. On utilise les fibres du coton et de la laine pour faire des tissus. Le nylon et le polyester sont des FIBRES SYNTHÉTIQUES. – La FIBRE DE VERRE isole du froid et de la chaleur. – FIBRE OPTIQUE :* filament très fin de verre qui conduit la lumière, et est utilisé dans la fabrication d'instruments d'optique, et dans la transmission des images et des sons. *Ce réseau de téléphone fonctionne à l'aide de fibres optiques.* **2.** *LA FIBRE :* disposition à ressentir certaines émotions. *Il n'a pas vraiment la fibre paternelle, il ne s'occupe jamais de ses enfants.*

FIBREUX [fibʀø], **FIBREUSE** [fibʀøz] adj. (après le nom). Qui a des fibres, qui est formé de fibres. *Cette viande est fibreuse.* → **filandreux.**

FIBROCIMENT [fibʀosimɑ̃] n. m. (marque déposée). *LE FIBROCIMENT :* matériau de construction formé de ciment renforcé de fibres synthétiques ou naturelles. *Le fibrociment est dur, isolant et ne peut pas s'enflammer.*

FIBROME [fibʀom] n. m. *UN FIBROME :* tumeur non cancéreuse formée par du tissu fibreux. *Elle a été opérée d'un fibrome (de l'utérus).*

FICELÉ [fisle], **FICELÉE** [fisle] adj. (après le nom) **1.** STYLE FAMILIER *MAL FICELÉ :* mal habillé. *Elle est toujours mal ficelée.* → **fagoté.** **2.** (travail) *BIEN, MAL FICELÉ :* bien, mal fait. *Ce roman est très bien ficelé.*

FICELER [fisle] verbe [conjugaison 4a]. Attacher, lier avec de la ficelle. *Elle ficelle soigneusement le colis qu'elle veut envoyer par la poste. – Les bandits ont solidement ficelé leur prisonnier à une chaise.*

FICELLE [fisɛl] n. f. *UNE FICELLE* **1.** Corde très mince. *Elle défait la ficelle du colis. – Il ne faudrait pas trop TIRER SUR LA FICELLE :* il ne faudrait pas exagérer (en réclamant un avantage). **2.** *TIRER LES FICELLES :* faire agir les autres sans être vu. *C'est lui qui tire les ficelles. – Elle connaît toutes LES FICELLES DU MÉTIER,* tous les procédés cachés. → **truc.** **3.** Petite baguette de pain, très fine. *J'ai acheté une ficelle chez le boulanger.*

① **FICHE** [fiʃ] verbe [conjugaison 1a]
I. STYLE FAMILIER **1.** Faire. *Qu'est-ce que tu fiches ici ?* → STYLE TRÈS FAMILIER **foutre.** *Ce paresseux n'a rien fichu de la journée. – Je n'en ai rien à fiche :* cela m'est égal, cela ne m'intéresse pas. **2.** Donner. *Je lui ai fichu une gifle.* → **flanquer.** *Ce mauvais temps fiche le cafard. – Fiche-moi la paix :* laisse-moi tranquille. **3.** Mettre. *Il faut fiche ces vieux papiers à la poubelle. Ça m'a fichu en colère. Il nous a fichus à la porte :* il nous a mis dehors. *– Ces vieux objets sont bons à FICHE EN L'AIR,* ils sont bons à jeter. **4.** *FICHE LE CAMP :* partir, s'en aller. *Dès qu'il nous a vus, il a fichu le camp. Fichez le camp, je ne veux plus vous voir !* **5.** *ENVOYER qqn SE FAIRE FICHE,* l'envoyer promener, le rabrouer. *Va te faire fiche !*
II. STYLE FAMILIER verbe pronominal SE FICHE **1.** *SE FICHE DE qqn, qqch. :* se moquer de qqn, ne pas prendre qqn, qqch. au sérieux. *Elle s'est bien fichue de nous. Elle se fiche de ce qui peut arriver. Elle se fiche pas mal de nous. – Tu peux dire n'importe quoi, JE M'EN FICHE complètement,* ça m'est complètement égal. **2.** (qqn) *SE FICHE PAR TERRE :* tomber. *Il a perdu l'équilibre et il s'est fichu par terre.* **3.** (qqn) *SE FICHE DEDANS :* se tromper. *Je me suis encore fichu dedans.*

REM. **1.** *Fiche* est un verbe familier courant qui peut être remplacé par *foutre,* plus moderne mais très familier, dans tous ses emplois. **2.** *Fiche* est le seul verbe de la conjugaison 1 dont l'infinitif se termine par *e.* Le participe passé est *fichu.*

② **FICHE** [fiʃ] n. f. *UNE FICHE* **1.** Feuille de carton sur laquelle on inscrit des renseignements et destinée à être classée. *Les fiches sont classées par ordre alphabétique dans un fichier. – La mairie fournit des FICHES D'ÉTAT CIVIL,* des feuilles où sont écrits les renseignements sur l'état civil de qqn. **2.** Cheville, tige de bois ou de métal destinée à être enfoncée. *La fiche de la lampe est enfoncée dans la prise de courant du mur.*

FICHER [fiʃe] verbe [conjugaison 1a]. Inscrire sur une fiche (des renseignements). *Tous les renseignements concernant cette affaire sont fichés. – La police fiche tous les suspects,* elle établit une fiche de renseignements à leur nom.

FICHIER [fiʃje] n. m. *UN FICHIER* **1.** Collection de fiches. *La documentaliste consulte ses fichiers pour chercher un renseignement.* **2.** Boîte, meuble où sont rangées des fiches. *Les fiches sont rangées dans des fichiers métalliques.* **3.** Ensemble organisé d'informations contenues et classées dans la mémoire d'un ordinateur. *La secrétaire ouvre le fichier « courrier » pour retrouver une lettre qu'elle a écrite hier.*

① **FICHU** [fiʃy], **FICHUE** [fiʃy] adj. (avant le nom ou après le nom). STYLE FAMILIER **1.** (avant le nom) Détestable, mauvais. *Elle a un fichu caractère.* → **sale.** *Quel fichu métier !* → **maudit.** **2.** En mauvais état. *Ma robe est fichue, avec cette vilaine tache. Maintenant, c'est fichu, on ne peut plus rien faire,* tout est perdu, désespéré. **3.** (qqn) *BIEN FICHU :* bien bâti, bien proportionné (de corps). *Sa femme est très bien fichue. – Mal fichu :* un peu malade. *Il se sent mal fichu, ce matin.* **4.** (qqn) Capable de. *Il est fichu de partir sans nous attendre. À son âge, elle n'est même pas fichue de faire cuire des pâtes !*

REM. Dans tous les cas, *fichu* peut être remplacé par *foutu,* qui est plus familier.

② **FICHU** [fiʃy] n. m. *UN FICHU :* morceau de tissu coupé ou plié en triangle, que les femmes se mettent sur la tête ou sur les épaules. *Elle a un fichu de laine sur les épaules, pour se protéger du froid.* → **châle, foulard.**

FICTIF [fiktif], **FICTIVE** [fiktiv] adj. (après le nom). Créé par l'imagination, inventé. *Tous les personnages de ce film sont entièrement fictifs.* → **imaginaire.** (contraires : réel, vrai)

FICTION [fiksjɔ̃] n. f. **1.** *LA FICTION :* fait imaginé (opposé à réalité). *On dit parfois que la réalité dépasse la fiction.* → **invention.** **2.** *UNE FICTION :* création de l'imagination, en littérature. *Ce roman est une fiction. Les romans et les contes sont des œuvres de fiction.*

FICUS [fikys] n. m. ▪ *UN FICUS* : plante d'appartement d'origine tropicale de la famille du figuier et du caoutchouc. *Il y a environ mille espèces de ficus.*

FIDÈLE [fidɛl] adj., n. m. et n. f.
I. adjectif (après le nom, parfois avant le nom) **1.** Qui respecte ses engagements envers qqn. *Les vassaux du Moyen Âge devaient être fidèles à leur seigneur.* → **dévoué, loyal.** ⟨contraire : traître⟩ **2.** Dont les sentiments ne changent pas. *Il a des amis fidèles.* → **sûr, vrai.** *Le chien est un animal fidèle.* – (avant le nom) *Nous informons notre fidèle clientèle que le magasin restera ouvert jusqu'à 22 heures.* **3.** Qui n'a de relations amoureuses qu'avec la personne avec laquelle il est engagé. *C'est un mari fidèle. Ils sont fidèles l'un à l'autre.* ⟨contraires : infidèle, volage⟩ **4.** *ÊTRE FIDÈLE À (qqch.)* : qui ne trahit pas (ses promesses, ses engagements). *Il est toujours fidèle à ses promesses.* – *Je l'ai retrouvé comme il y a dix ans, FIDÈLE À LUI-MÊME,* toujours le même. **5.** (qqch.) Conforme à la vérité. *Le témoin a fait un récit fidèle des événements.* → **exact.** ⟨contraires : inexact, mensonger⟩ *C'est une traduction fidèle,* proche du texte original. – *Le film est FIDÈLE AU roman,* il suit de très près le roman. – *Ma mémoire est fidèle,* elle retient avec précision les événements passés. **6.** (instrument) Dont les résultats ne changent pas au cours du temps. *Cette balance est très fidèle.* → **fiable, juste.** ⟨contraire : faux⟩
II. *UN FIDÈLE, UNE FIDÈLE* **1.** Un partisan, une partisane fidèle. *Ses fidèles sont restés près de lui.* **2.** Client fidèle (d'un magasin). *Je suis une fidèle de ce centre commercial.* **3.** (au pluriel) LES FIDÈLES : les personnes qui font partie d'une Église, d'une religion. *De nombreux fidèles ont assisté à la messe.* → **croyant.**

FIDÈLEMENT [fidɛlmɑ̃] adverbe ▪ D'une manière fidèle, exacte. *Le lieutenant a fidèlement exécuté les ordres du général.* → **scrupuleusement.** *Le film suit fidèlement le roman.* → **exactement.**

FIDÉLISER [fidelize] verbe [conjugaison 1a] ▪ Rendre fidèle (un client). *Ce magasin fidélise ses meilleurs clients en faisant une réduction sur leurs achats.*

FIDÉLITÉ [fidelite] n. f. ▪ *LA FIDÉLITÉ* **1.** Qualité d'une personne fidèle à une autre. ⟨contraire : trahison⟩ *Au Moyen Âge, le vassal JURAIT FIDÉLITÉ à son seigneur.* **2.** Constance dans les sentiments. *La fidélité de ses amis l'a beaucoup aidé, dans cette épreuve. La fidélité du chien est bien connue.* – *Les époux se DOIVENT FIDÉLITÉ,* ils doivent être fidèles l'un à l'autre en amour. ⟨contraire : infidélité⟩ **3.** *FIDÉLITÉ À (qqch.)* : le fait de ne pas trahir. *La fidélité à sa promesse est pour lui un devoir.* **4.** Conformité à la vérité, à un modèle original. *J'admire la fidélité de cette traduction.* → **exactitude.**

FIEF [fjɛf] n. f. ▪ *UN FIEF* **1.** Au Moyen Âge, Domaine confié par un seigneur à un vassal en échange de sa fidélité et de certains services. *En échange de son fief, le vassal devait assistance à son seigneur.* **2.** Domaine où qqn est le maître, où il a une grande influence. *Ce député a été réélu pour la quatrième fois dans son FIEF ÉLECTORAL,* là où il est toujours élu.

FIEL [fjɛl] n. m. ▪ *LE FIEL* **1.** Liquide noir, visqueux, produit par le foie des animaux de boucherie et des volailles. *Le fiel a un goût très amer.* **2.** Amertume qui accompagne la méchanceté. *Il fait toujours des remarques pleines de fiel.* → **aigreur, haine.**

> FAUX AMIS
> espagnol et portugais **fiel** « fidèle »

FIELLEUX [fjelø], **FIELLEUSE** [fjeløz] adj. (après le nom) ▪ Plein de fiel, de méchanceté. *La jalousie lui inspire des paroles fielleuses.* → **haineux, méchant.**

FIENTE [fjɑ̃t] n. f. ▪ *UNE FIENTE* : excrément d'oiseau. *Le balcon est couvert de fientes de pigeons.*

FIER [fjɛʀ], **FIÈRE** [fjɛʀ] adj. (après le nom) **1.** Qui a l'air de se trouver supérieur aux autres, qui a une attitude méprisante, hautaine. → **hautain, méprisant.** ⟨contraires : familier, simple⟩ *Il n'est pas fier, il est seulement timide.* – *Il est FIER COMME UN COQ, COMME UN POU* : extrêmement fier, arrogant. **2.** STYLE RECHERCHÉ Qui a un sentiment très fort de sa dignité, de son honneur. *Elle est trop fière pour demander de l'aide.* **3.** *FIER DE (qqn, qqch.)* : très satisfait, très heureux de. *Elle est très fière de son fils. Ses parents sont fiers de sa réussite.* ⟨contraire : honteux⟩ *Je l'ai fait et j'en suis fier. Tu peux être fier de toi !* – *Il n'y a pas de quoi être fier !* → se vanter.

> FAUX AMI
> espagnol **fiera** « sauvage »

SE **FIER** [fje] verbe pronominal [conjugaison 7a] ▪ Donner sa confiance à (qqn, qqch.). *On ne sait plus à qui se fier. Elle s'est fiée au premier venu. À votre place, je ne me fierais* [fiʀɛ] *pas aux apparences. Il voudrait que nous nous fiions à ses paroles.* ⟨contraires : se défier, se méfier⟩

FIÈREMENT [fjɛʀmɑ̃] adverbe ▪ D'une manière courageuse et digne. *Il a fièrement refusé notre aide.* → **dignement.**

FIERTÉ [fjɛʀte] n. f. ▪ *LA FIERTÉ* **1.** STYLE RECHERCHÉ Sentiment que l'on a de sa dignité, de son honneur. *C'est par fierté qu'ils n'ont pas accepté notre aide.* → **amour-propre, orgueil.** – *On a sa fierté !* : on n'accepte pas les choses humiliantes. **2.** Le fait d'être satisfait, content de. *Elle éprouve une grande fierté de la réussite de son fils.* ⟨contraire : honte⟩ *Je ne tire aucune fierté de cela* : je ne suis pas particulièrement fier de cela. **3.** Ce qui fait éprouver de la fierté à qqn. *Son jardin, c'est sa fierté !*

FIÈVRE [fjɛvʀ] n. f. ▪ *LA FIÈVRE* **1.** Température trop élevée du corps. *Le bébé a de la fièvre.* → **température.** *Il a une poussée, un accès de fièvre* (→ **fébrile, fiévreux).** *Pendant sa grippe, elle a eu une FIÈVRE DE CHEVAL,* une température très élevée. *L'aspirine fait tomber, baisser la fièvre.* – STYLE FAMILIER *Elle a un BOUTON DE FIÈVRE au coin de la lèvre,* un bouton d'herpès. **2.** Maladie dans laquelle on a de la fièvre. *Il s'est fait vacciner contre la FIÈVRE JAUNE,* une maladie tropicale très grave. **3.** Très grande agitation. *Dans la fièvre du départ, elle a oublié une valise.* → **excitation.**

FIÉVREUSEMENT [fjevʀøzmɑ̃] adverbe ▪ D'une manière fiévreuse, agitée. *Elle commence fiévreusement les préparatifs du départ.*

FIÉVREUX [fjevʀø], **FIÉVREUSE** [fjevʀøz] adj. (après le nom) **1.** Qui a ou qui indique de la fièvre. *Elle se sent un peu fiévreuse, ce matin.* → **fébrile.** *Le front du bébé est fiévreux.* → **chaud.** **2.** (qqch.) Qui a un caractère intense, hâtif. *Il aime l'activité fiévreuse des grandes villes.* → **fébrile, frénétique.** **3.** (qqch.) Agité, inquiet. *Les candidats sont dans l'attente fiévreuse des résultats du concours.* ⟨contraires : calme, impassible⟩

FIFRE [fifʀ] n. m. ▪ *UN FIFRE* : petite flûte en bois au son aigu. *Les musiciens jouent du fifre et du tambour.*

FIGÉ [fiʒe], **FIGÉE** [fiʒe] adj. (après le nom) **1.** (liquide) Coagulé, rendu solide par le froid. *Il y a de l'huile figée dans ce bidon.* **2.** Immobile. *Cette comédienne manque de naturel, elle est trop figée.* **3.** *EXPRESSION, LOCUTION FIGÉE* : expression dont on ne peut changer aucun terme. *« Perdre le nord » et « donner le feu vert » sont des expressions figées.*

FIGER [fiʒe] verbe [conjugaison 3b]
I. 1. (sang, liquide gras) Coaguler, devenir épais, solide. *Il faisait si froid que la sauce figeait dans les assiettes. L'huile a figé dans la bouteille.* **2.** Rendre immobile. *La peur nous a figés sur place.*

II. verbe pronominal SE FIGER **1.** (liquide) Devenir épais, solide. *La sauce s'est figée dans le plat.* **2.** (qqn) S'immobiliser. *Elle se fige dans son attitude de refus :* elle garde une attitude de refus.

FIGNOLER [fiɲɔle] verbe [conjugaison 1a] ▪ STYLE FAMILIER Faire avec beaucoup de soin, jusque dans les moindres détails. *Il fignole tout ce qu'il fait : c'est un perfectionniste.* (contraires : bâcler, expédier)

FIGUE [fig] n. f. ▪ *UNE FIGUE :* fruit arrondi, à peau verte ou violette et à chair rouge. *Je préfère les figues fraîches aux figues sèches.*

REM. Voir aussi l'expression *mi-figue mi-raisin.* → **mi-figue mi-raisin.**

FIGUIER [figje] n. m. ▪ *UN FIGUIER :* arbre méditerranéen, qui donne les figues. *Il y a un figuier dans le jardin.*

FIGURANT [figyʀɑ̃] n. m., **FIGURANTE** [figyʀɑ̃t] n. f. ▪ *UN FIGURANT, UNE FIGURANTE :* personne qui, au théâtre ou au cinéma joue un petit rôle, généralement muet. *Elle a commencé sa carrière comme figurante dans des films.*

FIGURATIF [figyʀatif], **FIGURATIVE** [figyʀativ] adj. (après le nom) ▪ *ART FIGURATIF :* art qui représente des objets (opposé à art abstrait ou art non figuratif). *Ce peintre fait de la peinture figurative.*

FIGURATION [figyʀasjɔ̃] n. f. ▪ *FAIRE DE LA FIGURATION :* avoir un rôle de figurant dans un spectacle. *Avant d'être une actrice connue, elle a fait de la figuration.*

FIGURE [figyʀ] n. f.
I. *LA FIGURE* **1.** Visage. *Il a une figure ronde.* → **face, tête.** *Il a reçu le ballon en pleine figure. – Il a trébuché et il s'est CASSÉ LA FIGURE,* il est tombé. **2.** Air, mine. *Tu fais une drôle de figure.* **3.** Forme, aspect. *Après son accident, il n'AVAIT PLUS FIGURE HUMAINE,* il était méconnaissable, défiguré. **4.** *FIGURE DE PROUE :* buste (d'une personne, d'un animal) à l'avant des anciens navires à voiles. *Ce bateau a une sirène en figure de proue.* **5.** *FAIRE BONNE FIGURE :* avoir l'air aimable, content. *Il a réussi à faire bonne figure malgré son mauvais résultat à l'examen.* **6.** Personnalité remarquable. *De Gaulle est une des figures de l'histoire de la France du XXe siècle.* → **personnage.**
II. *UNE FIGURE* **1.** *Une FIGURE GÉOMÉTRIQUE :* représentation des points, lignes, surfaces et volumes. *Le carré, le triangle et le cercle sont des figures géométriques.* **2.** Suite de mouvements précis, de pas qu'un danseur ou un patineur exécute. *Les couples de patineurs exécutent sur la glace des séries de figures.*

FAUX AMIS
allemand **Figur,** anglais **figure,** espagnol **figura,** jamais employés au sens 1. («visage») ; russe **фигура** «taille»

FIGURÉ [figyʀe], **FIGURÉE** [figyʀe] adj. (après le nom) **1.** Représenté par un dessin. *Voici le plan figuré de la maison.* **2.** *SENS FIGURÉ (d'un mot) :* sens qui est évoqué par une image, une comparaison (opposé à sens propre). *Au sens propre, une tortue est un animal ; au sens figuré, c'est une personne très lente.*

FIGURER [figyʀe] verbe [conjugaison 1a] **1.** Apparaître, se trouver. *Il figure parmi les gagnants. J'espère que mon nom figurera* [fi gyʀʀa] *sur la liste.* **2.** Représenter. *Sur cette carte, les montagnes sont figurées en brun et les plaines en vert.* **3.** verbe pronominal SE FIGURER : s'imaginer. *Figure-toi que j'ai gagné 500 francs au loto ! S'il se figure que je ne dirai rien, il se trompe. Elles se sont figuré que ce serait facile.*

FIGURINE [figyʀin] n. f. ▪ *UNE FIGURINE :* statue de très petite dimension. *Les figurines de cette crèche sont en terre cuite.*

FIL [fil] n. m.
I. *UN FIL* **1.** Brin long et fin de matière textile. *Cet ourlet est cousu avec du fil de nylon. Il prend du fil et une aiguille pour recoudre un bouton. Ces chaussettes sont en fil d'Écosse. – Elle est MINCE COMME UN FIL,* très mince. *Cette excuse est COUSUE DE FIL BLANC,* elle est fausse, elle ne trompe personne. *– Elle est entrée dans la société comme secrétaire, puis DE FIL EN AIGUILLE, elle est devenue la patronne,* petit à petit, insensiblement. *– Cet enfant DONNE DU FIL À RETORDRE à ses parents,* il leur crée des difficultés. **2.** Fibre dure de la gousse de certains végétaux. *Ces haricots verts sont pleins de fils.* **3.** Brin de matière textile ou de toute autre matière souple qui sert à tenir ou à attacher. *Le fil de ma canne à pêche s'est cassé. – La vie du blessé NE TIENT (PLUS) QU'À UN FIL,* elle est très fragile, elle risque de s'arrêter. **4.** *FIL À PLOMB :* instrument formé d'une masse de plomb fixée à un fil, servant à donner la verticale. *Le maçon vérifie que le mur est droit avec son fil à plomb.* **5.** Long brin de matière métallique. *Ce câble est en fil d'acier. Une clôture en fil de fer barbelé entoure le champ. – Il N'A PAS INVENTÉ LE FIL À COUPER LE BEURRE :* il n'est pas très malin. **6.** *FIL (ÉLECTRIQUE) :* brin de métal entouré d'une matière isolante où passe le courant électrique. *L'électricien dénude les fils électriques. Les malfaiteurs ont coupé les fils du téléphone. Il a un TÉLÉPHONE SANS FIL,* avec une batterie rechargeable. – STYLE FAMILIER Fil téléphonique, téléphone. *Je dois passer un COUP DE FIL :* je dois téléphoner (→ **appel, communication).** *Elle a passé un coup de fil.* **7.** Matière produite par certains animaux. *Les vers à soie sécrètent du fil dont on fait la soie. Les araignées tissent leur toile avec le fil qu'elles produisent.*
II. *LE FIL* **1.** Sens dans lequel l'eau coule. *La barque suit le fil de l'eau.* → **courant.** *Le bateau dérive AU FIL DE L'EAU.* **2.** *AU FIL DE :* tout au long de (une période de temps). *Au fil du temps, il est devenu plus sérieux. Au fil des ans, les choses ont évolué.* **3.** Enchaînement, cours. *Le journaliste a retracé le fil des événements.* → **suite, succession.** *J'ai PERDU LE FIL (DE MES IDÉES) :* je ne sais plus ce que je voulais dire.
III. *LE FIL :* partie coupante (d'une lame). *Il faut affûter le fil de ce couteau, il ne coupe plus.* → **tranchant.** *– Nous sommes SUR LE FIL DU RASOIR,* dans une situation dangereuse. *– Tous les prisonniers ont été PASSÉS AU FIL DE L'ÉPÉE,* ont été tués par une épée passée au travers du corps.

FILAMENT [filamɑ̃] n. m. ▪ *UN FILAMENT :* fil très fin à l'intérieur d'une ampoule électrique et qui devient incandescent. *L'ampoule de cette lampe est grillée, le filament est cassé.*

FILANDREUX [filɑ̃dʀø], **FILANDREUSE** [filɑ̃dʀøz] adj. (après le nom) ▪ (viande) Qui a des fibres dures. *Cette viande filandreuse n'est pas très bonne.*

FILANT [filɑ̃],**FILANTE** [filɑ̃t] adj. (après le nom) ▪ *Une ÉTOILE FILANTE :* météorite qui apparaît dans l'atmosphère terrestre comme un trait de lumière très intense. *Quand on voit une étoile filante, la coutume est de faire un vœu.*

FILASSE [filas] n. f. ▪ *LA FILASSE* **1.** Matière en forme de longs fils provenant de la tige de certains végétaux textiles. *On utilise la filasse en plomberie.* **2.** *Cette fille a les cheveux BLOND FILASSE,* d'un blond terne, fade.

REM. On dit aussi *des cheveux filasse* (*filasse* est alors employé comme adjectif et reste invariable).

FILATURE [filatyʀ] n. f. **1.** *UNE FILATURE :* usine où l'on fabrique le fil. *Il y a beaucoup de filatures dans le nord de la France.* **2.** *LA FILATURE :* action de filer qqn, de le suivre pour le surveiller. *Les policiers ont PRIS le suspect EN FILATURE,* ils l'ont suivi. → **filer.**

FILE [fil] n. f. ▪ *UNE FILE* 1. Suite de personnes ou de choses placées les unes derrière les autres. *Il y a une longue FILE D'ATTENTE au guichet du cinéma.* → **queue.** *La file de voitures est arrêtée au feu rouge.* 2. *CHEF DE FILE* : personne qui est à la tête d'un groupe, d'une entreprise. *Le chef de file de l'opposition a pris la parole.* → **leader.** 3. *EN FILE, À LA FILE* : l'un derrière l'autre, les uns derrière les autres. *Les randonneurs marchent à la file.* – *Ils avancent EN FILE INDIENNE,* l'un derrière l'autre, à la queue leu leu. – *À LA FILE* : successivement, d'affilée. *Il a bu trois verres d'eau à la file.* – *Plusieurs voitures stationnent EN DOUBLE FILE,* le long de la rangée de voitures garées sur un côté de la chaussée. 4. Partie de la chaussée de la largeur d'une voiture. *Sur cette autoroute, les voitures circulent sur trois files.* → **voie.** *Devant moi, une voiture a changé de file sans prévenir.*

FILER [file] verbe [conjugaison 1a]
I. 1. Transformer en fil. *On file la laine et le coton dans des filatures.* – *L'araignée file sa toile,* elle sécrète un fil pour faire sa toile. 2. *Ce navire file trente nœuds,* il va à une vitesse de trente nœuds. 3. *Ils FILENT LE PARFAIT AMOUR* : ils sont très amoureux l'un de l'autre. 4. *FILER DOUX* : être docile, soumis. *Quand il est en colère, ses enfants filent doux.* 5. Suivre qqn pour le surveiller. *Le détective a filé le suspect pendant plusieurs jours.* 6. STYLE FAMILIER Donner. *File-moi cent balles, je n'ai plus un sou.*
II. 1. Couler lentement en formant un fil. *Le gruyère fondu file.* 2. Se défaire en entraînant une rangée de mailles. *Une maille de son collant a filé.* 3. Aller vite. *Le coureur FILE COMME UNE FLÈCHE,* il va très vite. *Les voitures FILENT À TOUTE ALLURE.* 4. STYLE FAMILIER S'en aller, partir. *Allez, filez !* → **décamper, déguerpir.** *Surpris, les cambrioleurs ont filé à toute vitesse.* → **disparaître.** 5. (qqch.) Disparaître très vite. *Il n'est pas très économe, l'argent lui file entre les doigts.*

① **FILET** [filɛ] n. m. ▪ *UN FILET* 1. Petit écoulement continu. *Un filet d'eau coule du robinet.* – *Ajoutez un filet d'huile d'olive sur les tomates,* ajoutez une petite quantité d'huile d'olive. 2. *UN FILET DE VOIX* : voix très faible, presque inaudible. *Cette chanteuse n'a qu'un filet de voix.*

② **FILET** [filɛ] n. m. ▪ *UN FILET* 1. Réseau de fils entrelacés, servant à capturer des animaux. *Les pêcheurs prennent du poisson dans de grands filets. On attrape les papillons avec un FILET À PAPILLONS.* – *La police a réussi un beau COUP DE FILET,* une arrestation de malfaiteurs. 2. *FILET À PROVISIONS* : sac fait de mailles entrelacées, dans lequel on met les provisions que l'on a achetées. *Elle va au marché avec son filet à provisions.* 3. Réseau de fils entrelacés formant un rectangle séparant un terrain de sport ou une table de ping-pong en deux parties et au-dessus duquel la balle ou le ballon doit passer. *La balle a touché le filet.* 4. Réseau tendu sous des acrobates, par précaution. *L'une des trapézistes est tombée dans le filet.* – *Nous travaillons SANS FILET,* en prenant beaucoup de risques.

③ **FILET** [filɛ] n. m. 1. *LE FILET* : viande découpée le long de la colonne vertébrale d'un animal. *Nous avons mangé du filet de bœuf grillé.* 2. *UN FILET* : morceau de chair que l'on peut détacher de chaque côté de l'arête centrale d'un poisson. *Au menu, il y a des filets de sole.*

FILIAL [filjal], **FILIALE** [filjal] adj. (après le nom) ▪ (sentiment) Qui unit un enfant à ses parents. *Il s'occupe de ses vieux parents par amour filial.* MASCULIN PLURIEL : *des sentiments FILIAUX* [filjo].

FILIALE [filjal] n. f. ▪ *UNE FILIALE* : société dirigée et contrôlée par une société plus importante. *Cette entreprise a plusieurs filiales à l'étranger.*

FILIÈRE [filjɛʀ] n. f. ▪ *UNE FILIÈRE* 1. *SUIVRE UNE FILIÈRE* : passer par certaines étapes obligatoires pour parvenir à un résultat. *Il suit la filière normale pour devenir instituteur.* 2. Suite de personnes, d'organisations par lesquelles passe un commerce illégal. *Il faut démanteler les filières de la drogue. La police a remonté la filière et a pu arrêter le chef du gang.*

FILIFORME [filifɔʀm] adj. (après le nom) ▪ Mince comme un fil. *Le moustique a des pattes filiformes.* – *C'est un adolescent filiforme,* extrêmement mince. (contraire : gros)

FILIGRANE [filigʀan] n. m. ▪ *UN FILIGRANE* : dessin imprimé dans le papier et que l'on peut voir par transparence. *Les billets de banque ont un filigrane.* – *EN FILIGRANE* : d'une façon implicite, qui n'est pas vraiment exprimé. *Il n'a rien dit, mais en filigrane, il m'a fait comprendre sa tristesse.*

FILLE [fij] n. f.
I. *LA FILLE DE* qqn, son enfant de sexe féminin (opposé à fils). *Je vous présente ma fille et mon fils. Elle est la fille d'un instituteur et d'une infirmière. Elle est fille unique* : elle est la seule enfant de son père et de sa mère. *Leur FILLE AÎNÉE a dix-huit ans, leur FILLE CADETTE a douze ans. C'est beau, l'amour d'une fille pour ses parents.* → **filial.** *Ils ont une fille adoptive.* – (sans lien de parenté) *Ma fille,* terme souvent ironique ou méprisant. *Ma pauvre fille, tu te trompes encore !*
II. *UNE FILLE* 1. Personne de sexe féminin, très jeune ou assez jeune (opposé à garçon). *Est-ce une fille ou un garçon, ce bébé ? Elle a accouché d'une fille. Elle joue avec d'autres filles de son âge. Les poupées plaisent surtout aux filles.* – *Une PETITE FILLE* : une enfant, de la naissance jusqu'à environ douze ans (→ **fillette**). *C'est une jolie petite fille.* – *Une JEUNE FILLE* : une adolescente ou une femme jeune non mariée. *Bonjour, jeune fille !* → **mademoiselle.** *Sa correspondante espagnole est une jeune fille de quinze ans.* → **demoiselle.** *C'est l'histoire d'une jeune fille et d'un jeune homme qui s'aiment. Quel est votre NOM DE JEUNE FILLE ?* quel était votre nom avant votre mariage ? 2. Jeune fille ou femme jeune mariée ou non. *Salut les filles !* → STYLE FAMILIER **gonzesse, nana.** *Cette fille est sympa. C'est une fille charmante. Il est marié avec une très jolie fille.* → **femme.** 3. *Une VIEILLE FILLE* : une femme d'environ cinquante ans et plus, qui n'a jamais été mariée. *Elle a des habitudes de vieille fille* : elle a une vie monotone, des idées un peu étroites. → **célibataire, demoiselle.**

> REM. **1.** À *fils* et *garçon* correspond *fille*. **2.** Le nom donné aux jeunes filles et aux femmes non mariées est *mademoiselle* : *« bonjour mademoiselle ».* Celui donné aux femmes mariées est *madame*. **3.** Voir aussi les mots *belle-fille, petite-fille*.

FILLETTE [fijɛt] n. f. ▪ *UNE FILLETTE* : petite fille, de six à douze ans environ (opposé à garçonnet). *C'est une fillette de onze ans,* une gamine. *On entend des fillettes rire et chanter dans la cour.*

FILLEUL [fijœl] n. m., **FILLEULE** [fijœl] n. f. ▪ *UN FILLEUL, UNE FILLEULE* : enfant, personne baptisée, par rapport à son parrain et à sa marraine. *Ma nièce est ma filleule.*

FILM [film] n. m. ▪ *UN FILM* 1. Œuvre cinématographique. *Nous avons vu un bon film, au cinéma. Il regarde un film muet à la télévision. Elle aime surtout les films d'aventures et les films d'amour.* STYLE FAMILIER *Il adore les films de cow-boys.* → **western.** *C'est un mauvais film.* → **navet.** *Ce film passe dans mon quartier.* 2. Pellicule photographique ou cinématographique. *Il a mis un film dans sa caméra.* 3. Suite (d'événements). *Nous avons suivi le film des événements politiques de la semaine avec intérêt.* – STYLE FAMILIER *Je n'ai rien compris au film,* à ce qui s'est passé, à ce qui s'est dit. 4. Fine feuille de plastique transparent qui enveloppe (qqch.) pour protéger. *Les livres d'art sont vendus enveloppés d'un film.*

FILMER [filme] verbe [conjugaison 1a]. Enregistrer (des images) sur un film cinématographique, avec une caméra ou un caméscope. *Le réalisateur a commencé à filmer la scène en studio.* → **tourner.** *Elle a filmé ses enfants sur la plage.*

FILON [filɔ̃] n. m. *UN FILON* **1.** Couche de minerai dans le sol. *Le chercheur d'or a découvert un filon.* **2.** Moyen de gagner de l'argent, d'améliorer son existence. *Il a trouvé le filon !*

FILOU [filu] n. m. *UN FILOU :* homme malhonnête. *Ce commerçant nous a escroqués, c'est un filou.* → **escroc, voleur.** *Vous n'êtes qu'une bande de filous !*

FILOUTER [filute] verbe [conjugaison 1a]. Escroquer, voler. *Je me suis fait filouter de mille francs.*

FILS [fis] n. m. **1.** *LE FILS DE qqn,* son enfant de sexe masculin (opposé à fille). → STYLE FAMILIER **fiston, rejeton.** *C'est le fils de Madame X. Je vous présente mon fils et ma fille. Leur FILS AÎNÉ a quinze ans, leur FILS CADET a treize ans. Il est fils unique :* il est le seul enfant de son père et de sa mère. *Ils ont deux fils.* → STYLE FAMILIER **garçon.** *L'amour d'un fils pour ses parents est très fort.* → **filial.** *Dans cette famille, on est vigneron DE PÈRE EN FILS.* – *C'est un FILS À PAPA,* il profite de l'argent, de la situation de son père. **2.** *Le Fils de Dieu :* Jésus-Christ. *Au nom du Père, du Fils et du Saint-Esprit.*

REM. Voir aussi les mots *beau-fils, petit-fils.*

FILTRE [filtʀ] n. m. UN FILTRE **1.** Appareil qui laisse passer les liquides et retient les morceaux, les particules solides, les impuretés. *Ce filtre sert à préparer le café. Il faut nettoyer le filtre de la machine à laver.* **2.** *Un FILTRE, un BOUT FILTRE,* qui retient en partie la nicotine d'une cigarette. *Fume-t-il des cigarettes avec filtre ou sans filtre ? – Il ne fume que des filtres,* des cigarettes avec filtre.

FILTRER [filtʀe] verbe [conjugaison 1a] **1.** Faire passer à travers un filtre. *On filtre l'eau pour qu'elle soit potable.* → **purifier.** **2.** Contrôler, vérifier, trier. *Il ne nous a pas tout raconté, il filtre les informations. On n'entre pas facilement dans ce club, les invités sont filtrés.* **3.** (liquide) S'écouler lentement en passant à travers un filtre ou à travers ce qui tient lieu de filtre. *Ce café filtre lentement.* → **couler, passer.** *L'eau filtre à travers le sable.* **4.** Passer par de très petites ouvertures. *La lumière filtre à travers les volets. – La nouvelle a fini par filtrer,* elle a fini par être connue.

① **FIN** [fɛ̃] n. f.

I. *LA FIN* **1.** Moment où qqch. se termine. → **limite, terme.** ⟨contraires : commencement, début⟩ *Je n'ai pas vu le film en entier, je suis parti avant la fin. Nous espérons la fin de la guerre. Ce dîner est interminable, on n'en verra jamais la fin !* → **bout.** *D'abord il a plu, puis nous avons eu une belle fin de journée. Pendant la cérémonie, mon fils est resté sage DU DÉBUT JUSQU'À LA FIN. Je serai à Paris au milieu ou à la fin de la semaine. Ils partent en vacances à la fin du mois. – Nous partons en vacances fin mai,* à la fin du mois de mai. *Rendez-vous fin 99 ! – D'abord il n'était pas d'accord, mais À LA FIN, il a cédé,* finalement, en définitive. STYLE FAMILIER *Tais-toi un peu, tu m'ennuies à la fin !* tu finis par m'ennuyer. – *Son mari est EN FIN DE carrière,* il est dans les dernières années de son activité professionnelle. *Nous nous verrons en fin de journée. – La réunion a PRIS FIN à vingt heures,* elle s'est terminée à vingt heures. – *Heureusement, la réunion TIRE À SA FIN, TOUCHE À SA FIN,* elle se termine. – *UNE FIN DE MOIS DIFFICILE :* les derniers jours du mois où l'on n'a plus d'argent. *Beaucoup de gens ont des fins de mois difficiles.* **2.** Moment où qqch. cesse d'exister. *Il pense que c'est la fin du monde.* → **apocalypse.** – STYLE FAMILIER *C'est la fin de tout, c'est la fin des haricots !* il n'y a plus rien à faire, tout est perdu. – *METTRE FIN À :* faire cesser, arrêter. *Il faut mettre fin à cette pénible affaire.* (qqn) *Il a mis fin à ses jours :* il s'est suicidé. – *C'est SANS FIN !* cela ne s'arrête jamais, c'est interminable ! **3.** Arrêt de la vie humaine. *Elle n'a pas souffert, elle a eu une belle fin. Il sent que sa fin est proche :* il sent que sa mort est proche.

II. *UNE FIN* **1.** (souvent au pluriel) Chose que l'on veut réaliser. → **but.** *Il est très têtu et arrive toujours à ses fins,* il arrive toujours à faire ce qu'il veut. *Il est parvenu à ses fins.* – *À TOUTES FINS UTILES :* pour servir éventuellement. *Ce document n'est pas capital, mais je vous le confie à toutes fins utiles. – Il veut gagner son procès, et À CETTE FIN, il est prêt à tout,* pour cela, il est prêt à tout. **2.** *Une FIN DE NON-RECEVOIR :* un refus. *Sa demande d'augmentation de salaire a abouti à une fin de non-recevoir.*

REM. Le mot *faim* «envie de manger» se prononce de la même façon.

② **FIN** [fɛ̃] adj., adverbe et n. m., **FINE** [fin] adj.

I. adjectif (après le nom, parfois avant le nom) **1.** (après le nom) Qui est d'une très grande pureté. *Cette bague est en or fin.* → **pur.** *Elle a un collier de perles fines.* **2.** (après le nom) Qui est de la meilleure qualité (opposé à ordinaire). *Nous avons bu des vins fins. C'est du chocolat fin. – Il travaille dans une épicerie fine,* où l'on trouve des produits de qualité supérieure. – (avant le nom) *J'ai fait une omelette aux FINES HERBES,* aux herbes aromatiques. **3.** (après le nom) Très sensible. *Les chiens ont l'oreille fine,* ils entendent très bien les bruits lointains, les petits bruits. **4.** (avant ou après le nom) (qqch.) Qui est subtil, intelligent. *Vous êtes une fine observatrice. Il a fait une analyse très fine de la situation.* ⟨contraire : stupide⟩ – (ironique) *Quelle fine plaisanterie !* quelle plaisanterie idiote ! **5.** (avant le nom) (qqn) Qui est très adroit, très habile. *Sa mère est une fine cuisinière,* elle cuisine extrêmement bien, elle fait des plats délicieux. *C'est toujours lui qui choisit les vins, car c'est un fin connaisseur.* → **bon.** **6.** (après le nom) (qqn) Malin, rusé. *Il se croit toujours plus fin que les autres !* → **astucieux.** *N'essaie pas de JOUER AU PLUS FIN avec moi :* n'espère pas être plus malin que moi. – *J'ai l'AIR FIN avec mon parapluie par cette chaleur,* je suis ridicule. – (ironique) *C'est fin ce que tu as fait là ! Ah ça, c'est fin !* → **malin.**

II. adjectif (après le nom, parfois avant le nom) **1.** (avant ou après le nom) (qqch.) Mince, peu épais. ⟨contraire : épais⟩ *Elle a les cheveux fins. Le gâteau est recouvert d'une fine couche de sucre. Il a acheté trois tranches fines de jambon. Je l'ai coupé en fines tranches. – Elle peint les petits détails avec un pinceau fin,* étroit et effilé. – *Ta peau est douce et fine.* **2.** (après le nom) Mince et élégant. ⟨contraires : épais, gros⟩ *Cette fille est très jolie, elle a les traits fins. Elle est grande et fine.* → **svelte.** *Sa taille est très fine.* **3.** (après le nom) Composé d'éléments très petits. *C'est une belle plage de sable fin.* ⟨contraires : gros, grossier⟩ *Ajoutez une pincée de sel fin. Il aime les petits pois très fins.* → **extra-fin.** – *Il est tombé une pluie fine toute la journée.*

III. (avant le nom) **1.** *AU FIN FOND DE :* dans le lieu le plus reculé, le plus écarté de. *Il habite au fin fond de la banlieue.* **2.** *LE FIN MOT DE L'HISTOIRE :* ce qui termine l'histoire et qui explique tout le reste. *Et voici le fin mot de l'histoire : l'assassin était resté bloqué dix minutes dans un ascenseur en panne.*

IV. adverbe Tout à fait, complètement. *Ils sont rentrés fin soûls à quatre heures du matin. Elle est fin prête.*

V. nom masculin *LE FIN DU FIN :* ce qu'il y a de mieux. *On nous a servi un vin délicieux, c'était le fin du fin !*

FINAL [final], **FINALE** [final] adj. (après le nom). Qui est à la fin. → **dernier.** ⟨contraires : initial, premier⟩ *La victoire finale a été remportée par les joueurs italiens. Les résultats finals ne sont pas connus. Elle a beaucoup pleuré pendant la scène finale du film.*

Le POINT FINAL : le dernier point qui est à la fin d'un texte. *Point final, la dictée est terminée.* – *Cette révélation a mis un point final à la discussion,* a arrêté, terminé définitivement la discussion. *En français, le s final est souvent la marque du pluriel.*

REM. On emploie parfois le masculin pluriel *finaux* [fino], mais il est assez rare.

FINALE [final] n. f. ▪ *LA FINALE* : dernière épreuve d'un championnat. *Quelle équipe a gagné la finale ? Les vainqueurs des deux demi-finales s'affronteront* EN FINALE (→ **finaliste**).

FINALEMENT [finalmɑ̃] adverbe ▪ Pour finir, en définitive. *Ils ont longuement hésité mais, finalement, ils ont décidé de partir. Finalement, je crois que tu as raison.*

FAUX AMI
italien **finalmente**
« enfin »

FINALISTE [finalist] n. m., n. f. ▪ *LE FINALISTE, LA FINALISTE* : la personne, l'équipe qui participe à la finale d'une compétition. *Le public applaudit les finalistes du tournoi de tennis.*

FINALITÉ [finalite] n. f. ▪ *LA FINALITÉ* : le but. *Quelle est la finalité de votre projet ?*

FINANCE [finɑ̃s] n. f.
I. *LA FINANCE* **1.** Activité bancaire, ensemble des importantes affaires d'argent. *Il travaille dans le monde de la finance. Il est dans la finance* (→ **financier**). **2.** *MOYENNANT FINANCE* : en échange d'argent. *Il accepte de nous aider, mais moyennant finance.*
II. (au pluriel) LES FINANCES **1.** Ensemble des recettes et des dépenses de l'État. *Il est ministre des Finances. Elle s'occupe des Finances publiques.* → **budget. 2.** STYLE FAMILIER Argent dont dispose une personne. *Je partirai peut-être en vacances, cela dépendra de mes finances,* je partirai si j'ai assez d'argent. *Où en sont tes finances ?* → **budget.**

REM. Pour parler des recettes et dépenses de l'État, on écrit le mot avec un *f* majuscule.

FINANCEMENT [finɑ̃smɑ̃] n. m. ▪ *LE FINANCEMENT* : l'argent mis à la disposition d'une entreprise, d'un service public, pour la réalisation d'un projet. *Le financement de ces travaux est assuré par l'État.*

FINANCER [finɑ̃se] verbe [conjugaison 3a] ▪ Fournir l'argent nécessaire pour. *La commune finance les travaux du nouveau stade. L'année dernière, cette banque finançait un voilier dans une course.*

FINANCIER [finɑ̃sje] adj. et n. m., **FINANCIÈRE** [finɑ̃sjɛʀ] adj. et n. f. **1.** adjectif (après le nom) Qui concerne l'argent. *Dans la famille, c'est ma mère qui s'occupe des questions financières,* des questions d'argent. *Il a des problèmes financiers.* – *La crise financière est grave, dans ce pays.* – *Il est directeur financier d'une entreprise,* il s'occupe des affaires d'argent d'une entreprise. **2.** *UN FINANCIER, UNE FINANCIÈRE* : une personne dont le métier est de s'occuper d'affaires d'argent, des opérations de banque, de bourse. *Les banquiers sont des financiers.*

FINANCIÈREMENT [finɑ̃sjɛʀmɑ̃] adverbe ▪ En ce qui concerne l'argent. *Financièrement, la situation de l'entreprise est bonne.* → **matériellement.**

FINAUD [fino], **FINAUDE** [finod] adj. (après le nom) ▪ (qqn) Qui a de la finesse, sous un air de simplicité. *Ne t'y trompe pas, c'est un commerçant finaud.* → **malin, rusé.**

FINE DE CLAIRE → **claire**

FINEMENT [finmɑ̃] adverbe **1.** D'une manière fine et délicate. *Il lui a offert un bracelet finement ciselé.* ⟨contraire : grossièrement⟩ **2.** Avec habileté. *Le cambrioleur a finement calculé son coup.* → **adroitement.** ⟨contraire : maladroitement⟩

FINESSE [finɛs] n. f. ▪ *LA FINESSE* **1.** Qualité de ce qui est fin, délicat. *Admirez la finesse de cette broderie !* **2.** Subtilité d'esprit qui permet de comprendre les choses les plus fines, les plus délicates. → **perspicacité.** *C'est une personne d'une grande finesse, qui comprendra vos difficultés. Vos jugements sont pleins de finesse.* → **intelligence.** ⟨contraire : grossièreté⟩ **3.** Grande délicatesse de forme ou de matière. *Les cheveux des bébés sont d'une grande finesse.* ⟨contraire : épaisseur⟩ *Quelle finesse, ce tissu !* **4.** (au pluriel) DES FINESSES : choses subtiles et difficiles à comprendre. *Je parle assez bien anglais mais je ne connais pas encore toutes les finesses de la langue.* → **subtilité.**

FINI [fini], **FINIE** [fini] adj. (après le nom) **1.** *Un PRODUIT FINI* : objet fabriqué qui peut être utilisé dès sa sortie d'usine. *Les meubles sont des produits finis.* **2.** (qqn) Parfait en son genre. → **accompli, achevé.** *On ne peut pas avoir confiance en lui, c'est un menteur fini.* **3.** *C'est un homme fini* : c'est un homme tellement épuisé et déprimé qu'il ne peut plus réagir. *Depuis la mort de sa femme, c'est un homme fini.* – *En politique, c'est un homme fini,* plus personne ne l'écoute, plus personne ne le croit.

FINIR [finiʀ] verbe [conjugaison 2] **1.** Mener (un travail, une occupation) jusqu'au bout en faisant tout ce qui reste à faire. → **achever, terminer.** ⟨contraire : commencer⟩ *As-tu fini ton travail ? Finissons ce que nous avons commencé.* – *J'ai presque fini. Repose-toi un peu, tu finiras demain.* – *Il faut* FINIR DE *ranger ta chambre.* **2.** Ne rien laisser. *Il a fini son verre et il est parti* : il a bu ce qui restait dans son verre et il est parti. → **vider.** *Finis ta soupe.* ⟨contraire : entamer⟩ **3.** Mettre un terme à, mener à son terme. *Finissez de vous disputer !* arrêtez de vous disputer ! → **cesser.** *Elle finit sa dernière année de lycée* : elle termine sa dernière année de lycée. *Quand vous aurez fini de jouer, vous viendrez goûter.* – *Tu as fini, oui ?* tu arrêtes de m'énerver, oui ? – *Les vacances sont finies.* **4.** Arriver à sa fin. *Le spectacle finit à minuit. Son contrat finit à la fin de l'année.* → **s'achever,** se **terminer.** – *Pour finir, je dirai que...* : en conclusion, je dirai que... **5.** Se terminer de telle ou telle manière. *Ce film finit bien* : la fin de ce film est heureuse. *Vous verrez, tout cela finira mal.* – *TOUT EST BIEN QUI FINIT BIEN* : une fin heureuse termine une suite d'événements désagréables. – *La fête a* FINI EN BEAUTÉ, elle s'est terminée de manière particulièrement réussie. **6.** (qqn) Arriver à la fin de la vie. *Il a fini à l'hôpital.* → **mourir. 7.** S'arrêter, se terminer. *Le sentier finit là-bas, dans la forêt. Le mot* château *finit par* eau. **8.** *FINIR PAR* : arriver à un résultat, au bout d'un certain temps. *Continue de chercher, tu finiras bien par les trouver, ces clés. Il a fini par comprendre. Ne t'inquiète pas, tout finira par s'arranger.* **9.** *EN FINIR* : mettre fin à une chose longue, désagréable. *Ça ne peut plus durer, il faut en finir avec le chômage.* – *On n'en finira jamais avec cette affaire,* on n'arrivera jamais à une solution. → **régler, résoudre.** *Finissons-en !* [finisɔ̃zɑ̃]. – *Il faut en finir avec ce type,* il faut s'en débarrasser. **10.** *N'EN PAS FINIR, N'EN PLUS FINIR* : ne pas cesser, être trop long. *Ce discours n'en finit pas ! À la fin du spectacle, il y a eu des applaudissement* À N'EN PLUS FINIR, très longs. – *Les prix n'en finissent pas de monter.*

FINITION [finisjɔ̃] n. f. **1.** *LA FINITION* : qualité de ce qui est plus ou moins bien fini. *C'est une bonne voiture et d'une finition impeccable.* **2.** (au pluriel) LES FINITIONS : les derniers travaux. *Les ouvriers ont terminé les gros travaux dans la maison, ils commencent les finitions. Cette robe est jolie, mais les finitions ne sont pas parfaites,* les ourlets, les boutonnières, etc.

FINLANDAIS [fɛ̃lɑ̃dɛ] adj. et n. m., **FINLANDAISE** [fɛ̃lɑ̃dɛz] adj. et n. f. **1.** adjectif (après le nom) De Finlande. *La capitale finlandaise* *est Helsinki.* 2. *UN FINLANDAIS, UNE FINLANDAISE :* un habitant, une habitante de Finlande. *Les Finlandais parlent le finnois ou le suédois.*

FINLANDE [fɛ̃lɑ̃d] nom propre féminin – en finnois **SUOMI**, en suédois **FINLAND**. *LA FINLANDE :* pays de l'Europe du Nord. *Nous irons en Finlande. Il revient de Finlande.*

FINNOIS [finwa] adj. et n. m., **FINNOISE** [finwaz] adj. et n. f. 1. adjectif (après le nom) Du peuple qui vit en Finlande (avec des populations suédoises) et dans les régions voisines. *Les tribus lapones font partie du groupe ethnique finnois.* 2. *LE FINNOIS :* langue parlée en Finlande. *Il parle finnois couramment.*

FIOLE [fjɔl] n. f. *UNE FIOLE :* petit flacon de verre utilisé surtout en pharmacie. *Ma grand-mère a toujours une fiole de sirop contre la toux sur sa table de nuit.*

FIORITURES [fjɔRityR] n. f. pluriel. *DES FIORITURES :* petits ornements. → **détail.** *Il ajoute des fioritures compliquées. Admirez les fioritures de ce dessin !*

FIOUL [fjul] n. m. *LE FIOUL :* le mazout. *L'immeuble est chauffé au fioul.*

REM. *Fioul* est la forme francisée de l'anglais *fuel*, de *fuel-oil*.

FIRMAMENT [fiRmamɑ̃] n. m. STYLE RECHERCHÉ *LE FIRMAMENT :* le ciel. *Les étoiles brillent au firmament.*

FIRME [fiRm] n. f. *UNE FIRME :* entreprise industrielle ou commerciale. *Elle dirige une grosse firme internationale.*

FAUX AMIS
espagnol **firma,** italien **firma** « signature »

FISC [fisk] n. m. *LE FISC :* administration qui s'occupe des impôts. *Tous les ans, il faut déclarer ses revenus au fisc.*

FISCAL [fiskal], **FISCALE** [fiskal] adj. (après le nom). Qui concerne le fisc, les impôts. *J'ai eu un contrôle fiscal,* un contrôle de mes revenus, par le fisc. *Il a eu une amende pour fraude fiscale.* MASCULIN PLURIEL : *cette entreprise a des problèmes FISCAUX* [fisko].

FISCALITÉ [fiskalite] n. f. *LA FISCALITÉ :* l'ensemble des lois, des mesures relatives au fisc, à l'impôt. *Le gouvernement fait des propositions pour une réforme de la fiscalité.*

FISSION [fisjɔ̃] n. f. *LA FISSION :* division du noyau de l'atome. *La fission de l'atome est utilisée dans la bombe atomique et dans les réacteurs nucléaires.*

FISSURE [fisyR] n. f. *UNE FISSURE :* fente étroite. *Il y a des fissures dans ce mur.* → **cassure, fêlure, lézarde.** – *Il y a une fissure dans leur amitié.* → **faille.**

FISSURER [fisyRe] verbe [conjugaison 1a] 1. Provoquer une fissure. *L'explosion a fissuré la façade de l'immeuble.* → **fendiller, fendre.** 2. verbe pronominal SE FISSURER : se fendre. *Depuis l'inondation, les murs se sont fissurés. J'espère que le plafond ne se fissurera* [fisyRRa] *pas davantage.*

FISTON [fistɔ̃] n. m. STYLE FAMILIER Fils. *Bonjour mon fiston, as-tu bien dormi ? Alors, fiston, ça va ?*

fit [fi] *Il fit, elle fit :* forme au passé simple du verbe **faire.**

F. I. V. [fiv] n. f. *UNE F. I. V. :* fécondation in vitro que l'on pratique dans certains cas de stérilité. *Dans une F. I. V., la fécondation de l'ovule a lieu en laboratoire.*

FIXATION [fiksasjɔ̃] n. f. 1. *UNE FIXATION :* ce qui sert à fixer, à tenir solidement. *Les skis tiennent aux pieds grâce aux fixations de sécurité.* 2. *FAIRE UNE FIXATION sur qqn, sur qqch.*, ne pas pouvoir en détacher son esprit, être obsédé par qqn, par qqch. *Elle fait une fixation sur son père. Il a peur de la mort, c'est une véritable fixation.* → **obsession.**

FIXE [fiks] adj., n. m. et interjection

I. adjectif (après le nom) 1. (qqch.) Qui ne change pas de place. ⟨contraire : mobile⟩ *Dans les jardins publics, les bancs sont fixes,* ils sont retenus solidement au sol, on ne peut pas les bouger. – *Ce pauvre homme est SANS DOMICILE FIXE,* il n'a pas de logement permanent. → **S. D. F.** 2. *AVOIR LE REGARD FIXE :* regarder le même point, les yeux grands ouverts et immobiles. *Le blessé est immobile, il a le regard fixe.* 3. (qqch.) Qui ne change pas. *Les enfants se couchent à HEURE FIXE,* toujours à la même heure. → **régulier.** ⟨contraires : changeant, variable⟩ *Dans ce petit restaurant, le menu est à PRIX FIXE.* – *Mon fils veut devenir pompier, c'est une IDÉE FIXE,* c'est une idée qu'il a depuis longtemps et qu'il garde en tête. 4. Durable. *Le temps est au BEAU FIXE,* il fait beau et il va faire beau longtemps. ⟨contraire : instable⟩ – *En ce moment, j'ai le moral au beau fixe,* j'ai très bon moral. 5. Qui est fixé de façon régulière. *Avez-vous un revenu fixe ?*

II. *UN FIXE :* des appointements réguliers (opposé à commission). *Il a un fixe mensuel de dix mille francs.*

III. interjection *FIXE !* commandement militaire prescrivant aux hommes de se tenir immobiles, au garde-à-vous. *À vos rangs, fixe !*

FIXEMENT [fiksəmɑ̃] adverbe. D'un regard fixe. *La lionne regarde fixement sa proie.*

FIXER [fikse] verbe [conjugaison 1a]

I. 1. Attacher solidement. *Il a fixé un tableau au mur.* → **accrocher.** ⟨contraire : déplacer⟩ *Il y a du vent, fixe les volets à leurs crochets.* → **immobiliser.** ⟨contraires : décrocher, détacher⟩ *Les bancs du square sont fixés au sol.* 2. Regarder fixement (qqn, qqch.). *Avant d'attaquer, la lionne fixe sa proie.* – *Pendant les cours, les étudiants fixent leur attention,* ils sont très attentifs. ⟨contraires : détourner, distraire⟩ 3. Rendre stable (ce qui évolue, change). *L'orthographe française n'est pas fixée, elle évolue.* 4. Savoir exactement ce que l'on doit choisir, ce que l'on doit penser. *Je ne suis pas encore FIXÉ SUR la date de mon départ. Après notre dispute, il est fixé sur ce que je pense de lui !* – *Il est fixé, maintenant.* 5. Décider avec précision. ⟨contraire : changer⟩ *L'heure de la réunion n'est pas encore fixée. Fixez votre prix. Je serai là au jour fixé,* au jour décidé, convenu.

II. verbe pronominal SE FIXER 1. S'établir, s'installer quelque part. *Nous nous sommes fixés définitivement à Londres.* 2. (qqch.) S'arrêter, se porter sur. *Mon choix s'est fixé sur une robe bleue.*

FAUX AMI
italien **fissare** « réserver »

FJORD [fjɔRd] n. m. *UN FJORD :* golfe qui s'enfonce très loin à l'intérieur des terres, en Scandinavie, en Écosse. *Il y a de nombreux fjords en Norvège.*

REM. L'orthographe de ce mot norvégien est parfois francisée en *fiord*, avec un *i*.

FLACON [flakɔ̃] n. m. *UN FLACON :* petite bouteille. *Il a offert à sa femme un flacon de parfum.*

FLAGADA [flagada] adj. (après le nom). STYLE FAMILIER Sans force, fatigué. → STYLE FAMILIER **flapi, ramollo, raplapla.** *Quelle journée, je suis flagada ! Elles sont rentrées de promenade complètement flagadas.*

FLAGELLATION [flaʒelasjɔ̃] n. f. *LA FLAGELLATION :* action de battre de coups de fouet. *Ce saint a subi le supplice de la flagellation.*

FLAGEOLER [flaʒɔle] verbe [conjugaison 1a] ▪ Trembler de fatigue, de faiblesse ou de peur. *Après ma longue maladie je peux à peine marcher car mes jambes flageolent. – Il flageole sur ses jambes.*

FLAGEOLET [flaʒɔlɛ] n. m. ▪ *UN FLAGEOLET :* petit haricot dont on mange les grains encore verts. *Le gigot est servi avec des haricots verts et des flageolets.*

FLAGRANT [flagʀɑ̃], **FLAGRANTE** [flagʀɑ̃t] adj. (après le nom) **1.** Évident, que l'on ne peut pas nier. *La ressemblance entre les deux frères est flagrante. C'est une erreur flagrante !* **2.** Qui est commis devant qqn. *Le voleur a été pris en FLAGRANT DÉLIT,* pendant qu'il volait.

FLAIR [flɛʀ] n. m. ▪ *LE FLAIR* **1.** Faculté de reconnaître, de trouver par l'odeur. → **odorat.** *Les chiens ont un excellent flair.* **2.** Intuition, aptitude à prévoir, à deviner. *Le commissaire a eu du flair, dans cette affaire de meurtre.*

> FAUX AMIS
> allemand **Flair** « ambiance » ; anglais **flair** « talent »

FLAIRER [fleʀe] verbe [conjugaison 1a] **1.** (animaux) Reconnaître par l'odeur. *Le chien a flairé la trace d'un lièvre. Le chat flairera* [flɛʀʀa] *sa nourriture avant de manger.* → **humer, renifler, sentir.** **2.** Deviner par intuition. *Le malfaiteur n'est pas venu au rendez-vous, il a flairé le piège.* → **pressentir, sentir, soupçonner.**

FLAMAND [flamɑ̃] adj. et n. m., **FLAMANDE** [flamɑ̃d] adj. et n. f. **1.** adjectif (après le nom) De Flandre (française, belge ou néerlandaise). *Lille et Anvers sont des villes flamandes. – ÉCOLE FLAMANDE :* école de peinture du XVe siècle. *Hubert et Jan Van Eyck sont des peintres de l'école flamande.* **2.** *UN FLAMAND, UNE FLAMANDE :* un habitant, une habitante de Flandre. *Les Flamands et les Wallons.* **3.** nom masculin *LE FLAMAND :* l'ensemble des dialectes néerlandais parlés en Belgique. *En Belgique, le flamand et le wallon sont des dialectes, le néerlandais et le français les langues officielles.*

FLAMANT [flamɑ̃] n. m. ▪ *UN FLAMANT :* grand oiseau au plumage blanc ou rose, à longues pattes et à long cou. *Les flamants sont des échassiers.*

FLAMBÉ [flɑ̃be], **FLAMBÉE** [flɑ̃be] adj. (après le nom) ▪ Passé à la flamme. *Nous avons mangé des bananes flambées,* arrosées d'un alcool auquel on a mis le feu.

FLAMBEAU [flɑ̃bo] n. m. ▪ *UN FLAMBEAU :* bâton enduit de cire ou de résine que l'on enflamme pour éclairer. → **torche.** *Nous avons visité une grotte en nous éclairant avec un flambeau.* PLURIEL : *la grande salle du château est éclairée par des FLAMBEAUX. La nuit dernière, les skieurs ont fait une DESCENTE AUX FLAMBEAUX.*

FLAMBÉE [flɑ̃be] n. f. ▪ *UNE FLAMBÉE* **1.** Grand feu qui ne dure pas très longtemps. *Pour nous réchauffer, nous avons fait une flambée dans la cheminée.* **2.** Explosion d'un sentiment violent. *Devant une telle injustice, une flambée de haine l'a envahi.* **3.** Augmentation brusque et élevée. *La flambée des prix inquiète le gouvernement.*

FLAMBER [flɑ̃be] verbe [conjugaison 1a] **1.** Brûler vivement, en faisant des flammes. *Ce bois sec flambe bien. Un grand feu flambe dans la cheminée.* **2.** Passer à la flamme. *Le boucher a flambé la volaille,* il a brûlé le duvet, les dernières plumes. **3.** Arroser (un mets) d'alcool que l'on fait brûler. *Ce soir, nous ferons flamber des crêpes !* **4.** Augmenter très rapidement. *Les prix flambent.*

FLAMBEUR [flɑ̃bœʀ] n. m., **FLAMBEUSE** [flɑ̃bøz] n. f. ▪ *UN FLAMBEUR, UNE FLAMBEUSE :* personne qui joue beaucoup d'argent aux jeux de hasard. *Il va souvent au casino, c'est un flambeur.*

FLAMBOYANT [flɑ̃bwajɑ̃], **FLAMBOYANTE** [flɑ̃bwajɑ̃t] adj. (après le nom) **1.** Brillant, étincelant. *Ce peintre a utilisé un rouge flamboyant,* très vif. – *Elle l'a regardé, avec des yeux flamboyants de colère.* **2.** *GOTHIQUE FLAMBOYANT :* style de l'architecture gothique française du XVe siècle où certains ornements sont en forme de flamme. *Nous avons visité une cathédrale de style gothique flamboyant.*

FLAMBOYER [flɑ̃bwaje] verbe [conjugaison 8a] ▪ Jeter des flammes qui donnent une lumière éclatante. *Les bûches flamboient dans la cheminée. Le feu de camp flamboiera* [flɑ̃bwaʀa] *dans la nuit.*

FLAMENCO [flamɛnko] n. m. ▪ *LE FLAMENCO :* musique populaire andalouse, chantée et dansée. *C'est une merveilleuse danseuse et chanteuse de flamenco.*

FLAMME [flam] n. f. **1.** *LA FLAMME :* gaz incandescent et lumineux qui se dégage de qqch. qui brûle. *Les flammes dansent dans la cheminée. Il règle la flamme de son briquet.* **2.** (au pluriel) LES FLAMMES : l'incendie, le feu qui détruit. *L'immeuble est EN FLAMMES,* il brûle (→ **flamber**). – (figuré) STYLE FAMILIER *DESCENDRE (qqn, qqch.) EN FLAMMES,* critiquer violemment. *Les critiques de cinéma ont descendu en flammes ce nouveau film.* **3.** *AVEC FLAMME :* avec enthousiasme, animation. *Elle nous a parlé avec flamme de son projet.* → **fougue.** – STYLE RECHERCHÉ *Il lui a déclaré sa flamme,* son amour.

FLAMMÈCHE [flamɛʃ] n. f. ▪ *UNE FLAMMÈCHE :* petite flamme. *Les pompiers éteignent les dernières flammèches du brasier.*

FLAN [flɑ̃] n. m. **1.** *UN FLAN :* crème épaisse faite avec du lait, des œufs et de la farine. *Il adore le flan aux raisins.* **2.** STYLE FAMILIER *EN RESTER COMME DEUX RONDS DE FLAN :* être stupéfait, muet d'étonnement. → ② **baba.** *Je lui ai dit de se mêler de ses affaires : il en est resté comme deux ronds de flan.* **3.** STYLE FAMILIER *C'EST DU FLAN :* c'est de la blague, ce n'est pas vrai, pas sérieux. *Il ne faut pas croire ce qu'il dit, c'est du flan !*

FLANC [flɑ̃] n. m. ▪ *LE FLANC* **1.** Côté du corps de l'homme et des mammifères. *Cet homme est blessé au flanc gauche. La vache est couchée sur le flanc. Le cavalier presse les flancs de son cheval.* – STYLE FAMILIER *ÊTRE SUR LE FLANC :* être très fatigué. → **exténué ;** STYLE FAMILIER **crevé, flapi.** *Quelle journée, je suis sur le flanc !* – STYLE FAMILIER *TIRER AU FLANC :* chercher à ne pas faire qqch. de pénible, d'ennuyeux. *Il fait semblant d'être malade, il tire au flanc pour ne pas faire le ménage.* **2.** Côté de certaines choses. *La maison est À FLANC DE colline,* elle est construite sur le versant d'une colline. **3.** Côté droit ou gauche (d'une armée). *La troupe a été attaquée sur son flanc droit.* – (qqn) *PRÊTER LE FLANC À qqch. :* s'exposer à qqch. de pénible, de dangereux. *Il ne faut pas prêter le flanc à la critique.*

REM. Le mot *flan* « crème », se prononce de la même façon.

FLANCHER [flɑ̃ʃe] verbe [conjugaison 1a] ▪ STYLE FAMILIER Faiblir, céder. *Le coureur, épuisé, a flanché avant l'arrivée. Le cœur du malade a flanché. Il est décidé à dire ce qu'il pense, j'espère qu'il ne flanchera pas.* → STYLE FAMILIER se **dégonfler.**

FLANDRE [flɑ̃dʀ] nom propre féminin – en néerlandais **VLAANDEREN** ▪ *LA FLANDRE :* plaine qui s'étend en bordure de la mer du Nord, en France et en Belgique. *On distingue la Flandre intérieure et la Flandre maritime. Nous avons passé quelques jours en Flandre.*

REM. On dit aussi *les Flandres,* nom propre féminin pluriel.

FLANELLE [flanɛl] n. f. ▪ *LA FLANELLE :* tissu de laine léger et doux. *Il a mis sa chemise blanche et son pantalon de flanelle. – Je suis épuisé, j'ai les jambes en flanelle,* molles, qui ont du mal à me porter.

FLÂNER [flane] verbe [conjugaison 1a] ▪ Se promener tranquillement. → **musarder,** STYLE FAMILIER se **balader.** *Les touristes flânent dans les rues, en regardant les vitrines et en observant les passants. Dépêchez-vous, nous n'avons pas le temps de flâner !*

FLÂNERIE [flɑnʀi] n. f. ▪ *LA FLÂNERIE :* action de flâner. *Le beau temps invite à la flânerie,* donne envie de flâner, de paresser.

FLÂNEUR [flɑnœʀ] n. m., **FLÂNEUSE** [flɑnøz] n. f. ▪ *UN FLÂNEUR, UNE FLÂNEUSE :* personne qui flâne, qui aime flâner. *Il y a de nombreux flâneurs dans les jardins publics.*

FLANQUÉ [flɑ̃ke], **FLANQUÉE** [flɑ̃ke] adj. (après le nom) ▪ *FLANQUÉ DE :* accompagné de. *Le voleur a été vu dans la rue, flanqué de deux complices.* – *Le château est flanqué de deux tours,* il a deux tours sur les côtés.

FLANQUER [flɑ̃ke] verbe [conjugaison 1a] ▪ STYLE FAMILIER **1.** Lancer, jeter brutalement et avec force. *Il lui a flanqué un coup de poing.* → STYLE FAMILIER ① **fiche.** – *Son patron l'a flanqué à la porte,* il l'a renvoyé, il l'a licencié brusquement. **2.** Donner. *Ce film m'a flanqué la frousse !* → STYLE TRÈS FAMILIER **foutre.**

FLAPI [flapi], **FLAPIE** [flapi] adj. (après le nom) ▪ Très fatigué. → **exténué,** STYLE FAMILIER **crevé.** *Après l'excursion, nous sommes rentrés flapis. Quelle dure journée, je suis flapi !*

FLAQUE [flak] n. f. ▪ *UNE FLAQUE :* petite nappe de liquide sur le sol. *Les enfants s'amusent à patauger dans les flaques d'eau. Il y a une flaque d'huile sous le moteur de la voiture.*

FLASH [flaʃ] n. m. ▪ *UN FLASH* **1.** Lampe qui produit un éclair de lumière très vive et que l'on utilise pour prendre des photos. *Cette photo a été prise au flash. La vedette de cinéma est éblouie par les flashs,* elle est éblouie par les éclairs produits par ces lampes. – *AVOIR UN FLASH :* avoir une idée soudaine, avoir un souvenir qui revient. *Brusquement j'ai eu un flash : j'avais déjà vu cette fille dans le métro.* **2.** Plan de courte durée, au cinéma. *Au début du film, quelques flashs montrent les moments importants de l'enfance du héros* (→ **flash-back**). – *Certaines chaînes de télévision interrompent les films par des flashs publicitaires.* → **message, spot. 3.** Message transmis en urgence (à la télévision, à la radio). *L'émission a été interrompue par un flash spécial d'information.* → **bulletin.**

> REM. **1.** Ce mot vient de l'anglais. **2.** En français, le pluriel est simplifié, *des flashs,* mais on utilise aussi le pluriel anglais, *des flashes,* avec la prononciation francisée [flaʃ].

FLASH-BACK [flaʃbak] n. m. invariable ▪ *UN FLASH-BACK :* retour en arrière, séquence d'un film évoquant un fait passé par rapport à l'action présentée. *À la fin du film, un flash-back révèle la mort dramatique du frère du héros.* PLURIEL : *des flash-back.*

> REM. Ce mot anglais est le plus souvent invariable en français mais on utilise parfois le pluriel anglais *des flashes-back,* ou le pluriel francisé *des flashs-back,* prononcé [flaʃbak].

FLASQUE [flask] adj. (après le nom) ▪ Mou, qui manque de fermeté. *Ma peau devient flasque, il faut que je fasse du sport.* ⟨contraire : ferme⟩

FLATTER [flate] verbe [conjugaison 1a]
I. 1. (qqn) Faire des compliments exagérés à (qqn) pour lui plaire. *Il flatte son chef de service pour obtenir une promotion.* ⟨contraire : critiquer⟩ *Vous me flattez !* votre compliment est gentil mais excessif. **2.** (qqch.) Être agréable à (qqn), faire concevoir de la fierté à (qqn). *Cette distinction l'a flatté.* → **toucher.** – *Ça flatte son amour-propre.* **3.** *ÊTRE FLATTÉ DE :* être content, satisfait de. *Elle est très flattée d'avoir été invitée* (→ **fier**). **4.** Caresser (un animal) avec la main. *Le cavalier flatte son cheval à l'encolure.* **5.** (qqch.) Faire paraître plus beau qu'en réalité. *Cette photo le flatte.* → **avantager.** *Sa nouvelle coiffure la flatte.* → **embellir.**
II. verbe pronominal SE FLATTER **1.** *SE FLATTER DE :* être sûr de. *Elle se flatte de réussir son examen,* elle est persuadée de réussir. → **compter, espérer, prétendre. 2.** *SE FLATTER DE :* tirer vanité de. *Elle s'est flattée de sa réussite. Il se flatte d'avoir réussi.* → se **targuer,** se **vanter.** *Je suis riche et je m'en flatte.* → se **féliciter.**

FLATTERIE [flatʀi] n. f. ▪ *UNE FLATTERIE :* compliment exagéré fait pour flatter qqn. *Assez de flatteries ! Il est très sensible aux flatteries.*

FLATTEUR [flatœʀ] n. m. et adj., **FLATTEUSE** [flatøz] n. f. et adj.
I. *UN FLATTEUR, UNE FLATTEUSE :* une personne qui flatte, qui fait des compliments exagérés. *Ne l'écoutez pas, c'est un flatteur.*
II. adjectif (après le nom) **1.** Qui flatte l'amour-propre, l'orgueil. *Il lui a fait des remarques flatteuses.* → **élogieux, gratifiant. 2.** Qui embellit. *Cet éclairage est très flatteur.*

① **FLÉAU** [fleo] n. m. ▪ *UN FLÉAU* **1.** Instrument formé de deux bâtons attachés bout à bout par une courroie, qui sert à battre les céréales. *Autrefois, on battait le blé au fléau.* PLURIEL : *des FLÉAUX.* **2.** Tige d'une balance, aux extrémités de laquelle sont fixés les plateaux. *Le fléau est horizontal quand les deux plateaux sont en équilibre.*

② **FLÉAU** [fleo] n. m. ▪ *UN FLÉAU :* grand malheur qui s'abat sur une population. *La guerre est un fléau.* → **calamité, catastrophe, désastre.** PLURIEL : *les tremblements de terre, les épidémies sont des FLÉAUX.*

FLÉCHÉ [fleʃe], **FLÉCHÉE** [fleʃe] adj. (après le nom) ▪ Qui est indiqué par des flèches. *Suivez l'itinéraire fléché.*

FLÈCHE [flɛʃ] n. f. ▪ *UNE FLÈCHE* **1.** Tige munie d'une pointe à une extrémité et d'ailerons à l'autre, que l'on lance avec un arc ou une arbalète. *Le tireur à l'arc vise la cible et tire une flèche.* – *Le coureur est parti COMME UNE FLÈCHE,* très vite. *Les prix ont MONTÉ EN FLÈCHE,* très rapidement. **2.** Dessin qui représente une flèche et sert à indiquer la direction à prendre ou à attirer l'attention sur un point. *Pour aller au secrétariat, suivez la flèche.* **3.** Toit pointu d'un clocher. *On voit de loin la flèche de la cathédrale.*

FLÉCHETTE [fleʃɛt] n. f. ▪ *UNE FLÉCHETTE :* petite flèche qui se lance à la main contre une cible. *Ils ont installé un jeu de fléchettes dans le garage.*

FLÉCHIR [fleʃiʀ] verbe [conjugaison 2] **1.** Faire plier. *Le professeur de gymnastique demande de fléchir les jambes.* ⟨contraire : tendre⟩ – *Restez debout, les jambes fléchies.* **2.** Plier sous un poids, une pression. *Les branches du pommier fléchissent sous le poids des fruits.* → se **courber, plier, ployer.** ⟨contraire : résister⟩ **3.** Faire céder peu à peu. *L'avocat a fléchi les juges.* → **attendrir. 4.** Perdre des forces, de la rigueur. *Il a accompli sa tâche sans jamais fléchir.* → **faiblir. 5.** Diminuer de valeur. *Les prix fléchissent.* → **baisser.**

FLÉCHISSEMENT [fleʃismɑ̃] n. m. ▪ *LE FLÉCHISSEMENT* **1.** État d'une chose qui fléchit. *Le fléchissement de cette poutre est inquiétant.* → **flexion. 2.** Diminution. *Le fléchissement du dollar a des conséquences sur les cours de la Bourse.* → **baisse.**

FLEGMATIQUE [flɛgmatik] adj. (après le nom) ▪ Qui contrôle ses émotions. *C'est un homme flegmatique.* → ② **calme, impassible, placide.** ⟨contraires : émotif, excité, passionné⟩

FLEGME [flɛgm] n. m. ▪ *LE FLEGME :* comportement d'une personne qui reste toujours calme, qui garde son sang-froid. *Les*

Britanniques sont réputés pour leur flegme. → **impassibilité.** *Rien ne peut lui faire perdre son flegme.* ⟨contraires : agitation, exaltation, excitation⟩

FLEMMARD [flemaʀ] adj. et n. m., **FLEMMARDE** [flemaʀd] adj. et n. f. ▪ STYLE FAMILIER **1.** adjectif (après le nom) Qui n'aime pas faire d'efforts. *C'est un enfant trop flemmard pour avoir de bons résultats en classe.* → **paresseux ;** STYLE FAMILIER **cossard, feignant. 2.** *UN FLEMMARD, UNE FLEMMARDE :* une personne très paresseuse. *Debout, bande de flemmards !*

FLEMME [flɛm] n. f. ▪ STYLE FAMILIER *LA FLEMME :* grande paresse. *J'AI LA FLEMME DE me lever,* je n'en ai pas le courage. *Je vais tirer ma flemme,* ne rien faire (→ **paresser**).

> FAUX AMI
> espagnol **flema** « flegme »

FLÉTAN [fletɑ̃] n. m. ▪ *UN FLÉTAN :* grand poisson plat des mers froides, à la chair blanche et délicate. *Le flétan a les deux yeux du même côté. – Nous avons mangé du flétan.*

FLÉTRI [fletʀi], **FLÉTRIE** [fletʀi] adj. (après le nom) **1.** (plantes) Qui a perdu sa sève, ses couleurs. *Il faut jeter ces fleurs flétries.* → **fané.** ⟨contraire : épanoui⟩ **2.** (peau) Flasque et ridé. *La vieille femme a la peau flétrie.* ⟨contraire : lisse⟩

FLÉTRIR [fletʀiʀ] verbe [conjugaison 2] **1.** Faire perdre sa forme et ses couleurs à (une plante) en la privant d'eau. *Le soleil flétrit les fleurs.* → **dessécher, faner, sécher. 2.** STYLE RECHERCHÉ Faire perdre sa fraîcheur et son éclat à. *Le chagrin a flétri son visage.* **3.** verbe pronominal SE FLÉTRIR : (plantes) se faner. *Arrose la plante pour qu'elle ne se flétrisse pas.* → se **faner.** *Les roses se sont flétries.*

① **FLEUR** [flœʀ] n. f. ▪ *UNE FLEUR* **1.** Partie colorée d'une plante, qui sent souvent bon et qui porte les étamines et le pistil. *Le jardinier arrose les fleurs du jardin. Il cueille des fleurs. Il y a un BOUQUET DE FLEURS dans le vase. On m'a offert des fleurs. Ces fleurs sont fanées, les pétales commencent à tomber. Ils ont mis des POTS DE FLEURS sur le balcon. Les cerisiers sont EN FLEURS,* ils ont fleuri. **2.** Dessin ou objet qui représente une fleur. *La tombe est recouverte de fleurs artificielles. Les murs du salon sont recouverts d'un papier peint à fleurs. Elle a mis une robe à fleurs.* **3.** STYLE FAMILIER *COMME UNE FLEUR :* très facilement. *Elle est arrivée la première de la course, comme une fleur. – FAIRE UNE FLEUR À qqn,* lui accorder un avantage. *Il lui a fait une fleur en lui permettant d'entrer avant tout le monde.* **4.** *LA FINE FLEUR DE :* ce qu'il y a de meilleur. *Il appartient à la fine fleur de la société,* à l'élite. → **nec plus ultra ;** STYLE FAMILIER **gratin. 5.** *À LA FLEUR DE, DANS LA FLEUR DE :* en plein épanouissement. *Il est mort à la fleur de l'âge,* en pleine jeunesse. **6.** *Être FLEUR BLEUE :* être sentimental. *Ils ont pleuré à la fin du film, ils sont très fleur bleue.*

② À **FLEUR** DE [aflœʀdə] préposition ▪ Presque au niveau de. *Ces rochers sont à fleur d'eau* (→ **affleurer**). *– Il a les nerfs À FLEUR DE PEAU :* il est très vite énervé.

FLEURET [flœʀɛ] n. m. ▪ *UN FLEURET :* épée à lame fine, avec laquelle on fait de l'escrime. *Elle est championne de fleuret.*

FLEURETTE [flœʀɛt] n. f. **1.** STYLE RECHERCHÉ *CONTER FLEURETTE à une femme,* lui faire la cour (→ **courtiser**). *Elle aime qu'on lui conte fleurette.* **2.** *CRÈME FLEURETTE :* crème très fluide qui se forme sur le lait. *Le cuisinier ajoute de la crème fleurette dans la sauce.*

FLEURI [flœʀi], **FLEURIE** [flœʀi] adj. (après le nom) **1.** Couvert de fleurs. *Les pommiers sont fleuris,* ils sont en fleurs. **2.** Décoré avec des fleurs. *Comme c'est joli, tous ces balcons fleuris ! – Elle a une robe fleurie,* faite dans un tissu à fleurs. **3.** Très orné. *Cet écrivain a un style fleuri.*

FLEURIR [flœʀiʀ] verbe [conjugaison 2] **1.** (plantes) Produire des fleurs, être en fleurs. *Les arbres fruitiers fleurissent au printemps.* ⟨contraire : se faner⟩ **2.** Décorer avec des fleurs. *Il est allé fleurir la tombe de ses parents,* mettre des fleurs sur leur tombe. **3.** Être en vogue. *Les groupes de rock fleurissent en ce moment,* ils sont nombreux.

FLEURISTE [flœʀist] n. m., n. f. ▪ *UN FLEURISTE, UNE FLEURISTE :* une personne dont le métier est de vendre des fleurs, des plantes. *Il a acheté des roses chez le fleuriste.*

FLEUVE [flœv] n. m. ▪ *UN FLEUVE :* cours d'eau qui se jette dans la mer. *L'Amazone est le plus long fleuve du monde. La Seine est un fleuve qui arrose le Bassin parisien. Ce fleuve a de nombreux bras. On peut naviguer sur ce fleuve* (→ **fluvial**).

> REM. On parle souvent de *fleuve* pour un cours d'eau important même s'il ne se jette pas dans la mer, alors que l'on devrait dire *rivière.*

FLEXIBILITÉ [flɛksibilite] n. f. ▪ *LA FLEXIBILITÉ* **1.** Caractère de ce qui peut se plier, de ce qui est flexible. *L'osier est d'une grande flexibilité.* → **souplesse. 2.** Possibilité de changer pour s'adapter aux circonstances. *Cette entreprise pratique la FLEXIBILITÉ DES HORAIRES,* les employés peuvent changer leurs horaires de travail.

FLEXIBLE [flɛksibl] adj. et n. m.

I. adjectif (après le nom) **1.** Que l'on peut plier, courber. *Le roseau a une tige flexible.* → **souple.** ⟨contraire : rigide⟩ **2.** Qui s'adapte facilement aux circonstances. *Elle a un caractère flexible.* ⟨contraire : inflexible⟩ **3.** *HORAIRE FLEXIBLE,* que l'on peut changer facilement. *Dans cette entreprise, les ouvriers ont des horaires flexibles,* ils peuvent travailler aux heures qui les arrangent.

II. *UN FLEXIBLE :* un tuyau que l'on peut plier. *Il y a un trou dans le flexible de douche, il fuit.*

FLEXION [flɛksjɔ̃] n. f. ▪ *UNE FLEXION :* mouvement par lequel on plie qqch. *Le gymnaste fait une série de flexions et d'extensions des membres.* → **fléchissement.**

FLIBUSTIER [flibystje] n. m. ▪ *UN FLIBUSTIER :* pirate des côtes espagnoles d'Amérique, du seizième au dix-huitième siècle. *Les flibustiers pillaient les navires dans la mer des Antilles.*

FLIC [flik] n. m. ▪ STYLE FAMILIER *UN FLIC :* agent de police, policier. *Il y a un flic qui fait la circulation. Les voisins ont appelé les flics.* → STYLE FAMILIER **keuf, poulet.** *Un car de flics est garé devant la mairie. Une femme flic lui a mis une contravention.*

FLINGUE [flɛ̃g] n. m. ▪ STYLE FAMILIER *UN FLINGUE :* arme à feu. *Il ne sort jamais sans son flingue.* → **revolver ;** STYLE FAMILIER **feu, pétard.**

FLINGUER [flɛ̃ge] verbe [conjugaison 1b] ▪ STYLE FAMILIER **1.** Tuer (qqn) avec une arme à feu. *Fais ce que je te dis ou je te flingue !* **2.** Mettre en très mauvais état (qqch.). *Il a flingué sa voiture.* → **abîmer ;** STYLE FAMILIER **bousiller. 3.** verbe pronominal SE FLINGUER : (qqn) se suicider avec une arme à feu. *Elle s'est flinguée. Il y a vraiment de quoi se flinguer !*

① **FLIPPER** [flipe] verbe [conjugaison 1a] ▪ STYLE FAMILIER Être déprimé, angoissé. *Il flippe en attendant les résultats de son examen.* → **angoisser.**

② **FLIPPER** [flipœʀ] n. m. ▪ *UN FLIPPER :* billard électrique. *Des jeunes jouent au flipper dans le café qui est en face du lycée.*

> REM. *Flipper* est un mot anglais, mais cette machine s'appelle en anglais *pinball machine.*

FLIRT [flœʀt] n. m. ▪ *UN FLIRT* **1.** Petite aventure amoureuse chaste. *Ce n'est qu'un flirt de vacances.* **2.** Personne avec laquelle on flirte. *Elle est venue avec son dernier flirt,* son petit ami. → **amoureux.**

FLIRTER [flœʀte] verbe [conjugaison 1a] ■ Avoir une petite aventure amoureuse (avec qqn). *Elle* FLIRTE AVEC *son cousin. – Ils ont flirté cet été.*

REM. Ce mot vient de l'anglais *to flirt* que certains ont voulu rapprocher, à tort, du français *fleureter* «voler de fleur en fleur, faire la cour».

FLOCON [flɔkɔ̃] n. m. ■ *UN FLOCON* **1.** *UN FLOCON (DE NEIGE) :* petite masse de neige qui tombe du ciel. *La neige tombe à gros flocons. Il a des flocons de neige sur sa capuche.* **2.** Petite lamelle (de céréales, de légumes). *Le matin, elle mange des* FLOCONS D'AVOINE *avec du lait. Il met des flocons de pommes de terre dans du lait pour faire de la purée.*

FLONFLONS [flɔ̃flɔ̃] n. m. pluriel ■ *LES FLONFLONS :* les accords d'une musique populaire bruyante. *On entend au loin les joyeux flonflons du bal.*

FLORAISON [flɔʀɛzɔ̃] n. f. ■ *LA FLORAISON :* moment où les fleurs sont épanouies, où les arbres sont en fleurs. *La floraison des arbres fruitiers a lieu au printemps.* → **épanouissement.**

FLORAL [flɔʀal], **FLORALE** [flɔʀal] adj. (après le nom) ■ Qui présente des fleurs, est composé de fleurs. *Cette exposition florale est très belle. Nous nous sommes promenés dans le parc floral,* où il y a des fleurs. MASCULIN PLURIEL : *des décors* FLORAUX [flɔʀo].

FLORE [flɔʀ] n. f. **1.** *LA FLORE :* ensemble des espèces végétales (d'une région). *Dans les parcs nationaux, la flore et la faune sont protégées.* **2.** *LA FLORE INTESTINALE :* l'ensemble des micro-organismes qui sont dans l'intestin. *On lui a prescrit un prélèvement de flore intestinale pour faire des examens en laboratoire.*

FLORENCE [flɔʀɑ̃s] nom propre féminin – en italien **FIRENZE** ■ Ville d'Italie, en Toscane. *Nous sommes allés à Florence. Ils habitent Florence* (→ **florentin).**

FLORENTIN [flɔʀɑ̃tɛ̃] adj. et n. m., **FLORENTINE** [flɔʀɑ̃tin] adj. et n. f. **1.** adjectif (après le nom) De Florence, ville d'Italie. *Nous avons visité tous les musées florentins.* **2.** *UN FLORENTIN, UNE FLORENTINE :* une personne qui habite Florence. *Les Florentins.*

FLORISSANT [flɔʀisɑ̃], **FLORISSANTE** [flɔʀisɑ̃t] adj. (après le nom) **1.** (qqch.) Qui est en plein épanouissement, en pleine prospérité. *Ils ont un commerce florissant,* qui marche bien. → **prospère. 2.** *UNE SANTÉ FLORISSANTE,* très bonne. *Elle a une santé florissante.* → **excellent.**

FLOT [flo] n. m. ■ *LE FLOT* **1.** STYLE RECHERCHÉ (au pluriel) LES FLOTS : les eaux de la mer. *Le bateau navigue sur les flots.* **2.** Grande quantité (de liquide versé, répandu). *Il a versé des flots de larmes :* il a beaucoup pleuré. → **torrent.** *Des flots de sang s'échappent de sa blessure.* **3.** Grande quantité. *Un flot ininterrompu de voitures passe sur l'autoroute. Des flots de voyageurs sortent de la gare.* **4.** *À FLOTS :* abondamment. *Le soleil rentre à flots dans sa chambre. Le champagne coulait à flots pendant le cocktail.* **5.** *À FLOT :* qui flotte. *Le navire est remis à flot. – L'entreprise a été remise à flot,* de l'argent lui a été fourni pour la sortir de ses difficultés financières (→ **renflouer).**

FLOTTANT [flɔtɑ̃], **FLOTTANTE** [flɔtɑ̃t] adj. (après le nom) **1.** Qui flotte sur un liquide. *Les icebergs sont des blocs de glace flottants. Le cuisinier a préparé des* ÎLES FLOTTANTES, un dessert composé de blancs d'œufs battus en neige posés sur une crème anglaise. **2.** Que le vent peut faire bouger. *Elle a laissé ses cheveux flottants,* non attachés. *Il met des vêtements flottants,* larges. → **ample.** (contraires : ajusté, collant, moulant) **3.** Qui n'est pas fixe. *Les effectifs de cette entreprise sont flottants,* le nombre de personnes qui y travaillent n'est pas toujours le même. → **variable.**

① **FLOTTE** [flɔt] n. f. **1.** *UNE FLOTTE :* ensemble de bateaux. *La flotte de Philippe II d'Espagne fut détruite en 1588. Ce pays a une importante flotte marchande,* de nombreux navires de commerce. → **marine. 2.** *La* FLOTTE AÉRIENNE : ensemble des avions et des hélicoptères d'un pays. *La flotte aérienne des États-Unis est considérable.*

② **FLOTTE** [flɔt] n. f. ■ STYLE FAMILIER *LA FLOTTE :* eau. *Je bois de la flotte. Il est tombé beaucoup de flotte aujourd'hui,* beaucoup de pluie.

FLOTTEMENT [flɔtmɑ̃] n. m. ■ *LE FLOTTEMENT :* état incertain dû à des hésitations. *Il y a eu un moment de flottement à l'annonce de la nouvelle.* → **incertitude.**

① **FLOTTER** [flɔte] verbe [conjugaison 1a] **1.** Être porté sur un liquide. *Le bois flotte à la surface de l'eau.* → **surnager.** *La barque flotte sur le lac.* (contraires : couler, sombrer) **2.** Être suspendu dans les airs. *Une légère brume flotte au-dessus des prés. – Il flotte une odeur d'encens.* **3.** Remuer avec le vent. *Le drapeau flotte au-dessus de la mairie.* **4.** (qqn) FLOTTER DANS *un vêtement :* avoir un vêtement trop large. *Depuis qu'elle a maigri, elle flotte dans cette robe.* → **nager. 5.** (pensée) Être instable. *Il laisse flotter son attention,* il ne la contrôle pas.

② **FLOTTER** [flɔte] verbe [conjugaison 1a] ■ STYLE FAMILIER Pleuvoir. *Il a flotté toute la journée.*

FLOTTEUR [flɔtœʀ] n. m. ■ *UN FLOTTEUR :* objet prévu pour flotter à la surface de l'eau. *Les filets de pêche sont garnis de flotteurs en liège, en verre ou en plastique. – Les hydravions, les pédalos et les catamarans possèdent des flotteurs,* des éléments qui sont posés sur l'eau et leur permettent de flotter.

FLOU [flu] adj., adverbe et n. m., **FLOUE** [flu] adj.
I. adjectif (après le nom) **1.** Qui n'a pas de contours nets. *Tu as dû bouger en prenant la photo, elle est floue.* (contraire : net) **2.** Imprécis. *Je n'ai que des souvenirs flous de cette soirée.* → **vague.** (contraires : clair, distinct, net, précis) **3.** Sans forme nette. *Elle a les cheveux flous,* pas coiffés.
II. adverbe *VOIR FLOU :* ne pas voir nettement. *Elle voit flou quand elle n'a pas ses lunettes.* → **trouble.**
III. *LE FLOU :* diminution de la netteté d'une image photographique. *Ce photographe fait des effets de* FLOU ARTISTIQUE. *– Il laisse les choses dans un flou artistique,* dans une imprécision volontaire.

FLUCTUATIONS [flyktɥasjɔ̃] n. f. pluriel ■ *LES FLUCTUATIONS :* variations successives en sens contraire. *Il faut compter avec les fluctuations de l'opinion publique.* → **changement.** *L'agent de change suit les fréquentes fluctuations de la Bourse.*

FLUET [flyɛ], **FLUETTE** [flyɛt] adj. (après le nom) **1.** Très mince et délicat. *Elle a des jambes fluettes.* → ① **grêle.** *C'est une petite fille fluette.* **2.** (son, voix) Aigu et de faible intensité. *Il a une voix fluette.*

FLUIDE [flɥid] adj. et n. m.
I. adjectif (après le nom) **1.** Qui coule facilement, n'est ni solide ni épais. *Il a fait une pâte à crêpes bien fluide.* **2.** (circulation routière) Qui se fait à une vitesse régulière. *Ce soir, la circulation est fluide sur l'autoroute, il n'y a pas de bouchons.*
II. *UN FLUIDE* **1.** Corps qui prend la forme de son contenant. *Les gaz et les liquides sont des fluides.* **2.** Énergie mystérieuse qui est censée se dégager d'une personne et avoir une influence. *Grâce à son fluide, le guérisseur pourrait t'enlever ton mal au dos.*

FLUIDITÉ [flɥidite] n. f. ▪ *LA FLUIDITÉ :* état de ce qui est fluide. *La fluidité de votre sang est bonne.* ⟨contraire : épaisseur⟩

FLUO adj. Forme abrégée de **fluorescent.**

FLUOR [flyɔʀ] n. m. ▪ *LE FLUOR :* gaz jaune pâle, du groupe des halogènes. *Le dentiste recommande d'utiliser du dentifrice au fluor.*

FLUORESCENT [flyɔʀesɑ̃], **FLUORESCENTE** [flyɔʀesɑ̃t] adj. (après le nom) ▪ Qui émet une lumière sous l'influence de radiations ou qui semble émettre une lumière. *L'écran de télévision est fluorescent. Elle a une écharpe rose fluorescent.* – *FLUO* [flyo] forme abrégée familière invariable *Il écrit avec un stylo jaune fluo. Il a plusieurs tee-shirts fluo.*

FLÛTE [flyt] n. f. et interjection

I. *UNE FLÛTE* **1.** Instrument de musique fait d'un tuyau percé de trous, dans lequel on souffle. *Il joue de la flûte. UNE FLÛTE À BEC,* dont l'embouchure est en forme de bec. *UNE FLÛTE TRAVERSIÈRE,* en métal, à ouverture latérale. *UNE FLÛTE DE PAN,* faite de roseaux de longueur décroissante. **2.** Verre à pied, très haut et très étroit. *Les FLÛTES À CHAMPAGNE sont sur le plateau. On boit le champagne dans des coupes ou dans des flûtes.* **3.** Pain mince et long. *Deux flûtes de campagne, s'il vous plaît.* **II.** interjection *FLÛTE !* marque l'impatience, l'énervement, la déception. *Flûte ! j'ai raté mon train !* → **mince, zut ;** STYLE FAMILIER **merde.**

FLÛTISTE [flytist] n. m., n. f. ▪ *UN FLÛTISTE, UNE FLÛTISTE :* une personne qui joue de la flûte. *Elle est flûtiste dans un orchestre.*

FLUVIAL [flyvjal], **FLUVIALE** [flyvjal] adj. (après le nom) ▪ Relatif aux fleuves et aux rivières. *Paris est un PORT FLUVIAL,* un port qui est sur un fleuve (opposé à maritime). *On peut pratiquer la NAVIGATION FLUVIALE sur cette rivière.* MASCULIN PLURIEL : *des bassins FLUVIAUX* [flyvjo].

FLUX [fly] n. m. ▪ *LE FLUX* **1.** Action de couler. *Le FLUX MENSTRUEL dure plusieurs jours,* les règles. **2.** Marée montante. *C'est l'heure du flux.* ⟨contraire : reflux⟩ **3.** *UN FLUX de :* grande quantité qui semble couler. *Un flux de protestations est arrivé au ministère.* → **déluge.** *Un flux de voyageurs entre dans la gare.* → **flot.**

FOC [fɔk] n. m. ▪ *UN FOC :* voile triangulaire à l'avant d'un voilier. *Le marin hisse le foc.*

> REM. Le mot *phoque* « animal des mers froides » se prononce de la même façon.

FŒTUS [fetys] n. m. ▪ *UN FŒTUS :* enfant ou animal qui est encore dans le ventre de sa mère. *Chez la femme, l'embryon devient un fœtus à partir du troisième mois où il est dans l'utérus.*

FOI [fwa] n. f. ▪ *LA FOI* **1.** Croyance en une religion. *Il A LA FOI :* il croit en Dieu (→ **croyant, fidèle).** *Mon fils a fait sa PROFESSION DE FOI,* il a déclaré publiquement sa foi chrétienne et a renouvelé les promesses qui ont été faites à son baptême. – *Il N'A NI FOI NI LOI :* il ne respecte rien et il est capable des pires actions. **2.** Confiance absolue que l'on met (en qqn ou qqch.). *C'est un témoin DIGNE DE FOI,* que l'on peut croire sur parole. *J'ai FOI EN l'avenir :* je suis optimiste. **3.** Garantie qui résulte d'une promesse. *Il a témoigné SOUS LA FOI du serment.* – *La lettre doit partir au plus tard samedi, le cachet de la poste FAISANT FOI,* prouvant la date de l'envoi. **4.** *LA BONNE FOI :* qualité d'une personne qui parle ou agit avec sincérité. *Elle a pu prouver sa bonne foi. J'ai cru EN TOUTE BONNE FOI qu'il était parti,* très sincèrement. *Il EST DE BONNE FOI :* il dit ce qu'il croit même si la réalité est autre. – *LA MAUVAISE FOI :* défaut d'une personne qui affirme qqch. en sachant que c'est faux, pour tromper. *Ne l'écoute pas, il est de mauvaise foi.*

> REM. Les mots *foie* « organe » et *fois* « cas » se prononcent de la même façon.

FOIE [fwa] n. m. ▪ *LE FOIE* **1.** Organe situé dans le haut de l'abdomen, à droite, qui joue un rôle très important dans la formation du sang et dans la digestion. *La jaunisse est une maladie du foie* (→ **hépatique).** **2.** Cet organe chez certains animaux, que l'on mange. *Le cuisinier a préparé du foie de veau. J'ai fait une salade avec des foies de volaille.* – *FOIE GRAS :* foie d'oie ou de canard engraissés et gavés pour que leur foie soit énorme. *Nous avons mangé du foie gras de canard.* **3.** (au pluriel) STYLE FAMILIER *AVOIR LES FOIES :* avoir peur. *J'ai eu les foies et je me suis tiré !* → STYLE FAMILIER **frousse, pétoche, trouille.**

> REM. Les mots *foi* « croyance » et *fois* « cas » se prononcent de la même façon.

FOIN [fwɛ̃] n. m. ▪ *LE FOIN* **1.** Herbe séchée qui sert de nourriture au bétail. *Le pré est couvert de BOTTES DE FOIN,* de foin en tas. *Le fermier donne du foin aux vaches.* → **fourrage.** *Les agriculteurs FONT LES FOINS,* ils coupent l'herbe et l'étalent pour la faire sécher (→ **fenaison).** – *Il est BÊTE À MANGER DU FOIN,* très bête. **2.** *LE FOIN DE L'ARTICHAUT :* les poils soyeux qui garnissent le fond de l'artichaut. *Pour manger le cœur de l'artichaut, on ôte le foin.* **3.** STYLE FAMILIER *FAIRE DU FOIN :* faire du scandale, du bruit. *Il a fait un foin monstre parce que la caissière s'est trompée en lui rendant la monnaie.*

FOIRE [fwaʀ] n. f. ▪ *UNE FOIRE* **1.** Grand marché qui a lieu à date fixe dans le même lieu. *Le fermier a acheté des porcs à la FOIRE AUX BESTIAUX.* **2.** Grande exposition qui a lieu dans une ville et où l'on peut voir et acheter toutes sortes d'objets. *Êtes-vous déjà venus à la foire de Paris ?* **3.** Fête foraine. *Nous nous sommes bien amusés à la foire.* **4.** STYLE FAMILIER *FAIRE LA FOIRE :* faire la fête, s'amuser en compagnie. *Ils ont fait la foire pendant toute la nuit.* → STYLE FAMILIER **java, noce.**

FOIRER [fwaʀe] verbe [conjugaison 1a] ▪ STYLE FAMILIER Échouer. *Son projet a foiré.* → **rater ;** STYLE FAMILIER **merder.** ⟨contraire : réussir⟩ *Ça ne foirera* [fwaʀʀa] *pas.*

FOIREUX [fwaʀø], **FOIREUSE** [fwaʀøz] adj. (après le nom) **1.** STYLE TRÈS FAMILIER Sali d'excréments. *Il a fait un pet foireux.* **2.** STYLE FAMILIER Qui risque d'échouer. *Elle a encore trempé dans une affaire foireuse !*

FOIS [fwa] n. f. ▪ *UNE FOIS* **1.** Cas où un fait se produit. *C'est arrivé une seule fois. Il assiste aux réunions UNE FOIS SUR DEUX. Il est déjà venu plusieurs fois.* → **souvent.** *Je le dis UNE FOIS POUR TOUTES :* je ne le redirai pas. *Ce cours a lieu une fois par mois. C'est chaque fois la même chose !* → **toujours.** *À chaque fois, c'est pareil. La prochaine fois, je ferai attention. Une autre fois, préviens-moi. Il a pris deux fois du dessert,* à deux reprises. *Elle a payé sa voiture en plusieurs fois. POUR UNE FOIS, il a raison.* **2.** *À LA FOIS :* en même temps. *Ne parlez pas tous à la fois !* → **ensemble.** *Ce médicament me soulage et m'irrite à la fois.* **3.** STYLE RECHERCHÉ *IL ÉTAIT UNE FOIS :* commencement traditionnel des contes de fées. *Il était une fois une princesse très belle et un prince très riche...,* il y avait un jour, à une époque passée. **4.** *UNE FOIS QUE :* dès l'instant où. *Une fois que sa décision a été prise, il n'en a plus démordu.* – *Une fois décidé, il est parti,* dès qu'il a été décidé à partir. – *POUR UNE FOIS QUE j'étais d'accord, il n'a rien voulu savoir. LA DERNIÈRE FOIS QUE je l'ai vue, elle était blonde.* **5.** Servant d'élément pour multiplier ou pour diviser. *Deux fois deux égalent quatre ($2 \times 2 = 4$),* deux multiplié par deux. *Trois fois quatre, douze. Cette robe est deux fois plus grande que l'autre.* – *Il est trois fois grand-père :* il a trois petits-enfants. **6.** Équivalant à un superlatif. *Vous avez mille fois raison :* vous avez entièrement raison. *C'est trois fois rien :* c'est insignifiant.

REM. **1.** *Des fois* est très familier : il faut dire *quelquefois* ou *parfois*. **2.** On dit *bien des fois, de nombreuses fois,* mais on ne dit pas *beaucoup de fois*. **3.** Les mots *foi* « croyance » et *foie* « organe » se prononcent de la même façon.

À FOISON [afwazɔ̃] adverbe. STYLE RECHERCHÉ En grande quantité. *Il y a des champignons à foison dans la forêt.* → **beaucoup.** ⟨contraire : peu⟩

REM. *Foison* est un ancien nom féminin qui signifiait « grande quantité ».

FOISONNER [fwazɔne] verbe [conjugaison 1a]. STYLE RECHERCHÉ **1.** Être en abondance. *Le gibier foisonne dans la région.* → **pulluler.** **2.** *FOISONNER DE :* être pourvu abondamment de. *Ce livre foisonne de bonnes idées.*

FOLÂTRER [fɔlɑtʀe] verbe [conjugaison 1a]. STYLE RECHERCHÉ Sauter, s'agiter dans tous les sens pour s'amuser. *Les enfants folâtrent dans le jardin.* → **batifoler.**

FOLDINGUE [fɔldɛ̃g] adj., n. m. et n. f. STYLE FAMILIER **1.** adjectif (après le nom) Fou. *Elle est un peu foldingue.* → **cinglé, dingue, timbré.** *Il a un professeur foldingue.* **2.** *UN FOLDINGUE, UNE FOLDINGUE :* une personne folle. *Quel foldingue !*

FOLIE [fɔli] n. f. *LA FOLIE* **1.** Maladie des personnes qui ont l'esprit dérangé, qui font et disent des choses extravagantes. *Il a eu un accès de folie.* → **aliénation, démence, déséquilibre.** *Il a sombré dans la folie* (→ **fou**). **2.** Manque de bon sens, de jugement. *C'est de la folie de faire ça,* c'est déraisonnable. *C'est de la folie d'exiger des choses pareilles ! Ils s'aiment À LA FOLIE,* énormément (→ **follement, passionnément**). **3.** *UNE FOLIE :* idée, parole ou action déraisonnable. *C'est encore une de ses folies. J'ai fait une folie,* une dépense excessive.

FAUX AMIS
allemand **Folie,**
polonais **folia** « feuille »

REM. En psychiatrie, on ne parle plus de *folie* mais de *maladie mentale* ou de *troubles mentaux*.

FOLKLO adj. Forme abrégée de **folklorique.**

FOLKLORE [fɔlklɔʀ] n. m. *LE FOLKLORE :* ensemble des traditions, usages, chansons, danses et légendes anciennes d'un pays, d'une région. *Il connaît bien le folklore breton.*

FOLKLORIQUE [fɔlklɔʀik] adj. (après le nom) **1.** Relatif au folklore. *Elle aime beaucoup les spectacles de danses folkloriques.* **2.** STYLE FAMILIER Pittoresque mais pas très sérieux. *La dernière réunion a été plutôt folklorique.* – *FOLKLO* [fɔlklo] forme abrégée familière *Son mari est un personnage folklo. C'est très folklo. Ils ont souvent des attitudes folklos.*

FOLLEMENT [fɔlmɑ̃] adverbe. D'une manière exagérée, folle. *Il est follement amoureux.* → **éperdument, passionnément.** *C'est follement cher.* → **excessivement, extrêmement, très.** ⟨contraire : raisonnablement⟩

FOMENTER [fɔmɑ̃te] verbe [conjugaison 1a]. STYLE RECHERCHÉ Préparer secrètement ou entretenir (qqch. de néfaste). *Les rebelles ont fomenté une révolte.*

FONCÉ [fɔ̃se], **FONCÉE** [fɔ̃se] adj. (après le nom). De couleur sombre. *Il a une chemise rouge foncé.* ⟨contraire : clair⟩ *Elle a les cheveux foncés. Ils ont la peau foncée.* → **brun.** ⟨contraire : pâle⟩

FONCER [fɔ̃se] verbe [conjugaison 3a] **1.** *FONCER SUR :* se précipiter, se jeter sur. *Le lion fonce sur sa proie.* → **fondre.** *C'est alors que l'automobiliste fonça sur nous.* – STYLE FAMILIER *Il a foncé dans le tas.* **2.** Aller très vite. *Elle a foncé comme une folle sur l'autoroute. Il fonce tête baissée.* – *Il ne prend jamais le temps de réfléchir, il fonce.*

REM. Le c s'écrit avec une cédille devant *a* (ex. : *je fonçais*) et devant *o* (ex. : *nous fonçons*).

FONCIER [fɔ̃sje], **FONCIÈRE** [fɔ̃sjɛʀ] adj. (après le nom) **1.** (qqn) Qui possède des terres. *C'est un propriétaire foncier.* **2.** (qqch.) Relatif à une terre ou à un bâtiment dont on est propriétaire. *Les propriétaires doivent payer l'impôt foncier et des taxes foncières.* **3.** Qui est au fond de la nature de qqn. *Il est d'une honnêteté foncière.* → **profond.** ⟨contraire : superficiel⟩

FONCIÈREMENT [fɔ̃sjɛʀmɑ̃] adverbe. Par nature. *Elle est foncièrement gentille.* → **profondément, vraiment.**

FONCTION [fɔ̃ksjɔ̃] n. f. *LA FONCTION* **1.** Activité professionnelle. *Il occupe la fonction de directeur de l'usine.* → **emploi, métier, profession.** *Elle exerce la fonction de médecin. Il a un appartement et une voiture DE FONCTION,* mis à sa disposition dans le cadre de son travail. *Elle est restée EN FONCTION malgré le changement de gouvernement,* elle a continué à occuper son poste. *Pendant l'absence de son chef, il FAIT FONCTION DE directeur,* il joue le rôle de directeur. *Elle travaille dans la FONCTION PUBLIQUE,* elle est employée par l'État (→ **fonctionnaire**). **2.** (au pluriel) LES FONCTIONS : l'ensemble des obligations de la profession de qqn. *Elle a des fonctions très importantes dans son entreprise.* → **attribution, responsabilité.** *Il ne peut accepter DANS L'EXERCICE DE SES FONCTIONS,* pendant qu'il travaille. *On l'a relevé de ses fonctions :* on l'a licencié. **3.** Rôle que joue qqch. *Cette machine a plusieurs fonctions,* elle sert à plusieurs choses. *La fonction du cœur est d'assurer la circulation du sang dans le corps. La fonction du verbe est d'exprimer une action ou un état. Ce canapé FAIT FONCTION DE lit,* il sert de lit. → **office.** **4.** En mathématiques, Relation qui existe entre deux quantités, telle que toute variation de la première entraîne une variation de la seconde. *Dans l'expression* y = f(x), (y égale f de x), f *est la fonction et* x *est la variable.* **5.** Ce qui dépend de qqch. *La qualité EST FONCTION DU prix. J'agirai EN FONCTION DE mes intérêts,* selon mes intérêts, en rapport avec mes intérêts. *Il viendra en fonction du temps qu'il fera.*

FONCTIONNAIRE [fɔ̃ksjɔnɛʀ] n. m., n. f. *UN FONCTIONNAIRE, UNE FONCTIONNAIRE :* une personne employée par l'État, qui travaille dans l'administration publique. *Les professeurs de lycée, les postiers sont des fonctionnaires. Il est fonctionnaire de police. C'est un HAUT FONCTIONNAIRE,* il occupe un poste important dans la fonction publique. *Il a été condamné pour corruption de fonctionnaire.*

FONCTIONNEL [fɔ̃ksjɔnɛl], **FONCTIONNELLE** [fɔ̃ksjɔnɛl] adj. (après le nom). Qui est bien adapté à un usage. *Ils ont acheté des meubles fonctionnels.* → ② **commode, pratique.**

FONCTIONNEMENT [fɔ̃ksjɔnmɑ̃] n. m. *LE FONCTIONNEMENT :* manière dont qqch. fonctionne. *Le fonctionnement de cette machine est compliqué. Le garagiste vérifie le bon fonctionnement du démarreur. Le fonctionnement de cette entreprise est bon.* → **marche.**

FONCTIONNER [fɔ̃ksjɔne] verbe [conjugaison 1a] **1.** (qqch.) Être en état de marche. *Le magnétoscope ne fonctionne plus, il faut le faire réparer.* → **marcher.** *La cuisinière fonctionne au gaz et à l'électricité.* **2.** STYLE FAMILIER (qqn) Se comporter, agir. *Je ne comprends pas comment elle fonctionne :* je ne comprends pas sa manière d'agir.

FOND [fɔ̃] n. m. *LE FOND* **1.** Partie la plus basse, la plus profonde. *Le fond de la bouteille est sale.* → **cul.** *Il cherche ses clés au fond de sa poche. Ma montre est tombée au fond de la* *piscine. Le bateau a sombré au fond de la mer* (→ **bas-fond, haut-fond**). 2. Ce qu'il reste au fond d'un récipient. *J'ai jeté le fond de vin. Il reste un fond de cognac.* 3. Hauteur d'eau. *Il n'y a pas assez de fond pour plonger.* 4. Partie d'un lieu la plus éloignée de l'entrée. *La chambre est au fond du couloir.* → **bout.** *Va t'asseoir au fond de la classe.* 5. La partie opposée à l'ouverture. *Les serviettes sont rangées au fond de l'armoire.* 6. Le point le plus bas. *Elle a touché le fond du désespoir* : elle est complètement désespérée. – *Il a* TOUCHÉ LE FOND : il est au plus bas physiquement, moralement, dans ses affaires. 7. Surface colorée sur laquelle se détache un dessin, un motif. *Il a une cravate à pois rouges sur fond jaune.* 8. *UN FOND SONORE* : bruits, sons, musique qui accompagnent un spectacle. *Il y avait une musique de fond pendant le dîner,* une musique qui passait à un niveau sonore peu élevé. 9. *LE FOND DE TEINT* : crème colorée que l'on met sur le visage pour donner un teint uniforme. *Elle s'est mis trop de fond de teint.* 10. STYLE FAMILIER *LE FOND DE L'AIR* : la température qui semble être la vraie, sans compter le vent, le soleil. *Le fond de l'air est frais, ce matin.* 11. La réalité profonde. *Explique le fond de ta pensée,* ce que tu penses vraiment. *Je vous remercie DU FOND DU CŒUR,* très sincèrement. *Il faut aller au fond des choses,* les examiner vraiment. 12. *AU FOND* : après tout, en réalité. *Au fond, c'est un gentil garçon.* – STYLE FAMILIER *DANS LE FOND, je l'aime bien,* finalement. 13. *À FOND* : en allant jusqu'à la limite possible. *Respirez à fond. L'avocat connaît son dossier à fond,* complètement. *La femme de chambre a fait le ménage à fond.* – STYLE FAMILIER *L'automobiliste roule À FOND LA CAISSE,* à toute allure. 14. Élément essentiel, permanent. *Cet enfant a UN BON FOND,* il est bon de nature. – *Il y a un fond de vérité dans ce qu'il dit,* il y a quelque chose de vrai. 15. Ce qui fait le sujet d'une œuvre. *Attachez-vous davantage au fond qu'à la forme.* → **contenu, matière.** 16. *DE FOND* : essentiel, fondamental. *Il y a un ARTICLE DE FOND dans le journal à ce sujet,* un article qui fait le point sur ce sujet. 17. *Une COURSE DE FOND,* qui se court sur une longue distance. *Le marathon est une course de fond. C'est un excellent coureur de fond. Elle fait du SKI DE FOND,* sur un terrain presque plat.

REM. Le mot *fonds* «capital» se prononce de la même façon.

fondait [fɔ̃dɛ] *Il fondait, elle fondait* : forme à l'imparfait des verbes **fonder** et **fondre.**

FONDAMENTAL [fɔ̃damɑ̃tal], **FONDAMENTALE** [fɔ̃damɑ̃tal] adj. (après le nom). Qui a un caractère essentiel et déterminant. *C'est une question fondamentale,* très importante. → ① **capital, primordial.** ⟨contraire : secondaire⟩ MASCULIN PLURIEL : *des principes FONDAMENTAUX* [fɔ̃damɑ̃to].

FONDANT [fɔ̃dɑ̃], **FONDANTE** [fɔ̃dɑ̃t] adj. (après le nom) 1. Qui fond. *La neige fondante s'est transformée en boue.* 2. Qui se dissout dans la bouche. *J'aime beaucoup les bonbons fondants.*

FONDATEUR [fɔ̃datœʀ] n. m., **FONDATRICE** [fɔ̃datʀis] n. f. *UN FONDATEUR, UNE FONDATRICE* : une personne qui crée ou qui a créé qqch. *Hérodote est le fondateur de l'histoire.* → **père.** *Remus et Romulus sont les fondateurs de Rome.*

FONDATION [fɔ̃dasjɔ̃] n. f. 1. *LA FONDATION* : action de fonder (une ville, une institution). *La fondation de ce parti politique a eu lieu après la guerre.* → **création.** 2. *UNE FONDATION* : établissement destiné à une œuvre charitable ou utile, qui existe grâce à une donation ou un legs. *La fondation Rothschild, à Paris, est un hôpital où l'on soigne les yeux.*

FONDÉ [fɔ̃de], **FONDÉE** [fɔ̃de] adj. (après le nom). Établi sur des arguments solides. *C'est une critique fondée.* → **juste, légitime.** *Cette nouvelle n'est pas fondée.*

FONDEMENT [fɔ̃dmɑ̃] n. m. *UN FONDEMENT* : fait sur lequel on peut se fonder, s'appuyer. *Vos peurs n'ont aucun fondement.* → **motif, raison.**

FONDER [fɔ̃de] verbe [conjugaison 1a] 1. Prendre l'initiative de construire (une ville), d'édifier (une œuvre). *Romulus et Remus ont fondé Rome, d'après la légende. Cet industriel a fondé tout seul sa société.* – *Ils ont l'intention de FONDER UN FOYER,* de se marier. 2. *FONDER (qqch.) SUR* : établir sur une base. *Ce dictateur fonde son pouvoir sur la terreur.* → **baser.** *Elle fonde de grands espoirs sur son fils,* elle met en lui de grands espoirs. 3. Constituer le fondement de. *Rien ne fonde votre réclamation.* → **justifier, motiver.** 4. verbe pronominal SE FONDER SUR : s'appuyer sur, se baser sur. *Sur quoi te fondes-tu pour affirmer cela ? Elle s'est fondée sur son expérience.*

FONDERIE [fɔ̃dʀi] n. f. *UNE FONDERIE* : usine où l'on fond le métal. *On fabrique la fonte dans les fonderies.*

fondit [fɔ̃di] *Il fondit, elle fondit* : forme au passé simple du verbe **fondre.**

FONDRE [fɔ̃dʀ] verbe [conjugaison 41a]

I. 1. Rendre liquide (un objet solide ou pâteux) sous l'action de la chaleur. *On fond les métaux à très haute température* (→ **fusion**). 2. Fabriquer avec une matière fondue. *Les ouvriers ont fondu la statue avec du bronze. Autrefois, on fondait les caractères d'imprimerie avec du plomb.*

II. 1. (solide) Passer à l'état liquide par l'action de la chaleur. *Il faut remettre la glace dans le réfrigérateur avant qu'elle ne fonde complètement. La neige a fondu au soleil.* 2. *FONDRE EN LARMES* : se mettre à pleurer. *Il a fondu en larmes à l'annonce des résultats.* 3. Se dissoudre dans un liquide. *Laissez fondre doucement le beurre dans la poêle. Ces bonbons fondent dans la bouche* (→ **fondant**). 4. Maigrir. *Elle a fondu depuis sa maladie.* 5. *FONDRE SUR* : s'abattre avec violence sur. *L'aigle fond sur sa proie.* – *Une terrible épidémie a fondu sur le pays.* → **tomber.**

fonds [fɔ̃] *Je fonds, tu fonds* : forme au présent du verbe **fondre.**

FONDS [fɔ̃] n. m.

I. *UN FONDS (DE COMMERCE)* : ensemble des biens appartenant à un commerçant et qui lui permettent de faire son métier. *Ce commerçant veut vendre son fonds de commerce.* → **établissement.**

II. (souvent au pluriel) 1. *LES FONDS* : capital. *Il a dépensé tous ses fonds,* tout son argent. 2. Capital servant à financer une entreprise. *La société cherche des fonds pour financer un important projet.* – *Cette recherche nécessite une grosse MISE DE FONDS,* un gros investissement. 3. Argent comptant. *Les banques manient des fonds considérables.* → **somme.** – *ÊTRE EN FONDS* : avoir de l'argent. *Je ne suis pas en fonds en ce moment.*

fondu [fɔ̃dy], **fondue** [fɔ̃dy] *Il a fondu une statue ; la statue qu'il a fondue* : formes au participe passé du verbe **fondre.**

FONDU [fɔ̃dy], **FONDUE** [fɔ̃dy] adj. (après le nom). Parvenu à l'état liquide. *Le poisson est servi avec du beurre fondu. Elle a étalé une couche de fromage fondu sur sa tartine de pain.*

FONDUE [fɔ̃dy] n. f. *UNE FONDUE* 1. *FONDUE (SAVOYARDE)* : plat fait de fromage fondu dans du vin blanc, dans lequel chaque convive trempe des morceaux de pain. *Elle a fait une fondue pour ses invités.* 2. *FONDUE BOURGUIGNONNE* : plat composé de morceaux de viande crue que chaque convive trempe dans l'huile bouillante et que l'on mange avec différentes sauces. *Au menu, il y a une fondue bourguignonne.*

font [fɔ̃] *Ils font, elles font* : forme au présent du verbe **faire.**

FONTAINE [fɔ̃tɛn] n. f. ▪ *UNE FONTAINE :* construction où arrive de l'eau, le plus souvent avec un bassin. *Il y a une fontaine sur la place du village. Va chercher de l'eau fraîche à la fontaine. – Elle pleure COMME UNE FONTAINE :* elle pleure beaucoup.

FONTE [fɔ̃t] n. f. ▪ *LA FONTE* 1. Le fait de fondre, de devenir liquide. *Les ruisseaux grossissent à la fonte des neiges.* 2. Alliage de fer et de carbone obtenu dans un haut fourneau. *Elle fait cuire la viande dans une cocotte EN FONTE.*

> FAUX AMIS
> italien **fonte,** portugais **fonte** « source »

FOOT n. m. Forme abrégée familière de **football.**

FOOTBALL [futbol] n. m. ▪ *LE FOOTBALL :* sport qui oppose deux équipes de onze joueurs, où il faut faire pénétrer un ballon rond dans les buts de l'équipe adverse, sans utiliser les mains. *Nous sommes allés voir un match de football. – FOOT* [fut] forme abrégée familière *Il joue avec un ballon de foot.*

REM. *Football* vient de l'anglais et est formé de *foot* « pied » et de *ball* « ballon, balle ».

FOOTBALLEUR [futbolœʀ] n. m., **FOOTBALLEUSE** [futboløz] n. f. ▪ *UN FOOTBALLEUR, UNE FOOTBALLEUSE :* joueur, joueuse de football. *Ce joueur fait partie d'une équipe de footballeurs professionnels.*

FOOTING [futiŋ] n. m. ▪ *LE FOOTING :* marche à pied rapide que l'on pratique pour se promener ou pour faire de l'exercice. *Elle fait une heure de footing chaque matin. – Viens faire UN FOOTING avec moi.*

> FAUX AMI
> anglais **footing** « équilibre sur un pied »

FORAGE [fɔʀaʒ] n. m. ▪ *LE FORAGE :* action de forer, de creuser. *Les derricks servent au forage des puits de pétrole. En mer du Nord, il y a de nombreuses plates-formes de forage.*

FORAIN [fɔʀɛ̃] adj. et n. m., **FORAINE** [fɔʀɛn] adj. et n. f. 1. adjectif (après le nom) Qui a son activité sur les marchés et les foires. *Les marchands forains ont installé leurs baraques sur la place. – UNE FÊTE FORAINE :* ensemble d'attractions, de manèges et de petits commerces, installés en plein air, dans des baraques, pendant une période assez courte. *Les manèges de la fête foraine attirent de nombreux enfants. Il a gagné un lot au stand de tir de la fête foraine.* 2. *UN FORAIN, UNE FORAINE :* une personne qui tient un stand, qui travaille dans les foires et les fêtes foraines. *Les forains se sont installés pour deux semaines sur la place du village.*

FORÇAT [fɔʀsa] n. m. ▪ *UN FORÇAT :* criminel condamné aux travaux forcés. *Autrefois, les forçats étaient envoyés dans des bagnes. – Il TRAVAILLE COMME UN FORÇAT :* il travaille très durement.

FORCE [fɔʀs] n. f.
I. *LA FORCE* 1. Capacité à faire de gros efforts physiques. *Elle a beaucoup de force.* → **puissance, vigueur.** ⟨contraire : faiblesse⟩ *Cet haltérophile a une FORCE HERCULÉENNE. Je suis fatigué, je n'ai plus LA FORCE DE marcher.* → **énergie.** – *Il a réussi là un véritable TOUR DE FORCE,* quelque chose de très difficile. *Il s'est hissé jusqu'en haut À LA FORCE DES BRAS,* seulement à l'aide de ses bras. – *C'est un homme DANS LA FORCE DE L'ÂGE,* un homme d'âge mûr sans être vieux. 2. (au pluriel) LES FORCES : l'énergie (de qqn). *Ménage tes forces, la route est encore longue. Nous nous sommes assis un moment pour reprendre des forces. Elle a crié DE TOUTES SES FORCES,* le plus fort possible. 3. Capacité de l'esprit ; possibilités intellectuelles et morales. *Il a une grande FORCE DE CARACTÈRE,* beaucoup de volonté et de courage. *Ne me demande pas cela, c'est AU-DESSUS DE MES FORCES,* je ne peux pas l'accepter, je ne peux pas le faire. – *Ces deux candidats sont DE LA MÊME FORCE,* ils ont le même niveau.
II. *LA FORCE* 1. Pouvoir, puissance, influence (d'un groupe). *Le gouvernement a fait intervenir la FORCE MILITAIRE,* l'armée. *Les manifestants ont été dispersés par la FORCE PUBLIQUE,* par la police. – *Les ennemis sont EN FORCE,* ils sont nombreux. 2. (au pluriel) LES FORCES : ensemble des armées. *Les FORCES ARMÉES françaises défilent le 14 juillet sur les Champs-Élysées, à Paris. Les FORCES DE POLICE ont chargé les manifestants :* les policiers se sont précipités sur les manifestants. 3. Intensité (de qqch.). *La force du choc a été terrible.* → **violence.** *Le bateau a du mal à lutter contre la force du vent. Ses arguments manquent de force.*
III. *LA FORCE* 1. Contrainte, violence. *Puisqu'il ne réagit pas à la douceur, nous allons employer la force. Le gouvernement menace d'employer la force. Entre la direction de l'entreprise et le personnel, il y a des RAPPORTS DE FORCE,* des relations très dures. – *La serrure est coincée, j'ai ouvert la porte DE FORCE,* en faisant un effort pour surmonter sa résistance. – *Vous obéirez DE GRÉ OU DE FORCE,* que vous le vouliez ou non. 2. *LA FORCE DE qqch.,* son caractère irrésistible. *Il a pris le même chemin PAR LA FORCE DE L'HABITUDE,* parce qu'il y est habitué. *Comme il s'est cassé la jambe, il reste allongé PAR LA FORCE DES CHOSES,* parce qu'il y est obligé. – *C'est un cas de FORCE MAJEURE,* un événement imprévisible et inévitable.
IV. *LA FORCE* 1. Cause capable de déformer un objet, d'en modifier le mouvement ou la direction. *Certains objets ont une grande FORCE D'INERTIE,* ils résistent au mouvement qu'on leur impose. 2. *Son mari est une FORCE DE LA NATURE,* il a une grande vitalité.
V. *À FORCE DE :* grâce à beaucoup de. *À force d'acharnement, il finira par réussir. – À force d'y penser, elle n'en dort plus la nuit,* parce qu'elle y pense beaucoup. – STYLE FAMILIER *À force, il a fini par y arriver,* à la longue.

FORCÉ [fɔʀse], **FORCÉE** [fɔʀse] adj. (après le nom) 1. Qui est imposé par la force des hommes ou des choses. *Autrefois, les bagnards étaient condamnés aux TRAVAUX FORCÉS. L'avion a dû faire un atterrissage forcé.* → **obligatoire.** 2. STYLE FAMILIER *C'EST FORCÉ :* c'est inévitable, c'est fatal. *Il a raté son examen, c'était forcé. C'est forcé qu'il perde.* 3. Qui n'est pas naturel. *Elle a un sourire forcé.* → **affecté, factice.** ⟨contraire : naturel⟩

FORCÉMENT [fɔʀsemɑ̃] adverbe ▪ D'une manière nécessaire, inévitable. *Tu n'as pas forcément raison.* → **automatiquement, fatalement, nécessairement.**

FORCENÉ [fɔʀsəne] adj. et n. m., **FORCENÉE** [fɔʀsəne] adj. et n. f. 1. adjectif (après le nom) Qui manifeste une folle ardeur. *C'est un travailleur forcené.* → **acharné.** *Il marche à un rythme forcené.* 2. *UN FORCENÉ, UNE FORCENÉE :* personne qui a une crise de folie furieuse. *Les policiers ont réussi à maîtriser le forcené. Elle se mit à crier comme une forcenée.*

FORCER [fɔʀse] verbe [conjugaison 3a]
I. 1. Faire céder (qqch.) par force. *Les cambrioleurs ont forcé la porte du coffre-fort.* → **briser, fracturer.** – *Il a voulu forcer notre porte,* entrer chez nous malgré notre interdiction. 2. Faire céder (qqn) par la force ou la contrainte. *Il a décidé seul, personne ne l'a forcé.* → **obliger.** – *Il a accepté CONTRAINT ET FORCÉ. – On m'a FORCÉ LA MAIN :* on m'a obligé à agir. – *Cela le FORCE À des démarches pénibles.* → **contraindre.** – *On la força à partir.* 3. *ÊTRE FORCÉ DE :* être dans l'obligation de. *Le soldat est forcé d'obéir.* 4. (qqch.) Obtenir, faire naître (un sentiment). *Son courage force le respect,* il entraîne le respect. → **susciter.** 5. Imposer un trop grand effort à. *La chanteuse force sa voix. Ne force pas le moteur.* → **pousser.** – *Le cycliste force l'allure.* → **accélérer.** 6. Dépasser la mesure normale. *Il ne faut pas forcer la dose de ce médicament.* → **augmenter.** 7. Fournir un

gros effort. *Le vainqueur a gagné la course sans forcer.* – *Les rameurs* FORCENT SUR *les avirons,* ils rament avec vigueur. – STYLE FAMILIER *Le cuisinier a forcé sur le sel,* il a mis trop de sel. → **abuser** (de).
II. verbe pronominal SE FORCER : faire un effort sur soi-même. *Allons, force-toi un peu !* – *Elle* S'EST FORCÉE À *manger.* → **se contraindre, s'obliger.**

FORCIR [fɔʀsiʀ] verbe [conjugaison 2] 1. (vent) Devenir plus fort, augmenter. *Le vent forcit.* ⟨contraires : faiblir, mollir⟩ 2. (qqn) Devenir plus gros. *Elle a forci depuis quelques mois.* → **grossir.** ⟨contraires : maigrir, mincir⟩ *Il ne faudrait pas qu'il forcisse encore.*

FORER [fɔʀe] verbe [conjugaison 1a] ■ Former (un trou) en creusant. *Les ouvriers foreront* [fɔʀʀɔ̃] *un tunnel dans la montagne.*

FORESTIER [fɔʀɛstje] adj. et n. m., **FORESTIÈRE** [fɔʀɛstjɛʀ] adj.
I. adjectif (après le nom) 1. Qui est couvert de forêts, qui appartient à la forêt. *Les Vosges et le Jura sont des régions forestières. Nous avons suivi le chemin forestier.* 2. UN GARDE FORESTIER, UNE GARDE FORESTIÈRE : une personne chargée d'entretenir et de protéger une forêt. *Les gardes forestiers vivent dans la nature.*
II. UN FORESTIER : une personne chargée d'entretenir et de protéger une forêt. *Les forestiers débroussaillent la forêt et abattent les arbres morts.*

> FAUX AMI
> espagnol **forastero** « étranger »

FORÊT [fɔʀɛ] n. f. ■ UNE FORÊT 1. Grande étendue couverte d'arbres. *Il y a une forêt tout à côté de chez nous. Nous nous sommes promenés en forêt. Les explorateurs se sont perdus dans la forêt vierge. Cette région est couverte de forêts de sapins.* → **bois.** 2. Ensemble très dense (d'objets allongés). *De là-haut, on distingue une forêt de mâts : c'est le port.*
REM. Deux adjectifs correspondent à *forêt : forestier* et *sylvestre.*

FORÊT-NOIRE [fɔʀɛnwaʀ] nom propre féminin – en allemand **SCHWARZWALD** ■ LA FORÊT-NOIRE : massif montagneux d'Allemagne, séparé des Vosges par le Rhin. *Ils sont allés en Forêt-Noire.*

① **FORFAIT** [fɔʀfɛ] n. m. ■ UN FORFAIT : clause d'un contrat fixant à l'avance le prix d'un travail ou d'un service. *L'entrepreneur a fait un forfait pour l'ensemble des travaux. Nous payons un forfait pour une semaine de vacances à la montagne, tout compris.*

② **FORFAIT** [fɔʀfɛ] n. m. ■ DÉCLARER FORFAIT : ne plus participer à une compétition, abandonner. *Le coureur blessé a déclaré forfait.*

③ **FORFAIT** [fɔʀfɛ] n. m. ■ STYLE RECHERCHÉ UN FORFAIT : un crime. *Le meurtrier a avoué son forfait.*

FORGE [fɔʀʒ] n. f. ■ UNE FORGE : atelier où l'on travaille les métaux au feu et au marteau. *Le maréchal-ferrant surveille le feu de la forge.*

FORGER [fɔʀʒe] verbe [conjugaison 3b] 1. Travailler (un métal) pour lui donner une forme. *Certains hommes préhistoriques forgeaient les métaux.* – FER FORGÉ : fer servant à fabriquer de la ferronnerie d'art. *Les balcons de la maison sont en fer forgé.* 2. Façonner (un objet de métal) à la forge. *Le maréchal-ferrant forge les fers des chevaux.* 3. Imaginer, inventer. *Cette histoire est forgée de toutes pièces,* elle est entièrement inventée.

FORGERON [fɔʀʒəʀɔ̃] n. m. ■ UN FORGERON : une personne qui travaille le fer au marteau après l'avoir fait chauffer au feu de la forge. *Le forgeron met des fers aux chevaux* (→ **maréchal-ferrant).**

FOR INTÉRIEUR [fɔʀɛ̃teʀjœʀ] n. m. ■ DANS MON (TON, SON...) FOR INTÉRIEUR : au fond de soi-même, dans la conscience. *Dans son for intérieur, il sait bien qu'il a tort* (→ **intérieurement).**

SE **FORMALISER** [fɔʀmalize] verbe pronominal [conjugaison 1a] ■ Être choqué par une impolitesse, un manque de savoir-vivre. *Il se formalise pour un rien. Elle ne m'a pas reconnu, mais je ne m'en suis pas formalisé.* → **s'offusquer.** *Elle ne s'est pas formalisée.*

> FAUX AMI
> espagnol **formalizar** « légaliser »

FORMALITÉ [fɔʀmalite] n. f. ■ UNE FORMALITÉ 1. Démarche administrative obligatoire. *Les voyageurs accomplissent toutes les formalités de douane avant de prendre l'avion.* 2. Acte que l'on doit accomplir, mais qui n'est pas difficile à faire. *Cet examen n'est qu'une simple formalité.*

FORMAT [fɔʀma] n. m. ■ LE FORMAT : dimension, taille (d'un livre, d'un journal, d'une feuille de papier). *Ce roman existe aussi en format de poche. Ce dessin a le format d'une carte postale. Cette photo a été agrandie en format poster.*

FORMATION [fɔʀmasjɔ̃] n. f. ■ LA FORMATION 1. Manière dont qqch. s'est formé. *La formation de l'équipe nationale de football a pris un certain temps au capitaine.* → **composition, constitution, élaboration.** *Demain, nous étudierons la formation du pluriel en français. La fécondation d'un être vivant aboutit à la formation d'un embryon.* → **développement.** *Cette adolescente est en pleine formation.* → **puberté.** 2. Ensemble des connaissances que l'on doit acquérir (dans un domaine, un métier). *Elle a reçu une solide formation musicale.* → **éducation.** *Les salariés de cette entreprise suivent régulièrement des* STAGES DE FORMATION, des stages où ils apprennent de nouvelles choses dans leur métier. → **recyclage.** 3. UNE FORMATION : groupement de personnes. *Elle fait partie d'une formation de musiciens.* → **ensemble, orchestre.** *Les principales formations politiques du pays s'opposent à la politique du gouvernement.* → **organisation, parti.**

> FAUX AMI
> anglais **formation** ne s'emploie jamais au sens d'« éducation »

FORME [fɔʀm] n. f. ■ LA FORME 1. Apparence extérieure, ensemble des contours d'un objet. *Cette maison a une forme bizarre.* → **aspect.** *Elle a un pendentif* EN FORME DE *cœur. La forme de cette robe est très seyante.* → ② **coupe.** *Le potier donne sa forme au vase.* – *Ce médicament existe* SOUS FORME DE *comprimés ou de gouttes.* – *Son projet commence à* PRENDRE FORME, à devenir plus précis. → **tournure.** 2. UNE FORME : être ou objet que l'on aperçoit vaguement. *J'ai vu une vague forme traverser le jardin.* → **ombre, silhouette.** 3. (au pluriel) LES FORMES : les contours du corps humain. *Cette robe moule les formes.* 4. Contour considéré du point de vue esthétique. *Ce vase a une forme très pure.* → **dessin, galbe, ligne.** 5. Manière dont une idée, un événement, un phénomène se présente. *L'énergie solaire et l'énergie nucléaire sont deux formes différentes d'énergie.* → **sorte, variété.** *La démocratie est une forme de gouvernement.* → **régime.** *Il déteste le mensonge sous toutes ses formes.* 6. Aspect sous lequel se présente un terme ou un énoncé. *Ce mot a plusieurs formes graphiques,* il peut s'écrire de plusieurs façons. *« Vieux » est une forme masculine et « vieille » une forme féminine. Ce verbe s'emploie aussi à la forme passive.* → **voix.** 7. Manière d'exprimer une idée. *Dans une rédaction, le fond est aussi important que la forme.* 8. (au pluriel) LES FORMES : manières polies, courtoises. *Annoncez-lui la nouvelle en* Y METTANT LES FORMES, avec toutes les précautions. 9. Manière de procéder, d'agir selon les règles. *Dans cette affaire, il faut respecter les formes. Vous devez demander l'autorisation* POUR LA FORME, par simple respect des usages.

10. Aspect extérieur d'un acte juridique. *Le contrat a été signé EN BONNE ET DUE FORME,* avec toutes les formalités exigées par la loi. 11. Condition physique. *Ce cheval est dans une très bonne forme : il pourrait gagner la course.* – *Je SUIS EN PLEINE FORME, ce matin,* je me sens très bien. *Il a l'air en forme :* il a l'air d'aller bien.

FORMÉ [fɔʀme], **FORMÉE** [fɔʀme] adj. (après le nom) 1. (être vivant) Qui a achevé son développement. *Les fruits de cet arbre sont déjà formés.* – STYLE FAMILIER *Cette adolescente est formée,* elle est physiquement adulte (→ **puberté**). 2. *Mot bien formé,* conforme aux règles de la langue. *Cette phrase est bien formée,* elle est correcte, elle est construite selon les règles de la grammaire.

FORMEL [fɔʀmɛl], **FORMELLE** [fɔʀmɛl] adj. (après le nom) 1. (qqch.) Net et précis, qui exclut toute équivoque. *Son refus a été formel.* → **absolu, catégorique.** ‹contraire : ambigu› *Le commissaire cherche des preuves formelles de la culpabilité du suspect.* → **irréfutable.** ‹contraire : douteux› 2. (qqn) Qui s'exprime avec précision et assurance. *Le médecin a été formel, tu ne dois pas sortir.* 3. Fait uniquement pour l'apparence, pour la forme. *Sa politesse est uniquement formelle.* → **extérieur.**

> FAUX AMI
> roumain **formal** « superficiel »

FORMELLEMENT [fɔʀmɛlmɑ̃] adverbe ▪ Absolument, totalement. *Il est formellement interdit de fumer dans cette salle.*

FORMER [fɔʀme] verbe [conjugaison 1a]
I. 1. Créer, faire (qqch. de complexe) en arrangeant, en combinant des éléments. *Le Premier ministre forme son gouvernement.* → **constituer.** *Les élèves de la classe ont formé un groupe de rock.* – *Un train supplémentaire va être formé.* 2. (qqn) Faire naître dans son esprit. *Nous avons formé le projet de nous associer.* → **concevoir, faire.** *Je forme des vœux pour votre réussite.* → **formuler.** 3. (qqch.) Être la cause de. *L'eau forme des dépôts de tartre dans les canalisations.* → **faire, laisser.** – *Les nuages sont formés de vapeur d'eau.* → **constituer, faire.** 4. Façonner en donnant une forme déterminée. *Tu formes mal tes lettres, je n'arrive pas à te lire.* → **écrire.** 5. (qqn) Développer une aptitude, une qualité. – *Ce patron a formé lui-même ses apprentis,* il leur a appris lui-même le métier. → **instruire.** – *On dit souvent que les voyages forment la jeunesse.* 6. Composer, constituer un élément d'un ensemble. *Ils forment un beau couple, tous les deux. Les députés forment l'Assemblée nationale. Les passants ont formé un attroupement devant l'accident.* – *Un balai est formé d'une brosse et d'un manche.* 7. (qqch.) Prendre la forme, l'aspect de. *La route forme une courbe à cet endroit.* → **dessiner.**
II. verbe pronominal SE FORMER 1. Acquérir une forme, naître sous une certaine forme. *La Terre s'est formée il y a des milliards d'années. Une mince pellicule se forme sur le lait. Un sentiment nouveau se forme en lui.* → **naître.** 2. Prendre une certaine forme. *Les manifestants se forment en cortège.* 3. Prendre sa forme définitive. *Les fruits commencent à se former. Le poussin se forme dans l'œuf,* il se développe. 4. (qqn) S'instruire, se cultiver, apprendre son métier. *Il n'a pas fait beaucoup d'études, il s'est formé tout seul* (→ **autodidacte**).

FORMIDABLE [fɔʀmidabl] adj. (après le nom, parfois avant le nom) 1. STYLE RECHERCHÉ Qui a une taille ou une force très grande. *Le tonnerre fait un bruit formidable.* → **énorme, terrible.** 2. Extraordinaire, admirable. *Il a toujours des idées formidables.* → **sensationnel.** *Un formidable succès. Elle est formidable avec les enfants. C'est formidable, ce qu'il fait !* → **merveilleux.**

FORMIDABLEMENT [fɔʀmidabləmɑ̃] adverbe ▪ Énormément. *Il a formidablement grandi depuis l'an dernier.* → **beaucoup.** *C'est quelqu'un de formidablement gentil.* → **terriblement, très.**

FORMULAIRE [fɔʀmylɛʀ] n. m. ▪ *UN FORMULAIRE :* feuille imprimée qui contient des questions auxquelles les intéressés doivent répondre. *Tous les passagers de l'avion doivent remplir un formulaire de douane.* → **questionnaire.**

FORMULE [fɔʀmyl] n. f. ▪ *UNE FORMULE* 1. Paroles rituelles qui doivent être prononcées dans certaines circonstances. *Le sorcier prononce une formule magique.* 2. Expression spéciale que l'on emploie dans la vie en société, dans certaines circonstances. *Il a terminé sa lettre par une formule de politesse. Je cherche la formule qui convient.* 3. *FORMULE MATHÉMATIQUE :* expression qui définit avec précision les relations entre les termes qui entrent dans cette expression. *Le professeur a écrit au tableau des formules mathématiques très compliquées.* – *FORMULE CHIMIQUE :* suite de lettres et de chiffres qui symbolisent tous les éléments qui forment une substance qui existe dans la nature. *La formule chimique de l'eau est H_2O.* 4. Solution d'un problème, manière de procéder. *Voyager est une bonne formule pour apprendre les langues étrangères.* → **méthode, procédé.** *C'est la formule idéale.* → **solution.** *Chèque, espèces, carte bancaire, le magasin accepte toutes les formules de paiement.* → ② **mode.** 5. Catégorie de voitures de compétition. *Le pilote court sur une voiture de formule un (F1).* 6. Expression d'une idée. *Quand il parle, il n'emploie que des formules toutes faites* (→ **cliché**). *Cette formule publicitaire est très bien trouvée.* → **slogan.** 7. Feuille de papier imprimée à de nombreux exemplaires, contenant quelques indications et destinée à recevoir un message court. *À la poste, elle remplit une formule de télégramme.* → **formulaire.**

FORMULER [fɔʀmyle] verbe [conjugaison 1a] 1. Exprimer avec précision. *Ce consommateur mécontent a formulé une réclamation auprès du magasin.* 2. Exprimer par des mots. *Formulez mieux votre pensée. Je voudrais formuler un souhait.* → **émettre, former.**

FORNICATION [fɔʀnikasjɔ̃] n. f. ▪ *LA FORNICATION :* péché de la chair (entre personnes ni mariées ni liées par des vœux). *Dans certains pays, la fornication est sévèrement punie.*

① **FORT** [fɔʀ] adj., adverbe et n. m., **FORTE** [fɔʀt] adj.
I. adjectif (après le nom, parfois avant le nom) 1. (qqn) Qui a beaucoup de force physique, de vigueur. *C'est un homme grand et fort.* → **robuste, vigoureux ;** STYLE FAMILIER **costaud.** ‹contraires : faible, fragile› *Il est FORT COMME UN TURC, COMME UN BŒUF,* extrêmement fort. 2. (qqn) Corpulent, gros. *Elle est un peu forte, elle devrait maigrir.* ‹contraires : maigre, mince› *Elle est forte de poitrine.* 3. (qqn) Qui est très intelligent, qui a de grandes connaissances (dans un domaine). *Son fils est fort en maths.* → **bon, calé.** ‹contraires : mauvais, nul› *Elle est devenue très forte à ce petit jeu.* → **doué, habile.** *Il est très fort dans son métier.* → **bon, capable, compétent.** 4. (matière) Résistant, solide. *Il faut utiliser de la colle forte pour recoller ce vase. Il a emballé le colis dans du papier fort.* → **épais.** 5. *UNE PLACE FORTE :* une ville fortifiée. *Les ennemis ont attaqué la place forte. Le CHÂTEAU FORT est assiégé.* 6. (qqn) Capable de résister au monde extérieur ou à soi-même. *Les épreuves l'ont rendue forte.* → **courageux, énergique.** – *Cet enfant est une FORTE TÊTE,* il résiste à ce qu'on veut lui faire faire. → **indiscipliné.** 7. (mouvement, effort) Intense, violent. *J'ai reçu un coup très fort sur la tête. Il souffle un vent très fort.* – (avant le nom) *On attend de fortes chutes de neige.* → **abondant.** ‹contraire : petit› *Le malade a une forte fièvre.* → **élevé.** *Il a de fortes chances de réussir.* → **gros.** 8. (qqch.) Dont l'intensité a une grande action sur les sens. *Cette lumière est*

trop forte, elle fait mal aux yeux. Il a une voix forte. ⟨contraire : faible⟩ *Je n'aime pas le café très fort.* → **serré.** ⟨contraire : léger⟩ 9. Intense. *Quand la douleur est trop forte, elle prend un calmant. Il nous a fait une forte impression.* 10. (moyen d'expression) Qui a un grand pouvoir d'évocation. *Cette épithète est peut-être un peu forte.* → **exagéré, outré.** *C'est un idiot, au sens fort du mot.* → **littéral.** 11. (qqch.) Difficile à croire ou à supporter. *La plaisanterie est un peu forte.* – STYLE FAMILIER *Ça, c'est un peu fort, quand même ! Le plus fort, c'est qu'il y croit.* → **pire.** 12. (qqn) Qui a un grand pouvoir, une grande influence. *Il est fort parce qu'il est riche.* → **influent, puissant.** ⟨contraire : faible⟩ – *Elle est FORTE DE son expérience :* elle trouve son assurance, sa confiance en elle dans son expérience. 13. (invariable) *SE FAIRE FORT DE :* se déclarer assez fort pour. *Elles se font fort de le convaincre :* elles se disent capables de le convaincre. → se **targuer.** 14. Qui a la force, qui n'hésite pas à employer la force. *Le pays a besoin d'un gouvernement fort. C'est lui l'homme fort du gouvernement. Pour mater la révolte, l'armée a utilisé la MANIÈRE FORTE,* la violence. 15. (sentiment) Qui agit efficacement, produit des effets importants. *Il m'énerve, C'EST PLUS FORT QUE MOI :* je ne peux m'empêcher d'être énervé quand je le vois. 16. (monnaie) Qui a un cours élevé et qui varie peu. *Le mark et le dollar sont des monnaies fortes.* ⟨contraire : faible⟩

II. adverbe 1. En fournissant un gros effort physique, avec de la force. *Frappez fort et entrez.* → **vigoureusement, violemment.** ⟨contraire : faiblement⟩ *Il l'a serrée très fort dans ses bras.* 2. Avec une grande intensité. *Ne parle pas si fort, je ne suis pas sourd. Le vent s'est mis à souffler fort.* – STYLE FAMILIER *Tu Y VAS FORT :* tu exagères. *Ça ne va pas fort, on dirait,* ça ne va pas très bien. – STYLE FAMILIER *Ils ont FAIT FORT :* ils ont employé les grands moyens. 3. STYLE RECHERCHÉ Beaucoup, extrêmement. *Tu auras fort à faire* [fɔʀtafɛʀ] *pour me convaincre.* ⟨contraire : peu⟩ *J'en doute fort.* – *C'est un homme fort occupé.* → **très.** *Vous l'avez FORT BIEN dit.*

III. *LE FORT* 1. *PROTÉGER LE FAIBLE CONTRE LE FORT :* protéger les personnes faibles contre les personnes puissantes. *C'est un Don Quichotte, il veut protéger le faible contre le fort.* 2. La partie forte. *LE FORT DE qqn,* la chose dans laquelle il est le meilleur, le plus fort. *La tolérance, ce n'est pas son fort !* – STYLE RECHERCHÉ *AU FORT DE :* au milieu de. *Au fort de l'hiver, le thermomètre descend très bas.* → **cœur.**

② **FORT** [fɔʀ] n. m. ▪ *UN FORT :* construction qui protège un lieu ou une ville contre les attaques. *Un vieux fort domine la ville.* → **citadelle, forteresse, fortin.**

FORTEMENT [fɔʀtəmɑ̃] adverbe 1. Avec force. *Appuyez fortement.* → **vigoureusement.** *Il a un visage aux traits fortement marqués.* → **nettement.** – *J'espère fortement qu'il réussira.* → **profondément.** 2. Beaucoup, très. *Votre projet nous a fortement intéressés.* → **vivement.** ⟨contraire : peu⟩

FORTERESSE [fɔʀtəʀɛs] n. f. ▪ *UNE FORTERESSE :* lieu fortifié destiné à défendre un territoire, une ville. *Cette forteresse qui domine la vallée est imprenable.* → **citadelle.**

FORTIFIANT [fɔʀtifjɑ̃] adj. et n. m., **FORTIFIANTE** [fɔʀtifjɑ̃t] adj. 1. adjectif (après le nom) (aliment, boisson) Qui donne des forces. *Les sportifs ont besoin d'une nourriture fortifiante.* 2. *UN FORTIFIANT :* médicament qui donne des forces. *Le convalescent doit prendre des fortifiants.*

FORTIFICATION [fɔʀtifikasjɔ̃] n. f. ▪ *UNE FORTIFICATION :* construction destinée à la défense militaire d'une région, d'une ville. *La vieille ville est entourée de fortifications* (→ **citadelle, enceinte, forteresse).**

① **FORTIFIER** [fɔʀtifje] verbe [conjugaison 7a] ▪ Construire des fortifications pour protéger (un lieu, une ville) des attaques. *Il faut que nous fortifiions les frontières.* – *Saint-Malo, en France, est une ville fortifiée,* entourée de fortifications.

② **FORTIFIER** [fɔʀtifje] verbe [conjugaison 7a] 1. Rendre fort, vigoureux. *Prenez des vitamines, cela vous fortifiera.* ⟨contraire : affaiblir⟩ 2. Augmenter, renforcer (un sentiment). *La séparation a fortifié leur amour.*

FORTIN [fɔʀtɛ̃] n. m. ▪ *UN FORTIN :* un petit fort. *Un fortin domine l'entrée du port.*

A **FORTIORI** → **a fortiori**

FORTUIT [fɔʀtɥi], **FORTUITE** [fɔʀtɥit] adj. (après le nom) ▪ (événement) Qui arrive par hasard. *J'ai fait une rencontre fortuite, dans la rue.* → **imprévu, inattendu.**

FORTUNE [fɔʀtyn] n. f. ▪ *LA FORTUNE* 1. Grande richesse. *Sa famille possède une grosse fortune* (→ **fortuné).** *Ils ont DE LA FORTUNE.* → **argent, bien, capital.** – *Les aventuriers rêvent de FAIRE FORTUNE,* de devenir riches. 2. STYLE RECHERCHÉ Hasard (heureux ou malheureux). *J'ai eu la BONNE FORTUNE de vous rencontrer.* → **chance.** *Ils ont fait contre MAUVAISE FORTUNE bon cœur :* ils ne se sont pas laissé abattre par la malchance. *Il a eu beaucoup de REVERS DE FORTUNE dans sa vie,* beaucoup de malchance, d'échecs. 3. *DE FORTUNE :* improvisé pour parer au plus pressé. *Il a bricolé une installation de fortune,* une installation provisoire. – *Nous dînerons À LA FORTUNE DU POT,* en toute simplicité, avec ce qu'il y a à manger. 4. *UNE FORTUNE :* somme considérable d'argent, de biens. *Il paie l'impôt sur LES GRANDES FORTUNES.* – *Cette voiture me coûte une fortune.*

> FAUX AMI
> italien **fortuna** « chance, bonne fortune » s'emploie peu au sens 1. « richesse »

FORTUNÉ [fɔʀtyne], **FORTUNÉE** [fɔʀtyne] adj. (après le nom) ▪ (qqn) Qui possède de la fortune. *Il est né dans une famille fortunée.* → **aisé, riche.** ⟨contraires : défavorisé, pauvre⟩

FOSSE [fos] n. f. ▪ *UNE FOSSE* 1. Trou creusé dans le sol et aménagé. *Les musiciens de l'Opéra sont dans la FOSSE D'ORCHESTRE,* à l'emplacement qui leur est réservé dans les théâtres, devant la scène et en contrebas. – *Les toilettes sont reliées à la FOSSE D'AISANCES,* le trou qui reçoit les excréments. *Les excréments sont éliminés dans la FOSSE SEPTIQUE,* le réservoir dans lequel ils sont décomposés par les bactéries. 2. Trou creusé dans la terre pour y mettre les morts. *Le cercueil a été descendu dans la fosse.* → **tombe.** *Certaines personnes sont inhumées dans une FOSSE COMMUNE,* une tombe qui contient plusieurs corps. 3. Cavité naturelle du corps. *Les FOSSES NASALES sont garnies de poils.* 4. *Une FOSSE SOUS-MARINE :* lieu où la mer est très profonde. *Certaines fosses sous-marines dépassent dix mille mètres de profondeur.*

FOSSÉ [fose] n. m. ▪ *UN FOSSÉ* 1. Trou creusé en long dans le sol. *La route est bordée de chaque côté par un fossé. La voiture est tombée dans le fossé.* 2. Cassure, coupure. *Il y a un fossé entre eux : ils ne se comprennent plus du tout.*

FOSSETTE [fosɛt] n. f. ▪ *UNE FOSSETTE :* petit creux dans une partie charnue du corps. *Le bébé a des fossettes sur les joues.*

FOSSILE [fosil] adj. et n. m. 1. adjectif (après le nom) *PLANTE FOSSILE, ANIMAL FOSSILE :* reste ou empreinte d'une plante ou d'un animal qui a vécu dans le passé, conservés dans le sol. *Des chercheurs ont trouvé dans la région des espèces fossiles de fougère.* 2. *UN FOSSILE :* reste ou empreinte d'une espèce végétale ou animale conservés dans le sol. *Certains fossiles ont plusieurs millions d'années.*

FOSSOYEUR [foswajœʀ] n. m. ▪ *UN FOSSOYEUR :* une personne qui creuse les fosses dans un cimetière. *Les fossoyeurs ont recouvert le cercueil de terre.*

FOU [fu] n. m. et adj., **FOLLE** [fɔl] n. f. et adj.
I. *UN FOU, UNE FOLLE* **1.** Personne atteinte de troubles de l'esprit. *C'est un fou dangereux, on devrait l'enfermer.* → **aliéné, dément, malade.** – *C'est une HISTOIRE DE FOUS ce que tu me racontes là :* c'est une histoire absurde, incroyable. *C'est une vraie MAISON DE FOUS ici !* un lieu où les habitants se comportent de manière bizarre, extravagante. **2.** Personne qui, sans être atteinte d'une maladie mentale, a un comportement bizarre, extravagant. *Cette vieille folle raconte toujours n'importe quoi. Ce jeune fou va trop vite sur sa moto. Il s'est mis à courir COMME UN FOU pour attraper son bus,* il s'est mis à courir très vite. *Elle travaille COMME UNE FOLLE pour préparer son concours,* elle travaille énormément. **3.** Personne gaie et exubérante. *Les enfants ont fait les fous toute la journée. Plus on est de fous, plus on rit :* plus on est nombreux, plus on s'amuse. **4.** *UN FOU DE qqch. :* une personne qui a un goût prononcé pour qqch. *C'est un fou de cinéma : il voit trois films par jour.* → **fanatique ;** STYLE FAMILIER **mordu. 5.** Bouffon d'un roi ou d'un important personnage, autrefois. *Le fou pouvait critiquer le roi pour faire rire.* **6.** Pièce du jeu d'échecs. *Il s'est fait prendre son fou.*
II. adjectif (après le nom, parfois avant le nom) **1.** Qui est atteint d'une maladie mentale. *Elle est devenue folle et on a dû l'enfermer.* → **dément.** ⟨contraires : équilibré, sensé⟩ **2.** Hors de soi. *Sa bêtise me rend fou,* elle m'énerve, m'impatiente. → **malade.** *Il y a de quoi devenir fou. Elle est folle de joie.* → **ravi. 3.** *FOU DE (qqn, qqch.) :* qui a un goût extrême pour. *Il est fou d'elle. Elle est folle de peinture.* **4.** Qui se comporte de façon anormale, extravagante. *Il est complètement fou. Il est fou à lier.* → STYLE FAMILIER **cinglé, dingue, maboul, toqué.** *Il faut être fou pour faire une chose pareille. Elle n'est pas folle :* elle est maligne, habile. *Il n'est pas si fou qu'il en a l'air.* **5.** (qqch.) Contraire à la raison. *Elle s'est prise d'une folle passion pour lui. Entre eux, c'est l'amour fou. On ne sait jamais quelle idée folle peut lui traverser l'esprit.* → **absurde.** *J'ai réprimé une folle envie de rire.* → **grand, irrépressible. 6.** *FOU RIRE :* rire irrépressible. *Le présentateur de télévision a eu une crise de fou rire. Elles ont souvent des fous rires quand elles sont ensemble.* **7.** (appareil) Dont le mouvement est irrégulier, incontrôlable. *L'aiguille du cadran est folle. Le moteur est devenu fou,* il s'est mis à tourner à vide. – STYLE FAMILIER *Il a une PATTE FOLLE :* il boite. – *Le jardin est plein d'HERBES FOLLES,* d'herbes qui s'agitent au vent. **8.** (qqch.) Énorme, considérable. *Il y a un monde fou à ce cocktail. J'ai un travail fou, en ce moment.* – STYLE FAMILIER *C'EST FOU ce que c'est cher, dans ce magasin !* c'est exagérément cher.

REM. **1.** *Fou* devient *fol* au masculin singulier devant un nom qui commence par une voyelle (ex. : *un fol espoir*) ou un *h* muet (ex. : *un fol humour*). **2.** En psychiatrie, on n'emploie plus ce mot qui est à la fois vieilli et péjoratif : on dit *malade mental.*

FOUDRE [fudʀ] n. f. ▪ *LA FOUDRE* **1.** Décharge électrique qui se produit par temps d'orage, avec une violente lumière **(→ éclair)** et une détonation **(→ tonnerre).** *La foudre est tombée tout près d'ici. Plusieurs arbres ont été frappés par la foudre* **(→ foudroyer). 2.** *Un COUP DE FOUDRE :* manifestation immédiate de l'amour dès la première rencontre. *Dès qu'il a vu cette fille, il a eu le coup de foudre. – J'ai eu le coup de foudre pour ce petit chat.* **3.** STYLE RECHERCHÉ (au pluriel) LES FOUDRES : les reproches, la colère (de qqn). *En ne venant pas à la réunion, il S'EST ATTIRÉ LES FOUDRES de ses supérieurs,* il a mécontenté ses supérieurs.

REM. *Foudroyant* et *fulgurant* sont les deux adjectifs qui correspondent à *foudre.*

FOUDROYANT [fudʀwajɑ̃], **FOUDROYANTE** [fudʀwajɑ̃t] adj. (après le nom) ▪ Rapide et brutal comme la foudre. *Le succès de ce roman a été foudroyant.* → **fulgurant.** *Elle est morte en peu de temps, victime d'une maladie foudroyante.*

FOUDROYER [fudʀwaje] verbe [conjugaison 8a] **1.** Frapper, tuer par la foudre ou par le courant électrique. *Une personne, qui s'était réfugiée sous un arbre pendant l'orage, a été foudroyée. L'ouvrier a été foudroyé par le courant.* → **électrocuter. 2.** Tuer, anéantir brusquement. *Une crise cardiaque l'a foudroyé.* → **terrasser. 3.** *FOUDROYER DU REGARD :* regarder avec colère, méchanceté. *Il me foudroie du regard chaque fois qu'il me voit.*

REM. *yi* à la 1re et à la 2e personne du pluriel de l'imparfait *(nous foudroyions, vous foudroyiez).*

FOUET [fwɛ] n. m. ▪ *UN FOUET* **1.** Instrument fait d'une lanière de cuir ou d'une corde attachée à un manche et qui sert à frapper, à battre. *Le dompteur fait claquer son fouet. Autrefois, on DONNAIT LE FOUET aux enfants* **(→ fouetter).** – (figuré) *Ces vitamines te donneront un COUP DE FOUET,* te stimuleront. **2.** *DE PLEIN FOUET :* de face et avec violence. *Les deux voitures se sont heurtées de plein fouet.* **3.** Appareil de cuisine servant à battre les blancs d'œufs, les sauces. *Elle bat les blancs d'œufs avec un FOUET ÉLECTRIQUE.* → **batteur.**

FOUETTER [fwete] verbe [conjugaison 1a] **1.** Frapper avec un fouet. *Le cavalier fouette son cheval pour le faire avancer.* – (figuré) *Il n'y a pas DE QUOI FOUETTER UN CHAT :* ce n'est pas grave, ce n'est pas important. *Il n'a pas envie de s'occuper de ça, il A D'AUTRES CHATS À FOUETTER,* il a autre chose à faire. **2.** Frapper comme avec un fouet. *La pluie lui fouette le visage.* **3.** Battre vivement, rapidement. *Fouettez les blancs d'œufs avant de les incorporer à la sauce. – Les fraises sont servies avec de la CRÈME FOUETTÉE,* de la crème battue.

FOUGÈRE [fuʒɛʀ] n. f. ▪ *UNE FOUGÈRE :* plante verte à longues feuilles très découpées. *On distingue à peine le sentier entre deux haies de fougères. Certaines fougères arborescentes sont très hautes.*

FOUGUE [fug] n. f. ▪ *LA FOUGUE :* élan, enthousiasme. *Il s'est lancé dans l'aventure avec la fougue de la jeunesse.* → **ardeur, impétuosité.** ⟨contraire : calme⟩

FAUX AMI — portugais **fuga** « fuite »

FOUGUEUX [fugø], **FOUGUEUSE** [fugøz] adj. (après le nom) ▪ Qui a de la fougue, de l'ardeur. *Le cavalier monte un cheval fougueux,* très vif. ⟨contraires : calme, posé⟩

FOUILLE [fuj] n. f. ▪ *UNE FOUILLE* **1.** Inspection minutieuse. *Il y a eu une fouille dans le métro. À la frontière, la fouille des bagages a duré longtemps.* → **examen, inspection. 2.** (surtout au pluriel) Travaux qui permettent de mettre au jour des ruines ensevelies. *Les archéologues ont commencé à faire des fouilles sur le site de l'ancienne ville romaine.* **3.** STYLE FAMILIER Poche (d'un vêtement). *Il cherche un peu de monnaie dans ses fouilles.*

FOUILLE-MERDE [fujmɛʀd] n. m., n. f. ▪ STYLE TRÈS FAMILIER *UN FOUILLE-MERDE, UNE FOUILLE-MERDE :* une personne indiscrète qui cherche à savoir des choses scandaleuses sur qqn. *Ce journaliste de la presse à scandale est vraiment un FOUILLE-MERDE.* PLURIEL : *des FOUILLE-MERDES.*

REM. Au pluriel, on écrit aussi *des fouille-merde.*

FOUILLER [fuje] verbe [conjugaison 1a]
I. 1. Creuser (le sol, un emplacement) pour découvrir ce qui peut y être enfoui. *Les archéologues fouillent le terrain pour découvrir des vestiges romains.* 2. Explorer avec soin en tout sens. *J'ai fouillé la maison de la cave au grenier pour retrouver mes lunettes. Les douaniers fouillent les bagages des voyageurs.* → **examiner, inspecter.** – *Il faut que nous fouillions* [fujjɔ̃] *tous les prisonniers.* 3. Explorer en déplaçant tout ce qui peut cacher ce que l'on cherche. *Je déteste que l'on fouille dans mes affaires.* → STYLE FAMILIER **farfouiller, fouiner.** *J'ai fouillé dans ses poches.*
II. verbe pronominal SE FOUILLER STYLE FAMILIER *IL PEUT SE FOUILLER* : il n'obtiendra pas ce qu'il espère. *Tu peux toujours te fouiller, je ne te dirai rien.*

FOUILLIS [fuji] n. m. ▪ STYLE FAMILIER *UN FOUILLIS* : entassement d'objets réunis en désordre. *Je ne retrouve rien dans ce fouillis.* → STYLE FAMILIER **bordel, foutoir, pagaille.** *Quel fouillis dans cette chambre !*

FOUINE [fwin] n. f. ▪ *UNE FOUINE* : petit animal carnivore, au corps mince et au museau allongé. *Une fouine a pénétré dans le poulailler et a égorgé trois poulets.*

FOUINER [fwine] verbe [conjugaison 1a] ▪ STYLE FAMILIER Fouiller partout de manière indiscrète. *Je déteste que l'on fouine dans mes affaires.*

FOULARD [fulaʀ] n. m. ▪ *UN FOULARD* : morceau de tissu que l'on met autour du cou ou sur la tête. *Elle a un foulard de soie autour du cou.* → **écharpe.**

FOULE [ful] n. f. 1. *LA FOULE* : grand rassemblement de personnes dans un même lieu. *La foule se presse sur le lieu de l'accident. Nous nous sommes mêlés à la foule. IL Y A FOULE pour voir ce spectacle,* il y a beaucoup de monde. 2. *UNE FOULE DE* : un grand nombre de (personnes ou choses de la même catégorie). *Une foule de visiteurs est venue voir l'exposition. J'ai une foule de choses à faire, ce matin.* → ① **masse, quantité.** 3. *EN FOULE* : en grand nombre, en masse. *Le public est venu en foule écouter ce concert.*

FAUX AMI
anglais **fool** « un fou »

REM. On peut dire *une foule de visiteurs est venue* ou *une foule de visiteurs sont venus.*

FOULÉE [fule] n. f. 1. *UNE FOULÉE* : pas que l'on fait en courant. *Cet athlète a une magnifique foulée. Il court à grandes foulées.* → **enjambée.** 2. *DANS LA FOULÉE* : sur son élan, sans interrompre ce qui est commencé. *Il a passé un concours, puis plusieurs autres dans la foulée.*

FOULER [fule] verbe [conjugaison 1a]
I. STYLE RECHERCHÉ *FOULER AUX PIEDS (qqch.)* : bafouer, traiter avec mépris. *Elle foule aux pieds tout ce que les autres respectent.* → **piétiner.**
II. verbe pronominal SE FOULER 1. *Se fouler une articulation* : se faire une foulure, une légère entorse. *Elle s'est foulé la cheville en tombant.* 2. STYLE FAMILIER Se donner du mal, se fatiguer. *Elle ne s'est pas beaucoup foulée pour faire ce travail.*

FOULURE [fulyʀ] n. f. ▪ *UNE FOULURE* : légère entorse. *Il s'est fait une foulure au poignet. Elle a une foulure de la cheville.*

FOUR [fuʀ] n. m. ▪ *UN FOUR* 1. Appareil ménager dans lequel on fait cuire les aliments. *Vous pouvez faire cuire ce rôti au four ou dans une cocotte. La tarte est dans le four. Ils ont un four électrique traditionnel et un four à micro-ondes* (→ **micro-onde**). 2. Construction de pierre, généralement voûtée, qui s'ouvre par-devant, où l'on fait cuire le pain et la pâtisserie. *Le boulanger a sorti les croissants et les brioches du four. Les pizzas sont brûlantes, elles sortent du four.* 3. Appareil dans lequel on fait cuire qqch. à très forte chaleur. *Ce vase de céramique a été cuit dans un four à une température de mille degrés.* 4. *FOUR CRÉMATOIRE* → **crématoire.**

FOURBE [fuʀb] adj. (après le nom) ▪ STYLE RECHERCHÉ Qui trompe en faisant semblant d'être honnête. *Méfie-toi de lui, c'est quelqu'un de fourbe.* → ① **faux, hypocrite, perfide, sournois.** ⟨contraires : franc, honnête⟩ *Il a l'air fourbe.*

FOURBERIE [fuʀbəʀi] n. f. ▪ *LA FOURBERIE* : caractère d'une personne fourbe, hypocrite, fausse. → **duplicité, fausseté, hypocrisie, perfidie.** *Personne n'avait jusque là soupçonné sa fourberie.* ⟨contraires : droiture, franchise, honnêteté⟩

FOURBI [fuʀbi] n. m. ▪ STYLE FAMILIER *LE FOURBI* : ensemble de choses en désordre. *Qu'est-ce que c'est que ce fourbi ? Range un peu tout ce fourbi !* → STYLE TRÈS FAMILIER **bordel, foutoir.**

FOURBU [fuʀby], **FOURBUE** [fuʀby] adj. (après le nom) ▪ Très fatigué. *Ils sont rentrés fourbus de leur longue randonnée en montagne.* → **éreinté, harassé** ; STYLE FAMILIER **crevé.**

FOURCHE [fuʀʃ] n. f. ▪ *UNE FOURCHE* 1. Instrument formé d'un long manche muni de dents, utilisé pour les travaux agricoles ou le jardinage. *Le fermier pique le foin avec sa fourche.* 2. Endroit où une chose se divise en deux. *Le chat grimpe jusqu'à la fourche de l'arbre,* jusqu'à l'endroit où les grosses branches se séparent du tronc. *La fourche de cette bicyclette est cassée,* la partie du cadre formée de deux tubes parallèles entre lesquels est fixée la roue. 3. Partie d'un chemin qui se divise en deux. *À la fourche, vous irez à droite.* → **bifurcation, embranchement.**

FOURCHETTE [fuʀʃɛt] n. f. 1. *UNE FOURCHETTE* : instrument formé d'un manche et de plusieurs dents, qui sert à piquer les aliments et à les porter à sa bouche. *On pique la viande avec une fourchette. Devant chaque convive, il y a une fourchette, un couteau et une cuillère* (→ ② **couvert**). – *IL A UN BON COUP DE FOURCHETTE* : il a de l'appétit. 2. *LA FOURCHETTE* : écart entre deux valeurs extrêmes. *Au cours de la soirée électorale, les journalistes ont donné la fourchette des résultats,* ils ont donné le plus grand et le plus petit nombre de voix que pourraient obtenir les candidats.

FOURCHU [fuʀʃy], **FOURCHUE** [fuʀʃy] adj. (après le nom) ▪ Qui a la forme, l'aspect d'une fourche. *La vipère a la langue fourchue. Les ruminants ont le pied fourchu,* fendu. *Elle a les cheveux fourchus.*

FOURGON [fuʀgɔ̃] n. m. ▪ *UN FOURGON* 1. Wagon qui sert au transport des bagages, des colis ou des journaux, dans un train. *Il a fait mettre son vélo dans le FOURGON À BAGAGES. Le FOURGON POSTAL transporte le courrier.* 2. Long véhicule couvert. *Le FOURGON MORTUAIRE est couvert de fleurs,* la camionnette qui conduit un mort au cimetière. *Ce FOURGON À BESTIAUX conduit les porcs à l'abattoir.*

FOURGONNETTE [fuʀgɔnɛt] n. f. ▪ *UNE FOURGONNETTE* : petite camionnette. *Le plombier est venu dans sa fourgonnette* (→ **break**).

FOURGUER [fuʀge] verbe [conjugaison 1b] ▪ STYLE FAMILIER Vendre ou donner (une mauvaise marchandise). *Le garagiste lui a fourgué une vieille bagnole.* → **refiler.**

REM. Penser au *u* devant *a* à l'imparfait (ex. : *il fourguait*).

FOURMI [fuʀmi] n. f. 1. *UNE FOURMI* : petit insecte noir ou rouge qui vit en colonies dans des fourmilières. *Les fourmis rouges piquent.* 2. *AVOIR DES FOURMIS DANS les membres,* des picotements. *Je suis restée assise trop longtemps sans bouger, maintenant j'ai des fourmis dans les jambes.* → **fourmillement.**

FOURMILIER [furmilje] n. m. ▪ *UN FOURMILIER* : animal d'Amérique au museau très long qui se nourrit de fourmis et de termites qu'il attrape avec sa longue langue gluante. *Le fourmilier est un mammifère.*

FOURMILIÈRE [furmiljɛʀ] n. f. ▪ *UNE FOURMILIÈRE* **1.** Petit monticule de terre creusé de nombreuses galeries où vivent des colonies de fourmis. *Il y a plusieurs milliers de fourmis dans une fourmilière.* **2.** Lieu où s'agitent de nombreuses personnes. *Ce bureau est une véritable fourmilière.* → **ruche.**

FOURMILLEMENT [furmijmɑ̃] n. m. ▪ *UN FOURMILLEMENT* : picotement désagréable, comparable à la sensation de fourmis courant sur la peau. *J'ai des fourmillements dans les mains.* → **fourmi.**

FOURMILLER [furmije] verbe [conjugaison 1a] ▪ Être en grand nombre. *Les erreurs fourmillent dans ce texte. Sa dictée FOURMILLE DE fautes d'orthographe,* en contient beaucoup.

FOURNAISE [furnɛz] n. f. ▪ *UNE FOURNAISE* : lieu où il fait très chaud. *En été, cette chambre sous les toits est une fournaise.*

FOURNEAU [furno] n. m. ▪ *UN FOURNEAU* **1.** Four industriel dans lequel on fait fondre des matières à très haute température. *HAUT FOURNEAU* : grand four dans lequel on fond le minerai de fer. PLURIEL : *les HAUTS FOURNEAUX ont la forme de deux troncs de cône superposés.* **2.** Appareil sur lequel on fait cuire les aliments. *L'eau chauffe sur le fourneau.* → **cuisinière.** – *Le cuisinier EST AUX FOURNEAUX,* il cuisine. **3.** Partie de la pipe dans laquelle on met le tabac. *Il remplit le fourneau de sa pipe avec du tabac blond.*

FOURNÉE [furne] n. f. ▪ *UNE FOURNÉE* **1.** Quantité de pain que l'on fait cuire à la fois dans un four. *Le boulanger fait plusieurs fournées par jour.* **2.** STYLE FAMILIER Ensemble de personnes qui font la même chose ou subissent le même sort en même temps. *Il y a une nouvelle fournée d'ouvriers licenciés.*

FOURNIR [furnir] verbe [conjugaison 2] **1.** *FOURNIR qqn EN qqch.* : donner à qqn ce qui est nécessaire. *Ce négociant fournit en vin ce restaurant.* → **approvisionner.** **2.** *FOURNIR qqch. À qqn,* le lui procurer. *L'hôtel fournit à ses clients les serviettes de bain pour la piscine.* → **prêter.** *Pourriez-vous me fournir un renseignement ? Cela me fournira l'occasion de le voir.* → **donner.** – *Il faut que l'accusé fournisse des preuves de son innocence.* → **apporter, présenter, produire.** *Le tapissier fournit le tissu,* il le procure à son client en échange d'une somme d'argent. **3.** Faire. *Cet élève a fourni un gros effort en fin d'année.* **4.** verbe pronominal SE FOURNIR : (qqn) faire ses achats. *Elle se fournit toujours chez le même boucher.* → s'**approvisionner,** se **ravitailler.** *Nous nous sommes fournis chez un autre commerçant.*

FOURNISSEUR [furnisœr] n. m., **FOURNISSEUSE** [furnisøz] n. f. ▪ *UN FOURNISSEUR, UNE FOURNISSEUSE* : personne qui vend des marchandises à un client. *L'entrée réservée aux fournisseurs est à côté.*

FOURNITURE [furnityʀ] n. f. **1.** *LA FOURNITURE* : action de fournir. *Cette entreprise assure la fourniture d'armes à ce pays.* **2.** (au pluriel) DES FOURNITURES : tous les objets nécessaires pour travailler. *Au début de l'année, les élèves doivent acheter les FOURNITURES SCOLAIRES. Nous achetons les fournitures de bureau dans cette papeterie.*

> FAUX AMI
> anglais **furniture**
> « meubles »

FOURRAGE [furaʒ] n. m. ▪ *LE FOURRAGE* : ensemble des plantes que l'on donne à manger au bétail. *Le fourrage sec est stocké pour l'hiver.* → **foin.**

FOURRAGÈRE [furaʒɛʀ] adj. f. ▪ *Une PLANTE FOURRAGÈRE,* qui fournit du fourrage. *La luzerne, le foin, le trèfle sont des plantes fourragères. On donne au bétail des betteraves fourragères.*

① **FOURRÉ** [fure] n. m. ▪ *UN FOURRÉ* : massif de broussailles et de petits arbres épais et touffus. *Le renard s'est caché dans un fourré.* → **buisson, taillis.**

② **FOURRÉ** [fure], **FOURRÉE** [fure] adj. (après le nom) **1.** (vêtement) Doublé de fourrure ou d'un tissu chaud. *Il neige, mets tes bottes fourrées.* **2.** (aliment) Dont l'intérieur contient de la crème, de la liqueur ou de la confiture. *Il nous a offert des bonbons fourrés à la crème.* **3.** *Un COUP FOURRÉ,* en traître. *Elle nous a encore fait un de ses coups fourrés* (→ STYLE FAMILIER **crasse).**

FOURREAU [furo] n. m. ▪ *UN FOURREAU* **1.** Étui allongé dans lequel on glisse un objet de même forme pour le protéger quand on ne s'en sert pas. *Le chevalier tire l'épée de son fourreau.* PLURIEL : *des FOURREAUX de parapluie.* → **gaine.** **2.** Robe très moulante. *Elle a un fourreau en lamé.*

> FAUX AMI
> roumain **furou**
> « combinaison »

FOURRER [fure] verbe [conjugaison 1a]
I. 1. Doubler de fourrure. *Son imperméable est fourré avec du lapin.* **2.** Garnir intérieurement. *Le pâtissier fourrera* [furra] *les dattes avec de la pâte d'amande.* **3.** Faire entrer comme dans un fourreau. *Il fourre les mains dans ses poches.* → **enfoncer.** **4.** Faire entrer brutalement ou n'importe comment. *Elle a fourré ses affaires de toilette dans la valise.* → **flanquer ;** STYLE TRÈS FAMILIER **foutre.** – STYLE FAMILIER *Je ne sais pas où j'ai bien pu fourrer cette lettre.* → **ranger.** **5.** *ÊTRE TOUT LE TEMPS FOURRÉ quelque part,* y être très souvent. *Elle est tout le temps fourrée chez les voisins.*
II. verbe pronominal SE FOURRER **1.** (qqn) Se placer. *Elle s'est fourrée sous les couvertures.* – *Je ne savais plus où me fourrer,* où me mettre tellement j'avais honte. **2.** Faire entrer comme dans un fourreau (dans une cavité du corps). *Ne te fourre pas les doigts dans le nez !* → **mettre.** – STYLE FAMILIER *SE FOURRER LE DOIGT DANS L'ŒIL* : se tromper complètement. *Si tu crois cela, tu te fourres le doigt dans l'œil. Elle s'est vraiment fourré le doigt dans l'œil.*

FOURRE-TOUT [furtu] n. m. invariable ▪ *UN FOURRE-TOUT* : sac de voyage souple, sans compartiments. *Elle a mis ses robes n'importe comment dans son fourre-tout.* PLURIEL : *des fourre-tout.*

FOURREUR [furœr] n. m. ▪ *UN FOURREUR* : une personne qui fabrique et vend des vêtements de fourrure. *Elle s'est acheté un manteau de vison chez un fourreur.*

FOURRIÈRE [furjɛʀ] n. f. ▪ *LA FOURRIÈRE* **1.** Lieu où l'on transporte et où l'on garde les animaux perdus ou abandonnés. *Ce chien sans collier a été emmené à la fourrière.* **2.** Lieu où la police met les véhicules stationnés à des endroits interdits sur la voie publique. *J'ai dû aller chercher ma voiture à la fourrière et payer une amende pour pouvoir la récupérer.*

FOURRURE [furyʀ] n. f. ▪ *LA FOURRURE* **1.** Poil de certains animaux. *Les chats ont une fourrure très douce.* → **pelage.** **2.** Peau d'animal garnie de ses poils, dont on fait des vêtement ou des couvertures. *Elle a mis son MANTEAU DE FOURRURE. Le dessus-de-lit est en fourrure.* **3.** *UNE FOURRURE* : vêtement de fourrure. *Pour sortir, elle a mis sa fourrure.*

SE **FOURVOYER** [furvwaje] verbe pronominal [conjugaison 8a] ▪ STYLE RECHERCHÉ Se tromper, faire une erreur. *Elle se fourvoie si elle pense qu'il est honnête,* elle a tort. *Nous nous sommes fourvoyés. Il se fourvoierait* [furvwarɛ] *s'il insistait.*

FOUTAISE [futɛz] n. f. ▪ STYLE FAMILIER *UNE FOUTAISE* : chose insignifiante, sans intérêt. *Arrête tes foutaises ! – C'est de la foutaise !*

FOUTOIR [futwaʀ] n. m. ▪ STYLE FAMILIER *UN FOUTOIR* : grand désordre. *Qu'est-ce que c'est que ce foutoir ?* → **bazar ;** STYLE TRÈS FAMILIER **bordel.**

FOUTRE [futʀ] verbe [conjugaison (je fous, nous foutons ; je foutais ; je foutrai ; que je foute, que nous foutions ; foutant ; foutu)] ▪ STYLE TRÈS FAMILIER
I. 1. Faire. *Il ne fout rien de la journée.* → STYLE FAMILIER ① **fiche.** *Qu'est-ce que tu veux que ça me foute ? J'en ai rien à foutre* : je m'en moque, ça m'est égal. → STYLE TRÈS FAMILIER **battre, branler, cirer.** *Qu'est-ce que tu fous ?* → **fabriquer. 2.** Mettre. *Foutez tout ça dans le coin.* → **fourrer.** *Il lui a foutu son poing dans la gueule. Fous-moi ça à la poubelle,* jette-le. *Le directeur a foutu un employé à la porte,* l'a renvoyé. – *Ça la fout mal* : ça fait mauvais effet. **3.** *VA TE FAIRE FOUTRE,* injure. → STYLE TRÈS FAMILIER **enculer. 4.** *JE T'EN FOUS* : ce n'est pas vrai, contrairement aux apparences. *Il devait venir, mais je t'en fous, il est resté chez lui. Je t'en foutrai, des cadeaux,* je ne t'en ferai pas.
II. verbe pronominal SE FOUTRE **1.** Se mettre avec rapidité ou violence. *Elle s'est foutue par terre* : elle est tombée. *J'en ai envie comme de me foutre à l'eau !* je n'en ai pas la moindre envie. *Elle s'est foutue dedans* : elle s'est trompée. **2.** *SE FOUTRE DE* : se moquer de. *Arrête de te foutre de moi. Elle se fout de tout. Tu peux dire ce que tu veux, je m'en fous,* ça m'est égal. *Je me fous complètement qu'il vienne ou non,* ça m'est indifférent.

FOUTU [futy], **FOUTUE** [futy] adj. (avant le nom ou après le nom) ▪ STYLE TRÈS FAMILIER **1.** Mauvais. *Il a un foutu caractère.* → **sale ;** STYLE FAMILIER ① **fichu. 2.** (avant le nom) Pour parler d'une chose, d'une personne qui agace, qui mécontente. *C'est une foutue paresseuse ! – Où est passé ce foutu bouquin ?* → **sacré. 3.** Perdu, ruiné ou condamné. *Le malade est foutu. C'est un type foutu.* → **fini.** *Mes chaussures sont foutues,* hors d'usage. **4.** Fait. *C'est une fille BIEN FOUTUE,* qui a un beau corps. – *Je me sens MAL FOUTU,* en mauvaise forme, fatigué. → **patraque. 5.** *ÊTRE FOUTU DE* : être capable de. *Elle est foutue de gagner. T'es même pas foutu d'y arriver !*

FOYER [fwaje] n. m. ▪ *UN FOYER* **1.** Partie d'une cheminée où brûle le feu. *Mets une bûche dans le foyer.* → **âtre. 2.** *UN FOYER D'INCENDIE* : lieu en feu d'où se propage un incendie. *Le foyer d'incendie est dans la cave.* **3.** Lieu où vit et habite la famille. *Comme on est bien dans son foyer ! Elle est FEMME AU FOYER,* elle n'a pas d'activité professionnelle. **4.** La famille. *Ils viennent de FONDER UN FOYER,* de se marier. **5.** Lieu de vie réservé à certaines personnes. *Elle vit dans un foyer d'étudiants.* **6.** Salle où l'on peut se réunir. *Les élèves inscrits à la chorale se réunissent dans le foyer de l'école. Nous nous sommes retrouvés au foyer du théâtre,* dans la salle où l'on peut boire et fumer pendant l'entracte. **7.** *DES LUNETTES À DOUBLE FOYER,* qui permettent de voir de loin et de près. *Elle met ses lunettes à double foyer.* **8.** Point central, d'où provient qqch. *On n'a pas encore trouvé le foyer de la révolte.*

FRACAS [fʀaka] n. m. ▪ *LE FRACAS* : bruit violent. *La vitre s'est brisée avec fracas. On entend le fracas des vagues. – Il a été renvoyé AVEC PERTE ET FRACAS,* brutalement.

> FAUX AMIS
> espagnol **fracaso,**
> portugais **fracasso**
> « échec »

FRACASSER [fʀakase] verbe [conjugaison 1a] **1.** Briser avec violence. *Le coup lui a fracassé la mâchoire.* → **casser. 2.** verbe pronominal SE FRACASSER : (qqch.) se casser. *La barque s'est fracassée sur les rochers.*

FRACTION [fʀaksjɔ̃] n. f. ▪ *UNE FRACTION* **1.** Quantité que l'on calcule en divisant une unité en parts égales. *Dans la fraction 2/5 (deux cinquièmes* ou *deux sur cinq), 2 est le numérateur et 5 est le dénominateur. Le professeur de mathématiques nous demande de réduire toutes ces fractions au même dénominateur.* **2.** Partie d'une totalité. *Les moins de vingt ans représentent une fraction importante de la population.* → **portion.** *J'ai cru le voir pendant UNE FRACTION DE SECONDE,* un instant très court.

FRACTIONNER [fʀaksjɔne] verbe [conjugaison 1a] ▪ Diviser en parties, en fractions. *L'héritage a été fractionné en trois parts.* → **partager.**

FRACTURE [fʀaktyʀ] n. f. **1.** *UNE FRACTURE* : blessure d'un os cassé. *Il s'est fait une fracture du fémur* : il s'est cassé le fémur. *Le blessé a une fracture du crâne.* **2.** *LA FRACTURE SOCIALE* : séparation sociale et économique profonde entre les membres des couches sociales les plus basses et ceux des plus élevées. *Le gouvernement veut lutter contre la fracture sociale.*

FRACTURER [fʀaktyʀe] verbe [conjugaison 1a]
I. 1. Blesser par une fracture. *Le choc lui a fracturé deux côtes.* **2.** Casser exprès. *Les cambrioleurs ont fracturé la porte du magasin. Si tu as perdu ta clé, nous fracturerons* [fʀaktyʀʀɔ̃] *une fenêtre.*
II. verbe pronominal SE FRACTURER : se faire une fracture. *Elle s'est fracturé la clavicule en tombant dans l'escalier,* elle s'est cassé la clavicule.

FRAGILE [fʀaʒil] adj. (après le nom) **1.** (qqch.) Qui se casse ou qui s'abîme facilement. *Ces verres sont très fragiles.* ⟨contraires : incassable, solide⟩ *Fais attention en lavant ce tissu fragile.* → **délicat.** *Elle a les cheveux fragiles.* → **cassant.** ⟨contraire : résistant⟩ **2.** (qqn) Qui tombe facilement malade. *Sa fille est une enfant fragile.* → **délicat, faible.** ⟨contraire : robuste⟩ – *Il est de santé fragile. Elle a l'estomac fragile.* **3.** (qqn) Qui manque de résistance psychologique. *Elle est très fragile depuis cet échec.* → **vulnérable.**

FRAGILISER [fʀaʒilize] verbe [conjugaison 1a] ▪ Rendre fragile, plus fragile. *Ce virus fragilise l'organisme.* → **affaiblir.**

FRAGILITÉ [fʀaʒilite] n. f. ▪ *LA FRAGILITÉ* **1.** Facilité à se casser. *Les verres en cristal sont d'une grande fragilité.* ⟨contraire : solidité⟩ **2.** Faiblesse de la santé. *Sa fragilité l'empêche de faire du sport.* ⟨contraires : endurance, résistance, robustesse⟩

FRAGMENT [fʀagmɑ̃] n. m. ▪ *UN FRAGMENT* **1.** Morceau d'une chose qui a été cassée. *Les archéologues ont trouvé des fragments d'os de mammouths.* → **bout, débris,** ① **éclat. 2.** Partie prise dans un texte, une œuvre. *Nous allons étudier un fragment de ce poème de Pablo Neruda.* → **extrait, passage.**

FRAGMENTAIRE [fʀagmɑ̃tɛʀ] adj. (après le nom) ▪ Qui est incomplet. *Ils n'ont donné que des informations fragmentaires.* → **partiel.** ⟨contraire : complet⟩

FRAGMENTER [fʀagmɑ̃te] verbe [conjugaison 1a] ▪ Partager en fragments. *On a fragmenté le film en plusieurs épisodes.* → **diviser, morceler.**

FRAÎCHEMENT [fʀɛʃmɑ̃] adverbe **1.** Depuis peu de temps. *Ce mur a été fraîchement repeint.* → **récemment.** *Elle est fraîchement arrivée dans notre ville.* **2.** Avec froideur. *Ils m'ont accueilli fraîchement.* → **froidement.** ⟨contraires : chaleureusement, chaudement⟩

FRAÎCHEUR [fʀɛʃœʀ] n. f. ▪ *LA FRAÎCHEUR* **1.** Température fraîche. *La fraîcheur de la nuit est bien agréable.* ⟨contraire : chaleur⟩ **2.** Qualité d'un produit frais, qui n'est pas du tout abîmé. *Dans cette poissonnerie, les poissons sont de toute première fraîcheur,* ils sont très frais. **3.** Qualité de ce qui est sain, garde son éclat, sa vivacité. *Elle a un teint d'une grande fraîcheur. Cette lessive garde la fraîcheur des couleurs.* **4.** Absence de cordialité, de chaleur. *Il nous a accueillis avec fraîcheur,* sans enthousiasme. → **froideur, tiédeur.** ⟨contraire : chaleur⟩

FRAÎCHIR [fʀeʃiʀ] verbe [conjugaison 2] ▪ Devenir plus frais. *Le temps a fraîchi.* → se **rafraîchir.** *Il faudrait que la température fraîchisse.*

① **FRAIS** [fʀɛ] adj., n. m. et adverbe, **FRAÎCHE** [fʀɛʃ] adj.
I. adjectif (après le nom) **1.** Légèrement froid. *Les nuits sont fraîches en cette saison.* → STYLE FAMILIER **frisquet.** *Tu as les mains fraîches.* ⟨contraires : brûlant, chaud⟩ *Voulez-vous une boisson fraîche ? J'ai bu de l'eau fraîche.* ⟨contraires : chaud, tiède⟩ **2.** (aliment) Qui a été fabriqué, pêché, cueilli il y a peu de temps. *Il y a du pain frais sur la table.* ⟨contraire : rassis⟩ *Ces poissons sont frais.* **3.** (aliment) Qui n'a subi aucune préparation pour être conservé. *Les légumes frais sont pleins de vitamines* (opposé à congelé, en conserve, sec, surgelé). *Nous avons mangé des pâtes fraîches.* **4.** Qui a été fait il y a peu de temps. *Attention, peinture fraîche !* la peinture vient d'être appliquée et elle n'est pas sèche. *Avez-vous des nouvelles fraîches ?* → **récent. 5.** Qui respire la santé et la vie. *Cette jeune fille est fraîche comme une rose. – Elle a le teint frais.* **6.** Qui n'est pas fatigué. *Des troupes fraîches ont été envoyées en renfort.* **7.** Qui donne une impression de pureté. *Ce dentifrice rend l'haleine fraîche.* – (figuré) *Nous avons vu un film très frais.* **8.** Sans cordialité. *Son accueil a été plutôt frais.* → **froid.**
II. *LE FRAIS :* l'air frais. *Nous allons PRENDRE LE FRAIS,* respirer l'air frais dehors. *Il faut mettre le beurre AU FRAIS,* dans un endroit frais.
III. adverbe Légèrement froid. *Il fait frais ce matin.*

② **FRAIS** [fʀɛ] n. m. pluriel ▪ *LES FRAIS* **1.** Argent dépensé pour une raison précise. *Cette réparation va entraîner des frais.* → **dépense.** *Il faut payer les frais d'inscription à l'université. Cette dépense entre dans les FRAIS GÉNÉRAUX de l'entreprise,* les frais liés au fonctionnement de l'entreprise. *Il part en déplacement TOUS FRAIS PAYÉS,* en ne payant rien lui-même. – *J'ai eu des FAUX FRAIS,* de petites dépenses qui s'ajoutent aux dépenses principales. **2.** *À PEU DE FRAIS :* en dépensant peu ; en ne se donnant pas beaucoup de mal. *Je me suis sorti de mes difficultés à peu de frais. Elle voyage AUX FRAIS de son entreprise,* l'entreprise payant tout. *Nous nous sommes MIS EN FRAIS :* nous avons fait des dépenses inhabituelles ; nous avons fait des efforts. *J'en SUIS POUR MES FRAIS :* je n'ai rien obtenu en échange de ce que j'ai dépensé, du mal que je me suis donné. *C'est encore lui qui FAIT LES FRAIS DE la conversation,* qui en est le sujet principal. – STYLE FAMILIER *Arrêtez les frais, ça ne vaut pas le coup :* arrêtez de vous donner du mal.

① **FRAISE** [fʀɛz] n. f. ▪ *UNE FRAISE* **1.** Petit fruit rouge qui pousse sur le fraisier. *Voulez-vous des fraises au sucre ou à la crème ? Les fraises que je préfère, ce sont les FRAISES DES BOIS. Le pâtissier vend des tartes aux fraises.* – STYLE FAMILIER *Il SUCRE LES FRAISES :* il est gâteux. **2.** STYLE FAMILIER Tête, visage. *Le voilà qui ramène sa fraise,* qui arrive.

② **FRAISE** [fʀɛz] n. f. ▪ *UNE FRAISE* **1.** Instrument formé d'une pointe qui tourne très vite dont se sert le dentiste pour creuser une dent. *Le dentiste passe la fraise à l'endroit où il y a une carie.* → **roulette. 2.** Outil qui sert à percer, couper. *Le menuisier se sert de sa fraise.*

FRAISIER [fʀezje] n. m. ▪ *UN FRAISIER :* plante qui produit les fraises. *Le jardinier soigne ses fraisiers.*

FRAMBOISE [fʀɑ̃bwaz] n. f. ▪ *UNE FRAMBOISE :* petit fruit rouge foncé à la peau très douce, plus petit que la fraise, qui pousse sur le framboisier. *Il étale de la confiture de framboises sur son pain.*

FRAMBOISIER [fʀɑ̃bwazje] n. m. ▪ *UN FRAMBOISIER :* petit arbre sur lequel poussent les framboises. *Le jardinier taille les framboisiers.*

① **FRANC** [fʀɑ̃] n. m. ▪ *LE FRANC* **1.** Unité monétaire de la France. *Ce livre coûte cinquante francs.* → STYLE FAMILIER **balles.** *Ce meuble vaut dix mille francs.* → STYLE FAMILIER **brique. 2.** *FRANC BELGE, FRANC SUISSE, FRANC LUXEMBOURGEOIS :* unités monétaires de la Belgique, de la Suisse, du Luxembourg. *Franc C. F. A.* [fʀɑ̃seɛfa] : unité monétaire de certains pays d'Afrique. *En Côte-d'Ivoire, on paie en francs C. F. A.*

REM. L'abréviation de *franc* est *F : 1 000 F* (sans point).

② **FRANC** [fʀɑ̃], **FRANCHE** [fʀɑ̃ʃ] adj. (après le nom, parfois avant le nom) **1.** (qqn) Qui dit ce qu'il pense sans rien cacher et sans mentir. *Je serai franche avec vous.* → **direct, sincère.** ⟨contraires : hypocrite, menteur⟩ *C'est un homme franc, vous pouvez le croire.* → **honnête.** ⟨contraire : sournois⟩ **2.** Qui exprime la loyauté. *Il a un regard franc. Ils ont eu une franche explication.* → **loyal.** – *Jouer FRANC JEU :* agir loyalement, en toute honnêteté. *Je jouerai franc jeu avec vous.* **3.** (avant le nom) Qui est véritablement tel qu'on le voit. *C'est une franche canaille.* → **parfait, véritable, vrai. 4.** *UN COUP FRANC :* coup tiré sans opposition de l'adversaire, dans les jeux de ballon. *L'arbitre a accordé un coup franc à notre équipe.* **5.** Exempt de charges, de taxes. *Nous avons acheté des parfums détaxés dans une boutique franche à l'aéroport. Le colis est envoyé FRANC DE PORT,* sans que le destinataire ait à payer les frais d'envoi. → ① **franco.**

FRANÇAIS [fʀɑ̃sɛ] adj. et n. m., **FRANÇAISE** [fʀɑ̃sɛz] adj. et n. f. **1.** adjectif (après le nom) Qui appartient, est relatif à la France. *Il est de nationalité française. Aimez-vous la cuisine française ?* → **hexagonal.** *Il fait partie de l'équipe française de tennis.* → **tricolore. 2.** *UN FRANÇAIS, UNE FRANÇAISE :* une personne de nationalité française. *Les Français. – C'est un Français moyen.* → STYLE FAMILIER **beauf, franchouillard. 3.** *LE FRANÇAIS :* la langue française. *Mes amis anglais parlent très bien le français. Le français est parlé dans de nombreux pays* (→ **francophone).** – STYLE FAMILIER *Tu ne comprends pas le français ?* tu n'as donc rien compris à ce que l'on te disait ?

FRANC-COMTOIS [fʀɑ̃kɔ̃twa] adj. et n. m., **FRANC-COMTOISE** [fʀɑ̃kɔ̃twaz] adj. et n. f. **1.** De Franche-Comté, région de l'est de la France. *Le Doubs est un département franc-comtois.* PLURIEL : *des fromages FRANCS-COMTOIS ; des horloges FRANCS-COMTOISES.* **2.** *UN FRANC-COMTOIS, UNE FRANC-COMTOISE :* une personne qui habite en Franche-Comté. *C'est une Franc-Comtoise de Besançon.* PLURIEL : *les FRANCS-COMTOIS, les FRANCS-COMTOISES.*

FRANCE [fʀɑ̃s] nom propre féminin ▪ *LA FRANCE :* pays d'Europe occidentale. *Les habitants de France sont les Français. Une amie roumaine fait ses études en France. Il revient de France.*

FRANCFORT [fʀɑ̃kfɔʀ] nom propre – en allemand **FRANKFURT** **1.** *FRANCFORT-SUR-LE-MAIN (Frankfurt am Main) :* ville d'Allemagne dans la Hesse. *Je dois aller bientôt à Francfort-sur-le-Main.* **2.** *FRANCFORT-SUR-L'ODER (Frankfurt an der Oder) :* ville d'Allemagne, dans le Brandebourg. *Nous revenons de Francfort-sur-l'Oder.*

FRANCHEMENT [fʀɑ̃ʃmɑ̃] adverbe **1.** Sans rien cacher, sans mentir. *Dis-moi franchement ce que tu penses.* → **sincèrement.** **2.** Vraiment. *Franchement, il exagère ! Ce film est franchement mauvais,* très mauvais. **3.** Sans hésitation. *Vas-y franchement !* → **carrément.** ⟨contraire : timidement⟩ – *FRANCO* [fʀɑ̃ko] forme abrégée familière *Allez-y franco !*

FRANCHIR [fʀɑ̃ʃiʀ] verbe [conjugaison 2] **1.** Passer par-dessus (un obstacle) en sautant ou en grimpant. *Le cheval a franchi le ruisseau. Il faut que tu franchisses la barrière.* **2.** (qqch.) Passer par-dessus en reliant les deux extrémités. *Un pont franchit la rivière.* → **enjamber.** **3.** Aller au-delà de (une limite). *L'avion franchit le mur du son.* → **passer.** *Le coureur va franchir la ligne d'arrivée. Le navigateur a franchi le cap.* → **dépasser.** – (figuré) *Il a enfin FRANCHI LE PAS,* il s'est décidé à agir. → **sauter.** **4.** Aller d'un bout à l'autre de. *L'espace à franchir n'est pas très grand.* → **parcourir.** – *Sa réputation a franchi les siècles.* → **traverser.**

FRANCHISE [fʀɑ̃ʃiz] n. f. ▪ *LA FRANCHISE* **1.** Qualité d'une personne qui dit ce qu'elle pense, sans mentir et sans rien cacher. *Il a avoué avec franchise.* → **sincérité.** *Elle a répondu EN TOUTE FRANCHISE.* → **honnêteté.** ⟨contraire : hypocrisie⟩ **2.** Dispense de taxes, d'impôts, de droits à payer. *Cette lettre bénéficie de la FRANCHISE POSTALE,* de la possibilité de ne pas mettre de timbre. **3.** Contrat par lequel une entreprise autorise un commerçant à exploiter sa marque. *Il a une boutique de pulls EN FRANCHISE* (→ **franchisé).** **4.** Part qu'un assuré garde à sa charge. *Les réparations de sa voiture accidentée lui ont coûté trois cents francs de franchise.*

FRANCHISÉ [fʀɑ̃ʃize], **FRANCHISÉE** [fʀɑ̃ʃize] adj. (après le nom) ▪ (commerce) Qui exploite la marque d'une entreprise par un contrat de franchise. *Il a plusieurs magasins franchisés.*

FRANCHOUILLARD [fʀɑ̃ʃujaʀ] adj. et n. m., **FRANCHOUILLARDE** [fʀɑ̃ʃujaʀd] adj. et n. f. ▪ STYLE FAMILIER **1.** adjectif (après le nom) Caractéristique du Français moyen, avec tous ses défauts. *Il a un humour franchouillard.* **2.** *UN FRANCHOUILLARD, UNE FRANCHOUILLARDE :* Français moyen fier de l'être. *Ce sont des franchouillards.* → STYLE FAMILIER **beauf.**

FRANCILIEN [fʀɑ̃siljɛ̃] adj. et n. m., **FRANCILIENNE** [fʀɑ̃siljɛn] adj. et n. f. **1.** adjectif (après le nom) De l'Île-de-France, la région parisienne qui comprend Paris et les départements qui l'entourent. *Il a eu un accident de voiture sur une autoroute francilienne.* **2.** *UN FRANCILIEN, UNE FRANCILIENNE :* une personne habitant en Île-de-France. *Les Franciliens.*

FRANCISER [fʀɑ̃size] verbe [conjugaison 1a] ▪ Donner à (un mot, une expression) une forme, une orthographe, une prononciation françaises. *Le mot anglais « bulldog » a été francisé en « bouledogue ».*

FRANC-MAÇON [fʀɑ̃masɔ̃] n. m. et adj., **FRANC-MAÇONNE** [fʀɑ̃masɔn] n. f. et adj. **1.** *UN FRANC-MAÇON, UNE FRANC-MAÇONNE :* une personne qui appartient à la franc-maçonnerie. *C'est un franc-maçon.* PLURIEL : *des FRANCS-MAÇONS ; des FRANC-MAÇONNES.* **2.** adjectif (après le nom) Relatif à la franc-maçonnerie. *Il appartient à une loge franc-maçonne de tendance socialiste.* MASCULIN PLURIEL : *des rites FRANCS-MAÇONS.* FÉMININ PLURIEL : *des associations FRANC-MAÇONNES.*

FRANC-MAÇONNERIE [fʀɑ̃masɔnʀi] n. f. ▪ *LA FRANC-MAÇONNERIE :* association plus ou moins secrète, à caractère philosophique et progressiste, qui se consacre à la recherche de la vérité et à l'amélioration de l'homme et de la société. *Elle appartient à la franc-maçonnerie :* elle est franc-maçonne. PLURIEL : *des FRANC-MAÇONNERIES.*

① **FRANCO** [fʀɑ̃ko] adverbe ▪ Sans frais de transport pour le destinataire. *Ce colis a été envoyé franco (de port).* → ② **franc.**

② **FRANCO** adverbe Forme abrégée familière de **franchement.**

FRANCO- Élément invariable qui signifie « français » et qui, suivi d'un trait d'union et d'un adjectif désignant un peuple, sert à former des adjectifs composés exprimant un rapport entre la France et un autre pays (ex. : *une coproduction franco-italienne ; les relations franco-allemandes ; la frontière franco-espagnole*).

FRANCOPHILE [fʀɑ̃kɔfil] adj., n. m. et n. f. **1.** adjectif (après le nom) Qui aime la France et les Français. *Le président de ce pays mène une politique francophile.* **2.** *UN FRANCOPHILE, UNE FRANCOPHILE :* une personne qui aime la France et les Français. *Ce sont des francophiles, ils passent toutes leurs vacances en France.*

FRANCOPHONE [fʀɑ̃kɔfɔn] adj., n. m. et n. f. **1.** adjectif (après le nom) Qui parle le français. *Leurs enfants sont francophones. Léopold Sédar Senghor est un écrivain francophone,* qui écrit en français. *Le Mali est un pays francophone,* où l'on parle français. **2.** *UN FRANCOPHONE, UNE FRANCOPHONE :* une personne qui parle couramment français. *Il y a cent cinquante millions de francophones dans le monde.*

FRANCOPHONIE [fʀɑ̃kɔfɔni] n. f. ▪ *LA FRANCOPHONIE :* ensemble formé par les populations qui parlent français. *La Belgique, le Québec, la Suisse font partie de la francophonie.*

FRANC-PARLER [fʀɑ̃paʀle] n. m. ▪ *LE FRANC-PARLER :* liberté de langage, manière de parler très franche. *Il dit toujours ce qu'il a à dire, il a SON FRANC-PARLER.* PLURIEL : *des FRANCS-PARLERS.*

FRANC-TIREUR [fʀɑ̃tiʀœʀ] n. m. ▪ *UN FRANC-TIREUR :* une personne qui combat un ennemi sans appartenir à une armée régulière. *Cette fusillade est l'œuvre d'un franc-tireur.* PLURIEL : *un groupe de FRANCS-TIREURS.*

FRANGE [fʀɑ̃ʒ] n. f. ▪ *UNE FRANGE* **1.** Rangée de fils coupés qui forment la bordure d'un vêtement, d'un tissu. *Le chat joue avec les franges du tapis.* **2.** Cheveux coupés droit couvrant le front sur toute sa largeur. *Ma sœur a la frange.* **3.** Minorité. *Une frange d'indécis ne sait pas encore pour qui voter.*

FRANGIN [fʀɑ̃ʒɛ̃] n. m., **FRANGINE** [fʀɑ̃ʒin] n. f. ▪ STYLE FAMILIER *LE FRANGIN, LA FRANGINE :* frère, sœur. *T'as qu'à venir avec ton frangin. Voilà ma frangine.*

FRANGIPANE [fʀɑ̃ʒipan] n. f. ▪ *LA FRANGIPANE :* crème aux amandes que l'on met dans des gâteaux. *Le pâtissier a préparé des galettes à la frangipane.*

FRANGLAIS [fʀɑ̃glɛ] n. m. ▪ *LE FRANGLAIS :* emploi de la langue française où l'influence de l'anglais est très importante. *Il a tendance à abuser du franglais, par exemple il ne parle jamais d'un baladeur mais toujours d'un walkman.*

À LA BONNE **FRANQUETTE** [alabɔnfʀɑ̃kɛt] adverbe ▪ Sans façon, très simplement. *Venez tous dîner, ce sera à la bonne franquette,* sans cérémonie.

FRANQUISTE [fʀɑ̃kist] n. m., n. f. et adj. **1.** *UN FRANQUISTE, UNE FRANQUISTE :* un partisan du général Franco et de son régime instauré en 1936, en Espagne. *Les franquistes s'opposaient aux républicains.* **2.** adjectif (après le nom) Qui concerne le régime instauré par Franco. *Cela s'est passé du temps de l'Espagne franquiste.*

FRAPPANT [fʀapɑ̃], **FRAPPANTE** [fʀapɑ̃t] adj. (après le nom) ▪ Qui frappe, qui fait une vive impression. *Il y a une ressemblance frappante entre la mère et la fille.* → **étonnant, impressionnant, saisissant.** ⟨contraires : douteux, faible⟩

① **FRAPPE** [fʀap] n. f. ■ *LA FRAPPE* **1.** Action, manière de taper à la machine ou sur un clavier d'ordinateur. *Mon secrétaire fait beaucoup de FAUTES DE FRAPPE.* **2.** *La FORCE DE FRAPPE d'un pays*, l'ensemble des moyens militaires modernes de ce pays. *Notre pays a une force de frappe insuffisante.* – *UNE FRAPPE* : une action militaire. *Les États-Unis ont décidé des frappes sur l'Irak.*

② **FRAPPE** [fʀap] n. f. ■ STYLE FAMILIER *UNE PETITE FRAPPE* : un voyou. *Il s'est fait attaquer dans la rue par des petites frappes.*

FRAPPER [fʀape] verbe [conjugaison 1a] **1.** (qqn) Toucher en portant un ou plusieurs coups. *Ce père brutal frappe ses enfants.* → **battre, taper.** *Il l'a frappé à la tête.* – *Ce boxeur frappe sec.* → **cogner.** **2.** (qqch.) Atteindre. *La balle l'a frappé en pleine poitrine.* – (figuré) *Un grand malheur l'a frappé.* **3.** Donner des coups. *Les spectateurs enthousiastes frappent des mains,* ils applaudissent. *On FRAPPE À la porte.* → **heurter, taper.** *Entrez sans frapper ! Frappez fort !* **4.** Marquer d'une empreinte. *On a frappé une nouvelle pièce de monnaie,* on l'a fabriquée en imprimant dessus un dessin en relief. **5.** *VIN FRAPPÉ*, très frais. *Nous avons bu une coupe de champagne frappé.* **6.** Impressionner vivement. *Sa maigreur m'a frappé. J'ai été frappé par leur ressemblance* (→ **frappant**). *Ça m'a tout de suite frappé.* **7.** STYLE FAMILIER verbe pronominal SE FRAPPER : (qqn) s'inquiéter plus qu'il ne faut. *Ne te frappe pas, il va revenir.* → se **tracasser.** *Elle ne s'est pas vraiment frappée.*

FRATERNEL [fʀatɛʀnɛl], **FRATERNELLE** [fʀatɛʀnɛl] adj. (après le nom) ■ Qui existe entre des frères, entre des sœurs, entre des frères et sœurs ou entre des personnes qui s'aiment comme des frères. *Elle défend son petit frère par amour fraternel. Ils sont liés par une amitié fraternelle.* – *Il est très fraternel avec elle,* il se conduit comme un frère.

FRATERNISER [fʀatɛʀnize] verbe [conjugaison 1a] ■ S'entendre comme des frères et sœurs. *Il a très vite fraternisé avec le mari de sa sœur. Les soldats des deux armées ennemies fraternisent.*

FRATERNITÉ [fʀatɛʀnite] n. f. ■ *LA FRATERNITÉ* : lien d'amitié profonde qui existe entre plusieurs personnes. *Il existe une grande fraternité entre les membres de notre groupe. « Liberté, Égalité, Fraternité » est le devise de la République française.*

FRAUDE [fʀod] n. f. ■ *LA FRAUDE* : tromperie punie par la loi. *Cet industriel a été condamné pour FRAUDE FISCALE,* pour avoir fait de fausses déclarations de revenus. *Cet étranger a passé la frontière EN FRAUDE,* clandestinement. *Les contrebandiers passent des marchandises en fraude,* illégalement.

FRAUDER [fʀode] verbe [conjugaison 1a] ■ Commettre une fraude. *Ce candidat a fraudé à son examen.* → **tricher.** *Elle fraude toujours dans les transports en commun.* → **resquiller.** – *Il a fraudé le fisc.* → **voler.**

FRAUDEUR [fʀodœʀ] n. m., **FRAUDEUSE** [fʀodøz] n. f. ■ *UN FRAUDEUR, UNE FRAUDEUSE* : une personne qui fraude. *Les fraudeurs du fisc ont de grosses amendes.*

FRAUDULEUX [fʀodylø], **FRAUDULEUSE** [fʀodyløz] adj. (après le nom) ■ Qui est une fraude, qui est contraire à la loi. *Il a employé des méthodes frauduleuses pour s'enrichir.*

FRAYER [fʀeje] verbe [conjugaison 8b] **1.** *FRAYER (UN CHEMIN)* : ouvrir un chemin au milieu d'obstacles. *Je passe devant et je vous fraierai* [fʀɛʀɛ] *un chemin à travers les broussailles.* **2.** verbe pronominal *SE FRAYER UN CHEMIN* : se tailler, s'ouvrir un chemin (au milieu d'obstacles). *Frayons-nous un passage à travers la foule. Elle s'est frayé un chemin à travers les broussailles.*

FRAYEUR [fʀɛjœʀ] n. f. ■ *LA FRAYEUR* : très grande peur, provoquée par un danger. *Il a poussé un cri de frayeur en voyant une araignée.* → **effroi, épouvante, terreur.** *Elle s'est remise de ses frayeurs.*

FREDONNER [fʀədɔne] verbe [conjugaison 1a] ■ Chanter à mi-voix, sans ouvrir la bouche. *Il fredonne une chanson en se rasant.* – *Arrête de fredonner, tu m'énerves !* → **chantonner.**

FREE-LANCE [fʀilɑ̃s] adj. invariable et n. m. **1.** adjectif (après le nom) Qui est indépendant dans sa profession, qui n'est pas salarié par un employeur. *Il est journaliste free-lance.* PLURIEL : *des stylistes free-lance.* **2.** *LE FREE-LANCE* : travail où l'on est indépendant. *Elle travaille EN FREE-LANCE,* à son compte.

REM. *Free-lance* est un mot anglais qui signifie « franc-tireur ».

FREEZER [fʀizœʀ] n. m. ■ *LE FREEZER* : compartiment d'un réfrigérateur où se forme la glace. *Prends des glaçons dans le freezer.*

REM. *Freezer* est un mot anglais qui vient de *to freeze* « geler ».

FRÉGATE [fʀegat] n. f. ■ *UNE FRÉGATE* **1.** Aux dix-huitième et dix-neuvième siècles, bateau de guerre à trois mâts. *Les frégates portaient une soixantaine de canons.* **2.** Bateau de guerre qui fait la chasse aux sous-marins. *Le navire est escorté de deux frégates.* **3.** Oiseau de mer qui a de grandes ailes fines, une queue fourchue et un long bec crochu. *Des frégates survolent le bateau.*

FREIN [fʀɛ̃] n. m. ■ *UN FREIN* **1.** Système qui sert à ralentir et à arrêter un véhicule. *Le garagiste a vérifié les freins avant et les freins arrière de ma voiture. Serre le FREIN À MAIN pour démarrer dans la côte. L'automobiliste appuie sur la pédale de frein. Les freins ont lâché et le camion a foncé dans le mur. Le conducteur donne un COUP DE FREIN,* il freine. **2.** Ce qui ralentit le développement de qqch. *Il a dû METTRE UN FREIN À ses dépenses,* dépenser moins. *Ma fille a une imagination SANS FREIN,* excessive. **3.** *RONGER SON FREIN* : avoir du mal à contenir sa colère, son impatience. *Le prisonnier ronge son frein dans sa cellule.*

FREINAGE [fʀɛnaʒ] n. m. ■ *LE FREINAGE* : action et manière de freiner. *On voit des traces de freinage sur le chemin.*

FREINER [fʀene] verbe [conjugaison 1a] **1.** Ralentir, arrêter un véhicule en utilisant les freins. *Le cycliste freine dans la descente. L'automobiliste a freiné brutalement.* (contraire : accélérer) – *Cette voiture freine bien,* elle a de bons freins. **2.** Empêcher de se développer. *Je vais devoir freiner mes dépenses.* → **diminuer.**

FRELATÉ [fʀəlate], **FRELATÉE** [fʀəlate] adj. (après le nom) ■ (vin, alcool) Auquel on a ajouté une substance étrangère. *Ils nous ont fait boire de l'alcool frelaté.*

FRÊLE [fʀɛl] adj. (avant le nom ou après le nom) ■ Qui est mince et donne l'impression d'être fragile. *Une frêle jeune fille a ouvert la porte.* (contraires : fort, robuste) *Elle a des jambes frêles.*

FRELON [fʀəlɔ̃] n. m. ■ *UN FRELON* : grosse guêpe rousse et jaune, au thorax noir. *La piqûre des frelons est très douloureuse. Il y a un nid de frelons sous le toit.*

FRÉMIR [fʀemiʀ] verbe [conjugaison 2] **1.** (qqch.) Être agité par un léger tremblement. *Les feuilles frémissent sous l'effet du vent.* – *L'eau frémit,* elle commence à bouillir. **2.** (qqn) Trembler à cause du froid, de la peur ou d'une émotion. *Je frémis à cette idée. Je FRÉMIS D'horreur en y pensant. J'en frémis encore.*

FRÉMISSEMENT [fʀemismɑ̃] n. m. ■ *UN FRÉMISSEMENT* : tremblement léger. *Un frémissement agite le feuillage. Il a été parcouru par un frémissement de colère.* → **frisson.**

FRÊNE [fʀɛn] n. m. ▪ *UN FRÊNE* : arbre à bois clair et dur, des forêts d'Europe. *Certains frênes peuvent atteindre trente-cinq mètres de haut.*

FRÉNÉSIE [fʀenezi] n. f. ▪ *LA FRÉNÉSIE* : grande excitation. *Elle s'est mise à travailler avec frénésie.* → **fièvre.** *Les spectateurs applaudissent avec frénésie.* → **enthousiasme.** (contraire : ① calme)

FRÉNÉTIQUE [fʀenetik] adj. (après le nom) ▪ Qui montre une grande excitation. *Le chanteur salue sous les applaudissements frénétiques des spectateurs.* → **enthousiaste.**

FRÉQUEMMENT [fʀekamɑ̃] adverbe ▪ D'une manière fréquente. *Elle part fréquemment en voyage.* → **souvent.** (contraires : jamais, rarement)

FRÉQUENCE [fʀekɑ̃s] n. f. **1.** *LA FRÉQUENCE* : caractère de ce qui arrive plusieurs fois. *Elle risque d'être punie pour la fréquence de ses retards.* → **nombre, répétition.** (contraire : rareté) *Quelle est la fréquence de ses visites ?* **2.** *UNE FRÉQUENCE* : nombre de cycles d'un phénomène par unité de temps. *Sur quelle fréquence émet cette radio ?* – *LA MODULATION DE FRÉQUENCE,* utilisant un procédé d'émission radiophonique de très bonne qualité. *Ce concert est diffusé en modulation de fréquence.*

FAUX AMI
polonais **frekwencja** « fréquentation »

FRÉQUENT [fʀekɑ̃], **FRÉQUENTE** [fʀekɑ̃t] adj. (après le nom, parfois avant le nom) ▪ Qui se produit souvent. *Il nous fait de fréquentes visites,* il vient souvent. → **nombreux.** (contraire : rare) *Les pluies sont fréquentes en cette saison. Ce cas est assez fréquent.*

FRÉQUENTABLE [fʀekɑ̃tabl] adj. (après le nom) ▪ Que l'on peut fréquenter. *C'est un individu PEU FRÉQUENTABLE.* → **recommandable.** (contraire : infréquentable)

FRÉQUENTATION [fʀekɑ̃tasjɔ̃] n. f. **1.** *LA FRÉQUENTATION* : action de fréquenter (qqn, un lieu). *La fréquentation des musées lui est très profitable pour ses études.* **2.** (au pluriel) LES FRÉQUENTATIONS : les personnes que l'on fréquente. *Il faut surveiller ses fréquentations. Son fils a de MAUVAISES FRÉQUENTATIONS,* il voit souvent des gens peu estimables.

FRÉQUENTÉ [fʀekɑ̃te], **FRÉQUENTÉE** [fʀekɑ̃te] adj. (après le nom) ▪ (lieu) Où il y a du monde. *Ils ont rendez-vous dans un café très fréquenté,* où il y a beaucoup de monde. *Ce quartier est mal fréquenté,* on y fait de mauvaises rencontres. → mal **famé.**

FRÉQUENTER [fʀekɑ̃te] verbe [conjugaison 1a] **1.** Aller souvent dans (un lieu). *Il fréquente les boîtes de nuit.* **2.** Avoir des relations suivies avec (qqn). *Elle ne fréquente pas ses voisins.* **3.** verbe pronominal SE FRÉQUENTER : se voir souvent. *Ils ne se fréquentent plus.* → se **voir.** *Ils se sont beaucoup fréquentés.*

FRÈRE [fʀɛʀ] n. m. ▪ *LE FRÈRE de* **1.** Garçon qui a les mêmes parents que la personne qui parle ou dont on parle. *Il a deux frères et une sœur. Je vous présente mon frère aîné. Elle a épousé le frère de sa meilleure amie.* **2.** Ami que l'on considère comme son frère. *Tu es un vrai frère pour moi. Elle l'aime comme un frère* (→ **fraternel**). **3.** (au pluriel) LES FRÈRES : les hommes considérés comme les créatures d'un même Dieu. *Tous les hommes sont frères. Le prêtre commence son sermon par ces mots : « Mes bien chers frères ».* → **fidèle.** **4.** *UN FRÈRE* : membre d'une communauté religieuse. *Il a fait ses études chez les frères.* → **moine.**

REM. Le frère par le père ou par la mère seulement est un *demi-frère* ; le frère du mari ou de la femme et le mari de la sœur sont des *beaux-frères.*

FRESQUE [fʀɛsk] n. f. ▪ *UNE FRESQUE* **1.** Œuvre peinte directement sur un mur. *Le chœur de l'église est couvert de fresques.* **2.** Œuvre littéraire qui présente un tableau d'ensemble d'une époque, d'une société. *« La Comédie humaine » de Balzac est une vaste fresque qui décrit le dix-neuvième siècle en France.*

FRET [fʀɛt] n. m. ▪ *LE FRET* **1.** Prix du transport de marchandises par bateau, par avion ou par camion. *Il faut payer le fret.* **2.** Marchandises transportées par un bateau, un avion ou un camion. *Les dockers déchargent le fret.*

REM. On prononce aussi [fʀɛ].

FRÉTILLER [fʀetije] verbe [conjugaison 1a] ▪ Remuer en faisant de petits mouvements rapides. *Le poisson frétille au bout de la ligne.* – *Nous frétillions d'impatience en l'attendant,* nous étions très impatients.

Sigmund **FREUD** [fʀød] nom propre ▪ Psychiatre autrichien (1856-1939). *Freud est le fondateur de la psychanalyse.*

FREUDIEN [fʀødjɛ̃], **FREUDIENNE** [fʀødjɛn] adj. (après le nom) ▪ Relatif à Freud et à ses théories. *Il fait une psychanalyse freudienne. Il y a une explication freudienne à son comportement.*

FRIABLE [fʀijabl] adj. (après le nom) ▪ Qui s'effrite facilement, se réduit en poudre. *La craie est une matière friable. Ces biscuits sont friables.*

FRIAND [fʀijɑ̃], **FRIANDE** [fʀijɑ̃d] adj. (après le nom) ▪ *FRIAND DE* : qui aime beaucoup (un aliment). *Elle est très friande de gâteaux.*

FRIANDISE [fʀijɑ̃diz] n. f. ▪ *UNE FRIANDISE* : bonbon, petit gâteau. *J'aime beaucoup les friandises.* → **confiserie, sucrerie.** *N'abuse pas des friandises !*

FRIC [fʀik] n. m. ▪ STYLE FAMILIER *LE FRIC* : l'argent. *Dis-moi où est le fric. Il gagne beaucoup de fric.* → STYLE FAMILIER **blé, galette, pognon.** *Je n'ai plus de fric.*

FRICHE [fʀiʃ] n. f. ▪ *UNE FRICHE* : terre non cultivée. *Leur terrain est EN FRICHE* (→ **inculte**).

FRICTION [fʀiksjɔ̃] n. f. ▪ *UNE FRICTION* **1.** Massage vigoureux d'une partie du corps. *Il se fait une friction du dos à l'eau de Cologne après sa douche.* **2.** Désaccord (entre plusieurs personnes). *Ils ont souvent des frictions.* → **frottement, querelle.**

FRICTIONNER [fʀiksjɔne] verbe [conjugaison 1a] **1.** Frotter vigoureusement (qqn, une partie du corps). *Les pompiers frictionnent le noyé pour le réchauffer.* **2.** verbe pronominal SE FRICTIONNER : se faire une friction. *Elle s'est frictionnée au gant de crin.* – *Elle s'est frictionné le cuir chevelu après son shampoing.*

FRIGIDAIRE [fʀiʒidɛʀ] n. m. (marque déposée) ▪ *UN FRIGIDAIRE* : armoire équipée d'une installation qui produit du froid et dans laquelle on peut conserver les aliments à basse température. → **réfrigérateur** ; STYLE FAMILIER **frigo.** *La viande est dans le frigidaire.*

FRIGIDE [fʀiʒid] adj. (après le nom) ▪ *Une FEMME FRIGIDE,* qui n'éprouve pas de plaisir sexuel.

FRIGO [fʀigo] n. m. ▪ STYLE FAMILIER *UN FRIGO* : un réfrigérateur. *Mets le lait dans le frigo.*

FRIGORIFIÉ [fʀigɔʀifje], **FRIGORIFIÉE** [fʀigɔʀifje] adj. (après le nom) ▪ STYLE FAMILIER Qui a très froid. *Je suis complètement frigorifié.* → **gelé, transi.** *Il a les mains frigorifiées.*

FRIGORIFIQUE [fʀigɔʀifik] adj. (après le nom) ▪ Qui est équipé d'une installation qui produit du froid. *Le boucher conserve la viande dans une chambre frigorifique,* une chambre froide. *Le poisson est acheminé dans des camions frigorifiques.*

FRILEUX [fʀilø], **FRILEUSE** [fʀiløz] adj. (après le nom) ▪ (qqn) Qui est très sensible au froid, qui a rapidement froid. *Ma grand-mère est très frileuse. C'est un vieillard frileux.*

FRIME [fʀim] n. f. ▪ STYLE FAMILIER *LA FRIME :* comportement trompeur d'une personne qui veut épater les autres. *Il dit qu'il a une voiture de sport, mais ce n'est pas vrai, c'est de la frime.* → **bluff, vantardise ;** STYLE FAMILIER **esbroufe.**

FRIMER [fʀime] verbe [conjugaison 1a] ▪ STYLE FAMILIER Chercher à se faire remarquer, à en imposer. → STYLE FAMILIER **crâner.** *Il frime avec sa nouvelle voiture de sport.*

FRIMEUR [fʀimœʀ] n. m., **FRIMEUSE** [fʀimøz] n. f. ▪ STYLE FAMILIER *UN FRIMEUR, UNE FRIMEUSE :* une personne qui se vante, qui fait croire des choses pour épater les autres. *Quel frimeur, ce type !*

FRIMOUSSE [fʀimus] n. f. ▪ STYLE FAMILIER *UNE FRIMOUSSE :* visage agréable (d'enfant). *Son fils a une gentille frimousse.* → STYLE FAMILIER **bouille.**

FRINGALE [fʀɛ̃gal] n. f. ▪ STYLE FAMILIER *LA FRINGALE :* très grande envie de manger. → **faim.** *J'ai une de ces fringales !*

FRINGANT [fʀɛ̃gɑ̃], **FRINGANTE** [fʀɛ̃gɑ̃t] adj. (après le nom, parfois avant le nom) **1.** (animal) Vif, toujours en mouvement. *Le cavalier monte un cheval fringant.* **2.** (qqn) Élégant et de bonne humeur. *Un fringant jeune homme vient de passer. Elle est toute fringante dans sa nouvelle robe.* → **pimpant.**

SE **FRINGUER** [fʀɛ̃ge] verbe pronominal [conjugaison 1b] ▪ STYLE FAMILIER S'habiller (d'une certaine façon). *Elle ne sait pas se fringuer. Ce n'est pas en se fringuant comme ça qu'elle va le séduire ! Elle s'est bien fringuée pour sortir.*

FRINGUES [fʀɛ̃g] n. f. pluriel ▪ STYLE FAMILIER *LES FRINGUES :* les vêtements. *Il est allé s'acheter des fringues. Elle a toujours de belles fringues.*

FRIPÉ [fʀipe], **FRIPÉE** [fʀipe] adj. (après le nom) ▪ (tissu) Qui a des faux plis, qui est froissé. *Il a mis une chemise toute fripée.* → **chiffonné.**

FRIPON [fʀipɔ̃] n. m. et adj., **FRIPONNE** [fʀipɔn] n. f. et adj. **1.** *UN FRIPON, UNE FRIPONNE :* un enfant malicieux, espiègle. *Cette petite friponne a encore caché mes lunettes !* → **coquin, polisson. 2.** adjectif (après le nom) Vif et malicieux sans méchanceté. *Ces enfants ont l'air fripon.* → **espiègle.** *Il a des yeux fripons.*

FRIPOUILLE [fʀipuj] n. f. ▪ STYLE FAMILIER *UNE FRIPOUILLE :* une personne malhonnête qui n'a pas de scrupules. *Ce commerçant vole tout le monde, c'est une fripouille.* → **canaille, crapule, escroc.**

FRIQUÉ [fʀike], **FRIQUÉE** [fʀike] adj. (après le nom) ▪ STYLE FAMILIER Riche. *Ce sont des gens friqués. Je n'aime pas les milieux friqués et snobs.*

FRIRE [fʀiʀ] verbe **1.** Faire cuire dans de la matière grasse bouillante. *Le cuisinier frit les beignets dans l'huile. Le poisson cuit dans la POÊLE À FRIRE.* **2.** Cuire dans de la matière grasse bouillante. *Les poissons sont en train de frire dans la poêle. Le cuisinier fait frire des aubergines.*

> REM. Ce verbe s'emploie surtout à l'infinitif et au participe passé : *frit, frite.*

FRISÉ [fʀize], **FRISÉE** [fʀize] adj. (après le nom) **1.** (cheveux) Qui frise, fait des boucles. *Il a les cheveux frisés.* **2.** (qqn) Qui a les cheveux frisés. *Elle est toute frisée.*

> FAUX AMI
> allemand **frisiert** « trafiqué »

FRISÉE [fʀize] n. f. ▪ *UNE FRISÉE :* salade dont les feuilles sont finement dentelées. → **chicorée.** *Nous avons mangé de la frisée aux lardons.*

FRISER [fʀize] verbe [conjugaison 1a] **1.** (cheveux) Faire des boucles fines et serrées. *Il a les cheveux qui frisent naturellement.* → **boucler. 2.** (qqn) Avoir des cheveux qui font des boucles. *Elle frise quand il pleut.* **3.** (qqn) Mettre (les cheveux) en boucles fines et serrées. *Le coiffeur lui frise les cheveux avec un FER À FRISER. – Elle s'est fait friser* (→ **permanente). 4.** Approcher de très près. *Il frise la cinquantaine :* il va bientôt avoir cinquante ans. *Ça frise le ridicule.* → **frôler.**

FRISETTES [fʀizɛt] n. f. pluriel ▪ *LES FRISETTES :* petites boucles de cheveux frisés. *Elle s'est fait des frisettes. J'aime bien ses frisettes blondes.*

FRISOTTÉ [fʀizɔte], **FRISOTTÉE** [fʀizɔte] adj. (après le nom) ▪ (cheveux) Qui frise légèrement. *Il a les cheveux frisottés.*

FRISQUET [fʀiskɛ], **FRISQUETTE** [fʀiskɛt] adj. (après le nom) ▪ STYLE FAMILIER Un peu froid. *Il y a un petit vent frisquet ce matin.* → ① **frais.** – *Il fait frisquet.*

FRISSON [fʀisɔ̃] n. m. ▪ *UN FRISSON :* petit tremblement passager accompagné d'une sensation de froid. *Le malade a des frissons de fièvre. Ton histoire me DONNE LE FRISSON,* me fait trembler de peur.

FRISSONNANT [fʀisɔnɑ̃], **FRISSONNANTE** [fʀisɔnɑ̃t] adj. (après le nom) ▪ Qui a des frissons. *Elle est frissonnante de fièvre.*

FRISSONNER [fʀisɔne] verbe [conjugaison 1a] ▪ Avoir des frissons. *Je frissonne de froid.* → **grelotter, trembler.** *Cette histoire me fait frissonner d'horreur.* → **frémir.**

frit [fʀi], **frite** [fʀit] *Il a frit une sole ; la sole qu'il a frite :* formes au participe passé du verbe **frire.**

FRIT [fʀi], **FRITE** [fʀit] adj. (après le nom) ▪ Cuit dans de la matière grasse bouillante. *Nous avons mangé un steak avec des pommes de terre frites* (→ **frite).** *Aujourd'hui, le cuisinier vous propose du merlan frit.*

FRITE [fʀit] n. f. **1.** *UNE FRITE :* morceau de pomme de terre long et étroit que l'on mange frit et chaud. *Le cuisinier a fait des frites. La viande est servie avec des frites.* **2.** STYLE FAMILIER *AVOIR LA FRITE :* être en forme. *Je me sens bien ce matin, j'ai la frite.* → STYLE FAMILIER **pêche.**

FRITERIE [fʀitʀi] n. f. ▪ *UNE FRITERIE :* baraque à frites, où l'on vend des frites, dans le nord de la France et en Belgique. *Nous avons acheté une barquette de frites dans une friterie.*

FRITEUSE [fʀitøz] n. f. ▪ *UNE FRITEUSE :* récipient dans lequel on fait frire les aliments. *Il fait des frites dans une friteuse électrique.*

FRITURE [fʀityʀ] n. f. ▪ *LA FRITURE* **1.** Ce qu'on fait frire. *Préférez-vous la friture au beurre ou à l'huile ?* **2.** Matière grasse qui sert à frire. *Le cuisinier plonge les beignets dans la friture.* **3.** Petits poissons frits. *Il aime beaucoup la friture.* **4.** Bruit qui gêne une communication téléphonique ou une émission de radio. *Je n'entends rien, il y a de la friture sur la ligne.* → **grésillement, parasite.**

FRIVOLE [fʀivɔl] adj. (après le nom) 1. (qqn) Qui n'est pas sérieux, qui ne s'intéresse qu'à des choses futiles. *C'est une femme frivole.* → **superficiel.** 2. (qqch.) Qui n'est pas important. *Ils ont des lectures frivoles.* ⟨contraire : sérieux⟩

FRIVOLITÉ [fʀivɔlite] n. f. 1. *LA FRIVOLITÉ :* caractère d'une personne frivole. *Sa frivolité est exaspérante.* ⟨contraire : sérieux⟩ 2. (au pluriel) DES FRIVOLITÉS : des occupations frivoles. *Elle passe son temps à des frivolités.* → **futilité.**

FROC [fʀɔk] n. m. 1. *LE FROC :* robe de moine. *Les moines sont en froc.* – *Il a JETÉ SON FROC AUX ORTIES :* il a quitté les ordres (→ **défroqué).** 2. STYLE FAMILIER *UN FROC :* pantalon. *Je ne sais plus où j'ai mis mon froc.* → STYLE FAMILIER **falzar, futal.**

FROID [fʀwa] adj. et n. m., **FROIDE** [fʀwad] adj.
I. adjectif (après le nom) 1. Qui est à une température peu élevée. *C'est désagréable de se laver à l'eau froide.* ⟨contraire : chaud⟩ *C'est un peu froid.* → ① **frais.** *Le vent est très froid.* → **glacé.** *Le boucher conserve la viande dans une chambre froide.* → **frigorifique.** 2. Qui s'est refroidi. *J'ai les pieds tout froids.* → **gelé.** *Mon café est froid,* il n'est plus assez chaud. → **tiède.** *Nous avons mangé de la viande froide,* qui a été cuite et qui a refroidi. 3. (qqn) Qui garde ses distances. *Au premier abord, c'est un homme très froid.* → **distant, réservé.** ⟨contraire : chaleureux⟩ – *Son accueil a été très froid.* → **glacial, réfrigérant.** 4. (qqn) Qui ne s'émeut pas facilement. *Ce qui lui arrive me laisse froid.* → **indifférent.** – *Garde LA TÊTE FROIDE :* ne t'affole pas (→ **sang-froid).** 5. *Animal À SANG FROID,* dont le sang est à température variable (opposé à à sang chaud). *Les serpents sont des animaux à sang froid.* 6. (qqch.) Qui donne une impression de froid. *Le bleu, le gris, le vert sont des couleurs froides.*
II. *LE FROID* 1. Température peu élevée. *L'hiver est la saison des grands froids.* ⟨contraire : chaleur⟩ *On annonce une vague de froid sur l'Europe.* STYLE FAMILIER *Il fait un froid de canard,* très froid. *La viande se conserve au froid.* – *J'ai PRIS FROID :* j'ai attrapé un rhume. 2. *AVOIR FROID :* souffrir de la température trop basse. *J'ai froid aux pieds.* ⟨contraire : chaud⟩ – *Il FAIT FROID dehors.* 3. Sensation comparable à celle que l'on ressent quand on a froid. *Ce que tu racontes me FAIT FROID DANS LE DOS,* me terrifie. *Ils SONT EN FROID :* ils sont fâchés. 4. *À FROID :* sans faire chauffer. *Le forgeron bat le fer à froid.* 5. *JETER UN FROID :* provoquer une impression de gêne. *Cette nouvelle a jeté un froid parmi l'assistance.*

FROIDEMENT [fʀwadmɑ̃] adverbe 1. D'une manière pas aimable, sans empressement. *Ils nous ont accueillis froidement.* → **fraîchement.** ⟨contraires : chaleureusement, chaudement⟩ 2. Sans aucun scrupule, sans émotion. *Le gangster a abattu froidement le gardien de nuit,* de sang-froid.

FROIDEUR [fʀwadœʀ] n. f. ▪ *LA FROIDEUR :* absence d'émotion, d'intérêt, d'amabilité. *Il nous a reçus avec froideur.* → **détachement, indifférence.** ⟨contraire : chaleur⟩

FROISSÉ [fʀwase], **FROISSÉE** [fʀwase] adj. (après le nom) 1. (tissu) Qui a des faux plis. *Elle a une robe froissée.* → **chiffonné, fripé.** 2. (muscle) Meurtri. *Le coureur a un muscle de la cuisse froissé.*

FROISSEMENT [fʀwasmɑ̃] n. m. ▪ *UN FROISSEMENT :* bruit que fait qqch. que l'on froisse, qui se froisse. *On entend des froissements de papiers de bonbons.*

FROISSER [fʀwase] verbe [conjugaison 1a]
I. 1. Faire prendre des faux plis à (un tissu), rendre fripé, chiffonné. *Elle a froissé sa jupe en s'asseyant.* → **chiffonner, friper.** *Il froisse un papier de bonbon entre ses doigts.* 2. Blesser dans l'amour-propre. *Ma remarque l'a froissé.* → **vexer.**
II. verbe pronominal SE FROISSER 1. (tissu, papier) Prendre des faux plis. *Cette robe s'est froissée dès que je me suis assise !* 2. (qqn) Se vexer. *Il se froisse dès qu'on lui fait un reproche.* 3. *SE FROISSER UN MUSCLE :* se déchirer un muscle. *Elle s'est froissé un muscle en sautant.* → **claquer.**

FRÔLEMENT [fʀolmɑ̃] n. m. ▪ *UN FRÔLEMENT :* contact léger et rapide. *J'ai senti un frôlement contre ma jambe.*

FRÔLER [fʀole] verbe [conjugaison 1a] 1. Toucher à peine ou passer tout près en touchant presque. *La balle l'a frôlé.* → **effleurer, raser.** 2. Échapper de peu à (qqch.). *Ils ont frôlé la mort :* ils ont failli mourir. *Ça frôle le ridicule.* → **friser.**

FROMAGE [fʀɔmaʒ] n. m.
I. *LE FROMAGE :* aliment fabriqué avec du lait caillé. *Le camembert est un fromage fait avec du lait de vache. Voulez-vous du fromage de chèvre ? J'aime beaucoup le FROMAGE BLANC,* le lait caillé égoutté. – *Il nous a annoncé son mariage ENTRE LA POIRE ET LE FROMAGE,* à la fin du repas, quand la conversation devient moins sérieuse.
II. *UN FROMAGE* 1. Type de cet aliment. *Quel fromage voulez-vous ? Le serveur apporte le plateau de fromages.* 2. STYLE FAMILIER *FAIRE DE qqch. UN FROMAGE :* donner beaucoup d'importance à qqch. qui n'en vaut pas la peine. *Tu ne vas tout de même pas en faire un fromage !*

> FAUX AMI
> danois **fromage** « mousse au chocolat »

FROMENT [fʀɔmɑ̃] n. m. ▪ *LE FROMENT :* blé. *Le pâtissier fait des gâteaux avec de la FARINE DE FROMENT.*

FRONCE [fʀɔ̃s] n. f. ▪ *UNE FRONCE :* petit pli rond et serré d'un tissu. *Elle a une jupe à fronces.*

FRONCEMENT [fʀɔ̃smɑ̃] n. m. ▪ *LE FRONCEMENT :* action de froncer (les sourcils). *On voyait bien qu'il n'était pas content à son froncement de sourcils.*

FRONCER [fʀɔ̃se] verbe [conjugaison 3a] 1. Faire de petits plis ronds et serrés à (un tissu). *La couturière fronce la jupe à la taille,* elle fait des fronces. 2. *FRONCER LES SOURCILS :* plisser les sourcils. *Elle fronça les sourcils pour montrer qu'elle n'était pas d'accord.*

REM. Le c s'écrit avec une cédille devant a (ex. : *je français*) et devant o (ex. : *nous fronçons*).

FRONDE [fʀɔ̃d] n. f. ▪ *UNE FRONDE :* arme formée d'une poche de cuir suspendue par deux cordes et contenant un projectile. *Le chasseur lance une pierre sur la biche avec sa fronde.* – *Le petit garçon lance des cailloux avec une fronde,* un jouet formé d'une fourche et d'un caoutchouc. → **lance-pierres.**

FRONT [fʀɔ̃] n. m. ▪ *LE FRONT* 1. Partie du haut du visage, entre les sourcils et la racine des cheveux. *Elle a un grand front. Il a des boutons sur le front.* 2. *FRONT DE MER :* avenue qui est en bordure de mer. *Ils habitent un immeuble en front de mer.* 3. Lieu où l'on se bat, pendant une guerre (opposé à l'arrière). *Les soldats ont été envoyés sur le front. Il est mort AU FRONT,* sur le champ de bataille. 4. Union de plusieurs partis, de plusieurs personnes qui ont un programme commun. *Les rebelles ont formé un front de libération.* 5. *FAIRE FRONT :* faire face. *Il faut faire front à ces difficultés,* y faire face et les résoudre. 6. *DE FRONT :* du côté de la face. *Il a attaqué son adversaire de front,* directement et sans ménagement. 7. *DE FRONT :* sur la même ligne. *Les deux cyclistes roulent de front,* l'un à côté de l'autre. – *Il mène de front toutes ses affaires,* en même temps.

> FAUX AMI
> anglais **front** « le devant »

FRONTALIER [fʀɔ̃talje] adj. et n. m., **FRONTALIÈRE** [fʀɔ̃taljɛʀ] adj. et n. f.
I. adjectif (après le nom) **1.** (lieu) Situé près d'une frontière ou qui forme une frontière. *Les Pyrénées sont une région frontalière.* **2.** (qqn) Qui habite près d'une frontière. *Beaucoup de travailleurs frontaliers sont employés dans cette usine.*
II. *UN FRONTALIER, UNE FRONTALIÈRE* : une personne qui habite près d'une frontière. *Les frontaliers ont des facilités pour passer la frontière.*

FRONTIÈRE [fʀɔ̃tjɛʀ] n. f. ▪ *UNE FRONTIÈRE* **1.** Limite entre deux pays voisins. *Le Rhin est une frontière naturelle entre la France et l'Allemagne.* → **démarcation.** *Les policiers contrôlent les passeports à la frontière. Genève est une ville frontière* (→ **frontalier, limitrophe**). **2.** Limite, séparation. *Les frontières du savoir reculent continuellement.*

FRONTON [fʀɔ̃tɔ̃] n. m. ▪ *UN FRONTON* **1.** Partie triangulaire, ornée de sculptures, au-dessus de l'entrée d'un monument. *Les temples grecs avaient de très beaux frontons.* **2.** Mur contre lequel on joue à la pelote basque. *Les joueurs sont devant le fronton.*

FROTTEMENT [fʀɔtmɑ̃] n. m. ▪ *UN FROTTEMENT* **1.** Contact de deux choses dont l'une au moins se déplace par rapport à l'autre. *Le frottement de la porte use la moquette.* **2.** Désaccord (entre des personnes). *Il y a souvent des frottements entre eux.* → **friction.**

FROTTER [fʀɔte] verbe [conjugaison 1a]
I. 1. (qqn) Appuyer sur (qqch.) en faisant un mouvement de va-et-vient. *Les hommes préhistoriques frottaient deux silex l'un contre l'autre pour faire du feu. Il frotte une allumette et allume sa cigarette.* → **gratter. 2.** (qqn) Rendre plus propre en faisant un mouvement de va-et-vient. *La femme de ménage frotte le parquet.* → **astiquer.** *Frottez vos pieds sur le paillasson avant d'entrer.* → **essuyer. 3.** (qqch.) Produire un frottement en touchant. *La roue frotte contre le garde-boue.*
II. verbe pronominal SE FROTTER **1.** Frotter son corps. *Elle s'est frottée au gant de crin en sortant du bain.* → se **frictionner.** *Elle s'est frotté les yeux en se réveillant. Le chat se frotte le museau.* – *JE M'EN FROTTE LES MAINS* : je m'en réjouis. **2.** *SE FROTTER À qqn*, l'attaquer. *Il vaut mieux ne pas se frotter à ces gens-là.*

FROTTIS [fʀɔti] n. m. ▪ *UN FROTTIS* : préparation en couche mince d'une substance prélevée dans le corps, pour l'examiner au microscope. *On lui a fait un frottis sanguin.*

FROUFROUS [fʀufʀu] n. m. pluriel ▪ *LES FROUFROUS* : volants, fanfreluches d'une robe de femme. *Elle a une robe à froufrous blancs. Elle aime beaucoup les froufrous.*

FROUFROUTANT [fʀufʀutɑ̃], **FROUFROUTANTE** [fʀufʀutɑ̃t] adj. (après le nom) ▪ (vêtement) Qui fait du bruit. *Elle a mis une robe froufroutante.*

FROUSSARD [fʀusaʀ] adj. et n. m., **FROUSSARDE** [fʀusaʀd] adj. et n. f. ▪ STYLE FAMILIER **1.** adjectif (après le nom) Qui a peur, qui a la frousse. *C'est un enfant froussard.* → **peureux ;** STYLE FAMILIER **trouillard. 2.** *UN FROUSSARD, UNE FROUSSARDE* : une personne qui a peur. *Quel froussard !*

FROUSSE [fʀus] n. f. ▪ STYLE FAMILIER *LA FROUSSE* : peur. *J'ai la frousse avec lui quand il conduit.* → STYLE FAMILIER **pétoche, trouille.**

FRUCTIFIER [fʀyktifje] verbe [conjugaison 7a] ▪ Produire des bénéfices. *Elle a placé son argent pour le faire fructifier. Avec de bons placements, votre argent fructifiera* [fʀyktifiʀa].

REM. *ii* à la 1re et à la 2e personne du pluriel à l'imparfait (ex. : *nous fructifiions*) et au subjonctif (ex. : *que vous fructifiiez*).

FRUCTUEUX [fʀyktɥø], **FRUCTUEUSE** [fʀyktɥøz] adj. (après le nom) ▪ Qui donne de bons résultats. *Ses efforts ont été fructueux.* → **profitable, utile.** *Il a réalisé une opération financière fructueuse.* → **avantageux.** ⟨contraire : infructueux⟩

FRUGAL [fʀygal], **FRUGALE** [fʀygal] adj. (après le nom) ▪ (repas, nourriture) Qui consiste en aliments simples et peu abondants. *Ils se contentent d'une nourriture frugale.* → **léger.** ⟨contraires : copieux, plantureux⟩ MASCULIN PLURIEL : *des repas FRUGAUX* [fʀygo].

FRUIT [fʀɥi] n. m. ▪ *UN FRUIT* **1.** Ce que produit une plante après la fleur et qui contient les graines. *Le gland est le fruit du chêne. Les courgettes, les tomates, les oranges sont des fruits.* **2.** Fruit sucré que l'on mange généralement au dessert. *Il y a une corbeille de fruits sur la table. Le cuisinier prépare une salade de fruits frais.* **3.** *FRUITS SECS*, séchés et conservés. *J'ai une réserve de fruits secs : des figues, des pruneaux, des abricots, des noix et des amandes.* **4.** *Les FRUITS DE MER* : coquillages et crustacés que l'on peut manger. *Nous avons commandé un plateau de fruits de mer.* **5.** *LE FRUIT DE* : résultat avantageux. *Ce succès est le fruit de quatre ans de travail.* → **récompense.** *Ce livre est le fruit de son imagination*, il est né de son imagination. *Tous nos efforts portent leurs fruits* (→ **fructueux**).

FRUITIER [fʀɥitje] adj. et n. m., **FRUITIÈRE** [fʀɥitjɛʀ] adj. et n. f. **1.** adjectif (après le nom) (arbre) Qui produit des fruits. *Les orangers sont des ARBRES FRUITIERS.* **2.** *UN FRUITIER, UNE FRUITIÈRE* : une personne qui vend des fruits. *Je suis allé chez le fruitier acheter des bananes.*

FAUX AMI
grec **φρουτιέρα**
« coupe pour mettre les fruits »

FRUSQUES [fʀysk] n. f. pluriel ▪ STYLE FAMILIER *LES FRUSQUES* : habits usagés ou très laids. *Elle a mis de vieilles frusques pour jardiner.* → **fringues.**

FRUSTE [fʀyst] adj. (après le nom) ▪ Qui n'est pas très raffiné ni très cultivé. *Elle a épousé un homme un peu fruste.* → **grossier, rustre.** ⟨contraires : raffiné, délicat⟩ – *Il a des manières assez frustes.*

FRUSTRANT [fʀystʀɑ̃], **FRUSTRANTE** [fʀystʀɑ̃t] adj. (après le nom) ▪ Qui frustre, qui prive d'une satisfaction. *C'est frustrant de ne pas savoir la fin de l'histoire.* ⟨contraires : gratifiant, satisfaisant⟩

FRUSTRATION [fʀystʀasjɔ̃] n. f. ▪ *LA FRUSTRATION* : état d'une personne insatisfaite, qui a été privée d'une satisfaction. *Les enfants supportent mal les frustrations.* ⟨contraires : gratification, satisfaction⟩ *Elle éprouve parfois un sentiment de frustration.* → **insatisfaction.**

FRUSTRÉ [fʀystʀe], **FRUSTRÉE** [fʀystʀe] adj. (après le nom) ▪ (qqn) Qui est malheureux d'avoir été privé d'une satisfaction. *Dès qu'il arrive une chose agréable à quelqu'un d'autre, il se sent frustré.* ⟨contraires : satisfait, comblé⟩

FRUSTRER [fʀystʀe] verbe [conjugaison 1a] ▪ Priver d'une satisfaction. *Cet échec l'a frustré.* ⟨contraire : gratifier⟩

FUCHSIA [fyʃja] n. m. et adj. invariable **1.** *UN FUCHSIA* : arbrisseau à fleurs rose vif, en forme de clochettes. *Il y a un massif de fuchsias dans le jardin.* **2.** adjectif invariable (après le nom) De couleur rose vif. *Elle a une robe fuchsia*, rose vif. PLURIEL : *des chemises fuchsia.*

REM. On prononce parfois [fyksja], car ce mot a été formé sur le nom du botaniste allemand *Fuchs* [fuks].

FUGACE [fygas] adj. (après le nom) ▪ STYLE RECHERCHÉ (qqch.) Qui disparaît vite, qui ne dure pas longtemps. *Les rêves nocturnes laissent souvent un souvenir fugace.* → **fugitif, passager.** ⟨contraires : durable, tenace⟩

FUGITIF [fyʒitif] adj. et n. m., **FUGITIVE** [fyʒitiv] adj. et n. f.
I. adjectif (après le nom) **1.** (qqn) Qui est en fuite, qui s'est échappé. *Les prisonniers fugitifs n'ont pas encore été retrouvés.* **2.** (sentiment, impression) Qui ne dure pas. *Elle a eu tout d'un coup l'impression fugitive d'être suivie.* → **fugace, passager.** ⟨contraires : durable, permanent⟩
II. *UN FUGITIF, UNE FUGITIVE :* une personne qui s'est enfuie. *Les policiers rattraperont bientôt les fugitifs.* → **fuyard.**

FUGUE [fyg] n. f. ▪ *UNE FUGUE* **1.** *FAIRE UNE FUGUE :* s'enfuir du lieu où l'on habite. *Cet adolescent a fait une fugue* (→ **fugueur**). **2.** Composition musicale dans laquelle un thème est repris plusieurs fois, formant plusieurs parties. *Jean-Sébastien Bach a composé de nombreuses fugues.*

FUGUEUR [fygœʀ], **FUGUEUSE** [fygøz] adj. (après le nom) ▪ (qqn) Qui s'enfuit, qui fait des fugues. *Les enfants fugueurs ont été ramenés chez leurs parents.*

FUIR [fɥiʀ] verbe [conjugaison 17] **1.** S'éloigner rapidement pour échapper à une menace. *Le chat a fui sous le buffet en entendant du bruit.* → s'**enfuir ;** STYLE FAMILIER **détaler.** ⟨contraire : rester⟩ *Ne fuyons pas devant le danger.* ⟨contraire : affronter⟩ **2.** Chercher à éviter (qqch., qqn). *Dès que je le vois, je le fuis comme la peste.* → **éviter.** *Il se pourrait qu'elle fuie ses responsabilités.* → se **dérober,** se **soustraire.** – *Il fuira son pays s'il le faut,* il le quittera. *Il faut que nous fuyions l'orage.* **3.** (qqch.) Laisser échapper un liquide par une fente cachée. *Le robinet fuit, l'eau s'écoule goutte à goutte* (→ **fuite**). **4.** (qqch.) S'échapper. *L'eau a fui partout dans la cuisine,* elle s'est répandue partout.

FUITE [fɥit] n. f. **1.** *LA FUITE :* mouvement d'un être qui part en fuyant. *Dans sa fuite, le voleur a laissé échapper son butin. Quand il a entendu du bruit, il a PRIS LA FUITE,* il a fui, il s'est enfui. *Le chien MET EN FUITE tous ceux qui s'approchent de la maison,* il les fait fuir. *Ce chauffard est accusé de DÉLIT DE FUITE,* il est accusé d'avoir fui après avoir causé un accident. **2.** *UNE FUITE :* écoulement (d'un liquide, d'un gaz) par une fissure étroite ou cachée. *Il y a une fuite d'eau sous le lavabo. Les fuites de gaz sont très dangereuses.*

FULGURANT [fylgyʀɑ̃], **FULGURANTE** [fylgyʀɑ̃t] adj. (après le nom) ▪ Rapide comme la foudre. *Les fusées vont à une vitesse fulgurante. Cet élève fait des progrès fulgurants.* – *Elle a ressenti soudain une douleur fulgurante,* violente et brève.

FUMASSE [fymas] adj. (après le nom) ▪ STYLE FAMILIER Furieux. *Il s'est fait voler sa voiture et il est fumasse.* → STYLE FAMILIER **furax.**

FUMÉ [fyme], **FUMÉE** [fyme] adj. (après le nom) **1.** (aliment) Exposé et séché à la fumée. *Préfères-tu le saumon fumé ou le saumon frais ?* **2.** *VERRES FUMÉS :* verres de lunettes teintés. *Elle se protège les yeux avec des lunettes aux verres fumés.*

FUME-CIGARETTE [fymsigaʀɛt] n. m. ▪ *UN FUME-CIGARETTE :* petit tube au bout duquel on adapte une cigarette. *Elle a un fume-cigarette en ambre.* PLURIEL : *des FUME-CIGARETTES.*

FUMÉE [fyme] n. f. ▪ *LA FUMÉE :* mélange de gaz et de très fines particules solides qui se dégage de qqch. qui est en train de brûler. *La fumée des usines se répand sur la ville. Un panache de fumée sort de la cheminée du cargo. On n'y voit plus rien dans cette pièce, il y a trop de fumée. Ne m'envoie pas la fumée de ta cigarette dans la figure !* – *S'EN ALLER EN FUMÉE :* ne rien donner, n'aboutir à rien. *Toutes ses belles résolutions sont parties en fumée.*

FUMER [fyme] verbe [conjugaison 1a] **1.** (qqch.) Dégager de la fumée, de la vapeur. *Les bûches fument au lieu de brûler. La soupe fume dans la soupière.* **2.** (qqn) Aspirer par la bouche la fumée du tabac et la rejeter. *Il fume des cigarettes blondes.* – *Il faudrait fumer moins. Sa femme a arrêté de fumer.* **3.** Exposer (un aliment) à la fumée pour le sécher et le conserver. *Notre voisin fume ses jambons lui-même.*

FUMET [fymɛ] n. m. ▪ *UN FUMET :* odeur agréable d'une viande en train de cuire. *Le gigot qui cuit dans le four dégage un fumet appétissant.*

FUMEUR [fymœʀ] n. m., **FUMEUSE** [fymøz] n. f. **1.** *UN FUMEUR, UNE FUMEUSE :* une personne qui a l'habitude de fumer. *Ce restaurant est interdit aux fumeurs. C'est une grande fumeuse de cigares.* **2.** *UN COMPARTIMENT FUMEURS :* compartiment d'un train réservé aux fumeurs. *Dans les trains, il y a des compartiments fumeurs et des compartiments non-fumeurs.*

FUMEUX [fymø], **FUMEUSE** [fymøz] adj. (après le nom) ▪ (qqch.) Peu clair, qui manque de netteté. *On ne comprend rien à ces explications fumeuses.* → **obscur.** ⟨contraire : clair⟩

FUMIER [fymje] n. m. **1.** *LE FUMIER :* mélange de paille et d'excréments de bestiaux, qui sert d'engrais. *Le fermier répand le fumier sur les cultures.* **2.** STYLE TRÈS FAMILIER (terme d'injure) *UN FUMIER :* homme méprisable. *Quel fumier, ce type !* → STYLE TRÈS FAMILIER **ordure, salaud.**

FAUX AMI
portugais **fumeiro** « cheminée »

① **FUMISTE** [fymist] n. m. ▪ *UN FUMISTE :* une personne dont le métier est d'entretenir les cheminées et les appareils de chauffage (→ **ramoneur**). *Le fumiste a changé la chaudière.*

② **FUMISTE** [fymist] n. m., n. f. ▪ STYLE FAMILIER *UN FUMISTE, UNE FUMISTE :* une personne qui ne fait rien sérieusement, sur qui on ne peut pas compter. *C'est la reine des fumistes, cette fille !*

FUMISTERIE [fymistəʀi] n. f. ▪ STYLE FAMILIER *UNE FUMISTERIE :* chose qui manque totalement de sérieux. *Ce projet n'aboutira jamais, c'est une vaste fumisterie.*

FUMOIR [fymwaʀ] n. m. ▪ *UN FUMOIR :* lieu, pièce où les fumeurs peuvent se réunir. *Le café est servi dans le fumoir.*

FUNAMBULE [fynɑ̃byl] n. m., n. f. ▪ *UN FUNAMBULE, UNE FUNAMBULE :* acrobate qui marche et danse sur une corde tendue. *Le public du cirque applaudit le numéro du funambule.* → **équilibriste.**

FUNÈBRE [fynɛbʀ] adj. (après le nom) **1.** Qui a rapport à l'enterrement, aux funérailles. → **funéraire, mortuaire.** *Le SERVICE FUNÈBRE sera célébré jeudi à 10 heures,* la cérémonie d'enterrement. *Les entreprises de POMPES FUNÈBRES organisent les obsèques.* **2.** Qui fait penser à la mort, qui inspire un sentiment de tristesse. *Pourquoi as-tu cet air funèbre ?* → **lugubre, macabre,** ① **sinistre.** ⟨contraire : gai⟩

FUNÉRAILLES [fyneʀaj] n. f. pluriel ▪ STYLE RECHERCHÉ *LES FUNÉRAILLES :* l'ensemble des cérémonies faites pour honorer une personne qui vient de mourir. *Cet écrivain célèbre a eu des funérailles nationales.* → **enterrement,** STYLE RECHERCHÉ **obsèques, sépulture.**

FUNÉRAIRE [fyneʀɛʀ] adj. (après le nom) ▪ Qui concerne le culte des morts. *Les restes du défunt sont contenus dans l'URNE FUNÉRAIRE.*

REM. Au Canada, un *salon funéraire* est un lieu où le mort est embaumé et préparé pour être placé dans une pièce spéciale réservée à la famille et aux proches du défunt.

FUNÉRARIUM [fyneʀaʀjɔm] n. m. ▪ *UN FUNÉRARIUM :* pièce où se réunit, avant l'enterrement, la famille d'une personne qui vient de mourir. *Les proches du défunt se sont réunis au funérarium avant le service funèbre.*

FUNESTE [fynɛst] adj. (après le nom, parfois avant le nom) ▪ Qui annonce le malheur, qui peut entraîner de graves dommages. *Cette erreur a eu des conséquences funestes.* → **catastrophique, désastreux.** – *Cette politique est* FUNESTE À *l'intérêt du pays.* ⟨contraires : favorable, salutaire⟩ *Son obstination lui a été funeste.* → **fatal.** – *J'ai un funeste pressentiment,* un pressentiment qui annonce la mort.

FUNICULAIRE [fynikylɛʀ] n. m. ▪ *UN FUNICULAIRE :* chemin de fer tiré par des câbles, qui peut gravir de très fortes pentes. *Un funiculaire monte jusqu'au sommet de la butte Montmartre, à Paris.*

FURAX [fyʀaks] adj. (après le nom) ▪ STYLE FAMILIER Furieux. *Je suis furax. Elles sont furax, toutes les deux.* → **furibond ;** STYLE FAMILIER **fumasse.**

FURET [fyʀɛ] n. m. ▪ *UN FURET :* petit animal carnivore au pelage roux ou blanc, que l'on peut dresser pour chasser le lapin. *Le furet est entré dans le terrier d'un lapin.*

AU **FUR ET À MESURE** [ofyʀeaməzyʀ] adverbe ▪ En même temps et successivement. *Regarde ces photos et passe-les à ton voisin au fur et à mesure. AU FUR ET À MESURE QUE son travail avance, il devient plus facile,* à mesure que son travail avance. *Vous n'aurez qu'à demander AU FUR ET À MESURE DE vos besoins,* selon vos besoins.

REM. *Fur* est un vieux mot qui veut dire « mesure, proportion » et qui ne s'emploie plus que dans cette locution.

FURETER [fyʀte] verbe [conjugaison 5b] ▪ (qqn) Chercher à s'introduire, fouiller partout avec curiosité pour découvrir des choses cachées. *Elle furète dans les affaires de sa mère pour découvrir des objets intéressants.* → **fouiner, fouiller.**

REM. *Fureter* veut dire au sens littéral « chercher à s'introduire partout comme fait le furet », comme *fouiner* « fouiller comme fait la fouine ».

FUREUR [fyʀœʀ] n. f. ▪ *LA FUREUR* **1.** Colère très violente. *En apprenant cela, il est ENTRÉ EN FUREUR,* il s'est mis dans une grande colère. *Sa bêtise me MET EN FUREUR.* **2.** Grande violence. *Les ennemis se battent avec fureur.* → **acharnement, furie. 3.** *FAIRE FUREUR :* avoir un grand succès. *Ce chanteur fait fureur.*

FURIBOND [fyʀibɔ̃], **FURIBONDE** [fyʀibɔ̃d] adj. (après le nom) ▪ Qui ressent ou qui montre une grande fureur. *Elle est entrée furibonde chez son patron. Il a l'air furibond.* → **furieux ;** STYLE FAMILIER **fumasse, furax.**

FURIE [fyʀi] n. f. **1.** *LA FURIE :* grande fureur. *Le mensonge la met en furie.* → **rage.** – *Il y a de la tempête, la mer est en furie,* elle est très agitée. **2.** *UNE FURIE :* femme qui manifeste violemment sa colère, sa violence. *Quand elle perd son calme, c'est une vraie furie.* → **harpie, mégère.**

FURIEUX [fyʀjø], **FURIEUSE** [fyʀjøz] adj. (après le nom, parfois avant le nom) **1.** Très en colère. *Elle est furieuse contre lui.* → **furibond ;** STYLE FAMILIER **fumasse, furax.** *Il est furieux d'avoir attendu une heure. Ça l'a rendu FOU FURIEUX. – Le patron a l'air furieux. Il nous a jeté un regard furieux.* **2.** (qqch.) Très violent. *Un vent furieux souffle.* – (avant le nom) *J'ai une furieuse envie de le gifler.* → **grand.**

FURONCLE [fyʀɔ̃kl] n. m. ▪ *UN FURONCLE :* gros bouton douloureux contenant du pus. *Il a un furoncle dans le cou qui lui fait très mal* (→ **abcès).**

FURTIF [fyʀtif], **FURTIVE** [fyʀtiv] adj. (après le nom) ▪ (qqch.) Qui passe presque inaperçu, qui se fait à la dérobée. *Elle jette un coup d'œil furtif à sa montre.* → **discret, rapide.** ⟨contraire : insistant⟩

FURTIVEMENT [fyʀtivmɑ̃] adverbe ▪ D'une manière furtive, à la dérobée. *Il m'a souri furtivement.* → à la **dérobée.** ⟨contraire : ostensiblement⟩

FUSAIN [fyzɛ̃] n. m. ▪ *UN FUSAIN* **1.** Petit arbre à feuilles luisantes et à fruits rouges. *Au fond du jardin, il y a une haie de fusains.* **2.** *LE FUSAIN :* charbon de bois de fusain qui sert à dessiner. *Ce portrait a été réalisé au fusain.* **3.** Dessin fait au fusain. *Ce dessinateur fait de très beaux fusains.*

FUSEAU [fyzo] n. m. ▪ *UN FUSEAU* **1.** Instrument aux extrémités pointues qui servait à tordre et à enrouler le fil lorsque l'on filait à la main. *Autrefois, on filait la laine avec un fuseau.* PLURIEL : *des FUSEAUX.* **2.** Pantalon étroit en matière extensible, dont les jambes sont serrées par une patte qui passe sous le pied. *Elle a mis son fuseau noir pour skier.* **3.** *Un FUSEAU HORAIRE :* zone imaginaire, allant d'un pôle à l'autre entre deux méridiens, et dans laquelle l'heure est partout la même. *Il y a vingt-quatre fuseaux horaires.*

FUSÉE [fyze] n. f. ▪ *UNE FUSÉE* **1.** Tube rempli de poudre qui explose en l'air en faisant des étincelles. *Les fusées multicolores du feu d'artifice éclatent dans le ciel. Le navigateur en perdition a lancé une FUSÉE DE DÉTRESSE.* **2.** Moteur qui lance un véhicule spatial. *La fusée s'est élancée dans le ciel à midi trente, heure locale.*

FUSELAGE [fyzlaʒ] n. m. ▪ *LE FUSELAGE :* partie centrale d'un avion, où sont fixées les ailes. *L'accident a défoncé le fuselage de l'avion.*

REM. *Fuselage* est de la même famille que *fuselé.*

FUSELÉ [fyzle], **FUSELÉE** [fyzle] adj. (après le nom) ▪ Qui a la forme allongée d'un fuseau. *Elle a de jolies jambes fuselées.*

FUSIBLE [fyzibl] n. m. ▪ *UN FUSIBLE :* petit fil de plomb placé dans un circuit électrique, qui fond en cas de court-circuit. *Les fusibles fondent si trop d'appareils électriques fonctionnent en même temps.* → **plomb.**

FUSIL [fyzi] n. m. ▪ *UN FUSIL :* arme à feu à long canon, qui sert pour la guerre ou pour la chasse. *Le chasseur charge son fusil. On a entendu un COUP DE FUSIL. – CHANGER SON FUSIL D'ÉPAULE :* changer de projet, de tactique, d'opinion. *Puisque les choses ne s'arrangent pas comme je voudrais, je vais changer mon fusil d'épaule,* je vais faire autrement.

REM. Le *l* final ne se prononce pas, comme dans *outil.*

FUSILLADE [fyzijad] n. f. ▪ *UNE FUSILLADE :* combat où sont échangés des coups de fusil. *Un policier a été blessé au cours de la fusillade.*

FUSILLER [fyzije] verbe [conjugaison 1a] **1.** Tuer à coups de fusil. *En temps de guerre, on fusille les traîtres.* → **exécuter. 2.** *FUSILLER DU REGARD :* regarder avec méchanceté. *En passant devant nous, il nous a fusillés du regard.* → **foudroyer.**

REM. Penser au groupe de lettres *illi* à la 1re et à la 2e personne du pluriel de l'imparfait (ex. : *nous fusillions*) et du subjonctif (ex. : *que vous fusilliez*).

FUSION [fyzjɔ̃] n. f. ▪ *LA FUSION* **1.** Passage d'un corps solide à l'état liquide, sous l'action de la chaleur. *La fusion des métaux se fait à très haute température. De la lave en fusion sort du cratère du volcan,* de la roche fondue. **2.** Réunion de plusieurs choses en une seule. *Le président a annoncé la fusion des deux entreprises.*

FUSIONNER [fyzjɔne] verbe [conjugaison 1a] ▪ Se réunir en un tout. *Les deux sociétés ont fusionné.*

FUSTIGER [fystiʒe] verbe [conjugaison 3b] ▪ STYLE RECHERCHÉ Critiquer vivement. *Nous fustigeons cette manière d'agir.* → **blâmer.**

FÛT [fy] n. m. ▪ *UN FÛT* **1.** Tronc d'un arbre. *Les arbres de cette forêt ont des fûts très hauts.* **2.** Partie d'une colonne située entre la base et le chapiteau. *Les fûts de ces colonnes sont plus étroits au sommet qu'à la base.* **3.** Tonneau. *Ce vieux cognac a vieilli dans des fûts de chêne.* → **barrique.**

FUTAIE [fytɛ] n. f. ▪ *UNE FUTAIE :* forêt de grands arbres. *Une futaie de hêtres s'étend jusqu'à la clairière. Cette forêt comprend des arbres de HAUTE FUTAIE,* de grands arbres parvenus à leur développement complet.

REM. *Futaie* est de la même famille que *fût,* mais ne prend pas d'accent circonflexe sur le *u.*

FUTAL [fytal] n. m. ▪ STYLE FAMILIER *UN FUTAL :* pantalon. *Elle a mis une chemise et un vieux futal.* → STYLE FAMILIER **falzar, froc.** *Où sont mes futals ?*

FUTÉ [fyte], **FUTÉE** [fyte] adj. (après le nom) ▪ Malin, rusé. *C'est un gamin plutôt futé.* ⟨contraires : niais, nigaud⟩ *Elle est gentille, mais pas très futée. – C'est futé, ce qu'il a fait.* → STYLE FAMILIER **finaud.**

FUTE-FUTE [fytfyt] adj. (après le nom) ▪ STYLE FAMILIER Futé, malin. *Il n'est pas très fute-fute.*

REM. Ce mot s'emploie négativement.

FUTILE [fytil] adj. (après le nom) **1.** Qui n'est pas très sérieux. *Cette conversation futile commence à l'agacer.* → **creux, insignifiant.** ⟨contraires : grave, sérieux⟩ *De temps en temps, on a besoin de distractions futiles.* **2.** (qqn) Qui ne se préoccupe que de choses peu importantes. → **frivole, superficiel.** *C'est une femme futile.*

FUTILITÉ [fytilite] n. f. **1.** *LA FUTILITÉ :* caractère futile, peu sérieux. *Sa conversation est d'une totale futilité.* → **frivolité.** ⟨contraires : gravité, sérieux⟩ **2.** *UNE FUTILITÉ :* chose futile, insignifiante. *Au lieu de travailler, elle perd son temps à des futilités.* → **bagatelle, bêtise.**

FUTUR [fytyʀ] adj. et n. m., **FUTURE** [fytyʀ] adj.
I. adjectif (après ou avant le nom) **1.** (après le nom) Qui appartient à l'avenir. *Les romans d'anticipation se passent dans les siècles futurs. Tous les hommes ne croient pas à une vie future,* une vie après la mort. *Il faut penser aux générations futures.* → ① **suivant.** **2.** (avant le nom) *Elle nous a présenté son futur mari,* celui qui sera son mari. → **fiancé.**
II. *LE FUTUR* **1.** Partie du temps qui vient après le présent (opposé à passé, présent). *C'est parfois difficile d'imaginer le futur.* → **avenir.** *Ce roman de science-fiction se passe DANS LE FUTUR.* **2.** Temps de l'indicatif qui indique qu'une action a lieu dans l'avenir par rapport au moment où l'on parle. *Conjuguez le verbe « partir » au futur. « Je partirai » est une forme du FUTUR SIMPLE, « je serai parti » une forme du FUTUR ANTÉRIEUR.*

REM. Le *futur* désigne un temps abstrait ; on ne peut pas dire *cet acteur n'a pas de futur.* → **avenir.**

le futur

Le futur est le temps du verbe qui exprime qu'une action, un état sont considérés dans l'avenir soit par rapport au moment où l'on parle *(futur simple : **je partirai**),* soit par rapport à un autre événement de l'avenir (*futur antérieur : **je serai parti** quand tu arriveras).*

1. Dans les verbes à conjugaison régulière, le futur, comme le conditionnel, est formé sur le radical de l'infinitif : *chanter → je chanter**ai** ; finir → je fini**rai.***

2. Les *terminaisons* du futur sont : *-rai, -ras, -ra, -rons, -rez, -ront.*

3. Prononciation : dans les verbes en *-rer* de type *pleurer,* on ne prononce pas le *e* du radical : *il pleurera* [plœʀʀa].

4. Emplois spéciaux :
– Le *futur du passé* (ex. : *je lui ai écrit que je **viendrais***) est une forme du conditionnel présent ***(je viendrais)*** *correspondant* au futur quand la proposition principale est au passé : je lui *écris* que je *viendrai* (principale au présent) → je lui *ai écrit* que je *viendrais* (principale au passé).
– Le *futur proche* (ex. : *il **va** venir*) est l'expression du futur avec le verbe *aller.*
– Le futur peut exprimer l'ordre *(tu **partiras** demain)* ou la défense *(vous ne **sortirez** pas).*
– Le *futur de politesse.* Le futur employé à la place du présent exprime une atténuation (ex. : *je vous **demanderai** de vous taire, je **t'avouerai** que je suis surpris, ça **fera** dix francs, ce **sera** tout ?*).
– Le futur peut exprimer la *probabilité* d'un événement (ex. : *ça sonne, ce **sera** sûrement lui, quelque chose l'**aura retenu***).
– Le futur est parfois remplacé par le présent pour exprimer l'imminence (ex. : *il **arrive** demain, je **descends** tout de suite*).

FUTURISTE [fytyʀist] adj. (après le nom) ▪ Qui évoque les temps futurs. *J'aime l'architecture futuriste de cet immeuble.*

fuyant [fɥijɑ̃] *En fuyant :* forme au participe présent du verbe **fuir.**

FUYANT [fɥijɑ̃], **FUYANTE** [fɥijɑ̃t] adj. (après le nom) **1.** Qui échappe, se dérobe. *Son regard fuyant n'inspire pas confiance,* son regard qui évite celui des autres. *C'est un homme fuyant,* difficile à comprendre. → **insaisissable.** **2.** Qui part vers l'arrière. *Elle a le menton fuyant.*

FUYARD [fɥijaʀ] n. m., **FUYARDE** [fɥijaʀd] n. f. ▪ *UN FUYARD, UNE FUYARDE :* une personne qui fuit ou qui s'est enfuie. *Les fuyards sont déjà loin.* → **fugitif.**

G

① **G** [ʒe] n. m. invariable ▪ *LE G :* septième lettre de l'alphabet du français. *Le g est une consonne. Il y a des g minuscules* (g) *et des g majuscules* (G).

> REM. Le *g* se prononce [g] devant *a* (ex. : *gabarit*), *o* (ex. : *gorille*), *u* (ex. : *guenon*), devant une consonne autre que *n* (ex. : *gratter*) et en finale (ex. : *zigzag*). Il note le son [ʒ] devant *i* (ex. : *girolle*), *e* (ex. : *gentil*) et *y* (ex. : *gymnastique*). *Gn* note le son [ɲ] (ex. : *agneau*) ou [gn] (ex. : *gnome*).

② **G** → **gramme**

GABARDINE [gabaʀdin] n. f. **1.** *LA GABARDINE :* tissu de laine ou de coton très serré. *Il a un pantalon en gabardine beige.* **2.** *UNE GABARDINE :* manteau en gabardine qui protège de la pluie. → **imperméable.** *Elle a mis sa gabardine.*

GABARIT [gabaʀi] n. m. ▪ *LE GABARIT* **1.** Dimension d'un objet fixée à l'avance. *Ce camion est d'un trop gros gabarit pour passer dans le tunnel.* **2.** Taille (d'une personne). *C'est un homme de fort gabarit.* → **stature.**

GABEGIE [gabʒi] n. f. ▪ *LA GABEGIE :* désordre qui est la conséquence d'une mauvaise organisation. *Quelle gabegie !* → **gaspillage.**

GABONAIS [gabɔnɛ] adj. et n. m., **GABONAISE** [gabɔnɛz] adj. et n. f. **1.** adjectif (après le nom) Du Gabon, pays d'Afrique équatoriale de l'ouest. *L'Ogooué est un fleuve gabonais.* **2.** *UN GABONAIS, UNE GABONAISE :* un habitant, une habitante du Gabon. *Les Gabonais.*

GÂCHÉ [gɑʃe], **GÂCHÉE** [gɑʃe] adj. (après le nom) ▪ Mal utilisé, gaspillé. → **perdu.** *C'est l'histoire d'une vie gâchée. Encore une heure de gâchée avec tes bêtises !*

GÂCHER [gɑʃe] verbe [conjugaison 1a] ▪ Mal utiliser (qqch.) et ne pas en tirer le parti que l'on pourrait. *L'enfant a gâché plusieurs feuilles de papier avec ses gribouillis.* → **abîmer.** *Ne gâche pas ton argent en achetant n'importe quoi.* → **gaspiller.** *Il a tout gâché en arrivant trop tard. – Le mauvais temps nous a gâché les vacances.* → **gâter.**

GÂCHETTE [gɑʃɛt] n. f. ▪ *UNE GÂCHETTE :* pièce d'une arme à feu reliée à la détente. *La gâchette fait partir le coup.*

> REM. On confond souvent la *détente* et la *gâchette* et on dit à tort *appuyer sur la gâchette* au lieu de *appuyer sur la détente.*

GÂCHIS [gɑʃi] n. m. **1.** *UN GÂCHIS :* amas de choses abîmées, cassées. *Tu as fait un beau gâchis dans ta chambre.* **2.** *LE GÂCHIS :* gaspillage. *Ne jette pas cette viande, c'est du gâchis.*

GADGET [gadʒɛt] n. m. ▪ *UN GADGET :* objet amusant et nouveau, parfois inutile. *Ce stylo qui fait réveil est le dernier gadget à la mode.*

> REM. Ce mot vient de l'anglais.

GADOUE [gadu] n. f. ▪ *LA GADOUE :* terre mouillée, détrempée. *Les enfants aiment patauger dans la gadoue.* → **boue.**

GAÉLIQUE [gaelik] adj. et n. m. **1.** adjectif (après le nom) Celtique. *Il écoute de vieilles chansons gaéliques.* **2.** *LE GAÉLIQUE :* la langue celtique parlée en Irlande. *Le gaélique, le gallois et le breton sont des langues celtiques.*

① **GAFFE** [gaf] n. f. ▪ *UNE GAFFE :* long bâton muni d'une pointe et d'un crochet. *Le marin repousse la barque avec la gaffe.*

② **GAFFE** [gaf] n. f. ▪ STYLE FAMILIER *UNE GAFFE :* parole ou action maladroite. *Tu as FAIT UNE GAFFE en lui parlant de ça.* → **bévue, bourde,** ① **impair ;** STYLE FAMILIER **boulette.**

> FAUX AMI
> espagnol **gafas** « lunettes »

③ **GAFFE** [gaf] n. f. ▪ STYLE FAMILIER *FAIRE GAFFE :* faire attention. *Fais gaffe à ta montre, ne te la fais pas piquer !*

GAFFEUR [gafœʀ] n. m. et adj., **GAFFEUSE** [gaføz] n. f. et adj. ▪ STYLE FAMILIER **1.** *UN GAFFEUR, UNE GAFFEUSE :* une personne qui fait des gaffes, qui dit ou qui fait ce qu'il ne faut pas. *Quel gaffeur, il n'en loupe pas une !* **2.** adjectif (après le nom) Qui fait des gaffes. *Elle est très gaffeuse.*

GAG [gag] n. m. ▪ *UN GAG :* effet comique inattendu et rapide. *Ce film est plein de bons gags.*

> REM. Ce mot est anglais.

GAGE [gaʒ] n. m. ▪ *UN GAGE* **1.** Objet remis pour garantir le paiement d'une dette et qui sert de caution. *Il a mis sa montre EN GAGE,* il l'a mise en dépôt en échange d'une somme d'argent et il la récupérera quand il remboursera cette somme. *Il est PRÊTEUR SUR GAGES :* il prête de l'argent à des personnes qui lui laissent des objets en dépôt. **2.** Pénitence que les autres joueurs imposent au perdant. *Le premier qui perd a un gage. Qu'allons-nous lui donner comme gage ?* **3.** Ce qui représente une garantie. *Je te donne ça* EN GAGE DE *mon amitié,* pour te prouver mon amitié. **4.** (au pluriel) LES GAGES : argent donné en salaire. *Autrefois, les domestiques touchaient des gages.* – *C'est un* TUEUR À GAGES, payé pour accomplir un meurtre.

GAGEURE [gaʒyʀ] n. f. ▪ STYLE RECHERCHÉ *UNE GAGEURE :* action, projet qui semble impossible à faire et qui passe pour un défi. *Vouloir repeindre cet appartement en une journée, c'est une gageure !*

REM. Il faut bien prononcer ce mot [gaʒyʀ] : le *e* sert ici à prononcer le *g* [ʒ] devant le *u*.

GAGNANT [gaɲɑ̃] adj. et n. m., **GAGNANTE** [gaɲɑ̃t] adj. et n. f. **1.** adjectif (après le nom) Qui gagne. *Elle a eu un billet gagnant.* ⟨contraire : perdant⟩ *Il a joué le tiercé gagnant. L'équipe gagnante remporte la coupe* (→ **vainqueur**). **2.** *UN GAGNANT, UNE GAGNANTE :* personne, concurrent qui gagne. *Les gagnants de la tombola sont venus chercher leurs lots.* ⟨contraire : perdant⟩

GAGNE-PAIN [gaɲpɛ̃] n. m. invariable ▪ *UN GAGNE-PAIN :* ce qui permet de gagner sa vie. *L'entretien des jardins de ses voisins, c'est son gagne-pain.* PLURIEL : *des gagne-pain.*

GAGNER [gaɲe] verbe [conjugaison 1a] **1.** Obtenir (de l'argent, un profit matériel). *Il gagne beaucoup d'argent. Je ne savais pas que vous gagniez vingt mille francs par mois* (→ **gain**). *Il* GAGNE *bien* SA VIE, son travail lui rapporte de l'argent. *J'ai gagné une voiture à la tombola.* – *Je n'ai jamais gagné au loto.* **2.** Obtenir (un avantage). *Tu as bien gagné tes vacances.* → **mériter.** *Prenez ce raccourci, vous* GAGNEREZ DU TEMPS, vous ferez une économie de temps. ⟨contraire : perdre⟩ *Tu* GAGNERAIS DE LA PLACE *en poussant la table contre le mur. Propose tes services, tu as tout à gagner et rien à perdre.* – *GAGNER EN :* s'améliorer. *Son style a gagné en précision.* – *GAGNER À :* retirer un avantage. *C'est un homme qui* GAGNE À ÊTRE CONNU, que l'on estime davantage quand on le connaît mieux. *Vous* Y GAGNEREZ *si vous achetez le lot entier.* **3.** Être vainqueur dans (une compétition). *Notre équipe a gagné le match.* → **remporter.** *Ce parti politique a des chances de gagner les élections.* ⟨contraire : perdre⟩ *J'ai gagné mon procès.* **4.** *GAGNER qqn DE VITESSE,* arriver avant lui en allant plus vite. *Elle l'a gagné de vitesse.* **5.** *GAGNER DU TERRAIN :* avancer. *L'ennemi gagne du terrain. L'incendie a gagné du terrain.* → s'**étendre.** **6.** Atteindre (un lieu) en se déplaçant. *Les spectateurs gagnent la sortie.* – *L'inondation gagne le premier étage. Le cancer a gagné le foie,* il s'est propagé jusqu'au foie. **7.** (qqch.) Agir sur (qqn). *Le sommeil me gagne,* s'empare de moi. → **envahir.**

GAI [ge], **GAIE** [ge] adj. (après le nom) **1.** (qqn) Qui est de bonne humeur et rit souvent. → **content, guilleret, joyeux.** *Elle est toujours gaie.* ⟨contraires : morose, triste⟩ *Il est* GAI COMME UN PINSON, très gai. – *Il a bu et il est un peu gai,* un peu ivre. → STYLE FAMILIER **éméché.** **2.** (qqch.) Qui rend gai. *Il s'habille toujours avec des couleurs gaies.* → **vif.** ⟨contraire : terne⟩ *Cette histoire n'est pas très gaie.* → **amusant.** – *Il n'a pas une vie bien gaie.* → **drôle.**

REM. On peut aussi prononcer [gɛ] comme *gay* « homosexuel ».

GAIEMENT [gemɑ̃] adverbe ▪ Avec gaieté. *Les enfants chantent gaiement dans la voiture.* → **joyeusement.** ⟨contraire : tristement⟩

REM. On peut prononcer [gɛmɑ̃] et écrire *gaîment.*

GAIETÉ [gete] n. f. **1.** *LA GAIETÉ :* bonne humeur. *Elle a pleuré puis elle a vite retrouvé sa gaieté. C'est un enfant plein de gaieté.* → **joie.** **2.** (ironique) (au pluriel) LES GAIETÉS : les côtés ennuyeux. *Les crevaisons, ce sont les gaietés de la voiture !*

REM. **1.** On peut écrire aussi *gaîté.* **2.** Le verbe *guetter* « attendre » se prononce de la même façon.

GAILLARD [gajaʀ] adj. et n. m., **GAILLARDE** [gajaʀd] adj. **1.** adjectif (après le nom) Plein de vie et de bonne santé. *C'est un vieillard encore gaillard.* → **alerte, vif.** ⟨contraire : faible⟩ **2.** *UN GAILLARD :* homme plein de vie et d'entrain. *C'est un solide gaillard.*

GAIN [gɛ̃] n. m. ▪ *LE GAIN* **1.** Argent que l'on gagne. *Le vendeur de la maison a fait un gain énorme.* ⟨contraire : dépense⟩ – *C'est l'*APPÂT DU GAIN *qui lui a fait choisir ce métier,* le désir très fort de gagner beaucoup d'argent. **2.** Avantage. *Ce lit pliant permet un gain de place.* → **économie.** ⟨contraire : perte⟩ **3.** *Avoir* GAIN DE CAUSE : obtenir ce que l'on voulait. *Finalement, il a eu gain de cause.*

GAINE [gɛn] n. f. ▪ *UNE GAINE* **1.** Enveloppe qui a la forme de l'objet qu'elle protège. *Le policier remet son revolver dans sa gaine.* → **étui.** *Les fils électriques sont enfermés dans des gaines en plastique. Remets ton parapluie dans sa gaine.* → **fourreau.** **2.** Sous-vêtement de femme, en tissu élastique qui serre la taille et les hanches. *Elle met une gaine pour avoir l'air plus mince* (→ **corset**).

GAÎTÉ → **gaieté**

GALA [gala] n. m. ▪ *UN GALA :* grande fête où se rendent des personnalités, organisée pour défendre une cause ou célébrer un événement. *Ils sont allés à un gala de bienfaisance. Elle a mis une robe de gala,* très habillée.

GALANT [galɑ̃], **GALANTE** [galɑ̃t] adj. (après le nom ou avant le nom) **1.** (qqn) Poli et délicat (envers les femmes). *Son mari est un homme galant.* → **attentionné, prévenant.** ⟨contraire : grossier⟩ – STYLE RECHERCHÉ *Il se conduit en galant homme* (→ **gentilhomme**). **2.** STYLE RECHERCHÉ Qui a rapport aux relations amoureuses. *Elle a un rendez-vous galant,* avec un amoureux. *On l'a surpris en galante compagnie,* avec une femme.

GALANTERIE [galɑ̃tʀi] n. f. ▪ *LA GALANTERIE :* politesse, courtoisie que l'on témoigne aux femmes. *Il lui a tenu la porte par galanterie.* ⟨contraire : muflerie⟩

> FAUX AMI
> russe **галантерея** « mercerie »

GALANTINE [galɑ̃tin] n. f. ▪ *LA GALANTINE :* pâté fait à base de viandes blanches et de farce, servi dans sa gelée. *Nous avons mangé de la galantine de volaille.*

GALAXIE [galaksi] n. f. ▪ *UNE GALAXIE :* immense ensemble d'étoiles qui a la forme d'une spirale. *L'Univers est peuplé de millions de galaxies.* – *La Galaxie :* la galaxie composée d'une centaine de milliards d'étoiles dont le Soleil que l'on voit depuis la Terre sous la forme de la Voie lactée.

GALBE [galb] n. m. ▪ *LE GALBE :* contour harmonieux plus ou moins courbe. *Admirez le galbe de ce vase. Le galbe de son visage est parfait.*

GALBÉ [galbe], **GALBÉE** [galbe] adj. (après le nom) ▪ Qui a de jolies courbes. *Elle a des jambes bien galbées.*

GALE [gal] n. f. ▪ *LA GALE :* maladie de peau contagieuse, provoquée par un parasite. *Ce chien a la gale* (→ **galeux**). – *Tu peux me parler, je* N'AI PAS LA GALE, on peut me fréquenter.

> FAUX AMI
> portugais **gala** « gala »

GALÈRE [galɛʀ] n. f. ▪ *UNE GALÈRE* **1.** Grand bateau à voiles et à rames, utilisé de l'Antiquité jusqu'au dix-huitième siècle. *Ce bandit fut condamné à ramer sur les galères du roi.* **2.** (au pluriel) LES GALÈRES : peine infligée à ceux qui étaient condamnés à ramer sur les galères du roi. *Il a été condamné aux galères.* **3.** STYLE FAMILIER Travail pénible, situation difficile. *Quelle galère !*

C'EST LA GALÈRE pour trouver une place où stationner dans ce quartier !

GALÉRER verbe [conjugaison 6a] ▪ STYLE FAMILIER Se lancer dans une entreprise pénible ou hasardeuse. *On a galéré pour trouver ton immeuble.* → STYLE FAMILIER **ramer.** *Tu galéreras* [galɛʀʀa] *encore !*

GALERIE [galʀi] n. f. ▪ *UNE GALERIE* **1.** Chemin, passage souterrain. *Les mineurs sont ensevelis dans une des galeries de la mine de charbon. Les taupes creusent des galeries.* → **tunnel. 2.** Lieu de passage ou de promenade couvert, plus long que large, à l'intérieur ou à l'extérieur d'un bâtiment. *Je fais mes courses dans une GALERIE MARCHANDE,* un espace couvert bordé de nombreux magasins, dans un centre commercial. **3.** Magasin où l'on expose et où l'on vend des objets d'art. *Ses tableaux sont exposés dans une galerie.* **4.** Porte-bagages métallique fixé sur le toit d'une voiture. *Les skis sont attachés sur la galerie.* **5.** *LA GALERIE :* les personnes qui sont là, qui regardent et qui écoutent. *Il dit ça pour AMUSER LA GALERIE.*

GALÉRIEN [galeʀjɛ̃] n. m. ▪ *UN GALÉRIEN :* homme condamné à ramer sur une galère. *Les galériens avaient une vie très dure.*

GALET [galɛ] n. m. ▪ *UN GALET :* caillou arrondi, usé et poli par la mer ou l'eau des torrents. *Préférez-vous les plages de sable ou les plages de galets ?*

GALETTE [galɛt] n. f. ▪ *UNE GALETTE* **1.** Gâteau rond et plat. *J'ai acheté un paquet de galettes bretonnes. Au mois de janvier, nous mangeons la galette des Rois,* qui contient une fève qu'il faut trouver. **2.** Crêpe salée faite avec de la farine de sarrasin ou de maïs. *J'ai mangé une galette au jambon et au fromage.* **3.** STYLE FAMILIER *LA GALETTE :* l'argent. *Il a de la galette.* → STYLE FAMILIER **fric.**

GALEUX [galø], **GALEUSE** [galøz] adj. (après le nom) ▪ Qui a la gale. *J'ai rencontré un chien galeux.* – (figuré) *Une BREBIS GALEUSE :* une personne indésirable. *On le traite comme une brebis galeuse.*

GALICE [galis] nom propre féminin – en espagnol **GALICIA** ▪ *LA GALICE :* région du nord-ouest de l'Espagne. *La Galice est une communauté autonome. Nous sommes allés en Galice. Les habitants de la Galice* (→ **galicien).**

GALICIEN [galisjɛ̃] adj. et n. m., **GALICIENNE** [galisjɛn] adj. et n. f. **1.** adjectif (après le nom) De Galice. *Saint-Jacques-de-Compostelle est une ville galicienne.* **2.** *UN GALICIEN, UNE GALICIENNE :* une personne qui habite la Galice. *Les Galiciens.* **3.** nom masculin *LE GALICIEN :* la langue parlée en Galice, voisine du portugais qui en est dérivé. *Parlez-vous le galicien ?*

GALILÉE [galile] nom propre – en italien **GALILEO GALILEI** ▪ Physicien et astronome italien (1564-1642). *Les thèses de Galilée furent condamnées par l'Église romaine.*

GALIMATIAS [galimatja] n. m. ▪ *UN GALIMATIAS :* discours, écrit très embrouillé auquel on ne comprend rien. *Qu'est-ce que c'est que ce galimatias ?* → **charabia.**

GALION [galjɔ̃] n. m. ▪ *UN GALION :* grand bateau à voiles qu'utilisaient les Espagnols au dix-septième siècle pour faire du commerce avec l'Amérique. *Les Espagnols rapportaient de l'or à bord de leurs galions.*

GALIPETTE [galipɛt] n. f. ▪ STYLE FAMILIER *UNE GALIPETTE :* tour que l'on fait sur soi-même en mettant sa tête au sol et les jambes au-dessus, de façon à retomber de l'autre côté en roulant. *Les enfants font des galipettes.* → **cabriole, culbute.**

pays de **GALLES** [peidgal] nom propre masculin – en anglais **WALES,** en gallois **CYMRU** ▪ *LE PAYS DE GALLES :* partie du Royaume-Uni, au sud-ouest de la Grande-Bretagne. *Nous sommes allés au pays de Galles. Ils habitent le pays de Galles* (→ **gallois).** *Le fils aîné des rois et reines d'Angleterre porte le titre de prince de Galles.*

GALLICISME [galisism] n. m. ▪ *UN GALLICISME* **1.** Tour, expression propre à la langue française, impossible à traduire littéralement dans une autre langue. *« L'échapper belle », « il y a » sont des gallicismes.* **2.** Mot français utilisé dans une autre langue. → **emprunt.** *« Rendez-vous » est un gallicisme utilisé dans la langue anglaise.*

REM. On prononce aussi [gallisism].

GALLOIS [galwa] adj. et n. m., **GALLOISE** [galwaz] adj. et n. f. **1.** adjectif (après le nom) Du pays de Galles. *L'équipe galloise a remporté le match de rugby.* **2.** *UN GALLOIS, UNE GALLOISE :* une personne qui habite le pays de Galles. *Les Gallois.* **3.** nom masculin *LE GALLOIS :* la langue celtique qui est parlée au pays de Galles. *Ils parlent le gallois.*

GALLO-ROMAIN [galoʀɔmɛ̃], **GALLO-ROMAINE** [galoʀɔmɛn] adj. (après le nom) ▪ Qui concerne ce qui a résulté du contact entre les Romains et les Gaulois après la conquête de la Gaule par Rome. *L'époque gallo-romaine correspond aux cinq premiers siècles après Jésus-Christ.* PLURIEL : *des vestiges GALLO-ROMAINS ; des villes GALLO-ROMAINES.*

REM. On prononce aussi [galloʀɔmɛ̃], [galloʀɔmɛn].

GALOCHE [galɔʃ] n. f. ▪ *UNE GALOCHE :* sabot à dessus de cuir et semelle de bois. *Le fermier met ses galoches.* – STYLE FAMILIER *Il a le menton EN GALOCHE,* long et relevé vers l'avant.

> FAUX AMI
> roumain **galoş**
> « chaussure de caoutchouc »

GALON [galɔ̃] n. m. ▪ *UN GALON* **1.** Ruban épais qui sert à orner. *Il a un galon autour de son chapeau.* **2.** Très fin ruban cousu sur un uniforme militaire et qui indique le grade et la fonction. *Un colonel a cinq galons.* – *Il a PRIS DU GALON :* il a obtenu une promotion.

GALOP [galo] n. m. ▪ *LE GALOP :* l'allure la plus rapide que prend naturellement le cheval. *Son cheval est parti AU GALOP.* – (qqn) *Faire UN GALOP D'ESSAI :* être mis à l'épreuve, être testé. *Les élèves font un galop d'essai avant l'examen.*

GALOPADE [galɔpad] n. f. ▪ *UNE GALOPADE :* course très rapide dont le bruit fait penser à un galop. *On entend les galopades des enfants dans l'escalier.*

GALOPER [galɔpe] verbe [conjugaison 1a] **1.** (animaux) Aller au galop. *Les chevaux galopent dans la plaine.* **2.** (qqn) Courir vite, se dépêcher. *Les enfants galopent derrière lui.*

GALOPIN [galɔpɛ̃] n. m. ▪ STYLE FAMILIER *UN GALOPIN :* enfant espiègle. *Une bande de petits galopins est passée devant la maison.* → **chenapan, garnement.**

GALVANISER [galvanize] verbe [conjugaison 1a] **1.** STYLE RECHERCHÉ Donner de l'énergie à (qqn), enthousiasmer. *Cet orateur galvanise les foules.* → **électriser, enflammer, exalter. 2.** Recouvrir (un métal) d'une couche de métal pour empêcher de rouiller. *On galvanise le fer pour le préserver de l'oxydation.*

GALVAUDER [galvode] verbe [conjugaison 1a] ▪ STYLE RECHERCHÉ Compromettre par un mauvais usage. *Ce comédien galvaude son talent en jouant dans de mauvais films.* → **gâcher, gaspiller.** – *C'est une idée galvaudée,* qui n'a plus de valeur parce que tout le monde en a parlé à tort et à travers.

GAMBADE [gɑ̃bad] n. f. ▪ STYLE RECHERCHÉ *UNE GAMBADE :* saut joyeux. *Les enfants font des gambades sur le chemin.* → **bond, cabriole.**

GAMBADER [gɑ̃bade] verbe [conjugaison 1a] ▪ Sauter dans tous les sens en faisant de petits bonds de joie. *Le chien gambade autour de son maître.* → **sautiller.**

VIOLE DE **GAMBE** → **viole**

GAMBERGER [gɑ̃bɛʀʒe] verbe [conjugaison 3b] ▪ STYLE FAMILIER Réfléchir. *Elle gambergeait pour trouver une solution.*

GAMBIE [gɑ̃bi] nom propre féminin – en anglais **GAMBIA** ▪ *LA GAMBIE :* pays d'Afrique occidentale. *Elle voyage en Gambie. Nous revenons de Gambie.*

GAMELLE [gamɛl] n. f. ▪ *UNE GAMELLE* **1.** Récipient en métal muni d'un couvercle, dans lequel on met de la nourriture pour une seule personne. *Les ouvriers emportent leur gamelle à l'usine.* **2.** STYLE FAMILIER Chute. *Le skieur s'est pris une gamelle,* il est tombé.

GAMIN [gamɛ̃] n. m., **GAMINE** [gamin] n. f. **1.** STYLE FAMILIER *UN GAMIN, UNE GAMINE :* petit garçon, petite fille. *Une gamine d'une dizaine d'années t'a téléphoné.* → **enfant,** STYLE FAMILIER **gosse. 2.** STYLE FAMILIER *Mon gamin,* mon jeune fils. → **fils.**

GAMME [gam] n. f. ▪ *UNE GAMME* **1.** Suite des notes de musique, dans un ordre précis. *Le pianiste FAIT DES GAMMES,* il s'exerce au piano. **2.** Série continue. *Ce pull existe dans toute la gamme des bleus. Nous vous proposons notre nouvelle gamme de produits solaires. Il y a toute une gamme de prix.* → **éventail.** *Nous avons acheté un téléviseur HAUT DE GAMME,* de la meilleure qualité et dans les plus chers. *Ils ont un lave-linge BAS DE GAMME,* de la moins bonne qualité et dans les moins chers.

GAND [gɑ̃] nom propre – en néerlandais **GENT** ▪ Ville et port de Belgique. *Nous sommes allés à Gand.*

GANG [gɑ̃g] n. m. ▪ *UN GANG :* bande organisée, groupe de malfaiteurs. *La police a arrêté le chef du gang* (→ **gangster**). *La lutte contre les gangs s'est renforcée.*

REM. *Gangue* « enveloppe » se prononce de la même façon.

GANGLION [gɑ̃glijɔ̃] n. m. ▪ *UN GANGLION :* petite boule sur le trajet des vaisseaux lymphatiques et de certains nerfs. *Les ganglions grossissent lorsqu'il y a une infection dans l'organisme.*

GANGRENÉ [gɑ̃gʀəne], **GANGRENÉE** [gɑ̃gʀəne] adj. (après le nom) ▪ Atteint par la gangrène. *Il a une jambe gangrenée.*

REM. On écrit aussi *gangréné* [gɑ̃gʀene].

GANGRÈNE [gɑ̃gʀɛn] n. f. ▪ *LA GANGRÈNE :* maladie très grave qui fait pourrir la chair parce que le sang n'irrigue plus une partie du corps. *La gangrène d'un membre peut être due au gel.*

GANGSTER [gɑ̃gstɛʀ] n. m. ▪ *UN GANGSTER :* malfaiteur membre d'un gang. *Des gangsters ont attaqué la banque.* → **bandit.** *J'aime bien les films de gangsters.*

REM. *Gangster* est un mot anglais qui évoque l'Amérique et sa violence, alors que *bandit* évoque des images plus anciennes.

GANGSTÉRISME [gɑ̃gsteʀism] n. m. ▪ *LE GANGSTÉRISME :* activité des gangsters. *La police lutte contre le gangstérisme.* → **banditisme.**

GANGUE [gɑ̃g] n. f. ▪ *LA GANGUE :* matière qui enveloppe un minerai ou une pierre précieuse que l'on trouve à l'état naturel dans un gisement. *On débarrasse un diamant de sa gangue pour le voir briller.*

REM. *Gang* « bande de malfaiteurs » se prononce de la même façon.

GANT [gɑ̃] n. m. ▪ *UN GANT* **1.** Vêtement pour la main qui s'adapte exactement à sa forme et enveloppe chaque doigt séparément. *Elle s'est acheté une paire de gants en soie. Mets tes gants de laine, il fait froid.* – *Cette robe te VA COMME UN GANT,* elle te va parfaitement. *On a PRIS DES GANTS pour lui annoncer la mauvaise nouvelle,* on l'a fait avec précaution. **2.** Enveloppe qui recouvre la main pour un usage spécial. *Il fait la vaisselle avec des gants de caoutchouc. Le médecin met des gants de chirurgien pour opérer,* des gants fins et résistants. *Elle se frictionne avec un GANT DE CRIN. Il se lave la figure avec un GANT DE TOILETTE,* une poche en tissu éponge dans laquelle on met la main. *Le boxeur met des GANTS DE BOXE pour se battre,* de grosses moufles de cuir bourrées de crin.

GANTÉ [gɑ̃te], **GANTÉE** [gɑ̃te] adj. (après le nom) ▪ (main) Recouvert d'un gant. *Le chirurgien opère les mains gantées.* – STYLE RECHERCHÉ *Elle est GANTÉE DE BLANC :* elle a mis des gants blancs.

GARAGE [gaʀaʒ] n. m. ▪ *UN GARAGE* **1.** Abri couvert et généralement fermé où l'on range des véhicules. *Ils ont acheté une maison avec garage. Elle rentre sa voiture au garage* (→ **box, parking**). *Le soir, les autobus rentrent au garage.* → **dépôt. 2.** Entreprise qui s'occupe de la vente, de l'entretien et de la réparation des voitures. *Il conduit sa voiture au garage pour une révision. Ce garage vend-il de l'essence ?* (→ **station-service**).

FAUX AMI
allemand **Garage** « parking »

GARAGISTE [gaʀaʒist] n. m., n. f. ▪ *UN GARAGISTE, UNE GARAGISTE :* une personne qui possède ou gère un garage. *Le garagiste m'a conseillé de changer les pneus de ma voiture.*

GARANT [gaʀɑ̃] n. m., **GARANTE** [gaʀɑ̃t] n. f. **1.** *UN GARANT, UNE GARANTE :* personne qui est légalement responsable de la dette d'une autre personne. → **caution.** *Quand elle a acheté son appartement, son père lui a servi de garant envers la banque qui lui avait fait un prêt.* **2.** *SE PORTER GARANT DE :* être responsable, répondre de. *Vous pouvez avoir confiance, je me porte garant de sa conduite.*

GARANTIE [gaʀɑ̃ti] n. f. ▪ *UNE GARANTIE* **1.** Obligation qu'a le vendeur d'assurer que ce qu'il vend est en bon état et de s'engager à le réparer gratuitement ou à le changer, pendant un certain temps, en cas de défaut ou de panne. *Voici le BON DE GARANTIE de votre montre. La garantie de cette voiture est de deux ans. Le lave-linge a une garantie pièces et main-d'œuvre. Mon téléviseur est encore SOUS GARANTIE,* il est encore garanti. **2.** Ce qui sert à garantir. *Cette alarme est une garantie contre le vol. Ce projet présente toutes les garanties de réussite,* il doit réussir, il ne peut que réussir.

GARANTIR [gaʀɑ̃tiʀ] verbe [conjugaison 2] **1.** S'engager sur la qualité de (qqch.). *Le vendeur garantit cette voiture pendant un an,* il assure que cette voiture est en bon état et qu'il la réparera gratuitement si elle tombe en panne pendant l'année qui vient. *Ma montre est garantie un an.* **2.** Affirmer. *Nous vous GARANTISSONS QUE tout se passera bien.* → ① **assurer, certifier, promettre. 3.** Protéger. *Mon anorak me GARANTIT DU froid.* → ① **défendre, préserver.**

GARCE [gaʀs] n. f. ▪ STYLE FAMILIER *UNE GARCE :* femme, fille méchante et méprisable. *C'est vraiment une petite garce.* → **chameau, chipie, vache.** *Ah ! la garce !* → STYLE FAMILIER **salope.**

FAUX AMI
portugais **garça**
« héron »

GARÇON [gaʀsɔ̃] n. m. ▪ *UN GARÇON* **1.** Enfant de sexe masculin. *Autrefois il y avait des écoles de garçons et des écoles de filles.* – *Ma fille est un GARÇON MANQUÉ,* elle s'habille et se comporte comme un garçon. *C'est un PETIT GARÇON,* un garçon de moins de douze ans (→ **gamin, garçonnet).** *Sois courageux, tu es un GRAND GARÇON maintenant !* **2.** Jeune homme. *Son fiancé est un garçon intelligent.* → STYLE FAMILIER **gars, mec.** *Il est BEAU GARÇON.* **3.** *UN VIEUX GARÇON :* homme d'âge mûr qui ne s'est pas marié. *Il a des manies de vieux garçon.* **4.** Employé, dans certaines professions. *Le garçon boucher livre la viande aux clients. Le GARÇON DE CAFÉ prend les commandes.* → **serveur.** *Garçon ! un café s'il vous plaît !* **5.** STYLE FAMILIER Fils. *Mes deux garçons sont en vacances.*

GARÇONNET [gaʀsɔnɛ] n. m. ▪ STYLE RECHERCHÉ *UN GARÇONNET :* un jeune garçon (opposé à fillette). *C'est un garçonnet de douze, treize ans.*

① **GARDE** [gaʀd] n. f. ▪ *LA GARDE* **1.** Action de garder, de protéger en surveillant. *Pendant son absence, il m'a confié la garde de ses affaires.* → **surveillance.** *Après son divorce, il a obtenu le DROIT DE GARDE de ses enfants,* le droit de s'occuper d'eux complètement. *Quand nous partons en vacances, nous confions notre chat À LA GARDE DE nos voisins,* nous le leur donnons à garder. **2.** Surveillance. *Ma fille fait des gardes d'enfants le soir.* → **baby-sitting.** *Les gardiens de prison sont chargés de la garde des détenus. Deux soldats en uniforme MONTENT LA GARDE à l'entrée du palais présidentiel* (→ **garder, surveiller).** *Les bergers allemands sont de bons CHIENS DE GARDE,* ils savent surveiller les maisons, les propriétés. *Le chien FAIT BONNE GARDE dès qu'un intrus s'approche de la maison,* il est vigilant. – *Être DE GARDE :* devoir assurer un service, une permanence. *Il y a toujours des médecins de garde à l'hôpital. Où est la pharmacie de garde la plus proche ?* **3.** Groupe de personnes qui garde, surveille. *Une garde d'honneur escorte le chef de l'État. La GARDE RÉPUBLICAINE descend les Champs-Élysées à cheval,* les membres de la gendarmerie chargés de la police militaire de Paris. **4.** Position de défense (en escrime, en boxe). *Le mousquetaire se met EN GARDE pour éviter les coups de son adversaire.* **5.** *METTRE EN GARDE :* prévenir d'un danger. *On les avait pourtant mis en garde contre les voleurs.* **6.** *ÊTRE SUR SES GARDES :* être vigilant, se méfier (d'un danger). *Restez sur vos gardes, on ne sait jamais.* **7.** *PRENDRE GARDE :* faire attention (pour éviter un danger, se protéger). *Prends garde de ne pas te faire repérer. Prenez garde qu'on ne vous voie pas.* → **veiller.** *Il y a du danger, prenez garde !* (→ **attention). 8.** *LA GARDE D'UNE ÉPÉE,* le rebord placé entre la lame et la poignée, qui sert à protéger la main. *Le malheureux a l'épée enfoncée dans le ventre jusqu'à la garde,* de toute la longueur de la lame. **9.** *PAGES DE GARDE :* pages vierges placées au début et à la fin d'un livre. *L'auteur écrit une dédicace à un admirateur sur la page de garde, au début du roman.*

② **GARDE** [gaʀd] n. m., n. f.
I. *UN GARDE* **1.** Personne qui surveille un lieu. *Il y a deux gardes à l'entrée de la résidence du ministre.* → **gardien.** – *GARDE FORESTIER :* personne dont le métier est de surveiller les forêts (→ **garde-chasse).** *Le garde forestier surveille le travail des bûcherons.* – *GARDE CHAMPÊTRE* [gaʀdʃɑ̃pɛtʀ] : agent responsable de la surveillance des propriétés, à la campagne. *Le garde champêtre a surpris un braconnier.* **2.** *LE GARDE DES SCEAUX :* ministre de la Justice, en France. *Le garde des Sceaux veut entreprendre une grande réforme de la justice.* **3.** *UN GARDE DU CORPS :* une personne responsable de la sécurité d'une personnalité. *Le célèbre acteur ne sort jamais sans ses deux gardes du corps.* **4.** Soldat d'une garde. *Des gardes mobiles à moto escortent la voiture présidentielle.*
II. *UN GARDE, UNE GARDE :* une personne qui soigne un malade chez lui. *La garde a veillé le malade toute la nuit.* → **garde-malade, infirmier.**

REM. On peut dire *une garde* aux sens 1. et 2.

GARDE-À-VOUS [gaʀdavu] n. m. invariable ▪ *LE GARDE-À-VOUS :* position immobile du soldat prêt à exécuter un ordre. *Les soldats se mettent AU GARDE-À-VOUS devant le général. Garde-à-vous !... Marche !* PLURIEL : *les garde-à-vous.*

GARDE-BARRIÈRE [gaʀdbaʀjɛʀ] n. m., n. f. ▪ *UN GARDE-BARRIÈRE, UNE GARDE-BARRIÈRE :* une personne qui surveille un passage à niveau. *Le garde-barrière relève la barrière du passage à niveau.* PLURIEL : *la maison des GARDES-BARRIÈRES.*

GARDE-BOUE [gaʀdəbu] n. m. invariable ▪ *UN GARDE-BOUE :* bande de métal qui recouvre le dessus d'une roue de bicyclette ou de moto pour protéger des éclaboussures. *Les vélos des coureurs cyclistes n'ont pas de garde-boue.* PLURIEL : *des garde-boue.*

GARDE-CHASSE [gaʀdəʃas] n. m. ▪ *UN GARDE-CHASSE :* homme qui garde le gibier et qui réprime les infractions dans un domaine privé. *Le garde-chasse a surpris un braconnier qui posait des pièges.* PLURIEL : *des GARDES-CHASSE.*

REM. On écrit aussi au pluriel *des GARDES-CHASSES.*

GARDE-FOU [gaʀdəfu] n. m. ▪ *UN GARDE-FOU :* barrière, balustrade qui empêche de tomber. *Il regarde l'eau, appuyé au garde-fou du pont.* → **parapet, rambarde.** PLURIEL : *des GARDE-FOUS.*

GARDE-MALADE [gaʀdmalad] n. m., n. f. ▪ *UN GARDE-MALADE, UNE GARDE-MALADE :* une personne qui garde et donne des soins aux malades. → ② **garde.** *Aujourd'hui mon fils ne se sent pas bien et je joue la garde-malade.* PLURIEL : *des GARDES-MALADES.*

GARDE-MANGER [gaʀdmɑ̃ʒe] n. m. invariable ▪ *UN GARDE-MANGER :* petit placard extérieur dont le fond est en grillage, dans lequel on conserve les aliments. *Il y a un garde-manger sous l'évier.* PLURIEL : *les réfrigérateurs ont remplacé les garde-manger.*

GARDE-MEUBLE [gaʀdəmœbl] n. m. ▪ *GARDE-MEUBLE :* lieu où l'on entrepose des meubles pour un temps limité. *Ils ont mis leur piano au garde-meuble.* PLURIEL : *des GARDE-MEUBLES.*

GARDER [gaʀde] verbe [conjugaison 1a]
I. 1. Prendre soin de (une personne, un animal). *Ma fille garde des enfants pour se faire un peu d'argent,* elle s'occupe d'enfants (→ **baby-sitting).** *Elle cherche quelqu'un qui garderait son chat pendant les vacances. Le berger garde ses moutons.* **2.** Empêcher (qqn) de sortir. *Les gardiens de prison gardent les détenus.* → **surveiller. 3.** Rester dans un lieu pour surveiller, défendre qqn ou qqch. *Si tu as une course à faire, vas-y, je garderai le magasin. Le chien garde la maison.* **4.** Conserver en bon état. *On ne peut pas garder la soupe plus de quelques jours. Il faut garder cette glace au frais.* **5.** Conserver pour soi. *Gardez un double du contrat.* ⟨contraire : jeter⟩ *Garde ce livre, je te le donne.* ⟨contraire : rendre⟩ **6.** Conserver sur soi (un vêtement, un bijou). *Vous pouvez garder vos sous-vêtements pour la visite médicale.* **7.** Ne pas quitter (un lieu). *Le malade a gardé la chambre pendant une semaine. Il a dû garder le lit,* rester au lit.

8. Retenir (qqn) auprès de soi. *Nos amis sont venus prendre l'apéritif et nous les avons gardés à dîner. Il ne garde aucune de ses secrétaires.* ⟨contraire : renvoyer⟩ 9. Ne pas dire (qqch.). → **taire.** *Il m'a demandé de garder le secret.* ⟨contraire : divulguer⟩ *Garde ça pour toi :* n'en parle à personne. 10. Continuer à avoir. *Nous garderons un excellent souvenir de ces vacances. Elle garde l'espoir malgré tout.* → **conserver.** *Gardez votre calme.* ⟨contraire : perdre⟩ 11. Mettre de côté, réserver. *S'il arrive le premier, il nous gardera une place.* 12. Observer fidèlement, avec soin. *Quand je lui ai posé la question, il a* GARDÉ LE SILENCE, il n'a pas répondu (→ se **taire**). *Il faut savoir* GARDER LA MESURE *en tout.* → **respecter.** *Avec elle, je* GARDE MES DISTANCES, je ne suis pas trop familier.

II. verbe pronominal SE GARDER 1. (qqn) *SE GARDER DE :* éviter de. *Elle s'est bien gardée de donner son avis.* → s'**abstenir.** *Lui parler ? Je m'en garderai bien !* je ne le ferai pas. 2. (aliment) Pouvoir être conservé. *Ce fromage se garde mal,* il ne peut pas être conservé longtemps.

FAUX AMI
italien **guardare** « regarder »

GARDERIE [gardəri] n. f. ■ *UNE GARDERIE :* lieu où l'on garde les jeunes enfants. *Quand elle va travailler, elle laisse son fils à la garderie* (→ **crèche**).

GARDE-ROBE [gardərɔb] n. f. ■ *UNE GARDE-ROBE :* ensemble des vêtements d'une personne. *Cet hiver, elle a renouvelé sa garde-robe.* PLURIEL : *des GARDE-ROBES.*

FAUX AMIS
roumain **garderobă,** russe **гардероб** « vestiaire » ; suédois **garderob** « placard »

GARDIEN [gardjɛ̃] n. m., **GARDIENNE** [gardjɛn] n. f. ■ *UN GARDIEN, UNE GARDIENNE* 1. Personne qui a la charge de garder (qqn, un animal, un lieu). → ② **garde.** *Le gardien de prison fouille le prisonnier* → STYLE RECHERCHÉ **geôlier.** *Ils laissent toujours un jeu de clés à la gardienne de l'immeuble.* → **concierge.** 2. *GARDIEN DE BUT :* joueur chargé de défendre le but, au football, au hockey ou au handball. *Le gardien de but a attrapé le ballon.* 3. *GARDIEN DE LA PAIX :* agent de police. *Les gardiens de la paix sont en uniforme.* 4. STYLE RECHERCHÉ Ce qui défend, protège. *En France, le Sénat est le gardien de la Constitution.*

GARDIENNAGE [gardjenaʒ] n. m. ■ *UN GARDIENNAGE :* fait de garder, de surveiller un lieu. *Il travaille dans une société de gardiennage.* → **surveillance.**

GARDIENNE n., féminin de **gardien**

① **GARE** [gar] n. f. ■ *UNE GARE* 1. Ensemble des installations et des bâtiments établis aux stations des lignes de chemin de fer, où s'arrêtent et d'où partent les trains. *Il y a des gares de voyageurs et des gares de marchandises. Le train entre en gare. Elle attend son mari sur le quai de la gare.* 2. *GARE ROUTIÈRE :* lieu où arrivent et d'où partent les cars. *Ils ont pris le car à la gare routière.*

FAUX AMI
italien **gara** « compétition »

② **GARE !** [gar] interjection ■ Exclamation pour avertir qqn de prendre garde à un danger, à qqch. de fâcheux. *S'il refuse d'obéir, GARE À lui !* → **attention.** – *SANS CRIER GARE :* sans prévenir. *Il a débarqué hier soir sans crier gare,* à l'improviste.

GARENNE [garɛn] n. f. ■ *UNE GARENNE :* bois où les lapins vivent à l'état sauvage. *Un lapin de garenne a traversé la route.*

GARER [gare] verbe [conjugaison 1a] 1. Ranger (un véhicule) à l'écart de la circulation ou dans un lieu prévu pour cela. *Il garera* [garra] *sa voiture dans le garage de sa maison. Le bateau est garé dans un hangar. Ces voitures sont mal garées,* elles stationnent dans des endroits interdits ou qui ne sont pas prévus pour cela. 2. STYLE FAMILIER verbe pronominal SE GARER : (qqn) ranger son véhicule sur un lieu de stationnement. *C'est difficile de se garer dans ce quartier.* → **stationner.** *Elle s'est garée devant la maison.* – *Gare-toi, il y a gros camion qui arrive !* range la voiture sur le côté pour laisser passer le camion.

SE **GARGARISER** [gargarize] verbe pronominal [conjugaison 1a] 1. Se rincer le fond de la bouche et la gorge avec un liquide spécial. *Elle s'est gargarisée trois fois dans la journée pour soigner son mal de gorge.* 2. STYLE FAMILIER Prendre un très grand plaisir à (ce qu'on dit). *Il se gargarise avec ces mots compliqués.* → se **délecter.**

GARGARISME [gargarism] n. m. ■ *UN GARGARISME* 1. Médicament avec lequel on se gargarise. *Il a acheté un gargarisme à la pharmacie.* 2. Action de se gargariser. *Elle se fait des gargarismes matin et soir* (→ se **gargariser**).

GARGOTE [gargɔt] n. f. ■ STYLE FAMILIER *UNE GARGOTE :* restaurant très peu cher, où la cuisine est médiocre. *Ce n'est pas très bon ici, c'est de la cuisine de gargote.*

GARGOUILLE [garguj] n. f. ■ *UNE GARGOUILLE :* gouttière formant une saillie sur un mur, par où s'écoulent les eaux de pluie. *Les gargouilles de la cathédrale Notre-Dame de Paris sont sculptées en forme d'animal, de démon ou de monstre.*

GARGOUILLEMENT [gargujmɑ̃] n. m. ■ *UN GARGOUILLEMENT* 1. Bruit d'eau qui coule. *On entend le gargouillement du ruisseau.* 2. Bruit produit par le passage de liquide ou de gaz dans l'estomac ou dans l'intestin. *Mon ventre fait des gargouillements.*

GARGOUILLER [garguje] verbe [conjugaison 1a] 1. Faire un bruit d'eau qui coule. *Les tuyaux de la maison gargouillent.* 2. (tube digestif) Émettre un gargouillement. *Quand on a faim, l'estomac gargouille.*

GARNEMENT [garnəmɑ̃] n. m. ■ *UN GARNEMENT :* jeune garçon turbulent, insupportable. *Cette bande de garnements a encore fait des bêtises.* → **chenapan, galopin.**

GARNI [garni], **GARNIE** [garni] adj. (après le nom) 1. Rempli. *Il a un portefeuille bien garni,* rempli de nombreux billets de banque. 2. (aliment) Servi avec un accompagnement. *Le gigot est garni de haricots. Il a mangé une CHOUCROUTE GARNIE,* servie avec diverses charcuteries.

GARNIR [garnir] verbe [conjugaison 2] 1. *GARNIR DE :* munir de qqch. qui protège ou qui renforce. *Les murs de la salle de bain sont garnis de carreaux de faïence.* 2. *GARNIR DE :* remplir de ce qui est nécessaire ou normal. *Garnissons de livres les rayonnages de la bibliothèque.* 3. *GARNIR DE :* munir d'accessoires ou d'ornements. *La couturière garnit la robe d'un volant de dentelle.* → **orner.** 4. (qqch.) Remplir. *J'ai lu tous les livres qui garnissent cette étagère.* 5. verbe pronominal SE GARNIR : se remplir. *La salle de concert s'est garnie peu à peu.* ⟨contraire : se vider⟩

GARNISON [garnizɔ̃] n. f. ■ *UNE GARNISON :* troupe de soldats installée dans une caserne, dans une ville. *Le général a passé en revue toute la garnison. Ces militaires sont en garnison à Bourges. Nancy et Metz sont des villes de garnison,* des villes où il y a des soldats en garnison.

GARNITURE [garnityʀ] n. f. ▪ *UNE GARNITURE* **1.** Ce qui sert à garnir, à remplir ou à orner. *Cette robe a une garniture de dentelle au col.* – *Il faut changer les GARNITURES DE FREIN sur cette voiture,* le matériau qui est sur les mâchoires des freins. **2.** Légumes qui accompagnent un plat de viande ou de poisson (→ **garni**). *Pour tout changement de garniture, il y a un supplément de dix francs.*

FAUX AMIS
polonais **garnitur** « costume d'homme » ; roumain **garnitură** signifie aussi « dessus-de-lit ; joint »

GARRIGUE [gaʀig] n. f. ▪ *LA GARRIGUE :* terrain aride et sec des régions méditerranéennes où poussent des broussailles et des plantes très résistantes. *Nous nous sommes promenés dans la garrigue* (→ **maquis**).

① **GARROT** [gaʀo] n. m. ▪ *LE GARROT :* partie du corps qui est juste au-dessus de l'épaule et qui prolonge l'encolure, chez le cheval et les autres grands quadrupèdes. *La taille d'un cheval se mesure au garrot. Cette jument fait un mètre cinquante au garrot.*

② **GARROT** [gaʀo] n. m. ▪ *UN GARROT :* lien servant à serrer très fort un membre pour arrêter une hémorragie. *L'infirmière pose un garrot sur le bras du blessé.*

GARROTTER [gaʀɔte] verbe [conjugaison 1a] ▪ Attacher, lier très solidement. *Les malfaiteurs ont garrotté leur victime.* → **ligoter.**

GARS [ga] n. m. ▪ STYLE FAMILIER *UN GARS :* garçon, homme. *C'est un brave gars. Son mari est un drôle de gars.* → STYLE FAMILIER **mec, type.** *Elle fréquente des gars de Belleville.* – *Bonjour, mon petit gars ! Eh, les gars ! Attendez-nous !*

REM. *Garce* n'est plus le féminin de *gars* ; on dit *fille, nana.*

GASCON [gaskɔ̃] adj. et n. m., **GASCONNE** [gaskɔn] adj. et n. f.
I. adjectif (après le nom) De Gascogne, ancienne province du sud-ouest de la France. *D'Artagnan était gascon. Il a l'accent gascon.*
II. 1. *UN GASCON, UNE GASCONNE :* un habitant, une habitante de la Gascogne. *On dit que les Gascons se vantent beaucoup.* – *Il nous a fait une PROMESSE DE GASCON,* une promesse qu'il ne tiendra pas. **2.** *LE GASCON :* dialecte de l'occitan parlé en Gascogne. *Ce poème est en gascon.*

GASPILLAGE [gaspijaʒ] n. m. ▪ *LE GASPILLAGE :* action de dépenser sans faire attention. *Ne laisse pas la lumière allumée toute la nuit, c'est du gaspillage !* → **gâchis.** *Quel gaspillage d'énergie !* ⟨contraire : économie⟩

GASPILLER [gaspije] verbe [conjugaison 1a] ▪ Dépenser ou consommer n'importe comment, sans faire attention. *Il gaspille son argent en achetant n'importe quoi.* ⟨contraires : économiser, épargner⟩ *Il a gaspillé toute sa fortune en quelques années.* → **dilapider, dissiper.** *Il ne faut pas que nous gaspillions l'énergie.*

GASTÉROPODES [gasteʀɔpɔd] n. m. pluriel ▪ *LES GASTÉROPODES :* mollusques qui rampent sur un large pied. *Les escargots et les limaces sont des gastéropodes.*

GASTRIQUE [gastʀik] adj. (après le nom) ▪ De l'estomac. *Il a souvent des douleurs gastriques. Le SUC GASTRIQUE facilite la digestion,* le liquide acide sécrété par l'estomac.

GASTRONOME [gastʀɔnɔm] n. m., n. f. ▪ *UN GASTRONOME, UNE GASTRONOME :* une personne qui aime manger de bonnes choses et qui sait reconnaître ce qui est bon. *Il aime la bonne cuisine, c'est un fin gastronome.* → **gourmet.**

GASTRONOMIE [gastʀɔnɔmi] n. f. ▪ *LA GASTRONOMIE :* art de la bonne cuisine. *On dit souvent que la France est le pays de la gastronomie.*

GASTRONOMIQUE [gastʀɔnɔmik] adj. (après le nom) ▪ *MENU GASTRONOMIQUE :* menu composé de nourritures raffinées et de bons vins. *Ce restaurant propose un menu gastronomique avec du foie gras et du homard. Nous avons déjeuné dans un RESTAURANT GASTRONOMIQUE.*

GÂTÉ [gɑte], **GÂTÉE** [gɑte] adj. (après le nom) **1.** *UN ENFANT GÂTÉ :* enfant capricieux, à qui l'on passe tous ses désirs. *Je ne supporte plus tes caprices d'enfant gâté.* **2.** *UNE DENT GÂTÉE,* cariée. *Le dentiste lui a soigné deux dents gâtées.* **3.** Abîmé, pourri. *Ces pêches sont gâtées.* → **avarié, blet.**

GÂTEAU [gɑto] n. m. ▪ *UN GÂTEAU :* pâtisserie faite avec de la farine, du beurre, des œufs et du sucre. *Ce gâteau au chocolat est succulent.* PLURIEL : *le pâtissier vend des GÂTEAUX. Le gâteau d'anniversaire est surmonté de bougies. Elle a mangé tout un paquet de GÂTEAUX SECS,* des gâteaux de petite taille, sans crème, qui peuvent se conserver.

FAUX AMIS
espagnol et portugais **gato** « chat »

REM. Les *gâteaux secs* s'appellent aussi des *petits gâteaux.*

① **GÂTER** [gɑte] verbe [conjugaison 1a] ▪ Combler (qqn) de cadeaux, d'attentions, de gentillesses. *Ils ont trop gâté leur fille, elle est devenue insupportable* (→ **gâté**). *Quel beau cadeau, tu me gâtes !* → **combler.** *Les enfants ont été gâtés à Noël,* ils ont eu de nombreux cadeaux. *La vie ne l'a pas gâtée, la pauvre !* elle a eu une vie difficile. – STYLE FAMILIER *Il n'est pas gâté par la nature :* il est très laid. – *Nous ne sommes pas gâtés par le temps, il pleut sans arrêt.*

FAUX AMIS
espagnol et portugais **gastar** « dépenser, user »

② **GÂTER** [gɑte] verbe [conjugaison 1a]
I. 1. Détériorer, pourrir. *Le sucre gâte les dents. Ces fruits ont été gâtés par l'orage.* **2.** Gâcher. *Un affreux immeuble gâte la vue sur le parc.* → **déparer, enlaidir.** *Il est intelligent et beau, ce qui ne gâte rien,* ce qui est un avantage de plus. *Ce temps infect a gâté nos vacances.* → **empoisonner.**
II. verbe pronominal SE GÂTER **1.** S'abîmer, pourrir. *Ces pommes se sont gâtées à l'humidité.* **2.** Se détériorer. *Le temps se gâte, il va pleuvoir.* – *Entre eux, les choses se gâtent,* la situation se dégrade, les relations sont devenues mauvaises. ⟨contraire : s'améliorer⟩ *Ça se gâte !*

GÂTERIE [gɑtʀi] n. f. ▪ *UNE GÂTERIE :* petit cadeau, friandise. *La grand-mère a apporté des gâteries à ses petits-enfants.*

GÂTEUX [gɑtø], **GÂTEUSE** [gɑtøz] adj. (après le nom) **1.** Dont l'intelligence et la mémoire sont affaiblies par l'âge. *Ce vieillard gâteux radote.* **2.** Devenu stupide sous l'effet d'un sentiment très fort qui altère l'intelligence. *Elle adore son chien, elle en est gâteuse.*

GÂTISME [gɑtism] n. m. ▪ *LE GÂTISME :* état d'une personne gâteuse. *Les vieillards sont parfois atteints de gâtisme.*

GAUCHE [goʃ] adj., n. m. et n. f.
I. adjectif (après le nom) **1.** Situé du côté du cœur (opposé à droit). *Elle s'est cassé la jambe gauche au ski. Il écrit de la main gauche* (→ **gaucher**). – (figuré) *SE LEVER DU PIED GAUCHE :* être de mauvaise humeur au réveil. *Tu t'es levé du pied gauche ce matin, on dirait.* – (qqch.) *Le côté gauche d'un bateau s'appelle bâbord. L'aile gauche du château est plus récente que l'aile droite. La ville est sur la rive gauche du fleuve* (par rapport au courant). **2.** (qqn) Maladroit et embarrassé. *Cet enfant est gauche* (→ **gaucherie**). – *Il a des gestes gauches.* ⟨contraires : adroit, habile⟩
II. *LE GAUCHE :* le poing gauche, à la boxe (opposé à droit). *Le boxeur a pris un direct du gauche de son adversaire dans la mâchoire.*

III. *LA GAUCHE* **1.** Le côté gauche (opposé à droite). *Asseyez-vous à ma gauche. La voiture roule sur la file de gauche* (de la chaussée). – *À GAUCHE :* du côté gauche (opposé à à droite). *Il faut tourner à gauche au prochain carrefour. C'est À GAUCHE DE l'église. Il n'arrête pas de courir À DROITE ET À GAUCHE,* de tous côtés. – STYLE FAMILIER *Il a mis beaucoup d'argent À GAUCHE,* de côté. **2.** *LA GAUCHE :* l'ensemble des gens qui ont des idées avancées et veulent le progrès en politique et dans la société (opposé à la droite). *Ce pays a un gouvernement de gauche. C'est la gauche qui gouverne. Notre nouveau député est un homme DE GAUCHE. Il est À GAUCHE. C'est un parti d'extrême gauche* (→ **gauchiste).**

GAUCHEMENT [goʃmɑ̃] adverbe. D'une manière gauche, maladroite. *Il s'y prend gauchement.* → **maladroitement.** (contraire : adroitement)

GAUCHER [goʃe] adj. et n. m., **GAUCHÈRE** [goʃɛʀ] adj. et n. f. **1.** adjectif (après le nom) Qui se sert habituellement de la main gauche dans la vie quotidienne. (contraire : droitier) *Il a été battu par une joueuse de tennis gauchère.* **2.** *UN GAUCHER, UNE GAUCHÈRE :* une personne qui se sert mieux de sa main gauche que de la droite. *Il a des ciseaux pour gaucher.*

GAUCHERIE [goʃʀi] n. f. *LA GAUCHERIE :* maladresse, embarras. *Il a des gestes d'une gaucherie touchante.* (contraires : adresse, habileté)

GAUCHISTE [goʃist] adj., n. m. et n. f. **1.** adjectif (après le nom) D'extrême gauche. *En mai 1968, il était gauchiste. Il est inscrit dans un mouvement gauchiste.* **2.** *UN GAUCHISTE, UNE GAUCHISTE :* une personne qui appartient à un mouvement d'extrême gauche. *Les gauchistes veulent faire la révolution totale.*

GAUFRE [gofʀ] n. f. *UNE GAUFRE :* pâtisserie faite d'une pâte légère, cuite dans un moule formé de deux plaques de métal formant un dessin quadrillé en relief. *Nous avons mangé des gaufres au sucre.*

GAUFRETTE [gofʀɛt] n. f. *UNE GAUFRETTE :* petit gâteau sec rectangulaire, quadrillé comme une gaufre et formé de très fines feuilles de pâte superposées. *J'ai acheté un paquet de gaufrettes fourrées à la confiture.*

GAULE [gol] n. f. *UNE GAULE* **1.** Bâton long et mince. *Le fermier fait tomber les noix de l'arbre avec une gaule.* **2.** Canne à pêche. *Le pêcheur met un hameçon au bout de sa gaule.*

GAULLISME [golism] n. m. *LE GAULLISME :* attitude politique des partisans du général de Gaulle. *Ce parti est proche du gaullisme.*

REM. Les partisans du gaullisme sont des *gaullistes.*

GAULOIS [golwa] adj. et n. m., **GAULOISE** [golwaz] adj. et n. f.
I. adjectif (après le nom) **1.** Relatif à la Gaule. *Le peuple gaulois était d'origine celtique. Les druides étaient des prêtres gaulois.* **2.** Relatif à la France, qui a succédé à la Gaule. *Le coq gaulois est le symbole de la France.* **3.** Qui a une gaieté franche et libre, un peu leste. → **grivois, leste.** *Cet écrivain a l'esprit gaulois. Il aime faire des plaisanteries gauloises* (→ **gauloiserie).**
II. 1. *UN GAULOIS, UNE GAULOISE :* un habitant, une habitante de la Gaule. *Les Gaulois ont été soumis par les Romains.* **2.** *LE GAULOIS :* la langue celtique parlée en Gaule. *Certains mots français viennent du gaulois.*

GAULOISERIE [golwazʀi] n. f. *UNE GAULOISERIE :* histoire, plaisanterie un peu grivoise. *Le grand écrivain Rabelais a écrit parfois des gauloiseries.*

GAVE [gav] n. m. *UN GAVE :* torrent des Pyrénées. *Le gave de Pau arrose Lourdes et Pau.*

GAVER [gave] verbe [conjugaison 1a] **1.** Faire manger de force et beaucoup (une volaille). *On gave les oies.* **2.** verbe pronominal SE GAVER : (qqn) manger énormément. *La petite fille s'est gavée de cacahouètes et elle n'a plus faim pour le dîner.* → STYLE FAMILIER se **goinfrer.**

GAVIAL [gavjal] n. m. *UN GAVIAL :* grand crocodile au museau étroit et très allongé, qui vit dans les fleuves de l'Inde. *Le gavial se nourrit d'animaux en train de pourrir. Les gavials sont des reptiles.*

GAY [gɛ] n. m. et adj. invariable **1.** *UN GAY :* un homosexuel. *Un couple de gays habite à côté de chez moi.* → **homo. 2.** adjectif invariable (après le nom) Relatif aux homosexuels masculins. *J'ai vu un défilé de mode gay.* PLURIEL : *des bars gay.*

REM. *Gay* est un mot qui vient de l'américain et qui se prononce comme *gai* « joyeux » et *guet* (*faire le guet* « surveiller »).

GAZ [gaz] n. m. *UN GAZ* **1.** Matière qui n'est ni un liquide ni un solide, qui peut occuper un grand volume ou que l'on peut comprimer. *L'oxygène est un gaz que l'on trouve dans l'air. Les gaz sont des fluides.* **2.** (au pluriel) LES GAZ : gaz accumulés dans le tube digestif. *Le bébé a des gaz.* **3.** *LE GAZ :* produit gazeux utilisé pour le chauffage ou la cuisson des aliments. *Il y a une odeur de gaz dans la cuisine. Le chauffage au gaz est économique. Le compteur à gaz est à l'entrée de l'appartement. Les campeurs préparent leur repas sur un réchaud à gaz.* STYLE FAMILIER *Fermez le gaz !* le réchaud à gaz. *L'eau chauffe sur le gaz,* sur la flamme du réchaud. – (figuré) *Entre eux, il y a de l'eau dans le gaz :* ça ne va plus entre eux. **4.** Produit gazeux qui a des effets dangereux sur l'organisme. *Les policiers ont lancé des GAZ LACRYMOGÈNES pour disperser les manifestants. Ces soldats utilisent des GAZ DE COMBAT contre leurs ennemis. Beaucoup de Juifs ont péri dans des CHAMBRES À GAZ au cours de la Deuxième Guerre mondiale* (→ **gazer). 5.** Mélange gazeux utilisé dans les moteurs à explosion. *Les gaz d'échappement sortent par le pot d'échappement.* – *Le pilote MET LES GAZ,* il appuie sur la manette des gaz de l'avion pour accélérer. *Le motard roule PLEINS GAZ,* à pleine puissance, très vite.

FAUX AMI
anglais américain **gas** « essence »

GAZE [gaz] n. f. *LA GAZE* **1.** Coton tissé très lâche, utilisé pour faire des pansements. *L'infirmière a mis une compresse de gaze sur la brûlure.* **2.** Tissu léger et transparent, de soie, de lin ou de laine. *Une écharpe de gaze mauve lui enveloppe les épaules.*

REM. *Gaze* se prononce comme *gaz* « produit gazeux ».

GAZELLE [gazɛl] n. f. *UNE GAZELLE* **1.** Animal de la famille de l'antilope, aux cornes arquées et aux longues pattes très fines, qui vit en troupeaux dans les déserts d'Afrique et d'Asie. *Les gazelles courent très vite.* – *Elle a des YEUX DE GAZELLE,* des yeux très doux. **2.** *CORNES DE GAZELLE :* pâtisserie d'Afrique du Nord qui a la forme des cornes de gazelle. *Au Maroc, nous avons mangé des cornes de gazelle en buvant du thé à la menthe.*

GAZER [gaze] verbe [conjugaison 1a] **1.** Intoxiquer par un gaz de combat. *Beaucoup de soldats ont été gazés pendant la guerre de 1914-1918.* **2.** Exterminer dans une chambre à gaz. *Dans les camps d'extermination nazis, de nombreux Juifs ont été gazés.* **3.** STYLE FAMILIER Aller bien. *Alors, ça gaze ?* ça va bien ?

GAZEUX [gazø], **GAZEUSE** [gazøz] adj. (après le nom) **1.** De la nature du gaz. *Ce mélange est à l'état gazeux* (opposé à liquide, solide). **2.** Qui contient du gaz carbonique dissous. → **pétillant.** *Elle boit de l'eau minérale gazeuse. Évitez les boissons gazeuses.*

GAZODUC [gazodyk] n. m. ▪ *UN GAZODUC :* un gros tuyau qui transporte du gaz sur de longues distances. *Le gaz est transporté par gazoduc d'un bout du pays à l'autre.*

GAZOLE [gazɔl] n. m. ▪ *LE GAZOLE :* carburant utilisé dans les moteurs Diesel. *Les camions et les autobus utilisent du gazole.*

GAZON [gazɔ̃] n. m. ▪ *LE GAZON :* herbe courte, fine et serrée que l'on a semée. *Le gazon du jardin est bien entretenu.* → **pelouse.** *On mettra du gazon devant la maison. Le jardinier passe la TONDEUSE À GAZON. Il joue au hockey sur gazon.*

GAZONNÉ [gazɔne], **GAZONNÉE** [gazɔne] adj. (après le nom) ▪ Couvert de gazon. *Un talus gazonné longe l'allée.*

GAZOUILLER [gazuje] verbe [conjugaison 1a] **1.** (oiseau) Faire un bruit doux et léger. *C'est le printemps, les oiseaux gazouillent dans les arbres.* → **chanter, pépier. 2.** (bébé) Faire entendre des sons qui ne sont pas encore des mots. *Le bébé gazouille dans son berceau.* → **babiller.**

GAZOUILLIS [gazuji] n. m. ▪ *UN GAZOUILLIS :* bruit léger fait par un oiseau ou par un bébé. *On entend le gazouillis des oiseaux.*

GDAŃSK [gdɑ̃sk] nom propre – anciennement **DANTZIG** ▪ Ville et principal port de Pologne, près de l'embouchure de la Vistule. *Nous irons à Gdańsk. Ils viennent de Gdańsk.*

GEAI [ʒɛ] n. m. ▪ *UN GEAI :* oiseau de la taille d'un pigeon, au plumage beige, bleu et noir. *Le geai jase, son cri est perçant.*

REM. *Jais* «pierre» et *jet* «distance parcourue par une chose lancée» se prononcent de la même façon.

GÉANT [ʒeɑ̃] n. m. et adj., **GÉANTE** [ʒeɑ̃t] n. f. et adj.

I. *UN GÉANT, UNE GÉANTE* **1.** Dans les mythes, les légendes et les contes, être fabuleux et gigantesque. *Dans la mythologie grecque, les Géants étaient les fils de la Terre et du Ciel. Gargantua, le héros de Rabelais, est un géant.* **2.** Personne dont la taille dépasse de beaucoup la normale. *Cet homme mesure plus de deux mètres, c'est un géant.* 〈contraire : nain〉 – *À PAS DE GÉANT :* très rapidement. *Le travail avance à pas de géant.* **3.** Génie, personnalité hors du commun (dans un domaine). *Picasso est un géant de la peinture moderne.*

II. adjectif (après le nom) (qqch.) Très grand. *Le chantier naval construit un pétrolier géant.* → **énorme, gigantesque.** 〈contraire : minuscule〉 *Ce nouveau cinéma possède un écran géant.* → **immense.**

GEIGNARD [ʒɛɲaʀ], **GEIGNARDE** [ʒɛɲaʀd] adj. (après le nom) ▪ STYLE FAMILIER Qui geint, se lamente sans arrêt. *Je n'aime pas les gens geignards.* → **pleurnichard.** *Il se plaint d'une voix geignarde.*

geigne [ʒɛɲ] *Que je geigne, qu'il geigne, qu'elle geigne :* forme au subjonctif du verbe **geindre.**

GEINDRE [ʒɛ̃dʀ] verbe [conjugaison 52b] **1.** Faire entendre des plaintes faibles. → **gémir.** *Le malade geint. Nous geignons sous l'effort. Le blessé geignit un peu quand on le bougea.* **2.** Se lamenter sans arrêt et sans raison. *Arrête de geindre ! il faut toujours qu'il geigne.* → se **plaindre.** *Elle a fait le travail en geignant.*

geins [ʒɛ̃] *Je geins, tu geins :* forme au présent du verbe **geindre.**

geint [ʒɛ̃] *Le malade a geint :* forme au participe passé du verbe **geindre.**

GEISHA [gɛʃa] n. f. ▪ *UNE GEISHA :* femme japonaise dont le métier est de divertir les hommes par sa conversation, en jouant de la musique et en dansant. *Les geishas travaillent comme hôtesses dans des maisons de thé.*

REM. On prononce aussi [gɛjʃa].

GEL [ʒɛl] n. m. ▪ *LE GEL* **1.** Passage de l'eau à l'état solide. *Il y a des traces de gel sur les vitres.* → **givre, glace.** *Le gel a fendu la roche.* **2.** Temps où il gèle. *Il faut protéger ces plantes contre le gel.* → **gelée.** *Les sapins résistent au gel.* **3.** *UN GEL :* matière translucide à base d'eau et d'huile. *Elle se met du gel sur les cheveux pour les coiffer. Ce démaquillant existe en crème ou en gel.*

GÉLATINE [ʒelatin] n. f. ▪ *LA GÉLATINE :* matière molle et translucide extraite de certaines matières animales ou végétales comme les os ou les algues. *On utilise la gélatine dans la cuisine, en pharmacie et en photographie.*

GÉLATINEUX [ʒelatinø], **GÉLATINEUSE** [ʒelatinøz] adj. (après le nom) ▪ (matière) Qui a l'apparence de la gélatine. *Cette sauce gélatineuse n'est pas très appétissante.*

GELÉ [ʒəle], **GELÉE** [ʒəle] adj. (après le nom) **1.** Transformé en glace. *La rivière est gelée, on peut patiner dessus.* **2.** Brûlé par le froid. *L'alpiniste a eu les orteils gelés.* **3.** (qqn) Qui a très froid. *Monte le chauffage, je suis gelé.* → **frigorifié, transi.** – *Il a les mains toutes gelées, avec ce froid.* → **glacé.**

GELÉE [ʒle] n. f.

I. *LA GELÉE :* très grand froid qui provoque le passage de l'eau à l'état solide. *Le sol est durci par la gelée.* → **gel, verglas.** (au pluriel) *C'est l'époque des gelées. La météo prévoit des gelées matinales.* – *Il y a de la GELÉE BLANCHE sur les vitres,* de la rosée qui a gelé sur les vitres par temps clair.

II. *UNE GELÉE* **1.** Extrait de matières animales (viande, os) devenu solide en refroidissant et qui ressemble à de la gélatine. *Nous avons mangé des œufs EN GELÉE. Je n'aime pas la gelée.* **2.** Jus de fruits cuits au sucre, qui coagule en refroidissant. *Sa grand-mère fait une délicieuse gelée de pommes.*

GELER [ʒəle] verbe [conjugaison 5a] **1.** Se transformer en glace. *L'eau gèle à zéro degré. La rivière a gelé.* 〈contraires : dégeler, fondre〉 **2.** *Il gèle :* la température est en-dessous de zéro degré. *Il gèlera peut-être demain.* **3.** (être vivant) Être endommagé, brûlé par le gel. *Les plantes risquent de geler si on ne les protège pas du froid. Les doigts de l'alpiniste ont gelé.* **4.** (qqn) Souffrir du froid. *Ferme la fenêtre, on gèle ici !* → **grelotter. 5.** (qqch.) Rendre gelé, donner froid. *Cet air froid nous gèle.* **6.** Arrêter, bloquer. *Le gouvernement a gelé les salaires des fonctionnaires. Les prix sont gelés.* **7.** STYLE FAMILIER verbe pronominal SE GELER : (qqn) avoir très froid. *On se gèle, ici ! Ne reste pas dehors à te geler. Elle s'est gelée toute la soirée.*

GÉLULE [ʒelyl] n. f. ▪ *UNE GÉLULE :* petite capsule en gélatine dure qui contient un médicament en poudre, que l'on avale. *Le médecin lui a prescrit des gélules à prendre matin, midi et soir.*

GÉMEAUX [ʒemo] n. m. pluriel ▪ *LES GÉMEAUX :* signe du zodiaque, qui va du 21 mai au 21 juin. *Elle est née sous le signe des Gémeaux.* – *Elle est Gémeaux :* elle est née sous le signe des Gémeaux.

GÉMIR [ʒemiʀ] verbe [conjugaison 2] **1.** Exprimer une forte sensation par des sons plaintifs. *Le malade gémit.* → **geindre.** *Elle gémit de plaisir.* **2.** Se plaindre par la parole. *Arrête de gémir sur ton sort !* → se **lamenter. 3.** Faire entendre un son prolongé et plaintif. *Le vent gémissait dans les arbres.*

GÉMISSANT [ʒemisɑ̃], **GÉMISSANTE** [ʒemisɑ̃t] adj. (après le nom) ▪ Qui gémit. → **plaintif.** *Le blessé a raconté l'accident d'une voix gémissante.*

GÉMISSEMENT [ʒemismɑ̃] n. m. ■ *UN GÉMISSEMENT :* expression d'une sensation forte par des sons plaintifs. *La blessée POUSSE DES GÉMISSEMENTS de douleur. La chienne lèche ses petits avec des gémissements de plaisir.*

GÊNANT [ʒɛnɑ̃], **GÊNANTE** [ʒɛnɑ̃t] adj. (après le nom) 1. Qui dérange physiquement, qui empêche que qqch. se fasse normalement. *Cette grande table est gênante, elle empêche d'ouvrir la porte du placard.* ⟨contraires : commode, pratique⟩ *Cette musique est très gênante, je ne peux pas travailler.* 2. Qui met mal à l'aise. → **embarrassant, déplaisant, ennuyeux.** *Il m'a posé une question gênante. Cette situation est très gênante.*

GENCIVE [ʒɑ̃siv] n. f. ■ *UNE GENCIVE :* chair qui recouvre la base des dents. *Mes gencives saignent lorsque je me brosse les dents.* – STYLE FAMILIER *Il en a pris PLEIN LES GENCIVES :* il a reçu des coups, subi des attaques.

GENDARME [ʒɑ̃daʀm] n. m. ■ *UN GENDARME :* militaire de la gendarmerie, chargé de faire respecter la loi et de protéger les gens. *Des gendarmes surveillent la circulation automobile. Il a été arrêté par les gendarmes.*

SE **GENDARMER** [ʒɑ̃daʀme] verbe pronominal [conjugaison 1a] ■ Se mettre en colère. *Il a dû se gendarmer pour les faire taire.* → se **fâcher, menacer.** *Elle s'est gendarmée contre lui.*

GENDARMERIE [ʒɑ̃daʀməʀi] n. f. 1. *LA GENDARMERIE NATIONALE :* ensemble des gendarmes, faisant partie de l'armée et chargés de la police administrative, en France. *Il est brigadier de gendarmerie.* 2. *UNE GENDARMERIE :* bâtiment, bureaux administratifs des gendarmes. *Vous présenterez votre livret militaire à la gendarmerie.*

GENDRE [ʒɑ̃dʀ] n. m. ■ *LE GENDRE :* le mari de la fille. → **beau-fils.** *Mes parents aiment beaucoup leur gendre,* mon mari.

> FAUX AMIS
> portugais **género,** (Brésil) **gênero** « genre »

REM. La femme du fils, c'est la *bru* ou la *belle-fille. Gendre* et *belle-fille* sont les termes les plus courants.

GÈNE [ʒɛn] n. m. ■ *UN GÈNE :* élément du chromosome responsable des caractères héréditaires (→ **génétique**). *Le gène est un segment d'A. D. N.*

GÊNE [ʒɛn] n. f. ■ *LA GÊNE* 1. Malaise physique, difficulté que l'on ressent pour faire qqch. *Lorsqu'il y a trop de pollution, son fils a de la gêne à respirer,* il a du mal à respirer. 2. Situation désagréable, embarrassante. → **embarras.** *Vous pouvez dormir chez nous, il n'y aura aucune gêne.* → **dérangement.** – *De nombreuses familles de chômeurs VIVENT DANS LA GÊNE,* elles manquent d'argent. → **besoin.** 3. Impression désagréable que l'on éprouve devant qqn, quand on est embarrassé, troublé. → **embarras, trouble.** *Il a eu un moment de gêne lorsqu'il a vu cette fille, puis sa timidité a disparu. Parlez sans gêne.*

GÊNÉ [ʒene], **GÊNÉE** [ʒene] adj. (après le nom) ■ Mal à l'aise, qui montre de la timidité, de la gêne. *Je me sens toujours très gêné devant elle. Il a eu un sourire gêné. Il a l'air gêné.* → **contraint, emprunté, gauche.**

> FAUX AMIS
> danois **genert,** norvégien **sjenert** « timide »

GÉNÉALOGIE [ʒenealɔʒi] n. f. ■ *UNE GÉNÉALOGIE :* ensemble des ancêtres, des personnes dont on descend. → **ascendance, descendance.** *Connaissez-vous votre généalogie ?*

GÉNÉALOGIQUE [ʒenealɔʒik] adj. (après le nom) ■ *L'ARBRE GÉNÉALOGIQUE de qqn :* la représentation en arbre de la généalogie, de tous les ancêtres et descendants de qqn. *Il faut consulter les archives de la mairie pour faire l'arbre généalogique de sa famille.*

GÊNER [ʒene] verbe [conjugaison 1a] 1. Empêcher que qqch. se fasse normalement. *Les travaux ont gêné la circulation.* 2. Mettre mal à l'aise physiquement, être désagréable à (qqn). *La fumée de la cigarette vous gêne-t-elle ?* → **déranger, incommoder, indisposer.** 3. Embarrasser, mettre dans une situation difficile. *Notre appartement est trop petit, nous sommes gênés par le manque de place. Je ne voudrais pas vous gêner.* – *Je suis un peu gêné en ce moment,* je manque d'argent. 4. Mettre mal à l'aise. → **intimider, troubler.** *Ça le gêne de demander de l'argent. Votre question me gêne.* 5. verbe pronominal SE GÊNER : se sentir mal à l'aise. *Elle n'aime pas se gêner pour les autres. Ne vous gênez pas, faites comme chez vous ! Elle ne s'est pas gênée pour lui dire ce qu'elle pensait.* – (ironique) *Dites donc, marchez-moi sur les pieds, ne vous gênez pas !* se dit à qqn qui en prend un peu trop à son aise (→ **sans-gêne**). – STYLE FAMILIER *Bien sûr, je vais lui dire, je vais me gêner !* je ne vais pas hésiter à le faire.

① **GÉNÉRAL** [ʒeneʀal] n. m. ■ *UN GÉNÉRAL :* en France, Officier qui a le grade le plus élevé dans l'armée de terre et dans l'armée de l'air. *Son fils est général de brigade.* PLURIEL : *des GÉNÉRAUX* [ʒeneʀo].

② **GÉNÉRAL** [ʒeneʀal] adj. et adverbe, **GÉNÉRALE** [ʒeneʀal] adj. et n. f.

I. adjectif (après le nom) 1. Qui intéresse, qui concerne un ensemble de personnes, de choses. ⟨contraires : individuel, particulier⟩ *La directrice a fait des remarques générales sur l'entreprise,* elle n'a pas parlé des détails. MASCULIN PLURIEL : *elle a expliqué les principes GÉNÉRAUX* [ʒeneʀo] *de son projet.* – *C'est trop général.* → **vague.** *D'une manière générale, il se lève tôt,* généralement. 2. Qui s'applique à tout le monde, qui concerne une chose tout entière. *À la fin du concert, ça a été l'enthousiasme général. Demain, il y aura une ASSEMBLÉE GÉNÉRALE du personnel,* une réunion avec tous les membres du personnel. *On annonce une grève générale.* → **total.** *Du haut de la colline, on a une vue générale de la région,* une vue de l'ensemble de la région. *Il a une bonne CULTURE GÉNÉRALE :* il a de bonnes connaissances dans beaucoup de domaines. *Mon médecin pratique la médecine générale* (→ **généraliste**). – *L'ÉTAT GÉNÉRAL du malade est assez bon. Il a été opéré sous anesthésie générale,* il a été complètement endormi. ⟨contraire : local⟩ 3. Qui dirige. *Elle est PRÉSIDENT-DIRECTEUR GÉNÉRAL.* → **P.-D. G.**

II. *LA GÉNÉRALE :* la dernière répétition d'une pièce de théâtre, devant un public d'invités. *La générale de la pièce a été très applaudie.*

III. adverbe *EN GÉNÉRAL :* le plus souvent. → **généralement.** *En général, je suis chez moi vers 19 heures. Ils sont, en général, plutôt aimables.*

GÉNÉRALEMENT [ʒeneʀalmɑ̃] adverbe ■ Dans la plupart des cas. → **habituellement.** ⟨contraires : jamais, rarement⟩ *Généralement, nous passons Noël en famille,* en général.

GÉNÉRALISATION [ʒeneʀalizasjɔ̃] n. f. ■ *LA GÉNÉRALISATION :* le fait de se généraliser. *On craint la généralisation du conflit.*

GÉNÉRALISER [ʒeneʀalize] verbe [conjugaison 1a]

I. 1. Appliquer qqch. à tout le monde, de façon générale. *On a généralisé le stationnement payant dans toutes les grandes villes.* ⟨contraires : limiter, restreindre⟩ 2. Appliquer à un ensemble, dans un raisonnement, ce qui ne s'applique réellement qu'à un nombre limité de cas. *Il ne faut pas généraliser trop vite :* ce qui est vrai pour un cas ne l'est pas pour tous les cas.

II. verbe pronominal SE GÉNÉRALISER : s'étendre, s'appliquer à l'ensemble de qqch. *L'infection s'est généralisée,* elle s'est répandue dans tout le corps.

GÉNÉRALISTE [ʒeneʀalist] n. m., n. f. ▪ *UN GÉNÉRALISTE, UNE GÉNÉRALISTE :* médecin qui pratique la médecine générale. ⟨contraire : spécialiste⟩ *Elle a consulté un généraliste.*

GÉNÉRALITÉS [ʒeneʀalite] n. f. pluriel ▪ *DES GÉNÉRALITÉS :* idées générales, qui n'entrent pas dans le détail. *Le professeur a commencé son cours par des généralités. Ce sont des généralités inintéressantes.*

GÉNÉRATEUR [ʒeneʀatœʀ] n. m. et adj., **GÉNÉRATRICE** [ʒeneʀatʀis] n. f. et adj. **1.** *UN GÉNÉRATEUR* ou *UNE GÉNÉRATRICE :* machine qui produit de l'électricité. *La génératrice qui produit la lumière sur un vélo s'appelle une dynamo.* **2.** adjectif (après le nom) Qui produit (qqch.). *La pile est génératrice d'électricité.*

GÉNÉRATION [ʒeneʀasjɔ̃] n. f. ▪ *UNE GÉNÉRATION* **1.** Ensemble de personnes ayant à peu près le même âge. *Les enfants, les parents et les grands-parents sont de trois générations différentes. Nous sommes de la même génération.* **2.** Espace de temps qu'il y a entre la naissance des parents et celle de leurs enfants. *Ils sont installés en Provence depuis des générations.* **3.** Famille (de produits) d'une même technique avancée. *Il travaille sur un ordinateur de la troisième génération.*

GÉNÉRATRICE n., féminin de **générateur**

GÉNÉRER [ʒeneʀe] verbe [conjugaison 6a] ▪ Produire, avoir pour effet. *Un réfrigérateur génère du froid. L'informatique générera* [ʒenɛʀʀa] *de nombreux emplois dans la région.*

GÉNÉREUSEMENT [ʒeneʀøzmɑ̃] adverbe **1.** Avec bonté et sans compter. *Elle l'a généreusement récompensé.* **2.** En abondance. *Il nous a versé à boire généreusement,* beaucoup.

GÉNÉREUX [ʒeneʀø], **GÉNÉREUSE** [ʒeneʀøz] adj. (avant le nom ou après le nom) ▪ Qui donne beaucoup. ⟨contraires : avare, mesquin⟩ *C'est une femme généreuse. Un généreux donateur a fait un chèque de dix mille francs. – Elle a eu un geste généreux :* elle a donné de l'argent.

① **GÉNÉRIQUE** [ʒeneʀik] n. m. ▪ *UN GÉNÉRIQUE :* présentation, sous forme de liste, des noms des personnes ayant travaillé sur un film, sur une émission de télévision (au début ou à la fin du film, de l'émission). *Le générique donne les noms des acteurs, du metteur en scène, du producteur, des techniciens, des musiciens... J'aime bien la musique du générique de ce film.*

② **GÉNÉRIQUE** [ʒeneʀik] adj. (après le nom) ▪ *UN TERME GÉNÉRIQUE :* terme, mot qui représente une catégorie entière de choses, de personnes portant un nom particulier. ⟨contraire : spécifique⟩ *« Voie » est le terme générique qui désigne les chemins, les rues, les routes.*

GÉNÉROSITÉ [ʒeneʀozite] n. f. ▪ *LA GÉNÉROSITÉ* **1.** Qualité d'une personne qui donne beaucoup. → **largesse.** *Je vous remercie de votre générosité.* **2.** Qualité qui permet de pardonner. → **bienveillance, bonté, humanité.** *Il parle de son ancienne femme sans générosité.* → **indulgence.**

GÊNES [ʒɛn] nom propre féminin – en italien **GENOVA** ▪ Ville du nord de l'Italie. *Nous revenons de Gênes. Ils habitent à Gênes* (→ **génois).**

GENÈSE [ʒənɛz] n. f. ▪ *LA GENÈSE :* manière dont une chose s'est formée, s'est mise à exister. → **élaboration.** *Racontez-nous la genèse de votre œuvre.*

REM. *La Genèse* (avec *g* majuscule) est le premier livre de la Bible, qui raconte la création du monde.

GENÊT [ʒənɛ] n. m. ▪ *UN GENÊT :* petit arbuste sauvage aux fleurs jaunes. *Les fleurs du genêt d'Espagne sentent très bon.*

REM. Le genêt ressemble à l'ajonc, mais n'a pas d'épines.

GÉNÉTIQUE [ʒenetik] adj. et n. f. **1.** adjectif (après le nom) Qui concerne l'hérédité ou les gènes. *Plusieurs membres de cette famille ont une maladie génétique.* → **héréditaire. 2.** *LA GÉNÉTIQUE :* la science qui étudie l'hérédité. *Il étudie les lois de la génétique.*

GÊNEUR [ʒɛnœʀ] n. m., **GÊNEUSE** [ʒɛnøz] n. f. ▪ *UN GÊNEUR, UNE GÊNEUSE :* une personne qui gêne, qui empêche de faire ce que l'on veut. *Je ne sais pas comment me débarrasser de ce gêneur.* → **importun ;** STYLE FAMILIER **casse-pieds, emmerdeur.**

GENEVOIS [ʒənvwa] adj. et n. m., **GENEVOISE** [ʒənvwaz] adj. et n. f. **1.** adjectif (après le nom) De la ville de Genève, ou du canton de Genève, en Suisse. *Jean-Jacques Rousseau était un citoyen genevois.* **2.** *UN GENEVOIS, UNE GENEVOISE :* un habitant, une habitante de Genève. *Les Genevois.* **3.** nom masculin *LE GENEVOIS :* le français régional parlé à Genève et dans le canton de Genève. *Ils parlent le genevois.*

GÉNIAL [ʒenjal], **GÉNIALE** [ʒenjal] adj. (après le nom) **1.** Qui a du génie, qui est inspiré par le génie. *Shakespeare est un homme de lettres génial.* MASCULIN PLURIEL : *des musiciens GÉNIAUX* [ʒenjo]. – *C'est une idée géniale !* excellente, ingénieuse. **2.** STYLE FAMILIER Extraordinaire. *Nous avons vu un film génial,* formidable. *Génial !* → **extra, super.** *« Comment vas-tu ? – Ce n'est pas génial, en ce moment ». Cette nana est géniale.*

① **GÉNIE** [ʒeni] n. m.
I. *LE GÉNIE :* ensemble des qualités exceptionnelles de l'esprit qui rend qqn capable d'inventions, de créations extraordinaires. *Elle A DU GÉNIE ! Son génie, c'est le sens de l'organisation.* – (ironique) *Il a le génie pour tout compliquer. – Brusquement, elle a eu un TRAIT DE GÉNIE,* elle a eu une idée géniale.
II. *UN GÉNIE* **1.** Personne qui a du génie. *Ce mathématicien est un génie.* **2.** Être imaginaire qui a des pouvoirs magiques. *On rencontre les bons génies et les mauvais génies dans les contes de fées.*

② **GÉNIE** [ʒeni] n. m. ▪ *LE GÉNIE :* l'ensemble des services chargés de construire les routes, les ponts, les barrages, etc. *Les soldats du génie militaire s'occupent de la construction et de l'entretien des casernes.*

GENIÈVRE [ʒənjɛvʀ] n. m. ▪ *LE GENIÈVRE :* petites baies violettes ou noires très parfumées. *On met du genièvre dans la choucroute.* – Alcool de grains parfumé avec ces baies. *On boit du genièvre dans le nord de la France.*

GÉNISSE [ʒenis] n. f. ▪ *UNE GÉNISSE* **1.** Jeune vache qui n'a pas encore eu de veau. *Il y a quatre génisses et trois veaux dans le pré.* **2.** Viande de cet animal. *Nous avons mangé du foie de génisse.*

GÉNITAL [ʒenital], **GÉNITALE** [ʒenital] adj. (après le nom) ▪ Qui concerne la reproduction, chez les humains et les animaux. *L'appareil génital du mâle est différent de l'appareil génital de la femelle.* MASCULIN PLURIEL : *les organes GÉNITAUX* [ʒenito]. *Les organes génitaux sont les organes de la reproduction. Il existe des organes génitaux externes* (→ **sexuel)** *et internes* (→ **ovaire, prostate, utérus).**

GÉNOCIDE [ʒenɔsid] n. m. ▪ *UN GÉNOCIDE :* destruction systématique d'un groupe ethnique. *L'extermination des Juifs par les nazis fut un génocide.*

GÉNOIS [ʒenwa] adj. et n. m., **GÉNOISE** [ʒenwaz] adj. et n. f.
I. adjectif (après le nom) De Gênes, ville italienne. *Il admire l'architecture génoise.*
II. 1. *UN GÉNOIS, UNE GÉNOISE :* une personne qui habite Gênes. *Les Génois.* **2.** *LE GÉNOIS :* ensemble des parlers italiens

de la région de Gênes. 3. *UNE GÉNOISE :* pâtisserie légère à base d'œufs et de sucre. *Nous avons mangé une délicieuse génoise fourrée à l'abricot.*

GENOU [ʒənu] n. m. ▪ *UN GENOU* 1. Partie du corps humain où la jambe s'articule avec la cuisse. *Elle s'est écorché un genou en tombant.* PLURIEL : *j'ai de l'eau jusqu'aux GENOUX.* – STYLE FAMILIER *Nous sommes SUR LES GENOUX après cette randonnée,* très fatigués. – *Dans l'église, les fidèles se sont mis À GENOUX pour prier,* ils se sont agenouillés. *Il nous a demandé cette faveur à genoux,* en suppliant. *C'est à se mettre à genoux :* c'est admirable. – *Il FAIT DU GENOU À sa voisine, sous la table,* il lui fait des avances. – *Son pantalon est usé aux genoux,* à l'endroit des genoux. 2. (au pluriel) LES GENOUX : les cuisses d'une personne assise. *Assieds-toi sur mes genoux. J'ai écrit sur mes genoux pendant la réunion.*

REM. On prononce aussi [ʒnu].

GENRE [ʒɑ̃ʀ] n. m. ▪ *UN GENRE* 1. Groupe d'êtres ou d'objets ayant des caractères communs (→ ② **générique**). *LE GENRE HUMAIN :* l'ensemble des hommes. → **espèce.** *Tous les hommes appartiennent au genre humain. Je n'aime pas ce genre de personne.* → **sorte, type.** *Ce brocanteur vend des objets en tout genre. Ce vase est unique en son genre. Cette table est du même genre que la mienne. Il n'est pas mal, ce garçon, dans son genre. Il n'est pas du genre à se laisser faire,* ce n'est pas dans son caractère. – *Tout le monde a son GENRE DE VIE,* une manière, un style de vie. → ② **mode.** 2. Subdivision de la famille, en botanique et en zoologie. *Toutes les roses appartiennent au genre* rosa. 3. Catégorie d'œuvres, d'après le sujet, le ton et le style. *Il existe différents genres littéraires. Cette pièce est du genre comique.* 4. Catégorie grammaticale suivant laquelle un nom est masculin ou féminin. *« Chien » est un mot du genre masculin, « pomme » un mot du genre féminin. En français, l'adjectif s'accorde en genre et en nombre avec le nom auquel il se rapporte,* il prend la marque du masculin ou du féminin, du singulier ou du pluriel. 5. Façon de s'habiller, de se comporter. *Cette fille a un drôle de genre.* → **allure, look.** *Elle a mauvais genre.* – (invariable) *Ce sont des gens BON CHIC BON GENRE,* à l'air bien élevé et distingué. – *B. C. B. G.* [besebeʒe] forme abrégée familière *Ses amis sont très B. C. B. G.* – *Il a le genre artiste. Ce n'est pas son genre :* ce n'est pas dans ses habitudes, ses goûts. – STYLE FAMILIER *FAIRE DU GENRE, SE DONNER UN GENRE :* prendre certaines manières. *Elle fait du genre pour se faire remarquer.*

REM. **1.** Il y a deux genres en français : le MASCULIN et le FÉMININ (pas de neutre). Le genre s'applique aux adjectifs, aux noms, aux pronoms, aux participes passés. **2.** Le genre du nom peut constituer une forme particulière (suffixe) : *un boulanger, une boulangère.* S'il n'a pas de forme particulière, c'est le déterminant et les accords qui portent le genre : *un élève sérieux, une élève sérieuse.* **3.** Le genre est plus ou moins en relation avec le sexe (ex. : *un homme, une femme*). Pour les animaux, le genre est lié au sexe (ex. : *un chat, une chatte*) ou non (ex. : *une souris, un rhinocéros,* qu'ils soient mâles ou femelles). **4.** Les noms de choses ont un genre arbitraire. Le fait que *le soleil* soit du masculin et *la lune* du féminin est dû à l'origine du mot (*sol* est masculin en latin et *luna* féminin). Tous les noms terminés en *-tion* sont féminins. **5.** L'accord en genre se fait au masculin quand il y a des masculins et des féminins : *mon crayon et ma gomme sont perdus.*

GENS [ʒɑ̃] n. m. pluriel, n. f. pluriel ▪ *LES GENS* 1. Personnes dont le nombre n'est pas précisé. *Il y a beaucoup de gens en vacances au mois d'août. Peu de gens savent cela. J'ai rencontré des gens intéressants à cette réunion.* → **personne.** *Des gens m'ont dit qu'il était parti.* → **on.** *Ces gens-là sont sympathiques. Ce sont de braves gens.* – *Les gens sont fous,* les hommes en général. 2. *JEUNES GENS :* jeunes garçons et jeunes filles. *Un groupe de jeunes gens discute devant le lycée.* → **adolescent, jeune.** – *Il y a des jeunes filles et quelques jeunes gens.* → **garçon.** 3. *GENS DE* (suivi d'un nom de profession) *Les romanciers sont des GENS DE LETTRES,* des écrivains professionnels. *Les acteurs sont des GENS DU SPECTACLE.*

REM. **1.** *Gens* ne s'emploie pas avec *quelques, plusieurs* ni avec les noms de nombre (alors que l'on dit *quelques personnes, plusieurs personnes*). **2.** Quand l'adjectif précède *gens,* il se met au féminin (*de vieilles gens,* mais *des gens vieux*). **3.** *Jeunes gens* sert de pluriel à *jeune homme.*

GENTIANE [ʒɑ̃sjan] n. f. 1. *UNE GENTIANE :* plante à fleurs bleues, violettes ou jaunes, qui pousse en montagne. *La racine de la gentiane, au goût amer, sert à faire des apéritifs.* 2. *LA GENTIANE :* apéritif amer. *Vous voulez un peu de gentiane ?*

GENTIL [ʒɑ̃ti], **GENTILLE** [ʒɑ̃tij] adj. (avant le nom, parfois après le nom) 1. Qui plaît par sa grâce. → **agréable, joli.** *Ils ont un gentil petit chien.* → **mignon.** *C'est gentil chez eux.* → **charmant, coquet.** 2. Qui plaît par sa délicatesse morale, sa douceur. *Il m'a écrit une très gentille lettre.* ⟨contraire : désagréable⟩ *Elle a eu un mot gentil pour chacun.* → **aimable.** *Il est gentil avec sa mère.* → **attentionné.** *Ce chien est gentil avec les enfants.* ⟨contraire : méchant⟩ *C'est un gentil garçon.* → **brave.** *Il est bien gentil mais pas très intelligent. Sois gentille, aide-moi à déplacer cette table. Vous serez gentil de fermer la porte. C'est gentil à vous d'être venus.* → STYLE FAMILIER **sympa.** 3. (enfants) Sage, obéissant et tranquille. *Tu as été gentille, aujourd'hui ?* ⟨contraires : insupportable, vilain⟩ 4. (somme d'argent) (avant le nom) D'une certaine importance. *Il a dû payer la gentille somme de cinq mille francs.* → **coquet.**

FAUX AMI
anglais **gentle** « doux »

GENTILHOMME [ʒɑ̃tijɔm] n. m. ▪ *UN GENTILHOMME :* autrefois, Homme de la noblesse. *« Le Bourgeois gentilhomme » est une comédie de Molière.* PLURIEL : *des GENTILSHOMMES* [ʒɑ̃tizɔm] *campagnards.*

GENTILLESSE [ʒɑ̃tijɛs] n. f. 1. *LA GENTILLESSE :* qualité d'une personne gentille. *C'est quelqu'un d'une grande gentillesse.* ⟨contraires : dureté, méchanceté⟩ *Voudriez-vous avoir la gentillesse de m'aider ?* → **amabilité.** 2. *UNE GENTILLESSE :* action, parole gentille. *Je vous remercie de toutes vos gentillesses.* → **attention, égard, prévenance.**

GENTIMENT [ʒɑ̃timɑ̃] adverbe ▪ D'une manière gentille, avec gentillesse. *Elle a répondu très gentiment à ma lettre.* → **aimablement.** ⟨contraire : méchamment⟩

GENTLEMAN [ʒɑ̃tləman] n. m. ▪ *UN GENTLEMAN :* homme distingué, d'une parfaite éducation. *Dans cette affaire, il s'est comporté en gentleman.* PLURIEL : *des gentlemans.*

REM. **1.** *Gentleman* est un mot anglais qui veut dire « gentilhomme ». **2.** On prononce aussi à l'anglaise [dʒɛntləman]. On emploie aussi le pluriel anglais : *des gentlemen* [dʒɛntləmɛn].

GÉODE [ʒeɔd] n. f. ▪ *UNE GÉODE :* sphère d'acier creuse contenant une salle de projection et dont l'écran est formé par la surface intérieure de forme arrondie. *Nous sommes allés à la géode de la Villette, à Paris.*

GÉOGRAPHE [ʒeɔgʀaf] n. m., n. f. ▪ *UN GÉOGRAPHE, UNE GÉOGRAPHE :* spécialiste de la géographie. *Sa femme est une géographe spécialiste des régions tropicales.*

GÉOGRAPHIE [ʒeɔgʀafi] n. f. ▪ *LA GÉOGRAPHIE :* science qui décrit la surface de la Terre, son relief, son climat, sa végétation, son économie et sa population. *Regarde sur cette carte de GÉOGRAPHIE où se trouve l'Australie. Son père est professeur de géographie dans un lycée.* – *GÉO* [ʒeo] forme abrégée familière *Le cours de géo est le lundi à neuf heures.* – *Les élèves étudient la géographie de la France.*

GÉOGRAPHIQUE [ʒeɔgʀafik] adj. (après le nom) ▪ Relatif à la géographie. *Un atlas est un recueil de cartes géographiques. Quelle est la situation géographique de l'Espagne ?* où est située l'Espagne ?

GEÔLE [ʒol] n. f. ▪ STYLE RECHERCHÉ *UNE GEÔLE :* une prison. *Le prisonnier ne sortira jamais de sa geôle.*

GEÔLIER [ʒolje] n. m., **GEÔLIÈRE** [ʒoljɛʀ] n. f. ▪ STYLE RECHERCHÉ *UN GEÔLIER, UNE GEÔLIÈRE :* gardien, gardienne de prison. *Les prisonniers sont surveillés jour et nuit par des geôliers.*

GÉOLOGIE [ʒeɔlɔʒi] n. f. ▪ *LA GÉOLOGIE :* science qui étudie le sol et le sous-sol de la Terre, la manière dont ils se sont formés et comment ils se transforment. *L'étude des roches fait partie de la géologie.*

GÉOLOGIQUE [ʒeɔlɔʒik] adj. (après le nom) ▪ Qui appartient à la géologie. *Il y a quatre grandes périodes géologiques.*

GÉOLOGUE [ʒeɔlɔg] n. m., n. f. ▪ *UN GÉOLOGUE, UNE GÉOLOGUE :* spécialiste de la géologie. *Les géologues étudient le sous-sol de la région. Elle est géologue.*

GÉOMÈTRE [ʒeɔmɛtʀ] n. m., n. f. ▪ *UN GÉOMÈTRE, UNE GÉOMÈTRE* **1.** Spécialiste de la géométrie. *Euclide et Pythagore furent de grands géomètres.* **2.** Technicien dont le métier est de mesurer les terrains et de faire des plans. *Le géomètre a fait un plan du terrain.* → **arpenteur.**

GÉOMÉTRIE [ʒeɔmetʀi] n. f. ▪ *LA GÉOMÉTRIE :* partie des mathématiques qui étudie les lignes, les surfaces et les volumes. *L'élève qui est au tableau a tracé une figure de géométrie. Le professeur corrige le problème de géométrie.* – *Il pilote un avion À GÉOMÉTRIE VARIABLE,* un avion dont les dimensions des ailes peuvent varier en vol selon les besoins.

GÉOMÉTRIQUE [ʒeɔmetʀik] adj. (après le nom) **1.** De la géométrie. *Le carré et le cercle sont des figures géométriques.* **2.** Simple et régulier comme les figures de géométrie. *Beaucoup de villes américaines ont un plan géométrique en damier.*

GÉOPHYSIQUE [ʒeofizik] n. f. ▪ *LA GÉOPHYSIQUE :* étude de la Terre par les méthodes de la physique. *La géophysique étudie les mouvements de l'écorce terrestre, le magnétisme et la météorologie.*

① **GÉORGIE** [ʒeɔʀʒi] nom propre féminin – en anglais **GEORGIA** ▪ *LA GÉORGIE :* État du sud-est des États-Unis. *La capitale de la Géorgie est Atlanta. Nous avons fait un voyage en Géorgie. Nous avons reçu des nouvelles de Géorgie.*

② **GÉORGIE** [ʒeɔʀʒi] nom propre féminin – en géorgien **SAKARTVELO** ▪ *LA GÉORGIE :* pays du Caucase. *La capitale de la Géorgie est Tbilissi.*

GÉORGIEN [ʒeɔʀʒjɛ̃] adj. et n. m., **GÉORGIENNE** [ʒeɔʀʒjɛn] adj. et n. f.

I. adjectif (après le nom) **1.** De la république de Géorgie, dans le Caucase. *Staline était géorgien. La capitale géorgienne est Tbilissi.* **2.** De l'État américain de Géorgie. *La capitale géorgienne est Atlanta.*

II. *UN GÉORGIEN, UNE GÉORGIENNE* **1.** Un habitant, une habitante de la république de Géorgie. *Les Géorgiens.* **2.** Un habitant de l'État de Géorgie, dans le sud des États-Unis. *Les premiers Géorgiens étaient des Indiens, des Espagnols et des Anglais.*

III. *LE GÉORGIEN :* la langue parlée dans la république de Géorgie. *En république de Géorgie, on parle le géorgien et le russe.*

GÉRANCE [ʒeʀɑ̃s] n. f. ▪ *LA GÉRANCE :* le fait de diriger, d'administrer à la place d'un propriétaire. → **administration, gestion.** *Il a mis le magasin dont il est propriétaire EN GÉRANCE.*

GÉRANIUM [ʒeʀanjɔm] n. m. ▪ *UN GÉRANIUM :* plante aux fleurs arrondies et à fleurs rouges, blanches ou roses. *Elle a mis des pots de géraniums sur son balcon.*

GÉRANT [ʒeʀɑ̃] n. m., **GÉRANTE** [ʒeʀɑ̃t] n. f. ▪ *UN GÉRANT, UNE GÉRANTE :* une personne qui gère ce que possède une personne ou une société (→ **gérance**). *Son mari est gérant d'immeubles.* → **administrateur.** *Le gérant d'une entreprise est responsable devant la loi.* → **gestionnaire.**

GÉRARDMER [ʒeʀaʀme] nom propre ▪ Ville de l'est de la France, dans les Vosges. *Nous sommes allés à Gérardmer. Ils viennent de Gérardmer.*

GERBE [ʒɛʀb] n. f. ▪ *UNE GERBE* **1.** Botte de céréales coupées et liées. *Les gerbes de blé étaient mises en meules après la moisson.* **2.** Gros bouquet de fleurs coupées à longues tiges. *La pianiste a reçu une gerbe de roses à la fin du concert. Le président a déposé une gerbe sur la tombe du Soldat inconnu.* **3.** Ce qui jaillit, est projeté en forme de gerbe. *La baleine projette une gerbe d'eau. Le feu d'artifice s'est achevé dans une gerbe d'étincelles multicolores* (→ **bouquet**).

> REM. Une gerbe de fleurs est plus grosse qu'un bouquet. Les tiges d'une gerbe sont toujours longues, alors que celles d'un bouquet peuvent être courtes.

GERBER [ʒɛʀbe] verbe [conjugaison 1a] ▪ STYLE TRÈS FAMILIER Vomir. → STYLE FAMILIER **dégueuler.** *Il a gerbé dans la bagnole. Ça me fait gerber :* ça me dégoûte, m'écœure. *C'est à gerber.*

GERCÉ [ʒɛʀse], **GERCÉE** [ʒɛʀse] adj. (après le nom) ▪ (peau) Qui a de petites crevasses. *Elle a les lèvres gercées à cause du froid.*

GERÇURE [ʒɛʀsyʀ] n. f. ▪ *UNE GERÇURE :* petite fissure douloureuse dans la peau. *Elle a des gerçures sur les mains.* → **crevasse.**

GÉRER [ʒeʀe] verbe [conjugaison 6a] **1.** Administrer (les biens, les affaires de qqn d'autre) (→ **administration, gestion**). *Il gère des appartements pour le compte de propriétaires. Cette entreprise a été mal gérée.* → **diriger.** **2.** S'occuper de (ses propres affaires). *C'est sa femme qui gère le budget de la famille.* **3.** *Gérer un problème,* y faire face. *Nous gérons une situation difficile. Le gouvernement gère la crise.* – *Sais-tu comment il gérera* [ʒɛʀʀa] *son temps ?* → **organiser.**

GÉRIATRIE [ʒeʀjatʀi] n. f. ▪ *LA GÉRIATRIE :* partie de la médecine qui soigne les personnes âgées. *Cet hôpital a un très bon service de gériatrie.*

① **GERMAIN** [ʒɛʀmɛ̃], **GERMAINE** [ʒɛʀmɛn] adj. (après le nom) ▪ *COUSINS GERMAINS :* cousins qui ont au moins un grand-père ou une grand-mère en commun. *La fille de mon oncle et ma tante est ma cousine germaine. Nous sommes cousins germains.* – *COUSINS ISSUS DE GERMAINS :* cousins dont les parents sont cousins germains. *C'est ma cousine issue de germain.*

② **GERMAIN** [ʒɛʀmɛ̃] adj. et n. m., **GERMAINE** [ʒɛʀmɛn] adj. et n. f. **1.** adjectif (après le nom) De la Germanie, ancienne région d'Europe centrale qui correspond à peu près à l'Allemagne actuelle. *Les guerriers germains ont envahi l'empire romain au troisième siècle après Jésus-Christ* (→ **germanique**). **2.** *UN GERMAIN, UNE GERMAINE :* un habitant, une habitante de la Germanie. *Les Germains venaient de Scandinavie.*

GERMANIQUE [ʒɛʀmanik] adj. (après le nom) **1.** Qui appartient à l'ancienne Germanie, aux Germains. *Le Saint Empire romain* *germanique fut fondé en 962 par Othon Ier. L'allemand, l'anglais et le néerlandais sont des langues germaniques,* des langues parlées par les anciens Germains et les langues qui en dérivent. 2. Relatif aux régions de langue et de civilisation allemandes. *L'Autriche et la Suisse sont des pays de culture germanique.*

REM. *Germanique* a un sens beaucoup plus large que *allemand.*

GERMANOPHONE [ʒɛʀmanɔfɔn] adj., n. m. et n. f. 1. adjectif (après le nom) Qui parle allemand, où l'on parle allemand. *La Suisse alémanique est germanophone. Sa femme est germanophone.* 2. *UN GERMANOPHONE, UNE GERMANOPHONE :* une personne qui parle l'allemand. *Ce sont des germanophones.*

GERME [ʒɛʀm] n. m. ▪ *UN GERME* 1. Première pousse qui sort de la graine, du bulbe ou du tubercule. *Des germes ont poussé sur les pommes de terre. Le cuisinier a fait une salade aux germes de soja.* 2. Microbe capable de provoquer une maladie, une infection. *L'eau polluée contient des germes dangereux pour la santé.* 3. Ce qui donne naissance à (qqch.). *On perçoit dans la population des germes de révolte.* → **cause, élément, principe, source.** *Cette idée est déjà EN GERME dans son premier livre,* à l'état latent.

GERMER [ʒɛʀme] verbe [conjugaison 1a] 1. (plante) Pousser son germe au-dehors. *Le haricot a germé dans du coton. – Les pommes de terre sont germées, il faut les jeter.* 2. (idée) Se former, se développer. *L'idée germe peu à peu dans son esprit.* → **naître.**

GERMINATION [ʒɛʀminasjɔ̃] n. f. ▪ *UNE GERMINATION :* ensemble des phénomènes par lesquels une graine se développe et donne naissance à une nouvelle plante. *Le printemps est l'époque de la germination.*

GÉRONDIF [ʒeʀɔ̃dif] n. m. ▪ *LE GÉRONDIF :* en français, forme verbale identique au participe présent et précédée de la préposition *en,* servant à exprimer des compléments précisant les circonstances de l'action. *Dans la phrase « il a obéi en rechignant », « en rechignant » est un gérondif.*

le gérondif

Le gérondif français peut exprimer diverses nuances de compléments. Il peut exprimer le temps (ex. : *je l'ai croisé* en partant), la manière (ex. : *il marche* en traînant *la jambe*), le moyen (ex. : *l'appétit vient* en mangeant) ou la condition (ex. : *il se trompe* en croyant *cela*).

GÉRONTOLOGIE [ʒeʀɔ̃tɔlɔʒi] n. f. ▪ *LA GÉRONTOLOGIE :* étude du vieillissement des êtres humains et des problèmes liés à la vieillesse. *La gérontologie s'occupe des aspects médicaux* (→ **gériatrie**)*, psychologiques et sociaux de la vieillesse et des personnes âgées.*

GÉSIER [ʒezje] n. m. ▪ *LE GÉSIER :* l'une des poches de l'estomac des oiseaux, où sont broyés les aliments. *Les aliments vont d'abord dans le jabot, puis dans le gésier. Mon chat aime le gésier de poulet.*

GÉSIR [ʒeziʀ] verbe 1. (qqn) Être couché, être étendu sans mouvement. *Le blessé gît sur son lit, inanimé* (→ **gisant**). 2. (qqch.) Être dispersé, éparpillé. *Des vêtements gisent par terre, au milieu de la chambre.* 3. (qqch.) Se trouver. *C'est là que gît le problème.* → **résider.**

REM. 1. Ce verbe n'a pas de conjugaison complète. On emploie seulement le présent (*je gis, tu gis, il gît, nous gisons, vous gisez, ils gisent*) ; l'imparfait (*je gisais* et toutes les personnes) et le participe présent (*gisant*). 2. Voir aussi **ci-gît.**

GESTATION [ʒɛstasjɔ̃] n. f. ▪ *LA GESTATION :* état d'une femelle qui porte son petit, ses petits depuis la conception jusqu'à la naissance. *Chez la chatte, la gestation est d'environ cinquante-deux jours.*

REM. Chez la femme, on dit la *grossesse.*

① **GESTE** [ʒɛst] n. m. ▪ *UN GESTE* 1. Mouvement d'une partie du corps (bras, main, tête) servant à exprimer qqch. ou à exécuter une action. *Il fait un geste de la main pour dire au revoir.* → **signe.** *Elle a eu un geste de la tête pour approuver.* → **hochement.** *Les sourds-muets s'expriment par gestes. Il fait de grands gestes en parlant* (→ **gesticuler**). *Le chirurgien a une grande précision dans ses gestes.* 2. Acte, action. *Le directeur de l'entreprise a fait un geste de générosité en accordant une augmentation au personnel. C'est un BEAU GESTE. Elle n'a pas fait un geste pour le retenir,* elle n'a rien fait.

FAUX AMI — grec ζέστη « chaleur »

② **GESTE** [ʒɛst] n. f. ▪ *UNE GESTE :* grand poème du Moyen Âge qui raconte les exploits d'un héros. *La « Chanson de Roland » est une célèbre chanson de geste écrite en ancien français. – Le voisin épie tous nos FAITS ET GESTES,* observe notre vie, notre conduite.

REM. On pense d'ordinaire que, dans *faits et gestes,* il s'agit de ① **geste.**

GESTICULER [ʒɛstikyle] verbe [conjugaison 1a] ▪ Faire beaucoup de gestes. *Il gesticule en parlant. Arrête de gesticuler comme ça !*

GESTION [ʒɛstjɔ̃] n. f. ▪ *UNE GESTION :* action de gérer. *Il a confié la gestion de sa fortune à son banquier.* → **administration.** *Le directeur de l'usine a fait des erreurs de gestion,* il a mal géré l'usine. *Son fils fait des études de gestion à l'université. – Ce programme informatique effectue la gestion de tous les fichiers contenus dans l'ordinateur,* il contrôle leur fonctionnement.

GESTIONNAIRE [ʒɛstjɔnɛʀ] n. m., n. f. ▪ *UN GESTIONNAIRE, UNE GESTIONNAIRE :* une personne chargée de la gestion. *Le patron de l'usine est un bon gestionnaire,* il la gère bien.

GESTUEL [ʒɛstɥɛl] adj., **GESTUELLE** [ʒɛstɥɛl] adj. et n. f. 1. adjectif (après le nom) Relatif au geste. *Les sourds-muets s'expriment à l'aide d'un langage gestuel.* 2. *LA GESTUELLE :* les gestes qui expriment qqch. *On peut se faire comprendre par la gestuelle et la mimique.*

GEYSER [ʒɛzɛʀ] n. m. ▪ *UN GEYSER :* source d'eau chaude qui jaillit par moments. *Il y a de nombreux geysers en Islande.*

GHANÉEN [ganeɛ̃] adj. et n. m., **GHANÉENNE** [ganeɛn] adj. et n. f. 1. adjectif (après le nom) Du Ghana, pays d'Afrique occidentale. *Ils ont fait un safari dans la savane ghanéenne.* 2. *UN GHANÉEN, UNE GHANÉENNE :* un habitant, une habitante du Ghana. *Les Ghanéens.*

GHETTO [geto] n. m. ▪ *UN GHETTO* 1. Quartier où les Juifs étaient obligés de vivre. *Les Juifs du ghetto de Varsovie se révoltèrent contre les nazis en 1943.* 2. Quartier où des gens vivent séparés du reste de la population. *Les Noirs d'Afrique du Sud vivaient dans des ghettos.*

GIBECIÈRE [ʒibsjɛʀ] n. f. ▪ *UNE GIBECIÈRE :* sac dont se servent les chasseurs et que l'on porte en bandoulière. *Le chasseur met le lièvre dans sa gibecière.*

GIBET [ʒibɛ] n. m. ▪ *UN GIBET :* assemblage de poutres où l'on pendait autrefois les condamnés à mort. → **potence.** *Le criminel a été envoyé au gibet.*

GIBIER [ʒibje] n. m. ▪ *LE GIBIER* 1. Ensemble des animaux que l'on chasse pour les manger. *Les cerfs, les sangliers, les chevreuils constituent le GROS GIBIER, les lièvres et les lapins le GI-*

BIER À POIL, les oiseaux le GIBIER À PLUME. Il y a beaucoup de gibier dans cette région. **2.** Viande de gibier. *Avez-vous du gibier, c'est la saison ! Ils nous ont servi du gibier en sauce.*

GIBOULÉE [ʒibule] n. f. ▪ *UNE GIBOULÉE :* pluie soudaine qui dure peu de temps, quelquefois accompagnée de vent et de grêle. *Les giboulées sont fréquentes au début du printemps.* → **averse.**

GICLÉE [ʒikle] n. f. ▪ *UNE GICLÉE :* jet (de liquide). *Le voyou a envoyé une giclée d'encre sur le mur.*

GICLER [ʒikle] verbe [conjugaison 1a] ▪ (liquide) Jaillir en éclaboussant. *L'encre a giclé partout.*

GIFLE [ʒifl] n. f. ▪ *UNE GIFLE :* coup donné du plat de la main sur la joue de qqn. *Sa mère lui a donné une gifle.* → **claque ;** STYLE FAMILIER **baffe, beigne, calotte, taloche, tarte.** *Il a reçu une PAIRE DE GIFLES.*

GIFLER [ʒifle] verbe [conjugaison 1a] ▪ Donner une gifle à (qqn). *Elle a giflé son mari devant tout le monde.* → **claquer.**

GIGANTESQUE [ʒigɑ̃tɛsk] adj. (après le nom, parfois avant le nom) ▪ Très grand, beaucoup plus grand que la taille normale. *Le mammouth était un animal gigantesque.* → **énorme, géant.** *Son fils est d'une taille gigantesque,* il est immense. (contraires : minuscule, moyen, petit) *Il a fait une gigantesque erreur.* → **monumental.**

GIGOGNE [ʒigɔɲ] adj. (après le nom) ▪ *UNE TABLE GIGOGNE :* meuble composé de plusieurs tables de taille décroissante, que l'on glisse les unes sous les autres. *Mes enfants dorment dans des LITS GIGOGNES,* des lits qui se glissent les uns sous les autres. *La petite fille joue avec des POUPÉES GIGOGNES,* des poupées qui s'emboîtent les unes dans les autres.

GIGOLO [ʒigɔlo] n. m. ▪ STYLE FAMILIER *UN GIGOLO :* jeune amant d'une personne plus âgée qui l'entretient. *Elle a un gigolo.*

GIGOT [ʒigo] n. m. ▪ *UN GIGOT :* cuisse (de mouton, d'agneau, de chevreuil) coupée pour être mangée. *Nous avons mangé du gigot d'agneau avec des haricots. Veux-tu découper le gigot ?*

GIGOTER [ʒigɔte] verbe [conjugaison 1a] ▪ STYLE FAMILIER Agiter les bras et les jambes. *Le bébé gigote dans son berceau. Arrête de gigoter !* → **gesticuler, remuer,** se **trémousser.**

GILET [ʒilɛ] n. m. ▪ *UN GILET* **1.** Vêtement court boutonné devant, sans manches, qui se porte entre la chemise et la veste. *Il a mis un costume avec un gilet de soie.* **2.** *GILET (DE LAINE) :* veste de laine tricotée, à manches longues, boutonnée devant. *Mets ton gilet, il ne fait pas chaud.* → **cardigan ;** STYLE FAMILIER **paletot.** **3.** *GILET DE SAUVETAGE :* petite veste sans manches gonflée à l'air comprimé, qui permet de flotter si l'on tombe à l'eau. *Dans un avion, les gilets de sauvetage sont sous les sièges des passagers.*

> FAUX AMI
> portugais **gilete** « lame de rasoir »

GIN [dʒin] n. m. ▪ *LE GIN :* eau-de-vie de grain, aromatisée notamment au genièvre. → **genièvre.** *Elle a bu deux verres de gin.*

REM. *Jean* « pantalon de toile » se prononce de la même façon ; les deux mots viennent de l'anglais.

GINGEMBRE [ʒɛ̃ʒɑ̃bʀ] n. m. ▪ *LE GINGEMBRE :* plante originaire d'Asie qui ressemble à un roseau et dont la racine séchée est utilisée comme épice. *J'aime beaucoup le gingembre confit et les biscuits au gingembre.*

GIRAFE [ʒiʀaf] n. f. ▪ *UNE GIRAFE :* grand animal d'Afrique, au cou très long, dont le pelage roux forme des dessins réguliers. *La girafe est un mammifère.* – STYLE FAMILIER *Il vaut mieux faire ça que PEIGNER LA GIRAFE,* ne rien faire.

GIRATOIRE [ʒiʀatwaʀ] adj. (après le nom) ▪ Qui tourne en faisant un cercle. *L'air fait un mouvement giratoire.* – *Les véhicules suivent le SENS GIRATOIRE,* le sens qu'ils sont obligés de suivre autour d'un rond-point.

GIRL [gœʀl] n. f. ▪ *UNE GIRL :* jeune danseuse de music-hall qui fait partie d'une troupe. *Les girls font leur entrée.*

REM. *Girl* est un mot anglais qui signifie « fille, jeune fille ».

GIROFLE [ʒiʀɔfl] n. m. ▪ *UN CLOU DE GIROFLE :* bouton desséché de la fleur d'un arbre exotique, qui a la forme d'un clou et que l'on utilise comme épice. *Le cuisinier pique l'oignon de plusieurs clous de girofle.*

GIROFLÉE [ʒiʀɔfle] n. f. ▪ *UNE GIROFLÉE :* plante à fleurs jaunes ou rousses disposées en grappes, très odorantes. *Les giroflées décorent les jardins.*

GIROLLE [ʒiʀɔl] n. f. ▪ *UNE GIROLLE :* champignon comestible jaune d'or, à chapeau ondulé, qui pousse sous les arbres à feuilles. *Nous avons mangé une omelette aux girolles.*

GIROUETTE [ʒiʀwɛt] n. f. ▪ *UNE GIROUETTE* **1.** Plaque de métal placée au sommet d'une tour, d'un clocher, d'un édifice, qui indique la direction du vent en tournant sur elle-même. *La girouette de l'église est en forme de coq.* **2.** Personne qui change tout le temps d'idée, d'opinion. *On ne peut pas lui faire confiance, c'est une vraie girouette.*

gisait [ʒizɛ] *Il gisait, elle gisait :* forme à l'imparfait du verbe **gésir.**

GISANT [ʒizɑ̃] n. m. ▪ *UN GISANT :* statue représentant un mort étendu. *On peut voir le gisant du roi de France François Ier à la basilique Saint-Denis, près de Paris.*

GISEMENT [ʒizmɑ̃] n. m. ▪ *UN GISEMENT :* grande quantité d'une ressource naturelle dans le sol ou dans le sous-sol. *On vient de découvrir un nouveau gisement de pétrole. Ce gisement de charbon est épuisé.* → **mine.**

gît [ʒi] *Il gît, elle gît :* forme au présent du verbe **gésir.**

GITAN [ʒitɑ̃] n. m., **GITANE** [ʒitan] n. f. ▪ *UN GITAN, UNE GITANE :* nomade qui vient d'Espagne. → **tzigane.** *Des gitans habitent dans des roulottes à la sortie du village.* → **bohémien, romanichel.** *Une gitane m'a prédit l'avenir.*

① **GÎTE** [ʒit] n. m. ▪ *UN GÎTE* **1.** Lieu où l'on peut se loger, se coucher. *Il cherche un gîte pour la nuit.* → **abri, refuge.** – *Ils passent leurs vacances dans un GÎTE RURAL,* un logement que l'on loue à la campagne. **2.** Lieu où s'abrite un animal. *Le lièvre est dans son gîte.* → **tanière, terrier.**

> FAUX AMI
> italien **gita** « excursion »

② **GÎTE** [ʒit] n. f. ▪ *LA GÎTE :* inclinaison que prend un bateau. *Le bateau DONNE DE LA GÎTE,* il penche.

GIVRANT [ʒivʀɑ̃], **GIVRANTE** [ʒivʀɑ̃t] adj. (après le nom) ▪ Qui fait du givre. *Il y a des brouillards givrants ce matin.*

GIVRE [ʒivʀ] n. m. ▪ *LE GIVRE :* couche de glace fine et blanche qui se forme sur une surface très froide. *Les vitres sont couvertes de givre.*

GIVRÉ [ʒivʀe], **GIVRÉE** [ʒivʀe] adj. (après le nom) **1.** Couvert de givre. *Les arbres sont givrés ce matin.* – *Un fruit givré,* rempli de sorbet et recouvert d'une couche de givre. *Voulez-vous un ci-*

tron givré ou une orange givrée ? 2. STYLE FAMILIER Fou. *Il est complètement givré, ce mec !* → STYLE FAMILIER **cinglé, timbré.**

GLABRE [glabʀ] adj. (après le nom) ▪ STYLE RECHERCHÉ (visage) Sans poils. *Il a le visage glabre,* sans barbe ni moustache. → **imberbe.**

① **GLACE** [glas] n. f. 1. *LA GLACE :* eau congelée et solide. *Les enfants patinent sur la glace. Voulez-vous de la glace dans votre whisky ?* → **glaçon.** – *Il est RESTÉ DE GLACE,* imperturbable. *Il a fait une plaisanterie pour ROMPRE LA GLACE,* dissiper la gêne. 2. *UNE GLACE :* crème glacée. *Elle a mangé une glace au café. Voulez-vous une glace à l'eau ?* → **sorbet.** *Il mange une glace que l'on tient par un bâton.* → ② **esquimau.**

② **GLACE** [glas] n. f.
I. *UNE GLACE :* plaque de verre. *La glace de la vitrine est cassée. L'automobiliste relève la glace de sa voiture.* → **vitre.**
II. *UNE GLACE :* plaque de verre traitée pour refléter les images. *Il se regarde dans la glace. J'ai visité la galerie des glaces du château de Versailles. La glace de mon poudrier est cassée.* → **miroir.**

FAUX AMI
allemand **Glas** « verre à boire »

GLACÉ [glase], **GLACÉE** [glase] adj. (après le nom) 1. Changé en glace. *Nous avons mangé une CRÈME GLACÉE,* une glace au lait. *Les enfants patinent sur un lac glacé.* → **gelé.** 2. Très froid. *Ne bois pas de l'eau glacée.* ⟨contraires : bouillant, brûlant⟩ *J'ai les pieds glacés.* → **gelé.** 3. Recouvert d'une fine couche de sucre transparente. *Aimez-vous les MARRONS GLACÉS ?* 4. (papier) Brillant et lisse. *Cette revue est imprimée sur papier glacé.* 5. Plein de froideur. *Il nous a lancé un regard glacé.* → **dur, glacial.**

GLACER [glase] verbe [conjugaison 3a] 1. Donner très froid à (qqn). *Ce courant d'air me glace.* ⟨contraire : réchauffer⟩ 2. Décourager par sa froideur. *Ce professeur glace les élèves.* → **intimider, paralyser, refroidir.** 3. Faire si peur à (qqn) que l'on reste sans bouger. *Les hurlements des loups les glaçaient d'horreur.* → **pétrifier.**

GLACIAIRE [glasjɛʀ] adj. (après le nom) ▪ Propre aux glaciers. *Les pôles sont recouverts d'une CALOTTE GLACIAIRE,* d'une masse de glace. *La période glaciaire a été caractérisée par le développement des glaciers.*

GLACIAL [glasjal], **GLACIALE** [glasjal] adj. (après le nom) 1. Très froid. *Il souffle un vent glacial.* ⟨contraire : chaud⟩ *La nuit est glaciale. Nous avons eu des hivers glacials.* 2. Qui intimide par sa froideur. *Il nous a fait un accueil glacial.* → **froid, réfrigérant.** ⟨contraire : chaleureux⟩ *La réunion a eu lieu dans un silence glacial.*

REM. On rencontre aussi le masculin pluriel *GLACIAUX* [glasjo].

GLACIER [glasje] n. m. ▪ *UN GLACIER* 1. Champ de glace éternelle formé par l'accumulation de neige, en montagne. *Ils ont fait du ski sur un glacier.* 2. Fabricant ou marchand de glaces et de sorbets. *J'ai acheté une glace à la vanille chez le glacier.*

GLACIÈRE [glasjɛʀ] n. f. ▪ *UNE GLACIÈRE* 1. Boîte tapissée d'une matière isolante qui garde au froid. *Les campeurs mettent le beurre dans leur glacière.* 2. STYLE FAMILIER Lieu très froid. *Monte le chauffage, c'est une vraie glacière ici !*

REM. *Glaciaire* « propre aux glaciers » se prononce de la même façon.

GLAÇON [glasɔ̃] n. m. ▪ *UN GLAÇON* 1. Morceau de glace. *Le torrent charrie des glaçons.* 2. Petit cube de glace produit dans un réfrigérateur. *Elle met des glaçons dans son verre.* → ① **glace.** *Un whisky avec deux glaçons ! Le BAC À GLAÇONS est dans le congélateur.*

GLADIATEUR [gladjatœʀ] n. m. ▪ *UN GLADIATEUR :* dans l'Antiquité romaine, Homme qui combattait contre une bête féroce ou contre d'autres hommes, pour distraire les spectateurs dans les jeux du cirque. *Les combats de gladiateurs avaient lieu dans l'arène.*

GLAÏEUL [glajœl] n. m. ▪ *UN GLAÏEUL :* plante à feuilles longues et pointues et à fleurs rouges, roses ou blanches disposées en épis d'un seul côté de la tige. *Il y a un parterre de glaïeuls dans le parc.*

GLAISE [glɛz] n. f. ▪ *LA GLAISE* ou *LA TERRE GLAISE :* terre grasse compacte, plastique et imperméable, que l'on peut travailler pour faire des objets (briques, tuiles, poteries). → **argile.** *Le potier pétrit la glaise.*

GLAIVE [glɛv] n. m. ▪ *UN GLAIVE :* épée courte et large à deux tranchants, utilisée autrefois. *Le gladiateur combattait avec son glaive.* – STYLE RECHERCHÉ *LE GLAIVE ET LA BALANCE :* les attributs de la justice.

GLAND [glɑ̃] n. m. ▪ *UN GLAND* 1. Fruit du chêne, qui contient une graine farineuse. *Les cochons mangent des glands.* 2. Pompon tressé souvent orné de franges. *Les rideaux sont retenus par une cordelette au bout de laquelle pend un gland.* 3. *LE GLAND,* extrémité arrondie du pénis.

GLANDE [glɑ̃d] n. f. ▪ *UNE GLANDE* 1. Organe du corps qui produit une sécrétion. *La salive, la sueur, les larmes sont produites par des glandes.* 2. STYLE TRÈS FAMILIER *AVOIR LES GLANDES :* être énervé ou avoir peur. *C'est demain qu'il arrive, j'ai les glandes.* → STYLE TRÈS FAMILIER **boule.**

GLANDER [glɑ̃de] verbe [conjugaison 1a] ▪ STYLE TRÈS FAMILIER Ne rien faire, perdre son temps. *Elle a glandé toute la journée.* → **paresser, traîner.** ⟨contraire : s'activer⟩ – *Qu'est-ce que tu glandes ?* → **faire ;** STYLE FAMILIER **fiche ;** STYLE TRÈS FAMILIER **branler, foutre.**

GLANDEUR [glɑ̃dœʀ] n. m., **GLANDEUSE** [glɑ̃døz] n. f. ▪ STYLE FAMILIER *UN GLANDEUR, UNE GLANDEUSE :* une personne qui ne fait rien, qui perd son temps. *Quelle bande de glandeurs !* → STYLE FAMILIER **branleur.**

GLANER [glane] verbe [conjugaison 1a] 1. Ramasser dans les champs après la moisson (les épis qui ont été oubliés). *Des sans-abri ont pu glaner quelques épis.* 2. Recueillir par-ci par-là (des informations). *L'inspecteur a glané quelques informations sur le suspect en interrogeant ses voisins.*

GLAPIR [glapiʀ] verbe [conjugaison 2] ▪ (animaux) Pousser un cri aigu. *Le petit chien glapissait en attendant sa pâtée.*

GLAPISSEMENT [glapismɑ̃] n. m. ▪ *UN GLAPISSEMENT :* cri aigu. *On entend les glapissements du chien derrière la porte.*

GLAS [gla] n. m. ▪ *LE GLAS :* tintement lent et grave d'une cloche d'église qui sert à annoncer que quelqu'un est mort. *Les cloches SONNENT LE GLAS.* – STYLE RECHERCHÉ *Cet échec sonne le glas de ses espérances,* marque la fin de ses espérances.

GLAUQUE [glok] adj. (après le nom) 1. D'un vert qui rappelle l'eau de mer. *L'eau du lac est glauque quand il pleut.* → **verdâtre.** 2. Qui donne une impression de tristesse et de misère. *La soirée s'est passée dans une ambiance glauque.* → **lugubre, sordide.**

GLISSADE [glisad] n. f. ▪ *UNE GLISSADE :* action de glisser, mouvement que l'on fait en glissant. *Les patineurs font des glissades sur la glace.*

GLISSANT [glisɑ̃], **GLISSANTE** [glisɑ̃t] adj. (après le nom) ▪ Où l'on glisse facilement. *Attention ! Chaussée glissante ! – N'en parlons plus, nous sommes sur un terrain glissant,* dangereux.

GLISSE [glis] n. f. ▪ *LES SPORTS DE GLISSE :* les sports où l'on glisse (ski, surf, planche à voile, etc.). *Il aime beaucoup les sports de glisse.*

GLISSEMENT [glismɑ̃] n. m. ▪ *UN GLISSEMENT* **1.** Action de glisser, mouvement de ce qui glisse. *Le glissement du traîneau sur la neige est silencieux. La pluie a provoqué un GLISSEMENT DE TERRAIN,* l'affaissement et l'effondrement d'une partie du sol. **2.** Évolution progressive. *Le résultat des élections montre un léger glissement à gauche. Ce mot a connu un glissement de sens,* son sens a changé.

GLISSER [glise] verbe [conjugaison 1a] **1.** Se déplacer d'un mouvement continu sur une surface lisse, ou le long d'un autre corps, les deux surfaces restant en contact. *Le patineur glisse sur la glace. Elle a glissé sur une peau de banane. La voiture glisse sur le verglas.* → **déraper.** – *Le verre lui a GLISSÉ DES MAINS,* il est tombé. → **échapper. 2.** Avancer régulièrement, comme en glissant. *La barque glisse sur l'eau.* **3.** Ne pas insister. *C'est un problème sur lequel il vaut mieux glisser,* un problème qu'il ne faut pas approfondir. – *Glissons !* parlons d'autre chose. **4.** Faire passer adroitement ou discrètement. *Le facteur glissera la lettre sous la porte. Le voleur a glissé la main dans mon sac. – Je lui ai glissé un mot à l'oreille. Essaie de lui GLISSER QUE c'est le moment d'agir.* → **dire. 5.** verbe pronominal SE GLISSER : pénétrer adroitement quelque part. *Elle s'est glissée sous les draps.*

GLISSIÈRE [glisjɛʀ] n. f. ▪ *UNE PORTE À GLISSIÈRE,* qui s'ouvre et se ferme en coulissant le long d'un rail. *Le salon est séparé de la salle à manger par une porte à glissière. Son blouson est fermé par une FERMETURE À GLISSIÈRE* (→ **fermeture**).

GLOBAL [glɔbal], **GLOBALE** [glɔbal] adj. (après le nom) ▪ Qui s'applique à un ensemble sans considérer le détail. *Nous avons une vision globale de la situation.* → **entier, total.** ⟨contraire : partiel⟩ MASCULIN PLURIEL : *les montants GLOBAUX* [glɔbo] *des travaux.*

GLOBALEMENT [glɔbalmɑ̃] adverbe ▪ D'une manière globale, dans son ensemble. *Le bilan est globalement positif.* ⟨contraires : en détail, partiellement⟩

GLOBE [glɔb] n. m. ▪ *UN GLOBE* **1.** Boule. *L'œil est un globe logé dans une orbite.* → **sphère. 2.** *Le GLOBE (TERRESTRE) :* la Terre. *Il neige actuellement sur une grande partie du globe. – Il a un globe lumineux dans sa chambre,* une sphère représentant le globe terrestre. **3.** Boule de verre, de cristal, de plastique recouvrant un objet pour le protéger. *L'ampoule électrique de la salle de bains est sous un globe de verre.*

GLOBULE [glɔbyl] n. m. ▪ *UN GLOBULE :* petite cellule arrondie que l'on trouve dans certains liquides du corps. *Le sang contient des globules rouges et des globules blancs.*

GLOBULEUX [glɔbylø], **GLOBULEUSE** [glɔbyløz] adj. (après le nom) ▪ Qui a la forme d'un petit globe. *Les grenouilles ont des YEUX GLOBULEUX,* qui ressortent, dépassent de l'orbite. → **saillant.**

GLOIRE [glwaʀ] n. f. ▪ *LA GLOIRE* **1.** Grande renommée répandue auprès de nombreuses personnes. *Le film dans lequel il a joué lui a apporté la gloire.* → **célébrité.** *Cet acteur est au sommet de la gloire. Ces héros se sont couverts de gloire pendant la guerre* (→ **glorieux**). *Un monument a été élevé À LA GLOIRE DES soldats morts au combat,* en leur honneur. *Il m'a rendu ce service juste POUR LA GLOIRE,* gratuitement, de façon désintéressée. – *Cette actrice a eu SON HEURE DE GLOIRE,* elle a été célèbre. **2.** *RENDRE GLOIRE À qqn,* reconnaître sa valeur, lui rendre hommage. *Il faut rendre gloire à son courage.* → **justice.** – *SE FAIRE GLOIRE DE qqch.,* s'en vanter. *Il se fait gloire de sa malhonnêteté.* **3.** *UNE GLOIRE :* personne célèbre. *Ce peintre a été une des gloires de son époque.* → **célébrité.**

GLORIEUX [glɔʀjø], **GLORIEUSE** [glɔʀjøz] adj. (après le nom, parfois avant le nom) **1.** (qqch.) Qui donne de la gloire. *Les soldats morts au combat ont une mort glorieuse.* ⟨contraires : déshonorant, infamant⟩ *Ils ont fait de glorieux exploits.* – STYLE FAMILIER *Tes résultats ne sont pas très glorieux.* → **brillant. 2.** (qqn) Qui a acquis de la gloire. *Le général glorieux est acclamé par la foule.*

SE **GLORIFIER** [glɔʀifje] verbe pronominal [conjugaison 7a] ▪ *SE GLORIFIER DE :* tirer gloire de. *Il ne faut pas que nous nous glorifiions de nos exploits.* → s'**enorgueillir.** *Elle s'est glorifiée d'avoir réussi son examen.* → se **vanter.** *Il s'en glorifiera* [glɔʀifiʀa] *sûrement.*

GLORIOLE [glɔʀjɔl] n. f. ▪ *LA GLORIOLE :* vanité que l'on tire de petites choses. *Il raconte ses succès PAR GLORIOLE.* → **orgueil.** ⟨contraires : humilité, simplicité⟩ *Il a pris des risques pour la gloriole.*

GLOTTE [glɔt] n. f. ▪ *LA GLOTTE :* partie du larynx délimitée par les cordes vocales. *La glotte sert à émettre la voix.*

GLOUGLOU [gluglu] n. m. ▪ STYLE FAMILIER *UN GLOUGLOU :* bruit que fait un liquide qui coule dans un conduit ou hors d'un récipient. *On entend les glouglous d'une bouteille qui se vide.*

GLOUSSEMENT [glusmɑ̃] n. m. ▪ *UN GLOUSSEMENT* **1.** Cri de la poule. *La poule pousse des gloussements* (→ **caquet**). **2.** Petit rire étouffé. *J'entends des gloussements au fond de la classe.*

GLOUSSER [gluse] verbe [conjugaison 1a] **1.** (poule) Pousser son cri. *La poule glousse pour appeler ses poussins.* **2.** (qqn) Rire en poussant de petits cris. *Arrête de glousser comme ça, tu m'énerves !*

GLOUTON [glutɔ̃] adj. et n. m., **GLOUTONNE** [glutɔn] adj. et n. f. **1.** adjectif (après le nom) Qui mange beaucoup et très vite en engloutissant les aliments. *Son fils est un enfant glouton.* **2.** Personne qui mange avec avidité. *Quelle gloutonne !* → **goinfre ;** STYLE FAMILIER **morfal.**

GLOUTONNERIE [glutɔnʀi] n. f. ▪ *LA GLOUTONNERIE :* comportement d'une personne gloutonne, qui mange en engloutissant de gros morceaux. *Il a mangé son gâteau avec gloutonnerie.* → **goinfrerie.**

GLU [gly] n. f. ▪ *LA GLU* **1.** Matière visqueuse et collante, extraite du houx et du gui. *On peut attraper des oiseaux avec de la glu.* **2.** Colle forte. *Il faudrait de la glu pour faire tenir ces deux morceaux de bois ensemble.* **3.** STYLE FAMILIER Personne importune, dont on ne peut se débarrasser. *Quelle glu, ce mec !* → **crampon.**

REM. *Glu* ne prend pas de *e* contrairement à l'anglais *(glue).*

GLUANT [glyɑ̃], **GLUANTE** [glyɑ̃t] adj. (après le nom) ▪ Qui est visqueux et collant comme de la glu. *Tu as les mains gluantes.* → **poisseux.** *Aimez-vous le riz gluant ?*

GLYCINE [glisin] n. f. ▪ *UNE GLYCINE :* arbre grimpant dont les fleurs mauves, blanches ou rose pâle, en grappes pendantes, sentent très bon. *La glycine grimpe le long du mur du jardin.*

GNANGNAN [ɲɑ̃ɲɑ̃] adj. invariable (après le nom) ▪ STYLE FAMILIER Mou et un peu niais. *Nous avons vu un film gnangnan.* → STYLE FAMILIER **cucul ;** STYLE RECHERCHÉ **mièvre.** PLURIEL : *elles sont très gnangnan.*

GNÔLE [ɲol] n. f. ▪ STYLE FAMILIER *LA GNÔLE :* eau-de-vie, alcool fort. *Tu en veux ? c'est de la gnôle.*

GNON [ɲɔ̃] n. m. ▪ STYLE FAMILIER *UN GNON :* un coup. *Il s'est pris un gnon dans la gueule.* → STYLE FAMILIER **marron.** *Il a fait un gnon à sa bagnole.*

GOBELET [gɔblɛ] n. m. ▪ *UN GOBELET :* petit récipient pour boire, en carton, en plastique ou en métal. *Nous avons bu dans des gobelets en plastique.* → **godet.** *Sa marraine lui a offert un gobelet en argent pour son baptême.* → **timbale.**

REM. On dit de manière abusive *verre*, mais un *gobelet* n'est jamais en verre.

GOBER [gɔbe] verbe [conjugaison 1a] **1.** Avaler en aspirant, sans mâcher. *Les oiseaux gobent les mouches. Elle a gobé un œuf cru.* **2.** STYLE FAMILIER Croire naïvement, sans réfléchir. *Il gobe tout ce qu'on lui raconte.* → **avaler.**

SE **GOBERGER** [gɔbɛʀʒe] verbe pronominal [conjugaison 3b] ▪ STYLE FAMILIER Prendre du bon temps, prendre ses aises. *Elle s'est gobergée pendant toutes les vacances.*

GODASSE [gɔdas] n. f. ▪ STYLE FAMILIER *UNE GODASSE :* une chaussure. *Où sont mes godasses ?* → STYLE FAMILIER ② **pompe.**

GODEMICHÉ [gɔdmiʃe] n. m. ▪ *UN GODEMICHÉ :* un phallus artificiel destiné au plaisir sexuel. *Elle s'est acheté un godemiché dans un sex-shop.*

GODET [gɔdɛ] n. m. ▪ *UN GODET :* un verre large et peu profond, sans pied. → **gobelet.** *Le peintre rince ses pinceaux dans un godet rempli d'eau.* – STYLE FAMILIER *Viens prendre un godet avec nous !* → **pot, verre.**

GODILLE [gɔdij] n. f. ▪ *UNE GODILLE :* rame unique placée à l'arrière d'un bateau. *La barque descend la rivière À LA GODILLE.*

GODILLER [gɔdije] verbe [conjugaison 1a] ▪ Manœuvrer une barque, un bateau à la godille. *Debout à l'arrière de la barque, le marin godille. Il faut que nous godillions.*

GOÉLAND [gɔelɑ̃] n. m. ▪ *UN GOÉLAND :* oiseau marin à tête blanche et à corps gris et blanc, de la taille d'une grosse mouette et vivant en colonies. *Le goéland a plongé dans la mer pour attraper un poisson.*

GOÉLETTE [gɔelɛt] n. f. ▪ *UNE GOÉLETTE :* voilier léger à deux mâts, à voiles carrées ou triangulaires. *Il a traversé l'océan Atlantique en goélette.*

GOÉMON [gɔemɔ̃] n. m. ▪ *LE GOÉMON :* algues rejetées par la mer. *À marée basse, la plage est couverte de goémon.* → **varech.**

REM. *Goémon* est un mot d'origine bretonne, comme *goéland.*

GOETHE [gøt] nom propre ▪ Écrivain allemand (1749-1832). *« Les Souffrances du jeune Werther » est un célèbre roman de Goethe.*

À **GOGO** [agogo] adverbe ▪ STYLE FAMILIER Abondamment, à volonté. *À son anniversaire, il y avait du champagne à gogo.*

REM. *Gogo* est un nom qui vient de l'ancien français *gogue* signifiant « réjouissance ».

GOGUENARD [gɔgnaʀ], **GOGUENARDE** [gɔgnaʀd] adj. (après le nom) ▪ Qui a l'air de se moquer gentiment, qui se moque en plaisantant. *Il contemple la scène d'un air goguenard.* → **narquois.** *Ne prends pas ce ton goguenard.*

GOINFRE [gwɛ̃fʀ] n. m. et adj. **1.** *UN GOINFRE :* une personne qui mange trop et de manière sale. *Il a repris trois fois du gâteau, quel goinfre !* → STYLE FAMILIER **morfal.** *Les invités s'empiffrent comme des goinfres.* **2.** adjectif (après le nom) Qui mange avec excès. *Cette fille est goinfre.* → **glouton, goulu, vorace.**

SE **GOINFRER** [gwɛ̃fʀe] verbe pronominal [conjugaison 1a] ▪ STYLE FAMILIER (qqn) Manger comme un goinfre. *Elle s'est goinfrée de chocolat.* → se **gaver ;** STYLE FAMILIER s'**empiffrer.**

GOINFRERIE [gwɛ̃fʀəʀi] n. f. ▪ *LA GOINFRERIE :* manière de manger d'un goinfre. *Il a dévoré son repas avec une goinfrerie effarante.* → **gloutonnerie, voracité.**

GOITRE [gwatʀ] n. m. ▪ *UN GOITRE :* déformation de l'avant du cou, qui devient très gros, due au gonflement de la glande thyroïde. *Elle s'est fait opérer d'un goitre.*

GOLF [gɔlf] n. m. **1.** *LE GOLF :* sport qui consiste à faire entrer une balle dans une série de trous disposés sur un vaste terrain recouvert d'herbe, en la frappant avec une sorte de canne. *Nos voisins jouent au golf.* **2.** *UN GOLF :* terrain aménagé pour ce sport. *Un golf comporte généralement dix-huit trous.*

REM. **1.** Un *golf miniature* est un golf aménagé dans un jardin. **2.** *Golfe* « baie » se prononce de la même façon.

GOLFE [gɔlf] n. m. ▪ *UN GOLFE :* vaste bassin ouvert formé par la mer qui pénètre à l'intérieur des terres. *Le golfe de Gascogne est situé entre la France et l'Espagne, dans l'océan Atlantique.*

REM. **1.** Un petit golfe est *une anse, une baie* ou *une crique.* Un golfe étroit et profond est *un fjord.* **2.** *Golf* « sport » se prononce de la même façon.

GOMME [gɔm] n. f. ▪ *UNE GOMME* **1.** Petit bloc de caoutchouc ou de plastique servant à effacer le crayon ou l'encre. *Ma gomme n'efface pas bien, elle laisse des traces de crayon.* **2.** Matière collante et transparente qui coule de certains arbres quand on fend leur écorce. *L'hévéa produit une gomme appelée latex.* – *Il mange des BOULES DE GOMME quand il a mal à la gorge,* des bonbons faits d'un mélange naturel de gomme et de résine. – *Elle mastique en permanence de la GOMME À MÂCHER,* du chewing-gum. **3.** STYLE FAMILIER *À LA GOMME :* sans valeur, nul. *Elle a toujours des idées à la gomme.* **4.** STYLE FAMILIER *METTRE LA GOMME :* accélérer l'allure ; se dépêcher. *L'un des motards met la gomme, le voilà en tête de la course.*

GOMMÉ [gɔme], **GOMMÉE** [gɔme] adj. (après le nom) ▪ (papier, enveloppe) Enduit de gomme. *Il a mis sa lettre dans une enveloppe gommée,* qui colle quand on la mouille.

GOMMER [gɔme] verbe [conjugaison 1a] ▪ Effacer avec une gomme. *Elle gomme un mot et le remplace par un autre.*

GOMMETTE [gɔmɛt] n. f. ▪ *UNE GOMMETTE :* petit morceau de papier gommé. *Les enfants décorent leur cahier avec des gommettes.*

GOND [gɔ̃] n. m. ▪ *UN GOND :* pièce de métal en équerre sur laquelle tourne le battant d'une porte ou d'une fenêtre. → **charnière.** *La porte tourne sur ses gonds. Cette fenêtre grince, il faudrait huiler les gonds.* – (figuré) *SORTIR DE SES GONDS :* se mettre en colère. *Elle n'a plus réussi à se contrôler et elle est sortie de ses gonds.*

GONDOLE [gɔ̃dɔl] n. f. ▪ *UNE GONDOLE* **1.** Barque vénitienne longue et plate, aux extrémités relevées et recourbées. *À Venise, les touristes aiment se promener en gondole sur les canaux.* **2.** Meuble à étagères servant à présenter les marchandises, dans un libre-service. *Les clients du supermarché choisissent les marchandises sur les gondoles. Les produits en promotion sont en TÊTE DE GONDOLE,* à l'extrémité de la gondole.

GONDOLER [gɔ̃dɔle] verbe [conjugaison 1a]
I. (matière) Se déformer en se bombant à certains endroits et en se creusant à d'autres. *Cette planche a gondolé sous l'effet de la chaleur.* – *Le papier peint est tout gondolé.*
II. verbe pronominal SE GONDOLER **1.** Se déformer anormalement. *Le bois se gondole à la chaleur ou à l'humidité.* **2.** STYLE FAMILIER (qqn) Se tordre de rire. *Qu'est-ce que tu as à te gondoler comme ça ? Elle s'est gondolée toute la soirée.*

GONDOLIER [gɔ̃dɔlje] n. m. ▪ *UN GONDOLIER* : batelier qui conduit une gondole. *À Venise, elle s'est fait photographier avec un gondolier.*

GONFLABLE [gɔ̃flabl] adj. (après le nom) ▪ Qui doit être rempli d'air pour avoir sa forme normale. *S'il n'y a plus de lit, je dormirai sur un matelas gonflable.* → **pneumatique.**

GONFLAGE [gɔ̃flaʒ] n. m. ▪ *LE GONFLAGE* : action de gonfler (un pneu, un objet gonflable). *Avant de partir, vérifiez bien le gonflage des pneus de votre voiture.* → **pression.**

GONFLÉ [gɔ̃fle], **GONFLÉE** [gɔ̃fle] adj. (après le nom) **1.** Tendu sous l'effet d'une pression. *Les pneus de sa voiture sont trop gonflés. Il a le ventre gonflé,* ballonné. **2.** Exagéré, surestimé. *Le prix de cet article est gonflé.* **3.** STYLE FAMILIER (qqn) *GONFLÉ À BLOC*, très dynamique, très sûr de lui. *Il est sûr de réussir, il est gonflé à bloc.* – *Il est vraiment gonflé de se lancer dans cette aventure,* très courageux. *Elle est gonflée, cette fille, de passer devant tout le monde,* elle a du culot, elle exagère. → STYLE FAMILIER **culotté.** **4.** Plus gros que d'habitude. *Il a la joue gonflée.* → **enflé.** *On voit qu'elle a pleuré, elle a les yeux gonflés.* → **bouffi.**

FAUX AMI
italien **gonfio** ne se dit pas aux sens 2. et 3.

GONFLEMENT [gɔ̃fləmɑ̃] n. m. ▪ *LE GONFLEMENT* : état de ce qui a gonflé. *Le gonflement de son genou l'inquiète.* → **enflure.**

GONFLER [gɔ̃fle] verbe [conjugaison 1a]
I. 1. Distendre en remplissant d'air, de gaz. *Le petit garçon gonfle son ballon en soufflant dedans. Gonflez les joues !* ⟨contraire : dégonfler⟩ – *Le vent gonfle la voile.* **2.** Faire augmenter de volume. *Les orages ont gonflé la rivière. Ses yeux sont gonflés de larmes* (→ **gonflé**). **3.** STYLE FAMILIER Ennuyer, fatiguer. *Tu nous gonfles, à répéter toujours la même chose ! Il commence à me gonfler.* **4.** Grossir volontairement, exagérer (un chiffre, l'importance de qqch.). *Les journaux ont gonflé le nombre des manifestants. Cette entreprise gonfle ses prix.* → **majorer.** **5.** (qqch.) Augmenter de volume. *Sa cheville s'est mise à gonfler.* → **enfler.** *La pâte gonfle dans le four.* → ① **lever.**
II. verbe pronominal SE GONFLER **1.** (qqch.) Se distendre. *Les voiles se gonflent sous la brise.* **2.** (qqch.) Augmenter de volume. *L'éponge s'est gonflée d'eau.* – (figuré) *Son cœur se gonfle de chagrin.*

GONFLEUR [gɔ̃flœʀ] n. m. ▪ *UN GONFLEUR* : appareil servant à gonfler. *Il gonfle son canot pneumatique avec un gonfleur.*

GONG [gɔ̃g] n. m. ▪ *UN GONG* : plateau de métal suspendu verticalement, sur lequel on frappe pour qu'il résonne. *Un coup de gong annonce le début et la fin d'un round, dans un match de boxe.*

GONZESSE [gɔ̃zɛs] n. f. ▪ STYLE FAMILIER *UNE GONZESSE* : femme, fille. *C'est une belle gonzesse.* → STYLE FAMILIER **meuf, nana.** *Il doit venir avec sa gonzesse. On ne veut pas de gonzesses ici ! Tu me prends pour une gonzesse ?* pour un faible.
REM. Ce mot est surtout employé par des hommes.

GORET [gɔʀɛ] n. m. ▪ *UN GORET* : jeune cochon. *Les gorets tètent la truie.* → **porcelet.** – *À table, il mange COMME UN GORET,* de manière gloutonne et sale. → **cochon.**

GORGE [gɔʀʒ] n. f. ▪ *LA GORGE* **1.** Partie avant du cou. *L'agresseur serre la gorge de sa victime,* il l'étrangle. → STYLE FAMILIER **kiki.** *Le chien lui a SAUTÉ À LA GORGE.* – (figuré) *AVOIR LE COUTEAU SOUS LA GORGE* : être contraint par une menace. *Il a le couteau sous la gorge, il doit céder.* **2.** Intérieur du cou, à partir du fond de la bouche. *La fumée irrite la gorge. J'ai mal à la gorge : c'est peut-être une angine. Elle a la GORGE SERRÉE par l'émotion. L'orateur s'éclaircit la gorge avant de se mettre à parler,* il tousse pour avoir la voix plus claire. – *Il s'est mis à rire À GORGE DÉPLOYÉE,* très fort. *Ce qu'il m'a fait m'est RESTÉ EN TRAVERS DE LA GORGE,* j'en garde du ressentiment. – *Tout le monde a FAIT DES GORGES CHAUDES de sa mésaventure,* s'en est moqué. **3.** *UNE GORGE* : vallée étroite et très encaissée au fond de laquelle coule un cours d'eau. → **cañon, défilé.** *Les gorges du Tarn sont très touristiques.*

GORGÉ [gɔʀʒe], **GORGÉE** [gɔʀʒe] adj. (après le nom) ▪ (qqch.) *GORGÉ DE* : complètement imprégné, saturé. *Le camion s'est enlisé dans la terre gorgée d'eau.*

GORGÉE [gɔʀʒe] n. f. ▪ *UNE GORGÉE* : petite quantité de liquide que l'on avale en une seule fois. *Il a bu quelques gorgées d'eau pour se désaltérer. Vous en prendrez bien encore une gorgée ?*

SE **GORGER** [gɔʀʒe] verbe pronominal [conjugaison 3b] ▪ STYLE RECHERCHÉ (qqn) Se gaver (d'aliments). *Les enfants se sont gorgés de gâteaux.* → STYLE FAMILIER se **bourrer**, s'**empiffrer**, se **goinfrer.** *Gorgeons-nous de toutes ces bonnes choses.*

GORILLE [gɔʀij] n. m. ▪ *UN GORILLE* **1.** Grand singe d'Afrique équatoriale. *Le gorille est le plus grand des singes.* **2.** STYLE FAMILIER Garde du corps. *Le Président est suivi par ses gorilles.*

GOSIER [gozje] n. m. ▪ *LE GOSIER* : partie de la gorge qui contient certains organes de la voix. *Les enfants crient À PLEIN GOSIER,* très fort, à tue-tête.

GOSSE [gɔs] n. m., n. f. ▪ STYLE FAMILIER *UN GOSSE, UNE GOSSE* : enfant (garçon ou fille). *C'est une gentille gosse. Les gosses du quartier jouent dans la rue.* → STYLE FAMILIER **gamin.** *Quel sale gosse ! Ils ont trois gosses, deux garçons et une fille.* → STYLE FAMILIER **môme.** *Il est parti en vacances avec sa femme et ses gosses.* – *C'est un vrai gosse* : il se comporte comme un enfant. – *C'est un BEAU GOSSE,* un beau garçon.

GOTHIQUE [gɔtik] adj. et n. m.
I. adjectif (après le nom) **1.** *LE STYLE GOTHIQUE* : style d'architecture répandu en Europe du douzième au seizième siècle, après l'art roman. *De nombreuses cathédrales d'Europe sont de style gothique.* – *Notre-Dame de Paris et la cathédrale de Chartres sont des cathédrales gothiques.* **2.** *L'ÉCRITURE GOTHIQUE* : écriture à caractères droits, avec des angles et des crochets. *Autrefois, on écrivait l'allemand en écriture gothique.*
II. *LE GOTHIQUE* : le style gothique. *Cette cathédrale est du plus pur gothique.*

GOUACHE [gwaʃ] n. f. ▪ *LA GOUACHE* : peinture à l'eau, de consistance très épaisse. *Ce paysage est peint à la gouache.*

GOUAILLEUR [gwajœʀ], **GOUAILLEUSE** [gwajøz] adj. (après le nom) ▪ Moqueur et un peu vulgaire. *Il lui a répondu sur un ton gouailleur.* → **narquois.** *Elle a une voix un peu gouailleuse.*

GOUDRON [gudʀɔ̃] n. m. ▪ *LE GOUDRON* : pâte noire et visqueuse tirée du pétrole ou du charbon, à odeur forte. *La route est recouverte de goudron.* → **asphalte, bitume.** *Les cigarettes contiennent de la nicotine et du goudron de tabac.*

GOUDRONNER [gudʀɔne] verbe [conjugaison 1a] ▪ Recouvrir de goudron. *Les ouvriers goudronnent l'autoroute. – Cette route est goudronnée.*

GOUDRONNEUSE [gudʀɔnøz] n. f. ▪ *UNE GOUDRONNEUSE :* une machine qui sert à goudronner les routes. *Le goudron sort de la goudronneuse.*

GOUFFRE [gufʀ] n. m. ▪ *UN GOUFFRE* **1.** Trou vertical qui impressionne par sa profondeur et sa largeur. *Les spéléologues sont descendus au fond du gouffre pour l'explorer.* → **abîme, précipice.** – (figuré) *Il est AU BORD DU GOUFFRE,* devant un danger tout proche. **2.** Ce qui fait dépenser beaucoup d'argent. *Ma voiture est souvent en panne, c'est un véritable gouffre.*

GOUGNAFIER [guɲafje] n. m. ▪ STYLE FAMILIER *UN GOUGNAFIER :* homme qui manque de délicatesse, de savoir-vivre. *Vous m'avez marché sur les pieds, espèce de gougnafier !* → **goujat.** *Bande de gougnafiers !*

GOUINE [gwin] n. f. ▪ STYLE TRÈS FAMILIER (péjoratif) *UNE GOUINE :* femme homosexuelle. → **lesbienne.** *C'est une gouine.*

GOUJAT [guʒa] n. m. ▪ *UN GOUJAT :* homme grossier et mal élevé, dont le manque de savoir-vivre est blessant. *Avec les femmes, c'est un vrai goujat.* → **malotru, mufle ;** STYLE FAMILIER **gougnafier.**

GOUJON [guʒɔ̃] n. m. ▪ *UN GOUJON :* petit poisson d'eau douce. *Nous avons mangé une friture de goujons. Dans ses moments de loisir, il aime TAQUINER LE GOUJON,* pêcher à la ligne.

GOULET [gulɛ] n. m. ▪ *UN GOULET* **1.** Entrée étroite qui sépare un port, une rade de la pleine mer. *Le port de Brest est au fond d'un goulet.* **2.** *UN GOULET D'ÉTRANGLEMENT :* obstacle, difficulté qui retarde qqch. *Le péage de l'autoroute forme un goulet d'étranglement.*

GOULOT [gulo] n. m. ▪ *UN GOULOT :* partie la plus étroite d'une bouteille. *Le goulot de la bouteille est trop étroit pour ce bouchon. Ne bois pas au goulot, prends un verre.*

GOULU [guly], **GOULUE** [guly] adj. (après le nom) ▪ Qui mange avec avidité. *Ma chienne est un animal goulu : elle se jette sur son écuelle.* → **glouton.**

GOULÛMENT [gulymɑ̃] adverbe ▪ Avec avidité. *Le bébé boit goulûment son biberon.* → **avidement.**

GOUPILLER [gupije] verbe [conjugaison 1a] ▪ STYLE FAMILIER **1.** Arranger, combiner. *Nous allons essayer de goupiller quelque chose pour que ça marche.* **2.** verbe pronominal SE GOUPILLER : (qqch.) s'arranger. *Ça se goupille comment, cette affaire ? Les choses se sont bien goupillées.*

GOUPILLON [gupijɔ̃] n. m. ▪ *UN GOUPILLON* **1.** Boule de métal creuse et percée de trous, montée au bout d'un manche, dont on se sert dans les cérémonies de l'Église catholique pour asperger d'eau bénite. *Le prêtre bénit les fidèles en faisant le signe de la croix avec son goupillon. – LE SABRE ET LE GOUPILLON :* l'armée et l'Église. **2.** Brosse cylindrique à long manche qui sert à nettoyer les objets creux et étroits. *Elle nettoie le biberon avec un goupillon.*

GOURD [guʀ], **GOURDE** [guʀd] adj. (après le nom) ▪ Engourdi et comme paralysé par le froid. *J'ai les doigts gourds. – Il a des gestes gourds,* maladroits. ⟨contraire : agile⟩

REM. *Gourd* est de la famille de *engourdir* et de *dégourdir.*

① **GOURDE** [guʀd] n. f. ▪ *UNE GOURDE :* bidon ou bouteille de métal ou de plastique servant à transporter la boisson. *Les randonneurs ont rempli leur gourde d'eau fraîche, avant le départ.*

② **GOURDE** [guʀd] n. f. et adj. ▪ STYLE FAMILIER **1.** *UNE GOURDE :* une personne un peu bête et maladroite. *C'est une vraie gourde, cette fille !* → STYLE FAMILIER **cruche.** *Quelle gourde, ce type !* **2.** adjectif (après le nom) Un peu niais et maladroit. *Elle est un peu gourde, par moments.* → STYLE FAMILIER **empoté.** *Ce garçon a l'air vraiment gourde.* ⟨contraire : dégourdi⟩

> FAUX AMIS
> espagnol et portugais **gorda** « grosse (f.) »

REM. Ce mot s'emploie plus couramment en parlant d'une femme.

GOURDIN [guʀdɛ̃] n. m. ▪ *UN GOURDIN :* gros bâton lourd et solide. *Le malfaiteur a assommé sa victime avec un gourdin.* → **matraque.**

SE **GOURER** [guʀe] verbe pronominal [conjugaison 1a] ▪ STYLE FAMILIER Se tromper. *Les ingénieurs se sont complètement gourés dans leurs calculs. Il se gourera* [guʀʀa] *sûrement encore !*

GOURMAND [guʀmɑ̃] adj. et n. m., **GOURMANDE** [guʀmɑ̃d] adj. et n. f.

I. adjectif (après le nom) **1.** Qui aime la bonne nourriture, mange avec grand plaisir. *Elle a un mari très gourmand. Elle est GOURMANDE DE chocolat.* → **friand. 2.** Qui exige beaucoup d'argent. *Ses associés sont trop gourmands.*

II. *UN GOURMAND, UNE GOURMANDE :* une personne qui aime manger. *Les gourmands ont mangé toute la tarte. C'est un gourmand raffiné.* → **gastronome, gourmet.**

GOURMANDISE [guʀmɑ̃diz] n. f. ▪ *LA GOURMANDISE :* caractère d'une personne gourmande. *Je n'ai plus faim, mais je vais reprendre du gâteau par gourmandise.*

GOURMET [guʀmɛ] n. m. ▪ *UN GOURMET :* une personne qui aime déguster la cuisine raffinée et le bon vin. *Il apprécie la bonne cuisine, c'est UN FIN GOURMET.* → **gastronome.**

GOURMETTE [guʀmɛt] n. f. ▪ *UNE GOURMETTE :* bracelet en mailles de métal aplaties. *Elle a une gourmette en or au poignet.*

GOUROU [guʀu] n. m. ▪ *UN GOUROU :* un maître à penser. *Les membres de la secte suivent les ordres de leur gourou. Je me méfie des gourous.*

GOUSSE [gus] n. f. ▪ *UNE GOUSSE* **1.** Enveloppe allongée qui renferme certaines graines. *Le cuisinier met une gousse de vanille dans la crème pour la parfumer. Les petits pois sont dans des gousses.* → **cosse. 2.** *UNE GOUSSE D'AIL :* chacune des parties d'une tête d'ail, recouverte d'une petite peau. *Le cuisinier a mis une gousse d'ail dans le gigot.*

GOÛT [gu] n. m. ▪ *LE GOÛT* **1.** Un des cinq sens, grâce auquel l'homme et les animaux peuvent reconnaître la saveur des aliments. *La langue et le palais sont les organes du goût* (→ **gustatif**). **2.** *UN GOÛT,* une saveur. *Le chocolat a un goût sucré et le citron un goût acide. Cette eau a un mauvais goût. La sauce a un petit goût de brûlé. Ces pommes sont fades, elles n'ont aucun goût.* **3.** Envie. *Elle n'a de goût à rien, en ce moment.* **4.** Disposition, penchant. ⟨contraires : aversion, dégoût⟩ *Mon fils a DU GOÛT pour la lecture,* il aime la lecture. *Cet artisan a LE GOÛT DU travail bien fait.* → **amour.** *Il est timoré et n'a aucun goût du risque,* il n'aime pas prendre des risques. – *Elle n'aimait pas la mer, mais maintenant elle y PREND GOÛT,* elle se met à l'aimer. *Il a l'air de TROUVER sa voisine À SON GOÛT :* sa voisine a l'air de lui plaire. – *À MON GOÛT, ce tableau ne vaut rien,* à mon avis. **5.** *LE BON GOÛT, LE GOÛT de qqn* : le fait de savoir reconnaître ce qui est beau et ce qui est laid. *Nos voisins ont beaucoup de goût. Ils ont bon goût. Ces gens n'ont aucun goût. Leur maison est arrangée avec goût. – Ce sont des gens de goût. Ils ne font aucune faute de goût.* **6.** (au pluriel) LES GOÛTS : ce que chacun aime, préfère. *Nous avons des goûts très simples. Les deux amis ont beaucoup de goûts communs. Tous les goûts sont dans la nature. Chacun ses goûts :* chacun peut aimer ce qu'il veut. **7.** (qqch.) *DE BON GOÛT, DE MAUVAIS GOÛT :* qui révèle un bon, un mauvais goût. *Ces meubles sont de très bon goût. Il fait toujours des plaisanteries de mauvais goût,* vulgaires. – *Sa robe est d'un goût douteux.* **8.** *DANS LE GOÛT DE :* dans le genre, le style de. *C'est un tableau dans le goût impressionniste.* – STYLE FAMILIER *C'est anglais ou quelque chose dans ce goût-là,* qui ressemble à cela.

> FAUX AMI
> grec **γούστο** ne se dit qu'au sens 5.

① **GOÛTER** [gute] verbe [conjugaison 1a] **1.** Manger ou boire (un peu de qqch.) pour en connaître le goût. *Le cuisinier goûte la sauce pour voir si elle est bien assaisonnée. L'autre jour, nous avons goûté un très vieux vin.* → **déguster.** – *Goûte avant de dire que tu n'aimes pas ça !* **2.** Éprouver avec plaisir (une sensation, une émotion). *Après des mois de travail, il goûte un repos bien mérité.* → **savourer.** **3.** STYLE RECHERCHÉ Trouver à son goût. *Je goûte peu ce genre de plaisanterie.* → **aimer, apprécier.** **4.** Prendre un repas léger dans l'après-midi. *Les enfants goûtent en rentrant de l'école* (→ ② **goûter).**

> FAUX AMI
> espagnol **gustar** « plaire »

REM. *Goutter* « couler goutte à goutte » se prononce de la même façon.

② **GOÛTER** [gute] n. m. ▪ *UN GOÛTER :* repas léger que l'on prend dans l'après-midi. *Les enfants ont mangé un pain au chocolat pour leur goûter.*

GOUTTE [gut] n. f. ▪ *UNE GOUTTE* **1.** Très petite quantité de liquide qui prend une forme arrondie. *Une goutte de sang a taché sa chemise. Des gouttes de sueur perlent à son front. Il n'est pas tombé une goutte de pluie depuis des semaines :* il n'a pas plu depuis des semaines. – *Ces deux frères se ressemblent COMME DEUX GOUTTES D'EAU,* ils se ressemblent énormément. *C'est UNE GOUTTE D'EAU DANS LA MER,* une chose insignifiante. *Il fait chaud et il sue À GROSSES GOUTTES,* il transpire abondamment. *Mouche-toi, tu as LA GOUTTE AU NEZ,* ton nez coule. – *L'eau tombe GOUTTE À GOUTTE du robinet mal fermé,* une goutte après l'autre. **2.** Très petite quantité de boisson. *Je prendrai une goutte de cognac.* → **doigt, larme.** **3.** (au pluriel) DES GOUTTES : médicament liquide que l'on prend sous forme de gouttes. *Elle se met des gouttes dans le nez quand elle est enrhumée.*

GOUTTE-À-GOUTTE [gutagut] n. m. invariable ▪ *UN GOUTTE-À-GOUTTE :* appareil permettant de faire une perfusion lente et régulière ; cette perfusion. *Le malade a un goutte-à-goutte dans le bras.* PLURIEL : *des goutte-à-goutte.*

GOUTTELETTE [gutlɛt] n. f. ▪ *UNE GOUTTELETTE :* petite goutte de liquide. *Les fleurs sont couvertes de gouttelettes de rosée.*

GOUTTER [gute] verbe [conjugaison 1a] ▪ Couler goutte à goutte. *L'eau goutte du robinet mal fermé. – Le robinet goutte,* il laisse tomber des gouttes. → **couler.**

REM. *Goûter* « manger » se prononce de la même façon.

GOUTTIÈRE [gutjɛʀ] n. f. **1.** *UNE GOUTTIÈRE :* canal étroit fixé à la base d'un toit, qui sert à recueillir l'eau de pluie. *Le toit de la maison est bordé d'une gouttière de zinc.* **2.** *UN CHAT DE GOUTTIÈRE :* chat de race très commune. *Nous avons un chat de gouttière tigré. Il y a beaucoup de chats de gouttière dans le jardin.*

GOUVERNAIL [guvɛʀnaj] n. m. ▪ *UN GOUVERNAIL :* appareil mobile qui sert à diriger un bateau ou un avion. *Le gouvernail d'un bateau est relié à la barre. Sur un avion, le gouvernail est commandé par le manche à balai. Les voiliers ont souvent des gouvernails automatiques.*

GOUVERNANT [guvɛʀnɑ̃] n. m. ▪ *UN GOUVERNANT :* une personne qui exerce le pouvoir politique, qui gouverne un pays. *Cet homme politique déplore l'incapacité des gouvernants.* → **dirigeant.**

GOUVERNANTE [guvɛʀnɑ̃t] n. f. ▪ *UNE GOUVERNANTE* **1.** Femme à qui l'on confie l'éducation d'enfants, à la maison. *Leurs enfants sont élevés par une gouvernante.* → **nurse.** **2.** Femme chargée de s'occuper de la maison d'un homme seul. *Une gouvernante s'occupe de la maison du curé.*

GOUVERNEMENT [guvɛʀnəmɑ̃] n. m. ▪ *LE GOUVERNEMENT* **1.** Manière de diriger un pays. *Il y a plusieurs formes de gouvernement.* → ① **régime, système.** *Autrefois, la France avait un gouvernement monarchique, maintenant elle a un gouvernement démocratique.* **2.** Le pouvoir exécutif et les organes qui l'exercent. *Le pays a un gouvernement instable.* **3.** L'ensemble des ministres (dans une démocratie parlementaire). *Le président de la République a demandé au Premier ministre de former le gouvernement.* → **cabinet.** *Le Premier ministre est le chef du gouvernement.*

GOUVERNEMENTAL [guvɛʀnəmɑ̃tal], **GOUVERNEMENTALE** [guvɛʀnəmɑ̃tal] adj. (après le nom) ▪ Du gouvernement. *Le chef de l'opposition critique la politique gouvernementale.* MASCULIN PLURIEL : *les partis GOUVERNEMENTAUX* [guvɛʀnəmɑ̃to].

GOUVERNER [guvɛʀne] verbe [conjugaison 1a] **1.** Exercer le pouvoir politique sur. *Le Premier ministre et les ministres gouvernent le pays.* → **diriger.** **2.** STYLE RECHERCHÉ Diriger la conduite de (qqn). *Il se laisse gouverner par sa femme.* → **mener.** **3.** (qqn) Exercer son empire sur. *L'argent gouverne le monde.* → **dominer.** **4.** verbe pronominal SE GOUVERNER : exercer le pouvoir politique. *Tous les peuples ont le droit de se gouverner eux-mêmes.*

GOUVERNEUR [guvɛʀnœʀ] n. m. ▪ *UN GOUVERNEUR* **1.** Aux États-Unis, Chef du pouvoir exécutif d'un État. *C'est un démocrate qui a été élu gouverneur de Californie.* **2.** *GOUVERNEUR GÉNÉRAL :* au Canada, Représentant de la reine (ou du roi) d'Angleterre. *Le gouverneur général est nommé pour cinq ans par le souverain d'Angleterre.* **3.** Chef d'une haute institution financière. *Le gouverneur de la Banque de France est nommé par l'État.*

REM. Les provinces de l'Empire romain étaient dirigées par des gouverneurs.

GOYAVE [gɔjav] n. f. ▪ *UNE GOYAVE :* fruit tropical de la taille d'une mandarine, parfumé et sucré. *Le jus de goyave est très rafraîchissant.*

GRABAT [gʀaba] n. m. ▪ *UN GRABAT :* un lit misérable. *Le malheureux est couché sur un grabat.*

GRABATAIRE [gʀabatɛʀ] adj., n. m. et n. f. **1.** adjectif (après le nom) (qqn) Qui ne peut plus quitter son lit à cause de la maladie ou de la faiblesse. *Elle rend visite à des vieillards grabataires.* **2.** *UN GRABATAIRE, UNE GRABATAIRE :* une personne âgée qui ne peut plus quitter son lit. *Son grand-père est un grabataire.*

GRABUGE [grabyʒ] n. m. ▪ STYLE FAMILIER *LE GRABUGE* : dispute, querelle bruyante ; désordre qui en résulte. *Il va y avoir du grabuge.* → **bagarre.**

GRÂCE [grɑs] n. f. ▪ *LA GRÂCE* **1.** Charme et beauté (des formes, des mouvements de qqn). *La danseuse évolue avec grâce sur la scène de l'Opéra.* → **élégance, légèreté.** ⟨contraires : lourdeur, maladresse⟩ *Sa fille a beaucoup de grâce* (→ **gracieux**). **2.** Pardon. *En France, le président de la République peut accorder sa grâce à un condamné* (→ **gracier**). – *DEMANDER, CRIER GRÂCE* : demander l'arrêt de qqch. de pénible. → **supplier.** *Ce tintamarre est insupportable, je crie grâce.* – *FAIRE GRÂCE À qqn DE qqch.*, le dispenser de qqch. *Je vous fais grâce du travail qui reste* (→ **épargner**). **3.** *LE COUP DE GRÂCE* : coup qui met fin aux souffrances de qqn (en lui donnant la mort). *On lui a donné le coup de grâce.* – Ce qui achève d'abattre qqn. *Cette trahison, ça a été le coup de grâce.* → **fin. 4.** Faveur que l'on accorde à qqn pour lui être agréable. *Il nous a FAIT LA GRÂCE DE venir.* → **honneur.** – *Cet employé est dans LES BONNES GRÂCES de ses supérieurs,* il jouit de leur bienveillance. – *Personne ne TROUVE GRÂCE à ses yeux* : personne ne lui plaît. – STYLE RECHERCHÉ *DE GRÂCE* : je vous en prie. *De grâce, arrêtez de vous plaindre !* **5.** → **gré.** *Il a accepté DE BONNE GRÂCE de m'aider,* il a accepté volontiers. *Elle m'a répondu DE MAUVAISE GRÂCE,* à contrecœur. **6.** La bonté divine et les faveurs qu'elle dispense. *Certains catholiques disent qu'ils ont la grâce. Nous ferons ce que nous pourrons, le reste sera À LA GRÂCE DE DIEU,* comme il plaira à Dieu. – STYLE RECHERCHÉ *Louis XIV a été sacré roi de France en l'AN DE GRÂCE 1654,* en l'an 1654 de l'ère chrétienne. **7.** *GRÂCE À (qqn, qqch.)* : à l'aide de, au moyen de. *Grâce à toi, j'ai réussi. Le travail a été terminé à temps grâce aux efforts de tous.* ⟨contraire : malgré⟩

GRACIER [grasje] verbe [conjugaison 7a] ▪ Accorder son pardon à (qqn qui doit subir une peine). *Le président de la République graciera* [grasira] *peut-être le condamné. Il serait bon que nous graciions cet homme.* ⟨contraire : condamner⟩

REM. *Gracier* n'a pas d'accent circonflexe sur le *a*, bien qu'il soit de la même famille que *grâce*.

GRACIEUSEMENT [grasjøzmɑ̃] adverbe **1.** Avec grâce, charme. *La danseuse salue gracieusement.* **2.** Gratuitement. *Un cadeau sera remis gracieusement à chaque client.*

GRACIEUX [grasjø], **GRACIEUSE** [grasjøz] adj. (après le nom) **1.** Qui a de la grâce, du charme et de l'élégance. *La danseuse est gracieuse.* → **charmant.** *Elle a des gestes gracieux.* ⟨contraires : disgracieux, laid⟩ **2.** STYLE RECHERCHÉ (qqch.) Gratuit, bénévole. → **gratuit.** *Les religieuses apportent leur aide gracieuse aux enfants malheureux. Un cadeau sera remis À TITRE GRACIEUX à tout acheteur,* gratuitement.

GRACILE [grasil] adj. (après le nom) ▪ STYLE RECHERCHÉ (corps, partie du corps) Mince et délicat. *Leur fille a un corps gracile.* ⟨contraires : épais, trapu⟩

GRADATION [gradasjɔ̃] n. f. ▪ *UNE GRADATION* : progression par degrés, le plus souvent ascendante. *Les notes de la gamme suivent une gradation. Ce tableau possède une subtile gradation de couleurs* (→ **dégradé**).

GRADE [grad] n. m. ▪ *UN GRADE* **1.** Rang dans une hiérarchie. *Dans l'armée, le grade de capitaine est plus élevé que celui de lieutenant. L'officier est MONTÉ EN GRADE,* il a eu de l'avancement. – STYLE FAMILIER *Quand le patron s'est aperçu de l'erreur, la secrétaire EN A PRIS POUR SON GRADE,* elle s'est fait vivement réprimander. **2.** *UN GRADE UNIVERSITAIRE* : titre sanctionné par un diplôme, après un examen. *Le grade de bachelier est le premier grade universitaire.* → **titre.**

FAUX AMI — portugais **grade** « grille »

GRADÉ [grade] n. m. ▪ *UN GRADÉ* : militaire qui a un grade inférieur à celui d'officier. *Le caporal et l'adjudant sont des gradés.*

GRADIN [gradɛ̃] n. m. ▪ *UN GRADIN* : chacun des bancs disposés en étages, comme des marches d'escalier, dans un cirque ou un stade. *Dans le stade, les spectateurs du match sont assis sur des gradins.*

GRADUATION [gradɥasjɔ̃] n. f. ▪ *UNE GRADUATION* : petit trait qui indique les divisions sur un instrument de mesure. *Les graduations du thermomètre sont en rouge. Ma règle a des graduations en centimètres.*

REM. Il ne faut pas confondre *graduation* et *gradation.*

GRADUÉ [gradɥe], **GRADUÉE** [gradɥe] adj. (après le nom) **1.** (instrument de mesure) Qui a une graduation. *Elle utilise un verre gradué pour mesurer la bonne quantité de farine. Ma règle est graduée en centimètres.* **2.** Progressif. *Les exercices qu'elle doit faire sont gradués : ils vont du plus facile au plus difficile.*

GRADUEL [gradɥɛl], **GRADUELLE** [gradɥɛl] adj. (après le nom) ▪ Qui se fait par degrés successifs, progressivement. *Le médecin constate une amélioration graduelle de l'état du malade. Le réchauffement de la température est graduel.* → **progressif.** ⟨contraire : brusque⟩

GRADUER [gradɥe] verbe [conjugaison 1a] **1.** Diviser en degrés ou en centimètres par de petits traits. *On a gradué le thermomètre pour pouvoir lire la température.* **2.** Augmenter progressivement. *Le professeur graduera* [gradyra] *les exercices.*

GRAFFITI [grafiti] n. m. ▪ *UN GRAFFITI* : inscription, dessin griffonné sur un mur. *Il y a des graffitis et des tags sur les murs de l'école.*

REM. Au pluriel, on peut écrire aussi *des graffiti.*

GRAILLON [grajɔ̃] n. m. ▪ *LE GRAILLON* : mauvaise odeur de graisse frite. *ÇA SENT LE GRAILLON, dans ce restaurant.*

GRAIN [grɛ̃] n. m. ▪ *UN GRAIN* **1.** Fruit d'une céréale. *On broie les grains de blé pour faire de la farine. On a ôté les grains des épis de maïs* (→ **égrener**). **2.** *LE GRAIN* : les grains récoltés des céréales. *La fermière distribue du grain aux poules. Le fermier élève des POULETS DE GRAIN,* nourris au grain. – Semence. *Les agriculteurs sèment le grain.* → **graine. 3.** Petit fruit arrondi de certaines plantes. → **baie.** *Les grains de raisin sont réunis en grappe. On torréfie les grains de café. Elle a acheté du poivre EN GRAINS* (opposé à moulu). **4.** Très petite parcelle arrondie. *J'ai un grain de sable dans l'œil. Il n'y a pas un grain de poussière sur les meubles.* – STYLE FAMILIER *Il ne peut pas s'empêcher de METTRE SON GRAIN DE SEL partout,* de se mêler de tout, d'intervenir à tout propos. **5.** *UN GRAIN DE BEAUTÉ* : petite tache brune sur la peau. *Ma sœur a un grain de beauté sur la joue.* **6.** *LE GRAIN* : aspect d'une surface, d'une matière. *J'écris sur du papier qui a un grain très fin. Ce cuir a un grain épais.* **7.** Très petite quantité. *Si tu as un grain de bon sens, tu ne peux pas faire ça.* → **atome, once.** – STYLE FAMILIER *AVOIR UN GRAIN (de folie)* : être un peu fou. *Il a un grain, ce type !* **8.** Coup de vent brusque et violent, accompagné d'averses. *La météo marine a annoncé un grain pour demain, sur les côtes de Bretagne.* – (figuré) *VEILLER AU GRAIN* : être vigilant, se tenir sur ses gardes en prévision d'un danger. *Veillons au grain, on ne sait jamais.*

GRAINE [gʀɛn] n. f. ▪ *UNE GRAINE* **1.** Partie de la plante qui donne naissance à une autre plante, une fois dans la terre. *Le jardinier sème des graines d'œillets.* → **semence.** *Les lentilles et les fèves sont des graines comestibles.* **2.** *EN PRENDRE DE LA GRAINE :* en tirer une leçon. *Ton frère a eu son bac à seize ans, prends-en de la graine,* suis son exemple. – STYLE FAMILIER *CASSER LA GRAINE :* manger. → STYLE FAMILIER **croûte.** *On a cassé une petite graine avant de partir.* **3.** (péjoratif) *GRAINE DE :* sert à exprimer ce qu'on pense qu'une personne sera dans l'avenir. *Cet enfant, c'est de la graine de voyou !*

GRAINETIER [gʀɛntje] n. m., **GRAINETIÈRE** [gʀɛntjɛʀ] n. f. ▪ *UN GRAINETIER, UNE GRAINETIÈRE :* une personne qui vend des grains, des graines, des bulbes, des oignons de fleurs. *Elle est allée chez le grainetier acheter des graines de laitues.*

GRAISSAGE [gʀɛsaʒ] n. m. ▪ *LE GRAISSAGE :* action de mettre de la graisse sur les parties d'un moteur ou d'un mécanisme qui bougent. *L'automobiliste fait faire la vidange et le graissage de sa voiture tous les dix mille kilomètres.*

GRAISSE [gʀɛs] n. f. ▪ *LA GRAISSE* **1.** Substance qui se trouve sous la peau. *Il a des bourrelets de graisse sur le ventre. Elle a trop de graisse :* elle est trop grosse. **2.** Cette substance que l'on tire du corps des animaux ou des végétaux et que l'on utilise pour faire la cuisine. *Le beurre est une graisse animale, l'huile est une graisse végétale. Le cuisinier fait cuire les pommes de terre dans de la graisse d'oie.* **3.** Corps gras que l'on utilise pour graisser des pièces de machines *Le mécanicien met de la graisse sur la chaîne du vélo.* → **cambouis.** *La vaseline est une graisse que l'on obtient à partir du pétrole. Je me suis fait une tache de graisse sur mon pantalon.* → **gras.**

GRAISSER [gʀese] verbe [conjugaison 1a] ▪ Enduire de graisse. *Le garagiste graisse le moteur de la voiture.* → **huiler, lubrifier.** – STYLE FAMILIER *On lui a GRAISSÉ LA PATTE :* on lui a donné de l'argent pour le soudoyer.

GRAMINÉES [gʀamine] n. f. pluriel ▪ *LES GRAMINÉES :* plantes à tige cylindrique et creuse, dont les fleurs, toutes petites, sont groupées en épis. *Le blé, l'avoine et les mauvaises herbes font partie des graminées.*

GRAMMAIRE [gʀammɛʀ] n. f. **1.** *LA GRAMMAIRE :* ensemble des règles qu'il faut connaître et suivre pour écrire et parler correctement une langue. *Notre ami anglais parle bien français, mais il fait encore des fautes de grammaire. La grammaire française est souvent difficile.* → **syntaxe.** **2.** *UNE GRAMMAIRE :* un livre de grammaire. *Regarde dans ta grammaire la règle de l'accord des participes passés.*

REM. On prononce aussi [gʀamɛʀ].

GRAMMATICAL [gʀamatikal], **GRAMMATICALE** [gʀamatikal] adj. (après le nom) ▪ Relatif à la grammaire. *Il faut bien connaître les règles grammaticales. Les élèves doivent faire l'analyse grammaticale de la phrase,* étudier la fonction des mots dans la phrase. MASCULIN PLURIEL : *GRAMMATICAUX* [gʀamatiko].

GRAMME [gʀam] n. m. ▪ *UN GRAMME* **1.** Unité de poids. *Mélangez trois cents grammes de farine et un demi-litre de lait. Mille grammes font un kilo. Donnez-m'en cinq cents grammes.* → **livre.** – Abréviation : *g* [gʀam]. *Ce steak pèse 200 g.* **2.** Très petite quantité. *Il n'a pas un gramme d'intelligence !*

FAUX AMI — grec **γράμμα** « lettre »

GRAND [gʀɑ̃] adj., n. m. et adverbe, **GRANDE** [gʀɑ̃d] adj. et n. f. **I.** adjectif (avant le nom ou après le nom) **1.** De haute taille. *Son père est un homme grand. Sa femme est extrêmement grande.* → **géant.** *Il y a de grands arbres dans la forêt.* ⟨contraire : petit⟩ **2.** (qqn) Qui a atteint sa taille définitive. *Elle a de grands enfants. Ses enfants sont déjà grands. Quand je serai grand, je serai pompier. Son frère aîné est une GRANDE PERSONNE,* un adulte. **3.** Plus long que ce que l'on voit habituellement. *Il a de grands pieds. Elle marche à grands pas. Ils ont parcouru une grande distance.* – *Le boucher découpe la viande avec un grand couteau.* **4.** Vaste, étendu. *Ils ont acheté un grand appartement. Paris est une grande ville.* → **immense.** – *Les fenêtres sont restées GRANDES OUVERTES,* complètement ouvertes. *Elle m'écoute la bouche grande ouverte.* **5.** Très important. *J'ai entendu un grand bruit.* ⟨contraire : faible⟩ *C'est la période des grands froids.* → **intense.** *Il n'y a pas GRAND MONDE :* il n'y a presque personne. *Elle a une grande nouvelle à nous annoncer. Elle vient d'avoir un grand chagrin.* → **considérable.** *Il a eu de grands malheurs dans sa vie.* → **gros.** *J'ai grand besoin de tes conseils. Aujourd'hui est un grand jour. C'est un grand travailleur :* il travaille beaucoup. – *Ils passent leurs vacances AU GRAND AIR,* en plein air. *Le GRAND AIR te fera du bien.* **6.** Plus important (que d'autres du même genre). *Elle fait ses études dans une GRANDE ÉCOLE.* → **supérieur.** *Ce vin est un grand cru du Beaujolais.* **7.** (avant le nom) (qqn) Qui a une importance sociale, politique, intellectuelle ou artistique. *C'est un de nos grands auteurs contemporains.* → **célèbre, fameux, illustre.** *La patrie est reconnaissante envers ses grands hommes.* – *Il appartient à la grande bourgeoisie de province.*
II. *UN GRAND, UNE GRANDE* **1.** Enfant plus âgé par rapport à un plus jeune. *Mon fils est dans la classe des grands.* ⟨contraire : petit⟩ – STYLE FAMILIER *Tu vas y arriver tout seul, COMME UN GRAND.* **2.** (au pluriel) LES GRANDS : les grandes puissances. *Les Grands se sont réunis pour parler du désarmement.*
III. adverbe **1.** *VOIR GRAND :* avoir de grands projets. *Il a vu grand en achetant ce magasin.* **2.** *GRAND OUVERT :* ouvert au maximum. *Le chat dort les yeux grand ouverts.* **3.** *EN GRAND :* avec de grandes dimensions. *Il faut voir les choses en grand.*

REM. *Un homme grand* est un homme de haute taille ; *un grand homme* est un personnage important, de grande valeur.

GRAND-CHOSE [gʀɑ̃ʃoz] n. m., n. f. invariables **1.** (pronom indéfini) *PAS GRAND-CHOSE :* peu de chose. *Cela ne vaut pas grand-chose,* presque rien. *Je n'ai pas vu grand-chose du spectacle,* je n'ai presque rien vu. *Il n'y a plus grand-chose à faire.* **2.** STYLE FAMILIER *UN PAS GRAND-CHOSE, UNE PAS GRAND-CHOSE :* une personne qui ne mérite aucune estime. *C'est vraiment une pas grand-chose pour avoir dit ça.* PLURIEL : *des pas grand-chose.*

GRANDE-BRETAGNE [gʀɑ̃dbʀətaɲ] nom propre féminin – en anglais **GREAT BRITAIN** ▪ *LA GRANDE-BRETAGNE :* la plus grande et la plus à l'est des deux îles qui constituent l'archipel britannique. *La Grande-Bretagne fait partie du Royaume-Uni de Grande-Bretagne et d'Irlande du Nord. Nous sommes allés passer quelques jours en Grande-Bretagne. Ils habitent en Grande-Bretagne* (→ **anglais, britannique, écossais, gallois).**

GRANDEUR [gʀɑ̃dœʀ] n. f. ▪ *LA GRANDEUR* **1.** Qualité de ce qui est plus ou moins grand. *La boîte est de la grandeur d'une main.* → **dimension, taille.** *Quelle est la grandeur de leur appartement ?* → **superficie.** *Il a dessiné une chaussure GRANDEUR NATURE,* aux dimensions réelles de la chaussure. **2.** Caractère de ce qui est grand, important. *Vous rendez-vous compte de la grandeur de votre crime ?* → **ampleur, énormité, gravité, importance.** **3.** Importance (d'une personne). *Il n'aurait pas fait ça DU TEMPS DE SA GRANDEUR,* quand il était quelqu'un d'important. **4.** *LA GRANDEUR D'ÂME :* générosité, sentiments nobles. *Il a fait preuve de grandeur d'âme en lui pardonnant.* **5.** (au pluriel) *LA FOLIE DES GRANDEURS :* le désir du pouvoir, de la richesse, de la gloire. *Il a la folie des grandeurs :* il est mégalomane.

GRANDILOQUENT [gʀɑ̃dilɔkɑ̃], **GRANDILOQUENTE** [gʀɑ̃dilɔkɑ̃t] adj. (après le nom) ▪ Qui utilise de grands mots et de grandes phrases pour faire de l'effet. *Le ministre a fait un discours grandiloquent.* → **emphatique, pompeux.**

GRANDIOSE [gʀɑ̃djoz] adj. (après le nom) ▪ (qqch.) Qui impressionne par sa grandeur et sa beauté. *Du sommet de la colline, on découvre un paysage grandiose.* → **majestueux.**

GRANDIR [gʀɑ̃diʀ] verbe [conjugaison 2] **1.** Devenir plus grand. *Sa fille a beaucoup grandi. Il a* GRANDI DE *cinq centimètres. En fin de journée, l'ombre des arbres grandit.* ⟨contraire : rapetisser⟩ – *J'ai trouvé sa sœur très grandie.* **2.** Devenir plus fort, plus intense. *Le vacarme grandissait au fur et à mesure que les invités arrivaient.* → **augmenter.** ⟨contraire : diminuer⟩ *Son influence grandira de jour en jour.* → **s'étendre. 3.** Faire paraître plus grand (qqch.). *Le microscope grandit les objets.* → **agrandir, grossir.** *Cette coiffure la grandit.* **4.** verbe pronominal SE GRANDIR : (qqn) se rendre plus grand. *Elle s'est grandie en mettant des talons hauts.*

GRAND-MÈRE [gʀɑ̃mɛʀ] n. f. ▪ *LA GRAND-MÈRE DE* **1.** Mère du père ou de la mère de qqn (→ **petite-fille, petit-fils, petits-enfants).** *Je passe mes vacances chez ma grand-mère maternelle,* la mère de ma mère. → STYLE FAMILIER **mamie, mémé.** PLURIEL : *elle a encore ses deux GRANDS-MÈRES.* **2.** STYLE FAMILIER Femme âgée. *Il y a une petite grand-mère devant la porte.*

REM. On écrit parfois *des grand-mères* car, en ancien français, *grand* était invariable en genre.

GRAND-ONCLE [gʀɑ̃tɔ̃kl] n. m. ▪ *LE GRAND-ONCLE DE :* frère du grand-père ou de la grand-mère. *Je suis passé voir mon grand-oncle et ma grand-tante.* PLURIEL : *le petit-neveu a trois GRANDS-ONCLES* [gʀɑ̃zɔ̃kl].

GRAND-PÈRE [gʀɑ̃pɛʀ] n. m. ▪ *LE GRAND-PÈRE DE* **1.** Père du père ou de la mère de qqn. *Mon grand-père va avoir quatre-vingts ans.* → **aïeul ;** STYLE FAMILIER **papi, pépé.** PLURIEL : *elle a encore ses deux GRANDS-PÈRES.* **2.** STYLE FAMILIER Homme âgé. *Aide ce grand-père à traverser la rue !*

GRAND-RUE [gʀɑ̃ʀy] n. f. ▪ STYLE RECHERCHÉ *LA GRAND-RUE :* la rue principale. *Ils habitent dans la grand-rue.* PLURIEL : *des GRANDS-RUES.*

GRANDS-PARENTS [gʀɑ̃paʀɑ̃] n. m. pluriel ▪ *LES GRANDS-PARENTS DE :* les parents du père ou de la mère de qqn ; le grand-père et la grand-mère. → **aïeul.** *Mes grands-parents viennent à la maison pour Noël. Ses grands-parents sont morts.*

GRAND-TANTE [gʀɑ̃tɑ̃t] n. f. ▪ *LA GRAND-TANTE DE :* sœur du grand-père ou de la grand-mère. *Mon grand-oncle et ma grand-tante sont en Espagne.* PLURIEL : *des GRANDS-TANTES.*

GRANGE [gʀɑ̃ʒ] n. f. ▪ *UNE GRANGE :* bâtiment d'une ferme dans lequel on entrepose les récoltes. *Le maïs est dans la grange.* → **grenier.**

> FAUX AMIS
> espagnol et portugais **granja** « ferme »

REM. Ne pas confondre avec *silo.*

GRANIT [gʀanit] n. m. ▪ *LE GRANIT :* roche très dure dont la surface forme de petits grains. *Les vieilles maisons bretonnes sont en granit.* – *Il a un CŒUR DE GRANIT,* dur, insensible.

REM. On écrit aussi *granite.*

GRANITIQUE [gʀanitik] adj. (après le nom) ▪ Qui est de la nature du granit. *Ici, le terrain est granitique. Voici des roches granitiques.*

GRANULÉS [gʀanyle] n. m. pluriel ▪ *DES GRANULÉS :* médicament sous forme de petits grains. *Prenez une cuillère de granulés avant chaque repas. Ces granulés sont mauvais au goût.*

REM. Ce mot est le plus souvent employé au pluriel mais on peut dire *un granulé* pour parler de chaque grain de la préparation.

GRANULEUX [gʀanylø], **GRANULEUSE** [gʀanyløz] adj. (après le nom) ▪ Formé de petits grains ou dont la surface semble couverte de petits grains. *Il dessine sur du papier granuleux. La purée est granuleuse.*

GRAPHIE [gʀafi] n. f. ▪ *UNE GRAPHIE :* manière dont un mot est écrit. *Quelle est la bonne graphie de ce verbe ?* → **orthographe.** *La graphie de ce mot est fautive. Certains mots ont plusieurs graphies.* → **variante.**

GRAPHIQUE [gʀafik] adj. et n. m. **1.** adjectif (après le nom) Qui représente des figures sur une surface, par des lignes. *Les lettres sont des signes graphiques.* **2.** *UN GRAPHIQUE :* dessin formé d'une ligne qui relie des points à différentes hauteurs et qui sert à montrer l'évolution de qqch. *Le médecin examine le graphique des températures du malade.* → **courbe.**

GRAPHOLOGIE [gʀafɔlɔʒi] n. f. ▪ *LA GRAPHOLOGIE :* étude de l'écriture de qqn afin d'avoir des informations sur sa personnalité, sa psychologie. *La graphologie peut aider à comprendre le caractère de la personne qui a écrit.*

GRAPPE [gʀap] n. f. ▪ *UNE GRAPPE* **1.** Ensemble serré de fleurs ou de grains accrochés sur une tige. *Les fleurs de glycine poussent en grappes. Il y a des grappes de raisin dans la corbeille de fruits.* **2.** Ensemble de personnes très serrées les unes contre les autres. *Les gens sortent en grappes du métro.*

> FAUX AMIS
> anglais **grapes** « raisin » ; espagnol **grapa** « agrafe » ; italien **grappa** « eau-de-vie ; crampon »

GRAPPILLER [gʀapije] verbe [conjugaison 1a] **1.** Prendre plusieurs fois une petite quantité (de qqch.) à des endroits différents. *Les enfants grappillent du raisin,* ils prennent des grains un à un. *Hier, en nous promenant, nous grappillions des mûres sur le chemin.* → **cueillir, ramasser. 2.** Prendre au hasard. *As-tu réussi à grappiller quelques informations sur le nouveau directeur ?*

GRAPPIN [gʀapɛ̃] n. m. ▪ *UN GRAPPIN :* crochet à deux ou plusieurs branches, fixé au bout d'un cordage. *Les pirates ont jeté des grappins sur le navire pour l'aborder.* – (figuré) *C'est un raseur, il a MIS LE GRAPPIN SUR la maîtresse de maison,* il l'accapare, ne la lâche plus. *Il m'a mis le grappin dessus pendant une heure.*

GRAS [gʀa] adj. et n. m., **GRASSE** [gʀas] adj.

I. adjectif (après le nom) **1.** Formé de graisse. *Le beurre et l'huile sont des MATIÈRES GRASSES* (→ **lipides).** *Le cuisinier fait réchauffer le bouillon gras du pot-au-feu. Elle se met de la crème grasse sur la peau.* **2.** (personnes, animaux) Gros. *Son mari est gras et bedonnant.* → **grassouillet.** ⟨contraire : maigre⟩ *Le fermier a tué une oie bien grasse.* – *J'aime le FOIE GRAS,* le foie de canard ou d'oie engraissés. **3.** Qui sécrète une matière grasse. *Il a la peau grasse et les cheveux gras.* ⟨contraire : sec⟩ **4.** Sali, enduit de graisse. *Va te laver les mains, elles sont toutes grasses !* → **poisseux.** *Les campeurs ramassent les papiers gras.* → **huileux. 5.** Couvert d'une substance grasse. *Les chevaux ont couru sur un terrain gras,* boueux et glissant. – *Le malade a une toux grasse,* accompagnée de mucosités. **6.** Épais. *Dans ce livre, les titres des chapitres sont imprimés en caractères gras. Il y a des plantes grasses dans le salon,* des plantes aux feuilles épaisses et charnues. **7.** *FAIRE LA GRASSE MATINÉE :* se lever très tard. *Le dimanche, je fais la grasse matinée.*

II. *LE GRAS :* la partie grasse de la viande. *Je n'aime pas le gras du jambon.*

GRASSEMENT [gʀasmɑ̃] adverbe ▪ Abondamment. *Il est grassement payé pour ce qu'il fait,* très bien payé.

GRASSOUILLET [gʀasujɛ], **GRASSOUILLETTE** [gʀasujɛt] adj. (après le nom) ■ Assez gras et potelé. *Sa mère est une femme grassouillette.* → **dodu.** ⟨contraire : maigrichon⟩

GRATIFIANT [gʀatifjɑ̃], **GRATIFIANTE** [gʀatifjɑ̃t] adj. (après le nom) ■ Qui procure une satisfaction psychologique, qui fait plaisir en rendant fier. *Il a eu des succès gratifiants.* → **valorisant.** ⟨contraire : frustrant⟩

GRATIFICATION [gʀatifikasjɔ̃] n. f. ■ *UNE GRATIFICATION* 1. Somme d'argent que l'on donne à qqn en plus de ce qu'on lui doit, de ce qu'on lui donne d'habitude. *Les ouvriers de l'usine ont eu une gratification à la fin de l'année.* → **prime.** 2. Sentiment de satisfaction que l'on éprouve quand on a une bonne image de soi parce que l'on a fait qqch. de gratifiant. *Ce succès est une gratification. Il a besoin de gratifications.*

GRATIFIER [gʀatifje] verbe [conjugaison 7a] 1. Donner en récompense à (qqn), pour remercier, pour faire plaisir. *Quand nous déjeunions dans ce restaurant, nous gratifiions toujours le serveur d'un bon pourboire.* 2. Satisfaire sur le plan psychologique. *Tous les succès qu'elle a remportés l'ont gratifiée.* → **valoriser.** *Réussir le gratifierait* [gʀatifiʀɛ].

GRATIN [gʀatɛ̃] n. m. ■ *UN GRATIN* 1. Mets recouvert d'une croûte légère de fromage râpé ou de chapelure qui a doré au four. *Le cuisinier a préparé un gratin de courgettes.* – *Nous avons mangé des pâtes AU GRATIN,* préparées pour être recouvertes d'une croûte légère (→ **gratiné).** 2. STYLE FAMILIER *LE GRATIN :* ensemble de personnes jugées particulièrement remarquables. *Ils ont invité tout le gratin.* → **élite.** ⟨contraire : lie⟩

GRATINÉ [gʀatine] adj., **GRATINÉE** [gʀatine] adj. et n. f.
I. adjectif (après le nom) 1. Cuit au gratin. *Nous avons mangé des endives gratinées.* 2. STYLE FAMILIER Qui sort de l'ordinaire. *Il a un chapeau gratiné.* → **ridicule.** *Elle a l'air gratiné avec cette robe !*
II. *UNE GRATINÉE :* soupe à l'oignon gratinée au fromage. *Désirez-vous une gratinée pour commencer ?*

GRATINER [gʀatine] verbe [conjugaison 1a] 1. Faire cuire au gratin. *Le cuisinier gratine des pâtes.* 2. Devenir gratiné. *Les pommes de terre gratinent dans le four.*

GRATIS [gʀatis] adverbe ■ Sans payer. → **gratuitement.** *Ils sont allés au cinéma gratis.* → STYLE FAMILIER **gratos,** à l' **œil.**

REM. C'est un mot latin.

GRATITUDE [gʀatityd] n. f. ■ *LA GRATITUDE :* sentiment de reconnaissance que l'on éprouve envers qqn. *Il lui a manifesté sa gratitude en lui offrant des fleurs.* ⟨contraire : ingratitude⟩

GRATOS [gʀatos] adverbe ■ STYLE FAMILIER Gratuitement. *J'ai eu tous ces livres gratos.* → **gratis.**

GRATOUILLER [gʀatuje] verbe [conjugaison 1a] ■ STYLE FAMILIER Démanger légèrement. *J'ai les pieds qui me gratouillent.*

REM. On écrit aussi *grattouiller.*

GRATTE-CIEL [gʀatsjɛl] n. m. invariable ■ *UN GRATTE-CIEL :* immeuble très haut, qui a de très nombreux étages. *Ses bureaux sont dans un gratte-ciel.* → ① **tour.** PLURIEL : *des gratte-ciel.*

REM. 1. Ce mot ne s'emploie qu'à propos de l'Amérique. 2. On rencontre aussi le pluriel : *des gratte-ciels.*

GRATTEMENT [gʀatmɑ̃] n. m. ■ *UN GRATTEMENT :* bruit fait en grattant. *J'entends des grattements derrière la porte, ce doit être le chat.*

GRATTE-PAPIER [gʀatpapje] n. m. ■ *UN GRATTE-PAPIER* 1. Employé chargé de travaux d'écriture. *Il est gratte-papier dans un ministère.* PLURIEL : *des GRATTE-PAPIERS.* 2. Mauvais écrivain. *C'est un gratte-papier lamentable.*

GRATTER [gʀate] verbe [conjugaison 1a] 1. Frotter avec qqch. de dur pour enlever un peu de ce qui est à la surface de (qqch.). *Je gratte la casserole avec une éponge abrasive.* → **racler, récurer.** 2. Racler avec les ongles, les griffes. *Elle gratte sa manche pour enlever une tache de peinture. Le chien gratte le sol. Gratte-moi le dos !* 3. STYLE FAMILIER Provoquer une démangeaison. *Ce pull me gratte.* → **démanger ;** STYLE FAMILIER **gratouiller.** 4. Enlever en raclant. *Le peintre gratte les inscriptions sur le mur.* 5. STYLE FAMILIER Dépasser (un concurrent). *Le cycliste s'est fait gratter dans la côte.* → **doubler.** 6. Faire un bruit de grattement. *Il y a quelqu'un qui gratte à la porte.* 7. STYLE FAMILIER Travailler. *J'ai gratté tout le week-end.* → STYLE FAMILIER **bosser.** 8. verbe pronominal SE GRATTER : gratter son corps, une partie de son corps qui démange. *Elle s'est grattée jusqu'au sang.* – *Elle s'est gratté la tête.* – STYLE FAMILIER *Tu peux toujours te gratter :* tu n'obtiendras rien. → STYLE FAMILIER se **fouiller.**

GRATTOIR [gʀatwaʀ] n. m. ■ *UN GRATTOIR :* instrument qui sert à gratter. *Le peintre racle les graffitis avec un grattoir.*

GRATUIT [gʀatɥi], **GRATUITE** [gʀatɥit] adj. (après le nom) 1. Que l'on donne sans faire payer, que l'on reçoit sans payer. *La parfumeuse donne des échantillons gratuits à ses clients. L'entrée au musée est gratuite aujourd'hui.* ⟨contraire : payant⟩ 2. Qui est fait sans preuves. *Cette accusation est purement gratuite.* ⟨contraire : fondé⟩ 3. Qui n'est pas déterminé par des motifs extérieurs. *Apparemment, c'est un crime gratuit,* sans raison.

GRATUITÉ [gʀatɥite] n. f. ■ *LA GRATUITÉ :* caractère de ce qui est gratuit. *Les Français sont très attachés à la gratuité de l'enseignement public.*

GRATUITEMENT [gʀatɥitmɑ̃] adverbe ■ Sans payer. *Les enfants de moins de quatre ans entrent gratuitement au zoo.* → **gratis,** STYLE FAMILIER **gratos.** *Le médecin l'a soigné gratuitement,* sans le faire payer. → **gracieusement.**

GRAVATS [gʀava] n. m. pluriel ■ *LES GRAVATS :* débris de matériaux provenant d'une démolition. → **décombres.** *Il y a un tas de gravats devant le chantier. Ces gravats sont encombrants.*

GRAVE [gʀav] adj. (après le nom ou avant le nom) 1. Qui peut avoir des conséquences ennuyeuses. *Il a eu de graves ennuis de santé.* ⟨contraire : anodin⟩ → **préoccupant.** *Elle a subi une grave opération.* ⟨contraire : bénin⟩ *L'heure est grave :* le moment, la situation est critique. → **dramatique, tragique.** *Ne pleure pas, ce n'est pas grave !* – *L'accident a fait deux blessés graves,* deux blessés gravement touchés. 2. (après le nom) Sérieux. *Il a pris un air grave pour lui annoncer la nouvelle.* → **sévère, sombre.** ⟨contraires : frivole, insouciant, léger⟩ 3. Qui a de l'importance. *C'est un grave problème. Il a fait une erreur très grave.* → **lourd.** 4. (après le nom) (son) Qui appartient aux degrés inférieurs de l'échelle musicale. *J'ai une voix aiguë, lui il a une voix grave* (→ **basse).** 5. (après le nom) *Un e accent grave (è).* → **accent.** 6. (après le nom) STYLE FAMILIER (qqn) Maladroit et un peu bête. *Il est grave, ce mec !*

GRAVELEUX [gʀavlø], **GRAVELEUSE** [gʀavløz] adj. (après le nom) ■ (propos) Qui ne respecte pas la décence, est inconvenant et grossier. *Ils ont tenu des propos graveleux.* → **osé.**

GRAVEMENT [gʀavmɑ̃] adverbe 1. D'une manière dangereuse. *Il est gravement blessé.* → **grièvement, sérieusement.** *Elle s'est gravement trompée.* → **lourdement.** 2. Avec gravité et sérieux. *Les participants au débat parlent gravement.*

GRAVER [gRave] verbe [conjugaison 1a] **1.** Tracer en creux sur une matière dure avec un instrument pointu. *Les amoureux ont gravé leurs initiales sur l'écorce d'un chêne. – Le graveur grave son dessin sur une plaque de cuivre,* il dessine en creux sur une plaque de cuivre pour pouvoir reproduire son dessin. **2.** Fixer pour toujours (dans l'esprit, le cœur). *Ce souvenir restera gravé dans ma mémoire.*

GRAVEUR [gRavœR] n. m., **GRAVEUSE** [gRavøz] n. f. ▪ *UN GRAVEUR, UNE GRAVEUSE :* une personne qui grave des dessins. *Il est graveur sur bois.*

GRAVIER [gRavje] n. m. **1.** *LE GRAVIER :* ensemble de petits cailloux qui recouvrent des allées, dans un jardin. *Le jardinier ratisse le gravier.* **2.** *UN GRAVIER :* chaque petit caillou qui compose le gravier. *J'ai un gravier dans ma chaussure.* → **caillou.**

GRAVILLON [gRavijɔ̃] n. m. **1.** *LE GRAVILLON :* gravier très fin. *Il y a du gravillon sur la route. La voiture a dérapé sur le gravillon.* **2.** *UN GRAVILLON :* chaque petit caillou qui compose le gravillon. *Ralentir, gravillons ! Des gravillons ont cassé mon pare-brise.*

GRAVIR [gRaviR] verbe [conjugaison 2] **1.** Monter avec effort (une pente difficile). *Les alpinistes gravissent le sommet de la montagne.* → **escalader.** *Le cycliste gravit la côte.* → **grimper.** ⟨contraire : descendre⟩ **2.** *GRAVIR LES ÉCHELONS :* monter en grade. *L'employé de bureau a gravi les échelons de la hiérarchie et il est devenu cadre supérieur.*

GRAVITATION [gRavitasjɔ̃] n. f. ▪ *LA GRAVITATION :* phénomène par lequel deux objets matériels s'attirent avec une certaine force. *Les lois de la gravitation universelle ont été formulées par Newton.* → **attraction, ② gravité, pesanteur.**

① **GRAVITÉ** [gRavite] n. f. ▪ *LA GRAVITÉ* **1.** Caractère de ce qui a de l'importance et peut entraîner des conséquences ennuyeuses. *Ne vous inquiétez pas, cette opération chirurgicale est sans gravité. Te rends-tu compte de la gravité de ta faute ?* **2.** Air grave. *Le ministre a parlé avec gravité.* → **sérieux.** ⟨contraire : gaieté⟩

② **GRAVITÉ** [gRavite] n. f. ▪ *LA GRAVITÉ :* phénomène par lequel les objets matériels sont attirés vers le centre de la Terre, vers un astre. → **attraction, gravitation, pesanteur.** *Nous étudions les lois de la gravité,* de la chute des objets matériels. – *LE CENTRE DE GRAVITÉ :* centre des forces exercées par la pesanteur sur toutes les parties d'un objet matériel.

GRAVITER [gRavite] verbe [conjugaison 1a] **1.** (planète) *GRAVITER AUTOUR :* tourner autour (d'un astre). *La Terre gravite autour du Soleil.* **2.** (qqn) *GRAVITER AUTOUR :* être dans l'entourage de. *De nombreux hommes politiques gravitent autour de lui.*

GRAVURE [gRavyR] n. f. **1.** *LA GRAVURE :* art de graver un dessin sur une plaque que l'on recouvre d'encre et que l'on imprime ensuite sur papier. *Il fait de la gravure sur cuivre et de la gravure sur pierre* (→ **lithographie).** **2.** *UNE GRAVURE :* image que l'on obtient à partir d'une planche gravée. → **estampe.** *Son livre est orné de gravures du dix-huitième siècle.* → **illustration.** – Toute image reproduisant un tableau, une photo. *Ils ont accroché des gravures dans leur chambre.* → **reproduction.**

GRÉ [gRe] n. m. ▪ *LE GRÉ*
I. Ce qui plaît, ce qui convient. STYLE RECHERCHÉ *AU GRÉ DE :* au goût de. *Le menu est-il à votre gré ?* à votre goût. *Ce serait préférable à mon gré,* à mon avis. *Il agit toujours au gré de sa fantaisie. Le voilier avance au gré du vent.*
II. *Elle est venue DE SON PLEIN GRÉ,* sans y être forcée, selon sa volonté. *Tu obéiras DE GRÉ OU DE FORCE,* que tu le veuilles ou non, que cela te plaise ou non. *J'accepte DE BON GRÉ.* → **grâce.** *Il a accepté BON GRÉ MAL GRÉ,* en se résignant. – *SAVOIR GRÉ À qqn,* lui être reconnaissant. *Je vous saurais gré de me répondre rapidement,* je vous en serais obligé. *Il m'en a su gré.*

GREC [gRɛk] adj. et n. m., **GRECQUE** [gRɛk] adj. et n. f.
I. adjectif (après le nom) **1.** De Grèce. *Il y a de nombreuses îles grecques. La mythologie grecque est très riche.* → **hellénique.** **2.** *À LA GRECQUE :* selon une recette grecque, avec de l'huile d'olive et des aromates. *Nous avons mangé des champignons à la grecque.*
II. **1.** *UN GREC, UNE GRECQUE :* une personne habitant la Grèce. *Les Grecs.* **2.** *LE GREC :* la langue grecque. *Il parle le grec moderne et connaît le grec ancien.* **3.** *UNE GRECQUE :* ornement fait de lignes droites qui reviennent sur elles-mêmes à angle droit. *La frise du temple est ornée d'une grecque.*

GRÈCE [gRɛs] nom propre féminin ▪ *LA GRÈCE :* pays du sud-est de l'Europe, dont la capitale est Athènes. *Ils ont passé leurs vacances en Grèce. Nous revenons de Grèce. Les habitants de la Grèce* (→ **grec).**

GRÉCO-LATIN [gRekolatɛ̃], **GRÉCO-LATINE** [gRekolatin] adj. (après le nom) ▪ Qui concerne à la fois le grec et le latin. PLURIEL : *il fait des études GRÉCO-LATINES.*

GRÉCO-ROMAIN [gRekoRɔmɛ̃], **GRÉCO-ROMAINE** [gRekoRɔmɛn] adj. (après le nom) ▪ Commun aux civilisations de la Grèce et de la Rome antiques. *Il admire l'art gréco-romain. Il pratique la LUTTE GRÉCO-ROMAINE,* une lutte où l'on n'a pas le droit de donner des coups et qui n'autorise les prises qu'au-dessus de la ceinture. PLURIEL : *des lutteurs GRÉCO-ROMAINS.*

GREDIN [gRədɛ̃] n. m., **GREDINE** [gRədin] n. f. ▪ STYLE RECHERCHÉ *UN GREDIN, UNE GREDINE :* enfant espiègle. *Petit gredin !* → **chenapan, fripon, garnement.**

GRÉEMENT [gRemɑ̃] n. m. ▪ *UN GRÉEMENT :* ensemble des objets et des appareils nécessaires à un bateau. *Le voilier a un gréement tout neuf.*

① **GREFFE** [gRɛf] n. m. ▪ *UN GREFFE :* bureau où l'on garde les dossiers des procès, les copies des jugements. *Passez chercher le dossier au greffe du tribunal.*

② **GREFFE** [gRɛf] n. f. ▪ *UNE GREFFE* **1.** Opération par laquelle on insère une pousse d'une plante dans une autre plante, pour qu'elle produise les mêmes fruits. *Le jardinier fait une greffe sur un prunier.* **2.** Opération chirurgicale par laquelle on insère une portion de l'organisme sur une autre partie du corps, ou par laquelle on remplace un organe malade par un organe sain dans le corps d'un être humain ou d'un animal. *On fait des greffes de peau aux grands brûlés. On doit lui faire une greffe du cœur.* → **transplantation.** *La greffe n'a pas pris* (→ **rejet).**

GREFFER [gRefe] verbe [conjugaison 1a] **1.** Mettre une greffe à (une plante). *Le jardinier greffe un rosier sur un autre rosier.* **2.** Implanter par une greffe chirurgicale. *On lui a greffé un rein.* → **transplanter.**

GREFFIER [gRefje] n. m., **GREFFIÈRE** [gRefjɛR] n. f. ▪ *UN GREFFIER, UNE GREFFIÈRE :* une personne qui note les débats d'un procès et qui s'occupe des dossiers conservés au greffe. *Il est greffier du tribunal.*

GRÉGAIRE [gRegɛR] adj. (après le nom) ▪ Qui provoque le groupement d'êtres vivants. *Les moutons ont l'INSTINCT GRÉGAIRE,* leur instinct les pousse à vivre en groupe et à tout faire comme les autres.

GRÈGE [gʀɛʒ] adj. (après le nom) ■ De la couleur de la soie brute, beige clair un peu gris. *Il a des gants grèges.*

① **GRÊLE** [gʀɛl] adj. (après le nom) **1.** Très long et très mince. *Les flamants roses ont des pattes grêles.* → **filiforme, fluet, maigre.** ⟨contraire : épais⟩ **2.** *L'INTESTIN GRÊLE :* la portion de l'intestin longue et mince qui se trouve avant le gros intestin. *Le chirurgien a dû enlever un morceau d'intestin grêle au malade.* **3.** (voix) Aigu et peu intense. *La vieille dame a une voix grêle.* ⟨contraire : gros⟩

② **GRÊLE** [gʀɛl] n. f. ■ *LA GRÊLE :* pluie gelée qui tombe sous forme de grains de glace. *On craint des averses de grêle dans la journée.* → **grésil.**

GRÊLER [gʀele] verbe [conjugaison 1a] ■ *IL GRÊLE :* il tombe de la grêle. *Il a grêlé cette nuit.*

GRÊLON [gʀɛlɔ̃] n. m. ■ *UN GRÊLON :* grain d'eau congelée qui tombe quand il grêle. *Il est tombé des grêlons gros comme des œufs de pigeon.*

GRELOT [gʀəlo] n. m. ■ *UN GRELOT :* petite boule creuse et percée de trous contenant un morceau de métal, qui fait du bruit quand on l'agite. *Le chat a un collier à grelots.*

GRELOTTANT [gʀəlɔtɑ̃], **GRELOTTANTE** [gʀəlɔtɑ̃t] adj. (après le nom) ■ Qui grelotte. *Elle est toute grelottante en sortant de l'eau.* → **frissonnant.**

GRELOTTER [gʀəlɔte] verbe [conjugaison 1a] ■ Trembler de froid, de fièvre ou de peur. *Ferme la fenêtre, on grelotte ici,* on a très froid. *Je GRELOTTE DE peur.* → **frissonner.**

GRENADE [gʀənad] nom propre – en espagnol **GRANADA** ■ Ville du sud de l'Espagne, en Andalousie. *Nous avons passé nos vacances à Grenade. Nous revenons de Grenade.*

① **GRENADE** [gʀənad] n. f. ■ *UNE GRENADE :* fruit rond de la taille d'une orange, qui contient de nombreux grains rouges renfermant chacun un pépin. *Les grenades sont utilisées pour faire de la grenadine.*

② **GRENADE** [gʀənad] n. f. ■ *UNE GRENADE :* engin explosif qu'on lance à la main. *Le terroriste a lancé une grenade sur la voiture du président.*

GRENADINE [gʀənadin] n. f. ■ *LA GRENADINE :* sirop rouge fait, à l'origine, avec le jus de la grenade. *Un verre de grenadine pour le petit !*

GRENAT [gʀəna] n. m. et adj. invariable **1.** *UN GRENAT :* pierre fine très dure, rouge sombre. *Elle a un collier incrusté de grenats.* **2.** adjectif invariable (après le nom) De la couleur rouge sombre du grenat. → **bordeaux.** *Il a une chemise grenat.* PLURIEL : *des chaussures grenat.*

GRENIER [gʀənje] n. m. ■ *UN GRENIER* **1.** Partie d'une ferme où l'on conserve les grains et les fourrages. *Le fermier est dans le GRENIER À BLÉ.* → **grange. 2.** Partie d'une maison qui se trouve juste sous le toit. *Les vieux vêtements sont dans une malle au grenier* (→ ① **comble).**

GRENOUILLAGE [gʀənujaʒ] n. m. ■ STYLE FAMILIER *LE GRENOUILLAGE :* ensemble d'intrigues douteuses, de tractations malhonnêtes. *Tout ce grenouillage avant les élections n'est pas beau à voir.* → STYLE FAMILIER **magouille.**

GRENOUILLE [gʀənuj] n. f. ■ *UNE GRENOUILLE :* petit animal à la peau lisse, aux pattes de derrière longues et palmées, qui nage et qui saute (→ **batracien, têtard).** *La grenouille coasse. Les grenouilles vivent à la fois dans l'eau douce des mares et sur la terre. Les Français aiment manger des cuisses de grenouilles.*

GRÈS [gʀɛ] n. m. ■ *LE GRÈS* **1.** Roche très dure formée de sable dont les grains sont unis par du ciment. *La cathédrale de Strasbourg est en grès rose.* **2.** Terre glaise mêlée de sable fin, avec laquelle on fait des poteries. *Il boit une bière dans une chope en grès.*

GRÉSIL [gʀezil] n. m. ■ *LE GRÉSIL :* grêle très fine, blanche et dure. *Il tombe une pluie mêlée de grésil.*

GRÉSILLEMENT [gʀezijmɑ̃] n. m. ■ *UN GRÉSILLEMENT :* un léger crépitement. *Il y a des grésillements dans le téléphone, je n'entends rien.* → **friture.**

GRÉSILLER [gʀezije] verbe [conjugaison 1a] ■ Faire de petits bruits secs et rapides. *Le beurre grésille dans la poêle.* → **crépiter.**

① **GRÈVE** [gʀɛv] n. f. ■ STYLE RECHERCHÉ *LA GRÈVE :* rivage plat, formé de sable et de gravier, au bord de la mer ou d'un fleuve. *La grève est couverte d'algues et de coquillages laissés par la mer.* → **plage.**

② **GRÈVE** [gʀɛv] n. f. ■ *UNE GRÈVE :* arrêt volontaire du travail décidé par des salariés pour obtenir des avantages ou pour protester contre une injustice. *Les ouvriers se sont mis EN GRÈVE. Ils ont FAIT LA GRÈVE pour réclamer de meilleures conditions de travail. L'usine est en grève. – Des militants ont entamé une GRÈVE DE LA FAIM pour faire libérer leurs camarades,* ils ont décidé de ne plus manger pour obtenir la libération de leurs camarades.

REM. Le mot vient du nom de la place de Grève, à Paris, où se réunissaient autrefois les personnes qui cherchaient du travail.

GREVER [gʀəve] verbe [conjugaison 5a] ■ (qqch.) Frapper de lourdes charges financières. *Il ne faut pas grever le budget. Le nouvel impôt grève l'économie du pays.* → **alourdir.** ⟨contraire : alléger⟩ – *Le pays est grevé d'impôts.*

GRÉVISTE [gʀevist] n. m., n. f. ■ *UN GRÉVISTE, UNE GRÉVISTE :* une personne qui fait la grève. *Les grévistes ont décidé de reprendre le travail. – Les GRÉVISTES DE LA FAIM en sont à leur dixième jour de jeûne.*

GRIBICHE [gʀibiʃ] adj. (après le nom) ■ *SAUCE GRIBICHE :* vinaigrette mêlée d'un hachis d'œuf dur, de cornichons, de câpres et de fines herbes. *Nous avons mangé de la tête de veau sauce gribiche.*

GRIBOUILLAGE [gʀibujaʒ] n. m. ■ *UN GRIBOUILLAGE* **1.** Dessin informe qui ressemble à ceux des très jeunes enfants. *Quand il téléphone, il fait des gribouillages sur une feuille de papier.* → **gribouillis. 2.** Écriture mal formée, illisible. *Je n'arrive pas à lire tes gribouillages.* → **griffonnage.**

GRIBOUILLER [gʀibuje] verbe [conjugaison 1a] **1.** Faire des gribouillages. *Mon fils gribouille sur les murs de sa chambre.* **2.** Écrire de manière confuse, illisible. *Je n'arrive pas à lire ce qu'il a gribouillé.* → **griffonner.** – *Il nous a laissé un message tout gribouillé.*

GRIBOUILLIS [gʀibuji] n. m. ■ *UN GRIBOUILLIS :* dessin informe, écriture illisible. *Les élèves ont couvert le tableau de gribouillis.* → **gribouillage.** *Je ne comprends rien à ces gribouillis.* → **griffonnage.**

GRIEF [gʀijɛf] n. m. ▪ *UN GRIEF :* sujet de plainte. *Il a des GRIEFS CONTRE nous,* des reproches à nous faire. *Je n'ai aucun grief contre elle.* – *FAIRE GRIEF DE qqch. À qqn,* le lui reprocher. *Il m'a fait grief de mon départ. Ne me fais pas grief d'être parti. Ne lui en faites pas grief.*

FAUX AMI
anglais **grief** « chagrin »

GRIÈVEMENT [gʀijɛvmɑ̃] adverbe ▪ Gravement. *Les passagers de la voiture accidentée ont été grièvement blessés.* → **sérieusement.** (contraire : **légèrement**)

REM. *Grièvement* est d'un emploi plus restreint que *gravement* et ne s'emploie qu'avec des adjectifs signifiant « physiquement atteint ».

GRIFFE [gʀif] n. f. ▪ *UNE GRIFFE* **1.** Ongle pointu et crochu de certains animaux. *Le chat peut sortir et rentrer ses griffes. Les oiseaux de proie ont des griffes.* → **serres.** *Les fauves déchirent leurs proies avec leurs griffes. La chatte lui a donné un coup de griffe* (→ **griffer**). – *Dès qu'il se sent attaqué, son mari MONTRE LES GRIFFES,* il réagit avec agressivité. *Personne n'aimerait tomber entre ses griffes,* en son pouvoir. **2.** Petit crochet qui maintient une pierre sur un bijou. *Le diamant est fixé à la monture de la bague par des griffes.* **3.** Empreinte reproduisant une signature. *L'acheteur et le vendeur apposent leur griffe sur l'acte de vente de la maison.* **4.** Marque cousue sur un vêtement de luxe et portant le nom du fabricant. *Sa robe porte la griffe d'un célèbre couturier parisien. Cette veste est vendue sans sa griffe* (→ **dégriffé**).

FAUX AMI
espagnol **grifo** « robinet »

GRIFFER [gʀife] verbe [conjugaison 1a] ▪ Égratigner d'un coup de griffe ou d'ongle. *Le chat l'a griffé. En se débattant, il lui a griffé la joue.*

GRIFFONNAGE [gʀifɔnaʒ] n. m. ▪ *UN GRIFFONNAGE :* écriture illisible ; dessin informe. *Je n'arrive pas à déchiffrer ce griffonnage.* → **gribouillage, gribouillis.**

GRIFFONNER [gʀifɔne] verbe [conjugaison 1a] ▪ Écrire ou dessiner (qqch.) vite et sans soin. *Elle a griffonné son numéro de téléphone sur un bout de papier.* – *Quand il s'ennuie pendant une réunion, il griffonne.* → **gribouiller.**

GRIFFU [gʀify], **GRIFFUE** [gʀify] adj. (après le nom) ▪ Armé de griffes ou d'ongles longs et crochus. *Le chat a des pattes griffues.*

GRIFFURE [gʀifyʀ] n. f. ▪ *UNE GRIFFURE :* une égratignure. *Ses jambes sont couvertes de griffures.* → **écorchure, éraflure.**

GRIGNOTER [gʀiɲɔte] verbe [conjugaison 1a] **1.** (animaux) Manger (qqch.) petit à petit, en rongeant. *La souris grignote un bout de fromage.* – *Les rongeurs grignotent.* **2.** (qqn) Manger très peu, du bout des dents. *C'est mauvais pour la santé de grignoter entre les repas. À table, elle ne mange pas, elle grignote.* **3.** Détruire peu à peu. *Il a grignoté toutes ses économies.*

GRIL [gʀil] n. m. ▪ *UN GRIL :* ustensile de cuisine formé d'une grille de métal ou d'une plaque en fonte sur laquelle on fait griller les aliments. *Le cuisinier fait cuire les côtelettes sur le gril. Il y a un gril de plein air dans le jardin.* → **barbecue.** – *Gril d'un four :* source de chaleur placée sur la paroi supérieure d'un four. *Elle fait gratiner les courgettes sous le gril du four.*

GRILLADE [gʀijad] n. f. ▪ *UNE GRILLADE :* tranche de viande grillée. *Elle ne mange que des grillades et de la salade.*

GRILLAGE [gʀijaʒ] n. m. ▪ *UN GRILLAGE :* ensemble de fils de fer entrecroisés laissant passer le jour et servant à fermer une ouverture ou à former une clôture. *Le poulailler est fermé par un grillage. Un grillage sépare les deux jardins.*

GRILLAGER [gʀijaʒe] verbe [conjugaison 3b] ▪ Mettre un grillage. *Il se protège des voleurs en grillageant sa propriété.* – *Les animaux du jardin public sont dans un enclos grillagé.*

GRILLE [gʀij] n. f. ▪ *UNE GRILLE* **1.** Assemblage de barreaux parallèles en métal qui ferme une ouverture. *Il y a des grilles aux fenêtres de la prison.* **2.** Clôture formée de barreaux parallèles verticaux en fer forgé. *Une grille entoure la propriété. J'ai entendu sonner à la grille du jardin.* **3.** Châssis formé de barres parallèles servant de support, de protection ou de filtre. *La grille du barbecue est posée sur les braises.* **4.** *Une grille de mots croisés,* l'ensemble des cases à remplir avec les lettres de chaque mot. *Pendant le trajet en métro, elle a rempli toute la grille de mots croisés. Il achète chaque semaine une grille de loto,* un formulaire pour jouer au loto. **5.** Ensemble d'informations chiffrées représentées par un tableau. *Elle consulte la grille hebdomadaire des programmes de télévision. La direction de l'entreprise va modifier la grille des salaires.*

FAUX AMI
espagnol **grillo** « grillon »

GRILLE-PAIN [gʀijpɛ̃] n. m. invariable ▪ *UN GRILLE-PAIN :* appareil servant à griller des tranches de pain. *Elle a mis une tranche de pain dans le grille-pain.* PLURIEL : *des grille-pain électriques.*

GRILLER [gʀije] verbe [conjugaison 1a]
I. 1. Faire cuire à feu vif sur le gril. *Il grille des saucisses au barbecue.* – *Elle aime la viande grillée* (→ **grillade**). *Ça sent le pain grillé, dans la cuisine.* **2.** (qqch.) Chauffer trop fort. *Le feu lui grille le dos.* **3.** (qqch.) Dessécher, rendre racorni par un excès de chaleur ou de froid. *Le gel grille les bourgeons. Le soleil a grillé la pelouse. On grille les grains de café.* → **torréfier.** – *Ils ont servi des amandes grillées à l'apéritif.* **4.** STYLE FAMILIER *Griller une cigarette,* la fumer. *Pendant l'entracte, il a grillé une cigarette.* **5.** Mettre hors d'usage par un court-circuit ou un courant trop fort. *L'ampoule est grillée, il faut la changer.* **6.** *Griller un feu rouge,* le franchir sans s'arrêter. *Le chauffard grille tous les feux rouges.* → **brûler. 7.** STYLE FAMILIER *Être grillé :* être discrédité. *On ne le croira plus, il est complètement grillé, maintenant.*
II. 1. Cuire à chaleur vive. *Il a fait griller la viande au feu de bois. J'ai mis des châtaignes à griller.* **2.** *GRILLER DE :* être impatient de, avoir envie de. *Il savait que nous grillions d'impatience. J'en grille d'envie.* → **brûler.**

GRILLON [gʀijɔ̃] n. m. ▪ *UN GRILLON :* petit insecte noir qui vit dans les champs et dont le mâle fait un bruit strident en frottant ses ailes. *Le soir, quand il fait chaud, on entend les grillons.*

GRIMAÇANT [gʀimasɑ̃], **GRIMAÇANTE** [gʀimasɑ̃t] adj. (après le nom) ▪ Qui fait des grimaces. *Le clown a un visage grimaçant.*

GRIMACE [gʀimas] n. f. ▪ *UNE GRIMACE :* expression déformée du visage due à la contorsion de certains muscles de la face. *Les enfants s'amusent à faire des grimaces. Il fait une grimace de dégoût.* – *FAIRE LA GRIMACE :* manifester son mécontentement, son dégoût. *Quand on lui a proposé ce poste, il a fait la grimace.*

GRIMACER [gʀimase] verbe [conjugaison 3a] ▪ Faire une grimace, des grimaces. *Dès qu'il bougeait, il grimaçait de douleur.*

GRIMER [gʀime] verbe [conjugaison 1a] **1.** Maquiller pour le théâtre ou le cinéma. *La maquilleuse grime les acteurs avant leur entrée en scène.* **2.** verbe pronominal *SE GRIMER :* se maquiller pour un spectacle. *Le clown se grime devant la glace. Elle s'est grimée.*

GRIMPANT [gʀɛ̃pɑ̃], **GRIMPANTE** [gʀɛ̃pɑ̃t] adj. (après le nom) ▪ (plante) Dont la tige s'élève en s'accrochant à un mur, à un balcon ou à un arbre. *Le lierre est une PLANTE GRIMPANTE. Une haie de rosiers grimpants s'élève contre la grille du jardin.*

GRIMPER [gʀɛ̃pe] verbe [conjugaison 1a] **1.** Monter à l'aide des mains et des pieds. *Les enfants aiment bien* GRIMPER AUX *arbres. Les pompiers grimpent à l'échelle et entrent dans l'appartement en feu.* – *Elle a grimpé l'escalier quatre à quatre.* → **gravir. 2.** (plante) S'élever en s'accrochant. *Le lierre grimpe le long du mur.* **3.** Monter sur un lieu élevé, d'accès difficile. *Les alpinistes grimpent jusqu'au sommet de la montagne.* → **escalader.** *Le chat a grimpé sur l'armoire.* **4.** (qqch.) S'élever sur une pente raide. *La voiture grimpe péniblement la côte.* **5.** S'élever en pente raide. *La route grimpe dur.* → **monter. 6.** (qqch.) Monter, augmenter rapidement. *Les prix ont encore grimpé.*

GRIMPEUR [gʀɛ̃pœʀ] n. m., **GRIMPEUSE** [gʀɛ̃pøz] n. f. ▪ *UN GRIMPEUR, UNE GRIMPEUSE* : alpiniste ou cycliste qui monte bien les pentes, les côtes. *Ce cycliste est un bon grimpeur.*

GRINÇANT [gʀɛ̃sɑ̃], **GRINÇANTE** [gʀɛ̃sɑ̃t] adj. (après le nom) **1.** Qui grince. *Mon vieux sommier a des ressorts grinçants.* **2.** Aigre, acerbe. *Je n'aime pas son ironie grinçante. Il nous a fait des compliments grinçants.*

GRINCEMENT [gʀɛ̃smɑ̃] n. m. ▪ *UN GRINCEMENT* : bruit fait par qqch. qui grince. *Le grincement de la porte l'a fait sursauter.* – *Il y aura des* GRINCEMENTS DE DENTS *quand il partira,* de la douleur, du mécontentement.

GRINCER [gʀɛ̃se] verbe [conjugaison 3a] **1.** Faire un son aigu et prolongé très désagréable. *La vieille poulie est rouillée, elle grince.* **2.** *GRINCER DES DENTS* : faire entendre un son en frottant les dents du bas contre celles du haut. *Son ex-mari grinçait des dents en dormant.*

GRINCHEUX [gʀɛ̃ʃø], **GRINCHEUSE** [gʀɛ̃ʃøz] adj. (après le nom) ▪ Mécontent et de mauvaise humeur. *C'est un vieillard grincheux qui se plaint toujours.* → **acariâtre, hargneux.** *Elle est grincheuse, ce matin.* → **bougon.**

GRINGALET [gʀɛ̃galɛ] n. m. ▪ *UN GRINGALET* : homme de petite taille, maigre et chétif. *Ce gringalet ne me fait pas peur.* → **avorton.**

GRIOTTE [gʀijɔt] n. f. ▪ *UNE GRIOTTE* : cerise à queue courte et à chair molle, très acidulée. *Elle étale de la confiture de griottes sur son pain.*

GRIPPE [gʀip] n. f. ▪ *LA GRIPPE* **1.** Maladie contagieuse, due à un virus, qui donne de la fièvre et des courbatures et rend très fatigué. *Il y a une épidémie de grippe en ce moment, vous devriez vous faire vacciner. Il a attrapé une bonne grippe. Elle a la grippe* (→ **grippé**). – *Il a une grippe intestinale,* accompagnée de troubles de l'intestin. **2.** *PRENDRE qqn, qqch. EN GRIPPE,* se mettre à le détester, à ne plus le supporter. *Son prof de maths l'a prise en grippe. Il a pris cet endroit en grippe.*

> FAUX AMI
> anglais **grip** « la prise »

GRIPPÉ [gʀipe], **GRIPPÉE** [gʀipe] adj. (après le nom) ▪ Atteint de la grippe. *Comme elle est grippée, elle est restée chez elle.*

SE **GRIPPER** [gʀipe] verbe pronominal [conjugaison 1a] ▪ (mécanisme) Se bloquer, se coincer par manque d'huile. *La serrure s'est grippée.*

GRIS [gʀi] adj. et n. m., **GRISE** [gʀiz] adj.
I. adjectif (après le nom) **1.** D'une couleur intermédiaire entre le blanc et le noir. *Il a mis son costume gris. Les souris et les éléphants sont gris. Le ciel est gris, il va pleuvoir.* – *Il fait gris* : le temps est couvert. **2.** *Cheveux gris,* avec beaucoup de cheveux blancs. *Il est encore jeune, mais il a déjà les cheveux gris.* **3.** Sans éclat, sans intérêt. *Elle mène une vie grise et morne.* → **terne.** – *FAIRE GRISE MINE À qqn,* lui faire un mauvais accueil. *Il nous a fait grise mine.* **4.** STYLE RECHERCHÉ (qqn) Un peu ivre. *Après deux coupes de champagne, elle se sent un peu grise.* → **éméché.**
II. *LE GRIS* : la couleur grise. *Elle est habillée en gris. Il a mis une cravate gris perle. Son costume est gris souris.*

GRISAILLE [gʀizaj] n. f. ▪ *LA GRISAILLE* **1.** Paysage gris et brumeux. *On aperçoit vaguement le clocher dans la grisaille.* ⟨contraires : couleur, éclat⟩ **2.** Atmosphère morne, caractère monotone. *La grisaille du quotidien l'ennuie.* → **monotonie, tristesse.**

GRISANT [gʀizɑ̃], **GRISANTE** [gʀizɑ̃t] adj. (après le nom) ▪ Qui enivre, excite. *Ces fleurs ont une odeur grisante.* – *La vitesse, c'est grisant.* → **excitant.** *Le succès a quelque chose de grisant.* → **exaltant.**

GRISÂTRE [gʀizɑtʀ] adj. (après le nom) ▪ Un peu gris. *Le salon a des murs grisâtres. Aujourd'hui, le ciel est grisâtre.*

GRIS-BLEU [gʀiblø] adj. invariable (après le nom) ▪ D'un gris un peu bleu. *La mer est gris-bleu.* PLURIEL : *des chaussettes gris-bleu.*

GRISÉ [gʀize] n. m. ▪ *UN GRISÉ* : teinte grise obtenue par des hachures, un pointillé (sur une carte, une gravure). *Les régions les plus peuplées sont représentées en grisé sur la carte.*

GRISER [gʀize] verbe [conjugaison 1a] **1.** STYLE RECHERCHÉ Enivrer, soûler. *Ce petit vin grise facilement.* **2.** Exciter, étourdir comme fait le vin. *Ses succès l'ont grisé. Il ne faut pas se laisser griser par la réussite.*

GRISERIE [gʀizʀi] n. f. ▪ *LA GRISERIE* **1.** Excitation qui ressemble à l'effet de l'alcool. *Il aime la griserie de la vitesse.* **2.** Exaltation qui altère le jugement. *La griserie du pouvoir menace les hommes politiques.*

GRISONNANT [gʀizɔnɑ̃], **GRISONNANTE** [gʀizɔnɑ̃t] adj. (après le nom) ▪ Qui commence à devenir gris. *Son mari a les cheveux grisonnants. Mon père a les tempes grisonnantes.* – *C'est un homme grisonnant,* aux cheveux qui deviennent gris.

GRISONNER [gʀizɔne] verbe [conjugaison 1a] ▪ (cheveux) Commencer à devenir gris. *Il n'a que trente ans, mais ses cheveux grisonnent déjà.* – *Il grisonne* : ses cheveux deviennent gris.

GRISONS [gʀizɔ̃] nom propre masculin pluriel – en allemand **GRAUBÜNDEN** ▪ *LES GRISONS* : canton du sud-est de la Suisse. *Davos et Saint-Moritz sont dans les Grisons. Nous revenons des Grisons.* – *Viande des Grisons* : viande séchée de bœuf, originaire de Suisse et servie coupée en tranches très fines. *Le charcutier vend de la viande des Grisons.*

GRISOU [gʀizu] n. m. ▪ *LE GRISOU* : gaz naturel qui se dégage dans les mines de charbon. *Le grisou peut exploser au contact de l'air.* – *UN COUP DE GRISOU* : explosion due au grisou. *Un coup de grisou a tué trois mineurs.*

GRIVE [gʀiv] n. f. ▪ *UNE GRIVE* : oiseau au plumage brun parsemé de noir. *La grive est un passereau. Les grives picorent des grains de raisin dans les vignes. Le pâté de grive est très bon.*

GRIVOIS [gʀivwa], **GRIVOISE** [gʀivwaz] adj. (après le nom) ▪ D'une gaieté un peu osée. *À la fin du repas, il a raconté des histoires grivoises.* → **égrillard, gaulois, leste ;** STYLE FAMILIER **cochon.**

GRIZZLI [gʀizli] n. m. ▪ *UN GRIZZLI* : grand ours gris des montagnes d'Amérique du Nord. *Les grizzlis sont très dangereux.*
REM. On écrit aussi *grizzly* (pluriel : *des grizzlys*).

GROENLAND [grɔɛnlɑ̃d] nom propre masculin – en danois **GRØNLAND** « terre verte ». *LE GROENLAND* : grande île danoise située au nord-est de l'Amérique. *Ils sont allés au Groenland. Il revient du Groenland.*

GROG [gʀɔg] n. m. ▪ *UN GROG* : boisson faite avec de l'eau chaude sucrée, du citron et du rhum. *Nous avons bu des grogs pour nous réchauffer.*

REM. *Grog* est un mot qui vient de l'anglais *Old Grog*, surnom de l'amiral Vernon, qui obligeait ses marins à mettre de l'eau dans leur rhum.

GROGGY [gʀɔgi] adj. invariable (après le nom) **1.** Étourdi par les coups, prêt à s'écrouler. *Le boxeur groggy ne s'est pas relevé pour le round suivant.* **2.** STYLE FAMILIER Étourdi par la fatigue ou l'ivresse. *Après deux coupes de champagne, elle est complètement groggy.* PLURIEL : *ils sont groggy.*

REM. *Groggy* est un mot anglais qui signifie « ivre ».

GROGNEMENT [gʀɔɲmɑ̃] n. m. ▪ *UN GROGNEMENT* **1.** Cri du cochon, du sanglier et de l'ours, qui ressemble à un ronflement bref et sourd. *Le porc pousse des grognements.* **2.** Bruit que fait une personne mécontente qui grogne. *On entend des grognements de protestation dans la foule.*

GROGNER [gʀɔɲe] verbe [conjugaison 1a] **1.** (cochon, sanglier, ours) Pousser son cri. *L'ours grogne dans sa cage, au zoo.* – *Le chien grogne quand des inconnus s'approchent de la maison,* il fait un bruit sourd et prolongé avec sa gorge. → **gronder.** **2.** (qqn) Manifester son mécontentement en murmurant sourdement. *Mon fils a obéi en grognant.* → **bougonner, grommeler ;** STYLE FAMILIER **râler, rouspéter.** *Il ne supporte pas que nous grognions contre lui.*

GROGNON [gʀɔɲɔ̃] adj. (après le nom) ▪ Qui grogne souvent, qui est de mauvaise humeur. *Elle est grognon, ce matin.* → **bougon, grincheux.** *Ces enfants sont grognons.* – *Il a l'air grognon.* → **maussade.**

REM. Le féminin *grognonne* existe mais s'emploie très peu.

GROIN [gʀwɛ̃] n. m. ▪ *LE GROIN* : museau du porc, du sanglier. *Le porc fouille le sol avec son groin.*

GROMMELER [gʀɔmle] verbe [conjugaison 4a] ▪ Murmurer, se plaindre entre ses dents. *Il a obéi en grommelant.* → **bougonner, grogner ;** STYLE FAMILIER **râler.** – *Il grommelle des injures.* → **marmonner.**

GRONDEMENT [gʀɔ̃dmɑ̃] n. m. ▪ *UN GRONDEMENT* : bruit sourd et prolongé. *Le chien émet des grondements menaçants si on s'approche de la maison.* → **grognement.** *On entend au loin le grondement du tonnerre.*

GRONDER [gʀɔ̃de] verbe [conjugaison 1a] **1.** Faire un bruit sourd et menaçant. *Le chien gronde en montrant les dents.* → **grogner.** – *Le tonnerre gronde au loin.* **2.** (qqch.) Être menaçant, prêt à éclater. *La révolte gronde chez les prisonniers.* **3.** (qqn) Réprimander (qqn, un enfant), lui faire des reproches. *Elle a grondé son fils qui a désobéi. Si tu touches à ça, tu vas te faire gronder.* → STYLE FAMILIER **disputer, engueuler.**

FAUX AMI : italien **grondare** « couler »

GRONINGUE [gʀɔnɛ̃g] nom propre – en néerlandais **GRONINGEN** ▪ Ville des Pays-Bas, au nord de la Frise. *Nous sommes allés à Groningue. Il revient de Groningue.*

GROOM [gʀum] n. m. ▪ *UN GROOM* : jeune employé en uniforme, chargé d'ouvrir les portes et de faire les courses dans certains hôtels ou restaurants. *Le groom a monté les bagages des clients dans leur chambre.*

REM. *Groom* est un mot anglais qui veut dire « jeune homme, valet ».

GROS [gʀo] adj., adverbe et n. m., **GROSSE** [gʀos] adj. et n. f.

I. adjectif (avant le nom, parfois après le nom) **1.** Qui dépasse la mesure, occupe beaucoup de place. *Le ciel est rempli de gros nuages. Le voyageur a une grosse valise.* → **volumineux.** *Il a une grosse voiture. Nos voisins ont un gros chat noir.* ⟨contraire : petit⟩ **2.** (qqn) Qui est plus large ou plus gras que la moyenne. *C'est un homme grand et gros.* → **corpulent, gras.** *Une grosse dame m'a indiqué le chemin.* ⟨contraires : maigre, mince⟩ *Elle est devenue très grosse.* → **obèse.** – *Il a un gros ventre.* → **rebondi.** *Elle a une grosse poitrine.* → **fort, opulent.** – (figuré) *Il a LE CŒUR GROS* : il a du chagrin. **3.** Désignant une catégorie de grande taille. *Mettez une poignée de GROS SEL dans l'eau.* ⟨contraire : fin⟩ *L'intestin est formé du GROS INTESTIN et de l'intestin grêle.* **4.** (qqch.) Anormalement gros, momentanément gros. *La mer est grosse,* agitée. *Les bateaux ne sortent pas par GROS TEMPS,* quand le temps est très mauvais. **5.** Abondant, important. *Tout à l'heure, il y a eu une grosse averse. Il a un gros appétit* : il mange beaucoup. *Ils ont une grosse fortune. C'est une grosse somme.* → **considérable.** *Nous avons fait de gros travaux dans la maison.* → **grand, important.** – *Le plus gros du travail est fait,* l'essentiel, le principal. **6.** (qqn) *Un gros buveur, un gros mangeur* : qqn qui boit, qui mange beaucoup. *Ce sont tous de gros mangeurs, dans la famille.* → **grand.** – *C'est un gros propriétaire.* → **riche.** *Il est en révolte contre les gros capitalistes.* **7.** Dont les effets sont importants. *Il a une grosse voix,* une voix forte et grave. *Sa fille a une grosse fièvre.* → **violent.** *Elle a poussé un gros soupir.* → **profond.** ⟨contraire : léger⟩ *C'est une grosse erreur.* → **grave, grossier.** *Ils ont de gros ennuis.* **8.** Qui manque de raffinement, de délicatesse. *Elle déteste les grosses plaisanteries.* → **vulgaire.** – *GROS MOT* : mot grossier. *Ne dis pas de gros mots.* – *C'est gros, c'est un peu gros,* difficile à croire.

II. adverbe **1.** *Écrire gros,* en faisant de grandes lettres. *Écrivez moins gros.* – *Ça peut rapporter gros,* beaucoup. *Il risque gros* : il risque de graves difficultés. – *Elle en A GROS SUR LE CŒUR* : elle a du chagrin. **2.** *EN GROS* : en grandes dimensions. *Les titres du journal sont écrits en gros.* – *Ce magasin fait-il de la vente en gros ou au détail ?* en grandes quantités (→ **grossiste**). – *C'est vrai en gros,* globalement, sans entrer dans le détail. → **grosso modo.**

III. *UN GROS, UNE GROSSE* **1.** Personne grosse. *Sa femme est une petite grosse. C'est un bon gros.* – STYLE FAMILIER *Regarde ce gros plein de soupe,* cet homme gros. **2.** STYLE FAMILIER (au pluriel) LES GROS : les gens riches. *Les pauvres paient toujours pour les gros.*

IV. *LE GROS* **1.** *LE GROS DE* : la plus grande partie de. *Le gros des troupes est loin derrière.* **2.** *COMMERCE DE GROS* : achat et vente de marchandises en grandes quantités (opposé à commerce de détail). *J'ai acheté ça dans un magasin de gros. J'ai eu ce manteau au PRIX DE GROS,* au prix payé par les grossistes.

FAUX AMI : allemand **gross** « grand »

GROSEILLE [gʀozɛj] n. f. ▪ *UNE GROSEILLE* : petit fruit rouge ou blanc au goût acide, qui pousse en grappes sur les groseilliers. *Il met de la gelée de groseilles sur son pain.*

GROSEILLIER [gʀozeje] n. m. ▪ *UN GROSEILLIER* : petit arbre sur lequel poussent les groseilles. *Ils ont des groseilliers dans leur jardin.*

REM. Attention au *i* après *ll*.

GROS-PORTEUR [gʀopɔʀtœʀ] n. m. ▪ *UN GROS-PORTEUR* : avion de transport de grande capacité. *Un gros-porteur va atterrir.* PLURIEL : *l'aéroport accueille les gros-porteurs.*

GROSSESSE [gʀosɛs] n. f. ▪ *LA GROSSESSE :* état d'une femme qui attend un bébé **(→ ② enceinte).** *Elle est au sixième mois de grossesse. Ses grossesses se sont bien passées. Elle a eu une INTERRUPTION VOLONTAIRE DE GROSSESSE :* elle a avorté volontairement **(→ I. V. G.).**

GROSSEUR [gʀosœʀ] n. f. **1.** *LA GROSSEUR :* volume, dimension. *Ces œufs sont tous de la même grosseur. Cet appareil photo a la grosseur d'une boîte d'allumettes.* **→ taille. 2.** *UNE GROSSEUR :* petite boule sous la peau que l'on sent quand on la touche. *Elle a une grosseur sous l'aisselle.*

GROSSIER [gʀosje], **GROSSIÈRE** [gʀosjɛʀ] adj. (après le nom ou avant le nom) **1.** Qui est de mauvaise qualité ou fabriqué de manière rudimentaire. *Les hommes des cavernes avaient des outils grossiers.* **→ rudimentaire.** ⟨contraire : perfectionné⟩ *C'est une grossière imitation du modèle original.* **→ maladroit. 2.** Qui n'est pas assez élaboré, approfondi. *J'ai une grossière idée du projet.* **→ sommaire. 3.** Qui manque de finesse, de grâce. *Il a un visage aux traits grossiers.* **→ épais, lourd. 4.** Énorme, grave. *C'est une grossière erreur de faire ça.* **5.** Qui est contraire à la pudeur, à la bienséance. *Cet enfant dit beaucoup de MOTS GROSSIERS,* de gros mots. **→ ordurier.** *Il nous a fait un geste grossier.* **→ obscène. 6.** (qqn) Mal élevé, impoli. *Quel grossier personnage !* **(→ goujat).** ⟨contraires : civil, courtois, délicat⟩

GROSSIÈREMENT [gʀosjɛʀmɑ̃] adverbe ▪ De manière grossière, impolie. *Il m'a répondu grossièrement. Cet enfant parle grossièrement,* il dit beaucoup de mots grossiers.

GROSSIÈRETÉ [gʀosjɛʀte] n. f. ▪ *LA GROSSIÈRETÉ* **1.** Impolitesse, mauvaise éducation. *La grossièreté de ses manières nous a beaucoup choqués.* ⟨contraires : délicatesse, politesse⟩ *Il a répondu à sa mère avec grossièreté,* en disant des mots grossiers. *Personne n'a apprécié la grossièreté de la plaisanterie.* **→ obscénité, vulgarité. 2.** *UNE GROSSIÈRETÉ :* un mot grossier. *Arrête de dire des grossièretés.*

GROSSIR [gʀosiʀ] verbe [conjugaison 2] **1.** Devenir gros, plus gros. *Si nous mangeons trop, nous grossissons.* **→ engraisser.** ⟨contraire : maigrir⟩ *Elle a GROSSI DE deux kilos. Je la trouve grossie. Le sucre fait grossir. – La rivière grossit quand il pleut beaucoup.* **→ enfler. 2.** (qqch.) Augmenter. *La foule des badauds grossit à vue d'œil.* **3.** (qqch.) Rendre plus gros. *La fonte des neiges a grossi le torrent.* **→ gonfler. 4.** Faire paraître plus gros. *Sa robe lui va mal, elle la grossit.* ⟨contraire : amincir⟩ *Ce microscope grossit mille fois les objets.* **5.** Rendre plus nombreux. *La fermeture de l'usine grossira le nombre des chômeurs.* **→ accroître, augmenter. 6.** Donner trop d'importance à. *Les journaux ont grossi la nouvelle.* **→ amplifier, exagérer.** ⟨contraire : minimiser⟩

GROSSISSANT [gʀosisɑ̃], **GROSSISSANTE** [gʀosisɑ̃t] adj. (après le nom) ▪ Qui fait paraître plus gros. *Les horlogers travaillent avec des verres grossissants. Cette robe est grossissante.* ⟨contraire : amincissant⟩

GROSSISSEMENT [gʀosismɑ̃] n. m. ▪ *LE GROSSISSEMENT* **1.** Augmentation de taille, de volume. *Les médecins sont inquiets du grossissement de la tumeur.* **2.** Action de rendre plus gros. *Ce microscope a un très fort grossissement,* il fait paraître les objets beaucoup plus gros.

GROSSISTE [gʀosist] n. m., n. f. ▪ *UN GROSSISTE, UNE GROSSISTE :* commerçant, commerçante qui vend des marchandises en gros (opposé à détaillant). *Les grossistes achètent leurs stocks de marchandises chez le fabricant.*

GROSSO MODO [gʀosomɔdo] adverbe ▪ En gros, sans entrer dans les détails. *Explique-nous, grosso modo, de quoi il s'agit.* ⟨contraires : exactement, précisément⟩

GROTESQUE [gʀɔtɛsk] adj. (après le nom) ▪ Qui fait rire, ridicule. *Elle est grotesque, avec ce chapeau. C'est une idée grotesque.*

GROTTE [gʀɔt] n. f. ▪ *UNE GROTTE :* grande cavité naturelle, creusée dans un rocher ou au flanc d'une montagne. *Les hommes préhistoriques vivaient dans des grottes.* **→ caverne.** *Les spéléologues ont exploré la grotte.*

GROUILLANT [gʀujɑ̃], **GROUILLANTE** [gʀujɑ̃t] adj. (après le nom) ▪ Qui grouille, remue en masse confuse. *Une foule grouillante marche dans les rues. –* (lieu) *Les rues sont GROUILLANTES DE MONDE,* pleines de monde.

GROUILLEMENT [gʀujmɑ̃] n. m. ▪ *LE GROUILLEMENT :* état de ce qui grouille. *Il observe le grouillement des fourmis.*

GROUILLER [gʀuje] verbe [conjugaison 1a] **1.** Être en très grand nombre et remuer. *La foule grouille dans les rues. Les vers grouillent sur la viande avariée.* **→ fourmiller. 2.** *GROUILLER DE :* être plein de, abonder en (êtres en mouvement). *Les rues grouillent de monde à cette heure-ci. Ce camembert grouille d'asticots.* **3.** STYLE FAMILIER verbe pronominal SE GROUILLER : se dépêcher. *Allez, grouille-toi, on va être en retard !* → STYLE FAMILIER se **dégrouiller,** se **magner.** *Elle s'est grouillée pour arriver à l'heure.*

GROUPE [gʀup] n. m. ▪ *UN GROUPE* **1.** Ensemble de personnes réunies dans un même lieu. *Un groupe de touristes visite le musée. Les invités discutent par petits groupes.* **2.** Ensemble de personnes qui ont qqch. en commun. *Un groupe d'intellectuels a signé une pétition. Plusieurs groupes politiques soutiennent le gouvernement.* **→ parti.** *Cette entreprise fait partie d'un important groupe financier. Son fils joue de la batterie dans un groupe de rock.* **→ orchestre.** *Cet écrivain n'appartient à aucun groupe.* **→ école.** *Elle aime beaucoup travailler en groupe.* **→ équipe. 3.** Ensemble de choses de même nature. *Nous habitons dans un groupe d'immeubles neufs. Le GROUPE SCOLAIRE*

> *les groupes de mots*
>
> Une phrase est formée de **groupes de mots.** On distingue le **groupe du verbe,** le **groupe du nom,** le **groupe prépositionnel** et le **groupe de l'adjectif.**
>
> Le **groupe du verbe** peut être formé du verbe seul *(Le vent* ***souffle****)* ou du verbe et de ses compléments *(Le vent* ***souffle fort****, elle* ***aime la musique****, il* ***ressemble à sa sœur****, je* ***dis que tu as tort****).*
>
> Le **groupe du nom** est formé du déterminant et du nom ou d'un pronom *(****Le vent*** *souffle.* ***Il*** *souffle fort).*
> Parfois, le nom est complété par :
> un groupe adjectif épithète *(****Un vent très violent*** *soufflait)*
> un groupe prépositionnel *(****Le vent de décembre*** *hurle)*
> une proposition relative *(****Le vent qui vient du nord*** *est froid)*
> Le groupe du nom peut être :
> sujet du verbe *(****Le vent*** *souffle),* complément d'objet direct du verbe *(Le vent soulève* ***de grosses vagues****),* attribut du sujet *(Le ruisseau devient* ***une rivière****),* complément de la phrase *(Le vent a soufflé* ***ce matin****).*
>
> Le **groupe prépositionnel** est formé d'une préposition et d'un groupe du nom. Il peut être :
> complément du nom *(Le vent* ***de décembre*** *hurle)*
> complément indirect du verbe *(Il ressemble* ***à sa sœur****)*
> attribut du sujet *(La rivière est* ***à sec****)*
> complément de la phrase *(Le vent a soufflé* ***pendant trois jours****).*
>
> Le **groupe de l'adjectif** est formé de :
> l'adjectif *(Un vent* ***froid*** *souffle)*
> l'adjectif et d'un adverbe *(Un vent* ***très fort*** *souffle)*
> l'adjectif et de son complément *(On entend un bruit* ***semblable à un craquement****).*
> Le groupe de l'adjectif peut être :
> épithète du nom *(Un vent* ***très fort*** *souffle)*
> attribut du sujet *(Aujourd'hui, le vent est* ***bien plus fort****).*

est au bout de la rue, les bâtiments de l'école. **4.** *GROUPE SANGUIN :* classification des personnes selon la composition de leur sang. *Il appartient au groupe sanguin A.* **5.** *GROUPE DE VERBES :* ensemble de verbes qui font partie de la même catégorie. *En français, on apprend qu'il y a trois groupes de verbes :* premier groupe les verbes en *-er* (assez réguliers) ; deuxième groupe les verbes en *-ir* comme *finir* (réguliers) et le troisième groupe, tous les autres verbes. → **conjugaison.**

GROUPEMENT [gʀupmɑ̃] n. m. ▪ *UN GROUPEMENT* **1.** Réunion d'un grand nombre de personnes qui agissent ensemble. *Il appartient à un groupement syndical.* → **association, groupe.** **2.** Action de mettre ensemble, de rassembler. *Un groupement de commandes donne droit à une réduction du prix.*

GROUPER [gʀupe] verbe [conjugaison 1a] **1.** Mettre ensemble. *Je groupe tous ces livres sur une étagère.* → **rassembler, réunir.** ⟨contraire : disperser⟩ *Le professeur groupe ses élèves autour de lui.* → **regrouper.** **2.** verbe pronominal SE GROUPER : (qqn) se rassembler. *Groupez-vous autour de moi !* ⟨contraires : se disperser, s'éparpiller⟩ *Les élèves se sont groupés devant l'entrée de l'école.*

GRUAU [gʀyo] n. m. ▪ *LE GRUAU :* farine de froment très fine. *Les enfants aiment beaucoup manger du pain de gruau pour leur goûter.* PLURIEL : *des GRUAUX.*

① **GRUE** [gʀy] n. f. ▪ *UNE GRUE :* grand oiseau migrateur à longues pattes, qui vole par bandes. *La grue est un échassier.* – *FAIRE LE PIED DE GRUE :* attendre longtemps debout au même endroit. *Nous avons fait le pied de grue pendant une heure et il n'est pas venu.*

REM. Autrefois, ce mot désignait aussi une prostituée, par allusion à l'attente prolongée de la fille qui *fait le pied de grue.* De nos jours, on traite encore de *grue* une femme entretenue.

② **GRUE** [gʀy] n. f. ▪ *UNE GRUE :* machine qui sert à lever des objets très lourds. *La grue soulève les blocs de pierre sur le chantier.*

GRUGER [gʀyʒe] verbe [conjugaison 3b] ▪ STYLE RECHERCHÉ Tromper (qqn) en affaires. *Le notaire malhonnête grugeait tous ses clients.* → **berner, spolier, voler ;** STYLE RECHERCHÉ **duper.**

GRUMEAU [gʀymo] n. m. ▪ *UN GRUMEAU :* petite boule de matière qui ne peut pas se mélanger avec un liquide. *Il y a un grumeau dans la pâte à crêpes.* PLURIEL : *la farine fait des GRUMEAUX dans le lait.*

GRUTIER [gʀytje] n. m., **GRUTIÈRE** [gʀytjɛʀ] n. f. ▪ *UN GRUTIER, UNE GRUTIÈRE :* ouvrier, ouvrière qui manœuvre une grue. *Le grutier est assis dans la cabine de la grue.*

GRUYÈRE [gʀyjɛʀ] n. m. ▪ *LE GRUYÈRE :* fromage de lait de vache, à pâte cuite, percé de trous, fabriqué en Suisse. *Le cuisinier met du gruyère râpé dans les pâtes. L'emmental ressemble au gruyère.*

GUADELOUPÉEN [gwadlupeɛ̃] adj. et n. m., **GUADELOUPÉENNE** [gwadlupeɛn] adj. et n. f. **1.** adjectif (après le nom) De la Guadeloupe, archipel français des Antilles. *La Soufrière est un volcan guadeloupéen.* **2.** *UN GUADELOUPÉEN, UNE GUADELOUPÉENNE :* une personne habitant la Guadeloupe. *Les Guadeloupéens.*

GUATÉMALTÈQUE [gwatemaltɛk] adj., n. m. et n. f. **1.** adjectif (après le nom) Du Guatemala. *Les Indiens représentent la moitié de la population guatémaltèque.* **2.** *UN GUATÉMALTÈQUE, UNE GUATÉMALTÈQUE :* une personne habitant le Guatemala. *Les Guatémaltèques.*

GUÉ [ge] n. m. ▪ *UN GUÉ :* partie d'une rivière où le niveau de l'eau est assez bas pour que l'on puisse traverser à pied. *Les chevaux sont au milieu du gué. Nous avons pu passer À GUÉ,* à pied.

GUENILLES [gənij] n. f. pluriel ▪ *LES GUENILLES :* vêtements sales et déchirés. *Un clochard en guenilles dort sur le banc.* → **haillons.** *Je jette ces guenilles dégoûtantes.*

GUENON [gənɔ̃] n. f. ▪ *UNE GUENON* **1.** Femelle du singe. *Regarde le chimpanzé et la guenon qui jouent dans l'arbre.* **2.** STYLE FAMILIER Femme très laide. *C'est une vraie guenon !* → **laideron.**

GUÉPARD [gepaʀ] n. m. ▪ *UN GUÉPARD :* animal au pelage roux tacheté de noir, qui ressemble à la panthère mais qui a le corps plus haut sur pattes et la tête plus petite. *Le guépard est un félin. Le guépard est le plus rapide des animaux : il peut courir à la vitesse de cent dix kilomètres à l'heure.*

GUÊPE [gɛp] n. f. ▪ *UNE GUÊPE* **1.** Insecte au corps rayé jaune et noir, dont la femelle porte un aiguillon venimeux. *Il a été piqué par une grosse guêpe.* → **frelon.** – *Sa fille a une TAILLE DE GUÊPE,* une taille très fine. **2.** STYLE FAMILIER *Pas folle la guêpe !* il est trop intelligent, elle est trop intelligente pour se laisser tromper.

GUÊPIER [gepje] n. m. ▪ *UN GUÊPIER* **1.** Nid de guêpes. *Les pompiers enfument le guêpier pour le détruire.* **2.** Situation embarrassante, position critique. *Ils se sont fourrés dans un guêpier.* → **piège.**

GUÈRE [gɛʀ] adverbe ▪ STYLE RECHERCHÉ *NE... GUÈRE :* pas beaucoup, pas très. *Tu n'es guère gentil avec ta sœur. Son chat n'a guère plus d'un an. Ce mot ne se dit guère. Ils ne viennent guère nous voir,* pas souvent.

REM. *Guerre* « conflit » se prononce de la même façon.

GUÉRI [geʀi], **GUÉRIE** [geʀi] adj. (après le nom) ▪ Qui n'est plus malade. *Il a été très malade, le voilà enfin guéri,* il est rétabli.

GUÉRIDON [geʀidɔ̃] n. m. ▪ *UN GUÉRIDON :* petite table ronde avec un pied central. *Le téléphone est sur le guéridon.*

GUÉRILLA [geʀija] n. f. ▪ *UNE GUÉRILLA :* guerre où les combattants organisent sans cesse de petites attaques contre les soldats ennemis, sans jamais s'opposer à eux dans une vraie bataille. *Les partisans ont mené une guérilla sanglante.*

GUÉRILLERO [geʀijeʀo] n. m. ▪ *UN GUÉRILLERO :* combattant d'une guérilla. → **franc-tireur.** *Une troupe de guérilleros est cachée à la sortie du village.*

GUÉRIR [geʀiʀ] verbe [conjugaison 2] **1.** Aller mieux, être à nouveau en bonne santé. *Soigne-toi bien, il faut que tu guérisses vite.* → se **rétablir.** *Elle a guéri de son cancer.* – *Avant l'invention des antibiotiques, de nombreuses maladies ne guérissaient pas.* **2.** Délivrer (qqn) d'une maladie. *Le médecin a guéri mon père. Ce traitement vous guérira de vos allergies.* **3.** Faire cesser (une maladie). *Ce médicament guérit la bronchite.* **4.** *GUÉRIR qqn DE,* le débarrasser de (une manie, un défaut). *Il faut la guérir de sa timidité maladive.* **5.** verbe pronominal SE GUÉRIR : (maladie) pouvoir être soigné et arrêté. *Ton rhume se guérira vite. Sa grippe s'est enfin guérie.*

GUÉRISON [geʀizɔ̃] n. f. ▪ *LA GUÉRISON :* le fait de guérir, de ne plus être malade. *Sa guérison a été rapide.* → **rétablissement.** *Meilleure santé et bonne guérison !*

GUÉRISSEUR [geʀisœʀ] n. m., **GUÉRISSEUSE** [geʀisøz] n. f. ▪ *UN GUÉRISSEUR, UNE GUÉRISSEUSE :* une personne qui n'est pas médecin et qui prétend pouvoir guérir les malades par des moyens non reconnus par la médecine. *Il est allé voir un guérisseur pour son mal de dos.*

GUÉRITE [geʀit] n. f. ▪ *UNE GUÉRITE :* petit abri pour une sentinelle. *Le soldat monte la garde devant sa guérite.*

GUERRE [gɛʀ] n. f. ▪ *LA GUERRE* **1.** Lutte armée entre des États ou entre des groupes sociaux. (contraire : paix) *En 1939, la France a DÉCLARÉ LA GUERRE à l'Allemagne. La guerre a éclaté entre les deux pays. Ces pays sont EN GUERRE depuis plusieurs mois,* ils se battent depuis plusieurs mois. *Son grand-père a FAIT LA GUERRE,* a participé à la guerre. *C'est un peuple qui aime faire la guerre* (→ **belliqueux**). *Faites l'amour, pas la guerre* (slogan de 1968). *Son fils est mort à la guerre. La SECONDE GUERRE MONDIALE a commencé en 1939 et a fini en 1945. Une guerre nucléaire pourrait détruire toute la planète. Le pays est ravagé par une GUERRE CIVILE,* une guerre entre ses citoyens. **2.** Lutte entre groupes sociaux ou entre États, qui ne va pas jusqu'au conflit armé. *LA GUERRE FROIDE :* l'état de tension qui a existé entre l'U. R. S. S. et les États-Unis. **3.** Désaccord (entre des personnes). *Ils ne se parlent plus : entre eux, c'est la guerre.* – *Elle lui FAIT LA GUERRE pour qu'il soit plus poli,* elle le harcèle. *Il est en guerre contre les abus,* il fait tout ce qu'il peut pour les supprimer. **4.** *DE GUERRE LASSE :* en renonçant à résister. *J'ai accepté de guerre lasse.* – *DE BONNE GUERRE :* sans hypocrisie ni traîtrise. *Il est le seul à avoir été félicité, mais c'est de bonne guerre.* – *À LA GUERRE COMME À LA GUERRE :* il faut accepter les inconvénients qu'imposent les circonstances. *Tous les lits sont occupés, mais, à la guerre comme à la guerre, tu dormiras sur le tapis !*

GUERRIER [gɛʀje] n. m. et adj., **GUERRIÈRE** [gɛʀjɛʀ] adj.
I. *UN GUERRIER :* homme dont le métier était de faire la guerre. *Les guerriers gaulois étaient courageux.* → **combattant, soldat.**
II. adjectif (après le nom) **1.** Qui aime faire la guerre. *Les Huns étaient un peuple guerrier.* → **belliqueux.** (contraire : pacifique) **2.** Relatif à la guerre. *« La Marseillaise » est un chant guerrier.*

GUERROYER [gɛʀwaje] verbe [conjugaison 8a] ▪ STYLE RECHERCHÉ Faire la guerre. *Les seigneurs guerroient contre leurs vassaux. Notre bon roi guerroyait sans cesse.*

GUET [gɛ] n. m. ▪ *FAIRE LE GUET :* surveiller pour voir si quelqu'un approche. *Un complice fait le guet pendant que les voleurs font le cambriolage.*

GUET-APENS [gɛtapɑ̃] n. m. invariable ▪ *UN GUET-APENS :* piège tendu à qqn pour qu'il y tombe par surprise. *On l'a attiré dans un guet-apens.* PLURIEL : *des guet-apens.*

GUÊTRE [gɛtʀ] n. f. ▪ *UNE GUÊTRE :* enveloppe de tissu ou de cuir qui recouvre le haut de la chaussure et parfois le bas de la jambe. *Autrefois, les hommes portaient des guêtres.*

GUETTER [gete] verbe [conjugaison 1a] **1.** Observer en cachette pour surprendre. *Le chat guette la souris.* → **épier. 2.** Attendre avec impatience (qqn, qqch.) en faisant attention de ne pas laisser échapper. *Je guette le facteur.* **3.** (qqch.) Attendre (qqn) en faisant peser une menace sur lui. *Des problèmes les guettent.* → **menacer.**

REM. Le nom *gaieté* « bonne humeur » se prononce de la même façon.

GUEULANTE [gœlɑ̃t] n. f. ▪ STYLE FAMILIER *UNE GUEULANTE :* une explosion de colère. *Le professeur a POUSSÉ UNE GUEULANTE contre les élèves qui arrivent toujours en retard.*

GUEULE [gœl] n. f.
I. *LA GUEULE :* bouche de certains animaux. *Le lion tient la gazelle dans sa gueule.* – *Tu t'es JETÉ DANS LA GUEULE DU LOUP :* tu t'es précipité dans un danger, de manière imprudente.
II. STYLE FAMILIER **1.** Bouche (de qqn). *Ce piment arrache la gueule. Il s'est bourré la gueule :* il a bu trop d'alcool, il s'est enivré. *Ce matin il a la GUEULE DE BOIS,* il a la bouche sèche parce qu'il a trop bu d'alcool. *FERME TA GUEULE !* tais-toi ! **2.** Visage, figure. *Son fils a une bonne gueule. Ils font tous une GUEULE D'ENTERREMENT :* ils ont l'air sinistre. *Pourquoi est-ce que tu FAIS LA GUEULE ?* pourquoi boudes-tu ? *Elle S'EST CASSÉ LA GUEULE :* elle est tombée. *Si tu continues, je vais TE CASSER LA GUEULE,* te frapper. *Il en a PRIS PLEIN LA GUEULE :* il a subi de nombreux affronts, il a eu beaucoup d'ennuis. *T'as fini de te FOUTRE DE MA GUEULE !* de te moquer de moi. **3.** Aspect, forme de (qqch.). *Ce chapeau a une drôle de gueule.* – Bel aspect. *Leur appartement A DE LA GUEULE,* il est beau, il fait de l'effet. → **allure.**

GUEULER [gœle] verbe [conjugaison 1a] ▪ STYLE FAMILIER **1.** Parler très fort, chanter très fort. → **crier.** *Arrête de gueuler, je ne suis pas sourde !* → **hurler ;** STYLE FAMILIER **brailler.** *Il GUEULE CONTRE tout,* il proteste. → STYLE FAMILIER **rouspéter. 2.** Dire (qqch.) en criant. *Le caporal gueule ses ordres.* → **vociférer. 3.** Produire un grand bruit. *Les voisins font gueuler leur poste de radio.*

GUEULETON [gœltɔ̃] n. m. ▪ STYLE FAMILIER *UN GUEULETON :* bon repas que l'on fait entre amis. *On s'est payé un bon gueuleton au restaurant.*

GUI [gi] n. m. ▪ *LE GUI :* plante parasite à boules blanches et à feuilles toujours vertes, qui pousse sur les branches de certains arbres (pommiers, peupliers, poiriers, etc.). *On décore la maison avec du houx et du gui pour fêter la nouvelle année.*

GUIBOLLE [gibɔl] n. f. ▪ STYLE FAMILIER *UNE GUIBOLLE :* une jambe. *Ce matin, je ne tiens pas sur mes guibolles. Elle a de jolies guibolles !*

REM. On peut écrire aussi *guibole.*

GUICHET [giʃɛ] n. m. ▪ *UN GUICHET :* petite ouverture par laquelle le public communique avec les employés d'une poste, d'une gare, d'une banque, d'un théâtre. *Faites la queue au guichet pour acheter votre billet.* – *Ce théâtre joue À GUICHETS FERMÉS,* toutes les places disponibles ont été louées.

GUIDE [gid] n. m., n. f. **1.** *UN GUIDE, UNE GUIDE :* une personne qui accompagne (qqn) pour montrer le chemin, faire visiter, donner des renseignements. *Les touristes donnent un pourboire au guide à la sortie du musée. Suivez le guide ! Les randonneurs sont partis en excursion avec un GUIDE (DE MONTAGNE),* avec un alpiniste professionnel. **2.** *UN GUIDE :* livre qui donne des renseignements, des informations pratiques. *Ils ont acheté un guide touristique du Japon. Je cherche un restaurant dans mon guide gastronomique.* **3.** *UNE GUIDE :* jeune fille qui appartient à un mouvement féminin de scoutisme. *Leur fille est guide.*

GUIDER [gide] verbe [conjugaison 1a] **1.** Accompagner en montrant le chemin. *Une jeune femme guide les visiteurs dans le musée.* **2.** Faire aller dans une certaine direction. *Le cavalier guide son cheval.* → **diriger.** *La fusée est guidée par radio depuis la Terre.* → **téléguider. 3.** Entraîner dans une certaine direction morale. *Les professeurs guident les étudiants dans le choix d'une carrière.* → ② **conseiller, orienter.** *Il se laisse guider par son instinct.* → **conduire.**

FAUX AMI
italien **guidare**
« conduire un véhicule »

GUIDON [gidɔ̃] n. m. ▪ *LE GUIDON :* tube de métal muni de poignées, qui sert à diriger la roue avant d'une bicyclette, d'une motocyclette, d'une patinette. *Il sait faire du vélo sans tenir le guidon.*

GUIGNE [giɲ] n. f. ▪ STYLE FAMILIER *LA GUIGNE :* mauvaise chance qui s'attache à qqn. *Il s'est encore cassé la jambe, il a vraiment la guigne. Tu me portes la guigne.* → **malchance, poisse.** *Quelle guigne !*

GUIGNER [giɲe] verbe [conjugaison 1a] ▪ Regarder avec envie, du coin de l'œil. *Le chat guigne le morceau de poulet sur la table de la cuisine.* → **convoiter, lorgner.**

GUIGNOL [giɲɔl] n. m. 1. *LE GUIGNOL* : spectacle de marionnettes où l'on joue des pièces dont Guignol est le héros. *Les enfants aiment beaucoup aller au guignol.* – (figuré) *C'est du guignol !* la situation est grotesque. 2. *UN GUIGNOL* : personne qui se rend ridicule, qui n'est pas fiable. *Arrête de FAIRE LE GUIGNOL ! Je n'ai aucune confiance dans ces guignols.*

REM. *Guignol* est le nom d'une marionnette créée en France, à Lyon, au dix-neuvième siècle et qui symbolise l'impertinence, l'astuce et la ruse.

GUILLEMETS [gijmɛ] n. m. pluriel ▪ *LES GUILLEMETS* : petits signes (« ») qui servent à mettre en valeur un mot ou un groupe de mots, à indiquer un sens, à signaler une citation. *La citation est ENTRE GUILLEMETS. Ouvrez les guillemets, fermez les guillemets.*

GUILLERET [gijʀɛ], **GUILLERETTE** [gijʀɛt] adj. (après le nom) ▪ Vif et gai. *Tu as l'air bien guilleret.* → **allègre, joyeux, réjoui.** (contraires : morose, triste) *Elle est toute guillerette.*

GUILLOTINE [gijɔtin] n. f. 1. *UNE GUILLOTINE* : machine servant à couper la tête des condamnés à mort. *La guillotine fut adoptée en France en 1792.* 2. *LA GUILLOTINE* : supplice de la guillotine. *Pendant la Révolution française de 1789, de nombreux nobles ont été condamnés à la guillotine.* → **échafaud.** 3. *Une FENÊTRE À GUILLOTINE* : fenêtre dont la vitre glisse verticalement entre deux rainures et peut tenir en l'air. *En Grande-Bretagne, la plupart des fenêtres sont à guillotine.*

GUILLOTINER [gijɔtine] verbe [conjugaison 1a] ▪ Faire mourir (qqn) en lui coupant la tête avec la lame de la guillotine. *Le bourreau a guillotiné le criminel.* → **décapiter.** *Le roi de France Louis XVI est mort guillotiné en 1793.*

GUIMAUVE [gimov] n. f. ▪ *UNE GUIMAUVE* 1. Plante à très haute tige et à jolies fleurs en grappes d'un blanc rose. *On fait des infusions de guimauve.* 2. Friandise faite de pâte molle et sucrée. *Les enfants se sont acheté des guimauves à l'anis.*

GUIMBARDE [gɛ̃baʀd] n. f. ▪ *UNE GUIMBARDE* 1. Petit instrument de musique, fait de deux branches de fer que l'on maintient dans la bouche et d'une languette que l'index fait vibrer. *Le cow-boy jouait de la guimbarde.* 2. Vieille voiture. *Ils ont une vieille guimbarde.* → **tacot.**

GUINDÉ [gɛ̃de], **GUINDÉE** [gɛ̃de] adj. (après le nom) ▪ Qui manque de naturel, en paraissant digne et sévère. *Le nouveau directeur a l'air guindé.* → STYLE FAMILIER **constipé.** (contraires : à l'aise, naturel)

GUINÉEN [gineɛ̃] adj. et n. m., **GUINÉENNE** [gineɛn] adj. et n. f. 1. adjectif (après le nom) De Guinée, pays d'Afrique occidentale. *La monnaie guinéenne est le franc guinéen.* 2. *UN GUINÉEN, UNE GUINÉENNE* : une personne habitant la Guinée. *Les Guinéens.*

DE **GUINGOIS** [dəgɛ̃gwa] adverbe ▪ STYLE FAMILIER De travers. *Cette maison a été construite de guingois.* – *Tout va de guingois* : tout va mal.

GUIRLANDE [giʀlɑ̃d] n. f. ▪ *UNE GUIRLANDE* : long cordon de feuillage, de fleurs ou de papier découpé que l'on suspend ou que l'on enroule en couronne pour décorer. *Le sapin de Noël est couvert de guirlandes brillantes.*

GUISE [giz] n. f. 1. *À SA, À TA... GUISE* : selon son goût, sa volonté. *Laissez-moi agir à ma guise,* faire comme je veux. *Ils n'en font qu'à leur guise :* ils ne font que ce qui leur plaît. 2. *EN GUISE DE* : à la place de. *Les Tahitiennes portent un pagne en guise de jupe.*

GUITARE [gitaʀ] n. f. ▪ *UNE GUITARE* : instrument de musique muni d'un manche et de cordes (généralement six) que l'on pince avec les doigts. *Il joue de la GUITARE ÉLECTRIQUE,* une guitare branchée sur un amplificateur.

GUITARISTE [gitaʀist] n. m., n. f. ▪ *UN GUITARISTE, UNE GUITARISTE* : musicien, musicienne qui joue de la guitare. *Elle est guitariste dans un orchestre. Il est guitariste de jazz.*

GUSTATIF [gystatif], **GUSTATIVE** [gystativ] adj. (après le nom) ▪ Qui concerne le goût. *On sent le goût des aliments grâce aux papilles gustatives.*

GUTTURAL [gytyʀal], **GUTTURALE** [gytyʀal] adj. (après le nom) ▪ (son, toux) Qui part du fond de la gorge. *Le malade a une toux gutturale.* MASCULIN PLURIEL : *des bruits GUTTURAUX* [gytyʀo].

GUYANAIS [gɥijanɛ] adj. et n. m., **GUYANAISE** [gɥijanɛz] adj. et n. f.
I. adjectif (après le nom) 1. De Guyane, département français d'outre-mer, situé sur la côte nord-est de l'Amérique du Sud. *Les fusées Ariane sont lancées de la base guyanaise de Kourou.* 2. De la Guyana, pays d'Amérique du Sud. *Ils ont fait une expédition dans la forêt guyanaise.*
II. *UN GUYANAIS, UNE GUYANAISE* 1. Personne habitant la Guyane. *Les Guyanais sont français.* 2. Personne habitant la Guyana. *Les Guyanais sont aussi appelés Guyaniens.*

GYM n. f. Forme abrégée familière de **gymnastique.**

GYMNASE [ʒimnaz] n. m. ▪ *UN GYMNASE* 1. Grande salle aménagée pour faire de la gymnastique. *Les cours d'éducation physique ont lieu au gymnase.* 2. En Suisse et en Allemagne, établissement d'enseignement secondaire. → **lycée.** *Ma fille fait ses études au gymnase.*

FAUX AMIS
allemand **Gymnasium**,
danois **gymnasium**,
norvégien **gymnas**,
« lycée » ;
grec **γυμνάσιο**,
polonais **gimnazjum**
« collège »

GYMNASTE [ʒimnast] n. m., n. f. ▪ *UN GYMNASTE, UNE GYMNASTE* : athlète dont la spécialité est la gymnastique. *Cette gymnaste a remporté une médaille aux Jeux olympiques.*

GYMNASTIQUE [ʒimnastik] n. f. ▪ *LA GYMNASTIQUE* : ensemble d'exercices qui rendent le corps plus musclé et plus souple. *Elle fait de la gymnastique tous les matins. Il est professeur de gymnastique,* d'éducation physique. – *GYM* [ʒim] forme abrégée familière *N'oublie pas tes affaires de gym. Il est prof de gym.*

GYNÉCO n. m., n. f. Forme abrégée familière de **gynécologue.**

GYNÉCOLOGUE [ʒinekɔlɔg] n. m., n. f. ▪ *UN GYNÉCOLOGUE, UNE GYNÉCOLOGUE* : médecin spécialiste de l'appareil génital féminin. *Elle doit consulter un gynécologue. C'est une gynécologue qui l'a accouchée.* – *GYNÉCO* [ʒineko] forme abrégée familière : *UN GYNÉCO, UNE GYNÉCO. Ils sont tous les deux gynécos.*

GYPSE [ʒips] n. m. ▪ *LE GYPSE* : roche calcaire tendre. *Le gypse sert à fabriquer le plâtre. L'albâtre est une variété de gypse.*

GYROPHARE [ʒiʀofaʀ] n. m. ▪ *UN GYROPHARE* : lumière qui tourne en clignotant, placée sur le toit d'un véhicule prioritaire (voiture de police, de pompiers, ambulance). *L'ambulance transporte un malade, son gyrophare est allumé.*

H

H [aʃ] n. m. invariable **1.** *LE H :* huitième lettre de l'alphabet du français. *Le h est une consonne. Il y a des h minuscules* (h) *et des h majuscules* (H). **2.** *L'HEURE H :* l'heure fixée pour qqch. de précis. *La fusée doit décoller le jour J à l'heure H.* **3.** *La BOMBE H :* la bombe atomique à hydrogène, dont la puissance est très grande.

REM. **1.** La lettre *h* ne correspond à aucun son en français, sauf dans certaines interjections où elle note un bruit de souffle (ex. : *hum !*). En français, certains mots commencent par un *h aspiré* qui empêche de faire la liaison et l'élision (ex. *un haricot* [ɛ̃aʀiko], *le haricot* [ləaʀiko], *les haricots* [leaʀiko]). Dans ce dictionnaire, le *h aspiré* est noté par le signe * placé devant l'entrée et par le signe ['] devant la phonétique (ex. : **HÉROS* ['eʀo]). D'autres mots commencent par un *h muet,* où la liaison et l'élision sont possibles (ex. : *un homme* [ɛ̃nɔm], *l'homme* [lɔm], *les hommes* [lezɔm]). **2.** Le groupe *ch* se prononce [ʃ] (ex. : *chirurgien* [ʃiʀyʀʒjɛ̃]) ou [k] (ex. : *psychologie* [psikɔlɔʒi]). Le groupe *ph* se prononce [f] (ex. : *philosophe* [filɔzɔf]). Le groupe *th* se prononce [t] (ex. : *théâtre* [teɑtʀ]).

HABILE [abil] adj. (après le nom, parfois avant le nom) **1.** (qqn) Qui agit avec adresse et intelligence. *C'est un ouvrier habile. Ce prestidigitateur est très habile,* il se sert de ses mains d'une manière efficace et rapide. → **adroit.** *La couturière est HABILE DE ses mains.* ⟨contraires : gauche, maladroit, malhabile⟩ *L'élection a été remportée par un politicien habile. Elle est très HABILE À ce jeu.* **2.** (qqch.) Qui est fait avec adresse et intelligence. *Il nous a fait une réponse très habile. Elle a pu s'en sortir grâce à un habile stratagème. Ce ne serait pas HABILE DE continuer.*

HABILEMENT [abilmɑ̃] adverbe ▪ D'une manière habile, adroite. *Le diplomate a conduit habilement les négociations.* → **adroitement.** ⟨contraire : maladroitement⟩

HABILETÉ [abilte] n. f. ▪ *L'HABILETÉ :* qualité d'une personne habile. *Il fait des tours de cartes avec une grande habileté.* → ② **adresse.** *Elle a une grande habileté manuelle.* → **dextérité.** *Il a réglé l'affaire avec habileté.* → **doigté.**

FAUX AMI
anglais **ability**
« capacité »

HABILITÉ [abilite], **HABILITÉE** [abilite] adj. (après le nom) ▪ *ÊTRE HABILITÉ À faire qqch. :* avoir le droit de faire qqch. *Les contractuelles sont habilitées à mettre des contraventions,* elles sont autorisées par la loi, elles ont le pouvoir de mettre des contraventions.

HABILLÉ [abije], **HABILLÉE** [abije] adj. (après le nom) **1.** (qqn) Couvert de vêtements. *Il s'est couché tout habillé.* ⟨contraire : nu⟩ – *Il est toujours bien habillé :* il a toujours des habits élégants. **2.** (qqch.) Élégant, chic. *Elle a mis une robe habillée.* ⟨contraires : négligé, sport⟩ – *Je suis invité à une soirée habillée,* où il faut être en tenue de soirée.

HABILLEMENT [abijmɑ̃] n. m. **1.** *UN HABILLEMENT :* ensemble des habits dont on est vêtu. *Il a toujours un habillement soigné.* → **tenue.** **2.** *L'HABILLEMENT :* action d'habiller, de s'habiller. *Il faut prévoir les dépenses d'habillement.*

HABILLER [abije] verbe [conjugaison 1a]

I. **1.** Mettre des vêtements à. *La petite fille habille sa poupée. Il habille et chausse son fils tous les matins.* → **vêtir.** ⟨contraire : déshabiller⟩ – *Ses parents l'ont HABILLÉ DE NEUF,* lui ont mis des vêtements neufs. *Sa mère l'a HABILLÉ EN cow-boy,* elle l'a déguisé en cow-boy. **2.** Fabriquer les vêtements de (qqn). *Le couturier qui l'habille est célèbre.* **3.** Couvrir comme d'un vêtement. *Un placard habille le compteur électrique.*

II. verbe pronominal S'HABILLER **1.** Mettre ses vêtements. *Je m'habille et j'arrive.* ⟨contraires : se déshabiller, se dévêtir ; STYLE RECHERCHÉ se dénuder⟩ **2.** Porter telle sorte d'habits. *Elle ne sait pas s'habiller :* elle ne sait pas choisir des habits qui lui vont bien. → STYLE FAMILIER se **fringuer.** *Habille-toi chaudement, il fait froid ! Il s'habille toujours en noir. Elle s'est habillée en fée.* → se **déguiser.** *Quand nous étions jeunes, nous nous habillions toujours à la dernière mode.* **3.** Porter des habits élégants. *Ils se sont habillés pour aller au mariage.* → s'**endimancher ;** STYLE FAMILIER se **saper.**

HABIT [abi] n. m. ▪ *UN HABIT* **1.** Vêtement caractéristique. *Son fils est déguisé avec un habit d'Arlequin.* → **costume.** *Le torero revêt son habit de lumière.* **2.** Costume noir que les hommes mettent pour une cérémonie. *Pour la soirée de gala, les femmes doivent être en robe longue et les hommes en habit.* **3.** (au pluriel) LES HABITS : l'ensemble des vêtements que porte une personne. *Il a mis des habits d'été.* → STYLE FAMILIER **fringues.** *Passe la BROSSE À HABITS sur ta veste.*

HABITABLE [abitabl] adj. (après le nom) ▪ Où l'on peut habiter, vivre. *Dans cette maison, il y a un grenier habitable.* ⟨contraire : inhabitable⟩

HABITACLE [abitakl] n. m. ▪ *UN HABITACLE :* partie habitable d'un avion, d'un engin spatial ou d'une voiture. *Les trois astronautes sont dans l'habitacle de la cabine spatiale. Cette voiture a un habitacle spacieux.*

HABITANT [abitɑ̃] n. m., **HABITANTE** [abitɑ̃t] n. f. ▪ *UN HABITANT, UNE HABITANTE :* une personne qui habite habituellement dans un lieu. *Notre ville compte trois cent mille habitants* (→ **population**). *Les habitants de l'immeuble sont en réunion.* → **locataire, propriétaire.**

HABITAT [abita] n. m. ▪ *L'HABITAT* 1. Manière dont les hommes se logent. *Les urbanistes sont les spécialistes de l'habitat. L'habitat urbain est différent de l'habitat rural.* 2. Lieu où vit habituellement une espèce végétale ou animale. *L'habitat des singes, c'est la forêt.*

HABITATION [abitasjɔ̃] n. f. ▪ *UNE HABITATION* 1. Lieu où l'on habite. *On construit de nouvelles habitations dans notre ville.* → **demeure, immeuble, logement, maison, résidence.** *Ils habitent dans une habitation à loyer modéré* (→ **H. L. M.**). *Ils vont changer d'habitation :* ils vont déménager. 2. Le fait d'habiter dans un logement. *Ces locaux sont à usage d'habitation, ce ne sont pas des locaux commerciaux.*

> FAUX AMI
> espagnol **habitación** « chambre »

HABITER [abite] verbe [conjugaison 1a] 1. Avoir son logement. *Ils HABITENT À Paris.* → **résider, vivre ;** STYLE RECHERCHÉ **demeurer.** *Elle HABITE DANS la banlieue. Sa sœur HABITE EN ville.* – *Les lapins habitent dans des terriers.* 2. Avoir son logement dans. *Elle habite Paris. Il voudrait habiter la campagne.* 3. Occuper (un logement) de façon durable. *Ils habitent un appartement de cinq pièces.*

HABITUDE [abityd] n. f. ▪ *UNE HABITUDE* 1. Manière de faire fréquemment répétée. *Il A L'HABITUDE DE se lever de bonne heure. Elle a la MAUVAISE HABITUDE d'interrompre les gens qui parlent. Elle est esclave de ses habitudes :* elle est maniaque. *Tout le monde a ses petites habitudes* (→ **routine**). *Essaie de PRENDRE L'HABITUDE de ranger tes affaires.* → **pli.** *J'aimerais que tu PERDES L'HABITUDE de me contredire. Ce n'est pas DANS SES HABITUDES :* il n'agit pas ainsi d'ordinaire. *Il a fait ça PAR HABITUDE,* sans réfléchir, machinalement. 2. Usage, coutume. *Ce sont les habitudes du pays.* → **tradition.** 3. Connaissance, savoir-faire que l'on acquiert par la pratique. *Les puéricultrices ont l'habitude des enfants.* → **expérience.** 4. *D'HABITUDE :* d'une manière générale. → **généralement, habituellement, ordinairement.** *D'habitude, elle arrive de bonne heure. Ton café est meilleur que d'habitude. COMME D'HABITUDE, il est en retard !* comme toujours.

HABITUÉ [abitɥe] n. m., **HABITUÉE** [abitɥe] n. f. ▪ *UN HABITUÉ, UNE HABITUÉE :* une personne qui va souvent dans le même lieu. *Les clients de ce café sont des habitués.*

HABITUEL [abitɥɛl], **HABITUELLE** [abitɥɛl] adj. (après le nom) ▪ Qui est passé à l'état d'habitude ; qui est très fréquent. *C'est sa manière de parler habituelle.* ⟨contraire : exceptionnel⟩ *Il a fait les gestes habituels. J'ai acheté le pain chez mon boulanger habituel,* chez qui je vais d'habitude. *Le taxi a pris le chemin habituel. Il a oublié ses clés, c'est habituel.* → **classique.** ⟨contraires : accidentel, inhabituel, occasionnel, rare⟩ *Il n'est pas dans son état habituel.* → **normal.**

HABITUELLEMENT [abitɥɛlmɑ̃] adverbe ▪ La plupart du temps. *Habituellement, il pleut en cette saison,* d'habitude. → **généralement, normalement, ordinairement.** ⟨contraires : exceptionnellement, rarement⟩

HABITUER [abitɥe] verbe [conjugaison 1a] 1. *HABITUER (qqn, un animal) À faire qqch.,* lui donner l'habitude de faire qqch. *Elle a habitué ses enfants à faire leur lit.* → **accoutumer.** ⟨contraire : déshabituer⟩ *Ils habituent leur chat à rester seul.* → **dresser.** – *Personne ne les a habitués à la politesse.* 2. verbe pronominal S'HABITUER : prendre l'habitude. *Au bout d'un certain temps, mes yeux se sont habitués à l'obscurité.* → **s'accoutumer.** *Tu t'y habitueras* [abityʀa] *vite.* → **se faire.** *Elle essaie de s'habituer à parler en public.*

***HÂBLEUR** ['ɑblœʀ] n. m., ***HÂBLEUSE** ['ɑbløz] n. f. ▪ STYLE RECHERCHÉ *UN HÂBLEUR, UNE HÂBLEUSE :* une personne qui a l'habitude de parler en se vantant, en exagérant ses mérites. *Il est gentil, mais c'est un hâbleur. Qui est ce hâbleur ?*

> FAUX AMI
> espagnol **hablador** « bavard »

***HACHE** ['aʃ] n. f. ▪ *UNE HACHE :* instrument tranchant à grosse lame et à long manche, qui sert à fendre, à couper. *Le bûcheron abat l'arbre à coups de hache. Je ne retrouve plus la hache.*

***HACHÉ** ['aʃe], ***HACHÉE** ['aʃe] adj. (après le nom) ▪ (aliment) Coupé en tout petits morceaux. *Il mange du steak haché avec de la purée* (→ **hamburger**).

***HACHER** ['aʃe] verbe [conjugaison 1a] ▪ Couper en tout petits morceaux avec un instrument tranchant. *Le cuisinier hache des oignons et du persil.*

> FAUX AMI
> espagnol **hachar** « couper à la hache »

***HACHIS** ['aʃi] n. m. ▪ *UN HACHIS :* préparation de viande, de poisson ou de légumes hachés. *Le cuisinier farcit la dinde avec un hachis de viande et de fines herbes. J'aime beaucoup le HACHIS PARMENTIER,* un hachis de viande recouvert de purée de pommes de terre.

***HACHOIR** ['aʃwaʀ] n. m. ▪ *UN HACHOIR :* appareil qui sert à hacher. *Le boucher met des morceaux de viande dans le hachoir électrique.*

***HACHURE** ['aʃyʀ] n. f. ▪ *UNE HACHURE :* chacun des petits traits fins, parallèles ou croisés, qui servent à indiquer les ombres sur un dessin, ou des lieux précis sur une carte de géographie. *Sur cette carte, les hachures les plus foncées indiquent les forêts.*

***HACHURER** ['aʃyʀe] verbe [conjugaison 1a] ▪ Couvrir de hachures. *Vous hachurerez* ['aʃyʀʀe] *les zones industrielles de la région sur votre carte, pour demain.*

***HADDOCK** ['adɔk] n. m. ▪ *LE HADDOCK :* églefin (poisson de mer) fumé. *Le haddock poché est un plat délicieux.*

***HAENDEL** ['ɛndɛl] nom propre ▪ Musicien anglais d'origine allemande (1685-1759). *Nous avons écouté des œuvres de Haendel.*

***HAGARD** ['agaʀ], ***HAGARDE** ['agaʀd] adj. (après le nom) ▪ Qui a une expression égarée. *Cet homme a l'air hagard,* effrayé et perdu. → **effaré, hébété.**

***HAIE** ['ɛ] n. f. ▪ *UNE HAIE* 1. Clôture de petits arbres qui limite un champ, un jardin, ou les protège contre le vent. *Le champ est entouré d'une haie d'aubépines. Le jardinier taille la haie.* 2. *Une COURSE DE HAIES :* course où des coureurs à pied ou des chevaux doivent franchir des haies. *Cet athlète a remporté le cent dix mètres haies.* 3. Rangée de personnes. *Une haie d'agents de police empêche la foule d'avancer.* → **cordon, file.** *Le chanteur est sorti entre deux haies d'admirateurs. Les invités ont fait une HAIE D'HONNEUR aux mariés.*

***HAILLONS** ['ajɔ̃] n. m. pluriel ▪ *LES HAILLONS :* vieux vêtements déchirés. → **guenilles.** *Le mendiant est EN HAILLONS.*

***HAINE** ['ɛn] n. f. ▪ *LA HAINE* 1. Sentiment très fort que l'on éprouve envers qqn que l'on déteste et à qui l'on veut du mal. *Elle éprouve de la haine pour son ex-mari. Il a PRIS son voisin EN*

HAINE, il s'est mis à le haïr. → **aversion, répulsion.** ⟨contraires : affection, amitié, amour⟩ *Parlez sans haine. Les manifestants poussent des cris de haine.* **2.** Sentiment de mépris et de dégoût que l'on éprouve pour qqch. *Il a la haine du désordre.* → **horreur. 3.** STYLE FAMILIER *AVOIR LA HAINE* : ressentir une haine profonde pour tout, sans objet particulier. *Certains jeunes ont la haine.*

REM. *Aine* « partie du corps » se prononce de la même façon, mais on dit *l'aine*.

***HAINEUX** ['ɛnø], ***HAINEUSE** ['ɛnøz] adj. (après le nom) ▪ Plein de haine. *C'est un homme haineux. Elle lui a lancé un regard haineux.* → **méchant.** ⟨contraires : affectueux, amical, amoureux, bienveillant⟩

***HAÏR** ['aiʀ] verbe [conjugaison 10] **1.** Ne pas aimer du tout (qqn), l'avoir en haine. *Nous haïssons nos voisins.* → **détester ;** STYLE RECHERCHÉ **exécrer.** *Il hait tout le monde, c'est un misanthrope.* ⟨contraires : adorer, aimer ; STYLE RECHERCHÉ affectionner, chérir⟩ **2.** Ne pas aimer du tout (qqch.). *Quand il était jeune, mon fils haïssait les études. Je HAIS QUE l'on me contredise. Tu haïrais qu'on t'en fasse autant.* **3.** verbe pronominal SE HAÏR : ne pas s'aimer. *Les deux frères se haïssent. Ils se sont toujours haïs.*

REM. Le verbe *haïr* conserve son tréma et ne prend pas d'accent circonflexe au passé simple : *nous haïmes* ['aim], *vous haïtes* ['ait].

***hais** ['ɛ] *Je hais ; tu hais* : forme au présent du verbe **haïr.**

***HAÏSSABLE** ['aisabl] adj. (après le nom) ▪ Qui mérite d'être haï, détesté. *C'est un homme haïssable.* ⟨contraire : adorable⟩ *La guerre est haïssable,* odieuse. – *Il fait un temps haïssable.* → **détestable, exécrable.**

***haïssait** ['aisɛ] *Il haïssait, elle haïssait* : forme à l'imparfait du verbe **haïr.**

HAÏTIEN [aisjɛ̃] adj. et n. m., **HAÏTIENNE** [aisjɛn] adj. et n. f. **1.** adjectif (après le nom) De Haïti, pays des Grandes Antilles qui occupe la partie occidentale de l'île d'Haïti. *Nous aimons les paysages haïtiens.* **2.** *UN HAÏTIEN, UNE HAÏTIENNE* : une personne habitant la république d'Haïti. *Les Haïtiens.*

***HALAGE** ['alaʒ] n. m. ▪ *UN CHEMIN DE HALAGE* : chemin le long d'un cours d'eau, d'où l'on peut remorquer un bateau à l'aide d'un cordage. *Un tracteur sur le chemin de halage remorque une péniche.*

***HÂLE** ['ɑl] n. m. ▪ *LE HÂLE* : couleur brune que prend la peau quand elle est exposée au soleil. → **bronzage.** *Il a un joli hâle après ses vacances.*

***HÂLÉ** ['ɑle], ***HÂLÉE** ['ɑle] adj. (après le nom) ▪ Bruni par le soleil. → **bronzé.** *Elle est hâlée. Ils ont le teint hâlé.*

HALEINE [alɛn] n. f. ▪ *L'HALEINE* **1.** Air qui sort des poumons par la bouche et par le nez quand on expire. *Les bonbons à la menthe donnent l'haleine fraîche. Son haleine sent l'ail. Il a mauvaise haleine* : il sent mauvais de la bouche. **2.** La respiration. → **souffle.** *Elle a couru trop vite, elle est HORS D'HALEINE,* elle est très essoufflée. *Arrêtez-vous un instant pour reprendre haleine,* pour reprendre votre respiration. *Ils ont ri À PERDRE HALEINE,* au point d'avoir du mal à respirer. **3.** *DE LONGUE HALEINE* : qui exige beaucoup de temps et d'efforts. *La rédaction de ce livre est un travail de longue haleine.* **4.** *TENIR qqn EN HALEINE,* maintenir son attention en éveil. *Ce film nous a tenus en haleine jusqu'à la fin,* nous a intéressés, nous a donné envie d'attendre la suite des événements jusqu'à la fin.

***HALETANT** ['altɑ̃], ***HALETANTE** ['altɑ̃t] adj. (après le nom) ▪ Hors d'haleine, essoufflé. *La chienne haletante est allongée devant sa niche.*

***HALETER** ['alte] verbe [conjugaison 5b] ▪ Respirer très fort et avec gêne, être essoufflé. *La chienne a beaucoup couru, elle halète.*

***HALL** ['ol] n. m. ▪ *UN HALL* : grande salle servant d'entrée dans une gare, un hôtel, un immeuble. *Rendez-vous dans le hall de l'hôtel, à midi !*

REM. Ce mot vient de l'anglais.

***HALLE** ['al] n. f. ▪ *UNE HALLE* **1.** Grand bâtiment dans lequel se tient un marché où l'on vend des marchandises en grande quantité. *Le caviste est allé s'approvisionner à la halle aux vins.* **2.** (au pluriel) LES HALLES : bâtiments qui forment un immense marché où les commerçants d'une grande ville vont s'approvisionner. *Les halles de Paris sont à Rungis, dans le Val-de-Marne.*

***HALLEBARDE** ['albaʀd] n. f. ▪ *UNE HALLEBARDE* : arme ancienne qui ressemble à une lance. *La hallebarde est une arme que l'on a utilisée du quatorzième au dix-septième siècle.* – (figuré) *Il tombe des hallebardes* : il pleut très fort, à verse.

HALLUCINANT [alysinɑ̃], **HALLUCINANTE** [alysinɑ̃t] adj. (après le nom) ▪ Très étonnant, à peine croyable. *Il y a une ressemblance hallucinante entre les deux frères.* → **extraordinaire, saisissant.**

REM. On prononce parfois [allysinɑ̃].

HALLUCINATION [alysinasjɔ̃] n. f. ▪ *UNE HALLUCINATION* : impression de voir ou d'entendre qqch. qui n'existe pas réellement. *J'ai cru le voir passer, mais ce doit être une hallucination.* → **illusion.** *Il a des hallucinations.* → **vision.**

HALLUCINER [alysine] verbe [conjugaison 1a] ▪ STYLE FAMILIER Être stupéfait de qqch. *Qu'est-ce que t'as dit ? J'hallucine !* je n'y crois pas. → **rêver.**

HALLUCINOGÈNE [alysinɔʒɛn] adj. et n. m. **1.** adjectif (après le nom) Qui provoque des hallucinations. *Il a mangé des champignons hallucinogènes.* **2.** *UN HALLUCINOGÈNE* : drogue qui provoque des hallucinations. *La cocaïne est un hallucinogène.*

***HALO** ['alo] n. m. ▪ *UN HALO* : cercle lumineux aux contours flous qui entoure la Lune. *La Lune est dans son halo, demain il va pleuvoir.* – *On distingue le halo des réverbères dans le brouillard.*

HALOGÈNE [alɔʒɛn] n. m. ▪ *UNE LAMPE À HALOGÈNE* ou *UN HALOGÈNE* : lampe contenant un élément chimique qui donne un éclairage progressif, pouvant devenir très puissant et ressemblant à la lumière du jour. *Ils ont acheté un lampadaire à halogène.*

***HALTE** ['alt] n. f. et interjection **1.** *UNE HALTE* : moment d'arrêt pendant une promenade ou un voyage. *FAISONS HALTE un moment* : arrêtons-nous un peu. *Nous avons fait une halte chez nos amis de Toulouse.* **2.** interjection *HALTE !* commandement militaire par lequel on ordonne à une troupe de s'arrêter. ⟨contraire : marche !⟩ *Section, halte !* – *Le slogan des manifestants était : HALTE AUX essais nucléaires !*

HALTÈRE [altɛʀ] n. m. ▪ *UN HALTÈRE* **1.** Instrument de gymnastique fait de deux boules ou de disques de métal réunis par une barre. *L'athlète soulève à bout de bras un haltère de deux cents kilos.* **2.** (au pluriel) LES HALTÈRES : le sport pratiqué avec des haltères. *Il fait des haltères tous les matins. Il fait des POIDS ET HALTÈRES* : il pratique un sport où il faut soulever des haltères très lourds en faisant certains mouvements (→ **haltérophilie).**

HALTÉROPHILE [alteʀɔfil] n. m., n. f. ▪ *UN HALTÉROPHILE, UNE HALTÉROPHILE* : athlète qui fait des poids et haltères. *Les haltérophiles sont très musclés.*

HALTÉROPHILIE [alterɔfili] n. f. ▪ *L'HALTÉROPHILIE :* sport des poids et haltères. *Il est champion du monde d'haltérophilie.*

***HAMAC** ['amak] n. m. ▪ *UN HAMAC :* rectangle de toile ou de filet suspendu par ses deux extrémités, dans lequel on s'allonge comme dans un lit. *Ma sœur a accroché le hamac entre deux arbres, dans le jardin.*

***HAMBURGER** ['ɑ̃buʀgœʀ] n. m. ▪ *UN HAMBURGER :* bifteck haché cuit, servi à l'intérieur d'un petit pain rond. *Nous avons mangé un hamburger en vitesse.*

REM. Ce mot vient de l'anglais. On le prononce aussi ['ɑ̃bœʀgœʀ].

***HAMEAU** ['amo] n. m. ▪ *UN HAMEAU :* petit groupe de maisons situé à l'écart d'un village. → **écart.** *Il n'y a pas de boulangerie dans le hameau.* PLURIEL : *des HAMEAUX.*

HAMEÇON [amsɔ̃] n. m. ▪ *UN HAMEÇON :* petit crochet de métal placé au bout d'une ligne, sur lequel on fixe un appât pour attraper du poisson. *La truite a mordu à l'hameçon.* – (figuré) *Je crois que notre ennemi a MORDU À L'HAMEÇON :* je crois qu'il s'est laissé prendre, qu'il va tomber dans le piège.

***HAMPE** ['ɑ̃p] n. f. ▪ *LA HAMPE :* long manche de bois auquel est fixé un drapeau ou le fer d'une lance. *Le drapeau flotte le long de la hampe.*

***HAMSTER** ['amstɛʀ] n. m. ▪ *UN HAMSTER :* petit mammifère rongeur à pattes courtes, à petite queue et au pelage roux et blanc. *Mon fils a un couple de hamsters dans une cage.*

***HANCHE** ['ɑ̃ʃ] n. f. ▪ *LA HANCHE :* chacune des deux parties du corps situées sur le côté, juste au-dessous de la taille. *Sa mère a les hanches larges. Elle parle, les poings sur les hanches. J'ai mal à la hanche gauche.*

***HANDBALL** ['ɑ̃dbal] n. m. ▪ *LE HANDBALL :* sport d'équipe qui ressemble au football, mais où l'on joue uniquement avec les mains. *Ils ont assisté à un match de handball.*

REM. *Handball* est un mot qui vient de l'allemand. On peut l'écrire aussi avec un trait d'union : *hand-ball.*

***HANDICAP** ['ɑ̃dikap] n. m. ▪ *UN HANDICAP* **1.** Désavantage qui empêche de réussir, qui rend les choses plus difficiles. *C'est un sérieux handicap de ne savoir ni lire ni écrire.* (contraire : avantage) *Son âge est un handicap pour retrouver du travail. Son fils est né avec un handicap mental,* une insuffisance du développement mental. → **déficience.** *On ne peut rien faire contre ce handicap.* **2.** Dans certains sports, désavantage imposé à un concurrent pour que les chances soient égales. *Le jockey part avec un handicap de trois kilos.*

REM. Beaucoup de Français disent *l'handicap,* ou font la liaison dans *un handicap* [œ̃nɑ̃dikap], ce qui est fautif.

***HANDICAPANT** ['ɑ̃dikapɑ̃], ***HANDICAPANTE** ['ɑ̃dikapɑ̃t] adj. (après le nom) ▪ Qui handicape. *Il a une maladie handicapante.* → **invalidant.**

***HANDICAPÉ** ['ɑ̃dikape] n. m. et adj., ***HANDICAPÉE** ['ɑ̃dikape] n. f. et adj. **1.** *UN HANDICAPÉ, UNE HANDICAPÉE :* personne qui est infirme *(handicapé physique)* ou dont le développement du cerveau est insuffisant *(handicapé mental). La handicapée est dans un fauteuil roulant.* **2.** adjectif (après le nom) (qqn) Qui souffre d'un handicap. *Ils s'occupent beaucoup de leur fils handicapé. Il est dans un centre pour travailleurs handicapés.*

***HANDICAPER** ['ɑ̃dikape] verbe [conjugaison 1a] ▪ (qqch.) Empêcher (qqn) de réussir. *Sa timidité le handicape.* → **désavantager, desservir, gêner.** (contraires : aider, avantager, favoriser)

***HANGAR** ['ɑ̃gaʀ] n. m. ▪ *UN HANGAR* **1.** Grand bâtiment ouvert, formé d'un toit supporté par des poteaux et qui sert à abriter des machines ou des marchandises. *Le tracteur est dans le hangar. Les caisses sont stockées sous le hangar.* **2.** Garage pour avions ou pour bateaux. *Le mécanicien répare l'avion dans le hangar.*

***HANNETON** ['antɔ̃] n. m. ▪ *UN HANNETON :* gros insecte roux à antennes, qui vole en faisant beaucoup de bruit. *Le ver blanc est la larve du hanneton.* – STYLE FAMILIER *On a fait un repas QUI N'EST PAS PIQUÉ DES HANNETONS,* très bon, remarquable.

***HANTÉ** ['ɑ̃te], ***HANTÉE** ['ɑ̃te] adj. (après le nom) ▪ Où il y a des fantômes. *Je n'aimerais pas dormir dans une maison hantée !*

***HANTER** ['ɑ̃te] verbe [conjugaison 1a] **1.** (fantôme) Apparaître régulièrement (dans un lieu). *On dit qu'un fantôme hante ce château.* **2.** STYLE RECHERCHÉ (pensée) Être présent à l'esprit de (qqn). *Son souvenir me hante.* → **obséder, poursuivre.**

***HANTISE** ['ɑ̃tiz] n. f. ▪ *UNE HANTISE :* préoccupation constante dont on n'arrive pas à se libérer. *Il vit dans la hantise de la maladie.* → **obsession.**

***HAPPER** ['ape] verbe [conjugaison 1a] **1.** (animaux) Saisir brusquement dans sa gueule, dans son bec. *Le chat happe une mouche.* **2.** Attraper brusquement et avec violence. *La voiture a happé un cycliste.*

***HARA-KIRI** ['aʀakiʀi] n. m. ▪ *UN HARA-KIRI :* suicide qui consiste à s'ouvrir le ventre avec un sabre au Japon. *Autrefois, les samouraïs condamnés à mort SE FAISAIENT HARA-KIRI.* PLURIEL : *des HARA-KIRIS.*

REM. Les Japonais et les spécialistes de la civilisation japonaise n'emploient que le synonyme *seppuku.*

***HARANGUE** ['aʀɑ̃g] n. f. ▪ *UNE HARANGUE :* discours solennel prononcé devant une foule, une assemblée. *Le général adresse une harangue à ses soldats. Tout le monde a écouté sa harangue.*

***HARANGUER** ['aʀɑ̃ge] verbe [conjugaison 1b] ▪ Prononcer un discours solennel qui s'adresse à (une foule, une assemblée). *L'officier haranguait les troupes avant le combat.*

***HARAS** ['aʀa] n. m. ▪ *UN HARAS :* lieu où l'on élève des chevaux. *Il est propriétaire de plusieurs haras. Son cheval vient de ce haras.*

***HARASSANT** ['aʀasɑ̃], ***HARASSANTE** ['aʀasɑ̃t] adj. (après le nom) ▪ Très fatigant. *J'ai passé une journée harassante.* → **épuisant, éreintant, exténuant.** (contraire : reposant)

***HARASSÉ** ['aʀase], ***HARASSÉE** ['aʀase] adj. (après le nom) ▪ Très fatigué. *Les enfants sont rentrés harassés de l'école.* → **épuisé, exténué ;** STYLE FAMILIER **crevé.**

***HARCÈLEMENT** ['aʀsɛlmɑ̃] n. m. ▪ *LE HARCÈLEMENT :* action de harceler. *Le pays est déchiré par une guerre de harcèlement,* une guerre faite de petites attaques répétées (→ **guérilla**). – *La secrétaire se plaint de HARCÈLEMENT SEXUEL de la part de son patron.*

***HARCELER** ['aʀsəle] verbe [conjugaison 5a] ▪ Faire subir à (qqn) des attaques courtes et sans cesse répétées. *Le journaliste harcèle la vedette de cinéma de questions. Les moustiques m'ont harcelé tout l'après-midi. Ne le harcelons pas de réclamations.*

***HARDI** ['aʀdi] adj. et interjection, ***HARDIE** ['aʀdi] adj.
I. adjectif (après le nom, parfois avant le nom) **1.** (qqn) Qui n'a pas peur du danger, qui prend des risques. *De hardis alpinistes*

vont tenter d'escalader ce glacier. Un pompier hardi a sauvé un enfant des flammes. → **audacieux, aventureux, courageux, intrépide, téméraire.** ⟨contraires : lâche, peureux, timoré⟩ **2.** (qqch.) Qui demande de l'audace et du courage. *Ils ont un projet très hardi.*
II. interjection *HARDI !* courage ! *Hardi, les gars !*

***HARDIESSE** ['aʀdjɛs] n. f. ▪ *LA HARDIESSE :* qualité d'une personne hardie, qui n'a pas peur du danger. *Il a fait preuve de hardiesse.*

***HARDIMENT** ['aʀdimɑ̃] adverbe ▪ STYLE RECHERCHÉ Avec hardiesse. *Les sauveteurs affrontent hardiment le danger.* → **courageusement.**

***HAREM** ['aʀɛm] n. m. ▪ *UN HAREM* **1.** Appartement des femmes, chez les musulmans. *Autrefois, le sultan enfermait les femmes dans le harem.* **2.** Ensemble des femmes qui habitent le harem. *Il a un harem.*

***HARENG** ['aʀɑ̃] n. m. ▪ *UN HARENG :* poisson des mers froides, vivant en bancs immenses. *On pêche le hareng en mer du Nord. Nous avons mangé des filets de hareng marinés. Le poissonnier vend des HARENGS SAURS,* des harengs fumés. – STYLE FAMILIER *Dans le métro, à six heures du soir, les gens sont SERRÉS COMME DES HARENGS,* très serrés.

***HARGNE** ['aʀɲ] n. f. ▪ *LA HARGNE :* mauvaise humeur qui s'exprime par des paroles méchantes ou une attitude agressive. *Il nous a répondu avec hargne.* ⟨contraire : amabilité⟩ – *Le champion a mis toute sa hargne pour vaincre son adversaire,* sa rage.

***HARGNEUX** ['aʀɲø], ***HARGNEUSE** ['aʀɲøz] adj. (après le nom) ▪ Rempli de hargne, de mauvaise humeur agressive. *La caissière du supermarché est toujours hargneuse.* → **acariâtre, grincheux.** ⟨contraire : aimable⟩ *Les voisins ont un chien hargneux qui aboie tout le temps.* – *Elle m'a répondu sur un ton hargneux.*

***HARICOT** ['aʀiko] n. m. ▪ *UN HARICOT* **1.** Plante dont on mange les gousses quand elles sont encore vertes *(haricots verts)* ou quand elles contiennent des graines peu développées *(haricots mange-tout)* ou dont on mange les graines à moitié mûres *(flageolets)* ou complètement mûres *(haricots blancs)* contenues dans les gousses. *Elle épluche des haricots verts. Le cuisinier a préparé des haricots blancs avec le gigot.* – STYLE FAMILIER *C'est la fin des haricots,* la fin de tout. **2.** STYLE FAMILIER *COURIR SUR LE HARICOT À qqn,* l'ennuyer, l'exaspérer. *Il commence à me courir sur le haricot, celui-là !*
REM. On *épluche* les haricots verts et on *écosse* les haricots blancs.

***HARISSA** ['aʀisa] n. f. ▪ *LA HARISSA :* poudre ou purée de piments utilisée comme condiment dans la cuisine d'Afrique du Nord. *Le couscous est servi avec de la harissa.*
REM. Ce mot est parfois employé au masculin et sans *h* aspiré : *de l'harissa* [dəlaʀisa].

HARMONICA [aʀmɔnika] n. m. ▪ *UN HARMONICA :* instrument de musique en forme de petite boîte plate contenant de petits tuyaux de métal que l'on fait vibrer en soufflant et en aspirant dedans. *Il joue de l'harmonica.*

HARMONIE [aʀmɔni] n. f. ▪ *L'HARMONIE* **1.** Accord qui existe entre les parties d'un ensemble et qui produit un effet ordonné et agréable à voir. *L'harmonie des couleurs est très réussie, dans cette pièce. Cet affreux immeuble détruit l'harmonie du site.* – *Sa vie est EN HARMONIE AVEC ses idées,* elle s'accorde avec ses idées. **2.** Bonne entente entre des personnes. *L'harmonie règne dans notre famille.* ⟨contraires : désaccord, mésentente⟩ *Ce couple vit en parfaite harmonie.* → **entente. 3.** En musique, science des accords de sons. *Il étudie l'harmonie au conservatoire de musique.*

HARMONIEUX [aʀmɔnjø], **HARMONIEUSE** [aʀmɔnjøz] adj. (après le nom) **1.** (sons) Agréable à l'oreille. *Elle a une voie harmonieuse.* → **mélodieux.** ⟨contraire : discordant⟩ *Un piano mal accordé n'est pas très harmonieux.* **2.** Qui donne à l'œil une impression agréable d'harmonie, d'accord entre les différentes parties de l'ensemble. *Les couleurs du tableau sont harmonieuses. Le château a des proportions harmonieuses.* – *Les membres de notre famille ont entre eux des relations harmonieuses,* ils s'entendent tous très bien.

HARMONISATION [aʀmɔnizasjɔ̃] n. f. ▪ *L'HARMONISATION :* action d'harmoniser, de rendre harmonieux. *Le décorateur a veillé à l'harmonisation des couleurs dans la pièce,* il a veillé à ce que les couleurs aillent bien ensemble.

HARMONISER [aʀmɔnize] verbe [conjugaison 1a] **1.** Mettre en harmonie, en accord (plusieurs choses). *Elle a harmonisé les couleurs du canapé et des fauteuils.* → **assortir, coordonner. 2.** Combiner (une mélodie) avec d'autres parties ou des suites d'accords. *Le compositeur harmonise un air pour chœur et orchestre.* **3.** verbe pronominal S'HARMONISER : (qqch.) être en harmonie, être assorti (avec qqch.). *Sa robe s'harmonise avec le bleu de ses yeux. Finalement, ces deux couleurs se sont bien harmonisées.*

HARMONIUM [aʀmɔnjɔm] n. m. ▪ *UN HARMONIUM :* instrument de musique à clavier et à soufflerie, qui ressemble à un piano droit et dont le son ressemble un peu à celui de l'orgue. *On joue de l'harmonium dans les églises. L'harmonium accompagne la chorale.*

***HARNACHÉ** ['aʀnaʃe], ***HARNACHÉE** ['aʀnaʃe] adj. (après le nom) ▪ (qqn) Bizarrement habillé, accoutré. *Elle est drôlement harnachée, avec ce chapeau ridicule et ce vieux manteau.* – *Les touristes, harnachés d'appareils photo et de caméras, visitent le temple.* → **équipé.**

***HARNACHEMENT** ['aʀnaʃmɑ̃] n. m. ▪ *UN HARNACHEMENT* **1.** Harnais, équipement des chevaux et des animaux que l'on monte. *Le cavalier enlève le harnachement du cheval.* **2.** Équipement lourd et peu pratique. *L'homme-grenouille met son harnachement avant de plonger. Qu'est-ce que c'est que ce harnachement ?* → **accoutrement.**

***HARNAIS** ['aʀnɛ] n. m. ▪ *UN HARNAIS* **1.** Équipement (brancard, selle, mors, collier, rênes...) que l'on met à un cheval ou à un animal que l'on monte ou que l'on fait travailler. *Le cavalier met le harnais à la jument qu'il va monter.* → **harnachement. 2.** *Harnais (de sécurité) :* système de sangles destiné à protéger les alpinistes, les véliplanchistes, les navigateurs, etc., des chutes et des chocs. *Il a bouclé son harnais avant de monter sur sa planche à voile.*

***HARPE** ['aʀp] n. f. ▪ *UNE HARPE :* grand instrument de musique formé d'un cadre de bois en forme de triangle sur lequel sont tendues des cordes de longueur inégale que l'on pince des deux mains. *Les musiciens ont joué une sonate pour harpe, flûte et violon. Elle joue de la harpe.*

***HARPIE** ['aʀpi] n. f. ▪ *UNE HARPIE :* femme méchante et hargneuse. *Sa femme est une vraie harpie.*

***HARPISTE** ['aʀpist] n. m., n. f. ▪ *UN HARPISTE, UNE HARPISTE :* musicien, musicienne qui joue de la harpe. *La harpiste a joué une sonate.*

***HARPON** ['aʀpɔ̃] n. m. ▪ *UN HARPON :* instrument en forme de longue flèche, relié à une ligne et servant à accrocher et à tirer de très gros poissons ou des cétacés. *Les Esquimaux pêchent les phoques au harpon. On utilise des fusils à harpon pour la pêche sous-marine.*

***HARPONNER** ['aʀpɔne] verbe [conjugaison 1a] **1.** Accrocher avec un harpon. *Les pêcheurs harponnent une baleine.* **2.** STYLE FAMILIER Arrêter, saisir brutalement. *Les policiers ont harponné un malfaiteur dans le métro.*

***HASARD** ['azaʀ] n. m. **1.** *UN HASARD :* événement qui arrive et qui n'était pas prévu. *Vous ici ! Quel hasard !* → **coïncidence.** *C'est un pur hasard si je suis là aujourd'hui. Nous nous sommes rencontrés par un heureux hasard.* → **chance.** *Un malheureux hasard les a séparés.* → **malchance.** – *Les hasards de l'existence sont imprévisibles.* → **aléas. 2.** *LE HASARD :* cause que l'on attribue à des événements qui semblent inexplicables. *Ce sont les lois du hasard.* → **probabilité.** *Le hasard fait bien les choses :* c'est un heureux concours de circonstances. *Quand il s'occupe de quelque chose, il ne laisse jamais rien au hasard,* il prévoit tout. *Ils s'en sont remis au hasard.* → **destin, fatalité. 3.** *AU HASARD :* à l'aventure, n'importe où. *Elle marche dans les rues au hasard. Il a répondu à la question au hasard,* sans avoir réfléchi. – *AU HASARD DE leurs rencontres, ils se sont fait beaucoup d'amis.* – *À TOUT HASARD :* en prévision de (un événement possible). *Il va peut-être pleuvoir, prends ton parapluie à tout hasard,* au cas où il pleuvrait. **4.** *PAR HASARD :* d'une manière imprévue, accidentellement. *J'ai retrouvé mon carnet d'adresses par hasard, par le plus grand des hasards. Est-ce que par hasard, vous seriez au courant ? Si par hasard, vous passez par Paris, venez nous voir.* → **éventuellement. 5.** *JEU DE HASARD,* dans lequel seule la chance compte. *Le loto est un jeu de hasard.*

FAUX AMI
anglais **hazard** « danger »

***HASARDER** ['azaʀde] verbe [conjugaison 1a]
I. 1. Faire (qqch.) en risquant d'échouer ou de déplaire. *Nous avons hasardé une dernière démarche.* → **essayer, tenter. 2.** Se risquer à exprimer. *Timidement, il a hasardé une question.* → **risquer.**
II. verbe pronominal SE HASARDER : (qqn) aller, se risquer (dans un lieu dangereux). *À ta place, je ne me hasarderais pas la nuit dans ce quartier.* → s'**aventurer.** – *Elle S'EST HASARDÉE À lui poser une question.*

***HASARDEUX** ['azaʀdø], ***HASARDEUSE** ['azaʀdøz] adj. (après le nom) ▪ (qqch.) Qui comporte des risques. *Tu entreprends une démarche hasardeuse.* → **dangereux, périlleux, risqué.** ⟨contraire : sûr⟩ – *Il serait hasardeux de continuer.*

***HASCHISCH** ['aʃiʃ] n. m. ▪ *LE HASCHISCH :* plante d'origine indienne avec laquelle on fabrique une drogue ; cette drogue. *Il fume une cigarette de haschisch.* → **cannabis, marijuana ;** STYLE FAMILIER **herbe ;** ② **joint.** – *HASCH* ['aʃ] forme abrégée familière *Il fume du hasch.*

REM. On écrit aussi *haschich* et plus rarement *hachich.*

***HÂTE** ['ɑt] n. f. ▪ *LA HÂTE :* grande rapidité à faire qqch. *Il met peu de hâte à se lever le matin.* → **empressement.** *J'AI HÂTE D'être en vacances :* je suis impatient d'être en vacances. *Elle n'a qu'une hâte, c'est d'en finir,* elle n'a qu'un désir. – *Il a rangé toutes ses affaires sans hâte,* sans se dépêcher, en prenant tout son temps. – *Les pompiers sont partis EN HÂTE vers l'immeuble en feu,* ils sont partis très rapidement. *Venez EN TOUTE HÂTE,* très vite. – *Ils se sont habillés À LA HÂTE,* très vite (→ **précipitamment).**

FAUX AMI
anglais **hate** « haine »

***HÂTER** ['ɑte] verbe [conjugaison 1a] **1.** STYLE RECHERCHÉ Faire arriver plus tôt, plus vite. *Il a hâté son départ de quelques jours.* → **avancer.** ⟨contraire : retarder⟩ **2.** Rendre plus rapide. *Il faut hâter le pas si vous voulez arriver à l'heure.* → **accélérer, presser.** *Hâtez le mouvement !* ⟨contraire : ralentir⟩ **3.** verbe pronominal SE HÂTER : (qqn) se dépêcher. *Elle s'est hâtée de finir son travail. Hâtez-vous, nous allons être en retard.*

***HÂTIF** ['ɑtif], ***HÂTIVE** ['ɑtiv] adj. (après le nom) **1.** Qui a été fait trop vite, avec trop de hâte. *Il ne faut pas prendre de décision hâtive.* → **prématuré.** *Ne portez pas de jugement hâtif.* → **précipité. 2.** (légume, fruit) Qui mûrit avant la saison normale (→ **primeurs).** *Elle a acheté au marché des fraises hâtives.* → **précoce.**

***HAUBAN** ['obɑ̃] n. m. ▪ *UN HAUBAN :* câble d'acier qui sert à maintenir de chaque côté le mât d'un bateau à voiles. *Les haubans font partie du gréement.* – *Le pont suspendu est soutenu par des haubans,* des câbles de métal.

***HAUBERT** ['obɛʀ] n. m. ▪ *UN HAUBERT :* chemise de mailles de métal à manches et à capuchon que portaient les soldats au Moyen Âge. *Le chevalier revêt son haubert avant de partir au combat.* → **cotte.**

***HAUSSE** ['os] n. f. ▪ *LA HAUSSE :* augmentation. *La météo annonce une hausse des températures.* → **élévation.** ⟨contraire : baisse⟩ *L'inflation entraîne la hausse des prix.* ⟨contraire : diminution⟩ – *Le cours du dollar est EN HAUSSE,* il augmente.

***HAUSSEMENT** ['osmɑ̃] n. m. ▪ *UN HAUSSEMENT D'ÉPAULES :* mouvement par lequel on élève les épaules en signe de mépris, d'irritation ou d'indifférence. *Il a un haussement d'épaules de lassitude.*

***HAUSSER** ['ose] verbe [conjugaison 1a] **1.** Donner plus de hauteur à (qqch.). *Le maçon a haussé la maison d'un mètre.* → **surélever. 2.** Mettre à un niveau plus élevé. *Il hausse les épaules en signe d'impuissance.* → ① **lever. 3.** Donner plus d'ampleur, d'intensité à. *Ce n'est pas la peine de hausser la voix, je t'entends. Il hausse le ton :* il parle plus fort. ⟨contraire : baisser⟩ **4.** Augmenter. *Les commerçants ont haussé leurs prix.* → **majorer. 5.** verbe pronominal SE HAUSSER : (qqn) s'élever, se dresser. *La petite fille s'est haussée sur la pointe des pieds pour mieux voir.* → se **hisser.**

***HAUT** ['o] adj., n. m. et adverbe, ***HAUTE** ['ot] adj.
I. adjectif (après le nom ou avant le nom) **1.** D'une certaine dimension dans le sens vertical. *Les murs de cette pièce sont HAUTS DE deux mètres.* – *Ce bébé est HAUT COMME TROIS POMMES,* tout petit. **2.** D'une grande dimension dans le sens vertical. *La vallée est entourée de hautes montagnes.* → **élevé.** *C'est un homme de haute taille,* très grand. ⟨contraire : petit⟩ *Elle a toujours des talons hauts.* ⟨contraire : plat⟩ **3.** Dans sa position la plus élevée. *Le soleil est déjà haut dans le ciel.* ⟨contraire : ① bas⟩ – *MARÉE HAUTE :* moment où le niveau de la mer est le plus haut. *À marée haute, la plage est recouverte par la mer.* – *Tu peux marcher LA TÊTE HAUTE,* sans rien avoir à te reprocher. – *Le directeur a la HAUTE MAIN sur tout,* il dirige, contrôle tout. **4.** (avant le nom) Situé au-dessus, par rapport aux choses de même espèce. *Le mont Blanc est la plus haute montagne de France. Le lièvre s'est enfui dans les hautes herbes.* – *Le haut Rhin,* la partie du Rhin la plus proche de la source. **5.** (avant le nom) Ancien, éloigné dans le temps. *C'est un historien spécialisé dans la haute Antiquité. Cet antiquaire vend des objets de haute époque,* qui datent d'une époque qui va du Moyen Âge jusqu'au seizième siècle. **6.** Fort, intense. *Une zone de hautes pressions s'étend sur le pays.* ⟨contraire : ① bas⟩ *Cette ligne électrique est à HAUTE TENSION.* – *À HAUTE VOIX :* fort. *Il dit à haute voix ce que les autres pensent tout bas. Lis le texte à voix haute.* ⟨contraire : ① bas⟩ **7.** (prix, valeur) Élevé. *Le dollar est très haut en ce*

moment. Elle a un haut salaire. → **gros.** (contraires : faible, petit) **8.** Éminent, important. *Son mari est un haut fonctionnaire. Il travaille dans la haute finance internationale.* **9.** De qualité supérieure. *Elle a une haute intelligence.* – *La* HAUTE COUTURE *parisienne est réputée,* les maisons de grands couturiers. – *Cette légende raconte les* HAUTS FAITS *des héros,* leurs actions héroïques. **10.** (avant le nom) Très grand, extrême. *Cette affaire est de la plus haute importance,* extrêmement importante. *Il a une haute idée de lui-même.* → **exagéré.** *Il a une montre de haute précision,* très précise. – *L'espion a été jugé pour* HAUTE TRAHISON, pour trahison très grave.

II. *LE HAUT* **1.** Dimension verticale, de la base au sommet. *La Tour Eiffel, à Paris, a trois cent vingt mètres de haut.* → **hauteur. 2.** Position déterminée sur la verticale. *L'avion vole à mille mètres de haut.* → **altitude. 3.** Partie haute (de qqch.). *Les conserves sont rangées dans le haut du placard. Le chat est sur le haut du mur. Le haut de sa robe est brodé.* (contraire : ① bas) *Les voisins du haut sont bruyants.* → **dessus.** – *EN HAUT :* dans la région (la plus) haute. *Il habite en haut. Son manteau est boutonné jusqu'en haut. Nous sommes montés tout en haut. Passez par en haut.* – *EN HAUT DE :* dans la partie supérieure de. *Elle est montée en haut de l'échelle.* – *D'EN HAUT :* de la partie supérieure. *La lumière vient d'en haut. Les ordres viennent d'en haut,* de l'autorité supérieure. **4.** Partie la plus haute, point culminant. *Un oiseau chante sur le haut d'un arbre.* → **cime.** *Le cycliste est arrivé en haut de la côte.* → **sommet.** – *Il regarde tout le monde* DU HAUT DE SA GRANDEUR : il considère tout le monde avec mépris.

III. adverbe **1.** En un point élevé sur la verticale. *L'avion vole haut dans le ciel.* **2.** En position élevée. *« Haut les mains ! », dit le gangster. Haut les cœurs !* courage ! – *Elle a réussi son examen* HAUT LA MAIN, facilement, sans mal. **3.** En un point reculé dans le temps. *Il faut remonter plus haut pour comprendre toute l'histoire. Voir plus haut* (dans un texte). → **ci-dessus. 4.** À haute voix. *Parle plus haut, on ne t'entend pas.* → **fort.** *Il dit tout haut ce que chacun pense tout bas.* – (son) *Sa voix monte très haut* (→ **aigu**). **5.** À un haut degré de puissance. *Des personnes* HAUT PLACÉES *l'ont aidé,* des personnes importantes, puissantes. *Il vise trop haut :* il est trop ambitieux. **6.** (prix, valeurs) À un haut degré. *Le dollar est monté très haut, hier,* il a pris beaucoup de valeur. *Je la place très haut dans mon estime,* je l'estime beaucoup.

***HAUTAIN** ['otɛ̃], ***HAUTAINE** ['otɛn] adj. (après le nom) ▪ Dédaigneux, arrogant. *Le directeur est hautain avec le personnel. Il a un air hautain. Je n'aime pas ses manières hautaines.*

***HAUTBOIS** ['obwa] n. m. ▪ *UN HAUTBOIS :* instrument de musique en bois et en métal, formé d'un long tuyau droit percé de trous dans lequel on souffle. *Il joue du hautbois. L'orchestre a joué un concerto pour hautbois et piano.*

***HAUT-DE-FORME** ['odfɔʀm] n. m. ▪ *UN HAUT-DE-FORME :* chapeau d'homme en soie, haut et en forme de cylindre. *Le haut-de-forme se mettait autrefois avec l'habit ou la redingote.* PLURIEL : *des HAUTS-DE-FORME.*

REM. On dit parfois *un haute-forme* ['otfɔʀm], *des hautes-formes.*

***HAUTE-FIDÉLITÉ** ['otfidelite] n. f. invariable ▪ *UNE CHAÎNE HAUTE-FIDÉLITÉ :* ensemble d'appareils (lecteur, amplificateur, tuner, haut-parleurs...) qui reproduisent le son de manière fidèle, exacte. *Ils viennent d'acheter une nouvelle chaîne haute-fidélité très performante.* PLURIEL : *des chaînes haute-fidélité.* – *HI-FI* ['ifi] forme abrégée familière invariable *Ils ont plusieurs chaînes hi-fi.*

***HAUTEMENT** ['otmɑ̃] adverbe ▪ Très. *Cet ouvrier est hautement qualifié.* (contraire : peu)

***HAUTEUR** ['otœʀ] n. f. ▪ *LA HAUTEUR* **1.** Dimension dans le sens vertical. *Quelle est la hauteur de cette tour ? Ce mur a deux mètres de hauteur.* → **haut.** *Dans la pièce, la hauteur sous plafond est de deux mètres vingt,* la dimension du sol au plafond. – *L'homme s'est redressé de toute sa hauteur.* → **taille.** – *Calculez la hauteur du triangle,* la longueur de la droite perpendiculaire allant de la base au sommet de ce triangle. **2.** Position sur la verticale. *L'avion vole à une hauteur de huit cents mètres.* → **altitude.** *L'étagère est* À HAUTEUR D'HOMME, elle est facile à atteindre. *Au cours de gymnastique, les élèves ont fait du* SAUT EN HAUTEUR (opposé à saut en longueur). – *Le deltaplane* PREND DE LA HAUTEUR, il s'élève en l'air. **3.** *À LA HAUTEUR DE :* au niveau de. *La table de nuit est à la hauteur du lit,* au même niveau que le lit. – *Le professeur sait se mettre à la hauteur des enfants,* à leur portée. *Le nouveau président est à la hauteur des circonstances,* il sait y faire face. STYLE FAMILIER *Le directeur n'est vraiment pas à la hauteur,* il n'est pas compétent, pas efficace. **4.** Lieu élevé. *La maison est sur une hauteur.* → **élévation. 5.** Supériorité (morale ou intellectuelle). *Il manque de* HAUTEUR DE VUE : il voit les choses d'une manière médiocre. **6.** Dédain, mépris. *Il parle à ses employés avec hauteur.* → **arrogance.** (contraire : simplicité)

***HAUT-FOND** ['ofɔ̃] n. m. ▪ *UN HAUT-FOND :* sommet sous-marin recouvert de très peu d'eau (→ **bas-fond**). *Le bateau s'est échoué sur un haut-fond.* PLURIEL : *les HAUTS-FONDS rendent la navigation impossible.*

***HAUT-LE-CŒUR** ['olkœʀ] n. m. invariable ▪ *UN HAUT-LE-CŒUR :* envie de vomir. *J'ai eu un haut-le-cœur en voyant l'étendue des dégâts.* PLURIEL : *cette odeur de poubelle me donne des haut-le-cœur.* → **nausée.**

***HAUT-LE-CORPS** ['olkɔʀ] n. m. invariable ▪ *UN HAUT-LE-CORPS :* mouvement brusque et involontaire du haut du corps sous l'effet de la surprise ou de l'indignation. *En entendant ce mensonge, elle ne peut réprimer un haut-le-corps.* PLURIEL : *des haut-le-corps.*

***HAUT-PARLEUR** ['opaʀlœʀ] n. m. ▪ *UN HAUT-PARLEUR :* appareil qui transforme les courants électriques en sons. *Le haut-parleur de la radio grésille.* PLURIEL : *une chaîne stéréo a deux HAUT-PARLEURS.* → **baffle,** ① **enceinte.**

***HAVANE** → LA HAVANE

***HAVANE** ['avan] n. m. ▪ *UN HAVANE :* cigare fabriqué avec du tabac de La Havane, très réputé. *Il fume de gros havanes. J'ai acheté une boîte de havanes.*

***HAVRE** → LE HAVRE

***HAWAÏEN** ['awajɛ̃] adj. et n. m., ***HAWAÏENNE** ['awajɛn] adj. et n. f. **1.** adjectif (après le nom) Des îles Hawaii. *Il joue de la guitare hawaïenne,* une guitare à quatre cordes et aux sons plaintifs. *Les touristes ont des chemises hawaïennes,* des chemisettes avec de grosses fleurs. **2.** *UN HAWAÏEN, UNE HAWAÏENNE :* un habitant, une habitante des îles Hawaii. *Les Hawaïens.*

***HAYE** → LA HAYE

***HAYON** ['ajɔ̃] n. m. ▪ *UN HAYON :* porte qui s'ouvre de bas en haut à l'arrière de certains véhicules. *L'automobiliste lève le hayon pour faire entrer ses chiens.*

REM. La prononciation correcte ['ɛjɔ̃] n'est pas très employée.

***HÉ !** ['e] interjection ▪ Mot qui sert à appeler qqn ou à attirer l'attention. *Hé ! vous, là-bas !* → **hep !** *Hé là ! pas si vite !* – *Hé ! Hé !* se dit pour apprécier, approuver ou se moquer de qqch. *Hé ! Hé ! tu ne t'embêtes pas !*

***HEAUME** ['om] n. m. ▪ UN HEAUME : grand casque de métal enveloppant toute la tête et le visage, que portaient les soldats du Moyen Âge. *Le chevalier a mis son heaume avant le combat.*

HEBDOMADAIRE [ɛbdɔmadɛʀ] adj. et n. m. 1. adjectif (après le nom) Qui a lieu chaque semaine, se renouvelle chaque semaine. *Le mardi est le jour de fermeture hebdomadaire du musée. Dans cette entreprise, le temps de travail hebdomadaire est de trente-cinq heures.* 2. UN HEBDOMADAIRE : journal, magazine qui paraît chaque semaine. *Ils sont abonnés à plusieurs hebdomadaires.*

HÉBERGEMENT [ebɛʀʒəmɑ̃] n. m. ▪ L'HÉBERGEMENT : action d'héberger, fait d'être hébergé, logé. → **logement.** *Les réfugiés ont été hébergés dans un centre d'hébergement.*

HÉBERGER [ebɛʀʒe] verbe [conjugaison 3b] ▪ Loger (qqn) pour un temps assez court. *Quand nos amis de l'étranger viennent à Paris, nous les hébergeons.* → **accueillir, loger, recevoir.** *Notre pays héberge des réfugiés politiques,* il les accueille sur son sol.

HÉBÉTÉ [ebete], **HÉBÉTÉE** [ebete] adj. (après le nom) ▪ Stupide, ahuri. *Ne me regarde pas avec cet* AIR HÉBÉTÉ ! *– Il a de grands yeux vides et hébétés.*

HÉBRAÏQUE [ebʀaik] adj. (après le nom) ▪ Qui appartient à la langue ou à la civilisation des Hébreux. *Il est diplômé de l'Université hébraïque de Jérusalem. Elle connaît bien la langue hébraïque,* l'hébreu.

HÉBREU [ebʀø] n. m. et adj. m.
I. 1. UN HÉBREU : un membre du peuple du Moyen-Orient dont la Bible raconte l'histoire. PLURIEL : *Abraham est l'ancêtre des* HÉBREUX. → **juif, israélite.** 2. L'HÉBREU : la langue parlée autrefois par les Hébreux, et aujourd'hui par les Israéliens. *L'hébreu a un alphabet spécial.* – (figuré) *C'est de l'hébreu :* c'est incompréhensible (→ **chinois).**
II. adjectif (après le nom) Qui appartient au peuple, à la langue des Hébreux. *Il connaît l'alphabet hébreu. L'État hébreu :* l'État d'Israël.

REM. Ce mot n'a pas de féminin. Pour une femme, on dit *juive, israélite* (ex. : *sa femme est juive, une Juive*) ; pour une chose, on emploie l'adjectif *hébraïque* (ex. : *la langue hébraïque*), *juive* ou *israélite* pour ce qui concerne la religion, les coutumes et les institutions (ex. : *la pâque juive*).

HÉCATOMBE [ekatɔ̃b] n. f. ▪ UNE HÉCATOMBE : massacre d'un très grand nombre de personnes. *La Première Guerre mondiale a été une hécatombe.* → **boucherie, carnage.** – (figuré) *Soixante pour cent de candidats refusés à l'examen, quelle hécatombe !*

HECTARE [ɛktaʀ] n. m. ▪ UN HECTARE : unité de mesure des surfaces. *Cette ferme a dix hectares de terre.* – *ha* [ɛktaʀ] abréviation *Un champ de 3 ha.*

REM. Un hectare vaut dix mille mètres carrés (1 ha = 10000 m^2).

HECTOLITRE [ɛktɔlitʀ] n. m. ▪ UN HECTOLITRE : mesure de capacité valant cent litres. *Le viticulteur a récolté mille hectolitres de vin.* – *hl* [ɛktɔlitʀ] abréviation *Une cuve de 3 hl.*

HÉGÉMONIE [eʒemɔni] n. f. ▪ L'HÉGÉMONIE : domination d'un État sur un autre. *Au temps du colonialisme, les pays développés exerçaient leur hégémonie sur les pays plus faibles.* → **pouvoir, suprématie.**

***HEIN !** ['ɛ̃] interjection ▪ STYLE FAMILIER 1. S'emploie pour faire répéter qqn ou pour l'interrompre. *Hein ! Qu'est-ce que tu dis ?* → **comment, quoi.** 2. S'emploie dans une phrase interrogative pour la renforcer. *Tu viendras, hein ?* → **n'est-ce pas.** 3. S'emploie pour marquer la surprise. *Hein ? Que me racontez-vous là ?* 4. Pour demander une approbation. *Pas mal, hein ?*

***HÉLAS !** ['elas] interjection ▪ Mot exprimant la plainte, la douleur ou le regret. *Les vacances sont finies, hélas ! « Va-t-elle mieux ? – Hélas, non ! »*

FAUX AMI
grec **Ελλάς** « Grèce »

***HÉLER** ['ele] verbe [conjugaison 6a] ▪ Appeler de loin, pour faire venir. *Il hèle un taxi. Je l'ai hélé au passage.*

HÉLICE [elis] n. f. ▪ UNE HÉLICE 1. Courbe formée par une droite oblique s'enroulant sur un cylindre. *L'hélice est une courbe dans l'espace* (→ **spirale).** – *L'escalier est* EN HÉLICE (→ **hélicoïdal).** 2. Appareil formé de deux ou trois ailes ou pales fixées sur un axe, qui tourne et qui fait avancer un avion, un bateau. *L'hélice du navire tourne dans l'eau. Les hélices d'hélicoptère sont horizontales. – Les hélices des ventilateurs brassent l'air.*

HÉLICOÏDAL [elikɔidal], **HÉLICOÏDALE** [elikɔidal] adj. (après le nom) ▪ En forme d'hélice. *Un escalier hélicoïdal mène au premier étage.* MASCULIN PLURIEL : *des mouvements* HÉLICOÏDAUX [elikɔido].

HÉLICOPTÈRE [elikɔptɛʀ] n. m. ▪ UN HÉLICOPTÈRE : appareil d'aviation qui vole grâce à une ou plusieurs hélices horizontales et qui décolle à la verticale. *L'hélicoptère s'est posé sur le toit de l'immeuble.* – HÉLICO [eliko] forme abrégée familière *Un hélico de la gendarmerie survole la région. Des hélicos.*

HÉLIPORT [elipɔʀ] n. m. ▪ UN HÉLIPORT : aéroport pour hélicoptères. *L'hélicoptère a décollé de l'héliport.*

REM. Ce mot est mal formé (*héli-* pour *hélico-*).

HÉLIPORTÉ [elipɔʀte], **HÉLIPORTÉE** [elipɔʀte] adj. (après le nom) ▪ Transporté par hélicoptère. *Des troupes héliportées sont arrivées sur le lieu du combat. – Le général a organisé une opération héliportée,* exécutée par hélicoptère.

HÉLITREUILLÉ [elitʀœje], **HÉLITREUILLÉE** [elitʀœje] adj. (après le nom) ▪ (qqn) Hissé au moyen d'un treuil situé dans un hélicoptère en vol. *Les naufragés hélitreuillés sont sains et saufs.*

HELLÉNIQUE [elenik] adj. (après le nom) ▪ De la Grèce antique ou moderne ; des Grecs. *La civilisation hellénique est très ancienne.* → **grec.**

REM. On prononce aussi [ɛllenik].

HELSINKI [ɛlsinki] nom propre – en suédois **HELSINGFORS** ▪ Capitale de la Finlande, sur le golfe de Finlande. *Ils sont allés à Helsinki. Nous revenons d'Helsinki.*

HELVÉTIQUE [ɛlvetik] adj. (après le nom) ▪ De la Suisse. *La Confédération helvétique regroupe les vingt-trois cantons suisses.* → **suisse.**

REM. Cet adjectif appartient au domaine administratif. Dans la langue courante, on dit *suisse.*

HÉMATOME [ematom] n. m. ▪ UN HÉMATOME : accumulation de sang sous la peau, due à un choc qui a provoqué une hémorragie. *Il s'est cogné le genou sur le coin de la table et il a un gros hématome.* → **bleu, ecchymose.**

HÉMICYCLE [emisikl] n. m. ▪ UN HÉMICYCLE 1. Espace, construction en demi-cercle. *Cet ancien théâtre grec est un hémicycle.* → **amphithéâtre.** 2. Rangées de gradins en demi-cercle, destinées à des auditeurs, des spectateurs. *Les députés prennent place dans l'hémicycle de l'Assemblée nationale.*

HÉMISPHÈRE [emisfɛʀ] n. m. ▪ UN HÉMISPHÈRE 1. Chacune des deux moitiés du globe terrestre limitée par l'équateur. *La France est située dans l'hémisphère Nord et l'Australie dans l'hémisphère Sud.* 2. *Les hémisphères cérébraux :* les deux moitiés symétriques du cerveau. *L'hémisphère droit et l'hémisphère gauche forment la masse du cerveau.*

HÉMISPHÉRIQUE [emisferik] adj. (après le nom) ▪ (qqch.) Qui a la forme d'un hémisphère. *Cette église romane a une voûte hémisphérique.*

HÉMOPHILE [emɔfil] adj., n. m. et n. f. **1.** adjectif (après le nom) (qqn) Atteint d'une maladie héréditaire qui empêche le sang de coaguler. *Ils ont un fils hémophile.* **2.** *UN HÉMOPHILE, UNE HÉMOPHILE :* une personne atteinte de cette maladie. *L'hémophile doit subir une transfusion sanguine.*

HÉMORRAGIE [emɔʀaʒi] n. f. ▪ *UNE HÉMORRAGIE :* écoulement du sang hors des vaisseaux sanguins. *Le médecin a arrêté l'hémorragie par un garrot.* → **saignement.**

***HENNÉ** ['ene] n. m. ▪ *LE HENNÉ :* poudre colorée utilisée surtout dans les pays musulmans pour teindre les cheveux, les paupières, les lèvres ou les doigts. *Elle s'est fait un shampoing au henné.*

***HENNIR** ['eniʀ] verbe [conjugaison 2] ▪ (cheval) Pousser son cri. *La jument redresse la tête en hennissant.*

***HENNISSEMENT** ['enismɑ̃] n. m. ▪ *UN HENNISSEMENT :* cri du cheval. *Des hennissements viennent de l'écurie.*

***HEP !** ['ɛp] interjection ▪ Mot qui sert à appeler. *Hep ! Par ici !* → **hé.** *Hep ! taxi !*

HÉPATIQUE [epatik] adj. (après le nom) **1.** Relatif au foie. *Il a des problèmes hépatiques.* **2.** (qqn) Qui souffre du foie. *Elle est hépatique.*

HÉPATITE [epatit] n. f. ▪ *L'HÉPATITE :* maladie du foie. *La jaunisse et la cirrhose sont des hépatites. Il a une HÉPATITE VIRALE,* une maladie du foie due à un virus.

HÉRALDIQUE [eʀaldik] adj. et n. f. **1.** adjectif (après le nom) Relatif au blason. *Sur les armoiries de la ville, il y a des figures et des ornements héraldiques.* **2.** *L'HÉRALDIQUE :* la science des blasons, des armoiries. *Son mari est passionné d'héraldique.*

***HÉRAUT** ['eʀo] n. m. ▪ *UN HÉRAUT :* au Moyen Âge, officier qui était chargé de transmettre les messages importants, de faire les proclamations solennelles. *Le héraut a annoncé une grande fête pour l'anniversaire du roi.*

> REM. *Héraut* se prononce comme *héros* « personne qui accomplit des exploits ».

HERBAGE [ɛʀbaʒ] n. m. ▪ *UN HERBAGE :* prairie dont l'herbe pousse naturellement. *Les vaches se nourrissent en passant d'un herbage à l'autre.*

HERBE [ɛʀb] n. f. **1.** *L'HERBE :* l'ensemble des plantes à tiges souples et vertes formant une végétation peu élevée. *Les moutons broutent l'herbe du pré. Nous avons pique-niqué sur l'herbe. Le jardinier tond l'herbe du parc.* → **gazon, pelouse.** – (figuré) *Il m'a COUPÉ L'HERBE SOUS LE PIED :* il m'a frustré d'un avantage en me devançant, en me supplantant. **2.** STYLE FAMILIER Marijuana, haschisch. *De temps en temps, il fume de l'herbe.* **3.** *DES FINES HERBES* [finzɛʀb] : plantes aromatiques dont on se sert, en cuisine, pour assaisonner certains plats. *Le cerfeuil, la ciboulette et l'estragon sont des fines herbes. – Le thym, le romarin et le basilic sont des HERBES DE PROVENCE.* **4.** Plante sauvage qui pousse naturellement. *Les herbes folles ont envahi le jardin abandonné. La savane africaine est une végétation de hautes herbes. – UNE MAUVAISE HERBE :* plante qui pousse naturellement et qui empêche les autres plantes de pousser. *Il faut arracher toutes ces mauvaises herbes qui poussent entre les rosiers* (→ **désherber**). **5.** *EN HERBE :* se dit des céréales qui, au début de leur croissance, sont vertes, courtes et molles comme de l'herbe. *Le blé est encore en herbe.* – (figuré) (enfants, jeunes) Qui a des dispositions pour (qqch.). *Sa fille est une pianiste en herbe.*

HERBICIDE [ɛʀbisid] n. m. ▪ *UN HERBICIDE :* produit qui détruit les mauvaises herbes. *Le jardinier met de l'herbicide dans les allées du parc.*

HERBIER [ɛʀbje] n. m. ▪ *UN HERBIER :* collection de plantes séchées que l'on conserve aplaties entre des feuilles de papier. *Mon fils confectionne un herbier avec des plantes de montagne.*

HERBIVORE [ɛʀbivɔʀ] adj. et n. m. **1.** adjectif (après le nom) (animal) Qui se nourrit uniquement d'herbe, de plantes. *Les vaches et les moutons sont des animaux herbivores.* **2.** *UN HERBIVORE :* animal qui ne mange que de l'herbe, des feuilles. *Les cerfs sont des herbivores.*

HERBORISER [ɛʀbɔʀize] verbe [conjugaison 1a] ▪ Cueillir des plantes là où elles poussent pour les étudier, confectionner un herbier ou fabriquer des médicaments. *Le botaniste herborise dans la campagne.*

HERCULE [ɛʀkyl] n. m. ▪ *UN HERCULE :* homme d'une force physique exceptionnelle. *Il est bâti en hercule :* il est très grand et très fort. *C'est un véritable hercule.* → **colosse.** *Dans les foires d'autrefois, les hercules faisaient des tours de force.*

HERCULÉEN [ɛʀkyleɛ̃], **HERCULÉENNE** [ɛʀkyleɛn] adj. (après le nom) ▪ *FORCE HERCULÉENNE,* colossale. *C'est un géant d'une force herculéenne.*

> REM. *Herculéen* veut dire au sens propre « digne d'Hercule », le héros de la mythologie (*Héraclès* pour les Grecs), célèbre pour sa force et ses exploits.

HÉRÉDITAIRE [eʀeditɛʀ] adj. (après le nom) **1.** Qui se transmet des parents aux enfants. *Certains caractères physiques sont héréditaires. Les hémophiles sont atteints d'une maladie héréditaire.* → **génétique.** – *Le mauvais caractère est héréditaire dans la famille.* **2.** Hérité des parents, des ancêtres par l'habitude, la tradition. *Ces deux pays sont des ennemis héréditaires,* des ennemis depuis toujours. **3.** Qui se transmet par droit de succession. *Autrefois, en France, la monarchie était héréditaire.*

HÉRÉDITÉ [eʀedite] n. f. ▪ *L'HÉRÉDITÉ* **1.** Transmission des caractères génétiques des parents à leurs enfants. *Les lois de l'hérédité ont été étudiées par Mendel, au dix-neuvième siècle.* → **génétique.** **2.** Ensemble des caractères que l'on hérite de ses parents, de ses ancêtres. *Il a une LOURDE HÉRÉDITÉ,* une hérédité qui comporte des tares.

> FAUX AMI
> italien **eredità** « héritage »

HÉRÉSIE [eʀezi] n. f. ▪ *UNE HÉRÉSIE* **1.** Doctrine, opinion contraire à celle qui est admise comme la seule vraie, dans une religion. *L'Église catholique a condamné de nombreuses hérésies.* **2.** Idée, manière d'agir qui s'oppose aux idées, aux manières d'agir admises par tous. *Boire du jus d'orange avec du caviar, quelle hérésie ! C'est de l'hérésie !*

HÉRÉTIQUE [eʀetik] adj., n. m. et n. f. **1.** adjectif (après le nom) Qui soutient une hérésie. *L'Église catholique a condamné de nombreuses sectes hérétiques.* **2.** *UN HÉRÉTIQUE, UNE HÉRÉTIQUE :* une personne qui soutient une hérésie. *Autrefois, les hérétiques étaient brûlés.*

***HÉRISSÉ** ['eʀise], ***HÉRISSÉE** ['eʀise] adj. (après le nom) **1.** (cheveux, poils) Dressé. *En me levant, j'avais les cheveux hérissés sur la tête.* **2.** *HÉRISSÉ DE :* garni de (choses dressées, pointues). *Les cactus sont hérissés de piquants. Le haut du mur est hérissé de tessons de bouteilles. – Le parcours des skieurs est hérissé d'obstacles,* plein d'obstacles.

***HÉRISSER** ['eʀise] verbe [conjugaison 1a]
I. 1. (animaux) Dresser ses poils, ses plumes. *Le chat hérisse les poils de sa queue quand il aperçoit le chien du voisin.* **2.** (qqch.) Faire dresser (les poils, les plumes). *Le froid hérisse les poils.* **3.** Inspirer de la colère, de l'aversion à (qqn). *Sa mauvaise foi me hérisse.* → **horripiler, irriter.**
II. verbe pronominal SE HÉRISSER **1.** (poils, plumes) Se dresser. *Les piquants du hérisson se hérissent au moindre danger. Ses cheveux se sont hérissés sur sa tête.* **2.** (qqn) Manifester son opposition, sa colère. *Il se hérisse dès qu'on lui fait une remarque.*

***HÉRISSON** ['eʀisɔ̃] n. m. ▪ *UN HÉRISSON :* petit mammifère au corps couvert de piquants. *Le hérisson se roule en boule en cas de danger.*

HÉRITAGE [eʀitaʒ] n. m. ▪ *UN HÉRITAGE* **1.** Bien qui est transmis par une personne qui vient de mourir. *Ils viennent de FAIRE UN HÉRITAGE,* d'hériter. *Ma tante m'a laissé sa maison EN HÉRITAGE.* **2.** Ce qui est transmis, comme par une succession. *Ces traditions sont un héritage du passé.*

HÉRITER [eʀite] verbe [conjugaison 1a] **1.** *HÉRITER DE qqch.*, en devenir propriétaire. *Ils ont hérité de la maison de leurs parents.* – *Il n'est plus le même depuis qu'il a hérité,* depuis qu'il a fait un héritage. **2.** STYLE RECHERCHÉ Recevoir par héritage. *Elle a hérité un immeuble.* – *Il héritera de son oncle,* il recevra l'héritage de son oncle. **3.** STYLE RECHERCHÉ Recevoir, par hérédité. *Elle a hérité le mauvais caractère de son père.*

HÉRITIER [eʀitje] n. m., **HÉRITIÈRE** [eʀitjɛʀ] n. f. ▪ *UN HÉRITIER, UNE HÉRITIÈRE :* une personne qui doit recevoir ou qui reçoit un héritage. *Mon voisin est mort sans héritier. Il a épousé une riche héritière. C'est l'héritier d'une grosse fortune. Il voulait déshériter ses enfants pour faire de cette femme son héritière.*

HERMAPHRODITE [ɛʀmafʀɔdit] adj. et n. m. **1.** adjectif (après le nom) Qui a des caractères des deux sexes, est à la fois mâle et femelle. *L'escargot est un animal hermaphrodite. Il existe des plantes hermaphrodites.* **2.** *UN HERMAPHRODITE :* un être humain qui possède à la fois des ovaires et des testicules (→ **androgyne).** *Il y a une statue d'hermaphrodite dans le parc du château.*

HERMÉTIQUE [ɛʀmetik] adj. (après le nom) **1.** Qui ferme complètement, en ne laissant passer ni air ni liquide. *La bouteille a une fermeture parfaitement hermétique.* → **étanche.** *Le beurre est dans une boîte hermétique.* **2.** Difficile à comprendre. *Cet écrivain écrit des poésies hermétiques.* → **ésotérique.** *C'est un écrivain hermétique. Elle a un visage hermétique,* sans expression, qui ne laisse pas voir ses sentiments. **3.** (qqn) *ÊTRE HERMÉTIQUE À qqch.*, ne rien y comprendre. *Je suis hermétique à son humour.*

HERMÉTIQUEMENT [ɛʀmetikmɑ̃] adverbe ▪ D'une manière hermétique. *La boîte est hermétiquement fermée.*

HERMINE [ɛʀmin] n. f. **1.** *UNE HERMINE :* petit animal carnivore très féroce qui ressemble à la belette et dont la fourrure est très recherchée. *L'hermine est un mammifère. Le pelage de l'hermine est brun-rouge en été et blanc en hiver.* **2.** *L'HERMINE :* peau, fourrure de l'hermine. *Le costume de certains magistrats est orné d'une bande d'hermine.*

***HERNIE** ['ɛʀni] n. f. ▪ *UNE HERNIE :* grosseur formée par un organe qui est sorti de la cavité où il se trouve normalement. *La malade s'est fait une hernie (abdominale) en portant un objet trop lourd,* la paroi de son ventre s'est trop étirée et une partie de l'intestin s'est logée dedans en formant une boule.

HÉROÏNE, n., féminin de **héros**

HÉROÏNE [eʀɔin] n. f. ▪ *L'HÉROÏNE :* drogue très dangereuse, tirée de la morphine. *Il se drogue à l'héroïne.*

HÉROÏQUE [eʀɔik] adj. (après le nom) **1.** (qqn) Qui fait preuve d'un très grand courage, d'héroïsme. *C'est un soldat héroïque.* → **brave, valeureux.** ⟨contraires : lâche, peureux⟩ **2.** (action) Qui est digne d'un héros. *Il a eu le courage héroïque de venir à son secours dans les flammes.* **3.** *LES TEMPS HÉROÏQUES :* période très éloignée qui prend un caractère de légende. *Ce film muet date des temps héroïques du cinéma,* des débuts du cinéma.

HÉROÏSME [eʀɔism] n. m. ▪ *L'HÉROÏSME :* courage exceptionnel devant le danger ou la douleur. → **bravoure, vaillance.** ⟨contraire : lâcheté⟩ *Il a fait preuve d'un grand héroïsme pendant la guerre.*

***HÉRON** ['eʀɔ̃] n. m. ▪ *UN HÉRON :* grand oiseau échassier au long cou très mince, à longues pattes et à très long bec. *Les hérons vivent au bord de marécages et d'étangs.*

***HÉROS** ['eʀo] n. m., **HÉROÏNE** [eʀɔin] n. f. ▪ *UN HÉROS, UNE HÉROÏNE* **1.** Personne très courageuse qui a accompli des exploits. *Leur fils est mort à la guerre EN HÉROS.* ⟨contraire : lâche⟩ *Son grand-père est un héros de la Deuxième Guerre mondiale. Jeanne d'Arc est une héroïne française.* **2.** Personnage principal (d'une œuvre). *Tintin est un héros de bande dessinée. Hamlet est un héros de tragédie.* **3.** Personne qui a le rôle principal dans un événement. → **protagoniste.** *C'est ton anniversaire, tu es l'héroïne de la fête.* **4.** Personnage de la mythologie, né d'un dieu et d'une mortelle, ou d'une déesse et d'un mortel. *Hercule est un héros de la mythologie romaine.*

REM. On dit *le héros* et *l'héroïne.* De tous les mots de la famille de *héros*, seul *héros* a un *h* aspiré, tous les autres *(héroïne, héroïque, héroïsme)* ont un *h* muet.

HERPÈS [ɛʀpɛs] n. m. ▪ *L'HERPÈS :* maladie de peau caractérisée par des éruptions de petits boutons transparents et provoquée par un virus. *L'herpès est très contagieux.*

***HERSE** ['ɛʀs] n. f. ▪ *UNE HERSE* **1.** Instrument agricole muni de dents ou de disques de métal qui, tiré par un tracteur, sert à briser les mottes de terre ou à enfouir les semences. *L'agriculteur passe la herse dans son champ.* **2.** Lourde grille munie de grosses pointes orientées vers le bas, suspendue à l'entrée d'un château fort. *Les ennemis arrivent, le seigneur ordonne de relever le pont-levis et d'abaisser la herse.*

HÉSITANT [ezitɑ̃], **HÉSITANTE** [ezitɑ̃t] adj. (après le nom) **1.** (qqn) Qui a du mal à se décider. *Je ne sais que choisir, je suis hésitante.* → **indécis.** ⟨contraires : décidé, résolu⟩ **2.** (qqch.) Qui manque d'assurance, de fermeté. *Il a répondu d'une voix hésitante.* ⟨contraires : assuré, ① ferme⟩

HÉSITATION [ezitasjɔ̃] n. f. ▪ *L'HÉSITATION :* le fait d'hésiter. *Il a accepté sans hésitation,* tout de suite. – *Elle s'est décidée après bien des hésitations.*

HÉSITER [ezite] verbe [conjugaison 1a] **1.** Ne pas arriver à se décider. *J'ai longtemps hésité avant de me décider. Il n'y a plus à hésiter, il faut agir vite. J'HÉSITE ENTRE ces deux solutions. J'HÉSITE À le déranger.* → **craindre.** *N'hésitez pas à poser des questions.* **2.** S'arrêter parce que l'on n'est pas décidé ou parce que l'on ne sait pas. *Elle a hésité un instant avant de répondre. Le cheval hésite devant l'obstacle.*

HÉTÉRO adj., n. m. et n. f. Forme abrégée familière de **hétérosexuel.**

HÉTÉROCLITE [eteʀɔklit] adj. (après le nom) ▪ Fait d'un mélange de choses qui ne vont pas ensemble. *Ils ont dans leur salon un mobilier hétéroclite.* → **disparate.** ⟨contraire : assorti⟩

HÉTÉROGÈNE [eteʀɔʒɛn] adj. (après le nom) ▪ Qui est composé de choses ou de personnes très différentes les unes des autres.

Notre quartier a une population hétérogène. ⟨contraire : homogène⟩

HÉTÉROSEXUEL [eteʀosɛksɥɛl] adj. et n. m., **HÉTÉROSEXUELLE** [eteʀosɛksɥɛl] adj. et n. f. **1.** adjectif (après le nom) Qui éprouve une attirance sexuelle pour les personnes du sexe opposé. *Il est hétérosexuel.* ⟨contraire : homosexuel⟩ – *HÉTÉRO* [eteʀo] forme abrégée familière *Elle est hétéro. Ils sont hétéros.* **2.** *UN HÉTÉROSEXUEL, UNE HÉTÉROSEXUELLE :* une personne qui est attirée sexuellement par des personnes du sexe opposé. ⟨contraire : homosexuel⟩ *C'est une hétérosexuelle.* – *HÉTÉRO* [eteʀo] forme abrégée familière : *UN HÉTÉRO, UNE HÉTÉRO. Les hétéros.*

***HÊTRE** ['ɛtʀ] n. m. ▪ *UN HÊTRE :* très grand arbre à petites feuilles ovales et à écorce lisse, fine et grisâtre. *Nous avons traversé une forêt de hêtres. Ce hêtre est magnifique en automne.*

REM. Le verbe *être* se prononce de la même façon.

***HEU !** ['ø] interjection ▪ Mot qui sert à exprimer le doute, l'hésitation. *Je ne me rappelle plus son nom, heu ! attends !* → **euh !** – Mot qu'on intercale entre des groupes de mots à l'oral pour remplacer un silence.

HEURE [œʀ] n. f.

I. *UNE HEURE :* espace de temps égal à la vingt-quatrième partie de la journée. *Une heure est divisée en soixante minutes. Elle est arrivée avec deux heures de retard. Les étudiants ont huit heures de cours aujourd'hui. Nous travaillons trente-neuf heures par semaine. La voiture roule à cent vingt kilomètres à l'heure* (→ **kilomètre-heure**). *Ils habitent à une heure de Londres,* à une heure de trajet de Londres. *La femme de ménage est payée À L'HEURE. Elle gagne quatre-vingts francs DE L'HEURE,* par heure de travail. *Je t'attends depuis une heure.*

II. *L'HEURE* **1.** Moment précis de la journée. *Quelle heure est-il ? Il est seize heures* ou *quatre HEURES DE L'APRÈS-MIDI. Il est rentré à trois HEURES DU MATIN. Il est deux heures quinze* ou *deux heures et quart. Il est dix heures quarante-cinq* ou *onze heures moins le quart. Retrouvons-nous à une heure dix. Je me suis couché à vingt-trois heures trente* ou *onze heures et demie du soir. Nous prendrons le train de quatorze heures cinquante* ou *trois heures moins dix. Ma montre est à l'heure,* elle indique l'heure juste. *Pouvez-vous me donner l'heure, me dire l'heure ?* **2.** Moment de la journée, selon son emploi. *Téléphonez-moi à l'heure des repas. C'est l'HEURE DE partir,* le moment de partir. *Quelles sont les heures d'ouverture du magasin ? Le plombier viendra À LA PREMIÈRE HEURE,* très tôt le matin, le plus tôt possible. *Voici des nouvelles DE DERNIÈRE HEURE,* les plus récentes. *Il est poète À SES HEURES,* à certains moments, selon sa fantaisie. **3.** Moment de la vie. *J'ai connu des heures agréables dans ma vie. L'HEURE N'EST PAS À la plaisanterie :* ce n'est pas le moment de plaisanter. *Il a cru SA DERNIÈRE HEURE arrivée :* il a cru qu'il allait mourir. *Ce chanteur a eu SON HEURE DE gloire,* il y a eu un moment de sa vie où il a été célèbre. *Ton heure viendra.* → **tour.** *L'heure est grave,* le moment présent. *L'heure H.* → **H.** **4.** *À L'HEURE QU'IL EST :* à ce moment précis. *Je ne sais pas ce qu'il est devenu à l'heure qu'il est. Cette pharmacie est ouverte À TOUTE HEURE,* à tout moment de la journée, sans interruption. **5.** *D'UNE HEURE À L'AUTRE :* d'un moment à l'autre. *La situation peut changer d'une heure à l'autre,* en peu de temps. *La situation s'aggrave D'HEURE EN HEURE,* à mesure que le temps passe. – *DE BONNE HEURE :* tôt. *Elle aime se lever de bonne heure. Venez de bonne heure. Il a joué de la musique de bonne heure,* il a commencé à en jouer très jeune.

III. adverbe *TOUT À L'HEURE* **1.** Dans peu de temps, le même jour. → **bientôt.** *Je lui téléphonerai tout à l'heure. Ce n'est pas pour maintenant mais pour tout à l'heure,* pour plus tard. **2.** Il y a peu de temps, le même jour. *Je l'ai vu tout à l'heure, il était dans son bureau. La conversion de tout à l'heure n'a pas été inutile.*

HEUREUSEMENT [øʀøzmɑ̃] adverbe ▪ Par chance, par bonheur. *Il pleut, heureusement j'ai pris mon parapluie.* ⟨contraire : malheureusement⟩ *HEUREUSEMENT QUE tu étais là !* c'est une chance que tu aies été là.

HEUREUX [øʀø] adj. et n. m., **HEUREUSE** [øʀøz] adj. et n. f.

I. adjectif (avant le nom ou après le nom) **1.** (qqn) Qui jouit du bonheur. *Ils ont tout pour être heureux.* ⟨contraire : malheureux⟩ *C'est un homme heureux. Nous sommes très heureux de votre réussite. Nous sommes heureux pour vous. Je suis HEUREUSE DE vous voir.* → **content, satisfait.** ⟨contraires : fâché, mécontent, triste⟩ *Je suis heureux de faire votre connaissance.* → **charmé, enchanté, ravi.** *Elle est HEUREUSE QUE vous alliez mieux.* **2.** (qqn) Qui a de la chance. *Il peut s'estimer heureux de ne pas avoir été blessé dans l'accident. Il est heureux au jeu.* → **chanceux ;** STYLE FAMILIER **veinard.** ⟨contraire : malchanceux⟩ *L'heureux homme !* **3.** (qqch.) Rempli de bonheur. *Nous vous souhaitons un heureux anniversaire.* → **joyeux.** ⟨contraire : mauvais⟩ *Elle attend un HEUREUX ÉVÉNEMENT,* elle est enceinte. *J'ai beaucoup de souvenirs heureux de cette époque.* ⟨contraire : douloureux⟩ **4.** (qqch.) Qui exprime le bonheur. *Ils ont l'air vraiment heureux.* → **radieux.** *Il a un heureux caractère.* **5.** (qqch.) Qui est favorable. *Je l'ai rencontré par un heureux hasard. Ce beau temps est un HEUREUX PRÉSAGE.* → ① **bon.** *Tu as eu LA MAIN HEUREUSE :* tu as bien choisi. – *ENCORE HEUREUX QUE tu sois venu :* c'est la moindre des choses que tu sois venu, heureusement que tu es venu.

II. *FAIRE UN HEUREUX, UNE HEUREUSE :* rendre une personne heureuse. *Vous avez FAIT UN HEUREUX en l'invitant,* vous lui avez fait plaisir.

***HEURT** ['œʀ] n. m. ▪ *UN HEURT* **1.** Action de heurter. *Attention aux heurts, ces verres sont fragiles.* → **choc, coup.** **2.** Dispute. *La rencontre s'est passée sans heurt.*

***HEURTER** ['œʀte] verbe [conjugaison 1a]

I. **1.** Toucher brutalement. → **cogner.** *La moto a heurté le trottoir.* → **percuter.** **2.** Aller à l'encontre de. *Sa grossièreté me heurte.* → **déplaire.** *Le ministre a heurté l'opinion publique avec son discours.* → **blesser, choquer, contrarier, froisser.** ⟨contraire : séduire⟩ **3.** STYLE RECHERCHÉ *HEURTER À :* frapper à. *Un client heurte à la vitrine du magasin.*

II. verbe pronominal SE HEURTER **1.** S'entrechoquer. *Les deux voitures se sont heurtées violemment.* **2.** *SE HEURTER À :* rencontrer. *Nous nous heurtons à des difficultés. Vous risquez de vous heurter à un refus.*

HÉVÉA [evea] n. m. ▪ *UN HÉVÉA :* grand arbre des pays chauds qui produit un liquide avec lequel on fabrique le caoutchouc (→ **latex**). *Il y a de nombreuses plantations d'hévéas en Malaisie.*

HEXAGONAL [ɛgzagɔnal], **HEXAGONALE** [ɛgzagɔnal] adj. (après le nom)

I. Qui a six angles et six côtés. *Calculez la superficie de cette figure hexagonale.* MASCULIN PLURIEL : *des plans HEXAGONAUX* [ɛgzagɔno].

II. Qui concerne la France métropolitaine. *Ce mot ne fait pas partie du français hexagonal, il appartient au français de Belgique.*

HEXAGONE [ɛgzagɔn] n. m. ▪ *UN HEXAGONE* **1.** Figure géométrique qui a six angles et six côtés. *Le salon a la forme d'un hexagone.* **2.** *L'HEXAGONE :* la France métropolitaine. *Nos cousins antillais passent leurs vacances dans l'Hexagone.*

REM. On prononce aussi [ɛgzagɔn].

HIATUS [jatys] n. m. ▪ *UN HIATUS* **1.** Suite de deux voyelles qui se prononcent à l'intérieur d'un mot (ex. : *aérer, géant*) ou entre deux mots (ex. : *tu as, il a été*). *L'hiatus peut être désagréable à l'oreille.* **2.** Désaccord (entre deux choses). *Il y a un hiatus entre ce que tu dis et ce que tu fais.* → **décalage.**

REM. On prononce aussi *hiatus* avec un *h* aspiré : ['jatys], le hiatus [ləjatys].

HIBERNATION [ibɛʀnasjɔ̃] n. f. ▪ *L'HIBERNATION :* état d'engourdissement ou de sommeil dans lequel sont certains animaux pendant l'hiver. *Quand la marmotte est EN HIBERNATION, son cœur ne bat que deux ou trois fois par minute.*

HIBERNER [ibɛʀne] verbe [conjugaison 1a] ▪ (animaux) Passer l'hiver dans un état d'engourdissement. *Les loirs, les ours, les marmottes hibernent.*

***HIBOU** ['ibu] n. m. ▪ *UN HIBOU :* oiseau rapace qui vit la nuit, qui a une face ronde et aplatie et porte des aigrettes sur la tête (ce qui le distingue de la chouette). *Le hibou se nourrit de rongeurs.* PLURIEL : *les HIBOUX hululent.*

***HIC** ['ik] n. m. ▪ STYLE FAMILIER *Voilà le hic :* voilà la difficulté, le problème. *Bien sûr, il faut lui demander son avis ; mais voilà le hic, on ne sait pas où il est.*

***HIDEUX** ['idø], ***HIDEUSE** ['idøz] adj. (après le nom) ▪ Très laid à voir. *Elle a une robe hideuse.* → **affreux.** *C'est un monstre hideux. Il est hideux à voir.* (contraire : beau)

HIER [jɛʀ] adverbe **1.** Le jour qui est juste avant celui où l'on est (→ **veille).** *Elle est arrivée hier. Hier, c'était lundi, aujourd'hui nous sommes mardi, demain ce sera mercredi. C'était dans le journal d'hier. Il est resté jusqu'à hier. Je suis malade depuis hier. Nous nous sommes vus hier soir, hier au soir.* **2.** À une date récente. *Cette coutume NE DATE PAS D'HIER,* elle est ancienne.

***HIÉRARCHIE** ['jeʀaʀʃi] n. f. ▪ *LA HIÉRARCHIE* **1.** Classement de personnes selon la qualification, l'importance et les responsabilités qu'elles ont dans leur métier. *Le président-directeur général est au sommet de la hiérarchie de l'entreprise. L'employé a monté tous les échelons de la hiérarchie.* **2.** Classement de choses selon leur importance. *Il faut respecter la hiérarchie des valeurs.*

***HIÉRARCHIQUE** ['jeʀaʀʃik] adj. (après le nom) ▪ Qui appartient à une hiérarchie. *Vous devez obéir aux ordres de votre supérieur hiérarchique.*

***HIÉRATIQUE** ['jeʀatik] adj. (après le nom) ▪ STYLE RECHERCHÉ Dont la raideur, la majesté semblent imposées par un rite, un cérémonial, une tradition. *Le ministre a une attitude hiératique.* → **figé, solennel.**

***HIÉROGLYPHE** ['jeʀɔglif] n. m. ▪ *UN HIÉROGLYPHE :* signe de l'écriture des anciens Égyptiens. *C'est le Français Champollion qui a déchiffré les hiéroglyphes. L'obélisque de la Concorde, à Paris, est couvert de hiéroglyphes.*

HI-FI → **haute-fidélité**

***HI-HAN** ['iɑ̃] interjection et n. m. invariable ▪ Onomatopée qui imite le cri de l'âne. *L'âne fait hi-han.*

HILARANT [ilaʀɑ̃], **HILARANTE** [ilaʀɑ̃t] adj. (après le nom) ▪ Qui fait beaucoup rire. *Elle a raconté des histoires hilarantes,* très drôles.

HILARE [ilaʀ] adj. (après le nom) ▪ Qui a l'air très content et rit tout le temps. *Des enfants hilares nous attendent devant la porte,* des enfants très gais. → **réjoui.** – *Elle a l'air hilare.* (contraires : maussade, triste)

HILARITÉ [ilaʀite] n. f. ▪ *L'HILARITÉ :* très grande gaieté qui se manifeste par des éclats de rire souvent moqueurs. *Sa déclaration a déclenché L'HILARITÉ GÉNÉRALE.*

HIMALAYEN [imalajɛ̃], **HIMALAYENNE** [imalajɛn] adj. (après le nom) ▪ De l'Himalaya, la plus haute chaîne de montagnes du monde, située en Asie. *L'Everest est le plus haut sommet himalayen.*

HINDOU [ɛ̃du] n. m. et adj., **HINDOUE** [ɛ̃du] n. f. et adj.
I. *UN HINDOU, UNE HINDOUE :* une personne adepte de l'hindouisme. *Pour les hindous, les vaches sont des animaux sacrés.*
II. adjectif (après le nom) **1.** Qui concerne l'Inde. *La société hindoue est divisée en castes.* **2.** Qui concerne l'hindouisme. *De nombreux Indiens sont hindous.*

REM. Autrefois, *hindou* signifiait aussi « habitant de l'Inde ».

HINDOUISME [ɛ̃duism] n. m. ▪ *L'HINDOUISME :* religion la plus répandue en Inde. *La majorité des Indiens sont des adeptes de l'hindouisme.*

HIPPIQUE [ipik] adj. (après le nom) ▪ Qui concerne le cheval et le sport qui consiste à monter à cheval. *Il participe à des concours hippiques.* → **équestre.**

HIPPISME [ipism] n. m. ▪ *L'HIPPISME :* ensemble des sports pratiqués à cheval. → **équitation.** *C'est un amateur d'hippisme.*

HIPPOCAMPE [ipɔkɑ̃p] n. m. ▪ *UN HIPPOCAMPE :* petit poisson de mer à la queue courbe, dont la tête, rabattue contre la gorge, ressemble à celle du cheval. *L'hippocampe nage en position verticale.*

HIPPODROME [ipodʀom] n. m. ▪ *UN HIPPODROME :* terrain réservé aux courses de chevaux. *Le tiercé a lieu aujourd'hui à l'hippodrome de Longchamp, à Paris.*

HIPPOPOTAME [ipɔpɔtam] n. m. ▪ *UN HIPPOPOTAME :* gros mammifère herbivore d'Afrique, dont le corps massif est recouvert d'une peau très épaisse. *Les hippopotames passent la plus grande partie de leur temps dans l'eau des fleuves. L'hippopotame peut peser plus de quatre tonnes.*

HIRONDELLE [iʀɔ̃dɛl] n. f. ▪ *UNE HIRONDELLE :* petit oiseau migrateur noir et blanc, aux ailes fines et longues et à la queue fourchue. *L'hirondelle a fait son nid sous le toit de la maison.*

HIRSUTE [iʀsyt] adj. (après le nom) ▪ Qui a les cheveux mal ou pas coiffés, la barbe en désordre. *Un enfant hirsute a sonné à la porte,* ébouriffé. → **échevelé.** *Il a une tignasse hirsute.*

HISPANIQUE [ispanik] adj. (après le nom) ▪ Qui concerne l'Espagne, les Espagnols. *Il connaît bien la civilisation hispanique.* → **ibérique.**

HISPANISME [ispanism] n. m. ▪ *UN HISPANISME* **1.** Façon de s'exprimer propre à la langue espagnole. *Faites attention en traduisant cet hispanisme !* **2.** Emprunt fait à la langue espagnole. *Les hispanismes de l'américain sont nombreux. « Canari » et « corrida » sont des hispanismes utilisés en français.*

HISPANO-AMÉRICAIN [ispanoameʀikɛ̃] adj. et n. m., **HISPANO-AMÉRICAINE** [ispanoameʀikɛn] adj. et n. f.
I. adjectif (après le nom) **1.** Qui concerne l'Amérique et l'Espagne. *La guerre hispano-américaine eut lieu entre les États-Unis et l'Espagne en 1898.* **2.** Qui concerne la partie de l'Amérique latine où l'on parle espagnol. *Il connaît bien la civilisation hispano-américaine.* PLURIEL : *les terres HISPANO-AMÉRICAINES.*
II. 1. *UN HISPANO-AMÉRICAIN, UNE HISPANO-AMÉRICAINE :* une personne qui habite dans la partie de l'Amérique latine où

l'on parle espagnol. *Les Hispano-Américains.* **2.** nom masculin *L'HISPANO-AMÉRICAIN :* la langue espagnole parlée en Amérique latine. *L'hispano-américain est un peu différent du castillan, l'espagnol d'Espagne.*

HISPANOPHONE [ispanɔfɔn] adj., n. m. et n. f. **1.** adjectif (après le nom) Qui parle espagnol ; où l'on parle espagnol. *Le Chili est un pays hispanophone.* **2.** *UN HISPANOPHONE, UNE HISPANOPHONE :* une personne qui parle espagnol. *Les Argentins sont des hispanophones.*

***HISSER** ['ise] verbe [conjugaison 1a] **1.** Faire monter avec des cordes. *Les matelots hissent les voiles.* – *OH ! HISSE !* interjection que l'on emploie quand on fait un effort collectif. *Oh ! Hisse ! encore un effort !* **2.** verbe pronominal SE HISSER : (qqn) s'élever avec effort. *Elle s'est hissée sur la pointe des pieds.* → se **hausser.** *Hisse-toi sur le mur.* → **grimper, monter.**

① **HISTOIRE** [istwaʀ] n. f. ▪ *UNE HISTOIRE* **1.** Récit d'événements réels ou imaginaires. *Son grand-père lui raconte une histoire avant qu'elle s'endorme.* → **conte.** *C'est une bien belle histoire. Elle aime bien les histoires qui finissent bien. J'aime lire des histoires d'amour. Il raconte toujours des HISTOIRES DRÔLES,* de brefs récits dont la fin inattendue fait rire. **2.** Récit inventé pour tromper. *Je ne te crois pas, ce sont des histoires,* c'est faux. *Arrête de raconter des histoires.* → **mensonge. 3.** Suite d'événements. *Oublions cette histoire.* → **affaire.** *Oh là là ! Quelle histoire !* → **aventure.** *Ils se sont brouillés pour une histoire d'argent.* → **question.** *Il m'est arrivé une DRÔLE D'HISTOIRE,* une affaire bizarre. *Il s'est mis dans UNE SALE HISTOIRE,* une mauvaise affaire. *Avec lui, C'EST toujours TOUTE UNE HISTOIRE,* c'est toujours très compliqué. *Leur voyage s'est déroulé SANS HISTOIRE,* sans ennuis, sans complications. → **problème.** *Tu vas encore t'attirer des histoires. N'EN FAITES PAS TOUTE UNE HISTOIRE !* → STYLE FAMILIER **fromage,** ② **plat.** – STYLE FAMILIER *Je dis ça HISTOIRE DE détendre l'atmosphère,* juste pour détendre l'atmosphère.

② **HISTOIRE** [istwaʀ] n. f. ▪ *L'HISTOIRE* **1.** Connaissance et récit des événements du passé. *Sa fille fait des études d'histoire* (→ **historique).** *Il connaît bien l'histoire de l'Angleterre. Elle s'est spécialisée dans l'étude de l'histoire du Moyen Âge. Il se passionne pour l'histoire des religions. Il est étudiant en HISTOIRE DE L'ART. Elle ne s'intéresse qu'à LA PETITE HISTOIRE,* aux anecdotes qui se rattachent à une période historique. *Au catéchisme, on étudie l'HISTOIRE SAINTE,* les récits de la Bible. – *Il écrit des livres d'histoire* (→ **historien).** *Elle est professeur d'histoire et de géographie.* **2.** La mémoire des hommes, le jugement de la postérité. *Cet homme politique laissera son nom dans l'histoire.* **3.** La période connue par des documents écrits. *L'histoire commence après la préhistoire.*

HISTORIEN [istɔʀjɛ̃] n. m., **HISTORIENNE** [istɔʀjɛn] n. f. ▪ *UN HISTORIEN, UNE HISTORIENNE :* une personne spécialisée dans l'étude de l'histoire, qui écrit des livres d'histoire. *Tocqueville était un historien de la Révolution française.*

HISTORIQUE [istɔʀik] adj. et n. m.
I. adjectif (après le nom) **1.** Qui a réellement existé. *Jeanne d'Arc est un personnage historique.* ⟨contraires : fabuleux, imaginaire, légendaire⟩ – *Je lis un ROMAN HISTORIQUE,* dont le sujet est emprunté à l'histoire. **2.** Qui concerne l'histoire. *Il fait des études historiques.* **3.** Qui est conservé par l'histoire. *Aujourd'hui est un jour historique. Le château de Versailles est un MONUMENT HISTORIQUE,* un monument témoin de l'histoire et protégé par l'État.
II. *L'HISTORIQUE :* exposé des faits. → **chronologie.** *Le journaliste FAIT L'HISTORIQUE DE la situation,* il relate les faits qui se sont déroulés depuis l'origine et qui peuvent expliquer la situation.

HISTORIQUEMENT [istɔʀikmɑ̃] adverbe ▪ D'une manière historique. *Le fait est historiquement exact.*

HITLÉRIEN [itleʀjɛ̃], **HITLÉRIENNE** [itleʀjɛn] adj. (après le nom) ▪ Qui concerne Hitler. *Son arrière-grand-père faisait partie des JEUNESSES HITLÉRIENNES. Il a été membre du parti hitlérien* (→ **nazi).**

HITLÉRISME [itleʀism] n. m. ▪ *L'HITLÉRISME :* la doctrine de Hitler. → **nazisme.** *Les nazis étaient les partisans de l'hitlérisme.*

***HIV** ['aʃive] n. m. ▪ Virus tenu pour responsable du sida. *Les médecins font actuellement des recherches sur le virus HIV.*

> REM. *HIV* est l'acronyme anglais de *Human Immunodeficiency Virus.* On parle parfois en français du *V. I. H.* [veiaʃ], qui est l'acronyme de *Virus de l'Immunodéficience Humaine.*

HIVER [ivɛʀ] n. m. ▪ *L'HIVER :* saison la plus froide de l'année, qui suit l'automne et précède le printemps. *Dans l'hémisphère nord, l'hiver commence le 21 ou le 22 décembre et finit le 20 ou le 21 mars. L'année dernière, nous avons eu un hiver rigoureux. Les hivers sont rudes en montagne. Tous les ans, nous allons aux SPORTS D'HIVER,* nous allons en montagne pratiquer des sports sur la neige et la glace, comme le ski, la luge, le patinage, etc.

HIVERNAGE [ivɛʀnaʒ] n. m. ▪ *L'HIVERNAGE :* séjour du bétail à l'étable, pendant l'hiver. *Pendant l'hivernage, les vaches mangent le foin que l'on a conservé dans la grange.*

HIVERNAL [ivɛʀnal], **HIVERNALE** [ivɛʀnal] adj. (après le nom) ▪ Propre à l'hiver. *Il fait une température hivernale,* très froide. MASCULIN PLURIEL : *des froids HIVERNAUX* [ivɛʀno].

HIVERNER [ivɛʀne] verbe [conjugaison 1a] ▪ (animaux) Passer l'hiver à l'abri. *Les oiseaux migrateurs hivernent dans les pays chauds.*

> REM. Ne pas confondre avec *hiberner* « passer l'hiver dans un état d'engourdissement ».

***H. L. M.** ['aʃɛlɛm] n. f. ou n. m. invariable ▪ *UNE H. L. M.* ou *UN H. L. M. :* grand immeuble dont les appartements sont loués à un prix peu élevé. *Ils habitent dans une H. L. M.* PLURIEL : *un ensemble de H. L. M.*

> REM. *H. L. M.* étant le sigle de *Habitation à Loyer Modéré* est naturellement du genre féminin. Cependant, on a tendance à penser davantage au mot *immeuble* qu'au mot *habitation,* et *H. L. M.* est de plus en plus fréquemment employé au masculin.

***HOCHEMENT** ['ɔʃmɑ̃] n. m. ▪ *UN HOCHEMENT DE TÊTE :* mouvement de la tête de bas en haut ou de gauche à droite. *Elle approuve d'un hochement de la tête,* en hochant la tête.

***HOCHER** ['ɔʃe] verbe [conjugaison 1a] ▪ *HOCHER LA TÊTE :* remuer la tête de bas en haut pour accepter ou approuver, et de gauche à droite pour refuser. *Elle hoche la tête en silence pour marquer sa désapprobation.*

***HOCHET** ['ɔʃɛ] n. m. ▪ *UN HOCHET :* jouet de bébé, formé d'un manche et d'une partie qui fait du bruit quand on la secoue. *Il agite un hochet devant le bébé qui pleure.*

***HOCKEY** ['ɔkɛ] n. m. ▪ *LE HOCKEY :* sport d'équipe qui consiste à envoyer une balle dans le but adverse en le poussant avec une crosse au bout aplati. *Ils jouent au HOCKEY SUR GAZON. Au HOCKEY SUR GLACE, la balle est remplacée par un palet et les joueurs ont des patins à glace.*

***HOLÀ !** ['ɔla] interjection et n. m. invariable **1.** interjection *HOLÀ !* Mot qui sert à dire d'aller moins vite ou d'arrêter. *Holà ! pas si vite ! ralentis !* → **stop. 2.** *METTRE LE HOLÀ À qqch.,* y mettre fin, y mettre bon ordre. *Ses parents ont mis le holà à ses dépenses.*

***HOLD-UP** ['ɔldœp] n. m. invariable. *UN HOLD-UP :* vol à main armée dans un lieu public. *Les malfaiteurs ont commis un hold-up.* → STYLE FAMILIER **braquage.** PLURIEL : *des hold-up.*

***HOLLANDAIS** ['ɔlɑ̃dɛ] adj. et n. m., ***HOLLANDAISE** ['ɔlɑ̃dɛz] adj. et n. f. **1.** adjectif (après le nom) De Hollande, région des Pays-Bas. *Il y a de nombreuses sortes de fromages hollandais. Nous avons mangé des asperges accompagnées d'une sauce hollandaise,* d'une sauce à base de beurre et de jaunes d'œufs. **2.** *UN HOLLANDAIS, UNE HOLLANDAISE :* une personne qui habite en Hollande. *Les Hollandais.* **3.** nom masculin *LE HOLLANDAIS :* la langue germanique qui est parlée en Hollande (→ **néerlandais**). *Il parle le hollandais couramment.*

REM. **1.** On peut prononcer les deux *l* : ['ɔllɑ̃dɛ], ['ɔllɑ̃dɛz]. **2.** On emploie souvent à tort *hollandais* pour *néerlandais. Néerlandais* s'applique aux Pays-Bas *(Nederland)* et *hollandais* à la Hollande, région des Pays-Bas.

***HOLLANDE** ['ɔlɑ̃d] nom propre féminin – en néerlandais **HOLLAND** . *LA HOLLANDE :* région des Pays-Bas, divisée en deux provinces : la Hollande-Méridionale (chef-lieu : La Haye) et la Hollande-Septentrionale (chef-lieu : Haarlem). *Nous sommes allés en Hollande. Connaissez-vous la Hollande ?*

REM. **1.** On peut prononcer les deux *l* : ['ɔllɑ̃d]. **2.** *Hollande* est parfois employé à tort pour *Pays-Bas.*

HOLOCAUSTE [ɔlokost] n. m. *UN HOLOCAUSTE* **1.** Chez les Juifs de l'Antiquité, sacrifice religieux où la victime était brûlée. *Un bélier a été offert EN HOLOCAUSTE.* **2.** *L'HOLOCAUSTE :* l'extermination des Juifs par les nazis, pendant la Deuxième Guerre mondiale. *L'Holocauste a fait six millions de victimes.*

***HOMARD** ['ɔmaʀ] n. m. *UN HOMARD :* grand crustacé marin dont les pattes avant sont armées de grosses pinces. *Le homard est bleu foncé, il devient rouge quand on le fait cuire. Nous avons mangé du homard avec de la mayonnaise.*

HOMÉOPATHIE [ɔmeɔpati] n. f. *L'HOMÉOPATHIE :* manière de soigner les malades en leur donnant une très petite quantité de remèdes qui, à forte dose, provoqueraient la même maladie que celle que l'on essaie de guérir. *Elle se soigne à l'homéopathie. Il ne croit pas à l'homéopathie.*

HOMÉRIQUE [ɔmeʀik] adj. (après le nom) **1.** Qui appartient à Homère, qui a rapport à Homère. *L'Iliade et l'Odyssée sont des poèmes homériques.* **2.** Qui est digne d'Homère, de sa manière. *Son père est un personnage homérique. Il a un RIRE HOMÉRIQUE,* très bruyant, qui ressemble au rire qu'Homère attribuait aux dieux de l'Olympe.

HOMICIDE [ɔmisid] n. m. *UN HOMICIDE :* action de tuer un être humain. *Il est accusé d'homicide volontaire.* → **assassinat, crime, meurtre.** *Il a commis un homicide involontaire.*

HOMMAGE [ɔmaʒ] n. m. *UN HOMMAGE* **1.** Témoignage de respect, de reconnaissance, d'admiration. *Le général REND HOMMAGE AU courage de ses soldats. Le président prononce un discours EN HOMMAGE AUX victimes. Hommage de l'auteur* (sur un livre). **2.** (au pluriel) DES HOMMAGES : salutations respectueuses qu'un homme adresse à une femme. *Je vous PRÉSENTE MES HOMMAGES, madame. Mes plus respectueux hommages.*

HOMME [ɔm] n. m.

I. *L'HOMME :* être humain, de sexe masculin ou féminin, enfant ou adulte. *Contrairement à l'animal, l'homme se tient debout, parle et a une intelligence développée. Ce savant se consacre à l'étude de l'homme* (→ **anthropologie**). *Savez-vous quand l'homme est apparu sur terre ? L'humanité est l'ensemble des hommes. La Déclaration des droits de l'homme et du citoyen date de 1789.*

II. 1. *UN HOMME :* être humain adulte, de sexe masculin. *Il y a une femme et un homme dans le magasin.* → **monsieur ;** STYLE FAMILIER **bonhomme, gars, mec, type.** *Il n'est pas HOMME À refuser,* ce n'est pas dans son caractère. *Ne pleure pas, sois un homme !* sois fort (→ **viril**). *Nous nous sommes expliqués D'HOMME À HOMME,* directement, en toute franchise. *Son frère est un HOMME À FEMMES,* qui recherche les conquêtes féminines (→ **don Juan, séducteur**). *C'est un homme qui méprise les femmes* (→ **macho**). **2.** *UN JEUNE HOMME :* homme jeune et célibataire. → **garçon.** *Elle a rencontré un beau jeune homme. Un jeune homme et une jeune fille sont arrivés.* **3.** Être humain mâle adulte, caractérisé par sa fonction. *Ils ont engagé un HOMME DE PEINE,* un domestique, un manœuvre. *Cet HOMME POLITIQUE fait une belle carrière, il sera sûrement ministre un jour. Le président de la République est un HOMME D'ÉTAT,* un personnage qui joue un rôle important dans le gouvernement de son pays. *Les magistrats et les avocats sont des HOMMES DE LOI. Un écrivain est un HOMME DE LETTRES. Un HOMME DE TROUPE est un simple soldat.* **4.** Homme qui travaille sous les ordres de qqn. → **exécutant.** *Le caporal réunit ses hommes.* → **soldat.** *Le chef de chantier donne des ordres à ses hommes.* → **ouvrier. 5.** Compagnon (d'une femme). *Son mari est vraiment L'HOMME DE SA VIE,* celui qui compte le plus dans sa vie. – STYLE FAMILIER *Viens avec ton homme.* → **amant, ami ;** STYLE FAMILIER **jules, mec. 6.** *COMME UN SEUL HOMME :* avec un ensemble parfait. *Ils se sont tous levés comme un seul homme.*

REM. **1.** Le pluriel de *jeune homme* est *jeunes gens.* **2.** Une société où la référence est l'homme (II.) est dite *androcentrique.*

HOMME-GRENOUILLE [ɔmgʀənuj] n. m. *UN HOMME-GRENOUILLE :* plongeur équipé d'un appareil pour respirer sous l'eau. *Un homme-grenouille examine la coque du bateau. Elle est homme-grenouille.* PLURIEL : *des HOMMES-GRENOUILLES.*

REM. Ce mot n'a pas de féminin. On est donc obligé de dire d'une femme : *elle est homme-grenouille.*

HOMO adj., n. m. et n. f. Forme abrégée familière de **homosexuel.**

HOMOGÈNE [ɔmɔʒɛn] adj. (après le nom). Qui est composé de choses ou de personnes qui vont bien ensemble et forment un tout cohérent. *Ces footballeurs forment une équipe homogène.* ⟨contraire : hétérogène⟩

HOMOGÉNÉITÉ [ɔmɔʒeneite] n. f. *L'HOMOGÉNÉITÉ :* qualité de ce qui est homogène. *Ces enfants forment une classe d'une grande homogénéité.* → **cohésion, harmonie, unité.**

HOMOLOGUE [ɔmɔlɔg] n. m., n. f. *UN HOMOLOGUE, UNE HOMOLOGUE :* une personne qui occupe la même fonction qu'une autre, dans une autre entreprise, un autre pays. *Le ministre des Finances allemand a rencontré son homologue italien.*

HOMOLOGUER [ɔmɔlɔge] verbe [conjugaison 1b]. Approuver, reconnaître (qqch.) et l'enregistrer officiellement après vérification. *La fédération internationale a homologué le nouveau record mondial de saut en hauteur.*

REM. Penser au groupe *u* devant *a* (ex. : *en homologuant, j'homologuais*).

HOMONYME [ɔmɔnim] adj. et n. m.

I. adjectif (après le nom) Se dit des mots qui ont des sens différents et qui se prononcent de la même façon. *« Saut », « sceau », « seau » et « sot » sont des mots homonymes.*

II. *UN HOMONYME* **1.** Mot qui a un sens différent d'un autre mot et qui se prononce de la même façon. *Le mot « pain » est l'homonyme du mot « pin ».* **2.** Se dit de personnes, de villes qui ont le même nom. *Paris a de nombreux homonymes en Amérique. Cette lettre n'est pas pour moi, elle est adressée à un de mes homonymes.*

HOMOSEXUALITÉ [ɔmɔsɛksɥalite] n. f. ▪ *L'HOMOSEXUALITÉ :* sexualité de l'homosexuel, de l'homosexuelle. *Il y a l'homosexualité masculine et l'homosexualité féminine.*

HOMOSEXUEL [ɔmɔsɛksɥɛl] n. m. et adj., **HOMOSEXUELLE** [ɔmɔsɛksɥɛl] n. f. et adj.
I. *UN HOMOSEXUEL, UNE HOMOSEXUELLE :* une personne qui éprouve une attirance sexuelle pour les personnes du même sexe qu'elle. ⟨contraire : hétérosexuel⟩ *C'est un homosexuel.* → **gay, pédéraste ;** (péjoratif) STYLE FAMILIER **pédé.** *C'est une homosexuelle.* → **lesbienne ;** (péjoratif) STYLE FAMILIER **gouine.** – *HOMO* [omo] forme abrégée familière : *UN HOMO, UNE HOMO. Des homos.*
II. adjectif (après le nom) **1.** (qqn) Qui éprouve une attirance sexuelle pour les personnes de son sexe. *Ils ont un fils homosexuel.* – *HOMO* [omo] forme abrégée familière *Des femmes homos.* **2.** (qqch.) Relatif à l'homosexualité. *Il a eu des relations homosexuelles.*

***HONDURAS** ['ɔ̃dyʀas] nom propre masculin ▪ *LE HONDURAS :* pays d'Amérique centrale. *Ils vivent au Honduras. Est-il revenu du Honduras ?*

***HONG-KONG** ['ɔ̃gkɔ̃g] nom propre – en chinois **XIANGGANG** ou **HSIANG-KIANG** ▪ Ville du sud de la Chine. *Ils vont à Hong-Kong. Je reviens de Hong-Kong.*

***HONGRIE** ['ɔ̃gʀi] nom propre féminin – en hongrois **MAGYARORSZÁG** ▪ *LA HONGRIE :* pays d'Europe centrale. *Nous sommes allés en Hongrie. Ils reviennent de Hongrie. La Hongrie a une frontière commune avec l'Autriche.*

***HONGROIS** ['ɔ̃gʀwa] adj. et n. m., ***HONGROISE** ['ɔ̃gʀwaz] adj. et n. f. **1.** adjectif (après le nom) De Hongrie. *Nous aimons la musique tsigane hongroise.* **2.** *UN HONGROIS, UNE HONGROISE :* un habitant, une habitante de Hongrie. *Les Hongrois.* **3.** nom masculin *LE HONGROIS :* la langue parlée en Hongrie, apparentée au finnois. *Il parle le hongrois.*

HONNÊTE [ɔnɛt] adj. (avant le nom ou après le nom) **1.** (qqn) Qui est loyal, qui ne vole pas, qui ne cherche pas à obtenir des choses en trompant les autres. → **intègre.** *C'est un honnête homme. Ils sont parfaitement honnêtes. Sois honnête et dis tout de suite que tu ne peux pas rendre cet argent. Ce commerçant est très honnête.* ⟨contraire : malhonnête⟩ – *Il est TROP POLI POUR ÊTRE HONNÊTE,* sa grande politesse cache sûrement une mauvaise intention. **2.** (qqch.) Qui est moyen. *Ses résultats d'examen sont honnêtes.* → **correct, honorable.** *C'est honnête, sans plus.* → **passable.**

HONNÊTEMENT [ɔnɛtmɑ̃] adverbe **1.** D'une manière honnête. *Il a agi honnêtement en donnant aux gendarmes le portefeuille qu'il a trouvé.* ⟨contraire : malhonnêtement⟩ **2.** Sans mentir. *Elle a répondu honnêtement à mes questions.* → **franchement, sincèrement.** *Honnêtement, croyez-vous avoir raison ?*

HONNÊTETÉ [ɔnɛtte] n. f. ▪ *L'HONNÊTETÉ :* qualité d'une personne honnête. *Il est d'une grande honnêteté.* → **droiture, intégrité.** ⟨contraire : malhonnêteté⟩ *Tu pourrais AVOIR L'HONNÊTETÉ DE reconnaître ton erreur. L'HONNÊTETÉ INTELLECTUELLE consiste à ne pas voler les idées des autres.*

HONNEUR [ɔnœʀ] n. m.
I. *L'HONNEUR* **1.** Fait de mériter l'estime des autres, de soi-même, sur le plan moral. → **dignité, fierté.** ⟨contraire : déshonneur⟩ *Autrefois, on se battait en duel pour défendre son honneur.* – *C'est un homme sans honneur* (→ **honorable**). – *Bien que malade, elle MET UN POINT D'HONNEUR À venir,* elle se fait un devoir de venir quand même. – *Je vous donne ma PAROLE D'HONNEUR que je tiendrai ma promesse :* je vous jure que je tiendrai ma promesse. – *J'ATTESTE SUR L'HONNEUR QUE les renseignements donnés sont exacts.* **2.** Gloire. *Tu as dit la vérité, c'est tout À TON HONNEUR,* cela t'honore. *Elle est l'honneur de sa famille.* ⟨contraire : honte⟩ *Il travaille POUR L'HONNEUR,* de façon désintéressée. – *Leur fils est MORT AU CHAMP D'HONNEUR,* sur le champ de bataille, à la guerre. **3.** Traitement particulier destiné à honorer qqn. *On a organisé une fête EN L'HONNEUR DU champion,* pour lui. – STYLE FAMILIER *EN QUEL HONNEUR ?* pourquoi ? pour qui ? *En quel honneur ce repas de fête ?* – *Le président nous FAIT L'HONNEUR de sa présence.* – *À qui ai-je l'honneur* (de parler) ? – *Les invités ont été reçus dans la cour d'honneur du château.* **4.** *FAIRE HONNEUR À (qqn) :* honorer (qqn), procurer de l'honneur à (qqn). *Cet enfant fait honneur à sa famille.* – *Il a fait honneur au repas :* il a beaucoup mangé et avec plaisir. **5.** *VOTRE HONNEUR :* titre utilisé dans les pays anglo-saxons et dans l'ancienne Russie, pour marquer son respect à de hauts personnages. *Oui, Votre Honneur.*
II. (au pluriel) LES HONNEURS **1.** Marques de respect. *Le président a été reçu avec tous les honneurs dus à son rang,* avec toutes les marques de respect qu'il mérite. ⟨contraire : humiliation⟩ **2.** *Elle nous a FAIT LES HONNEURS DE SA MAISON :* elle nous a fait visiter sa maison, en nous guidant. **3.** Tout ce qui donne du pouvoir, des privilèges, dans la société. *Il aime les honneurs.*

HONORABLE [ɔnɔʀabl] adj. (après le nom) **1.** Digne d'estime, de respect. *C'est une famille honorable.* → **respectable.** ⟨contraire : indigne⟩ **2.** Convenable, moyen. *Vos résultats d'examen sont honorables,* ils ne sont pas excellents, mais suffisants.

HONORAIRES [ɔnɔʀɛʀ] n. m. pluriel ▪ *LES HONORAIRES :* somme d'argent que l'on donne pour payer les personnes exerçant une profession libérale. → **appointements.** *Les avocats, les médecins, les notaires reçoivent des honoraires* (opposé à salaire). *Il a reçu de gros honoraires.*

HONORER [ɔnɔʀe] verbe [conjugaison 1a] **1.** Faire honneur à, attirer l'estime, la considération sur. *Ce savant honore son pays.* ⟨contraire : déshonorer⟩ – *Votre franchise vous honore,* elle attire l'honneur sur votre personne. **2.** Rendre honneur à, traiter avec beaucoup de respect. *Au cours d'une cérémonie, nous honorerons* [ɔnɔʀʀɔ̃] *la mémoire des disparus.* → **célébrer.** – *Le président a honoré ce savant en lui remettant la Légion d'honneur,* il lui a rendu hommage, il lui a montré son estime et son respect. **3.** *HONORER UN CHÈQUE :* payer ce que l'on doit, par chèque. *Ce chèque est NON HONORÉ* [nɔnɔnɔʀe], il n'y a pas d'argent sur le compte, le compte est sans provision.

HONORIFIQUE [ɔnɔʀifik] adj. (après le nom) ▪ Qui donne des honneurs, de la considération (sans avantages matériels). *Une décoration militaire est une distinction honorifique.*

***HONTE** ['ɔ̃t] n. f. **1.** *LA HONTE :* sentiment très désagréable d'être humilié, d'être abaissé dans l'opinion des autres. *Elle a ROUGI DE HONTE.* → **humiliation.** *Tu devrais AVOIR HONTE !* tu devrais te sentir honteux ! – STYLE FAMILIER *Tomber devant tout le monde, c'est la honte. Oh, la honte !* **2.** *UNE HONTE :* chose odieuse, scandaleuse. *C'est une honte de maltraiter les enfants. C'est une honte ! Quelle honte !* → **scandale.** **3.** *FAIRE HONTE À qqn :* être un sujet de honte, pour qqn. *Arrête de crier devant tout le monde, tu me fais honte.*

***HONTEUX** ['ɔ̃tø], ***HONTEUSE** ['ɔ̃tøz] adj. (après le nom) **1.** Odieux, scandaleux. *C'est honteux de torturer les animaux. C'est honteux !* **2.** Qui éprouve un sentiment de honte. *Elle est honteuse d'avoir mal agi.* → **humilié.**

***HOOLIGAN** → **houligan**

***HOP !** ['ɔp] interjection. Mot qui accompagne un geste ou une action brusque et rapide. *Allez, hop ! debout !*

HÔPITAL [ɔpital] n. m. *UN HÔPITAL :* établissement dans lequel on soigne et on opère les malades et les blessés et où les femmes peuvent accoucher (→ **clinique).** *Son père a été admis au service des urgences de l'hôpital* (→ **hospitaliser).** PLURIEL : *des HÔPITAUX* [ɔpito]. *J'admire le travail du personnel soignant de l'hôpital* (→ **hospitalier).** – *HOSTO* [ɔsto] forme abrégée familière *Il est à l'hosto depuis trois jours. Il y a deux hostos dans la région.*

***HOQUET** ['ɔkɛ] n. m. *LE HOQUET :* contraction du diaphragme qui produit un appel d'air accompagné d'un bruit de gorge répété. *J'ai le hoquet.*

REM. *Hockey* « sport d'équipe » et *O. K.* « d'accord », se prononcent de la même façon.

HORAIRE [ɔʀɛʀ] adj. et n. m.

I. adjectif (après le nom) **1.** Relatif à la division du temps en heures. *Vérifie l'heure d'arrivée du train sur le tableau horaire. – Il y a six heures de DÉCALAGE HORAIRE entre New York et Paris,* quand il est midi à New York, il est dix-huit heures à Paris. **2.** Qui correspond à une durée d'une heure. *Quelle est la vitesse horaire de cet avion ?* quelle distance parcourt-il en une heure ?

II. *UN HORAIRE* **1.** Relevé des heures de départ et d'arrivée des trains, des avions, des bateaux, des autobus, etc. *Ce train est en avance sur l'horaire. Il y a un changement d'horaire. – Je consulte l'horaire des trains pour Marseille,* le tableau indiquant l'horaire. → **indicateur. 2.** Emploi du temps heure par heure. *Elle a un horaire chargé.* **3.** Heures (d'ouverture). *Quels sont les horaires d'ouverture du magasin ?*

***HORDE** ['ɔʀd] n. f. *UNE HORDE* **1.** Troupe de personnes indisciplinées. *Une horde de gamins est entrée dans le magasin.* **2.** Troupe d'animaux peu rassurants. *La horde de hyènes a attaqué une antilope.*

HORIZON [ɔʀizɔ̃] n. m. *L'HORIZON* **1.** Limite circulaire de la vue, où le ciel et la terre (ou la mer) semblent se toucher. *Le soleil se couche à l'horizon.* **2.** *CHANGER D'HORIZON :* changer de lieu. *Il est fatigué et déprimé, il a besoin de changer d'horizon,* de voir autre chose, de se distraire. **3.** Ce qui se présente à la pensée. *Ce livre m'a OUVERT DES HORIZONS,* il m'a fait découvrir des choses que je ne connaissais pas. – *Il y a une menace de grève à l'horizon,* pour l'avenir. – *Avant de voir les détails, nous allons FAIRE UN TOUR D'HORIZON,* nous allons étudier l'une après l'autre et rapidement toutes les questions.

HORIZONTAL [ɔʀizɔ̃tal] adj., **HORIZONTALE** [ɔʀizɔ̃tal] adj. et n. f. **1.** adjectif (après le nom) Qui est parallèle à l'horizon (opposé à oblique, vertical). *Après le décollage, l'avion se met en position horizontale.* MASCULIN PLURIEL : *des plans HORIZONTAUX* [ɔʀizɔ̃to]. **2.** *À L'HORIZONTALE :* en position horizontale. *Dans la cave, les bouteilles de vin sont rangées à l'horizontale.*

HORIZONTALEMENT [ɔʀizɔ̃talmɑ̃] adverbe. En suivant une ligne horizontale. ⟨contraire : verticalement⟩ *Étendez vos bras horizontalement.*

HORLOGE [ɔʀlɔʒ] n. f. *UNE HORLOGE :* grand appareil qui indique l'heure, le plus souvent par des aiguilles. *Il est trois heures à l'horloge de la gare. L'horloge sonne cinq heures. – Il boit son thé tous les jours à la même heure, il est RÉGLÉ COMME UNE HORLOGE,* il a des habitudes très régulières.

FAUX AMIS
italien **orologio**, néerlandais **horloge** « montre »

HORLOGER [ɔʀlɔʒe] n. m., **HORLOGÈRE** [ɔʀlɔʒɛʀ] n. f. *UN HORLOGER, UNE HORLOGÈRE :* une personne dont le métier est de fabriquer, de réparer ou de vendre des montres, des horloges, des pendules. *J'ai acheté un réveil chez l'horloger bijoutier.*

HORLOGERIE [ɔʀlɔʒʀi] n. f. **1.** *L'HORLOGERIE :* fabrication des instruments qui indiquent l'heure. *Son frère travaille dans l'horlogerie.* **2.** *UNE HORLOGERIE :* magasin de l'horloger. *Ma montre est en réparation à l'horlogerie.*

***HORMIS** ['ɔʀmi] préposition. STYLE RECHERCHÉ Excepté, sauf. *Hormis ma sœur, tout le monde est arrivé,* à part ma sœur.

HORMONE [ɔʀmɔn] n. f. *UNE HORMONE* **1.** Substance qui est produite par des glandes et qui, transportée par le sang, agit sur des organes du corps. *Les hormones qui permettent de grandir s'appellent les HORMONES DE CROISSANCE.* **2.** Produit fabriqué qui agit comme les hormones naturelles. *On utilise des hormones pour accélérer la croissance de certains animaux domestiques. Nous n'aimons pas manger du poulet aux hormones.*

REM. Certaines personnes prononcent [ɔʀmon].

HORODATEUR [ɔʀɔdatœʀ] n. m. *UN HORODATEUR :* appareil qui imprime automatiquement la date et l'heure. *L'horodateur délivre un ticket de stationnement aux automobilistes* (→ **parcmètre).**

HOROSCOPE [ɔʀɔskɔp] n. m. *L'HOROSCOPE :* étude que font les astrologues sur l'avenir des gens, d'après la position des astres à l'heure de leur naissance. *Elle lit son horoscope dans un magazine* (→ **astrologie, zodiaque).**

HORREUR [ɔʀœʀ] n. f.

I. *L'HORREUR* **1.** Impression violente de dégoût et de peur. → **épouvante, répulsion.** *Quand elle a vu la grosse araignée, elle a poussé un CRI D'HORREUR.* ⟨contraires : admiration, amour⟩ *Un criminel nous FAIT HORREUR* (→ **répugner). 2.** *AVOIR HORREUR DE :* éprouver du dégoût, de la haine pour (qqch., qqn). → **détester.** *J'ai horreur de la guerre. Les chats ont horreur de l'eau. J'ai horreur de me lever tôt. Il a horreur de cet homme politique. – Elle a le lait EN HORREUR :* elle déteste le lait. **3.** Aspect de ce qui dégoûte et fait peur. *Une souris, quelle horreur ! C'est la misère DANS TOUTE SON HORREUR. Il aime les films D'HORREUR,* les films qui montrent des choses qui font très peur.

II. *UNE HORREUR* **1.** Chose horrible, cruelle. → **atrocité.** *Les criminels de guerre ont commis des horreurs. Ce pauvre homme a connu les horreurs de la guerre. – Il a dit des horreurs sur toi.* **2.** Chose horrible, très laide. *Ce tableau est une horreur. Jetez-moi toutes ces horreurs, je ne veux plus les voir.*

HORRIBLE [ɔʀibl] adj. (avant le nom ou après le nom) **1.** Qui remplit d'horreur et de peur. → **abominable, affreux, atroce, effrayant, effroyable, épouvantable, terrifiant.** *Les passagers du bateau ont eu une mort horrible. Nous avons entendu des cris horribles. C'est un horrible monstre.* **2.** Très laid, très mauvais. → **affreux, épouvantable, exécrable.** *Il fait un temps horrible.* → **sale, vilain.** ⟨contraires : beau, merveilleux, splendide⟩ *Elle a un horrible petit chapeau.* → STYLE FAMILIER **moche. 3.** Extrême, terrible. *J'ai une horrible soif. Il fait une chaleur horrible.* → **terrible.**

HORRIBLEMENT [ɔʀibləmɑ̃] adverbe. D'une manière horrible. *Il souffre horriblement. Cela sent horriblement mauvais.* → **terriblement, très.** *C'est horriblement cher !* → **extrêmement.**

HORRIFIANT [ɔʀifjɑ̃], **HORRIFIANTE** [ɔʀifjɑ̃t] adj. (après le nom) . Qui épouvante, qui fait horreur. → **épouvantable, terrifiant.** *Il s'est passé des choses horrifiantes, pendant la guerre.*

HORRIFIER [ɔʀifje] verbe [conjugaison 7a] ▪ Remplir d'épouvante, d'horreur. *Cela ne vous horrifiera* [ɔʀifiʀa] *pas.* → **épouvanter, terrifier.** *Nous avons été horrifiés par ce spectacle affreux.* – *Des témoins horrifiés ont assisté au massacre.*

HORRIPILANT [ɔʀipilɑ̃], **HORRIPILANTE** [ɔʀipilɑ̃t] adj. (après le nom) ▪ Qui agace, exaspère. → **agaçant, énervant.** *Cette fille est horripilante !*

HORRIPILER [ɔʀipile] verbe [conjugaison 1a] ▪ Exaspérer, agacer. *Arrête de renifler, tu m'horripiles !* → **énerver.**

***HORS** ['ɔʀ] préposition **1.** En dehors de. *Cet artiste est HORS CONCOURS,* il ne peut pas participer au concours. – *Le joueur est HORS JEU,* il est placé de façon fautive sur le terrain. **2.** *HORS DE :* à l'extérieur de. *Le poisson a sauté hors de l'eau. Nous sommes HORS DE DANGER,* à l'abri du danger. – *Cette voiture est HORS D'USAGE,* elle ne fonctionne plus. *Les fraises sont HORS DE PRIX,* elles sont très chères. *Nous n'irons pas, c'est HORS DE QUESTION :* nous n'irons pas, il est inutile d'en parler. *Je suis HORS DE MOI,* très en colère.

REM. *Or* « métal » et la conjonction *or* se prononcent de la même façon.

***HORS-BORD** ['ɔʀbɔʀ] n. m. invariable ▪ *UN HORS-BORD :* petit bateau léger et rapide, dont le moteur est en dehors de la coque. *L'été dernier, nous avons fait du hors-bord.* PLURIEL : *des hors-bord.*

***HORS-D'ŒUVRE** ['ɔʀdœvʀ] n. m. invariable ▪ *UN HORS-D'ŒUVRE :* plat froid que l'on sert au début du repas. → **entrée.** *Comme hors-d'œuvre, il y a de la charcuterie.* PLURIEL : *des hors-d'œuvre variés. On nous a servi des radis EN HORS-D'ŒUVRE.*

***HORS-JEU** ['ɔʀʒø] n. m. invariable ▪ *UN HORS-JEU :* faute d'un joueur de football ou de rugby qui se trouve à un endroit du terrain où il ne devrait pas être. *L'arbitre a sifflé un hors-jeu.* PLURIEL : *des hors-jeu.*

***HORS-LA-LOI** ['ɔʀlalwa] n. m. invariable ▪ *UN HORS-LA-LOI :* bandit qui vit sans respecter les lois. *Un hors-la-loi a dévalisé la banque.* PLURIEL : *une bande de hors-la-loi.*

***HORS-PISTE** ['ɔʀpist] n. m. invariable ▪ *LE HORS-PISTE :* ski pratiqué en dehors des pistes surveillées. *Il faut être prudent quand on fait du hors-piste.* PLURIEL : *des hors-piste.*

HORTENSIA [ɔʀtɑ̃sja] n. m. ▪ *UN HORTENSIA :* petit arbuste dont les fleurs roses, blanches ou bleues sont groupées en grosses boules. *La terrasse est fleurie d'hortensias.*

HORTICULTEUR [ɔʀtikyltœʀ] n. m., **HORTICULTRICE** [ɔʀtikyltʀis] n. f. ▪ *UN HORTICULTEUR, UNE HORTICULTRICE :* une personne qui cultive les plantes qui poussent dans les jardins. → **jardinier.** *Sa fille est horticultrice. Demande conseil à l'horticulteur.*

HORTICULTURE [ɔʀtikyltyʀ] n. f. ▪ *L'HORTICULTURE :* culture des légumes, des fruits, des fleurs et des arbres qui poussent dans les jardins. *Son fils fait ses études à l'école nationale d'horticulture.*

HOSPICE [ɔspis] n. m. ▪ *UN HOSPICE :* établissement où vivent les personnes âgées qui n'ont pas d'argent. *Il a fini sa vie à l'hospice.*

FAUX AMIS
portugais **hospício** « asile (d'aliénés) », roumain **ospiciu** « asile »

① **HOSPITALIER** [ɔspitalje], **HOSPITALIÈRE** [ɔspitaljɛʀ] adj. (après le nom) ▪ Relatif aux hôpitaux et aux cliniques. *Elle a été opérée dans un établissement hospitalier. Il travaille dans un CENTRE HOSPITALIER,* dans un centre médical regroupant des services spécialisés. *Il y a une grève du PERSONNEL HOSPITALIER,* du personnel qui travaille dans les hôpitaux.

② **HOSPITALIER** [ɔspitalje], **HOSPITALIÈRE** [ɔspitaljɛʀ] adj. (après le nom) ▪ Accueillant. *Cette famille est très hospitalière,* elle aime bien recevoir chez elle **(→ hospitalité).**

HOSPITALISATION [ɔspitalizasjɔ̃] n. f. ▪ *L'HOSPITALISATION :* admission dans un établissement hospitalier, dans un hôpital. *Il a été opéré deux jours après son hospitalisation.* – *L'HOSPITALISATION À DOMICILE :* soins donnés à domicile, sous contrôle de la médecine hospitalière.

HOSPITALISER [ɔspitalize] verbe [conjugaison 1a] ▪ Faire entrer (qqn) à l'hôpital pour y être soigné. *On a dû l'hospitaliser d'urgence.*

HOSPITALITÉ [ɔspitalite] n. f. ▪ *L'HOSPITALITÉ :* action de recevoir et de faire dormir chez soi. *Des amis nous ont offert l'hospitalité. Nous vous remercions de votre aimable hospitalité.*

HOSTIE [ɔsti] n. f. ▪ *UNE HOSTIE :* fine rondelle de pain sans levain déposée sur la langue d'un catholique, au moment de la communion. *L'hostie représente le corps du Christ.*

HOSTILE [ɔstil] adj. (après le nom) **1.** Qui est ennemi, se conduit en ennemi. ⟨contraires : ami, amical⟩ *La foule hostile s'est mise à crier.* – *Dans le désert, nous avons été confrontés à une nature hostile,* peu accueillante pour l'homme. **2.** *HOSTILE À :* opposé à, défavorable à. *Les habitants du quartier sont hostiles à la destruction du parc.* ⟨contraire : favorable⟩ *Je suis hostile à ce projet :* je suis contre ce projet. **3.** Malveillant, méchant. *Elle m'a regardé d'un air hostile.* → **haineux.** ⟨contraires : amical, bienveillant⟩

HOSTILITÉ [ɔstilite] n. f. ▪ *L'HOSTILITÉ* **1.** Antipathie, haine. *Elle m'a regardé avec hostilité.* ⟨contraires : amitié, bienveillance⟩ **2.** (au pluriel) LES HOSTILITÉS : l'ensemble des actions de guerre, des combats. *Les hostilités ont repris dans le nord du pays.*

HOSTO n. m. Forme abrégée familière de **hôpital.**

***HOT-DOG** ['ɔtdɔg] n. m. ▪ *UN HOT-DOG :* sandwich chaud fait d'un petit pain contenant une saucisse. *À midi, j'ai mangé un hot-dog.* PLURIEL : *il aime beaucoup les HOT-DOGS.*

REM. Ce mot vient de l'anglais.

① **HÔTE** [ot] n. m., **HÔTESSE** [otɛs] n. f. ▪ *UN HÔTE, UNE HÔTESSE :* une personne qui reçoit qqn chez elle, qui lui donne l'hospitalité. *Nos hôtes nous ont très bien reçus. C'est une charmante hôtesse.*

REM. **1.** La femme, la fille qui est reçue chez qqn et qui reçoit l'hospitalité est une *hôte.* → ② **hôte. 2.** Voir aussi **hôtesse** à l'ordre alphabétique.

② **HÔTE** [ot] n. m., n. f. ▪ *UN HÔTE, UNE HÔTE :* une personne qui est reçue chez qqn, qui reçoit l'hospitalité. → **invité.** *Nous logeons une hôte. Ils ont reçu leurs hôtes chaleureusement. Entrez, vous êtes notre hôte.* – *À la campagne, nous avons dormi en CHAMBRE D'HÔTE,* dans une chambre mise en location par le propriétaire.

REM. La femme qui reçoit chez elle et qui donne l'hospitalité est une *hôtesse.* → ① **hôte.**

HÔTEL [otɛl] n. m. ▪ *UN HÔTEL* **1.** Établissement ayant de nombreuses chambres où l'on peut dormir en payant. → **auberge, hôtellerie.** *Nous avons passé une nuit à l'hôtel. Notre CHAMBRE D'HÔTEL est très calme. Ils dînent tous les soirs au restaurant de l'hôtel.* **2.** *UN HÔTEL PARTICULIER :* riche et grande maison ancienne, à plusieurs étages, dans une ville. *Ils habitent un hôtel particulier.* **3.** *UN MAÎTRE D'HÔTEL :* personne qui dirige le service de table, dans un restaurant ou chez une personne riche. *Le maître d'hôtel a pris notre commande.* – *(À LA) MAÎTRE D'HÔ-*

TEL : se dit d'une préparation à base de beurre et de persil. *J'ai mangé une entrecôte maître d'hôtel.* **4.** *HÔTEL DE VILLE* : bâtiment où se trouvent les bureaux du maire et de l'administration de la commune, dans une grande ville. → **mairie.** *Il y a un jardin devant l'hôtel de ville.*

REM. **1.** Ce mot se prononce aussi [ɔtɛl]. **2.** À la différence du *meublé* «appartement loué avec des meubles», l'hôtel offre des services : linge, ménage, petit-déjeuner... **3.** À l'hôtel, au moment de payer, on emploie le mot *note* (au café ou au restaurant, on emploie le mot *addition*). **4.** Le mot *autel* «table sur laquelle on célèbre la messe», se prononce de la même façon.

HÔTELIER [otəlje] n. m. et adj., **HÔTELIÈRE** [otəljɛʀ] n. f. et adj. **1.** *UN HÔTELIER, UNE HÔTELIÈRE* : une personne qui dirige un hôtel. *Nous avons appelé l'hôtelier pour faire une réclamation.* **2.** adjectif (après le nom) Relatif aux hôtels, à l'hôtellerie. *Son fils est à l'ÉCOLE HÔTELIÈRE,* à l'école qui forme ses élèves aux professions de l'hôtellerie, qui leur apprend à s'occuper d'un hôtel ou d'un restaurant.

HÔTELLERIE [otɛlʀi] n. f. ▪ *L'HÔTELLERIE* : métier des personnes qui travaillent dans un hôtel. *Elle travaille dans l'hôtellerie.*

HÔTESSE [otɛs] n. f. ▪ *UNE HÔTESSE* **1.** Femme chargée d'accueillir et de renseigner les visiteurs dans un magasin, dans une entreprise, dans une exposition, une gare, etc. *Adressez-vous à l'hôtesse.* **2.** *UNE HÔTESSE DE L'AIR* : femme chargée du confort et de la sécurité des passagers d'un avion (→ **steward).** *Les hôtesses de l'air et les stewards font partie de l'équipage.*

REM. *Hôtesse* est aussi le féminin de ① **hôte.**

***HOTTE** ['ɔt] n. f. ▪ *UNE HOTTE* **1.** Grand panier ou cuve que l'on porte sur le dos à l'aide de bretelles. *Le vendangeur a rempli sa hotte de grappes de raisin. La hotte du père Noël est pleine de jouets.* **2.** *Une hotte (de cheminée)* : construction évasée qui, au-dessus du foyer, dirige la fumée dans le tuyau de cheminée. *L'intérieur de la hotte est noir de suie.* – *Il y a une hotte au-dessus de la cuisinière,* un appareil qui aspire les odeurs et les vapeurs grasses.

***HOU !** ['u] interjection ▪ Mot qu'on utilise pour faire peur ou pour se moquer. *Hou, la menteuse !* – *«Hou ! Hou ! Il y a quelqu'un ?»* interjection redoublée servant à appeler. → **hé.**

***HOUBLON** ['ublɔ̃] n. m. ▪ *LE HOUBLON* : plante grimpante dont on utilise les fleurs pour aromatiser la bière. *Il y a de grands champs de houblon en Alsace.*

***HOUE** ['u] n. f. ▪ *UNE HOUE* : pioche à large lame. *Le jardinier bine la terre avec sa houe.*

REM. L'interjection *hou !*, le mot *houx* «arbuste», la conjonction *ou* et l'adverbe *où* se prononcent de la même façon.

***HOUILLE** ['uj] n. f. ▪ *LA HOUILLE* **1.** Charbon. *Il y a des mines de houille dans le nord de la France.* **2.** *LA HOUILLE BLANCHE* : électricité produite par les barrages, par les chutes d'eau en montagne. *Les centrales hydroélectriques produisent de la houille blanche.*

REM. L'interjection *ouille !*, qu'on utilise pour exprimer que l'on a mal, se prononce de la même façon.

***HOUILLER** ['uje] adj., ***HOUILLÈRE** ['ujɛʀ] adj. et n. f. **1.** adjectif (après le nom) Relatif à la houille. *Dans cette région, il y a des gisements houillers. Son père travaille dans l'industrie houillère.* – *BASSIN HOUILLER* : région dont le sous-sol contient de la houille. **2.** *UNE HOUILLÈRE* : mine de houille. *Il y a de nombreuses houillères dans le nord de la France.*

***HOULE** ['ul] n. f. ▪ *LA HOULE* : mouvement qui agite la mer sans faire déferler les vagues. *La barque est balancée par la houle. Il y a une forte houle.*

***HOULEUX** ['ulø], ***HOULEUSE** ['uløz] adj. (après le nom) **1.** Agité par la houle. *Ils naviguent sur une mer houleuse.* ⟨contraire : calme⟩ **2.** Agité, mouvementé. *La réunion a été houleuse car beaucoup de participants sont opposés aux nouvelles propositions.* ⟨contraire : paisible⟩

***HOULIGAN** ['uligan] n. m. ▪ *UN HOULIGAN* : une personne qui provoque des violences, surtout pendant les rencontres sportives. *Des houligans se sont battus pendant le match de football.*

REM. En français, on peut aussi employer la graphie anglaise *hooligan.*

***HOUPPE** ['up] n. f. ▪ *UNE HOUPPE* : touffe de cheveux qui se dresse sur la tête. *Quand je me lève le matin, j'ai souvent une houppe sur la tête. RIQUET À LA HOUPPE est un personnage des contes de Perrault.*

***HOUPPETTE** ['upɛt] n. f. ▪ *UNE HOUPPETTE* : petit tampon de coton léger ou de duvet (de cygne). *Elle se poudre le visage avec une houppette.*

***HOURRA !** ['uʀa] interjection et n. m. **1.** interjection Mot que l'on crie pour montrer sa joie, pour acclamer. *Hourra ! On a gagné !* → **bravo, youpi.** *Hip, hip, hip ! Hourra !* **2.** *UN HOURRA* : cri de joie, d'enthousiasme, d'acclamation. *Les gagnants poussent des hourras.*

***HOUSPILLER** ['uspije] verbe [conjugaison 1a] ▪ Faire subir à (qqn) des reproches et des critiques répétés. → **tarabuster.** *Le patron m'a houspillé toute la matinée.*

***HOUSSE** ['us] n. f. ▪ *UNE HOUSSE* : enveloppe souple qui recouvre certains objets pour les protéger et qui s'adapte à leur forme. *Mon canapé a une housse en coton écru amovible* (→ **déhoussable).** – *Son manteau est dans une housse,* dans un grand sac de protection. – *Les sièges de ma voiture sont équipés de housses,* d'enveloppes de protection.

***HOUX** ['u] n. m. ▪ *LE HOUX* : petit arbre à feuilles vertes et luisantes munies de piquants, dont les fruits sont de petites boules rouges. *À Noël, on décore souvent les maisons de gui et de branches de houx.*

H. S. adj. Forme abrégée de **hors service.** → ① **service.**

***HUBLOT** ['yblo] n. m. ▪ *UN HUBLOT* **1.** Petite fenêtre généralement ronde, qui ne laisse pas passer l'eau ou l'air, dans les bateaux, les avions. *Dans l'avion, j'ai eu une place près d'un hublot.* **2.** Partie vitrée d'une machine à laver, de la porte d'un four. *Elle surveille la cuisson de son rôti par le hublot.*

***HUCHE** ['yʃ] n. f. ▪ *UNE HUCHE* : grand coffre de bois à couvercle plat. *Une HUCHE À PAIN sert à conserver le pain.*

***HUE !** ['y] interjection ▪ Mot que l'on dit pour faire avancer un cheval. *Allez, hue !*

***HUÉES** ['ɥe] n. f. pluriel ▪ *LES HUÉES* : cris poussés par des personnes mécontentes ou qui se moquent. *Il a terminé son discours politique sous les huées du public.*

***HUER** ['ɥe] verbe [conjugaison 1a] ▪ Pousser des cris hostiles contre (qqn). *L'orateur s'est fait huer.* → **conspuer, siffler.** ⟨contraire : ovationner⟩ *S'il disait cela, le public le huerait* ['yʀɛ].

***HUGUENOT** ['ygno] n. m. et adj., ***HUGUENOTE** ['ygnɔt] n. f. et adj. **1.** *UN HUGUENOT, UNE HUGUENOTE* : surnom donné par les catholiques français à une personne de religion protestante. *Les huguenots ont longtemps été persécutés par les catholiques.* **2.** adjectif (après le nom) Protestant. *Elle porte une croix huguenote.*

HUILE [ɥil] n. f. ▪ *L'HUILE* **1.** Liquide gras inflammable, d'origine végétale, animale ou minérale. *Les olives, l'arachide et le tournesol donnent des huiles que l'on utilise dans la cuisine. L'huile de vidange est faite à partir de produits qui viennent du pétrole. Autrefois, on donnait aux enfants de l'huile de foie de morue. L'huile d'amandes douces est bonne pour la peau. Elle met de l'huile solaire sur son corps pour bronzer.* **2.** Liquide gras utilisé pour faire la cuisine. *J'assaisonne la salade avec de l'huile d'arachide et du vinaigre* (→ **vinaigrette**). *Salade À L'HUILE ET AU VINAIGRE. On peut faire la cuisine à l'huile ou au beurre. Le cuisinier fait revenir les tomates dans de l'huile d'olive. J'ai acheté des sardines à l'huile.* **3.** Liquide gras utilisé pour graisser les moteurs. *Vérifiez régulièrement le niveau d'huile de votre voiture.* → **lubrifiant.** **4.** *Peinture à l'huile,* dont les pigments de couleur sont liés avec de l'huile (opposé à peinture à l'eau). *Ce peintre peint à l'huile.* – *Le musée possède plusieurs huiles de Cézanne,* plusieurs tableaux peints à l'huile. **5.** *Le bateau avance sur une MER D'HUILE,* très calme, sans une vague. *L'idée a FAIT TACHE D'HUILE,* elle s'est répandue de manière lente et continue. *Il adore JETER DE L'HUILE SUR LE FEU,* exciter la dispute. – STYLE FAMILIER *Ça baigne dans l'huile :* ça va très bien, ça marche bien. **6.** STYLE FAMILIER *UNE HUILE :* personnage important qui a du pouvoir. *Il est une des huiles du gouvernement.*

HUILER [ɥile] verbe [conjugaison 1a] **1.** Mettre de l'huile sur ou dans (qqch.), frotter avec de l'huile. *Il faudrait huiler cette serrure, elle grince.* → **graisser.** – *Cette salade est trop huilée,* il y a trop d'huile dedans. – *Ce spectacle est bien huilé,* toutes les parties s'enchaînent parfaitement. **2.** verbe pronominal S'HUILER : se mettre de l'huile. *Elle s'est huilé la peau pour éviter son dessèchement.*

HUILEUX [ɥilø], **HUILEUSE** [ɥiløz] adj. (après le nom) ▪ Imbibé ou recouvert d'huile. *Le garagiste a les mains huileuses.* – *Elle a les cheveux huileux,* qui semblent imbibés d'huile. → **gras.**

HUIS [ɥi] n. m. ▪ *À HUIS CLOS :* sans que le public soit admis. *Les membres du jury ont délibéré à huis clos.* – *Pour le procès, le tribunal a ordonné LE HUIS CLOS,* l'audience à huis clos, sans aucun public.

REM. *Huis* est un mot ancien qui signifie « porte d'une maison ». Il ne s'emploie plus que dans *huis clos*.

HUISSIER [ɥisje] n. m. ▪ *UN HUISSIER* **1.** Celui qui a pour métier d'accueillir et d'introduire les visiteurs dans un ministère, une administration. *Il a donné son nom à l'huissier.* **2.** *UN HUISSIER (DE JUSTICE) :* personne qui est chargée d'exécuter les décisions de justice. *L'huissier a fait un procès-verbal avant la saisie des meubles d'une famille endettée.*

REM. Le féminin *huissière* n'est pas employé. On dit *un huissier,* même s'il s'agit d'une femme.

***HUIT** ['ɥit] adj., pronom, n. m. et n. f. invariables

I. adjectif invariable (avant le nom ou après le nom) **1.** (avant le nom) Sept plus un (8 ; VIII). *La journée de travail est de huit heures* ['ɥitœʀ]. *Je reviendrai dans huit jours* ['ɥiʒuʀ], dans une semaine. *Il a rendez-vous jeudi EN HUIT* [ɑ̃ɥit], le jeudi d'après celui qui vient. **2.** (avant ou après le nom) Huitième. *Le huit mai* ['ɥimɛ] *est un jour férié. Elle est à la page huit* ['ɥit] *de son livre.*

II. pronom Huit personnes, huit choses. *Ils sont venus à huit. Prends-en huit.*

III. 1. *UN HUIT :* le chiffre huit. *Il écrit mal ses huit.* **2.** *HUIT :* le nombre huit. *Quatre et quatre font huit. Il a un huit en anglais,* sa note est huit. **3.** *LE HUIT, LA HUIT :* ce qui porte le numéro huit. *J'habite au huit de la rue du Louvre. Nous sommes le huit,* le huitième jour du mois. *Je suis sûr que tu as le huit de cœur dans ton jeu !* la carte à jouer qui porte huit cœurs. *Dans la course de chevaux, c'est le huit qui a gagné,* le cheval portant le numéro huit. *Le serveur apporte la note de la huit,* de la table, de la chambre huit. – *Le GRAND HUIT :* attraction de fête foraine formant un circuit en forme de huit. *À la foire, nous sommes montés sur le grand huit.*

REM. **1.** En règle générale le *t* final se prononce toujours devant une voyelle (ex. : *huit enfants* ['ɥitɑ̃fɑ̃]) ou un *h* muet (ex. : *huit heures* ['ɥitœʀ]), mais pas devant une consonne (ex. : *huit fois* ['ɥifwa]). **2.** *Huit* s'emploie en composition (ex. : *dix-huit, trente-huit, cent huit*).

***HUITAINE** ['ɥitɛn] n. f. ▪ *UNE HUITAINE :* ensemble de huit choses ou d'environ huit éléments de même sorte. *Il n'y avait qu'une huitaine de personnes à la réunion. Nous partons dans une huitaine de jours,* dans une semaine environ. – *Je vous donnerai ma réponse sous huitaine,* d'ici une huitaine de jours, une semaine.

***HUITANTE** ['ɥitɑ̃t] adj. et n. m. invariables **1.** adjectif invariable (avant le nom) Quatre-vingts. *Ça fait huitante francs.* → **octante.** **2.** *HUITANTE :* quatre-vingt. *Ils habitent au huitante de la rue.*

REM. **1.** Ce mot formé sur *huit,* est employé en Suisse. **2.** *Huitante* s'emploie en composition (ex. : *huitante-six :* quatre-vingt-six).

***HUITIÈME** ['ɥitjɛm] adj., n. m. et n. f.

I. adjectif (avant le nom) Qui a le numéro huit, qui suit le septième. *Ils habitent au huitième étage. Elle est arrivée huitième à la course.* – *Pour eux, leur fils est la HUITIÈME MERVEILLE DU MONDE,* qqch. de merveilleux (qui s'ajoute aux Sept Merveilles du monde).

II. 1. *LE HUITIÈME :* huitième partie d'un tout divisé en huit parts égales. *Il a mangé les trois huitièmes (3/8e) de la tarte.* **2.** *LE HUITIÈME, LA HUITIÈME :* ce qui a le numéro huit. *Son bureau est au huitième,* au huitième étage. *Ils habitent dans le huitième,* dans le huitième arrondissement de la ville. *Elle est la huitième à l'épreuve.* **3.** *UN HUITIÈME DE FINALE :* éliminatoire opposant deux par deux les seize concurrents des équipes qualifiées aux seizièmes de finale. *Ces joueurs de tennis sont qualifiés pour les huitièmes de finale du tournoi.*

REM. *Huitième* s'emploie en composition (ex. : *vingt-huitième* [vɛ̃tɥitjɛm], *quatre-vingt-huitième* [katʀəvɛ̃ɥitjɛm], *cent huitième* [sɑ̃ɥitjɛm]).

HUÎTRE [ɥitʀ] n. f. ▪ *UNE HUÎTRE :* mollusque marin, à coquille feuilletée ou rugueuse, recherché pour la nacre et les perles qu'il produit et dont la chair a un goût délicat. *On élève les huîtres dans des parcs à huîtres* (→ **ostréiculture**). *J'ai mangé une douzaine d'huîtres. Préfères-tu les huîtres plates* (→ **belon**) *ou les huîtres creuses ?* (→ **marennes**). *L'écailler ouvre les huîtres avec un couteau à huîtres. Les perles sont produites par les huîtres.*

***HULULEMENT** ['ylylmɑ̃] n. m. ▪ *UN HULULEMENT :* cri des oiseaux de nuit. *On entend le hululement de la chouette, la nuit.*

REM. On écrit aussi *ululement.*

***HULULER** ['ylyle] verbe [conjugaison 1a] ▪ (oiseaux de nuit) Pousser son cri. *La chouette et le hibou hululent.*

REM. **1.** On écrit aussi *ululer.* **2.** *Hululer* est de la même famille que *hurler.*

***HUM !** ['œm] interjection ▪ Mot qui sert à exprimer le doute, la réticence. *Hum ! Ça m'étonnerait !*

HUMAIN [ymɛ̃] adj. et n. m., **HUMAINE** [ymɛn] adj.

I. adjectif (après le nom) **1.** De l'homme en tant qu'espèce. *Le corps humain a deux bras et deux jambes. « La Condition humaine » est un roman d'André Malraux. L'espèce humaine est apparue sur la Terre il y a des millions d'années. Tous les hommes appartiennent au genre humain* (→ **humanité**). *Les ÊTRES HUMAINS sont plusieurs milliards* (→ **homme**). – *La psychologie et la sociologie font partie des SCIENCES HUMAINES,* des

sciences qui ont pour objet l'homme exclusivement, parmi les êtres vivants. **2.** (qqn) Compatissant et sensible. *Un médecin doit être très humain avec ses patients.* → **bon.** ⟨contraire : inhumain⟩ – *Il a des sentiments humains.* → **humanitaire. 3.** Qui a les qualités ou les faiblesses propres à l'homme (opposé à inhumain, surhumain). *Il faut excuser la faiblesse humaine. C'est une défaillance humaine qui a causé l'accident.* – *C'est humain ! C'est une erreur bien humaine !* c'est une erreur que l'on peut excuser.
II. *UN HUMAIN :* un homme ou une femme. *Il préfère la compagnie des animaux à celle des humains.*

HUMAINEMENT [ymɛnmɑ̃] adverbe **1.** En tant qu'être humain. *Nous avons fait tout ce qui est humainement possible pour l'aider.* **2.** Avec humanité, bonté. *Il faut traiter les prisonniers humainement.* ⟨contraire : durement⟩

HUMANISTE [ymanist] adj., n. m. et n. f.
I. adjectif (après le nom) Qui place l'être humain et son épanouissement au-dessus de toutes les valeurs morales. *Cet écrivain développe dans son œuvre une pensée humaniste. Il a une vision humaniste du monde.*
II. 1. *UN HUMANISTE, UNE HUMANISTE :* partisan, partisane d'une philosophie qui place l'homme au-dessus de toutes les autres valeurs. *Cette philosophe est une grande humaniste.* **2.** *UN HUMANISTE :* un lettré de la Renaissance (XVIe siècle) qui se consacrait à l'étude des écrivains antiques et en faisait connaître les œuvres et les idées. *Érasme fut un célèbre humaniste.*

HUMANITAIRE [ymanitɛʀ] adj. (après le nom) ▪ (qqch.) Qui cherche le bien des hommes. *La charité est un sentiment humanitaire.* → **bon, humain.** *Il est médecin dans une organisation humanitaire,* qui porte secours aux personnes démunies ou en danger. → **caritatif.** – *Les pays en guerre ont besoin d'une AIDE HUMANITAIRE.*

HUMANITÉ [ymanite] n. f. ▪ *L'HUMANITÉ* **1.** L'ensemble des êtres humains. *Pasteur est un bienfaiteur de l'humanité. Ce criminel de guerre a été condamné pour crime contre l'humanité.* **2.** Bienveillance, compassion envers les autres. *Les prisonniers ont été traités avec humanité. Ce médecin est d'une grande humanité envers ses patients.*

HUMANOÏDE [ymanɔid] adj. et n. m. **1.** adjectif (après le nom) Qui ressemble à l'homme. *Certains primates ont une face humanoïde.* **2.** *UN HUMANOÏDE :* être voisin de l'homme, robot d'apparence humaine, dans la science-fiction. *Le roman raconte l'histoire d'une planète peuplée d'humanoïdes.*

HUMBLE [œ̃bl] adj. (avant le nom ou après le nom) **1.** (qqn) Qui se conduit avec modestie, simplicité. *Il a une femme humble et soumise.* → **effacé.** *Malgré sa réussite, il est resté humble.* → **modeste, simple.** ⟨contraire : prétentieux⟩ – STYLE RECHERCHÉ *Je suis VOTRE HUMBLE SERVITEUR.* → **soumis. 2.** STYLE RECHERCHÉ (avant le nom) D'une condition sociale modeste. *C'est le fils d'un humble ouvrier.* → **pauvre, simple. 3.** (qqch.) Qui marque l'humilité, la déférence. *Il a pris un ton humble pour dire cela.* → **timide.** ⟨contraire : orgueilleux⟩ – *À MON HUMBLE AVIS, tu devrais t'y prendre autrement,* d'après moi.
▌REM. On prononce aussi [œ̃bl].

HUMBLEMENT [œ̃bləmɑ̃] adverbe ▪ D'une manière humble, avec humilité. *Je vous demande humblement de m'aider. Je te ferai humblement remarquer que tu te trompes.*
▌REM. On prononce aussi [œ̃bləmɑ̃].

HUMECTER [ymɛkte] verbe [conjugaison 1a] **1.** Mouiller légèrement. *J'humecte toujours le linge avant de le repasser.* → **humidifier.** – *Ses yeux sont humectés de larmes,* humides. **2.** verbe pronominal S'HUMECTER : se mouiller légèrement. *La conférencière s'est humecté les lèvres avant de prendre la parole.* → **mouiller.**

***HUMER** ['yme] verbe [conjugaison 1a] ▪ Aspirer par le nez. *Elle ouvre la fenêtre et hume l'air frais du matin.* → **respirer.** *Humez cette bonne odeur de café !* → **sentir.**

HUMEUR [ymœʀ] n. f. ▪ *L'HUMEUR* **1.** Ensemble des tendances qui forment le caractère de qqn. *Il est toujours d'humeur égale. Elle a parfois des sautes d'humeur,* de brusques changements de comportement. *Sa femme et lui ont divorcé pour INCOMPATIBILITÉ D'HUMEUR,* parce que leurs caractères étaient trop différents pour s'entendre. **2.** Fait de se sentir gai ou triste à un moment donné. *Elle peut se mettre à rire ou à pleurer, selon son humeur. De quelle humeur est le patron, ce matin ?* – *D'HUMEUR À :* disposé à. *Je ne suis pas d'humeur à supporter tes caprices.* – *BONNE HUMEUR :* disposition à la gaieté, à la plaisanterie, à l'optimisme. *Son mari est rentré du bureau de très bonne humeur. Tu as l'air d'être d'excellente humeur. Excuse-moi, je ne suis pas de très bonne humeur, aujourd'hui.* – *MAUVAISE HUMEUR :* disposition passagère à la tristesse, à l'irritation ou à la colère. *Il s'est levé de très mauvaise humeur, ce matin. Il est d'une humeur massacrante. Sa réflexion m'a mise de mauvaise humeur,* m'a irritée, agacée. – *Il est d'une humeur de chien, aujourd'hui,* très en colère, très irrité. **3.** STYLE RECHERCHÉ Mauvaise humeur. *Elle a eu un mouvement d'humeur.* → **colère, irritation.**

HUMIDE [ymid] adj. (après le nom) ▪ Légèrement mouillé. *Il s'éponge le front avec une serviette humide. Cette cave est très humide,* elle est chargée d'eau, de l'eau suinte sur ses murs. ⟨contraire : sec⟩ *Elle a le front humide de sueur.* → **moite.** – *L'Irlande est un pays humide,* où il pleut souvent.

HUMIDIFIER [ymidifje] verbe [conjugaison 7a] ▪ Rendre humide. *Cet appareil humidifiera* [ymidifiʀa] *l'air quand il sera trop sec.* ⟨contraire : dessécher⟩ *Il faut que vous humidifiiez le linge avant de le repasser.*

HUMIDITÉ [ymidite] n. f. ▪ *L'HUMIDITÉ :* l'eau, la vapeur d'eau qui imprègne qqch., un lieu. *Les murs de la cave sont moisis à cause de l'humidité. Une trop grande humidité a fait moisir les livres. L'humidité du climat est forte en Bretagne.* ⟨contraire : sécheresse⟩ *Cet appareil mesure le degré d'humidité de la pièce.* → **hygrométrie.**

HUMILIANT [ymiljɑ̃], **HUMILIANTE** [ymiljɑ̃t] adj. (après le nom) ▪ (qqch.) Qui humilie, vexe. *Il est dans une situation humiliante. Elle a mal supporté cet échec humiliant.* → **vexant.**

HUMILIATION [ymiljasjɔ̃] n. f. **1.** *L'HUMILIATION :* action de blesser l'amour-propre de (qqn) ou d'être blessé dans son amour-propre. *Insultée devant tout le monde, elle a rougi d'humiliation.* **2.** *UNE HUMILIATION :* ce qui humilie, blesse l'amour-propre. *Cet échec est une cruelle humiliation pour elle. Il a eu de nombreuses humiliations dans sa profession.* → **vexation.**

HUMILIER [ymilje] verbe [conjugaison 7a] **1.** Rabaisser (qqn) pour l'atteindre dans son amour-propre, dans sa dignité. *Son mari l'a humiliée en public.* → **vexer.** *Autrefois, on humiliait les mauvais élèves en leur mettant un bonnet d'âne sur la tête.* **2.** verbe pronominal S'HUMILIER : se faire humble, se comporter comme qqn d'inférieur. *Je ne m'humilierai* [ymiliʀɛ] *pas devant lui.* → s'**abaisser,** se **rabaisser.** *Elle voudrait que nous nous humiliions en public ! Elle s'est humiliée devant tout le monde.*

HUMILITÉ [ymilite] n. f. ▪ *L'HUMILITÉ :* sentiment qui pousse qqn à s'abaisser volontairement, à abandonner tout orgueil. *À l'église, les fidèles s'agenouillent en signe d'humilité devant*

Dieu. → **soumission.** (contraires : fierté, orgueil) – *Je vous le dis EN TOUTE HUMILITÉ,* très humblement. → **modestie.**

HUMORISTE [ymɔRist] n. m., n. f. ■ *UN HUMORISTE, UNE HUMORISTE :* une personne qui dessine, écrit ou raconte des choses drôles, pleines d'humour. *L'humoriste qui dessine des caricatures d'hommes politiques dans mon journal est très doué. L'écrivain français Alphonse Allais était un célèbre humoriste.*

HUMORISTIQUE [ymɔRistik] adj. (après le nom) ■ Qui montre de l'humour, où il y a de l'humour. *Il fait des dessins humoristiques extrêmement drôles. Il nous a raconté sa mésaventure sur un ton humoristique.*

HUMOUR [ymuR] n. m. ■ *L'HUMOUR :* forme d'esprit qui consiste à présenter, à raconter la réalité de la vie avec drôlerie, ironie, que cette réalité soit insolite, absurde ou désagréable. *Elle a raconté ses vacances ratées avec beaucoup d'humour. Il a le sens de l'humour :* il s'exprime avec humour, il sait voir les choses comiques dans toutes les situations. *Vraiment, tu n'as aucun sens de l'humour. Elle essaie de faire de l'humour* (→ **plaisanter**). *Il a un humour grinçant. Ce n'est plus de l'humour, c'est de L'HUMOUR NOIR,* de l'humour qui s'exerce sur des sujets dramatiques.

HUMUS [ymys] n. m. ■ *L'HUMUS :* terre noire et fertile formée par des végétaux en décomposition. *Une bonne odeur d'humus s'élève de la forêt. Le jardinier a mis une couche d'humus sur la plate-bande.* → **terreau.**

***HUPPE** ['yp] n. f. ■ *UNE HUPPE :* touffe de plumes que certains oiseaux ont sur la tête. *Regarde la huppe du paon.* → **aigrette.**

***HUPPÉ** ['ype], ***HUPPÉE** ['ype] adj. (après le nom) ■ STYLE FAMILIER De haut rang ; riche. *Les gens huppés fréquentent ce restaurant.* – *Ils habitent dans un quartier huppé de la capitale.*

***HURLANT** ['yRlɑ̃], ***HURLANTE** ['yRlɑ̃t] adj. (après le nom) ■ Qui hurle. *Une foule hurlante entoure le criminel.*

***HURLEMENT** ['yRləmɑ̃] n. m. ■ *UN HURLEMENT :* cri aigu et prolongé. *Elle a poussé un hurlement de terreur à la vue du rat. Le hurlement de ton chien est insupportable. Les pleurs du bébé se sont transformés en hurlements.* – *On entend les hurlements du vent dans les arbres.*

***HURLER** ['yRle] verbe [conjugaison 1a] **1.** Pousser des cris prolongés et violents. *Le chien hurle à la mort.* → **aboyer.** – *Les enfants hurlent de peur en regardant un film d'horreur. Il s'est brûlé et il a hurlé de douleur.* – STYLE FAMILIER *C'est À HURLER DE RIRE :* c'est extrêmement drôle. **2.** (qqn) Parler, crier, chanter de toutes ses forces. *La foule en délire hurle. Il ne peut pas parler sans hurler.* → STYLE FAMILIER **brailler, gueuler. 3.** (qqch.) Produire un son semblable à un hurlement. *La tempête fait rage et le vent hurle.* **4.** (qqn) Dire avec fureur, en criant très fort. *Il nous a hurlé des injures.* **5.** (couleurs) Ne pas aller ensemble. *Ces deux rouges hurlent l'un à côté de l'autre.* → **jurer.**

FAUX AMI
anglais **to hurl** « lancer »

HURLUBERLU [yRlybɛRly] n. m. ■ *UN HURLUBERLU :* une personne qui agit et parle d'une manière extravagante. *J'ai rencontré un drôle d'hurluberlu dans la rue. C'est une bande de joyeux hurluberlus.* → **dingue.**

***HUSSARD** ['ysaR] n. m. ■ *UN HUSSARD :* autrefois, soldat de la cavalerie. *Napoléon avait une garde de hussards.*

REM. « Le Hussard sur le toit » est un roman de l'écrivain français Jean Giono.

***HUTTE** ['yt] n. f. ■ *UNE HUTTE :* cabane faite de bois, de terre ou de paille. *Les Gaulois vivaient dans des huttes.*

REM. *Hutte* se prononce comme *ut,* la note de musique.

HYBRIDE [ibRid] adj. et n. m.

I. adjectif (après le nom) **1.** (animaux, plantes) Qui provient du croisement de deux espèces différentes. *L'horticulteur croise deux variétés de roses pour obtenir une variété hybride. Généralement, les animaux hybrides ne peuvent pas se reproduire.* **2.** (qqch.) Composé d'éléments de genres différents. *L'auteur a composé une œuvre hybride. C'est une solution hybride,* peu précise, peu satisfaisante.

II. *UN HYBRIDE :* animal ou plante qui est issu de deux espèces différentes. *Le mulet est un hybride de l'âne et de la jument.*

HYDRATANT [idRatɑ̃], **HYDRATANTE** [idRatɑ̃t] adj. (après le nom) ■ Qui hydrate, qui fixe l'eau. *Elle se démaquille chaque soir avec un lait hydratant,* qui fixe l'eau sur la peau. *J'ai acheté une crème très hydratante.*

HYDRATER [idRate] verbe [conjugaison 1a] **1.** Introduire, fixer de l'eau dans l'organisme. *Je mets une crème qui hydrate la peau.* **2.** verbe pronominal S'HYDRATER : fixer de l'eau dans son organisme. *En hiver, il faut s'hydrater la peau. Ma mère s'est toujours hydraté la peau.*

HYDRAULIQUE [idRolik] adj. (après le nom) **1.** Qui fonctionne en utilisant la force de l'eau. *La machine a un moteur actionné par une turbine hydraulique.* **2.** *L'ÉNERGIE HYDRAULIQUE :* l'énergie fournie par les chutes d'eau, les courants et les marées. *L'énergie hydraulique sert à produire de l'électricité* (→ **hydroélectrique**). **3.** Relatif à la circulation et à la distribution de l'eau. *Les aqueducs et les barrages sont des installations hydrauliques.*

HYDRAVION [idRavjɔ̃] n. m. ■ *UN HYDRAVION :* avion fait pour décoller et se poser sur l'eau. *L'hydravion a des flotteurs pour se poser sur l'eau.*

HYDROCARBURE [idRokaRbyR] n. m. ■ *UN HYDROCARBURE :* matière organique contenant seulement du carbone et de l'hydrogène. *Le pétrole et l'essence sont des hydrocarbures.*

HYDROCUTION [idRɔkysjɔ̃] n. f. ■ *L'HYDROCUTION :* syncope provoquée par le contact trop brutal du corps avec l'eau froide, pouvant entraîner la mort par noyade. *Le nageur a été victime d'une hydrocution.*

HYDROÉLECTRIQUE [idRoelɛktRik] adj. (après le nom) ■ Relatif à la production d'électricité par l'énergie hydraulique. *On a construit une CENTRALE HYDROÉLECTRIQUE sur le barrage,* une usine qui produit de l'électricité grâce à la force de l'eau.

HYDROGÈNE [idRɔʒɛn] n. m. ■ *L'HYDROGÈNE :* gaz incolore et sans odeur, inflammable, le plus léger que l'on connaisse. *L'eau est composée d'hydrogène et d'oxygène.*

HYDROGLISSEUR [idRoglisœR] n. m. ■ *UN HYDROGLISSEUR :* bateau à fond plat qui se déplace grâce à une hélice ou à un moteur à réaction. *Ils sont allés de France en Angleterre en hydroglisseur.*

HYDROGRAPHIE [idRɔgRafi] n. f. **1.** *L'HYDROGRAPHIE :* science qui étudie les mers, les lacs et les cours d'eau. *L'hydrographie est une branche de la géographie.* **2.** Ensemble des cours d'eau et des lacs d'une région. *Il étudie l'hydrographie du Massif central.*

HYDROPHILE [idRɔfil] adj. (après le nom) ■ Qui absorbe l'eau, les liquides. *L'infirmière met un peu de désinfectant sur un morceau de COTON HYDROPHILE.*

***HYÈNE** ['jɛn] n. f. ■ *UNE HYÈNE :* animal des plaines sèches d'Afrique et d'Asie, au pelage gris ou fauve, qui se nourrit surtout de charognes. *La hyène a un odorat puissant et une excellente vue.*

REM. On peut dire aussi *l'hyène* [ljɛn].

HYGIÈNE [iʒjɛn] n. f. ▪ *L'HYGIÈNE* **1.** Ensemble des actes de tous les jours qui permettent d'être en bonne santé. *Elle a une bonne hygiène de vie :* elle vit de manière saine. *Se laver tous les jours et avoir une alimentation saine sont des principes élémentaires d'hygiène. Par mesure d'hygiène, les animaux ne sont pas admis dans les magasins d'alimentation.* **2.** Ensemble des soins de propreté du corps. *Elle prend soin d'elle, elle a une excellente hygiène. On trouve du dentifrice au rayon hygiène des supermarchés.*

HYGIÉNIQUE [iʒjenik] adj. (après le nom) **1.** Bon pour la santé. *Tous les matins, il fait une promenade hygiénique.* **2.** Relatif à la propreté du corps et spécialement des parties intimes du corps. *On trouve du PAPIER HYGIÉNIQUE et des SERVIETTES HYGIÉNIQUES* (→ **périodique**) *au rayon hygiène du magasin,* du papier de toilette et des protections féminines utilisées pendant les règles.

HYGROMÉTRIE [igʀɔmetʀi] n. f. ▪ *L'HYGROMÉTRIE :* mesure du degré d'humidité de l'atmosphère. *L'hygrométrie est élevée dans les régions tropicales.*

HYMNE [imn] n. m. ▪ *UN HYMNE* **1.** *L'HYMNE NATIONAL :* chant solennel en l'honneur de la patrie. *L'hymne national français est « la Marseillaise ».* **2.** Chant à la louange de Dieu, dans la tradition chrétienne. *La chorale a chanté un hymne en latin.* → **cantique, psaume. 3.** Chant, poème exprimant la joie, l'enthousiasme. *Ce poème est un hymne à la nature. Beethoven a composé « L'Hymne à la joie », dans sa IXe symphonie.*

REM. Au sens 2., *hymne* est parfois féminin (*un hymne* ou *une hymne*).

HYPERMARCHÉ [ipɛʀmaʀʃe] n. m. ▪ *UN HYPERMARCHÉ :* magasin à libre service dont la surface est supérieure à deux mille cinq cents mètres carrés (→ **supermarché**). *Une fois par semaine, ils font leurs courses à l'hypermarché près de chez eux.* – *HYPER* [ipɛʀ] forme abrégée familière : *UN HYPER. Des hypers.*

HYPERSENSIBLE [ipɛʀsɑ̃sibl] adj. (après le nom) ▪ (qqn) D'une très grande sensibilité. *On la blesse facilement car elle est hypersensible.*

HYPERTENSION [ipɛʀtɑ̃sjɔ̃] n. f. ▪ *L'HYPERTENSION :* tension artérielle supérieure à la normale. *Il a de l'hypertension.*

HYPERTROPHIÉ [ipɛʀtʀɔfje], **HYPERTROPHIÉE** [ipɛʀtʀɔfje] adj. (après le nom) ▪ (organe) Développé d'une manière anormale, excessive. *Les alcooliques ont souvent le foie hypertrophié.*

HYPNOSE [ipnoz] n. f. ▪ *L'HYPNOSE :* état voisin du sommeil provoqué par des paroles, par des gestes spéciaux. *Freud pratiquait l'hypnose sur ses patients. Le malade est en état d'hypnose.*

HYPNOTISER [ipnotize] verbe [conjugaison 1a] **1.** Endormir par des procédés spéciaux. *Certains psychiatres hypnotisent leurs patients.* **2.** Éblouir, fasciner. *Cette fille l'hypnotise.* – *Il a l'air hypnotisé par elle.*

HYPOCALORIQUE [ipokalɔʀik] adj. (après le nom) ▪ (aliment) Qui contient peu de calories, ne fait pas grossir. *Les carottes sont hypocaloriques.* ⟨contraire : calorique⟩ – *Il suit un régime hypocalorique.*

HYPOCONDRIAQUE [ipokɔ̃dʀijak] adj., n. m. et n. f. ▪ STYLE RECHERCHÉ **1.** adjectif (après le nom) Qui est anxieux à propos de sa santé, qui se croit toujours malade. *Son mari est hypocondriaque, il croit avoir toutes les maladies.* **2.** *UN HYPOCONDRIAQUE, UNE HYPOCONDRIAQUE :* une personne qui a constamment peur d'être malade. *C'est un vieil hypocondriaque.*

HYPOCRISIE [ipɔkʀizi] n. f. ▪ *L'HYPOCRISIE :* fait de cacher ce que l'on pense ou ce que l'on ressent et de montrer des sentiments que l'on n'éprouve pas. *Elle fait des sourires à sa pire ennemie, quelle hypocrisie !* → **duplicité, fausseté, fourberie.** ⟨contraires : franchise, sincérité⟩

HYPOCRITE [ipɔkʀit] adj., n. m. et n. f. **1.** adjectif (après le nom) Qui dissimule ce qu'il pense ou ce qu'il ressent et montre des sentiments qu'il n'éprouve pas. *Elle a toujours été très hypocrite.* → **fourbe.** – *Il m'a demandé de mes nouvelles d'un ton hypocrite.* ⟨contraires : franc, sincère⟩ **2.** *UN HYPOCRITE, UNE HYPOCRITE :* une personne qui cache ce qu'elle pense et qui montre des sentiments qu'elle n'a pas. *Quels hypocrites ! Ne fais pas l'hypocrite !*

HYPOTHÈQUE [ipɔtɛk] n. f. ▪ *UNE HYPOTHÈQUE :* droit accordé à un créancier sur un bien immobilier en garantie de ce qu'on lui doit. *La banque a pris une hypothèque sur leur maison pour garantir le paiement de leur prêt.*

HYPOTHÈSE [ipɔtɛz] n. f. ▪ *UNE HYPOTHÈSE* **1.** Ce que l'on suppose à propos de l'explication ou de la possibilité d'un événement. *L'incendie aurait été provoqué par un court-circuit, mais ce n'est qu'une hypothèse. C'est une simple hypothèse.* → **supposition.** *Nous ne savons pas, nous en sommes réduits aux hypothèses,* nous n'avons aucune certitude. – *En toute hypothèse :* en tout cas. *En toute hypothèse, il aurait dû nous prévenir. Dans l'hypothèse où elle aurait eu un accident, il vaudrait mieux appeler l'hôpital,* au cas où, dans l'éventualité où. **2.** Proposition qui donne une explication provisoire des phénomènes naturels avant leur vérification par les faits. *Une hypothèse doit être confirmée par les faits. Les savants font des hypothèses pour pouvoir travailler.* **3.** En mathématiques, base de la démonstration d'un théorème. *Un théorème déjà établi est une hypothèse.* → **axiome.**

FAUX AMI
grec **υπόθεση**
« supposition, affaire »

HYPOTHÉTIQUE [ipɔtetik] adj. (après le nom) **1.** Qui n'est pas certain. *Nous avons assisté à une conférence sur l'existence hypothétique des Martiens.* → **douteux, incertain.** ⟨contraires : certain, sûr⟩ **2.** Qui est de la nature de l'hypothèse, fondé sur une hypothèse. *Ces faits sont purement hypothétiques.* → **présumé, supposé.**

HYSTÉRIE [isteʀi] n. f. ▪ *L'HYSTÉRIE :* excitation intense. *Le dernier concert du chanteur a donné lieu à des scènes d'hystérie collective. C'est de l'hystérie.* → **folie.** *On est en pleine hystérie.*

HYSTÉRIQUE [isteʀik] adj., n. m. et n. f. **1.** adjectif (après le nom) Très excité. *Sa femme est un peu hystérique. Une foule hystérique acclame le chanteur. On entend dans la salle un rire hystérique.* **2.** *UN HYSTÉRIQUE, UNE HYSTÉRIQUE :* une personne excitée, qui a du mal à contrôler ses réactions. *Quelle hystérique !*

I

① **I** [i] n. m. invariable **1.** *LE I* ou *L'I :* neuvième lettre de l'alphabet du français. *Le i est une voyelle. Il y a des i minuscules* (i) *et des i majuscules* (I). **2.** *DROIT COMME UN I :* très droit. *Son grand-père se tient droit comme un i.* – *METTRE LES POINTS SUR LES I :* faire comprendre ses intentions avec netteté. *Je lui ai mis les points sur les i, je pense que maintenant il a compris et qu'il ne recommencera pas !*

REM. *I* se prononce [i] (ex. : *pile, farci*) ou [j] devant une voyelle prononcée (ex. : *piano, hier*). *Ai* et *ei* se prononcent [ɛ] (ex. : *plaine, peine*) ; *oi* se prononce [wa] (ex. : *oiseau, foi*).

② **I** [ɛ̃] adj. invariable ▪ Un, en chiffres romains.

IBÉRIQUE [ibeʀik] adj., n. m. et n. f. **1.** adjectif (après le nom) Qui concerne l'Espagne et le Portugal (→ **hispanique**). *L'Espagne et le Portugal composent la PÉNINSULE IBÉRIQUE.* **2.** *UN IBÉRIQUE, UNE IBÉRIQUE :* une personne qui habite la péninsule ibérique. *Les Ibériques.*

IBIS [ibis] n. m. ▪ *UN IBIS :* oiseau à longues pattes et au long bec mince, qui vit dans les régions chaudes d'Afrique et d'Amérique. *Les ibis sont des échassiers. L'ibis blanc et noir était un animal sacré chez les anciens Égyptiens.*

ICEBERG [isbɛʀg] n. m. ▪ *UN ICEBERG :* bloc de glace qui flotte sur les mers polaires, après s'être détaché de la banquise. *Les icebergs sont très dangereux pour la navigation.* – (figuré) *Ce n'est que LA PARTIE CACHÉE DE L'ICEBERG :* on ne voit de l'affaire que le moins important, le plus important est caché.

REM. *Iceberg* est un mot anglais qui vient du norvégien ; on peut aussi le prononcer [ajsbɛʀg].

ICI [isi] adverbe **1.** Dans le lieu où l'on est. *Ici, il fait beau.* (contraires : ailleurs, là, là-bas) *Viens ici tout de suite ! Ils habitent ici. Veuillez signer ici,* à cet endroit. *Je l'entends D'ICI,* de l'endroit où je suis. *Venez PAR ICI,* dans cette direction. *Ils ne sont pas très aimables par ici,* dans les environs, dans ce pays. **2.** *JUSQU'ICI :* jusqu'à présent. *Jusqu'ici, tout va bien. Ils vont arriver D'ICI PEU,* dans peu de temps. *Il faut que tu aies fini d'ici demain,* au plus tard demain. *J'aurai terminé D'ICI À trois jours,* entre maintenant et dans trois jours. *Ne t'inquiète pas, D'ICI LÀ elle aura oublié,* entre maintenant et ce moment-là.

ICÔNE [ikon] n. f. ▪ *UNE ICÔNE :* peinture religieuse faite sur un panneau de bois, dans l'Église d'Orient. *Les orthodoxes brûlent des cierges devant les icônes.*

ICONOCLASTE [ikɔnɔklast] n. m., n. f. ▪ *UN ICONOCLASTE, UNE ICONOCLASTE* **1.** Personne qui refuse d'adorer les images saintes et les détruit. *Des iconoclastes ont vandalisé la cathédrale.* **2.** Personne qui s'oppose aux traditions, aux formes héritées du passé et qui cherche à les faire disparaître. *Ces iconoclastes ne respectent rien !*

ID. adverbe Abréviation de **idem.**

IDÉAL [ideal] adj. et n. m., **IDÉALE** [ideal] adj.

I. adjectif (après le nom) Aussi parfait que l'on puisse imaginer. *Voici une robe idéale pour l'été.* → **parfait.** *Ce jeune homme est le gendre idéal.* → **rêvé.** MASCULIN PLURIEL : *des endroits IDÉAUX* [ideo] ou *IDÉALS* [ideal].

II. *UN IDÉAL* **1.** Ce que l'on se représente comme modèle parfait. *Les révolutionnaires combattent pour un idéal. Il poursuit un idéal impossible* (→ **utopie**). *Cette femme est l'idéal de la beauté. Chacun voudrait réaliser SON IDÉAL,* les idées, les projets auxquels il tient le plus. PLURIEL : *des IDÉAUX* [ideo] ou *des IDÉALS* [ideal]. **2.** *L'IDÉAL :* ce qu'il y a de mieux. *L'idéal, ce serait de pouvoir y aller ensemble. Ce n'est pas l'idéal, mais on s'en contentera.*

IDÉALISER [idealize] verbe [conjugaison 1a] ▪ Voir (qqch.) mieux qu'il n'est en réalité. *Tu idéalises tes souvenirs.* → **embellir, enjoliver.**

IDÉALISME [idealism] n. m. ▪ *UN IDÉALISME :* attitude qui pousse à faire une large place à l'idéal, au sentiment. *Il a fait ça par idéalisme.* (contraire : réalisme)

IDÉALISTE [idealist] n. m., n. f. et adj. **1.** *UN IDÉALISTE, UNE IDÉALISTE :* une personne qui ne tient pas compte de la réalité, qui pense et agit en fonction de son idéal. *C'est une idéaliste !* **2.** adjectif (après le nom) Qui est propre à l'idéalisme. *Il a une vue trop idéaliste du problème.* (contraire : réaliste)

IDÉE [ide] n. f. ▪ *UNE IDÉE* **1.** Ce que l'on pense. *J'ai mal dormi, je n'ai pas les idées claires ce matin. Il ne sait plus ce qu'il dit, il a perdu LE FIL DE SES IDÉES. Je n'arrive pas à chasser cette idée de mon esprit.* → **pensée.** *Elle a des IDÉES NOIRES :* elle a le cafard. *L'IDÉE DE se retrouver tout seul lui fait peur.* → **perspective.** *Je suis triste À L'IDÉE QUE tu pourrais partir,* en pensant que tu pourrais partir. *Elle ne peut pas se faire à cette idée. Vous devriez sortir, ça vous CHANGERAIT LES IDÉES,* ça vous distrairait. **2.** Vue élémentaire, rapide. *Voici une photo pour vous donner* *une idée de la maison.* → **aperçu.** *As-tu une idée du prix ? Je n'en ai pas la moindre idée. On n'a pas idée d'agir ainsi !* on ne peut même pas imaginer une chose pareille ! **3.** Rêve créé par l'imagination. *C'est peut-être une idée, mais j'ai l'impression qu'il fait moins froid.* → **illusion.** *Tu* TE FAIS DES IDÉES : tu imagines des choses fausses. **4.** Ce que l'intelligence élabore. *Quelle bonne idée ! Qui a eu cette idée ?* → **initiative.** *Ça y est, j'ai une idée ! Il a une idée derrière la tête.* → **projet.** *Un inventeur a eu l'*IDÉE DE *cette machine. Il a changé d'idée au dernier moment.* **5.** Façon de juger. → **opinion.** *Ils n'ont pas les mêmes idées politiques. Il faut défendre vos idées. J'ai mon idée sur la question.* → **avis. 6.** L'esprit. *J'ai* DANS L'IDÉE *qu'il ne viendra pas :* je pense qu'il ne viendra pas. *Ça ne m'est même pas venu* À L'IDÉE, je n'y ai même pas pensé. *On ne m'ôtera pas de l'idée que tout était prévu,* on ne me fera pas penser autrement.

IDEM [idɛm] adverbe ▪ Le même être, le même objet. *Table en acajou, lit idem, le tout pour mille francs,* le lit aussi est en acajou. – *id.* [idɛm] abréviation

REM. Ce mot s'emploie, surtout sous sa forme abrégée, pour éviter la répétition d'un nom dans une liste, une énumération.

IDENTIFICATION [idɑ̃tifikasjɔ̃] n. f. ▪ *L'IDENTIFICATION* : action d'identifier (qqn). *L'enquête a permis l'identification du cadavre,* de connaître son identité.

IDENTIFIER [idɑ̃tifje] verbe [conjugaison 7a] **1.** Arriver à connaître l'identité de (qqn). *L'inspecteur de police identifiera* [idɑ̃tifiʀa] *le coupable.* **2.** Reconnaître (qqch.). *Nous n'identifiions pas le bruit que nous entendions au loin. – Une soucoupe volante est un objet volant non identifié* (→ **ovni**). **3.** verbe pronominal S'IDENTIFIER : (qqn) se mettre à la place de (qqn). *La comédienne* S'EST *totalement* IDENTIFIÉE AVEC *le personnage qu'elle interprète,* elle s'est mise dans sa peau. *Il* S'IDENTIFIE À *son père,* il se compare à lui et se considère comme semblable à lui.

IDENTIQUE [idɑ̃tik] adj. (après le nom) **1.** Parfaitement semblable. *Ces deux chaises sont identiques.* → **pareil.** *Nous arrivons à des conclusions identiques.* → **même.** *Sa veste est* IDENTIQUE À *la mienne.* ⟨contraire : différent⟩ **2.** Qui est unique. *Elle reste identique à elle-même :* elle ne change pas.

IDENTITÉ [idɑ̃tite] n. f. ▪ *L'IDENTITÉ* **1.** Caractère de ce qui est identique. *L'identité de leurs points de vue est étonnante.* → **similitude. 2.** Ensemble des éléments qui permettent de distinguer une personne et de savoir qui elle est. *Le policier demande au suspect de décliner son identité,* de dire son nom, son adresse, sa date de naissance, ses signes particuliers. *Elle montre sa* CARTE D'IDENTITÉ, un papier officiel prouvant qui elle est. *Le vagabond a été trouvé sans papiers d'identité. Apportez une photo d'identité,* une photo qui a le bon format pour être mise sur des papiers d'identité.

IDÉOLOGIE [ideɔlɔʒi] n. f. ▪ *L'IDÉOLOGIE* : ensemble des idées, des croyances et des doctrines propres à une époque, à une société, à un groupe. *Je ne suis pas d'accord avec l'idéologie de ce parti politique.*

IDÉOLOGIQUE [ideɔlɔʒik] adj. (après le nom) ▪ Qui concerne l'idéologie. *Les deux adversaires s'affrontent dans une lutte idéologique.*

IDIOT [idjo] adj. et n. m., **IDIOTE** [idjɔt] adj. et n. f.
I. adjectif (après le nom) **1.** (qqn) Qui manque d'intelligence. → ② **bête, sot, stupide ;** STYLE TRÈS FAMILIER **con.** *Elle est idiote.* ⟨contraire : intelligent⟩ – *Elle a l'air idiot.* → **niais. 2.** (qqch.) Contraire au bon sens. *Il a posé une question idiote.* → **inepte.** *Ce serait idiot de refuser.*
II. *UN IDIOT, UNE IDIOTE* : une personne qui n'est pas intelligente. *Il me prend pour un idiot.* → **imbécile ;** STYLE FAMILIER **crétin ;** STYLE TRÈS FAMILIER **con.** *Espèce d'idiot !* → **abruti.** *Arrête de faire l'idiot !* de simuler la bêtise ou d'agir de manière stupide. → STYLE FAMILIER **andouille.**

FAUX AMI
grec **ἴδιο** « même, identique »

IDIOTIE [idjɔsi] n. f. **1.** *L'IDIOTIE* : manque d'intelligence. *Son idiotie est insupportable. Il a fait une réflexion d'une rare idiotie.* → **bêtise, stupidité. 2.** *UNE IDIOTIE* : action, parole idiote. *As-tu fini tes idioties ?* → **imbécillité ;** STYLE TRÈS FAMILIER **connerie.** *Elle a encore dit une idiotie.* → **ineptie, sottise.**

IDOLE [idɔl] n. f. ▪ *UNE IDOLE* **1.** Statue, image représentant une divinité, que l'on adore comme si c'était la divinité elle-même. *Les archéologues ont découvert des idoles de pierre.* **2.** Vedette de la chanson, du spectacle que le public aime beaucoup. *Ce chanteur est la nouvelle idole des jeunes.*

IDYLLE [idil] n. f. ▪ *UNE IDYLLE* : petite aventure amoureuse. *Je crois bien qu'il y a une idylle entre eux.*

IF [if] n. m. ▪ *UN IF* : arbre à feuillage toujours vert et à baies rouges, de la famille des conifères. *Des ifs bien taillés forment une haie au fond du jardin.*

IGLOO [iglu] n. m. ▪ *UN IGLOO* : abri arrondi, construit avec des blocs de glace ou de neige. *Les Esquimaux habitent dans des igloos.*

REM. On rencontre aussi l'orthographe *iglou.*

IGNARE [iɲaʀ] adj. (après le nom) ▪ Qui ne sait rien, est très ignorant. *Elle est complètement* IGNARE EN *histoire. Cette classe est remplie d'enfants ignares.* ⟨contraires : cultivé, instruit, savant⟩

REM. On entend souvent des Français dire *ignarde* au féminin, ce qui est très fautif.

IGNIFUGÉ [iɲifyʒe], **IGNIFUGÉE** [iɲifyʒe] adj. (après le nom) ▪ (qqch.) Traité de manière à résister au feu. *Le bâtiment est équipé de portes ignifugées.*

REM. On prononce aussi [ignifyʒe], de façon plus recherchée.

IGNOBLE [iɲɔbl] adj. (avant le nom ou après le nom) **1.** Très méprisable, qui dégoûte. *C'est un être ignoble. Vous n'êtes qu'un ignoble individu.* → **dégoûtant ;** STYLE RECHERCHÉ **abject.** *Il a commis un crime ignoble.* → **atroce, odieux.** *C'est ignoble de faire ça.* → **honteux, infâme. 2.** Très laid, très sale ou très mauvais. *La nourriture de ce restaurant est ignoble. Ils habitent un ignoble taudis.*

IGNOMINIE [iɲɔmini] n. f. ▪ STYLE RECHERCHÉ *UNE IGNOMINIE* : action honteuse, ignoble. *Il a commis les pires ignominies.* → STYLE RECHERCHÉ **turpitude.**

IGNORANCE [iɲɔʀɑ̃s] n. f. ▪ *L'IGNORANCE* **1.** État d'une personne qui ne sait pas (qqch.). *Je suis* DANS L'IGNORANCE DE *ces faits. Il vaut mieux la laisser dans l'ignorance. Je reconnais mon ignorance dans ce domaine,* mon manque de connaissances. → **incompétence. 2.** Absence de culture générale, d'instruction, de savoir. *Son mari est d'une ignorance incroyable.*

IGNORANT [iɲɔʀɑ̃] adj. et n. m., **IGNORANTE** [iɲɔʀɑ̃t] adj. et n. f.
I. adjectif (après le nom) **1.** Qui manque d'instruction, de savoir. *Le professeur en a assez de tous ces élèves ignorants.* → **ignare, inculte.** ⟨contraire : cultivé⟩ – *Il est* IGNORANT EN *histoire :* il manque de connaissances en histoire. ⟨contraire : savant⟩ **2.** STYLE RECHERCHÉ *IGNORANT DE qqch.* : qui ne sait pas qqch. *Elle est ignorante des usages.*
II. *UN IGNORANT, UNE IGNORANTE* : une personne qui ne sait rien. *Vous n'êtes que des ignorants !*

IGNORER [iɲɔʀe] verbe [conjugaison 1a] **1.** Ne pas savoir, ne pas connaître (qqch.). *Nous ignorons la raison de sa venue. Vous ne l'ignorez sans doute pas :* vous le savez sûrement. *J'ignore qui est cette femme. J'IGNORE TOUT DE cette affaire. Elle IGNORE QUE tu dois venir. J'IGNORAIS SI tu viendrais.* **2.** Faire comme si on n'avait pas vu (qqn). *Il m'a ignoré toute la soirée :* il a fait comme si je n'existais pas, comme si je n'étais pas là. *Si elle vient, je l'ignorerai* [iɲɔʀʀɛ].

IGUANE [igwan] n. m. ▪ *UN IGUANE :* animal d'Amérique tropicale, qui ressemble à un gros lézard avec une crête d'écailles pointues sur le dos. *Les iguanes sont des reptiles.*

IL [il] pronom personnel masculin **1.** Pronom personnel masculin de la troisième personne, qui est sujet. *Il est là. Ils vont arriver. Ils sont gentils.* → **eux.** **2.** Sujet d'un verbe impersonnel. *Il pleut. Il est huit heures. Il a été décidé que...*

REM. **1.** Le pronom personnel masculin de la troisième personne quand il est complément est *lui*. Le pronom personnel féminin de la troisième personne est *elle*. **2.** Voir l'encadré des pronoms **personnels.**

ÎLE [il] n. f. ▪ *UNE ÎLE* **1.** Étendue de terre entourée d'eau. *La Grande-Bretagne est une île. On aperçoit une île de coraux.* → **atoll.** *Le bateau est au large d'une petite île.* → **îlot.** *Ils vivent dans une île* (→ **insulaire**). *Il est né dans L'ÎLE DE BEAUTÉ,* en Corse. **2.** *ÎLE FLOTTANTE :* dessert composé de blancs d'œufs battus en neige posés sur une crème anglaise. *Nous avons mangé des îles flottantes.*

ILLÉGAL [ilegal], **ILLÉGALE** [ilegal] adj. (après le nom) ▪ Qui est contraire à la loi. → **illicite.** *Le charlatan a été condamné pour EXERCICE ILLÉGAL de la médecine.* (contraire : légal) MASCULIN PLURIEL : *des procédés ILLÉGAUX* [ilego].

REM. On peut prononcer les deux *l* : [illegal].

ILLÉGALEMENT [ilegalmɑ̃] adverbe ▪ D'une manière illégale. *Des réfugiés sont entrés illégalement en France.* (contraire : légalement)

REM. On peut prononcer les deux *l* : [illegalmɑ̃].

ILLÉGALITÉ [ilegalite] n. f. ▪ *L'ILLÉGALITÉ :* situation d'une personne qui désobéit à la loi. *Les trafiquants vivent DANS L'ILLÉGALITÉ.* (contraire : légalité)

REM. On peut prononcer les deux *l* : [illegalite].

ILLÉGITIME [ileʒitim] adj. (après le nom) **1.** Qui n'est pas conforme à la loi. *Il a commis un acte illégitime.* → **illégal.** **2.** (enfant) Né hors du mariage. *Il a plusieurs enfants illégitimes.* → **naturel.** **3.** Que rien ne justifie, qui n'a pas de raison d'être. *Vos craintes sont illégitimes.* → **injustifié.** (contraires : fondé, légitime)

REM. On peut prononcer les deux *l* : [illeʒitim].

ILLETTRÉ [iletʀe] adj. et n. m., **ILLETTRÉE** [iletʀe] adj. et n. f. **1.** adjectif (après le nom) Qui ne sait pas bien lire et écrire. *Il y a beaucoup de personnes illettrées dans cette région.* **2.** *UN ILLETTRÉ, UNE ILLETTRÉE :* une personne adulte qui ne sait pas bien lire et écrire. *Elle donne des cours à des illettrés.*

REM. **1.** On peut prononcer les deux *l* : [illetʀe]. **2.** Un *analphabète* est une personne qui n'a jamais appris à lire et à écrire.

ILLETTRISME [iletʀism] n. m. ▪ *L'ILLETTRISME :* état d'une personne adulte qui n'arrive pas à lire un texte même très simple. *L'illettrisme recule dans ce pays.*

REM. On peut prononcer les deux *l* : [illetʀism].

ILLICITE [ilisit] adj. (après le nom) ▪ Qui est interdit par la loi ou par la morale. *Le trafiquant a été arrêté pour commerce illicite.* → **illégal.** (contraire : autorisé)

REM. On peut prononcer les deux *l* : [illisit].

ILLIMITÉ [ilimite], **ILLIMITÉE** [ilimite] adj. (après le nom) **1.** Qui n'a pas de limites, de bornes. *Les tyrans avaient un pouvoir illimité.* → **immense, infini.** *Sa patience est illimitée.* **2.** Dont la grandeur n'est pas fixée à l'avance. *Le piano est loué pour une durée illimitée.* → **indéfini, indéterminé.** (contraires : déterminé, limité)

REM. On peut prononcer les deux *l* : [illimite].

ILLISIBLE [ilizibl] adj. (après le nom) **1.** Très difficile à lire parce que les lettres sont mal écrites ou mal imprimées. *Il y a une signature illisible au bas de la lettre.* → **indéchiffrable.** (contraire : lisible) **2.** Très difficile à lire parce que compliqué ou ennuyeux. *Ce roman est tout à fait illisible.*

REM. On peut prononcer les deux *l* : [illizibl].

ILLOGIQUE [ilɔʒik] adj. (après le nom) ▪ Qui n'est pas logique. *Il a eu une conduite illogique.* → **incohérent.** (contraire : logique)

REM. On peut prononcer les deux *l* : [illɔʒik].

ILLUMINATION [ilyminasjɔ̃] n. f. **1.** *L'ILLUMINATION :* action d'éclairer. *L'illumination de ce monument est magnifique.* → **éclairage.** **2.** (au pluriel) DES ILLUMINATIONS : ensemble de lumières installées pour décorer. *Les illuminations des rues au moment de Noël apportent de la gaieté.* **3.** *UNE ILLUMINATION :* idée subite qui inspire. → **inspiration.** *J'ai eu une illumination,* une inspiration qui m'a permis de comprendre.

REM. On peut prononcer les deux *l* : [illyminasjɔ̃].

ILLUMINER [ilymine] verbe [conjugaison 1a] **1.** Éclairer d'une lumière très forte. *Les éclairs illuminent le ciel.* (contraires : assombrir, obscurcir) *Tous les monuments de la ville sont illuminés le soir.* **2.** Donner de l'éclat à. *Un sourire illumine son visage.* **3.** verbe pronominal S'ILLUMINER : devenir éclatant. *Son visage s'est illuminé quand elle a appris la bonne nouvelle.*

REM. On peut prononcer les deux *l* : [illymine].

ILLUSION [ilyzjɔ̃] n. f. ▪ *UNE ILLUSION* **1.** Impression de voir ou d'entendre qqch. qui n'existe pas vraiment. *Un mirage est une ILLUSION D'OPTIQUE.* → **hallucination.** **2.** Idée fausse que l'on veut croire parce qu'elle fait plaisir. *S'il croit que je vais me laisser faire, il SE FAIT DES ILLUSIONS,* il se trompe. *Je ne me fais aucune illusion sur le résultat de mon examen. Il a PERDU SES ILLUSIONS :* il a déchanté. **3.** *FAIRE ILLUSION :* tromper en donnant une apparence flatteuse. *Sa vieille robe fera illusion dans la pénombre.*

REM. On peut prononcer les deux *l* : [illyzjɔ̃].

ILLUSIONNISTE [ilyzjɔnist] n. m., n. f. ▪ *UN ILLUSIONNISTE, UNE ILLUSIONNISTE :* une personne qui fait des tours de magie. *L'illusionniste a fait des tours extraordinaires.* → **magicien, prestidigitateur.**

REM. On peut prononcer les deux *l* : [illyzjɔnist].

ILLUSOIRE [ilyzwaʀ] adj. (après le nom) ▪ Qui peut sembler vrai, possible alors que c'est faux. *Ces prisonniers jouissent d'une liberté illusoire.* → **trompeur.** *Il est illusoire de penser que l'on va retrouver des rescapés.* → **chimérique, vain.** (contraire : raisonnable)

REM. On peut prononcer les deux *l* : [illyzwaʀ].

ILLUSTRATEUR [ilystʀatœʀ] n. m., **ILLUSTRATRICE** [ilystʀatʀis] n. f. ▪ *UN ILLUSTRATEUR, UNE ILLUSTRATRICE :* artiste qui fait des illustrations. *Elle est illustratrice de livres pour enfants.*

REM. On peut prononcer les deux *l* : [illystʀatœʀ], [illystʀatʀis].

ILLUSTRATION [ilystʀasjɔ̃] n. f. **1.** *UNE ILLUSTRATION :* image, dessin, photo qui illustre un texte. *Il y a de jolies illustrations dans ce livre pour enfants. Les illustrations sont en couleurs et en noir et blanc.* **2.** *L'ILLUSTRATION DE :* ce qui permet d'expliquer, de prouver qqch. *L'attitude qu'il a eue à cette occasion est l'illustration de ses principes. Elle en est l'illustration.*

REM. On peut prononcer les deux *l* : [illystʀasjɔ̃].

ILLUSTRE [ilystʀ] adj. (avant le nom ou après le nom) ▪ Qui est très connu. → **célèbre.** *Victor Hugo est un écrivain illustre.* → **fameux, renommé.** ⟨contraires : inconnu, obscur⟩ *Shakespeare est l'illustre auteur de « Hamlet ». Il est issu d'une famille illustre.*

REM. **1.** On peut prononcer les deux *l* : [illystʀ]. **2.** *Illustre* s'emploie surtout pour les personnes du passé.

ILLUSTRÉ [ilystʀe] adj. et n. m., **ILLUSTRÉE** [ilystʀe] adj. **1.** adjectif (après le nom) Qui a des illustrations. *Les enfants aiment lire des livres illustrés.* **2.** *UN ILLUSTRÉ* : revue, journal qui contient surtout des images, des dessins, des photos, des bandes dessinées. *Mon fils ne lit que des illustrés.*

REM. On peut prononcer les deux *l* : [illystʀe].

ILLUSTRER [ilystʀe] verbe [conjugaison 1a] **1.** Décorer (un ouvrage) avec des images, des dessins, des photos. *Son dictionnaire est illustré de gravures anciennes.* **2.** Expliquer (en donnant un exemple), rendre plus clair. *Dans un dictionnaire, les exemples illustrent le sens des mots. Il a dénoncé son camarade, cela illustre bien sa méchanceté.*

REM. On peut prononcer les deux *l* : [illystʀe].

S'**ILLUSTRER** [ilystʀe] verbe pronominal [conjugaison 1a] ▪ Devenir célèbre, se faire remarquer. *Cette actrice s'est illustrée dans de nombreux films.*

REM. On peut prononcer les deux *l* : [illystʀe].

ÎLOT [ilo] n. m. ▪ *UN ÎLOT* **1.** Petite île. *Le navigateur a découvert un îlot inhabité.* **2.** Petit espace isolé au milieu d'un ensemble d'une autre nature. *Le jardin public est un îlot de verdure dans le quartier.*

ILS → **il**

IL Y A → ① **avoir,** ② **y** (III.)

IMAGE [imaʒ] n. f. ▪ *UNE IMAGE* **1.** Représentation d'un objet par le dessin ou la photographie. *Des images illustrent mon livre.* → **estampe, gravure, illustration.** *Mon fils ne sait pas encore lire, il regarde juste les images.* – *Les enfants ont été SAGES COMME DES IMAGES,* très sages. **2.** Ce qui apparaît dans un miroir ou sur une surface sur laquelle un objet se réfléchit (→ **reflet**). *Je vois mon image dans la glace.* **3.** Ce que l'on voit sur un écran de télévision, de cinéma, d'ordinateur et qui représente qqch. *Il faut régler la télévision, l'image est floue.* **4.** Reproduction d'un être, d'une chose. *Il est l'image de son père,* il lui ressemble beaucoup. → **portrait.** *On dit que Dieu a créé l'homme À SON IMAGE.* → **ressemblance. 5.** Ce qui évoque une réalité. *Le documentaire donne une bonne image de la situation.* → **description, idée. 6.** Façon de s'exprimer en mélangeant le sens propre et le sens figuré d'un mot. → **comparaison, métaphore.** *« Foudroyer quelqu'un du regard », « être aimable comme une porte de prison » sont des images.* **7.** Vision plus ou moins exacte que l'on a de qqn ou de qqch. *Je garde une image très floue de lui.* → **souvenir.** *Des images du passé me reviennent en mémoire. Il a une mauvaise image de lui.* **8.** *IMAGE DE MARQUE* : représentation que l'on a d'un produit, d'une marque commerciale, d'une institution, d'un personnage public. *Son entreprise a une bonne image de marque.* → **notoriété, réputation.** *Le ministre soigne son image de marque.*

IMAGÉ [imaʒe], **IMAGÉE** [imaʒe] adj. (après le nom) ▪ (langage) Qui utilise des comparaisons, des images. *Elle a un langage très imagé.*

IMAGERIE [imaʒʀi] n. f. ▪ *L'IMAGERIE MÉDICALE* : ensemble des images du corps obtenues à partir de différents types de rayonnement. *La radiographie et l'échographie font partie de l'imagerie médicale.*

IMAGINAIRE [imaʒinɛʀ] adj. (après le nom) ▪ Qui n'existe que dans l'imagination, qui n'existe pas vraiment. *La licorne est un animal imaginaire.* → **fabuleux, fantastique.** *L'ogre des contes de fées est un être imaginaire.* → **légendaire.** *L'équateur est une ligne imaginaire.* → **fictif.** ⟨contraires : réel, vrai⟩ – *C'est un malade imaginaire,* une personne qui s'imagine être malade mais ne l'est pas.

IMAGINATIF [imaʒinatif], **IMAGINATIVE** [imaʒinativ] adj. (après le nom) ▪ Qui a beaucoup d'imagination. *C'est un esprit imaginatif.* → **créatif, inventif.** *Elle est très imaginative.*

IMAGINATION [imaʒinasjɔ̃] n. f. ▪ *L'IMAGINATION* : capacité d'avoir des idées, d'inventer des objets. *Les romanciers ont beaucoup d'imagination. Il a une imagination délirante. Avec un peu d'imagination, il aurait pu se tirer d'affaire. Tu as trop d'imagination :* tu déformes la réalité. *Cette histoire est le fruit de son imagination,* elle est fausse.

IMAGINER [imaʒine] verbe [conjugaison 1a]
I. 1. Se faire une idée de (qqch.) dans son esprit. *J'imagine très bien la scène.* → **voir.** *Qu'allez-vous imaginer ? Essaie d'imaginer ce qui va arriver.* → **envisager.** *Je t'imagine à quarante ans. J'IMAGINE QUE tu es au courant de la nouvelle.* → **supposer.** *Elle imaginait qu'il était marié.* → **croire, penser. 2.** Inventer. *L'ingénieur a imaginé une machine révolutionnaire.* → **concevoir, élaborer.** *Ils ONT IMAGINÉ DE préparer une surprise.*
II. verbe pronominal S'IMAGINER **1.** Se représenter soi-même en esprit. *Elle s'imagine déjà grand-mère.* → se **voir. 2.** Croire à tort. *Elles SE SONT IMAGINÉ QU'elles y arriveraient toutes seules.* → se **figurer.** *Si tu t'imagines que je vais céder, tu te trompes lourdement !* **3.** Concevoir dans son esprit. *Imagine-toi une maison au sommet de cette colline.*

IMAM [imam] n. m. ▪ *UN IMAM* : chef religieux musulman. *L'imam fait ses prières.*

IMBATTABLE [ɛ̃batabl] adj. (après le nom) **1.** (qqn) Qui ne peut pas être battu, qui ne peut pas être vaincu. *Il est imbattable aux échecs,* il est très fort. *C'est un adversaire imbattable.* → **invincible. 2.** (prix) Qui ne peut être plus bas. *Ces articles en solde sont à des prix imbattables.*

IMBÉCILE [ɛ̃besil] n. m., n. f. et adj. **1.** *UN IMBÉCILE, UNE IMBÉCILE* : une personne qui n'est pas intelligente. → **abruti, idiot ;** STYLE FAMILIER **andouille, crétin ;** STYLE TRÈS FAMILIER **con.** *C'est un imbécile. Il a traité sa petite sœur d'imbécile. Imbécile heureux ! Il me prend pour un imbécile.* **2.** adjectif (après le nom) Qui manque d'intelligence. *Il a l'air imbécile.* → ② **bête, idiot, sot, stupide.**

IMBÉCILLITÉ [ɛ̃besilite] n. f. **1.** *L'IMBÉCILLITÉ* : manque d'intelligence. *Il est d'une rare imbécillité.* → **bêtise, stupidité ;** STYLE TRÈS FAMILIER **connerie. 2.** *UNE IMBÉCILLITÉ* : action ou parole idiote. *Arrête de dire des imbécillités.* → **idiotie, sottise.**

REM. *Imbécillité* s'écrit avec deux *l*, alors que *imbécile* n'en prend qu'un.

IMBERBE [ɛ̃bɛʀb] adj. (après le nom) ▪ Qui n'a pas de barbe. *Le jeune garçon est encore imberbe.* ⟨contraire : barbu⟩

IMBIBÉ [ɛ̃bibe], **IMBIBÉE** [ɛ̃bibe] adj. (après le nom) ▪ STYLE FAMILIER Qui a bu trop d'alcool. *Il est complètement imbibé.*

IMBIBER [ɛ̃bibe] verbe [conjugaison 1a] **1.** (liquide) Pénétrer et mouiller complètement. *La pluie a imbibé la terre.* → **imprégner.**

2. (qqn) Mouiller. *L'infirmière imbibe la compresse d'alcool.* **3.** verbe pronominal S'IMBIBER : absorber (un liquide). *La terre S'EST IMBIBÉE d'eau de pluie.*

IMBITABLE [ɛ̃bitabl] adj. (après le nom) ▪ STYLE TRÈS FAMILIER Qu'on ne comprend pas du tout. *Il m'a raconté une histoire imbitable.* → **incompréhensible.**

S'**IMBRIQUER** [ɛ̃bʀike] verbe pronominal [conjugaison 1a] ▪ (qqch.) Se recouvrir en partie, entrer exactement (dans qqch.). *Les pièces du jeu de construction se sont imbriquées les unes dans les autres.* → s'**ajuster,** s'**emboîter.** *Les tuiles s'imbriquent parfaitement.* → se **chevaucher.** – *Ces deux affaires s'imbriquent,* elles sont étroitement liées.

IMBROGLIO [ɛ̃bʀɔljo] n. m. ▪ *UN IMBROGLIO :* situation très compliquée. *Quel imbroglio ! Je n'y comprends rien !*

REM. Ce mot italien se prononce aussi à la française : [ɛ̃bʀɔglijo].

IMBU [ɛ̃by], **IMBUE** [ɛ̃by] adj. (après le nom) ▪ *ÊTRE IMBU DE SOI :* se croire supérieur aux autres. *Elle est très imbue d'elle-même.*

IMBUVABLE [ɛ̃byvabl] adj. (après le nom) **1.** (boisson) Très mauvais à boire. *On nous a servi un vin imbuvable.* ⟨contraire : buvable⟩ **2.** STYLE FAMILIER (qqn) Désagréable. → **insupportable, odieux.** *Il a une sœur totalement imbuvable.*

IMITATEUR [imitatœʀ] n. m., **IMITATRICE** [imitatʀis] n. f. ▪ *UN IMITATEUR, UNE IMITATRICE* **1.** Personne qui imite la voix et les manières de qqn. *Les imitateurs aiment se moquer des hommes politiques.* **2.** Personne qui imite (les œuvres faites par d'autres). *Ce tableau est l'œuvre d'un pâle imitateur de Van Gogh.*

IMITATION [imitasjɔ̃] n. f. ▪ *UNE IMITATION* **1.** Action de reproduire (ce que fait qqn). *Il fait des imitations très réussies et très drôles de ses professeurs.* **2.** Objet copié sur un autre. *Ce fauteuil n'est pas un vrai fauteuil Louis XV, c'est une imitation.* → **copie.** *Leur tableau est une imitation d'un tableau de Rembrandt.* → **reproduction.** *L'expert a démontré que cette sculpture est une imitation.* → **contrefaçon,** ① **faux, plagiat.** – *Elle a une veste imitation renard,* qui semble être en renard. *Son collier n'est pas en or, il est EN IMITATION.*

IMITER [imite] verbe [conjugaison 1a] **1.** Chercher à reproduire (ce que fait qqn, un animal, qqch.). *Il imite le chant du rossignol. Elle imite son professeur quand il se met en colère.* → **singer.** **2.** Faire comme (qqn). *Il a levé son verre et tout le monde l'a imité.* → **suivre.** *Elle est toujours bien habillée, ses amies essaient de l'imiter.* → **copier.** **3.** Reproduire dans l'intention de faire passer pour vrai. *Il a imité la signature de son père.* → **contrefaire.** **4.** (qqch.) Produire le même effet que (autre chose). *Cette matière imite parfaitement le cuir,* ressemble beaucoup à du cuir.

IMMACULÉ [imakyle], **IMMACULÉE** [imakyle] adj. (après le nom, parfois avant le nom) **1.** (après le nom) Très propre, sans tache. *Elle a une robe blanche immaculée.* ⟨contraires : maculé, taché⟩ **2.** (avant le nom) *L'IMMACULÉE CONCEPTION :* la Vierge Marie qui, pour les catholiques, est née sans le péché originel.

REM. On peut prononcer les deux *m :* [immakyle].

IMMANGEABLE [ɛ̃mɑ̃ʒabl] adj. (après le nom) ▪ Très mauvais à manger. *Le boucher m'a vendu une viande immangeable.* ⟨contraires : délicieux, mangeable⟩

IMMANQUABLE [ɛ̃mɑ̃kabl] adj. (après le nom) ▪ (qqch.) Qui se produit forcément. *C'est une conséquence immanquable.* → **fatal, inéluctable.** *Ils se disputent toujours, c'est immanquable.* → **inévitable.** ⟨contraires : douteux, incertain⟩

IMMANQUABLEMENT [ɛ̃mɑ̃kabləmɑ̃] adverbe ▪ D'une manière inévitable. *Il arrive immanquablement en retard.* → **inévitablement.**

IMMATÉRIEL [imateʀjɛl], **IMMATÉRIELLE** [imateʀjɛl] adj. (après le nom) ▪ Qui n'est pas formé de matière. *Les anges seraient des êtres immatériels.* ⟨contraire : matériel⟩

IMMATRICULATION [imatʀikylasjɔ̃] n. f. ▪ *UNE IMMATRICULATION :* inscription du nom et du numéro d'une personne, d'un animal, d'une chose sur un registre pour pouvoir l'identifier. *Quel est votre numéro d'immatriculation à la Sécurité sociale ? Dans la plupart des pays, les voitures ont une PLAQUE D'IMMATRICULATION à l'avant et à l'arrière,* une plaque portant un numéro (→ **minéralogique).**

IMMATRICULÉ [imatʀikyle], **IMMATRICULÉE** [imatʀikyle] adj. (après le nom) ▪ Qui a un certain numéro qui permet d'identifier. *L'automobiliste est dans une voiture immatriculée dans le Var.*

IMMATURE [imatyʀ] adj. (après le nom) ▪ (qqn) Qui n'a pas encore atteint la maturité intellectuelle, affective, qui est moins sérieux et moins réfléchi que les autres personnes de son âge. *Cet homme ne prend pas ses responsabilités, il est immature. C'est un adolescent encore immature.* ⟨contraire : mûr⟩

REM. Certaines personnes prononcent [immatyʀ].

IMMÉDIAT [imedja] adj. et n. m., **IMMÉDIATE** [imedjat] adj.
I. adjectif (après le nom) **1.** Qui a lieu tout de suite. *Nous voulons une réponse immédiate. L'effet de ce médicament est immédiat.* → **instantané.** **2.** Qui est tout proche. ⟨contraire : éloigné⟩ *Nous n'avons pas de voisins immédiats.*
II. nom masculin *DANS L'IMMÉDIAT :* maintenant, pour le moment. *Je ne peux rien dire dans l'immédiat.*

REM. On prononce aussi [immedja], [immedjat].

IMMÉDIATEMENT [imedjatmɑ̃] adverbe ▪ Tout de suite. *Rentre immédiatement !*

REM. On prononce aussi [immedjatmɑ̃].

IMMENSE [imɑ̃s] adj. (avant le nom ou après le nom) **1.** Très grand. *Au Canada, il y a des forêts immenses.* → **gigantesque.** ⟨contraires : minuscule, petit⟩ *Ils ont une immense maison.* – *Son père est immense.* **2.** Considérable, très important. → **colossal.** *Ils ont une immense fortune. J'ai pour eux une immense amitié.*

REM. On prononce aussi [immɑ̃s].

IMMENSÉMENT [imɑ̃semɑ̃] adverbe ▪ STYLE RECHERCHÉ Très. *Elle est immensément riche.* → **extrêmement.**

REM. On prononce aussi [immɑ̃semɑ̃].

IMMENSITÉ [imɑ̃site] n. f. ▪ *L'IMMENSITÉ :* très grande étendue. *L'immensité du ciel fait rêver.* ⟨contraires : exiguïté, petitesse⟩

REM. On prononce aussi [immɑ̃site].

IMMERGÉ [imɛʀʒe], **IMMERGÉE** [imɛʀʒe] adj. (après le nom) ▪ (qqch.) Qui est sous l'eau, sous la mer. *Nous avons vu des terres immergées,* inondées. *La partie immergée d'un iceberg est plus importante que la partie visible.*

IMMERSION [imɛʀsjɔ̃] n. f. ▪ *L'IMMERSION :* action de plonger dans un liquide. *Nous avons vu l'immersion du sous-marin :* nous avons vu le sous-marin s'enfoncer dans l'eau.

IMMETTABLE [ɛ̃metabl] adj. (après le nom) ▪ (vêtement) Qu'on ne peut pas mettre. *Cette robe est immettable,* elle n'est plus à la mode ou elle est trop grande ou trop petite. ⟨contraire : mettable⟩

IMMEUBLE [imœbl] n. m. ▪ *UN IMMEUBLE :* grand bâtiment à plusieurs étages. *Ils habitent un appartement dans un immeuble de trente étages* (→ **gratte-ciel, tour**). *On construit un immeuble de bureaux.*
REM. On prononce aussi [immœbl].

IMMIGRATION [imigʀasjɔ̃] n. f. ▪ *L'IMMIGRATION :* entrée dans un pays de personnes étrangères qui viennent le plus souvent pour trouver un emploi (opposé à émigration). *L'immigration est contrôlée par l'État. Le gouvernement prend des mesures contre l'IMMIGRATION CLANDESTINE,* l'entrée non autorisée, qui se fait en cachette.

IMMIGRÉ [imigʀe] adj. et n. m., **IMMIGRÉE** [imigʀe] adj. et n. f. **1.** adjectif (après le nom) (qqn) Qui est venu de l'étranger pour s'installer dans un autre pays. *Il y a de nombreux travailleurs immigrés, dans cette région.* **2.** *UN IMMIGRÉ, UNE IMMIGRÉE :* une personne venue de l'étranger, généralement pour trouver du travail (→ **émigré**). *Ce pays accueille beaucoup d'immigrés. Elle donne des cours de français aux immigrés.*

IMMIGRER [imigʀe] verbe [conjugaison 1a] ▪ Entrer dans un pays étranger pour y vivre. *De nombreux Irlandais ont immigré aux États-Unis.*

IMMINENT [iminɑ̃], **IMMINENTE** [iminɑ̃t] adj. (après le nom) ▪ Qui va se produire dans très peu de temps. → **proche.** ⟨contraires : éloigné, lointain⟩ *On annonce l'arrivée imminente du président. L'arrestation du malfaiteur est imminente.*
REM. On prononce aussi [imminɑ̃], [imminɑ̃t].

S'**IMMISCER** [imise] verbe pronominal [conjugaison 3a] ▪ STYLE RECHERCHÉ Se mêler de qqch. sans en avoir le droit, de manière indiscrète. *Il a essayé de s'immiscer dans notre conversation. Elle s'est immiscée dans mes affaires.*

IMMOBILE [imɔbil] adj. (après le nom) ▪ Qui ne bouge pas. → **tranquille.** *Les enfants n'aiment pas rester immobiles.*

IMMOBILIER [imɔbilje] adj. et n. m., **IMMOBILIÈRE** [imɔbiljɛʀ] adj. **1.** adjectif (après le nom) Qui concerne la construction, la vente et la location d'immeubles et de maisons. *J'ai trouvé mon appartement grâce à une agence immobilière.* **2.** *L'IMMOBILIER :* le commerce d'immeubles, la vente et la location d'appartements, de maisons. *Mon père travaille dans l'immobilier.*
REM. On prononce aussi [immɔbilje], [immɔbiljɛʀ].

IMMOBILISER [imɔbilize] verbe [conjugaison 1a] **1.** Rendre immobile, empêcher de bouger. → **arrêter.** *Son accident l'a immobilisé pendant plusieurs jours.* → STYLE FAMILIER **bloquer, coincer.** *Dans l'attente de mes résultats d'examen, je suis immobilisé à Paris,* je ne peux pas partir. – *Le médecin a immobilisé mon bras cassé,* il a fait en sorte que je ne puisse pas le bouger. ⟨contraires : bouger, remuer⟩ **2.** verbe pronominal S'IMMOBILISER : s'arrêter. *La voiture s'est immobilisée au feu rouge.*
REM. On prononce aussi [immɔbilize].

IMMOBILISME [imɔbilism] n. m. ▪ *L'IMMOBILISME :* refus du mouvement, du progrès. *Les gens se plaignent de l'immobilisme du gouvernement.*
REM. On prononce aussi [immɔbilism].

IMMOBILITÉ [imɔbilite] n. f. ▪ *L'IMMOBILITÉ :* état de ce qui reste immobile, de ce qui reste sans bouger. ⟨contraires : mobilité, mouvement⟩ *Le blessé est condamné à l'immobilité,* il est obligé de rester immobile.
REM. On prononce aussi [immɔbilite].

IMMOLER [imɔle] verbe [conjugaison 1a] ▪ STYLE RECHERCHÉ **1.** Tuer pour offrir en sacrifice. *Les Romains immolaient des moutons à leurs dieux.* → **sacrifier.** **2.** verbe pronominal S'IMMOLER : faire le sacrifice de sa vie, se tuer. *La jeune fille s'est immolée par le feu.*
REM. On prononce souvent [immɔle].

IMMONDE [imɔ̃d] adj. (avant le nom ou après le nom) **1.** D'une saleté ou d'une laideur qui dégoûte. → **dégoûtant, répugnant, sale.** ⟨contraire : propre⟩ *Ces pauvres gens habitent une maison immonde et sans confort.* **2.** Révoltant. *C'est un crime immonde.* → **ignoble, odieux.** *C'est un immonde personnage.* → **abject.**
REM. On prononce souvent [immɔ̃d].

IMMONDICES [imɔ̃dis] n. f. pluriel ▪ STYLE RECHERCHÉ *DES IMMONDICES :* Déchets, ordures. → **détritus.** *Il est interdit de déposer des immondices sur les trottoirs. Ces immondices sont dégoûtantes.*
REM. On prononce souvent [immɔ̃dis].

IMMORAL [imɔʀal], **IMMORALE** [imɔʀal] adj. (après le nom) ▪ Contraire à la morale, contraire à ce que l'on doit être, à ce que l'on doit faire. ⟨contraire : moral⟩ *C'est un homme complètement immoral.* ⟨contraire : honnête⟩ *Cette histoire est immorale.* MASCULIN PLURIEL : *des films IMMORAUX* [imɔʀo].
REM. On prononce souvent [immɔʀal], [immɔʀo].

IMMORTALISER [imɔʀtalize] verbe [conjugaison 1a] ▪ Rendre immortel dans la mémoire. *Les films de Chaplin ont immortalisé Charlot.*
REM. On prononce souvent [immɔʀtalize].

IMMORTALITÉ [imɔʀtalite] n. f. ▪ *L'IMMORTALITÉ :* état de ce qu'on pense être immortel. *Les gens qui ont la foi croient à l'immortalité de l'âme.*
REM. On prononce souvent [immɔʀtalite].

IMMORTEL [imɔʀtɛl] adj. et n. m., **IMMORTELLE** [imɔʀtɛl] adj. et n. f. **I.** adjectif (après le nom) **1.** Qui ne meurt jamais. *Les dieux sont immortels.* **2.** Qui reste pour toujours dans la mémoire. *C'est un chef-d'œuvre immortel. Jean-Sébastien Bach a composé des œuvres immortelles.*
II. *UN IMMORTEL, UNE IMMORTELLE :* un membre de l'Académie française. → **académicien.** *Les immortels sont en séance.*
REM. On prononce souvent [immɔʀtɛl].

IMMUABLE [imɥabl] adj. (après le nom, parfois avant le nom) ▪ Qui ne change pas. *Les saisons se succèdent dans un ordre immuable. J'ai revu notre ami : il reste immuable.* – *Il est arrivé, avec son immuable petit chapeau.*
REM. On prononce souvent [immɥabl].

IMMUNISER [imynize] verbe [conjugaison 1a] ▪ Préserver d'une maladie. *Ce vaccin IMMUNISE CONTRE la grippe,* il empêche d'attraper la grippe. – *Il peut me critiquer, je suis immunisé !* j'en ai l'habitude, cela ne me fait rien.

IMMUNITÉ [imynite] n. f. ▪ *L'IMMUNITÉ* **1.** Capacité de résister à une cause de maladie. *Le vaccin antitétanique donne l'immunité contre le tétanos.* **2.** *IMMUNITÉ PARLEMENTAIRE :* privilège qu'ont les parlementaires de ne pas être poursuivis par la justice, dans certains cas. *Les députés jouissent de l'immunité parlementaire.*

IMPACT [ɛ̃pakt] n. m. ▪ *UN IMPACT* **1.** Effet, influence. *Cette publicité a eu un grand impact sur le public.* → **répercussion, retentissement.** **2.** *POINT D'IMPACT :* endroit, point où est situé un choc, une collision. *Les policiers ont retrouvé dans le mur le point d'impact de la balle de revolver,* l'endroit où elle a frappé.

d'angoisse dans cette maison abandonnée. Les voyageurs échangent leurs impressions. – *Le professeur* DONNE L'IMPRESSION *d'être un homme très calme* (→ **paraître, sembler**). *Il donne une impression de calme.* – *Elle* A L'IMPRESSION DE *perdre son temps,* elle le croit. *J'AI* L'IMPRESSION *QU'il va bien :* je pense qu'il va bien. **3.** Reproduction d'un texte par l'imprimerie. *L'impression typographique de ce livre est très élégante. L'impression est trop claire. Son texte est bourré de fautes d'impression.*

IMPRESSIONNABLE [ɛ̃pʀesjɔnabl] adj. (après le nom) ▪ (qqn) Qui est facilement impressionné. *C'est un enfant impressionnable, qui ne supporte pas les films trop violents.* → **émotif, sensible.** ⟨contraire : insensible⟩

IMPRESSIONNANT [ɛ̃pʀesjɔnɑ̃], **IMPRESSIONNANTE** [ɛ̃pʀesjɔnɑ̃t] adj. (après le nom) ▪ Qui impressionne, frappe. *Certaines scènes du film sont impressionnantes.* → **étonnant, frappant.** *Ta discothèque est vraiment impressionnante.* → **imposant.**

IMPRESSIONNER [ɛ̃pʀesjɔne] verbe [conjugaison 1a] **1.** Faire une forte impression à (qqn). *La première scène du film a impressionné de nombreux spectateurs.* → **émouvoir, frapper, toucher.** *Ne te laisse pas impressionner !* → **intimider, troubler. 2.** *Impressionner une pellicule photographique,* y laisser une image. *Quand on prend une photo, la pellicule est impressionnée.*

IMPRESSIONNISME [ɛ̃pʀesjɔnism] n. m. ▪ *L'IMPRESSIONNISME :* style des peintres qui ont cherché, à la fin du dix-neuvième siècle, à exprimer les impressions données par la lumière et les objets. *L'impressionnisme apparaît en France vers 1865.*

IMPRESSIONNISTE [ɛ̃pʀesjɔnist] adj., n. m. et n. f. **1.** adjectif (après le nom) Qui cherche à exprimer par la peinture les impressions données par la lumière et les objets. *Monet et Renoir sont de célèbres peintres impressionnistes. Ces peintres appartiennent au mouvement impressionniste.* **2.** *UN IMPRESSIONNISTE, UNE IMPRESSIONNISTE :* un peintre impressionniste. *Nous sommes allés voir une exposition consacrée aux impressionnistes.*

IMPRÉVISIBLE [ɛ̃pʀevizibl] adj. (après le nom) ▪ Qui ne peut pas être prévu, connu à l'avance. *Un accident est souvent imprévisible. Elle a parfois des réactions imprévisibles.* → **inattendu.**

IMPRÉVOYANCE [ɛ̃pʀevwajɑ̃s] n. f. ▪ *L'IMPRÉVOYANCE :* caractère de qqn qui ne prévoit pas ce qui peut arriver. *Son imprévoyance lui a coûté cher.* → **étourderie, insouciance.** *Vous avez fait preuve d'imprévoyance en oubliant de fermer la voiture.* → **légèreté.** ⟨contraire : prévoyance⟩

IMPRÉVOYANT [ɛ̃pʀevwajɑ̃], **IMPRÉVOYANTE** [ɛ̃pʀevwajɑ̃t] adj. (après le nom) ▪ Qui ne réfléchit pas à ce qui pourrait arriver et ne prend pas de précautions. *Elle a été imprévoyante en ne prenant pas son parapluie.* → **insouciant, léger.** ⟨contraire : prévoyant⟩

IMPRÉVU [ɛ̃pʀevy] adj. et n. m., **IMPRÉVUE** [ɛ̃pʀevy] adj. **1.** adjectif (après le nom) (événement) Qui n'a pas été prévu, qui arrive quand on ne s'y attend pas. *J'ai eu la visite imprévue d'un ami.* → **inattendu. 2.** *L'IMPRÉVU :* ce qui arrive et que l'on n'attend pas. *Nous avons fait un voyage plein d'imprévu. Il déteste l'imprévu. Un imprévu nous a retardés.*

IMPRIMANTE [ɛ̃pʀimɑ̃t] n. f. ▪ *UNE IMPRIMANTE :* machine qui imprime sur papier des textes, des graphiques ou des dessins qui sont dans la mémoire d'un ordinateur. *Le document sort de l'imprimante.*

IMPRIMÉ [ɛ̃pʀime] adj. et n. m., **IMPRIMÉE** [ɛ̃pʀime] adj. **I.** adjectif (après le nom) **1.** Reproduit par impression ; orné de motifs ainsi reproduits. *Elle a mis une jupe en tissu imprimé noir et blanc.* **2.** Reproduit par l'imprimerie. *Voici les premiers exemplaires imprimés du livre.* **3.** STYLE RECHERCHÉ (événement, souvenir) Qui a laissé dans l'esprit une trace profonde et durable. *Ce souvenir est pour toujours imprimé dans sa mémoire.*
II. *UN IMPRIMÉ* **1.** Feuille sur laquelle un texte est imprimé. *Remplissez cet imprimé avant de passer la douane.* → **formulaire. 2.** Ouvrage imprimé (opposé à manuscrit). *Les journaux, les revues et les brochures sont des imprimés.* **3.** Tissu, papier orné d'un motif imprimé. *Cet imprimé à fleurs ferait une très jolie robe.*

IMPRIMER [ɛ̃pʀime] verbe [conjugaison 1a] **1.** Reproduire (un texte) par l'imprimerie (→ **impression**). *Les rotatives impriment pendant la nuit les journaux du matin. Ce roman a été imprimé à cent mille exemplaires.* → **publier. 2.** Reproduire en appliquant fortement une surface sur une autre. *Le commerçant imprime la marque du tampon sur la facture.* **3.** STYLE RECHERCHÉ Laisser une marque, une empreinte par pression sur (une surface). *Ils ont imprimé la trace de leurs pas sur le sable.*

IMPRIMERIE [ɛ̃pʀimʀi] n. f. **1.** *L'IMPRIMERIE :* technique qui permet de reproduire un très grand nombre de fois un texte, une illustration par impression de caractères (→ **typographie**). *Gutenberg a perfectionné l'imprimerie au quinzième siècle. Les caractères d'imprimerie ont d'abord été en bois, puis en plomb.* **2.** *UNE IMPRIMERIE :* usine, atelier où l'on imprime les livres, les journaux. *Il est directeur d'une imprimerie. Le livre n'est pas en vente, il est encore à l'imprimerie.*

IMPRIMEUR [ɛ̃pʀimœʀ] n. m. ▪ *UN IMPRIMEUR :* une personne qui dirige une imprimerie ou qui y travaille. *Le livre est encore chez l'imprimeur.*

IMPROBABLE [ɛ̃pʀɔbabl] adj. (après le nom) ▪ (événement) Qui est peu probable, qui a peu de chance de se produire. *C'est une hypothèse assez improbable.* → **douteux.** ⟨contraires : certain, probable, sûr⟩ *Il est improbable qu'il vienne.*

IMPRODUCTIF [ɛ̃pʀɔdyktif], **IMPRODUCTIVE** [ɛ̃pʀɔdyktiv] adj. (après le nom) **1.** (qqch.) Qui ne produit rien, ne rapporte rien. *Cette terre est improductive.* → **stérile.** *Ne laissez pas votre capital improductif.* **2.** (qqn) Qui ne produit rien, ne crée rien. *Le personnel administratif d'une société est improductif,* il ne travaille pas à la production.

IMPROMPTU [ɛ̃pʀɔ̃pty] adj. et n. m., **IMPROMPTUE** [ɛ̃pʀɔ̃pty] adj. **1.** adjectif (après le nom) Improvisé, sans préparation. *Il a prononcé un discours impromptu. Nous avons organisé une réunion impromptue.* **2.** *UN IMPROMPTU :* petite pièce de théâtre en vers ou petite pièce musicale. *Le pianiste joue des impromptus de Chopin. « L'Impromptu de Versailles » est une pièce de Molière.*

REM. *Impromptu* est de la même famille de mots que *prompt.*

IMPRONONÇABLE [ɛ̃pʀɔnɔ̃sabl] adj. (après le nom) ▪ (mot, son) Impossible à prononcer. *Ces trois consonnes qui se suivent sont imprononçables pour un Français. Son nom est presque imprononçable.*

IMPROPRE [ɛ̃pʀɔpʀ] adj. (après le nom) **1.** (mot) Qui ne convient pas pour l'idée à exprimer. *Comme il connaît mal la langue, il emploie souvent des expressions impropres.* → **fautif, inexact.** ⟨contraires : exact, juste, ② propre⟩ **2.** (qqch.) *IMPROPRE À :* qui n'est pas fait pour, destiné à (un usage). *Cette eau est impropre à la consommation,* elle n'est pas potable.

IMPROVISATION [ɛ̃pʀɔvizasjɔ̃] n. f. **1.** *L'IMPROVISATION :* action, art d'improviser, de faire qqch. sans préparation. *Cet orateur n'est pas doué pour l'improvisation.* **2.** *UNE IMPROVISATION :* ce qui est improvisé (musique, discours). *Les musiciens de jazz se sont lancés dans de folles improvisations sur un thème connu.*

IMPROVISER [ɛ̃pʀɔvize] verbe [conjugaison 1a] **1.** Faire (qqch.) sans l'avoir préparé, organisé à l'avance. *Le nouveau député improvise un discours pour remercier ses électeurs. Elle a improvisé un dîner avec ce qu'il y avait dans le réfrigérateur.* **2.** Jouer une musique qui n'est pas écrite. *Les musiciens improvisent des variations sur un thème. – Le pianiste improvise. – Le jazz est de la musique improvisée,* qui n'est pas complètement écrite, que les musiciens inventent en la jouant.

À L'**IMPROVISTE** [alɛ̃pʀɔvist] adverbe ▪ D'une manière imprévue, au moment où l'on ne s'y attend pas. *Nos amis sont arrivés à l'improviste.*

IMPRUDEMMENT [ɛ̃pʀydamɑ̃] adverbe ▪ D'une manière imprudente, sans faire attention au danger. *Il conduit imprudemment.* ⟨contraire : prudemment⟩

IMPRUDENCE [ɛ̃pʀydɑ̃s] n. f. ▪ *UNE IMPRUDENCE* **1.** Manque de prudence, d'attention. *Elle a oublié de fermer à clé son appartement, quelle imprudence !* → **étourderie, légèreté.** *J'ai eu L'IMPRUDENCE DE lui confier un secret. – Le chauffard a été condamné pour blessures PAR IMPRUDENCE.* **2.** Action imprudente, dangereuse. *L'accident est dû à une imprudence. Elle commet des imprudences au volant.*

IMPRUDENT [ɛ̃pʀydɑ̃], **IMPRUDENTE** [ɛ̃pʀydɑ̃t] adj. (après le nom) ▪ Qui manque de prudence, qui ne fait pas attention à ce qui peut être dangereux. *Un automobiliste imprudent double sans visibilité.* ⟨contraire : prudent⟩ *Ne te penche pas sur le parapet du pont, c'est imprudent. À mon avis, une telle démarche serait imprudente.* → **dangereux, hasardeux.**

IMPUDENCE [ɛ̃pydɑ̃s] n. f. ▪ STYLE RECHERCHÉ *L'IMPUDENCE :* audace, effronterie qui choque, indigne. *Il est venu chez vous ? Quelle impudence !* → **aplomb ;** STYLE FAMILIER **culot.**

IMPUISSANCE [ɛ̃pɥisɑ̃s] n. f. ▪ *L'IMPUISSANCE* **1.** Impossibilité de faire qqch. par manque de moyens. *On éprouve parfois un sentiment d'impuissance devant tant de misère.* → **incapacité.** ⟨contraire : puissance⟩ *Nous en sommes réduits à l'impuissance. Leur IMPUISSANCE À agir est évidente.* **2.** Impossibilité pour un homme d'accomplir l'acte sexuel. *L'impuissance a souvent une origine psychologique.*

IMPUISSANT [ɛ̃pɥisɑ̃], **IMPUISSANTE** [ɛ̃pɥisɑ̃t] adj. (après le nom) **1.** Qui n'a pas les moyens suffisants pour faire qqch. *Elle a assisté, impuissante, à la scène. Le gouvernement est IMPUISSANT À résoudre la crise.* → **incapable.** **2.** (homme) Qui ne peut pas accomplir normalement l'acte sexuel. *Il est devenu impuissant à la suite d'un accident.* **3.** (qqch.) Sans effet, sans efficacité. *Les remèdes habituels sont impuissants.*

IMPULSIF [ɛ̃pylsif], **IMPULSIVE** [ɛ̃pylsiv] adj. (après le nom) ▪ Qui agit de manière spontanée, très vite et sans réfléchir. *Elle est parfois trop impulsive et n'arrive pas à se contrôler.* ⟨contraires : posé, réfléchi⟩ – *Il a un caractère impulsif.*

IMPULSION [ɛ̃pylsjɔ̃] n. f. ▪ *UNE IMPULSION* **1.** Action de pousser. *Il donne une impulsion à la boule qui se met à rouler.* → **poussée.** **2.** Ce qui incite, ce qui anime. *Le nouveau directeur a donné une nouvelle impulsion à l'entreprise.* → **élan, essor.** **3.** Influence qui pousse qqn à faire qqch. *Il a agi SOUS L'IMPULSION DE la colère* (→ **impulsif**). *On ne peut pas céder à toutes ses impulsions.*

IMPUNÉMENT [ɛ̃pynemɑ̃] adverbe **1.** Sans être puni. *Le malfaiteur croit qu'il peut braver impunément la police.* **2.** Sans dommage, sans risque. *On ne boit pas impunément dix bières par jour.*

IMPUNI [ɛ̃pyni], **IMPUNIE** [ɛ̃pyni] adj. (après le nom) ▪ Qui ne reçoit pas de punition. *Ce dangereux criminel ne restera pas impuni. Sa faute est restée impunie.*

IMPUNITÉ [ɛ̃pynite] n. f. ▪ *L'IMPUNITÉ :* absence de punition. *Le malfaiteur se croit assuré de l'impunité. Il a agi EN TOUTE IMPUNITÉ,* sans être puni. → **impunément.**

IMPUR [ɛ̃pyʀ], **IMPURE** [ɛ̃pyʀ] adj. (après le nom) **1.** Altéré, corrompu par des éléments étrangers. *Cette eau est impure, ne la bois pas.* → **pollué.** ⟨contraire : pur⟩ **2.** Dont la loi religieuse commande de fuir le contact. *Les musulmans considèrent le porc comme impur.* → **immonde.**

IMPURETÉ [ɛ̃pyʀte] n. f. ▪ *UNE IMPURETÉ :* ce qui rend impur. ⟨contraire : pureté⟩ *On élimine les impuretés de l'eau en la filtrant.*

IMPUTER [ɛ̃pyte] verbe [conjugaison 1a] **1.** *IMPUTER À :* attribuer (une mauvaise action, une faute) à (qqn, qqch.). *Le patron impute l'erreur à sa secrétaire. Il a imputé son échec à la malchance.* **2.** Mettre (une somme d'argent) sur un compte déterminé. *Cette somme a été imputée au budget de la ville.* → ② **affecter.**

IMPUTRESCIBLE [ɛ̃pytʀesibl] adj. (après le nom) ▪ (matière) Qui ne pourrit pas. *Le verre est une matière imputrescible.* ⟨contraire : biodégradable⟩

INABORDABLE [inabɔʀdabl] adj. (après le nom) ▪ D'un prix trop élevé. *Les framboises sont inabordables en hiver.* → **cher.** ⟨contraire : abordable⟩

INACCEPTABLE [inaksɛptabl] adj. (après le nom) ▪ (qqch.) Que l'on ne peut pas accepter. *Il a eu une conduite inacceptable.* → **inadmissible.** ⟨contraire : acceptable⟩

INACCESSIBLE [inaksesibl] adj. (après le nom) **1.** (lieu) Dont l'accès est impossible. *D'ici, le sommet de la montagne paraît inaccessible.* ⟨contraire : accessible⟩ **2.** (qqch.) Que l'on ne peut atteindre, qui est hors d'atteinte. *Il s'est fixé un objectif inaccessible.* **3.** (qqn) Qui est d'un abord difficile. *Son père est un homme froid et inaccessible.* **4.** (qqn) *INACCESSIBLE À :* fermé à, insensible à (un sentiment). *Il est inaccessible à la pitié.*

INACCOUTUMÉ [inakutyme], **INACCOUTUMÉ** [inakutyme] adj. (après le nom) ▪ STYLE RECHERCHÉ Qui n'arrive pas souvent. *Il y a une agitation inaccoutumée dans les rues.* → **inhabituel.** ⟨contraires : STYLE RECHERCHÉ accoutumé ; habituel⟩

INACHEVÉ [inaʃve], **INACHEVÉE** [inaʃve] adj. (après le nom) ▪ Qui n'est pas achevé, pas terminé. *Il a laissé son travail inachevé.* ⟨contraire : fini⟩ *La « Symphonie inachevée » est une œuvre de Schubert.*

INACTIF [inaktif] adj. et n. m., **INACTIVE** [inaktiv] adj.

I. adjectif (après le nom) **1.** (qqn) Sans activité. *Il déteste rester inactif.* → **désœuvré, oisif.** ⟨contraire : actif⟩ – *Elle mène une existence vide et inactive.* **2.** *La population inactive (d'un pays),* celle qui ne travaille pas. *Les femmes au foyer font partie de la population inactive d'un pays.* **3.** (qqch.) Qui ne fait pas d'effet, qui est inefficace. *Le médicament est resté inactif.* ⟨contraires : actif, efficace⟩

II. (au pluriel) LES INACTIFS : les gens qui n'ont pas d'activité professionnelle et ne sont pas au chômage. *Les enfants et les retraités sont des inactifs.*

INACTION [inaksjɔ̃] n. f. ▪ *L'INACTION :* le fait de ne rien faire, d'être oisif. *Il ne supporte pas l'inaction.* → **désœuvrement, inactivité, oisiveté.** ⟨contraires : ① action, activité⟩

INACTIVITÉ [inaktivite] n. f. ▪ *L'INACTIVITÉ :* manque d'activité. *Il ne supporte pas l'inactivité.* → **inaction.**

INADAPTATION [inadaptasjɔ̃] n. f. ▪ *L'INADAPTATION :* difficulté à s'adapter. *La psychologue a constaté chez cet enfant une inadaptation à l'école.* ⟨contraire : adaptation⟩

INADAPTÉ [inadapte], **INADAPTÉE** [inadapte] adj. (après le nom) **1.** (qqch.) *INADAPTÉ À :* qui n'est pas adapté à. *Ces moyens sont inadaptés au but poursuivi.* **2.** *UN ENFANT INADAPTÉ,* qui a des difficultés à s'adapter à la vie scolaire normale, qui a des problèmes avec les autres. *Les enfants inadaptés vont dans des écoles spéciales.*

INADÉQUAT [inadekwa],**INADÉQUATE** [inadekwat] adj. (après le nom) ▪ (qqch.) Qui n'est pas adapté, ne convient pas. *Ce mot est inadéquat pour exprimer ma pensée.* ⟨contraire : adéquat⟩

INADMISSIBLE [inadmisibl] adj. (après le nom) ▪ Que l'on ne peut pas admettre, pas accepter. *Votre fils a une conduite inadmissible en classe.* → **inacceptable, intolérable.** ⟨contraire : admissible⟩ *C'est inadmissible !*

PAR **INADVERTANCE** [paʀinadvɛʀtɑ̃s] adverbe ▪ Par manque d'attention, par mégarde. *J'ai pris ton parapluie au lieu du mien, par inadvertance.* ⟨contraires : exprès, volontairement⟩

INALIÉNABLE [inaljenabl] adj. (après le nom) ▪ Qui ne peut pas être vendu ou cédé. *Les biens du domaine public sont inaliénables.*

REM. Ce mot appartient au vocabulaire du droit ou de l'histoire.

INALTÉRABLE [inalteʀabl] adj. (après le nom) **1.** Qui ne peut être altéré, qui garde ses qualités. *Cette matière est inaltérable à la chaleur.* **2.** Que rien ne peut changer. *Malgré ses ennuis, elle garde une bonne humeur inaltérable.* → **éternel, immuable.**

INAMOVIBLE [inamɔvibl] adj. (après le nom) ▪ (qqn) Qui garde sa fonction, sa place, quelles que soient les circonstances. *Ce sont des juges inamovibles.*

REM. Ce mot appartient au vocabulaire du droit ou de l'administration.

INANIMÉ [inanime], **INANIMÉE** [inanime] adj. (après le nom) **1.** (qqch.) Qui est sans vie. *Les objets sont des êtres inanimés.* ⟨contraires : animé, vivant⟩ **2.** (qqn) Mort ou évanoui. *Elle est tombée, inanimée, sur le sol. Un corps inanimé gît sur le lit.*

INANITION [inanisjɔ̃] n. f. ▪ STYLE RECHERCHÉ *L'INANITION :* épuisement par manque de nourriture. *Les alpinistes qui se sont perdus sont MORTS D'INANITION,* de faim.

INAPERÇU [inapɛʀsy], **INAPERÇUE** [inapɛʀsy] adj. (après le nom) ▪ *PASSER INAPERÇU :* ne pas être remarqué, vu. *Elle ne passe pas inaperçue, avec son chapeau extravagant. Ses retards fréquents ne sont pas passés inaperçus.*

INAPPRÉCIABLE [inapʀesjabl] adj. (après le nom) ▪ Que l'on apprécie beaucoup, qui a beaucoup de valeur. *Ses amis lui ont apporté un soutien inappréciable. C'est inappréciable de travailler près de chez soi.* → **inestimable.**

INAPTE [inapt] adj. (après le nom) ▪ Incapable de faire qqch. *Le médecin l'a déclaré INAPTE AU service militaire.* ⟨contraire : apte⟩ *Vous êtes inapte.*

INATTAQUABLE [inatakabl] adj. (après le nom) ▪ Que l'on ne peut pas attaquer ou critiquer. *Elle a donné des arguments inattaquables. Il a fait tout ce qu'il devait, il est inattaquable.* → **irréprochable.**

REM. Ce mot est de la même famille que *attaquer.*

INATTENDU [inatɑ̃dy], **INATTENDUE** [inatɑ̃dy] adj. (après le nom) ▪ (qqch.) Que l'on n'attendait pas, à quoi on ne s'attendait pas. *Ce matin, j'ai fait une rencontre inattendue.* → **imprévu.** *Le résultat est très inattendu.* → **surprenant.**

INATTENTIF [inatɑ̃tif], **INATTENTIVE** [inatɑ̃tiv] adj. (après le nom) ▪ (qqn) Qui ne fait pas attention. *Les élèves inattentifs en classe n'ont pas de bons résultats.* → **distrait.** ⟨contraire : attentif⟩ *Elle est INATTENTIVE À ce qui se passe autour d'elle.*

INATTENTION [inatɑ̃sjɔ̃] n. f. ▪ *L'INATTENTION :* manque d'attention. *En voiture, un moment d'inattention peut provoquer un accident.* → **distraction.** ⟨contraire : attention⟩ *Quand il écrit trop vite, il fait des fautes d'inattention.* → **étourderie.**

INAUDIBLE [inodibl] adj. (après le nom) ▪ (son) Que l'on entend mal ou pas du tout. *Les ultrasons sont inaudibles pour l'oreille humaine. Elle parle d'une voix presque inaudible.* ⟨contraire : audible⟩

INAUGURAL [inɔgyʀal], **INAUGURALE** [inɔgyʀal] adj. (après le nom) ▪ Qui concerne une inauguration. *La séance inaugurale du congrès s'est déroulée ce matin.* MASCULIN PLURIEL : *des cours INAUGURAUX* [inɔgyʀo].

INAUGURATION [inɔgyʀasjɔ̃] n. f. ▪ *UNE INAUGURATION :* cérémonie par laquelle on ouvre au public (un nouveau monument, un nouvel édifice). *Le ministre a fait un discours pour l'inauguration du musée.* → **ouverture.**

INAUGURER [inɔgyʀe] verbe [conjugaison 1a] **1.** Ouvrir officiellement au public (un nouveau monument, un édifice). *Le ministre a inauguré un nouvel hôpital.* **2.** Entreprendre pour la première fois. *Bientôt, le gouvernement inaugurera* [inɔgyʀʀa] *une nouvelle politique sociale.*

INAVOUABLE [inavwabl] adj. (après le nom) ▪ Que l'on ne peut pas avouer. *Un secret inavouable pèse sur cette famille.* → **honteux.** *Je le soupçonne d'avoir des intentions inavouables,* de mauvaises intentions. ⟨contraire : avouable⟩

INAVOUÉ [inavwe], **INAVOUÉE** [inavwe] adj. (après le nom) ▪ Qui n'est pas avoué. *Ce crime est resté inavoué,* caché, secret. *Il éprouve pour elle des sentiments inavoués.*

INCA [ɛ̃ka] adj., n. m. et n. f. **1.** adjectif (après le nom) Relatif à la puissance établie au Pérou avant la conquête espagnole. *La civilisation inca était très raffinée. Le musée renferme des bijoux incas.* **2.** *UN INCA, UNE INCA :* un membre du peuple qui vivait au Pérou avant la conquête espagnole. → **péruvien.** *Les Incas adoraient le Soleil.*

REM. L'adjectif *inca* est parfois considéré comme invariable (*des bijoux incas* ou *inca*).

INCALCULABLE [ɛ̃kalkylabl] adj. (après le nom) ▪ Impossible ou difficile à apprécier, à évaluer. *Cette décision a eu des conséquences incalculables.* → **considérable.**

REM. Ce mot est de la famille de ① *calcul.*

INCANDESCENCE [ɛ̃kɑ̃desɑ̃s] n. f. ▪ *L'INCANDESCENCE :* état d'un corps devenu lumineux sous l'effet de la chaleur. *Un métal porté à incandescence devient rouge, puis blanc. La pièce est éclairée par une lampe à incandescence,* une lampe qui éclaire par un filament porté à incandescence.

INCANDESCENT [ɛ̃kɑ̃desɑ̃], **INCANDESCENTE** [ɛ̃kɑ̃desɑ̃t] adj. (après le nom) ▪ Rendu lumineux sous l'effet d'une très forte chaleur. *Les braises incandescentes sont rouge vif.*

INCAPABLE [ɛ̃kapabl] adj., n. m. et n. f.
I. adjectif (après le nom) **1.** *INCAPABLE DE :* qui n'est pas capable de. *Le bébé est encore incapable de marcher.* ⟨contraire : capable⟩ *Elle est incapable d'une telle méchanceté.* **2.** Qui n'a pas l'aptitude, la capacité nécessaire. *Le patron de cette entreprise est un homme incapable.* → **incompétent.**
II. *UN INCAPABLE, UNE INCAPABLE* **1.** Personne qui n'a pas la capacité, l'aptitude nécessaire. *Cet employé est un incapable,* il n'est bon à rien. *Bande d'incapables !* **2.** Personne qui ne peut pas exercer certains droits. *Les incapables ne peuvent pas voter.*

INCAPACITÉ [ɛ̃kapasite] n. f. ▪ *L'INCAPACITÉ :* état d'une personne qui est incapable (de faire qqch.). *Je SUIS DANS L'INCAPACITÉ DE te répondre :* je ne peux pas te répondre. → **impossibilité.** *Il a reconnu son incapacité.* → **incompétence.** ⟨contraires : aptitude, capacité⟩

INCARCÉRATION [ɛ̃kaʀseʀasjɔ̃] n. f. ▪ *L'INCARCÉRATION :* état d'une personne qui est en prison. *Il ne supporte pas son incarcération.* → **captivité, détention, emprisonnement.**

INCARCÉRER [ɛ̃kaʀseʀe] verbe [conjugaison 6a] ▪ Mettre en prison. *Le malfaiteur a été incarcéré à la prison centrale.* → **écrouer, emprisonner.** ⟨contraire : libérer⟩ *Il a peur qu'on l'incarcère. On l'incarcérera* [ɛ̃kaʀsɛʀʀa] *bientôt.*

INCARNAT [ɛ̃kaʀna], **INCARNATE** [ɛ̃kaʀnat] adj. (après le nom) ▪ STYLE RECHERCHÉ D'un rouge clair et vif. *La fée avait une robe incarnate.*

INCARNER [ɛ̃kaʀne] verbe [conjugaison 1a] **1.** Représenter (un personnage) dans un spectacle. *Ce comédien a incarné Napoléon au cinéma.* → **interpréter, jouer. 2.** Représenter (qqch. d'abstrait). → **personnifier.** *Pour moi, cette femme incarne la méchanceté.* → **symboliser.**

INCARTADE [ɛ̃kaʀtad] n. f. ▪ *UNE INCARTADE :* un écart de conduite qui n'est pas grave. *À la prochaine incartade, tu seras puni.*

INCASSABLE [ɛ̃kasabl] adj. (après le nom) ▪ Qui ne se casse pas. *Ses lunettes ont des verres incassables.* ⟨contraire : fragile⟩

INCENDIAIRE [ɛ̃sɑ̃djɛʀ] n. m., n. f. ▪ *UN INCENDIAIRE, UNE INCENDIAIRE :* une personne qui allume volontairement un incendie. → **pyromane.** *L'incendiaire a été arrêté par la police.*

INCENDIE [ɛ̃sɑ̃di] n. m. ▪ *UN INCENDIE :* grand feu qui s'étend en faisant beaucoup de dégâts. *Les pompiers ont éteint l'incendie. Un incendie criminel a ravagé la forêt.*

INCENDIER [ɛ̃sɑ̃dje] verbe [conjugaison 7a] **1.** Mettre le feu à. *Un fou a incendié la forêt.* **2.** STYLE FAMILIER Faire beaucoup de reproches à (qqn). *Si tu fais ça, il t'incendiera* [ɛ̃sɑ̃diʀa]. *Je me suis fait incendier.* → **gronder, réprimander ;** STYLE FAMILIER **engueuler.**

INCERTAIN [ɛ̃sɛʀtɛ̃], **INCERTAINE** [ɛ̃sɛʀtɛn] adj. (après le nom) **1.** Qui n'est pas connu avec certitude. *L'heure de son arrivée est incertaine.* ⟨contraires : certain, sûr⟩ **2.** Que l'on ne peut pas prévoir. *Les résultats de son examen sont incertains. On ne peut rien prévoir avec ce temps incertain,* qui peut changer. → **changeant, instable, variable.**

INCERTITUDE [ɛ̃sɛʀtityd] n. f. **1.** *L'INCERTITUDE :* état d'une personne qui est dans le doute. *Il est DANS L'INCERTITUDE la plus complète sur ce qu'il fera l'année prochaine,* il ne sait pas du tout ce qu'il fera. **2.** *UNE INCERTITUDE :* chose imprévisible. *Il y a trop d'incertitudes dans cette affaire.*

INCESSAMMENT [ɛ̃sesamɑ̃] adverbe ▪ Dans très peu de temps. *Elle doit arriver incessamment,* très bientôt. – STYLE FAMILIER *Les résultats vont être donnés INCESSAMMENT SOUS PEU.*

> FAUX AMI — espagnol **incesantemente** « sans cesse »

INCESSANT [ɛ̃sesɑ̃], **INCESSANTE** [ɛ̃sesɑ̃t] adj. (après le nom ou avant le nom) ▪ (qqch.) Qui ne s'arrête pas. *Il y a un bruit incessant dans la rue.* → **continuel.** *Ils ont d'incessantes disputes.* → **perpétuel.** ⟨contraire : rare⟩

INCESTE [ɛ̃sɛst] n. m. ▪ *L'INCESTE :* relations sexuelles entre des personnes qui ont un lien de parenté très proche interdisant le mariage. *L'inceste est puni par la loi. Il a été accusé d'inceste par sa fille.*

INCIDENT [ɛ̃sidɑ̃] n. m. ▪ *UN INCIDENT :* petite difficulté imprévue qui survient. *Un incident technique a empêché l'avion de décoller à l'heure. Le voyage s'est déroulé sans incident.* → **ennui.**

> FAUX AMI — italien **incidente** « accident »

INCINÉRATION [ɛ̃sineʀasjɔ̃] n. f. ▪ *L'INCINÉRATION* **1.** Action de brûler qqch. *On pratique l'incinération des ordures ménagères en dehors de la ville.* **2.** Action de réduire en cendres (un cadavre). *L'incinération aura lieu à quatorze heures.* → **crémation.**

INCINÉRER [ɛ̃sineʀe] verbe [conjugaison 6a] **1.** Réduire en cendres. *Une entreprise locale incinère les ordures ménagères.* → **brûler.** *On incinérera* [ɛ̃sinɛʀʀa] *les papiers compromettants.* **2.** Détruire (un cadavre) par le feu et garder les cendres du mort. *Son père veut être incinéré après sa mort.*

INCISER [ɛ̃size] verbe [conjugaison 1a] ▪ Fendre avec un instrument tranchant. → **couper.** *Le médecin incise l'abcès.* → **ouvrir.**

> FAUX AMI — italien **incidere** « enregistrer, graver »

INCISION [ɛ̃sizjɔ̃] n. f. ▪ *UNE INCISION :* coupure faite avec un instrument tranchant. *L'incision de l'abcès ne sera pas douloureuse.*

INCISIVE [ɛ̃siziv] n. f. ▪ *UNE INCISIVE :* dent plate et coupante sur le devant de la mâchoire. *L'homme a huit incisives, quatre en haut et quatre en bas.*

INCITATION [ɛ̃sitasjɔ̃] n. f. ▪ *UNE INCITATION :* ce qui incite à faire qqch. *Les dernières mesures gouvernementales sont une INCITATION À la consommation.* → **encouragement.**

INCITER [ɛ̃site] verbe [conjugaison 1a] ▪ *INCITER qqn À qqch.*, lui donner l'idée de qqch. *Sa remarque m'a incité à l'indulgence. La publicité incite à acheter.* → **encourager, pousser.** *Elle m'a incité à accepter.* → **engager.** ⟨contraire : dissuader⟩

INCLASSABLE [ɛ̃klasabl] adj. (après le nom) ▪ Que l'on ne peut pas faire entrer dans une catégorie, que l'on ne peut pas classer. *Ce n'est ni un roman ni une autobiographie, c'est une œuvre inclassable.*

INCLINAISON [ɛ̃klinɛzɔ̃] n. f. ▪ *L'INCLINAISON :* état de ce qui est incliné, oblique. *Ici, l'inclinaison du sol est forte,* le sol est très en pente.

INCLINATION [ɛ̃klinasjɔ̃] n. f. ▪ STYLE RECHERCHÉ Goût, penchant qui porte une personne vers qqch. → **tendance.** ⟨contraires : aversion, dégoût⟩ *Mon fils a une certaine inclination à la paresse. Suivez votre inclination.*

INCLINER [ɛ̃kline] verbe [conjugaison 1a]
I. 1. Mettre dans une position oblique. *Le vent incline les arbres.* → **pencher.** *Incline la carafe pour verser de l'eau dans le*

verre. Le comédien incline la tête pour saluer. ⟨contraires : lever, redresser⟩ **2.** STYLE RECHERCHÉ (qqch.) *INCLINER À :* rendre enclin à. *Tout m'incline à penser que vous avez raison.* → **inciter, pousser.**

II. verbe pronominal S'INCLINER **1.** Pencher le buste en avant. *Le chanteur s'incline pour saluer.* → se **courber,** se **pencher.** ⟨contraire : se redresser⟩ **2.** Renoncer à lutter, s'avouer vaincu. *Elle s'est inclinée devant ses arguments.* → se **résigner.** *Tu as raison, je m'incline.*

inclue [ɛ̃kly] *Que j'inclue ; qu'il inclue, qu'elle inclue :* forme au subjonctif du verbe **inclure.**

INCLURE [ɛ̃klyʀ] verbe [conjugaison 35] **1.** Mettre (qqch.) dans (un ensemble). *J'inclus un chèque dans l'enveloppe. Elle a inclus votre nom sur la liste. Il faut qu'il inclue les frais de livraison dans le coût de la machine.* ⟨contraire : exclure⟩ **2.** Contenir. *Le prix inclura tous les frais.* → **comprendre.** *Cette condition en incluait une autre.*

REM. Le participe passé prend un *s* au masculin singulier, contrairement à celui du verbe *exclure.*

inclus [ɛ̃kly], **incluse** [ɛ̃klyz] *Il a inclus une lettre, la lettre qu'il a incluse :* formes au participe passé du verbe **inclure.**

INCLUS [ɛ̃kly], **INCLUSE** [ɛ̃klyz] adj. (après le nom). Compris dans un ensemble. *Le restaurant est ouvert tous les jours, dimanche inclus.* ⟨contraire : exclu⟩ *Les charges sont incluses dans le loyer* (→ **ci-inclus).**

INCOGNITO [ɛ̃kɔɲito] adverbe et n. m. **1.** adverbe En cherchant à ne pas être reconnu. *Le ministre voyage incognito.* **2.** *GARDER L'INCOGNITO :* rester anonyme, ne pas vouloir être reconnu. → **anonymat.** *La star a gardé l'incognito pendant tout son voyage.*

REM. On peut aussi dire [ɛ̃kɔgnito].

INCOHÉRENCE [ɛ̃kɔeʀɑ̃s] n. f. **1.** *L'INCOHÉRENCE :* manque de logique. *Il a agi avec incohérence. L'incohérence de son raisonnement est inacceptable.* **2.** *UNE INCOHÉRENCE :* chose qui n'est pas logique. *Ce film est plein d'incohérences.*

INCOHÉRENT [ɛ̃kɔeʀɑ̃], **INCOHÉRENTE** [ɛ̃kɔeʀɑ̃t] adj. (après le nom). Qui manque de suite, de lien logique. *Le malade prononce des mots incohérents.* → **décousu.** ⟨contraire : cohérent⟩

FAUX AMI — anglais **incoherent** « incompréhensible »

INCOLLABLE [ɛ̃kɔlabl] adj. (après le nom). STYLE FAMILIER Qui répond à toutes les questions, que l'on ne peut pas coller. *Il est incollable en histoire.*

INCOLORE [ɛ̃kɔlɔʀ] adj. (après le nom). Sans couleur. *Elle se met du vernis incolore sur les ongles.* ⟨contraire : coloré⟩ *L'eau est incolore, inodore et sans saveur.*

INCOMBER [ɛ̃kɔ̃be] verbe [conjugaison 1a]. STYLE RECHERCHÉ (qqch.) *INCOMBER À qqn :* peser sur qqn, être imposé à qqn. *La gestion de l'entreprise incombe au directeur général.* – *C'est à vous qu'IL INCOMBE DE régler cette affaire.* → **appartenir.**

INCOMMODE [ɛ̃kɔmɔd] adj. (après le nom). STYLE RECHERCHÉ (qqch.) Qui n'est pas pratique à utiliser. *Cet appareil est d'une utilisation incommode.* ⟨contraire : ② commode⟩

INCOMMODER [ɛ̃kɔmɔde] verbe [conjugaison 1a]. STYLE RECHERCHÉ Mettre mal à l'aise. → **gêner.** *Ces mauvaises odeurs m'incommodent.* → **indisposer.** *Le bruit vous incommode-t-il ?* → **déranger.**

INCOMPARABLE [ɛ̃kɔ̃paʀabl] adj. (après le nom ou avant le nom). À qui ou à quoi on ne peut rien comparer. → **exceptionnel.** *La princesse est d'une incomparable beauté.* → **admirable, inégalable, parfait, unique.** ⟨contraire : banal⟩ *C'est un homme incomparable.* → **remarquable.**

INCOMPARABLEMENT [ɛ̃kɔ̃paʀabləmɑ̃] adverbe. Sans comparaison possible. *Elle chante incomparablement mieux que ses camarades. Il est incomparablement plus intelligent que son père.* → **infiniment.**

INCOMPATIBILITÉ [ɛ̃kɔ̃patibilite] n. f. *L'INCOMPATIBILITÉ :* impossibilité de s'accorder, d'exister ensemble. ⟨contraires : accord, harmonie⟩ *Ils ont divorcé pour INCOMPATIBILITÉ D'HUMEUR,* parce qu'ils ne s'entendaient pas. *Il y a une incompatibilité entre ces deux groupes sanguins.*

INCOMPATIBLE [ɛ̃kɔ̃patibl] adj. (après le nom). Qui ne peut pas être associé à (autre chose), qui ne peut pas fonctionner avec (une autre chose). *Ces deux souhaits sont incompatibles,* ils ne peuvent pas être faits ensemble. *Sa vie professionnelle est INCOMPATIBLE AVEC sa vie de famille.* ⟨contraire : compatible⟩ *Ces machines sont incompatibles les unes avec les autres. Les deux choses sont incompatibles entre elles.*

INCOMPÉTENCE [ɛ̃kɔ̃petɑ̃s] n. f. *L'INCOMPÉTENCE :* manque des connaissances ou de l'habileté nécessaires. *Je dois déclarer MON INCOMPÉTENCE EN LA MATIÈRE.* → **ignorance, incapacité.** ⟨contraire : compétence⟩ *Il est d'une rare incompétence pour ce qui est de bricoler.*

INCOMPÉTENT [ɛ̃kɔ̃petɑ̃], **INCOMPÉTENTE** [ɛ̃kɔ̃petɑ̃t] adj. (après le nom). Qui n'a pas les connaissances suffisantes ou l'habileté nécessaire pour faire qqch. ou juger de qqch. *Elle est INCOMPÉTENTE EN mathématiques.* → **nul.** *Il est incompétent dans ce domaine. Le patron a renvoyé un employé incompétent.* ⟨contraire : compétent⟩

INCOMPLET [ɛ̃kɔ̃plɛ], **INCOMPLÈTE** [ɛ̃kɔ̃plɛt] adj. (après le nom). Auquel il manque qqch. *Vous donnez de ce mot une définition incomplète. Ce dossier est incomplet.* ⟨contraire : ① complet⟩

INCOMPRÉHENSIBLE [ɛ̃kɔ̃pʀeɑ̃sibl] adj. (après le nom). Impossible à comprendre. *Le malade dit des mots incompréhensibles.* → **inintelligible ;** STYLE TRÈS FAMILIER **imbitable.** ⟨contraire : compréhensible⟩ *Sa disparition est incompréhensible.* → **inexplicable, mystérieux.**

INCOMPRÉHENSION [ɛ̃kɔ̃pʀeɑ̃sjɔ̃] n. f. *L'INCOMPRÉHENSION :* incapacité ou refus de comprendre qqch. ou qqn. *Ce cinéaste souffre de l'incompréhension du public.* ⟨contraire : compréhension⟩ *L'incompréhension entre eux est totale.*

INCONCEVABLE [ɛ̃kɔ̃svabl] adj. (après le nom ou avant le nom). Impossible ou difficile à croire, à comprendre, à imaginer. *Elle est d'une inconcevable jalousie.* → **incroyable, inimaginable.** *Cette histoire est inconcevable.* → **inouï.** – *Il est inconcevable qu'il ait fait ça. C'est inconcevable !* → **inadmissible.** ⟨contraire : compréhensible⟩

INCONDITIONNEL [ɛ̃kɔ̃disjɔnɛl] adj. et n. m., **INCONDITIONNELLE** [ɛ̃kɔ̃disjɔnɛl] adj. et n. f.

I. adjectif (après le nom) **1.** (qqch.) Qui ne dépend d'aucune condition. *Vous aurez notre soutien inconditionnel,* quoi qu'il arrive. → **absolu. 2.** (qqn) Qui est partisan sans réserve de qqn ou de qqch. *C'est une admiratrice inconditionnelle de ce chanteur.*

II. *UN INCONDITIONNEL, UNE INCONDITIONNELLE :* une personne qui suit en toute circonstance et sans discussion les décisions (d'un homme, d'un parti). *C'est un inconditionnel du parti qui est au pouvoir.*

INCONFORT [ɛ̃kɔ̃fɔʀ] n. m. ▪ *L'INCONFORT :* manque de confort. *Ils ont l'habitude de vivre dans l'inconfort.* ⟨contraire : confort⟩

INCONFORTABLE [ɛ̃kɔ̃fɔʀtabl] adj. (après le nom) ▪ Qui n'est pas confortable. *Elle s'est assise dans un fauteuil inconfortable.* ⟨contraire : confortable⟩ – *Il est dans une situation inconfortable,* qui lui donne un sentiment de gêne.

INCONGRU [ɛ̃kɔ̃gʀy], **INCONGRUE** [ɛ̃kɔ̃gʀy] adj. (après le nom) ▪ STYLE RECHERCHÉ Contraire à ce qui convient, aux usages. *Il a fait une remarque incongrue.* → **déplacé, inconvenant, incorrect.**

INCONGRUITÉ [ɛ̃kɔ̃gʀyite] n. f. ▪ STYLE RECHERCHÉ *UNE INCONGRUITÉ :* action ou parole incongrue, déplacée. *Arrête de dire des incongruités juste pour le plaisir de choquer !*

INCONNU [ɛ̃kɔny] adj. et n. m., **INCONNUE** [ɛ̃kɔny] adj. et n. f.
I. adjectif (après le nom) **1.** (qqn) Que l'on ne connaît pas, dont on ignore l'identité. *Ce livre a été écrit par un auteur inconnu.* → **anonyme.** *Son enfant est né de PÈRE INCONNU,* il n'a pas été reconnu par son père. *Le président a déposé une gerbe sur le tombeau du Soldat inconnu.* **2.** (qqn) Qui n'est pas célèbre. *Le premier rôle est tenu par un acteur encore inconnu.* ⟨contraires : célèbre, fameux⟩ **3.** (qqch.) Que l'on ne connaît pas, dont on ignore l'existence, la nature. *Les causes de sa mort restent inconnues.* ⟨contraire : connu⟩ *Il est parti pour une destination inconnue. Son visage ne m'est pas inconnu,* je l'ai déjà vu.
II. *UN INCONNU, UNE INCONNUE :* une personne que l'on ne connaît pas. *Il a été abordé dans la rue par un inconnu. Les policiers ont découvert le corps d'une inconnue. Tu n'as pas à me parler comme ça devant des inconnus.* → **étranger.**
III. *L'INCONNU :* tout ce que l'on ne connaît pas, que l'on ne sait pas. *Il a peur de l'inconnu.*
IV. *UNE INCONNUE* **1.** Ce que l'on ne peut pas prévoir. *Il y a trop d'inconnues dans votre projet.* **2.** En mathématiques, variable à déterminer pour trouver la solution d'un problème. *Nous devons résoudre une équation à deux inconnues* **(→ x, y).**

INCONSCIEMMENT [ɛ̃kɔ̃sjamɑ̃] adverbe ▪ De manière inconsciente. *Il lui en veut inconsciemment,* sans s'en rendre compte.

INCONSCIENCE [ɛ̃kɔ̃sjɑ̃s] n. f. ▪ *L'INCONSCIENCE* **1.** Absence de réflexion, de jugement. *Conduire si vite, c'est de l'inconscience.* → **folie.** *Elle vit dans l'inconscience du danger,* sans voir le danger. ⟨contraire : conscience⟩ **2.** État dans lequel est une personne qui s'est évanouie, qui a perdu conscience. → **coma.** *Le malade a sombré dans l'inconscience.*

INCONSCIENT [ɛ̃kɔ̃sjɑ̃] adj. et n. m., **INCONSCIENTE** [ɛ̃kɔ̃sjɑ̃t] adj. et n. f.
I. adjectif (après le nom) **1.** Qui a perdu connaissance. *Le blessé est resté inconscient plusieurs minutes.* → **évanoui, inanimé.** **2.** Qui ne pense pas aux conséquences de ses actes. *Un automobiliste inconscient traverse le village à toute allure. Il est INCONSCIENT DU danger.* **3.** (qqch.) Dont on ne se rend pas compte. *Elle a fait un mouvement inconscient.* → **automatique, machinal.**
II. *UN INCONSCIENT, UNE INCONSCIENTE :* une personne qui ne se rend pas compte de ce qu'elle fait. *Il se conduit en inconscient.* → **irresponsable.** *C'est une inconsciente.*
III. *L'INCONSCIENT :* ce qui échappe complètement à la conscience. *Ses désirs sont refoulés dans son inconscient.*

INCONSÉQUENT [ɛ̃kɔ̃sekɑ̃], **INCONSÉQUENTE** [ɛ̃kɔ̃sekɑ̃t] adj. (après le nom) ▪ Qui agit sans réfléchir aux conséquences de ses actes. *Il s'est montré inconséquent et maintenant il le regrette.* → **irresponsable, léger.** ⟨contraires : raisonnable, sérieux⟩

INCONSIDÉRÉ [ɛ̃kɔ̃sideʀe], **INCONSIDÉRÉE** [ɛ̃kɔ̃sideʀe] adj. (après le nom) ▪ STYLE RECHERCHÉ (qqch.) Qui montre que l'on n'a pas réfléchi aux conséquences. *Elle a pris une initiative inconsidérée.* → **imprudent, irréfléchi.**

INCONSISTANT [ɛ̃kɔ̃sistɑ̃], **INCONSISTANTE** [ɛ̃kɔ̃sistɑ̃t] adj. (après le nom) **1.** (qqn) Qui manque de caractère, de consistance morale, de fermeté. *C'est un homme inconsistant.* → **faible, mou.** **2.** (qqch.) Qui manque d'intérêt. *J'ai lu un roman inconsistant. Cet acteur a un rôle inconsistant dans la pièce,* un tout petit rôle.

INCONSOLABLE [ɛ̃kɔ̃sɔlabl] adj. (après le nom) ▪ Que l'on ne peut consoler. *Elle est inconsolable de la mort de son mari. C'est un veuf inconsolable.*

INCONSTANT [ɛ̃kɔ̃stɑ̃], **INCONSTANTE** [ɛ̃kɔ̃stɑ̃t] adj. (après le nom) ▪ STYLE RECHERCHÉ Qui change souvent d'opinion, de sentiment ou de conduite. *C'est un homme faible et inconstant.* → **frivole, instable.**

INCONTESTABLE [ɛ̃kɔ̃tɛstabl] adj. (après le nom, parfois avant le nom) ▪ Que l'on ne peut pas mettre en doute. → **certain.** *Voici une preuve incontestable de son innocence.* → **formel, indéniable, indiscutable, indubitable.** ⟨contraires : contestable, discutable⟩ *Il a une incontestable supériorité sur ses concurrents. IL EST INCONTESTABLE QUE le pays est en crise. Tu as raison, c'est incontestable.*

INCONTESTABLEMENT [ɛ̃kɔ̃tɛstabləmɑ̃] adverbe ▪ D'une manière incontestable. → **indéniablement, indiscutablement.** *Elle est incontestablement la meilleure de nous tous.* ⟨contraire : peut-être⟩

INCONTINENCE [ɛ̃kɔ̃tinɑ̃s] n. f. ▪ *L'INCONTINENCE :* le fait de ne pouvoir s'empêcher d'uriner. *Ce vieillard souffre d'incontinence.*

INCONTOURNABLE [ɛ̃kɔ̃tuʀnabl] adj. (après le nom) ▪ Que l'on ne peut pas éviter, dont on doit tenir compte. *Cet écrivain est l'auteur d'une œuvre incontournable. Le gouvernement va faire des réformes incontournables.* → **indispensable, inévitable.**

INCONTRÔLABLE [ɛ̃kɔ̃tʀolabl] adj. (après le nom) **1.** Que l'on ne peut pas contrôler, vérifier. *Le comptable nous a donné des chiffres incontrôlables.* → **invérifiable.** **2.** Que l'on ne peut pas maîtriser. *Elle a été prise d'un fou rire incontrôlable.*

INCONVENANT [ɛ̃kɔ̃vnɑ̃], **INCONVENANTE** [ɛ̃kɔ̃vnɑ̃t] adj. (après le nom) ▪ Contraire aux usages, aux bonnes manières. *Il fait souvent des sous-entendus inconvenants.* → **choquant, déplacé ;** STYLE RECHERCHÉ **incongru.** ⟨contraire : convenable⟩

INCONVÉNIENT [ɛ̃kɔ̃venjɑ̃] n. m. ▪ *UN INCONVÉNIENT :* défaut, désavantage. *Cette situation ne comporte que des inconvénients.* ⟨contraire : avantage⟩ *La promiscuité fait partie des inconvénients de la vie en commun.* → **ennui.** – *Si vous n'y voyez pas d'inconvénient, j'arriverai demain,* si cela ne vous dérange pas. → **objection.**

FAUX AMI
anglais **inconvenient** (adj.) « incommode »

INCORPORER [ɛ̃kɔʀpɔʀe] verbe [conjugaison 1a] **1.** Faire entrer dans un tout. *Le cuisinier INCORPORERA* [ɛ̃kɔʀpɔʀʀa] *le jaune d'œuf À la crème,* il le mettra dans la crème et mélangera jusqu'à ce qu'il soit absorbé. – *Son appareil photo a un flash incorporé,* qui fait partie de l'appareil. **2.** *ÊTRE INCORPORÉ dans l'armée :* entrer dans l'armée comme soldat. *Il a été incorporé dans l'armée active.*

INCORRECT [ɛ̃kɔʀɛkt], **INCORRECTE** [ɛ̃kɔʀɛkt] adj. (après le nom) **1.** (qqch.) Qui contient des erreurs, des fautes. *Tu as écrit une phrase incorrecte.* → **fautif.** ⟨contraire : correct⟩ **2.** (qqn) Grossier, impoli. *Elle a été incorrecte avec son professeur.* → **impertinent.**

INCORRECTION [ɛ̃kɔʀɛksjɔ̃] n. f. ▪ *UNE INCORRECTION* **1.** Faute de style, de grammaire. *Il y a de nombreuses incorrections dans ton devoir.* **2.** Attitude impolie. → **grossièreté.** *Elle a été d'une grande incorrection avec ses grands-parents.*

INCORRIGIBLE [ɛ̃kɔʀiʒibl] adj. (avant le nom ou après le nom) **1.** (qqn) Qui fait toujours les mêmes erreurs, ne se corrige pas de ses défauts. *C'est un incorrigible menteur.* → STYLE RECHERCHÉ **impénitent, invétéré. 2.** (qqch.) Dont on ne peut pas se débarrasser. *Il est d'une étourderie incorrigible.*

INCORRUPTIBLE [ɛ̃kɔʀyptibl] adj. (après le nom) ▪ (qqn) Que l'on ne peut pas corrompre. *Il a eu affaire à un juge incorruptible.* → **honnête, intègre.** ⟨contraire : corrompu⟩

INCRÉDULE [ɛ̃kʀedyl] adj. (après le nom) ▪ Qui ne croit pas ce qu'on lui dit ou ce qu'il voit, qui ne se laisse pas convaincre. *Ce que tu me dis me laisse incrédule.* → **méfiant, sceptique.** ⟨contraires : crédule, naïf⟩ – *Il l'a écouté d'un air incrédule.*

INCRÉDULITÉ [ɛ̃kʀedylite] n. f. ▪ *L'INCRÉDULITÉ* : état d'une personne qui ne croit pas facilement n'importe quoi. *Il a accueilli la nouvelle qu'on lui annonçait avec incrédulité,* sans y croire. → **doute, méfiance.** ⟨contraires : crédulité, naïveté⟩

INCREVABLE [ɛ̃kʀəvabl] adj. (après le nom) **1.** Qui ne peut pas être crevé. *La voiture est équipée de pneus increvables.* **2.** STYLE FAMILIER (qqn) Qui n'est jamais fatigué. → **infatigable.** *C'est un skieur increvable.*

INCRIMINER [ɛ̃kʀimine] verbe [conjugaison 1a] ▪ Rendre (qqn) responsable. → **accuser.** *On a incriminé à tort un innocent.* ⟨contraires : disculper, innocenter⟩ – *Il faut incriminer son éducation.*

INCROYABLE [ɛ̃kʀwajabl] adj. (après le nom, parfois avant le nom) **1.** Difficile ou impossible à croire. *Il nous a raconté une incroyable histoire.* → **invraisemblable.** ⟨contraires : crédible, croyable⟩ – *C'est incroyable ce qu'il fait chaud.* → **inimaginable. 2.** Extraordinaire, peu habituel. *Il a fait des progrès incroyables.* → **étonnant, fantastique, inouï.** – *C'est tout de même incroyable qu'il ait osé faire ça.* → ① **fort, inadmissible.**

INCROYANT [ɛ̃kʀwajɑ̃] n. m., **INCROYANTE** [ɛ̃kʀwajɑ̃t] n. f. ▪ *UN INCROYANT, UNE INCROYANTE* : une personne qui ne croit pas en Dieu. → **athée.** *Son père est un incroyant.* ⟨contraire : croyant⟩

INCRUSTÉ [ɛ̃kʀyste], **INCRUSTÉE** [ɛ̃kʀyste] adj. (après le nom) ▪ Orné de morceaux d'une autre matière qui sont insérés dans un dessin fait en creux. *Le pirate avait un poignard au manche incrusté d'ivoire.*

S'INCRUSTER [ɛ̃kʀyste] verbe pronominal [conjugaison 1a] **1.** S'accrocher d'une manière forte. *Les moules s'incrustent dans les rochers.* **2.** (qqn) S'installer (chez qqn) et ne plus partir. *Les voisins se sont incrustés à la maison pendant que nous dînions. Ils se sont incrustés toute la soirée.*

INCUBATION [ɛ̃kybasjɔ̃] n. f. ▪ *L'INCUBATION* **1.** Période pendant laquelle des œufs sont couvés jusqu'à l'éclosion. *Les œufs de poule éclosent au bout de vingt et un jours d'incubation.* **2.** Temps qui s'écoule entre l'entrée des microbes dans le corps et l'apparition de la maladie. *L'incubation de la varicelle est de quinze jours.*

INCULPÉ [ɛ̃kylpe] n. m., **INCULPÉE** [ɛ̃kylpe] n. f. ▪ *UN INCULPÉ, UNE INCULPÉE* : une personne à qui on attribuait officiellement une faute punie par la loi et qui devait être jugée pour cette faute. *L'inculpé est entendu par le juge.*

REM. Depuis 1993, on dit *personne mise en examen.* → **examen.**

INCULPER [ɛ̃kylpe] verbe [conjugaison 1a] ▪ Accuser officiellement d'une faute punie par la loi. *Le juge l'a inculpé de meurtre.* ⟨contraire : disculper⟩

REM. On dit aussi *mettre en examen.* → **examen.**

INCULQUER [ɛ̃kylke] verbe [conjugaison 1a] ▪ Faire entrer (qqch.) dans l'esprit de façon à ne pas l'oublier. *Ses parents lui ont inculqué très tôt les bonnes manières.* → **apprendre.** *Elle INCULQUE À sa fille QU'il ne faut pas mentir.*

INCULTE [ɛ̃kylt] adj. (après le nom) **1.** (sol) Qui n'est pas cultivé. *Les broussailles envahissent les terres incultes* (→ **friche**). ⟨contraire : cultivé⟩ **2.** (qqn) Qui n'a pas d'instruction, de culture intellectuelle. *Il est intelligent mais totalement inculte.* → **ignare, ignorant.** ⟨contraires : cultivé, instruit⟩

INCURABLE [ɛ̃kyʀabl] adj. (après le nom) **1.** (maladie) Qui ne peut être guéri. *Il est atteint d'une maladie incurable.* → **inguérissable. 2.** (qqn) Qui ne peut guérir. *Elle apporte une aide psychologique aux malades incurables.* → **condamné, perdu** ; STYLE TRÈS FAMILIER **foutu.**

INCURSION [ɛ̃kyʀsjɔ̃] n. f. ▪ *L'INCURSION* : entrée brusque (dans un lieu). *Des journalistes ont FAIT INCURSION dans la salle,* ils sont entrés brusquement et ne sont pas restés longtemps. → **irruption.**

INCURVÉ [ɛ̃kyʀve], **INCURVÉE** [ɛ̃kyʀve] adj. (après le nom) ▪ Qui a une forme courbe. *Le canapé a des pieds incurvés.* ⟨contraire : ① droit⟩

INDE [ɛ̃d] nom propre féminin – en hindi **BHĀRAT,** en anglais **INDIA** ▪ *L'INDE* : pays d'Asie méridionale. *Ils font un voyage en Inde. Elle n'est pas encore rentrée d'Inde. Ils habitent en Inde* (→ ① **indien**).

INDÉCENCE [ɛ̃desɑ̃s] n. f. ▪ *L'INDÉCENCE* : caractère de ce qui est indécent, de ce qui choque. *L'indécence de sa robe a choqué tout le monde.* ⟨contraire : décence⟩

INDÉCENT [ɛ̃desɑ̃], **INDÉCENTE** [ɛ̃desɑ̃t] adj. (après le nom) **1.** Qui n'est pas conforme aux convenances. *Elle a une robe décolletée très indécente.* ⟨contraires : convenable, décent⟩ **2.** Qui choque par sa démesure. *Il a une chance indécente :* il a énormément de chance. → **insolent.**

INDÉCHIFFRABLE [ɛ̃deʃifʀabl] adj. (après le nom) ▪ Que l'on ne peut pas lire, déchiffrer. *Elle a une écriture indéchiffrable.* → **illisible.**

INDÉCIS [ɛ̃desi], **INDÉCISE** [ɛ̃desiz] adj. (après le nom) **1.** (qqch.) Qui n'est pas certain, pas déterminé. *La victoire est encore indécise.* → **douteux. 2.** (qqn) Qui n'a pas encore pris de décision, qui a du mal à se décider. *C'est un homme indécis. Je reste indécise entre ces deux solutions. Il est indécis sur ce qu'il doit faire.* → **hésitant.** ⟨contraire : décidé⟩

INDÉCISION [ɛ̃desizjɔ̃] n. f. ▪ *L'INDÉCISION* : caractère d'une personne qui n'arrive pas à prendre de décision, qui hésite. *Je suis dans l'indécision. Son indécision m'énerve.*

INDÉFENDABLE [ɛ̃defɑ̃dabl] adj. (après le nom) ▪ (qqch.) Que l'on ne peut pas soutenir contre des accusations, des attaques. *Il présente un projet indéfendable.*

INDÉFINI [ɛ̃defini], **INDÉFINIE** [ɛ̃defini] adj. (après le nom) **1.** Qu'on ne peut définir. → **imprécis, vague.** *Sa robe est d'une couleur indéfinie, ni verte ni bleue.* → **indéterminé. 2.** *UN MOT INDÉFINI :* article, pronom, adjectif qui se rapporte à un être ou à un objet indéterminé. *« Un, des » sont des articles indéfinis, « le, la » sont des articles définis. « Chacun, on » sont des pronoms indéfinis. « Aucun, chaque, plusieurs » sont des adjectifs indéfinis.*

INDÉFINIMENT [ɛ̃definimɑ̃] adverbe ▪ Pendant une durée indéterminée. *Je ne vais pas l'attendre indéfiniment.* → **éternellement.**

INDÉFINISSABLE [ɛ̃definisabl] adj. (après le nom) ▪ Que l'on ne peut pas définir précisément. *Ses cheveux sont d'une couleur indéfinissable.* → **imprécis.** *Il a un charme indéfinissable.* → **étrange.**

INDÉLÉBILE [ɛ̃delebil] adj. (après le nom) ▪ Que l'on ne peut pas effacer. *Il a fait une tache indélébile sur son pantalon.* – *Je garde de cette soirée un souvenir indélébile,* que je conserverai toujours. → **inoubliable.**

INDÉLICAT [ɛ̃delika], **INDÉLICATE** [ɛ̃delikat] adj. (après le nom) ▪ STYLE RECHERCHÉ Malhonnête et déloyal. *Le directeur a renvoyé un caissier indélicat.*

INDEMNE [ɛ̃dɛmn] adj. (après le nom) ▪ Qui n'a pas été blessé. *Les sauveteurs ont sorti de la voiture accidentée trois passagers indemnes,* sains et saufs.

INDEMNISER [ɛ̃dɛmnize] verbe [conjugaison 1a] ▪ Rembourser à (qqn) ses frais, ses pertes. *La compagnie d'assurances a indemnisé le commerçant pour sa vitrine brisée.* → **dédommager.** *Vous serez indemnisés de tous vos frais.* → **défrayer.**

INDEMNITÉ [ɛ̃dɛmnite] n. f. ▪ *UNE INDEMNITÉ* **1.** Somme d'argent versée à qqn pour le dédommager. *Les employés renvoyés reçoivent une indemnité de licenciement.* **2.** Somme d'argent attribuée à qqn pour rembourser certains frais. *Elle a droit à des indemnités de logement.* – *Les membres du Parlement reçoivent une INDEMNITÉ PARLEMENTAIRE.*

INDÉNIABLE [ɛ̃denjabl] adj. (après le nom) ▪ Que l'on ne peut pas nier. → **certain.** *Il nous a donné une preuve indéniable de sa bonne foi.* → **incontestable, indubitable, irréfutable.** (contraire : douteux) – *IL EST INDÉNIABLE QUE vous avez raison.* → **indiscutable.**

INDÉNIABLEMENT [ɛ̃denjabləmɑ̃] adverbe ▪ D'une manière indéniable. *Il est indéniablement le meilleur.* → **incontestablement, indiscutablement.**

INDÉPENDAMMENT [ɛ̃depɑ̃damɑ̃] adverbe ▪ *INDÉPENDAMMENT DE :* en plus de. *Indépendamment de sa maison, il possède quelques appartements qu'il loue.* → ② **outre.**

INDÉPENDANCE [ɛ̃depɑ̃dɑ̃s] n. f. ▪ *L'INDÉPENDANCE* **1.** État d'une personne qui ne dépend de personne d'autre. *Elle reste célibataire car elle tient à son indépendance.* → **liberté.** *Sa fille a maintenant son indépendance financière.* → **autonomie.** (contraire : dépendance) **2.** Situation d'une collectivité qui ne dépend pas d'une autre. *L'indépendance de la justice est garantie dans les pays démocratiques. Cette région réclame son indépendance. Ce pays a accédé à l'indépendance il y a longtemps,* il est devenu indépendant (→ **décolonisation**).

INDÉPENDANT [ɛ̃depɑ̃dɑ̃], **INDÉPENDANTE** [ɛ̃depɑ̃dɑ̃t] adj. (après le nom) **1.** (qqn) Qui ne dépend de personne. *C'est une femme indépendante,* qui aime faire ce qu'elle veut. → **libre.** (contraires : dépendant, soumis) *Il est TRAVAILLEUR INDÉPENDANT :* il travaille à son compte, il n'est pas salarié. *J'ai voté pour un député indépendant,* qui n'est pas inscrit à un parti politique. **2.** (collectivité) Qui a son indépendance. *Ce pays est indépendant,* il n'est pas gouverné par un autre État. → **autonome. 3.** *INDÉPENDANT DE :* qui est sans relation avec (qqch.). *Le spectacle de ce soir n'aura pas lieu pour des raisons indépendantes de notre volonté. Ces événements sont indépendants les uns des autres,* ils ne sont pas liés. **4.** (logement) Qui est isolé, a une entrée particulière. *Leur fille vit dans une chambre indépendante.*

INDESCRIPTIBLE [ɛ̃dɛskʀiptibl] adj. (après le nom, parfois avant le nom) ▪ Si grand que l'on ne peut pas le décrire. *Ils vivent dans un désordre indescriptible. Il est d'une indescriptible bêtise. Leur joie est indescriptible.* → **indicible, inexprimable.**

INDÉSIRABLE [ɛ̃deziʀabl] adj. (après le nom) **1.** (qqn) Que l'on ne veut pas accueillir dans un groupe. *Le directeur a exclu du groupe les éléments indésirables.* **2.** (qqch.) Qui n'est pas souhaité. *Ce médicament a quelques effets indésirables.* → **secondaire.** (contraires : désirable, souhaitable)

INDESTRUCTIBLE [ɛ̃dɛstʀyktibl] adj. (après le nom) **1.** Qui semble ne pas pouvoir être détruit. *Ce monument a été fait dans un matériau indestructible.* **2.** Qui dure très longtemps. *Ils sont liés par une amitié indestructible,* très solide. → **éternel.** (contraire : fragile)

INDÉTERMINÉ [ɛ̃detɛʀmine], **INDÉTERMINÉE** [ɛ̃detɛʀmine] adj. (après le nom) ▪ Qui n'est pas précisé, fixé à l'avance. *Leur départ est remis à une date indéterminée.* (contraires : déterminé, précis)

① **INDEX** [ɛ̃dɛks] n. m. ▪ *L'INDEX :* doigt de la main le plus proche du pouce. *Elle tient la feuille entre le pouce et l'index. Il n'a pas les deux index de la même longueur.*

② **INDEX** [ɛ̃dɛks] n. m. ▪ *UN INDEX :* liste alphabétique (des noms cités, des sujets traités dans un livre) accompagnée du numéro de la page où ils se trouvent. *Consultez l'index des auteurs cités dans le livre à la fin de l'ouvrage. Il y a plusieurs index dans ce livre.* – *Mettre qqch. À L'INDEX,* le signaler comme dangereux, l'interdire.

INDIC n. m., n. f. Forme abrégée familière de **indicateur, indicatrice.**

INDICATEUR [ɛ̃dikatœʀ] n. m. et adj., **INDICATRICE** [ɛ̃dikatʀis] n. f. et adj.

I. *UN INDICATEUR, UNE INDICATRICE :* une personne qui donne des renseignements à la police en échange d'argent ou d'un privilège. *Les policiers ont pu arrêter le coupable grâce aux informations de leur indicateur.* → **délateur, dénonciateur ;** STYLE FAMILIER **mouchard.** – *INDIC* [ɛ̃dik] forme abrégée familière : *UN INDIC, UNE INDIC. Nos indics nous ont bien renseignés.*

II. *UN INDICATEUR* **1.** Livre ou brochure qui donne des renseignements. *Consulte l'indicateur des chemins de fer pour voir à quelle heure arrive son train.* **2.** Instrument qui donne des indications. *Le clignotant d'une voiture est un indicateur de changement de direction.*

III. adjectif (après le nom) Qui porte une indication. *Il y a des panneaux indicateurs au prochain carrefour.*

INDICATIF [ɛ̃dikatif] n. m. et adj., **INDICATIVE** [ɛ̃dikativ] adj.

I. 1. *UN INDICATIF :* morceau de musique très court qui annonce le début ou la fin d'une émission régulière de radio ou de télévision. *Il est vingt heures, j'entends l'indicatif du journal télévisé.* **2.** *L'INDICATIF :* mode du verbe. *Conjuguez le verbe « aimer » au présent de l'indicatif. Quel est l'indicatif futur du verbe « voir » ?*

II. adjectif (après le nom) (qqch.) Qui donne une indication. *Voici le catalogue des prix, à titre indicatif.*

l'indicatif

L'indicatif est un mode du verbe qui indique que la réalisation d'une action ou d'un état est envisagée comme certaine.

Il existe dix temps de l'indicatif :
le présent *(je parle)* ;
l'imparfait *(je parlais)* ;
le passé simple *(je parlai)* ;
le futur simple *(je parlerai)* ;
le passé composé *(j'ai parlé)* ;
le plus-que-parfait *(j'avais parlé)* ;
le passé antérieur *(j'eus parlé)* ;
le futur antérieur *(j'aurai parlé)* ;
le conditionnel présent *(je parlerais)* ;
le conditionnel passé *(j'aurais parlé)*.

INDICATION [ɛ̃dikasjɔ̃] n. f. ▪ *UNE INDICATION* **1.** Action d'indiquer. *Il n'y a pas d'indication de date sur la boîte.* **2.** Ce qui est indiqué. *J'ai trouvé le chemin grâce à ses indications.* → **renseignement.** *Suivez les indications données par le mode d'emploi.* → **instruction.** *Le chef a donné toutes les indications nécessaires pour faire ce travail.* → **directives. 3.** Conditions d'emploi d'un médicament. *Indications : mal de gorge, bronchite.*

INDICATRICE n., féminin de **indicateur**

INDICE [ɛ̃dis] n. m. **1.** *UN INDICE :* signe qui indique qqch. *L'enquête piétine, la police n'a pas beaucoup d'indices. Sa nervosité est l'indice de son angoisse,* elle la révèle. → **marque. 2.** *L'INDICE DE :* chiffre qui montre l'évolution d'une mesure à des moments différents, dans des lieux différents. *L'INDICE DES PRIX mesure l'évolution des prix.* – *Cette émission a eu un bon INDICE D'ÉCOUTE,* de nombreuses personnes l'ont regardée. → **audimat.**

FAUX AMIS
espagnol **índice,** italien **indice** « index »

INDICIBLE [ɛ̃disibl] adj. (après le nom) ▪ STYLE RECHERCHÉ Que l'on ne peut pas dire, exprimer par le langage. *Une joie indicible l'a envahi.* → **indescriptible, inexprimable ;** STYLE RECHERCHÉ **ineffable.**

① **INDIEN** [ɛ̃djɛ̃] adj. et n. m., **INDIENNE** [ɛ̃djɛn] adj. et n. f. **1.** adjectif (après le nom) De l'Inde, pays d'Asie. *La population indienne est très nombreuse.* **2.** *UN INDIEN, UNE INDIENNE :* une personne habitant l'Inde. *De nombreux Indiens sont hindous.*

② **INDIEN** [ɛ̃djɛ̃] n. m. et adj., **INDIENNE** [ɛ̃djɛn] n. f. et adj. **1.** *UN INDIEN, UNE INDIENNE :* indigène d'Amérique. → **Amérindien.** *Les Sioux sont des Indiens. De nos jours, des Indiens vivent dans des réserves. Mon fils aime jouer aux cow-boys et aux Indiens.* **2.** adjectif (après le nom) Qui concerne les Indiens d'Amérique. → **amérindien.** *Il y a des tribus indiennes en Amazonie.*

INDIFFÉREMMENT [ɛ̃difeʀamɑ̃] adverbe ▪ Sans faire de différence, sans préférence. *Il mange indifféremment du poisson ou de la viande.*

INDIFFÉRENCE [ɛ̃difeʀɑ̃s] n. f. ▪ *L'INDIFFÉRENCE :* attitude d'une personne qui ne s'intéresse pas à ce qui se passe autour d'elle, que rien ne touche. *Il hausse les épaules pour montrer son indifférence.* → **détachement.** *Elle les regarde se battre avec indifférence.* ⟨contraires : attention, intérêt, passion⟩ *Il a fait son discours DANS L'INDIFFÉRENCE GÉNÉRALE. Les deux époux n'éprouvent plus que de l'indifférence l'un pour l'autre,* ils ne s'aiment plus. ⟨contraire : amour⟩

INDIFFÉRENT [ɛ̃difeʀɑ̃], **INDIFFÉRENTE** [ɛ̃difeʀɑ̃t] adj. (après le nom) **1.** (qqch.) Qui n'a pas d'importance. *Tu peux passer par le parc ou par la rue, c'est indifférent,* c'est la même chose. *Il veut engager une secrétaire d'âge indifférent,* de n'importe quel âge. **2.** *ÊTRE INDIFFÉRENT À qqn,* ne pas l'intéresser, lui être égal. *Le sort de ces peuplades lui est indifférent. Que tu viennes ou non, cela m'est complètement indifférent,* ça m'est égal. **3.** (qqn) Qui ne s'intéresse pas (à qqch.), qui n'est ému par rien ni par personne. *Elle semble indifférente à tout ce qui se passe. Tes difficultés ne me laissent pas indifférent.* → **insensible.** – *Il nous regarde avec un air indifférent.* → **détaché, froid.**

INDIGÈNE [ɛ̃diʒɛn] adj., n. m. et n. f. **1.** adjectif (après le nom) Qui est né dans le pays dont on parle. *Nous avons été très bien accueillis par la population indigène.* **2.** *UN INDIGÈNE, UNE INDIGÈNE :* une personne qui appartient à une population qui vivait dans le pays dont on parle, avant sa colonisation. *L'explorateur avait épousé une indigène.* → STYLE RECHERCHÉ **aborigène, autochtone.**

REM. Ce mot peut désigner une personne de n'importe quelle ethnie, mais il est le plus souvent employé pour désigner les personnes natives des pays d'outre-mer.

INDIGENT [ɛ̃diʒɑ̃] n. m. et adj., **INDIGENTE** [ɛ̃diʒɑ̃t] n. f. et adj. ▪ STYLE RECHERCHÉ **1.** *UN INDIGENT, UNE INDIGENTE :* une personne très pauvre, qui n'a pas de ressources. *Ils organisent des collectes pour les indigents.* **2.** adjectif (après le nom) (qqn) Très pauvre. → STYLE RECHERCHÉ **misérable, nécessiteux.** *J'ai rencontré un vieillard indigent qui vivait dans la rue.*

INDIGESTE [ɛ̃diʒɛst] adj. (après le nom) **1.** Difficile à digérer. *J'ai mangé un aliment indigeste.* → **lourd.** ⟨contraires : digeste, léger⟩ **2.** Difficile à lire, à comprendre. *Ce livre est vraiment indigeste.* → **illisible.** ⟨contraire : clair⟩

INDIGESTION [ɛ̃diʒɛstjɔ̃] n. f. ▪ *UNE INDIGESTION* **1.** Malaise dû à une digestion qui se fait mal. *Elle a mangé tellement de chocolat qu'elle A UNE INDIGESTION.* **2.** *AVOIR UNE INDIGESTION DE qqch.,* en avoir trop, jusqu'à en être dégoûté. *J'ai trop regardé la télévision, j'en ai une indigestion !*

INDIGNATION [ɛ̃diɲasjɔ̃] n. f. ▪ *L'INDIGNATION :* sentiment de colère contre une chose révoltante. *Il est rempli d'indignation par les personnes qui maltraitent les animaux. Elle proteste avec indignation.*

INDIGNE [ɛ̃diɲ] adj. (après le nom) **1.** (qqn) Qui ne mérite que le mépris. → **méprisable.** *Ils ne s'occupent pas de leurs enfants, ce sont des parents indignes.* → **dénaturé. 2.** (qqn) *INDIGNE DE qqch. :* qui ne mérite pas qqch. *Ce banquier est indigne de notre confiance.* ⟨contraire : digne⟩ **3.** (qqch.) Que l'on estime méprisable. *Ils ont eu une conduite indigne.* → **déshonorant.** *Les ravisseurs d'enfants commettent un acte indigne.* → **odieux, révoltant, scandaleux.** – *Je trouve ce travail INDIGNE DE moi,* pas assez bien pour moi.

INDIGNER [ɛ̃diɲe] verbe [conjugaison 1a] **1.** Remplir d'indignation. *Son attitude nous a indignés.* → **révolter, scandaliser. 2.** verbe pronominal S'INDIGNER : être révolté et manifester son indignation. *Nous nous indignons devant les personnes qui abandonnent leurs animaux. Elle S'EST INDIGNÉE DE voir ce crime rester impuni. Elle S'INDIGNE QU'il soit si lâche.* ⟨contraire : s'enthousiasmer⟩

INDIGO [ɛ̃digo] adj. invariable (après le nom) ▪ Bleu foncé. *Il a une voiture indigo.* PLURIEL : *des chaussettes indigo.*

INDIQUÉ [ɛ̃dike], **INDIQUÉE** [ɛ̃dike] adj. (après le nom) ▪ Recommandé. *« Est-ce que je dois le prévenir ? – C'est tout à fait indiqué. » Ce n'est pas très indiqué de partir sans imperméable.*

INDIQUER [ɛ̃dike] verbe [conjugaison 1a] **1.** Faire voir par un geste, un signe, un signal. *Un passant nous a indiqué la bonne direction.* → **désigner, montrer.** *Ma montre indique deux heures.*

→ **donner, marquer.** 2. Faire connaître (qqch.). *Pouvez-vous m'indiquer un bon hôtel ?* → **recommander.** *Il nous a indiqué comment y aller. – Cette brochure indique les restaurants de la région. – Mon nom est indiqué sur la porte.* → **signaler.** 3. (qqch.) Être l'indice de (qqch.). *Ces traces de pas dans la neige* INDIQUENT QUE *des gens sont passés il y a peu de temps.* → **prouver.** *Un annuaire est publié tous les ans,* COMME SON NOM L'INDIQUE.

INDIRECT [ɛ̃diʀɛkt], **INDIRECTE** [ɛ̃diʀɛkt] adj. (après le nom) 1. Qui n'est pas en ligne droite, qui utilise des détours. *Elle l'a accusé d'une manière indirecte de lui avoir fait perdre son temps,* elle ne le lui a pas dit franchement. → **détourné.** ⟨contraire : direct⟩ *Il y a dans le salon un éclairage indirect,* qui est dirigé vers le plafond. 2. *UN COMPLÉMENT INDIRECT* : complément du verbe introduit par une préposition. *Dans la phrase « Ils ont parlé de leur voiture », « leur voiture » est un complément d'objet indirect du verbe parler.* – *STYLE INDIRECT* : façon de rapporter ce qu'a dit qqn en utilisant une proposition subordonnée. *Dans la phrase « Il m'a dit qu'il viendrait », on utilise le style indirect ; dans la phrase « Il m'a dit : « je viens » », on utilise le style direct.*

INDIRECTEMENT [ɛ̃diʀɛktəmɑ̃] adverbe ▪ D'une manière indirecte. *J'ai appris la nouvelle indirectement,* par un intermédiaire. ⟨contraire : directement⟩

INDISCIPLINE [ɛ̃disiplin] n. f. ▪ *L'INDISCIPLINE* : désobéissance aux règles de la discipline. *L'élève a été puni pour indiscipline.*

INDISCIPLINÉ [ɛ̃disipline], **INDISCIPLINÉE** [ɛ̃disipline] adj. (après le nom) ▪ Qui ne respecte pas le règlement. *Il y a de nombreux élèves indisciplinés dans cette classe.* → **désobéissant.** ⟨contraire : discipliné⟩

INDISCRET [ɛ̃diskʀɛ], **INDISCRÈTE** [ɛ̃diskʀɛt] adj. (après le nom) 1. (qqn) Qui s'occupe de ce qui ne le regarde pas. ⟨contraire : discret⟩ *Je ne voudrais pas être indiscret, mais qu'est-ce que vous faites là ?* → **curieux, importun.** 2. (qqch.) Qui manque de discrétion. *Il pose souvent des questions indiscrètes. – C'est indiscret d'écouter aux portes.* 3. Qui ne sait pas garder un secret. *Un avocat indiscret a raconté toute l'affaire aux journalistes.* → **bavard.**

INDISCRÉTION [ɛ̃diskʀesjɔ̃] n. f. ▪ *UNE INDISCRÉTION* 1. Attitude d'une personne qui manque de discrétion, de réserve. → **curiosité.** *Il a eu* L'INDISCRÉTION DE *lui demander son âge.* SANS INDISCRÉTION, *combien gagnez-vous par mois ?* 2. Défaut d'une personne qui ne sait pas garder un secret. *Son indiscrétion lui a fait beaucoup d'ennemis.* 3. Le fait de dire ce qui aurait dû rester caché. *Il commet souvent des indiscrétions. J'ai su, par une indiscrétion, qu'ils étaient séparés.*

INDISCUTABLE [ɛ̃diskytabl] adj. (après le nom) ▪ Que l'on ne peut pas mettre en doute. → **certain.** *Ce comédien a un talent indiscutable.* → **évident, incontestable, indéniable, indubitable.** ⟨contraires : discutable, douteux⟩

> FAUX AMI
> allemand **indiskutabel** « hors de propos »

INDISCUTABLEMENT [ɛ̃diskytabləmɑ̃] adverbe ▪ D'une manière indiscutable. *Il est indiscutablement le meilleur.* → **certainement, incontestablement, indéniablement.**

INDISPENSABLE [ɛ̃dispɑ̃sabl] adj. (après le nom) ▪ Dont on ne peut pas se passer. *Il n'emporte que les vêtements indispensables,* absolument nécessaires. ⟨contraires : inutile, superflu⟩ *Votre présence est indispensable. Son patron se croit indispensable.* → **irremplaçable.** – IL EST INDISPENSABLE DE *partir tout de suite pour arriver à l'heure.* → **obligatoire.** IL EST INDISPENSABLE QUE *tu viennes avec nous. C'est indispensable.*

INDISPONIBLE [ɛ̃dispɔnibl] adj. (après le nom) ▪ (qqn) Qui n'a pas de temps (pour faire qqch.). *Monsieur X ne peut pas vous recevoir, il est indisponible toute la journée.* ⟨contraire : disponible⟩

INDISPOSER [ɛ̃dispoze] verbe [conjugaison 1a] 1. Rendre un peu malade. *L'odeur de la cigarette l'indispose.* → **déranger, gêner, incommoder.** 2. Énerver. *Il indispose tout le monde avec ses remarques.* → **agacer, importuner.**

INDISPOSITION [ɛ̃dispozisjɔ̃] n. f. ▪ *UNE INDISPOSITION* : petit ennui de santé. *Une indisposition passagère l'a empêché de venir travailler aujourd'hui.*

INDISTINCT [ɛ̃distɛ̃], **INDISTINCTE** [ɛ̃distɛ̃kt] adj. (après le nom) ▪ Que l'on distingue mal. *On ne voit qu'un paysage indistinct à travers le brouillard.* → **flou.** ⟨contraire : distinct⟩

REM. *Indistinct* peut aussi se prononcer [ɛ̃distɛ̃kt] comme au féminin.

INDIVIDU [ɛ̃dividy] n. m. ▪ *UN INDIVIDU* 1. Membre de l'espèce humaine. *Il y a plusieurs milliards d'individus sur terre.* → **homme, humain, personne.** *On doit respecter les droits de l'individu* (→ **individuel**). 2. Homme d'allure bizarre, louche, que l'on ne veut pas ou que l'on ne peut pas nommer. *Un drôle d'individu a sonné à la porte.* → **énergumène ;** STYLE FAMILIER **type.** *Qui est cet individu ?* → STYLE FAMILIER **mec.** 3. (au pluriel) DES INDIVIDUS : des personnes bizarres (aussi bien des hommes que des femmes). *Ce sont tous de dangereux individus.* 4. En sciences, être vivant qui serait détruit si on le divisait (→ **animal, plante**). *Une fourmilière comprend des milliers d'individus.*

INDIVIDUALISTE [ɛ̃dividɥalist] n. m. et n. f. ▪ *UN INDIVIDUALISTE, UNE INDIVIDUALISTE* : personne qui a le goût de l'indépendance, qui n'est pas conformiste. *Elle aime faire les choses toute seule, c'est une individualiste.*

INDIVIDUEL [ɛ̃dividɥɛl], **INDIVIDUELLE** [ɛ̃dividɥɛl] adj. (après le nom) ▪ Qui concerne une seule personne. *Chaque personne a des caractères individuels.* → **particulier, personnel, propre.** *Il parle à titre individuel,* seulement en son nom. ⟨contraire : collectif⟩ *Nos enfants ont chacun une chambre individuelle,* ils ont chacun leur chambre. ⟨contraire : commun⟩ *Le golf est un sport individuel,* que l'on peut pratiquer seul (opposé à sport d'équipe).

INDIVIDUELLEMENT [ɛ̃dividɥɛlmɑ̃] adverbe ▪ Chacun en particulier, à part. *Le directeur de l'usine recevra tous les ouvriers individuellement.* → **séparément.** ⟨contraire : collectivement⟩

INDO-EUROPÉEN [ɛ̃doøʀɔpeɛ̃], **INDO-EUROPÉENNE** [ɛ̃doøʀɔpeɛn] adj. (après le nom) ▪ (langue) Qui appartient à un groupe de langues d'Europe et d'Asie qui ont une origine commune. *Le français est une langue indo-européenne.* PLURIEL : *les langues* INDO-EUROPÉENNES.

INDOLENCE [ɛ̃dɔlɑ̃s] n. f. ▪ *L'INDOLENCE* : attitude d'une personne qui évite tout effort physique ou moral. *Les fortes chaleurs de l'été poussent à l'indolence.* → **inertie, langueur, mollesse, nonchalance, paresse.** ⟨contraires : énergie, vivacité⟩

INDOLENT [ɛ̃dɔlɑ̃], **INDOLENTE** [ɛ̃dɔlɑ̃t] adj. (après le nom) ▪ Qui ne fait aucun effort, ne se donne aucun mal. *C'est un enfant indolent.* → **mou, nonchalant, paresseux ;** STYLE RECHERCHÉ **apathique.** ⟨contraires : actif, énergique, vif⟩ – *Il a un air indolent.*

INDOLORE [ɛ̃dɔlɔʀ] adj. (après le nom) ▪ (qqch.) Qui ne fait pas mal. *L'infirmier va te faire une piqûre indolore.* ⟨contraire : douloureux⟩

INDOMPTABLE [ɛ̃dɔ̃tabl] adj. (après le nom) 1. STYLE RECHERCHÉ (qqch.) Que rien ni personne ne peut faire céder. *Il a une volonté in-*

domptable. → **inflexible.** **2.** (animaux) Que l'on ne peut dompter. *Ces fauves sont indomptables.*

REM. La prononciation [ɛ̃dɔ̃ptabl] est assez courante.

INDONÉSIEN [ɛ̃dɔnezjɛ̃] adj. et n. m., **INDONÉSIENNE** [ɛ̃dɔnezjɛn] adj. et n. f. **1.** adjectif (après le nom) D'Indonésie. *Java est une île indonésienne.* **2.** *UN INDONÉSIEN, UNE INDONÉSIENNE :* une personne habitant l'Indonésie. *Les Indonésiens.* **3.** nom masculin *L'INDONÉSIEN :* la langue officielle de l'Indonésie (→ **malais**). *Il parle très bien l'indonésien.*

INDU [ɛ̃dy], **INDUE** [ɛ̃dy] adj. (après le nom)**.** *UNE HEURE INDUE,* très tardive. *Il rentre toujours à des heures indues !*

INDUBITABLE [ɛ̃dybitabl] adj. (après le nom)**.** Que l'on ne peut pas mettre en doute. *On a une preuve indubitable de son innocence.* → **incontestable, indéniable, indiscutable.** ⟨contraire : douteux⟩ *Il est innocent, c'est indubitable,* il n'y a aucun doute.

INDUIRE [ɛ̃dɥiʀ] verbe [conjugaison 38b]**.** *INDUIRE qqn EN ERREUR,* le tromper. *Il les a induites en erreur.*

INDULGENCE [ɛ̃dylʒɑ̃s] n. f.**.** *L'INDULGENCE :* facilité à pardonner. *Le professeur a beaucoup d'indulgence pour ses élèves.* → **bienveillance, compréhension.** ⟨contraire : sévérité⟩

INDULGENT [ɛ̃dylʒɑ̃], **INDULGENTE** [ɛ̃dylʒɑ̃t] adj. (après le nom) **.** Qui pardonne facilement aux autres. *Elle est très INDULGENTE AVEC ses petits-enfants. Il sait se montrer indulgent pour les défauts de ses parents. J'ai un père indulgent.* → **bienveillant, compréhensif.** ⟨contraire : sévère⟩

INDUSTRIALISATION [ɛ̃dystʀijalizasjɔ̃] n. f. **.** *L'INDUSTRIALISATION :* action de développer l'industrie, les équipements industriels. *Ce pays est en voie d'industrialisation.*

INDUSTRIALISER [ɛ̃dystʀijalize] verbe [conjugaison 1a]**.** Équiper en industries, en usines. *Il faut absolument industrialiser cette région. – Les représentants des pays les plus industrialisés doivent se réunir prochainement à Tokyo.*

INDUSTRIE [ɛ̃dystʀi] n. f. **1.** *L'INDUSTRIE :* ensemble des activités qui contribuent à l'exploitation des sources d'énergie et des richesses du sous-sol et à la transformation des matières premières. *Il travaille dans l'industrie automobile. La métallurgie est l'industrie de transformation des métaux.* **2.** *UNE INDUSTRIE :* une usine. *Il y a beaucoup d'industries dans cette région.*

INDUSTRIEL [ɛ̃dystʀijɛl] adj. et n. m., **INDUSTRIELLE** [ɛ̃dystʀijɛl] adj. et n. f.

I. adjectif (après le nom) **1.** Qui concerne l'industrie. *La première révolution industrielle a eu lieu au dix-neuvième siècle. Il possède une petite entreprise industrielle* (→ **industrie, usine**). **2.** Qui est produit par l'industrie. *Dans les supermarchés, on achète du pain industriel.* ⟨contraire : artisanal⟩ – STYLE FAMILIER *Tu as fait des beignets en QUANTITÉ INDUSTRIELLE,* tu en as fait beaucoup. **3.** (lieu) Où il y a de l'industrie. *Le nord de la France est une région très industrielle.*

II. *UN INDUSTRIEL, UNE INDUSTRIELLE :* une personne qui dirige ou possède une entreprise industrielle. *Les industriels du textile doivent se réunir prochainement.*

INÉBRANLABLE [inebʀɑ̃labl] adj. (après le nom)**.** Que l'on ne peut pas faire changer. *Il est resté inébranlable.* → **inflexible.** ⟨contraire : influençable⟩ *Elle a une foi inébranlable.* → **solide.**

INÉDIT [inedi] adj. et n. m., **INÉDITE** [inedit] adj.

I. adjectif (après le nom) **1.** (œuvre de l'esprit) Qui n'a pas été publié, diffusé. *Son roman est encore inédit en Espagne. Ce soir, on passe à la télévision un film inédit en France.* **2.** (qqch.) Qui n'est pas connu. *Il a trouvé un moyen inédit de cirer ses chaussures sans se salir les mains.* → **nouveau, original.** ⟨contraire : banal⟩

II. *UN INÉDIT :* écrit qui n'a encore jamais été publié. *Cet éditeur va publier des inédits de Zola.*

INEFFABLE [inefabl] adj. (après le nom ou avant le nom) **1.** STYLE RECHERCHÉ (qqch. d'agréable) Que l'on ne peut pas exprimer par des paroles. *Une joie ineffable l'a envahi.* → **indicible, inexprimable.** **2.** STYLE FAMILIER Que l'on ne peut pas évoquer sans rire. *Elle a encore sur la tête son ineffable chapeau rose.* → **ridicule.**

INEFFICACE [inefikas] adj. (après le nom)**.** Qui n'a aucun effet. *Il a essayé de se soigner avec un médicament tout à fait inefficace.* ⟨contraire : efficace⟩ *Les dernières mesures prises par le gouvernement sont inefficaces. Elle a engagé un secrétaire inefficace.*

INEFFICACITÉ [inefikasite] n. f.**.** *L'INEFFICACITÉ :* caractère de ce qui est inefficace. *L'inefficacité des démarches qu'il a effectuées l'a déprimé.* → **inutilité.** ⟨contraires : efficacité, utilité⟩

INÉGAL [inegal], **INÉGALE** [inegal] adj. (après le nom, parfois avant le nom) **1.** (au pluriel) Qui ne sont pas de même dimension. ⟨contraires : égal, identique⟩ *Le pâtissier a coupé le gâteau en parts inégales.* MASCULIN PLURIEL : *ce triangle a des côtés INÉGAUX* [inego]. – (au singulier) *Ces cordes sont d'inégale grosseur.* **2.** Dont les éléments, les participants ne sont pas égaux. *Le combat est inégal.* **3.** Qui n'est pas lisse. *Le sol du garage est inégal,* il a des creux et des bosses. ⟨contraire : plat⟩ **4.** Qui n'est pas régulier. *Il marche d'un pas inégal.* → **irrégulier.** *Il est d'humeur inégale.* → **changeant.** *Ce cinéaste fait des films inégaux,* de qualité variable.

INÉGALABLE [inegalabl] adj. (après le nom)**.** Qui ne peut pas être égalé, qui est sans égal. *Elle est d'une beauté inégalable.* → **incomparable, unique.**

INÉGALEMENT [inegalmɑ̃] adverbe**.** D'une manière inégale. *Ses biens ont été inégalement partagés.* ⟨contraire : également⟩

INÉGALITÉ [inegalite] n. f. **.** *L'INÉGALITÉ* **1.** Absence d'égalité. *L'inégalité sociale est grande dans ce pays. Les syndicats luttent contre l'inégalité des salaires.* → **disparité.** – *Il y a des inégalités et des injustices dans cette entreprise.* **2.** (au pluriel) LES INÉGALITÉS : les irrégularités de surface. *La voiture roule lentement à cause des inégalités du terrain,* des creux et des bosses. → **accident.**

INÉLÉGANT [inelegɑ̃], **INÉLÉGANTE** [inelegɑ̃t] adj. (après le nom) **.** Qui manque de savoir-vivre, de délicatesse. *Il a employé des procédés inélégants.* → **incorrect, indélicat.** ⟨contraire : élégant⟩

INÉLUCTABLE [inelyktabl] adj. (après le nom)**.** Que l'on ne peut pas empêcher. *Ceci est la conséquence inéluctable de ce qu'il a fait.* → **fatal, inévitable.**

INÉLUCTABLEMENT [inelyktabləmɑ̃] adverbe **.** De manière inéluctable. *Sa démarche est inéluctablement vouée à l'échec.* → **immanquablement, inévitablement.**

INEPTE [inɛpt] adj. (après le nom) **1.** (qqch.) Qui n'a aucun sens, qui ne veut rien dire. *Il dit des choses ineptes.* → **absurde,** ② **bête, idiot, stupide.** *Nous avons vu un film inepte.* **2.** (qqn) Qui manque d'intelligence. *Son mari est complètement inepte !* → STYLE TRÈS FAMILIER **con.**

INEPTIE [inɛpsi] n. f.**.** *UNE INEPTIE :* parole, chose inepte. *Arrête de dire des inepties !* → **insanité.** *Ce livre est une ineptie. Ce serait une ineptie de faire ça.*

INÉPUISABLE [inepɥizabl] adj. (après le nom ou avant le nom) **1.** (qqch.) Que l'on ne peut pas épuiser. *Les réserves de pétrole ne sont pas inépuisables. Ils ont discuté toute la nuit sur un sujet inépuisable,* sans fin. *Il est d'une inépuisable curiosité,* d'une très grande curiosité. **2.** (qqn) Qui peut parler très longtemps (d'un sujet). *Elle est* INÉPUISABLE SUR *ses enfants.* → **intarissable.**

INERTE [inɛʀt] adj. (après le nom). Qui ne donne pas signe de vie, qui ne réagit pas. *Le blessé est étendu inerte sur la chaussée. Il a un visage inerte.*

INERTIE [inɛʀsi] n. f. ▪ *L'INERTIE :* manque d'énergie, d'activité. *Rien ne le fait sortir de son inertie.* → **indolence, mollesse, passivité.** *L'adolescent oppose* LA FORCE DE L'INERTIE *à son père qui veut l'obliger à se lever,* il résiste à son père d'une manière passive.

INESPÉRÉ [inɛspeʀe], **INESPÉRÉE** [inɛspeʀe] adj. (après le nom) ▪ (qqch. d'heureux) Que l'on n'espérait pas. *C'est une réussite inespérée.* → **inattendu.**

INESTHÉTIQUE [inɛstetik] adj. (après le nom). (qqch.) Très laid. *Elle une cicatrice inesthétique sur le visage.* ⟨contraires : beau, esthétique, joli⟩

INESTIMABLE [inɛstimabl] adj. (après le nom). De très grande valeur. *Ce musée renferme des trésors inestimables,* très précieux. *Son frère nous a rendu des services inestimables,* de très grands services. → **inappréciable.**

INÉVITABLE [inevitabl] adj. (après le nom, parfois avant le nom). Que l'on ne peut pas éviter. *La catastrophe était inévitable.* → **certain, inéluctable.** *Il faut s'attendre aux conséquences inévitables. C'était inévitable.* → **fatal, obligé.** – *Le dîner a commencé avec l'inévitable soupe de légumes.* → **incontournable.**

INÉVITABLEMENT [inevitabləmɑ̃] adverbe. D'une manière inévitable. *Cela devait arriver inévitablement.* → **fatalement, forcément, obligatoirement.** ⟨contraire : peut-être⟩

INEXACT [inɛgza], **INEXACTE** [inɛgzakt] adj. (après le nom) ▪ Qui n'est pas conforme à la réalité ou à la vérité. ⟨contraire : exact⟩ *Le résultat de la multiplication est inexact.* ⟨contraire : juste⟩ *Il a fait un compte rendu inexact de la réunion.* → ① **faux.** *C'est inexact.*

REM. *Inexact* peut se prononcer aussi [inɛgzakt] comme au féminin.

INEXACTITUDE [inɛgzaktityd] n. f. **1.** *L'INEXACTITUDE :* caractère de ce qui n'est pas conforme à la réalité, de ce qui n'est pas vrai. *L'inexactitude de son témoignage est flagrante.* ⟨contraire : exactitude⟩ **2.** *UNE INEXACTITUDE :* une erreur. *Il y a quelques inexactitudes dans son compte rendu.* ⟨contraire : exactitude⟩ **3.** Le fait d'être en retard. *Son inexactitude est pénible.* ⟨contraires : exactitude, ponctualité⟩

INEXCUSABLE [inɛkskyzabl] adj. (après le nom). Que l'on ne peut pas excuser, pardonner. *Elle est inexcusable d'avoir oublié.* → **impardonnable.** ⟨contraires : excusable, pardonnable⟩ *Tu as fait une faute inexcusable.*

INEXISTANT [inɛgzistɑ̃], **INEXISTANTE** [inɛgzistɑ̃t] adj. (après le nom) ▪ Qui est sans importance, sans valeur. *Les risques sont inexistants.* → **négligeable.** *Il nous a apporté une aide inexistante.* → **nul.** *C'est un pauvre type inexistant.* → **insignifiant.**

INEXORABLE [inɛgzɔʀabl] adj. (après le nom) ▪ STYLE RECHERCHÉ (qqn) Que l'on ne peut pas fléchir par des prières ; qui est sans pitié. *Les juges sont restés inexorables et ont condamné l'accusé.* → **impitoyable, inflexible.** ⟨contraires : clément, indulgent⟩

INEXPÉRIENCE [inɛkspeʀjɑ̃s] n. f. ▪ *L'INEXPÉRIENCE :* manque d'expérience. *J'avoue mon inexpérience dans ce domaine.* ⟨contraire : expérience⟩

INEXPÉRIMENTÉ [inɛkspeʀimɑ̃te], **INEXPÉRIMENTÉE** [inɛkspeʀimɑ̃te] adj. (après le nom) ▪ Qui n'a pas d'expérience. *C'est une conductrice encore inexpérimentée.* ⟨contraires : chevronné, expérimenté⟩

INEXPLICABLE [inɛksplikabl] adj. (après le nom). Impossible à expliquer. *Cet accident paraît inexplicable.* → **étrange, mystérieux.** *Il a eu une réaction inexplicable.* → **incompréhensible.**

INEXPRESSIF [inɛkspʀesif], **INEXPRESSIVE** [inɛkspʀesiv] adj. (après le nom) ▪ Qui n'a pas beaucoup d'expression, qui n'exprime rien. *Elle a un visage plutôt inexpressif.* ⟨contraires : expressif, mobile, ① vivant⟩ *Ses yeux sont inexpressifs.* → **éteint.**

INEXPRIMABLE [inɛkspʀimabl] adj. (après le nom). Impossible ou difficile à exprimer. *Cette bonne nouvelle m'a causé une joie inexprimable.* → **indescriptible, indicible, ineffable.**

INEXTINGUIBLE [inɛkstɛ̃gibl] adj. (après le nom) ▪ STYLE RECHERCHÉ Impossible à faire cesser, à apaiser. *Il a une soif inextinguible. Elle a été prise d'un fou rire inextinguible,* impossible à arrêter.

IN EXTREMIS [inɛkstʀemis] adverbe ▪ Au dernier moment. *Il a trébuché et je l'ai rattrapé in extremis. La catastrophe a pu être évitée in extremis.*

REM. Cette expression latine veut dire au sens propre « au moment de la mort, de l'agonie ».

INEXTRICABLE [inɛkstʀikabl] adj. (après le nom). Très compliqué, très embrouillé. *Il se met toujours dans des situations inextricables,* dont il ne peut plus sortir.

INFAILLIBLE [ɛ̃fajibl] adj. (après le nom) **1.** (qqch.) Dont le résultat est assuré, garanti. *Voici une recette infaillible contre l'insomnie.* → **radical, souverain.** **2.** (qqn) Qui ne peut pas se tromper. *Personne n'est infaillible.* ⟨contraire : faillible⟩ – *Il a un instinct infaillible.* → **sûr.**

INFAISABLE [ɛ̃fəzabl] adj. (après le nom) ▪ Qui ne peut pas être fait. *C'est un travail infaisable.* → **irréalisable.** *C'est infaisable.* ⟨contraires : faisable, réalisable⟩

INFAMANT [ɛ̃famɑ̃], **INFAMANTE** [ɛ̃famɑ̃t] adj. (après le nom) ▪ Qui porte atteinte à l'honneur, à la réputation de qqn. → **déshonorant.** *Il est l'objet d'accusations infamantes.* ⟨contraires : glorieux, honorable⟩

INFÂME [ɛ̃fɑm] adj. (avant le nom ou après le nom) **1.** Détestable, odieux. *Ce type est un infâme salaud.* → **ignoble.** *Le viol est un acte infâme.* → **immonde.** **2.** Répugnant. *Ces pauvres gens vivent dans d'infâmes taudis.* → **sordide.** *Une infâme odeur de graillon vient de la cuisine.* → **infect.**

INFAMIE [ɛ̃fami] n. f. ▪ STYLE RECHERCHÉ *UNE INFAMIE :* action infâme, honteuse. *Les violences sexuelles sur les enfants sont des infamies.*

REM. *Infamie* s'écrit sans accent circonflexe sur le *a*, contrairement à *infâme*.

INFANTERIE [ɛ̃fɑ̃tʀi] n. f. ▪ *L'INFANTERIE :* partie d'une armée qui est chargée de la conquête et de l'occupation du terrain. *Il a fait son service militaire dans l'infanterie. Voici des soldats de l'infanterie* (→ **fantassin**).

INFANTICIDE [ɛ̃fɑ̃tisid] n. m. et adj. **1.** *UN INFANTICIDE :* meurtre d'un très jeune enfant. *Cette femme a été condamnée pour* *infanticide.* **2.** adjectif (après le nom) Coupable du meurtre d'un nouveau-né. *La mère infanticide a été mise en prison.*

INFANTILE [ɛ̃fɑ̃til] adj. (après le nom) **1.** Relatif à l'enfance. *La coqueluche et la varicelle sont des* MALADIES INFANTILES, que l'on a dans l'enfance. *La mortalité infantile est peu élevée dans les pays développés,* la mortalité des enfants. **2.** (adulte) Qui se comporte, réagit comme un enfant. *Malgré son âge, il est resté très infantile. - Elle a parfois des réactions infantiles.* → **enfantin, puéril.**

INFARCTUS [ɛ̃faʀktys] n. m. ▪ *UN INFARCTUS :* grave maladie du cœur qui se produit quand une artère se bouche. *Il a déjà eu deux infarctus.*

INFATIGABLE [ɛ̃fatigabl] adj. (après le nom) ▪ Qui ne se fatigue pas facilement. *Il peut faire des kilomètres, c'est un marcheur infatigable. Elle n'arrête pas, elle est infatigable.* → STYLE FAMILIER **increvable.**

INFECT [ɛ̃fɛkt], **INFECTE** [ɛ̃fɛkt] adj. (après le nom) **1.** (odeur, goût) Répugnant. *Ce vin a un goût infect.* → STYLE FAMILIER **dégueulasse.** *Une odeur infecte vient de la poubelle.* → **pestilentiel.** ⟨contraire : délicieux⟩ **2.** Très mauvais dans son genre. *Il fait un temps infect.* → **affreux.** ⟨contraire : agréable⟩ **3.** (qqn) Moralement ignoble. *C'est un type infect.* → **infâme.** - *Il s'est conduit de manière infecte.*

INFECTÉ [ɛ̃fɛkte], **INFECTÉE** [ɛ̃fɛkte] adj. (après le nom) ▪ Qui a été contaminé par des microbes, par une infection. *Il faut toujours nettoyer une plaie infectée.*

S'INFECTER [ɛ̃fɛkte] verbe pronominal [conjugaison 1a] ▪ (plaie) Qui a subi une infection, qui a été contaminé par des microbes. *La blessure s'est infectée. Ta plaie risque de s'infecter.*

INFECTIEUX [ɛ̃fɛksjø], **INFECTIEUSE** [ɛ̃fɛksjøz] adj. (après le nom) ▪ *UNE MALADIE INFECTIEUSE :* maladie transmise par un microbe, une infection. *On soigne les maladies infectieuses avec des antibiotiques.*

INFECTION [ɛ̃fɛksjɔ̃] n. f. ▪ *UNE INFECTION* **1.** Très mauvaise odeur. *Ces œufs pourris, quelle infection !* **2.** Pénétration et développement de microbes dans l'organisme. *Il faut désinfecter la plaie pour éviter l'infection. - Il a une infection pulmonaire,* une maladie infectieuse des poumons.

REM. Il ne faut pas confondre *affection* « maladie » (→ ① **affection)** et *infection.*

INFÉODÉ [ɛ̃feɔde], **INFÉODÉE** [ɛ̃feɔde] adj. (après le nom) ▪ STYLE RECHERCHÉ *INFÉODÉ À :* soumis à (une autorité). *Il lit un journal inféodé au pouvoir.*

INFÉRIEUR [ɛ̃feʀjœʀ] adj. et n. m., **INFÉRIEURE** [ɛ̃feʀjœʀ] adj. et n. f.

I. adjectif (après le nom) **1.** Qui est au-dessous, plus bas. *Le bruit vient de l'étage inférieur.* ⟨contraire : supérieur⟩ *La mâchoire inférieure est mobile. Il est paralysé des membres inférieurs,* des jambes. **2.** Situé plus près de la mer. *Le cours inférieur de ce fleuve n'est pas navigable.* **3.** (qqch.) *INFÉRIEUR À :* qui a une valeur moins grande que. *Son dernier livre est inférieur au précédent,* il est moins bon. **4.** (nombre) Plus petit. *Cinq est inférieur à six. Cet élève a obtenu des notes inférieures à la moyenne,* plus basses que la moyenne. **5.** Peu avancé dans l'évolution des espèces vivantes. *L'escargot est un animal inférieur et le singe un animal supérieur.*

II. *UN INFÉRIEURE, UNE INFÉRIEURE :* une personne qui occupe une position plus basse qu'une autre dans la société. *Il traite sa femme comme son inférieure. Le patron de cette société est odieux avec ses inférieurs,* avec ceux qui travaillent sous ses ordres. → **subordonné.** ⟨contraire : supérieur⟩

REM. **1.** *Inférieur* est un comparatif. On ne dit donc pas *plus inférieur, moins inférieur.* En revanche, *très inférieur* et *si inférieur* sont corrects. **2.** Contrairement aux autres comparatifs qui sont suivis de *que, inférieur* (comme *supérieur*) se construit avec la préposition *à (il est inférieur à elle).*

INFÉRIORITÉ [ɛ̃feʀjɔʀite] n. f. **1.** *L'INFÉRIORITÉ :* état de ce qui est inférieur (en rang, en nombre, en force, en valeur). *L'INFÉRIORITÉ EN NOMBRE de nos troupes est compensée par une meilleure tactique. - « Moins bon » est le COMPARATIF D'INFÉRIORITÉ de « bon »* (→ **comparatif). -** *Il éprouve un SENTIMENT D'INFÉRIORITÉ vis-à-vis de son frère,* il a l'impression pénible d'être moins bien que lui (→ ② **complexe).** ⟨contraire : supériorité⟩ **2.** *UNE INFÉRIORITÉ :* défaut qui empêche de réussir. *Ne pas avoir d'imagination est une infériorité.* ⟨contraire : avantage⟩

INFERNAL [ɛ̃fɛʀnal], **INFERNALE** [ɛ̃fɛʀnal] adj. (après le nom) **1.** Difficile à supporter. *Il fait une chaleur infernale. Les ouvriers se sont opposés aux cadences infernales,* au rythme de travail trop rapide. MASCULIN PLURIEL : *ces enfants sont INFERNAUX* [ɛ̃fɛʀno]. → **insupportable, odieux. 2.** Qui évoque l'enfer, qui est inspiré par le mal. *Nos ennemis préparent une machination infernale.* → **diabolique. 3.** *Une MACHINE INFERNALE :* engin destiné à exploser, à provoquer un attentat (→ ① **bombe).** *Les policiers ont désamorcé la machine infernale avant qu'elle explose.*

INFESTÉ [ɛ̃fɛste], **INFESTÉE** [ɛ̃fɛste] adj. (après le nom) ▪ (lieu) *INFESTÉ DE :* envahi par (des animaux ou des plantes nuisibles). *J'ai dû descendre dans une cave infestée de rats. Les allées du jardin sont infestées de mauvaises herbes.*

REM. Ne pas confondre *infesté* et *infecté* (microbes).

INFIDÈLE [ɛ̃fidɛl] adj., n. m. et n. f.

I. adjectif (après le nom) **1.** Qui est changeant dans ses sentiments, en particulier en amour. *Elle a un mari infidèle,* qui la trompe. → **volage.** ⟨contraire : fidèle⟩ *Il est INFIDÈLE À sa femme.* **2.** Qui ne respecte pas ses engagements. *Vous avez été infidèles à votre parole.* → **traître. 3.** (qqch.) Qui ne respecte pas la vérité, l'exactitude. *Je ne sais plus très bien, ma mémoire est infidèle. - Il a fait une traduction infidèle,* qui ne respecte pas le texte original.

II. *UN INFIDÈLE, UNE INFIDÈLE :* une personne qui n'est pas de la religion considérée comme vraie. *Au Moyen Âge, les chevaliers chrétiens partaient en croisade combattre les infidèles* (→ **païen).**

INFIDÉLITÉ [ɛ̃fidelite] n. f. ▪ *UNE INFIDÉLITÉ* **1.** Manque de fidélité dans les sentiments, en amitié, en amour. *Il se plaint de l'infidélité de sa femme.* → **trahison.** ⟨contraire : fidélité⟩ **2.** Acte d'une personne infidèle. *Ce mari volage fait des infidélités à sa femme,* il la trompe, la trahit avec d'autres femmes (→ **adultère). -** STYLE FAMILIER *En achetant ma viande au supermarché, je fais des infidélités à mon boucher,* je ne vais pas chez lui alors que j'ai l'habitude de faire mes courses chez lui. **3.** Manque de vérité, d'exactitude. *Il y a beaucoup d'infidélités dans cette traduction,* d'erreurs, d'inexactitudes par rapport au texte d'origine.

INFILTRATION [ɛ̃filtʀasjɔ̃] n. f. ▪ *UNE INFILTRATION* **1.** (liquide) Action de s'infiltrer, de pénétrer. *Les tuiles empêchent l'infiltration de l'eau de pluie dans le toit.* **2.** Pénétration accidentelle de l'eau dans un mur. *Il y a des infiltrations dans la cave.* **3.** Injection d'un médicament dans une partie du corps. *Le médecin lui a fait une infiltration dans le coude pour calmer son rhumatisme.* **4.** Pénétration lente et clandestine de personnes extérieures (dans un pays, un groupe). *Les policiers craignent une infiltration de terroristes dans le pays.*

S'INFILTRER [ɛ̃filtʀe] verbe pronominal [conjugaison 1a] **1.** (liquide) Pénétrer peu à peu. *L'eau s'infiltre dans le sol.* **2.** (qqn) Parvenir à s'introduire. *Des espions se sont infiltrés dans le personnel de l'ambassade.*

INFIME [ɛ̃fim] adj. (avant le nom ou après le nom). Tout petit. *Il y une infime différence de prix entre ces deux articles.* → **minime.** ⟨contraire : immense⟩ *Une quantité infime de produit suffit à agir. Ces jumeaux se distinguent l'un de l'autre par d'infimes détails.* → **imperceptible.**

INFINI [ɛ̃fini] adj. et n. m., **INFINIE** [ɛ̃fini] adj. **1.** adjectif (après le nom, parfois avant le nom) Sans limite, sans fin. *Il y a dans le ciel un nombre infini d'étoiles.* → **considérable, incalculable.** – *Avec ses enfants, elle a une patience infinie.* → **illimité, immense.** *J'ai pris d'infinies précautions.* **2.** *L'INFINI :* ce qui est plus grand que tout ce qui a une limite. *En mathématiques, l'infini est noté par le signe ∞. Sa bêtise donne une idée de l'infini.* – *À L'INFINI :* sans fin. *Cette droite se prolonge à l'infini. On ne va pas discuter de ça à l'infini.* → **indéfiniment.**

INFINIMENT [ɛ̃finimɑ̃] adverbe **1.** D'une manière infinie. *L'espace est infiniment grand.* **2.** Beaucoup, extrêmement. *Je vous remercie infiniment.* – *D'ici, on voit infiniment mieux.* → **incomparablement.**

INFINITÉ [ɛ̃finite] n. f. *UNE INFINITÉ :* une très grande quantité. *Il y a une infinité de grains de sable sur la plage.*

l'infinitif

Il existe deux temps de l'infinitif :
- le présent *(jouer, finir, voir, partir).*
- le passé *(avoir joué, avoir fini, avoir vu, être parti).*

L'infinitif peut avoir toutes les fonctions du nom : sujet (ex. : *Rire un peu lui ferait du bien*), complément (ex. : *La peur de mourir*).
Il a très souvent une valeur d'impératif (ex. : *Ralentir ! Ne pas se pencher au dehors*).
On l'emploie aussi en proposition interrogative (ex. : *Que faire ? Pourquoi s'énerver ?*).

En français, les dictionnaires présentent en entrée les verbes à l'infinitif.

INFINITIF [ɛ̃finitif] n. m. *L'INFINITIF :* forme du verbe au mode impersonnel exprimant l'idée de l'action ou de l'état, sans indication de personne ou de temps. *« Aimer » est un infinitif. Dans la phrase « Je vais partir », le verbe « partir » est à l'infinitif.*

INFIRME [ɛ̃fiʀm] adj., n. m. et n. f. **1.** adjectif (après le nom) Qui ne peut pas se servir d'une des fonctions de son corps. *Il est devenu infirme à la suite d'un accident.* → **handicapé, impotent, invalide.** ⟨contraire : valide⟩ **2.** *UN INFIRME, UNE INFIRME :* une personne infirme. *Cet infirme ne se déplace qu'en fauteuil roulant. Les handicapés, les sourds et les aveugles sont des infirmes.*

INFIRMERIE [ɛ̃fiʀməʀi] n. f. *UNE INFIRMERIE :* lieu où l'on reçoit et où l'on soigne les malades et les blessés légers, dans une école, une caserne ou une prison. *L'élève qui s'est tordu la cheville pendant le cours de gymnastique a été transporté à l'infirmerie.*

INFIRMIER [ɛ̃fiʀmje] n. m., **INFIRMIÈRE** [ɛ̃fiʀmjɛʀ] n. f. *UN INFIRMIER, UNE INFIRMIÈRE :* une personne dont le métier est de donner des soins aux malades. *L'infirmier change le pansement du malade. Une infirmière vient lui faire des piqûres à domicile.*

INFIRMITÉ [ɛ̃fiʀmite] n. f. *UNE INFIRMITÉ :* état de qqn qui est privé d'une des fonctions de son corps. *Devenu aveugle avec l'âge, il supporte mal son infirmité.*

INFLAMMABLE [ɛ̃flamabl] adj. (après le nom). Qui prend feu facilement. *L'essence est un liquide inflammable. Attention aux matières inflammables.*

INFLAMMATION [ɛ̃flamasjɔ̃] n. f. *UNE INFLAMMATION :* gonflement douloureux (d'une partie du corps), souvent accompagné de rougeur et de chaleur. *La bronchite est une inflammation des bronches. Sa gorge est atteinte d'inflammation* (→ **enflammé).**

INFLATION [ɛ̃flasjɔ̃] n. f. *L'INFLATION :* hausse des prix accompagnée d'une baisse de la valeur de l'argent. *Le gouvernement a réussi à réduire l'inflation. Ce pays a un TAUX D'INFLATION très bas.* ⟨contraire : déflation⟩

INFLEXIBLE [ɛ̃flɛksibl] adj. (après le nom). (qqn) Que rien ne peut fléchir ou émouvoir, qui résiste à toutes les influences. *Mon père s'est montré inflexible et a maintenu la punition de mon frère.* → **inexorable.** ⟨contraires : influençable, souple⟩ – *Elle a une volonté inflexible.* → **indomptable, inébranlable.**

INFLIGER [ɛ̃fliʒe] verbe [conjugaison 3b] **1.** Donner, appliquer (une peine). *Le gendarme a infligé une amende à l'automobiliste.* **2.** Faire subir (qqch. à qqn). *Autrefois, c'était le bourreau qui infligeait la torture. Il nous inflige sa présence tous les dimanches,* il nous l'impose.

INFLUENÇABLE [ɛ̃flyɑ̃sabl] adj. (après le nom). (qqn) Qui se laisse soumettre à l'ascendant, à l'autorité de qqn d'autre. *Sa fille n'a aucune idée personnelle, elle est très influençable.* ⟨contraires : inflexible, rigide⟩ – *Elle a un caractère influençable.*

INFLUENCE [ɛ̃flyɑ̃s] n. f. *L'INFLUENCE* **1.** Action (de qqch.) qui a un résultat. *Le climat a une influence sur la végétation.* → **effet.** *L'influence de l'éducation est importante sur un enfant. Il a agi SOUS L'INFLUENCE DE la jalousie,* sous l'effet de la jalousie. **2.** Action volontaire ou non qu'une personne exerce sur une autre. *Si tu as un peu d'influence sur lui, essaie de le faire changer d'avis.* → ③ **ascendant, autorité, pouvoir.** *Il a une mauvaise influence sur elle.* → **effet.** *Il s'est mis à lire sous l'influence de sa femme,* poussé, stimulé par sa femme. **3.** Pouvoir de qqn qui amène les autres à être de son avis. *C'est un homme qui connaît beaucoup de gens et qui a beaucoup d'influence.* → **autorité ;** STYLE RECHERCHÉ **crédit.** – *L'influence des États-Unis est importante.* **4.** Autorité morale ou intellectuelle. *L'influence de cet homme politique a été très grande sur la France.* **5.** (personne ou chose) Source d'imitation, d'inspiration. *Il y a plusieurs influences dans l'œuvre de Picasso.*

INFLUENCER [ɛ̃flyɑ̃se] verbe [conjugaison 3a]. Soumettre à son influence. *Quand il était petit, mon père influençait ses camarades d'école.* → **entraîner.** *Ne vous laissez pas influencer par la publicité. Je ne veux pas t'influencer.*

INFLUENT [ɛ̃flyɑ̃], **INFLUENTE** [ɛ̃flyɑ̃t] adj. (après le nom). (qqn) Qui a du pouvoir, du prestige. *Son père est un homme influent.* → **important, puissant.**

INFLUER [ɛ̃flye] verbe [conjugaison 1a]. (qqch.) *INFLUER SUR :* avoir une action qui peut modifier (qqn, qqch.). *Le temps influe sur notre humeur.* → **influencer.** *Ça influera* [ɛ̃flyʀa] *sur notre décision.*

INFORMATICIEN [ɛ̃fɔʀmatisjɛ̃], n. m. **INFORMATICIENNNE** [ɛ̃fɔʀmatisjɛn] n. f. *UN INFORMATICIEN, UNE INFORMATICIENNE :* une personne spécialisée en informatique. *Sa femme est informaticienne.*

INFORMATIF [ɛ̃fɔʀmatif], **INFORMATIVE** [ɛ̃fɔʀmativ] adj. (après le nom). Qui apporte de l'information. *Nous avons assisté à une réunion informative.*

INFORMATION [ɛ̃fɔʀmasjɔ̃] n. f.

I. *UNE INFORMATION* **1.** Renseignement (sur qqn ou qqch.). *À la gare, les voyageurs peuvent s'adresser au bureau d'informa-*

tions. Le journaliste a des informations confidentielles sur la star. → STYLE FAMILIER **tuyau.** 2. Le fait de s'informer, de chercher à savoir. *Le ministre a fait un voyage d'information en Bretagne.* 3. Fait, nouvelle que l'on fait connaître à qqn, au public à l'aide de mots, de sons ou d'images. *La radio transmet une information de dernière minute,* une nouvelle très récente. 4. (au pluriel) LES INFORMATIONS : les nouvelles communiquées par des journalistes. *Il suit de près les informations sportives. Voici notre bulletin d'informations. Ils regardent chaque soir les informations télévisées,* les actualités. → **journal.** – *INFOS* [ɛ̃fo] forme abrégée familière *J'ai écouté les infos à la radio.*
II. *L'INFORMATION :* l'action d'informer le public, l'opinion (par la presse, la radio ou la télévision). *Chaque citoyen a droit à l'information. Ils sont abonnés à un grand journal d'information.* ⟨contraires : désinformation, propagande⟩

INFORMATIQUE [ɛ̃fɔʀmatik] n. f. et adj. 1. *L'INFORMATIQUE :* science et technique qui s'occupe de rassembler, trier et stocker des informations dans des mémoires d'ordinateur et de les organiser grâce à des moyens automatiques. *La plupart des entreprises utilisent l'informatique dans la gestion ou les travaux de bureau. L'informatique est utile dans de nombreux domaines.* 2. adjectif (après le nom) Relatif à l'informatique. *Chez eux, ils ont un équipement informatique perfectionné. Les informations sont classées dans des fichiers informatiques.*

INFORMATISATION [ɛ̃fɔʀmatizasjɔ̃] n. f. ▪ *L'INFORMATISATION :* action de traiter, d'organiser des informations par des moyens informatiques. *La bibliothèque est en cours d'informatisation.*

INFORMATISER [ɛ̃fɔʀmatize] verbe [conjugaison 1a] ▪ Traiter, organiser (un problème, une activité) par les méthodes de l'informatique. *Toutes les banques ont informatisé la gestion des comptes de leurs clients. – Beaucoup d'entreprises sont informatisées.*

INFORME [ɛ̃fɔʀm] adj. (après le nom) 1. Qui n'a pas de forme très définie. *Le potier fabrique des vases à partir d'une masse d'argile informe.* 2. Dont la forme n'est pas achevée. *Son travail n'est encore qu'un brouillon informe.* → **grossier.** 3. Laid, disgracieux. *Cette robe me donne une silhouette informe !*

INFORMER [ɛ̃fɔʀme] verbe [conjugaison 1a] 1. Mettre au courant (de qqch.). *Le patron de l'entreprise INFORME le personnel DE sa décision.* → **aviser.** *Informez-nous de votre arrivée, nous irons vous chercher.* → **avertir, prévenir.** *Je t'INFORME QUE je ne serai pas là demain. – Tu es bien informé,* bien renseigné. 2. verbe pronominal S'INFORMER : se mettre au courant, se renseigner. *Elle s'est gentiment informée de ma santé. Informe-toi sur ses projets. – Il s'informe en lisant des journaux.*

INFORTUNE [ɛ̃fɔʀtyn] n. f. ▪ STYLE RECHERCHÉ *UNE INFORTUNE :* un malheur. *Pour comble d'infortune, il a perdu son travail.* → **malchance.** ⟨contraires : bonheur, chance⟩ *L'un des rescapés de l'accident cherche à réconforter ses COMPAGNONS D'INFORTUNE,* ceux qui supportent les mêmes malheurs que lui.
REM. On peut dire aussi *mauvaise fortune.*

INFOS n. f. pluriel Forme abrégée familière de **informations.**

INFRACTION [ɛ̃fʀaksjɔ̃] n. f. ▪ *UNE INFRACTION :* faute contre un règlement, punie par la loi. *L'automobiliste a commis une infraction au code de la route en passant au feu rouge. Il est EN INFRACTION.*

INFRANCHISSABLE [ɛ̃fʀɑ̃ʃisabl] adj. (après le nom) ▪ Impossible à franchir. *Ce mur est infranchissable sans échelle. C'est un obstacle infranchissable.*

INFRAROUGE [ɛ̃fʀaʀuʒ] adj. et n. m. 1. adjectif (après le nom) (radiations, rayons) Dont la longueur d'onde est inférieure à celle de la lumière rouge, dans le spectre solaire. *Les rayons infrarouges sont invisibles.* 2. *L'INFRAROUGE :* le rayonnement par rayons infrarouges. *Ce chauffage électrique est à infrarouge.*
REM. On écrit aussi *un chauffage à infrarouges.*

INFRÉQUENTABLE [ɛ̃fʀekɑ̃tabl] adj. (après le nom) ▪ (qqn) Que l'on ne peut pas fréquenter. *Ce sont des gens grossiers, infréquentables.* ⟨contraire : fréquentable⟩

INFRUCTUEUX [ɛ̃fʀyktɥø], **INFRUCTUEUSE** [ɛ̃fʀyktɥøz] adj. (après le nom) ▪ Sans résultat. *Toutes les recherches sont restées infructueuses.* → **inutile, vain.** *Il a entrepris une démarche infructueuse.* ⟨contraire : fructueux⟩

INFUSER [ɛ̃fyze] verbe [conjugaison 1a] ▪ Tremper (une plante aromatique) dans un liquide bouillant afin que celui-ci en prenne le goût et l'arôme. *Elle fait infuser des feuilles de tilleul.* → **macérer.** *Laissez infuser quelques minutes.*

INFUSION [ɛ̃fyzjɔ̃] n. f. ▪ *UNE INFUSION :* boisson obtenue en faisant infuser des plantes aromatiques dans l'eau bouillante. *Elle boit une infusion de verveine avant de se coucher.* → **tisane.**

INGAMBE [ɛ̃gɑ̃b] adj. (après le nom) ▪ STYLE RECHERCHÉ (qqn) Solide sur ses jambes. *Son grand-père est un vieux monsieur encore ingambe.* → **alerte.** ⟨contraires : impotent, infirme⟩
REM. Ce mot est vieilli ou d'emploi plaisant. Il vient de l'italien *in gamba* « en jambe ».

S'**INGÉNIER** [ɛ̃ʒenje] verbe pronominal [conjugaison 7a] ▪ *S'INGÉNIER À :* mettre en œuvre toutes les ressources de son esprit pour (parvenir à son but). *Nos hôtes se sont ingéniés à nous faire plaisir.* → s'**efforcer,** s'**évertuer.** *Quand nous étions enfants, nous nous ingéniions à désobéir à nos parents. Elle s'ingéniera* [ɛ̃ʒeniʀa].
REM. *S'ingénier* est de la famille de ① *génie.*

INGÉNIERIE [ɛ̃ʒeniʀi] n. f. ▪ *L'INGÉNIERIE :* étude et conception d'un projet industriel sous tous ses aspects. *L'ingénierie de ce projet nécessite la collaboration de nombreux spécialistes.*
REM. *Ingénierie* a remplacé en français l'anglicisme *engineering.*

INGÉNIEUR [ɛ̃ʒenjœʀ] n. m. ▪ *UN INGÉNIEUR :* une personne ayant reçu une formation scientifique et technique qui la rend capable de diriger certains travaux et de participer à des recherches. *Il a suivi les cours d'une école d'ingénieurs. Il est ingénieur chimiste. Sa femme est ingénieur dans le textile.*
REM. *Ingénieur* n'a pas de féminin, sauf au Québec où la forme *ingénieure* est employée.

INGÉNIEUX [ɛ̃ʒenjø], **INGÉNIEUSE** [ɛ̃ʒenjøz] adj. (après le nom) 1. Capable d'inventer des solutions aux problèmes pratiques. *Son mari est un bricoleur ingénieux.* → **habile, inventif.** 2. (qqch.) Qui montre beaucoup d'invention, d'imagination. *Le système d'ouverture de cette boîte est très ingénieux. Quelle trouvaille ingénieuse !*
REM. Ce mot est de la même famille que *s'ingénier.*

INGÉNIOSITÉ [ɛ̃ʒenjozite] n. f. ▪ *L'INGÉNIOSITÉ :* qualité de qqn d'ingénieux, d'inventif ou de qqch. qui montre de l'adresse et de l'imagination. *L'architecte a fait preuve d'ingéniosité pour aménager cet appartement.* → **habileté.** *Ce mécanisme est d'une grande ingéniosité.*

INGÉNU [ɛ̃ʒeny], **INGÉNUE** [ɛ̃ʒeny] adj., n. m. et n. f. 1. adjectif (après le nom) Qui a une sincérité innocente et naïve. *C'est une jeune fille ingénue.* → **candide.** ⟨contraires : fourbe, rusé⟩ *Ne prends pas cet air ingénu !* → **innocent.** 2. *UN INGÉNU, UNE INGÉNUE :* une personne naïve et innocente. *Ne fais pas l'ingénu ! Cette comédienne joue les rôles d'ingénue,* les rôles de jeune fille innocente.

INGÉRENCE [ɛ̃ʒeʀɑ̃s] n. f. ▪ *UNE INGÉRENCE :* le fait d'intervenir sans en avoir le droit dans les affaires des autres. *Cet acteur célèbre ne supporte pas l'ingérence des journalistes dans sa vie privée. Le gouvernement critique toutes les ingérences étrangères dans les affaires de son pays.* → **intervention.**

S'INGÉRER [ɛ̃ʒeʀe] verbe pronominal [conjugaison 6a] ▪ Intervenir sans en avoir le droit dans les affaires des autres. *Il n'aime pas que l'on s'ingère dans sa vie privée.* → **s'immiscer.** *Nous ne nous ingérerons* [ɛ̃ʒɛʀʀɔ̃] *jamais dans les affaires des pays voisins.* → **intervenir.**

INGOUVERNABLE [ɛ̃guvɛʀnabl] adj. (après le nom) ▪ Impossible à gouverner. *Le pays est ingouvernable.* ⟨contraire : docile⟩

INGRAT [ɛ̃gʀa] adj. et n. m., **INGRATE** [ɛ̃gʀat] adj. et n. f.
I. adjectif (après le nom) **1.** (qqn) Qui n'a pas de reconnaissance, pas de gratitude pour ce que l'on a fait pour lui. *Elle s'est montrée ingrate envers ceux qui l'ont aidée.* ⟨contraire : reconnaissant⟩ **2.** (qqch.) Qui ne récompense pas des efforts qu'il coûte, qui ne donne pas de satisfaction. *Ici, la terre est ingrate, elle ne donne que de maigres récoltes.* → **aride.** *Faire le ménage est un travail ingrat.* ⟨contraire : fécond⟩ **3.** Qui manque de grâce, d'agrément. *Sa femme a un visage ingrat,* disgracieux. ⟨contraire : agréable⟩ – *Sa fille entre dans l'ÂGE INGRAT,* l'âge de la puberté.
II. *UN INGRAT, UNE INGRATE :* une personne qui n'a pas de reconnaissance pour ce que l'on a fait pour elle. *Je ne serai pas une ingrate, je me souviendrai toujours de ce que tu as fait pour moi.*

INGRATITUDE [ɛ̃gʀatityd] n. f. ▪ *L'INGRATITUDE :* caractère d'une personne ingrate, qui n'a pas de reconnaissance. *Il a fait preuve d'ingratitude envers ceux qui l'ont aidé.* ⟨contraires : gratitude, reconnaissance⟩

INGRÉDIENT [ɛ̃gʀedjɑ̃] n. m. ▪ *UN INGRÉDIENT :* élément qui entre dans la composition d'un mélange ou d'une préparation. *La sauce est faite à partir de nombreux ingrédients. Mélangez tous les ingrédients pour obtenir une pâte homogène.*

INGUÉRISSABLE [ɛ̃geʀisabl] adj. (après le nom) ▪ Que l'on ne peut pas guérir. *Il est atteint d'une maladie inguérissable.* → **incurable.** *Le malade est inguérissable.* → **condamné.**

INGURGITER [ɛ̃gyʀʒite] verbe [conjugaison 1a] ▪ Avaler avec avidité et en grande quantité. *Le chien ingurgite sa pâtée en deux minutes.* → **engloutir.** *Le goinfre a tout ingurgité.*

INHABITABLE [inabitabl] adj. (après le nom) ▪ (lieu) Qui n'est pas habitable ou difficilement habitable. *Ils ont acheté une maison inhabitable qui nécessite d'importants travaux d'aménagement.* ⟨contraire : habitable⟩ *Les régions désertiques sont inhabitables.* → **hostile, inhospitalier.**

INHABITÉ [inabite], **INHABITÉE** [inabite] adj. (après le nom) ▪ (lieu) Sans habitant, désert. *Ces régions inhabitées sont désertiques.* ⟨contraire : habité⟩ *La maison paraît inhabitée.* → **inoccupé, vide.**

INHABITUEL [inabitɥɛl], **INHABITUELLE** [inabitɥɛl] adj. (après le nom) ▪ Qui n'est pas habituel. *Il y a une animation inhabituelle dans la rue.* → **inaccoutumé.** ⟨contraire : habituel⟩

INHALATION [inalasjɔ̃] n. f. ▪ *UNE INHALATION :* action de respirer des vapeurs, des gaz. *L'inhalation d'éther provoque l'anesthésie.* – *Il fait des inhalations d'eucalyptus pour soigner son rhume,* il aspire des vapeurs d'eucalyptus.

INHALER [inale] verbe [conjugaison 1a] ▪ Absorber par les voies respiratoires. *Quand il fume, il inhale la fumée de sa cigarette.* → **aspirer, avaler.**

INHÉRENT [ineʀɑ̃], **INHÉRENTE** [ineʀɑ̃t] adj. (après le nom) ▪ (qqch.) *INHÉRENT À :* qui appartient essentiellement à (qqn, qqch.), qui est inséparable de. *Les avantages inhérents à cette profession sont nombreux. La bonne humeur et la gentillesse sont les deux qualités inhérentes à sa personnalité.*

INHIBÉ [inibe], **INHIBÉE** [inibe] adj. (après le nom) ▪ (qqn) Gêné, freiné dans son activité, ses impulsions. *Elle est très inhibée sexuellement.* → **refoulé.** *Elle se sent inhibée en présence de son père.*
REM. Ce mot vient du vocabulaire de la psychologie.

INHIBITION [inibisjɔ̃] n. f. ▪ *UNE INHIBITION :* ce qui empêche (qqn) de manifester ses sentiments, ses impulsions, ses opinions. *Les gens timides doivent vaincre leurs inhibitions pour arriver à s'exprimer.*
REM. Comme *inhibé, inhibition* fait partie du vocabulaire de la psychologie.

INHOSPITALIER [inɔspitalje], **INHOSPITALIÈRE** [inɔspitaljɛʀ] adj. (après le nom) ▪ (lieu) Peu accueillant, hostile. *Les déserts sont inhospitaliers. Le bateau longe une côte rocheuse inhospitalière,* d'un abord difficile.

INHUMAIN [inymɛ̃], **INHUMAINE** [inymɛn] adj. (après le nom) **1.** Qui manque d'humanité. *Les prisonniers sont soumis à un traitement inhumain.* → **barbare, cruel.** ⟨contraires : bienveillant, charitable, humain⟩ *C'est inhumain d'exiger cela.* → **monstrueux. 2.** Qui n'a rien d'humain. *On a entendu des hurlements inhumains.* → **terrible.**

INHUMATION [inymasjɔ̃] n. f. ▪ STYLE RECHERCHÉ *UNE INHUMATION :* cérémonie au cours de laquelle on enterre un mort. → **enterrement.** *L'inhumation aura lieu jeudi matin à dix heures.*

INHUMER [inyme] verbe [conjugaison 1a] ▪ STYLE RECHERCHÉ Mettre en terre (le corps d'un mort) avec les cérémonies habituelles. → **enterrer.** *On l'a inhumé dans le cimetière de sa ville natale.* → **ensevelir.** *C'est le médecin qui délivre le PERMIS D'INHUMER.* ⟨contraire : exhumer⟩
REM. C'est le seul mot qu'il convient d'employer, *enterrer* étant trop brutal.

INIMAGINABLE [inimaʒinabl] adj. (après le nom) ▪ Difficile ou impossible à imaginer. *Sa chambre est dans un désordre inimaginable.* → **incroyable.** *C'est inimaginable, ce que tu me racontes !* → **impensable, invraisemblable.**

INIMITABLE [inimitabl] adj. (après le nom) ▪ Difficile ou impossible à imiter. *Il parle avec un accent inimitable.*

INIMITIÉ [inimitje] n. f. ▪ STYLE RECHERCHÉ *L'INIMITIÉ :* sentiment d'hostilité. *Elle a une inimitié profonde contre lui. J'ai de l'inimitié pour elle.* → **antipathie.** ⟨contraire : amitié⟩

ININTELLIGIBLE [inɛ̃teliʒibl] adj. (après le nom) ▪ (qqch.) Difficile ou impossible à comprendre. *Le malade prononce des mots inintelligibles.* → **incompréhensible.** ⟨contraire : intelligible⟩

ININTÉRESSANT [inɛ̃teʀesɑ̃], **ININTÉRESSANTE** [inɛ̃teʀesɑ̃t] adj. (après le nom) ▪ Qui n'a aucun intérêt. *J'ai vu un film inintéressant.* ⟨contraires : captivant, intéressant, passionnant⟩

ININTERROMPU [inɛ̃teʀɔ̃py], **ININTERROMPUE** [inɛ̃teʀɔ̃py] adj. (après le nom) ▪ Qui n'est pas interrompu. *Il y a une file ininterrompue de voitures devant l'entrée du parking.* → **continu.** *Voici maintenant un quart d'heure de musique ininterrompue.* → **non-stop.**

INITIAL [inisjal], **INITIALE** [inisjal] adj. (après le nom) ▪ (qqch.) Qui se trouve au début, qui commence qqch. *J'ai oublié la raison initiale de notre dispute.* → **originel.** *Vous devez faire un verse-*

ment initial de cinq mille francs, puis vous paierez mille francs par mois. → **premier.** ⟨contraires : dernier, final⟩ MASCULIN PLURIEL : *des événements INITIAUX* [inisjo].

INITIALE [inisjal] n. f. ▪ *UNE INITIALE :* première lettre (d'un mot). *Un sigle est formé par les initiales de plusieurs mots. Signez chaque page avec vos initiales,* avec la première lettre de votre prénom et la première lettre de votre nom.

INITIALEMENT [inisjalmɑ̃] adverbe ▪ STYLE RECHERCHÉ Au début, au commencement. *Initialement, le projet était différent.* ⟨contraire : à la fin⟩

INITIATEUR [inisjatœʀ] n. m., **INITIATRICE** [inisjatʀis] n. f. ▪ *UN INITIATEUR, UNE INITIATRICE :* une personne qui initie (qqn), qui enseigne le premier (qqch.). *Il a été son initiateur en informatique.*

INITIATION [inisjasjɔ̃] n. f. ▪ *L'INITIATION :* action de recevoir ou de donner les premières connaissances (dans un domaine). *Ma secrétaire a suivi un stage d'INITIATION À l'informatique.*

INITIATIVE [inisjativ] n. f. **1.** *UNE INITIATIVE :* action d'une personne qui est la première à proposer ou à faire qqch. *J'ai PRIS L'INITIATIVE DE ranger ces dossiers.* **2.** *L'INITIATIVE :* qualité d'une personne qui propose et entreprend de faire qqch. *Ma sœur a l'esprit d'initiative. Il A DE L'INITIATIVE. J'ai fait ça DE MA PROPRE INITIATIVE,* spontanément, sans qu'on me l'ait demandé. – *Adressez-vous au SYNDICAT D'INITIATIVE pour avoir une documentation,* à l'organisme qui est chargé de développer le tourisme dans la région.

INITIÉ [inisje] n. m., **INITIÉE** [inisje] n. f. ▪ *UN INITIÉ, UNE INITIÉE :* une personne qui connaît déjà le sujet dont on parle, qui est dans le secret. *Les initiés auront compris de quoi il s'agit.*

INITIER [inisje] verbe [conjugaison 7a] **1.** *INITIER qqn À qqch.,* être le premier à lui apprendre qqch. *Il initiera* [inisiʀa] *son fils au bridge.* **2.** verbe pronominal *S'INITIER À :* (qqn) faire l'apprentissage de. *Elle s'est initiée aux mathématiques :* elle a commencé à apprendre les mathématiques. *C'était l'époque où vous vous initiiez au bateau.*

REM. Il existe aussi un sens « commencer » qui est un anglicisme critiqué (ex. : *L'inspecteur a initié l'enquête*).

INJECTER [ɛ̃ʒɛkte] verbe [conjugaison 1a] ▪ Faire entrer (un liquide en jet) dans l'organisme. *Le médecin injecte un calmant au malade,* il lui fait une piqûre contenant un calmant.

INJECTION [ɛ̃ʒɛksjɔ̃] n. f. ▪ *UNE INJECTION* **1.** Introduction d'un liquide dans le corps avec un instrument spécial, le plus souvent une seringue. *Ce vaccin se fait en trois injections.* → **piqûre.** **2.** *UN MOTEUR À INJECTION,* dont l'alimentation en carburant se fait sans carburateur. *Sa voiture a un moteur à injection.*

INJOIGNABLE [ɛ̃ʒwaɲabl] adj. (après le nom) ▪ (qqn) Que l'on ne peut pas joindre par téléphone. *Je serai injoignable toute la journée. L'usine est dirigée par un patron injoignable !*

INJONCTION [ɛ̃ʒɔ̃ksjɔ̃] n. f. ▪ *UNE INJONCTION :* action d'ordonner qqch. à quoi il faut obéir immédiatement. *L'automobiliste a reçu l'injonction de montrer ses papiers au gendarme.* → **ordre.**

INJURE [ɛ̃ʒyʀ] n. f. ▪ *UNE INJURE :* une parole blessante. *Ils se sont dit des injures.* → **insulte.** *Elle l'a accablé d'injures. Les deux automobilistes en sont venus aux injures.*

> FAUX AMI
> anglais **injury**
> « blessure »

INJURIER [ɛ̃ʒyʀje] verbe [conjugaison 7a] **1.** Dire des injures à (qqn). *Elle s'est fait injurier par un automobiliste. Il ne faut pas que vous injuriiez les passants sans raison.* → **insulter.** *Est-ce que tu l'injurieras* [ɛ̃ʒyʀiʀa] *?* **2.** verbe pronominal *S'INJURIER :* se dire des insultes mutuellement. *Les deux adversaires se sont injuriés à la fin de la partie.*

> FAUX AMI
> anglais **to injure**
> « blesser »

INJURIEUX [ɛ̃ʒyʀjø], **INJURIEUSE** [ɛ̃ʒyʀjøz] adj. (après le nom) ▪ Qui est une injure, qui contient des injures. *Il lui a dit des choses injurieuses.* → **blessant, insultant, offensant.**

INJUSTE [ɛ̃ʒyst] adj. (après le nom) **1.** (qqch.) Contraire à la justice. *Le professeur a donné une punition injuste.* ⟨contraire : juste⟩ *Ce serait injuste de condamner un innocent.* **2.** (qqn) Qui agit contre la justice. *Tu as été injuste avec (envers) elle.* ⟨contraires : équitable, juste⟩ *Ne soyez pas injustes envers eux.*

INJUSTEMENT [ɛ̃ʒystəmɑ̃] adverbe ▪ D'une manière injuste. *Il a été injustement accusé de vol,* à tort.

INJUSTICE [ɛ̃ʒystis] n. f. **1.** *L'INJUSTICE :* manque de justice. *L'injustice du jugement rendu par le tribunal semble évidente. Il est révolté par l'injustice.* ⟨contraire : justice⟩ **2.** *UNE INJUSTICE :* acte ou décision injuste. *Il a été victime d'une terrible injustice. Tu dois réparer les injustices que tu as commises.*

INJUSTIFIÉ [ɛ̃ʒystifje], **INJUSTIFIÉE** [ɛ̃ʒystifje] adj. (après le nom) ▪ Qui n'a pas de raison d'être, que rien ne justifie. *Ta peur est injustifiée, il n'y a aucun danger.* ⟨contraire : motivé⟩

INLASSABLE [ɛ̃lasabl] adj. (après le nom ou avant le nom) ▪ Qui ne se lasse pas. → **infatigable.** *Le professeur répète la même chose avec une inlassable patience. C'est un chercheur inlassable,* qui ne se décourage jamais.

INLASSABLEMENT [ɛ̃lasabləmɑ̃] adverbe ▪ Sans cesse, sans se fatiguer. *Il répète inlassablement les mêmes gestes.*

INNÉ [ine], **INNÉE** [ine] adj. (après le nom) ▪ (qualité, goût) Que l'on a à la naissance. *Elle a un don inné pour le dessin.* → **naturel.**

REM. On peut aussi prononcer [inne].

INNOCEMMENT [inɔsamɑ̃] adverbe ▪ D'une manière innocente, sans vouloir faire le mal. *Elle a dit ça innocemment.*

INNOCENCE [inɔsɑ̃s] n. f. ▪ *L'INNOCENCE* **1.** État d'une personne qui n'est pas coupable. *L'accusé clame son innocence.* ⟨contraire : culpabilité⟩ *Il proteste de son innocence. Son innocence a été reconnue.* **2.** État d'une personne qui ignore le mal. *J'ai eu L'INNOCENCE de croire en leur bonne foi.* → **candeur.** *Ils ont abusé de son innocence.* → **naïveté.** *Elle leur a tout raconté EN TOUTE INNOCENCE,* sans penser à mal.

INNOCENT [inɔsɑ̃] adj. et n. m., **INNOCENTE** [inɔsɑ̃t] adj. et n. f.
I. adjectif (après le nom, parfois avant le nom) **1.** (qqn) Qui n'a rien fait de mal. *Il est innocent du crime dont on l'accuse.* ⟨contraire : coupable⟩ *Cette erreur judiciaire a fait de lui une innocente victime.* **2.** Qui est plein de candeur. *Je suis innocent comme l'agneau qui vient de naître.* → **pur.** *Ne prends pas cet air innocent !* → **angélique.** *Une MAIN INNOCENTE a procédé au tirage au sort.* **3.** Qui croit tout ce qu'on lui dit. *Il faut être bien innocent pour croire un mensonge pareil.* → **crédule, naïf.**

4. (qqch.) À quoi on ne peut rien reprocher. *Ils ont des jeux bien innocents. Vous n'allez pas le punir pour une farce innocente.* ⟨contraires : blâmable, condamnable⟩
II. *UN INNOCENT, UNE INNOCENTE* **1.** Personne qui n'est pas coupable. *Vous risquez de condamner un innocent.* ⟨contraire : contraire :coupable⟩ **2.** Personne simple d'esprit. *L'innocent du village a été interné.* → **idiot.**

INNOCENTER [inɔsɑ̃te] verbe [conjugaison 1a] ▪ Déclarer (qqn) innocent, apporter la preuve de l'innocence de (qqn). *Le tribunal a innocenté l'accusé.* → **disculper.** ⟨contraire : accuser⟩ *Le témoignage du voisin innocente le suspect.*

INNOMBRABLE [inɔ̃bʀabl] adj. (après le nom ou avant le nom) ▪ D'un nombre si important qu'on ne peut pas compter. *Une foule innombrable est sur la place,* très nombreuse. → **considérable.** *Il a reçu d'innombrables lettres d'admiratrices.*
REM. On peut aussi prononcer [innɔ̃bʀabl].

INNOMMABLE [inɔmabl] adj. (après le nom) ▪ Trop ignoble pour être désigné. *Il a eu une conduite innommable.* → **inqualifiable.** *Cette nourriture est innommable.* → **dégoûtant, infect.**
REM. On peut aussi prononcer [innɔmabl].

INNOVATION [inɔvasjɔ̃] n. f. ▪ *UNE INNOVATION :* une chose nouvelle. *Ils ont fait des innovations dans leur maison.* → **changement.** *Elle a peur de l'innovation,* de ce qui change. → **nouveauté.**

INNOVER [inɔve] verbe [conjugaison 1a] ▪ Introduire de la nouveauté (dans qqch.). *Il n'a rien innové, ça existait déjà.* – *Il faut toujours innover pour se faire remarquer.* ⟨contraires : copier, imiter⟩

INOCCUPÉ [inɔkype], **INOCCUPÉE** [inɔkype] adj. (après le nom) **1.** (lieu) Où il n'y a personne. *Ils ont acheté un appartement inoccupé depuis plusieurs mois.* → **inhabité, vacant, vide.** *Vous pouvez vous asseoir, cette chaise est inoccupée.* → **libre.** ⟨contraire : occupé⟩ **2.** (qqn) Qui n'a pas d'occupation. *Une personne inoccupée pourrait vous aider. Il ne reste jamais inoccupé.* → **désœuvré, inactif, oisif.** ⟨contraire : occupé⟩ – *Il a les mains inoccupées.*

INOCULER [inɔkyle] verbe [conjugaison 1a] **1.** Introduire dans l'organisme (les germes d'une maladie). *Le médecin lui a inoculé un vaccin.* **2.** Transmettre (un sentiment, une passion que l'on compare à un virus). *Elle a inoculé à sa fille l'amour de la musique.*

INODORE [inɔdɔʀ] adj. (après le nom) ▪ Sans odeur. *L'assassin a mis un poison inodore dans le café de sa victime. L'eau est incolore, inodore et sans saveur.* ⟨contraire : odorant⟩

INOFFENSIF [inɔfɑ̃sif], **INOFFENSIVE** [inɔfɑ̃siv] adj. (après le nom, parfois avant le nom) ▪ Qui n'est pas dangereux, ne fait pas de mal. *N'ayez pas peur, mon chien est inoffensif.* ⟨contraire : dangereux⟩ *Ce n'est pas un inoffensif verre de vin qui va vous rendre malade !* ⟨contraires : nocif, nuisible, toxique⟩

INONDATION [inɔ̃dasjɔ̃] n. f. ▪ *UNE INONDATION :* eaux qui, en débordant, recouvrent le pays environnant. *La fonte des neiges a provoqué une inondation. Les inondations ont causé des dégâts importants.* – STYLE FAMILIER *La baignoire a débordé, ça a fait une inondation dans la salle de bains.*

INONDÉ [inɔ̃de], **INONDÉE** [inɔ̃de] adj. (après le nom) **1.** Recouvert d'eau à la suite d'une inondation. *Les propriétaires des terres inondées seront indemnisés par l'État.* **2.** Rempli de, plein de. *Une chambre inondée de soleil.*

INONDER [inɔ̃de] verbe [conjugaison 1a]
I. 1. Recouvrir d'eaux qui débordent. *Le fleuve a inondé les champs.* → **noyer, submerger.** *Les orages inondent régulièrement la cave.* **2.** Mouiller abondamment. *Il a inondé la salle de bains en prenant sa douche. Les larmes inondaient son visage.*
II. Envahir. *Les publicitaires inondent ma boîte à lettres de prospectus. Je suis inondé de courrier.* – STYLE RECHERCHÉ *Si je le revoyais, la joie m'inonderait le cœur.* → **remplir.**

INOPINÉ [inɔpine], **INOPINÉE** [inɔpine] adj. (après le nom) ▪ Qui se produit alors qu'on ne s'y attend pas. *Sa visite inopinée a surpris tout le monde.* → **imprévu, inattendu.** ⟨contraire : prévu⟩

INOPPORTUN [inɔpɔʀtɛ̃], **INOPPORTUNE** [inɔpɔʀtyn] adj. (après le nom) ▪ Qui ne se produit pas au moment voulu. *Le moment est inopportun pour s'expliquer,* mal choisi. ⟨contraire : opportun⟩ *Il lui a fait une demande inopportune.* → **déplacé, intempestif.**

INOUBLIABLE [inublijabl] adj. (après le nom) ▪ Que l'on ne peut pas oublier. *Ce voyage leur a laissé des souvenirs inoubliables.* → **mémorable.** *Nous avons mangé un foie gras inoubliable,* tellement bon qu'on ne l'oubliera jamais.

INOUÏ [inwi], **INOUÏE** [inwi] adj. (après le nom) ▪ Extraordinaire, incroyable. *La tempête est d'une violence inouïe.* → **prodigieux.** ⟨contraires : banal, commun, ordinaire⟩ – STYLE FAMILIER *Il a un toupet inouï.* → **invraisemblable.**

INOX [inɔks] n. m. ▪ *L'INOX :* acier inoxydable. *L'évier est en inox. Ils ont des couverts faits dans un bel inox.*

INOXYDABLE [inɔksidabl] adj. et n. m. **1.** Qui ne s'oxyde pas, ne rouille pas. *Ces couverts sont en acier inoxydable. Ils ont des couteaux inoxydables.* **2.** *L'INOXYDABLE :* métal inoxydable. *Ces couverts sont en inoxydable.* → **inox.**

INQUALIFIABLE [ɛ̃kalifjabl] adj. (après le nom, parfois avant le nom) ▪ (qqch.) Tellement blâmable qu'il n'y a pas de mot pour le qualifier. *Il a eu une conduite inqualifiable.* → **scandaleux.** *Il est d'une inqualifiable grossièreté.*

INQUIET [ɛ̃kjɛ] adj. et n. m., **INQUIÈTE** [ɛ̃kjɛt] adj. et n. f. **1.** adjectif (après le nom) Qui se fait du souci, est agité par la crainte, l'incertitude. *Sa mère est inquiète à son sujet.* → **angoissé, anxieux.** ⟨contraire : tranquille⟩ *Je suis INQUIET DE son silence. Es-tu INQUIET QU'il ne t'ait pas donné de nouvelles ?* – *Sa femme a toujours l'air inquiet.* → **soucieux.** ⟨contraires : insouciant, serein⟩ **2.** *UN INQUIET, UNE INQUIÈTE :* une personne toujours inquiète. *C'est un inquiet, il faudrait lui téléphoner pour le rassurer.* → **angoissé, anxieux.**

FAUX AMI
espagnol **inquieto**
« agité »

INQUIÉTANT [ɛ̃kjetɑ̃], **INQUIÉTANTE** [ɛ̃kjetɑ̃t] adj. (après le nom) ▪ Qui provoque de l'inquiétude, qui préoccupe. *Le malade est dans un état inquiétant.* → **alarmant, grave, préoccupant.** ⟨contraire : rassurant⟩ *Son long silence devient inquiétant.* → **angoissant.** *Il a un visage inquiétant.*

INQUIÉTER [ɛ̃kjete] verbe [conjugaison 6a]
I. 1. Rendre inquiet (qqn). *L'état du malade inquiète le médecin.* → **préoccuper.** *Cette situation les inquiétait.* → **angoisser, tourmenter, tracasser.** *Vous m'inquiétez avec vos sous-entendus.* ⟨contraires : rassurer, tranquilliser⟩ *C'est bien ce qui m'inquiète.* → STYLE FAMILIER **turlupiner.** **2.** Menacer (qqn) d'une sanction. *La police l'a inquiété au sujet d'un cambriolage. Il est entré sans payer et n'a pas été inquiété.*
II. verbe pronominal S'INQUIÉTER **1.** Se faire du souci. *Il s'inquiète pour ses enfants.* → s'**angoisser,** se **tracasser.** *Elle s'inquiétait de ne pas nous voir arriver. Ne t'inquiète pas, tout va*

bien se passer. → STYLE FAMILIER se **frapper.** ⟨contraire : se rassurer⟩ **2.** *S'INQUIÉTER DE :* se préoccuper de. *Elle s'est inquiétée de l'heure du train,* elle s'est renseignée à ce sujet.

INQUIÉTUDE [ɛ̃kjetyd] n. f. **1.** *L'INQUIÉTUDE :* état pénible dans lequel est une personne qui attend qqch. avec crainte ou appréhension. *Elle est FOLLE D'INQUIÉTUDE en les attendant. L'état de santé de mon fils me remplit d'inquiétude.* ⟨contraire : tranquillité⟩ *Je n'ai pas d'inquiétude pour lui, il s'en sortira toujours !,* je ne suis pas inquiet pour lui. **2.** *UNE INQUIÉTUDE :* sujet d'inquiétude. *J'ai quelques inquiétudes à son sujet.*

INSAISISSABLE [ɛ̃sezisabl] adj. (après le nom) **1.** (qqn) Que l'on ne peut saisir, attraper. *La police poursuit un fugitif insaisissable.* **2.** (qqch.) Difficile à comprendre. *Il a une personnalité insaisissable.*

INSALUBRE [ɛ̃salybʀ] adj. (après le nom) ▪ Mauvais pour la santé. → **malsain.** *Ils vivent dans un logement insalubre.* ⟨contraire : salubre⟩ *Ici, le climat est insalubre.* ⟨contraire : sain⟩

INSANITÉ [ɛ̃sanite] n. f. ▪ *UNE INSANITÉ :* chose ou parole absurde, qui n'a aucun sens. *Cesse de dire des insanités !* → **absurdité, ineptie.** *Tout ça n'est qu'un tissu d'insanités.*

INSATIABLE [ɛ̃sasjabl] adj. (après le nom, parfois avant le nom) **1.** Qui n'est jamais rassasié. *Il a un appétit insatiable.* **2.** Qui n'est jamais satisfait. *Elle est d'une insatiable curiosité.*

INSATISFACTION [ɛ̃satisfaksjɔ̃] n. f. ▪ STYLE RECHERCHÉ *L'INSATISFACTION :* état d'une personne qui n'a pas ce qu'elle voudrait, qui n'est pas satisfaite. *Le client mécontent a manifesté son insatisfaction.* → **mécontentement.** ⟨contraire : satisfaction⟩ *Il éprouve une perpétuelle insatisfaction.*

INSATISFAIT [ɛ̃satisfɛ], **INSATISFAITE** [ɛ̃satisfɛt] adj. (après le nom) **1.** (qqn) Qui n'est pas satisfait. *Le client insatisfait a fait une réclamation.* ⟨contraires : comblé, content, satisfait⟩ **2.** (qqch.) Que l'on n'a pas satisfait. *Il a des désirs insatisfaits.*

INSCRIPTION [ɛ̃skʀipsjɔ̃] n. f. ▪ *UNE INSCRIPTION* **1.** Ensemble de mots écrits ou gravés sur un mur, un monument, un panneau ou un écriteau. *Il y a une inscription en grec sur le chapiteau du temple. Le mur de l'immeuble est couvert d'inscriptions.* → **graffiti, tag. 2.** Action d'inscrire qqn ou qqch. dans un registre, sur une liste. *Les inscriptions au concours commenceront demain.* ⟨contraire : radiation⟩ *Quel est votre numéro d'inscription ?* → **immatriculation.**

INSCRIRE [ɛ̃skʀiʀ] verbe [conjugaison 39]
I. 1. Écrire, graver sur une matière dure **(→ inscription).** *Les noms des soldats morts pour la patrie sont inscrits sur le monument aux morts.* **2.** Écrire dans un registre, sur une liste. → **noter.** *Inscrivez votre nom en haut et à gauche de la feuille. Il faut que vous inscriviez dès maintenant votre enfant à la crèche.*
II. verbe pronominal S'INSCRIRE **1.** Inscrire ou faire inscrire son nom. *Elle s'est inscrite au club photo du lycée.* **2.** STYLE RECHERCHÉ *S'INSCRIRE EN FAUX CONTRE QQCH.,* s'y opposer. *Je m'inscris en faux contre ce que tu viens de dire.*

inscrit [ɛ̃skʀi], **inscrite** [ɛ̃skʀit] *Il a inscrit sa fille ; sa fille qu'il a inscrite :* formes au participe passé du verbe **inscrire.**

INSCRIT [ɛ̃skʀi] adj. et n. m., **INSCRITE** [ɛ̃skʀit] adj. et n. f. **1.** adjectif (après le nom) (qqn) Dont le nom est sur une liste. *Les députés inscrits dans ce groupe politique ne sont pas nombreux.* **2.** *UN INSCRIT, UNE INSCRITE :* une personne inscrite sur les listes électorales. *Quel est le pourcentage de votants par rapport aux inscrits ?*

inscrive [ɛ̃skʀiv] *Que j'inscrive, qu'il inscrive, qu'elle inscrive :* forme au subjonctif du verbe **inscrire.**

INSECTE [ɛ̃sɛkt] n. m. ▪ *UN INSECTE :* petit animal sans squelette, au corps articulé, qui a trois paires de pattes et souvent des ailes. *Les fourmis, les puces, les moustiques et les papillons sont des insectes.*

INSECTICIDE [ɛ̃sɛktisid] n. m. et adj. **1.** *UN INSECTICIDE :* produit qui tue les insectes. *Il vaporise de l'insecticide dans sa chambre.* **2.** adjectif (après le nom) (qqch.) Qui tue les insectes. *Achète de la poudre insecticide.*

INSECTIVORE [ɛ̃sɛktivɔʀ] adj. et n. m. **1.** adjectif (après le nom) Qui mange des insectes. *L'hirondelle est un oiseau insectivore.* **2.** *UN INSECTIVORE :* animal qui se nourrit d'insectes. *La grenouille, le lézard, la taupe sont des insectivores.*

INSÉCURITÉ [ɛ̃sekyʀite] n. f. ▪ *L'INSÉCURITÉ :* situation dans laquelle on se sent exposé au danger, aux agressions. *Les citoyens ne peuvent pas vivre dans l'insécurité. Elle a un SENTIMENT D'INSÉCURITÉ quand elle est seule dans un endroit désert.* ⟨contraire : sécurité⟩

INSÉMINATION [ɛ̃seminasjɔ̃] n. f. ▪ *L'INSÉMINATION ARTIFICIELLE :* introduction de sperme dans les voies génitales d'une femelle ou d'une femme sans qu'il y ait de rapports sexuels. *La vache a eu son veau par insémination artificielle.*

INSENSÉ [ɛ̃sɑ̃se], **INSENSÉE** [ɛ̃sɑ̃se] adj. (après le nom) ▪ Contraire au bon sens. *Il a présenté un projet insensé.* → **extravagant, fou.** *C'est insensé le nombre d'idées qu'il a !*

INSENSIBILISATION [ɛ̃sɑ̃sibilizasjɔ̃] n. f. ▪ *L'INSENSIBILISATION :* le fait de rendre insensible (une partie du corps). → **anesthésie.** *Grâce à l'insensibilisation de sa mâchoire, il n'a pas eu mal quand le dentiste lui a arraché sa dent malade.*

INSENSIBILISER [ɛ̃sɑ̃sibilize] verbe [conjugaison 1a] ▪ Rendre insensible à la douleur. *Le dentiste insensibilise les gencives en faisant une piqûre.* → **anesthésier.**

INSENSIBILITÉ [ɛ̃sɑ̃sibilite] n. f. ▪ *L'INSENSIBILITÉ* **1.** Absence de sentiment. *Son INSENSIBILITÉ À ce qui se passe autour d'elle m'étonne toujours.* → **détachement, indifférence.** ⟨contraire : sensibilité⟩ **2.** Absence de sensibilité du corps ou d'une partie du corps. *L'anesthésie provoque l'insensibilité à la douleur.*

INSENSIBLE [ɛ̃sɑ̃sibl] adj. (après le nom) **1.** (qqn) Que rien n'émeut. *Il a une mère insensible. Il est INSENSIBLE AUX compliments.* → **indifférent.** ⟨contraire : sensible⟩ *Elle est restée insensible à ses avances.* → **sourd.** *Ça me laisse insensible.* → **froid. 2.** Qui ne ressent pas de douleur. *Le dentiste lui fait une piqûre pour rendre la mâchoire insensible* **(→ insensibiliser).** *Il a les doigts INSENSIBLES À la chaleur.* **3.** Dont on se rend à peine compte. *La différence de température est insensible.* → **imperceptible.** ⟨contraires : notable, perceptible⟩

INSENSIBLEMENT [ɛ̃sɑ̃sibləmɑ̃] adverbe ▪ Peu à peu, de manière insensible. *La route monte insensiblement,* sans qu'on s'en rende vraiment compte. → **imperceptiblement.** ⟨contraire : sensiblement⟩

INSÉPARABLE [ɛ̃sepaʀabl] adj. (après le nom, parfois avant le nom) **1.** (qqn) Qui est toujours avec (qqn). *Il est venu avec son inséparable ami. Ces deux frères sont inséparables. – C'est un couple inséparable,* que rien ne pourrait séparer. **2.** (qqch.) Que l'on ne peut pas séparer, considérer seul. *L'apprentissage de la lecture est INSÉPARABLE DE celui de l'écriture.*

INSÉRER [ɛ̃seʀe] verbe [conjugaison 6a] **1.** Ajouter, mettre dans. *Le rédacteur en chef insère un communiqué dans le journal. Il insérera* [ɛ̃sɛʀʀa] *une clause dans le contrat.* **2.** verbe pronominal S'INSÉRER : trouver sa place dans un ensemble. *Les travailleurs immigrés ont souvent du mal à s'insérer dans la société.* → **s'assimiler, s'intégrer.** *Elle s'est insérée dans la famille.*

INSERTION [ɛ̃sɛʀsjɔ̃] n. f. ▪ *L'INSERTION* **1.** Action d'insérer. *L'insertion d'une petite annonce dans un journal coûte assez cher.* → **introduction. 2.** Le fait de s'intégrer dans un groupe social différent. *Elle travaille dans un organisme qui s'occupe de l'insertion des étrangers.* → **assimilation.** *Ils font tout pour faciliter l'insertion des handicapés.* → **réinsertion.**

INSIDIEUX [ɛ̃sidjø], **INSIDIEUSE** [ɛ̃sidjøz] adj. (après le nom) ▪ Qui a le caractère d'un piège. → **trompeur.** *Le journaliste a posé une question insidieuse au ministre.* → **sournois.**

INSIGNE [ɛ̃siɲ] n. m. ▪ *UN INSIGNE :* signe qui permet de distinguer les membres d'un groupe. *Il porte sur son blouson l'insigne de son club de football.* → **badge, écusson.**

INSIGNIFIANT [ɛ̃siɲifjɑ̃], **INSIGNIFIANTE** [ɛ̃siɲifjɑ̃t] adj. (après le nom) ▪ Qui ne présente pas d'intérêt, n'est pas important. *Ce sont des détails insignifiants.* → **minime, négligeable.** ⟨contraires : important, intéressant⟩ *Il a une femme insignifiante.* → **quelconque, terne.**

INSINUATION [ɛ̃sinɥasjɔ̃] n. f. ▪ *UNE INSINUATION :* parole qui laisse entendre qqch. de façon détournée, sournoise. *Qu'est-ce que c'est que cette insinuation ?* → **allusion, sous-entendu.** *J'en ai assez de vos insinuations !*

INSINUER [ɛ̃sinɥe] verbe [conjugaison 1a]
I. Faire comprendre (qqch.) sans le dire franchement. *Qu'est-ce que tu insinues ? Il INSINUE QUE j'ai menti.*
II. verbe pronominal S'INSINUER **1.** Pénétrer peu à peu. *Le doute s'est insinué dans mon esprit. La tristesse s'est insinuée en moi.* **2.** (qqn) S'introduire habilement. *Un traître s'insinuera* [ɛ̃sinyʀa] *peut-être dans le groupe.*

INSIPIDE [ɛ̃sipid] adj. (après le nom) ▪ (qqch.) Qui n'a pas de goût, pas de saveur. *Le rôti est accompagné d'une sauce insipide.* → **fade.** ⟨contraire : savoureux⟩

INSISTANCE [ɛ̃sistɑ̃s] n. f. ▪ *L'INSISTANCE :* action d'insister. *Elle réclame cette faveur avec insistance.* → **obstination, persévérance.**

INSISTANT [ɛ̃sistɑ̃], **INSISTANTE** [ɛ̃sistɑ̃t] adj. (après le nom) ▪ Qui insiste. *Il la supplie d'un ton insistant. Il s'est fait plus insistant.* → **pressant.**

INSISTER [ɛ̃siste] verbe [conjugaison 1a] **1.** *INSISTER SUR qqch. :* s'arrêter avec force sur un point particulier, sur une difficulté particulière. *Le professeur insiste sur cette règle de grammaire.* → **souligner.** *J'insiste bien là-dessus. – J'ai compris, inutile d'insister.* **2.** Réclamer plusieurs fois, avec obstination. *Elle a INSISTÉ POUR venir. N'insiste pas, tu n'auras rien !* **3.** Faire porter son effort (sur qqch.). *Il lave sa chemise en insistant sur les poignets et sur le col. Frappez fort et insistez si on ne vous répond pas,* continuez à frapper. → **persévérer.**

INSOCIABLE [ɛ̃sɔsjabl] adj. (après le nom) ▪ STYLE RECHERCHÉ Qui ne se sent pas bien dans la compagnie des autres, qui préfère rester seul. *C'est un enfant insociable.* ⟨contraire : sociable⟩

INSOLATION [ɛ̃sɔlasjɔ̃] n. f. ▪ *UNE INSOLATION :* malaise assez grave qui peut arriver quand on reste trop longtemps au soleil. *Mets-toi à l'ombre, sinon tu vas attraper une insolation,* un coup de soleil.

INSOLENCE [ɛ̃sɔlɑ̃s] n. f. ▪ *L'INSOLENCE :* manque de respect. *L'élève a répondu à son professeur avec insolence.* → **effronterie, impertinence, impolitesse.** *Elle a eu l'insolence d'insister.*

INSOLENT [ɛ̃sɔlɑ̃], **INSOLENTE** [ɛ̃sɔlɑ̃t] adj. (après le nom) **1.** (qqn) Qui manque de respect. *Il faut punir les enfants insolents. Elle a été insolente avec son professeur.* → **effronté, impertinent, impoli.** ⟨contraires : poli, respectueux⟩ – *Il a répondu sur un ton insolent.* **2.** (qqch.) Qui apparaît comme un défi par sa démesure. *Il a une chance insolente au jeu. Ils vivent dans un luxe insolent.* → **indécent.**

INSOLITE [ɛ̃sɔlit] adj. (après le nom) ▪ Qui étonne, surprend par son caractère inhabituel. *Il est arrivé un événement insolite.* → **bizarre, étrange, inhabituel.** ⟨contraires : banal, courant⟩ *J'ai entendu un bruit insolite.* ⟨contraires : habituel, familier, normal⟩

INSOLUBLE [ɛ̃sɔlybl] adj. (après le nom) **1.** Que l'on ne peut pas résoudre. *C'est un problème insoluble,* impossible à résoudre, qui n'a pas de solution. **2.** Qui ne peut se dissoudre. *Cette substance est insoluble dans l'eau,* elle ne fond pas dans l'eau. ⟨contraire : soluble⟩

INSOLVABLE [ɛ̃sɔlvabl] adj. (après le nom) ▪ Qui ne peut pas payer ses dettes. *Nous avons eu affaire à un client insolvable.* ⟨contraire : solvable⟩

INSOMNIAQUE [ɛ̃sɔmnjak] adj. (après le nom) ▪ Qui souffre d'insomnie. *Elle a des parents insomniaques.*

INSOMNIE [ɛ̃sɔmni] n. f. **1.** *L'INSOMNIE :* impossibilité de s'endormir ou de dormir la nuit pendant un long moment. *J'ai encore eu une nuit d'insomnie.* **2.** *UNE INSOMNIE :* moment où l'on n'arrive pas à dormir. *Il a souvent des insomnies et se réveille plusieurs fois dans la nuit.*

INSONDABLE [ɛ̃sɔ̃dabl] adj. (après le nom, parfois avant le nom) **1.** Trop profond pour pouvoir être sondé, mesuré. *Le sous-marin est tombé dans une fosse insondable.* **2.** Très compliqué. *Nous nous trouvons face à un insondable mystère.* → **impénétrable, incompréhensible. 3.** Très important. *Il est d'une bêtise insondable.* → **infini.**

INSONORISER [ɛ̃sɔnɔʀize] verbe [conjugaison 1a] ▪ Rendre moins sonore, plus silencieux. *Ils ont fait insonoriser leur appartement,* ils l'ont fait équiper de manière à ce que les bruits ne passent pas.

INSOUCIANCE [ɛ̃susjɑ̃s] n. f. ▪ *L'INSOUCIANCE :* état de qqn qui vit sans se faire de souci. *Ils ont toujours vécu dans l'insouciance. C'est l'insouciance de la jeunesse. Il est d'une grande insouciance.*

INSOUCIANT [ɛ̃susjɑ̃], **INSOUCIANTE** [ɛ̃susjɑ̃t] adj. (après le nom) ▪ (qqn) **1.** Qui ne se préoccupe de rien, qui vit sans souci. *Ils sont jeunes, gais et insouciants.* ⟨contraire : soucieux⟩ **2.** *INSOUCIANT DE :* qui ne se soucie pas de. *Le nageur s'est éloigné de la rive, insouciant du danger,* sans penser au danger. → **inconscient.**

INSOUPÇONNÉ [ɛ̃supsɔne], **INSOUPÇONNÉE** [ɛ̃supsɔne] adj. (après le nom) ▪ (qqch.) Dont l'existence n'est pas soupçonnée. *Le sous-sol du pays contenait des richesses insoupçonnées.* → **inconnu.** *Ton idée m'ouvre des perspectives insoupçonnées.* → **inattendu, nouveau.**

INSOUTENABLE [ɛ̃sutnabl] adj. (après le nom) **1.** Qui n'est pas supportable. *Ce film a des scènes d'une violence insoutenable.* → **insupportable.** *La douleur est par moments insoutenable.* → **intolérable.** ⟨contraire : supportable⟩ **2.** (idée, opinion) Que l'on

À L'**INSU** DE [alɛ̃sydə] préposition ▪ Sans que la chose soit sue de (qqn). *Elle a recueilli un chaton à l'insu de ses parents,* sans qu'ils le sachent. → en **cachette.**

INSUBMERSIBLE [ɛ̃sybmɛʀsibl] adj. (après le nom) ▪ (bateau) Qui ne peut pas être submergé, qui ne peut pas couler. *Les naufragés sont dans des canots de sauvetage insubmersibles.*

INSUBORDINATION [ɛ̃sybɔʀdinasjɔ̃] n. f. ▪ STYLE RECHERCHÉ *L'INSUBORDINATION :* refus d'obéir à un chef militaire. *Le soldat a été condamné pour insubordination.* → **désobéissance, indiscipline.** ⟨contraires : obéissance, soumission⟩

INSUCCÈS [ɛ̃syksɛ] n. m. ▪ STYLE RECHERCHÉ *L'INSUCCÈS :* manque ou absence de succès. *L'entreprise est vouée à l'insuccès.* → **échec.** ⟨contraires : réussite, succès⟩

INSUFFISAMMENT [ɛ̃syfizamɑ̃] adverbe ▪ Pas assez, d'une manière insuffisante. *Il a raté son bac car il a insuffisamment travaillé.* ⟨contraires : assez, suffisamment⟩

INSUFFISANCE [ɛ̃syfizɑ̃s] n. f. **1.** *L'INSUFFISANCE :* caractère de ce qui ne suffit pas. *L'insuffisance de leurs ressources ne leur permet pas de partir en vacances. Le film n'a pas pu être tourné par insuffisance de moyens.* ⟨contraire : abondance⟩ **2.** *UNE INSUFFISANCE :* déficience (d'un organe). *Ce malade souffre d'une insuffisance respiratoire,* il respire très mal. **3.** (au pluriel) DES INSUFFISANCES : des défauts, des lacunes. *Ce travail révèle de graves insuffisances.* → **manque.**

INSUFFISANT [ɛ̃syfizɑ̃], **INSUFFISANTE** [ɛ̃syfizɑ̃t] adj. (après le nom) ▪ Qui ne suffit pas. *Beaucoup de gens ont des revenus insuffisants,* ils n'ont pas assez d'argent. ⟨contraires : suffisant⟩ *Tes notes sont insuffisantes.* → **médiocre.**

INSULAIRE [ɛ̃sylɛʀ] adj., n. m. et n. f. **1.** adjectif (après le nom) Qui habite une île, qui appartient à une île. *Le peuple irlandais est un peuple insulaire. Les traditions insulaires sont toujours vivantes.* ⟨contraire : continental⟩ **2.** *UN INSULAIRE, UNE INSULAIRE :* personne qui habite une île. *Les Corses sont des insulaires.*

INSULINE [ɛ̃sylin] n. f. ▪ *L'INSULINE :* hormone sécrétée par le pancréas. *L'insuline est utilisée dans le traitement du diabète. On lui fait des piqûres d'insuline.*

INSULTANT [ɛ̃syltɑ̃], **INSULTANTE** [ɛ̃syltɑ̃t] adj. (après le nom) ▪ Qui blesse, vexe, insulte. *Il a violemment réagi à cette remarque insultante.* → **blessant, injurieux.**

INSULTE [ɛ̃sylt] n. f. ▪ *UNE INSULTE* **1.** Parole faite pour blesser, vexer celui à qui elle est destinée. *Un automobiliste a adressé des insultes à un piéton.* → **injure. 2.** Atteinte, offense. *Cette attitude désinvolte est une insulte à leur chagrin.* → **outrage.**

INSULTER [ɛ̃sylte] verbe [conjugaison 1a] **1.** Attaquer (qqn) par des paroles blessantes, vexantes. *Il nous a insultés grossièrement. Ils se sont fait insulter par un passant.* → **injurier. 2.** STYLE RECHERCHÉ *INSULTER À :* (qqch.) être une atteinte, un défi à. *L'étalage de luxe insulte à la misère des gens les plus pauvres.*

INSUPPORTABLE [ɛ̃sypɔʀtabl] adj. (après le nom) ▪ Que l'on ne peut supporter. *Il ressent une douleur insupportable.* → **atroce, intolérable.** ⟨contraire : supportable⟩ *D'où vient ce bruit insupportable ?* → **infernal.** (qqn) *Ils ont des enfants insupportables.* → **odieux.** ⟨contraires : agréable, gentil⟩

INSURGÉ [ɛ̃syʀʒe] adj. et n. m., **INSURGÉE** [ɛ̃syʀʒe] adj. et n. f. **1.** adjectif (après le nom) Qui s'est insurgé, révolté. *La population insurgée a pris les armes.* **2.** *UN INSURGÉ, UNE INSURGÉE :* une personne qui s'insurge, se révolte (contre une autorité). *Les insurgés ont commencé à tirer.*

S'**INSURGER** [ɛ̃syʀʒe] verbe pronominal [conjugaison 3b] **1.** Se révolter (contre une autorité). *Le peuple français s'est insurgé contre le roi en prenant la Bastille le 14 juillet 1789* (→ **insurrection**). **2.** Protester violemment. *Nous nous insurgeons contre cette injustice. Les habitants du village se sont insurgés contre la construction d'un aéroport près de chez eux.*

INSURMONTABLE [ɛ̃syʀmɔ̃tabl] adj. (avant le nom ou après le nom) ▪ Que l'on ne peut pas surmonter. *D'insurmontables difficultés ont surgi. Elle a une peur insurmontable des araignées.*

INSURRECTION [ɛ̃syʀɛksjɔ̃] n. f. ▪ *UNE INSURRECTION :* soulèvement, révolte. *L'armée a durement réprimé l'insurrection* (→ s'**insurger**).

INTACT [ɛ̃takt], **INTACTE** [ɛ̃takt] adj. (après le nom) **1.** Qui n'a pas subi de dommage, qui est resté en bon état. *Il a retrouvé ses lunettes intactes après l'accident.* ⟨contraire : abîmé⟩ *L'atelier du peintre a été conservé intact après sa mort.* **2.** Qui n'a souffert aucune atteinte. *Son honneur est intact,* sans tache. → ② **sauf.** ⟨contraire : compromis⟩

INTARISSABLE [ɛ̃taʀisabl] adj. (après le nom, parfois avant le nom) **1.** STYLE RECHERCHÉ Qui coule sans arrêt. *Des larmes intarissables coulent sur ses joues.* **2.** (qqn) (avant ou après le nom) *C'est un intarissable bavard. Il est intarissable sur le football.*

INTÉGRAL [ɛ̃tegʀal], **INTÉGRALE** [ɛ̃tegʀal] adj. et n. f. **1.** adjectif (après le nom) Complet, entier. *Il a promis le remboursement intégral de sa dette.* → **total.** ⟨contraire : partiel⟩ MASCULIN PLURIEL : *INTÉGRAUX* [ɛ̃tegʀo]. *J'ai acheté l'édition intégrale de la « Comédie humaine » de Balzac,* l'édition complète. – *Les motards doivent avoir un casque intégral,* qui protège entièrement la tête. **2.** nom féminin *L'INTÉGRALE (d'une œuvre),* l'édition intégrale, la totalité. *Elle a l'intégrale des sonates pour piano de Beethoven.*

INTÉGRALEMENT [ɛ̃tegʀalmɑ̃] adverbe ▪ D'une manière intégrale, complète. *Nous avons intégralement remboursé notre emprunt à la banque.* → **complètement, totalement.** ⟨contraire : partiellement⟩

INTÉGRALITÉ [ɛ̃tegʀalite] n. f. ▪ *L'INTÉGRALITÉ :* état d'une chose complète. *Ils ont remboursé l'intégralité de leur dette.* → **totalité.** *Elle a lu l'œuvre de Zola DANS SON INTÉGRALITÉ.*

INTÉGRATION [ɛ̃tegʀasjɔ̃] n. f. ▪ *L'INTÉGRATION :* le fait pour une population d'origine étrangère de s'intégrer à une communauté, à un pays qui n'est pas le sien. → **assimilation.** ⟨contraire : ségrégation⟩ *L'intégration n'a posé aucun problème à cette famille algérienne.*

INTÈGRE [ɛ̃tɛgʀ] adj. (après le nom) ▪ (qqn) D'une honnêteté parfaite. *Ce juge est intègre.* → **honnête, incorruptible.** ⟨contraires : corrompu, malhonnête⟩

INTÉGRER [ɛ̃tegʀe] verbe [conjugaison 6a] **1.** Faire entrer dans un ensemble. *L'auteur a intégré un nouveau chapitre à la seconde édition de son livre.* → **inclure, incorporer.** – (qqn) *Ces immigrés sont bien intégrés,* ils font partie du pays où ils vivent. **2.** (qqn) Être reçu au concours d'entrée d'une grande école. *Son fils intègre l'École Polytechnique.* **3.** verbe pronominal S'INTÉGRER : faire partie de (un groupe). *Cet élève a du mal à s'intégrer à la classe. Cette famille tunisienne s'est bien intégrée en France.* → s'**assimiler.**

INTÉGRISME [ɛ̃tegʀism] n. m. ▪ *L'INTÉGRISME :* attitude des croyants qui refusent toute évolution. *L'intégrisme est dangereux.*

INTÉGRISTE [ɛ̃tegʀist] n. m., n. f. et adj. **1.** *UN INTÉGRISTE, UNE INTÉGRISTE :* personne qui refuse toute évolution d'une doctrine, en particulier religieuse. *Des intégristes musulmans ont commis un attentat.* **2.** adjectif (après le nom) *Les chrétiens intégristes veulent que la messe soit dite en latin.* ⟨contraire : progressiste⟩

INTÉGRITÉ [ɛ̃tegʀite] n. f. **1.** *L'INTÉGRITÉ :* état de qqch. resté intact, entier. *Le gouvernement veut préserver l'intégrité du territoire national.* **2.** État d'une personne intègre, d'une honnêteté absolue. *Il est d'une parfaite intégrité.* → **probité.**

INTELLECTUEL [ɛ̃telɛktɥɛl] adj. et n. m. **INTELLECTUELLE** [ɛ̃telɛktɥɛl] adj. et n. f.
I. 1. adjectif (après le nom) Relatif à l'intelligence. *Ses facultés intellectuelles sont très développées. Il fait un travail intellectuel.* ⟨contraire : manuel⟩ – *Les professeurs et les chercheurs sont des travailleurs intellectuels,* dont le travail est consacré aux activités de l'esprit. **2.** (qqn) Qui a du goût pour les choses de l'esprit. *C'est une intellectuelle, pas une sportive.*
II. *UN INTELLECTUEL, UNE INTELLECTUELLE :* une personne qui, par goût ou par métier, s'intéresse aux idées, au bon fonctionnement de l'esprit. *Les philosophes sont des intellectuels.* – *INTELLO* [ɛ̃telo] forme abrégée familière *C'est un intello, une intello. Les intellos de gauche.*

INTELLECTUELLEMENT [ɛ̃telɛktɥɛlmɑ̃] adverbe. Du point de vue de l'intelligence. *Il est intellectuellement limité :* il n'est pas très intelligent.

INTELLIGEMMENT [ɛ̃teliʒamɑ̃] adverbe. Avec intelligence. *Il a réagi intelligemment.* ⟨contraire : bêtement⟩

INTELLIGENCE [ɛ̃teliʒɑ̃s] n. f. *L'INTELLIGENCE*
I. 1. Ce qui permet de connaître, de comprendre et de raisonner. *Le cerveau est le siège de l'intelligence. L'abstraction et la généralisation sont nécessaires à l'intelligence. Cet enfant a une intelligence très vive. Il manque un peu d'intelligence. Essaie de faire preuve d'intelligence et trouve une solution.* → **discernement, jugement, perspicacité.** ⟨contraires : bêtise, stupidité⟩ **2.** *INTELLIGENCE ARTIFICIELLE :* partie de l'informatique qui élabore des programmes capables de simuler les facultés intellectuelles de l'homme afin de remplir à sa place certains travaux. *Cet ingénieur est spécialiste en intelligence artificielle.*
II. 1. *INTELLIGENCE DE (qqch.) :* acte ou capacité de comprendre (qqch.). *Elle a l'intelligence des affaires.* → **sens.** **2.** STYLE RECHERCHÉ Complicité. *Je l'ai vu faire des signes d'intelligence à sa voisine. Le traître a été fusillé pour intelligence avec l'ennemi.* **3.** *EN BONNE INTELLIGENCE :* en étant amis, en s'entendant bien. *Tous les membres de la famille vivent en bonne intelligence. Ils vivent EN MAUVAISE INTELLIGENCE :* ils se disputent, ils s'entendent mal.

INTELLIGENT [ɛ̃teliʒɑ̃], **INTELLIGENTE** [ɛ̃teliʒɑ̃t] adj. (après le nom) **1.** (qqn) Qui est capable de connaître, de comprendre et de raisonner. *L'homme est un être intelligent.* → **pensant.** **2.** Qui comprend facilement les choses et s'adapte bien à toutes les situations. *Leur fille est très intelligente.* → **éveillé, futé.** ⟨contraires : bête, stupide⟩ – *Ce chien est vraiment intelligent.* **3.** (qqch.) Qui manifeste de l'intelligence. *Ce garçon a un regard intelligent. Voilà une réponse intelligente !* ⟨contraire : stupide⟩ *C'est un film intelligent mais un peu ennuyeux.*

INTELLIGIBLE [ɛ̃teliʒibl] adj. **1.** (après le nom) Qui peut être facilement compris. *Ce texte est parfaitement intelligible.* → **clair, compréhensible.** ⟨contraires : incompréhensible, obscur⟩ **2.** (après ou avant le nom) Que l'on peut entendre distinctement. *Il marmonne d'une voix peu intelligible.* → **audible.** *Parlez À HAUTE ET INTELLIGIBLE VOIX.*

INTELLO n. m., n. f. Forme abrégée familière de **intellectuel.**

INTEMPÉRIES [ɛ̃tɑ̃peʀi] n. f. pluriel. *LES INTEMPÉRIES :* le mauvais temps (vent, pluie, neige, etc.). *La région a subi de violentes intempéries. En raison des intempéries, l'avion n'a pas pu décoller.*

INTEMPESTIF [ɛ̃tɑ̃pɛstif], **INTEMPESTIVE** [ɛ̃tɑ̃pɛstiv] adj. (après le nom). Qui se produit, qui est fait au mauvais moment. *Le patron n'a pas aimé votre arrivée intempestive dans son bureau. Pas de zèle intempestif !* → **déplacé, inopportun.** ⟨contraire : opportun⟩

INTENABLE [ɛ̃tnabl] adj. (après le nom) **1.** Que l'on ne peut tenir, soutenir. *Attaqué de tous côtés, cet homme politique est dans une position intenable.* ⟨contraire : tenable⟩ **2.** Insupportable, intolérable. *Il fait une chaleur intenable.* **3.** STYLE FAMILIER (qqn) Que l'on ne peut faire tenir tranquille. *Ces gamins sont intenables.* → **remuant, turbulent.** ⟨contraires : gentil, sage⟩

INTENDANCE [ɛ̃tɑ̃dɑ̃s] n. f. Service chargé d'acheter les fournitures et d'entretenir le matériel d'une collectivité, d'un groupe. *Les fournitures scolaires sont achetées par l'intendance.* – *L'intendance est parfaite,* l'organisation assumée par ce service.

INTENDANT [ɛ̃tɑ̃dɑ̃] n. m., **INTENDANTE** [ɛ̃tɑ̃dɑ̃t] n. f. *UN INTENDANT, UNE INTENDANTE :* personne chargée de l'intendance dans une collectivité. *L'intendante de l'hôpital choisit les menus de la semaine.* → **économe.**

INTENSE [ɛ̃tɑ̃s] adj. (après le nom). (qqch.) Qui dépasse la mesure ordinaire. *Il fait un froid intense, ce matin.* → **vif.** *Les lumières intenses lui font mal aux yeux.* → **fort, violent.** ⟨contraire : faible⟩ *La musique lui procure un plaisir intense.* → **extrême.**

INTENSIF [ɛ̃tɑ̃sif], **INTENSIVE** [ɛ̃tɑ̃siv] adj. (après le nom). Qui demande un effort intense et prolongé pour augmenter l'effet. *Les sportifs suivent un entraînement intensif. Le malade est l'objet de soins intensifs.*

INTENSIFIER [ɛ̃tɑ̃sifje] verbe [conjugaison 7a] **1.** Rendre plus intense, au prix d'un effort. → **augmenter.** *Le gouvernement intensifiera* [ɛ̃tɑ̃sifiʀa] *la lutte contre la corruption.* → **amplifier.** **2.** verbe pronominal *S'INTENSIFIER :* devenir plus intense, plus fort. *Depuis quelques jours, les combats se sont intensifiés. La douleur va en s'intensifiant.*

INTENSITÉ [ɛ̃tɑ̃site] n. f. *L'INTENSITÉ* **1.** Degré d'activité, de force ou de puissance. *Un tremblement de terre de faible intensité a été senti dans la région. L'intensité d'un courant électrique est mesurée en ampères.* **2.** Caractère de ce qui est intense, fort, vif. *Leur amour est d'une grande intensité.* → **force.** *La pièce manque d'intensité dramatique.*

INTENTER [ɛ̃tɑ̃te] verbe [conjugaison 1a]. Entreprendre contre qqn (une action en justice). *Cet employé a intenté un procès à son employeur.*

INTENTION [ɛ̃tɑ̃sjɔ̃] n. f. *UNE INTENTION :* le fait de se proposer un but. *Cet enfant est plein de bonnes intentions.* → **but, dessein.** *Ils ont l'intention de déménager. Quelles sont vos intentions ?* → **projet.** – *Il ne faut pas lui faire un PROCÈS D'INTENTION,* lui reprocher non des faits, mais des intentions qu'on lui prête. – *Il a acheté cet appartement DANS L'INTENTION DE le louer,* pour le mettre en location. – *Ce dictionnaire a été fait À L'INTENTION DES personnes qui apprennent le français,* pour elles. *J'ai acheté ces fleurs à ton intention,* pour toi.

INTENTIONNÉ [ɛ̃tɑ̃sjɔne], **INTENTIONNÉE** [ɛ̃tɑ̃sjɔne] adj. (après le nom). *BIEN INTENTIONNÉ, MAL INTENTIONNÉ :* qui a de bonnes, de mauvaises intentions. *Des amis bien intentionnés ont organisé un dîner pour qu'ils se rencontrent.*

INTENTIONNEL [ɛ̃tɑ̃sjɔnɛl], **INTENTIONNELLE** [ɛ̃tɑ̃sjɔnɛl] adj. (après le nom) ▪ Qui est voulu, fait exprès. *Je suis sûr que cet oubli est intentionnel.* → **délibéré, volontaire.** ⟨contraire : involontaire⟩

INTENTIONNELLEMENT [ɛ̃tɑ̃sjɔnɛlmɑ̃] adverbe ▪ Volontairement, exprès. *Je n'en ai pas parlé intentionnellement.*

INTERACTIF [ɛ̃tɛʀaktif], **INTERACTIVE** [ɛ̃tɛʀaktiv] adj. (après le nom) ▪ (support de communication) Qui permet un échange facile avec l'utilisateur. *Les enfants aiment les jeux interactifs sur CD-ROM. Elle a appris le français avec une méthode interactive.*

INTERCALAIRE [ɛ̃tɛʀkalɛʀ] n. m. ▪ *UN INTERCALAIRE :* feuille de carton ou de plastique que l'on intercale dans un classeur ou un fichier pour séparer des documents. *Des intercalaires de couleur divisent le classeur en plusieurs parties.*

INTERCALER [ɛ̃tɛʀkale] verbe [conjugaison 1a] **1.** Mettre, insérer (une chose) entre deux autres. *La secrétaire intercale un nouveau rendez-vous entre deux autres déjà prévus.* **2.** verbe pronominal S'INTERCALER : (qqch.) se placer, se mettre entre deux autres choses. *La citation s'intercale à cet endroit du texte. Une fiche s'est intercalée entre deux autres.*

INTERCÉDER [ɛ̃tɛʀsede] verbe [conjugaison 6a] ▪ Intervenir (en faveur de qqn). *L'avocat intercède auprès du juge pour son client. Le professeur a intercédé en faveur d'un élève. Si tu veux, j'intercéderai pour toi.*

INTERCEPTER [ɛ̃tɛʀsɛpte] verbe [conjugaison 1a] **1.** Prendre au passage et par surprise (ce qui est destiné à qqn d'autre). *Le joueur a intercepté le ballon au bon moment.* → s'**emparer, saisir.** **2.** Arrêter (un bruit, la lumière), cacher (une source lumineuse). *Sur l'autoroute, un écran intercepte le bruit. Un gros nuage noir a intercepté le soleil.* → **cacher.**

INTERCEPTION [ɛ̃tɛʀsɛpsjɔ̃] n. f. ▪ *UNE INTERCEPTION :* le fait de s'emparer de qqch. qui est destiné à qqn. *L'interception du ballon par un joueur a permis à l'équipe de gagner.*

INTERCHANGEABLE [ɛ̃tɛʀʃɑ̃ʒabl] adj. (après le nom) ▪ (objets, parties d'objets semblables) Que l'on peut mettre à la place les uns des autres. *Les quatre roues de ma voiture sont interchangeables.*

INTERCLASSE [ɛ̃tɛʀklas] n. m. ▪ *UN INTERCLASSE :* petit intervalle entre deux cours. *Les élèves changent de salle à l'interclasse.*

INTERCLASSER [ɛ̃tɛʀklase] verbe [conjugaison 1a] ▪ Classer (les éléments de deux ou plusieurs séries) en une seule série. *Le photocopieur interclasse les pages des documents. – Ces fiches doivent être interclassées.*

INTERDICTION [ɛ̃tɛʀdiksjɔ̃] n. f. ▪ *L'INTERDICTION DE :* action d'interdire, d'empêcher de (faire qqch.). *Il y a une interdiction de construire sur ce terrain. Vous n'avez pas vu le panneau d'interdiction de stationner dans la rue ? Interdiction de fumer.* → **défense.** ⟨contraire : permission⟩ *Le malade a l'interdiction de se lever.* ⟨contraire : autorisation⟩

INTERDIRE [ɛ̃tɛʀdiʀ] verbe [conjugaison 37b] **1.** Faire savoir à une personne qu'elle n'a pas le droit (de faire qqch.). → **défendre.** ⟨contraires : autoriser, permettre⟩ *Je vous interdis de décider sans me prévenir. Je le lui ai interdit. Interdisez-vous à vos enfants de sortir le soir ? –* (impersonnel) *Il est interdit de fumer dans la salle de réunion. Ne fumez pas, c'est interdit.* **2.** *INTERDIRE QQCH. Le médecin lui a interdit le sucre. La manifestation est interdite. – Elle a interdit qu'on vienne la voir.*

REM. Ce verbe se conjugue comme *dire*, sauf à la deuxième personne du pluriel du présent : *vous interdisez* ; impératif : *interdisez cette sortie.*

interdise [ɛ̃tɛʀdiz] *Il faut qu'il interdise, qu'elle interdise :* forme au subjonctif du verbe **interdire.**

interdisez [ɛ̃tɛʀdize] *Vous interdisez :* forme au présent du verbe **interdire ;** *interdisez :* forme à l'impératif.

interdit [ɛ̃tɛʀdi], **interdite** [ɛ̃tɛʀdit] *Il a interdit cette sortie ; la sortie qu'il a interdite :* formes au participe passé du verbe **interdire.**

INTERDIT [ɛ̃tɛʀdi], **INTERDITE** [ɛ̃tɛʀdit] adj. (après le nom) **1.** Qui n'est pas autorisé. *Respectez le STATIONNEMENT INTERDIT.* ⟨contraires : autorisé, permis⟩ *On ne peut pas tourner à gauche, la rue est en SENS INTERDIT. Ce film est interdit aux enfants de moins de douze ans. –* (impersonnel) *Il est interdit de stationner.* **2.** Très étonné. *Son attitude agressive m'a laissé interdit.* → **ébahi, interloqué, stupéfait.**

INTÉRESSANT [ɛ̃teʀesɑ̃] adj. et n. m., **INTÉRESSANTE** [ɛ̃teʀesɑ̃t] adj. et n. f.
I. adjectif (après le nom) **1.** Qui présente de l'intérêt, qui retient l'attention. *Lisez ce livre, il est très intéressant.* → **captivant, passionnant.** ⟨contraires : ennuyeux, inintéressant⟩ *C'est un homme intéressant. – Cette fille cherche toujours à SE RENDRE INTÉRESSANTE,* à se faire remarquer. **2.** Avantageux. *Ils ont acheté une voiture à un prix intéressant.* ⟨contraire : désavantageux⟩
II. nom **1.** *L'INTÉRESSANT :* ce qui est intéressant, ce qui retient l'attention. *L'intéressant, dans ce film, c'est l'histoire d'amour.* **2.** *FAIRE L'INTÉRESSANT, FAIRE L'INTÉRESSANTE :* chercher à se faire remarquer. *Arrête de faire l'intéressant ! Elle fait toujours son intéressante.*

INTÉRESSÉ [ɛ̃teʀese] adj. et n. m., **INTÉRESSÉE** [ɛ̃teʀese] adj. et n. f. **1.** adjectif (après le nom) Qui recherche surtout son intérêt personnel, qui pense d'abord à ce qui peut être gagné, obtenu. *C'est un homme intéressé.* **2.** LE PRINCIPAL INTÉRESSÉ, LA PRINCIPALE INTÉRESSÉE, la personne qui a le principal intérêt, qui a le premier rôle (dans qqch.). *Les principaux intéressés donnent leur avis en premier.*

INTÉRESSER [ɛ̃teʀese] verbe [conjugaison 1a] **1.** Retenir l'attention, éveiller l'intérêt. *Est-ce que ma proposition vous intéresse ? Ce film nous a beaucoup intéressés.* → **captiver, passionner.** ⟨contraire : ennuyer⟩ *Ce que vous dites m'intéresse. –* (ironique) STYLE FAMILIER *Continue, tu m'intéresses !* tu ne m'intéresses pas du tout. **2.** Avoir de l'importance (pour qqn). → **concerner.** *Cette loi intéresse les travailleurs étrangers.* **3.** verbe pronominal S'INTÉRESSER À : (qqn) prendre de l'intérêt à. ⟨contraire : se désintéresser⟩ *Elle s'est intéressée à nos problèmes. Il s'intéresse à tout. Personne ne s'intéresse à moi !*

INTÉRÊT [ɛ̃teʀɛ] n. m.
I. *L'INTÉRÊT* **1.** Attention que l'on porte à qqn ou à qqch. *J'ai écouté cette histoire avec beaucoup d'intérêt.* ⟨contraire : indifférence⟩ *Le professeur éveille l'intérêt de ses élèves.* → **curiosité.** **2.** Qualité de ce qui est intéressant. *Ce film ne présente aucun intérêt. C'est sans intérêt. Ce discours est d'un grand intérêt* (→ **intéressant).** **3.** (menaçant) STYLE FAMILIER *(IL) Y A INTÉRÊT* [jaɛ̃teʀɛ] : il vaudrait mieux. *« Je te promets de réparer ce que j'ai cassé. – Y a intérêt ! »* **4.** Ce qui est important pour qqn. *Je dis cela dans ton intérêt,* pour t'être utile, pour te rendre service. *Tu AS INTÉRÊT À te dépêcher.* → **avantage.** *L'avocat défend*

les intérêts de son client. **5.** Recherche de son avantage personnel. *Il a fait cela par intérêt* (→ **intéressé**).
II. *UN INTÉRÊT* **1.** Somme d'argent que l'on doit payer, en plus du remboursement, à la personne, à la société à qui l'on a emprunté de l'argent. *Nous payons un intérêt de 7 % sur notre emprunt.* **2.** L'argent que rapporte une somme placée sur un compte spécial. *Ce compte me rapporte 6 % d'intérêts par an.* **3.** *DOMMAGES ET INTÉRÊTS :* somme d'argent due, en réparation d'un préjudice. *Il a reçu des dommages et intérêts pour son accident.* → **dommages-intérêts.**

INTÉRIEUR [ɛ̃teʀjœʀ] adj. et n. m., **INTÉRIEURE** [ɛ̃teʀjœʀ] adj.
I. adjectif (après le nom) **1.** Qui est dedans, au-dedans. *Il range toujours son porte-monnaie dans la poche intérieure de sa veste.* → **interne.** ⟨contraire : extérieur⟩ **2.** Qui concerne un groupe de personnes, une société, un pays. *Vous devez respecter le RÈGLEMENT INTÉRIEUR du lycée. Ce ministre s'occupe de la POLITIQUE INTÉRIEURE du pays,* ce qui concerne le pays lui-même et ses habitants.
II. *L'INTÉRIEUR* **1.** Le dedans, l'espace qui est dans une chose. *L'intérieur de la boîte est recouvert de tissu.* ⟨contraire : extérieur⟩ *Il fait froid dehors, attends-moi À L'INTÉRIEUR.* **2.** Espace compris entre les frontières d'un pays. *En France, le ministre de l'Intérieur s'occupe de l'administration et de la police.*
III. *UN INTÉRIEUR :* le lieu où l'on habite. → **foyer.** *Ils ont un intérieur très confortable. C'est une femme d'intérieur,* une bonne maîtresse de maison.

INTÉRIEUREMENT [ɛ̃teʀjœʀmɑ̃] adverbe **1.** Au-dedans. *Extérieurement, la maison est assez belle, mais intérieurement elle est très abîmée.* **2.** Dans son cœur, dans son esprit. *J'ai souri, mais intérieurement j'étais furieux* (→ **for intérieur**).

INTÉRIM [ɛ̃teʀim] n. m. ▪ *UN INTÉRIM* **1.** Remplacement provisoire. *Quand la secrétaire est tombée malade, c'est une collègue qui a assuré l'intérim. L'intérim a duré six mois.* **2.** Organisation de travail temporaire. *Il dirige une agence d'intérim.*

INTÉRIMAIRE [ɛ̃teʀimɛʀ] n. m., n. f. et adj. **1.** *UN INTÉRIMAIRE, UNE INTÉRIMAIRE :* une personne qui travaille temporairement dans une entreprise, qui fait des remplacements. *Une intérimaire remplace la secrétaire pendant ses vacances.* **2.** adjectif (après le nom) Qui se fait par intérim. *Il a un travail intérimaire.* → **temporaire.**

INTERJECTION [ɛ̃tɛʀʒɛksjɔ̃] n. f. ▪ *UNE INTERJECTION :* mot invariable qui traduit un sentiment, une attitude. *« Aïe ! », « bof ! », « crac ! », « bravo ! », « zut ! », « coucou ! » sont des interjections.* → **exclamation.**

l'interjection

1. L'interjection est à la fois un mot et une phrase.
2. L'interjection est souvent une onomatopée, mais elle peut être empruntée au vocabulaire ordinaire : *bien ! assez ! merde ! putain ! mon Dieu !*
3. L'interjection n'est pas toujours suivie d'un point d'exclamation ; par exemple dans une phrase : *Je le connais, mon Dieu, depuis toujours.*
4. Ne pas confondre l'interjection avec l'apostrophe *(Salaud ! Tu me le paieras !)* ni avec l'impératif (*Allons, il faut partir.* — Comparez à l'interjection : *Allons ! ne pleure pas !*). L'apostrophe et l'impératif s'adressent toujours à quelqu'un.

INTERLIGNE [ɛ̃tɛʀliɲ] n. m. ▪ *UN INTERLIGNE :* espace entre deux lignes. *Tapez ce texte en double interligne,* en laissant deux espaces entre les lignes.

INTERLOCUTEUR [ɛ̃tɛʀlɔkytœʀ] n. m., **INTERLOCUTRICE** [ɛ̃tɛʀlɔkytʀis] n. f. ▪ *UN INTERLOCUTEUR, UNE INTERLOCUTRICE :* personne qui parle avec une autre. *Au téléphone, on ne voit pas son interlocuteur.*

INTERLOQUÉ [ɛ̃tɛʀlɔke], **INTERLOQUÉE** [ɛ̃tɛʀlɔke] adj. (après le nom) ▪ Tellement surpris qu'on ne sait plus quoi dire. *Il a été si désagréable que je suis resté interloqué.* → **abasourdi, ébahi, stupéfait.**

INTERMÈDE [ɛ̃tɛʀmɛd] n. m. ▪ *UN INTERMÈDE :* interruption entre les parties d'un spectacle. *Il y a un intermède musical entre les deux parties du film.*

INTERMÉDIAIRE [ɛ̃tɛʀmedjɛʀ] adj., n. m. et n. f.
I. adjectif (après le nom) Situé entre deux choses. *Le crépuscule est le moment intermédiaire entre le jour et la nuit. Il faut trouver une solution intermédiaire,* une solution moyenne, qui convienne à tout le monde (→ **compromis**).
II. nom **1.** *PAR L'INTERMÉDIAIRE DE (qqn, qqch.) :* par le moyen de. *J'ai réservé mon billet d'avion par l'intermédiaire d'une agence de voyages.* → **biais, entremise.** **2.** *UN INTERMÉDIAIRE, UNE INTERMÉDIAIRE :* une personne qui met en relations deux personnes ou deux groupes de personnes. *Ne dis rien, je n'ai pas besoin d'intermédiaire pour dire ce que je pense. Elle a servi d'intermédiaire dans la négociation.* → **médiateur.**

INTERMINABLE [ɛ̃tɛʀminabl] adj. (après le nom) ▪ Qui semble ne jamais devoir finir. ⟨contraires : court, bref⟩ *Il a fait un discours interminable,* très long. *Il y a une file d'attente interminable devant le cinéma.*

INTERMINABLEMENT [ɛ̃tɛʀminabləmɑ̃] adverbe ▪ D'une manière interminable, sans fin. *Elle parle interminablement au téléphone.* ⟨contraires : brièvement, rapidement⟩

INTERMITTENCE [ɛ̃tɛʀmitɑ̃s] n. f. ▪ *PAR INTERMITTENCE :* par moments, irrégulièrement. *Hier, le soleil a brillé par intermittence.* ⟨contraires : continuité, régularité⟩

INTERMITTENT [ɛ̃tɛʀmitɑ̃] adj. et n. m., **INTERMITTENTE** [ɛ̃tɛʀmitɑ̃t] adj. **1.** adjectif (après le nom) (qqch.) Qui s'arrête puis recommence. *Toute la journée, il y a eu des pluies intermittentes.* → **irrégulier.** ⟨contraires : continu, permanent, régulier⟩ **2.** *UN INTERMITTENT, UNE INTERMITTENTE :* une personne dont le travail n'est pas continu, qui a des missions professionnelles épisodiques. *Il y a beaucoup d'intermittents, dans ce métier. Les intermittents du spectacle sont en grève.*

INTERNAT [ɛ̃tɛʀna] n. m. **1.** *UN INTERNAT :* établissement scolaire dans lequel vivent les élèves. → **pensionnat.** *Elle a fait toutes ses études dans un internat et ne voyait ses parents que pendant les vacances.* **2.** *L'INTERNAT :* fonction d'interne des hôpitaux. *Elle est en deuxième année d'internat.* – *Il prépare l'internat,* le concours pour devenir interne dans un hôpital.

INTERNATIONAL [ɛ̃tɛʀnasjɔnal], **INTERNATIONALE** [ɛ̃tɛʀnasjɔnal] adj. (après le nom) ▪ Qui se fait entre plusieurs nations. *Les champions de gymnastique ont participé à une rencontre internationale.* MASCULIN PLURIEL : *Ce joueur a gagné plusieurs championnats INTERNATIONAUX* [ɛ̃tɛʀnasjɔno] *de tennis.* – *La politique internationale d'un pays fixe ses rapports avec les autres pays.* → **étranger, extérieur.** ⟨contraires : intérieur, national⟩

INTERNE [ɛ̃tɛʀn] adj., n. m. et n. f.
I. adjectif (après le nom) **1.** Situé à l'intérieur, au-dedans du corps. *L'estomac est un organe interne.* ⟨contraire : externe⟩ *Il a eu une hémorragie interne :* il a eu un saignement à l'intérieur de son corps. **2.** Qui est intérieur à ce dont on parle. *L'entreprise a des problèmes internes.* ⟨contraire : externe⟩
II. *UN INTERNE, UNE INTERNE* **1.** Élève qui est logé et nourri dans son établissement scolaire. → **pensionnaire.** ⟨contraire : externe⟩ *Ses enfants sont internes dans un lycée.* **2.** Étudiant en médecine qui a été reçu au concours de l'internat et qui peut

travailler en permanence dans un hôpital. *Il est interne des hôpitaux de Paris.*

INTERNER [ɛ̃tɛʀne] verbe [conjugaison 1a] ▪ Enfermer (qqn) dans un hôpital psychiatrique. *Certains malades mentaux doivent être internés.*

> FAUX AMI
> roumain **a interna** « hospitaliser »

INTERNET [ɛ̃tɛʀnɛt] nom propre ▪ Réseau télématique international. *Je me suis connecté à Internet. Nous cherchons des informations dans Internet. Il travaille sur Internet.*

INTERPELLER [ɛ̃tɛʀpəle] verbe [conjugaison 1a] **1.** Adresser brusquement la parole à (qqn). *Un inconnu m'a interpellé dans la rue.* → **apostropher.** **2.** Questionner (qqn) sur son identité. *La police a interpellé trois individus.* **3.** Provoquer un intérêt chez (qqn). *La faim dans le monde nous interpelle.*

REM. Ce verbe garde *ll* dans toute sa conjugaison : *il, elle interpelle* [ɛ̃tɛʀpɛl], *nous interpellons* [ɛ̃tɛʀpəlɔ̃], *j'interpellais* [ɛ̃tɛʀpəlɛ].

INTERPHONE [ɛ̃tɛʀfɔn] n. m. ▪ *UN INTERPHONE :* sorte de téléphone intérieur. *En France, beaucoup d'immeubles sont équipés d'interphones qui relient la porte d'entrée et les appartements.*

INTERPLANÉTAIRE [ɛ̃tɛʀplanetɛʀ] adj. (après le nom) ▪ Qui a lieu dans l'espace, entre les planètes. *Les cosmonautes sont partis pour un voyage interplanétaire.* → **intersidéral.**

S'**INTERPOSER** [ɛ̃tɛʀpoze] verbe pronominal [conjugaison 1a] ▪ Se mettre au milieu de, pour faire cesser ce qui se passe. → **intervenir.** *Elle s'est interposée entre les deux enfants qui se battaient.*

INTERPRÉTARIAT [ɛ̃tɛʀpʀetaʀja] n. m. ▪ Fonction d'interprète. *Il est étudiant dans une école d'interprétariat.*

INTERPRÉTATION [ɛ̃tɛʀpʀetasjɔ̃] n. f. ▪ *UNE INTERPRÉTATION* **1.** Façon de comprendre une chose. *Il y a une autre interprétation de ce qu'elle a dit. Quelle est votre interprétation des faits ?* → **explication.** **2.** Traduction orale immédiate de l'interprète. *On ne doit pas confondre la traduction écrite et l'interprétation.* **3.** Façon de jouer un rôle dans une œuvre dramatique, de jouer une œuvre musicale. *Cet acteur de cinéma a reçu le prix de la meilleure interprétation masculine. Nous avons beaucoup aimé son interprétation des Valses de Chopin.*

INTERPRÈTE [ɛ̃tɛʀpʀɛt] n. m., n. f. ▪ *UN INTERPRÈTE, UNE INTERPRÈTE* **1.** Artiste qui joue un rôle, qui joue un morceau de musique, qui chante une chanson. *Cette pianiste est une merveilleuse interprète de Bach.* **2.** Personne dont le métier est de traduire oralement ce que disent des personnes qui ne parlent pas la même langue. → **interprétariat.** *Il est interprète. Une interprète accompagne le président quand il est en voyage à l'étranger.* – (figuré) *Soyez mon interprète auprès de lui,* faites-lui comprendre ce que je veux.

REM. L'interprète traduit oralement et le traducteur, la traductrice traduisent par écrit.

INTERPRÉTER [ɛ̃tɛʀpʀete] verbe [conjugaison 6a] **1.** Comprendre. *Vous avez mal interprété mes paroles. Comment interprétez-vous son attitude ?* → **expliquer.** **2.** Jouer un rôle (au cinéma, au théâtre), un morceau de musique, d'une manière personnelle. *Un acteur peut interpréter des rôles très différents.* → **incarner.** *Cette pianiste interprète Bach merveilleusement.*

INTERRO n. f. Forme abrégée familière de **interrogation.**

INTERROGATEUR [ɛ̃teʀɔgatœʀ], **INTERROGATRICE** [ɛ̃teʀɔgatʀis] adj. (après le nom) ▪ Qui interroge. *Il m'a regardé d'un air interrogateur.*

INTERROGATIF [ɛ̃teʀɔgatif], **INTERROGATIVE** [ɛ̃teʀɔgativ] adj. (après le nom) ▪ Qui sert à interroger, qui pose une question. *« Où es-tu ? », « Est-ce qu'il reviendra ? », « Veux-tu aller au cinéma ? » sont des phrases interrogatives.*

les phrases interrogatives

Une phrase française de forme interrogative sert à faire une demande, à poser une question. À l'écrit, elle se termine toujours par un point d'interrogation *(?)* ; à l'oral elle a une intonation montante. À la lecture, le point d'interrogation final arrive trop tard pour l'intonation (comparer au double point de l'espagnol *¿Que hace ?*).

La phrase interrogative peut être négative : *N'avez-vous pas terminé ? Votre femme ne part-elle pas demain ?* (je le pense mais je vous pose la question).

Pour poser une question, on peut placer le **sujet après le verbe :** *Veux-tu jouer au tennis ? ; Est-il parti ? ; Sommes-nous en retard ? Êtes-vous prêts ? ; As-tu fini ?* Ce procédé appartient plutôt au registre recherché, sauf au Québec.

On peut commencer la phrase par ***est-ce que :*** *Est-ce que tu as faim ? ; Est-ce qu'il fait beau ?* Dans ce cas, l'interrogation est rarement négative. *Est-ce que tu n'aurais pas vu mes lunettes ?*

On peut aussi commencer la phrase par un **mot interrogatif :** *Qui est là ? ; Qu'est-ce ? ; Où vas-tu ? ; Quand veux-tu partir ?* Le mot interrogatif peut être suivi de *est-ce que* avec l'ordre sujet-verbe : *Où est-ce que tu vas ? Quand est-ce que tu veux partir ?* Avec *qui* et *que,* c'est la construction la plus courante. *Qui est-ce qui vient ? Qu'est-ce que c'est ?*

Souvent, à l'écrit, le point d'interrogation seul indique que la phrase est interrogative : *Tu viens ? On est en retard ? Elle ne part pas ?* et quand on parle, c'est alors l'intonation montante seule qui permet de savoir qu'il s'agit d'une question. Ce procédé est de loin le plus courant.

La phrase interrogative a parfois la même fonction que l'impératif (demande) : *Tu viens ?* est moins brutal que *Viens !*

les mots interrogatifs

Les mots interrogatifs sont les mots qui servent à poser une question, à marquer l'interrogation.
Il existe :
- des pronoms interrogatifs : *lequel, lesquels, laquelle, lesquelles, qui, que, quoi*
- un adjectif interrogatif : *quel* (et *quels, quelle, quelles*)
- des adverbes interrogatifs : *où, quand, comment, pourquoi, combien.*

INTERROGATION [ɛ̃teʀɔgasjɔ̃] n. f. ▪ *UNE INTERROGATION* **1.** Question, ensemble de questions que l'on pose à un élève, à un candidat. *Demain, les élèves auront une INTERROGATION ÉCRITE,* des questions auxquelles ils devront répondre par écrit. – *INTERRO* [ɛ̃teʀo] forme abrégée familière *Nous avons eu deux interros.* **2.** *POINT D'INTERROGATION (?) :* signe de ponctuation qui marque la fin d'une phrase interrogative, en français. *Il ne faut pas confondre le point d'interrogation et le point d'exclamation.* – (figuré) *Il ne trouve pas de travail, son avenir professionnel est un gros point d'interrogation,* son avenir professionnel est incertain.

INTERROGATOIRE [ɛ̃teʀɔgatwaʀ] n. m. ▪ *UN INTERROGATOIRE :* suite de questions posées à qqn. *La police a fait subir un interrogatoire au suspect.*

INTERROGER [ɛ̃teʀɔʒe] verbe [conjugaison 3b] **1.** Poser des questions. → **questionner.** *La police a interrogé les témoins de l'accident. Le professeur interroge les élèves.* **2.** verbe pronominal *S'INTERROGER :* se poser des questions. *Nous nous interrogeons : devons-nous partir ou rester ? Elle S'EST INTERROGÉE SUR l'attitude à avoir.*

INTERROMPRE [ɛ̃teʀɔ̃pʀ] verbe [conjugaison 41b] **1.** Arrêter (qqch.) dans sa continuité. *Attention, j'interromps le courant électrique pendant quelques minutes.* → **couper.** *Elle a interrompu ses études à seize ans.* → **arrêter.** ⟨contraire : reprendre⟩ *Ses études, il* *les a interrompues à seize ans.* **2.** Empêcher (qqn) de continuer (ce qu'il est en train de faire). → **déranger.** *Il a interrompu sa mère dans son travail.* **3.** Couper la parole à (qqn). *Il ne faut pas que tu m'interrompes tout le temps !* **4.** verbe pronominal S'INTERROMPRE : s'arrêter (de faire qqch., de parler). *Il s'interrompt de lire pour m'écouter. Elle s'est interrompue dès qu'il est entré.*

interrompu [ɛ̃teʀɔ̃py], **interrompue** [ɛ̃teʀɔ̃py] *Il a interrompu la conversation ; la conversation qu'il a interrompue :* formes au participe passé du verbe **interrompre.**

INTERRUPTEUR [ɛ̃teʀyptœʀ] n. m. ▪ *UN INTERRUPTEUR :* petit dispositif qui permet d'arrêter ou de rétablir le courant électrique. *Appuie sur l'interrupteur pour allumer.*

INTERRUPTION [ɛ̃teʀypsjɔ̃] n. f. ▪ *UNE INTERRUPTION :* un arrêt. *Pendant l'orage, il y a eu une interruption du courant électrique.* → **coupure.** ⟨contraire : **rétablissement**⟩ *Il a plu SANS INTERRUPTION,* sans arrêt. – *Interruption volontaire de grossesse (I. V. G.) :* avortement provoqué avant douze semaines d'arrêt des règles, tel qu'il est autorisé par la loi française. → **avortement, I.V.G.** *Comme l'embryon est mal formé, elle a décidé une interruption volontaire de grossesse.*

INTERSECTION [ɛ̃tɛʀsɛksjɔ̃] n. f. ▪ *L'INTERSECTION :* endroit où deux lignes, deux surfaces se croisent. → **carrefour, croisement.** *Un panneau signale l'intersection des deux routes.*

INTERSIDÉRAL [ɛ̃tɛʀsideʀal], **INTERSIDÉRALE** [ɛ̃tɛʀsideʀal] adj. (après le nom) ▪ Qui a lieu entre les astres. → **interplanétaire, interstellaire.** *Une sonde effectue en ce moment un voyage intersidéral.* MASCULIN PLURIEL : *les espaces INTERSIDÉRAUX* [ɛ̃tɛʀsideʀo].

INTERSTELLAIRE [ɛ̃tɛʀstelɛʀ] adj. (après le nom) ▪ Situé entre les étoiles. *La fusée effectue un voyage dans l'espace interstellaire.*

INTERSTICE [ɛ̃tɛʀstis] n. m. ▪ *UN INTERSTICE :* petit espace vide. *Un rayon de soleil passe à travers les interstices du volet.* → **fente.**

INTERVALLE [ɛ̃tɛʀval] n. m. ▪ *UN INTERVALLE* **1.** Courte distance d'un point à un autre, d'une chose à une autre. → **espace, espacement.** *Il faut augmenter l'intervalle entre les paragraphes. Les arbres de l'avenue sont plantés à cinq mètres d'intervalle,* tous les cinq mètres. **2.** Court espace de temps qui sépare deux faits. *Les métros se suivent à quelques minutes d'intervalle. Tu me rembourseras en deux fois, à six mois d'intervalle. Les avions décollent À INTERVALLES RÉGULIERS. Le vent souffle PAR INTERVALLES,* de temps en temps.

FAUX AMI
italien **intervallo**
«entracte, récréation»

REM. *Intervalle* est l'un des rares mots en *-alle* du genre masculin (les mots *balle, dalle, malle, salle...* sont du genre féminin).

INTERVENIR [ɛ̃tɛʀvəniʀ] verbe [conjugaison 22] **1.** Entrer en action. *Les pompiers sont intervenus dès le début de l'incendie. La police est prête à intervenir. Le service des urgences intervient toujours rapidement* (→ **intervention**). **2.** (qqn) Prendre part à une action, à une affaire, pour essayer de changer son cours. *Il faut que le président intervienne pour arrêter le scandale. Elle est intervenue en votre faveur,* elle a agi pour vous, en parlant de vous. **3.** Se passer, se produire. *Un accord est intervenu entre les deux camps ennemis.* **4.** (qqch.) Jouer un rôle. *Plusieurs facteurs interviennent dans cette affaire.*

INTERVENTION [ɛ̃tɛʀvɑ̃sjɔ̃] n. f. ▪ *UNE INTERVENTION* **1.** Action d'intervenir (par la parole ou par l'action). *Les deux interventions du président à la télévision ont calmé le débat. L'intervention de la police a été énergique.* → **action.** – *Les FORCES D'INTERVENTION de l'O.N.U. :* les forces qui interviennent en cas de conflit pour maintenir la paix internationale. **2.** *Elle a subi plusieurs INTERVENTIONS CHIRURGICALES :* elle a été opérée plusieurs fois.

intervenu [ɛ̃tɛʀvəny], **intervenue** [ɛ̃tɛʀvəny] *Il est intervenu, elle est intervenue :* formes au participe passé du verbe **intervenir.**

REM. Aux temps composés, ne s'emploie qu'avec l'auxiliaire *être.*

INTERVERTIR [ɛ̃tɛʀvɛʀtiʀ] verbe [conjugaison 2] ▪ Changer l'ordre en mettant une chose à la place d'une autre, dans une série. → **inverser, permuter.** *Intervertissez les fiches pour les ranger par ordre alphabétique. J'intervertis toujours les prénoms de ces deux collègues.* → **confondre.**

intervienne [ɛ̃tɛʀvjɛn] *Il faut qu'il intervienne, qu'elle intervienne :* forme au subjonctif du verbe **intervenir.**

interviens [ɛ̃tɛʀvjɛ̃] *J'interviens, tu interviens :* forme au présent du verbe **intervenir ;** *interviens :* forme à l'impératif.

INTERVIEW [ɛ̃tɛʀvju] n. f. ▪ *UNE INTERVIEW :* conversation au cours de laquelle un journaliste interroge une personne sur sa vie, ses projets, ses opinions. → **entretien.** *Ce journal publie une interview d'une actrice célèbre. J'ai entendu à la radio l'interview d'un écrivain. La star a accordé plusieurs interviews.*

REM. **1.** On prononce aussi [intɛʀvju] ce mot anglais. **2.** Une *interview* n'est jamais une *entrevue* en français. **3.** On dit aussi *un interview.*

INTERVIEWER [ɛ̃tɛʀvjuve] verbe [conjugaison 1a] ▪ Poser des questions à une personnalité sur sa vie, ses opinions. *Deux journalistes ont interviewé le chef de l'État. Elle interviewe* [ɛ̃tɛʀvjuv] *un groupe de rock.*

INTESTIN [ɛ̃tɛstɛ̃] n. m. ▪ Partie du tube digestif qui va de l'estomac jusqu'à l'anus. *L'intestin est divisé en deux parties : l'INTESTIN GRÊLE et le GROS INTESTIN. Il souffre de l'intestin. Il a les intestins fragiles.*

INTESTINAL [ɛ̃tɛstinal], **INTESTINALE** [ɛ̃tɛstinal] adj. (après le nom) ▪ De l'intestin. *Le malade se plaint de douleurs intestinales.* MASCULIN PLURIEL : *il a des problèmes INTESTINAUX* [ɛ̃tɛstino].

INTIME [ɛ̃tim] adj., n. m. et n. f.

I. adjectif (après le nom, parfois avant le nom) **1.** (avant ou après le nom) Qui est au plus profond d'un être humain, de son caractère. *Je connais les faiblesses intimes de ma meilleure amie.* ⟨contraire : **superficiel**⟩ *J'ai la conviction intime qu'elle se trompe :* je suis profondément certain qu'elle se trompe. *J'ai cette intime conviction.* **2.** (après le nom) *Un AMI INTIME :* un ami très proche, dont on connaît la vie, les secrets et qui connaît votre vie, vos secrets. *Ils se disent tout, ils sont très intimes.* **3.** (après le nom) Qui est personnel, privé, et généralement secret. *Elle écrit son journal intime.* **4.** (lieu) (après le nom) Qui est très confortable et isolé du monde extérieur. *Je connais un petit restaurant intime où nous pourrons parler tranquillement.*

II. *UN INTIME, UNE INTIME :* un ami, une amie très proche. *Elle ne se gêne pas avec lui car c'est un intime.* → **familier.** *J'ai dîné avec quelques intimes.*

INTIMEMENT [ɛ̃timmɑ̃] adverbe **1.** Très profondément. *Je suis intimement persuadé qu'il a menti.* **2.** Étroitement. *Ils sont intimement liés.*

INTIMER [ɛ̃time] verbe [conjugaison 1a] ▪ STYLE RECHERCHÉ Ordonner avec autorité. *Le directeur A INTIMÉ aux élèves de sortir.* → **commander.** *Il lui a INTIMÉ L'ORDRE de se taire.*

INTIMIDANT [ɛ̃timidɑ̃], **INTIMIDANTE** [ɛ̃timidɑ̃t] adj. (après le nom) ▪ (qqn) Qui fait un peu peur, qui trouble. *Ma fille a un professeur intimidant. Il trouve les femmes intimidantes.*

INTIMIDÉ [ɛ̃timide], **INTIMIDÉE** [ɛ̃timide] adj. (après le nom) ▪ Troublé, gêné par qqn qui fait un peu peur. *Devant son nouveau professeur, elle s'est sentie tout intimidée.* → **inhibé.**

INTIMIDER [ɛ̃timide] verbe [conjugaison 1a] **1.** Remplir de timidité, de gêne, en faisant un peu peur. → **impressionner, troubler.** *Ce professeur intimide ses élèves.* **2.** Remplir (qqn) de peur en imposant sa force, son autorité. → **effrayer, terroriser.** *Il cherche à nous intimider par des menaces.* ⟨contraire : rassurer⟩

INTIMITÉ [ɛ̃timite] n. f. ▪ *L'INTIMITÉ* **1.** Relations étroites et familières. *Il y a entre eux une grande intimité,* ils sont très liés, très amis. **2.** Vie privée. *Cet acteur célèbre préserve son intimité.* **3.** *Il se sont mariés DANS L'INTIMITÉ,* en présence seulement de leurs familles et de leurs amis.

INTITULER [ɛ̃tityle] verbe [conjugaison 1a] **1.** Donner un titre à (une œuvre). *Elle ne sait pas encore comment intituler son nouveau roman.* **2.** verbe pronominal S'INTITULER : (œuvre) avoir pour titre. *Comment s'intitule ce livre ? Cette œuvre s'est d'abord intitulée...*

INTOLÉRABLE [ɛ̃tɔleʀabl] adj. (après le nom) **1.** (qqch.) Que l'on ne peut pas supporter. *Il fait une chaleur intolérable.* → **insupportable. 2.** (qqch.) Que l'on ne peut pas accepter, tolérer. *Il est intolérable de voir maltraiter un enfant. C'est intolérable.* → **inacceptable, inadmissible.** *Cette attitude est intolérable !* ⟨contraire : tolérable⟩

INTOLÉRANCE [ɛ̃tɔleʀɑ̃s] n. f. ▪ *L'INTOLÉRANCE :* le fait de ne pas admettre, de ne pas tolérer les idées, la façon de vivre des autres. ⟨contraires : tolérance ; compréhension, indulgence⟩ *Il est d'une intolérance pénible pour les autres. Les fanatiques font preuve d'intolérance.* → **intransigeance.**

INTOLÉRANT [ɛ̃tɔleʀɑ̃], **INTOLÉRANTE** [ɛ̃tɔleʀɑ̃t] adj. (après le nom) ▪ Qui ne supporte pas et condamne ce qui lui déplaît chez les autres. *Cette religion est intolérante. Les personnes âgées sont parfois intolérantes envers les jeunes.* ⟨contraires : tolérant ; compréhensif⟩

INTONATION [ɛ̃tɔnasjɔ̃] n. f. ▪ *L'INTONATION :* son que l'on donne aux phrases en parlant ou en lisant. *À l'intonation de sa voix, j'ai senti qu'il était fâché.* → **accent, ton.** *C'est par l'intonation montante que « Tu viens ? » est une interrogation.*

INTOX n. f. Forme abrégée familière de **intoxication.**

INTOXICATION [ɛ̃tɔksikasjɔ̃] n. f. **1.** *UNE INTOXICATION :* empoisonnement. *Si l'on mange certains champignons, on risque une intoxication alimentaire.* **2.** *L'INTOXICATION :* action trompeuse et sournoise destinée à troubler un grand nombre de gens, à faire croire certaines choses. → **propagande.** *Ce parti politique fait de l'intoxication.* – *INTOX* [ɛ̃tɔks] forme abrégée familière *C'est de l'intox !*

INTOXIQUER [ɛ̃tɔksike] verbe [conjugaison 1a] ▪ Empoisonner. *Les ouvriers ont été intoxiqués par des produits chimiques.*

INTRADUISIBLE [ɛ̃tʀadɥizibl] adj. (après le nom) ▪ Que l'on ne peut pas traduire exactement. *Cette expression anglaise est intraduisible en français.* – *Ce que j'ai éprouvé au moment de l'accident est intraduisible,* je ne peux pas expliquer par des mots ce que j'ai éprouvé. → **indicible.**

INTRAITABLE [ɛ̃tʀɛtabl] adj. (après le nom) ▪ Qui refuse de céder, de changer d'avis. → **intransigeant.** *Nous l'avons supplié mais il est resté intraitable. La directrice est INTRAITABLE SUR la discipline.*

INTRAMUSCULAIRE [ɛ̃tʀamyskylɛʀ] adj. et n. f. **1.** adjectif (après le nom) Qui se fait dans l'épaisseur d'un muscle. *L'infirmière lui a fait une piqûre intramusculaire.* **2.** *UNE INTRAMUSCULAIRE :* piqûre faite dans un muscle. *On m'a fait une intramusculaire* (→ **intraveineuse**).

INTRANSIGEANCE [ɛ̃tʀɑ̃ziʒɑ̃s] n. f. ▪ *L'INTRANSIGEANCE :* caractère, attitude d'une personne qui n'abandonne pas ses idées, qui n'essaie pas d'accepter les idées des autres. *On ne peut pas parler de politique avec lui, car il est d'une grande intransigeance. Elle a fait preuve d'intransigeance.* ⟨contraire : souplesse⟩

INTRANSIGEANT [ɛ̃tʀɑ̃ziʒɑ̃], **INTRANSIGEANTE** [ɛ̃tʀɑ̃ziʒɑ̃t] adj. (après le nom) ▪ Qui ne cède pas, qui n'abandonne pas ses idées et n'essaie pas d'accepter les idées des autres. → **inflexible, intraitable.** ⟨contraires : accommodant, souple⟩ *Il est difficile de parler avec lui, il est trop intransigeant.* – *Elle a un caractère intransigeant.*

INTRANSITIF [ɛ̃tʀɑ̃zitif], **INTRANSITIVE** [ɛ̃tʀɑ̃zitiv] adj. (après le nom) ▪ *Un VERBE INTRANSITIF :* verbe qui n'a jamais de complément d'objet direct. ⟨contraire : transitif⟩ *« Dormir » et « tomber » sont des verbes intransitifs.*

REM. Ne pas confondre le verbe intransitif *(on dort)* et le verbe transitif dont le complément n'est pas exprimé *(on mange).*

INTRANSPORTABLE [ɛ̃tʀɑ̃spɔʀtabl] adj. (après le nom) ▪ Que l'on ne peut pas bouger, que l'on ne peut pas transporter sans danger. *Une équipe médicale a soigné sur le lieu de l'accident les blessés intransportables.* ⟨contraire : transportable⟩

INTRAVEINEUX [ɛ̃tʀavɛnø] adj., **INTRAVEINEUSE** [ɛ̃tʀavɛnøz] adj. et n. f. **1.** adjectif (après le nom) Qui se fait à l'intérieur d'une veine. *Le médecin lui a fait une piqûre intraveineuse.* **2.** *UNE INTRAVEINEUSE :* piqûre qui se fait à l'intérieur d'une veine. *On lui a fait une intraveineuse* (→ **intramusculaire**).

INTRÉPIDE [ɛ̃tʀepid] adj. (après le nom) ▪ (qqn) Qui n'a pas peur du danger. ⟨contraires : craintif, lâche, peureux⟩ *C'est une enfant intrépide. Mon fils aime les héros intrépides.*

INTRÉPIDITÉ [ɛ̃tʀepidite] n. f. ▪ STYLE RECHERCHÉ *L'INTRÉPIDITÉ :* qualité d'une personne intrépide, qui n'a pas peur du danger. → **audace, courage, hardiesse.** *Quelle intrépidité ! Il a agi avec intrépidité.* ⟨contraire : lâcheté⟩

INTRIGANT [ɛ̃tʀigɑ̃] n. m., **INTRIGANTE** [ɛ̃tʀigɑ̃t] n. f. ▪ Personne qui mène des manœuvres secrètes pour obtenir ce qu'elle veut. *Cette fille n'est qu'une intrigante et une arriviste.*

REM. Le participe présent *intriguant* se prononce de la même façon.

intriguant [ɛ̃tʀigɑ̃] *En intriguant :* forme au participe présent du verbe **intriguer.**

REM. Le nom *intrigant* « personne qui intrigue » se prononce de la même façon, mais s'écrit sans *u* après le *g.*

INTRIGUE [ɛ̃tʀig] n. f. ▪ *UNE INTRIGUE* **1.** Ensemble de manœuvres secrètes et compliquées pour arriver à ce que l'on veut. *Elle a obtenu le poste de chef à force d'intrigues.* → **machination ;** STYLE FAMILIER **grenouillage, magouille.** *Ils ont déjoué les intrigues de leur adversaire.* **2.** Ensemble des événements qui font l'histoire d'un roman, d'une pièce de théâtre, d'un film. → ① **action.** *L'intrigue de ce roman est très compliquée.*

INTRIGUER [ɛ̃tʀige] verbe [conjugaison 1a] **1.** Éveiller la curiosité de (qqn). *Son attitude nous intriguait. Ça m'intrigue.* **2.** Mener des manœuvres secrètes pour arriver à avoir ou à faire ce que l'on veut. *Il a réussi en intriguant.* → **manœuvrer ;** STYLE FAMILIER **magouiller.** *Elle a intrigué pour obtenir une augmentation de salaire.*

INTRODUCTION [ɛ̃tʀɔdyksjɔ̃] n. f. **1.** *L'INTRODUCTION DE :* action d'introduire, de faire entrer (qqn). *La secrétaire est chargée de l'introduction des clients dans la salle d'attente.* **2.** Action de faire adopter (qqch.). *L'introduction de la publicité à la télévision est ancienne.* **3.** *UNE INTRODUCTION :* début d'un texte, qui le présente et l'explique. *Une bonne dissertation commence par une introduction et finit par une conclusion. Je commence ce livre, je suis en train de lire l'introduction.* → **avant-propos, préface.** ⟨contraire : conclusion⟩

INTRODUIRE [ɛ̃tʀɔdɥiʀ] verbe [conjugaison 38b] **1.** Faire entrer (qqn). *L'huissier introduit le visiteur dans le bureau du ministre.* → **conduire.** *Je vais vous introduire auprès du directeur.* **2.** Faire entrer (une chose dans une autre). *Il faut que j'introduise la clé dans la serrure pour ouvrir la porte,* que j'enfonce la clé dans la serrure. → **engager.** *Régulièrement, on introduit des mots nouveaux dans le dictionnaire.* → **intégrer.** **3.** Faire entrer (qqch.). *Ce produit a été introduit en France récemment. Ils se sont fait prendre en introduisant de la drogue dans le pays.* **4.** verbe pronominal S'INTRODUIRE : entrer. *Les cambrioleurs se sont introduits dans la maison par la fenêtre.* → **pénétrer.** – *Le doute s'est introduit dans mon esprit.* → s'**insinuer.**

introduise [ɛ̃tʀɔdɥiz] *Que j'introduise, qu'il introduise, qu'elle introduise :* forme au subjonctif du verbe **introduire.**

introduit [ɛ̃tʀɔdɥi], **introduite** [ɛ̃tʀɔdɥit] *Il a introduit une marchandise ; la marchandise qu'il a introduite :* formes au participe passé du verbe **introduire.**

INTROUVABLE [ɛ̃tʀuvabl] adj. (après le nom) ▪ Impossible à trouver. *Je suis à la recherche d'un livre introuvable en librairie. Le chien reste introuvable.*

INTRUS [ɛ̃tʀy] n. m., **INTRUSE** [ɛ̃tʀyz] n. f. **1.** Personne qui est entrée quelque part sans y être invitée. *Elle a l'impression d'être une intruse dans la famille de son mari,* elle s'y sent indésirable. **2.** *L'INTRUS :* dans un jeu, élément qui est en trop et qu'il faut trouver. *Cherchez l'intrus dans cette liste de mots de la même famille.*

INTRUSION [ɛ̃tʀyzjɔ̃] n. f. ▪ *UNE INTRUSION :* arrivée soudaine (de personnes qui ne sont pas invitées). *Des manifestants ont FAIT INTRUSION dans le bureau du directeur.* → **irruption.**

INTUITIF [ɛ̃tɥitif], **INTUITIVE** [ɛ̃tɥitiv] adj. (après le nom) **1.** (qqn) Qui se fie à son intuition. *C'est un homme intuitif, il se trompe rarement.* **2.** (qqch.) Que l'on sait par intuition. *Ça ne s'explique pas, c'est intuitif.*

INTUITION [ɛ̃tɥisjɔ̃] n. f. ▪ *L'INTUITION :* sentiment de comprendre ou de savoir qqch. sans avoir besoin de réfléchir et sans pouvoir vérifier. *J'ai eu l'intuition du danger. J'ai une mauvaise intuition.* → **pressentiment.** *Tu n'as qu'à suivre ton intuition. J'AI L'INTUITION QU'il ne viendra pas. Il a eu l'intuition de rentrer chez lui. Doit-on se fier à ses intuitions ?*

INUIT [inɥit] adj., n. m. et n. f. **1.** adjectif (après le nom) Des Esquimaux. *Il connaît bien la civilisation inuit.* → **esquimau.** *Les coutumes inuits.* **2.** *UN INUIT, UNE INUIT :* une personne qui habite les terres arctiques de l'Amérique et du Groenland. *Les Inuits.*

REM. Ce mot est très courant au Canada où l'emploi de *esquimau* est proscrit.

INUSABLE [inyzabl] adj. (après le nom) ▪ Qui ne s'use pas. *Il a des chaussures inusables,* très solides. → **résistant.**

INUSITÉ [inyzite], **INUSITÉE** [inyzite] adj. (après le nom) ▪ (mot) Que l'on n'emploie pas ou peu. → **rare.** *Le verbe « clore » est inusité au futur et à l'imparfait.* ⟨contraires : courant, usuel⟩ *Ces formes verbales sont inusitées.*

INUTILE [inytil] adj. (après le nom) ▪ Qui ne sert à rien. ⟨contraire : utile⟩ *Ne t'encombre pas de bagages inutiles.* → **superflu.** ⟨contraires : indispensable, nécessaire⟩ *Évitons toute fatigue inutile !* → **vain.** – *Il est inutile que nous y allions à plusieurs. Inutile d'insister,* ce n'est pas la peine. *INUTILE DE TE DIRE QUE j'ai déjà essayé,* tu peux imaginer que je l'ai fait.

INUTILEMENT [inytilmɑ̃] adverbe ▪ Sans résultat. *Il s'est donné inutilement de la peine,* pour rien. ⟨contraire : utilement⟩

INUTILISABLE [inytilizabl] adj. (après le nom) ▪ Que l'on ne peut pas utiliser. *Dans cet état, la voiture est inutilisable. Elle garde de vieux objets inutilisables.* ⟨contraire : utilisable⟩

INUTILISÉ [inytilize], **INUTILISÉE** [inytilize] adj. (après le nom) ▪ Dont on ne se sert pas. *Il y a beaucoup d'outils inutilisés dans son atelier.*

INUTILITÉ [inytilite] n. f. ▪ *L'INUTILITÉ :* le fait d'être inutile. *Elle est convaincue de l'inutilité de ses efforts.* ⟨contraire : utilité⟩

INVALIDANT [ɛ̃validɑ̃], **INVALIDANTE** [ɛ̃validɑ̃t] adj. (après le nom) ▪ Qui rend invalide. *Il est atteint d'une maladie invalidante.* → **handicapant.**

INVALIDE [ɛ̃valid] adj., n. m. et n. f. **1.** adjectif (après le nom) Qui ne peut pas mener une vie normale, travailler à cause de sa mauvaise santé, de ses blessures ou de ses infirmités. *Il est resté invalide à la suite d'un accident du travail.* ⟨contraire : valide⟩ *J'ai aidé un vieillard invalide à traverser la rue.* → **handicapé, infirme.** **2.** *UN INVALIDE, UNE INVALIDE :* une personne incapable de vivre normalement parce qu'elle est invalide. *C'est un invalide de guerre.*

REM. L'hôtel des Invalides, à Paris, a été fondé par le roi Louis XIV pour abriter les invalides de guerre.

INVALIDITÉ [ɛ̃validite] n. f. ▪ *L'INVALIDITÉ :* état d'une personne invalide. *Son invalidité est définitive. Elle reçoit une pension d'invalidité depuis son accident.*

INVARIABLE [ɛ̃vaʀjabl] adj. (après le nom) ▪ (qqch.) Qui ne varie pas, ne change pas. *Les saisons se succèdent dans un ordre invariable.* → **constant, immuable.** ⟨contraire : variable⟩ *Les adverbes et les prépositions sont des mots invariables,* ils s'écrivent toujours de la même façon. *« Gaz » est un nom invariable,* il ne change pas de forme au pluriel.

INVASION [ɛ̃vazjɔ̃] n. f. ▪ *UNE INVASION* **1.** Entrée en masse d'une armée dans un pays (→ **envahir**). *La Gaule a subi l'invasion des Romains.* → **occupation.** ⟨contraire : évacuation⟩ *Les grandes invasions germaniques eurent lieu au cinquième siècle.* **2.** Arrivée brusque et massive. *Une invasion de criquets a ravagé les récoltes. En été, il y a une invasion de touristes sur la côte.*

INVECTIVER [ɛ̃vɛktive] verbe [conjugaison 1a] ▪ STYLE RECHERCHÉ Dire des injures à (qqn). *L'ivrogne invective les passants.* → **injurier, insulter.**

INVECTIVES [ɛ̃vɛktiv] n. f. pluriel ▪ STYLE RECHERCHÉ *LES INVECTIVES :* paroles très injurieuses. *Il nous a couvert de violentes invectives. Le chauffard lance des invectives aux autres automobilistes.* → **injure, insulte.**

INVENDABLE [ɛ̃vɑ̃dabl] adj. (après le nom) ▪ Que l'on ne peut pas vendre. *Le marchand a des stocks de robes invendables dans sa réserve.*

INVENTAIRE [ɛ̃vɑ̃tɛʀ] n. m. ▪ *UN INVENTAIRE :* liste détaillée d'un ensemble de choses. *Le magasin est fermé parce que le commerçant fait son inventaire,* il note tout ce qu'il a en stock.

INVENTER [ɛ̃vɑ̃te] verbe [conjugaison 1a] **1.** Créer, découvrir ou fabriquer (qqch. de nouveau). *Les Chinois ont inventé l'imprimerie. Ce chercheur a inventé un nouveau vaccin.* → **concevoir.** – STYLE FAMILIER *Il n'a pas inventé le fil à couper le beurre, il n'a pas inventé l'eau tiède :* il n'est pas très malin. **2.** Imaginer (qqch.). *Ma grand-mère inventait des histoires qu'elle me racontait le soir. C'est faux, il a tout inventé. Il ne sait pas quoi inventer pour se faire remarquer. Qu'est-ce que tu vas encore inventer ? Je te jure que c'est vrai, je n'invente rien !*

INVENTEUR [ɛ̃vɑ̃tœʀ] n. m., **INVENTRICE** [ɛ̃vɑ̃tʀis] n. f. ▪ *UN INVENTEUR, UNE INVENTRICE* **1.** Personne qui invente ou qui a inventé qqch. → **créateur.** *Denis Papin est l'inventeur de la machine à vapeur.* → **père. 2.** Personne qui trouve, qui découvre (un trésor, un lieu...). *Il est l'inventeur d'une grotte préhistorique.*

INVENTIF [ɛ̃vɑ̃tif], **INVENTIVE** [ɛ̃vɑ̃tiv] adj. (après le nom) ▪ Qui a beaucoup d'idées, est capable d'inventer. *Elle a l'esprit inventif.* → **créatif.** *Elle est très inventive.*

INVENTION [ɛ̃vɑ̃sjɔ̃] n. f.
I. *L'INVENTION* **1.** Action d'inventer. *L'invention de la bicyclette date de la fin du XIXe siècle.* **2.** Capacité d'inventer. *Elle a l'esprit d'invention* (→ **inventif**).
II. *UNE INVENTION* **1.** Chose que l'on a inventée. *La télévision et le téléphone sont de belles inventions.* **2.** Chose imaginée. *Ce que tu dis est une pure invention.* → **fiction, mensonge.** *Il y a beaucoup d'inventions dans ce roman historique.*

INVENTRICE n., féminin de **inventeur**

INVÉRIFIABLE [ɛ̃veʀifjabl] adj. (après le nom) ▪ Que l'on ne peut pas vérifier. *Il nous a fait des affirmations invérifiables.* (contraire : vérifiable)

INVERSE [ɛ̃vɛʀs] adj. et n. m. **1.** adjectif (après le nom) (direction, sens) Qui est opposé, contraire. *La voiture a heurté le camion qui venait en sens inverse. Les danseurs tournent dans le sens inverse des aiguilles d'une montre.* **2.** nom masculin *L'INVERSE :* le contraire. *Tu as fait l'inverse de ce qu'il fallait faire. Il aime bien sa voisine, mais l'inverse n'est pas vrai,* sa voisine ne l'aime pas. → **réciproque.** *Son frère est blond, À L'INVERSE elle est très brune,* au contraire, elle est très brune. *Elle est brune, À L'INVERSE DE son frère,* contrairement à son frère.

INVERSEMENT [ɛ̃vɛʀsəmɑ̃] adverbe ▪ D'une manière inverse. *Il prépare le dîner et elle couche les enfants, ou inversement.* → **vice versa.**

INVERSER [ɛ̃vɛʀse] verbe [conjugaison 1a] ▪ Faire prendre à (deux choses) la position inverse de la précédente. *Si on inverse l'ordre de l'alphabet, la première lettre est Z.* → **intervertir.** *C'est moi qui décide, vous inversez les rôles !*

INVERSION [ɛ̃vɛʀsjɔ̃] n. f. ▪ *UNE INVERSION :* déplacement de (un mot ou un groupe de mots) dans la phrase par rapport à sa place habituelle. *Il y a inversion du sujet dans la phrase « Où est le chat ? ».*

> FAUX AMI
> espagnol **inversión**
> « investissement »

INVERTÉBRÉ [ɛ̃vɛʀtebʀe] adj. et n. m., **INVERTÉBRÉE** [ɛ̃vɛʀtebʀe] adj. **1.** adjectif (après le nom) Qui n'a pas de squelette. *L'escargot est un animal invertébré.* **2.** *UN INVERTÉBRÉ :* animal qui n'a pas de squelette. *Les pieuvres sont des invertébrés.* (contraire : vertébré)

INVESTIGATION [ɛ̃vɛstigasjɔ̃] n. f. ▪ *UNE INVESTIGATION :* recherche longue et soigneuse. *Les investigations de la police n'ont pas donné de résultat.* → **enquête.**

INVESTIR [ɛ̃vɛstiʀ] verbe [conjugaison 2] **1.** *Investir de l'argent,* utiliser son argent pour qu'il rapporte des intérêts. → **placer.** *Il a investi une grosse somme dans cette affaire* (→ **investissement**). *Mon grand-père investissait tout son argent en achetant des immeubles.* **2.** Entourer avec des troupes. *L'ennemi a investi la ville.* → **assiéger, encercler. 3.** Confier officiellement (une fonction) à (qqn). *Le ministre l'a investi d'une mission à l'étranger.* → **charger. 4.** verbe pronominal *S'INVESTIR :* (qqn) employer toute son énergie. *Elle s'est trop investie dans son travail,* elle y a attaché trop d'importance.

INVESTISSEMENT [ɛ̃vɛstismɑ̃] n. m. ▪ *UN INVESTISSEMENT* **1.** Action d'investir de l'argent, de le placer pour qu'il rapporte des intérêts. *Il a fait des investissements dans l'industrie.* **2.** Argent investi. *Cet achat est un bon investissement.* → **placement.**

INVÉTÉRÉ [ɛ̃veteʀe], **INVÉTÉRÉE** [ɛ̃veteʀe] adj. (après le nom) ▪ STYLE RECHERCHÉ (qqn) Qui est comme il est depuis longtemps. *C'est une fumeuse invétérée.* → **endurci, impénitent, incorrigible.**

INVINCIBLE [ɛ̃vɛ̃sibl] adj. (après le nom) ▪ Qui ne peut être vaincu. *Ils ont joué contre une équipe invincible.* → **imbattable.**

INVISIBLE [ɛ̃vizibl] adj. (après le nom) **1.** Que l'on ne peut pas voir. *Les microbes sont invisibles à l'œil nu. « L'Homme invisible » est un roman de H. G. Wells.* – *Le chirurgien lui a fait une cicatrice pratiquement invisible,* que l'on voit très peu. → **imperceptible. 2.** (qqn) Que l'on ne peut rencontrer. *Elle est invisible depuis plusieurs jours.*

INVITATION [ɛ̃vitasjɔ̃] n. f. ▪ *UNE INVITATION :* proposition d'aller chez qqn ou de faire qqch. avec lui. *Ils ont accepté leur invitation à déjeuner. Tu ne peux pas refuser cette invitation.* – Carte pour inviter qqn. *J'ai envoyé toutes les invitations.*

INVITÉ [ɛ̃vite] n. m., **INVITÉE** [ɛ̃vite] n. f. ▪ *UN INVITÉ, UNE INVITÉE :* personne qui est invitée. *Les invités sont partis tard.* → **convive, hôte.**

INVITER [ɛ̃vite] verbe [conjugaison 1a] **1.** Demander à (qqn) d'aller quelque part, d'assister à qqch. *Nos amis nous ont invités à dîner.* → STYLE RECHERCHÉ **convier.** *Je vais les inviter pour mon anniversaire.* → **recevoir.** *Invite ta sœur à danser !* **2.** *INVITER qqn À faire qqch.,* le lui proposer de façon courtoise, mais nette. *Je vous invite à quitter la salle dans le calme.* → **engager, prier.**

IN VITRO [invitʀo] adverbe ▪ En laboratoire. *La fécondation in vitro est proposée dans certains cas de stérilité* (→ **F. I. V.**).

INVIVABLE [ɛ̃vivabl] adj. (après le nom) **1.** (qqn) Impossible à supporter. *Son mari est un homme invivable,* avec qui il est difficile de vivre. → **insupportable. 2.** (qqch.) Où il est très difficile de vivre. *Nous sommes dans une situation invivable. C'est devenu invivable ici, depuis la construction de l'aéroport.*

INVOLONTAIRE [ɛ̃vɔlɔ̃tɛʀ] adj. (après le nom) ▪ Que l'on fait sans le vouloir. *Il a fait un mouvement involontaire.* → **machinal.** ⟨contraires : volontaire, voulu⟩ *Elle a commis un homicide involontaire :* elle a tué quelqu'un sans le faire exprès.

INVOLONTAIREMENT [ɛ̃vɔlɔ̃tɛʀmɑ̃] adverbe ▪ Sans le vouloir, sans s'en rendre compte. *Je lui ai fait de la peine involontairement.* ⟨contraires : ① exprès, sciemment, volontairement⟩

INVOQUER [ɛ̃vɔke] verbe [conjugaison 1a] **1.** Appeler à son aide par des prières. *Les anciens Grecs invoquaient les dieux avant de partir en guerre.* → **prier. 2.** Avoir recours à (qqch.). *Il a invoqué tous les prétextes possibles pour ne pas venir,* il a donné tous les prétextes possibles.

INVRAISEMBLABLE [ɛ̃vʀɛsɑ̃blabl] adj. (après le nom, parfois avant le nom) **1.** Que l'on ne peut pas croire, qui ne semble pas vrai. *Il nous a raconté une histoire invraisemblable.* → **incroyable.** *Le chiffre que vous nous donnez est tout à fait invraisemblable.* → **impossible.** ⟨contraire : vraisemblable⟩ **2.** Très étonnant. *Elle a un invraisemblable chapeau ! Il a un culot invraisemblable.* → **inimaginable.** *C'est invraisemblable !* → **fou ;** STYLE FAMILIER **dingue.**

INVRAISEMBLANCE [ɛ̃vʀɛsɑ̃blɑ̃s] n. f. ▪ *UNE INVRAISEMBLANCE :* chose invraisemblable. *Cette histoire est vraie malgré toutes ses invraisemblances.* ⟨contraire : vraisemblance⟩

INVULNÉRABLE [ɛ̃vylneʀabl] adj. (après le nom) ▪ (qqn) Qui ne peut être blessé. *Le héros grec Achille était invulnérable, sauf au talon.* ⟨contraire : vulnérable⟩ *Les soldats ne sont pas invulnérables.*

IODE [jɔd] n. m. ▪ *L'IODE :* matière qui se trouve dans l'eau de mer et les algues. *Respirez l'iode parfumé du grand large ! L'iode s'évapore très vite. L'infirmière met de la TEINTURE D'IODE sur la coupure,* un produit désinfectant composé d'iode et d'alcool à quatre-vingt-dix degrés.

IOWA [iowa] nom propre masculin ▪ *L'IOWA :* État du centre des États-Unis. *Nous avons passé nos vacances dans l'Iowa.*

IRAK [iʀak] nom propre masculin ▪ *L'IRAK :* pays d'Asie occidentale. *Il voyage en Irak. Montrez-nous vos photos d'Irak. Ils habitent en Irak* (→ **irakien).**

REM. On écrit aussi **Iraq.**

IRAKIEN [iʀakjɛ̃] adj. et n. m., **IRAKIENNE** [iʀakjɛn] adj. et n. f. **1.** adjectif (après le nom) D'Irak, pays d'Asie occidentale. *Bagdad est la capitale irakienne.* **2.** *UN IRAKIEN, UNE IRAKIENNE :* un habitant, une habitante d'Irak. *Les Irakiens.*

REM. On peut écrire aussi *iraquien, iraquienne.*

IRANIEN [iʀanjɛ̃] adj. et n. m., **IRANIENNE** [iʀanjɛn] adj. et n. f. **1.** adjectif (après le nom) D'Iran, pays d'Asie. *La religion iranienne est l'islam.* **2.** *UN IRANIEN, UNE IRANIENNE :* un habitant, une habitante d'Iran. *Les Iraniens.*

IRASCIBLE [iʀasibl] adj. (après le nom) ▪ STYLE RECHERCHÉ Qui se met facilement en colère. *C'est un homme irascible.* → **coléreux, irritable.**

IRIS [iʀis] n. m. **1.** *UN IRIS :* grande fleur bleue, violette, blanche, jaune ou brune, qui a des feuilles pointues. *Il y a un bouquet d'iris sur la table.* **2.** *L'IRIS :* partie arrondie et colorée de l'œil, percée au centre d'un petit trou (→ **pupille).** *L'iris peut être bleu, vert, gris ou brun.*

IRISÉ [iʀize], **IRISÉE** [iʀize] adj. (après le nom) ▪ Qui possède toutes les couleurs de l'arc-en-ciel. *Il y a des reflets irisés sur le lac.*

IRLANDAIS [iʀlɑ̃dɛ] adj. et n. m., **IRLANDAISE** [iʀlɑ̃dɛz] adj. et n. f. **1.** adjectif (après le nom) D'Irlande. *La bière irlandaise est réputée.* **2.** *UN IRLANDAIS, UNE IRLANDAISE :* un habitant, une habitante d'Irlande. *Les Irlandais.* **3.** nom masculin *L'IRLANDAIS :* langue celtique parlée en Irlande. *Il parle l'irlandais sans accent.*

IRLANDE [iʀlɑ̃d] nom propre féminin – en gaélique **ÉIREANN,** en anglais **IRELAND** ▪ *L'IRLANDE :* État occupant une grande partie de l'île d'Irlande. *La capitale de l'Irlande est Dublin. L'école de mon fils a organisé un voyage en Irlande. Les enfants sont revenus enchantés d'Irlande.*

IRLANDE DU NORD [iʀlɑ̃ddynɔʀ] nom propre féminin – en anglais **NORTHERN IRELAND** ▪ *L'IRLANDE DU NORD :* partie de l'Irlande appartenant au Royaume-Uni de Grande-Bretagne et d'Irlande du Nord. *La capitale de l'Irlande du Nord est Belfast. Ils sont allés en Irlande du Nord.*

IRONIE [iʀɔni] n. f. ▪ *L'IRONIE :* manière de se moquer en disant le contraire de ce qu'on devrait dire. *Il est d'une ironie mordante. Elle a fait une réflexion pleine d'ironie.* → **humour.** *Je te le dis sans ironie,* sérieusement. *Arrête de FAIRE DE L'IRONIE !* de te moquer.

IRONIQUE [iʀɔnik] adj. (après le nom) ▪ Qui montre de l'ironie. *Il a un sourire ironique aux lèvres.* → **goguenard, moqueur, narquois.**

IRRADIER [iʀadje] verbe [conjugaison 7a] ▪ Exposer à l'action de certaines radiations. *Il faut que nous irradiions cette tumeur par les rayons X. La population a été irradiée à la suite d'un accident dans une centrale nucléaire,* elle a été exposée à la radioactivité.

IRRATIONNEL [iʀasjɔnɛl], **IRRATIONNELLE** [iʀasjɔnɛl] adj. (après le nom) ▪ Qui est contraire à la raison, à ce qui devrait être. *Il a eu une conduite irrationnelle.* → **déraisonnable, illogique.** ⟨contraire : rationnel⟩

IRRÉALISABLE [iʀealizabl] adj. (après le nom) ▪ Qui ne peut pas être réalisé. *Il a en tête un projet irréalisable.* → **infaisable.** ⟨contraire : réalisable⟩

IRRÉALISTE [iʀealist] adj. (après le nom) ▪ Qui manque de réalisme. *Son projet est séduisant mais irréaliste.* → **utopique.** ⟨contraire : réaliste⟩ – *Tu es complètement irréaliste !*

IRRÉDUCTIBLE [iʀedyktibl] adj. (après le nom) ▪ Qui reste le même, qu'on ne peut pas faire céder. *Ces deux peuples sont des ennemis irréductibles. – Une haine irréductible les sépare.*

IRRÉEL [iʀeɛl], **IRRÉELLE** [iʀeɛl] adj. (après le nom) ▪ Qui n'est pas réel, qui est en dehors de la réalité. *Le paysage sous la neige a un aspect irréel.* → **fantasmagorique, fantastique.** ⟨contraire : réel⟩ *Elle est d'une beauté irréelle.* → **merveilleux.**

REM. Certaines personnes prononcent [iʀʀeɛl].

IRRÉFLÉCHI [iʀefleʃi], **IRRÉFLÉCHIE** [iʀefleʃi] adj. (après le nom) ▪ Qui agit, se fait sans réflexion. *Ce garçon est parfois irréfléchi.* → **écervelé, étourdi.** ⟨contraire : réfléchi⟩ *Elle a regretté aussitôt ces paroles irréfléchies.* → STYLE RECHERCHÉ **inconsidéré.**

IRRÉFUTABLE [iʀefytabl] adj. ▪ Qui ne peut être réfuté, mis en doute. *L'avocat apporte les preuves irréfutables de l'innocence de son client.* → **incontestable.**

IRRÉGULARITÉ [iʀegylaʀite] n. f. **1.** *L'IRRÉGULARITÉ :* caractère, aspect irrégulier (d'un objet, d'un phénomène, d'une situation). → **inégalité.** *Le travail de cet élève est d'une grande irré-*

gularité : il est parfois très bon, parfois médiocre. ⟨contraire : régularité⟩ **2.** *UNE IRRÉGULARITÉ :* chose ou action irrégulière. *La conjugaison du verbe « être » présente beaucoup d'irrégularités.* – *Des irrégularités ont été commises dans ces élections,* des fautes contre la loi.

IRRÉGULIER [iʀegylje], **IRRÉGULIÈRE** [iʀegyljɛʀ] adj. (après le nom) **1.** Qui n'a pas toujours et partout le même aspect, la même forme ou le même rythme. *Elle a un visage aux traits irréguliers. Son écriture est irrégulière. Le pouls du malade est irrégulier.* ⟨contraire : régulier⟩ **2.** Qui ne suit pas la règle normale, l'usage commun. *Le mot « chou » a un pluriel irrégulier. Les verbes « être » et « avoir » sont irréguliers,* ils ne suivent pas la conjugaison normale. – *Ces passagers clandestins sont en SITUATION IRRÉGULIÈRE,* ils sont en faute par rapport à la loi. **3.** (qqn) Inégal (dans son travail, ses résultats). *Cet élève est irrégulier,* son travail est parfois excellent, parfois médiocre.

IRRÉGULIÈREMENT [iʀegyljɛʀmɑ̃] adverbe **1.** D'une manière irrégulière, sans régularité. *Il travaille très irrégulièrement.* ⟨contraire : régulièrement⟩ **2.** De façon illégale. *Ces immigrés ont débarqué en France irrégulièrement.* → **clandestinement.**

IRRÉMÉDIABLE [iʀemedjabl] adj. (après le nom) ▪ À quoi on ne peut pas remédier, qu'on ne peut pas réparer. *Le tremblement de terre a fait des dégâts irrémédiables.* → **irréparable.**

IRREMPLAÇABLE [iʀɑ̃plasabl] adj. (après le nom) ▪ Que l'on ne peut pas remplacer (par qqch. ou qqn de la même valeur). *Ton amitié est irremplaçable. Nous avons perdu un collaborateur irremplaçable. Personne n'est irremplaçable.*

IRRÉPARABLE [iʀepaʀabl] adj. (après le nom) ▪ Que l'on ne peut pas réparer. *Cette montre est irréparable, je vais en acheter une autre.* → STYLE FAMILIER ① **fichu.** ⟨contraire : réparable⟩ – *Sa mort est une perte irréparable.*

IRRÉPRESSIBLE [iʀepʀesibl] adj. (après le nom) ▪ STYLE RECHERCHÉ Que l'on ne peut pas réprimer, contrôler. *Nous avons été pris d'un fou rire irrépressible.* → **incontrôlable.**

IRRÉPROCHABLE [iʀepʀɔʃabl] adj. (après le nom) ▪ Sans reproche. *Dans cette affaire, il a été irréprochable.* → **parfait.** *Il a eu une attitude irréprochable.* ⟨contraire : condamnable⟩

IRRÉSISTIBLE [iʀezistibl] adj. (après le nom ou avant le nom) **1.** À quoi on ne peut pas résister. *J'ai une irrésistible envie de dormir. Cette femme a un charme irrésistible.* **2.** (qqn) Très séduisant. *Avec ses yeux bleus et son beau sourire, cet acteur de cinéma est irrésistible !* **3.** Qui fait rire, très drôle. *Ce film contient des gags irrésistibles.*

IRRÉSISTIBLEMENT [iʀezistibləmɑ̃] adverbe ▪ D'une manière irrésistible. *Il se sent irrésistiblement attiré par cette fille.*

IRRESPIRABLE [iʀɛspiʀabl] adj. (après le nom) ▪ (air, atmosphère) Pénible ou dangereux à respirer. *« Quelle pollution ! L'air est irrespirable ! »* – (figuré) *Depuis leur dispute, l'atmosphère de la maison est irrespirable.* → **insupportable, invivable.**

IRRESPONSABILITÉ [iʀɛspɔ̃sabilite] n. f. ▪ *L'IRRESPONSABILITÉ :* absence de responsabilité. *L'avocat a plaidé l'irresponsabilité de son client.* ⟨contraire : responsabilité⟩

IRRESPONSABLE [iʀɛspɔ̃sabl] adj., n. m. et n. f. **1.** adjectif (après le nom) Qui agit sans penser aux conséquences de ses actes. *Cet automobiliste irresponsable a doublé une voiture dans un virage.* ⟨contraire : responsable⟩ – *Il a une attitude complètement irresponsable.* **2.** *UN IRRESPONSABLE, UNE IRRESPONSABLE :* personne qui agit sans penser aux conséquences de ce qu'elle fait. *Certains politiciens sont des irresponsables.*

IRRÉVERSIBLE [iʀevɛʀsibl] adj. (après le nom) ▪ (phénomène) Qui ne peut se produire que dans un seul sens, sans retour en arrière. *Le temps qui passe est irréversible.* ⟨contraire : réversible⟩

IRRÉVOCABLE [iʀevɔkabl] adj. (après le nom) ▪ (décision, jugement) Définitif. *Ma décision est irrévocable.*

IRRIGATION [iʀigasjɔ̃] n. f. ▪ *L'IRRIGATION :* action d'irriguer, d'arroser (des terres) en détournant de l'eau douce. *Il faut une bonne irrigation sur ces terres. Des travaux d'irrigation ont permis de cultiver cette terre aride. Des canaux d'irrigation arrosent toute la région.* ⟨contraire : assèchement⟩

IRRIGUER [iʀige] verbe [conjugaison 1b] **1.** Arroser (une terre) par des canaux et des tuyaux. ⟨contraires : assécher, drainer⟩ *Le fermier irrigue ses champs. En irriguant le sol, les cultivateurs obtiennent de belles cultures.* **2.** (sang, liquides) Arroser les tissus de l'organisme. *Les veines et les artères irriguent le corps.*

IRRITABLE [iʀitabl] adj. (après le nom) ▪ Qui se met facilement en colère. ⟨contraire : calme⟩ *Il est irritable depuis sa maladie.* → **irascible.**

IRRITANT [iʀitɑ̃], **IRRITANTE** [iʀitɑ̃t] adj. (après le nom) **1.** Qui irrite, met en colère. *Il est irritant avec ses caprices.* → **agaçant, énervant.** *C'est irritant d'attendre.* ⟨contraire : apaisant⟩ **2.** Qui provoque une irritation, une inflammation (d'une partie du corps). *La fumée est irritante pour les yeux.*

IRRITATION [iʀitasjɔ̃] n. f. ▪ *L'IRRITATION* **1.** Agacement, colère. *Son irritation augmente.* → **exaspération. 2.** Légère inflammation. *J'ai une irritation des yeux. Ces pastilles calment l'irritation de la gorge.*

IRRITÉ [iʀite], **IRRITÉE** [iʀite] adj. (après le nom) **1.** STYLE RECHERCHÉ Agacé, exaspéré, furieux. *Il m'a répondu d'un air irrité. Elle est irritée contre sa fille.* **2.** (partie du corps) Enflammé, légèrement douloureux. *J'ai la gorge irritée.*

IRRITER [iʀite] verbe [conjugaison 1a] **1.** Mettre en colère, agacer, énerver. *Ses hésitations irritent tout le monde.* → **exaspérer.** *Tu as vraiment le don de m'irriter !* **2.** Rendre légèrement douloureux par une inflammation. *La fumée irrite les yeux.* → **picoter, piquer.**

IRRUPTION [iʀypsjɔ̃] n. f. ▪ *UNE IRRUPTION :* entrée brutale et inattendue (dans un lieu). *L'irruption des policiers dans le bar a provoqué la panique. Il a FAIT IRRUPTION dans mon bureau,* il y est entré brusquement.

ISLAM [islam] n. m. ▪ Religion des musulmans. *L'islam est fondé sur le Coran. Le prophète Mahomet prêchait l'islam.*

ISLAMIQUE [islamik] adj. (après le nom) ▪ Qui a rapport à l'islam, à la religion musulmane. *Les musulmans suivent la loi islamique. On étudie le Coran dans les écoles islamiques.* → **coranique.**

ISLAMISTE [islamist] adj., n. m. et n. f. **1.** adjectif (après le nom) Partisan du respect strict du Coran et de la propagande en faveur de l'islam. *Des militants islamistes manifestent.* **2.** *UN ISLAMISTE, UNE ISLAMISTE :* partisan de l'expansion de l'islam. *Les islamistes prient dans les mosquées.*

ISLANDAIS [islɑ̃dɛ] adj. et n. m., **ISLANDAISE** [islɑ̃dɛz] adj. et n. f. **1.** adjectif (après le nom) D'Islande. *Les geysers islandais sont célèbres. La capitale islandaise est Reykjavík.* **2.** *UN ISLANDAIS, UNE ISLANDAISE :* un habitant, une habitante d'Islande. *Les*

Islandais. **3.** nom masculin *L'ISLANDAIS :* la langue parlée en Islande. *L'islandais est parlé depuis le IXᵉ siècle.*

ISLANDE [islɑ̃d] nom propre féminin – en islandais **ÍSLAND** « Terre de glace », en anglais **ICELAND**. *L'ISLANDE :* pays situé dans l'Atlantique Nord, près du Groenland. *L'Islande est une île. Nous revenons d'Islande. Nous avons fait un voyage en Islande.*

ISOLANT [izɔlɑ̃] adj. et n. m., **ISOLANTE** [izɔlɑ̃] adj. **1.** adjectif (après le nom) (matière) Qui isole, empêche l'électricité de passer, qui protège du bruit, de la chaleur ou du froid. *On utilise des matériaux isolants pour insonoriser une pièce. La laine de verre est isolante.* **2.** *UN ISOLANT :* matière, matériau qui isole, protège du bruit, de la chaleur ou du froid et empêche le courant électrique de passer. *Les fils électriques sont recouverts d'un isolant.* (contraire : conducteur)

ISOLATION [izɔlasjɔ̃] n. f. *L'ISOLATION :* action d'isoler, de protéger (une pièce, une maison) contre le bruit, la chaleur ou le froid. *Cette pièce a une bonne isolation thermique,* elle est bien protégée contre le froid.

ISOLATIONNISME [izɔlasjɔnism] n. m. *L'ISOLATIONNISME :* politique d'isolement. *Ce pays pratique l'isolationnisme.*

REM. Ce mot appartient au vocabulaire politique.

ISOLÉ [izɔle], **ISOLÉE** [izɔle] adj. (après le nom) **1.** (lieu) Éloigné, à l'écart. *Ils habitent une maison isolée, loin du village.* → **perdu, reculé.** **2.** (qqch.) Séparé des choses de même nature. *Il est assis à une table isolée. Il y eu quelques applaudissements isolés.* → **épars.** **3.** (qqn) Séparé des autres hommes. *Elle se sent isolée au milieu de cette foule.* → **seul, solitaire.** **4.** Seul de sa sorte, dans son genre. *C'est un cas isolé.* → **unique.**

ISOLEMENT [izɔlmɑ̃] n. m. *L'ISOLEMENT* **1.** Action d'isoler (qqn). *On a décidé de son isolement dans une cellule.* **2.** État de qqn d'isolé, seul. *Il vit dans un isolement complet.* → **solitude.** (contraires : contact, compagnie, société)

REM. Ne pas confondre avec *isolation* (chose).

ISOLÉMENT [izɔlemɑ̃] adverbe. Séparément, individuellement. *Pris isolément, ces deux enfants sont adorables.* (contraire : ① ensemble)

ISOLER [izɔle] verbe [conjugaison 1a] **1.** Séparer (qqch.) de ce qui est autour. *La neige isole le village.* **2.** Empêcher (deux choses) d'être en contact, de se toucher. *L'électricien isole les fils électriques.* **3.** Séparer de son milieu. *Les chercheurs ont isolé un nouveau virus pour l'étudier.* **4.** Éloigner (qqn) de la compagnie des autres hommes. *Il faut isoler ce malade contagieux.* **5.** verbe pronominal *S'ISOLER :* (qqn) se retirer de la compagnie des autres pour être seul. *Elle s'est isolée dans sa chambre.* → se **réfugier.**

ISOLOIR [izɔlwaʀ] n. m. *UN ISOLOIR :* cabine où l'on s'isole pour mettre son bulletin de vote dans l'enveloppe. *Avant de voter, on passe dans l'isoloir afin que personne ne voie quel bulletin on a choisi.*

ISOTHERME [izɔtɛʀm] adj. (après le nom). Qui garde (qqch.) à la même température. *Elle met les produits surgelés qu'elle vient d'acheter dans un sac isotherme. Le café reste à la bonne température dans la bouteille isotherme* (→ **thermos).**

ISRAÉLIEN [isʀaeljɛ̃] adj. et n. m., **ISRAÉLIENNE** [isʀaeljɛn] adj. et n. f. **1.** adjectif (après le nom) De l'État d'Israël. *La capitale israélienne est Tel Aviv.* **2.** *UN ISRAÉLIEN, UNE ISRAÉLIENNE :* un habitant, une habitante d'Israël. *Les Israéliens.*

ISRAÉLITE [isʀaelit] adj., n. m. et n. f. **1.** *UN ISRAÉLITE, UNE ISRAÉLITE :* une personne qui appartient à la communauté juive. *Des Israélites. Les israélites pratiquent la religion juive.* **2.** adjectif (après le nom) Qui appartient à la communauté, à la religion juive. *Le culte israélite est pratiqué dans une synagogue. Ils sont israélites.* → **juif.**

ISSU [isy], **ISSUE** [isy] adj. (après le nom) (qqn) Né de (parents, milieu). *Elle est issue d'une famille modeste. Il a deux enfants issus de son premier mariage.*

ISSUE [isy] n. f. **1.** *UNE ISSUE :* passage qui permet de sortir. *La souris prise au piège cherche une issue. Les lieux publics possèdent des ISSUES DE SECOURS.* → **sortie.** (contraire : entrée) *Nous habitons dans une rue SANS ISSUE,* dans une rue qui ne débouche pas sur une autre rue. → **cul-de-sac, impasse.** **2.** *L'ISSUE :* moyen de sortir d'une situation difficile. *Nous ne voyons pas d'issue au conflit.* → ① **fin.** *La situation paraît sans issue,* bloquée. → **solution.** – STYLE RECHERCHÉ *À L'ISSUE DE :* à la fin de. *À l'issue des négociations, les deux pays ont signé un accord.* (contraires : commencement, début)

ISTANBUL [istɑ̃bul] nom propre. Ville de Turquie, sur le Bosphore, entre l'Europe et l'Asie. *La ville d'Istanbul s'est appelée autrefois Byzance, puis Constantinople. Ils sont allés à Istanbul.*

REM. Il y a un *n* (et non un *m*) devant le *b*.

ISTHME [ism] n. m. *UN ISTHME :* étroite bande de terre qui sépare deux mers et unit deux terres. *L'isthme de Panamá sépare l'Amérique du Nord de l'Amérique du Sud.* (contraire : détroit)

ITALIE [itali] nom propre féminin – en italien **ITALIA**. *L'ITALIE :* pays d'Europe méridionale. *Il travaille en Italie. Le bateau approche des côtes d'Italie. Ils habitent en Italie* (→ **italien).**

ITALIEN [italjɛ̃] adj. et n. m., **ITALIENNE** [italjɛn] adj. et n. f. **1.** De l'Italie. *Elle aime le vin italien. Ils ont visité les villes italiennes.* **2.** *UN ITALIEN, UNE ITALIENNE :* un habitant, une habitante de l'Italie. *Il a épousé une Italienne. Les Italiens.* **3.** nom masculin *L'ITALIEN :* la langue officielle de l'Italie. *Il parle couramment italien.*

ITALIQUE [italik] n. m. *L'ITALIQUE :* caractère d'imprimerie légèrement incliné vers la droite. *Dans ce dictionnaire, les exemples sont EN ITALIQUE. Cet italique est très élégant. Quand on écrit à la main, les mots en italique sont soulignés.*

ITINÉRAIRE [itineʀɛʀ] n. m. *UN ITINÉRAIRE :* chemin pour aller d'un lieu à un autre. *Ils nous ont expliqué l'itinéraire pour aller chez eux.* → **route, trajet.** *Nous nous sommes trompés d'itinéraire.* → **chemin.**

I. V. G. [iveʒe] n. f. *UNE I. V. G. :* interruption volontaire de grossesse pratiquée avant douze semaines après l'arrêt des règles, conformément à la loi française. *Elle a subi une I. V. G.* → **avortement.** *Les I. V. G se pratiquent en milieu hospitalier.*

IVOIRE [ivwaʀ] n. m. *L'IVOIRE* **1.** Matière blanc jaunâtre très dure dont sont faites les défenses d'éléphant. *Le trafic de l'ivoire est interdit.* – *Cet ivoire est très beau. Elle a un bracelet en ivoire. Les touches de ce piano sont en ivoire.* **2.** Matière blanche et dure des dents. *L'ivoire des dents est recouvert par l'émail.*

REM. On peut dire *un bracelet en ivoire* ou *un bracelet d'ivoire.*

IVRE [ivʀ] adj. (après le nom) **1.** Qui a l'esprit troublé par l'alcool. *Après deux coupes de champagne, il est légèrement ivre.* → **éméché.** *Le chauffard qui a provoqué l'accident est IVRE MORT,* complètement soûl. → STYLE FAMILIER **bourré, paf, pinté.** 2. *IVRE DE :* hors de soi (sous l'effet d'une émotion violente). → **fou.** *Sa réussite l'a rendu ivre de bonheur. Il est ivre de rage.*

IVRESSE [ivrɛs] n. f. ▪ *L'IVRESSE* 1. État de qqn qui est sous l'effet de l'alcool. *Une légère ivresse m'empêche de conduire. Les gendarmes ont arrêté un automobiliste qui conduisait EN ÉTAT D'IVRESSE.* → **ébriété.** ⟨contraires : lucidité, sobriété⟩ 2. STYLE RECHERCHÉ Euphorie, exaltation. *Vainqueur aux Jeux olympiques, le sportif connaît l'ivresse de la victoire.*

IVROGNE [ivrɔɲ] n. m., n. f. ▪ *UN IVROGNE, UNE IVROGNE :* personne qui a l'habitude de boire beaucoup, de se mettre en état d'ivresse. → **alcoolique.** *Cet ivrogne parle tout seul dans la rue. C'est une vieille ivrogne.*

REM. On emploie parfois le féminin *ivrognesse.*

IVROGNERIE [ivrɔɲri] n. f. ▪ *L'IVROGNERIE :* habitude de boire beaucoup trop, de s'enivrer. *À cause de son ivrognerie, il ne peut plus travailler.* → **alcoolisme.** *Son ivrognerie est répugnante.* ⟨contraire : sobriété⟩

***IXIÈME** ['iksjɛm] adj. (avant le nom) ▪ D'ordre indéterminé et élevé. *Je te le répète pour la ixième fois, éteins la télévision !* → **énième.**

REM. *Ixième* vient de *x* [iks].

J

J [ʒi] n. m. invariable **1.** *LE J :* dixième lettre de l'alphabet du français. *Le j est une consonne. Il y a des j minuscules* (j) *et des j majuscules* (J). **2.** *Le jour J :* le jour fixé pour qqch. d'important. *Le jour J, la fusée décollera.*

J' → **je**

JABOT [ʒabo] n. m. ■ *UN JABOT* **1.** Poche située dans le cou des oiseaux, où la nourriture est gardée avant son passage dans l'estomac. *Le jabot est une partie de l'œsophage.* **2.** Ornement de dentelle attaché au col d'une chemise et qui descend sur la poitrine. *Pour son concert, le musicien a mis une CHEMISE À JABOT.*

JACASSER [ʒakase] verbe [conjugaison 1a] **1.** *La pie jacasse,* elle pousse son cri. **2.** STYLE FAMILIER Parler à voix haute, de choses peu importantes. *Taisez-vous les enfants, j'en ai assez de vous entendre jacasser.*

JACHÈRE [ʒaʃɛʀ] n. f. ■ *Terre EN JACHÈRE :* terre qu'on ne cultive pas pendant un certain temps pour la laisser reposer. *La moisson faite, on laisse la terre en jachère. Cette terre est en jachère depuis six mois.*

JACINTHE [ʒasɛ̃t] n. f. ■ *UNE JACINTHE :* plante à fleurs parfumées formant des grappes de couleur bleue, mauve ou rose vif. *Il y a des jacinthes en pot sur le balcon.*

JADE [ʒad] n. m. ■ *LE JADE :* pierre fine très dure, de couleur verte. *Il a posé sur son bureau une statuette de jade.*

JADIS [ʒadis] adverbe ■ STYLE RECHERCHÉ Autrefois, il y a longtemps. *Il voudrait revoir ses amis d'enfance, ses amis de jadis.* → **autrefois.**

> REM. Les Français confondent parfois *jadis* et *naguère* qui veut dire « il y a peu de temps ».

JAGUAR [ʒagwaʀ] n. m. ■ *UN JAGUAR :* grand félin d'Amérique du Sud, au pelage beige tacheté de noir, qui ressemble à la panthère. *Le jaguar grimpe aux arbres et peut nager.*

▶ **JAILLIR** [ʒajiʀ] verbe [conjugaison 2] **1.** (liquide, fluide) Sortir en un jet brusque et puissant. *Le pétrole jaillit du puits de forage. Autrefois, l'eau jaillissait de cette source.* → **gicler. 2.** Apparaître brusquement. *Un éclair de lumière jaillit du flash. – La vérité jaillira de cette discussion.* → **surgir.**

JAIS [ʒɛ] n. m. ■ *LE JAIS :* roche très dure, d'un noir brillant, dont on fait des bijoux. *Elle a des boucles d'oreille en jais. – Il a les cheveux noirs comme du jais,* très noirs.

> REM. Les mots *geai* « oiseau » et *jet* « distance parcourue par une chose lancée » se prononcent de la même façon.

JALON [ʒalɔ̃] n. m. ■ *UN JALON* **1.** Piquet planté en terre pour servir de repère. *Des jalons marquent les limites du terrain.* **2.** *POSER DES JALONS :* commencer à faire connaître ses idées de projet auprès des personnes qui peuvent aider à le faire réussir. *J'ai posé des jalons auprès de mon banquier pour le financement de mon projet.*

JALONNER [ʒalɔne] verbe [conjugaison 1a] **1.** Marquer les limites de (qqch.) au moyen de jalons, de repères qui se suivent. *Des bottes de paille jalonnent le circuit de la course de voitures. Les terrains à vendre ont été jalonnés.* **2.** Se présenter régulièrement pendant toute la durée de (qqch.). *La carrière de ce chanteur est jalonnée de succès,* elle est semée de succès.

jalouse adj. → **jaloux**

JALOUSEMENT [ʒaluzmɑ̃] adverbe ■ Avec un soin jaloux, une attention inquiète. *La chatte surveille jalousement ses petits. C'est un secret jalousement gardé.*

JALOUSER [ʒaluze] verbe [conjugaison 1a] ■ Être jaloux, envieux. *Il jalouse sa sœur. Elle jalouse la réussite de son frère.* → **envier.**

▶ **JALOUSIE** [ʒaluzi] n. f. ■ *LA JALOUSIE* **1.** Sentiment malveillant que l'on éprouve quand qqn possède qqch. que l'on n'a pas et que l'on voudrait avoir. → **envie.** *Ma nouvelle moto a provoqué la jalousie de mon frère.* ⟨contraire : indifférence⟩ *Le succès des autres excite sa jalousie. J'ai une robe neuve, elle va en crever de jalousie !* **2.** Sentiment douloureux provoqué par la crainte, le soupçon ou la certitude de l'infidélité de la personne aimée. *Son mari est d'une jalousie féroce,* il est très jaloux. *Comme elle l'a vu sourire à une fille, elle lui a fait une SCÈNE DE JALOUSIE. Il a fait une vraie crise de jalousie.* **3.** *UNE JALOUSIE :* store d'une fenêtre. *Baisse les jalousies.*

> FAUX AMI
> allemand **Jalousie** ne s'emploie pas pour 1. et 2.

▶ **JALOUX** [ʒalu] adj. et n. m., **JALOUSE** [ʒaluz] adj. et n. f.
I. adj. (après le nom) **1.** Qui éprouve de la jalousie, qui a envie d'avoir ce que les autres ont. *Il est désagréable avec toi parce qu'il est jaloux de ton succès.* **2.** Qui éprouve de la jalousie en

amour. *Sa femme est très jalouse.* **3.** *Il est très JALOUX DE son indépendance :* il aime son indépendance, il fait très attention à rester indépendant, libre. – *La chatte s'occupe de ses petits avec un SOIN JALOUX,* avec une attention inquiète (→ **jalousement**).
II. *UN JALOUX, UNE JALOUSE :* une personne qui éprouve de la jalousie. *Tu n'es qu'un jaloux ! Ce succès va FAIRE DES JALOUX.* → **envieux.**

JAMAÏCAIN [ʒamaikɛ̃] adj. et n. m., **JAMAÏCAINE** [ʒamaikɛn] adj. et n. f. **1.** adjectif (après le nom) De la Jamaïque. → **antillais.** *J'aime la musique jamaïcaine.* **2.** *UN JAMAÏCAIN, UNE JAMAÏCAINE :* un habitant, une habitante de la Jamaïque. *Les Jamaïcains.*

JAMAÏQUE [ʒamaik] nom propre féminin – en anglais **JAMAICA** ▪ *LA JAMAÏQUE :* pays des Grandes Antilles. *Quand rentrez-vous de Jamaïque ? Ils passent leurs vacances en Jamaïque. Ils habitent en Jamaïque* (→ **jamaïcain**).

JAMAIS [ʒamɛ] adverbe **1.** *NE... JAMAIS :* à aucun moment. *Elle NE boit JAMAIS d'alcool.* → **pas.** (contraires : constamment, encore, souvent, toujours) *Je n'accepterai jamais cela. Je ne l'ai jamais revu. Elle n'ira JAMAIS PLUS le voir.* – *JAMAIS je NE partirai de cette maison.* – *Cela ne fait JAMAIS QUE cinquante francs de plus :* après tout, finalement, c'est seulement cinquante francs de plus. **2.** *JAMAIS :* en aucun cas. *« Êtes-vous déjà allé à Paris ? – Non, jamais. » « Changerez-vous d'idée ? – Jamais ! » Jamais de la vie !* certainement pas. *Plus jamais ça !* **3.** *Ils ont quitté leur pays À TOUT JAMAIS,* pour toujours. **4.** *SI JAMAIS tu recommences, gare à toi !* si par hasard tu recommences, attention à toi !

JAMBAGE [ʒɑ̃baʒ] n. m. ▪ *UN JAMBAGE :* chacun des traits verticaux des lettres *m, n, u* et *p, q. Le « m » a trois jambages, le « n » n'en a que deux. Votre écriture se lit mal parce que vos jambages sont mal formés.*

JAMBE [ʒɑ̃b] n. f. ▪ *LA JAMBE* **1.** Membre inférieur de l'être humain, qui va du genou au pied. *Les cyclistes ont des jambes aux mollets musclés. Elle est rentrée dans l'eau jusqu'à mi-jambe,* jusqu'à la moitié du mollet. *Ses jambes sont protégées par de grosses chaussettes.* **2.** Membre inférieur de l'être humain, y compris la cuisse. → STYLE FAMILIER **guibolle.** *Elle a les jambes longues. Elle est solide sur ses jambes. Il s'est cassé la jambe. Elle a mal à une jambe. Elle traîne la jambe :* elle marche difficilement. – *Je n'ai plus de jambes, j'ai les jambes en coton :* je me sens très faible (de fatigue, d'émotion). *La peur m'a coupé les jambes. J'en ai plein les jambes :* je suis très fatigué. – *Il a couru À TOUTES JAMBES pour nous prévenir,* il a couru très vite. *J'ai eu si peur que j'ai PRIS mes JAMBES À mon COU,* je suis parti en courant le plus vite possible. – *Ce chat est toujours dans mes jambes,* il me gêne en restant sur mon chemin, trop près de moi. – STYLE FAMILIER *Ce casse-pieds m'a TENU LA JAMBE au téléphone pendant une heure,* il m'a parlé au téléphone pendant une heure. – *C'est bien de s'excuser d'avoir embouti ma voiture, mais ÇA me FAIT UNE BELLE JAMBE !* ça ne me sert à rien, ça ne fait pas rouler ma voiture ! **3.** *Jambe artificielle, articulée :* appareil de prothèse. *Il peut marcher grâce à sa jambe artificielle.* **4.** Partie des membres postérieurs des animaux. *Ce cheval de course a des jambes très longues.* **5.** *Les jambes d'un pantalon :* chacune des deux parties d'un pantalon qui recouvrent les jambes. *Tu as un accroc à la jambe droite de ton pantalon.*

JAMBIÈRE [ʒɑ̃bjɛʀ] n. f. ▪ *UNE JAMBIÈRE :* pièce du vêtement de sport qui recouvre et protège la jambe. *Les joueurs de hockey ont des jambières de cuir.*

JAMBON [ʒɑ̃bɔ̃] n. m. **1.** *UN JAMBON :* cuisse ou épaule de porc préparée pour être conservée et mangée. *J'ai acheté un jambon. Achète quatre tranches de JAMBON BLANC à la charcuterie. Je voudrais deux tranches de JAMBON CRU, s'il vous plaît.* **2.** *DU JAMBON :* une tranche de jambon. *Veux-tu un peu de jambon ? J'ai fait des endives au jambon.*

JAMBONNEAU [ʒɑ̃bɔno] n. m. ▪ *UN JAMBONNEAU :* petit jambon fait avec la partie de la patte du porc située sous le genou. *Au pique-nique, nous avons mangé du jambonneau avec des cornichons.* PLURIEL : *des JAMBONNEAUX.*

JANTE [ʒɑ̃t] n. f. ▪ *LA JANTE :* cercle de métal autour d'une roue, sur lequel est monté le pneu. *Il ne faut pas rouler avec un pneu crevé, cela abîme la jante.*

JANVIER [ʒɑ̃vje] n. m. ▪ Premier mois de l'année. *Le mois de janvier a trente et un jours. L'année commence le premier janvier : c'est le jour de l'an..*

JAPON [ʒapɔ̃] nom propre masculin – en japonais **NIHON,** en anglais **JAPAN** ▪ *LE JAPON :* pays d'Asie (Extrême-Orient). *Nos amis font un voyage au Japon. Tokyo est la capitale du Japon* (→ **nippon**). *Ils habitent au Japon* (→ **japonais**).

JAPONAIS [ʒapɔnɛ] adj. et n. m., **JAPONAISE** [ʒapɔnɛz] adj. et n. f.
I. adjectif (après le nom) Du Japon. → **nippon.** *Elle a acheté une moto japonaise. Nous aimons le cinéma japonais. Il a une petite amie japonaise.*
II. 1. *UN JAPONAIS, UNE JAPONAISE :* un habitant, une habitante du Japon. *Les Japonais.* **2.** nom masculin *LE JAPONAIS :* la langue parlée au Japon. *Il apprend le japonais.*

JAPPEMENT [ʒapmɑ̃] n. m. ▪ *LE JAPPEMENT :* cri d'un jeune chien qui jappe. *Les chiots jouent et poussent des jappements.*

JAPPER [ʒape] verbe [conjugaison 1a] ▪ Pousser des petits aboiements aigus. *Le chiot jappe pour appeler sa mère.*

JAQUETTE [ʒakɛt] n. f. ▪ *UNE JAQUETTE*
I. Veste d'homme dont les pans ouverts descendent derrière jusqu'aux genoux et que l'on porte pour les cérémonies. *Le marié a une jaquette grise.*
II. Couverture en papier imprimé recouvrant un livre, un disque destiné à la vente. *Une jaquette colorée attire les regards des acheteurs.*

> FAUX AMI
> roumain **jachetă**
> « veste, gilet de laine »

JARDIN [ʒaʀdɛ̃] n. m. ▪ *UN JARDIN* **1.** Terrain où l'on cultive des légumes, des arbres, des fleurs. *La maison est entourée d'un jardin. Nous avons déjeuné dans le jardin. Dans un JARDIN POTAGER, on cultive les légumes. Il y a plusieurs JARDINS PUBLICS, dans cette ville,* des espaces verts où l'on peut se promener. → **parc, square.** **2.** *JARDIN D'ENFANT :* endroit où étaient gardés les enfants après la crèche et avant l'école maternelle. *Les jardins d'enfants sont de nos jours appelés « classes de maternelle des tout-petits ».* **3.** *JARDIN SECRET :* domaine des sentiments les plus intimes, les plus secrets d'une personne. *Elle ne parle jamais du livre qu'elle écrit : c'est son jardin secret.*

JARDINAGE [ʒaʀdinaʒ] n. m. ▪ *LE JARDINAGE :* culture, entretien des jardins. *Tous les dimanches, elle fait du jardinage.*

JARDINER [ʒaʀdine] verbe [conjugaison 1a] ▪ Cultiver, s'occuper d'un jardin. *Mes parents aiment beaucoup jardiner.*

JARDINIER [ʒaʀdinje] n. m., **JARDINIÈRE** [ʒaʀdinjɛʀ] n. f.
I. *UN JARDINIER, UNE JARDINIÈRE :* personne dont le métier est de cultiver, d'entretenir des jardins. *Le jardinier ratisse les feuilles mortes du jardin public.*

II. *UNE JARDINIÈRE* **1.** Bac où l'on fait pousser des fleurs, des plantes d'ornement. *Il y a des jardinières de géraniums sur le balcon.* **2.** Plat composé de légumes coupés en petits morceaux et cuits ensemble. *Une jardinière de légumes accompagne la viande. – Nous avons mangé du rôti de veau jardinière.*

JARGON [ʒaʀgɔ̃] n. m. ▪ *UN JARGON* **1.** Langage déformé et difficile à comprendre. *Parle correctement, qu'est-ce que c'est que ce jargon ?* → **charabia, galimatias.** **2.** Langage particulier à un métier. *Les médecins, les sportifs ont chacun leur jargon.*

JARRE [ʒaʀ] n. f. ▪ *UNE JARRE :* grand vase en terre cuite ou en grès. *Autrefois, on conservait l'eau et l'huile dans des jarres.*

JARRET [ʒaʀɛ] n. m. ▪ *LE JARRET* **1.** Creux situé derrière le genou humain. *Ce coureur à pied a une douleur au pli du jarret.* **2.** Morceau de viande de boucherie constituant la partie inférieure de la jambe et de l'épaule du veau. *Nous avons mangé du jarret de veau au citron.*

JASER [ʒaze] verbe [conjugaison 1a] **1.** Faire de petits gazouillis. → **gazouiller.** *Les perruches jasent dans leur cage.* **2.** Dire des choses malveillantes sur qqn. → **médire.** *Les gens jasent depuis qu'on a vu ces deux jeunes s'embrasser. Si vous venez ensemble, cela va faire jaser.*

FAUX AMI
portugais **jazer** « gésir »

JASMIN [ʒasmɛ̃] n. m. ▪ *LE JASMIN :* arbuste à fleurs jaunes ou blanches, très parfumées. *Nous nous sommes reposés, assis sous le jasmin. – Voulez-vous un thé au jasmin ?* un thé parfumé aux fleurs de jasmin.

JATTE [ʒat] n. f. ▪ *UNE JATTE :* plat creux et arrondi, sans rebord. *Mélangez les œufs et la farine dans une jatte.*

JAUGE [ʒoʒ] n. f. **1.** *UNE JAUGE :* baguette graduée servant à mesurer le niveau d'un liquide. *Le garagiste vérifie le niveau d'huile de la voiture avec la jauge.* **2.** *LA JAUGE :* volume de marchandises que peut contenir un bateau. *La jauge d'un navire s'exprime en tonneaux.* → **tonnage.**

JAUGER [ʒoʒe] verbe [conjugaison 3b] **1.** Mesurer avec une jauge. *Nous jaugeons toujours le niveau d'huile de la voiture avant de partir en voyage.* **2.** Évaluer, porter un jugement sur (qqn, qqch.). *Il a tout de suite jaugé la situation,* il a tout de suite compris ce qui se passait.

JAUNÂTRE [ʒonɑtʀ] adj. (après le nom) ▪ D'un jaune terne. *Ces vieux rideaux sont devenus jaunâtres. – Il est malade, il a le teint jaunâtre.*

JAUNE [ʒon] adj., n. m., n. f. et adverbe

I. adjectif (après le nom) **1.** De la couleur du citron ou de l'or. → **blond, doré.** *Le mimosa a des fleurs jaunes. Elle a une jupe et un pull jaunes.* **2.** Qui est devenu jaune mais dont la teinte normale n'est pas jaune. *Il fume beaucoup, il a les dents toutes jaunes. Elle a le teint jaune.* → **cireux.** **3.** *La RACE JAUNE :* la race humaine qui a les yeux bridés et la peau d'une couleur brun très clair (opposé à blanche, noire). *Les Asiatiques sont de race jaune.* → **asiatique.**

II. *LE JAUNE* **1.** La couleur jaune. *J'aime beaucoup le jaune vif. Ce sont de jolies étoffes JAUNE CITRON. Ses cheveux sont JAUNE PAILLE. Regarde ces fleurs JAUNE D'OR.* **2.** *Le JAUNE D'ŒUF :* la partie jaune, à l'intérieur d'un œuf. *Battez les jaunes d'œufs et les blancs en omelette. Dans l'œuf, mon fils n'aime manger que le jaune.*

III. *UN JAUNE, UNE JAUNE :* une personne de race jaune. *Les Chinois et les Japonais sont des Jaunes.*

IV. adverbe *RIRE JAUNE :* rire d'une façon forcée, qui cache mal le mécontentement, la gêne, le dépit. *Quand il a perdu le concours, il a applaudi le gagnant en riant jaune.*

JAUNIR [ʒoniʀ] verbe [conjugaison 2] **1.** Rendre jaune, colorer de jaune. *La nicotine jaunit les doigts des fumeurs.* **2.** Devenir jaune, prendre une couleur jaune. *En automne, les feuilles des arbres jaunissent.*

JAUNISSE [ʒonis] n. f. ▪ *LA JAUNISSE :* maladie du foie qui donne le teint jaune. → **hépatite.** *Le médecin pense que j'ai une jaunisse.* – STYLE FAMILIER *EN FAIRE UNE JAUNISSE :* éprouver une violente déception mêlée de colère. *Quand il va savoir que c'est un autre qui a gagné le concours, il va en faire une jaunisse !*

JAVA [ʒava] n. f. ▪ *LA JAVA* **1.** Danse de bal populaire, à trois temps. *Les garçons ont posé leurs mains sur les hanches des filles et ils dansent la java.* **2.** STYLE FAMILIER *FAIRE LA JAVA :* faire la fête. *On a fait la java toute la nuit !*

JAVANAIS [ʒavanɛ] adj. et n. m., **JAVANAISE** [ʒavanɛz] adj. et n. f. **1.** adjectif (après le nom) De l'île de Java, en Indonésie. *L'île comprend cinq provinces javanaises. Les volcans javanais sont actifs.* **2.** *UN JAVANAIS, UNE JAVANAISE :* un habitant, une habitante de Java. *Les Javanais.* **3.** nom masculin *LE JAVANAIS :* le groupe de langues parlées à Java et à Sumatra. → **indonésien.** *Elle parle javanais.*

JAVEL [ʒavɛl] n. f. ▪ *EAU DE JAVEL :* liquide jaunâtre à odeur forte utilisé comme désinfectant et comme décolorant. *Faites blanchir vos torchons dans un peu d'EAU DE JAVEL.* STYLE FAMILIER *J'ai acheté de la Javel.*

JAVELOT [ʒavlo] n. m. ▪ *UN JAVELOT :* sorte de lance que l'on doit envoyer le plus loin possible, en athlétisme. *Nous avons assisté aux épreuves du lancer de javelot.*

JAZZ [dʒaz] n. m. ▪ *LE JAZZ :* musique très rythmée créée par les musiciens noirs des États-Unis. *J'aime écouter un bon disque de jazz. Elle est chanteuse de jazz.*

REM. Ce mot vient de l'anglais.

JE [ʒə], **J'** [ʒ] pronom personnel masculin, féminin ▪ Pronom personnel sujet représentant la première personne du singulier (→ **me, moi**). *Je parle de mon frère. J'ai parlé de toi. Je suis heureux. J'entends un bruit. Je hais la guerre. Faites ce que vous voulez, moi, j'y vais. J'en ai assez. Je suis la plus forte. Combien vous dois-je ?* [dwaʒ]. *Puis-je* [pɥiʒ] *m'asseoir ? Ai-je* [ɛʒ] *bien fait ?*

REM. **1.** Devant une voyelle, *je* devient *j'* (*j'entends, j'allume*). **2.** *Je* peut être remplacé par *nous* chaque fois que l'on veut donner plus de modestie à ses paroles, à ses écrits. Dans ce cas le participe passé s'accorde avec *je* : *Nous nous sommes efforcée d'écrire ce livre avec simplicité* : je me suis efforcée, moi (une femme). **3.** Voir l'encadré des pronoms **personnels.**

JEAN [dʒin] n. m. **1.** *LE JEAN :* tissu de toile très solide servant à faire des vêtements. *Il a un blouson en jean marron.* **2.** *UN JEAN :* pantalon fait dans ce tissu. *Où est mon jean ? J'ai lavé tes jeans* [dʒin].

REM. **1.** Comme en anglais, on dit aussi *jeans* [dʒins], *un jeans, des jeans.* **2.** Le mot *gin* « alcool » se prononce de la même façon. **3.** Le prénom masculin *Jean* s'écrit de la même façon, mais se prononce [ʒɑ̃].

JEAN-FOUTRE [ʒɑ̃futʀ] n. m. invariable ▪ STYLE FAMILIER *UN JEAN-FOUTRE :* personne incapable, qui travaille mal, dont on ne peut pas être sûr. *Tu n'es qu'un jean-foutre !* PLURIEL : *une bande de jean-foutre.*

JEEP [dʒip] n. f. (marque déposée) ▪ *UNE JEEP* : voiture tout terrain dont les quatre roues sont motrices (→ **quatre-quatre**). *Les jeeps sont des voitures très solides.*

REM. Ce mot vient de l'anglais.

JE-M'EN-FOUTISME [ʒmɑ̃futism] n. m. invariable ▪ STYLE FAMILIER *LE JE-M'EN-FOUTISME* : attitude d'une personne indifférente à ce qui devrait l'intéresser ou la préoccuper. *Elle n'a même pas dit qu'elle ne serait pas au rendez-vous, c'est du je-m'en-foutisme !* → **désinvolture, insouciance.**

JÉRÉMIADES [ʒeʀemjad] n. f. pluriel ▪ *DES JÉRÉMIADES* : plaintes sans fin qui ennuient les autres. *Ce ne sont que des jérémiades continuelles. Tais-toi, je ne veux plus entendre tes jérémiades.* → **lamentation.**

JERRYCAN [ʒeʀikan] n. m. ▪ *UN JERRYCAN* : bidon rectangulaire à poignée, contenant environ vingt litres. → **bidon.** *J'ai toujours un jerrycan d'essence dans la voiture.*

REM. 1. Ce mot vient de l'anglais. 2. En français, on écrit aussi ce mot *jerricane.*

JERSEY [ʒɛʀzɛ] n. m. ▪ *LE JERSEY* : tissu en tricot très souple, dont les mailles sont toutes semblables sur une face. *Elle a une veste élégante en jersey.*

FAUX AMIS
espagnol **jersey**, roumain **jerseu** « gilet, pull »

JÉRUSALEM [ʒeʀyzalɛm] nom propre féminin ▪ Ville de Palestine, capitale de l'État d'Israël. *Jérusalem est une cité sainte pour les religions juive, chrétienne et musulmane. Leurs enfants vivent à Jérusalem.*

JÉSUS-CHRIST [ʒezykʀi] nom propre ▪ Fondateur de la religion chrétienne (v. l'an 4 ou 5 avant l'ère chrétienne-v. l'an 28 ou 29 de l'ère chrétienne).

JET [ʒɛ] n. m. ▪ *UN JET* **1.** Distance parcourue par une chose jetée. *Le lanceur de javelot a réussi un jet de quatre-vingt-quinze mètres,* il a lancé son javelot à cette distance. **2.** Action de jeter. *Une vitre a été cassée par un jet de pierres.* **3.** *D'UN SEUL JET* : en une seule fois, du premier coup. *Elle a écrit cette chanson d'un seul jet.* **4.** Mouvement par lequel un liquide ou un gaz sort, jaillit brusquement. *Un jet de vapeur s'échappe de la bouilloire.* – *Le parc est décoré de JETS D'EAU,* de petits bassins qui lancent de l'eau.

REM. Les mots *jais* « roche dure » et *geai* « oiseau » se prononcent de la même façon.

JETABLE [ʒətabl] adj. (après le nom) ▪ (qqch.) Que l'on jette après usage. *Mon père n'utilise que des rasoirs jetables. J'ai un briquet jetable.* ⟨contraire : rechargeable⟩

JETÉE [ʒəte] n. f. ▪ *UNE JETÉE* : construction, mur qui protège le port des vagues. *Nous nous sommes promenés sur la jetée* (→ **digue**).

REM. On prononce aussi [ʒte].

JETER [ʒəte] verbe [conjugaison 4b]
I. 1. Lancer. *Les enfants jetteront* [ʒɛtʀɔ̃] *des cailloux dans l'eau.* **2.** Envoyer, lancer pour donner. *Il a jeté un os à son chien.* – STYLE FAMILIER *C'est trop de compliments, n'en jetez plus, la cour est pleine !* cela suffit ! – *Il a pris sa décision, LE SORT EN EST JETÉ,* tout est décidé, il n'y a plus rien à faire. **3.** Abandonner, se débarrasser de. *Elle a jeté un tas de vieux journaux,* elle les a mis à la poubelle. – STYLE FAMILIER (qqn) *Se FAIRE JETER* : être rejeté, repoussé. *Je lui ai demandé de m'aider mais je me suis fait jeter.* **4.** Mettre d'un geste rapide. *Il a jeté ses lettres dans la boîte aux lettres.* → **mettre.** *Elle a jeté un manteau sur ses épaules et elle est sortie.* – STYLE FAMILIER *Tu viens T'EN JETER UN avec nous ?* tu viens boire un verre ? *On s'en est jeté un derrière la cravate* : on a bu un verre, un coup. **5.** (qqch.) *JETER UN FROID* : produire une impression de gêne, de malaise, dans un groupe de personnes. *Quand il est parti en claquant la porte, ça a jeté un froid.*
II. 1. Diriger (une partie du corps) dans une direction. *Elle a jeté ses bras autour du cou de son père.* – *J'ai JETÉ UN COUP D'ŒIL dans le salon, tout est en ordre,* j'ai regardé rapidement. **2.** Faire sortir de soi. → **répandre.** *Les diamants jettent mille feux.* – STYLE FAMILIER *EN JETER* : faire impression. *Elle en jette, cette fille !* elle est belle, elle a de l'allure. – *Il a jeté un cri* : il a crié brusquement. → **pousser.** *Elle lui a JETÉ À LA FIGURE qu'elle le détestait,* elle l'a dit avec violence.
III. Pousser, diriger avec force. *Si elle revient, je la jette dehors,* je la mets à la porte, je lui fais quitter la maison immédiatement. *Le criminel a été jeté en prison.* → **mettre.**
IV. verbe pronominal SE JETER **1.** Sauter, se laisser tomber. *Je me déshabille et je me jette à l'eau !* → **plonger.** *Le désespéré s'est jeté par la fenêtre.* – *SE JETER À L'EAU* : se décider brusquement, se lancer (dans une entreprise, un travail). *Allez, on se jette à l'eau et on verra bien.* **2.** Aller d'un mouvement rapide. *Il s'est jeté à ses pieds pour la supplier.* → se **précipiter.** *La voiture s'est jetée contre un arbre,* elle s'est écrasée contre un arbre. – *Il s'est jeté sur moi et m'a frappé.* – *J'avais très faim, je me suis jeté sur un bout de pain.* **3.** (cours d'eau) Déverser ses eaux. *Le Rhône se jette dans la mer Méditerranée.*

REM. On prononce aussi [ʒte] : *je l'ai jeté* [ʒlɛʒte].

JETON [ʒətɔ̃] n. m. ▪ *UN JETON* **1.** Pièce plate en métal ou en plastique représentant une certaine valeur. *Pour jouer au casino, on change de l'argent contre des jetons et des plaques.* **2.** STYLE FAMILIER *FAUX JETON* : une personne hypocrite. *Méfie-toi d'elle, c'est une vraie faux jeton !* **3.** STYLE FAMILIER *AVOIR LES JETONS* : avoir peur. → STYLE FAMILIER **frousse, pétoche, trouille.** *Le jour de mon examen, j'ai eu les jetons* (→ **trac**).

REM. On prononce souvent [ʒtɔ̃], notamment dans *faux jeton* [foʒtɔ̃], et dans *j'ai les jetons* [ʒɛleʒtɔ̃].

JEU [ʒø] n. m.
I. *LE JEU* **1.** Activité que l'on pratique pour s'amuser. → **amusement, divertissement ; ludique.** *Les enfants ont organisé un jeu dans la cour.* PLURIEL : *elle aime les JEUX calmes.* – *Sur l'autoroute il y a des AIRES DE JEU,* des espaces aménagés pour que les enfants puissent jouer. **2.** *UN JEU DE MOTS* : plaisanterie qui s'appuie sur la ressemblance des mots avec d'autres mots. → **calembour.** *Il aime les jeux de mots faciles. C'est un mauvais jeu de mots !* **3.** Chose que l'on fait sans difficulté. *Changer une roue de voiture n'est qu'un jeu pour elle. C'est un jeu d'enfant !* **4.** Ce qui sert à jouer. *Pour jouer à la belote, il faut un JEU DE CARTES. Le jeu de dames est plus facile que le jeu d'échecs. Mon fils aime les jeux éducatifs. Elle adore les jeux électroniques. Nous nous passionnons pour les JEUX DE RÔLE,* pour les jeux où les joueurs sont les personnages de l'histoire. *Je ne connais pas les règles du jeu,* je ne sais pas de quelle manière on y joue, je ne sais pas ce qu'il faut faire pour gagner. – *Elle regarde souvent les jeux télévisés.* **5.** *LE JEU* : l'ensemble des jeux où l'on risque de l'argent. *Il a perdu au jeu. Il faut payer ses dettes de jeu. Il a misé GROS JEU* : il a misé beaucoup d'argent. **6.** Action de jouer. *Fais attention, tu ne suis pas le jeu et tu commets des erreurs !* **7.** *Il faut CALMER LE JEU,* apaiser la querelle, calmer ce qui rend la situation difficile. – *ENTRER EN JEU* : entrer dans une affaire. *Nous avons étudié tous les éléments qui entrent en jeu dans la création de l'entreprise,* tout ce qui composera cette entreprise. – *ENTRER DANS LE JEU DE qqn,* l'aider dans ses intérêts. *Je ne veux pas entrer dans son jeu.* – *ÊTRE EN JEU* : être en

cause, en question. *Une grosse somme d'argent est en jeu. Il ne peut pas laisser les journalistes dire cela : son honneur est en jeu !* – *D'ENTRÉE DE JEU, il a compris la situation,* dès le début, tout de suite. **8.** Chacune des divisions de la partie, au tennis. *Nous en sommes à trois jeux à deux. Et c'est le jeu décisif !* → **tie-break.** **9.** La manière dont on joue, dont on fait qqch. *Attention, tu joues un jeu dangereux. Elle cache son jeu :* elle dissimule ce qu'elle veut faire. *Je vois clair dans ton jeu :* je devine ce que tu veux, ce que tu organises secrètement. – *Elle te dit ça mais à moi elle dit le contraire : elle joue un DOUBLE JEU,* elle agit de deux façons pour tromper.

II. 1. Façon de jouer d'un instrument de musique. *J'admire le jeu de ce pianiste.* → **interprétation.** **2.** Manière de jouer, d'interpréter un rôle (au théâtre, au cinéma). *Elle n'aime pas le jeu de cette comédienne.* **3.** *Elle est VIEUX JEU :* ses idées sont anciennes, démodées. *Il ne veut pas que sa fille sorte avec des copains, qu'est-ce qu'il est vieux jeu !* **4.** Rôle que l'on se donne, comédie que l'on joue. *Pour le séduire, elle a sorti le GRAND JEU !* elle a fait tout ce qu'il fallait pour le séduire. **5.** *JEU D'EAU :* combinaison de formes variées et artistiques que l'on fait prendre à un ou plusieurs jets d'eau. *Nous avons admiré les jeux d'eau du palais de Versailles.*

III. *Il a perdu tout son JEU DE CLÉS,* la série complète de ses clés.

IV. 1. Action. *Il faut équilibrer les forces EN JEU.* **2.** Défaut dans le serrage des pièces d'un mécanisme. *Je laisse la voiture au garage car il y A DU JEU dans l'embrayage.* – *Cette porte a du jeu,* elle ferme mal. → **jouer.**

JEUDI [ʒødi] n. m. ▪ Jour de la semaine, entre le mercredi et le vendredi. *Nous allons au cinéma tous les jeudis soir.*

REM. Le jeudi était autrefois le jour de congé des écoliers, en France, maintenant, c'est le mercredi.

À **JEUN** [aʒœ̃] adverbe ▪ Sans avoir mangé. *Cette prise de sang doit être faite à jeun,* avant d'avoir mangé. *Êtes-vous à jeun ?*

JEUNE [ʒœn] adj., n. m., n. f. et adverbe

I. adjectif (avant le nom ou après le nom) **1.** (avant ou après le nom) Dont l'âge n'est pas avancé, qui est dans la jeunesse. ⟨contraires : âgé, mûr, vieux⟩ *Je suis jeune. Il est tout jeune,* très jeune. *Elle n'est plus très jeune. Ils se sont mariés jeunes. Un jeune homme et une jeune fille sont entrés. C'est une jeune et jolie femme. C'est un homme jeune. Un chaton est un jeune chat.* – *Qui est le plus jeune des deux enfants ?* qui est le moins âgé ? *C'est son plus jeune fils.* → **benjamin, dernier.** – *Son grand-père est toujours jeune,* il semble être peu avancé en âge. *Cette vieille dame est jeune de caractère,* ses idées, son esprit ne sont pas ceux d'une personne âgée. *Il a l'air jeune.* → **juvénile.** **2.** (avant ou après le nom) Formé de personnes jeunes. *Ce film s'adresse à un public très jeune, à un jeune public. Ce magasin a une clientèle jeune.* **3.** (avant ou après le nom) Qui est nouveau. ⟨contraires : ancien, vieux⟩ *Ils sont jeunes mariés,* ils viennent de se marier. – STYLE FAMILIER *Il est jeune dans le métier :* il exerce ce métier depuis peu de temps. – *Ce vin est un peu jeune,* il est trop tôt pour le boire, il faut le laisser vieillir. **4.** (après le nom) STYLE FAMILIER *« Cent francs ! C'est un peu jeune ! »* c'est insuffisant, c'est peu. → **léger.**

II. *UN JEUNE, UNE JEUNE :* une personne jeune. → **adolescent.** *Ce spectacle intéresse tout le monde, les jeunes comme les vieux* (→ **jeunesse**). *Place aux jeunes !* ⟨contraire : vieillard⟩ *Une bande de jeunes est entrée dans le magasin. Ce film plaît aux jeunes.*

III. adverbe D'une manière jeune. *Ses parents font jeune. Il s'habille jeune.*

JEÛNE [ʒøn] n. m. ▪ *LE JEÛNE :* privation volontaire de nourriture. → **abstinence.** *Pendant le ramadan, les musulmans observent le jeûne.*

JEÛNER [ʒøne] verbe [conjugaison 1a] ▪ Se priver ou être privé de nourriture. *Le médecin a conseillé au malade de jeûner pendant une journée.*

JEUNESSE [ʒœnɛs] n. f. ▪ *LA JEUNESSE* **1.** Temps de la vie, entre l'enfance et l'âge mûr. ⟨contraire : vieillesse⟩ *L'adolescence est la première partie de la jeunesse. Elle a eu une jeunesse heureuse. Il a passé toute sa jeunesse à l'étranger. C'est une erreur de jeunesse,* une erreur que l'on commet lorsqu'on est jeune. **2.** État d'une personne jeune. *Elle est dans tout l'éclat de la jeunesse.* **3.** Les personnes jeunes. *J'ai vu une bonne émission télévisée pour la jeunesse,* pour les enfants et les adolescents.

JOAILLERIE [ʒɔajʀi] n. f. **1.** *LA JOAILLERIE :* art de fixer les pierres précieuses sur des montures, pour en faire des bijoux. *Il travaille dans la joaillerie.* **2.** *UNE JOAILLERIE :* magasin du joaillier. → **bijouterie.** *Mon collier est en réparation à la joaillerie.*

JOAILLIER [ʒɔaje] n. m., **JOAILLIÈRE** [ʒɔajɛʀ] n. f. ▪ *UN JOAILLIER, UNE JOAILLIÈRE :* personne qui fabrique et vend des bijoux. → **bijoutier.** *J'ai acheté cette bague chez un joaillier.*

JOB [dʒɔb] n. m. ▪ STYLE FAMILIER *UN JOB :* petit travail payé. → STYLE FAMILIER **boulot.** *Mon fils cherche un job pour l'été. Elle a trouvé un job.*

REM. Ce mot vient de l'anglais.

JOCKEY [ʒɔkɛ] n. m. ▪ *UN JOCKEY, UNE JOCKEY :* cavalier, cavalière dont le métier est de monter les chevaux dans les courses. *Les jockeys doivent être légers, ils sont pesés avant le départ de chaque course.*

REM. Ce mot vient de l'anglais.

JOGGING [ʒɔgiŋ] n. m. **1.** *LE JOGGING :* exercice physique qui consiste à courir à petite allure. *Il fait du jogging tous les matins dans le parc de la ville* (→ **footing**). **2.** *UN JOGGING :* survêtement que l'on met pour faire du sport. *Tous les matins elle met son jogging pour courir dans le bois.*

REM. Ce mot vient de l'anglais.

JOIE [ʒwa] n. f. ▪ *LA JOIE :* émotion très agréable que l'on ressent lorsqu'on est heureux et content. *J'ai appris ton succès avec une grande joie.* → **allégresse, jubilation, ravissement.** ⟨contraires : chagrin, désespoir, peine, tristesse⟩ *Quelle joie !* quel bonheur ! *Il est FOU DE JOIE,* extrêmement content. *J'accepte votre invitation avec joie.* → **plaisir.** *Il se FAIT UNE JOIE de vous revoir :* il est heureux de vous revoir. *Cet enfant RESPIRE LA JOIE DE VIVRE,* son bonheur de vivre est visible. – STYLE FAMILIER *Être au chômage, C'EST PAS LA JOIE,* c'est difficile, pénible.

joigne [ʒwaɲ] *Il faut qu'il joigne, qu'elle joigne :* forme au subjonctif du verbe **joindre.**

joignons [ʒwaɲɔ̃] *Nous joignons :* forme au présent du verbe **joindre.**

JOINDRE [ʒwɛ̃dʀ] verbe [conjugaison 49] **1.** Mettre ensemble (des choses) de telle sorte qu'elles se touchent ou tiennent ensemble. → **ajuster, attacher, assembler, unir.** *Le plombier joint les deux tuyaux. Elle joint les mains pour prier,* elle met ses mains paume contre paume. – *Ils n'arrivent pas à JOINDRE LES DEUX BOUTS :* ils n'ont pas assez d'argent pour vivre tout le long du mois, entre le début et la fin du mois. **2.** Mettre ensemble. *Joignons nos efforts et nous réussirons !* **3.** *JOINDRE À :* mettre avec. *Elle a joint un chèque à sa lettre. Joignez une enveloppe timbrée pour la réponse.* → **ajouter.** **4.** Entrer en communication, prendre contact avec (qqn). *Où peut-on vous joindre ?* → **toucher.** *Avez-vous son numéro de téléphone, il faut que nous le joignions absolument.* **5.** verbe pronominal SE

JOINDRE : (qqn) se mettre, aller avec (qqn). *Mon frère se joint à moi pour vous envoyer tous nos vœux,* il s'associe à moi. *Elle s'est jointe à la conversation :* elle a pris part à la conversation. → **participer.**

① **JOINT** [ʒwɛ̃], **JOINTE** [ʒwɛ̃t] adj. (après le nom) **1.** Mis l'un contre l'autre. *La petite fille saute* À PIEDS JOINTS *dans la flaque d'eau. Il prie les mains jointes.* **2.** JOINT À : mis avec. *Vous trouverez un chèque joint à ma lettre* (→ **ci-joint**).

② **JOINT** [ʒwɛ̃] n. m. ▪ *UN JOINT*
I. Pièce de matière souple que l'on met entre deux autres pièces pour que l'ensemble soit étanche, pour qu'il n'y ait pas de fuite. *Le plombier change le joint du robinet qui fuit.*
II. STYLE FAMILIER Cigarette de haschisch. *Ils ont fumé un joint.*

③ **joint** [ʒwɛ̃], **jointe** [ʒwɛ̃t] *Il a joint une photo à sa lettre ; la photo qu'il a jointe à sa lettre :* formes au participe passé du verbe **joindre.**

JOINTURE [ʒwɛ̃tyʀ] n. f. ▪ *LA JOINTURE :* endroit où les os se joignent. *Arrête de faire craquer les jointures de tes doigts, ça m'énerve !* → **articulation.**

JOKER [ʒɔkɛʀ] n. m. ▪ *UN JOKER :* carte à jouer qui peut remplacer n'importe quelle autre carte, dans certains jeux. *Elle a gagné la partie grâce à son joker.*

REM. *Joker* est un mot anglais qui signifie «farceur», que l'on peut prononcer aussi [dʒɔkɛʀ].

JOLI [ʒɔli] adj., n. m. et adverbe, **JOLIE** [ʒɔli] adj.
I. adjectif **1.** (avant le nom, parfois après le nom) Très agréable à voir. *C'est une jolie fille.* → **beau, mignon.** ⟨contraires : affreux, laid, vilain⟩ *Elle est très jolie.* → **ravissant.** *Il a un joli sourire. Ils habitent une jolie maison. Tu as un joli bracelet.* **2.** (avant le nom) Très agréable à entendre. *Ce chanteur a une jolie voix.* **3.** (avant le nom, parfois après le nom) STYLE FAMILIER Suffisamment important pour retenir l'attention. *Ils ont hérité une jolie somme d'argent.* → **coquet.** *Tout ça,* C'EST BIEN JOLI, *mais il faut penser à la suite,* c'est intéressant mais, malgré tout, il n'y a pas que ça. *C'EST PAS JOLI JOLI ce qu'il a fait,* ce n'est pas bien, c'est condamnable.
II. nom masculin STYLE FAMILIER *C'est* DU JOLI ! c'est très mal. *Les enfants ont fait du joli dans le salon !* ils ont fait des dégâts.
III. adverbe *FAIRE JOLI :* faire bien. *Ces rideaux font joli dans le salon. Ça fait joli.*

JOLIMENT [ʒɔlimɑ̃] adverbe **1.** D'une manière agréable. *Leur maison est joliment décorée.* → **bien.** **2.** D'une façon considérable. *Il nous prête de l'argent, ça nous arrange joliment.* → STYLE FAMILIER **drôlement.**

JONC [ʒɔ̃] n. m. **1.** *LE JONC :* plante à hautes tiges droites et flexibles, qui pousse dans les marécages et les terrains très humides. *On utilise la tige des joncs pour faire des paniers et des corbeilles.* **2.** *UN JONC :* bague ou bracelet dont le cercle a la même grosseur partout. *Elle a un jonc d'or au poignet.*

JONCHER [ʒɔ̃ʃe] verbe [conjugaison 1a] ▪ Couvrir (le sol). *Des feuilles mortes jonchent le sol,* sont éparpillées sur le sol. – *Le champ de bataille est jonché de cadavres.*

JONCTION [ʒɔ̃ksjɔ̃] n. f. ▪ *LA JONCTION :* lieu où deux choses se rejoignent, sont mises en contact. *La gare est à la jonction des deux voies ferrées.* → **intersection.** – *Ce car fait la jonction entre l'aéroport et le centre ville.* → **liaison, navette.**

JONGLER [ʒɔ̃gle] verbe [conjugaison 1a] ▪ Lancer des objets en l'air l'un après l'autre, les rattraper et recommencer. *Le clown jongle avec six bouteilles.* – *Il jongle avec les chiffres :* il manie les chiffres adroitement, et de façon désinvolte.

JONGLEUR [ʒɔ̃glœʀ] n. m., **JONGLEUSE** [ʒɔ̃gløz] n. f. ▪ *UN JONGLEUR, UNE JONGLEUSE :* artiste de cirque ou de music-hall dont le métier est de jongler. *Le numéro des jongleurs vient après celui des acrobates.*

JONQUE [ʒɔ̃k] n. f. ▪ *UNE JONQUE :* bateau à fond plat d'Extrême-Orient, dont les voiles sont cousues sur des lattes en bambou. *Les pêcheurs sont partis en mer sur leur jonque.*

JONQUILLE [ʒɔ̃kij] n. f. ▪ *UNE JONQUILLE :* fleur jaune à longue tige qui pousse au printemps. *Ils ont cueilli des jonquilles dans le pré. On vend des bouquets de jonquilles.*

JORDANIEN [ʒɔʀdanjɛ̃] adj. et n. m., **JORDANIENNE** [ʒɔʀdanjɛn] adj. et n. f. **1.** adjectif (après le nom) De Jordanie, pays du Proche-Orient. *Amman est la capitale jordanienne.* **2.** *UN JORDANIEN, UNE JORDANIENNE :* un habitant, une habitante de Jordanie. *Les Jordaniens.*

JOUAL [ʒwal] n. m. ▪ *LE JOUAL :* français populaire parlé au Québec. *Elle parle joual* (→ **québécois**). *C'est du joual.*

REM. Ce mot vient de la prononciation populaire de *cheval* dans certaines régions du Canada.

JOUE [ʒu] n. f. ▪ *LA JOUE :* partie du visage entre le nez et l'oreille. *Le bébé a de bonnes joues rebondies. Il l'a embrassée sur la joue. Les deux amoureux dansent* JOUE CONTRE JOUE. *Le chasseur met son fusil* EN JOUE, il met son fusil contre sa joue pour tirer. – *Nous avons mangé de la joue de bœuf.*

REM. *Joug* «partie de l'attelage» se prononce de la même façon.

JOUER [ʒwe] verbe [conjugaison 1a]
I. **1.** Faire qqch. juste pour le plaisir (→ **jeu**). *Les enfants jouent dans le jardin.* → s'**amuser.** *Ma fille* JOUE À *la poupée. Jouerez-vous* [ʒuʀevu] *aux cartes avec nous ? Ils jouent à se poursuivre. Mes enfants jouent avec leurs copains.* **2.** Pratiquer des jeux de hasard (→ **joueur**). *Il joue tous les soirs au casino,* il risque de l'argent au casino. *Il joue à la roulette. Elle joue au loto toutes les semaines.* – *Il joue de grosses sommes d'argent.* → **risquer.** *Elle a joué mille francs sur ce cheval.* → **miser, parier ; P. M. U.** **3.** Pratiquer (un sport). *Il* JOUE AU *tennis tous les samedis.* **4.** Agir, dans un jeu. *C'est à ton tour de jouer. Tu joues avec moi ou contre moi ?* → **adversaire, partenaire.** – (figuré) *À vous de jouer !* c'est à vous d'agir. **5.** (qqch.) Avoir un effet. *Le témoignage du passant joue en faveur de l'accusé. Ça joue en sa faveur.*
II. **1.** Représenter en public. *Quel film joue-t-on au cinéma cette semaine ?* → **donner, passer.** *On joue une pièce de Shakespeare au théâtre en ce moment.* – *On lui a* JOUÉ UN TOUR : on lui a fait une farce. *Ma mémoire me joue des tours,* me trompe. **2.** Interpréter (un rôle). *Cet acteur joue un alcoolique.* → **incarner.** *Elle a joué dans de nombreux films.* → **tourner.** – *Ne joue pas les victimes !* ne te fais pas passer pour une victime. *Il joue la comédie :* il est comédien dans une pièce de théâtre ; (figuré) il ment, il n'est pas sincère. **3.** Se servir d'un instrument de musique. *Le violoniste ne joue pas en mesure.* – *Son mari* JOUE DE *la guitare.* **4.** Interpréter (un morceau de musique). *Le pianiste jouera* [ʒuʀa] *un prélude de Chopin.* → **exécuter.** *Joue-nous un air de ta composition !*
III. (fermeture) Ne pas bien fermer, avoir du jeu. *La porte joue.*
IV. verbe pronominal SE JOUER **1.** (jeu) Être joué. *Ce jeu se joue à trois.* **2.** STYLE RECHERCHÉ *SE JOUER DE :* agir sans se soucier des conséquences. *Elle s'est jouée des difficultés :* elle a réussi facilement à vaincre les difficultés. → se **rire.**

JOUET [ʒwɛ] n. m. ▪ *UN JOUET* **1.** Objet avec lequel on joue. *Les enfants reçoivent des jouets à Noël.* → **joujou.** *Elle joue avec un jouet éducatif.* → **jeu.** *Son père lui a acheté une petite voiture* chez le marchand de jouets. **2.** STYLE RECHERCHÉ *ÊTRE LE JOUET DE qqch.*, en dépendre complètement. *Dans la tempête, le bateau est le jouet de la mer et du vent.*

JOUEUR [ʒwœʀ] n. m. et adj., **JOUEUSE** [ʒwøz] n. f. et adj.
I. *UN JOUEUR, UNE JOUEUSE* **1.** Personne qui joue à un jeu, qui pratique un sport, qui joue d'un instrument de musique. *Il faut quatre joueurs pour jouer à la belote. Ce joueur de tennis a remporté sa cinquième victoire. C'est un excellent joueur de cornemuse.* **2.** Personne qui a la passion des jeux d'argent. *Ce joueur a perdu toute sa fortune au poker.* **3.** *UN BEAU JOUEUR, UNE BELLE JOUEUSE* : une personne qui reconnaît la victoire de son adversaire, qui sait perdre sans se fâcher. *Montre-toi beau joueur ! Il est MAUVAIS JOUEUR* : il n'aime pas perdre.
II. adjectif (après le nom) Qui aime jouer. *Ma fille est une enfant joueuse. Leur chat est très joueur.*

JOUFFLU [ʒufly], **JOUFFLUE** [ʒufly] adj. (après le nom). Qui a de grosses joues. *Regarde comme ce bébé joufflu est mignon !*

JOUG [ʒu] n. m. **1.** *UN JOUG* : pièce de bois que l'on met sur la tête des bœufs pour les attacher quand ils tirent une charrette ou une charrue. *Le joug se met derrière les cornes.* **2.** STYLE RECHERCHÉ *LE JOUG* : contrainte qui pèse sur qqn et qu'il doit subir. *Le peuple est SOUS LE JOUG du tyran.* → **domination.**

REM. *Joue* «partie du visage» se prononce de la même façon.

JOUIR [ʒwiʀ] verbe [conjugaison 2] **1.** *JOUIR DE qqch.*, en tirer plaisir. *Il faut jouir de la vie !* → **apprécier, profiter. 2.** Éprouver le plaisir sexuel (→ **orgasme).** *Ils ont joui ensemble.* – STYLE FAMILIER *Ça le fait jouir de nous voir en panne*, ça lui fait très plaisir. **3.** *JOUIR DE* : posséder. *Ma grand-mère jouissait d'une excellente santé.* → **bénéficier.** – *Cet appartement jouit d'une vue superbe.*

JOUISSANCE [ʒwisɑ̃s] n. f. *LA JOUISSANCE* **1.** Grand plaisir. *Quelle jouissance d'être en vacances !* **2.** *AVOIR LA JOUISSANCE DE qqch.*, avoir le droit de l'utiliser. *Les habitants de la résidence ont la jouissance du jardin.*

JOUISSEUR [ʒwisœʀ] n. m., **JOUISSEUSE** [ʒwisøz] n. f. *UN JOUISSEUR, UNE JOUISSEUSE* : personne qui profite de tous les plaisirs de la vie. *C'est une jouisseuse.*

JOUISSIF [ʒwisif], **JOUISSIVE** [ʒwisiv] adj. (après le nom). (qqch.) Qui procure un grand plaisir. *Nous avons vu un spectacle jouissif.*

JOUJOU [ʒuʒu] n. m. (langage enfantin) *UN JOUJOU* : jouet. *Le bébé a un beau joujou.* PLURIEL : *elle a plein de JOUJOUX.* – *La petite fille FAIT JOUJOU avec sa poupée*, elle joue avec sa poupée.

JOUR [ʒuʀ] n. m.
I. *LE JOUR* **1.** Temps qui se passe entre le lever et le coucher du soleil. *Les jours sont plus longs en été qu'en hiver.* → **journée.** ⟨contraire : nuit⟩ *C'est bientôt l'été, les jours rallongent. Cet animal chasse le jour* (→ **diurne).** *La chaudière fait du bruit JOUR ET NUIT*, tout le temps, sans arrêt. **2.** Durée de vingt-quatre heures que l'on compte de minuit à minuit et qui porte une date. *Il y a sept jours dans une semaine. «Quel jour sommes-nous ? – Le lundi 27 avril.» Nous arriverons dans deux jours.* → **après-demain.** *Nous repartirons deux jours après.* → **surlendemain.** *Je vais prendre huit jours de vacances. Ce sont des œufs DU JOUR*, des œufs frais, pondus aujourd'hui. (au restaurant) *Quel est le PLAT DU JOUR ?* le plat préparé aujourd'hui. *Passez nous voir UN DE CES JOURS*, quand vous voulez. *Il me l'a dit L'AUTRE JOUR*, récemment. *Il déjeune TOUS LES JOURS dans le même restaurant* (→ **toujours).** *Ce journal paraît chaque jour* (→ **quotidien).** *L'état de santé du malade s'améliore DE JOUR EN JOUR*, peu à peu. *Nous l'attendons D'UN JOUR À L'AUTRE*, très bientôt. *Elle vit AU JOUR LE JOUR*, sans penser à l'avenir. *DE NOS JOURS, on ne s'éclaire plus à la bougie*, à notre époque. → **aujourd'hui.** *Vous devez prendre ce médicament trois fois PAR JOUR*, trois fois dans la journée. **3.** *METTRE À JOUR (un texte)*, le compléter avec des informations récentes. → **actualiser.** *Il est indispensable de mettre les dictionnaires à jour. ÊTRE À JOUR* : ne pas avoir un jour de retard dans son travail.
II. 1. Lumière que le Soleil donne à la Terre. *Le jour se lève. Il ne fait pas encore jour. Il fait déjà grand jour. Le jour va bientôt tomber* : il va faire nuit. *Les couleurs sont différentes à la lumière électrique et à la lumière du jour.* – *Ils se montrent ensemble AU GRAND JOUR*, sans se cacher. **2.** *DONNER LE JOUR à un enfant*, le mettre au monde. *Elle a donné le jour à des jumeaux.* – *Son livre a vu le jour il y a un mois*, il est paru il y a un mois. **3.** Aspect particulier. *Vu SOUS CE JOUR, le problème est très différent.* → **angle, aspect. 4.** *METTRE AU JOUR* : montrer, révéler ce qui était caché. *Les archéologues ont mis au jour des ruines romaines.*

JOURNAL [ʒuʀnal] n. m. *UN JOURNAL* **1.** Ensemble de feuilles de papier imprimées qui donne des informations et qui paraît tous les jours. *Elle lit son journal en prenant son petit-déjeuner.* → **quotidien ;** STYLE FAMILIER **canard.** PLURIEL : *cette information est dans tous les JOURNAUX* [ʒuʀno]. **2.** Magazine qui donne des informations dans plusieurs domaines ou dans un domaine particulier et qui paraît périodiquement. → **revue.** *Il est abonné à un journal qui paraît toutes les semaines.* → **hebdomadaire.** *Elle s'est acheté un journal de mode. Il est journaliste dans un journal pour enfants.* **3.** Émission de radio ou de télévision où l'on donne les informations. *Nous regardons le JOURNAL TÉLÉVISÉ de vingt heures*, les actualités. **4.** Cahier où l'on écrit régulièrement ce que l'on fait ou ce que l'on pense. *Ma fille écrit son JOURNAL INTIME. Cet écrivain va faire publier son journal.* → **mémoire.** *Le commandant lit le JOURNAL DE BORD*, le compte rendu de la vie du bateau.

> FAUX AMIS
> anglais **journal** «revue» ;
> danois **journal** «dossier d'un malade» ;
> espagnol **jornal** «journée» ;
> russe **журнал** «magazine»

JOURNALIER [ʒuʀnalje], **JOURNALIÈRE** [ʒuʀnaljɛʀ] adj. (après le nom). Qui se fait chaque jour. *Traire les vaches est une occupation journalière.* → **quotidien.**

JOURNALISME [ʒuʀnalism] n. m. *LE JOURNALISME* : métier du journaliste. *Il fait du journalisme.*

JOURNALISTE [ʒuʀnalist] n. m., n. f. *UN JOURNALISTE, UNE JOURNALISTE* : personne dont le métier est d'écrire dans les journaux et les magazines, de donner les informations à la radio et à la télévision, de faire des reportages. *Le ministre a été interviewé par des journalistes. Cette journaliste revient d'un reportage en Afrique.* → **reporter.**

JOURNÉE [ʒuʀne] n. f. *UNE JOURNÉE* **1.** Temps qui s'écoule entre le lever et le coucher du soleil. → **jour.** ⟨contraire : nuit⟩ *Il a passé sa journée au lit. La journée lui a paru longue*, il s'est ennuyé. *Elle répète la même chose À LONGUEUR DE JOURNÉE*, continuellement. *Le chat a miaulé toute la journée. Je passerai vous voir en fin de journée.* **2.** *UNE JOURNÉE (DE TRAVAIL)* : le temps passé à travailler dans une journée. *Les ouvriers de l'usine font des journées de huit heures.*

> FAUX AMI
> anglais **journey** «voyage»

REM. **1.** La moitié d'une journée est une *demi-journée*. **2.** On dit *tous les jours* et *toute la journée*. **3.** *Journée* s'emploie rarement avec un nombre.

JOUTE [ʒut] n. f. ■ *UNE JOUTE* **1.** Combat de deux chevaliers armés de lances, au Moyen Âge. *Le roi de France Henri II fut tué au cours d'une joute.* → **tournoi. 2.** *JOUTE NAUTIQUE* : jeu où deux personnes debout chacune à l'arrière d'une barque essaient de se faire tomber dans l'eau à l'aide de perches. *Son fils a remporté la joute nautique.* **3.** STYLE RECHERCHÉ Combat où la seule arme est la parole. *Il y a eu une véritable joute entre les deux avocats.*

JOVIAL [ʒɔvjal], **JOVIALE** [ʒɔvjal] adj. (après le nom) ■ Gai, joyeux et sympathique. → **enjoué.** *C'est une femme joviale.* ⟨contraires : maussade, morose, triste⟩ MASCULIN PLURIEL : *des hommes JOVIAUX* [ʒɔvjo].

REM. On peut rencontrer aussi le masculin pluriel *jovials.*

JOYAU [ʒwajo] n. m. ■ *UN JOYAU* **1.** Bijou ou objet en or et avec des pierres précieuses. → **joaillerie.** *Ce collier est un joyau.* PLURIEL : *les JOYAUX de la couronne.* **2.** Chose rare et belle, de très grande valeur. *Le Mont-Saint-Michel, en France, est un joyau de l'art médiéval.*

JOYEUSEMENT [ʒwajøzmɑ̃] adverbe ■ Avec joie. *Ils ont accepté joyeusement notre invitation.* ⟨contraire : tristement⟩ *Les enfants s'amusent joyeusement.* → **gaiement.**

JOYEUX [ʒwajø], **JOYEUSE** [ʒwajøz] adj. (avant le nom ou après le nom) **1.** Qui éprouve de la joie. *Leur fille est une enfant très joyeuse.* → **gai, heureux.** *Ses amis sont de JOYEUX LURONS.* ⟨contraires : sombre, triste⟩ *Ils forment une joyeuse bande d'amis.* **2.** Qui exprime la joie. *Il règne une joyeuse ambiance ici. Des cris joyeux nous ont accueillis.* **3.** (avant le nom) Qui apporte la joie. *Nous vous souhaitons un joyeux Noël et une bonne année. Joyeux anniversaire !* ⟨contraire : mauvais⟩

JUBILATION [ʒybilasjɔ̃] n. f. ■ *LA JUBILATION* : très grande joie. *Quelle jubilation de partir en vacances !*

FAUX AMI
espagnol **jubilación**
« retraite »

JUBILER [ʒybile] verbe [conjugaison 1a] **1.** Être très content, éprouver une très grande joie. *Les enfants jubilent à l'idée d'une promenade en mer.* → **exulter,** se **réjouir. 2.** Être content d'avoir raison. *Les autres ont perdu, il jubile !*

FAUX AMI
espagnol **jubilar**
« mettre à la retraite »

JUCHER [ʒyʃe] verbe [conjugaison 1a] **1.** Mettre très haut, comme sur un perchoir. *Il juche sa fille sur ses épaules.* **2.** verbe pronominal SE JUCHER : se placer très haut. *Une mésange s'est juchée sur la plus haute branche du pommier.* → se **poser.**

JUDAÏQUE [ʒydaik] adj. (après le nom) ■ Qui est relatif au judaïsme, à la religion juive. *Ce sont des fidèles de la religion judaïque.* → **israélite, juif.**

JUDAÏSME [ʒydaism] n. m. ■ *LE JUDAÏSME* : religion des Juifs. *Elle s'est convertie au judaïsme.*

JUDAS [ʒyda] n. m. ■ *UN JUDAS* : petite ouverture faite dans une porte, qui permet de regarder de l'autre côté sans être vu. *Regarde par le judas qui a sonné, avant d'ouvrir la porte !*

JUDÉO-CHRÉTIEN [ʒydeokʀetjɛ̃], **JUDÉO-CHRÉTIENNE** [ʒydeokʀetjɛn] adj. (après le nom) ■ Qui appartient à la fois au judaïsme et au christianisme. *Il a reçu une éducation judéo-chrétienne.* PLURIEL : *les valeurs JUDÉO-CHRÉTIENNES.*

JUDICIAIRE [ʒydisjɛʀ] adj. (après le nom) ■ Qui concerne la justice. *La condamnation d'un innocent est une ERREUR JUDICIAIRE,* une erreur faite par la justice. *Il a un CASIER JUDICIAIRE vierge* : il n'a jamais eu de condamnations (→ **casier).**

JUDICIEUX [ʒydisjø], **JUDICIEUSE** [ʒydisjøz] adj. (après le nom) ■ Qui résulte d'un bon jugement. → **pertinent.** *Ta remarque est judicieuse.* ⟨contraires : absurde, stupide⟩ *Il a fait un choix judicieux.* → **intelligent.**

JUDO [ʒydo] n. m. ■ *LE JUDO* : sport de combat d'origine japonaise, dont le but est d'immobiliser ou de faire tomber l'adversaire. *Son fils fait du judo* (→ **judoka).** *Il est ceinture noire de judo,* il est dans la catégorie la plus forte.

REM. *Judo* est un mot japonais qui signifie « voie *(do)* de la souplesse ».

JUDOKA [ʒydɔka] n. m., n. f. ■ *UN JUDOKA, UNE JUDOKA* : personne qui pratique le judo. *Une jeune judoka française a remporté le championnat. Les judokas sont en kimono blanc.*

REM. Ce mot est d'origine japonaise.

JUGE [ʒyʒ] n. m., n. f. ■ *UN JUGE, UNE JUGE* **1.** Personne dont le métier est de rendre la justice. *Les juges ont condamné l'accusé à cinq ans de prison. La JUGE D'INSTRUCTION fait son enquête. Elle est JUGE POUR ENFANTS.* **2.** Personne qui fait partie d'un jury dans un concours, un jeu, un sport. *Les juges ont désigné le gagnant du concours.* **3.** Personne chargée de donner son avis. *Tu es seul juge. Je vous en fais juge* : c'est à vous d'en décider. *Je suis mauvais juge en la matière* : je ne peux pas juger là-dessus.

REM. **1.** On dit aussi *un juge* en parlant d'une femme. **2.** L'adjectif correspondant à *juge* est *judiciaire.*

JUGEMENT [ʒyʒmɑ̃] n. m.

I. *UN JUGEMENT* **1.** Décision de justice. *Le jugement sera prononcé demain. Les juges ont rendu leur jugement.* → **sentence, verdict.** – *Le JUGEMENT DERNIER,* celui que Dieu prononcera à la fin du monde, pour les chrétiens. *Ils attendent le jugement dernier.* **2.** Opinion favorable ou défavorable. *Le jury a émis un jugement favorable.*

II. *LE JUGEMENT* : faculté de l'esprit permettant de bien juger, de bien apprécier les choses. *J'ai une grande confiance en lui, il a un très bon jugement.* → **discernement, perspicacité.** *Elle manque parfois de jugement,* de bon sens. → STYLE FAMILIER **jugeote.**

JUGEOTE [ʒyʒɔt] n. f. ■ STYLE FAMILIER *LA JUGEOTE* : bon sens, jugement. *Il n'a pas beaucoup de jugeote.*

JUGER [ʒyʒe] verbe [conjugaison 3b] **1.** Soumettre (une cause, un accusé) à une décision de justice. *Le tribunal jugera le criminel demain. L'auteur du cambriolage n'a pas encore été jugé.* **2.** Décider (sur une question). *C'est à vous de juger comment il faut agir.* **3.** Donner une opinion sur (qqch., qqn). *Les examinateurs jugent les candidats à l'examen.* → **évaluer.** *Ne jugeons pas les gens sur leur mine. Le jury a jugé tous les livres en compétition.* → **examiner.** – *Il JUGE DE tout sans savoir.* → **trancher.** *Si l'on en juge par son attitude, il n'est pas vraiment d'accord,* d'après son attitude. **4.** Considérer comme. *Elle le juge incapable de se débrouiller tout seul.* → **estimer, trouver.** *Si vous jugez ma présence nécessaire, je viendrai.* → **considérer. 5.** STYLE RECHERCHÉ Imaginer. *Jugez de sa surprise quand elle l'a aperçu.*

JUIF [ʒɥif] n. m. et adj., **JUIVE** [ʒɥiv] n. f. et adj. **1.** *UN JUIF, UNE JUIVE* : personne issue d'un peuple qui vivait autrefois en Palestine (les Hébreux), qui croit en un seul dieu et qui attend la venue d'un messie (→ **israélite).** *Sa mère est une Juive d'Europe centrale. Beaucoup de Juifs vivent aujourd'hui en Israël.* → **israélien.** *Les Juifs ont été persécutés par les nazis* (→ **holocauste).** *Certaines personnes n'aiment pas les Juifs* (→ **antisémitisme). 2.** adjectif (après le nom) Qui concerne les Juifs. *La religion juive ne reconnaît qu'un seul Dieu* (→ **judaïsme).** *Le peuple juif est dispersé dans le monde entier.*

JUILLET [ʒɥijɛ] n. m. ▪ Septième mois de l'année, entre juin et août. *Le mois de juillet a trente et un jours. Juillet a été très chaud. Ils partent en vacances en juillet. Le 14 juillet est la fête nationale française.*

JUIN [ʒɥɛ̃] n. m. ▪ Sixième mois de l'année, entre mai et juillet. *Le mois de juin a trente jours. Juin est souvent pluvieux. Son fils passe le bac en juin.*

JUIVE n. et adj., féminin de **juif**

JUKE-BOX [ʒykbɔks] n. m. invariable ▪ *UN JUKE-BOX :* machine qui fait passer automatiquement le disque demandé. *Il y a un juke-box dans ce bar. Mets une pièce de monnaie dans le juke-box.* PLURIEL : *des juke-box.*

REM. **1.** Ce mot vient de l'anglais. **2.** On prononce aussi [dʒukbɔks].

JULES [ʒyl] n. m. ▪ STYLE FAMILIER *UN JULES :* amant, amoureux, mari. *Elle a un nouveau jules. Elle est venue avec son jules.* → STYLE FAMILIER **mec.**

JUMEAU [ʒymo] n. m. et adj., **JUMELLE** [ʒymɛl] n. f. et adj.
I. *UN JUMEAU, UNE JUMELLE :* enfant né en même temps qu'un ou plusieurs enfants de la même mère. *Il adore sa jumelle. Son jumeau et lui sont dans des classes différentes.* MASCULIN PLURIEL : *elle vient d'avoir des JUMEAUX. Ces enfants sont des vrais jumeaux,* ils sont nés du même œuf divisé en deux. *Ces petites filles sont des fausses jumelles.*
II. adjectif (après le nom) **1.** (enfants) Né d'un même accouchement. *Son frère jumeau et lui ne se ressemblent pas tellement. Il a une sœur jumelle. Ce sont deux sœurs jumelles.* **2.** (deux choses) Exactement semblables. *Ils dorment dans des LITS JUMEAUX.*

JUMELÉ [ʒymle], **JUMELÉE** [ʒymle] adj. (après le nom) **1.** Disposé par deux. *Cette église a des colonnes jumelées.* **2.** *UN PARI JUMELÉ,* désignant les chevaux arrivés premier et deuxième dans une course. *Voici les résultats du pari jumelé, dans la première course.* **3.** *VILLES JUMELÉES :* villes de deux pays différents déclarées jumelles et entre lesquelles il y a des liens, des échanges culturels. *Cette ville française et cette ville allemande sont jumelées.*

JUMELER [ʒymle] verbe [conjugaison 4a] ▪ *Jumeler deux villes,* établir entre elles et leurs habitants des liens, des contacts fréquents. *Cette ville française et cette ville espagnole ont été jumelées. Le maire préside la cérémonie qui jumelle les deux villes.*

JUMELLE n. et adj., féminin de **jumeau**

JUMELLES [ʒymɛl] n. f. pluriel ▪ *DES JUMELLES :* appareil formé de deux lunettes et qui permet de voir très loin. *Le capitaine observe le bateau qui s'approche avec ses jumelles marines. Il a des jumelles de théâtre quand il va au spectacle.*

REM. Il est abusif de dire *une paire de jumelles.*

JUMENT [ʒymɑ̃] n. f. ▪ *UNE JUMENT :* femelle du cheval. *La jument allaite son poulain.*

> FAUX AMI
> portugais **jumento** « âne »

JUNGLE [ʒɛ̃gl] n. f. ▪ *LA JUNGLE :* dans les pays de mousson, étendue de végétation très épaisse, formée de hautes herbes, de broussailles et d'arbres où vivent les grands fauves. *Dans la jungle, les arbres sont envahis par les lianes.* – *La LOI DE LA JUNGLE :* la loi du plus fort. *Dans ce monde impitoyable, c'est la loi de la jungle qui règne.*

JUNIOR [ʒynjɔʀ] adj., n. m. et n. f.
I. adjectif (après le nom) **1.** Intermédiaire entre la catégorie sportive des seniors et celle des cadets. *Son fils joue dans l'équipe junior de football.* **2.** Qui concerne les jeunes, qui leur est destiné. *La mode junior est très gaie cette année. Le jean et les baskets, c'est le style junior.*
II. *UN JUNIOR, UNE JUNIOR* **1.** Jeune sportif, jeune sportive appartenant à une catégorie d'âge entre les cadets et les seniors. *Les juniors ont entre seize et vingt ans.* **2.** Adolescent, adolescente. *Ce style de musique est très apprécié par les juniors.*

JUPE [ʒyp] n. f. ▪ *UNE JUPE :* vêtement de femme qui va de la ceinture jusqu'à une hauteur variable de la jambe. *Sa jupe s'arrête au genou. Elle a mis une jupe longue. Cette fille a une jupe très courte.* → **minijupe.** – *À son âge, il EST encore DANS LES JUPES DE SA MÈRE,* il ne quitte pas sa mère.

JUPE-CULOTTE [ʒypkylɔt] n. f. ▪ *UNE JUPE-CULOTTE :* vêtement de femme formé d'une culotte large qui a l'aspect d'une jupe. *Elle a mis une jupe culotte en velours vert.* PLURIEL : *des jupes-culottes.*

JUPON [ʒypɔ̃] n. m. ▪ *UN JUPON :* sous-vêtement de tissu léger que l'on met sous une jupe ou sous une robe. *Elle a mis son jupon en dentelle.* – STYLE FAMILIER *Son mari est un COUREUR DE JUPON,* un homme qui recherche les aventures amoureuses auprès de femmes, de filles. → **coureur.**

JURASSIEN [ʒyʀasjɛ̃] adj. et n. m., **JURASSIENNE** [ʒyʀasjɛn] adj. et n. f. **1.** adjectif (après le nom) Du Jura, région de l'est de la France, près de la Suisse. *Les forêts jurassiennes sont formées de sapins, d'épicéas et de mélèzes. Le relief jurassien est montagneux.* **2.** *UN JURASSIEN, UNE JURASSIENNE :* un habitant, une habitante du Jura. *Les Jurassiens.*

JURÉ [ʒyʀe] adj. et n. m., **JURÉE** [ʒyʀe] adj. et n. f. **1.** adjectif (après le nom) *ENNEMI JURÉ,* dont on a juré la perte. *La voisine est son ennemie jurée,* sa pire ennemie. **2.** *UN JURÉ, UNE JURÉE :* personne membre d'un jury. *Les jurés prêtent serment. Les jurés ont déclaré l'accusé coupable.*

① **JURER** [ʒyʀe] verbe [conjugaison 1a] **1.** Promettre (qqch.) par un serment. *Au Moyen Âge, les vassaux juraient fidélité à leur seigneur. Dans un procès, les témoins jurent de dire la vérité. Levez la main droite et dites « Je le jure ». Jure-moi que tu garderas le secret.* **2.** Affirmer solennellement, fortement. *Je vous jure que ce n'est pas moi.* → **assurer.** *Je te jure que ce n'est pas facile.* – STYLE FAMILIER *JE TE JURE, JE VOUS JURE :* exprime l'indignation. *Quel idiot, je te jure ! Non mais je vous jure, elle exagère !* **3.** *JURER DE (qqch.) :* affirmer que qqch. est ou n'est pas, se produira ou non. *Il ne faut jurer de rien. Je n'en jurerais pas :* je n'en suis pas sûr. *C'est lui, j'en jurerais* [ʒyʀʀɛ], je le crois. **4.** Faire un serment. *Il a juré sur la Bible.* – *Elle ne jure que par son fils,* elle l'admire totalement. **5.** verbe pronominal SE JURER : (qqn) prendre une décision (envers soi-même), se promettre de. *Elle s'est juré qu'elle ne recommencerait pas. Nous nous sommes juré de ne pas intervenir.* – *Les amoureux se sont juré un amour éternel,* ils se sont promis un amour éternel.

② **JURER** [ʒyʀe] verbe [conjugaison 1a]
I. Dire des injures, des jurons. *Ne jure pas comme ça ! Il jure comme un charretier,* il dit des jurons très nombreux ou très grossiers.
II. (couleurs) Ne pas aller ensemble. *Ces deux rouges jurent affreusement.*

JURIDICTION [ʒyʀidiksjɔ̃] n. f. **1.** *LA JURIDICTION :* pouvoir de juger, de rendre la justice. *Le magistrat exerce sa juridiction.* **2.** *UNE JURIDICTION :* tribunal ou ensemble de tribunaux. *L'affaire a été portée devant la juridiction compétente.*

JURIDIQUE [ʒyʀidik] adj. (après le nom). Qui se rapporte au droit, à la justice. *Elle fait des études juridiques pour être avocate,* des études de droit. *Il est conseiller juridique dans une entreprise. Cette société veut intenter une action juridique contre son concurrent,* elle veut lui faire un procès. → **judiciaire.** *Il y a un vide juridique dans ce domaine,* une absence de lois, de réglementation.

JURISPRUDENCE [ʒyʀispʀydɑ̃s] n. f. ■ *LA JURISPRUDENCE :* ensemble des décisions de justice qui constitue une source du droit. *Ce jugement FAIT JURISPRUDENCE,* il fait autorité. – *La jurisprudence n'a pas varié sur ce point,* la manière dont on juge.

REM. Ce mot fait partie du vocabulaire spécialisé du droit.

JURISTE [ʒyʀist] n. m., n. f. ■ *UN JURISTE, UNE JURISTE :* professionnel, professionnelle qui a de grandes connaissances en droit. *Elle est juriste dans une société internationale.*

JURON [ʒyʀɔ̃] n. m. ■ *UN JURON :* mot grossier dont on se sert pour injurier, à manifester sa colère ou sa contrariété. *Furieux, il a lâché un juron.*

JURY [ʒyʀi] n. f. ■ *UN JURY* **1.** Dans un procès, ensemble de personnes chargées de décider si un accusé est coupable ou non (→ **juré**). *Le jury délibère avant de rendre son verdict.* **2.** Ensemble d'examinateurs (d'un concours, d'un examen). *Le jury a accordé le prix du meilleur roman à un jeune écrivain* (→ **juge**).

JUS [ʒy] n. m. ■ *LE JUS* **1.** Liquide contenu dans les fruits et les légumes. *Elle boit un jus de tomate. Le jus d'orange contient des vitamines. Ce pamplemousse donne beaucoup de jus* (→ **juteux**). **2.** Liquide rendu par une viande qui cuit. *Les carottes mijotent dans le jus du rôti.* → **sauce.** – (figuré) STYLE FAMILIER *Laissons-le mijoter dans son jus :* laissons-le attendre pour qu'il réfléchisse et devienne plus docile. **3.** STYLE FAMILIER Café. *Tous les matins, il prend son petit jus.* **4.** STYLE FAMILIER Courant électrique. *Il n'y a plus de jus dans la batterie. J'ai pris du jus,* une décharge électrique.

FAUX AMI
portugais **jus**
« le droit »

JUSQUE [ʒysk] préposition et conjonction
I. préposition **1.** *JUSQU'À :* en parcourant toute la distance qui sépare de. *Le train va jusqu'à Lyon, c'est le terminus. Les branches de l'arbre pendent jusqu'à terre. Il a de l'eau jusqu'aux genoux.* – (figuré) *C'est vrai jusqu'à un certain point.* – *Ils sont allés jusqu'à nous insulter. J'irai jusqu'à dire qu'il n'est pas sympathique,* j'oserai dire. – (temps) *J'ai dormi jusqu'à midi. Il est resté jusqu'à la fin du spectacle. Elle était en vacances jusqu'à hier ou jusqu'à aujourd'hui ? On va l'attendre jusqu'à quand ? Les vacances vont du 15 avril jusqu'au 2 mai.* → **à. 2.** (suivi d'une autre préposition que *à*) *Il l'a raccompagnée JUSQUE CHEZ elle. Le magasin est fermé JUSQU'EN septembre. Je l'ai attendu JUSQUE VERS deux heures,* jusqu'à deux heures environ. **3.** (suivi d'un adverbe) *JUSQU'ICI, ça va. JUSQU'OÙ va cet autobus ? Jusqu'où va-t-il ? Les policiers ont cherché jusque dans les poubelles.* → **même.** – STYLE FAMILIER *Je commence à en avoir JUSQUE-LÀ !* à en avoir assez, à être excédé (souvent accompagné d'un geste de la main au-dessus de la tête).
II. conjonction *JUSQU'À CE QUE :* jusqu'au moment où. *Attends-moi jusqu'à ce que je revienne.*

REM. **1.** Devant une voyelle *jusque* devient *jusqu'* (ex. : *jusqu'à, jusqu'au, jusqu'en, jusqu'ici*). **2.** *Jusqu'à* indique toujours une limite, à la différence de *à* (*le train va à Lyon, puis à Marseille ; le train va jusqu'à Lyon*).

JUSTAUCORPS [ʒystokɔʀ] n. m. ■ *UN JUSTAUCORPS :* maillot collant d'une seule pièce, utilisé pour la danse ou la gymnastique. *La danseuse fait ses exercices en justaucorps.* → **body.**

JUSTE [ʒyst] adj. et adverbe
I. adjectif (après le nom, parfois avant le nom) **1.** (après le nom) (qqn) Qui agit conformément à la justice, à l'équité. *Ce professeur est sévère, mais juste,* il ne favorise ni ne défavorise personne. → **équitable.** ⟨contraire : injuste⟩ *Il est juste envers tous les élèves. Il faut être juste,* sans parti pris. → **honnête. 2.** (après le nom) (qqch.) Conforme à la justice. *Le parlement a voté une loi juste.* **3.** (avant le nom) Légitime. *Le syndicat se bat pour les justes revendications des travailleurs.* – *Il s'est mis en colère À JUSTE TITRE,* avec raison. **4.** (après le nom, parfois avant le nom) Qui a de la justesse, qui est tel qu'il doit être. *Je cherche le mot juste.* → **adéquat, convenable.** *Cette addition est juste. Avez-vous l'heure juste ?* → **exact.** *Il faut estimer les choses à leur juste prix.* → **vrai. 5.** (après le nom) Conforme à la vérité, à la raison, au bon sens. *Vous dites des choses très justes.* → **exact, vrai.** *C'est juste :* vous avez raison. *Très juste !* **6.** (après le nom) (vêtement) Trop ajusté. → **étriqué, étroit.** *Cette veste est un peu juste, je vais prendre la taille au-dessus. Mes chaussures sont trop justes, elles me font mal aux pieds.* → **petit, serré.** ⟨contraire : grand⟩ **7.** (après le nom) Qui suffit à peine. *Ce repas est un peu juste pour six personnes. Il a été reçu à son examen, mais c'était juste.* → **tangent ;** STYLE FAMILIER **limite. 8.** (après le nom) STYLE FAMILIER (qqn) Qui manque d'argent. *Nous sommes un peu justes en ce moment.*
II. adverbe **1.** Avec justesse, exactitude, comme il convient. *Tu as deviné juste. Il chante juste.* ⟨contraire : ① faux⟩ – *Cette division tombe juste,* il n'y a pas de reste. – *Le chasseur a visé juste,* avec précision. – (figuré) *Vous avez touché juste,* atteint exactement le but visé. **2.** Exactement, précisément. *Il est dix heures juste.* → ③ **pile.** *J'habite juste à côté. Il vient juste d'arriver,* il arrive à l'instant. **3.** Insuffisamment, à peine. *Il sait tout juste lire. J'ai prévu un peu juste.* ⟨contraire : largement⟩ – *Elle a bu juste un verre de vin.* → **seulement. 4.** *AU JUSTE :* exactement, précisément. *On ne sait pas au juste quelle maladie elle a.* – STYLE RECHERCHÉ *COMME DE JUSTE :* comme il se doit. *Comme de juste, il est en retard.*

JUSTEMENT [ʒystəmɑ̃] adverbe **1.** Précisément, exactement. *C'est justement ce qu'il ne faut pas faire. J'allais justement sortir quand elle est arrivée,* j'allais sortir à l'instant même. **2.** (en début de phrase) Précisément, à plus forte raison. *« Il va être triste d'apprendre ça. – Justement, ne dis rien ! »* **3.** Avec justesse, avec raison. *Comme tu le dis très justement, il faut encore réfléchir.*

JUSTESSE [ʒystɛs] n. f.
I. *LA JUSTESSE* **1.** Qualité qui rend une chose exactement adaptée. *Ma montre est d'une grande justesse.* → **précision.** – *Ton raisonnement manque de justesse.* → **exactitude. 2.** Manière de faire (qqch.) sans erreur. *Elle chante avec justesse.*
II. *DE JUSTESSE :* de peu. *L'automobiliste a évité de justesse l'accident. J'ai eu mon train de justesse,* j'ai failli le manquer.

JUSTICE [ʒystis] n. f. ■ *LA JUSTICE* **1.** Reconnaissance et respect des droits de chacun. *Il agit avec justice.* → **équité, impartialité.** ⟨contraire : injustice⟩ **2.** Principe moral qui exige le respect du droit. *Ce roi fait régner la justice dans le pays. CE N'EST QUE JUSTICE s'il obtient une augmentation,* c'est juste. – *Il n'y a pas de justice :* ce n'est pas juste. **3.** *RENDRE LA JUSTICE :* juger. *Les juges rendent la justice.* **4.** Reconnaissance du droit de qqn. *À force de réclamer, il a OBTENU JUSTICE.* – *RENDRE JUSTICE À qqn,* lui reconnaître son droit ; lui rendre hommage. *Il faut lui rendre justice, c'est un bon père.* – *SE FAIRE JUSTICE :* se tuer. *Le coupable s'est fait justice,* il s'est suicidé. **5.** Ensemble des institutions qui sont chargées d'administrer la justice. *Le témoin est CITÉ EN JUSTICE,* il doit témoigner devant le tribunal. *L'accusé va PASSER EN JUSTICE,* il va être jugé. – *Les tribunaux siègent au PALAIS DE JUSTICE.* – *Il est recherché par la justice,* par la police.

– *C'est un* REPRIS DE JUSTICE, qqn qui a déjà été condamné (→ **récidiviste**). – *En France, le ministre de la Justice s'appelle le Garde des Sceaux.* → ② **garde.**

JUSTICIER [ʒystisje] n. m., **JUSTICIÈRE** [ʒystisjɛʀ] n. f. ▪ *UN JUSTICIER, UNE JUSTICIÈRE* : personne qui venge les innocents et punit les coupables. *Cet acteur joue souvent le rôle de justicier dans les westerns.*

JUSTIFICATIF [ʒystifikatif] n. m. ▪ *UN JUSTIFICATIF* : document, papier qui sert à prouver qqch. *La mairie m'a demandé un justificatif de domicile,* un papier prouvant que j'habite ici.

JUSTIFICATION [ʒystifikasjɔ̃] n. f. ▪ *UNE JUSTIFICATION* **1.** Action de justifier (qqn, qqch.), de se justifier. *Cet élève est arrivé en retard au cours, le professeur lui a demandé des justifications,* des explications sur ce retard. → **compte.** *Qu'as-tu à dire pour ta justification ?* → ① **défense, excuse. 2.** Action de présenter qqch. comme réel. *Vous devez apporter la justification de toutes vos dépenses.* → **preuve.**

JUSTIFIER [ʒystifje] verbe [conjugaison 7a]
I. 1. Trouver une excuse valable (à qqn) pour expliquer sa conduite, pour démontrer que l'accusation est fausse. *L'avocat justifiera* [ʒystifiʀa] *son client.* → **disculper, innocenter. 2.** Rendre (qqch.) légitime. *Rien ne justifie la violence. La fin justifie les moyens :* tout est permis pour arriver au but. **3.** Faire admettre (qqch.) comme juste, légitime, fondé. *Il faudrait que vous justifiiez vos critiques.* – *Vos craintes ne sont pas justifiées.* → **fondé. 4.** Montrer comme vrai, juste, réel, par des arguments, des preuves. *Justifiez ce que vous dites.* → **démontrer, prouver.** *Ils doivent justifier toutes leurs dépenses.* **5.** *JUSTIFIER DE* : donner des preuves de. *Le policier lui a demandé de justifier de son identité en montrant ses papiers,* de prouver qui il était. *Il a justifié de sa bonne foi.*
II. verbe pronominal SE JUSTIFIER **1.** (qqn) Prouver son innocence. *Il essaie de se justifier. Elle s'est justifiée.* **2.** (qqch.) Être fondé sur de bonnes raisons. *Ce manteau est cher, mais ça se justifie.*

JUTE [ʒyt] n. m. ▪ *LE JUTE* : plante cultivée en Inde, dont on tire une fibre qui sert à fabriquer du tissu. *Les sacs de pomme de terre sont en toile de jute.*

JUTEUX [ʒytø], **JUTEUSE** [ʒytøz] adj. (après le nom) **1.** (fruit) Qui contient beaucoup de jus. *Ces pêches sont juteuses.* **2.** STYLE FAMILIER Qui rapporte beaucoup d'argent. *Il a trouvé un travail juteux.* → **lucratif.**

JUVÉNILE [ʒyvenil] adj. (après le nom) ▪ Propre à la jeunesse. *À soixante ans, elle a gardé une silhouette juvénile.* → **jeune.** ⟨contraire : sénile⟩ – *La DÉLINQUANCE JUVÉNILE est en augmentation,* les délits commis par les mineurs augmentent.

JUXTAPOSER [ʒykstapoze] verbe [conjugaison 1a] ▪ Poser, mettre (une ou plusieurs choses) côte à côte sans les relier. *Le peintre juxtapose les couleurs sur la toile.* ⟨contraires : éloigner, espacer⟩ – *Ces deux mots sont juxtaposés dans la phrase,* ils sont l'un à côté de l'autre.

K

K [kɑ] n. m. invariable ■ *LE K :* onzième lettre de l'alphabet du français. *Le k est une consonne. Il y a des k minuscules* (k) *et des k majuscules* (K).

REM. Le nom *cas* «ce qui arrive» se prononce de la même façon.

KABYLE [kabil] adj., n. m. et n. f. **1.** adjectif (après le nom) De la Kabylie, région montagneuse d'Algérie. *Elle est d'origine kabyle.* **2.** *UN KABYLE, UNE KABYLE :* un habitant, une habitante de la Kabylie. *Les Kabyles.*

① **KAKI** [kaki] n. m. ■ *UN KAKI :* fruit originaire du Japon, de couleur orange, ressemblant à une tomate. *Les kakis se mangent crus ou cuits.*

② **KAKI** [kaki] adj. invariable et n. m. invariable **1.** adjectif (après le nom) D'une couleur jaunâtre, proche du brun. *Il a une chemise kaki.* PLURIEL : *des uniformes kaki.* **2.** *LE KAKI :* cette couleur. *Il est habillé en kaki. Le kaki est très à la mode cette année.*

KALÉIDOSCOPE [kaleidɔskɔp] n. m. ■ *UN KALÉIDOSCOPE :* tube dans lequel sont placés trois miroirs et de petits morceaux de verre coloré qui font des dessins changeants en se reflétant sur les miroirs. *Fais tourner ton kaléidoscope dans la lumière.*

KANAK [kanak] n. m. et adj., **KANAKE** [kanak] n. f. et adj. **1.** *UN KANAK, UNE KANAKE :* un membre de la population de Nouvelle-Calédonie de race mélanésienne. *Les Kanaks.* **2.** adjectif (après le nom) Relatif aux Kanaks. *Il appartient au Front de libération nationale kanake socialiste. Il est partisan de l'indépendance kanake.*

REM. On écrit aussi au masculin et au féminin *canaque.*

KANGOUROU [kɑ̃guʀu] n. m. ■ *UN KANGOUROU :* animal herbivore de la famille des marsupiaux, qui se déplace en faisant de grands bonds grâce à ses pattes arrière très développées. *Le petit kangourou reste de six à huit mois dans la poche ventrale de sa mère. Les kangourous vivent en Australie.*

KAOLIN [kaɔlɛ̃] n. m. ■ *LE KAOLIN :* argile blanche qui sert à faire de la porcelaine. *Le kaolin est très friable.*

KAPOK [kapɔk] n. m. ■ *LE KAPOK :* matière faite avec les poils fins et soyeux qui recouvrent les graines d'un arbre exotique. *Le coussin est rempli de kapok.*

KARATÉ [kaʀate] n. m. ■ *LE KARATÉ :* sport de combat d'origine japonaise. *Le karaté est un art martial. Elle fait du karaté. Il est ceinture noire de karaté.*

KARATÉKA [kaʀateka] n. m., n. f. ■ *UN KARATÉKA, UNE KARATÉKA :* personne qui fait du karaté. *Les karatékas se battent sur le tatami.*

KART [kaʀt] n. m. ■ *UN KART :* petite voiture à une place, sans carrosserie, ni boîte de vitesses, ni suspension, qui roule très vite. *Il participe à une course de karts.*

REM. **1.** *Kart* est un mot anglais. **2.** *Carte* «morceau de carton» se prononce de la même façon.

KARTING [kaʀtiŋ] n. m. ■ *LE KARTING :* sport pratiqué avec des karts. *Il y a une piste de karting à la sortie du village.*

KASCHER [kaʃɛʀ] adj. invariable ■ (aliment) Préparé selon les rites et autorisé à la consommation par la loi hébraïque. *Ils mangent de la viande kascher.* PLURIEL : *des gâteaux kascher.*

REM. On écrit aussi *casher* ou *cascher.*

KAYAK [kajak] n. m. ■ *UN KAYAK :* petit bateau léger à une ou deux places, que l'on fait avancer avec une pagaie. → **canoë.** *Ils descendent la rivière en kayak.*

KELVIN [kɛlvin] n. m. ■ *LE KELVIN :* unité de mesure de température. *La température de zéro kelvin correspond à – 273,16 degrés Celsius.*

KÉPI [kepi] n. m. ■ *UN KÉPI :* chapeau rond et rigide, à fond plat et à visière que portent certains militaires, en France. *Les légionnaires ont un képi.*

KERMESSE [kɛʀmɛs] n. f. ■ *UNE KERMESSE :* fête, souvent en plein air, avec des stands, des jeux, des buvettes, dont les bénéfices vont à une association ou sont versés à une œuvre de bienfaisance. *Tous les ans, nous allons à la kermesse de l'école,* à la vente de charité.

KÉROSÈNE [keʀozɛn] n. m. ■ *LE KÉROSÈNE :* liquide tiré du pétrole, utilisé comme carburant. *Les avions à réaction utilisent du kérosène.*

KETCHUP [kɛtʃœp] n. m. ■ *LE KETCHUP :* sauce à base de tomates, légèrement épicée et sucrée. *Mon fils met du ketchup sur ses frites.*

KEUF [kœf] n. m. ■ STYLE FAMILIER *UN KEUF :* agent de police. → **policier ;** STYLE FAMILIER **flic.** *Attention, voilà les keufs !*

REM. Ce mot est du verlan (→ **verlan**).

kg → kilo

KIBBOUTZ [kibuts] n. m. invariable ▪ *UN KIBBOUTZ :* en Israël, ferme où l'on travaille et l'on vit en communauté. *Elle est partie dans un kibboutz.* PLURIEL : *des kibboutz.*

REM. On emploie aussi le pluriel hébreu *des kibboutzim* [kibutsim].

KIDNAPPER [kidnape] verbe [conjugaison 1a] ▪ Enlever (qqn), généralement pour obtenir de l'argent en échange. → **enlever.** *Des malfaiteurs ont kidnappé le fils d'un milliardaire. Les ravisseurs qui l'ont kidnappé demandent une énorme rançon.*

KIDNAPPING [kidnapiŋ] n. m. ▪ *LE KIDNAPPING :* action d'enlever (qqn) pour obtenir une rançon. *Les ravisseurs ont été condamnés pour kidnapping.* → **enlèvement, rapt.**

KIF-KIF [kifkif] adj. invariable ▪ STYLE FAMILIER Pareil, la même chose. *Tu peux passer par la rue ou par le parc, c'est kif-kif,* ça revient au même.

REM. **1.** On peut écrire aussi *kifkif* en un seul mot. **2.** Ce mot vient de l'arabe et peut être traduit littéralement par « comme comme ».

KIKI [kiki] n. m. ▪ STYLE FAMILIER **1.** *LE KIKI :* la gorge. *Il lui a serré le kiki :* il l'a étranglé. **2.** *C'EST PARTI, MON KIKI :* ça marche, on commence.

KILO [kilo] n. m. ▪ *UN KILO :* un kilogramme. *Mon mari pèse soixante-dix kilos. Il faut qu'elle perde plusieurs kilos.* – *Elle achète les pommes au kilo,* au poids (et non à la pièce). *Les fraises sont vendues à dix francs le kilo.* – *kg* [kilo] abréviation invariable *Donnez-moi 3 kg de pommes de terre.*

REM. **1.** *Kilo* est la forme abrégée courante de *kilogramme.* **2.** *Demi-kilo* ne s'emploie pas souvent, on dit *une livre* ou *cinq cents grammes.*

KILOGRAMME [kilɔgʀam] n. m. ▪ *UN KILOGRAMME :* unité de poids qui vaut mille grammes. → **kilo.** *Un litre d'eau pèse un kilogramme (1 kg).*

REM. La forme abrégée *kilo* est beaucoup plus utilisée que le mot *kilogramme.*

KILOMÉTRAGE [kilɔmetʀaʒ] n. m. ▪ *LE KILOMÉTRAGE :* nombre de kilomètres parcourus. *Cette voiture a un kilométrage de cent mille kilomètres,* elle a parcouru cent mille kilomètres.

KILOMÈTRE [kilɔmɛtʀ] n. m. ▪ *UN KILOMÈTRE :* unité de mesure des distances qui vaut mille mètres. *Leur maison est à trois kilomètres.* → STYLE FAMILIER **borne.** *Nous avons fait trois kilomètres. La voiture roule à cent vingt kilomètres à l'heure* (→ **kilomètre-heure**). – *km* [kilɔmɛtʀ] abréviation invariable *La ville est à 20 km d'ici.*

REM. Pas de forme abrégée pour ce mot, *kilo* signifiant « kilogramme ».

KILOMÈTRE-HEURE [kilɔmɛtʀœʀ] n. m. ▪ *UN KILOMÈTRE-HEURE :* unité de mesure des distances parcourues en une heure. *Il marche à un kilomètre-heure.* PLURIEL : *la voiture fait du cent vingt KILOMÈTRES-HEURE,* elle parcourt cent vingt kilomètres en une heure, elle roule à cent vingt kilomètres à l'heure. – *km/h* [kilɔmɛtʀœʀ] abréviation invariable *La voiture roule à 130 km/h* [sɑ̃tʀɑ̃tkilɔmɛtʀœʀ].

KILOMÉTRIQUE [kilɔmetʀik] adj. (après le nom) ▪ Qui concerne les kilomètres. *On sait à quelle distance on est de la prochaine ville, grâce aux BORNES KILOMÉTRIQUES,* aux bornes qui sont disposées tous les kilomètres sur une route.

KILOWATT [kilowat] n. m. ▪ *UN KILOWATT :* ancienne unité de mesure électrique qui vaut mille watts. *Votre consommation d'électricité mensuelle est de combien de kilowatts ?* – *KW* [kilo wat] abréviation invariable *4 kW.*

KILT [kilt] n. m. ▪ *UN KILT :* jupe en tissu écossais, courte et plissée, fermée sur le côté. *Le kilt, porté par les hommes, fait partie du costume national des Écossais. Elle a mis un kilt.*

KIMONO [kimɔno] n. m. ▪ *UN KIMONO* **1.** Tunique japonaise à larges manches, croisée devant et fermée par une ceinture. *Elle a un kimono de soie brodée.* **2.** Tenue que l'on porte pour faire du judo et du karaté, formée d'une veste et d'un pantalon amples. *Le judoka est en kimono.*

KINÉ n. m., n. f. Forme abrégée familière de **kinésithérapeute.**

KINÉSITHÉRAPEUTE [kineziteʀapøt] n. m., n. f. ▪ *UN KINÉSITHÉRAPEUTE, UNE KINÉSITHÉRAPEUTE :* personne dont le métier est de soigner les gens qui ont des douleurs dans les os, les muscles ou les articulations, en les massant ou en leur faisant faire des mouvements de gymnastique. *Je suis allé chez le kinésithérapeute pour mon mal de dos.* – *KINÉ* [kine] forme abrégée familière : *UN KINÉ, UNE KINÉ. Les kinés ne sont pas médecins.*

KIOSQUE [kjɔsk] n. m. ▪ *UN KIOSQUE* **1.** Pavillon ouvert sur les côtés, dans un jardin. *Nous nous sommes mis à l'abri dans le kiosque pendant l'averse. La fanfare joue tous les dimanches au KIOSQUE À MUSIQUE du jardin municipal.* **2.** *KIOSQUE (À JOURNAUX) :* petite boutique installée sur un trottoir, où l'on vend des journaux. *Arrête-toi au kiosque pour acheter le journal.*

KIR [kiʀ] n. m. ▪ *LE KIR :* apéritif composé de vin blanc et de cassis. *Le kir est originaire de l'est de la France.* – *Garçon, trois kirs !,* trois verres de kir.

KIRSCH [kiʀʃ] n. m. ▪ *LE KIRSCH :* eau-de-vie de cerise. *Voulez-vous un verre de kirsch ?* – *Deux kirschs, s'il vous plaît,* deux verres de kirsch.

KIT [kit] n. m. ▪ *UN KIT :* ensemble d'éléments vendus avec un plan de montage, pour être assemblés par l'acheteur. *J'ai acheté une bibliothèque EN KIT.*

REM. **1.** *Kit* est un mot anglais qui signifie « boîte à outils ». **2.** L'adjectif *quitte* « qui ne doit plus rien » se prononce de la même façon.

KIWI [kiwi] n. m. ▪ *UN KIWI* **1.** Oiseau coureur de Nouvelle-Zélande qui a un long bec et de petites ailes. *Les kiwis ont un odorat très développé.* **2.** Fruit originaire de Chine, à la peau marron clair et à la chair verte et acidulée. *Le pâtissier a fait une tarte aux kiwis.*

KLAXON [klaksɔn] n. m. ▪ (nom déposé) *UN KLAXON :* dans un véhicule, appareil destiné à avertir par le son. → **avertisseur.** *L'automobiliste donne un COUP DE KLAXON dans le virage* (→ **klaxonner**). *On entend le bruit des klaxons dans la rue.*

KLAXONNER [klaksɔne] verbe [conjugaison 1a] ▪ Faire fonctionner un avertisseur sonore. *Il est interdit de klaxonner en ville.*

km → kilomètre

K.-O. [kao] adj. invariable (après le nom) **1.** (boxeur) Mis hors de combat. *Le boxeur a été mis K.-O. par son adversaire.* PLURIEL : *des boxeurs K.-O.* **2.** STYLE FAMILIER Très fatigué. *Ne me demande rien, je suis complètement K.-O.* → STYLE FAMILIER **crevé, vanné.**

REM. *K.-O.* est le sigle de l'anglais *knock-out.*

KOALA [kɔala] n. m. ▪ *UN KOALA :* animal australien de la famille des marsupiaux, au pelage gris très fourni, qui grimpe aux arbres et se nourrit de feuilles d'eucalyptus. *Les koalas ressemblent à de petits ours.*

KOUGLOF [kuglɔf] n. m. ▪ *UN KOUGLOF :* gâteau alsacien, qui a la forme d'une couronne de brioche garnie de raisins secs. *Voulez-vous un morceau de kouglof ? Ce pâtissier fait de bons kouglofs.*

KOWEÏT [kɔwɛt] nom propre masculin ▪ *LE KOWEÏT :* pays de l'Asie du sud-ouest dont la capitale est Koweït. *Le Koweït est un émirat. Nous sommes allés au Koweït.*

KRACH [kʀak] n. m. ▪ *UN KRACH :* effondrement brutal des cours de la Bourse. *Le krach de Wall Street, la Bourse de New York, en 1929, est resté célèbre.*

REM. **1.** *Krach* est un mot d'origine allemande. **2.** L'interjection *crac !* se prononce de la même façon.

KREMLIN [kʀɛmlɛ̃] nom propre masculin ▪ *LE KREMLIN :* ancienne forteresse au centre de Moscou, siège du gouvernement russe. *Le Kremlin contient de nombreuses églises.*

kW → **kilowatt**

KYRIELLE [kiʀjɛl] n. f. ▪ *UNE KYRIELLE DE :* un très grand nombre de. *Il lui a adressé une kyrielle de reproches.* – STYLE FAMILIER *Ils sont venus avec leur kyrielle d'enfants.* → STYLE FAMILIER **ribambelle.**

KYSTE [kist] n. m. ▪ *UN KYSTE :* petite grosseur qui se forme sous la peau ou à l'intérieur du corps et qui contient du liquide. *Le chirurgien l'a opérée pour lui enlever un kyste de l'ovaire.*

L

① **L** [ɛl] n. m. invariable ▪*LE L* ou *L'L* : douzième lettre de l'alphabet du français. *Le l est une consonne. Il y a des l majuscules* (L) *et des l minuscules* (l). - *EN L* : en forme de *l* majuscule. *Le salon est en L.*

REM. **1.** Le *l* est généralement prononcé à la fin des mots *(calcul, profil).* **2.** Après une voyelle, *-il* final note [j] *(bail, soleil, deuil, fenouil)* ainsi que *-ill- (maillot, feuille, mouiller).* Après une consonne, *-il* note [il] *(fil, cil)* et parfois [i] *(outil).* Après une consonne, *-ill-* note [ij] *(fille, billard),* sauf dans certains mots où il note [il] *(ville, tranquille, pénicilline).*

② **L** [sɛ̃kɑ̃t] adj. invariable ▪Cinquante, en chiffres romains.

① **L'** → ① **le,** ② **le**

② **L'** → **on** (l')

① **LA** → ① **le,** ② **le**

② **LA** [la] n. m. invariable ▪*UN LA* : note de musique, la sixième de la gamme. *Il joue un la sur le piano. Ce concerto pour violon est en la bémol,* dans le ton correspondant à cette note. PLURIEL : *des la. Le chef du chœur donne le la,* il joue un la, note de référence pour l'accord des instruments. - (figuré) *DONNER LE LA* : donner le ton, l'exemple. *En matière de mode, elle donne le la à ses camarades !*

LÀ [la] adverbe et interjection

I. adverbe **1.** Dans un lieu autre que celui où l'on est (opposé à ici). *Ne pose pas ça là, mais plutôt ici. « C'est ici ? Non c'est là, à cinquante mètres. » De là on pouvait voir la mer, mais ici c'est différent.* **2.** Dans ce lieu. *Moi, je reste là,* dans le lieu où je suis. → **ici.** *Asseyez-vous là,* sur ce siège. *Pousse-toi DE LÀ,* laisse la place. *Sortez de là ! Passons PAR LÀ !* - *ÊTRE LÀ* : être présent. *J'étais là quand l'accident s'est produit. Les voisins ne sont pas là,* ne sont pas chez eux. - *Les clés ne sont plus là.* - STYLE FAMILIER *ÊTRE UN PEU LÀ, SE POSER LÀ* : être important. *Comme cuisinier, il est un peu là.* **3.** À ce moment. *Là, il a interrompu son récit.* **4.** Dans, en cela. *Ne voyez là aucune arrière-pensée. Le bonheur, TOUT EST LÀ,* c'est la chose la plus importante. - *EN ÊTRE LÀ* : être parvenu à un certain point. *Ce n'est pas encore la ruine, nous n'en sommes pas là ! Restons-en là, nous reparlerons de tout cela demain.* **5.** *C'EST LÀ QUE* : c'est dans ce lieu que. *C'est là que nous irons en vacances. C'est là qu'il a perdu patience,* à ce moment. - *C'EST LÀ OÙ ils se sont rencontrés,* dans ce lieu. **6.** (renforçant un pronom ou un adjectif démonstratif) *C'EST LÀ le problème.* → **voilà.** **7.** *D'ICI LÀ* : entre maintenant et plus tard. *D'ici là, elle aura changé d'avis.* - *DE-CI, DE-LÀ* : en divers lieux. *Elle cueille des fleurs de-ci, de-là sur le chemin.* - STYLE RECHERCHÉ *ÇÀ ET LÀ* : en divers endroits. *Des oiseaux volent çà et là dans le ciel.*

II. (avec trait d'union) Qui est montré, désigné, dont on parle. *C'est ce jour-là, dans cet endroit-là que je l'ai rencontré. Je ne connais pas ce type-là. Ces gens-là étaient odieux. Je ne veux pas de cette maison-là, trouvez-en une autre. À ce rythme-là vous ne terminerez pas aujourd'hui. Donnez-moi celui-là.*

III. interjection *LÀ ! Là, calme-toi ! Hé là, doucement !* - (redoublé) *Là ! là, c'est fini ! OH LÀ LÀ, quel désordre !* → STYLE FAMILIER **putain.**

REM. **1.** *Là* est beaucoup plus courant que *ici* et s'emploie pour *ici* lorsqu'il est seul : *Viens-là, près de moi !* **2.** Après un trait d'union, au sens II., *là* renforce l'adjectif ou le pronom démonstratif. → **ci.** **3.** *Au-delà, celui-là, là-dedans, là-dessus, là-haut, au-delà* et *par-delà* sont traités à l'ordre alphabétique. Voir aussi l'article **par-ci, par-là.**

LÀ-BAS [laba] adverbe ▪À une distance plus ou moins grande du lieu où l'on est (opposé à ici). *Regardez là-bas ! Il n'est pas ici, il est là-bas. Retrouvons-nous là-bas, c'est plus simple. Une fois là-bas, il a eu envie de rentrer. Ils sont en Angleterre : ils vivent là-bas depuis un an.*

LABEL [labɛl] n. m. ▪*UN LABEL* : étiquette ou marque mise sur un produit qui en garantit l'origine ou la qualité. *Cette pastille rouge sur le produit est un label de qualité.* - Étiquette politique. *Il se présente aux élections sous le label socialiste.*

REM. Ce mot vient de l'anglais *label* « étiquette ».

LABEUR [labœʀ] n. m. ▪STYLE RECHERCHÉ *UN LABEUR* : travail pénible et intense. *Le travail dans les mines est un labeur pénible.* → **besogne.**

LABO n. m. Forme abrégée familière de **laboratoire.**

LABORATOIRE [labɔʀatwaʀ] n. m. ▪*UN LABORATOIRE* **1.** Lieu aménagé pour faire des expériences et des recherches scientifiques. *Au laboratoire d'analyses médicales, on lui a fait une prise de sang. On fait des expériences sur des ANIMAUX DE LABORATOIRE.* - *LABO* [labo] forme abrégée familière *Il est chercheur dans un labo. Des labos.* - *J'ai donné mes photos à développer dans un LABORATOIRE DE PHOTO. LABO PHOTO* [labofɔto] forme abrégée familière **2.** Entreprise qui fabrique des produits pharmaceutiques. *Ce médicament est fabriqué par un laboratoire français.* **3.** *UN LABORATOIRE DE LANGUES* : local spécialement aménagé pour apprendre et pratiquer des langues étrangères.

Les laboratoires de langues sont équipés de cabines individuelles et de magnétophones.

LABORIEUX [labɔʀjø], **LABORIEUSE** [labɔʀjøz] adj. (après le nom, parfois avant le nom) **1.** (avant ou après le nom) STYLE RECHERCHÉ Qui est long et difficile, qui demande beaucoup de travail, d'effort. *Le traitement de cette maladie a nécessité de laborieuses recherches. Ce travail est laborieux.* → **fatigant, pénible.** ⟨contraires : aisé, facile⟩ - *Cet écrivain a un style laborieux,* qui manque d'aisance. → **embarrassé.** - *Tu n'as pas encore fini ? C'est laborieux !* c'est long. **2.** (après le nom) *LES CLASSES, LES MASSES LABORIEUSES :* l'ensemble des gens qui n'ont pour vivre que leur travail. *Il faut améliorer le sort des masses laborieuses* (→ **prolétaire, prolétariat, travailleur).**

LABOUR [labuʀ] n. m. **1.** *LE LABOUR :* action de retourner la terre, de la travailler pour la cultiver. *Dans les pays industrialisés, le labour se fait au tracteur. Le CHEVAL DE LABOUR tire la charrue.* **2.** (au pluriel) LES LABOURS : les terres labourées. *Les chasseurs sont dans les labours.*

FAUX AMIS
anglais **labour,** espagnol et portugais **labor** «travail»

LABOURER [labuʀe] verbe [conjugaison 1a]. Retourner la terre avec une bêche, une charrue ou un tracteur. *Le fermier laboure son champ avant de semer.* - *La terre labourée est humide.* → **labour.**

LABOUREUR [labuʀœʀ] n. m. . STYLE RECHERCHÉ *UN LABOUREUR :* homme qui laboure (la terre). *Le laboureur guide la charrue dans le sillon.*

REM. Ce mot ne s'emploie plus beaucoup depuis qu'il n'y a plus de charrues. On dit plutôt *agriculteur, cultivateur* (→ **paysan).**

LABYRINTHE [labiʀɛ̃t] n. m. . *UN LABYRINTHE :* ensemble compliqué de chemins, de rues, de galeries ou de couloirs d'où il est difficile de sortir. *Nous nous sommes perdus dans ce labyrinthe de ruelles.* → **dédale.**

LAC [lak] n. m. . *UN LAC :* grande étendue d'eau à l'intérieur des terres. *La ville de Genève, en Suisse, est au bord du lac Léman. Le village est bâti sur un lac* (→ **lacustre).** - STYLE FAMILIER *TOMBER DANS LE LAC :* échouer. *Son projet est tombé dans le lac.*

REM. Un lac est plus grand qu'une mare ou qu'un étang.

LACER [lase] verbe [conjugaison 3a]. Attacher avec un lacet. *Tous les matins, nous laçons nos chaussures.* ⟨contraire : délacer⟩

REM. *Lasser* «fatiguer» se prononce de la même façon.

LACÉRER [laseʀe] verbe [conjugaison 6a]. Mettre en lambeaux, en morceaux. *Le chat lacère le tissu du fauteuil avec ses griffes.* → **déchirer.** *Des voyous ont lacéré les affiches électorales. Ils lacéreront* [lasɛʀʀɔ̃] *encore leurs vêtements.*

LACET [lasɛ] n. m. . *UN LACET* **1.** Cordon étroit que l'on passe dans de petits trous pour attacher une chaussure (→ **lacer).** *Un de tes lacets est défait !* **2.** Suite de virages, sur une route. *Le chemin monte en lacets jusqu'au village.* → **zigzag.**

LÂCHAGE [lɑʃaʒ] n. m. . STYLE FAMILIER *UN LÂCHAGE :* action de lâcher, d'abandonner (qqn). *Il a été victime du lâchage de ses meilleurs amis.* → **abandon.**

① **LÂCHE** [lɑʃ] adj., n. m. et n. f. **1.** adjectif (après le nom) (qqn) Qui manque de courage, recule devant le danger. *C'est un homme lâche qui a dénoncé ses compagnons.* → **peureux, poltron ;** STYLE RECHERCHÉ **pusillanime.** ⟨contraires : courageux, vaillant⟩ **2.** (avant ou après le nom) (qqch.) Qui montre de la lâcheté. *Un lâche attentat à la bombe a eu lieu dans le métro.* → **méprisable, vil.** ⟨contraires : audacieux, courageux⟩ *Ce qu'ils ont fait est ignoble et lâche.* **3.** *UN LÂCHE, UNE LÂCHE :* une personne lâche. *Ce n'est qu'un lâche. Bande de lâches !* → STYLE FAMILIER **dégonflé.**

② **LÂCHE** [lɑʃ] adj. (après le nom) **1.** Qui n'est pas tendu. *Ce ressort est trop lâche.* ⟨contraire : tendu⟩ **2.** Qui n'est pas serré. *Elle a mis un pull lâche et confortable.* → **flottant,** ② **vague.** ⟨contraires : ajusté, serré⟩

LÂCHEMENT [lɑʃmɑ̃] adverbe. D'une manière lâche, peu courageuse. *Il a lâchement abandonné ses compagnons en danger.* ⟨contraire : courageusement⟩

① **LÂCHER** [lɑʃe] verbe [conjugaison 1a] **1.** Cesser de tenir. *Il a lâché l'assiette qui s'est cassée. Lâche-moi, tu me fais mal.* → **laisser.** **2.** STYLE FAMILIER Donner. *Il ne lâchera pas un sou de plus.* - *Il ne les lâche pas facilement :* il est radin. **3.** Cesser de retenir, laisser aller (qqch., un animal). *L'enfant a lâché son ballon qui s'est envolé. Il lâche son chien dans la forêt pour le faire courir.* - *Le cavalier LÂCHE LA BRIDE à son cheval,* il la rend plus lâche, moins tendue. *Il faut lâcher la bride à cet enfant,* le laisser plus libre. - STYLE FAMILIER *Le complice a LÂCHÉ LE MORCEAU,* il a tout avoué. *LÂCHE-MOI LES BASKETS :* laisse-moi tranquille. **4.** Émettre brusquement un son, des paroles qui surprennent ou choquent. *Il a encore lâché une bêtise.* **5.** Lancer (un animal) à la poursuite de. *Les chasseurs lâchent leurs chiens à la poursuite du sanglier.* **6.** Laisser aller, partir (qqn). *Il ne nous lâche pas d'une semelle,* il reste constamment près de nous. **7.** Distancer (un concurrent) dans une course. *Le coureur a lâché le peloton.* **8.** STYLE FAMILIER Abandonner brusquement (qqn). *Tu ne vas pas nous lâcher maintenant !* (→ **lâcheur).** **9.** (qqch.) Se rompre, se détacher brusquement. *La corde a lâché.* → **céder.** - *Les freins du camion ont lâché,* ils ne fonctionnent plus.

② **LÂCHER** [lɑʃe] n. m. . *UN LÂCHER :* action de lâcher (qqch.). *Le spectacle se termine par des lâchers de ballons.*

LÂCHETÉ [lɑʃte] n. f. **1.** *LA LÂCHETÉ :* manque de courage devant le danger, manque d'énergie morale. *Il a fui par lâcheté.* ⟨contraires : bravoure, courage, dignité⟩ *Il n'a pas osé lui dire la vérité, par lâcheté.* → **faiblesse. 2.** *UNE LÂCHETÉ :* action, manière d'agir d'une personne lâche. *Il est capable des pires lâchetés.* → **bassesse.**

LÂCHEUR [lɑʃœʀ] n. m., **LÂCHEUSE** [lɑʃøz] n. f. . *UN LÂCHEUR, UNE LÂCHEUSE :* personne qui abandonne (ses amis, ceux envers qui elle s'est engagée). *Elle nous a laissé finir tout le travail, quelle lâcheuse !*

LACONIQUE [lakɔnik] adj. (après le nom). Qui est exprimé en peu de mots. *Sa réponse a été laconique.* → **bref, concis.** ⟨contraire : verbeux⟩

LA COROGNE [kɔʀɔɲ] nom propre féminin – en espagnol **LA CORUÑA** . Ville d'Espagne, sur l'Atlantique (Galice). *Le port de La Corogne. Nous sommes allés à La Corogne.*

LACRYMOGÈNE [lakʀimɔʒɛn] adj. (après le nom). *LE GAZ LACRYMOGÈNE :* gaz employé dans les combats de rue, qui irrite la gorge et fait pleurer. *Les policiers ont projeté du gaz lacrymogène sur les manifestants. Ils ont lancé des GRENADES LACRYMOGÈNES,* remplies de gaz lacrymogène.

LACTÉ [lakte], **LACTÉE** [lakte] adj. (après le nom) **1.** Qui contient du lait. *Elle fait une bouillie à son bébé avec une farine lactée. Il suit un régime lacté,* dans lequel il ne consomme que du lait. **2.** *La VOIE LACTÉE :* la grande traînée blanche et floue que l'on aperçoit dans le ciel pendant les nuits claires. *La Voie lactée est formée de milliers d'étoiles.*

LACUNAIRE [lakynɛʀ] adj. (après le nom) ▪ STYLE RECHERCHÉ Qui a des lacunes, des manques. *Il a des connaissances lacunaires,* insuffisantes, incomplètes.

LACUNE [lakyn] n. f. ▪ *UNE LACUNE :* ce qui manque pour que qqch. soit complet. *Il y a des lacunes dans ce dictionnaire.* → **manque.** *Ce livre comble une lacune dans la collection.* → **trou.** *J'ai des lacunes en anglais.* → **insuffisance.**

LACUSTRE [lakystʀ] adj. (après le nom) ▪ Situé dans un lac ou au bord d'un lac. *Des plantes lacustres bordent le rivage. Certains hommes préhistoriques habitaient des CITÉS LACUSTRES,* des villages bâtis sur pilotis au bord d'un lac.

LÀ-DEDANS [laddɑ̃] adverbe ▪ À l'intérieur de ce lieu. *Qu'est-ce qu'il y a, là-dedans ?* STYLE FAMILIER *Il y quelqu'un là-dedans ?* ici. *Debout, là-dedans !* - *Il y a du vrai, là-dedans,* dans ces paroles.

LÀ-DESSOUS [ladsu] adverbe ▪ Sous cet objet, cette chose. *Il y a de la poussière là-dessous. Regardez donc là-dessous.* - *Ce n'est pas clair, il y a quelque chose là-dessous,* cela cache qqch. (de fâcheux, de surprenant).

LÀ-DESSUS [ladsy] adverbe ▪ Sur cela. *Pose ça là-dessus. On a déjà écrit là-dessus,* sur ce sujet. *Compte là-dessus !* ce sera fait ! - *Là-dessus, elle est partie,* alors, après ces paroles.

ladite adj. → **ledit**

LAGON [lagɔ̃] n. m. ▪ *UN LAGON :* petit lac d'eau salée entre la terre et un récif de corail ou à l'intérieur d'un atoll. *Le lagon a une eau transparente.*

LAGUNE [lagyn] n. f. ▪ *UNE LAGUNE :* étendue d'eau salée séparée de la mer par une étroite bande de terre. *Venise est construite sur une lagune.*

LÀ-HAUT [lao] adverbe ▪ Dans ce lieu au-dessus. *Là-haut dans le ciel, le soleil brille. Nous serons là-haut dans dix minutes.*

LA *HAVANE [laavan] nom propre féminin – en espagnol **LA HABANA** ▪ Capitale de la république de Cuba, sur le détroit de Floride. *Ils sont allés à La Havane. Nous revenons de La Havane.*

LA *HAYE [laɛ] nom propre féminin – en néerlandais **DEN HAAG** ou **'S-GRAVENHAGE** ▪ Ville des Pays-Bas, près de la mer du Nord. *La famille royale réside à La Haye. Nous venons de La Haye.*

LAÏC [laik] n. m., **LAÏQUE** [laik] n. f. et adj.
I. *UN LAÏC, UNE LAÏQUE :* chrétien qui ne fait pas partie du clergé. *Des laïcs s'occupent de l'entretien de l'église.*
II. *LAÏQUE* adjectif (après le nom) **1.** (qqn) Qui ne fait pas partie du clergé. *Les chrétiens font partie de la société laïque* (opposé à clergé). - *Cet ancien prêtre est retourné à la vie laïque. Le curé est en habit laïque.* ⟨contraire : religieux⟩ **2.** (qqch.) Indépendant de toute religion. ⟨contraire : religieux⟩ *En France, l'enseignement est laïque, gratuit et obligatoire. Leurs enfants vont dans une école laïque.*

FAUX AMI
grec **λαϊκός** «populaire»

REM. On écrit *un laïc, une laïque,* mais l'adjectif s'écrit *laïque* au masculin et au féminin.

LAÏCISER [laisize] verbe [conjugaison 1a] ▪ Rendre (qqch.) laïque, organiser en séparant l'État de la religion. *En France, on a laïcisé l'enseignement au début du XXe siècle.*

LAÏCITÉ [laisite] n. f. ▪ *LA LAÏCITÉ :* en France, séparation de l'Église et de l'État. *L'enseignement français est organisé selon le principe de la laïcité.*

LAID [lɛ], **LAIDE** [lɛd] adj. (après le nom) **1.** Qui produit une impression désagréable en étant opposé à l'idée que l'on a de la beauté. ⟨contraire : beau⟩ *Ce garçon est laid comme un pou, laid à faire peur,* son visage est désagréable à regarder. → **affreux, hideux, vilain ;** STYLE FAMILIER **moche.** *Sa femme est vraiment laide* (→ **laideron**). *Cette petite fille est devenue laide en grandissant* (→ **enlaidir**). *Ils habitent une ville industrielle laide et triste.* ⟨contraire : joli⟩ **2.** (action) Qui inspire le dégoût, le mépris. *C'est très laid de mentir.* → STYLE FAMILIER **vilain.**

REM. *Le lait* «liquide blanc nourrissant» et *les* se prononcent de la même façon.

LAIDERON [lɛdʀɔ̃] n. m. ▪ *UN LAIDERON :* jeune fille ou jeune femme très laide. *Sa femme est un vrai laideron.* → **épouvantail.**

LAIDEUR [lɛdœʀ] n. f. ▪ *LA LAIDEUR :* caractère de ce qui est laid. *La laideur de son visage le fait beaucoup souffrir.* ⟨contraire : beauté⟩ *Ce bâtiment est d'une grande laideur.*

LAINAGE [lɛnaʒ] n. m. **1.** *LE LAINAGE :* tissu de laine. *Elle a un manteau en lainage noir.* **2.** *UN LAINAGE :* vêtement de laine, généralement tricotée. *Prends un lainage, il fait froid.* → **pull ;** STYLE FAMILIER **laine.**

LAINE [lɛn] n. f. **1.** *LA LAINE :* matière souple et chaude provenant du poil des moutons (et de quelques autres animaux). *Ces chaussettes sont en pure laine. J'ai acheté des pelotes de laine et des aiguilles pour tricoter un pull-over.* - STYLE FAMILIER *Nous n'allons pas NOUS LAISSER MANGER LA LAINE SUR LE DOS,* nous laisser exploiter. **2.** STYLE FAMILIER *UNE LAINE :* un pull de laine. *Mets ta petite laine car la soirée est fraîche.* **3.** *LA LAINE DE VERRE :* produit fibreux que l'on utilise comme isolant. *Nous avons isolé le grenier avec de la laine de verre.*

LAINEUX [lɛnø], **LAINEUSE** [lɛnøz] adj. (après le nom) ▪ Qui a l'apparence de la laine. *Il a les cheveux laineux.*

LAISSE [lɛs] n. f. ▪ *UNE LAISSE :* lanière que l'on attache au collier d'un chien (ou d'un autre animal) pour le mener. *Elle promène son chien EN LAISSE.*

LAISSER [lese] verbe [conjugaison 1a]
I. 1. Ne pas empêcher de (faire qqch.). *Je vous laisse terminer votre travail. Elle laisse ses enfants faire des bêtises.* → **permettre.** *Laissez-moi passer. Elle n'a rien laissé paraître de son chagrin.* → **montrer.** *Les filles, il les a laissées partir.* - STYLE FAMILIER *Il vaut mieux LAISSER TOMBER,* abandonner cette affaire. **2.** Maintenir (qqn, qqch.) dans un lieu, un état, une situation. *Elle a laissé le plat au four.* → **garder, maintenir.** *Ça me LAISSE FROID,* indifférent. *Il a laissé la porte ouverte.* - *Laisse ta sœur tranquille,* ne la dérange pas, ne l'ennuie pas. *Laisse-moi :* laisse-moi tranquille. **3.** Ne pas s'occuper de. *Laissons-les, ils vont se débrouiller seuls. Laissez ça, je vais le faire.* **4.** *LAISSER (qqn, qqch.) À (qqn) :* ne pas priver qqn de. *Le juge a laissé les enfants à la mère. Ne prends pas le parapluie, laisse-le-moi.* - *On ne nous a pas laissé le choix.* → **donner. 5.** Ne pas enlever. *Elle a laissé le prix sur le cadeau.*
II. 1. Ne pas prendre. *Il a mangé l'intérieur et a laissé la croûte de la tarte.* - *C'EST À PRENDRE OU À LAISSER :* il faut prendre la chose comme elle est ou pas du tout. **2.** *LAISSER À :* ne pas prendre pour soi. *Laisses-en un peu à ton frère.* - *L'automobiliste laisse la priorité à la voiture qui vient de droite.* - *Elle a laissé du linge à repasser à la femme de ménage,* elle l'a donné à faire à la femme de ménage. - *Son travail LAISSE À DÉSIRER,* il n'est pas parfait. **3.** Ne pas prendre ce qu'on devrait prendre avec soi. *J'ai laissé mes lunettes à la maison.* → **oublier.**
III. 1. Se séparer de (qqn, qqch.). *Au revoir, je vous laisse.* → **quitter.** *Elle a laissé son mari et ses trois enfants.* → **abandonner ;** STYLE FAMILIER **larguer, plaquer. 2.** Laisser (qqch.) de soi. *Il y a*

LAISSÉ SA PEAU : il en est mort. - *Cette blessure lui a laissé une cicatrice.* **3.** Remettre, confier (qqch. à qqn) en partant. *Quand ils partent, ils laissent leur chat à des amis. Laisse la clé au gardien, chez le gardien. Le voyageur a laissé sa valise à la consigne.* **4.** Vendre à un prix avantageux. *Le marchand m'a laissé cette lampe pour deux cents francs.* → **céder.** **5.** Donner (un bien, de l'argent) par succession. *Ses parents lui ont laissé une belle fortune.* → **léguer.**

IV. verbe pronominal SE LAISSER : (qqn) ne pas s'empêcher de, ne pas se priver de. *Elle s'est laissée tomber dans un fauteuil. Laissez-vous aller :* détendez-vous. *Ils se sont laissés mourir. Ne te laisse pas impressionner. Il ne faut pas se* LAISSER FAIRE, subir les exigences, la volonté de qqn d'autre. *Je me suis laissé tenter par ce gâteau au chocolat,* j'ai cédé à la tentation d'en manger. - STYLE FAMILIER (qqch.) *Ce petit vin se laisse boire,* on le boit facilement et avec plaisir.

REM. Le participe passé de *se laisser* suivi d'un infinitif s'accorde avec le complément d'objet lorsque celui-ci fait l'action exprimée par l'infinitif (ex. : *elle s'est laissée tomber*). En revanche, pas d'accord lorsque le sujet de *laisser* est l'objet de l'infinitif (ex. : *nous nous sommes laissé convaincre*).

LAISSER-ALLER [leseale] n. m. invariable ▪ *LE LAISSER-ALLER :* négligence, manque de soin (dans le comportement). *Il y a du laisser-aller dans le travail.* → **relâchement.** ⟨contraire : ordre⟩ PLURIEL : *des laisser-aller.*

LAISSEZ-PASSER [lesepase] n. m. invariable ▪ *UN LAISSEZ-PASSER :* papier, document autorisant qqn à circuler librement. *Nous avons obtenu un laissez-passer.* PLURIEL : *montrez vos laissez-passer.*

LAIT [lɛ] n. m. ▪ *LE LAIT* **1.** Liquide blanc, très nourrissant, produit par les mamelles des femelles des mammifères et par les seins des femmes qui viennent d'avoir un bébé. *Cette mère nourrit son nouveau-né de son lait.* → **allaiter.** - *Un* COCHON DE LAIT, qui tète encore. *Nous avons mangé un cochon de lait.* - *Le petit garçon a perdu ses* DENTS DE LAIT, ses premières dents. **2.** Lait des mammifères domestiques utilisé pour l'alimentation humaine. *Le lait de vache est plus gras que le lait de chèvre. J'ai acheté du lait écrémé. Le lait concentré et le lait en poudre se conservent beaucoup plus longtemps que le lait frais. On bat le lait pour faire du beurre. Le fromage et les yaourts sont fabriqués avec du lait. Elle aime les desserts à base de lait* **(→ lacté).** *Je préfère le chocolat au lait.* - *Voulez-vous un petit* CAFÉ AU LAIT ? → **crème.** - *Elle est* SOUPE AU LAIT : elle se met facilement en colère. **3.** Suc blanchâtre de certains végétaux. *Les noix de coco contiennent du lait de coco.* **4.** Liquide qui ressemble à du lait. *Elle se démaquille chaque soir avec du lait démaquillant.*

REM. L'adjectif *laid* « hideux » se prononce de la même façon.

LAITAGE [lɛtaʒ] n. m. ▪ *UN LAITAGE :* le lait ou les aliments à base de lait. *Les yaourts et le fromage blanc sont des laitages.*

LAITERIE [lɛtʀi] n. f. ▪ *UNE LAITERIE :* usine dans laquelle on traite le lait pour le conserver ou le transformer en beurre. *Le lait est pasteurisé dans des laiteries industrielles.*

LAITEUX [lɛtø], **LAITEUSE** [lɛtøz] adj. (après le nom) ▪ Qui a l'aspect du lait. *Quel est ce liquide à l'aspect laiteux ? Cette jeune fille a la peau laiteuse.*

LAITIER [letje] n. m. et adj., **LAITIÈRE** [letjɛʀ] n. f. et adj.

I. 1. *UN LAITIER, UNE LAITIÈRE :* une personne qui vend du lait, et spécialement qui livre du lait (à domicile, chez les détaillants). *En France, il n'y a plus beaucoup de laitiers.* - *Il est rentré se coucher à* L'HEURE DU LAITIER, très tôt le matin. **2.** *Cette vache est une bonne laitière,* elle donne beaucoup de lait.

II. adjectif (après le nom) **1.** VACHE LAITIÈRE, élevée pour son lait. *Il y a vingt vaches laitières dans cette ferme.* **2.** Relatif au lait. *Le fermier vend le lait de ses vaches à la coopérative laitière. Les* PRODUITS LAITIERS *contiennent beaucoup de calcium.*

REM. *Produit laitier* (industriel) s'oppose à *produit fermier* (artisanal).

LAITON [lɛtõ] n. m. ▪ *LE LAITON :* alliage de cuivre et de zinc, de couleur jaune. *La douille de cette ampoule est en laiton.*

FAUX AMI
portugais **leitaõ**
« cochon de lait »

LAITUE [lety] n. f. ▪ *LA LAITUE :* salade à feuilles tendres. *J'ai fait une vinaigrette pour assaisonner la laitue. Nous avons mangé des cœurs de laitue braisés.*

LAÏUS [lajys] n. m. ▪ STYLE FAMILIER *UN LAÏUS :* discours. *Il nous a fait un laïus interminable.*

LAMA [lama] n. m. ▪ *UN LAMA :* animal au pelage roux qui ressemble à un petit chameau sans bosse et qui vit dans les montagnes d'Amérique du Sud. *On fait du tissu avec le poil des lamas.*

LAMBEAU [lɑ̃bo] n. m. ▪ *UN LAMBEAU* **1.** Morceau de tissu arraché. *Ce drapeau n'est plus qu'un lambeau.* PLURIEL : *des LAMBEAUX. Sa chemise est* EN LAMBEAUX, elle est complètement déchirée. → **loque.** **2.** Morceau de chair, de papier arraché. *Les voyous ont* MIS EN LAMBEAUX *les affiches électorales,* ils les ont déchirées. → **lacérer.** **3.** Morceau, fragment détaché (d'une totalité). *On entend à travers la porte des lambeaux de conversation.* → **bribes.**

LAMBIN [lɑ̃bɛ̃] adj. et n. m., **LAMBINE** [lɑ̃bin] adj. et n. f. ▪ STYLE FAMILIER **1.** Lent à faire (qqch.). *Il est un peu lambin, toujours le dernier.* ⟨contraires : rapide, vif⟩ **2.** *UN LAMBIN, UNE LAMBINE :* une personne lente. *Quelle lambine ! dépêche-toi, tout le monde t'attend !* → **traînard.**

LAMBINER [lɑ̃bine] verbe [conjugaison 1a] ▪ STYLE FAMILIER Agir avec lenteur et mollesse. *Ne lambine pas, nous n'avons pas de temps à perdre.* → **lanterner, traîner.** ⟨contraire : se presser⟩

LAMBRIS [lɑ̃bʀi] n. m. ▪ *UN LAMBRIS :* panneau décoratif de bois ou de marbre qui recouvre les murs ou le plafond d'une pièce. *Les murs de la salle à manger du château sont recouverts de lambris de bois doré.*

LAME [lam] n. f. ▪ *LA LAME* **1.** Partie tranchante d'un couteau, d'un outil servant à couper, gratter ou tailler. *Il faut aiguiser la lame de ce couteau, il ne coupe plus. La lame de la scie a une forme dentelée.* - *UNE LAME DE RASOIR :* petit rectangle d'acier très coupant que l'on met dans un rasoir. *Il s'est coupé la joue avec la lame de rasoir.* **2.** *UNE LAME :* bande plate et mince d'une matière dure. *Les lames de ce vieux parquet grincent quand on marche. Il écarte les lames du store pour regarder dehors* **(→ lamelle).** **3.** *Une* LAME DE FOND *a emporté un nageur,* une vague violente et brusque venant du fond de la mer.

FAUX AMI
portugais **lama**
« boue »

LAMÉ [lame] adj. et n. m., **LAMÉE** [lame] adj. **1.** adjectif (après le nom) (tissu) Tissé avec un fil entouré de métal. *La chanteuse fit son apparition sur la scène, en robe lamée or.* **2.** *Le LAMÉ :* tissu où entre un fil entouré de métal. *La princesse a ouvert le bal, vêtue d'une robe de lamé.*

LAMELLE [lamɛl] n. f. ▪ *UNE LAMELLE* **1.** Petite lame très mince. *On utilise des lamelles de verre pour les examens au microscope.* **2.** Petite tranche fine. *Coupez les champignons en lamelles.* → **émincer.**

LAMENTABLE [lamɑ̃tabl] adj. (après le nom) **1.** Très mauvais. *Mon fils a des résultats scolaires lamentables !* → **déplorable.** *Les acteurs sont lamentables dans cette pièce.* → **minable, nul.** ⟨contraire : excellent⟩ **2.** STYLE RECHERCHÉ Qui inspire la pitié, attriste. *Le héros de ce roman a un sort lamentable.* → **pitoyable, tragique.**

LAMENTATIONS [lamɑ̃tasjɔ̃] n. f. pluriel ▪ *DES LAMENTATIONS :* suite de paroles exprimant une plainte. *Cessez vos lamentations continuelles !* → **jérémiades.**

SE **LAMENTER** [lamɑ̃te] verbe pronominal [conjugaison 1a] ▪ Se plaindre longuement et tristement. *Elle s'est lamentée sur son sort toute la soirée.* → **gémir.** ⟨contraire : se réjouir⟩

> FAUX AMI
> italien **lamentarsi**
> « se plaindre »

LAMINER [lamine] verbe [conjugaison 1a] **1.** Amincir (une masse de métal) en la comprimant fortement. *On lamine un bloc de métal pour le transformer en plaques, en tôles, en barres ou en tubes.* **2.** Réduire (qqch.) jusqu'à l'anéantissement. *Nos revenus sont laminés par l'impôt.*

LAMINOIR [laminwaʀ] n. m. ▪ *UN LAMINOIR :* machine servant à laminer. *L'ouvrier met un bloc d'acier dans le laminoir.*

LAMPADAIRE [lɑ̃padɛʀ] n. m. ▪ *UN LAMPADAIRE :* appareil d'éclairage électrique monté sur un haut support muni d'un pied. *Il y a un lampadaire dans le salon.* → **luminaire.** *La rue est éclairée par des lampadaires.* → **réverbère.**

> FAUX AMI
> italien **lampadario**
> « lustre »

LAMPE [lɑ̃p] n. f. ▪ *UNE LAMPE* **1.** Appareil d'éclairage fonctionnant à l'électricité. *Ma lampe de chevet a un abat-jour blanc. Cette lampe ne marche plus, il faut changer l'ampoule. Il y a une lampe à halogène sur le bureau. On ne voit rien dans cette grotte, allume la LAMPE DE POCHE,* la lampe à pile. **2.** Source de lumière électrique. *Cette lampe fait soixante watts.* → **ampoule.** *Les lampes au néon éclairent bien.* → **tube. 3.** Récipient contenant un liquide ou un combustible destiné à produire de la lumière. *Ils ont acheté une vieille lampe à pétrole chez un brocanteur.* **4.** *UNE LAMPE À SOUDER,* destinée à produire de la chaleur, pour la soudure. *Le plombier fait une soudure avec sa lampe à souder.* → **chalumeau. 5.** Tube électronique ne servant pas à éclairer. *La lampe de la radio est grillée. Pour bronzer, elle utilise une LAMPE À BRONZER,* une lampe qui émet des rayons permettant de bronzer. **6.** STYLE FAMILIER *S'EN METTRE PLEIN LA LAMPE :* manger et boire beaucoup. *Au dîner, ils s'en sont mis plein la lampe !*

REM. **1.** On dit *une lampe de poche* ou *une lampe électrique.* **2.** Au sens 2., on dit plus souvent une *ampoule* qu'une *lampe.*

LAMPÉE [lɑ̃pe] n. f. ▪ STYLE FAMILIER *UNE LAMPÉE :* grande gorgée de liquide avalée d'un coup. *Il boit une grande lampée de vin.*

LAMPION [lɑ̃pjɔ̃] n. m. ▪ *UN LAMPION :* lanterne en papier coloré. *C'est le 14 Juillet, on a suspendu des lampions dans les rues.*

LAMPISTE [lɑ̃pist] n. m., n. f. ▪ *UN LAMPISTE :* subalterne que l'on rend souvent responsable des erreurs, de ce qui fonctionne mal. *C'est toujours la faute du lampiste !*

LAMPROIE [lɑ̃pʀwa] n. f. ▪ *UNE LAMPROIE :* poisson au corps très allongé, sans écailles, qui ressemble à une anguille, très bon à manger. *Certaines lamproies vivent dans la mer, d'autres dans les fleuves.*

LANCE [lɑ̃s] n. f. ▪ *UNE LANCE* **1.** Arme formée d'un très long manche terminé par un fer pointu. *Les chevaliers du Moyen Âge combattaient avec des lances.* → **javelot, pique.** *Le soldat a transpercé son ennemi d'un coup de lance.* **2.** *UNE LANCE À EAU :* tube métallique placé à l'extrémité d'un tuyau d'arrosage pour aider à diriger le jet. *Les pompiers éteignent les flammes avec leur lance. Ils dirigent la lance d'incendie sur le brasier. Le jardinier arrose les fleurs avec la LANCE D'ARROSAGE.*

LANCÉE [lɑ̃se] n. f. ▪ *LA LANCÉE :* la vitesse qui a été prise. → ① **élan.** *Le coureur ne s'est pas arrêté à la ligne d'arrivée, il a continué SUR SA LANCÉE.* – (figuré) *Travaille, continue sur ta lancée,* n'arrête pas ton action.

LANCE-FLAMMES [lɑ̃sflam] n. m. invariable ▪ *UN LANCE-FLAMMES :* engin de combat qui sert à envoyer des liquides enflammés. *L'ennemi a incendié le village au lance-flammes.* PLURIEL : *des lance-flammes.*

LANCEMENT [lɑ̃smɑ̃] n. m. ▪ *LE LANCEMENT* **1.** Action d'envoyer (une fusée) dans l'espace. *Le lancement de la fusée a été retransmis à la télévision.* **2.** Mise à l'eau (d'un bateau). *Le lancement du navire est prévu pour demain.* **3.** Le fait d'employer tous les moyens utiles pour faire connaître (un produit, une entreprise). *La publicité est indispensable au lancement d'un nouveau produit.*

LANCE-PIERRE [lɑ̃spjɛʀ] n. m. ▪ *UN LANCE-PIERRE :* instrument à deux branches muni d'un élastique, qui sert à lancer des pierres. *La petite fille vise un oiseau avec son lance-pierre.* → **fronde.** PLURIEL : *des LANCE-PIERRES.*

REM. On peut aussi écrire : *un lance-pierres, des lance-pierres.*

① **LANCER** [lɑ̃se] verbe [conjugaison 3a]
I. 1. Envoyer loin de soi avec force. *Des voyous ont lancé des pierres dans la vitrine du magasin.* → **jeter.** *Lance le ballon ! – Les Américains ont lancé une nouvelle fusée.* **2.** Envoyer (le regard) dans la direction de qqn. *Il lançait des regards furieux pendant qu'elle me parlait.* **3.** Mettre en mouvement. *Le train est lancé à toute vitesse. – La police lancera les recherches demain,* elle les commencera demain. **4.** Émettre. *Le navire a lancé un appel de détresse.* **5.** Dire avec violence. *L'ivrogne lance des injures aux passants.* **6.** STYLE FAMILIER *Lancer qqn sur un sujet,* le faire parler sur ce sujet. *On n'aurait jamais dû le lancer sur la politique, il y en a pour une heure !* **7.** Envoyer en grand nombre. *Nous lançons des invitations à tous nos amis.* **8.** Faire connaître (qqn, qqch.). *C'est ce film qui a lancé ce comédien,* qui l'a rendu célèbre. *On lance une nouvelle marque de lessive,* on fait de la publicité pour la faire connaître **(→ lancement).**
II. verbe pronominal SE LANCER **1.** Se précipiter. *Elle s'est lancée à la poursuite de son chien,* elle s'est mise à courir après lui. → s'**élancer. 2.** *SE LANCER DANS qqch.,* commencer à faire qqch. *Nous nous sommes lancés dans de gros travaux.* → **entreprendre.** – STYLE FAMILIER *Je ne sais pas si je vais y arriver, mais tant pis, je me lance !* j'essaie.

② **LANCER** [lɑ̃se] n. m. ▪ *LE LANCER :* épreuve sportive qui consiste à lancer (un poids, un javelot, un disque, un marteau) le plus loin possible. *Ce que je préfère dans l'athlétisme, c'est le lancer du marteau.*

LANCEUR [lɑ̃sœʀ] n. m., **LANCEUSE** [lɑ̃søz] n. f. ▪ *UN LANCEUR, UNE LANCEUSE :* athlète spécialisé dans les lancers. *Elle est lanceuse de poids.*

LANCINANT [lɑ̃sinɑ̃], **LANCINANTE** [lɑ̃sinɑ̃t] adj. (après le nom) ▪ (douleur) Qui disparaît et revient sans arrêt (→ **élancer**). *J'ai une douleur lancinante dans l'épaule.*

LANDAIS [lɑ̃dɛ] adj. et n. m., **LANDAISE** [lɑ̃dɛz] adj. et n. f. **1.** adjectif (après le nom) Des Landes, région et département du sud-ouest de la France. *La forêt landaise borde l'océan Atlantique. Autrefois, les bergers landais se déplaçaient sur des échasses. Nous avons assisté à une course de vaches landaises,* une sorte de corrida sans mise à mort. **2.** *UN LANDAIS, UNE LANDAISE :* une personne qui habite dans les Landes ou qui en est originaire. *Les Landais.*

LANDAU [lɑ̃do] n. m. ▪ *UN LANDAU :* voiture d'enfant, à quatre roues, à capote, dans laquelle le bébé est couché. *Il promène son bébé dans son landau. Il y a deux landaus dans le couloir.*

REM. Ce mot prend un *s* au pluriel, alors que les mots qui finissent par *-au* prennent généralement un *x*.

LANDE [lɑ̃d] n. f. ▪ *LA LANDE :* étendue de terre où ne poussent que certaines plantes sauvages, comme les ajoncs, les genêts et la bruyère (→ **garrigue, maquis**). *Promenons-nous sur la lande.*

LANGAGE [lɑ̃gaʒ] n. m. ▪ *LE LANGAGE* **1.** Emploi d'un ensemble de signes qui permettent aux hommes de communiquer entre eux, par le moyen de la parole et de l'écriture. *On définit souvent l'homme par le langage. Le langage comprend de nombreuses langues.* → **linguistique.** *Le langage parlé est souvent plus familier que le langage écrit. Cet enfant a des troubles du langage,* il ne peut pas parler normalement. **2.** Tout système qui permet de communiquer. *Les sourds-muets ont un langage gestuel. Des scientifiques étudient le langage des dauphins.* **3.** Façon de parler particulière à une personne ou à un groupe de personnes. *Le mot «joujou» appartient au langage des enfants.* → **langue.** *Les jeunes utilisent souvent un langage très familier.* **4.** Ce que l'on dit, grâce au langage. *Il va falloir changer de langage avec moi !* faire attention à ce que vous dites. *Surveillez votre langage !*

LANGER [lɑ̃ʒe] verbe [conjugaison 3b] ▪ *TABLE À LANGER :* petit meuble sur lequel on pose un bébé pour changer sa couche et l'habiller. *Les couches sont rangées dans la table à langer.*

LANGOUREUX [lɑ̃guʀø], **LANGOUREUSE** [lɑ̃guʀøz] adj. (après le nom) ▪ Tendre et rêveur. *Elle jette à son petit ami des regards langoureux.*

LANGOUSTE [lɑ̃gust] n. f. ▪ *UNE LANGOUSTE :* animal marin de couleur grise ou rosée, avec de longues antennes mais sans pinces. *La langouste est un crustacé. Nous avons mangé des langoustes grillées.*

REM. **1.** Le homard, à la différence de la langouste est armée de pinces. **2.** La langouste devient rouge en cuisant.

LANGOUSTINE [lɑ̃gustin] n. f. ▪ *UNE LANGOUSTINE :* petit crustacé marin rosé, à pinces longues et étroites. *Nous avons mangé des langoustines avec de la mayonnaise.*

REM. Les langoustines deviennent d'un rose plus foncé en cuisant.

LANGUE [lɑ̃g] n. f.

I. *LA LANGUE* **1.** Organe charnu, placé dans la bouche, qui sert à goûter les aliments et à parler. *Je me suis brûlé la langue en buvant du thé trop chaud. Les muscles de la langue servent à parler.* – *Elle TIRE LA LANGUE À sa mère :* elle fait sortir sa langue de sa bouche pour narguer sa mère. *Il a un CHEVEU SUR LA LANGUE :* il parle en zézayant. *On dirait que tu as AVALÉ TA LANGUE,* tu ne parles pas, tu ne dis rien. *Sa femme a LA LANGUE BIEN PENDUE,* elle est bavarde. *Il n'a pas sa langue dans sa poche :* il parle beaucoup. *Est-ce que tu sais TENIR TA LANGUE ?* garder un secret. *Son mari est UNE MAUVAISE LANGUE,* il dit du mal des autres. *Je cherche un mot, je l'ai SUR LE BOUT DE LA LANGUE,* je ne le trouve pas mais je sais que je le connais et que je vais le trouver. *Tu DONNES TA LANGUE AU CHAT ?* tu ne trouves pas la réponse et tu veux qu'on te la donne ? **2.** Cet organe, chez les animaux. *Les chats ont la langue râpeuse. Nous avons mangé de la langue de bœuf.*

II. 1. *UNE LANGUE :* chaque ensemble de mots et de règles que des peuples différents utilisent pour parler (→ **linguistique**). *Les Français et les Anglais ne parlent pas la même langue. Certaines langues n'ont pas d'écriture. Sa LANGUE MATERNELLE est le chinois,* la langue qu'il a apprise avec ses parents quand il a commencé à parler. *Son professeur est de langue espagnole,* sa langue maternelle est l'espagnol. *Je ne parle aucune langue étrangère, je ne suis pas doué pour les langues. Il connaît deux langues, parlées et écrites* (→ **bilingue**), *plusieurs langues* (→ **polyglotte**). *Son métier est de traduire des discours d'une langue dans une autre* (→ **interprète, traducteur**). *L'italien est une LANGUE VIVANTE,* une langue que l'on parle actuellement. *Le latin et le grec ancien sont des LANGUES MORTES,* des langues que l'on ne parle plus. **2.** Ensemble de mots particuliers et façon de parler propres à une personne ou à un groupe de personnes, ou propres à une époque. → **langage.** *La langue des notaires est parfois difficile à comprendre.* → **jargon.** *Cet homme politique utilise la LANGUE DE BOIS,* une façon de parler qui n'est pas compromettante. **3.** *LA LANGUE :* partie du langage qui ne dépend pas de l'usage qu'on en fait. → **code.** *On oppose la langue au discours.*

LANGUE-DE-CHAT [lɑ̃gdəʃa] n. f. ▪ *UNE LANGUE-DE-CHAT :* petit biscuit sec, plat et allongé, au bout arrondi. *Veux-tu une langue-de-chat ?* PLURIEL : *un paquet de LANGUES-DE-CHAT.*

LANGUETTE [lɑ̃gɛt] n. f. ▪ *UNE LANGUETTE :* objet plat et allongé, qui ressemble à une petite langue. *Tirez sur la languette pour ouvrir la canette de bière.*

LANGUEUR [lɑ̃gœʀ] n. f. ▪ *LA LANGUEUR :* état dans lequel est une personne qui manque d'énergie, ne fait rien. *Il est allongé sur le canapé, dans une pose pleine de langueur.*

FAUX AMI
italien **languore** «faim, creux dans l'estomac»

LANGUIR [lɑ̃giʀ] verbe [conjugaison 2] **1.** (qqch.) Manquer d'animation. *La conversation languissait et j'avais envie de rentrer chez moi.* → **traîner.** **2.** (qqn) *FAIRE LANGUIR qqn,* le faire attendre longtemps. *Raconte-nous la fin de l'histoire, ne nous fais pas languir !*

LANGUISSANT [lɑ̃gisɑ̃], **LANGUISSANTE** [lɑ̃gisɑ̃t] adj. (après le nom) ▪ Qui manque d'énergie. *Elle parle d'une voix languissante.* → **morne.** ⟨contraire : énergique⟩

LANIÈRE [lanjɛʀ] n. f. ▪ *UNE LANIÈRE :* bande longue et étroite (de cuir ou d'une autre matière souple). → **courroie.** *Elle a des sandales à lanières en cuir.*

LA NOUVELLE-ORLÉANS [lanuvɛlɔʀleɑ̃] nom propre féminin – en anglais **NEW ORLEANS** ▪ Ville de Louisiane, aux États-Unis. *Ils vivent à La Nouvelle-Orléans. Je reviens de La Nouvelle-Orléans.*

LANTERNE [lɑ̃tɛʀn] n. f. **1.** *UNE LANTERNE :* boîte à parois transparentes dans laquelle on place une lumière. *Il y a une lanterne au-dessus de la porte d'entrée de la maison. L'automobiliste a allumé ses lanternes,* les feux de position de sa voiture. → **veilleuse.** *Une lanterne rouge signale le dernier camion du convoi.* - *Ce cycliste est LA LANTERNE ROUGE de la course,* le dernier. **2.** *ÉCLAIRER LA LANTERNE de qqn,* lui donner les renseignements nécessaires pour qu'il comprenne clairement. *Éclaire ma lanterne, je ne comprends rien !*

> FAUX AMIS
> grec **λατέρνα** «orgue de Barbarie» ;
> roumain **lanterna** «lampe de poche»

LANTERNER [lɑ̃tɛʀne] verbe [conjugaison 1a] ▪ *FAIRE LANTERNER qqn,* le faire attendre. *Il ne va quand même pas nous faire lanterner pendant deux heures !* → STYLE FAMILIER **poireauter.**

LAPALISSADE [lapalisad] n. f. ▪ *UNE LAPALISSADE :* affirmation d'une chose tellement évidente que cela fait rire. *Dire que quelqu'un était encore en vie un quart d'heure avant sa mort est une lapalissade.*

LAPER [lape] verbe [conjugaison 1a] ▪ Boire à coups de langue. *Le chat lape son lait.*

REM. Autrefois, on a écrit aussi *lapper* avec deux *p*.

LAPEREAU [lapʀo] n. m. ▪ *UN LAPEREAU :* jeune lapin. *Le chasseur a tué un lapereau.* PLURIEL : *des LAPEREAUX.*

LAPIDAIRE [lapidɛʀ] adj. (après le nom) ▪ STYLE RECHERCHÉ *Formule lapidaire,* très courte et précise. *Il a trouvé une formule lapidaire pour résumer la situation.*

LAPIDER [lapide] verbe [conjugaison 1a] ▪ Tuer (qqn) en jetant des pierres. *Dans certains pays, on lapide les femmes qui ont trompé leur mari.*

LAPIN [lapɛ̃] n. m., **LAPINE** [lapin] n. f. **1.** *UN LAPIN, UNE LAPINE :* petit animal herbivore, qui a de longues oreilles et un pelage beige, fauve ou blanc, très doux. *Les lapins d'élevage vivent dans des clapiers. Le petit du lapin.* → **lapereau.** - *Le cuisinier a préparé du lapin à la moutarde.* - *Les gens de cette cité habitent dans des CAGES À LAPINS,* des immeubles dont les appartements sont tout petits. *Il a des DENTS DE LAPIN,* des incisives supérieures très longues. **2.** STYLE FAMILIER *POSER UN LAPIN À qqn,* ne pas venir au rendez-vous qu'on lui a donné. *Elle m'a encore posé un lapin !*

LAPON [lapɔ̃] adj. et n. m., **LAPONE** [lapɔn] adj. et n. f. **1.** adjectif (après le nom) De Laponie, région d'Europe du Nord. *La population lapone est peu nombreuse.* **2.** *UN LAPON, UNE LAPONE :* une personne qui habite en Laponie. *Les Lapons.* **3.** nom masculin *LE LAPON :* langue parlée en Laponie. *Les Lapons parlent le lapon.*

LAPS [laps] n. m. ▪ *UN LAPS DE TEMPS :* un intervalle de temps. *Il va s'écouler un laps de temps assez long entre le procès et le jugement.*

LAPSUS [lapsys] n. m. ▪ *UN LAPSUS :* erreur qui consiste à dire ou à écrire un mot à la place d'un autre. *Elle a fait un lapsus, elle a dit «bonjour, monsieur» au lieu de «bonjour, madame». Il fait souvent des lapsus.*

LAQUAIS [lakɛ] n. m. ▪ *UN LAQUAIS :* autrefois, serviteur qui portait une livrée. → **valet.** *Un laquais ouvrit la porte.*

LAQUE [lak] n. f. ▪ *LA LAQUE* **1.** Peinture brillante qui a l'aspect du vernis. *La carrosserie de la voiture est recouverte de laque.* **2.** Vernis à ongles opaque. *Elle se met de la laque rouge sur les ongles.* **3.** Produit que l'on vaporise sur les cheveux pour faire tenir la coiffure. *Elle a acheté une bombe de laque.*

REM. *Lac* «étendue d'eau» se prononce de la même façon.

LAQUÉ [lake], **LAQUÉE** [lake] adj. (après le nom) **1.** Recouvert d'une couche de laque. *Elle a des ongles laqués.* **2.** (cheveux) Fixé par de la laque. *Il a les cheveux laqués.* **3.** (aliment) Badigeonné d'une sauce aigre-douce. *Nous avons mangé du CANARD LAQUÉ au restaurant chinois.*

LAQUELLE → **lequel**

LAQUER [lake] verbe [conjugaison 1a] **1.** Recouvrir de laque, peindre avec de la laque. *Le peintre laque les murs de la cuisine.* **2.** Vaporiser de la laque. *Le coiffeur lui laque les cheveux.*

LARBIN [laʀbɛ̃] n. m. ▪ STYLE FAMILIER *UN LARBIN :* domestique. *Je ne suis pas ton larbin.*

LARCIN [laʀsɛ̃] n. m. ▪ STYLE RECHERCHÉ *UN LARCIN :* vol d'un objet de peu de valeur. *Il a commis un larcin.*

REM. Ce mot est péjoratif.

LARD [laʀ] n. m. ▪ *LE LARD* **1.** Épaisse couche de graisse que le porc a sous la peau et que l'on emploie en cuisine. *Le cuisinier a préparé une omelette au lard. Elle fait frire du lard fumé dans la poêle. Il y a des petits morceaux de lard dans la salade.* → **lardon. 2.** STYLE FAMILIER Graisse de l'homme. *Elle fait du lard :* elle grossit. **3.** STYLE FAMILIER *Ne pas savoir si c'est DU LARD OU DU COCHON :* ne pas savoir de quoi il s'agit, si ce qui est dit est vrai. - *Regarde ce GROS LARD,* cette personne grosse et grasse.

LARDER [laʀde] verbe [conjugaison 1a] **1.** Mettre des morceaux de lard dans (un morceau de viande). *Le boucher larde le rôti de porc.* **2.** Percer, piquer plusieurs fois. *L'assassin a lardé sa victime de quinze coups de couteau.*

LARDON [laʀdɔ̃] n. m. ▪ *UN LARDON* **1.** Petit morceau de lard. *Elle met des lardons fumés dans la salade.* **2.** STYLE FAMILIER Jeune enfant. *Ils sont venus avec tous leurs lardons.* → STYLE FAMILIER **gosse, môme.**

LARGE [laʀʒ] adj., n. m. et adverbe

I. adjectif (avant le nom ou après le nom) **1.** Grand dans le sens de la largeur. *Une avenue est plus large qu'une rue.* ⟨contraire : étroit⟩ *Il a un chapeau à larges bords.* - *Ici le fleuve est LARGE DE cent mètres,* il a une largeur de cent mètres. **2.** (vêtement) Qui n'est pas serré. *Elle a un pantalon large.* → **ample.** ⟨contraires : ajusté, serré⟩ **3.** Important. *Il y a une large part de mensonge dans ce qu'il dit.* → **grand, gros.** ⟨contraire : petit⟩ *Le député a été élu à une large majorité.* → ① **fort. 4.** Qui admet que l'on peut penser et agir autrement que soi. *Ses parents sont LARGES D'ESPRIT,* ils sont compréhensifs, tolérants. ⟨contraire : borné⟩ - *Ils ont les IDÉES LARGES.* ⟨contraire : étroit⟩ **5.** (après le nom) Qui donne facilement (→ **largesse).** *Elle est très large avec ses petits-enfants.* → **généreux.** ⟨contraire : mesquin⟩

II. n. m. **1.** Le sens de la largeur. *Le salon a quatre mètres de long et trois mètres DE LARGE. Il marche DE LONG EN LARGE,* dans les deux sens en faisant le même trajet. - STYLE FAMILIER *Je peux te l'expliquer EN LONG, EN LARGE ET EN TRAVERS,* de toutes les façons possibles. **2.** (qqn) *Être AU LARGE :* avoir beaucoup de place. *Elle est au large dans cette robe :* elle a une robe ample. **3.** *LE LARGE :* la haute mer. *Le bateau gagne le large. Le voilier est AU LARGE DE l'île,* dans les parages de l'île. - STYLE FAMILIER *Sa femme a PRIS LE LARGE,* elle est partie, elle l'a quitté.

III. adverbe **1.** D'une manière ample. *Il s'habille large,* avec des vêtements larges. **2.** D'une manière qui n'est pas rigoureuse. *Ce voyage reviendra à six mille francs, en COMPTANT LARGE,* en comptant un peu plus. *Nous devons VOIR LARGE,* voir grand.

3. STYLE FAMILIER *NE PAS EN MENER LARGE :* être dans une situation difficile dans laquelle on ne se sent pas à l'aise. *Les candidats n'en mènent pas large en attendant les résultats du concours.*

FAUX AMIS
anglais **large** « grand » ; espagnol **largo** « long »

LARGEMENT [laʀʒəmɑ̃] adverbe **1.** D'une manière plus que suffisante. *Tu as largement le temps d'attraper ton train.* → **amplement.** *Il a largement de quoi payer,* il a plus d'argent que nécessaire. **2.** Sur un large espace. *Le col de sa chemise est largement ouvert,* grand ouvert. **3.** De beaucoup. *Il a été largement battu à l'élection.*

LARGESSE [laʀʒɛs] n. f. ▪ *UNE LARGESSE :* don que l'on fait généreusement. *Ce n'est pas son genre de faire des largesses.*

LARGEUR [laʀʒœʀ] n. f. **1.** *LA LARGEUR :* la plus petite des deux dimensions d'une surface rectangulaire. *La table fait deux mètres de longueur sur quatre-vingt centimètres de largeur.* → **large.** *Plie le drap dans le sens de la largeur.* – STYLE FAMILIER *Il s'est trompé DANS LES GRANDES LARGEURS :* il s'est complètement trompé. **2.** *LA LARGEUR D'ESPRIT :* capacité à comprendre les opinions des autres, à tolérer ce qui se passe même si on n'est pas d'accord. → **compréhension, tolérance.** *Ses grands-parents ont une grande largeur d'esprit.*

LARGUER [laʀge] verbe [conjugaison 1b] **1.** Détacher (un cordage). *Les marins larguent les amarres.* **2.** Laisser tomber d'un avion. *L'ennemi a tué des populations civiles en larguant des bombes sur la ville.* → **lâcher.** **3.** STYLE FAMILIER Se débarrasser de. *Elle a largué son fiancé,* elle l'a quitté. → STYLE FAMILIER **plaquer.** **4.** STYLE FAMILIER Distancer. *Il est complètement largué en maths,* il n'y comprend rien, il n'arrive pas à suivre.

LARME [laʀm] n. f. ▪ *UNE LARME* **1.** Goutte de liquide transparent et salé qui baigne les yeux et s'écoule sous l'effet d'une irritation ou d'une émotion. *Des larmes coulent sur ses joues. Elle est EN LARMES,* en train de pleurer. → **pleurs.** *Le petit garçon pleure À CHAUDES LARMES,* il pleure abondamment. *Il a FONDU EN LARMES en apprenant la nouvelle,* il s'est mis à pleurer. *Sèche tes larmes ! Elle a les LARMES AUX YEUX, elle est AU BORD DES LARMES,* sur le point de pleurer. *J'ai RI AUX LARMES :* j'ai pleuré de rire. *Il a toujours LA LARME À L'ŒIL :* il a tendance à pleurnicher. **2.** STYLE FAMILIER Petite quantité (de boisson). *Je veux bien une larme de cognac.*

FAUX AMI
roumain **larmă** « vacarme »

LARMOYER [laʀmwaje] verbe [conjugaison 8a] ▪ (yeux) Être plein de larmes. *Elle a les yeux qui larmoient.* – *Elle larmoie sans cesse.* → **pleurer.**

LARVE [laʀv] n. f. ▪ *LA LARVE :* forme de certains animaux avant de devenir adultes. *La chenille est la larve du papillon. Le têtard est la larve de la grenouille.* – STYLE FAMILIER *Tu n'es qu'une larve,* une personne molle et sans énergie. → STYLE FAMILIER **lavette.**

LARVÉ [laʀve], **LARVÉE** [laʀve] adj. (après le nom) ▪ Qui n'éclate pas, qui ne se manifeste pas encore. *Le conflit est encore à l'état larvé.* → **latent.**

LARYNGITE [laʀɛ̃ʒit] n. f. ▪ *UNE LARYNGITE :* inflammation du larynx. *J'ai mal à la gorge, je dois avoir une laryngite.*

LARYNX [laʀɛ̃ks] n. m. ▪ *LE LARYNX :* organe situé à l'intérieur du cou, qui contient les cordes vocales. *Il a une inflammation du larynx* (→ **laryngite).**

LAS [la], **LASSE** [las] adj. (après le nom) ▪ STYLE RECHERCHÉ **1.** Très fatigué, incapable de faire un effort supplémentaire. *Elle se sent un peu lasse après cette dure journée.* → **épuisé, harassé.** *Tu as l'air las.* **2.** *ÊTRE LAS DE :* être fatigué et dégoûté de. *Je suis las de vos cris. Elle est lasse d'attendre,* elle en a assez.

LASCIF [lasif], **LASCIVE** [lasiv] adj. (après le nom) ▪ STYLE RECHERCHÉ Qui stimule le désir sexuel. *La jeune femme a pris une pose lascive.* → **érotique, sensuel.**

LASER [lazɛʀ] n. m. ▪ *LE LASER* ou *RAYON LASER :* rayon de lumière très concentré, utilisé dans de nombreuses techniques. *Le chirurgien utilise le laser quand il doit agir sur une toute petite surface.* – *Une PLATINE LASER,* qui lit des disques compacts au moyen d'un rayon laser. *Il s'est acheté une nouvelle platine laser.*

LASSANT [lasɑ̃], **LASSANTE** [lasɑ̃t] adj. (après le nom) ▪ Qui fatigue en ennuyant. *Il fait un travail lassant.* → **fatigant.** *C'est lassant de devoir répéter toujours la même chose.* → **pénible.**

LASSER [lase] verbe [conjugaison 1a] **1.** Fatiguer en ennuyant. *Le ministre a lassé son auditoire avec son interminable discours.* **2.** verbe pronominal SE LASSER DE : en avoir assez de. *Elle s'est lassée de ses amis. Je ne me lasse jamais de l'écouter.*

REM. *Lacer* « attacher » se prononce de la même façon.

LASSITUDE [lasityd] n. f. ▪ *LA LASSITUDE* **1.** Grande fatigue. *Il s'est remis à travailler malgré sa lassitude.* **2.** Abattement accompagné de découragement et d'ennui. *Il a cédé à ses enfants par lassitude.* ⟨contraire : enthousiasme⟩

LASSO [laso] n. m. ▪ *UN LASSO :* longue corde terminée par un nœud coulant. *Le cow-boy a attrapé un cheval sauvage au lasso.*

LATENT [latɑ̃], **LATENTE** [latɑ̃t] adj. (après le nom) ▪ (qqch.) Qui ne se manifeste pas mais peut éclater à tout moment. *La révolution est à l'état latent.* → **larvé.** *Le conflit est latent.*

LATÉRAL [lateʀal], **LATÉRALE** [lateʀal] adj. (après le nom) ▪ Qui est situé sur le côté. *La voiture est garée dans l'allée latérale. Le canal LATÉRAL À la Loire,* qui est parallèle au cours de la Loire. MASCULIN PLURIEL : *des bords LATÉRAUX* [lateʀo].

LATEX [latɛks] n. m. ▪ *LE LATEX :* liquide visqueux, parfois blanc, qui forme la sève de certains arbres. *On fabrique le caoutchouc avec le latex de l'hévéa.*

LATIN [latɛ̃] n. m. et adj., **LATINE** [latin] adj.

I. nom masculin *LE LATIN :* langue qui était parlée dans tout l'Empire romain pendant l'Antiquité. *Le latin et le grec ancien sont des langues mortes. De nombreux mots français viennent du latin. Ces catholiques traditionalistes sont partisans de la messe en latin.* – *J'Y PERDS MON LATIN :* je n'y comprends plus rien.

II. adjectif (après le nom) **1.** Qui concerne la langue que parlaient les Romains dans l'Antiquité. *Les élèves consultent leur livre de grammaire latine pour apprendre les déclinaisons.* **2.** *LE QUARTIER LATIN :* le quartier de Paris où se trouvait l'Université (où les cours étaient donnés en latin). *Il va à la fac à la Sorbonne, dans le quartier latin.* **3.** *L'AMÉRIQUE LATINE :* l'Amérique centrale et l'Amérique du Sud où l'on parle l'espagnol ou le portugais, langues qui viennent du latin (→ **latino-américain).** *L'Argentine et le Brésil sont des pays d'Amérique latine.*

LATINISME [latinism] n. m. ▪ *UN LATINISME :* emprunt à la langue latine. *« Curriculum » est un latinisme.*

LATINO-AMÉRICAIN [latinoameʀikɛ̃] adj. et n. m., **LATINO-AMÉRICAINE** [latinoameʀikɛn] adj. et n. f. **1.** adjectif (après le nom) D'Amérique latine. *Le Chili est un pays latino-américain. J'aime la musique latino-américaine.* PLURIEL : *des fleuves LATINO-AMÉRI-*

CAINS. **2.** *UN LATINO-AMÉRICAIN, UNE LATINO-AMÉRICAINE :* un habitant, une habitante d'Amérique latine. *Les Péruviens sont des Latino-Américains.*

LATITUDE [latityd] n. f. **1.** *LA LATITUDE :* distance qui sépare un point du globe terrestre de l'équateur (opposé à longitude). *Paris est à quarante-huit degrés de latitude nord. New York et Naples sont à peu près à la même latitude.* **2.** *AVOIR TOUTE LATITUDE,* toute possibilité de faire ce que l'on veut. *Vous avez toute latitude de refuser :* vous pouvez très bien refuser. → **liberté.** *Je vous laisse toute latitude pour l'organisation de la réunion.*

LATTE [lat] n. f. ▪ *UNE LATTE :* long morceau de bois mince et étroit. *Le menuisier répare les lattes du plancher.* → **lame.** *Leur matelas est posé sur un SOMMIER À LATTES.*

FAUX AMIS
espagnol **latte,** portugais **lata** « boîte de conserve » ; italien **latte** « lait »

LAUDATIF [lodatif], **LAUDATIVE** [lodativ] adj. (après le nom) ▪ Qui contient un éloge, une louange. *Le critique de cinéma a écrit un article laudatif sur ce film.* → **élogieux.**

LAURÉAT [lɔʀea] n. m., **LAURÉATE** [lɔʀeat] n. f. ▪ *UN LAURÉAT, UNE LAURÉATE :* personne qui a remporté un prix dans un concours. → **laurier.** *La liste des lauréats du prix Nobel de cette année est dans le journal.*

FAUX AMI
italien **laureato** « titulaire d'une maîtrise »

LAURIER [lɔʀje] n. m. ▪ *LE LAURIER* **1.** Petit arbre dont les feuilles allongées et brillantes ne tombent pas en hiver. *Une haie de lauriers sépare les deux jardins.* **2.** Feuille de cet arbre que l'on utilise en cuisine pour parfumer les plats. *Le cuisinier met du thym et du laurier dans la sauce.* **3.** (au pluriel) LES LAURIERS : feuilles de laurier tressées en couronne que l'on mettait sur la tête des vainqueurs. - (figuré) *Il ne faut pas S'ENDORMIR SUR SES LAURIERS :* il ne faut pas se contenter d'un premier succès et ne plus faire d'efforts.

LAVABLE [lavabl] adj. (après le nom) ▪ Que l'on peut laver. *Le peintre a mis de la peinture lavable sur les murs de la cuisine. Ce pull est lavable en machine.*

LAVABO [lavabo] n. m. **1.** *UN LAVABO :* cuvette à hauteur de table, fixée au mur, munie de robinets et d'un système qui permet d'évacuer l'eau, qui sert à faire sa toilette. *Elle se lave les mains dans le lavabo.* **2.** (au pluriel) LES LAVABOS : les toilettes. *Pouvez-vous m'indiquer où sont les lavabos, s'il vous plaît ?*

REM. *Lavabo* est un mot latin qui signifie « je laverai ».

LAVAGE [lavaʒ] n. m. **1.** *LE LAVAGE :* action de laver. *Mon pull a rétréci au lavage,* quand on l'a lavé. *Lavage interdit en machine ! On a fait un LAVAGE D'ESTOMAC au garçon qui a avalé du poison,* on lui a nettoyé l'estomac. **2.** *UN LAVAGE DE CERVEAU :* action exercée sur une personne pour la faire changer d'opinions et en adopter d'autres. *Dans les pays totalitaires, on fait des lavages de cerveau.*

LAVANDE [lavɑ̃d] n. f. ▪ *LA LAVANDE* **1.** Plante à fleurs bleues qui sentent très bon. *La lavande attire les guêpes.* **2.** Les fleurs de lavande. *Elle met des sachets de lavande dans le linge pour qu'il sente bon.* **3.** Eau extraite de la lavande. *Il utilise un savon à la lavande.*

LAVE [lav] n. f. ▪ *LA LAVE :* matière pâteuse et visqueuse qui sort brûlante d'un volcan en éruption. *Une COULÉE DE LAVE a enseveli le village.*

LAVE-GLACE [lavglas] n. m. ▪ *UN LAVE-GLACE :* appareil qui envoie un jet d'eau sur le pare-brise, et parfois sur la lunette arrière, d'une voiture. *L'automobiliste actionne la commande du lave-glace.* PLURIEL : *des LAVE-GLACES.*

LAVE-LINGE [lavlɛ̃ʒ] n. m. invariable ▪ *UN LAVE-LINGE :* machine à laver le linge. *Il met les draps sales dans le lave-linge.* PLURIEL : *des lave-linge.*

LAVEMENT [lavmɑ̃] n. m. ▪ *UN LAVEMENT :* injection d'un liquide dans le gros intestin, par l'anus. *On lui fait un lavement avant de lui radiographier l'intestin.* - STYLE FAMILIER *Quel lavement cette nana !* quelle fille ennuyeuse !

LAVER [lave] verbe [conjugaison 1a]
I. 1. Nettoyer avec un liquide, généralement de l'eau. ⟨contraire : salir⟩ *Il faut que je lave la vaisselle.* → **faire.** *Elle lave sa voiture au jet. Il faut laver ce pull à la main. - Mets le linge sale dans la MACHINE À LAVER,* dans le lave-linge. *Ils ont une machine à laver la vaisselle,* un lave-vaisselle. **2.** *LAVER QQN D'une accusation,* l'innocenter. *Il a été lavé de tout soupçon.*
II. verbe pronominal SE LAVER **1.** (qqch.) Pouvoir être lavé. *Cette veste ne se lave pas, il faut la nettoyer à sec. Ce chemisier se lave en machine.* **2.** Laver son corps, faire sa toilette. *Elle s'est lavée hier soir avant de se coucher. - Elle s'est lavé les mains. Il se lave les dents matin et soir.* → se **brosser.** *Je m'EN LAVE LES MAINS :* je ne veux pas être mêlé à ça, je ne m'en préoccupe pas.

LAVERIE [lavʀi] n. f. ▪ *UNE LAVERIE (AUTOMATIQUE) :* local où des machines à laver sont à la disposition des clients. *Il va à la laverie une fois par semaine.*

LAVETTE [lavɛt] n. f. ▪ *UNE LAVETTE* **1.** Petit morceau de tissu utilisé pour faire des travaux ménagers. *Il nettoie l'évier avec une lavette.* **2.** STYLE FAMILIER Homme lâche et mou, sans énergie. *Il accepte tout, c'est une vraie lavette.* → STYLE FAMILIER **larve.**

FAUX AMI
suédois **lavett** « support de canon »

REM. En Suisse, *lavette* désigne un carré de tissu éponge qui sert à faire sa toilette.

LAVEUR [lavœʀ] n. m., **LAVEUSE** [lavøz] n. f. ▪ *UN LAVEUR DE, UNE LAVEUSE DE :* personne dont le métier est de laver qqch. *Le LAVEUR DE CARREAUX de l'immeuble vient tous les mois. Il est laveur de vaisselle dans un restaurant* **(→ plongeur).**

LAVE-VAISSELLE [lavvɛsɛl] n. m. invariable ▪ *UN LAVE-VAISSELLE :* machine à laver la vaisselle. *Zut, le lave-vaisselle est en panne !* PLURIEL : *des lave-vaisselle.*

LAVOIR [lavwaʀ] n. m. ▪ *UN LAVOIR :* bassin construit pour laver le linge à la main. *Autrefois, on lavait son linge au lavoir du village.*

FAUX AMI
suédois **lavoir** « lavabo »

LAXATIF [laksatif] adj. et n. m., **LAXATIVE** [laksativ] adj. **1.** adjectif (après le nom) Qui combat la constipation, facilite l'évacuation des excréments. *Il prend une tisane laxative pour se purger.* **2.** *UN LAXATIF :* produit qui combat la constipation. *Elle prend des laxatifs quand elle est constipée.* → **purgatif.**

LAXISME [laksism] n. m. ▪ *LE LAXISME :* tendance excessive à tout tolérer. *Ce professeur fait preuve de laxisme en laissant ses élèves lui répondre de manière insolente.* ⟨contraire : sévérité⟩

LAXISTE [laksist] adj. (après le nom) **1.** Qui laisse faire tout ce que l'on veut, qui manque de sévérité et d'exigence. *Il a reçu une éducation laxiste. Elle est trop laxiste avec ses enfants.* → **indulgent.** ⟨contraire : sévère⟩ **2.** Qui n'est pas sévère pour l'emploi correct d'une langue. *Son professeur est laxiste.* ⟨contraire : puriste⟩

LAYETTE [lɛjɛt] n. f. ▪ *LA LAYETTE :* ensemble des vêtements d'un bébé, de la naissance jusqu'à dix-huit mois. *Elle tricote de la layette pour ses petits-enfants.*

① **LE** [lə] article masculin, **LA** [la] article féminin, **LES** [le] article masculin ou féminin pluriel 1. *Le* et *la* se changent en *l'* devant un mot commençant par une voyelle (ex. : *l'arbitre, l'orange*) ou par un *h* muet (ex. : *l'habit, l'habitude*). 2. *Le* et *les* précédés de la préposition *à* deviennent *au* ou *aux* (→ **à**). 3. *Le* et *les* précédés de la préposition *de* deviennent *de, du* ou *des* (→ ① **de,** ② **de**). **1.** Article défini qui s'emploie devant un nom commun désignant une personne, un être ou une chose déterminés que l'on connaît ou que l'on peut reconnaître parmi d'autres. *Le lion et la lionne ont eu des petits. Le beurre et la salade sont au frigo. C'est l'affaire de l'avocat.* **2.** Article défini singulier qui désigne une chose en général, une classe d'éléments portant le même nom. *Le chat est un animal de compagnie :* les chats sont des animaux de compagnie (désigne aussi *la chatte*). *La jalousie est un vilain défaut. Le portefeuille a été volé.* → **ce.** *C'est la fille de mon voisin.* → **sa.** *Ferme la fenêtre,* cette fenêtre (opposé à un). *Ils habitent la maison rouge qui est en face. Voilà le monsieur dont je t'ai parlé. Il est trois heures moins le quart.* **3.** Article défini pluriel qui désigne la totalité. *Je n'aime pas les chats. On dit que les femmes sont bavardes. Apporte les pommes.* **4.** Personnes. (devant un nom propre) *J'ai invité les Dupont à dîner,* monsieur et madame Dupont, la famille Dupont. – (paysan) *Eh, la Marie !* – Lieux. *Ils ont visité le Japon. Ils vont skier dans les Alpes. L'Irlande est une île. Vous connaissez la tour Eiffel ?* **5.** (devant un nom de nombre) Indique une approximation. *Il viendra VERS LES onze heures. Ça coûte DANS LES deux cents francs.* **6.** (remplaçant l'adjectif possessif devant le nom d'une partie du corps) *Je me lave les mains :* je lave mes mains. *Elle s'est cassé la jambe.* **7.** (devant le superlatif) *C'est lui le plus beau. C'est nous qui chantons le mieux. Je suis la plus heureuse des femmes.*

REM. **1.** En français, il faut un déterminant devant chaque nom commun (*le, un, ce, mon,* etc.). **2.** *L'* et *LES* servent pour le masculin et le féminin. **3.** Au pluriel et au sens général, le masculin l'emporte sur le féminin. *Le chat et la chatte sont sortis dans le jardin. Les deux chats sont dans le jardin* (chat et chatte). *Je préfère le chat au chien* (les chats et les chattes aux chiens et aux chiennes). **4.** Il arrive que *le* présente une femme *(le mannequin)* et que *la* présente un homme *(la sentinelle).* → **genre. 5.** Devant un superlatif, l'article s'accorde avec le nom ou le pronom auquel se rapporte le superlatif quand on compare plusieurs êtres ou objets (ex. : *l'un des hommes les plus riches du monde*). Mais on dit toujours *le* quand on veut marquer qu'un être ou un objet atteint le plus haut degré d'une certaine qualité (ex. : *c'est ce jour-là qu'elle a été le plus heureuse*) ou quand le superlatif modifie un verbe (ex. : *c'est la femme que j'ai le plus aimée*) ou un adverbe (ex. : *c'est elle qui marche le plus lentement*).

② **LE** [lə] pronom masculin, **LA** [la] pronom féminin, **LES** [le] pronom masculin et féminin pluriel **1.** (personnes et choses) Pronoms personnels de la troisième personne, compléments d'objet direct représentant un nom ou un pronom qui vient d'être exprimé ou qui va être exprimé. *Cette fille, je la connais. Ce garçon, je le connais. Ce garçon et cette fille, je LES* [le] *connais. Je l'entends ! Regardez-les qui arrivent. Je l'ai vue, sa maison. Où sont mes clés, où les ai-je mises ?* STYLE FAMILIER *où je les ai mises ?* **2.** *LE :* valeur neutre. → **cela.** *Je vais vous le dire. Elle peut le faire. Tu le sais comme moi. Je te l'ai dit.* **3.** STYLE FAMILIER *LES :* les testicules. → STYLE TRÈS FAMILIER **couille.** *On se les gèle ici, mettons le chauffage. On ira te les couper ! Il les avait à zéro,* il avait peur.

REM. **1.** *Le, la* se changent en *l'* devant un mot commençant par une voyelle (ex. : *je l'entends*) ou un *h* muet (ex. : *ils l'hébergent*) sauf après un impératif : *faites-la entrer.* **2.** Souvent, *le* se prononce [l] : *tu peux le faire* [typølfɛʀ] (mais *il le* [lə] *lui dit*). **3.** Attention les pronoms *l'* et *les* sont masculin ou féminin : *Je l'ai attendu(e). Je les ai attendu(e)s.* **4.** Dans le langage négligé, lorsque *le, la, les* sont suivis de *lui* ou *leur,* on les supprime : *C'est d'accord, on (le) lui dira. La lettre, on (la) lui enverra demain, on (la) leur donnera.* **5.** Voir l'encadré des pronoms **personnels.**

LEADER [lidœʀ] n. m. ▪ *UN LEADER* **1.** Chef d'un parti politique. *Les leaders de l'opposition se sont réunis* (→ **meneur**). **2.** Concurrent qui est en tête (d'une compétition, d'une course). *C'est ce club de foot qui est le leader.*

REM. Ce mot vient de l'anglais.

LE CAIRE [ləkɛʀ] nom propre ▪ Capitale de l'Égypte. *L'avion qui va au Caire.*

LÈCHE-BOTTE [lɛʃbɔt] n. m., n. f. ▪ STYLE FAMILIER *UN LÈCHE-BOTTE, UNE LÈCHE-BOTTE :* une personne qui flatte bassement. → STYLE TRÈS FAMILIER **lèche-cul.** *« Vous l'avez entendu parler au patron ? Quel lèche-botte ! »* PLURIEL : *ces filles, ce sont de vraies LÈCHE-BOTTES.*

LÈCHE-CUL [lɛʃky] n. m., n. f. ▪ STYLE TRÈS FAMILIER *UN LÈCHE-CUL, UNE LÈCHE-CUL :* une personne qui flatte bassement. → STYLE FAMILIER **lèche-botte.** *Elle propose toujours au patron de travailler plus, c'est une vraie lèche-cul.* PLURIEL : *je n'aime pas ces LÈCHE-CULS qui ont peur de déplaire à leurs supérieurs.*

LÉCHER [leʃe] verbe [conjugaison 6a] **1.** Passer la langue sur (qqch.). *Le chien a léché le plat. Ma fille lèche sa glace au chocolat.* – STYLE FAMILIER *Arrête de lécher les bottes du patron !* arrête de le flatter bassement ! (→ STYLE FAMILIER **lèche-botte,** STYLE TRÈS FAMILIER **lèche-cul**). – *C'est un OURS MAL LÉCHÉ,* un individu désagréable, grossier. **2.** Finir (une œuvre) avec beaucoup de soin. → **fignoler.** *Ce tableau est beau, mais il est trop léché.*

LÈCHE-VITRINE [lɛʃvitʀin] n. m. ▪ *FAIRE DU LÈCHE-VITRINE :* se promener en regardant attentivement les vitrines des magasins. *Nous avons fait un peu de lèche-vitrine.*

LEÇON [ləsɔ̃] n. f. ▪ *UNE LEÇON* **1.** Ce qu'un élève doit apprendre. *D'abord vous apprendrez vos leçons, ensuite vous ferez vos devoirs.* **2.** Cours donné par un professeur. *Le professeur prépare sa leçon.* → **cours, conférence.** *Mon fils prend des leçons particulières de mathématiques. Elle suit des leçons de piano.* **3.** Division d'un enseignement par écrit. *Cette méthode d'anglais est en vingt leçons.* **4.** Avertissement donné par qqch. *Que cette expérience te SERVE DE LEÇON !* que cette expérience te permette d'apprendre à ne pas recommencer la même erreur ! *J'espère que ce petit accident te servira de leçon !*

LECTEUR [lɛktœʀ] n. m., **LECTRICE** [lɛktʀis] n. f. **1.** *UN LECTEUR, UNE LECTRICE :* une personne qui lit. *C'est une lectrice d'ouvrages d'histoire. Ce journal a de nombreux lecteurs.* – *Sa lettre de protestation est parue dans le COURRIER DES LECTEURS du journal.* **2.** *UN LECTEUR DE* cassettes, de disques compacts : un appareil qui reproduit les sons enregistrés. *J'ai acheté un lecteur de disques compacts.* → **platine.** *Il a un lecteur de cassettes portable.* → **baladeur.**

FAUX AMI
russe **лектор**
« conférencier »

LECTURE [lɛktyʀ] n. f. **1.** *LA LECTURE :* action de lire. *Nous avons beaucoup de livres car nous aimons la lecture.* – *Cette méthode de lecture est très bien,* cette méthode pour apprendre à lire. *Votre enfant n'a pas de problème de lecture,* il n'a pas de problème pour lire. **2.** *UNE LECTURE :* un livre, un texte. *Ce livre est* *un peu difficile, ce n'est pas une lecture pour toi. Je t'ai apporté de la lecture,* des livres et des journaux. **3.** Action de lire à haute voix (à d'autres personnes). *Tous les jours, il* FAIT LA LECTURE *à la malade. Un peu de silence : nous allons* DONNER LECTURE *des résultats.* **4.** Reproduction des sons enregistrés. *La lecture de cette musique enregistrée sur bande n'est pas très bonne.*

FAUX AMI
anglais **lecture** « conférence »

LEDIT [lədi], **LADITE** [ladit] adj. (avant le nom) ▪ La chose, la personne dont on vient de parler. *Ladite maison est construite en bord de route. Ledit acheteur est d'accord pour signer le contrat.* MASCULIN PLURIEL : *LESDITS acheteurs* [ledizaʃtœʀ]. FÉMININ PLURIEL : *LESDITES acheteuses* [leditzaʃtøz].

REM. *Ledit, ladite* sont des termes de droit.

LÉGAL [legal], **LÉGALE** [legal] adj. (après le nom) **1.** Conforme à la loi, fixé par la loi. → **réglementaire.** ⟨contraire : illégal⟩ *Ceci n'est ni juste, ni légal.* MASCULIN PLURIEL : *des moyens LÉGAUX* [lego]. *Il est entré en France de façon légale. Quel est le cours légal de la monnaie ?* **2.** Désigné par la loi. *Le tuteur légal de cet enfant est son oncle.* **3.** Défini par la loi. *Vous n'avez pas l'âge légal pour voter.*

LÉGALEMENT [legalmɑ̃] adverbe ▪ Suivant la loi, d'une manière légale. ⟨contraire : illégalement⟩ *Les députés ont été légalement élus.*

LÉGALISER [legalize] verbe [conjugaison 1a] ▪ Rendre légal, autoriser par une loi. *La contraception a été légalisée en France en 1967.*

LÉGALITÉ [legalite] n. f. ▪ *LA LÉGALITÉ* : ce qui est conforme à la loi. ⟨contraire : illégalité⟩ *Vous n'avez pas respecté la légalité.*

LÉGATAIRE [legatɛʀ] n. m., n. f. ▪ *UN LÉGATAIRE, UNE LÉGATAIRE* : une personne à qui on lègue, à qui on laisse ses biens, sa fortune. → **héritier.** *Sa femme est sa légataire universelle,* elle héritera de la totalité des biens de son mari.

LÉGENDAIRE [leʒɑ̃dɛʀ] adj. (après le nom, parfois avant le nom) **1.** Qui n'existe que dans les légendes. ⟨contraire : historique⟩ *L'ogre est un personnage légendaire. C'est un pays légendaire.* → **fabuleux, imaginaire. 2.** Qui est entré dans la légende, dans l'histoire, par sa célébrité. *Certains exploits sportifs sont légendaires. C'est un héros légendaire.* → **célèbre.** - *Les colères de mon grand-père sont légendaires !* elles sont très connues. - (avant le nom) *Il est arrivé, avec son légendaire petit chapeau.* → **fameux.**

LÉGENDE [leʒɑ̃d] n. f. ▪ *UNE LÉGENDE* **1.** Récit inventé, à caractère merveilleux. → **conte, histoire.** *Les enfants adorent les contes et les légendes. Connaissez-vous la légende du cheval de Troie ? Ce personnage est un héros de légende* **(→ légendaire). 2.** Récit (à base de faits ou de personnages réels) déformé, amplifié par l'imagination. *Si l'on en croit la légende, ce riche homme d'affaires est né dans la misère. Napoléon est entré dans la légende.* **3.** Petit texte qui explique une image, une photo, les signes qui figurent sur une carte. *La légende indique qu'il s'agit d'un quartier de Paris, en 1930.*

LÉGER [leʒe] adj. et adverbe, **LÉGÈRE** [leʒɛʀ] adj.
I. adjectif (avant le nom ou après le nom) **1.** (avant le nom ou après le nom) Qui a peu de poids, que l'on peut soulever facilement. ⟨contraires : lourd, pesant⟩ *Tu es léger comme une plume ! Pour voyager, j'ai pris un léger bagage.* - *Il a préparé un repas léger,* un petit repas, un repas qui ne pèse pas sur l'estomac. → **frugal.** ⟨contraire : copieux⟩ *Elle préfère la cuisine légère.* → **allégé ; diététique.** - *Il est parti le cœur léger,* heureux et sans inquiétude. **2.** (après le nom) Vif et gracieux. *Cette jeune fille a une démarche souple et légère.* **3.** (avant le nom ou après le nom) Mince, fin. *Un légère couche de neige recouvre le sol.* ⟨contraire : épais⟩ *Elle a une robe légère.* ⟨contraire : chaud⟩ **4.** (après le nom) Qui a peu de substance. *J'aime les petits vins légers,* peu alcoolisés. *Il fume des cigarettes légères,* qui ont peu de nicotine et de goudron. *C'est un parfum léger,* dont l'odeur n'est pas forte. - *Elle dort d'un sommeil léger,* d'un sommeil peu profond. **5.** (avant le nom ou après le nom) Peu important. *Ce gâteau a un léger goût de brûlé.* → **faible.** *Sa blessure est légère,* peu grave. *J'entends un léger bruit.* → **faible, imperceptible.** *Il y a une légère différence,* une petite différence. - *L'accident a fait des blessés légers et des blessés graves.*
II. adjectif (après le nom) **1.** Qui est peu sérieux. *Il s'est montré léger.* → **imprudent.** - *Votre travail est un peu léger,* il est insuffisant. **2.** Gai, sans gravité. *Il aime la musique légère,* facile (opposé à classique). **3.** *À LA LÉGÈRE* : sans réfléchir. *Je suis désolé, j'ai parlé à la légère. Elle a* PRIS LES CHOSES À LA LÉGÈRE, avec insouciance, sans s'inquiéter. → **légèrement.** ⟨contraire : sérieusement⟩
III. adverbe *MANGER LÉGER* : prendre un repas peu copieux, qui ne pèse pas sur l'estomac. *Pour maigrir, elle fait de la gymnastique et elle mange léger.*

FAUX AMI
allemand **leger** ne s'emploie pas pour le poids (I.)

LÉGÈREMENT [leʒɛʀmɑ̃] adverbe **1.** D'une manière légère. *Il fait chaud, habille-toi légèrement,* avec des vêtements légers. - *Passez la crème légèrement sur votre visage,* sans appuyer. → **délicatement, doucement.** - *Ce soir, je mangerai légèrement,* je mangerai sans excès, je prendrai un repas léger. **2.** Un peu, à peine. *Il est légèrement blessé.* ⟨contraires : grièvement, sérieusement⟩ *Elle va légèrement mieux. Je me suis légèrement trompé.* ⟨contraire : lourdement⟩ **3.** Sans réfléchir. *Tu as agi légèrement,* à la légère **(→ légèreté).** *Il a pris sa décision un peu légèrement.*

LÉGÈRETÉ [leʒɛʀte] n. f. ▪ *LA LÉGÈRETÉ* **1.** Caractère de ce qui ne pèse pas lourd. *Ce fauteuil est d'une grande légèreté.* ⟨contraires : lourdeur, pesanteur⟩ **2.** Aisance, souplesse dans les mouvements. *Une jeune fille marche avec légèreté dans le chemin.* **3.** Finesse. *Admire la légèreté de ce tissu !* **4.** Manque de sérieux. *Elle a agi avec légèreté en ne vérifiant pas ses comptes.* → **insouciance.** ⟨contraires : réflexion, sérieux⟩

LÉGIFÉRER [leʒifeʀe] verbe [conjugaison 6 a] ▪ Faire des lois. *Les députés légifèrent.*

LÉGION [leʒjɔ̃] n. f. **1.** *UNE LÉGION* : chez les anciens Romains, armée composée de soldats à pied et à cheval. *Les légions de Jules César ont conquis la Gaule.* **2.** *LA LÉGION ÉTRANGÈRE* : troupe militaire française composée de volontaires français et étrangers. *Il s'est engagé dans la Légion étrangère.* **3.** *LA LÉGION D'HONNEUR* : en France, ordre national qui récompense les services civils et militaires rendus au pays. *Il a été nommé chevalier de la Légion d'honneur.* **4.** *UNE LÉGION* : grand nombre, grande quantité. *Elle a une légion de cousins* : elle a beaucoup de cousins. → **kyrielle ;** STYLE FAMILIER **ribambelle.** *Malheureusement, les chômeurs* SONT LÉGION, sont nombreux.

LÉGIONNAIRE [leʒjɔnɛʀ] n. m. ▪ *UN LÉGIONNAIRE* **1.** Soldat d'une légion romaine. *Les légionnaires romains avaient une lance et un bouclier.* **2.** Soldat de la Légion étrangère. *Les légionnaires ont un képi blanc.*

LÉGISLATIF [leʒislatif], **LÉGISLATIVE** [leʒislativ] adj. (après le nom) ▪ Qui fait les lois. *En France, l'Assemblée nationale et le Sénat ont le pouvoir législatif,* le pouvoir de voter les lois **(→ exécutif).** - *Le week-end prochain, nous voterons pour les* ÉLECTIONS LÉGISLATIVES, les élections des députés.

LÉGISLATION [leʒislasjɔ̃] n. f. ▪ *LA LÉGISLATION :* ensemble des textes de lois qui s'appliquent dans un pays. *La législation française et la législation anglaise sont différentes.*

LÉGISTE [leʒist] adj. (après le nom) ▪ *MÉDECIN LÉGISTE :* médecin chargé d'examiner le corps d'une personne décédée des suites d'un accident ou d'un crime. *Le médecin légiste n'a pas encore examiné le cadavre. Le médecin légiste a fait son rapport : il s'agit d'un crime.*

LÉGITIME [leʒitim] adj. (après le nom) **1.** Qui est reconnu par la loi. ⟨contraire : illégitime⟩ *Elle n'est pas sa femme légitime :* elle n'est pas mariée avec lui. *C'est son fils légitime* (opposé à naturel) : c'est l'enfant qui est né de son mariage. **2.** Juste, compréhensible. *Tes reproches sont légitimes.* → **fondé.** *Quand il a tiré sur le voleur qui le menaçait, il était en ÉTAT DE LÉGITIME DÉFENSE,* son acte était interdit par la loi, mais compréhensible dans ce cas-là.

LEGS [lɛg] n. m. ▪ *UN LEGS :* don que l'on fait par testament (→ **héritage**). *Il a fait un legs à sa fille.*

LÉGUER [lege] verbe [conjugaison 6a] ▪ Donner, laisser par testament. *Elle a légué tous ses biens à sa fille avant de mourir,* elle a déclaré par testament qu'elle donnait tous ses biens à sa fille. *Il lègue tous ses biens à un ami.*

LÉGUME [legym] n. m., n. f. **1.** *UN LÉGUME :* plante dont certaines parties entrent dans l'alimentation humaine. *La salade, les épinards, les carottes et les lentilles sont des légumes. J'aime la soupe de légumes. Les LÉGUMES VERTS sont plus légers que les LÉGUMES SECS* (haricots, lentilles, pois cassés, etc.). **2.** STYLE FAMILIER *UNE GROSSE LÉGUME :* un personnage important. *Son père est une grosse légume.* → STYLE FAMILIER **huile.**

> FAUX AMI
> espagnol **legumbre** « légume sec » ne se dit pas des légumes verts

LE *HAVRE [ləavʀ] nom propre masculin ▪ Ville et port de Normandie, sur l'estuaire de la Seine. *Le port du Havre est le second port français. Il est allé au Havre.*

LEITMOTIV [lɛtmɔtiv] n. m. invariable ▪ *UN LEITMOTIV :* phrase, idée qui revient sans cesse. *La lutte contre la pollution, c'est son leitmotiv.* PLURIEL : *des leitmotiv.*

REM. Ce mot qui vient de l'allemand se prononce aussi [lajtmɔtif] et peut prendre en français le pluriel allemand *leitmotive.*

LENDEMAIN [lɑ̃dəmɛ̃] n. m. ▪ *LE LENDEMAIN :* jour qui suit celui dont il est question. *Le mardi il était en bonne santé, mais le lendemain il est tombé malade. J'ai reçu sa lettre le lendemain matin. Il est arrivé le lendemain soir. Une bonne voiture pas très chère, ça ne se trouve pas DU JOUR AU LENDEMAIN !* ça ne se trouve pas en très peu de temps. – *Cette histoire d'amour est SANS LENDEMAIN,* elle ne durera pas longtemps.

REM. Ce mot se prononce souvent [lɑ̃dmɛ̃].

LÉNIFIANT [lenifjɑ̃], **LÉNIFIANTE** [lenifjɑ̃t] adj. (après le nom) ▪ STYLE RECHERCHÉ Qui apaise, qui calme (en trompant). *Cet homme politique tient toujours des propos lénifiants sur le chômage.*

LENT [lɑ̃], **LENTE** [lɑ̃t] adj. (après le nom) ▪ Qui n'est pas rapide. ⟨contraires : prompt, rapide⟩ *La tortue est un animal lent. Cette enfant est LENTE À comprendre. – Beaucoup de gens trouvent que la justice est lente.*

> FAUX AMI
> portugais **lente** (n.) « lentille »

LENTEMENT [lɑ̃tmɑ̃] adverbe ▪ Avec lenteur. *La vieille dame marche lentement.* ⟨contraires : rapidement, vite⟩ *Lentement !* → **doucement ;** STYLE FAMILIER **mollo,** ① **mou.**

LENTEUR [lɑ̃tœʀ] n. f. ▪ *LA LENTEUR* **1.** Manque de rapidité, de vivacité. *Le cortège avance avec lenteur* (→ **lentement**). ⟨contraire : rapidité⟩ **2.** (au pluriel) LES LENTEURS : les actions, les décisions lentes. *Elle est agacée par les lenteurs de l'administration.*

LENTILLE [lɑ̃tij] n. f.
I. (au pluriel) LES LENTILLES : légumes secs en forme de petites graines rondes et plates, brunes ou vertes. *Nous avons mangé du porc aux lentilles. Je prépare une salade de lentilles.*
II. *UNE LENTILLE :* petit disque de verre qui sert à voir plus gros. *Il y a des lentilles dans les loupes, les microscopes, les appareils photo. – Elle a des LENTILLES (DE CONTACT),* des petits disques de verre ou de plastique qui corrigent la vue et qui s'appliquent directement sur l'œil. *Tous les matins, elle met ses lentilles. J'ai perdu une lentille !*

LÉONARD DE VINCI → **VINCI**

LÉOPARD [leɔpaʀ] n. m. ▪ *UN LÉOPARD :* panthère d'Afrique au pelage tacheté de jaune et de noir. *Les léopards sont des fauves. – Elle a un manteau de léopard,* en peau de léopard.

LÈPRE [lɛpʀ] n. f. ▪ *LA LÈPRE :* maladie grave et très contagieuse due à un bacille et qui détruit la peau ou les nerfs. *Ce malade est atteint de la lèpre. Il existe des traitements contre la lèpre.*

> FAUX AMI
> italien **lepre** « lièvre »

LÉPREUX [lepʀø] n. m. et adj., **LÉPREUSE** [lepʀøz] n. f. et adj. **1.** *UN LÉPREUX, UNE LÉPREUSE :* une personne qui a la lèpre. *Le docteur Albert Schweitzer soignait les lépreux en Afrique noire.* **2.** adjectif (après le nom) (qqch.) Qui présente une surface abîmée, pelée. *C'est une vieille maison abandonnée, aux murs lépreux.*

LEQUEL [ləkɛl] pronom relatif et interrogatif masculin, **LAQUELLE** [lakɛl] pronom relatif et interrogatif féminin
I. pronom relatif *C'est la ville DANS LAQUELLE il vit,* où il vit. *Le lit dans lequel j'ai dormi est trop petit. Ma sœur est la personne À LAQUELLE vous venez de parler,* à qui. MASCULIN PLURIEL : *LESQUELS* [lekɛl]. FÉMININ PLURIEL *LESQUELLES* [lekɛl]. *J'ai rencontré plusieurs amis, PARMI LESQUELS Jean,* dont Jean.
II. pronom interrogatif Représente la ou les personnes, la ou les choses dont on vient de parler ou dont on va parler. *« J'ai rencontré un copain. – Lequel ? » « Je ne retrouve pas mes chaussures. – Lesquelles ? » Tu as plusieurs amis :* lesquels préfères-tu ? – *Lequel des deux gagnera la course ?*

REM. **1.** Avec la préposition *à, lequel* se contracte en *auquel,* avec la préposition *de, lequel* se contracte en *duquel.* → **auquel, duquel.** **2.** Voir l'encadré des pronoms **relatifs.**

LES → ① **le** et ② **le**

LESBIENNE [lɛsbjɛn] n. f. ▪ *UNE LESBIENNE :* femme homosexuelle. *Nous sommes amis avec un couple de lesbiennes.* → STYLE TRÈS FAMILIER **gouine.**

L'ESCURIAL [ɛskyʀjal] nom propre masculin – en espagnol **EL ESCORIAL** ▪ Palais et monastère d'Espagne, près de Madrid. *Nous avons visité l'Escurial. Es-tu déjà allé à l'Escurial ?*

LESDITS, LESDITES → **ledit**

LÉSER [leze] verbe [conjugaison 6a] ▪ Désavantager (qqn) dans ses droits, dans ses intérêts. ⟨contraire : avantager⟩ *Surtout, ne lèse personne ! Elle a été lésée dans le partage.*

LÉSINER [lezine] verbe [conjugaison 1a] ▪ Dépenser le moins possible, par avarice. *Il lésine sur tout, même sur la nourriture. Il ne faut pas lésiner.* → STYLE FAMILIER **mégoter.**

LÉSION [lezjɔ̃] n. f. ▪ *UNE LÉSION :* blessure d'une partie du corps, due à une maladie ou à un accident. *Les lésions pulmo-*

naires du malade sont en voie de guérison. Il a une lésion au cerveau.

REM. Ce mot appartient au vocabulaire de la médecine.

LESQUELS, LESQUELLES → **lequel**

LESSIVE [lesiv] n. f. ▪ *LA LESSIVE* **1.** Produit liquide ou en poudre, que l'on mélange dans l'eau pour laver le linge. *N'oublie pas d'acheter un baril de lessive.* **2.** *FAIRE LA LESSIVE* : laver le linge. J'ai une lessive à faire. → **lavage. 3.** Le linge qui vient d'être lavé. *Nous avons mis la lessive à sécher.*

LESSIVER [lesive] verbe [conjugaison 1a] ▪ Nettoyer avec de la lessive. *Il faut lessiver le mur avant de le peindre.*

REM. *Lessiver le linge* ne se dit plus.

LEST [lɛst] n. m. ▪ *LE LEST* **1.** Poids dont on charge une montgolfière pour la faire s'élever. *Le lest est généralement formé de sacs de sable. On lâche du lest pour faire monter la montgolfière plus haut.* **2.** Poids dont on charge un navire, pour l'équilibrer, le rendre stable. *Des pierres, du sable ou de l'eau servent de lest.*

REM. L'adjectif *leste* « souple et vif » se prononce de la même façon.

LESTE [lɛst] adj. (après le nom) **1.** Qui a de la souplesse, de la légèreté dans ses mouvements. *Ce jeune homme marche d'un pas leste.* → **alerte.** ⟨contraire : lourd⟩ - *Son père a la MAIN LESTE,* il frappe, il gifle souvent. **2.** Un peu osé, dans le domaine sexuel. *Il fait souvent des plaisanteries un peu lestes.* → **grivois, osé.**

> FAUX AMI
> portugais **leste** (n.)
> « l'est »

REM. Le nom *lest* « poids » se prononce de la même façon.

LESTER [lɛste] verbe [conjugaison 1a] ▪ Charger de lest. *Les poids qui lestent le cargo sont au fond de la cale.*

LÉTHARGIE [letarʒi] n. f. ▪ *LA LÉTHARGIE* : état d'abattement profond. → **torpeur.** *Cette bonne nouvelle l'a enfin sorti de sa léthargie.*

LETTON [letɔ̃] adj. et n. m., **LETTONE** [letɔn] adj. et n. f. **1.** adjectif (après le nom) De Lettonie, pays balte. *La capitale lettone est Riga.* **2.** *UN LETTON, UNE LETTONE* : un habitant, une habitante de Lettonie. *Les Lettons.* **3.** nom masculin *LE LETTON* : langue indo-européenne, du groupe des langues baltes. *Il parle le letton.*

LETTONIE [letɔni] nom propre féminin - en letton **LATVIJAS** ou **LATVIJA** ▪ *LA LETTONIE* : l'un des trois pays baltes. *Nous avons voyagé en Lettonie. Ils reviennent de Lettonie. La capitale de Lettonie est Riga. Ils habitent en Lettonie* **(→ letton).**

LETTRE [lɛtʀ] n. f.

I. *UNE LETTRE* **1.** Chacun des signes de l'alphabet qui note les sons du langage. *Il y a vingt-six lettres dans l'alphabet français. Les enfants écrivent en lettres majuscules, puis en lettres minuscules. Écrivez votre nom et la somme EN TOUTES LETTRES,* sans abréviation ni chiffres. **2.** *Ce que nous lui avons dit est RESTÉ LETTRE MORTE,* inutile. **3.** *Elle a suivi mes conseils À LA LETTRE, AU PIED DE LA LETTRE* : elle a fait très exactement ce que je lui ai conseillé. **4.** Écrit que l'on adresse à qqn pour lui dire qqch., pour lui communiquer qqch. → **message, missive.** *Il a répondu à ma lettre. J'ai posté ma lettre hier. J'ai reçu quelques lettres.* → **courrier.** *Où est mon papier à lettres ? Elle a reçu une lettre d'amour. Ils ont reçu une lettre anonyme. Ils ne se voient plus mais ils ont des relations par courrier* **(→ épistolaire).** - STYLE FAMILIER *C'est passé comme une lettre à la poste,* très facilement. - *LETTRE OUVERTE* : article de journal rédigé en forme de lettre, souvent pour protester. *Lettre ouverte au président de la République.* **5.** Écrit officiel. *Il a enfin reçu sa lettre d'embauche. J'ai envoyé ma lettre de démission.*

II. au pluriel LES LETTRES **1.** La culture littéraire. *C'est un HOMME DE LETTRES, une FEMME DE LETTRES* : un écrivain professionnel. **2.** La littérature, la philosophie, l'histoire, la géographie, les langues (opposé à sciences). *On construit une nouvelle faculté des lettres.* - (plus courant) Littérature et linguistique. *Elle veut faire des études de lettres* **(→ littéraire).**

> FAUX AMI
> espagnol **letra**
> « écriture »

LETTRÉ [letʀe], **LETTRÉE** [letʀe] adj. (après le nom) ▪ Qui a de la culture littéraire. → **cultivé, érudit.** ⟨contraire : inculte⟩ *Elle est lettrée.*

REM. Le mot *illettré* n'est pas le contraire de *lettré* : il signifie « qui ne sait pas bien lire ni écrire ». → **illettré, analphabète.**

LEUCÉMIE [løsemi] n. f. ▪ *LA LEUCÉMIE* : très grave maladie du sang qui produit une très forte augmentation des globules blancs dans le sang. *La leucémie est un cancer des cellules du sang.*

① **LEUR** [lœʀ] pronom personnel invariable ▪ Pronom personnel de la troisième personne du pluriel, employé comme complément d'objet indirect À eux, à elles. *D'accord, je leur dirai que tu ne viens pas,* je le dirai à eux, à elles. *Donne-leur ce qu'ils veulent. Je le leur dirai.*

REM. **1.** Le singulier est *LUI* : *je lui dirai.* **2.** Voir l'encadré des pronoms **personnels.**

② **LEUR** [lœʀ] adj. et pronom de la 3e personne représentant plusieurs possesseurs

I. adjectif possessif des deux genres (avant le nom) Qui est à eux, à elles. *C'est leur pays. Ils ont pris ma voiture car leur voiture est en panne. Les arbres perdent leurs feuilles.*

II. pronom possessif STYLE RECHERCHÉ *LE LEUR, LA LEUR* : celui, celle qui est à eux. *Ma fille et la leur vont à l'école ensemble,* ma fille et leur fille. PLURIEL : *mes idées ne sont pas LES LEURS* [lelœʀ] **(→ sien).**

III. n. m. **1.** *Ils ont mieux travaillé, ils y ont MIS DU LEUR* : ils ont fait un effort **(→ sien). 2.** (au pluriel) LES LEURS : leurs parents, leurs enfants, leurs amis. *Ils veulent habiter près des leurs* **(→ sien).**

REM. *Leur* comme les adjectifs possessifs prend aussi le pluriel des objets possédés : *leur livre,* le livre qui est à eux ; *leurs livres,* les livres qui sont à eux.

LEURRE [lœʀ] n. m. ▪ *UN LEURRE* : ce qui trompe. *Cette promesse n'était qu'un leurre.*

REM. *Leur* se prononce de la même façon.

SE **LEURRER** [lœʀe] verbe pronominal [conjugaison 1a] ▪ Se faire des illusions, croire (qqch.) en se trompant. *Il ne faut pas se leurrer, ce travail ne sera pas facile* : il ne faut pas croire que ce travail sera facile. *Elle s'est leurrée en lui faisant confiance. Il ne se leurrera* [lœʀʀa] *pas davantage.*

LEVAGE [ləvaʒ] n. m. ▪ *Un APPAREIL DE LEVAGE,* grâce auquel on lève, on soulève des charges lourdes. *La grue est un appareil de levage.*

LEVAIN [ləvɛ̃] n. m. ▪ *LE LEVAIN* : pâte dans laquelle on a mis de la levure. *Le boulanger mélange le levain à la pâte pour que le pain gonfle.*

LEVANT [ləvɑ̃] adj. m. et n. m. **1.** adjectif (après le nom) (soleil) Qui apparaît à l'horizon. *Nous avons regardé le SOLEIL LEVANT. Ils contemplent la mer au soleil levant.* ⟨contraire : couchant⟩ **2.** *LE LEVANT* : côté de l'horizon où le soleil apparaît. → **est, orient.**

Nous avons marché dans la direction du levant. ⟨contraires : occident, ouest⟩

REM. L'adjectif féminin *levante* est très rare, mais on peut dire *une poudre levante* « qui sert à faire gonfler une pâte », ou même, de façon poétique, *nous avons admiré la lune levante.*

LEVÉE [ləve] n. f. ▪ *UNE LEVÉE* **1.** Moment où le facteur retire les lettres de la boîte publique où elles ont été déposées. *J'ai couru poster ma lettre avant la levée du courrier. – Le joueur a FAIT UNE LEVÉE :* il a ramassé les cartes à jouer des autres joueurs car il a gagné le coup. → **pli. 2.** Construction de terre ou de pierre qui empêche l'eau de passer. *Une levée retient les eaux du lac.* **3.** *LA LEVÉE :* l'action de lever. *La LEVÉE DU CORPS aura lieu à quinze heures,* l'enlèvement du corps de la personne décédée à la maison mortuaire. – *C'est bientôt la LEVÉE DE SÉANCE,* l'arrêt, l'interruption de la réunion.

REM. On prononce souvent [lve].

① **LEVER** [ləve] verbe [conjugaison 5a]

I. 1. Faire aller de bas en haut, faire monter. *J'ai froid, lève les vitres de la voiture.* → **relever, remonter.** ⟨contraire : baisser⟩ *Levons nos verres en l'honneur du champion !* → **élever, soulever. 2.** Mettre plus haut, soulever (une partie du corps). *Un élève lève le doigt car il veut répondre à la question.* ⟨contraire : baisser⟩ *Quand elle a appris la nouvelle, elle a levé les bras au ciel. Le chien lève la patte pour uriner.* – (figuré) *Elle n'a pas LEVÉ LE PETIT DOIGT pour nous aider :* elle n'a rien fait pour nous aider. – *L'automobiliste lève le pied,* il ralentit sa voiture, en retirant son pied de l'accélérateur. – *Hier, je n'ai pas LEVÉ LE NEZ de mon travail,* j'ai travaillé sans arrêt, penché sur mon travail. **3.** Faire sortir (un animal) de son abri. *Le chasseur a levé une perdrix.* **4.** Faire cesser. *Le professeur a levé la punition,* il a supprimé la punition. ⟨contraire : maintenir⟩ *La troupe armée lève le siège de la ville,* elle abandonne l'occupation de la ville. *Le président lèvera la séance,* il déclarera que la réunion est terminée. **5.** *LEVER UNE ARMÉE :* recruter des soldats pour faire la guerre. *Le roi a levé une armée.* → **mobiliser.**

II. 1. (plante) Commencer à sortir de terre. *Le blé lève.* **2.** (pâte) Se gonfler. *La levure fait lever la pâte.* ⟨contraire : baisser⟩ **3.** Soulever. *Cette horrible histoire m'a LEVÉ LE CŒUR,* elle m'a donné envie de vomir. → **écœurer.**

III. verbe pronominal SE LEVER **1.** Se déplacer, aller vers le haut. *La pièce de théâtre va commencer, le rideau rouge se lève* **(→ ② lever).** ⟨contraire : descendre⟩ **2.** Se mettre debout. *Accusé, levez-vous !* ⟨contraire : s'asseoir⟩ *Il était assis, il s'est levé d'un bond.* **3.** Sortir de son lit. *Elle s'est levée de bonne heure, ce matin.* ⟨contraire : se coucher⟩ **4.** Apparaître à l'horizon, le matin. *En ce moment, le soleil se lève vers six heures* **(→ levant, ② lever). 5.** (vent) Commencer à souffler. *Ferme les fenêtres, le vent se lève.* **6.** (temps) Devenir plus clair, plus beau. *Les nuages s'éloignent, le temps se lève.*

FAUX AMIS
anglais **to leave** « quitter » ; portugais **levar** « emporter »

② **LEVER** [ləve] n. m. ▪ *LE LEVER* **1.** Moment où un astre apparaît à l'horizon, le matin. *Elle aime regarder le lever du soleil.* ⟨contraire : ② coucher⟩ **2.** Action de sortir de son lit, le matin. *Demain, lever à six heures !* **3.** *LE LEVER DU RIDEAU,* le moment où le rideau est levé et où la scène apparaît. *Les spectateurs attendent le lever du rideau,* ils attendent que le spectacle commence.

REM. On prononce souvent [lve].

LÈVE-TARD [lɛvtaʀ] n. m., n. f. invariables ▪ STYLE FAMILIER *UN LÈVE-TARD, UNE LÈVE-TARD :* une personne qui a l'habitude de se lever tard. *Je n'arrive pas à sortir de mon lit le matin, je suis une lève-tard.* PLURIEL : *des lève-tard.*

LÈVE-TÔT [lɛvto] n. m., n. f. invariables ▪ STYLE FAMILIER *UN LÈVE-TÔT, UNE LÈVE-TÔT :* une personne qui a l'habitude de se lever tôt, le matin. *Elle se lève de bonne heure tous les matins, c'est une lève-tôt.* PLURIEL : *des lève-tôt.*

LEVIER [ləvje] n. m. ▪ *UN LEVIER* **1.** Barre très rigide, qui, en appui sur un point fixe, permet de multiplier la force pour soulever un objet très lourd. *Il s'est servi d'une barre de fer comme levier pour faire basculer le rocher.* **2.** Manette de commande (d'une machine, d'un mécanisme). *Elle manœuvre rapidement le levier de changement de vitesse de sa voiture.*

LEVRAUT [ləvʀo] n. m. ▪ *UN LEVRAUT :* petit du lièvre, jeune lièvre. *Ces levrauts tètent encore leur mère.*

LÈVRE [lɛvʀ] n. f. ▪ *LA LÈVRE :* chacune des deux parties charnues qui entourent la bouche. *Elle a des lèvres fines. Ses lèvres sont épaisses. Elle s'est mis du ROUGE À LÈVRES. – Il a le sourire aux lèvres. Elle s'est mordu les lèvres de rage. – Depuis sa maladie, il MANGE DU BOUT DES LÈVRES,* il mange très peu, sans appétit. – *Une question me BRÛLE LES LÈVRES :* j'ai très envie de poser une certaine question. – *Les élèves sont SUSPENDUS AUX LÈVRES DE leur professeur,* ils l'écoutent très attentivement. – *Elle a accepté DU BOUT DES LÈVRES,* de façon peu franche, en montrant qu'elle n'était pas vraiment d'accord.

LÉVRIER [levʀije] n. m. ▪ *UN LÉVRIER :* chien à longues pattes, au corps très fin, agile et rapide. *On emploie le lévrier pour chasser le lièvre.*

LEVURE [ləvyʀ] n. f. ▪ *LA LEVURE :* produit utilisé en cuisine pour faire gonfler la pâte. *Le pâtissier met une cuillerée de levure pour faire gonfler le gâteau. – La levure de bière est employée dans la fabrication de la bière.*

REM. On prononce aussi [lvyʀ].

LEXICOGRAPHE [lɛksikɔgʀaf] n. m., n. f. ▪ *UN LEXICOGRAPHE, UNE LEXICOGRAPHE :* personne qui fait un dictionnaire de langue. *Émile Littré est un célèbre lexicographe français du dix-neuvième siècle.*

LEXIQUE [lɛksik] n. m. ▪ *UN LEXIQUE* **1.** Dictionnaire succinct. *Cherchez les mots que vous ne connaissez pas dans le lexique qui se trouve à la fin de votre livre de géographie. Elle a un lexique français-anglais.* **2.** Ensemble des mots d'une langue. *Le mot « always » ne fait pas partie du lexique français* **(→ vocabulaire).** *On oppose souvent la grammaire* (règles) *et le lexique* (mots).

LEYDE [lɛd] nom propre féminin – en néerlandais **LEIDEN** ▪ Ville des Pays-Bas. *Leyde est un centre mondial d'imprimerie. Nous vivons à Leyde. Je reviens de Leyde.*

LÉZARD [lezaʀ] n. m. ▪ *UN LÉZARD :* petit reptile à quatre pattes courtes, à longue queue, au corps allongé et recouvert d'écailles. *Les lézards se chauffent au soleil. – Elle a une ceinture en lézard,* en peau de lézard.

LÉZARDE [lezaʀd] n. f. ▪ *UNE LÉZARDE :* fente profonde, longue et étroite dans un mur, un plafond. *Il y a une lézarde dans la façade de cette vieille maison.* → **fissure.**

LÉZARDÉ [lezaʀde], **LÉZARDÉE** [lezaʀde] adj. (après le nom) ▪ (mur) Fendu par une ou plusieurs lézardes. *Il faut réparer ce plafond lézardé.*

LÉZARDER [lezaʀde] verbe [conjugaison 1a] ▪ STYLE FAMILIER Se chauffer au soleil sans rien faire. *J'ai lézardé sur la terrasse toute la journée.* → **paresser.**

LIAISON [ljɛzɔ̃] n. f. ▪ *LA LIAISON* **1.** Rapport entre deux choses. *Le commissaire de police a FAIT LA LIAISON entre les deux crimes.* → **lien.** - *Les prépositions et les conjonctions sont des MOTS DE LIAISON,* des mots qui relient des mots, des groupes de mots ou des phrases. **2.** Action de prononcer la dernière consonne d'un mot en l'unissant à la première voyelle du mot suivant. *Quand on dit «un enfant»* [ɛ̃nɑ̃fɑ̃], *«les enfants»* [lezɑ̃fɑ̃], *«aux enfants»* [ozɑ̃fɑ̃], *on fait la liaison. Le professeur lit à voix haute en faisant les liaisons. Elle a fait une faute de liaison en disant des haricots* [dɛzaʀiko] *au lieu de* [dɛaʀiko] (→ **pataquès**). **3.** Communication établie entre plusieurs personnes. *Le pilote de l'avion est EN LIAISON constante avec la tour de contrôle.* → **contact. 4.** Communication régulière entre deux lieux. *Des vols quotidiens assurent la liaison entre Madrid et Lisbonne. Les liaisons postales entre les deux pays sont interrompues. Une liaison téléphonique.* **5.** *UNE LIAISON :* relation amoureuse stable. *Il A UNE LIAISON avec une femme mariée.*

la liaison

1. La liaison est moins pratiquée dans la langue familière et courante que dans le style recherché.
2. Le *h* muet n'empêche jamais la liaison (*une habitude* [ynabityd]) mais le *h* aspiré l'empêche (*une honte* [ynəɔ̃t]).
3. La liaison reste **obligatoire :** entre le déterminant et le nom ; entre le pronom personnel et le verbe (*ils attendent* [ilzatɑ̃d], *attendent-ils ?* [atɑ̃dtil]) ; entre les formes de *avoir* et *être* et le participe passé ; entre *très, plus, moins,* et l'adjectif qui suit ; devant *en* et *y.*
4. En liaison *mon, ton, son* restent nasalisés : *ton ami* [tɔ̃nami], sauf parfois dans le midi de la France [tɔnami].

LIANE [ljan] n. f. ▪ *UNE LIANE :* plante aux longues tiges souples qui grimpent et s'accrochent aux arbres, surtout dans la forêt tropicale. *Le singe saute de liane en liane.*

LIANT [ljɑ̃], **LIANTE** [ljɑ̃t] adj. (après le nom) ▪ (qqn) Qui se lie facilement avec les autres. *C'est un enfant très liant,* qui se fait facilement des amis. → **sociable.**

LIASSE [ljas] n. f. ▪ *UNE LIASSE :* paquet de papiers attachés ensemble. *Il a sorti une liasse de billets de banque de sa poche.*

LIBAN [libɑ̃] nom propre masculin ▪ *LE LIBAN :* pays du Proche-Orient, dont la capitale est Beyrouth. *Ils ont passé leurs vacances au Liban. Je reviens du Liban. Les habitants du Liban* (→ **libanais**).

LIBANAIS [libanɛ] adj. et n. m., **LIBANAISE** [libanɛz] adj. et n. f. **1.** adjectif (après le nom) Du Liban. *L'arabe est la langue officielle libanaise.* **2.** *UN LIBANAIS, UNE LIBANAISE :* une personne habitant le Liban ou née au Liban. *Les Libanais.*

LIBELLER [libele] verbe [conjugaison 1a] ▪ Rédiger en suivant les règles établies, exactement comme il faut. *Libellez votre chèque à l'ordre du comptable. - J'ai reçu un télégramme ainsi libellé.*

LIBELLULE [libelyl] n. f. ▪ *UNE LIBELLULE :* insecte à tête ronde, au corps allongé et aux quatre ailes transparentes. *Les libellules vivent près de l'eau.*

LIBÉRAL [libeʀal], **LIBÉRALE** [libeʀal] adj. (après le nom) **1.** *Une PROFESSION LIBÉRALE :* profession que l'on exerce librement, sans dépendre d'un patron. *Les avocats, les médecins, les architectes exercent des professions libérales.* **2.** (qqn) Qui respecte les idées et la liberté des autres, qui est ouvert d'esprit. → **tolérant.** *C'est une femme très libérale.* MASCULIN PLURIEL : *il a des parents LIBÉRAUX* [libeʀo]. **3.** Favorable aux libertés individuelles, dans le domaine politique, économique et social. *Ce pays a une économie libérale.* ⟨contraire : totalitaire⟩

LIBÉRALISME [libeʀalism] n. m. ▪ *LE LIBÉRALISME :* doctrine politique qui prône la libre entreprise, la libre concurrence et les initiatives individuelles (opposé à socialisme). → **capitalisme.** *Le libéralisme s'oppose à l'intervention de l'État.*

LIBÉRATEUR [libeʀatœʀ] n. m. et adj., **LIBÉRATRICE** [libeʀatʀis] n. f. et adj. **1.** *UN LIBÉRATEUR, UNE LIBÉRATRICE :* une personne qui libère, qui délivre. *Toussaint-Louverture a été le libérateur d'Haïti.* **2.** adjectif (après le nom) Qui libère, permet de se défouler. *Elle a éclaté d'un rire libérateur.*

LIBÉRATION [libeʀasjɔ̃] n. f. ▪ *LA LIBÉRATION* **1.** Mise en liberté. *Le gouvernement a exigé la libération des otages,* a exigé qu'on relâche les otages. *La libération du prisonnier aura lieu demain.* → STYLE RECHERCHÉ **délivrance. 2.** *Mouvement de libération de la femme (M. L. F.) :* mouvement de femmes qui voulaient se libérer de la suprématie des hommes. *Elle militait au mouvement de libération de la femme.* **3.** Fin de l'occupation d'un pays par l'ennemi. *Les rebelles ont fondé un front de libération. La Libération :* la période, en France, où les territoires occupés par les troupes allemandes pendant la Seconde Guerre mondiale ont été libérés. *La Libération a mis fin à l'Occupation.*

LIBÉRATRICE n., féminin de **libérateur**

LIBÉRER [libeʀe] verbe [conjugaison 6a] **1.** Mettre (un prisonnier) en liberté. *On a libéré deux prisonniers.* → **relâcher.** ⟨contraires : arrêter, emprisonner, incarcérer⟩ **2.** Dégager de ce qui gêne, de ce qui embarrasse. *Le gardien libérera* [libɛʀʀa] *le prisonnier de ses liens,* il le détachera. *Il faut enlever ces chaises pour libérer le passage.* **3.** Rendre (un lieu) disponible. *Vous devez libérer votre chambre d'hôtel à midi.* **4.** Délivrer (un pays, un peuple) de l'occupation d'un ennemi (→ **libération**). *Les alliés ont libéré l'Europe de l'occupation nazie.* **5.** Rendre libre (d'une obligation). *Je te libère de ta dette,* je t'autorise à ne pas la payer. **6.** verbe pronominal SE LIBÉRER : (qqn) se rendre libre de toute occupation. *Elle s'est libérée plus tôt que prévu.*

LIBERTÉ [libɛʀte] n. f. ▪ *LA LIBERTÉ* **1.** Situation d'un être qui n'est pas enfermé. *Le prisonnier a été mis en liberté,* a été libéré. *Dans ce parc zoologique, les animaux sont EN LIBERTÉ.* ⟨contraire : captivité⟩ **2.** Droit de faire, de penser et de dire ce que l'on veut. *Elle laisse beaucoup de liberté à ses enfants. Que faites-vous pendant vos heures de liberté ?* → **loisir.** *Tu as toute LIBERTÉ DE refuser.* → **latitude.** *J'ai PRIS LA LIBERTÉ DE le prévenir :* je me suis permis de le prévenir. **3.** (au pluriel) DES LIBERTÉS : actes accomplis sans respecter les règles. *Ce poète PREND DES LIBERTÉS AVEC la syntaxe,* il s'autorise à ne pas respecter la syntaxe. **4.** Pouvoir d'agir sans contrainte, que la loi reconnaît aux personnes. *«Liberté, Égalité, Fraternité» c'est la devise de la République française. Vive la liberté ! - Le droit à la liberté d'opinion et d'expression est inscrit dans la Déclaration des droits de l'homme. Dans les démocraties, on respecte la liberté de la presse,* on reconnaît aux journalistes le droit d'écrire ce qu'ils veulent. **5.** Indépendance (d'un pays). *Ils luttent pour la liberté.*

LIBIDO [libido] n. f. ▪ *LA LIBIDO :* recherche du plaisir sexuel. *Il satisfait sa libido.*

REM. Ce mot est un terme de psychanalyse.

LIBRAIRE [librɛʀ] n. m., n. f. ▪ *UN LIBRAIRE, UNE LIBRAIRE* : personne dont le métier est de vendre des livres. *J'ai acheté un dictionnaire chez le libraire.*

FAUX AMI
anglais **librarian** « bibliothécaire »

LIBRAIRIE [librɛʀi] n. f. ▪ *UNE LIBRAIRIE* : magasin où l'on vend des livres. *Ses parents ont une librairie.*

FAUX AMI
anglais **library** « bibliothèque »

LIBRAIRIE-PAPETERIE [librɛʀipapɛtʀi] n. f. ▪ *UNE LIBRAIRIE-PAPETERIE* : magasin où l'on vend des livres et des fournitures de bureau et d'école. *Elle s'est acheté un livre et des cahiers à la librairie-papeterie en face du lycée.* PLURIEL : *des LIBRAIRIES-PAPETERIES.*

LIBRE [libʀ] adj. (après le nom, parfois avant le nom)
I. (qqn) **1.** Qui n'est pas enfermé. *Le prisonnier est libre,* il est sorti de prison, il a été libéré. **2.** Qui ne dépend de personne, peut agir comme il veut. *C'est à toi de choisir, tu es libre. Je me sens LIBRE COMME L'AIR,* complètement libre. *Il est LIBRE DE faire ce qu'il veut.* - *LIBRE À toi de partir ou de rester :* tu peux partir ou rester. **3.** Qui n'a pas d'occupation prévue. *Êtes-vous libre ce soir ?* ⟨contraires : occupé, pris, retenu⟩ **4.** Qui n'éprouve pas de gêne, qui est à l'aise. *Il est très libre avec nous :* il ne se gêne pas avec nous. ⟨contraire : gêné⟩ **5.** (pays) Qui est indépendant, ne dépend pas d'un autre pays et n'est pas dirigé par un tyran. *Nous vivons dans un pays libre.*
II. (qqch.) **1.** Qui s'effectue librement. *Tu as le libre choix. Ils vivent en UNION LIBRE :* ils vivent ensemble sans être mariés **(→ concubinage).** *Elle a donné LIBRE COURS à sa colère :* elle s'est laissée aller à la colère. **2.** *Une ÉCOLE LIBRE :* école qui ne dépend pas complètement de l'État. *Son fils va dans une école libre.* **→ privé. 3.** Qui est permis. *Le feu est vert, le passage est libre. « Entrée libre » :* l'accès est gratuit et n'est soumis à aucune formalité. **4.** Qui n'est pas attaché. *Elle a les cheveux libres.* **5.** Qui n'est pas occupé. *Ce taxi est libre,* il n'a pas de passagers. *Il n'y a plus une chambre libre dans l'hôtel.* **→ disponible.** *Est-ce que cette place est libre ? Mon mari a beaucoup de TEMPS LIBRE,* du temps qu'il peut employer comme il veut. *La ligne téléphonique est libre.* - STYLE FAMILIER *Ça sonne PAS LIBRE :* la ligne de téléphone est occupée.

FAUX AMI
portugais **libra** « livre »

REM. La forme *il n'y a plus une chambre de libre* est négligée mais assez courante.

LIBREMENT [librəmɑ̃] adverbe **1.** Sans que cela soit interdit. *Vous pouvez circuler librement dans le parc.* **2.** Avec franchise. *Il m'a parlé très librement.*

LIBRE PENSEUR → **penseur**

LIBRE-SERVICE [librəsɛʀvis] n. m. ▪ *UN LIBRE-SERVICE* : magasin où le client se sert lui-même. **→ self-service.** *Il fait ses courses dans un libre-service.* PLURIEL : *les hypermarchés et les supermarchés sont des LIBRES-SERVICES.*

LIBYE [libi] nom propre féminin ▪ *LA LIBYE* : pays du nord-est de l'Afrique, dont la capitale est Tripoli. *Nous sommes allés en Libye. Ils reviennent de Libye. Les habitants de Libye* **(→ libyen).**

LIBYEN [libjɛ̃] adj. et n. m., **LIBYENNE** [libjɛn] adj. et n. f. **1.** adjectif (après le nom) De Libye. *Le désert occupe une grande partie du territoire libyen.* **2.** *UN LIBYEN, UNE LIBYENNE :* un habitant, une habitante de Libye. *Les Libyens.*

LICENCE [lisɑ̃s] n. f. ▪ *UNE LICENCE* **1.** Diplôme d'études supérieures. *Ma fille fait une licence d'histoire. Il a obtenu sa licence d'anglais.* **2.** Autorisation que donne l'Administration pour exercer une activité réglementée. *Les cafés doivent avoir une licence de débit de boissons. Les chasseurs doivent posséder une licence de chasse.* **→ permis. 3.** Autorisation qui donne le droit de participer à des compétitions des fédérations sportives. *Il a sa licence de tennis.*

① **LICENCIÉ** [lisɑ̃sje] n. m., **LICENCIÉE** [lisɑ̃sje] n. f. ▪ *UN LICENCIÉ, UNE LICENCIÉE* **1.** Personne qui a passé avec succès les épreuves de la licence. *C'est une licenciée en droit.* **2.** Personne qui appartient à une fédération sportive. *Il y a de nombreux licenciés dans la Fédération française de judo.*

② **LICENCIÉ** [lisɑ̃sje] adj. et n. m., **LICENCIÉE** [lisɑ̃sje] adj. et n. f. **1.** adjectif (après le nom) Qui a été renvoyé de son travail. *Les ouvriers licenciés se sont inscrits au chômage.* **2.** *UN LICENCIÉ, UNE LICENCIÉE :* une personne qui a été renvoyée de son travail. *Le nombre des licenciés de cette usine n'est pas encore connu.*

LICENCIEMENT [lisɑ̃simɑ̃] n. m. ▪ *LE LICENCIEMENT :* action de licencier. **→ renvoi.** *Elle a reçu sa lettre de licenciement. Il va recevoir une indemnité de licenciement.*

LICENCIER [lisɑ̃sje] verbe [conjugaison 7a] ▪ Renvoyer (qqn) de son travail. *Le patron de l'usine licenciera* [lisɑ̃siʀa] *cent personnes si le chiffre d'affaires est mauvais.* **→ congédier, remercier.** ⟨contraires : embaucher, engager⟩ *Il a peur que vous le licenciiez.*

LICHEE → **litchi**

LICHEN [likɛn] n. m. ▪ *LE LICHEN :* végétal formé de l'association d'un champignon et d'une algue, qui ressemble à la mousse. *Les lichens poussent sur les pierres et les troncs d'arbres.*

LICORNE [likɔʀn] n. f. ▪ *UNE LICORNE :* animal imaginaire qui a le corps d'un cheval, la tête d'un cheval ou d'un cerf, une barbiche et une corne unique au milieu du front. *La licorne est l'emblème de la pureté.*

LIE [li] n. f. ▪ *LA LIE* **1.** Dépôt qui se forme au fond d'un récipient contenant un liquide alcoolisé. *Il y a de la lie au fond de la bouteille de vin.* **2.** Ce qu'il y a de plus vil, de plus bas. *Ces voyous sont vraiment la lie de la société.*

LIÉ [lje], **LIÉE** [lje] adj. (après le nom) ▪ *Être lié avec qqn,* être ami avec lui. *Ils sont très liés.*

LIE-DE-VIN [lidvɛ̃] adj. invariable ▪ D'un rouge violacé. *Il a le teint lie-de-vin.* PLURIEL : *des taches lie-de-vin.*

LIÈGE [ljɛʒ] n. m. ▪ *LE LIÈGE :* matière légère, imperméable et élastique qui vient de l'écorce de certains arbres. *Le bouchon de la bouteille de champagne est en liège. Elle a des sandales à semelle de liège.*

REM. L'un des arbres qui fournit le liège est le *chêne-liège.*

LIÈGE [ljɛʒ] nom propre – en néerlandais **LUIK** ▪ Ville de Belgique. *Nous sommes allés à Liège. Nous revenons de Liège.*

LIÉGEOIS [ljeʒwa] adj. et n. m., **LIÉGEOISE** [ljeʒwaz] adj. et n. f.
I. adjectif (après le nom) **1.** De Liège. *Nos amis liégeois vont bientôt venir nous voir.* **2.** *CAFÉ LIÉGEOIS, CHOCOLAT LIÉGEOIS :* glace au café, au chocolat avec de la crème chantilly. *Voulez-vous des cafés liégeois pour le dessert ?*
II. *UN LIÉGEOIS, UNE LIÉGEOISE :* un habitant, une habitante de Liège. *Les Liégeois.*

LIEN [ljɛ̃] n. m. ▪ *UN LIEN* **1.** Chose longue et flexible qui sert à attacher. *Elle attache ses cheveux avec un lien.* → **ruban.** *Le prisonnier a les mains attachées par un lien.* → **corde. 2.** Rapport qui existe entre plusieurs choses. *Il y a un lien entre ces deux affaires.* → **relation.** *Ces faits n'ont aucun lien entre eux. As-tu fait le lien entre ces événements ?* → **rapprochement. 3.** Ce qui unit des personnes. *Il y a un LIEN DE PARENTÉ entre eux. Ils sont unis par les liens du mariage. Ils ont noué des liens étroits avec nous.*

FAUX AMI
espagnol **lio**
« embrouille »

LIER [lje] verbe [conjugaison 7a] **1.** Mettre ensemble (des choses) en les attachant. *Le ravisseur lie les mains de l'otage.* → **attacher.** ⟨contraires : délier, détacher⟩ *L'agriculteur liera* [liʀa] *la paille en bottes.* **2.** Attacher (qqn) avec des liens. *On l'a lié sur une chaise.* – *Il est FOU À LIER,* complètement fou. **3.** Établir un lien entre plusieurs choses. *Dans cette affaire, tout est lié,* tout se tient. **4.** Obliger (qqn) à respecter (qqch.). *Son serment le lie. Elle est liée par sa promesse,* elle est obligée de la tenir. **5.** Unir par des relations d'amitié. *Leur goût commun pour la musique les a liés.* → **rapprocher.** ⟨contraires : éloigner, séparer⟩ **6.** verbe pronominal SE LIER : (qqn) établir des relations d'amitié. *Ils se sont liés d'amitié avec leurs voisins,* ils sont devenus amis. – *Elle ne se lie pas facilement* (→ **liant).**

REM. Les formes du futur (ex. : *je lierai, vous lierez*) se prononcent de la même façon que celles du verbe *lire* (*je lirai, vous lirez*).

LIERRE [ljɛʀ] n. m. ▪ *LE LIERRE :* plante à feuilles brillantes toujours vertes, qui tapisse le sol ou qui grimpe le long des murs et des arbres. *La façade de la maison est recouverte de lierre.*

LIESSE [ljɛs] n. f. ▪ STYLE RECHERCHÉ *LA LIESSE :* grande joie. *La liesse est immense. Les spectateurs EN LIESSE acclament le chanteur.*

① **LIEU** [ljø] n. m.
I. *UN LIEU* **1.** Partie précise de l'espace. → ① **endroit, place.** *Quel est le lieu du rendez-vous ?* où est le rendez-vous ? *Indiquez votre date et votre lieu de naissance. Voici le lieu où ils se sont rencontrés. C'est la coutume du lieu* (→ **local).** PLURIEL : *des LIEUX de travail. Il met ses documents importants EN LIEU SÛR,* il les cache. **2.** *Un LIEU PUBLIC :* un endroit où le public peut accéder. *Les gares, les cafés sont des lieux publics.*
II. (au pluriel) LES LIEUX **1.** Endroit précis où qqch. s'est passé. *L'assassin est revenu sur les lieux du crime,* là où il a commis son crime. *La police est sur les lieux,* sur place. **2.** Endroit où l'on habite. *Les anciens locataires QUITTENT LES LIEUX aujourd'hui. Videz les lieux !* partez d'ici ! *Le propriétaire de l'appartement fait un ÉTAT DES LIEUX avant l'arrivée des nouveaux locataires,* il établit une description détaillée de l'état de l'appartement.
III. 1. Point d'une énumération. *EN PREMIER LIEU :* d'abord. *EN SECOND LIEU :* ensuite. *Nous voulons attirer votre attention EN DERNIER LIEU sur cet aspect,* enfin. **2.** *AVOIR LIEU :* se passer, se produire. *Le marché aura lieu sur la place du village.* → se **tenir.** *La foire a lieu tous les mois. Le concert n'a pas eu lieu en raison de la pluie,* il n'y a pas eu de concert. **3.** *AVOIR LIEU DE :* avoir des raisons de. *Elle n'a pas lieu de se plaindre.* – *Il n'y a pas lieu de s'inquiéter. Je vous en reparlerai, S'IL Y A LIEU,* si c'est nécessaire. – *DONNER LIEU À :* fournir l'occasion de. *Cet incident a donné lieu à des discussions,* a provoqué des discussions. **4.** *EN HAUT LIEU :* auprès de personnes haut placées. *Je me plaindrai en haut lieu.* **5.** *TENIR LIEU DE :* servir de. *Ce vieux sac lui tient lieu de cartable.* **6.** *AU LIEU DE :* à la place de. *Vous feriez mieux de travailler au lieu de jouer,* plutôt que de jouer. – *Il a employé un mot au lieu d'un autre,* un mot pour un autre. **7.** *Un LIEU COMMUN :* chose banale que tout le monde dit. *Elle ne dit que des lieux communs.* → **banalité, cliché, poncif.**

REM. *Lieue* « quatre kilomètres » se prononce de la même façon.

② **LIEU** [ljø] n. m. ▪ *UN LIEU :* poisson qui vit près des côtes de l'océan Atlantique. *Nous avons mangé du lieu noir* (→ **colin).** PLURIEL : *les pêcheurs ont pêché des lieus.*

LIEU-DIT [ljødi] n. m. ▪ *UN LIEU-DIT :* lieu qui, à la campagne, porte un nom qui rappelle une particularité du paysage ou un événement qui s'y est passé. *Ils habitent le lieu-dit « Les Trois Fontaines ».* PLURIEL : *des LIEUX-DITS.*

REM. On peut écrire aussi *un lieudit, des lieudits.*

LIEUE [ljø] n. f. ▪ *UNE LIEUE :* ancienne mesure de distance qui valait environ quatre kilomètres. *Le château est à trois lieues d'ici.* – *J'étais À CENT LIEUES d'imaginer ça !,* j'en étais très loin.

REM. *Lieu* « endroit » et *lieu* « poisson » se prononcent de la même façon.

LIEUTENANT [ljøtnɑ̃] n. m. ▪ *UN LIEUTENANT :* officier dont le grade est juste au-dessous de celui de capitaine. *Le lieutenant a deux galons. Oui, mon lieutenant !*

FAUX AMI
allemand **Leutnant**
« sous-lieutenant »

LIEUTENANT-COLONEL [ljøtnɑ̃kɔlɔnɛl] n. m. ▪ *UN LIEUTENANT-COLONEL :* officier dont le grade est juste au-dessous de celui de colonel. *On dit « mon colonel » à un lieutenant-colonel.* PLURIEL : *des LIEUTENANTS-COLONELS.*

LIÈVRE [ljɛvʀ] n. m. ▪ *UN LIÈVRE :* animal qui ressemble au lapin et vit en liberté. *Les petits du lièvre* (→ **levraut).** *Le chasseur a tué un lièvre. Nous avons mangé du civet de lièvre.* – *Il ne faut pas COURIR DEUX LIÈVRES À LA FOIS,* essayer d'atteindre deux buts en même temps.

LIFTING [liftiŋ] n. m. ▪ *UN LIFTING :* traitement esthétique, consistant le plus souvent en une opération chirurgicale, qui atténue les rides du visage en tirant la peau. *Elle s'est fait faire plusieurs liftings.*

FAUX AMI
anglais
lifting
« action de soulever »

REM. Ce mot vient de l'anglais.

LIGAMENT [ligamɑ̃] n. m. ▪ *UN LIGAMENT :* ensemble de fibres qui relient les os d'une articulation. *Il s'est fait une déchirure des ligaments du genou en sautant.*

LIGATURER [ligatyʀe] verbe [conjugaison 1a] ▪ Serrer, fixer avec un lien spécial (un vaisseau sanguin, une partie du corps). *Le médecin lui ligaturera* [ligatyʀʀa] *une artère.*

LIGNE [liɲ] n. f. **1.** Trait continu, allongé et fin (→ **linéaire).** *Les enfants tracent des lignes sur le sol pour jouer à la marelle.* **2.** Trait, réel ou imaginaire, qui sépare. *Le coureur franchit la LIGNE D'ARRIVÉE. Les voitures ne doivent pas doubler quand il y a une LIGNE BLANCHE continue au milieu de la route.* – *Le bateau passe LA LIGNE,* l'équateur. **3.** Forme, contour. *Cette voiture a une belle ligne. Ma sœur fait un régime pour GARDER LA LIGNE,* pour rester mince. **4.** Élément important. *Voici les GRANDES LIGNES de son programme électoral.* → **point. 5.** Trajet emprunté par un service de transport en commun ; le service qui assure ce trajet. *Il emprunte cette ligne de métro pour aller à son bureau. Les lignes de banlieue sont au fond de la gare. Où sont les GRANDES LIGNES ?* les lignes qui desservent de longues distances. *Son mari est PILOTE DE LIGNE,* il est pilote d'avion dans une compagnie d'aviation commerciale (opposé à pilote de chasse, pilote d'essai). **6.** Fil muni d'un hameçon. *Son fils aime beaucoup la PÊCHE À LA LIGNE,* pêcher avec une canne à pêche. **7.** Fils ou câbles qui transportent l'électricité. *Un avion a* *heurté une* LIGNE À HAUTE TENSION. *Ils ont deux lignes téléphoniques. Attendez, je suis* EN LIGNE, je suis en train de parler au téléphone. **8.** Suite (de personnes ou de choses alignées). *Les arbres sont plantés* EN LIGNE, sur une seule rangée. *Tu te trompes* SUR TOUTE LA LIGNE, complètement. *Elle a une intelligence* HORS LIGNE, supérieure. **9.** Suite de caractères, de mots disposés dans la page sur une ligne horizontale. *Son texte fait dix lignes. J'ai lu le journal* DE LA PREMIÈRE À LA DERNIÈRE LIGNE, entièrement. *Quand il le faut, je sais* LIRE ENTRE LES LIGNES, deviner ce qui est sous-entendu. **10.** *Entrer* EN LIGNE DE COMPTE : avoir de l'importance. *Notre amitié n'a pas à entrer en ligne de compte dans cette affaire,* elle ne doit pas être prise en considération, elle ne compte pas. **11.** LIGNE DE CONDUITE : règle de vie que l'on se donne. *J'ai une ligne de conduite et je ne changerai pas d'avis.*

FAUX AMI
roumain
linie
« règle ;
voie de chemin de fer »

LIGNÉE [liɲe] n. f. ▪ UNE LIGNÉE : ensemble des descendants (d'une personne). *Il est le dernier d'une lignée de marins.*

LIGNEUX [liɲø], **LIGNEUSE** [liɲøz] adj. (après le nom) ▪ Qui est de la nature du bois. *Cette plante a une tige ligneuse.*

LIGOTER [ligɔte] verbe [conjugaison 1a] ▪ Attacher (qqn) solidement avec une corde, de telle sorte qu'il ne puisse se servir ni de ses bras ni de ses jambes. *Les cambrioleurs ont ligoté le veilleur de nuit.*

LIGUE [lig] n. f. ▪ UNE LIGUE : association qui se propose d'améliorer la condition physique ou morale de l'homme. *La Ligue des droits de l'homme se bat contre la torture.*

SE **LIGUER** [lige] verbe pronominal [conjugaison 1b] ▪ S'unir (contre qqn ou qqch.). *Tous ses collègues se sont ligués contre lui. Il n'y a qu'en se liguant contre eux que nous pourrons réussir.*

LILAS [lila] n. m. et adj. **1.** UN LILAS : petit arbre aux fleurs en grappes très parfumées, violettes ou blanches. *Les lilas sont en fleurs. Ils ont cueilli des branches de lilas.* **2.** adjectif (après le nom) D'une couleur mauve, tirant sur le bleu ou le rose. *Il a une cravate lilas.*

LIMACE [limas] n. f. ▪ UNE LIMACE **1.** Petit animal au corps mou, sans coquille, qui avance en rampant. *La limace est un mollusque.* **2.** STYLE FAMILIER Personne molle, sans rapidité. *Quelle limace, ce mec !*

LIMANDE [limɑ̃d] n. f. ▪ UNE LIMANDE : poisson de mer, ovale et plat, plus large que la sole. *Le cuisinier a préparé des filets de limande au citron.* – STYLE FAMILIER *Cette femme est* PLATE COMME UNE LIMANDE, elle n'a pas de poitrine.

① **LIME** [lim] n. f. ▪ UNE LIME : outil de métal qui sert à user en frottant. *Le prisonnier essaie de scier les barreaux de sa cellule avec une lime. Elle se lime les ongles avec une* LIME À ONGLES, un petit outil en métal ou en carton granuleux.

② **LIME** [lim] n. f. ▪ Citron vert. *Les limes ont une peau très mince.*
REM. On rencontre souvent le mot au masculin : *un lime.*

LIMER [lime] verbe [conjugaison 1a] ▪ User, polir avec une lime. *Le menuisier lime une planche. Elle lime ses ongles.*

LIMIER [limje] n. m. ▪ UN LIMIER **1.** Grand chien de chasse que l'on utilise à la chasse à courre. *Les limiers courent après le cerf.* **2.** Personne qui suit une piste, cherche à retrouver la trace de qqn. *Ce détective est un* FIN LIMIER.

LIMITATION [limitasjɔ̃] n. f. ▪ LA LIMITATION : état de ce qui est limité. *Les automobilistes doivent respecter les limitations de vitesse.*

LIMITE [limit] n. f. et adj.
I. UNE LIMITE **1.** Lieu où une étendue se termine. *La rivière marque la limite du domaine. Une frontière est la limite entre deux pays.* **2.** Début ou fin d'une période. *N'attendez pas* LA DERNIÈRE LIMITE *pour vous inscrire.* → **moment.** *Il ne peut pas passer cet examen, il a atteint la* LIMITE D'ÂGE, il a dépassé l'âge au-delà duquel il pouvait le faire. *Regarde la* DATE LIMITE *de consommation de ce yaourt,* jusqu'à quelle date on peut le consommer. **3.** Point au-delà duquel on ne peut pas aller. *Elle a nagé jusqu'à la limite de ses forces. Ma patience a des limites !* → **borne.** *Je vous aiderai* DANS LA LIMITE DU *possible. Vous trouverez ces articles en vente dans la limite des stocks disponibles.* DANS UNE CERTAINE LIMITE, *on peut le comprendre.* → **mesure.** **4.** (au pluriel) LES LIMITES : les possibilités extrêmes (de qqn). *Je n'y arriverai pas, je connais mes limites ! Cet athlète a atteint ses limites, il ne fera jamais mieux.* **5.** À LA LIMITE : à la rigueur, au pire. *Si ta voiture est en panne, on peut, à la limite, y aller à pied.*
II. STYLE FAMILIER adjectif (après le nom) À peine supportable. *Tu as fait une plaisanterie franchement limite,* de mauvais goût.

LIMITÉ [limite], **LIMITÉE** [limite] adj. (après le nom) **1.** (qqch.) Dont la grandeur, peu importante, est fixée. *Les places disponibles sont* EN NOMBRE LIMITÉ. *Vous n'avez qu'un temps limité pour faire votre exercice.* ⟨contraire : illimité⟩ *Je n'ai qu'une confiance limitée en lui.* → **relatif. 2.** (qqn) STYLE FAMILIER Qui a peu de moyens intellectuels. *Il est gentil, mais il est un peu limité.* → STYLE TRÈS FAMILIER **con.** ⟨contraire : intelligent⟩

LIMITER [limite] verbe [conjugaison 1a] **1.** Enfermer dans des limites. *En France, on a limité la vitesse sur les autoroutes à cent trente kilomètres à l'heure. Il faut que je limite mes dépenses,* que je dépense moins. – STYLE FAMILIER *Nous essayons de* LIMITER LES DÉGÂTS, d'éviter le pire. **2.** verbe pronominal SE LIMITER : se donner des limites. *Dans son discours, elle s'est limitée à l'essentiel.* → se **borner.**

LIMITROPHE [limitʀɔf] adj. (après le nom) ▪ Qui a des frontières communes, qui est voisin. *L'Espagne et le Portugal sont des pays limitrophes. L'Italie est limitrophe de la Suisse.*

LIMON [limɔ̃] n. m. ▪ LE LIMON : mélange de sable, de fines particules calcaires et de débris végétaux et animaux qu'un cours d'eau dépose sur ses rives au moment des crues. → **alluvions, boue.** *Le limon est très fertile.*

FAUX AMIS
anglais **lemon** ,
portugais **limão,**
russe **лимон**
« citron »

LIMONADE [limɔnad] n. f. ▪ LA LIMONADE : boisson gazeuse incolore, sucrée et parfumée au citron. *Voulez-vous un verre de limonade ? J'ai bu de la limonade mélangée avec de la bière,* un demi panaché **(→ panaché).**

LIMPIDE [lɛ̃pid] adj. (après le nom) **1.** Clair, transparent. *Le ruisseau a une eau limpide.* ⟨contraire : trouble⟩ **2.** Facile à comprendre. *Il nous a donné une explication limpide. C'est limpide.* → **clair.** ⟨contraire : obscur⟩

LIMPIDITÉ [lɛ̃pidite] n. f. ▪ LA LIMPIDITÉ **1.** État de ce qui est limpide. *On voit à la limpidité de l'air qu'il n'y a pas de pollution ici.* → **clarté. 2.** Caractère de ce que l'on comprend facilement. *Ce texte est d'une grande limpidité.* → **clarté.** ⟨contraire : obscurité⟩

LIN [lɛ̃] n. m. ▪ LE LIN **1.** Plante à fleurs bleues dont la graine est utilisée pour fabriquer de l'huile et dont la tige sert à faire du fil. *La farine de lin sert à faire des cataplasmes.* **2.** Tissu de lin. *Il a un costume en lin. Le lin se froisse facilement.*

LINCEUL [lɛ̃sœl] n. m. ▪ *UN LINCEUL* : morceau de tissu dans lequel on enveloppe le corps d'un mort avant de le mettre en terre. *Le Christ fut mis dans un linceul.* → **suaire.**

LINÉAIRE [lineɛʀ] adj. et n. m. **1.** adjectif (après le nom) Qui a rapport aux lignes, qui peut être représenté par une ligne. *On peut représenter le temps de manière linéaire.* **2.** *UN LINÉAIRE* : longueur de rayonnage occupée par des marchandises dans un magasin. *Tout un linéaire est occupé par des boîtes de raviolis.*

LINGE [lɛ̃ʒ] n. m. ▪ *LE LINGE* **1.** *LINGE DE MAISON* : ensemble des pièces de tissu qui servent dans une maison. *Les draps, les serviettes, les torchons, les nappes constituent le linge de maison.* **2.** Ensemble formé par le linge de maison, les vêtements légers que l'on peut laver et les sous-vêtements. *Mets tes chaussettes dans le panier à linge sale. Elle étend le linge sur une CORDE À LINGE en le faisant tenir avec des PINCES À LINGE. Il y a beaucoup de linge à repasser.* **3.** STYLE FAMILIER *DU BEAU LINGE* : des femmes riches. *Il y aura du beau linge à ce cocktail.* **4.** *UN LINGE* : morceau de tissu. *La femme de ménage passe un linge humide sur le meuble.*

LINGERIE [lɛ̃ʒʀi] n. f. ▪ *LA LINGERIE* : ensemble des sous-vêtements et des vêtements de nuit pour femmes. *Elle s'est acheté un soutien-gorge au rayon lingerie d'un grand magasin. Elle ne met que de la lingerie en soie.*

LINGOT [lɛ̃go] n. m. ▪ *UN LINGOT* : masse de métal qui a la forme du moule dans lequel on l'a coulé. *Ils ont caché des LINGOTS D'OR dans leur jardin.*

LINGUISTE [lɛ̃gɥist] n. m., n. f. ▪ *UN LINGUISTE, UNE LINGUISTE* : spécialiste du langage, de la linguistique. *C'est une linguiste réputée.*

LINGUISTIQUE [lɛ̃gɥistik] n. f. et adj. **1.** *LA LINGUISTIQUE* : science qui étudie le langage. *Elle fait des études de linguistique.* **2.** adjectif (après le nom) Qui concerne la connaissance du langage ou l'apprentissage des langues étrangères. *Les élèves ont fait un séjour linguistique en Angleterre.*

LINOTTE [linɔt] n. f. **1.** *UNE LINOTTE* : petit oiseau au plumage brun et rouge. *Une linotte s'est posée sur l'arbre.* **2.** STYLE FAMILIER *Une TÊTE DE LINOTTE* : personne très étourdie. *Elle ne se souvient jamais de rien, c'est une vraie tête de linotte !*

LINTEAU [lɛ̃to] n. m. ▪ *UN LINTEAU* : barre en bois, en métal ou en pierre, qui forme la partie supérieure d'une ouverture et qui soutient ce qui est construit au-dessus. *La date de construction de la maison est gravée sur le linteau de pierre de la porte d'entrée.* PLURIEL : *des LINTEAUX.*

LION [ljɔ̃] n. m., **LIONNE** [ljɔn] n. f. **1.** *UN LION, UNE LIONNE* : grand carnivore au pelage fauve, qui vit en Afrique et en Asie. *Les lions sont des félins. Le lion a une crinière. La lionne défend ses petits* (→ **lionceau).** - *Il S'EST TAILLÉ LA PART DU LION* : il a pris pour lui la plus grosse part. **2.** *LE LION* : signe du zodiaque qui va du 23 juillet au 22 août. *Il est né sous le signe du Lion. Elle est Lion* : elle est née sous le signe du Lion. *Nous sommes tous les deux Lion.*

LIONCEAU [ljɔ̃so] n. m. ▪ *UN LIONCEAU* : petit du lion et de la lionne. *La lionne lèche son lionceau.* PLURIEL : *des LIONCEAUX.*

LIONNE n., féminin de **lion**

LIPIDE [lipid] n. m. ▪ *UN LIPIDE* : corps gras. *Le beurre est un aliment riche en lipides.*

REM. Ce mot est un terme de chimie.

LIQUÉFIER [likefje] verbe [conjugaison 7a] **1.** Rendre liquide. *La chaleur liquéfiera* [likefiʀa] *le goudron,* elle le fera fondre. **2.** verbe pronominal SE LIQUÉFIER : devenir liquide. (contraire : se solidifier) *Le beurre s'est liquéfié,* il a fondu. *La cire s'est liquéfiée.*

LIQUEUR [likœʀ] n. f. ▪ *UNE LIQUEUR* : boisson alcoolisée sucrée et aromatisée. → **spiritueux.** *Voulez-vous une liqueur de framboise ou de banane ? Il a mis de la liqueur de cassis dans son vin blanc. Elle aime les bonbons à la liqueur.* - *Elle sert le café, puis les liqueurs,* les alcools, digestifs.

REM. L'adjectif qui correspond à *liqueur* est *liquoreux.*

LIQUIDATION [likidasjɔ̃] n. f. ▪ *LA LIQUIDATION* **1.** Règlement de sommes à payer. *Le notaire effectue la liquidation de la succession,* il fait le partage de ce qui revient à chaque héritier. **2.** Vente au rabais. *Sur la vitrine du magasin, on peut lire : « Liquidation du stock avant les travaux ».*

LIQUIDE [likid] adj. et n. m.

I. adjectif (après le nom) **1.** (matière) Qui coule ou a tendance à couler. *Elle utilise de la lessive liquide dans son lave-linge. Le beurre devient liquide quand on le chauffe* (opposé à solide). *Dans l'industrie, on utilise de l'air liquide,* conservé à l'état liquide par le froid. **2.** (matière) Qui n'a pas assez de consistance. *Cette sauce est trop liquide, il faut rajouter de la farine.* → **fluide.** **3.** *ARGENT LIQUIDE* : argent sous forme de billets et de pièces de monnaie. *Je n'ai plus d'argent liquide, je vais faire un chèque.*

II. *UN LIQUIDE* **1.** Matière, corps qui s'écoule, coule. *L'eau et le lait sont des liquides.* - *Le malade ne peut absorber que des liquides,* des aliments liquides. - *Le sang, l'urine, les larmes sont des LIQUIDES ORGANIQUES,* qui sont dans le corps, proviennent du corps. **2.** STYLE FAMILIER *DU LIQUIDE* : de l'argent liquide. *Vous payez en liquide ? Il faut que je passe au distributeur car je n'ai plus de liquide.*

LIQUIDER [likide] verbe [conjugaison 1a] **1.** Faire la liquidation (d'une somme d'argent). *J'ai liquidé le compte que j'avais dans cette banque.* → **solder.** **2.** Vendre (des marchandises) à bas prix. *Le magasin liquide tout son stock avant l'inventaire.* **3.** STYLE FAMILIER En finir avec (qqch.). *Il faudrait liquider cette affaire.* → se **débarrasser.** - *Le malfaiteur a liquidé le témoin de son vol,* il l'a tué.

LIQUOREUX [likɔʀø], **LIQUOREUSE** [likɔʀøz] adj. (après le nom) ▪ (boisson) Qui contient de la liqueur, qui a le goût de la liqueur. *Le porto est un vin liquoreux. Elle n'aime pas les boisson liquoreuses.*

① **LIRE** [liʀ] verbe [conjugaison 43] **1.** Suivre des yeux ce qui est écrit en le comprenant. *Ton écriture est facile à lire* (→ **lisible).** *Ma fille de 6 ans lit couramment,* elle est capable de lire parfaitement (→ **lecture).** **2.** Déchiffrer. *Le pianiste a lu la partition. Je n'arrive pas à lire ce graphique,* à comprendre ce qu'il représente. **3.** Prendre connaissance du contenu d'un texte par la lecture. *Je lis le journal dans le métro, le matin. Il faut que tu lises ce roman, il est vraiment bien. Je lirai cette lettre plus tard. Je ne sais plus où j'ai lu ça. Elle se fait bronzer en lisant un magazine. Il lit l'allemand, mais il ne le parle pas très bien.* → **comprendre.** - *Depuis son enfance, il adore lire.* → STYLE FAMILIER **bouquiner.** *Elle lit énormément.* → STYLE FAMILIER **dévorer.** **4.** Dire à haute voix (un texte écrit). *Le ministre a lu son discours devant les journalistes.* → **prononcer.** **5.** Faire la lecture. *Je n'ai pas bien compris un passage de la lettre que tu m'as lue.* **6.** Déchiffrer, comprendre (ce qui est caché). *La gitane lit l'avenir dans les lignes de la main.* **7.** Discerner, reconnaître comme par un signe. *On lit la peur dans ses yeux.* → **voir.** **8.** verbe pronominal SE

LIRE : (émotion, sentiment) être discerné, reconnu. *La joie s'est tout de suite lue sur son visage.*

② **LIRE** [liʀ] n. f. ▪ *LA LIRE* : monnaie italienne. *À l'aéroport de Rome, j'ai changé mes francs contre des lires.*

lis [li] *Je lis, tu lis* : forme au présent du verbe **lire.**

LIS [lis] n. m. ▪ *UN LIS* : grande fleur blanche très parfumée, à longue tige droite et à feuilles allongées et pointues. *Ce bouquet de lis embaume la pièce. - La FLEUR DE LIS* (ou *de LYS*) *était autrefois l'emblème des rois de France.*

REM. **1.** La forme *lys,* plus ancienne que *lis,* est assez courante, surtout dans *fleur de lys.* **2.** L'adjectif *lisse* « égal et doux au toucher » se prononce de la même façon.

lisant [lizɑ̃] *En lisant* : forme au participe présent du verbe **lire.**

LISBONNE [lisbɔn] nom propre féminin – en portugais **LISBOA** ▪ Capitale du Portugal, sur l'estuaire du Tage. *Ils sont allés à Lisbonne. Nous revenons de Lisbonne.*

lise [liz] *Il faut qu'il lise, qu'elle lise* : forme au subjonctif du verbe **lire.**

LISERÉ [lizʀe] n. m. ▪ *UN LISERÉ* : ruban étroit cousu au bord d'un vêtement. *Son manteau est bordé d'un liseré de soie.*

REM. On écrit aussi *liséré* [lizeʀe].

LISERON [lizʀɔ̃] n. m. ▪ *LE LISERON* : plante grimpante à fleurs blanches en forme d'entonnoir. *Le liseron grimpe autour des branches d'un arbre.*

LISIBLE [lizibl] adj. (après le nom) **1.** (écriture) Facile à lire, à déchiffrer. *Sa signature est très lisible.* ⟨contraire : illisible⟩ **2.** (texte) Que l'on comprend facilement à la lecture. *Ce texte n'est lisible que par des spécialistes.* → **compréhensible.** ⟨contraires : illisible, incompréhensible⟩

LISIBLEMENT [lizibləmɑ̃] adverbe ▪ D'une manière lisible. *Écrivez lisiblement votre nom.*

LISIÈRE [lizjɛʀ] n. f. ▪ *LA LISIÈRE* **1.** Bord, limite (d'un terrain, d'une région). *L'autoroute est à la lisière de la forêt.* → **orée. 2.** Bordure limitant un tissu, de chaque côté, dans le sens de la longueur. *Une lisière empêche le tissu de s'effilocher.*

LISSE [lis] adj. (après le nom) ▪ (qqch.) Qui est égal et doux au toucher. *Les bébés ont la peau lisse.* → **douce.** ⟨contraire : rugueux⟩ *Mon chat a le poil lisse et brillant. La route qui vient d'être goudronnée est lisse.* ⟨contraire : inégal⟩

REM. *Le mot lis* « fleur » se prononce de la même façon.

LISSÉ [lise], **LISSÉE** [lise] adj. (après le nom) ▪ Rendu lisse. *Il a les cheveux propres et bien lissés.* ⟨contraires : ébouriffé, hirsute⟩

LISSER [lise] verbe [conjugaison 1a] ▪ Rendre lisse. *L'oiseau lisse ses plumes avec son bec. Mon père lisse sa moustache, quand il réfléchit.*

LISTE [list] n. f. ▪ *UNE LISTE* : suite de mots, de signes inscrits les uns au-dessous des autres. *Le professeur fait la liste des élèves absents Elle fait la liste de tout ce qu'elle doit acheter. Les jeunes d'au moins dix-huit ans peuvent s'inscrire sur les LISTES ÉLECTORALES,* ils peuvent figurer parmi les personnes qui ont le droit de voter. *Les futurs mariés ont déposé une LISTE DE MARIAGE dans un magasin,* la liste des cadeaux qu'ils souhaitent pour leur mariage. *Ils sont sur LISTE ROUGE,* leur nom n'apparaît pas dans l'annuaire du téléphone. *Ce terroriste est sur LISTE NOIRE,* il est recherché activement par la police.

LIT [li] n. m. ▪ *UN LIT* **1.** Meuble sur lequel on se couche pour dormir. *Dans cette chambre d'hôtel, il y a un grand lit et un petit lit,* un lit pour deux personnes et un lit pour une seule personne. *Les enfants dorment dans des LITS JUMEAUX,* des lits semblables. - *Ce lit est trop dur,* le sommier et le matelas qui garnissent le lit sont durs, fermes. - *Cet hôpital compte trois cents lits,* trois cents places pour les malades. **2.** *Elle est RESTÉE AU LIT toute la matinée,* couchée. *Allons, les enfants, AU LIT !* allez vous coucher ! → STYLE FAMILIER **dodo.** *Il est toujours de mauvaise humeur AU SAUT DU LIT,* au réveil. *Elle FAIT LES LITS,* elle remet les draps et les couvertures en place. *Il vient de se lever, son lit est défait,* en désordre. *Le malade doit GARDER LE LIT quelques jours,* il doit rester couché. → STYLE RECHERCHÉ **s'aliter.** *Il est CLOUÉ AU LIT avec une jambe cassée,* il est couché, sans pouvoir se lever. - *Il a exprimé ce souhait SUR SON LIT DE MORT,* juste avant de mourir. **3.** *ENFANT DU PREMIER LIT,* d'une première union du père ou de la mère. *Elle a deux fils d'un premier lit.* **4.** Couche où l'on peut s'étendre, dormir. *Il s'est étendu sur un lit de fougères.* **5.** Matière répandue en couche. *Le gril du barbecue est posé sur un lit de braises. - Les côtes d'agneau sont servies sur un lit de courgettes et de tomates.* **6.** Creux du sol dans lequel coule un cours d'eau. *La rivière est sortie de son lit et a inondé les champs.*

LITCHI [litʃi] n. m. ▪ *UN LITCHI* : petit fruit originaire d'Extrême-Orient, à peau brune et à chair blanche et parfumée. *Au restaurant chinois, nous avons mangé des litchis.*

LITERIE [litʀi] n. f. ▪ *LA LITERIE* : ensemble des objets qui garnissent un lit (matelas, oreillers, draps, couette, couvertures...). *Elle aère la literie avant de refaire le lit.*

LITHO n. f. Forme abrégée familière de **lithographie.**

LITHOGRAPHIE [litɔgʀafi] n. f. **1.** *LA LITHOGRAPHIE* : reproduction (de dessins) par impression sur une pierre calcaire. *Cet atelier fait de la lithographie en couleur.* → **gravure. 2.** *UNE LITHOGRAPHIE* : reproduction d'un dessin obtenue par ce procédé. *Il y a deux lithographies sur le mur.* - *LITHO* [lito] forme abrégée familière *Une litho de Picasso. Des lithos.*

LITHUANIEN → **lituanien**

LITIÈRE [litjɛʀ] n. f. ▪ *LA LITIÈRE* **1.** Paille ou fourrage que l'on répand sur le sol d'une étable ou d'une écurie pour que les animaux puissent s'y coucher. *Le fermier change la litière des vaches.* **2.** Sorte de sable ou de gravier dans lequel les chats font leurs besoins. *La litière du chat est dans la salle de bain.*

LITIGE [litiʒ] n. m. ▪ *UN LITIGE* : conflit entre personnes, pouvant aboutir à un procès. *Le tribunal arbitre le litige entre cet employé et son patron.*

LITIGIEUX [litiʒjø], **LITIGIEUSE** [litiʒjøz] adj. (après le nom) ▪ Qui est en litige, peut faire l'objet d'un litige. *Cette affaire litigieuse va être réglée par un procès. Voilà le point litigieux entre eux.*

LITRE [litʀ] n. m. **1.** *LE LITRE* : unité de mesure de capacité pour les liquides. *Elle a mis vingt litres d'essence dans le réservoir de la voiture.* - *L* [litʀ] abréviation *L'étiquette indique que la bouteille contient 2 l.* **2.** Contenu d'un litre. *Il a bu un litre d'eau.*

LITTÉRAIRE [liteʀɛʀ] adj. (après le nom) **1.** Qui concerne la littérature, les écrivains et leurs œuvres. *Les romans de Balzac et de Stendhal font partie des grandes œuvres littéraires du XIXe siècle. Sa fille fait des études littéraires à l'université,* des études de lettres. *Elle regarde une émission littéraire à la télévision,* qui parle de littérature, de livres. **2.** (qqn) Intéressé par la littérature, les œuvres des écrivains. *Elle est plus littéraire que scientifique,* elle s'intéresse plus à la littérature qu'aux sciences.

LITTÉRAL [liteʀal], **LITTÉRALE** [liteʀal] adj. (après le nom) **1.** Qui suit un texte lettre à lettre. *Ceci est une traduction littérale du texte original,* une traduction mot à mot. MASCULIN PLURIEL : *LITTÉRAUX* [literO]. **2.** *Le SENS LITTÉRAL (d'un mot)* : sens propre (opposé à figuré). *« Énerver » veut dire « enlever les nerfs », au sens littéral.*

LITTÉRALEMENT [literalmɑ̃] adverbe ▪ Au sens littéral, propre. *Il est littéralement fou de rage.* → **véritablement.**

LITTÉRATURE [literatyR] n. f. ▪ *LA LITTÉRATURE* **1.** L'ensemble des œuvres des écrivains. *Les pièces de Molière ou « la Comédie humaine » de Balzac font partie des chefs-d'œuvre de la littérature.* **2.** Ensemble des connaissances littéraires. *Cet étudiant suit des cours de littérature italienne à l'Université. Son père est professeur de littérature américaine à la Sorbonne.* **3.** Métier d'écrivain. *Il a fait carrière dans la littérature.* **4.** Ce que l'on ne trouve que dans les œuvres littéraires (et non dans la vie réelle). *Cette situation est impossible, c'est de la littérature.*

LITTORAL [litɔRal] n. m. ▪ *LE LITTORAL* : bord de la mer, côte. *Le littoral méditerranéen a un climat très doux.* → **rivage.** PLURIEL : *des LITTORAUX* [litɔRo] *rocheux.*

LITUANIE [litɥani] nom propre féminin – en lituanien **LIETUVOS** ou **LIETUVA** ▪ *LA LITUANIE* : l'un des trois pays baltes. *Ils habitent en Lituanie* (→ **lituanien**). *Nous revenons de Lituanie. La capitale de Lituanie est Vilnius.*

LITUANIEN [litɥanjɛ̃] adj. et n. m., **LITUANIENNE** [litɥanjɛn] adj. et n. f. **1.** adjectif (après le nom) De Lituanie, l'un des pays baltes. *La capitale lituanienne est Vilnius.* **2.** *UN LITUANIEN, UNE LITUANIENNE* : un habitant, une habitante de Lituanie. *Les Lituaniens.* **3.** nom masculin *LE LITUANIEN* : la langue balte parlée en Lituanie. *Il parle le lituanien et le letton.*

REM. On écrit aussi *lithuanien.*

LITURGIE [lityRʒi] n. f. ▪ *LA LITURGIE* : culte, cérémonial officiel institué et observé par une Église. *La messe est un acte de la liturgie catholique.*

LIVIDE [livid] adj. (après le nom) ▪ Extrêmement pâle. *Il a eu si peur qu'il est devenu livide.* → **blême.** *Elle a le teint livide.*

LIVING [liviŋ] n. m. ▪ *UN LIVING* : salle de séjour servant à la fois de salle à manger et de salon. *La télévision est dans le living.*

REM. *Living* est l'abréviation courante du mot anglais *living-room.*

LIVRAISON [livRɛzɔ̃] n. f. ▪ *UNE LIVRAISON* **1.** Remise d'un objet à la personne à laquelle cet objet est destiné. *À partir de six cents francs d'achat, ce supermarché fait les livraisons à domicile. Le matériel commandé est payable à la livraison.* **2.** Marchandise livrée. *Le magasin vient de recevoir une livraison de téléviseurs.*

① **LIVRE** [livR] n. m. ▪ *UN LIVRE* **1.** Assemblage d'un assez grand nombre de feuilles imprimées réunies par une couverture, à l'exclusion des périodiques. *Cette imprimerie imprime des livres et des magazines.* → STYLE FAMILIER **bouquin.** *Un livre peut être broché ou relié. Il collectionne les livres anciens. Ce livre fait trois cents pages. Le petit enfant regarde un livre illustré.* → **album.** *La couverture de ce livre est en cuir. Les livres sont classés par titres dans la bibliothèque. – L'écolier a mis ses LIVRES DE CLASSE dans son cartable. Il est amateur de BEAUX LIVRES,* de livres d'art. *Je lis un livre passionnant. Cet écrivain est en train d'écrire un nouveau livre. C'est mon libraire qui m'a conseillé la lecture de ce livre.* → **ouvrage.** – *« Le Rouge et le Noir » de Stendhal est mon LIVRE DE CHEVET,* le livre que je relis souvent et avec plaisir. **2.** La lecture, l'étude. *Il est toujours plongé dans les livres. – Tu PARLES COMME UN LIVRE,* très bien, savamment. *Il lit le japonais À LIVRE OUVERT,* couramment. **3.** Cahier, registre. *Le commerçant inscrit ses recettes et ses dépenses dans son LIVRE DE COMPTES. Le capitaine rédige chaque soir le résumé de la journée dans le LIVRE DE BORD,* dans le cahier où est écrit tout ce qui s'est passé sur le bateau, chaque jour. – *Nous avons écrit un commentaire dans le LIVRE D'OR du musée,* dans le cahier où chaque visiteur peut écrire ce qu'il veut.

> FAUX AMI
> portugais **livre** (adj.) « libre »

② **LIVRE** [livR] n. f. ▪ *UNE LIVRE* : la moitié d'un kilogramme (ou cinq cents grammes). *J'ai acheté une livre de tomates au marché. Je voudrais une demi-livre de beurre,* deux cent cinquante grammes de beurre.

REM. Une *demi-livre* signifie « deux cent cinquante grammes ».

③ **LIVRE** [livR] n. f. ▪ *LA LIVRE* ou *LA LIVRE STERLING* : monnaie de la Grande-Bretagne. *À Londres, j'ai changé mes francs contre des livres sterling* (symbole £). – *La livre australienne, égyptienne, turque.*

LIVRER [livRe] verbe [conjugaison 1a]

I. 1. Remettre à l'acheteur la marchandise qu'il a commandée. *Le magasin doit nous livrer un nouveau réfrigérateur* (→ **livraison**). *Livrez-vous à domicile ?* **2.** *LIVRER À* : mettre (qqn, qqch.) au pouvoir de (qqn). *Livrez-nous les coupables. – Le voleur a livré son complice à la police,* il l'a dénoncé à la police. **3.** Confier à qqn (qqch.). *Il est mort sans avoir livré son secret.* → **dévoiler. 4.** Soumettre à l'action de (qqch.). *Les nazis ont livré six millions de Juifs à la mort. – Le pays est livré au désordre,* il est plongé dans le désordre. **5.** (qqn) *ÊTRE LIVRÉ À SOI-MÊME* : être seul, sans personne pour s'occuper de soi. *Les enfants sont livrés à eux-mêmes et s'ennuient.* **6.** *LIVRER UN COMBAT, UNE BATAILLE* : engager, commencer (un combat, une bataille). *Nos troupes ont livré un rude combat contre l'ennemi. Les soldats ont LIVRÉ BATAILLE.*

II. verbe pronominal **SE LIVRER 1.** Se mettre entre les mains de. *Le malfaiteur s'est livré à la police.* **2.** Se confier. *Elle est très secrète et ne se livre pas facilement,* elle ne parle pas beaucoup d'elle. → STYLE RECHERCHÉ s'**épancher. 3.** *SE LIVRER À* : se laisser aller à (un sentiment, une activité). *Il se livre au désespoir. Les pillards se sont livrés aux pires excès. – Ce jour-là, elle s'est livrée à ses activités habituelles.* → s'**adonner.**

> FAUX AMIS
> espagnol **librar** « libérer » ; portugais **livrar** « débarrasser »

LIVRET [livRɛ] n. m. ▪ *UN LIVRET* **1.** Petit livre mince. *Elle signe le LIVRET SCOLAIRE de son fils,* le carnet où sont inscrites ses notes et les appréciations des professeurs. *La maire a remis aux mariés leur LIVRET DE FAMILLE,* où seront inscrits les renseignements administratifs qui les concernent eux et leurs futurs enfants (naissance, mariage, mort). – *Elle dépose régulièrement de l'argent sur son LIVRET DE CAISSE D'ÉPARGNE.* → **épargne. 2.** *UN LIVRET (D'OPÉRA)* : texte sur lequel est composée la musique d'un opéra, d'une œuvre lyrique. *Le livret de cet opéra est adapté d'une pièce de théâtre.*

LIVREUR [livRœR] n. m., **LIVREUSE** [livRøz] n. f. ▪ *UN LIVREUR, UNE LIVREUSE* : personne qui apporte à domicile une marchandise que l'on a achetée. *Les livreurs ont descendu le lave-linge du camion et l'ont installé dans la salle de bain.*

LOBBY [lɔbi] n. m. ▪ *UN LOBBY* : groupe qui exerce une pression sur le pouvoir. *L'action du gouvernement est gênée par de puissants lobbys.*

REM. **1.** *Lobby* est un mot anglais. **2.** Au pluriel, on écrit *des lobbys* ou *lobbies* (pluriel anglais).

LOBE [lɔb] n. m. ▪ *UN LOBE :* partie arrondie (d'un organe). *On lui a enlevé un lobe du poumon. Elle s'est fait percer les LOBES DES OREILLES,* le bout arrondi et charnu du bas de l'oreille.

FAUX AMI
espagnol
lobo « loup »

LOCAL [lɔkal] adj. et n. m., **LOCALE** [lɔkal] adj.
I. adjectif (après le nom) **1.** Relatif à un lieu particulier, une région particulière. *Il a lu cette information dans le journal local.* → **régional.** *Ici, les coutumes locales sont restées très vivantes* (opposé à national). *La météo annonce des averses locales,* en certains endroits seulement. MASCULIN PLURIEL : *ils doivent payer leurs impôts LOCAUX* [lɔko]. - *COULEUR LOCALE :* ce qui caractérise qqch., qqn dans un lieu et à un moment donné. *Ce joueur de biniou fait très couleur locale avec son chapeau breton.* **2.** *ANESTHÉSIE LOCALE,* qui n'insensibilise qu'une partie du corps (opposé à générale). *Pour lui enlever cette verrue, on lui a fait une anesthésie locale.*
II. *UN LOCAL :* pièce, partie d'un bâtiment destinée à un usage particulier. *Un appartement est un local d'habitation.* → **logement.** *Un atelier, un cabinet, un laboratoire sont des locaux professionnels.*

FAUX AMI
roumain **local** (n.)
« restaurant »

LOCALISER [lɔkalize] verbe [conjugaison 1a] **1.** Repérer l'endroit précis de (un objet, un phénomène). *Je n'arrive pas à localiser ce bruit. Les médecins ont localisé la cause de la maladie.* → **déterminer.** *Est-ce que vous localisez la rue Tournefort ?* est-ce que vous savez où elle est ? - *Il a une douleur localisée dans l'oreille,* située dans l'oreille. **2.** Enfermer dans des limites. *Les pompiers ont localisé l'incendie,* ils l'ont empêché de s'étendre. ⟨contraires : étendre, généraliser⟩ - *Pour le moment, l'épidémie est très localisée,* elle n'existe que dans certaines régions.

LOCALITÉ [lɔkalite] n. f. ▪ *UNE LOCALITÉ :* petite ville, village. *Ils habitent une charmante localité de Normandie.*

LOCATAIRE [lɔkatɛʀ] n. m., n. f. ▪ *UN LOCATAIRE, UNE LOCATAIRE :* personne qui paie un loyer pour habiter dans un logement. *Le premier du mois, le locataire paie son loyer au propriétaire. Ils sont locataires de leur appartement,* ils en paient la location (→ ② **louer**).

LOCATION [lɔkasjɔ̃] n. f. ▪ *LA LOCATION* **1.** Action de prêter ou d'occuper (un logement, une voiture...) contre de l'argent. *La location de l'appartement leur coûte quatre mille francs par mois,* ils paient un loyer de quatre mille francs par mois. → **loyer.** *Nous cherchons une maison EN LOCATION pour cet été,* une maison à louer (→ ② **louer**). *Quand il voyage, il se déplace en voiture DE LOCATION,* qu'il loue. **2.** Action de retenir à l'avance une place (dans un théâtre, un moyen de transport, à l'hôtel). *Le bureau de location du théâtre est ouvert de onze heures à dix-huit heures.* → **réservation.**

FAUX AMI
anglais **location**
« emplacement, situation »

LOCATION-VENTE [lɔkasjɔ̃vɑ̃t] n. f. ▪ *LA LOCATION-VENTE :* contrat par lequel le locataire devient propriétaire de la chose louée à la fin du bail. *Ils ont acheté leur voiture en location-vente.* PLURIEL : *des LOCATIONS-VENTES.*

LOCOMOTION [lɔkɔmosjɔ̃] n. f. ▪ *LA LOCOMOTION* **1.** Action de se mouvoir, de se déplacer d'un lieu vers un autre. *Les muscles de la locomotion permettent à l'homme de marcher.* **2.** Ce qui permet de se déplacer. *L'avion, le train et la voiture sont des MOYENS DE LOCOMOTION.* → **transport.**

LOCOMOTIVE [lɔkɔmɔtiv] n. f. ▪ *UNE LOCOMOTIVE :* machine qui tire les trains. *Les locomotives à vapeur ont été remplacées par des locomotives électriques.* → **motrice.**

LOCUTEUR [lɔkytœʀ] n. m., **LOCUTRICE** [lɔkytʀis] n. f. ▪ *UN LOCUTEUR, UNE LOCUTRICE :* personne qui parle (une langue). *Il y a des locuteurs du français en Suisse, en Belgique, au Québec et en Afrique.*

LOCUTION [lɔkysjɔ̃] n. f. ▪ Groupe de mots stable ayant la même fonction qu'un mot. *« Tout de suite », « dès que » et « avoir l'air » sont des locutions. « Perdre le nord » est une LOCUTION FIGÉE,* dont on ne peut changer aucun mot. → **expression, tournure.**

REM. **1.** Les locutions ont parfois seulement une fonction grammaticale, et ont valeur d'adverbe *(en vain, tout de suite),* de conjonction *(à moins que, dès que)* ou de préposition *(auprès de, jusqu'à).* D'autres ont un sens figuré, particulier *(jouer avec le feu, mettre du beurre dans les épinards).* **2.** Ne pas confondre le terme (qui désigne) et la locution.

LODEN [lɔdɛn] n. m. ▪ *UN LODEN :* manteau en tissu de laine épais et imperméable. *Il a un loden vert.*

LOFT [lɔft] n. m. ▪ *UN LOFT :* local commercial ou industriel transformé en habitation. *Ils ont transformé cette ancienne usine en loft.*

REM. *Loft* est un mot américain.

LOGE [lɔʒ] n. f. ▪ *UNE LOGE* **1.** Petit appartement au rez-de-chaussée d'un immeuble, où vit le gardien. *La concierge est dans sa loge.* **2.** Petite pièce aménagée dans les coulisses d'une salle de spectacle, où les artistes s'habillent, se maquillent et se reposent. *Des admirateurs sont venus féliciter le comédien dans sa loge.* **3.** Compartiment contenant plusieurs sièges, dans une salle de spectacle. *Ils ont loué une loge d'orchestre, à l'Opéra.* → **baignoire.** - *ÊTRE AUX PREMIÈRES LOGES :* être à la meilleure place (pour être témoin, spectateur de qqch.). *Nous sommes aux premières loges pour observer le départ de la course.* **4.** Association de francs-maçons. *Ils appartiennent à la même loge.*

FAUX AMI
russe **ложе** « lit »

LOGEMENT [lɔʒmɑ̃] n. m. **1.** *LE LOGEMENT :* action de loger ou de se loger. *Il y a une crise du logement, en ce moment. Le gouvernement veut inaugurer une nouvelle politique du logement.* → **habitat. 2.** *UN LOGEMENT :* local d'habitation. *Ils sont propriétaires de leur logement. Ce logement est spacieux.* → **appartement.**

LOGER [lɔʒe] verbe [conjugaison 3b]
I. 1. Habiter (un logement). *Nous logeons au dernier étage de l'immeuble.* → STYLE RECHERCHÉ **demeurer ;** STYLE FAMILIER **crécher.** *Ils logent à six dans deux pièces.* → **vivre. 2.** Abriter, héberger. *Des amis nous ont logés pour la nuit.* ⟨contraire : déloger⟩ - *Vous êtes bien logés, ici, c'est grand. Ils sont très mal logés et veulent changer d'appartement.* - *Ce lycée peut loger mille élèves.* → **recevoir.**
II. verbe pronominal SE LOGER **1.** Trouver un logement. *Ils ont eu du mal à se loger, dans le quartier.* **2.** (qqch.) Se mettre (quelque part). *La balle de revolver s'est logée dans l'épaule.*

LOGEUR [lɔʒœʀ] n. m., **LOGEUSE** [lɔʒøz] n. f. ▪ *UN LOGEUR, UNE LOGEUSE :* personne qui loue des chambres meublées. *L'étudiant a payé le loyer de sa chambre à sa logeuse.*

LOGGIA [lɔdʒja] n. f. ▪ *UNE LOGGIA :* balcon couvert et fermé sur les côtés. *Nous avons déjeuné dans la loggia. Toutes les chambres de l'hôtel possèdent des loggias.*

REM. Ce mot vient de l'italien.

LOGICIEL [lɔʒisjɛl] n. m. ▪ *UN LOGICIEL :* programme d'ordinateur. *Cet ordinateur est vendu avec un logiciel de traitement de texte. Il a acheté un nouveau logiciel pour son ordinateur.*

LOGICIEN [lɔʒisjɛ̃] n. m., **LOGICIENNE** [lɔʒisjɛn] n. f. ▪ *UN LOGICIEN, UNE LOGICIENNE :* philosophe spécialiste de la logique. *Bertrand Russell est un célèbre logicien anglais.*

LOGIQUE [lɔʒik] adj. et n. f.
I. adjectif (après le nom) **1.** Conforme au bon sens, à la raison. ⟨contraires : contradictoire, incohérent⟩ *Ton raisonnement n'est pas logique.* → **cohérent.** *Sa réaction est assez logique.* → **naturel, normal.** *Il est furieux, c'est logique.* ⟨contraires : absurde, illogique⟩ **2.** (qqn) Qui raisonne avec justesse. *Il faut être logique. Vous n'êtes pas logique ! – Il a un esprit plus logique qu'intuitif.* → **rationnel.**
II. *LA LOGIQUE* **1.** Manière de raisonner correctement, bon sens. *Vous manquez de logique ! EN TOUTE LOGIQUE, ça devrait se passer comme ça,* normalement. → **logiquement.** *C'est dans la logique des choses.* **2.** Étude scientifique des normes de vérité. *Il est spécialiste de la logique mathématique.*

LOGIQUEMENT [lɔʒikmɑ̃] adverbe **1.** Conformément à la logique. *Apprenez à raisonner logiquement.* **2.** En considérant les choses avec logique, en raisonnant. *Logiquement, les choses devraient aller mieux.*

LOGIS [lɔʒi] n. m. ▪ STYLE RECHERCHÉ *UN LOGIS :* endroit où l'on habite. → STYLE RECHERCHÉ **demeure ; habitation, logement, maison.** *Leur fils a quitté le logis familial pour aller faire ses études à Paris.*

LOGO [lɔgo] n. m. ▪ *UN LOGO :* symbole graphique qui représente une marque, une firme. *Le logo de la firme représente un globe terrestre.*
REM. *Logo* est l'abréviation de *logotype,* mot très peu employé.

LOI [lwa] n. f. ▪ *LA LOI* **1.** L'ensemble des règles établies par la société, qui indiquent ce qui est autorisé et ce qui est interdit. *Certains actes sont conformes à la loi* (→ **légal).** *Ceci est contraire à la loi* (→ **illégal, illicite).** *Au nom de la loi, je vous arrête ! Nul n'est censé ignorer la loi. C'est dangereux de braver la loi. Vous vous mettez en dehors de la loi en ne payant pas vos impôts* (→ **hors-la-loi).** *Les avocats et les juges sont des HOMMES DE LOI.* **2.** Domination. *Dans ce métier, c'est la loi du plus fort, la loi de la jungle,* c'est le plus fort qui domine, qui gagne. **3.** Commandement que l'on donne. *Il veut toujours FAIRE LA LOI,* commander. *Personne ne dictera sa loi chez moi.* **4.** Règle qui exprime la volonté de Dieu. *La loi de l'Ancien Testament est écrite dans la Bible. Les musulmans respectent la loi islamique.* **5.** (au pluriel) LES LOIS : les règles établies qui doivent être observées dans les rapports entre les gens. *Les chevaliers du Moyen Âge respectaient les lois de l'honneur. Ce peuple observe les lois de l'hospitalité envers les étrangers.* **6.** *UNE LOI :* règle obligatoire établie par l'autorité d'une société et que tout le monde doit respecter sous peine de sanctions. *Cette loi est mal faite. En France, ce sont les députés et les sénateurs qui votent les lois* (→ **légiférer).** *Les lois sont parfois différentes d'un pays à l'autre.* → ③ **droit, législation.** **7.** Règle qui permet d'expliquer les phénomènes naturels. *Newton a découvert la loi de la pesanteur.*

LOIN [lwɛ̃] adverbe
I. 1. À une grande distance (du lieu où l'on est). ⟨contraire : près⟩ *Nous ne sommes pas arrivés, le village est encore loin. C'est un peu plus loin. Nous sommes allés trop loin, nous avons dépassé la maison. – Attention, vous allez trop loin,* vous exagérez. *Ce garçon ira loin,* il réussira. *Cette affaire peut aller, mener loin,* avoir de graves conséquences. **2.** Dans un temps éloigné (du moment présent ou de celui dont on parle). *L'été est encore loin.* ⟨contraire : proche⟩ *Comme c'est loin, ce temps-là !* → **vieux.** ⟨contraire : récent⟩ – (figuré) *VOIR LOIN :* prévoir. *C'est un homme qui voit loin* (→ **prévoyant).**
II. 1. *IL Y A LOIN :* il y a une grande distance. *Il y a loin de la maison au village.* **2.** *AU LOIN :* dans un lieu éloigné. *Il est parti au loin faire fortune. On aperçoit le clocher du village au loin,* dans le lointain, à une assez grande distance. **3.** *DE LOIN :* d'un lieu éloigné. *Je l'ai vu de loin, dans la rue. – Nous avons suivi de loin les événements,* sans y participer, sans nous y intéresser vraiment. – *Il REVIENT DE LOIN :* il a échappé à un grand danger, à qqch. de grave. – *C'est de loin son meilleur film,* de beaucoup. – *Cette situation date de loin,* d'un temps très ancien. **4.** *DE LOIN EN LOIN :* par intervalles, de temps en temps. *Nous nous voyons de loin en loin.*
III. *LOIN DE.* **1.** À une grande distance. *Elle travaille loin de chez elle. Ils sont loin de tout, dans cette maison isolée. – Loin des yeux, loin du cœur :* les absents sont vite oubliés. – *NON LOIN DE :* assez près de. *Non loin de là, il y a un joli village. – LOIN DE MOI, DE NOUS (telle chose) :* j'écarte, nous écartons (telle chose). *Loin de moi de te critiquer :* je n'ai pas l'idée de te critiquer. – *Il n'est pas idiot, LOIN DE LÀ,* bien au contraire. **2.** Dans un temps éloigné, à une époque lointaine (du passé ou du futur). *L'été est encore loin de nous. Ces vieux souvenirs lui semblent aujourd'hui très loin d'elle.* **3.** *PAS LOIN DE :* presque. *Il n'est pas loin de minuit,* il est bientôt minuit. **4.** (qqn) *J'étais LOIN DE m'attendre à ça,* je ne m'y attendais pas du tout. *Je ne suis pas loin de penser qu'il a raison,* je suis prêt à le penser. **5.** STYLE RECHERCHÉ *D'AUSSI LOIN QUE, DU PLUS LOIN QUE :* d'une distance très grande (dans l'espace ou dans le temps). *Du plus loin qu'il nous a aperçus, il nous a fait un signe. D'aussi loin que je me souvienne, je l'ai toujours détesté.*

LOINTAIN [lwɛ̃tɛ̃] adj. et n. m., **LOINTAINE** [lwɛ̃tɛn] adj.
I. adjectif (après le nom, parfois avant le nom) **1.** (après le nom) Qui est à une grande distance dans l'espace. *Ils aiment visiter les pays lointains.* → **éloigné.** ⟨contraires : proche, voisin⟩ *On entend la rumeur lointaine de la ville. – Tu as un air lointain,* distrait, absent. **2.** (avant ou après le nom) Qui n'est pas proche, direct. *Il y a une ressemblance lointaine entre les deux cousins.* → ② **vague.** *Ça n'a qu'un lointain rapport avec notre sujet.* **3.** (après le nom) Très éloigné dans le temps. *Il faut remonter à un passé lointain pour comprendre.* → **reculé.** ⟨contraire : récent⟩ *Cela changera peut-être dans un avenir lointain.*
II. *DANS LE LOINTAIN :* au loin, au fond. *On distingue une montagne dans le lointain,* à l'horizon.

LOIR [lwaʀ] n. m. ▪ *UN LOIR :* petit animal rongeur à poil gris et à queue touffue. *Les loirs hibernent. – DORMIR COMME UN LOIR,* beaucoup et profondément. *Ne le réveille pas, il dort comme un loir.*

LOISIR [lwaziʀ] n. m. ▪ *LE LOISIR* **1.** Temps que l'on a pour faire qqch. *Il n'a pas le loisir de lire, il a trop de travail.* **2.** Temps de la vie qui n'est occupé ni par le travail ni par le sommeil. *Tout le monde a besoin d'un peu de loisir.* → **délassement, repos.** *Ils font beaucoup de sport pendant leurs moments de loisir. – Depuis qu'il est à la retraite, il a beaucoup de loisirs,* de temps libre. *Comment occupez-vous vos loisirs ? – Le mercredi, elle conduit ses enfants dans un CENTRE DE LOISIRS,* un lieu où ils ont des activités en dehors de l'école. *Dimanche, ils vont aller dans un PARC DE LOISIRS,* aménagé pour des jeux ou des activités sportives. **3.** (au pluriel) LES LOISIRS : les occupations, les distractions que l'on a pendant le temps libre. *Ses loisirs préférés sont le tennis et le dessin.* **4.** *À LOISIR, TOUT À LOISIR :* en prenant son temps, à son aise. *En vacances, ils aiment flâner tout à loisir. Le dimanche, on peut dormir à loisir,* autant que l'on veut.

LOMBAIRE [lɔ̃bɛʀ] adj. (après le nom) ▪ Situé dans le bas du dos. *Elle a parfois des douleurs lombaires* (→ **lumbago**). *L'homme possède cinq vertèbres lombaires.*

LONDONIEN [lɔ̃dɔnjɛ̃] adj. et n. m., **LONDONIENNE** [lɔ̃dɔnjɛn] adj. et n. f. **1.** adjectif (après le nom) De la ville de Londres, en Angleterre. *Le climat londonien est brumeux. Elle aime beaucoup la vie londonienne,* à Londres. **2.** *UN LONDONIEN, UNE LONDONIENNE :* un habitant, une habitante de Londres. *Les Londoniens.*

LONDRES [lɔ̃dʀ] nom propre féminin – en anglais **LONDON** ▪ Capitale du Royaume-Uni et de l'Angleterre, sur l'estuaire de la Tamise. *Nous allons souvent à Londres. Cet avion vient de Londres.*

LONG [lɔ̃] adj., n. m. et adverbe
I. adjectif (avant le nom ou après le nom) **1.** (avant le nom) Qui est très étendu dans le sens de la longueur. *Les glaïeuls ont une longue tige. Cet homme a un très long nez.* → **long.** ⟨contraire : court⟩ **2.** (avant le nom) Qui a une grande étendue, s'étend sur une grande distance. *Il fait de longues enjambées. Il y a un long chemin d'ici au village.* **3.** (après le nom) Dont la grande dimension est importante par rapport aux autres (→ **longueur**). *Elle a les cheveux longs.* ⟨contraire : court⟩ *La mariée est en robe longue.* **4.** *LONG DE :* qui a (telle dimension) dans le sens de la longueur. *Ce pétrolier est long de trois cents mètres.* **5.** (avant ou après le nom) (langage, discours) *«L'Idiot» de Dostoïevski est un long roman.* – (qqn) *L'orateur a été trop long,* il a parlé trop longtemps. ⟨contraire : bref⟩ **6.** (avant ou après le nom) Qui a une durée très étendue. *Il n'a rien dit pendant un long moment* (→ **longtemps**). *Elle commence à trouver le temps long. Il guérira, mais ce sera long. J'en ai assez d'attendre, c'est trop long ! Attendez-moi ici, ça ne sera pas long.* – *C'est LONG À venir, cette réponse.* – *C'est un travail DE LONGUE HALEINE,* qui doit durer longtemps. **7.** (avant le nom) Qui remonte loin dans le temps. *Il a une longue habitude de ce genre de travail.* → **ancien, vieux.** ⟨contraire : récent⟩ **8.** (avant le nom) *Je ne peux pas faire de projet À LONG TERME,* dans un avenir éloigné (opposé à court terme, moyen terme). *On verra bien À LONGUE ÉCHÉANCE,* dans longtemps. – *À LA LONGUE :* avec le temps. *À la longue, il s'habituera.* → **finalement.** **9.** *LONG DE :* de telle durée. *C'est une absence longue de deux mois.*
II. nom masculin **1.** Longueur. *Cette table mesure deux mètres DE LONG sur un mètre de large.* – *Il est tombé DE TOUT SON LONG,* allongé par terre. – *Il marche DE LONG EN LARGE dans la pièce,* en faisant des allées et venues. – *Elle nous a raconté son voyage de long en large,* en détail. **2.** *AU LONG DE, LE LONG DE, TOUT LE LONG DE :* en suivant sur toute la longueur. *Elle aime marcher le long des rues. Il a couru tout le long du chemin.*
III. adverbe **1.** Beaucoup. *Ils en savent long sur toi.* ⟨contraire : peu⟩ **2.** Avec un vêtement long. *Elle est habillée trop long, ça ne lui va pas.* ⟨contraire : court⟩

LONGER [lɔ̃ʒe] verbe [conjugaison 3b] **1.** (qqn) Aller le long de, en suivant le bord. *Nous longeons la rivière.* **2.** (qqch.) Être le long de. *La route longe la mer.*

LONGÉVITÉ [lɔ̃ʒevite] n. f. ▪ *LA LONGÉVITÉ :* longue durée de vie (d'un être vivant, d'une espèce). *Certains arbres ont une longévité exceptionnelle.*

LONGITUDE [lɔ̃ʒityd] n. f. ▪ *LA LONGITUDE :* distance qui sépare un point du globe terrestre, d'une ligne imaginaire qui va du pôle Nord au pôle Sud en passant par la ville anglaise de Greenwich. *La longitude se mesure en degrés, en direction de l'est ou de l'ouest. L'île est située par 60° de longitude ouest et 40° 20' de latitude sud* (→ **latitude**).

LONGTEMPS [lɔ̃tɑ̃] adverbe et n. m.
I. adverbe Pendant un long moment. *Je l'ai attendu longtemps, mais il n'est pas venu.* → **longuement.** *Ça a duré assez longtemps,* un certain temps. *Restez aussi longtemps que vous voudrez.*
II. nom masculin **1.** Un long espace de temps. *Elles sont parties depuis longtemps.* ⟨contraire : peu⟩ *Ils travaillent ensemble depuis longtemps. Elles sont restées brouillées pendant longtemps. Attends-moi, je n'en ai pas pour longtemps.* **2.** *Nous sommes déjà allés à New York il y a longtemps.* → **autrefois, jadis.** ⟨contraire : récemment⟩ *Voilà bien longtemps que je ne l'ai pas vu.*

> FAUX AMI
> italien **lontano** «loin»

LONGUEMENT [lɔ̃gmɑ̃] adverbe ▪ Pendant un long moment. *Elle aime téléphoner longuement à ses amis.* → **longtemps.** *Nous avons longuement parlé de cette affaire.* ⟨contraire : brièvement⟩

LONGUEUR [lɔ̃gœʀ] n. f.
I. *LA LONGUEUR* **1.** Dimension d'une chose dans le sens de sa plus grande étendue (opposé à hauteur, largeur, profondeur). *Coupez les courgettes dans le sens de la longueur. Son fils est champion de SAUT EN LONGUEUR* (opposé à en hauteur). *La longueur de cette table est de trois mètres. Ce bateau fait dix mètres de longueur.* → **long.** *Le mètre est une unité de longueur.* **2.** Unité qui sert à évaluer la distance qui sépare les concurrents dans une course. *Le premier cheval a deux longueurs d'avance sur le second.* – (figuré) (qqn) *Vous avez une longueur d'avance sur moi :* vous avez un avantage sur moi. **3.** Grandeur qui mesure ce qui n'a qu'une seule dimension. *Les longueurs, les surfaces et les volumes sont des mesures.*
II. *LA LONGUEUR* **1.** Espace de temps. *La longueur des jours augmente au printemps.* → **durée.** – *À LONGUEUR DE :* pendant toute la durée de. *Le chat dort à longueur de journée,* toute la journée. **2.** Longue durée. *Les choses TRAÎNENT EN LONGUEUR,* durent trop longtemps. **3.** Durée nécessaire à la lecture. *Excusez la longueur de ma lettre.* ⟨contraire : brièveté⟩ **4.** (au pluriel) DES LONGUEURS : passages trop longs (dans un texte, une œuvre). *Il y a des longueurs dans ce film.*

LONGUE-VUE [lɔ̃gvy] n. f. ▪ *UNE LONGUE-VUE :* instrument d'optique en forme de tube, qui grossit les objets et permet de voir très loin (→ **jumelles**). *Le capitaine observe la mer avec sa longue-vue.* PLURIEL : *des LONGUES-VUES.*

LOOK [luk] n. m. ▪ STYLE FAMILIER *LE LOOK :* allure, apparence (de qqn). *Elle s'est coupé les cheveux, elle s'habille différemment : elle a complètement CHANGÉ DE LOOK. Il a un drôle de look, ce mec.* → **genre.**

> FAUX AMI
> anglais **look**
> «regard, coup d'œil»

REM. *Look* est un mot anglais.

LOOPING [lupiŋ] n. m. ▪ (avion) *UN LOOPING :* acrobatie aérienne qui consiste à faire une boucle dans le ciel. *Au meeting aérien, de petits avions font des loopings au-dessus des spectateurs.*

REM. Ce mot vient de l'anglais.

LOPIN [lɔpɛ̃] n. m. ▪ *UN LOPIN :* petit morceau de terrain, petit champ. *Il cultive des légumes sur son lopin de terre.*

LOQUACE [lɔkas] adj. (après le nom) ▪ Qui parle beaucoup. *Tu n'es pas loquace, ce matin.* → **bavard, causant.** ⟨contraires : silencieux, taciturne⟩

LOQUE [lɔk] n. f. **1.** (au pluriel) DES LOQUES : vêtements usés et déchirés, en guenilles. *J'espère que tu ne vas pas mettre ces vieilles loques ! Un clochard en loques m'a demandé de l'argent.* → **haillons.** *Cette chemise TOMBE EN LOQUES, il faut la jeter.* **2.** *UNE LOQUE :* personne effondrée, sans énergie. *Il s'est mis à boire et est devenu une véritable loque.* → **épave.**

LOQUET [lɔkɛ] n. m. ▪ *UN LOQUET* : fermeture de porte composée d'une tige mobile dont l'extrémité se bloque dans une pièce fixe. *Il abaisse le loquet de la porte. Le loquet est soulevé.*

LORGNER [lɔʀɲe] verbe [conjugaison 1a] ▪ Regarder un peu en cachette (qqn, qqch.) avec intérêt, avec envie. *Il lorgne les jolies filles. Deux enfants lorgnent le morceau de gâteau qui reste.* → **guigner** ; STYLE FAMILIER **loucher.**

LORGNETTE [lɔʀɲɛt] n. f. ▪ *UNE LORGNETTE* : petite lunette grossissante (→ **jumelles**). *Le marin observe les dauphins à l'aide de sa lorgnette.* - (figuré) *Il regarde toujours les choses par LE PETIT BOUT DE LA LORGNETTE* : il ne voit des choses que leur petit côté, leur aspect peu important au point de ne pas s'intéresser à l'ensemble, à ce qui est important.

LORGNON [lɔʀɲɔ̃] n. m. ▪ *UN LORGNON* : paire de lunettes sans branches qui tient sur le nez par un ressort. *Ma grand-mère lit, avec son lorgnon sur le nez.*

LORIOT [lɔʀjo] n. m. ▪ *UN LORIOT* : petit oiseau au plumage jaune et noir. *Les loriots construisent leurs nids à la fourche des branches.*

LORRAIN [lɔʀɛ̃] adj. et n. m., **LORRAINE** [lɔʀɛn] adj. et n. f. **1.** adjectif (après le nom) De Lorraine, province de l'Est de la France. *Il travaille dans une mine de charbon lorraine. - Nous avons mangé une QUICHE LORRAINE,* une tarte salée garnie d'une préparation à base de crème, d'œufs et de lardons. **2.** *UN LORRAIN, UNE LORRAINE* : une personne habitant la Lorraine. *Les Lorrains.* **3.** nom masculin *LE LORRAIN* : dialecte français parlé en Lorraine. *Il parle le lorrain.*

LORS [lɔʀ] adverbe ▪ STYLE RECHERCHÉ *LORS DE* : au moment de, à l'époque de. *Ils se sont connus lors d'un voyage en Italie,* pendant un voyage en Italie.

LORSQUE [lɔʀsk] conjonction ▪ Quand. *Lorsque j'aurai fini ce livre, je te le prêterai. Tu n'es jamais là lorsqu'on a besoin de toi ! J'allais sortir lorsqu'il a téléphoné,* au moment où il a téléphoné.

REM. *Lorsque* est d'un emploi plus recherché que *quand.*

LOSANGE [lɔzɑ̃ʒ] n. m. ▪ *UN LOSANGE* : figure géométrique à quatre côtés égaux dont les angles sont droits ou non. *Le carré est un losange à angles droits. - Le costume d'Arlequin a des dessins en forme de losanges.*

LOT [lo] n. m. ▪ *UN LOT* **1.** Partie d'une chose que l'on a partagée entre plusieurs personnes. ⟨contraire : totalité⟩ *Pour vendre son terrain, le propriétaire l'a divisé en lots.* → **parcelle, portion. 2.** Ensemble de marchandises semblables, vendues ou données ensemble. *Lors de votre premier achat, vous recevrez en cadeau un lot de produits de beauté.* → **assortiment.** *J'ai un lot de vêtements à donner.* **3.** Groupe de personnes qui ont une activité commune. *Un coureur se détache du lot !* **4.** Argent ou objet que l'on gagne dans une loterie. *Un lot de cent mille francs sera offert au gagnant. Il a gagné le GROS LOT,* le lot le plus important. *Ils ont distribué des LOTS DE CONSOLATION aux perdants.*

LOTERIE [lɔtʀi] n. f. ▪ *LA LOTERIE* : jeu de hasard où l'on distribue des billets numérotés et où des lots sont donnés à ceux qui ont les numéros gagnants, tirés au sort. *Il a acheté un billet de loterie. Elle a gagné à la loterie.*

LOTI [lɔti], **LOTIE** [lɔti] adj. (après le nom) ▪ *ÊTRE BIEN LOTI, ÊTRE MAL LOTI* : avoir, ne pas avoir de chance, être favorisé ou non. *Je me suis cassé le bras et j'ai perdu mon porte-monnaie, je suis plutôt mal loti, en ce moment.*

LOTION [losjɔ̃] n. f. ▪ *UNE LOTION* : liquide utilisé pour rafraîchir ou soigner le visage, le corps, les cheveux. *Il aime se mettre de la lotion sur le visage après s'être rasé.*

LOTIR [lɔtiʀ] verbe [conjugaison 2] **1.** Partager en lots. *Pour bien le vendre, il faut que le propriétaire lotisse son terrain.* **2.** Mettre en possession d'un lot. *Après le partage, chacun des héritiers a été loti d'une maison.*

LOTISSEMENT [lɔtismɑ̃] n. m. ▪ *UN LOTISSEMENT* : grand terrain vendu en parcelles pour la construction d'habitations. *Ils ont acheté un terrain dans un lotissement au bord de la mer.*

LOTO [loto] n. m. ▪ *LE LOTO* **1.** Jeu de société où il faut être le premier à remplir une carte portant des cases numérotées, avec des numéros qu'un participant tire au hasard et annonce à voix haute. *Ils font une partie de loto.* **2.** Jeu public français organisé par l'État, où les joueurs cochent des numéros sur un bulletin et gagnent si leurs numéros correspondent aux numéros tirés au hasard. *Elle a gagné au loto !*

REM. Dans beaucoup de pays, le *loto* (sens 1.) s'appelle le *bingo.* → **bingo.**

LOTTE [lɔt] n. f. ▪ *LA LOTTE* : gros poisson de mer comestible, à la peau épaisse et gluante, couverte d'écaille. *Le cuisinier a fait une délicieuse terrine de lotte.*

LOTUS [lɔtys] n. m. **1.** *UN LOTUS* : plante aquatique à fleurs bleues ou blanches, ressemblant au nénuphar. *Les lotus poussent dans les eaux calmes des fleuves, des lacs et des marais.* **2.** *LA POSITION DU LOTUS* : position assise de repos et de méditation, au yoga. *Dans la position du lotus, les jambes sont croisées et chaque pied repose sur la cuisse de la jambe opposée.*

① **LOUABLE** [lwabl] adj. (avant le nom ou après le nom) ▪ (qqch.) Qui est digne d'admiration ou d'estime. *Il a fait de louables efforts pour travailler mieux.* ⟨contraires : blâmable, condamnable, répréhensible⟩ *Tu as fait des efforts louables.*

② **LOUABLE** [lwabl] adj. (après le nom) ▪ Qu'on peut louer, donner ou prendre en location. *Il possède un garage louable à l'année.*

LOUANGE [lwɑ̃ʒ] n. f. ▪ STYLE RECHERCHÉ *UNE LOUANGE* : témoignage d'admiration ou de grande estime. → **compliment, félicitations.** ⟨contraire : critique⟩ *Le champion a été couvert de louanges* (→ **éloge**). *Nous avons fait vos louanges ! Ce discours est rempli de louanges* (→ **laudatif**).

LOUBARD [lubaʀ] n. m. ▪ STYLE FAMILIER *UN LOUBARD* : jeune homme qui fait partie d'une bande de jeunes gens inadaptés, qui critiquent la vie sociale. *Une bande de loubards a semé le désordre dans un magasin.* → **voyou.**

REM. On rencontre le féminin *loubarde* [lubaʀd].

① **LOUCHE** [luʃ] adj. (après le nom) ▪ Que l'on pense malhonnête. → **suspect.** *Cette affaire est assez louche. Tout ça me paraît louche. Un individu à l'air louche regarde ma voiture,* une personne bizarre et inquiétante.

② **LOUCHE** [luʃ] n. f. ▪ *UNE LOUCHE* **1.** Grande cuillère à long manche qu'on utilise pour servir les aliments liquides. *Il sert la soupe avec une louche.* **2.** STYLE FAMILIER Main. *Alors, on n'est plus fâchés, on se serre la louche ?* → STYLE FAMILIER **paluche.**

LOUCHER [luʃe] verbe [conjugaison 1a] **1.** Avoir les deux yeux qui ne regardent pas dans la même direction. *Sa fille louche légèrement.* **2.** STYLE FAMILIER *LOUCHER SUR, LOUCHER VERS* : regarder (qqch.) avec envie. *Les enfants louchent sur le dessert.* → **guigner, lorgner.**

① **LOUER** [lwe] verbe [conjugaison 1a] ▪ STYLE RECHERCHÉ **1.** Déclarer digne d'admiration, digne d'estime. *On loue les pompiers pour leur courage.* → **féliciter.** ⟨contraires : blâmer, critiquer⟩ *Les critiques ont loué son nouveau roman* (→ **laudatif**). **2.** *DIEU SOIT LOUÉ !* exclamation de joie, de soulagement. *Dieu soit loué, te voilà enfin !* **3.** verbe pronominal SE LOUER DE : se féliciter de. *Elle s'est louée d'avoir accepté son aide. Si vous achetez cette voiture, vous vous louerez* [luʀe] *de votre choix.*

② **LOUER** [lwe] verbe [conjugaison 1a]
I. (propriétaire) Donner en location. *Cette maison est à louer. Ma mère loue un appartement à un jeune homme,* un jeune homme habite l'appartement et, en échange, donne chaque mois une somme d'argent à ma mère.
II. (locataire) **1.** Prendre en location. *Ma fille loue un appartement à Marseille,* elle y habite et paye un loyer au propriétaire (→ **locataire, location, loyer**). *Demain, nous louerons* [luʀɔ̃] *une voiture.* **2.** Réserver en payant. *J'ai loué deux places de théâtre.* → **retenir. 3.** verbe pronominal SE LOUER : être loué. *L'été dernier leur maison s'est louée dix mille francs au mois d'août.*

LOUFOQUE [lufɔk] adj. (après le nom) ▪ STYLE FAMILIER Bizarre et drôle, un peu fou. → **burlesque, extravagant.** *Il est loufoque ce type en smoking dans le métro ! Qui a eu l'idée loufoque de ranger ses chaussures dans le réfrigérateur ?*

LOUP [lu] n. m. ▪ *UN LOUP* **1.** Animal sauvage au museau pointu, qui ressemble à un gros chien. *Le loup se nourrit de viande. Le loup est avec sa femelle* (→ **louve**) *et ses petits* (→ **louveteau**). - *J'ai UNE FAIM DE LOUP !* j'ai très faim. - *Cet homme est CONNU COMME LE LOUP BLANC,* il est très connu. - *Un JEUNE LOUP :* politicien, homme d'affaires jeune et prêt à tout pour réussir. *C'est un jeune loup aux dents longues :* c'est un jeune homme très ambitieux. **2.** Fourrure de cet animal. *Il a un manteau de loup.* **3.** *Un VIEUX LOUP DE MER :* marin qui a beaucoup d'expérience. *Vous n'avez rien à craindre, le capitaine du bateau est un vieux loup de mer.* **4.** Poisson comestible de la Méditerranée. → **bar.** *Nous avons mangé un délicieux loup grillé.* **5.** Petit masque de satin ou de velours que l'on porte sur les yeux. *Dans les bals masqués, certaines personnes portent des loups.*

LOUPE [lup] n. f. ▪ *UNE LOUPE :* instrument d'optique formé d'un verre bombé à travers lequel on voit les objets agrandis. *Mon fils examine les timbres de sa collection avec une loupe. L'horloger travaille À LA LOUPE,* avec cet instrument. - (figuré) *Le directeur financier examine les comptes à la loupe,* très attentivement.

LOUPER [lupe] verbe [conjugaison 1a] ▪ STYLE FAMILIER **1.** Mal faire (qqch.), ne pas réussir. *J'ai complètement loupé l'écrit de l'examen.* → **rater.** *Le pâtissier a loupé son gâteau. Si tu voulais la séduire, c'est loupé !* **2.** Manquer (ce qu'on voulait prendre, attraper). *Dépêche-toi, sinon tu vas louper ton train.* → **manquer.** - *Il N'EN LOUPE PAS UNE :* il fait toujours l'erreur, la bêtise qu'il ne faut pas faire. *«En plus, tu es arrivé en retard ? Vraiment, tu n'en loupes pas une !»* **3.** *ÇA N'A PAS LOUPÉ :* ça s'est passé exactement comme on le pensait. *J'étais sûr qu'il oublierait le rendez-vous : eh bien, ça n'a pas loupé.* **4.** verbe pronominal SE LOUPER : ne pas réussir à se rencontrer, à se trouver. *Nous nous sommes loupés à la gare. Vous vous êtes loupés de peu : il vient juste de partir !*

LOURD [luʀ] adj. et adverbe, **LOURDE** [luʀd] adj.
I. adjectif (avant ou après le nom) **1.** (avant ou après le nom) Difficile à porter à cause de son poids. → **pesant.** ⟨contraire : léger⟩ *Cette valise est très lourde. Nous avons vu un âne qui portait un lourd fardeau.* - (après le nom) *J'ai les jambes lourdes :* mes jambes sont fatiguées, j'ai une sensation de lourdeur dans les jambes. *Il dort d'un sommeil lourd,* profond, que rien ne peut déranger. *J'ai mal dormi, ce dîner était trop lourd,* difficile à digérer. → **indigeste. 2.** (après le nom) *L'INDUSTRIE LOURDE :* l'industrie importante, la grosse industrie. *L'industrie lourde se développe.* **3.** (après le nom) *AVOIR LA MAIN LOURDE :* mettre en trop grande quantité. *Cette soupe est immangeable, tu as eu la main lourde sur le sel !* tu as mis trop de sel. **4.** (avant ou après le nom) Difficile à supporter. *La directrice a de lourdes responsabilités. Les impôts sont trop lourds.* → **écrasant.** ⟨contraire : faible⟩ *Une lourde tâche nous attend.* → **difficile, grand, important.** ⟨contraire : facile⟩ *Elle s'occupe seule de sa mère malade et de ses enfants, c'est lourd, pour elle.* → **dur. 5.** (après le nom) Qui accable. *Il fait très chaud, le temps est lourd,* orageux et oppressant. - *À l'annonce de cette mauvaise nouvelle, un silence lourd s'est abattu sur l'assemblée,* un silence pesant, chargé d'émotion. **6.** (après le nom) *LOURD DE :* plein de, chargé de. *Sa remarque est lourde de sous-entendus. Attention à ce que vous faites, cela peut être lourd de conséquences.* **7.** (après le nom) Qui donne une impression de lourdeur. *Des nuages lourds assombrissent le ciel,* des nuages épais. *Elle a une silhouette lourde,* massive, trapue. ⟨contraires : élancé, élégant, gracieux, svelte⟩ - *Pour faire cette sauce, ajoutez un peu de vin lourd.* ⟨contraire : léger⟩ **8.** (après le nom) Maladroit et sans finesse. *Il a encore fait une gaffe, il est vraiment lourd, ce type.* → **balourd, lourdaud.** ⟨contraires : adroit, fin⟩ *J'en ai assez de ses plaisanteries lourdes.* → STYLE FAMILIER **lourdingue.**
II. adverbe **1.** *PESER LOURD,* beaucoup. *Cette valise pèse lourd.* - (figuré) *Cela ne pèsera pas lourd dans la balance :* cela n'aura pas beaucoup d'importance, pas beaucoup d'effet, de conséquences (→ **lourdement**). **2.** *NE PAS EN FAIRE LOURD :* ne pas travailler beaucoup, ne pas faire grand-chose. *Je n'en ai pas fait lourd, aujourd'hui.*

LOURDAUD [luʀdo], **LOURDAUDE** [luʀdod] adj. (après le nom) ▪ Maladroit et lourd. → **balourd.** *Elle ne comprend pas vite, elle est un peu lourdaude.*

LOURDEMENT [luʀdəmɑ̃] adverbe **1.** Maladroitement, avec impolitesse. *Il a insisté lourdement pour être invité à dîner.* ⟨contraire : légèrement⟩ **2.** Beaucoup. *Tu te trompes lourdement.* **3.** De tout son poids. *Une dame est tombée lourdement sur le sol.* - (figuré) *Ce témoignage pèsera lourdement,* il aura des conséquences importantes. **4.** Avec une charge lourde. *Cette pauvre dame est lourdement chargée.* - (figuré) *Ce loyer grève lourdement mon budget.*

LOURDEUR [luʀdœʀ] n. f. ▪ *LA LOURDEUR* **1.** État de ce qui est lourd, pesant. *Ce sac est d'une lourdeur !* ⟨contraire : légèreté⟩ **2.** Maladresse, manque de finesse. *Sa lourdeur d'esprit est agaçante.* → **lenteur.** ⟨contraire : vivacité⟩ *«Il t'a dit ça ? Mais quelle lourdeur !»* **3.** *UNE LOURDEUR :* douleur sourde, impression de pesanteur. *La malade se plaint de lourdeurs d'estomac.*

LOURDINGUE [luʀdɛ̃g] adj. (après le nom) ▪ STYLE FAMILIER Lourd, qui manque de finesse. *Il est un peu lourdingue, ce type. Elle est plutôt lourdingue ta plaisanterie.*

LOUTRE [lutʀ] n. f. ▪ *UNE LOUTRE :* petit animal au pelage brun épais et court et aux pattes palmées, qui vit en partie dans l'eau. *La loutre de mer se nourrit surtout de coquillages, la loutre commune se nourrit de poissons et de gibier d'eau.*

LOUVAIN [luvɛ̃] nom propre – en néerlandais **LEUVEN** ▪ Ville de Belgique, dans le Brabant flamand. *Mes enfants habitent à Louvain.* - *Les facultés francophones sont situées à LOUVAIN-LA-NEUVE,* une ville belge située dans le Brabant wallon.

LOUVE [luv] n. f. ■ *UNE LOUVE :* femelle du loup. *La louve allaite ses louveteaux.*

FAUX AMI
portugais **luva** «gant»

LOUVETEAU [luvto] n. m. ■ *UN LOUVETEAU* **1.** Petit du loup et de la louve. *Ce louveteau ressemble à un petit chien.* PLURIEL : *cette louve a six LOUVETEAUX.* **2.** Scout de moins de douze ans. *Des louveteaux campent dans un champ près du village.*

LOUVOYER [luvwaje] verbe [conjugaison 8a] **1.** Naviguer en zigzag pour utiliser un vent qui vient de face. *Le voilier louvoie.* **2.** Prendre des détours pour atteindre un but. *S'ils ne sont pas d'accord avec nous, nous louvoierons* [luvwaʀɔ̃].

SE **LOVER** [lɔve] verbe pronominal [conjugaison 1a] ■ S'enrouler sur soi-même pour dormir. *La chatte s'est lovée dans un fauteuil.*

LOYAL [lwajal] adj., **LOYALE** [lwajal] adj. (avant le nom ou après le nom) **1.** Honnête et sincère, qui n'essaie pas de tricher. *Elle a un ami loyal.* ⟨contraires : déloyal, hypocrite, malhonnête⟩ PLURIEL : *vous êtes LOYAUX* [lwajo]. → **correct, droit.** ⟨contraire : perfide⟩ *Ce sont de loyaux adversaires. - Nous vous remercions pour vos bons et loyaux services.* **2.** *À LA LOYALE :* sans tricher, à armes égales. *D'accord, battez-vous, mais à la loyale.* → **loyalement.**

LOYALEMENT [lwajalmɑ̃] adverbe ■ D'une manière loyale. *Nous avons discuté loyalement.*

LOYAUTÉ [lwajote] n. f. ■ *LA LOYAUTÉ :* droiture, honnêteté. *Ils ont reconnu AVEC LOYAUTÉ le courage de leurs adversaires* (→ **loyalement).**

LOYER [lwaje] n. m. ■ *LE LOYER :* prix de la location d'une habitation. *Le locataire paie son loyer au propriétaire au début de chaque mois. Quel est le montant du loyer ?*

L. S. D. [ɛlɛsde] n. m. ■ *LE L. S. D. :* substance hallucinogène. *Dans sa jeunesse, il a pris du L. S. D.*

REM. *L. S. D.* est le sigle de l'allemand ***Lysergsaürediäthylamid.***

lu [ly], **lue** [ly] *Il a lu une page ; la page qu'il a lue :* formes au participe passé du verbe **lire.**

LUBIE [lybi] n. f. ■ *UNE LUBIE :* idée, envie capricieuse et un peu folle. *Tu connais sa dernière lubie ? Il veut avoir un tigre chez lui !*

LUBRIFIANT [lybʀifjɑ̃] adj. et n. m., **LUBRIFIANTE** [lybʀifjɑ̃t] adj. **1.** adjectif (après le nom) Qui aide au fonctionnement de qqch. en rendant glissant. *L'huile de graissage a des propriétés lubrifiantes.* **2.** *UN LUBRIFIANT :* produit qui sert à graisser, à huiler. *L'huile est un lubrifiant.*

LUBRIFIER [lybʀifje] verbe [conjugaison 7a] ■ Graisser, huiler (un mécanisme) pour obtenir un meilleur fonctionnement. *Le garagiste lubrifiera* [lybʀifiʀa] *le moteur. Il faut que vous lubrifiiez l'axe de la roue.*

LUBRIQUE [lybʀik] adj. (après le nom) ■ (qqn) Dont le goût pour les plaisirs sexuels dépasse la mesure, la normale. *C'est un vieillard lubrique.*

LUCARNE [lykaʀn] n. f. ■ *UNE LUCARNE :* petite fenêtre située dans le toit d'une maison. *Un hibou est entré dans le grenier, par la lucarne.*

LUCIDE [lysid] adj. (après le nom) **1.** Qui comprend les choses avec clarté, avec réalisme. → **clairvoyant, perspicace.** *Elle est intelligente et lucide.* **2.** Conscient. *Le blessé n'est plus évanoui mais il n'est pas encore entièrement lucide.*

FAUX AMI
espagnol **lucido** «brillant»

LUCIDITÉ [lysidite] n. f. ■ *LA LUCIDITÉ* **1.** Qualité d'une personne qui comprend clairement les choses, qui les voit comme elles sont vraiment. *Elle a analysé la situation avec une grande lucidité.* ⟨contraire : aveuglement⟩ **2.** Fonctionnement normal de l'esprit. *Le malade n'a plus toute sa lucidité.* → **raison.**

LUCIOLE [lysjɔl] n. f. ■ *UNE LUCIOLE :* insecte ailé et lumineux. *Les lucioles sont actives surtout la nuit.*

LUCRATIF [lykʀatif], **LUCRATIVE** [lykʀativ] adj. (après le nom) ■ Qui fait gagner beaucoup d'argent, qui procure des profits. → **rentable.** *Il a un travail lucratif. C'est une association À BUT NON LUCRATIF,* dont le but est désintéressé (→ **bénévole).**

LUDIQUE [lydik] adj. (après le nom) ■ Relatif au jeu. *Les enfants ont besoin d'activités ludiques,* ils ont besoin de jouer.

LUDOTHÈQUE [lydɔtɛk] n. f. ■ *UNE LUDOTHÈQUE :* salle ou bâtiment où l'on peut emprunter des jouets et des jeux. *Mes enfants vont à la ludothèque tous les mercredis.*

LUEUR [lɥœʀ] n. f. ■ *UNE LUEUR* **1.** Lumière faible. *Il essaie de lire à la lueur d'une bougie. Elle s'est levée aux premières lueurs du jour* (→ **aube, aurore).** **2.** Éclat vif (dans le regard). *Une lueur de colère est passée dans ses yeux.* → **éclair.** *Il n'y a pas une lueur d'intelligence dans son regard.* **3.** Légère trace. *Est-ce qu'il y a une lueur d'espoir, docteur ?* un petit peu d'espoir.

LUGE [lyʒ] n. f. ■ *UNE LUGE :* petit traîneau utilisé pour glisser sur la neige. *Certains enfant FONT DE LA LUGE, d'autres font du ski.*

LUGUBRE [lygybʀ] adj. (après le nom) ■ Très triste. ⟨contraire : gai⟩ *Il a annoncé la mauvaise nouvelle d'un ton lugubre. Cette maison est lugubre.* → **sinistre.** *Nous avons passé une soirée lugubre.*

lui [lɥi] *Le soleil a lui :* forme au participe passé du verbe **luire.**

LUI [lɥi] pronom personnel
I. (personnes et choses) Pronom personnel MASCULIN et FÉMININ de la troisième personne du SINGULIER, employé comme complément d'objet indirect (verbe + À). *Je lui montrerai tout* (à lui, à elle). *Nous lui écrirons demain. «Ses parents ? Je leur dirai ce que je lui ai déjà dit à elle !» Je le lui donne,* je donne ceci à lui, à elle. → ② **le** (REM.). *Cet arbre ne pousse pas : il lui faut de l'engrais. La maison est sale : donne-lui un coup de peinture. Le chat a faim, je vais lui donner à manger,* je vais donner à manger au chat. *Nous avons rencontré ta sœur, nous lui avons parlé,* nous avons parlé à ta sœur. - *Elle lui a serré la main :* elle a serré sa main. *Il lui est arrivé un accident. - Faites-lui recommencer ce travail.*
II. (personnes) Pronom personnel MASCULIN de la troisième personne du SINGULIER (→ **elle).** **1.** Sujet. *Mon père, lui aussi, aime le théâtre. Elle est moins grande que lui. Il sait la vérité, lui, mais eux ne savent rien.* → **eux.** *Lui, il a immédiatement compris. - C'EST LUI... C'ÉTAIT LUI... CE SERA LUI... C'est lui qui sera content de vous voir ! Je suis sûr que ce sera lui le nouveau directeur. C'était donc lui le coupable !* **2.** Complément d'objet direct. *Elle ne veut voir que lui.*
III. Après une préposition (→ **elle)** (personnes) **1.** *AVEC LUI, SANS LUI. Elle sort avec lui. Je ne peux rien faire sans lui.* **2.** *À LUI :* à ce garçon, à cet homme. *Tu penses encore à lui ? À lui de décider. C'est son frère à lui et non à elle. C'est un ami à lui,* un de ses amis. - *À lui de voir ce qu'il faut faire. - Il n'y arrivera jamais À LUI TOUT SEUL,* sans se faire aider. **3.** *DE LUI..., EN LUI... J'ai confiance en lui,* en ce garçon, en cet homme. *Nous attendons une lettre de lui. Les femmes sont folles de lui !* **4.** *CHEZ LUI :*

dans sa maison. Il préfère rester chez lui. Je ne veux pas aller chez lui. – Il y a chez lui un peu de malhonnêteté, dans son caractère.

IV. *LUI*, employé à la place de *soi*, pour remplacer un sujet masculin (→ **elle**). *C'est un homme content de lui.* → **soi.** *Il a regardé autour de lui et il est parti. Il a toujours de l'argent sur lui,* dans sa poche, dans son sac.

REM. **1.** Le pluriel de *lui* (I.) est *LEUR : je leur écrirai* (→ ① **leur**). **2.** Le pluriel de *lui* (II., III. et IV.) est *eux : eux savent la vérité ; je pense à eux ; ils sont contents d'eux* (→ **eux**). **3.** *Lui* est assez peu courant en parlant des choses. → **y. 4.** Voir aussi **lui-même. 5.** Voir l'encadré des pronoms **personnels.**

LUI-MÊME [lɥimɛm] pronom personnel masculin ▪ Lui en personne. *Lui-même ne sait pas que tu es là. – Il est honteux de lui-même.*

REM. **1.** Le féminin de *lui-même* est *elle-même*, le pluriel est *eux-mêmes.* **2.** Voir l'encadré des pronoms **personnels.**

LUIRE [lɥiʀ] verbe [conjugaison 38a] ▪ STYLE RECHERCHÉ Briller, émettre de la lumière. *Aujourd'hui, le soleil luit. Le soleil a lui toute la journée. Après la course, son front luisait de sueur.*

LUISANT [lɥizɑ̃], **LUISANTE** [lɥizɑ̃t] adj. (après le nom) **1.** Brillant. *Ce chien est en bonne santé, il a le poil luisant,* son poil a des reflets brillants. **2.** *UN VER LUISANT :* insecte qui brille la nuit d'une lumière jaune-vert. *Regarde ces petites lumières au bord du chemin, ce sont des vers luisants.*

luise [lɥiz] *Il faut qu'il luise, qu'elle luise :* forme au subjonctif du verbe **luire.**

LUMBAGO [lœbago] n. m. ▪ *UN LUMBAGO :* douleur dans le bas du dos, apparaissant à la suite d'un effort. *Elle a souvent des lumbagos* (→ **lombaire).**

REM. On prononce parfois [lɔ̃bago].

LUMIÈRE [lymjɛʀ] n. f. ▪ *LA LUMIÈRE* **1.** Ce qui éclaire naturellement les choses. *La lumière du soleil est belle, aujourd'hui. Un peu de lumière passe par la petite fenêtre.* **2.** Ce qui éclaire artificiellement les choses. *Allume la lumière, il fait sombre.* → **éclairage.** *N'oublie pas d'éteindre la lumière ! – On ne voit pas beaucoup d'étoiles à cause des lumières de la ville. J'aperçois une lumière !* **3.** Ce qui explique qqch. *L'auteur jette une lumière nouvelle sur la question. Le commissaire veut FAIRE LA LUMIÈRE sur ce crime,* il cherche toutes les explications nécessaires pour comprendre ce crime. *Je veux faire toute la lumière sur ce mystère.* **4.** STYLE FAMILIER *CE N'EST PAS UNE LUMIÈRE :* ce n'est pas une personne très intelligente. *Il est bien gentil, mais ce n'est pas une lumière !* **5.** (au pluriel) LES LUMIÈRES : les connaissances, le savoir. *Il y a quelque chose que je ne comprends pas, j'ai besoin de tes lumières. – Le SIÈCLE DES LUMIÈRES :* le dix-huitième siècle.

LUMIGNON [lymiɲɔ̃] n. m. ▪ *UN LUMIGNON :* lampe qui éclaire faiblement. *Un lumignon éclaire la porte d'entrée.*

LUMINAIRE [lyminɛʀ] n. m. ▪ *UN LUMINAIRE :* appareil d'éclairage. *Les lampes, les lampadaires, les lustres et les spots sont des luminaires.*

LUMINEUX [lyminø], **LUMINEUSE** [lyminøz] adj. (après le nom) **1.** Qui brille dans l'obscurité. *Ce réveil a des chiffres lumineux. Dans la nuit, on voit l'ENSEIGNE LUMINEUSE du cinéma. – On aperçoit le rayon lumineux du phare,* le rayon de lumière du phare. **2.** Clair, radieux. *Cette jeune fille a un teint lumineux.* **3.** Qui reçoit beaucoup de lumière naturelle. *C'est un appartement lumineux, très agréable.* ⟨contraires : obscur, sombre⟩ **4.** Qui est d'une parfaite clarté, dont la vérité est éclatante. *Le raisonnement de ce chercheur est lumineux. – Elle a eu une IDÉE LUMINEUSE,* une idée excellente.

LUMINOSITÉ [lyminozite] n. f. ▪ *LA LUMINOSITÉ :* clarté brillante. *J'aime la luminosité du ciel méditerranéen.* ⟨contraire : obscurité⟩ *Cette photographie manque de luminosité,* elle est trop sombre.

LUNAIRE [lynɛʀ] adj. (après le nom) ▪ De la Lune. *Le 21 juillet 1969, les hommes ont marché sur le sol lunaire. – C'est un paysage lunaire,* désolé.

LUNATIQUE [lynatik] adj. (après le nom) ▪ Qui a l'humeur changeante sans véritable raison, sans que l'on comprenne pourquoi. → **capricieux, fantasque.** *Un jour elle est charmante, le lendemain elle est désagréable, après elle rit : elle est lunatique.*

LUNCH [lœntʃ] n. m. ▪ *UN LUNCH :* repas léger, au cours d'une réception. *Nous sommes invités à un lunch, après le mariage.* → **buffet, cocktail.** *Je n'aime pas tellement les lunchs.*

REM. **1.** Ce mot qui vient de l'anglais se prononce aussi [lœ̃ʃ]. **2.** On utilise aussi le pluriel anglais *des lunches,* avec la prononciation [lœntʃ] ou [lœ̃ʃ].

LUNDI [lœ̃di] n. m. ▪ *LE LUNDI :* jour de la semaine entre le dimanche et le mardi. *Nous avons rendez-vous lundi après-midi. Tous les lundis matin, il fait une promenade dans le bois. Serez-vous là lundi soir ? Les magasins sont souvent fermés le lundi.*

LUNE [lyn] n. f. ▪ *LA LUNE* **1.** Satellite de la Terre, qui reçoit sa lumière du Soleil. *Un CROISSANT DE LUNE brille dans le ciel. Nous nous sommes promenés au CLAIR DE LUNE. C'est une nuit sans lune. – La fusée a atterri sur la Lune,* sur l'astre lunaire (→ **alunir).** *– Tu ne m'écoutes, pas, tu ES DANS LA LUNE,* tu es distrait, tu penses à autre chose. *Je vais t'aider, mais ne me DEMANDE pas LA LUNE,* ne me demande pas des choses impossibles. – STYLE TRÈS FAMILIER *Il est con comme la lune,* tout à fait imbécile, complètement idiot. **2.** *LUNE DE MIEL :* les premiers temps du mariage, d'amour heureux et sans problèmes. *Leur lune de miel n'a pas duré quinze jours !*

REM. On écrit *Lune,* avec *l* majuscule, quand on parle de l'astre.

LUNÉ [lyne], **LUNÉE** [lyne] adj. (après le nom) ▪ *BIEN LUNÉ, MAL LUNÉ :* de bonne humeur, de mauvaise humeur. *Ma mère est mal lunée, aujourd'hui. J'espère qu'il sera bien luné.*

LUNETTE [lynɛt] n. f.

I. 1. *UNE LUNETTE :* instrument d'optique qui permet de voir des objets éloignés ou qui rend la vue plus distincte. *On observe les étoiles avec une lunette astronomique.* → **télescope ; jumelles, longue-vue. 2.** (au pluriel) DES LUNETTES : verres correcteurs ou protecteurs mis sur une monture munie de branches, que l'on place devant les yeux. *Je ne peux pas lire sans mes lunettes ! Où sont mes lunettes ? Ma mère porte des LUNETTES DE VUE,* elle a des lunettes dont les verres corrigent la vue. *Il a deux paires de LUNETTES DE SOLEIL,* qui protègent les yeux du soleil. *Il porte toujours des lunettes noires.*

II. 1. *La LUNETTE ARRIÈRE d'une automobile,* la vitre arrière. *Dégagez la lunette arrière, je ne vois rien dans le rétroviseur.* **2.** Siège des toilettes, des cabinets. *Il est assis sur la lunette.* → **abattant.**

LURETTE [lyʀɛt] n. f. ▪ *IL Y A BELLE LURETTE* [iljabɛllyʀɛt] : il y a bien longtemps. *Il y a belle lurette que mes parents n'ont pas dansé le rock !*

REM. Le mot *lurette* n'existe que dans cette expression. On disait autrefois *il y a belle heurette : lurette* est une modification de *heurette,* diminutif de *heure.*

LURON [lyʀɔ̃] n. m. ▪ *UN JOYEUX LURON, UN GAI LURON :* homme gai, qui aime bien la vie. *Mon beau-frère est un joyeux luron.*

REM. Le féminin *luronne* [lyʀɔn] est rare.

LUSTRE [lystʀ] n. m. ▪ *UN LUSTRE :* appareil d'éclairage à plusieurs lampes, que l'on suspend au plafond. → **plafonnier.** *Le salon est éclairé par un grand lustre.*

FAUX AMI
polonais **lustro** « miroir »

LUSTRER [lystʀe] verbe [conjugaison 1a] **1.** Rendre brillant, luisant. *Le chat lustre son poil en le léchant.* **2.** Rendre brillant par le frottement. *L'usure a lustré les coudes de ma veste.*

LUTH [lyt] n. m. ▪ *UN LUTH :* instrument de musique à cordes, dont la forme rappelle celle de la mandoline. *Le luth fut introduit en Europe par les Arabes, au Moyen Âge.*

LUTHIER [lytje] n. m., **LUTHIÈRE** [lytjɛʀ] n. f. ▪ *UN LUTHIER, UNE LUTHIÈRE :* personne qui fabrique des instruments à cordes et à caisse de résonance, à l'exclusion des pianos et des orgues. *Les luthiers fabriquent et réparent les violons, les violoncelles, les guitares. - Stradivarius était un célèbre luthier. Ma fille veut être luthière.*

REM. Le fabricant de pianos, d'orgues, de clavecins est le *facteur.* → ② **facteur.**

LUTIN [lytɛ̃] n. m. ▪ *UN LUTIN :* petit personnage imaginaire, espiègle et malicieux. → **génie.** *Les lutins des contes de fées ont des bonnets pointus.*

LUTTE [lyt] n. f. ▪ *LA LUTTE* **1.** Sport de combat qui consiste à renverser son adversaire et à le maintenir à terre. *Il pratique la lutte.* **2.** Opposition violente entre deux adversaires. → **conflit.** *Les rebelles ont abandonné la lutte armée.* → **guerre.** *Les travailleurs EN LUTTE font grève. La lutte continue !* **3.** Action, effort énergique (pour obtenir un résultat). *Les chercheurs poursuivent leur LUTTE CONTRE le cancer.*

FAUX AMI
espagnol **luto** « deuil »

LUTTER [lyte] verbe [conjugaison 1a] **1.** Combattre à la lutte. *Les deux adversaires luttent corps à corps.* **2.** Mener une action énergique (pour ou contre qqch. ou qqn). *Le peuple lutte contre l'occupant.* → se **battre.** *Le malade lutte contre la mort. Mon fils lutte contre le sommeil,* il essaie de ne pas s'endormir. *Les médecins luttent contre le sida,* ils s'efforcent de le vaincre.

LUTTEUR [lytœʀ] n. m., **LUTTEUSE** [lytøz] n. f. ▪ *UN LUTTEUR, UNE LUTTEUSE* **1.** Sportif qui pratique la lutte. *Il a des épaules de lutteur.* **2.** Personne énergique, qui aime l'action. *Il ne se laissera pas faire, il a un tempérament de lutteur.*

LUXATION [lyksasjɔ̃] n. f. ▪ *UNE LUXATION :* déplacement d'un os hors de son articulation. *Elle s'est fait une luxation de l'épaule.*

LUXE [lyks] n. m. ▪ *LE LUXE* **1.** Manière de vivre caractérisée par de grandes dépenses consacrées pour la plupart à l'achat de choses superflues. *Elle aime le luxe. Ils vivent DANS LE LUXE.* (contraire : simplicité) *Ils ont des GOÛTS DE LUXE.* - STYLE FAMILIER *Il s'est racheté une voiture, c'est pas du luxe,* c'était nécessaire. **2.** *DE LUXE :* très cher. → **coûteux.** *Ils ont passé la nuit dans un hôtel de luxe,* dans un palace. **3.** Plaisir coûteux que l'on s'offre. *Elle s'achète des chemises de nuit en soie, c'est son seul luxe. - Elle S'EST PAYÉ LE LUXE DE lui dire ce qu'elle pensait de lui,* elle s'est permis de le faire et cela lui a été très agréable.

LUXEMBOURGEOIS [lyksɑ̃buʀʒwa] adj. et n. m., **LUXEMBOURGEOISE** [lyksɑ̃buʀʒwaz] adj. et n. f. **1.** adjectif (après le nom) Du grand-duché de Luxembourg, pays d'Europe situé entre la Belgique, la France et l'Allemagne. *La monnaie du Luxembourg est le franc luxembourgeois.* **2.** *UN LUXEMBOURGEOIS, UNE LUXEMBOURGEOISE :* un habitant, une habitante du Luxembourg. *Les Luxembourgeois.*

SE **LUXER** [lykse] verbe pronominal [conjugaison 1a] ▪ *SE LUXER une articulation :* se faire une luxation. *Elle s'est luxé la cheville.*

LUXUEUX [lyksɥø], **LUXUEUSE** [lyksɥøz] adj. (après le nom) ▪ (qqch.) Qui se caractérise par son luxe. *Ils vivent dans un appartement luxueux.* → **fastueux, somptueux.** (contraires : modeste, simple)

LUXURE [lyksyʀ] n. f. ▪ STYLE RECHERCHÉ *LA LUXURE :* recherche et pratique des plaisirs sexuels. *Pour les chrétiens, la luxure est un péché.* (contraire : chasteté)

LUXURIANT [lyksyʀjɑ̃], **LUXURIANTE** [lyksyʀjɑ̃t] adj. (après le nom) ▪ (végétation) Qui pousse et se développe avec abondance. *La forêt vierge a une végétation luxuriante.* → **exubérant, touffu.** (contraire : pauvre)

LUZERNE [lyzɛʀn] n. f. ▪ *LA LUZERNE :* plante à petites fleurs violettes qui sert de nourriture à certains animaux. *L'hiver, les vaches mangent de la luzerne séchée.*

LYCÉE [lise] n. m. ▪ *UN LYCÉE :* en France, établissement scolaire d'enseignement secondaire, où les élèves font leurs études de la classe de seconde jusqu'à la terminale. *Mon fils va au lycée Jules-Ferry.*

REM. **1.** L'enseignement de la sixième à la troisième se fait au *collège.* **2.** Le *gymnase* est l'équivalent du lycée en Suisse et en Allemagne.

LYCÉEN [liseɛ̃] n. m., **LYCÉENNE** [liseɛn] n. f. ▪ *UN LYCÉEN, UNE LYCÉENNE :* élève d'un lycée. *Des lycéens et des étudiants ont manifesté contre la nouvelle loi.*

LYCRA [likʀa] n. m. (nom déposé) ▪ *LE LYCRA :* tissu synthétique élastique. *Elle a un maillot de bain en lycra.*

LYMPHATIQUE [lɛ̃fatik] adj. (après le nom) **1.** Relatif à la lymphe. *La lymphe circule dans les vaisseaux lymphatiques.* **2.** (qqn) Mou et lent. *Sa fille est une adolescente lymphatique.* → **apathique, indolent.** (contraires : actif, énergique)

LYMPHE [lɛ̃f] n. f. ▪ *LA LYMPHE :* liquide incolore qui circule dans le corps. *La lymphe nourrit les cellules.*

LYNCHER [lɛ̃ʃe] verbe [conjugaison 1a] **1.** Faire mourir (qqn qu'on estime coupable) sans l'avoir jugé, après une décision collective. *La foule a voulu lyncher l'assassin.* **2.** Brutaliser. *Les spectateurs du match ont failli lyncher l'arbitre.* → **écharper.**

LYNX [lɛ̃ks] n. m. ▪ *UN LYNX :* animal sauvage aux oreilles pointues, qui ressemble à un gros chat. *Les lynx sont des félins. - Elle a DES YEUX DE LYNX, une très bonne vue.*

LYRE [liʀ] n. f. ▪ *UNE LYRE :* instrument de musique à cordes. *Les poètes grecs de l'Antiquité récitaient leurs poèmes en s'accompagnant à la lyre.*

REM. *Lire* « comprendre ce qui est écrit » et *lire* « monnaie italienne » se prononcent de la même façon.

LYRIQUE [liʀik] adj. (après le nom) **1.** (poésie) Qui exprime des sentiments intimes et communique au lecteur l'émotion du poète. *Il a écrit un poème lyrique.* **2.** (qqn) Plein d'enthousiasme et d'émotion. *Il est lyrique quand il parle de son enfance.* → **passionné.** **3.** (œuvre) Qui doit être mis en musique et chanté. *Un opéra est un drame lyrique.* **4.** (qqn) *UN ARTISTE LYRIQUE, UNE ARTISTE LYRIQUE :* chanteur, chanteuse d'opéra ou d'opérette. *La Callas était une artiste lyrique* **(→ cantatrice).**

LYS → **lis**

M

① **M** [ɛm] n. m. invariable ▪ *LE M :* la treizième lettre de l'alphabet du français. *Le m est une consonne. Il y a des m minuscules* (m) *et des m majuscules* (M).

② **M** abréviation **1.** *M.* [məsjø] Monsieur. *M. et Mme Dupont sont heureux d'annoncer la naissance de leur fille.* PLURIEL : *MM.* [mesjø]. *MM. les députés.* **2.** *m* [mɛtʀ] Mètre. *Le salon mesure 3 m de long.* - *m^2* [mɛtkaʀe] : mètre carré. *La chambre mesure 12 m^2.*

③ **M** [mil] adj. invariable ▪ Mille, en chiffres romains.

M' → **me, moi**

MA → **mon**

MABOUL [mabul], **MABOULE** [mabul] adj. (après le nom) ▪ STYLE FAMILIER Fou. *Il est complètement maboul !* → STYLE FAMILIER **cinglé, dingue.** *Ils ont des enfants maboufs.*

MAC [mak] n. m. ▪ STYLE TRÈS FAMILIER *UN MAC :* un proxénète. → **souteneur ;** STYLE TRÈS FAMILIER **maquereau.** *Elle est avec son mac.*

MACABRE [makabʀ] adj. (après le nom, parfois avant le nom) ▪ Qui a pour sujet la mort, les cadavres, les squelettes. *Il raconte toujours des histoires macabres.* → **funèbre, lugubre.** *La police a fait une macabre découverte.*

MACADAM [makadam] n. m. ▪ *LE MACADAM :* revêtement de route fait de pierres concassées et de sable, recouvert de goudron. *Il marche sur le macadam.*

MACARON [makaʀɔ̃] n. m. ▪ *UN MACARON* **1.** Gâteau sec, rond, fait avec de la poudre d'amandes, du sucre et du blanc d'œuf. *Elle mange des macarons au chocolat.* **2.** Natte de cheveux roulée sur l'oreille. *Elle s'est fait des macarons.* **3.** STYLE FAMILIER Insigne rond. *Un macaron tricolore est visible derrière le pare-brise de la voiture du député.*

FAUX AMIS
polonais **makaron** « pâtes alimentaires », portugais **macarrão** « macaroni »

MACARONI [makaʀɔni] n. m. ▪ *UN MACARONI :* pâte alimentaire en forme de tube creux. *Nous avons mangé des macaronis à la sauce tomate.*

MACÉDOINE [masedwan] n. f. **1.** *Une MACÉDOINE DE LÉGUMES :* plat composé d'un mélange de légumes cuits coupés en petits morceaux. → **jardinière.** *Le rôti est accompagné d'une macédoine de légumes.* **2.** *Une MACÉDOINE DE FRUITS :* dessert composé de fruits divers coupés en petits morceaux et servis dans un sirop. → **salade.** *Nous avons terminé le repas par une macédoine de fruits.*

MACÉDOINE [masedwan] nom propre féminin ▪ *LA MACÉDOINE* **1.** Région de Grèce, dont la ville principale est Salonique. *Nous avons passé nos vacances en Macédoine.* **2.** Pays des Balkans, dont la capitale est Skopje. *Je reviens de Macédoine.*

MACÉRER [maseʀe] verbe [conjugaison 6a] ▪ (aliment) Tremper longtemps dans un liquide. *Laissez macérer la viande plusieurs heures dans la marinade.* → **mariner.** *Le cuisinier fera frire les oignons pendant que la viande macérera* [masɛʀʀa]. *Les cerises macèrent dans l'eau-de-vie.*

MÂCHE [mɑʃ] n. f. ▪ *LA MÂCHE :* plante à petites feuilles allongées qui se mange en salade. *Le cuisinier prépare une salade de mâche et de betteraves.*

FAUX AMI
grec **μάσα** « la bouffe »

REM. On appelle aussi cette salade *la doucette.*

MÂCHER [mɑʃe] verbe [conjugaison 1a] **1.** Écraser avec les dents avant d'avaler. *Mâche bien ta viande !* → ② **mastiquer.** **2.** Triturer longuement dans sa bouche sans avaler. *Il est interdit de mâcher du chewing-gum en classe.* → **mâchonner.** **3.** *MÂCHER LE TRAVAIL À qqn,* lui préparer le travail, lui faciliter ce qu'il a à faire. *Laissez-lui un peu d'initiative, ne lui mâchez pas le travail !* - *Je lui ai dit ce que je pensais, JE N'AI PAS MÂCHÉ MES MOTS,* j'ai dit ce que j'avais à dire avec franchise.

MACHETTE [maʃɛt] n. f. ▪ *UNE MACHETTE :* grand couteau à lame épaisse qui sert à couper les branches, utilisé dans les pays tropicaux. *L'explorateur se fraie un chemin à travers la forêt vierge avec sa machette.*

MACHIAVÉLIQUE [makjavelik] adj. (après le nom) ▪ Rusé, perfide et calculateur. *Ils usent de procédés machiavéliques.* → **diabolique.**

MÂCHICOULIS [maʃikuli] n. m. ▪ *UN MÂCHICOULIS :* balcon percé d'ouvertures au sommet d'une muraille ou d'une tour d'un château fort. *Les soldats du château lancent des projectiles et de l'huile bouillante du haut des mâchicoulis sur les attaquants.*

MACHIN [maʃɛ̃] n. m. ▪ STYLE FAMILIER *UN MACHIN :* objet ou personne dont on ignore le nom, dont on ne se rappelle pas le nom ou que l'on ne veut pas nommer. *C'est quoi ce machin ?*

→ **chose** ; STYLE FAMILIER **bidule, truc.** *Il me faudrait un machin pour ouvrir cette boîte. J'ai rencontré Monsieur Machin, tu vois qui je veux dire.* → **Tartempion.** *Il vient, Machin Chouette ?*

MACHINAL [maʃinal], **MACHINALE** [maʃinal] adj. (après le nom) ▪ Que l'on fait sans réfléchir, comme une machine. *J'ai éteint la lampe d'un geste machinal.* → **automatique, inconscient, mécanique.** *Excuse-moi, je ne l'ai pas fait exprès, c'était machinal.* ⟨contraires : raisonné, réfléchi, volontaire⟩ MASCULIN PLURIEL : *des gestes MACHINAUX* [maʃino].

MACHINALEMENT [maʃinalmɑ̃] adverbe ▪ D'une manière machinale, sans réfléchir. *J'ai fermé la porte machinalement.*

MACHINATION [maʃinasjɔ̃] n. f. ▪ *UNE MACHINATION* : ensemble d'actions secrètes faites pour nuire à qqn. *Il a été victime d'une machination.* → **complot, intrigue.**

MACHINE [maʃin] n. f. ▪ *UNE MACHINE* **1.** Appareil qui transforme l'énergie pour produire un travail. *L'agriculteur se sert de machines agricoles. Autrefois, les trains étaient tirés par des MACHINES À VAPEUR. Je fais mes comptes sur ma MACHINE À CALCULER* (→ **calculatrice, calculette).** *Le linge sale est dans la MACHINE À LAVER* (→ **lave-linge).** *Mets les assiettes sales dans la machine à laver la vaisselle* (→ **lave-vaisselle).** *Avant, la secrétaire tapait le courrier sur une MACHINE À ECRIRE, maintenant elle a une machine à traitement de texte. Il fait des photocopies avec la MACHINE À PHOTOCOPIER* (→ **photocopieur).** *J'ai pris un café dans la MACHINE À CAFÉ* (→ **distributeur).** *La couturière a une MACHINE À COUDRE. Le mécanicien est descendu dans la SALLE DES MACHINES,* la salle où se trouvent les moteurs qui font avancer le bateau. – *Il faut que je FASSE UNE MACHINE,* que je fasse une lessive dans la machine à laver. *Cette lettre a été TAPÉE À LA MACHINE,* elle a été écrite au moyen d'une machine à écrire (→ **dactylographié).** *Cette broderie a été faite à la machine* (opposé à à la main). **2.** *FAIRE MACHINE ARRIÈRE* : revenir sur ce qu'on a dit, décidé. *Il est trop tard pour faire machine arrière.* **3.** Personne qui agit comme une machine. *Ce professeur est une MACHINE À donner des punitions !*

> FAUX AMI
> italien **machina** « voiture »

MACHINE-OUTIL [maʃinuti] n. f. ▪ *UNE MACHINE-OUTIL* : machine qui fait fonctionner un outil transformant la matière. *On usine cette matière à l'aide d'une machine-outil.* PLURIEL : *des MACHINES-OUTILS.*

MACHINERIE [maʃinʀi] n. f. ▪ *LA MACHINERIE* : ensemble des machines réunies dans un même lieu. *Il s'occupe de l'entretien de la machinerie de l'usine.*

MACHINISME [maʃinism] n. m. ▪ *LE MACHINISME* : utilisation généralisée des machines, à la place des ouvriers, des hommes. *Le machinisme s'est développé au dix-neuvième siècle.*

MACHINISTE [maʃinist] n. m., n. f. ▪ *UN MACHINISTE, UNE MACHINISTE* : personne qui s'occupe des changements de décor et des trucages, au théâtre et au cinéma. *Les machinistes font descendre le nouveau décor.*

MACHISME [matʃism] n. m. ▪ *LE MACHISME* : comportement des hommes qui se croient supérieurs aux femmes et pensent avoir droit à des privilèges. *Refuser ce poste de directeur à une femme, c'est du machisme.* → **sexisme.**

MACHO [matʃo] n. m. ▪ *UN MACHO* : homme qui pense que les hommes sont supérieurs aux femmes et qui veut les dominer. *Son mari est un macho. Ce sont tous d'affreux machos !* → **machisme.**

> FAUX AMIS
> grec **μάτσο** « botte (de légumes) » ; **ματσό** « riche, fortuné »

MÂCHOIRE [mɑʃwaʀ] n. f. ▪ *LA MÂCHOIRE* **1.** Chacun des deux os de la bouche, dans lesquels les dents sont implantées. *La mâchoire supérieure est fixe et la mâchoire inférieure est mobile.* → **maxillaire. 2.** La mâchoire inférieure. → **mandibule.** *Il bâille à SE DÉCROCHER LA MÂCHOIRE,* en ouvrant la bouche en grand, au point de risquer de décrocher la mâchoire inférieure. **3.** Chacune des pièces d'un outil qui, en se rapprochant, permettent de serrer et de tenir un objet. *Le mécanicien place la roue de la bicyclette dans les mâchoires de l'étau.*

MÂCHONNER [mɑʃɔne] verbe [conjugaison 1a] ▪ Mâcher lentement ou mordre à petits coups. *Elle mâchonne le bout de son crayon.* → **mordiller.**

MAÇON [masɔ̃] n. m. ▪ *UN MAÇON* : ouvrier qui fait des travaux de maçonnerie ou personne qui dirige une entreprise de maçonnerie. *Le maçon répare le mur de la grange.*

> FAUX AMI
> espagnol **masón** « franc-maçon »

MAÇONNERIE [masɔnʀi] n. f. ▪ *LA MAÇONNERIE* **1.** Travaux de construction d'un édifice, depuis les fondations jusqu'à l'élévation des murs. *Il dirige une entreprise de maçonnerie.* **2.** Partie de la construction faite par le maçon, avec des pierres ou des briques assemblées par du plâtre, du ciment, du béton. *La maçonnerie du garage est solide.*

MACULÉ [makyle], **MACULÉE** [makyle] adj. (après le nom) ▪ Couvert de taches, sali. *Il a une chemise MACULÉE DE vin.* → **taché.** ⟨contraire : immaculé⟩

MADAGASCAR [madagaskaʀ] nom propre féminin – en malgache **MADAGASIKARA** ▪ *MADAGASCAR* : pays de l'océan Indien au sud-est de l'Afrique. *Ils ont vécu à Madagascar. Connaissez-vous Madagascar ? Ils rentreront bientôt de Madagascar.*

MADAME [madam] n. f. **1.** Nom que l'on donne à une femme mariée ou qui a été mariée. *Monsieur et Madame X sont arrivés. Bonjour, madame.* STYLE RECHERCHÉ *Comment va Madame votre mère ?* PLURIEL : *Bonsoir, MESDAMES* [medam], *mesdemoiselles, messieurs.* – *M*^{me} [madam] abréviation PLURIEL : *M*^{mes} [medam]. *M. et M*^{me} *X.* **2.** Nom que l'on donne par respect à une femme mariée ou non. *Madame la Directrice va vous recevoir.*

MADELEINE [madlɛn] n. f. ▪ *UNE MADELEINE* : petit gâteau bombé à pâte moelleuse, cuit dans un moule en forme de coquille. *Mon frère a mangé tout un paquet de madeleines.*

MADEMOISELLE [madmwazɛl] n. f. ▪ Nom que l'on donne à une jeune fille ou à une femme célibataire. *Mademoiselle X a téléphoné. Bonjour, madame... ou mademoiselle ? Comment va Mademoiselle votre sœur ?* PLURIEL : *Bonsoir, mesdames, MESDEMOISELLES* [medmwazɛl], *messieurs.* – *M*^{lle} [madmwazɛl] abréviation PLURIEL : *M*^{lles} [medmwazɛl]. *M. X et M*^{lle} *Y.*

REM. *Mademoiselle* n'est pas très courant, le fait d'être marié ou non n'étant plus pertinent.

MADÈRE [madɛʀ] nom propre – en portugais **MADEIRA** ▪ Île portugaise de l'océan Atlantique, située à mille kilomètres au sud-ouest de Lisbonne. *Nous sommes allés à Madère. Connaissez-vous Madère ?*

MADRID [madʀid] nom propre ▪ Capitale de l'Espagne. *Nous sommes allés à Madrid cet été. Ils reviennent de Madrid. Les habitants de Madrid s'appellent les Madrilènes.*

MADRIER [madʀije] n. m. ▪ *UN MADRIER* : poutre très épaisse. *Des madriers en chêne soutiennent le toit de la grange.*

MADRILÈNE [madʀilɛn] adj., n. m. et n. f. **1.** adjectif (après le nom) De Madrid. *Ce sont des supporters de l'équipe de football madrilène.* **2.** *UN MADRILÈNE, UNE MADRILÈNE :* une personne qui habite Madrid. *Les Madrilènes.*

MAESTRIA [maɛstʀija] n. f. ▪ *LA MAESTRIA :* la maîtrise, l'aisance et la perfection dans l'exécution d'une œuvre d'art ou d'un exercice. *Le violoniste a joué ce concerto avec maestria.* → **brio, virtuosité.**

REM. Ce mot vient de l'italien.

MAFIA [mafja] n. f. **1.** *LA MAFIA :* organisation secrète d'origine sicilienne très puissante, qui assure son pouvoir et sa puissance par des moyens malhonnêtes, en recourant à la violence et même au crime. *C'est un membre de la Mafia. Le racket est organisé par la Mafia.* **2.** Groupe très fermé de gens unis par des intérêts communs. *Il appartient à la mafia de la drogue.*

REM. Ce mot s'écrit aussi avec deux *f : maffia.*

MAFIEUX [mafjø] adj. et n. m., **MAFIEUSE** [mafjøz] adj. et n. f. **1.** adjectif (après le nom) De la Mafia. *Ils utilisent des méthodes mafieuses.* **2.** *UN MAFIEUX, UNE MAFIEUSE :* un membre de la Mafia. *Ce crime a été commis par des mafieux.*

REM. Ce mot s'écrit aussi avec deux *f : maffieux, maffieuse.*

MAGASIN [magazɛ̃] n. m. ▪ *UN MAGASIN* **1.** Lieu où l'on vend des marchandises. *Il y un magasin de jouets en bas de chez eux.* → **boutique.** *Il est parti faire les courses dans un magasin d'alimentation. Elle va une fois par semaine dans un MAGASIN À GRANDE SURFACE.* → **hypermarché, supermarché.** *Le magasin est ouvert de neuf heures à dix-neuf heures. - Elle s'est acheté une robe dans un GRAND MAGASIN,* un magasin sur plusieurs étages où l'on vend toutes sortes de choses. *Il n'aime pas aller dans les grands magasins. - Elle aime FAIRE LES MAGASINS,* faire du shopping. **2.** Lieu où sont stockées des marchandises. *Nous n'avons pas cet article en magasin. Le blé est dans les magasins du port.* → **entrepôt. 3.** Partie creuse (d'une arme à feu, d'un appareil photo). *Le magasin du revolver est vide. Je mets une nouvelle pellicule dans le magasin de mon appareil photo.*

FAUX AMI
italien **magazzino** «entrepôt»

MAGASINAGE [magazinaʒ] n. m. ▪ *FAIRE DU MAGASINAGE :* faire des courses dans les magasins, aller dans les boutiques. *Elle passe des heures à faire du magasinage.* → **shopping.**

REM. Ce mot est employé au Québec, pour éviter l'anglicisme *shopping* que l'on utilise en France.

MAGAZINE [magazin] n. m. ▪ *UN MAGAZINE* **1.** Revue généralement illustrée, qui paraît toutes les semaines ou tous les mois. *Elle est abonnée à un magazine féminin.* → **journal.** *Il lit un magazine dans la salle d'attente.* **2.** Émission régulière de radio ou de télévision, sur un sujet particulier. *Il regarde un magazine littéraire à la télévision.*

MAGE [maʒ] n. m. ▪ *UN MAGE* **1.** Personne qui pratique les sciences occultes, la magie. *Il s'imagine que ce mage va le sortir d'affaire.* → **devin. 2.** *Les ROIS MAGES :* les trois personnages qui, selon l'Évangile, sont venus adorer Jésus dans sa crèche, guidés par une étoile. *Les Rois Mages s'appelaient Gaspard, Melchior et Balthazar.*

MAGHREB [magʀɛb] nom propre masculin ▪ *LE MAGHREB :* ensemble des pays d'Afrique du Nord, compris entre la Méditerranée et le Sahara, l'océan Atlantique et le désert de Libye. *Le Maroc, l'Algérie, la Tunisie, la Libye et la Mauritanie sont les pays du Maghreb. Les habitants du Maghreb sont les Maghrébins.*

MAGHRÉBIN [magʀebɛ̃] adj. et n. m., **MAGHRÉBINE** [magʀebin] adj. et n. f. **1.** adjectif (après le nom) Du Maghreb. *De nombreux travailleurs maghrébins ont été engagés dans cette usine.* → **nord-africain. 2.** *UN MAGHRÉBIN, UNE MAGHRÉBINE :* une personne habitant le Maghreb ou originaire du Maghreb. *Les Maghrébins.*

MAGICIEN [maʒisjɛ̃] n. m., **MAGICIENNE** [maʒisjɛn] n. f. ▪ *UN MAGICIEN, UNE MAGICIENNE :* personne qui fait des tours de magie. *Le magicien fait sortir un lapin de son chapeau.* → **illusionniste, prestidigitateur.**

MAGIE [maʒi] n. f. ▪ *LA MAGIE :* art de faire des choses extraordinaires qui semblent inexplicables. *Les alchimistes utilisaient la magie pour essayer de fabriquer de l'or. L'illusionniste fait des TOURS DE MAGIE* (→ **prestidigitation).** *Mon sac a disparu COMME PAR MAGIE,* d'une manière incompréhensible. → **enchantement.** *Je l'ai retrouvé, c'est de la magie !*

MAGIQUE [maʒik] adj. (après le nom) ▪ Qui est utilisé ou produit par magie. *La fée transforme la citrouille en carrosse d'un coup de BAGUETTE MAGIQUE. Cette boisson a un pouvoir magique. Le magicien prononce une formule magique.*

MAGISTRAL [maʒistʀal], **MAGISTRALE** [maʒistʀal] adj. (après le nom) **1.** *COURS MAGISTRAL :* cours donné par un professeur d'université. *Les étudiants ont tous assisté au cours magistral de monsieur X.* **2.** Qui est digne d'un maître. → **exceptionnel.** *Ce musicien a exécuté son morceau avec une habileté magistrale.* MASCULIN PLURIEL : *MAGISTRAUX* [maʒistʀo].

MAGISTRAT [maʒistʀa] n. m. ▪ *UN MAGISTRAT :* fonctionnaire chargé de rendre la justice. *Les juges sont des magistrats.*

REM. On rencontre parfois le féminin *magistrate* [maʒistʀat], sinon on dit *une femme magistrat.*

MAGISTRATURE [maʒistʀatyʀ] n. f. ▪ *LA MAGISTRATURE :* ensemble des magistrats, fonction des magistrats. *Elle fait carrière dans la magistrature.*

MAGMA [magma] n. m. ▪ *LE MAGMA* **1.** Matière visqueuse qui se trouve au centre de la Terre et qui est formée de roches en fusion. *La lave qui sort des volcans provient du magma.* **2.** Mélange confus. *Je ne comprends rien à ce magma.*

MAGNANIME [maɲanim] adj. (après le nom) ▪ STYLE RECHERCHÉ Qui est bienveillant envers les faibles et pardonne facilement. → **clément.** *Le vainqueur s'est montré magnanime envers les vaincus. - Il a eu un geste magnanime.*

MAGNAT [magna] n. m. ▪ *UN MAGNAT :* personnalité très importante du monde des affaires. *Les magnats du pétrole se sont rencontrés et ont signé un accord.*

REM. Attention à la prononciation dans *magnat* et *magnum.*

SE **MAGNER** [maɲe] verbe pronominal [conjugaison 1a] ▪ STYLE FAMILIER Se dépêcher. *Magne-toi, on va être en retard !* → se **hâter** ; STYLE FAMILIER se **dégrouiller,** se **grouiller.** *Elle s'est magnée.*

REM. Ce verbe vient de *se manier* «se remuer»

MAGNÉSIUM [maɲezjɔm] n. m. ▪ *LE MAGNÉSIUM :* métal blanc argenté, très léger, qui brûle à l'air avec une flamme éblouissante. *La lumière d'un flash est un éclair de magnésium.*

MAGNÉTIQUE [maɲetik] adj. (après le nom) **1.** Qui a les propriétés de l'aimant, qui attire le fer. *L'aiguille de la boussole indique le Nord magnétique. - Les cassettes et les cassettes vidéo contiennent une BANDE MAGNÉTIQUE,* une bande recouverte d'une matière qui permet d'enregistrer des images, du son ou diverses informations. *Une carte de crédit a une piste magné-*

tique. **2.** Qui attire et fascine. *Cette femme a un regard magnétique.*

MAGNÉTISER [maɲetize] verbe [conjugaison 1a] **1.** Donner les propriétés de l'aimant à (qqch.). *L'aiguille de la boussole est magnétisée.* → **aimanter.** **2.** Exercer une grande influence sur (qqn). *Cet avocat magnétise les auditeurs,* il les tient sous le charme. → **fasciner.**

MAGNÉTISME [maɲetism] n. m. ▪ *LE MAGNÉTISME* **1.** Propriété d'une matière qui attire le fer. *L'aiguille de la boussole est soumise au magnétisme terrestre.* **2.** Attrait qu'une personne exerce autour d'elle. *Cet acteur exerce un véritable magnétisme sur les femmes.* → **fascination.**

MAGNÉTOPHONE [maɲetɔfɔn] n. m. ▪ *UN MAGNÉTOPHONE :* appareil qui permet d'enregistrer et de reproduire des sons sur une bande magnétique. *Il écoute son chanteur préféré sur son MAGNÉTOPHONE À CASSETTES. Elle a un petit magnétophone portable.* → **baladeur.**

MAGNÉTOSCOPE [maɲetɔskɔp] n. m. ▪ *UN MAGNÉTOSCOPE :* appareil qui permet d'enregistrer des images et des sons sur une bande magnétique et de les repasser à la télévision (→ **caméscope).** *J'ai enregistré cette émission de télévision avec mon magnétoscope. Achète des vidéocassettes pour le magnétoscope.*

MAGNIFICENCE [maɲifisɑ̃s] n. f. ▪ STYLE RECHERCHÉ *LA MAGNIFICENCE :* beauté magnifique, pleine de grandeur. *Ce château est meublé avec magnificence.* → **splendeur.**

MAGNIFIQUE [maɲifik] adj. (avant ou après le nom) **1.** Qui est d'une beauté luxueuse et éclatante. *Nous avons visité des palais magnifiques.* → **somptueux.** **2.** Très beau. *Quel magnifique coucher de soleil !* → **splendide, superbe.** *Il fait un temps magnifique.*

MAGNIFIQUEMENT [maɲifikmɑ̃] adverbe ▪ D'une manière magnifique. *Leur appartement est magnifiquement décoré.* → **superbement.**

MAGNOLIA [maɲɔlja] n. m. ▪ *UN MAGNOLIA :* arbre des pays chauds, à feuilles luisantes et à grosses fleurs blanches très parfumées. *Ils ont de magnifiques magnolias dans leur jardin.*

MAGNUM [magnɔm] n. m. ▪ *UN MAGNUM :* grosse bouteille contenant un litre et demi. *Ils ont des magnums de champagne dans leur cave.*

MAGOT [mago] n. m. ▪ STYLE FAMILIER *UN MAGOT :* somme d'argent que l'on a amassée et mise de côté. *Notre voisin a enterré son magot dans le jardin. Tout cet argent fait un joli magot.*

MAGOUILLE [maguj] n. f. ▪ STYLE FAMILIER *UNE MAGOUILLE :* moyen malhonnête utilisé pour obtenir qqch. *Il a trempé dans une magouille électorale.* → STYLE FAMILIER **combine.** *Il a réussi grâce à des magouilles.* → **manigance.**

MAGOUILLER [maguje] verbe [conjugaison 1a] ▪ STYLE FAMILIER Faire des magouilles. *Il a magouillé pour obtenir le poste de directeur. - Qu'est-ce que tu magouilles encore ?* → **manigancer.**

MAHARAJAH [maaʀadʒa] n. m. ▪ *UN MAHARAJAH :* prince hindou. *Le maharajah est dans son palais.*

MAHOMET [maɔmɛ] nom propre ▪ Prophète de l'islam (570 ?-632). *Pour l'islam, Mahomet est le dernier des messagers de Dieu.*

REM. *Mahomet* est le même nom que *Mohammed.*

MAI [mɛ] n. m. ▪ Cinquième mois de l'année, qui a trente et un jours. *Le 1er mai est le jour de la fête du travail. Cela fait plusieurs années que nous avons des mais ensoleillés.*

REM. Se prononce comme *mais.*

MAIGRE [mɛgʀ] adj. (après le nom, parfois avant le nom) **1.** Dont le corps a peu de graisse, qui a un poids peu élevé par rapport à sa taille. ⟨contraires : corpulent, gras, gros, obèse⟩ *Son père est un homme grand et maigre.* → **mince.** *Sa fille est MAIGRE COMME UN CLOU,* très maigre. *J'ai rencontré un pauvre chien tout maigre.* → **décharné, efflanqué.** - *Elle a les jambes maigres.* → **fluet.** **2.** (aliment) Qui ne contient pas ou peu de gras. *Elle mange des yaourts maigres pour ne pas grossir.* → **allégé.** **3.** (avant le nom) Peu important. *Il ne peut pas faire d'économies avec son maigre salaire.* → **faible, médiocre.** *Ils n'ont obtenu que de maigres résultats.* → **piètre.**

MAIGREUR [mɛgʀœʀ] n. f. ▪ *LA MAIGREUR :* état d'une personne ou d'un animal maigre. *Le malade est d'une maigreur effrayante.* ⟨contraire : obésité⟩

MAIGRICHON [megʀiʃɔ̃], **MAIGRICHONNE** [megʀiʃɔn] adj. (après le nom) ▪ STYLE FAMILIER Un peu trop maigre. *C'est un enfant maigrichon pour son âge.*

MAIGRIR [megʀiʀ] verbe [conjugaison 2] ▪ Devenir maigre, perdre du poids. *Elle a maigri de deux kilos.* → s'**amincir.** ⟨contraires : engraisser, grossir⟩ *Le malade maigrissait rapidement.*

MAILLE [maj] n. f. ▪ *UNE MAILLE* **1.** Chacune des boucles de laine ou de fil qui forment un tissu. *Elle tricote une maille à l'endroit puis une maille à l'envers. - Une maille de son bas a filé. - Les chevaliers avaient des COTTES DE MAILLES,* des tuniques en fils de métal. **2.** Chacune des bouches de cordon qui forment un filet (→ **filet).** *C'est un filet à grosse mailles, à mailles fines. Les petits poissons passent au travers des mailles du filet.*

MAILLET [majɛ] n. m. ▪ *UN MAILLET :* marteau en bois. *Le campeur enfonce les piquets de sa tente avec un maillet.*

MAILLON [majɔ̃] n. m. ▪ *UN MAILLON :* anneau d'une chaîne. *Il a une gourmette à gros maillons.* - (figuré) *Je NE SUIS QU'UN MAILLON DE LA CHAÎNE,* un élément parmi d'autres qui sont solidaires.

MAILLOT [majo] n. m. ▪ *UN MAILLOT* **1.** Vêtement souple et collant, fait d'une seule pièce, que l'on porte sur la peau, pour faire de la danse ou de la gymnastique. *Elle met un maillot pour son cours de danse.* → **body, justaucorps.** **2.** Vêtement qui couvre le haut du corps, que portent les sportifs. → **tee-shirt.** *Les coureurs cyclistes ont un numéro sur leur maillot.* **3.** *MAILLOT (DE BAIN) :* vêtement que l'on met pour se baigner dans la mer ou dans une piscine. *Elle a plusieurs maillots de bain : un maillot une pièce et un maillot deux-pièces. Mettez-vous en maillot ! Elle a bronzé, on voit la marque du maillot.*

> FAUX AMI
> le grec **μαγιό** ne s'emploie pas aux sens 1. et 2.

MAIN [mɛ̃] n. f. ▪ *LA MAIN :* partie du corps humain située au bout du bras, qui sert à toucher, à prendre les objets. *Chaque main a cinq doigts. Lave-toi les mains avant de passer à table. Donne-moi la main pour traverser la rue. Les deux amoureux SE TIENNENT PAR LA MAIN. Ils se SERRENT LA MAIN pour se dire bonjour.* → STYLE FAMILIER **paluche.** *Je lui ai fait un signe de la main. Les ouvriers travaillent DE LEURS MAINS,* ils font un travail manuel. *Il lui a envoyé une lettre écrite à la main* (opposé à tapé à la machine). *Cette broderie a été faite À LA MAIN* (opposé à à la machine). *C'est un rideau COUSU MAIN,* fait à la main. *Je vais te donner un COUP DE MAIN :* je vais t'aider. *J'ai écrit avec ce que* *j'avais* SOUS LA MAIN, avec ce que j'avais à ma portée, à ma disposition. *Je n'arrive pas à* METTRE LA MAIN SUR *mes lunettes :* je ne retrouve pas mes lunettes. *Les douaniers ont mis la main sur dix kilos de drogue,* ils les ont trouvés et s'en sont emparés. *Tu devrais* PRENDRE *cette affaire* EN MAIN, tu devrais t'en occuper. *Il a des documents importants* ENTRE LES MAINS, en sa possession. *Cette lettre doit être remise* EN MAINS PROPRES *à son destinataire,* elle doit être remise à son destinataire en personne. *La transaction s'est faite* DE LA MAIN À LA MAIN, sans intermédiaire. *Il a* LEVÉ LA MAIN SUR *sa femme,* il s'est mis à la battre. *Les deux élèves* EN SONT VENUS AUX MAINS, ils se sont mis à se battre. - *Elle s'est fait voler son* SAC À MAIN, son sac qu'elle porte à la main. *L'automobiliste serre le* FREIN À MAIN, le frein que l'on actionne avec la main. *Il a acheté une voiture d'occasion* DE PREMIÈRE MAIN, qui a eu un seul propriétaire. - STYLE RECHERCHÉ *Il a* DEMANDÉ LA MAIN *de la jeune fille,* il a demandé à la jeune fille de l'épouser.

REM. *Maint* «plusieurs» se prononce de la même façon.

MAIN-D'ŒUVRE [mɛ̃dœvʀ] n. f. ▪ *LA MAIN-D'ŒUVRE* **1.** Travail fait par un ou par plusieurs ouvriers. *Il faut compter quatre heures de main-d'œuvre pour démonter le moteur.* **2.** Ensemble des ouvriers. *Cette usine emploie une nombreuse main-d'œuvre étrangère.* PLURIEL : *des* MAINS-D'ŒUVRE *bon marché.*

MAIN-FORTE [mɛ̃fɔʀt] n. f. ▪ *PRÊTER MAIN-FORTE À qqn,* l'aider. *J'ai dû lui prêter main-forte car il ne s'en sortait pas tout seul.*

REM. Ce mot n'existe qu'au singulier.

MAINMISE [mɛ̃miz] n. f. ▪ *LA MAINMISE :* action de s'emparer de qqch. et de l'avoir sous sa domination. *Ce magnat de la presse* A LA MAINMISE SUR *presque tous les journaux du pays.*

MAINT [mɛ̃], **MAINTE** [mɛ̃t] adj. (avant le nom) ▪ STYLE RECHERCHÉ (le plus souvent au pluriel) Nombreux. *Nous nous sommes vus* À MAINTES REPRISES, de nombreuses fois. *Elle a emprunté cette route* MAINTES FOIS. *Je le lui ai dit* MAINTES ET MAINTES FOIS, très souvent. - *Il a exprimé son désaccord* EN MAINTE OCCASION. ⟨contraire : aucun⟩

REM. *Main* «partie du corps» se prononce de la même façon que le masculin.

MAINTENANCE [mɛ̃tnɑ̃s] n. f. ▪ *LA MAINTENANCE :* ensemble des opérations d'entretien d'un matériel technique. *Nous avons un contrat de maintenance pour l'entretien de la chaudière à gaz.* → **entretien.**

maintenant [mɛ̃tnɑ̃] *En maintenant :* forme au participe présent du verbe **maintenir.**

MAINTENANT [mɛ̃tnɑ̃] adverbe **1.** Dans le temps présent, au moment actuel. → **actuellement.** *Et maintenant, qu'allons-nous faire ?* à présent. *Il faut prendre une décision, c'est maintenant ou jamais. Autrefois, ils voyageaient beaucoup, mais* PLUS MAINTENANT. *Je le ferai tout à l'heure,* PAS MAINTENANT. - MAINTENANT QUE : à présent que. *Maintenant que tout le monde est là, la réunion peut commencer.* **2.** *Vous pouvez commencer* DÈS MAINTENANT, tout de suite. À PARTIR DE MAINTENANT, c'est lui qui commande. → **désormais, dorénavant.** *Tout va s'arranger, maintenant,* à partir de maintenant. **3.** (en tête de phrase, pour marquer une pause ou évoquer une possibilité nouvelle). *Je t'ai donné mon avis, maintenant tu feras ce que tu voudras.*

MAINTENIR [mɛ̃tniʀ] verbe [conjugaison 22] **1.** Tenir dans la même position, empêcher de bouger, de tomber. *La puéricultrice maintient la tête du bébé.* → **tenir.** *Maintiens la planche bien droite pendant que j'enfonce le clou. Les policiers maintiennent le voyou pour lui passer les menottes.* → **immobiliser.** - *Ce soutien-gorge maintient bien la poitrine.* → **soutenir. 2.** Conserver dans le même état ; faire ou laisser durer (un état). *Le gouvernement maintiendra* [mɛ̃tjɛ̃dʀa] *la paix dans le pays. Ce candidat n'a pas maintenu sa candidature au second tour des élections. En maintenant le malade en vie, les médecins redonnent de l'espoir à sa famille.* → **garder. 3.** Affirmer avec force, fermeté. *Je le dis et je le maintiens. L'accusé* MAINTIENT QU'*il dit la vérité.* → **confirmer, répéter. 4.** verbe pronominal SE MAINTENIR : rester dans le même état. *Il faudrait que le beau temps se maintienne jusqu'à dimanche.* → **demeurer, durer.** *Le malade se maintient,* il ne va pas plus mal. - STYLE FAMILIER *Alors, ça se maintient ?*

FAUX AMIS
espagnol **mantener,**
italien **mantenere**
«entretenir»

maintenu [mɛ̃tny], **maintenue** [mɛ̃tny] *Il a maintenu la paix ; la paix qu'il a maintenue :* formes au participe passé du verbe **maintenir.**

MAINTIEN [mɛ̃tjɛ̃] n. m. ▪ *LE MAINTIEN* **1.** Manière de se tenir, attitude. *Les mannequins ont un maintien très étudié.* → **pose. 2.** Action de maintenir, de faire durer. *La police assure le* MAINTIEN DE L'ORDRE *public. Le gouvernement a décidé le maintien de la loi.* ⟨contraire : abandon⟩ **3.** Action de garder dans une position, de soutenir. *Ce soutien-gorge assure un bon maintien de la poitrine.*

maintienne [mɛ̃tjɛn] *Que je maintienne ; qu'il maintienne, qu'elle maintienne :* forme au subjonctif du verbe **maintenir.**

MAIRE [mɛʀ] n. m. ▪ *UN MAIRE :* personne élue par le conseil municipal, parmi ses membres, pour diriger les affaires d'une commune. *Le maire est assisté dans son travail par des adjoints. C'est Monsieur le maire qui nous a mariés. Adressez-vous à l'adjoint au maire.*

REM. **1.** *Maire* est un mot masculin. Pour une femme, on dit *Madame le maire. Madame X est le maire de notre ville.* On rencontre aussi, mais rarement, le féminin *mairesse* [mɛʀɛs]. **2.** *Mer* «étendue d'eau» et *mère* «maman» se prononcent de la même façon, c'est ce qui empêche de dire *la maire.*

MAIRIE [meʀi] n. f. **1.** *UNE MAIRIE :* bâtiment où se trouvent les bureaux du maire et de l'administration de la commune. *La mairie de certaines cités importantes s'appelle «hôtel de ville». Où se trouve la mairie ?* **2.** LA MAIRIE : charge de maire. *Il vient d'être élu pour la seconde fois à la mairie de notre ville.* **3.** Administration d'une commune. *Sa femme est employée de mairie. Il faut demander ce certificat à la mairie.*

MAIS [mɛ] conjonction et adverbe

I. conjonction **1.** Introduit une idée contraire à celle qui a été exprimée. *Ce n'est pas lui, mais son père. Ce n'est pas sa faute, mais la tienne. Ils n'ont pas deux enfants, mais trois.* **2.** Introduit une restriction. → **par contre.** *Elle n'est pas jolie, mais elle a beaucoup de charme. Il est bête mais pas méchant.* **3.** Introduit une objection. *Je ne dis pas le contraire, mais enfin, tu peux te tromper.* → **néanmoins.** *Mais pourtant, il le savait ? Oui, mais...*
II. adverbe **1.** Renforce ce qui est exprimé. *J'ai eu une peur, mais une peur ! Tu viens avec nous ? - Mais oui ! Mais non ! Mais si !* **2.** STYLE FAMILIER NON MAIS ! exprime une menace. *Non mais, pour qui tu te prends !*

REM. *Mai* «mois», *mets* «aliment» se prononcent de la même façon.

MAÏS [mais] n. m. ▪ *LE MAÏS :* céréale à longue tige, à larges feuilles pointues et dont les fruits sont des grains serrés sur un gros épi. *La ferme est entourée de champs de maïs. Les poules picorent du maïs dans la cour. Il mange un* ÉPI DE MAÏS. *On mange les grains de maïs soufflés sucrés ou salés* (→ **pop-corn).** *Elle a fait une salade de maïs et de tomates.*

MAISON [mɛzɔ̃] n. f. ▪ *UNE MAISON*
I. 1. Bâtiment qui sert d'habitation. *Les murs de la maison sont en pierre et le toit en tuiles. Ils ont acheté une maison en banlieue.* → **pavillon.** *Nous avons une maison au bord de la mer.* → **villa.** *Leur MAISON DE CAMPAGNE est en Normandie,* leur résidence secondaire. – STYLE FAMILIER *C'est GROS COMME UNE MAISON :* c'est énorme, évident. *Il va échouer, c'est gros comme une maison.* **2.** Lieu où l'on habite. → **domicile, logement, logis.** *J'ai laissé les clés de la maison à la voisine. Elle ne travaille pas, elle s'occupe de la maison et des enfants,* des tâches domestiques. *C'est une excellente MAÎTRESSE DE MAISON,* une excellente femme d'intérieur. *Nous sommes restés À LA MAISON aujourd'hui.* **3.** Lieu de détention. *Le voleur a été incarcéré à la MAISON D'ARRÊT de la ville. Les condamnés à une longue peine sont emprisonnés en MAISON CENTRALE.* **4.** Lieu destiné à un usage particulier et où l'on reçoit des usagers. *Après son opération, elle est allée dans une MAISON DE REPOS,* un établissement pour les gens en convalescence. *Mon grand-père est dans une MAISON DE RETRAITE,* un lieu où vivent les personnes âgées. *Leurs enfants fréquentent la MAISON DES JEUNES ET DE LA CULTURE.* **5.** *Les GENS DE MAISON :* les domestiques. *Ils ont plusieurs EMPLOYÉS DE MAISON.* **6.** Entreprise commerciale. → **établissement, firme, société.** *C'est une maison sérieuse. La maison ne fait pas de crédit. La MAISON MÈRE est à Paris et les succursales en province,* l'établissement principal, le siège social est à Paris. *Les livres sont publiés par les MAISONS D'ÉDITION* (→ **éditeur**). **7.** Les personnes qui vivent ensemble sous le même toit. *Vous faites partie de la maison, maintenant !* → **famille, maisonnée.** – *FAIRE LA JEUNE FILLE DE LA MAISON :* servir les invités au cours d'une réception. *C'est sa fille qui fait la jeune fille de la maison.*
II. (invariable) **1.** Qui a été fait à la maison. *Elle est très fière de sa tarte maison,* qu'elle a faite elle-même. PLURIEL : *des tartes maison.* **2.** STYLE FAMILIER Particulièrement réussi. *Ma fille a eu droit à une engueulade maison,* une réprimande sévère. **3.** Particulier à (un groupe). *Il n'a pas l'esprit maison,* particulier à l'entreprise dont il fait partie.

> FAUX AMI
> portugais **mansão** « hôtel particulier »

MAISONNÉE [mɛzɔne] n. f. ▪ STYLE RECHERCHÉ *LA MAISONNÉE :* les habitants d'une maison, la famille. *Toute la maisonnée est réunie pour les vacances.*

MAÎTRE [mɛtʀ] n. m. et adj., **MAÎTRESSE** [mɛtʀɛs] n. f. et adj.
I. *LE MAÎTRE, LA MAÎTRESSE DE* **1.** Personne qui exerce une autorité sur (qqn). *Autrefois, le maître avait droit de vie et de mort sur ses esclaves.* – *Il a TROUVÉ SON MAÎTRE :* il a trouvé plus fort que lui. **2.** Possesseur d'un animal domestique. → **propriétaire.** *Ce chien réagit à la voix de sa maîtresse.* **3.** *MAÎTRE DE MAISON, MAÎTRESSE DE MAISON :* personne qui dirige la maison. *La maîtresse de maison place ses invités autour de la table.* → **hôtesse.** **4.** *ÊTRE (LE) MAÎTRE (quelque part) :* avoir l'autorité (là où l'on est). *Le capitaine d'un bateau est seul maître à bord,* il commande. **5.** *ÊTRE SON MAÎTRE :* être libre et indépendant. *Elle préfère être son maître plutôt que de travailler pour un patron.* – *ÊTRE MAÎTRE, MAÎTRESSE DE SOI :* contrôler ses réactions, ses sentiments. *Ils sont restés maîtres d'eux-mêmes* (→ se **dominer**). **6.** STYLE RECHERCHÉ *ÊTRE MAÎTRE DE faire qqch. :* avoir la liberté de faire qqch. *Vous êtes maître de refuser, si vous le souhaitez,* vous pouvez refuser. **7.** Personne qui possède qqch. → **possesseur, propriétaire.** *Il vient d'acheter une MAISON DE MAÎTRE,* une maison grande et cossue. – *SE RENDRE MAÎTRE DE qqch.,* se l'approprier. *Le tyran s'est rendu maître du pays* (→ **conquérir**). – *Très vite, les policiers SE RENDENT MAÎTRES DE LA SITUATION,* ils contrôlent la situation. **8.** Personne qualifiée pour diriger, surveiller (un travail). *Le MAÎTRE D'ŒUVRE dirige les travaux de la maison. La MAÎTRESSE DE BALLET donne des cours aux danseurs.* **9.** *MAÎTRE D'ÉCOLE, MAÎTRESSE D'ÉCOLE :* personne qui enseigne aux enfants. → **instituteur, professeur.** *Les enfants écoutent attentivement la maîtresse.* – *Le MAÎTRE NAGEUR lui apprend à plonger.*
II. *UN MAÎTRE* **1.** Artisan qui dirige le travail et forme les apprentis. *Le maître montre le travail à l'apprenti.* – *ÊTRE, PASSER MAÎTRE EN, DANS :* devenir très adroit à (→ **magistral**). *Elle est passée maître dans l'art de mentir.* **2.** Personne dont on est le disciple, que l'on prend pour modèle. *Ce philosophe est son MAÎTRE À PENSER. C'est son maître spirituel.* → **gourou.** **3.** Artiste, écrivain qui excelle dans son art, qui a fait école. *Balzac est un des maîtres du roman du dix-neuvième siècle. Il collectionne les TABLEAUX DE MAÎTRE.* **4.** Titre donné aux gens de loi ou en s'adressant à eux. *Maître X est mon avocate. Bonjour, maître.* – M^e [mɛtʀ] abréviation **5.** Titre que l'on donne à un professeur éminent, à un artiste ou à un écrivain célèbre. *Monsieur et cher maître.* **6.** *UN MAÎTRE CHANTEUR :* une personne qui exerce un chantage sur qqn. *Un maître chanteur veut lui extorquer une grosse somme d'argent. Il a eu affaire à des maîtres chanteurs.*
III. *UNE MAÎTRESSE :* femme avec qui un homme a des relations sexuelles et amoureuses sans être marié avec elle. *Il est venu avec sa maîtresse. Son mari a des maîtresses* (→ **liaison**).
IV. adjectif (avant le nom, parfois après le nom) **1.** (avant le nom) Qui a les qualités d'un maître, d'une maîtresse. *C'est une maîtresse femme,* une femme énergique, qui sait commander. **2.** (avant le nom) Qui est le chef de ceux qui exercent la même profession dans un corps de métier. *Il est maître cuisinier dans un restaurant célèbre.* **3.** (avant ou après le nom) (qqch.) Le plus important, la plus importante. *Il y a un corbeau sur la maîtresse branche de l'arbre,* la plus grosse branche. – *Il garde son as de cœur, c'est son atout maître.* → **essentiel.** *Il joue sa carte maîtresse,* sa meilleure carte. – *Voici la pièce maîtresse de la collection,* la plus belle pièce.

> FAUX AMIS
> allemand **Mätresse** ne s'emploie pas au sens I. ; espagnol **maestra** ne s'emploie pas au sens III.

REM. *Mètre* « mesure » et *mettre* « placer » se prononcent de la même façon.

MAÎTRE CHANTEUR → **maître**

MAÎTRE-CHIEN [mɛtʀəʃjɛ̃] n. m. ▪ *UN MAÎTRE-CHIEN :* une personne qui dresse des chiens pour qu'ils rendent certains services (garde, sauvetage, recherche de drogue ou d'explosifs...). *Le chien obéit au maître-chien.* PLURIEL : *des MAÎTRES-CHIENS.*

MAÎTRESSE n., féminin de **maître**

MAÎTRISE [metʀiz] n. f.
I. *LA MAÎTRISE* **1.** *LA MAÎTRISE DE SOI :* qualité d'une personne qui est maîtresse d'elle-même, qui sait se contrôler, se dominer. *Malgré sa colère, il fait preuve d'une parfaite maîtrise de lui.* → **calme, sang-froid.** **2.** Contrôle militaire d'un lieu. *Dans cette guerre, notre armée a la maîtrise du terrain.* **3.** Perfection digne d'un maître. *Le pianiste a exécuté cette sonate avec une grande maîtrise.* **4.** Le fait de connaître très bien (un sujet, une langue). *Sa maîtrise de l'espagnol est parfaite.*
II. *UNE MAÎTRISE* **1.** École de chant dépendant d'une église ; le chœur lui-même. *Son fils chante dans la maîtrise de la cathédrale.* **2.** En France, diplôme universitaire du second cycle de l'enseignement supérieur. *Il a une maîtrise d'anglais. Elle rédige son mémoire de maîtrise.*

MAÎTRISER [metʀize] verbe [conjugaison 1a] **1.** Se rendre maître de (qqn, un animal, qqch.). *Le cavalier maîtrise bien son cheval.* – *Les pompiers ont rapidement maîtrisé l'incendie,* ils l'ont arrêté. **2.** Dominer (une émotion, un réflexe). *Elle a réussi à maîtriser* *sa peur.* → **réprimer.** *Il maîtrise mal sa colère.* **3.** verbe pronominal SE MAÎTRISER : (qqn) se rendre maître de soi, se dominer. *Ne perdez pas votre calme, maîtrisez-vous ! Elle s'est maîtrisée.*

MAJESTÉ [maʒɛste] n. f. ▪ *LA MAJESTÉ* **1.** Caractère de grandeur qui fait vénérer Dieu, les rois et les princes. → **gloire.** *Ce tableau représente le Christ EN MAJESTÉ,* représenté de face, sur un trône. **2.** Titre donné aux souverains héréditaires. *Sa Majesté la reine s'adresse à ses sujets pour le Nouvel An.* → **altesse.** *Les ordres de Votre Majesté vont être exécutés immédiatement.* → **sire.** *Leurs Majestés le roi et la reine en ont décidé ainsi.* **3.** Caractère de grandeur, de noblesse dans l'allure, l'attitude. *Sa démarche est pleine de majesté* (→ **majestueux**). - *La majesté de ce paysage est impressionnante.* → **beauté, grandeur.**

MAJESTUEUX [maʒɛstɥø], **MAJESTUEUSE** [maʒɛstɥøz] adj. (après le nom) **1.** Qui a de la majesté, de la grandeur dans l'allure, l'attitude. *La diva a une démarche majestueuse.* → **imposant, noble.** *Qui est ce vieillard à l'air majestueux ?* → **fier. 2.** (qqch.) D'une beauté pleine de grandeur. *Quel paysage majestueux !* → **grandiose.** *Ce grand fleuve est majestueux.* → **imposant.**

MAJEUR [maʒœʀ] adj. et n. m., **MAJEURE** [maʒœʀ] adj. et n. f.
I. adjectif (après le nom, parfois avant le nom) **1.** (avant le nom) Plus grand, plus important. *Le chat dort la majeure partie de la journée. L'assemblée est formée EN MAJEURE PARTIE de femmes,* elle comprend surtout des femmes (→ **majorité**). **2.** (après le nom) Très grand, très important. *L'avenir de ses enfants est son souci majeur* (opposé à ② mineur). *C'est un CAS DE FORCE MAJEURE,* qqch. de plus important que tout. **3.** *INTERVALLE MAJEUR,* plus grand d'un demi-ton que l'intervalle mineur. *Ce concerto est en mi bémol majeur.* **4.** (après le nom) (qqn) Qui a atteint l'âge de la majorité légale. ⟨contraire : ② mineur⟩ *En France, on est majeur à l'âge de dix-huit ans* (→ **majorité**). *Il a des enfants majeurs.* - STYLE FAMILIER *Laisse-moi tranquille, je suis MAJEUR ET VACCINÉ,* j'ai le droit de faire ce que je veux.
II. 1. *UN MAJEUR, UNE MAJEURE :* une personne qui a atteint la majorité légale. *Seuls les majeurs ont le droit de voter.* **2.** *LE MAJEUR :* le plus grand doigt de la main. *Elle porte une grosse bague au majeur.* → **médius.**

MAJOR [maʒɔʀ] n. m. ▪ *UN MAJOR* **1.** Sous-officier de l'armée française qui a le grade le plus élevé. *Il est major.* **2.** Candidat reçu premier au concours d'une école supérieure. *Il est sorti major de sa promotion de l'École polytechnique.*

MAJORATION [maʒɔʀasjɔ̃] n. f. ▪ *UNE MAJORATION :* augmentation de prix. *Si vous ne payez pas vos impôts à l'heure, vous devrez payer une majoration de retard de dix pour cent.* ⟨contraires : baisse, diminution, rabais, réduction⟩

MAJORER [maʒɔʀe] verbe [conjugaison 1a] ▪ Porter à un chiffre plus élevé. *Ce garagiste malhonnête majore les factures.* → **gonfler.** *Ce magasin a majoré ses prix.* → **augmenter.** ⟨contraires : baisser, diminuer⟩ *J'espère qu'il ne majorera* [maʒɔʀʀa] *pas l'addition.*

MAJORETTE [maʒɔʀɛt] n. f. ▪ *UNE MAJORETTE :* jeune fille qui défile en uniforme militaire de fantaisie. *Les majorettes défilent au son de la fanfare.*

MAJORITAIRE [maʒɔʀitɛʀ] adj. (après le nom) **1.** (système électoral) Dans lequel la majorité l'emporte. *Cette élection se fait au scrutin majoritaire* (opposé à proportionnel). **2.** Qui fait partie d'une majorité, qui détient la majorité. *Les députés de gauche sont majoritaires à l'Assemblée nationale.* ⟨contraire : minoritaire⟩ - *Les actionnaires majoritaires de la société ont refusé une augmentation de capital,* ceux qui détiennent la majorité des actions, des parts de la société.

MAJORITÉ [maʒɔʀite] n. f. ▪ *LA MAJORITÉ* **1.** Groupement de voix qui l'emporte par le nombre, dans un vote. *Ce candidat a obtenu la majorité des suffrages, il est élu.* ⟨contraire : minorité⟩ *La loi a été votée à la majorité mais à une faible majorité.* **2.** Dans un pays démocratique, parti, ensemble de partis réunissant le plus grand nombre de suffrages. *Les députés de la majorité soutiennent le président de la République* ⟨contraire : opposition⟩ - *Les hommes politiques doivent tenir compte de leur majorité (électorale).* **3.** Le plus grand nombre. *La majorité des Français part en vacances en août.* → la **plupart.** *Cette réunion est composée EN MAJORITÉ de femmes,* elle est composée surtout de femmes. **4.** Âge légal à partir duquel une personne devient responsable de ses actes devant la loi et a le droit de voter. *En France, la majorité est à dix-huit ans* (→ **majeur**). *Tu pourras décider à ta majorité.*

REM. On peut dire *la majorité des Français part en vacances* ou *la majorité des Français partent en vacances.*

MAJORQUE [majɔʀk] nom propre féminin - en espagnol **MALLORCA** ▪ La plus grande des îles de l'archipel espagnol des Baléares. *Ils passent leurs vacances à Majorque. Nous revenons de Majorque.*

REM. Certains Français prononcent [maʒɔʀk].

MAJUSCULE [maʒyskyl] adj. et n. f. **1.** adjectif (après le nom) *UNE LETTRE MAJUSCULE :* une lettre plus grande que la minuscule, de forme différente et qui se met au commencement des phrases, des noms propres... *Écrivez votre nom en lettres majuscules.* **2.** *UNE MAJUSCULE :* une lettre majuscule. *La phrase commence par une majuscule. Écris ton nom en majuscules.* → **capitale.** ⟨contraire : minuscule⟩

REM. Les majuscules sont généralement remplacées par des capitales d'imprimerie dans l'écriture manuscrite.

MAL [mal] adverbe, adj. invariable et n. m.
I. adverbe **1.** D'une manière qui n'est pas satisfaisante. *Ça commence mal !* ⟨contraire : bien⟩ *Les affaires VONT MAL. Les choses ont MAL TOURNÉ,* se sont gâtées. *Ça TOMBE MAL :* ça arrive au mauvais moment. **2.** Avec malaise, douleur. *Elle SE SENT MAL :* elle a un malaise. *Il VA MAL :* il est en mauvaise santé. *Elle SE PORTE MAL depuis plusieurs mois. Le malade est AU PLUS MAL,* dans un état très grave. **3.** D'une façon défavorable, avec malveillance. *Il TRAITE MAL son chien* (→ **maltraiter**). *Elle a MAL PRIS la plaisanterie,* elle l'a trouvée désobligeante. *Je ne veux pas ME METTRE MAL AVEC lui,* avoir de mauvais rapports avec lui. *Il est MAL VU par son chef,* peu apprécié par lui. **4.** Autrement qu'il ne convient. *Ce travail est mal fait* (→ **bâclé**). *Elle parle mal le français. Ces enfants sont MAL ÉLEVÉS.* - *Il s'est mal conduit avec elle,* il a été moralement incorrect avec elle. **5.** D'une façon insuffisante. *Cet employé est mal payé. J'ai mal dormi. On est MAL À L'AISE avec lui,* on éprouve un malaise. **6.** Difficilement, avec effort. *Le malade respire mal. Je vous entends mal.* **7.** *PAS MAL :* assez bien, plutôt bien. *Comment allez-vous ? - Pas mal ! Cette robe ne lui va pas mal. Il ne se débrouille PAS MAL DU TOUT,* plutôt bien. - STYLE FAMILIER *Elle a pas mal voyagé,* beaucoup. *Je me moque pas MAL DE ce que tu penses* (→ **complètement**). **8.** STYLE FAMILIER *PAS MAL DE :* beaucoup de, un assez grand nombre de. *Ils ont pas mal d'amis. Elle a pas mal d'expérience.*
II. adjectif invariable (en attribut) **1.** Contraire au principe du bien, à la morale. *C'est mal de faire ça.* ⟨contraire : bien⟩ *Je ne fais rien de mal.* **2.** *PAS MAL :* plutôt bien. *Elle n'est pas mal, cette fille,* elle est plutôt jolie. - STYLE FAMILIER *Elle est pas mal ! - Ce n'est pas plus mal qu'il vienne,* c'est plutôt mieux. - STYLE FAMILIER *C'est pas plus mal.*
III. *LE MAL* **1.** Ce qui cause de la douleur, de la peine, du malheur. *Il a fait du mal à sa femme en la quittant.* → **peine.** - *Il*

ne ferait pas de mal à une mouche : il est incapable d'être méchant, de nuire à qqn. *Elle a fait beaucoup de mal autour d'elle, c'est une personne nuisible.* → **tort.** PLURIEL : *elle accuse les autres de tous LES MAUX* [mo]. **2.** Souffrance physique, douleur, malaise. *J'ai un mal de DENTS affreux,* une rage de dents. *J'ai souvent des MAUX DE TÊTE* **(→ migraine).** – *AVOIR MAL :* souffrir. *Où as-tu mal ? J'ai mal au dos. Elle a MAL AU CŒUR :* elle a des nausées. – STYLE FAMILIER *ÇA FAIT MAL AU CŒUR DE voir ça,* c'est désolant, contrariant. STYLE TRÈS FAMILIER *ÇA ME FERAIT MAL AU CŒUR, AU VENTRE :* je ne le supporterais pas. – *Mes enfants ont le MAL DE MER,* ils ont des nausées en bateau. – *FAIRE MAL :* faire souffrir. *Il s'est fait mal en tombant. Aïe, ça fait mal !* – STYLE FAMILIER *(IL N')Y A PAS DE MAL :* ce n'est rien, ne vous excusez pas. **3.** Maladie. *Elle est atteinte d'un mal incurable. Les médecins ont trouvé la cause du mal. Rentre vite, tu vas PRENDRE MAL,* tu vas tomber malade, prendre froid. **4.** Souffrance morale. *Il m'a dit des paroles qui FONT MAL,* qui blessent, font de la peine. – *Son fils a le MAL DU PAYS en Angleterre,* il est triste d'être loin de son pays **(→ nostalgie).** – *ÊTRE EN MAL DE :* souffrir de l'absence de (qqch.). *Cet enfant est en mal d'affection. Cet écrivain est en mal d'imagination,* il manque d'imagination, il n'a plus d'inspiration. **5.** Difficulté, peine. *On n'a rien sans mal. Il S'EST DONNÉ DU MAL pour finir ce travail* **(→ se démener).** *Elle s'est donné UN MAL FOU pour recevoir ses invités,* elle s'est donné beaucoup de peine. – STYLE FAMILIER *J'ai eu UN MAL DE CHIEN À fermer cette porte,* beaucoup de difficulté. **6.** *DU MAL :* des choses mauvaises. *Ce n'est pas bien de DIRE DU MAL de son voisin,* de dire des choses méchantes sur lui **(→ médire).** *Elle pense beaucoup de mal de lui.* **7.** *LE MAL :* ce qui est contraire au bien, à la morale. *Il ne cherche qu'à faire le mal.* ⟨contraire : bien⟩ *Ne voyez pas le mal partout. Quel mal y a-t-il à ça ? Je l'ai fait SANS PENSER À MAL,* sans mauvaises intentions.
▌REM. *Malle* « valise » se prononce de la même façon.

MALABAR [malabaʀ] n. m. ▪ STYLE FAMILIER *UN MALABAR :* un homme très fort. → **costaud.** *Deux malabars lui servent de gardes du corps.*

MALADE [malad] adj., n. m. et n. f.
I. adjectif (après le nom) **1.** Qui souffre de maladie, de troubles de la santé. *Il est gravement malade. Elle se sent un peu malade, ce matin.* → **indisposé, souffrant ;** STYLE FAMILIER **patraque.** *Je suis malade comme un chien :* je me sens très mal. *Sa fille est TOMBÉE MALADE. Elle est malade en bateau :* elle a le mal de mer, elle a des nausées en bateau. – *Il a le foie malade.* – *Tu ne vas pas TE RENDRE MALADE pour ça,* te contrarier. *Ça me rend malade rien que d'y penser ! Il est malade d'inquiétude,* très inquiet. – STYLE FAMILIER *Il est complètement malade, ce type !* → **fou ;** STYLE FAMILIER **cinglé.** – (plantes) *Les arbres de l'avenue sont malades.* **2.** STYLE FAMILIER (qqch.) En mauvais état, détérioré, usé. *La reliure de ce livre est bien malade.* – *La société est malade.*
II. *UN MALADE, UNE MALADE :* une personne malade. *Le malade est encore très faible. Le médecin reçoit ses malades l'après-midi.* → **patient.** – *Le personnel de cet hôpital s'occupe des MALADES MENTAUX.* → **aliéné, fou.** – STYLE FAMILIER *C'est un malade.* → STYLE FAMILIER **détraqué.** – *C'est une MALADE IMAGINAIRE,* qqn qui se croit malade sans l'être. → **hypocondriaque.** – STYLE FAMILIER *Il travaille COMME UN MALADE en ce moment,* il travaille énormément.

MALADIE [maladi] n. f. ▪ *UNE MALADIE* **1.** Trouble de l'organisme. *Le rhume est une maladie bénigne.* → **indisposition, malaise.** *Il est atteint d'une maladie incurable.* → ① **affection, mal.** *Il a une grave maladie. La rougeole est une MALADIE CONTAGIEUSE. La coqueluche et les oreillons sont des MALADIES INFANTILES. On peut se protéger contre les MALADIES SEXUELLEMENT TRANSMISSIBLES,* contre les maladies que l'on peut attraper ou transmettre par contact sexuel. → **M. S. T.** *Il a ATTRAPÉ UNE MALADIE. Il ne se sent pas très bien, il doit COUVER UNE MALADIE,* avoir une maladie qui ne s'est pas encore déclarée. *On guérit très bien cette maladie, maintenant. La psychose est une MALADIE MENTALE,* une maladie de l'esprit. *Il a tous les symptômes de la maladie. Les médecins doivent étudier les maladies. Il est encore faible, il RELÈVE DE MALADIE,* il est convalescent. – STYLE FAMILIER *Tu ne vas pas EN FAIRE UNE MALADIE,* te rendre malade pour ça. **2.** *LA MALADIE :* l'état d'une personne malade. ⟨contraire : santé⟩ *Certaines sectes ne croient pas à la maladie. Il est mort de maladie et non par accident.* **3.** Manie. *Elle a la maladie du rangement. Il croit toujours qu'on lui en veut, c'est une maladie !* **(→ pathologique).**

MALADIF [maladif], **MALADIVE** [maladiv] adj. (après le nom) **1.** Qui a une santé fragile, est souvent malade. *Son fils est un enfant maladif.* → **chétif, souffreteux.** ⟨contraires : robuste, sain⟩ – *Elle est d'une pâleur maladive,* qui montre qu'elle est malade. **2.** (réaction, comportement) Anormal, excessif et impossible à maîtriser. *Il a une peur maladive des serpents.* → **pathologique.**

MALADRESSE [maladʀɛs] n. f. ▪ *LA MALADRESSE* **1.** Manque d'adresse. *La maladresse du conducteur a provoqué l'accident.* ⟨contraires : adresse, habileté⟩ *La maladresse de ce dessin d'enfant est touchante.* **2.** Manque d'habileté, de tact, de délicatesse. *Il n'est pas méchant, il a dit cela par maladresse. Il éprouve de la maladresse à dire ce qu'il ressent.* → **gaucherie.** **3.** *UNE MALADRESSE :* une action maladroite. *Le gouvernement a commis une série de maladresses.* → **bévue, faute ;** STYLE FAMILIER **gaffe.**

MALADROIT [maladʀwa] adj. et n. m., **MALADROITE** [maladʀwat] adj. et n. f.
I. adjectif (après le nom) **1.** Qui manque d'adresse, qui n'est pas adroit. *Elle est terriblement maladroite, elle casse tout ce qu'elle touche.* → ① **gauche, malhabile.** ⟨contraires : adroit, habile⟩ *Il n'est pas maladroit de ses mains.* – *J'ai eu un geste maladroit et tout est tombé par terre.* **2.** Qui manque de tact, de délicatesse, qui s'y prend mal dans ses relations avec les autres. *Il est maladroit en société, il dit toujours ce qu'il ne faudrait pas.* → **lourdaud ;** STYLE FAMILIER **gaffeur.** *Cette remarque est maladroite et déplacée.*
II. *UN MALADROIT, UNE MALADROITE* **1.** Personne qui n'est pas habile de ses mains. *Elle a tout cassé, la maladroite !* **2.** Personne qui manque de tact, de délicatesse. *Quel maladroit, il fait toujours des gaffes en croyant bien faire.* → **balourd.**

MALADROITEMENT [maladʀwatmɑ̃] adverbe ▪ D'une manière maladroite, gauche. *Il s'y prend maladroitement.* → **gauchement, mal.** ⟨contraires : adroitement, habilement⟩

MALAIS [malɛ] adj. et n. m., **MALAISE** [malɛz] adj. et n. f. **1.** adjectif (après le nom) D'un peuple asiatique habitant la presqu'île de Malacca et les îles voisines. *Il apprend la langue malaise.* **2.** *UN MALAIS, UNE MALAISE :* un habitant de la Malaisie, région de l'État de Malaysia. *Les Malais.* **3.** nom masculin *LE MALAIS :* langue du groupe indonésien parlée en Indonésie, en Malaysia, à Brunei et à Singapour. *Il parle couramment le malais.*

MALAISE [malɛz] n. m. ▪ *UN MALAISE* **1.** Sensation pénible et vague provoquée par un trouble du fonctionnement du corps. *Elle a eu un malaise passager.* → **indisposition.** *Il faisait si chaud qu'il a été PRIS D'UN MALAISE,* qu'il s'est évanoui. **2.** Sentiment pénible impossible à dominer. *Son attitude provocante a créé un certain malaise dans l'assistance.* → **trouble.** ⟨contraires : aise, bien-être⟩ **3.** Mécontentement social qui n'est pas clairement exprimé. *Il y a un certain malaise chez les enseignants.* → **insatisfaction.** ⟨contraire : satisfaction⟩

MALAISÉ [maleze], **MALAISÉE** [maleze] adj. (après le nom) ▪ STYLE RECHERCHÉ (qqch.) Difficile à faire. → **délicat.** *C'est une tâche malaisée à exécuter.* → **ardu.** ⟨contraires : aisé, facile⟩

MALARIA [malaʀja] n. f. ▪ *LA MALARIA* : maladie due à un parasite. → **paludisme.** *Il faut prendre de la quinine contre la malaria.*

REM. Ce mot vient de l'italien et veut dire « mauvais *(mala)* air *(aria)* ».

MALAXER [malakse] verbe [conjugaison 1a] **1.** Pétrir (une matière) pour rendre plus mou, plus homogène. *Le potier malaxe l'argile.* → **triturer. 2.** Remuer ensemble pour mélanger. *Malaxez la farine, le beurre et le sucre.*

MALCHANCE [malʃɑ̃s] n. f. ▪ *LA MALCHANCE* : manque de chance. *Il a eu beaucoup de malchance dans sa vie.* → **déveine.** ⟨contraire : chance⟩ *La malchance le poursuit.* → STYLE FAMILIER **guigne, poisse.** – *JOUER DE MALCHANCE* : accumuler les ennuis. *Il a perdu son travail et il est expulsé de son appartement, il joue de malchance. Avec sa malchance habituelle, elle va encore perdre.*

MALCHANCEUX [malʃɑ̃sø], **MALCHANCEUSE** [malʃɑ̃søz] adj. (après le nom) ▪ Qui n'a pas de chance. *Les joueurs malchanceux ont reçu un lot de consolation.* → **malheureux.** ⟨contraire : chanceux⟩

MÂLE [mɑl] n. m. et adj.

I. *UN MÂLE* **1.** Individu de sexe masculin. *La chienne a eu cinq petits : trois mâles et deux femelles. Le coq est le mâle de la poule.* **2.** STYLE FAMILIER Homme viril. *C'est un vrai mâle.*

II. adjectif (après le nom) **1.** Du sexe masculin. *Un enfant mâle vient de naître* (→ **garçon**). *Son fils a une souris mâle.* ⟨contraire : femelle⟩ *Certains animaux sont à la fois mâle et femelle* (→ **hermaphrodite**). – *Les étamines sont des parties mâles de la fleur.* **2.** Caractéristique du sexe masculin. *Il a une voix mâle.* → **masculin, viril.** ⟨contraires : efféminé, féminin⟩ **3.** (pièce mécanique) Qui s'insère dans une autre. *La prise de courant mâle s'insère dans la prise femelle.*

REM. Beaucoup d'animaux ont un nom à genre unique : masculin *(un perroquet)* ou féminin *(une hirondelle)*. Dans ce cas, on exprime le sexe en ajoutant *mâle* ou *femelle* : *une hirondelle mâle, un perroquet femelle.*

MALÉDICTION [malediksjɔ̃] n. f. ▪ *UNE MALÉDICTION* **1.** STYLE RECHERCHÉ Paroles par lesquelles on souhaite du mal à qqn en appelant sur lui la colère de Dieu ou d'une puissance supérieure. *Dans les contes de fées, les sorcières ont le pouvoir de jeter une malédiction sur les héros* (→ **maudire**). ⟨contraire : bénédiction⟩ *Le magicien prononce une formule de malédiction.* **2.** Malheur qui semble provoqué par le sort. *Une malédiction s'acharne sur cette famille.* → **fatalité, malchance.** ⟨contraires : bonheur, chance⟩

MALÉFICE [malefis] n. m. ▪ *UN MALÉFICE* : pratique magique dont le but est de nuire, de faire du mal à qqn. *Certains peuples croient aux maléfices.* → **envoûtement, sortilège.** *Les amulettes et les fétiches servent à écarter les maléfices.*

MALÉFIQUE [malefik] adj. (après le nom) ▪ Qui a le pouvoir de faire du mal, de nuire à qqn. *Ce sorcier a un pouvoir maléfique.* → **malfaisant.** ⟨contraires : bénéfique, bienfaisant⟩

MALENCONTREUX [malɑ̃kɔ̃tʀø], **MALENCONTREUSE** [malɑ̃kɔ̃tʀøz] adj. (après le nom) ▪ Qui se produit, arrive au mauvais moment. *Une panne malencontreuse nous a mis en retard.* → **fâcheux.** *Personne n'a apprécié sa remarque malencontreuse.* → **déplacé.** ⟨contraire : opportun⟩

MALENTENDANT [malɑ̃tɑ̃dɑ̃] n. m., **MALENTENDANTE** [malɑ̃tɑ̃dɑ̃t] n. f. ▪ *UN MALENTENDANT, UNE MALENTENDANTE* : une personne qui entend mal. *Ce film est sous-titré pour les sourds et les malentendants.*

MALENTENDU [malɑ̃tɑ̃dy] n. m. ▪ *UN MALENTENDU* : désaccord entre deux personnes qui se sont mal comprises. *Ce n'est qu'un léger malentendu.* → **quiproquo.** *Je voudrais dissiper ce malentendu. Une suite de malentendus a été à l'origine de leur brouille.*

MALFAÇON [malfasɔ̃] n. f. ▪ *UNE MALFAÇON* : défaut dans un ouvrage mal exécuté. *Il y a des malfaçons dans cette maison : les murs ne sont pas droits et les portes ferment mal.*

MALFAISANT [malfəzɑ̃], **MALFAISANTE** [malfəzɑ̃t] adj. (après le nom) **1.** Qui fait ou qui cherche à faire du mal aux autres. *Cet homme est un être malfaisant.* → **mauvais, méchant. 2.** (qqch.) Dont les effets sont néfastes. *Ces idées racistes sont malfaisantes.* → **nocif, nuisible.** ⟨contraire : bienfaisant⟩

REM. *fai* se prononce [fə] comme dans *bienfaisant* [bjɛ̃fəzɑ̃].

MALFAITEUR [malfɛtœʀ] n. m. ▪ *UN MALFAITEUR* : une personne qui commet des méfaits, des actes criminels. *La police a appréhendé un dangereux malfaiteur.* → **bandit, brigand, criminel, gangster ;** STYLE FAMILIER **malfrat.** *Une bande de malfaiteurs a cambriolé une banque.*

MAL FAMÉ → **famé**

MALFORMATION [malfɔʀmasjɔ̃] n. f. ▪ *UNE MALFORMATION* : défaut d'une partie du corps humain, à la naissance. *Leur fils est né avec une malformation cardiaque. Elle souffre d'une malformation de la hanche.* → **déformation, infirmité.**

MALFRAT [malfʀa] n. m. ▪ STYLE FAMILIER *UN MALFRAT* : un malfaiteur. *La bande de malfrats a dévalisé plusieurs magasins.* → **truand.**

MALGACHE [malgaʃ] adj., n. m. et n. f. **1.** adjectif (après le nom) De Madagascar. *La capitale malgache est Antananarivo.* **2.** *UN MALGACHE, UNE MALGACHE* : un habitant, une habitante de Madagascar. *Les Malgaches.* **3.** nom masculin *LE MALGACHE* : langue parlée à Madagascar. *Il parle très bien le malgache.*

MALGRÉ [malgʀe] préposition **1.** Contre le gré de (qqn), en dépit de son opposition. *Elle a fait ça malgré son père et malgré vous.* – *MALGRÉ SOI* : à contrecœur, sans le vouloir. *J'ai tout entendu malgré moi* (→ **involontairement**). **2.** En dépit de (qqch.). *Le bateau a quitté le port malgré la tempête. Vous êtes sorti malgré mon interdiction. Il est intelligent, malgré cela.* → **cependant.** – *MALGRÉ TOUT* : quand même, pourtant. *Ce tapis est très usé, mais il est joli malgré tout. Je suis sûre que tu réussiras, malgré tout,* quoiqu'il arrive.

REM. *Malgré que* « bien que », suivi du subjonctif, est critiqué *(Il faut le faire, malgré que cela ne serve à rien).*

MALHABILE [malabil] adj. (après le nom) ▪ Qui manque d'habileté, de savoir-faire. *Ce petit enfant est encore malhabile de ses mains.* ⟨contraires : adroit, habile⟩ *Ses mains malhabiles ne sont pas faites pour les travaux délicats.* → **gauche, maladroit.**

MALHEUR [malœʀ] n. m. **1.** *UN MALHEUR* : événement pénible, triste. *Un malheur est vite arrivé. Ce tremblement de terre a été un affreux malheur pour le pays.* → **catastrophe, désastre, épreuve, malchance.** ⟨contraire : bonheur⟩ *Il a eu bien des malheurs dans sa vie.* – STYLE FAMILIER *Raconte-moi tes malheurs,* ce qui t'est arrivé de fâcheux, de désagréable. → **ennui.** – STYLE FAMILIER *Retenez-moi ou je FAIS UN MALHEUR,* un scandale, un éclat. (figuré) *Ce groupe de rock a fait un malheur à son dernier concert,* il a eu un succès éclatant. **2.** *LE MALHEUR* : situation, condition pénible, triste. *Il aide ses amis dans le malheur.* → **chagrin, peine ;** STYLE RECHERCHÉ **infortune.** *Il a FAIT LE MALHEUR DE toute sa famille* : il a rendu toute sa famille malheureuse. ⟨contraires : bonheur, joie⟩ **3.** Malchance. *LE MALHEUR A VOULU* qu'il perde son travail et que sa femme le quitte. *Vraiment, le pauvre, il* JOUE DE MALHEUR, il a tous les malheurs. → **malchance.** *POUR COMBLE DE MALHEUR, son propriétaire l'expulse de son appartement,* en plus de tout. – *PORTER MALHEUR :* avoir une influence néfaste, maléfique. *Ne passe pas sous cette échelle, ça porte malheur.* ⟨contraire : bonheur⟩ – *AVOIR LE MALHEUR DE :* avoir la maladresse ou la malchance de. *J'ai eu le malheur de lui dire ce que je pensais et il s'est fâché. Si tu as le malheur de casser cette tasse, gare à toi !* – *DE MALHEUR :* qui porte malheur. → **funeste.** *Tais-toi, oiseau de malheur,* personne qui fait des prédictions funestes. STYLE FAMILIER *Si cette pluie de malheur pouvait s'arrêter !* (→ **maudit).** **4.** *MALHEUR À :* qu'il arrive malheur à. → **malédiction.** *Malheur à vous ! Malheur à celui qui provoque une guerre !*

MALHEUREUSEMENT [maløʀøzmɑ̃] adverbe ▪ Par malheur. *C'est malheureusement impossible de voir le directeur, il est en vacances. Malheureusement, je ne suis pas libre pour déjeuner avec vous.* ⟨contraire : heureusement⟩

MALHEUREUX [maløʀø] adj. et n. m., **MALHEUREUSE** [maløʀøz] adj. et n. f.
I. adjectif (après le nom ou avant le nom) **1.** (avant ou après le nom) Qui est accablé de malheurs. *Les malheureuses victimes de l'accident ont été rapidement secourues.* → **misérable, pauvre.** *Il a mené une vie malheureuse.* → **lamentable, triste.** ⟨contraire : heureux⟩ **2.** (après le nom) Qui n'est pas heureux. *Il rend sa femme malheureuse.* ⟨contraire : heureux⟩ *Il est malheureux comme les pierres,* extrêmement malheureux. – *Ce chien me jette des regards malheureux.* → **triste. 3.** (après le nom, parfois avant le nom) Qui cause du malheur, a des conséquences fâcheuses. *Cette affaire a eu des suites malheureuses.* → **désastreux, fâcheux.** *Il a eu un mot malheureux.* → **malencontreux.** *Par un malheureux hasard, je me suis trouvé à côté d'elle. C'est bien malheureux de voir ça !* → **lamentable, regrettable, triste. 4.** (après le nom) Qui a de la malchance ; qui ne réussit pas. *Les candidats malheureux repasseront l'examen en septembre,* les candidats qui ont échoué. → **malchanceux.** – *J'ai eu la main malheureuse en engageant cette secrétaire,* j'ai fait un mauvais choix. *Il a fait une tentative malheureuse pour se rapprocher d'elle,* une tentative qui n'a pas eu de succès. **5.** (avant le nom) (qqch.) Qui mérite peu d'attention, sans importance, sans valeur. *Que de problèmes pour un malheureux billet de cent francs !* → **insignifiant, misérable, pauvre.**
II. *UN MALHEUREUX, UNE MALHEUREUSE* **1.** Personne qui a besoin d'argent, d'aide. *Elle donne beaucoup d'argent pour secourir les malheureux.* → **indigent, miséreux, nécessiteux, pauvre. 2.** Personne que l'on plaint, qui inspire une pitié un peu méprisante. *Le malheureux n'a rien compris à la situation. Que fais-tu, malheureuse ?*

REM. Un malheureux (II., 1.) ne s'emploie presque plus au sens de «pauvre». On dit *les gens défavorisés* ou *les victimes* selon les cas.

MALHONNÊTE [malɔnɛt] adj. (après le nom) ▪ Qui n'est pas honnête. *Nous avons eu affaire à un commerçant malhonnête.* ⟨contraires : honnête, intègre⟩ *Ces procédés sont malhonnêtes.* → **indélicat.** *C'est malhonnête de ta part de lui faire croire ça,* ce n'est pas bien.

MALHONNÊTEMENT [malɔnɛtmɑ̃] adverbe ▪ D'une manière malhonnête. *Ce commerçant peu scrupuleux a agi malhonnêtement.* ⟨contraire : honnêtement⟩

MALHONNÊTETÉ [malɔnɛtte] n. f. ▪ *LA MALHONNÊTETÉ* **1.** Caractère d'une personne malhonnête. *Le comptable qui a falsifié le bilan de la société est d'une grande malhonnêteté.* ⟨contraire : honnêteté⟩ – *C'est de la MALHONNÊTETÉ INTELLECTUELLE :* c'est de la mauvaise foi, c'est déloyal. **2.** Action malhonnête. *Ce commerçant commet une malhonnêteté en vendant des produits périmés.* → **escroquerie.**

MALICE [malis] n. f. ▪ *LA MALICE* **1.** Tournure d'esprit de qqn qui aime se moquer des autres sans méchanceté. *Il y a une pointe de malice dans sa réponse. Ce petit garçon a des yeux pleins de malice* (→ **malicieux). 2.** *SANS MALICE :* sans penser à mal. *Je lui ai dit ça sans malice. Son fils est sans malice,* naïf et simple. – *N'y voyez aucune malice de ma part,* aucun mal, aucune mauvaise intention.

REM. *Malice* est de la même famille étymologique que *mal.*

MALICIEUX [malisjø], **MALICIEUSE** [malisjøz] adj. (après le nom) ▪ Qui aime s'amuser, se moquer gentiment des autres. *Leur fille est une enfant malicieuse.* → **espiègle.** *Il a un sourire malicieux.* → **narquois.**

① **MALIN** [malɛ̃] adj. et n. m., **MALIGNE** [maliɲ] adj. et n. f.
I. adjectif (après le nom) **1.** Rusé, capable de se tirer d'embarras, de réussir. *Il est malin, cet enfant.* → **astucieux, débrouillard, dégourdi, futé.** ⟨contraires : niais ; STYLE FAMILIER nigaud⟩ *Cette petite fille est MALIGNE COMME UN SINGE,* très futée. *Ne joue pas au plus malin avec moi :* ne me prends pas pour un idiot. → **fin. 2.** Intelligent. *Il se croit toujours plus malin que les autres. Elle n'est pas bien maligne.* – (ironique) *Tu as l'air malin, comme ça !* → ② **fin.** – STYLE FAMILIER *Ce n'est pas malin d'avoir fait ça. Ah ! c'est malin ! Ce n'est pas bien malin :* ce n'est pas difficile. → **compliqué, sorcier.**
II. 1. *UN MALIN, UNE MALIGNE :* une personne débrouillarde, astucieuse. *Sa fille est une maligne, elle fait ce qu'elle veut de son père. Alors, gros malin !* **2.** *FAIRE LE MALIN :* faire de l'esprit ; jouer au plus fin. *N'essaie pas de faire le malin avec moi.*

FAUX AMI
italien **maligno** «méchant»

REM. **1.** Au féminin, on emploie parfois la forme familière *maline* au lieu de *maligne* (*elle est maligne* ou *maline*). **2.** Il n'y a pas de nom qui correspond à cet adjectif, on dit *astuce.*

② **MALIN** [malɛ̃], **MALIGNE** [maliɲ] adj. (après le nom, parfois avant le nom) **1.** (qqch.) Mauvais, méchant. *L'Esprit malin :* Satan, le Démon. – *Il éprouve un malin plaisir à contrarier les autres,* un plaisir méchant, malveillant. **2.** (maladie, tumeur) (après le nom) Qui peut s'aggraver et entraîner la mort. *Le chirurgien l'a opéré d'une tumeur maligne au poumon.* ⟨contraire : bénin⟩

REM. Le nom correspondant est *malignité.*

MALINGRE [malɛ̃gʀ] adj. (après le nom) ▪ Faible et fragile. *Les enfants mal nourris sont malingres.* → **chétif, frêle, maladif, souffreteux.** ⟨contraires : fort, robuste⟩

MALINTENTIONNÉ [malɛ̃tɑ̃sjɔne], **MALINTENTIONNÉE** [malɛ̃tɑ̃sjɔne] adj. (après le nom) ▪ Qui a de mauvaises intentions, l'intention de nuire. *Méfie-toi d'elle, elle est malintentionnée.* → **malveillant.** ⟨contraire : bienveillant⟩ *Ce sont des gens malintentionnés envers nous.*

MALLE [mal] n. f. ▪ *UNE MALLE :* bagage de grandes dimensions, qui a la forme d'un coffre rigide. *Dans le grenier, il y a une malle remplie de vieux vêtements.* → **cantine.** – STYLE FAMILIER *SE FAIRE LA MALLE :* s'enfuir. *Le voleur s'est fait la malle sans attendre la police.*

FAUX AMIS
espagnol **malla** «maille, filet» ; portugais **mala** «valise»

REM. *Mal* «pas bien» se prononce de la même façon.

MALLÉABLE [maleabl] adj. (après le nom) **1.** (matière) Qui peut s'aplatir et s'étendre en lames, en feuilles. *L'argent est un métal malléable. L'argile est malléable,* elle se laisse modeler, travailler. ⟨contraires : cassant, dur⟩ **2.** (qqn) Qui se laisse facilement manier, influencer. *Les jeunes enfants sont malléables.* → **docile.** - *Il a un caractère malléable.* ⟨contraire : rigide⟩

MALLETTE [malɛt] n. f. ▪ *UNE MALLETTE :* petite valise rectangulaire, plate et rigide, qui sert à transporter un nécessaire de voyage ou de travail. *Il a mis quelques dossiers dans sa mallette de cuir pour travailler dans le train.* → **attaché-case, porte-documents.** *Le représentant range ses produits de démonstration dans une mallette. Les ordinateurs portables sont dans des mallettes.*

REM. En français de Belgique, ce mot a aussi le sens de «cartable d'écolier».

MALMENER [malməne] verbe [conjugaison 5a] **1.** Traiter (qqn) rudement, sans ménagement. *C'est un affreux macho qui malmène sa femme.* → **brutaliser, maltraiter.** *Le ministre s'est fait malmener par la foule.* → **bousculer, molester.** *La critique l'a malmené à la sortie de son dernier roman.* → **éreinter. 2.** Mettre (l'adversaire) en difficulté par une action vive. *Notre équipe a malmené l'adversaire et a gagné le match.*

MALNUTRITION [malnytʀisjɔ̃] n. f. ▪ *LA MALNUTRITION :* alimentation mal équilibrée, mal adaptée en qualité ou en quantité. *Beaucoup d'enfants du tiers-monde souffrent de malnutrition.* → **carence.**

MALODORANT [malɔdɔʀɑ̃], **MALODORANTE** [malɔdɔʀɑ̃t] adj. (après le nom) ▪ Qui sent mauvais, dégage une mauvaise odeur. *Les poubelles sont malodorantes.* → **nauséabond.** *Il a les pieds malodorants.*

MALOTRU [malɔtʀy] n. m., **MALOTRUE** [malɔtʀy] n. f. ▪ *UN MALOTRU, UNE MALOTRUE :* une personne sans éducation, aux manières grossières. *Ce malotru a voulu me prendre ma place.* → **goujat, mufle.** *Bande de malotrus !*

REM. Ce mot est rare au féminin.

MALOUIN [malwɛ̃] adj. et n. m., **MALOUINE** [malwin] adj. et n. f. **1.** adjectif (après le nom) De Saint-Malo, ville française de Bretagne. *Autrefois, les corsaires malouins étaient célèbres. La cité malouine est entourée de remparts,* la ville de Saint-Malo. **2.** *UN MALOUIN, UNE MALOUINE :* une personne qui habite Saint-Malo ou qui en est originaire. *Les Malouins sont de bons navigateurs.*

MALOUINES [malwin] nom propre féminin pluriel - en anglais **FALKLAND**, en espagnol **MALVINAS** ▪ *LES MALOUINES* ou *LES ÎLES MALOUINES :* archipel et colonie britannique, au sud de l'Argentine. *Ils sont allés aux Malouines. Nous revenons des Malouines.*

MALPROPRE [malpʀɔpʀ] adj., n. m. et n. f. **1.** adjectif (après le nom) Qui n'est pas propre. *Cet enfant est malpropre quand il mange. Il a une chemise malpropre.* → **sale.** ⟨contraire : ① propre⟩ **2.** *COMME UN MALPROPRE :* sans ménagement, avec rudesse. *Il s'est fait renvoyer comme un malpropre.*

MALSAIN [malsɛ̃], **MALSAINE** [malsɛn] adj. (après le nom) **1.** Mauvais pour la santé. *Une humidité malsaine suinte des murs. Ils vivent dans un logement malsain.* → **insalubre.** *Ce climat est malsain pour les asthmatiques.* → **mauvais, nocif.** ⟨contraire : sain⟩ **2.** Qui n'est pas normal, montre des tendances perverses. *Ce type est malsain, ne le fréquente pas. Elle manifeste une curiosité malsaine pour la vie privée des autres.* → **morbide.** *L'ambiance est malsaine, ici.*

MALT [malt] n. m. ▪ *LE MALT :* orge germée et séchée artificiellement, puis séparée de ses germes. *On utilise du malt pour fabriquer la bière. Il aime le whisky PUR MALT.*

MALTRAITANCE [maltʀɛtɑ̃s] n. f. ▪ *LA MALTRAITANCE :* le fait de maltraiter (qqn), de faire subir de mauvais traitements. *Ces parents sont accusés de maltraitance envers leurs enfants.*

MALTRAITER [maltʀete] verbe [conjugaison 1a] **1.** Traiter avec brutalité, infliger de mauvais traitements à (qqn). *Ces parents indignes maltraitent leurs enfants.* → **brutaliser, rudoyer.** - *Ces enfants maltraités ont été séparés de leurs parents* **(→ martyr). 2.** Traiter sévèrement en paroles. *Les critiques ont maltraité ce metteur en scène, à la sortie de sa pièce.* → **éreinter, malmener.** ⟨contraires : encenser, louer⟩

MALUS [malys] n. m. ▪ *UN MALUS :* majoration d'une prime d'assurance automobile calculée en fonction du nombre d'accidents dont le conducteur est responsable. ⟨contraire : bonus⟩ *Il a eu un malus de 25% sur sa dernière prime d'assurance.*

MALVEILLANCE [malvɛjɑ̃s] n. f. ▪ *LA MALVEILLANCE* **1.** Tendance à vouloir du mal aux autres, à les critiquer. *Il regarde chacun avec malveillance.* → **hostilité.** ⟨contraire : bienveillance⟩ **2.** Intention de faire du mal, de nuire. *Les voyous ont saccagé plusieurs vitrines par pure malveillance. L'incendie est dû à un ACTE DE MALVEILLANCE.*

MALVEILLANT [malvɛjɑ̃], **MALVEILLANTE** [malvɛjɑ̃t] adj. (après le nom) ▪ Qui a de la malveillance. *Des gens malveillants ont rayé la carrosserie de sa voiture.* → **malintentionné.** - *J'ai entendu des propos malveillants sur lui.* → **désobligeant.** ⟨contraires : amical, bienveillant⟩

MALVOYANT [malvwajɑ̃] n. m., **MALVOYANTE** [malvwajɑ̃t] n. f. ▪ *UN MALVOYANT, UNE MALVOYANTE :* une personne dont la vue est très diminuée. *Ce livre est écrit en gros caractères pour les malvoyants. Les malvoyants ne sont pas aveugles.*

MAMAN [mamɑ̃] n. f. **1.** *MAMAN :* nom affectueux que les enfants, même devenus adultes, donnent à leur mère et dont ils se servent pour parler d'elle. *Oui, maman. J'ai invité maman à déjeuner dimanche.* **2.** STYLE FAMILIER *UNE MAMAN :* mère. *Le petit enfant court vers sa maman. Les mamans vont chercher leurs enfants à l'école. Demandez la permission à vos mamans. Comment va la future maman ? - Les enfants jouent au papa et à la maman.*

MAMELLE [mamɛl] n. f. ▪ *UNE MAMELLE :* organe des femelles des mammifères, qui sécrète le lait. *La vache a les mamelles pleines de lait.* → **pis.** *Les chatons sont accrochés aux mamelles de la chatte et tètent son lait.* → **tétine.**

REM. Ce mot ne s'applique qu'aux femelles des animaux. Pour les femmes, on dit *sein*.

MAMELON [mamlɔ̃] n. m. ▪ *UN MAMELON* **1.** Bout du sein (d'une femme). *Les mamelons sont roses ou bruns.* **2.** Sommet arrondi d'une colline, d'une montagne. *Le village est construit sur un mamelon.* → **butte.**

MAMIE [mami] n. f. ▪ STYLE FAMILIER **1.** *MAMIE :* grand-mère. *Papi et mamie doivent venir ce soir. - Oui, mamie.* **2.** *UNE MAMIE :* une grand-mère. → **mémé.** *Je sors, mais ta mamie va venir te garder. Les mamies sont plus indulgentes que les parents.* **3.** Vieille femme. *Une petite mamie traverse la rue.*

FAUX AMI
grec **μαμή** «sage femme»

REM. *Mamie* vient de l'anglais *mammy* «maman». En français, on l'écrit parfois *mammy.* On employait beaucoup *mémé,* mais le terme est devenu péjoratif.

MAMMIFÈRE [mamifɛʀ] n. m. ▪ *UN MAMMIFÈRE :* animal qui a un squelette et un cerveau développés, qui respire par des poumons et dont la femelle a des mamelles. *L'homme est un* *mammifère. Le chat, le cheval, la baleine, le kangourou sont des mammifères.*

MAMMOUTH [mamut] n. m. ▪ *UN MAMMOUTH :* très grand éléphant de l'ère quaternaire, couvert de longs poils épais, qui a disparu il y a dix mille ans. *Les mammouths avaient d'énormes défenses recourbées vers le haut.*

MANAGER [manadʒœʀ] n. m. ▪ *UN MANAGER* **1.** Personne qui s'occupe de l'organisation d'un spectacle ou d'un match et qui veille aux intérêts d'un artiste (→ **imprésario)** ou d'un sportif. *Il est le manager d'un boxeur.* → **entraîneur. 2.** Personne qui dirige une entreprise. *Elle est manager d'une maison d'édition.* → **dirigeant.**

① **MANCHE** [mɑ̃ʃ] n. f. ▪ *UNE MANCHE* **1.** Partie d'un vêtement qui entoure le bras. *Il a mis un pull à manches longues. Elle a une veste à manches courtes et une robe sans manches. - Il est EN MANCHES DE CHEMISE,* sans veste. - STYLE FAMILIER *Ce que je dois faire maintenant, C'EST UNE AUTRE PAIRE DE MANCHES,* c'est tout à fait différent, c'est plus difficile. **2.** Partie d'un jeu liée à une autre. → **set.** *Tu as gagné la première manche et moi la deuxième manche, maintenant nous allons faire la belle pour nous départager* (→ **revanche). 3.** *UNE MANCHE À AIR :* tube en tissu accroché en haut d'un mât qui indique dans quelle direction souffle le vent. *Il y a des manches à air dans les aéroports et le long des autoroutes.*

FAUX AMIS
espagnol et portugais **mancha** «tache»

② **MANCHE** [mɑ̃ʃ] n. f. ▪ STYLE FAMILIER *FAIRE LA MANCHE :* faire la quête, mendier. *Il fait la manche dans le métro.*

③ **MANCHE** [mɑ̃ʃ] n. m. ▪ *UN MANCHE* **1.** Partie allongée d'un outil, par laquelle on le tient. *Un balai a deux parties : la brosse et le manche. Fixe bien le balai sur son manche* (→ **emmancher).** *Ce MANCHE À BALAI est en bois. Le manche de ce couteau est en corne. Prends la hache par le manche. - Un MANCHE (À BALAI) :* la commande d'un avion qu'il faut actionner pour faire monter ou descendre l'avion. *Le pilote tire sur le manche.* **2.** Partie d'un instrument de musique le long de laquelle sont tendues les cordes. *Le musicien tient son violon par le manche.* **3.** STYLE FAMILIER Personne maladroite. *Il s'est débrouillé COMME UN MANCHE. Quels manches ! ils auraient pu prévenir.*

MANCHE [mɑ̃ʃ] nom propre féminin - en anglais **THE CHANNEL** ▪ *LA MANCHE :* mer qui sépare la France de la Grande-Bretagne. *Il a traversé la Manche à la nage.*

① **MANCHETTE** [mɑ̃ʃɛt] n. f. ▪ *UNE MANCHETTE :* extrémité de la manche d'une chemise garnie d'un revers, couvrant le poignet. *Les manchettes de sa chemise sont sales. Il a des BOUTONS DE MANCHETTES en or.*

② **MANCHETTE** [mɑ̃ʃɛt] n. f. ▪ *UNE MANCHETTE :* gros titre en première page d'un journal. *Cet événement fait la manchette de tous les journaux d'aujourd'hui.*

MANCHON [mɑ̃ʃɔ̃] n. m. ▪ *UN MANCHON :* étui de fourrure dans lequel on met les mains pour les protéger du froid. *La dame glisse les mains dans son manchon.*

MANCHOT [mɑ̃ʃo] adj. et n. m., **MANCHOTE** [mɑ̃ʃɔt] adj. et n. f.
I. adjectif (après le nom) (qqn) **1.** À qui il manque un bras ou les deux bras, une main ou les deux mains. *Il a épousé une femme manchote.* **2.** STYLE FAMILIER Maladroit. *Il N'EST PAS MANCHOT :* il est habile et ne recule pas devant le travail.
II. *UN MANCHOT, UNE MANCHOTE :* une personne manchote. *Cervantès était un manchot.*
III. *UN MANCHOT :* oiseau du pôle Sud, aux pattes palmées et au plumage noir et blanc. *Le manchot a des ailes trop courtes pour pouvoir voler.*

REM. **1.** Les personnes qui n'ont plus de jambes sont des *culs-de-jatte.* **2.** Les oiseaux palmipèdes du pôle Nord sont des *pingouins.*

MANDARINE [mɑ̃daʀin] n. f. ▪ *UNE MANDARINE :* fruit sucré et parfumé qui ressemble à une petite orange et dont la peau se détache facilement. *Les mandarines sont des agrumes. Veux-tu un quartier de ma mandarine ?*

REM. La *clémentine* est plus petite que la mandarine et sa peau se détache moins facilement.

MANDAT [mɑ̃da] n. m. ▪ *UN MANDAT* **1.** Document qui permet d'envoyer de l'argent par la poste. *Sa grand-mère lui a envoyé un mandat de trois cents francs. Il a TOUCHÉ UN MANDAT :* il est entré en possession de l'argent envoyé par mandat. **2.** Contrat par lequel une personne autorise une autre à agir à sa place. *Elle lui a donné mandat de gérer cette affaire* (→ **mandater). 3.** Fonction exercée par une personne élue. *En France, la durée du MANDAT PRÉSIDENTIEL est de sept ans. - Ce député demande le renouvellement de son mandat,* il se présente à nouveau aux élections. **4.** Ordre écrit qui provient de la justice. *Le juge d'instruction a délivré un MANDAT D'ARRÊT contre le suspect,* il a écrit l'ordre d'arrêter le suspect.

FAUX AMI
grec **μαντάτο** «message»

MANDATER [mɑ̃date] verbe [conjugaison 1a] ▪ Donner à (qqn) le pouvoir d'agir à sa place. *Elle a mandaté son frère pour s'occuper de cette affaire.*

MANDIBULE [mɑ̃dibyl] n. f. **1.** *UNE MANDIBULE :* chacune des parties du bec des oiseaux ou de la bouche des insectes qui sert à attraper et à couper les aliments. *Les mandibules fonctionnent comme des pinces coupantes.* **2.** STYLE FAMILIER (au pluriel) LES MANDIBULES : les mâchoires. *Ils JOUENT DES MANDIBULES :* ils mangent.

MANDOLINE [mɑ̃dɔlin] n. f. ▪ *UNE MANDOLINE :* instrument de musique qui ressemble à une petite guitare. *Il joue de la mandoline.*

MANDRAGORE [mɑ̃dʀagɔʀ] n. f. ▪ *LA MANDRAGORE :* plante dont la racine fourchue ressemble à un corps humain. *La mandragore entre dans la composition de certains médicaments. Autrefois, on pensait que la mandragore avait des vertus magiques.*

MANÈGE [manɛʒ] n. m. ▪ *UN MANÈGE* **1.** Plate-forme ronde et tournante sur laquelle des chevaux de bois, de petits véhicules servent de montures aux enfants. *Les manèges sont des attractions de fête foraine. Les enfants FONT UN TOUR DE MANÈGE.* **2.** Lieu où l'on dresse et où l'on monte les chevaux. *Elle apprend à monter à cheval dans un manège.* **3.** Façon habile d'agir envers qqn pour obtenir qqch. → **intrigue.** *J'ai observé son petit manège.* → **manœuvre.**

FAUX AMIS
le russe **манеж** et le suédois **manege** ne s'emploient pas aux sens 1. et 3.

MANETTE [manɛt] n. f. ▪ *UNE MANETTE :* poignée ou levier que l'on manœuvre à la main pour faire fonctionner qqch. *L'hôtesse de l'air abaisse la manette qui commande l'ouverture des portes de l'avion. -* STYLE FAMILIER *La voiture a démarré À FOND LES MANETTES,* à toute vitesse.

FAUX AMI
portugais **maneta** «manchot»

MANGEABLE [mɑ̃ʒabl] adj. (après le nom) ▪ Que l'on peut manger, mais qui n'est pas très bon. *Cette viande est à peine mangeable.* ⟨contraires : délicieux, immangeable⟩

MANGEAILLE [mɑ̃ʒaj] n. f. ▪ STYLE FAMILIER *LA MANGEAILLE* : nourriture pas très bonne. *Ça sent la mangeaille.*

MANGEOIRE [mɑ̃ʒwaʀ] n. f. ▪ *UNE MANGEOIRE* : récipient dans lequel on met la nourriture de certains animaux domestiques (chevaux, bestiaux, volaille). *Les canards viennent manger dans leur mangeoire.*

MANGER [mɑ̃ʒe] verbe [conjugaison 3b] **1.** Avaler pour se nourrir (un aliment solide) après avoir mâché. → STYLE FAMILIER **bouffer.** *Je mange un morceau de pain. Nous mangeons souvent des pâtes.* → **consommer.** *Ses enfants mangent de tout. Il faut aller faire des courses car il n'y a plus rien à manger.* → STYLE FAMILIER **becter.** - *Le chat a mangé la souris.* → **dévorer.** - *Il la MANGE DES YEUX,* il la regarde avec admiration et intensité. *Va lui parler, IL NE TE MANGERA PAS !* il n'est pas si terrible qu'il en a l'air, il n'est pas méchant. **2.** Absorber des aliments. *On ne mange pas avec les doigts ! Son mari mange trop, il est devenu énorme. Nous avons très bien mangé pendant notre voyage. Venez vite à table, sinon vous allez manger froid ! C'est l'heure de faire manger les enfants,* de leur donner leur nourriture. *Est-ce que tu as donné à manger au chat ?* **3.** Prendre un repas. *Nous dînons dans la SALLE À MANGER. Mes enfants mangent à la cantine.* → ① **déjeuner.** *Ils mangent toujours à la même heure.* **4.** Dépenser. *Il a mangé tout son héritage.* - STYLE FAMILIER *ÇA NE MANGE PAS DE PAIN :* ça n'engage à rien. **5.** *MANGER SES MOTS,* mal les prononcer. *On ne comprend rien à ce qu'il dit, il mange la moitié des mots.*

> FAUX AMI
> anglais **manger** (n.)
> « mangeoire »

MANGE-TOUT [mɑ̃ʒtu] n. m. invariable ▪ *UN MANGE-TOUT :* pois, haricot dont on mange la cosse avec la graine. PLURIEL : *le rôti est accompagné de mange-tout.*

REM. On emploie aussi *mange-tout* comme un adjectif invariable : *des pois mange-tout, des haricots mange-tout.*

MANGEUR [mɑ̃ʒœʀ] n. m., **MANGEUSE** [mɑ̃ʒøz] n. f. **1.** *UN MANGEUR, UNE MANGEUSE :* une personne qui mange (peu, beaucoup). *C'est un gros mangeur, alors que sa sœur est une petite mangeuse.* **2.** *UN MANGEUR DE, UNE MANGEUSE DE :* une personne qui mange (tel aliment). *C'est une mangeuse de viande :* elle aime beaucoup la viande. *Autrefois, on disait que les hommes de cette tribu africaine étaient des MANGEURS D'HOMMES* (→ **anthropophage).**

MANGOUSTE [mɑ̃gust] n. f. ▪ *UNE MANGOUSTE :* petit mammifère carnivore d'Afrique et d'Asie qui ressemble à une belette. *Les mangoustes mangent les rats et les serpents.*

MANGUE [mɑ̃g] n. f. ▪ *UNE MANGUE :* gros fruit ovale, à la peau lisse de couleur jaune orangé, à la chair jaune parfumée, qui a un très gros noyau. *Les mangues sont des fruits des pays tropicaux.* - *On a servi des sorbets à la mangue.*

MANIABLE [manjabl] adj. (après le nom) ▪ Que l'on utilise facilement. *Ce livre est d'un format très maniable.* → **pratique.** *Ce petit tournevis est très maniable.* → ② **commode.**

MANIAQUE [manjak] adj., n. m. et n. f.
I. adjectif (après le nom) Qui est attaché à ses habitudes d'une manière exagérée. *C'est une femme maniaque, elle remet toujours les objets à la même place.*
II. *UN MANIAQUE, UNE MANIAQUE* **1.** Personne qui a une idée fixe. *C'est un maniaque de la propreté.* **2.** Personne atteinte de maladie mentale. *La police a arrêté un maniaque qui rôdait dans la parc.* → **fou.**

MANICHÉISME [manikeism] n. m. ▪ *LE MANICHÉISME :* conception du bien et du mal comme deux forces égales et opposées. *C'est du manichéisme de classer les gens en bons et en méchants.*

MANIE [mani] n. f. ▪ *UNE MANIE :* habitude bizarre et agaçante pour les autres, que l'on ne peut pas s'empêcher d'avoir. *Il a la manie de tout cacher. Elle a des manies de petite vieille.*

MANIEMENT [manimɑ̃] n. m. ▪ *LE MANIEMENT :* la façon d'utiliser (qqch.) avec les mains. *Les soldats apprennent le maniement des armes.* → **manipulation.** *Cette machine est d'un maniement très facile.*

MANIER [manje] verbe [conjugaison 7a] **1.** Avoir entre les mains en remuant, en déplaçant. *Il faut manier cet objet avec précaution.* → **manipuler. 2.** Utiliser avec les mains. *Les soldats savent manier les armes. Tu feras attention quand tu manieras* [maniʀa] *le fusil.* - *Cette voiture est facile à manier.* → **manœuvrer.** - *En ce temps-là, vous maniiez de grosses sommes d'argent.* → **brasser. 3.** Employer de façon plus ou moins habile. *Cet écrivain manie bien la langue française.*

MANIÉRÉ [manjeʀe] adj. (après le nom) ▪ (qqn) Qui manque de naturel et de simplicité. → **poseur.** *C'est une femme maniérée.* → STYLE FAMILIER **chochotte.** ⟨contraires : naturel, simple⟩ - *Il a un comportement maniéré.* → **affecté, étudié.**

MANIÈRE [manjɛʀ] n. f. ▪ *LA MANIÈRE* **1.** Forme que prend l'accomplissement de qqch. → **façon.** *Il a une drôle de MANIÈRE DE se comporter. Je n'aime pas ses manières de faire. Je n'apprécie pas la MANIÈRE DONT tu me parles. La manière d'écrire de cet écrivain est originale. C'est la meilleure MANIÈRE POUR réussir. Il a L'ART ET LA MANIÈRE de se faire comprendre :* il sait bien se faire comprendre. **2.** *DE... MANIÈRE. C'est de cette manière qu'il faut faire,* c'est comme ça (→ **ainsi).** *D'UNE MANIÈRE GÉNÉRALE, les femmes sont plus petites que les hommes,* dans la plupart des cas. *DE TOUTE MANIÈRE, elle viendra,* en tout cas, quoi qu'il arrive. *DE QUELLE MANIÈRE comptes-tu t'y prendre ?* → **comment.** *D'UNE CERTAINE MANIÈRE, il a raison,* d'un certain point de vue. *Il est parti tôt DE MANIÈRE À arriver à l'heure,* pour arriver à l'heure (→ **afin de).** *Il lui demandé DE TELLE MANIÈRE QU'elle a refusé,* de telle sorte qu'elle a refusé. *Elle a tout préparé DE MANIÈRE À CE QUE tout aille bien.* **3.** *À LA MANIÈRE DE :* comme. *Il essaie de peindre à la manière de Picasso,* en imitant Picasso. *Elle se démène à la manière d'une fourmi.* **4.** (au pluriel) LES MANIÈRES : la façon de se comporter. *Elle apprend LES BONNES MANIÈRES à ses petits-enfants.* → **usage.** *En voilà des manières !* cette façon de se comporter n'est pas bien, ça ne se fait pas ! *Elle FAIT DES MANIÈRES :* elle est maniérée. *Il faut toujours qu'elle fasse des manières avant d'accepter une invitation,* qu'elle se fasse prier. → **simagrées.** - STYLE FAMILIER *Elle nous a reçus SANS MANIÈRES,* simplement.

MANIF n. f. Forme abrégée familière de **manifestation.**

MANIFESTANT [manifɛstɑ̃] n. m., **MANIFESTANTE** [manifɛstɑ̃t] n. f. ▪ Personne qui participe à une manifestation. *Les manifestants défilent dans la rue en criant des slogans hostiles au gouvernement.*

MANIFESTATION [manifɛstasjɔ̃] n. f. ▪ *UNE MANIFESTATION* **1.** Manière de montrer ce que l'on pense, ce que l'on ressent. *Le chanteur a été accueilli par des manifestations de joie.* → **démonstration. 2.** Rassemblement et défilé organisés pour exprimer son opinion ou sa volonté. *Ils ont participé à une manifestation contre le racisme.* - *MANIF* [manif] forme abrégée familière *Ils vont à toutes les manifs.* **3.** Événement culturel, politique ou commercial organisé pour attirer un grand nombre de personnes. *La ville a organisé une manifestation musicale très importante.* → **festival.**

MANIFESTE [manifɛst] adj. (après le nom) ▪ Qui est évident. → **certain.** *Il y a une erreur manifeste dans ses comptes.* → **flagrant.** 〈contraire : douteux〉

MANIFESTEMENT [manifɛstəmɑ̃] adverbe ▪ Sans aucun doute, d'une manière évidente. *Cet automobiliste est manifestement dans son tort.* → **visiblement.**

MANIFESTER [manifɛste] verbe [conjugaison 1a]
I. 1. Faire connaître de manière évidente. *Le directeur a manifesté son intention de démissionner.* → **exprimer.** 〈contraire : cacher〉 *Voilà une occasion de manifester ton courage.* → **montrer. 2.** Se rassembler et défiler pour faire savoir son opinion ou sa volonté. *Les grévistes manifesteront demain devant le ministère.* **II.** verbe pronominal SE MANIFESTER **1.** (qqn) Faire parler de soi, se faire connaître. *Un témoin s'est manifesté après l'accident. Sa sœur ne s'est pas manifestée depuis longtemps,* elle n'a pas donné de ses nouvelles. **2.** (qqch.) Apparaître, se montrer. *La varicelle se manifeste par une éruption de boutons.* → se **déclarer.**

MANIGANCE [manigɑ̃s] n. f. ▪ *UNE MANIGANCE :* manœuvre secrète sans grande importance. *Je n'aime pas beaucoup toutes ces manigances.* → **intrigue ;** STYLE FAMILIER **magouille.**

MANIGANCER [manigɑ̃se] verbe [conjugaison 3a] ▪ Préparer (qqch.) en secret. *Je me demandais ce qu'ils manigançaient.* → **comploter.** *Qu'est-ce que tu manigances ?*

MANIOC [manjɔk] n. m. ▪ *LE MANIOC :* amidon comestible qu'on extrait d'un petit arbre des régions tropicales. *Le manioc sert à faire le tapioca.*

MANIPULATION [manipylasjɔ̃] n. f. ▪ *LA MANIPULATION* **1.** Action de manipuler (des objets, des substances, des appareils). *Cette machine est d'une manipulation délicate.* → **maniement.** *Les chercheurs font des manipulations chimiques,* des expériences. **2.** Le fait d'essayer d'influencer (qqn) pour le faire penser et agir comme on le souhaite. *Ce journaliste lutte contre la manipulation de l'opinion publique par les hommes politiques. Il faut empêcher la manipulation du témoin.* → **intox, propagande.**

MANIPULER [manipyle] verbe [conjugaison 1a] **1.** Prendre dans ses mains avec soin. *Le chercheur manipule des éprouvettes.* → **manier. 2.** Prendre et transporter. *Les postiers manipulent de nombreux colis tous les jours.* **3.** Influencer (qqn) pour faire penser et agir comme on veut. *Il s'est laissé manipuler. Les électeurs ont été manipulés.* **4.** Faire subir des modifications plus ou moins honnêtes à (qqch.). *Ils ont manipulé les comptes.*

MANIVELLE [manivɛl] n. f. ▪ *UNE MANIVELLE :* levier que l'on actionne avec la main et qui sert à faire tourner un mécanisme. *Autrefois, on faisait démarrer les voitures à la manivelle.* – *Le cinéaste a donné le PREMIER TOUR DE MANIVELLE,* il a commencé à filmer.

MANNEQUIN [mankɛ̃] n. m. ▪ *UN MANNEQUIN* **1.** Statue représentant une personne grandeur nature et qui sert de modèle pour la confection et la présentation de vêtements. *J'aime bien la robe qui est en vitrine sur le mannequin.* – *Elle a la TAILLE MANNEQUIN,* les mesures de son corps sont idéales. **2.** Personne dont le métier est de porter sur elle de nouveaux modèles de vêtements pour les présenter au public. *Elle est mannequin et pose pour des photos.* → **modèle.** *Il est mannequin pour un catalogue de vente par correspondance.*

① **MANŒUVRE** [manœvʀ] n. f. ▪ *UNE MANŒUVRE* **1.** Mouvement que l'on fait faire à un véhicule, en dehors de son trajet. *L'automobiliste fait plusieurs manœuvres pour garer sa voiture.* – *Il a fait une FAUSSE MANŒUVRE :* il a mal exécuté sa manœuvre. **2.** Mouvement à effectuer pour faire fonctionner (qqch.). *Quelle est la manœuvre pour faire démarrer la chaudière ?* **3.** Exercice militaire. *Les soldats sont EN MANŒUVRES.* **4.** Moyen plus ou moins honnête utilisé pour atteindre un but. *Elle a obtenu le poste de directeur par d'habiles manœuvres.* → **combinaison, intrigue, machination, manigance ;** STYLE FAMILIER **combine, magouille.**

② **MANŒUVRE** [manœvʀ] n. m. ▪ *UN MANŒUVRE :* ouvrier qui n'a pas de qualification professionnelle particulière. *Son mari est manœuvre sur un chantier.*

MANŒUVRER [manœvʀe] verbe [conjugaison 1a] **1.** Effectuer une manœuvre sur un bateau, un véhicule. *L'automobiliste a dû manœuvrer longtemps pour garer sa voiture.* **2.** Manier (qqch.) pour faire fonctionner. *Le marin manœuvre le gouvernail.* **3.** Employer des moyens adroits pour obtenir ce que l'on désire. *Il a bien manœuvré et il a réussi.*

MANOIR [manwaʀ] n. m. ▪ *UN MANOIR :* petit château, à la campagne. *Ils habitent dans un manoir médiéval.*

MANOMÈTRE [manɔmɛtʀ] n. m. ▪ *UN MANOMÈTRE :* appareil qui sert à mesurer la pression d'un gaz ou d'un liquide. *Dans une machine à vapeur, on contrôle la pression de la vapeur à l'aide d'un manomètre.*

MANOUCHE [manuʃ] n. m., n. f. ▪ STYLE FAMILIER *UN MANOUCHE, UNE MANOUCHE :* gitan, gitane nomade. *Des manouches ont installé leur campement à la sortie du village.*

MANQUANT [mɑ̃kɑ̃], **MANQUANTE** [mɑ̃kɑ̃t] adj. (après le nom) ▪ Qui manque, qui est en moins. *Le libraire va commander les livres manquants.*

MANQUE [mɑ̃k] n. m. ▪ *LE MANQUE* **1.** Le fait de manquer (de qqch. de nécessaire). *Le manque de sommeil l'empêche d'être attentif. Cette région souffre du manque d'eau.* → **pénurie.** 〈contraire : excès〉 *Ce toxicomane EST EN MANQUE,* il est dans un état de malaise car il n'a pas sa dose de drogue. *Cet enfant est en manque d'affection,* il est privé d'affection. – STYLE FAMILIER *Manque de pot !* pas de chance ! **2.** *MANQUE À GAGNER :* argent que l'on aurait pu gagner. *L'incendie de son magasin lui a occasionné un manque à gagner. Il y a des manques à gagner* [mankagaɲe].

MANQUER [mɑ̃ke] verbe [conjugaison 1a] **1.** Ne pas être là lorsqu'il le faudrait. *Ce produit manque en magasin,* il n'y en a pas en ce moment. *Cet élève manque trop souvent,* il est absent trop souvent. **2.** (impersonnel) *IL MANQUE une fourchette sur la table. Tout est prêt, il ne manque rien. Il ne manquait plus que ça !* cela s'ajoute à une situation mauvaise. **3.** *MANQUER À qqn :* être insuffisant. *Le temps me manque.* – *Il me manque dix francs pour m'acheter ce cahier.* – (qqn) Faire souffrir qqn par son absence. *Tu vas me manquer. Ses enfants lui manquent.* **4.** *MANQUER DE :* ne pas avoir en quantité suffisante. *La purée manque de sel. Sa famille ne manque de rien,* elle a tout ce qu'il faut. *Son mari manque d'humour,* il n'a pas d'humour. – STYLE FAMILIER *Tu ne manques pas d'air !* tu exagères, tu as du culot ! **5.** *MANQUER À :* ne pas se conformer à. *Elle a manqué à sa parole :* elle n'a pas fait ce qu'elle avait dit qu'elle ferait. *Excusez-moi, je manque à tous mes devoirs !* je ne fais pas ce que je devrais. **6.** *NE PAS MANQUER DE faire qqch.,* le faire de manière certaine. *Si je pars, je ne manquerai pas de vous avertir,* je vous avertirai. **7.** Ne pas réussir. *Les voleurs ont manqué leur coup.* – *Leur fille est un GARÇON MANQUÉ,* une fille qui a des allures de garçon. **8.** Ne pas atteindre. *Le tireur a manqué la cible.* → **rater ;** STYLE FAMILIER **louper. 9.** Ne pas arriver à temps pour assister à qqch. *Nous avons manqué le début du film. - Elle a manqué son train,* elle est arrivée après le départ du train. → **rater ;** STYLE FAMILIER **louper. 10.** Ne pas être présent à. *Son fils manque l'école très souvent.* → STYLE FAMILIER **sécher. 11.** verbe pronominal SE MANQUER : (qqn) ne pas se rencontrer. *Nous nous sommes manqués à la gare,* nous ne nous sommes pas trouvés.

FAUX AMI
portugais **mancar** « boiter »

MANSARDE [mɑ̃saʀd] n. f. ■ *UNE MANSARDE :* chambre aménagée sous les combles et dont un mur est en pente. *Quand il était étudiant, il vivait dans une mansarde.*

MANSARDÉ [mɑ̃saʀde], **MANSARDÉE** [mɑ̃saʀde] adj. (après le nom) ■ *PIÈCE MANSARDÉE,* dont un mur est en pente parce qu'elle est sous le toit. *Il habite une chambre mansardée.*

MANTE [mɑ̃t] n. f. ■ *UNE MANTE* ou *UNE MANTE RELIGIEUSE* [mɑ̃tʀəliʒjøz] : insecte vert ou roux à tête triangulaire. *Les mantes religieuses femelles dévorent le mâle après s'être accouplées. - Cette femme est une véritable mante religieuse,* elle est cruelle avec les hommes.

REM. La *mante* est qualifiée de *religieuse* parce qu'elle semble en prière.

MANTEAU [mɑ̃to] n. m. ■ *UN MANTEAU* **1.** Vêtement à manches longues, boutonné devant, que l'on met par-dessus les autres vêtements pour sortir. *En hiver, elle met son MANTEAU DE FOURRURE.* PLURIEL : *il a plusieurs MANTEAUX.* **2.** *MANTEAU DE CHEMINÉE :* partie de la cheminée qui est au-dessus du foyer. *Ils ont mis des bibelots sur le manteau de la cheminée.*

REM. En Suisse on appelle *manteau de pluie* un imperméable.

MANUCURE [manykyʀ] n. m., n. f. ■ *UN MANUCURE, UNE MANUCURE :* personne dont le métier est de donner des soins esthétiques aux mains, aux ongles. *Elle est manucure dans un salon de coiffure.*

① **MANUEL** [manɥɛl], **MANUELLE** [manɥɛl] adj. (après le nom) **1.** (qqch.) Qui se fait à la main, exige le travail des mains. *Le cordonnier exerce un métier manuel.* ⟨contraire : intellectuel⟩ **2.** (qqn) Qui travaille de ses mains. *Les employés agricoles sont des TRAVAILLEURS MANUELS.*

② **MANUEL** [manɥɛl] n. m. ■ *UN MANUEL :* livre qui donne les éléments essentiels à connaître dans un domaine. *Les élèves ouvrent leur manuel de chimie,* leur livre de classe de chimie. *Il s'est acheté le manuel du parfait bricoleur.*

MANUFACTURE [manyfaktyʀ] n. f. ■ *UNE MANUFACTURE :* usine où l'on fabrique des objets qui nécessitent une main-d'œuvre très qualifiée. *La manufacture de porcelaine de Sèvres, en France, est très réputée.*

MANUFACTURÉ [manyfaktyʀe],**MANUFACTURÉE** [manyfaktyʀe] adj. (après le nom) ■ *Les PRODUITS MANUFACTURÉS,* ceux qui ont subi une transformation industrielle. *Ce pays exporte des matières premières et importe des produits manufacturés.*

MANUSCRIT [manyskʀi] adj. et n. m., **MANUSCRITE** [manyskʀit] adj.

I. adjectif (après le nom) Écrit à la main. *Il m'a envoyé une lettre manuscrite,* qui n'est pas tapée à la machine. ⟨contraires : dactylographié, imprimé⟩

II. *UN MANUSCRIT* **1.** Livre écrit à la main, avant l'invention de l'imprimerie. *Au Moyen Âge, les moines copiaient les manuscrits sur du parchemin.* **2.** Texte d'un ouvrage avant qu'il soit imprimé. *Le romancier apporte son manuscrit à son éditeur.*

MANUTENTION [manytɑ̃sjɔ̃] n. f. ■ *LA MANUTENTION :* déplacement de caisses, de colis, pour les stocker ou pour les expédier. *Il travaille à la manutention des colis.*

MANUTENTIONNAIRE [manytɑ̃sjɔnɛʀ] n. m., n. f. ■ *UN MANUTENTIONNAIRE, UNE MANUTENTIONNAIRE :* personne dont le métier est de faire des travaux de manutention. *Les manutentionnaires ont chargé le camion de livraison.*

MAOUS [maus], **MAOUSSE** [maus] adj. (après le nom) ■ STYLE FAMILIER Très gros, de grande importance. *Il a pêché un poisson maous.* → **énorme.**

REM. On écrit aussi *mahous, mahousse.*

MAPPEMONDE [mapmɔ̃d] n. f. ■ *UNE MAPPEMONDE :* carte qui représente la Terre, sous forme des deux hémisphères côte à côte. → **planisphère.** *Les élèves cherchent leur pays sur la mappemonde.*

REM. On emploie souvent ce mot à tort pour parler d'une sphère qui représente le globe terrestre.

SE **MAQUER** [make] verbe pronominal [conjugaison 1a] ■ STYLE TRÈS FAMILIER Se mettre à vivre (avec qqn). *Elle s'est maquée avec le frère de sa meilleure amie. Ils sont maqués depuis un an.* → **concubinage.**

MAQUEREAU [makʀo] n. m. ■ *UN MAQUEREAU* **1.** Poisson de mer au dos vert et bleu. *Le cuisinier prépare des filets de maquereau au vin blanc.* PLURIEL : *les MAQUEREAUX vivent en bancs.* **2.** STYLE TRÈS FAMILIER Proxénète. → **souteneur ;** STYLE TRÈS FAMILIER **mac.** *Elle est avec son maquereau.*

MAQUETTE [makɛt] n. f. ■ *UNE MAQUETTE :* modèle réduit. *Il passe ses loisirs à faire des maquettes d'avions. L'architecte a réalisé la maquette d'un théâtre qu'il doit construire.*

MAQUILLAGE [makijaʒ] n. m. ■ *LE MAQUILLAGE* **1.** Action, manière de maquiller (qqn), de se maquiller. *Elle a de nombreux produits de maquillage* **(→ fard).** *Elle a un maquillage léger.* **2.** Opération qui modifie l'aspect (de qqch.). *Des malfaiteurs sont spécialisés dans le maquillage des voitures volées.*

MAQUILLER [makije] verbe [conjugaison 1a] **1.** Mettre des produits de beauté, des fards sur le visage pour l'embellir ou en modifier les traits. *On maquille les comédiens avant leur entrée en scène.* → **grimer. 2.** Modifier l'apparence de qqch. pour qu'on ne le reconnaisse pas. *Les malfaiteurs ont maquillé la voiture qu'ils ont volée.* **3.** verbe pronominal SE MAQUILLER : se mettre des produits de maquillage sur le visage. → se **farder.** - *Elle s'est maquillée avant de sortir. Elle s'est maquillé les yeux.*

MAQUILLEUR [makijœʀ] n. m., **MAQUILLEUSE** [makijøz] n. f. ■ *UN MAQUILLEUR, UNE MAQUILLEUSE :* spécialiste du maquillage. *Elle est maquilleuse dans un studio de télévision.*

MAQUIS [maki] n. m. ■ *LE MAQUIS* **1.** Terrain couvert de petits arbres et de buissons touffus, dans les régions méditerranéennes. *De la lavande et du romarin poussent dans le maquis corse.* **2.** En France, lieu difficile d'accès où se regroupaient les résistants pendant la Seconde Guerre mondiale. *Son grand-père avait rejoint le maquis du Vercors. Son mari avait dû PRENDRE LE MAQUIS,* il avait dû se cacher et entrer dans la clandestinité.

MAQUISARD [makizaʀ] n. m. ■ *UN MAQUISARD :* personne qui combat l'ennemi dans la clandestinité, sans appartenir à une armée régulière. → **franc-tireur, résistant.** *Des maquisards ont fait sauter un pont.*

MARABOUT [maʀabu] n. m. ■ *UN MARABOUT* **1.** Grand oiseau au plumage gris et blanc, au bec épais et au cou sans plumes, qui vit dans les marais d'Afrique. *Le marabout est un échassier.* **2.** Musulman sage et respecté. *Ils ont demandé conseil au marabout.*

MARAÎCHER [maʀeʃe] n. m. et adj., **MARAÎCHÈRE** [maʀeʃɛʀ] n. f. et adj. **1.** *UN MARAÎCHER, UNE MARAÎCHÈRE :* une personne qui cultive des légumes pour les vendre. *Il y a beaucoup de maraîchers dans cette région.* **2.** adjectif (après le nom) *La CULTURE MARAÎCHÈRE :* la culture des légumes. *Nous pratiquons la culture maraîchère.*

MARAIS [maʀɛ] n. m. ▪ *UN MARAIS* **1.** Terrain couvert d'eau stagnante où poussent des roseaux. *Il va chasser les canards sauvages dans les marais.* → **étang, marécage.** - nom propre *Le Marais :* quartier le plus ancien de Paris. **2.** *MARAIS SALANT :* bassin creusé près de la côte pour recueillir le sel de l'eau de mer grâce à l'évaporation. *Nous avons vu les marais salants de Camargue, dans le sud de la France.*

MARASME [maʀasm] n. m. ▪ *LE MARASME :* situation économique très mauvaise qui n'évolue pas. *L'économie de ce pays est dans un profond marasme* **(→ crise).**

MARATHON [maʀatɔ̃] n. m. ▪ *UN MARATHON* **1.** Course à pied de plus de quarante-deux kilomètres. *Il a couru le marathon.* **2.** Épreuve ou séance qui demande une grande endurance, une grande résistance physique. *Ils ont participé à un marathon de danse.*

MARÂTRE [maʀɑtʀ] n. f. ▪ STYLE RECHERCHÉ *UNE MARÂTRE :* mauvaise mère, méchante avec ses enfants. *Ils ont été élevés par une marâtre.*

REM. Autrefois, une marâtre était la femme du père, par rapport aux enfants qu'il avait eus d'un précédent mariage **(→ belle-mère).**

MARBRE [maʀbʀ] n. m. ▪ *LE MARBRE :* pierre dure, veinée de couleurs variées, qui se polit bien. *La cheminée du salon est en marbre.* - *Il a un CŒUR DE MARBRE :* il est insensible.

MARBRÉ [maʀbʀe], **MARBRÉE** [maʀbʀe] adj. (après le nom) ▪ Qui a des taches, des marques qui ressemblent à celles du marbre. *Elle a le visage marbré par le froid.*

MARBRIER [maʀbʀije] n. m. ▪ *UN MARBRIER :* personne qui fabrique et vend des objets en marbre. *Le marbrier fait des pierres tombales.*

MARBRURE [maʀbʀyʀ] n. f. ▪ *UNE MARBRURE :* marque sur la peau, qui ressemble aux taches du marbre. *Le froid lui fait des marbrures sur le visage.*

MARC [maʀ] n. m. ▪ *LE MARC* **1.** Ce qui reste des fruits quand on les a pressés. *On fait de l'alcool avec le marc de raisin.* **2.** Eau-de-vie obtenue à partir du marc de raisin. *Voulez-vous un verre de marc de champagne ?* **3.** *MARC DE CAFÉ* [maʀdəkafe] : substance noirâtre qui reste quand on a fait passer l'eau chaude sur le café moulu. *Certaines voyantes prétendent lire l'avenir dans le marc de café.*

REM. *Mare* «étendue d'eau» et *marre* «assez» se prononcent de la même façon.

MARCASSIN [maʀkasɛ̃] n. m. ▪ *UN MARCASSIN :* petit sanglier qui n'a pas encore deux ans. - Sa chair. *J'adore le civet de marcassin.*

MARCHAND [maʀʃɑ̃] n. m. et adj., **MARCHANDE** [maʀʃɑ̃d] n. f. et adj.
I. *UN MARCHAND, UNE MARCHANDE :* une personne dont le métier est de vendre des marchandises. → **commerçant, vendeur.** *Il y a de jolies bottes chez ce marchand de chaussures. Tous les matins, j'achète mon journal chez la marchande de journaux.*
II. adjectif (après le nom) **1.** Où il y a de nombreux commerçants. *Je fais mes courses dans une rue marchande.* → **commerçant.** *Il y a une nouvelle galerie marchande dans le centre commercial.* **2.** *La MARINE MARCHANDE,* qui effectue des transports commerciaux. *Son fils travaille dans la marine marchande.*

MARCHANDAGE [maʀʃɑ̃daʒ] n. m. ▪ *UN MARCHANDAGE :* discussion entre un acheteur et un vendeur pour arriver au meilleur prix. *Elle a réussi à faire baisser le prix de la robe après un long marchandage.*

MARCHANDER [maʀʃɑ̃de] verbe [conjugaison 1a] ▪ Discuter avec un vendeur pour faire baisser le prix de ce que l'on veut acheter. *Dans les souks, il faut marchander, pour payer le bon prix.*

MARCHANDISE [maʀʃɑ̃diz] n. f. ▪ *UNE MARCHANDISE :* produit que l'on peut acheter ou vendre. *Ce commerçant vend des marchandises de qualité. Quand pourrez-vous livrer la marchandise ? Un train de marchandises entre en gare* (opposé à train de voyageurs).

MARCHE [maʀʃ] n. f.
I. *LA MARCHE* **1.** Action de marcher, d'avancer en faisant des pas. *J'aime beaucoup la MARCHE À PIED. Elle fait de la marche tous les dimanches.* → **footing.** *Ils font de longues marches en forêt.* → **promenade.** *Il a mis ses CHAUSSURES DE MARCHE,* spéciales pour marcher. *Il ralentit un peu la marche :* il marche moins vite. **2.** Mouvement d'un certain nombre de personnes qui marchent dans le même sens. *Les manifestants ont organisé une marche silencieuse vers le ministère.* → **manifestation.** *Je ferme la marche :* je suis le dernier. - *En avant, marche !* **3.** *UNE MARCHE :* musique rythmée qui accompagne une troupe qui marche. *Les soldats défilent au son d'une marche militaire.* **4.** Déplacement (d'une chose) dans un sens déterminé. *Dans le train, elle préfère être assise dans le sens de la marche. L'automobiliste fait MARCHE ARRIÈRE,* il fait reculer sa voiture. **5.** Fonctionnement. *Cette machine EST EN ÉTAT DE MARCHE,* elle fonctionne. *L'automobiliste met le moteur en marche,* il le fait démarrer. - *Le train est EN MARCHE,* il roule. *Ne descendez pas du train en marche !* **6.** *La MARCHE À SUIVRE :* ce qu'il faut faire pour obtenir ce que l'on veut. *Pouvez-vous m'indiquer la marche à suivre pour m'inscrire sur les listes électorales ?* m'indiquer les démarches à effectuer.
II. *UNE MARCHE :* surface plane sur laquelle on pose le pied pour passer d'un plan horizontal à un autre, de hauteur différente ; chacune des surfaces planes sur laquelle on pose le pied dans un escalier. *Un escalier de six marches mène à la porte d'entrée. Elle monte les marches quatre à quatre. Attention à la marche !*

MARCHÉ [maʀʃe] n. m.
I. *UN MARCHÉ* **1.** Lieu public où les marchands installent leurs marchandises à vendre, certains jours, dans les villes et les villages. *Il a acheté des légumes au marché. Nous nous sommes rencontrés sur la PLACE DU MARCHÉ.* - *FAIRE SON MARCHÉ :* faire ses courses, acheter ses produits alimentaires au marché. *Je fais mon marché tous les mardis matin.* **2.** Ensemble des achats et des ventes d'un produit, dans une région, dans un pays. *Le marché de l'automobile est en baisse.* - *MARCHÉ NOIR :* vente et achat interdits et faits en cachette, en période de manque grave de marchandises. *Pendant la guerre, beaucoup de gens achètent au marché noir.* **3.** Possibilité de vendre un produit. *Ce pays essaie de conquérir le marché de l'informatique.* → **clientèle.** *Ils font une étude de marché.* → **marketing.** **4.** Accord commercial. *Cette grande entreprise a CONCLU UN MARCHÉ avec l'Espagne.* → **affaire.** **5.** *PAR-DESSUS LE MARCHÉ :* en plus de

cela. *Ce lieu de vacances est affreux et par-dessus le marché, il pleut !* **6.** Tout accord fait avec qqn. *Alors, nous sommes d'accord,* MARCHÉ CONCLU *!*

II. adjectif invariable *BON MARCHÉ* : pas cher. *J'ai acheté une veste bon marché. Ces chaussures sont bon marché. À ce prix, ce n'est pas très bon marché,* c'est cher. - comparatif STYLE FAMILIER *Celles-ci sont meilleur marché.* → **avantageux.** *Ma veste est meilleur marché que la tienne,* moins chère.

REM. L'adjectif *bon marché* est difficile à employer ; on préfère souvent dire *pas cher, moins cher.*

MARCHEPIED [maʀʃəpje] n. m. ■ *UN MARCHEPIED* : marche ou série de marches fixes qui servent à monter ou à descendre d'une voiture, d'un train. *Comme le train démarrait, il a juste eu le temps de sauter sur le marchepied.*

FAUX AMI — italien **marciapiede** «trottoir»

MARCHER [maʀʃe] verbe [conjugaison 1a] **1.** Se déplacer par des suites de mouvements des jambes et des pieds, en gardant le contact avec le sol (opposé à courir). (contraires : s'arrêter, stopper) *J'ai marché rapidement mais je n'ai pas couru. Il marche à grands pas. Nous aimons marcher dans la forêt.* → se **promener.** *Ils marchent les uns derrière les autres.* **2.** Avancer. *Le bébé marche à quatre pattes.* - *L'armée* MARCHE SUR *la capitale,* elle se dirige vers la capitale pour combattre. **3.** Mettre le pied (sur qqch.). *Attention, vous me marchez sur les pieds ! Il est interdit de marcher sur la pelouse.* **4.** STYLE FAMILIER Donner son accord. → **accepter.** *Non ! Je ne marche pas dans cette combine ! - Il a menti à sa mère et elle a marché !* elle a cru ce qu'il disait. - *Arrête de me faire marcher !* arrête d'essayer de me tromper, de me dire n'importe quoi ! *Je ne te crois pas, tu me fais marcher !* **5.** Rouler. *Ce train marche à deux cent cinquante kilomètres à l'heure.* **6.** Fonctionner. *Le lave-vaisselle ne marche plus.* **7.** Avoir de bons résultats. *Les études de son fils marchent bien. Ce nouveau livre marche bien,* il se vend bien. - STYLE FAMILIER *Ça marche !*

FAUX AMI — anglais **to march** «marcher au pas (soldats)»

MARCHEUR [maʀʃœʀ] n. m., **MARCHEUSE** [maʀʃøz] n. f. ■ *UN MARCHEUR, UNE MARCHEUSE* : une personne qui peut marcher longtemps sans se fatiguer. *Ma fille est bonne marcheuse.*

MARDI [maʀdi] n. m. ■ *LE MARDI* **1.** Jour de la semaine qui est entre le lundi et le mercredi. *Venez mardi. Tous les mardis soir, ils vont au cinéma. Ils y vont le mardi :* tous les mardis. **2.** *LE MARDI GRAS* : le dernier jour du carnaval, qui précède le carême. *Les enfants se sont déguisés pour le mardi gras.*

MARE [maʀ] n. f. ■ *UNE MARE* **1.** Petite étendue d'eau peu profonde et immobile. → **flaque.** *Il y a des canards et des grenouilles dans la mare de la ferme.* **2.** Grande quantité de liquide répandu. *Le blessé est étendu sur le sol, dans une mare de sang.*

FAUX AMIS — anglais **mare** «jument» ; italien **mare** «mer»

MARÉCAGE [maʀekaʒ] n. m. ■ *UN MARÉCAGE* : terrain très humide que l'on ne peut cultiver, couvert de marais. *La voiture s'est enlisée dans un marécage.*

MARÉCAGEUX [maʀekaʒø], **MARÉCAGEUSE** [maʀekaʒøz] adj. (après le nom) ■ (terrain) Gorgé d'eau. *Les roseaux poussent dans les terrains marécageux.*

MARÉCHAL [maʀeʃal] n. m. ■ *UN MARÉCHAL* : officier qui a le titre le plus élevé dans l'armée. *Le maréchal Pétain était le chef de l'État français pendant l'occupation allemande.* PLURIEL : *des MARÉCHAUX* [maʀeʃo].

MARÉCHAL-FERRANT [maʀeʃalfeʀɑ̃] n. m. ■ *UN MARÉCHAL-FERRANT* : artisan dont le métier est de fabriquer et de poser les fers sous les sabots des chevaux, des ânes, des mulets et des bœufs. *Le maréchal-ferrant chauffe les fers au feu avant de les poser sous les sabots du cheval.* PLURIEL : *des MARÉCHAUX-FERRANTS* [maʀeʃofeʀɑ̃].

MARÉE [maʀe] n. f. **1.** *LA MARÉE* : mouvement de la mer dont le niveau monte et descend deux fois par jour. *Les enfants ramassent des coquillages à MARÉE BASSE* (→ **reflux). 2.** *À MARÉE HAUTE, la mer recouvre la plage* (→ **flux). 2.** *UNE MARÉE NOIRE* : vaste étendue de mazout répandue à la surface de la mer, qui pollue l'eau et les côtes. *Le pétrolier naufragé a provoqué une marée noire. La marée noire est une catastrophe écologique.* **3.** *UNE MARÉE HUMAINE* : un grand nombre de personnes. *Une marée humaine a accueilli le président des États-Unis.*

MARELLE [maʀɛl] n. f. ■ *LA MARELLE* : jeu d'enfants où l'on pousse, en sautant sur un pied, un objet dans des cases tracées sur le sol. - Dessin de ces cases sur le sol. *Les enfants ont tracé une marelle à la craie. Ils JOUENT À LA MARELLE.*

MARENNES [maʀɛn] n. f. ■ *UNE MARENNES* : huître de Marennes, ville française de Charente-Maritime. *J'ai mangé une douzaine de marennes.*

MAREYEUR [maʀɛjœʀ] n. m., **MAREYEUSE** [maʀɛjøz] n. f. ■ *UN MAREYEUR, UNE MAREYEUSE* : une personne dont le métier est d'acheter sur le port le poisson, les coquillages aux pêcheurs et de les expédier aux marchands de poisson. *Le poisson est frais, le mareyeur vient de l'expédier.*

MARGARINE [maʀgaʀin] n. f. ■ *LA MARGARINE* : matière grasse alimentaire faite avec des plantes. *La margarine ressemble au beurre.*

MARGE [maʀʒ] n. f. ■ *UNE MARGE* **1.** Espace blanc autour d'un texte écrit ou imprimé. *Les remarques du professeur sont dans la marge.* **2.** *DE LA MARGE* : de l'espace ou du temps disponible. *Tu peux passer avec ta voiture, il y a de la marge !* → **place.** *Ces quelques jours nous laissent de la marge pour nous décider.* → **délai. 3.** *UNE MARGE DE. Ce travail est difficile, il faut prévoir une marge d'erreurs,* il faut prévoir une possibilité d'erreurs. *Notre marge de manœuvre est étroite :* nous n'avons pas une grande possibilité d'action. **4.** *VIVRE EN MARGE (de la société)* : vivre en dehors de la société, sans se mêler aux autres gens. → **marginal.** *Ces jeunes drogués vivent en marge.*

MARGELLE [maʀʒɛl] n. f. ■ *UNE MARGELLE* : rebord de pierre (d'un puits, d'un bassin). *Un seau est posé sur la margelle du puits.*

MARGINAL [maʀʒinal] n. m. et adj., **MARGINALE** [maʀʒinal] n. f. et adj. **1.** *UN MARGINAL, UNE MARGINALE* : une personne qui vit en marge de la société, parce qu'elle refuse de faire comme les autres gens ou parce qu'elle n'est pas adaptée. *C'est une marginale, qui vit sans maison ni travail.* MASCULIN PLURIEL : *les MARGINAUX* [maʀʒino] *aiment leur liberté.* **2.** adjectif (après le nom) Qui n'est pas principal. *Il n'a eu qu'un rôle marginal dans cette affaire.* → **secondaire.**

MARGUERITE [maʀgəʀit] n. f. ■ *UNE MARGUERITE* : fleur des champs à cœur jaune et à pétales blancs. *Les enfants ont cueilli un bouquet de marguerites.*

MARI [maʀi] n. m. **1.** *LE MARI DE* : homme uni à (une femme) par le mariage. → **conjoint, époux.** *Brigitte et Daniel sont mari et femme. Comment va votre mari ? Son mari est dessinateur. Elle a eu plusieurs maris. Elle dîne souvent avec son ancien mari* (→ **ex-mari).** - *Ils vivent comme mari et femme* (→ **concubinage ;**

maritalement). 2. *UN MARI :* un homme marié. *Il se comporte comme un mari. Les maris jaloux sont insupportables.*

REM. Le mari de la fille de qqn est son *gendre ;* le mari de la sœur de qqn est son *beau-frère.*

MARIAGE [maʀjaʒ] n. m. ▪ *UN MARIAGE* 1. Union légale de deux personnes **(→ matrimonial).** *Ils ont fait un mariage d'amour. Leur mariage est un échec, ils vont divorcer. Il préfère le célibat au mariage. Le mariage civil a lieu à la mairie. Ont-ils fait un mariage religieux ? Elle a deux enfants nés d'un premier mariage. - Ils fêtent leur vingtième anniversaire de mariage.* 2. Cérémonie du mariage. *Ils nous ont invités à leur mariage. Sa robe de mariage était très simple.*

MARIÉ [maʀje] adj. et n. m., **MARIÉE** [maʀje] adj. et n. f. 1. adjectif (après le nom) Qui sont unis par le mariage. *Êtes-vous marié ou célibataire ? Elle est amoureuse d'un homme marié.* 2. *UN MARIÉ, UNE MARIÉE :* personne dont on célèbre le mariage. *Le marié et la mariée sont très beaux. Les jeunes mariés sont partis en voyage de noces,* ceux qui se sont mariés il y a peu de temps.

MARIER [maʀje] verbe [conjugaison 7a]

I. 1. Unir en célébrant le mariage. *Le maire nous mariera* [maʀiʀa] *demain.* ⟨contraire : divorcer⟩ 2. *ÊTRE MARIÉ :* avoir un mari, une femme. *Ils sont mariés depuis dix ans.* 3. Donner (qqn) en mariage. *Elle a marié sa fille à un médecin. Ils ont encore deux filles à marier,* deux filles qui ne sont pas encore mariées.

II. verbe pronominal SE MARIER 1. (qqn) S'unir par le mariage. *Ils se sont mariés à l'église. Elle ne veut pas que nous nous mariions ! - Elle s'est mariée avec un médecin.* **→ épouser.** *Il cherche à se marier.* → STYLE FAMILIER **se caser.** 2. (qqch.) Aller bien ensemble. *Le bleu et le vert se marient bien.*

FAUX AMI
espagnol **marear** « donner la nausée ; harceler »

MARIJUANA [maʀiʀwana] n. f. ▪ *LA MARIJUANA :* drogue faite des feuilles et des tiges d'une plante indienne, que l'on fume (→ STYLE FAMILIER ② **joint).** *Il fume de la marijuana.* **→ cannabis, haschisch ;** STYLE FAMILIER **herbe.**

① **MARIN** [maʀɛ̃], **MARINE** [maʀin] adj. (après le nom) 1. De la mer. *Les algues sont des plantes marines. L'air marin te fera du bien.* 2. Qui concerne la navigation sur mer. *Le capitaine consulte une carte marine. - Il A LE PIED MARIN :* il garde son équilibre sur un bateau et il n'a pas le mal de mer.

② **MARIN** [maʀɛ̃] n. m. ▪ *UN MARIN* 1. Homme dont le métier est de naviguer sur la mer. *Les MARINS PÊCHEURS partent très tôt le matin en mer. Son mari est un vieux marin très expérimenté,* c'est un loup de mer. 2. Homme d'équipage sur un bateau militaire. *Les marins français ont un bonnet avec un pompon rouge.* **→ matelot,** ① **mousse.**

MARINADE [maʀinad] n. f. ▪ *UNE MARINADE :* mélange de vin, d'huile et d'épices dans lequel on fait macérer des aliments. *Le cuisinier prépare une marinade pour le sanglier.*

MARINE [maʀin] n. f. et adj. invariable

I. *LA MARINE* 1. Tout ce qui concerne la navigation sur mer. *La boussole est un instrument de marine.* 2. Ensemble des navires de commerce et de guerre d'un pays. → ① **flotte.** *Son mari est OFFICIER DE MARINE.*

II. adjectif invariable *BLEU MARINE* ou *MARINE :* d'un bleu foncé, de la couleur des uniformes de la marine. *Elle a une robe bleu marine* ou *une robe marine.* PLURIEL : *il a des chaussettes bleu marine* ou *des chaussettes marine.*

MARINER [maʀine] verbe [conjugaison 1a] 1. (aliment) Tremper dans un mélange de vin et d'épices **(→ marinade),** pendant plusieurs heures. *Cette viande doit mariner pendant douze heures avant d'être cuite.* **→ macérer.** 2. STYLE FAMILIER (qqn) Rester longtemps dans un lieu ou une situation désagréable. *J'espère qu'il ne va pas nous laisser mariner trop longtemps avant de nous donner les résultats.*

MARINIER [maʀinje] n. m., **MARINIÈRE** [maʀinjɛʀ] n. f.

I. *UN MARINIER, UNE MARINIÈRE :* une personne dont le métier est de naviguer sur les fleuves, les rivières, les canaux, pour transporter des marchandises. **→ batelier.** *Le marinier conduit la péniche.*

II. *UNE MARINIÈRE* 1. Vêtement sans ouverture sur le devant, que l'on enfile par la tête, qui descend un peu plus bas que la taille sans la serrer. *Elle a une marinière et un jean.* **→ tunique.** 2. *MOULES MARINIÈRE :* moules cuites dans leur jus avec des échalotes et du vin blanc. *Nous avons mangé des moules marinière avec des frites.*

REM. Ne pas confondre *marinier* I. et *marin.*

MARIONNETTE [maʀjɔnɛt] n. f. ▪ *UNE MARIONNETTE :* poupée représentant un animal ou un personnage, qu'une personne cachée fait bouger avec ses mains ou avec des fils. *Guignol est une célèbre marionnette française. Les enfants aiment beaucoup les spectacles de marionnettes.*

MARITALEMENT [maʀitalmɑ̃] adverbe ▪ Comme mari et femme. *Ils vivent maritalement,* ils vivent ensemble sans être mariés **(→ concubinage).**

MARITIME [maʀitim] adj. (après le nom) 1. Qui est au bord de la mer, subit l'influence de la mer **(→ océanique).** *La Bretagne a un climat maritime* (opposé à continental). *Marseille est un PORT MARITIME* (opposé à fluvial). 2. Qui se fait sur mer, par mer. *Le commerce maritime de ce pays est important.*

MARJOLAINE [maʀʒɔlɛn] n. f. ▪ *LA MARJOLAINE :* plante sauvage utilisée comme aromate. *Le cuisinier met du thym et de la marjolaine dans la marinade.*

MARK [maʀk] n. m. ▪ *LE MARK :* unité monétaire allemande. *Ça vaut quinze marks.*

REM. *Marque* « empreinte » se prononce de la même façon.

MARKETING [maʀkətiŋ] n. m. ▪ *LE MARKETING :* ensemble des techniques que l'on utilise pour connaître un marché et pour vendre au mieux un produit commercial. *Les études de marché et la publicité font partie du marketing. Elle est chef du marketing dans une entreprise.*

REM. Ce mot vient de l'anglais. On recommande d'employer plutôt le mot français *mercatique.* **→ mercatique.**

MARMAILLE [maʀmaj] n. f. ▪ STYLE FAMILIER *LA MARMAILLE :* groupe de jeunes enfants bruyants. *La marmaille qui sort de l'école fait beaucoup de bruit.*

MARMELADE [maʀməlad] n. f. ▪ *LA MARMELADE* 1. Morceaux de fruits écrasés et cuits avec du sucre. *Elle tartine son pain de marmelade d'oranges.* **→ confiture.** 2. Chose écrasée. *Les pêches sont EN MARMELADE au fond du panier,* complètement écrasées. *- Le boxeur a le nez en marmelade.*

FAUX AMI
roumain **marmeladă** « compote »

MARMITE [marmit] n. f. ▪ *UNE MARMITE :* grand récipient avec deux anses et un couvercle, dans lequel on fait bouillir de l'eau, cuire des aliments. *Le cuisinier fait cuire le pot-au-feu dans une marmite.* → ② **cocotte, faitout.**

FAUX AMI — italien **marmitta** « pot d'échappement »

MARMONNER [marmɔne] verbe [conjugaison 1a] ▪ Dire (qqch.) de manière confuse et indistincte, entre ses dents. *Il a marmonné une excuse.* → **bredouiller, grommeler.**

MARMOT [marmo] n. m. ▪ STYLE FAMILIER *UN MARMOT :* un jeune enfant. *Elle est venue avec deux marmots.* → STYLE FAMILIER **gosse, môme.**

MARMOTTE [marmɔt] n. f. ▪ *UNE MARMOTTE :* petit animal rongeur à la fourrure épaisse, qui vit dans les montagnes. *La marmotte hiberne dans son terrier. – J'ai dormi* COMME UNE MARMOTTE, profondément et pendant longtemps (→ **loir).**

MAROC [marɔk] nom propre masculin ▪ *LE MAROC :* pays d'Afrique du Nord, qui fait partie du Maghreb et dont la capitale est Rabat. *Nous sommes allés au Maroc. Ils reviennent du Maroc. Les habitants du Maroc* (→ **marocain).**

MAROCAIN [marɔkɛ̃] adj. et n. m., **MAROCAINE** [marɔkɛn] adj. et n. f. **1.** adjectif (après le nom) Du Maroc. *J'ai acheté des oranges marocaines.* **2.** *UN MAROCAIN, UNE MAROCAINE :* une personne qui habite le Maroc. *Les Marocains.*

MAROQUINERIE [marɔkinri] n. f. **1.** *LA MAROQUINERIE :* fabrication d'objets en cuir. *Il travaille dans la maroquinerie.* **2.** *UNE MAROQUINERIE :* magasin où l'on vend des objets en cuir. *Elle s'est acheté un sac et une ceinture dans une maroquinerie.*

MAROTTE [marɔt] n. f. ▪ *UNE MAROTTE :* idée fixe. *Sa nouvelle marotte, c'est de faire des mots croisés.* → STYLE FAMILIER **dada.**

MARQUANT [markɑ̃], **MARQUANTE** [markɑ̃t] adj. (après le nom) ▪ Qui laisse un souvenir, qui marque. *Quels sont les faits marquants de la journée ?* → **important.** *Ce voyage a été l'un des événements marquants de sa vie.* → **mémorable.** (contraire : insignifiant)

MARQUE [mark] n. f. ▪ *UNE MARQUE* **1.** Signe que l'on fait sur qqch. pour le reconnaître ou pour servir de repère. *Elle fait une marque sur le mur à l'endroit où elle doit planter un clou.* → **trait. 2.** Trace laissée par qqn ou par qqch. *Il y a des marques de pas dans la neige.* → **empreinte.** *On voit des marques de coups sur le corps de la victime.* **3.** Signe qui révèle qqch. *Il m'a prêté sa voiture, c'est une marque de confiance.* → **preuve.** *Elle lui a donné de nombreuses marques d'affection.* → **témoignage. 4.** (grammaire française) Fin d'un mot de la phrase écrite, qui marque le féminin ou le pluriel. *Le « s » est la marque la plus courante du pluriel.* **5.** Nom déposé qui est propre à un fabricant. *Quelle est la marque de cette voiture ? Ces deux marques sont en concurrence. C'est un produit* DE MARQUE, qui porte une marque connue, réputée.

FAUX AMI — russe **марка** « timbre-poste »

MARQUER [marke] verbe [conjugaison 1a] **1.** Signaler, rendre reconnaissable par une marque. *Je marque d'une croix l'emplacement de la maison sur la photo du village. L'éleveur a marqué son bétail au fer rouge.* **2.** Laisser des traces, des empreintes. *Tes doigts ont marqué la vitre.* **3.** STYLE FAMILIER Écrire. *Elle marque un numéro de téléphone sur son agenda.* → **noter.** – STYLE TRÈS FAMILIER *C'est marqué dessus !* **4.** Faire une impression forte à (qqn). *La guerre l'a beaucoup marqué. Cet homme politique a marqué son époque. – Ce sont des événements qui marquent* (→ **marquant). 5.** (qqch.) Indiquer. *L'horloge de la gare marque deux heures. Le ruisseau marque la limite du jardin.* **6.** Exprimer (un sentiment). *Il n'a pas marqué beaucoup d'intérêt au spectacle.* → **manifester, montrer. 7.** *MARQUER UN POINT :* obtenir un avantage sur ses adversaires. *En avançant cet argument, il a marqué des points. – Le footballeur a marqué un but,* il a réussi un but. **8.** *MARQUER LE COUP :* souligner l'importance que l'on accorde à qqch. *Le jour de son anniversaire, il a invité ses collègues à déjeuner pour marquer le coup.*

MARQUETERIE [markɛtri] n. f. ▪ *LA MARQUETERIE :* assemblage de morceaux de bois en feuilles minces, de couleurs et de formes diverses, appliquées sur un meuble. *Cette marqueterie est très belle. Ils ont une commode en marqueterie.*

REM. On prononce aussi [markətri].

MARQUIS [marki] n. m., **MARQUISE** [markiz] n. f. ▪ *UN MARQUIS, UNE MARQUISE :* personne qui a un titre de noblesse inférieur à celui de duc et supérieur à celui de comte. *Madame la Marquise vous attend.*

MARQUISE [markiz] n. f. ▪ *UNE MARQUISE :* petit toit, souvent vitré, au-dessus d'une porte d'entrée, d'un perron, qui sert d'abri contre la pluie. → **auvent.** *Elle s'est abritée sous la marquise.*

FAUX AMIS — allemand **Markise,** suédois **markis** « store »

MARRAINE [marɛn] n. f. ▪ *LA MARRAINE DE :* la femme qui s'engage, le jour du baptême d'un enfant, à veiller sur lui. *Le parrain et la marraine gâtent leur filleul.*

MARRANT [marɑ̃], **MARRANTE** [marɑ̃t] adj. (après le nom) ▪ STYLE FAMILIER **1.** Amusant. *Il a toujours des histoires marrantes à raconter.* → **drôle ;** STYLE FAMILIER **rigolo.** (contraire : triste) *Son père n'est vraiment pas marrant.* **2.** *PAS MARRANT :* ennuyeux, pénible. *Son mari est un mec pas marrant. C'est pas marrant de se lever tôt !* **3.** Bizarre, curieux. *C'est marrant qu'il n'ait pas réagi.* → **étonnant.** – *T'es marrante, toi, si tu crois que j'ai le temps de tout faire !*

MARRE [mar] adverbe ▪ STYLE FAMILIER *EN AVOIR MARRE DE qqn, qqch.*, ne plus pouvoir le supporter, en avoir assez. *J'en ai marre de ces cris. J'en ai marre de toi, va-t'en ! – J'en* AI MARRE QU'*il vienne à n'importe quelle heure. – Il y en a marre de toutes ces histoires. Tais-toi, y en a marre !* ça suffit.

REM. *Marc* « substance » et *mare* « étendue d'eau » se prononcent de la même façon.

SE **MARRER** [mare] verbe pronominal [conjugaison 1a] ▪ STYLE FAMILIER S'amuser, rire. → STYLE FAMILIER **rigoler.** *Nous nous sommes bien marrés à leur mariage. Demain, on ne se marrera* [marra] *pas. Il n'y a pas de quoi se marrer :* ce n'est pas drôle. – *Tu me fais marrer !* tu n'es pas sérieux.

MARRON [marɔ̃] n. m. et adj. invariable **1.** *UN MARRON :* fruit comestible du châtaignier cultivé. → **châtaigne.** *Nous avons mangé de la dinde aux marrons.* **2.** adjectif invariable (après le nom) D'une couleur sombre, entre le roux et le noir. → **brun.** *Il a un pull marron. Elle a une écharpe marron autour du cou.* PLURIEL : *il a les yeux marron.*

MARRONNIER [marɔnje] n. m. ▪ *UN MARRONNIER :* grand arbre d'ornement. *L'avenue est bordée de marronniers.*

MARS [mars] n. m. ▪ Troisième mois de l'année, qui a trente et un jours. *Le printemps commence au mois de mars. En France, nous avons souvent des mars pluvieux.*

MARSEILLAIS [marsɛjɛ] adj. et n. m., **MARSEILLAISE** [marsɛjɛz] adj. et n. f. **1.** adjectif (après le nom) De Marseille, ville et port du sud-est de la France, sur la Méditerranée. → STYLE RECHERCHÉ **mas-**

saliote, phocéen. *Il a l'accent marseillais. Elle raconte des histoires marseillaises,* des histoires où l'on aime exagérer. **2.** *UN MARSEILLAIS, UNE MARSEILLAISE :* une personne qui habite à Marseille. *Les Marseillais.* **3.** nom féminin *LA MARSEILLAISE :* l'hymne national français. *Le public s'est mis debout et a chanté la Marseillaise.*

MARSOUIN [marswɛ̃] n. m. ▪ *UN MARSOUIN :* animal des mers froides et tempérées qui ressemble à un petit dauphin. *Les marsouins sont des mammifères.*

MARSUPIAL [marsypjal] n. m. ▪ *UN MARSUPIAL :* animal dont les petits naissent à l'état de fœtus et finissent de se développer dans une poche extérieure qui renferme les mamelles, sur le ventre de la mère. *Le kangourou est un marsupial.* PLURIEL : *les MARSUPIAUX* [marsypjo] *sont des mammifères.*

MARTEAU [marto] n. m. ▪ *UN MARTEAU* **1.** Outil formé d'un manche et d'une masse en métal, qui sert à frapper. *Elle enfonce un clou avec le marteau. Il donne des coups de marteau sur le clou.* PLURIEL : *des MARTEAUX.* **2.** Sphère très lourde, en métal, tenue par un fil d'acier, qu'un sportif lance après avoir tourné sur lui-même. *L'athlète va lancer le marteau.*

MARTEAU-PIQUEUR [martopikœr] n. m. ▪ *UN MARTEAU-PIQUEUR :* appareil constitué d'un outil faisant un mouvement de va-et-vient grâce à un moteur, qui sert à défoncer le sol. *L'ouvrier défonce le trottoir au marteau-piqueur.* PLURIEL : *on entend le bruit des MARTEAUX-PIQUEURS.*

MARTÈLEMENT [martɛlmɑ̃] n. m. ▪ *LE MARTÈLEMENT* **1.** Bruit du marteau qui bat le fer. *Entends-tu le martèlement dans l'atelier ?* **2.** Bruit qui rappelle les chocs répétés du marteau. *On entend le martèlement des pas des soldats.*

MARTELER [martəle] verbe [conjugaison 5a] **1.** Frapper à coups de marteau. *Le forgeron martèle le fer sur l'enclume.* **2.** Frapper fort et à coups répétés sur (qqch.). *Le boxeur lui a martelé le visage à coups de poing.* **3.** Dire en articulant, en prononçant bien chaque syllabe. *Le professeur martèle ses mots en faisant la dictée.*

MARTIAL [marsjal], **MARTIALE** [marsjal] adj. (après le nom) **1.** Qui rappelle les habitudes militaires. *Il avance d'un pas martial au milieu de la cour.* **2.** masculin pluriel *LES ARTS MARTIAUX* [marsjo] : les sports de combat d'origine japonaise. *Le judo et le karaté sont des arts martiaux.* **3.** *La COUR MARTIALE :* tribunal militaire exceptionnel. *Les déserteurs sont jugés en cour martiale.*

REM. Ce mot vient du nom de *Mars,* dieu romain de la guerre.

MARTIEN [marsjɛ̃] n. m., **MARTIENNE** [marsjɛn] n. f. ▪ *UN MARTIEN, UNE MARTIENNE :* personne supposée vivre sur la planète Mars. *Pour les enfants, les Martiens sont souvent représentés comme de petits hommes verts avec des antennes sur la tête.*

① **MARTINET** [martinɛ] n. m. ▪ *UN MARTINET :* oiseau au plumage brun, qui ressemble à une hirondelle. *Les martinets volent très vite.*

② **MARTINET** [martinɛ] n. m. ▪ *UN MARTINET :* petit fouet fait d'un manche et de plusieurs lanières de cuir. *Ma grand-mère menaçait ses enfants du martinet.*

MARTINGALE [martɛ̃gal] n. f. ▪ *UNE MARTINGALE :* bande de tissu ou de cuir, placée horizontalement dans le dos d'un vêtement, à la hauteur de la taille. *Elle a une veste à martingale.*

MARTRE [martr] n. f. ▪ *UNE MARTRE :* petit animal au corps allongé, au museau pointu, au pelage brun, de la même famille que la fouine et la zibeline. *Les martres se nourrissent de rongeurs, d'oiseaux et d'insectes.*

MARTYR [martir] n. m. et adj., **MARTYRE** [martir] n. f. et adj.
I. *UN MARTYR, UNE MARTYRE* **1.** Personne qui souffre ou meurt pour sa religion ou pour un idéal. *Les premiers chrétiens furent persécutés et certains furent des martyrs dévorés par les lions. Sainte Agathe est morte vierge et martyre. Un monument a été élevé à la mémoire des martyrs de la Résistance.* **2.** Personne que l'on maltraite. → **souffre-douleur.** *Ne joue pas les martyrs !*
II. adjectif (après le nom) *ENFANT MARTYR :* enfant que ses parents maltraitent. *Les enfants martyrs sont parfois battus à mort.* → **maltraitance.**

REM. Voir aussi l'article *martyre* ci-dessous.

MARTYRE [martir] n. m. ▪ *UN MARTYRE* **1.** La mort, les souffrances qu'un martyr, une martyre endurent pour sa religion, son idéal. *Saint Sébastien a subi le martyre.* **2.** Très grande souffrance. *Sa vie a été un martyre.* → **calvaire.** *Elle a souffert le martyre :* elle a énormément souffert.

MARTYRISER [martirize] verbe [conjugaison 1a] ▪ (qqn) Faire beaucoup souffrir moralement ou physiquement (qqn, un animal). → **torturer.** *Les parents qui martyrisent leurs enfants subissent de lourdes peines de prison.* → **maltraiter.**

MARXISME [marksism] n. m. ▪ *LE MARXISME :* doctrine philosophique, sociale et économique élaborée par Karl Marx et Friedrich Engels. *Le marxisme est à la base du communisme.*

MAS [ma] n. m. ▪ *UN MAS :* ferme ou maison de campagne traditionnelle, en Provence, dans le sud-est de la France. *Ils ont acheté un mas dans lequel ils passent toutes leurs vacances.*

REM. On prononce aussi [mas].

MASCARA [maskara] n. m. ▪ *LE MASCARA :* fard pour les cils, qui les allonge, les épaissit et les colore. *Elle se met du mascara noir.* → **rimmel.**

MASCARADE [maskarad] n. f. ▪ *UNE MASCARADE :* mise en scène trompeuse qui laisse croire que l'on agit avec justice et sérieux. *Ce procès n'est qu'une mascarade.*

MASCOTTE [maskɔt] n. f. ▪ *UNE MASCOTTE :* animal, personne ou objet considérés comme portant bonheur. → **fétiche, porte-bonheur.** *Un chat est devenu la mascotte de notre équipe.*

MASCULIN [maskylɛ̃] adj. et n. m., **MASCULINE** [maskylin] adj.
I. adjectif (après le nom) **1.** Qui est propre à l'homme, au mâle. *Elle attend un enfant de sexe masculin,* un garçon. *J'entends une voix masculine dans l'escalier,* la voix d'un homme (→ **viril).** ⟨contraire : féminin⟩ **2.** Qui a les caractères de l'homme. *Sa fille a une coiffure un peu masculine.* **3.** Composé d'hommes. *Ce film a attiré un public essentiellement masculin.* **4.** *Un NOM MASCULIN :* nom qui peut être précédé au singulier des articles « le » ou « un ». *« Fauteuil » est un nom masculin et « chaise » un nom féminin.* – Dont la forme s'accorde au masculin du nom. *« Grand » est un adjectif masculin. « Un », « le », « ce », « mon » sont des déterminants masculins,* qui accompagnent des noms masculins. – *Le GENRE MASCULIN :* la catégorie grammaticale des mots masculins. *« Beau » est un adjectif du genre masculin, « belle » est du genre féminin.*
II. *LE MASCULIN* **1.** Genre masculin. *Le mot « lycée » est du masculin.* **2.** Forme au masculin. *Le mot « sage-femme » n'a pas de masculin. Le masculin et le féminin du nom « journaliste » sont identiques.* ⟨contraire : féminin⟩

REM. **1.** Le masculin est généralement lié au sexe chez l'homme et les animaux supérieurs. → **mâle** (REM.). Pour les choses, il est arbitraire. **2.** Pour l'emploi du masculin à propos des femmes, voyez **genre.**

MASO adj. Forme abrégée familière de **masochiste.** → **sado-maso.**

MASOCHISME [mazɔʃism] n. m. ▪ *LE MASOCHISME :* comportement d'une personne qui trouve du plaisir dans la souffrance ou dans l'humiliation. *Elle persiste à rester avec un mari qui la bat, c'est du masochisme !* ⟨contraire : sadisme⟩

MASOCHISTE [mazɔʃist] adj., n. m. et n. f.
I. adjectif (après le nom) **1.** (qqn) Qui éprouve du plaisir à souffrir. *Il faut être masochiste pour se baigner dans l'eau glacée ! C'est une femme masochiste.* – *MASO* [mazo] forme abrégée familière *Elles sont complètement masos.* **2.** (qqch.) Qui montre que l'on prend du plaisir à souffrir. *Il a une attitude masochiste. Il a des tendances sadiques et masochistes* (→ **sadomasochiste).**
II. *UN MASOCHISTE, UNE MASOCHISTE :* une personne qui aime avoir mal. *Quel masochiste !*
REM. Ce terme de psychanalyse est devenu très courant.

MASQUE [mask] n. m. ▪ *UN MASQUE* **1.** Objet représentant une face (humaine, animale, imaginaire) que l'on se met sur le visage pour se déguiser ou pour ne pas être reconnu. *Ma fille a mis un masque de chat pour le carnaval. Les cambrioleurs avaient des masques.* **2.** Objet qui sert à protéger les yeux, le visage ou à respirer. *Mon fils a pris ses palmes, son masque et son tuba pour faire de la plongée sous-marine. Elle met un masque pour faire de l'escrime. Certains cyclistes parisiens mettent des MASQUES À GAZ,* des appareils qui protègent des gaz toxiques. **3.** Couche de crème que l'on met sur le visage pour purifier et resserrer la peau. *Elle se fait un masque à l'argile.*

MASQUÉ [maske], **MASQUÉE** [maske] adj. (après le nom) **1.** (qqn) Qui a un masque ou une cagoule sur le visage. *Des hommes masqués sont entrés dans la banque.* **2.** *Un BAL MASQUÉ,* où l'on porte des masques. *Ils sont invités à un bal masqué et ne savent pas encore comment ils vont se déguiser.*

MASQUER [maske] verbe [conjugaison 1a] **1.** Cacher à la vue. *Les arbres masquent la maison.* **2.** Dissimuler sous une fausse apparence. *Il ne faut pas masquer la vérité.*

FAUX AMI
espagnol
mascar
« mâcher »

MASSACRANT [masakʀɑ̃], **MASSACRANTE** [masakʀɑ̃t] adj. (après le nom) ▪ *HUMEUR MASSACRANTE,* très mauvaise. *Il est d'une humeur massacrante.* → **détestable, épouvantable, exécrable.**

MASSACRE [masakʀ] n. m. ▪ *UN MASSACRE* **1.** Action de tuer un grand nombre de personnes ou d'animaux. *On essaie d'arrêter le massacre des éléphants en interdisant le commerce de l'ivoire. L'ennemi s'est livré à un véritable massacre dans le village.* → **carnage, tuerie.** *Aucun habitant n'a échappé au massacre.* **2.** Fait d'abîmer qqch. par maladresse. *Il a coupé le gâteau n'importe comment, c'est un véritable massacre ! Arrête le massacre !* **3.** *JEU DE MASSACRE :* jeu qui consiste à faire tomber des poupées ou des boîtes en lançant des balles, dans une fête foraine. *Elle s'est exercée au jeu de massacre et elle a réussi à faire tomber toutes les boîtes avec une seule balle !*

MASSACRER [masakʀe] verbe [conjugaison 1a] **1.** Tuer avec sauvagerie (un grand nombre de personnes ou d'animaux qui ne peuvent pas se défendre). *Les soldats ennemis ont massacré tous les habitants du village.* → **exterminer. 2.** Abîmer. *Les chiens ont massacré les plates-bandes.* → **saccager. 3.** Critiquer avec violence. *Tous les critiques massacrent son dernier roman.*

MASSAGE [masaʒ] n. m. ▪ *LE MASSAGE :* action de frotter, pétrir, presser une partie du corps. *Le kinésithérapeute lui a fait un massage du dos.*

MASSALIOTE [masaljɔt] adj. (après le nom) ▪ STYLE RECHERCHÉ De Marseille, du temps où cette ville était une colonie grecque. → **marseillais.** *On a retrouvé des pièces de monnaie massaliotes.* → **phocéen.**

① **MASSE** [mas] n. f.
I. *UNE MASSE* **1.** Grande quantité d'une substance qui n'a pas de forme définie. *Une masse d'air froid arrive sur le pays. Le barrage retient une masse d'eau considérable.* → **volume. 2.** Nombre important de choses ou de personnes. → **quantité.** *Les documentalistes ont réuni une masse d'informations sur ce sujet.* → **foule.** *J'ai une masse d'idées.* – *Les supporters sont venus EN MASSE,* tous ensemble, en un groupe très nombreux. **3.** Quantité de matière d'un corps. *Le poids est proportionnel à la masse.* **4.** *LA MASSE :* la majorité des gens. *Ce genre de film plaît à la plus grande masse,* au grand public.
II. (au pluriel) LES MASSES **1.** La plus grande partie de la population, les classes populaires. → **peuple.** *Il s'efforce d'écrire des livres qui intéressent les masses.* **2.** STYLE FAMILIER *DES MASSES DE :* des quantités. *Des poissons, j'en ai vu des masses,* beaucoup. – *PAS DES MASSES :* pas beaucoup. *« Il a de l'argent ? – Pas des masses ! » « Tu aimes ça ? – Pas des masses ! »*

② **MASSE** [mas] n. f. ▪ *UNE MASSE :* gros maillet de bois ou de métal. *Le sculpteur tape avec sa masse sur la pierre.*

① **MASSER** [mase] verbe [conjugaison 1a] **1.** Rassembler, réunir. *Le berger masse les moutons devant la bergerie.* **2.** verbe pronominal SE MASSER : se regrouper en masse. *La foule s'est massée sur le trottoir pour voir passer le président.*

② **MASSER** [mase] verbe [conjugaison 1a] ▪ Frotter, pétrir une partie du corps, avec les mains ou avec des appareils spéciaux, pour soigner ou faire maigrir. *Les sportifs se font masser avant et après une compétition. Le kinésithérapeute lui a massé le dos.*

MASSEUR [masœʀ] n. m., **MASSEUSE** [masøz] n. f. ▪ Personne dont le métier est faire des massages. *Elle va chez le masseur une fois par semaine* (→ **kinésithérapeute).**

① **MASSIF** [masif], **MASSIVE** [masiv] adj. (après le nom) **1.** Qui occupe tout le volume apparent, qui n'est pas un revêtement. *Elle a une bague en OR MASSIF,* en or qui n'est pas creux (opposé à plaqué or). *La porte est en chêne massif* (opposé à en contreplaqué). **2.** Qui a une apparence lourde, épaisse. *Le temple est encadré de colonnes massives.* → (péjoratif) **mastoc.** *C'est un homme massif.* → **trapu.** ⟨contraires : élancé, svelte⟩ **3.** Qui est fait ou donné en grande quantité. *Il a pris une dose massive de somnifères.*

② **MASSIF** [masif] n. m. ▪ *UN MASSIF* **1.** Groupe compact de plantes fleuries, d'arbustes qu'on a plantés. *La pelouse est ornée de massifs de tulipes.* **2.** Groupe de montagnes qui forment un gros bloc. *Le Massif central est une région montagneuse du centre de la France.*

MASSIVEMENT [masivmɑ̃] adverbe ▪ En grande quantité, en grand nombre. *Ils ont répondu massivement à l'appel,* en masse.

MASSUE [masy] n. f. ▪ *UNE MASSUE :* gros bâton court, à tête épaisse et arrondie, qui sert d'arme. *Les cambrioleurs ont assommé le veilleur de nuit à coups de massue.* – *Il a donné DES ARGUMENTS MASSUE,* des arguments auxquels on ne peut pas répliquer.

MASTIC [mastik] n. m. ▪ *LE MASTIC :* pâte collante qui durcit en séchant. *Le vitrier fixe la vitre à la fenêtre avec du mastic* (→ ① **mastiquer).**

MASTICATION [mastikasjɔ̃] n. f. ▪ *LA MASTICATION :* action de mâcher. *La mastication des aliments est importante pour la digestion.*

① **MASTIQUER** [mastike] verbe [conjugaison 1a] ▪ Coller ou boucher avec du mastic. *Le maçon mastique la fissure du plafond.*

② **MASTIQUER** [mastike] verbe [conjugaison 1a] ▪ Broyer longuement avec les dents. *Elle mastique un chewing-gum.* → **mâcher.** - *Mastique bien avant d'avaler !*

MASTOC [mastɔk] adj. invariable (après le nom) ▪ (péjoratif) Qui a une apparence lourde et sans grâce. → ① **massif.** *On a construit une nouvelle église mastoc.* PLURIEL : *des piliers mastoc.*

MASTODONTE [mastɔdɔ̃t] n. m. ▪ *UN MASTODONTE* **1.** Énorme animal des ères tertiaire et quaternaire qui ressemblait à un éléphant. *Les mastodontes avaient quatre défenses.* **2.** Personne, animal ou objet énorme. *Son mari est un véritable mastodonte !* → **colosse, géant.** *Ce bulldozer est un mastodonte.*

MASTURBATION [mastyʀbasjɔ̃] n. f. ▪ *LA MASTURBATION :* action de provoquer le plaisir en touchant les organes sexuels.

MASTURBER [mastyʀbe] verbe [conjugaison 1a] **1.** Amener (qqn) au plaisir en touchant ses organes sexuels. **2.** verbe pronominal SE MASTURBER : se toucher les organes sexuels pour parvenir au plaisir. *Elle s'est masturbée.* → STYLE TRÈS FAMILIER se **branler.**

MASURE [mazyʀ] n. f. ▪ *UNE MASURE :* vieille maison en mauvais état. *Ils habitent une masure.*

MAT [mat], **MATE** [mat] adj. (après le nom) **1.** Qui n'est pas brillant. *Il fait développer ses photos sur papier mat.* **2.** Qui n'est pas transparent. *Elle a la peau mate,* assez foncée. ⟨contraire : clair⟩ **3.** (bruit) Qui ne résonne pas. *La balle a rebondi sur la moquette en faisant un bruit mat.* → **sourd.**

FAUX AMI
anglais **mat** (n.) « paillasson »

MÂT [mɑ] n. m. ▪ *UN MÂT* **1.** Longue pièce de bois ou de métal dressée sur un bateau, qui porte les voiles. *Ce voilier a trois mâts* (→ **trois-mâts**). **2.** Long poteau qui sert à porter qqch. *Le campeur plante le mât de sa tente.*

MATADOR [matadɔʀ] n. m. ▪ *UN MATADOR :* homme qui tue le taureau au cours d'une corrida (→ **torero**). *Le matador est ovationné par la foule des spectateurs.*

REM. Ce mot est espagnol.

MATCH [matʃ] n. m. ▪ *UN MATCH :* compétition sportive entre deux ou plusieurs concurrents, entre deux ou plusieurs équipes. *Notre équipe a remporté le match de football. Ce boxeur a perdu son match.* → **combat.** *Nous avons assisté au match Espagne-Angleterre. Ils ont fait MATCH NUL :* les adversaires ont terminé à égalité, aucun n'a gagné. PLURIEL : *des matchs.*

MATELAS [matla] n. m. ▪ *UN MATELAS :* grand coussin dur et long, posé généralement sur un sommier, sur lequel on s'allonge pour dormir. *Pour faire son lit, on borde les draps et les couvertures de chaque côté du matelas. La vieille dame cache son argent sous son matelas. Elle a acheté de la TOILE À MATELAS,* du tissu pour recouvrir le matelas. - *Le campeur dort sur un matelas pneumatique,* sur une enveloppe de toile spéciale gonflée d'air.

MATELASSÉ [matlase], **MATELASSÉE** [matlase] adj. (après le nom) ▪ (tissu) Doublé d'une couche de ouate maintenue par des piqûres qui font un dessin en relief. *Il fait froid, mets ta veste matelassée.*

MATELOT [matlo] n. m. ▪ *UN MATELOT :* homme d'équipage, sur un navire. → **marin.** *Les matelots hissent les voiles. Autrefois, on embarquait de très jeunes matelots.* → ① **mousse.** *Il est matelot sur un bateau de guerre,* simple soldat.

① **MATER** [mate] verbe [conjugaison 1a] **1.** Rendre docile, obéissant. *Le professeur voudrait mater ces élèves qui perturbent son cours.* **2.** Réprimer. *L'armée a maté la révolte.*

FAUX AMIS
espagnol et portugais **matar** « tuer »

② **MATER** [mate] verbe [conjugaison 1a] ▪ STYLE FAMILIER Regarder sans être vu. *De la terrasse, il mate les filles sur la plage.* → STYLE FAMILIER **reluquer.** *Mate un peu cette nana !*

SE **MATÉRIALISER** [mateʀjalize] verbe pronominal [conjugaison 1a] ▪ Devenir réel. *Peu à peu, nos projets se sont matérialisés,* ils ont pris forme. → se **concrétiser,** se **réaliser.**

MATÉRIALISME [mateʀjalism] n. m. ▪ *LE MATÉRIALISME :* doctrine d'après laquelle la matière est la seule substance qui existe. *Marx est le père du MATÉRIALISME HISTORIQUE,* du marxisme.

MATÉRIAU [mateʀjo] n. m.
I. *UN MATÉRIAU :* matière servant à construire, à fabriquer (un objet). *Le plastique est un matériau à la fois léger et résistant.*
II. (au pluriel) DES MATÉRIAUX **1.** Les différentes matières nécessaires à la construction (d'un bâtiment, d'un ouvrage). *Les maisons du village sont construites avec des matériaux de la région : la pierre et le bois.* **2.** Éléments qui servent à faire un travail, une œuvre. *Le romancier a rassemblé de nombreux matériaux pour son prochain roman.* → ② **matériel.**

① **MATÉRIEL** [mateʀjɛl], **MATÉRIELLE** [mateʀjɛl] adj. (après le nom) **1.** Qui est fait, formé avec de la matière. *La Terre fait partie de l'univers matériel.* → ① **physique.** **2.** De nature concrète. ⟨contraire : abstrait⟩ *Je suis dans l'impossibilité matérielle de venir. Nous avons la preuve matérielle de son erreur.* → **tangible.** *Il n'a pas le TEMPS MATÉRIEL d'aller au cinéma,* le temps mesuré qui est absolument nécessaire. **3.** Qui concerne les aspects extérieurs, visibles (de qqch.). *Elle s'occupe de l'organisation matérielle du spectacle.* **4.** Qui est constitué par des biens, de l'argent. *Il est très attaché aux BIENS MATÉRIELS,* aux objets que l'on peut acheter grâce à l'argent. ⟨contraire : moral⟩ *Elle vit dans un grand confort matériel. Ils ont eu des difficultés matérielles,* des problèmes financiers. *L'accident n'a fait que des dégâts matériels,* qui concernent seulement les objets, et non les personnes.

② **MATÉRIEL** [mateʀjɛl] n. m. ▪ *LE MATÉRIEL* **1.** Ensemble des objets, des machines, des instruments utilisés pour travailler dans une entreprise, une exploitation (opposé à personnel). *Le fermier a acheté du matériel agricole.* → **outillage.** *Le matériel informatique de cette société est perfectionné.* → **équipement.** **2.** Ensemble des objets nécessaires à une activité, à un sport. *Il a acheté du matériel de camping dans un magasin de sport. Le pêcheur déballe son matériel de pêche.* **3.** Ensemble des éléments, des informations rassemblés et traités. *Le journaliste a beaucoup de matériel pour son article.*

FAUX AMI
russe **материал** « matériau »

MATÉRIELLEMENT [mateʀjɛlmɑ̃] adverbe **1.** En ce qui concerne les choses matérielles, l'argent. *Ils ne sont pas à plaindre matériellement.* **2.** En fait, pratiquement. *Ce projet est matériellement irréalisable.* → **concrètement.** *Je n'ai matériellement pas le temps. C'est matériellement impossible.* ⟨contraire : théoriquement⟩

MATERNEL [matɛʀnɛl] adj., **MATERNELLE** [matɛʀnɛl] adj. et n. f.
I. adjectif (après le nom) **1.** Qui appartient à la mère, de la mère. *Le lait maternel est bon pour les nourrissons. Cette petite chienne a un instinct maternel très développé. Le bébé réagit à la voix maternelle,* à la voix de sa mère. **2.** Qui se comporte comme une mère. *Elle a des gestes maternels avec son petit frère.* **3.** *Une* ÉCOLE MATERNELLE : école qui accueille les enfants de deux à six ans. *Son fils est à l'école maternelle depuis cette année.* **4.** Qui a rapport avec la mère, les parents de la mère (opposé à paternel). *Mon grand-père maternel est mort,* le père de ma mère. **5.** *La* LANGUE MATERNELLE : la première langue que parle un enfant. *Sa langue maternelle est l'espagnol.*
II. UNE MATERNELLE : une école maternelle. *Elle a mis sa fille à la maternelle près de chez elle.*

MATERNELLEMENT [matɛʀnɛlmɑ̃] adverbe ■ Comme une mère. *Elle le serre maternellement dans ses bras.*

MATERNER [matɛʀne] verbe [conjugaison 1a] ■ Traiter (qqn) d'une manière maternelle. *Elle materne son mari comme un enfant.* → **dorloter.**

MATERNITÉ [matɛʀnite] n. f. ■ LA MATERNITÉ **1.** État, qualité de mère. *Elle connaît les joies et les peines de la maternité.* **2.** Le fait de porter et de mettre au monde un enfant, des enfants. *Elle est en* CONGÉ DE MATERNITÉ : elle a pris le congé auquel elle a droit à la fin de sa grossesse et après l'accouchement. - *Ses maternités trop rapprochées l'ont épuisée.* → **accouchement, grossesse.** **3.** UNE MATERNITÉ : service d'un hôpital ou d'une clinique où l'on s'occupe des femmes enceintes et où elles accouchent. *Il est allé voir sa femme à la maternité.*

MATHÉMATICIEN [matematisjɛ̃] n. m., **MATHÉMATICIENNE** [matematisjɛn] n. f. ■ UN MATHÉMATICIEN, UNE MATHÉMATICIENNE : spécialiste des mathématiques. *Pascal et Newton étaient de célèbres mathématiciens.*

MATHÉMATIQUE [matematik] n. f. et adj.
I. (au pluriel) LES MATHÉMATIQUES : les sciences qui ont pour objet la quantité et l'ordre, l'étude des êtres abstraits (nombre, figure, fonction...) et les relations qui existent entre eux. *L'arithmétique, l'algèbre et la géométrie font partie des mathématiques. Le professeur de mathématiques fait son cours.* - MATHS [mat] forme abrégée familière *Les élèves ont un cours de maths. Il est bon en maths* (→ **matheux).**
II. adjectif (après le nom) **1.** Relatif aux mathématiques. *Le raisonnement mathématique est rigoureux.* **2.** Qui a le caractère de la pensée mathématique. *Il explique tout avec une précision mathématique.* → **rigoureux.** - *Il n'a pas l'esprit mathématique.* → **scientifique.** **3.** STYLE FAMILIER Absolument certain. *Ça doit marcher, c'est mathématique.* → **automatique, logique.**

> REM. **1.** On dit le plus souvent *les mathématiques,* mais certains disent aussi *la mathématique.* **2.** On peut écrire *les maths* ou *les math* (ex. *Il fait math spé,* «il est dans la classe de mathématiques spéciales»).

MATHEUX [matø] adj. et n. m., **MATHEUSE** [matøz] adj. et n. f. **1.** adjectif (après le nom) (qqn) Bon en mathématiques. *Elle est plus matheuse que littéraire.* **2.** UN MATHEUX, UNE MATHEUSE : étudiant, étudiante en maths ou élève bon en maths. *Il est dans une classe de matheux.*

MATHS n. f. pluriel Forme abrégée familière de **mathématiques.**

MATIÈRE [matjɛʀ] n. f.
I. LA MATIÈRE : ce qui constitue la substance des objets. *La matière existe à l'état solide, liquide ou gazeux. La matière est formée de molécules et d'atomes. L'homme, les animaux et les plantes sont faits de matière vivante.* → **tissu.**
II. UNE MATIÈRE **1.** Une substance que l'on peut distinguer des autres par les sens. *Le verre est une matière cassante. L'acier est une matière plus solide que le papier. Les matières utilisées pour construire cet immeuble sont le béton, l'acier et le verre.* → **matériau.** **2.** UNE MATIÈRE PREMIÈRE : produit qui n'est pas encore transformé par les machines, le travail. *La laine et le pétrole sont des matières premières.* - LES MATIÈRES GRASSES : les graisses alimentaires. *Le beurre et l'huile sont des matières grasses.* - LES MATIÈRES FÉCALES : les excréments. → ① **selle.** - LA MATIÈRE GRISE (du cerveau) : l'intelligence. *Utilise un peu ta matière grise !* **3.** Contenu, sujet d'un ouvrage. *Ce fait divers a fourni la matière du roman.* - ENTRÉE EN MATIÈRE *(d'un discours),* le commencement. *Après une courte entrée en matière, l'auteur entre dans le vif du sujet. La* TABLE DES MATIÈRES *est à la fin du livre,* la liste et le nom des chapitres. **4.** Ce qui est l'objet des études scolaires, d'un enseignement. *Il est excellent dans toutes les matières.* → **discipline, domaine.** *Elle préfère les matières scientifiques aux matières littéraires,* les sciences à la littérature et aux langues. **5.** Ce sur quoi s'exerce l'activité humaine. *Je ne suis pas compétent* EN LA MATIÈRE, sur ce sujet, dans ce domaine. - EN MATIÈRE *sportive, il est très fort,* en ce qui concerne le sport. EN MATIÈRE DE *décoration, je préfère la sobriété,* en décoration. **6.** DONNER MATIÈRE À : donner l'occasion, le motif de. *Ça donne matière à réfléchir.* → ③ **sujet.**

MATIN [matɛ̃] n. m. ■ LE MATIN **1.** Début du jour, juste avant et après le lever du soleil. ⟨contraire : soir⟩ *La rosée du matin mouille le gazon.* → **aube, aurore.** *Il aime le* PETIT MATIN, le moment où le jour se lève. *Nous sommes partis* DE BON MATIN, très tôt. *Elle fume dès le matin. Je travaille* DU MATIN AU SOIR, toute la journée. *Prenez un comprimé* MATIN ET SOIR. - STYLE FAMILIER *Elle est du matin,* elle aime se lever tôt (→ **matinal).** **2.** La première partie de la journée, qui se termine à midi (opposé à après-midi). → **matinée.** *Le médecin est à l'hôpital le matin et fait ses visites l'après-midi. Elle fait son marché tous les dimanches matin. Hier, il faisait beau, mais* CE MATIN *il pleut. Je l'ai croisé hier matin. Elle a disparu* UN BEAU MATIN, un beau jour. **3.** La durée de temps qui va de minuit à midi, divisée douze heures. *Ils se sont couchés à une heure du matin,* une heure après minuit.

> REM. **1.** On écrit le plus souvent : *tous les dimanches matin,* mais la forme *tous les dimanches matins* est correcte. **2.** À *une heure du matin,* il est *une heure,* mais à *une heure de l'après-midi,* il est *treize heures.*

MATINAL [matinal], **MATINALE** [matinal] adj. (après le nom) **1.** Du matin. *Elle fait sa gymnastique matinale.* **2.** (qqn) Qui se lève tôt. *Tu es bien matinal, aujourd'hui, il n'est que sept heures !* MASCULIN PLURIEL : *des gens* MATINAUX [matino].

MATINÉE [matine] n. f. ■ UNE MATINÉE **1.** Partie de la journée qui va du lever du soleil à midi. *Il a plu toute la matinée. Elle travaille trois matinées par semaine. Je vais sortir en fin de matinée,* entre onze heures et midi. - *Le dimanche, elle fait la* GRASSE MATINÉE, elle se lève tard, elle reste au lit longtemps. **2.** Spectacle qui a lieu l'après-midi (opposé à soirée). *Dimanche, ils ont vu une pièce de Molière en matinée.*

> REM. Il y a la même différence entre *matin* et *matinée,* qu'entre *jour* et *journée.*

MATOU [matu] n. m. ■ UN MATOU : chat mâle non castré. *On entend les miaulements d'un matou dans la rue. Des matous se sont battus dans le jardin.*

MATRAQUAGE [matʀakaʒ] n. m. ■ LE MATRAQUAGE **1.** Action de frapper avec une matraque. *Les policiers se sont livrés au matraquage des manifestants.* **2.** MATRAQUAGE PUBLICITAIRE : répétition systématique des messages publicitaires sur les médias. *Elle ne supporte plus le matraquage publicitaire à la télévision.*

MATRAQUE [matʀak] n. f. ▪ *UNE MATRAQUE :* bâton assez court qui sert à frapper, à assommer. *Le voyou a assommé sa victime à coups de matraque.* → **gourdin.** – STYLE FAMILIER *C'est le coup de matraque, dans ce restaurant,* c'est extrêmement cher.

MATRAQUER [matʀake] verbe [conjugaison 1a] **1.** Frapper à coups de matraque. *Les policiers matraquent les manifestants.* **2.** Diffuser un grand nombre de fois (une publicité, une musique, une chanson) à la radio ou à la télévision. *Les radios matraquent la dernière chanson à la mode.*

MATRIARCAT [matʀijaʀka] n. m. ▪ *LE MATRIARCAT :* forme de société dans laquelle la mère est la personne la plus importante de la famille (opposé à patriarcat). *Dans le matriarcat, la parenté est transmise par les femmes.*

MATRIMONIAL [matʀimɔnjal], **MATRIMONIALE** [matʀimɔnjal] adj. (après le nom) ▪ Qui concerne le mariage, la vie conjugale. *Le lien matrimonial unit les époux.* → **conjugal.** MASCULIN PLURIEL : *MATRIMONIAUX* [matʀimɔnjo]. *Il y a plusieurs régimes matrimoniaux,* plusieurs façons légales de répartir les biens des époux. *Il s'est inscrit dans une AGENCE MATRIMONIALE,* une agence qui met en contact des personnes qui souhaitent se marier.

MATURITÉ [matyʀite] n. f. ▪ *LA MATURITÉ* **1.** État de ce qui est mûr. *Cette poire est arrivée à maturité, on peut la manger.* **2.** État de ce qui a atteint son plein développement. *Ce projet vient à maturité peu à peu. Le talent de cet artiste est en pleine maturité,* il est dans sa plénitude. *Cet adolescent a une grande MATURITÉ D'ESPRIT.* **3.** L'âge mûr, entre la jeunesse et la vieillesse. *À quarante ans, il a atteint la maturité.* **4.** Sûreté de jugement que l'on obtient en vieillissant. → **sagesse.** *Il manque un peu de maturité* (→ **immature).**

MAUDIRE [modiʀ] verbe [conjugaison 2] **1.** Appeler sur (qqn) la malédiction, la colère de Dieu, souhaiter du mal à (qqn). *Il a maudit ses enfants avant de mourir.* ⟨contraire : bénir⟩ *Chaque fois qu'elle pouvait, elle maudissait ces enfants insupportables.* **2.** Détester, haïr (qqch.). *Je maudis ce mauvais temps.* ⟨contraire : adorer⟩

> REM. Ce verbe se conjugue comme *finir,* sauf au participe passé (*maudit, maudite*).

maudit [modi], **maudite** [modit] *Il a maudit la pluie ; la pluie qu'il a maudite :* formes au participe passé du verbe **maudire.**

MAUDIT [modi], **MAUDITE** [modit] adj. (avant le nom ou après le nom) **1.** (après le nom) Condamné par la société. *Verlaine et Rimbaud étaient des poètes maudits.* **2.** (avant le nom) Dont on a à se plaindre. *Cette maudite affaire l'ennuie beaucoup.* → **détestable.** *Ce maudit rhume ne s'arrêtera jamais !* → STYLE FAMILIER **damné,** ① **fichu, sacré, sale.**

> REM. *Maudits Français !* est une injure, au Québec.

MAURE [mɔʀ] n. m., n. f. et adj. **1.** (au pluriel) LES MAURES : les populations nomades du Sahara vivant en Mauritanie et au Sahara occidental. *Les Maures sont des guerriers et des éleveurs.* **2.** adjectif (après le nom) Relatif aux Maures. *Les tribus maures vivent dans le Sahara.*

> REM. Le mot a longtemps désigné en Occident les musulmans, notamment les conquérants de l'Espagne au Moyen Âge (du huitième au quinzième siècle).

MAURESQUE [mɔʀɛsk] adj. (après le nom) ▪ Relatif à l'art des Maures d'Espagne. *Ce palais mauresque est richement décoré. La décoration mauresque est faite surtout d'arabesques.*

MAURICE [mɔʀis] nom propre – en anglais **MAURITIUS** ▪ *Maurice* ou *l'île Maurice :* État de l'océan Indien, au nord-est de la Réunion. *La capitale de l'île Maurice est Port-Louis. Ils sont en vacances à l'île Maurice.*

MAUSOLÉE [mozɔle] n. m. ▪ *UN MAUSOLÉE :* un tombeau somptueux de grandes dimensions. *Les touristes visitent le mausolée de Lénine, à Moscou.*

MAUSSADE [mosad] adj. (après le nom) **1.** Qui n'est ni gai ni aimable. *Sa femme est toujours maussade,* de mauvaise humeur. ⟨contraire : avenant⟩ *Il a l'air maussade.* → **grognon, revêche. 2.** Qui inspire de l'ennui, de la tristesse. *La météo annonce un temps maussade pour demain.* → **mauvais.**

MAUVAIS [mɔvɛ] adj., n. m. et adverbe, **MAUVAISE** [mɔvɛz] adj.
I. adjectif (le plus souvent avant le nom) **1.** Qui a un défaut important, une imperfection grave ; qui a une valeur faible ou nulle. ⟨contraire : bon⟩ *Nous avons bu un mauvais vin.* → **infect ;** STYLE FAMILIER **dégueulasse.** *Ce produit est de très mauvaise qualité.* → **inférieur.** *Les paysans ont eu une mauvaise récolte, cette année.* → **insuffisant.** *Quel mauvais film !* (→ **navet).** *Ce film est plus mauvais que le précédent.* → **pire.** *C'est un mauvais raisonnement.* → ① **faux, inexact. 2.** Qui ne fonctionne pas correctement. *Elle a de mauvais yeux. Il est en mauvaise santé. – Tu as mauvaise mine.* **3.** (qqn) Dépourvu de talent, de qualités. *Il est très mauvais conducteur.* → STYLE RECHERCHÉ **piètre.** *C'est un mauvais mari.* → **lamentable.** *Les mauvais élèves sont au fond de la classe. Elle est MAUVAISE EN anglais.* → **faible, nul.** ⟨contraires : bon, fort⟩ *Il est moins mauvais en allemand qu'en anglais,* il est meilleur en allemand. **4.** Qui est mal choisi, ne convient pas. *Nous avons pris la mauvaise route. J'ai fait un mauvais numéro de téléphone.* → ① **faux.** *Il a refusé pour de mauvaises raisons. – Il n'est pas mauvais d'en faire l'expérience.* **5.** Qui annonce du malheur. *Tais-toi, oiseau de mauvais augure !* → **funeste, sinistre.** ⟨contraires : bon, heureux⟩ *Il n'y a personne dans la maison, c'est mauvais signe.* **6.** Qui est cause de mal, de malheur, d'ennuis ou de désagrément. *Le tabac est mauvais pour la santé.* → **dangereux, nocif.** ⟨contraire : bon⟩ *L'affaire prend une mauvaise tournure.* → **sale.** *Il est en très mauvaise posture. La mer est mauvaise, les bateaux sont restés au port.* → **agité.** ⟨contraire : calme⟩ **7.** Désagréable (au goût, à l'odorat). *Cette viande est mauvaise. Cette eau a mauvais goût. Il y a une mauvaise odeur, ici.* ⟨contraires : agréable, bon⟩ *Ce n'est pas mauvais :* c'est assez, plutôt bon. – STYLE FAMILIER *C'est PAS MAUVAIS, ce poisson. – Nous ne sommes pas sortis à cause du mauvais temps.* ⟨contraire : beau⟩ **8.** Pénible. *J'ai une mauvaise nouvelle pour toi. Ça fait mauvais effet.* – STYLE FAMILIER *Il a tout décidé sans m'en parler, je L'AI TROUVÉE MAUVAISE* (la chose, l'affaire), cela m'a déplu. → **saumâtre. 9.** Peu accommodant. *Elle a (un) mauvais caractère. Tu as l'air de mauvaise humeur. Il y met de la mauvaise volonté.* **10.** Contraire à la morale. *C'est une mauvaise action. Il a une mauvaise conduite :* il se conduit mal. – *Tu donnes le mauvais exemple.* **11.** (qqn) Qui fait ou aime faire le mal. *Il est mauvais comme une teigne.* → **méchant.** *Elle n'est pas si mauvaise que ça. C'est un MAUVAIS GARÇON.* → **voyou ;** STYLE FAMILIER **loubard, malfrat.** *C'est une MAUVAISE LANGUE,* qqn qui calomnie les autres. **12.** (avant ou après le nom) Qui montre de la méchanceté, de la malveillance. *Il a subi de mauvais traitements quand il était petit,* il a été maltraité. *Il a éclaté d'un rire mauvais.* → **cruel, méchant.** *Ses yeux brillent d'une joie mauvaise.*
II. *LE MAUVAIS :* ce qui est mauvais. *Dans cette affaire, il y a du bon et du mauvais.*
III. adverbe **1.** *SENTIR MAUVAIS :* dégager une odeur désagréable. *Ça sent mauvais dans cette chambre.* ⟨contraire : bon⟩ – (figuré) *Ça sent mauvais :* l'affaire prend une mauvaise tournure. **2.** (impersonnel) *FAIRE MAUVAIS. Il fait mauvais :* le temps est mauvais, il pleut. ⟨contraire : beau⟩

MAUVE [mov] adj. et n. m. **1.** adjectif (après le nom) D'une couleur violet pâle. *Elle a une robe mauve. Il y a un bouquet d'iris mauves dans le vase.* **2.** *LE MAUVE :* la couleur mauve. *Le mauve lui va bien.*

MAUVIETTE [movjɛt] n. f. ▪ *UNE MAUVIETTE* **1.** Personne chétive, au tempérament délicat et maladif. *Quelle mauviette !* → **gringalet.** **2.** Poltron. *Ce type n'est qu'une mauviette.*

MAUX → **mal**

MAX n. m. Forme abrégée familière de **maximum.**

MAXILLAIRE [maksilɛʀ] n. m. ▪ *UN MAXILLAIRE :* os des mâchoires. *Le maxillaire supérieur forme la mâchoire supérieure. Le maxillaire inférieur est mobile.*

MAXIMAL [maksimal], **MAXIMALE** [maksimal] adj. (après le nom) ▪ Qui constitue un maximum. *Les températures maximales prévues sont de vingt degrés environ.* → **maximum.** ⟨contraire : minimal⟩ MASCULIN PLURIEL : *des poids MAXIMAUX* [maksimo].

MAXIME [maksim] n. f. ▪ *UNE MAXIME :* formule qui donne une règle de conduite ou qui énonce une vérité générale. *Il aime citer des maximes* (→ **dicton, proverbe, sentence**). *Les « Maximes » de La Rochefoucauld sont célèbres.*

MAXIMUM [maksimɔm] n. m. et adj. **1.** *LE MAXIMUM :* la valeur la plus grande atteinte par une quantité variable ; la limite supérieure. *En France, le MAXIMUM DE la vitesse autorisée sur autoroute est cent trente kilomètres à l'heure.* PLURIEL : *des maximums* ou *des MAXIMA* [maksima]. - *Mettez le maximum de chances de votre côté,* le plus grand nombre de chances. *Cela te coûtera cent francs AU MAXIMUM,* au plus. - STYLE FAMILIER *UN MAXIMUM :* beaucoup, une grande quantité. *Ça lui a coûté un maximum,* beaucoup d'argent. - *MAX* [maks] forme abrégée familière *Ça m'a coûté un max.* **2.** adjectif (après le nom) Qui constitue un maximum. → **maximal.** *Ce champ de blé a un rendement maximum.* ⟨contraire : minimum⟩ *La vitesse maximum* (ou *maxima*) *autorisée sur route est de quatre-vingt-dix kilomètres à l'heure.* PLURIEL : *des prix maximums* ou *MAXIMA.*

> REM. Le pluriel le plus courant est *maximums* mais on peut rencontrer la forme *maxima.*

MAYENCE [majɑ̃s] nom propre - en allemand **MAINZ** ▪ Ville d'Allemagne, capitale de l'État de Rhénanie-Palatinat. *Ils sont allés à Mayence. Nous revenons de Mayence.*

MAYONNAISE [majɔnɛz] n. f. ▪ *LA MAYONNAISE :* sauce froide épaisse faite avec de l'huile, des jaunes d'œufs et de la moutarde battus ensemble. *Il y a de la mayonnaise avec le poulet froid. J'ai raté la mayonnaise. - Il a mangé des œufs durs (à la) mayonnaise.* - (figuré) *La mayonnaise prend :* les choses prennent une tournure favorable.

MAZOUT [mazut] n. m. ▪ *LE MAZOUT :* liquide noirâtre, épais et visqueux, tiré du pétrole, utilisé comme combustible. *L'immeuble est chauffé au mazout.* → **fioul.** *La chaudière à mazout est à la cave.*

MAZURKA [mazyʀka] n. f. ▪ *UNE MAZURKA* **1.** Danse populaire polonaise à trois temps ; air sur lequel on la danse. *Autrefois, on dansait la mazurka.* **2.** Courte composition musicale de même rythme. *Chopin a composé des mazurkas.*

ME [mə] pronom ▪ Pronom personnel complément de la première personne du singulier, au masculin et au féminin (→ **je, moi**). **1.** complément d'objet DIRECT représentant la personne qui parle, qui écrit *On me voit. Tu me présenteras à lui. Elle m'a laissé partir. Ça me fatigue. - Je m'ennuie. Je m'en fous éperdument. - Me voici.* **2.** complément d'objet INDIRECT À moi. *Il veut me parler. Je n'ai plus de pain, donne m'en. Il me faut de l'argent. Ça me plaît. - Je me lave les mains,* je lave mes mains. *- Va me fermer cette porte.* **3.** ME, MOI sans objet (pour renforcer un ordre) *Va me fermer cette porte.* (pour se plaindre) *Il m'a encore fait une bronchite !*

> REM. **1.** *Me* s'élide en *m'* devant une voyelle *(il m'envoie, il m'accompagne)* ou un *h* muet *(je m'habille, il m'honore).* **2.** Dans le langage familier, parfois on ne prononce pas le *e* devant une consonne *(je me demande* [ʒəmdəmɑ̃d] pourquoi, je me mets [ʒəmmɛ] à sa place). Avec *le,* il y a deux possibilités *je me le demande* [ʒəmlədmɑ̃d] ou [ʒəməldəmɑ̃d] : la première prononciation est la plus correcte. **3.** Voir l'encadré des pronoms **personnels.**

Mᵉ Abréviation de **maître.**

MEA-CULPA [meakylpa] n. m. invariable ▪ *UN MEA-CULPA. Faire son mea-culpa :* avouer sa faute, reconnaître ses torts. *J'avais tort et tu avais raison : je fais mon mea-culpa.* PLURIEL : *des mea-culpa.*

> REM. *Mea* et *culpa* sont des mots latin qui veulent dire « par ma faute ».

MÉANDRE [meɑ̃dʀ] n. m. ▪ *UN MÉANDRE :* courbe que décrit un cours d'eau. *Le fleuve fait de nombreux méandres.*

MEC [mɛk] n. m. ▪ STYLE FAMILIER *UN MEC :* homme, individu quelconque. *C'est un drôle de mec.* → STYLE FAMILIER **gars, type.** *J'ai vu un beau mec dans la rue. Pauvre mec ! Eh ! les mecs, venez voir ! Il y a des mecs et des nanas. - Elle est venue avec son mec,* son compagnon, son ami.

MÉCANICIEN [mekanisjɛ̃] n. m., **MÉCANICIENNE** [mekanisjɛn] n. f. ▪ *UN MÉCANICIEN, UNE MÉCANICIENNE* **1.** Personne qui entretient et répare les machines et les moteurs. *Le mécanicien du garage a démonté une partie du moteur de la voiture pour changer une pièce.* - *MÉCANO* [mekano] forme abrégée familière *Il est mécano d'avion. Les mécanos d'un garage.* **2.** Personne qui conduit une locomotive. *Il est mécano sur un T. G. V.*

MÉCANIQUE [mekanik] adj. et n. f.

I. adjectif (après le nom) **1.** Qui est exécuté, fonctionne grâce à des mécanismes, des machines. *Il fait collection de jouets mécaniques.* → **automate.** *Prenez l'escalier mécanique pour monter au dernier étage du magasin,* prenez l'escalier roulant (→ **escalator**). **2.** Qui concerne les machines, les moteurs. *Notre voiture a des ennuis mécaniques,* des ennuis de moteur. **3.** Qui fait penser au fonctionnement d'une machine. *D'un geste mécanique, elle a allumé une nouvelle cigarette.* → **automatique, machinal.** ⟨contraire : réfléchi⟩ **4.** (travail) Fait, exécuté à la machine et non à la main. *Le tissage de ce tapis est mécanique.*

II. *LA MÉCANIQUE* **1.** Science du mouvement et de l'équilibre des objets. *Il est ingénieur en mécanique.* **2.** Science de la construction et du fonctionnement des machines. *Il faut faire des études de mécanique pour construire des moteurs d'avion.* **3.** Assemblage des pièces qui produisent, transmettent un mouvement. *La mécanique de cette horloge est compliquée.* → **mécanisme.** **4.** STYLE FAMILIER *ROULER LES MÉCANIQUES :* faire bouger les muscles des épaules (pour montrer sa force) ; faire l'important. *Il roule les mécaniques pour impressionner les filles.* → **crâner.**

> FAUX AMI
> anglais **mechanic**
> « mécanicien »

MÉCANIQUEMENT [mekanikmɑ̃] adverbe ▪ D'une manière mécanique. *L'emballage se fait mécaniquement.* → **automatiquement.** - *Le soldat a salué mécaniquement son supérieur.* → **machinalement.**

MÉCANISME [mekanism] n. m. ▪ *UN MÉCANISME* **1.** Ensemble des pièces montées ensemble, qui permettent à un appareil, à une machine, à un moteur de fonctionner. *J'ai fait réviser le* *mécanisme de ma montre par le bijoutier.* → **mécanique.** 2. Fonctionnement qui ressemble à celui d'une machine. *Le professeur explique à ses élèves le mécanisme de la digestion.* → **processus.** *Les mécanismes de la vie économique sont compliqués.*

MÉCANO n. m., n. f. Forme abrégée familière de **mécanicien.**

MÉCÉNAT [mesena] n. m. ▪ *LE MÉCÉNAT :* soutien matériel, financier apporté par un mécène, sans contrepartie. *Cette entreprise fait du mécénat,* elle aide financièrement des artistes.

MÉCÈNE [mesɛn] n. m. ▪ *UN MÉCÈNE :* personne riche et généreuse ou entreprise qui aide financièrement des artistes, qui a une action en faveur de la culture. *Ce généreux mécène organise chaque année un festival de musique classique.*

REM. 1. *Mécène* était un chevalier romain de l'époque d'Auguste qui protégeait les poètes Virgile et Horace. 2. *Mécène* est préférable à l'anglicisme *sponsor.*

MÉCHAMMENT [meʃamɑ̃] adverbe 1. D'une manière méchante, avec méchanceté. *Il nous a regardés méchamment.* ⟨contraire : gentiment⟩ 2. STYLE FAMILIER Très. *Je suis méchamment en retard.* → **extrêmement.**

MÉCHANCETÉ [meʃɑ̃ste] n. f. 1. *LA MÉCHANCETÉ :* comportement d'une personne méchante, qui cherche à faire du mal. *La méchanceté de sa remarque m'a fait pleurer.* → **cruauté, dureté.** *C'est de la pure méchanceté de sa part.* → **malveillance.** ⟨contraires : bonté, gentillesse⟩ 2. *UNE MÉCHANCETÉ :* parole ou action méchante. *Elle ne sait dire que des méchancetés.* → STYLE FAMILIER **vacherie.**

MÉCHANT [meʃɑ̃] adj. et n. m., **MÉCHANTE** [meʃɑ̃t] adj. et n. f. I. adjectif (après le nom ou avant le nom) 1. (après le nom, parfois avant) (qqn) Qui fait du mal ou cherche à en faire, le plus souvent sans se cacher et de manière agressive. *C'est un homme méchant, un méchant homme.* → **cruel, dur, malfaisant.** ⟨contraires : bon, gentil⟩ *Elle est plus bête que méchante. Ne sois pas méchant.* → **agressif.** - *Ne me regarde pas avec cet air méchant.* → **mauvais.** *Il m'a dit des choses méchantes.* → **blessant.** 2. (après le nom) (enfants) Qui se conduit mal, est coléreux ou turbulent. *Si tu es méchant, tu iras au lit sans dessert.* → **insupportable ;** STYLE FAMILIER **vilain.** 3. (après ou avant le nom) (animaux) Qui cherche à mordre, à griffer. *Attention, chien méchant. Le méchant loup rôdait. Quelle est cette méchante bête ?* → **nuisible, sale.** 4. (avant le nom) (qqch.) Qui fait du mal. *J'ai attrapé une méchante grippe.* → **sale, vilain.** *Ce n'est pas bien méchant :* ce n'est ni grave ni important. 5. (avant le nom) STYLE RECHERCHÉ Mauvais, médiocre. *Un méchant tapis tout usé couvre le sol.* → **pauvre.** 6. (avant le nom) Dangereux ou désagréable. *Tu es de méchante humeur, ce matin.* → **mauvais.** *Il s'est retrouvé dans une méchante affaire.* → **sale.** 7. (avant le nom) STYLE FAMILIER Extraordinaire. *J'ai une méchante faim.* → **formidable, terrible.** II. *UN MÉCHANT, UNE MÉCHANTE :* une personne méchante. *Dans ce film, il y a des bons et des méchants.* → **scélérat.** - *Tu FAIS LE MÉCHANT mais tu ne me fais pas peur,* tu me menaces. *Oh, la méchante !*

REM. *Méchant* ne se dit plus beaucoup des personnes. → **sadique, salaud.**

① **MÈCHE** [mɛʃ] n. f. ▪ *UNE MÈCHE* 1. Cordon, tresse de fils de coton imprégnés de combustible, que l'on fait brûler. *Il allume la mèche de la bougie. Les briquets à essence ont une mèche.* 2. Cordon fait d'une matière qui prend feu facilement, destiné à faire exploser qqch. *L'ouvrier a enflammé la mèche du bâton de dynamite pour faire exploser le rocher.* - *VENDRE LA MÈCHE :* trahir un secret. *Un ami indiscret a vendu la mèche.* 3. Tige de métal que l'on fixe au bout d'une perceuse pour faire des trous. *Il faut une grosse mèche pour perforer ce mur épais.* → **vrille.** 4. Touffe de cheveux qui se distingue (par la couleur, la disposition) du reste de la chevelure. *Elle a une mèche qui lui tombe constamment sur l'œil. Il commence à avoir quelques mèches blanches.*

② DE **MÈCHE** [dəmɛʃ] adverbe ▪ STYLE FAMILIER *Être DE MÈCHE (avec qqn) :* être d'accord en secret. *Le caissier et le voleur étaient de mèche,* ils étaient de connivence (→ **complice).**

MÉCHOUI [meʃwi] n. m. ▪ *UN MÉCHOUI :* mouton entier rôti à la broche. *Dimanche, nous avons mangé un méchoui dans le jardin.* - *Ils sont invités par leurs voisins à un méchoui,* à un repas où l'on sert ce mouton rôti.

REM. Ce mot vient de l'arabe *meshwi* « grillé au feu ».

MÉCONNAISSABLE [mekɔnɛsabl] adj. (après le nom) ▪ Qui a tellement changé que l'on ne peut pas le reconnaître. *Il a tellement maigri qu'il est méconnaissable.* ⟨contraire : reconnaissable⟩ *Le quartier est méconnaissable depuis qu'il y a eu des travaux.*

MÉCONNAISSANCE [mekɔnɛsɑ̃s] n. f. ▪ STYLE RECHERCHÉ *LA MÉCONNAISSANCE :* le fait de méconnaître, de ne pas reconnaître (qqch.) pour ce qu'il est. *Il a une méconnaissance totale des règles élémentaires de la politesse.* → **ignorance.** *Sa méconnaissance des faits est regrettable.*

méconnaisse [mekɔnɛs] *Que je méconnaisse ; qu'il méconnaisse, qu'elle méconnaisse :* forme au subjonctif du verbe **méconnaître.**

MÉCONNAÎTRE [mekɔnɛtʀ] verbe [conjugaison 57] ▪ STYLE RECHERCHÉ 1. Ne pas reconnaître (qqch.) pour ce qu'il est. *Il méconnaît les lois.* → **ignorer.** *Je ne méconnais pas l'aide que tu m'apportes. C'est en méconnaissant les règles de la vie en société que l'on devient marginal.* 2. Ne pas apprécier (qqn, qqch.) à sa juste valeur. *La nouvelle génération méconnaîtra peut-être les grands écrivains de notre temps.* → STYLE RECHERCHÉ **mésestimer, sous-estimer.** *Ce serait dommage qu'il méconnaisse de tels chefs-d'œuvre. Cet immense poète a été méconnu par ses contemporains.* ⟨contraires : apprécier, estimer⟩

méconnu [mekɔny], **méconnue** [mekɔny] *Il a méconnu la loi ; la loi qu'il a méconnue :* formes au participe passé du verbe **méconnaître.**

MÉCONNU [mekɔny], **MÉCONNUE** [mekɔny] adj. (après le nom) ▪ Qui n'est pas reconnu, estimé à sa juste valeur. *Il se prend pour un génie méconnu.* ⟨contraire : reconnu⟩

MÉCONTENT [mekɔ̃tɑ̃] adj. et n. m., **MÉCONTENTE** [mekɔ̃tɑ̃t] adj. et n. f. 1. adjectif (après le nom) Qui n'est pas content, pas satisfait. *Il est rentré déçu et mécontent de ses vacances.* → **contrarié, fâché.** ⟨contraires : content, enchanté, ravi, satisfait⟩ *Elle est toujours mécontente de son sort.* 2. *UN MÉCONTENT, UNE MÉCONTENTE :* une personne mécontente, insatisfaite. *C'est un perpétuel mécontent. Cette mesure prise par le gouvernement va faire des mécontents.*

MÉCONTENTEMENT [mekɔ̃tɑ̃tmɑ̃] n. m. ▪ *LE MÉCONTENTEMENT :* état d'esprit d'une personne mécontente ; sentiment pénible d'être frustré de ce que l'on espérait, de ce à quoi on avait droit. *Il manifeste bruyamment son mécontentement.* → **insatisfaction.** *Les sujets de mécontentement ne manquent pas.* → **contrariété.** ⟨contraires : contentement, satisfaction⟩ *Le mécontentement grandit dans le pays.* → **malaise.**

MÉCONTENTER [mekɔ̃tɑ̃te] verbe [conjugaison 1a] ▪ Rendre mécontent. *Cette nouvelle loi mécontente tout le monde.* → **contrarier, fâcher.** ⟨contraires : contenter, satisfaire⟩

MÉDAILLE [medaj] n. f. ▪ *UNE MÉDAILLE* **1.** Petit bijou de métal, rond et plat comme une pièce de monnaie. *Elle a une médaille en or autour du cou, suspendue à une chaîne.* - *LE REVERS DE LA MÉDAILLE :* le côté déplaisant (d'une chose qui paraissait agréable). *Ils ont trouvé à louer un appartement très bien, mais malheureusement très cher, c'est le revers de la médaille.* **2.** Décoration en forme de pièce de métal donnée à un sportif qui a gagné une épreuve importante ou à une personne qui l'a méritée. *Ce nageur a gagné une médaille d'argent aux derniers Jeux olympiques. Cet officier a obtenu la médaille militaire pour sa bravoure à la guerre.*

MÉDAILLON [medajɔ̃] n. m. ▪ *UN MÉDAILLON :* bijou en forme de petite boîte plate qui s'ouvre et qui peut contenir qqch. *Elle a une photo de sa mère dans son médaillon.*

MÉDECIN [medsɛ̃] n. m. ▪ *UN MÉDECIN :* une personne qui a un diplôme de docteur en médecine, qui peut exercer la médecine. *Quand il est malade, il consulte son médecin traitant,* celui qui le soigne d'habitude. *Le médecin a vacciné mes enfants contre la rougeole.* → **docteur.** *Elle est médecin à l'hôpital. Il y a des médecins généralistes et des médecins spécialistes.* → **généraliste, spécialiste.**

REM. Ce mot n'a pas de féminin. Pour une femme, on dit : *une femme médecin, elle est médecin.*

MÉDECINE [medsin] n. f. ▪ *LA MÉDECINE :* art de prévenir et de soigner les maladies de l'homme. *Il est docteur en médecine* (→ **médecin**). *Elle a fait ses études de médecine à Paris* (→ **médical**). *Ce médecin exerce la médecine générale,* il soigne toutes les maladies de l'organisme (→ **généraliste**). - *Ce charlatan a été condamné pour exercice illégal de la médecine,* de la profession de médecin.

FAUX AMIS
anglais **medicine**,
italien **medicina**
« médicament »

MÉDIA [medja] n. m. ▪ *UN MÉDIA :* moyen de communication par lequel les informations sont diffusées très largement au public. *Un nouveau média vient d'apparaître.* (plus courant) LES MÉDIAS *La presse, la radio, la télévision sont les principaux médias. Cet événement a été largement diffusé par les médias* (→ **médiatique**). *Cette campagne de publicité utilise plusieurs médias* (→ **multimédia**).

REM. Ce mot vient de l'américain *media,* abréviation de *mass media* « moyens de communication de masse », du latin *medium* « moyen », au pluriel *media.*

MÉDIAN [medjɑ̃], **MÉDIANE** [medjan] adj. (après le nom) ▪ Qui est placé au milieu. *Une ligne blanche médiane partage la chaussée en deux.*

MÉDIANE [medjan] n. f. ▪ *UNE MÉDIANE :* ligne droite qui joint le sommet d'un triangle au milieu du côté opposé. *Tracez les médianes du triangle ABC.*

MÉDIATEUR [medjatœʀ] n. m., **MÉDIATRICE** [medjatʀis] n. f. ▪ *UN MÉDIATEUR, UNE MÉDIATRICE :* une personne qui intervient pour rapprocher deux personnes ou favoriser un accord entre deux pays. *Le gouvernement a nommé un médiateur dans le conflit qui oppose le patronat et les syndicats.* → **intermédiaire.**

MÉDIATION [medjasjɔ̃] n. f. ▪ *UNE MÉDIATION :* intervention destinée à mettre d'accord des personnes, des partis, des pays. *La paix a été signée entre les deux pays grâce à la médiation des Nations unies.* → **arbitrage, conciliation.**

MÉDIATIQUE [medjatik] adj. (après le nom) **1.** Relatif aux médias. *La firme a lancé une grande opération médiatique à la radio et à la télévision.* **2.** (qqn) Qui produit un bon effet, qui est à son avantage dans les médias, notamment à la télévision. *Ce politicien est très médiatique.*

MÉDIATISÉ [medjatize], **MÉDIATISÉE** [medjatize] adj. (après le nom) ▪ Diffusé par les médias. *L'événement a été largement médiatisé.*

MÉDICAL [medikal], **MÉDICALE** [medikal] adj. (après le nom) ▪ Relatif à la médecine, à la santé. *Les salariés doivent passer une visite médicale chaque année,* ils doivent être examinés par un médecin. *Il a fait des études médicales.* MASCULIN PLURIEL : *les soins médicaux* [mediko] *sont remboursés par la Sécurité sociale.*

MÉDICAMENT [medikamɑ̃] n. m. ▪ *UN MÉDICAMENT :* produit préparé pour soigner. *Le médecin m'a prescrit un médicament pour la toux.* → **remède.** *Ce médicament n'est délivré que sur ordonnance. On achète les médicaments dans les pharmacies.*

MÉDICINAL [medisinal], **MÉDICINALE** [medisinal] adj. (après le nom) ▪ *UNE PLANTE MÉDICINALE :* plante qui contient des substances qui soignent, avec lesquelles on fait des médicaments. *Le tilleul et la verveine sont des plantes médicinales avec lesquelles on fait des tisanes.* MASCULIN PLURIEL : *MÉDICINAUX* [medisino].

MÉDIÉVAL [medjeval], **MÉDIÉVALE** [medjeval] adj. (après le nom) ▪ Du Moyen Âge. *Un château médiéval domine la ville.* → **moyenâgeux.** *Cet historien est un spécialiste de l'histoire médiévale.* MASCULIN PLURIEL : *des remparts MÉDIÉVAUX* [medjevo].

REM. Ne pas confondre avec *moyenâgeux.*

MÉDIOCRE [medjɔkʀ] adj. et n. **1.** (après le nom) Qui est au-dessous de la moyenne, qui est insuffisant. *Il a un salaire médiocre.* → **modeste, petit.** ⟨contraires : élevé, important⟩ *Les résultats de cet élève sont médiocres,* assez mauvais. → **faible, insuffisant.** ⟨contraires : bon, excellent⟩ **2.** (qqn) Qui ne dépasse pas ou qui n'atteint pas la moyenne. *Elle est assez médiocre en français.* → **mauvais. 3.** *UN MÉDIOCRE, UNE MÉDIOCRE :* personne qui ne fait rien, ne dit rien d'intéressant. *C'est une médiocre qui voudrait réussir. Il n'y a que des médiocres dans ce colloque.*

MÉDIOCREMENT [medjɔkʀəmɑ̃] adverbe ▪ Assez peu, assez mal. *Il gagne médiocrement sa vie.* → **mal.** ⟨contraire : bien⟩ *Son fils joue du piano médiocrement.*

MÉDIOCRITÉ [medjɔkʀite] n. f. ▪ *LA MÉDIOCRITÉ :* état de ce qui médiocre, de ce qui est de qualité insuffisante. *La médiocrité de ses résultats afflige ses parents.* → **faiblesse.** ⟨contraires : excellence, perfection⟩ *Il refuse de vivre dans la médiocrité.*

MÉDIRE [mediʀ] verbe [conjugaison 37b] ▪ Dire du mal (de qqn). *Il MÉDIT DE ses voisins.* → **critiquer, dénigrer ;** STYLE FAMILIER **débiner.** ⟨contraires : louer, vanter⟩ *Vous médisez de tout le monde. Il faut toujours qu'elle MÉDISE SUR quelqu'un. Ce n'est pas en médisant que tu te feras des amis.*

REM. *Médire* se conjugue comme *dire,* sauf à la 2e personne pluriel du présent : *vous médisez.*

MÉDISANCE [medizɑ̃s] n. f. **1.** *LA MÉDISANCE :* action de médire. *C'est de la pure médisance.* **2.** *UNE MÉDISANCE :* parole malveillante d'une personne qui médit. *Je ne crois pas un mot de ces médisances.* → STYLE FAMILIER **potin, ragot.** ⟨contraires : éloge, louange⟩

REM. La *médisance* est l'action de dire sur une personne des choses malveillantes mais vraies et la *calomnie* l'action de dire des choses malveillantes et fausses.

médisant [medizɑ̃] *En médisant :* forme au participe présent du verbe **médire.**

MÉDISANT [medizɑ̃] adj. et n. m., **MÉDISANTE** [medizɑ̃t] adj. et n. f. **1.** adjectif (après le nom) Qui médit, fait des médisances. *Elle est* très médisante. *N'écoute pas ces propos médisants.* **2.** *UN MÉDISANT, UNE MÉDISANTE :* une personne qui médit. *Quelle médisante ! Il a fait taire les médisants.*

médisez [medize] *Vous médisez ; médisez :* forme au présent et à l'impératif du verbe **médire.**

MÉDITATION [meditasjɔ̃] n. f. ▪ *LA MÉDITATION :* réflexion profonde et solitaire sur un sujet. *Le moine est en méditation. Il est plongé dans la méditation.*

MÉDITER [medite] verbe [conjugaison 1a] **1.** Réfléchir longuement et profondément. *Les philosophes MÉDITENT SUR le sens de la vie. Qu'est-ce que tu fais tout seul, tu médites ?* → **penser. 2.** Préparer (un projet, une action). *Nos ennemis méditent certainement un sale coup.* → **combiner, manigancer, organiser.** *Ils MÉDITENT DE nous faire du mal.*

MÉDITERRANÉEN [mediteʀaneɛ̃] adj. et n. m., **MÉDITERRANÉENNE** [mediteʀaneɛn] adj. et n. f. **1.** adjectif (après le nom) De la Méditerranée et de ses rivages. *Le climat méditerranéen est doux. Nice et Marseille sont des villes méditerranéennes.* **2.** *UN MÉDITERRANÉEN, UNE MÉDITERRANÉENNE :* une personne originaire du bassin méditerranéen. *Les Méditerranéens sont chaleureux.*

MÉDIUM [medjɔm] n. m. ▪ *UN MÉDIUM :* une personne qui peut communiquer avec les esprits des morts. *Elle est médium. Les médiums pratiquent la télépathie.*

MÉDIUS [medjys] n. m. ▪ *LE MÉDIUS :* le doigt du milieu de la main. *Elle a une grosse bague au médius gauche.* → **majeur.**

MÉDUSE [medyz] n. f. ▪ *UNE MÉDUSE :* animal marin formé d'une masse transparente et gélatineuse en forme de cloche sous laquelle se trouvent la bouche et les tentacules. *Elle s'est fait piquer par une méduse. Les méduses sont des invertébrés.*

MÉDUSÉ [medyze], **MÉDUSÉE** [medyze] adj. (après le nom) ▪ Très étonné, stupéfait. *En voyant cela, ils sont restés médusés.* → **sidéré.**

MEETING [mitiŋ] n. m. ▪ *UN MEETING* **1.** Réunion publique politique ou sociale. *Les grévistes ont organisé un meeting devant l'usine.* → **manifestation, rassemblement. 2.** Démonstration sportive devant un vaste public. *Nous sommes allés à un meeting aérien.*

REM. Ce mot vient de l'anglais.

MÉFAIT [mefɛ] n. m. ▪ *UN MÉFAIT* **1.** Mauvaise action, qui nuit aux autres. *Ces voyous ont commis les pires méfaits.* **2.** Effet dangereux. *On connaît les méfaits de l'alcool sur l'organisme.* ⟨contraire : bienfait⟩

MÉFIANCE [mefjɑ̃s] n. f. ▪ *LA MÉFIANCE :* état d'une personne qui se méfie. *Il éprouve une certaine méfiance envers les inconnus.* → STYLE RECHERCHÉ **défiance.** ⟨contraire : confiance⟩ *Elle me regarde avec méfiance.* → STYLE RECHERCHÉ **suspicion.**

MÉFIANT [mefjɑ̃], **MÉFIANTE** [mefjɑ̃t] adj. (après le nom) ▪ Qui éprouve de la méfiance, qui n'a pas confiance. *Elle est méfiante.* → **soupçonneux.** ⟨contraire : confiant⟩ *Il nous examine d'un air méfiant.*

SE **MÉFIER** [mefje] verbe pronominal [conjugaison 7a] ▪ *SE MÉFIER DE :* ne pas se fier à (qqn, qqch.), ne pas avoir confiance dans. *Méfie-toi de lui, il est hypocrite.* → STYLE RECHERCHÉ se **défier.** *À l'époque, nous nous méfiions de ses belles promesses. À l'avenir, nous nous méfierons* [mefiʀɔ̃]. *Elle s'est méfiée de moi.*

MÉGALO adj., n. m. et n. f. Forme abrégée familière de **mégalomane.**

MÉGALOMANE [megalɔman] adj., n. m. et n. f. **1.** adjectif (après le nom) Qui a la folie des grandeurs, qui a une ambition et un orgueil excessifs. *Il se voit déjà président de la République, il est complètement mégalomane.* - *MÉGALO* [megalo] forme abrégée familière *Des architectes mégalos.* **2.** *UN MÉGALOMANE, UNE MÉGALOMANE :* une personne qui a la folie des grandeurs. *Beaucoup de dictateurs sont mégalomanes. C'est un mégalomane qui a construit cette immense maison.* - *MÉGALO* [megalo] forme abrégée familière *Quel mégalo ! Des mégalos.*

PAR **MÉGARDE** [parmegaʀd] adverbe ▪ Sans prendre garde, sans faire exprès. *Excusez-moi, j'ai pris votre parapluie au lieu du mien par mégarde,* par inadvertance. ⟨contraire : ① exprès⟩

MÉGÈRE [meʒɛʀ] n. f. ▪ *UNE MÉGÈRE :* une femme agressive et hargneuse. *Cette mégère n'arrête pas de hurler.* → **harpie, virago.**

MÉGOT [mego] n. m. ▪ *UN MÉGOT :* reste d'une cigarette ou d'un cigare qui ont été fumés. *Il écrase son mégot dans le cendrier. Il y a de vieux mégots par terre.*

MÉGOTER [megɔte] verbe [conjugaison 1a] ▪ STYLE FAMILIER Dépenser le moins d'argent possible, pour des profits dérisoires. *Tu ne vas pas mégoter pour quelques francs ! Ils ont fait les choses bien, ils n'ont pas mégoté.* → **lésiner.**

MEILLEUR [mɛjœʀ] adj., n. m. et adverbe, **MEILLEURE** [mɛjœʀ] adj. et n. f.

I. adjectif (avant le nom ou après le nom) **1.** Comparatif de supériorité de *bon.* Qui l'emporte en bonté, en qualité. ⟨contraire : pire⟩ *Le pain frais est meilleur que le pain rassis. Il cherche une meilleure place pour stationner. Elle est de meilleure humeur aujourd'hui qu'hier. Il rêve d'un monde meilleur. C'est meilleur marché ici que dans l'autre magasin,* c'est moins cher. → bon **marché. 2.** Superlatif de *bon.* Que rien ni personne ne surpasse. *Je te présente ma meilleure amie. Il nous ont fait boire leur meilleur vin. C'est le meilleur moyen d'y arriver. Nous ferons ça dans de meilleures conditions.* → STYLE RECHERCHÉ **optimal.** *Acceptez mes vœux les meilleurs. C'est le meilleur film que j'ai vu depuis longtemps.* **3.** (sans déterminant) *Meilleurs vœux ! Je vous envoie mes vœux les meilleurs. Meilleur souvenir !*

II. 1. *LE MEILLEUR, LA MEILLEURE :* personne supérieure aux autres. *C'est le meilleur de tous, le meilleur parmi nous. C'est la meilleure de la classe en français. Que le meilleur gagne !* **2.** *LA MEILLEURE :* l'histoire la plus étonnante. *Ça alors, c'est la meilleure !* ce qui est le plus drôle, le plus étonnant. *Tu ne sais pas la meilleure ?* **3.** *LE MEILLEUR :* la partie la meilleure. *Il prend le meilleur pour lui et laisse le reste aux autres. Le champion a donné le meilleur de lui-même,* il a fait tout ce qu'il pouvait. *On se marie POUR LE MEILLEUR ET POUR LE PIRE,* pour toutes les circonstances de la vie, qu'elles soient bonnes ou mauvaises.

III. adverbe *Il fait meilleur aujourd'hui qu'hier,* le temps est plus beau, il fait plus chaud.

REM. *Meilleur* ne peut être précédé ni de *plus* ni de *moins* ni de *très,* mais peut l'être de *bien (c'est bien meilleur)* et de *beaucoup.*

MÉLANCOLIE [melɑ̃kɔli] n. f. ▪ *LA MÉLANCOLIE :* état de tristesse vague accompagnée de rêverie. *Il pense à sa jeunesse avec mélancolie.* → **nostalgie.**

MÉLANCOLIQUE [melɑ̃kɔlik] adj. (après le nom) ▪ Qui montre de la mélancolie. *La fin des vacances la rend mélancolique.* → STYLE FAMILIER **cafardeux ; sombre, triste.** *Elle a l'air mélancolique sur cette photo. J'aime les chansons un peu mélancoliques.* ⟨contraire : gai⟩

MÉLANÉSIEN [melanezjɛ̃] adj. et n. m., **MÉLANÉSIENNE** [melanezjɛn] adj. et n. f. **1.** adjectif (après le nom) De Mélanésie, ensemble d'îles du Pacifique. *La Nouvelle-Calédonie et les îles Fidji sont des îles mélanésiennes.* **2.** *UN MÉLANÉSIEN, UNE MÉLANÉSIENNE :* une personne qui vit en Mélanésie. *Les Papous et les Kanaks sont des Mélanésiens.* **3.** nom masculin *LE MÉLANÉSIEN :* l'ensemble de langues parlées en Mélanésie. *Il parle le mélanésien.*

MÉLANGE [melɑ̃ʒ] n. m. ▪ *UN MÉLANGE :* ensemble résultant de l'union de choses différentes, d'éléments divers. *La pâte à crêpes est un mélange d'œufs, de lait et de farine. L'air est un mélange gazeux. Chez eux, il y a un mélange de meubles anciens et d'objets contemporains.* → **assemblage.** - *Leur bonheur est SANS MÉLANGE,* parfait, pur.

MÉLANGÉ [melɑ̃ʒe], **MÉLANGÉE** [melɑ̃ʒe] adj. (après le nom) ▪ Composé d'éléments différents les uns des autres. *J'ai acheté un tee-shirt en coton mélangé,* en coton et en une autre matière. ⟨contraire : pur⟩ - *Il éprouve pour elle des sentiments mélangés,* complexes, contradictoires. → **mitigé.**

MÉLANGER [melɑ̃ʒe] verbe [conjugaison 3a] **1.** Mettre ensemble, unir (des choses différentes) de manière à former un tout. → **mêler.** ⟨contraire : séparer⟩ *En mélangeant du bleu et du rouge, on obtient du violet. Mélangez bien la farine et les œufs. Mélangeons le sucre avec les œufs. Le pâtissier a mélangé le beurre à la pâte.* **2.** STYLE FAMILIER Mettre ensemble (des choses) en désordre. → **brouiller, emmêler.** *La secrétaire a mélangé tous les dossiers.* ⟨contraires : classer, trier⟩ *Mélange les cartes !* → **battre.** - *Tu mélanges tout !* → **confondre.** **3.** verbe pronominal SE MÉLANGER : se combiner, se fondre ensemble. *L'huile et l'eau se mélangent mal.* → s'**amalgamer.** *Le sucre et la farine se sont bien mélangés.* - STYLE FAMILIER *Elle s'est mélangé les pieds dans ses explications,* elle s'est embrouillée dans ses explications.

MÉLANGEUR [melɑ̃ʒœʀ] n. m. ▪ *UN MÉLANGEUR :* appareil servant à mélanger des liquides. *Ce lavabo a un mélangeur d'eau chaude et d'eau froide.*

MÉLASSE [melas] n. f. ▪ *LA MÉLASSE* **1.** Sirop qui provient de la fabrication du sucre. *La mélasse est de couleur brune.* **2.** STYLE FAMILIER Situation confuse et pénible. → STYLE FAMILIER **merdier.** *Il est dans la mélasse.*

MÊLÉ [mele], **MÊLÉE** [mele] adj. (après le nom) ▪ Qui forme un mélange. *Il ressent pour elle des sentiments mêlés.* → **mélangé, mitigé.** - *Elle a des yeux bruns MÊLÉS DE vert,* où il y a du brun et du vert. *Elle éprouve une joie mêlée de peine et d'inquiétude.*

MÊLÉE [mele] n. f. ▪ *UNE MÊLÉE* **1.** Combat désordonné, au corps à corps. *La discussion s'est terminée en mêlée générale.* **2.** Au rugby, moment où les joueurs de chaque équipe se groupent autour du ballon. *C'est la mêlée. Ce joueur est DEMI DE MÊLÉE* (→ **demi**). **3.** Lutte, conflit. *Il s'est jeté dans la mêlée sans réfléchir.* → **bagarre.** *Il faut savoir rester au-dessus de la mêlée,* ne pas prendre parti dans un conflit.

MÊLER [mele] verbe [conjugaison 1a] **1.** Mettre ensemble (des choses différentes) pour former un tout. → **mélanger.** *Le compositeur a mêlé plusieurs thèmes dans cette œuvre.* → **combiner, entremêler.** **2.** Mettre (plusieurs choses) dans un grand désordre. *Tu as mêlé tous les papiers.* → **embrouiller, emmêler, mélanger.** ⟨contraires : classer, trier⟩ *L'un des joueurs mêle les cartes.* → **battre.** **3.** *MÊLER À :* ajouter (une chose) à (une autre). *Le romancier mêle des détails pittoresques au récit.* **4.** *MÊLER qqn À :* faire participer qqn à. *Des amis un peu louches l'ont mêlé à une sale affaire.* - *Il s'est retrouvé mêlé à des gens peu recommandables.*

FAUX AMI
portugais
melar
« barbouiller »

SE **MÊLER** [mele] verbe pronominal [conjugaison 1a] **1.** *SE MÊLER À :* se joindre à (un groupe de personnes), aller avec eux. *Nous nous mêlons à la foule des promeneurs.* → se **joindre.** **2.** *SE MÊLER DE qqch.,* s'en occuper. *Mêlez-vous de ce qui vous regarde ! Si je m'en mêle, vous allez voir ! Elle s'est mêlée de nos affaires.*

MÉLÈZE [melɛz] n. m. ▪ *UN MÉLÈZE :* arbre de la famille des conifères, qui ressemble au sapin, mais qui perd ses aiguilles en hiver. *Les pentes de la montagne sont couvertes de forêts de mélèzes.*

MÉLI-MÉLO [melimelo] n. m. invariable ▪ STYLE FAMILIER *UN MÉLI-MÉLO :* mélange très confus et désordonné. *On ne retrouve rien dans cette chambre, quel méli-mélo !* PLURIEL : *des méli-mélo.*

MÉLO [melo] n. m. et adj. ▪ STYLE FAMILIER **1.** *UN MÉLO :* un mélodrame. *Nous voilà en plein mélo. Ce film est un vrai mélo. Elle n'aime pas les mélos.* **2.** adjectif (après le nom) Qui fait penser au mélodrame. → **mélodramatique.** *C'est un film un peu mélo. Il aime les histoires mélos.*

REM. Ce mot est l'abréviation de *mélodrame* et de *mélodramatique.*

MÉLODIE [melɔdi] n. f. ▪ *UNE MÉLODIE :* suite de sons agréables qui forment un air musical que l'on peut reconnaître facilement. *Je connais la mélodie de cette chanson, mais j'ai oublié les paroles.* → **air.** *Il accompagne cette mélodie au piano. Il fredonne une mélodie en marchant.*

MÉLODIEUX [melɔdjø], **MÉLODIEUSE** [melɔdjøz] adj. (après le nom) ▪ (son) Agréable à entendre. *Le rossignol a un chant mélodieux.* → **harmonieux.** *Une voix mélodieuse a répondu au téléphone.*

MÉLODRAMATIQUE [melɔdʀamatik] adj. (après le nom) ▪ Digne d'un mélodrame, qui fait penser au mélodrame par l'exagération du ton et des sentiments. *Elle prend un ton mélodramatique pour raconter sa mésaventure.* → STYLE FAMILIER **mélo.**

MÉLODRAME [melɔdʀam] n. m. ▪ *UN MÉLODRAME* **1.** Pièce de théâtre populaire dans laquelle l'histoire est invraisemblable, les caractères et le ton exagérés. *L'héroïne persécutée, l'amoureux et le traître sont les personnages traditionnels du mélodrame.* → STYLE FAMILIER **mélo.** **2.** Situation réelle qui fait penser au mélodrame. *Nous sommes en plein mélodrame.*

MÉLOMANE [melɔman] n. m., n. f. ▪ *UN MÉLOMANE, UNE MÉLOMANE :* amateur de musique. *C'est une mélomane, elle va souvent au concert et à l'opéra. Les mélomanes fréquentent les festivals de musique classique.*

MELON [məlɔ̃] n. m. ▪ *UN MELON* **1.** Gros fruit rond, à écorce vert clair ou jaune et à chair orangée ou jaune, juteuse et sucrée. *Il mange une tranche de melon. Le MELON D'EAU a une chair rouge.* → **pastèque.** **2.** *UN CHAPEAU MELON* ou *UN MELON :* chapeau d'homme en feutre rigide, rond et bombé. *Il a un chapeau melon.* PLURIEL : *des chapeaux melon, des melons.*

MEMBRANE [mɑ̃bʀan] n. f. ▪ *UNE MEMBRANE :* peau très mince et très souple qui enveloppe un organe ou recouvre une cavité du corps. *La cornée est la membrane qui recouvre l'œil.*

MEMBRE [mɑ̃bʀ] n. m. ▪ *UN MEMBRE* **1.** Chacune des quatre parties du corps qui s'attachent au tronc. *Les bras sont les membres supérieurs et les jambes les membres inférieurs du corps humain. Les ailes et les pattes des animaux sont des membres.* **2.** *MEMBRE VIRIL* ou *MEMBRE :* pénis. **3.** Personne qui fait partie d'un groupe, d'un club, d'une association. *Les pa-*

rents, *les enfants, les cousins, tous les membres de la famille se retrouvent pour Noël. Elle est membre de l'association des parents d'élèves.* → **adhérent.** 4. *UN MEMBRE DE PHRASE :* groupe de mots unis par le sens et par la syntaxe, qui font partie d'une phrase. *On ne comprend pas la fin du texte car il manque un membre de la dernière phrase.*

MÉMÉ [meme] n. f. et adj. ▪ STYLE FAMILIER
I. 1. *MÉMÉ :* nom que l'on donne à sa grand-mère. → **mamie.** *Tu viens, mémé ?* 2. *UNE MÉMÉ :* grand-mère, dans le langage des enfants. *Ce petit garçon aime beaucoup sa mémé.* 3. Femme qui n'est ni jeune ni séduisante. *Deux petites mémés discutent sur le trottoir.*
II. adjectif (après le nom) Vieux. *Elle FAIT MÉMÉ, avec cette robe.* → STYLE FAMILIER **mémère ; vieux.**

MÊME [mɛm] adj., pronom et adverbe
I. adjectif (avant le nom ou après le nom) 1. (avant le nom) Identique, semblable. ⟨contraires : autre, différent⟩ *Il relit toujours le même livre. Sa fille est dans la même classe que la mienne. Nous avons les mêmes chaussures, toutes les deux. Je suis du même avis que toi. C'est la même chose :* c'est pareil. *Tous les invités sont arrivés EN MÊME TEMPS,* simultanément (→ **ensemble**). 2. (après le nom) Propre, véritable. *Ce sont les paroles mêmes qu'il a prononcées :* ce sont ses propres paroles, exactement ses paroles. *On l'a trouvé dans l'endroit même où on l'avait laissé. - Elle est la gentillesse même :* elle est extrêmement gentille, aussi gentille que possible ; c'est la gentillesse en personne.
II. pronom 1. *LE MÊME, LA MÊME. J'aime bien ton stylo, j'aimerais avoir le même,* un stylo identique. *Ce n'est pas la même, c'en est une autre. S'agit-il du même ? Ce sont toujours les mêmes qui font les corvées.* 2. *ÇA REVIENT AU MÊME :* c'est exactement la même chose.
III. adverbe 1. (exprime une insistance) *Il connaît toutes les langues et même le chinois.* → **aussi.** *Ils l'ont cherché, même dans son lit.* → **jusqu'à.** *Tout le monde peut se tromper, même toi,* toi aussi. *Il ne s'en souvient même plus. Elle est désagréable, et même odieuse.* → STYLE RECHERCHÉ **voire.** 2. Exactement, précisément. *Ça s'est passé ici même. Je l'ai vu aujourd'hui même. - Il dort À MÊME le sol,* directement sur le sol. 3. *DE MÊME :* de la même façon. *« Bonne année ! - À vous de même ! »* à vous aussi. *Il en va de même pour les enfants :* c'est aussi le cas des enfants. - *Il est TOUT DE MÊME venu :* il est néanmoins venu. → **pourtant.** - *Elle est malade, mais elle travaille QUAND MÊME,* malgré tout. - STYLE FAMILIER *Il aurait pu nous prévenir, quand même !* - STYLE RECHERCHÉ *QUAND BIEN MÊME serait-il venu, cela n'aurait rien changé,* même s'il était venu. 4. STYLE RECHERCHÉ *DE MÊME QUE :* ainsi que. *Il a eu de l'argent de ses parents, de même que ses frères et sœurs,* ainsi que ses frères et sœurs. → **comme.** - STYLE TRÈS FAMILIER *Je l'ai vu, MÊME QUE c'est vrai,* et en plus c'est vrai. - *MÊME SI je lui demande, il ne voudra pas.* 5. *À MÊME DE :* en état de, en mesure de. *Je ne suis pas à même de vous aider,* je ne peux pas le faire (→ **capable**).

> REM. Les composés *moi-même, toi-même, soi-même, elle-même, lui-même, nous-mêmes, vous-mêmes, eux-mêmes* sont traités à la nomenclature.

MÉMÈRE [memɛʀ] n. f. et adj. ▪ STYLE FAMILIER 1. *UNE MÉMÈRE :* femme d'un certain âge, assez grosse. *La concierge est une grosse mémère.* 2. adjectif (après le nom) *Elle FAIT MÉMÈRE, avec ce chignon.* → STYLE FAMILIER **mémé.**

① **MÉMOIRE** [memwaʀ] n. f. ▪ *LA MÉMOIRE* 1. Faculté qui permet de se souvenir. *C'est un événement dont on garde la mémoire,* dont on se souvient (→ **mémorable**). *Il a une bonne mémoire, il se rappelle les moindres détails de cette journée. Elle a DE LA MÉMOIRE. Il a une MÉMOIRE D'ÉLÉPHANT,* une excellente mémoire. *Le comédien a eu un TROU DE MÉMOIRE,* il a oublié un passage de son rôle. *Tu as la MÉMOIRE COURTE :* tu oublies facilement. *La vieille dame perd la mémoire,* elle oublie les choses. *Je ne sais plus, ça m'est sorti de la mémoire,* je ne m'en souviens plus. → **tête.** - *Elle peut réciter ce poème DE MÉMOIRE,* par cœur. 2. *LA MÉMOIRE DE :* le souvenir de. *Je garderai toute ma vie la mémoire de cet événement,* je m'en souviendrai toujours. *Il n'a pas la mémoire des noms :* il oublie facilement le nom des gens. - *On a élevé un monument À LA MÉMOIRE DES héros de la guerre,* en souvenir d'eux. 3. *LA MÉMOIRE D'UN ORDINATEUR :* le mécanisme qui permet de recueillir et de conserver les informations que l'on pourra traiter ensuite. *Mon ordinateur a une mémoire très puissante. L'informaticien met une information en mémoire.*

② **MÉMOIRE** [memwaʀ] n. m. ▪ *UN MÉMOIRE :* travail personnel écrit, présenté par un étudiant, pour obtenir un examen. *Cet étudiant a présenté un mémoire de maîtrise sur les titres des journaux.*

MÉMOIRES [memwaʀ] n. m. pluriel ▪ *DES MÉMOIRES :* récit qu'une personne fait des événements dont elle a été le témoin ou auxquels elle a participé. *Cet homme politique rédige ses mémoires.* → **autobiographie.** *Il a écrit des mémoires très intéressants. Les « Mémoires de Guerre » du général de Gaulle ont été publiés en 1959.*

MÉMORABLE [memɔʀabl] adj. (après le nom) ▪ STYLE RECHERCHÉ (événement) Dont le souvenir est durable, mérite d'être conservé. *C'est un jour mémorable pour eux.* → **inoubliable.**

MENAÇANT [mənasɑ̃], **MENAÇANTE** [mənasɑ̃t] adj. (après le nom) ▪ (qqch.) Qui exprime une menace, qui est destiné à faire peur. *Le gangster a un air menaçant, avec son pistolet.* → **dangereux, inquiétant.** ⟨contraire : rassurant⟩ - *Le temps est menaçant :* il va sûrement y avoir un orage, de la pluie.

MENACE [mənas] n. f. ▪ *UNE MENACE* 1. Parole, geste, comportement destiné à faire peur à qqn, à lui montrer que l'on est décidé à lui faire du mal. *Il a reçu des LETTRES DE MENACE. Vos menaces ne me font pas peur.* 2. Danger, risque. *Ce pays vit sous la menace de la guerre.*

MENACÉ [mənase], **MENACÉE** [mənase] adj. (après le nom) ▪ En danger. *La vie du blessé est menacée. Il est inquiet et se sent menacé. Les écologistes protègent LES ESPÈCES MENACÉES,* les animaux qui risquent de disparaître.

MENACER [mənase] verbe [conjugaison 3a] 1. Chercher à faire peur à (qqn), à intimider par des menaces. *Nous ne vous menaçons pas. Les malfaiteurs ont menacé leur victime avec un pistolet. Ils l'ont menacé de mort. On l'a menacé de l'expulser.* 2. (qqch.) Être sur le point de se produire. *Le ciel se couvre de gros nuages noirs : l'orage MENACE D'éclater.* → **risquer.** *La pluie menace.*

MÉNAGE [menaʒ] n. m. 1. *LE MÉNAGE :* l'ensemble des travaux qu'il faut faire pour tenir propre l'intérieur d'une maison. *Il FAIT LE MÉNAGE une fois par semaine,* il nettoie et range. *Ils ont une FEMME DE MÉNAGE,* une employée de maison qui nettoie et range chez eux. 2. *UN MÉNAGE :* les deux personnes d'un couple qui vivent ensemble dans la même maison. *Ils forment un ménage très uni.* → **couple.** *Ils se sont rencontrés, puis peu de temps après, ils SE SONT MIS EN MÉNAGE,* ils ont commencé à vivre ensemble. - *Les chiens et les chats ne FONT pas toujours BON MÉNAGE,* ils ne s'entendent pas toujours bien.

MÉNAGEMENT [menaʒmɑ̃] n. m. ▪ *LE MÉNAGEMENT :* douceur et égards avec lesquels on traite qqn. *On lui a annoncé la nouvelle avec ménagement.* ⟨contraire : brutalité⟩ *Il nous a traités sans ménagement,* brutalement.

① **MÉNAGER** [menaʒe], **MÉNAGÈRE** [menaʒɛʀ] adj. (après le nom) **1.** Relatif à l'entretien de la maison. *Le ménage, la lessive, la vaisselle sont des* TRAVAUX MÉNAGERS, des travaux qu'il faut faire pour que la maison soit propre. → **domestique.** *L'aspirateur, le lave-linge et le lave-vaisselle sont des* APPAREILS MÉNAGERS. → **électroménager. 2.** Qui provient de la maison. *Les* ORDURES MÉNAGÈRES *sont mises dans de grandes poubelles.*

② **MÉNAGER** [menaʒe] verbe [conjugaison 3b] **1.** *MÉNAGER SES FORCES,* les économiser en se reposant. *Le convalescent doit ménager ses forces.* ⟨contraires : dépenser, gaspiller⟩ **2.** *Ménager qqn,* le traiter avec douceur, égards. → **épargner.** *Ménageons-la, annonçons-lui la nouvelle tout doucement.* ⟨contraires : malmener, maltraiter⟩ *Au judo, il ne ménage pas ses adversaires,* il les traite brutalement. – *Il veut* MÉNAGER LA CHÈVRE ET LE CHOU : il évite de prendre parti. **3.** Installer, aménager. *L'architecte a ménagé un escalier intérieur entre les deux niveaux de l'appartement.* **4.** Arranger, organiser. *La secrétaire lui a ménagé un rendez-vous avec le patron.* **5.** verbe pronominal SE MÉNAGER : (qqn) se reposer, ne pas trop se fatiguer. *Vous êtes encore faible, ménagez-vous. Elle s'est ménagée.*

MÉNAGÈRE [menaʒɛʀ] n. f. ▪ *UNE MÉNAGÈRE* **1.** Femme qui s'occupe de sa maison. *Le matin, les ménagères vont faire leur marché.* – *LE PANIER DE LA MÉNAGÈRE :* les dépenses alimentaires qui servent à calculer l'indice des prix. **2.** Service de couverts de table rangés dans un coffret. *Elle a sorti sa ménagère en argent pour ses invités.*

MÉNAGERIE [menaʒʀi] n. f. ▪ *UNE MÉNAGERIE* **1.** Lieu où sont rassemblés des animaux sauvages et exotiques pour les étudier ou les montrer au public. *Les lions et les tigres sont dans la ménagerie du cirque. Les singes de la ménagerie du jardin public sont amusants.* → **zoo. 2.** Ensemble d'animaux nombreux. *Ils ont deux chats, un lapin et des poissons rouges, c'est une vraie ménagerie, chez eux !*

MENDIANT [mɑ̃djɑ̃] n. m., **MENDIANTE** [mɑ̃djɑ̃t] n. f. ▪ *UN MENDIANT, UNE MENDIANTE :* une personne qui mendie, qui demande la charité. *Dans ces pays, beaucoup d'aveugles sont des mendiants.*

REM. Ce mot n'est pas très employé pour un habitant de la France.

MENDICITÉ [mɑ̃disite] n. f. ▪ *LA MENDICITÉ :* condition de mendiant. *Le malheureux n'a plus de travail ni de maison, il est réduit à la mendicité,* à mendier.

MENDIER [mɑ̃dje] verbe [conjugaison 7a] **1.** Demander de l'argent en tendant la main. *Un clochard mendie au coin de la rue,* il fait la manche (→ ② **manche). 2.** Demander sans fierté (une faveur). *Il mendiera* [mɑ̃diʀa] *sûrement un compliment.*

MENER [məne] verbe [conjugaison 5a] **1.** *MENER À, DANS, EN :* conduire en accompagnant. *Il mène sa fille à l'école tous les matins.* → **emmener.** – *Tu nous mènes en bateau :* tu nous fais croire des choses fausses. **2.** Être en tête. *Notre équipe mène deux buts à zéro.* – *Nos adversaires sont menés par deux buts à un.* **3.** Diriger. *Le commissaire mène l'enquête. C'est l'argent qui mène le monde.* → **gouverner.** *Elle mène son mari par le bout du nez,* elle lui fait faire ce qu'elle veut. **4.** Faire aller (qqch.) en contrôlant. *Il mène bien ses affaires.* – *Laissez-le mener sa vie comme il veut.* → **vivre.** *Leurs enfants leur mènent la vie dure,* ils leur rendent la vie difficile. – *Il a* MENÉ *l'opération* À *bien,* il s'en est occupé jusqu'au bout. – *Voilà une affaire rapidement menée,* vite terminée. **5.** Transporter. *Le taxi qui nous a menés à la gare roulait très vite.* → **amener, conduire. 6.** (qqch.) Permettre d'aller d'un lieu à un autre. *Où mène cette route ? C'est la route qui mène au village.* → **conduire.** – *Ces études mènent à de nombreuses professions. Ça vous mènera loin :* cela aura de graves conséquences pour vous.

MENEUR [mənœʀ] n. m., **MENEUSE** [mənøz] n. f. ▪ *UN MENEUR, UNE MENEUSE* **1.** Personne qui dirige, qui entraîne les autres. *La police a arrêté les meneurs,* les dirigeants du mouvement. **2.** *UN MENEUR DE JEU :* l'animateur d'un spectacle, d'une émission de variétés ou d'un jeu public. *Le meneur de jeu félicite le gagnant du jeu télévisé.* **3.** *UN MENEUR D'HOMMES :* une personne qui sait diriger. *Ce général est un meneur d'hommes.*

MENHIR [meniʀ] n. m. ▪ *UN MENHIR :* une grande pierre dressée verticalement, datant de l'époque préhistorique. *En Bretagne, il y a beaucoup de menhirs* (→ **dolmen).**

MÉNINGE [menɛ̃ʒ] n. f.
I. *UNE MÉNINGE :* chacune des membranes qui entourent le cerveau et la moelle épinière. *On a trois méninges.*
II. STYLE FAMILIER (au pluriel) LES MÉNINGES : le cerveau, l'esprit. *Il ne s'est pas fatigué les méninges. Je me creuse les méninges pour trouver la solution.*

MÉNINGITE [menɛ̃ʒit] n. f. ▪ *UNE MÉNINGITE :* grave maladie provoquée par l'inflammation des méninges. *Il a failli mourir d'une méningite.*

MÉNOPAUSE [menɔpoz] n. f. ▪ *LA MÉNOPAUSE :* arrêt naturel et définitif des règles, chez la femme. *La ménopause se produit vers l'âge de cinquante ans. Après la ménopause, elle a pris des hormones.*

MENOTTE [mənɔt] n. f. **1.** *UNE MENOTTE :* main d'enfant, petite main. *Le bébé agite ses menottes.* **2.** (au pluriel) LES MENOTTES : bracelets de métal réunis par une chaîne que l'on fixe aux poignets des prisonniers avec une clé. *Le policier passe les menottes au malfaiteur. Emportez une paire de menottes.*

mens [mɑ̃] *Je mens ; tu mens :* forme au présent du verbe **mentir.**

MENSONGE [mɑ̃sɔ̃ʒ] n. m. ▪ *UN MENSONGE :* chose contraire à la vérité dite dans l'intention de tromper. *Il a encore inventé un mensonge. Elle ne dit que des mensonges :* elle ment sans arrêt. *Ce qu'il nous a raconté est un* TISSU DE MENSONGES, une suite de mensonges. – *Je déteste le mensonge :* je déteste que l'on mente. ⟨contraire : vérité⟩

MENSONGER [mɑ̃sɔ̃ʒe], **MENSONGÈRE** [mɑ̃sɔ̃ʒɛʀ] adj. (après le nom) ▪ (qqch.) Qui est fait pour tromper, qui trompe. *L'un des témoins a fait un récit mensonger de ce qui s'est passé.* → **fallacieux,** ① **faux.** *C'est une déclaration mensongère.* ⟨contraires : sincère, vrai⟩

MENSTRUEL [mɑ̃stʀyɛl], **MENSTRUELLE** [mɑ̃stʀyɛl] adj. (après le nom) ▪ Qui a rapport aux règles. *La plupart des femmes ont un* CYCLE MENSTRUEL *de vingt-huit jours environ.*

REM. Ce mot fait partie du vocabulaire médical.

MENSUALISER [mɑ̃sɥalize] verbe [conjugaison 1a] **1.** Rendre mensuel (un paiement). *Le patron mensualise les salaires horaires de ses employés.* – *Les impôts peuvent être mensualisés,* on peut les payer par mois. **2.** *Mensualiser qqn,* le payer par mois. *Elle a mensualisé sa femme de ménage.*

MENSUALITÉ [mɑ̃sɥalite] n. f. ▪ *UNE MENSUALITÉ :* somme d'argent que l'on paie ou que l'on reçoit chaque mois. *Il paie ses impôts par mensualités.*

MENSUEL [mɑ̃sɥɛl] adj. et n. m., **MENSUELLE** [mɑ̃sɥɛl] adj.
I. adjectif (après le nom) **1.** Qui a lieu tous les mois. *Ils sont abonnés à plusieurs magazines mensuels,* qui paraissent tous les

mois. *Cette émission de télévision est mensuelle,* elle a lieu chaque mois. **2.** (paiement) Calculé pour un mois et payé chaque mois. *Son salaire mensuel est élevé. Ils paient leurs impôts par prélèvements mensuels* **(→ mensualité).**
II. *UN MENSUEL :* magazine, revue qui paraît tous les mois. *Ce magazine sur le jardinage est un mensuel. Ils reçoivent plusieurs mensuels.*

MENSURATIONS [mɑ̃syʀasjɔ̃] n. f. pluriel ▪ *LES MENSURATIONS :* les mesures du corps. *La couturière prend les mensurations de sa cliente.* **→ mesure.** *Cette jeune fille a des mensurations idéales.*

ment [mɑ̃] *Il ment, elle ment :* forme au présent du verbe **mentir.**

MENTAL [mɑ̃tal] adj. et n. m., **MENTALE** [mɑ̃tal] adj.
I. adjectif (après le nom) **1.** Qui se fait dans l'esprit, sans écrire. *Il est très bon en CALCUL MENTAL,* il peut calculer facilement de tête. **2.** Qui concerne les fonctions intellectuelles de l'esprit. *Son frère a une maladie mentale,* une maladie de l'esprit. **→ psychique.** ⟨contraire : physique⟩ MASCULIN PLURIEL : *les malades MENTAUX* [mɑ̃to] *sont soignés par des psychiatres* **(→ aliéné, fou).**
II. nom masculin STYLE FAMILIER *LE MENTAL :* l'état psychologique, plus ou moins optimiste, du moment. **→ moral.** *C'est un bon sportif, mais il doit s'occuper de son mental.*

MENTALEMENT [mɑ̃talmɑ̃] adverbe **1.** Intérieurement, de tête. *Il calcule la somme mentalement.* **2.** Du point de vue du fonctionnement de l'esprit. *Cet enfant est mentalement retardé* **(→ arriéré).**

MENTALITÉ [mɑ̃talite] n. f. ▪ *UNE MENTALITÉ* **1.** Façon de penser (d'un groupe de personnes, d'un peuple). *Les gens de ce pays ont une mentalité différente de la nôtre.* **2.** État d'esprit (de qqn). *Je n'aime pas beaucoup sa mentalité.* **3.** STYLE FAMILIER État d'esprit qui trouve normal les choses moralement condamnables. *Bravo, jolie mentalité !*

mente [mɑ̃t] *Que je mente ; qu'il mente, qu'elle mente :* forme au subjonctif du verbe **mentir.**

MENTEUR [mɑ̃tœʀ] n. m. et adj., **MENTEUSE** [mɑ̃tøz] n. f. et adj. **1.** *UN MENTEUR, UNE MENTEUSE :* personne qui ment, qui a l'habitude de mentir. *Il faut se méfier de ce qu'il dit, c'est un menteur. Quelle menteuse !* **2.** adjectif (après le nom) Qui ment. *Il est très menteur.* ⟨contraire : ② franc⟩ *Je n'aime pas les enfants menteurs.*

FAUX AMI
portugais **mentor**
« guide, conseiller »

REM. Ne pas confondre avec *mensonger* (qqch.).

MENTHE [mɑ̃t] n. f. ▪ *LA MENTHE* **1.** Plante qui sent très bon, dont on se sert pour parfumer certains plats, des bonbons et pour faire des tisanes et des sirops. *Nous avons bu du thé à la menthe.* **2.** Sirop de menthe. *Voulez-vous une menthe à l'eau ?*

MENTHOLÉ [mɑ̃tɔle], **MENTHOLÉE** [mɑ̃tɔle] adj. (après le nom) ▪ Aromatisé à la menthe. *Elle fume des cigarettes mentholées. Il utilise un dentifrice mentholé.*

menti [mɑ̃ti] *Il a menti, elle a menti :* forme au participe passé du verbe **mentir.**

MENTION [mɑ̃sjɔ̃] n. f. ▪ *UNE MENTION* **1.** *LA MENTION :* action de citer, de signaler. *Le journaliste FAIT MENTION DE la grève des transports. Il n'est pas fait mention de son nom dans ce livre.* **2.** Mot ou phrase qui apporte une précision. *Remplissez ce questionnaire en rayant les mentions inutiles.* **3.** Appréciation donnée par un jury, dans un examen, un concours. *Ma fille a eu son bac avec mention très bien.*

MENTIONNER [mɑ̃sjɔne] verbe [conjugaison 1a] ▪ Signaler, indiquer. *N'oubliez pas de mentionner votre nom et votre adresse.*

MENTIR [mɑ̃tiʀ] verbe [conjugaison 16b] ▪ Affirmer que qqch. est vrai tout en sachant que c'est faux. *Cet enfant ment tout le temps,* il dit des mensonges. *Il ment comme il respire,* continuellement. *Je mentirais si je disais que je n'aime pas ça. Elle A MENTI À ses parents. Il ne faut plus que tu me mentes. Il a réussi en mentant à tout le monde.*

MENTON [mɑ̃tɔ̃] n. m. ▪ *LE MENTON :* partie du visage située au-dessous de la bouche. *Son mari a le menton pointu. - Elle a un DOUBLE MENTON,* des plis de graisse sous le menton.

① **MENU** [məny], **MENUE** [məny] adj. (après le nom ou avant le nom) **1.** (après le nom) (qqn) Petit et mince. *C'est une femme très menue. Sa fille est toute menue.* **→ ② fin, frêle.** ⟨contraires : corpulent, gros⟩ **2.** (avant le nom) (qqch.) Petit. *Le boucher coupe le lard en menus morceaux.* **3.** (avant le nom) Qui n'a pas d'importance, qui n'a pas de valeur. *J'ai quelques menues dépenses à faire. Épargne-nous les menus détails !* **→ petit.**

② **MENU** [məny] n. m. ▪ *LE MENU* **1.** Ensemble des plats servis au cours du repas. *Aujourd'hui, nous avons des soles au menu.* **2.** Dans un restaurant, Liste des plats qui composent un repas à prix fixe. *Nous prendrons le menu à cent francs* **(→ carte).** **3.** Liste des opérations affichées sur l'écran d'un ordinateur et parmi lesquelles on peut choisir. *Le menu s'est affiché sur l'écran.*

MENUET [mənɥɛ] n. m. ▪ *LE MENUET :* ancienne danse des dix-septième et dix-huitième siècles, en France. *Le marquis et la marquise dansent le menuet.*

MENUISERIE [mənɥizʀi] n. f. ▪ *LA MENUISERIE :* travail du bois pour la fabrication des meubles et pour la décoration. *Il travaille dans un atelier de menuiserie. Il fait de la menuiserie d'art* **(→ ébénisterie).**

MENUISIER [mənɥizje] n. m. ▪ *UN MENUISIER :* personne dont le métier est de travailler le bois et de fabriquer des meubles, des portes, etc. *Le menuisier doit venir remplacer les fenêtres.*
REM. Le féminin *menuisière* [mənɥizjɛʀ] est rare.

SE **MÉPRENDRE** [mepʀɑ̃dʀ] verbe pronominal [conjugaison 58] ▪ STYLE RECHERCHÉ Se tromper. *Les deux frères se ressemblent À S'Y MÉPRENDRE,* au point qu'on peut les confondre. *Ne nous méprenons* [mepʀənɔ̃] *pas sur son compte. Elles se sont méprises sur moi. Il ne faut pas que tu te méprennes* [mepʀɛn] *sur lui.*

méprenons [mepʀənɔ̃] *Nous nous méprenons :* forme au présent du verbe se **méprendre.**

mépris [mepʀi], **méprise** [mepʀiz] *Il s'est mépris, elle s'est méprise :* formes au participe passé du verbe se **méprendre.**

MÉPRIS [mepʀi] n. m. ▪ *LE MÉPRIS* **1.** Fait de considérer qqch. comme indigne d'attention, de ne faire aucun cas de qqch. *Les sauveteurs ont plongé AU MÉPRIS DU DANGER,* sans tenir compte du danger. *Il a soigné sa toux par le mépris,* il ne s'en est pas occupé. **2.** Sentiment par lequel on considère que qqn est indigne d'estime. *Elle n'a que du MÉPRIS POUR cet homme,* elle le méprise. **→ dédain.** ⟨contraires : admiration, estime, respect⟩

MÉPRISABLE [mepʀizabl] adj. (après le nom) ▪ Qui ne mérite que le mépris. *Les ravisseurs d'enfants sont des êtres méprisables.* **→ abject, vil.** ⟨contraires : admirable, respectable⟩ *Il a agi d'une manière méprisable.* **→ indigne.**

méprisant [mepʀizɑ̃] *En méprisant :* forme au participe présent du verbe **mépriser.**

MÉPRISANT [mepʀizɑ̃], **MÉPRISANTE** [mepʀizɑ̃t] adj. (après le nom) ▪ Qui manifeste du mépris. *Il lui a répondu sur un ton méprisant.* → **supérieur.** *C'est une femme méprisante.* → **arrogant, dédaigneux, hautain.**

MÉPRISE [mepʀiz] n. f. ▪ STYLE RECHERCHÉ *UNE MÉPRISE :* erreur que fait qqn qui se trompe, qui se méprend. *Je l'ai confondu avec son frère, quelle méprise !* → **malentendu, quiproquo.**

MÉPRISER [mepʀize] verbe [conjugaison 1a] **1.** *Mépriser qqn,* le considérer comme indigne de son estime, se croire supérieur à lui. *Elle méprise tout le monde :* elle éprouve du mépris pour tout le monde. ⟨contraires : admirer, apprécier⟩ **2.** *Mépriser qqch.,* ne pas y prêter attention. *Le dompteur méprise le danger.*

MER [mɛʀ] n. f. ▪ *LA MER* **1.** Vaste étendue d'eau salée qui couvre une grande partie de la Terre. → **océan.** *La Bretagne est une région de France située AU BORD DE LA MER. Ils passent leurs vacances à la mer. Le bateau est EN PLEINE MER,* loin du rivage, au large. *L'air de la mer est bon pour la santé* (→ **marin ; thalassothérapie).** *Je n'aime pas monter sur un bateau, j'ai LE MAL DE MER,* j'ai envie de vomir. *Le hareng est un poisson de mer,* qui vit dans la mer (opposé à d'eau douce, de rivière). – *Ils se baignent dans la mer,* dans l'eau de mer. – *Essaie, CE N'EST PAS LA MER À BOIRE :* ce n'est pas difficile. **2.** Étendue d'eau salée, plus petite qu'un océan. *La mer Caspienne est une mer fermée. Marseille est un port de la mer Méditerranée.* **3.** Grande étendue. *La mer de Glace est un grand glacier des Alpes françaises.*

REM. Les mots *maire* « élu municipal » et *mère* « maman » se prononcent de la même façon.

MERCANTILE [mɛʀkɑ̃til] adj. (après le nom) ▪ STYLE RECHERCHÉ Qui n'est intéressé que par le commerce et l'argent (→ **marchand).** *Ce promoteur immobilier a l'esprit mercantile.*

MERCATIQUE [mɛʀkatik] n. f. ▪ *LA MERCATIQUE :* le marketing. → **marketing.**

MERCENAIRE [mɛʀsənɛʀ] n. m. ▪ *UN MERCENAIRE :* soldat professionnel qui combat dans une armée étrangère. *Cet État a fait appel à des mercenaires pour attaquer le pays voisin.*

MERCERIE [mɛʀsəʀi] n. f. ▪ *UNE MERCERIE :* magasin où l'on vend tout ce qui sert à la couture. *Il a acheté des boutons et du fil à la mercerie.* – *Le rayon mercerie de ce grand magasin est au deuxième étage.*

FAUX AMI
portugais **mercearia** « épicerie »

① **MERCI** [mɛʀsi] interjection et n. m. **1.** *MERCI !* terme de politesse que l'on utilise pour remercier. *Merci, monsieur ! Dis merci à la dame ! Merci à vous. Merci pour tout ! « Voulez-vous du thé ? – Non, merci ! »* **2.** *UN MERCI :* un remerciement. *Mille mercis pour votre gentillesse ! Tu diras un grand merci à ta mère de ma part.*

② **MERCI** [mɛʀsi] n. f.
I. 1. STYLE RECHERCHÉ *SANS MERCI :* sans pitié. *Les deux ennemis se sont livrés à un combat sans merci* (→ **impitoyable). 2.** *DIEU MERCI :* heureusement, grâce à Dieu. *Dieu merci, l'accident a été sans gravité.*
II. *À LA MERCI DE :* dans une situation où l'on dépend complètement de (qqn, qqch.). *Les vainqueurs tiennent les vaincus à leur merci. Je suis à la merci de ses décisions. On est toujours à la merci d'une erreur :* on risque toujours de faire une erreur.

MERCREDI [mɛʀkʀədi] n. m. ▪ *LE MERCREDI :* jour de la semaine entre le mardi et le jeudi. *En France, les enfants ne vont pas à l'école le mercredi. Mes enfants vont à la piscine tous les mercredis matin.*

MERCURE [mɛʀkyʀ] n. m. ▪ *LE MERCURE :* métal liquide et brillant qui augmente de volume avec la chaleur. *Il y a un thermomètre à mercure à l'extérieur de la maison.*

MERCUROCHROME [mɛʀkyʀokʀom] n. m. ▪ (nom déposé) *LE MERCUROCHROME :* liquide rouge utilisé pour désinfecter les plaies. *Mets du mercurochrome sur ta coupure.*

MERDE [mɛʀd] n. f. et interjection
I. STYLE TRÈS FAMILIER *LA MERDE* **1.** Les excréments. *J'ai marché dans la merde.* → STYLE FAMILIER **caca. 2.** Personne ou chose méprisable, sans valeur. *Son dernier film, c'est vraiment de la merde.* – *Il fait un temps DE MERDE,* très mauvais (→ STYLE FAMILIER **dégueulasse). 3.** Situation mauvaise et confuse. *Ils sont dans la merde jusqu'au cou. Quelle merde !* → STYLE FAMILIER **merdier.** *Ne viens pas foutre la merde !* → **pagaille.**
II. STYLE TRÈS FAMILIER *UNE MERDE* **1.** Un excrément → **crotte.** *J'ai glissé sur une merde de chien.* **2.** Personne ou chose déplaisante, méprisable. *Quelle merde, ce film ! Elle ne se prend pas pour une merde,* elle est prétentieuse. *Il ne m'arrive que des merdes !* → STYLE FAMILIER **emmerde, emmerdement.**
III. STYLE FAMILIER interjection **1.** *MERDE !* exclamation qui marque la colère, l'impatience, le mépris. *Elle lui a dit merde !* (« les cinq lettres »). *Tu viens, oui ou merde ?* oui ou non ? *Merde ! j'ai raté mon train !* → **flûte, zut ;** STYLE FAMILIER **crotte, mince. 2.** Exclamation qui marque l'étonnement. *Merde ! quelle belle bagnole !* → STYLE FAMILIER **putain.**

REM. *Merde !* est devenu très courant, et les autres mots sont maintenant un peu recherchés.

MERDER [mɛʀde] verbe [conjugaison 1a] ▪ STYLE FAMILIER **1.** (qqch.) Échouer. *L'affaire a merdé.* → STYLE FAMILIER **foirer. 2.** (qqn) Ne pas savoir répondre (à une question). *Elle a merdé à son examen.* → STYLE FAMILIER **sécher.**

MERDEUX [mɛʀdø] adj. et n. m., **MERDEUSE** [mɛʀdøz] adj. et n. f. **1.** adjectif (après le nom) (qqn) *SE SENTIR MERDEUX :* se sentir coupable, honteux. *Elle se sent merdeuse depuis qu'elle a menti.* **2.** *UN MERDEUX, UNE MERDEUSE :* un jeune homme, une jeune fille insupportable. *Ce n'est pas ce petit merdeux qui va m'apprendre mon métier, quand même !* → STYLE FAMILIER **morveux.**

MERDIER [mɛʀdje] n. m. ▪ STYLE FAMILIER *UN MERDIER :* grand désordre, situation mauvaise et confuse. → STYLE TRÈS FAMILIER **merde.** *Qu'est-ce que c'est que ce merdier ? On est dans un joli merdier.*

MERDIQUE [mɛʀdik] adj. (après le nom) ▪ STYLE FAMILIER (qqch.) Qui n'a pas de valeur. *Il a un boulot merdique.* → **mauvais.** *Elle a toujours des combines merdiques.* → STYLE FAMILIER **foireux.**

MÈRE [mɛʀ] n. f. ▪ *LA MÈRE DE* **1.** Femme qui a un ou plusieurs enfants. *Il y a le père, la mère et les enfants. Elle est mère de trois enfants. Je te présente ma mère.* → **maman.** *Il est venu avec son père et sa mère,* avec ses parents. *L'amour d'une mère est irremplaçable* (→ **maternel).** *Demande à ta mère. C'est une MÈRE POULE,* une femme qui protège trop ses enfants. **2.** Femelle qui a un ou plusieurs petits. *Les chatons tètent leur mère.* **3.** Titre donné à la supérieure d'un couvent. *Oui, ma mère.* **4.** STYLE FAMILIER Madame. *J'ai rencontré la mère Machin dans la rue.* **5.** Origine. *On dit que l'oisiveté est la mère de tous les vices.* – *Une MAISON MÈRE :* établissement qui a des filiales. *Notre maison mère a son siège à Londres.*

REM. Les mots *maire* « élu municipal » et *mer* « étendue d'eau salée » se prononcent de la même façon.

MERGUEZ [mɛʀgɛz] n. f. ▪ *UNE MERGUEZ :* petite saucisse faite de bœuf et de mouton, très épicée. *Nous avons mangé du couscous avec des boulettes et des merguez.*

MÉRIDIEN [meʀidjɛ̃] n. m. ▪ *UN MÉRIDIEN* : demi-cercle imaginaire qui va du pôle Nord au pôle Sud. *On calcule les longitudes à partir du méridien qui passe par Greenwich, en Grande-Bretagne.*

REM. Les cercles imaginaires qui servent à calculer les latitudes sont les *parallèles*.

MÉRIDIONAL [meʀidjɔnal] adj. et n. m., **MÉRIDIONALE** [meʀidjɔnal] adj. et n. f.
I. adjectif (après le nom) **1.** Situé au sud. → **sud.** *L'Espagne et l'Italie font partie de l'Europe méridionale.* ⟨contraire : septentrional⟩ **2.** Qui est du Midi, le sud de la France. *Les Marseillais ont l'accent méridional.* MASCULIN PLURIEL : *des plats MÉRIDIONAUX* [meʀidjɔno].
II. *UN MÉRIDIONAL, UNE MÉRIDIONALE* : une personne qui habite le sud de la France. → **Midi.** *Les habitants de la Provence sont des méridionaux. Elle a l'accent méridional.*

MERINGUE [məʀɛ̃g] n. f. ▪ *UNE MERINGUE* : gâteau très léger fait de blancs d'œufs battus en neige avec du sucre. *On fait cuire les meringues à four très doux.*

MÉRINOS [meʀinos] n. m. **1.** *UN MÉRINOS* : mouton de race espagnole, à la laine blanche très abondante et très fine. *Les mérinos ont une grosse tête.* – STYLE FAMILIER *Laisse pisser le mérinos* : laisse faire, attends. **2.** *LE MÉRINOS* : laine de mérinos. *Elle a un joli pull en mérinos.*

MERISE [məʀiz] n. f. ▪ *UNE MERISE* : petite cerise sauvage, fruit du merisier, au goût acide. *Les merises sont noires ou rouges.*

MERISIER [məʀizje] n. m. ▪ *UN MERISIER* : cerisier sauvage dont on utilise le bois pour faire des meubles. *Nous avons une armoire en merisier.*

MÉRITANT [meʀitɑ̃], **MÉRITANTE** [meʀitɑ̃t] adj. (après le nom) ▪ (qqn) Qui a du mérite, qui a fait ou qui fait qqch. de bien. *Elle a élevé seule ses quatre enfants, c'est une femme méritante.*

MÉRITE [meʀit] n. m. ▪ *LE MÉRITE* **1.** Ce qui rend (qqn) digne d'estime et de récompense. *Il a eu LE MÉRITE DE reconnaître son erreur.* (ironique) *Vous supportez ce type ? Vous avez du mérite. Elle a DU MÉRITE À rester calme. « C'est bien de ne pas fumer. – Je n'ai aucun mérite, je n'aime pas ça ».* **2.** Qualité (de qqn). *On peut vanter les mérites des pompiers. Son mérite a été récompensé.* **3.** Avantage (de qqch.). *Le mérite de cette machine est de faire le travail de plusieurs personnes en peu de temps. Ce livre n'est pas merveilleux, mais il A LE MÉRITE D'EXISTER,* il n'y en a pas d'autre.

MÉRITER [meʀite] verbe [conjugaison 1a] **1.** (qqn) Avoir le droit d'obtenir (une récompense), être exposé à subir (un inconvénient). *Elle mérite des compliments. Il mériterait une correction !* → **encourir.** *Cet étudiant MÉRITE DE réussir. Il n'a que ce qu'il mérite :* c'est bien fait pour lui. *Il méritait mieux que ça. Il MÉRITERAIT QU'on lui en fasse autant ! – Voici un repos bien mérité,* bien gagné. **2.** (qqch.) Donner lieu à, fournir l'occasion de. *Ce château MÉRITE LE DÉTOUR,* cela vaut la peine de faire un détour pour le voir. → **valoir.** *Ses efforts méritent des encouragements. Ça ne mérite pas qu'on se fasse du souci !*

MÉRITOIRE [meʀitwaʀ] adj. (après le nom) ▪ (qqch.) Digne d'éloge. *Il fait des efforts méritoires pour arriver à l'heure.* → **louable.** ⟨contraire : blâmable⟩

MERLAN [mɛʀlɑ̃] n. m. ▪ *UN MERLAN* : poisson de mer qui vit près des côtes. *Nous avons mangé des filets de merlan.* – STYLE FAMILIER *Il fait DES YEUX DE MERLAN FRIT* : il écarquille les yeux d'une manière ridicule qui lui donne l'air bête.

MERLE [mɛʀl] n. m. ▪ *UN MERLE* : oiseau au plumage noir chez le mâle, brun chez la femelle, et dont le mâle a le bec jaune. *J'entends un merle siffler.*

MÉROU [meʀu] n. m. ▪ *UN MÉROU* : gros poisson arrondi des mers chaudes, dont la chair est très bonne. *Nous avons mangé du mérou. Les pêcheurs ont rapporté des mérous.*

MERVEILLE [mɛʀvɛj] n. f. **1.** *UNE MERVEILLE* : chose qui provoque une grande admiration. *Le phare d'Alexandrie est une des SEPT MERVEILLES DU MONDE. Cette robe brodée est une vraie merveille. Quelle merveille ce paysage !* → **splendeur.** *Ce gâteau est une merveille.* → **délice.** ⟨contraire : horreur⟩ – *Ce produit FAIT MERVEILLE sur les taches,* c'est un excellent produit pour enlever les taches. **2.** STYLE RECHERCHÉ *À MERVEILLE* : très bien, parfaitement. *Les deux sœurs s'entendent à merveille. Ma mère se porte à merveille depuis son opération.*

MERVEILLEUSEMENT [mɛʀvɛjøzmɑ̃] adverbe ▪ Parfaitement. *Je vais merveilleusement bien. Cette robe te va merveilleusement.* → **admirablement.**

MERVEILLEUX [mɛʀvɛjø], **MERVEILLEUSE** [mɛʀvɛjøz] adj. (avant ou après le nom) **1.** Exceptionnel en son genre, admirable au plus haut point. *C'est une femme merveilleuse, elle a toutes les qualités ! Quel merveilleux paysage !* → **fabuleux, magnifique.** *Ils ont fait un voyage merveilleux en Italie.* → **épatant, extraordinaire.** **2.** Étonnant par son côté magique, surnaturel. *Les enfants aiment qu'on leur raconte des contes merveilleux.* → **fantastique.**

MES → **mon**

MÉSALLIANCE [mezaljɑ̃s] n. f. ▪ *UNE MÉSALLIANCE* : mariage avec une personne considérée comme inférieure. *Ses parents pensent qu'il a fait une mésalliance en épousant une fille qui n'a pas fait d'études.*

MÉSANGE [mezɑ̃ʒ] n. f. ▪ *UNE MÉSANGE* : petit oiseau au chant très mélodieux, qui se nourrit d'insectes, de graines et de fruits. *Une mésange bleue s'est posée sur le rebord de la fenêtre.*

MÉSAVENTURE [mezavɑ̃tyʀ] n. f. ▪ *UNE MÉSAVENTURE* : aventure fâcheuse, événement désagréable. *Il leur est arrivé une mésaventure. Raconte-nous tes mésaventures.* → **déboires.**

MESDAMES → **madame**

MESDEMOISELLES → **mademoiselle**

MÉSENTENTE [mezɑ̃tɑ̃t] n. f. ▪ *UNE MÉSENTENTE* : mauvaise entente entre des personnes. *Leur mésentente ne durera pas longtemps.* → **brouille, désaccord.** ⟨contraire : entente⟩

MÉSESTIMER [mezɛstime] verbe [conjugaison 1a] ▪ STYLE RECHERCHÉ Ne pas apprécier à sa juste valeur. *Il ne faut pas mésestimer les difficultés.* → **méconnaître, sous-estimer.** ⟨contraire : surestimer⟩

MESQUIN [mɛskɛ̃], **MESQUINE** [mɛskin] adj. (après le nom) **1.** (qqn) Qui manque de générosité, qui a l'esprit étroit et s'attache aux petits détails sans importance. *C'est une femme mesquine qui ne fait jamais de cadeaux.* ⟨contraires : généreux, large⟩ **2.** (qqch.) Qui témoigne d'avarice, de manque de générosité. *Il a laissé un pourboire mesquin. C'est vraiment mesquin !*

MESQUINERIE [mɛskinʀi] n. f. **1.** *LA MESQUINERIE* : caractère d'une personne mesquine. *La mesquinerie de cette femme est révoltante.* **2.** *UNE MESQUINERIE* : une action mesquine. *Il est incapable d'une telle mesquinerie !*

MESSAGE [mesaʒ] n. m. ▪ *UN MESSAGE* : information transmise à qqn. *La directrice a trouvé un message de sa secrétaire sur son bureau,* un petit mot. *Je lui ai laissé un message sur son répondeur.*

MESSAGER [mesaʒe] n. m., **MESSAGÈRE** [mesaʒɛʀ] n. f. ▪ *UN MESSAGER, UNE MESSAGÈRE :* personne qui apporte un message. *Un messager a transmis sa lettre.*

MESSAGERIE [mesaʒʀi] n. f. **1.** (au pluriel) LES MESSAGERIES : organisme qui transporte des marchandises. *Ces colis ont été transportés par des messageries maritimes.* **2.** *LA MESSAGERIE ÉLECTRONIQUE :* la technique qui permet de transmettre et de recevoir des messages par ordinateur. *Ils correspondent grâce à la messagerie électronique.*

MESSE [mɛs] n. f. ▪ *LA MESSE :* principale cérémonie de la religion catholique, qui rappelle le sacrifice. *Ses parents vont à la messe tous les dimanches. La messe de mariage a été célébrée par le père X.*

FAUX AMIS
allemand **Messe** « foire » ; anglais **mess** « désordre »

MESSIE [mesi] n. m. **1.** *LE MESSIE :* l'envoyé de Dieu. *Pour les chrétiens, Jésus-Christ est le Messie.* **2.** *ATTENDRE qqn COMME LE MESSIE,* l'attendre avec impatience. *Ah vous voilà enfin ! On vous attendait comme le messie !*

MESURE [məzyʀ] n. f.
I. *LA MESURE* **1.** Grandeur. → **dimension.** *Le peintre PREND LES MESURES des murs,* il en détermine les dimensions. *Le tailleur prend les mesures de son client.* → **mensurations.** - *SUR MESURE :* mesuré afin de convenir. *Elle s'est fait faire une robe sur mesure,* une robe faite spécialement pour elle. - *Ce comédien interprète un rôle sur mesure,* bien adapté à sa personnalité. → **taille.** **2.** Action de mesurer. *Les UNITÉS DE MESURE :* les unités qui servent à calculer des grandeurs. *Le gramme est l'unité de mesure du poids, le mètre l'unité de mesure des longueurs. Le thermomètre est un INSTRUMENT DE MESURE des températures,* un instrument qui sert à mesurer les températures. - (en phrase négative) *COMMUNE MESURE :* ressemblance. *Il n'y a aucune commune mesure entre ces deux écrivains,* ils n'ont pas la même valeur. **3.** Division d'une partition musicale. *Le métronome indique la mesure. Le chef d'orchestre BAT LA MESURE,* il marque le rythme de la musique. *Les danseurs dansent EN MESURE,* en cadence, en suivant bien la musique. **4.** Quantité normale. *Tu DÉPASSES LA MESURE :* tu exagères. *Elle n'a pas le sens de la mesure :* elle ne sait pas se modérer. ⟨contraire : démesure⟩ **5.** Proportion. *Je serai là de bonne heure DANS LA MESURE DU POSSIBLE,* si c'est possible, si je le peux. *Il a raison DANS UNE CERTAINE MESURE,* jusqu'à un certain point. *On ne peut rien lui reprocher DANS LA MESURE OÙ il a fait ce qu'il a pu,* puisqu'il a fait tout ce qu'il a pu. *Elle n'est pas fière OUTRE MESURE de ses enfants* (→ **exagérément).**
II. *UNE MESURE :* moyen d'agir. → **action, décision, décret, moyen.** *Le gouvernement PREND DES MESURES pour faire diminuer le chômage. Le préfet a pris des mesures d'urgence. Les sous-vêtements ne sont pas échangés PAR MESURE D'hygiène :* pour préserver l'hygiène. - *ÊTRE EN MESURE DE faire qqch.,* pouvoir le faire. *Je ne suis pas en mesure de vous aider,* je n'en suis pas capable, je n'en ai pas la possibilité.

FAUX AMI
grec **μεςούρα** « mètre métallique à ruban »

▮ REM. Voir aussi *au FUR ET À MESURE.*

MESURÉ [məzyʀe], **MESURÉE** [məzyʀe] adj. (après le nom) ▪ (qqn) Qui agit avec modération. *C'est un homme calme et mesuré.* → **pondéré, posé.** *Soyez mesuré dans vos jugements !*

MESURER [məzyʀe] verbe [conjugaison 1a] **1.** Prendre les mesures, les dimensions de (qqch., qqn). *Le peintre mesure les murs de la chambre. Demain, l'infirmière mesurera* [məzyʀʀa] *les enfants,* elle regardera leur taille (→ **mensurations).** **2.** Avoir pour taille. *Mon mari mesure un mètre quatre-vingts. Cette planche mesure deux mètres de long.* → **faire.** **3.** Évaluer approximativement. *Il n'a pas mesuré la portée de son acte,* il ne s'est pas rendu compte de son importance. **4.** Employer avec modération. *Depuis son accident, il mesure ses efforts.* **5.** verbe pronominal SE MESURER À : (qqn) se comparer à (qqn) par un combat. *Elle s'est mesurée à son adversaire,* elle s'est battue avec lui.

MÉTAIRIE [meteʀi] n. f. ▪ *UNE MÉTAIRIE :* domaine agricole exploité par un locataire (→ **métayer)** qui partage la récolte avec le propriétaire. *Ils exploitent une métairie.*

MÉTAL [metal] n. m. ▪ *LE MÉTAL* **1.** Matière, le plus souvent dure et brillante, que l'on extrait des minerais. *Le fer est un métal.* PLURIEL : *l'or et l'argent sont des MÉTAUX* [meto] *précieux.* **2.** Produit métallique qui est soit un métal soit un alliage. *Il a des lunettes avec une monture en métal.*

MÉTALLIQUE [metalik] adj. (après le nom) **1.** En métal. *Les dossiers sont rangés dans l'armoire métallique.* **2.** Qui fait le bruit du métal que l'on cogne. *Un bruit métallique. Il a une voix métallique.*

MÉTALLISÉ [metalize], **MÉTALLISÉE** [metalize] adj. (après le nom) ▪ (peinture) Qui a l'éclat du métal. *Elle a une voiture vert métallisé.*

MÉTALLURGIE [metalyʀʒi] n. f. ▪ *LA MÉTALLURGIE :* ensemble des industries et des techniques qui permettent de fabriquer des objets en métal. *Il travaille dans la métallurgie. La métallurgie du fer* (→ **sidérurgie).**

MÉTALLURGIQUE [metalyʀʒik] adj. (après le nom) ▪ Relatif à la métallurgie. *Il est ouvrier dans une usine métallurgique,* une usine où l'on travaille le métal.

MÉTALLURGISTE [metalyʀʒist] n. m. ▪ *UN MÉTALLURGISTE :* ouvrier qui travaille dans la métallurgie. *Les métallurgistes de cette usine automobile sont en grève.*

MÉTAMORPHOSE [metamɔʀfoz] n. f. ▪ *UNE MÉTAMORPHOSE* **1.** Transformation subie par le corps de certains animaux. *La grenouille est le résultat de la métamorphose du têtard.* **2.** Changement complet de qqn, qqch. *On la reconnaît à peine avec cette nouvelle coiffure, c'est une véritable métamorphose !*

MÉTAMORPHOSER [metamɔʀfoze] verbe [conjugaison 1a] **1.** Transformer complètement. *La fée a métamorphosé le carrosse en citrouille.* → **changer.** *L'amour l'a métamorphosé.* **2.** verbe pronominal SE MÉTAMORPHOSER : changer de forme. *La chenille S'EST MÉTAMORPHOSÉE EN papillon.* → se **transformer.** *Il est complètement métamorphosé !* on ne le reconnaît pas (au physique ou au moral).

MÉTAPHORE [metafɔʀ] n. f. ▪ *UNE MÉTAPHORE :* procédé de langage qui consiste à employer un mot concret pour exprimer une idée abstraite. → **comparaison.** *« Une source de chagrin » est une métaphore.* → **image.**

MÉTAPHORIQUE [metafɔʀik] adj. (après le nom) ▪ (sens, style) Qui est une métaphore, qui utilise des métaphores. *Dans l'expression « la racine du mal », « racine » est pris dans un sens métaphorique.* → **imagé.**

MÉTAPHYSIQUE [metafizik] n. f. et adj. **1.** *LA MÉTAPHYSIQUE :* recherche philosophique de la connaissance de l'être, des causes de l'univers. *La métaphysique étudie la nature de la matière et de l'esprit.* **2.** adjectif (après le nom) Relatif à la métaphysique. *Il a des angoisses métaphysiques.*

MÉTAYER [meteje] n. m. ▪ *UN MÉTAYER :* personne qui exploite un domaine (→ **métairie**) en partageant la récolte avec le propriétaire. *Il vient d'engager de nouveaux métayers.*

REM. Le féminin *métayère* [metejɛʀ] est rare.

MÉTÉO [meteo] n. f. et adj. invariable **1.** *LA MÉTÉO :* la météorologie. *J'écoute les prévisions de la météo à la radio tous les matins.* **2.** adjectif invariable (après le nom) Météorologique. *Il écoute le bulletin météo à la radio.* PLURIEL : *les conditions météo sont mauvaises.*

REM. *Météo* est l'abréviation de *météorologie* et de *météorologique.*

MÉTÉORE [meteɔʀ] n. m. ▪ *UN MÉTÉORE :* phénomène lumineux qui apparaît dans le ciel quand un corps venu de l'espace traverse l'atmosphère. *En été, la nuit, on peut voir des météores,* des étoiles filantes. - *Il est passé COMME UN MÉTÉORE,* très vite.

MÉTÉORITE [meteɔʀit] n. m. ou n. f. ▪ *UN MÉTÉORITE* ou *UNE MÉTÉORITE :* morceau d'un corps tombé de l'espace sur la Terre ou sur un autre astre. *Les météorites creusent un cratère dans le sol en tombant.*

MÉTÉOROLOGIE [meteɔʀɔlɔʒi] n. f. ▪ *LA MÉTÉOROLOGIE :* science qui étudie ce qui se passe dans l'atmosphère. *La météorologie permet de prévoir le temps qu'il va faire.* → **météo.**

MÉTÉOROLOGIQUE [meteɔʀɔlɔʒik] adj. (après le nom) ▪ Qui concerne le temps qu'il fait, qu'il va faire. *Quelles sont les prévisions météorologiques ?* → **météo.**

MÉTHODE [metɔd] n. f.
I. *LA MÉTHODE :* ordre logique que l'on suit pour faire qqch. *Le médecin examine le malade avec méthode. Elle a de la méthode.* → **méthodique.** *Il range ses affaires avec ordre et méthode.*
II. *UNE MÉTHODE* **1.** Ensemble des moyens que l'on utilise pour arriver à un but. → **moyen.** *Pouvez-vous m'indiquer la méthode pour résoudre ce problème ?* → **procédé.** *Il existe plusieurs méthodes.* - STYLE FAMILIER *Il a trouvé la bonne méthode pour devenir riche.* → **recette.** *En voilà des méthodes !* → **façon. 2.** Livre qui contient les règles élémentaires à suivre pour apprendre à faire qqch. *Son professeur de guitare lui a conseillé d'acheter cette méthode de guitare.*

MÉTHODIQUE [metɔdik] adj. (après le nom) **1.** (qqch.) Fait selon une méthode. *Il procède à un classement méthodique de ses fiches.* → **rationnel. 2.** (qqn) Qui agit avec méthode. *C'est un chercheur méthodique. - Il a un esprit méthodique.*

MÉTHODIQUEMENT [metɔdikmɑ̃] adverbe ▪ Avec méthode. *Elle classe ses dossiers méthodiquement.*

MÉTICULEUX [metikylø], **MÉTICULEUSE** [metikyløz] adj. (après le nom) ▪ Qui fait très attention à tous les détails. *Il est très méticuleux dans son travail.* → **minutieux, soigneux.** *C'est un enfant méticuleux.*

MÉTIER [metje] n. m. **1.** *UN MÉTIER :* travail que l'on fait et pour lequel on gagne de l'argent. *Quel métier exercez-vous ?* → **profession.** *Elle est pianiste DE SON MÉTIER.* → **état.** *Il a fait tous les métiers.* **2.** *AVOIR DU MÉTIER :* connaître son métier. → **savoir-faire.** *Elle a du métier, on peut lui faire confiance.* **3.** *UN MÉTIER À TISSER :* machine qui sert à fabriquer du tissu. *Il a fait un tapis avec son métier à tisser.*

MÉTIS [metis] adj. et n. m., **MÉTISSE** [metis] adj. et n. f. **1.** adjectif (après le nom) (qqn) Qui est né d'un père et d'une mère de races différentes. *Ils ont un enfant métis.* **2.** *UN MÉTIS, UNE MÉTISSE :* une personne dont les parents sont de races différentes. *Il a épousé une métisse. C'est un métis né d'un Noir et d'une Blanche* (→ **mulâtre**), *un métis né d'un Asiatique et d'une Européenne* (→ **eurasien**).

MÉTISSÉ [metise], **MÉTISSÉE** [metise] adj. (après le nom) ▪ (animaux) Qui est né d'un mâle et d'une femelle de races différentes. *C'est un chien métissé.* → **bâtard.**

MÉTRAGE [metʀaʒ] n. m. **1.** *LE MÉTRAGE :* longueur de tissu vendu au mètre. *Il faut un petit métrage pour faire une jupe droite.* **2.** *UN MÉTRAGE :* longueur de la pellicule d'un film. *Ce cinéaste vient de tourner un COURT MÉTRAGE,* un film qui dure moins d'une demi-heure. *Cette comédienne a joué dans plusieurs LONGS MÉTRAGES,* dans des films qui durent plus d'une heure.

MÈTRE [mɛtʀ] n. m. ▪ *UN MÈTRE* **1.** Unité de mesure de longueur, qui représente la longueur parcourue dans le vide par la lumière en une fraction de seconde (abréviation : *m* [mɛtʀ]). *Son mari mesure un mètre quatre-vingts (1,80 m). Le salon fait quatre mètres de long. - Nous avons un jardin de deux cents mètres carrés.* → **carré.** *Ce camion a un volume utile de vingt mètres cubes.* → **cube. 2.** Règle ou ruban gradué qui mesure au moins un mètre et qui sert à mesurer. *La couturière prend son mètre pour prendre les mesures de sa cliente.* → **centimètre.**

REM. *Maître* «chef» et *mettre* «placer» se prononcent de la même façon.

MÉTRIQUE [metʀik] adj. (après le nom) ▪ *Le SYSTÈME MÉTRIQUE :* le système décimal qui a le mètre pour base. *Le système métrique a d'abord été institué en France, en 1795.*

MÉTRO [metʀo] n. m. ▪ *LE MÉTRO :* chemin de fer électrique, souvent souterrain, qui sert à se déplacer dans les villes. *Elle PREND LE MÉTRO pour aller à son bureau. Il est venu en métro. Quelle est la STATION DE MÉTRO la plus proche de chez vous ? J'ai acheté un carnet de TICKETS DE MÉTRO.*

REM. **1.** *Métro* est la forme abrégée courante de *métropolitain,* mot qui ne s'emploie que dans le langage administratif. **2.** *Métro, boulot, dodo :* slogan qui résume la vie d'un travailleur parisien.

MÉTRONOME [metʀɔnɔm] n. m. ▪ *UN MÉTRONOME :* instrument qui marque la mesure d'un morceau de musique. *Le pianiste suit le rythme du métronome.*

MÉTROPOLE [metʀɔpɔl] n. f. **1.** *UNE MÉTROPOLE :* ville principale. *Lyon et Toulouse sont des métropoles régionales françaises.* → **capitale.** *Bruxelles et Rome sont des métropoles européennes.* **2.** *LA MÉTROPOLE :* partie d'un État considérée par rapport à ses territoires éloignés. *Il n'est pas né en métropole, il est né en Guadeloupe qui est un département français d'outre-mer.*

MÉTROPOLITAIN [metʀɔpɔlitɛ̃], **MÉTROPOLITAINE** [metʀɔpɔlitɛn] adj. (après le nom) ▪ Qui appartient à la partie d'un État où se trouve la capitale. *Lille et Marseille sont des villes de la France métropolitaine.* → **hexagone.** ⟨contraire : d'outremer⟩

mets [mɛ] *Je mets, tu mets :* forme au présent du verbe **mettre.**

METS [mɛ] n. m. ▪ STYLE RECHERCHÉ *UN METS :* aliment préparé pour un repas. *Nous avons mangé des mets délicieux.* → **plat.** *Quel est votre mets préféré ?*

REM. *Mets* se prononce comme *mais* et *mai.*

METTABLE [metabl] adj. (après le nom) ▪ (vêtement) Que l'on peut mettre, porter sans être ridicule ni mal à l'aise. *Cette robe est encore très mettable.* ⟨contraire : immettable⟩

mette [mɛt] *Que je mette ; qu'il mette, qu'elle mette :* forme au subjonctif du verbe **mettre.**

METTEUR [metœʀ] n. m. ▪ *UN METTEUR EN SCÈNE :* une personne qui dirige la représentation sur scène d'une pièce de théâtre, ou la réalisation d'un film **(→ réalisateur).** *Plusieurs metteurs en scène ont déjà monté cette pièce.*

REM. Le féminin *metteuse en scène* est rare. On dit plutôt pour une femme : *elle est metteur en scène.*

METTRE [mɛtʀ] verbe [conjugaison 56]
I. 1. Faire passer (qqch.) dans un lieu, à une autre place. → **placer.** *Je METS mon sac SUR la chaise.* → **poser.** *Mettez vos affaires où vous voulez. Mets-le là. Je ne sais plus où j'ai mis mes lunettes, je ne sais plus où je les ai mises.* → STYLE FAMILIER **coller,** ① **fiche, fourrer ;** STYLE TRÈS FAMILIER **foutre.** *Il METTRA ma lettre À la poste tout à l'heure. Il a mis la voiture au garage.* → **ranger.** *Mets ces vieux papiers à la poubelle,* jette-les. *Le cuisinier met le rôti au four. Mon grand-père METTAIT deux sucres DANS son café.* → **ajouter.** - *Il faut METTRE le linge À sécher.* **2.** Placer (un être vivant) à un endroit. *Je mets le bébé dans son lit,* je le couche. *Les policiers ONT MIS le voleur EN prison,* ils l'ont emprisonné. **3.** Placer (un vêtement, un ornement) sur qqn, sur soi. *Il faut que tu mettes un manteau si tu sors. Elle a mis une robe longue. Je mets ma veste et j'arrive.* → **enfiler.** *Je n'ai plus rien à me mettre :* je n'ai plus de vêtements mettables. **4.** Disposer. *Vous ferez attention de ne rien casser en METTANT LE COUVERT,* en installant sur la table tout ce qu'il faut pour le repas. ⟨contraire : débarrasser⟩ **5.** Faire passer dans une autre position, dans un autre état. *Mettons cette planche debout. Mettez cette phrase au futur. Mets le verrou.* → **pousser.** *Ne mets pas les coudes sur la table !* **6.** Faire fonctionner. *C'est à ce moment qu'ils mirent la radio pour écouter les informations.* **7.** Employer. *Ils ont mis deux heures pour venir,* il leur a fallu deux heures. *J'ai mis beaucoup d'argent dans cette affaire.* → **dépenser, investir. 8.** Apporter (une qualité morale, un sentiment). *Elle a mis de la mauvaise volonté. Il faut Y METTRE DU SIEN,* faire des efforts pour que tout se passe bien. **9.** (animaux) *METTRE BAS :* accoucher. *La vache a mis bas.*
II. verbe pronominal SE METTRE **1.** S'installer. *Elle s'est mise au lit de bonne heure,* elle s'est couchée. *Mets-toi à côté de moi. Ma mère s'est mise à la fenêtre. Le musicien se mettra au piano.* - *Je ne savais plus où me mettre :* j'étais très gêné, très embarrassé. **2.** Prendre une position. *Ils se sont mis à genoux pour prier. Mettez-vous à plat ventre.* **3.** Devenir. *Il SE MET EN colère. Le temps s'est mis au beau. Elle S'EST MISE D'ACCORD AVEC lui. Ils se sont mis d'accord.* **4.** S'habiller. *Elle s'est mise en robe :* elle a mis une robe. - *Elle s'est mis du parfum.* **5.** Commencer. *Elle S'EST MISE À faire ses devoirs en rentrant de l'école.* → STYLE FAMILIER se **coller.** *Il faut que tu T'Y METTES,* que tu commences à le faire. *Ma tante se met au régime,* elle commence à faire un régime. - *Ils se sont mis en route à quatre heures,* ils sont partis. - *Il s'est mis à pleuvoir en fin de journée,* il a commencé à pleuvoir.

METZ [mɛs] nom propre ▪ Ville de l'est de la France. *Ils habitent à Metz.*

① **MEUBLE** [mœbl] adj. (après le nom) ▪ (terre) Qui se laboure facilement. *On peut cultiver ce sol meuble.*

② **MEUBLE** [mœbl] n. m. ▪ *UN MEUBLE :* objet que l'on peut bouger et qui sert à l'aménagement et à la décoration d'un lieu. *Les sièges, les tables, les armoires sont des meubles. Ils ont des meubles anciens dans leur salon. Ces meubles de bureau sont très pratiques.*

MEUBLÉ [mœble] adj. et n. m., **MEUBLÉE** [mœble] adj. **1.** adjectif (après le nom) Qui est loué avec des meubles. *Il loue une chambre meublée.* **2.** *UN MEUBLÉ :* appartement qui est loué avec des meubles. *Il habite dans un meublé.*

MEUBLER [mœble] verbe [conjugaison 1a] **1.** Garnir de meubles. *Ils ont meublé leur appartement avec goût.* **2.** Remplir. *Elle meuble sa solitude en allant au cinéma.* → **occuper. 3.** verbe pronominal SE MEUBLER : acquérir des meubles. *Ils se sont meublés avec les meubles qu'ils ont hérités de leurs parents.*

MEUF [mœf] n. f. ▪ STYLE FAMILIER *UNE MEUF :* une femme. *Il est venu avec sa meuf.* → STYLE FAMILIER **nana.** *Regarde les meufs dans le bus !*

REM. Ce mot est du verlan **(→ verlan).**

MEUGLEMENT [møgləmɑ̃] n. m. ▪ *LE MEUGLEMENT :* le cri des bovins. *On entend des meuglements qui viennent de l'étable.* → **beuglement, mugissement.**

REM. L'onomatopée qui représente le meuglement est *meuh !*

MEUGLER [møgle] verbe [conjugaison 1a] ▪ (bovins) Pousser son cri. *Les vaches meuglent.* → **beugler, mugir.**

① **MEULE** [møl] n. f. ▪ *UNE MEULE :* gros tas de foin, de paille. *Les rouleaux de paille ont remplacé les meules, en France.*

② **MEULE** [møl] n. f. ▪ *UNE MEULE* **1.** Très grosse pierre dure qui sert à moudre. *Dans le moulin, la meule moud le grain.* **2.** Roue en pierre qui sert à affûter les lames. *Il aiguise les lames des couteaux sur sa meule.* **3.** Grand fromage en forme de disque très épais. *Une meule de gruyère.* **4.** STYLE FAMILIER Cyclomoteur. *Mon copain a une nouvelle meule.*

MEULIÈRE [møljɛʀ] adj. f. invariable ▪ *LA PIERRE MEULIÈRE :* pierre rugueuse employée pour la construction. *Ils habitent un pavillon en pierre meulière, en banlieue.*

MEUNIÈRE [mønjɛʀ] adj. invariable ▪ (poisson) *MEUNIÈRE :* passé dans la farine et frit. *Nous avons mangé des soles meunière.*

meure [mœʀ] *Que je meure ; qu'il meure, qu'elle meure :* forme au subjonctif du verbe **mourir.**

meurs [mœʀ] *Je meurs, tu meurs :* forme au présent du verbe **mourir.**

MEURTRE [mœʀtʀ] n. m. ▪ *UN MEURTRE :* action de tuer volontairement qqn. *Elle a commis un meurtre.* → **crime, homicide.** *Il a été condamné pour le meurtre de sa femme,* pour avoir tué sa femme. → **assassinat.**

MEURTRI [mœʀtʀi], **MEURTRIE** [mœʀtʀi] adj. (après le nom) ▪ Où il y a des traces de coups, où il y a des blessures. *Elle est tombée, elle a les genoux tout meurtris.* - *Il a le cœur meurtri par un chagrin d'amour.*

MEURTRIER [mœʀtʀije] n. m. et adj., **MEURTRIÈRE** [mœʀtʀijɛʀ] n. f. et adj. **1.** *UN MEURTRIER, UNE MEURTRIÈRE :* une personne qui a commis un meurtre. → **criminel.** *La police recherche le meurtrier.* → **assassin. 2.** adjectif (après le nom) (qqch.) Qui entraîne la mort de nombreuses personnes. *Un accident meurtrier s'est produit sur l'autoroute.* → **mortel.** *Attention, ce carrefour est meurtrier,* de nombreuses personnes y trouvent la mort. → **dangereux.**

MEURTRIÈRE [mœʀtʀijɛʀ] n. f. ▪ *UNE MEURTRIÈRE :* fente verticale dans le mur d'un château fort ou d'un rempart, qui permet de jeter des projectiles ou de tirer sur l'ennemi. *Les meurtrières de ce château fort sont encore en bon état.*

MEURTRISSURE [mœʀtʀisyʀ] n. f. ▪ *UNE MEURTRISSURE :* trace de coup sur la peau. *Ses jambes sont couvertes de meurtrissures.* → **blessure, contusion.**

meus [mø] *Je meus, tu meus :* forme au présent du verbe **mouvoir.**

meut [mø] *Il meut, elle meut :* forme au présent du verbe **mouvoir.**

MEUTE [møt] n. f. ▪ *UNE MEUTE* **1.** Troupe de chiens dressés pour la chasse à courre. *Le cerf est poursuivi par une meute hurlante.* **2.** Grand nombre de personnes qui poursuivent qqn. *La voiture de la star a démarré, suivie par une meute de journalistes.*

MÉVENTE [mevɑ̃t] n. f. ▪ *LA MÉVENTE* : baisse des ventes. *Ce commerçant traverse une période de mévente.*

MEXICAIN [mɛksikɛ̃] adj. et n. m., **MEXICAINE** [mɛksikɛn] adj. et n. f. **1.** adjectif (après le nom) Du Mexique. *Le Popocatépetl est le plus grand volcan mexicain.* **2.** *UN MEXICAIN, UNE MEXICAINE* : un habitant, une habitante du Mexique. *Les Mexicains.*

MEXIQUE [mɛksik] nom propre masculin – en espagnol **MEXICO** ▪ *LE MEXIQUE* : pays d'Amérique latine, dont la capitale est Mexico. *Nous avons passé nos vacances au Mexique.*

MI [mi] n. m. invariable ▪ *UN MI* : note de musique, la troisième de la gamme. *Ce morceau commence par un mi.* PLURIEL : *des mi bémol.*

MI- [mi] ▪ Préfixe qui signifie « moitié de, à moitié » et qui s'emploie librement. *Le chat a les yeux mi-clos,* à moitié fermés. *Nous nous reverrons à la mi-avril* [miavʀil], vers le 15 avril.

REM. Voir à l'ordre alphabétique **mi-carême,** à **mi-chemin,** à **mi-corps,** à **mi-cuisse, mi-figue mi-raisin,** à **mi-jambe, mi-lourd, mi-temps,** à **mi-voix.**

MIAM-MIAM [mjammjam] interjection et n. m. invariable ▪ STYLE FAMILIER **1.** *MIAM-MIAM !* exclamation qui exprime le plaisir de manger. *Miam-miam ! ça l'air bon !* **2.** (langage des enfants) *UN MIAM-MIAM* : chose à manger. *Voilà du bon miam-miam.* PLURIEL : *des miam-miam.*

MIAOU [mjau] interjection et n. m. **1.** *MIAOU !* onomatopée qui imite le cri du chat. *Le chat fait miaou !* **2.** STYLE FAMILIER *UN MIAOU* : un miaulement. *J'ai entendu un miaou derrière la porte. Il m'agace, ce chat, avec ses miaous !*

MIAULEMENT [mjolmɑ̃] n. m. ▪ *LE MIAULEMENT* : cri du chat. *J'ai été réveillé par des miaulements.* → STYLE FAMILIER **miaou.**

MIAULER [mjole] verbe [conjugaison 1a] ▪ (chat) Pousser son cri. *Le chat miaule.*

MICA [mika] n. m. ▪ *LE MICA* : roche composée de feuilles brillantes et transparentes. *Le granit contient des parcelles de mica.*

MI-CARÊME [mikaʀɛm] n. f. ▪ *LA MI-CARÊME* : jeudi de la troisième semaine du carême. *Les enfants se déguisent à la mi-carême.*

MICHE [miʃ] n. f. ▪ *UNE MICHE* : gros pain de campagne rond. *J'ai acheté une miche chez le boulanger.*

MICHEL-ANGE [mikɛlɑ̃ʒ] nom propre – en italien **MICHELANGELO BUONARROTI** ▪ Sculpteur, peintre, architecte, ingénieur et poète italien (1475-1564). *Michel-Ange a peint le plafond de la chapelle Sixtine, à Rome.*

À **MI-CHEMIN** [amiʃmɛ̃] adverbe ▪ Au milieu du chemin, du trajet. *Nous nous retrouverons à mi-chemin.*

MICMAC [mikmak] n. m. ▪ STYLE FAMILIER *UN MICMAC* : suite de manœuvres compliquées et suspectes. *Qu'est-ce que c'est que ce micmac ?* → **manigance.** *Je ne veux pas être mêlé à ces micmacs.*

À **MI-CORPS** [amikɔʀ] adverbe ▪ Au milieu du corps, jusqu'au niveau de la taille. *Il est entré dans l'eau jusqu'à mi-corps.*

① **MICRO** [mikʀo] n. m. ▪ *UN MICRO* : appareil qui permet d'amplifier les sons, de les transmettre ou de les enregistrer. *Parlez bien devant le micro.*

REM. Ce mot est l'abréviation de *microphone* [mikʀɔfɔn] qui n'est plus utilisé.

② **MICRO** n. m. Forme abrégée familière de **micro-ordinateur.**

MICROBE [mikʀɔb] n. m. ▪ *UN MICROBE* : être vivant tout petit que l'on ne peut voir qu'au microscope (→ **micro-organisme**) et qui provoque des maladies. → **bactérie, germe, virus.** *Je suis enrhumé, je ne t'embrasse pas pour ne pas te passer mes microbes.*

MICROBIEN [mikʀɔbjɛ̃], **MICROBIENNE** [mikʀɔbjɛn] adj. (après le nom) ▪ (maladie) Provoqué par un microbe. *Il a une maladie microbienne.* → **viral.**

MICROCLIMAT [mikʀoklima] n. m. ▪ *UN MICROCLIMAT* : climat particulier à une petite zone, différent du climat général de la région. *Nous avons la chance de jouir d'un microclimat ici.*

MICROFICHE [mikʀofiʃ] n. f. ▪ *UNE MICROFICHE* : photographie en très petit format. *Les microfiches sont faciles à archiver.*

MICROFILM [mikʀofilm] n. m. ▪ *UN MICROFILM* : film qui reproduit un document en très petit format. *Les espions ont photographié les plans de la fusée sur microfilm.*

MICRO-ONDE [mikʀoɔ̃d] n. f. ▪ *UNE MICRO-ONDE* : onde de très petite longueur. PLURIEL : *des MICRO-ONDES. Il fait réchauffer ses pâtes dans le FOUR À MICRO-ONDES,* dans un four à cuisson très rapide qui utilise des micro-ondes.

REM. On peut dire *un four à micro-ondes* ou employer le nom masculin *un micro-ondes* [mikʀoɔ̃d].

MICRO-ORDINATEUR [mikʀoɔʀdinatœʀ] n. m. ▪ *UN MICRO-ORDINATEUR* : petit ordinateur. *Il travaille sur un micro-ordinateur.* PLURIEL : *des MICRO-ORDINATEURS.* – *MICRO* [mikʀo] forme abrégée familière *Nous avons des micros portables.*

MICROSCOPE [mikʀɔskɔp] n. m. ▪ *UN MICROSCOPE* : instrument d'optique qui grossit les objets et permet de voir ce qui est invisible à l'œil nu (→ **loupe**). *Ce microscope grossit mille fois. Un microscope électronique peut grossir un million de fois. Le chimiste observe une molécule AU MICROSCOPE.*

MICROSCOPIQUE [mikʀɔskɔpik] adj. (après le nom) **1.** Que l'on ne peut voir qu'au microscope. *Les microbes sont des organismes microscopiques.* **2.** Très petit. *Ils ont un appartement microscopique.* → **minuscule.**

MICRO-TROTTOIR [mikʀotʀɔtwaʀ] n. m. ▪ *UN MICRO-TROTTOIR* : enquête faite dans la rue, en interrogeant les passants. *Il a répondu à un micro-trottoir.* PLURIEL : *ce journaliste fait souvent des MICROS-TROTTOIRS.*

MICTION [miksjɔ̃] n. f. ▪ *LA MICTION* : action d'uriner. *Le malade a des mictions douloureuses.*

REM. Ce mot appartient au langage de la médecine.

À **MI-CUISSE** [amikɥis] adverbe ▪ Au milieu des cuisses. *Elle a une jupe qui lui arrive à mi-cuisse.*

MIDI [midi] n. m.

I. *MIDI* : milieu du jour, entre le matin et l'après-midi, la douzième heure de la journée. *Il est midi,* douze heures. ⟨contraire : minuit⟩ *Ils déjeunent à midi et demi,* à douze heures trente. *Il est midi moins le quart,* onze heures quarante-cinq. *La fin du cours est à midi dix,* à douze heures et dix minutes. *Je passerai vous voir ENTRE MIDI ET DEUX HEURES,* à l'heure du déjeuner. –

Il ne faut pas CHERCHER MIDI À QUATORZE HEURES, chercher des difficultés là où il n'y en a pas, compliquer les choses.
II. 1. *LE MIDI :* région qui est au sud d'un pays. *Il est originaire du midi de l'Espagne.* ⟨contraire : nord⟩ **2.** *LE MIDI :* la région du sud de la France. *Il a l'accent du Midi* (→ **méridional**).

REM. *Douze heures* ne se dit pas dans la conversation courante, on dit presque toujours *midi.*

MIE [mi] n. f. ▪ *LA MIE :* partie molle à l'intérieur du pain. *Elle mange la mie et laisse la croûte. Il fait griller une tranche de* PAIN DE MIE, une tranche d'un pain à mie dense et abondante et à la croûte peu épaisse.

MIEL [mjɛl] n. m. ▪ *LE MIEL :* produit sucré que les abeilles fabriquent à partir des fleurs. *Les apiculteurs élèvent des abeilles pour avoir du miel. J'aime beaucoup les bonbons au miel.*

MIELLEUX [mjelø], **MIELLEUSE** [mjeløz] adj. (après le nom) ▪ Doux et hypocrite. *Il lui a parlé sur un ton mielleux.* → **doucereux.**

MIEN [mjɛ̃] pronom et n. m., **MIENNE** [mjɛn] adj. et pronom
I. pronom possessif de la première personne du singulier qui s'accorde avec l'objet possédé. *LE MIEN, LA MIENNE :* la chose, la personne qui est à moi. *C'est mon livre, c'est le mien. Les gants noirs sont les miens ; les miens sont noirs. Voilà tes chaussures, où sont les miennes ?* où sont mes chaussures. *Sa fille a douze ans, la mienne en a quatre,* ma fille a quatre ans. *Ce n'est pas ta copine, c'est la mienne !* c'est ma copine.
II. nom masculin **1.** *DU MIEN :* de ma personne. *J'y ai mis du mien pour réussir,* j'ai fait un effort. **2.** (au pluriel) LES MIENS : mes parents, ma famille. *Je vais passer les fêtes de Noël avec les miens.* → **famille.**

REM. **1.** Dans l'emploi II., 2., on dit selon la personne : *les tiens, les nôtres, les vôtres, les leurs.* **2.** Voir l'encadré des adjectifs et des pronoms **possessifs.**

MIETTE [mjɛt] n. f. ▪ *UNE MIETTE* **1.** Petit morceau de pain, de gâteau qui tombe quand on le coupe. *Il y a des miettes sur la table.* **2.** Petit morceau. *Le verre s'est cassé, il est* EN MIETTES. **3.** STYLE FAMILIER Un petit peu. *L'oreille collée à la porte, elle n'a pas perdu une miette de la conversation.*

MIEUX [mjø] adverbe, adj. et n. m.
I. adverbe Comparatif de supériorité de *bien.* **1.** *Prenez plutôt cette lampe, elle éclaire mieux.* ⟨contraire : plus mal⟩ *Ma fille a été malade, mais elle* VA MIEUX, elle est en meilleure santé. *« Ça va mieux ? – Pas beaucoup mieux ! ». J'AIME MIEUX son frère :* je préfère son frère. - *MIEUX QUE. Elle travaille mieux que lui. Je le sais bien mieux que toi. Il a plutôt mieux réussi que je ne pensais.* **2.** (avec l'infinitif) *Elle pourrait mieux faire. Tu* FERAIS MIEUX DE *te taire :* tu aurais intérêt à te taire. *Il* VAUDRAIT MIEUX *partir tout de suite,* ce serait préférable. **3.** *TANT MIEUX :* c'est une bonne chose. *Si tu es content, tant mieux !* ⟨contraire : tant pis⟩ **4.** *DE MIEUX EN MIEUX :* en s'améliorant. *Le malade respire de mieux en mieux.* **5.** *EN MIEUX :* semblable, mais plus beau. *C'est tout à fait lui, en mieux.* ⟨contraire : en moins bien⟩
II. adverbe Superlatif de *bien.* **1.** *LE MIEUX* (neutre) De la meilleure façon. *C'est elle que j'aime le mieux. Les produits de qualité se sont le mieux vendus. Il faut partir et le plus tôt sera le mieux. Ils s'entendent* LE MIEUX DU MONDE : ils s'entendent très bien. - *Fais* POUR LE MIEUX, aussi bien que possible. **2.** *AU MIEUX :* de la meilleure façon. *Faites au mieux.* EN METTANT LES CHOSES AU MIEUX, *il arrivera demain,* en réunissant les conditions les meilleures. ⟨contraire : pire⟩ *Il est au mieux avec ses voisins,* il est en excellents termes avec eux. *Je suis* AU MIEUX DE MA FORME. → **sommet. 3.** *LE MIEUX, LA MIEUX, LES MIEUX* (et participe passé) *C'est lui le mieux placé pour vous informer. Elle est la mieux payée de son équipe. Ces produits sont les mieux vendus sur le marché.*
III. adjectif (en attribut) **1.** (qqn) Dans une meilleure forme. *Je me sens mieux,* en meilleure santé. *Son père est mieux sans barbe,* il est plus beau. *Assieds-toi dans ce fauteuil, tu seras mieux,* tu seras plus à l'aise. **2.** (qqch.) Préférable. *Nous ne nous voyons plus, c'est mieux ainsi. Tu peux venir avec moi, si tu n'*AS RIEN DE MIEUX *À faire.*
IV. nom masculin **1.** *MIEUX* (sans article) Quelque chose de mieux, une chose meilleure. *Achète cette robe, tu ne trouveras pas mieux,* tu ne trouveras pas de robe qui soit mieux. *Je vais acheter une voiture d'occasion, en attendant mieux. J'ai accepté son offre,* FAUTE DE MIEUX, parce que je n'ai rien trouvé de mieux. **2.** *LE MIEUX :* ce qui est meilleur. *Le mieux est d'être patient. Il y a du mieux dans son travail. Elle a fait* DE SON MIEUX, aussi bien qu'elle a pu. *Je l'ai aidé de mon mieux. Fais* DU MIEUX *que tu peux.* **3.** *LE MIEUX, LA MIEUX, LES MIEUX* (accordé avec la personne, la chose possédée) Superlatif de *bien* adjectif. *Ma sœur est la mieux de toutes. Voici une jolie table, c'est la mieux que je possède. Lesquels sont les mieux ?* **4.** *UN MIEUX :* une amélioration, un progrès. → **amélioration.** *Le médecin a constaté un mieux dans l'état du malade. Il y a des mieux, mais ça ne dure pas.*

REM. **1.** On ne peut employer *mieux* avec *très* ni avec *plus :* il faut dire *bien,* ou *beaucoup. Je la trouve bien mieux, elle est beaucoup mieux.* **2.** Attention, *LE MIEUX* peut être un neutre (II., 1., 2.) ou un masculin personnel (II., 3.).

MIÈVRE [mjɛvʀ] adj. (après le nom) ▪ STYLE RECHERCHÉ Agréable, mais sans vigueur. *Ce roman est un peu mièvre. Il a l'air mièvre.*

MI-FIGUE MI-RAISIN [mifigmiʀɛzɛ̃] adj. invariable (après le nom) ▪ Qui est à la fois agréable et désagréable, plaisant et déplaisant. *Mon oncle nous a fait un accueil mi-figue mi-raisin.* → **mitigé.** PLURIEL : *des sourires mi-figue mi-raisin.*

MIGNON [miɲɔ̃], **MIGNONNE** [miɲɔn] adj. (après le nom) **1.** (personne jeune) Qui a de la grâce. *C'est une petite fille très mignonne.* → **charmant, gracieux, joli.** *Tu es* MIGNON COMME TOUT, très mignon. **2.** Qui a un aspect agréable. *C'est mignon chez eux.* → **coquet. 3.** (qqn) Aimable et gentil. *Sois mignon, va fermer la fenêtre !* → **gentil.** ⟨contraires : méchant, vilain⟩ *Les enfants ont été très mignons aujourd'hui.*

MIGRAINE [migʀɛn] n. f. ▪ *LA MIGRAINE :* violent mal de tête. *J'ai la migraine. Avez-vous souvent des migraines ?*

MIGRATEUR [migʀatœʀ], **MIGRATRICE** [migʀatʀis] adj. (après le nom) ▪ (animaux) Qui se déplace suivant les saisons. *Les hirondelles sont des oiseaux migrateurs.*

MIGRATION [migʀasjɔ̃] n. f. ▪ *UNE MIGRATION* **1.** Déplacement de personnes qui quittent un pays ou une région pour s'installer ailleurs (→ **émigration, immigration**). *Les famines du Moyen Âge ont provoqué de grandes migrations.* **2.** Déplacement de certains animaux selon les saisons. *Les cigognes commencent leur migration vers l'Afrique à la fin de l'été.*

À **MI-JAMBE** [amiʒɑ̃b] adverbe ▪ Au niveau du milieu de la jambe. *Il est entré dans l'eau à mi-jambe. Elle a une jupe à mi-jambe.*

REM. On écrit aussi *à mi-jambes.*

MIJOTER [miʒɔte] verbe [conjugaison 1a] **1.** Cuire très doucement, à feu doux. *Le cuisinier fait mijoter le lapin. Le pot-au-feu mijote sur la cuisinière.* **2.** Préparer (un plat) avec soin. *Son mari mijote de bons petits plats.* → **mitonner. 3.** STYLE FAMILIER Préparer en secret. *Les enfants mijotent encore un mauvais coup.* → **manigancer.** *Qu'est-ce que tu mijotes dans ton coin ?* **4.** STYLE FAMILIER Attendre en réfléchissant. *Laissons-le mijoter avant de lui annoncer la nouvelle.* → STYLE FAMILIER **mariner.**

MIL [mil] n. m. ▪ *LE MIL :* céréale à petits grains cultivée en Afrique. *On pile le mil pour faire de la farine.*

REM. *Mille* «dix fois cent» et *mille* «unité de distance» se prononcent de la même façon.

MILAN [milɑ̃] nom propre – en italien **MILANO** ▪ Ville du nord de l'Italie. *Je suis allé à Milan. Ils reviennent de Milan.*

MILANAIS [milanɛ] adj. et n. m., **MILANAISE** [milanɛz] adj. et n. f. **1.** adjectif (après le nom) De Milan. *Nous avons mangé une escalope milanaise,* une escalope panée. **2.** *UN MILANAIS, UNE MILANAISE :* une personne qui habite Milan. *Les Milanais.*

MILE [majl] n. m. ▪ *LE MILE :* mesure de longueur utilisée aux États-Unis, en Grande-Bretagne et au Canada, qui vaut mille six cent neuf mètres. *La voiture roule à soixante miles à l'heure.*

REM. *Mile* est un mot anglais. Les Québécois disent *un mille* [mil].

MILICE [milis] n. f. **1.** *UNE MILICE :* troupe de civils qui remplace ou renforce une armée ou une police régulières. *Les milices d'autodéfense sont interdites par la loi.* **2.** *LA MILICE :* corps de volontaires français formé par le gouvernement de Vichy pour soutenir les forces allemandes d'occupation contre la résistance française, en 1943 et 1944. *Son père appartenait à la Milice.*

MILIEU [miljø] n. m.
I. *LE MILIEU* **1.** Lieu situé à égale distance des bords, des extrémités. *La table est au milieu du salon.* → **centre.** *Elle se coiffe avec la raie au milieu* (opposé à sur le côté). **2.** Moment situé à égale distance du début et de la fin. *Midi est le milieu de la journée. Cette coutume existe depuis le milieu du dix-neuvième siècle,* depuis 1850. **3.** *AU MILIEU DE :* à égale distance des extrémités (dans l'espace ou dans le temps). *Le camion s'est arrêté au milieu de la route. Il est arrivé au milieu du repas. Le ballon est tombé EN PLEIN MILIEU de la salle,* exactement au milieu de la salle. *La lumière s'est éteinte AU BEAU MILIEU de la séance,* pendant la séance. **4.** *LE JUSTE MILIEU :* position intermédiaire, qui n'est pas extrême. *Il y a un juste milieu entre jamais et toujours.*
II. *UN MILIEU* **1.** Espace qui entoure un être ou une chose. *Le malade est placé en milieu stérile.* **2.** Environnement naturel d'un organisme vivant. *Les champignons croissent en milieu humide.* **3.** Groupe social auquel appartient une personne. *Il vient d'un milieu aisé,* d'une famille riche. *C'est un milieu professionnel très fermé.* → **monde.** PLURIEL : *on pense dans les MILIEUX scientifiques que...* **4.** *LE MILIEU :* le monde de la pègre. *C'est un type du milieu qui a fait le coup.*

FAUX AMI
néerlandais **milieu**
ne s'emploie
qu'au sens II., 3.

MILITAIRE [militɛʀ] adj. et n. m.
I. adjectif (après le nom) **1.** Relatif à l'armée. *Des camions militaires ont traversé la ville.* **2.** Qui est fondé sur l'armée. *Ce pays est dirigé par un gouvernement militaire.*
II. *UN MILITAIRE :* une personne qui fait partie de l'armée. → **officier, soldat.** *Les gendarmes sont des militaires. Il est militaire de métier. Sa sœur est militaire.*

FAUX AMI
allemand **Militär**
«armée»

MILITANT [militɑ̃] n. m., **MILITANTE** [militɑ̃t] n. f. ▪ *UN MILITANT, UNE MILITANTE :* personne qui est membre actif d'une association, d'un parti, d'un syndicat. *Des militants syndicaux ont organisé une grève.*

MILITARISTE [militaʀist] n. m., n. f. ▪ *UN MILITARISTE, UNE MILITARISTE :* personne qui est favorable à l'armée, à un gouvernement militaire. *Des militaristes ont organisé un meeting avant les élections.* (contraire : antimilitariste)

MILITER [milite] verbe [conjugaison 1a] **1.** Lutter pour une cause. *Il MILITE POUR la paix. Nous militons en faveur des enfants maltraités.* **2.** Être membre actif (d'un parti, d'un mouvement). *Elle milite dans un syndicat* (→ **militant**). **3.** (qqch.) *MILITER POUR, CONTRE :* être un argument pour, contre (qqch.). *Plusieurs raisons militent contre cette décision.*

① **MILLE** [mil] adj., pronom et n. m. invariables
I. adjectif invariable (avant le nom ou après le nom) **1.** (avant le nom) Dix fois cent (1 000 ; M). *Un kilomètre fait mille mètres. Ce village compte mille deux cents (1 200) habitants. Sa maison lui a coûté deux cent mille francs (200 000). J'ai vendu ma vieille voiture cinq mille (5 000) francs. – Sa fille est née en mille neuf cent quatre-vingt-dix-sept (1997).* **2.** (avant le nom) Un grand nombre de, une grande quantité de. *Je t'ai dit mille fois de faire attention.* → **cent.** *Ce diamant brille de mille feux,* de tout son éclat. *Mille mercis pour votre aide. – Tu ne sais pas ce que je viens d'apprendre ? Je te le DONNE EN MILLE,* tu n'as pas une chance sur mille de deviner. **3.** Millième. *Ce passage est à la page mille. Le film se passe en l'an deux mille.*
II. pronom Mille personnes, mille choses. *Ils sont mille.*
III. **1.** *MILLE :* le nombre mille. *Cinq cents et cinq cents font mille. – La natalité de ce pays est de quinze POUR MILLE (15 ‰),* il y a quinze naissances pour mille habitants. **2.** *UN MILLE :* millier. *L'imprimeur vend les cartes de visite cinq cents francs le mille. –* STYLE FAMILIER *Il ne gagne pas DES MILLE ET DES CENTS :* il ne gagne pas beaucoup d'argent. **3.** *LE MILLE :* partie centrale d'une cible, où est inscrit le nombre mille. *Le joueur de fléchettes MET DANS LE MILLE,* met une fléchette au centre de la cible. *– Bravo, tu as TAPÉ DANS LE MILLE,* tu es tombé juste, tu as deviné.

REM. **1.** On peut dire *mille deux cents* ou *douze cents, mille neuf cents* ou *dix-neuf cents.* **2.** Dans les dates, *mille* s'écrit parfois *mil (l'an mil),* mais cette graphie est un peu vieillie.

② **MILLE** [mil] n. m. ▪ *UN MILLE MARIN, UN MILLE NAUTIQUE :* unité de distance utilisée par les marins et valant mille huit cent cinquante-deux mètres (1 852 m). *Il y a vingt-cinq milles de l'île à la côte.*

MILLEFEUILLE [milfœj] n. m. ▪ *UN MILLEFEUILLE :* gâteau rectangulaire fait de couches superposées de pâte feuilletée et de crème. *Ce pâtissier fait de délicieux millefeuilles.*

MILLÉNAIRE [milenɛʀ] adj. et n. m. **1.** adjectif (après le nom) Qui a mille ans ou plus. *Les pyramides d'Égypte sont plusieurs fois millénaires.* **2.** *UN MILLÉNAIRE :* période de mille ans. *Le troisième millénaire de l'ère chrétienne commence en l'an deux mille un. Nous avons fêté le millénaire de la ville,* son millième anniversaire.

MILLE-PATTES [milpat] n. m. invariable ▪ *UN MILLE-PATTES :* petit animal au corps allongé formé de vingt et un segments et de quarante-deux pattes. → **scolopendre.** *Il y a un mille-pattes sur le mur.* PLURIEL : *des mille-pattes.*

MILLÉSIMÉ [milezime], **MILLÉSIMÉE** [milezime] adj. (après le nom) ▪ *VIN MILLÉSIMÉ,* d'une année remarquable. *Il n'achète que des vins millésimés.*

MILLIARD [miljaʀ] n. m. ▪ *UN MILLIARD :* mille millions (1 000 000 000). *Il possède plusieurs milliards de francs. Il y a des milliards d'étoiles dans le ciel,* de très nombreuses étoiles. *– Son père est riche À MILLIARDS,* extrêmement riche (→ **milliardaire**).

FAUX AMI
espagnol **millar**
«millier»

MILLIARDAIRE [miljaʀdɛʀ] adj., n. m. et n. f. **1.** adjectif (après le nom) Qui possède un milliard ou plus (de francs, de dollars...). *Cet homme d'affaires est milliardaire en dollars.* **2.** *UN MILLIAR-*

DAIRE, UNE MILLIARDAIRE : une personne qui possède un ou plusieurs milliards (de francs, de dollars...). *Elle a épousé un milliardaire américain.*

MILLIÈME [miljɛm] adj., n. m. et n. f.
I. adjectif (avant le nom) **1.** Qui a le numéro mille. *Le millième spectateur gagnera une entrée gratuite. Il est arrivé millième du marathon.* **2.** (qqch. formant un tout) Divisé en mille parties égales. *Le millimètre est la millième partie du mètre.*
II. 1. *LE MILLIÈME :* partie d'un tout divisé en mille parts égales. *Un millimètre vaut un millième de mètre. Il possède deux cents millièmes de l'immeuble.* **2.** *LE MILLIÈME, LA MILLIÈME :* ce qui a le numéro mille. *Elle est la millième sur la liste.*

MILLIER [milje] n. m. ▪ *UN MILLIER :* quantité de mille ou d'environ mille. *On attend des milliers de visiteurs pour cette exposition. Cette ville a plusieurs centaines de milliers d'habitants. - Les spectateurs sont venus PAR MILLIERS,* en grand nombre.

MILLIGRAMME [miligʀam] n. m. ▪ *UN MILLIGRAMME :* millième partie du gramme. *Cette bague a dix milligrammes d'or.* - *mg* [miligʀam] abréviation *Un poids de 10 mg.*

MILLIMÈTRE [milimɛtʀ] n. m. ▪ *UN MILLIMÈTRE :* millième partie du mètre. *Dix millimètres font un centimètre.* - *mm* [milimɛtʀ] abréviation *Cette vitre a une épaisseur de 5 mm. - Cette tache a une surface de quelques MILLIMÈTRES CARRÉS* (*mm^2* [mi limɛtkaʀe]). *Un volume de dix millimètres cubes* (*mm^3* [mi limɛtkyb]).

MILLIMÉTRÉ [milimetʀe], **MILLIMÉTRÉE** [milimetʀe] adj. (après le nom) ▪ *PAPIER MILLIMÉTRÉ :* papier quadrillé par des lignes espacées les unes des autres d'un millimètre. *Il trace un graphique sur du papier millimétré.*

MILLION [miljɔ̃] n. m. ▪ *UN MILLION :* mille fois mille (1 000 000). *Cette ville a trois millions d'habitants. Ils ont acheté leur appartement un million de francs* (→ STYLE FAMILIER **brique**). *Il a vendu son entreprise deux cents millions de francs. - Il est riche À MILLIONS,* extrêmement riche (→ **millionnaire**).

MILLIONNAIRE [miljɔnɛʀ] adj., n. m. et n. f. **1.** adjectif (après le nom) Qui possède un ou plusieurs millions (de francs, de dollars...). *Son père est millionnaire.* **2.** *UN MILLIONNAIRE, UNE MILLIONNAIRE :* une personne qui possède un ou plusieurs millions (de francs, de dollars...). *Il a épousé une millionnaire.*

MI-LONG [milɔ̃], **MI-LONGUE** [milɔ̃g] adj. (après le nom) ▪ À moitié long. *Sa jupe est mi-longue.* PLURIEL : *elle a les cheveux mi-longs.*

MI-LOURD [miluʀ] adj. m. et n. m. **1.** adjectif masculin (après le nom) (boxeur) Dont le poids varie entre soixante-douze et soixante-dix-neuf kilos. *Il est mi-lourd.* PLURIEL : *les boxeurs MI-LOURDS sont plus gros que les boxeurs poids moyens.* **2.** *UN MI-LOURD :* un boxeur de cette catégorie. *Le boxeur qui a gagné le championnat des mi-lourds est français.*

MIME [mim] n. m., n. f. **1.** *UN MIME, UNE MIME :* acteur, actrice qui ne s'exprime que par des gestes et des attitudes, sans parler. *Cet acteur est un mime extraordinaire.* **2.** *LE MIME :* genre de spectacle dans lequel le comédien ne s'exprime que par les gestes et les attitudes, sans paroles. *Il a appris l'art du mime.*

MIMER [mime] verbe [conjugaison 1a] ▪ Reproduire par des gestes, des attitudes ou des expressions, sans paroles. *Mon fils mime très bien son professeur d'anglais.* → **imiter, singer.**

MIMÉTISME [mimetism] n. m. ▪ *LE MIMÉTISME* **1.** Imitation involontaire et machinale d'une autre personne. *Elle écrit comme sa mère par mimétisme.* **2.** Faculté que possèdent certains animaux de se rendre semblable au milieu environnant, pour se protéger. *Le changement de couleur du caméléon est une forme de mimétisme.*

MIMI [mimi] n. m. **1.** STYLE FAMILIER *MIMI :* nom donné à un chat. *Viens ici, mimi.* **2.** (enfantin) *UN MIMI :* une caresse. *Elle fait des mimis à son petit frère.*

> FAUX AMI
> néerlandais **mimi** «table gigogne»

MIMIQUE [mimik] n. f. ▪ *LA MIMIQUE :* ensemble des expressions du visage (mines, grimaces) qui accompagnent ou remplacent la parole. *La mimique de ce clown est extraordinaire.*
REM. Pour les gestes, on dit *la gestuelle.*

MIMOLETTE [mimɔlɛt] n. f. ▪ *UNE MIMOLETTE :* fromage hollandais à pâte non cuite, de couleur orangée. *Il mange de la mimolette avec du pain.*

MIMOSA [mimoza] n. m. **1.** *UN MIMOSA :* arbre de la famille de l'acacia, à petites fleurs jaunes en forme de boules, très parfumées. *Il y a beaucoup de mimosas sur la Côte d'Azur.* **2.** *LE MIMOSA :* les branches fleuries de cet arbre. *Elle a acheté un bouquet de mimosa.* **3.** *ŒUF MIMOSA :* œuf dur coupé en deux dont le jaune est écrasé et mélangé à de la mayonnaise. *Le cuisinier a préparé des œufs mimosa.*

MINABLE [minabl] adj., n. m. et n. f. ▪ STYLE FAMILIER **1.** adjectif (après le nom) Très médiocre, très mauvais. *Mon fils a des notes minables à l'école.* → **lamentable.** ⟨contraire : excellent⟩ *Il a été minable dans cette affaire.* **2.** *UN MINABLE, UNE MINABLE :* une personne médiocre, sans envergure. *Bande de minables !*

MINARET [minaʀɛ] n. m. ▪ *UN MINARET :* tour d'une mosquée. *Du haut du minaret, le muezzin appelle les fidèles musulmans à la prière.*

MINAUDER [minode] verbe [conjugaison 1a] ▪ Prendre des manières affectées pour attirer l'attention, séduire. *Elle croit séduire les hommes quand elle minaude. Cesse de minauder !*

MINCE [mɛ̃s] adj. et interjection
I. adjectif (après le nom ou avant le nom) **1.** Qui a peu d'épaisseur. *Le charcutier coupe du jambon en tranches minces.* ⟨contraire : épais⟩ *Dans cet appartement, de minces cloisons séparent les pièces.* **2.** (qqn) Qui a des formes étroites, donne une impression de finesse. *Les mannequins sont des jeunes femmes très minces.* → **élancé, svelte.** ⟨contraires : corpulent, gros⟩ - *Elle a des jambes minces.* → ② **fin. 3.** Qui a peu d'importance, peu de valeur. *Il ne reste qu'un mince espoir de retrouver des survivants.* → **petit.** *Il a beaucoup travaillé pour de minces résultats.* → **insignifiant.** *« C'est tout ce que vous savez ? C'est un peu mince ! »*
II. interjection STYLE FAMILIER *MINCE !* exclamation de surprise, de dépit. *Ah, mince alors !* → STYLE FAMILIER **merde, zut.**

MINCEUR [mɛ̃sœʀ] n. f. ▪ *LA MINCEUR :* qualité de ce qui est mince, peu épais. *Ce papier est d'une extrême minceur.* → **finesse.** ⟨contraire : épaisseur⟩ - *J'admire la minceur des mannequins.* ⟨contraires : corpulence, grosseur⟩

MINCIR [mɛ̃siʀ] verbe [conjugaison 2] ▪ Devenir plus mince. → **maigrir.** *Elle a beaucoup minci depuis un an.*

① **MINE** [min] n. f. ▪ *LA MINE* **1.** Apparence, aspect extérieur. *Il ne faut pas juger les gens sur leur mine. - Ce petit hôtel NE PAIE PAS DE MINE, mais il est très confortable,* il a mauvaise apparence. *Il FAIT MINE DE ne pas me voir :* il fait semblant de ne pas me voir. - STYLE FAMILIER *Regarde ce qu'elle fait, MINE DE RIEN,* sans paraître y faire attention. **2.** Aspect du visage selon l'état de santé ou l'humeur. *Elle a* MAUVAISE MINE, *elle doit être malade. Les enfants reviennent de vacances, ils ont* BONNE MINE. - *Il vient d'apprendre une bonne nouvelle, il a une mine réjouie.* → **air, physionomie.** *Ne prends pas cette mine soucieuse !* → **mimique.** - *Il nous a* FAIT GRISE MINE : il nous a accueillis avec froideur. **3.** *FAIRE DES MINES :* prendre des airs affectés, faire des manières pour plaire, séduire (→ **minauder).** *Elle fait des mines pour attirer l'attention sur elle.*

② **MINE** [min] n. f.
I. *LA MINE :* partie centrale d'un crayon qui laisse une trace sur le papier. *Je taille la mine de mon crayon.*
II. *UNE MINE* **1.** Terrain d'où l'on peut extraire du charbon, un métal en grande quantité. → **gisement.** *Cette mine de charbon est épuisée. Il y a des mines de diamants en Afrique du Sud.* **2.** Gisement souterrain au fond duquel on extrait du charbon ou un métal. *Les mineurs ont creusé de profondes galeries dans la mine.* **3.** Source inépuisable. *Ce livre est une mine de renseignements.* → **source.**
III. Engin explosif, le plus souvent enterré. *Le camion militaire a sauté sur une mine.* → **miner** (3.). *Les civils sont souvent blessés par les mines.*

MINER [mine] verbe [conjugaison 1a] **1.** Creuser la base ou l'intérieur de (qqch.). *La mer mine lentement la falaise de craie.* → **saper. 2.** Affaiblir (qqn). *Le chagrin le mine.* → **ronger.** *Il est miné par les soucis.* **3.** Poser une mine, des mines explosives. *Le commando de terroristes a miné le pont.* ⟨contraire : déminer⟩

MINERAI [minʀɛ] n. m. ▪ *UN MINERAI :* roche qui contient des matières que l'on peut extraire. *La bauxite est le minerai dont on extrait l'aluminium. Les minerais existent en filons ou en gisements.*

MINÉRAL [mineʀal] adj. et n. m., **MINÉRALE** [mineʀal] adj.
I. adjectif (après le nom) **1.** Fait de matière inerte, non vivante, qui fait partie de l'écorce terrestre. *Le charbon et le pétrole sont des matières minérales.* MASCULIN PLURIEL : *les sels* MINÉRAUX [mineʀo]. **2.** *EAU MINÉRALE :* eau provenant d'une nappe souterraine et qui contient des matières minérales. *J'ai acheté une bouteille d'eau minérale au supermarché. Elle préfère l'eau minérale gazeuse à l'eau minérale plate.*
II. *UN MINÉRAL :* élément formé de matière non vivante qui fait partie de l'écorce terrestre. *Le grès est un minéral.* - PLURIEL : *dans la nature, il y a des* MINÉRAUX, *des végétaux et des animaux. Les roches, les métaux et les pierres précieuses sont des minéraux. Il fait collection de minéraux,* de pierres.

MINÉRALOGIE [mineʀalɔʒi] n. f. ▪ *LA MINÉRALOGIE :* science qui étudie les minéraux. *La minéralogie fait partie de la géologie.*

MINÉRALOGIQUE [mineʀalɔʒik] adj. (après le nom) ▪ *NUMÉRO MINÉRALOGIQUE :* ensemble des chiffres et des lettres qui constitue le numéro d'immatriculation d'un véhicule à moteur. *Quel est le numéro minéralogique de votre voiture ? Le numéro d'immatriculation est inscrit sur la* PLAQUE MINÉRALOGIQUE.

MINERVE [minɛʀv] n. f. ▪ *UNE MINERVE :* appareil orthopédique qui se place autour du cou et qui sert à maintenir la tête en bonne position. *Il porte une minerve depuis son accident de voiture.*

MINET [minɛ] n. m., **MINETTE** [minɛt] n. f. **1.** *UN MINET, UNE MINETTE :* petit chat. *La chatte a eu plusieurs minets. - Minet, minet, viens là !* → STYLE FAMILIER **mimi, minou. 2.** Terme d'affection. *Bonjour, mon minet ! Ma petite minette.* **3.** Jeune homme, jeune fille à la mode. *Il n'y a que des minets, dans cette soirée. Il sort avec une minette.*

① **MINEUR** [minœʀ] n. m. ▪ *UN MINEUR :* ouvrier qui travaille dans une mine. *Les mineurs descendent au fond de la mine pour extraire le charbon.*

② **MINEUR** [minœʀ] adj. et n. m., **MINEURE** [minœʀ] adj. et n. f.
I. 1. adjectif (après le nom) Qui n'a pas beaucoup d'importance. *Il faut aussi traiter les problèmes mineurs.* → **secondaire.** ⟨contraire : majeur⟩ *Ce roman est une œuvre mineure de la littérature.* **2.** *INTERVALLE MINEUR :* en musique, intervalle réduit au maximum. *Le pianiste joue une sonate en ré mineur.* **3.** (qqn) Qui n'a pas atteint l'âge de la majorité légale. ⟨contraire : majeur⟩ *En France, on est mineur jusqu'à l'âge de dix-huit ans. Les enfants mineurs ont besoin d'une autorisation des parents pour assister à ce spectacle.*
II. *UN MINEUR, UNE MINEURE :* une personne qui n'a pas atteint l'âge de la majorité. ⟨contraire : majeur⟩ *Les mineurs devront apporter une autorisation de leurs parents. Il a été condamné pour* DÉTOURNEMENT DE MINEURE, pour avoir séduit une jeune fille qui n'est pas majeure.

MINIATURE [minjatyʀ] n. f. ▪ *UNE MINIATURE* **1.** Peinture de très petites dimensions, très délicatement exécutée. *Les manuscrits du Moyen Âge sont souvent ornés de miniatures.* → **enluminure. 2.** *EN MINIATURE :* en très petit, en réduction. *Cette maquette représente Paris en miniature. - Le petit garçon joue avec son train miniature,* avec son train en modèle réduit. *Il joue avec des animaux miniatures.*

MINIER [minje], **MINIÈRE** [minjɛʀ] adj. (après le nom) ▪ Relatif aux mines (→ ② **mine).** *L'industrie minière du nord de la France est en déclin. On a découvert un nouveau gisement minier dans la région,* un gisement d'où l'on peut extraire du minerai.

MINIJUPE [miniʒyp] n. f. ▪ *UNE MINIJUPE :* jupe très courte. *Elle a une minijupe rouge. Elle met souvent des minijupes.*

MINIMAL [minimal], **MINIMALE** [minimal] adj. (après le nom) ▪ Qui constitue un minimum. *Les températures minimales sont encore en baisse,* les températures les plus faibles. → **minimum.** ⟨contraire : maximal⟩ MASCULIN PLURIEL : *les résultats* MINIMAUX [minimo].

MINIME [minim] adj. (après le nom) ▪ Très petit, peu important. *Cela a coûté une somme minime.* → **infime.** ⟨contraires : considérable, énorme⟩ *On lui reproche des faits minimes.* → **insignifiant.**

MINIMISER [minimize] verbe [conjugaison 1a] ▪ Diminuer l'importance de. *Il minimise son rôle dans cette affaire.* → **amplifier, exagérer.**

MINIMUM [minimɔm] n. m. et adj. **1.** *LE MINIMUM :* la plus petite quantité ; la limite inférieure. *Il fait le minimum d'efforts.* ⟨contraire : maximum⟩ *Prenons le minimum de risques,* le moins possible. PLURIEL : *des minimums* ou *des* MINIMA [minima]. - *Les travaux dureront six mois* AU MINIMUM, au moins. - *Ils vivent avec le* MINIMUM VITAL, avec juste assez d'argent pour subsister. **2.** adjectif (après le nom) Qui constitue un minimum ; le plus petit. *La température minimum* (ou *minima*) *prévue aujourd'hui est de quinze degrés.* → **minimal.** PLURIEL : *les températures minimums* (ou *minima*).

REM. Le pluriel le plus courant est *minimums* mais on peut rencontrer la forme *minima.* L'emploi de *minimal* devient plus courant.

MINISTÈRE [ministɛʀ] n. m. ▪ *UN MINISTÈRE* **1.** Ensemble des ministres et des secrétaires d'État d'un gouvernement. *Le* PREMIER MINISTRE *forme son ministère.* **2.** Administration qui dépend d'un ministre. *Il travaille au ministère de la Justice. - Le ministère de la Culture est dans cette rue,* les bureaux du ministre de la Culture. **3.** Fonction d'un ministre. *Ce ministre a* *fait d'importantes réformes pendant son ministère,* pendant qu'il était ministre.

MINISTÉRIEL [ministerjɛl], **MINISTÉRIELLE** [ministerjɛl] adj. (après le nom) ▪ Relatif au ministère, au gouvernement. *Ce gouvernement a connu plusieurs crises ministérielles. Cette mesure a été prise par arrêté ministériel,* par décision du ministre.

MINISTRE [ministr] n. m., n. f. ▪ *UN MINISTRE, UNE MINISTRE :* une personne qui est à la tête d'une administration de l'État. *Le ministre de l'Éducation nationale a inauguré un nouveau lycée. Le Premier ministre a formé son gouvernement,* le chef du gouvernement. *Elle est ministre de la Santé. La ministre prononce son discours. Madame la ministre a été très applaudie.*

MINITEL [minitɛl] n. m. ▪ (nom déposé) *UN MINITEL :* petit terminal commercialisé par une société de télécommunications qui, branché sur le téléphone, fournit certains renseignements. *Il cherche un numéro de téléphone sur son minitel. Je consulte les horaires des trains sur minitel.*

MINIUM [minjɔm] n. m. ▪ *LE MINIUM :* peinture orange qui protège le fer contre la rouille. *Le peintre passe une couche de minium sur la grille de fer forgé.*

MINORITAIRE [minɔritɛr] adj. (après le nom) ▪ Qui fait partie d'une minorité. *Les groupes politiques minoritaires sont représentés à l'Assemblée nationale.* ⟨contraire : majoritaire⟩

MINORITÉ [minɔrite] n. f. ▪ *LA MINORITÉ* **1.** Groupement (de voix) inférieur en nombre dans un vote. *Une minorité d'électeurs a voté pour le candidat de l'opposition.* ⟨contraire : majorité⟩ *Les adversaires du maire sont EN MINORITÉ au conseil municipal.* **2.** Très petit nombre. *Ce film n'intéresse qu'une MINORITÉ DE spectateurs.* **3.** *UNE MINORITÉ :* groupe existant dans une collectivité plus importante. *Le gouvernement a promis de respecter le droit des minorités.* **4.** Période pendant laquelle une personne est considérée comme trop jeune pour être responsable de ses actes devant la loi **(→ ② mineur).** *En France, la minorité dure jusqu'à l'âge de dix-huit ans. Pendant la minorité du roi, c'est un régent qui a gouverné le royaume.*

MINORQUE [minɔrk] nom propre féminin – en espagnol **MENORCA** ▪ Île de l'archipel espagnol des Baléares. *Le bateau fait escale à Minorque. Nous revenons de Minorque.*

MINOTERIE [minɔtri] n. f. ▪ *UNE MINOTERIE :* usine où l'on moud le grain pour faire de la farine **(→ moulin).** *À la minoterie, la farine est mise dans de grands sacs.*

MINOU [minu] n. m. ▪ STYLE FAMILIER *UN MINOU :* un petit chat. → STYLE FAMILIER **minet.** *Minou, minou, viens ici ! Oh ! les jolis minous !*

REM. Ce mot fait partie du vocabulaire des enfants.

MINUIT [minɥi] n. m. ▪ *MINUIT :* heure du milieu de la nuit, la douzième après midi. *La cloche de l'église sonne les douze coups de minuit. Nous sommes rentrés à minuit et demi,* à zéro heure trente. *Il est minuit moins le quart,* vingt-trois heures quarante-cinq. *Retrouvons-nous à minuit vingt. À Noël, ils sont allés à la MESSE DE MINUIT. – J'aime prendre des BAINS DE MINUIT,* en pleine nuit. *Dans les pays nordiques, l'été, on peut voir le SOLEIL DE MINUIT,* le soleil qui reste à l'horizon, sans disparaître.

REM. On dit plus couramment *minuit* que *zéro heure.*

MINUS [minys] n. m., n. f. ▪ STYLE FAMILIER *UN MINUS, UNE MINUS :* une personne incapable ou peu intelligente. *Quel minus, ce type !* → **crétin, idiot.** *Bande de minus !*

> FAUX AMIS
> anglais **minus** «moins (soustraction), sans, négatif», russe **минус** «moins, signe moins»

REM. On dit aussi *minus habens* [minysabɛ̃s].

MINUSCULE [minyskyl] adj. et n. f.
I. adjectif (après le nom) **1.** Très petit. *Ils ont un appartement minuscule.* → **exigu, microscopique.** ⟨contraires : énorme, immense⟩ **2.** *LETTRE MINUSCULE :* lettre courante, d'une forme particulière, plus petite que la majuscule. *Les sous-titres du film sont en lettres minuscules. Écrivez un a minuscule et un a majuscule.*
II. *UNE MINUSCULE :* une lettre minuscule. *Écrivez votre prénom en minuscules.* ⟨contraires : capitale, majuscule⟩

MINUTAGE [minytaʒ] n. m. ▪ *UN MINUTAGE :* action de minuter, d'organiser selon un horaire précis. *Le technicien réalise le minutage de l'émission de radio.*

MINUTE [minyt] n. f. ▪ *UNE MINUTE* **1.** Unité de mesure du temps, soixantième partie de l'heure. *La minute se divise en soixante secondes. La récréation dure quinze minutes,* un quart d'heure. *Il est dix heures (et) trois minutes.* **2.** Court moment. *Je reviens dans une minute.* → **instant.** *J'en ai pour une minute. Attends-moi deux minutes. Il n'y a pas une minute à perdre. – Il sera là D'UNE MINUTE À L'AUTRE,* dans très peu de temps. *Ne m'interrompez pas TOUTES LES CINQ MINUTES,* constamment. *Et voici la MINUTE DE VÉRITÉ,* le moment où la vérité éclate. – STYLE FAMILIER *MINUTE !* attendez une minute, ne soyez pas si pressés. **3.** Unité de mesure des angles, soixantième partie du degré. *Cet angle mesure vingt degrés et cinq minutes (20° 5').*

REM. Dans le langage courant, on ne dit pas *deux heures cinq minutes,* on dit *deux heures cinq.*

MINUTER [minyte] verbe [conjugaison 1a] ▪ Organiser (une cérémonie, une opération, un travail) selon un horaire précis. *Le contremaître minute le travail des ouvriers. – Son emploi du temps est strictement minuté. Leurs interventions dans ce débat sont minutées.*

MINUTERIE [minytri] n. f. ▪ *UNE MINUTERIE :* système électrique qui s'arrête automatiquement au bout d'un certain temps. *La minuterie de l'escalier s'est éteinte.*

MINUTEUR [minytœr] n. m. ▪ *UN MINUTEUR :* système qui permet de programmer une durée au bout de laquelle un signal se déclenche. *Cette cafetière possède un minuteur. La sonnerie du minuteur du four se déclenche quand le rôti est cuit.*

MINUTIE [minysi] n. f. ▪ *LA MINUTIE :* très grand soin apporté aux plus petits détails. *Elle range ses affaires avec minutie. C'est un travail qui nécessite beaucoup de minutie.*

MINUTIEUSEMENT [minysjøzmɑ̃] adverbe ▪ D'une façon minutieuse, avec le plus grand soin. *La secrétaire classe minutieusement les dossiers. Ce colis est minutieusement emballé.* → **soigneusement.**

MINUTIEUX [minysjø], **MINUTIEUSE** [minysjøz] adj. (après le nom) **1.** (qqn) Qui fait attention aux moindres détails. → **méticuleux, soigneux.** ⟨contraire : négligent⟩ *Elle est minutieuse dans son travail.* **2.** (qqch.) Qui montre ou demande de la minutie. *C'est un travail minutieux qui demande de la patience. Il nous a fait une description minutieuse de la maison.* → **détaillé, précise.**

MIRABELLE [mirabɛl] n. f. ▪ *UNE MIRABELLE :* petite prune ronde et jaune. *Il met de la confiture de mirabelles sur sa tartine.*

MIRACLE [miʀakl] n. m. ▪ *UN MIRACLE* **1.** Événement extraordinaire où l'on croit reconnaître une intervention divine. *Guérir les malades incurables est un miracle. D'après la légende, ce saint a fait beaucoup de miracles.* **2.** Événement exceptionnel, admirable et difficile à croire. *Il est sorti indemne de l'accident, c'est un miracle ! Avec un peu de volonté et d'imagination, il arrive à FAIRE DES MIRACLES,* à faire des choses extraordinaires. *Il n'y a pas de quoi CRIER AU MIRACLE,* s'extasier. – *PAR MIRACLE, j'ai réussi à être à l'heure,* d'une façon inattendue et heureuse. *Aucun passager du car accidenté n'a été blessé, COMME PAR MIRACLE,* par bonheur. **3.** adjectif invariable *Ce médecin a trouvé un remède miracle contre cette terrible maladie,* un remède qui a une action inespérée sur cette maladie **(→ miraculeux).** *Il faut se méfier des solutions miracle.*

MIRACULEUX [miʀakylø], **MIRACULEUSE** [miʀakyløz] adj. (après le nom) **1.** Qui est le résultat d'un miracle. *Certaines personnes croient aux guérisons miraculeuses.* → **surnaturel. 2.** Qui produit des effets merveilleux et inespérés. *Ce médecin prétend avoir trouvé un remède miraculeux.* → **merveilleux, prodigieux.** *Il n'y a pas de solution miraculeuse pour réussir, il faut travailler.* – *Il n'y a rien de miraculeux à cela,* d'extraordinaire.

MIRADOR [miʀadɔʀ] n. m. ▪ *UN MIRADOR :* poste d'observation dans une prison, un camp de prisonniers. *La sentinelle fait le guet du haut du mirador.*

MIRAGE [miʀaʒ] n. m. ▪ *UN MIRAGE :* paysage imaginaire qui apparaît dans le désert comme un reflet dans l'eau. *Les voyageurs ont vu des mirages en traversant le Sahara.*

MIRE [miʀ] n. f. ▪ *LA MIRE* **1.** *LIGNE DE MIRE :* ligne droite imaginaire qui va du tireur à l'objet qu'il vise. *Le lapin est dans la ligne de mire du chasseur.* **2.** *LE POINT DE MIRE :* ce que tout le monde regarde, le centre d'intérêt. *La célèbre actrice est le point de mire quand elle va au restaurant.* **3.** Image fixe qui sert à vérifier le réglage d'un téléviseur ou d'une caméra. *La mire apparaît sur l'écran du téléviseur à la fin des programmes.*

mirent [miʀ] *Ils mirent, elles mirent :* forme au passé simple du verbe **mettre ;** *ils se mirent, elles se mirent :* forme au présent du verbe se **mirer.**

SE **MIRER** [miʀe] verbe pronominal [conjugaison 1a] ▪ STYLE RECHERCHÉ Se regarder. *Elle s'est mirée dans la glace. Quand ils seront prêts, ils se mireront* [miʀʀɔ̃] *dans la glace.* – *Les montagnes se mirent dans le lac,* elle se reflètent dedans.

MIRO [miʀo] adj. (après le nom) ▪ STYLE FAMILIER Qui voit très mal. *Il est complètement miro.* → STYLE FAMILIER **bigleux.** *Elles sont miros.*

MIROBOLANT [miʀɔbɔlɑ̃], **MIROBOLANTE** [miʀɔbɔlɑ̃t] adj. (après le nom) ▪ STYLE FAMILIER Trop beau pour être vrai. *Certains acteurs de cinéma gagnent des sommes mirobolantes.*

MIROIR [miʀwaʀ] n. m. ▪ *UN MIROIR :* objet dont la surface de verre lisse peut réfléchir la lumière et refléter les images. *Elle se regarde dans le miroir.* → ② **glace.**

MIROITANT [miʀwatɑ̃], **MIROITANTE** [miʀwatɑ̃t] adj. (après le nom) ▪ STYLE RECHERCHÉ Qui miroite, brille, scintille. *On voit par la fenêtre la surface miroitante de la mer.*

MIROITER [miʀwate] verbe [conjugaison 1a] **1.** Réfléchir la lumière avec des reflets scintillants. *Le lac miroite au soleil.* → **briller, étinceler, scintiller. 2.** *FAIRE MIROITER (un avantage) À qqn,* lui proposer (qqch. de positif) pour le séduire, l'attirer. *Je lui ai fait miroiter tous les avantages qu'il aurait en acceptant ce poste.*

mis [mi], **mise** [miz] *Elle a mis une robe ; la robe qu'elle a mise :* formes au participe passé du verbe **mettre.**

MISAINE [mizɛn] n. f. ▪ *MÂT DE MISAINE :* premier mât situé à l'avant d'un voilier. *Le mât de misaine d'une goélette est plus petit que le grand mât, situé à l'arrière.*

MISANTHROPE [mizɑ̃tʀɔp] n. m., n. f. et adj. **1.** *UN MISANTHROPE, UNE MISANTHROPE :* une personne qui n'aime pas la compagnie des autres gens. *C'est une misanthrope.* **2.** adjectif (après le nom) Qui n'aime pas la compagnie des gens. *En vieillissant, il est devenu misanthrope.* ⟨contraire : sociable⟩

MISE [miz] n. f. ▪ *LA MISE* **1.** *MISE EN :* action de mettre (quelque part). *Le vigneron fait lui-même la mise en bouteilles de son vin. La mise en place du nouveau système informatique a pris quelques semaines,* l'installation du nouveau système informatique. *Elle s'est fait une mise en plis,* elle a coiffé ses cheveux mouillés d'une certaine façon. – *La MISE EN SCÈNE de la pièce est très réussie,* la façon dont elle est réalisée sur la scène par le metteur en scène. **2.** Action de mettre dans une position nouvelle. *La MISE SUR PIED des nouveaux programmes scolaires a été longue,* leur organisation. **3.** *MISE À, MISE EN :* action de mettre dans (un état nouveau, une situation nouvelle). *Cet employé attend avec impatience sa mise à la retraite. La corrida se termine par la mise à mort du taureau. La mise en service de la nouvelle autoroute est prévue pour le mois prochain. Le juge a demandé la mise en liberté de l'accusé.* **4.** STYLE RECHERCHÉ Manière d'être habillé. *Il a soigné sa mise pour aller à l'opéra.* **5.** Argent que l'on joue au jeu. → **enjeu.** *Les joueurs déposent leur mise sur le tapis de jeu* **(→ miser).** *Je double la mise,* l'argent que j'ai mis au départ dans le jeu. **6.** STYLE RECHERCHÉ *DE MISE :* acceptable. *Cette attitude n'est pas de mise,* elle n'est pas convenable.

FAUX AMI
espagnol **misa**
« messe »

MISER [mize] verbe [conjugaison 1a] ▪ Jouer de l'argent. *Il a misé cent francs sur le cheval gagnant.* – STYLE FAMILIER *On ne peut pas miser là-dessus,* compter là-dessus.

MISÉRABLE [mizeʀabl] adj., n. m. et n. f.

I. adjectif (après le nom, parfois avant le nom) **1.** Qui fait pitié. *Il a l'air misérable.* → **lamentable, pitoyable.** – *Ces gens ont une vie misérable,* triste, pénible. **2.** Qui est dans la misère. *Cette organisation aide les populations misérables du tiers monde.* → STYLE RECHERCHÉ **indigent ; pauvre.** – *Ils vivent dans des conditions misérables,* qui indiquent la misère, la pauvreté. **3.** (avant le nom) Sans valeur, sans mérite. *Tant de problèmes pour un misérable billet de cinquante francs !* → **malheureux, pauvre.**

II. *UN MISÉRABLE, UNE MISÉRABLE :* une personne méprisable. *Vous êtes un misérable. Petits misérables !*

FAUX AMI
anglais **miserable**
« malheureux, triste »

MISÉRABLEMENT [mizeʀabləmɑ̃] adverbe ▪ Très pauvrement. *Depuis qu'elle a perdu son travail, elle vit misérablement.*

MISÈRE [mizɛʀ] n. f. **1.** *LA MISÈRE :* grande pauvreté. *Cet homme célèbre a fini sa vie dans la misère. Ils vivent dans la misère.* ⟨contraires : opulence, richesse⟩ *Il est dans une misère noire,* dans une très grande pauvreté. – *Elle travaille pour un salaire DE MISÈRE,* pour un salaire très insuffisant. **2.** *UNE MISÈRE :* événement malheureux, douloureux. *Il lui arrive toujours des misères.* → **malheur.** *Quelle misère !* ⟨contraire : bonheur⟩ – *Arrête de faire des misères à ta sœur !* arrête de l'embêter, de la taquiner.

FAUX AMI
anglais **misery**
« souffrance »

MISÉREUX [mizeʀø] adj. et n. m., **MISÉREUSE** [mizeʀøz] adj. et n. f. **1.** adjectif (après le nom) Qui donne une impression de misère, de pauvreté. *Ils vivent dans un quartier miséreux.* → **misérable, pauvre.** ⟨contraires : aisé, riche⟩ **2.** *UN MISÉREUX, UNE MISÉREUSE :* une personne très pauvre, qui vit dans la misère. *L'hiver, des miséreux se réchauffent dans le métro.*

MISÉRICORDE [mizeʀikɔʀd] n. f. ▪ *LA MISÉRICORDE :* pardon, pitié. *J'implore votre miséricorde !*

MISOGYNE [mizɔʒin] adj., n. m. et n. f. **1.** adjectif (après le nom) Qui méprise les femmes. *Ce patron n'aime pas travailler avec des femmes, il est misogyne. – Il a un comportement misogyne.* **2.** *UN MISOGYNE, UNE MISOGYNE :* une personne qui méprise les femmes. *Vous n'êtes qu'un misogyne !*

MISSEL [misɛl] n. m. ▪ *UN MISSEL :* un livre de messe. *La vieille dame lit les prières dans son missel.*

MISSILE [misil] n. m. ▪ *UN MISSILE :* fusée portant une bombe. *L'avion a largué un missile.*

MISSION [misjɔ̃] n. f. ▪ *UNE MISSION* **1.** Ce que l'on est chargé de faire. → **tâche.** *Elle m'a confié une mission importante. Mission accomplie !* **2.** Expédition, groupe de personnes chargées de faire qqch. *Une mission scientifique est partie pour le pôle Nord.* **3.** Organisation religieuse chargée de faire connaître et de faire adopter la religion chrétienne en pays non chrétien (→ **missionnaire).** *Des religieux ont fondé des missions en Afrique et en Asie, jusqu'au dix-neuvième siècle.*

MISSIONNAIRE [misjɔnɛʀ] n. m., n. f. ▪ *UN MISSIONNAIRE, UNE MISSIONNAIRE :* religieux, religieuse qui fait partie d'une mission. *Il est missionnaire au Sahara.*

MISSIVE [misiv] n. f. ▪ STYLE RECHERCHÉ *UNE MISSIVE :* lettre, texte écrit adressé à qqn. *Nous avons reçu une longue missive du directeur.*

MISTRAL [mistʀal] n. m. ▪ *LE MISTRAL :* vent fort et violent qui souffle dans le sud-est de la France. *Le mistral souffle du nord au sud, vers la mer. Un fort mistral souffle depuis trois jours, à Marseille.*

mit [mi] *Il mit, elle mit :* forme au passé simple du verbe **mettre.**

MITE [mit] n. f. ▪ *UNE MITE :* petit papillon blanc dont la chenille ronge les tissus, la laine, les fourrures. *L'été, il faut protéger ses vêtements des mites* (→ **antimite).** *Ce pull est troué (bouffé) aux mites !* (→ **mité).**

> FAUX AMIS
> espagnol et portugais **mito** « mythe »

MITÉ [mite], **MITÉE** [mite] adj. (après le nom) ▪ Rongé par les mites. *Mon manteau est tout mité !*

MI-TEMPS [mitɑ̃] n. f. invariable ▪ *LA MI-TEMPS* **1.** Temps de repos au milieu d'un match de football, de rugby, de hockey. → **pause.** *À la mi-temps, les deux équipes sont à égalité.* **2.** Chacune des deux moitiés du match. → **période.** *Un très beau but a été marqué à la fin de la première mi-temps.* PLURIEL : *les deux mi-temps d'un match. Espérons que la seconde mi-temps sera aussi belle que la première.* **3.** *À MI-TEMPS :* pendant la moitié de la durée normale (opposé à à plein temps). *Il travaille à mi-temps.*

MITEUX [mitø], **MITEUSE** [mitøz] adj. (après le nom) ▪ En mauvais état, d'aspect misérable. → STYLE FAMILIER **minable.** *Nous n'avons trouvé qu'un petit hôtel miteux pour passer la nuit. Ces vêtements sont miteux. Les gens de l'assistance étaient plutôt miteux.*

MITIGÉ [mitiʒe], **MITIGÉE** [mitiʒe] adj. (après le nom) ▪ Mêlé, mélangé (de choses moins agréables). *On lui a fait des compliments mitigés,* des compliments mêlés de critiques. *Nous avons reçu un accueil mitigé.*

MITONNER [mitɔne] verbe [conjugaison 1a] ▪ Préparer en faisant cuire longtemps à feu doux. *Il mitonne un ragoût de mouton.* → **mijoter.** – *Je vous ai mitonné un bon petit dîner !* j'ai soigneusement préparé un bon dîner.

MITOYEN [mitwajɛ̃], **MITOYENNE** [mitwajɛn] adj. (après le nom) ▪ Qui est entre deux choses et qui appartient aux deux choses. *Un MUR MITOYEN sépare les deux jardins. Nos maisons sont mitoyennes,* elles ont un mur mitoyen.

MITRAILLE [mitʀaj] n. f. ▪ *LA MITRAILLE* **1.** Décharge d'obus et de balles. *Les soldats fuient sous la mitraille.* **2.** STYLE FAMILIER Petite monnaie de métal. *Je n'ai pas de billet, je n'ai que de la mitraille.*

MITRAILLER [mitʀaje] verbe [conjugaison 1a] **1.** Envoyer des balles de mitrailleuse sur (qqn, qqch.). *Les soldats mitraillent l'ennemi.* – STYLE FAMILIER *Les journalistes ont MITRAILLÉ le président DE questions,* ils lui ont posé beaucoup de questions rapides. **2.** STYLE FAMILIER Photographier ou filmer sans arrêt (qqn). *Les photographes mitraillent la vedette de cinéma.*

MITRAILLETTE [mitʀajɛt] n. f. ▪ *UNE MITRAILLETTE :* arme automatique portative qui tire rapidement un grand nombre de balles. *On entend des tirs de mitraillettes.*

MITRAILLEUSE [mitʀajøz] n. f. ▪ *UNE MITRAILLEUSE :* arme automatique que l'on pose à terre et qui tire rapidement un grand nombre de balles. *Un tir de mitrailleuse a tué quatre soldats.*

MITRE [mitʀ] n. f. ▪ *UNE MITRE :* haut chapeau triangulaire que le pape et les évêques mettent dans certaines cérémonies. *L'évêque, coiffé de sa mitre, est assis au centre de la cathédrale.*

À **MI-VOIX** [amivwa] adverbe ▪ D'une voix faible, en chuchotant. *Les deux filles se racontent leurs secrets à mi-voix.*

MIXAGE [miksaʒ] n. m. ▪ *LE MIXAGE :* regroupement de plusieurs enregistrements sonores sur un même canal. *C'est l'ingénieur du son qui est chargé du mixage. Elle travaille à la TABLE DE MIXAGE.*

MIXER [mikse] verbe [conjugaison 1a] **1.** Passer (des aliments) au mixeur. *Elle mixe les légumes pour faire une soupe.* **2.** Procéder au mixage d'un film. *L'ingénieur du son mixe la musique du film et les dialogues.*

REM. Ce mot vient de l'anglais.

MIXEUR [miksœʀ] n. m. ▪ *UN MIXEUR :* un appareil électrique servant à hacher et mélanger les aliments. *Il passe les légumes au mixeur pour faire de la soupe.*

REM. Ce mot, qui vient de l'anglais, s'écrit aussi *mixer.*

MIXTE [mikst] adj. (après le nom) **1.** Où il y a des personnes des deux sexes. *Ses enfants vont dans une école mixte,* dans une école où il y a des filles et des garçons. **2.** Qui est formé de plusieurs éléments différents. *Ils ont une cuisinière mixte,* à gaz et à électricité. – *Ils sont amis avec un COUPLE MIXTE,* un couple formé d'un homme et d'une femme de races différentes.

MIXTURE [mikstyʀ] n. f. ▪ *UNE MIXTURE :* mélange comestible peu appétissant. *Ne buvez pas cette affreuse mixture !*

Mlle Abréviation de **mademoiselle.**

MM. Abréviation de **messieurs.** → **monsieur.**

Mme Abréviation de **madame.**

MOB n. f. Forme abrégée familière de **mobylette.**

MOBILE [mɔbil] adj. et n. m.
I. adjectif (après le nom) **1.** Que l'on peut bouger, dont on peut changer la place ou la position. ⟨contraires : fixe, immobile⟩ *La chambre est séparée du salon par une cloison mobile. La mâchoire inférieure est mobile. - On lui a offert un téléphone mobile.* → **portable. 2.** Dont la date peut changer. *Pâques est une fête mobile.* **3.** Qui peut se déplacer. *Des gardes mobiles veillent au maintien de l'ordre.*
II. *UN MOBILE* **1.** Objet décoratif fait de plusieurs éléments suspendus en équilibre. *Elle a accroché un mobile au-dessus du berceau. Un petit courant d'air fait tourner les éléments du mobile.* **2.** Téléphone mobile. → **portable.** *Il m'a appelé de son mobile.*
III. *UN MOBILE* : ce qui fait agir. → **motif, raison.** *Il faut chercher le mobile du crime. « Quel mobile a pu le décider ? Je vois plusieurs mobiles. »*

FAUX AMI
italien **mobile**
« meuble »

MOBILIER [mɔbilje] n. m. ▪ *UN MOBILIER* : ensemble des meubles d'une habitation. → **ameublement.** *Un lit, une table et une chaise composent le mobilier de sa chambre. Leur mobilier de cuisine est neuf.*

MOBILISATION [mɔbilizasjɔ̃] n. f. ▪ *LA MOBILISATION* : action de préparer une armée pour la guerre. *L'ordre de mobilisation est donné.* ⟨contraire : démobilisation⟩ *C'est la guerre, la mobilisation générale est décidée,* tous les hommes valides et en âge de combattre sont appelés à participer à la guerre.

MOBILISER [mɔbilize] verbe [conjugaison 1a] **1.** Préparer (une armée) pour la guerre, appeler (les citoyens) à l'armée pour combattre. ⟨contraire : démobiliser⟩ *Dès la déclaration de guerre, son fils a été mobilisé.* **2.** Mettre (un groupe de personnes) en état d'agir. *Le syndicat mobilise ses militants. - Il faut mobiliser nos énergies !* → **motiver. 3.** verbe pronominal SE MOBILISER : se rassembler pour agir. *Les étudiants se sont mobilisés pour manifester.*

MOBILITÉ [mɔbilite] n. f. ▪ *LA MOBILITÉ* : caractère de ce qui bouge, se déplace. ⟨contraire : immobilité⟩ *Ces petits singes sont d'une grande mobilité. - La mobilité des salariés est souhaitée à l'intérieur de cette entreprise.*

MOBYLETTE [mɔbilɛt] n. f. (marque déposée) ▪ *UNE MOBYLETTE* : un vélomoteur. *Beaucoup de jeunes se déplacent à mobylette. En France, on a le droit de rouler à mobylette à partir de quatorze ans. - MOB* [mɔb] forme abrégée familière *Tu as vu ma nouvelle mob ? Il a deux mobs.*

REM. On entend souvent des français dire *il roule en mobylette,* ce qui est fautif : on doit dire *il roule à mobylette.*

MOCASSIN [mɔkasɛ̃] n. m. ▪ *UN MOCASSIN* : chaussure basse et souple, sans lacet. *Pour la promenade, je mets mes mocassins.*

MOCHE [mɔʃ] adj. (après le nom) ▪ STYLE FAMILIER **1.** Laid, pas agréable à regarder. → **vilain.** ⟨contraires : beau, joli⟩ *Cette pauvre fille est vraiment moche ! Elle a épousé un type très moche. Leur appartement est assez moche. Ce qu'elle est moche sa cravate !* **2.** Pas bien, moralement critiquable. *C'est moche ce qu'il a fait. Elle a été moche avec nous.* ⟨contraires : bien, chic, correct, gentil, parfait⟩

FAUX AMI
italien **moscio**
« mou »

① **MODE** [mɔd] n. f. ▪ *LA MODE* **1.** Manière de s'habiller, de se coiffer suivie par beaucoup de gens à une certaine époque. *Cet été, la mode est aux jupes courtes. Il y a la mode masculine, la mode féminine et la mode enfantine. Suivez-vous la mode ou vous habillez-vous comme il vous plaît ? Elle a assisté à un DÉFILÉ DE MODE,* à la présentation, par des mannequins, des collections de vêtements. *Cette forme de pantalon n'est plus À LA MODE* (→ **démodé). -** *Les vacances à la campagne sont à la mode,* beaucoup de gens aiment prendre leurs vacances à la campagne. *Ils ont dîné dans le dernier restaurant à la mode* (→ STYLE FAMILIER **branché). 2.** *À LA MODE DE* : à la manière de. *Nous aimons les tripes à la mode de Caen,* les tripes comme on les cuisine à Caen.

② **MODE** [mɔd] n. m. ▪ *UN MODE* **1.** Manière dont le verbe exprime une action dans la phrase. *En français, les cinq modes sont l'indicatif, l'impératif, le subjonctif, l'infinitif et le participe.* **2.** Manière. *UN MODE DE VIE* : habitudes que l'on a dans la vie, façon de vivre. *Il étudie le mode de vie d'un ethnie indienne. - « Quel MODE DE PAIEMENT choisissez-vous : vous payez en liquide ou par chèque ? »* comment désirez-vous payer ? - *Lisez le MODE D'EMPLOI du magnétoscope* : lisez la feuille sur laquelle on explique la façon de se servir du magnétoscope.

MODELAGE [mɔdlaʒ] n. m. ▪ *UN MODELAGE* : action de modeler, de donner une forme à (une matière molle). *À l'école, les petits enfants font du modelage.*

MODÈLE [mɔdɛl] n. m. et adj.
I. *UN MODÈLE* **1.** Personne ou objet dont on reproduit l'image. *Pour ce tableau, il a pris sa mère comme modèle. Un bouquet de roses lui a servi de modèle.* **2.** Exemple. *Sa fille est un modèle d'intelligence. Son père est son modèle. Ne PRENEZ pas MODÈLE sur cet escroc !* **3.** Objet d'après lequel d'autres objets semblables peuvent être reproduits. *Un couturier a présenté ses derniers modèles. Un nouveau modèle de voiture est en exposition. Cette machine a été fabriquée d'après un modèle anglais.* **4.** *UN MODÈLE RÉDUIT* : reproduction en petit d'un objet (→ **miniature).** *Mon fils construit des modèles réduits d'avions.* → **maquette.**
II. adjectif (après le nom) Parfait, que l'on peut prendre comme exemple. *C'est un élève modèle. - Nous avons visité des usines modèles.* → **pilote.**

MODELER [mɔdle] verbe [conjugaison 5a] **1.** Donner une forme à (une matière molle). *Le potier modèle l'argile pour faire un vase. Les enfants jouent avec de la PÂTE À MODELER.* **2.** verbe pronominal SE MODELER : prendre exemple (sur qqn, qqch.). *Elle s'est modelée sur son père.*

MODÉLISTE [mɔdelist] n. m., n. f. ▪ *UN MODÉLISTE, UNE MODÉLISTE* **1.** Personne qui fait les modèles de couture. *Il est modéliste chez un grand couturier.* **2.** Personne qui fabrique des modèles réduits (d'avions, de bateaux, etc.). *Il s'est inscrit à un concours de modélistes.*

MODÉRATION [mɔdeʀasjɔ̃] n. f. ▪ *LA MODÉRATION* : absence d'excès, d'exagération. ⟨contraire : abus⟩ *Mangez et buvez avec modération. L'alcool est à consommer avec modération.* → **mesure, sobriété.** *Faites preuve d'un peu de modération !* → **pondération.**

MODÉRÉ [mɔdeʀe], **MODÉRÉE** [mɔdeʀe] adj. (après le nom) ▪ Éloigné de tout excès. *Ce commerçant pratique des prix modérés.* → **raisonnable.** *Ils habitent dans un habitation à loyer modéré* (→ **H. L. M.).** *Un vent modéré soufflera demain sur les côtes,* un vent faible. - *C'est un homme modéré dans ses idées politiques.* → **mesuré, pondéré.** ⟨contraire : extrême⟩

MODÉRÉMENT [mɔdeʀemɑ̃] adverbe **1.** Sans excès. *Le malade peut manger, mais modérément.* **2.** (ironique) À peine. *Il est modérément sympathique.*

MODÉRER [mɔdeʀe] verbe [conjugaison 6a] **1.** Rendre moins excessif. *Modérez votre colère !* → **adoucir.** *Il faut que je modère mes dépenses.* → **diminuer.** *Tu modéreras* [mɔdɛʀʀa] *ta vitesse avant le virage.* **2.** verbe pronominal SE MODÉRER : se tenir éloigné de tout excès. *Modérez-vous !* calmez-vous ! *Elle s'est modérée en vieillissant.*

MODERNE [mɔdɛʀn] adj. (après le nom) **1.** Qui est de l'époque actuelle. *Ils vivent aux États-Unis, dans une grande ville moderne. La société moderne est dure pour les gens sans ressources.* → **contemporain.** *Ils ont des meubles modernes.* → **actuel.** ⟨contraire : ancien⟩ *Elle aime la musique moderne.* ⟨contraire : classique⟩ *Ses parents ont des idées modernes.* ⟨contraires : archaïque, démodé⟩ **2.** Qui bénéficie des progrès récents de la technique, de la science. *Leur appartement a tout le confort moderne.*

MODERNISATION [mɔdɛʀnizasjɔ̃] n. f. ▪ *LA MODERNISATION* : action de rendre moderne. *La modernisation de l'enseignement est urgente.*

MODERNISER [mɔdɛʀnize] verbe [conjugaison 1a] **1.** Rendre moderne. *L'entreprise modernise ses installations téléphoniques,* elle les transforme en utilisant les nouveautés techniques. *Faut-il moderniser l'orthographe française ?* l'adapter à ce qui se dit et s'écrit aujourd'hui. **2.** verbe pronominal SE MODERNISER : devenir plus moderne. *L'enseignement doit se moderniser.* → s'**actualiser.** *L'Église protestante s'est modernisée.*

MODERNISME [mɔdɛʀnism] n. m. ▪ *LE MODERNISME* **1.** Caractère de ce qui est moderne. *Il aime le modernisme en peinture.* ⟨contraires : archaïsme, classicisme⟩ **2.** (qqn) Goût de ce qui est moderne. *J'apprécie son modernisme et sa largeur d'esprit.*

MODERNITÉ [mɔdɛʀnite] n. f. ▪ *LA MODERNITÉ* : caractère de ce qui est moderne. *Les œuvres de ce sculpteur sont d'une grande modernité.* → **modernisme.**

MODESTE [mɔdɛst] adj. (après le nom, parfois avant le nom) **1.** (avant ou après le nom) Peu important. *Ils ont des revenus modestes :* ils ne gagnent pas beaucoup d'argent. → **faible, modique.** *Son mari est un modeste employé de banque.* **2.** (après le nom) Qui ne se vante pas, qui est réservé dans ses idées sur lui-même. *C'est un homme modeste.* ⟨contraires : orgueilleux, prétentieux, vaniteux⟩ *Malgré sa réussite, il est resté modeste.* → **humble, réservé, simple.** *Vous êtes trop modeste !*

MODESTIE [mɔdɛsti] n. f. ▪ *LA MODESTIE* : qualité d'une personne qui reste modérée dans ses idées sur elle-même. ⟨contraires : orgueil, prétention, vanité⟩ *Elle ne parle jamais de son succès, par modestie.* → **humilité, réserve, simplicité.** *Il est d'une grande modestie.*

MODIFICATION [mɔdifikasjɔ̃] n. f. ▪ *UNE MODIFICATION* : changement, transformation. *Est-ce une modification en mieux ?* **(→ amélioration).** *Non, c'est une modification en pire !* **(→ aggravation).** *Il y a eu quelques modifications dans ce texte.* → **correction, rectification.** *Depuis la construction de l'autoroute, le paysage a subi de profondes modifications.*

MODIFIER [mɔdifje] verbe [conjugaison 7a] ▪ Transformer sans changer complètement. *Il veut modifier tout son texte* **(→ transformer).** *Je ne modifierai* [mɔdifiʀɛ] *rien du tout. Modifiez ceci. Il faut que vous modifiiez quelques passages de votre discours.* → **corriger, rectifier.**

MODIQUE [mɔdik] adj. (avant le nom ou après le nom) ▪ *UNE SOMME MODIQUE* : somme d'argent peu élevée, peu importante. → **faible, modeste, petit.** *J'ai acheté cette veste pour une somme modique.* ⟨contraires : considérable, important⟩ *Il a acheté un vélo presque neuf pour la modique somme de cent cinquante francs.*

> FAUX AMI
> allemand **modisch**
> « à la mode »

MODULATION [mɔdylasjɔ̃] n. f. ▪ *UNE MODULATION* **1.** Changement de ton, de force, de hauteur que l'on donne à sa voix. *Les modulations du chant du rossignol sont très belles.* **2.** *LA MODULATION DE FRÉQUENCE* : procédé d'émission radiophonique de très bonne qualité. *Il écoute un concert en modulation de fréquence.* **3.** Action d'adapter (qqch.) à des cas particuliers. *Il y a une modulation des prix du voyage, selon les revenus.*

MODULER [mɔdyle] verbe [conjugaison 1a] **1.** Chanter en changeant de ton, de force, de hauteur. *Ce chanteur ne module pas assez.* **2.** Adapter (qqch.) à différents cas particuliers. *On module les tarifs des chemins de fer selon l'âge des voyageurs.*

MOELLE [mwal] n. f. ▪ *LA MOELLE* **1.** Substance molle et grasse qui se trouve à l'intérieur des os. *Le malade a subi une greffe de moelle.* – *Le cuisinier a mis un OS À MOELLE dans le pot-au-feu.* **2.** *LA MOELLE ÉPINIÈRE* : le cordon nerveux qui part du cerveau et passe à l'intérieur de la colonne vertébrale. *Dans l'accident, sa moelle épinière a été touchée et maintenant il est paralysé.*

> FAUX AMI
> portugais **moela**
> « gésier »

REM. La prononciation [mwɛl] est incorrecte.

MOELLEUX [mwalø], **MOELLEUSE** [mwaløz] adj. (après le nom) **1.** Qui est doux et mou au toucher. → **mou.** *On s'enfonce dans les coussins moelleux du canapé. Cet oreiller est moelleux.* ⟨contraire : dur⟩ **2.** Agréable au goût et souple dans la bouche. *Un morceau de chocolat moelleux fond dans ma bouche.* → **onctueux.** – *C'est un vin moelleux,* un peu sucré. ⟨contraire : âpre⟩

REM. Beaucoup de Français prononcent [mwelø], ce qui est incorrect.

MOELLON [mwalɔ̃] n. m. ▪ *UN MOELLON* : une pierre de construction. *Ce mur est construit en moellons.*

REM. La prononciation [mwelɔ̃] est incorrecte.

MŒURS [mœʀ] n. f. pluriel **1.** *LES MŒURS* : habitudes de vie, manière de vivre d'un peuple. *Cet ethnologue étudie les mœurs des Indiens d'Amazonie.* – *Cette habitude est entrée dans les mœurs.* **2.** *BONNES MŒURS* : ensemble des règles de vie imposées par la morale sociale. *Ce que vous avez fait est contraire aux bonnes mœurs.*

REM. On prononce aussi [mœʀs], mais cette prononciation est critiquée.

MOHAIR [mɔɛʀ] n. m. ▪ *LE MOHAIR* : poil de la chèvre angora avec lequel on fait de la laine très douce. *Les couvertures en mohair sont bien chaudes. Elle a un joli pull en mohair.*

MOI [mwa] pronom personnel ▪ Pronom personnel masculin et féminin de la première personne du singulier, représentant la personne qui parle ou qui écrit. → **je, me. 1.** (complément d'objet direct) *Regarde-moi quand je te parle. Félicite-moi, je l'ai bien mérité.* – (attribut) *Laisse-moi tranquille ! C'est moi qui commande. Coucou, c'est moi !* me voilà. *Et moi, tu m'as oublié ?* **2.** (complément d'objet indirect) À moi. *Dis-moi ce que tu en penses. Donne-moi ça, je vais le porter. C'est mon livre, rends-le-moi.* – (*moi* devient *m'* devant *en* et *y*) *Je veux de la bière, donne-m'en s'il te plaît. Je dois téléphoner dans une heure, fais-m'y penser,* fais-moi penser à téléphoner. **3.** (sujet) *« Qui est là ? – Moi. » Moi seule suis responsable de tout. Moi qui suis du Nord, je prononce autrement.*

Moi quitter Paris ? Je ne pourrais pas. - Toi et moi nous sommes d'accord. Nous sommes invités, ma femme et moi. → **nous, on** (II.). - *Il est plus gentil que moi. Ne fais pas comme moi. Ce sont des gens* COMME TOI ET MOI, des gens comme tout le monde. **4.** (précédé d'une préposition) *Les enfants partent* AVEC MOI *en vacances. Je rentre* CHEZ MOI. *Il est resté debout* DEVANT MOI. - *Cette idée n'est pas* DE MOI. *J'ai honte de moi. - Il fera cela pour moi,* pour me rendre service. - À MOI. *Cet enfant s'est très vite attaché à moi. C'est à moi de répondre. À moi, maintenant, c'est mon tour ! Tu peux partir,* QUANT À MOI, *je reste. -* À MOI ! au secours (venez à moi). **5.** (pour renforcer JE) MOI JE : en ce qui me concerne. *Moi, je n'y comprends rien. Moi, je ne suis pas ton ennemi. Moi, je crois qu'il a raison. - Moi seule, je peux l'aider. Moi aussi, j'ai de la peine. Moi non plus, je n'aime pas ça.* **6.** (pour renforcer MON, MA, MES) *C'est mon idée à moi. Des amis à moi viendront dîner.* **7.** (pour renforcer ME pronom personnel) *Moi, personne ne me plaint. Moi, ça ne m'intéresse pas.* - STYLE FAMILIER (indirect) *Moi, on ne m'écrit plus :* à moi, on n'écrit plus. *Moi, ça m'est indifférent,* à moi, c'est indifférent.

REM. **1.** Il faut dire *donne-le-moi* et non *donne-moi-le, donne-m'en* [dɔnmɑ̃] et non *donne-moi-z-en* [dɔnmwazɑ̃]. **2.** Dans une énumération, *moi* vient toujours en dernier : *Pierre, Paul et moi ; toi et moi, lui et moi.* **3.** Voir **moi-même** et aussi **soi, toi. 4.** Voir l'encadré des pronoms **personnels.**

MOIGNON [mwaɲɔ̃] n. m. ▪ *UN MOIGNON :* ce qui reste d'une jambe, d'un bras amputé. *On a adapté une jambe artificielle sur son moignon.*

MOI-MÊME [mwamɛm] pronom personnel ▪ Moi en personne. *Je lui parlerai moi-même. J'ai fait le travail moi-même. «Allo, Madame Dupont ? – C'est moi-même.» C'est moi-même qui l'ai invité. Il s'est adressé à moi-même.*

REM. Voir l'encadré des pronoms **personnels.**

MOINDRE [mwɛ̃dʀ] adj. (avant le nom) **1.** Plus petit. *Il s'est cassé la jambe dans l'accident mais c'est un moindre mal.* STYLE RECHERCHÉ *Le nombre est un peu moindre.* → **inférieur. 2.** *LE MOINDRE, LA MOINDRE :* le plus petit, la plus petite. *Elle ne veut pas faire le moindre effort. Il nous a raconté son voyage dans les moindres détails. - «Merci de nous avoir aidés. – C'est la moindre des choses»* c'est normal, c'est tout naturel. - *Je n'ai pas la moindre idée de l'endroit où il est,* je ne sais pas du tout où il est. *Elle a menti, il n'y a pas le moindre doute :* elle a menti, c'est certain. → **aucun, nul.**

MOINE [mwan] n. m. ▪ *UN MOINE :* religieux qui vit en communauté. *Les moines vivent dans des monastères.*

FAUX AMI
italien **moine** «simagrées»

MOINEAU [mwano] n. m. ▪ *UN MOINEAU :* petit oiseau brun. *Regarde le petit moineau !* → STYLE FAMILIER **piaf.** PLURIEL : *il y a beaucoup de* MOINEAUX *dans les villes. Le fermier a installé un* ÉPOUVANTAIL À MOINEAUX *près des cerisiers.*

MOINS [mwɛ̃] adverbe, n. m. et préposition
I. adverbe **1.** comparatif de *peu.* Indique qu'une quantité, une qualité, un prix est inférieur, dans une comparaison. ⟨contraire : plus⟩ *Elle travaille* MOINS QUE *l'année dernière.* ⟨contraire : davantage⟩ *Il est moins grand que son frère. Il est moins vieux que je ne croyais. Il fait un peu moins beau qu'hier. - Il fait moins froid. Va dans ce magasin, c'est moins cher ! C'est trois fois moins cher ! Il va encore moins vite. C'est beaucoup moins loin. Ce travail est bien moins difficile. - Cela vaut* PLUS OU MOINS *cinquante francs,* environ cinquante francs. *«Vous allez bien ? – Plus ou moins»,* je vais à peu près bien. - *DE MOINS EN MOINS :* toujours moins. *Il vient de moins en moins souvent. Je le trouve de moins en moins sympathique.* **2.** Superlatif de *peu.* LE MOINS, LA MOINS, LES MOINS. *Cette fille est la moins grande de la classe. Il est le moins grand des garçons. C'est la robe la moins chère que j'aie trouvée. Choisissez les moins grosses.* - (neutre) *«Je vous dérange ? –* PAS LE MOINS DU MONDE *!»* pas du tout ! **3.** *MOINS DE :* une quantité moindre. *Sa fille a* MOINS DE *dix ans,* elle n'a pas encore dix ans. *Cela fait moins de la moitié.* - STYLE FAMILIER *Ce cinéma fait des tarifs réduits pour* LES MOINS DE *vingt ans,* pour les jeunes qui n'ont pas encore vingt ans. *Ce film est interdit* AUX MOINS DE *seize ans.* **4.** *À MOINS DE :* sauf si. *Nous n'arriverons pas à l'heure, à moins de partir tout de suite.*
II. nom masculin **1.** *LE MOINS :* la plus petite quantité, le minimum. *Le moins que l'on puisse dire, c'est qu'il se trompe. Il m'a récompensé,* C'EST BIEN LE MOINS, je méritais au moins cela. **2.** *UN MOINS :* le signe moins (–) indiquant une soustraction, un nombre négatif. *N'oubliez pas d'inscrire le signe moins et le signe plus.* **3.** *AU MOINS :* au minimum. *Il est parti depuis au moins une heure.* → **facilement.** *Cet homme pèse au moins cent kilos !* → **bien.** *Il pourrait s'excuser, au moins ! Si au moins il pensait à téléphoner !* si seulement il pensait à téléphoner. - *«Il arrive demain,* DU MOINS, *c'est ce qu'il m'a dit»,* en tout cas, c'est ce qu'il m'a dit.
III. préposition **1.** En enlevant, en soustrayant. *Six moins quatre font deux* (6 – 4 = 2). - *Il est onze heures moins cinq,* 10 heures 55 minutes. *Dépêche-toi, il est moins le quart !* **2.** Introduit un nombre négatif. *La nuit dernière, il a fait moins dix degrés* (–10°), dix degrés au-dessous de zéro. *Il fait moins quinze ! - Dix puissance moins deux* (10^{-2}). *Cela fait deux mille francs moins 10 % (dix pour cent) de réduction.*

REM. **1.** *Moins* ne peut être employé avec *très,* mais seulement avec *bien* et *beaucoup.* **2.** C'est une faute de dire *une économie de –20 %* (moins vingt pour cent), il faut dire *une économie de 20 %.*

MOIRE [mwaʀ] n. f. ▪ *LA MOIRE :* tissu aux reflets changeants, mats ou brillants. *Un ruban de moire retient ses cheveux.*

MOIS [mwa] n. m. ▪ *UN MOIS* **1.** Chacune des douze divisions de l'année **(→ mensuel).** *Un mois a trente ou trente et un jours. Le mois de février compte vingt-huit ou vingt-neuf jours. Il y a douze mois dans une année. Le début du mois a été froid. C'est bientôt la fin du mois. Il part en début de mois. Nous sommes payés en fin de mois. Elle prend ses vacances au mois de juillet. Cette revue paraît tous les trois mois* **(→ trimestriel).** *Il vient deux fois par mois. C'est une période de six mois* **(→ semestre). 2.** Période d'environ trente jours. *Nous partons dans un mois. Il a travaillé pendant deux mois. Elle est enceinte de six mois. - Ils ont un bébé d'un mois.* **3.** Salaire correspondant à un mois de travail. *Il a touché son mois.* **4.** Somme à payer pour un mois de location, de services. *J'ai payé deux mois de caution pour mon appartement.*

REM. Les noms des mois sont : *janvier, février, mars, avril, mai, juin, juillet, août, septembre, octobre, novembre* et *décembre.*

MOÏSE [mɔiz] nom propre ▪ Prophète, fondateur de la religion et de la nation d'Israël (–XIIIe siècle).

MOISI [mwazi] adj. et n. m., **MOISIE** [mwazi], adj. **1.** adjectif (après le nom) Attaqué, gâté par la moisissure. *Jette ces fruits moisis ! C'est dommage, cette confiture est moisie.* **2.** *LE MOISI :* la partie moisie de qqch. → **moisissure.** *J'ai enlevé le moisi du fromage. - Ce pain a un goût de moisi. Cette vieille maison sent le moisi.*

MOISIR [mwaziʀ] verbe [conjugaison 2] **1.** S'abîmer à cause de l'humidité, en se couvrant de petits champignons. *Ferme bien le pot, sinon la confiture va moisir. Ce pain moisit. Ne laisse pas ces livres dans la cave, ils moisissent !* **2.** STYLE FAMILIER Attendre, rester longtemps au même endroit. *Arrive à l'heure, ne nous laisse pas moisir !*

MOISISSURE [mwazisyʀ] n. f. ■ *UNE MOISISSURE :* couche de petits champignons formant une mousse veloutée. *Le roquefort contient des moisissures. La confiture est couverte de moisissure.* → **moisi.**

MOISSON [mwasɔ̃] n. f. **1.** *LA MOISSON :* coupe des céréales. *Les moissons commencent dès le mois de juillet. Après la moisson, il faut battre le blé.* **2.** Céréales récoltées. *La moisson a été bonne, cette année.* **3.** *UNE MOISSON DE :* ce que l'on recueille en grande quantité. *J'ai une moisson de renseignements sur les monuments de cette ville.*

MOISSONNER [mwasɔne] verbe [conjugaison 1a] ■ Couper les céréales. *L'agriculteur moissonne ses champs de blé.*

MOISSONNEUR [mwasɔnœʀ] n. m., **MOISSONNEUSE** [mwasɔnøz] n. f. **1.** *UN MOISSONNEUR, UNE MOISSONNEUSE :* une personne qui fait la moisson. *Les moissonneurs sont dans les champs.* **2.** *UNE MOISSONNEUSE :* machine agricole qui moissonne automatiquement. - *La moissonneuse-batteuse coupe et produit le grain.*

MOITE [mwat] adj. (après le nom) ■ Légèrement humide. (contraire : sec) *Il fait une chaleur moite. Il a les mains moites,* humides de sueur.

MOITIÉ [mwatje] n. f. ■ *LA MOITIÉ* **1.** Chacune des deux parties égales (d'un tout). → **demi.** *Cinq est la moitié de dix.* (contraire : double) *Le diamètre partage le cercle en deux moitiés.* **2.** Partie à peu près égale à la moitié. *Il a mangé une bonne moitié du pain. Il reste une petite moitié de beurre. Elle est absente la moitié du temps.* - *J'ai eu cette jupe à moitié prix,* pour la moitié du prix. **3.** Milieu. *Le cycliste s'est arrêté à la moitié de la côte.* **4.** adverbe *À MOITIÉ :* à demi. *La bouteille est à moitié vide, à moitié pleine,* elle est à demi vide, à demi pleine. *Il s'est à moitié endormi devant la télévision,* il s'est presque endormi. - *Elle ne fait jamais rien à moitié !* elle fait toujours les choses à fond, complètement. **5.** STYLE FAMILIER *MOITIÉ MOITIÉ :* à demi. *«Es-tu content de tes vacances ? – Moitié moitié»,* pas tout à fait content, ni tout à fait mécontent.

MOKA [mɔka] n. m. **1.** *LE MOKA :* café d'Arabie. *Nous avons bu une tasse de moka.* **2.** *UN MOKA :* gâteau fourré de crème parfumée au café (ou au chocolat). *Deux mokas, s'il vous plaît.*

MOL → **mou**

MOLAIRE [mɔlɛʀ] n. f. ■ *UNE MOLAIRE :* grosse dent du fond de la bouche, qui sert à broyer. *L'adulte a douze molaires.*

MÔLE [mol] n. m. ■ *UN MÔLE* **1.** Construction qui protège l'entrée d'un port des grosses vagues. → **digue, jetée.** *Pendant la tempête, les vagues se brisent sur le môle.* **2.** Quai d'embarquement. *Les marchandises sont entassées sur le môle.*

MOLÉCULE [mɔlekyl] n. f. ■ *UNE MOLÉCULE :* la plus petite partie d'un corps, qui peut exister seule. *Une molécule est formée d'atomes.*

MOLESTER [mɔlɛste] verbe [conjugaison 1a] ■ Maltraiter (qqn). *Des voyous ont molesté une vieille dame pour lui prendre son sac.* → **brutaliser, malmener.**

MOLETTE [mɔlɛt] n. f. ■ *UNE MOLETTE :* petite roue dentée qui sert à actionner un mécanisme. *Il tourne la molette de son briquet pour allumer sa cigarette.* - *Le plombier serre l'écrou avec une CLÉ À MOLETTE,* une clé dont on règle l'écartement avec une roulette.

MOLLASSON [mɔlasɔ̃] n. m., **MOLLASSONNE** [mɔlasɔn] n. f. ■ STYLE FAMILIER *UN MOLLASSON, UNE MOLLASSONNE :* personne molle, indolente. *Allez, dépêche-toi, gros mollasson !*

molle adj. → **mou**

MOLLEMENT [mɔlmɑ̃] adverbe ■ Sans énergie ni vigueur. *Elle travaille mollement.* (contraire : énergiquement)

MOLLESSE [mɔlɛs] n. f. ■ *LA MOLLESSE* **1.** Manque d'énergie, de vitalité. *Elle a répondu avec mollesse qu'elle était d'accord.* (contraires : énergie, vivacité) **2.** Caractère de ce qui est mou. *J'apprécie la mollesse de ce matelas.* (contraire : dureté)

① **MOLLET** [mɔlɛ] adj. m. (après le nom) ■ *UN ŒUF MOLLET :* un œuf cuit dans sa coquille jusqu'à ce que le blanc soit bien pris et le jaune un peu liquide. *Les œufs mollets sont moins cuits que les œufs durs, mais le sont davantage que les œufs à la coque.*

② **MOLLET** [mɔlɛ] n. m. ■ *LE MOLLET :* partie arrière de la jambe, charnue, entre le genou et la cheville. *Les cyclistes ont des mollets musclés.*

MOLLETONNÉ [mɔltɔne], **MOLLETONNÉE** [mɔltɔne] adj. (après le nom) ■ Doublé d'un tissu moelleux. *Il a une robe de chambre molletonnée.*

MOLLIR [mɔliʀ] verbe [conjugaison 2] **1.** Perdre sa force. *Le vent mollit,* il devient moins violent. → **faiblir.** (contraire : forcir) **2.** Commencer à céder. *Plus la journée avançait, plus son courage mollissait.* → **diminuer.**

MOLLO [mɔlo] adverbe ■ STYLE FAMILIER Doucement. *Vas-y mollo, ne frappe pas si fort.* → STYLE FAMILIER ① **mou.**

MOLLUSQUE [mɔlysk] n. m. ■ *UN MOLLUSQUE :* animal au corps mou, le plus souvent recouvert d'une coquille calcaire. *Les escargots, les huîtres et les moules sont des mollusques. La limace est un mollusque qui n'a pas de coquille.*

MÔME [mom] n. m., n. f. ■ STYLE FAMILIER *UN MÔME, UNE MÔME :* un enfant, une enfant. *Ils sont venus avec leurs mômes.* → STYLE FAMILIER **gosse.** *Quelle sale môme !* → STYLE FAMILIER **gamin.** *C'est encore une môme, elle n'a pas réfléchi.*

MOMENT [mɔmɑ̃] n. m. ■ *UN MOMENT* **1.** Espace de temps assez court. *C'est un mauvais moment à passer. Elle n'a pas un moment à elle. N'attendez pas LE DERNIER MOMENT pour passer vos commandes. J'en ai juste POUR UN MOMENT.* → **instant.** *Il va arriver DANS UN MOMENT,* très bientôt. - *C'est le succès DU MOMENT :* c'est le succès actuel qui ne durera sûrement pas. **2.** Durée assez courte mais qui semble longue. *Ça fait un moment que j'attends. Il nous a fait attendre un bon moment,* longtemps. **3.** *LE MOMENT :* l'instant précis qui convient. *Ce n'est pas LE MOMENT DE plaisanter. Allez-y ! C'est le moment. C'est le moment ou jamais :* c'est maintenant qu'il faut agir. → **occasion.** *Le moment venu, je ferai ce qu'il faut. Avec lui, ce n'est jamais le moment !* on le dérange toujours. **4.** *AU MOMENT DE :* sur le point de. *Je me suis rendu compte que j'avais perdu mes clés au moment de partir,* alors que j'allais partir. *Le téléphone a sonné AU MOMENT OÙ elle allait sortir,* quand elle allait sortir. *Il est arrivé À CE MOMENT-LÀ.* - *DU MOMENT QUE tu es d'accord, je n'ai rien à dire,* si tu es d'accord, puisque tu es d'accord. *Tu peux m'appeler À TOUT MOMENT,* n'importe quand. *EN CE MOMENT, il fait beau,* actuellement. *POUR LE MOMENT, le malade est calme,* actuellement, mais cela peut changer. *Je n'ai pas compris ce qui se passait SUR LE MOMENT,* à ce moment précis. *PAR MOMENTS, je me demande si j'ai raison,* de temps à autre, parfois. *Il va arriver D'UN MOMENT À L'AUTRE,* dans très peu de temps, incessamment.

MOMENTANÉ [mɔmɑ̃tane], **MOMENTANÉE** [mɔmɑ̃tane] adj. (après le nom) ▪ Qui ne dure qu'un moment. → **bref, court, passager, provisoire, temporaire.** *Les travaux occasionneront une gêne momentanée.* ⟨contraire : durable⟩

MOMENTANÉMENT [mɔmɑ̃tanemɑ̃] adverbe ▪ Pendant un court moment. *L'autoroute est momentanément fermée, en raison d'un accident.* → **provisoirement.**

MOMIE [mɔmi] n. f. ▪ *UNE MOMIE* : cadavre desséché et embaumé selon les procédés des anciens Égyptiens. *Nous avons vu des momies de pharaons en Égypte.*

MON [mɔ̃], **MA** [ma], **MES** [me] adj. possessif de la première personne du singulier ▪ Qui est à moi, qui m'appartient (→ **mien).** *C'est mon livre, le mien et non le tien. Mon chat a dix ans. J'ai perdu mon écharpe* [mɔ̃neʃaʀp]. *Je vous présente mon frère et ma sœur. Voici mes parents. C'est ma faute à moi.* → **moi.** *Tout est de ma faute. À mon avis, tu t'es trompé. DE MON TEMPS, on ne faisait pas comme ça,* quand j'étais jeune.

REM. **1.** Comme tous les adjectifs possessifs, en français, *mon* s'accorde avec l'objet possédé et non le possesseur. **2.** *Mon* s'utilise devant un nom masculin (ex. : *mon cahier, mon harmonica*) et devant un nom féminin commençant par une voyelle (ex. : *mon amie, mon orange*) ou par un *h* aspiré (ex. : *mon haleine, mon histoire*). **3.** Voir aussi **ton, son, notre, votre, leur. 4.** Voir l'encadré des adjectifs et des pronoms **possessifs.**

MONARCHIE [mɔnaʀʃi] n. f. ▪ *LA MONARCHIE* **1.** Régime politique dans lequel le pays est dirigé par un roi ou par une reine. → **royauté.** *Le roi de France Louis XIV a instauré la monarchie absolue.* **2.** État dirigé par un roi ou une reine. *L'Espagne et la Suède sont des monarchies.*

MONARCHIQUE [mɔnaʀʃik] adj. (après le nom) ▪ Relatif à la monarchie. *La Belgique est un État monarchique.*

MONARCHISTE [mɔnaʀʃist] n. m., n. f. ▪ *UN MONARCHISTE, UNE MONARCHISTE* : un partisan, une partisane de la monarchie. *Des monarchistes ont formé un parti politique.* → **royaliste.** ⟨contraire : républicain⟩

MONARQUE [mɔnaʀk] n. m. ▪ *UN MONARQUE* : souverain d'une monarchie. → **empereur, prince, roi.** *Ce monarque a régné pendant dix-huit ans.*

MONASTÈRE [mɔnastɛʀ] n. m. ▪ *UN MONASTÈRE* : lieu où vivent des moines ou des religieuses. → **abbaye, couvent.** *Il s'est retiré dans un monastère.*

MONASTIQUE [mɔnastik] adj. (après le nom) ▪ Relatif aux moines, aux ordres religieux. *Il se sent attiré par la vie monastique,* par la vie que mènent les moines. *Les moines et les religieuses appartiennent à des ordres monastiques.* → **religieux.**

MONCEAU [mɔ̃so] n. m. ▪ *UN MONCEAU* : gros tas. → **amas, amoncellement.** *Il y a un monceau de livres sur son bureau.* PLURIEL : *des MONCEAUX d'ordures.*

MONDAIN [mɔ̃dɛ̃], **MONDAINE** [mɔ̃dɛn] adj. (après le nom) **1.** (qqch.) Qui concerne la société des gens en vue, la haute société. *Ils mènent une vie très mondaine :* ils sortent beaucoup. **2.** (qqn) Qui aime fréquenter les gens de la haute société (→ **mondanités).** *Sa femme est très mondaine.*

MONDANITÉS [mɔ̃danite] n. f. pluriel ▪ *LES MONDANITÉS* : rencontres, distractions des gens de la haute société. *Ce sont d'ennuyeuses mondanités. Il n'aime pas les mondanités.*

MONDE [mɔ̃d] n. m. ▪ *LE MONDE* **1.** L'ensemble de tout ce qui existe. → **univers.** *D'après la Bible, Dieu a créé le monde. C'est VIEUX COMME LE MONDE :* cela a toujours existé. **2.** Ensemble de choses considéré comme formant un domaine à part. *Il étudie le monde des abeilles. Les comédiens appartiennent au monde du spectacle.* → **milieu.** *Il ne faut pas SE FAIRE TOUT UN MONDE de cette affaire :* il ne faut pas exagérer l'importance de cette affaire. **3.** La Terre. *Il connaît le monde entier. Il a fait le TOUR DU MONDE en bateau,* il est allé partout. *Son fils est CHAMPION DU MONDE de natation. – Ce n'est pas LE BOUT DU MONDE :* ce n'est pas difficile. **4.** Lieu de la vie humaine. *Elle a mis AU MONDE un enfant :* elle a donné naissance à un enfant. *Elle est venue au monde en hiver :* elle est née en hiver. STYLE RECHERCHÉ *Mes parents on quitté ce monde,* ils sont morts. **5.** L'ensemble des hommes. *Le monde entier s'est ému de sa mort. C'est le meilleur homme DU MONDE,* le meilleur homme qui existe. *Ce diamant est UNIQUE AU MONDE,* il n'y en a pas d'autre comme lui. *Je n'irai POUR RIEN AU MONDE :* rien ne pourra me forcer à y aller. **6.** La haute société. *Ils sortent beaucoup dans le monde. Il a épousé une FEMME DU MONDE* (→ **mondain). 7.** Un certain nombre de personnes. *Nous attendons du monde à dîner.* → **gens.** *Il y a beaucoup de monde dans le métro à cette heure-ci. Il y a trop de monde ici. Il n'y avait pas grand monde :* il n'y avait presque personne. *TOUT LE MONDE est arrivé,* tous les gens que l'on attendait. *Dis bonjour à tout le monde,* à tous les gens qui sont là. *Il ne fait jamais comme tout le monde,* comme les autres. **8.** Un grand nombre de personnes. → **foule.** *Il y a du monde dans la rue. Cette exposition attire du monde. Il y a UN MONDE FOU à ce cocktail,* beaucoup de monde.

MONDIAL [mɔ̃djal], **MONDIALE** [mɔ̃djal] adj. (après le nom) ▪ Qui concerne le monde entier. → **universel.** *Quelle est la production mondiale de blé ? Le vingtième siècle a connu deux guerres mondiales. C'est un artiste de renommée mondiale. Je m'intéresse à l'actualité mondiale.* → **international.** MASCULIN PLURIEL : *des records MONDIAUX* [mɔ̃djo].

MONDIALEMENT [mɔ̃djalmɑ̃] adverbe ▪ Partout dans le monde. *Cet acteur est mondialement connu.* → **universellement.**

MONDIALISATION [mɔ̃djalizasjɔ̃] n. f. ▪ *LA MONDIALISATION* : le fait de se répandre dans le monde entier. *On craint la mondialisation du conflit.*

MONÉGASQUE [mɔnegask] adj., n. m. et n. f. **1.** adjectif (après le nom) De Monaco. *Il travaille dans une société monégasque.* **2.** *UN MONÉGASQUE, UNE MONÉGASQUE* : une personne qui habite Monaco. *Les Monégasques.*

MONÉTAIRE [mɔnetɛʀ] adj. (après le nom) ▪ Relatif à la monnaie. *La lire est l'unité monétaire de l'Italie.*

MONGOL [mɔ̃gɔl] adj. et n. m., **MONGOLE** [mɔ̃gɔl] adj. et n. f. **1.** adjectif (après le nom) De Mongolie. *Les hivers mongols sont rigoureux.* **2.** *UN MONGOL, UNE MONGOLE* : une personne qui habite la Mongolie. *Les Mongols.* **3.** nom masculin *LE MONGOL* : langue parlée par les peuples mongols. *Il parle le mongol.*

MONGOLIEN [mɔ̃gɔljɛ̃] adj. et n. m., **MONGOLIENNE** [mɔ̃gɔljɛn] adj. et n. f. **1.** adjectif (après le nom) Atteint d'une très grave malformation qui empêche le développement normal. → **trisomique.** *Ils ont un enfant mongolien.* **2.** *UN MONGOLIEN, UNE MONGOLIENNE* : une personne mongolienne. *Elle a accouché d'une mongolienne.*

MONITEUR [mɔnitœʀ] n. m., **MONITRICE** [mɔnitʀis] n. f. ▪ *UN MONITEUR, UNE MONITRICE* **1.** Personne qui enseigne certaines activités. *La monitrice d'auto-école lui apprend à conduire une voiture. Son moniteur de ski est très beau.* **2.** Personne qui s'occupe d'un groupe d'enfants, en dehors de l'école. *Il est moniteur de colonie de vacances.*

FAUX AMI — anglais **monitor** « écran de télévision, d'ordinateur »

MONITRICE n., féminin de **moniteur**

monnaie [mɔnɛ] *Je monnaie ; il monnaie, elle monnaie :* forme au présent du verbe **monnayer.**

REM. On peut dire aussi *je monnaye ; il monnaye, elle monnaye* [mɔnɛj].

MONNAIE [mɔnɛ] n. f. ▪ *LA MONNAIE* **1.** Argent d'un pays (→ **monétaire).** *La monnaie des États-Unis est le dollar.* **2.** *PIÈCE DE MONNAIE :* pièce de métal qui sert de moyen d'échange. *Jetez en l'air une pièce de monnaie pour jouer à pile ou face. - Il est interdit de fabriquer de la FAUSSE MONNAIE,* de fausses pièces de monnaie et de faux billets de banque (→ **faux-monnayeur). 3.** Différence entre la somme d'argent que l'on donne pour acheter un objet et le prix de cet objet. *Le caissier me REND LA MONNAIE sur deux cents francs. Gardez la monnaie !* **4.** Ensemble des pièces de monnaie et des billets de banque de faible valeur. *Avez-vous la monnaie de cent francs ? Je n'ai qu'un billet de cinq cents francs, je vais FAIRE DE LA MONNAIE,* échanger ce billet contre l'équivalent en pièces de monnaie et en billets de plus faible valeur.

FAUX AMIS — anglais **money** « argent » ; espagnol **moneda,** russe **монета** « pièce de monnaie »

MONNAYER [mɔneje] verbe [conjugaison 8b] ▪ Échanger (qqch.) contre de l'argent. *Le témoin du meurtre monnaie* [mɔnɛ] (ou *monnaye* [mɔnɛj]) *son silence. Un jour, il monnaiera* [mɔnɛʀa] (ou *monnayera* [mɔnɛjʀa]) *son talent.*

MONOCLE [mɔnɔkl] n. m. ▪ *UN MONOCLE :* verre de lunette pour un seul œil que l'on coince sous le sourcil. *Son grand-père a un monocle.*

MONOGAME [mɔnɔgam] adj. (après le nom) ▪ Qui n'a qu'un seul mari, qu'une seule épouse à la fois. *En France, les gens sont monogames.* ⟨contraires : bigame, polygame⟩

MONOLINGUE [mɔnɔlɛ̃g] adj. (après le nom) **1.** (qqn) Qui ne parle qu'une seule langue. *Elle est monolingue.* **2.** (qqch.) Qui est en une seule langue. *J'ai un dictionnaire monolingue.* → **unilingue.** ⟨contraire : bilingue⟩

MONOLOGUE [mɔnɔlɔg] n. m. ▪ *UN MONOLOGUE* **1.** Scène d'une pièce de théâtre à un seul personnage qui parle seul. *Il y a de nombreux monologues dans les pièces de Corneille et de Shakespeare.* **2.** Long discours d'une personne qui parle longtemps sans laisser les autres parler (opposé à dialogue). *Ce n'est plus une conversation, c'est un monologue !*

MONOLOGUER [mɔnɔlɔge] verbe [conjugaison 1b] ▪ Parler tout seul, ou comme si l'on était seul. *Il monologue en marchant dans la rue.*

MONOPARENTAL [mɔnopaʀɑ̃tal], **MONOPARENTALE** [mɔnopaʀɑ̃tal] adj. (après le nom) ▪ *FAMILLE MONOPARENTALE,* où il n'y a qu'un des deux parents. *Il a été élevé dans une famille monoparentale.* MASCULIN PLURIEL : *MONOPARENTAUX* [mɔnopaʀɑ̃to].

MONOPOLE [mɔnɔpɔl] n. m. ▪ *LE MONOPOLE* **1.** Situation où une entreprise est seule à vendre un produit. *En France, l'État a le monopole du tabac.* **2.** Privilège exclusif. *Vous n'avez pas le monopole du bon goût :* vous n'êtes pas le seul à avoir bon goût.

MONOPOLISER [mɔnɔpɔlize] verbe [conjugaison 1a] ▪ S'attribuer pour soi tout seul. *Sa fille a monopolisé le téléphone toute la soirée,* elle a utilisé le téléphone toute la soirée ne laissant personne d'autre s'en servir. → **accaparer.**

MONOSKI [monoski] n. m. ▪ *LE MONOSKI* **1.** Ski unique sur lequel reposent les deux pieds. *Il a loué un monoski.* **2.** Sport de glisse pratiqué avec un monoski. *Elle fait du monoski.*

MONOSYLLABE [mɔnosilab] n. m. ▪ *UN MONOSYLLABE :* mot qui a une seule syllabe prononcée. *« Oui », « non », « tiens », « source » sont des monosyllabes.*

MONOTHÉISME [mɔnɔteism] n. m. ▪ *LE MONOTHÉISME :* croyance en un dieu unique. *Le monothéisme des musulmans.*

MONOTONE [mɔnɔtɔn] adj. (après le nom) **1.** Qui est toujours sur le même ton ou sur le même rythme. *Ce journaliste a une voix monotone.* **2.** Qui ne change pas, est toujours pareil. *Elle mène une vie monotone,* qui manque d'imprévu. ⟨contraire : varié⟩ *Ce paysage monotone rend triste.* → **uniforme.**

MONOTONIE [mɔnɔtɔni] n. f. ▪ *LA MONOTONIE :* caractère de ce qui est monotone, de ce qui ne change pas. *Ce travail est d'une grande monotonie,* il est lassant. ⟨contraires : diversité, variété⟩

MONS [mɔ̃s] nom propre - en néerlandais **BERGEN** ▪ Ville de Belgique. *Nous sommes allés à Mons. Quand reviennent-ils de Mons ?*

MONSIEUR [məsjø] n. m. **1.** *MONSIEUR :* nom que l'on donne à un homme. *Monsieur et Madame X vous attendent.* → **madame.** *Je passe la parole à monsieur le Maire. Bonjour, monsieur.* PLURIEL : *bonsoir mesdames, mesdemoiselles, MESSIEURS* [mesjø]. - *M.* [məsjø] abréviation PLURIEL : *MM.* [mesjø]. *M. et M*[me] *X.* **2.** *UN MONSIEUR :* un homme. *Un monsieur et une dame sont passés vous voir.* → **dame.** *Un vieux monsieur traverse la rue. J'ai vu deux messieurs dans le jardin. Au premier de ces messieurs !*

REM. L'abréviation *Mr* est fautive en français : c'est l'abréviation de l'anglais *Mister.*

MONSTRE [mɔ̃stʀ] n. m. et adj.

I. *UN MONSTRE* **1.** Être imaginaire qui fait peur. *Les dragons sont des monstres.* **2.** Être vivant anormal. *Un mouton à cinq pattes est un monstre.* **3.** Personne très laide. *Sa sœur est un monstre.* **4.** Personne effrayante. *Sa femme est un MONSTRE DE méchanceté. Ne me fais pas passer pour un monstre !* **5.** *Un MONSTRE SACRÉ :* un comédien très célèbre. *Il n'y a que des monstres sacrés qui jouent dans cette pièce.*

II. adjectif (après le nom) STYLE FAMILIER Très important. *J'ai un travail monstre.* → **colossal, énorme.** *Ce film a eu un succès monstre.* → **immense.** *Il y a des publicités monstres pour cette nouvelle lessive.*

MONSTRUEUX [mɔ̃stʀyø], **MONSTRUEUSE** [mɔ̃stʀyøz] adj. (après le nom) **1.** Qui fait penser à un monstre. *Il est d'une laideur monstrueuse.* **2.** Qui fait horreur. → **abominable.** *Il a commis un crime monstrueux.* → **épouvantable, horrible.** *C'est monstrueux de faire ça !* **3.** Très grand ou très gros. *Cette ville a atteint une taille monstrueuse.*

MONSTRUOSITÉ [mɔ̃stʀyozite] n. f. ▪ *UNE MONSTRUOSITÉ* **1.** Caractère de ce qui est monstrueux. *Il a commis un crime d'une monstruosité inimaginable.* → **atrocité, horreur. 2.** Chose monstrueuse. *Elle dit des monstruosités.*

MONT [mɔ̃] n. m. ▪ *UN MONT :* une montagne. *Le mont Blanc est le plus haut sommet des Alpes. - Il est toujours PAR MONTS*

ET PAR VAUX : il est sans cesse en voyage. *C'est le genre d'homme à PROMETTRE MONTS ET MERVEILLES,* à promettre des choses extraordinaires.

REM. Ce mot ne s'emploie que dans des noms de montagne et dans des expressions.

MONTAGE [mɔ̃taʒ] n. m. *LE MONTAGE* **1.** Action d'assembler les parties d'un objet. *Elle installe la bibliothèque en suivant le plan de montage* (→ **kit**). **2.** Assemblage des séquences d'un film. *Le montage de ce film a demandé de nombreuses heures de travail.* **3.** *UN MONTAGE :* assemblage particulier d'images. *Cette photo est truquée, c'est un montage.* → **photomontage.**

MONTAGNARD [mɔ̃taɲaʀ] n. m., **MONTAGNARDE** [mɔ̃taɲaʀd] n. f. *UN MONTAGNARD, UNE MONTAGNARDE :* personne qui vit en montagne. *Des montagnards ont construit un refuge près du sommet de la montagne.*

MONTAGNE [mɔ̃taɲ] n. f. *UNE MONTAGNE* **1.** Importante élévation de terrain. → **mont.** *Des sapins poussent sur le versant de la montagne. On a une belle vue depuis le sommet de la montagne. Les Alpes et les Pyrénées sont des CHAÎNES DE MONTAGNES.* – *Il ne faut pas SE FAIRE UNE MONTAGNE de cette affaire,* il ne faut pas s'en exagérer l'importance. **2.** *LA MONTAGNE :* région où il y a des montagnes. *Il préfère la mer à la montagne. Elle passe ses vacances à la montagne. Nous partons faire du ski à la montagne. Il met des CHAUSSURES DE MONTAGNE pour faire de l'alpinisme. Ils ont eu un accident de voiture sur une route de montagne.* **3.** *UNE MONTAGNE DE :* grande quantité de. → **amas, amoncellement.** *Il a une montagne de livres sur son bureau.* – *J'ai une montagne de choses à faire,* beaucoup de choses à faire. → **tas** (4.). *Les MONTAGNES RUSSES :* attraction foraine constituée d'une suite de montées et de descentes que l'on parcourt à grande vitesse dans un véhicule sur rail. *Nous allons faire un tour de montagnes russes.*

MONTAGNEUX [mɔ̃taɲø], **MONTAGNEUSE** [mɔ̃taɲøz] adj. (après le nom) Où il y a des montagnes ; formé de montagnes. *La Corse est une île montagneuse.*

MONTANT [mɔ̃tɑ̃] n. m. et adj., **MONTANTE** [mɔ̃tɑ̃t] adj.
I. *UN MONTANT* **1.** Barre verticale d'un dispositif, d'une construction. *Les montants de la fenêtre sont en métal.* **2.** Total d'un compte. *Le montant des travaux s'élève à deux mille francs.*
II. adjectif (après le nom) **1.** Qui se déplace vers le haut. *La plage n'est pas large à MARÉE MONTANTE* (opposé à marée descendante), quand la mer monte. **2.** Qui s'étend vers le haut. *Pour aller en montagne, il met des CHAUSSURES MONTANTES,* qui tiennent la cheville.

MONTE-CHARGE [mɔ̃tʃaʀʒ] n. m. invariable *UN MONTE-CHARGE :* appareil qui sert à monter des objets lourds d'un étage à un autre. *Les caisses sont transportées par le monte-charge.* PLURIEL : *des monte-charge.*

REM. L'appareil qui transporte des personnes d'un étage à un autre est un *ascenseur.*

MONTÉE [mɔ̃te] n. f. **1.** *UNE MONTÉE :* chemin qui monte. → ② **côte, pente.** *Le cycliste s'est arrêté au milieu de la montée. La maison est en haut d'une montée.* ⟨contraire : descente⟩ **2.** *LA MONTÉE :* action de monter. *La montée de la côte leur a pris une heure. L'ascenseur est tombé en panne pendant la montée.* → **ascension.** – *La montée des eaux risque de faire des inondations* (→ **crue**). **3.** Augmentation. *Les gens se plaignent de la montée des prix.* → **hausse.** ⟨contraires : baisse, diminution⟩

MONTER [mɔ̃te] verbe [conjugaison 1a]
I. (avec l'auxiliaire *être* ou *avoir*) **1.** (êtres animés) Se déplacer du bas vers le haut. ⟨contraire : descendre⟩ *Les enfants sont montés au grenier. Elle est montée en haut de la tour. Monte dans ta chambre. Savez-vous MONTER À CHEVAL ?* faire du cheval. *Les passagers montent à bord du bateau. Elle est montée dans un taxi.* – STYLE FAMILIER *Ils sont montés de Marseille à Paris,* ils sont allés du sud vers le nord. – (avec l'infinitif) *Elle est montée se coucher.* **2.** (qqch.) S'élever dans l'air. *Le soleil monte à l'horizon.* – *Les bruits montent de la rue.* **3.** (qqch.) Aller vers le haut du corps. *Les larmes me montent aux yeux.* – *Ce vin MONTE À LA TÊTE,* il enivre. *Le succès lui est monté à la tête,* l'a troublé. **4.** S'élever en pente. *La route monte jusqu'au sommet.* → **grimper.** **5.** (liquide) S'étendre vers le haut. *La mer monte,* son niveau s'élève, elle se rapproche du rivage. *La rivière a monté* (→ **crue**). **6.** Aller en augmentant. *Les loyers ne cessent de monter.* ⟨contraire : baisser⟩ *La température a encore monté.* **7.** (voix) Passer du grave à l'aigu. *Sa voix monte très haut.* **8.** Progresser. *Son mari a MONTÉ EN GRADE,* il a obtenu un meilleur poste.
II. (avec un complément et l'auxiliaire *avoir*) **1.** Parcourir en allant vers le haut. *Mon fils a monté la côte à vélo.* → **gravir, grimper.** *J'ai du mal à monter l'escalier.* **2.** Porter (qqch.) vers le haut. *Le concierge monte le courrier,* il porte le courrier aux occupants des étages. *Monte cette valise au grenier.* **3.** Être sur (un animal). *Le jockey monte une jument* (→ ① **monture**). **4.** Mettre en état de fonctionner en assemblant toutes les parties (→ **montage**). *En arrivant, le campeur montera* [mɔ̃tʀa] *sa tente. Ce meuble est à monter soi-même.* → **kit.** ⟨contraire : démonter⟩ **5.** Créer et organiser. *Ma femme a monté sa société. Ce metteur en scène monte une nouvelle pièce de théâtre,* il en prépare la représentation. **6.** Fixer définitivement. → **sertir.** *Le bijoutier monte le diamant sur la bague* (→ ② **monture**).
III. verbe pronominal SE MONTER **1.** S'élever (à un certain total). *Les frais SE SONT MONTÉS À onze mille francs.* → **atteindre.** **2.** S'installer. *Un centre commercial s'est monté dans le quartier.*

MONTEUR [mɔ̃tœʀ] n. m., **MONTEUSE** [mɔ̃tøz] n. f. *UN MONTEUR, UNE MONTEUSE :* une personne dont le métier est de monter des films. *Elle est monteuse à la télévision.*

MONTGOLFIÈRE [mɔ̃gɔlfjɛʀ] n. f. *UNE MONTGOLFIÈRE :* ballon gonflé à l'air chaud, auquel est suspendue une nacelle. *Nous avons fait une excursion en montgolfière.* → **ballon.**

MONTICULE [mɔ̃tikyl] n. m. *UN MONTICULE :* petite bosse de terrain. → **butte.** *Un calvaire s'élève sur le monticule au bout du chemin.*

MONTMARTRE [mɔ̃maʀtʀ] nom propre masculin Quartier de Paris, qui forme le dix-huitième arrondissement. *Nous sommes allés dans une boîte de nuit à Montmartre.*

MONTPELLIER [mɔ̃pəlje] nom propre Ville du sud de la France, préfecture du département de l'Hérault. *Nous revenons de Montpellier. Êtes-vous déjà allés à Montpellier ?*

MONTRE [mɔ̃tʀ] n. f. *UNE MONTRE :* petite boîte à cadran contenant un mouvement d'horlogerie, qui donne l'heure et que l'on porte sur soi. *Ma montre est attachée à un bracelet* (→ **bracelet-montre**). *Il faut que je change le bracelet de ma montre. Ma montre avance.* – *Il a mis un quart d'heure MONTRE EN MAIN,* en mesurant le temps avec précision.

MONTRÉAL [mɔ̃ʀeal] nom propre Ville du Canada, au Québec. *Je suis allé à Montréal en avion. Ils habitent Montréal* (→ **montréalais**).

MONTRÉALAIS [mɔ̃ʀealɛ] adj. et n. m., **MONTRÉALAISE** [mɔ̃ʀealɛz] adj. et n. f. **1.** adjectif (après le nom) De Montréal. *La population montréalaise est en majorité francophone.* **2.** *UN MONTRÉALAIS, UNE MONTRÉALAISE :* une personne qui habite Montréal. *Les Montréalais.*

MONTRER [mɔ̃tʀe] verbe [conjugaison 1a]
I. 1. Faire voir, mettre devant les yeux. *Elle montre ses photos à ses amis. Montre-moi ta chambre.* **2.** Faire voir de loin, par un signe, par un geste. *Pouvez-vous me montrer le chemin ?* → **indiquer.** - *Un panneau montre la sortie.* **3.** Laisser voir, laisser paraître. *Il n'a pas voulu montrer ses larmes.* ⟨contraires : cacher, dissimuler⟩ *Les sauveteurs montrent leur courage. Montre l'exemple à ton frère.* **4.** Faire comprendre. *Je vais te MONTRER QUE tu as tort.* → **démontrer, prouver.** *Montrez-moi comment il faut faire.* → **expliquer.**
II. verbe pronominal SE MONTRER **1.** Être vu, apparaître à la vue. *Le soleil se montre derrière les nuages. Ne te cache plus, montre-toi !* ⟨contraire : se cacher⟩ **2.** Se révéler. *Elle s'est montrée très gentille avec eux.*
REM. Il n'existe pas de nom dérivé de *montrer.*

① **MONTURE** [mɔ̃tyʀ] n. f. ▪ *UNE MONTURE :* animal que l'on monte, sur lequel on est assis (cheval, âne, chameau, éléphant, etc.). *Le cavalier descend de sa monture.*

② **MONTURE** [mɔ̃tyʀ] n. f. ▪ *UNE MONTURE :* partie (d'un objet) qui sert à fixer, à maintenir l'élément principal. *Il a des lunettes avec une monture en écaille,* avec la partie qui maintient les verres en écaille. *Le bijoutier sertit le rubis dans la monture.*

MONUMENT [mɔnymɑ̃] n. m. ▪ *UN MONUMENT* **1.** Édifice remarquable. *La tour Eiffel est un monument de Paris.* - *Ce livre est un MONUMENT DE bêtise,* il est remarquable par sa bêtise, il est très bête. **2.** Sculpture ou édifice construit en souvenir de qqn ou de qqch. *Le maire a déposé des fleurs devant le MONUMENT AUX MORTS du village,* devant le monument élevé à la mémoire des morts d'une guerre ou des victimes d'une catastrophe.

MONUMENTAL [mɔnymɑ̃tal], **MONUMENTALE** [mɔnymɑ̃tal] adj. (après le nom) **1.** Très grand. → **majestueux.** *Une porte monumentale permet d'accéder au château.* MASCULIN PLURIEL : *des porches MONUMENTAUX* [mɔnymɑ̃to]. **2.** STYLE FAMILIER Énorme. → **gigantesque.** *Il a fait une erreur monumentale.*

SE **MOQUER** [mɔke] verbe pronominal [conjugaison 1a] **1.** *SE MOQUER DE qqn, qqch.,* le tourner en ridicule, en rire. *Elle s'est moquée de son professeur en l'imitant.* → STYLE FAMILIER se **fiche ;** STYLE TRÈS FAMILIER se **foutre.** *Ne te moque pas de moi !* **2.** *SE MOQUER DE qqn,* le tromper, ne pas le prendre au sérieux. → **berner.** *Je ne te crois pas, tu te moques de moi !* → STYLE FAMILIER se **fiche ;** STYLE TRÈS FAMILIER se **foutre.** *Vous vous moquez du monde !* **3.** *SE MOQUER DE qqn, qqch.,* ne pas s'en soucier. *Tu peux dire ce que tu veux, je m'en moque,* ça m'est égal. → STYLE FAMILIER se **fiche ;** STYLE TRÈS FAMILIER se **foutre.** *Il se moque de ce que tu peux lui faire. Je ME MOQUE QUE tu aies tort ou raison.*

MOQUERIE [mɔkʀi] n. f. ▪ *UNE MOQUERIE :* action, parole par laquelle on se moque de qqn. *Arrêtez vos moqueries.* → **plaisanterie, sarcasme ;** STYLE RECHERCHÉ **raillerie.**

MOQUETTE [mɔkɛt] n. f. **1.** *LA MOQUETTE :* tapis vendu au mètre. *Ils ont acheté de la moquette.* **2.** *UNE MOQUETTE :* tapis qui couvre toute la surface d'une pièce. *Il y a une très belle moquette dans sa chambre. Il faudrait remplacer la moquette.*

MOQUEUR [mɔkœʀ], **MOQUEUSE** [mɔkøz] adj. (après le nom) **1.** (qqn) Qui a l'habitude de se moquer. *Ne fais pas attention à ce qu'il dit, il est très moqueur.* → **caustique.** **2.** (qqch.) Qui montre que l'on se moque. *Il la regarde avec un air moqueur.* → **ironique.**

MORAL [mɔʀal] adj. et n. m., **MORALE** [mɔʀal] adj.
I. adjectif (après le nom) **1.** Qui concerne les mœurs, les règles de bonne conduite. *Il n'a aucun sens moral :* il ne distingue pas le bien du mal. MASCULIN PLURIEL : *les principes MORAUX* [mɔʀo] *permettent de faire ce qui est bien.* **2.** Qui est juste et montre l'exemple à suivre. *La fin de l'histoire est très morale : les bandits vont en prison.* → **édifiant.** ⟨contraire : immoral⟩ **3.** Qui concerne l'esprit, la pensée. → **mental.** *Le malade fait preuve d'une grande force morale.* ⟨contraire : physique⟩
II. *LE MORAL* **1.** État d'esprit qui permet de supporter plus ou moins bien les difficultés, d'être heureux ou malheureux, optimiste ou pessimiste. *Le blessé A BON MORAL. Elle a LE MORAL À ZÉRO :* elle a un très mauvais moral. *J'ai réussi à lui REMONTER LE MORAL,* à le faire aller mieux. **2.** Bon moral. *Essayez de garder le moral !* de rester optimiste. *Je n'ai vraiment pas le moral :* je suis déprimé, j'ai le cafard.

MORALE [mɔʀal] n. f. **1.** *LA MORALE :* ensemble des règles de conduite qui permettent de savoir ce qui est bien. *Le crime est contraire à la morale.* - *FAIRE LA MORALE à qqn,* le sermonner, lui reprocher ce qu'il fait et lui dire ce qu'il devrait faire. *Elle n'aime pas qu'on lui fasse la morale.* **2.** *UNE MORALE :* leçon que l'on peut tirer de qqch. *La morale de cette histoire, c'est que les méchants sont toujours punis.* → **moralité.** *À la fin des fables de La Fontaine, il y a toujours une morale.*

MORALEMENT [mɔʀalmɑ̃] adverbe ▪ Sur le plan spirituel, intellectuel. *Elle a beaucoup souffert moralement.* → **psychologiquement.** ⟨contraire : physiquement⟩

MORALISATEUR [mɔʀalizatœʀ], **MORALISATRICE** [mɔʀalizatʀis] adj. (après le nom) ▪ (qqch.) Qui donne des leçons de morale. *Il lui parle sur un ton moralisateur,* sur le ton de quelqu'un qui fait la morale.

MORALISTE [mɔʀalist] n. m., n. f. ▪ *UN MORALISTE, UNE MORALISTE :* écrivain qui réfléchit sur la conduite des hommes et donne des leçons de morale. *La Fontaine et La Bruyère furent de célèbres moralistes français.*

MORALITÉ [mɔʀalite] n. f. **1.** *LA MORALITÉ :* qualité d'une personne qui a des principes moraux, qui suit les règles de la morale. *C'est un homme sans moralité, d'une moralité douteuse,* qui se conduit mal. *Il lui faut un certificat de moralité.* **2.** *UNE MORALITÉ :* leçon que l'on peut tirer de qqch. → **morale.** *Quelle est la moralité de cette fable ? J'ai tout perdu ; moralité : ne faites pas comme moi !*

MORBIDE [mɔʀbid] adj. (après le nom) ▪ (qqch.) Anormal et malsain. *Il a une curiosité morbide pour tout ce qui concerne les crimes.* → **maladif.** *Elle a des goûts morbides.* → **pervers.**

FAUX AMI
italien **morbido**
« doux, tendre »

MORCEAU [mɔʀso] n. m. ▪ *UN MORCEAU* **1.** Partie séparée ou isolée d'un objet ou d'une matière solide. → **bout.** *Donne-moi un morceau de pain.* PLURIEL : *il met deux MORCEAUX de sucre dans son café. L'assiette s'est cassée en mille morceaux,* en miettes. - *À midi, nous avons MANGÉ UN MORCEAU,* nous avons fait un petit repas. - STYLE FAMILIER *Les coupables ont CRACHÉ LE MORCEAU,* ils ont avoué. **2.** Fragment, partie d'une œuvre littéraire. *Les élèves ouvrent leur recueil de MORCEAUX CHOISIS,* de passages d'œuvres de la littérature choisis parmi les plus fameux. **3.** Air de musique. *Il a appris un nouveau morceau à son cours de piano.*

MORCELER [mɔʀsəle] verbe [conjugaison 4a] ▪ Partager (un terrain) en plusieurs parties. → **partager.** *Le promoteur morcelle le terrain en plusieurs lots.* ⟨contraire : regrouper⟩ *La propriété a été morcelée.*

MORCELLEMENT [mɔʀsɛlmɑ̃] n. m. ▪ *UN MORCELLEMENT :* état de ce qui est morcelé. → **division, partage.** *La société immobilière* *a entrepris le morcellement du domaine en plusieurs lots.* → **lotissement.**

mordant [mɔʀdɑ̃] *En mordant :* forme au participe présent du verbe **mordre.**

MORDANT [mɔʀdɑ̃], **MORDANTE** [mɔʀdɑ̃t] adj. (après le nom) **1.** Qui donne une sensation de morsure. *Il fait un froid mordant,* très vif. **2.** Qui attaque avec une violence qui blesse. *Il a une ironie mordante.* → **acerbe, blessant.**

morde [mɔʀd] *Que je morde ; qu'il morde, qu'elle morde :* forme au subjonctif du verbe **mordre.**

MORDILLER [mɔʀdije] verbe [conjugaison 1a] ■ Mordre légèrement. *Quand il est énervé, il mordille son crayon. - Le chiot mordille pour jouer.*

mordit [mɔʀdi] *Il mordit, elle mordit :* forme au passé simple du verbe **mordre.**

MORDORÉ [mɔʀdɔʀe], **MORDORÉE** [mɔʀdɔʀe] adj. (après le nom) ■ Brun avec des reflets dorés. *Elle a une robe mordorée.*

MORDRE [mɔʀdʀ] verbe [conjugaison 41a] **1.** Saisir et serrer avec les dents pour blesser, entamer et retenir. *Ce chien mord les gens qu'il ne connaît pas. Il l'a mordu* **(→ morsure).** *Je mords une pomme.* → **croquer. 2.** Attaquer, blesser avec les dents. *Quand il était jeune, ce chien mordait. - Il a été mordu par un serpent.* → **piquer. 3.** (qqch.) User, ronger. *L'acide mord le métal.* → **entamer. 4.** (qqch.) Provoquer une sensation douloureuse. *Le froid mord.* → **pincer. 5.** *MORDRE À :* saisir avec les dents. *Le pêcheur met un appât pour que le poisson morde à l'hameçon. - Il n'a jamais mordu aux maths,* il n'a jamais aimé les maths. **6.** *MORDRE DANS :* enfoncer les dents dans. *Il s'est cassé une dent en mordant dans une pomme. Elle mordit dans son sandwich.* **7.** *MORDRE SUR qqch. :* empiéter sur qqch. *L'automobiliste a mordu sur la ligne blanche.* **8.** verbe pronominal SE MORDRE *Il S'EN MORDRA LES DOIGTS :* il le regrettera. *Elle s'en est mordu les doigts pendant longtemps.*

mords [mɔʀ] *Je mords ; tu mords :* forme au présent du verbe **mordre.**

mordu [mɔʀdy], **mordue** [mɔʀdy] *Il a mordu la pomme ; la pomme qu'il a mordue :* formes au participe passé du verbe **mordre.**

MORDU [mɔʀdy] adj., n. m. et n. f. ■ STYLE FAMILIER **1.** adjectif (après le nom) Amoureux. *Il ne pense qu'à cette fille, il est mordu.* **2.** *UN MORDU, UNE MORDUE :* une personne qui a un goût très fort pour (qqch.). *C'est un mordu de cinéma.* → STYLE FAMILIER **fanatique, fou.** *Ce sont des mordus de jazz.*

MORFAL [mɔʀfal] n. m., **MORFALE** [mɔʀfal] n. f. ■ STYLE FAMILIER *UN MORFAL, UNE MORFALE :* personne qui a un très gros appétit. *C'est un morfal. Bande de morfals !* → **goinfre.**

morfondait [mɔʀfɔ̃dɛ] *Il se morfondait, elle se morfondait :* forme à l'imparfait du verbe se **morfondre.**

SE **MORFONDRE** [mɔʀfɔ̃dʀ] verbe pronominal [conjugaison 41a] ■ STYLE RECHERCHÉ S'ennuyer en attendant. *Je me morfonds toute seule dans mon coin.* ⟨contraire : s'amuser⟩ *Il se morfond. Elle s'est morfondue toute la journée. Il se morfondait à l'attendre. Au début, elle se morfondit un peu. Il ne veut pas qu'elle se morfonde.*

morfonds [mɔʀfɔ̃] *Je me morfonds ; tu te morfonds :* forme au présent du verbe se **morfondre.**

morfondu [mɔʀfɔ̃dy], **morfondue** [mɔʀfɔ̃dy] *Il s'est morfondu ; elle s'est morfondue :* formes au participe passé du verbe se **morfondre.**

① **MORGUE** [mɔʀg] n. f. ■ STYLE RECHERCHÉ *LA MORGUE :* air hautain et méprisant. *Sa morgue le fait détester de tous.* → **arrogance.**

② **MORGUE** [mɔʀg] n. f. ■ *LA MORGUE :* lieu où l'on dépose provisoirement le corps des personnes qui viennent de mourir. *Le corps de la victime a été transporté à la morgue.*

MORIBOND [mɔʀibɔ̃] adj. et n. m., **MORIBONDE** [mɔʀibɔ̃d] adj. et n. f. **1.** adjectif (après le nom) (qqn) Qui est en train de mourir. *La malade moribonde n'est plus consciente.* → **agonisant, mourant. 2.** *UN MORIBOND, UNE MORIBONDE :* une personne qui en train de mourir. *Le moribond est dans le coma.*

MORILLE [mɔʀij] n. f. ■ *UNE MORILLE :* champignon au chapeau brun ressemblant à une éponge, au goût très parfumé. *Le cuisinier prépare un poulet aux morilles.*

MORNE [mɔʀn] adj. (avant le nom ou après le nom) ■ Triste et ennuyeux. *Il fait une morne journée de pluie. Tu as l'air morne, aujourd'hui.* → **morose.** ⟨contraires : gai, joyeux⟩

> FAUX AMI
> portugais **morno** « tiède »

MOROSE [mɔʀoz] adj. (après le nom) ■ Triste et sombre, que rien ne peut rendre gai. *Il est d'humeur morose.* ⟨contraires : gai, joyeux⟩

> FAUX AMIS
> espagnol **moroso** « retardataire » ; portugais **moroso** « lent »

MOROSITÉ [mɔʀozite] n. f. ■ *LA MOROSITÉ :* humeur, atmosphère triste et sombre. ⟨contraires : gaieté, joie⟩ *Le pays est gagné par la morosité,* le manque de dynamisme.

> FAUX AMI
> italien **morosità** « retard de paiement »

MORPHINE [mɔʀfin] n. f. ■ *LA MORPHINE :* produit tiré de l'opium et qui sert à calmer les douleurs très fortes. *L'infirmière a fait une piqûre de morphine au malade. La morphine est une drogue très puissante.*

MORPHINOMANE [mɔʀfinɔman] adj., n. m. et n. f. **1.** adjectif (après le nom) (qqn) Qui se drogue à la morphine. *Elle est devenue morphinomane.* **2.** *UN MORPHINOMANE, UNE MORPHINOMANE :* une personne qui se drogue à la morphine. *Les morphinomanes sont des toxicomanes.*

MORPHOLOGIE [mɔʀfɔlɔʒi] n. f. ■ *LA MORPHOLOGIE* **1.** Forme, aspect extérieur d'un être vivant. *Les athlètes ont une morphologie particulière.* **2.** Étude de la formation des mots et de leurs variations de formes dans la phrase. *La morphologie permet de rapprocher des mots comme « froid » et « refroidir », qui sont de la même famille.*

MORPION [mɔʀpjɔ̃] n. m. ■ *UN MORPION* **1.** STYLE FAMILIER Pou du pubis. *Il a attrapé des morpions.* **2.** Jeu où les deux joueurs doivent placer cinq signes en ligne droite sur une grille. *Les deux amis jouent au morpion.*

MORS [mɔʀ] n. m. ■ *LE MORS :* partie du harnais faite d'une petite barre de métal que l'on passe dans la bouche d'un cheval et qui sert à le diriger. *Le cavalier passe le mors à sa jument. - Le cheval a PRIS LE MORS AUX DENTS,* il s'est emballé.

> REM. *Mort* « décédé » et *mort* « arrêt de la vie » se prononcent de la même façon.

MORSE [mɔʀs] n. m. ■ *UN MORSE :* gros animal marin des régions polaires, qui ressemble un peu au phoque et dont la gueule possède deux grosses défenses. *On chasse le morse pour sa graisse, son cuir et l'ivoire de ses défenses. Les morses sont des mammifères.*

MORSURE [mɔʀsyʀ] n. f. ▪ *UNE MORSURE* **1.** Action de mordre. *La morsure de certains serpents est mortelle.* **2.** Blessure, marque faite en mordant. *L'homme a des traces de morsures aux jambes.*

mort [mɔʀ], **morte** [mɔʀt] *Il est mort ; elle est morte :* formes au participe passé du verbe **mourir.**

① **MORT** [mɔʀ] n. f. ▪ *LA MORT* **1.** Arrêt de la vie. *La mort de son chien lui a fait du chagrin.* → **disparition.** *Il a hérité de beaucoup d'argent à la mort de ses parents.* → **décès.** *Il est mort de mort naturelle. Sa mort a été accidentelle.* - *La vieille dame est morte DE SA BELLE MORT,* de vieillesse et sans douleur. *Il EST À L'ARTICLE DE LA MORT,* tout près de mourir, à l'agonie. *Vous ÊTES EN DANGER DE MORT,* vous risquez de mourir. - *Le soldat est blessé À MORT,* d'une façon qui entraîne la mort (→ **mortellement).** (figuré) *Il m'en veut à mort :* il a beaucoup de rancune contre moi. *Les deux amis sont fâchés à mort,* ils sont devenus définitivement des ennemis. *C'est une question DE VIE OU DE MORT,* une question très importante, vitale. *Il y a un SILENCE DE MORT,* un silence complet, absolu. *Il a obéi LA MORT DANS L'ÂME,* à contrecœur. - *Il s'est DONNÉ LA MORT :* il s'est suicidé. *La PEINE DE MORT n'existe plus en France depuis 1981.* **2.** Destruction de (qqch.). *Les supermarchés sont la mort des petits commerces.*

② **MORT** [mɔʀ], **MORTE** [mɔʀt] adj. (après le nom) **1.** (êtres vivants) Qui a cessé de vivre. ⟨contraire : vivant⟩ *On l'a cru mort. Leur enfant est mort à la naissance.* → **mort-né.** *Elle est morte et enterrée. J'ai trouvé une souris morte dans le grenier.* - *Le jardinier ramasse les feuilles mortes.* **2.** Qui semble avoir perdu la vie. *Nous sommes MORTS DE faim :* nous avons très faim (→ **affamé).** *Les enfants sont morts de peur,* ils sont effrayés. *Ils sont PLUS MORTS QUE VIFS,* complètement effrayés. **3.** (qqch.) Hors d'usage. *Les piles de la radio sont mortes, il faut les changer.* → **usé ;** STYLE FAMILIER ① **fichu ;** STYLE TRÈS FAMILIER **foutu. 4.** Sans activité, sans vie. *Tout semble mort dans la ville. Le feu est mort.* → **éteint.** *Il n'y a pas de temps morts dans les films d'action,* de moments où il ne se passe rien. → **creux. 5.** Qui appartient au passé. *Le latin et le grec ancien sont des LANGUES MORTES,* des langues que l'on ne parle plus. ⟨contraire : vivant⟩

③ **MORT** [mɔʀ] n. m., **MORTE** [mɔʀt] n. f. ▪ *UN MORT, UNE MORTE* **1.** Corps d'un être humain qui n'est plus en vie. *On enterre ou on incinère les morts.* → **cadavre, corps.** - *Il est pâle comme un mort,* très pâle. - *Il a FAIT LE MORT, quand on l'a appelé,* il n'a pas réagi. **2.** Être humain qui ne vit que dans la mémoire des hommes ou qui est supposé être dans l'au-delà. *Le prêtre dit une prière pour les morts.* → **défunt, disparu.** *Le maire dépose une gerbe devant le MONUMENT AUX MORTS. Le jour des Morts est le 2 novembre.* **3.** Personne qui a été tuée. *L'accident a fait deux morts et trois blessés.* → **victime. 4.** Au bridge, Joueur qui étale ses cartes et qui ne participe pas au jeu. *C'est lui qui fait le mort, dans cette partie.*

MORTADELLE [mɔʀtadɛl] n. f. ▪ *LA MORTADELLE :* un gros saucisson italien de couleur rosée, fait avec du porc, du bœuf et des morceaux de gras. *J'ai mangé deux tranches de mortadelle.*

MORTALITÉ [mɔʀtalite] n. f. ▪ *LA MORTALITÉ :* nombre de personnes qui meurent. *La mortalité infantile est faible dans les pays industrialisés,* le nombre d'enfants qui meurent. *Dans ce pays, le TAUX DE MORTALITÉ est de 15 ‰,* le rapport entre le nombre d'habitants et le nombre de personnes qui meurent.

morte adj. → ② **mort**

MORTEL [mɔʀtɛl] adj. et n. m., **MORTELLE** [mɔʀtɛl] adj. et n. f. **I.** adjectif (après le nom) **1.** Qui doit mourir un jour. *Tous les êtres vivants sont mortels.* ⟨contraires : éternel, immortel⟩ **2.** (qqch.) Qui cause la mort, entraîne la mort. *Le soldat a reçu une blessure mortelle. Il a avalé un poison mortel.* **3.** *ENNEMI MORTEL,* qui souhaite la mort (de qqn). *Depuis qu'ils sont fâchés, ils sont devenus l'un pour l'autre des ennemis mortels.* **4.** (qqch.) Très intense. *Il fait un froid mortel. Il y a eu un silence mortel dans la conversation.* **5.** STYLE FAMILIER Très ennuyeux. *C'est mortel, ce film.* → **lugubre,** ① **sinistre.**
II. *UN MORTEL, UNE MORTELLE :* un être humain. *Je pense comme LE COMMUN DES MORTELS,* comme les gens ordinaires, comme tout le monde.

MORTELLEMENT [mɔʀtɛlmɑ̃] adverbe **1.** De manière à causer la mort. *Le conducteur du train a été mortellement blessé.* **2.** Énormément. *Nous nous sommes mortellement ennuyés à cette soirée.*

MORTIER [mɔʀtje] n. m. ▪ *LE MORTIER :* mélange de ciment et de sable délayé dans de l'eau, utilisé en maçonnerie pour lier les pierres entre elles ou les recouvrir. *Le maçon enduit la façade de la maison avec du mortier.*

MORTIFIÉ [mɔʀtifje], **MORTIFIÉE** [mɔʀtifje] adj. (après le nom) ▪ Humilié, vexé. *Elle se sent mortifiée par son échec.*

MORT-NÉ [mɔʀne], **MORT-NÉE** [mɔʀne] adj. (après le nom) **1.** (être vivant) Mort à la naissance. *Ils ont eu un bébé mort-né.* MASCULIN PLURIEL : *la chienne a eu deux chiots MORT-NÉS.* FÉMININ PLURIEL : *elle a eu des jumelles MORT-NÉES.* **2.** (qqch.) Qui échoue dès le début. *Tous ses projets sont mort-nés.*

MORTUAIRE [mɔʀtɥɛʀ] adj. (après le nom) ▪ Relatif aux morts. *La cérémonie mortuaire aura lieu demain.* → **funèbre.** *Le cercueil est recouvert de fleurs et de couronnes mortuaires.*

MORUE [mɔʀy] n. f. ▪ *UNE MORUE :* grand poisson des mers froides, de la famille du colin et du merlan. *L'huile de foie de morue est un fortifiant. Nous avons mangé de la morue fraîche.* → **cabillaud.**

MORVE [mɔʀv] n. f. ▪ *LA MORVE :* liquide visqueux qui sort du nez. *Mouche-toi, tu as la morve au nez.*

MORVEUX [mɔʀvø] adj. et n. m., **MORVEUSE** [mɔʀvøz] adj. et n. f. **1.** adjectif (après le nom) Qui a de la morve au nez. *Des enfants morveux jouent dans la rue.* - STYLE FAMILIER *Il se sent morveux :* il n'est pas très fier de lui. **2.** STYLE FAMILIER *UN MORVEUX, UNE MORVEUSE :* un petit garçon, une petite fille. → STYLE FAMILIER **gamin.** *Tu n'es qu'un morveux. Petite morveuse !* → STYLE FAMILIER **merdeux.**

MOSAÏQUE [mozaik] n. f. ▪ *UNE MOSAÏQUE :* assemblage de petits cubes de pierres de différentes couleurs formant un dessin. *Les anciennes villas romaines avaient des sols en mosaïque.*

Moscou [mɔsku] nom propre ▪ Capitale de la Russie, sur la Moskova. *Ils sont allés à Moscou. Nous rentrons de Moscou. Ils habitent Moscou* (→ **moscovite).**

MOSCOVITE [mɔskɔvit] adj., n. m. et n. f. **1.** adjectif (après le nom) De Moscou. *Nous avons visité des églises moscovites.* **2.** *UN MOSCOVITE, UNE MOSCOVITE :* un habitant, une habitante de Moscou. *Les Moscovites.*

MOSQUÉE [mɔske] n. f. ▪ *UNE MOSQUÉE :* bâtiment où les musulmans vont prier. *Nous nous déchaussons pour entrer dans la mosquée.*

MOT [mo] n. m. ▪ *UN MOT* **1.** Ensemble de lettres ou de sons qui représente la plus petite partie de la phrase et qui a un sens. *On forme une phrase avec des mots. « Chien » est un mot de* *cinq lettres. Le mot « chien »* [ʃjɛ̃] *n'a qu'une syllabe. Que veut dire ce mot ? Un dictionnaire donne le sens des mots.* → **lexique.** *Le français a emprunté beaucoup de mots étrangers.* → **emprunt.** - *Je ne connais pas ce mot. J'ai le* MOT SUR LE BOUT DE LA LANGUE, je le connais mais je n'arrive pas à le trouver. *Il n'a pas dit un seul mot de la soirée,* il n'a pas parlé. *Elle ne parle pas très bien le français, elle* CHERCHE SES MOTS, elle ne trouve pas vite ni facilement la bonne expression. *Il traduit la phrase* MOT À MOT [motamo], un mot après l'autre (→ **textuellement**). *Cet enfant dit beaucoup de* GROS MOTS, des grossièretés. *Les deux amies ont la même robe, on dirait qu'elles* SE SONT DONNÉ LE MOT, qu'elles se sont mises d'accord. - *Elle aime faire des* MOTS CROISÉS, remplir une grille avec des mots dont les lettres se recoupent horizontalement et verticalement (→ **cruciverbiste**). **2.** Ce que l'on dit dans la communication. *Attends, j'ai deux mots à te dire,* j'ai à te parler. *Je lui en dirai un mot si tu veux,* je lui en parlerai. *Elle* A SON MOT À DIRE *dans cette affaire,* elle a le droit de donner son avis. → **avis.** *Il veut absolument* AVOIR LE DERNIER MOT, avoir raison. *C'est mon* DERNIER MOT, la dernière concession que je ferai. **3.** Court message écrit. *En partant, elle a laissé un mot sur la table. En deux mois, je n'ai pas reçu un mot.* → **lettre. 4.** Parole, phrase qui exprime une pensée d'une façon rapide et frappante. *Ce livre est un recueil de mots célèbres. Ce sera* LE MOT DE LA FIN, l'expression qui résume la situation. *C'est un homme spirituel qui fait des* MOTS D'ESPRIT, qui dit des choses fines et drôles. *Elle a toujours* LE MOT POUR RIRE : elle fait sans cesse des plaisanteries. - STYLE FAMILIER *Ils ont* EU DES MOTS : ils se sont disputés. *Elle a eu des mots avec lui.*

> *le mot*
>
> 1. On appelle *mot graphique* une suite de lettres entre deux blancs.
>
> 2. Certains mots contiennent un autre mot : le verbe *cuisiner* contient *cuisine,* c'est un dérivé. Le mot *chou-fleur* contient deux mots, c'est un composé. Il existe des composés sans trait d'union : *point de vue, compte rendu, bleu ciel.*
>
> 3. Les mots des sciences et des techniques s'appellent des *termes* : *masochisme* est un terme de psychanalyse. → **terminologie.**
>
> 4. Il existe des mots variables (en genre, en nombre, en personne) et des mots invariables. Le mot qui commence un article de dictionnaire s'appelle une *entrée.* Un mot qui est dans une phrase et qui s'accorde s'appelle une *forme* : *venons* est une forme de *venir, journaux* est une forme de *journal.*

MOTARD [mɔtaʀ] n. m., **MOTARDE** [mɔtaʀd] n. f. ▪ STYLE FAMILIER **1.** UN MOTARD : gendarme à moto. *L'automobiliste s'est fait arrêter par un motard.* **2.** UN MOTARD, UNE MOTARDE : un motocycliste, une motocycliste. *La jeune motarde a un blouson de cuir et des bottes.*

MOTEL [mɔtɛl] n. m. ▪ UN MOTEL : hôtel situé au bord des grandes routes, destiné aux automobilistes qui peuvent garer leur voiture devant leur chambre. *Nous avons passé la nuit dans un motel.*

① **MOTEUR** [mɔtœʀ], **MOTRICE** [mɔtʀis] adj. (après le nom) ▪ Capable de produire un mouvement. *Les nerfs moteurs permettent aux muscles de faire des mouvements. Les voiliers utilisent la force motrice du vent pour avancer. Il a une voiture à quatre roues motrices* (→ **quatre-quatre**).

② **MOTEUR** [mɔtœʀ] n. m. ▪ UN MOTEUR **1.** Appareil qui, en transformant l'énergie, fait fonctionner une machine ou permet de faire tourner les roues d'un véhicule. *Les voitures et les motos sont des véhicules à moteur. Il faut changer le moteur du réfrigérateur.* **2.** Personne ou chose qui pousse à agir. *Sa femme a été le moteur de cette entreprise.*

MOTIF [mɔtif] n. m. ▪ UN MOTIF **1.** Ce qui explique une action. → **cause, raison.** *Donne-moi un bon motif et je t'aiderai. Quel est le motif de votre absence ? Il l'a tué sans motif.* → **mobile. 2.** Dessin qui décore. *Elle a une robe faite dans un tissu à motifs géométriques.* → **dessin.**

MOTION [mosjɔ̃] n. f. ▪ UNE MOTION : proposition faite par un membre d'une assemblée. *Les députés n'ont pas voté la motion présentée par un membre de l'opposition.*

> FAUX AMI
> suédois **motion**
> « culture physique »

MOTIVANT [mɔtivɑ̃], **MOTIVANTE** [mɔtivɑ̃t] adj. (après le nom) ▪ (qqch.) Qui motive. *Il a accepté ce poste, car on lui donne un salaire motivant.* ⟨contraire : démotivant⟩

MOTIVATION [mɔtivasjɔ̃] n. f. ▪ UNE MOTIVATION : ce qui pousse à agir, à faire qqch. *Je n'ai pas compris ses motivations. Il doit envoyer une* LETTRE DE MOTIVATION *pour être accepté dans cette école,* une lettre qui explique pourquoi il veut y entrer.

MOTIVÉ [mɔtive], **MOTIVÉE** [mɔtive] adj. (après le nom) ▪ (qqn) Qui a de bonnes raisons pour faire ce qu'il fait, qui a des motivations. *C'est un élève motivé, il devrait réussir. Elle est très motivée dans son travail.*

MOTIVER [mɔtive] verbe [conjugaison 1a] **1.** (qqn) Expliquer les raisons de (qqch.). *Vous devez motiver votre choix.* - *Toute absence doit être motivée.* → **justifier. 2.** Pousser (qqn) à agir. *L'ambition le motive.* → **stimuler.** ⟨contraire : démotiver⟩ *Ce professeur sait motiver ses élèves.* → **encourager. 3.** (qqch.) Être le motif de. *Voilà ce qui a motivé notre décision.* → ① **causer, expliquer.**

MOTO [moto] n. f. ▪ UNE MOTO : véhicule à deux roues qui a un moteur puissant. *Il est venu à moto. Le voilà sur sa moto. Elle a participé à une course de motos.* - *Il aime faire de la moto,* rouler à moto.

REM. *Moto* est l'abréviation courante de *motocyclette.*

MOTO-CROSS [motokʀɔs] n. m. invariable ▪ UN MOTO-CROSS : course de motos sur un parcours accidenté. *Ils font du motocross en forêt.* PLURIEL : *elle participe à des moto-cross.*

REM. On écrit aussi *motocross* en un seul mot, sans trait d'union.

MOTOCULTEUR [mɔtɔkyltœʀ] n. m. ▪ UN MOTOCULTEUR : petit engin à moteur à deux roues, dirigé à la main et utilisé pour de petits travaux agricoles. *Le jardinier retourne la terre du potager avec son motoculteur.*

MOTOCYCLETTE [mɔtɔsiklɛt] n. f. ▪ UNE MOTOCYCLETTE : véhicule à deux roues qui a un moteur puissant. → **moto.** *Les premières motocyclettes ont été fabriquées à la fin du dix-neuvième siècle.*

REM. **1.** L'abréviation *moto* est plus courante que le mot *motocyclette.* **2.** Un *cyclomoteur* est équipé d'un moteur moins puissant.

MOTOCYCLISTE [mɔtɔsiklist] n. m., n. f. ▪ UN MOTOCYCLISTE, UNE MOTOCYCLISTE : personne qui conduit une moto. → **motard.** *Un motocycliste s'est fait renverser par une voiture.*

MOTONEIGE [motonɛʒ] n. f. ▪ UNE MOTONEIGE : petit véhicule monté sur des chenilles, avec des skis à l'avant, pour une ou deux personnes. *Ils sont venus avec leur motoneige.*

MOTORISÉ [mɔtɔʀize], **MOTORISÉE** [mɔtɔʀize] adj. (après le nom) **1.** (qqch.) Équipé d'un moteur. *Les agriculteurs ont de nombreux engins motorisés.* **2.** (qqn) Transporté par des véhicules à moteur. *Ce soldat fait partie des troupes motorisées.* - STYLE FAMILIER *Je suis motorisé* : je me déplace avec un véhicule à moteur.

MOTRICE [mɔtʀis] n. f. ▪ *UNE MOTRICE :* voiture à moteur qui entraîne les autres voitures d'un train **(→ locomotive).** *La motrice de ce T. G. V. est bleue.*

MOTS-CROISISTE [mokʀwazist] n. m., n. f. ▪ *UN MOTS-CROISISTE, UNE MOTS-CROISISTE :* personne qui aime faire des mots croisés. *C'est une mots-croisiste très douée.* **→ cruciverbiste.**

MOTTE [mɔt] n. f. ▪ *UNE MOTTE* 1. Morceau de terre compacte. *Le soc de la charrue retourne les mottes de terre.* 2. *Une MOTTE DE BEURRE :* gros bloc de beurre que les crémiers vendent au poids. *J'ai acheté du beurre à la motte.*

MOTUS ! [mɔtys] interjection ▪ Mot qui sert à demander à qqn de ne pas répéter qqch. *Motus sur tout ce que je t'ai dit ! Motus et bouche cousue !* silence !

MOT-VALISE [movaliz] n. m. ▪ *UN MOT-VALISE :* mot composé de morceaux de mots, qui ne signifient rien quand on les prend séparément. *« Franglais » est un mot-valise, venant de « français » et de « anglais ».* PLURIEL : *des MOTS-VALISES.*

① **MOU** [mu] adj., adverbe et n. m., **MOLLE** [mɔl] adj.
I. adjectif (après le nom) 1. Qui change facilement de forme quand on appuie dessus. *Le beurre devient mou à la chaleur.* ⟨contraire : dur⟩ *Le camembert est un fromage à pâte molle. J'aime m'asseoir sur des coussins mous,* dans lesquels on s'enfonce. **→ moelleux.** *Il a le ventre mou.* **→ flasque.** ⟨contraire : ① ferme⟩ 2. Qui manque d'énergie, de vitalité. *Ils ont échangé une poignée de main molle. C'est un élève mou.* **→ amorphe, indolent, nonchalant ;** STYLE RECHERCHÉ **apathique.** ⟨contraires : actif, dynamique, énergique⟩
II. adverbe STYLE FAMILIER *Y ALLER MOU,* doucement, sans violence. *Vas-y mou !* → STYLE FAMILIER **mollo.**
III. nom masculin 1. *UN MOU :* homme sans énergie, faible de caractère, qui recule devant les responsabilités. *On ne peut pas compter sur lui, c'est un mou.* 2. (qqch.) *AVOIR DU MOU :* ne pas être tendu. *Ne tire pas trop sur la corde, DONNE DU MOU,* relâche la tension de la corde.

REM. **1.** En langage recherché, on peut employer cet adjectif devant le nom. Dans ce cas, le masculin *mou* devient *mol* devant un mot commençant par une voyelle ou un *h* muet (ex. : *un mol oreiller*). **2.** *Moue* « grimace » et *moût* « jus de raisin » se prononcent de la même façon.

② **MOU** [mu] n. m.
I. *LE MOU :* poumon des animaux de boucherie. *Les chats mangent du mou. J'ai acheté des mous de bœuf.*
II. STYLE FAMILIER *BOURRER LE MOU à qqn,* lui faire croire n'importe quoi. *Ne crois pas ce qu'il t'a dit, il t'a encore bourré le mou ! Ils nous bourrent le mou, c'est de l'intox !*

MOUCHARD [muʃaʀ] n. m., **MOUCHARDE** [muʃaʀd] n. f. ▪ STYLE FAMILIER *UN MOUCHARD, UNE MOUCHARDE :* personne qui dénonce qqn. **→ délateur, dénonciateur.** *Le terroriste a été arrêté grâce au témoignage d'un mouchard.* **→ indicateur.**

MOUCHARDER [muʃaʀde] verbe [conjugaison 1a] ▪ STYLE FAMILIER Dénoncer (qqn), dire ce qu'il a fait. *Il a mouchardé ses camarades. - Fais attention à lui, il moucharde.*

MOUCHE [muʃ] n. f. ▪ *UNE MOUCHE* 1. Insecte noir qui a deux ailes et une trompe. *Une mouche s'est posée sur le fromage. La larve de la mouche* **(→ asticot).** - *C'est une FINE MOUCHE,* une personne habile et rusée. *On ENTENDRAIT UNE MOUCHE VOLER :* il y a un profond silence. *Elle A PRIS LA MOUCHE :* elle s'est mise en colère. *Quelle mouche le pique ?* pourquoi se met-il en colère brusquement ? *Il ne ferait PAS DE MAL À UNE MOUCHE :* il n'est pas du tout méchant. 2. *FAIRE MOUCHE :* tirer au centre de la cible, atteindre son but. *Le tireur a fait mouche.*

SE **MOUCHER** [muʃe] verbe pronominal [conjugaison 1a] ▪ Souffler très fort par le nez pour le débarrasser des mucosités qui l'encombrent. *Elle s'est mouchée dans un mouchoir en papier. Mouche-toi !*

MOUCHERON [muʃʀɔ̃] n. m. ▪ *UN MOUCHERON :* petite mouche. *J'ai un moucheron dans l'œil.*

MOUCHETÉ [muʃte], **MOUCHETÉE** [muʃte] adj. (après le nom) ▪ Parsemé de petites taches rondes. *Les léopards ont une fourrure fauve MOUCHETÉE DE noir.*

MOUCHOIR [muʃwaʀ] n. m. ▪ *UN MOUCHOIR :* morceau de tissu ou de papier dans lequel on se mouche. *Elle a un paquet de mouchoirs en papier dans son sac.*

MOUDRE [mudʀ] verbe [conjugaison 47] ▪ Broyer (des grains) pour faire de la poudre. *Le meunier moud le blé pour faire de la farine. Il faut que tu moules le café avec le moulin électrique* **(→ moulu).** *J'ai moulu le poivre pour le mettre dans la sauce.*

mouds [mu] *Je mouds, tu mouds :* forme au présent du verbe **moudre.**

MOUE [mu] n. f. ▪ *UNE MOUE :* grimace que l'on fait en avançant et en resserrant les lèvres. *Elle n'est pas contente, elle FAIT LA MOUE,* elle boude. *Il eut une moue de dégoût.* **→ grimace.**

REM. *Mou* « qui n'est pas dur » et *moût* « jus de raisin » se prononcent de la même façon.

MOUETTE [mwɛt] n. f. ▪ *UNE MOUETTE :* oiseau de taille moyenne, au plumage gris pâle, aux pattes palmées et aux ailes longues et pointues, qui vit au bord de la mer ou des fleuves. *Les mouettes sont plus petites que les goélands.*

MOUFLE [mufl] n. f. ▪ *UNE MOUFLE :* gant sans séparation pour les doigts, sauf pour le pouce. *Elle met des moufles pour skier.*

MOUFLON [muflɔ̃] n. m. ▪ *UN MOUFLON :* animal ruminant sauvage, proche du mouton. *Les mouflons mâles ont des cornes recourbées vers l'arrière.*

MOUFTER [mufte] verbe [conjugaison 1a] ▪ STYLE FAMILIER *NE PAS MOUFTER :* ne pas protester. **→ broncher.** *Elle n'a pas moufté. Elle a accepté sans moufter.* **→ rechigner.**

REM. Ce verbe s'emploie toujours négativement.

MOUILLAGE [mujaʒ] n. m. ▪ *UN MOUILLAGE :* lieu abrité où un bateau peut jeter l'ancre. *Ils cherchent un mouillage près de l'île. Le bateau est AU MOUILLAGE.*

MOUILLÉ [muje], **MOUILLÉE** [muje] adj. (après le nom) ▪ Qui a été mis en contact avec un liquide. *Le linge est encore mouillé.* **→ humide.** ⟨contraire : sec⟩ *Elle a les cheveux mouillés. Je suis mouillé jusqu'aux os.* **→ trempé.**

MOUILLER [muje] verbe [conjugaison 1a]
I. 1. Mettre en contact avec un liquide. ⟨contraire : sécher⟩ *Mouille l'éponge pour nettoyer la table.* **→ humecter, humidifier.** *La rosée mouille l'herbe,* elle la rend humide. *La voiture nous a mouillés en roulant dans une flaque.* **→ arroser, asperger, tremper.** *Nous avons été mouillés par l'averse.* **→ doucher.** - *Ce brouillard mouille.* 2. Mettre à l'eau (l'ancre). *Quand nous faisions du bateau, nous mouillions souvent l'ancre dans des criques.* 3. (bateau) S'arrêter. *Le voilier mouille dans le port.*
II. verbe pronominal SE MOUILLER 1. Devenir humide ou trempé. *Le linge s'est mouillé sous la pluie.* 2. STYLE FAMILIER Se compromettre. *Elle s'est mouillée dans une sale affaire.*

MOUILLETTE [mujɛt] n. f. ▪ *UNE MOUILLETTE :* petit morceau de pain, long et mince. *Elle trempe une mouillette beurrée dans son œuf à la coque.*

MOULAGE [mulaʒ] n. m. **1.** *LE MOULAGE :* action de fabriquer avec un moule. *À la fonderie, les ouvriers font le moulage d'une cloche.* **2.** *UN MOULAGE :* objet fabriqué à partir d'un moule. *Cette statue n'est pas un original, c'est un moulage.*

moulais [mulɛ] *Je moulais, tu moulais :* forme à l'imparfait des verbes **moudre** et **mouler.**

moulant [mulɑ̃] *En moulant :* forme au participe présent des verbes **moudre** et **mouler.**

MOULANT [mulɑ̃], **MOULANTE** [mulɑ̃t] adj. (après le nom) ▪ (vêtement) Très serré. *Elle a une robe moulante.* → **ajusté, collant.**

moule [mul] *Que je moule ; qu'il moule, qu'elle moule :* forme au subjonctif des verbes **moudre** et **mouler.**

① **MOULE** [mul] n. f. ▪ *UNE MOULE :* petit coquillage à la coquille noire allongée, qui se fixe sur les rochers. *Les enfants sont allés ramasser des moules. Nous avons mangé des moules marinière.*

FAUX AMI — espagnol **mula** « mule »

② **MOULE** [mul] n. m. ▪ *UN MOULE :* objet creux dans lequel on verse une substance liquide ou pâteuse pour qu'elle prenne sa forme en durcissant. *Le sculpteur coule l'argile dans le moule. Le pâtissier étale la pâte dans le MOULE À TARTE.*

MOULER [mule] verbe [conjugaison 1a] **1.** Fabriquer (un objet) en versant une substance liquide ou pâteuse dans un moule. *L'ouvrier moule des briques.* - *J'ai acheté une baguette moulée,* une baguette de pain qui a cuit dans un demi-rouleau en métal. **2.** (vêtement) Serrer, épouser les formes du corps. *Cette robe la moule* (→ **moulant).**

MOULIN [mulɛ̃] n. m. ▪ *UN MOULIN* **1.** Bâtiment dans lequel une meule moud le grain des céréales pour en faire de la farine (→ **minoterie)** ou écrase les olives pour en extraire l'huile. *Il y a des MOULINS À VENT et des MOULINS À EAU.* - *On entre ici COMME DANS UN MOULIN,* comme on veut, sans contrôle. **2.** Appareil qui sert à réduire en poudre, à moudre. *Il a un MOULIN À café électrique. Passe-moi le MOULIN À POIVRE. Elle écrase les pommes de terre dans le MOULIN À LÉGUMES.* **3.** STYLE FAMILIER *MOULIN À PAROLES :* personne qui parle sans arrêt (→ **bavard).** *Tais-toi un peu, tu es un vrai moulin à paroles !*

MOULINÉ [muline], **MOULINÉE** [muline] adj. (après le nom) ▪ *POTAGE MOULINÉ,* dont les légumes ont été écrasés dans un moulin à légumes. *Elle prépare une soupe moulinée.*

MOULINET [mulinɛ] n. m. ▪ *UN MOULINET* **1.** Petit appareil fixé sur une canne à pêche, sur lequel s'enroule le fil. *Le pêcheur remonte sa ligne en faisant tourner la manivelle du moulinet.* **2.** Mouvement rapide en forme de cercle. *Il fait des moulinets avec les bras.*

FAUX AMI — russe **мулине** « fil à broder »

MOULINETTE [mulinɛt] n. f. ▪ (nom déposé) STYLE FAMILIER *UNE MOULINETTE :* moulin à légumes ou à viande. *Le cuisinier passe les carottes à la moulinette.*

moulu [muly], **moulue** [muly] *Il a moulu des graines ; les graines qu'il a moulues :* formes au participe passé du verbe **moudre.**

MOULU [muly], **MOULUE** [muly] adj. (après le nom)
I. Réduit en poudre. *Voulez-vous du poivre moulu ou en grains ? Achète du café moulu.*
II. STYLE FAMILIER (qqn) Très fatigué. *Elle est rentrée complètement moulue.* → **éreinté, fourbu, harassé ;** STYLE FAMILIER **crevé.**

MOULURE [mulyʀ] n. f. ▪ *UNE MOULURE :* ornement en creux ou en relief, sur un plafond, un mur, une porte, un meuble. *Il y a des moulures au plafond.*

MOUMOUTE [mumut] n. f. ▪ STYLE FAMILIER *UNE MOUMOUTE :* une perruque. *Il est chauve et il porte une moumoute.*

MOURANT [muʀɑ̃] adj. et n. m., **MOURANTE** [muʀɑ̃t] adj. et n. f.
I. adjectif (après le nom) **1.** (qqn) Qui est en train de mourir. *Le vieil homme est mourant.* → **agonisant, moribond.** **2.** (qqch.) Très faible. *Il parle d'une voix mourante.*
II. *UN MOURANT, UNE MOURANTE :* une personne qui meurt. *Quelles sont les dernières volontés du mourant ?*

MOURIR [muʀiʀ] verbe [conjugaison 19] **1.** (êtres vivants) Cesser de vivre. *Sa grand-mère est morte l'année dernière.* → **décéder ;** STYLE RECHERCHÉ **expirer ;** STYLE TRÈS FAMILIER **clamser, claquer, crever.** ⟨contraire : naître⟩ *Il est mort à la guerre.* → **périr ;** STYLE RECHERCHÉ **trépasser.** *Elle mourut de la grippe.* → **succomber.** *Des pauvres gens meurent* [mœʀ] *de faim chaque jour. Le roi de France Henri IV est mort assassiné. Elle a laissé trois enfants en mourant. Il va bientôt mourir* (→ **mourant).** - STYLE FAMILIER *Plus bête que lui, TU MEURS :* ce n'est pas possible d'être plus bête que lui. - *Ces plantes mourront* [muʀʀɔ̃] *si tu ne les arroses pas.* **2.** (qqn) Ressentir une sensation très vivement. → **crever.** *Nous nous ennuyons À MOURIR :* nous nous ennuyons beaucoup (→ **mortellement).** *Je MEURS DE faim :* j'ai très faim. → STYLE FAMILIER **crever.** *Il MEURT D'ENVIE de vous revoir :* il a très envie de vous revoir. *C'est à MOURIR DE RIRE :* c'est très drôle. **3.** (qqch.) Cesser d'exister progressivement. *Remets une bûche dans la cheminée pour que le feu ne meure pas.* → s'**éteindre.**

MOUROIR [muʀwaʀ] n. m. ▪ *UN MOUROIR :* hôpital ou service d'un hôpital où les personnes en fin de vie reçoivent un minimum de soins en attendant de mourir. *Ils ont mis leur grand-mère dans un mouroir.*
▪ REM. Ce mot est péjoratif.

mourut [muʀy] *Il mourut, elle mourut :* forme au passé simple du verbe **mourir.**

MOUSQUETAIRE [muskətɛʀ] n. m. ▪ *UN MOUSQUETAIRE :* cavalier faisant partie des troupes de la maison du roi, en France, aux dix-septième et dix-huitième siècles. *« Les Trois Mousquetaires » est un roman d'Alexandre Dumas.*

MOUSQUETON [muskətɔ̃] n. m. ▪ *UN MOUSQUETON :* boucle métallique à ressort qui se referme toute seule. *Les parachutes sont fixés par des mousquetons.*

MOUSSANT [musɑ̃], **MOUSSANTE** [musɑ̃t] adj. (après le nom) ▪ Qui fait de la mousse. *Il a acheté du BAIN MOUSSANT,* du liquide qui mousse dans le bain.

① **MOUSSE** [mus] n. m. ▪ *UN MOUSSE :* jeune garçon de moins de seize ans qui apprend le métier de marin. *Son fils est mousse sur un navire de commerce.*

② **MOUSSE** [mus] n. f. ▪ *LA MOUSSE :* plante généralement verte, rase et douce, constituée de courtes tiges, qui tapisse le sol, les pierres, les arbres. *Le rocher est couvert de mousse* (→ **moussu).**

③ **MOUSSE** [mus] n. f. ▪ *LA MOUSSE* **1.** Petites bulles de gaz très serrées. *Quand on verse de la bière dans un verre, il se forme de la mousse. Ce shampoing fait beaucoup de mousse* (→ **moussant).** **2.** Caoutchouc spongieux. *Elle dort sur un matelas en mousse.* **3.** Crème à base de blancs d'œufs battus en neige. *Le cuisinier a fait de la MOUSSE AU CHOCOLAT.*

MOUSSELINE [muslin] n. f. ▪ *LA MOUSSELINE* **1.** Tissu de coton, de soie ou de laine, fin et léger. *Elle a un foulard en mousseline.* **2.** *POMMES MOUSSELINE :* purée de pommes de terre. *Le rôti est accompagné de pommes mousseline.*

MOUSSER [muse] verbe [conjugaison 1a] **1.** (qqch.) Faire de la mousse. *Cette lessive mousse beaucoup* **(→ moussant). 2.** STYLE FAMILIER *FAIRE MOUSSER :* mettre excessivement en valeur, trop vanter (qqn, qqch.). *Elle se fait mousser devant les chefs.*

MOUSSEUX [musø] adj. et n. m., **MOUSSEUSE** [musøz] adj. **1.** adjectif (après le nom) Qui fait de la mousse. *Nous avons bu du VIN MOUSSEUX,* du vin fermenté qui fait des bulles. **2.** *UN MOUSSEUX :* un vin mousseux, à l'exception du champagne. *Il a gagné une bouteille de mousseux à la fête.*

MOUSSON [musɔ̃] n. f. ▪ *LA MOUSSON :* époque où commence à souffler, dans certains pays, un vent tropical violent en été de la mer vers la terre et en hiver de la terre vers la mer, souvent accompagné d'orages et de cyclones. *Les bateaux restent au port pendant la mousson. La mousson d'été apporte les fortes pluies nécessaires à l'agriculture.*

MOUSSU [musy], **MOUSSUE** [musy] adj. (après le nom) ▪ Couvert de mousse. *J'ai glissé sur un rocher moussu.*

MOUSTACHE [mustaʃ] n. f. ▪ *LA MOUSTACHE* **1.** Poils qui poussent entre le nez et la lèvre supérieure de l'homme. *Son mari porte une petite moustache. Il s'est rasé la moustache.* **2.** (au pluriel) LES MOUSTACHES : les longs poils de la lèvre supérieure de certains animaux. *Les moustaches du chat sont très sensibles.*

MOUSTACHU [mustaʃy] adj. et n. m., **MOUSTACHUE** [mustaʃy] adj. ▪ (qqn) **1.** adjectif (après le nom) Qui a une moustache. *Un homme moustachu vous demande à l'entrée.* **2.** *UN MOUSTACHU :* homme qui a de la moustache. *Son copain est un moustachu sympathique.*

MOUSTIQUAIRE [mustikɛʀ] n. f. ▪ *UNE MOUSTIQUAIRE :* rideau très fin qui empêche les moustiques et les mouches d'entrer. *Le lit du bébé est recouvert d'une moustiquaire.*

MOUSTIQUE [mustik] n. m. ▪ *UN MOUSTIQUE :* insecte ailé qui vit dans les lieux humides, dont la femelle pique l'homme et les animaux pour se nourrir de leur sang. *Elle s'est fait piquer par un moustique. Regarde le gros moustique !* **(→ ② cousin).** *Un moustique d'Afrique transmet le paludisme.*

MOÛT [mu] n. m. ▪ *LE MOÛT :* jus de raisin, de pomme ou de poire qui n'a pas encore fermenté. *Le moût sort du pressoir.*

REM. *Mou* « qui n'est pas dur » et *moue* « grimace » se prononcent de la même façon.

MOUTARDE [mutaʀd] n. f. ▪ *LA MOUTARDE* **1.** Plante à fleurs jaunes qui pousse en Europe et en Asie. *On fait des cataplasmes avec de la farine de moutarde.* **2.** Crème jaunâtre au goût piquant préparée avec les graines de cette plante et avec du vinaigre, du sel et des aromates. *J'ai acheté un pot de moutarde. Voulez-vous de la moutarde et des cornichons avec le poulet froid ? Il boit dans un VERRE À MOUTARDE,* un verre ordinaire qui contenait de la moutarde. **3.** (invariable) Couleur jaune foncé. *Elle a un pull moutarde.* PLURIEL : *des chaussettes moutarde.*

REM. La moutarde est un *condiment.*

MOUTON [mutɔ̃] n. m.

I. *UN MOUTON* **1.** Animal ruminant au poil épais et frisé, que l'on élève pour sa laine, sa viande et le lait de la femelle. *Les moutons sont des ovins. Le mouton mâle* **(→ bélier),** *le mouton femelle* **(→ brebis).** *Le petit du mouton* **(→ agneau).** *Le berger emmène le troupeau de moutons dans la montagne. Le mouton bêle.* – STYLE FAMILIER *REVENONS À NOS MOUTONS :* revenons à notre sujet. *Si tu n'arrives pas à dormir, COMPTE LES MOUTONS !* compte des moutons imaginaires pour t'aider à t'endormir. *Sa sœur est FRISÉE COMME UN MOUTON,* très frisée. **2.** Personne qui suit les autres et fait comme eux sans réfléchir. *Il n'a jamais aucune initiative, c'est un vrai mouton.*

II. *LE MOUTON* **1.** Viande de mouton. *Achète donc du mouton pour le dîner. Nous avons mangé des côtelettes de mouton grillées. Le cuisinier met un gigot de mouton dans le four.* **2.** Peau de mouton avec sa laine. *Elle a un manteau de mouton. L'hiver, je mets des semelles de mouton dans mes bottes.*

III. (au pluriel) LES MOUTONS **1.** Flocons de poussière. *Il y a des moutons sous le lit.* **2.** Petites vagues surmontées d'écume **(→ moutonner).** *La mer est agitée, regarde tous ces moutons !* **3.** Petit nuage blanc. *Le ciel est rempli de moutons.*

MOUTONNER [mutɔne] verbe [conjugaison 1a] ▪ (eau) Faire de petites vagues surmontées d'écume, se couvrir de moutons. *Il y a du vent, la mer moutonne.*

MOUTURE [mutyʀ] n. f. **1.** *LA MOUTURE :* façon dont qqch. est moulu. *Le café à mouture fine est meilleur.* **2.** *UNE MOUTURE :* reprise, sous une forme différente, d'un sujet déjà traité. *L'écrivain nous a présenté la deuxième mouture de son roman.* **→ version.** *Voici plusieurs moutures de ma lettre : choisissez celle que vous préférez.*

REM. Pour le cinéma, on dit *remake,* mot anglais.

mouvant [muvɑ̃] *En mouvant :* forme au participe présent du verbe **mouvoir.**

MOUVANT [muvɑ̃], **MOUVANTE** [muvɑ̃t] adj. (après le nom) ▪ Qui n'est pas stable et s'enfonce. *Attention aux SABLES MOUVANTS,* au sable instable, qui s'écroule et dans lequel on peut s'enfoncer, être englouti.

MOUVEMENT [muvmɑ̃] n. m.

I. *UN MOUVEMENT* **1.** Changement de position du corps ou d'une partie du corps. *Il fait un mouvement du bras.* **→ ① geste.** *Elle fait des mouvements de gymnastique tous les matins. Il a fait un FAUX MOUVEMENT en se relevant,* un mouvement maladroit qui provoque une douleur. – STYLE FAMILIER *Il s'est décidé EN DEUX TEMPS, TROIS MOUVEMENTS,* très rapidement. – *Il aime le mouvement :* il aime bouger, il est actif. **2.** Réaction brusque. *Le professeur a eu un mouvement d'agacement,* il a manifesté son agacement. *Mon PREMIER MOUVEMENT a été de me mettre en colère,* ma première réaction. **→ ① élan, impulsion.** *Aidez-la, ayez UN BON MOUVEMENT :* soyez généreux et montrez-vous amical avec elle. **3.** Déplacement en masse. *On observe des mouvements de troupes. Le mouvement des avions dans l'aéroport est bien réglé.* **→ circulation. 4.** Partie d'un morceau de musique. *J'aime beaucoup le premier mouvement de cette sonate.* **5.** Action collective. *Il y a eu des mouvements de grève en banlieue.* **6.** Organisation, parti. *Il appartient à un mouvement syndical. Elle a milité au Mouvement de libération des femmes (M. L. F.).*

II. *LE MOUVEMENT* **1.** Changement de position dans l'espace. *L'astronome observe le mouvement des astres. Les animaux sont capables de mouvement. « Tu viens te promener ? J'ai besoin d'un peu de mouvement. »* **→ remuer. 2.** Rythme d'une musique. *L'indication du mouvement est donnée sur la partition.* – *Il va falloir PRESSER LE MOUVEMENT,* se dépêcher. *Nous sommes partis et les copains ont SUIVI LE MOUVEMENT,* ils se sont adaptés à notre rythme, à ce que nous faisions. **3.** Ce qui donne l'impression de la vie. *Il y a du mouvement dans ce film,* de l'action.

MOUVEMENTÉ [muvmɑ̃te], **MOUVEMENTÉE** [muvmɑ̃te] adj. (après le nom) ▪ (qqch.) Qui comporte des péripéties, de l'imprévu. *Nous avons eu un voyage mouvementé.* **→ agité.** ⟨contraires : ② calme, tranquille⟩

MOUVOIR [muvwaʀ] verbe [conjugaison 27] **1.** STYLE RECHERCHÉ Mettre en mouvement. *La roue du moulin est mue par l'eau.* → **actionner.** *Ce véhicule est mû par l'électricité. Je meus mes membres.* → **bouger. 2.** verbe pronominal SE MOUVOIR : être en mouvement. *La vieille dame se mouvait avec difficulté. Elle s'est mue difficilement. Il faut qu'il se meuve avec lenteur pendant sa rééducation.*

① **MOYEN** [mwajɛ̃], **MOYENNE** [mwajɛn] adj. (après le nom, parfois avant le nom) **1.** Qui se trouve au milieu, entre deux extrêmes. → **intermédiaire.** *Elle est de taille moyenne :* elle n'est ni grande ni petite. *Le village est situé à moyenne altitude.* (contraires : bas, élevé) *Leur famille appartient aux classes moyennes. Sa fille est au* COURS MOYEN, dans les dernières classes de l'école primaire, entre le cours élémentaire et la sixième. **2.** Qui n'est ni bon ni mauvais. *C'est un étudiant moyen. Il obtient des résultats moyens.* → **honnête, médiocre, passable.** (contraire : exceptionnel) - STYLE FAMILIER *« Comment ça va ? – C'est moyen »,* ni bien ni mal. **3.** Qui est du type le plus courant. *C'est un* FRANÇAIS MOYEN, une personne représentative de tous les Français. → **ordinaire.** *Ce texte est trop difficile pour le lecteur moyen.* **4.** Que l'on obtient en faisant une moyenne. *L'automobiliste roule à une vitesse moyenne de soixante kilomètres à l'heure. La température moyenne dans ce pays est de dix-huit degrés.* **5.** LE MOYEN, LA MOYENNE : ce qui est moyen (3.). *Vous voulez le grand pot ou le moyen ? Celle-ci est trop longue, en voici une moyenne.* → **moyenne** (REM.).

② **MOYEN** [mwajɛ̃] n. m.

I. UN MOYEN : procédé qui permet de parvenir à ce que l'on veut. **1.** (avec article) *J'ai trouvé un* MOYEN POUR *arrêter la fuite d'eau. Il a trouvé le* MOYEN D'*entrer sans payer. Il doit bien y avoir un* MOYEN POUR *y arriver.* → **méthode.** *Il n'y a pas d'autre moyen.* → **façon, manière.** *Par quel moyen ?,* comment ? *Le meilleur moyen de le savoir, c'est de le lui demander. Je veux réussir* PAR TOUS LES MOYENS, à tout prix. *Il va falloir employer* LES GRANDS MOYENS, des méthodes importantes. - *L'avion, le train, le bateau, la voiture sont des* MOYENS DE TRANSPORT. *La presse, la radio, la télévision sont des* MOYENS DE COMMUNICATION (→ **média**). **2.** (sans article) *Elle a* TROUVÉ MOYEN *de choquer tout le monde,* elle y est arrivée. - IL N'Y A PAS MOYEN DE *lui faire changer d'avis,* c'est impossible. **3.** préposition AU MOYEN DE : à l'aide de, grâce à. → **avec.** *L'oiseau vole au moyen de ses ailes. Elle ouvre la bouteille au moyen d'un décapsuleur. Voici le bateau au moyen duquel vous voyagerez.*

II. (au pluriel) LES MOYENS **1.** Capacités physiques, intellectuelles et morales de qqn. *Il a beaucoup de moyens mais il est paresseux. Le candidat a* PERDU TOUS SES MOYENS *devant l'examinateur,* il a été troublé, décontenancé. *Il a réussi* PAR SES PROPRES MOYENS, sans que personne ne l'aide, en agissant seul. **2.** Ressources que l'on a pour vivre. *Elle n'a pas* LES MOYENS DE *s'acheter une voiture neuve.* - STYLE FAMILIER *Ils ont de gros moyens :* ils ont beaucoup d'argent. *T'as les moyens !* tu es riche !

MOYEN ÂGE [mwajɛnɑʒ] n. m. ▪ LE MOYEN ÂGE : période qui va de la chute du dernier empereur romain en 476, marquant la fin de l'Antiquité, jusqu'au quinzième siècle, marqué par la chute de Constantinople en 1453 et la découverte de l'Amérique en 1492. *Les cathédrales romanes et les cathédrales gothiques ont été construites au Moyen Âge* (→ **médiéval**).

REM. On écrit aussi *Moyen-Âge, moyen-âge* et *moyen âge.*

MOYENÂGEUX [mwajɛnɑʒø], **MOYENÂGEUSE** [mwajɛnɑʒøz] adj. (après le nom) ▪ Que l'on pourrait attribuer au Moyen Âge. *Ils utilisent des techniques moyenâgeuses.* → **archaïque.** *Au XIXe siècle, on aimait construire des châteaux moyenâgeux. Les figurants portaient des costumes moyenâgeux.*

REM. L'adjectif signifiant « relatif au Moyen Âge, du Moyen Âge » est *médiéval.*

MOYENNANT [mwajɛnɑ̃] préposition ▪ En échange de. *J'accepte de faire ce travail, moyennant un bon salaire.* → **pour.** *Il vous rendra ce service* MOYENNANT FINANCES, si vous le payez. *Vous payez le billet d'entrée,* MOYENNANT QUOI *vous aurez accès à toutes les attractions,* grâce à quoi, au moyen duquel.

MOYENNE [mwajɛn] n. f. ▪ LA MOYENNE **1.** Résultat obtenu en divisant la somme de plusieurs quantités par leur nombre. *La moyenne d'âge des élèves de cette classe est de treize ans et demi.* - *Il travaille* EN MOYENNE *huit heures par jour,* en faisant une moyenne. **2.** Vitesse obtenue en divisant le nombre de kilomètres parcourus par le temps mis à les parcourir. *Il a mis deux heures pour faire cent kilomètres : il a roulé à une moyenne de cinquante kilomètres à l'heure.* - STYLE FAMILIER *Il a fait du cinquante de moyenne.* **3.** Note correspondant à la moitié des points que l'on peut obtenir. *Il a eu la moyenne à son devoir d'anglais,* il a eu dix sur vingt ou cinq sur dix. *Il faut avoir la moyenne à l'écrit pour pouvoir passer l'oral de l'examen.* - *Le professeur fait les moyennes,* calcule la moyenne des notes pour chaque élève. **4.** Type également éloigné des extrêmes et généralement le plus courant. *Elle a une intelligence au-dessus de la moyenne,* au-dessus de la normale. → **norme.**

REM. Ne pas confondre *la moyenne* (n. f.) et *la moyenne* « la chose moyenne » *(je ne veux pas de la grande, je préfère la moyenne).* → ① **moyen** (5.).

MOYENNEMENT [mwajɛnmɑ̃] adverbe ▪ Ni peu, ni trop. *Ce livre est moyennement intéressant. Ce restaurant était moyennement cher.*

MOYEU [mwajø] n. m. ▪ LE MOYEU : partie centrale d'une roue. *Les rayons de la roue de la bicyclette sont fixés au moyeu.* PLURIEL : *les enjoliveurs recouvrent les* MOYEUX.

MOZAMBIQUE [mɔzɑ̃bik] nom propre masculin – en portugais **MOÇAMBIQUE** ▪ LE MOZAMBIQUE : pays d'Afrique australe. *Nous sommes en vacances au Mozambique. Nous vous écrivons du Mozambique.*

MOZART [mɔzaʀ] nom propre ▪ Compositeur autrichien (1756-1791). *« La Flûte enchantée » est un opéra de Mozart.*

M. S. T. [ɛmɛste] n. f. invariable ▪ UNE M. S. T. : une maladie sexuellement transmissible. *Il a attrapé une M. S. T.* PLURIEL : *on assiste à une recrudescence des M. S. T.*

REM. Ce mot est le sigle de ***M**aladie **S**exuellement **T**ransmissible* ; on disait autrefois *maladie vénérienne.*

mû [my], **mue** [my] *Il s'est mû, elle s'est mue :* formes au participe passé du verbe se **mouvoir.**

MUCOSITÉ [mykozite] n. f. ▪ UNE MUCOSITÉ : liquide épais produit par les muqueuses. *Il est enrhumé, il a le nez encombré de mucosités.* → **morve.**

MUE [my] n. f. ▪ LA MUE **1.** Changement qui touche la peau, la carapace, le plumage, le poil de certains animaux à certaines époques de l'année. *Les serpents ont plusieurs mues par an.* **2.** Peau d'un animal qui a mué (→ **dépouille**). *Il a trouvé la mue d'une vipère au bord du torrent.* **3.** Transformation de la voix d'un adolescent. *Son fils est à l'âge de la mue, il ne chantera plus dans le chœur des enfants.*

MUER [mɥe] verbe [conjugaison 1a] **1.** (animaux) Changer de peau, de poil, de plumage. *Les crustacés, les serpents, les araignées* *muent.* 2. (voix) Changer de timbre. *Il a la voix qui muera* [myʀa] *bientôt.* – *Les garçons muent à l'adolescence,* ils changent de voix.

MUESLI [mysli] n. m. ▪ *LE MUESLI :* mélange de flocons d'avoine, d'autres céréales et de fruits frais ou séchés, sur lequel on verse du lait. *Elle mange du muesli au petit-déjeuner. Nous avons goûté des mueslis délicieux.*

REM. Ce mot vient du suisse-allemand *müesli.*

MUET [mɥɛ] adj. et n. m., **MUETTE** [mɥɛt] adj. et n. f.
I. adjectif (après le nom) 1. (qqn) Qui n'est pas capable de parler. *Ils ont un enfant muet de naissance. Elle est sourde et muette* (→ **sourd-muet**). 2. (qqn) Qui se tait, reste silencieux. *Il est resté muet d'étonnement. Elle est restée muette toute la soirée* (→ **mutisme**). 3. (qqch.) Qui ne produit aucun son. *Nous avons vu un FILM MUET,* sans paroles. ⟨contraire : parlant⟩ *C'est une vedette du cinéma muet,* du cinéma de l'époque où les films n'avaient pas de bande sonore. 4. (qqch.) Qui ne se fait pas entendre dans la prononciation. *Il y a beaucoup de lettres muettes en français. Le «p» et le «s» du mot «corps» sont muets. Il y a un E MUET à la fin de «moue». On fait la liaison devant un H MUET.* ⟨contraire : aspiré⟩ 5. *Une CARTE MUETTE :* carte de géographie sans aucun signe écrit. *Placez le nom des fleuves et des villes sur cette carte muette.*
II. *UN MUET, UNE MUETTE :* une personne qui n'est pas capable de parler. *Les muets s'expriment par gestes.*

REM. En français, les lettres muettes sont généralement en relation avec l'étymologie qui n'est sensible qu'à l'écrit : exemple *doigt* [dwa] vient de *digitus* et l'adjectif français est *digital.*

MUEZZIN [mɥɛdzin] n. m. ▪ *LE MUEZZIN :* musulman chargé d'appeler les fidèles à la prière, du haut du minaret de la mosquée. *On entend de loin l'appel du muezzin.*

① **MUFLE** [myfl] n. m. ▪ *LE MUFLE :* extrémité du museau de certains mammifères, caractérisée par l'absence de poils. *Le mufle du bœuf est toujours humide.*

② **MUFLE** [myfl] n. m. ▪ *UN MUFLE :* homme grossier et mal élevé. *Il s'est conduit comme un mufle.* → **goujat, malotru.** *Quel mufle !* → STYLE FAMILIER **pignouf.**

MUFLERIE [myflәʀi] n. f. ▪ *LA MUFLERIE :* attitude d'un homme grossier et mal élevé, d'un mufle. *Sa muflerie est impardonnable.*

MUGIR [myʒiʀ] verbe [conjugaison 2] 1. (bovins) Pousser son cri. *Les vaches mugissent.* → **beugler, meugler.** 2. Faire entendre un bruit sourd et prolongé. *La sirène, annonçant l'incendie, mugissait.*

MUGISSEMENT [myʒismɑ̃] n. m. ▪ *UN MUGISSEMENT* 1. Cri des bovins. *On entend les mugissements des vaches dans la montagne.* → **beuglement, meuglement.** 2. Bruit sourd et prolongé. *Écoute le mugissement des vagues.*

MUGUET [mygɛ] n. m. ▪ *LE MUGUET :* plante dont les fleurs blanches en forme de clochettes sont groupées en grappes odorantes. *On offre des brins de muguet le jour du 1er mai.*

MULÂTRE [mylɑtʀ] n. m., n. f. ▪ *UN MULÂTRE, UNE MULÂTRE :* personne née d'un Noir et d'une Blanche ou d'un Blanc et d'une Noire (→ **métis**). *Il a épousé une mulâtre brésilienne.*

① **MULE** [myl] n. f. ▪ *UNE MULE :* chaussure d'intérieur, avec ou sans talon (→ **pantoufle**) qui ne couvre pas l'arrière du pied. *Les mules ne sont pas aussi confortables que les chaussons.*

② **MULE** [myl] n. f. ▪ *UNE MULE :* animal femelle, né d'une jument et d'un âne ou d'un cheval et d'une ânesse, presque toujours stérile (→ **mulet**). *Il est allé dans la montagne à dos de mule.* – STYLE FAMILIER *Je suis CHARGÉ COMME UNE MULE :* je suis très chargé de paquets lourds et encombrants. *Elle est TÊTUE COMME UNE MULE :* elle est très entêtée. *C'est une vraie TÊTE DE MULE :* il est très entêté.

MULET [mylɛ] n. m. ▪ *UN MULET :* animal mâle, né d'une jument et d'un âne ou d'un cheval et d'une ânesse. *Les mulets ne peuvent pas se reproduire.*

FAUX AMI
espagnol **muleta**
«béquille»

MULETA [muleta] n. f. ▪ *LA MULETA :* morceau de tissu rouge attaché à un bâton, avec lequel le torero fait évoluer le taureau, dans une corrida. *Il existe des passes de cape et des passes de muleta.*

REM. On prononce aussi [myleta].

MULETIER [myltje], **MULETIÈRE** [myltjɛʀ] adj. (après le nom) ▪ *Un CHEMIN MULETIER :* chemin étroit et escarpé que seuls les mulets et les mules peuvent emprunter. *Un chemin muletier descend dans la vallée.*

MULOT [mylo] n. m. ▪ *UN MULOT :* petit rongeur qui vit dans les haies et dans les bois. *Le mulot a une queue plus longue que son corps.*

REM. On appelle aussi cet animal *rat des champs.*

MULTICOLORE [myltikɔlɔʀ] adj. (après le nom) ▪ De toutes les couleurs. *Elle a une robe multicolore.* → **bariolé.** ⟨contraire : uni⟩

MULTIMÉDIA [myltimedja] adj. (après le nom) ▪ Qui utilise une technologie qui intègre des données multiples sur un support électronique. *Il a plusieurs encyclopédies multimédias qu'il consulte sur son ordinateur.*

MULTIPLE [myltipl] n. m. et adj.
I. *UN MULTIPLE :* nombre qui contient plusieurs fois exactement un nombre donné. *9 et 21 sont des multiples de 3. Tout multiple de 2 est un nombre pair.*
II. adjectif (après le nom ou avant le nom) 1. (après le nom) Qui est constitué de plusieurs éléments. *Il faut une PRISE MULTIPLE pour brancher le téléviseur, le magnétoscope et la chaîne.* 2. (avant ou après le nom) (au pluriel) Nombreux. *Il n'a pas pu venir pour de multiples raisons.* → **divers, varié.** *Elle a des activités multiples.* ⟨contraire : unique⟩ → **nombreux.**

MULTIPLICATION [myltiplikasjɔ̃] n. f. ▪ *UNE MULTIPLICATION* 1. Opération arithmétique qui consiste à additionner plusieurs fois le même nombre (opposé à division). *Trois fois deux égalent six (3×2=6) est une multiplication. Les élèves apprennent par cœur les TABLES DE MULTIPLICATION,* le tableau des produits des premiers nombres entre eux. 2. Augmentation importante en nombre. *On assiste à une multiplication des accidents à ce carrefour.*

FAUX AMI
russe
мультипликация
«dessin animé»

MULTIPLIER [myltiplije] verbe [conjugaison 7b] 1. Faire la multiplication de (opposé à diviser). *Multipliez quatre par trois. Tu multiplieras* [myltipliʀa] *cinq par douze. 3 multiplié par 4 égalent 12 (3×4=12) :* 3 fois quatre égalent 12. 2. Augmenter le nombre, la quantité de. *Il faudra que vous multipliiez les démarches si vous voulez réussir. Tu multiplies les bêtises !* tu en fais beaucoup. → **répéter.** 3. verbe pronominal SE MULTIPLIER : augmenter, se produire en grand nombre. → **augmenter.** *Les cas de grippe se sont multipliés ces derniers jours.* ⟨contraire : diminuer⟩

MULTIRACIAL [myltiʀasjal], **MULTIRACIALE** [myltiʀasjal] adj. (après le nom) ▪ Dans lequel vivent plusieurs groupes raciaux humains. *C'est une société multiraciale.* MASCULIN PLURIEL : *des États MULTIRACIAUX* [myltiʀasjo].

MULTITUDE [myltityd] n. f. ■ *UNE MULTITUDE :* grand nombre, grande quantité (d'êtres, d'objets). *Une multitude de sauterelles a dévoré les champs de céréales.*

REM. On peut dire *une multitude de visiteurs est entrée* ou *une multitude de visiteurs sont entrés.*

MUNI [myni], **MUNIE** [myni] adj. (après le nom) ■ Équipé. *Un portail muni d'un verrou ferme l'entrée. Les passagers munis de leur passeport peuvent avancer,* les passagers qui ont leur passeport.

MUNICH [mynik] nom propre féminin – en allemand **MÜNCHEN** ■ Ville d'Allemagne. *Munich est la capitale de la Bavière. Ils sont restés trois jours à Munich. Ils habitent Munich* (→ **munichois).**

MUNICHOIS [mynikwa] adj. et n. m., **MUNICHOISE** [mynikwaz] adj. et n. f. **1.** adjectif (après le nom) De Munich. *Nous sommes allés à la fête de la bière munichoise.* **2.** *UN MUNICHOIS, UNE MUNICHOISE :* habitant, habitante de Munich. *Les Munichois.*

MUNICIPAL [mynisipal], **MUNICIPALE** [mynisipal] adj. (après le nom) ■ Qui appartient à une commune. → **communal.** *Les enfants vont à la piscine municipale.* MASCULIN PLURIEL : *les conseillers MUNICIPAUX* [mynisipo].

MUNICIPALITÉ [mynisipalite] n. f. ■ *UNE MUNICIPALITÉ* **1.** Ensemble des personnes qui gèrent une commune. *Le maire, les adjoints et les conseillers municipaux administrent la municipalité.* **2.** Commune, ville. *Il est maire d'une municipalité de banlieue.*

SE **MUNIR** [myniʀ] verbe pronominal [conjugaison 2] ■ *SE MUNIR DE :* prendre avec soi. *Munissez-vous de votre passeport. Elle s'est munie d'un parapluie.*

MUNITIONS [mynisjɔ̃] n. f. pluriel ■ *LES MUNITIONS :* explosifs et projectiles dont on charge les armes à feu, ou qu'on lâche d'un avion. *Il faut fuir, nous n'avons plus de munitions ! Ils ont de nombreuses munitions et peuvent se défendre pendant plusieurs jours. Les armes et les munitions étaient dans une cache.* → **balle.**

MUNSTER [mɛ̃stɛʀ] n. m. ■ *UN MUNSTER :* fromage à pâte molle dont l'odeur est forte. *La croûte du munster est orangée.*

MUQUEUSE [mykøz] n. f. ■ *UNE MUQUEUSE :* membrane qui recouvre l'intérieur de certains organes creux et qui est toujours un peu humide. *La bouche, le nez, l'estomac sont tapissés d'une muqueuse. Les muqueuses sont plus fragiles que la peau.*

MUR [myʀ] n. m. ■ *UN MUR* **1.** Construction qui s'élève verticalement sur une certaine longueur et qui sert à fermer un espace, à séparer, ou qui constitue un côté d'un bâtiment. *Un mur de pierre sépare les deux jardins. Les murs de l'immeuble sont en béton. Le mur de Berlin, construit en 1961, a été détruit en 1989.* **2.** Côté du mur qui se trouve à l'intérieur d'un bâtiment, d'une habitation. → **cloison.** *Mon fils a accroché des posters sur les murs de sa chambre. – Tu ne vas pas rester toute la journée ENTRE QUATRE MURS,* enfermé dans la maison. *Il ne veut pas nous rencontrer, il RASE LES MURS,* il passe au plus près des murs pour ne pas être vu. – *Deux jeunes militaires ont FAIT LE MUR,* ils sont sortis de la caserne sans permission. – *Tu ne comprends rien, c'est à se TAPER LA TÊTE CONTRE LES MURS ! – Le directeur nous a MIS AU PIED DU MUR,* il ne nous a laissé aucun choix. **3.** (au pluriel) LES MURS : la ville. *Le président est arrivé dans nos murs.* **4.** Obstacle d'ordre psychologique. *Un mur d'incompréhension nous sépare.* **5.** *FRANCHIR LE MUR DU SON :* dépasser la vitesse du son. *L'avion a franchi le mur du son* (→ **supersonique).**

REM. Le mot *mûre* «petit fruit» et l'adjectif *mûr* «qui a atteint son plein développement» se prononcent de la même façon que *mur.*

MÛR [myʀ], **MÛRE** [myʀ] adj. (après le nom) **1.** (fruit, graine) Qui a atteint son plein développement. ⟨contraire : vert⟩ *Ces poires sont bien mûres. J'ai acheté des pêches trop mûres.* → **blet.** **2.** (qqch.) Qui a été bien réfléchi, bien travaillé. *Il faut attendre un peu, notre projet n'est pas encore mûr.* **3.** (qqn) Prêt, préparé à. *Il n'est pas MÛR POUR le mariage.* **4.** *L'ÂGE MÛR :* l'âge où l'homme, la femme a atteint son plein développement. → **adulte.** *Elle a atteint l'âge mûr* (→ **maturité).** – *Tu es un homme mûr, maintenant.* ⟨contraires : enfantin, infantile, immature, puéril⟩ **5.** Raisonnable, réfléchi. *Sa fille est très mûre pour son âge.* – (avant le nom) *APRÈS MÛRE RÉFLEXION, j'ai décidé de vendre ma maison,* après avoir beaucoup réfléchi (→ **mûrement).**

MURAILLE [myʀaj] n. f. ■ *UNE MURAILLE :* mur de fortification épais et élevé. *Du château, il ne reste que les murailles. La Grande Muraille de Chine mesure environ six mille sept cents kilomètres.*

MURAL [myʀal], **MURALE** [myʀal] adj. (après le nom) ■ Qui est appliqué sur un mur, pour décorer. *Les peintures murales de mon appartement sont à refaire.* MASCULIN PLURIEL : *des miroirs MURAUX* [myʀo]. *Ces livres sont à ranger sur l'étagère murale,* sur l'étagère qui est accrochée au mur.

MÛRE [myʀ] n. f. ■ *UNE MÛRE :* petit fruit noir qui pousse sur les ronces. → **ronce.** *Pendant la promenade, nous avons mangé des mûres. Elle fait de la gelée de mûres.*

MÛREMENT [myʀmɑ̃] adverbe ■ Avec beaucoup de concentration et de temps. *J'ai MÛREMENT RÉFLÉCHI :* j'ai réfléchi longuement et sérieusement.

MURER [myʀe] verbe [conjugaison 1a] **1.** Fermer définitivement par un mur, par une maçonnerie. *Les fenêtres de l'immeuble inhabité ont été murées avec des briques.* → **boucher, condamner.** *Demain, les ouvriers mureront* [myʀʀɔ̃] *toutes les ouvertures de la maison.* **2.** verbe pronominal SE MURER : s'enfermer, s'isoler. *Il s'est muré chez lui, il refuse de sortir. – Depuis la mort de son enfant, elle s'est murée dans le silence,* elle est enfermée à l'intérieur d'elle-même.

MURET [myʀɛ] n. m. ■ *UN MURET :* un mur bas. *Un muret entoure le jardin.*

MÛRIER [myʀje] n. m. ■ *UN MÛRIER :* arbre d'Orient, acclimaté dans le sud de la France. *Les feuilles du mûrier blanc servent à nourrir les vers à soie.*

REM. Ce n'est pas le mûrier qui produit des mûres. → **mûre.**

MÛRIR [myʀiʀ] verbe [conjugaison 2] **1.** Devenir mûr. *Les blés mûrissent sous le soleil.* **2.** Se développer. *Le projet a mûri dans mon esprit.* **3.** Devenir réfléchi, raisonnable. *Cet adolescent a beaucoup mûri en un an.*

mûrissant [myʀisɑ̃] *En mûrissant :* forme au participe présent du verbe **mûrir.**

MURMURE [myʀmyʀ] n. m. ■ *UN MURMURE :* bruit de voix léger, peu sonore et continu. *On entend un murmure dans le fond de la classe.* ⟨contraires : hurlement, vacarme⟩ – *Il y a eu un murmure de protestations. – On entend le murmure des feuilles des arbres dans le vent.*

MURMURER [myʀmyʀe] verbe [conjugaison 1a] **1.** Dire à voix basse. → **chuchoter, susurrer.** *Elle murmurera* [myʀmyʀʀa] *un secret à l'oreille de son amie.* ⟨contraires : crier, hurler⟩ *Il a murmuré quelques excuses.* **2.** Protester. *Il a obéi sans murmurer.* → STYLE FAMILIER **moufter.**

MUSARAIGNE [myzaʀɛɲ] n. f. ▪ *UNE MUSARAIGNE :* petit mammifère qui se nourrit d'insectes et de vers. *La musaraigne a un museau pointu et ressemble à la souris.*

MUSARDER [myzaʀde] verbe [conjugaison 1a] ▪ Perdre son temps à faire des choses sans importance. *Dépêche-toi, ce n'est pas le moment de musarder !* → **flâner, traîner.**

MUSC [mysk] n. m. ▪ *LE MUSC :* liquide à l'odeur très forte qui provient des glandes d'un animal de la famille du chevreuil. *Le musc est utilisé dans la fabrication des parfums.*

MUSCADE [myskad] n. f. ▪ *UNE MUSCADE* ou *UNE NOIX MUSCADE :* graine du fruit d'un arbre exotique, employée comme épice. *Le cuisinier râpe une muscade pour parfumer sa sauce.*

MUSCADET [myskadɛ] n. m. ▪ *LE MUSCADET :* vin blanc sec de la région de Nantes, en France. *Nous avons bu du muscadet en mangeant des huîtres.*

MUSCAT [myska] n. m. ▪ *LE MUSCAT* **1.** Raisin très sucré et très parfumé. *Voulez-vous une grappe de muscat ?* **2.** Vin très sucré, fait avec ce raisin. *Nous avons bu un verre de muscat à l'apéritif.*

MUSCLE [myskl] n. m. ▪ *UN MUSCLE :* organe qui, en se contractant, permet les mouvements. *Le biceps est un muscle. Les cyclistes ont les muscles des jambes très développés. - Il développe ses muscles en faisant du sport.* → **musculature.**

REM. L'adjectif de *muscle* est *musculaire.*

MUSCLÉ [myskle], **MUSCLÉE** [myskle] adj. (après le nom) **1.** Qui a des muscles visibles et puissants. *C'est un homme grand et musclé. - Elle a un beau corps musclé.* **2.** Qui utilise une autorité brutale. *Un régime politique musclé empêche les manifestations par la force.* **3.** STYLE FAMILIER Difficile. *La prof de maths nous a donné un problème musclé. C'est musclé !*

MUSCLER [myskle] verbe [conjugaison 1a] **1.** Rendre les muscles puissants. *Cet exercice de gymnastique est fait pour muscler le dos. Le tennis muscle les bras et les jambes.* **2.** verbe pronominal SE MUSCLER : développer ses muscles. *Elle fait de la gymnastique pour se muscler,* pour avoir des muscles plus forts. *Elle s'est beaucoup musclée cette année.*

MUSCULAIRE [myskylɛʀ] adj. (après le nom) ▪ Qui concerne les muscles. *La force musculaire de cet athlète est impressionnante. Reposez-vous, ne faites pas d'effort musculaire,* ne faites pas travailler vos muscles. *Il s'est fait une déchirure musculaire :* il s'est déchiré un muscle.

MUSCULATURE [myskylatyʀ] n. f. ▪ *LA MUSCULATURE :* l'ensemble des muscles du corps. *Il a une magnifique musculature.*

MUSE [myz] n. f. ▪ *UNE MUSE* **1.** Chacune des neuf déesses qui, dans la mythologie antique, protégeaient et inspiraient les artistes. *Les neuf Muses étaient filles de Zeus.* **2.** Femme qui inspire un artiste. *George Sand fut la muse du poète Musset et du musicien Chopin.*

MUSEAU [myzo] n. m. ▪ *LE MUSEAU* **1.** Partie avant et allongée de la tête des mammifères et des poissons. *Le chien avance son museau et renifle sa pâtée.* (→ **groin,** ① **mufle, truffe).** PLURIEL : *des MUSEAUX.* **2.** STYLE FAMILIER Visage. *Viens vite te laver le museau !* → **frimousse. 3.** *DU MUSEAU :* morceau de viande. *Nous avons mangé du museau de bœuf à la vinaigrette.*

REM. Pour le cheval on ne dit pas *museau,* on dit *chanfrein.*

MUSÉE [myze] n. m. ▪ *UN MUSÉE :* bâtiment ouvert au public, où sont rassemblées des collections d'objets ayant un intérêt historique, scientifique ou artistique. *On peut voir des tableaux très célèbres au musée du Louvre à Paris, au musée du Prado à Madrid. Les élèves visitent le musée d'Histoire naturelle* (→ **muséum). -** *C'est le musée des horreurs ici !* c'est une réunion de choses très laides.

REM. La finale en *-ée* de certains noms masculins, rare en français, est d'origine grecque *(un lycée, un mausolée, un musée, un pygmée, un scarabée, un trophée).*

MUSELER [myzle] verbe [conjugaison 4a] ▪ Emprisonner le museau de (un animal) pour l'empêcher de mordre (→ **muselière).** *On muselle les chiens dangereux dans les lieux publics. - Ce gouvernement autoritaire a muselé l'opposition,* il l'a empêché d'exprimer ses opinions.

MUSELIÈRE [myzəljɛʀ] n. f. ▪ *UNE MUSELIÈRE :* appareil, le plus souvent en cuir, dont on entoure le museau de certains animaux pour les empêcher de mordre. *Ce gros chien a une muselière.*

MUSETTE [myzɛt] n. m. ▪ *LE MUSETTE :* musique de bal populaire, jouée le plus souvent à l'accordéon. *Dans les rues de Paris, on entend le musette le 14 Juillet* (→ **bal-musette).**

MUSÉUM [myzeɔm] n. m. ▪ *UN MUSÉUM :* musée consacré aux sciences naturelles. *Au muséum, on peut voir des squelettes de dinosaures.*

MUSICAL [myzikal], **MUSICALE** [myzikal] adj. (après le nom) **1.** Qui concerne la musique. *Il fait des études musicales.* **-** MASCULIN PLURIEL : *des sons MUSICAUX* [myziko]. **-** *Nous sommes allés à une soirée musicale,* où il y avait de la musique (→ **concert, récital). 2.** *UNE COMÉDIE MUSICALE :* pièce de théâtre ou film dont les paroles sont chantées. *« Singing in the rain » est une magnifique comédie musicale américaine.*

MUSIC-HALL [myzikol] n. m. ▪ *UN MUSIC-HALL :* établissement qui présente des spectacles de variétés avec des chanteurs, des danseurs, des fantaisistes, des acrobates, des jongleurs, des prestidigitateurs, etc. *Nous sommes allés au music-hall. - Il aime le music-hall,* ce genre de spectacle.

REM. Ce mot vient de l'anglais.

MUSICIEN [myzisjɛ̃] n. m. et adj., **MUSICIENNE** [myzisjɛn] n. f. et adj. **1.** *UN MUSICIEN, UNE MUSICIENNE :* une personne dont le métier est d'écrire de la musique, de jouer de la musique ou de diriger les orchestres. *Mozart et Bach sont de célèbres musiciens.* → **compositeur.** *Cet orchestre est composé de cinquante musiciens.* → **concertiste, instrumentiste, interprète. 2.** adjectif (après le nom) Qui est doué pour la musique, qui connaît la musique. *Elle est très musicienne.*

MUSICOLOGIE [myzikɔlɔʒi] n. f. ▪ *LA MUSICOLOGIE :* étude de la musique et des musiciens. *Il fait des études de musicologie.*

MUSIQUE [myzik] n. f. **1.** *LA MUSIQUE :* art de combiner des sons de manière harmonieuse. *J'ai beaucoup aimé la musique de ce film.* → **air.** *Il est amateur de musique* (→ **mélomane).** *Elle écoute beaucoup de MUSIQUE CLASSIQUE. Il aime la MUSIQUE DE CHAMBRE,* la musique classique écrite pour un petit nombre de musiciens (→ **quatuor, trio, quintette).** *Il joue de la musique de jazz. Le piano et le violon sont des INSTRUMENTS DE MUSIQUE. - Elle travaille souvent EN MUSIQUE,* en écoutant de la musique. **2.** *UNE MUSIQUE :* une œuvre musicale écrite. → **partition.** *Il joue de mémoire, sans musique. Les partitions sont dans ma serviette à musique. Le compositeur achète du PAPIER À MUSIQUE,* du papier sur lequel sont imprimées des portées. **-** *Il est toujours à l'heure, il est RÉGLÉ COMME DU PAPIER À MUSIQUE,* il a des habitudes très régulières. **3.** STYLE FAMILIER *CONNAÎTRE LA MU-*

SIQUE : connaître parfaitement qqch., par expérience. *Pas besoin de lui expliquer ce qui va arriver, il connaît la musique !*

REM. L'expression *connaître la musique* (3.) est souvent péjorative et montre de la méfiance.

MUSTANG [mystɑ̃g] n. m. ▪ *UN MUSTANG* : cheval sauvage d'Amérique du Nord. *Les chevaux de rodéo sont des mustangs.*

MUSULMAN [myzylmɑ̃] adj. et n. m., **MUSULMANE** [myzylman] adj. et n. f. **1.** adjectif (après le nom) *La religion musulmane* : la religion fondée par Mahomet et dont le Dieu est Allah. → **islam.** *La religion musulmane est l'une des grandes religions du monde. Ils sont musulmans :* ils sont de religion musulmane. **2.** *UN MUSULMAN, UNE MUSULMANE* : une personne adepte de l'islam. *Les musulmans prient à la mosquée.*

MUTANT [mytɑ̃] n. m., **MUTANTE** [mytɑ̃t] n. f. ▪ *UN MUTANT, UNE MUTANTE* : un être humain extraordinaire issu d'une mutation, dans les romans ou dans les films de science-fiction. *Après la catastrophe nucléaire, la Terre n'était plus peuplée que de mutants.*

MUTATION [mytasjɔ̃] n. f. ▪ *UNE MUTATION* **1.** Changement. → **évolution, transformation.** *L'informatique est un secteur de l'industrie en pleine mutation.* **2.** Changement de poste d'un salarié, d'un militaire. *Il a demandé sa mutation à Marseille.* **3.** Modification brusque et définitive des caractères héréditaires. *La génétique étudie les différentes mutations.*

MUTER [myte] verbe [conjugaison 1a] ▪ Nommer (un salarié, un militaire, un sportif) à un autre poste, à un autre emploi, dans une autre ville ou dans un autre pays. *J'ai été muté en province.*

FAUX AMI
italien **mutare** « changer »

MUTILATION [mytilasjɔ̃] n. f. ▪ *UNE MUTILATION* : le fait d'être privé d'un membre ou d'une partie du corps. *Les soldats subissent parfois de graves mutilations, à la guerre.*

REM. Quand il s'agit d'un acte chirurgical, on dit *une ablation*, ou *une amputation* s'il s'agit d'un membre.

MUTILÉ [mytile] n. m., **MUTILÉE** [mytile] n. f. ▪ *UN MUTILÉ, UNE MUTILÉE* : une personne qui a perdu l'usage d'un membre ou d'un organe à la guerre ou dans un accident. → **infirme, invalide.** *Dans les transports en commun, des places assises sont réservées aux MUTILÉS DE GUERRE.*

MUTILER [mytile] verbe [conjugaison 1a] **1.** Rendre (un être humain, un animal) infirme par une grave blessure, une mutilation. *Il a été mutilé des deux jambes, à la guerre.* **2.** Abîmer. *Il ne faut pas mutiler les arbres !*

MUTIN [mytɛ̃] n. m. ▪ *UN MUTIN* : soldat, marin ou prisonnier qui se révolte avec violence contre ses supérieurs. → **rebelle.** *Après une courte lutte, les mutins se sont rendus.*

SE **MUTINER** [mytine] verbe pronominal [conjugaison 1a] ▪ Se révolter avec violence et collectivement contre l'autorité. *Les soldats ont refusé d'obéir aux ordres et se sont mutinés.*

MUTINERIE [mytinʀi] n. f. ▪ *UNE MUTINERIE* : révolte collective dans un groupe de personnes qui sont sous la même autorité. *Une mutinerie a éclaté dans la prison.*

MUTISME [mytism] n. m. ▪ *LE MUTISME* : refus de parler. ⟨contraire : bavardage⟩ *Il s'est enfermé dans un mutisme obstiné* (→ **muet**). *Elle refuse de sortir de son mutisme,* de son silence.

MUTUEL [mytɥɛl], **MUTUELLE** [mytɥɛl] adj. (après le nom) ▪ Où il y a un échange d'actes, de sentiments. *Ils se vouent une haine mutuelle :* ils se haïssent l'un l'autre. *Dans cet accident, la responsabilité des automobilistes est mutuelle.* → **réciproque.** *Ils ont fait des concessions mutuelles :* chacun a renoncé à certaines choses (→ **compromis**). *Ils ont divorcé par CONSENTEMENT MUTUEL,* en déclarant qu'ils étaient d'accord l'un et l'autre pour divorcer.

MUTUELLE [mytɥɛl] n. f. ▪ *UNE MUTUELLE* : société d'assurances privée qui ne fait pas de bénéfices et qui est gérée par ses adhérents. *Il y a des mutuelles d'agriculteurs, de médecins, d'étudiants.*

MUTUELLEMENT [mytɥɛlmɑ̃] adverbe ▪ Réciproquement, l'un l'autre. *Les deux complices s'accusent mutuellement,* chacun accuse l'autre. → **réciproquement.**

MYCOLOGIE [mikɔlɔʒi] n. f. ▪ *LA MYCOLOGIE* : l'étude des champignons. *La mycologie fait partie de la botanique.*

MYGALE [migal] n. f. ▪ *UNE MYGALE* : grosse araignée velue des régions chaudes, qui se creuse un abri dans le sol. *La morsure de la mygale est très douloureuse.*

MYOPE [mjɔp] adj. (après le nom) ▪ Qui ne voit pas bien de loin. *Elle a des lunettes car elle est myope.* → STYLE FAMILIER **bigleux, miro.** - STYLE FAMILIER *Il est myope comme une taupe !*

MYOPIE [mjɔpi] n. f. ▪ *LA MYOPIE* : anomalie de la vision dans laquelle on ne voit pas bien de loin. *Elle est atteinte de myopie.*

MYOSOTIS [mjɔzɔtis] n. m. ▪ *UN MYOSOTIS* : plante à petites fleurs bleues (ou blanches, ou roses), qui pousse dans les lieux humides. *Les enfants ont cueilli des myosotis dans la montagne.*

MYRIADE [miʀjad] n. f. ▪ *UNE MYRIADE* : très grand nombre, quantité immense. *La nuit dernière, nous avons vu des myriades d'étoiles dans le ciel.*

MYRTILLE [miʀtij] n. f. ▪ *UNE MYRTILLE* : petit fruit rond et noir qui pousse sur des arbrisseaux en montagne. *Elle a fait une tarte aux myrtilles.*

MYSTÈRE [mistɛʀ] n. m. ▪ *UN MYSTÈRE* **1.** Ce qui est difficile ou impossible à comprendre, à expliquer. *Comment est-il sorti vivant de l'accident, c'est un mystère. Elle est partie sans rien dire à personne, cela cache un mystère. Il y a un mystère là-dessous. « Où est-il ? – Mystère. »* - *Ils vivent ensemble, ce n'est un mystère pour personne,* tout le monde est au courant. → **secret.** - *Le mystère s'épaissit,* on comprend de moins en moins. *Il faut éclaircir ce mystère.* → **énigme. 2.** *FAIRE DES MYSTÈRES* : ne pas dire volontairement qqch., avoir des petits secrets. *Tu en fais des mystères, je voudrais bien savoir pourquoi !* **3.** (nom déposé) Dessert à base de glace et d'amandes pilées, qui enferme de la meringue. *Je voudrais un Mystère à la vanille, s'il vous plaît.*

MYSTÉRIEUSEMENT [misteʀjøzmɑ̃] adverbe ▪ D'une façon mystérieuse, incompréhensible. *J'ai posé mes lunettes sur la table et elles ont mystérieusement disparu.*

MYSTÉRIEUX [misteʀjø], **MYSTÉRIEUSE** [misteʀjøz] adj. (après le nom, parfois avant le nom) **1.** (avant ou après le nom) Difficile ou impossible à comprendre, à expliquer. → **incompréhensible, inexplicable, obscur, secret.** *Cette disparition est bien mystérieuse.* ⟨contraires : clair, évident⟩ *Cette histoire est mystérieuse. Une mystérieuse affaire de cambriolage intéresse la police.* **2.** (avant le nom) Qui ne dit pas qui il est. *Un mystérieux correspondant nous a appelés au téléphone.* **3.** (après le nom) Qui cache un secret. *Les enfants sont arrivés de l'école avec des airs mystérieux. C'est un homme mystérieux.* → **secret.**

MYSTICISME [mistisism] n. m. ▪ *LE MYSTICISME* : attitude de l'esprit d'une personne qui recherche une union directe et personnelle avec Dieu. *Il a une tendance au mysticisme.*

MYSTIFICATEUR [mistifikatœʀ] n. m., **MYSTIFICATRICE** [mistifikatʀis] n. f. ▪ *UN MYSTIFICATEUR, UNE MYSTIFICATRICE* : une personne qui s'amuse à tromper les gens. → **farceur, fumiste.** *Ne prenez pas cet écrivain au sérieux, c'est un mystificateur.*

MYSTIFICATION [mistifikasjɔ̃] n. f. ▪ *UNE MYSTIFICATION* : une tromperie. *Ce livre est une mystification ! Les naïfs sont souvent victimes des mystifications.* → **farce.**

MYSTIFICATRICE n., féminin de **mystificateur**

MYSTIFIER [mistifje] verbe [conjugaison 7a] ▪ S'amuser à tromper, à faire croire (qqch. à qqn) en se servant de sa naïveté et de sa confiance. *Mon père a été mystifié comme un enfant.* → **duper.** *Qui le mystifiera* [mistifiʀa] *?*

MYTHE [mit] n. m. ▪ *UN MYTHE* **1.** Récit merveilleux qui donne une explication du monde, de la condition humaine en mettant en scène des dieux et des personnages imaginaires. → **légende.** *Les élèves étudient les mythes grecs et romains.* **2.** Récit inventé par un menteur. → **affabulation, invention.** *« Son oncle très riche ? C'est un mythe ! »* il n'existe pas. **3.** Idée simplifiée et idéalisée que les humains ont à propos d'eux-mêmes, d'une personne ou d'un fait. *Certains enfants ont le mythe du héros. La galanterie française n'est plus qu'un mythe !*

REM. Le mot *mite* « petit papillon » se prononce de la même façon.

MYTHIQUE [mitik] adj. (après le nom) ▪ Qui appartient au mythe. *Lancelot du Lac est un personnage mythique,* un personnage qui n'a pas existé. → **fabuleux, imaginaire, légendaire.** ⟨contraires : historique, réel⟩

MYTHOLOGIE [mitɔlɔʒi] n. f. ▪ *LA MYTHOLOGIE* : l'ensemble des mythes et des légendes d'un peuple. *Hercule est un héros de la mythologie grecque.*

MYTHOLOGIQUE [mitɔlɔʒik] adj. (après le nom) ▪ Qui appartient à la mythologie. *Zeus est un dieu mythologique grec.*

MYTHOMANE [mitɔman] adj., n. m. et n. f. **1.** Qui ne peut s'empêcher de mentir, de simuler. *Ne crois pas tout ce qu'elle dit, elle est mythomane.* **2.** *UN MYTHOMANE, UNE MYTHOMANE* : une personne qui prend ses désirs pour des réalités et croit à ce qu'il invente. *Il se prend pour un génie, c'est un mythomane. Les mythomanes ne sont pas des menteurs.*

N

① **N** [ɛn] n. m. invariable ▪ *LE N* ou *L'N :* quatorzième lettre de l'alphabet du français. *Le n est une consonne. Il y a des n minuscules* (n) *et des n majuscules* (N).

② **N** abréviation et symbole **1.** *N°* ou *n°* [nymeʀo] Numéro. *La chambre n° 2.* **2.** *n* [ɛn] Désigne un nombre indéterminé. *Cela fait n fois* (→ **énième, nième).**

N' → **ne**

NA ! [na] interjection ▪ STYLE FAMILIER Mot qui renforce ce que l'on vient de dire. *C'est bien fait pour toi si tu t'es fait mal, na !*

REM. Ce mot fait partie du langage des enfants.

NABOT [nabo] n. m., **NABOTE** [nabɔt] n. f. ▪ *UN NABOT, UNE NABOTE :* une personne de très petite taille. → **nain.** *Qu'est-ce qu'il me veut, ce nabot ?* ⟨contraire : géant⟩

FAUX AMI
espagnol
nabo
« navet »

REM. Ce mot est péjoratif.

NACELLE [nasɛl] n. f. ▪ *UNE NACELLE* **1.** Grand panier suspendu sous un ballon, dans lequel sont les passagers. *Les passagers sont debout dans la nacelle de la montgolfière.* **2.** Partie d'un landau ou d'une poussette dans laquelle on installe le bébé. *Le bébé dort dans sa nacelle.*

NACRE [nakʀ] n. f. ▪ *LA NACRE :* matière brillante, d'un blanc rosé, qui tapisse l'intérieur de la coquille de certains coquillages, et dont on fait des bijoux, des boutons. *Les boutons de sa chemise sont en nacre.*

NACRÉ [nakʀe], **NACRÉE** [nakʀe] adj. (après le nom) ▪ Qui a l'aspect, la couleur de la nacre. *Elle se met un vernis à ongles nacré.*

NAGE [naʒ] n. f. **1.** *LA NAGE :* manière d'avancer dans l'eau en nageant. → **natation.** *Le crawl est la nage la plus rapide. La brasse est sa nage préférée. Il a sauté du bateau et a gagné la côte À LA NAGE,* en nageant. - *Nous avons mangé des écrevisses à la nage,* cuites dans un court-bouillon. **2.** *EN NAGE :* trempé de sueur. *Ne reste pas dans le courant d'air, tu es en nage !*

NAGEOIRE [naʒwaʀ] n. f. ▪ *UNE NAGEOIRE :* organe court et plat qui permet aux poissons et à certains animaux marins d'avancer et de se diriger dans l'eau. *Les dauphins ont des nageoires.*

NAGER [naʒe] verbe [conjugaison 3b] **1.** Avancer dans l'eau en faisant certains mouvements, sans que les pieds touchent le fond. *Mon fils apprend à nager. Sa sœur ne sait pas nager. Sais-tu nager sous l'eau ? - Nous nageons très bien le crawl.* **2.** (qqch.) Être dans un liquide trop abondant. *Les carottes nagent dans la sauce.* → **baigner, tremper. 3.** *NAGER DANS LE BONHEUR :* être très heureux. *Ils sont amoureux et nagent dans le bonheur.* **4.** STYLE FAMILIER Être trop au large (dans un vêtement). *Cette robe est trop grande, tu nages dedans.* → ① **flotter. 5.** STYLE FAMILIER Être dans l'embarras, avoir du mal à comprendre. *Je ne comprenais rien à ce problème de maths, je nageais complètement.* → **patauger.**

NAGEUR [naʒœʀ] n. m., **NAGEUSE** [naʒøz] n. f. ▪ *UN NAGEUR, UNE NAGEUSE :* personne ou animal qui nage, qui sait nager. *Il y a beaucoup de nageurs dans la piscine aujourd'hui. L'ours est un bon nageur. J'ai appris à nager avec des MAÎTRES NAGEURS,* avec des professeurs de natation.

NAGUÈRE [nagɛʀ] adverbe ▪ STYLE RECHERCHÉ Il y a peu de temps. *Naguère, il travaillait avec moi.* → **récemment.**

REM. Ce mot est souvent employé à tort au sens de « autrefois ». → **jadis.**

NAÏF [naif] adj. et n. m., **NAÏVE** [naiv] adj. et n. f.

I. adjectif (après le nom) **1.** Qui est plein de confiance et de simplicité. → **candide, ingénu.** *C'est une jeune fille naïve. - Il a posé une question naïve,* qui montre qu'il ignore ce que tout le monde sait. **2.** Qui croit tout ce qu'on lui dit. *Je ne suis pas assez naïf pour te croire.* → **crédule, niais.**

II. *UN NAÏF, UNE NAÏVE :* une personne qui croit tout ce qu'on lui dit. *Quel naïf !*

FAUX AMI
japonais ナイーブ
« sensible »

NAIN [nɛ̃] n. m. et adj., **NAINE** [nɛn] n. f. et adj.

I. *UN NAIN, UNE NAINE* **1.** Personne qui a une taille plus petite que la normale. *On appelle les nains des « personnes de petite taille ».* ⟨contraire : géant⟩ **2.** Personnage imaginaire des contes et des légendes d'une taille minuscule. *Blanche-Neige fut recueillie par les sept nains.*

II. adjectif (après le nom) (animaux, plantes) Qui reste de petite taille, même arrivé à maturité. *Ils ont des rosiers nains dans leur jardin. Ma fille a un lapin nain.*

NAISSANCE [nɛsɑ̃] n. f. ▪ *LA NAISSANCE* **1.** Commencement de la vie, moment où un enfant vient au monde. *La naissance du bébé est prévue en mars* **(→ accouchement).** *Elle a DONNÉ NAISSANCE À des jumeaux. Quelle est votre DATE DE NAISSANCE ?* quel jour êtes-vous né ? *Indiquez votre lieu de naissance* **(→ natal).** ⟨contraire : mort⟩ *Il est aveugle DE NAISSANCE :* il est né aveugle. – *Le nombre des naissances est en augmentation cette année,* le nombre d'enfants nés. *La contraception permet le CONTRÔLE DES NAISSANCES.* **2.** Commencement, apparition. *La naissance de leur amitié date des vacances.* **→ début.** ⟨contraire : ① fin⟩ *La révolte a PRIS NAISSANCE dans ce quartier,* a commencé. **3.** Lieu, endroit où commence qqch. *Elle a une tache à la naissance du cou.*

naissant [nɛsɑ̃] *En naissant :* forme au participe présent du verbe **naître.**

naisse [nɛs] *Que je naisse ; qu'il naisse, qu'elle naisse :* forme au subjonctif du verbe **naître.**

NAÎTRE [nɛtʀ] verbe [conjugaison 59] **1.** Venir au monde. *Leur enfant vient de naître* **(→ nouveau-né).** *Elle veut que son enfant naisse dans cette clinique. Elle est née à Londres.* ⟨contraire : mourir⟩ *Napoléon naquit en 1769.* – (impersonnel) *Il naît plus de filles que de garçons.* **2.** (qqch.) Commencer à exister. *Une nouvelle science est née.* ⟨contraire : finir⟩ *Son succès a FAIT NAÎTRE de nombreuses jalousies,* les a provoquées. *Ce projet EST NÉ DE nombreuses discussions,* il s'est formé après de nombreuses discussions.

REM. Toujours un *î* devant *t* : *naître, il naît, elle naîtra.*

naïve adj. → **naïf**

NAÏVEMENT [naivmɑ̃] adverbe ▪ Avec une trop grande confiance. *Il a cru naïvement qu'on allait l'aider.*

NAÏVETÉ [naivte] n. f. ▪ *LA NAÏVETÉ* **1.** Innocence pleine de confiance. *Elle est attendrie par la naïveté de sa petite-fille.* **→ candeur. 2.** Trop grande confiance. *Elle a eu la naïveté de croire que c'était vrai.* **→ crédulité.** ⟨contraire : méfiance⟩ *Tu es d'une naïveté incroyable !*

NAMUR [namyʀ] nom propre – en néerlandais **NAMEN** ▪ Ville de Belgique. *Nous sommes allés à Namur. Elle revient de Namur.*

NANA [nana] n. f. ▪ STYLE FAMILIER *UNE NANA :* jeune fille, jeune femme. *Il y a plein de nanas sur la plage. Il est venue avec sa nouvelle nana.* → STYLE FAMILIER **meuf.**

NANTI [nɑ̃ti] adj. et n. m., **NANTIE** [nɑ̃ti] adj. et n. f. **1.** adjectif (après le nom) STYLE RECHERCHÉ Qui est riche. *Les personnes nanties vivent dans l'aisance.* ⟨contraire : pauvre⟩ **2.** *UN NANTI, UNE NANTIE :* une personne riche. *Il est révolté contre les nantis.*

NAPALM [napalm] n. m. ▪ *LE NAPALM :* essence solidifiée qui sert à faire des bombes. *L'ennemi a largué des bombes au napalm sur la ville.*

NAPHTALINE [naftalin] n. f. ▪ *LA NAPHTALINE :* produit qui éloigne les mites **(→ antimite).** *J'ai mis des boules de naphtaline dans les placards.*

NAPLES [napl] nom propre – en italien **NAPOLI** ▪ Ville d'Italie. *Nous sommes allés à Naples. Il habite Naples* **(→ napolitain).**

NAPOLÉONIEN [napɔleɔnjɛ̃], **NAPOLÉONIENNE** [napɔleɔnjɛn] adj. (après le nom) ▪ Qui concerne Napoléon. *Un de mes ancêtres est mort dans une guerre napoléonienne.*

NAPOLITAIN [napɔlitɛ̃] adj. et n. m., **NAPOLITAINE** [napɔlitɛn] adj. et n. f. **1.** adjectif (après le nom) De Naples. *Il connaît des chansons napolitaines.* **2.** *UN NAPOLITAIN, UNE NAPOLITAINE :* une personne qui habite Naples. *Les Napolitains.*

① **NAPPE** [nap] n. f. ▪ *UNE NAPPE :* grande étendue de liquide ou de gaz qui forme une couche sur terre ou sous terre. *Des nappes de brouillard gênent la circulation. On a trouvé une nouvelle nappe de pétrole.*

② **NAPPE** [nap] n. f. ▪ *UNE NAPPE :* tissu qui sert à couvrir la table du repas. *Il met sur la table une nappe et des serviettes assorties.*

NAPPER [nape] verbe [conjugaison 1a] ▪ Recouvrir (un aliment) d'une couche de sauce, de crème, etc. *Le pâtissier nappe le gâteau de confiture.*

NAPPERON [napʀɔ̃] n. m. ▪ *UN NAPPERON :* petit tissu que l'on place sous un objet pour décorer ou pour protéger une table. *Le vase est posé sur un napperon en dentelle. Elle met des napperons sur la table sous chaque assiette.* **→ set.**

naquit [naki] *Il naquit, elle naquit :* forme au passé simple du verbe **naître.**

NARCISSE [naʀsis] n. m. ▪ *UN NARCISSE :* fleur blanche au cœur jaune vif, qui sent très bon. *Il a mis un bouquet de narcisses dans un vase.*

NARCISSIQUE [naʀsisik] adj. (après le nom) ▪ (qqn) Qui recherche les situations où il peut s'admirer **(→ narcissisme).** *Elle est trop narcissique pour s'intéresser aux autres.*

NARCISSISME [naʀsisism] n. m. ▪ *LE NARCISSISME :* comportement d'une personne qui s'admire elle-même, au physique ou au moral. *Il se regarde tout le temps dans la glace, c'est du narcissisme. Le narcissisme permet de se passer du jugement des autres.*

NARCODOLLARS [naʀkodɔlaʀ] n. m. pluriel ▪ *LES NARCODOLLARS :* argent tiré du trafic de la drogue. *Il a fait sa fortune en narcodollars.*

NARCOTIQUE [naʀkɔtik] n. m. ▪ *UN NARCOTIQUE :* produit qui engourdit et fait dormir. **→ somnifère.** *L'opium et la morphine sont des narcotiques.* **→ barbiturique.**

FAUX AMIS
grec **ναρκωτικά** (plur.), **ναρκωτικό** « la drogue »

NARGUER [naʀge] verbe [conjugaison 1b] ▪ Regarder (qqn) avec insolence et mépris. *L'assassin narguait la police en envoyant des lettres anonymes.* **→ défier.** – *Il nargue le danger.* **→ braver.**

NARINE [naʀin] n. f. ▪ *UNE NARINE :* chacune des deux ouvertures du nez. *Mettez deux gouttes dans chaque narine.*

REM. Les narines du cheval sont des *naseaux.*

NARQUOIS [naʀkwa], **NARQUOISE** [naʀkwaz] adj. (après le nom) ▪ STYLE RECHERCHÉ Moqueur et malicieux. *Il me regarde d'un air narquois.* **→ goguenard, ironique, moqueur.**

NARRATEUR [naʀatœʀ] n. m., **NARRATRICE** [naʀatʀis] n. f. ▪ *UN NARRATEUR, UNE NARRATRICE* **1.** Personne qui raconte une histoire, fait un récit. *Le narrateur n'aime pas être interrompu.* **→ conteur. 2.** Dans un texte, la personne qui dit *je. Dans ce roman, le narrateur n'est pas l'auteur.*

NARRATION [naʀasjɔ̃] n. f. ▪ *UNE NARRATION* **1.** Exposé écrit d'un événement ou d'une suite d'événements. *Dans son roman, l'auteur fait la narration de la vie de ses parents.* **2.** Exercice scolaire qui consiste à raconter une histoire, un événement, par écrit. *Le professeur donne à ses élèves un sujet de narration.* **→ rédaction.**

NARRER [naʀe] verbe [conjugaison 1a] ▪ STYLE RECHERCHÉ Raconter. *Elle nous a narré ses aventures. Tu nous narreras* [naʀʀa] *tes aventures quand tu reviendras.*

NASAL [nazal], **NASALE** [nazal] adj. (après le nom) **1.** Du nez. *La CLOISON NASALE sépare les deux narines. L'air que l'on respire entre dans les FOSSES NASALES,* dans les deux cavités de l'intérieur du nez. MASCULIN PLURIEL : *les OS NASAUX* [nazo]. **2.** *VOYELLE NASALE, CONSONNE NASALE,* voyelle, consonne dont la prononciation comporte une résonance dans la cavité du nez. *M* [ɛm] *et n* [ɛn] *sont des consonnes nasales ; an* [ɑ̃], *in* [ɛ̃], *on* [ɔ̃] *sont des voyelles nasales.*

NASE [naz] adj. (après le nom) ▪ STYLE FAMILIER **1.** (qqch.) En mauvais état. *Ma voiture est nase.* → STYLE TRÈS FAMILIER **foutu.** **2.** (qqn) Très fatigué. *Je suis complètement nase.* → STYLE FAMILIER **crevé.**

NASEAU [nazo] n. m. ▪ *UN NASEAU :* narine de certains grands mammifères, comme le cheval. PLURIEL : *le cheval souffle bruyamment par les NASEAUX.*

NASILLARD [nazijaʀ], **NASILLARDE** [nazijaʀd] adj. (après le nom) ▪ *Une VOIX NASILLARDE,* qui semble venir du nez. *Il a une voix nasillarde.*

NATAL [natal], **NATALE** [natal] adj. (après le nom) ▪ (lieu) Où l'on est né. *Nous avons visité la maison natale de Jeanne d'Arc. Ils sont repartis dans leurs pays natals.*

NATALITÉ [natalite] n. f. ▪ *LA NATALITÉ :* rapport entre le nombre de naissances et le nombre d'habitants dans un lieu donné, pendant une période précise. *L'Inde a une forte natalité.*

NATATION [natasjɔ̃] n. f. ▪ *LA NATATION :* sport qui consiste à nager. *Elle fait de la natation. Il est professeur de natation.*

NATIF [natif], **NATIVE** [nativ] adj. (après le nom) ▪ STYLE RECHERCHÉ *NATIF DE :* né à. *Elle est native de New York :* elle est née à New York. → **originaire.**

FAUX AMI
anglais **native** (n.) « personne qui est née là où elle vit » ; anglais **native language** « langue maternelle »

NATION [nasjɔ̃] n. f. ▪ *UNE NATION :* ensemble formé par la population d'un pays, son territoire et son gouvernement. → ② **État, pays.** *L'Organisation des Nations unies (O. N. U.) a été créée en 1945. La France, le Japon, la Grande-Bretagne font partie des grandes nations.* → **puissance.**

NATIONAL [nasjɔnal] adj., **NATIONALE** [nasjɔnal] adj. et n. f.
I. adjectif (après le nom) **1.** Qui appartient à une nation. *La production nationale d'électricité a augmenté.* ⟨contraire : étranger⟩ *La paella est le plat national espagnol. En France, le 14 juillet est le jour de la FÊTE NATIONALE.* MASCULIN PLURIEL : *des hymnes NATIONAUX* [nasjɔno]. **2.** Qui concerne le pays entier, qui appartient à l'État. *Les députés font partie de l'ASSEMBLÉE NATIONALE. La voiture a quitté la ROUTE NATIONALE et a pris une route départementale.*
II. *UNE NATIONALE :* une route nationale. *La nationale 7 (N7) passe à Aix-en-Provence.*
REM. On ne dit pas *nationale* pour les autoroutes (A6).

NATIONALISATION [nasjɔnalizasjɔ̃] n. f. ▪ *LA NATIONALISATION :* transfert de propriété et du contrôle d'une entreprise privée à l'État. *La nationalisation des chemins de fer français eut lieu en 1938.*

NATIONALISER [nasjɔnalize] verbe [conjugaison 1a] ▪ Donner à l'État la propriété et le contrôle de biens qui appartenaient à des propriétaires privés. *Il a été décidé de nationaliser cette entreprise.* → **étatiser.** - *Il travaille dans une banque nationalisée.*

NATIONALISTE [nasjɔnalist] n. m., n. f. et adj. **1.** *UN NATIONALISTE, UNE NATIONALISTE :* une personne qui montre un attachement passionné à son pays, pouvant aller jusqu'à la xénophobie. *C'est un nationaliste convaincu.* → **patriote.** **2.** adjectif (après le nom) Qui montre un attachement très fort pour son pays. *Il a une attitude nationaliste.* → **chauvin.**

NATIONALITÉ [nasjɔnalite] n. f. ▪ *LA NATIONALITÉ :* état d'une personne qui est membre d'une nation. *Elle est de nationalité algérienne. Il a acquis la nationalité italienne,* il a été naturalisé. *De quelle nationalité êtes-vous ?* → **pays.**

NATIVITÉ [nativite] n. f. ▪ *UNE NATIVITÉ :* tableau, sculpture qui représente l'enfant Jésus dans la crèche. *Cet artiste a peint plusieurs nativités.*

NATTE [nat] n. f. ▪ *UNE NATTE* **1.** Tapis fait de fibres végétales entrelacées. *Il dort sur une natte de paille.* **2.** Assemblage de trois mèches de cheveux entrecroisées et retenues par une attache. → **tresse.** *Elle s'est fait des nattes.*

FAUX AMIS
espagnol et portugais **nata** « crème »

NATTER [nate] verbe [conjugaison 1a] ▪ Entrelacer. *Elle natte ses cheveux.* → **tresser.**

NATURALISER [natyʀalize] verbe [conjugaison 1a] **1.** Accorder la nationalité du pays à (un étranger). *Elle s'est fait naturaliser française :* elle est devenue citoyenne française. **2.** Conserver (un animal mort) en lui donnant l'apparence de la vie. *Il a fait naturaliser son chat.* → **empailler.**

NATURALISTE [natyʀalist] n. m., n. f. ▪ *UN NATURALISTE, UNE NATURALISTE* **1.** Savant spécialiste des sciences naturelles. *La botanique, la minéralogie et la zoologie sont des domaines étudiés par les naturalistes.* **2.** Personne qui naturalise des animaux. *Une naturaliste a empaillé la tête du sanglier.*

① **NATURE** [natyʀ] n. f. ▪ *LA NATURE* **1.** Tout ce qui existe sur Terre et qui n'a pas été fabriqué par l'homme. *Les écologistes se battent pour la protection de la nature.* - *La nature est belle en automne,* la campagne. - STYLE FAMILIER *Il a disparu dans la nature :* on ne sait pas où il est. **2.** Ce qui caractérise un être, une chose ou un sentiment. *Quelle est la nature de ce sol ? La méchanceté et la bonté sont dans la NATURE HUMAINE,* sont des caractères communs à tous les hommes. *Nous avons rencontré des difficultés DE TOUTE NATURE.* → **sorte.** *Cette découverte est DE NATURE À bouleverser les idées reçues,* elle est susceptible de le faire. **3.** Caractère d'une personne. *Elle est D'UNE NATURE inquiète.* → **tempérament.** *Il est jaloux DE NATURE,* de manière innée. *Ce n'est pas DANS SA NATURE de faire ça,* ce n'est pas son genre. **4.** *UNE NATURE :* une personne (considérée selon son caractère). *Son père est une heureuse nature,* il est toujours content. *Tu es une PETITE NATURE,* une personne faible. - *C'est une nature :* il a une forte personnalité. **5.** (sans déterminant) Modèle réel, opposé à l'œuvre d'art qui le représente. *C'est dessiné d'après nature. Son tableau est plus beau que nature,* il est plus beau que la réalité. *Le peintre a fait son portrait GRANDEUR NATURE,* aux dimensions réelles. **6.** *EN NATURE :* en objets réels, pas avec de l'argent. *Il a fait un don en nature à l'association.* - STYLE FAMILIER *Elle a payé en nature,* avec son corps. **7.** *UNE NATURE MORTE :* tableau représentant des objets ou des êtres sans vie. *Ils ont dans leur salon une nature morte représentant une corbeille de fruits.*

② **NATURE** [natyʀ] adj. invariable (après le nom) **1.** À quoi on n'ajoute rien. *Il boit son thé nature,* sans sucre, sans lait, sans citron. PLURIEL : *je veux des yaourts nature* (opposé à aromatisé). **2.** STYLE FAMILIER (qqn) Naturel. *Elle est très nature :* elle ne s'observe pas lorsqu'elle est avec les autres, elle ne fait pas de manières.

NATUREL [natyʀɛl] adj. et n. m., **NATURELLE** [natyʀɛl] adj.
I. adjectif (après le nom) **1.** Qui fait partie de la nature. *La pluie et la neige sont des phénomènes naturels. Il étudie les* SCIENCES NATURELLES, les sciences qui étudient les choses de la nature : l'homme, les animaux, les plantes, les roches. **2.** Qui n'a pas été modifié, créé par l'homme. *Elle a un chemisier en soie naturelle.* (contraires : artificiel, synthétique) *Les Pyrénées sont une frontière naturelle entre la France et l'Espagne.* **3.** Normal. *C'est naturel de pleurer quand on est triste.* (contraire : anormal) **4.** Relatif aux fonctions de la vie. *Uriner est un besoin naturel.* **5.** Qui appartient réellement à qqn, n'a pas été modifié. *Elle a gardé sa couleur naturelle de cheveux. Il est mort de mort naturelle.* (contraire : accidentel) **6.** Simple et spontané. *Il a l'air naturel sur cette photo.* (contraires : affecté, emprunté, guindé) *Elle est restée très naturelle malgré le succès.* → **simple. 7.** ENFANT NATUREL, né en dehors du mariage. *Il a eu trois enfants naturels.* → **illégitime.** (contraire : légitime)
II. LE NATUREL **1.** Caractère, tempérament. *Sa mère est* D'UN NATUREL *méfiant,* elle est méfiante de nature. **2.** Aisance et simplicité avec lesquelles on se comporte. *Elle sourit avec naturel sur la photo.* **3.** AU NATUREL : non préparé. *J'ai acheté une boîte de thon au naturel.* - *Il est très beau sur la photo : est-il aussi bien au naturel ?* dans la réalité.

NATURELLEMENT [natyʀɛlmɑ̃] adverbe **1.** D'une manière naturelle, non artificielle. *Ses cheveux frisent naturellement,* c'est leur nature de friser. *Il est naturellement aimable,* c'est son caractère. → **spontanément. 2.** Avec naturel. *Cet acteur joue très naturellement.* **3.** Par un enchaînement naturel. *Ça s'est fait tout naturellement.* - STYLE FAMILIER *Naturellement, il a encore oublié ses clés !* → **évidemment, forcément.**

NATURE MORTE → **nature**

NATURISTE [natyʀist] n. m., n. f. et adj. **1.** UN NATURISTE, UNE NATURISTE : une personne proche de la nature, qui vit nue au grand air et se nourrit d'aliments naturels. *Ils passent leurs vacances dans un camp de naturistes.* → **nudiste. 2.** adjectif (après le nom) Où il y a des naturistes. *Nous avons passé l'après-midi sur une plage naturiste.*

REM. Le fait d'être nu sur une plage ne suffit pas pour être un naturiste.

NAUFRAGE [nofʀaʒ] n. m. ▪ UN NAUFRAGE **1.** Perte d'un bateau qui coule. *Le bateau a* FAIT NAUFRAGE, il a sombré. *La tempête était terrible, il y a eu plusieurs naufrages.* **2.** STYLE RECHERCHÉ Destruction totale. *C'est le naufrage de ses espérances.* → **effondrement.**

NAUFRAGÉ [nofʀaʒe] n. m., **NAUFRAGÉE** [nofʀaʒe] n. f. ▪ UN NAUFRAGÉ, UNE NAUFRAGÉE : personne qui se trouve dans un bateau qui fait naufrage. *Les naufragés sont dans des canots de sauvetage.*

NAUSÉABOND [nozeabɔ̃], **NAUSÉABONDE** [nozeabɔ̃d] adj. (après le nom) ▪ (odeur) Qui écœure au point de donner la nausée. *Une odeur nauséabonde s'élève des poubelles.* → **fétide.**

NAUSÉE [noze] n. f. ▪ LA NAUSÉE **1.** Envie de vomir. *Cette odeur me donne la nausée.* → **haut-le-cœur.** *Elle a des nausées depuis qu'elle est enceinte.* **2.** (abstrait) Immense dégoût. *J'ai la nausée de ce travail.* → **dégoût.** *Rien que d'y penser, j'en ai la nausée,* je suis dégoûté.

NAUTIQUE [notik] adj. (après le nom) ▪ Qui concerne la navigation et les sports pratiqués sur l'eau. *La voile, le surf et l'aviron sont des sports nautiques. Il fait du* SKI NAUTIQUE, du ski sur l'eau.

NAVAL [naval], **NAVALE** [naval] adj. (après le nom) **1.** Qui concerne les navires. *Cette entreprise fait des constructions navales. On construit les bateaux dans des chantiers navals.* **2.** Qui concerne la marine militaire. *L'amiral est mort pendant un combat naval.*

NAVET [navɛ] n. m.
I. UN NAVET : racine d'une plante, ronde, blanche ou mauve, qui se mange cuite, en légume. *Le cuisinier a préparé du canard aux navets.*
II. UN NAVET : mauvais film. *Nous avons vu un navet. Quel navet ! Il n'a fait que des navets.*

NAVETTE [navɛt] n. f. ▪ UNE NAVETTE **1.** Dans un métier à tisser, Bobine allongée que l'on passe dans un sens puis dans l'autre, entre les fils, pour tisser. *La navette peut être en bois, en métal ou en os.* **2.** FAIRE LA NAVETTE : aller et venir régulièrement d'un lieu à un autre. *Ce médecin fait la navette entre son cabinet et l'hôpital.* **3.** Car, train ou bateau qui fait l'aller et retour entre deux lieux, sur une courte distance. *Nous avons pris la navette de l'hôtel pour aller à l'aéroport.* **4.** UNE NAVETTE SPATIALE : véhicule qui peut faire plusieurs voyages entre la Terre et l'espace. *Une navette spatiale a été envoyée dans l'espace pour récupérer un satellite.*

NAVIGABLE [navigabl] adj. (après le nom) ▪ (cours d'eau) Où l'on peut naviguer. *Le Rhône est un fleuve navigable entre Lyon et Marseille. Les canaux sont des* VOIES NAVIGABLES.

NAVIGANT [navigɑ̃], **NAVIGANTE** [navigɑ̃t] adj. (après le nom) ▪ Dont le métier est de travailler à bord d'un avion en vol. *Les hôtesses de l'air et les stewards font partie du* PERSONNEL NAVIGANT (→ **équipage).**

REM. Le participe présent du verbe *naviguer* s'écrit avec un *u* après le *g : en naviguant.*

NAVIGATEUR [navigatœʀ] n. m., **NAVIGATRICE** [navigatʀis] n. f. ▪ UN NAVIGATEUR, UNE NAVIGATRICE **1.** Personne qui fait de longs voyages sur mer. *Christophe Colomb était un navigateur. Un navigateur solitaire vient de traverser l'océan Atlantique.* **2.** Membre de l'équipage d'un bateau ou d'un avion qui est chargé de faire suivre la bonne direction. *Le navigateur va faire le point.*

NAVIGATION [navigasjɔ̃] n. f. ▪ LA NAVIGATION **1.** Déplacement sur l'eau, à bord d'un bateau. *Un fort vent d'ouest gêne la navigation maritime. L'été, ils font de la navigation de plaisance.* **2.** LA NAVIGATION AÉRIENNE : la circulation des avions. *Les aiguilleurs du ciel contrôlent la navigation aérienne.*

NAVIGUER [navige] verbe [conjugaison 1b] **1.** (navire) Se déplacer sur l'eau. → **voguer.** *Le bateau navigue vers l'Irlande.* **2.** Voyager sur un navire. *Nous naviguons depuis trois jours. Ce capitaine a navigué sur toutes les mers.* **3.** Conduire, diriger la marche d'un navire, d'un avion. *Nous naviguons à mille mètres d'altitude.*

NAVIRE [naviʀ] n. m. ▪ UN NAVIRE : grand bateau destiné à naviguer en pleine mer. *Les cargos et les paquebots sont des navires. C'est un navire de guerre.*

NAVRANT [navʀɑ̃], **NAVRANTE** [navʀɑ̃t] adj. (après le nom) ▪ Désolant, qui provoque le découragement. *Cet échec est navrant.* → **affligeant, consternant.** *Il n'a fait aucun progrès, c'est navrant.* → **déplorable.** (contraire : réconfortant)

NAVRÉ [navʀe], **NAVRÉE** [navʀe] adj. (après le nom) ▪ Désolé. *Je suis navré de vous déranger si tard.* - *Navré, mais vous faites erreur,* excusez-moi, je suis désolé.

NAZI [nazi] n. m. et adj., **NAZIE** [nazi] n. f. et adj. **1.** *UN NAZI, UNE NAZIE :* personne membre du parti du dictateur allemand Hitler. *Les nazis ont commis des crimes contre l'humanité pendant la Seconde Guerre mondiale.* **2.** adjectif (après le nom) De ce parti. → **hitlérien.** *Six millions de Juifs sont morts dans les camps de concentration nazis.*

NAZISME [nazism] n. m. ▪ *LE NAZISME :* doctrine du dictateur allemand Hitler (→ **fascisme**). *Nous craignons la montée du nazisme. Le nazisme est fondé sur le racisme.*

REM. On dit aussi *le national-socialisme*, mais le mot est moins évocateur.

NE [nə], **N'** adverbe
I. NÉGATIF **1.** Mot qui se place devant un verbe pour indiquer la négation et qui est souvent accompagné des adverbes *jamais, pas, plus* ou de *aucun, rien. Je ne t'aime plus. Ne pleure pas ! Ne t'inquiète pas ! Il n'a aucune crainte. Il ne veut rien manger. Pourquoi ne vient-il pas ? Rien ne marche dans cette maison. - On ne peut jamais être tranquille. - Tu n'as rien compris. Je n'ai jamais vu ça ! Il n'en veut plus. Elle n'y comprend rien. N'y allez pas.* - (impersonnel) *Il ne fait pas froid. Il n'y a plus de vin.* **2.** Employé sans adverbe ni pronom. *Il est je ne sais où :* je ne sais pas où il est. *Tu ne sais quoi inventer pour m'ennuyer ! Il arrive demain si je ne me trompe,* si je ne me trompe pas. *Il y a longtemps que je ne l'ai vu. N'ayez crainte !* n'ayez pas peur. **3.** *NE... QUE* → **seulement.** *Je n'ai que dix-huit ans. Il ne me donne que le nécessaire. N'avez-vous que cela pour vivre ? Elle n'est qu'institutrice, pas professeur. Ne parle que si tu veux bien, et quand c'est utile. - Elle n'avait qu'à écouter.* → **falloir.** - (impersonnel) *Il ne fait que 10 degrés. Il n'y a que lui qui sait le faire.* → **seul.** **4.** (comparaison négative) *NE... NI. Il n'est ni beau ni laid.* - STYLE RECHERCHÉ *Il n'accepte ni ne refuse.*
II. SANS NÉGATION *MOINS, PLUS... QUE... NE. Elle est moins jeune qu'elle ne paraît :* qu'elle paraît. *C'est plus cher qu'il ne le dit. Nous y allons moins souvent que nous ne le souhaiterions.* - (impersonnel) *Il fait plus froid qu'il n'a fait hier.*

REM. **1.** Dans le langage parlé familier, le mot négatif *NE* est souvent oublié : *j'en veux pas ; j'ai plus d'argent ; elle a pas trouvé*, mais il faut toujours l'écrire : *je n'en veux pas ; je n'ai plus d'argent.* **2.** Dans l'emploi II. (sans négation) on peut toujours supprimer le *NE* (*ne* explétif), mais la phrase est moins élégante : *c'est plus cher qu'il le dit* ou (familier) *c'est plus cher qu'il dit.*

né [ne], **née** [ne] *Il est né, elle est née :* formes au participe passé du verbe **naître.**

NÉ [ne], **NÉE** [ne] adj. (après le nom) **1.** De naissance. *Ce jeune garçon est un comédien né,* il a des dons innés pour le théâtre. **2.** Dont le nom de jeune fille est. *Madame Dupont, née Durand.*

NÉANMOINS [neɑ̃mwɛ̃] adverbe ▪ STYLE RECHERCHÉ Malgré cela. → **cependant, pourtant.** *Je ne suis pas d'accord, néanmoins je ferai comme tu veux.*

NÉANT [neɑ̃] n. m. ▪ *LE NÉANT :* rien. *Tous nos efforts ont été RÉDUITS À NÉANT,* à rien. - *SIGNES PARTICULIERS : NÉANT :* il n'y a pas de signes particuliers. - *Après la mort, c'est le néant.*

NÉBULEUSE [nebyløz] n. f. ▪ *UNE NÉBULEUSE :* nuage de gaz et de poussière, dans l'espace. *Certaines nébuleuses sont lumineuses, d'autres nébuleuses sont opaques.*

NÉBULEUX [nebylø], **NÉBULEUSE** [nebyløz] adj. (après le nom) ▪ STYLE RECHERCHÉ **1.** Couvert de nuages. *Aujourd'hui, le ciel est nébuleux.* → **nuageux.** ⟨contraire : clair⟩ **2.** Difficile à comprendre, confus. → **obscur.** *Il m'a donné des explications nébuleuses auxquelles je n'ai rien compris.* ⟨contraires : clair, précis⟩

NÉCESSAIRE [nesesɛʀ] adj. et n. m.
I. adjectif (après le nom) **1.** Très utile, essentiel. *Voici les provisions nécessaires pour le voyage. Emporte tout ce qui est nécessaire,* tout ce dont on a besoin. ⟨contraire : superflu⟩ *Les vitamines sont nécessaires à l'organisme.* ⟨contraire : inutile⟩ *Votre présence à la réunion est tout à fait nécessaire. Elle n'a pas les qualités nécessaires pour être un bon professeur. Je ne peux pas vivre sans toi, tu m'es nécessaire !* → **indispensable.** **2.** (impersonnel) *Il est nécessaire de mettre un timbre sur l'enveloppe,* il faut. → **falloir.** *Il est NÉCESSAIRE QU'elle vous accompagne.*
II. *LE NÉCESSAIRE* **1.** Ce qui est indispensable pour vivre. *Dans ce pays, beaucoup de gens manquent du nécessaire* (→ **nécessiteux**). ⟨contraire : superflu⟩ *N'emportez que le STRICT NÉCESSAIRE :* n'emportez rien d'inutile. **2.** Ce qu'il faut faire ou dire. *Nous ferons le nécessaire pour que tout se passe bien.* **3.** *UN NÉCESSAIRE :* boîte ou étui qui contient les objets utiles pour faire sa toilette, pour faire un ouvrage, etc. *J'ai oublié mon nécessaire de toilette ! Le nécessaire à couture est dans l'armoire.* → **trousse.**

REM. *Nécessaire* adj. ne s'emploie pas avec *très* ; on dit *bien, vraiment : Est-ce bien nécessaire ? Sa présence est-elle vraiment nécessaire ?*

NÉCESSAIREMENT [nesesɛʀmɑ̃] adverbe ▪ Obligatoirement. → **forcément.** *« Doit-on parler de cela ? – Pas nécessairement »,* ce n'est pas obligatoire.

NÉCESSITÉ [nesesite] n. f. ▪ *UNE NÉCESSITÉ* **1.** Obligation. *Dormir est une nécessité pour être en bonne santé.* ⟨contraire : possibilité⟩ - (avec l'infinitif) *Je ne vois pas la NÉCESSITÉ DE partir maintenant. Je suis DANS LA NÉCESSITÉ d'accepter.* **2.** *Les OBJETS DE PREMIÈRE NÉCESSITÉ :* les objets indispensables. *Lorsque l'on part en haute montagne, une bouteille d'eau et une trousse à pharmacie sont des objets de première nécessité.*

NÉCESSITER [nesesite] verbe [conjugaison 1a] ▪ Exiger, demander. *Ce travail difficile nécessite une grande attention.* → **réclamer.**

NÉCESSITEUX [nesesitø], **NÉCESSITEUSE** [nesesitøz] adj. (après le nom) ▪ STYLE RECHERCHÉ (qqn) Qui manque du nécessaire pour vivre. → **pauvre.** *Nous devons aider les familles nécessiteuses.*

NEC PLUS ULTRA [nɛkplysyltʀa] n. m. invariable ▪ *LE NEC PLUS ULTRA :* ce qu'il y a de mieux. *Cette voiture, c'est le nec plus ultra !* → **summum.**

NÉCROLOGIE [nekʀɔlɔʒi] n. f. ▪ *UNE NÉCROLOGIE* **1.** Texte ou article consacré à la vie et à l'œuvre d'une personnalité qui vient de mourir. *Les journaux ont publié la nécrologie du ministre.* **2.** Annonce des décès récents, dans un journal. *J'ai appris la mort d'un ami dans la rubrique nécrologie de mon journal.*

NÉCROLOGIQUE [nekʀɔlɔʒik] adj. (après le nom) ▪ *Une RUBRIQUE NÉCROLOGIQUE :* article de journal qui annonce des décès récents. *Nous avons annoncé la mort de notre père dans la rubrique nécrologique du journal. - Dans le journal, il y a un article nécrologique consacré au grand pianiste qui vient de mourir.*

NECTAR [nɛktaʀ] n. m. ▪ *UN NECTAR* **1.** Liquide sucré que contiennent les fleurs et les feuilles. *Les abeilles butinent le nectar.* **2.** Boisson à base de jus ou de purée de fruits. *J'ai envie de boire un nectar d'abricot.*

NECTARINE [nɛktaʀin] n. f. ▪ *UNE NECTARINE :* pêche jaune à peau lisse. → **brugnon.** *Je voudrais un kilo de nectarines, s'il vous plaît.*

NÉERLANDAIS [neɛʀlɑ̃dɛ] adj. et n. m., **NÉERLANDAISE** [neɛʀlɑ̃dɛz] adj. et n. f. **1.** adjectif (après le nom) Des Pays-Bas

(→ **hollandais**). *J'ai lu un article sur l'économie néerlandaise.* 2. *UN NÉERLANDAIS, UNE NÉERLANDAISE :* un habitant, une habitante des Pays-Bas. *Les Néerlandais.* 3. nom masculin *LE NÉERLANDAIS :* langue parlée aux Pays-Bas, en Belgique (→ **flamand**) et en Afrique du Sud. *J'ai acheté un dictionnaire français-néerlandais.*

REM. *Néerlandais* s'applique aux Pays-Bas et *hollandais* à la Hollande, région des Pays-Bas.

NÉERLANDOPHONE [neɛʀlɑ̃dɔfɔn] adj., n. m. et n. f. 1. adjectif (après le nom) Qui parle néerlandais, où l'on parle néerlandais. *L'Afrique du Sud est un pays néerlandophone.* 2. *UN NÉERLANDOPHONE, UNE NÉERLANDOPHONE :* une personne qui parle néerlandais. *En Belgique, il y a des néerlandophones et des francophones.*

NEF [nɛf] n. f. ▪ *UNE NEF* 1. Partie centrale d'une église, située entre le portail et le chœur. *Les fidèles sont assis dans la nef.* 2. Grand navire à voiles du Moyen Âge. *Une nef figure sur les armes de Paris.*

NÉFASTE [nefast] adj. (après le nom) 1. *JOUR NÉFASTE :* jour pendant lequel des personnes croient qu'il peut leur arriver un malheur. *Certaines personnes pensent que le vendredi 13 est un jour néfaste.* ⟨contraire : faste⟩ 2. Mauvais, nuisible. *Ce climat humide est néfaste pour votre santé.* ⟨contraires : bénéfique, bon⟩

① **NÉGATIF** [negatif] adj., **NÉGATIVE** [negativ] adj. et n. f.
I. adjectif (après le nom) 1. Qui exprime un refus. *Sa réponse est négative :* sa réponse est non. *« Êtes-vous d'accord ? – Négatif ! »* non ! ⟨contraire : affirmatif⟩ 2. Qui ne fait que des critiques, qui se définit par le refus (opposé à positif). *Je lui ai demandé ce qu'elle pensait du projet, mais elle a eu une attitude très négative,* elle n'a pas fait de remarques constructives. – *Ne sois pas si négatif, fais des propositions !* 3. Qui ne donne pas de résultat. *Mes recherches sont négatives.* – *Le médecin a déclaré votre examen négatif,* il n'a pas trouvé de maladie. – *Une CUTI NÉGATIVE,* qui ne produit pas de réaction. *La cuti de votre enfant est négative, il faudra la refaire.* 4. Qui n'est pas bon, qui est nuisible. *Les effets de cette politique sont malheureusement négatifs.* → **mauvais.** 5. *NOMBRE NÉGATIF :* nombre réel inférieur à zéro. *Le nombre –2 est négatif. Les températures de la nuit prochaine seront négatives,* elles seront au-dessous de zéro. *Le solde de votre compte est négatif.* → **débiteur.** 6. Se dit de tout ce qui peut être considéré comme opposé, inverse. *Dans une batterie de voiture, il y a un pôle négatif et un pôle positif.*
II. *RÉPONDRE PAR LA NÉGATIVE :* répondre non. *Elle est très déçue car le patron a répondu par la négative à sa demande d'augmentation.* – *DANS LA NÉGATIVE,* nous demanderons ailleurs, en cas de refus.

> *négatif*
>
> Une PHRASE NÉGATIVE est une phrase qui contient un adverbe de négation comme *ne... pas, ne... plus, ne... jamais, aucun, personne, nul.*
>
> La phrase négative peut être interrogative *(« Ne partez-vous pas demain ? – Si »)* et impérative *(N'y allez pas ! Ne faisons pas d'histoires).*
>
> Un MOT NÉGATIF est un mot grammatical servant à nier *(jamais, sans, aucun, personne, nul)* ou un mot ordinaire dont la définition est négative (*absence, manque, impatience, apesanteur, laisser, incomplet,* etc.).

② **NÉGATIF** [negatif] n. m. ▪ *UN NÉGATIF :* image photographique sur laquelle on voit en clair les images sombres à l'origine et en sombre les images qui devraient être claires. *J'ai perdu le négatif de cette photo. On tire une photo à partir du négatif.*

NÉGATION [negasjɔ̃] n. f. ▪ *UNE NÉGATION* 1. Mot ou groupe de mots qui sert à nier. ⟨contraire : affirmation⟩ *« Non » est un adverbe de négation.* 2. Action, attitude qui est à l'opposé d'une chose. *L'emploi de cette méthode ancienne est la négation du progrès.*

NÉGATIONNISTE [negasjɔnist] adj. (après le nom) ▪ Qui nie l'existence des chambres à gaz utilisées par les nazis pour supprimer les Juifs. *Les théories négationnistes sont intolérables.* → **révisionniste.**

NÉGATIVE adj. et n., féminin de **négatif**

NÉGATIVEMENT [negativmɑ̃] adverbe ▪ En disant non. *Elle a répondu négativement à la question posée.* ⟨contraire : affirmativement⟩

NÉGLIGÉ [neglige] n. m. et adj., **NÉGLIGÉE** [neglige] adj. 1. *LE NÉGLIGÉ :* le laisser-aller, le manque de soin dans les vêtements, dans la tenue. *Elle reproche à ses enfants le négligé de leurs vêtements.* 2. adjectif (après le nom) *Une TENUE NÉGLIGÉE,* qui manque de soin. *Tu ne peux pas aller au travail dans cette tenue négligée !*

NÉGLIGEABLE [negliʒabl] adj. (après le nom) ▪ Sans importance. *C'est un détail négligeable.* → **insignifiant.** ⟨contraire : important⟩ *C'est une perte d'argent non négligeable,* assez importante. *J'en ai assez, il me traite comme une QUANTITÉ NÉGLIGEABLE !* comme qqn sans intérêt.

négligeant [negliʒɑ̃] *En négligeant :* forme au participe présent du verbe **négliger.**

NÉGLIGEMMENT [negliʒamɑ̃] adverbe 1. Sans faire attention, sans mettre de soin à ce que l'on fait. ⟨contraire : soigneusement⟩ *Il a posé négligemment son manteau et son cartable sur ma chaise.* 2. Avec indifférence. *Elle a répondu négligemment.* 3. Avec un manque de soin étudié. *Il a incliné négligemment son chapeau sur le côté.*

NÉGLIGENCE [negliʒɑ̃s] n. f. ▪ *LA NÉGLIGENCE :* manque de soin, d'attention. → **désinvolture.** ⟨contraires : application, attention⟩ *Il ne répond pas à son courrier par négligence. Ce n'est pas de la méchanceté, c'est de la négligence,* ce n'est pas fait exprès. *Il ne nous a pas prévenus, c'est de la pure négligence !*

NÉGLIGENT [negliʒɑ̃], **NÉGLIGENTE** [negliʒɑ̃t] adj. (après le nom) ▪ (qqn) Qui ne fait pas attention, qui n'apporte pas de soin à ce qu'il fait. ⟨contraires : appliqué, attentif⟩ *Des campeurs négligents ont provoqué un incendie de forêt. Il est trop négligent pour ce travail délicat.* ⟨contraires : consciencieux, soigneux⟩

REM. Le participe présent *négligeant* se prononce de la même façon.

NÉGLIGER [negliʒe] verbe [conjugaison 3b] 1. Ne pas faire attention à. *Elle néglige sa santé :* elle ne s'intéresse pas à sa santé. → se **désintéresser.** – *Cet avantage n'est pas à négliger,* il est intéressant. *Nous ne négligeons rien.* – *Il a NÉGLIGÉ DE nous prévenir :* il a oublié de nous prévenir ou il a estimé que ce n'était pas nécessaire. → **omettre.** 2. Donner à (qqn) moins d'attention, moins d'affection qu'on le devrait. *Il néglige ses amis.* → **délaisser.** ⟨contraire : s'occuper de⟩ 3. verbe pronominal SE NÉGLIGER : être mal habillé, être sale. *Depuis que son mari l'a quittée, elle se néglige. Elle s'est négligée pendant longtemps.*

NÉGOCE [negɔs] n. m. ▪ STYLE RECHERCHÉ *LE NÉGOCE :* commerce. *Il s'est enrichi dans le négoce.* → **commerce.**

NÉGOCIANT [negɔsjɑ̃] n. m., **NÉGOCIANTE** [negɔsjɑ̃t] n. f. ▪ *UN NÉGOCIANT, UNE NÉGOCIANTE :* une personne qui fait du commerce en grand. → **commerçant, grossiste, exportateur,**

importateur, marchand. *Son père est négociant en vins.* (contraire : détaillant)

NÉGOCIATION [negɔsjasjɔ̃] n. f. ▪ *UNE NÉGOCIATION :* série de discussions que l'on entreprend pour arriver à un accord. *Les deux pays en guerre ont engagé des négociations* (**→ dialogue).** *Le patronat et les syndicats SONT EN NÉGOCIATION.* **→ pourparler.**

NÉGOCIER [negɔsje] verbe [conjugaison 7a] **1.** Mener une négociation, discuter afin de se mettre d'accord. *Les deux chefs d'État négocient un traité de paix. Nous ne négocierons* [negɔsiʀɔ̃] *pas :* nous refusons la négociation. *Les salariés négocient leurs salaires.* **2.** *NÉGOCIER UN VIRAGE :* manœuvrer de façon à bien prendre son virage, lorsqu'on roule vite. *Il a mal négocié son virage et il a quitté la route.*

NÈGRE [nɛgʀ] n. m., **NÉGRESSE** [negʀɛs] n. f. ▪ *UN NÈGRE, UNE NÉGRESSE* **1.** Autrefois, esclave noir. *Les nègres travaillaient dans les plantations.* - *Il fait travailler son employé comme un nègre,* très durement. **2.** Personne qui est payée pour écrire un livre à la place d'une personne plus connue qui signe ce livre, en se disant son auteur. *Les nègres travaillent de façon anonyme.*

> FAUX AMI
> russe **негр**
> « noir »

REM. *Nègre, négresse* sont aussi des termes racistes pour parler de personnes de race noire. Il faut dire *un Noir, une Noire.* **→ noir.**

NÉGRIER [negʀije] n. m. ▪ *UN NÉGRIER :* autrefois, personne qui achetait et vendait les Noirs comme esclaves. *Les négriers capturaient les Noirs en Afrique pour les vendre en Amérique* (**→ traite).**

NEIGE [nɛʒ] n. f. ▪ *LA NEIGE* **1.** Eau gelée qui tombe du ciel en flocons blancs et légers. *La neige tombe silencieusement. On attend des CHUTES DE NEIGE. Une TEMPÊTE DE NEIGE nous a surpris en montagne. Des enfants font une BATAILLE DE BOULES DE NEIGE, d'autres enfants font un BONHOMME DE NEIGE.* - *Croyez-vous que l'ABOMINABLE HOMME DES NEIGES existe ?* - *Ma voiture est équipée de PNEUS NEIGE,* de pneus qui ne dérapent pas, qui accrochent dans la neige. - *Cet homme que vous accusez est BLANC COMME NEIGE,* il est innocent. **2.** *LA NEIGE :* les sports d'hiver, les stations de sports d'hiver. *Nous irons à la neige pendant les vacances de Noël. Les élèves partent en CLASSE DE NEIGE,* ils partent quelques jours en montagne pour étudier avec leur professeur et pratiquer les sports d'hiver. **3.** *Des ŒUFS EN NEIGE :* blancs d'œufs battus qui forment une mousse blanche. *Battez vos œufs en neige et mélangez délicatement au chocolat. Elle a fait des ŒUFS À LA NEIGE,* un dessert composé de blancs d'œufs battus, servis avec une crème. **→ île (flottante).**

NEIGER [neʒe] verbe impersonnel [conjugaison 3b] ▪ (neige) Tomber. *Il a neigé :* la neige est tombée. *Hier, pendant qu'il neigeait, les enfants faisaient de la luge et du ski.*

NEIGEUX [neʒø], **NEIGEUSE** [neʒøz] adj. (après le nom) ▪ Couvert de neige. *Les skieurs évoluent sur les pentes neigeuses. Les sommets neigeux brillent au soleil.*

NEM [nɛm] n. m. ▪ *UN NEM :* petit rouleau de pâté oriental. *Au restaurant chinois, nous avons mangé des nems.*

NÉNUPHAR [nenyfaʀ] n. m. ▪ *UN NÉNUPHAR :* plante à fleurs blanches et à grandes feuilles rondes qui s'étalent sur l'eau. *Les grenouilles se cachent sous les nénuphars.*

NÉO-CALÉDONIEN [neokaledɔnjɛ̃] adj. et n. m., **NÉO-CALÉDONIENNE** [neokaledɔnjɛn] adj. et n. f. **1.** adjectif (après le nom) De Nouvelle-Calédonie. *La population néo-calédonienne se compose d'autochtones* (**→ kanak)** *et d'Européens.* **2.** *UN NÉO-CALÉDONIEN, UNE NÉO-CALÉDONIENNE :* une personne habitant la Nouvelle-Calédonie. *Elle a épousé un Néo-Calédonien.* PLURIEL : *les NÉO-CALÉDONIENS.*

NÉOLOGISME [neɔlɔʒism] n. m. ▪ *UN NÉOLOGISME :* mot nouveau qui appartient à une langue. *« Caméscope » est un néologisme de 1982.*

REM. On emploie parfois *néologisme* pour un *emprunt* récent à une langue étrangère.

NÉON [neɔ̃] n. m. **1.** *LE NÉON :* gaz qui sert à éclairer. *Une enseigne lumineuse au néon signale le cinéma.* **2.** *UN NÉON :* tube d'éclairage qui fonctionne au néon. *Il faut changer le néon de la cuisine.*

NÉONAZI [neonazi], **NÉONAZIE** [neonazi] adj. (après le nom) ▪ Du mouvement politique qui s'inspire du nazisme. *Des groupes néonazis ont écrit des slogans racistes sur les murs.*

NÉOPHYTE [neɔfit] n. m., n. f. ▪ *UN NÉOPHYTE, UNE NÉOPHYTE :* personne qui débute dans une technique, dans un art. **→ novice, débutant.** *Elle fait du piano depuis deux mois, c'est une néophyte.*

NÉO-ZÉLANDAIS [neozelɑ̃dɛ] adj. et n. m., **NÉO-ZÉLANDAISE** [neozelɑ̃dɛz] adj. et n. f. **1.** adjectif (après le nom) De Nouvelle-Zélande. *Il étudie les chiffres de la population néo-zélandaise.* **2.** *UN NÉO-ZÉLANDAIS, UNE NÉO-ZÉLANDAISE :* une personne habitant la Nouvelle-Zélande. *Il a épousé une Néo-Zélandaise.* PLURIEL : *les NÉO-ZÉLANDAIS.*

NÉPHRÉTIQUE [nefʀetik] adj. (après le nom) ▪ Qui concerne un rein malade. *Le malade a des COLIQUES NÉPHRÉTIQUES,* des douleurs très fortes du rein.

NERF [nɛʀ] n. m.

I. *UN NERF* **1.** Chaque cordon qui relie une partie du corps au cerveau et à la moelle épinière. *Les nerfs permettent d'avoir des sensations physiques. Les nerfs moteurs permettent les mouvements.* **2.** (au pluriel) LES NERFS : le centre de l'équilibre mental, de l'émotion. *Tu as les nerfs solides :* tu as un caractère fort, tu te maîtrises parfaitement. *Elle a les nerfs fragiles. L'orage me PORTE SUR LES NERFS,* il me rend nerveux. *À force d'attendre, nous AVONS LES NERFS À VIF,* nous sommes très énervés. *Elle EST SUR LES NERFS :* elle est très énervée. *Il EST À BOUT DE NERFS :* il ne peut plus maîtriser son énervement. *Elle a fait une CRISE DE NERFS :* elle a pleuré, crié, avec des gestes désordonnés. *Elle s'est roulée par terre : une vraie crise de nerfs. Ne PASSEZ PAS VOS NERFS SUR les autres !* ne passez pas votre mauvaise humeur, votre agressivité sur les autres !

II. *UN NERF* **1.** Ligament, tendon des muscles. *Cette viande est dure à mâcher, elle est pleine de nerfs.* **2.** Vigueur d'une personne. **→ muscle.** *Cet enfant a DU NERF,* il est actif et dynamique. *Allez, remue-toi, du nerf !* - (figuré) *L'argent est le nerf de la guerre :* l'argent permet la guerre, est la cause de la guerre. - *Ce film manque de nerf,* l'action traîne, c'est mou.

NERVEUSEMENT [nɛʀvøzmɑ̃] adverbe ▪ D'une manière nerveuse, avec nervosité. (contraire : calmement) *Elle se ronge les ongles nerveusement.*

NERVEUX [nɛʀvø] adj. et n. m., **NERVEUSE** [nɛʀvøz] adj. et n. f.

I. adjectif (après le nom) **1.** Qui se rapporte aux nerfs. *Le SYSTÈME NERVEUX est formé par les nerfs, le cerveau et la moelle épinière.* **2.** (qqn) Excité et agité. *Sa mère est une personne nerveuse,* facilement agitée par les émotions. (contraire : calme) - *Pardonnez-moi, je ris mais c'est nerveux !* - *Cette attente me rend nerveux.*

II. *UN NERVEUX, UNE NERVEUSE :* une personne facilement agitée par les émotions. *Cet homme est un grand nerveux. Il devient nerveux,* il s'énerve. → **énervé.**
III. 1. (viande) Qui est dure, coriace. *Ce morceau de pot-au-feu est nerveux.* → **coriace.** ⟨contraire : tendre⟩ **2.** Vigoureux, qui a du nerf. → **nerf** (II.). *C'est un cheval nerveux et très rapide. - Elle est nerveuse, cette voiture !* elle avance très vite dès qu'on accélère un peu, elle répond vite aux commandes. *Au tennis, il a un jeu nerveux.* → **vigoureux ; rapide.**

FAUX AMI
anglais
to be nervous
«avoir le trac»

NERVOSITÉ [nɛʀvozite] n. f.
I. *LA NERVOSITÉ* État d'excitation, d'énervement. *À cause de l'orage, les enfants sont d'une grande nervosité.* ⟨contraire : calme⟩ *Sa nervosité est mauvaise pour sa carrière sportive.*
II. *LA NERVOSITÉ* Vigueur (de qqch.). *J'aime la nervosité de son jeu, de ses dessins.*

NERVURE [nɛʀvyʀ] n. f. ▪ *UNE NERVURE :* fine ligne en relief à la surface de qqch. *La sève circule dans les nervures des feuilles.*

N'EST-CE PAS [nɛspa] adverbe ▪ Expression qui sert à demander son avis à qqn. *Vous êtes d'accord, n'est-ce pas ? Tu viendras, n'est-ce pas ?* → STYLE FAMILIER **hein.** *Il est gentil n'est-ce pas ?* → **non** (I., 2.).

NET [nɛt] adj., n. m. et adverbe, **NETTE** [nɛt] adj.
I. adjectif (après le nom, parfois avant le nom) **1.** (après le nom) Propre. → **impeccable.** ⟨contraire : sale⟩ *Cette chemise n'est pas très nette. - FAIRE PLACE NETTE,* enlever, ranger les objets. **2.** (après le nom) *VOULOIR EN AVOIR LE CŒUR NET :* vouloir être absolument certain. *Je vais redemander car je veux en avoir le cœur net,* je ne veux pas avoir de doute. **3.** (après le nom) *POIDS NET d'une marchandise,* sans l'emballage (opposé à brut). *Le poids net de ce paquet de lessive est de cinq cents grammes,* le poids de la lessive elle-même. - *SALAIRE NET :* le salaire que l'on touche après avoir fait les déductions (taxes, charges, cotisations, etc.). *Mon salaire brut est de sept mille cinq cents francs, mon salaire net est de six mille cinq cents francs. - Le revenu est de 6 %, NET D'IMPÔT,* sans avoir à payer d'impôt. **4.** (après le nom ou avant le nom) Clair et précis. *Sa réponse a été nette : il refuse de manière catégorique cet accord.* ⟨contraires : confus, évasif, flou⟩ *Nous voulons une explication CLAIRE ET NETTE. J'ai mal dormi, je n'ai pas les idées bien nettes, ce matin. - Le patron a été très net. - Une nette amélioration du temps est prévue pour demain. Il y a une nette différence.* - STYLE FAMILIER *Il n'est PAS TRÈS NET, ton copain,* il n'est pas très clair, pas très franc, pas très moral. **5.** Précis, dont les contours sont bien visibles. *Cette photo est très nette,* on voit bien tous les détails. ⟨contraire : flou⟩ *Règle le téléviseur pour que l'image soit plus nette. J'ai vu une silhouette très nette dans la pénombre.* ⟨contraire : vague⟩
II. nom masculin *AU NET :* au propre, bien rangé, bien organisé. *Tous mes dossiers sont au net.*
III. adverbe **1.** Tout d'un coup, brusquement. *La voiture s'est arrêtée net.* **2.** *DIRE TOUT NET :* parler franchement. *À la prochaine réunion, je dirai tout net ce que je pense.*

NETTEMENT [nɛtmɑ̃] adverbe **1.** Avec clarté. *Je dirai nettement ce que je pense.* **2.** D'une manière évidente, bien visible. *Ce boxeur a été nettement plus fort que son adversaire. - Le malade va nettement mieux. Tu es nettement moins nerveux. - On voit nettement le sommet de la montagne, avec ces jumelles.* → **distinctement.** ⟨contraire : vaguement⟩

NETTETÉ [nɛtte] n. f. ▪ *LA NETTETÉ* **1.** Clarté et précision. *Le professeur donne des explications d'une grande netteté.* **2.** Qualité de ce qui est bien visible, bien marqué. *Cette photo manque de netteté.*

nettoie [netwa] *Je nettoie ; il nettoie, elle nettoie :* forme au présent du verbe **nettoyer ;** *que je nettoie ; qu'il nettoie, qu'elle nettoie :* forme au subjonctif du verbe **nettoyer.**

NETTOYAGE [netwajaʒ] n. m. ▪ *LE NETTOYAGE :* action de nettoyer, de rendre net, propre. *Ce réfrigérateur a besoin d'un bon nettoyage. Elle a fait un grand nettoyage de printemps :* elle a nettoyé complètement sa maison. → **ménage.** *C'est une entreprise de nettoyage qui fait le ménage dans les bureaux. J'ai porté mon manteau au nettoyage,* je l'ai donné à nettoyer. - *Dans la cave, nous avons fait le NETTOYAGE PAR LE VIDE,* nous avons jeté tout ce qui était inutile.

NETTOYER [netwaje] verbe [conjugaison 8a] **1.** Rendre net, propre. *Aujourd'hui je nettoie la cuisine et demain je nettoierai* [netwaʀɛ] *la salle de bains.* → **laver.** ⟨contraire : salir⟩ **2.** Débarrasser (un lieu) d'ennemis. *L'armée a nettoyé la région.*

① **NEUF** [nœf] adj. et n. m., **NEUVE** [nœv] adj.
I. adjectif (après le nom) **1.** Qui vient d'être acheté ou qui n'a pas encore servi. ⟨contraires : vieux, usé⟩ *Regarde ma robe neuve ! Elle a mis ses chaussures neuves. Nous avons acheté une voiture neuve.* ⟨contraire : d'occasion⟩ *Après un bon nettoyage, ce costume est COMME NEUF. Ils habitent dans la ville neuve. - Il est très fier, dans sa voiture FLAMBANT NEUVE,* dans sa voiture toute neuve. *Elle a deux chapeaux tout neufs et des chaussures toutes neuves.* **2.** Nouveau. → **original.** *Les jeunes ont souvent des idées neuves.* ⟨contraire : ancien⟩ *Depuis qu'elle est guérie, elle voit les choses d'un regard neuf,* elle voit les choses autrement. *Alors, QUOI DE NEUF aujourd'hui ?* est-ce qu'il y a qqch. de nouveau ? *Rien de neuf.*
II. 1. *DU NEUF :* ce qui est neuf. *Il n'achète que du neuf,* que des choses qui viennent d'être faites et qui n'ont jamais servi. *Ce marchand vend du neuf et de l'occasion.* **2.** *À NEUF :* de manière à rendre l'aspect du neuf. *Cet appartement a été refait à neuf,* il a été refait entièrement (→ **rénover).** *Il est à L'ÉTAT DE NEUF,* comme s'il était neuf.

REM. *NEUF* s'applique à l'aspect d'une chose non utilisée ; *NOUVEAU* à ce qui la distingue des autres. *Une voiture neuve* peut être la première qu'on possède. *Une voiture nouvelle* n'est jamais la première. → **nouveau.**

② **NEUF** [nœf] adj., pronom et n. m. invariables
I. adjectif (avant le nom ou après le nom) **1.** (avant le nom) Huit plus un (9 ; IX). *Il y a neuf personnes dans la salle. Ma fille a neuf ans* [nœvɑ̃]. *Ce téléviseur coûte neuf cents francs.* **2.** (après le nom) *Il est neuf heures* [nœvœʀ]. *Je suis au chapitre neuf de mon livre.* → **neuvième.**
II. pronom Neuf personnes, neuf choses. *Ils sont arrivés à neuf. Il m'en reste neuf.*
III. 1. *UN NEUF :* le chiffre neuf. *Écrivez bien vos neuf.* **2.** *NEUF :* le nombre neuf. *Neuf multiplié par dix égalent quatre-vingt-dix* (→ **nonante).** *Il a eu neuf en maths,* sa note est neuf. **3.** *LE NEUF, LA NEUF :* ce qui porte le numéro neuf. *Ils habitent au neuf, rue Didot,* au numéro 9. *Nous sommes le neuf :* c'est le neuvième jour du mois. *J'ai les quatre neuf,* les quatre cartes à jouer marquées de neuf points. *Dans la course de chevaux, c'est le neuf qui a gagné,* le cheval portant le numéro neuf. *Le serveur apporte la note de la neuf,* de la table, de la chambre neuf.

REM. **1.** On prononce [nœf] devant une voyelle, *neuf années* [nœfane], *neuf amis* [nœfami], sauf dans *neuf ans* [nœvɑ̃]. On prononce *neuf histoires* [nœfistwaʀ] mais *neuf heures* [nœvœʀ]. **2.** *Neuf* s'emploie en composition (ex. : *trente-neuf, cent neuf*).

NEUROLOGIE [nøʀɔlɔʒi] n. f. ▪ *LA NEUROLOGIE* : partie de la médecine qui s'occupe du système nerveux. *Son père est spécialiste en neurologie.*

NEUROLOGUE [nøʀɔlɔg] n. m., n. f. ▪ *UN NEUROLOGUE, UNE NEUROLOGUE* : médecin spécialiste du système nerveux. *Ma mère consulte un neurologue.*

NEURONE [nøʀon] n. m. ▪ *UN NEURONE* : cellule nerveuse. *Il y a environ neuf milliards de neurones dans le cerveau.*

NEUTRALISER [nøtʀalize] verbe [conjugaison 1a] ▪ Rendre inoffensif. *Les policiers ont neutralisé le gangster,* ils l'ont empêché d'agir, de faire du mal. – *Un sourire a neutralisé ses paroles de colère.*

NEUTRALITÉ [nøtʀalite] n. f. ▪ *LA NEUTRALITÉ* : état d'une personne ou d'un pays qui reste neutre, impartial. *Pendant la Seconde Guerre mondiale, la Suisse est restée dans la neutralité. Un arbitre doit observer la plus stricte neutralité.*

NEUTRE [nøtʀ] adj. (après le nom) **1.** Qui ne participe pas à un conflit. *La Suisse et la Suède sont des pays neutres,* des pays qui ne prennent pas parti pendant les guerres. *Les négociations de paix se déroulent EN TERRAIN NEUTRE.* **2.** Qui ne s'engage pas. *Pendant la discussion, il est resté neutre. Un arbitre doit être neutre,* il doit être impartial, il ne doit favoriser ni une équipe, ni un joueur. → **objectif.** **3.** Qui est d'une catégorie grammaticale sans masculin ni féminin. *Le genre neutre n'existe pas en français, mais il existe en anglais, en allemand.* **4.** *Une COULEUR NEUTRE,* sans éclat. *Elle s'habille toujours de couleurs vives, jamais de couleurs neutres.* **5.** Sans originalité, sans éclat ni passion. *Il a répondu sur un ton neutre.*

NEUTRON [nøtʀɔ̃] n. m. ▪ *UN NEUTRON* : particule élémentaire du noyau atomique. *Une BOMBE À NEUTRONS est capable de détruire la vie sans détruire les constructions.*

NEUVIÈME [nœvjɛm] adj., n. m. et n. f.
I. adjectif (avant le nom) Qui a le numéro neuf, qui vient après le huitième. *Nous habitons au neuvième étage. Dans la course, il a fini neuvième. Hier soir, j'ai écouté la Neuvième Symphonie de Beethoven. Le neuvième art est la bande dessinée.*
II. **1.** *LE NEUVIÈME* : partie d'un tout divisé en neuf parts égales. *Il a dépensé les cinq neuvièmes de sa fortune.* **2.** *LE NEUVIÈME, LA NEUVIÈME* : ce qui a le numéro neuf. *Elle est la neuvième de sa classe. Prenez l'ascenseur car son bureau est au neuvième,* au neuvième étage. *Ils habitent dans le neuvième,* dans le neuvième arrondissement de la ville.

REM. *Neuvième* s'emploie en composition (ex. : *quarante-deuxième, cent neuvième*).

NÉVÉ [neve] n. m. ▪ *UN NÉVÉ* : en montagne, plaque de neige isolée mais assez importante, qui ne fond pas en été. *Nous avons vu une marmotte traverser un névé.*

NEVEU [nəvø] n. m. ▪ *LE NEVEU DE* : fils du frère ou de la sœur. *Mon frère a un fils, c'est mon neveu.* PLURIEL : *il a deux NEVEUX. J'ai deux neveux et une nièce* (→ **oncle, tante).**

REM. On prononce souvent [nvø].

NÉVRALGIE [nevʀalʒi] n. f. ▪ *UNE NÉVRALGIE* : douleur ressentie sur le trajet d'un nerf. *Elle a une névralgie faciale.*

NÉVROSE [nevʀoz] n. f. ▪ *UNE NÉVROSE* : maladie nerveuse, qui se traduit par des troubles affectifs et émotionnels. *La névrose se manifeste souvent par de l'angoisse.*

NÉVROSÉ [nevʀoze] n. m., **NÉVROSÉE** [nevʀoze] n. f. ▪ *UN NÉVROSÉ, UNE NÉVROSÉE* : une personne qui a une névrose. *C'est un névrosé.*

NÉVROTIQUE [nevʀɔtik] adj. (après le nom) ▪ Relatif à une névrose. *Elle a un comportement névrotique.*

NEW YORK [nujɔʀk] nom propre ▪ État et ville du nord-est des États-Unis. *Elle vit à New York. Ils habitent New York* (→ **new-yorkais).**

REM. Pour la ville, on peut dire *New York City.*

NEW-YORKAIS [nujɔʀkɛ] adj. et n. m., **NEW-YORKAISE** [nujɔʀkɛz] adj. et n. f. **1.** adjectif (après le nom) De New York. *Nous avons pris le métro new-yorkais.* PLURIEL : *les taxis NEW-YORKAIS sont jaunes.* **2.** *UN NEW-YORKAIS, UNE NEW-YORKAISE* : une personne qui habite New York. *Les New-Yorkais.*

NEZ [ne] n. m. ▪ *LE NEZ* **1.** Partie qui dépasse du visage, située entre le front et la bouche, et qui sert à respirer et à sentir. *Elle a un gros nez.* → STYLE FAMILIER **pif.** *Il a le nez en trompette. Elle s'est fait refaire le nez. Ne mets pas tes doigts dans ton nez ! Le malade se met des gouttes dans le nez,* dans les fosses nasales. *Il a saigné du nez,* du sang est sorti de son nez. *Elle est enrhumée, elle a le nez qui coule. Elle se bouche le nez,* pour ne pas sentir une odeur désagréable. *Respirez par le nez !* – STYLE FAMILIER *Il a de gros TROUS DE NEZ,* de grosses narines. – *Ça sent le gaz À PLEIN NEZ,* très fort. *Elle mène son mari PAR LE BOUT DU NEZ,* elle lui fait faire tout ce qu'elle veut. *Il ne voit pas plus loin que le bout de son nez :* il manque de prévoyance. *À VUE DE NEZ, il est trois heures :* il est approximativement trois heures. *Ça se voit COMME LE NEZ AU MILIEU DE LA FIGURE :* c'est évident, ça se voit tout de suite. – STYLE FAMILIER *Il a gagné LES DOIGTS DANS LE NEZ,* sans aucune difficulté. *Il a UN VERRE DANS LE NEZ :* il est un peu ivre. *Elle a sa voisine DANS LE NEZ,* elle ne l'aime pas. **2.** Visage. *Je n'ai pas MIS LE NEZ DEHORS aujourd'hui,* je ne suis pas sorti. *Il FOURRE SON NEZ partout :* il est très curieux. *Elle fourre toujours son nez dans les affaires des autres :* elle se mêle de ce qui ne la regarde pas. *Elle PIQUE DU NEZ :* elle s'endort en laissant tomber sa tête en avant. *Il ne trouve pas son stylo, pourtant il A LE NEZ DESSUS,* il en est tout près. *Ils se sont trouvés NEZ À NEZ* [neane], l'un en face de l'autre à l'improviste. *Elle m'a RI AU NEZ,* sans se cacher. *Les dernières places me sont passées SOUS LE NEZ,* elles m'ont échappé alors que je pensais que je les aurais. *Il triche sous le nez du professeur,* sous ses yeux. **3.** Flair. *Le policier A DU NEZ,* il est perspicace. *J'ai eu LE NEZ CREUX de m'en occuper hier,* j'ai bien fait, heureusement que je l'ai fait. **4.** *Un PIED DE NEZ :* geste de moquerie qui consiste à étendre la main, les doigts écartés et en appuyant le pouce sur son nez. *Il fait des pieds de nez aux passants.* **5.** Partie avant (de qqch.). *Le nez de la fusée est très effilé.*

NI [ni] conjonction ▪ Indique que l'on ajoute qqch. de négatif dans une phrase négative. **1.** Avec *NE. Je ne prends pas de lait ni de sucre dans mon thé.* – *NI... NI. Je ne prends ni lait ni sucre. Il n'a dit NI OUI NI NON. Je ne les aime ni l'un ni l'autre. Qui a gagné ? Ce n'est ni toi ni moi. Il ne sait ni lire ni écrire.* **2.** Après *SANS. Je prends du thé sans sucre ni lait. Il est parti sans que son père ni sa mère le sachent.*

REM. On peut dire *Ni lui ni elle ne partiront* ou *ni lui ni elle ne partira.*

NIAIS [njɛ], **NIAISE** [njɛz] adj. (après le nom) ▪ Un peu bête et naïf. *Il est gentil mais un peu niais.* → **nigaud.** *Il la regarde d'un air niais.*

NIAISERIE [njɛzʀi] n. f. ▪ *UNE NIAISERIE* : parole niaise. *Il ne dit que des niaiseries.* → **bêtise, imbécillité, sottise.**

① **NICHE** [niʃ] n. f. ▪ *UNE NICHE* : farce que l'on fait à qqn. *Il fait souvent des niches à ses camarades.* → STYLE FAMILIER ② **blague.**

② **NICHE** [niʃ] n. f. ▪ *UNE NICHE* **1.** Abri en forme de petite maison, dans lequel couche un chien. *Le chien est dans sa niche.*

2. Creux dans un mur, où l'on met un objet décoratif. *La statuette est placée dans une niche.*

NICHÉE [niʃe] n. f. ▪ *UNE NICHÉE :* ensemble d'oiseaux de la même couvée qui sont encore au nid. *Le renard a dévoré toute une nichée de poussins.* → **couvée.**

NICHER [niʃe] verbe [conjugaison 1a]
I. 1. (oiseau) Faire son nid. *Un rossignol niche dans ce chêne.* **2.** STYLE FAMILIER (qqn) Habiter. *Où est-ce que tu niches ?* → STYLE FAMILIER **crécher.**
II. verbe pronominal SE NICHER **1.** Se blottir, se cacher. *Elle s'est nichée dans les bras de son père. - Un village se niche au creux de la colline.* **2.** Se mettre. *Où l'orgueil va-t-il se nicher ?* → se **fourrer.**

NICHON [niʃɔ̃] n. m. ▪ STYLE TRÈS FAMILIER *UN NICHON :* sein de femme. *Elle a de gros nichons.*

NICKEL [nikɛl] n. m. et adj. invariable **1.** *LE NICKEL :* métal inoxydable, blanc argenté. *Cette pièce de monnaie est faite d'un alliage de cuivre et de nickel.* **2.** adjectif invariable (après le nom) STYLE FAMILIER Très propre. *C'est nickel chez eux.* → **impeccable.** PLURIEL : *il a des bottes nickel.*

NICKELÉ [nikle], **NICKELÉE** [nikle] adj. (après le nom) ▪ Recouvert de nickel. *Le guidon de la bicyclette est nickelé.*

NICOTINE [nikɔtin] n. f. ▪ *LA NICOTINE :* liquide huileux contenu dans le tabac, dangereux pour la santé. *La nicotine jaunit les doigts et les dents des fumeurs.*

NID [ni] n. m. ▪ *UN NID* **1.** Abri que les oiseaux construisent pour pondre, couver leurs œufs et élever leurs petits. *Les hirondelles ont fait leur nid sous le toit* **(→ nicher).** *C'est la saison des nids.* **2.** Abri que se construisent certains animaux. *Nous avons trouvé un nid de souris dans le grenier.*
REM. *Nid* se prononce comme *ni.*

NIÈCE [njɛs] n. f. ▪ *LA NIÈCE DE :* fille du frère ou de la sœur **(→ tante, oncle).** *Elle a deux neveux et trois nièces.*

NIÈME → **énième**

NIER [nje] verbe [conjugaison 7a] ▪ Rejeter (une proposition), déclarer irréel (qqch.). *Il niera* [nira] *sûrement l'évidence.* → **contester.** *L'accusé a tout nié et plaide non coupable. Inutile que vous niiez* [nije] *les faits. - L'accusé NIE AVOIR commis ce crime.* ⟨contraire : affirmer⟩ *Elle NIE QU'elle est venue* (alors qu'on sait qu'elle est venue). *Elle nie qu'elle soit venue* (on ne sait pas si elle est venue ou non). *- L'accusé persiste à nier.*

> FAUX AMI
> néerlandais **negeren** « ignorer (qqn) »

NIGAUD [nigo] adj. et n. m., **NIGAUDE** [nigod] adj. et n. f. **1.** adjectif (après le nom) Un peu bête et naïf. *Elle est un peu nigaude.* → **niais.** ⟨contraire : malin⟩ **2.** *UN NIGAUD, UNE NIGAUDE :* une personne un peu bête et naïve. *Quel gros nigaud !* → **dadais.**

NIGER [niʒɛʀ] nom propre masculin ▪ *LE NIGER :* pays d'Afrique occidentale. *Nous sommes allés au Niger.*

N'IMPORTE QUI, N'IMPORTE QUEL, N'IMPORTE QUOI → ② **importer**

NIPPON [nipɔ̃] adj. et n. m., **NIPPONE** [nipɔn] adj. et n. f. ▪ STYLE RECHERCHÉ **1.** adjectif (après le nom) Du Japon. → **japonais.** *Tokyo est une ville nippone.* **2.** *UN NIPPON, UNE NIPPONE :* un habitant, une habitante du Japon. *Les Nippons.*
REM. Au féminin, on écrit aussi *nipponne* [nipɔn] avec deux *n.*

NIQUER [nike] verbe [conjugaison 1a] ▪ STYLE TRÈS FAMILIER Faire l'amour à (qqn). → STYLE TRÈS FAMILIER ② **baiser.** *Il a niqué sa voisine.* - (terme d'injure) *Nique ta mère !*

NITOUCHE → **sainte-nitouche**

NITROGLYCÉRINE [nitʀogliseʀin] n. f. ▪ *LA NITROGLYCÉRINE :* explosif très puissant qui sert à fabriquer la dynamite. *La nitroglycérine peut exploser au moindre choc.*

NIVEAU [nivo] n. m. ▪ *UN NIVEAU* **1.** Hauteur à laquelle s'élève qqch., par rapport à un plan horizontal. *Le village est à cinq cents mètres AU-DESSUS DU NIVEAU DE LA MER. La rivière est à son niveau le plus bas. Elle a de l'eau jusqu'AU NIVEAU DE la taille. On vérifie le niveau d'huile dans une voiture avec une jauge. Les voitures s'arrêtent au PASSAGE À NIVEAU,* à l'endroit où une voie ferrée croise une route. **2.** Étage (d'un bâtiment). *Le rayon parfumerie est au premier niveau du magasin.* PLURIEL : *une maison à deux NIVEAUX.* **3.** Degré comparatif dans une hiérarchie de valeurs. *On ne peut pas mettre ces deux idées au même niveau,* sur le même plan. *Ces deux élèves ne sont pas au même niveau,* ils ne sont pas de la même force. *Le niveau de la classe est bon. Il a arrêté ses études au niveau du bac. - Il lui parle simplement pour se mettre à son niveau,* à sa portée. *- Un NIVEAU DE LANGUE :* façon de parler différente selon le milieu social, le milieu professionnel et aussi selon les situations et les gens avec qui l'on parle ou à qui l'on écrit. (voir encadré ci-dessous). → **registre. 4.** *Le NIVEAU DE VIE :* la façon de vivre selon l'argent que l'on gagne et l'économie du pays dans lequel on vit. *Les pays riches ont un niveau de vie élevé.*
REM. L'expression *au niveau de* signifiant « en ce qui concerne » est d'un emploi critiqué. Elle est cependant très courante : *j'ai un problème au niveau de mes finances.*

> *les niveaux de langue*
>
> Un mot **familier** est un mot que l'on emploie en parlant à des gens que l'on connaît bien et que l'on évite d'utiliser quand on surveille ce que l'on dit ou ce que l'on écrit. *Gosse* est un mot familier ; *enfant* est le mot courant correspondant.
>
> Un mot **très familier** est un mot grossier qui peut choquer. *Con* est un mot très familier ; le mot familier qui peut lui correspondre est *crétin,* le mot courant est *idiot.* Un mot très familier s'emploie uniquement oralement, avec des amis.
>
> Un mot **recherché** est un mot que l'on rencontre surtout dans les livres. *Duper* est un mot recherché auquel correspond le mot courant *tromper.*
>
> Selon son âge, son métier ou sa région d'origine, une personne n'emploie pas les mêmes mots qu'une autre. Un adulte dit *un chien* quand un enfant dira *un toutou.* Les médecins appellent *coryza* ce que l'on appelle couramment *un rhume.* Les fruits que l'on appelle *des myrtilles* en France sont appelés *des bleuets* au Québec.

NIVELER [nivle] verbe [conjugaison 4a] **1.** Rendre horizontal (une surface). *L'érosion nivelle les reliefs.* → **aplanir, égaliser. 2.** Mettre au même niveau. → **aligner.** *Les salaires ont été nivelés par le bas,* ils ont tous été mis au niveau du plus bas.

NIVELLEMENT [nivɛlmɑ̃] n. m. ▪ *LE NIVELLEMENT* **1.** Action d'égaliser (une surface). *Des travaux de terrassement vont permettre le nivellement du terrain.* **2.** Action de niveler, de rendre égal. *Le nivellement des conditions sociales se fait souvent par le bas.*

N° → **numéro.**

NOBLE [nɔbl] adj., n. m. et n. f.
I. adjectif (après le nom, parfois avant le nom) **1.** Beau et généreux, qui entraîne l'admiration et le respect. *Il se bat pour une noble cause. Son geste est très noble.* ⟨contraires : méprisable, mesquin⟩ **2.** Qui appartient aux nobles, à la noblesse. *Elle est d'une famille noble.*

II. *UN NOBLE, UNE NOBLE :* dans une monarchie, une personne qui appartient à la plus haute classe de la société. → **aristocrate.** ⟨contraire : roturier⟩ *Les nobles.*

NOBLEMENT [nɔbləmɑ̃] adverbe ■ D'une manière noble, élevée et généreuse. *Vous avez agi noblement.*

NOBLESSE [nɔblɛs] n. f. ■ *LA NOBLESSE* **1.** Grandeur des qualités morales. *Pardonner à son ennemi est un acte d'une grande noblesse.* → **générosité. 2.** Ensemble des nobles. → **aristocratie.** *Les privilèges de la noblesse française ont été abolis en 1789.*

NOCE [nɔs] n. f. ■ *LA NOCE* **1.** Fête qui accompagne un mariage. *Je suis invité à la noce de ma cousine.* - *Il N'EST PAS À LA NOCE :* il est dans une mauvaise situation. **2.** STYLE FAMILIER *FAIRE LA NOCE :* faire la fête, s'amuser. *Elle aime bien faire la noce.* → STYLE FAMILIER ② **bombe, java. 3.** (au pluriel) LES NOCES : le mariage (→ **nuptial).** *Il l'a épousée EN SECONDES NOCES,* il s'est marié pour la deuxième fois. *Les jeunes mariés sont partis en VOYAGE DE NOCES,* ils ont fait un voyage après leur mariage. - *Mes parents viennent de fêter leurs NOCES D'OR,* leurs cinquante ans de mariage.

NOCEUR [nɔsœʀ] n. m., **NOCEUSE** [nɔsøz] n. f. ■ STYLE FAMILIER *UN NOCEUR, UNE NOCEUSE :* personne qui aime faire la noce, a l'habitude de faire la fête. *C'est un noceur.* → STYLE FAMILIER **fêtard.**

NOCIF [nɔsif], **NOCIVE** [nɔsiv] adj. (après le nom) ■ (qqch.) Qui peut faire du mal, nuire (à qqn). *Fumer est nocif pour la santé.* → **dangereux, néfaste, nuisible.** ⟨contraires : anodin, bienfaisant, bon, inoffensif⟩

NOCIVITÉ [nɔsivite] n. f. ■ *LA NOCIVITÉ :* caractère d'une chose nuisible. *La nocivité du tabac n'est plus à démontrer.*

NOCTAMBULE [nɔktɑ̃byl] n. m., n. f. ■ *UN NOCTAMBULE, UNE NOCTAMBULE :* personne qui aime sortir ou s'amuser la nuit. *Ce restaurant est ouvert toute la nuit, il est apprécié des noctambules.*

NOCTURNE [nɔktyʀn] adj., n. m. et n. f.
I. adjectif (après le nom) **1.** Qui a lieu la nuit. *Leurs voisins font du TAPAGE NOCTURNE,* ils font du bruit la nuit et empêchent les gens de dormir. **2.** (animaux) Qui vit la nuit et dort le jour. *La chouette est un oiseau nocturne.* ⟨contraire : diurne⟩
II. *UN NOCTURNE :* morceau de musique pour piano un peu mélancolique. *Le pianiste joue des nocturnes de Chopin.*
III. *UNE NOCTURNE :* ouverture le soir assez tard d'un magasin ou d'une exposition. *Le supermarché est ouvert EN NOCTURNE le vendredi jusqu'à 22 heures.*

NOÉ [nɔe] nom propre ■ Personnage de la Bible. *Noé fut sauvé du Déluge.*

NOËL [nɔɛl] n. m. **1.** (avec une majuscule) *NOËL :* fête religieuse que les chrétiens célèbrent le 25 décembre en souvenir de la naissance de Jésus-Christ. *Nous avons eu un beau Noël. Qu'est-ce que tu as eu comme cadeaux de Noël ? Joyeux Noël ! La famille est réunie pour le réveillon de Noël,* pour le dîner de la veille de Noël. *Les enfants décorent le SAPIN DE NOËL,* un arbre que l'on décore avec des boules et des guirlandes. *Mon fils croit au PÈRE NOËL,* au personnage légendaire qui est censé descendre des cadeaux par la cheminée au cours de la nuit de Noël. - *Elle fait du ski à Noël,* pendant les vacances qui ont lieu à l'époque de Noël. **2.** *UN NOËL :* cantique dont le thème est Noël. *Nous avons chanté des noëls à la messe de minuit.*

> REM. Saint Nicolas est l'équivalent du père Noël dans l'est de la France et dans les mythologies nordiques et britanniques.

NŒUD [nø] n. m. ■ *UN NŒUD* **1.** Boucle faite avec une chose flexible (ou deux objets flexibles), de telle sorte qu'elle se resserre si on tire sur les extrémités. *Je FAIS LES NŒUDS de mes chaussures :* je noue les lacets de mes chaussures. *Il fait son NŒUD DE CRAVATE. Ton nœud est trop serré. La vendeuse fait un paquet-cadeau avec un joli nœud.* **2.** Point très important. *Voilà le nœud du problème.* **3.** Lieu où se croisent plusieurs voies, d'où partent des embranchements. *Cette ville est un NŒUD FERROVIAIRE,* une ville où se croisent de nombreuses voies ferrées. **4.** Unité de vitesse des bateaux et des avions, équivalant à un mille marin à l'heure. *Le navire file vingt nœuds,* vingt milles à l'heure. **5.** Protubérance à la partie externe d'un arbre. *Cet arbre a beaucoup de nœuds* (→ **noueux). 6.** STYLE TRÈS FAMILIER Extrémité arrondie du pénis en érection. → **gland.** *Qu'est-ce que c'est que cet électricien À LA MORDS-MOI LE NŒUD ?* incompétent, sur qui on ne peut compter. → **noix** (à la).

noie [nwa] *Je me noie ; il se noie, elle se noie :* forme au présent du verbe se **noyer ;** *que je me noie ; qu'il se noie, qu'elle se noie :* forme au subjonctif du verbe se **noyer.**

NOIR [nwaʀ] adj. et n. m., **NOIRE** [nwaʀ] adj. et n. f.
I. adjectif (après le nom) **1.** De la couleur la plus foncée qui existe. *J'ai vu un chat noir dans la rue. Elle a les yeux noirs. Elle a mis une robe noire.* - *Il a les cheveux noirs,* très bruns. ⟨contraire : blond⟩ *Il y a du soleil, mets tes lunettes noires,* tes lunettes de soleil. **2.** Où il n'y a pas de lumière. *Il est sorti dans la nuit noire,* dans la nuit complète, sans lune, sans étoiles. → **obscur.** *Il fait déjà noir.* ⟨contraire : clair⟩ **3.** Sale. *Va te laver les mains, elles sont toutes noires. Il a les ongles noirs.* **4.** Triste et sombre. *Tu as des idées noires aujourd'hui.* **5.** Marqué par le mal. *J'aime bien les films noirs,* les films dans lesquels il y a beaucoup de meurtres, de violence (→ **polar, policier).** *Il fait de l'HUMOUR NOIR,* de l'humour sur des sujets dramatiques. **6.** *Le MARCHÉ NOIR,* illégal, dont le profit est illégal. *Pendant la guerre, ils achetaient du beurre au marché noir.* - *Il travaille AU NOIR,* sans le déclarer au fisc pour ne pas payer d'impôt sur ce qu'il gagne. **7.** (qqn) Qui appartient à la race des gens à la peau foncée (opposé à blanc, jaune). *J'ai assisté au concert d'une chanteuse noire.* - *Le Mali est un pays de l'Afrique noire,* de la partie de l'Afrique habitée par des Noirs.
II. *LE NOIR* **1.** La couleur noire. *La veuve est habillée en noir. Il a fait des photos en NOIR ET BLANC* ⟨contraire : en couleurs⟩ *C'est écrit NOIR SUR BLANC,* d'une façon très claire, incontestable. **2.** Obscurité. *Souvent, les enfants ont peur du noir.* **3.** Matière colorante noire. *Elle se met du noir aux yeux :* elle se maquille les yeux. *Tu as du noir sur la joue,* une saleté. **4.** *VOIR TOUT EN NOIR :* être pessimiste. *Tu vois tout en noir aujourd'hui !*
III. *UN NOIR, UNE NOIRE :* une personne de race noire. *Elle a épousé un Noir américain.*

> REM. Le mot *nègre* désignant une personne de race noire est un terme raciste. Il faut dire *un Noir, une Noire.* → **nègre.**

NOIRÂTRE [nwaʀɑtʀ] adj. (après le nom) ■ D'une couleur foncée, presque noire. *La mare a une eau noirâtre.*

NOIRAUD [nwaʀo], **NOIRAUDE** [nwaʀod] adj. (après le nom) ■ (qqn) Qui a la peau foncée, sans être de race noire. *Il est un peu noiraud.*

> REM. Ce mot est péjoratif.

NOIRCIR [nwaʀsiʀ] verbe [conjugaison 2] **1.** Rendre noir. *La fumée noircit les murs.* **2.** Décrire en exagérant le mauvais côté. *Vous noircissez la situation, tout ne va pas si mal !* (→ **dramatiser).**

NOIRE [nwaʀ] n. f. ■ *UNE NOIRE :* note de musique qui vaut la moitié d'une blanche. *Deux croches valent une noire.*

NOISETIER [nwaztje] n. m. ▪ *UN NOISETIER* : petit arbre qui donne des noisettes. *Le petit chemin est bordé de noisetiers.*

NOISETTE [nwazɛt] n. f. et adj. invariable
I. *UNE NOISETTE* **1.** Petite amande brun clair contenue dans une coque. *L'écureuil adore les noisettes.* **2.** Petite quantité. *Ajoutez une noisette de beurre.*
II. adjectif invariable (après le nom) Gris-roux qui rappelle la couleur de la noisette. *Il a une chemise noisette.* PLURIEL : *ma fille a les yeux noisette.*

NOIX [nwa] n. f. ▪ *UNE NOIX* **1.** Fruit du noyer, contenu dans une coquille ovale très dure. *On casse les noix avec un casse-noix. Nous avons mangé des noix.* **2.** Petite quantité. *Faites fondre une noix de beurre dans la poêle.* **3.** STYLE FAMILIER *À LA NOIX* : sans valeur. *Il nous a donné des excuses à la noix,* qui ne valent rien.

REM. **1.** *Noix* se dit aussi pour d'autres fruits : *noix de coco, noix de cajou.* **2.** Une noix de beurre est un peu plus grosse qu'une noisette de beurre.

NOLISÉ [nɔlize], **NOLISÉE** [nɔlize] adj. (après le nom) ▪ *AVION NOLISÉ* : avion affrété par une compagnie qui vend les places à un prix plus bas que la normale **(→ charter).** *Nous avons voyagé en avion nolisé.*

NOM [nɔ̃] n. m. ▪ *UN NOM*
I. 1. Mot qui sert à désigner une personne particulière. *Écrivez votre prénom et votre NOM DE FAMILLE. Quel est le nom de votre mère ?* comment s'appelle votre mère ? *Indiquez votre NOM DE JEUNE FILLE* (pour une femme mariée). *Ils n'ont pas encore choisi le nom de leur bébé,* son prénom. *Je ne le connais que de nom,* de réputation. **2.** Mot qui sert à désigner un animal, un lieu, un objet particulier. *Je ne me souviens plus du nom de la rue où ils habitent. Quel nom vas-tu donner à ton chat ? Il a donné un drôle de nom à son bateau.*
II. 1. Mot qui sert à désigner les êtres et les choses de la même catégorie, de la même espèce dans une langue donnée. *Quel est le nom de cette fleur ?* **→ appellation.** *J'ai oublié son nom. Cet objet a plusieurs noms. Un casse-noix, COMME SON NOM L'INDIQUE, est fait pour casser les noix.* – *L'automobiliste m'a TRAITÉ DE TOUS LES NOMS,* il m'a injurié. **2.** *AU NOM DE* : en invoquant. *Au nom de la loi, je vous arrête,* en vertu des pouvoirs que me donne la loi.
III. (grammaire) En Français, mot qui peut être précédé d'un déterminant et accompagné d'un adjectif. *« Chien » et « liberté » sont des NOMS COMMUNS.* **→ substantif.** *« Italie », « Shakespeare » et « Marie » sont des NOMS PROPRES. L'adjectif s'accorde en genre et en nombre avec le nom qu'il accompagne. Le nom en général peut toujours être remplacé ou repris par un pronom.* **→ personnel.**

FAUX AMI
italien **nome** « prénom »

NOMADE [nɔmad] adj., n. m. et n. f. **1.** adjectif (après le nom) Qui n'a pas d'habitation fixe. *Il appartient à une tribu nomade.* ⟨contraire : sédentaire⟩ – *Ces peuples mènent une vie nomade.* **2.** *UN NOMADE, UNE NOMADE* : une personne qui n'a pas d'habitation fixe. *Les nomades du désert vivent dans des tentes.*

NOMBRE [nɔ̃bʀ] n. m. ▪ *UN NOMBRE* **1.** Notion de mathématiques représentée par des chiffres et qui sert à compter. *217 est un nombre de trois chiffres. 12 est un NOMBRE PAIR, 15 est un NOMBRE IMPAIR. Un NOMBRE CARDINAL est un nombre qui indique une quantité, un NOMBRE ORDINAL est un nombre qui indique un rang. L'étude des nombres* **(→ arithmétique).** **2.** Ensemble plus ou moins grand de personnes, d'animaux, de choses. *Quel est le nombre d'habitants de ce pays ?* quelle est sa population ? **→ combien.** *Nous attendons UN GRAND NOMBRE d'invités,* beaucoup d'invités **(→ nombreux).** *Son fils est AU NOMBRE DES lauréats,* il est parmi les lauréats. *Il a eu des occasions SANS NOMBRE de s'expliquer,* des occasions innombrables. **→ maint.** *Les manifestants sont arrivés EN NOMBRE,* en grande quantité. **→ masse.** *L'ennemi était supérieur en nombre* **(→ numérique).** – STYLE RECHERCHÉ *J'ai rencontré NOMBRE DE personnes mécontentes,* beaucoup de personnes. **3.** Catégorie grammaticale selon laquelle un mot est au singulier ou au pluriel. *L'adjectif s'accorde en genre et en nombre avec le nom qu'il accompagne.*

FAUX AMI
espagnol **nombre** « nom »

NOMBREUX [nɔ̃bʀø], **NOMBREUSE** [nɔ̃bʀøz] adj. (après le nom ou avant le nom) **1.** Qui est formé d'un grand nombre d'éléments. *Une foule nombreuse attend le chanteur devant son hôtel. Un public nombreux a assisté au concert. Il est le troisième fils d'une famille nombreuse,* d'une famille où il y a beaucoup d'enfants. *Il avait invité sa nombreuse famille :* sa famille qui comportait beaucoup de personnes. **2.** (au pluriel) En grand nombre. *De nombreuses personnes ont protesté.* **→ beaucoup, nombre** de. *Cet élève a fait de nombreuses fautes dans sa dictée. Elle est venue de nombreuses fois,* souvent. *Venez nombreux ! Les cas d'hépatite sont de plus en plus nombreux.* ⟨contraire : rare⟩

REM. Au pluriel, *des familles nombreuses* sont plusieurs familles où il y a beaucoup d'enfants. *De nombreuses familles* sont des familles en grand nombre.

NOMBRIL [nɔ̃bʀil] n. m. ▪ *LE NOMBRIL* : petite cicatrice ronde au milieu du ventre, à l'endroit où le cordon ombilical rattachait le bébé à sa mère. *Elle a un tee-shirt qui lui arrive au-dessus du nombril.* – STYLE FAMILIER *Il se regarde tout le temps le nombril :* il est égocentrique, il ne pense qu'à lui. *Il se prend pour LE NOMBRIL DU MONDE :* il s'accorde trop d'importance.

REM. On prononce aussi [nɔ̃bʀi].

NOMENCLATURE [nɔmɑ̃klatyʀ] n. f. ▪ *UNE NOMENCLATURE* : ensemble des mots traités dans un dictionnaire. *Ce dictionnaire pour enfants a une nomenclature de six mille mots,* il y a dedans six mille mots qui font l'objet d'un article.

NOMINAL [nɔminal], **NOMINALE** [nɔminal] adj. (après le nom) **1.** Qui concerne le nom. *Dans la phrase « la neige tombe », « la neige » est un groupe nominal.* MASCULIN PLURIEL : *les emplois NOMINAUX* [nɔmino] *d'un mot.* **2.** Qui concerne le nom d'une personne ou d'une chose. *Le professeur fait la liste nominale des élèves,* la liste de leurs noms.

NOMINATION [nɔminasjɔ̃] n. f. ▪ *UNE NOMINATION* : le fait de nommer qqn ou d'être nommé à un emploi, à une fonction, à une dignité. *Il a obtenu sa nomination au poste qu'il espérait.* **→ ② affectation.**

NOMINÉ [nɔmine], **NOMINÉE** [nɔmine] adj. (après le nom) ▪ Dont le nom a été cité pour recevoir un prix **(→ sélectionner).** *Il est le réalisateur d'un film nominé aux Oscars.*

REM. Ce mot vient de l'anglais. Il est en rapport avec *nomination* plutôt qu'avec *nom.*

NOMMÉMENT [nɔmemɑ̃] adverbe ▪ En désignant (qqn) par son nom. *Ses complices l'ont accusé nommément.*

NOMMER [nɔme] verbe [conjugaison 1a] **1.** Donner un nom à (qqn). *Ses parents l'ont nommé Pierre.* **→ appeler, dénommer.** **2.** Citer en disant le nom de (qqn, qqch.). *Nommez dix mammifères.* **3.** Choisir (qqn) pour remplir une fonction. *Le ministre l'a nommé chef de son cabinet. Elle a été nommée en province* **(→ nomination).** **4.** verbe pronominal SE NOMMER : (qqn) avoir pour nom. *« Tu connais cette fille ? comment se nomme-t-elle ? »* **→** s'**appeler.**

NON [nɔ̃] adverbe et n. m. invariable
I. adverbe **1.** Sert à exprimer la négation, le refus. *« Tu veux du thé ? – Non, merci. »* ⟨contraire : oui⟩ *« Tu ne veux rien d'autre ? – Non. »* ⟨contraire : si⟩ *Non, non et non ! Il ne sait pas dire non :* il ne sait pas refuser. *Il m'a répondu que non,* qu'il n'en est rien. *« C'est lui ! – Je te dis que non – Et moi, je te dis que si ! »* **2.** STYLE FAMILIER N'est-ce pas ? *Il est gentil, non ?* **3.** STYLE FAMILIER *NON MAIS :* sert à exprimer une exclamation de protestation, d'étonnement. *Non mais, pour qui il se prend ? Non mais des fois, vous m'insultez maintenant ? Non mais dites donc, vous allez vous taire !* **4.** Pas. *C'est pour moi ET NON pour toi. C'est comme ça, que tu le veuilles OU NON,* c'est comme ça et pas autrement. → **pas.** – *Tu viens, OUI OU NON ?* → STYLE FAMILIER **merde.** **5.** *NON SEULEMENT il a tort, MAIS il s'obstine :* en plus d'avoir tort, il s'obstine. **6.** *NON PLUS* (remplaçant aussi dans une phrase négative). → **aussi.** *Il n'est pas venu et moi non plus.* → **plus.** **7.** (positif) *NON SANS. J'ai réussi non sans peine,* avec peine. *Il est parti, non sans avoir exprimé son mécontentement,* en ayant exprimé son mécontentement.
II. (devant un adjectif ou un nom) Qui n'est pas, qui est le contraire de. *On a pris rendez-vous pour une date non précisée. Ce sont des étoiles non visibles à l'œil nu,* invisibles. *Ça représente une somme non négligeable,* importante. *Les non catholiques sont en minorité.*
III. *UN NON :* réponse négative. *Il nous a dit un non catégorique.* ⟨contraire : oui⟩ PLURIEL : *le référendum a obtenu une majorité de non.*

REM. *Non* s'emploie librement pour former des noms et des adjectifs, suivi ou non du trait d'union (ex. : *non-assistance, non-dit, non coupable, non consentant*). Il a la même fonction que le préfixe *in-* avec qui il est en rivalité.

NONAGÉNAIRE [nɔnaʒenɛʀ] adj., n. m. et n. f. **1.** adjectif (après le nom) (qqn) Dont l'âge est compris entre quatre-vingt-dix et quatre-vingt-dix-neuf ans. *Elle a une grand-mère nonagénaire.* **2.** *UN NONAGÉNAIRE, UNE NONAGÉNAIRE :* une personne qui a entre quatre-vingt-dix et quatre-vingt-dix-neuf ans. *Son grand-père est un vigoureux nonagénaire.*

NONANTE [nɔnɑ̃t] adj. et n. m. invariables **1.** adjectif invariable (avant ou après le nom) Quatre-vingt-dix. *Sa sœur a nonante ans.* **2.** *NONANTE :* quatre-vingt-dix. *Ils habitent au nonante de la rue.*

REM. **1.** Ce mot n'est pas employé en France, il est utilisé en Belgique et en Suisse. **2.** *Nonante* s'emploie en composition (ex. : *nonante et un :* quatre-vingt-onze, *nonante-cinq :* quatre-vingt-quinze).

NON-ASSISTANCE [nɔnasistɑ̃s] n. f. ■ *LA NON-ASSISTANCE :* le fait de ne pas secourir (qqn) volontairement. *Il a été condamné pour non-assistance à personne en danger.* PLURIEL : *des NON-ASSISTANCES.*

NONCHALANCE [nɔ̃ʃalɑ̃s] n. f. ■ *LA NONCHALANCE :* manque d'énergie, d'ardeur. *Il travaille avec nonchalance.* → **mollesse.** ⟨contraires : entrain, vivacité⟩

NONCHALANT [nɔ̃ʃalɑ̃], **NONCHALANTE** [nɔ̃ʃalɑ̃t] adj. (après le nom) ■ Qui manque d'entrain, d'énergie, de vivacité. *Votre fils est un élève nonchalant.* → **indolent,** ① **mou.** ⟨contraire : vif⟩

NON-CONFORMISTE [nɔ̃kɔ̃fɔʀmist] n. m., n. f. et adj. **1.** *UN NON-CONFORMISTE, UNE NON-CONFORMISTE :* une personne qui ne se conforme pas aux usages, ne fait pas comme les autres. *C'est un non-conformiste.* → **marginal, original.** PLURIEL : *des NON-CONFORMISTES.* **2.** adjectif (après le nom) Qui s'oppose aux traditions, aux usages établis. *Elle a une attitude non-conformiste.* → **anticonformiste.** ⟨contraire : conformiste⟩

NON-DIT [nɔ̃di] n. m. ■ *UN NON-DIT :* ce qui n'est pas dit, est tu. *Il y a du non-dit dans son discours.* PLURIEL : *il y a trop de NON-DITS entre eux.*

NON-FUMEUR [nɔ̃fymœʀ] n. m., **NON-FUMEUSE** [nɔ̃fymøz] n. f. ■ *UN NON-FUMEUR, UNE NON-FUMEUSE :* une personne qui ne fume pas. *Êtes-vous non-fumeur ?* ⟨contraire : fumeur⟩ – (lieu) (au pluriel) *Il a voyagé dans le compartiment NON-FUMEURS du train,* dans le compartiment dans lequel les gens ne fument pas.

NON-LIEU [nɔ̃ljø] n. m. ■ *UN NON-LIEU :* décision par laquelle un juge arrête les poursuites contre un inculpé. *Faute de preuves, le prévenu a bénéficié d'un non-lieu.* PLURIEL : *des NON-LIEUX.*

NONNE [nɔn] n. f. ■ STYLE RECHERCHÉ *UNE NONNE :* une religieuse. *Les nonnes sont rentrées au couvent.*

FAUX AMI
italien **nonna**
« grand-mère »

NON-SENS [nɔ̃sɑ̃s] n. m. invariable ■ *UN NON-SENS :* ce qui n'a aucun sens, ce qui est contraire à la raison. *C'est un non-sens de dire ça.* → **absurdité.** *L'étudiant a fait un non-sens dans sa version latine,* il a écrit qqch. qui ne veut rien dire. PLURIEL : *votre devoir est rempli de non-sens.* → **contresens.**

NON-STOP [nɔnstɔp] adj. invariable (après le nom) ■ Qui ne s'arrête pas. *Ils ont eu un vol non-stop de Paris à Washington,* un vol sans escale. *La radio passe de la musique non-stop.* → **ininterrompu.** PLURIEL : *des débats non-stop.*

NON-VIOLENCE [nɔ̃vjɔlɑ̃s] n. f. ■ *LA NON-VIOLENCE :* doctrine qui recommande d'éviter la violence dans l'action politique, en toutes circonstances. *Gandhi fut l'apôtre de la non-violence.* ⟨contraire : violence⟩

REM. Ce mot ne s'emploie qu'au singulier.

NON-VIOLENT [nɔ̃vjɔlɑ̃] adj. et n. m., **NON-VIOLENTE** [nɔ̃vjɔlɑ̃t] adj. et n. f. **1.** adjectif (après le nom) Où il n'y a pas de violence. *Elle a participé à une manifestation non-violente.* PLURIEL : *des débats NON-VIOLENTS.* **2.** *UN NON-VIOLENT, UNE NON-VIOLENTE :* une personne qui refuse d'avoir recours à la violence (→ **non-violence).** *C'est une non-violente.* PLURIEL : *les NON-VIOLENTS ont refusé de se battre.*

NORD [nɔʀ] n. m. et adj. invariables
I. *LE NORD* **1.** Celui des quatre points cardinaux qui correspond à la direction du pôle de l'hémisphère où se trouve l'Europe (opposé à sud). *Ma chambre est exposée au nord. Paris est au nord de la Loire. Ils ont passé leurs vacances dans le nord de l'Italie. La boussole indique le nord.* – *Il NE PERD PAS LE NORD :* il ne s'affole pas. **2.** *LE NORD :* la partie d'un pays ou d'un ensemble géographique qui est la plus proche du nord. *La Finlande est un pays de l'Europe du Nord* (→ **nordique).** *La Tunisie est en Afrique du Nord* (→ **nord-africain).** *Les États-Unis et le Canada sont en Amérique du Nord* (→ **nord-américain).** **3.** *LE NORD :* région du nord de la France. *Lille est la ville la plus importante du Nord. Ils habitent dans le Nord.*
II. adjectif invariable (après le nom) Qui est situé au nord. *Il a fait une expédition au pôle Nord.* → **arctique, boréal.** *L'Europe est dans l'hémisphère Nord.* → **septentrional.** *Ils habitent dans la banlieue nord de Marseille.*

REM. Pour l'utilisation de la majuscule, voir l'encadré sur les points cardinaux. → ② **cardinal.**

NORD-AFRICAIN [nɔʀafʀikɛ̃] adj. et n. m., **NORD-AFRICAINE** [nɔʀafʀikɛn] adj. et n. f. **1.** adjectif (après le nom) De l'Afrique du Nord. *L'Algérie est un pays nord-africain.* PLURIEL : *des villes NORD-AFRICAINES.* **2.** *UN NORD-AFRICAIN, UNE NORD-AFRICAINE :* une personne qui habite l'Afrique du Nord ou qui en est originaire. → **maghrébin.** *Les Tunisiens et les Marocains sont des Nord-Africains.*

NORD-AMÉRICAIN [nɔʀameʀikɛ̃] adj. et n. m., **NORD-AMÉRICAINE** [nɔʀameʀikɛn] adj. et n. f. **1.** adjectif (après le nom) D'Amérique du Nord (opposé à sud-américain). *Il étudie l'économie nord-américaine.* PLURIEL : *des villes NORD-AMÉRICAINES.* **2.** *UN NORD-AMÉRICAIN, UNE NORD-AMÉRICAINE :* une personne qui habite en Amérique du Nord. *Les Canadiens sont des Nord-Américains.*

NORDIQUE [nɔʀdik] adj. (après le nom) ▪ Qui appartient au nord de l'Europe. *La Suède est un pays nordique.* → **scandinave.** *Les Vikings étaient un peuple nordique.*

NORMAL [nɔʀmal] adj., **NORMALE** [nɔʀmal] adj. et n. f.
I. adjectif (après le nom) **1.** Qui n'a rien de particulier, est comme les autres. *Il fait une température normale pour la saison.* → **habituel, ordinaire.** ⟨contraires : anormal, exceptionnel, extraordinaire, spécial⟩ *Ils mènent une vie normale.* MASCULIN PLURIEL : *des prix NORMAUX* [nɔʀmo]. – *C'est normal d'être fatigué après avoir couru.* → **naturel.** ⟨contraires : bizarre, étonnant⟩ *Il semblerait normal qu'elle vienne.* **2.** *ÉCOLE NORMALE SUPÉRIEURE :* établissement où l'on forme les professeurs de l'enseignement secondaire et supérieur. *Il est élève de l'École normale supérieure* **(→ normalien).**
II. *LA NORMALE :* l'état habituel, qui est le plus courant. → **moyenne.** *Il a une intelligence en-dessous de la normale. La situation est revenue à la normale.*

NORMALEMENT [nɔʀmalmɑ̃] adverbe ▪ D'une manière normale. *Tout se passe normalement.* *Normalement, il rentre déjeuner tous les jours,* si tout va bien, en principe. → **habituellement.** ⟨contraire : exceptionnellement⟩

NORMALIEN [nɔʀmaljɛ̃] n. m., **NORMALIENNE** [nɔʀmaljɛn] n. f. ▪ *UN NORMALIEN, UNE NORMALIENNE :* élève de l'École normale supérieure. *Son ami est normalien.*

NORMALISATION [nɔʀmalizasjɔ̃] n. f. ▪ *LA NORMALISATION :* action de rendre normal (une situation), de rétablir dans l'état antérieur. *On devrait assister à la normalisation des relations diplomatiques entre les deux pays.*

NORMAND [nɔʀmɑ̃] adj. et n. m., **NORMANDE** [nɔʀmɑ̃d] adj. et n. f.
I. adjectif (après le nom) De Normandie, région de l'ouest de la France. *Le camembert est un fromage normand. Ils passent leurs vacances sur la côte normande.*
II. *UN NORMAND, UNE NORMANDE* **1.** *LES NORMANDS :* peuple scandinave qui a envahi l'Europe à partir du neuvième siècle. *Les Vikings étaient des Normands.* **2.** Personne qui habite en Normandie. *Son copain est un Normand.* – *Il m'a fait UNE RÉPONSE DE NORMAND :* il ne m'a dit ni oui ni non.

NORME [nɔʀm] n. f. ▪ *LA NORME* **1.** État habituel, qui correspond à la majorité des cas. *Travailler pour gagner sa vie, c'est la norme. Il doit rester dans la norme.* **2.** (au pluriel) LES NORMES : l'ensemble des règles auxquelles doit se conformer un fabricant, pour éviter les nuisances et respecter la sécurité. *Les constructeurs de voitures doivent respecter les normes de sécurité.*

NORVÈGE [nɔʀvɛʒ] nom propre féminin – en norvégien **NORGE** ou **NOREG,** en anglais **NORWAY** ▪ *LA NORVÈGE :* pays de l'Europe du Nord, dont la capitale est Oslo. *Nous sommes allés en Norvège. Les habitants de Norvège* **(→ norvégien).**

NORVÉGIEN [nɔʀveʒjɛ̃] adj. et n. m., **NORVÉGIENNE** [nɔʀveʒjɛn] adj. et n. f. **1.** adjectif (après le nom) De Norvège. *Les fjords norvégiens sont magnifiques.* *On a servi une OMELETTE NORVÉGIENNE,* un entremets chaud contenant de la crème glacée. **2.** *UN NORVÉGIEN, UNE NORVÉGIENNE :* une personne qui habite la Norvège. *Les Norvégiens.* **3.** *LE NORVÉGIEN :* langue scandinave parlée en Norvège. *Il parle couramment le norvégien.*

NOS → **notre**

NOSTALGIE [nɔstalʒi] n. f. ▪ *LA NOSTALGIE :* tristesse causée par le regret de ce que l'on n'a plus ou de ce que l'on n'a pas connu. *Elle a la nostalgie de sa jeunesse.* → **mélancolie.**

NOSTALGIQUE [nɔstalʒik] adj. (après le nom) ▪ Triste et mélancolique. *Elle est nostalgique quand elle pense à son enfance. Il chante une chanson nostalgique.*

NOTABLE [nɔtabl] adj., n. m. et n. f. **1.** adjectif (après le nom) Qui est digne d'être remarqué. *Votre fils a fait des progrès notables en orthographe.* → **important, sensible.** **2.** *UN NOTABLE, UNE NOTABLE :* une personne importante. *Le maire, le médecin et le notaire sont les notables du village.*

NOTAIRE [nɔtɛʀ] n. m., n. f. ▪ *UN NOTAIRE, UNE NOTAIRE :* une personne dont le métier est de garantir devant la loi une vente, un accord entre des personnes **(→ clerc).** *Nous avons signé l'acte de vente de la maison chez le notaire. Cette signature doit avoir lieu devant notaire.*

NOTAMMENT [nɔtamɑ̃] adverbe ▪ Particulièrement. *Il a fait très froid cet hiver, notamment à Noël.* → **spécialement.**

NOTARIÉ [nɔtaʀje], **NOTARIÉE** [nɔtaʀje] adj. (après le nom) ▪ Fait par un notaire. *La vente d'une maison est garantie par un acte notarié.*

NOTATION [nɔtasjɔ̃] n. f. ▪ *LA NOTATION* **1.** Action de donner une note. *Le professeur a terminé la notation des devoirs de ses élèves.* **2.** *NOTATION MUSICALE :* représentation des sons musicaux par des notes écrites. *Pour écrire de la musique, il faut connaître la notation musicale* **(→ solfège).**

① **NOTE** [nɔt] n. f. ▪ *UNE NOTE* **1.** Petite remarque en bas d'une page ou à la fin d'un livre, qui explique un passage du texte. *Les mots difficiles sont expliqués en note.* **2.** Petit texte informant de qqch. *Une NOTE DE SERVICE informe les salariés des nouveaux horaires de travail.* **3.** Courte indication que l'on écrit (pendant qu'on lit, qu'on écoute, qu'on observe qqch.). *Prenez des notes pendant les cours. J'ai PRIS NOTE de votre adresse* **(→ noter).** *J'en ai pris bonne note.* **4.** Papier sur lequel est écrit ce que l'on doit payer. *J'ai demandé la note à la réception de l'hôtel* **(→ addition).** *As-tu payé la note ? N'oublie pas de régler la note.* STYLE FAMILIER *La note de l'hôtel était salée !* la somme à payer était importante. *Nous avons reçu la note de gaz et d'électricité.* → **facture.** **5.** Chiffre qui représente ce que pense le professeur du travail de l'élève. *Elle a eu une bonne note en histoire mais une mauvaise note en dictée. Quelles notes as-tu eues au bac ?*

REM. À l'hôtel, on demande *la note,* mais au restaurant, on demande *l'addition.*

② **NOTE** [nɔt] n. f. ▪ *UNE NOTE* **1.** Signe qui représente un son, sa durée et sa hauteur dans la gamme. *Savez-vous lire les notes de musique ? Il y a des notes noires et des notes blanches.* **2.** Le son figuré par une note. *Do, ré, mi, fa, sol, la, si sont les sept notes de la gamme. Tu as fait une fausse note.* **3.** *FORCER LA NOTE :* en faire trop, exagérer. *En voulant faire rire, il a forcé la note.* **4.** Détail, élément. *Ce bouquet de fleurs met une note gaie dans la chambre.*

NOTER [nɔte] verbe [conjugaison 1a] **1.** Marquer, écrire ce qu'on ne veut pas oublier. *J'ai noté votre adresse dans mon carnet. Notez les passages intéressants du livre.* **2.** Remarquer. *Je n'ai rien noté d'anormal.* → **constater.** *NOTE BIEN, ce n'est pas de ma faute :* remarque, ce n'est pas de ma faute. **3.** Mettre une note, une appréciation. *Le professeur note les devoirs.*

> FAUX AMI
> espagnol **notar**
> « sentir »

NOTICE [nɔtis] n. f. ■ *UNE NOTICE :* petit texte qui explique comment se servir d'un appareil, d'un produit. *Lisez bien la notice,* le mode d'emploi.

> FAUX AMIS
> espagnol **noticia,**
> italien **notizia**
> « nouvelle »

NOTIFIER [nɔtifje] verbe [conjugaison 7a] ■ Annoncer de manière officielle. *Le directeur lui a notifié son renvoi de l'entreprise. Nous notifierons* [nɔtifiʀɔ̃] *les changements d'horaires par une note de service. Il faut que vous notifiiez cela avant demain.*

NOTION [nosjɔ̃] n. f. ■ *UNE NOTION* **1.** Connaissance élémentaire. *J'ai quelques notions de russe.* → **rudiments.** **2.** Connaissance vague et imprécise (de qqch.). *J'ai tellement travaillé que j'en ai PERDU LA NOTION DU TEMPS,* je ne sais plus très bien quel jour on est, ni depuis combien de temps je travaille. *Je n'ai pas la moindre notion de l'heure :* je ne sais pas du tout quelle heure il est. → **idée.** **3.** Idée de qqch., qqn. → **concept.** *Il ne faut pas confondre les noms et les notions.*

NOTOIRE [nɔtwaʀ] adj. (après le nom) ■ Connu d'un grand nombre de personnes. *Il est d'une bêtise notoire ! – C'est un criminel notoire.*

NOTORIÉTÉ [nɔtɔʀjete] n. f. ■ *LA NOTORIÉTÉ* **1.** Le fait d'être connu par beaucoup de gens. *Il est de NOTORIÉTÉ PUBLIQUE qu'ils vivent ensemble,* tout le monde le sait. **2.** Le fait d'être connu avantageusement. *Les parfums français ont une grande notoriété à l'étranger.* → **célébrité, renom, réputation.**

NOTRE [nɔtʀ] adj. possessif de la première personne du pluriel (avant le nom) **1.** Qui est à nous, qui nous appartient. → **nous.** *Voici notre maison.* PLURIEL : *nous attendons NOS enfants* [nozɑ̃fɑ̃]. *– Venez visiter notre beau pays.* **2.** (avec *ON*) → **on** (II.). *On a perdu notre temps. Nos clés, on va les retrouver.*

REM. S'accorde en nombre avec les objets possédés. → **possessif** (encadré). *Nous soignons notre jardin, notre pelouse et nos arbres. Notre fille et la vôtre partiront ensemble.*

NÔTRE [notʀ] pronom possessif et n. m.

I. pronom possessif de la première personne du pluriel *LE NÔTRE, LA NÔTRE :* l'être, la chose qui est à nous. → **nous.** *Retenez votre chien, il a mordu le nôtre ! –* (pluriel) *Ils ont leurs soucis et nous LES NÔTRES. Votre voiture est là, mais je ne vois pas la nôtre. –* (avec *ON*) *On préfère la nôtre.* → **on** (II.).

II. nom masculin **1.** *DU NÔTRE :* de notre personne. *Soyez plus gentil et nous aussi nous Y METTRONS DU NÔTRE,* nous aussi nous ferons un effort. **2.** (au pluriel) LES NÔTRES : nos parents, nos amis. *Nous faisons un dîner, j'espère que vous SEREZ DES NÔTRES,* j'espère que vous serez avec nous, chez nous.

REM. Voyez **possessif** (encadré).

NOUÉ [nwe], **NOUÉE** [nwe] adj. (après le nom) ■ Serré comme par un nœud. *J'ai la gorge nouée par l'émotion. Il a eu tellement peur qu'il a l'estomac noué.*

NOUER [nwe] verbe [conjugaison 1a] **1.** Unir (les deux bouts d'une corde, d'un lien) en faisant un nœud. ⟨contraire : dénouer⟩ *Elle noue les lacets de ses baskets.* → **attacher.** **2.** Former (un lien moral). *Nous avons noué des liens d'amitié très forts. J'espère que plus tard, ces deux pays noueront* [nuʀɔ̃] *une alliance.* **3.** verbe pronominal SE NOUER : se former. *L'intrigue se noue au deuxième acte de la pièce. L'action s'est nouée.*

NOUEUX [nwø], **NOUEUSE** [nwøz] adj. (après le nom) **1.** *Un tronc d'arbre noueux :* tronc d'arbre qui a des nœuds, des cercles durs dans son bois. *Ce vieil arbre a un tronc noueux.* **2.** *Des mains noueuses,* des mains aux articulations enflées par l'âge, par les rhumatismes. *Mon grand-père a les mains noueuses.*

NOUGAT [nuga] n. m. ■ *LE NOUGAT :* confiserie faite d'amandes, de sucre cuit et de miel. *Voulez-vous du nougat dur ou du nougat mou ? –* STYLE FAMILIER *C'est pas du nougat !* c'est difficile. *Trouver du travail en ce moment, c'est pas du nougat !*

NOUILLE [nuj] n. f. ■ *UNE NOUILLE* **1.** (au pluriel) LES NOUILLES : pâtes plates ou rondes, de longueur moyenne. *J'aime les nouilles à la sauce tomate.* **2.** STYLE FAMILIER Personne molle et un peu sotte. *Quelle nouille, ce type !*

NOUNOU [nunu] n. f. ■ (langage enfantin) Nom donné à la nourrice. *UNE NOUNOU :* une nourrice. *Demande à ta nounou !*

> FAUX AMI
> grec **νο(υ)νά**
> « marraine »

NOUNOURS [nunuʀs] n. m. ■ (langage enfantin) *UN NOUNOURS :* un ours en peluche. *Je veux mon nounours pour dormir !*

REM. Ce mot vient de la liaison avec *un : un ours* [ɛ̃nuʀs].

NOURRICE [nuʀis] n. f. ■ *UNE NOURRICE :* femme dont le métier est de garder de très jeunes enfants. *Chaque matin, elle conduit son bébé chez la nourrice. Ils ont mis leur enfant EN NOURRICE,* ils l'ont confié à une nourrice.

NOURRICIER [nuʀisje], **NOURRICIÈRE** [nuʀisjɛʀ] adj. (après le nom) ■ STYLE RECHERCHÉ *LE PÈRE NOURRICIER, LA MÈRE NOURRICIÈRE :* le père adoptif, la mère adoptive. *Cet orphelin aime beaucoup ses PARENTS NOURRICIERS.*

NOURRIR [nuʀiʀ] verbe [conjugaison 2] **1.** Allaiter. *Elle a nourri son bébé pendant trois mois. J'ai nourri ma fille au biberon.* **2.** Faire vivre (une personne, un animal) en lui donnant à manger. *Les enfants nourrissent leur chat tous les matins. Ces poulets sont NOURRIS AU GRAIN,* ils mangent du grain. *– Il a trouvé un travail où il est logé et nourri.* **3.** Donner de quoi vivre, de quoi subsister à (qqn). *C'est elle qui nourrit toute la famille. Dans cette famille, il y a six BOUCHES À NOURRIR,* six personnes qui ne travaillent pas et qu'il faut entretenir. → **élever.** *– Ce travail NE NOURRIT PAS SON HOMME,* n'est pas assez payé pour permettre de vivre à une personne. **4.** Enrichir. *La lecture nourrit l'esprit.* **5.** Avoir en soi (un sentiment, un désir). *Elle nourrit l'espoir d'aller vivre à la campagne.* **6.** verbe pronominal SE NOURRIR : absorber (un certain aliment). *Beaucoup d'oiseaux se nourrissent d'insectes. Elle s'est toujours nourrie de légumes.*

NOURRISSANT [nuʀisɑ̃], **NOURRISSANTE** [nuʀisɑ̃t] adj. (après le nom) ■ Qui nourrit beaucoup l'organisme. *La choucroute est un plat nourrissant.* → **nutritif, riche.**

NOURRISSON [nuʀisɔ̃] n. m. ■ *UN NOURRISSON :* enfant de un mois à deux ans. → **bébé.** *À l'hôpital, il y a un médecin spécialiste des nourrissons* (→ **pédiatre).**

REM. L'enfant de moins d'un mois est un *nouveau-né.*

NOURRITURE [nuʀityʀ] n. f. ■ *LA NOURRITURE* **1.** Ensemble des aliments qui nourrissent l'organisme. *Il faut une nourriture saine et équilibrée. Les sinistrés manquent de nourriture.* **2.** Ce qu'on mange aux repas. *Comment est la nourriture dans cette cantine ?* → STYLE FAMILIER **bouffe.**

NOUS [nu] pronom personnel ■ Pronom personnel masculin et féminin de la première personne du pluriel, qui représente la personne qui parle, qui écrit, et une ou plusieurs autres personnes.
I. 1. (sujet) Toi et moi. *Veux-tu que nous allions au cinéma ? Toi et moi, nous sommes d'accord.* → **on** (I.). **2.** Lui (elle) et moi. → **on** (II.). *Mon amie et moi, nous aimerions que tu viennes aussi.* **3.** Moi et d'autres personnes, tout le monde. *Nous sommes tous mortels.*
II. 1. (complément direct) *Il nous a vus,* moi et ceux qui sont avec moi. *Tais-toi, tu nous ennuies.* – (avec un verbe pronominal) *NOUS NOUS sommes vus hier. Catherine et moi, NOUS NE NOUS parlons plus. Les voilà, sauvons-nous !* **2.** (complément indirect) À nous. *Il nous a écrit. On nous prend notre argent.* → **on** (I.). *On leur a écrit, mais eux ne nous écrivent pas.* → **on** (II.). **3.** (attribut) *C'est nous deux qui avons fait le travail.* **4.** (pour renforcer le sujet) *Partez si vous voulez, NOUS, NOUS restons là.* – STYLE FAMILIER *Nous, on en a marre !* **5.** (avec une préposition) *Venez avec nous. C'est à nous de venir. Rentrons chez nous. Faites comme nous !* – (avec un adverbe) *Il n'accepte que nous. Elle est plus riche que nous. D'ENTRE NOUS :* parmi nous. *Beaucoup d'entre nous ont eu peur. La plupart d'entre nous est au courant.*

REM. **1.** Attention *nous,* n'a qu'une seule forme dans tous ses emplois. → **personnel** (encadré). **2.** Dans la langue parlée familière, *nous* est souvent suivi de *on : nous, on part dans un mois.*

NOUS-MÊMES [numɛm] pronom personnel ■ Nous et personne d'autre. *Nous lui parlerons nous-mêmes. Nous avons tout fait nous-mêmes.*

REM. Voir l'encadré des pronoms **personnels.**

NOUVEAU [nuvo] adj., n. m. et adverbe, ou **NOUVEL** [nuvɛl] adj. singulier, **NOUVELLE** [nuvɛl] adj. et n. f.
I. adjectif (avant le nom ou après le nom) **1.** (après le nom) Qui vient d'apparaître. *Le beaujolais nouveau est arrivé,* le vin de cette année. PLURIEL : *les films NOUVEAUX.* → **récent.** *C'est une idée nouvelle,* originale, à la mode. → **neuf, original.** ⟨contraires : banal, habituel⟩ *Chaque année des mots nouveaux apparaissent.* → **néologisme.** – *C'est tout nouveau pour moi,* c'est qqch. d'inconnu, dont je n'ai pas l'habitude. **2.** (avant le nom) Qui apparaît après un autre, qui remplace un autre. ⟨contraires : ancien, vieux⟩ *Il faut trouver de nouvelles idées.* → **autre.** *Elle a tourné un nouveau film. Refaites-le une nouvelle fois.* → **encore.** *Le premier janvier, c'est le NOUVEL AN. Tu as vu ma nouvelle voiture ?* → **dernier.** *Elle nous a présenté son nouveau mari. Voici le nouveau professeur, successeur du professeur Martin. Faites un bon accueil aux NOUVEAUX VENUS dans notre groupe,* aux personnes qui viennent pour la première fois dans le groupe.
II. 1. *UN NOUVEAU, UNE NOUVELLE :* une personne qui vient d'arriver (dans un groupe, une collectivité). *Accueillez bien les nouveaux, ils sont souvent intimidés.* **2.** *DU NOUVEAU :* des choses originales, qqch. de nouveau, dans une évolution. *Il faut faire du nouveau.* – *Est-ce qu'il y a du nouveau depuis hier ?*
III. adverbe **1.** *DE NOUVEAU :* pour la seconde fois, une fois de plus. *Il pleut de nouveau.* → **encore. 2.** *À NOUVEAU :* une nouvelle fois. *Le voilà à nouveau sans travail.*

REM. **1.** L'adjectif singulier *nouveau* devient *nouvel* quand il est placé devant un nom masculin commençant par une voyelle (ex. : *un nouvel appartement*) ou un *h* muet (ex. : *un nouvel hélicoptère*). Au pluriel, *nouveau* suit la règle générale (ex. : *de nouveaux amis, de nouveaux hélicoptères*). **2.** Attention à la place de *nouveau* en rapport avec les sens «récent» ou «original» et «neuf» ou «autre» : *un discours nouveau,* «jamais entendu» ; *un nouveau discours,* «autre, second». → **neuf.**

NOUVEAU-MEXIQUE [nuvomɛksik] nom propre masculin – en anglais **NEW MEXICO** ■ *LE NOUVEAU-MEXIQUE :* État du sud-ouest des États-Unis. *Ils vivent au Nouveau-Mexique. Ils nous ont écrit du Nouveau-Mexique.*

NOUVEAU-NÉ [nuvone] n. m. et adj., **NOUVEAU-NÉE** [nuvone] adj. **1.** *UN NOUVEAU-NÉ :* enfant (fille ou garçon) qui vient de naître ou qui a moins d'un mois. *On entend les cris d'un nouveau-né.* PLURIEL : *des NOUVEAU-NÉS.* **2.** adjectif (après le nom) Qui vient de naître. *Nous avons vu une génisse nouveau-née. Regarde ces jolis faons nouveau-nés !*

NOUVEAUTÉ [nuvote] n. f. ■ *UNE NOUVEAUTÉ* **1.** Ce qui est nouveau. *Elle est attirée par le charme de la nouveauté.* **2.** Chose nouvelle au sens 1. *Le libraire a mis en vitrine toutes les nouveautés,* tous les livres qui viennent de paraître. *Tiens, tu ne fumes plus, c'est une nouveauté !*

nouvel adj. → **nouveau**

① **NOUVELLE** [nuvɛl] n. f. ■ *UNE NOUVELLE* **1.** Événement récent et qu'on vient d'apprendre. *Connaissez-vous la nouvelle ? J'ai une bonne nouvelle à vous annoncer. C'est une mauvaise nouvelle. «Ils se marient ? Alors là, première nouvelle !»* cela me surprend complètement, je n'étais pas du tout au courant. **2.** (au pluriel) LES NOUVELLES : les informations que donnent les journaux, la radio, la télévision. *J'écoute les nouvelles tous les matins à la radio.* **3.** (au pluriel) DES NOUVELLES : renseignements récents (au sujet de qqn, de qqch.). *Avez-vous des nouvelles de notre ami ? Ne me laisse pas sans nouvelles, écris-moi. Nous n'avons plus de nouvelles du voilier. Quelles nouvelles de votre nouveau travail ?* – *Cela ne se passera pas comme ça, VOUS AUREZ DE MES NOUVELLES !* menace qui avertit que l'on va répondre à l'attaque de qqn. – *Goûtez ce vin, VOUS M'EN DIREZ DES NOUVELLES !* vous me ferez des compliments car vous le trouverez excellent.

FAUX AMI
anglais **novel** «roman».
→ ② **nouvelle**

② **NOUVELLE** [nuvɛl] n. f. ■ *UNE NOUVELLE :* récit court, avec peu de personnages. *Ce romancier a écrit des romans et des nouvelles.*

NOUVELLE-GUINÉE [nuvɛlgine] nom propre féminin – en anglais **NEW GUINEA** ■ *LA NOUVELLE-GUINÉE :* la plus grande île du monde après l'Australie et le Groenland, située dans l'océan Pacifique. *Ils voyagent en Nouvelle-Guinée. Quand rentrent-ils de Nouvelle-Guinée ?*

NOUVELLEMENT [nuvɛlmɑ̃] adverbe ■ Depuis peu de temps. *Cet immeuble a été nouvellement refait.* → **récemment.**

NOUVELLE-ORLÉANS → **La Nouvelle-Orléans**

NOUVELLE-ZÉLANDE [nuvɛlzelɑ̃d] nom propre féminin – en anglais **NEW ZEALAND,** en maori **AOTEAROA** ■ *LA NOUVELLE-ZÉLANDE :* État d'Océanie. *Nous vivons en Nouvelle-Zélande. Les habitants de Nouvelle-Zélande sont les Néo-Zélandais.*

NOVATEUR [nɔvatœʀ] n. m., **NOVATRICE** [nɔvatʀis] n. f. ■ *UN NOVATEUR, UNE NOVATRICE :* personne qui crée, qui fait des choses très nouvelles. *C'est un novateur dans le domaine de la musique.* → **créateur.**

NOVEMBRE [nɔvɑ̃bʀ] n. m. ■ Onzième mois de l'année. *Le 11 novembre, on fête l'armistice de 1918. Je n'aime pas la tristesse des novembres pluvieux.*

NOVICE [nɔvis] n. m., n. f. et adj. **1.** *UN NOVICE, UNE NOVICE :* personne qui débute dans une activité. *Elle se débrouille bien pour une novice !* → **débutant, néophyte. 2.** adjectif (après le nom) Qui est sans expérience. *Il est encore novice dans le métier,* il commence à l'apprendre. → **inexpérimenté.** *C'est un conducteur novice.*

NOYADE [nwajad] n. f. ▪ *LA NOYADE :* mort par asphyxie sous l'eau. *Le maître nageur m'a sauvé de la noyade.*

NOYAU [nwajo] n. m. ▪ *UN NOYAU* **1.** Partie dure qui se trouve dans certains fruits. *Le noyau renferme l'amande.* PLURIEL : *des NOYAUX de pêches. Les enfants ont planté des noyaux d'abricots, de cerises et de prunes. Retirez le noyau des olives* (→ **dénoyauter). 2.** Partie centrale de l'atome (→ **nucléaire).** *Les électrons gravitent autour du noyau.* **3.** Petit groupe d'amis, de gens qui ont les mêmes idées, les mêmes activités. *Nous formons un petit noyau d'amis. La révolution a été arrêtée mais il reste un petit noyau de révolutionnaires.* – *Le NOYAU DUR des manifestants est regroupé sur la place,* le groupe des manifestants les plus tenaces.

noyé [nwaje], **noyée** [nwaje] *Il s'est noyé, elle s'est noyée :* formes au participe passé du verbe se **noyer.**

NOYÉ [nwaje] adj. et n. m., **NOYÉE** [nwaje] adj. et n. f.
I. adjectif (après le nom) **1.** Qui est mort par noyade. *Nous gardons le souvenir des marins noyés en mer.* **2.** *ÊTRE NOYÉ :* être perdu, être dépassé par une difficulté. *Mon fils est noyé en mathématiques.*
II. *UN NOYÉ, UNE NOYÉE :* une personne morte ou qui a failli mourir par noyade. *La mer a rejeté deux noyés sur la plage. On ranime un noyé par la respiration artificielle.*

① **NOYER** [nwaje] verbe [conjugaison 8a] **1.** Tuer par asphyxie dans un liquide (→ **noyade).** *Ne noie pas ces chatons, je les garde !* **2.** *NOYER LE POISSON :* donner volontairement des explications embrouillées, pour empêcher la personne qui écoute de savoir la vérité. *Il ne veut pas reconnaître son erreur devant nous, alors il a noyé le poisson.* **3.** Recouvrir d'eau. *Les rochers sont noyés à marée haute.* → **submerger.** – *La voiture est en panne, je crois que j'ai noyé le carburateur,* j'ai fait arriver trop d'essence en accélérant à l'arrêt. – *Je le connais : il noiera* [nwaʀa] *son chagrin dans l'alcool,* il boira beaucoup d'alcool pour oublier son chagrin. **4.** Perdre, embrouiller. *Il nous a noyés dans un flot de paroles.* **5.** verbe pronominal SE NOYER : mourir asphyxié sous l'eau. *Son fils a failli se noyer. Elle s'est noyée dans la piscine. Faites attention, il ne faut pas que vous vous noyiez !* – *SE NOYER DANS UN VERRE D'EAU :* perdre son temps en s'arrêtant à de petits détails, à des choses sans importance. *Passez à autre chose, ne vous noyez pas dans un verre d'eau !*

② **NOYER** [nwaje] n. m. ▪ *UN NOYER* **1.** Grand arbre dont le fruit est la noix. *Nous nous sommes arrêtés à l'ombre d'un noyer.* **2.** Bois de cet arbre, d'une couleur entre le brun et le gris. *Elle a un très beau coffre en noyer sculpté.*

NU [ny] adj., n. m. et adverbe, **NUE** [ny] adj.
I. adjectif (après le nom) **1.** Sans aucun vêtement (→ **nudité).** ⟨contraire : habillé⟩ *N'entre pas, je suis toute nue ! Les enfants se baignent tout nus. Il travaille TORSE NU dans le jardin,* sans habit jusqu'à la taille. *J'aime marcher PIEDS NUS,* sans chaussures (→ **nu-pieds). 2.** *À L'ŒIL NU :* sans lunettes, sans microscope. *On ne peut pas voir les microbes à l'œil nu.* – STYLE FAMILIER *Cette boîte est plus petite que l'autre, ça se voit à l'œil nu !* c'est évident. **3.** Sans décoration, sans ornement. *Sa chambre est grande et simple, avec des murs nus. Leur salon est un peu nu.* **4.** Sans déguisement. *Ce que je vous dis, c'est la vérité toute nue,* c'est la simple vérité. → **pur.**
II. *UN NU :* œuvre dessinée, peinte ou sculptée représentant un corps nu. *Nous avons vu une exposition des nus de Rodin.*
III. adverbe *À NU :* sans ce qui recouvre, protège habituellement. *Attention, ces fils électriques sont à nu,* ils sont dénudés.

NUAGE [nɥaʒ] n. m. ▪ *UN NUAGE* **1.** Masse de fines gouttelettes d'eau qui se maintient en l'air, dans le ciel. *Le ciel est couvert de nuages* (→ **nuageux, nébuleux).** *Un gros nuage noir annonce l'orage.* – *Elle EST DANS LES NUAGES :* elle est distraite, elle pense à autre chose, elle est rêveuse. – *Ils vivent UN BONHEUR SANS NUAGE,* un bonheur que rien ne trouble. **2.** *UN NUAGE DE LAIT :* très petite quantité de lait qui, avant de se mélanger dans un autre liquide, ressemble à un nuage. *S'il vous plaît, je voudrais un nuage de lait dans mon thé.* **3.** Amas de fines particules. *La voiture a démarré dans un nuage de poussière. Il y a un nuage de fumée dans la pièce.*

NUAGEUX [nɥaʒø], **NUAGEUSE** [nɥaʒøz] adj. (après le nom) ▪ Couvert de nuages. ⟨contraire : clair⟩ *Le ciel est nuageux, aujourd'hui. Demain, la journée sera nuageuse,* il y aura des nuages.

NUANCE [nɥɑ̃s] n. f. ▪ *UNE NUANCE* **1.** Chacune des variétés d'une même couleur. *Le vermillon et le carmin sont des nuances de la couleur rouge. J'aime toutes les nuances du bleu.* → **gamme, nuancier. 2.** Petite différence. *« Je n'ai pas menti, je n'ai rien dit... Il y a une nuance ! »*

REM. *Nuance* désigne plutôt le type de couleur et le *ton* son intensité. → **ton.**

NUANCÉ [nɥɑ̃se] adj. (après le nom) ▪ Qui accorde de l'importance aux détails, aux différences délicates. *Elle a des opinions nuancées.* ⟨contraire : tranché⟩

NUANCER [nɥɑ̃se] verbe [conjugaison 3a] ▪ Dire (qqch.) avec subtilité, en accordant de l'importance aux détails, en adoucissant les différences. *Vous êtes trop direct, essayez de nuancer vos déclarations. Nous nous ferons mieux comprendre si nous nuançons notre pensée.*

NUANCIER [nɥɑ̃sje] n. m. ▪ Ensemble de couleurs présentées en échantillon afin que le client choisisse. *Avez-vous un nuancier pour cette peinture ?*

NUCLÉAIRE [nykleɛʀ] adj. et n. m.
I. adjectif (après le nom) **1.** Qui concerne le noyau de l'atome. *L'ÉNERGIE NUCLÉAIRE est libérée quand le noyau de l'atome se désintègre. Une CENTRALE NUCLÉAIRE fournit l'énergie nucléaire.* → **atomique. 2.** Qui utilise l'énergie nucléaire. *La GUERRE NUCLÉAIRE est un immense danger pour l'humanité.*
II. *LE NUCLÉAIRE :* l'énergie nucléaire. *Le nucléaire est utile mais il peut aussi être dangereux.*

NUDISME [nydism] n. m. ▪ *LE NUDISME :* mode de vie que certaines personnes mènent au grand air et complètement nus. *Pendant leurs vacances, mes parents FONT DU NUDISME.*

NUDISTE [nydist] n. m., n. f. ▪ *UN NUDISTE, UNE NUDISTE :* personne qui fait du nudisme. *Ils passent leurs vacances dans un CAMP DE NUDISTES.* → **naturiste.**

NUDITÉ [nydite] n. f. ▪ STYLE RECHERCHÉ *LA NUDITÉ :* état d'une personne nue. *Elle cache sa nudité dans une serviette de bain.*

NUÉE [nɥe] n. f. ▪ *UNE NUÉE :* multitude d'animaux en vol, formant comme un nuage. *Une nuée de sauterelles s'est abattue sur les champs.* – *Une nuée de photographes entoure la vedette.*

NUES [ny] n. f. pluriel **1.** *PORTER qqn AUX NUES,* l'admirer avec enthousiasme. *Elle porte son père aux nues.* **2.** *TOMBER DES NUES :* être très surpris. *Quand j'ai appris qu'elle vivait en Espagne depuis deux mois, je suis tombé des nues,* j'ai été extrêmement surpris car je n'étais pas du tout au courant.

REM. *Nue* nom féminin singulier, a d'abord eu le sens de « nuage », sens inutilisé de nos jours, mais qui explique *porter aux nues, tomber des nues.*

nui [nɥi] *Il a nui à..., elle a nui à...* : forme au participe passé du verbe **nuire.**

NUIRE [nɥiʀ] verbe [conjugaison 38a] **1.** Faire du tort, du mal (à qqn). *Attention, il cherche à vous nuire.* (contraire : aider) *Je ne voudrais pas que cela vous nuise. Le criminel est HORS D'ÉTAT DE NUIRE,* il ne peut plus faire de mal. *Le tabac nuit à la santé* : le tabac est dangereux pour la santé. → **nocif, nuisible. 2.** verbe pronominal SE NUIRE : se faire du mal l'un à l'autre, les uns aux autres. *Ces deux ennemis se sont nui.*

NUISANCE [nɥizɑ̃s] n. f. ▪ *UNE NUISANCE* : ce qui nuit à la qualité de la vie et qui est provoqué par la société industrielle. *Le bruit et la pollution sont des nuisances.*

nuise [nɥiz] *Que je nuise ; qu'il nuise, qu'elle nuise* : forme au subjonctif du verbe **nuire.**

NUISIBLE [nɥizibl] adj. (après le nom) ▪ Dangereux, nocif. *L'abus d'alcool est NUISIBLE À la santé.* → **mauvais.** (contraires : bienfaisant, favorable) – *Les ANIMAUX NUISIBLES sont les animaux venimeux, parasites, destructeurs et ceux qui transmettent les maladies.*

nuit [nɥi] *Il nuit, elle nuit* : forme au présent du verbe **nuire.**

NUIT [nɥi] n. f. ▪ *LA NUIT* **1.** Espace de temps entre le coucher du soleil et le lever du soleil. (contraire : jour) *L'accident est arrivé DANS LA NUIT DE dimanche à lundi. J'ai été réveillé en PLEINE NUIT,* au milieu de la nuit (→ **minuit**). *Il est venu dans la nuit. Je n'ai pas dormi de la nuit. Il a passé une NUIT BLANCHE,* il n'a pas du tout dormi, il n'a pas réussi à dormir. → **insomnie.** *BONNE NUIT !* dors bien, dormez bien ! (→ **bonsoir**). **2.** (sans préposition) Pendant la nuit. *Ce garage est ouvert la nuit. Vous réveillez-vous la nuit ? Il faut dormir la nuit et travailler le jour. C'est la nuit que je travaille le mieux. Depuis une semaine, il pleut nuit et jour* [nɥiteʒuʀ], sans arrêt. **3.** Obscurité qui survient au coucher du soleil, lorsqu'un point de la Terre n'est plus éclairé par la lumière du soleil. (contraire : jour) *Les enfants ont souvent peur de la nuit,* ils ont peur du noir. *La NUIT TOMBE,* l'obscurité arrive. → **crépuscule, soir.** *Il FAIT NUIT* : il fait noir. **4.** *DE NUIT* : qui a lieu, qui agit la nuit (→ **nocturne**). *Nous avons voyagé de nuit.* – *L'ÉQUIPE DE NUIT remplace l'équipe de jour,* l'équipe qui travaille la nuit. *Aujourd'hui je suis DE NUIT,* je travaille la nuit. *Il est GARDIEN DE NUIT.* – *Le hibou est un OISEAU DE NUIT,* un oiseau qui est actif la nuit et se repose le jour. **5.** *CHEMISE DE NUIT* : chemise plus ou moins longue avec laquelle on dort. *Je trouve les chemises de nuit plus confortables que les pyjamas.*

① **NUL** [nyl] adj. et pronom
I. 1. adjectif (avant le nom) STYLE RECHERCHÉ Pas un, pas de. *Tu peux te servir de ma voiture, je n'en ai nul besoin aujourd'hui,* je n'en ai pas besoin. → **aucun.** – STYLE RECHERCHÉ *C'est lui le coupable, sans nul doute possible,* sans aucun doute. **2.** adverbe *NULLE PART* : en aucun endroit. *J'ai cherché mes clés partout mais elles ne sont NULLE PART,* elles ne se trouvent en aucun lieu. *Je ne vais nulle part, je me promène. Nulle part on ne vit aussi bien.*
II. pronom STYLE RECHERCHÉ Pas une personne. *Nul ne sait où il est.* → **personne.** *« On est coupable ! Mais non, nul n'est coupable ! »* (contraire : chacun)

② **NUL** [nyl] adj., n. m. et n. f.
I. adjectif (après le nom) **1.** Qui est sans existence. (contraire : réel) *N'ayez pas peur, les risques sont nuls,* ils sont inexistants, il n'y a pas de risques. **2.** Qui reste sans résultat. *Les deux équipes ont fait MATCH NUL,* il n'y a eu ni gagnant, ni perdant. *Ce bulletin de vote est nul.* (contraire : valable) **3.** Mauvais, qui n'a aucune qualité. *Ce film est vraiment nul.* – *Je suis nul en dessin.* – STYLE FAMILIER *C'est nul de lui avoir dit ça,* c'est bête, c'est idiot.
II. STYLE FAMILIER *UN NUL, UNE NULLE* : une personne sans valeur intellectuelle. *Tu n'es qu'un nul ! Bande de nuls !* → **nullard, nullité.**

NULLARD [nylaʀ] n. m., **NULLARDE** [nylaʀd] n. f. ▪ STYLE FAMILIER *UN NULLARD, UNE NULLARDE* : une personne qui ne connaît rien, qui est nulle. *C'est un vrai nullard.*

NULLEMENT [nylmɑ̃] adverbe ▪ Pas du tout. *La musique ne me gêne nullement pendant que je travaille.*

NULLE PART → **part**

NULLITÉ [nylite] n. f. **1.** *LA NULLITÉ* : manque de talent, de savoir. *Elle est d'une lamentable nullité en anglais.* **2.** *UNE NULLITÉ* : personne nulle. *Je suis une nullité en sport.* (contraires : as, génie)

NUMÉRAL [nymeʀal], **NUMÉRALE** [nymeʀal] adj. (après le nom) ▪ *UN ADJECTIF NUMÉRAL,* qui indique le nombre. *« Deux » est un adjectif numéral* (→ **cardinal**). *« Quatrième » est un adjectif numéral qui indique le rang* (→ **ordinal**). MASCULIN PLURIEL : *des adjectifs NUMÉRAUX* [nymeʀo].

NUMÉRATEUR [nymeʀatœʀ] n. m. ▪ *UN NUMÉRATEUR* : chiffre placé au-dessus de la barre d'une fraction. *Dans la fraction 2/5, 2 est le numérateur et 5 est le dénominateur.*

NUMÉRATION [nymeʀasjɔ̃] n. f. ▪ *LA NUMÉRATION* : manière de représenter les nombres, de compter. *La numération décimale a pour base le chiffre 10.*

NUMÉRIQUE [nymeʀik] adj. (après le nom) **1.** Évalué en nombre. *Les ennemis ont gagné la bataille grâce à leur supériorité numérique,* grâce à leur supériorité en nombre, parce qu'ils étaient plus nombreux. **2.** Qui donne une information en chiffres, sans aiguilles. *Ma montre est à affichage numérique. J'ai acheté un pèse-personne numérique.*

NUMÉRO [nymeʀo] n. m. ▪ *UN NUMÉRO* **1.** Nombre attribué à une chose, dans une série. *Le billet numéro 325 est gagnant. Donne-moi ton NUMÉRO DE TÉLÉPHONE. J'ai fait un mauvais numéro (de téléphone). Quel est votre numéro de sécurité sociale ? Le policier vérifie le numéro d'immatriculation de la voiture.* – *N°, n°* [nymeʀo] abréviation (devant un nombre) *C'est le n° 4.* **2.** Ce qui porte un numéro. *J'habite au numéro 16,* dans l'immeuble, dans la maison qui porte le numéro 16. **3.** Exemplaire numéroté d'un journal ou d'une revue. *Le numéro 35 vient de paraître. Ce numéro est très intéressant. J'ai acheté le numéro spécial,* l'exemplaire qui traite d'un sujet particulier. – STYLE FAMILIER *La suite au prochain numéro !* : la suite viendra plus tard. **4.** Petit spectacle faisant partie d'un programme de cirque ou de music-hall. *Les acrobates ont fait un très beau numéro de trapèze volant.* – STYLE FAMILIER *Il nous a encore fait son numéro,* il a eu son comportement habituel pour se faire remarquer.

FAUX AMI
italien **numero** « nombre »

NUMÉROTATION [nymeʀɔtasjɔ̃] n. f. ▪ *LA NUMÉROTATION* : ordre des numéros. *Il y a une erreur dans la numérotation des pages de ce livre,* les pages sont mal numérotées.

NUMÉROTER [nymeʀɔte] verbe [conjugaison 1a] ▪ Marquer d'un numéro. *J'ai numéroté les pages de ma lettre.*

NUMISMATIQUE [nymismatik] n. f. ▪ *LA NUMISMATIQUE* : l'étude des médailles et des monnaies anciennes. *Elle est passionnée de numismatique.*

NU-PIEDS [nypje] adj. invariable (après le nom) ▪ Sans chaussures ni chaussettes. *Elle est sortie nu-pieds.* PLURIEL : *ils sont nu-pieds.*

NUPTIAL [nypsjal], **NUPTIALE** [nypsjal] adj. (après le nom) **1.** Qui se rapporte à la cérémonie du mariage. *La cérémonie nuptiale aura lieu à dix heures.* MASCULIN PLURIEL : *les anneaux NUPTIAUX* [nypsjo]. **2.** Qui concerne l'union sexuelle d'animaux. *Nous avons vu un documentaire sur le VOL NUPTIAL des abeilles.*

NUQUE [nyk] n. f. ▪ *LA NUQUE* : partie arrière du cou, où sont les premières vertèbres. *Elle a croisé ses mains derrière la nuque. Ses cheveux courts laissent voir sa nuque. Il a reçu un coup sur la nuque.*

NUREMBERG [nyRɛ̃bɛR] nom propre féminin – en allemand **NÜRNBERG** ▪ Ville d'Allemagne, en Bavière. *Ils vivent à Nuremberg. Je reviens de Nuremberg.*

NURSE [nœRs] n. f. ▪ *UNE NURSE* : femme chargée de s'occuper des enfants, dans une famille riche. → **gouvernante.** *La nurse pousse le landau du prince dans le parc.*

REM. En anglais, *nurse* veut dire « infirmière ».

NU-TÊTE [nytɛt] adj. invariable (après le nom) ▪ Sans chapeau. *Ma grand-mère ne sort jamais nu-tête.* PLURIEL : *ils sont nu-tête.*

NUTRITIF [nytRitif], **NUTRITIVE** [nytRitiv] adj. (après le nom) ▪ *Un ALIMENT NUTRITIF,* qui nourrit beaucoup. → **nourrissant.** *Le lait est un aliment nutritif.*

NUTRITION [nytRisjɔ̃] n. f. ▪ *LA NUTRITION* : action de se nourrir et utilisation des aliments par l'organisme. *Beaucoup d'enfants africains souffrent d'une mauvaise nutrition* **(→ carence, malnutrition).**

NYLON [nilɔ̃] n. m. ▪ *LE NYLON* : textile synthétique. *Elle a un collant en nylon.*

NYMPHE [nɛ̃f] n. f. ▪ *UNE NYMPHE* : déesse des eaux, des bois et des montagnes, dans les légendes de la Grèce ancienne. *Les nymphes sont toujours représentées nues.*

O

O [o] n. m. invariable. *LE O* ou *L'O* : quinzième lettre de l'alphabet du français. *Le o est une voyelle. Il y a des o minuscules* (o) *et des o majuscules* (O). *O peut s'écrire avec un accent circonflexe* (ô). *E dans l'o s'écrit œ* [œ].

Ô ! [o] interjection. STYLE RECHERCHÉ Mot qui sert à invoquer ou à exprimer un sentiment très fort. *Ô amour ! Ô douleur ! Ô, toi que j'implore !*

OASIS [ɔazis] n. f. *UNE OASIS* 1. Lieu, dans un désert, où il y a de l'eau et de la végétation. *La caravane s'est arrêtée dans une oasis.* 2. Lieu ou moment reposant dans un milieu hostile ou agité. *Profitons de cette oasis de paix.*

REM. On rencontre parfois ce nom au masculin : *un oasis.*

OBÉDIENCE [ɔbedjɑ̃s] n. f. *L'OBÉDIENCE* : appartenance fidèle à une puissance religieuse ou politique. *Elle est D'OBÉDIENCE chrétienne* : elle est fidèle à la religion chrétienne. → **confession.** *Ce sont des pays d'obédience américaine.* → **influence.**

OBÉIR [ɔbeiʀ] verbe [conjugaison 2] 1. *OBÉIR À qqn,* se soumettre à lui en faisant ce qu'il ordonne ou en ne faisant pas ce qu'il interdit. *Les enfants obéissent à leurs parents.* → **écouter.** ⟨contraire : désobéir⟩ *Elle n'arrive pas à SE FAIRE OBÉIR DE ses élèves.* - *Ce chien OBÉIT AU DOIGT ET À L'ŒIL,* il est très obéissant. 2. *OBÉIR À qqch.* : se plier à ce qui est imposé. *Il faut obéir aux ordres.* 3. (qqch.) Fonctionner par une manœuvre. *Les freins n'obéissent plus.* → **répondre.**

OBÉISSANCE [ɔbeisɑ̃s] n. f. *L'OBÉISSANCE* : le fait d'obéir. *Les soldats doivent obéissance à leurs chefs militaires.* → **soumission.** ⟨contraire : désobéissance⟩

OBÉISSANT [ɔbeisɑ̃], **OBÉISSANTE** [ɔbeisɑ̃t] adj. (après le nom) Qui obéit. *C'est un enfant très obéissant.* → **docile.** ⟨contraire : désobéissant⟩ *Elle n'est pas très OBÉISSANTE AVEC ses professeurs.*

REM. Cet adjectif ne s'emploie plus que pour les enfants et les chiens.

OBÉLISQUE [ɔbelisk] n. m. *UN OBÉLISQUE* : colonne de pierre à quatre faces, surmontée d'une petite pyramide. *L'obélisque de la place de la Concorde, à Paris, vient de Louksor, en Égypte.*

REM. *Obélisque* est un nom masculin. Cependant, on entend souvent dire *une obélisque,* ce qui est fautif : il faut dire *un obélisque.*

OBÈSE [ɔbɛz] adj., n. m. et n. f. 1. adjectif (après le nom) (qqn) Qui est anormalement gros. *Elle est devenue obèse.* → **énorme.** ⟨contraire : maigre⟩ *Elle a un père obèse.* 2. *UN OBÈSE, UNE OBÈSE* : une personne anormalement grosse. *C'est un obèse.*

OBÉSITÉ [ɔbezite] n. f. *L'OBÉSITÉ* : état d'une personne obèse. *Elle est d'une obésité monstrueuse. Il suit un traitement contre l'obésité.* ⟨contraire : maigreur⟩

OBJECTER [ɔbʒɛkte] verbe [conjugaison 1a] Opposer (des arguments, des objections). *Je n'ai rien à OBJECTER À cela* : je n'ai rien à dire contre cela. → **répliquer.** *Elle a objecté la fatigue pour ne pas sortir.* → **prétexter.** *On lui OBJECTE QU'il est trop jeune pour y aller tout seul.*

OBJECTEUR [ɔbʒɛktœʀ] n. m. *UN OBJECTEUR DE CONSCIENCE* [ɔbʒɛktœʀdəkɔ̃sjɑ̃s] : jeune homme qui refuse de faire son service militaire parce qu'il refuse d'utiliser des armes. *Les objecteurs de conscience sont non-violents.*

① **OBJECTIF** [ɔbʒɛktif] n. m. *UN OBJECTIF* 1. But à atteindre. *Quels sont vos objectifs ?* → STYLE RECHERCHÉ **but, dessein.** *Nous avons réalisé nos objectifs commerciaux.* → **projet.** - *Les bombes ont atteint leur objectif.* → **cible.** 2. Ensemble de lentilles que l'on adapte sur un appareil photo ou une caméra pour obtenir une image photographique. *Un appareil photo est composé d'un boîtier et d'objectifs.* - *Le mannequin pose devant l'objectif,* devant l'appareil photo ou la caméra.

② **OBJECTIF** [ɔbʒɛktif], **OBJECTIVE** [ɔbʒɛktiv] adj. (après le nom) Dont le jugement n'est pas influencé par ses idées personnelles. *C'est un journaliste objectif.* → **impartial.** *L'arbitre est resté objectif.* → **neutre.** ⟨contraire : partial⟩ - *Elle a fait un rapport objectif des faits.* ⟨contraires : arbitraire, subjectif⟩

OBJECTION [ɔbʒɛksjɔ̃] n. f. *UNE OBJECTION* : ce que l'on répond pour s'opposer à une proposition avec laquelle on n'est pas d'accord. *J'ai plusieurs objections à faire. Je ferai comme ça, si tu n'y vois pas d'objection.* → **inconvénient.**

objective adj. → ② **objectif**

OBJECTIVEMENT [ɔbʒɛktivmɑ̃] adverbe D'une manière objective, sans parti pris. *Le journaliste relate objectivement les faits.*

OBJECTIVITÉ [ɔbʒɛktivite] n. f. *L'OBJECTIVITÉ* : qualité d'une personne objective, qui ne prend pas parti. *Nous avons étudié la situation avec une grande objectivité. Ce journal manque d'ob-*

jectivité. ⟨contraire : subjectivité⟩ *L'objectivité est nécessaire dans les sciences.*

OBJET [ɔbʒɛ] n. m. **1.** *UN OBJET :* chose solide destinée à un usage. *J'ai pris le premier objet que j'ai trouvé.* → **chose.** *Un verre est un objet fragile. À quoi sert cet objet bizarre ? Cette lampe est un véritable OBJET D'ART.* **2.** *L'OBJET :* le but d'une action. *Quel est l'objet de votre visite ? Cette plainte est SANS OBJET,* elle n'a pas de raison d'être. - *Sa note de service a pour objet le respect des horaires.* → **sujet, thème.** *Le malade EST L'OBJET DE soins constants,* il subit des soins constants. *Son dernier livre FAIT L'OBJET DE nombreuses critiques.* **3.** *Un OBJET DE :* être ou chose à quoi s'adresse (un sentiment). *Ce professeur est un objet de moquerie pour ses élèves.* **4.** (grammaire française) *Le COMPLÉMENT D'OBJET d'un verbe :* la chose, la personne, l'idée sur lesquelles porte l'action marquée par le verbe. *Dans la phrase « J'aime mes enfants », « mes enfants » est le COMPLÉMENT D'OBJET DIRECT du verbe « aimer »,* un complément d'objet directement rattaché au verbe, sans préposition. *Dans la phrase « J'obéis à vos ordres », « vos ordres » est le COMPLÉMENT D'OBJET INDIRECT du verbe « obéir »,* un complément d'objet rattaché au verbe par une préposition.

REM. En français le verbe ne peut avoir qu'un seul complément d'objet direct (en anglais : *I give my sister a kiss ;* en français : *Je donne un baiser à ma sœur*).

OBLIGATION [ɔbligasjɔ̃] n. f. **1.** *UNE OBLIGATION :* ce que l'on est obligé de faire. *Les obligations professionnelles de ma femme l'empêchent d'être parmi nous ce soir.* **2.** *L'OBLIGATION :* caractère nécessaire (de qqch.). *Je suis DANS L'OBLIGATION DE partir :* je dois partir, je ne peux pas faire autrement. → **nécessité.** *Ce jeu est sans obligation d'achat :* on n'est pas obligé d'acheter pour participer à ce jeu. **3.** À la Bourse, valeur qui équivaut à un prêt. *Il a acheté des obligations.*

OBLIGATOIRE [ɔbligatwaʀ] adj. (après le nom) ■ Qui est imposé. *En France, l'école est obligatoire jusqu'à l'âge de seize ans. Tous les ans, les salariés passent une visite médicale obligatoire.* ⟨contraire : facultatif⟩

OBLIGATOIREMENT [ɔbligatwaʀmɑ̃] adverbe ■ D'une manière obligatoire. *Vous devez obligatoirement composter votre billet.* → **impérativement, nécessairement.**

OBLIGÉ [ɔbliʒe], **OBLIGÉE** [ɔbliʒe] adj. (après le nom) **1.** (qqn) *ÊTRE OBLIGÉ DE faire qqch.,* devoir le faire. *Je suis obligé de partir. Elle n'est pas obligée de vous croire :* elle peut ne pas vous croire. **2.** (qqch.) Auquel on ne peut échapper. *Le baccalauréat est un passage obligé pour faire des études supérieures.* → **inévitable.** - STYLE FAMILIER *C'était obligé qu'il perde,* ça devait arriver. → **fatal ;** STYLE FAMILIER **forcé.** **3.** STYLE RECHERCHÉ Reconnaissant. *Je vous serais obligé de bien vouloir répondre rapidement à ma lettre,* je vous saurais gré de le faire.

OBLIGEANCE [ɔbliʒɑ̃s] n. f. ■ STYLE RECHERCHÉ *L'OBLIGEANCE :* disposition à rendre service. *C'est un homme d'une grande obligeance. Auriez-vous l'obligeance de m'aider ?* → **amabilité, bonté, gentillesse.**

obligeant [ɔbliʒɑ̃] *En obligeant :* forme au participe présent du verbe **obliger.**

OBLIGEANT [ɔbliʒɑ̃], **OBLIGEANTE** [ɔbliʒɑ̃t] adj. (après le nom) ■ STYLE RECHERCHÉ (qqn) Qui rend volontiers service, aime faire plaisir. *C'est une personne très obligeante.* → **complaisant, serviable.** *Il s'est montré obligeant.* → **prévenant.**

OBLIGER [ɔbliʒe] verbe [conjugaison 3b] **1.** *OBLIGER qqn À :* mettre qqn dans la nécessité (de faire qqch.). *Le professeur a obligé ses élèves à refaire le problème.* → **contraindre, forcer.** *À cette époque-là, rien ne t'y obligeait.* **2.** STYLE RECHERCHÉ Rendre service à (qqn), faire plaisir à (qqn). *Vous m'obligeriez beaucoup en ne parlant de cela à personne* (→ **obligeant).** **3.** verbe pronominal S'OBLIGER À : s'imposer de (faire qqch.). *Elle s'est toujours obligée à faire de la gymnastique le matin.*

FAUX AMI
polonais **zobligować** « inciter, engager »

OBLIQUE [ɔblik] adj. (après le nom) ■ Qui n'est ni vertical ni horizontal, qui est incliné. *Les rayons du soleil couchant sont obliques. Tracez une ligne oblique. Il a traversé la rue EN OBLIQUE,* en diagonale. - *Il lui a lancé un regard oblique,* un regard de biais, pas franc.

OBLIQUER [ɔblike] verbe [conjugaison 1a] ■ Prendre une direction oblique. *La voiture a obliqué vers la droite. Vous obliquerez à gauche après le carrefour.* → **tourner.**

OBLITÉRER [ɔbliteʀe] verbe [conjugaison 6a] ■ *OBLITÉRER UN TIMBRE :* apposer un cachet sur le timbre collé, pour qu'il ne puisse pas servir une deuxième fois. *Le postier oblitère les timbres du colis. Il oblitérera* [ɔblitɛʀʀa] *le timbre.* - *Il collectionne les timbres oblitérés.*

OBNUBILER [ɔbnybile] verbe [conjugaison 1a] ■ Obséder. *Ce rêve l'obnubile,* il ne pense qu'à ça. *Elle est obnubilée par l'examen qu'elle doit passer.*

OBOLE [ɔbɔl] n. f. ■ *UNE OBOLE :* petite somme d'argent que l'on donne pour contribuer à qqch. *Chacun a versé son obole pour la fête du village.*

OBSCÈNE [ɔbsɛn] adj. (après le nom) ■ Qui choque par des représentations indécentes et grossières de la sexualité. *Il y a des graffitis obscènes sur le mur de l'immeuble.* → STYLE FAMILIER **cochon.** *Le voyou lui a fait un geste obscène.* → **inconvenant.** *Ils ont tenu des propos obscènes.* → **graveleux, ordurier.**

OBSCÉNITÉ [ɔbsenite] n. f. **1.** *L'OBSCÉNITÉ :* caractère de ce qui est obscène. *Certaines grandes œuvres ne sont pas étudiées au lycée à cause de leur obscénité.* **2.** *UNE OBSCÉNITÉ :* parole, phrase, image obscène. *Il dit des obscénités.* → **grossièreté.**

OBSCUR [ɔbskyʀ], **OBSCURE** [ɔbskyʀ] adj. (après le nom, parfois avant le nom) **1.** (lieu) Où il n'y a pas de lumière. → **noir.** *La chambre donne sur une cour obscure.* → **sombre.** ⟨contraires : clair, lumineux⟩ **2.** (avant ou après le nom) (qqch.) Difficile à comprendre, à expliquer. *Il a prononcé un discours obscur.* → **incompréhensible.** *Elle est l'auteur de poèmes obscurs.* → **ésotérique, hermétique.** *Il a refusé pour d'obscures raisons.* → **mystérieux.** *J'ai un obscur pressentiment.* → **inexplicable.** ⟨contraire : net⟩ **3.** (qqn) Inconnu. *C'est l'œuvre d'un obscur écrivain du siècle dernier.* ⟨contraire : illustre⟩

OBSCURCIR [ɔbskyʀsiʀ] verbe [conjugaison 2] **1.** Rendre obscur (un lieu). *Ce papier peint foncé obscurcit le salon.* → **assombrir.** ⟨contraires : éclaircir, illuminer⟩ *Des rideaux épais obscurcissent la chambre.* **2.** verbe pronominal S'OBSCURCIR : devenir obscur. *L'orage approchait et le ciel s'est obscurci.*

OBSCURÉMENT [ɔbskyʀemɑ̃] adverbe ■ D'une manière vague, confuse. *Elle sent obscurément le danger approcher.*

OBSCURITÉ [ɔbskyʀite] n. f. ■ *L'OBSCURITÉ* **1.** Absence de lumière. *Nous avons marché dans une obscurité profonde. La salle est plongée dans l'obscurité.* → **noir.** ⟨contraire : clarté⟩ **2.** État de ce qui est mal connu. *Beaucoup de points à débattre sont encore dans l'obscurité. Il veut être célèbre et ne plus vivre dans l'obscurité.* → **anonymat.**

OBSÉDANT [ɔbsedɑ̃], **OBSÉDANTE** [ɔbsedɑ̃t] adj. (après le nom) ▪ Qui occupe l'esprit sans arrêt, qui obsède. *Ce souvenir obsédant ne la quitte pas.*

OBSÉDER [ɔbsede] verbe [conjugaison 6a] ▪ (qqch.) Tourmenter sans cesse l'esprit (→ **obsession**). *La peur d'échouer l'obsède.* → **hanter, obnubiler, poursuivre, tracasser.**

OBSÈQUES [ɔbsɛk] n. f. pluriel ▪ *LES OBSÈQUES :* cérémonie faite pour célébrer une personne qui vient de mourir. *Les obsèques auront lieu à onze heures. Cet écrivain aura des obsèques nationales.* → **enterrement, funérailles.**

FAUX AMIS
espagnol **obsequio** « cadeau » ; italien **ossequi** « hommages » ; portugais **obséquios** « faveurs »

REM. *Obsèques* est le mot officiel pour *enterrement* et désigne aussi la cérémonie de la *crémation.*

OBSÉQUIEUX [ɔbsekjø], **OBSÉQUIEUSE** [ɔbsekjøz] adj. (après le nom) ▪ Trop poli et trop empressé, avec hypocrisie. *Nous avons été servis par un garçon de café obséquieux. Il a des manières obséquieuses.* → **servile.**

OBSERVATEUR [ɔbsɛʀvatœʀ] adj. et n. m., **OBSERVATRICE** [ɔbsɛʀvatʀis] adj. et n. f. **1.** adjectif (après le nom) (qqn) Qui observe, qui est doué pour l'observation. *Elle est très observatrice :* elle remarque tout. **2.** *UN OBSERVATEUR, UNE OBSERVATRICE :* personne qui observe un événement auquel elle assiste sans y participer. → **témoin.** *J'ai assisté à la séance en simple observateur.* → **spectateur.**

OBSERVATION [ɔbsɛʀvasjɔ̃] n. f. **1.** *L'OBSERVATION :* le fait de considérer avec attention afin de mieux connaître. *L'observation des animaux lui prend tout son temps.* → **examen.** *Ma fille a l'ESPRIT D'OBSERVATION,* elle sait bien observer. *Son observation est sérieuse et objective.* **2.** *UNE OBSERVATION :* parole, déclaration par laquelle on fait remarquer qqch. à qqn. *Le professeur fait ses observations dans la marge.* → **commentaire, remarque.** *Avez-vous des observations à faire sur ce qui vient d'être dit ?* **3.** *UNE OBSERVATION :* une critique. *Elle ne supporte pas qu'on lui fasse la moindre observation.* → **reproche. 4.** Surveillance attentive. *Le malade est EN OBSERVATION à l'hôpital,* il est placé sous surveillance médicale.

OBSERVATOIRE [ɔbsɛʀvatwaʀ] n. m. ▪ *UN OBSERVATOIRE :* lieu aménagé pour observer le ciel et les astres. *L'astronome travaille dans un observatoire. - Il travaille à l'observatoire.*

OBSERVER [ɔbsɛʀve] verbe [conjugaison 1a]
I. 1. Regarder avec attention afin de connaître, d'étudier. *Elle passe des heures à observer les insectes.* → **examiner. 2.** Regarder attentivement sans se faire voir. → **épier.** *Il observe ses voisins. Attention, on nous observe !* → **espionner. 3.** Remarquer par l'observation. → **constater, remarquer.** *Je n'ai rien observé d'anormal.* → **voir.** *Nous sommes en présence d'un phénomène rarement observé. On OBSERVE QUE la situation s'améliore. Je VOUS FERAI OBSERVER QU'il est interdit de fumer dans le train,* je vous le signale, je vous en informe. **4.** Obéir à (un règlement, une loi, une prescription). *Il faut observer le règlement.* → **respecter.** ⟨contraire : violer⟩
II. verbe pronominal S'OBSERVER **1.** Être vu. *Ce phénomène s'observe surtout en été.* **2.** Se regarder l'un l'autre. *Les deux adversaires se sont observés un moment.* **3.** Faire attention à ce qu'on fait quand on est vu. *En public, il s'observe et ne met pas son couteau dans sa bouche.* → se **surveiller.**

OBSESSION [ɔbsesjɔ̃] n. f. ▪ *UNE OBSESSION :* idée, image qui tourmente sans cesse l'esprit (→ **obséder**). *Sa peur d'être cambriolé est devenue une obsession,* une idée fixe. → **hantise.**

OBSTACLE [ɔbstakl] n. m. ▪ *UN OBSTACLE* **1.** Objet qui empêche de passer ou qui gêne le passage. *Le camion a heurté un obstacle sur la route. - Les chevaux font une COURSE D'OBSTACLES,* une course où ils doivent sauter des haies, des murs, des barrières, des rivières. **2.** Ce qui empêche la réalisation de qqch. *Il a rencontré beaucoup d'obstacles avant de réussir.* → **difficulté.** *Le fait qu'il ne parle pas anglais est un OBSTACLE À sa promotion,* gêne sa promotion. ⟨contraire : ① aide⟩ - *Ses parents FONT OBSTACLE À son mariage,* ils l'empêchent de se marier.

OBSTINATION [ɔbstinasjɔ̃] n. f. ▪ *L'OBSTINATION :* caractère d'une personne obstinée. *Elle défend ses idées avec une grande obstination.* → **acharnement, entêtement.**

OBSTINÉ [ɔbstine], **OBSTINÉE** [ɔbstine] adj. (après le nom) ▪ (qqn) Qui ne change pas d'avis, d'idée. *C'est une femme obstinée, elle ne renoncera pas.* → **entêté, opiniâtre, têtu.**

OBSTINÉMENT [ɔbstinemɑ̃] adverbe ▪ Avec obstination, entêtement. *Elle refuse obstinément de venir.*

S'**OBSTINER** [ɔbstine] verbe pronominal [conjugaison 1a] ▪ Persister dans une idée, dans une décision sans vouloir en changer malgré les obstacles. *Elle S'EST OBSTINÉE À mentir alors que tout le monde savait la vérité. Il S'OBSTINE DANS son erreur.* → s'**entêter.** - *Ne t'obstine pas !* → se **buter.**

OBSTRUER [ɔbstʀye] verbe [conjugaison 1a] ▪ Boucher en faisant obstacle. *Un camion de livraison obstrue la rue.* → **barrer, encombrer.** *Si vous restez garé là, vous obstruerez* [ɔbstʀyʀe] *le passage.*

OBTEMPÉRER [ɔbtɑ̃peʀe] verbe [conjugaison 6a] ▪ *OBTEMPÉRER À (un ordre),* y obéir. *L'automobiliste obtempère à l'ordre du gendarme et arrête sa voiture.* ⟨contraire : contrevenir⟩ *Il obtempérera* [ɔbtɑ̃pɛʀʀa] *à nos ordres. - Il a refusé d'obtempérer.*

REM. Ce mot est un terme de la police, de la justice.

OBTENIR [ɔbtəniʀ] verbe [conjugaison 22] **1.** Réussir à avoir. *Mon grand-père obtint son permis de conduire il y a bien longtemps* (→ **obtention**). *Obtiens ton bac et tu feras ce que tu voudras ! Il faut que tu obtiennes une réduction sur le prix de la voiture. Son chef de service lui a fait obtenir une augmentation.* → **procurer.** *J'AI OBTENU DE mes parents l'autorisation de sortir,* ils m'ont accordé l'autorisation. *Elle A OBTENU DE travailler chez elle. Il A OBTENU de ses parents QUE sa copine vienne avec lui.* **2.** Arriver à (un résultat). *Si on additionne deux et deux, on obtient quatre.* → **trouver.** *Si tu mélanges du bleu et du jaune, tu obtiendras du vert.* → **avoir.**

OBTENTION [ɔbtɑ̃sjɔ̃] n. f. ▪ *L'OBTENTION :* le fait d'obtenir (qqch.). *L'obtention de mon visa a été laborieuse. Mon fils fera un stage à l'étranger après l'obtention de son diplôme.*

obtenu [ɔbtəny], **obtenue** [ɔbtəny] *Il a obtenu une faveur ; la faveur qu'il a obtenue :* formes au participe passé du verbe **obtenir.**

obtienne [ɔbtjɛn] *Que j'obtienne ; qu'il obtienne, qu'elle obtienne :* forme au subjonctif du verbe **obtenir.**

OBTURER [ɔbtyʀe] verbe [conjugaison 1a] ▪ Boucher (une ouverture, un trou). *Le dentiste obturera* [ɔbtyʀʀa] *la dent cariée.*

① **OBTUS** [ɔbty], **OBTUSE** [ɔbtyz] adj. (après le nom) ▪ *Un ANGLE OBTUS,* qui fait plus de quatre-vingt-dix degrés, qui est plus grand qu'un angle droit (opposé à aigu). *Tracez un angle obtus de cent degrés.*

② **OBTUS** [ɔbty], **OBTUSE** [ɔbtyz] adj. (après le nom) ▪ Qui ne comprend pas facilement, est un peu bête. *C'est un élève obtus.* → **borné, bouché.**

OBUS [ɔby] n. m. ▪ *UN OBUS :* projectile de forme allongée, rempli d'explosif. *Les obus sont lancés par les canons. La façade du bâtiment a été abîmée par des ÉCLATS D'OBUS.*

OC [ɔk] n. m. ▪ *La LANGUE D'OC :* ensemble des dialectes du midi de la France, où *oui* se disait *oc* (opposé à langue d'oïl). *Dans cette région, on parle encore la langue d'oc.* → **occitan.**

OCCASION [ɔkazjɔ̃] n. f. ▪ *UNE OCCASION* **1.** Circonstance qui se présente au bon moment. *C'est une occasion inespérée. Je n'ai jamais eu l'OCCASION DE la rencontrer. Il ne manque pas une occasion de se faire remarquer. Il a PROFITÉ DE L'OCCASION pour se faire valoir.* → **opportunité.** *C'est l'occasion ou jamais :* il faut le faire tout de suite, sinon on ne le fera jamais. *Je viendrai vous voir À L'OCCASION,* un de ces jours. *Je le lui dirai À LA PREMIÈRE OCCASION,* dès que ce sera possible. **2.** Circonstance. *Nous nous sommes rencontrés EN PLUSIEURS OCCASIONS,* plusieurs fois. → ① **cas.** *Cette fête a été pour eux l'occasion de se réconcilier. Il a organisé un cocktail À L'OCCASION DE son anniversaire,* pour son anniversaire, parce que c'était son anniversaire. **3.** *D'OCCASION :* qui n'est pas neuf, qui a déjà servi à qqn d'autre. *Il a acheté une voiture d'occasion.* **4.** Objet qui représente une bonne affaire pour un acheteur. *J'ai acheté cette robe en solde, c'était une occasion.*

> FAUX AMI
> anglais **occasion** ne s'emploie pas aux sens 3. et 4.

REM. Voir **opportunité** (REM.).

OCCASIONNEL [ɔkazjɔnɛl], **OCCASIONNELLE** [ɔkazjɔnɛl] adj. (après le nom) ▪ Qui se produit par hasard. *Ils ont eu des dépenses occasionnelles.* → **exceptionnel.** ⟨contraire : habituel⟩

OCCASIONNELLEMENT [ɔkazjɔnɛlmɑ̃] adverbe ▪ Dans de rares circonstances. *Ils ne se voient qu'occasionnellement.* → **exceptionnellement.**

OCCASIONNER [ɔkazjɔne] verbe [conjugaison 1a] ▪ Être la raison de (qqch. de désagréable). *Les orages ont occasionné des dégâts dans les récoltes.* → ① **causer, entraîner, provoquer, susciter.**

OCCIDENT [ɔksidɑ̃] n. m. **1.** STYLE RECHERCHÉ *L'OCCIDENT :* le côté de l'horizon où le soleil se couche (opposé à orient). → **ouest.** *Regarde vers l'occident.* → **couchant.** *L'occident est assombri.* **2.** *L'OCCIDENT :* les pays de l'Europe de l'Ouest et de l'Amérique du Nord. *L'Europe et les États-Unis font partie de l'Occident.* ⟨contraire : Orient⟩

OCCIDENTAL [ɔksidɑ̃tal] adj. et n. m., **OCCIDENTALE** [ɔksidɑ̃tal] adj. et n. f.
I. adjectif (après le nom) **1.** Qui est à l'ouest (opposé à oriental). *Le Sénégal est un pays de l'Afrique occidentale.* **2.** Qui concerne l'Occident. *L'Espagne fait partie du monde occidental.* MASCULIN PLURIEL : *des pays OCCIDENTAUX* [ɔksidɑ̃to].
II. *UN OCCIDENTAL, UNE OCCIDENTALE :* une personne qui habite l'Occident. *Les Italiens et les Canadiens sont des Occidentaux.*

OCCITAN [ɔksitɑ̃] n. m. ▪ *L'OCCITAN :* langue parlée dans le sud de la France. → **oc.** *Ils parlent occitan. L'occitan est assez répandu.*

OCCULTE [ɔkylt] adj. (après le nom) **1.** Que l'on fait en secret. *Il a une comptabilité occulte,* secrète. **2.** *Les SCIENCES OCCULTES :* doctrines et pratiques qui font intervenir des forces secrètes et qui ne sont reconnues ni par la science ni par la religion. *L'astrologie et la magie sont des sciences occultes* (→ **occultisme**).

OCCULTER [ɔkylte] verbe [conjugaison 1a] ▪ STYLE RECHERCHÉ Cacher l'existence de (qqch.). *Il préfère occulter ce souvenir,* ne plus y penser et ne pas en parler. → **dissimuler.**

OCCULTISME [ɔkyltism] n. m. ▪ *L'OCCULTISME :* ensemble des sciences occultes. *Il participe à des séances d'occultisme.*

OCCUPANT [ɔkypɑ̃] n. m., **OCCUPANTE** [ɔkypɑ̃t] n. f. ▪ *UN OCCUPANT, UNE OCCUPANTE* **1.** Personne qui habite un lieu. *Les occupants de l'appartement sont partis pour un mois.* **2.** Personne qui est dans un véhicule. *Tous les occupants de la voiture accidentée sont indemnes.* **3.** Ennemi qui occupe un pays. *Les occupants ont quitté le pays.* → **envahisseur.**

OCCUPATION [ɔkypasjɔ̃] n. f.
I. *UNE OCCUPATION :* activité qui occupe le temps. *Elle a beaucoup d'occupations. Il est trop oisif, il faut lui trouver une occupation,* quelque chose à faire. → **passe-temps.**
II. *L'OCCUPATION* **1.** Le fait d'habiter (un lieu). *L'occupation de cet appartement par des squatters est intolérable.* **2.** Le fait d'envahir un lieu et de s'y installer en imposant son autorité. *L'occupation du lieu par la police a été rapide. – L'armée d'occupation a été vaincue. – L'OCCUPATION :* la période pendant laquelle la France a été occupée par les Allemands, de 1940 à 1944. *Ses parents sont nés pendant l'Occupation.*

OCCUPÉ [ɔkype], **OCCUPÉE** [ɔkype] adj. (après le nom) **1.** (qqn) Qui a beaucoup d'occupations, qui est très pris. *Le directeur est occupé, il ne peut pas vous recevoir. Sa mère est une femme très occupée.* ⟨contraire : désœuvré⟩ **2.** (qqch.) Qui est utilisé par qqn, dont on ne peut pas se servir pour le moment. *Les toilettes sont occupées,* il y a qqn dedans. ⟨contraire : libre⟩ *J'ai essayé de lui téléphoner, mais la ligne est toujours occupée. Ça sonne occupé.* **3.** (territoire) Envahi par une armée ennemie. *Sa ville est en zone occupée.*

OCCUPER [ɔkype] verbe [conjugaison 1a]
I. 1. Remplir (un espace). *La grosse dame occupe deux places à elle toute seule.* → **prendre.** *Leur lit occupe presque toute la chambre.* **2.** Habiter. *Le propriétaire de l'immeuble occupe le dernier étage. – Elle occupe la salle de bains depuis une heure,* elle est dedans. **3.** S'installer (dans un lieu) par la force. *L'armée ennemie occupe le pays. Les grévistes occupent l'usine.* **4.** Faire faire qqch. à (qqn). *Il faut occuper les enfants quand il pleut.* **5.** Employer (son temps). *Il occupe ses soirées à lire.* **6.** Faire passer le temps. *Ses enfants l'occupent énormément,* ils lui prennent beaucoup de temps. *Range ta chambre, ça t'occupera !*
II. verbe pronominal S'OCCUPER **1.** *S'OCCUPER DE qqch.,* y employer son temps, s'en charger. *Je m'occupe de mes affaires et, toi, occupe-toi des tiennes. Je m'en occupe. Elle s'est occupée de tout. Elle trouve toujours de quoi s'occuper. – Elle s'est occupée de réserver des places.* – STYLE FAMILIER *Occupe-toi de tes oignons :* mêle-toi de ce qui te regarde. **2.** Se préoccuper, se faire du souci. *Ne vous occupez pas de ces détails ! Ne t'occupe pas de ça !* STYLE FAMILIER *T'occupe !* ne t'en occupe pas. **3.** *S'OCCUPER DE qqn,* prendre soin de lui, le surveiller. *Une jeune fille s'occupe de mes enfants quand je sors.* **4.** Passer son temps à une occupation précise. *Il ne sait pas s'occuper.* → se **distraire.** *Elle s'est mise à ranger pour s'occuper.*

OCÉAN [ɔseɑ̃] n. m. ▪ *UN OCÉAN :* vaste étendue d'eau salée qui couvre une grande partie de la surface de la Terre. *Il étudie les océans* (→ **océanographie**). – *Ils passent leurs vacances au bord de l'océan.* → **mer.** *L'océan Atlantique sépare l'Europe de l'Amérique.*

REM. À la différence des mers, les océans communiquent tous entre eux.

OCÉANIE [ɔseani] nom propre féminin ▪ *L'OCÉANIE :* un des cinq continents, qui comprend l'Australie et de nombreuses îles. *L'Océanie est belle. Ils ont fait un voyage en Océanie. Je reviens d'Océanie. Les habitants de l'Océanie* (→ **océanien**).

OCÉANIEN [ɔseanjɛ̃] adj. et n. m., **OCÉANIENNE** [ɔseanjɛn] adj. et n. f. **1.** adjectif (après le nom) D'Océanie. *Il admire beaucoup l'art océanien.* **2.** *UN OCÉANIEN, UNE OCÉANIENNE :* une personne qui habite en Océanie. *Les Océaniens.*

OCÉANIQUE [ɔseanik] adj. (après le nom) ▪ Qui subit l'influence de l'océan. → **maritime.** *La Bretagne a un CLIMAT OCÉANIQUE,* un climat doux et humide, avec de faibles variations (opposé à continental).

OCÉANOGRAPHIE [ɔseanɔgʀafi] n. f. ▪ *L'OCÉANOGRAPHIE :* étude des mers et des océans. *C'est un spécialiste de l'océanographie. L'océanographie est passionnante.*

OCELOT [ɔslo] n. m. ▪ *UN OCELOT :* grand chat sauvage au pelage roux tacheté de brun, qui vit en Amérique centrale et en Amérique du Sud. *Nous avons vu des ocelots au zoo. - Elle a un manteau en ocelot,* en fourrure d'ocelot.

OCRE [ɔkʀ] n. m. et adj. invariable **1.** *L'OCRE :* couleur d'un brun jaune ou orangé. *Les murs de la maison sont d'un bel ocre. Je préfère les ocres plus foncés.* **2.** adjectif invariable (après le nom) Brun jaune ou orangé. *Il a une écharpe ocre.* PLURIEL : *des façades ocre.*

OCTANTE [ɔktɑ̃t] adj. invariable (avant le nom) ▪ Quatre-vingts (80). *Son père a octante ans.* → **huitante.**

REM. Ce mot, qui était utilisé en Belgique et en Suisse, n'est plus employé, à la différence de *septante* (« soixante-dix ») et de *nonante* (« quatre-vingt-dix »). Les Suisses continuent à employer le mot *huitante.*

OCTAVE [ɔktav] n. f. ▪ *UNE OCTAVE :* intervalle de huit notes formant la gamme. *Mon fils a la main trop petite pour jouer une octave au piano.*

OCTET [ɔktɛ] n. m. ▪ *UN OCTET :* terme d'informatique qui permet de mesurer la mémoire d'un ordinateur. *Cet ordinateur a une mémoire de seize millions d'octets.*

OCTOBRE [ɔktɔbʀ] n. m. ▪ Dixième mois de l'année. *Le mois d'octobre a trente et un jours. Ils se sont mariés le 27 octobre. Nous avons souvent des octobres pluvieux.*

OCTOGÉNAIRE [ɔktɔʒenɛʀ] adj., n. m. et n. f. **1.** adjectif (après le nom) (qqn) Dont l'âge est compris entre quatre-vingts et quatre-vingt-neuf ans. *Elle a une grand-mère octogénaire.* **2.** *UN OCTOGÉNAIRE, UNE OCTOGÉNAIRE,* une personne qui a entre quatre-vingts et quatre-vingt-neuf ans. *Ses parents sont des octogénaires.*

octroie [ɔktʀwa] *J'octroie ; il octroie, elle octroie :* forme au présent du verbe **octroyer ;** *que j'octroie ; qu'il octroie, qu'elle octroie :* forme au subjonctif du verbe **octroyer.**

OCTROYER [ɔktʀwaje] verbe [conjugaison 8a] **1.** Accorder (qqch.) en faisant une faveur. *Le directeur octroie une semaine de vacances supplémentaires aux ouvriers de l'usine. Il faut que tu m'octroies un délai supplémentaire. À Noël, le patron octroiera* [ɔktʀwaʀa] *une prime à tout le personnel.* **2.** verbe pronominal S'OCTROYER : s'accorder à soi-même. *Elle s'est octroyé deux jours de repos. Octroyons-nous du bon temps !*

OCULAIRE [ɔkylɛʀ] adj. (après le nom) **1.** Relatif à l'œil. *J'ai des troubles oculaires.* → **visuel. 2.** *Un TÉMOIN OCULAIRE :* une personne qui a assisté à qqch. en voyant de ses propres yeux. *La police recherche des témoins oculaires du hold-up,* des personnes qui ont vraiment vu le hold-up.

OCULISTE [ɔkylist] n. m., n. f. ▪ *UN OCULISTE, UNE OCULISTE :* médecin spécialiste des yeux. → **ophtalmologue.** *Elle est allée chez l'oculiste pour faire vérifier sa vue.*

REM. On se fait faire des lunettes par un *opticien* d'après l'ordonnance d'un *oculiste.*

ODE [ɔd] n. f. ▪ *UNE ODE :* long poème. *Ronsard est l'auteur de célèbres odes.*

ODEUR [ɔdœʀ] n. f. ▪ *L'ODEUR :* ce que l'on sent avec le nez. *Le gaz de ville a une odeur.* → **odorant.** *Ces fleurs ont une odeur agréable,* elles sentent bon, elles embaument. → **parfum, senteur.** *Il y a une odeur de brûlé. L'égout dégage une mauvaise odeur.* → **puanteur.** *J'ai acheté un nouveau désodorisant pour enlever les mauvaises odeurs.* → **émanation.** *Cette crème n'a pas d'odeur,* elle est inodore. - STYLE FAMILIER *Il n'est pas EN ODEUR DE SAINTETÉ auprès de ses chefs :* il est mal vu par ses chefs, ses chefs ne l'apprécient pas.

> FAUX AMI
> italien **odori** « fines herbes »

ODIEUX [ɔdjø], **ODIEUSE** [ɔdjøz] adj. (avant le nom ou après le nom) **1.** (avant ou après le nom) (qqch.) Qui inspire le dégoût et l'indignation. *Tuer un enfant est un crime odieux.* → **ignoble.** *C'est un odieux mensonge.* **2.** (qqn) Très désagréable. *Leur fille est odieuse.* → **détestable, insupportable.** ⟨contraire : adorable⟩ *Il a été ODIEUX AVEC nous.* ⟨contraires : aimable, charmant, gentil⟩ - *C'est odieux de penser qu'il nous épie toute la journée.*

REM. Au sens 2., on a tendance à accentuer la première syllabe en prononçant [odjø].

ODIN [ɔdɛ̃] nom propre - en allemand **WOTAN** ▪ Dieu germanique. *Le cheval d'Odin a huit jambes.*

ODORANT [ɔdɔʀɑ̃], **ODORANTE** [ɔdɔʀɑ̃t] adj. (après le nom) ▪ Qui a une odeur. *Beaucoup d'herbes odorantes sont employées dans la cuisine.* → **aromatique.** ⟨contraire : inodore⟩

REM. Quand on dit qu'une chose est odorante, c'est généralement pour dire qu'elle a une bonne odeur.

ODORAT [ɔdɔʀa] n. m. ▪ *L'ODORAT :* sens grâce auquel l'homme et les animaux perçoivent les odeurs (→ **olfactif**). *Les chiens ont souvent un bon odorat.* → **flair.**

ŒCUMÉNISME [ekymenism] n. m. ▪ *L'ŒCUMÉNISME :* mouvement favorable à la réunion de toutes les Églises chrétiennes en une seule. *Le concile de Vatican II fit beaucoup pour l'œcuménisme.*

REM. On prononce aussi [økymenism].

ŒDÈME [edɛm] n. m. ▪ *UN ŒDÈME :* gonflement d'une partie du corps. *Ses jambes sont très enflées, elle a un œdème. Il a eu un œdème du poumon.*

REM. On prononce aussi [ødɛm].

ŒDIPE [edip] nom propre **1.** Personnage de la mythologie grecque. **2.** *Le COMPLEXE D'ŒDIPE :* attachement amoureux du petit garçon à sa mère, de la petite fille à son père. *Sa fille est à l'âge du complexe d'Œdipe.*

REM. On prononce aussi [ødip].

ŒIL [œj] n. m.

I. *L'ŒIL* **1.** Chacun des organes qui permet de voir. *J'ai une poussière dans l'œil.* PLURIEL : *elle a de beaux YEUX* [bozjø]. *Il a les yeux bleus. Sa femme est une brune aux yeux marron. Si tu as mal aux yeux, consulte un ophtalmologue. J'ai de bons yeux,* une bonne vue. *Il n'a sûrement pas fait ça juste POUR TES BEAUX YEUX,* juste pour te faire plaisir, gratuitement sans rien attendre en retour. *Le professeur FAIT LES GROS YEUX,* il regarde les élèves avec un air fâché et sévère. *Elle FAIT DE L'ŒIL à un garçon,* elle lui fait signe en clignant de l'œil. *Il n'a plus que SES YEUX POUR PLEURER :* il a tout perdu. *Le bébé ouvre les yeux,* il relève les paupières. *Il faut OUVRIR L'ŒIL,* être attentif. *Elle n'a pas FERMÉ L'ŒIL de la nuit,* elle n'a pas du tout dormi. *Ses parents FERMENT LES YEUX SUR ses bêtises,* ils se refusent à les voir, ils font comme s'ils ne les voyaient pas. *J'ai vu le hold-up*

DE MES PROPRES YEUX, je l'ai vu moi-même, j'en suis le témoin oculaire. *Les microbes ne sont pas visibles À L'ŒIL NU,* on ne peut pas les voir sans un instrument d'optique. *À VUE D'ŒIL, le piano ne passe pas par la porte,* approximativement. *Sa bosse grossit à vue d'œil,* très vite, d'une manière visible. *Regarde-moi dans les yeux. Il a TOURNÉ DE L'ŒIL :* il s'est évanoui. *Cette voiture COÛTE LES YEUX DE LA TÊTE,* elle coûte très cher. - STYLE FAMILIER *Ça me sort par les yeux :* cela m'est insupportable. **2.** Regard. *Il ne la quitte pas des yeux :* il la regarde sans arrêt. *Je l'ai SUIVI DES YEUX jusqu'au bout de la rue. Jette les yeux de ce côté :* regarde de ce côté. *Ça s'est passé SOUS MES YEUX,* devant moi. - *Sa façon de s'habiller ATTIRE L'ŒIL,* se remarque. *Cette robe en vitrine m'a TAPÉ DANS L'ŒIL,* elle m'a tout de suite plu. *Elle a beaucoup grandi, ça SAUTE AUX YEUX,* ça se voit tout de suite, c'est évident. *Il N'A PAS LES YEUX DANS SA POCHE :* il est très attentif, rien ne lui échappe. *Le cuisinier A UN ŒIL SUR son civet,* il le surveille avec attention. **3.** *Un COUP D'ŒIL :* un regard rapide. *J'ai jeté un coup d'œil sur le journal,* je l'ai parcouru rapidement. PLURIEL : *des COUPS D'ŒIL. Ils se sont jeté des coups d'œil,* ils se sont regardés discrètement. *Elle a LE COUP D'ŒIL :* elle voit tout de suite ce qui va et ce qui ne va pas. - *JETTE UN ŒIL par la fenêtre :* regarde rapidement par la fenêtre. **4.** *Un CLIN D'ŒIL :* mouvement rapide de la paupière, pour faire signe. *Le jeune homme lui a fait un clin d'œil.* → **œillade.** PLURIEL : *des CLINS D'ŒIL* ou *des CLINS D'YEUX. - Il a tout fait EN UN CLIN D'ŒIL,* très rapidement. **5.** Jugement. *Cela n'a aucun intérêt À MES YEUX,* selon moi. *Il voit leur association D'UN BON ŒIL,* d'une manière favorable. **6.** STYLE FAMILIER *À L'ŒIL :* gratuitement. *J'ai eu des places de cinéma à l'œil.* → STYLE FAMILIER **gratos.** **7.** STYLE FAMILIER *MON ŒIL !* je n'y crois pas.

II. *UN ŒIL* **1.** *Un ŒIL DE VERRE :* œil artificiel que l'on met à la place d'un œil crevé. *Il a un œil de verre depuis son accident.* PLURIEL : *des œils de verre.* **2.** Petite ouverture faite dans une porte qui permet de regarder sans être vu. → **judas.** *J'ai fait poser un œil à ma porte. - Je regarde dans l'œil avant d'ouvrir.*

ŒIL-DE-BŒUF [œjdəbœf] n. m. ▪ *UN ŒIL-DE-BŒUF :* petite fenêtre ronde ou ovale. *La chambre est éclairée par un œil-de-bœuf.* PLURIEL : *des ŒILS-DE-BŒUF.*

ŒILLADE [œjad] n. f. ▪ *UNE ŒILLADE :* clin d'œil complice ou pour se faire remarquer par qqn. *Elle lance des œillades à un beau gars.*

ŒILLÈRE [œjɛʀ] n. f. ▪ *UNE ŒILLÈRE :* plaque de cuir attachée sur la bride, qui empêche le cheval de voir sur le côté. *Le cavalier a mis des œillères à son cheval. - Ce chef A DES ŒILLÈRES :* il est borné, il ne voit pas certaines choses parce qu'il a l'esprit étroit ou par parti pris.

① **ŒILLET** [œjɛ] n. m. ▪ *UN ŒILLET :* petit trou fait dans un tissu ou dans du cuir, souvent entouré d'un cercle rigide, dans lequel on passe un lacet, un bouton. *Il passe les lacets dans les œillets de ses chaussures.*

② **ŒILLET** [œjɛ] n. m. ▪ *UN ŒILLET :* fleur rouge, rose ou blanche, très odorante. *Elle m'a offert un bouquet d'œillets. Il a un œillet à la boutonnière.*

ŒNOLOGIE [enɔlɔʒi] n. f. ▪ *L'ŒNOLOGIE :* étude des techniques de fabrication et de conservation des vins. *Il a fait des études d'œnologie. L'œnologie est intéressante.*

ŒSOPHAGE [ezɔfaʒ] n. m. ▪ *L'ŒSOPHAGE :* partie du tube digestif qui va de la bouche à l'estomac. → **tube** (digestif). *En se contractant, les muscles de l'œsophage font descendre les aliments dans l'estomac. J'ai l'œsophage enflammé.*

ŒUF [œf] n. m. ▪ *UN ŒUF* **1.** Corps plus ou moins gros, dur et arrondi que pondent les femelles des oiseaux, et qui contient un embryon. *La poule a pondu un œuf* [ɛ̃nœf]. *L'hirondelle couve ses œufs* [sezø] *dans son nid. La coquille de cet œuf est fêlée.* **2.** Œuf de poule. *J'ai acheté une douzaine d'œufs. Nous avons mangé des ŒUFS DURS,* des œufs cuits avec leur coquille dans l'eau bouillante jusqu'à ce que le blanc et le jaune soient durs. *Voulez-vous des ŒUFS À LA COQUE ou des ŒUFS SUR LE PLAT ? Le cuisinier casse des œufs pour faire une omelette. On fait de la mayonnaise avec un JAUNE D'ŒUF, de la moutarde et de l'huile. Le pâtissier fait monter le BLANC D'ŒUF en neige pour faire une meringue. - Son père est CHAUVE COMME UN ŒUF,* complètement chauve. *Dans cette affaire, nous MARCHONS SUR DES ŒUFS,* nous agissons avec précaution. - *Il faut étouffer ce scandale DANS L'ŒUF,* à son début, avant qu'il prenne de l'importance. **3.** Corps produit par les femelles ovipares (poissons, reptiles, batraciens). *Les tortues et les serpents cachent leurs œufs. Nous avons mangé des œufs de saumon, mais je préfère les œufs d'esturgeon* **(→ caviar).** **4.** Objet en forme d'œuf. *À Pâques, les enfants mangent des ŒUFS DE PÂQUES,* des chocolats en forme d'œuf. **5.** Première cellule d'un être vivant qui naît de la fusion d'une cellule mâle et d'une cellule femelle. *Les vrais jumeaux proviennent du même œuf.* → **ovule.**

① **ŒUVRE** [œvʀ] n. f. ▪ *UNE ŒUVRE* **1.** Résultat d'un travail, d'une action. *La décoration du salon EST L'ŒUVRE DE mon mari :* c'est mon mari qui a décoré le salon. *Ma fille a terminé son dessin, elle est fière de son œuvre.* **2.** Objet réalisé par un artiste, livre écrit par un écrivain, musique composée par un musicien. *«Hamlet» est une œuvre de Shakespeare. J'ai lu plusieurs œuvres de cet écrivain.* → **ouvrage.** *Il a les ŒUVRES COMPLÈTES de Jules Verne,* tous les livres écrits par Jules Verne. *Mozart a composé de nombreuses œuvres. Les tableaux et les sculptures sont des ŒUVRES D'ART,* des réalisations qui ont une valeur artistique. **3.** *L'ŒUVRE DE :* ensemble de ce qui est fait par un artiste, par un écrivain. *L'œuvre de Victor Hugo est très abondante.* **4.** *L'ŒUVRE :* l'activité, le travail. *Il est l'heure de SE METTRE À L'ŒUVRE,* de commencer à travailler. *Les pompiers ont tout MIS EN ŒUVRE pour éteindre l'incendie,* ils ont employé tous les moyens nécessaires. **5.** Organisation qui vient en aide aux personnes qui en ont besoin. *Il a légué sa fortune à une œuvre de bienfaisance.*

② **ŒUVRE** [œvʀ] n. m. **1.** *LE GROS ŒUVRE :* les fondations, les murs et la toiture d'un bâtiment. *Les ouvriers ont bien travaillé : le gros œuvre est terminé.* **2.** STYLE RECHERCHÉ *L'ŒUVRE DE :* l'ensemble des œuvres d'un artiste. *Nous avons vu une exposition de l'œuvre gravé de Rembrandt.*

OFFENSANT [ɔfɑ̃sɑ̃], **OFFENSANTE** [ɔfɑ̃sɑ̃t] adj. (après le nom) ▪ Qui offense, qui fait de la peine. *Il m'a fait une remarque offensante,* une remarque qui m'a vexé. → **blessant.**

OFFENSE [ɔfɑ̃s] n. f. ▪ *UNE OFFENSE :* parole ou action qui fait de la peine, qui vexe. → **affront, insulte, outrage.** *Il a FAIT UNE OFFENSE À ses amis en oubliant de les inviter.*

OFFENSÉ [ɔfɑ̃se], **OFFENSÉE** [ɔfɑ̃se] adj. (après le nom) ▪ Qui a subi une offense. *Je me suis senti offensé. - Il a pris L'AIR OFFENSÉ.*

OFFENSER [ɔfɑ̃se] verbe [conjugaison 1a] ▪ Faire de la peine à (qqn) en faisant ou en disant qqch. de vexant, de blessant. → **blesser, froisser, humilier, vexer.** *Cette remarque l'a offensé. SANS VOULOIR T'OFFENSER, tu fais erreur.* (contraire : flatter)

OFFENSIF [ɔfɑ̃sif], **OFFENSIVE** [ɔfɑ̃siv] adj. (après le nom) ▪ Qui sert à attaquer. *Ils utilisent des armes offensives.* (contraire : défensif)

OFFENSIVE [ɔfɑ̃siv] n. f. ■ *UNE OFFENSIVE :* une attaque. → **attaque.** *L'ennemi prépare une offensive. - L'armée est passée À L'OFFENSIVE,* elle a attaqué. (contraire : défensive)

offert [ɔfɛʀ], **offerte** [ɔfɛʀt] *Il a offert une bague ; la bague qu'il a offerte :* formes au participe passé du verbe **offrir.**

OFFICE [ɔfis] n. m. ■ *UN OFFICE* **1.** Rôle qu'une personne doit remplir, qu'une chose doit jouer. *La porte blindée a REMPLI SON OFFICE : les cambrioleurs n'ont pas pu entrer. Le médicament a FAIT SON OFFICE : la fièvre est tombée. Parfois, le gardien de l'immeuble FAIT OFFICE DE plombier,* il sert de plombier. **2.** *D'OFFICE :* sans l'avoir demandé soi-même. *Un avocat a été COMMIS D'OFFICE,* il a été désigné par le tribunal pour défendre qqn. *On l'a désigné d'office pour faire la corvée.* **3.** Organisme. *Renseignez-vous auprès de l'office de tourisme.* → **bureau. 4.** Cérémonie religieuse (→ **culte, messe).** *Il y a un office à onze heures.* **5.** *Des BONS OFFICES :* des services que l'on rend à qqn. *J'ai eu recours à ses bons offices.*

FAUX AMI
espagnol **oficio** «métier»

OFFICIALISER [ɔfisjalize] verbe [conjugaison 1a] ■ Rendre officiel. *Ils ont officialisé leur union en se mariant.*

OFFICIEL [ɔfisjɛl] adj. et n. m., **OFFICIELLE** [ɔfisjɛl] adj.
I. adjectif (après le nom) **1.** (qqch.) Qui vient d'une autorité reconnue. *Il vous faut une autorisation officielle pour pouvoir entrer. La nouvelle n'est pas encore officielle,* elle n'est pas certifiée par les autorités. (contraire : officieux) *Voici le résultat officiel des élections.* **2.** Organisé par les autorités. *Le Président est en VISITE OFFICIELLE à l'étranger.* (contraire : privé) **3.** (qqn) Qui a une fonction officielle. *Le maire est un personnage officiel. - Les voitures officielles sont escortées par des motards,* les voitures réservées aux personnages officiels.
II. *UN OFFICIEL :* personnage officiel. *Les ministres sont dans la tribune des officiels.*

OFFICIELLEMENT [ɔfisjɛlmɑ̃] adverbe ■ De manière officielle. *Il a été averti officiellement,* par les autorités. *Officiellement, nous n'avons pas de réponse, mais nous pouvons la prévoir.*

OFFICIER [ɔfisje] n. m. ■ *UN OFFICIER* **1.** Militaire dont le grade est égal ou supérieur à celui de sous-lieutenant et pouvant exercer un commandement. *Les officiers donnent des ordres aux soldats. Il est officier de marine.* **2.** *Un OFFICIER DE POLICE :* personnage officiel qui peut livrer les auteurs de délits à la justice. *Les maires et les juges sont des officiers de police judiciaire.*

OFFICIEUX [ɔfisjø], **OFFICIEUSE** [ɔfisjøz] adj. (après le nom) ■ Qui est annoncé sans être confirmé par une autorité. *La nouvelle est encore officieuse.* (contraire : officiel) *Voici les résultats officieux de l'élection.*

OFFRANDE [ɔfʀɑ̃d] n. f. ■ *UNE OFFRANDE* **1.** Don offert à une divinité. *Ils déposent leurs offrandes au pied de la statue du dieu.* **2.** STYLE RECHERCHÉ Don que l'on fait par charité. *Acceptez ma modeste offrande.*

OFFRANT [ɔfʀɑ̃] n. m. ■ *LE PLUS OFFRANT :* l'acheteur qui offre le prix le plus élevé. *Il a vendu sa voiture au plus offrant.* → **offre.**

offre [ɔfʀ] *J'offre ; il offre, elle offre :* forme au présent du verbe **offrir** ; *que j'offre ; qu'il offre, qu'elle offre :* forme au subjonctif du verbe **offrir.**

OFFRE [ɔfʀ] n. f. ■ *UNE OFFRE :* proposition faite par qqn. *Il m'a proposé de m'aider, j'ai accepté son offre avec plaisir. Il lit la rubrique des OFFRES D'EMPLOI dans le journal,* la rubrique dans laquelle des employeurs proposent du travail. (contraire : demande) *La société a fait un APPEL D'OFFRE pour trouver les meilleurs prix.*

OFFRIR [ɔfʀiʀ] verbe [conjugaison 18] **1.** Donner en cadeau. *J'offre toujours des livres aux enfants de mes amis. Mon mari m'a offert une bague. Les fleurs que tu m'as offertes sont magnifiques.* **2.** Proposer. *Sa mère nous offre des rafraîchissements. Est-ce que je peux vous offrir à boire ? Il y a bien longtemps, ce jeune homme m'OFFRIT DE me raccompagner. En nous offrant de nous héberger, vous nous avez vraiment rendu service.* **3.** (qqch.) Présenter. *Cette solution offre de nombreux avantages.* **4.** Proposer (de l'argent). *Il faut que j'offre une forte récompense à qui retrouvera mon chat. Il veut revendre ce tableau, on lui en a offert trois mille francs,* on lui propose de lui acheter trois mille francs. **5.** verbe pronominal S'OFFRIR : se donner à soi. *Mes parents se sont offert un magnifique voyage dans les îles.*

OFFUSQUER [ɔfyske] verbe [conjugaison 1a] **1.** STYLE RECHERCHÉ Choquer. *Sa grossièreté a offusqué tout le monde.* **2.** verbe pronominal S'OFFUSQUER : être choqué. *Elle s'est offusquée de son manque de savoir-vivre.* → se **formaliser.**

FAUX AMIS
espagnol **ofuscar** «aveugler», **ofuscarse** «se troubler» ; portugais **ofuscar** «éblouir»

OGIVE [ɔʒiv] n. f. ■ *UNE OGIVE* **1.** Arc qui soutient une voûte. *Le guide fait admirer la CROISÉE D'OGIVES,* la partie de la voûte où se croisent deux ogives qui est caractéristique des églises gothiques. **2.** Partie avant d'un projectile, en forme de cône. *Le missile est équipé d'une ogive nucléaire,* d'une tête contenant une charge nucléaire.

OGRE [ɔgʀ] n. m., **OGRESSE** [ɔgʀɛs] n. f. ■ *UN OGRE, UNE OGRESSE :* géant, géante des contes de fées à l'aspect effrayant, qui se nourrit de chair humaine. *L'ogre voulait manger le Petit Poucet. - Il mange COMME UN OGRE :* il mange énormément.

OH ! [o] interjection **1.** Mot qui sert à exprimer la surprise, l'admiration, l'indignation, l'impatience. *Oh ! comme c'est beau !* → **ah !** *Oh ! là là !* → **là. 2.** Renforce l'expression d'un sentiment. *Oh ! mon amour, je t'aime. Oh, j'ai peur !*

OHÉ ! [oe] interjection ■ Mot qui sert à appeler. → **hé.** *Ohé ! viens par ici ! Ohé, du bateau ! il y a quelqu'un ?* → **hou !**

OIE [wa] n. f. **1.** *UNE OIE :* gros oiseau au long cou, au bec large, aux pattes palmées et aux plumes blanches ou grises. *On gave les oies pour faire du foie gras. Nous avons mangé du confit d'oie. - Il est BÊTE COMME UNE OIE :* il est très bête. **2.** *Le JEU DE L'OIE :* jeu de société où chaque joueur fait avancer un pion, selon le coup de dé, sur un tableau formé de cases numérotées où des oies sont représentées toutes les neuf cases. *Nous avons joué au jeu de l'oie.*

OIGNON [ɔɲɔ̃] n. m. ■ *UN OIGNON* **1.** Bulbe d'une plante potagère, à l'odeur forte et au goût un peu piquant. *Le cuisinier épluche des oignons. Il fait revenir des oignons dans la poêle. Nous avons mangé de la SOUPE À L'OIGNON* (→ **gratinée). -** STYLE FAMILIER *Occupe-toi de tes oignons :* occupe-toi de ce qui te regarde. *C'est pas mes oignons :* ça ne me regarde pas, je ne m'en mêle pas. **2.** Bulbe de certaines plantes. *Le jardinier a planté des oignons de jacinthes et des oignons de tulipes.*

OÏL [ɔjl] n. m. ■ *La LANGUE D'OÏL :* l'ensemble des dialectes parlés dans les régions de France du nord de la Loire, où *oui* se disait *oïl* (opposé à langue d'oc). *Ce texte du XII*[e] *siècle est écrit en langue d'oïl.*

OISEAU [wazo] n. m. ■ *UN OISEAU* **1.** Animal au corps couvert de plumes, qui a deux ailes, deux pattes et un bec, et qui est généralement capable de voler. *Un oiseau s'est posé sur la branche.* PLURIEL : *les OISEAUX pondent des œufs. Il y a des petits oiseaux dans le nid* (→ **oisillon**). *J'ai été réveillé par le chant des oiseaux. La chouette est un OISEAU DE NUIT. L'aigle est un OISEAU DE PROIE. Ce scientifique étudie les oiseaux* (→ **ornithologie**). – *Il y a cinquante kilomètres d'ici à chez eux À VOL D'OISEAU,* en ligne droite. – *Ma femme a un APPÉTIT D'OISEAU,* elle a un petit appétit, elle mange peu. **2.** STYLE FAMILIER Individu. *Son mec est un drôle d'oiseau !* → ② **coco.** – *Il a trouvé l'OISEAU RARE,* une personne remarquable qui a toutes les qualités.

OISELLERIE [wazɛlʀi] n. f. ■ *UNE OISELLERIE :* magasin où l'on vend des oiseaux. *J'ai acheté un couple de canaris dans une oisellerie.*

OISEUX [wazø], **OISEUSE** [wazøz] adj. (après le nom) ■ (qqch.) Qui ne sert à rien, qui ne mène à rien. *Ils se sont lancés dans une discussion oiseuse.* → **inutile, vain.** ⟨contraires : important, utile⟩

OISIF [wazif] adj. et n. m., **OISIVE** [waziv] adj. et n. f. **1.** adjectif (après le nom) Qui ne travaille pas, qui ne fait rien (→ **oisiveté**). *Elle reste oisive des heures entières.* → **désœuvré, inactif, inoccupé.** ⟨contraire : occupé⟩ – *Il mène une vie oisive,* sans rien faire. **2.** *UN OISIF, UNE OISIVE :* une personne qui ne travaille pas et qui a beaucoup de loisir. *Il y a beaucoup de riches oisifs qui font cette croisière.*

OISILLON [wazijɔ̃] n. m. ■ *UN OISILLON :* jeune oiseau. *Un oisillon est tombé du nid.*

OISIVETÉ [wazivte] n. f. ■ *L'OISIVETÉ :* état d'une personne qui ne travaille pas (quelle que soit la raison) ou qui n'a aucune activité. *Cette oisiveté est déprimante.* ⟨contraire : surmenage⟩ *Ils vivent DANS L'OISIVETÉ.* → **désœuvrement.**

O. K. [ɔke] adverbe et adj. invariable ■ STYLE FAMILIER **1.** adverbe D'accord. « *Tu viens demain ? – O. K.* » → **entendu, oui. 2.** adjectif invariable (après le nom) Bien. *Tout est O. K.*

REM. Ce mot anglais est l'abréviation de *oll korrect,* déformation de *all correct.* On le prononce aussi [ɔkɛ].

OLÉAGINEUX [ɔleaʒinø] adj. et n. m., **OLÉAGINEUSE** [ɔleaʒinøz] adj. **1.** adjectif (après le nom) Qui contient de l'huile. *L'arachide et le tournesol sont des plantes oléagineuses.* **2.** *UN OLÉAGINEUX :* une plante qui contient de l'huile. *Le colza et l'olive sont des oléagineux.*

OLÉODUC [ɔleɔdyk] n. m. ■ *UN OLÉODUC :* gros tuyau qui permet de transporter du pétrole. → **pipeline.** *Le pétrole arrive jusqu'ici par oléoduc.*

OLFACTIF [ɔlfaktif], **OLFACTIVE** [ɔlfaktiv] adj. (après le nom) ■ Relatif à l'odorat. *Le sens olfactif permet de sentir les odeurs.*

OLIVE [ɔliv] n. f. **1.** *UNE OLIVE :* petit fruit de l'olivier, ovale, à peau lisse et à noyau, qui est verdâtre et devient noir quand il est mûr, et dont on extrait de l'huile. *Le cuisinier fait revenir des tomates dans de l'HUILE D'OLIVE. Il a préparé du canard aux olives.* **2.** *VERT OLIVE :* couleur verte tirant sur le brun. → **kaki.** *Il a des chaussettes vert olive.*

OLIVIER [ɔlivje] n. m. ■ *UN OLIVIER :* arbre au tronc noueux et aux feuilles vert pâle, dont le fruit est l'olive. *On cultive les oliviers dans les régions méditerranéennes.*

OLYMPIQUE [ɔlɛ̃pik] adj. (après le nom) **1.** *Les JEUX OLYMPIQUES :* série de rencontres sportives internationales auxquelles participent les meilleurs athlètes, qui a lieu tous les quatre ans dans un pays différent. *Ce skieur a participé aux Jeux olympiques d'hiver.* **2.** Qui concerne les Jeux olympiques. *Il est CHAMPION OLYMPIQUE de natation :* il a remporté une épreuve de natation aux Jeux olympiques. *Je vais nager dans une PISCINE OLYMPIQUE,* une piscine conforme aux règlements des Jeux olympiques.

OMBILICAL [ɔ̃bilikal], **OMBILICALE** [ɔ̃bilikal] adj. (après le nom) ■ Relatif au nombril. *À la naissance, on coupe le CORDON OMBILICAL,* le cordon de chair qui relie le bébé à sa mère quand il est dans son ventre. MASCULIN PLURIEL : *des cordons OMBILICAUX* [ɔ̃biliko].

OMBRAGE [ɔ̃bʀaʒ] n. m. **1.** *L'OMBRAGE :* ombre donnée par les branches et les feuilles d'un arbre. *En été, il fait bon sous un ombrage épais.* **2.** *PRENDRE OMBRAGE DE qqch.,* éprouver de l'inquiétude. *Elle a pris ombrage du succès de sa sœur,* elle a été jalouse de son succès. – *Ses collègues lui PORTENT OMBRAGE,* le rendent inquiet et méfiant en l'empêchant d'être apprécié dans son travail (→ **ombrageux**).

REM. Aujourd'hui *faire de l'ombre* est plus courant que *porter ombrage.* → **ombre.**

OMBRAGÉ [ɔ̃bʀaʒe], **OMBRAGÉE** [ɔ̃bʀaʒe] adj. (après le nom) ■ (lieu) Où il y a de l'ombre. *Nous avons pris l'apéritif sur une terrasse ombragée.*

OMBRAGEUX [ɔ̃bʀaʒø], **OMBRAGEUSE** [ɔ̃bʀaʒøz] adj. (après le nom) ■ Qui s'estime facilement offensé. → **susceptible.** *Elle a un caractère ombrageux :* elle se vexe facilement. → **jaloux.**

OMBRE [ɔ̃bʀ] n. f. ■ *UNE OMBRE* **1.** Zone sombre formée par une chose opaque qui empêche les rayons du soleil de passer. *Viens t'asseoir À L'OMBRE sous le parasol. Il fait trente degrés à l'ombre* (opposé à au soleil). *Voici une place à l'ombre pour la voiture. Le platane offre une ombre fraîche. Les stores FONT DE L'OMBRE.* (figuré) *Son collaborateur lui fait de l'ombre :* nuit à sa réussite. – *Le voleur a été MIS À L'OMBRE,* il a été mis en prison. *Ce détail est resté DANS L'OMBRE,* n'a pas été évoqué. **2.** Tache sombre sur une surface plus claire. *Elle se met de l'OMBRE À PAUPIÈRES,* du fard. **3.** Image que projette un corps ou un objet éclairé par le soleil ou par une autre lumière. *L'ombre d'un chat se dessine sur le mur.* – *Il a PEUR DE SON OMBRE :* il est très peureux. **4.** *L'OMBRE DE :* la plus petite quantité de. *Il n'a pas l'ombre d'un regret :* il ne regrette pas du tout. *Il n'y a pas L'OMBRE D'UN DOUTE :* c'est tout à fait certain.

FAUX AMIS
espagnol **hombro,**
portugais **ombro**
« épaule »

OMBRELLE [ɔ̃bʀɛl] n. f. ■ *UNE OMBRELLE :* petit parasol portatif. *En été, elle se promène toujours avec son ombrelle. Dans les pays tropicaux l'ombrelle est aussi un parapluie.*

FAUX AMIS
anglais **umbrella,**
italien **ombrello,**
roumain **umbrelă**
« parapluie »

OMELETTE [ɔmlɛt] n. f. ■ *UNE OMELETTE :* plat composé d'œufs battus cuits dans une poêle. *Le cuisinier prépare une omelette au jambon. Il veut une OMELETTE BAVEUSE.*

FAUX AMI
polonais **omlet**
« galette aux œufs brouillés »

omette [ɔmɛt] *Que j'omette ; qu'il omette, qu'elle omette :* forme au subjonctif du verbe **omettre.**

OMETTRE [ɔmɛtʀ] verbe [conjugaison 56] ▪ Oublier de dire ou de faire (ce que l'on devrait dire ou faire). *Le commissaire a omis un détail : l'assassin est gaucher. Nous n'omettons aucun détail. Il ne faut pas qu'il omette mon nom dans la liste. Tu* OMETS DE *me dire que tu les avais prévenus. Il change les données du problème en* OMETTANT QUE *je n'étais pas d'accord.*

omis [ɔmi], **omise** [ɔmiz] *Il a omis une virgule ; la virgule qu'il a omise :* formes au participe passé du verbe **omettre.**

OMISSION [ɔmisjɔ̃] n. f. **1.** *L'OMISSION :* le fait d'omettre qqch., de ne pas dire qqch., de ne pas faire qqch. *L'omission de ce mot dans la phrase en change tout le sens. Elle a menti par omission,* en se taisant. **2.** *UNE OMISSION :* chose omise. *Il y a de nombreuses omissions dans le compte rendu de la réunion.* → **lacune.** *Ce compte rendu est fidèle,* SAUF ERREUR OU OMISSION. → **oubli.**

omit [ɔmi] *Il omit, elle omit :* forme au passé simple du verbe **omettre.**

OMNIBUS [ɔmnibys] n. m. et adj. **1.** *UN OMNIBUS :* train qui s'arrête dans toutes les gares. *Les omnibus sont moins rapides que les express.* **2.** adjectif (après le nom) Qui s'arrête dans toutes les gares. *Il a pris un train omnibus.*

OMNISPORTS [ɔmnispɔʀ] adj. (après le nom) ▪ Où l'on pratique tous les sports. *Il fait de la gymnastique dans un club omnisports.*

OMNIVORE [ɔmnivɔʀ] adj. (après le nom) ▪ Qui se nourrit aussi bien de viande que de plantes. *L'homme et le porc sont omnivores.*

OMOPLATE [ɔmɔplat] n. f. ▪ *UNE OMOPLATE :* os plat et triangulaire, en haut du dos. *La victime a été retrouvée, un couteau planté entre les deux omoplates.*

ON [ɔ̃] pronom ▪ Pronom indéfini et personnel de la troisième personne du singulier, sujet.

I. pronom indéfini (celui qui parle étant exclu) **1.** Des gens. *On m'a téléphoné toute la journée. Des lecteurs m'écrivent, on ne m'oublie pas.* → **ils.** *Je pense qu'on exige trop de moi. On dit qu'ils vont partir.* – STYLE FAMILIER *« Qui ça, on ? On est un con ! »,* l'emploi de *on* est trop anonyme. *Dans ce milieu on ne s'intéresse qu'à soi, on reste entre soi.* **2.** Quelqu'un. *On a frappé à la porte.* **3.** (un peu agressif) STYLE FAMILIER Tu, vous. *Alors, on ne dit pas bonjour ? Alors, on n'est pas contente, on reste chez soi ? Eh bien, on ne s'en fait pas !*

II. pronom personnel (celui qui parle étant inclus) → **nous. 1.** STYLE FAMILIER Moi et toi, moi et vous (pluriel), moi, lui et toi (et vous de politesse). *On est heureux tous les deux, tu ne trouves pas ?* nous sommes heureux. *Alors, quand est-ce qu'on se voit ? On l'emmène avec nous. On ne va pas se disputer pour si peu ! On a notre opinion. Si on faisait une réunion pour échanger nos idées ?* → **nos.** *Et si l'on allait au cinéma, ça te plaît ?* **2.** (l'interlocuteur, *tu* ou *vous,* étant exclu) Moi et lui (elle), moi et eux (elles). *Sais-tu qu'on va se marier bientôt, Pierre et moi ? On a déjà acheté notre maison. Je t'annonce qu'on a organisé ensemble une réunion de travail. On venait de partir quand vous êtes arrivés.* **3.** Moi et les autres, tout le monde. → **chacun.** *On se lasse de tout. On a perdu notre temps. On ne fait pas toujours ce qu'on veut. On accepte si (l') on veut bien. On souffre tous un jour ou l'autre. On s'exprimera dans notre langage à nous.* **4.** Moi. *« Il y a quelqu'un ? – Voilà, on prend notre clé et on arrive. »* → **je.**

REM. **1.** *On* est parfois précédé d'un *l'* euphonique après une voyelle : *si* ***l'on*** *avait su, on aurait agi autrement* (pour *si on avait*). La présence du *l* est indispensable à l'écrit lorsque trois voyelles se suivent. Quand il y a deux voyelles, on peut choisir. **2.** *On* est toujours sujet d'un verbe au singulier, et au pronominal, il s'emploie avec SE, dans les emplois I. et II.. *On se couche trop tard.* **3.** NOUS sujet est souvent remplacé par ON, dans la langue parlée familière pour les sens II. 1. et 2. : *nous, on travaille trop (=nous, nous travaillons trop) ; on s'occupe de nous, pas des autres. C'est sur nous qu'on doit compter.* **4.** Le pronom personnel indirect est SOI pour I. L'adjectif possessif est SON, SA, SES pour I., et NOTRE, NOS, pour II. **5.** L'attribut peut s'accorder avec *on* comme avec *nous* pour les sens II. 1. 2. et 3. : *on est trop serrés dans ce métro ; on est mortes de fatigue, on n'en peut plus : sers-nous à boire ! ; on est plus malins qu'elle(s).* **6.** Voyez pronom **personnel** (encadré).

ONCE [ɔ̃s] n. f. ▪ *UNE ONCE :* une petite quantité. *Il n'a pas une once de bon sens.*

> FAUX AMIS
> anglais **once** « une fois » ; espagnol **once** « onze »

REM. *Une once* était autrefois une ancienne mesure de poids valant environ trente grammes, encore utilisée en Grande-Bretagne et au Canada.

ONCLE [ɔ̃kl] n. m. ▪ *L'ONCLE DE :* le frère du père ou de la mère, ou le mari de la tante. *J'ai un oncle et deux tantes. Ma mère a un frère, c'est mon oncle.* → **tonton.** *Elle part en vacances chez son oncle et sa tante* **(→ neveu, nièce).**

ONCTUEUX [ɔ̃ktɥø], **ONCTUEUSE** [ɔ̃ktɥøz] adj. (après le nom) **1.** Qui donne l'impression douce et moelleuse de la crème. *Avant de se raser, il étale une mousse onctueuse sur son visage.* – *On nous a servi un potage onctueux,* ni trop liquide ni trop épais et doux comme une crème. **2.** Qui a une douceur affectée, fausse. *Cet homme politique a des manières onctueuses.*

ONDE [ɔ̃d] n. f.

I. *L'ONDE* style recherché L'eau dans la nature (mer, lac, rivière). *L'onde est pure.*

II. *UNE ONDE* **1.** Mouvement de l'eau qui semble se déplacer. *Lorsqu'on jette un caillou dans l'eau, il se forme des ondes,* il se forme des cercles qui deviennent de plus en plus grands **(→ vague). 2.** (au pluriel) LES ONDES : les vibrations produites par un émetteur et qui transportent les sons. *J'écoute la radio sur les* GRANDES ONDES *et aussi sur les* ONDES COURTES (ou *sur les* PETITES ONDES). – *Cette chanson passe souvent* SUR LES ONDES, à la radio. **3.** *ÊTRE SUR LA MÊME LONGUEUR D'ONDE :* se comprendre. *Nous ne sommes pas sur la même longueur d'onde, nous ne nous mettrons jamais d'accord !*

ONDÉE [ɔ̃de] n. f. ▪ *UNE ONDÉE :* pluie soudaine qui ne dure pas longtemps. *Attendons un peu, ce n'est qu'une ondée.* → **averse.** *Nous avons été surpris par une ondée.*

ON-DIT [ɔ̃di] n. m. invariable ▪ *UN ON-DIT :* nouvelle que les gens se racontent et qui n'est peut-être pas vraie. → **ouï-dire, racontar, ragot, rumeur.** *Il paraît qu'il va être licencié, mais ce n'est qu'un on-dit.* PLURIEL : *d'après les on-dit, il est malade.*

ONDULATION [ɔ̃dylasjɔ̃] n. f. ▪ *UNE ONDULATION* **1.** Mouvement des vagues qui s'élèvent et s'abaissent doucement. *La barque se balance sur les ondulations de la mer.* **2.** Ligne faite de courbes. *La route suit les ondulations de la rivière.* → **méandre, sinuosité.** – *Ses cheveux ont des ondulations,* ils présentent des suites de crans **(→ onduler).**

ONDULÉ [ɔ̃dyle], **ONDULÉE** [ɔ̃dyle] adj. (après le nom) **1.** *Une TÔLE ONDULÉE :* tôle qui présente des plis arrondis. *Le toit du hangar est en tôle ondulée.* **2.** Qui ondule. *Elle a des cheveux ondulés.* ⟨contraires : plat, raide⟩

ONDULER [ɔ̃dyle] verbe [conjugaison 1a] **1.** Remuer en s'élevant et en s'abaissant doucement, comme font les vagues. *Le blé ondule sous le vent. Le drapeau ondule.* → **flotter.** **2.** Présenter des ondulations. *Ses cheveux ondulent,* ils bouclent légèrement, en faisant de petits crans (→ **friser).**

ONÉREUX [ɔneʀø], **ONÉREUSE** [ɔneʀøz] adj. (après le nom) ▪ STYLE RECHERCHÉ Qui coûte beaucoup d'argent. → **cher, coûteux.** *Nous ne pouvons pas partir aux sports d'hiver, c'est trop onéreux.* ⟨contraires : avantageux, économique⟩ *Ils ont fait des travaux très onéreux.*

ONGLE [ɔ̃gl] n. m. ▪ *UN ONGLE :* partie dure, en corne, qui recouvre le bout des doigts et des orteils. *Elle se met du VERNIS À ONGLES. Où sont les CISEAUX À ONGLES ? – Elle sait sa leçon SUR LE BOUT DES ONGLES :* elle sait sa leçon par cœur, parfaitement. → **doigt.** – *Il s'est DÉFENDU BEC ET ONGLES,* de toutes ses forces.

ONGLÉE [ɔ̃gle] n. f. ▪ *L'ONGLÉE :* engourdissement douloureux du bout des doigts, provoqué par le froid. *Lorsqu'il a neigé, j'ai eu l'onglée.*

ONIRIQUE [ɔniʀik] adj. (après le nom) ▪ Qui semble venir d'un rêve. *Nous avons découvert un paysage onirique,* un paysage merveilleux, comme dans un rêve.

ONOMATOPÉE [ɔnɔmatɔpe] n. f. ▪ *UNE ONOMATOPÉE :* mot dont le son imite un bruit. *«Atchoum !» «boum !» et «pan !» sont des onomatopées.*

ont [ɔ̃] *Ils ont, elles ont :* forme au présent du verbe **avoir.**

ONU [ɔny] nom propre féminin – en anglais **UNO** ▪ *L'ONU :* l'Organisation des Nations Unies. *L'ONU assure le maintien de la paix internationale. L'ONU siège à New York.*

> REM. **1.** On écrit aussi *O. N. U.,* avec la prononciation [oɛny]. **2.** *ONU* est un sigle.

ONZE [ɔ̃z] adj. et n. m. invariables
I. adjectif invariable (avant le nom ou après le nom) **1.** (avant le nom) Dix plus un (11 ; XI). *Elle a onze ans. Ce livret n'a que onze* [keɔ̃z] *pages* ou *n'a qu'onze* [kɔ̃z] *pages. Il y a onze personnes dans cet immeuble. Ils sont onze joueurs sur le terrain. Ce canapé coûte onze cents francs,* mille cent francs. **2.** (avant ou après le nom) Onzième. *Je suis au chapitre onze de mon livre* (→ **onzième).** *Il est onze heures et demie.*
II. pronom Onze personnes, onze choses. *Ils sont onze. Il en reste onze.*
III. 1. *ONZE :* le nombre onze. *Sept et quatre font onze. Il a eu onze à sa version latine,* sa note est de onze. **2.** *LE ONZE, LA ONZE :* ce qui porte le numéro onze. *Ils habitent au onze de la rue Roussel. Nous sommes le onze :* c'est le onzième jour du mois. *Dans la course de chevaux, c'est le onze qui a gagné,* le cheval portant le numéro onze. *Le serveur apporte la note de la onze,* de la table, de la chambre onze.

***ONZIÈME** ['ɔ̃zjɛm] adj., n. m. et n. f.
I. adjectif (avant le nom) Qui a le numéro onze, qui vient immédiatement après le dixième. *Il habite au onzième étage. Dans la course, il a fini onzième. C'est le onzième jour d'attente.*
II. 1. *LE ONZIÈME :* partie d'un tout divisé en onze parts égales. *Il a dépensé les neuf onzièmes de sa fortune.* **2.** *LE ONZIÈME, LA ONZIÈME :* ce qui a le numéro onze. *Il est le onzième de sa classe. Elle est la onzième dans la file d'attente,* elle est entre la dixième et la douzième personne. *Ils habitent au onzième,* au onzième étage. *Son bureau est dans le onzième,* dans le onzième arrondissement de la ville.

> REM. *Onzième* s'emploie en composition (ex. : *soixante et onzième, cent onzième).*

OPALE [ɔpal] n. f. ▪ *UNE OPALE :* pierre semi-précieuse aux profonds reflets multicolores. *Sa mère a une bague ornée d'une opale.*

OPALINE [ɔpalin] n. f. ▪ *L'OPALINE :* substance blanche ou teintée qui ressemble à du verre. *Les roses sont dans un vase en opaline bleue.*

OPAQUE [ɔpak] adj. (après le nom) **1.** Qui ne laisse pas passer la lumière. *La petite fenêtre de la cave est en verre opaque.* ⟨contraires : translucide, transparent⟩ **2.** Qui ne se laisse pas comprendre. → **obscur.** *Vos explications nous semblent bien opaques.* ⟨contraire : clair⟩

OPÉRA [ɔpeʀa] n. m. **1.** *UN OPÉRA :* œuvre dramatique chantée, avec accompagnement d'orchestre (→ **opéra-comique).** *Mozart a composé de nombreux opéras. Elle est chanteuse d'opéra* (→ **cantatrice).** **2.** Bâtiment où l'on joue ces œuvres, où l'on présente des ballets. *Demain soir, nous irons à l'Opéra.* **3.** *L'OPÉRA :* genre musical commun aux opéras. *Je n'aime pas l'opéra.*

> REM. Ce mot s'écrit avec un *o* majuscule lorsqu'il désigne le bâtiment.

OPÉRABLE [ɔpeʀabl] adj. (après le nom) ▪ Qui peut être opéré. *Ce malade est opérable. Elle est trop fatiguée, elle n'est pas opérable.*

OPÉRA-COMIQUE [ɔpeʀakɔmik] n. m. ▪ *UN OPÉRA-COMIQUE :* opéra dans lequel certains passages sont parlés. *Elle aime l'opéra-comique. Il compose un opéra-comique.* PLURIEL : *des OPÉRAS-COMIQUES.*

> REM. *Comique* n'a pas ici le sens de «drôle, amusant» mais le sens ancien, issu du latin, de «relatif au théâtre».

OPÉRATEUR [ɔpeʀatœʀ] n. m., **OPÉRATRICE** [ɔpeʀatʀis] n. f. ▪ *UN OPÉRATEUR, UNE OPÉRATRICE :* spécialiste qui fait fonctionner un appareil. *Lorsque le téléphone n'est pas automatique, on demande son numéro à l'opératrice.* → **standardiste.** *Il est OPÉRATEUR (DE PRISES DE VUES) :* il est caméraman. → **cadreur.** *Elle est opératrice.*

OPÉRATION [ɔpeʀasjɔ̃] n. f. ▪ *UNE OPÉRATION* **1.** Calcul qui, à partir d'éléments connus, permet de trouver un nouvel élément. *L'addition, la soustraction, la multiplication et la division sont les QUATRE opérations. Ton opération est fausse.* **2.** Acte ou suite d'actes à accomplir pour obtenir un résultat. *Plusieurs opérations sont nécessaires pour fabriquer un meuble en bois à partir d'un arbre. Dans la construction d'une voiture, presque toutes les opérations sont faites par des machines.* → **travail.** **3.** Ensemble d'actions militaires. *Le général décide des opérations pour gagner la bataille. – Une opération de police a eu lieu dans le quartier.* **4.** Affaire commerciale, financière. → **spéculation.** *La vente de cet immeuble a rapporté beaucoup d'argent, c'est une bonne opération.* **5.** *UNE OPÉRATION (CHIRURGICALE) :* action d'ouvrir une partie du corps pour enlever ce qui est malade ou pour soigner. → **intervention.** *Le malade a subi une opération. Le chirurgien est en SALLE D'OPÉRATION.*

OPÉRATIONNEL [ɔpeʀasjɔnɛl], **OPÉRATIONNELLE** [ɔpeʀasjɔnɛl] adj. (après le nom) ▪ Qui fonctionne correctement, qui peut être mis en service. *Le nouvel hôpital sera opérationnel dans un mois. Cet avion n'est pas encore opérationnel.*

OPÉRER [ɔpeʀe] verbe [conjugaison 6a] **1.** Produire un effet. *Le malade se sent mieux, le médicament commence à opérer.* → **agir.** **2.** Faire. *La voiture opère un demi-tour.* → **accomplir, exécuter.** **3.** Ouvrir une partie du corps pour soigner ou modifier. *Elle a été opérée de l'appendicite. Elle s'est fait opérer d'un cancer. S'il* *le faut, le chirurgien opérera* [ɔpɛʀʀa] *d'urgence.* → **intervenir.** *Il faut opérer.* → **ouvrir.** - *Nous avons fait opérer notre chat :* nous avons fait stériliser notre chat.

OPÉRETTE [ɔpeʀɛt] n. f. ▪ *UNE OPÉRETTE :* pièce de théâtre gaie, chantée, parlée et accompagnée de musique. *Offenbach est l'auteur de nombreuses opérettes.*

OPHTALMOLOGUE [ɔftalmɔlɔg] n. m., n. f. ▪ *UN OPHTALMOLOGUE, UNE OPHTALMOLOGUE :* médecin spécialiste des yeux. → **oculiste.** *J'ai consulté un ophtalmologue. L'ophtalmologue pense que j'ai besoin de lunettes.* - *OPHTALMO* [ɔftalmo] forme abrégée familière *J'ai rendez-vous chez l'ophtalmo. Elle a consulté deux ophtalmos.*

REM. L'*ophtalmologue* soigne les yeux en général, l'*oculiste* soigne la vue.

OPINEL [ɔpinɛl] n. m. nom déposé ▪ *UN OPINEL :* couteau pliant à manche de bois. *À la campagne, il a toujours son opinel dans sa poche.*

OPINIÂTRE [ɔpinjɑtʀ] adj. (après le nom) ▪ Obstiné, acharné. *Ils ont réussi grâce à un travail opiniâtre.* - *C'est un homme opiniâtre,* un homme tenace, qui ne cède pas. → **persévérant.**

OPINIÂTRETÉ [ɔpinjɑtʀəte] n. f. ▪ *L'OPINIÂTRETÉ :* l'obstination. *Les sauveteurs recherchent des survivants avec opiniâtreté.* → **acharnement, persévérance, ténacité.** *Il travaille avec une opiniâtreté désarmante.*

OPINION [ɔpinjɔ̃] n. f. ▪ *UNE OPINION* **1.** Manière de penser. → **avis, idée, jugement.** *Quelle est votre opinion sur le racisme ? Faites comme vous voulez, je n'ai pas d'opinion. Mon opinion est faite :* je sais ce que je dois penser. *Il a changé d'opinion. Nous n'avons pas la même opinion. Puis-je donner mon opinion ?* puis-je dire ce que je pense ? *Il faut défendre la liberté d'opinion.* - *Quelles sont ses opinions politiques ?* **2.** *AVOIR UNE BONNE OPINION, UNE MAUVAISE OPINION DE qqn :* penser du bien, du mal de qqn. *Elle a une très bonne opinion de vous :* elle vous apprécie. **3.** *L'OPINION :* l'ensemble des idées de la majorité des gens. *Cet homme politique brave l'opinion,* il n'a pas peur d'avoir des idées différentes. *L'OPINION PUBLIQUE a été alertée par les médias. L'opinion est partagée, il n'y a pas de consensus.*

OPIOMANE [ɔpjɔman] n. m., n. f. ▪ *UN OPIOMANE, UNE OPIOMANE :* une personne qui fume ou mange de l'opium. *On soigne les opiomanes en cure de désintoxication.*

OPIUM [ɔpjɔm] n. m. ▪ *L'OPIUM :* drogue qui est extraite du pavot. *Certains toxicomanes fument de l'opium. L'opium est utilisé en médecine pour soulager les personnes qui souffrent* (→ **morphine).**

OPPORTUN [ɔpɔʀtɛ̃], **OPPORTUNE** [ɔpɔʀtyn] adj. (après le nom) ▪ Qui convient. *Quand elle s'est mise en colère, j'ai trouvé opportun de partir.* ⟨contraire : inopportun⟩ *La police est arrivée au MOMENT OPPORTUN, quand la bagarre a commencé,* la police est arrivée au bon moment.

OPPORTUNÉMENT [ɔpɔʀtynemɑ̃] adverbe ▪ STYLE RECHERCHÉ Au bon moment. *Il est arrivé opportunément pour m'aider à porter les valises.*

OPPORTUNISTE [ɔpɔʀtynist] n. m., n. f. ▪ *UN OPPORTUNISTE, UNE OPPORTUNISTE :* une personne qui règle sa conduite selon les circonstances et selon son intérêt. *Un opportuniste est capable de faire alliance avec ses adversaires quand il en a besoin.*

OPPORTUNITÉ [ɔpɔʀtynite] n. f. ▪ *UNE OPPORTUNITÉ :* circonstance qui convient à ce qu'on veut faire. *Elle rentre en voiture : je vais profiter de cette opportunité et partir avec elle.* → **occasion.** *Elle s'interroge sur l'opportunité de cette réclamation :* elle se demande s'il faut faire cette réclamation. → **nécessité.**

REM. Il ne faut pas employer *opportunité* pour *occasion* (quelconque).

OPPOSANT [ɔpozɑ̃] n. m., **OPPOSANTE** [ɔpozɑ̃t] n. f. ▪ *UN OPPOSANT, UNE OPPOSANTE :* une personne qui n'est pas d'accord avec un gouvernement. *Les opposants au régime militaire se réunissent en secret.* → **adversaire.**

OPPOSÉ [ɔpoze] adj. et n. m., **OPPOSÉE** [ɔpoze] adj.
I. adjectif (après le nom) **1.** Qui est de l'autre côté, qui est en face de qqch. *La fenêtre de la chambre est OPPOSÉE À la porte. Le nord est opposé au sud,* il est orienté dans le sens contraire. - *Nous sommes partis dans des DIRECTIONS OPPOSÉES,* dans des directions contraires, l'un dans un sens, l'autre en sens inverse. - *« Propriétaire » et « locataire » sont deux mots de sens opposé.* → **contraire. 2.** Très différent. *Les deux frères ont des caractères opposés.* ⟨contraires : identique, semblable⟩ **3.** Hostile à, ennemi de (qqch.). *Elle est opposée à tout changement.* ⟨contraire : favorable⟩
II. 1. *L'OPPOSÉ :* le contraire. *Elle est tout l'opposé de sa sœur. Souvent, tu dis une chose et puis tu FAIS L'OPPOSÉ,* tu fais le contraire de ce que tu as dit. **2.** *À L'OPPOSÉ :* de l'autre côté. *La gare est à gauche de la place et l'hôtel est à l'opposé,* l'hôtel est en face. *J'ai pris la route à l'opposé,* dans le mauvais sens.

OPPOSER [ɔpoze] verbe [conjugaison 1a]
I. 1. Mettre face à face dans un combat, dans une compétition. *Le match oppose une équipe française et une équipe allemande* ou *OPPOSE une équipe française À une équipe allemande.* - *Des problèmes d'argent les opposent.* → **diviser. 2.** Présenter (un obstacle). *À nos cris, elle a opposé le silence.* **3.** Comparer (deux choses très différentes). *On oppose souvent le caractère des chats et le caractère des chiens.*
II. verbe pronominal S'OPPOSER **1.** *S'OPPOSER À (qqch.) :* empêcher, interdire. ⟨contraire : accorder⟩ *Ses parents s'opposent à son mariage. Elle s'est opposée à mon projet. Je m'y oppose absolument !* **2.** *S'OPPOSER À qqn :* montrer qu'on n'est pas d'accord avec qqn. *Ils s'oppose à ses parents.* - *Pendant la réunion, ils se sont violemment opposés,* ils ont exprimé des opinions contraires. **3.** Contraster, être très différent. *Nous nous disputons souvent car nos deux caractères s'opposent.* ⟨contraire : se ressembler⟩

OPPOSITION [ɔpozisjɔ̃] n. f.
I. *UNE OPPOSITION* **1.** Effet produit par des éléments très différents. *Elle aime les oppositions de couleurs.* → **contraste.** ⟨contraire : harmonie⟩ **2.** Grande différence. *Il y a une opposition entre tes idées et tes actes.* ⟨contraires : conformité, correspondance⟩
II. *L'OPPOSITION* **1.** *ÊTRE EN OPPOSITION :* être en désaccord, en conflit. *Cet enfant est en opposition avec ses parents. Ils sont en opposition.* ⟨contraire : accord⟩ **2.** (qqn) *FAIRE DE L'OPPOSITION :* faire obstacle en résistant. *Elle fait de l'opposition systématique :* elle n'est jamais d'accord. - *FAIRE OPPOSITION à un chèque :* empêcher légalement qu'un chèque soit débité de son compte. *J'ai fait opposition à un chèque perdu.* **3.** *L'OPPOSITION :* les personnes qui ne sont pas d'accord avec la politique du gouvernement (→ **opposant).** *L'opposition refuse de voter cette nouvelle loi.*

OPPRESSANT [ɔpʀesɑ̃], **OPPRESSANTE** [ɔpʀesɑ̃t] adj. (après le nom) ▪ Qui gêne la respiration. → **étouffant.** *Il fait une chaleur oppressante.* → **écrasant, suffocant.**

OPPRESSÉ [ɔprese], **OPPRESSÉE** [ɔprese] adj. (après le nom) ▪ Gêné dans sa respiration. *Elle est très inquiète et se sent oppressée.*

REM. Ne pas confondre *oppressé* (physique) et *opprimé* (moral).

OPPRESSER [ɔprese] verbe [conjugaison 1a] ▪ Gêner (qqn) dans sa respiration. *La chaleur m'oppresse.*

OPPRESSEUR [ɔpresœr] n. m. ▪ *UN OPPRESSEUR :* une personne qui opprime, qui exerce une autorité trop grande et injuste, par la violence. *Le peuple se révolte contre l'oppresseur.* → **tyran.**

OPPRESSION [ɔpresjɔ̃] n. f. **1.** *L'OPPRESSION :* autorité excessive, injuste et violente. → **tyrannie.** *Le peuple résiste à l'oppression.* **2.** *UNE OPPRESSION :* impression d'avoir un poids sur la poitrine, qui gêne la respiration. *Il ressent une oppression dans la poitrine. Elle est très angoissée, avec une SENSATION D'OPPRESSION.*

OPPRIMÉ [ɔprime] adj. et n. m., **OPPRIMÉE** [ɔprime] adj. et n. f. **1.** adjectif (après le nom) Qui subit une autorité excessive et injuste. ‹contraire : libre› *Ce peuple opprimé souffre.* **2.** *UN OPPRIMÉ, UNE OPPRIMÉE :* une personne victime d'un oppresseur. *Les opprimés se révoltent.*

OPPRIMER [ɔprime] verbe [conjugaison 1a] ▪ Écraser sous le poids d'une autorité trop grande et injuste. *Ce tyran opprime son peuple.* → **tyranniser.** ‹contraire : libérer›

OPTER [ɔpte] verbe [conjugaison 1a] ▪ *OPTER POUR :* choisir. *Il a opté pour la nationalité italienne.*

OPTICIEN [ɔptisjɛ̃] n. m., **OPTICIENNE** [ɔptisjɛn] n. f. ▪ *UN OPTICIEN, UNE OPTICIENNE :* une personne qui fabrique et qui vend des instruments d'optique. *J'ai rendez-vous chez un opticien. Chez l'opticien, on peut acheter des lunettes, des verres de contact, des loupes, des microscopes, des jumelles.*

REM. Le médecin spécialiste de la vue est l'*oculiste* ou l'*ophtalmologue.*

OPTIMAL [ɔptimal], **OPTIMALE** [ɔptimal] adj. (après le nom) ▪ STYLE RECHERCHÉ Qui est le meilleur possible. → **idéal, parfait.** *Ce travail difficile doit être fait dans des conditions optimales.* MASCULIN PLURIEL : *des résultats OPTIMAUX* [ɔptimo].

OPTIMISME [ɔptimism] n. m. ▪ *L'OPTIMISME :* état d'esprit d'une personne qui pense toujours que tout ira bien, qui est confiante. *Elle envisage l'avenir avec optimisme.* ‹contraire : pessimisme› *J'aimerais partager votre merveilleux optimisme.*

OPTIMISTE [ɔptimist] adj., n. m. et n. f. **1.** adjectif (après le nom) Qui pense toujours que tout ira bien, qui est heureux et confiant. ‹contraire : pessimiste› *Malgré les difficultés, elle est optimiste. C'est une femme optimiste.* – *Le médecin qui a examiné le malade n'est pas très optimiste,* il pense que le malade ne guérira peut-être pas. **2.** *UN OPTIMISTE, UNE OPTIMISTE :* une personne confiante, qui voit tout en rose. *C'est un optimiste.*

OPTION [ɔpsjɔ̃] n. f. ▪ *UNE OPTION* **1.** Choix. *Dans le programme scolaire, le latin est une matière à option,* c'est une matière que l'on choisit si l'on veut (→ **facultatif**). **2.** Équipement supplémentaire, que l'on paye en plus de l'objet principal. *J'ai acheté une voiture avec la climatisation en option.*

OPTIQUE [ɔptik] adj. et n. f.
I. adjectif (après le nom) De l'œil, de la vision. *Le NERF OPTIQUE relie l'œil au cerveau.*
II. 1. *L'OPTIQUE :* la science qui étudie la lumière et la vision. *Les lunettes, les loupes, les microscopes sont des INSTRUMENTS D'OPTIQUE.* **2.** *UNE OPTIQUE :* manière de considérer les choses. → **point de vue.** *Au sujet de la pollution, mon optique est différente de la vôtre. Pour être bien compris, les professeurs se placent DANS L'OPTIQUE des enfants. VU SOUS CETTE OPTIQUE, le problème est différent.* → **aspect.**

OPULENCE [ɔpylɑ̃s] n. f. ▪ *L'OPULENCE :* grande richesse. *Les milliardaires vivent dans le luxe et l'opulence.* ‹contraires : misère, pauvreté› *Il vit dans une opulence outrancière.*

OPULENT [ɔpylɑ̃], **OPULENTE** [ɔpylɑ̃t] adj. (après le nom) **1.** Très riche. *Il est né dans une famille opulente.* **2.** *Une POITRINE OPULENTE :* une grosse poitrine. → **plantureux.** *Elle a une poitrine opulente.*

OPUS [ɔpys] n. m. ▪ *UN OPUS :* indication suivie d'un numéro qui désigne une œuvre musicale particulière dans l'œuvre complète d'un compositeur. *Vous venez d'entendre la « Fantaisie en ut majeur, opus 15 » de Schubert.*

① **OR** [ɔr] n. m. ▪ *L'OR* **1.** Métal précieux, jaune et brillant. *C'est de l'or pur. Il est chercheur d'or. Il a trouvé de l'or dans une rivière* (→ **pépite**). *Il a découvert une mine d'or. Elle a une bague EN OR. Dans son coffre, il a des LINGOTS D'OR.* **2.** Monnaie métallique faite avec ce métal. *Le cours de l'or est en hausse.* **3.** *À PRIX D'OR :* très cher. *Elle a acheté un vase chinois à prix d'or.* – *Ils ROULENT SUR L'OR :* ils sont très riches. – *Achète cette voiture, C'EST UNE AFFAIRE EN OR,* c'est une très bonne affaire, très avantageuse. – *Je ne sauterai pas en parachute POUR TOUT L'OR DU MONDE,* je ne le ferai pas, même si on me donne beaucoup d'argent. – *Cette femme A UN CŒUR D'OR,* elle est gentille et généreuse. – *Nous avons un ami EN OR,* un ami parfait, très précieux. **4.** Ce qui est jaune comme de l'or. *Le cœur des marguerites est JAUNE D'OR. Elle a des cheveux d'or,* d'un blond doré (→ **doré**). **5.** Symbole de richesse, source de richesse. *L'OR NOIR, c'est le pétrole. L'OR BLANC, c'est la neige des sports d'hiver. L'OR VERT, ce sont les forêts.*

REM. La préposition *hors* se prononce de la même façon.

② **OR** [ɔr] conjonction ▪ Introduit un élément nouveau dans une phrase, souvent contraire à ce qui précède. *Il se dit innocent, or toutes les preuves sont contre lui.*

REM. Voir aussi d'**ores et déjà.**

ORACLE [ɔrakl] n. m. ▪ *UN ORACLE :* réponse que donnaient les dieux, dans l'Antiquité, à ceux qui venaient les interroger. *Les oracles étaient interprétés par les prêtres ou les devins.*

ORAGE [ɔraʒ] n. m. ▪ *UN ORAGE :* trouble violent dans l'atmosphère, qui se manifeste par des éclairs, du tonnerre, du vent et souvent de la pluie. *Le ciel est sombre, le vent souffle, un orage va éclater. Le TEMPS EST À L'ORAGE. L'orage menace. L'orage gronde.* – (figuré) *Il Y A DE L'ORAGE DANS L'AIR :* les gens sont prêts à se disputer.

ORAGEUX [ɔraʒø], **ORAGEUSE** [ɔraʒøz] adj. (après le nom) **1.** Qui annonce l'orage. *Le temps est orageux. Le ciel se couvre de nuages orageux.* **2.** Tumultueux. *Ils ont eu une DISCUSSION ORAGEUSE,* une discussion violente et agitée. *La réunion a été orageuse.*

ORAL [ɔral] adj. et n. m., **ORALE** [ɔral] adj.
I. adjectif (après le nom) **1.** Qui se fait par la parole et non par écrit. *Dans cet examen, il y a des épreuves orales et des épreuves écrites.* MASCULIN PLURIEL : *des examens ORAUX* [ɔro]. *Le directeur m'a fait une promesse orale.* → **verbal. 2.** Relatif à la bouche. *Ce médicament est à prendre PAR VOIE ORALE,* par la bouche. → **buccal.**

II. *L'ORAL :* l'ensemble des épreuves orales d'un examen. *J'ai réussi à l'écrit, mais j'ai échoué à l'oral. - Le résultat des oraux sera donné dans une heure.*

REM. *Langue parlée* est courant, *langue orale* est technique (linguistique).

ORALEMENT [ɔʀalmɑ̃] adverbe ■ Par la parole. *Cette promesse a été faite oralement et non par écrit. Les élèves ont répondu oralement. De nombreux récits sont transmis oralement.*

ORANGE [ɔʀɑ̃ʒ] n. f. et adj. invariable **1.** *UNE ORANGE :* fruit rond, d'un jaune un peu rouge. *Les oranges sont des agrumes. Donnez-moi un kilo d'oranges, s'il vous plaît. - JUS D'ORANGE,* boisson faite d'oranges pressées ou de concentré d'orange. *Veux-tu boire un jus d'orange ? UNE ORANGE PRESSÉE,* un jus d'orange naturel. *J'ai demandé une boisson à l'orange* (→ **orangeade**). **2.** adjectif invariable (après le nom) D'une couleur semblable à celle de l'orange. → **orangé.** *Elle a un anorak orange.* PLURIEL : *j'ai perdu mes gants orange.*

REM. Ne pas confondre *orangeade, jus d'orange* et *orange pressée.*

ORANGÉ [ɔʀɑ̃ʒe], **ORANGÉE** [ɔʀɑ̃ʒe] adj. (après le nom) ■ D'une couleur proche de l'orange. *Elle a une robe dans les tons orangés. Ce jaune orangé est très décoratif.*

ORANGEADE [ɔʀɑ̃ʒad] n. f. ■ *L'ORANGEADE :* boisson faite de sucre et d'eau, parfumée à l'orange, et souvent gazeuse. *Achète de l'orangeade pour les enfants.*

ORANGER [ɔʀɑ̃ʒe] n. m. ■ *UN ORANGER :* arbre fruitier qui donne les oranges. *Les orangers poussent dans les régions chaudes.*

ORANGERAIE [ɔʀɑ̃ʒʀɛ] n. f. ■ *UNE ORANGERAIE :* plantation d'orangers. *Il y a beaucoup d'orangeraies au Maroc.*

ORANG-OUTAN [ɔʀɑ̃utɑ̃] n. m. ■ *UN ORANG-OUTAN :* grand singe d'Asie, à longs poils brun roux et aux bras très longs. *L'orang-outan vit dans les arbres.* PLURIEL : *des ORANGS-OUTANS.*

ORATEUR [ɔʀatœʀ] n. m., **ORATRICE** [ɔʀatʀis] n. f. ■ *UN ORATEUR, UNE ORATRICE :* une personne qui prononce un discours. → **conférencier.** *N'interrompez pas l'orateur ! - C'est une bonne oratrice :* elle parle bien en public. *Il a des talents d'orateur.*

ORBITE [ɔʀbit] n. f. ■ *UNE ORBITE* **1.** Chacun des deux trous du crâne dans lesquels se trouvent les yeux. *Il a les yeux très enfoncés dans les orbites.* **2.** Trajet courbe que décrit un astre ou un satellite autour d'un autre astre. *La Terre parcourt son orbite autour du Soleil. Le satellite est MIS EN ORBITE,* il décrit la courbe prévue.

ORCHESTRE [ɔʀkɛstʀ] n. m. **1.** *UN ORCHESTRE :* groupe de musiciens jouant d'instruments différents et qui exécutent ensemble de la musique. *Il joue du violon dans un orchestre symphonique. L'orchestre est dirigé par le CHEF D'ORCHESTRE. Nous écoutons un concerto pour violon et orchestre. Il fait partie d'un orchestre de jazz.* **2.** *L'ORCHESTRE :* rez-de-chaussée d'une salle de spectacle (opposé à balcon, corbeille). *J'ai réservé deux fauteuils d'orchestre.*

ORCHESTRER [ɔʀkɛstʀe] verbe [conjugaison 1a] **1.** Adapter (une œuvre musicale) pour l'orchestre. *Le compositeur a orchestré cette chanson.* **2.** Organiser (une action) de manière à donner le maximum de retentissement. *Le candidat à l'élection a bien orchestré sa campagne de presse.*

ORCHIDÉE [ɔʀkide] n. f. ■ *UNE ORCHIDÉE :* plante des pays chauds qui donne des fleurs très recherchées pour l'originalité de leur forme et de leurs couleurs. *Il y a de très nombreuses espèces d'orchidées.*

ORDINAIRE [ɔʀdinɛʀ] adj. et n. m.
I. adjectif (après le nom) **1.** Habituel. *Avec sa maladresse ordinaire, il m'a marché sur les pieds.* → **coutumier.** ⟨contraires : exceptionnel, extraordinaire⟩ - STYLE FAMILIER *Ça alors, c'est PAS ORDINAIRE,* c'est étonnant, c'est remarquable. **2.** De la qualité la plus courante, qui n'a aucun caractère spécial. *Nous avons bu du vin ordinaire. C'est le modèle ordinaire* (opposé à de luxe). → **banal,** ① **courant.** *J'écris sur du papier ordinaire.* **3.** (qqn) Dont la qualité, la valeur ne dépasse pas la moyenne courante. *C'est une fille très ordinaire.* → **quelconque.** ⟨contraires : distingué, remarquable⟩
II. nom masculin **1.** *L'ORDINAIRE :* ce qui est habituel, ce qui n'a rien d'exceptionnel. *Cette robe n'est pas commune, elle SORT DE L'ORDINAIRE.* **2.** (adverbe) *D'ORDINAIRE :* généralement, le plus souvent. *D'ordinaire, il se lève tôt :* habituellement, il se lève tôt. *Il est d'ordinaire plus aimable. Il a été plus aimable qu'À L'ORDINAIRE,* que d'habitude.

FAUX AMIS
polonais **ordynarny** «vulgaire» ; roumain **ordinar** «abject, ignoble»

ORDINAIREMENT [ɔʀdinɛʀmɑ̃] adverbe ■ D'une manière habituelle. → **habituellement.** *Les meubles sont ordinairement en bois. Ordinairement, elle vient le matin,* d'habitude. → **généralement.** ⟨contraire : exceptionnellement⟩

ORDINAL [ɔʀdinal], **ORDINALE** [ɔʀdinal] adj. (après le nom) ■ *ADJECTIF ORDINAL :* adjectif qui indique le rang, l'ordre d'une chose ou d'une personne dans un ensemble. *«Deuxième» est un adjectif ordinal.* ⟨contraire : ② cardinal⟩ MASCULIN PLURIEL : *des adjectifs ORDINAUX* [ɔʀdino].

ORDINATEUR [ɔʀdinatœʀ] n. m. ■ *UN ORDINATEUR :* machine électronique qui exécute à grande vitesse les instructions d'un programme (→ **informatique**). *Il travaille sur ordinateur. Elle met une disquette dans son ordinateur. Je dois racheter une souris pour mon ordinateur. L'écran de son ordinateur est poussiéreux.*

ORDINATION [ɔʀdinasjɔ̃] n. f. ■ *UNE ORDINATION :* cérémonie catholique au cours de laquelle un homme devient prêtre (→ ① **ordonner**). *Elle a assisté à l'ordination de son frère.*

① **ORDONNANCE** [ɔʀdɔnɑ̃s] n. f. ■ STYLE RECHERCHÉ *L'ORDONNANCE :* façon dont les choses sont disposées, arrangées. → **arrangement.** *L'ordonnance de l'appartement est très pratique,* la façon dont les pièces sont disposées. → **disposition.**

② **ORDONNANCE** [ɔʀdɔnɑ̃s] n. f. ■ *UNE ORDONNANCE* **1.** Papier sur lequel un médecin inscrit les médicaments qu'il prescrit (→ ② **ordonner**). *Le médecin est en train de faire une ordonnance. Ce médicament est délivré uniquement SUR ORDONNANCE. Le pharmacien lit l'ordonnance.* **2.** Texte législatif. *La dernière ordonnance ministérielle concerne la sécurité publique.*

③ **ORDONNANCE** [ɔʀdɔnɑ̃s] n. f. ■ Domestique, messager dans l'armée d'autrefois.

FAUX AMI
espagnol **ordenanza** «employé de bureau»

ORDONNÉ [ɔʀdɔne], **ORDONNÉE** [ɔʀdɔne] adj. (après le nom) **1.** (lieu) Bien rangé. *Ils habitent une maison bien ordonnée.* **2.** (qqn) Qui a de l'ordre. *C'est une petite fille ordonnée,* qui range ses affaires. ⟨contraire : désordonné⟩

ORDONNÉE [ɔʀdɔne] n. f. ■ *UNE ORDONNÉE :* en mathématiques, Coordonnée verticale qui sert, avec l'abscisse, d'élément de repère pour définir la position d'un point dans un plan (→ **coordonnées**). *Calculez l'abscisse et l'ordonnée du point A.*

① **ORDONNER** [ɔʀdɔne] verbe [conjugaison 1a] **1.** Mettre dans un certain ordre. → ① **ordre.** *J'ordonne les souvenirs dans ma mémoire.* **2.** *ORDONNER UN PRÊTRE :* le faire devenir prêtre **(→ ordination).** *Son fils a été ordonné prêtre.*

② **ORDONNER** [ɔʀdɔne] verbe [conjugaison 1a] ▪ Donner un ordre, des ordres à (qqn). → ② **ordre.** *Il ORDONNE À son fils DE se taire.* → **commander, imposer.** *J'ai ordonné qu'on ne me dérange pas.* – *Le médecin m'a ordonné des antibiotiques.* → **prescrire.**

FAUX AMI
italien **ordinare** « commander (un produit) »

① **ORDRE** [ɔʀdʀ] n. m. ▪ *UN ORDRE* **1.** Disposition, succession régulière. *Les mots d'un dictionnaire sont rangés dans l'ordre alphabétique.* → **classement.** *Dans le programme, le nom des comédiens est mis par ordre d'apparition en scène. Le président de séance annonce l'ORDRE DU JOUR,* les sujets qui doivent être abordés au cours de la séance. – *Tout le monde meurt un jour, c'est DANS L'ORDRE DES CHOSES,* c'est normal, c'est inévitable. **2.** Aspect organisé. *Un ordre reposant règne dans la maison. J'ai mis de l'ordre dans l'appartement,* je l'ai rangé. (contraire : désordre) *Tout est EN ORDRE :* tout est bien rangé. **3.** Qualité d'une personne qui range les choses à leur place et sait les retrouver. *Il a de l'ordre :* il est ordonné. **4.** Organisation de la société. *On ne doit pas troubler l'ORDRE PUBLIC,* la sécurité publique et le bon fonctionnement des services publics. *La police assure le MAINTIEN DE L'ORDRE. Les manifestants ont leur SERVICE D'ORDRE,* des personnes qui sont chargées de maintenir l'ordre. **5.** Catégorie. *Le prix de cette voiture est DE L'ORDRE DE cent mille francs,* il est d'environ cent mille francs. *Pour te donner un ORDRE DE GRANDEUR, leur maison a coûté trois fois plus que la mienne,* pour te donner une valeur approximative. **6.** Groupe de personnes qui doivent respecter des règles professionnelles. *Les médecins appartiennent à l'ordre des médecins, les avocats à l'ordre des avocats.* **7.** Communauté religieuse. *À quel ordre appartient ce moine ?* – *ENTRER DANS LES ORDRES :* devenir prêtre, moine ou religieuse **(→ ordination,** ① **ordonner).**

② **ORDRE** [ɔʀdʀ] n. m. ▪ *UN ORDRE* **1.** Demande par laquelle on manifeste son autorité. *La police a donné l'ordre aux gens de se disperser.* → **imposer.** *Elle lui DONNÉ ORDRE DE n'ouvrir à personne. Venez tout de suite : c'est un ordre !* → **impératif.** *Le soldat obéit aux ordres de ses supérieurs.* → **commandement, consigne.** *Je n'ai d'ordres à recevoir de personne. Il est SOUS LES ORDRES de son chef de service. Elle a trente personnes SOUS SES ORDRES :* elle dirige trente personnes. *Restez là JUSQU'À NOUVEL ORDRE,* pour le moment, jusqu'à ce qu'un fait nouveau vienne changer la situation. **2.** *À L'ORDRE DE qqn,* à son nom. *Faites le chèque à l'ordre de Monsieur X.* **3.** *Un MOT D'ORDRE :* consigne commune aux membres d'un groupe. *Le mot d'ordre est : continuez la grève !*

FAUX AMI
russe **ордер** « mandat d'arrêt »

ORDURE [ɔʀdyʀ] n. f. **1.** (au pluriel) LES ORDURES : les déchets dont on se débarrasse. → **détritus, immondices.** *Les éboueurs ramassent les ORDURES MÉNAGÈRES. Où est la BOÎTE À ORDURES ?* **(→ poubelle).** *Jette-moi ça aux ordures !* **2.** STYLE TRÈS FAMILIER (terme d'injure) *UNE ORDURE :* personne méprisable. *Espèce d'ordure !* → STYLE TRÈS FAMILIER **fumier, salaud.** *Quelle ordure ce mec !*

ORDURIER [ɔʀdyʀje], **ORDURIÈRE** [ɔʀdyʀjɛʀ] adj. (après le nom) ▪ Très grossier. *Il a tenu des propos orduriers.* → **obscène.**

ORÉE [ɔʀe] n. f. ▪ STYLE RECHERCHÉ *L'ORÉE DU BOIS :* la bordure du bois. → **lisière.** *Notre maison est à l'orée du bois,* à l'entrée du bois.

OREILLE [ɔʀɛj] n. f. ▪ *UNE OREILLE* **1.** Chacun des deux organes qui constituent l'appareil auditif, grâce auxquels on entend **(→ ouïe).** *J'ai mal à l'oreille droite, j'ai peut-être une otite. Elle a des bourdonnements d'oreilles. Viens me dire ton secret À L'OREILLE,* en parlant tout doucement pour que je sois seul à entendre. *Je lui ai dit DANS LE CREUX DE L'OREILLE,* de telle sorte qu'il soit seul à entendre. – *Je PRÊTE L'OREILLE :* j'essaie d'écouter. *Je lui ai PRÊTÉ UNE OREILLE ATTENTIVE :* je l'ai écouté attentivement. *Il m'a écouté D'UNE OREILLE DISTRAITE,* pas attentivement. *Il NE L'ENTEND PAS DE CETTE OREILLE :* il n'est pas d'accord. *Je n'en crois pas mes oreilles :* je ne le crois pas. *Il fait LA SOURDE OREILLE :* il fait semblant de ne pas entendre, d'ignorer ce qu'on lui dit. *Tu nous CASSES LES OREILLES :* tu fais trop de bruit. **2.** Sens de l'ouïe. *Il est DUR D'OREILLE :* il n'entend pas bien. *J'ai L'OREILLE FINE :* j'entends très bien. **3.** Chacune des parties visibles de ces deux organes. *Ma fille a les OREILLES DÉCOLLÉES. Les lapins ont de grandes oreilles. Mon fils s'est fait percer le LOBE DE L'OREILLE. Elle a des BOUCLES D'OREILLES. Elle était tellement honteuse qu'elle a ROUGI JUSQU'AUX OREILLES.* – *Il s'est fait TIRER L'OREILLE avant d'accepter,* il s'est fait prier. *Si tu n'obéis pas, on va te TIRER LES OREILLES,* on va te gronder. *Tu peux DORMIR SUR TES DEUX OREILLES :* tu n'as pas à t'inquiéter. **4.** *AVOIR DE L'OREILLE,* produire des sons justes, reconnaître les sons (musique). *Mes enfants ont beaucoup d'oreille.*

OREILLER [ɔʀeje] n. m. ▪ *UN OREILLER :* coussin rembourré sur lequel on pose la tête pour dormir. *Elle a des draps et une TAIE D'OREILLER assortis. Il dort avec un oreiller et un traversin.*

OREILLETTE [ɔʀɛjɛt] n. f. ▪ *UNE OREILLETTE* **1.** Chacune des deux cavités supérieures du cœur. *Le cœur est formé des deux oreillettes et de deux ventricules.* **2.** Petit récepteur qui s'adapte à l'oreille. *Le journaliste qui présente l'émission a une oreillette.*

OREILLONS [ɔʀɛjɔ̃] n. m. pluriel ▪ *LES OREILLONS :* maladie contagieuse due à un virus qui donne mal aux oreilles et fait enfler le cou. *Ma fille a les oreillons.*

D'**ORES ET DÉJÀ** [dɔʀzedeʒa] adverbe ▪ STYLE RECHERCHÉ Dès maintenant, dès aujourd'hui. *On n'a pas encore les résultats définitifs des élections, mais on peut d'ores et déjà penser que l'opposition va gagner.*

ORFÈVRE [ɔʀfɛvʀ] n. m. ▪ *UN ORFÈVRE :* personne qui fabrique ou qui vend des objets en métal précieux. *J'ai acheté cette théière en argent chez un orfèvre.* – *Elle est ORFÈVRE EN LA MATIÈRE :* elle s'y connaît parfaitement.

ORGANE [ɔʀgan] n. m. ▪ *UN ORGANE* **1.** Partie du corps d'un être vivant qui a une fonction précise. *L'œil est l'organe de la vue. Le cœur est un organe que l'on peut greffer.* **2.** Publication qui exprime les opinions d'un groupe, d'un parti. *Ce journal est l'organe du parti socialiste.*

ORGANIQUE [ɔʀganik] adj. (après le nom) ▪ Qui provient d'un être vivant. *Le suc digestif est une substance organique. Le jardinier utilise des engrais organiques* (opposé à chimique).

ORGANISATEUR [ɔʀganizatœʀ] n. m., **ORGANISATRICE** [ɔʀganizatʀis] n. f. ▪ *UN ORGANISATEUR, UNE ORGANISATRICE :* personne qui prépare, qui organise. *Les organisateurs du spectacle ont été félicités.*

ORGANISATION [ɔʀganizasjɔ̃] n. f. **1.** *L'ORGANISATION :* action et manière d'organiser (qqch.). *L'organisation de cette réunion m'a pris du temps.* → **préparation.** *L'organisation de ce pique-nique est parfaite.* – *Sa secrétaire a l'ESPRIT D'ORGANISATION,* elle sait bien organiser. *Il y a une bonne organisation dans le* *service.* ⟨contraire : désordre⟩ *Quel manque d'organisation !* **2.** *UNE ORGANISATION :* association, groupe de personnes qui travaillent ensemble dans un but commun. *Il est bénévole dans une organisation humanitaire.* → **organisme.** *Ce pays est membre de l'Organisation des Nations unies* **(→ ONU).**

ORGANISÉ [ɔʀganize], **ORGANISÉE** [ɔʀganize] adj. (après le nom) **1.** (qqn) Qui sait aménager son temps, qui organise bien sa vie ou son travail. *C'est une femme organisée. Il me faut une secrétaire très organisée :* ordonnée, soigneuse, ponctuelle. **2.** (qqch.) Qui se déroule suivant un ordre et des méthodes déterminés. *Ils ont visité le Japon en VOYAGE ORGANISÉ,* ils ont fait un voyage où tout avait été arrangé à l'avance par un professionnel. *Les voyages organisés se font souvent en groupes pour qu'ils soient moins chers.*

ORGANISER [ɔʀganize] verbe [conjugaison 1a]
I. 1. Préparer (une action) selon un plan précis pour qu'elle se déroule le mieux possible, mettre sur pied. *Elle a organisé une fête pour son anniversaire.* **2.** Aménager (son temps) selon sa façon de vivre et de penser. *Il organise sa vie comme il veut.* **3.** Donner une structure, un mode de fonctionnement à (qqch.). *Les chefs ont organisé la résistance.* → **coordonner, orchestrer.**
II. verbe pronominal S'ORGANISER : (qqn) organiser ses activités. *Elle s'est bien organisée et ne perd pas de temps.*

ORGANISME [ɔʀganism] n. m.
I. *L'ORGANISME :* le corps humain. *Le manque de sommeil diminue la résistance de l'organisme.*
II. *UN ORGANISME* **1.** Être vivant. *Les plantes sont des organismes. Certains organismes ne sont visibles qu'au microscope* **(→ micro-organisme). 2.** Ensemble des services et des bureaux où des personnes travaillent dans un but commun. *Il s'est adressé à un organisme de crédit pour faire un emprunt.*

ORGANISTE [ɔʀganist] n. m., n. f. ▪ *UN ORGANISTE, UNE ORGANISTE :* personne qui joue de l'orgue. *Elle est organiste dans l'église de notre village.*

ORGASME [ɔʀgasm] n. m. ▪ *UN ORGASME :* moment le plus fort du plaisir sexuel **(→ jouir).** *Elle a eu un orgasme.*

ORGE [ɔʀʒ] n. f. ▪ *L'ORGE :* plante qui porte un épi entouré de longs poils. *L'orge est semée. L'orge est une céréale qui sert à fabriquer la bière et le whisky.* → **malt.** - *Il suce un SUCRE D'ORGE,* un bonbon en forme de bâton, fait de sucre cuit avec de l'orge.

ORGIE [ɔʀʒi] n. f. ▪ *UNE ORGIE* **1.** Repas long et bruyant où les gens mangent et boivent trop, et se tiennent mal. *Le banquet s'est terminé en orgie.* **2.** *UNE ORGIE DE :* un usage excessif de. *Nous avons fait des orgies de fraises :* nous avons mangé énormément de fraises.

ORGUE [ɔʀg] n. m. ▪ *UN ORGUE :* grand instrument de musique à vent, composé de nombreux tuyaux et de plusieurs claviers. *Elle joue de l'orgue pendant la messe* **(→ organiste).** *Il faut réparer l'orgue de l'église* **(→ ② facteur).** - *Il joue de l'ORGUE DE BARBARIE,* d'un petit orgue portatif dont on joue au moyen d'une manivelle qui actionne un soufflet et fait tourner un cylindre. *Elle a un ORGUE ÉLECTRONIQUE,* un orgue électrique.

REM. Au pluriel, *orgue* est un nom féminin : *les GRANDES ORGUES de Notre-Dame de Paris.* (Voir aussi les mots *amour* et *délice*).

ORGUEIL [ɔʀgœj] n. m. ▪ *L'ORGUEIL* **1.** Sentiment qu'une personne a d'avoir plus de valeur que les autres, de se croire supérieur aux autres. *Il est d'un orgueil démesuré.* → **prétention, vanité.** ⟨contraires : humilité, modestie⟩ **2.** Chose ou personne qui fait éprouver de l'orgueil. *Ma fille est l'orgueil de la famille.* → **fierté.** ⟨contraire : honte⟩

ORGUEILLEUX [ɔʀgøjø], **ORGUEILLEUSE** [ɔʀgøjøz] adj. (après le nom) ▪ Qui se croit supérieur aux autres. → **fier, prétentieux, vaniteux.** *Elle est ORGUEILLEUSE COMME UN PAON* ou *COMME UN POU :* elle est très orgueilleuse. ⟨contraires : humble, modeste⟩

ORIENT [ɔʀjɑ̃] n. m. **1.** STYLE RECHERCHÉ *L'ORIENT :* le côté où le soleil se lève (opposé à occident). → **est.** *J'admire l'orient lumineux. Regarde vers l'orient.* → **levant. 2.** *L'ORIENT :* l'Asie et parfois certains pays du bassin méditerranéen et d'Europe centrale. *Ils ont des tapis d'Orient dans leur salon. Ils ont fait un voyage en Orient.* ⟨contraire : Occident⟩

ORIENTABLE [ɔʀjɑ̃tabl] adj. (après le nom) ▪ Que l'on peut diriger dans la direction que l'on veut. *Le poste de radio a une antenne orientable.* ⟨contraire : fixe⟩

ORIENTAL [ɔʀjɑ̃tal] adj. et n. m., **ORIENTALE** [ɔʀjɑ̃tal] adj. et n. f.
I. adjectif (après le nom) **1.** Qui est à l'est (opposé à occidental). *Barcelone est sur la côte orientale de l'Espagne.* **2.** Qui concerne l'Orient. *Le Japon est un pays oriental.* MASCULIN PLURIEL : *des pays ORIENTAUX* [ɔʀjɑ̃to]. *Il aime beaucoup la musique orientale.*
II. *UN ORIENTAL, UNE ORIENTALE :* une personne qui habite l'Orient. *Les Chinois et les Japonais sont des Orientaux.*

ORIENTATION [ɔʀjɑ̃tasjɔ̃] n. f. ▪ *L'ORIENTATION* **1.** Le fait de se repérer par rapport aux points cardinaux et de savoir où l'on est exactement. *J'ai le SENS DE L'ORIENTATION :* j'arrive bien à me repérer. **2.** Position de qqch. par rapport aux points cardinaux. *L'orientation de l'appartement est excellente :* *plein sud.* → **exposition. 3.** *UNE ORIENTATION :* direction que l'on prend (dans ses études). *Il ne sait quelle orientation choisir après son bac.* - *Il doit demander son avis au CONSEILLER D'ORIENTATION.*

ORIENTÉ [ɔʀjɑ̃te], **ORIENTÉE** [ɔʀjɑ̃te] adj. (après le nom) **1.** (lieu) Disposé d'une certaine manière par rapport aux points cardinaux. *Ils habitent une maison orientée à l'ouest. Leur appartement est bien orienté.* **2.** (texte) Qui défend une cause idéologique ou politique. *Il a écrit un livre orienté.* → **engagé. 3.** (qqn) À qui on a indiqué une direction à prendre. *La poste n'est pas du tout par là, vous avez été mal orienté. Mon fils fait les études qui lui conviennent, il a été bien orienté.*

ORIENTER [ɔʀjɑ̃te] verbe [conjugaison 1a]
I. 1. Mettre (qqch.) dans une certaine direction. *L'architecte a orienté la maison au sud.* → **exposer. 2.** Indiquer à (qqn) la direction à prendre. *Les professeurs ont orienté mon fils vers des études scientifiques.* → **aiguiller, diriger. 3.** Faire prendre une certaine direction à (qqch.). *La police oriente ses recherches vers les milieux terroristes. Il a essayé d'orienter la conversation sur ce sujet.* → **brancher.**
II. verbe pronominal S'ORIENTER **1.** Diriger son activité (vers). *Ma fille s'est orientée vers des études de médecine.* **2.** Déterminer le lieu où l'on se trouve par rapport aux points cardinaux. *J'ai du mal à m'orienter dans ces petites rues.* → se **repérer.** *Une boussole aide à s'orienter.*

REM. *Orienter* vient de *orient* mais n'a plus de rapport avec l'Est.

ORIFICE [ɔʀifis] n. m. ▪ *UN ORIFICE :* ouverture qui fait communiquer une cavité avec l'extérieur. → **trou.** *Il faut agrandir l'orifice du tube.*

ORIFLAMME [ɔʀiflam] n. f. ▪ *UNE ORIFLAMME :* drapeau qui sert d'ornement. *Des oriflammes décorent l'église.* → **bannière.**

ORIGINAIRE [ɔʀiʒinɛʀ] adj. (après le nom) ▪ Qui vient (d'un lieu). *Sa mère est originaire du Brésil,* elle est née au Brésil. → **natif.** *La fondue est un plat originaire de Suisse.*

ORIGINAL [ɔʀiʒinal] adj. et n. m., **ORIGINALE** [ɔʀiʒinal] adj. et n. f.
I. adjectif (après le nom) **1.** Qui ne ressemble à rien d'autre, qui est unique en son genre. *Elle a toujours des idées originales.* → **personnel.** *Elle a une robe très originale.* → **excentrique.** MASCULIN PLURIEL : *il fait des cadeaux ORIGINAUX* [ɔʀiʒino]. ⟨contraires : banal, classique, commun⟩ **2.** Qui vient directement de l'auteur. *Voici le texte original du traité. Il a acheté une ÉDITION ORIGINALE d'une œuvre de Jules Verne,* la première édition. – *J'ai vu ce film anglais en VERSION ORIGINALE,* dans la langue où il a été tourné (opposé à doublé).
II. 1. *UN ORIGINAL, UNE ORIGINALE :* une personne un peu bizarre. *C'est un original, il ne fait rien comme tout le monde.* **2.** *UN ORIGINAL :* une œuvre, un document fait par l'auteur lui-même, qui n'est pas une copie. *Photocopiez ces lettres, gardez les doubles et donnez-moi les originaux. Cette statue est une copie, l'original est dans un musée.*

ORIGINALITÉ [ɔʀiʒinalite] n. f. ▪ *L'ORIGINALITÉ :* caractère de ce qui est original, de ce qui ne ressemble à rien d'autre. *Sa coiffure est d'une grande originalité.* ⟨contraire : banalité⟩ *Ta remarque manque d'originalité. C'est ce qui fait son originalité.*

ORIGINE [ɔʀiʒin] n. f. ▪ *UNE ORIGINE* **1.** Ancêtres de qqn, milieu dont est issu qqn. *Sa mère est D'ORIGINE italienne.* → **ascendance.** *Ses parents sont d'origine modeste.* **2.** Époque, milieu d'où vient qqch. *Cette coutume est d'origine très ancienne. De nombreux mots français ont une origine latine ou grecque,* viennent du latin ou du grec. → **étymologie. 3.** Lieu d'où provient qqch. *Ces fraises sont d'origine espagnole.* → **provenance. 4.** Commencement. → **début.** *Tous les scientifiques ne sont pas d'accord sur les origines de l'homme. À L'ORIGINE, la maison n'avait qu'un étage. Je savais DÈS L'ORIGINE que ça se passerait comme ça,* je le savais dès le début. **5.** Cause. *Une injustice est À L'ORIGINE DE leur révolte.*

ORIGINEL [ɔʀiʒinɛl], **ORIGINELLE** [ɔʀiʒinɛl] adj. (après le nom) ▪ Qui date du début. → **initial.** *Cette sculpture ancienne est tellement abîmée qu'on ne voit plus sa forme originelle.* – *Le péché originel,* pour les catholiques, la désobéissance d'Adam et Ève.

> FAUX AMI
> allemand **originell**
> « original »

ORIPEAUX [ɔʀipo] n. m. pluriel ▪ *DES ORIPEAUX :* vieux vêtements bizarres. *Tu ne vas quand même pas sortir avec ces oripeaux troués !* → **guenilles.**

O. R. L. [oɛʀɛl] n. m., n. f. ▪ *UN O. R. L., UNE O. R. L. :* médecin spécialiste des oreilles, du nez et de la gorge. *Il a consulté une O. R. L.*
REM. Ce mot est le sigle de *oto-rhino-laryngologiste.*

ORME [ɔʀm] n. m. ▪ *UN ORME :* grand arbre à feuilles dentelées. *Une allée d'ormes longe la rivière.*

ORNEMENT [ɔʀnəmɑ̃] n. m. ▪ *UN ORNEMENT :* ce qui décore. → **décoration.** *Le mur est blanc, sans aucun ornement.*

ORNEMENTAL [ɔʀnəmɑ̃tal], **ORNEMENTALE** [ɔʀnəmɑ̃tal] adj. (après le nom) ▪ (qqch.) Qui décore. → **décoratif.** *Ils ont mis des plantes ornementales dans le salon.* MASCULIN PLURIEL : *des motifs ORNEMENTAUX* [ɔʀnəmɑ̃to].

ORNER [ɔʀne] verbe [conjugaison 1a] ▪ STYLE RECHERCHÉ Embellir (qqch.). *Des fleurs ornent le balcon. Elle a orné le salon avec des tableaux.* → **décorer.**

> FAUX AMI
> espagnol **hornear**
> « cuire au four »

ORNIÈRE [ɔʀnjɛʀ] n. f. ▪ *UNE ORNIÈRE :* trace profonde creusée par les roues d'un véhicule dans un chemin de terre. *La camionnette s'est embourbée dans une ornière.* – (figuré) *Il n'est pas sorti de l'ornière !* de ses difficultés.

ORNITHOLOGIE [ɔʀnitɔlɔʒi] n. f. ▪ *L'ORNITHOLOGIE :* étude des oiseaux. *Il lit un livre d'ornithologie. L'ornithologie est passionnante.*

ORNITHOLOGUE [ɔʀnitɔlɔg] n. m., n. f. ▪ *UN ORNITHOLOGUE, UNE ORNITHOLOGUE :* spécialiste des oiseaux. *C'est une ornithologue réputée.*

ORNITHORYNQUE [ɔʀnitɔʀɛ̃k] n. m. ▪ *UN ORNITHORYNQUE :* animal d'Australie à bec de canard, à longue queue plate et aux pattes palmées munies de griffes, qui vit à la fois sur terre et dans l'eau et qui pond des œufs. *L'ornithorynque est un mammifère. J'ai vu un ornithorynque à la télévision.*

ORONGE [ɔʀɔ̃ʒ] n. f. ▪ *UNE ORONGE :* champignon. → **amanite.** *Certaines oronges sont comestibles.*

ORPHÉE [ɔʀfe] nom propre ▪ Personnage de la mythologie grecque. *Le mythe d'Orphée est très célèbre.*

ORPHELIN [ɔʀfəlɛ̃] n. m. et adj., **ORPHELINE** [ɔʀfəlin] n. f. et adj.
1. *UN ORPHELIN, UNE ORPHELINE :* enfant dont un parent est mort ou dont les deux parents sont morts. *C'est un orphelin de père,* un enfant dont le père est mort. *Il a passé son enfance dans une institution pour orphelins* (→ **orphelinat**). **2.** adjectif (après le nom) (enfant) Qui a perdu son père ou sa mère, ou ses deux parents. *Elle s'est trouvée orpheline à huit ans. Ils ont adopté un enfant orphelin.*

ORPHELINAT [ɔʀfəlina] n. m. ▪ *UN ORPHELINAT :* établissement qui recueille et élève des orphelins. *Il a passé toute son enfance à l'orphelinat.*

ORPHÉON [ɔʀfeɔ̃] n. m. ▪ *UN ORPHÉON :* fanfare. *Il fait partie de l'orphéon du village.*

ORTEIL [ɔʀtɛj] n. m. ▪ *UN ORTEIL :* chacune des cinq extrémités du pied, doigt de pied. *Il s'est fait mal au GROS ORTEIL,* au pouce du pied. *Ne me marche pas sur les orteils !*

ORTHODONTISTE [ɔʀtɔdɔ̃tist] n. m., n. f. ▪ *UN ORTHODONTISTE, UNE ORTHODONTISTE :* dentiste spécialisé dans le redressement des dents. *Ma fille va toutes les semaines chez un orthodontiste qui lui a posé un appareil dentaire.*

ORTHODOXE [ɔʀtɔdɔks] adj., n. m. et n. f.
I. adjectif (après le nom) **1.** *La religion orthodoxe :* la religion des chrétiens d'Orient qui ont rompu avec Rome au onzième siècle et qui ne reconnaissent pas l'autorité du pape. *Il est de religion orthodoxe.* **2.** (qqn) De religion orthodoxe. *Les popes sont des prêtres orthodoxes.* **3.** (qqch.) Conforme à une doctrine, considérée comme la seule valable. *Sa méthode n'est pas très orthodoxe,* elle n'est pas conforme aux règles (→ **catholique**).
II. *UN ORTHODOXE, UNE ORTHODOXE :* une personne de religion orthodoxe. *Il a épousé une orthodoxe.*

ORTHOGRAPHE [ɔʀtɔgʀaf] n. f. ▪ *L'ORTHOGRAPHE* **1.** Manière correcte d'écrire un mot. *L'orthographe française est un peu difficile. Cherchez l'orthographe de ce mot dans votre diction-*

naire. «Emmental» a deux orthographes possibles : «emmental» et «emmenthal». → **graphie.** *Cet élève fait beaucoup de* FAUTES D'ORTHOGRAPHE. **2.** Capacité d'écrire sans faire de fautes. *Mon fils est nul en orthographe.*

ORTHOGRAPHIER [ɔʀtɔgʀafje] verbe [conjugaison 7a] **1.** Écrire correctement, selon les règles de l'orthographe. *Il ne faut pas que vous orthographiiez mal son nom.* **2.** verbe pronominal S'ORTHOGRAPHIER : (mot) avoir telle orthographe. *Comment s'orthographie votre nom ?* → s'**écrire.**

ORTHOGRAPHIQUE [ɔʀtɔgʀafik] adj. (après le nom) ▪ Relatif à l'orthographe. *Il faut respecter les règles orthographiques. Il y a de nombreuses difficultés orthographiques en français.*

ORTHOPÉDIQUE [ɔʀtɔpedik] adj. (après le nom) ▪ (qqch.) Qui corrige une malformation des os. *Il met des semelles orthopédiques.*

ORTHOPHONISTE [ɔʀtɔfɔnist] n. m., n. f. ▪ *UN ORTHOPHONISTE, UNE ORTHOPHONISTE :* spécialiste du traitement des troubles de la voix et des problèmes du langage écrit ou oral. *Son fils est dyslexique, il va deux fois par semaine chez un orthophoniste.*

ORTIE [ɔʀti] n. f. ▪ *L'ORTIE :* plante sauvage dont les feuilles couvertes de poils très fins piquent et donnent de petits boutons quand on les touche. *Il y a de grandes orties dans le jardin. J'ai des piqûres d'orties sur les jambes.*

OS [ɔs] n. m. ▪ *UN OS* **1.** Chacune des parties dures et rigides qui forment le squelette de l'homme et des animaux vertébrés. *Il a les os* [lezo] *fragiles. Le chien ronge l'os du gigot. On met des* OS À MOELLE [dezɔsamwal] *dans le pot-au-feu.* – *Il n'a* QUE LA PEAU SUR LES OS : il est très maigre. *Je l'ai vu* EN CHAIR ET EN OS [ɑ̃ʃɛʀeɑ̃nɔs], en personne. *Je ne vais pas* FAIRE DE VIEUX OS *ici :* je vais bientôt partir. *Il ne fera pas de vieux os :* il ne vivra pas longtemps. *Nous sommes trempés* JUSQU'AUX OS, complètement trempés. **2.** STYLE FAMILIER Difficulté. *Il y a un os !* → STYLE FAMILIER **hic.** *Nous sommes tombés sur un os.* **3.** *L'OS :* matière qui constitue les os. *Il a un couteau avec le manche en os.*

REM. Pour les poissons, on ne parle pas des *os* mais des *arêtes.*

OSCAR [ɔskaʀ] n. m. ▪ *UN OSCAR :* récompense décernée tous les ans aux artistes et aux techniciens du cinéma, aux États-Unis. *Elle a eu l'oscar de la meilleure actrice.*

OSCILLATION [ɔsilasjɔ̃] n. f. ▪ *UNE OSCILLATION :* mouvement de va-et-vient régulier. *Je ne supporte pas l'oscillation du bateau.* → **balancement.**

OSCILLER [ɔsile] verbe [conjugaison 1a] **1.** Avoir un mouvement régulier dans un sens puis dans l'autre. *Le balancier de la pendule oscille.* **2.** Hésiter. *Elle* OSCILLE ENTRE *les deux solutions.*

OSÉ [oze], **OSÉE** [oze] adj. (après le nom) ▪ Qui risque de choquer. *Il y a des scènes osées dans ce film.* → **grivois, leste ;** STYLE FAMILIER **cochon.** *C'est un spectacle un peu osé.*

OSEILLE [ozɛj] n. f. ▪ *L'OSEILLE* **1.** Plante dont les feuilles, au goût acide, se mangent cuites. *L'oseille est cultivée dans le potager. Le cuisinier a fait de la* SOUPE À L'OSEILLE. **2.** STYLE FAMILIER Argent. → STYLE FAMILIER **blé, fric, pognon, thune.** *Il a de l'oseille :* il est riche.

OSER [oze] verbe [conjugaison 1a] **1.** Avoir le courage, l'audace de (faire qqch.). *Je n'ai pas osé lui parler. Il faut oser !* – *Si j'osais, j'irais la chercher,* si je m'en sentais capable. – *J'ose espérer qu'il viendra :* j'espère malgré tout qu'il viendra. **2.** Avoir l'insolence de (faire qqch.). *Il a osé me faire des reproches.* → se **permettre.** *Ose donc me frapper ! Ose un peu, pour voir !* → **essayer.**

OSIER [ozje] n. m. **1.** *UN OSIER :* petit saule qui a des branches fines et flexibles. *Le jardinier a planté un osier.* **2.** *L'OSIER :* rameau de cet arbre. *Elle est assise dans un fauteuil en osier. Le pain est dans une corbeille en osier.*

OSSATURE [ɔsatyʀ] n. f. ▪ *UNE OSSATURE* **1.** Ensemble des os, tels qu'ils sont disposés dans le corps. → **squelette.** *Il a une ossature fine.* **2.** Ensemble des poteaux et des poutres qui soutiennent un bâtiment. → **charpente.** *L'ossature de l'édifice est en béton armé.*

OSSEMENTS [ɔsmɑ̃] n. m. pluriel ▪ *DES OSSEMENTS :* os desséchés d'un cadavre d'homme ou d'animal. → **carcasse.** *On a retrouvé de nombreux ossements de mammouths dans le sol.*

OSSEUX [ɔsø], **OSSEUSE** [ɔsøz] adj. (après le nom) **1.** Qui concerne les os. *Elle a une maladie osseuse. La moelle osseuse n'a aucun rapport avec la moelle épinière.* **2.** Qui possède des os et non des cartilages. *La carpe est un poisson osseux.* **3.** Dont les os sont apparents (opposé à charnu). *Il a des mains osseuses.* → **maigre.**

OSSUAIRE [ɔsɥɛʀ] n. m. ▪ *UN OSSUAIRE :* lieu où sont conservés des ossements humains. *Nous avons visité l'ossuaire d'un cloître roman.*

OSTENSIBLEMENT [ɔstɑ̃sibləmɑ̃] adverbe ▪ Sans se cacher, avec la volonté de se faire voir. *Deux élèves se moquent ostensiblement de leur professeur.*

OSTENTATION [ɔstɑ̃tasjɔ̃] n. f. ▪ STYLE RECHERCHÉ *AVEC OSTENTATION :* en faisant bien voir aux autres l'avantage que l'on a. → **insistance.** *Il regarde sa montre neuve avec ostentation.* ⟨contraire : discrétion⟩ *Elle montre sa bague avec une ostentation ridicule.*

OSTRÉICULTURE [ɔstʀeikyltyʀ] n. f. ▪ *L'OSTRÉICULTURE :* élevage des huîtres. *On pratique l'ostréiculture intensive en Bretagne.*

OTAGE [ɔtaʒ] n. m., n. f. ▪ *UN OTAGE, UNE OTAGE :* une personne retenue prisonnière et qui ne sera libérée qu'en échange de ce qu'exige le ravisseur. *Une otage a été libérée. Des journalistes ont été* PRIS EN OTAGES. *Les terroristes menacent de tuer les otages.*

OTAN [ɔtɑ̃] nom propre féminin – en anglais **NATO** ▪ *L'OTAN :* l'Organisation du Traité de l'Atlantique Nord. *L'OTAN a pour but de sauvegarder la paix dans la région de l'Atlantique nord. L'OTAN siège à Bruxelles.*

REM. *OTAN* est un sigle.

OTARIE [ɔtaʀi] n. f. ▪ *UNE OTARIE :* animal marin ressemblant à un phoque mais avec de petites oreilles et un cou plus long. *Les otaries vivent dans l'océan Pacifique et dans les mers de l'hémisphère sud.*

ÔTER [ote] verbe [conjugaison 1a] **1.** Enlever. → **retirer.** *Ôtez votre chapeau et asseyez-vous.* → **enlever.** *Cet accident m'a ôté l'envie de faire de la moto.* ⟨contraire : donner⟩ *On ne m'ôtera pas de l'idée qu'il a menti,* j'en suis certain. **2.** Soustraire, retrancher. ⟨contraire : ajouter⟩ *6 fois 8 égale 48, j'ôte 2, il reste 46.* **3.** verbe pronominal S'ÔTER *de (un lieu) :* se pousser, sortir de (un lieu). *Ôte-toi de là, tu me gênes,* écarte-toi. – STYLE FAMILIER *Ôte-toi de là que je m'y mette.*

REM. Selon les régions on dit plutôt *ôter* ou plutôt *enlever.*

OTITE [ɔtit] n. f. ▪ *UNE OTITE :* maladie de l'oreille. *Votre enfant a une otite.*

OTO-RHINO-LARYNGOLOGISTE [ɔtɔʀinolaʀɛ̃gɔlɔʒist] n. m., n. f. ▪ *UN OTO-RHINO-LARYNGOLOGISTE, UNE OTO-RHINO-LARYNGO-*

LOGISTE : médecin spécialiste des maladies de l'oreille, du nez et de la gorge. *J'ai rendez-vous chez l'oto-rhino-laryngologiste.* → **O. R. L.**

REM. Ce mot est très long ; on utilise plus souvent *O. R. L.*

OTTOMAN [ɔtɔmɑ̃], **OTTOMANE** [ɔtɔman] adj. (après le nom) ▪ De l'ancien empire turc. *L'empire ottoman a existé de 1299 à 1918.*

OU [u] conjonction **1.** Sert à indiquer le choix. *Tu préfères le vin rouge ou le vin blanc ? On peut aller à New York en avion ou en bateau. « Qui viendra te chercher ? Ta mère ou ton père ? » C'est lui ou c'est elle ? Lui ou elle, peu importe. Tu viens, oui ou non ? Tu viens, ou non (ou pas) ? Pars ou reste, cela m'est égal. On dîne avant ou après le spectacle ? - Avec lui, c'est TOUT OU RIEN,* il n'y a pas de juste mesure. *Il viendra TÔT OU TARD* : de toute façon il viendra. **2.** Sert à indiquer une conséquence. → **sinon.** *Dépêchez-vous ou nous serons en retard. Les mains en l'air, ou je tire ! Tu acceptes, OU ALORS tant pis pour toi. Tais-toi, OU BIEN je me fâche.* **3.** Sert à indiquer le doute. *Elle est française ou italienne, je ne sais plus,* elle est soit française, soit italienne. *Je l'ai rangé ici ou là.* **4.** Sert à indiquer ce qui est équivalent, semblable. *On dit coccinelle ou bête à bon Dieu,* la coccinelle est autrement appelée bête à bon Dieu. **5.** Environ. *Il est venu avec cinq ou six copains. Le voyage dure deux ou trois heures.* → **à.**

OÙ [u] adverbe et pronom

I. adverbe interrogatif **1.** En quel lieu ? en quel endroit ? *Où es-tu ? Où allez-vous ? Où est-ce que vous allez ? Où sont mes clés ? Où est-ce que tu les as mises ? PAR OÙ est-il passé ? JUSQU'OÙ va cette route ? Où trouver cet argent ?* - STYLE FAMILIER *Où ça ?* **2.** Interrogation indirecte (sans point d'interrogation). *Dis-moi où tu vas. Je ne sais où aller. - Je vois où elle veut en venir* : je vois, je devine ce qu'elle veut dire, ce qu'elle veut faire. - *N'IMPORTE OÙ* [nɛ̃pɔʀtu] : dans n'importe quel endroit. *Ne mets pas tes affaires n'importe où !*

II. pronom relatif Dans la phrase, reprend un nom qui indique un lieu, un moment. *Il a parlé du pays où il est né,* du pays dans lequel il est né. *Je cherche un endroit où passer mes vacances. Je me souviens du jour où nous nous sommes rencontrés. C'est l'heure où il fait le plus chaud,* à laquelle il fait le plus chaud.

REM. **1.** L'inversion n'est pas souvent faite pour I., dans la langue familière : *Où c'est ? Où tu vas ?* (très négligé). *Où qu'elle est ? Où que tu l'as mis ?* sont des emplois fautifs. **2.** Voir l'encadré des pronoms **relatifs.**

① ***OUAH !** ['wa] interjection ▪ STYLE FAMILIER Onomatopée imitant le cri du chien. *Ouah ! Ouah ! le chien aboie* (→ **aboiement**).

② ***OUAH !** ['wa] interjection ▪ STYLE FAMILIER Interjection exprimant la joie, l'admiration. *Ouah ! Comme tu es beau aujourd'hui !*

***OUAIS !** ['wɛ] interjection ▪ STYLE FAMILIER Oui. *« Tu comprends ? - Ouais, je vois où tu veux en venir ! » - « Tu vas bien ? - Ouais, on fait aller ! »*

OUATE [wat] n. f. ▪ *LA OUATE* ou *L'OUATE* : coton spécialement préparé pour la toilette et les pansements. *Elle nettoie la plaie avec un tampon d'ouate. Il me faudrait de la ouate pour me démaquiller.*

***OUATÉ** ['wate], ***OUATÉE** ['wate] adj. (après le nom) ▪ Où le bruit est peu sonore, comme étouffé. *La neige qui tombe enveloppe la campagne d'une atmosphère ouatée.*

OUBLI [ubli] n. m. **1.** *UN OUBLI* : chose que l'on aurait dû faire et que l'on n'a pas pensé à faire. *Je ne vous ai pas téléphoné, pardonnez-moi, c'est un oubli.* → **omission.** **2.** *L'OUBLI* : absence de souvenirs. *Le temps qui passe apporte l'oubli. Ce chanteur est TOMBÉ DANS L'OUBLI* : plus personne ne se souvient de ce chanteur.

OUBLIER [ublije] verbe [conjugaison 7b] **1.** Ne plus se souvenir de, ne plus se rappeler (qqch.). *J'ai complètement oublié le nom de cette fille.* ⟨contraires : se rappeler, se souvenir⟩ *Si tu ne notes pas ce rendez-vous, tu l'oublieras* [ubliʀa]. *Il ne faut pas que vous oubliiez cela* : il faut que vous vous souveniez de cela. - *Oublie tes soucis* : cesse volontairement de penser à tes soucis. - *N'OUBLIONS pas QU'il arrive demain.* **2.** *OUBLIER DE* : ne pas penser à (faire qqch.). *J'ai oublié d'acheter du beurre. N'oublie pas de me téléphoner !* pense à me téléphoner. *Il a oublié de nous prévenir.* → **omettre.** *J'ai oublié de mettre du sel dans la soupe.* - *OUBLIER QUE* : *J'ai oublié qu'il fallait acheter du pain. Il a oublié qu'il l'avait promis.* **3.** Ne pas prendre avec soi (ce que l'on devait emporter). *J'ai oublié mon parapluie au cinéma,* je n'ai pas pensé à le prendre. → **laisser.** *Il oublie tout.* → **perdre.** **4.** *SE FAIRE OUBLIER* : ne plus se montrer, faire en sorte qu'on ne parle plus de soi. *Après cette grosse erreur, fais-toi oublier quelque temps.* **5.** Pardonner (qqch.). *N'en parlons plus, c'est oublié,* c'est pardonné. - STYLE FAMILIER *Allez, on oublie tout et on recommence.*

OUBLIETTE [ublijɛt] n. f. ▪ *UNE OUBLIETTE* : cachot souterrain où l'on enfermait autrefois les prisonniers, tout le reste de leur vie. *Il a jeté son ennemi aux oubliettes.*

OUED [wɛd] n. m. ▪ *UN OUED* : en Afrique du Nord, Cours d'eau qui peut se gonfler d'eau rapidement, mais qui est le plus souvent à sec. *L'oued est à sec, nous pouvons traverser.*

OUEST [wɛst] n. m. et adj. invariables

I. *L'OUEST* **1.** Celui des quatre points cardinaux qui est opposé à l'est. *Le Soleil se couche à l'ouest.* → **couchant, occident.** *Rennes est une ville de l'ouest de la France.* **2.** *L'OUEST* : la partie d'un pays ou d'un ensemble géographique qui est la plus proche de l'ouest. *La conquête de l'Ouest eut lieu au dix-neuvième siècle,* des régions occidentales des États-Unis.

II. adjectif invariable (après le nom) Qui se trouve à l'ouest, qui est en direction de l'ouest. *Il habite dans la banlieue ouest de Paris. Ajaccio est sur la côte ouest de la Corse.* → **occidental.**

REM. Pour l'utilisation de la majuscule, voir l'encadré des points cardinaux. → ② **cardinal.**

OUF ! [uf] interjection ▪ Mot qui exprime le soulagement. *Ouf ! j'ai terminé ! Ouf, elle est partie cette casse-pieds. - On n'a pas eu LE TEMPS DE DIRE OUF,* ça a été très rapide, instantané.

OUGANDA [ugɑ̃da] nom propre masculin - en anglais **UGANDA** ▪ *L'OUGANDA* : pays d'Afrique centrale. *Nous avons de belles photos d'Ouganda. L'année dernière, nous sommes allés en Ouganda.*

***OUI** ['wi] adverbe et n. m. invariable

I. adverbe **1.** *Oui* sert à indiquer que l'on affirme qqch., que l'on est d'accord, que l'on accepte qqch. → **absolument, certainement.** *« Tu viens chez nous ? - Oui. »* → STYLE FAMILIER **ouais.** *« Vous partez déjà ? - Oui ».* ⟨contraire : non⟩ *« Est-il content ? - Oui et non »,* pas vraiment. **2.** (emploi renforcé) *« Alors, tu viens ? - Oui, oui ! » - « Tu en veux ? - Oui, merci. » MAIS OUI* [mɛwi]. *« As-tu pensé au pain ? - Mais oui »,* oui, inutile de le demander, c'est évident. → **certes.** *Oui, bien sûr. « Il a vraiment dit ça ? - Eh oui. » « Ça te plaît ? - Ah oui, alors ! »* **3.** Sert à interroger. *« Elle rentre demain. - Ah oui ? »,* vraiment ? *Tu viens, oui ? Est-ce vrai, oui ou non ?* **4.** *Il a FAIT OUI de la tête,* il a hoché la tête vers le bas puis vers le haut. - *« Est-il malade ? - Il semble que oui. » « Sont-ils venus ? - Lui non, mais elle oui. » « Acceptes-tu ? SI OUI,* tant mieux, sinon, tant pis ».

II. nom masculin invariable Le mot OUI. *Il a DIT OUI.* → **accepter, acquiescer.** *Il DIT OUI À TOUT,* il est toujours d'accord. - *Répondez aux questions PAR OUI OU PAR NON.* - *Il y a trois oui et deux non. Au référendum, on a voté oui. C'est un oui assorti de conditions, un oui mais.* → **acceptation.** *Il se fâche pour un oui ou pour un non :* pour peu de chose.

REM. **1.** *Oui* répond à une interrogation sans négation : *« Tu viens ? - Oui ».* Après une négation, il faut utiliser le mot *si : « Tu ne viens pas ? - Si ».* → **si. 2.** Il y a de nombreuses expressions familières pour dire *oui : O.K., et comment !, tu parles !, c'est évident !, avec joie !,* etc.

***OUÏ-DIRE** ['widiʀ] n. m. invariable ▪ STYLE RECHERCHÉ *UN OUÏ-DIRE :* information que les gens racontent et qui n'est peut-être pas vraie. → **bruit, on-dit.** *Il paraît qu'il part, mais ce n'est qu'un ouï-dire.* PLURIEL : *ce ne sont que des ouï-dire. Je le sais PAR OUÏ-DIRE,* parce que je l'ai entendu dire.

OUÏE [wi] n. f. **1.** *L'OUÏE :* sens qui permet d'entendre (→ **audition).** *Elle a l'ouïe fine :* elle entend très bien. → **oreille. 2.** (au pluriel) LES OUÏES : les deux ouvertures situées sur les côtés de la tête d'un poisson, par lesquelles il respire. *Le pêcheur a attrapé le poisson par les ouïes.*

REM. L'adverbe *oui* se prononce de la même façon.

***OUILLE !** ['uj] interjection ▪ Mot qui sert à exprimer que l'on a mal. → **aïe.** *Ouille ! je me suis cogné ! Ouille ouille ouille !* [ujujuj].

OUÏR [wiʀ] verbe [conjugaison 10] ▪ STYLE RECHERCHÉ Entendre, écouter. *J'ai OUÏ DIRE qu'ils se marieront bientôt,* on m'a dit cela, je l'ai entendu dire. *Nous allons ouïr les témoins. Oyez* [ɔje], *bonnes gens !*

REM. On utilise rarement le verbe *ouïr* et il s'emploie surtout au participe passé, plus rarement à l'infinitif et au présent : les autres temps ne sont pas utilisés.

***OUISTITI** ['wistiti] n. m. ▪ *UN OUISTITI* **1.** Petit singe à longue queue. *Un homme se promène dans la rue, un ouistiti sur son épaule.* **2.** (péjoratif) Petite personne. *Qu'est-ce que c'est que ce ouistiti ?*

OURAGAN [uʀagɑ̃] n. m. ▪ *UN OURAGAN :* forte tempête accompagnée d'un vent très violent. *L'ouragan a détruit des villages entiers. Un ouragan a fait des ravages.* → **cyclone, tornade, typhon.**

OURLÉ [uʀle], **OURLÉE** [uʀle] adj. (après le nom) ▪ Bordé d'un ourlet. *Ma grand-mère a des nappes ourlées à la main.*

OURLET [uʀlɛ] n. m. ▪ *UN OURLET :* bord d'un tissu replié et cousu. *Cette jupe est trop longue, il faut refaire l'ourlet.*

OURS [uʀs] n. m. ▪ *UN OURS* **1.** Grand animal au pelage épais, blanc, gris ou brun, au museau allongé et aux pattes armées de griffes. *L'ours est omnivore. L'ours est avec sa femelle* **(→ ourse)** *et son petit* **(→ ourson).** *On trouve des OURS BRUNS en Europe et en Asie, des OURS GRIS en Amérique. Il y a des OURS BLANCS sur la banquise du pôle Nord.* **2.** *Un OURS EN PELUCHE :* jouet d'enfant qui ressemble à un ourson. *Le bébé dort avec son ours en peluche.* → **nounours. 3.** Homme grincheux qui parle peu et qui aime être seul. *Il ne dit jamais bonjour, c'est un ours. Quel ours !*

REM. Beaucoup de Français prononcent [ɛ̃nuʀsəblɑ̃] *(un ours blanc)* au lieu de [ɛ̃nuʀsblɑ̃], [ɛ̃nuʀsəbʀɛ̃] *(un ours brun)* au lieu de [ɛ̃nuʀsbʀɛ̃].

OURSE [uʀs] n. f. ▪ *UNE OURSE* **1.** Femelle de l'ours. *Nous avons vu une ourse et ses deux oursons.* **2.** Groupe d'étoiles qui forment un dessin dans le ciel. *La Grande Ourse et la Petite Ourse sont des constellations.*

OURSIN [uʀsɛ̃] n. m. ▪ *UN OURSIN :* petit animal marin, rond, à la carapace hérissée de piquants. *L'oursin est un fruit de mer. Nous avons mangé des oursins.*

OURSON [uʀsɔ̃] n. m. ▪ *UN OURSON :* petit de l'ours. *L'ourse protège ses oursons.*

OUSTE ! [ust] interjection ▪ Mot qu'on emploie pour dire à qqn de partir ou de se dépêcher. *Allez ouste ! sors de là !*

OUTIL [uti] n. m. ▪ *UN OUTIL* **1.** Objet qui sert à faire un travail manuel. *Le tournevis et le marteau sont des outils. Les tournevis sont rangés dans la BOÎTE À OUTILS. J'ai offert à mon père des outils de jardinage.* **2.** Ce qui aide dans le travail. *La voiture d'un représentant est son outil de travail. Le dictionnaire est un outil pour les étudiants.*

REM. On ne prononce pas le *l* final.

OUTILLAGE [utijaʒ] n. m. ▪ *UN OUTILLAGE :* ensemble des outils ou des machines qui servent à faire un travail. *Le plombier est venu avec son outillage.* → **équipement, matériel.**

OUTILLÉ [utije], **OUTILLÉE** [utije] adj. (après le nom) ▪ Qui a les outils nécessaires. *Un garagiste est outillé pour réparer les voitures. Nous ne sommes pas outillés pour cette réparation.*

OUTRAGE [utʀaʒ] n. m. ▪ *UN OUTRAGE* **1.** STYLE RECHERCHÉ Parole ou acte qui blesse, qui offense. → **affront, injure, insulte, offense.** *Il m'a FAIT L'OUTRAGE DE ne pas me croire.* **2.** Offense faite à un personnage officiel, pendant son travail. *Il a eu une amende pour OUTRAGE À MAGISTRAT. Attention, il y a outrage !*

FAUX AMI — anglais **outrage** « indignation »

OUTRAGER [utʀaʒe] verbe [conjugaison 3b] ▪ STYLE RECHERCHÉ Offenser gravement. → **injurier, insulter, offenser.** *Je me suis senti outragé. J'espère que nous n'outrageons personne en disant cela.* - *Elle a pris un air outragé.*

OUTRANCE [utʀɑ̃s] n. f. **1.** STYLE RECHERCHÉ *L'OUTRANCE :* caractère de ce qui est exagéré. *Il a un comportement d'une outrance ridicule.* **2.** *À OUTRANCE :* de façon très exagérée. *Elle est maquillée à outrance :* elle est beaucoup trop maquillée.

OUTRANCIER [utʀɑ̃sje], **OUTRANCIÈRE** [utʀɑ̃sjɛʀ] adj. (après le nom) ▪ Excessif, très exagéré. → **outré.** *Il a fait un discours outrancier sur l'insécurité dans son quartier.*

① **OUTRE** [utʀ] n. f. ▪ *UNE OUTRE :* sac en peau de bouc ou de chameau servant à transporter un liquide. *Les outres gardent l'eau très fraîche.* - STYLE FAMILIER *Je suis PLEIN COMME UNE OUTRE !* j'ai trop bu et trop mangé.

② **OUTRE** [utʀ] préposition et adverbe

I. préposition En plus de. *Outre les bagages, il y a le panier du chat.*

II. adverbe **1.** *EN OUTRE :* de plus, en plus de cela. *Il est comédien et en outre, c'est un bon musicien.* **2.** *OUTRE MESURE :* excessivement, trop. *J'espère que le voyage ne vous a pas fatigués outre mesure,* ne vous a pas trop fatigués. **3.** *PASSER OUTRE :* ne pas tenir compte de (qqch.). → **braver.** *Ses parents lui ont interdit de sortir, mais il est passé outre et il est sorti quand même.*

FAUX AMI — portugais **outro, outra** « autre »

OUTRÉ [utʀe], **OUTRÉE** [utʀe] adj. (après le nom) **1.** Indigné, scandalisé. *Elle est outrée de la grossièreté de cet élève.* **2.** Exagéré. → **outrancier.** *Elle a fait une description outrée de ses malheurs.*

OUTREMER [utʀəmɛʀ] n. m. et adj. invariable **1.** *L'OUTREMER :* couleur d'un bleu intense, presque violet, utilisée en peinture. *Il a* *utilisé l'outremer pour faire la mer.* **2.** adjectif (après le nom) De cette couleur. *Nous avons vu un magnifique ciel outremer.* PLURIEL : *elle a des yeux outremer.*

OUTRE-MER [utRəmɛR] adverbe ▪ Au-delà des mers, par rapport à la métropole. *La Martinique est un département d'outre-mer français. La France a des départements et des territoires d'outre-mer (D. O. M.-T. O. M.* [dɔmtɔm]).

OUTREPASSER [utRəpase] verbe [conjugaison 1a] ▪ *OUTREPASSER SES DROITS* : aller au-delà de ce qui est permis. *Le gardien a OUTREPASSÉ SES DROITS en entrant chez moi pendant mon absence.*

OUTSIDER [autsajdœR] n. m. ▪ *UN OUTSIDER* : dans une course, cheval ou concurrent qui n'est pas parmi les favoris. *Le prix a été remporté par un outsider.*

REM. Ce mot vient de l'anglais.

ouvert [uvɛR], **ouverte** [uvɛRt] *Il a ouvert la porte ; la porte qu'il a ouverte :* formes au participe passé du verbe **ouvrir.**

OUVERT [uvɛR], **OUVERTE** [uvɛRt] adj. (après le nom)
I. 1. Qui n'est pas fermé. *Entrez, la porte est ouverte. La fenêtre est GRANDE OUVERTE,* ouverte le plus possible. - *Le tiroir de la commode est ouvert.* - *Le bébé est réveillé, il a les yeux ouverts.* **2.** Où l'on peut entrer. *Le musée est ouvert le dimanche. Le magasin est ouvert tous les jours,* on peut aller tous les jours dans ce magasin. *Cette boutique est ouverte de neuf heures à dix-neuf heures.* **3.** À quoi on a ôté ce qui fermait, ce qui bouchait. *Ne laisse pas cette bouteille de vin ouverte, remets le bouchon* (→ **déboucher). 4.** Qui laisse passer l'eau. *Le robinet est ouvert, ferme-le !* **5.** Dont les parties sont séparées, écartées. *Le col de sa chemise est ouvert. Les roses sont ouvertes,* elles sont épanouies, leurs pétales se sont écartés. *Il a été reçu À BRAS OUVERTS,* avec effusion. **6.** Percé, troué, incisé. *Il a une FRACTURE OUVERTE de la jambe,* avec une plaie. *Il a subi une opération À CŒUR OUVERT,* à l'intérieur du muscle cardiaque. **7.** Que l'on peut utiliser. *La nouvelle route EST OUVERTE À la circulation.* - *Le concours est ouvert à tous les candidats :* tous les candidats peuvent participer au concours. - *L'école de mon fils organise une JOURNÉE PORTES OUVERTES,* une journée pendant laquelle on peut visiter l'école. **8.** Commencé. *La chasse est ouverte,* elle est autorisée.
II. 1. Aimable et franc. ⟨contraire : fermé⟩ *Elle a un visage ouvert.* - *Nous avons parlé À CŒUR OUVERT,* très franchement. **2.** Qui se manifeste publiquement. *C'est LA GUERRE OUVERTE entre eux :* ils se montrent franchement qu'ils se détestent. **3.** Qui accepte facilement les idées nouvelles. *C'est un homme très ouvert.* - *Elle a un esprit ouvert.* → **éveillé, vif.** ⟨contraires : borné, buté, étroit⟩

OUVERTEMENT [uvɛRtəmɑ̃] adverbe ▪ Sans se cacher, franchement. *Il a dit ouvertement ce qu'il pensait. Elle a agi ouvertement.* ⟨contraire : secrètement⟩

OUVERTURE [uvɛRtyR] n. f.
I. *L'OUVERTURE* **1.** Action d'ouvrir. *Ce bouton commande l'ouverture de la porte d'entrée.* ⟨contraire : fermeture⟩ *Ce cambrioleur est spécialisé dans l'ouverture des coffres-forts.* - *L'ouverture des portes du magasin se fait à neuf heures. Quelles sont les heures d'ouverture du musée ?* quelles sont les heures pendant lesquelles on peut visiter le musée. - *Il règle l'ouverture de l'objectif de son appareil photo.* **2.** Le fait d'être commencé. *Le président déclare l'ouverture de la séance.* → **commencement, début.** ⟨contraires : clôture, fin⟩ *J'ai rendez-vous pour l'ouverture de mon compte en banque. L'ouverture du nouveau restaurant aura lieu demain.* → **inauguration.** - *Il attend avec impatience l'ouverture de la chasse,* le premier jour où il sera permis de chasser.
II. *UNE OUVERTURE* **1.** Passage permettant d'entrer dans un lieu. → **accès, entrée, issue.** *Cette maison a de nombreuses ouvertures.* → **fenêtre, porte. 2.** Morceau de musique par lequel commence une œuvre lyrique. *J'écoute l'ouverture de Guillaume Tell.* **3.** (au pluriel) LES OUVERTURES : premiers essais pour commencer une discussion. *Ce pays fait des ouvertures de paix.*

OUVRABLE [uvRabl] adj. (après le nom) ▪ *Un JOUR OUVRABLE :* jour de la semaine qui n'est ni un dimanche ni un jour férié (→ **ouvré).** *Ce train n'est en service que les jours ouvrables.*

REM. *Ouvrable* est de la même famille que *ouvrage, ouvrier* (jour où l'on travaille).

OUVRAGE [uvRaʒ] n. m. ▪ *UN OUVRAGE* **1.** Travail. → **besogne, tâche.** *Il faut se mettre à l'ouvrage.* **2.** *Une BOÎTE À OUVRAGE :* boîte où l'on range ce qui sert aux travaux de couture. *Les aiguilles sont dans la boîte à ouvrage.* **3.** Livre. *Il a lu un ouvrage de philosophie.*

OUVRAGÉ [uvRaʒe], **OUVRAGÉE** [uvRaʒe] adj. (après le nom) ▪ Très orné, travaillé avec soin. *On a offert au bébé une timbale d'argent finement ouvragée.*

OUVRANT [uvRɑ̃], **OUVRANTE** [uvRɑ̃t] adj. (après le nom) ▪ Qui peut être ouvert. *Elle a acheté une voiture à TOIT OUVRANT* (→ **décapotable).**

ouvre [uvR] *J'ouvre ; il ouvre, elle ouvre :* forme au présent du verbe **ouvrir ;** *que j'ouvre ; qu'il ouvre, qu'elle ouvre :* forme au subjonctif du verbe **ouvrir.**

OUVRÉ [uvRe], **OUVRÉE** [uvRe] adj. (après le nom) ▪ *Un JOUR OUVRÉ :* jour où l'on travaille effectivement (en général ni le samedi ni le dimanche). *En France, la semaine de travail comporte six jours ouvrables et cinq jours ouvrés.*

OUVRE-BOÎTE [uvRəbwat] n. m. ▪ *UN OUVRE-BOÎTE :* instrument coupant qui sert à ouvrir les boîtes de conserve. *Elle ouvre une boîte de petits pois avec un ouvre-boîte. Il a acheté un ouvre-boîte électrique.* PLURIEL : *des OUVRE-BOÎTES.*

OUVRE-BOUTEILLE [uvRəbutɛj] n. m. ▪ *UN OUVRE-BOUTEILLE :* instrument qui sert à ouvrir les bouteilles fermées par une capsule. → **décapsuleur.** *Elle ouvre une bouteille de bière avec un ouvre-bouteille.* PLURIEL : *des OUVRE-BOUTEILLES.*

REM. L'instrument qui sert à ouvrir les bouteilles fermées par un bouchon est *un tire-bouchon.*

OUVREUR [uvRœR] n. m., **OUVREUSE** [uvRøz] n. f. ▪ *UN OUVREUR, UNE OUVREUSE* **1.** Personne qui place les spectateurs dans un théâtre, dans un cinéma, à l'opéra. *Il a donné un pourboire à l'ouvreuse.* **2.** Skieur qui skie le premier sur la piste, avant une course. *L'ouvreur descend, la course va commencer.*

OUVRIER [uvRije] n. m. et adj., **OUVRIÈRE** [uvRijɛR] n. f. et adj.
I. *UN OUVRIER, UNE OUVRIÈRE :* une personne qui travaille de ses mains dans une entreprise, et qui reçoit un salaire. *Elle est ouvrière à l'usine. Il est ouvrier agricole :* il travaille pour une exploitation agricole.
II. adjectif (après le nom) Des ouvriers. *Ces revendications ouvrières sur les salaires sont justes. Il existe plusieurs syndicats ouvriers.*

OUVRIR [uvRiR] verbe [conjugaison 18]
I. 1. Déplacer les éléments (d'une ouverture) pour permettre de passer ou de voir. ⟨contraire : fermer⟩ *Ouvre la porte s'il te plaît. J'ai ouvert la fenêtre pour aérer la chambre. Quelle porte as-tu ouverte ? Le matin, on ouvre les volets.* ⟨contraire : clore⟩ - *Cette clé ouvre la porte du garage,* elle permet de l'ouvrir. - *S'il vous plaît, ouvrez ! Surtout, n'ouvre à personne quand tu es seul,*

n'ouvre pas la porte. - *Le musée* OUVRE SES PORTES *à dix heures,* les visiteurs peuvent entrer à dix heures. *Nous ouvrons le dimanche,* notre magasin est ouvert le dimanche. - STYLE FAMILIER *Êtes-vous ouvert le dimanche ?* le magasin est-il ouvert le dimanche ? **2.** Être ouvert. *Le magasin ouvre de neuf heures à dix-huit heures. Ça ouvre à huit heures.* STYLE FAMILIER *J'ai demandé au boucher à quelle heure il ouvrait.* **3.** *OUVRIR SUR :* permettre de voir (qqch.). *Cette fenêtre ouvre sur la mer.* → **donner. 4.** Enlever le bouchon, la capsule, le couvercle de (un récipient). *Elle ouvre une bouteille de soda.* → **décapsuler.** *On va ouvrir une bonne bouteille de vin !* → **déboucher.** *Quelle boîte as-tu ouverte ?* **5.** Atteindre l'intérieur (de qqch.). *Ouvre le tiroir, les ciseaux sont dedans. Elle ouvre son sac et sort ses clés. J'ai une lettre à ouvrir.* → **décacheter.** *Ouvre tes paquets. Il ouvre des noix.* → **casser.** *Il a ouvert une douzaine d'huîtres.* **6.** *OUVRIR UN ŒIL :* se réveiller. *Tous les matins, il se lève dès qu'il ouvre un œil.* - *Elle n'a pas* OUVERT LA BOUCHE *pendant toute la soirée,* elle n'a pas dit un mot. **7.** Mettre en état de fonctionner. *Il ouvre le robinet d'eau chaude.* ⟨contraire : fermer⟩ - STYLE FAMILIER *Ouvre la lumière !* → **allumer.** - *Cette bonne odeur* OUVRE L'APPÉTIT *!* elle donne envie de manger. **8.** Écarter, séparer (des parties qui sont proches l'une de l'autre). *Il ouvre les bras. L'oiseau ouvre ses ailes. Il pleut, ouvre ton parapluie ! Ouvrez votre livre page vingt.* **9.** Faire une ouverture. *Le maçon ouvre une fenêtre dans le mur.* → **percer.** ⟨contraire : boucher⟩ **10.** Créer (qqch.), permettre d'utiliser (qqch.). *Nous avons ouvert un chemin dans la neige. Les motards* OUVRENT LA ROUTE, *le cortège suit,* les motards passent les premiers. **11.** Découvrir, présenter. *Il a* OUVERT LE FOND DE SON CŒUR *:* il a parlé de choses qu'il gardait secrètes, il s'est confié. *Vos excellentes idées ouvrent de nouvelles perspectives.* **12.** Commencer. *L'ennemi a* OUVERT LES HOSTILITÉS. *Ils ont* OUVERT LE FEU *:* ils ont attaqué en tirant avec des armes à feu. *Qui veut ouvrir le dialogue ?* qui veut commencer à parler ? ⟨contraires : finir, terminer⟩ - *Les Jeux olympiques sont ouverts ! Les cours ouvriront la semaine prochaine.* ⟨contraires : finir, terminer⟩ **13.** Être le premier à faire (qqch.). *Les enfants* OUVRENT LA MARCHE, ils marchent en premier, devant les autres. *Mon grand-père a* OUVERT LE BAL, il a été le premier à danser. **14.** Créer (un lieu, un établissement ouvert au public). *La mairie a ouvert un stade.*

II. verbe pronominal S'OUVRIR **1.** Devenir ouvert. *La porte s'ouvre automatiquement. La fenêtre s'est ouverte toute seule ! Comment ça s'ouvre ? Ce tiroir s'ouvre mal.* **2.** *S'OUVRIR SUR :* être placé pour donner la vue sur (qqch.). *Cette porte s'ouvre sur le jardin.* → **donner. 3.** Se présenter pour mener quelque part. *La route qui s'ouvre devant nous est étroite.* - *Depuis qu'il a trouvé du travail, une vie nouvelle s'ouvre devant lui !* **4.** *S'OUVRIR À :* accepter. *Il faut s'ouvrir aux idées nouvelles !* **5.** (lieu) Commencer à fonctionner. *Deux bibliothèques vont s'ouvrir dans la ville. Une magnifique exposition de peinture s'est ouverte à Madrid.* **6.** Se déboucher, se décapsuler. *Cette bouteille s'ouvre très facilement.* **7.** Se blesser. *Elle s'est ouvert le genou en tombant.* - *Elle s'est ouvert les veines :* elle a coupé les veines de ses poignets pour se tuer.

ouvrit [uvʀi] *Il ouvrit, elle ouvrit :* forme au passé simple du verbe **ouvrir.**

OVAIRE [ɔvɛʀ] n. m. ▪ *UN OVAIRE :* glande femelle interne de la reproduction, qui produit les ovules et les hormones sexuelles. *La femme a deux ovaires.*

REM. Les *testicules* de l'homme correspondent aux *ovaires.*

OVALE [ɔval] adj. et n. m. **1.** adjectif (après le nom) Qui a une forme courbe et allongée comme celle d'un œuf. *On joue au rugby avec un ballon ovale.* **2.** *UN OVALE :* forme courbe et allongée. *L'ovale de son visage est parfait.*

OVATION [ɔvasjɔ̃] n. f. ▪ *UNE OVATION :* ensemble d'applaudissements et de cris en l'honneur de qqn. → **acclamation.** *Les spectateurs ont fait une ovation au chanteur à la fin de son spectacle. L'ovation a duré dix minutes.* ⟨contraire : huées⟩

OVATIONNER [ɔvasjɔne] verbe [conjugaison 1a] ▪ Acclamer (qqn). *Le public a ovationné le champion.* ⟨contraires : huer, siffler⟩

OVERDOSE [ɔvœʀdoz] n. f. ▪ *UNE OVERDOSE :* dose excessive et mortelle de drogue. *Il y a trop souvent des morts* PAR OVERDOSE. - STYLE FAMILIER *J'ai une overdose de boulot, en ce moment,* j'ai trop de travail.

OVIN [ɔvɛ̃] adj., **OVINE** [ɔvin] adj. ▪ (après le nom) Qui concerne le mouton, le bélier, la brebis. *Il existe plusieurs espèces ovines,* plusieurs espèces de moutons.

REM. Ne pas confondre avec *bovin* « du bœuf ».

OVIPARE [ɔvipaʀ] adj. et n. m. **1.** adjectif (après le nom) Qui pond des œufs qui éclosent après la ponte. *Les oiseaux sont ovipares.* **2.** *LES OVIPARES :* les animaux qui pondent des œufs. *Les oiseaux, les reptiles et la plupart des poissons et des insectes sont des ovipares.*

REM. Les requins sont *vivipares.* → **vivipare.**

OVNI [ɔvni] n. m. ▪ *UN OVNI :* un objet volant non identifié. *Les soucoupes volantes sont des ovnis.*

REM. *Ovni* est l'acronyme de ***o**bjet **v**olant **n**on **i**dentifié.*

OVULATION [ɔvylasjɔ̃] n. f. ▪ *L'OVULATION :* chez les mammifères, libération d'un ovule hors de l'ovaire. *Chez la femme, l'ovulation a lieu vers le quatorzième jour du cycle.*

OVULE [ɔvyl] n. m. ▪ *UN OVULE :* cellule reproductrice femelle. *La fusion de l'ovule et du spermatozoïde produit l'embryon. La fécondation des ovules est possible en éprouvette.* → **F. I. V.**

OXYDATION [ɔksidasjɔ̃] n. f. ▪ *L'OXYDATION :* combinaison d'une substance avec l'oxygène. *La rouille est le résultat de l'oxydation du fer.*

OXYDE [ɔksid] n. m. ▪ *UN OXYDE :* composé résultant de la combinaison de l'oxygène et d'un autre élément. *Ce métal se ternit par formation d'oxyde. L'oxyde de carbone est dégagé par le moteur des voitures.*

S'**OXYDER** [ɔkside] verbe pronominal [conjugaison 1a] ▪ S'abîmer au contact de l'oxygène de l'air en se recouvrant d'une couche d'oxyde. *Lorsque l'argent s'oxyde, il noircit. L'argenterie s'est oxydée.*

OXYGÉNÉ [ɔksiʒene], **OXYGÉNÉE** [ɔksiʒene] adj. (après le nom) ▪ *EAU OXYGÉNÉE :* solution liquide contenant beaucoup d'oxygène. *Elle décolore ses cheveux à l'eau oxygénée.*

OXYGÈNE [ɔksiʒɛn] n. m. ▪ *L'OXYGÈNE* **1.** Gaz invisible et inodore contenu dans l'air. *L'oxygène est indispensable à la vie. En très haute altitude, on étouffe par manque d'oxygène. Le médecin a mis un* MASQUE À OXYGÈNE *sur le visage du noyé. Les plongeurs sont équipés de* BOUTEILLES D'OXYGÈNE. **2.** Air pur, non pollué. *Les citadins partent en week-end pour prendre un* BOL D'OXYGÈNE *à la campagne,* pour respirer de l'air pur. - (figuré) *Quelle* BOUFFÉE D'OXYGÈNE *depuis le départ de ce chef de service désagréable !*

OZONE [ozon] n. m. ▪ *L'OZONE :* gaz bleu et odorant qui se forme dans l'air et protège des rayons nocifs du soleil. *Les pollutions industrielles ont provoqué la formation d'un trou dans la* COUCHE D'OZONE. *L'ozone est dangereux à respirer.*

P

P [pe] n. m. invariable ▪ *LE P :* seizième lettre de l'alphabet du français. *Le p est une consonne. Il y a des p minuscules* (p) *et des p majuscules* (P).

REM. *Ph* note le son [f] (ex. : *éléphant* [elefɑ̃]).

PACHA [paʃa] n. m. ▪ STYLE FAMILIER *FAIRE LE PACHA :* se faire servir. *Il mène UNE VIE DE PACHA :* il se fait servir, mène une vie agréable, sans contrainte.

REM. Un pacha était un gouverneur dans l'Empire ottoman.

PACHYDERME [paʃidɛʀm] n. m. ▪ *UN PACHYDERME :* mammifère de très grande taille, à peau très épaisse. *Les éléphants, les rhinocéros et les hippopotames sont des pachydermes.*

REM. On emploie ce mot surtout à propos des éléphants.

PACIFIER [pasifje] verbe [conjugaison 7a] ▪ Ramener à la paix. *Le nouveau président a pacifié le pays après des années de guerre civile. Il pacifiera* [pasifiʀa] *le pays.*

PACIFIQUE [pasifik] adj. (après le nom) **1.** (qqn) Qui aime la paix, le calme. *C'est un homme pacifique.* ⟨contraire : belliqueux⟩ **2.** (qqch.) Qui se passe dans la paix, dans le calme. *Les écologistes ont organisé une manifestation pacifique.*

PACIFISTE [pasifist] n. m., n. f. et adj. **1.** *UN PACIFISTE, UNE PACIFISTE :* une personne qui est pour la paix. *C'est une pacifiste convaincue.* **2.** adjectif (après le nom) Favorable à la paix. *Il a participé à une manifestation pacifiste,* à une manifestation pour la paix.

PACOTILLE [pakɔtij] n. f. ▪ *DE PACOTILLE :* sans valeur. *Elle a des bijoux de pacotille* **(→ toc).** - *C'est de la pacotille.*

PACTE [pakt] n. m. ▪ *UN PACTE :* accord solennel (entre des personnes ou des États). *Les deux pays ont conclu un pacte.* **→ traité.**

PACTISER [paktize] verbe [conjugaison 1a] ▪ Conclure un pacte. *Le gouvernement a pactisé avec l'ennemi. Les deux pays ont fini par pactiser.*

PACTOLE [paktɔl] n. m. ▪ STYLE RECHERCHÉ *UN PACTOLE :* source de grande richesse. *En fouillant dans de vieilles malles dans le grenier, ils ont trouvé un vrai pactole !*

PADOUE [padu] nom propre - en italien **PADOVA** ▪ Ville d'Italie. *Nous sommes allés à Padoue. Ils reviennent de Padoue.*

PAELLA [paela] n. f. ▪ *LA PAELLA :* plat espagnol composé de riz cuit avec du poisson, des crustacés, de la viande et des légumes. *Nous avons mangé de la paella.*

REM. On écrit aussi *paëlla* et on peut prononcer [paelja] ou [paeja].

PAF [paf] adj. (après le nom) ▪ STYLE TRÈS FAMILIER Ivre. **→ soûl.** *Il est complètement paf.* → STYLE FAMILIER **bourré.** *Des mecs pafs font du bruit dans la rue.*

PAGAIE [pagɛ] n. f. ▪ *UNE PAGAIE :* petite rame au bout large et court, que l'on tient à deux mains. *On se sert de pagaies pour ramer dans une pirogue, un canoë ou un kayak* **(→ pagayer).**

PAGAILLE [pagaj] n. f. ▪ STYLE FAMILIER *LA PAGAILLE :* grand désordre. *C'est la pagaille ici !* **→ fouillis ;** STYLE FAMILIER **bazar, foutoir.** *Ne viens pas mettre la pagaille !* → STYLE TRÈS FAMILIER **bordel, merde.** *Toutes ses affaires sont EN PAGAILLE.*

REM. On écrit aussi *pagaïe* [pagaj].

PAGANISME [paganism] n. m. ▪ *LE PAGANISME :* religion de ceux qui ne sont ni chrétiens, ni juifs, ni musulmans, pour les chrétiens **(→ païen).** *Les missionnaires luttent contre le paganisme.*

PAGAYER [pageje] verbe [conjugaison 8b] ▪ Ramer avec une pagaie. *D'abord je pagaie* [pagɛ] (ou *je pagaye* [pagɛj]) *et après tu pagaieras* [pagɛʀa] (ou *tu pagayeras* [pagɛjʀa]). *Jusqu'à présent nous pagayions, maintenant il faut qu'il pagaie* (ou *qu'il pagaye*).

① **PAGE** [paʒ] n. m. ▪ *UN PAGE :* jeune noble qui était au service d'un roi, d'un prince, d'un seigneur ou d'une grande dame. *Les pages apprenaient le métier des armes.*

② **PAGE** [paʒ] n. f. ▪ *UNE PAGE* **1.** Chacun des deux côtés d'une feuille de papier. *Il a écrit un livre de trois cents pages. Ouvrez votre livre de géographie page cinquante. J'ai lu ce roman de la première à la dernière page,* entièrement. **2.** Texte écrit sur une page. *Je finis de lire cette page et j'arrive.* **3.** Feuille de papier. *J'ai arraché une page de mon cahier.* **→ feuillet.** *Il manque une page à mon livre.* - *Il faut TOURNER LA PAGE :* il faut oublier le passé et passer à autre chose. **4.** Passage d'une œuvre d'un écrivain ou d'un musicien. *Cette anthologie contient les plus belles pages de Victor Hugo.* **5.** *Être À LA PAGE :* être à la mode, être au courant de l'actualité. *Elle est à la page.*

PAGINATION [paʒinasjɔ̃] n. f. ▪ *LA PAGINATION :* le fait de mettre un numéro sur chacune des pages d'un livre. *Il y a une erreur de pagination dans mon livre.*

PAGNE [paɲ] n. m. ▪ *UN PAGNE :* morceau de tissu qui se noue autour des hanches et qui couvre le corps de la taille jusqu'aux genoux ou jusqu'aux pieds. *Les Tahitiennes ont des pagnes.*

PAGODE [pagɔd] n. f. ▪ *UNE PAGODE :* temple des pays d'Extrême-Orient, consacré au culte de Bouddha. *Au Japon, nous avons visité des pagodes.*

PAIE → **paye**

PAIEMENT [pɛmɑ̃] n. m. ▪ *LE PAIEMENT :* action de payer. *Le paiement de l'amende doit être fait dans les quinze jours. Vous devez présenter une pièce d'identité pour tout PAIEMENT PAR CHÈQUE.* → **règlement.** *Le paiement s'effectue à la commande. Nous pouvons vous faire des facilités de paiement* (→ **crédit).**

REM. On écrit aussi *payement* [pɛjmɑ̃].

PAÏEN [pajɛ̃] adj. et n. m., **PAÏENNE** [pajɛn] adj. et n. f. **1.** adjectif (après le nom) Qui concerne une religion autre que le christianisme, le judaïsme ou l'islam. *Les Grecs et les Romains étaient des peuples païens. Dans les religions païennes, on adore plusieurs dieux* (→ **polythéiste). 2.** *UN PAÏEN, UNE PAÏENNE :* une personne qui a foi en une religion païenne (→ **paganisme).** *Les missionnaires évangélisent les païens.*

① **PAILLASSE** [pajas] n. f. ▪ *UNE PAILLASSE :* partie d'un évier, à côté de la cuve. *Je mets la vaisselle à égoutter sur la paillasse.*

② **PAILLASSE** [pajas] n. f. ▪ *UNE PAILLASSE :* enveloppe de tissu remplie de paille, qui sert de matelas. *Le malheureux dort sur une paillasse.*

PAILLASSON [pajasɔ̃] n. m. ▪ *UN PAILLASSON :* petit tapis épais et rugueux placé devant l'entrée d'une maison ou d'un appartement pour s'essuyer les pieds. → **tapis-brosse.** *Essuyez-vous les pieds sur le paillasson avant d'entrer.*

PAILLE [paj] n. f. ▪ *LA PAILLE* **1.** Tiges des céréales séparées du grain. *La paille sert de litière aux vaches.* - *SUR LA PAILLE :* dans la misère. *Il a été ruiné et maintenant il est sur la paille. Toutes ces mauvaises affaires l'ont mis sur la paille.* **2.** Paille utilisée en vannerie. *L'été, il met un chapeau de paille pour se protéger du soleil.* **3.** *UNE PAILLE :* petit tuyau qui sert à boire en aspirant. *Elle boit son jus d'orange avec une paille.*

PAILLÉ [paje], **PAILLÉE** [paje] adj. (après le nom) ▪ Garni de paille. *Ils ont des chaises paillées.*

PAILLETÉ [pajte], **PAILLETÉE** [pajte] adj. (après le nom) ▪ Orné de paillettes. *Elle a mis sa robe pailletée.*

PAILLETTE [pajɛt] n. f. ▪ *UNE PAILLETTE :* petite lamelle de matière brillante. *Le chanteur a une veste à paillettes.*

PAILLOTE [pajɔt] n. f. ▪ *UNE PAILLOTE :* hutte, case de paille. *Ces tribus vivent dans des paillotes.*

PAIN [pɛ̃] n. m. ▪ *LE PAIN* **1.** Aliment fait de farine, d'eau et de levain, cuit au four. *Le boulanger pétrit le pain. Va à la boulangerie acheter du pain. Il mange beaucoup de pain. Il ne reste que du pain dur, je vais acheter du pain frais. Il y a des miettes de pain sous la table. J'ai fait des sandwichs au PAIN DE MIE,* avec du pain à croûte peu épaisse. *Donne-moi un morceau de pain.* - *Il A DU PAIN SUR LA PLANCHE :* il a beaucoup de travail. *Ces robes se vendent COMME DES PETITS PAINS,* très facilement, très vite. **2.** *UN PAIN AU CHOCOLAT, UN PAIN AUX RAISINS :* pâtisserie garnie de chocolat, de raisins secs. *Les enfants mangent des pains au chocolat et des pains aux raisins pour le goûter.* **3.** Symbole de la nourriture. *On GAGNE SON PAIN à la sueur de son front :* il faut travailler pour gagner sa vie. *Cette réunion est LONGUE COMME UN JOUR SANS PAIN,* elle est interminable.

FAUX AMI
anglais **pain**
« douleur »

① **PAIR** [pɛʀ] n. m. **1.** *UN PAIR :* une personne semblable, par sa fonction, par sa situation sociale. *Le peintre a été félicité par ses pairs,* par d'autres peintres. **2.** *HORS PAIR :* sans égal. *Son mari est un cuisinier hors pair,* un excellent cuisinier. **3.** *ALLER DE PAIR :* aller ensemble. *Sa peur va de pair avec sa lâcheté.* **4.** *AU PAIR :* en échangeant un travail contre le logement et la nourriture. *Une jeune fille au pair s'occupe de nos enfants.*

REM. *Paire* « couple » et *père* « papa » se prononcent de la même façon.

② **PAIR** [pɛʀ], **PAIRE** [pɛʀ] adj. (après le nom) ▪ *NOMBRE PAIR,* que l'on peut diviser exactement par deux. *Douze est un nombre pair.* ⟨contraire : ② impair⟩ - *Ils habitent le côté pair de la rue,* le côté de la rue qui porte des numéros pairs (en France).

PAIRE [pɛʀ] n. f. ▪ *UNE PAIRE* **1.** Ensemble de deux choses semblables ou symétriques allant par deux. *J'ai une paire de chaussures rouges.* - STYLE FAMILIER *Il fait bien son travail mais, pour le faire obéir, c'est UNE AUTRE PAIRE DE MANCHES,* c'est tout à fait différent et bien plus difficile. **2.** Objet formé de deux parties symétriques. *Je cherche ma paire de ciseaux,* mes ciseaux. *J'ai plusieurs paires de lunettes.*

PAISIBLE [pezibl] adj. (après le nom) **1.** Calme et tranquille. *C'est un homme paisible. Elle est d'un naturel paisible.* → **placide.** ⟨contraire : agressif⟩ **2.** Que rien ne vient troubler. *Le malade dort d'un sommeil paisible. Ils habitent dans un quartier paisible.* → **tranquille.**

PAISIBLEMENT [pezibləmɑ̃] adverbe ▪ D'une manière paisible, avec calme et tranquillité. *Le bébé dort paisiblement.*

paissent [pɛs] *Ils paissent, elles paissent :* forme au présent du verbe **paître.**

paît [pɛ] *Il paît, elle paît :* forme au présent du verbe **paître.**

PAÎTRE [pɛtʀ] verbe [conjugaison 57] ▪ (animaux) Arracher l'herbe et la manger. → **brouter.** *Les vaches paissent dans les prés* (→ **pâturage).** *L'agneau paît derrière sa mère.*

REM. **1.** Ce verbe ne se conjugue pas au passé simple, ni aux temps composés. **2.** *î* devant *t : il paît.*

PAIX [pɛ] n. f. ▪ *LA PAIX* **1.** Situation d'un pays qui n'est pas en guerre. *La vie est plus agréable en temps de paix.* ⟨contraire : guerre⟩ *Les partisans de la paix ont organisé une manifestation* (→ **pacifiste). 2.** Rapports entre des personnes qui ne sont pas en conflit. *Ils vivent EN PAIX avec leurs voisins. Les deux amis qui étaient fâchés ont FAIT LA PAIX,* ils se sont réconciliés. **3.** Traité qui fait cesser une guerre. *Les deux pays ont SIGNÉ LA PAIX.* **4.** Calme, repos. *La paix de la campagne nous repose de l'agitation de la ville.* → **tranquillité.** *Je débranche le téléphone pour AVOIR LA PAIX,* pour qu'on me laisse tranquille. - STYLE FAMILIER *Foutez-moi la paix !* laissez-moi tranquille ! *La paix !*

REM. *Paie* « salaire » et *pet* « gaz » se prononcent de la même façon.

PALABRER [palabʀe] verbe [conjugaison 1a] ▪ Discuter sans fin. *Ils ont palabré la moitié de la nuit avant de se mettre d'accord.*

PALABRES [palabʀ] n. f. pluriel ▪ *DES PALABRES :* discussion longue. *Ils se sont mis d'accord après de nombreuses palabres. Assez de palabres, il faut prendre une décision !*

FAUX AMIS
espagnol **palabra**, portugais **palavra** « mot »

PALACE [palas] n. m. ▪ *UN PALACE :* hôtel de luxe. *Ils ont réservé une chambre dans un palace.*

FAUX AMI
italien **palazzo** « immeuble »

① **PALAIS** [palɛ] n. m. ▪ *UN PALAIS* **1.** Grand château somptueux. *Le président de la République française habite le palais de l'Élysée, à Paris.* **2.** Grand bâtiment public. *Je vais assister à un spectacle au PALAIS DES SPORTS.* **3.** *Le PALAIS DE JUSTICE :* le bâtiment où sont les tribunaux. *Elle est convoquée au palais de Justice de sa ville.*

FAUX AMI
italien **palazzo** ne s'emploie pas au sens 1.

② **PALAIS** [palɛ] n. m. ▪ *LE PALAIS* **1.** Partie supérieure de l'intérieur de la bouche. *Ne te brûle pas le palais en buvant ton thé !* **2.** Organe du goût. *Il a DU PALAIS :* il sait ce qui est bon à manger.

REM. *Palet* « objet plat et rond » se prononce de la même façon.

PALAN [palɑ̃] n. m. ▪ *UN PALAN :* appareil qui sert à soulever et à déplacer des charges très lourdes, au bout d'un câble. *Il a fallu un palan pour hisser cette caisse à bord du bateau.*

PALANQUIN [palɑ̃kɛ̃] n. m. ▪ *UN PALANQUIN :* chaise ou litière portée à bras d'hommes ou à dos de chameau ou d'éléphant, dans les pays orientaux. *Elle a traversé la ville dans son palanquin.*

PALE [pal] n. f. ▪ *UNE PALE :* partie plate d'une hélice. *Les pales du ventilateur brassent l'air.*

PÂLE [pɑl] adj. (après le nom, parfois avant le nom) **1.** (après le nom) (qqn) Qui a le visage d'une blancheur terne. *Tu es tout pâle, tu es malade ?* → **pâlichon, pâlot.** *Elle est pâle de colère.* – *Les VISAGES PÂLES :* nom donné aux Blancs par les Indiens d'Amérique. **2.** (après le nom) (couleur) Peu vif ou mêlé de blanc. → **clair.** *J'aime bien les couleurs pâles. Il a des chaussettes bleu pâle.* ⟨contraires : foncé, vif⟩ **3.** (avant ou après le nom) Qui n'a pas d'éclat. *Ce tableau n'est qu'une pâle imitation de l'original.*

PALEFRENIER [palfʀənje] n. m. ▪ *UN PALEFRENIER :* personne dont le métier est de s'occuper des chevaux. *Le palefrenier est dans l'écurie.*

PALÉONTOLOGIE [paleɔ̃tɔlɔʒi] n. f. ▪ *LA PALÉONTOLOGIE :* la science qui étudie les êtres vivants de l'époque préhistorique. *La paléontologie est fondée sur l'étude des fossiles.*

PALESTINIEN [palɛstinjɛ̃] adj. et n. m., **PALESTINIENNE** [palɛstinjɛn] adj. et n. f. **1.** adjectif (après le nom) De la Palestine, région du Moyen-Orient, dont la ville principale est Jérusalem. *La région de Jéricho est un territoire palestinien autonome depuis 1994.* **2.** *UN PALESTINIEN, UNE PALESTINIENNE :* Arabe qui habite en Palestine. *Les Palestiniens.*

PALET [palɛ] n. m. ▪ *UN PALET :* petit objet plat et rond en pierre, en métal ou en caoutchouc, que l'on lance. *Les joueurs de hockey sur glace poussent le palet avec leur crosse.*

REM. *Palais* « château » et *palais* « partie supérieure de l'intérieur de la bouche » se prononcent de la même façon.

PALETOT [palto] n. m. ▪ STYLE FAMILIER *UN PALETOT :* gilet de laine. *Mets ton paletot, il ne fait pas chaud.* – *Il lui est TOMBÉ SUR LE PALETOT :* il l'a agressé.

FAUX AMI
roumain **palton** « pardessus »

PALETTE [palɛt] n. f. ▪ *UNE PALETTE :* plaque mince percée d'un trou pour le pouce, sur laquelle un peintre étale et mélange ses couleurs. *Le peintre s'est installé devant son chevalet avec sa palette et ses pinceaux.*

PALÉTUVIER [paletyvje] n. m. ▪ *UN PALÉTUVIER :* grand arbre des régions tropicales qui pousse au bord de l'eau. *On voit les racines des palétuviers au-dessus du sol.*

PÂLEUR [pɑlœʀ] n. f. ▪ *LA PÂLEUR :* couleur du visage d'une personne pâle. *Le malade est d'une pâleur cadavérique.*

PÂLICHON [pɑliʃɔ̃], **PÂLICHONNE** [pɑliʃɔn] adj. (après le nom) ▪ (qqn) Un peu pâle. *Cet enfant pâlichon a besoin de vacances.* → **pâlot.** *Tu es pâlichonne ce matin.*

PALIER [palje] n. m. ▪ *UN PALIER* **1.** Plate-forme située entre deux séries de marches d'un escalier. *Ils habitent sur le même palier,* au même étage. *Elle est très amie avec ses VOISINS DE PALIER.* **2.** Phase intermédiaire, dans une évolution. *La maladie évolue PAR PALIERS,* progressivement. → **degré.**

REM. *Pallier* « compenser » se prononce de la même façon.

PÂLIR [pɑliʀ] verbe [conjugaison 2] **1.** (qqn) Devenir pâle. → **blêmir.** *Elle pâlissait de colère en l'écoutant.* ⟨contraire : rougir⟩ **2.** (qqch.) Perdre son éclat. *Les rideaux foncés pâlissent au soleil.*

PALISSADE [palisad] n. f. ▪ *UNE PALISSADE :* clôture faite de planches. *Une palissade empêche les curieux d'entrer dans le chantier.*

PALISSANDRE [palisɑ̃dʀ] n. m. ▪ *LE PALISSANDRE :* bois exotique très dur, d'une couleur violacée, nuancée de noir et de jaune. *Le palissandre vient de Madagascar et d'Amérique tropicale. Ils ont une armoire en palissandre dans leur chambre.*

PALLIATIF [paljatif] adj. et n. m., **PALLIATIVE** [paljativ] adj. **1.** adjectif (après le nom) Qui calme la douleur sans agir sur la cause de la maladie. *Les malades incurables sont traités dans des centres de SOINS PALLIATIFS.* **2.** *UN PALLIATIF :* mesure insuffisante qui n'a qu'un effet passager. *Ce n'est pas une solution, ce n'est qu'un palliatif.* → **demi-mesure.**

PALLIER [palje] verbe [conjugaison 7a] ▪ Résoudre d'une manière provisoire. *Mon fils suit des cours particuliers de mathématiques pour pallier ses insuffisances,* pour remédier à ses insuffisances. *Ces mesures pallieront* [paliʀɔ̃] *la crise.*

REM. *Pallier* est toujours suivi d'un complément d'objet direct : *pallier à* est incorrect.

PALMARÈS [palmaʀɛs] n. m. ▪ *UN PALMARÈS :* liste des lauréats d'une distribution de prix, liste de récompenses. *Le nom de cet acteur figure au palmarès du festival.*

PALME [palm] n. f. ▪ *UNE PALME* **1.** Feuille de palmier. *Les palmes poussent en bouquet au sommet du tronc du palmier.* **2.** Symbole de la victoire. *Ce film a remporté la Palme d'or du festival de Cannes.* **3.** Chaussure de caoutchouc ressemblant à une nageoire, que l'on utilise pour nager plus vite ou pour nager sous l'eau. *Elle met son masque, son tuba et ses palmes et elle plonge.*

PALMÉ [palme], **PALMÉE** [palme] adj. (après le nom) ▪ Dont les doigts sont réunis par une membrane. *Les canards et les grenouilles ont les PATTES PALMÉES.*

PALMERAIE [palməʀɛ] n. f. ▪ *UNE PALMERAIE :* lieu planté de palmiers. *Nous nous sommes arrêtés dans la palmeraie.*

PALMIER [palmje] n. m. ▪ *UN PALMIER :* arbre des régions chaudes, qui porte de grandes feuilles (→ **palme**) en éventail à son sommet. *Les dattiers et les cocotiers sont des palmiers.*

PALMIPÈDE [palmipɛd] n. m. ▪ *UN PALMIPÈDE :* oiseau dont les pattes sont palmées. *Le canard, la mouette et le cygne sont des palmipèdes.*

PALOMBE [palɔ̃b] n. f. ▪ *UNE PALOMBE :* pigeon sauvage du sud-ouest de la France. *On chasse la palombe dans les Landes.* → **ramier.**

PÂLOT [pɑlo], **PÂLOTTE** [pɑlɔt] adj. (après le nom) ▪ (qqn) Un peu pâle. → **pâlichon.** *Tu es pâlotte ce matin.*

PALOURDE [paluʀd] n. f. ▪ *UNE PALOURDE :* coquillage ovale, gris ou beige. *Nous avons mangé des huîtres et des palourdes.*

PALPER [palpe] verbe [conjugaison 1a] **1.** Examiner en touchant avec les doigts. *Le médecin palpe le ventre du malade.* **2.** STYLE FAMILIER Recevoir (de l'argent). *Combien a-t-il palpé dans cette affaire ?*

PALPITANT [palpitɑ̃], **PALPITANTE** [palpitɑ̃t] adj. (après le nom) ▪ Qui excite l'intérêt, qui est très intéressant. → **passionnant.** *Mon oncle nous raconte toujours des histoires palpitantes. Ce film est palpitant.* → **prenant.**

PALPITATION [palpitasjɔ̃] n. f. ▪ *UNE PALPITATION :* battement trop rapide du cœur. *Le café peut provoquer des palpitations.*

PALPITER [palpite] verbe [conjugaison 1a] ▪ (cœur) Battre très fort. *Son cœur palpite quand il boit trop de café.*

PALUCHE [palyʃ] n. f. ▪ STYLE FAMILIER *UNE PALUCHE :* une main. *Ils se serrent la paluche.* → STYLE FAMILIER ② **louche.**

PALUDISME [palydism] n. m. ▪ *LE PALUDISME :* maladie provoquée par la piqûre de certains moustiques des pays chauds, qui donne de fortes fièvres. *Il a parfois des crises de paludisme, depuis son retour d'Afrique.* → **malaria.**

SE **PÂMER** [pɑme] verbe pronominal [conjugaison 1a] ▪ STYLE RECHERCHÉ Être comme paralysé par une sensation très agréable. *Les touristes se sont pâmés d'admiration devant les tableaux du musée.* → s'**extasier.**

PAMPELUNE [pɑ̃plyn] nom propre – en espagnol **PAMPLONA** ▪ Ville du nord de l'Espagne. *Ils sont allés à Pampelune. Nous revenons de Pampelune.*

PAMPHLET [pɑ̃flɛ] n. m. ▪ *UN PAMPHLET :* texte court et violent qui attaque une chose établie ou une personne connue. *Certains députés de l'opposition ont écrit un pamphlet contre le gouvernement.*

PAMPLEMOUSSE [pɑ̃pləmus] n. m. ▪ *UN PAMPLEMOUSSE :* gros fruit rond et jaune, au goût acide. *Elle boit un jus de pamplemousse. Il a acheté des pamplemousses roses au marché.* → **pomélo.** *Les pamplemousses sont des agrumes.*

① **PAN** [pɑ̃] n. m. ▪ *UN PAN* **1.** Partie flottante d'un vêtement. *Un pan de sa chemise sort de son pantalon.* **2.** *Un pan de mur :* une partie de mur. *Un pan du mur extérieur de la maison s'est effondré.*

> FAUX AMIS
> anglais **pan** « casserole » ; portugais **pano** « étoffe »

② **PAN !** [pɑ̃] interjection ▪ Mot qui sert à exprimer un bruit sec, un coup de fusil. *On a entendu deux coups de feu : pan ! pan !*

PANACÉE [panase] n. f. ▪ *UNE PANACÉE :* remède qui guérit tout, moyen qui résout tous les problèmes. *L'aspirine est un très bon médicament, mais ce n'est pas une panacée.*

REM. Ce mot s'emploie souvent dans des phrases à la forme négative.

PANACHE [panaʃ] n. m. ▪ *UN PANACHE* **1.** Bouquet de plumes qui orne une coiffure. *Au Moyen Âge, les chevaliers portaient un panache à leur casque.* **2.** Touffe de poils ou de plumes qui augmente à partir de la base. *Les écureuils ont la queue EN PANACHE.* **3.** Belle allure. *Les soldats qui défilent ont du panache dans leur bel uniforme.*

PANACHÉ [panaʃe] adj. et n. m., **PANACHÉE** [panaʃe] adj. **1.** adjectif (après le nom) Formé de plusieurs choses différentes. *Je mange une glace panachée vanille et chocolat,* à la vanille et au chocolat. *Elle aime les œillets panachés,* de plusieurs couleurs mélangées. **2.** *UN PANACHÉ :* mélange de limonade et de bière. *Il a bu un panaché à la terrasse du café.*

REM. Pour la boisson, on dit aussi *un demi panaché.*

PANARIS [panaʀi] n. m. ▪ *UN PANARIS :* bouton rempli de pus, près d'un ongle. *Il a un panaris au pouce.*

PANCARTE [pɑ̃kaʀt] n. f. ▪ *UNE PANCARTE :* écriteau sur lequel une indication est écrite. *À l'entrée de la propriété, il y a une pancarte avec l'inscription « Défense d'entrer ».*

PANCRÉAS [pɑ̃kʀeas] n. m. ▪ *LE PANCRÉAS :* glande de l'appareil digestif, de forme allongée, située derrière l'estomac. *Il est mort d'un cancer du pancréas.*

PANDA [pɑ̃da] n. m. ▪ *UN PANDA :* animal noir et blanc, aux yeux entourés de taches noires, qui ressemble à un ours et qui vit en Chine et au Tibet. *Le panda est un mammifère. Les pandas se nourrissent de pousses de bambou.*

PANÉ [pane], **PANÉE** [pane] adj. (après le nom) ▪ (aliment) Recouvert de chapelure avant d'être frit. *Nous avons mangé des escalopes panées.*

PANÉGYRIQUE [paneʒiʀik] n. m. ▪ STYLE RECHERCHÉ *UN PANÉGYRIQUE :* discours à la louange de qqn. → **éloge.** *Le nouveau député FAIT LE PANÉGYRIQUE DE son prédécesseur,* il dit du bien de lui.

PANIER [panje] n. m. ▪ *UN PANIER* **1.** Sac, souvent en osier, à une ou deux anses, servant à contenir, à transporter des marchandises. *Elle prend son panier à provisions pour aller au marché.* → **cabas.** *Le panier à pain est sur la table.* – STYLE FAMILIER *Il a MIS de vieux papiers AU PANIER,* il les a jetés dans la corbeille à papiers, à la poubelle. **2.** *UN PANIER À SALADE :* récipient métallique à claire-voie dans lequel on fait égoutter la salade. *Épluche la salade et mets-la dans le panier à salade.* – (figuré) STYLE FAMILIER *Plusieurs manifestants ont été embarqués dans le panier à salade,* dans le camion de police. **3.** (qqn) STYLE FAMILIER *C'est un vrai PANIER PERCÉ :* il est très dépensier. **4.** Au basket, filet ouvert fixé à un panneau de bois dans lequel on doit envoyer le ballon. *L'un des joueurs de notre équipe a FAIT UN PANIER,* a marqué un but.

> FAUX AMI
> allemand **Panier** « bannière, drapeau ».

PANINI [panini] n. m. ▪ *UN PANINI :* sandwich italien au pain blanc, que l'on mange grillé et chaud. *Ils ont acheté des paninis pour leur déjeuner.*

REM. Ce mot vient de l'italien *panino* « petit pain ».

PANIQUE [panik] n. f. ▪ *LA PANIQUE :* grande peur souvent collective devant un danger réel ou imaginaire. → **terreur.** *Les habitants de l'immeuble en feu sont PRIS DE PANIQUE. Restez calmes, pas de panique !* → **affolement.**

PANIQUER [panike] verbe [conjugaison 1a] ▪ STYLE FAMILIER Avoir très peur, être affolé. *Il panique quand il passe des examens.* – *Elle est complètement paniquée* (→ **affolé).**

PANNE [pan] n. f. ▪ *UNE PANNE :* arrêt anormal du fonctionnement d'un mécanisme, d'un moteur. *Le technicien répare la panne du téléviseur. L'ascenseur est EN PANNE,* il ne fonctionne plus. *La voiture est TOMBÉE EN PANNE d'essence,* elle n'a plus d'essence pour avancer. *Il y a eu une panne d'électricité,* une coupure accidentelle de courant.

PANNEAU [pano] n. m. ▪ *UN PANNEAU* **1.** Surface plane, plaque portant des inscriptions. → **pancarte, panonceau.** *Sur la route, le panneau de signalisation indique la vitesse à ne pas dépasser.* PLURIEL : *les PANNEAUX donnent les directions à suivre. Dans la ville, il y a des panneaux publicitaires.* **2.** Surface plane entourée d'une bordure. *Une porte est un panneau mobile. L'immeuble est fait de panneaux de béton.*

PANONCEAU [panɔ̃so] n. m. ▪ *UN PANONCEAU :* petit panneau. → **pancarte.** *Ce panonceau indique la catégorie de l'hôtel.* PLURIEL : *des PANONCEAUX.*

PANOPLIE [panɔpli] n. f. ▪ *UNE PANOPLIE :* jouet d'enfant fait d'un déguisement et de ses accessoires présenté sur un carton. *Son fils voudrait une panoplie de cow-boy pour Noël. - Il a la panoplie du parfait bricoleur :* il a tous les outils qu'il faut pour bricoler.

PANORAMA [panɔʀama] n. m. ▪ *UN PANORAMA :* paysage que l'on peut contempler de tous côtés. *Quel beau panorama du haut de la colline !* → **vue.**

PANORAMIQUE [panɔʀamik] adj. (après le nom) ▪ Qui permet de voir l'ensemble d'un paysage. *On a une VUE PANORAMIQUE de la ville, du haut des remparts. Ce film passe sur écran panoramique,* sur un très grand écran.

PANSE [pɑ̃s] n. f. ▪ *LA PANSE :* première poche de l'estomac des ruminants. *L'herbe mangée par la vache reste dans sa panse avant d'être mastiquée.* - STYLE FAMILIER *Il s'est REMPLI LA PANSE :* il a beaucoup mangé.

PANSEMENT [pɑ̃smɑ̃] n. m. ▪ *UN PANSEMENT :* ce que l'on met sur une plaie pour la protéger des infections et des chocs. *L'infirmière fait un pansement au malade avec du coton, de la gaze et du sparadrap. Il faut changer ton pansement.*

> FAUX AMIS
> espagnol **pensamiento,** portugais **pensamento** « pensée »

PANSER [pɑ̃se] verbe [conjugaison 1a] **1.** Soigner (qqn, une plaie) en faisant un pansement. *L'infirmière panse le genou blessé du malade.* → **bander.** *Le médecin panse le blessé.* **2.** Nettoyer (un cheval). *Le cavalier panse sa jument.* → **brosser, étriller.**
REM. *Penser* « réfléchir » se prononce de la même façon.

PANTALON [pɑ̃talɔ̃] n. m. ▪ *UN PANTALON :* culotte longue qui descend jusqu'aux pieds. *Il enfile son pantalon.* → STYLE FAMILIER **falzar, froc, futal.** *Elle est en pantalon.*

PANTHÈRE [pɑ̃tɛʀ] n. f. ▪ *UNE PANTHÈRE :* animal de la famille des félins, au pelage jaune tacheté de noir ou tout noir, qui vit en Afrique et en Asie. *La panthère bondit sur sa proie. Les panthères sont des fauves. - Elle a une veste en panthère,* en fourrure de panthère.

PANTIN [pɑ̃tɛ̃] n. m. ▪ *UN PANTIN :* marionnette articulée dont on agite les bras et les jambes avec un fil. *Le bébé joue avec un pantin de carton.*

PANTOIS [pɑ̃twa], **PANTOISE** [pɑ̃twaz] adj. (après le nom) ▪ STYLE RECHERCHÉ Stupéfait. *Il en est resté pantois. Cette réponse l'a laissée pantoise.*

PANTOMIME [pɑ̃tɔmim] n. f. ▪ *UNE PANTOMIME :* pièce de théâtre mimée, sans paroles (→ **mime**). *Les élèves ont joué une pantomime pour la fête de l'école.*

PANTOUFLARD [pɑ̃tuflaʀ], **PANTOUFLARDE** [pɑ̃tuflaʀd] adj. (après le nom) ▪ (qqn) STYLE FAMILIER Qui aime rester chez soi, qui tient à ses habitudes. *Il ne sort pas beaucoup, il est très pantouflard.* → **casanier.**

PANTOUFLE [pɑ̃tufl] n. f. ▪ *UNE PANTOUFLE :* chaussure que l'on met pour rester chez soi. *Il a mis sa robe de chambre et ses pantoufles.* → **chausson.**

PAON [pɑ̃] n. m. ▪ *UN PAON :* grand oiseau de la taille d'un faisan, dont le mâle a une grande queue qu'il peut redresser et étaler comme un éventail. *Les paons mâles ont un plumage très joliment coloré. Dans le jardin zoologique, les paons font la roue. - Il est ORGUEILLEUX COMME UN PAON,* très orgueilleux.

> FAUX AMI
> portugais **pão** « pain »

PAPA [papa] n. m. **1.** *PAPA :* nom affectueux que les enfants, même devenus adultes, donnent à leur père et dont ils se servent pour parler de lui. *Oui, papa.* **2.** *UN PAPA* STYLE FAMILIER Père. *Où est ton papa ? Les enfants jouent au papa et à la maman.*

PAPAL [papal], **PAPALE** [papal] adj. (après le nom) ▪ Du pape. → **pontifical.** *L'habit papal est blanc.* MASCULIN PLURIEL : *les vêtements PAPAUX* [papo].

PAPAUTÉ [papote] n. f. ▪ *LA PAPAUTÉ :* dignité, fonction de pape. *C'est un cardinal italien qui a été élevé à la papauté.*

PAPAYE [papaj] n. f. ▪ *UNE PAPAYE :* fruit des pays chauds ressemblant à un melon allongé, à la chair rouge orangé. *Il boit un jus de papaye.*

PAPE [pap] n. m. ▪ *LE PAPE :* le chef de l'Église catholique romaine. *Le pape est élu par les cardinaux. Le palais du Vatican est la résidence du pape* (→ **pontifical**).

PAPERASSE [papʀas] n. f. ▪ *LA PAPERASSE :* papier considéré comme inutile ou encombrant. *Il faut jeter toutes ces paperasses.*

PAPERASSERIE [papʀasʀi] n. f. ▪ *LA PAPERASSERIE :* accumulation de papiers sans intérêt. *Je ne comprends rien à toute cette paperasserie administrative.*

PAPETERIE [papɛtʀi] n. f. ▪ *UNE PAPETERIE* **1.** Magasin où l'on vend tout ce qui est nécessaire pour écrire et dessiner, les fournitures pour l'école ou le bureau. *Il y a une papeterie en face du lycée. J'ai acheté du papier à lettres et des enveloppes à la papeterie.* **2.** Usine où l'on fabrique le papier. *Le papier qui sort de la papeterie est livré à l'imprimerie.*
REM. On prononce aussi [paptʀi].

PAPETIER [paptje] n. m., **PAPETIÈRE** [paptjɛʀ] n. f. ▪ *UN PAPETIER, UNE PAPETIÈRE :* une personne qui a une papeterie. *Il a acheté une gomme et des crayons chez le papetier.*

PAPI [papi] n. m. ▪ STYLE FAMILIER **1.** *PAPI :* nom affectueux que l'on donne à son grand-père. *Leurs enfants appellent leur grand-père papi et leur grand-mère mamie. Bonjour, papi !* → STYLE FAMILIER **pépé.** **2.** *UN PAPI :* un grand-père. *Où est ton papi ?*
REM. On écrit aussi *papy.*

PAPIER [papje] n. m. **1.** *LE PAPIER :* matière fabriquée à partir de végétaux réduits en pâte et séchés, servant à écrire, à dessiner ou à envelopper des objets. *Le papetier vend du papier à dessin* *et du papier à lettres. Elle s'essuie les mains avec une serviette en papier. Le papier à cigarettes est très mince. Les élèves écrivent leur nom et leur adresse sur une* FEUILLE DE PAPIER. *Achète du* PAPIER HYGIÉNIQUE *au supermarché,* du papier que l'on utilise dans les toilettes. → **papier-toilette.** *Le reste de viande est enveloppé dans du papier d'aluminium,* dans une mince feuille d'aluminium. *Les murs de la chambre sont tapissés de* PAPIER PEINT. – *Elle a noté ça sur un papier,* sur un morceau, une feuille de papier. **2.** *UN PAPIER* : document. *J'ai perdu un papier important. Il range les papiers dans son secrétaire.* – *Le policier lui a demandé ses* PAPIERS D'IDENTITÉ, les documents officiels (passeport, carte d'identité) qui prouvent son identité. *Vos papiers, s'il vous plaît !* – *Il* EST DANS LES PETITS PAPIERS *DU directeur,* il est apprécié par lui.

PAPIER-TOILETTE [papjetwalɛt] n. m. ■ *LE PAPIER-TOILETTE* : le papier hygiénique que l'on utilise dans les toilettes. *Il a acheté des rouleaux de papier-toilette au supermarché.* PLURIEL : *des PAPIERS-TOILETTE.*

REM. On dit aussi (très familier) *papier cul, papier Q.*

PAPILLE [papij] n. f. ■ *UNE PAPILLE* : petit point en saillie à la surface de la peau ou d'une muqueuse qui correspond à l'extrémité d'un nerf ou d'un vaisseau sanguin. *Les papilles gustatives de la langue permettent de sentir le goût des aliments.*

PAPILLON [papijɔ̃] n. m. ■ *UN PAPILLON* **1.** Insecte aux grandes ailes colorées. *Les larves de papillon sont des chenilles. Il collectionne les papillons. Les papillons volent de fleur en fleur.* **2.** *UN NŒUD PAPILLON* : nœud plat que l'on passe sous le col d'une chemise et servant de cravate. *Il a mis un nœud papillon.* – *NŒUD PAP* [nøpap] forme abrégée familière *Il a un nœud pap.* **3.** *LA BRASSE PAPILLON* : brasse où les bras font des moulinets et les jambes des battements. *Il est champion de brasse papillon.*

> FAUX AMI
> grec **παπ(ι)γιόν** ne s'emploie pas pour l'insecte ni pour la nage

PAPILLONNER [papijɔne] verbe [conjugaison 1a] ■ Aller d'une personne à l'autre ou d'une chose à une autre sans s'y arrêter. *Il papillonne d'une femme à une autre.*

PAPILLOTE [papijɔt] n. f. ■ *UNE PAPILLOTE* : morceau de papier enveloppant certains aliments que l'on veut faire cuire au four. *Le cuisinier a fait des rougets en papillotes.*

PAPILLOTER [papijɔte] verbe [conjugaison 1a] ■ (yeux) S'ouvrir et se fermer très vite. *Il a tellement sommeil que ses yeux papillotent.* → **cligner.**

PAPOTER [papɔte] verbe [conjugaison 1a] ■ Parler beaucoup en disant des choses insignifiantes. *Elle papote avec sa voisine.* → **bavarder.**

PAPOUILLE [papuj] n. f. ■ STYLE FAMILIER *UNE PAPOUILLE* : petite caresse, chatouille. *Il lui fait des papouilles dans le cou.*

PAPRIKA [paprika] n. m. ■ *LE PAPRIKA* : piment doux en poudre. *Le cuisinier a fait du bœuf au paprika. Pense à acheter du paprika.*

PAPY → **papi**

PAPYRUS [papirys] n. m. ■ *UN PAPYRUS* **1.** Plante des bords du Nil dont la tige servait aux anciens Égyptiens à fabriquer des feuilles pour écrire. *Elle a des papyrus en pots.* – *Le papier a remplacé le papyrus.* **2.** Manuscrit écrit sur papyrus. *Les plus anciens papyrus égyptiens ont cinq mille ans.*

PÂQUE [pɑk] n. f. ■ *LA PÂQUE* : fête juive qui commémore la sortie des Hébreux hors d'Égypte. *La pâque juive est une grande fête.*

PAQUEBOT [pakbo] n. m. ■ *UN PAQUEBOT* : grand bateau qui transporte des passagers. *Il a fait une croisière aux Antilles sur un paquebot.*

PÂQUERETTE [pɑkʀɛt] n. f. ■ *UNE PÂQUERETTE* : petite plante des gazons à fleur blanche et rose, à cœur jaune. *Des pâquerettes poussent sur la pelouse.*

PÂQUES [pɑk] n. f. pluriel et n. m. **1.** nom féminin pluriel *LES PÂQUES* : fête chrétienne qui commémore la résurrection du Christ. *Joyeuses Pâques !* **2.** nom masculin *PÂQUES* : le jour de Pâques. *Pâques est toujours un dimanche. En France, le lundi de Pâques est un jour férié. Nous sommes allés à la campagne pour les vacances de Pâques,* les vacances qui ont lieu au moment de Pâques. – *Les enfants mangent des* ŒUFS DE PÂQUES, des chocolats en forme d'œuf que l'on mange à Pâques.

REM. L'adjectif qui correspond à *Pâques* est *pascal.* → **pascal.**

PAQUET [pakɛ] n. m. ■ *UN PAQUET* **1.** Objet enveloppé dans un emballage. *Elle fait un paquet avec de vieux vêtements* **(→ empaqueter).** *Il a reçu un paquet par la poste.* → **colis. 2.** Objet vendu dans un emballage en papier, en carton. *J'ai acheté un paquet de café.* – *Il a mangé tout le paquet de bonbons,* tout le contenu du paquet de bonbons. **3.** Grande quantité. *Des* PAQUETS DE MER *s'abattent sur la digue,* une grande quantité d'eau de mer. – STYLE FAMILIER *Il a touché le paquet,* une grosse somme d'argent. – *Si tu veux réussir, il faut que tu* METTES LE PAQUET, que tu fasses tout ce qu'il faut pour cela.

> FAUX AMIS
> néerlandais **pak** « costume » ; portugais **paquete** « paquebot »

PAQUET-CADEAU [pakɛkado] n. m. ■ *UN PAQUET-CADEAU* : paquet présenté de manière jolie et agréable pour être offert en cadeau. *La vendeuse fait un paquet-cadeau.* PLURIEL : *des PAQUETS-CADEAUX.*

PAR [paʀ] préposition **1.** Indique un lieu traversé. *Nous sommes sortis par la porte de gauche. Nous sommes passés par la Suisse. Il regarde par la fenêtre,* à travers. *Par ici, on va à Paris et par là à Marseille* : de ce côté-ci, on va à Paris et de ce côté-là, à Marseille. – *Je ne sais pas ce qui lui passe par la tête,* quelle idée il a tout à coup. **2.** (devant un adverbe) *Sa robe s'attache par-devant. Il est arrivé par-derrière. Tenez l'armoire par en bas. Passez-la par en haut.* **3.** Pendant, durant. *Elle est arrivée par un beau matin d'été.* **4.** Indique la fréquence. *Il prend son médicament trois fois par jour. Elle gagne dix mille francs par mois.* – *Entrez un par un dans la banque,* chacun à votre tour. **5.** Grâce à l'action de. *J'ai appris la nouvelle par mes voisins. Il a été renversé par une voiture.* **6.** Au moyen de. *On n'obtient rien par la force. Elle prend sa fille par la main pour traverser. Répondez par oui ou par non. Il est arrivé par le train,* en train. – *Ils ont* FINI PAR *s'en aller* : ils sont enfin partis. **7.** À cause de. *Elle reste avec lui par pitié.* **8.** PAR BONHEUR, *il ne pleut pas aujourd'hui,* heureusement. *Elle aime sortir,* PAR EXEMPLE *aller au théâtre,* notamment. *Il sait ses leçons* PAR CŒUR, de mémoire.

> FAUX AMIS
> espagnol et portugais **para** « pour »

REM. Les mots grammaticaux commençant avec le mot *par* ne prennent pas tous le trait d'union *(par-derrière, par-dessus, par terre).* Voyez à la nomenclature.

PARA n. m. Forme abrégée familière de **parachutiste.**

① **PARABOLE** [paʀabɔl] n. f. ■ *UNE PARABOLE* : récit qui contient un enseignement moral et sert d'exemple. *L'Évangile contient de nombreuses paraboles.*

② **PARABOLE** [paʀabɔl] n. f. ▪ *UNE PARABOLE* **1.** Ligne courbe dont chacun des points est situé à égale distance d'un point fixe et d'une droite fixe. *La parabole représente une équation du second degré.* **2.** Antenne parabolique. *Ils reçoivent des émissions de l'étranger grâce à la parabole.*

PARABOLIQUE [paʀabɔlik] adj. (après le nom) ▪ *UNE ANTENNE PARABOLIQUE* : antenne de télévision qui capte les programmes étrangers retransmis par satellite. *Ils ont une antenne parabolique sur le toit de leur maison.* → ② **parabole.**

PARACHEVER [paʀaʃəve] verbe [conjugaison 5a] ▪ Terminer avec soin (une œuvre, un travail) pour rendre parfait. *Le peintre parachève son tableau avant de le signer.*

REM. On prononce aussi [paʀaʃve].

PARACHUTAGE [paʀaʃytaʒ] n. m. ▪ *UN PARACHUTAGE* : action de lâcher en parachute d'un avion (qqch., qqn). *Le parachutage des troupes s'est effectué rapidement.*

PARACHUTE [paʀaʃyt] n. m. ▪ *UN PARACHUTE* : objet formé d'un grand morceau de tissu relié à un système de sangles et qui, en se déployant, ralentit la chute d'une personne qui saute ou d'un objet que l'on lance d'un avion. *Les soldats ont sauté en parachute.*

PARACHUTER [paʀaʃyte] verbe [conjugaison 1a] **1.** Lâcher en parachute à l'aide d'un avion. *Les troupes parachutent des armes sur le lieu du combat.* → **larguer.** **2.** STYLE FAMILIER Nommer (qqn) à un poste de manière inattendue. *Le directeur l'a parachuté à un nouveau poste. Il a été parachuté à la direction.*

PARACHUTISME [paʀaʃytism] n. m. ▪ *LE PARACHUTISME* : sport qui consiste à sauter en parachute. *Il fait du parachutisme.*

PARACHUTISTE [paʀaʃytist] n. m., n. f. ▪ *UN PARACHUTISTE, UNE PARACHUTISTE* : une personne qui pratique le saut en parachute. *Elle est parachutiste. Il est soldat dans un régiment de parachutistes.* - *PARA* [paʀa] forme abrégée familière *Il a un béret de para. Les paras ont sauté de l'avion.*

① **PARADE** [paʀad] n. f. ▪ *UNE PARADE* **1.** Défilé militaire où les troupes défilent en grande tenue. *Le 14 juillet, les soldats français défilent pour la parade, sur les Champs-Élysées.* → **défilé,** ② **revue.** **2.** *DE PARADE* : utilisé comme ornement. *Le torero met son habit de parade pour combattre le taureau,* il met son habit de cérémonie.

FAUX AMI
espagnol **parada**
« arrêt »

② **PARADE** [paʀad] n. f. ▪ *UNE PARADE* : manière d'éviter un coup. *Le boxeur a trouvé une parade contre les coups de son adversaire.*

PARADER [paʀade] verbe [conjugaison 1a] ▪ Se montrer en se faisant remarquer. *Il parade avec sa nouvelle voiture.* → se **pavaner.**

PARADIS [paʀadi] n. m. **1.** *LE PARADIS* : lieu de bonheur où les chrétiens pensent que vont, après la mort, les âmes de ceux qui l'ont mérité. *Les gens qui font le bien vont au paradis.* → **ciel.** ⟨contraire : enfer⟩ **2.** *UN PARADIS* : lieu très agréable. *Cette petite île est un paradis. C'est le paradis, ici !*

PARADISIAQUE [paʀadizjak] adj. (après le nom) ▪ (lieu) Très agréable, délicieux. *Nous avons passé nos vacances dans un village paradisiaque.* → **enchanteur.**

PARADOXAL [paʀadɔksal], **PARADOXALE** [paʀadɔksal] adj. (après le nom) ▪ Bizarre et contradictoire. *Elle vit à la campagne alors qu'elle préfère la ville, c'est paradoxal. Son attitude est paradoxale.* MASCULIN PLURIEL : *des comportements PARADOXAUX* [paʀadɔkso].

PARADOXE [paʀadɔks] n. m. ▪ *UN PARADOXE* : opinion qui s'oppose à celle que les gens ont généralement. *Il a le goût du paradoxe.*

FAUX AMI
allemand
paradox
« paradoxal »

PARAFFINE [paʀafin] n. f. ▪ *LA PARAFFINE* : matière solide et blanche qui ressemble à la cire. *On fabrique des bougies avec de la paraffine. L'HUILE DE PARAFFINE est un lubrifiant.*

PARAGES [paʀaʒ] n. m. pluriel ▪ *LES PARAGES* : les environs (d'un lieu). *J'entends miauler, le chat doit être dans les parages.* → **voisinage.**

PARAGRAPHE [paʀagʀaf] n. m. ▪ *UN PARAGRAPHE* : partie d'un texte qui commence et qui finit par un passage à la ligne. *Lisez les deux premiers paragraphes.*

PARAGUAY [paʀagwɛ] nom propre masculin ▪ *LE PARAGUAY* : pays d'Amérique du Sud. *La capitale du Paraguay est Asunción. En ce moment, ils sont au Paraguay.*

paraissait [paʀɛsɛ] *Il paraissait, elle paraissait* : forme à l'imparfait du verbe **paraître.**

paraisse [paʀɛs] *Que je paraisse ; qu'il paraisse, qu'elle paraisse* : forme au subjonctif du verbe **paraître.**

PARAÎTRE [paʀɛtʀ] verbe [conjugaison 57]
I. (auxiliaire *avoir*) **1.** Se montrer. - *Cet homme politique aime paraître en public.* - *Le soleil paraît à l'horizon.* → **apparaître.** **2.** (livre, journal) Être mis en vente. *Son prochain roman paraîtra dans un mois. Cette revue paraît chaque semaine. Un nouvel hebdomadaire vient de paraître.* → **sortir.** *Une nouvelle édition a paru.* - *Le livre a paru aux Éditions universitaires.* → **éditer, publier.** (passif) *La revue est parue depuis plusieurs jours.*
II. (avec l'attribut) Avoir l'air, sembler. → **sembler.** *Tu parais satisfait de tes cadeaux !* tu donnes l'impression d'être content. *Vos blessures ne paraissent pas graves. Mon père PARAÎT JEUNE,* il fait plus jeune que son âge. *Vous ne paraissez pas votre âge !* vous donnez l'impression d'être plus jeune. *La situation paraissait désespérée. Ça paraît louche, cette histoire d'argent perdu. Ça me paraît bizarre.* - *Elle a paru s'ennuyer pendant le spectacle. Vous paraissez avoir des compétences.*
III. verbe impersonnel **1.** *IL PARAÎT QUE* : il semble que, on dit que. *Il paraît que le président est malade. Alors, il paraît que tu quittes la France ?* - *J'ai envoyé ma lettre trop tard, À CE QU'IL PARAÎT,* on m'a dit cela. *Il m'a paru qu'elle était mécontente.* **2.** (en fonction d'adverbe) *PARAÎT-IL* [paʀɛtil] : on dit que. *Elle est, paraît-il, déjà partie. Vous êtes, paraît-il, un bon cuisinier ?* on m'a dit cela, est-ce vrai ?

REM. **1.** Accent circonflexe sur le *i* devant *t* (et seulement devant *t*) : *paraître, il paraît, elle paraîtra.* **2.** Aux sens II. et III., 1., *sembler* et *paraître* ont les mêmes emplois, sauf dans *paraître son âge.* **3.** À l'impersonnel (III.), le verbe est surtout employé au présent. **4.** *Paraît-il* (III., 2.) fait référence à l'opinion publique, alors que *semble-t-il* est plus personnel.

PARALLÈLE [paʀalɛl] adj., n. f. et n. m.
I. adjectif (après le nom) **1.** *Des lignes parallèles,* qui vont dans la même direction et ne se rencontrent jamais, ne se coupent jamais. *Tracez deux droites parallèles.* - *Les rails du chemin de fer sont parallèles. La rue que vous cherchez est parallèle à la rue Danton,* elle est à côté de la rue Danton et elle va dans la même direction. **2.** Qui a lieu en même temps, qui existe en même temps qu'autre chose d'officiel. *Cet homme marié a une vie parallèle,* il est marié et il a une autre famille, une autre femme. → **double.** *Son fils est dans une école parallèle,* dans une école qui n'est pas d'État.

II. *UNE PARALLÈLE :* ligne qui est toujours à égale distance d'une autre ligne et qui ne la rejoint jamais. *Démontrez que la droite AB est la parallèle de la droite CD.*
III. *UN PARALLÈLE* **1.** Chacun des cercles imaginaires de la sphère terrestre, parallèles à l'équateur. *Les parallèles servent à mesurer la latitude. Montréal et Milan sont sur le même parallèle,* ces villes sont à la même latitude (→ **méridien**). **2.** *FAIRE UN PARALLÈLE :* faire une comparaison. *La police fait un parallèle entre les deux attentats.*

PARALLÈLEMENT [paʀalɛlmɑ̃] adverbe ▪ En même temps. *Il travaille et, parallèlement, il continue ses études.*

PARALLÉLÉPIPÈDE [paʀalelepipɛd] n. m. ▪ *UN PARALLÉLÉPIPÈDE :* objet, figure géométrique qui a six faces, les faces opposées étant parallèles et égales. *Une boîte à chaussures est un parallélépipède.*

PARALLÉLISME [paʀalelism] n. m. ▪ *LE PARALLÉLISME :* état de lignes, d'objets parallèles. *Le garagiste vérifie le parallélisme des roues de la voiture.*

PARALLÉLOGRAMME [paʀalelɔgʀam] n. m. ▪ *UN PARALLÉLOGRAMME :* figure géométrique à quatre côtés dont les côtés opposés sont parallèles et égaux. *Un losange est un parallélogramme.*

PARALYSÉ [paʀalize] adj. et n. m., **PARALYSÉE** [paʀalize] adj. et n. f. **1.** adjectif (après le nom) Qui est atteint de paralysie. *Il a les jambes paralysées. C'est un malade paralysé. Le vétérinaire soigne un chien paralysé de l'arrière-train.* **2.** *UN PARALYSÉ, UNE PARALYSÉE :* infirme atteint de paralysie. *Dans cet hôpital, il y a un service de paralysés.* → **paralytique.**

PARALYSER [paʀalize] verbe [conjugaison 1a] **1.** *ÊTRE PARALYSÉ :* ne plus pouvoir bouger son corps ou une partie de son corps à la suite d'une maladie ou d'un accident. *Elle est paralysée des deux jambes.* **2.** Immobiliser. *Le froid paralyse les membres.* → **engourdir. 3.** Rendre incapable de bouger, de réagir. *La peur m'a paralysé.* **4.** Empêcher de fonctionner. *Une grève paralyse les transports en commun.*

PARALYSIE [paʀalizi] n. f. ▪ *UNE PARALYSIE* **1.** Incapacité de bouger le corps ou une partie du corps à la suite d'une maladie ou d'un accident. *Le malade est atteint d'une paralysie des membres inférieurs.* **2.** Impossibilité d'agir, de fonctionner. *La grève des transports a provoqué la paralysie de la capitale.*

PARALYTIQUE [paʀalitik] adj., n. m. et n. f. **1.** Paralysé à la suite d'une maladie, d'un accident. *C'est un vieillard paralytique.* → **paralysé. 2.** *UN PARALYTIQUE, UNE PARALYTIQUE :* une personne atteinte de paralysie à la suite d'une maladie, d'un accident. *Il fait de la rééducation dans le service des paralytiques.*

> REM. *Paralysé* se dit des personnes et des animaux mais *paralytique* ne se dit que des personnes.

PARAMÈTRE [paʀamɛtʀ] n. m. ▪ *UN PARAMÈTRE :* élément qui aide à juger, à comprendre. *Il faut tenir compte de tous les paramètres.* → ② **facteur.**

PARANO adj., n. m. et n. f. Forme abrégée familière de **paranoïaque.**

PARANOÏAQUE [paʀanɔjak] adj., n. m. et n. f. **1.** Qui est atteint de troubles du caractère (orgueil démesuré, méfiance, susceptibilité) qui entraînent une fausseté du jugement et de l'agressivité. *Les malades paranoïaques se croient souvent attaqués.* – (par exagération) *Tu es complètement paranoïaque !* tu es d'une méfiance, d'une inquiétude exagérées. – *PARANO* [paʀano] forme abrégée familière *Tu deviens parano ma parole ! Elles sont paranos.* **2.** *UN PARANOÏAQUE, UNE PARANOÏAQUE :* une personne paranoïaque. *Ce malade est un paranoïaque.* – (abréviation) *C'est une parano.*

PARAPENTE [paʀapɑ̃t] n. m. ▪ *LE PARAPENTE :* le sport qui consiste à sauter dans le vide, d'une falaise ou d'une montagne, avec un parachute rectangulaire. *Mon fils FAIT DU PARAPENTE,* il pratique ce sport.

PARAPET [paʀapɛ] n. m. ▪ *UN PARAPET :* petit mur qui protège, qui empêche de tomber. *Elle regarde le fleuve, accoudée au parapet du pont.*

PARAPHARMACIE [paʀafaʀmasi] n. f. ▪ *LA PARAPHARMACIE :* commerce des produits et des objets destinés aux soins du corps, en pharmacie ou non. *Les médicaments ne sont pas vendus en parapharmacie.*

PARAPHE [paʀaf] n. m. ▪ *UN PARAPHE :* signature abrégée. *Le médecin met son paraphe au bas de l'ordonnance.*

PARAPLUIE [paʀaplɥi] n. m. ▪ *UN PARAPLUIE :* objet portatif formé d'un manche et d'un tissu imperméable tendu sur une armature pliante et qui sert à se protéger de la pluie. *Ouvre ton parapluie, il commence à pleuvoir.* → STYLE FAMILIER **pépin.**

PARASITE [paʀazit] n. m. et adj.
I. *UN PARASITE* **1.** Être qui vit sur le corps ou dans le corps d'un autre et en tire sa nourriture, sans le tuer. *Le pou est un parasite de l'homme.* **2.** Personne qui vit aux dépens des autres, alors qu'elle pourrait gagner sa vie. *Il ne fait rien, et il vient à la maison aux heures des repas : c'est un vrai parasite.* **3.** (au pluriel) DES PARASITES : bruits qui troublent la réception des signaux radioélectriques et qui gênent l'écoute de la radio, de la télévision ou du téléphone (→ STYLE FAMILIER **friture**). *On n'entend rien, il y a des parasites.*
II. adjectif (après le nom) (animal) Qui vit aux dépens de l'homme, d'un animal, d'une plante. *Le ténia est un ver parasite.*

PARASITER [paʀazite] verbe [conjugaison 1a] **1.** Vivre aux dépens de. *Des vers parasitent votre chat, il faut le purger.* **2.** Perturber (une émission de radio, de télévision) par des bruits. *Nous n'avons pas pu suivre cette émission, elle a été parasitée.*

PARASOL [paʀasɔl] n. m. **1.** *UN PARASOL :* objet pliant en toile ressemblant à un grand parapluie, qui protège du soleil. *Nous avons déjeuné dans le jardin, sous le parasol. Reste sous le parasol, il y a trop de soleil.* **2.** *Un PIN PARASOL :* pin dont les branches s'étalent en forme de parasol. *Il fait la sieste sous un pin parasol.*

> FAUX AMI
> polonais **parasol** « parapluie »

PARATONNERRE [paʀatɔnɛʀ] n. m. ▪ *UN PARATONNERRE :* tige de fer fixée au toit et reliée au sol, qui protège les bâtiments des effets de la foudre. *Un paratonnerre est installé sur le clocher de l'église.*

PARAVENT [paʀavɑ̃] n. m. ▪ *UN PARAVENT :* meuble d'appartement fait de panneaux verticaux et articulés, qui sert à isoler ou à protéger des courants d'air. *Dans cette petite chambre d'hôtel, le lavabo est caché par un paravent.*

PARC [paʀk] n. m. ▪ *UN PARC* **1.** Petite clôture basse formant un espace où les tout petits enfants peuvent rester sans danger. *Le bébé joue dans son parc.* **2.** Grand jardin boisé. *Nous nous sommes promenés dans le parc du château.* **3.** Immense réserve naturelle où l'on protège les animaux et les plantes. *La nature est splendide dans le parc des Pyrénées.* **4.** Espace aménagé en plein air pour le public. *Les enfants adorent les parcs de loisirs.* **5.** Bassin où l'on élève des coquillages. *Nous achèterons des huîtres au PARC À HUÎTRES.* **6.** *Un PARC DE STATIONNE-*

MENT : terrain réservé au stationnement des voitures. *Ma voiture est garée dans le parc de stationnement.* → **parking.**

PARCELLE [parsɛl] n. f. ▪ *UNE PARCELLE* **1.** Portion de terrain. *Nous avons acheté une parcelle en dehors du village.* **2.** Petite partie. *Il n'y a pas la moindre parcelle de vérité dans cette histoire.*

PARCE QUE [parskə] conjonction ▪ Exprime la cause. *Je mange parce que j'ai faim.* → **car.** *Il est arrivé avant moi parce qu'il est parti plus tôt. C'est justement parce qu'il vient que je m'en vais.*

REM. **1.** On entend la prononciation négligée [paskə]. **2.** On fait souvent l'économie de *parce que* lorsque le sens est clair. *« Tu manges ? – J'ai faim. » « Tu ne sors pas ? – Il pleut. »*

PARCHEMIN [parʃəmɛ̃] n. m. ▪ *UN PARCHEMIN* **1.** Peau de mouton ou de chèvre préparée spécialement pour écrire dessus. *Au Moyen Âge, les moines écrivaient sur des parchemins.* **2.** STYLE FAMILIER Diplôme. *Il n'a pas beaucoup de parchemins.*

PARCIMONIE [parsimɔni] n. f. ▪ *LA PARCIMONIE* : économie minutieuse. *Il distribue l'argent AVEC PARCIMONIE* : il donne très peu d'argent. *Quelle parcimonie !*

PAR-CI, PAR-LÀ [parsiparla] adverbe ▪ En quelques endroits. *Ce travail est à revoir car il y a quelques erreurs par-ci, par-là.*

PARCMÈTRE [parkmɛtr] n. m. ▪ *UN PARCMÈTRE* : compteur de stationnement payant pour les automobiles. → **horodateur.** *Il a mis dix francs dans le parcmètre et il a reçu un ticket.*

parcoure [parkur] *Que je parcoure ; qu'il parcoure, qu'elle parcoure* : forme au subjonctif du verbe **parcourir.**

PARCOURIR [parkurir] verbe [conjugaison 11] **1.** Aller dans toutes les parties de (un lieu, un espace). *Les touristes parcourent Paris.* → **visiter.** *L'hiver prochain, nous parcourrons* [parkurrɔ̃] *l'Espagne. – Des frissons de fièvre me parcourent le corps.* **2.** Faire un certain trajet. *Il nous reste encore deux kilomètres à parcourir.* **3.** Lire rapidement. *Tous les matins, je parcours mon journal. J'ai parcouru votre projet*, j'y ai jeté un coup d'œil.

parcours [parkur] *Je parcours, tu parcours* : forme au présent du verbe **parcourir.**

PARCOURS [parkur] n. m. ▪ *UN PARCOURS* **1.** Chemin pour aller d'un lieu à un autre. *L'autobus a changé de parcours à cause des travaux. – Pendant le voyage, nous avons eu un ACCIDENT DE PARCOURS,* un problème peu grave, qui n'a pas gêné la suite du voyage. *– Ce n'est pas très grave qu'il ait raté son examen, c'est un INCIDENT DE PARCOURS,* c'est un petit échec qui ne l'empêche pas de continuer. **2.** Suite des activités, des événements de la vie de qqn. *L'un est né dans une famille riche, l'autre dans une famille pauvre, alors ils n'ont pas eu le même parcours.*

parcouru [parkury], **parcourue** [parkury] *Il a parcouru une distance ; la distance qu'il a parcourue* : formes au participe passé du verbe **parcourir.**

PAR-DELÀ [pardəla] préposition ▪ STYLE RECHERCHÉ De l'autre côté. *Ils sont partis par-delà les mers.*

PAR-DERRIÈRE → **derrière**

PAR-DESSOUS [pardəsu] adverbe et préposition **1.** adverbe En (se) mettant dessous. → **dessous.** *Nous avons installé un grillage, mais le lapin est passé par-dessous. Il y a une pile de lettres, glissez celle-ci par-dessous. Elle avait un pull et ne portait rien par-dessous.* → **en dessous.** **2.** préposition → **sous.** *Le lapin est passé par-dessous le grillage.* → **en dessous de.**

PARDESSUS [pardəsy] n. m. ▪ *UN PARDESSUS* : manteau d'homme en laine. *Il a un long pardessus qui tient chaud l'hiver.*

FAUX AMI
roumain **pardesiu** « manteau léger, de demi-saison »

PAR-DESSUS [pardəsy] adverbe et préposition **1.** adverbe En (se) mettant dessus → **dessus.** *Le mot est illisible on a écrit quelque chose par-dessus. Il y a un mur, peux-tu sauter par-dessus ?* **2.** préposition → **sur.** *Mettez une veste par-dessus votre pull.* – (figuré) *Il a agi par-dessus mes ordres,* sans obéir à mes ordres. *J'en ai PAR-DESSUS LA TÊTE de vos mensonges !*

PAR-DEVANT → **devant**

PARDI ! [pardi] interjection ▪ STYLE FAMILIER Exclamation qu'on emploie pour renforcer ce que l'on dit. *Pardi, tu n'as pas pu ouvrir la porte, tu t'es trompé de clé !*

PARDON [pardɔ̃] n. m. ▪ *LE PARDON* **1.** *DEMANDER PARDON* : demander qu'on excuse, qu'on oublie (une faute). *Je te demande pardon, je ne recommencerai pas !* → **grâce, indulgence.** **2.** *PARDON* : formule de politesse que l'on emploie pour s'excuser de déranger, de faire répéter une phrase que l'on n'a pas comprise. *Pardon madame, pourriez-vous me dire l'heure ?* excusez-moi. *Pardon, je passe devant vous. « Allo, ici monsieur... – Pardon ? »* **3.** STYLE FAMILIER *La mère est déjà casse-pieds, mais alors la fille, pardon !,* la fille l'est encore plus ! **4.** *Le GRAND PARDON, le JOUR DU PARDON* : fête juive (Yom Kippour). *C'est le jour du Pardon.*

PARDONNABLE [pardɔnabl] adj. (après le nom) ▪ Qui peut être pardonné, excusé. *C'est une erreur bien pardonnable.* ⟨contraires : excusable, impardonnable⟩ *Ce que vous avez fait n'est pas pardonnable.*

PARDONNER [pardɔne] verbe [conjugaison 1a] **1.** Excuser (une faute), ne pas en vouloir à la personne qui l'a commise. → **oublier.** *Le directeur de l'école ne pardonne ni l'insolence ni la grossièreté. Il a tout PARDONNÉ À sa femme. Je te pardonne. Il est devenu très gentil, il cherche à se FAIRE PARDONNER. – Pardonnez ma franchise, mais je crois que vous avez tort,* excusez ma franchise. **2.** (au négatif) *C'est une maladie qui NE PARDONNE PAS* : c'est une maladie mortelle. *– Prendre un virage à grande vitesse sur une route verglacée, ça ne pardonne pas !* l'accident est garanti. **3.** *PARDONNEZ-MOI, PARDONNEZ-NOUS* : formule de politesse que l'on emploie pour s'excuser. *Pardonnez-moi de vous déranger, je cherche la rue Didot. – Pardonnez-moi, mais je crois que vous vous trompez.*

PARE-BALLES [parbal] adj. invariable ▪ *Un GILET PARE-BALLES* : vêtement de protection contre les balles des armes à feu. PLURIEL : *les policiers ont mis leurs gilets pare-balles.*

PARE-BRISE [parbriz] n. m. invariable ▪ *UN PARE-BRISE* : grande vitre à l'avant d'un véhicule, qui protège du vent, de la pluie et des poussières. *Pour bien voir la route, il faut souvent nettoyer le pare-brise. J'ai trouvé une contravention sur mon pare-brise.* PLURIEL : *des pare-brise.*

REM. On peut aussi écrire *un parebrise, des parebrises* (rare).

PARE-CHOCS [parʃɔk] n. m. invariable ▪ *UN PARE-CHOCS* : partie en métal ou en plastique placée à l'avant et à l'arrière d'un véhicule pour le protéger des chocs. *Une voiture a embouti mon pare-chocs.* PLURIEL : *des pare-chocs. Dans les embouteillages, les voitures roulent PARE-CHOCS CONTRE PARE-CHOCS,* elles roulent très lentement et très près les unes des autres.

REM. On peut aussi écrire *un parechoc, des parechocs* (rare).

PARE-FEU [parfø] n. m. ▪ *UN PARE-FEU* **1.** Écran métallique que l'on place devant une cheminée pour empêcher les étincelles de s'échapper. *Le pare-feu retient les étincelles pour qu'elles ne mettent pas le feu à la pièce.* PLURIEL : *des PARE-FEUX.* **2.** Zone où l'on a enlevé la végétation, pour arrêter la propagation des feux de forêt. *Les pare-feux sont régulièrement entretenus.*

PAREIL [parɛj] adj., adverbe et n. m., **PAREILLE** [parɛj] adj. et n. f.
I. adjectif (après le nom, parfois avant le nom) **1.** Semblable. → **identique.** ⟨contraire : différent⟩ *Toutes ces nouvelles maisons sont pareilles. Ils ne sont pas pareils. Ils ont tous les deux un pareil amour des animaux.* → **même.** *Sa voiture est PAREILLE À la mienne.* **2.** De cette sorte. → **tel.** *Je n'ai jamais eu une peur pareille ! Que faire en pareil cas ?* que faire dans cette situation ? *Pourquoi nous réveilles-tu à une heure pareille ?* si tard (ou si tôt). *Qu'est-ce que j'ai fait pour avoir un enfant pareil ?* pour avoir un tel enfant, un enfant aussi pénible !
II. adverbe STYLE FAMILIER De la même façon. *Mes enfants, je les aime pareil.*
III. *LE PAREIL, LA PAREILLE* **1.** *NE PAS AVOIR SON PAREIL, NE PAS AVOIR SA PAREILLE :* être unique, être seul (à pouvoir faire qqch.). *Elle n'a pas son pareil pour nous faire rire.* – *SANS PAREIL, SANS PAREILLE :* seul (à pouvoir faire qqch.). *Il est sans pareil pour raconter des histoires* (→ **excellent, incomparable, inégalable). 2.** *RENDRE LA PAREILLE à qqn :* faire subir à qqn ce que l'on a subi soi-même. *S'il m'accuse, je lui rendrai la pareille,* je l'accuserai moi aussi. **3.** STYLE FAMILIER *C'EST DU PAREIL AU MÊME :* c'est la même chose. *Cette maison neuve est aussi vilaine que l'autre, c'est du pareil au même.* → STYLE FAMILIER **kif-kif.**

> FAUX AMI
> portugais **parelha** « couple, paire »

REM. *PAREIL QUE* est fautif, c'est une expression employée par les enfants : *je serai pompier, pareil que papa ; ici, c'est pareil que chez nous.*

PARENT [parɑ̃] n. m. et adj., **PARENTE** [parɑ̃t] n. f. et adj.
I. 1. (au pluriel) LES PARENTS DE : le père et la mère de. *Elle a de bons parents. Il aime beaucoup ses parents. Elle est allée en vacances chez les parents de sa mère, puis chez les parents de son père* (→ **grands-parents).** – STYLE FAMILIER *Venez à la maison, les parents ne sont pas là.* → STYLE FAMILIER **vieux.** – *Ses PARENTS ADOPTIFS sont sympas.* **2.** *UN PARENT, UNE PARENTE :* une personne de la famille. *C'est un parent éloigné de mon mari* (→ **cousin).**
II. adjectif (après le nom) (qqn) Qui est de la famille. *Ils sont parents.*

> FAUX AMI
> italien **parenti** ne s'emploie pas pour désigner le père et la mère

PARENTAL [parɑ̃tal], **PARENTALE** [parɑ̃tal] adj. (après le nom) ▪ Des parents. *Pour cette sortie avec l'école, un accord parental est indispensable. Il a pris un CONGÉ PARENTAL,* un congé à l'occasion de la naissance de son enfant. PLURIEL : *PARENTAUX* [parɑ̃to].

PARENTÉ [parɑ̃te] n. f. ▪ *LA PARENTÉ :* les rapports entre les personnes d'une même famille. *Ils ont un LIEN DE PARENTÉ :* ils sont de la même famille. *Ils n'ont aucun lien de parenté.*

PARENTHÈSE [parɑ̃tɛz] n. f. ▪ *UNE PARENTHÈSE* **1.** Chacun des deux signes de ponctuation en forme d'arc qui encadrent un ou plusieurs mots : ( ). *Dans la phrase « Il a un frère (jumeau) », le mot « jumeau » est ENTRE PARENTHÈSES. Ouvrez la parenthèse, fermez la parenthèse.* **2.** Phrase ou idée de moindre importance, dans le développement d'un propos. *J'ai aperçu Martin l'autre jour, entre parenthèses il ne m'a pas dit bonjour. Je FAIS UNE PARENTHÈSE pour vous dire que...*

PARÉO [pareo] n. m. ▪ *UN PARÉO :* grand morceau de tissu dans lequel on se drape. *En sortant de la piscine, elle a mis un paréo.*

① **PARER** [pare] verbe [conjugaison 1a] **1.** *PARER UN COUP,* l'éviter. *Le boxeur a paré le coup de son adversaire.* **2.** *ÊTRE PARÉ CONTRE qqch. :* être protégé contre qqch. *Avec cet anorak, tu es paré contre le froid.* – *Avec tout ça, nous sommes parés !* **3.** *PARER AU PLUS PRESSÉ :* faire d'abord ce qui est le plus urgent. *Les sauveteurs parent au plus pressé en faisant au blessé un massage cardiaque. Dès demain, nous parerons* [parrɔ̃] *au plus pressé.*

> FAUX AMI
> espagnol **parar** « arrêter, stopper »

② **PARER** [pare] verbe [conjugaison 1a] **1.** Attribuer une qualité à. *Il pare sa femme de toutes les qualités.* **2.** verbe pronominal SE PARER : s'habiller avec recherche. *Elle s'est parée de sa plus belle robe et de ses bijoux.*

PARE-SOLEIL [parsɔlɛj] n. m. invariable ▪ *UN PARE-SOLEIL :* écran protégeant les yeux des rayons du soleil, dans une voiture. *On baisse le pare-soleil lorsqu'on roule vers le soleil couchant.* PLURIEL : *dans une voiture, il y a deux pare-soleil.*

PARESSE [parɛs] n. f. ▪ *LA PARESSE* **1.** Comportement d'une personne qui ne fait pas d'efforts, n'a pas envie de travailler, de se fatiguer. → STYLE FAMILIER **flemme.** *Il ne fait rien, il est d'une grande paresse.* ⟨contraires : activité, dynamisme, énergie⟩ **2.** Lenteur à fonctionner, à réagir. *Il se plaint de paresse intestinale* (→ **constipation).**

PARESSER [parese] verbe [conjugaison 1a] ▪ Rester sans rien faire. → STYLE TRÈS FAMILIER **glander.** *Elle adore paresser dans son lit le matin.*

PARESSEUX [parɛsø] adj. et n. m., **PARESSEUSE** [parɛsøz] adj. et n. f.
I. adjectif (après le nom) Qui ne fait pas d'efforts, qui aime ne rien faire. → **fainéant, feignant.** *Nous avons un collègue très paresseux.* ⟨contraires : actif, travailleur, vif⟩ *Votre fils est un élève paresseux. Fais quelque chose, tu es trop paresseux !*
II. 1. *UN PARESSEUX, UNE PARESSEUSE :* une personne paresseuse. *Tu n'es qu'une paresseuse ! Quel paresseux !* → STYLE FAMILIER **cossard, flemmard. 2.** *UN PARESSEUX :* animal dont les mouvements sont très lents, qui vit dans les arbres des pays tropicaux. *Le paresseux se nourrit de feuillages.*

PARFAIT [parfɛ] adj. et n. m., **PARFAITE** [parfɛt] adj.
I. adjectif (avant le nom ou après le nom) **1.** (avant ou après le nom) Sans défaut, aussi bien que possible. *Elle est en parfaite santé,* en excellente santé. ⟨contraires : mauvais, médiocre⟩ *Leur appartement est en parfait état. Ce garçon est d'une beauté parfaite. Il a rencontré la femme parfaite. C'est un artiste PARFAIT EN SON GENRE,* il est excellent dans son domaine. *Votre travail est parfait. Ta soirée est parfaite,* très réussie. ⟨contraire : nul⟩ – *Parfait !* très bien, d'accord ! *Parfait ! n'en parlons plus.* – *La directrice est LOIN D'ÊTRE PARFAITE,* elle n'est pas parfaite du tout. *NUL N'EST PARFAIT :* tout le monde a des défauts. – *Pendant la réunion, vous avez été parfait,* vous avez été très bien. – *Ils FILENT LE PARFAIT AMOUR :* ils vivent un amour total, sans défaut. *Nous sommes EN PARFAIT ACCORD,* notre accord est complet, sans problèmes. **2.** (avant le nom) Qui correspond exactement à un certain genre (en bien ou en mal) *C'est un parfait gentleman.* → **accompli.** *Méfie-toi, ce type est un parfait escroc !*
II. *UN PARFAIT :* glace très crémeuse et parfumée. *Je voudrais un parfait au café, s'il vous plaît.*

PARFAITEMENT [parfɛtmɑ̃] adverbe **1.** D'une manière parfaite. *Elle sait parfaitement sa leçon,* elle la connaît par cœur. ⟨contraire : mal⟩ **2.** Complètement, entièrement. *J'arrive à la gare à dix heures et nous déjeunons ensemble à midi, c'est parfaitement clair.* → **très.** *Ça m'est parfaitement égal.* → **totalement. 3.** Oui. *Parfaitement, je refuse de le revoir.*

PARFOIS [paʀfwa] adverbe ▪ De temps en temps, dans certains cas. ⟨contraires : jamais, toujours⟩ *Il vient parfois nous voir.* → **quelquefois.** *Je reconnais qu'elle est parfois casse-pieds. Parfois, vous avez tort !*

PARFUM [paʀfɛ̃] n. m. ▪ *UN PARFUM* **1.** Odeur agréable. *Elle aime le parfum des roses.* **2.** Produit que l'on met sur soi, pour sentir bon. *Elle s'est mis du parfum. Quel est votre parfum ? Il s'achète du PARFUM POUR HOMMES. Est-ce du parfum ou de l'eau de toilette ?* **3.** Goût de ce qui est aromatisé. *À quel parfum veux-tu ta glace ?* **4.** STYLE FAMILIER *ÊTRE AU PARFUM :* être au courant de qqch. → STYLE FAMILIER **branché.** *Explique-moi ce qui se passe, je ne suis pas au parfum. - Mets-moi au parfum :* explique-moi, mets-moi au courant.

PARFUMÉ [paʀfyme], **PARFUMÉE** [paʀfyme] adj. (après le nom) **1.** (qqch.) Qui a un parfum, une bonne odeur. *J'ai acheté des fraises très parfumées.* **2.** (qqn) Qui se parfume. *Il n'aime pas les femmes trop parfumées.* **3.** Aromatisé. *Je voudrais une glace parfumée au café.*

PARFUMER [paʀfyme] verbe [conjugaison 1a] **1.** Remplir d'une odeur agréable. *Ce bouquet de lilas parfume la chambre.* → **embaumer. 2.** Mettre du parfum sur. *Elle parfume son papier à lettres.* **3.** verbe pronominal SE PARFUMER : se mettre du parfum. *Il se parfume trop. Elle s'est parfumée.*

PARFUMERIE [paʀfymʀi] n. f. ▪ *UNE PARFUMERIE :* magasin où l'on vend du parfum et des produits de beauté. *J'ai acheté du rouge à lèvres et du parfum à la parfumerie.*

PARFUMEUR [paʀfymœʀ] n. m., **PARFUMEUSE** [paʀfymøz] n. f. ▪ *UN PARFUMEUR, UNE PARFUMEUSE :* une personne qui travaille dans une parfumerie. *La parfumeuse m'a vendu une très bonne crème pour le visage.*

PARI [paʀi] n. m. ▪ *UN PARI* **1.** Jeu dans lequel on s'engage à donner qqch. à la personne qui a raison, qui gagne. *Nous avons fait un pari : moi je suis sûr que j'arriverai à sauter du mur, lui il est sûr que non. Il a GAGNÉ LE PARI, j'ai PERDU LE PARI. - Les PARIS SONT OUVERTS :* se dit d'une affaire dont l'avenir est incertain. **2.** Affirmation sans engagement précis. *Je te FAIS LE PARI QU'il sera là demain.*

PARIA [paʀja] n. m., n. f. ▪ *UN PARIA, UNE PARIA :* une personne tenue à l'écart et méprisée par tout le monde. *Elle est traitée EN PARIA par les habitants du village.*

PAR ICI → **ici**

PARIER [paʀje] verbe [conjugaison 7a] **1.** Faire un pari. *J'ai parié dix francs avec mon frère qu'elle acceptera. Il a perdu les dix francs qu'il avait pariés.* **2.** Engager (une somme d'argent) en espérant que le joueur, le concurrent qu'on a choisi gagnera la victoire. *Moi, je ne PARIERAI* [paʀiʀɛ] *pas SUR ce cheval. Il faut parier dans la prochaine course.* → **P. M. U. 3.** Affirmer en étant sûr d'avoir raison. *Je te parie qu'elle va encore arriver en retard ! Je te parie tout ce que tu veux !*

> FAUX AMI
> espagnol **parir** « accoucher »

PARIEUR [paʀjœʀ] n. m., **PARIEUSE** [paʀjøz] n. f. ▪ *UN PARIEUR, UNE PARIEUSE :* une personne qui parie de l'argent. *Son frère est un parieur, mais il a perdu beaucoup d'argent.*

PARIGOT [paʀigo] adj. et n. m., **PARIGOTE** [paʀigɔt] adj. et n. f. ▪ STYLE FAMILIER **1.** adjectif (après le nom) De Paris. *Il a l'accent parigot !* **2.** *UN PARIGOT, UNE PARIGOTE :* un Parisien, une Parisienne. *Alors les parigots, ça gaze ?*

PARIS [paʀi] nom propre masculin ▪ Capitale de la France. *Ils sont à Paris depuis deux semaines. Il partira de Paris dans trois jours. Ils habitent Paris* (→ **parisien).**

PARISIEN [paʀizjɛ̃] adj. et n. m., **PARISIENNE** [paʀizjɛn] adj. et n. f. **1.** adjectif (après le nom) De Paris. *Nous habitons dans la banlieue parisienne.* **2.** *UN PARISIEN, UNE PARISIENNE :* un habitant, une habitante de Paris. *Les Parisiens.* → STYLE FAMILIER **parigot.**

PARJURE [paʀʒyʀ] n. m., n. f. **1.** *UN PARJURE :* faux serment. *Le témoin a commis un parjure,* il a menti alors qu'il avait juré de dire la vérité. *Vous êtes coupable de parjure !* **2.** *UN PARJURE, UNE PARJURE :* personne qui commet un parjure. *Vous êtes un parjure.*

PARKA [paʀka] n. f. ▪ *UNE PARKA :* manteau court, imperméable et muni d'une capuche. *Quand il pleut, elle met sa parka.*

> REM. *Parka* est le plus souvent employé au féminin en France, *une parka,* mais au Québec on dit généralement *un parka,* nom masculin.

PARKING [paʀkiŋ] n. m. ▪ *UN PARKING* **1.** Parc de stationnement pour les voitures. *Elle a garé sa voiture au parking.* **2.** Stationnement. *Dans cette rue, le parking est payant.*

> FAUX AMI
> anglais **parking** ne s'emploie pas au sens de parc (*parking* 1.)

PAR LÀ → **là**

PARLANT [paʀlɑ̃] adj. et n. m., **PARLANTE** [paʀlɑ̃t] adj.
I. adjectif (après le nom) **1.** Qui reproduit, après enregistrement, la parole humaine. *Le premier film parlant date de 1927,* le premier film où l'on entend parler les acteurs. *D'abord il y a eu le cinéma muet, puis il y a eu le cinéma parlant. - Téléphone à l'HORLOGE PARLANTE pour avoir l'heure exacte,* au service téléphonique qui donne l'heure. **2.** Qui est si expressif, qu'il n'a pas besoin d'être expliqué. *Ces élections sont un triomphe pour le maire, les résultats sont parlants,* ils sont très clairs, très nets.
II. *LE PARLANT :* le cinéma parlant. *C'était à la fin du muet, au début du parlant.*

PARLEMENT [paʀləmɑ̃] n. m. ▪ *LE PARLEMENT :* l'ensemble des personnes élues qui votent les lois, qui a le pouvoir législatif. *En France, le Parlement est constitué de l'Assemblée nationale et du Sénat.*

PARLEMENTAIRE [paʀləmɑ̃tɛʀ] adj., n. m. et n. f. **1.** adjectif (après le nom) Qui concerne le Parlement. *La session parlementaire s'ouvre demain,* la période pendant laquelle le Parlement se réunit. **2.** *UN PARLEMENTAIRE, UNE PARLEMENTAIRE :* un membre du Parlement. *Les parlementaires européens se réunissent à Strasbourg.* → **député, sénateur.**

PARLEMENTER [paʀləmɑ̃te] verbe [conjugaison 1a] ▪ Discuter avec l'adversaire, avec l'ennemi, pour essayer de se mettre d'accord. *La police parlemente avec le preneur d'otages.* → **discuter, négocier, traiter.**

PARLER [paʀle] verbe [conjugaison 1a]
I. 1. Articuler des sons pour s'exprimer. ⟨contraire : se taire⟩ *Sa fille de deux ans commence à parler. Ma petite sœur n'a qu'un an, elle ne parle pas encore. Pouvez-vous parler plus fort, je n'entends pas. Elle parle à voix basse. Il PARLE DU NEZ :* il a une voix nasillarde, qui semble sortir du nez. - *Le professeur ne veut pas qu'on parle dans la classe.* → **bavarder.** *Tu PARLES POUR NE RIEN DIRE :* ce que tu dis est éloigné de ce qui nous intéresse. *S'il ne m'écrit pas, j'en mourrai, enfin, C'EST UNE FAÇON DE PARLER,* je dis cela mais je n'en mourrai pas. *Tu PARLES À TORT ET À TRAVERS :* tu dis n'importe quoi. **2.** Dire ce que l'on taisait, ce que l'on tenait caché. *L'assassin a parlé : il a dénoncé*

ses complices. *Il a parlé sous la torture.* **3.** *HUMAINEMENT PARLANT, ce chef n'est pas le meilleur :* au sujet de l'humanité, de la gentillesse et de la compréhension, ce chef n'est pas le meilleur. **4.** Pouvoir s'exprimer dans (une autre langue que sa langue maternelle). *Ce jeune Anglais parle français et allemand. Elle parle plusieurs langues. Cet interprète parle couramment chinois.* **5.** S'exprimer (autrement que par la parole). *Il est muet et pour parler, il utilise le langage des signes.* → STYLE FAMILIER **signer.** **6.** (qqch.) Être expressif, ne pas avoir besoin d'être expliqué. *Les chiffres parlent d'eux-mêmes, le succès est immense,* les chiffres montrent que le succès est immense.
II. *PARLER DE* **1.** *PARLER DE qqch. :* exprimer sa pensée au sujet de qqch. *C'est un scandale, tous les gens en parlent. Parlez-moi de vos projets :* racontez-moi, expliquez-moi vos projets. – *Il parle d'habiter à la campagne :* il dit qu'il a l'intention d'habiter à la campagne. – (ironique) *PARLONS-EN !* [paʀlɔ̃zɑ̃]. *« La soirée ? Parlons-en de la soirée ! Elle était nulle ! »* **2.** *PARLER DE qqn :* donner des nouvelles de qqn, dire ce que l'on pense de qqn. *Je ne veux plus entendre parler de cette fille. Il n'aime pas parler de lui-même. – On m'a beaucoup parlé de vous.* – STYLE FAMILIER *Elle parle de vous en bien :* elle fait des compliments à votre sujet. – STYLE FAMILIER (pour se moquer ou pour exprimer de la colère ou de l'admiration) *TU PARLES d'un imbécile !* c'est un imbécile ! *« Je suis sûr qu'il s'excusera – Tu parles ! »* je n'y crois pas du tout. **3.** *« Tu as vu ma nouvelle voiture ? – Tu parles ! elle est géniale ! »* (qqch.) Raconter l'histoire (de). *Ce roman parle d'un chercheur d'or. De quoi parle ce film ?* quelle en est l'histoire ?
III. *PARLER À qqn,* lui adresser la parole. *Tu pourrais répondre quand on te parle ! – Je ne lui parle plus.*
IV. verbe pronominal SE PARLER **1.** (langue) Être employé. *L'espagnol se parle en Argentine. Cette langue s'est parlée autrefois.* **2.** S'adresser la parole. *Nous ne nous parlons plus :* nous sommes brouillés. *Ils ne se sont plus parlé pendant des années.*

PARLEUR [paʀlœʀ] n. m. ▪ *UN BEAU PARLEUR :* homme qui aime faire de belles phrases, qui parle mais qui n'agit pas. *C'est un beau parleur mais il ne fera rien pour nous aider.*

PARLOIR [paʀlwaʀ] n. m. ▪ *UN PARLOIR :* salle où sont reçus les visiteurs dans un lycée, une école, un couvent, une prison. *L'élève est appelé au parloir.*

PARLOTE [paʀlɔt] n. f. ▪ *UNE PARLOTE :* conversation sans intérêt. *Elle FAIT LA PARLOTE avec sa voisine.*
REM. On peut écrire aussi *parlotte.*

PARME [paʀm] adj. invariable et n. m. **1.** adjectif invariable D'une couleur mauve. *Il a une cravate parme.* PLURIEL : *elle a des gants parme.* **2.** *DU PARME :* du jambon de Parme. *Nous avons mangé du parme avec un melon.*

① **PARMESAN** [paʀməzɑ̃] n. m. ▪ *LE PARMESAN :* fromage italien très dur, préparé avec du lait de vache. *Nous avons mangé des pâtes au parmesan.*

② **PARMESAN** [paʀməzɑ̃] adj. et n. m., **PARMESANE** [paʀməzan] adj. et n. f. **1.** adjectif (après le nom) De Parme, ville d'Italie. *J'ai visité des églises parmesanes.* **2.** *UN PARMESAN, UNE PARMESANE :* une personne qui habite Parme. *Les Parmesans.*

PARMI [paʀmi] préposition **1.** Au milieu de. *Je me faufile parmi les invités.* → **entre.** *Nous souhaitons vous avoir bientôt parmi nous.* → **avec.** **2.** Dans (un ensemble). *C'est une possibilité parmi d'autres. Lequel parmi vous a envie de m'accompagner ? Je te compte parmi mes amis,* au nombre de mes amis.

PARODIE [paʀɔdi] n. f. ▪ *UNE PARODIE :* imitation amusante. *Il a écrit une parodie de « Hamlet » de Shakespeare.* → **pastiche.** – *Il n'y a eu qu'une PARODIE DE procès,* un procès qui n'en était pas vraiment un. → **caricature.**

PARODIER [paʀɔdje] verbe [conjugaison 7a] ▪ Imiter (une œuvre, qqn) de manière amusante. *Cet imitateur parodie les hommes politiques. Il parodierait* [paʀɔdiʀɛ] *le président s'il osait.*

PAROI [paʀwa] n. f. ▪ *UNE PAROI* **1.** Surface intérieure (d'un récipient). *Le tartre se dépose sur les parois de la casserole.* **2.** Face verticale d'un rocher, d'une montagne, d'une falaise. *Les alpinistes escaladent la paroi rocheuse. – On a retrouvé des fresques sur la paroi de la caverne.* **3.** Surface verticale qui sépare une pièce d'une autre. *Mets le lit contre la paroi.* → **cloison, mur.**

PAROISSE [paʀwas] n. f. ▪ *UNE PAROISSE :* territoire qui dépend d'un curé ou d'un pasteur. *Nous allons à la messe à l'église de notre paroisse. Le curé de la paroisse organise une kermesse.*

PAROISSIAL [paʀwasjal], **PAROISSIALE** [paʀwasjal] adj. (après le nom) ▪ De la paroisse. *Nous allons à la fête paroissiale.* MASCULIN PLURIEL : *PAROISSIAUX* [paʀwasjo].

PAROISSIEN [paʀwasjɛ̃] n. m., **PAROISSIENNE** [paʀwasjɛn] n. f. ▪ *UN PAROISSIEN, UNE PAROISSIENNE :* une personne qui dépend d'une paroisse catholique ou protestante. *Le pasteur s'adresse à ses paroissiens.*

PAROLE [paʀɔl] n. f.
I. *LA PAROLE* **1.** Capacité de communiquer par le langage. *Les animaux ne sont pas doués de la parole. Les muets n'ont pas l'usage de la parole.* **2.** Le fait de parler (→ **oral**). *Je t'ADRESSE LA PAROLE :* je te parle. *Ne me coupe pas la parole !* ne m'interromps pas quand je parle ! *L'avocat a PRIS LA PAROLE,* il est intervenu, il s'est mis à parler. **3.** *UNE PAROLE :* mot, phrase que l'on prononce. *Il n'a pas dit une parole de la soirée. Le ministre a eu une parole aimable pour chacun.* **4.** Promesse sur l'honneur. *Je te DONNE MA PAROLE QUE je n'étais pas au courant,* je te le promets, je te le garantis. → ① **assurance.** *Vous avez ma parole. Il a TENU PAROLE :* il a fait ce qu'il avait dit. *Il n'a qu'une parole :* il ne change rien à ce qu'il a promis. *C'est un HOMME DE PAROLE,* en qui on peut avoir confiance. *Je te crois SUR PAROLE,* sans autre garantie que ce que tu as dit.
II. (au pluriel) LES PAROLES **1.** Ce qui est dit en chantant. *C'est un poète qui a écrit les paroles de cette chanson* (→ **parolier**). *Je me souviens de l'air mais pas des paroles.* **2.** Ce que l'on dit (opposé à écrit). *Ce ne sont que des PAROLES EN L'AIR :* c'est purement verbal.

FAUX AMIS
allemand **Parole,** russe **пароль** « mot de passe »

REM. Pour un *opéra* les paroles s'appellent le *livret.*

PAROLIER [paʀɔlje] n. m., **PAROLIÈRE** [paʀɔljɛʀ] n. f. ▪ *UN PAROLIER, UNE PAROLIÈRE :* une personne qui écrit des paroles de chansons, des livrets d'opéra. *Qui est le parolier de cette chanson ?* → **auteur.**

PAROXYSME [paʀɔksism] n. m. ▪ *LE PAROXYSME :* le plus haut degré. *La douleur est À SON PAROXYSME.* → **maximum.**

PARPAING [paʀpɛ̃] n. m. ▪ *UN PARPAING :* bloc de ciment, de béton ou de plâtre qui sert à la construction des murs. *Le jardin est entouré d'un mur en parpaings.*

PARQUER [parke] verbe [conjugaison 1a] **1.** Mettre (des animaux) dans un terrain entouré d'une clôture. *Le fermier parque ses moutons. - Les prisonniers ont été parqués dans un camp.* **2.** Ranger (une voiture) dans un parc de stationnement. *L'automobiliste a parqué sa voiture.* → **garer.**

① **PARQUET** [parkɛ] n. m. ■ *LE PARQUET* : revêtement de sol formé de lattes de bois assemblées. *Le parquet est ciré.* → **plancher.** *Ils ont un très beau parquet.*

② **PARQUET** [parkɛ] n. m. ■ *LE PARQUET* : groupe des magistrats qui font appliquer la loi au nom de la société. *Le parquet a rejeté la demande de mise en liberté provisoire du prévenu.*

PARRAIN [parɛ̃] n. m. ■ *LE PARRAIN* **1.** Homme qui s'engage, le jour du baptême d'un enfant, à veiller sur lui. *Le parrain et la marraine gâtent leur filleul.* **2.** Personne qui présente qqn dans un club pour le faire inscrire (→ **parrainer**). *Il faut avoir un parrain pour s'inscrire dans ce club.*

PARRAINER [parene] verbe [conjugaison 1a] ■ Présenter (qqn) pour le faire inscrire dans un club. *Pourrais-tu me parrainer pour que je puisse adhérer à ce club ?*

PARRICIDE [parisid] n. m., n. f. **1.** *UN PARRICIDE* : meurtre du père ou de la mère. *Il a commis un parricide.* **2.** *UN PARRICIDE, UNE PARRICIDE* : une personne qui a tué son père ou sa mère. *La parricide a été condamnée à dix ans de prison.*

pars [par] *Je pars, tu pars* : forme au présent du verbe **partir.**

PARSEMÉ [parsəme], **PARSEMÉE** [parsəme] adj. (après le nom) ■ Couvert çà et là, par endroits. *Le ciel est parsemé d'étoiles. Je marche sur la pelouse parsemée de pâquerettes.*

part [par] *Il part, elle part* : forme au présent du verbe **partir.**

PART [par] n. f.
I. *UNE PART* **1.** Morceau. *Je coupe le gâteau en huit parts égales. Voulez-vous une part de tarte ? Ce travail lui prend une grande part de son temps.* → **partie.** *Il est responsable de ce qui nous arrive POUR UNE LARGE PART,* en grande partie. - *Une grande part des enfants de la classe sait déjà nager,* un grand nombre d'enfants. - *POUR MA PART* : en ce qui me concerne, personnellement. *Pour sa part, tout lui réussit.* **2.** Argent que chacun doit donner, dans un groupe. *Est-ce que tout le monde a payé sa part ?* (→ **quote-part**). **3.** *PRENDRE PART À qqch.*, y participer. *Tous les élèves prennent part aux préparatifs de la fête. Nous prenons part à votre chagrin* : nous nous associons à votre chagrin. **4.** *FAIRE PART DE qqch.*, le faire savoir. *Ils nous ont fait part de leur mariage,* ils nous l'ont annoncé (→ **faire-part**). **5.** *DE LA PART DE qqn* : au nom de qqn. *Je vous apporte cette lettre de la part de ma sœur* : ma sœur m'a chargé de vous apporter cette lettre. *« On vous demande au téléphone. – C'est de la part de qui ? – De la part de votre mari. » Ce n'est pas très gentil de sa part* : il n'est pas gentil de faire ça. **6.** *D'UNE PART... D'AUTRE PART* : d'abord... et en plus. *Je n'irai pas chez eux : d'une part, je suis fatigué et d'autre part je ne les aime pas.* - *DE PART ET D'AUTRE* [dəpartedotr] : de chaque côté. *Il y a un fossé de part et d'autre de la route.*
II. adverbe **1.** *QUELQUE PART* [kɛlkəpar] : en un lieu que l'on ne précise pas. *J'ai déjà vu cette femme quelque part, mais je ne sais plus où. Mes lunettes doivent bien être quelque part.* - STYLE FAMILIER *Il faut que j'aille quelque part,* aux toilettes. **2.** *AUTRE PART* [otrəpar] : dans un autre lieu, ailleurs. *Ce restaurant est complet, allons autre part.* **3.** *NULLE PART* [nylpar] : en aucun lieu. *Ce chemin ne mène nulle part, c'est une impasse. Ils n'emmènent leurs enfants nulle part.* (contraire : partout) *Nulle part il n'est content.* **4.** *À PART* : à l'écart. *Ne reste pas à part, viens avec nous. La sauce du rôti est servie à part,* à côté. *Le professeur a pris un élève à part pour lui parler,* il l'a pris en particulier. *Les baleines sont des mammifères un peu à part,* des mammifères spéciaux, différents des autres. *Je ne connais personne ici à part toi,* excepté toi (→ **sauf**). *Toutes choses mises à part, elle est charmante,* malgré tout. - STYLE FAMILIER *BLAGUE À PART* : sérieusement. *Blague à part, tu vas vraiment y aller ?* - STYLE FAMILIER *Et à part ça, qu'est-ce que tu deviens ?* et en dehors de ça. - STYLE TRÈS FAMILIER *Il va bien, À PART QUE sa femme l'a quitté,* en dehors du fait que sa femme l'a quitté.

PARTAGE [partaʒ] n. m. ■ *UN PARTAGE* : division en parts. → **répartition.** *Le notaire a fait le partage des meubles entre les héritiers.*

PARTAGER [partaʒe] verbe [conjugaison 3b] **1.** Diviser en parts. *Je partage le gâteau en six parts. Quand nous partons en vacances ensemble, nous partageons les dépenses. - Une cloison partage le salon en deux.* → **séparer.** **2.** *PARTAGER qqch. AVEC qqn,* lui en donner une partie. *Quand elle était petite, ma fille partageait toujours ses bonbons avec son frère.* **3.** Avoir en commun (avec qqn). *Les deux frères partagent la même chambre,* ils occupent ensemble la même chambre. *Il partage un appartement avec un ami. - Nous partageons votre peine,* nous y prenons part. *Je ne partage pas ton avis* : je ne suis pas du même avis que toi. → STYLE RECHERCHÉ **épouser.** **4.** *ÊTRE PARTAGÉ* : ne pas savoir choisir. *Je suis partagé entre l'envie de rester et l'envie de partir. Il est partagé sur la conduite à tenir. - Les avis sont partagés,* ils sont très divers.

EN **PARTANCE** [ɑ̃partɑ̃s] adverbe ■ Qui va partir. *Il y a un navire en partance. L'avion EN PARTANCE POUR Dakar est sur la piste,* l'avion à destination de Dakar, l'avion qui va partir pour Dakar (opposé à en provenance de).

PARTANT [partɑ̃] n. m. et adj., **PARTANTE** [partɑ̃t] n. f. et adj. **1.** *UN PARTANT, UNE PARTANTE* : un concurrent, une concurrente au départ d'une course. *Ce cheval est le favori parmi les partants.* **2.** adjectif (après le nom) STYLE FAMILIER *ÊTRE PARTANT (pour)* : être d'accord (pour). *Elle est toujours partante pour faire des blagues. Si tu le fais aussi, je suis partant. C'est trop risqué, je ne suis pas partant.*

parte [part] *Que je parte ; qu'il parte, qu'elle parte* : forme au subjonctif du verbe **partir.**

PARTENAIRE [partənɛr] n. m., n. f. ■ *UN PARTENAIRE, UNE PARTENAIRE* **1.** Personne avec qui on est allié contre d'autres joueurs. *Je suis sa partenaire au bridge.* (contraire : adversaire) **2.** Personne avec qui on danse. *Il enlace sa partenaire.* **3.** Personne avec qui on a des relations sexuelles. *Il change souvent de partenaire.* **4.** Collectivité avec laquelle une autre collectivité a des relations. *Nous devons rencontrer prochainement nos partenaires européens.*

PARTENARIAT [partənarja] n. m. ■ *UN PARTENARIAT* : association de plusieurs entreprises en vue de mener une action commune. *Les deux sociétés ont signé un accord de partenariat.*

PARTERRE [partɛr] n. m. ▪ *UN PARTERRE* **1.** Partie d'un jardin ou d'un parc où l'on a planté des fleurs ou de petits arbres d'une manière régulière. *Le jardinier arrose les parterres de bégonias.* **2.** Rez-de-chaussée d'une salle de spectacle, derrière les fauteuils d'orchestre. *Nous avons eu des places de parterre.*

FAUX AMIS
allemand **Parterre,** roumain **parter** « rez-de-chaussée »

PAR TERRE [partɛr] adverbe ▪ Sur le sol. *Jacques est tombé par terre. Asseyez-vous par terre. Ne jeter pas cela par terre, il y a une poubelle. Par terre, on mettra de la moquette.*

REM. *Par terre* ne se dit pas des véhicules : *l'avion est au sol.*

parti [parti], **partie** [parti] *Il est parti, elle est partie :* formes au participe passé du verbe **partir.**

PARTI [parti] n. m. ▪ *UN PARTI* **1.** Organisation qui regroupe les personnes qui ont les mêmes opinions politiques. *Elle a adhéré à un parti de gauche. Il est inscrit au parti communiste.* **2.** *PRENDRE LE PARTI DE qqn,* avoir la même opinion que lui et le soutenir. *Elle a pris le parti des écologistes,* elle est de leur côté. **3.** *PRENDRE LE PARTI DE faire qqch.,* décider de le faire. *Ils ont pris le parti d'en rire :* ils se sont résignés à en rire. *Il ne veut pas PRENDRE PARTI :* il ne veut pas prendre position. *Elle a pris parti pour son fils contre son mari :* elle défend son fils contre son mari. *Il en a PRIS SON PARTI :* il s'y est résigné. *Ma fille a un PARTI PRIS contre le latin,* elle a une idée préconçue contre le latin (→ **préjugé**). *Tu ES DE PARTI PRIS :* tu as des idées toutes faites, tu es partial. *Je vous le dis sans parti pris,* honnêtement, en toute objectivité. **4.** *TIRER PARTI DE qqch.,* l'utiliser. *La couturière sait tirer parti des vieux bouts de tissu. J'ai tiré le meilleur parti de vos conseils.*

REM. *Partie* « morceau » se prononce de la même façon.

PARTIAL [parsjal], **PARTIALE** [parsjal] adj. (après le nom) ▪ Qui prend parti pour ou contre qqn ou qqch., sans souci de justice ni de vérité, qui a du parti pris. *Un juge partial est un mauvais juge.* (contraires : impartial, ② objectif, neutre) MASCULIN PLURIEL : *des arbitres PARTIAUX* [parsjo].

PARTIALITÉ [parsjalite] n. f. ▪ *LA PARTIALITÉ :* l'attitude d'une personne partiale, qui juge en tenant compte de ses préférences. *L'arbitre a été accusé de partialité.* (contraires : impartialité, objectivité)

PARTICIPANT [partisipɑ̃] n. m., **PARTICIPANTE** [partisipɑ̃t] n. f. ▪ *UN PARTICIPANT, UNE PARTICIPANTE :* une personne qui participe à qqch. *Il y avait beaucoup de participants au colloque. Les participants à la course prennent le départ.* → **concurrent.**

PARTICIPATION [partisipasjɔ̃] n. f. ▪ *UNE PARTICIPATION :* action de participer à qqch. *Cet acteur a promis sa participation au gala.* → **collaboration, concours.** *La participation aux élections a été faible :* peu de gens ont voté. *La participation aux frais est de deux cents francs.* → **contribution.**

FAUX AMI
italien **partecipazione** « faire-part »

PARTICIPE [partisip] n. m. ▪ *LE PARTICIPE :* mode du verbe. *Il y a des participes présents et des participes passés.*

PARTICIPER [partisipe] verbe [conjugaison 1a] ▪ *PARTICIPER À qqch.,* y prendre part. *Ses parents ont participé à un jeu télévisé. Elle ne participe pas à la conversation.* → se **joindre.** *Vous devez participer à toutes les réunions.* → ① **assister.** - *Tout le monde doit PARTICIPER AUX FRAIS,* payer sa part.

le participe

I. Le **participe présent** est la forme du verbe terminée par *-ant.*
Le participe présent de *parler* est ***parlant,*** celui de savoir est ***sachant.*** Il est invariable : *les enfants **parlant** tous ensemble, on n'entend rien !*
Il exprime une action simultanée à celle du verbe conjugué (ex. : *il lit en **mangeant*** « il lit pendant qu'il mange »). → **gérondif.**

II. Le **participe passé** est la forme que prend le verbe quand il est conjugué avec l'auxiliaire *avoir* ou l'auxiliaire *être*, dans les temps composés (ex. : *j'ai **dormi,** tu es **arrivé,** ils ont **su***) et dans la forme passive (ex. : *elle est **aimée,** il est **soigné***).

Accord du participe passé

Quand le participe passé est employé avec ***être :*** il s'accorde avec le sujet (ex. : *il est **parti,** elle est **partie,** ils sont **partis,** elles sont **parties***). Pour l'accord avec *ON* → **on** ; avec *VOUS* → **vous.**

Quand le participe passé est employé avec ***avoir :***
– il reste invariable si le verbe se construit sans complément ou si le complément d'objet direct est placé après le verbe (ex. : *elles ont **dormi,** il a **reçu** une lettre, elles ont **gagné** la partie*) ;
– il s'accorde avec le complément d'objet direct si celui-ci est placé avant le verbe (ex. : *la lettre qu'il a **reçue,** la partie que les filles ont **gagnée***).

Quand le participe passé est employé avec un **verbe pronominal :**
– il s'accorde avec le sujet quand il s'agit d'un verbe qui est toujours pronominal (ex. : *elle s'est **enfuie ;** nous nous sommes **tus***) ;
– il s'accorde avec le sujet quand le pronom est complément d'objet direct (ex. : *elle s'est **baignée*** « elle a baigné elle-même » ; *nous nous sommes **lavés*** « nous avons lavé nous-mêmes » ; *ils se sont **battus*** « ils ont battu eux-mêmes » ; *elles se sont **rencontrées*** « elles ont rencontré elles-mêmes ») ;
– il reste invariable quand le pronom n'est pas le complément d'objet direct (ex. : *elle s'est **offert** une robe* « elle a offert une robe à elle-même » ; *elle s'est **permis** de m'accuser* « elle a permis à elle-même de m'accuser » ; *nous nous sommes **lavé** les mains* « nous avons lavé nos mains » ; *elles se sont **donné** des objectifs* « elles ont donné des objectifs à elles-mêmes ») ;
– il s'accorde avec le complément d'objet direct quand celui-ci est placé avant le verbe (ex. : *la robe qu'elle s'est **offerte*** « la robe qu'elle a offerte à elle » ; *les mains que je me suis **lavées*** « mes mains que j'ai lavées ») ;
– il reste invariable quand le verbe ne peut jamais avoir de complément d'objet direct (ex. : *ils se sont **nui*** « ils ont nui l'un à l'autre » ; *elles se sont **parlé*** « elles ont parlé l'une à l'autre » ; *ils se sont **succédé*** « l'un a succédé à l'autre »).

SE **PARTICULARISER** [partikylarize] verbe pronominal [conjugaison 1a] ▪ (qqn) Se distinguer des autres par qqch. de spécial, de particulier. → se **singulariser.** *Sa fille s'est particularisée en ne venant pas.*

PARTICULARISME [partikylarism] n. m. ▪ *UN PARTICULARISME :* attitude d'une population, d'une communauté qui veut conserver ses usages. *Le gouvernement essaie de respecter les particularismes régionaux.*

PARTICULARITÉ [partikylarite] n. f. ▪ *UNE PARTICULARITÉ :* caractère particulier, qui rend différent, qui rend unique en son genre. *Le hibou a la particularité d'avoir une aigrette.* → **caractéristique.**

PARTICULE [partikyl] n. f. ▪ *UNE PARTICULE* **1.** Très petit élément. *De fines particules de poussière volent dans la pièce. L'atome est constitué de particules.* **2.** Préposition *de* ou *du* qui précède un nom de famille. → STYLE FAMILIER **rallonge.** *L'auteur du livre «Le Petit Prince» avait un nom à particule : il s'appelait Antoine de Saint-Exupéry.*

PARTICULIER [paʀtikylje] adj. et n. m., **PARTICULIÈRE** [paʀtikyljɛʀ] adj. et n. f.
I. adjectif (après le nom) **1.** Qui ne ressemble à rien d'autre, qui sort de l'ordinaire. → **spécial.** *La lumière de l'aube est très particulière.* ⟨contraire : ordinaire⟩ *Il a une manière particulière d'aborder le problème.* → **propre. 2.** Qui ne concerne qu'une seule personne ou une seule chose. *Ceci est un cas particulier.* → **individuel.** ⟨contraire : ② général⟩ *Ma fille suit des COURS PARTICULIERS d'allemand,* des cours où elle est seule avec le professeur. ⟨contraire : collectif⟩ *Ils ont chacun leur chambre particulière.* → **personnel.** *SIGNES PARTICULIERS :* néant. → **spécifique.** *Il m'a accueilli avec la gentillesse qui lui est particulière.* → **propre.**
II. *UN PARTICULIER, UNE PARTICULIÈRE :* une personne seule, qui agit en son nom. *Elle a acheté sa voiture à un particulier* (opposé à professionnel, société, agence, etc.).
III. *EN PARTICULIER* **1.** Seul à seul. *Il veut lui en parler en particulier,* sans personne d'autre. **2.** Surtout. *Mon fils est bon en mathématiques, en particulier en géométrie.* → **particulièrement, spécialement.**

PARTICULIÈREMENT [paʀtikyljɛʀmɑ̃] adverbe **1.** Surtout. *J'aime le cinéma, particulièrement les films d'aventures.* → **principalement, spécialement. 2.** D'une manière qui attire l'attention. *Je le trouve particulièrement bête. Ils sont sympas, et plus particulièrement le père. Je suis particulièrement touché par sa gentillesse.*

① **PARTIE** [paʀti] n. f. ▪ *UNE PARTIE* **1.** Élément d'un tout. → **morceau, part.** *Elle n'a raconté qu'une partie de l'histoire. Dans quelle partie de la ville habitez-vous ? Il a traité sa dissertation en trois parties. Il passe UNE GRANDE PARTIE DE son temps à lire,* beaucoup de temps. *Tu as raison EN PARTIE,* partiellement, pas complètement. **2.** *FAIRE PARTIE DE :* être au nombre de, compter parmi. *Je fais partie d'une chorale :* j'appartiens à une chorale, je suis membre d'une chorale. *Tu fais partie de la famille maintenant que tu es mariée avec mon frère. Ça fait partie des risques du métier.* **3.** *LA PARTIE :* domaine particulier. *La cuisine, c'est sa partie.* → **spécialité.** *Tu peux lui faire confiance, il EST DE LA PARTIE,* c'est un spécialiste. → **professionnel.**

REM. *Parti* «organisation» se prononce de la même façon.

② **PARTIE** [paʀti] n. f. **1.** *UNE PARTIE :* personne engagée dans un acte juridique, dans un procès. *Le juge va entendre la partie adverse.* - *On ne peut être JUGE ET PARTIE :* on ne peut avoir le pouvoir de décision dans une affaire où l'on est impliqué. **2.** *PRENDRE qqn À PARTIE,* l'attaquer, s'en prendre à lui. *L'ivrogne prend les passants à partie.*

③ **PARTIE** [paʀti] n. f. ▪ *UNE PARTIE* **1.** Durée (d'un jeu) jusqu'à ce qu'il y ait un gagnant. *Ils font une partie d'échecs. J'ai gagné la partie.* **2.** Divertissement à plusieurs. *Ils ont fait une partie de chasse.* - *Passer des examens, ce n'est pas une PARTIE DE PLAISIR,* ça n'a rien d'agréable. **3.** STYLE FAMILIER *PARTIE CARRÉE :* réunion de deux couples qui échangent leur partenaire sexuel.

PARTIEL [paʀsjɛl] adj. et n. m., **PARTIELLE** [paʀsjɛl] adj. **1.** adjectif (après le nom) Qui ne constitue qu'une partie d'un tout. *Elle travaille à temps partiel* (opposé à à temps plein, à temps complet). *Nous n'avons que les résultats partiels de l'élection,* nous n'avons pas tous les résultats. ⟨contraire : complet⟩ **2.** *UN PARTIEL :* examen dont la note constitue une partie de la note finale. *Mon fils passe un partiel de géographie.*

PARTIELLEMENT [paʀsjɛlmɑ̃] adverbe ▪ D'une manière incomplète. *Ils ont remboursé partiellement leur emprunt,* en partie. ⟨contraires : complètement, entièrement, intégralement⟩ *Elle n'est que partiellement coupable.*

PARTIR [paʀtiʀ] verbe [conjugaison 16a]
I. 1. Se mettre en mouvement pour quitter un lieu, s'en aller. *Je pars de chez moi tous les matins à huit heures.* ⟨contraire : arriver⟩ *J'ai oublié mon sac en partant. Elle est partie à pied. Vous partirez en voiture, en avion ou par le train ? Elle PART POUR Rome :* elle va à Rome. *Ils sont partis en Italie. Nous partirons en voyage le mois prochain. Il faut que tu partes en vacances. Elle est partie faire un tour après dîner.* - *Les concurrents sont prêts à partir,* à prendre le départ de la course. *Un, deux, trois, partez !* - *La voiture ne veut pas partir,* se mettre en marche. → **démarrer. 2.** (qqch.) Commencer. *L'affaire est mal partie.* **3.** (projectile) Être lancé. *Le coup de feu est parti tout seul.* **4.** Commencer (à faire qqch.). *Il part souvent dans de grandes explications.* → se **lancer. 5.** (qqch.) Disparaître. *Cette tache partira au lavage.* → s'**enlever.** *Ce produit fait partir les taches de graisse.* ⟨contraire : rester⟩ **6.** *PARTIR DE :* venir de. *Le bruit que j'ai entendu partait de la maison voisine. Sur la photo, son mari est le deuxième EN PARTANT DE la gauche.*
II. *À PARTIR DE* préposition En prenant pour point de départ. *La piscine est ouverte à partir de neuf heures,* dès neuf heures. *Tout va changer à partir d'aujourd'hui. Nous avons eu du brouillard sur la route à partir de Lyon,* depuis Lyon. *Reprenez votre lecture à partir du troisième paragraphe. À partir de là ça devient intéressant.*

FAUX AMI
espagnol **partir** «partager» (vieux en français)

REM. On entend souvent *partir à* au lieu de *partir pour.* Cet emploi est critiqué, mais très courant.

PARTISAN [paʀtizɑ̃] n. m. et adj., **PARTISANE** [paʀtizan] n. f. et adj.
I. 1. *UN PARTISAN, UNE PARTISANE :* une personne qui prend parti pour une doctrine. *C'est un partisan du féminisme.* → **inconditionnel.** ⟨contraire : adversaire⟩ **2.** *UN PARTISAN :* combattant qui n'appartient pas à l'armée régulière en temps de guerre. → **franc-tireur, maquisard.** *Un groupe de partisans a fait sauter un train.*
II. 1. (attribut masculin) *ÊTRE PARTISAN DE :* être d'avis de. *Ils sont partisans d'accepter. Elle est partisan de refuser.* **2.** adjectif (après le nom) Qui prend parti, dépend d'un parti. *Je n'aime pas cette politique partisane.*

PARTITIF [paʀtitif], **PARTITIVE** [paʀtitiv] adj. (après le nom) ▪ *Un ARTICLE PARTITIF :* article qui précède les noms de choses que l'on ne peut pas compter. *Dans les phrases «je bois du vin», «il se fait du souci», «du» est un article partitif* **(→ ② de).**

PARTITION [paʀtisjɔ̃] n. f. ▪ *UNE PARTITION :* morceau de musique écrite. *Le chef d'orchestre ouvre sa partition. La pianiste joue sans partition,* de mémoire.

FAUX AMI
anglais **partition** «séparation»

PARTOUT [paʀtu] adverbe ▪ Dans tous les lieux. *Il est allé partout,* il a beaucoup voyagé. *J'ai cherché mes lunettes partout.* ⟨contraire : nulle part⟩ *Il a plu partout en France, hier. Je vous suivrai partout où vous irez. C'est pareil PARTOUT AILLEURS.* - *Les gens arrivent DE PARTOUT. Je suis bronzée de partout,* sur tout le corps.

FAUX AMI
allemand **partout** «à tout prix»

paru [paʀy], **parue** [paʀy] *Son livre est paru, sa nouvelle est parue :* formes au participe passé du verbe **paraître.**

PARURE [paʀyʀ] n. f. ▪ *UNE PARURE* **1.** Ensemble de bijoux assortis. *Elle a mis sa parure de diamants.* **2.** STYLE RECHERCHÉ Ensemble de très beaux vêtements et de bijoux. *La princesse porte sa plus belle parure pour le bal.*

PARUTION [paʀysjɔ̃] n. f. ▪ *LA PARUTION :* moment où un livre est publié. *J'ai acheté ce livre le jour de sa parution,* le jour où il a paru. → **publication, sortie.**

PARVENIR [paʀvəniʀ] verbe [conjugaison 22] ▪ *PARVENIR À* **1.** (qqch.) Arriver à destination. *Ma lettre ne lui est jamais parvenue. Je dois vous faire parvenir un colis.* **2.** (qqn) Réussir, arriver à (un résultat). → **arriver.** *Mon grand-père PARVENAIT toujours À SES FINS,* il arrivait toujours à ce qu'il voulait. *Couche-toi de bonne heure, sinon tu ne parviendras pas à te lever demain matin. Il faut que je parvienne à le rencontrer.* **3.** Atteindre, après une évolution. *Sa grand-mère parvint à un âge avancé,* elle mourut âgée. *Les alpinistes parviennent au sommet de la montagne. Les tomates sont parvenues à maturité.*

parvenu [paʀvəny], **parvenue** [paʀvəny] *Il est parvenu, elle est parvenue :* formes au participe passé du verbe **parvenir.**

PARVENU [paʀvəny] n. m., **PARVENUE** [paʀvəny] n. f. ▪ *UN PARVENU, UNE PARVENUE :* une personne qui s'est enrichie rapidement et a atteint un statut social élevé, mais qui manque de distinction dans ses manières. *Ce n'est qu'un parvenu.*

parvienne [paʀvjɛn] *Que je parvienne ; qu'il parvienne, qu'elle parvienne :* forme au subjonctif du verbe **parvenir.**

parviens [paʀvjɛ̃] *Je parviens, tu parviens :* forme au présent du verbe **parvenir.**

PARVIS [paʀvi] n. m. ▪ *UN PARVIS :* place située devant une église, une cathédrale. → **esplanade.** *Il y a toujours beaucoup de touristes SUR LE PARVIS de Notre-Dame, à Paris.*

① **PAS** [pa] n. m. ▪ *UN PAS* **1.** Action de mettre un pied devant l'autre pour avancer. *Le convalescent a fait quelques pas dans sa chambre. Ma fille fait ses premiers pas,* elle commence à marcher. *Son frère marche à grands pas.* – *Le funambule avance PAS À PAS* [pazapa] *sur le fil,* lentement, en faisant attention. *Il réfléchit en FAISANT LES CENT PAS,* en marchant de long en large. **2.** Distance parcourue en faisant un pas. *Leur maison est À DEUX PAS de la nôtre,* elle est tout près de la nôtre. *Il ne me quitte pas d'un pas :* il est toujours avec moi, il ne me laisse pas. – (métro, train) *La station est en courbe, attention au pas,* la courbe du quai laisse un espace que l'on doit enjamber pour monter dans le wagon. **3.** Trace laissée par un pied humain. *On voit des pas dans la neige.* – *Il est REVENU SUR SES PAS :* il refait le chemin qu'il vient de faire, il retourne en arrière. **4.** Façon de marcher. *Nous avons marché D'UN BON PAS,* assez vite. *Ralentis le pas :* marche moins vite. *J'y vais DE CE PAS,* tout de suite. *Les soldats marchent AU PAS,* tous ensemble, au même rythme. *On l'a MIS AU PAS :* on l'a forcé à obéir. **5.** Façon de marcher (d'un animal). *Le cheval marche AU PAS,* de sa marche la plus lente (opposé à au trot, au galop). – *Dans le parking, les voitures doivent rouler au pas,* très lentement. **6.** *SAUTER LE PAS :* se décider à faire qqch. après avoir hésité. *Il a enfin sauté le pas et a demandé un rendez-vous à son patron. Il est SORTI D'UN MAUVAIS PAS :* il s'est tiré d'une situation difficile. **7.** *LE PAS DE LA PORTE :* l'espace qui se trouve devant la porte d'une maison. *Il guette le facteur sur le pas de la porte.* → **seuil. 8.** *PAS DE VIS :* tours d'une rainure en spirale. *Le pas de vis est faussé.*

② **PAS** [pa] adverbe **1.** *NE... PAS* s'utilise pour exprimer la négation. *Je ne veux pas venir.* → **point.** *Elle ne lui a pas parlé. Ce n'est pas nouveau. N'es-tu pas le plus jeune ? Il ne manque pas d'aplomb,* il a de l'aplomb. *Il n'a pas trente ans,* moins de trente ans. **2.** *NE... PAS... DE Je ne prends pas de café. Elle n'a pas de chaussures.* → **sans.** *Il n'y a pas eu de réclamations.* → **aucune.** – *Du café, je n'en prends pas.* **3.** (sans *ne*) *Pourquoi pas ?* → **non.** *Certainement pas ! Pas de chance ! Ils viennent ou pas ?* – *Il connaît la ville comme PAS UN,* plus que n'importe qui d'autre. → **personne.** – *Elle a un mari pas gentil. C'est un garçon pas bête du tout. Je voudrais un bifteck pas trop gros.* **4.** STYLE FAMILIER (employé au sens de *ne... pas* sans *ne*) *Il peut pas venir. C'est pas grave. T'en fais pas ! Je sais pas* (souvent prononcé [ʒsepa]).

> REM. **1.** Dans le langage parlé, *pas* est presque toujours employé sans *ne.* **2.** *Pas* suivi d'un adjectif est très courant, même s'il existe un contraire (*pas vieux* → jeune, *pas beau* → laid). **3.** Voyez **n'est-ce pas** à la nomenclature.

PASCAL [paskal], **PASCALE** [paskal] adj. (après le nom) ▪ Relatif à la fête chrétienne de Pâques ou à la Pâque juive. *Ce sont bientôt les fêtes pascales.* MASCULIN PLURIEL : *des agneaux pascals* ou *PASCAUX* [pasko].

PASSABLE [pasabl] adj. (après le nom) ▪ Qui n'est ni bon ni mauvais. → ① **moyen.** *Mon fils a eu des notes passables à son examen.* → **acceptable.**

> FAUX AMI
> allemand **passabel** « correct »

PASSABLEMENT [pasabləmɑ̃] adverbe ▪ (ironique) Plus qu'un peu. *Il nous a passablement ennuyés avec ses histoires.* → **plutôt.** *Je le trouve passablement énervé.*

PASSAGE [pasaʒ] n. m.

I. *LE PASSAGE* **1.** Le fait de passer dans un lieu. *Savez-vous les heures de passage de l'autobus ?* les heures où l'autobus passe ici. *La foule attend le passage du président. Quand tu rentreras, tu prendras du pain AU PASSAGE,* en passant (devant la boulangerie). *Mes amis sont DE PASSAGE à Paris,* ils font un bref séjour à Paris. *Je ne suis que de passage :* je ne reste pas longtemps. – STYLE FAMILIER *Il y a DU PASSAGE dans cette rue,* il y a beaucoup de passants, de trafic. **2.** Le fait de passer à un degré supérieur. *Elle a été reçue à son EXAMEN DE PASSAGE,* elle peut entrer dans la classe supérieure. – *Le passage de l'adolescence à l'âge adulte est parfois difficile.*

II. *UN PASSAGE* **1.** Lieu par où l'on peut passer. *La voiture s'engage dans le PASSAGE SOUTERRAIN,* dans le tunnel sous la route. *Les voitures sont arrêtées au PASSAGE À NIVEAU,* à l'endroit où la voie ferrée croise la route. *Traverse au PASSAGE CLOUTÉ,* à l'endroit prévu pour que les piétons traversent la rue en toute sécurité (→ **clouté**). **2.** Morceau d'un texte, d'un film, d'une chanson. *J'ai lu un passage de son roman.* → **extrait, fragment.** *C'est un des meilleurs passages du film.* → **moment.**

① **PASSAGER** [pasaʒe] n. m., **PASSAGÈRE** [pasaʒɛʀ] n. f. ▪ *UN PASSAGER, UNE PASSAGÈRE :* une personne qui est transportée à bord d'une voiture, d'un avion, d'un train ou d'un bateau. *Les passagers du vol pour Rabat sont attendus porte deux.* → **voyageur.** *Le conducteur et les passagers de la voiture sont sortis indemnes de l'accident.*

② **PASSAGER** [pasaʒe], **PASSAGÈRE** [pasaʒɛʀ] adj. (après le nom) ▪ (qqch.) Qui ne dure pas longtemps. → **bref, court.** *Il a eu une douleur passagère dans le genou.* ⟨contraires : durable, tenace⟩ *C'est un ennui passager, ça va s'arranger.* → **momentané.**

① **PASSANT** [pasɑ̃] n. m., **PASSANTE** [pasɑ̃t] n. f. ▪ *UN PASSANT, UNE PASSANTE :* une personne qui passe à pied dans la rue. *J'ai demandé mon chemin à un passant. Les passants regardent les vitrines.* → **badaud.**

② **PASSANT** [pasɑ̃] n. m. ▪ *UN PASSANT :* petit morceau de tissu ou de cuir cousu verticalement sur un vêtement à la hauteur de la taille, pour y faire passer une ceinture. *Mets ta ceinture dans les passants.*

③ **PASSANT** [pasɑ̃], **PASSANTE** [pasɑ̃t] adj. (après le nom) ▪ (lieu) Où il passe beaucoup de gens, de véhicules. *Ils habitent une rue très passante.* → **animé, fréquenté.**

PASSE [pas] n. f. ▪ *UNE PASSE* **1.** Action de passer le ballon à un partenaire. *Le footballeur a fait une belle passe à l'ailier.* **2.** Mouvement imposé au taureau avec la muleta ou la cape, dans une corrida. *Le torero a fait des passes très applaudies.* **3.** *Le MOT DE PASSE :* le mot secret qu'il faut connaître pour pouvoir passer. *Le soldat dit le mot de passe à la sentinelle.* **4.** Rapport sexuel d'une prostituée avec un client. *Il est allé dans un HÔTEL DE PASSE,* un hôtel où les prostituées amènent leurs clients (→ STYLE TRÈS FAMILIER **bordel).** **5.** Lieu étroit où l'on passe. *Le bateau s'est engagé dans la passe.* **6.** *ÊTRE EN PASSE DE faire qqch.,* être sur le point de le faire. *Cette comédienne est en passe de devenir célèbre,* elle va devenir célèbre. *Ses amis ont traversé une MAUVAISE PASSE,* une période difficile où ils ont eu des ennuis.

① **PASSÉ** [pase] n. m. ▪ *LE PASSÉ* **1.** Ce qui est arrivé avant maintenant (opposé à avenir, présent). *Ma grand-mère évoque le passé avec une amie d'enfance. L'accusé a un passé difficile,* sa vie passée jusqu'à aujourd'hui (→ **antécédent).** - STYLE FAMILIER *Tout ça c'est du passé, n'y pensons plus ! - PAR LE PASSÉ, on n'agissait pas comme ça,* autrefois. **2.** Temps du verbe qui indique qu'une action ou l'état exprimé par le verbe se situe dans le passé.

REM. On exprime le passé immédiat par le verbe *venir de (elle vient de partir).* → **venir.**

le passé

Les trois temps du passé de l'indicatif les plus utilisés sont l'*imparfait*, le *passé simple* et le *passé composé*.

L'*imparfait* → **imparfait**.

Le *passé simple* indique qu'une action est terminée et qu'elle n'a pas duré longtemps (ex. : *il **claqua** la porte et il **partit***).

Le *passé composé* indique qu'une action a eu lieu (ex. : *hier, **j'ai rangé** ma chambre*). Parfois, l'action n'est pas terminée (ex. : *elle **a travaillé** toute la matinée et elle travaille encore*).

② **PASSÉ** [pase] préposition ▪ Après. *Passé ce délai, vous devrez payer une pénalité de retard. Passé dix-neuf heures, la porte est fermée. Passé la quarantaine, il faut soigner sa ligne. Passé la ferme, prenez le chemin à gauche.* ⟨contraire : ① avant⟩

③ **PASSÉ** [pase], **PASSÉE** [pase] adj. (après le nom) **1.** (temps) Qui n'est plus, qui est écoulé. *C'était au siècle passé.* → **dernier.** *Oublions les querelles passées.* → **ancien. 2.** (heure) *Il est midi passé,* plus de midi. ⟨contraires : à peine, pas encore⟩ *Il était trois heures passées quand elles sont arrivées.* **3.** (couleur) Qui a perdu son éclat. *La couleur de ton pull est passée.*

PASSE-DROIT [pasdʀwa] n. m. ▪ *UN PASSE-DROIT :* faveur accordée à qqn, qui lui permet de faire qqch. d'interdit. *Il a pu entrer grâce à un passe-droit.* PLURIEL : *des PASSE-DROITS.*

PASSE-MONTAGNE [pasmɔ̃taɲ] n. m. ▪ *UN PASSE-MONTAGNE :* bonnet en tricot qui enveloppe complètement la tête en ne laissant voir que le visage. *Mets ton passe-montagne, il fait froid !* → **cagoule.** PLURIEL : *des PASSE-MONTAGNES.*

PASSE-PARTOUT [paspaʀtu] n. m. et adj. invariables **1.** *UN PASSE-PARTOUT :* clé qui ouvre plusieurs serrures différentes. *La femme de chambre de l'hôtel a un passe-partout.* PLURIEL : *des passe-partout.* **2.** adjectif invariable (après le nom) Qui convient partout. *Le pantalon noir est un pantalon passe-partout.*

PASSE-PASSE [paspas] n. m. invariable ▪ *Un TOUR DE PASSE-PASSE :* tour d'adresse de prestidigitateur. *Le prestidigitateur fait des tours de passe-passe.*

PASSE-PLAT [paspla] n. m. ▪ *UN PASSE-PLAT :* ouverture dans un mur qui permet de passer les plats et les assiettes entre deux pièces. *Un passe-plat permet de passer les plats directement de la cuisine à la salle à manger.* PLURIEL : *des PASSE-PLATS.*

PASSEPORT [paspɔʀ] n. m. ▪ *UN PASSEPORT :* pièce d'identité qui permet d'aller à l'étranger. *Veuillez présenter votre passeport. Quel est votre numéro de passeport ?*

PASSER [pase] verbe [conjugaison 1a]

I. *PASSER* sans complément d'objet (avec l'auxiliaire *être*) **1.** Avancer sans s'arrêter. *Une voiture est passée vers sept heures. Les vaches regardent passer les trains. La Seine passe à Paris.* → **traverser.** *Rapporte le pain EN PASSANT,* au passage. - *SOIT DIT EN PASSANT, je ne suis pas d'accord,* par parenthèse. **2.** Venir dans un lieu et ne pas y rester longtemps. *Passe nous voir, ça nous fera plaisir. Une copine est passée prendre le thé. Je NE FAIS QUE PASSER :* je ne reste pas longtemps. **3.** Être présent sur un média. (qqn) *Quand on passe à la télé, on est intimidé. Ce chanteur est déjà passé à la radio,* il a été programmé. (qqch.) *L'émission est passée à dix-neuf heures. Ce film passe dans plusieurs salles de cinéma.* **4.** *PASSER SOUS. On dit que ça porte malheur de passer sous une échelle. La biche est passée sous un train,* elle a été écrasée par un train. - *Il faut PASSER SUR le pont.* - *Elle est passée sur les détails :* elle ne s'est pas attardée sur les détails. *Je ne suis pas d'accord mais passons,* n'en parlons pas. - *Nous SOMMES PASSÉS PAR Lyon :* nous avons traversé Lyon. *Dites ce qui vous passe par la tête,* ce que vous pensez en ce moment, ce qui vous traverse l'esprit. *Je suis déjà passé par là :* j'ai déjà connu ces difficultés. - *Ils sont passés à travers bois :* ils ont traversé les bois. - *Passe devant moi :* précède-moi. *Sa vie professionnelle PASSE AVANT sa famille,* elle est plus importante que sa famille. **5.** *Y PASSER :* être obligé de subir (qqch. de désagréable). *Ce critique n'épargne personne, tout le monde y passe.* **6.** (liquide) Traverser un filtre. *Le café est en train de passer.* - *Ce que j'ai mangé n'est pas passé :* j'ai du mal à digérer. **7.** *LAISSER PASSER qqn, qqch. :* faire en sorte que qqn, qqch. puisse passer. *Pousse-toi et laisse-moi passer. Les volets ferment mal, ils laissent passer la lumière.* - Ne pas profiter de. *J'ai laissé passer mon tour. Ne laissez pas passer cette occasion.* **8.** Être accepté, être admis. *Ma fille est PASSÉE EN sixième. La loi est passée.* **9.** Aller. *Nous allons passer à table,* nous mettre à table. → **aller.** *Je passerai chez vous vers midi.* → **venir.** *Elle est passée me chercher. Je dois passer à la banque retirer de l'argent. Passez me prendre à vingt heures.* **10.** Être dans un lieu inconnu. *Où sont passées mes lunettes ? « Où étais-tu passé ? On te cherche partout ! ».*

II. (avec l'auxiliaire *être* ou *avoir*) **1.** (temps) S'écouler. *Le temps a passé vite pendant les vacances. Les vacances sont déjà passées !* → **finir. 2.** Disparaître. *La douleur passera.* → **cesser, partir.** *Ça va passer.* ⟨contraire : durer⟩ *Allons, ça passera comme tout le reste !* **3.** *PASSER POUR :* être considéré comme. *Il passe pour un imbécile. Elle s'est FAIT PASSER pour une journaliste,* elle a fait croire qu'elle était journaliste.

III. *PASSER QQCH.* (avec l'auxiliaire *avoir*) **1.** Traverser (un lieu). *Le cheval a passé la rivière. Nous avons passé la frontière à Bâle.* **2.** Faire traverser. *Ils ont passé des marchandises en contrebande.* **3.** Faire aller. *Je n'aime pas passer l'aspirateur,* utiliser l'aspirateur. *Le peintre passe une couche de peinture sur le mur,* il l'étale. *Il lui a passé la main dans les cheveux.* **4.** Projeter (un film), retransmettre (une émission). *Ils vont passer ce film dans* *un cinéma de mon quartier. On a déjà passé cette émission à la télévision.* **5.** Laisser (qqch.). *Passez une ligne entre les deux paragraphes.* → **sauter.** *J'ai passé un mot en recopiant mon texte.* → **oublier.** *Passons ce détail sous silence,* n'en parlons pas. *J'en passe et des meilleures :* je ne dis pas tout. **6.** Mettre rapidement ou pour peu de temps. *Je passe une robe et j'arrive.* → **enfiler.** **7.** Enclencher (une vitesse d'un véhicule). → **mettre** (en). *Il faut passer la première pour démarrer.* **8.** Donner. → **donner, remettre.** *Passe-moi ton assiette.* → **donner.** *Veuillez me passer le cendrier. Elle a passé des livres à ma sœur.* → **prêter.** – *Le maire a passé la parole au ministre.* – STYLE FAMILIER *Il faut que je passe un coup de téléphone,* que je téléphone. *Faites-lui passer le message.* – *Ne me passe pas ta grippe !* **9.** *PASSER QQN à qqn :* au téléphone lui permettre de parler avec cette personne. *Allo ! C'est la secrétaire de M. X, je vous passe le directeur. Peux-tu me passer ma sœur, si elle est là ?* **10.** Laisser faire, dire. *Elle lui passe tous ses caprices,* elle les lui laisse faire. → **tolérer.** *J'en ai marre, si vous me passez l'expression.*

IV. *PASSER (DU TEMPS)* (avec l'auxiliaire *avoir*) Employer (son temps) d'une certaine manière, dans un certain lieu. *Elle a passé la journée au lit,* elle est restée au lit. *Nous passerons nos vacances en Espagne. Il PASSE SA VIE À dormir :* il ne fait que dormir. *Elle a passé l'après-midi à lire :* elle a lu tout l'après-midi. *Nous avons passé trois heures sur (à) ce travail.* – *Elle fait ça pour PASSER LE TEMPS,* pour s'occuper (→ **passe-temps).**

V. verbe pronominal SE PASSER **1.** Se produire, avoir lieu. *L'action du roman se passe à Rome. La journée s'est bien passée. Que s'est-il passé ? Il s'en passe des choses !* → **arriver.** *Comment ça s'est passé ? Tout s'est bien passé. QU'EST-CE QUI SE PASSE ?* qu'est-ce qu'il y a ? – STYLE FAMILIER *Ça ne se passera pas comme ça :* j'y mettrai bon ordre. **2.** (qqn) *SE PASSER DE :* vivre sans. *On peut se passer de vin,* on n'en a pas besoin. *S'il n'y en a plus, on s'en passera. Elle s'est passée de mes conseils. Il ne peut pas se passer d'elle.* – (ironique) *Je me passerais volontiers de cette corvée.* → (s')**abstenir.** – (qqch.) *SE PASSER DE :* ne pas avoir besoin de. *Ça se passe de commentaires !* c'est clair, c'est évident. **3.** Faire aller. *Passe-toi de l'eau sur les mains.* → **mettre.** *Elle s'est passé la main dans les cheveux.*

> FAUX AMI
> anglais
> **to pass (an exam)**
> « être reçu à (un examen) »

PASSEREAU [pasʀo] n. m. ▪ (au pluriel) LES PASSEREAUX : oiseaux de petite taille qui vivent dans les arbres et qui chantent. *L'alouette et la grive sont des passereaux. Il y a de nombreux passereaux dans cette région.*

PASSERELLE [pasʀɛl] n. f. ▪ *UNE PASSERELLE* **1.** Pont étroit réservé aux piétons. *Passez par la passerelle pour traverser la voie ferrée.* **2.** Escalier ou plan incliné qui permet d'accéder à un avion ou à un bateau. *La passerelle est installée, les voyageurs vont bientôt embarquer.* **3.** Plate-forme située au-dessus des cabines, dans un bateau. *Le commandant est sur la passerelle.*

PASSE-TEMPS [pastɑ̃] n. m. invariable ▪ *UN PASSE-TEMPS :* occupation agréable. *La lecture est son passe-temps favori.* → **distraction.** PLURIEL : *des passe-temps.*

> FAUX AMI
> grec
> **πασατέμπος**
> « pépins de citrouille »

PASSEUR [pasœʀ] n. m., **PASSEUSE** [pasøz] n. f. ▪ *UN PASSEUR, UNE PASSEUSE* **1.** Personne qui fait traverser une étendue d'eau quand il n'y a pas de pont. *Le passeur nous fait traverser la rivière dans sa barque.* **2.** Personne qui fait passer illégalement une frontière à qqn ou à qqch. *Un passeur lui a fourni des faux papiers. Un passeur de drogue a été arrêté.*

PASSIBLE [pasibl] adj. (après le nom) ▪ *ÊTRE PASSIBLE DE :* mériter (une peine). *Elle est passible d'une amende pour avoir conduit trop vite.*

> *la voix passive*
>
> 1. Les verbes à la **voix passive** sont conjugués avec l'**auxiliaire *être*** et le participe passé. Le groupe qui était complément d'objet direct du verbe à la *voix active* devient sujet du verbe ; celui qui était le sujet devient le complément d'agent, introduit par *par* ou par *de. Des amis nous invitent à dîner* → *nous sommes invités à dîner par des amis ; son mari l'aime* → *elle est aimée de son mari ; son patron l'a renvoyée* → *elle a été renvoyée par son patron.*
>
> 2. Peut s'employer à l'infinitif (infinitif passif). *Être aimé, voilà l'essentiel. L'essentiel c'est d'être aimé.*
>
> 3. Le participe passé de la voix passive est très proche de l'**adjectif :** *il faut satisfaire le client* → *il faut que le client soit satisfait* et *je ne suis pas satisfait (= je ne suis pas content).*

PASSIF [pasif], **PASSIVE** [pasiv] adj. (après le nom) **1.** (qqn) Qui subit les événements, qui ne réagit pas, qui manque d'énergie et d'initiative. *C'est un enfant passif. On ne peut pas rester passif devant de tels événements.* **2.** *La VOIX PASSIVE :* la forme du verbe quand le sujet subit l'action. ⟨contraire : actif⟩

① **PASSION** [pasjɔ̃] n. f. ▪ *Fruit de la passion :* fruit au goût acidulé d'une plante tropicale à grandes fleurs en forme d'étoile, qui pousse en Amérique. *Il mange un sorbet AUX FRUITS de la passion.*

② **PASSION** [pasjɔ̃] n. f. ▪ *LA PASSION* **1.** Amour très fort. *Il éprouve de la passion pour elle.* ⟨contraire : haine⟩ *Elle lui a déclaré sa passion. Ils s'aiment avec passion.* **2.** Goût très vif pour qqch. *Il a la passion des voyages :* il aime beaucoup voyager. *Sa passion pour les voitures de course lui coûte cher.* **3.** Enthousiasme, fougue. *Elle met de la passion dans tout ce qu'elle fait* (→ **passionné).** *Ils ont discuté avec passion toute la soirée.* ⟨contraire : calme⟩

PASSIONNANT [pasjɔnɑ̃], **PASSIONNANTE** [pasjɔnɑ̃t] adj. (après le nom) ▪ Très intéressant. *J'ai vu un film passionnant.* → **palpitant.** *Ce roman raconte une histoire passionnante.* → **captivant.** ⟨contraire : ennuyeux⟩ *Pendant son voyage, il a rencontré des gens passionnants.*

PASSIONNÉ [pasjɔne] adj. et n. m., **PASSIONNÉE** [pasjɔne] adj. et n. f.

I. adjectif (après le nom) **1.** Plein de passion. *Les deux amis ont une discussion passionnée. Il a un tempérament passionné. Elle éprouve pour son mari un amour passionné.* → **ardent.** *Il lui a fait une déclaration passionnée :* il lui a dit qu'il l'aimait avec passion. → **enflammé.** **2.** (qqn) *PASSIONNÉ DE :* qui aime beaucoup. *Il est passionné de photo.* → **fanatique ;** STYLE FAMILIER **fana.** *Elle est PASSIONNÉE POUR tout ce qu'elle fait.* – *C'est une skieuse passionnée :* elle aime le ski avec passion.

II. *UN PASSIONNÉ, UNE PASSIONNÉE :* une personne qui aime beaucoup qqch. *Son frère est un passionné de tennis.* – *C'est une passionnée.*

PASSIONNEL [pasjɔnɛl], **PASSIONNELLE** [pasjɔnɛl] adjectif (après le nom) ▪ Inspiré par la passion. *Il a commis un crime passionnel,* provoqué par la jalousie d'une personne très amoureuse. – *Ce couple a des rapports passionnels,* pleins de passion, de sentiments très forts.

PASSIONNÉMENT [pasjɔnemɑ̃] adverbe ▪ Avec passion. *Il aime passionnément sa femme.*

PASSIONNER [pasjɔne] verbe [conjugaison 1a] **1.** (qqch.) Intéresser beaucoup (qqn). *Le football le passionne. Ce film m'a passionné.* → **captiver, enthousiasmer.** ⟨contraire : ennuyer⟩ **2.** verbe pronominal SE PASSIONNER : (qqn) s'intéresser vivement. *Ma fille SE PASSIONNE POUR la photo. Elle s'est passionnée pour cette affaire.*

PASSIVEMENT [pasivmɑ̃] adverbe ▪ D'une manière passive, sans réagir. (contraire : activement) *Elle subit passivement son sort.*

PASSIVITÉ [pasivite] n. f. ▪ *LA PASSIVITÉ :* état ou caractère d'une personne passive. *Il accepte tout avec passivité.* → **inertie.** (contraire : dynamisme)

PASSOIRE [paswaʀ] n. f. ▪ *UNE PASSOIRE :* récipient percé de trous utilisé pour laisser passer les liquides. *Il égoutte les pâtes dans une passoire.* - *Sa mémoire est une passoire,* elle ne retient rien.

PASTEL [pastɛl] n. m. ▪ *UN PASTEL* **1.** Petit bâton fait d'une pâte colorée et durcie, utilisé comme crayon de couleur. *Elle a fait le portrait de son fils au pastel.* **2.** Dessin fait au pastel. *Les pastels de Degas sont célèbres.* **3.** *Une COULEUR PASTEL,* claire et douce. *Elle aime les teintes pastel. Elle a des gants bleu pastel.*

PASTÈQUE [pastɛk] n. f. ▪ *UNE PASTÈQUE :* gros fruit ovale, à la peau lisse et verte et à la chair rose vif. *La pastèque est plus grosse que le melon. Il mange une tranche de pastèque.*

PASTEUR [pastœʀ] n. m. ▪ *UN PASTEUR :* une personne qui dirige le culte, dans la religion protestante. *Au temple, les fidèles écoutent le sermon du pasteur. Elle est pasteur.*

REM. Ce mot est masculin, même quand il s'applique à une femme.

PASTEURISER [pastœʀize] verbe [conjugaison 1a] ▪ Chauffer (un liquide) à très haute température, puis le refroidir brusquement pour détruire les microbes qu'il contient et pour augmenter sa durée de conservation. *On pasteurise le lait.* - *Elle mange du fromage pasteurisé.*

PASTICHE [pastiʃ] n. m. ▪ *UN PASTICHE :* imitation de la manière et du style d'un écrivain, d'un artiste. *Le faussaire peint des pastiches de tableaux célèbres* (→ **pasticher).**

REM. Le pastiche se distingue de la parodie qui est une imitation amusante et du plagiat qui est une imitation faite pour tromper.

PASTICHER [pastiʃe] verbe [conjugaison 1a] ▪ Imiter le style de (un écrivain, un artiste). *Il pastiche très bien Victor Hugo.*

PASTILLE [pastij] n. f. ▪ *UNE PASTILLE :* petit bonbon rond et plat. *Elle suce des pastilles de menthe.*

PASTIS [pastis] n. m. ▪ *UN PASTIS :* boisson alcoolisée à l'anis, que l'on boit avec de l'eau. *Il boit un pastis à la terrasse d'un café.*

PATAQUÈS [patakɛs] n. m. ▪ *UN PATAQUÈS :* situation embrouillée. *Quel pataquès !*

PATATE [patat] n. f. ▪ *UNE PATATE* **1.** *UNE PATATE DOUCE :* racine d'une plante des pays tropicaux, à chair rosée et au goût sucré et agréable. *La patate douce est moins nourrissante que la pomme de terre.* **2.** STYLE FAMILIER Pomme de terre. *J'ai épluché un kilo de patates pour le déjeuner.* **3.** STYLE FAMILIER Personne niaise, stupide. *Va donc, eh, patate !* **4.** STYLE FAMILIER *EN AVOIR GROS SUR LA PATATE,* sur le cœur. *Il en a gros sur la patate.*

ET **PATATI ET PATATA !** [epatatiepatata] interjection ▪ STYLE FAMILIER Mots qui évoquent un long bavardage. *Et patati, et patata ! Elle n'arrête pas de jacasser !*

PATATRAS ! [patatʀa] interjection ▪ Mot qui exprime la chute d'un objet qui tombe avec un grand bruit. *Patatras ! Toute la pile de livres s'est écroulée !*

PATAUD [pato], **PATAUDE** [patod] adj. (après le nom) ▪ Maladroit et lourd dans ses mouvements. *Le bébé qui apprend à marcher est pataud.* - *Il a une allure pataude.* → ① **gauche.**

PATAUGER [patoʒe] verbe [conjugaison 3b] **1.** Marcher sur un sol très mouillé. *Nous pataugeons dans la boue.* **2.** Se perdre, s'empêtrer dans les difficultés. *L'enquête n'avance plus, le commissaire patauge.* - *Je ne comprends rien à ce problème de maths, je patauge complètement.* → **nager.**

PATCHWORK [patʃwœʀk] n. m. ▪ *UN PATCHWORK :* tissu fait de morceaux différents et cousus ensemble. *Une couverture de patchwork recouvre le lit.*

REM. Ce mot est anglais.

PÂTE [pɑt] n. f.

I. *UNE PÂTE* **1.** Mélange plus ou moins épais, à base de farine, que l'on mange après l'avoir fait cuire. *Le pâtissier laisse reposer la pâte avant de faire la tarte. Le boulanger pétrit la pâte à pain. J'ai fait de la pâte à crêpes.* - *Tout le monde MET LA MAIN À LA PÂTE :* tout le monde apporte son aide. **2.** Mélange plus ou moins mou. *Le petit garçon joue avec de la PÂTE À MODELER. J'aime les friandises en PÂTE D'AMANDES. Il a reçu en cadeau une boîte de PÂTES DE FRUITS,* de friandises à base de fruits et de sucre mélangés. **3.** *C'est une BONNE PÂTE,* une personne très bonne, très gentille.

II. (au pluriel) LES PÂTES : petits morceaux de pâte faits avec de la semoule de blé, que l'on vend tout prêts et que l'on mange après les avoir fait cuire dans de l'eau bouillante. *Les spaghettis, les raviolis et les nouilles sont des pâtes. Nous avons mangé des pâtes à la sauce tomate pour le dîner.*

FAUX AMIS
allemand **Pate** « parrain » ; espagnol et portugais **pata** « cane »

PÂTÉ [pate] n. m. ▪ *UN PÂTÉ* **1.** Hachis de viande épicée, cuit dans une terrine, que l'on mange froid. *J'ai acheté une tranche de pâté de lapin. Ce PÂTÉ EN CROÛTE est délicieux,* ce pâté recouvert d'une couche de pâte. **2.** *Un PÂTÉ DE MAISONS,* un bloc de maisons délimité par des rues. *Il fait le tour du pâté de maisons.*

PÂTÉE [pate] n. f. ▪ *UNE PÂTÉE :* mélange très épais d'aliments dont on nourrit les animaux. *Le chien mange sa pâtée.*

PATELIN [patlɛ̃] n. m. ▪ STYLE FAMILIER *UN PATELIN :* village, localité. *Ils habitent un petit patelin en Bretagne.* → STYLE FAMILIER **bled.**

PATÈRE [patɛʀ] n. f. ▪ *UNE PATÈRE :* pièce de bois ou de métal fixée à un mur et qui sert à suspendre des vêtements. *Elle accroche son manteau à une patère.* → **portemanteau.**

PATERNALISME [patɛʀnalism] n. m. ▪ *LE PATERNALISME :* attitude à la fois autoritaire et paternelle d'un chef d'entreprise. *Son patron fait preuve de paternalisme avec ses employés.*

PATERNEL [patɛʀnɛl], **PATERNELLE** [patɛʀnɛl] adj. (après le nom) **1.** Du père. *Cet adolescent conteste l'autorité paternelle.* **2.** Du côté du père, dans la famille (opposé à maternel). *Son grand-père paternel est anglais,* le père de son père. **3.** Qui se comporte comme un père. *Il est très paternel avec moi.*

PATERNITÉ [patɛʀnite] n. f. ▪ *LA PATERNITÉ*

I. Le fait d'être le père d'un enfant. *Ce jeune père découvre les soucis de la paternité.*

II. Le fait d'être l'auteur de (qqch.). *Un savant français revendique la paternité de ce nouveau médicament.*

PÂTEUX [pɑtø], **PÂTEUSE** [pɑtøz] adj. (après le nom) ▪ (matière) Qui est épais comme de la pâte. *Cette sauce est trop pâteuse, il faut y mettre un peu d'eau.* - *Il a la bouche pâteuse après avoir trop bu,* il a du mal à articuler les mots.

PATHÉTIQUE [patetik] adj. (après le nom) ▪ Émouvant et triste. *L'histoire de ces rescapés du naufrage est pathétique.* → **bouleversant, poignant.** *Il parle d'un ton pathétique.*

PATHOLOGIQUE [patɔlɔʒik] adj. (après le nom) **1.** Dû à une maladie. *Son teint verdâtre est pathologique.* → **morbide.** **2.** STYLE FAMILIER Anormal. *Elle a une peur pathologique des insectes.* → **maladif.** – *C'est un* CAS PATHOLOGIQUE, une personne que l'on considère comme anormale et dont l'état ne peut pas s'améliorer.

PATIEMMENT [pasjamɑ̃] adverbe ▪ Avec patience. *Chacun attend patiemment son tour, au guichet de la gare.* (contraire : impatiemment)

PATIENCE [pasjɑ̃s] n. f. ▪ *LA PATIENCE* **1.** Qualité d'une personne qui sait attendre en gardant son calme, sans s'énerver. *Les spectateurs du film attendent avec patience d'acheter leur billet au guichet.* (contraire : impatience) *Certains automobilistes commencent à* PERDRE PATIENCE *dans les embouteillages,* ils commencent à s'énerver (→ s'**impatienter**). **2.** Courage, résignation pour supporter les désagréments, les malheurs de la vie ou les défauts des autres. *Elle a beaucoup de patience avec ses enfants. Ma patience a des limites. Il prend son mal* EN PATIENCE, il le supporte sans se plaindre. **3.** Qualité d'une personne qui fait jusqu'au bout ce qu'elle a entrepris, sans se décourager. *Il faut de la patience pour faire ce travail.* → **persévérance.** *Les puzzles sont des* JEUX DE PATIENCE, des jeux solitaires qui consistent à mettre en ordre tous les éléments de l'ensemble.

① **PATIENT** [pasjɑ̃], **PATIENTE** [pasjɑ̃t] adj. (après le nom, parfois avant le nom) **1.** Qui sait attendre en gardant son calme. *Soyez patients, je reviens tout de suite !* (contraire : impatient) **2.** Qui supporte (qqch., qqn) avec résignation, sans révolte. *Le professeur est patient avec ses élèves.* **3.** (avant ou après le nom) (qqch.) Qui manifeste de la patience. *C'est grâce à un patient travail que le commissaire a pu procéder à l'arrestation des gangsters.*

② **PATIENT** [pasjɑ̃] n. m., **PATIENTE** [pasjɑ̃t] n. f. ▪ *UN PATIENT, UNE PATIENTE :* une personne qui se fait soigner par un médecin. *Le médecin reçoit ses patients l'après-midi.* → **client.**

REM. C'est le seul mot employé par les médecins ; ils ne disent pas *client* et n'emploient que *clientèle* (collectif).

PATIENTER [pasjɑ̃te] verbe [conjugaison 1a] ▪ Attendre avec patience. *Patientez un instant !* (contraire : s'impatienter)

PATIN [patɛ̃] n. m. ▪ *UN PATIN* **1.** *UN PATIN (À GLACE) :* chaussure montante sous laquelle est fixée une lame verticale qui permet de glisser sur la glace. *Elle enfile ses patins à glace. Les enfants font du patin à glace sur la patinoire,* ils patinent (→ **patinage**). **2.** *UN PATIN À ROULETTES :* semelle montée sur des roulettes qui se fixe à la chaussure et qui permet de se déplacer sur le sol en roulant. *On se déplace vite avec des patins à roulettes* (→ **roller**). *Il fait du patin à roulettes dans la rue.* **3.** STYLE TRÈS FAMILIER Baiser profond. *Il lui a* ROULÉ UN PATIN *:* il l'a embrassée sur la bouche. → STYLE TRÈS FAMILIER **pelle.**

PATINAGE [patinaʒ] n. m. ▪ *LE PATINAGE :* sport qui consiste à patiner sur la glace. *Je regarde à la télévision le championnat de patinage artistique.*

PATINE [patin] n. f. ▪ *LA PATINE :* couleur et aspect que prennent certains objets en vieillissant. *Cette table ancienne a une belle patine.*

PATINER [patine] verbe [conjugaison 1a] **1.** Faire du patin à glace ou du patin à roulettes. *Les enfants patinent sur la rivière gelée.* **2.** (roues) Tourner à vide. *Les roues de la voiture patinent dans la boue.* – *L'embrayage patine,* il tourne sans entraîner les roues.

PATINETTE [patinɛt] n. f. ▪ *UNE PATINETTE :* jouet d'enfant formé d'une plate-forme allongée montée sur deux roues et surmontée d'un guidon. *Ma fille a eu une patinette pour Noël. Dans certaines grandes aérogares, le personnel se déplace en patinette.*

PATINEUR [patinœʀ] n. m., **PATINEUSE** [patinøz] n. f. ▪ *UN PATINEUR, UNE PATINEUSE :* une personne qui fait du patin à glace ou du patin à roulettes. *Les couples de patineurs s'élancent sur la patinoire.*

PATINOIRE [patinwaʀ] n. f. ▪ *UNE PATINOIRE :* piste aménagée pour patiner sur la glace. *Cette station de sports d'hiver a une belle patinoire.* – *La rue est transformée en patinoire,* elle est très glissante.

PATIO [pasjo] n. m. ▪ *UN PATIO :* cour intérieure d'une maison de style espagnol. *Les maisons du village ont des patios fleuris.*

REM. Ce mot vient de l'espagnol. On prononce aussi [patjo].

PÂTIR [pɑtiʀ] verbe [conjugaison 2] ▪ STYLE RECHERCHÉ *PÂTIR DE :* souffrir de, subir les conséquences fâcheuses de (qqch.). *Sa santé pâtit de ses excès. Ils veulent éviter que leur fils pâtisse de leur divorce.*

PÂTISSERIE [pɑtisʀi] n. f. ▪ *UNE PÂTISSERIE* **1.** Gâteau. *Beaucoup d'enfants aiment les pâtisseries et les sucreries.* **2.** Préparation de la pâte pour en faire des gâteaux. *Elle sait faire la cuisine, mais pas la pâtisserie. Le pâtissier étale la pâte de la tarte avec un rouleau à pâtisserie.* **3.** Magasin où l'on fabrique et où l'on vend des gâteaux. *Il a acheté un éclair au café dans une pâtisserie.*

PÂTISSIER [pɑtisje] n. m., **PÂTISSIÈRE** [pɑtisjɛʀ] n. f. ▪ *UN PÂTISSIER, UNE PÂTISSIÈRE :* une personne qui fabrique et qui vend des gâteaux. *Le pâtissier de ma rue fait très bien les choux à la crème. J'ai acheté un gâteau au chocolat chez le pâtissier.*

PATOIS [patwa] n. m. ▪ *UN PATOIS :* langue particulière à une région, parlée surtout à la campagne par une population peu nombreuse. *Certains paysans de cette région parlent encore patois.*

REM. Ce mot est parfois péjoratif, contrairement à *dialecte* « forme d'une langue parlée dans une région ».

PATRAQUE [patʀak] adj. (après le nom) ▪ STYLE FAMILIER (qqn) Un peu malade, mal fichu. *Elle se sent patraque, ce matin.*

PATRIARCAT [patʀijaʀka] n. m. ▪ *LE PATRIARCAT :* forme de société dans laquelle le père est la personne la plus importante de la famille (opposé à matriarcat). *Dans le patriarcat, la parenté est transmise par le père.*

PATRIARCHE [patʀijaʀʃ] n. m. ▪ *UN PATRIARCHE* **1.** Homme le plus âgé d'une famille et considéré comme son chef. *Le patriarche règne sur sa famille.* **2.** Chef d'une Église chrétienne d'Orient. *L'Église orthodoxe est dirigée par des patriarches.*

PATRIE [patʀi] n. f. ▪ *LA PATRIE :* pays auquel on appartient ou auquel on a le sentiment d'appartenir, parce que l'on y est né ou que l'on y vit. → **nation.** *Ces soldats sont morts pour leur patrie. Cet exilé politique a dû quitter sa patrie* (→ s'**expatrier**).

PATRIMOINE [patʀimwan] n. m. **1.** *UN PATRIMOINE :* ensemble des biens dont on hérite de ses parents. *Ils laissent un important patrimoine à leurs enfants.* → **héritage.** **2.** *LE PATRIMOINE :* ensemble des beautés et des richesses que nos ancêtres nous ont léguées. *Les châteaux de la Loire font partie du patrimoine artistique de la France. L'État protège notre patrimoine.*

PATRIOTE [patʀijɔt] n. m. et adj., **PATRIOTE** [patʀijɔt] n. f. et adj. **1.** *UN PATRIOTE, UNE PATRIOTE :* une personne qui aime sa patrie et le prouve par des actes. *Ces patriotes sont morts pour défendre leur pays contre l'ennemi.* **2.** adjectif (après le nom) Qui aime sa patrie et la défend. *Dans cette famille, ils sont tous très patriotes.*

PATRIOTIQUE [patʀijɔtik] adj. (après le nom) ▪ Qui exprime l'amour de la patrie. *« La Marseillaise » est un chant patriotique.*

PATRIOTISME [patʀijɔtism] n. m. ▪ *LE PATRIOTISME :* amour de la patrie qui peut conduire à la défendre si elle est attaquée. *Ces résistants ont donné leur vie pour leur pays par patriotisme.*

PATRON [patʀɔ̃] n. m., **PATRONNE** [patʀɔn] n. f. ▪ *UN PATRON, UNE PATRONNE* **1.** Saint, sainte qui protège une ville, un pays, une profession ou les personnes qui portent son nom. *Sainte Geneviève est la patronne de Paris. Saint Yves est le patron des avocats.* **2.** Personne qui dirige une entreprise industrielle ou commerciale. *Il est le patron d'un grand groupe industriel.* → **P.-D. G.** *Le patron reçoit les délégués du personnel.* **3.** Employeur. *Les rapports entre les patrons et les employés sont parfois difficiles.* **4.** Artisan ou commerçant qui est propriétaire de son commerce. *La patronne du café sert les clients.*

> FAUX AMIS
> italien **padrone** « propriétaire » ; russe **патрон** « douille, cartouche » ; l'allemand **Patron** ne s'emploie pas aux sens 2., 3., 4.

PATRONAGE [patʀɔnaʒ] n. m. ▪ *UN PATRONAGE :* appui apporté par un personnage puissant ou un organisme. *La fête de la musique est organisée SOUS LE PATRONAGE DU ministre de la Culture,* avec le soutien du ministre de la Culture.

PATRONAL [patʀɔnal], **PATRONALE** [patʀɔnal] adj. (après le nom) **1.** D'un saint patron. *Dimanche, c'est la FÊTE PATRONALE du village.* **2.** D'un chef d'entreprise, de l'ensemble des patrons. *Les ORGANISATIONS PATRONALES discutent de la réduction du temps de travail.* MASCULIN PLURIEL : *les syndicats PATRONAUX* [patʀɔno].

PATRONAT [patʀɔna] n. m. ▪ *LE PATRONAT :* l'ensemble des chefs d'entreprise, des patrons. *Le patronat et les organisations syndicales doivent se rencontrer demain.*

PATRONNER [patʀɔne] verbe [conjugaison 1a] ▪ Donner sa protection, son appui à. *Une banque patronne ce festival de musique.*
REM. *Patronner* se dit d'un appui moral ou financier.

PATROUILLE [patʀuj] n. f. ▪ *UNE PATROUILLE :* petit groupe de policiers, de soldats chargé de surveiller. *La patrouille de police surveille le quartier.* – *Les soldats sont partis EN PATROUILLE,* en mission de surveillance.

PATROUILLER [patʀuje] verbe [conjugaison 1a] ▪ (soldats, policiers) Surveiller en se déplaçant par petits groupes. *Quand il le fallait, nous patrouillions le long de la frontière.*

PATTE [pat] n. f. ▪ *UNE PATTE* **1.** Chacun des membres, qui supporte le corps d'un animal, qui lui sert à marcher. *Les oiseaux ont deux pattes mais quatre membres* (les ailes). *Chez certains animaux les pattes de derrière sont plus longues que les pattes de devant. Le chien donne la patte pour avoir un morceau de sucre.* – *Le bébé marche encore À QUATRE PATTES,* en posant les mains et les genoux par terre. **2.** Chacune des parties du corps qui sert à se déplacer (animaux inférieurs). *Les araignées ont six pattes. Nous avons mangé des pattes de crabe à la mayonnaise.* **3.** STYLE FAMILIER Jambe. *Il s'est cassé une patte au ski. Elle est courte sur pattes :* elle a les jambes courtes. *Il va falloir y aller À PATTES,* à pied. → **pied.** *Cette longue marche l'a fatiguée, elle TRAÎNE LA PATTE,* elle a du mal à marcher. – *Dans les pires situations, il RETOMBE toujours SUR SES PATTES,* il s'en tire toujours très bien. **4.** STYLE FAMILIER Main. *Retire tes pattes de là ! Bas les pattes !* ne touche pas à ça. **5.** Languette de cuir, de tissu servant à fixer, à fermer. *Ce sac se ferme par une patte de cuir.* **6.** Ce qui a l'aspect d'une patte. *Je n'arrive pas à lire ces PATTES DE MOUCHE,* cette écriture petite et fine. *Elle a un pantalon à PATTES D'ÉLÉPHANT,* aux jambes très larges du bas. – *PATTES D'EPH* [patdɛf] forme abrégée familière *Des pantalons (à) pattes d'eph.*

PATTE-D'OIE [patdwa] n. f. ▪ *UNE PATTE-D'OIE* **1.** Carrefour d'où partent plusieurs routes. *À la patte-d'oie, prenez la route de droite.* **2.** Petite ride au coin externe de l'œil. PLURIEL : *elle a des PATTES-D'OIE.*

PÂTURAGE [pɑtyʀaʒ] n. m. ▪ *UN PÂTURAGE :* pré où le bétail vient paître. *Le fermier mène ses vaches au pâturage.* → **pré.** *Le troupeau passe l'été dans les pâturages de montagne.*

PAULISTE [polist] adj., n. m. et n. f. **1.** adjectif (après le nom) De Saõ Paulo, ville du Brésil. *Il fait un rapport sur les industries paulistes.* **2.** *UN PAULISTE, UNE PAULISTE :* un habitant, une habitante de Saõ Paulo. *Les Paulistes.*

PAUME [pom] n. f. ▪ *UNE PAUME* **1.** *LA PAUME (DE LA MAIN) :* l'intérieur, le creux de la main. *La voyante lit l'avenir de ses clients dans la paume de leur main. Il a les paumes pleines d'ampoules.* **2.** *Le JEU DE PAUME :* ancien sport qui consistait à renvoyer une balle de chaque côté d'un filet, d'abord avec la main, puis avec une raquette. *Le jeu de paume est l'ancêtre du tennis.*

PAUMÉ [pome] adj. et n. m., **PAUMÉE** [pome] adj. et n. f. ▪ STYLE FAMILIER **1.** adjectif (après le nom) Perdu, égaré. *Elle a perdu son chemin, elle est complètement paumée. Ils habitent un coin paumé,* loin de tout, isolé. – *Je suis paumé dans tous ses calculs,* je ne m'y retrouve plus, je me suis trompé. **2.** *UN PAUMÉ, UNE PAUMÉE :* une personne qui ne sait plus où elle en est, ce qu'elle fait. *Bande de paumés !* → **abruti ;** STYLE FAMILIER **débile.**

PAUMER [pome] verbe [conjugaison 1a] ▪ STYLE FAMILIER **1.** Perdre. *Il a paumé tout son fric au casino.* **2.** verbe pronominal SE PAUMER : se perdre. *Nous nous sommes paumés dans la forêt.*

PAUPIÈRE [popjɛʀ] n. f. ▪ *UNE PAUPIÈRE :* repli mobile de peau qui protège et recouvre la partie extérieure de l'œil. *J'ai mal à la paupière supérieure droite. Quand on dort, on ferme les paupières. Les paupières sont bordées de cils. Elle a une poussière dans l'œil, elle bat des paupières. Elle se met du FARD À PAUPIÈRES.*

PAUPIETTE [popjɛt] n. f. ▪ *UNE PAUPIETTE :* tranche de viande roulée et farcie. *Le cuisinier prépare des paupiettes de veau.*

PAUSE [poz] n. f. ▪ *UNE PAUSE :* arrêt de courte durée (d'un travail, d'une activité). *Après la matinée de travail, nous ferons une pause pour le déjeuner. Il a commencé à parler, puis il a fait une pause au milieu d'une phrase.*
REM. *Pose* [poz] « installation, attitude » se prononce de la même façon.

PAUSE-CAFÉ [pozkafe] n. f. ▪ *UNE PAUSE-CAFÉ :* arrêt (d'une activité) pendant lequel on peut prendre un café. *Ils ont discuté pendant la pause-café.* PLURIEL : *des PAUSES-CAFÉ.*

PAUVRE [povʀ] adj., n. m. et n. f.
I. adjectif (après le nom, parfois avant le nom) **1.** (après le nom) Qui n'a pas assez d'argent pour vivre. *Ses parents sont des gens très pauvres.* → **misérable, miséreux ;** STYLE FAMILIER **fauché.** ⟨contraire : riche⟩ *Il vient d'une famille pauvre.* → **modeste.** – (lieu) *Il y a beaucoup de pays pauvres en Afrique.* → **sous-développé.**

2. (après le nom) *PAUVRE EN :* qui n'a guère de. *Le sous-sol est pauvre en matières premières,* il contient très peu de matières premières. → **dépourvu.** *Voici un fromage pauvre en matières grasses.* **3.** (après le nom) Qui produit et rapporte peu. *Dans cette région, il n'y a que des terres pauvres.* → **stérile.** ⟨contraire : fertile⟩ - *Il a un vocabulaire très pauvre,* il connaît peu de mots. → **restreint.**

II. (moral) (avant le nom) **1.** Qui fait pitié. *Un pauvre aveugle mendie devant l'église.* → **malheureux.** *Ces pauvres gens ont beaucoup souffert d'avoir perdu leur fils. Pauvre type ! Ce pauvre chien est attaché.* - *Il m'a fait un pauvre sourire,* un sourire triste, forcé. - *Ma pauvre chérie, tu n'as pas de chance !* **2.** Pitoyable, lamentable. *C'est un pauvre type.*

III. **1.** *LE PAUVRE, LA PAUVRE :* personne qui est à plaindre. *La pauvre, elle a encore raté son examen ! Laissez-le tranquille, le pauvre !* **2.** (au pluriel) LES PAUVRES : les gens qui n'ont pas de quoi vivre. *Elle s'occupait des pauvres de son quartier.* → **malheureux, miséreux.**

REM. **1.** *Pauvresse* est le féminin ancien du nom. **2.** On évite aujourd'hui d'employer *pauvre* en rapport avec l'argent. → **défavorisé, démuni, modeste.** Si le manque d'argent est provisoire on dit *gêné, juste, serré.*

PAUVREMENT [povʀəmɑ̃] adverbe ▪ D'une manière pauvre. *Il est pauvrement vêtu,* d'une manière qui montre sa pauvreté.

PAUVRETÉ [povʀəte] n. f. ▪ *LA PAUVRETÉ* **1.** État dans lequel se trouve une personne qui n'a pas assez d'argent pour vivre. *Ces gens vivent dans la pauvreté.* → **misère.** ⟨contraire : richesse⟩ **2.** Insuffisance, manque. *La pauvreté du sol rend les cultures difficiles.* → **stérilité.** ⟨contraire : fertilité⟩ *La pauvreté de son vocabulaire est affligeante.*

REM. On appelle un manque d'argent provisoire *difficulté financière.*

PAVAGE [pavaʒ] n. m. **1.** *LE PAVAGE :* action de paver (un sol). *Les ouvriers ont terminé le pavage de la rue.* **2.** *UN PAVAGE,* sol en pierre. *Le pavage du hall est en marbre.*

SE **PAVANER** [pavane] verbe pronominal [conjugaison 1a] ▪ Marcher d'un air fier pour se faire remarquer. *Elle s'est pavanée toute la soirée dans sa nouvelle robe.*

PAVÉ [pave] n. m. ▪ *UN PAVÉ* **1.** Petit bloc de pierre qui sert à recouvrir la chaussée. *Les rues piétonnes de la ville sont recouvertes de pavés.* - *C'est UN PAVÉ DANS LA MARE,* un événement inattendu qui jette le trouble. **2.** Objet qui a la forme d'un bloc. *J'ai mangé un pavé de bœuf grillé.* **3.** STYLE FAMILIER Gros livre épais, trop long ou trop difficile à lire. *Quel pavé, ce roman !*

PAVER [pave] verbe [conjugaison 1a] ▪ Couvrir (un sol) de pavés. *Les ouvriers pavent la rue.* - *Toutes les rues de la vieille ville sont pavées.*

PAVILLON [pavijɔ̃] n. m. ▪ *UN PAVILLON* **1.** Maison avec un petit jardin. → **villa.** *Ils veulent acheter un pavillon dans la banlieue sud.* **2.** Extrémité évasée de certains instruments à vent. *La trompette et le cor ont un pavillon.* **3.** *Le PAVILLON DE L'OREILLE :* la partie visible de l'oreille (de l'homme et des mammifères). *Le pavillon de l'oreille est un cartilage.* **4.** Drapeau que l'on hisse sur un bateau pour indiquer sa nationalité ou faire des signaux. *Les marins hissent le pavillon national. Ce cargo navigue sous pavillon français.*

REM. Au sens 1., *pavillon* ne se dit que pour les maisons modestes de banlieue avec un petit jardin.

PAVOISER [pavwaze] verbe [conjugaison 1a] **1.** Orner de drapeaux à l'occasion d'une fête. *On a pavoisé les rues de la ville pour la fête nationale.* **2.** STYLE FAMILIER Montrer une grande joie. *Il n'y a pas de quoi pavoiser,* se réjouir.

PAVOT [pavo] n. m. ▪ *UN PAVOT :* plante cultivée pour ses fleurs et ses graines. *Le coquelicot est un pavot. On fabrique de l'opium avec le pavot blanc.*

PAYABLE [pɛjabl] adj. (après le nom) ▪ Qui doit être payé (dans certaines conditions, quelque part). *Ce lave-linge est payable à la livraison. Ce chèque est payable à Paris.*

PAYANT [pɛjɑ̃], **PAYANTE** [pɛjɑ̃t] adj. (après le nom) **1.** Qu'il faut payer. ⟨contraire : gratuit⟩ *L'entrée du parc est payante.* **2.** Profitable, qui rapporte. *Vos efforts ont été payants,* ils vous ont permis de réussir.

PAYE [pɛj] n. f. ▪ *LA PAYE* **1.** Argent donné en échange du travail. *Il vient de recevoir sa paye.* → **salaire.** *Elle touche sa paye à la fin du mois :* elle reçoit son salaire à la fin du mois. *C'est le jour de la paye.* **2.** STYLE FAMILIER *ÇA FAIT UNE PAYE :* ça fait longtemps. *Ça fait une paye qu'on ne s'est pas vus !*

REM. On écrit aussi *paie* [pɛ].

PAYEMENT → **paiement**

PAYER [peje] verbe [conjugaison 8b]

I. **1.** Donner à (qqn) l'argent qu'on lui doit. *On paye* ou *paie* [pɛ] *les salariés à la fin du mois.* - *Vous payez insuffisamment. Ce patron paye bien.* **2.** Donner (de l'argent) en échange d'une chose ou d'un service. → **acheter.** ⟨contraire : vendre⟩ *Combien as-tu payé tes chaussures ? Qui paye l'addition ? J'ai oublié de payer mon loyer.* → **régler.** *Il faut que nous payions nos dettes immédiatement.* → **rembourser.** - *Il n'a pas d'argent, il ne peut pas payer. Paierez-vous* [pɛʀevu] (ou *payerez-vous* [pɛjʀevu]) *par chèque ? Je paie comptant :* je donne tout de suite l'argent que je dois. *Il paie par mensualités.* → **crédit.** *Il a payé DE SA POCHE,* avec son argent à lui. **3.** STYLE FAMILIER Offrir. *Viens, je te paie un verre,* je t'offre à boire. **4.** Supporter les conséquences désagréables de qqch. *Il est renvoyé du lycée : il paye très cher son insolence. C'est cher payé.* - *Il a dit du mal de moi au patron mais un jour, il me le paiera,* je me vengerai. *PAYER POUR qqn :* subir des choses désagréables à la place de qqn. *C'est un innocent qui paie pour les autres !* - *Pendant le déménagement, elle a PAYÉ DE SA PERSONNE,* elle s'est donné du mal. **5.** (qqch.) Être profitable, rapporter. → **rapporter.** *Ce travail paye bien. C'est un effort qui paye* (→ **payant**). *On dit que le crime ne paie pas.*

II. verbe pronominal SE PAYER **1.** Prendre l'argent qui est dû. *Voilà deux cents francs, payez-vous et rendez-moi la monnaie. Elle s'est payée.* **2.** STYLE FAMILIER S'offrir. *Elle s'est payé un déjeuner excellent.* **3.** *SE PAYER LA TÊTE DE qqn,* se moquer de lui. *Arrête de te payer ma tête ! Elle s'est payé ma tête !* - STYLE TRÈS FAMILIER *SE PAYER qqn,* le corriger. *Celui-là, s'il continue de m'agacer, je vais me le payer.* → STYLE FAMILIER **faire.** - *En voiture, on a failli se payer un arbre,* on a failli rentrer dans un arbre. **4.** Devoir être payé, pouvoir être payé. *Dans ce magasin, les achats se paient en trois fois.*

PAYEUR [pɛjœʀ] n. m., **PAYEUSE** [pɛjøz] n. f. ▪ *UN PAYEUR, UNE PAYEUSE :* une personne qui paie ce qu'elle doit. *Ce client est UN MAUVAIS PAYEUR,* il paie toujours en retard.

PAYS [pei] n. m.

I. *UN PAYS* **1.** Territoire bordé de frontières et dirigé par un gouvernement. → **État, nation.** *La Belgique est un pays d'Europe. Il y a des pays riches et des pays pauvres. Ceci concerne plusieurs pays* (→ **international**). **2.** Région. *Ce rosé est un VIN DE PAYS,* un vin produit dans la région. *Les gens du pays sont accueillants* (→ **autochtone, natif**).

II. *LE PAYS* **1.** Les gens, les habitants du pays. *Tout le pays parle des championnats de football.* **2.** Région géographique. *Il ha-*

bite le pays de Galles. Il préfère les pays chauds aux pays froids. - *Elle* A LE MAL DU PAYS : elle est triste parce qu'elle est loin de son pays. *Pendant les vacances nous avons* VU DU PAYS, nous avons voyagé. **3.** *LE PAYS DE :* le pays qui est riche en. *La France est le pays des fromages.*

PAYSAGE [peizaʒ] n. m. ▪ *LE PAYSAGE* **1.** Partie de la nature que l'on voit. *De la fenêtre, elle regarde le paysage.* → **panorama.** *J'aime les paysages de montagne. C'est un beau paysage.* → **vue. 2.** Aspect général. → **situation.** *Il y a des changements dans le paysage politique.*

PAYSAGISTE [peizaʒist] n. m., n. f. ▪ *UN PAYSAGISTE, UNE PAYSAGISTE* **1.** Peintre qui peint des paysages. *Nous admirons les œuvres des paysagistes hollandais.* **2.** Personne dont le métier est d'aménager les espaces verts dans les villes. *Elle est architecte paysagiste.*

PAYSAN [peizɑ̃] n. m. et adj., **PAYSANNE** [peizan] n. f. et adj. **I.** *UN PAYSAN, UNE PAYSANNE :* une personne qui vit à la campagne et cultive la terre. → **agriculteur, cultivateur, éleveur, fermier.** *Mes parents étaient des paysans.*
II. adjectif (après le nom) Des agriculteurs et des éleveurs. *Le mécontentement paysan grandit.*

> FAUX AMIS
> espagnol **a paisano** «en civil» ; portugais **paisano** «civil, compatriote»

PAYS-BAS [peiba] nom propre masculin pluriel - en néerlandais **NEDERLAND** ▪ *LES PAYS-BAS :* pays de l'Europe du Nord-Ouest. *Les habitants des Pays-Bas sont les Néerlandais. Nous partons pour les Pays-Bas.*

> REM. Les Français appellent souvent ce pays *Hollande* ce qui est fautif, la Hollande étant une province des Pays-Bas.

P.-D. G. [pedeʒe] n. m. invariable ▪ *UN P.-D. G. :* un président-directeur général. *Il est P.-D. G. d'une importante entreprise. Elle est P.-D. G.*

> REM. Au féminin l'emploi de *pédégère* (comme *boulanger / boulangère*) est incorrect.

PÉAGE [peaʒ] n. m. ▪ *LE PÉAGE* **1.** Droit que l'on paye pour circuler sur certaines voies. *L'A6 est une AUTOROUTE À PÉAGE.* **2.** Endroit où l'on paie le péage. *Nous arrivons au péage, il faut ralentir. Ce soir, le péage était très encombré.*

PEAU [po] n. f. ▪ *LA PEAU* **1.** Enveloppe extérieure du corps des humains et des animaux vertébrés (→ **épiderme).** *Les bébés ont la peau douce. Sa peau est bien bronzée. Elle achète des produits de beauté pour la peau* (→ **cosmétique).** *Les dermatologues soignent les maladies de la peau* (→ **cutané)** . *La peau de certains poissons est couverte d'écailles.* **2.** STYLE FAMILIER *Mon fils voulait traverser la rue en courant mais je l'ai ATTRAPÉ PAR LA PEAU DU COU,* je l'ai retenu au dernier moment. *Dix mille francs pour ce petit voyage, ÇA COÛTE LA PEAU DES FESSES !* c'est très cher ! **3.** *ÊTRE BIEN, ÊTRE MAL DANS SA PEAU :* se sentir bien, se sentir mal. *Elle travaille et elle est amoureuse : elle est bien dans sa peau,* elle est heureuse et épanouie. - *ÊTRE, SE METTRE DANS LA PEAU DE qqn,* être à sa place, être lui ou elle. *Il est convoqué par le directeur, je ne voudrais pas être dans sa peau. AVOIR QQN DANS LA PEAU,* lui être attaché par le désir. *Elle l'a dans la peau !* - *L'enseignement doit FAIRE PEAU NEUVE :* l'enseignement doit se moderniser. **4.** STYLE FAMILIER La vie. *Je ne monterai pas sur ce rocher, je TIENS À MA PEAU !* - *Elle a EU LA PEAU DE son collègue,* elle a réussi sa vengeance. - *Des assassins lui ont FAIT LA PEAU,* ils l'ont tué. **5.** Fourrure. *Il a une veste en peau de mouton.* → **mouton.** *La peau de phoque est imperméable.* **6.** Cuir fin et souple. *Elle porte une large ceinture en peau. Ce sac est en peau de serpent.* **7.** Enveloppe extérieure de certains fruits, de certaines préparations alimentaires. *La peau de la pêche est veloutée* (→ **peler).** *Ébouillantez les tomates et ôtez la peau.* - *Enlève la peau du saucisson,* sa fine enveloppe extérieure. **8.** Pellicule qui se forme sur le lait bouilli. *Je n'aime pas la peau !*

> REM. La plupart des peaux d'animaux utilisées en fourrure portent le nom de la bête (*manteau de lapin, de renard, de vison,* etc.).

PEAU-ROUGE [poʀuʒ] n. m., n. f. ▪ *UN PEAU-ROUGE, UNE PEAU-ROUGE :* un Indien, une Indienne d'Amérique du Nord. *Geronimo était un célèbre Peau-Rouge, chef des Apaches.* PLURIEL : *les PEAUX-ROUGES.*

PECCADILLE [pekadij] n. f. ▪ STYLE RECHERCHÉ *UNE PECCADILLE :* petite faute sans importance. *Ne vous disputez pas pour une peccadille !*

① **PÊCHE** [pɛʃ] n. f. **1.** *UNE PÊCHE :* fruit du pêcher à la peau veloutée, à la chair juteuse et à gros noyau dur (→ **brugnon).** *J'ai acheté des pêches pour le dessert.* **2.** STYLE FAMILIER Coup, gifle. *Il lui a flanqué une pêche.* **3.** STYLE FAMILIER *SE FENDRE LA PÊCHE :* rire beaucoup (→ STYLE FAMILIER **rigoler,** se **marrer).** *On s'est fendu la pêche, l'autre soir.* **4.** STYLE FAMILIER *AVOIR LA PÊCHE :* être heureux et en bonne forme, avoir le moral. *J'ai la pêche en ce moment !* → STYLE FAMILIER **frite.** *Il n'a pas la pêche. C'est la pêche !* c'est la forme !

② **PÊCHE** [pɛʃ] n. f. ▪ *LA PÊCHE* **1.** Action ou manière de prendre les poissons, les fruits de mer. *Nous ALLONS À LA PÊCHE :* nous allons essayer d'attraper du poisson dans une rivière, dans la mer. *Elle a une CANNE À PÊCHE,* une tige au bout de laquelle est attaché un fil pour pêcher. *Il pratique la PÊCHE À LA LIGNE,* où le bout du fil trempe dans l'eau. *Il aime la PÊCHE AU LANCER,* où l'on fait voler le bout du fil juste au-dessus de l'eau. *Tous les étés elle fait de la pêche sous-marine,* elle plonge sous l'eau pour attraper des poissons. *Les enfants vont à la PÊCHE À la crevette.* - *Nous attendons avec impatience l'ouverture de la pêche,* la période où l'on a le droit de pêcher. **2.** Poissons, produits pêchés. *Il a rapporté une belle pêche, aujourd'hui,* beaucoup de poissons.

PÉCHÉ [peʃe] n. m. **1.** *UN PÉCHÉ :* acte interdit par la religion chrétienne. *Les catholiques avouent leurs péchés à un prêtre.* → **faute.** *Vous avez COMMIS UN PÉCHÉ !* Les sept *PÉCHÉS CAPITAUX sont l'avarice, la colère, l'envie, la gourmandise, la luxure, l'orgueil et la paresse.* **2.** *Un PÉCHÉ MIGNON :* petit défaut, petite faiblesse sans gravité. *Le chocolat, c'est mon péché mignon.*

> REM. Le verbe *pécher* «commettre un péché», le verbe *pêcher* «prendre du poisson» et *le pêcher* «arbre fruitier» se prononcent de la même façon.

PÉCHER [peʃe] verbe [conjugaison 6a] **1.** Commettre un péché. *Il pèche souvent par orgueil. Je reconnais que j'ai péché.* **2.** Présenter un défaut. *Votre texte pèche par manque de clarté,* son défaut est d'être confus, embrouillé.

> REM. Le verbe *pêcher* «attraper du poisson» et *le pêcher* «arbre fruitier» se prononcent de la même façon.

① **PÊCHER** [peʃe] n. m. ▪ *UN PÊCHER :* arbre fruitier qui donne les pêches. *Les fleurs du pêcher sont roses.*

② **PÊCHER** [peʃe] verbe [conjugaison 1a] **1.** Prendre du poisson, des fruits de mer. *Il a pêché deux truites. Elle a pêché des crevettes. Elle pêche dans la rivière. Nous PÊCHONS EN MER.* **2.** STYLE FAMILIER Trouver d'une manière inattendue. *Je me demande où il va pêcher toutes ces histoires drôles,* je me demande comment il trouve toutes ces histoires et où il les trouve.

PÉCHEUR [peʃœʀ] n. m., **PÉCHERESSE** [peʃʀɛs] n. f. ▪ *UN PÉCHEUR, UNE PÉCHERESSE :* une personne qui commet des péchés. *Les pécheurs demandent le pardon.*

PÊCHEUR [pɛʃœʀ] n. m., **PÊCHEUSE** [pɛʃøz] n. f. ▪ *UN PÊCHEUR, UNE PÊCHEUSE* : une personne qui pêche pour son plaisir ou pour gagner sa vie. *Il est parti en mer avec des pêcheurs. Les PÊCHEURS À LA LIGNE sont assis au bord de l'eau.*

PECTORAL [pɛktɔʀal] adj. et n. m. pluriel, **PECTORALE** [pɛktɔʀal] adj.

I. adjectif (après le nom) **1.** Qui concerne la poitrine. *Je donne à mon fils un SIROP PECTORAL parce qu'il tousse,* un sirop qui combat les maladies des poumons et des bronches. – PLURIEL : *cet athlète a de beaux muscles PECTORAUX* [pɛktɔʀo]. **2.** Situé sous le ventre (d'un poisson). *Les NAGEOIRES PECTORALES des poissons leur servent à se diriger et à avancer. Ces poissons ont des nageoires pectorales et des nageoires dorsales.*

II. nom masculin pluriel *LES PECTORAUX* : les muscles de la poitrine. *Il a de beaux pectoraux, très développés.*

PÉCULE [pekyl] n. m. ▪ *UN PÉCULE* : somme d'argent économisée peu à peu. *Il a un petit pécule pour s'acheter une voiture.*

PÉCUNIAIRE [pekynjɛʀ] adj. (après le nom) ▪ STYLE RECHERCHÉ D'argent. → **financier.** *Il a des ennuis pécuniaires. – Elle nous a apporté une AIDE PÉCUNIAIRE,* une aide en argent.

PÉDAGOGIE [pedagɔʒi] n. f. ▪ *LA PÉDAGOGIE* **1.** Art d'enseigner. *La pédagogie concerne surtout l'éducation des enfants. Les instituteurs suivent des cours de pédagogie,* ils apprennent à enseigner. **2.** Qualité du bon pédagogue. *Il a fallu beaucoup de pédagogie pour régler la dispute entre ces deux sœurs. Vous manquez de pédagogie.*

REM. Pour faire comprendre des informations aux adultes, on dit plutôt *communication, vulgarisation.*

PÉDAGOGIQUE [pedagɔʒik] adj. (après le nom) **1.** Qui a rapport à la pédagogie, à la science de l'éducation. → **éducatif.** *Les méthodes pédagogiques de cette institutrice sont excellentes. – Dans le lycée, il y a un CONSEILLER PÉDAGOGIQUE,* une personne dont le métier est d'aider, de conseiller les enseignants. **2.** Qui est d'un bon pédagogue, qui est éducatif. *Ce n'est pas du tout pédagogique de se moquer d'un élève ! Cet instituteur manque de SENS PÉDAGOGIQUE,* ce n'est pas un bon pédagogue.

PÉDAGOGUE [pedagɔg] n. m., n. f. et adj. **1.** *UN PÉDAGOGUE, UNE PÉDAGOGUE* : une personne qui sait apprendre aux autres et qui comprend les autres. *Cette institutrice est une excellente pédagogue.* **2.** adjectif (après le nom) Qui sait enseigner. *Il est peu pédagogue.*

PÉDALE [pedal] n. f. ▪ *UNE PÉDALE* **1.** Organe de commande qu'on actionne avec le pied. *L'automobiliste appuie sur la PÉDALE DE FREIN pour arrêter sa voiture. Elle a le pied sur la PÉDALE DE L'ACCÉLÉRATEUR. – Le cycliste appuie sur les pédales,* il pédale. → **pédalier.** *Dans la salle de bains, il y a une petite poubelle à pédale,* une poubelle dont le couvercle s'ouvre quand on appuie sur la pédale. – STYLE FAMILIER *Il a trop de soucis et il PERD LES PÉDALES,* il dit n'importe quoi et il fait n'importe quoi. **2.** Touche d'un instrument de musique actionnée par le pied. *L'organiste appuie sur les pédales de l'orgue. Les pianos ont deux pédales. La harpe a des pédales. – Pendant la réunion, ne t'énerve pas, METS LA PÉDALE DOUCE,* agis en douceur et avec prudence. **3.** (péjoratif) STYLE FAMILIER Pédéraste. → **pédé.** *Ce type est une pédale.*

PÉDALER [pedale] verbe [conjugaison 1a] **1.** Actionner les pédales d'une bicyclette. *Les coureurs cyclistes pédalent à toute vitesse. Je n'ai pas pédalé dans la descente,* j'ai laissé la roue libre. **2.** STYLE FAMILIER *PÉDALER DANS LA SEMOULE* (ou *DANS LA CHOUCROUTE*) : faire des efforts inutiles. *Tu devrais te reposer, tu pédales dans la semoule.* **3.** STYLE FAMILIER Faire vite. *Il va falloir pédaler pour finir à temps.*

PÉDALIER [pedalje] n. m. ▪ *UN PÉDALIER* **1.** Ensemble formé par les pédales, le pignon et la roue dentée d'une bicyclette. *Le pédalier entraîne la chaîne.* **2.** Clavier de l'orgue, actionné par le pied. *Le pédalier comprend deux octaves et quatre notes.*

PÉDALO [pedalo] n. m. (marque déposée) ▪ *UN PÉDALO* : petite embarcation à flotteurs, que l'on fait avancer en pédalant. *Nous avons fait du pédalo sur le lac.*

PÉDANT [pedɑ̃] adj. et n. m., **PÉDANTE** [pedɑ̃t] adj. et n. f. **1.** adjectif (après le nom) Qui aime montrer son savoir avec prétention. *Il n'est pas facile de discuter avec elle car elle est pédante. – Il parle souvent sur un ton pédant.* → **prétentieux, suffisant.** **2.** *UN PÉDANT, UNE PÉDANTE* : une personne qui aime montrer son savoir. *Quel pédant !*

PÉDÉ n. m. Forme abrégée familière de **pédéraste.**

PÉDÉRASTE [pedeʀast] n. m. ▪ *UN PÉDÉRASTE* : un homme qui a des relations sexuelles avec d'autres hommes (→ **homosexuel).** *C'est un pédéraste. – PÉDÉ* [pede] forme abrégée très familière et injurieuse → **homo.** *Quel pédé ! Il n'aime pas les pédés. Un type nous a traités de pédés ! On a passé la nuit dans une boîte de pédés. Certains pédés sont des travestis.* → **travesti.**

FAUX AMI
grec **παιδεραστής** «pédophile»

PÉDESTRE [pedɛstʀ] adj. (après le nom) ▪ Qui se fait à pied. *Nous avons fait une RANDONNÉE PÉDESTRE,* une longue promenade, une excursion à pied.

PÉDIATRE [pedjatʀ] n. m., n. f. ▪ *UN PÉDIATRE, UNE PÉDIATRE* : médecin spécialiste des maladies des enfants. *La pédiatre a vacciné le bébé.*

PÉDICURE [pedikyʀ] n. m., n. f. ▪ *UN PÉDICURE, UNE PÉDICURE* : une personne dont le métier est de prendre soin des pieds. *Il va chez la pédicure parce qu'il a un cor au pied.*

REM. *La manucure, le manucure* prend soin des mains.

PEDIGREE [pedigʀe] n. m. ▪ *LE PEDIGREE* : origine des parents d'un animal de race pure. *Nous avons établi le pedigree de notre chien.*

PÉDOPHILE [pedɔfil] n. m., n. f. ▪ *UN PÉDOPHILE, UNE PÉDOPHILE* : une personne adulte qui a une attirance sexuelle pour les enfants. *C'est un pédophile qui tue les enfants après les avoir violés.*

PÈGRE [pɛgʀ] n. f. ▪ *LA PÈGRE* : l'ensemble des voleurs, des escrocs, des criminels. *Il a recruté un tueur dans la pègre. Il vit dans le milieu de la pègre.*

peignant [pɛɲɑ̃] *En peignant* : forme au participe présent du verbe **peigner** et du verbe **peindre.**

peigne [pɛɲ] *Je peigne, il peigne* : forme au présent du verbe **peigner** ; *que je peigne ; qu'il peigne, qu'elle peigne* : forme au subjonctif du verbe **peigner** et du verbe **peindre.**

PEIGNE [pɛɲ] n. m. **1.** *UN PEIGNE* : objet muni de dents, qui sert à démêler et à lisser les cheveux. *Je me donne un COUP DE PEIGNE et j'arrive !* je me coiffe rapidement. *J'ai perdu mon PEIGNE DE POCHE.* **2.** *PASSER qqch. AU PEIGNE FIN* : examiner soigneusement qqch., partout et sans oublier un détail. *La police a passé le quartier au peigne fin pour retrouver l'assassin.*

PEIGNER [peɲe] verbe [conjugaison 1a] **1.** Coiffer avec un peigne. *Ma fille peigne sa poupée.* **2.** verbe pronominal SE PEIGNER : se coiffer avec un peigne. *Peigne-toi avant de sortir ! Elle s'est peignée.*

PEIGNOIR [pɛɲwaʀ] n. m. ▪ *UN PEIGNOIR* **1.** Long vêtement d'intérieur. *Elle a mis un peignoir sur son pyjama.* **2.** *Un PEIGNOIR (DE BAIN) :* vêtement large en tissu éponge, que l'on met en sortant du bain. *En sortant de sa douche, il met son peignoir de bain.* **3.** Vêtement de protection court que l'on met chez le coiffeur. *Les clientes mettent un peignoir avant de se faire laver les cheveux.*

PEINDRE [pɛ̃dʀ] verbe [conjugaison 52b] **1.** Couvrir, colorer avec de la peinture. *J'ai peint les volets de la maison en bleu. La fenêtre que j'ai peinte est comme neuve. Nous peignons les murs au rouleau et les fenêtres au pinceau. Il a fait peindre son appartement.* **2.** Reproduire par l'art de la peinture (des choses réelles ou imaginées). *Vous peignez surtout des paysages ? Cézanne peignait beaucoup de natures mortes. - Il faut que vous peigniez les décors de cette pièce de théâtre. Que peindrez-vous après ce tableau ?* **3.** Décrire. *Ce livre peint très bien la vie des gens au Moyen Âge.* → **dépeindre.**

① **PEINE** [pɛn] n. f. ▪ *UNE PEINE* **1.** Punition prévue par la loi, appliquée à toute personne qui a commis une faute (→ **pénal).** ⟨contraire : récompense⟩ *La justice a prononcé une peine sévère contre le criminel. En France, la PEINE DE MORT a été abolie en 1981.* **2.** *SOUS PEINE DE :* en risquant la peine de. *Défense de stationner sous peine d'amende.*

> FAUX AMIS
> allemand **Pein** « supplice, torture » ; anglais **pain** « douleur »

② **PEINE** [pɛn] n. f. ▪ *LA PEINE* **1.** Chagrin, tristesse. ⟨contraires : joie, plaisir⟩ *Depuis sa mort, nous avons beaucoup de peine. Je partage votre peine :* je suis triste aussi et avec vous. ⟨contraire : bonheur⟩ *Il a FAIT DE LA PEINE à ses parents :* il a rendu ses parents tristes (→ **affliger, attrister, peiner).** *Il ne veut pas vous faire de peine. - Il a une PEINE DE CŒUR :* il a un chagrin d'amour. - *La savoir si seule, CELA FAIT PEINE,* cela fait pitié. *Il est tellement malheureux qu'il FAIT PEINE À VOIR,* cela donne du chagrin de le voir comme ça. - *Elle est COMME UNE ÂME EN PEINE,* seule et très triste. **2.** Effort, fatigue. *Ce travail m'a donné beaucoup de peine :* j'ai eu du mal à faire ce travail, il m'a fatigué. *Bien qu'il habite si loin, il a PRIS LA PEINE DE venir nous voir,* il a fait l'effort de venir nous voir. *Il s'est DONNÉ DE LA PEINE pour trouver du travail,* il a fait beaucoup d'efforts. *Ne vous METTEZ PAS EN PEINE pour moi, je vais me débrouiller,* ne vous fatiguez pas pour moi, ne vous donnez pas de mal pour moi. - (formule de politesse) *PRENEZ LA PEINE D'entrer. - Il n'est pas AU BOUT DE SES PEINES :* il a encore des difficultés devant lui. - *Merci de m'avoir aidé, voilà dix francs POUR LA PEINE.* **3.** *C'EST LA PEINE DE, C'EST LA PEINE QUE :* c'est utile de, que. *Est-ce vraiment la peine que je continue de gratter ce vieux mur ? Ce n'est pas la peine de crier comme ça !* **4.** Difficulté qui gêne (pour faire qqch.). *Mon grand-père a de la peine à marcher,* il marche difficilement. *Depuis sa maladie, elle parle AVEC PEINE,* difficilement. - *Je vous crois SANS PEINE,* facilement. *Il apprend l'allemand sans peine.* **5.** *À PEINE :* très peu, presque pas. *On entend à peine le bruit de la rue. Il sait à peine lire :* il sait un peu lire. *Ils ont à peine de quoi vivre :* ils n'ont pas assez d'argent pour vivre. ⟨contraire : largement⟩ - *On peut à peine passer, dans ce couloir,* on passe tout juste. - *Ce n'est pas cher, cela coûte à peine vingt francs,* même pas vingt francs. *Il nous a écrit il y a à peine huit jours. - Je n'ai pas fini le travail : je commence à peine !* je viens de commencer. *J'étais à peine réveillé quand le téléphone a sonné,* je me réveillais tout juste.

PEINER [pene] verbe [conjugaison 1a] **1.** Faire de la peine, du chagrin à (qqn). → **affliger, attrister, chagriner, navrer.** *Sa mort nous a beaucoup peinés.* ⟨contraire : consoler⟩ **2.** Se donner de la peine, faire des efforts. *Les cyclistes peinent dans les montées.* → **fatiguer.** ⟨contraire : se reposer⟩

peint [pɛ̃], **peinte** [pɛ̃t] *Il a peint la porte ; la porte qu'il a peinte :* formes au participe passé du verbe **peindre.**

PEINT [pɛ̃], **PEINTE** [pɛ̃t] adj. (après le nom) **1.** Couvert, orné de peinture. *Ils ont de jolis meubles peints. Elle a un foulard en soie peinte.* **2.** *Un PAPIER PEINT :* papier décoratif dont on tapisse les murs intérieurs. *Elle a posé du papier peint dans sa chambre.*

PEINTRE [pɛ̃tʀ] n. m., n. f. ▪ *UN PEINTRE, UNE PEINTRE* **1.** *Un PEINTRE (EN BÂTIMENT) :* ouvrier ou artisan qui fait les peintures d'une maison. *Les peintres font les peintures intérieures et extérieures de la maison.* **2.** Artiste qui peint. *Van Gogh est un célèbre peintre du dix-neuvième siècle. Elle est peintre. Ce peintre est un bon paysagiste.*

PEINTURE [pɛ̃tyʀ] n. f. ▪ *LA PEINTURE* **1.** Couche de couleur dont une chose est couverte. *La peinture du mur s'écaille. Les peintures des murs de la chambre sont à refaire.* **2.** Couleur dont on recouvre qqch. *Le peintre applique une deuxième couche de peinture sur le mur* (→ **peindre).** *Attention, peinture fraîche,* la peinture n'est pas sèche. - *J'ai acheté un pot de peinture bleue. Elle a acheté à son fils une BOÎTE DE PEINTURE* (→ **gouache).** *Mon tube de peinture rouge est fini.* **3.** *NE PAS POUVOIR VOIR qqn EN PEINTURE :* ne pas supporter qqn. *Cette fille, je ne peux pas la voir en peinture !* je la déteste. **4.** Représentation d'une chose réelle ou imaginaire, au moyen de couleurs. *Il fait de la peinture* (→ **peintre).** *Elle fait de la peinture et du dessin* (→ **pictural).** *Elle aime la peinture figurative mais pas la peinture abstraite. Nous avons vu une exposition de peinture,* une exposition de tableaux (→ **galerie).**

PEINTURLURER [pɛ̃tyʀlyʀe] verbe [conjugaison 1a] ▪ STYLE FAMILIER Peindre sans soin et avec des couleurs criardes. *Il peinturlurera* [pɛ̃tyʀlyʀʀa] *les murs, comme d'habitude ! C'est une petite cabane, peinturlurée de jaune vif.*

PÉJORATIF [peʒɔʀatif], **PÉJORATIVE** [peʒɔʀativ] adj. (après le nom) ▪ Qui comporte une idée de mal, qui est défavorable à la chose ou à la personne dont on parle. *« Chauffard » est un mot péjoratif pour parler d'un mauvais conducteur.*

PÉKIN [pekɛ̃] nom propre – en chinois **BĚIJĪNG** ▪ Capitale de la Chine. *Les habitants de Pékin sont les Pékinois. Ils vont à Pékin.*

PÉKINOIS [pekinwa] adj. et n. m., **PÉKINOISE** [pekinwaz] adj. et n. f.

I. adjectif (après le nom) De Pékin. *Nous avons visité les musées pékinois.*

II. 1. *UN PÉKINOIS, UNE PÉKINOISE :* un habitant, une habitante de Pékin. *Les Pékinois.* **2.** *LE PÉKINOIS :* dialecte parlé dans le nord de la Chine. *Le pékinois a été choisi pour devenir la langue nationale du pays.* **3.** *UN PÉKINOIS :* petit chien de compagnie à la tête ronde et au poil long. *Elle a acheté très cher son pékinois.*

PELAGE [pəlaʒ] n. m. ▪ *LE PELAGE :* fourrure, poil d'un animal. *Ce chat a un beau pelage tigré.* → **robe.**

PELÉ [pəle] adj. et n. m., **PELÉE** [pəle] adj.

I. adjectif (après le nom) **1.** (fruit, légume) Dont on a retiré la peau. *J'ai acheté une boîte de tomates pelées.* **2.** Sans végétation. *Cette lande pelée est triste mais belle.*

II. nom masculin STYLE FAMILIER *La soirée d'hier était ratée : il y avait TROIS PELÉS ET UN TONDU,* très peu de monde, presque personne.

PÊLE-MÊLE [pɛlmɛl] adverbe ▪ En désordre, en vrac. *Dans mon sac, il y a, pêle-mêle, des papiers, de l'argent, des médicaments, des biscuits et des bonbons.*

PELER [pəle] verbe [conjugaison 5a] **1.** Enlever la peau de (un fruit, un légume). → **éplucher.** *Elle a pelé une orange.* **2.** Perdre son épiderme par fines lamelles. *Il a pris un coup de soleil et il pèle.* – STYLE FAMILIER *On PÈLE DE FROID dans cette baraque !* on a très froid. – *On pèle ici !* → STYLE FAMILIER **cailler, geler.**

PÈLERIN [pɛlʀɛ̃] n. m. ▪ *UN PÈLERIN :* personne qui fait un pèlerinage, qui se rend dans un lieu saint pour prier. *De nombreux pèlerins vont à La Mecque.*

PÈLERINAGE [pɛlʀinaʒ] n. m. ▪ *UN PÈLERINAGE :* voyage que l'on fait pour aller prier dans un lieu saint. *Lourdes est un lieu de pèlerinage français, dédié à la Vierge.*

PÉLICAN [pelikɑ̃] n. m. ▪ *UN PÉLICAN :* grand oiseau au long bec muni d'une poche dans laquelle il garde la nourriture de ses petits. *Les pélicans plongent pour attraper des poissons.*

PELISSE [pəlis] n. f. ▪ *UNE PELISSE :* manteau ou imperméable doublé de fourrure. *Cette pelisse tient bien chaud.*

PELLE [pɛl] n. f. ▪ *UNE PELLE* **1.** Outil formé d'une plaque mince fixée à un manche. *Il a creusé un trou dans la terre avec une pelle. Mon fils joue dans le sable avec une pelle et un râteau.* – *On sert les parts de gâteau avec une PELLE À TARTE.* – *À LA PELLE :* en grande quantité. *J'ai des ennuis à la pelle, en ce moment.* – *Les ouvriers creusent la rue avec une PELLE MÉCANIQUE* (→ **pelleteuse**). **2.** STYLE FAMILIER *SE RAMASSER UNE PELLE, SE PRENDRE UNE PELLE :* tomber. *Elle s'est ramassé une pelle dans l'escalier.* – STYLE TRÈS FAMILIER *ROULER UNE PELLE à qqn :* embrasser qqn sur la bouche. *Il lui a roulé une pelle.* → STYLE TRÈS FAMILIER **patin.**

> FAUX AMIS
> allemand **Pelle** « pelure » ;
> italien **pelle,**
> portugais **pele**
> « peau »

PELLETÉE [pɛlte] n. f. ▪ *UNE PELLETÉE :* le contenu d'une pelle. *Pour creuser un trou, on enlève des pelletées de terre.*

PELLETEUSE [pɛltøz] n. f. ▪ *UNE PELLETEUSE :* pelle mécanique qui sert pour les gros travaux. *Les ouvriers creusent la rue avec une pelleteuse.*

PELLICULE [pelikyl] n. f. ▪ *UNE PELLICULE* **1.** Fine lamelle de peau morte qui se détache du cuir chevelu. *Il utilise un shampoing contre les pellicules.* **2.** Fine couche. *Une pellicule de neige recouvre le pare-brise. Une pellicule de poussière recouvre les meubles.* **3.** Feuille mince et souple sensible à la lumière, que l'on utilise pour faire des photos, un film. *Il a acheté un rouleau de pellicule couleur et un rouleau de pellicule noir et blanc.*

> FAUX AMI
> espagnol **pelicula**
> « film (spectacle) »

PELOTE [pəlɔt] n. f. ▪ *UNE PELOTE* **1.** Boule formée d'un fil roulé sur lui-même. *Elle a acheté dix pelotes de laine.* **2.** *La PELOTE (BASQUE) :* sport d'équipe du sud-ouest de la France, dans lequel les joueurs lancent une balle contre un mur où elle rebondit violemment. *Les joueurs de pelote lancent la balle les uns après les autres.*

▮ REM. On prononce parfois [plɔt].

> FAUX AMI
> espagnol
> **pelota**
> « balle »

PELOTER [plɔte] verbe [conjugaison 1a] ▪ (péjoratif) STYLE TRÈS FAMILIER Caresser, toucher de manière sensuelle (qqn, le corps de qqn). *Il pelote sa femme en public.*

PELOTON [plɔtɔ̃] n. m. ▪ *UN PELOTON* **1.** Groupe de coureurs dans une course. *Un cycliste s'est détaché du peloton.* **2.** Groupe de soldats, troupe en activité. *Le peloton de pompiers est arrivé sur les lieux de l'incendie.* – *Le condamné a été fusillé par le PELOTON D'EXÉCUTION,* par le groupe de soldats chargés de l'exécution.

SE **PELOTONNER** [pəlɔtɔne] verbe pronominal [conjugaison 1a] ▪ Se rouler en boule. *La chatte s'est pelotonnée dans le fauteuil.* → se **blottir.**

PELOUSE [pəluz] n. f. ▪ *UNE PELOUSE :* terrain couvert d'une herbe courte et serrée. → **gazon.** *Le jardinier tond la pelouse.*

▮ REM. On prononce très souvent [pluz].

PELUCHE [plyʃ] n. f. **1.** *LA PELUCHE. Un OURS EN PELUCHE :* représentation d'un ours en fausse fourrure. *Le bébé dort avec son ours en peluche.* → **nounours.** **2.** *UNE PELUCHE :* animal en peluche, en fausse fourrure. *Elle a des peluches sur son bureau.* **3.** Petite boule de poils qui se forme sur un tissu et s'en détache. *Ce vieux pull fait des peluches.*

▮ REM. On prononce aussi [pəlyʃ].

PELUCHEUX [pəlyʃø], **PELUCHEUSE** [pəlyʃøz] adj. (après le nom) **1.** Doux et poilu comme de la fourrure. *Cette couverture est chaude et pelucheuse.* **2.** (tissu) Qui fait des peluches. *J'adore ce vieux pull pelucheux.*

▮ REM. On prononce aussi [plyʃø], [plyʃøz].

PELURE [pəlyʀ] n. f. ▪ *UNE PELURE :* peau d'un fruit ou d'un légume pelé. *Épluchez l'orange et jetez la pelure.* → **écorce.** *Les pelures de pomme de terre sont fines.* → **épluchure.** *Le zeste de citron est un morceau de pelure.*

PÉNAL [penal], **PÉNALE** [penal] adj. (après le nom) ▪ *Le CODE PÉNAL :* le règlement qui fixe les peines infligées aux accusés. *Les juges appliquent le Code pénal.* PLURIEL : *PÉNAUX* [peno].

PÉNALISATION [penalizasjɔ̃] n. f. ▪ *UNE PÉNALISATION* **1.** Désavantage infligé à un joueur qui a commis une faute, pendant un match. *Les pénalisations sont appliquées par l'arbitre* (→ **pénalité**). **2.** Désavantage (pour un groupe, une personne). *Cette nouvelle loi est une pénalisation pour les pêcheurs bretons.*

PÉNALISER [penalize] verbe [conjugaison 1a] **1.** Faire subir un désavantage à (un sportif). *L'arbitre a pénalisé un joueur.* **2.** Infliger une peine, une punition à (qqn). *L'automobiliste a été pénalisé pour excès de vitesse.*

PÉNALITÉ [penalite] n. f. ▪ *UNE PÉNALITÉ* **1.** Sanction, punition. *Les personnes qui paient leurs impôts en retard ont des pénalités,* ils doivent payer une somme d'argent en plus. **2.** *L'arbitre du match de rugby a sifflé une pénalité,* une faute commise par un joueur. → **pénalisation.** *L'équipe non fautive a droit à un COUP DE PIED DE PÉNALITÉ.*

▮ REM. On disait encore récemment *penalty,* mot anglais.

PENAUD [pəno], **PENAUDE** [pənod] adj. (après le nom) ▪ (qqn) Confus à la suite d'une maladresse ou déconcerté à la suite d'une déception. *Il est tout penaud d'avoir été pris en faute.* → **honteux, piteux.** – *Elle a un air penaud.*

PENCHANT [pɑ̃ʃɑ̃] n. m. ▪ *UN PENCHANT* **1.** Ce qui fait que l'on se comporte d'une certaine façon. → **tendance.** *Il a un PENCHANT À se mêler de ce qui ne le regarde pas. Elle a un PENCHANT POUR l'alcool. Il a de mauvais penchants.* **2.** Mouvement qui porte à aimer qqn. *Il a un penchant pour sa voisine,* il est un peu amoureux d'elle. → **faible.**

PENCHÉ [pɑ̃ʃe], **PENCHÉE** [pɑ̃ʃe] adj. (après le nom) ▪ Qui n'est pas droit. *Nous avons vu la tour penchée de Pise, en Italie. Elle a une écriture penchée vers la gauche.*

PENCHER [pɑ̃ʃe] verbe [conjugaison 1a]
I. 1. Être ou devenir oblique. *Le bateau penche dangereusement. Le tableau penche sur le côté, redresse-le. Son écriture penche à droite.* **2.** Faire aller vers le bas. *Penche la carafe pour verser de l'eau. Il a penché la tête pour me parler à l'oreille.* → **courber, incliner. 3.** *PENCHER POUR* : préférer. *Je penche pour la deuxième solution.*
II. verbe pronominal SE PENCHER **1.** Incliner le haut du corps vers l'avant. → se **courber,** s'**incliner.** *Elle s'est penchée vers lui. Ne te penche pas par la fenêtre. Ne pas se pencher au-dehors* (dans le train). **2.** *SE PENCHER SUR qqch.*, s'y intéresser, s'en occuper. *Beaucoup de savants se sont penchés sur ce mystère,* l'ont examiné. → **étudier.**

PENDAISON [pɑ̃dɛzɔ̃] n. f. ▪ *UNE PENDAISON* **1.** Action de pendre qqn, de se pendre. *Il est mort par pendaison.* **2.** *Une PENDAISON DE CRÉMAILLÈRE* : fête que l'on fait quand on emménage dans un nouveau logement. *Ils ont invité tous leurs amis à leur pendaison de crémaillère.*

pendant [pɑ̃dɑ̃] *En pendant* : forme au participe présent du verbe **pendre.**

① **PENDANT** [pɑ̃dɑ̃] n. m. ▪ *UN PENDANT* **1.** *Un PENDANT D'OREILLE* : bijou suspendu à l'oreille par une boucle. *Elle a des pendants d'oreilles en diamants.* **2.** Objet identique ou symétrique à un autre. *Ce chandelier a son pendant sur la cheminée.*

② **PENDANT** [pɑ̃dɑ̃], **PENDANTE** [pɑ̃dɑ̃t] adj. (après le nom) ▪ Qui pend. *Il est assis, les jambes pendantes. Le cocker est un chien qui a des oreilles pendantes.* → **tombant.**

③ **PENDANT** [pɑ̃dɑ̃] préposition **1.** Dans le temps de, au cours de. *Nous nous sommes rencontrés pendant les vacances. J'ai lu pendant tout le voyage. Il a plu pendant trois jours.* → **durant.** *Ce médicament est à prendre pendant le repas. Tu veux dîner AVANT, PENDANT OU APRÈS le film ? Qu'est-ce que tu faisais pendant ce temps ?* durant ce moment-là. *Je t'ai attendu pendant deux heures.* – *PENDANT CE TEMPS-LÀ.* → **simultanément.** *Il souffrait de son absence ; pendant ce temps-là elle s'amusait avec d'autres.* **2.** *PENDANT QUE* : dans le même temps que. *J'ai tout rangé pendant que tu dormais.* → **alors que, tandis que.** *Pendant que j'y pense, il faut racheter du savon,* je le dis au moment où j'y pense.

pende [pɑ̃d] *Que je pende ; qu'il pende, qu'elle pende* : forme au subjonctif du verbe **pendre.**

PENDENTIF [pɑ̃dɑ̃tif] n. m. ▪ *UN PENDENTIF* : bijou suspendu à une chaîne. *Elle a un pendentif en or.*

PENDERIE [pɑ̃dʀi] n. f. ▪ *UNE PENDERIE* : placard ou partie d'une armoire où l'on suspend ses vêtements. *Mets ton manteau sur un cintre et range-le dans la penderie.*

PENDOUILLER [pɑ̃duje] verbe [conjugaison 1a] ▪ STYLE FAMILIER Pendre d'une manière un peu ridicule. *Il a les cheveux qui pendouillent devant les yeux.*

PENDRE [pɑ̃dʀ] verbe [conjugaison 41a]
I. 1. Être fixé par le haut. *Avant l'installation du lustre, une ampoule pendait au plafond.* **2.** (qqch.) Descendre plus bas qu'il ne faudrait. *Ta jupe pend par-derrière.* **3.** STYLE FAMILIER *ÇA LUI PEND AU NEZ* : ce malheur va lui arriver. *Tu as été collé à ton examen, ça te pendait au nez !* **4.** Fixer (qqch.) par le haut. *Je pends mon blouson au portemanteau.* → **accrocher, suspendre. 5.** Tuer (qqn) en le suspendant au moyen d'une corde passée autour du cou. *On a pendu le condamné à un gibet.* – *Elle dit PIS QUE PENDRE DE lui* : elle dit beaucoup de mal de lui. **6.** *ÊTRE PENDU À qqch.*, ne pas le quitter. *Elle est pendue au téléphone toute la journée.*
II. verbe pronominal SE PENDRE **1.** Se tenir en laissant pendre les jambes. *Elle s'est pendue par les mains à une branche.* – STYLE FAMILIER *Elle s'est pendue au cou de son père,* elle l'a embrassé, elle s'est jetée à son cou. **2.** Se suicider par pendaison. *Le prisonnier s'est pendu dans sa cellule.*

pendu [pɑ̃dy], **pendue** [pɑ̃dy] *Il a pendu une veste ; la veste qu'il a pendue* : formes au participe passé du verbe **pendre.**

PENDU [pɑ̃dy] n. m., **PENDUE** [pɑ̃dy] n. f. ▪ *UN PENDU, UNE PENDUE* : une personne morte par pendaison. *Les policiers ont trouvé un pendu dans la cave.*

① **PENDULE** [pɑ̃dyl] n. m. ▪ *UN PENDULE* : objet suspendu par un fil, qui oscille autour d'un point fixe. *Certaines personnes peuvent trouver des sources grâce à leur pendule. Les horloges ont un pendule.* → **balancier.**

② **PENDULE** [pɑ̃dyl] n. f. ▪ *UNE PENDULE* : petite horloge que l'on pose sur un meuble ou que l'on accroche à un mur. *La pendule sonne les heures.*

PENDULETTE [pɑ̃dylɛt] n. f. ▪ *UNE PENDULETTE* : petite pendule portative. *Il emporte toujours sa pendulette de voyage.* → **réveil.**

PÉNÉTRANT [penetʀɑ̃], **PÉNÉTRANTE** [penetʀɑ̃t] adj. (après le nom) **1.** Qui passe à travers les vêtements. *Nous marchions sous une pluie pénétrante.* **2.** *Un REGARD PÉNÉTRANT,* qui semble voir ce qui est caché. *Je sens son regard pénétrant sur moi.* → **perçant. 3.** Qui pénètre la signification. *Il a fait des remarques pénétrantes sur la situation.*

PÉNÉTRATION [penetʀasjɔ̃] n. f. ▪ *LA PÉNÉTRATION* **1.** Action pénétrer dans un corps, dans un lieu. *Ce projectile a une grande force de pénétration.* **2.** Introduction du pénis. *Elle ne supporte plus la pénétration. Il n'y a pas de viol sans pénétration.* **3.** Facilité à comprendre. *Il a une grande pénétration d'esprit.* → **clairvoyance, perspicacité.**

PÉNÉTRÉ [penetʀe], **PÉNÉTRÉE** [penetʀe] adj. (après le nom) ▪ (qqn) Rempli (d'un sentiment). *Le ministre est pénétré de son importance,* il est convaincu d'être quelqu'un d'important. *Il me regarde d'un air pénétré.*
REM. Ce mot s'emploie d'une manière ironique.

PÉNÉTRER [penetʀe] verbe [conjugaison 6a] **1.** Entrer. *L'eau pénètre dans la terre. Les cambrioleurs ont pénétré dans la maison par la fenêtre.* **2.** Passer à travers, entrer dans. *Cette pluie pénètre les vêtements* **(→ pénétrant). 3.** (qqn) Prendre sexuellement **(→ pénétration).** *Il l'a pénétrée brutalement.* **4.** Arriver à comprendre. *Nous avons pénétré ses intentions.* → **découvrir.**

PÉNIBLE [penibl] adj. (après le nom, parfois avant le nom) **1.** (après le nom) Qui se fait avec peine, qui fatigue. *Ces ouvriers font un travail pénible.* → **difficile, dur, fatigant.** ⟨contraires : facile, reposant⟩ **2.** (avant ou après le nom) Qui fait de la peine ou cause de la douleur. *Il a eu une vie très pénible. Nous avons traversé des moments pénibles.* → **cruel, éprouvant.** *Quelle pénible nouvelle ! C'est un pénible souvenir.* → **douloureux.** ⟨contraire : agréable⟩ **3.** (attribut) STYLE FAMILIER (qqn) Difficile à supporter. *Les enfants ont été pénibles aujourd'hui.* → **insupportable ;** STYLE TRÈS FAMILIER **chiant.** *La fille est agréable mais le type est pénible.*

PÉNIBLEMENT [penibləmɑ̃] adverbe **1.** Avec peine, avec effort. *Le cycliste monte péniblement la côte.* → **difficilement.** ⟨contraire :

facilement› **2.** Tout juste, à peine. *Sa fille arrive péniblement à la moyenne en mathématiques.*

PÉNICHE [peniʃ] n. f. ▪ *UNE PÉNICHE :* long bateau à fond plat, qui sert à transporter les marchandises sur les fleuves et les canaux. → **chaland.** *La péniche franchit une écluse. Le marinier est à bord de sa péniche.*

PÉNICILLINE [penisilin] n. f. ▪ *LA PÉNICILLINE :* médicament qui combat les infections. *La pénicilline est un antibiotique. On lui a fait une piqûre de pénicilline.*

PÉNINSULE [penɛ̃syl] n. f. ▪ *UNE PÉNINSULE :* région que la mer entoure de tous côtés, sauf un. → **presqu'île.** *L'Italie est une péninsule. L'Espagne et le Portugal constituent la péninsule Ibérique.*

PÉNIS [penis] n. m. ▪ *LE PÉNIS :* le sexe de l'homme. → **membre, verge ;** STYLE FAMILIER **quéquette, zizi ;** STYLE TRÈS FAMILIER **bite, pine, queue.** *Il a le pénis en érection* (→ **phallus).** *Il montre son pénis au médecin.* → **sexe.** *Le pénis et les testicules forment les organes génitaux externes de l'homme.*

▌REM. Seul *pénis* est d'un emploi actuel et neutre.

PÉNITENCE [penitɑ̃s] n. f. **1.** *UNE PÉNITENCE :* une punition. *Comme tu n'as pas bien travaillé, POUR TA PÉNITENCE, tu copieras cent lignes,* pour te punir. **2.** *FAIRE PÉNITENCE :* dans la religion catholique, se repentir de ses péchés et promettre à Dieu de ne pas recommencer. *Elle s'est confessée et maintenant elle fait pénitence.*

PÉNITENTIAIRE [penitɑ̃sjɛʀ] adj. (après le nom) ▪ Qui concerne les prisons. → **carcéral.** *Une prison est un établissement pénitentiaire. Une partie du personnel pénitentiaire est en grève,* une partie des gens qui travaillent dans les prisons.

PÉNOMBRE [penɔ̃bʀ] n. f. ▪ *LA PÉNOMBRE :* obscurité qui permet de voir. *Je distingue une silhouette dans la pénombre. L'appartement est plongé dans la pénombre.*

PENSABLE [pɑ̃sabl] adj. (après le nom) ▪ Que l'on peut admettre, imaginer. *Ce qu'il a fait est à peine pensable.* → **croyable.** *Ce n'est pas pensable :* c'est impensable.

▌REM. Ce mot s'emploie surtout dans des phrases négatives.

PENSANT [pɑ̃sɑ̃], **PENSANTE** [pɑ̃sɑ̃t] adj. (après le nom) ▪ Capable de penser. → **intelligent.** *Les hommes sont des êtres pensants.*

① **PENSÉE** [pɑ̃se] n. f. ▪ *LA PENSÉE* **1.** Ce que l'on pense. *Je vais te dire ma pensée sur ce sujet.* → **idée, opinion.** *Allez JUSQU'AU BOUT DE VOTRE PENSÉE :* dites franchement tout ce que vous pensez. – *Nous avons étudié la pensée de plusieurs philosophes.* **2.** *UNE PENSÉE :* ce que l'on a dans l'esprit quand on réfléchit ou quand on se souvient. *Cette pensée ne m'a jamais effleuré. Il a eu une pensée émue pour toi. Il est perdu dans ses pensées* (→ **pensif).** *Je vous envoie mes plus affectueuses pensées.* **3.** L'esprit. *Elle ne peut chasser ce mauvais souvenir de sa pensée. Je suis avec vous PAR LA PENSÉE,* par l'imagination. **4.** Capacité de l'homme à réfléchir. *Le langage est l'expression de la pensée.* **5.** *LA PENSÉE DE :* le fait de penser à. *Les enfants sont excités À LA PENSÉE DES vacances,* à la perspective des vacances. *Elle est heureuse à la seule pensée de vous voir,* en pensant qu'elle va vous voir. *Je suis heureux à LA PENSÉE QUE vous veniez.*

② **PENSÉE** [pɑ̃se] n. f. ▪ *UNE PENSÉE :* plante à fleur violette ou jaune aux pétales veloutés. *Il y a un parterre de pensées dans le jardin. Les pensées ne gèlent pas.*

PENSER [pɑ̃se] verbe [conjugaison 1a]

I. Former des idées dans son esprit. *Seuls les humains pensent.* → **raisonner, réfléchir.** *Il nous a dit sa façon de penser,* son opinion.

II. *PENSER À* **1.** Réfléchir à. *À quoi penses-tu ? N'y pensons plus ! J'ai fermé la porte SANS Y PENSER,* machinalement. **2.** Évoquer par la mémoire ou par l'imagination. *Je pense souvent à toi. Sa fille me FAIT PENSER à ma sœur au même âge.* **3.** S'intéresser à. *Pense un peu aux autres, tu n'es pas tout seul. Il ne pense qu'à lui. Je pense à l'avenir.* **4.** Avoir en mémoire. *Je tâcherai d'y penser.* → se **souvenir.** ‹contraire : oublier› *Elle a pensé à tout. Est-ce que tu as pensé à acheter le pain ? Fais-moi penser à m'arrêter chez le teinturier,* rappelle-le-moi.

III. 1. Avoir pour opinion. *Voilà ce que je pense. Il pense beaucoup de bien d'elle. «Si on sortait ? Qu'est-ce que tu en penses ?»* – STYLE FAMILIER *Tu penses ! PENSES-TU !* mais non, pas du tout. *«C'est toi qui as fait ça ? – Penses-tu !»* ce n'est pas vrai. **2.** *PENSER QUE :* croire que, avoir l'idée que. *Je pense que tu as tort.* → **croire.** *Il pense qu'on peut y arriver. Je ne pense pas qu'il puisse venir.* – *Je pense avoir réussi mon examen.* → **espérer.** **3.** Avoir dans l'esprit. *Dis ce que tu penses. Cela me FAIT PENSER QUE je dois écrire à ma mère. Quand on PENSE QUE tu n'as que seize ans !* **4.** Avoir l'intention de. *Mon fils pense devenir avocat plus tard. Que penses-tu faire maintenant ?* → **compter.**

▌REM. *Panser* «soigner» se prononce de la même façon.

PENSEUR [pɑ̃sœʀ] n. m., **PENSEUSE** [pɑ̃søz] n. f. **1.** *UN PENSEUR, UNE PENSEUSE :* une personne qui réfléchit aux grands problèmes de l'humanité. *Descartes fut un penseur français.* → **philosophe.** **2.** *UN LIBRE PENSEUR, UNE LIBRE PENSEUSE :* une personne qui ne veut pas être influencée en matière religieuse, qui ne se fie qu'à la raison. *Ce sont des libres penseurs.*

PENSIF [pɑ̃sif], **PENSIVE** [pɑ̃siv] adj. (après le nom) ▪ Absorbé dans ses pensées. *Ma remarque l'a laissé pensif.* → **songeur.** *Il a l'air pensif :* il a l'air d'être préoccupé par une pensée. → **rêveur.**

① **PENSION** [pɑ̃sjɔ̃] n. f. ▪ *UNE PENSION :* somme d'argent versée régulièrement à une personne. → **allocation.** *Il a droit à une pension parce qu'il a eu un accident du travail. Les retraités touchent une pension.* → **retraite.** *Son ex-mari lui verse une PENSION ALIMENTAIRE.*

> FAUX AMI
> italien **in pensione** «à la retraite»

② **PENSION** [pɑ̃sjɔ̃] n. f. ▪ *UNE PENSION* **1.** Établissement scolaire où les élèves sont logés et nourris. *Elle a fait toutes ses études en pension.* → **internat, pensionnat.** *Il est professeur dans une pension religieuse.* **2.** Le fait d'être nourri et logé, ou seulement nourri, d'une manière régulière chez qqn. *Ils ont PRIS PENSION dans un hôtel* (→ **pensionnaire).** *Nous avons pris un étudiant EN PENSION. Ils sont à l'hôtel EN PENSION COMPLÈTE,* ils payent un forfait qui comprend la chambre, le petit-déjeuner et les deux repas. **3.** *Une PENSION DE FAMILLE :* hôtel simple à l'ambiance familiale. *Ils passent leurs vacances dans une pension de famille au bord de la mer.*

PENSIONNAIRE [pɑ̃sjɔnɛʀ] n. m., n. f. ▪ *UN PENSIONNAIRE, UNE PENSIONNAIRE* **1.** Élève nourri et logé dans l'école où il fait ses études. ‹contraire : externe› *Les pensionnaires passeront les week-ends et les vacances dans leur famille.* **2.** Personne qui est en pension dans un hôtel ou chez qqn. *Les pensionnaires de l'hôtel doivent déjeuner entre midi et treize heures.*

> FAUX AMIS
> roumain **pensionar,** russe **пенсионер** «retraité»

PENSIONNAT [pɑ̃sjɔna] n. m. ▪ *UN PENSIONNAT :* établissement scolaire où les élèves sont logés et nourris. → **internat,** ② **pension.** *Elles ont fait toutes leurs études dans un pensionnat.*

PENSIONNÉ [pɑ̃sjɔne] n. m., **PENSIONNÉE** [pɑ̃sjɔne] n. f. ▪ *UN PENSIONNÉ, UNE PENSIONNÉE* : une personne qui reçoit une pension. *Mon grand-père est un pensionné de guerre.*

REM. Dans le style administratif on dit *pensionné* pour *retraité.*

PENTE [pɑ̃t] n. f. ▪ *UNE PENTE* **1.** Surface inclinée, qui monte ou qui descend. → **montée,** ② **côte.** *Les cyclistes montent la pente. Le skieur a descendu la pente à toute allure.* → **descente. 2.** *EN PENTE* : qui n'est pas horizontal. *Le terrain est en pente. Le chemin est en pente raide. Le toit a une forte pente. Les toits en pente permettent à la pluie et à la neige de s'écouler.* **3.** *ÊTRE SUR UNE MAUVAISE PENTE* : se laisser aller à mal faire, se mettre à faire des bêtises. *Tu n'apprends plus tes leçons, tu parles mal à tes professeurs, tu es sur une mauvaise pente !* – *Il va falloir REMONTER LA PENTE,* faire des efforts pour se sortir de cette situation difficile.

PÉNURIE [penyʀi] n. f. ▪ *LA PÉNURIE* : manque de ce qui est nécessaire. *Dans les pays désertiques, il y a pénurie d'eau.* (contraire : abondance)

PÉPÉ [pepe] n. m. ▪ STYLE FAMILIER **1.** *PÉPÉ* : nom donné au grand-père. *Bonjour, pépé.* → **papi. 2.** Grand-père. *J'ai vu mon pépé et ma mémé.* **3.** Homme âgé. *Il y a un pépé qui traverse la rue,* un vieux monsieur.

PÉPÉE [pepe] n. f. ▪ STYLE FAMILIER *UNE PÉPÉE* : femme, jeune fille plutôt jolie. *Il sort avec une belle pépée.* → STYLE FAMILIER **nana.**

PÉPÈRE [pepɛʀ] n. m. et adj. ▪ STYLE FAMILIER **1.** *UN PÉPÈRE* : homme ou enfant gros et tranquille. *Qu'est-ce qu'il fait le gros pépère ?* **2.** adjectif (après le nom) Agréable et tranquille. *Nous avons passé des vacances pépères en Auvergne. Ils mènent une vie pépère.*

PÉPÈTES [pepɛt] n. f. pluriel ▪ STYLE FAMILIER *DES PÉPÈTES* : de l'argent. *Il nous faut des pépètes.* → STYLE FAMILIER **fric.**

PÉPIER [pepje] verbe [conjugaison 7a] ▪ (jeunes oiseaux) Pousser de petits cris brefs et aigus. *Les pinsons pépient.*

PÉPIN [pepɛ̃] n. m. ▪ *UN PÉPIN*

I. Petite graine que l'on trouve dans certains fruits. *Les pommes, les poires, les citrons, les melons ont des pépins. Ces clémentines sont garanties sans pépins.*

II. STYLE FAMILIER Ennui imprévu. *On a eu un pépin sur la route et on est arrivé en retard. Il lui est arrivé un pépin de santé. Ils ont eu de gros pépins.* → STYLE FAMILIER **emmerde, tuile.**

> FAUX AMIS
> espagnol et portugais **pepino** « concombre »

② **PÉPIN** [pepɛ̃] n. m. ▪ STYLE FAMILIER *UN PÉPIN* : un parapluie. *N'oublie pas ton pépin, il va sûrement pleuvoir !*

PÉPINIÈRE [pepinjɛʀ] n. f. ▪ *UNE PÉPINIÈRE* **1.** Terrain où l'on fait pousser de jeunes arbres avant de les planter à nouveau ailleurs. *Nous avons acheté des arbres dans une pépinière.* **2.** Établissement, lieu qui fournit un grand nombre de personnes qualifiées. *Ce pays est une pépinière de savants.* → **vivier.**

PÉPITE [pepit] n. f. ▪ *UNE PÉPITE* : un morceau d'or. *Le chercheur d'or a trouvé plusieurs pépites.*

PÉQUENAUD [pɛkno] n. m., **PÉQUENAUDE** [pɛknod] n. f. ▪ (péjoratif) STYLE FAMILIER *UN PÉQUENAUD, UNE PÉQUENAUDE* : un paysan, une paysanne. → STYLE FAMILIER **plouc.** *Regarde ces péquenauds, on dirait qu'ils n'ont jamais vu de voiture !*

REM. Au masculin, on écrit aussi *péquenot.*

PERÇANT [pɛʀsɑ̃], **PERÇANTE** [pɛʀsɑ̃t] adj. (après le nom) **1.** Qui voit au loin. *Le lynx a une vue perçante. Elle a un regard perçant.* → **pénétrant. 2.** (sons) Aigu et fort. *On a entendu un cri perçant dans la nuit.* → **strident.**

PERCÉE [pɛʀse] n. f. ▪ *UNE PERCÉE* **1.** Ouverture qui permet de passer ou de voir. *Une percée dans la forêt permet d'apercevoir la mer.* → **trouée. 2.** Action de traverser les défenses de l'ennemi. *Un groupe de soldats a tenté une percée à travers les lignes ennemies.*

PERCEMENT [pɛʀsəmɑ̃] n. m. ▪ *LE PERCEMENT* : action de percer, de faire une ouverture ou un trou. *Le percement du tunnel sera long.*

PERCE-NEIGE [pɛʀsənɛʒ] n. m. ou n. f. invariable ▪ *UN PERCE-NEIGE* ou *UNE PERCE-NEIGE* : fleur blanche en forme de clochette, qui pousse à la fin de l'hiver. *J'ai vu un perce-neige, c'est bientôt le printemps.* PLURIEL : *des perce-neige.*

REM. Au pluriel, on peut aussi écrire *des perce-neiges.*

PERCEPTEUR [pɛʀsɛptœʀ] n. m., **PERCEPTRICE** [pɛʀsɛptʀis] n. f. ▪ *UN PERCEPTEUR, UNE PERCEPTRICE* : personne dont le métier est de recueillir l'argent des impôts et des amendes. *Le percepteur lui a envoyé un avertissement parce qu'il n'a pas encore payé ses impôts.*

PERCEPTIBLE [pɛʀsɛptibl] adj. (après le nom) ▪ Qui peut être perçu par la vue ou par l'ouïe. *Cette étoile est perceptible à l'œil nu.* → **visible.** *Cet animal fait un bruit à peine perceptible.* → **audible.** (contraire : imperceptible)

① **PERCEPTION** [pɛʀsɛpsjɔ̃] n. f. ▪ *UNE PERCEPTION* : bureau du percepteur, de la perceptrice. *Elle est convoquée à la perception* (→ **recette).**

② **PERCEPTION** [pɛʀsɛpsjɔ̃] n. f. ▪ *LA PERCEPTION* : ce qui permet de connaître le monde extérieur par les sens. *Les yeux, le nez, les oreilles, la langue sont des organes de perception. Il a un trouble de la perception des couleurs.*

PERCER [pɛʀse] verbe [conjugaison 3a]

I. *PERCER QQCH.* **1.** Faire (un trou, une ouverture). *Le maçon a percé un trou dans le mur. On a percé un tunnel sous la place.* **2.** Faire un trou dans (qqch. de solide). *Nous perçons le mur pour faire un passe-plat entre la cuisine et la salle à manger. Elle s'est fait percer les oreilles pour mettre des anneaux. Sa jupe est percée,* elle a un trou. **3.** Parvenir à découvrir (un secret, un mystère). *Si nous perçons ce mystère, c'est que nous sommes très forts.* → **pénétrer.** *Nous avons PERCÉ ses plans À JOUR* : nous avons découvert ses plans.

II. 1. Se faire un passage. *Le bébé a une dent qui perce.* → **pousser.** – (soleil, jour) Se montrer. → **sortir. 2.** (abcès) Crever. *L'abcès a percé.* **3.** Devenir célèbre. *Ce chanteur est en train de percer.*

PERCEUSE [pɛʀsøz] n. f. ▪ *UNE PERCEUSE* : outil électrique avec une mèche, qui sert à percer des trous. → **chignole.** *Il fait un trou dans le mur avec une perceuse électrique, et a mis une cheville.*

① **PERCEVOIR** [pɛʀsəvwaʀ] verbe [conjugaison 28a] ▪ Recevoir (de l'argent). *Le propriétaire a perçu le loyer.* → **encaisser, toucher.** *Les percepteurs perçoivent les impôts,* ils recueillent l'argent des impôts.

② **PERCEVOIR** [pɛʀsəvwaʀ] verbe [conjugaison 28a] **1.** Saisir par les organes des sens (→ ② **perception).** *On percevait un bruit au loin.* → **entendre.** *Je perçois une silhouette dans la pénombre.* → **apercevoir, discerner, distinguer. 2.** Se rendre compte de. *J'ai perçu de l'inquiétude dans sa voix.* → **sentir.**

percevra [pɛʀsəvʀa] *Il percevra, elle percevra* : forme au futur du verbe **percevoir.**

① **PERCHE** [pɛʀʃ] n. f. ▪ *UNE PERCHE :* poisson d'eau douce qui a une épine sur le dos. *Nous avons mangé de la perche.*

② **PERCHE** [pɛʀʃ] n. f. ▪ *UNE PERCHE* **1.** Longue tige mince en bois ou en métal. *Il fait du SAUT À LA PERCHE :* il saute en hauteur en prenant appui sur une perche en fibre de verre (→ **perchiste**). **2.** *TENDRE LA PERCHE À qqn,* l'aider à se tirer d'embarras. *Je sentais bien qu'il n'osait pas m'en parler, alors je lui ai tendu la perche.*

PERCHÉ [pɛʀʃe], **PERCHÉE** [pɛʀʃe] adj. (après le nom) ▪ Placé sur un endroit élevé. *Il y a une cigogne perchée sur le toit.*

SE **PERCHER** [pɛʀʃe] verbe pronominal [conjugaison 1a] ▪ Se tenir sur un endroit élevé. → se **jucher**, se **poser**. *Une hirondelle s'est perchée sur le toit.*

PERCHISTE [pɛʀʃist] n. m., n. f. ▪ *UN PERCHISTE, UNE PERCHISTE :* athlète qui fait du saut à la perche. *Ce perchiste est champion du monde.*

PERCHOIR [pɛʀʃwaʀ] n. m. ▪ *UN PERCHOIR* **1.** Endroit où se perchent des animaux domestiques. *Le perroquet est juché sur son perchoir.* **2.** Tribune élevée où se tient le président de l'Assemblée nationale française. *Le président est au perchoir.*

PERCLUS [pɛʀkly], **PERCLUSE** [pɛʀklyz] adj. (après le nom) ▪ (qqn) Qui a du mal à se déplacer. *Ma grand-mère est PERCLUSE DE rhumatismes,* elle a tellement de rhumatismes qu'elle bouge difficilement.

perçois [pɛʀswa] *Je perçois, tu perçois :* forme au présent du verbe **percevoir.**

PERCOLATEUR [pɛʀkɔlatœʀ] n. m. ▪ *UN PERCOLATEUR :* appareil à vapeur sous pression qui sert à faire du café. *Les cafés faits au percolateur sont délicieux.*

perçu [pɛʀsy], **perçue** [pɛʀsy] *Il a perçu une amélioration ; l'amélioration qu'il a perçue :* formes au participe passé du verbe **percevoir.**

PERCUSSION [pɛʀkysjɔ̃] n. f. ▪ *Un INSTRUMENT À PERCUSSION :* instrument de musique que l'on frappe pour obtenir des sons. *Le tambour, les cymbales, la grosse caisse sont des instruments à percussion* (→ **batterie**).

PERCUSSIONNISTE [pɛʀkysjɔnist] n. m., n. f. ▪ *UN PERCUSSIONNISTE, UNE PERCUSSIONNISTE :* un musicien, une musicienne qui joue d'un ou de plusieurs instruments à percussion. *Elle est percussionniste dans un orchestre de jazz.* → **batteur.**

perçut [pɛʀsy] *Il perçut, elle perçut :* forme au passé simple du verbe **percevoir.**

PERCUTANT [pɛʀkytɑ̃], **PERCUTANTE** [pɛʀkytɑ̃t] adj. (après le nom) ▪ Qui fait une vive impression. → **saisissant.** *L'avocat a donné des arguments percutants. Il a fait un discours percutant. Il a utilisé une formule percutante.* → **frappant.**

PERCUTER [pɛʀkyte] verbe [conjugaison 1a] ▪ Heurter violemment. *Le camion a percuté un arbre.* → **emboutir.**
REM. On dit aussi : *le camion a percuté contre un arbre.*

perdant [pɛʀdɑ̃] *En perdant :* forme au participe présent du verbe **perdre.**

PERDANT [pɛʀdɑ̃] adj. et n. m., **PERDANTE** [pɛʀdɑ̃t] adj. et n. f. **1.** adjectif (après le nom) Qui perd. *Il a joué un numéro perdant à la loterie.* (contraire : gagnant) *Il est perdant dans cette affaire. Ne partez pas perdant :* ne croyez pas que vous allez forcément perdre. **2.** *UN PERDANT, UNE PERDANTE :* une personne qui perd (dans un jeu, une compétition). *Les perdants ont un lot de consolation. Elle est mauvaise perdante :* elle accepte mal de perdre.

perde [pɛʀd] *Que je perde ; qu'il perde, qu'elle perde :* forme au subjonctif du verbe **perdre.**

PERDITION [pɛʀdisjɔ̃] n. f. ▪ *LA PERDITION* **1.** *Le bateau est EN PERDITION,* il menace de sombrer. **2.** *Il fréquente les LIEUX DE PERDITION,* de débauche, de plaisir.

PERDRE [pɛʀdʀ] verbe [conjugaison 41a]
I. **1.** Ne plus avoir en sa possession (un bien, un avantage). *Il perd tout son argent au jeu. Il a perdu son travail. Elle ne veut pas perdre ses illusions. Tu n'as rien à perdre en essayant.* **2.** Être séparé de (qqn) par l'absence ou par la mort. *Elle perd tous ses amis à cause de son mauvais caractère. Il perdit ses parents très jeune :* ses parents sont morts quand il était très jeune. **3.** Cesser d'avoir (une partie de soi, une qualité). *Il commence à perdre ses cheveux. Les arbres perdent leurs feuilles en automne. En faisant un régime, elle a perdu du poids,* elle a maigri. *Il a perdu la vie :* il est mort. *Tu perds la tête ?* tu deviens fou ? *Le malade a perdu connaissance,* il s'est évanoui. *Elle a commencé à perdre patience,* à s'énerver. → s'**impatienter.** - *L'avion perd de la vitesse.* **4.** Ne plus avoir en sa possession. *Il a perdu ses clés. Je perds tout, en ce moment.* → **égarer ;** STYLE FAMILIER **paumer.** *Quand il était petit, il perdait toutes ses affaires.* **5.** Laisser s'échapper. *Tu perds ton pantalon. Le malade perd beaucoup de sang,* il saigne beaucoup. - *Il ne PERD PAS UNE MIETTE DE la conversation,* il l'écoute attentivement. *J'ai perdu de vue mes anciens amis,* je ne sais pas ce qu'ils sont devenus. **6.** Ne plus pouvoir suivre, contrôler. *Ils ont perdu leur chemin. Elle a perdu l'équilibre,* elle est tombée. **7.** Faire mauvais usage de, gaspiller. *Tu perds ton temps. Dépêchons-nous, nous perdons du temps. Il n'y a pas un instant à perdre.* **8.** Ne pas obtenir ou ne pas garder (un avantage). *Nous avons perdu la partie. J'ai perdu mon pari.* - *Il déteste perdre,* être le perdant. - *Le cheval qui est en tête perd du terrain,* il se met à aller moins vite. **9.** (qqch.) Priver de sa réputation. *Son orgueil le perdra.*
II. verbe pronominal SE PERDRE **1.** Ne plus retrouver son chemin. *Elle s'est perdue dans la forêt.* → s'**égarer.** - (figuré) *Ne vous perdez pas dans des détails inutiles. C'est trop compliqué, ON S'Y PERD,* on n'y comprend plus rien. **2.** (qqch.) Disparaître. *Les traditions se perdent. Le sens de ce mot s'est perdu.*

PERDREAU [pɛʀdʀo] n. m. ▪ *UN PERDREAU :* jeune perdrix. *Le perdreau s'est envolé.* PLURIEL : *un vol de PERDREAUX.*

PERDRIX [pɛʀdʀi] n. f. ▪ *UNE PERDRIX :* oiseau de taille moyenne, au plumage roux ou gris clair, à queue courte. *La perdrix est un gibier apprécié. Nous avons mangé de la perdrix au chou.*

perds [pɛʀ] *Je perds, tu perds :* forme au présent du verbe **perdre.**

perdu [pɛʀdy], **perdue** [pɛʀdy] *Il a perdu sa montre ; la montre qu'il a perdue :* formes au participe passé du verbe **perdre.**

PERDU [pɛʀdy], **PERDUE** [pɛʀdy] adj. (après le nom) **1.** Dont on n'a plus la possession, la jouissance. *Il a regagné l'argent perdu au jeu. Rien n'est perdu :* tout est encore possible. **2.** Égaré. *Il a recueilli un chien perdu. Il a retrouvé son portefeuille au bureau des objets perdus.* **3.** (lieu) Écarté, isolé. *Ils vivent dans un coin perdu.* **4.** Mal employé. *Encore une occasion perdue ! C'est du temps perdu.* - *Il joue du piano à ses moments perdus,* pendant ses loisirs. **5.** (qqn) Sur le point de mourir. → **condamné.** *La malade sait qu'elle est perdue.*

PERDURER [pɛʀdyʀe] verbe [conjugaison 1a] ▪STYLE RECHERCHÉ Durer toujours. *La situation perdure. Si nous n'agissons pas, la situation perdurera* [pɛʀdyʀʀa].

PÈRE [pɛʀ] n. m. ▪*LE PÈRE DE* **1.** Homme qui a un ou plusieurs enfants. *Il est père de deux enfants. Il est marié et PÈRE DE FAMILLE,* il a plusieurs enfants. *Je vous présente mon père.* → STYLE FAMILIER **papa.** *Il a pour sa belle-fille des sentiments de père* (→ **paternel).** **2.** Parent mâle (d'un être vivant mâle ou femelle). *Le père de ce poulain est un pur-sang.* **3.** Créateur, inventeur de (qqch.). *Les frères Lumière sont les pères du cinéma.* **4.** Nom donné à certains religieux. *Le père abbé dirige le couvent. Oui, mon père. On appelle le pape le Saint-Père.* → **Saint-Père.** **5.** Devant un nom propre. *Le père Noël a une barbe blanche.* - STYLE FAMILIER *J'ai rencontré le père Dupont,* monsieur Dupont.

PÉRÉGRINATIONS [peʀegʀinasjɔ̃] n. f. pluriel ▪STYLE RECHERCHÉ *DES PÉRÉGRINATIONS :* déplacements incessants en de nombreux endroits. *Après de nombreuses pérégrinations, il est arrivé au bout de son voyage.*

PÉREMPTOIRE [peʀɑ̃ptwaʀ] adj. ▪Qui n'admet pas la discussion, sans réplique. *Il parle d'un ton péremptoire.* → **catégorique.** - *Il a été péremptoire.*

PÉRENNITÉ [peʀenite] n. f. ▪STYLE RECHERCHÉ *LA PÉRENNITÉ :* état de ce qui dure toujours ou très longtemps. *Il croit à la pérennité des traditions.*

PERF n. f. Forme abrégée familière de **perfusion.**

PERFECTION [pɛʀfɛksjɔ̃] n. f. **1.** *LA PERFECTION :* état, qualité de ce qui est parfait. *Ce travail est proche de la perfection. Il a atteint la perfection.* **2.** *Elle parle anglais À LA PERFECTION,* très bien. → **parfaitement.** **3.** *UNE PERFECTION :* une qualité remarquable. *Pour lui, sa femme a toutes les perfections.* ⟨contraires : défaut, imperfection⟩

PERFECTIONNÉ [pɛʀfɛksjɔne], **PERFECTIONNÉE** [pɛʀfɛksjɔne] adj. (après le nom) ▪Très moderne sur le plan technique. *Il a une chaîne hi-fi très perfectionnée.*

PERFECTIONNEMENT [pɛʀfɛksjɔnmɑ̃] n. m. ▪*UN PERFECTIONNEMENT* **1.** Amélioration qui rend un objet plus moderne. *L'inventeur a apporté de nouveaux perfectionnements à sa machine.* **2.** Action de se perfectionner. *Elle suit des cours de perfectionnement en anglais.*

PERFECTIONNER [pɛʀfɛksjɔne] verbe [conjugaison 1a] **1.** Rendre meilleur, plus proche de la perfection. *Les ingénieurs ont perfectionné le moteur de la voiture.* → **améliorer.** *La nageuse perfectionne son style en s'entraînant.* **2.** verbe pronominal SE PERFECTIONNER : acquérir plus de qualités, plus de valeur. *Elle s'est perfectionnée en espagnol en passant six mois à Madrid.*

PERFECTIONNISME [pɛʀfɛksjɔnism] n. m. ▪*LE PERFECTIONNISME :* tendance exagérée à atteindre la perfection. *Ce n'est plus de la conscience professionnelle, c'est du perfectionnisme.*

PERFECTIONNISTE [pɛʀfɛksjɔnist] n. m., n. f. et adj. **1.** *UN PERFECTIONNISTE, UNE PERFECTIONNISTE :* une personne qui cherche à atteindre la perfection d'une manière exagérée. *Elle refait toujours le travail, c'est une perfectionniste.* **2.** adjectif (après le nom) Qui recherche la perfection d'une manière exagérée. *Tu est trop perfectionniste !*

PERFIDE [pɛʀfid] adj. (après le nom) ▪STYLE RECHERCHÉ **1.** Qui manque à sa promesse, qui trahit celui qui lui faisait confiance. *Méfie-toi de lui, c'est un homme perfide.* → **déloyal.** **2.** Dangereux, nuisible sans que cela se voie. *Je n'aime pas ces insinuations perfides.* → **sournois.**

PERFIDIE [pɛʀfidi] n. f. ▪STYLE RECHERCHÉ **1.** *LA PERFIDIE :* caractère perfide, déloyal. *Elle a insinué certaines choses avec perfidie. Chacun a remarqué la perfidie de l'allusion.* **2.** *UNE PERFIDIE :* action, parole perfide. *Il est capable de toutes les perfidies.* → **traîtrise.**

PERFORATION [pɛʀfɔʀasjɔ̃] n. f. ▪*UNE PERFORATION :* ouverture accidentelle (d'un organe). *Il a une perforation de l'intestin.*

PERFORATRICE [pɛʀfɔʀatʀis] n. f. ▪Machine électrique pour faire des sous-sols, des tunnels, creuser des routes. → **marteau-piqueur.** *Les perforatrices font un bruit terrible.*

PERFORÉ [pɛʀfɔʀe], **PERFORÉE** [pɛʀfɔʀe] adj. (après le nom) **1.** Percé. *Il a eu le tympan perforé.* **2.** Qui a de petits trous. *Les pellicules photographiques sont perforées de chaque côté.*

PERFORER [pɛʀfɔʀe] verbe [conjugaison 1a] ▪Percer de trous. *La balle lui a perforé l'estomac. Les machines à composter perforent les billets de train. Quand tu montreras ton billet au contrôleur, il le perforera* [pɛʀfɔʀʀa].

PERFORMANCE [pɛʀfɔʀmɑ̃s] n. f. ▪*UNE PERFORMANCE* **1.** Résultat obtenu dans une compétition sportive. *Ce nageur a réalisé la meilleure performance.* **2.** Rendement, résultat le meilleur. *Les performances de cet ordinateur sont impressionnantes.* **3.** Exploit, prouesse. *Le travail est déjà terminé ? Quelle performance !*

PERFORMANT [pɛʀfɔʀmɑ̃], **PERFORMANTE** [pɛʀfɔʀmɑ̃t] adj. (après le nom) ▪Capable de très bonnes performances. *Le moteur de cette voiture est très performant. - Ce pays a une industrie performante.* → **compétitif.**

PERFUSION [pɛʀfyzjɔ̃] n. f. ▪*UNE PERFUSION :* injection lente et continue de médicament. *On lui a fait une perfusion. Le malade est sous perfusion.* - *PERF* [pɛʀf] forme abrégée familière *Il est sous perf.*

PERGOLA [pɛʀgɔla] n. f. ▪*UNE PERGOLA :* petite construction, dans un jardin, qui sert de support aux plantes grimpantes. *L'été, nous déjeunons souvent sous la pergola.*

PÉRICLITER [peʀiklite] verbe [conjugaison 1a] ▪Aller vers la ruine. *L'entreprise a périclité en quelques années.* → **décliner, dépérir.** ⟨contraire : prospérer⟩

PÉRIDURALE [peʀidyʀal] n. f. ▪*UNE PÉRIDURALE :* anesthésie locale à l'aide d'une injection dans les vertèbres. *Elle a accouché SOUS PÉRIDURALE.*

PÉRIF n. m. Forme abrégée familière de **périphérique.**

PÉRIL [peʀil] n. m. ▪STYLE RECHERCHÉ *UN PÉRIL :* situation où l'on court de grands risques, où la vie est menacée. → **danger.** *Il a échappé à de grands périls. Les pompiers ont sauvé plusieurs personnes AU PÉRIL DE LEUR VIE,* en risquant leur vie. *Le conducteur du car a MIS EN PÉRIL la vie des passagers,* il a mis leur vie en danger. *Si vous faites cela, c'est À VOS RISQUES ET PÉRILS,* c'est en acceptant d'en subir toutes les conséquences. - STYLE RECHERCHÉ *Il n'y a pas PÉRIL EN LA DEMEURE :* rien ne presse.

PÉRILLEUX [peʀijø], **PÉRILLEUSE** [peʀijøz] adj. (après le nom) **1.** Où il y a des risques, du danger. *Le commandant du navire effectue une manœuvre périlleuse.* → **dangereux.** *C'est un sujet périlleux.* → **délicat.** **2.** *Un SAUT PÉRILLEUX,* où le corps fait un tour complet sur lui-même. *Le trapéziste a fait un double saut périlleux.*

PÉRIMÉ [peʀime], **PÉRIMÉE** [peʀime] adj. (après le nom) **1.** Qui n'est plus valable. *Mon passeport est périmé, je dois le renouveler.* ⟨contraire : valide⟩ **2.** Qui n'est plus bon à manger. *Ces yaourts* *sont périmés, il faut les jeter,* la date limite de consommation est dépassée.

PÉRIMÈTRE [peʀimɛtʀ] n. m. ▪ *LE PÉRIMÈTRE* **1.** Longueur du contour d'une figure géométrique. *Calculez le périmètre du cercle.* → **circonférence.** *Le pré a trois cents mètres de périmètre, la clôture va coûter cher.* **2.** Zone qui s'étend autour (d'un lieu). *La circulation est interdite dans le périmètre de la cathédrale.*

PÉRIODE [peʀjɔd] n. f. ▪ *UNE PÉRIODE* **1.** Espace de temps. *L'entreprise est fermée pendant la période des fêtes de fin d'année. En période de crise économique, il y a beaucoup de chômage. Nous sommes en période électorale,* juste avant les élections. – *Cet historien étudie la période révolutionnaire.* → **époque. 2.** Espace de temps caractérisé par un certain phénomène. *Cette maladie est contagieuse pendant la période d'incubation.* → **phase, stade.** *Les ères géologiques sont divisées en périodes.* **3.** Mi-temps, au football. *Nous en sommes à la deuxième période* (→ **mi-temps).**

PÉRIODICITÉ [peʀjɔdisite] n. f. ▪ *LA PÉRIODICITÉ :* retour de (un fait, un événement) à des intervalles réguliers. *La périodicité des marées est de six heures. «Quelle est la périodicité de ce magazine ? – Elle est mensuelle»,* ce magazine paraît tous les mois.

PÉRIODIQUE [peʀjɔdik] adj. et n. m.
I. adjectif (après le nom) **1.** (phénomène) Qui se reproduit à intervalles réguliers. *Il a des crises d'asthme périodiques.* **2.** *SERVIETTE, TAMPON PÉRIODIQUE,* que les femmes utilisent pendant les règles. → **hygiénique.** *Ne pas jeter de serviette périodique dans la cuvette des W.-C.* **3.** (publication) Qui paraît à intervalles réguliers. *Les quotidiens, les hebdomadaires et les mensuels sont des journaux périodiques. Il lit la presse périodique.*
II. *UN PÉRIODIQUE :* journal qui paraît à intervalles réguliers. *Ils sont abonnés à plusieurs périodiques.* → **magazine, revue.**

PÉRIODIQUEMENT [peʀjɔdikmɑ̃] adverbe ▪ À intervalles réguliers. *Des tremblements de terre se produisent périodiquement dans la région.*

PÉRIPÉTIE [peʀipesi] n. f. ▪ *UNE PÉRIPÉTIE* **1.** Changement de situation dans une pièce de théâtre, un récit. *Il y a de nombreuses péripéties dans ce roman d'aventures.* → **rebondissement. 2.** Événement imprévu. *Notre voyage a été plein de péripéties.* → **aventure.**

PÉRIPH n. m. Forme abrégée familière de **périphérique.**

PÉRIPHÉRIE [peʀifeʀi] n. f. ▪ *LA PÉRIPHÉRIE :* l'ensemble des quartiers éloignés du centre d'une ville. *Nous habitons à la périphérie de Lyon.*

PÉRIPHÉRIQUE [peʀifeʀik] adj. et n. m. **1.** Situé à la périphérie. *L'usine est située dans un quartier périphérique de Rouen. Un BOULEVARD PÉRIPHÉRIQUE contourne la ville.* **2.** *LE PÉRIPHÉRIQUE :* boulevard réservé aux véhicules qui fait le tour de Paris. *La voiture emprunte le périphérique.* – *PÉRIPH* ou *PÉRIF* [peʀif] forme abrégée familière *Il y a du monde sur le périph. Il est tombé en panne sur le périf.*

PÉRIPHRASE [peʀifʀaz] n. f. ▪ *UNE PÉRIPHRASE :* remplacement d'un mot par plusieurs mots, avec le même sens. *«La capitale de la France» est une périphrase qui désigne Paris. Il emploie des périphrases pour ne pas prononcer certains mots.*

PÉRIPLE [peʀipl] n. m. ▪ *UN PÉRIPLE :* long voyage. *Il a fait tout un périple à travers les États-Unis.*

PÉRIR [peʀiʀ] verbe [conjugaison 2] ▪ STYLE RECHERCHÉ **1.** Mourir de mort violente ou précoce. *Tous les passagers du paquebot ont péri noyés.* – *Ce film est À PÉRIR D'ENNUI,* très ennuyeux. → **mourir. 2.** (qqch.) Disparaître. *Toutes les civilisations périssent.*

PÉRISCOPE [peʀiskɔp] n. m. ▪ *UN PÉRISCOPE :* appareil d'optique formé d'un tube et de miroirs permettant de voir par-dessus un obstacle. *Le sous-marin sort son périscope.*

PÉRISSABLE [peʀisabl] adj. (après le nom) ▪ *Une DENRÉE PÉRISSABLE,* qui s'abîme facilement. *Les fruits sont des denrées périssables.*

PÉRISTYLE [peʀistil] n. m. ▪ *UN PÉRISTYLE :* rangée de colonnes autour d'un bâtiment ou de la cour intérieure d'un bâtiment. *Un péristyle fait le tour du temple antique.*

PÉRITEL [peʀitɛl] adj. invariable (après le nom) ▪ *Une PRISE PÉRITEL,* permettant de brancher un appareil sur un téléviseur. *Le magnétoscope est connecté au téléviseur par une prise péritel.* PLURIEL : *des prises péritel.*

PÉRITONITE [peʀitɔnit] n. f. ▪ *UNE PÉRITONITE :* inflammation de la membrane qui tapisse l'intérieur de l'abdomen. *Il a eu une péritonite.*

PERLE [pɛʀl] n. f. ▪ *UNE PERLE* **1.** Petite boule de nacre brillante et dure, formée par certaines huîtres autour d'un corps étranger et dont on fait des bijoux. *Elle a un collier de perles. Les perles naturelles ont plus de valeur que les perles de culture. Sa robe est GRIS PERLE,* gris très clair. **2.** Petite boule percée d'un trou. *Les enfants enfilent des perles de verre pour faire des bracelets.* **3.** Petite goutte de liquide. *Le matin, les fleurs sont couvertes de perles de rosée.* **4.** Personne de grand mérite. *Notre femme de ménage est une perle.*

PERLER [pɛʀle] verbe [conjugaison 1a] ▪ (liquide) Former de petites gouttes. *Des gouttes de sueur perlent sur son front.*

PERLIMPINPIN [pɛʀlɛ̃pɛ̃pɛ̃] n. m. ▪ STYLE FAMILIER *Poudre de perlimpinpin :* produit que les charlatans vendaient autrefois comme un remède miraculeux. *Ce sirop n'est pas du tout efficace, c'est de la poudre de perlimpinpin.*

PERMANENCE [pɛʀmanɑ̃s] n. f. ▪ *LA PERMANENCE* **1.** Service qui permet à des bureaux de fonctionner sans interruption. *Le dimanche, quelques policiers assurent la permanence au commissariat.* **2.** Salle d'étude où les élèves travaillent quand ils n'ont pas cours. *Les élèves sont en permanence car leur professeur d'anglais est malade.* – *PERME* [pɛʀm] forme abrégée familière *Les élèves sont en perme.* **3.** *Elle est de bonne humeur EN PERMANENCE,* toujours, constamment.

PERMANENT [pɛʀmanɑ̃], **PERMANENTE** [pɛʀmanɑ̃t] adj. (après le nom) **1.** Qui dure sans s'arrêter ni changer. *J'ai une douleur permanente dans l'épaule.* → **constant, perpétuel.** ⟨contraires : fugace, fugitif, intermittent, passager⟩ **2.** *Ce cinéma est permanent de midi à minuit,* il projette le film au programme, sans interruption de midi à minuit.

PERMANENTE [pɛʀmanɑ̃t] n. f. ▪ *UNE PERMANENTE :* traitement pour friser les cheveux. *Le coiffeur lui a fait une permanente.*

PERME n. f. Forme abrégée familière de **permission** et de **permanence.**

PERMÉABLE [pɛʀmeabl] adj. (après le nom) **1.** (matière) Qui laisse passer les liquides. *L'argile est une roche perméable.* → **poreux.** ⟨contraire : imperméable⟩ **2.** (qqn) Qui se laisse atteindre, toucher par (qqch.). *Elle n'a pas beaucoup d'idées personnelles, elle est perméable à toutes les influences.*

permets [pɛʀmɛ] *Je permets, tu permets :* forme au présent du verbe **permettre.**

permette ; [pɛʀmɛt] *Que je permette ; qu'il permette, qu'elle permette :* forme au subjonctif du verbe **permettre.**

PERMETTRE [pɛʀmɛtʀ] verbe [conjugaison 56]
I. 1. *PERMETTRE qqch. À qqn,* lui donner le droit de faire qqch. *Elle permet tout à ses enfants. Nous PERMETTONS À notre fille DE sortir le soir.* → **laisser.** - *Ce n'est pas permis de se garer ici.* - *PERMETTRE QUE :* laisser faire, ne pas empêcher que. *Vous permettez que je termine ce travail ?* → **autoriser, tolérer.** ⟨contraires : empêcher, interdire⟩ **2.** (qqch.) Rendre (qqch.) possible. *L'absence de lune et de nuages permet de voir toutes les étoiles. Si le temps le permettait, nous pourrions nous promener.* - *Ses moyens lui PERMETTENT DE voyager,* lui donnent la possibilité de voyager. **3.** *Permettez !* formule employée pour contredire qqn. *Permettez ! Je ne suis pas du tout d'accord avec vous !* - *Je vous emprunte du feu, vous permettez ?* acceptez que je vous emprunte du feu. - *Permettez-moi de vous présenter mon frère :* laissez- moi vous présenter mon frère.
II. verbe pronominal SE PERMETTRE **1.** S'accorder, s'autoriser (qqch.). *Il se permet quelques fantaisies.* **2.** *SE PERMETTRE DE :* prendre la liberté de. *Elle s'est permis de répliquer.* → **oser.** *Je ne me permettrai pas d'intervenir.* - (formule de politesse) *Puis-je me permettre de vous offrir un verre ?* accepteriez-vous que je vous offre un verre ?

permis [pɛʀmi], **permise** [pɛʀmiz] *Il a permis la sortie ; la sortie qu'il a permise :* formes au participe passé du verbe **permettre.**

PERMIS [pɛʀmi] n. m. ▪ *UN PERMIS :* autorisation officielle écrite. *Les chasseurs doivent avoir un permis de chasse. La mairie leur a accordé un permis de construire,* un permis pour construire ou agrandir leur maison. - *Le gendarme lui a demandé son PERMIS DE CONDUIRE,* le papier qu'il faut avoir pour conduire une voiture, une moto ou un camion. *Ma fille a passé son permis de conduire,* l'examen qu'il faut réussir pour avoir ce permis.

PERMISSIF [pɛʀmisif], **PERMISSIVE** [pɛʀmisiv] adj. (après le nom) ▪ STYLE RECHERCHÉ Qui permet beaucoup de choses. *Il a des parents très permissifs.* ⟨contraire : sévère⟩ *Ils ont une attitude trop permissive avec leur fils.* → **tolérant.**

PERMISSION [pɛʀmisjɔ̃] n. f. **1.** *LA PERMISSION :* autorisation. *Elle a donné à sa fille la permission de sortir ce soir.* → ③ **droit.** *Elle a la PERMISSION DE MINUIT,* le droit de sortir jusqu'à minuit. *Cet élève est sorti du collège sans permission.* - *Je vais reprendre un peu de gâteau, avec votre permission,* si vous le permettez. **2.** *UNE PERMISSION :* congé donné à un militaire. *Il a une permission. Il est venu nous voir pendant sa permission.* - *Le soldat a eu deux jours de permission. Il est en permission.* - *PERME* [pɛʀm] forme abrégée familière *Il s'est marié pendant sa perme.*

permit [pɛʀmi] *Il permit, elle permit :* forme au passé simple du verbe **permettre.**

PERMUTATION [pɛʀmytasjɔ̃] n. f. ▪ *UNE PERMUTATION :* changement de place réciproque. *Le ministère a décidé la permutation de deux fonctionnaires. L'anagramme et la contrepèterie consistent dans la permutation de lettres ou de syllabes.*

PERMUTER [pɛʀmyte] verbe [conjugaison 1a] ▪ Mettre une chose à la place d'une autre. *Les dyslexiques permutent les syllabes quand ils lisent.* → **intervertir.**

PERNICIEUX [pɛʀnisjø], **PERNICIEUSE** [pɛʀnisjøz] adj. (après le nom) ▪ STYLE RECHERCHÉ Mauvais, malfaisant. *L'abus d'alcool est pernicieux pour la santé.* → **nocif, nuisible.** *Méfiez-vous des habitudes pernicieuses.*

PÉRONÉ [peʀɔne] n. m. ▪ *LE PÉRONÉ :* os long et mince de la jambe. *Le tibia et le péroné sont les deux os de la jambe.*

PÉRORER [peʀɔʀe] verbe [conjugaison 1a] ▪ Parler d'une manière prétentieuse. *Il pérore au milieu de ses admiratrices. Quand il aura fini de pérorer, je pourrai peut-être dire un mot ? Si on ne dit rien, il pérorera* [peʀɔʀʀa] *encore longtemps.*

PÉROU [peʀu] nom propre masculin - en espagnol **PERÚ** ▪ *LE PÉROU :* pays d'Amérique latine, dont la capitale est Lima. *Ils sont allés au Pérou. Ils reviennent du Pérou.*

PERPENDICULAIRE [pɛʀpɑ̃dikylɛʀ] adj. et n. f. **1.** adjectif (après le nom) *PERPENDICULAIRE À :* qui fait un angle droit avec (une droite, un plan). *Cette rue est perpendiculaire à l'autre.* **2.** *UNE PERPENDICULAIRE :* droite qui coupe une autre droite en formant un angle droit. *Tracez la perpendiculaire de cette droite.*

À **PERPÈTE** [apɛʀpɛt] adverbe ▪ STYLE FAMILIER **1.** À perpétuité, pour toujours. *Le criminel a été condamné à perpète.* **2.** Très loin. *Il habite à perpète.*
▌REM. On écrit aussi *à perpette.*

PERPÉTRER [pɛʀpetʀe] verbe [conjugaison 6a] ▪ STYLE RECHERCHÉ *Perpétrer un crime,* le commettre. *Il risque la prison pour le crime qu'il a perpétré.* → **commettre.**

PERPÉTUEL [pɛʀpetɥɛl], **PERPÉTUELLE** [pɛʀpetɥɛl] adj. (après le nom, parfois avant le nom) **1.** (après le nom) Qui dure toute la vie. *La jeunesse perpétuelle n'existe pas.* → **éternel.** ⟨contraire : éphémère⟩ *Il a été élu secrétaire perpétuel de l'Académie française,* pour toute la durée de sa vie. **2.** (avant ou après le nom) Qui ne s'arrête pas, ne s'interrompt pas. *Une agitation perpétuelle vient de la ville.* → **continuel, incessant.** ⟨contraires : momentané, passager⟩ *Son fils est pour elle un perpétuel souci.* → **permanent. 3.** (après le nom) Qui se reproduit très souvent. *Je suis fatigué de tes plaintes perpétuelles.* → **sempiternel.**

PERPÉTUELLEMENT [pɛʀpetɥɛlmɑ̃] adverbe ▪ Constamment, sans cesse. *Elle est perpétuellement fatiguée.* → **éternellement.** *Il arrive perpétuellement en retard.* → **toujours.**

PERPÉTUER [pɛʀpetɥe] verbe [conjugaison 1a] **1.** Faire durer toujours ou très longtemps. *Le village perpétue ses traditions.* → **maintenir.** *Ce monument perpétuera* [pɛʀpetyʀa] *le souvenir de nos soldats morts.* → **immortaliser. 2.** verbe pronominal SE PERPÉTUER : continuer, durer. *Ces injustices se sont perpétuées jusqu'à nos jours.* ⟨contraire : cesser⟩ *Les espèces se perpétuent.* → se **reproduire.**

PERPÉTUITÉ [pɛʀpetɥite] n. f. ▪ *À PERPÉTUITÉ :* pour toujours. *Le meurtrier a été condamné à la prison à perpétuité,* jusqu'à la fin de sa vie (→ à **perpète).**

PERPLEXE [pɛʀplɛks] adj. (après le nom) ▪ Qui hésite, ne sait que penser ou que faire dans une situation embarrassante. *Sa réflexion m'a laissé perplexe.* → **embarrassé, hésitant, indécis.** *Il ne sait pas quelle décision prendre, il est perplexe. Tu as l'air perplexe.*

PERPLEXITÉ [pɛʀplɛksite] n. f. ▪ *LA PERPLEXITÉ :* incertitude, embarras. *Il regarde le menu avec perplexité, il a du mal à faire son choix. Sa dernière phrase m'a plongé dans une profonde perplexité.*

PERQUISITION [pɛʀkizisjɔ̃] n. f. ▪ *UNE PERQUISITION :* fouille faite par la police. *Le juge a ordonné une perquisition au domicile du suspect.*

PERQUISITIONNER [pɛʀkizisjɔne] verbe [conjugaison 1a] ▪ Faire une perquisition. *Les policiers ont perquisitionné l'appartement du suspect.* → **fouiller.**

PERRON [peʀɔ̃] n. m. ▪ *UN PERRON* : escalier qui se termine par une plate-forme devant la porte d'entrée d'une maison. *Elle accueille ses invités sur le perron.*

FAUX AMIS
allemand **Perron,** russe **перрон,** suédois **perrong** «quai de gare»

PERROQUET [peʀɔkɛ] n. m. ▪ *UN PERROQUET* : oiseau au plumage très coloré, au gros bec recourbé, capable d'imiter la voix humaine. *Elle a un perroquet apprivoisé. - Il répète comme un perroquet,* sans comprendre.

PERRUCHE [peʀyʃ] n. f. ▪ *UNE PERRUCHE* : petit oiseau à longue queue et au plumage coloré, qui ressemble au perroquet. *Les perruches gazouillent dans leur cage.*

PERRUQUE [peʀyk] n. f. ▪ *UNE PERRUQUE* : fausse chevelure. *Autrefois, les hommes mettaient des perruques poudrées. Il dissimule son crâne chauve sous une perruque.* → STYLE FAMILIER **moumoute.**

PERSAN [pɛʀsɑ̃] adj. et n. m., **PERSANE** [pɛʀsan] adj. et n. f. **1.** adjectif (après le nom) De Perse (aujourd'hui l'Iran). *Chez eux, il y a des tapis persans. Nous avons vu une exposition de miniatures persanes. J'ai un chat persan,* à longs poils soyeux et à nez aplati. **2.** *LE PERSAN* : la principale langue parlée en Iran et notée en caractères arabes.

PERSÉCUTÉ [pɛʀsekyte] n. m., **PERSÉCUTÉE** [pɛʀsekyte] n. f. ▪ *UN PERSÉCUTÉ, UNE PERSÉCUTÉE* : une victime d'un traitement injuste et cruel. *Arrête de jouer les persécutés !*

PERSÉCUTER [pɛʀsekyte] verbe [conjugaison 1a] **1.** Tourmenter sans cesse par des traitements injustes et cruels. → **martyriser, opprimer.** *Les nazis ont persécuté les Juifs pendant la Seconde Guerre mondiale.* **2.** Importuner sans cesse, harceler. *Les journalistes persécutent la vedette de cinéma.*

PERSÉCUTION [pɛʀsekysjɔ̃] n. f. ▪ *LA PERSÉCUTION* **1.** Traitement injuste et cruel infligé à une personne ou à un groupe de personnes. *Certains peuples subissent des persécutions. - Il se croit victime de persécutions.* **2.** *Le DÉLIRE DE PERSÉCUTION* : délire d'une personne qui se croit persécutée. *Elle se croit sans cesse attaquée par les autres, elle fait un délire de persécution.*

PERSÉVÉRANCE [pɛʀseveʀɑ̃s] n. f. ▪ *LA PERSÉVÉRANCE* : qualité, conduite de la personne qui persévère, qui fait qqch. avec volonté. → **obstination, opiniâtreté, ténacité, volonté.** *Il m'a fallu beaucoup de persévérance pour finir ce travail.*

PERSÉVÉRANT [pɛʀseveʀɑ̃], **PERSÉVÉRANTE** [pɛʀseveʀɑ̃t] adj. (après le nom) ▪ Qui persévère, qui poursuit ses efforts avec volonté, sans se décourager. *Elle est très persévérante.* → **obstiné, opiniâtre.** *Sois persévérant, tes efforts seront récompensés.* ⟨contraires : changeant, inconstant, versatile⟩

PERSÉVÉRER [pɛʀseveʀe] verbe [conjugaison 6a] ▪ Continuer ce que l'on fait avec une volonté constante, sans se décourager. → **insister,** s'**obstiner, persister.** *Votre fille fait des progrès en mathématiques, mais il faut qu'elle persévère.* ⟨contraires : abandonner, renoncer⟩ *Est-ce qu'elle persévérera* [pɛʀsevɛʀʀa] *Tu PERSÉVÈRES DANS l'erreur !*

PERSIENNE [pɛʀsjɛn] n. f. ▪ *UNE PERSIENNE* : volet percé de fentes, qui laisse passer l'air. *Elle a fermé les persiennes pour maintenir la fraîcheur dans la pièce.*

PERSIL [pɛʀsi] n. m. ▪ *LE PERSIL* : plante dont on utilise les feuilles pour donner du goût aux aliments. *Il a mis du persil dans la salade de tomates. Hachez de l'ail et du persil.*

REM. Certaines personnes prononcent [pɛʀsil].

PERSISTANCE [pɛʀsistɑ̃s] n. f. ▪ *LA PERSISTANCE* **1.** Action de persister, de rester ferme dans ses idées, dans ses sentiments. → **obstination, opiniâtreté.** ⟨contraire : abandon⟩ *Il affirme avec persistance qu'il ne cédera pas. Cette persistance dans l'erreur est regrettable.* **2.** Le fait de durer, de persister. ⟨contraire : changement⟩ *Dans sa lettre, elle se plaint de la persistance du mauvais temps.*

PERSISTANT [pɛʀsistɑ̃], **PERSISTANTE** [pɛʀsistɑ̃t] adj. (après le nom) ▪ Durable, tenace. → **continu, permanent, rebelle.** *Mon grand-père fume trop, il a une toux persistante. J'ai une douleur persistante au genou.* ⟨contraire : passager⟩ - *Le sapin est un arbre à FEUILLES PERSISTANTES* (opposé à feuilles caduques), qui ne tombent pas.

PERSISTER [pɛʀsiste] verbe [conjugaison 1a] **1.** Persévérer, s'obstiner (dans ce que l'on fait ou dans ce que l'on pense). *Elle persiste dans son refus de le revoir.* ⟨contraire : renoncer⟩ *Le suspect PERSISTE A nier sa participation au hold-up. Je persiste à croire que ce projet est un bon projet.* ⟨contraires : arrêter, cesser⟩ *Le témoin PERSISTE ET SIGNE,* il maintient fermement ce qu'il a dit. **2.** Durer, continuer malgré tout. *Si la douleur persiste, consultez un médecin.* - (impersonnel) *Il persiste un doute :* il reste un doute.

PERSO adj. Forme abrégée familière de **personnel.**

PERSONNAGE [pɛʀsɔnaʒ] n. m. ▪ *UN PERSONNAGE* **1.** Personne qui a une grande importance dans la société ou dans l'histoire. *Jeanne d'Arc est un PERSONNAGE HISTORIQUE. Cet homme est un PERSONNAGE HAUT PLACÉ,* il est puissant dans la société (→ **notable, personnalité ;** [FAMILIER] **huile).** *C'est un personnage connu* (→ **célébrité).** **2.** Chacune des personnes représentée dans un roman, dans un film, dans une pièce de théâtre. *Quel est le personnage principal ?* (→ **héros).**

FAUX AMIS
danois **personage,** suédois **personasje** «individu douteux»

PERSONNALISER [pɛʀsɔnalize] verbe [conjugaison 1a] ▪ Décorer selon son goût, donner un caractère personnel à (qqch. qui existe en de nombreux exemplaires). *Ce camionneur a personnalisé la cabine de son camion.*

PERSONNALITÉ [pɛʀsɔnalite] n. f. **1.** *LA PERSONNALITÉ* : l'ensemble des traits de caractère d'une personne, qui la distingue de toutes les autres personnes. *Il faut aider cet enfant à développer sa personnalité. Elle a une forte personnalité :* elle a beaucoup de caractère (→ **originalité).** - *Cet homme politique a le CULTE DE LA PERSONNALITÉ,* il pense que le chef est plus important que tout, en politique. **2.** *UNE PERSONNALITÉ* : une personne importante dans la société, une personne connue. → **personnage.** *Un grand nombre de personnalités sont présentes à la réception. Cette femme est une personnalité politique. C'est une personnalité du monde du spectacle.*

① **PERSONNE** [pɛʀsɔn] n. f. ▪ *UNE PERSONNE* **1.** Être humain. *Nous sommes une famille de cinq personnes. Il y a plusieurs personnes dans la salle d'attente.* → **femme, homme, individu.** *Un groupe de personnes visite le musée. J'ai invité une personne.* → **quelqu'un.** *Des personnes vous attendent.* → **gens ; on.** *Avant de monter dans l'avion, chaque personne présente son passeport* (→ **chacun).** *Toute personne surprise en train de fumer dans le métro sera punie d'amende* (→ **quiconque).** *Le témoin a donné le signalement de la personne qu'il a vue,* il a décrit l'homme (ou la femme) qu'il a vu. *Vous vous trompez, il y a ERREUR SUR LA PERSONNE !* ce n'est pas cet homme (cette femme). - *Pouvez-vous calculer le prix du repas PAR PERSONNE,* le prix que chacun doit payer pour son repas. → **tête.** **2.** *Une*

PERSONNE ÂGÉE : une vieille dame, un homme vieux. *Il a donné sa place assise à une personne âgée.* – (langage des enfants) *Une GRANDE PERSONNE* : un adulte, une adulte. *Une grande personne m'a aidé à traverser.* **3.** Soi-même. *Elle fait toujours attention à sa PETITE PERSONNE*, à elle-même. – *Le ministre m'a répondu EN PERSONNE*, il m'a répondu lui-même (→ **personnellement**). – *Il est BIEN FAIT DE SA PERSONNE*, son corps est beau. **4.** (grammaire française) *PREMIÈRE PERSONNE* : désigne celui, celle, ceux qui parlent. → **je, nous.** *Dans «Je chante» le verbe* chanter *est conjugué à la première PERSONNE DU SINGULIER. DEUXIÈME PERSONNE* : désigne celui, celle ou ceux à qui l'on parle. → **tu, vous.** *Dans «vous chantez» le verbe* chanter *est conjugué à la deuxième PERSONNE DU PLURIEL. TROISIÈME PERSONNE* : désigne celui, celle ou ceux dont on parle. → **il, elle, ils, elles, on.** *Dans «elles chantent», le verbe* chanter *est conjugué à la troisième personne du pluriel.*

② **PERSONNE** [pɛʀsɔn] pronom indéfini **1.** Aucun être humain. → **nul.** ⟨contraire : quelqu'un⟩ *Il n'y a personne dans la maison. J'appelle, mais personne ne répond. Personne n'a rien dit. Je n'accuse personne. Que personne ne bouge ! – Je frappe à la porte : personne.* **2.** (avec préposition) *Je ne prête ma voiture à personne. Il n'a besoin de personne. Je ne suis là pour personne*, considérez que je ne suis pas là. *Je n'irai avec personne, j'aime mieux être seul. Vous irez sans personne ?* **3.** *PERSONNE DE* (et épithète). *Il n'y a personne de compétent parmi eux. Personne de convenable n'irait dans cet endroit. Il n'y a encore personne de choisi pour cette fonction.* – (comparaison) *Tu n'as personne de mieux à me proposer ? Je ne connais personne d'aussi intelligent qu'elle. Au rendez-vous, il n'y avait personne d'autre que moi !*

PERSONNEL [pɛʀsɔnɛl] adj. et n. m., **PERSONNELLE** [pɛʀsɔnɛl] adj.

I. adjectif (après le nom) **1.** Qui appartient à une personne, qui est bien à elle. → **individuel, particulier, privé.** ⟨contraires : collectif, commun⟩ *J'ai rangé mes affaires personnelles dans une armoire. Il fait toujours passer son intérêt personnel avant celui des autres. Ce cinéaste a un style très personnel.* → **original.** – *Nous avons eu une conversation personnelle*, privée, confidentielle. *Je ne dirai rien à ce sujet, c'est personnel*, cela ne concerne que moi. – *PERSO* [pɛʀso] forme abrégée familière, invariable *Ne touche pas à ça, c'est perso*, c'est à moi. *Il a reçu des coups de fils perso.* **2.** *Un PRONOM PERSONNEL* : pronom qui désigne un être ou une chose. *«Je», «tu», «il, elle» sont des pronoms personnels.*

II. *LE PERSONNEL* **1.** Ensemble des personnes qui travaillent dans une entreprise. → **effectif, main-d'œuvre.** *Le personnel de cette usine réunit trois cents employés. Elle est chef du personnel.* **2.** Ensemble des personnes qui ont la même activité dans une entreprise. *Dans une compagnie aérienne, il y a le PERSONNEL NAVIGANT et le PERSONNEL AU SOL*, les personnes qui travaillent à bord des avions et les personnes qui travaillent dans l'aéroport.

REM. Voyez les encadrés concernant les pronoms personnels sujets ou compléments pages suivantes.

PERSONNELLEMENT [pɛʀsɔnɛlmɑ̃] adverbe **1.** En personne, soi-même. *La directrice s'occupe personnellement de cette affaire*, elle s'en occupe elle-même. → **même.** – *Il s'est senti personnellement visé par sa remarque* : il a pensé que la remarque était pour lui, pour lui-même. **2.** Pour sa part. *Va avec les autres, personnellement, je préfère rester seul*, moi, quant à moi, je préfère rester seul.

PERSONNIFIÉ [pɛʀsɔnifje], **PERSONNIFIÉE** [pɛʀsɔnifje] adj. (après le nom) ▪ *Cet homme, c'est l'honnêteté personnifiée*, c'est l'honnêteté même, il est totalement honnête. *Tu es vraiment l'égoïsme personnifié !*

PERSONNIFIER [pɛʀsɔnifje] verbe [conjugaison 7a] ▪ Représenter sous l'aspect d'une personne. *Molière a personnifié l'avarice sous les traits d'Harpagon.* → **symboliser.**

PERSPECTIVE [pɛʀspɛktiv] n. f. ▪ *LA PERSPECTIVE* **1.** Façon de dessiner, de peindre les objets en donnant l'impression de la profondeur dans l'espace. *Il a peint une maison EN PERSPECTIVE. Dessinez une longue route bordée d'arbres en perspective.* **2.** Vue sur un espace profond. *On a une belle perspective sur la mer.* **3.** Idée qu'une chose va se produire. *La perspective des vacances rend les enfants tout joyeux. – Elle a beaucoup de projets EN PERSPECTIVE*, en vue. *Les perspectives ne sont pas brillantes*, l'avenir ne semble pas agréable.

PERSPICACE [pɛʀspikas] adj. (après le nom) ▪ Capable de deviner les choses, de comprendre plus vite que les autres ce qui va se passer. → **clairvoyant, fin, sagace, subtil.** *C'est une femme perspicace. Ce journaliste est un observateur perspicace du monde politique.*

PERSPICACITÉ [pɛʀspikasite] n. f. ▪ *LA PERSPICACITÉ* : clairvoyance, finesse d'esprit. → **sagacité, subtilité.** *Il a jugé la situation avec beaucoup de perspicacité. Vous avez manqué de perspicacité.*

PERSUADÉ [pɛʀsɥade], **PERSUADÉE** [pɛʀsɥade] adj. (après le nom) ▪ Convaincu, absolument sûr. *C'est une femme persuadée d'avoir toujours raison.*

PERSUADER [pɛʀsɥade] verbe [conjugaison 1a] **1.** *PERSUADER qqn DE qqch.* : décider qqn à faire qqch., à penser comme soi. → **convaincre.** *Elle a persuadé son directeur du besoin d'embaucher un nouvel employé.* ⟨contraire : dissuader⟩ *Je l'ai persuadé de m'aider.* **2.** verbe pronominal SE PERSUADER : se mettre (une idée) dans la tête. *Elle n'est pas malade mais elle s'est persuadée de sa maladie. – Ils se sont persuadés l'un l'autre* : il se sont convaincus.

PERSUASIF [pɛʀsɥazif], **PERSUASIVE** [pɛʀsɥaziv] adj. (après le nom) ▪ Qui sait persuader, qui sait convaincre. → **convaincant.** *Ma fille est persuasive quand elle veut quelque chose !*

PERSUASION [pɛʀsɥazjɔ̃] n. f. ▪ *LA PERSUASION* : l'action de persuader. *Il a une grande force de persuasion*, il sait persuader, convaincre.

PERTE [pɛʀt] n. f.

I. *LA PERTE* **1.** Le fait d'égarer, de perdre (qqch.). *Elle est contrariée par la perte de son sac* (→ **perdre**). *Il a fait une DÉCLARATION DE PERTE de son passeport* : il a signalé à la police que son passeport était perdu. **2.** Le fait d'être séparé de (qqn) par la mort. *Il pleure la perte de son grand-père*, il pleure sa mort. – *La voiture est morte mais ce n'est pas une grande perte ! – Les syndicats luttent contre la perte des droits des salariés*, contre la disparition des droits des salariés. **3.** Le fait de perdre qqn, de l'anéantir. *Il a juré la perte de son ennemi. Vous voulez ma perte ?* **4.** Le fait de gaspiller, de dépenser (qqch.) inutilement. *Tout ce travail ne sert à rien, quelle perte de temps ! Tu fais des efforts EN PURE PERTE*, inutilement. – *L'avion est en PERTE DE VITESSE*, la vitesse qui lui est nécessaire pour rester en vol diminue. *Cette entreprise est en perte de vitesse*, elle n'est plus aussi dynamique, elle fait de mauvaises affaires.

II. *UNE PERTE* **1.** Somme d'argent que l'on n'a plus. *L'entreprise a subi de grosses pertes, cette année.* ⟨contraire : gain⟩ *Les gains n'ont pas compensé les pertes. Il a vendu sa maison À PERTE* : il a vendu sa maison moins chère qu'il ne l'avait achetée. **2.** Le fait

UNE PERSONNE		
1re PERSONNE DU SINGULIER (masculin et féminin)	**2e PERSONNE DU SINGULIER** (masculin et féminin)	
selon la fonction **je, me, moi** (homme ou femme)	selon la fonction **tu, te, toi** (homme ou femme)	selon la fonction **vous, vous, vous** (homme ou femme) (pluriel de politesse)
JE ou J' • sujet *je suis arrivé, je suis arrivée* *j'ai froid; j'habite ici*	**TU ou T'** • sujet *tu es arrivé, tu es arrivée* (familier) *t'as l'air bête; t'as pas de chance; t'es dingue*	**2. VOUS** • sujet *vous êtes arrivé le premier; vous êtes arrivée la première; vous et moi sommes contents; votre mari et vous êtes les bienvenus*
ME ou M' • complément d'objet direct *on me voit; on m'a vu, on m'a vue;* (verbe pronominal) *je me dépêche; je me lave* • complément d'objet indirect *il me parle; il m'en donne;* (verbe pronominal) *je m'en moque; je me lave les mains*	**TE ou T'** • complément d'objet direct *il te quitte; il t'appelle;* (verbe pronominal) *tu te dépêches; tu te laves* • complément d'objet indirect *il te parle; il t'en donne; garde-t'en;* (verbe pronominal) *tu t'en moques; tu te laves les mains*	• complément d'objet direct *je vous ai vu; je vous ai vue;* (verbe pronominal) *vous vous habillez bien* • complément d'objet indirect *il vous parle; je vous l'offre pour votre fête; essuyez-vous les mains*
MOI • sujet *mon mari et moi sommes contents* • renforçant le sujet **je** *moi, je suis content; moi, je suis contente* • complément d'objet direct *regarde-moi; ils nous ont invités mon frère et moi* • complément d'objet indirect *donne-le moi; donne m'en* • attribut *c'est moi qui vous le dis* • complément précédé d'une préposition *il l'a fait pour moi; l'idée n'est pas de moi; viens avec moi; c'est un ami à moi; à moi les plaisirs!*	**TOI** • sujet *ton frère et toi êtes contents* • renforçant le sujet **tu** *toi, tu es content; toi, tu es contente; nous irons, toi et moi; vous irez, toi et elle* • complément d'objet direct *regarde-toi; ils vous ont invités ton frère et toi* • complément d'objet indirect *lave-toi les mains* • attribut *c'est toi qui le dis* • complément précédé d'une préposition *il l'a fait pour toi; l'idée n'est pas de toi; je viens avec toi; c'est un ami à toi; à toi de jouer*	• renforçant le sujet **vous** *vous, vous êtes content; vous, vous êtes mécontente* • attribut *c'est vous qui vous le dîtes* • complément précédé d'une préposition *il l'a fait pour vous; l'idée n'est pas de vous mais de lui; je viens avec vous; c'est un ami à vous; affectueusement à vous* → **vôtre**
MOI-MÊME • renforçant le sujet **je** *moi-même je ne suis pas au courant; j'irai moi-même* • renforçant le complément **me** *il me l'a dit à moi-même;* (verbe pronominal) *je m'étonne moi-même*	**TOI-MÊME** • renforçant le sujet **tu** *toi-même tu n'en sais rien; tu iras toi-même* • renforçant le complément **te** *il te l'a dit à toi-même;* (verbe pronominal) *tu t'étonnes toi-même* **Remarque : *vous, vous-même,* pluriel de politesse → 2. vous**	**VOUS-MÊME** • renforçant le sujet **vous** *allez-y vous-même;* (verbe pronominal) *vous ne vous connaissez pas vous-même* • renforçant le complément **vous** *vous ne pouvez vous en prendre qu'à vous-même; vous réussirez par vous-même* **Remarque : attention le verbe reste au pluriel.**

PERSONNELS

UNE PERSONNE ou UNE CHOSE		
3e PERSONNE DU SINGULIER (masculin)	3e PERSONNE DU SINGULIER (masculin)	(féminin)
SINGULIER INDÉTERMINÉ selon la fonction **on, se, soi** (celui ou celle dont on parle)	SINGULIER DÉTERMINÉ selon la fonction **il, le, lui, se** (la personne ou l'objet dont on parle possède un nom masculin)	SINGULIER DÉTERMINÉ selon la fonction **elle, la, lui, se** (la personne ou l'objet dont on parle possède un nom féminin)
ON • sujet indéfini *on me l'a dit; on frappe à la porte; on peut y aller en métro; on n'a pas le droit de marcher sur les pelouses*	**IL** • sujet (pluriel : ils) *il est arrivé; viendra-t-il?; il court vite, ce chien*	**ELLE** • sujet (pluriel : elles) – féminin de **il** *elle est arrivée; elle a couru; elle court vite, la gazelle; elle est dans le garage, la voiture* – féminin de **lui** *elle et lui sont contents;* (renforçant le sujet **elle**) *elle, elle est contente* • attribut *c'est elle qui le dit* • complément précédé d'une préposition *il l'a fait pour elle; l'idée n'est pas d'elle; viens avec elle; c'est un ami à elle*
	LE ou L' • complément d'objet direct (pluriel : les) *on le voit; on l'a vu; regarde-le; rangez-le;* (neutre pour *cela*) *je ne l'entends pas ainsi; dis-le moi*	**LA ou L'** • féminin de **le** complément d'objet direct (pluriel : les) *je la vois; je l'ai vue; regarde-la; conduis-la, cette voiture*
SOI • complément d'objet direct *on n'aime que soi* • complément précédé d'une préposition *il ne faut pas tout rapporter à soi; c'est agréable de rester chez soi; ce sont des choses que l'on fait malgré soi; c'est une bonne chose en soi*	**LUI** • sujet (pluriel : eux) *lui et moi sommes contents; elle et lui sont contents* • renforçant le sujet **il** *lui, il est content* • complément d'objet direct (pluriel : eux) *ils nous ont invités lui et moi; ils les ont invités lui et sa femme; je ne veux voir que lui* • complément d'objet indirect (pluriel : leur) *donne-lui la lettre; donne-la lui; je lui ai acheté sa voiture* • attribut (pluriel : eux) *c'est lui qui le dit* • complément précédé d'une préposition (pluriel : eux) *elle l'a fait pour lui; l'idée n'est pas de lui; je viens avec lui; c'est un ami à lui*	**LUI** → **lui** (masculin) • complément d'objet indirect (pluriel : leur) *je lui ai acheté sa robe de mariée; la table est sale : donne-lui un coup de chiffon*
SOI-MÊME • renforçant le sujet **on** *on le fera soi-même* • renforçant le complément **se** *il est difficile de se juger soi-même* • complément précédé d'une préposition *on n'est jamais si bien servi que par soi-même*	**LUI-MÊME** (pluriel : eux-mêmes) • renforçant le sujet **il** *lui-même n'en sait rien; il ira lui-même* • renforçant le complément **se** *il se trahit lui-même; il se l'est dit à lui-même*	**ELLE-MÊME** (pluriel : elles-mêmes) • renforçant le sujet **elle** *elle-même elle n'est pas au courant; elle s'est trahie elle-même*
SE ou S' • complément d'objet direct d'un verbe pronominal *on s'est calmé* • complément d'objet indirect d'un verbe pronominal *on s'en souvient*	**SE ou S'** • complément d'objet direct d'un verbe pronominal *il se regarde; il s'est évanoui; le vent s'est calmé* • complément d'objet indirect d'un verbe pronominal *il s'est attribué tout le mérite; il se lave les mains* • servant à former un verbe pronominal passif *le rôti se mange froid* (on le mange froid); *ça se saurait* (on le saurait)	**SE ou S'** • complément d'objet direct d'un verbe pronominal *elle s'est évanouie; la branche s'est cassée* • complément d'objet indirect d'un verbe pronominal *elle s'en est souvenue; elle se lave les mains; elle s'est donné beaucoup de mal*

PLUSIEURS PERSONNES		
1re PERSONNE DU PLURIEL (masculin et féminin)		2e PERSONNE DU PLURIEL (masculin et féminin)
selon la fonction **nous, nous, nous**	selon la fonction **on, nous, nous**	selon la fonction **vous, vous, vous**
NOUS • sujet *nous sommes arrivés les premiers; nous sommes arrivées les premières; mon mari et moi nous t'aimons; nous et eux sommes d'accord* • renforçant le sujet **nous** *nous, nous sommes contents; nous, nous sommes contentes* • renforçant le sujet **on** *nous on est contents; nous on partira ensemble* • complément d'objet direct *il nous voit; il nous a vus; il nous a vues* – verbe pronominal (réfléchi) *nous nous promenons* (réciproque) *nous nous disputons* • complément d'objet indirect *il nous parle : il nous en donne* – verbe pronominal (réfléchi) *nous nous en moquons* (réciproque) *nous nous disons bonjour* • attribut *c'est nous qui vous le disons* • complément précédé d'une préposition *il l'a fait pour nous; l'idée n'est pas de nous; viens avec nous; c'est un ami à nous; à nous les succès!* **NOUS-MÊMES** • renforçant le sujet **nous** *nous-mêmes nous ne sommes pas au courant; nous irons nous-mêmes* • renforçant le sujet **on** on le fera nous-mêmes • renforçant le complément **nous** *nous ne pouvons nous en prendre qu'à nous-mêmes* («nous seuls») • distinguant le réfléchi du réciproque *nous nous surveillons nous-mêmes* («l'un l'autre»)	**ON** déterminé (familier) • sujet *on est arrivés les premiers; on est arrivées les premières; toi et moi on est satisfaites; nous, on est satisfaits; nous, on s'en va* • complément d'objet direct *on nous a aidés; on t'attend demain* • complément d'objet indirect *on nous a menti; on a obéi aux ordres* – verbe pronominal (réfléchi) *on s'en moque de ton cadeau* (réciproque) *on se fait des compliments* Remarque : attention le verbe reste au singulier.	**1. VOUS** • sujet *vous êtes arrivés les premiers; vous êtes arrivées les premières; vous tous êtes contents; soldats, vous et moi vaincrons* • renforçant le sujet **vous** *vous, vous êtes contents; vous, vous êtes mécontentes* • complément d'objet direct *Je vous invite tous; je vous ai vus; je vous ai vues* • complément d'objet indirect *il vous demande d'être sérieuses; lavez-vous les mains, les enfants* • attribut *c'est vous deux qui êtes responsables* • complément précédé d'une préposition *il l'a fait pour vous mes amis; nous comptons sur vous, citoyens* **VOUS-MÊMES** • renforçant le sujet **vous** *vous-mêmes vous n'êtes pas au courant; allez-y vous-mêmes* • renforçant le complément **vous** *vous ne pouvez vous en prendre qu'à vous-mêmes* Remarque : pour le *vous* de politesse → **2. vous**

PERSONNELS (suite)

PLUSIEURS PERSONNES ou CHOSES		
3re PERSONNE DU PLURIEL (masculin pluriel)	(féminin pluriel)	IMPERSONNEL (masculin)
selon la fonction **ils, eux, les, leur, se** (les personnes ou les objets dont on parle ont un nom masculin)	selon la fonction **elles, les, leur, se** (les personnes ou les objets dont on parle ont un nom féminin)	selon la fonction **il (ça, ce), se**
ILS • sujet *ils sont arrivés; ils sont contents; ils sont venus ensemble le frère et la sœur; ils sont déjà vendus*	**ELLES** • sujet *elles sont arrivées; elles ont couru; elle sont venues ensemble, les deux sœurs; elles s'empilent (les assiettes).*	**IL** • sujet d'un verbe impersonnel *il pleut; il neigeait; il faut venir* (venez) • suivi du vrai sujet *il manque un billet; il manquait plusieurs personnes; il y avait du monde* • sujet d'un passif *il a été décidé de refuser; il est venu plusieurs personnes*
EUX • sujet (singulier : lui) *eux sont contents; eux et moi sommes contents* • renforçant le sujet **ils** *ils n'oublient pas, eux* • complément d'objet direct *ils nous ont invités eux et nous; je ne veux voir qu'eux* • complément précédé d'une préposition *elle l'a fait pour eux; l'idée n'est pas d'eux; viens avec eux; c'est une maison à eux; voici des cadeaux : choisissez parmi eux* • attribut *c'est eux qui le disent*	• sujet (singulier : elle) *elles et moi sommes contentes* • renforçant le sujet **elles** *elles, elles sont contentes; elles n'oublient pas, elles* • complément d'objet direct *ils nous ont invités elles et moi; je ne veux voir qu'elles* • complément précédé d'une préposition *il l'a fait pour elles; viens avec elles; c'est un ami à elles; l'une d'entre elles* • attribut *c'est elles qui le disent*	
EUX-MÊMES • renforçant le sujet **ils** *eux-mêmes ils ne sont pas au courant; eux-mêmes sont brûlés; ils iront eux-mêmes; ils ont réussi par eux-mêmes* • distinguant le réfléchi du réciproque *ils se le sont dit à eux-mêmes*	**ELLES-MÊMES** • renforçant le sujet **elles** *elles-mêmes elles ne sont pas au courant; les plantes elles-mêmes sont mortes; elles iront elles-mêmes* • distinguant le réfléchi du réciproque *elles se le sont dit à elles-mêmes*	
LES • complément d'objet direct *ses frères, je les ai vus; ces romans, je les ai lus*	**LES** • complément d'objet direct *ses sœurs, je les ai vues; les assiettes, je les ai achetées*	
LEUR • complément d'objet indirect (singulier : lui) *donne-leur ton livre; eux, je leur ai acheté une voiture; je leur dirai la vérité; je la leur dirai*	**LEUR** • complément d'objet indirect (singulier : lui) *donne-leur ton livre; elles, je leur ai acheté une voiture; je leur dirai ce que je pense; je le leur dirai*	
SE ou S' • complément d'objet direct d'un verbe pronominal *ils se regardent dans la glace; ils se sont évanouis; ils se sont cherchés toute la soirée; ils se sont disputés; les meubles se sont bien vendus* • complément d'objet indirect d'un verbe pronominal *ils se sont attribué tout le mérite; ils se sont lavé les mains*	**SE ou S'** • complément d'objet direct d'un verbe pronominal *elles se regardent dans la glace; elles se sont évanouies; elles se sont cherchées toute la soirée; elles se sont disputées; elles se sont cassées (les assiettes)* • complément d'objet indirect d'un verbe pronominal *elles se sont attribué tout le mérite; elles se sont lavé les mains* **Remarque : pour le masculin pluriel employé avec des féminins → genre**	**SE** • pronominal suivi d'un vrai sujet *il se peut qu'elle vienne; comment se fait-il qu'elle ne soit pas venue?*

d'être privé d'une capacité pendant un moment. *Sa PERTE DE CONNAISSANCE a duré dix minutes,* son évanouissement. *Par moments, ma grand-mère a des PERTES DE MÉMOIRE* (→ **amnésie**). **3.** DES PERTES : des morts au combat. *L'ennemi a subi des pertes sévères.*

PERTINEMMENT [pɛʀtinamɑ̃] adverbe ▪ *SAVOIR PERTINEMMENT qqch.* : savoir parfaitement qqch. *Je sais pertinemment qu'il a menti.*

PERTINENCE [pɛʀtinɑ̃s] n. f. ▪ *LA PERTINENCE* : qualité de ce qui est conforme à la raison, au bon sens. *Cet enfant fait des remarques d'une grande pertinence.*

PERTINENT [pɛʀtinɑ̃], **PERTINENTE** [pɛʀtinɑ̃t] adj. (après le nom) ▪ Qui convient exactement, qui est rempli de bon sens. → **judicieux.** *Votre remarque est pertinente.*

PERTURBANT [pɛʀtyʀbɑ̃], **PERTURBANTE** [pɛʀtyʀbɑ̃t] adj. (après le nom) ▪ Qui perturbe, qui trouble (qqn). *Leur divorce a été très perturbant pour les enfants.*

PERTURBATEUR [pɛʀtyʀbatœʀ] n. m. et adj., **PERTURBATRICE** [pɛʀtyʀbatʀis] n. f. et adj. **1.** *UN PERTURBATEUR, UNE PERTURBATRICE* : une personne qui provoque le trouble, le désordre. *Le président a été sifflé par des perturbateurs.* → **agitateur. 2.** adjectif (après le nom) Qui perturbe. *Les éléments perturbateurs de la classe ont été renvoyés,* les élèves qui gênaient la classe.

PERTURBATION [pɛʀtyʀbasjɔ̃] n. f. ▪ *UNE PERTURBATION* **1.** Dérangement, désordre dans le fonctionnement de (qqch.). *Le mauvais temps a provoqué des perturbations dans le trafic aérien.* → **trouble. 2.** Bouleversement. *Le divorce de ses parents est une perturbation pour cet enfant,* leur divorce trouble profondément cet enfant. *Ces scandales SÈMENT LA PERTURBATION dans la vie politique du pays,* ils provoquent des troubles, du désordre. *Le pays subit des perturbations atmosphériques,* du très mauvais temps.

PERTURBÉ [pɛʀtyʀbe], **PERTURBÉE** [pɛʀtyʀbe] adj. (après le nom) ▪ Dérangé, empêché de fonctionner normalement. *Des travaux sur l'autoroute entraînent un trafic perturbé* (→ **embouteillage**). – *Que se passe-t-il, tu as l'air tout perturbé !* tu sembles mal à l'aise et troublé.

PERTURBER [pɛʀtyʀbe] verbe [conjugaison 1a] **1.** Empêcher de fonctionner normalement. *Des travaux perturbent la circulation sur l'autoroute. Le meeting a été perturbé par des huées et des sifflets.* **2.** Bouleverser profondément. *Les changements perturbent cet enfant.*

PÉRUVIEN [peʀyvjɛ̃] adj. et n. m., **PÉRUVIENNE** [peʀyvjɛn] adj. et n. f. **1.** adjectif (après le nom) Du Pérou. *La capitale péruvienne est Lima.* **2.** *UN PÉRUVIEN, UNE PÉRUVIENNE* : un habitant, une habitante du Pérou. *Les Péruviens* (→ **inca**).

PERVENCHE [pɛʀvɑ̃ʃ] n. f. et adj. invariable **1.** *UNE PERVENCHE* : petite plante à fleurs bleues. *Les pervenches poussent dans les sous-bois.* **2.** adjectif invariable (après le nom) *BLEU PERVENCHE* : du bleu un peu mauve des pervenches. *Elle a acheté un foulard bleu pervenche.* PLURIEL : *des yeux bleu pervenche.*

PERVERS [pɛʀvɛʀ] adj. et n. m., **PERVERSE** [pɛʀvɛʀs] adj. et n. f. **1.** adjectif (après le nom) Qui est atteint d'un trouble mental qui le pousse à aimer faire le mal. → **méchant, vicieux.** *L'accusé est un homme pervers.* (contraires : bon, vertueux) – *Cette femme est un peu perverse.* – *Elle a des goûts pervers. Il a commis des actes pervers.* **2.** *UN PERVERS, UNE PERVERSE* : une personne atteinte d'un trouble mental qui la pousse à commettre des actes contraires à la morale. *L'accusé est un pervers sexuel.*

PERVERSION [pɛʀvɛʀsjɔ̃] n. f. ▪ *UNE PERVERSION SEXUELLE* : comportement qui vise à rechercher la satisfaction sexuelle autrement que par l'acte sexuel considéré généralement comme normal. *Le fétichisme et la zoophilie sont des perversions sexuelles.*

PERVERTIR [pɛʀvɛʀtiʀ] verbe [conjugaison 2] **1.** Changer (qqn) en mal, le rendre mauvais. *Il ne faut pas que le succès le pervertisse.* → **corrompre. 2.** Modifier (qqch.) en mal. → **dénaturer.** *L'argent pervertit le sport.* (contraires : améliorer, élever)

PESAMMENT [pəzamɑ̃] adverbe ▪ Lourdement. *Il s'est laissé tomber pesamment dans son fauteuil.*

PESANT [pəzɑ̃] adj. et n. m., **PESANTE** [pəzɑ̃t] adj.
I. adjectif (après le nom, parfois avant le nom) STYLE RECHERCHÉ **1.** (avant ou après le nom) Lourd. *C'est un pesant fardeau, un coffre pesant.* (contraire : léger) **2.** (après le nom) Qui donne une impression de lourdeur. *Ce vieil homme a une démarche pesante. Je n'aime pas l'architecture pesante de cet immeuble.* **3.** (après le nom) Pénible à supporter. *Pendant la réunion, un silence pesant a suivi la déclaration du directeur. La chaleur est pesante.* **4.** (après le nom) Très profond. *Il dort d'un sommeil pesant.*
II. *VALOIR SON PESANT D'OR* : être remarquable. *Les voir tous tomber de l'estrade, ça valait son pesant d'or !*

PESANTEUR [pəzɑ̃tœʀ] n. f. ▪ *LA PESANTEUR* : la force qui entraîne les corps vers le centre de la Terre. → **attraction, gravitation, ② gravité.** (contraire : apesanteur) *Newton a déterminé les lois de la pesanteur.*

REM. Ne pas confondre *la pesanteur* et *l'apesanteur.*

PESÉE [pəze] n. f. ▪ *LA PESÉE* : la détermination du poids de (qqn, qqch.) à l'aide d'une balance, d'une bascule. *À sa dernière pesée, le bébé faisait cinq kilos.*

PÈSE-LETTRE [pɛzlɛtʀ] n. m. ▪ *UN PÈSE-LETTRE* : petite balance pour peser les lettres. *Le postier vérifie le poids d'une lettre avec un pèse-lettre pour déterminer le montant de l'affranchissement.* PLURIEL : *des PÈSE-LETTRES.*

PÈSE-PERSONNE [pɛzpɛʀsɔn] n. m. ▪ *UN PÈSE-PERSONNE* : balance plate où le poids est indiqué sur un cadran. *Elle vérifie son poids en montant sur le pèse-personne.* PLURIEL : *des PÈSE-PERSONNES.*

PESER [pəze] verbe [conjugaison 5a]
I. *PESER* qqch., qqn **1.** Déterminer le poids de (qqch.), à l'aide d'une balance, d'une bascule. *La postière pèsera* [pɛzʀa] *le colis.* **2.** Avoir tel poids. *Combien pèses-tu ? Je pèse cinquante kilos. Ce chargement pèse une tonne.* – *Qu'est-ce que tu a mis dans cette valise, elle pèse deux tonnes !* – STYLE FAMILIER *Dis donc, ça pèse ce machin !* – *Cette entreprise pèse dix milliards de chiffre d'affaires.* → **valoir. 3.** Réfléchir, examiner avec attention. → **estimer, évaluer, juger.** *As-tu bien pesé tes chances de réussite ? Avant de prendre sa décision, il a PESÉ LE POUR ET LE CONTRE,* il a réfléchi aux avantages et aux inconvénients. *Si nous ne parvenons pas à un accord, cela peut être catastrophique et je PÈSE MES MOTS,* et je fais attention à ce que je dis, mes mots ne sont pas exagérés. – *TOUT BIEN PESÉ, j'ai décidé de ne pas partir avec vous,* après mûre réflexion, après avoir longuement réfléchi.
II. *PESER* **1.** *PESER SUR, CONTRE* : appuyer, pousser lourdement sur, contre. *Nous avons pesé sur la porte et elle s'est enfin ouverte.* – *Ces pommes de terre me pèsent sur l'estomac.* **2.** *PESER À qqn* : être pénible, difficile à supporter. *À cette époque, la solitude me pesait.* **3.** *PESER SUR, CONTRE* : être une charge pénible. *De lourdes responsabilités pèsent sur elle.* **4.** Avoir de l'importance. *Ses conseils ont pesé dans ma décision. Son opi-*

nion n'a pas PESÉ LOURD : son opinion n'a eu aucune importance, aucune influence.
III. verbe pronominal SE PESER : monter sur une balance et regarder quel poids elle indique. *Ce matin, ma mère s'est pesée.*

PESETA [pezeta] n. f. ▪ *LA PESETA* : la monnaie espagnole. *Arrivé en Espagne, il a changé des francs en pesetas.*
REM. **1.** On prononce aussi [peseta]. **2.** On dit aussi *pesete* [pesɛt].

PESSIMISME [pesimism] n. m. ▪ *LE PESSIMISME* : état d'esprit d'une personne qui pense que tout ira mal. *Il voit son avenir avec pessimisme.* (contraire : optimisme)

PESSIMISTE [pesimist] adj., n. m. et n. f. **1.** adjectif (après le nom) Qui pense que tout ira mal, qui est inquiet de l'avenir. *Il est toujours nerveux et pessimiste.* (contraire : optimiste) – *Le médecin qui a examiné le malade est pessimiste,* il pense que le malade ne guérira pas. **2.** *UN PESSIMISTE, UNE PESSIMISTE* : une personne inquiète, qui pense que tout ira mal. *C'est un pessimiste de nature.*

PESTE [pɛst] n. f. **1.** *LA PESTE* : très grave maladie contagieuse. *Au Moyen Âge, la peste a fait des millions de victimes.* – *Ce garçon, je m'en MÉFIE COMME DE LA PESTE,* je m'en méfie beaucoup. *Je fuis ce casse-pieds COMME LA PESTE,* je fais tout pour ne pas le rencontrer (→ **pestiféré**). **2.** *UNE PESTE* : personne insupportable et méchante. *Quelle peste ! Quelle petite peste ! Quelle peste ce mec !*

PESTER [pɛste] verbe [conjugaison 1a] ▪ STYLE RECHERCHÉ Dire à haute voix son mécontentement, sa mauvaise humeur. → STYLE FAMILIER **râler, rouspéter.** *Il peste contre les voisins qui garent leur voiture à sa place de parking.*

PESTICIDE [pɛstisid] n. m. ▪ *UN PESTICIDE* : produit chimique employé contre les parasites des cultures. *Il faut employer les pesticides modérément, pour ne pas mettre en danger l'équilibre de la nature.*

PESTIFÉRÉ [pɛstifeʀe] n. m., **PESTIFÉRÉE** [pɛstifeʀe] n. f. ▪ *UN PESTIFÉRÉ, UNE PESTIFÉRÉE* : une personne atteinte de la peste. *Les pestiférés souffrent beaucoup.* – *Elle le fuit comme un pestiféré* : elle fait tout pour ne pas le rencontrer, comme s'il avait la peste.

PESTILENTIEL [pɛstilɑ̃sjɛl], **PESTILENTIELLE** [pɛstilɑ̃sjɛl] adj. (après le nom) ▪ *Une ODEUR PESTILENTIELLE* : une odeur infecte, une très mauvaise odeur. *Ces urinoirs bouchés répandent une odeur pestilentielle.*

PET [pɛ] n. m. **1.** *UN PET* : gaz intestinal qui sort par l'anus. *Le cheval a lâché une série de pets* (→ **péter**). *Le bébé a fait un pet.* → STYLE FAMILIER **prout.** – STYLE FAMILIER *Il a toujours un PET DE TRAVERS* : il a toujours quelque chose qui ne va pas, des petits problèmes de santé. **2.** STYLE FAMILIER *FAIRE LE PET* : faire le guet. *Un complice fait le pet devant la banque.*

PÉTALE [petal] n. m. ▪ *UN PÉTALE* : chacune des parties qui composent la corolle d'une fleur. *Les roses se fanent et perdent leur pétales.*

PÉTANQUE [petɑ̃k] n. f. ▪ *LA PÉTANQUE* : jeu de boules. *Les vacanciers jouent à la pétanque sur la place du village.*

PÉTANT [petɑ̃], **PÉTANTE** [petɑ̃t] adj. (après le nom) ▪ STYLE FAMILIER *À neuf HEURES PÉTANTES* : à neuf heures très exactement. *Ils sont arrivés à dix heures pétantes.*

PÉTARADE [petaʀad] n. f. ▪ *UNE PÉTARADE* : suite de détonations. *On entend au loin les pétarades du feu d'artifice.*

PÉTARADER [petaʀade] verbe [conjugaison 1a] ▪ Faire entendre des détonations, des bruits forts, semblables à ceux produits par des explosifs. *La moto a démarré en pétaradant.*

PÉTARD [petaʀ] n. m. ▪ *UN PÉTARD* **1.** Petite quantité d'explosif contenue dans un emballage. *Le jour de la fête, les enfants font exploser des pétards dans la rue.* **2.** STYLE FAMILIER *Un PÉTARD MOUILLÉ* : une nouvelle, une révélation qui ne produit pas l'effet spectaculaire espéré. *Ils pensaient surprendre en annonçant la démission du président, mais ça n'a été qu'un pétard mouillé,* ça n'a surpris personne car tout le monde était déjà au courant. **3.** STYLE FAMILIER *ÊTRE EN PÉTARD* : être en colère. *Je te préviens, ta mère est en pétard !* **4.** STYLE TRÈS FAMILIER Derrière. *Il a un gros pétard.* → STYLE TRÈS FAMILIER **cul.** **5.** STYLE FAMILIER Cigarette de haschisch. *Il est malade car il a fumé un pétard.* → STYLE FAMILIER ② **joint.**

PÉTASSE [petas] n. f. ▪ STYLE FAMILIER *UNE PÉTASSE* : terme injurieux à l'adresse d'une femme. → STYLE FAMILIER **pouffiasse.** *Quelle pétasse, je la déteste !*

PÉTER [pete] verbe [conjugaison 6a] ▪ STYLE FAMILIER
I. 1. Faire un pet. *Le chien a pété, ça sent mauvais !* – *Ce mec, il PÈTE PLUS HAUT QUE SON CUL,* son ambition dépasse ce qu'il peut faire réellement, il se croit plus fort qu'il n'est. **2.** Éclater avec bruit. → **exploser.** *Des pétards pètent dans tous les coins.*
II. 1. Rompre, se casser brusquement. *Le barrage a pété et l'eau a inondé la vallée.* → **céder.** *Lorsque j'ai mis de l'eau bouillante dans le verre, il a pété.* → **éclater.** – *Leurs relations sont trop désagréables, il faut que ça pète,* il faut qu'une dispute éclate, afin que les choses aillent mieux après. **2.** *PÉTER DE SANTÉ* : déborder de santé. *Les enfants sont en pleine forme, ils pètent de santé ! Elle PÈTE DE PEUR.* → STYLE FAMILIER **crever.** **3.** *PÉTER LE FEU* : déborder d'énergie. *Mon fils joue toute la journée, il pète le feu !* **4.** *PÉTER LES PLOMBS* : perdre tout contrôle de soi. *Il est dans un état de surexcitation, il va péter les plombs !* **5.** STYLE TRÈS FAMILIER *PÉTER LA GUEULE À qqn,* lui donner des coups violents. → **casser.** *Il le cherche, il veut lui péter la gueule.* **6.** STYLE TRÈS FAMILIER verbe pronominal SE PÉTER *qqch.* : se casser qqch. *Elle s'est pété la jambe.* – *Il s'est pété la gueule dans l'escalier* : il est tombé dans l'escalier.

PÈTE-SEC [pɛtsɛk] n. m., n. f. invariables ▪ STYLE FAMILIER *UN PÈTE-SEC, UNE PÈTE-SEC* : une personne autoritaire dont l'attitude est hautaine et cassante. *Ce directeur est un vrai pète-sec.* PLURIEL : *quels pète-sec !*

PÉTEUX [petø], **PÉTEUSE** [petøz] adj. (après le nom) ▪ STYLE FAMILIER Honteux. *Il sait très bien qu'il a commis une faute : il est arrivé avec l'air péteux.* → **penaud.**

PÉTILLANT [petijɑ̃], **PÉTILLANTE** [petijɑ̃t] adj. (après le nom) **1.** Qui pétille, qui contient de petites bulles. → **gazeux.** *Voulez-vous de l'eau plate ou de l'eau pétillante ? Le champagne est un vin pétillant.* **2.** Qui brille avec éclat. → **brillant.** *Elle a les yeux pétillants de joie.* **3.** Très vif, plein de vivacité. *Il a une intelligence pétillante.*

PÉTILLER [petije] verbe [conjugaison 1a] **1.** Faire entendre de petits bruits secs. *Le feu pétille dans la cheminée.* → **crépiter.** **2.** Faire de petites bulles. *Le champagne pétille dans les verres.* **3.** Briller d'un éclat vif. *Les yeux de ce garçon pétillent de malice.*

PETIT [pəti] adj., n. m. et adverbe, **PETITE** [pətit] adj. et n. f.
I. adjectif (avant le nom, parfois après le nom) **1.** (avant ou après le nom) Dont la hauteur, la taille est inférieure à la moyenne. ⟨contraires : grand, immense⟩ *C'est un homme petit et gros. C'est un petit homme* [sɛtɛ̃ptitɔm]. *Il est plus petit que son frère. Elle est petite pour son âge.* – *Depuis votre dispute, il a peur de te rencontrer et il se* FAIT TOUT PETIT, il évite de se faire remarquer. – *Le pré est couvert de petites fleurs. Regarde le petit chien !* **2.** (avant le nom) Qui n'a pas encore atteint toute sa taille. *J'ai un* PETIT FRÈRE *et une* PETITE SŒUR : j'ai un frère et une sœur plus jeunes que moi. *Il est mignon ce petit gosse. Ils ont un petit garçon de quatre ans et une petite fille de six ans* (→ **enfant**). *Mon frère est trop petit pour savoir lire.* → **jeune.** – *Il y a un petit chat dans l'arbre* (→ **chaton**). **3.** (avant le nom) Dont la longueur, la largeur, le volume sont inférieurs à la moyenne. ⟨contraires : grand, immense⟩ *C'est une petite boîte. J'ai besoin d'une boîte plus petite que celle-là. Ils ont une jolie petite maison. Je préfère les petites voitures aux grosses voitures. Coupez la viande en petits morceaux.* ⟨contraire : gros⟩ *Cet appartement est trop petit.* – *Elle est directrice d'une petite entreprise. Les* PETITES ET MOYENNES ENTREPRISES *supportent mal la crise économique* (→ **P. M. E.**). – *Nous avons fait une petite promenade,* une courte promenade. ⟨contraire : long⟩ – *Il s'est cassé le* PETIT DOIGT *de la main gauche.* **4.** (avant le nom) Faible, léger. *J'entends de petits bruits dans la cuisine.* ⟨contraire : gros⟩ *Voulez-vous attendre une petite minute ?* un court moment. *La voiture roule à petite vitesse.* ⟨contraire : grand⟩ *Faites chauffer le lait* À PETIT FEU, doucement. ⟨contraire : fort⟩ **5.** (avant le nom) STYLE FAMILIER (pour parler de qqch. d'agréable) *Veux-tu boire un petit coup de rouge avec nous ?* veux-tu boire un verre de vin rouge avec nous ? *Elle est jolie dans sa petite robe bleue. Alors, on fait une petite partie de cartes ? Je vous ai préparé un bon petit plat. Elle* EST AUX PETITS SOINS *pour son père :* elle s'occupe très bien et avec beaucoup de gentillesse de son père. – (pour parler avec une gentillesse mêlée de supériorité de qqn) *Il est amoureux d'une petite brune. Mes voisins sont des petits vieux très gentils. Il a aidé une petite vieille à traverser,* une vieille dame. – (pour parler de qqn, de qqch. que l'on n'aime pas) *Quelle petite garce ! Tu n'es qu'un petit con ! Il m'énerve avec ses petites manies.* – (pour montrer son affection) *Bonjour, ma petite chérie. Tu es mon petit amour. Aide-moi, mon petit poulet. Alors, mon petit coco, ça va ?* – *Elle a un nouveau* PETIT AMI, un nouveau flirt (→ **ami, copain**). *Il est venu avec sa* PETITE AMIE. **6.** (avant le nom) De peu d'importance. *Nous avons un petit ennui.* → **minime.** ⟨contraires : gros, important⟩ *Allez, encore un petit effort !* → **léger.** *Il a trouvé un petit boulot.* – *Quel est votre* PETIT NOM ? quel est votre prénom ? **7.** (avant le nom) Qui a une situation peu importante. *Son père est un* PETIT FONCTIONNAIRE. ⟨contraire : haut⟩ *Les petits commerçants disparaissent peu à peu.*
II. UN PETIT, UNE PETITE **1.** Enfant, personne jeune. *Cette petite est très mignonne. Elle est à l'école dans la section des grands et son jeune frère est dans la section des petits,* des élèves les plus jeunes. – *« Hé, petit ! donne ça à ta mère ! » Comment t'appelles-tu mon petit ?* **2.** Jeune animal. *La chatte lèche ses petits.* **3.** Enfant (d'une personne). *« Qui est cette fillette ? – C'est la petite Durand ! »* c'est la fille des Durand.
III. adverbe **1.** PETIT À PETIT : peu à peu, progressivement. ⟨contraire : brusquement⟩ *L'eau monte petit à petit. Petit à petit, elle a appris à nager.* **2.** EN PETIT, EN PLUS PETIT : (la même chose) mais en plus petit. *Je voudrais avoir le même appartement que le tien, mais en plus petit.*
REM. On prononce très souvent [pti] : *un petit garçon* [ɛ̃ptigaʀsɔ̃].

PETIT-BEURRE [pətibœʀ] n. m. ▪ UN PETIT-BEURRE : petit gâteau sec, fait au beurre. *Tremper un petit-beurre dans son café, c'est délicieux !* PLURIEL : *des* PETITS-BEURRE.
REM. On prononce souvent [ptibœʀ].

PETIT-DÉJEUNER [pətideʒœne] n. m. ▪ LE PETIT-DÉJEUNER : repas du matin, le premier de la journée. *« Que voulez-vous pour votre petit-déjeuner ? Du thé ? Du café ? Du chocolat ? » Le matin, je me lève et je* PRENDS *mon* PETIT-DÉJEUNER.
REM. **1.** On prononce souvent [ptideʒœne] et parfois même [ptideʒne]. **2.** On écrit aussi *petit déjeuner* sans trait d'union.

PETITE-FILLE [pətitfij] n. f. ▪ LA PETITE-FILLE DE : la fille d'un fils ou d'une fille. *Mes grands-parents ont une petite-fille et un petit-fils* (→ **petits-enfants**). PLURIEL : *des* PETITES-FILLES.
REM. **1.** On prononce souvent [ptitfij]. **2.** *Une petite fille* (sans trait d'union) est une fillette, une enfant jeune.

PETITESSE [pətitɛs] n. f. ▪ LA PETITESSE **1.** Caractère de ce qui est de petite dimension, petite taille. *Il se plaint de la petitesse de son appartement.* → **exiguïté.** ⟨contraires : grandeur, immensité⟩ *La petitesse des fenêtres ne permet pas de voir le village.* → **étroitesse. 2.** Caractère de ce qui est méprisable, sans grandeur morale. → **bassesse, mesquinerie.** *Quelle petitesse d'esprit !* → **étroitesse.**

PETIT-FILS [pətifis] n. m. ▪ LE PETIT-FILS DE : fils d'un fils ou d'une fille. *Mon père est très fier de son petit-fils* (→ **petits-enfants**). PLURIEL : *des* PETITS-FILS.
REM. On prononce souvent [ptifis].

PETIT-FOUR [pətifuʀ] n. m. ▪ UN PETIT-FOUR : très petit gâteau, frais ou sec, sucré ou salé. *Voulez-vous un petit-four ?* PLURIEL : *on nous a servi du champagne et des* PETITS-FOURS.
REM. **1.** On prononce souvent [ptifuʀ]. **2.** On écrit aussi *petit four,* sans trait d'union.

PETIT-GRIS [pətigʀi] n. m. ▪ UN PETIT-GRIS : escargot commun à coquille brune. *J'ai trouvé un petit-gris dans l'herbe humide.* PLURIEL : *nous avons mangé une douzaine de petits-gris.*
REM. On prononce souvent [ptigʀi].

PÉTITION [petisjɔ̃] n. f. ▪ UNE PÉTITION : texte écrit, signé par plusieurs personnes qui expriment leur opinion. *Les habitants ont fait une pétition contre l'installation d'une usine nucléaire près de leur village. Voulez-vous signer la pétition ?*

PETIT-LAIT [pətilɛ] n. m. ▪ LE PETIT-LAIT : le liquide clair qui se sépare du lait caillé. *Quand on a fait le fromage, il reste le petit-lait.* – BOIRE DU PETIT-LAIT : éprouver une satisfaction d'amour-propre. *Pendant qu'on lui faisait des compliments, elle buvait du petit-lait !*
REM. On prononce souvent [ptilɛ].

PETIT-POIS [pətipwa] n. m. ▪ UN PETIT-POIS : chacune des graines rondes et vertes, contenues dans une gousse, que l'on mange comme légume. *Un petit-pois a roulé sous la table.* PLURIEL : *elle écosse des* PETITS-POIS. *Nous avons mangé des petits-pois frais. J'ai ouvert une boîte de petits-pois fins.*
REM. **1.** On écrit aussi *petit pois,* sans trait d'union. **2.** On prononce souvent [ptipwa].

PETITS-ENFANTS [pətizɑ̃fɑ̃] n. m. pluriel ▪ LES PETITS-ENFANTS DE : enfants d'un fils ou d'une fille. → **petite-fille, petit-fils.** *Mes trois petits-enfants sont beaux et charmants.*
REM. On prononce souvent [ptizɑ̃fɑ̃].

PETIT-SUISSE [pətisɥis] n. m. ▪ UN PETIT-SUISSE : petit fromage frais non salé, en forme de cylindre. *Veux-tu un petit-suisse pour ton dessert ?* PLURIEL : *des* PETITS-SUISSES.
REM. On prononce souvent [ptisɥis].

PÉTOCHE [petɔʃ] n. f. ▪ STYLE FAMILIER LA PÉTOCHE : la peur. *J'ai la pétoche ! Ce chien me* FOUT LA PÉTOCHE. → STYLE FAMILIER **trouille.**

PETON [pətɔ̃] n. m. ▪ STYLE FAMILIER *UN PETON :* pied d'enfant, petit pied. *Montre-moi tes petons, je vais te couper les ongles.*

PÉTONCLE [petɔ̃kl] n. m. ▪ *UN PÉTONCLE :* coquillage comestible à coquille presque ronde. *Nous avons mangé des huîtres, des crevettes et des pétoncles.*

PÉTREL [petʀɛl] n. m. ▪ *UN PÉTREL :* oiseau marin migrateur. *Les pétrels vivent en colonies.*

PÉTRI [petʀi], **PÉTRIE** [petʀi] adj. (après le nom) ▪ *PÉTRI DE :* plein de, rempli de. *C'est un homme PÉTRI D'ORGUEIL. Elle est pétrie de bonnes intentions.*

PÉTRIFIÉ [petʀifje], **PÉTRIFIÉE** [petʀifje] adj. (après le nom) ▪ Transformé en minéral. *Dans le désert, nous avons trouvé un morceau de bois pétrifié. - Elle est restée pétrifiée de peur,* immobilisée par la peur.

PÉTRIFIER [petʀifje] verbe [conjugaison 7a] **1.** Immobiliser, rendre incapable de bouger par une émotion violente. → **glacer, paralyser.** *La peur m'a pétrifié. Elle ne pouvait plus marcher, le chien l'a PÉTRIFIÉE DE PEUR.* **2.** verbe pronominal SE PÉTRIFIER : se transformer en minéral. *Avec le temps, ce morceau de bois se pétrifiera* [petʀifiʀa]. *Ces coquillages se sont pétrifiés.*

PÉTRIN [petʀɛ̃] n. m.
I. *UN PÉTRIN :* coffre dans lequel le boulanger pétrit la pâte du pain. *De nos jours, les boulangers utilisent des pétrins mécaniques.*
II. STYLE FAMILIER *ÊTRE DANS LE PÉTRIN :* être longtemps dans une situation pénible, difficile. *Les affaires vont mal, nous sommes dans le pétrin.*

PÉTRIR [petʀiʀ] verbe [conjugaison 2] ▪ Presser, remuer fortement et en tous sens (une pâte). *Le boulanger pétrit la pâte du pain.* → **travailler.** *Les sculpteurs pétrissent l'argile.*

PÉTRODOLLARS [petʀodɔlaʀ] n. m. pluriel ▪ *LES PÉTRODOLLARS :* devises en dollars provenant de la vente du pétrole. *La banque a reçu de nombreux pétrodollars.*

PÉTROLE [petʀɔl] n. m. ▪ *LE PÉTROLE :* huile minérale naturelle que l'on extrait du sous-sol et qui est utilisée comme source d'énergie. *On a découvert un GISEMENT DE PÉTROLE. Des PUITS DE PÉTROLE se dressent dans le désert. Le pétrole raffiné donne de l'essence, du mazout et sert à fabriquer les matières plastiques. - Ils n'ont plus d'électricité et s'éclairent avec des LAMPES À PÉTROLE,* avec des lampes qui fonctionnent au pétrole.

> FAUX AMI
> anglais **petrol**
> « essence »

PÉTROLIER [petʀɔlje] n. m. et adj., **PÉTROLIÈRE** [petʀɔljɛʀ] adj. **1.** *UN PÉTROLIER :* navire équipé pour transporter le pétrole. *Les pétroliers mesurent plus de trois cents mètres de long.* **2.** adjectif (après le nom) Qui concerne le pétrole. *Nous utilisons beaucoup de PRODUITS PÉTROLIERS,* de produits fabriqués à partir du pétrole. *Les COMPAGNIES PÉTROLIÈRES exploitent et vendent le pétrole. Le pays a subi un CHOC PÉTROLIER,* une augmentation brutale des prix du pétrole, provoquée par les pays vendeurs.

PÉTROLIFÈRE [petʀɔlifɛʀ] adj. (après le nom) ▪ Qui contient du pétrole. *Un terrain pétrolifère a été découvert.*

PÉTULANT [petylɑ̃], **PÉTULANTE** [petylɑ̃t] adj. (avant le nom ou après le nom) ▪ Vif et très gai. *C'est une pétulante petite fille. Ils ont deux enfants pétulants et turbulents. - Elle montre une joie pétulante.*

PÉTUNIA [petynja] n. m. ▪ *UN PÉTUNIA :* plante décorative très commune, à fleurs roses, violettes ou blanches. *Elle a planté des pétunias sur son balcon.*

PEU [pø] adverbe, adj. et n. m.
I. adverbe **1.** En petite quantité ; pas beaucoup. *Je mange peu le soir.* ⟨contraire : beaucoup⟩ *Cette lampe éclaire peu,* pas assez. → **mal.** *Il faut mettre très peu de sucre. J'en ai mis trop peu. - Cela a peu d'intérêt. J'ai peu d'estime pour lui. PEU IMPORTE s'il n'est pas là,* ce n'est pas grave. *POUR PEU QUE tu réfléchisses, tu comprendras :* si tu réfléchis un minimum, tu comprendras. **2.** Pas très. *La vendeuse a été peu aimable.* ⟨contraire : très⟩ *Ils sont peu nombreux. Je viens très peu souvent ici,* presque jamais. *C'est si peu cher ! Il n'est PAS PEU fier d'avoir réussi,* il est très fier. **3.** *UN PEU* (avec un verbe, un adjectif, un adverbe) : dans une mesure faible mais non négligeable. *Il l'aime encore un peu. J'ai un peu le cafard. Je tremblais un peu car j'avais un peu peur. Je suis un peu triste. - Elle est UN PETIT PEU timide.* → **légèrement.** - *Ça va un peu vite. Il a un peu trop bu. « Il est content ? - Un peu ! ».* → **plutôt.** *C'est un peu fort quand même !* → **trop.** *Donnez-m'en un peu plus, un peu moins.*
II. *PEU DE :* petit nombre de, pas beaucoup de. *Peu de gens sont venus. Cette émission a peu d'auditeurs. Des acheteurs il y en a peu. Il a fini EN PEU DE TEMPS. C'est PEU DE CHOSE pour moi,* c'est insignifiant, ce n'est rien. *Ils ont le même âge À PEU DE CHOSE PRÈS,* presque exactement. → **environ.** *La voiture fait peu de bruit. Cela a peu d'intérêt.*
III. (avec une valeur de nom) **1.** adjectif indéfini *UN PEU DE :* un petit nombre, une petite quantité de. ⟨contraire : beaucoup de⟩ *Je prendrai un peu de cerises.* → **quelques.** *Voilà un petit peu de vin.* → **doigt.** *Voulez-vous un peu de sucre ? Donnez-lui un peu d'argent. J'ai un peu de lecture à faire. J'ai eu un peu de chance. Ça lui a fait un peu de peine.* **2.** nom masculin *LE PEU,* la faible quantité. ⟨contraire : tout⟩ *Il ne va pas aller loin avec LE PEU D' argent qu'il a. Je te donne le peu que j'ai. LE PEU QUE je sais, c'est mon père qui me l'a dit.*
IV. (sans déterminant) **1.** Un temps très court. *Ils ont déménagé DEPUIS PEU,* récemment. *Le médecin va arriver SOUS PEU,* très bientôt. **2.** Un petit nombre (des personnes, des choses dont il est question). *Bien peu l'ont su. Vingt francs, c'est peu ! Donne-lui quelque chose, SI PEU QUE ce soit. Je ne vais pas me décourager POUR SI PEU.* **3.** Peu de chose, faible différence. *Il a évité l'accident DE PEU,* de justesse. *CE N'EST PAS PEU DIRE :* c'est dire beaucoup, mais sans exagérer. - *À PEU PRÈS :* presque. → **environ.** *Les deux frères ont à peu près la même taille. Il y a à peu près vingt minutes qu'il est parti.* **4.** *PEU À PEU,* progressivement, par petites étapes. *Il prend confiance en lui peu à peu. Peu à peu vous vous y habituerez.* → **petit** (à petit), **progressivement.**

> REM. On peut dire *le peu de cheveux qui me restent sont blancs* ou *le peu de cheveux qui me reste est blanc, le peu d'eau que j'ai bue* ou *le peu d'eau que j'ai bu.*

PEUPLADE [pœplad] n. f. ▪ *UNE PEUPLADE :* petit groupe de personnes qui vivent en tribus, dans une société qui n'est pas industrialisée. *Ce scientifique étudie les peuplades d'Amazonie.*

PEUPLE [pœpl] n. m. **1.** *UN PEUPLE :* ensemble de personnes qui habitent le même pays, qui parlent la même langue, qui ont la même culture et les mêmes traditions. → **nation, pays, population.** *Il connaît bien les coutumes du peuple français. Les députés sont les élus du peuple* (→ **démocratie**). **2.** *LE PEUPLE :* la partie la plus nombreuse et la moins favorisée de la population. *Le* peuple de Paris s'est soulevé en 1871. C'est une femme du peuple*, de condition modeste. *Ces mesures plaisent au peuple* (→ **populaire**). **3.** STYLE FAMILIER *Il y a* DU PEUPLE, *ici !* beaucoup de monde.

PEUPLÉ [pœple], **PEUPLÉE** [pœple] adj. (après le nom) ▪ Où il y a des habitants. *Tokyo et Mexico sont parmi les villes les plus peuplées du monde.* → **populeux.** (contraire : ① désert)

PEUPLEMENT [pœpləmɑ̃] n. m. ▪ *UN PEUPLEMENT* **1.** Installation d'habitants dans une région. *Au dix-neuvième siècle, le gouvernement des États-Unis a encouragé le peuplement des États de l'Ouest.* **2.** État d'un territoire peuplé. *Ce pays a un peuplement très dense.* → **population.**

PEUPLER [pœple] verbe [conjugaison 1a] **1.** Habiter (un lieu). *Autrefois, les Indiens peuplaient l'Amérique.* → **occuper.** *L'Amérique était peuplée d'Indiens.* **2.** Mettre une population (dans une région, un pays). *On a peuplé cette île déserte en y envoyant des colons.* (contraire : dépeupler) **3.** Lâcher une espèce animale (dans un lieu). *On a peuplé l'étang de carpes.*

PEUPLIER [pøplije] n. m. ▪ *UN PEUPLIER :* arbre haut et élancé, qui a de petites feuilles et pousse dans les lieux humides et frais. *La rivière est bordée de peupliers.*

PEUR [pœʀ] n. f.

I. 1. *LA PEUR :* l'émotion plus ou moins forte que l'on ressent face à un danger ou à une menace. → **crainte.** *La peur l'empêche de bouger.* → **effroi, épouvante, frayeur, terreur ;** STYLE FAMILIER **frousse, pétoche, trouille.** *Son visage exprime la peur. C'est terrible de voir la peur du cerf devant le chasseur,* la peur qu'éprouve le cerf à cause du chasseur. - *Il n'y a rien à faire contre la peur de la mort,* contre la peur causée par la mort. → **appréhension.** *La peur du gendarme, c'est mieux qu'un conseil !* il n'y a que la force qui soit persuasive. - *L'accident n'a pas été grave, il y a eu* PLUS DE PEUR QUE DE MAL. - *La peur de mourir se voit dans ses yeux.* **2.** (précédé d'une préposition) (cause) *Je tremble* DE PEUR. *Nous sommes morts de peur. Il a menti* PAR PEUR D'*une punition,* pour éviter d'avoir une punition. *Je suis parti* DE PEUR DE *les gêner,* pour ne pas les gêner. *Il a fermé la porte* DE PEUR QUE *le chat s'en aille.* **3.** *PRENDRE PEUR :* s'effrayer, s'affoler. *Le cheval a pris peur.* - *FAIRE PEUR :* provoquer la peur. → **effrayer.** *Vous m'avez fait peur, j'ai cru que vous étiez blessé ! Je ne t'ai pas entendu arriver, tu m'as fait peur ! L'orage fait peur aux enfants.* - *Ça fait peur :* c'est inquiétant. → **Inquiétant.** *Le travail ne lui fait pas peur :* il est courageux.

II. *UNE PEUR :* la peur qui saisit dans une occasion bien précise. *J'ai une* PEUR BLEUE *des araignées,* une grande peur. *J'ai des peurs inexplicables.* → **angoisse, frayeur.** *Il a une peur maladive des chiens.* → **phobie.** - STYLE FAMILIER *Tu m'as fait une de ces peurs !*

III. *AVOIR PEUR* **1.** (sans complément) Ressentir de la peur. *Il ne faut pas avoir peur, tout va bien se passer. N'aie pas peur :* ne t'inquiète pas, ne te fais pas de souci. *Elle a sauté dans le vide sans avoir peur. Les gens* ONT PEUR POUR *leur liberté,* que leur liberté soit menacée. **2.** *AVOIR PEUR DE :* être effrayé par (qqch., qqn). *Ma fille a peur des chiens. As-tu peur des chauves-souris ? J'ai peur de l'orage. De quoi as-tu peur ? Ce petit n'a peur de rien. De qui avez-vous peur ? J'ai peur de lui, il est sévère ; toi, tu n'en as pas peur. Le chat a peur de tout.* → **craintif, farouche. 3.** (avec infinitif) Ressentir de la crainte, de l'inquiétude. *Il a peur de tomber. J'ai peur d'avoir oublié quelque chose.* → **craindre.** *Nous avons eu peur de prendre cette décision. Elle aurait peur d'être reconnue.* **4.** *AVOIR PEUR QUE* (et subjonctif) → **craindre.** *J'ai peur qu'elle soit partie. J'ai peur que tu sois mécontent. J'ai peur qu'il (ne) soit trop tard. Ont-ils peur qu'on ne les soutienne pas ? Les gens avaient peur qu'on les prenne en otages.* → **redouter.**

REM. *AVOIR PEUR* a la valeur d'un verbe intransitif et n'a pas de synonyme dans cet emploi : *Nous avons peur dans le noir.*

PEUREUX [pøʀø], **PEUREUSE** [pøʀøz] adj. (après le nom) ▪ Qui a facilement peur. *C'est un enfant peureux.* → **craintif, poltron ;** STYLE FAMILIER **froussard, trouillard.** (contraires : brave, courageux)

peut [pø] *Il peut, elle peut :* forme au présent du verbe **pouvoir.**

PEUT-ÊTRE [pøtɛtʀ] adverbe **1.** Indique la possibilité. *Nous viendrons peut-être.* (contraires : assurément, certainement, forcément, sûrement) *Ils seront peut-être d'accord. Ils n'accepterons peut-être pas. « Tu vas vraiment faire ça ? –* PEUT-ÊTRE PAS *»,* peut-être que non. *« Tu vas accepter ? –* PEUT-ÊTRE BIEN *»,* c'est bien possible. → **possible.** *Tu es peut-être malheureux ? Elle est peut-être partie.* - *J'irai peut-être au Mexique en avril.* **2.** (devant une interrogation) *Peut-être viendra-t-il ? Peut-être faut-il accepter ?* **3.** *PEUT-ÊTRE QUE. Elle n'écrit plus, peut-être qu'elle est fâchée ? Peut-être qu'il fera beau dimanche. Peut-être qu'il viendrait s'il était invité.* - *Peut-être que non. Peut-être que oui (si).* **4.** Par une estimation imprécise. → **environ.** *Les manifestants étaient peut-être trois mille. Elle a peut-être douze ou treize ans.*

REM. Dans l'emploi 2., l'inversion du sujet est obligatoire.

peux [pø] *Je peux ; tu peux :* forme au présent du verbe **pouvoir.**

PÈZE [pɛz] n. m. ▪ STYLE FAMILIER *LE PÈZE :* l'argent. *T'as du pèze ?* → STYLE FAMILIER **blé, fric, pépètes.**

PHACOCHÈRE [fakɔʃɛʀ] n. m. ▪ *UN PHACOCHÈRE :* gros animal d'Afrique, qui ressemble au sanglier. *Le phacochère a des défenses recourbées.*

PHALANGE [falɑ̃ʒ] n. f. ▪ *UNE PHALANGE :* chacune des parties qui forment un doigt ou un orteil. *Tous les doigts ont trois phalanges, sauf le pouce et le gros orteil qui en ont deux.*

PHALLUS [falys] n. m. ▪ *LE PHALLUS :* pénis en érection.

PHARAON [faʀaɔ̃] n. m. ▪ *UN PHARAON :* roi de l'Égypte ancienne. *Toutankhamon et Ramsès II furent de célèbres pharaons.*

PHARE [faʀ] n. m. ▪ *UN PHARE* **1.** Haute tour située sur une côte ou sur un îlot, qui a à son sommet une lumière très forte servant à guider les bateaux la nuit. *Un phare signale l'entrée du port.* **2.** Chacun des projecteurs placés à l'avant d'un véhicule, qui servent à éclairer la route la nuit. *L'automobiliste allume ses phares. Le chauffeur fait des* APPELS DE PHARES, il allume et éteint ses phares plusieurs fois de suite pour signaler sa présence ou un danger aux automobilistes qu'il croise. **3.** Position du phare qui éclaire le plus. *L'automobiliste se met* EN PHARES, il allume ses feux de route (opposé à code, lanterne). - *Le* PHARE DE RECUL *s'est allumé,* la lumière qui s'allume à l'arrière d'un véhicule quand on actionne la marche arrière.

REM. *Fard* « produit de maquillage » se prononce de la même façon.

PHARMACEUTIQUE [faʀmasøtik] adj. (après le nom) ▪ Relatif à la pharmacie. *Les médicaments sont des produits pharmaceutiques. Les laboratoires pharmaceutiques fabriquent des médicaments.*

PHARMACIE [faʀmasi] n. f. **1.** *UNE PHARMACIE :* magasin où l'on vend des médicaments et des produits pour la toilette. *Y a-t-il une pharmacie dans le quartier ? Va à la pharmacie acheter de* *l'aspirine. Quelle est la pharmacie de garde, dimanche prochain ?* **2.** *LA PHARMACIE :* l'ensemble des médicaments que l'on garde chez soi. *Il ne faut pas jeter la pharmacie périmée mais la donner au pharmacien. Tu trouveras du mercurochrome dans l'ARMOIRE À PHARMACIE, dans la salle de bains.* **3.** *LA PHARMACIE :* science des médicaments. *Elle fait des études de pharmacie.*

> FAUX AMI
> anglais **pharmacy** ne se dit pas du magasin

PHARMACIEN [farmasjɛ̃] n. m., **PHARMACIENNE** [farmasjɛn] n. f. ▪ *UN PHARMACIEN, UNE PHARMACIENNE :* une personne qui a fait des études de pharmacie et qui a un diplôme qui lui permet de travailler dans une pharmacie. *La pharmacienne lit l'ordonnance. Demandez conseil à votre pharmacien.*

PHARYNGITE [farɛ̃ʒit] n. f. ▪ *UNE PHARYNGITE :* inflammation du pharynx. *Il a une pharyngite.*

PHARYNX [farɛ̃ks] n. m. ▪ *LE PHARYNX :* la partie de la gorge au fond de la bouche, où arrive l'œsophage. *Les amygdales sont situées dans le pharynx. Il a une inflammation du pharynx* **(→ pharyngite).**

PHASE [faz] n. f. ▪ *UNE PHASE* **1.** Chacun des moments d'une action, d'une évolution. → **période, stade.** *Le médecin connaît toutes les phases de cette maladie. Le malade est en PHASE TERMINALE,* il va mourir. **2.** Chacun des aspects de la Lune et des planètes, selon leur position par rapport au Soleil. *La nouvelle lune, le croissant, les quartiers et la pleine lune sont les phases de la Lune.* **3.** *ÊTRE EN PHASE avec qqn,* être d'accord avec lui, avoir les mêmes idées. *Ils sont en phase.*

PHÉNIX [feniks] n. m. **1.** *LE PHÉNIX :* l'oiseau imaginaire qui vivait plusieurs siècles. *La légende dit que le phénix renaissait de ses cendres.* **2.** *UN PHÉNIX :* une personne remarquable, unique en son genre. *Ce n'est vraiment pas un phénix, notre nouveau directeur.* → STYLE FAMILIER **aigle.**

PHÉNOMÉNAL [fenɔmenal], **PHÉNOMÉNALE** [fenɔmenal] adj. (après le nom) ▪ Qui sort de l'ordinaire. → **étonnant, surprenant.** *Cet enfant est d'une intelligence phénoménale.* → **extraordinaire.** MASCULIN PLURIEL : *des acrobates PHÉNOMÉNAUX* [fenɔmeno].

PHÉNOMÈNE [fenɔmɛn] n. m. ▪ *UN PHÉNOMÈNE* **1.** Chose qui se passe et que l'on voit, que l'on sent, dont on se rend compte. *La pluie, le vent, les marées, les tremblements de terre sont des phénomènes naturels. Le vieillissement est un phénomène normal. Il s'est produit un phénomène étrange et imprévu. C'est inexplicable.* → **mystère.** **2.** Personne ou chose rare, extraordinaire. → **merveille.** *On considère Mozart comme un phénomène.* – STYLE FAMILIER *T'es un drôle de phénomène, toi !* un individu bizarre.

PHILANTHROPE [filɑ̃trɔp] n. m., n. f. ▪ *UN PHILANTHROPE, UNE PHILANTHROPE :* une personne qui consacre son argent ou son énergie à essayer d'améliorer le sort des hommes. *C'est une philanthrope, elle a donné toute sa fortune à une œuvre humanitaire. – Je ne peux pas encore baisser mes prix, je ne suis pas un philanthrope !*

PHILATÉLIE [filateli] n. f. ▪ *LA PHILATÉLIE :* connaissance des timbres-poste et goût que l'on a pour les collectionner. *Elle est passionnée de philatélie* **(→ philatéliste).**

PHILATÉLISTE [filatelist] n. m., n. f. ▪ *UN PHILATÉLISTE, UNE PHILATÉLISTE :* une personne qui collectionne des timbres-poste **(→ philatélie).** *Elle est philatéliste.*

PHILIPPINES [filipin] nom propre féminin pluriel – en philippin **PILIPINAS** ▪ *LES PHILIPPINES :* État d'Asie du Sud-Est. *La capitale des Philippines est Manille. Nous sommes aux Philippines depuis un mois.*

PHILOSOPHE [filɔzɔf] n. m., n. f. et adj.
I. *UN PHILOSOPHE, UNE PHILOSOPHE* **1.** Personne qui élabore une doctrine philosophique. → **penseur.** *Voltaire est un philosophe français du dix-huitième siècle.* **2.** Professeur de philosophie. *C'est un congrès de philosophes.* **3.** Personne qui prend la vie avec optimisme. → **sage.** *C'est un philosophe, il prend la vie du bon côté.*
II. adjectif (après le nom) (qqn) Qui montre de la sagesse. *Ne te tourmente pas, sois philosophe !*

PHILOSOPHER [filɔzɔfe] verbe [conjugaison 1a] ▪ Raisonner, discuter sur n'importe quel sujet, d'une manière pédante ou oiseuse. *Nous avons assez philosophé, passons aux choses sérieuses !*

PHILOSOPHIE [filɔzɔfi] n. f. ▪ *LA PHILOSOPHIE* **1.** Connaissance des questions que l'homme se pose sur lui-même et examen des réponses qu'on peut y apporter. *Elle fait de la philosophie.* – *PHILO* [filo] forme abrégée familière *Elle est professeur de philo à l'université.* **2.** Ensemble de théories et de doctrines philosophiques. *Platon est un représentant de la philosophie grecque.* **3.** Sagesse de l'esprit, optimisme. *Il a supporté son échec avec philosophie.* → **résignation.**

PHILOSOPHIQUE [filɔzɔfik] adj. (après le nom) ▪ Qui concerne la philosophie. *Il lit un ouvrage philosophique,* de philosophie.

PHNOM-PENH [pnɔmpɛn] nom propre ▪ Capitale du Cambodge. *Ils sont allés à Phnom-Penh. Ils reviennent de Phnom-Penh.*

PHOBIE [fɔbi] n. f. ▪ *UNE PHOBIE :* peur maladive que l'on ne peut pas raisonner d'une chose précise. *Avez-vous des phobies ? Il a la phobie des araignées.*
REM. Ne pas confondre *phobie* et *folie*, qui sont presque contraires.

PHOCÉEN [fɔseɛ̃] adj. et n. m., **PHOCÉENNE** [fɔseɛn] adj. et n. f. ▪ STYLE RECHERCHÉ **1.** adjectif (après le nom) De Marseille. → **marseillais, massaliote.** *On appelle parfois Marseille LA CITÉ PHOCÉENNE.* **2.** *UN PHOCÉEN, UNE PHOCÉENNE :* une personne qui habite Marseille. *Les Phocéens.*

PHONÉTIQUE [fɔnetik] adj. et n. f. **1.** adjectif (après le nom) Qui se rapporte aux sons du langage. *La notation phonétique d'un mot permet de savoir comment il se prononce. La prononciation des mots est donnée par écrit grâce à l'alphabet phonétique.* **2.** *LA PHONÉTIQUE :* étude des sons du langage. *La phonétique est une partie de la linguistique.*

PHOQUE [fɔk] n. m. ▪ *UN PHOQUE :* gros animal des mers froides, à fourrure rase, aux pattes avant palmées. *Le phoque est un mammifère. On chasse les phoques pour leur fourrure.*

PHOSPHATE [fɔsfat] n. m. ▪ *UN PHOSPHATE :* produit chimique qui contient du phosphore. *Les phosphates servent d'engrais. Cette lessive est garantie sans phosphates.*

PHOSPHORE [fɔsfɔr] n. m. ▪ *LE PHOSPHORE :* produit chimique que l'on trouve dans la nature, qui brille dans l'obscurité et qui s'enflamme très facilement. *J'ai acheté des allumettes au phosphore. Le phosphore est indispensable aux végétaux.*

PHOSPHORESCENT [fɔsfɔresɑ̃], **PHOSPHORESCENTE** [fɔsfɔresɑ̃t] adj. (après le nom) ▪ Qui émet de la lumière dans l'obscurité. *Les vers luisants sont phosphorescents.*

PHOTO [fɔto] n. f. et adj. invariable
I. 1. *LA PHOTO :* art de prendre des images photographiques. → **photographie.** *Il est venu avec son matériel de photo. Elle a un appareil de photo très perfectionné. Pendant ses loisirs, il fait de la photo.* **2.** *UNE PHOTO :* image obtenue par le procédé photographique. → **photographie.** *Elle fait de très jolies photos. Montre-moi tes photos de vacances. Cette photo est ratée, elle est floue.* → **cliché.** *Il prend des photos en noir et blanc et des photos en couleurs. Il faut que j'apporte trois PHOTOS D'IDENTITÉ. – Elle se recoiffe pour qu'on puisse la PRENDRE EN PHOTO,* la photographier. *Il est mieux en photo qu'au naturel !* (→ **photogénique).**
II. adjectif invariable Photographique. *Il est venu avec son APPAREIL PHOTO.* PLURIEL : *des pellicules photo.*

REM. *Photographie* et *photographique* sont devenus beaucoup moins courants que *photo* ; même situation pour *radio.*

PHOTOCOMPOSITION [fɔtokɔ̃pozisjɔ̃] n. f. ▪ *LA PHOTOCOMPOSITION :* technique d'imprimerie utilisant la photographie des caractères. *Ce texte a été imprimé par photocomposition.*

PHOTOCOPIE [fɔtɔkɔpi] n. f. ▪ *UNE PHOTOCOPIE :* copie d'un document par reproduction photographique. *J'ai fait une photocopie de mon passeport.* → **copie.** *Gardez l'original et donnez-moi la photocopie.* → **double.**

PHOTOCOPIER [fɔtɔkɔpje] verbe [conjugaison 7a] ▪ Faire une photocopie de (un document). *Il faut que vous photocopiiez ce texte en vingt exemplaires. Tu photocopieras* [fɔtɔkɔpiʀa] *ton diplôme avant de le donner à ton employeur. La MACHINE À PHOTOCOPIER est en panne* (→ **photocopieur).**

PHOTOCOPIEUR [fɔtɔkɔpjœʀ] n. m. ▪ *UN PHOTOCOPIEUR :* machine à photocopier. *Ce photocopieur est très performant.*

REM. On emploie aussi ce mot au féminin : *une photocopieuse* [fɔtɔkɔpjøz].

PHOTOCOPILLAGE [fɔtɔkɔpijaʒ] n. m. ▪ *LE PHOTOCOPILLAGE :* action de photocopier des livres ou des documents pour un usage collectif, afin d'éviter de les acheter. *Il y une note sur la couverture du livre disant que le photocopillage est interdit.*

REM. *Photocopillage* est un jeu de mots sur *photocopier* et *pillage.*

PHOTOGÉNIQUE [fɔtɔʒenik] adj. (après le nom) ▪ Qui est aussi bien ou mieux en photo qu'au naturel. *Il a un visage photogénique. Cette actrice est très photogénique.*

PHOTOGRAPHE [fɔtɔgʀaf] n. m., n. f. ▪ *UN PHOTOGRAPHE, UNE PHOTOGRAPHE :* une personne qui fait des photos. *Elle est photographe de mode. C'est un excellent photographe.*

PHOTOGRAPHIE [fɔtɔgʀafi] n. f. **1.** *LA PHOTOGRAPHIE :* technique qui permet d'obtenir une image des objets par l'action de la lumière sur un film. *La photographie en couleurs date de 1869.* **2.** *UNE PHOTOGRAPHIE :* image obtenue par le procédé photographique. → **cliché, photo.** *Les photographies de leur mariage sont très réussies.*

REM. Au sens 2., l'abréviation *photo* est beaucoup plus courante.

PHOTOGRAPHIER [fɔtɔgʀafje] verbe [conjugaison 7a] ▪ Prendre en photo. *Elle s'est fait photographier. Il faut que vous la photographiiez quand elle plonge. Il te photographiera* [fɔtɔgʀafiʀa] *quand tu seras prête.*

PHOTOGRAPHIQUE [fɔtɔgʀafik] adj. (après le nom) ▪ Relatif à la photographie. *Il a un appareil photographique.* → **photo.**

PHOTOMATON [fɔtɔmatɔ̃] n. m. (marque déposée) ▪ *UN PHOTOMATON :* appareil automatique qui prend des photos et les développe très rapidement. *Il a fait ses photos d'identité dans un photomaton.*

PHOTOMONTAGE [fɔtomɔ̃taʒ] n. m. ▪ *UN PHOTOMONTAGE :* un assemblage de photos. → **montage.** *Sur cette photo, on voit le président de la République avec une couronne sur la tête ; la photo est truquée, c'est un photomontage.*

PHOTOTHÈQUE [fɔtɔtɛk] n. f. ▪ *UNE PHOTOTHÈQUE :* collection de photos d'archives ; lieu où elle est conservée. *Il a trouvé les photos qu'il recherchait à la photothèque de sa ville.*

PHRASE [fʀaz] n. f. ▪ *UNE PHRASE* **1.** Suite de mots qui a un sens, qui commence par une majuscule et qui se termine par un point. *Cette phrase est incorrecte,* elle comporte une erreur de syntaxe. **2.** (au pluriel) *FAIRE DES PHRASES :* parler de manière recherchée ou prétentieuse. *Dis ce que tu penses, au lieu de faire des phrases. – Il ne dit que des PHRASES TOUTES FAITES :* il ne dit que des lieux communs, des banalités sans aucun intérêt. → **cliché.**

FAUX AMI
anglais **phrase**
« expression, locution »

la phrase

Il existe :
- des ***phrases affirmatives*** (ex. : *Le sable est fin. Il fait beau. Tu viendras à la fête.*)
- des ***phrases négatives*** (ex. : *Le sable n'est pas fin. Il ne fait pas beau. Tu ne viendras pas à la fête.*)
- des ***phrases interrogatives*** (ex. : *Comment est le sable ? Est-ce qu'il fera beau demain ? Viendras-tu à la fête ?*)
- des ***phrases exclamatives*** (ex. : *Comme il fait beau ! Que tu as grandi ! Vive le roi !*)

Une phrase peut être simple (ex. : *Il pleut.*), elle peut se composer d'un seul mot (ex. : *Viens ! Zut !*) ou comporter plusieurs *propositions* (ex. : *J'ai peur qu'il pleuve.*) → **proposition.**

Quand on analyse la phrase, on cherche les *groupes* qui la constituent. → **groupe.**

Une phrase est généralement composée d'un sujet, d'un verbe et souvent d'un complément (ex. : *Le boulanger fait du pain.*) ou de plusieurs compléments (ex. : *Je sors le chien dans la rue, le soir après dîner.*) → **complément.**

L'ordre des mots dans la phrase varie avec les langues.

PHRYGIEN [fʀiʒjɛ̃], **PHRYGIENNE** [fʀiʒjɛn] adj. (après le nom) ▪ *Un BONNET PHRYGIEN :* bonnet porté par les révolutionnaires, pendant la Révolution française de 1789. *Marianne, femme coiffée du bonnet phrygien est l'emblème de la République française.*

PHYSICIEN [fizisjɛ̃] n. m., **PHYSICIENNE** [fizisjɛn] n. f. ▪ *UN PHYSICIEN, UNE PHYSICIENNE :* une personne dont le métier est d'étudier la physique. *Les travaux des physiciens et des chimistes permettent de nombreux progrès techniques.* → **ingénieur.**

FAUX AMI
anglais **physician**
« médecin »

PHYSIOLOGIE [fizjɔlɔʒi] n. f. ▪ *LA PHYSIOLOGIE :* science qui étudie les fonctions et les propriétés des organes et des tissus des êtres vivants. *Les étudiants en médecine doivent connaître la physiologie.*

PHYSIOLOGIQUE [fizjɔlɔʒik] adj. (après le nom) ▪ Relatif à la physiologie, au fonctionnement d'un organisme vivant, d'un organe ou d'une cellule. *L'état physiologique du malade est satisfaisant.* → ② **physique.** (contraire : psychique)

PHYSIONOMIE [fizjɔnɔmi] n. f. ▪ *LA PHYSIONOMIE* **1.** Aspect du visage. → ② **air, expression.** *Elle a une physionomie sympathique.* → **mine.** **2.** Aspect particulier (de qqch.). *La physionomie de l'Europe a beaucoup changé depuis la dernière guerre.*

PHYSIONOMISTE [fizjɔnɔmist] adj. (après le nom). (qqn) Qui est capable de reconnaître au premier coup d'œil une personne, même si elle a été rencontrée longtemps avant ou rapidement. *Il ne me reconnaît jamais, il n'est pas très physionomiste.*

① **PHYSIQUE** [fizik] n. f. *LA PHYSIQUE :* la science qui étudie les propriétés et les lois de la nature. *La mécanique et l'électricité font partie de la physique. Il suit des cours de physique et de chimie.*

② **PHYSIQUE** [fizik] n. m. *LE PHYSIQUE :* l'aspect du corps et du visage. *Elle a un physique agréable. Cet acteur a le PHYSIQUE DE L'EMPLOI,* il est parfait pour le rôle qu'il interprète. *Elle ne s'intéresse qu'à elle, au physique et au moral.*

③ **PHYSIQUE** [fizik] adj. (après le nom) **1.** Relatif à la Terre, à la nature. *Nous étudions la géographie physique du pays.* **2.** Qui concerne le corps humain. *Il aime les exercices physiques. Il fait de la CULTURE PHYSIQUE tous les matins,* de la gymnastique. *Elle est professeur d'ÉDUCATION PHYSIQUE,* de gymnastique. *Son état physique est excellent,* sa santé. ⟨contraire : moral⟩ *Son fils est handicapé physique* (opposé à mental). **3.** Qui concerne la physique. *La chute des corps est un phénomène physique. – La physique et la chimie sont des SCIENCES PHYSIQUES,* des sciences qui se rapportent à la nature, à l'exclusion des êtres vivants.

PHYSIQUEMENT [fizikmɑ̃] adverbe. En ce qui concerne le corps. *Ce travail est très dur physiquement.* ⟨contraire : moralement⟩ *Sa grand-mère est encore très bien physiquement,* en ce qui concerne son apparence extérieure. *Ils se ressemblent physiquement.*

PIAF [pjaf] n. m. STYLE FAMILIER *UN PIAF :* un moineau. *Il y a des piafs qui mangent des miettes devant la porte.*

PIAFFER [pjafe] verbe [conjugaison 1a] **1.** (cheval) Frapper le sol avec ses sabots avant, sans avancer. *Les chevaux piaffent devant l'écurie.* **2.** (qqn) *PIAFFER D'IMPATIENCE :* manifester son impatience en s'agitant. *Les enfants piaffent d'impatience en attendant l'heure de la sortie.* → **trépigner.**

PIAILLEMENT [pjajmɑ̃] n. m. *UN PIAILLEMENT :* petit cri aigu. *On entend des piaillements d'oiseaux dans les arbres.*

PIAILLER [pjaje] verbe [conjugaison 1a] **1.** (oiseaux) Pousser de petits cris aigus. *Les oiseaux piaillent.* **2.** (enfant) Crier. *Arrête de piailler !*

PIANISTE [pjanist] n. m., n. f. *UN PIANISTE, UNE PIANISTE :* un musicien, une musicienne qui joue du piano. *Elle est pianiste de jazz. C'est un excellent pianiste.*

PIANO [pjano] n. m. *UN PIANO :* instrument de musique à clavier, dont les cordes sont frappées par des marteaux. *Ils ont un PIANO À QUEUE dans leur salon. Ma fille joue du piano. Il vend des pianos.*

PIANO-BAR [pjanobaʀ] n. m. *UN PIANO-BAR :* bar dans lequel un pianiste assure l'ambiance musicale. *Ils ont bu un verre au piano-bar de l'hôtel.* PLURIEL : *des PIANOS-BARS.*

PIANOTER [pjanɔte] verbe [conjugaison 1a]. Tapoter avec le bout des doigts, comme un pianiste sur le clavier du piano. *Il pianote sur sa calculette.*

PIC [pik] n. m. *UN PIC* **1.** Outil composé d'un fer pointu et d'un manche, qui sert à creuser le roc ou à casser des cailloux. *Les mineurs se servent de pics.* **2.** Montagne qui a un sommet très pointu. *L'avion survole les pics enneigés.* **3.** Maximum d'une courbe. *La courbe de température du malade a des pics à quarante.*

À **PIC** [apik] adverbe **1.** Verticalement. *La falaise s'élève à pic au-dessus de la mer* **(→ à-pic). 2.** STYLE FAMILIER Au bon moment, à propos. *Tu tombes à pic, j'ai justement besoin de ton aide.*

PICHET [piʃɛ] n. m. *UN PICHET :* pot muni d'une anse et d'un bec, servant de récipient pour une boisson. *Ce pichet en grès contient du cidre. Nous avons bu du vin en pichet* (opposé à en bouteille).

PICKPOCKET [pikpɔkɛt] n. m. *UN PICKPOCKET :* voleur qui glisse la main dans les poches ou dans le sac des gens qu'il vole. *Un pickpocket a profité de la bousculade pour me voler mon portefeuille.*

REM. Ce mot vient de l'anglais.

PICOLER [pikɔle] verbe [conjugaison 1a]. STYLE FAMILIER Boire du vin, de l'alcool. *Il s'est mis à picoler à la mort de sa femme.*

PICORER [pikɔʀe] verbe [conjugaison 1a] **1.** (oiseaux) Piquer avec le bec, pour manger. *Les poules picoreront* [pikɔʀʀɔ̃] *les grains de maïs que la fermière va leur donner.* **2.** (qqn) Manger peu. *Elle ne mange pas, elle picore.* → **grignoter.**

PICOTEMENT [pikɔtmɑ̃] n. m. *UN PICOTEMENT :* sensation de légères piqûres répétées. *J'ai des picotements dans le nez.*

PICOTER [pikɔte] verbe [conjugaison 1a]. Piquer légèrement. *La fumée picote les yeux.*

PICTURAL [piktyʀal], **PICTURALE** [piktyʀal] adj. (après le nom). Relatif à l'art de la peinture. *Un tableau est une œuvre picturale.* MASCULIN PLURIEL : *des éléments PICTURAUX* [piktyʀo].

PIE [pi] n. f. *UNE PIE :* oiseau au plumage noir et blanc, qui a une longue queue. *Les pies jacassent. – Il est BAVARD COMME UNE PIE :* il est très bavard.

REM. *Pis* « mamelle » et *pis* « plus mal » se prononcent de la même façon.

① **PIÈCE** [pjɛs] n. f. *UNE PIÈCE* **1.** Chacune des parties qui forment un ensemble. *Ce puzzle comprend cinq cents pièces. Elle a un maillot de bain UNE PIÈCE* (opposé à deux-pièces). *Le garagiste doit changer une pièce du moteur. Ma voiture est garantie PIÈCES ET MAIN-D'ŒUVRE.* **2.** Morceau de tissu qui sert à réparer, à consolider. *Le jean de mon fils est déchiré, je vais lui mettre une pièce* **(→ rapiécer). 3.** Chaque morceau d'une chose cassée. *Le chien a MIS EN PIÈCES l'ours en peluche,* il l'a complètement déchiqueté. **4.** *À LA PIÈCE :* un par un. *Les pamplemousses se vendent à la pièce. Ces verres coûtent quinze francs pièce,* chacun. → **unité.** – *Cette ouvrière est payée à la pièce,* selon la quantité réalisée et non pas selon le temps qu'elle y passe. – STYLE FAMILIER *ON N'EST PAS AUX PIÈCES :* le travail n'est pas urgent, rien ne presse. **5.** *Une PIÈCE D'EAU :* grand bassin ou un petit étang. *Il y a des cygnes dans la pièce d'eau du jardin public.* **6.** *Une PIÈCE MONTÉE :* gâteau à plusieurs étages, faits de choux à la crème. *On sert souvent des pièces montées dans les mariages.* **7.** *Une PIÈCE D'IDENTITÉ :* document officiel prouvant qui on est. → **papier.** *Veuillez présenter une pièce d'identité pour tout paiement par chèque.* **8.** *DE TOUTES PIÈCES :* entièrement. *C'est une histoire inventée de toutes pièces.*

② **PIÈCE** [pjɛs] n. f. *UNE PIÈCE :* partie d'un appartement ou d'une maison, délimitée par des cloisons ou des murs. *Ils ont acheté une maison de six pièces. J'habite un appartement de* *deux pièces* (→ **deux-pièces**). *Cet étudiant vit dans une seule pièce* (→ **studio**).

REM. La cuisine, la salle de bains, les toilettes, les couloirs et l'entrée ne sont pas considérés comme des pièces. On dit : *un appartement de trois pièces, cuisine, salle de bains.*

③ **PIÈCE** [pjɛs] n. f. ▪ *UNE PIÈCE DE MONNAIE* ou *UNE PIÈCE* : rond de métal, plat, qui sert à payer. *J'ai une pièce de vingt francs et un billet de cent francs.*

④ **PIÈCE** [pjɛs] n. f. ▪ *UNE PIÈCE* **1.** *UNE PIÈCE DE THÉÂTRE* ou *UNE PIÈCE* : texte écrit pour être joué sur une scène de théâtre. → **comédie, drame, tragédie.** *« Hamlet » est une pièce de Shakespeare. C'est une pièce en cinq actes.* **2.** Morceau de musique. *Il joue au piano une pièce de Mozart.*

① **PIED** [pje] n. m. ▪ *LE PIED* **1.** Partie du corps humaine située au bas de la jambe, qui sert à marcher et à se tenir debout. → STYLE FAMILIER **peton.** *Chaque pied a cinq orteils. Il s'est enfoncé un clou dans la plante du pied. Ne marche pas PIEDS NUS, mets des chaussures ! J'ai mal aux pieds, je vais prendre rendez-vous chez le pédicure. Il marche sur la POINTE DES PIEDS pour ne pas faire de bruit. Le joueur donne un COUP DE PIED dans le ballon. Il a reçu des coups de pied aux fesses. Je n'ai jamais MIS LES PIEDS dans cette ville,* je n'y suis jamais allé. *Le malade sera SUR PIED dans quelques jours,* il sera guéri et pourra se lever. *Il saute A PIEDS JOINTS,* en gardant les deux pieds rapprochés. – STYLE FAMILIER *AVOIR BON PIED, BON ŒIL* : être en pleine forme, avoir une allure vive et alerte. *Ma grand-mère a encore bon pied, bon œil.* – *Le peintre a fait son portrait EN PIED,* représenté debout, des pieds à la tête. – *AUX PIEDS DE qqn,* devant lui. *Elle s'est jetée à ses pieds pour lui demander son pardon.* **2.** *À PIED,* en marchant. *Ce n'est pas loin on peut y aller à pied* (→ **piéton**). *À pied, il y en a pour dix minutes.* – STYLE FAMILIER *Je l'emmerde, à pied, à cheval et en voiture. J'aime beaucoup la MARCHE À PIED,* marcher (→ **pédestre**). *Il est champion de COURSE À PIED* (opposé à course cycliste, course automobile). **3.** *Il ne se laisse pas MARCHER SUR LES PIEDS* : il ne se laisse pas faire, il réagit quand on lui manque d'égards. *Nous sommes trempés DE LA TÊTE AUX PIEDS,* complètement trempés. *Il a LES PIEDS SUR TERRE* : il est réaliste. *Je vous attends DE PIED FERME* : je suis prêt à vous affronter. *Il a FAIT DES PIEDS ET DES MAINS pour les retrouver,* il s'est démené, il a employé tous les moyens possibles. *Elle est BÊTE COMME SES PIEDS* : elle est très bête. *Tu me CASSES LES PIEDS* : tu m'embêtes (→ **casse-pieds**). *C'est bien fait pour ses pieds* : tant mieux si qqch. de désagréable lui est arrivé, c'est bien fait pour lui, ça lui donne une leçon. *Il est du genre à METTRE LES PIEDS DANS LE PLAT,* à faire des gaffes. **4.** Extrémité inférieure de la jambe ou de la patte de certains animaux, qui leur sert à marcher. *Les canards ont les pieds palmés. Nous avons mangé des pieds de porc panés.* **5.** *AVOIR PIED* : pouvoir avoir la tête hors de l'eau tout en touchant le fond avec ses pieds. *On n'a pas pied dans le grand bassin de la piscine.* – *PERDRE PIED,* ne plus toucher le fond. *L'enfant a perdu pied en traversant la rivière.* (figuré) Perdre son assurance, être complètement perdu. *L'étudiant n'a pas su répondre à la question et a perdu pied,* il s'est troublé. **6.** *LE PIED DU LIT* : l'extrémité du lit où se trouvent les pieds de la personne allongée (opposé à chevet, tête de lit). *Posez le plateau sur le pied du lit.* **7.** *AU PIED DE,* à l'endroit où une chose touche le sol. *Il y a un paillasson au pied de l'escalier. Elle s'agenouille au pied du lit pour prier,* par terre près du lit. *Il fait pipi au pied de l'arbre. Nous habitons au pied de la butte Montmartre. De la menthe pousse au pied du mur. On l'a mis AU PIED DU MUR* : on l'a forcé à agir. **8.** Partie d'une plante qui touche le sol. *Un champignon est composé d'un pied et d'un chapeau. Ces fruits sont vendus sur pied,* avant la récolte. *Ce viticulteur a de nombreux PIEDS DE VIGNE.* **9.** Jeune plante. *Il faut repiquer quelques pieds de salade.* → **plant.** **10.** Partie d'un objet qui sert de support. *La table a quatre pieds. J'ai cassé le pied d'une chaise. Nous avons bu dans des VERRES À PIED. Le pied de la lampe est en porcelaine.*

② **PIED** [pje] n. m. ▪ *UN PIED* **1.** Unité internationale d'altitude utilisée dans l'aviation et valant environ trente centimètres. *L'avion vole à dix mille pieds de haut.* **2.** *Il traite ses collaborateurs SUR UN PIED D'ÉGALITÉ,* d'égal à égal. *Je ne mets pas les deux choses SUR LE MÊME PIED,* sur le même plan, au même niveau. *L'armée est SUR LE PIED DE GUERRE,* équipée et prête à combattre. (figuré) *Nous sommes sur le pied de guerre,* prêts à partir. **3.** STYLE FAMILIER *PRENDRE SON PIED* : avoir beaucoup de plaisir. → s'**éclater.** *Il prend son pied sur sa moto. C'est le pied !* c'est très agréable. *Quel pied !* **4.** En poésie, syllabe d'un vers latin. → **syllabe.**

PIED-À-TERRE [pjetatɛʀ] n. m. invariable ▪ *UN PIED-À-TERRE* : logement que l'on occupe de temps en temps, à l'occasion. *Ils ont un pied-à-terre à Paris.* PLURIEL : *des pied-à-terre.*

PIED-DE-MOUTON [pjedmutɔ̃] n. m. ▪ *UN PIED-DE-MOUTON* : champignon comestible. PLURIEL : *nous avons ramassé des pieds-de-mouton dans la forêt.*

PIED DE NEZ → **nez**

PIÉDESTAL [pjedɛstal] n. m. ▪ *UN PIÉDESTAL* : support élevé (d'une colonne, d'un objet d'art). *La sculpture est sur un piédestal.* → **socle.** PLURIEL : *des PIÉDESTAUX* [pjedɛsto]. – *Il MET sa femme SUR UN PIÉDESTAL,* il l'admire beaucoup. *Elle est TOMBÉE DE SON PIÉDESTAL* : elle a perdu tout son prestige.

PIED-NOIR [pjenwaʀ] n. m., n. f. et adj. ▪ STYLE FAMILIER **1.** *UN PIED-NOIR, UNE PIED-NOIR* : Français, Française né en Algérie. *Sa femme est une pied-noir.* PLURIEL : *les PIEDS-NOIRS ont été rapatriés en 1962.* **2.** adjectif (après le nom) Relatif aux Français d'Algérie avant l'indépendance. *Il parle avec l'accent pied-noir. Il y a plusieurs familles pieds-noirs dans le village.*

REM. Ne pas confondre avec *beur,* algérien né en France.

PIÈGE [pjɛʒ] n. m. ▪ *UN PIÈGE* **1.** Engin servant à attraper des animaux. *Nous avons mis des pièges à souris dans la cave. Les braconniers ont tendu des pièges.* – *Le renard a été PRIS AU PIÈGE.* – (figuré) *Ils m'ont pris au piège* (→ **piéger**). **2.** Manœuvre organisée contre qqn pour l'attraper par surprise. *Les policiers ont tendu un piège au criminel.* **3.** Difficulté cachée. *Attention, cette dictée est pleine de pièges.* → **traquenard.**

PIÉGÉ [pjeʒe], **PIÉGÉE** [pjeʒe] adj. (après le nom) ▪ (objet) Où est caché un engin explosif qui se déclenche au premier contact. *Méfiez-vous des colis piégés. La voiture piégée a fait de nombreux dégâts. Les policiers ont fait sauter la voiture piégée.*

PIÉGER [pjeʒe] verbe [conjugaison 6b]
I. 1. Attraper, chasser (un animal) avec un piège. *Le braconnier piège des lapins.* **2.** STYLE FAMILIER Mettre (qqn) dans une situation difficile par surprise. *Elle ne s'y attendait pas et elle s'est fait piéger. Piégeons-le.*
II. Installer (dans un lieu, sur un objet) un système explosif. *Les terroristes ont piégé une voiture. Le contrôle des bagages est destiné à vérifier que les valises ne sont pas piégées.*

PIÉMONTAIS [pjemɔ̃tɛ] adj. et n. m., **PIÉMONTAISE** [pjemɔ̃tɛz] adj. et n. f. **1.** adjectif (après le nom) Du Piémont, région du nord de l'Italie. *La capitale piémontaise est Turin.* **2.** *UN PIÉMONTAIS, UNE PIÉMONTAISE* : un habitant, une habitante du Piémont. *Les Piémontais.* **3.** nom masculin *LE PIÉMONTAIS* : le dialecte italien parlé au Piémont. *Il parle le piémontais.*

PIERRE [pjɛʀ] n. f.
I. *LA PIERRE :* matière minérale solide et dure qui se trouve dans le sol. *Un bloc de pierre s'est détaché de la falaise. La maison a des murs de pierre. Le Commandeur dans «Dom Juan» est changé en statue de pierre* **(→ pétrifier).** - *Il a un CŒUR DE PIERRE,* dur et impitoyable. *Elle reste DE PIERRE,* impassible et insensible. - *Ces outils datent de l'ÂGE DE LA PIERRE,* de l'époque de la préhistoire où les hommes fabriquaient et utilisaient des outils de pierre.
II. *UNE PIERRE* **1.** Variété de cette matière. **→ roche.** *Il étudie les pierres* **(→ minéralogie).** - *Une PIERRE PRÉCIEUSE :* minéral rare d'un très bel éclat et de grande valeur, dont on fait des bijoux. *Le diamant, le rubis, le saphir et l'émeraude sont des pierres précieuses. L'émeraude est une pierre verte.* **2.** Un morceau de roche. *Attention aux chutes de pierres en montagne ! Il y a un tas de pierres devant la maison.* **→ caillou.** *Des gamins nous ont jeté des pierres* **(→ lapider).** - *Il est MALHEUREUX COMME LES PIERRES,* extrêmement malheureux. *Nous allons FAIRE D'UNE PIERRE DEUX COUPS,* obtenir deux résultats par la même action. *Je ne veux pas lui JETER LA PIERRE,* l'accuser, le blâmer. **3.** Bloc de pierre pour la construction. *Il y a une carrière de pierres à la sortie du village. Il est tailleur de pierres. Cette immeuble est en PIERRES DE TAILLE,* en pierres taillées.
III. Objet en pierre qui sert à un usage particulier. **1.** *Il affûte son couteau avec une PIERRE À AIGUISER. Les hommes préhistoriques faisaient du feu avec une PIERRE À FEU,* un morceau de silex qui fait des étincelles. *Il frotte ses doigts avec une PIERRE PONCE.* **→ ponce. 2.** Monument formé d'une pierre. *Il y a une inscription gravée sur la pierre tombale* **(→ tombe).** *Les dolmens et les menhirs sont de grosses pierres.*

PIERRERIES [pjɛʀʀi] n. f. pluriel ▪ *DES PIERRERIES :* pierres précieuses taillées et employées comme ornements. *La princesse a un diadème incrusté de merveilleuses pierreries.* **→ joyaux.**

PIERREUX [pjɛʀø], **PIERREUSE** [pjɛʀøz] adj. (après le nom) ▪ Couvert de pierres. *Une petite route pierreuse mène au village.* **→ caillouteux, rocailleux.**

PIERROT [pjɛʀo] n. m. ▪ *UN PIERROT :* homme habillé en Pierrot, personnage de pantomime au vêtement et au visage blancs. *Le petit garçon est en pierrot.*

PIÉTÉ [pjete] n. f. ▪ *LA PIÉTÉ :* qualité d'une personne très attachée aux pratiques de la religion. *Elle prie avec piété.* **→ dévotion, ferveur.**

PIÉTINEMENT [pjetinmɑ̃] n. m. ▪ *UN PIÉTINEMENT* **1.** Action d'écraser avec les pieds. *Le tapis est abîmé par le piétinement des visiteurs.* **2.** Le fait de ne pas progresser, de stagner. *Le piétinement de l'enquête irrite le commissaire.*

PIÉTINER [pjetine] verbe [conjugaison 1a] **1.** Marcher sur place, sans avancer normalement. *La foule piétine sur les trottoirs.* **2.** Écraser une chose avec les pieds. *Les enfants ont piétiné les fleurs. Le cheval piétine le sol avec ses sabots.* **3.** Ne faire aucun progrès. *Les négociations piétinent.* **→ stagner. 4.** Ne pas respecter, malmener. *Il a piétiné ce que j'ai de plus cher.*

PIÉTON [pjetɔ̃] n. m. et adj., **PIÉTONNE** [pjetɔn] n. f. et adj. **1.** *UN PIÉTON, UNE PIÉTONNE :* une personne qui circule à pied. *L'automobiliste a renversé un piéton. Les piétons marchent sur les trottoirs. Empruntez le passage pour piétons.* **2.** adjectif (après le nom) (lieu) Réservé aux piétons. **→ piétonnier.** *Dans le centre de la ville, beaucoup de rues sont piétonnes. Je fais mes courses dans la quartier piéton.*

PIÉTONNIER [pjetɔnje], **PIÉTONNIÈRE** [pjetɔnjɛʀ] adj. (après le nom) ▪ Réservé aux piétons. *Les voitures sont interdites dans les zones piétonnières.* **→ piéton.**

PIÈTRE [pjɛtʀ] adj. (avant le nom) ▪ STYLE RECHERCHÉ Très médiocre. *La maison est EN PIÈTRE ÉTAT.* **→ piteux.** *C'est une piètre consolation. Il fait piètre figure :* il n'est pas à son avantage, il n'est pas à la hauteur des circonstances. *Je suis un piètre danseur.*

① **PIEU** [pjø] n. m. ▪ *UN PIEU :* morceau de bois allongé, droit et rigide, dont l'un des bouts est pointu pour pouvoir être enfoncé dans la terre. *La chèvre est attachée à un pieu.* **→ piquet.** PLURIEL : *le fermier a changé deux PIEUX de la clôture.*

> REM. L'adjectif *pieux* «qui respecte la religion» se prononce de la même façon.

② **PIEU** [pjø] n. m. ▪ STYLE FAMILIER *UN PIEU :* un lit. *Il s'est mis au pieu de bonne heure* **(→ se pieuter).** PLURIEL : *des PIEUX.*

SE **PIEUTER** [pjøte] verbe pronominal [conjugaison 1a] ▪ STYLE FAMILIER Se mettre au lit, se coucher. *Elle s'est pieutée à onze heures.*

PIEUVRE [pjœvʀ] n. f. ▪ *UNE PIEUVRE :* gros mollusque marin à grosse tête entourée de bras munis de ventouses. **→ poulpe.** *La pieuvre émet un jet d'encre pour intimider ses proies.*

PIEUX [pjø], **PIEUSE** [pjøz] adj. (après le nom) ▪ Très attaché à la religion, qui montre de la piété. *Il a une femme très pieuse, elle va à la messe tous les jours.* ⟨contraire : impie⟩

> REM. *Pieu* «long bâton» et *pieu* «lit» se prononcent de la même façon.

PIF [pif] n. m. ▪ STYLE FAMILIER **1.** *LE PIF :* le nez. *Il a un grand pif.* **2.** *J'ai répondu AU PIF,* au hasard. **→ pifomètre.**

PIFOMÈTRE [pifɔmɛtʀ] n. m. ▪ STYLE FAMILIER *AU PIFOMÈTRE :* au hasard, sans calculer. **→ à l'estime.** *Il a tiré un numéro au pifomètre.* **→** STYLE FAMILIER **pif.**

PIGE [piʒ] n. f. ▪ *UNE PIGE* **1.** Façon de rémunérer (un journaliste, un rédacteur) à la quantité de texte rédigé. *Il est payé à la pige. - Ce journaliste n'est pas salarié, il ne fait que des piges,* il ne fait que des travaux payés à l'article **(→ pigiste). 2.** STYLE FAMILIER An. *Il va avoir cinquante piges.* **→** STYLE FAMILIER **balai.**

PIGEON [piʒɔ̃] n. m. ▪ *UN PIGEON* **1.** Oiseau au bec légèrement crochu, aux ailes courtes, au plumage blanc, gris ou brun. **→ colombe, palombe, ramier.** *Des pigeons roucoulent sur le toit. Les Pigeons voyageurs sont dressés pour porter des messages.* **2.** STYLE FAMILIER Personne naïve que l'on attire pour la dépouiller, profiter d'elle. *Il a été le pigeon dans l'affaire.* **→ dupe.**

> FAUX AMI
> russe **ПИЖОН** «snob»

PIGEONNIER [piʒɔnje] n. m. ▪ *UN PIGEONNIER :* petit bâtiment en hauteur où l'on élève des pigeons. *Les pigeonniers sont percés de niches qui abritent les pigeons.*

PIGER [piʒe] verbe [conjugaison 3b] ▪ STYLE FAMILIER Comprendre. *Alors, tu piges ? Je n'ai rien pigé à ce livre. Mon grand-père pigeait vite.*

PIGISTE [piʒist] n. m., n. f. ▪ *UN PIGISTE, UNE PIGISTE :* journaliste payé à la pige. *Elle est pigiste pour un hebdomadaire.*

PIGMENT [pigmɑ̃] n. m. ▪ *UN PIGMENT :* matière colorée naturelle. *La chlorophylle est un pigment végétal vert. Les pigments donnent à la peau sa couleur.*

PIGMENTATION [pigmɑ̃tasjɔ̃] n. f. ▪ *LA PIGMENTATION :* couleur due à un pigment. *Elle a une pigmentation claire de la peau :* la couleur de sa peau est claire.

① **PIGNON** [piɲɔ̃] n. m. ▪ *UN PIGNON :* partie haute et triangulaire du mur d'une maison, entre les deux pentes du toit. *Sur la place du village, il y a de jolies maisons à pignons décorés.* - *Ce pâtissier A PIGNON SUR RUE,* il a très bonne réputation, il est très connu.

② **PIGNON** [piɲɔ̃] n. m. ▪ *UN PIGNON :* roue dentée d'un engrenage. *La chaîne de la bicyclette entraîne le pignon de la roue arrière.*

PIGNOUF [piɲuf] n. m. ▪ STYLE FAMILIER *UN PIGNOUF :* individu mal élevé, grossier. *Ce type se conduit comme un pignouf.* → **goujat, malotru, rustre.**

① **PILE** [pil] n. f. ▪ *UNE PILE* **1.** Tas plus haut que large d'objets posés les uns sur les autres. *La femme de ménage repasse la pile de linge. Cette pile de livres est trop haute, elle va s'écrouler. Les assiettes sont mises EN PILE dans le buffet,* elles sont empilées dans le buffet. **2.** *Les PILES D'UN PONT,* les piliers qui le soutiennent. *Les piles sont sous les arches du pont.* **3.** Appareil qui fournit de l'électricité à partir de l'énergie chimique. *La pile de ma lampe de poche est usée. Il faut changer les piles de la radio.*

② **PILE** [pil] n. f. et adverbe **1.** *Le CÔTÉ PILE d'une pièce de monnaie,* l'envers (opposé à face). *La pièce est tombée sur le côté pile.* - *JOUER À PILE OU FACE :* jeter une pièce en l'air pour décider entre deux choses, selon que la pièce retombe d'un côté ou de l'autre. *Nous allons jouer à pile ou face pour savoir qui commence la partie.* **2.** adverbe STYLE FAMILIER *La voiture s'est ARRÊTÉE PILE au feu rouge,* elle s'est arrêtée net **(→ piler).** *Il est midi pile,* exactement midi. → ① **juste.** *Ça TOMBE PILE,* exactement au bon moment.

① **PILER** [pile] verbe [conjugaison 1a] ▪ Écraser (une matière) en très petits morceaux, en poudre. *Elle pile des amandes pour mettre sur le gâteau.* → **broyer.**

② **PILER** [pile] verbe [conjugaison 1a] ▪ STYLE FAMILIER Freiner brutalement. *La voiture a pilé au feu rouge.*

PILEUX [pilø], **PILEUSE** [piløz] adj. (après le nom) ▪ *LE SYSTÈME PILEUX :* l'ensemble des poils et des cheveux. *Il a un système pileux très développé.*

PILIER [pilje] n. m. ▪ *UN PILIER* **1.** Poteau qui soutient un bâtiment. *La cathédrale a des piliers de style gothique.* → **colonne.** **2.** STYLE FAMILIER (qqn) *Un PILIER DE BAR, DE BISTROT :* un habitué des bars, des bistrots. *Son mari est un pilier de bar.*

PILLAGE [pijaʒ] n. m. ▪ *UN PILLAGE :* ensemble de vols et de dégâts commis de façon violente. *Les soldats en déroute se sont livrés au pillage de la ville.* → **razzia,** ② **sac.** *Pendant l'inondation les commerçants protègent leur magasin du pillage.*

PILLARD [pijaʀ] n. m., **PILLARDE** [pijaʀd] n. f. ▪ *UN PILLARD, UNE PILLARDE :* une personne qui se livre au pillage. *Les pillards ont saccagé tous les magasins de la ville.*

PILLER [pije] verbe [conjugaison 1a] ▪ Détruire et voler de façon violente tout ce qu'il y a dans un lieu. *Les soldats pillent la ville.* → **dévaster, saccager.** *Les casseurs ont brisé les vitres et pillé les boutiques. Quand nous pouvions, nous pillions tous les magasins.*

PILON [pilɔ̃] n. m. ▪ *UN PILON* **1.** Instrument long et lourd et à bout arrondi, qui sert à piler. *Le cuisinier pile de l'ail avec un pilon.* - *Les livres qui n'ont pas pu être vendus ont été MIS AU PILON,* ils ont été détruits. **2.** Cuisse d'une volaille. *Veux-tu une aile de poulet ou un pilon ?*

PILONNER [pilɔne] verbe [conjugaison 1a] **1.** Écraser sous les bombes. *L'artillerie pilonne la ville.* **2.** *Pilonner un livre,* le détruire. *Les derniers exemplaires du livre ont été pilonnés.*

PILORI [pilɔʀi] n. m. ▪ *UN PILORI :* poteau auquel on attachait autrefois les criminels sur la place publique. *Au Moyen Âge, on mettait les voleurs au pilori.*

PILOTAGE [pilɔtaʒ] n. m. ▪ *LE PILOTAGE* **1.** Manœuvre d'un pilote de navire (dans un port, un canal). *Le pilotage du paquebot dans le canal a eu lieu sans incident.* **2.** Conduite d'un avion, d'un hélicoptère. *Il prend des cours de pilotage.*

PILOTE [pilɔt] n. m. ▪ *UN PILOTE* **1.** Marin qui aide les capitaines à conduire les navires dans les ports, les canaux ou les endroits difficiles. *Le pilote guide le cargo qui entre dans le port.* **2.** Personne qui conduit un avion ou une voiture de course. *Son mari est PILOTE DE LIGNE dans une compagnie d'aviation. Tous les pilotes prennent le départ de la course automobile.* **3.** *Le PILOTE AUTOMATIQUE :* appareil qui pilote automatiquement un avion ou un bateau de plaisance. *Le navigateur solitaire a branché son pilote automatique pour pouvoir dormir quelques heures.*

PILOTER [pilɔte] verbe [conjugaison 1a] **1.** Conduire (un bateau, un avion) comme pilote. → **conduire.** *Plus tard, il veut piloter des avions militaires.* - *C'est une voiture pilotée par un Anglais qui a gagné la course.* **2.** Servir de guide à (qqn). *J'ai piloté mes amis étrangers dans Paris.* → **guider.**

PILOTIS [pilɔti] n. m. ▪ *UN PILOTIS :* ensemble de pieux enfoncés en terre pour soutenir une construction au-dessus de l'eau ou sur un terrain peu solide. *Ils habitent une maison sur pilotis au bord d'un lac.*

PILULE [pilyl] n. f. **1.** *UNE PILULE :* médicament en forme de petite boule que l'on avale. *Il prend une pilule matin, midi et soir.* → **comprimé.** - (figuré) *La pilule est difficile à avaler :* la chose est difficile à supporter. *Il lui a DORÉ LA PILULE pour qu'elle accepte,* il lui a présenté une chose désagréable avec des paroles trompeuses. **2.** *LA PILULE :* médicament que les femmes avalent pour ne pas avoir d'enfant. *Elle prend la pilule depuis cinq ans. Elle est SOUS PILULE.*

PIMBÊCHE [pɛ̃bɛʃ] n. f. ▪ *UNE PIMBÊCHE :* femme ou petite fille prétentieuse et désagréable. *Sa fille est une petite pimbêche. Bande de pimbêches !*

PIMENT [pimɑ̃] n. m. ▪ *UN PIMENT :* fruit des régions chaudes, rouge et de forme allongée, plus petit que le poivron, au goût très fort, qui brûle la bouche, et que l'on utilise comme épice. *Cette sauce est très forte, il y a du piment dedans.*

PIMENTÉ [pimɑ̃te], **PIMENTÉE** [pimɑ̃te], adj. (après le nom) ▪ Épicé avec du piment. *La sauce est très pimentée.*

PIMPANT [pɛ̃pɑ̃], **PIMPANTE** [pɛ̃pɑ̃t] adj. (après le nom) ▪ Élégant et gracieux. *Tu es toute pimpante, ce matin !* → **fringant.**

PIN [pɛ̃] n. m. ▪ *UN PIN :* arbre qui produit de la résine et dont les aiguilles sont toujours vertes. *Le pin est un conifère. La dune est plantée de PINS MARITIMES. Ils ont un PIN PARASOL dans leur jardin. Les enfants ramassent des POMMES DE PIN dans la forêt. La route traverse une forêt de pins* **(→ pinède).** - *La table est en pin,* en bois de pin.

REM. *Pain* «aliment» se prononce de la même façon.

PINACLE [pinakl] n. m. ▪ STYLE RECHERCHÉ *PORTER qqn AU PINACLE,* dire beaucoup de bien de lui. *Ses amis le portent au pinacle.*

PINAILLER [pinaje] verbe [conjugaison 1a] ▪ STYLE FAMILIER Compliquer les choses, se perdre dans les détails. *Il pinaille au lieu d'aller à l'essentiel.*

PINARD [pinaʀ] n. m. ▪ STYLE FAMILIER *LE PINARD* : petit vin. *Il est bon, ce pinard ! On a bu du pinard.*

REM. On ne peut employer ce mot pour les grands vins chers.

PINCE [pɛ̃s] n. f. ▪ *UNE PINCE* **1.** Outil formé de deux leviers articulés, servant à attraper des objets et à les serrer. *Il arrache un clou avec une pince.* → **tenaille.** *Prends les PINCES À LINGE pour étendre le linge. Elle s'épile les sourcils avec une PINCE À ÉPILER. Il prend un morceau de sucre avec la PINCE À SUCRE.* **2.** Extrémité des plus grosses pattes de certains crustacés comme le homard, le crabe. *Nous avons mangé des pinces de crabe à la mayonnaise.* **3.** Pli cousu sur l'envers d'un tissu pour diminuer l'ampleur d'un vêtement. *Cette veste est un peu large, il faut lui faire des pinces. Elle a un pantalon à pinces.*

PINCÉ [pɛ̃se], **PINCÉE** [pɛ̃se] adj. (après le nom) ▪ *Un AIR PINCÉ*, prétentieux, contraint et mécontent. *Il m'a répondu d'un air pincé.*

PINCEAU [pɛ̃so] n. m. ▪ *UN PINCEAU* : instrument formé d'un manche auquel est fixée une touffe de poils, qui sert à étaler de la peinture. *Elle fait de l'aquarelle avec un pinceau en poil de martre.* PLURIEL : *des PINCEAUX.*

PINCÉE [pɛ̃se] n. f. ▪ *UNE PINCÉE* : quantité (d'une matière en poudre, en grains) que l'on peut prendre entre le pouce et l'index. *Le cuisinier ajoute une pincée de sel dans la sauce.*

PINCEMENT [pɛ̃smɑ̃] n. m. ▪ *UN PINCEMENT AU CŒUR* : moment d'angoisse et de douleur. *J'ai eu un pincement au cœur quand nous nous sommes dit adieu.*

PINCER [pɛ̃se] verbe [conjugaison 3a] **1.** Serrer très fort entre les doigts ou entre deux objets. *Aïe ! Il m'a pincé le bras. La harpiste pince les cordes de son instrument.* **2.** Serrer fort de manière à rapprocher. *Nous PINÇONS LES LÈVRES pour ne pas éclater de rire,* nous les serrons très fort l'une contre l'autre. **3.** (qqch.) Piquer. *Hier, il faisait froid, le froid pinçait.* → **mordre.** **4.** STYLE FAMILIER Arrêter, prendre (qqn). *Les policiers ont pincé le voleur.* → STYLE FAMILIER **piquer.** **5.** verbe pronominal SE PINCER : se prendre accidentellement (une partie du corps) dans. *Elle s'est pincée en fermant la porte. – Elle s'est pincé le doigt dans la porte.*

PINCE-SANS-RIRE [pɛ̃ssɑ̃ʀiʀ] n. m., n. f. et adj. invariables **1.** *UN PINCE-SANS-RIRE, UNE PINCE-SANS-RIRE* : une personne qui dit des choses drôles en restant sérieuse. *Sous son air sérieux, c'est une pince-sans-rire.* PLURIEL : *des pince-sans-rire.* **2.** adjectif (après le nom) (air, ton) À la fois moqueur et sérieux. *Il a un ton pince-sans-rire quand il fait de l'humour.*

PINCETTES [pɛ̃sɛt] n. f. pluriel ▪ *DES PINCETTES* : longue pince servant à déplacer les bûches, à remuer les braises. *Il attise le feu avec les pincettes. Ces pincettes sont très légères. – Tu N'ES PAS À PRENDRE AVEC DES PINCETTES, aujourd'hui,* tu es de très mauvaise humeur.

PINE [pin] n. f. ▪ STYLE TRÈS FAMILIER *LA PINE* : pénis.

PINÈDE [pinɛd] n. f. ▪ *UNE PINÈDE* : plantation, forêt de pins. *Une pinède borde la plage.*

PINGOUIN [pɛ̃gwɛ̃] n. m. ▪ *UN PINGOUIN* : oiseau de mer des régions arctiques, au plumage noir et blanc, à ailes courtes et pointues et à pattes palmées. *Les pingouins vivent sur la banquise.*

PING-PONG [piŋpɔ̃g] n. m. invariable ▪ *LE PING-PONG* : tennis de table. *Les enfants jouent au ping-pong. La balle de ping-pong rebondit sur la table. Les joueurs de ping-pong jouent la revanche.* → **pongiste.**

PINGRE [pɛ̃gʀ] adj. (après le nom) ▪ Avare. *Ce qu'elle est pingre !* → STYLE FAMILIER **radin, rapiat.**

PIN-PON ! [pɛ̃pɔ̃] interjection ▪ Onomatopée qui exprime le bruit des avertisseurs à deux tons des voitures de pompiers, en France. *« Pin-pon ! Pin-pon ! » font les voitures de pompiers.*

PIN'S [pins] n. m. ▪ *UN PIN'S* : petit insigne décoratif que l'on pique sur un vêtement. *Il a mis un pin's sur son blouson. Mon fils collectionne les pin's.*

REM. Ce mot est un faux anglicisme, formé en français sur l'anglais *pin* « épingle ».

PINSON [pɛ̃sɔ̃] n. m. ▪ *UN PINSON* : petit oiseau au bec court et qui chante très bien. *Le pinson est un passereau. – Il est GAI COMME UN PINSON,* très gai.

PINTADE [pɛ̃tad] n. f. ▪ *UNE PINTADE* : oiseau de la taille d'une poule, au plumage sombre avec des taches claires. *Dans la basse-cour, il y a des pintades et des poules. Nous avons mangé une pintade aux choux.*

PINTADEAU [pɛ̃tado] n. m. ▪ *UN PINTADEAU* : petit de la pintade. *Le pintadeau suit sa mère.* PLURIEL : *nous avons mangé des PINTADEAUX rôtis.*

PINTE [pɛ̃t] n. f. ▪ *UNE PINTE* : mesure de capacité en usage dans les pays anglo-saxons, valant 0,568 litre en Grande-Bretagne et 1,136 litre au Canada. *Ils ont bu plusieurs pintes de bière.*

PINTÉ [pɛ̃te], **PINTÉE** [pɛ̃te] adj. (après le nom) ▪ STYLE FAMILIER Ivre. *Elle est COMPLÈTEMENT PINTÉE.*

SE **PINTER** [pɛ̃te] verbe pronominal [conjugaison 1a] ▪ STYLE FAMILIER S'enivrer. *Ils se sont pintés à la bière.* → se **soûler.**

PIN-UP [pinœp] n. f. invariable ▪ *UNE PIN-UP* : jolie fille séduisante à l'allure de mannequin ou de star de cinéma. *On dirait une vraie pin-up avec sa minijupe et ses lunettes de soleil.* PLURIEL : *il regarde les pin-up en maillot de bain sur la plage.*

PIOCHE [pjɔʃ] n. f. ▪ *UNE PIOCHE* : outil formé d'un manche au bout duquel est fixé un fer dont une extrémité est pointue et l'autre aplatie et tranchante. *Les ouvriers creusent le sol avec des pioches.*

PIOCHER [pjɔʃe] verbe [conjugaison 1a] **1.** Creuser (la terre) avec une pioche. *Le jardinier pioche la terre du potager.* **2.** Prendre une carte ou un domino dans la pioche. *C'est à moi de piocher.* **3.** STYLE FAMILIER Fouiller (dans un tas) pour prendre qqch. *Piochez dans ce vieux tas de vêtements, vous trouverez peut-être quelque chose.*

PIOLET [pjɔlɛ] n. m. ▪ *UN PIOLET* : bâton d'alpiniste, dont un bout est ferré et l'autre garni d'un petit fer de pioche. *Les alpinistes taillent des marches dans la glace avec leur piolet.*

① **PION** [pjɔ̃] n. m. ▪ *UN PION* : pièce du jeu de dames, d'échecs et de divers autres jeux. *Les deux joueurs placent leurs pions sur le damier. –* (figuré) *Il n'est qu'un pion sur l'échiquier :* il est manœuvré. *Je lui ai DAMÉ LE PION :* j'ai été plus fort que lui.

② **PION** [pjɔ̃] n. m., **PIONNE** [pjɔn] n. f. ▪ STYLE FAMILIER *UN PION, UNE PIONNE* : surveillant, surveillante, dans un collège ou un lycée. *Le pion surveille l'étude des élèves. Elle est pionne dans un lycée.*

PIONCER [pjɔ̃se] verbe [conjugaison 3a] ▪ STYLE FAMILIER Dormir. *Il ronfle quand il pionce. Il pionçait quand le téléphone a sonné.*

PIONNIER [pjɔnje] n. m., **PIONNIÈRE** [pjɔnjɛʀ] n. f. ▪ *UN PIONNIER, UNE PIONNIÈRE* **1.** Colon qui s'installe dans une région que personne encore n'a habitée. *Les pionniers américains ont défriché les terres du Far West.* **2.** Personne qui, la première, fait une chose nouvelle. *La Française Hélène Boucher fut une pionnière de l'aviation.*

PIPE [pip] n. f. ▪ *UNE PIPE* **1.** Petit tuyau terminé à un bout par une partie évasée dans laquelle on met du tabac que l'on fume. *Il aime fumer la pipe après les repas.* – STYLE FAMILIER *Ça fait cent francs PAR TÊTE DE PIPE,* par personne. – *NOM D'UNE PIPE !* juron familier. **2.** STYLE FAMILIER *Il a CASSÉ SA PIPE :* il est mort. – *On SE FEND LA PIPE en l'écoutant,* on rit beaucoup. **3.** STYLE TRÈS FAMILIER Fellation. *Elle lui a FAIT UNE PIPE.*

FAUX AMI
portugais **pipa** «tonneau»

PIPEAU [pipo] n. m. ▪ *UN PIPEAU :* petite flûte. *Il joue du pipeau.* PLURIEL : *des PIPEAUX.* – STYLE FAMILIER *C'EST DU PIPEAU :* ce n'est pas sérieux, c'est de la blague. *Tout ce qu'elle dit, c'est du pipeau.*

PIPELINE [piplin] n. m. ▪ *UN PIPELINE :* canalisation qui sert au transport de gaz ou de liquides, sur de longues distances. → **gazoduc, oléoduc.** *Le pétrole est transporté par pipelines.*
REM. Ce mot vient de l'anglais. On le prononce aussi [pajplajn].

PIPER [pipe] verbe [conjugaison 1a] **1.** STYLE FAMILIER *NE PAS PIPER (MOT) :* ne pas dire un mot. *Elle l'a écouté sans piper.* **2.** *Les dés sont pipés :* le jeu est faussé, il y a tricherie.

PIPETTE [pipɛt] n. f. ▪ *UNE PIPETTE :* petit tube gradué qui sert à prélever un peu de liquide pour faire une expérience de laboratoire. *Le chimiste a mis un peu d'acide dans la pipette.*

PIPI [pipi] n. m. ▪ STYLE FAMILIER *LE PIPI :* l'urine. *Le canapé sent le pipi de chat.* → STYLE TRÈS FAMILIER **pisse.** *Il FAIT PIPI derrière un arbre* (→ STYLE FAMILIER **pisser**). *J'ai envie de (faire) pipi,* j'ai envie d'uriner, de pisser. *Son fils de trois ans fait encore pipi au lit.* – *Ce thé est du vrai PIPI DE CHAT,* il est fade, sans goût. – *Elle est DAME PIPI dans un restaurant,* elle s'occupe de la propreté des toilettes. PLURIEL : *des dames pipi.*
REM. On n'emploie pas *uriner* dans le langage courant.

PIPI-ROOM [pipiʀum] n. m. ▪ STYLE FAMILIER *UN PIPI-ROOM :* toilettes (d'un lieu public). *Où est le pipi-room, s'il vous plaît ?* PLURIEL : *des PIPI-ROOMS.*

PIQUANT [pikɑ̃] adj. et n. m., **PIQUANTE** [pikɑ̃t] adj. **1.** adjectif (après le nom) Qui donne une sensation de piqûre. *L'air froid de l'hiver est piquant. Nous avons mangé de la viande avec de la sauce piquante.* → **épicé.** **2.** *UN PIQUANT :* épine ou poil dur de certaines plantes et de certains animaux. *Les cactus ont des piquants. Le hérisson dresse ses piquants.*

① **PIQUE** [pik] n. f. ▪ *UNE PIQUE* **1.** Arme formée d'un long bâton et d'un fer plat et pointu. *Les révolutionnaires étaient armés de piques.* → **lance.** **2.** Parole blessante. *Il n'arrête pas de lui LANCER DES PIQUES.* → **pointe.**

② **PIQUE** [pik] n. m. ▪ *LE PIQUE :* l'une des quatre couleurs, dans un jeu de cartes, dont la marque est un fer de pique noir. *Il a le roi de pique dans son jeu. L'atout est pique.*

EN **PIQUÉ** [ɑ̃pike] adverbe ▪ Presque à la verticale. *L'avion est descendu en piqué.*

PIQUE-ASSIETTE [pikasjɛt] n. m. et n. f. invariables ▪ *UN PIQUE-ASSIETTE, UNE PIQUE-ASSIETTE :* une personne qui se fait inviter très souvent. → **parasite.** *C'est une pique-assiette.* PLURIEL : *des pique-assiette.*

PIQUE-NIQUE [piknik] n. m. ▪ *UN PIQUE-NIQUE :* repas en plein air, dans la nature. *Ils ont organisé un pique-nique. Nous avons fait un pique-nique en forêt* (→ **pique-niquer**). PLURIEL : *des PIQUE-NIQUES.*
REM. On écrit aussi *piquenique* en un seul mot.

PIQUE-NIQUER [piknike] verbe [conjugaison 1a] ▪ Faire un pique-nique. *Nous avons pique-niqué avec des amis.*
REM. On écrit aussi *piqueniquer* en un seul mot.

PIQUE-NIQUEUR [piknikœʀ] n. m., **PIQUE-NIQUEUSE** [piknikøz] n. f. ▪ *UN PIQUE-NIQUEUR, UNE PIQUE-NIQUEUSE :* une personne qui pique-nique. *Un pique-niqueur a laissé des papiers gras au bord de la rivière.* PLURIEL : *des PIQUE-NIQUEURS.*
REM. On écrit aussi *piqueniqueur, piqueniqueuse* en un seul mot.

PIQUER [pike] verbe [conjugaison 1a]
I. 1. Percer légèrement (la peau) avec une pointe. *Le cavalier pique son cheval avec ses éperons.* **2.** Faire une piqûre à (qqn). *Le médecin m'a piqué au bras,* lui fait une piqûre au bras. – STYLE FAMILIER *Le médecin a piqué ma fille contre le tétanos,* il l'a vaccinée. *J'ai dû faire piquer mon chien mourant,* lui faire faire une piqûre pour le tuer. **3.** Percer en enfonçant un dard, un crochet à venin. *Un moustique m'a piqué. Elle s'est fait piquer par une guêpe.* **4.** Irriter, brûler. *La fumée pique les yeux. Ça me pique la gorge.* **5.** Percer (qqch.) pour attraper. *Elle pique le morceau de viande avec sa fourchette.* **6.** Coudre à la machine. *La couturière pique l'ourlet de la robe.* **7.** Faire de nombreux petits trous. *Les vers ont piqué le meuble en bois.* – STYLE FAMILIER *N'ÊTRE PAS PIQUÉ DES HANNETONS :* être remarquable dans son genre. *Nous avons bu un petit vin pas piqué des hannetons,* un très bon vin. **8.** STYLE FAMILIER Avoir brusquement. *Le petit garçon a piqué une colère. Ne pique pas ta crise !* ne te mets pas en colère ! **9.** STYLE FAMILIER Voler. *On lui a piqué son portefeuille.* → STYLE FAMILIER **chiper, faucher.** *Elle s'est fait piquer son sac dans le métro.* **10.** Enfoncer (qqch.) par la pointe. *La couturière pique l'épingle dans le tissu.* – *Le nageur PIQUE UNE TÊTE dans la piscine,* il plonge.
II. 1. Donner une sensation de piqûre. *J'ai les yeux qui piquent. L'alcool sur une blessure, ça pique !* **2.** Tomber, descendre brusquement. *Regarde l'avion qui pique,* qui descend en piqué, verticalement.
III. verbe pronominal SE PIQUER **1.** Être légèrement blessé par une pointe. *Elle s'est piquée avec une aiguille.* – *La couturière s'est piqué le doigt avec une épingle.* **2.** Se faire une piqûre. *Les diabétiques se piquent tous les jours.* – *Ce toxicomane se pique à l'héroïne.* → STYLE FAMILIER se **shooter.** **3.** STYLE RECHERCHÉ *SE PIQUER DE :* prétendre avoir des connaissances en. *Elle se pique de littérature russe :* elle prétend s'y connaître en littérature russe. – *Il se pique d'être bien élevé.* → se **vanter.**

FAUX AMI
anglais **to pick** «choisir»

PIQUET [pikɛ] n. m. ▪ *UN PIQUET* **1.** Petit pieu que l'on plante en terre. *Le campeur enfonce les piquets de la tente dans la terre.* – STYLE FAMILIER *Il se tient RAIDE COMME UN PIQUET,* droit et raide. **2.** *Un PIQUET DE GRÈVE :* groupe de grévistes qui restent sur place pour veiller à ce que la grève soit bien suivie. *Un piquet de grève empêche d'entrer dans l'usine.*

PIQUETTE [pikɛt] n. f. ▪ *LA PIQUETTE :* mauvais vin. → **vinasse.** *Il nous a fait boire de la piquette.*

PIQUOUSE [pikuz] n. f. ▪ STYLE FAMILIER *UNE PIQUOUSE :* une piqûre. *L'infirmière m'a fait une piquouse. Il se fait des piquouses d'héroïne.*

PIQÛRE [pikyʀ] n. f. ▪ *UNE PIQÛRE* **1.** Petite blessure faite par un objet ou par un animal qui pique. *J'ai des piqûres de moustiques sur les bras.* **2.** Suite de points faits à la machine ou à la main, qui sert de couture ou d'ornement. *Sa jupe a des piqûres apparentes à la taille.* **3.** Introduction de l'aiguille d'une seringue dans une partie du corps, pour prélever du sang ou pour injecter un médicament liquide. *L'anesthésiste fait une piqûre au malade pour l'endormir. Les toxicomanes se font eux-mêmes leurs piqûres d'héroïne.* → STYLE FAMILIER **piquouse.**

PIRANHA [piʀana] n. m. ▪ *UN PIRANHA :* petit poisson carnassier des fleuves d'Amérique du Sud, qui est extrêmement vorace. *Les dents des piranhas sont coupantes comme des rasoirs.*

PIRATE [piʀat] n. m. ▪ *UN PIRATE* **1.** Aventurier qui attaquait les navires en mer (→ **corsaire).** *Les pirates pillaient tous les bateaux qu'ils rencontraient.* → **flibustier. 2.** *UN PIRATE DE L'AIR :* personne qui prend en otage l'équipage et les passagers d'un avion. *Les pirates de l'air exigent que l'avion se pose à Bangkok* **(→ détournement).**

PIRATER [piʀate] verbe [conjugaison 1a] ▪ Reproduire (une œuvre) illégalement. *Ce disque a été piraté à l'étranger* **(→ contrefaçon).**

PIRATERIE [piʀatʀi] n. f. ▪ *LA PIRATERIE :* attaque faite par des pirates. *Les contrôles de sécurité dans les aéroports sont très sévères en raison des actes de piraterie aérienne.*

PIRE [piʀ] adj. et n. m.

I. adjectif (après le nom ou avant le nom) **1.** (comparatif de *mauvais*) Plus mauvais, plus pénible. *La situation est PIRE QUE je ne pensais,* elle est encore plus grave. ⟨contraire : meilleur⟩ *Le remède est pire que le mal. Je ne connais pas de pire angoisse que celle-là. C'est pire que tout. Il ne pouvait rien arriver de pire.* **2.** (superlatif de *mauvais*) *LE PIRE, LA PIRE :* le plus mauvais, la plus mauvaise. *C'est un voyou de la pire espèce. Elle a toujours eu les pires ennuis avec sa voiture. C'est la pire chose qui pouvait arriver. – De toutes les mauvaises chanteuses que j'ai entendues, c'est celle-là la pire.* ⟨contraire : mieux⟩

II. nom masculin *LE PIRE :* ce qu'il y a de plus mauvais. *On a réussi à éviter le pire. Le pire de tout, c'est l'ennui. On se marie pour le meilleur et pour le pire. AU PIRE :* dans le pire des cas. *EN METTANT LES CHOSES AU PIRE, les travaux seront finis dans un mois,* en envisageant la solution la pire. ⟨contraire : mieux⟩

> REM. Quand *mauvais* signifie « défectueux », son comparatif est toujours *plus mauvais.*

PIROGUE [piʀɔg] n. f. ▪ *UNE PIROGUE :* longue barque étroite et plate, que l'on fait avancer avec une pagaie. *On utilise des pirogues en Afrique et en Océanie.*

PIROUETTE [piʀwɛt] n. f. ▪ *UNE PIROUETTE :* tour ou demi-tour que l'on fait sur soi-même, sans changer de place, en pivotant sur le talon ou la pointe d'un seul pied. *Le danseur fait une série de pirouettes.* – STYLE FAMILIER *Il a répondu par une pirouette :* il a éludé la question qui était sérieuse en disant des plaisanteries (→ se **dérober).**

① **PIS** [pi] n. m. ▪ *UN PIS :* mamelle d'une vache, d'une brebis, d'une chèvre. *La vache a les pis gonflés de lait.*

> REM. *Pie* « oiseau » se prononce de la même façon.

② **PIS** [pi] adverbe ▪ STYLE RECHERCHÉ **1.** *DE MAL EN PIS :* de plus en plus mal. *Le malade va de mal en pis,* son état empire. **2.** *DIRE PIS QUE PENDRE DE qqn,* dire plus de mal de qqn qu'il ne serait nécessaire pour le faire pendre.

PIS-ALLER [pizale] n. m. invariable ▪ *UN PIS-ALLER :* solution, moyen que l'on adopte faute de mieux. *Prenons ce petit appartement en attendant, ce n'est qu'un pis-aller.* PLURIEL : *des pis-aller.*

PISCICULTURE [pisikyltyʀ] n. f. ▪ *UNE PISCICULTURE :* élevage de poissons. *Nous avons acheté des truites dans une pisciculture.*

PISCINE [pisin] n. f. ▪ *UNE PISCINE :* grand bassin dans lequel on nage. *Je vais à la piscine une fois par semaine. Dans notre village, il y a une piscine couverte et une piscine en plein air. Les enfants jouent dans le petit bain de la piscine.*

PISSE [pis] n. f. ▪ STYLE TRÈS FAMILIER *LA PISSE :* l'urine. *Ça sent la pisse de chat ici !* → STYLE FAMILIER **pipi.**

PISSENLIT [pisɑ̃li] n. m. ▪ *UN PISSENLIT :* plante que l'on trouve dans les prés, qui a des feuilles longues et dentées et des fleurs jaunes. *Nous avons mangé de la salade de pissenlit.* – STYLE FAMILIER *Je ne suis pas pressé de MANGER LES PISSENLITS PAR LA RACINE !* d'être mort et enterré.

PISSER [pise] verbe [conjugaison 1a] ▪ STYLE FAMILIER **1.** Uriner. *J'ai envie de pisser,* de faire pipi. *Un chien a pissé sur ma voiture. – Il pleut COMME VACHE QUI PISSE :* il pleut énormément, à verse. – *Laisse pisser (le mérinos) :* attends. – *Son dernier film ne pisse pas loin,* il ne vaut pas grand chose. **2.** Évacuer avec l'urine. *Il pisse du sang. – Son nez pisse le sang,* laisse s'écouler du sang.

> FAUX AMI
> espagnol **pisar** « marcher sur, écraser »

PISSEUX [pisø], **PISSEUSE** [pisøz] adj. (après le nom) ▪ STYLE FAMILIER D'une couleur un peu passée. *Ils ont dans leur salon des rideaux jaunes pisseux.*

PISTACHE [pistaʃ] n. f. et adj. invariable **1.** *UNE PISTACHE :* graine verdâtre d'un arbre des pays chauds, que l'on mange salée ou que l'on utilise pour faire des glaces et des crèmes. *Nous avons mangé des pistaches salées et des cacahouètes. Voulez-vous une glace à la pistache ?* **2.** adjectif invariable D'une couleur vert clair. *Elle a une robe pistache.* PLURIEL : *des chaussettes pistache.*

PISTE [pist] n. f. ▪ *UNE PISTE* **1.** Trace laissée par un animal sur le sol. *Les chiens flairent une piste.* **2.** Ce qui guide dans une recherche. *La police est SUR LA PISTE des ravisseurs. Mets-moi sur la piste :* donne-moi des indications qui peuvent m'aider à trouver. *Le voleur a BROUILLÉ LES PISTES,* il a fait perdre sa trace. **3.** Partie circulaire d'un cirque où le spectacle se déroule. *Les clowns sont ENTRÉS EN PISTE.* **4.** Terrain aménagé pour une course sportive. *Au vélodrome, les cyclistes disputent une course sur piste.* **5.** Chemin qui n'est pas goudronné. *Ils ont traversé le désert en roulant sur des pistes.* **6.** Chemin aménagé pour un usage particulier. *Les cyclistes roulent sur les PISTES CYCLABLES,* les chaussées qui leur sont réservées. *Les skieurs descendent les PISTES DE SKI* **(→ hors-piste).** *L'avion se dirige vers la PISTE D'ATTERRISSAGE.* **7.** Partie d'un support magnétique sur laquelle sont enregistrés des sons. *Ce magnétophone a huit pistes.*

> FAUX AMI
> espagnol **pisto** « ratatouille »

PISTIL [pistil] n. m. ▪ *LE PISTIL :* partie de la fleur qui reçoit le pollen. *Le pistil est l'organe femelle de la fleur, les étamines sont l'organe mâle.*

PISTOLET [pistɔlɛ] n. m. ▪ *UN PISTOLET* **1.** Arme à feu courte. → **revolver.** *Le bandit a tiré un coup de pistolet.* **2.** Appareil qui sert à pulvériser de la peinture. *Il repeint le mur au pistolet.* **3.** En Belgique, Petit pain rond. *J'ai mangé un pistolet.*

PISTOLET-MITRAILLEUR [pistɔlɛmitʀajœʀ] n. m. ▪ *UN PISTOLET-MITRAILLEUR :* arme automatique individuelle. → **mitraillette.** *Ils* *ont tiré au pistolet-mitrailleur.* PLURIEL : *des PISTOLETS-MITRAILLEURS.*

① **PISTON** [pistɔ̃] n. m. ▪ *UN PISTON* **1.** Pièce qui se déplace dans un tube avec un mouvement de va-et-vient. *Il y a un piston dans une pompe à vélo. Il tire avec un fusil à piston.* **2.** Pièce mobile de certains instruments de musique à vent, qui règle le passage de l'air. *Elle joue du trombone à pistons.*

FAUX AMI
russe **ПИСТОН**
« amorce »

② **PISTON** [pistɔ̃] n. m. ▪ STYLE FAMILIER *UN PISTON* : appui donné par qqn d'important, qui aide à obtenir un poste, un avancement **(→ pistonner).** *Il a été nommé directeur PAR PISTON.* **→ recommandation.**

PISTONNER [pistɔne] verbe [conjugaison 1a] ▪ STYLE FAMILIER Aider (un candidat à un poste) en le recommandant. *Le ministre l'a pistonné pour avoir ce poste. Elle s'est fait pistonner par un ami de son père.*

PITANCE [pitɑ̃s] n. f. ▪ STYLE RECHERCHÉ *LA PITANCE* : nourriture insuffisante ou de mauvaise qualité. *Le pauvre homme mange sa maigre pitance.*

PITEUX [pitø], **PITEUSE** [pitøz] adj. (avant le nom ou après le nom) ▪ (qqch.) Qui fait pitié. *Il a eu un accident, sa moto est EN PITEUX ÉTAT,* en très mauvais état. **→ pitoyable, triste.** *Elle est revenue avec l'air piteux.* **→ penaud.**

PITIÉ [pitje] n. f. ▪ *LA PITIÉ* : sentiment de sympathie que l'on éprouve pour qqn ou pour un animal qui souffre et qui fait souhaiter qu'il aille mieux. *Ce chien abandonné m'a FAIT PITIÉ,* il m'a rendu triste et m'a poussé à faire qqch. pour lui. *Je l'ai PRIS EN PITIÉ. Je ne veux pas de ta pitié. On ne peut qu'AVOIR PITIÉ DE ces pauvres gens,* on ne peut pas faire autrement que les plaindre et compatir à leur peine. **→ compassion.** *L'examinateur a été SANS PITIÉ,* il a été très dur **(→ impitoyable).** *Pas de pitié pour les traîtres ! - PAR PITIÉ :* je vous en prie. *Laisse-moi tranquille par pitié ! Pitié ! - Elle est habillée n'importe comment, ÇA FAIT PITIÉ* **(→ piteux, pitoyable).**

PITON [pitɔ̃] n. m. ▪ *UN PITON* **1.** Clou ou vis dont la tête forme un anneau ou un crochet. *Elle visse un piton dans le mur pour accrocher un tableau.* **2.** *Un PITON ROCHEUX* : rocher très pointu au sommet d'une montagne. *Les alpinistes ont atteint le piton rocheux.*

PITOYABLE [pitwajabl] adj. (après le nom) **1.** Qui inspire la pitié. *Ce pauvre chien est dans un état pitoyable.* **→ déplorable, lamentable, piteux. 2.** Qui inspire le mépris. *Il a eu une attitude pitoyable.* **→ affligeant, consternant.**

PITRE [pitʀ] n. m. ▪ *UN PITRE* : personne qui fait rire par ses plaisanteries, ses grimaces. *Ce gosse FAIT toujours LE PITRE.* **→ clown, zouave.**

PITRERIE [pitʀəʀi] n. f. ▪ *UNE PITRERIE* : plaisanterie, grimace que fait un pitre. **→ clownerie.** *Arrête tes pitreries !*

PITTORESQUE [pitɔʀɛsk] adj. (après le nom) **1.** Qui attire la vue, l'attention par son aspect original. *Nous sommes passés dans un village pittoresque.* ⟨contraire : banal⟩ *C'est un personnage très pittoresque.* **2.** (qqch.) Qui décrit d'une manière imagée, qui dépeint bien. *Il nous a raconté son voyage, en donnant des détails pittoresques.*

PIVERT [pivɛʀ] n. m. ▪ *UN PIVERT* : oiseau jaune et vert qui frappe l'écorce des arbres avec son bec pour en faire sortir les larves d'insectes. *Un pivert a fait des trous dans les volets en bois.*
REM. On écrit aussi *un pic-vert* [pivɛʀ], *des pics-verts* [pivɛʀ].

PIVOINE [pivwan] n. f. ▪ *UNE PIVOINE* : grosse fleur rouge, rose ou blanche. *Il y a un bouquet de pivoines rouges sur la table.*

PIVOT [pivo] n. m. ▪ *UN PIVOT* **1.** Pièce d'un mécanisme sur laquelle s'emboîte une autre pièce qui peut tourner. *L'aiguille de la boussole repose sur un pivot.* **2.** Personne de qui dépend une organisation. *C'est elle le pivot de l'équipe.*

PIVOTANT [pivɔtɑ̃], **PIVOTANTE** [pivɔtɑ̃t] adj. (après le nom) ▪ Qui tourne autour d'un pivot. *Il est assis sur un siège pivotant.*

PIVOTER [pivɔte] verbe [conjugaison 1a] **1.** (qqch.) Tourner autour d'un pivot. *Il a un fauteuil qui pivote.* **2.** (qqn) Tourner sur soi-même, comme autour d'un pivot. *Elle a pivoté sur ses talons et elle est partie.*

PIZZA [pidza] n. f. ▪ *UNE PIZZA* : tarte salée, faite de pâte à pain et recouverte de tomates, de jambon, de fromage, etc. *Nous avons mangé une pizza aux anchois. Est-ce que tu aimes les pizzas ?*

PIZZERIA [pidzeʀja] n. f. ▪ *UNE PIZZERIA* : restaurant où l'on fait des pizzas. *Nous avons déjeuné dans une pizzeria. Il y a plusieurs pizzerias dans le quartier.*

P. J. [peʒi] n. f. ▪ STYLE FAMILIER *LA P. J.* : la police judiciaire. *Il a été interrogé par un inspecteur de la P. J.*

PLACARD [plakaʀ] n. m. ▪ *UN PLACARD* **1.** Armoire aménagée dans un mur et fermée par une porte. *Les boîtes de conserve sont rangées dans le placard de la cuisine. Les balais sont dans le PLACARD À BALAIS.* **2.** *Ce projet a été MIS AU PLACARD,* il a été abandonné et on n'en parle plus. **3.** *Un PLACARD PUBLICITAIRE* : annonce publicitaire assez grande dans un journal, dans un magazine ou affichée sur un mur **(→ placarder).** *Il y a de nombreux placards publicitaires le long de la route.*

PLACARDER [plakaʀde] verbe [conjugaison 1a] **1.** Afficher (qqch.). *Le patron du restaurant a placardé un avis interdisant de fumer.* **2.** Couvrir d'affiches. *Le mur est placardé d'affiches électorales.* **→ recouvert.**

PLACE [plas] n. f.
I. *UNE PLACE* **1.** Espace dégagé dans une ville, un village, généralement entouré de bâtiments. *Il habite place de la Mairie. Nous avons rendez-vous sur la place du village.* **2.** (sans déterminant) Partie d'un espace, d'un lieu. *La police est arrivée très vite SUR PLACE,* sur les lieux où qqch. s'est passé. *Les pompiers sont encore sur place. Ces pizzas sont à consommer sur place ou à emporter. Cet enfant NE TIENT PAS EN PLACE,* il bouge sans arrêt. **3.** Lieu qu'une personne occupe. *Tous les élèves sont allés s'asseoir à leur place. Je m'en vais, vous pouvez prendre ma place. PRENEZ PLACE :* installez-vous. *- Il sait RESTER À SA PLACE,* se conduire comme l'exige son état. *S'il continue comme ça, il va se faire REMETTRE À SA PLACE,* se faire rappeler à l'ordre, se faire réprimander. **4.** Lieu où l'on met qqch. *Il cherche une place pour garer sa voiture. Je ne retrouve pas mes lunettes, elles ne sont pas à leur place. Il change souvent les meubles de place,* il les déplace. *Remets la théière à sa place,* range-la. **→ emplacement. 5.** Siège que l'on occupe ou que l'on peut occuper (dans un véhicule, une salle de spectacle). *Est-ce que cette place est libre ? J'ai réservé deux places dans le train. Cette voiture a cinq places. Il n'y a plus de places assises dans ce bus, il n'y a que des places debout.* **6.** *À LA PLACE DE qqn* : dans sa situation. *À ta place, j'aurais refusé,* si j'étais toi. *Qu'est-ce que tu ferais à ma place,* si tu étais moi. *Je ne peux pas accepter, mets-toi à ma place,* imagine que tu es dans ma situation. **7.** Rang dans un classement. *Ma fille a été reçue à son concours dans les premières places.* **8.** Emploi. *L'employé a perdu sa place,* il a été renvoyé. *Il cherche une place de cuisi-*

nier. 9. *À LA PLACE DE qqch.* : au lieu de qqch. *Il y a un garage à la place de mon ancienne maison. Il emploie souvent un mot à la place d'un autre.* → **pour.** *Nous ne pouvons pas vous rembourser, mais choisissez un autre article à la place,* pour remplacer.
II. *LA PLACE* : espace libre. *Il n'y a plus de place dans le placard. Cette valise PREND DE LA PLACE,* elle est encombrante. *C'est de la place perdue. Si je jetais ces vieux vêtements, on gagnerait de la place. Il n'y a pas assez de place pour ranger les verres. Nous manquons de place dans cette maison.* → **espace.** *Place !* laissez-moi passer.

FAUX AMI
grec **πλάση**
« univers »

PLACÉ [plase], **PLACÉE** [plase] adj. (après le nom) **1.** Mis à une place. *Cette table est mal placée, elle gêne le passage. Nous n'avons rien vu du spectacle, nous étions très mal placés.* **2.** (qqn) Qui est dans une certaine situation. *C'est un personnage HAUT PLACÉ. – Je suis BIEN PLACÉ pour en parler,* je sais de quoi je parle.

PLACEMENT [plasmɑ̃] n. m.. *UN PLACEMENT* : action de placer de l'argent. *Vous avez fait un bon placement.* → **investissement.**

PLACER [plase] verbe [conjugaison 3a]
I. 1. Conduire (qqn) à sa place. *L'ouvreuse place les spectateurs dans la salle. Le maître de maison place ses invités autour de la table.* **2.** Mettre (qqch.) à une certaine place. *Elle a placé une pendule sur la cheminée.* **3.** *NE PAS POUVOIR PLACER UN MOT* : ne rien pouvoir dire. *Il est si bavard qu'on ne peut jamais placer un mot avec lui.* – STYLE FAMILIER *Je n'ai pas pu EN PLACER UNE* : on m'a empêché de parler. **4.** Mettre (qqn) dans une situation déterminée. *Vous serez placés directement sous mes ordres.* **5.** *PLACER DE L'ARGENT,* l'investir de manière à ce qu'il rapporte des intérêts. *Il a placé toute sa fortune dans l'immobilier.*
II. verbe pronominal SE PLACER **1.** Se mettre à une place. *Les invités se sont placés comme ils ont voulu.* → **s'installer.** *Plaçons-nous au premier rang. Le fauteuil se place devant la cheminée.* **2.** *CHERCHER À SE PLACER* : se faire valoir, tout faire pour être remarqué. *Il cherche toujours à se placer quand il y a des gens importants.*

PLACIDE [plasid] adj. (après le nom). (qqn) Qui est doux et calme. *C'est un homme placide.* → **paisible.** – *Il a l'air placide.*

PLAFOND [plafɔ̃] n. m.. *UN PLAFOND* **1.** Surface horizontale qui limite une pièce, un véhicule, un lieu fermé dans sa partie supérieure (opposé à plancher). *Il faut repeindre le plafond du salon. Ils ont un plafond magnifique dans leur chambre.* **2.** Maximum que l'on ne peut pas dépasser. *Le gouvernement a fixé un plafond pour le prix de l'essence.* (contraires : plancher, seuil)

PLAFONNER [plafɔne] verbe [conjugaison 1a]. Atteindre un maximum. *Ma voiture plafonne à cent cinquante kilomètres à l'heure,* elle ne peut pas dépasser cette vitesse.

PLAFONNIER [plafɔnje] n. m. . *UN PLAFONNIER* **1.** Appareil d'éclairage fixé au plafond sans être suspendu. *Il faut changer l'ampoule du plafonnier.* **2.** Lampe d'éclairage fixée au plafond d'une automobile. *Le plafonnier s'allume lorsqu'on ouvre les portières.*

FAUX AMI
roumain **plafonieră**
« plâtre »

PLAGE [plaʒ] n. f.. *UNE PLAGE* **1.** Étendue plate de sable ou de galets, au bord de la mer. *Nous allons à la plage. J'aime les plages de sable fin. Il prend un bain de soleil sur la plage. – Il y a une petite plage au bord de la rivière.* **2.** *La PLAGE ARRIÈRE d'une voiture,* la tablette sous la vitre arrière. *J'ai posé mon parapluie sur la plage arrière.* **3.** Moment de libre. *Je me réserve une plage d'une heure pour faire la sieste.*

FAUX AMI
allemand **Plage** « plaie, fléau »

PLAGIAIRE [plaʒjɛʀ] n. m., n. f.. *UN PLAGIAIRE, UNE PLAGIAIRE* : une personne qui imite, copie les œuvres des autres. *Ce roman est l'œuvre d'un plagiaire.*

PLAGIAT [plaʒja] n. m.. *UN PLAGIAT* : le fait de copier un auteur ou une œuvre. *Ce livre est un plagiat de Victor Hugo. Cet écrivain a été accusé de plagiat.*

PLAGIER [plaʒje] verbe [conjugaison 7a]. Copier (un auteur) en laissant croire qu'on est le véritable auteur. *Il ne faut pas que vous plagiiez ce romancier, vous risqueriez d'être condamné.*

PLAGISTE [plaʒist] n. m., n. f.. *UN PLAGISTE, UNE PLAGISTE* : personne qui s'occupe d'une plage en louant des matelas et des parasols, des cabines, etc. *Demande au plagiste de t'apporter une boisson fraîche.*

PLAID [plɛd] n. m.. *UN PLAID* : couverture en laine, à carreaux écossais. *Elle s'enveloppe dans un plaid.*

PLAIDER [plede] verbe [conjugaison 1a] **1.** (qqn) Défendre une cause devant les juges. *L'avocat PLAIDE POUR son client. Il plaide contre la partie adverse. – L'avocat plaide la cause de l'accusé.* **2.** (qqch.) *PLAIDER EN LA FAVEUR DE qqn,* lui être favorable, jouer en sa faveur. *Sa sincérité plaide en sa faveur.* **3.** Faire valoir, dans une plaidoirie. *L'avocat plaide l'irresponsabilité de son client. – Il plaide coupable* : il reconnaît la culpabilité de son client mais essaie de l'atténuer et de lui trouver des excuses. *Il a plaidé non coupable.*

PLAIDOIRIE [plɛdwaʀi] n. f.. *UNE PLAIDOIRIE* : discours fait par un avocat pour défendre son client. *L'avocat a fait une longue plaidoirie.* (contraire : réquisitoire)

PLAIDOYER [plɛdwaje] n. m.. *UN PLAIDOYER* : défense passionnée. *Son livre est un plaidoyer en faveur de la paix. Il a écrit un plaidoyer contre le massacre des bébés phoques.*

PLAIE [plɛ] n. f.. *UNE PLAIE* **1.** Ouverture dans les chairs. → **blessure.** *Il est tombé et il s'est fait une plaie au genou. L'infirmière désinfecte la plaie. – Il ne faut pas REMUER LE COUTEAU DANS LA PLAIE,* faire souffrir en rappelant un souvenir pénible. **2.** STYLE FAMILIER Personne ou chose insupportable. *Leur fille, quelle plaie ! Quelle plaie, ce téléphone !*

plaignant [plɛɲɑ̃] *En plaignant* : forme au participe présent du verbe **plaindre.**

PLAIGNANT [plɛɲɑ̃] n. m., **PLAIGNANTE** [plɛɲɑ̃t] n. f.. *UN PLAIGNANT, UNE PLAIGNANTE* : une personne qui dépose une plainte en justice. *La parole est au plaignant.*

plaigne [plɛɲ] *Que je plaigne ; qu'il plaigne, qu'elle plaigne* : forme au subjonctif du verbe **plaindre.**

plaignit [pleɲi] *Il plaignit, elle plaignit* : forme au passé simple du verbe **plaindre.**

PLAINDRE [plɛ̃dʀ] verbe [conjugaison 52a]
I. Éprouver de la pitié, de la compassion pour (qqn). *Je plains ces pauvres gens qui n'ont pas de maison.* (contraire : envier) *Mon frère te PLAINT D'être obligé d'y aller. Elle aime qu'on la plaigne. Il n'est pas à plaindre* : il a tout ce qu'il lui faut.
II. verbe pronominal SE PLAINDRE **1.** Manifester sa peine ou sa douleur. *Elle a beaucoup souffert pendant sa maladie mais elle ne s'est jamais plainte.* → **geindre, gémir,** se **lamenter, pleurer.** – *Le malade SE PLAINT DE maux de tête.* → **souffrir.** **2.** *SE PLAINDRE*

DE (qqn, qqch.) : exprimer son mécontentement au sujet de. *Nous avons tout ce que nous voulons, de quoi nous plaignons-nous ? Elle se plaint de ne pas avoir eu d'augmentation.* ⟨contraires : se féliciter, se réjouir⟩ *Avez-vous à vous plaindre de ce collaborateur ? Ils se sont plaints au gardien du bruit que font les voisins. – Ce n'est pas en te plaignant tout le temps que ça s'arrangera.* → STYLE FAMILIER **râler, rouspéter.**

PLAINE [plɛn] n. f. ■ *UNE PLAINE* : grande étendue de pays plat et peu élevé. *La Belgique est un pays de plaines.*

DE **PLAIN-PIED** [dəplɛ̃pje] adverbe ■ Au même niveau. *Le salon ouvre de plain-pied sur le jardin. Ils ont une maison de plain-pied,* qui n'a qu'un seul niveau, qui n'a pas d'étage.

REM. *Plain, plaine* est un adjectif qui signifie « plat, égal ».

plains [plɛ̃] *Je plains, tu plains* : forme au présent du verbe **plaindre.**

plaint [plɛ̃], **plainte** [plɛ̃t] *Il a plaint une femme ; la femme qu'il a plainte* : formes au participe passé du verbe **plaindre.**

PLAINTE [plɛ̃t] n. f. ■ *UNE PLAINTE* **1.** Cri, gémissement qu'on laisse entendre quand on souffre. *Il s'est laissé soigner sans une plainte.* **2.** Manifestation de mécontentement. *Il y a de nombreux sujets de plainte dans cette entreprise.* → **récrimination.** **3.** Déclaration faite en justice d'un dommage dont on est la victime. *La victime a PORTÉ PLAINTE CONTRE son agresseur. Nous avons porté plainte. Il s'est arrangé à l'amiable avec ses voisins et il a RETIRÉ SA PLAINTE.*

REM. *Plinthe* « planche » se prononce de la même façon.

PLAINTIF [plɛ̃tif], **PLAINTIVE** [plɛ̃tiv] adj. (après le nom) ■ (qqch.) Qui ressemble à une plainte. *Il parle d'une voix plaintive,* douce et faible comme s'il se plaignait. → STYLE FAMILIER **geignard.**

PLAIRE [plɛʀ] verbe [conjugaison 54]

I. 1. *PLAIRE À qqn,* lui être agréable, convenir à ses goûts. ⟨contraire : déplaire⟩ *Il cherche à plaire à tout le monde. Elle plaît à tous les hommes. Ce garçon que j'avais rencontré ne me plaisait pas du tout.* – STYLE FAMILIER *Tu commences à me plaire* : tu m'énerves. – *Ce livre m'a beaucoup plu. Ça te plairait d'aller au cinéma ?* ça te ferait plaisir ? *Elle ne fait que ce qui lui plaît,* que ce qu'elle aime, que ce qu'elle a envie de faire. ⟨contraire : ennuyer⟩ **2.** *S'IL VOUS PLAÎT, S'IL TE PLAÎT* : formules de politesse que l'on emploie quand on demande qqch. *Passe-moi le sel s'il te plaît ! Taisez-vous, s'il vous plaît !* abréviation *S. V. P.* [ɛsvepe] : s'il vous plaît. *Ne fumez pas S. V. P.*

II. verbe pronominal SE PLAIRE **1.** S'apprécier mutuellement. *Ils se sont plu dès qu'ils se sont vus,* ils ont plu l'un à l'autre. **2.** Trouver du plaisir à être (quelque part). *Nous nous plaisons beaucoup dans cette maison,* nous nous y trouvons bien. *Elle s'est toujours plu dans la solitude. – Cette plante se plaît devant la fenêtre,* elle prospère. **3.** STYLE RECHERCHÉ *SE PLAIRE À* (et verbe) : prendre plaisir à. *Je me plais à courir dans les bois.* → **aimer.**

REM. Jamais le participe *plu* n'est accordé.

PLAISANCE [plɛzɑ̃s] n. f. ■ *DE PLAISANCE* : qui ne sert qu'au plaisir. *Ils ont acheté un bateau de plaisance,* qu'ils utilisent pour leurs loisirs et non pour travailler. *Ils aiment la navigation de plaisance. – LA PLAISANCE* : le tourisme sur un bateau particulier.

PLAISANCIER [plɛzɑ̃sje] n. m., **PLAISANCIÈRE** [plɛzɑ̃sjɛʀ] n. f. ■ *UN PLAISANCIER, UNE PLAISANCIÈRE* : personne qui fait du bateau pour son plaisir. *De nombreux plaisanciers fréquentent ce port.*

PLAISANT [plɛzɑ̃] adj. et n. m., **PLAISANTE** [plɛzɑ̃t] adj.

I. adjectif (après le nom) **1.** Qui plaît, qui procure du plaisir. ⟨contraire : déplaisant⟩ *Ils ont une maison très plaisante.* → **agréable.** *C'est une femme plaisante.* → **charmant.** **2.** Qui amuse. *Il nous est arrivé une aventure plaisante.* → **amusant, drôle.**

II. *UN MAUVAIS PLAISANT* : une personne qui fait des plaisanteries de mauvais goût. *Un mauvais plaisant m'a téléphoné cette nuit et m'a raccroché au nez.* → **plaisantin.**

PLAISANTER [plɛzɑ̃te] verbe [conjugaison 1a] **1.** Dire ou faire des choses qui font rire. *Il aime bien plaisanter.* → STYLE FAMILIER **blaguer.** *Je ne suis pas d'humeur à plaisanter. Nous avons plaisanté à propos de tout.* **2.** Dire ou faire qqch. par jeu, sans être pris au sérieux. → STYLE TRÈS FAMILIER **déconner ;** STYLE FAMILIER **rigoler.** *J'espère que tu dis ça pour plaisanter. Je plaisantais, c'était pour rire. Je ne plaisante pas* : je suis sérieux. *Le directeur NE PLAISANTE PAS AVEC la discipline,* il la prend au sérieux. *On ne plaisante pas là-dessus* : on ne joue pas avec ça, on ne prend pas ça à la légère.

PLAISANTERIE [plɛzɑ̃tʀi] n. f. ■ *UNE PLAISANTERIE* : ce que l'on dit ou ce que l'on fait pour amuser, pour faire rire. *Il raconte souvent des plaisanteries.* → **blague.** *Ses enfants font toujours des plaisanteries idiotes.* → ① **farce.** – *Elle ne comprend pas LA PLAISANTERIE* : elle ne supporte pas que l'on se moque d'elle gentiment. – *Il a dit ça PAR PLAISANTERIE,* pour rire, pour se moquer. *Ça a l'air d'une plaisanterie* : ça ne fait pas sérieux. → **blague.**

PLAISANTIN [plɛzɑ̃tɛ̃] n. m. ■ *UN PLAISANTIN* : personne qui fait des plaisanteries souvent de mauvais goût. *Un petit plaisantin a caché mes clés de voiture.*

PLAISIR [pleziʀ] n. m. **1.** *LE PLAISIR* : l'impression agréable que l'on ressent quand on est bien, quand on est content. → **bien-être, contentement.** *Quel plaisir d'être en vacances !* → **bonheur, joie.** ⟨contraire : tristesse⟩ *Sa lettre m'a FAIT PLAISIR. Qu'est-ce qui te ferait plaisir ? Ça me FAIT PLAISIR DE vous voir. Ça me ferait plaisir de venir,* ça me plairait. *Son appétit fait plaisir à voir. Il PREND DU PLAISIR À embêter sa sœur,* il aime ça. *Elle A BEAUCOUP DE PLAISIR À peindre* : elle aime beaucoup peindre. *Nous AVONS LE PLAISIR DE vous annoncer le mariage de notre fille,* nous en sommes heureux. **2.** *POUR LE PLAISIR* : sans autre raison que le plaisir qu'on y trouve. *Il ment pour le plaisir. – AVEC PLAISIR* : en y trouvant du plaisir. *« Vous venez avec nous ? – Avec plaisir ! » – Il complique les choses À PLAISIR,* extrêmement. **3.** *UN PLAISIR* : ce qui fait plaisir. *Un de mes plus grands plaisirs est de lire dans mon lit. C'est un plaisir de les recevoir à dîner. Elle SE FAIT UN PLAISIR DE vous raccompagner,* elle le fait de bon cœur. **4.** *LE PLAISIR* : les sensations érotiques agréables ressenties pendant l'acte sexuel. *Il a eu du plaisir* (→ **jouir, orgasme).** **5.** *LE BON PLAISIR DE qqn,* sa volonté qui doit être acceptée sans discussion. *« Car tel est mon bon plaisir » disait le roi.*

① **PLAN** [plɑ̃], **PLANE** [plan] adj. (après le nom) ■ (surface) Qui est plat, lisse. *L'eau au repos est une surface plane.*

② **PLAN** [plɑ̃] n. m. ■ *UN PLAN* **1.** Surface plane. *Les camions montent sur le bateau par un plan incliné. Nous faisons de la planche à voile sur un PLAN D'EAU,* sur une surface d'eau calme. *Le cuisinier prépare le repas sur le PLAN DE TRAVAIL de la cuisine.* **2.** Ce que l'on voit (sur une photo, dans un tableau) et qui est plus ou moins éloigné. *On voit la maison AU PREMIER PLAN et la mer à l'arrière-plan* (→ **arrière-plan),** la maison est à l'avant. – *C'est un personnage DE PREMIER PLAN,* très important. *Ce comédien a un rôle de second plan,* un rôle pas très important. – *Je les considère tous SUR LE MÊME PLAN* : je ne fais pas de différence entre eux. – *SUR LE PLAN DE* : au point de vue de, dans le domaine de. *Elle est imbattable sur le plan de l'effica-*

cité. → **niveau.** *Sur le plan moral, il est inattaquable.* **3.** En photographie ou au cinéma, image ou succession d'images plus ou moins rapprochée. *Le réalisateur a fait un* GROS PLAN *sur l'acteur,* il l'a filmé de près et on ne voit que son visage sur l'écran.

③ **PLAN** [plɑ̃] n. m. ▪ *UN PLAN* **1.** Dessin qui représente un bâtiment ou un lieu vu du dessus. *Ils ont acheté leur appartement* SUR PLAN, avant qu'il soit construit. *L'architecte a fait le plan de la maison. Je cherche l'école sur le plan de la ville,* sur la carte de la ville. **2.** Projet élaboré et ensemble des dispositions prises pour le réaliser. *L'inspecteur a un plan pour prendre le trafiquant de drogue en flagrant délit. Le gouvernement a un plan de lutte contre le chômage.* - STYLE FAMILIER *J'ai un bon plan pour les vacances. Tu as toujours des plans pourris !* **3.** Organisation des parties (d'une œuvre). *Avant de commencer sa dissertation, il faut en faire le plan.* → **canevas.** *Le plan de son livre est en trois parties.* **4.** STYLE FAMILIER *EN PLAN :* sur place, sans s'en occuper. *Il m'a laissé en plan sur le bord de la route* (→ STYLE FAMILIER **planter).** *Tous ses projets sont restés en plan.*

PLANCHE [plɑ̃ʃ] n. f. ▪ *UNE PLANCHE* **1.** Morceau de bois plat, long, étroit et peu épais. → **latte.** *Les outils sont dans une cabane en planches, au fond du jardin. Le menuisier prend des planches pour faire une étagère.* - *Le nageur* FAIT LA PLANCHE, il se laisse flotter sur le dos. **2.** (au pluriel) LES PLANCHES : le plancher de la scène, au théâtre. *Il a toujours rêvé de* MONTER SUR LES PLANCHES, d'être comédien, de faire du théâtre. **3.** Objet plat en forme de planche. *Je coupe le pain sur la* PLANCHE À PAIN, sur laquelle on pose le pain. *Le cuisinier coupe le rôti en tranches sur la* PLANCHE À DÉCOUPER. *Il repasse sa chemise sur la* PLANCHE À REPASSER. *L'architecte dessine le plan sur sa* PLANCHE À DESSIN. **4.** Page d'un livre qui comporte uniquement des illustrations. *Dans son dictionnaire, il y a une planche de champignons.* **5.** Véhicule en forme de planche. *UNE PLANCHE À ROULETTES :* planche munie de roulettes avec laquelle on peut se déplacer en montant dessus. *Mon fils fait de la planche à roulettes.* → **skateboard.** - *Une* PLANCHE À VOILE : planche munie d'une voile avec laquelle on se déplace sur l'eau en montant dessus. *L'été, il fait du surf et de la planche à voile* (→ **planchiste, véliplanchiste).**

FAUX AMI
espagnol **plancha** «fer à repasser»

PLANCHER [plɑ̃ʃe] n. m. ▪ *UN PLANCHER* **1.** Sol d'une pièce, d'un véhicule (opposé à plafond). *Le menuisier change quelques lattes du plancher dans le salon.* → **parquet.** *L'automobiliste a le* PIED AU PLANCHER, il roule très vite car il appuie très fort sur la pédale de l'accélérateur. - STYLE FAMILIER *Tu vas* DÉBARRASSER LE PLANCHER : tu vas partir parce que je te chasse. - STYLE FAMILIER *LE PLANCHER DES VACHES :* la terre ferme. *Après cette croisière, ça fait du bien de retrouver le plancher des vaches !* **2.** Minimum au-dessous duquel on ne peut pas descendre. *Le syndicat a fixé un plancher pour les cotisations.* → **seuil.** (contraire : plafond)

PLANCHISTE [plɑ̃ʃist] n. m., n. f. ▪ *UN PLANCHISTE, UNE PLANCHISTE :* une personne qui fait de la planche à voile. *Il y a beaucoup de planchistes dans la baie.* → **véliplanchiste.**

REM. **1.** *Planchiste* est l'abréviation de *véliplanchiste.* **2.** Ne pas confondre le *planchiste* et le *surfeur.*

PLANCTON [plɑ̃ktɔ̃] n. m. ▪ *LE PLANCTON :* ensemble des organismes de très petite taille, animaux et végétaux, qui vivent en suspension dans l'eau de mer. *Les baleines se nourrissent de plancton.*

PLANER [plane] verbe [conjugaison 1a] **1.** (oiseaux) Voler sans battre des ailes. *L'aigle plane au-dessus de sa proie.* - *L'avion plane,* il vole sans moteur ou à vitesse réduite. **2.** (qqn) Dominer par la pensée. *Il plane au-dessus de toutes les querelles.* **3.** (qqn) Rêver, être perdu dans des pensées agréables. *Elle a toujours l'air de planer. La drogue, ça la fait planer !* - STYLE FAMILIER *Tu planes complètement !* tu n'as aucun sens de la réalité. **4.** (qqch.) Être une présence menaçante. *Un danger plane sur la ville.* → **menacer.**

PLANÉTAIRE [planetɛʀ] adj. (après le nom)
I. Relatif aux planètes. *Les astronomes étudient le système planétaire,* l'ensemble des planètes.
II. Relatif à la planète Terre. *La protection de l'environnement est un problème planétaire.* → **mondial.**

PLANÈTE [planɛt] n. f. ▪ *UNE PLANÈTE :* corps céleste qui tourne autour du Soleil et qui n'émet pas de lumière. *Mercure est la planète la plus proche du Soleil, Pluton la plus éloignée. Les planètes décrivent une trajectoire autour du Soleil. Nous vivons sur la planète Terre.*

PLANEUR [planœʀ] n. m. ▪ *UN PLANEUR :* avion léger, sans moteur, fait pour planer. *On voit un planeur dans le ciel.* - *Il fait du planeur dans un club d'aviation,* il fait du vol à voile.

PLANIFICATION [planifikasjɔ̃] n. f. ▪ *LA PLANIFICATION :* l'organisation selon un plan. *Le gouvernement a organisé la planification des réformes. Ce pays souhaite la planification des naissances.* → **planning.**

PLANIFIER [planifje] verbe [conjugaison 7a] ▪ Organiser en suivant un plan. *L'an prochain, l'entreprise planifiera* [planifiʀa] *la production.* - *Les pays socialistes ont une économie planifiée.*

PLANISPHÈRE [planisfɛʀ] n. m. ▪ *UN PLANISPHÈRE :* carte qui représente toute la Terre, à plat. *Sur le planisphère, les océans sont représentés en bleu.* → **mappemonde.**

REM. Le planisphère et la mappemonde sont plats, alors que le globe terrestre est représenté par une sphère.

PLANNING [planiŋ] n. m. **1.** *UN PLANNING :* programme de travail, d'activité. *Il consulte son planning pour la semaine à venir. Elle est responsable du planning, dans la société où elle travaille.* **2.** *LE PLANNING FAMILIAL :* la planification des naissances choisie par un couple, le contrôle des naissances. *Elle est allée se renseigner dans un centre de planning familial.*

REM. Ce mot vient de l'anglais.

PLANQUE [plɑ̃k] n. f. ▪ STYLE FAMILIER *UNE PLANQUE* **1.** Lieu où l'on cache qqch. *Les voleurs ont trouvé une planque pour cacher leur magot.* → **cachette. 2.** Place où l'on ne risque rien et où le travail est facile. *Il travaille quand il veut et personne ne l'embête, quelle planque !*

PLANQUÉ [plɑ̃ke] adj. et n. m., **PLANQUÉE** [plɑ̃ke] adj. et n. f. ▪ STYLE FAMILIER **1.** adjectif (après le nom) Caché, à l'abri. *Restez planqués ! Il est planqué chez des amis.* **2.** *UN PLANQUÉ, UNE PLANQUÉE :* une personne qui est à l'abri du danger ou qui travaille dans un lieu où elle ne risque rien. *Il ne risque rien, c'est un planqué. Bande de planqués !*

PLANQUER [plɑ̃ke] verbe [conjugaison 1a] ▪ STYLE FAMILIER **1.** Cacher, mettre à l'abri. *Le vieux a planqué son fric sous son matelas.* **2.** verbe pronominal SE PLANQUER : (qqn) se cacher, se mettre à l'abri du danger. *Quand ils ont entendu du bruit, ils se sont planqués derrière la haie. Planquez-vous !*

PLANT [plɑ̃] n. m. ▪ *UN PLANT* **1.** Ensemble de végétaux plantés sur le même terrain. *Dans le potager, il y a des plants de carottes, de poireaux et de pommes de terre.* **2.** Jeune plante qui vient d'être repiquée ou qui va l'être. *Le jardinier repique des plants de salade.* → **pied.**

REM. L'adjectif *plan* « plat », *plan* « surface plane » et *plan* « dessin qui représente une construction » se prononcent de la même façon.

PLANTAIRE [plɑ̃tɛʀ] adj. (après le nom) ▪ De la plante des pieds. *Il a une verrue plantaire.*

PLANTATION [plɑ̃tasjɔ̃] n. f. ▪ *UNE PLANTATION* **1.** Action de planter (des végétaux). *Elle a fait de nouvelles plantations dans le jardin.* **2.** Ensemble de végétaux plantés. *L'orage a saccagé les plantations.* → **culture.** **3.** Exploitation agricole où l'on cultive des produits tropicaux. *Aux Antilles, il y a des plantations de canne à sucre.* **4.** *LA PLANTATION DES CHEVEUX* : la manière dont les cheveux sont plantés sur la tête. *Elle a une drôle de plantation de cheveux.*

① **PLANTE** [plɑ̃t] n. f. ▪ *UNE PLANTE* **1.** Végétal. *Les plantes sont des êtres vivants. La botanique est l'étude des plantes. Les plantes des pays exotiques sont touffues* (→ **flore, végétation).** **2.** Végétal de petite taille, avec une tige et des feuilles. *Pense à arroser les PLANTES VERTES,* des plantes décoratives à feuilles toujours vertes. *Le cactus est une PLANTE GRASSE,* une plante aux feuilles épaisses et charnues.

② **PLANTE** [plɑ̃t] n. f. ▪ *LA PLANTE DES PIEDS* : le dessous du pied, entre les orteils et le talon. *Il a la plante des pieds très sensible.*

PLANTER [plɑ̃te] verbe [conjugaison 1a]
I. 1. Mettre (une plante) dans la terre. *Le jardinier plante des salades.* → **repiquer.** *Ici, j'ai planté des tulipes.* → **semer.** ‹contraire : déraciner› - *L'avenue est plantée de marronniers.* **2.** Enfoncer (qqch.). *Il plante un clou avec un marteau. Le chien m'a planté ses crocs dans la jambe,* il m'a mordu à la jambe. - *Il a les dents mal plantées,* mal rangées dans la bouche. **3.** Mettre debout, placer droit (qqch.). *Le campeur plante sa tente.* → **dresser.** **4.** STYLE FAMILIER *PLANTER LÀ (qqn)* : abandonner, laisser brusquement (qqn). *Il m'énervait, alors je l'ai planté là.* → STYLE FAMILIER **plaquer.**
II. verbe pronominal SE PLANTER STYLE FAMILIER **1.** *SE PLANTER DEVANT qqn,* rester debout, immobile, devant lui. *Elle s'est plantée devant moi en attendant que je lui parle.* **2.** Se tromper. *Il s'est planté dans ses calculs. Tu te plantes complètement.* - *Elle s'est plantée à son examen,* elle a échoué.

PLANTEUR [plɑ̃tœʀ] n. m., **PLANTEUSE** [plɑ̃tøz] n. f. **1.** *UN PLANTEUR, UNE PLANTEUSE* : une personne qui a une plantation dans un pays tropical. *Ce planteur de café brésilien a de nombreuses terres.* **2.** *UN PLANTEUR* : un punch au jus de fruits. *Elle sirote un planteur sur la terrasse.*

PLANTUREUX [plɑ̃tyʀø], **PLANTUREUSE** [plɑ̃tyʀøz] adj. (après le nom) **1.** (nourriture) Très abondant. *Nos hôtes nous ont servi un repas plantureux.* → **copieux.** ‹contraire : frugal› **2.** (femme) Grand et bien en chair. ‹contraire : maigre› *C'est une femme plantureuse.* - *Elle a une poitrine plantureuse.* → **abondant, généreux.** ‹contraire : ① plat›

PLAQUE [plak] n. f. ▪ *UNE PLAQUE* **1.** Objet rigide, plat et peu épais. *Le dessus de la table basse est une plaque de verre. Les plaques d'égout sont en fonte. La cuisinière a des plaques de cuisson électriques.* - *Il a mangé une plaque de chocolat.* → **tablette.** **2.** Couche rigide qu'on peut ôter. *La voiture a dérapé sur une plaque de verglas.* → **couche.** *Le liège se détache des arbres par plaques.* **3.** Pièce de métal portant une inscription. *Le policier note le numéro de la PLAQUE D'IMMATRICULATION de la voiture. Le chat a une PLAQUE D'IDENTITÉ sur son collier. Je n'arrive pas à lire le nom de la rue sur la plaque.* **4.** *UNE PLAQUE TOURNANTE* : un centre d'échanges. *Paris est la plaque tournante de la France,* le lieu stratégique, le point central. **5.** STYLE FAMILIER *ÊTRE À CÔTÉ DE LA PLAQUE* : se tromper complètement. *Ma pauvre, tu es complètement à côté de la plaque,* tu te trompes complètement.

PLAQUÉ [plake] adj. et n. m., **PLAQUÉE** [plake] adj. **1.** adjectif (après le nom) (bijou, métal) Recouvert d'une fine couche de métal précieux. *Cette chaîne est PLAQUÉE OR.* **2.** *LE PLAQUÉ* : métal recouvert d'une fine couche d'un autre métal plus précieux. *Mon bracelet est en plaqué argent.*

PLAQUER [plake] verbe [conjugaison 1a]
I. 1. Appliquer (une plaque) sur une surface. *Les ouvriers plaquent les carreaux sur les murs de la cuisine.* **2.** Mettre (qqch.) à plat. *Elle a plaqué ses cheveux avec du gel. Le vent PLAQUE sa jupe CONTRE ses jambes,* il maintient sa jupe contre ses jambes. **3.** *PLAQUER UN ACCORD* : jouer toutes les notes ensemble. *Le pianiste plaque un accord.*
II. STYLE FAMILIER Abandonner brusquement (qqn, qqch.). *Il a plaqué sa femme.* → STYLE FAMILIER **larguer.** *Elle veut tout plaquer pour lui.* → **lâcher, laisser.** *Ils ne se sont jamais consolés d'avoir été plaqués par leurs amis.*

PLAQUETTE [plakɛt] n. f. ▪ *UNE PLAQUETTE* **1.** Petite plaque. *J'ai acheté une plaquette de beurre. Il faut deux plaquettes de chocolat pour faire ce gâteau.* → **tablette.** **2.** Petit livre très mince. *Le poète a dédié sa première plaquette de vers à sa mère.*

PLASTIC [plastik] n. m. ▪ *LE PLASTIC* : explosif qui a la consistance du mastic. *Un attentat au plastic a eu lieu dans le métro.*

REM. Ne pas confondre avec *le plastique.*

PLASTIFIER [plastifje] verbe [conjugaison 7a] ▪ Recouvrir d'une enveloppe, d'une couche de matière plastique. *Elle a plastifié les sièges avant de sa voiture. Il faut que vous plastifiiez ces fils électriques. Je plastifierai* [plastifiʀɛ] *cette photo.* - *Mon permis de conduire et ma carte d'identité sont plastifiés et ne craignent pas l'eau.*

PLASTIQUAGE [plastikaʒ] n. m. ▪ *UN PLASTIQUAGE* : explosion au plastic. *La police a arrêté les auteurs du plastiquage de la banque.*

REM. On écrit aussi *plasticage.*

PLASTIQUE [plastik] adj. et n. m.
I. adjectif (après le nom) **1.** *La CHIRURGIE PLASTIQUE* : chirurgie qui modifie les formes du corps ou du visage. *Elle a subi plusieurs opérations de chirurgie plastique.* → **esthétique.** **2.** *Les ARTS PLASTIQUES* : les arts qui recherchent la beauté des formes. *La sculpture, le dessin, la peinture et l'architecture sont des arts plastiques.* **3.** *La MATIÈRE PLASTIQUE* : matière synthétique qui peut être modelée ou moulée. *L'eau est dans une bouteille en matière plastique.*
II. *LE PLASTIQUE* : matière plastique. *Ce pantalon en plastique imite parfaitement le cuir. Elle a mis ses affaires dans un sac en plastique.* - *Un sac plastique,* en matière plastique. PLURIEL : *des sacs plastique.*

PLASTIQUER [plastike] verbe [conjugaison 1a] ▪ Faire exploser au plastic. *Des terroristes ont plastiqué un train.*

① **PLAT** [pla] adj. et n. m., **PLATE** [plat] adj.
I. adjectif (après le nom, rarement avant le nom) **1.** Qui a une surface plane et horizontale. *Les Anciens croyaient que la Terre était plate. La Belgique est un pays plat,* sans montagnes. *Cette barque a le fond plat. La mer est plate,* sans vague. **2.** Dont le fond est plat ou peu profond. *On mange la viande dans des assiettes plates.* ‹contraire : creux› **3.** (partie du corps) Qui ne forme pas de bosse, de relief. *Elle a le ventre plat.* - STYLE FAMILIER *Elle est*

plate comme une sole, comme une limande : elle n'a pas de poitrine. **4.** (avant le nom) *À PLAT VENTRE :* couché sur le ventre, la face contre terre. *Au premier coup de fusil, les soldats se mettent à plat ventre. - Il est à plat ventre devant son chef,* il s'abaisse devant lui de façon servile (→ **ramper**). **5.** Qui a partout la même épaisseur. *La sole est un poisson plat. Voici un coussin plat. - Elle a des chaussures plates,* au talon peu élevé (opposé à chaussures à talon). **6.** Sans caractère ni qualité frappante. *Cet écrivain a un style plat,* banal, sans originalité. **7.** (boisson) Non gazeux. *Elle boit de l'EAU PLATE.* **8.** (avant ou après le nom) Très poli, avec hypocrisie. → **obséquieux.** *Il nous a fait de plates excuses,* des excuses serviles.

II. *À PLAT :* sur la surface plate, horizontalement. *Faites sécher ce vêtement à plat,* ne le suspendez pas. *Pose le livre bien à plat. - Le pneu est à plat,* il est dégonflé. - (qqn) STYLE FAMILIER *Elle se sent à plat en ce moment,* déprimée et épuisée. - *Mettez les mains à plat sur la table.*

III. *LE PLAT* **1.** Partie plate d'une chose. *Il l'a frappé avec le PLAT DE LA MAIN,* avec la paume et les doigts étendus (opposé à dos). *C'est plus facile de pédaler sur du plat,* sur un terrain plat (opposé à côte, pente). **2.** *UN PLAT :* plongeon manqué où le corps frappe l'eau à plat. *Il a fait un énorme plat.* **3.** STYLE FAMILIER *FAIRE DU PLAT À qqn,* chercher à le séduire par de belles paroles. *Il fait du plat à toutes les filles.*

② **PLAT** [pla] n. m. ▪ *UN PLAT* **1.** Grande assiette ronde ou ovale dans laquelle on sert les aliments à table. *Passez-moi le plat de légumes. Elle pose le plat chaud sur la table. - Elle a MIS LES PIEDS DANS LE PLAT :* elle est intervenue brutalement sur un problème délicat. **2.** Récipient plat qui va au feu (four, flamme). *On fait le gratin dans un plat. Je mange des œufs AU PLAT, SUR LE PLAT,* cassés et cuits dans un plat. **3.** Contenu d'un plat. *Si personne n'en veut, je vais finir le plat.* **4.** Aliment préparé pour être mangé. *La choucroute est un plat alsacien.* → **mets.** *Il a mangé un PLAT GARNI,* un plat composé de viande ou de poisson avec des légumes. *Je prendrai le PLAT DU JOUR,* le plat qui varie chaque jour, au restaurant. **5.** STYLE FAMILIER *Il a FAIT TOUT UN PLAT DE son rhume,* il en a fait toute une histoire.

PLATANE [platan] n. m. ▪ *UN PLATANE :* grand arbre au feuillage épais, à écorce lisse qui se détache par plaques irrégulières. *L'avenue est bordée de platanes.*

> FAUX AMI
> espagnol **plátano**
> «banane ; bananier»

PLATEAU [plato] n. m. ▪ *UN PLATEAU* **1.** Support plat qui sert à poser et à transporter des objets. *Le garçon de café apporte les consommations sur un plateau.* PLURIEL : *des PLATEAUX. Après le PLATEAU DE FROMAGES, on sert le dessert,* après l'assortiment de fromages. - *Elle voudrait qu'on lui apporte tout SUR UN PLATEAU,* sans avoir d'effort à faire. **2.** *Le PLATEAU D'UNE BALANCE :* la partie plate sur laquelle on pose les poids ou les choses que l'on veut peser. *Le boucher pose les biftecks sur le plateau de la balance.* **3.** Étendue de pays assez plate qui domine les environs. *Le village est sur un plateau.* **4.** Plate-forme sur laquelle sont les décors d'une pièce ou d'un film et où jouent les comédiens. *Les acteurs sont sur le plateau.* → **scène.** *Il a l'habitude des plateaux de télévision.*

PLATEAU-REPAS [platoʀəpa] n. m. ▪ *UN PLATEAU-REPAS :* repas servi sur un plateau dans un avion, un train, un hôpital, une réunion de travail. *Dans l'avion, l'hôtesse sert un plateau-repas aux passagers.* PLURIEL : *des PLATEAUX-REPAS.*

PLATE-BANDE [platbɑ̃d] n. f. ▪ *UNE PLATE-BANDE* **1.** Bande de terre cultivée, dans un jardin. *Il y a une plate-bande de dahlias devant la maison.* PLURIEL : *le jardinier sarcle les PLATES-BANDES.* **2.** STYLE FAMILIER *Tu marches sur mes plates-bandes :* tu empiètes sur mon domaine, tu me gênes dans mon action.

REM. On écrit aussi *une platebande, des platebandes.*

PLATE-FORME [platfɔʀm] n. f. ▪ *UNE PLATE-FORME* **1.** Surface plane, horizontale, construite à une hauteur plus ou moins grande. *Le toit de l'immeuble est en plate-forme,* en terrasse. PLURIEL : *des PLATES-FORMES.* **2.** *Une plate-forme de forage :* installation qui sert à exploiter les gisements de pétrole sous-marins. *Il travaille sur une plate-forme de forage en mer du Nord.* **3.** Partie non couverte d'un véhicule, pour les marchandises. *Laissez les skis sur la plate-forme* (du train).

REM. On écrit aussi *une plateforme, des plateformes.*

① **PLATINE** [platin] n. f. ▪ *UNE PLATINE :* partie d'une chaîne hi-fi qui sert à la lecture des disques, des cassettes. *Il a une platine laser perfectionnée.* → **lecteur.**

② **PLATINE** [platin] n. m. ▪ *LE PLATINE :* métal précieux, d'un blanc grisâtre. *Elle a une montre en platine.*

PLATITUDE [platityd] n. f. ▪ *UNE PLATITUDE :* propos banal, plat. *Il ne dit que des platitudes.*

PLATON [platɔ̃] nom propre ▪ Philosophe grec (428-328 avant J.-C.). *Il lit les «Dialogues» de Platon.*

PLATONIQUE [platɔnik] adj. (après le nom) ▪ *Un AMOUR PLATONIQUE,* chaste, pur, sans rien de charnel. *Leur amour platonique dure depuis des années.* ⟨contraire : charnel⟩

PLÂTRE [plɑtʀ] n. m. **1.** *LE PLÂTRE :* poudre blanche tirée du gypse, qui, mélangée à de l'eau, forme une pâte qui durcit en séchant. *Les murs de la maison sont recouverts de plâtre. Au plafond, il y a des décorations en plâtre moulé.* → **stuc.** **2.** *UN PLÂTRE :* enveloppe de plâtre qui maintient immobile un membre cassé. *À l'hôpital, on lui a mis un plâtre. Il a la jambe dans le plâtre.* **3.** (au pluriel) LES PLÂTRES : les parties d'une maison recouvertes de plâtre. *Les plâtres ne sont pas encore secs.* - (figuré) *Ce sont toujours les mêmes qui ESSUIENT LES PLÂTRES,* qui subissent les premiers les conséquences d'une situation fâcheuse.

PLÂTRÉ [plɑtʀe], **PLÂTRÉE** [plɑtʀe] adj. (après le nom) ▪ (qqn, partie du corps) Dans un plâtre. *Il est plâtré de la hanche au pied. Elle a la main plâtrée.*

PLÂTRER [plɑtʀe] verbe [conjugaison 1a] **1.** Couvrir de plâtre. *L'ouvrier plâtre les fissures du plafond.* **2.** Mettre (un membre fracturé) dans un plâtre. *Il faut lui plâtrer la jambe.*

PLÂTRIER [plɑtʀije] n. m. ▪ *UN PLÂTRIER :* ouvrier du bâtiment qui utilise le plâtre. *Le plâtrier bouche les fissures du mur avec du plâtre.*

PLAUSIBLE [plozibl] adj. (après le nom) ▪ Que l'on peut croire. *Il a donné une raison plausible pour expliquer son retard.* → **vraisemblable.** ⟨contraire : invraisemblable⟩

PLAY-BACK [plɛbak] n. m. invariable ▪ *LE PLAY-BACK :* l'interprétation mimée d'une chanson, d'une musique enregistrée auparavant. *La chanteuse chante en PLAY-BACK devant les caméras de télévision,* elle fait comme si elle chantait alors que c'est l'enregistrement que l'on entend (opposé à en direct). *C'est du play-back.* PLURIEL : *des play-back.*

REM. Ce mot est un mot anglais.

PLAY-BOY [plɛbɔj] n. m. ▪ *UN PLAY-BOY :* homme jeune, élégant et riche, qui mène une vie facile et oisive. *Il a un physique de play-boy.* PLURIEL : *il joue les PLAY-BOYS.*

▌REM. Ce mot est un mot anglais.

PLÉBISCITE [plebisit] n. m. ▪ *UN PLÉBISCITE :* vote dans lequel les électeurs doivent répondre par oui ou par non à une question directe du chef de l'État. → **référendum.** *Le président veut recourir au plébiscite.*

PLÉBISCITER [plebisite] verbe [conjugaison 1a] **1.** Voter (qqch.), désigner (qqn) par un plébiscite. *Les Français ont plébiscité la fin de la guerre d'Algérie en 1962.* **2.** Approuver (qqch.) à une écrasante majorité. *Le peuple a plébiscité la politique du gouvernement.*

PLEIN [plɛ̃] adj., n. m., préposition et adverbe, **PLEINE** [plɛn] adj. **I.** adjectif (après le nom, parfois avant le nom) **1.** Qui contient toute la quantité possible. → **rempli.** *Ce verre est plein. J'en veux une assiette pleine.* ⟨contraire : vide⟩ *Ma valise est PLEINE À CRAQUER,* complètement remplie. *Il s'est couché l'estomac plein,* après avoir bien mangé. *Ne parle pas la bouche pleine !* **2.** (femelle d'animal) Qui attend un petit, des petits. *La vache est pleine.* **3.** (avant le nom) Complètement rempli. *Il a bu un plein verre de vodka. J'ai donné une pleine valise de vêtements,* tout le contenu d'une valise de vêtements. – *Il attrape le ballon À PLEINES MAINS,* fermement. *Respirez À PLEINS POUMONS,* de tous vos poumons. *Ils s'embrassent À PLEINE BOUCHE. Ça sent À PLEIN NEZ,* très fort. **4.** (lieu) Qui contient autant de personnes qu'il est possible. *Deux bus pleins viennent de passer, je prendrai le suivant.* → **bondé, complet.** *À cette heure-ci, les cafés sont pleins.* **5.** (temps) Entièrement occupé. *Nous aurons une journée pleine pour nous reposer.* → **entier.** *Elle travaille À TEMPS PLEIN* ou (avant le nom) *À PLEIN TEMPS,* toute la journée (opposé à partiel). **6.** STYLE FAMILIER (qqn) *ÊTRE PLEIN AUX AS :* être très riche. *Ce mec est plein aux as.* **7.** Dont la matière occupe tout le volume. *Elle a des joues pleines,* rondes, potelées. ⟨contraire : creux⟩ *Il faut une porte pleine,* sans vitres, non évidée. **8.** (avant le nom) Entier, à son maximum. *Il fait plein soleil. C'est la pleine lune. C'est la pleine saison du tourisme. La pièce a obtenu un plein succès,* un succès total. *Le président a reçu les pleins pouvoirs,* tous les pouvoirs. **9.** *EN PLEIN,* au centre, au milieu. *Nous vivons EN PLEIN AIR* [ɑ̃plɛnɛʀ], dehors, à l'extérieur. *Le bateau est EN PLEINE MER,* au large. – *Visez EN PLEIN MILIEU DE la cible,* exactement au milieu. *J'ai le soleil EN PLEIN DANS les yeux,* directement sur les yeux. – *Il y avait une flaque d'eau par terre et il a marché EN PLEIN DEDANS,* exactement là où est la flaque d'eau. *La voiture a roulé en plein dessus.*
II. (après un nom) *PLEIN DE* **1.** Qui contient le plus possible de. *Videz ce verre qui est plein d'eau. Cette boîte est pleine de café.* **2.** Où il y a beaucoup, trop de. *Le ciel est plein de nuages. Les prés étaient pleins de fleurs. Nettoie tes chaussures pleines de terre. Les meubles sont pleins de poussière.* → **couvert de.** *Ta jupe est pleine de taches. Il a les yeux pleins de larmes,* remplis de larmes. *Je suis pleine de courage, ce matin.*
III. *LE PLEIN* **1.** *FAIRE LE PLEIN :* remplir complètement. *Il s'est arrêté à une station d'essence pour faire le plein,* pour remplir le réservoir d'essence. – *Le candidat aux élections a fait le plein des voix,* il a réuni le maximum de voix. **2.** *BATTRE SON PLEIN :* être à son point culminant. *La fête bat son plein,* elle est à son maximum.
IV. préposition **1.** En grande quantité dans. *Il y du monde plein les rues. Il a de l'argent plein les poches :* il a beaucoup d'argent. – STYLE FAMILIER *J'en ai PLEIN LE DOS,* STYLE TRÈS FAMILIER *PLEIN LE CUL :* j'en ai assez. **2.** STYLE FAMILIER Partout sur. *Elle a des taches plein sa robe.* **3.** (après un verbe) STYLE FAMILIER *PLEIN DE :* beaucoup de. *J'ai acheté plein de magazines. Il a plein de fric. Il y a plein de monde, ici. Des garçons, j'en connaissais plein.* → **beaucoup.** *On a perdu plein de temps.*
V. adverbe **1.** *À PLEIN :* totalement. *Cet argument porte à plein,* complètement. **2.** STYLE FAMILIER *TOUT PLEIN :* très. *C'est mignon tout plein, chez vous,* c'est très mignon.

PLEINEMENT [plɛnmɑ̃] adverbe ▪ Entièrement. *Il est pleinement satisfait de sa voiture.* → **complètement, totalement.**

PLÉNITUDE [plenityd] n. f. ▪ *LA PLÉNITUDE :* l'état de ce qui est épanoui, dans toute sa force. *C'est une femme dans la plénitude de sa beauté.* → **éclat.**

PLÉONASME [pleɔnasm] n. m. ▪ *UN PLÉONASME :* mot ou expression qui ne fait que répéter ce qui vient d'être dit. *« Descendre en bas » et « prévoir d'avance » sont des pléonasmes.*

PLÉTHORE [pletɔʀ] n. f. ▪ STYLE RECHERCHÉ *UNE PLÉTHORE :* trop grande quantité. *IL Y A PLÉTHORE DE fraises, cette année.* → **excès, surabondance.** ⟨contraires : manque, pénurie⟩

PLEURER [plœʀe] verbe [conjugaison 1a] **1.** Verser des larmes. → **sangloter ;** STYLE FAMILIER **chialer.** *Le bébé pleure quand il a faim.* → **crier ;** STYLE FAMILIER **brailler.** *On pleure quand on a du chagrin ou que l'on souffre.* ⟨contraire : rire⟩ *Il pleure à chaudes larmes. Elle pleure pour un rien.* → **pleurnicher.** *Je ne pleurerai* [plœʀʀɛ] *pas.* – *La fumée me fait pleurer.* – *Elle pleure de rage. Il en pleure de rire.* – *Arrête de PLEURER SUR ton sort,* de te lamenter sur toi-même. → **gémir.** – *Ce film est BÊTE À PLEURER,* extrêmement bête. **2.** Regretter. *Elle pleure son amour perdu.* ⟨contraire : se réjouir⟩ **3.** Présenter une demande d'une manière plaintive et pressante. *Il est obligé de pleurer pour obtenir une augmentation.*

PLEUREUR [plœʀœʀ] adj., **PLEUREUSE** [plœʀøz] adj. et n. f. **1.** adjectif (après le nom) *UN SAULE PLEUREUR :* arbre dont les branches s'inclinent vers le sol (comme les larmes qui tombent). *Il y a des saules pleureurs autour de la mare.* **2.** *UNE PLEUREUSE :* une femme payée pour pleurer aux enterrements. *Les pleureuses sont habillées de noir.*

PLEURNICHARD [plœʀniʃaʀ] n. m. et adj., **PLEURNICHARDE** [plœʀniʃaʀd] n. f. et adj. ▪ STYLE FAMILIER **1.** *UN PLEURNICHARD, UNE PLEURNICHARDE :* une personne qui pleure pour un rien, qui pleurniche. *Il faut toujours qu'elle se plaigne, quelle pleurnicharde !* **2.** adjectif (après le nom) (ton, voix) Qui pleurniche. *Ne prends pas ce ton pleurnichard !*

PLEURNICHER [plœʀniʃe] verbe [conjugaison 1a] ▪ STYLE FAMILIER Pleurer sans raison ou sur un ton geignard. *Elle pleurniche sans arrêt !* → **geindre,** se **lamenter.**

PLEURS [plœʀ] n. m. pluriel ▪ STYLE RECHERCHÉ *LES PLEURS :* les larmes. *Elle verse des pleurs. Sèche tes pleurs ! Ses pleurs ont été vite apaisés.* – *Je l'ai trouvé EN PLEURS,* en train de pleurer (→ **éploré**).

pleut [plø] *Il pleut :* forme au présent du verbe **pleuvoir.**

pleuve [plœv] *Qu'il pleuve :* forme au subjonctif du verbe **pleuvoir.**

PLEUVOIR [pløvwaʀ] verbe [conjugaison 23] **1.** (impersonnel) *IL PLEUT :* il tombe de l'eau de pluie. *Hier, il pleuvait à verse. Il pleut à flots. Demain, il paraît qu'il pleuvra à torrents.* – STYLE FAMILIER *Il pleut comme vache qui pisse :* il pleut énormément. *Ce dimanche-là, il plut toute la journée. Il a plu. Qu'il pleuve ou qu'il vente, il est dehors.* **2.** Tomber. *Il pleut de grosses gouttes. Il pleut des cordes :* il pleut très fort. **3.** S'abattre. *Les coups pleuvent sur le boxeur.* – *Les punitions pleuvent sur les élèves,* elles arrivent en grand nombre. *Ça pleut de partout !*

▌REM. Ce verbe ne se conjugue qu'à la troisième personne.

PLEXIGLAS [plɛksiglas] n. m. (marque déposée) ▪ *LE PLEXIGLAS :* matière plastique dure et transparente comme le verre. *La porte est en plexiglas.*

PLI [pli] n. m. ▪ *UN PLI* **1.** Partie d'une matière souple rabattue sur elle-même et formant une double épaisseur. *Un éventail a de nombreux plis. Elle a une jupe à plis* (→ **plissé**). *Le vent fait bouger les plis du drapeau,* les ondulations de son tissu. – *Le pli de son pantalon est impeccable. Cette robe est mal repassée, il y a des FAUX PLIS,* des endroits où le tissu est mal ajusté ou froissé. – STYLE FAMILIER *ÇA NE FAIT PAS UN PLI :* il n'y a aucun doute. **2.** Forme que prend naturellement une chose souple. *Mes cheveux ont pris un mauvais pli pendant la nuit.* – *Il a PRIS LE PLI de se lever à six heures,* il en a pris l'habitude. **3.** Ondulation de terrain, en creux ou en relief. *Les cultures suivent les plis du sol.* **4.** *Une MISE EN PLIS :* opération qui consiste à donner aux cheveux mouillés la forme qu'ils garderont une fois secs. → **brushing.** *Le coiffeur m'a fait une mise en plis.* **5.** Repli sur la peau. *Elle a des plis sur le cou.* **6.** Lettre. *Le facteur apporte un pli urgent.*

REM. *Plie* «poisson» se prononce de la même façon.

PLIABLE [plijabl] adj. (après le nom) ▪ Que l'on peut facilement plier. *Il a un vélo pliable.*

PLIANT [plijɑ̃] adj. et n. m., **PLIANTE** [plijɑ̃t] adj. **1.** adjectif (après le nom) (qqch.) Fabriqué de manière à pouvoir se plier facilement. *Le bébé dort dans un lit pliant. Les chaises pliantes sont rangées dans le placard. Dans le métro il y a des sièges pliants.* → **strapontin.** **2.** *UN PLIANT :* siège de toile sans dossier ni bras et dont les pieds se replient. *Il est assis sur un pliant.*

PLIE [pli] n. f. ▪ *UNE PLIE :* poisson plat qui a les yeux à droite de la tête. → **carrelet.** *Le pêcheur a pêché une plie.*

REM. *Pli* «partie d'une matière que l'on plie» se prononce de la même façon.

PLIER [plije] verbe [conjugaison 7b]
I. 1. Rabattre (une chose souple) sur elle-même, une ou plusieurs fois. *Il plie sa serviette.* ⟨contraire : déplier⟩ *Il faut repasser et plier mes chemises. Pliez vos affaires,* rangez-les. – *Il est temps de PLIER BAGAGE,* de faire ses bagages, de se préparer à partir. **2.** Fléchir (une partie du corps). *Elle plie les jambes.* – *Le vieux monsieur est plié en deux par l'âge,* courbé en deux. – STYLE FAMILIER *Nous étions pliés (de rire).* **3.** Rabattre (les parties d'un objet articulé). *Il faut que nous pliions les chaises longues.* **4.** Forcer (qqn) à s'adapter. *Le professeur plie ses élèves à une discipline sévère.* **5.** (qqch.) Se courber, fléchir. *Bientôt, les branches plieront* [pliʀɔ̃] *sous le poids des fruits.* → **ployer.** **6.** Céder, faiblir. *Il est obstiné, il ne pliera jamais.* ⟨contraire : résister⟩
II. verbe pronominal SE PLIER **1.** (qqch.) Pouvoir être plié. *Mon lit se plie.* **2.** (qqn) *SE PLIER À :* suivre, s'adapter par force à. *Ses amis se sont pliés à tous ses caprices.* → **obéir.** *Il faut savoir se plier aux circonstances,* en tenir compte. → s'**adapter.**

PLINTHE [plɛ̃t] n. f. ▪ *UNE PLINTHE :* petite bande de bois fixée au bas d'une cloison. *Les fils électriques sont dissimulés derrière la plinthe.*

REM. *Plainte* «lamentation» se prononce de la même façon.

PLISSÉ [plise], **PLISSÉE** [plise] adj. (après le nom) ▪ Formé de plis. *Elle a une jupe plissée.*

PLISSEMENT [plismɑ̃] n. m. ▪ *UN PLISSEMENT (DE TERRAIN) :* déformation de la surface du sol due à une pression produisant un ensemble de plis. *Les Alpes sont apparues à la suite du plissement alpin.*

PLISSER [plise] verbe [conjugaison 1a] **1.** Faire des plis parallèles sur (une matière souple). *Elle plisse une feuille de papier pour faire un éventail.* **2.** Contracter les muscles en formant un pli. *Quand il est soucieux, il plisse le front. Elle plisse les yeux à cause du soleil,* elle les ferme à demi. **3.** verbe pronominal SE PLISSER : se contracter en formant des plis. *Son front se plisse d'inquiétude. Sa bouche s'est plissée.*

PLIURE [plijyʀ] n. f. ▪ *LA PLIURE :* l'endroit où une chose se plie, a été pliée. *Il déchire la feuille en suivant la pliure. On lui a fait une piqûre à la pliure du bras.*

PLOMB [plɔ̃] n. m. ▪ *LE PLOMB* **1.** Métal lourd, d'un gris bleuté, mou et facile à travailler. *La conduite d'eau est en plomb. Le petit garçon joue avec ses SOLDATS DE PLOMB,* des figurines en plomb représentant des soldats en uniforme. – *Tu n'as pas de plomb dans la cervelle :* tu es étourdi. – *Il dort d'un SOMMEIL DE PLOMB,* d'un sommeil très profond. **2.** Petit grain de plomb. *Les cartouches de fusil sont remplies de plombs de chasse. Le pêcheur met un plomb au bout de sa ligne.* **3.** *UN PLOMB :* fusible de circuit électrique. *Les plombs ont sauté quand j'ai branché l'aspirateur.* → **fusible.**

PLOMBAGE [plɔ̃baʒ] n. m. ▪ STYLE FAMILIER *UN PLOMBAGE :* amalgame qui bouche le trou d'une dent. *Mon plombage est parti.* → **amalgame.**

REM. Autrefois on obstruait les dents avec du plomb.

PLOMBERIE [plɔ̃bʀi] n. f. ▪ *LA PLOMBERIE :* l'ensemble des canalisations d'eau et de gaz d'un bâtiment avec leurs robinets. *La plomberie de cette maison est en mauvais état.* – *Il est entrepreneur de plomberie,* il s'occupe d'installer ces canalisations (→ **plombier**).

PLOMBIER [plɔ̃bje] n. m. ▪ *UN PLOMBIER :* personne qui installe et répare les installations sanitaires. *Le plombier répare la fuite d'eau.*

REM. Le féminin *plombière* [plɔ̃bjɛʀ] est rare.

PLONGE [plɔ̃ʒ] n. f. ▪ STYLE FAMILIER *LA PLONGE :* l'action de laver la vaisselle. *Cet étudiant fait la plonge dans un restaurant, pendant les vacances.*

PLONGEANT [plɔ̃ʒɑ̃], **PLONGEANTE** [plɔ̃ʒɑ̃t] adj. (après le nom) ▪ Dirigé du haut vers le bas. *Du sommet de la montagne, on a une vue plongeante sur le village.* – *Elle a un décolleté plongeant,* profond.

PLONGÉE [plɔ̃ʒe] n. f. ▪ *LA PLONGÉE :* l'action de plonger. *Le sous-marin est en plongée,* il est sous l'eau. – *Il fait de la PLONGÉE SOUS-MARINE :* il va sous l'eau pour explorer les fonds sous-marins ou pour pêcher.

PLONGEOIR [plɔ̃ʒwaʀ] n. m. ▪ *UN PLONGEOIR :* tremplin au-dessus de l'eau, destiné à plonger. *Elle a sauté du plongeoir.*

PLONGEON [plɔ̃ʒɔ̃] n. m. ▪ *UN PLONGEON :* saut dans l'eau, la tête et les bras en avant. *La nageuse a réussi un beau plongeon.*

PLONGER [plɔ̃ʒe] verbe [conjugaison 3b]
I. *PLONGER* **1.** Descendre au fond de l'eau. *L'équipe de Cousteau a plongé pour explorer la mer.* → **plongeur.** *Les canards plongent dans l'étang. Le sous-marin a plongé. Le bateau en feu plonge par l'avant.* → s'**enfoncer.** **2.** Se jeter à l'eau, la tête et les bras en avant. *La jeune fille plongea dans la piscine.* **3.** (regard) S'enfoncer au loin, vers le bas. *Du haut de la colline, le regard plonge dans la vallée* (→ **plongeant**). – STYLE FAMILIER *De chez nous, on plonge chez les voisins,* on voit chez eux.
II. *PLONGER QQCH., QQN* **1.** Faire entrer dans un liquide. *Elle plonge la tête dans la cuvette. Il plonge les assiettes dans l'évier.*

2. Enfoncer (une arme). *L'assassin plonge un couteau dans le cœur de sa victime.* **3.** Enfoncer (le corps, une partie du corps) dans une chose creuse ou molle. *Elle a plongé sa main dans la boîte.* **4.** *PLONGER SON REGARD dans qqch.* : regarder au fond de qqch. *Il plonge son regard dans les yeux de sa femme,* il la regarde au fond des yeux. **5.** Mettre (qqn) d'une façon brusque et complète dans une situation. *Vous me plongez dans l'embarras :* vous m'embarrassez. – *Nous sommes plongés dans l'obscurité.* – *Ne le dérange pas, il est plongé dans ses pensées,* complètement absorbé par ses pensées (→ **perdu**). **III.** verbe pronominal SE PLONGER **1.** Entrer complètement dans (un liquide). *Elle se plonge dans l'eau glacée.* **2.** S'absorber dans (une lecture, des pensées). *Elle s'est plongée dans son livre.*

PLONGEUR [plɔ̃ʒœʀ] n. m., **PLONGEUSE** [plɔ̃ʒøz] n. f. **1.** *UN PLONGEUR, UNE PLONGEUSE :* une personne qui plonge dans l'eau. *La plongeuse saute du haut du grand plongeoir.* **2.** Personne qui travaille sous l'eau. *Une équipe de plongeurs est allée repérer l'épave du navire.* → **homme-grenouille.**

PLOUC [pluk] n. m., n. f. et adj. ▪ STYLE FAMILIER **1.** *UN PLOUC, UNE PLOUC :* un paysan, une paysanne, une personne fruste, aux manières grossières. *Ce sont des ploucs.* → STYLE FAMILIER **péquenaud.** **2.** adjectif (après le nom) Fruste, grossier. *Sa femme fait un peu plouc. Ça fait plouc d'arriver si tôt !*
REM. Ce mot est péjoratif.

PLOUF ! [pluf] interjection ▪ Mot qui évoque le bruit d'une chute dans l'eau. *Plouf ! Sa montre est tombée à la mer !*

PLOYER [plwaje] verbe [conjugaison 8a] ▪ STYLE RECHERCHÉ Se courber. *Les branches du poirier ploient sous le poids des fruits.* → **plier.** *Les fils électriques ploieront* [plwaʀɔ̃] *sous le poids de la neige.*

plu [ply] *Il a plu, elle a plu :* forme au participe passé du verbe **plaire ;** *il a plu :* forme au participe passé du verbe **pleuvoir.**

PLUIE [plɥi] n. f. **1.** *LA PLUIE :* eau qui tombe en gouttes, des nuages sur la terre (→ **pleuvoir**). *La pluie tombe depuis trois jours. Nous avons eu une semaine de pluie* (→ **pluvieux**). *Quelle pluie !* → STYLE FAMILIER ② **flotte.** *Je m'abrite de la pluie* (→ **parapluie**). *Nous sommes partis SOUS UNE PLUIE BATTANTE,* sous une très forte pluie. *Il tombe une pluie fine* (→ **bruine, crachin**). – *Le temps est à la pluie :* il va pleuvoir. *L'EAU DE PLUIE ruisselle dans la gouttière.* – *En Afrique, on attend avec impatience la SAISON DES PLUIES* (opposé à saison sèche), la période de l'année où la pluie tombe en abondance. *Les pluies ont fait déborder la rivière.* → **inondation.** – *Ce professeur EST ENNUYEUX COMME LA PLUIE,* il est très ennuyeux. – *Nous avons PARLÉ DE LA PLUIE ET DU BEAU TEMPS :* nous avons parlé de choses peu importantes, nous avons dit des banalités. **2.** *UNE PLUIE :* ce qui tombe d'en haut, comme une pluie. *Les soldats ont pris la fuite, sous une pluie de balles. Les étincelles du feu d'artifice retombent en pluie.*

PLUMAGE [plymaʒ] n. m. ▪ *LE PLUMAGE :* l'ensemble des plumes d'un oiseau. *Le corbeau a un plumage noir.*

PLUMARD [plymaʀ] n. m. ▪ STYLE FAMILIER *UN PLUMARD :* un lit. *Allez ouste, au plumard !* → ② **pieu.**

PLUME [plym] n. f. ▪ *UNE PLUME* **1.** Chacun des éléments effilés qui recouvre le corps des oiseaux (→ **duvet**). *Le pigeon lisse ses plumes.* – *Elle a un oreiller en plumes,* fait avec des plumes. – *Tu es léger comme une plume !* tu es très léger. – STYLE FAMILIER *Méfie-toi, tu risques de LAISSER DES PLUMES dans cette affaire,* tu risques un échec qui peut te coûter cher. **2.** Petite lame de métal terminée en pointe, adaptée à un stylo et qui sert à écrire avec de l'encre. *Son stylo a une plume en or. Il a fait un dessin à la plume.* – *Elle VIT DE SA PLUME :* elle gagne sa vie en écrivant des livres.

> FAUX AMI
> suédois **plym**
> « ornement en plume »

PLUMEAU [plymo] n. m. ▪ *UN PLUMEAU :* ustensile de ménage formé d'un manche au bout duquel sont fixées des plumes et qui sert à enlever la poussière. *Il passe le plumeau sur les meubles.*
PLURIEL : *des PLUMEAUX.*

> FAUX AMI
> allemand **Plumeau**
> « édredon »

PLUMER [plyme] verbe [conjugaison 1a] **1.** Enlever les plumes de (un oiseau) en les arrachant. *La fermière plume un poulet.* **2.** *SE FAIRE PLUMER :* se faire voler. *Il s'est fait plumer par un escroc.*

PLUMET [plymɛ] n. m. ▪ *UN PLUMET :* touffe de plumes qui orne un chapeau. *Le soldat a un plumet sur son casque.*

LA **PLUPART** [laplypaʀ] n. f. **1.** *LA PLUPART DU TEMPS :* le plus souvent, ordinairement. → d'**habitude.** *La plupart du temps, je rentre du bureau en métro.* **2.** Le plus grand nombre. *La plupart des invités sont partis après minuit.* → **majorité.** *Ce sont, POUR LA PLUPART, des étrangers. Je suis d'accord avec la plupart d'entre eux.*

PLURIEL [plyʀjɛl] n. m. ▪ *LE PLURIEL :* catégorie grammaticale qui indique que le mot désigne plusieurs personnes ou plusieurs choses. ⟨contraire : singulier⟩ *Mettez le mot* cheval *AU PLURIEL.* – *Le pluriel d'un mot,* sa forme au pluriel. *Le pluriel de* cheval *est* chevaux.

> *le pluriel*
>
> Les noms au pluriel désignent plusieurs objets. Les verbes, les adjectifs et les déterminants d'un nom au pluriel sont au pluriel quand ils s'accordent avec le nom.
>
> Dans la phrase suivante, tous les mots sont au singulier :
> *Ce bel Italien chante une romance.*
> Les voici au pluriel :
> *Ces beaux Italiens chantent des romances.*
>
> Pour mettre un nom au pluriel, il suffit en général d'ajouter un *s* à la forme du singulier : *un homme, des hommes ; un enfant, des enfants.*
>
> Pour d'autres mots, assez nombreux, c'est un *x* qu'il faut ajouter à la forme du singulier : ex. *un tuyau, des tuyaux ; un manteau, des manteaux ; un cheveu, des cheveux...* et les mots suivants : *des bijoux, des cailloux, des choux, des genoux, des hiboux, des joujoux, des poux.*
>
> La plupart des mots en *-al* et *-ail* font leur pluriel en *-aux* [o] : ex. *un journal, des journaux ; un jour normal, des jours normaux ; un vitrail, des vitraux* (→ **travail**). Attention aux adjectifs qui prennent le *s : banal, fatal, final, natal,* etc.
>
> Le nom singulier *œil* [œj] change complètement au pluriel : *des yeux* [jø] ; certains noms sont surtout modifiés dans leur prononciation : *un bœuf* [bœf], *des bœufs* [bø].
>
> Les noms terminés par *s, x, z* au singulier, ne changent pas au pluriel : *un pois, des pois ; une croix, des croix ; un nez, des nez.*
>
> Certains noms n'existent qu'au pluriel : *les obsèques, les gens, les entrailles, les étrennes, les mœurs, les environs,* etc., même s'il ne s'agit pas de plusieurs choses. Au contraire, certains noms collectifs sont au singulier : *un groupe, un ensemble, une série* (d'objets).

① **PLUS** [plys] adverbe, n. m. et préposition
I. adverbe (en général prononcé [ply] devant une consonne, [plyz] devant une voyelle, [plys] en fin de phrase) **1.** Comparatif qui indique un dépassement. ⟨contraire : moins⟩ *Il est PLUS âgé* [plyzɑʒe] *QUE son frère. Il est plus* [ply] *grand. Il fait* [ply] *froid. J'en veux plus* [plys]. → **davantage.** *Je veux plus* [plys] *de dessert. Ne va pas dans ce magasin, c'est plus* [ply] *cher ! Elle l'aime*

PLUS QUE TOUT. Il est cent fois plus gentil que toi ! – Il est plus tard que tu ne penses. – PLUS OU MOINS [plyzumwɛ̃] : pas tout à fait ou de façon irrégulière. *Nous sommes plus ou moins fâchés. « Ça vous convient ? – Plus ou moins. » Il est plus ou moins aimable. Elle réussit plus ou moins bien ses exercices. – DE PLUS EN PLUS* [dəplyzɑ̃plys] : toujours davantage. *Je t'aime de plus en plus ! Le vent est de plus en plus fort* [dəplyzɑ̃plyfɔʀ]. *Je trouve ce garçon de plus en plus sympathique. – Il est PLUS* [ply] *DE minuit,* il est minuit passé. *Il est parti depuis plus d'une heure. Sa fille a plus de dix ans. Plus de la moitié des élèves de la classe sont des filles,* il y a une majorité de filles. *Il m'a emprunté ma voiture plus d'une fois,* plusieurs fois. – *Il faut essayer une fois de plus* [plys] : il faut essayer encore. *Tu n'auras rien de plus. – EN PLUS* [plys] *DE ses études, il travaille. – Elle est mignonne, SANS PLUS* [sɑ̃plys] : elle n'est que mignonne, on ne peut rien dire d'autre. **2.** Superlatif qui indique la supériorité, la limite supérieure. *LE PLUS, LA PLUS, LES PLUS. Voilà la plus belle ! C'est moi le plus jeune. Vous êtes LES PLUS* [ply] *forts ! Elle a les plus beaux yeux du monde. Tu es heureux, c'est le plus important.* → **principal.** *La plus grande partie du travail est faite.* → **majeur.** *C'est son plus grand mérite.* – (neutre) *LE PLUS. Ce qui me gêne LE PLUS* [ləplys], *c'est le froid,* c'est le froid qui me gêne particulièrement.
II. nom masculin [plys] **1.** *LE PLUS :* la plus grande quantité, le maximum. *Marche le plus que tu peux, c'est bon pour la santé. Je te prête un peu d'argent, c'est le plus que je puisse faire,* je ne peux rien faire d'autre. *Il y a DU PLUS ET DU MOINS,* des avantages et des inconvénients. **2.** *UN PLUS :* le signe plus (+) indiquant une addition, un nombre positif. *Mon petit garçon apprend à faire des plus et des moins.* **3.** Avantage. *L'informatique est un plus dans le travail.*
III. préposition **1.** En ajoutant. *Quatre plus* [plys] *trois font sept* (4+3=7). → **et.** **2.** Introduit un nombre positif. *Il fait plus un degré, ce matin,* un degré au-dessus de zéro.

② **PLUS** [ply] adverbe de négation **1.** *Les oiseaux ne chantent plus,* ils ont arrêté de chanter. *Elle ne fume plus. Je ne comprends plus rien. Il ne marche presque plus. Je ne l'aime PLUS DU TOUT,* je l'ai aimé, mais maintenant je ne l'aime pas. *Je ne la verrai PLUS JAMAIS. Ne fais plus jamais ça ! Je ne le ferai plus :* je ne recommencerai pas. *Ils n'ont plus d'argent. – IL N'Y A PLUS. Il n'y a plus d'assiettes,* pas assez d'assiettes. *Il n'y a plus rien à boire,* on a tout bu. → **fini, terminé.** *Il n'y a PLUS PERSONNE, ici,* tout le monde est parti. – *Ah, vous voilà, on n'attendait PLUS QUE vous !* tout le monde est là, vous êtes les derniers à arriver. – (sans verbe) *Maintenant, plus un mot !* [plyzɛ̃mo], tout le monde doit se taire. *Allons, plus d'hésitation !* aucune hésitation ! → **assez.** **2.** *NE PAS... NON PLUS* (pour nier l'action ou l'état d'un second sujet). *Jacques n'aime pas les voyages et sa femme non plus.* ⟨contraire : aussi⟩ *Il n'est pas patient, moi non plus ; eux non plus.* ⟨contraire : si⟩ *Vous non plus, vous n'avez rien à dire ? – Jamais il n'acceptera, ni elle non plus.* → **ni.**

REM. **1.** Attention, lorsque le NE est absent (familier), il peut y avoir confusion avec ① **plus** à l'écrit : *j'en veux plus* [ply] et *j'en veux plus* [plys] ont un sens opposé. **2.** Dans la langue très familière *Il n'y a plus de* se prononce [japyd].

PLUSIEURS [plyzjœʀ] adj. et n. m. pluriel **1.** adjectif (avant le nom) Plus d'un. *Nous avons invité plusieurs amis à dîner.* → **quelques.** *Elle a été malade pendant plusieurs jours. Elle est allée plusieurs fois en Italie. Je l'ai rencontré à plusieurs reprises,* à maintes reprises. **2.** nom masculin *À PLUSIEURS :* à quelques-uns. *Ils s'y sont mis à plusieurs pour déplacer l'armoire. – PLUSIEURS D'ENTRE NOUS pensent qu'il faut partir immédiatement.* → **certains.**

PLUS-QUE-PARFAIT [plyskəpaʀfɛ] n. m. ▪ *LE PLUS-QUE-PARFAIT :* temps composé du passé qui se construit avec l'auxiliaire à l'imparfait et le verbe au participe passé (ex. : *Je suis allée en vacances là où « j'étais allée » l'an dernier*).

plut [ply] *Il plut, elle plut :* forme au passé simple du verbe **plaire ;** *il plut :* forme au passé simple du verbe **pleuvoir.**

PLUTONIUM [plytɔnjɔm] n. m. ▪ *LE PLUTONIUM :* métal radioactif utilisé pour produire de l'énergie nucléaire. *On fabrique des bombes atomiques avec du plutonium.*

PLUTÔT [plyto] adverbe **1.** De préférence. *Pour voyager, elle prend le train PLUTÔT QUE l'avion,* elle préfère prendre le train. – *Je refuse de faire ça, plutôt mourir !* STYLE FAMILIER *Plutôt crever !* **2.** Assez. *Mon fils est plutôt grand pour son âge.* – STYLE FAMILIER *Ce professeur est plutôt barbant !*

PLUVIAL [plyvjal], **PLUVIALE** [plyvjal] adj. (après le nom) ▪ *LES EAUX PLUVIALES :* les eaux de pluie. *La gouttière récupère les eaux pluviales.* MASCULIN PLURIEL : *des ruissellements PLUVIAUX* [plyvjo].

PLUVIEUX [plyvjø], **PLUVIEUSE** [plyvjøz] adj. (après le nom) ▪ Où il pleut souvent. ⟨contraire : sec⟩ *La Normandie est une région pluvieuse. – La journée d'hier a été pluvieuse,* il a beaucoup plu.

P. M. E. [peɛmø] n. f. invariable ▪ *UNE P. M. E. :* en France, entreprise comptant moins de cinquante employés. *Elle est directrice d'une P. M. E.* PLURIEL : *il est directeur de deux P. M. E.*

REM. *P. M. E.* est le sigle de ***P**etites et **M**oyennes **E**ntreprises.*

P. M. U. [peɛmy] n. m. invariable **1.** *LE P. M. U :* en France, forme de pari officiel sur les courses de chevaux. → **quarté, quinté, tiercé.** *Il joue souvent au P. M. U.* **2.** *UN P. M. U. :* lieu où l'on enregistre ces paris. *Ce tabac est également un P. M. U.* PLURIEL : *il y a deux P. M. U. dans le quartier.*

REM. *P. M. U.* est le sigle de ***P**ari **M**utuel **U**rbain.*

PNEU [pnø] n. m. ▪ *UN PNEU :* enveloppe de caoutchouc qui entoure une roue. *Ce pneu est crevé, il faut le changer. Il gonfle les pneus de sa bicyclette. En montagne, quand il neige, on équipe les voitures de PNEUS À CLOUS.*

PNEUMATIQUE [pnømatik] adj. (après le nom) **1.** Que l'on gonfle avec de l'air. → **gonflable.** *Lorsque nous campons, nous dormons sur des MATELAS PNEUMATIQUES. À la mer, les enfants jouent avec leur CANOT PNEUMATIQUE.* **2.** Qui fonctionne à l'air comprimé. *Les ouvriers défoncent la rue au MARTEAU PNEUMATIQUE* (→ **marteau-piqueur).**

FAUX AMI
grec **πνευματικός**
« spirituel »

PNEUMONIE [pnømɔni] n. f. ▪ *UNE PNEUMONIE :* maladie infectieuse du poumon. *Elle a failli mourir d'une pneumonie.*

POCHE [pɔʃ] n. f.
I. *UNE POCHE* **1.** Partie d'un vêtement dans laquelle on peut mettre des objets. *Mes clés sont dans la poche de ma veste. Ce manteau a des poches extérieures et des poches intérieures. Mon pantalon n'a pas de poches. Elle se promène, les mains dans les poches de son pantalon. Cherche dans ta poche !* → STYLE FAMILIER **fouille.** *Il n'a pas un sou EN POCHE. – Je n'aime pas que l'on me FASSE LES POCHES !* que l'on fouille dans mes poches. – STYLE FAMILIER *EN ÊTRE DE SA POCHE :* payer plus que prévu. *Il ne m'a pas remboursé, j'en suis de ma poche.* – STYLE FAMILIER *Il connaît son quartier COMME SA POCHE :* il connaît son quartier parfaitement, à fond. **2.** *DE POCHE,* assez petit pour entrer dans la poche. *Il a une LAMPE DE POCHE,* une petite lampe électrique à pile, que l'on peut mettre dans sa poche. *J'ai un COUTEAU DE POCHE,* un petit couteau pliant. – *Elle lit un*

LIVRE DE POCHE, un livre de petit format, à couverture souple et qui n'est pas très cher. *Ce livre est paru en poche,* dans ce petit format. – *Je donne un peu d'ARGENT DE POCHE à mes enfants,* je leur donne régulièrement un peu d'argent, pour leurs petites dépenses. **3.** STYLE FAMILIER *DANS LA (SA) POCHE. La voisine N'A PAS LA LANGUE DANS SA POCHE !* elle parle avec facilité, ses réponses sont très rapides. – *Ce gosse N'A PAS LES YEUX DANS SA POCHE !* il regarde tout avec curiosité. – *Elle a réussi à METTRE son collègue DANS SA POCHE,* elle a réussi à s'en faire un allié. – *C'EST DANS LA POCHE :* c'est quasiment gagné, réussi. *Nous allons gagner, la victoire est dans la poche !*
II. *UNE POCHE* **1.** Compartiment d'un sac, d'une valise, d'un cartable, d'un portefeuille. *J'ai rangé mon livre dans la poche extérieure de ma valise. Il porte une ceinture munie d'une poche.* → **banane. 2.** Faux pli en forme de poche. *Ce pantalon fait des poches aux genoux.* – *Ma grand-mère a des poches sous les yeux,* elle a le dessous des yeux gonflé. → **cerne. 3.** Cavité remplie d'un liquide. *Un abcès est une poche de pus.* **4.** Repli du ventre, chez les marsupiaux, où les petits achèvent leur développement. *Le petit kangourou est dans la poche de sa mère.*

POCHÉ [pɔʃe], **POCHÉE** [pɔʃe] adj. (après le nom) **1.** *Un ŒIL POCHÉ :* œil qui a le tour gonflé et qui est devenu bleu à cause d'un coup. *Le boxeur a les deux yeux pochés !* **2.** *Un ŒUF POCHÉ,* plongé rapidement, sans sa coquille, dans de l'eau bouillante. *Voulez-vous des œufs à la coque, des œufs brouillés ou des œufs pochés ?*

POCHE-REVOLVER [pɔʃrevɔlvɛʀ] n. f. ▪ *UNE POCHE-REVOLVER :* poche placée derrière, sur la fesse d'un pantalon. *On lui a volé son portefeuille qui était dans sa poche-revolver.* PLURIEL : *des POCHES-REVOLVER.*

POCHETTE [pɔʃɛt] n. f. ▪ *UNE POCHETTE* **1.** Petite poche plate d'un veston, située en haut et à gauche. *Il a mis un petit mouchoir fin dans sa pochette.* **2.** Petit mouchoir élégant que l'on fait dépasser de cette poche. *Il a une pochette assortie à sa cravate.* **3.** Enveloppe qui contient qqch., pour le protéger. *Les photos sont dans leur pochette. N'oublie pas de ranger le disque dans sa pochette,* dans son étui.

FAUX AMI
roumain **poşetă**
«sac à main»

POCHETTE-SURPRISE [pɔʃɛtsyʀpʀiz] n. f. ▪ *UNE POCHETTE-SURPRISE :* cornet de papier ou sachet de papier contenant de petits jeux pour enfants, sans que l'on sache lesquels au moment de l'achat. *Voulez-vous une pochette-surprise pour fille ou pour garçon ? Dans sa pochette-surprise, il a trouvé des bonbons et un petit hélicoptère.* PLURIEL : *des POCHETTES-SURPRISES.*

POCHOIR [pɔʃwaʀ] n. m. ▪ *UN POCHOIR :* plaque de carton, de métal ou de plastique dont on a découpé l'intérieur en donnant une forme dans laquelle on passe une brosse ou un pinceau pour reproduire cette forme. *Les enfants font des dessins au pochoir. Les motifs de ce tee-shirt sont faits au pochoir.*

PODIUM [pɔdjɔm] n. m. ▪ *UN PODIUM :* estrade à trois places sur laquelle montent les vainqueurs d'une épreuve sportive. *Le sportif qui a la médaille d'or monte sur la place la plus haute du podium.*

① **POÊLE** [pwal] n. m. ▪ *UN POÊLE :* appareil de chauffage dans lequel on brûle un combustible. *Viens te réchauffer près du poêle. Dans leur chalet de montagne, ils se chauffent avec un POÊLE À BOIS. Nous avons fait installer un POÊLE À MAZOUT.*

REM. *Poil* «filament qui recouvre la peau» se prononce de la même façon.

② **POÊLE** [pwal] n. f. ▪ *UNE POÊLE :* ustensile de cuisine rond, à bord bas et à long manche. *Dans une poêle, faites dorer des petits oignons et des lardons. J'ai acheté une grande POÊLE À FRIRE.*

POÊLON [pwalɔ̃] n. m. ▪ *UN POÊLON :* casserole de métal ou de terre, à manche creux, dans laquelle on fait revenir ou mijoter des aliments. *La fondue savoyarde se fait dans un poêlon.*

POÈME [pɔɛm] n. m. ▪ *UN POÈME :* texte poétique en vers ou en prose. → **poésie.** *Elle lit un recueil de poèmes.*

POÉSIE [pɔezi] n. f. ▪ *LA POÉSIE* **1.** Art de l'expression et de la description par l'harmonie des sons et le rythme des mots. *La poésie peut être en vers ou en prose.* **2.** *UNE POÉSIE :* un poème. *Les élèves récitent une poésie.* **3.** Qualité poétique qui peut apparaître dans toute œuvre d'art. *Ce tableau est plein de poésie.* **4.** Beauté émouvante. *Ce paysage sous la lune est d'une grande poésie. Ça manque de poésie !* c'est plat et triste.

POÈTE [pɔɛt] n. m. ▪ *UN POÈTE :* écrivain qui écrit des poèmes. *Baudelaire et Rimbaud sont des poètes. Anna de Noailles est un important poète. Elle est poète à ses heures.*

POÉTIQUE [pɔetik] adj. (après le nom) **1.** Relatif à la poésie. *Il lit les œuvres poétiques de Musset,* les poèmes de Musset. – *Elle écrit dans un style poétique.* **2.** D'une beauté émouvante. *C'est une histoire très poétique* **(→ romantique).** *Ça n'a rien de poétique !* c'est vulgaire.

POGNON [pɔɲɔ̃] n. m. ▪ STYLE FAMILIER *LE POGNON :* l'argent. → **fric.** *Passe-moi un peu de pognon.*

POIDS [pwa] n. m.
I. *LE POIDS* **1.** Ce que pèse une personne, un animal, une chose. *Le poids de cette statue est de cent kilos. J'ai PRIS DU POIDS :* j'ai grossi. *Il veut PERDRE DU POIDS :* il veut maigrir. *Elle surveille son poids,* elle se pèse régulièrement. *Cette armoire est d'un poids important,* elle pèse lourd. *L'âne plie SOUS LE POIDS DE sa charge.* → **lourdeur. 2.** (marchandises) *VENDRE qqch. AU POIDS,* en pesant ce que l'on vend. *Est-ce que ces melons se vendent au poids ou à la pièce ?* – *Le POIDS NET de ces pâtes est de cinq cents grammes,* le poids des pâtes seules, sans l'emballage. *Le POIDS BRUT comprend le poids du produit et le poids de l'emballage.* – *Il ne fait rien, il n'aide pas, c'est un POIDS MORT dans notre groupe,* il n'est qu'un fardeau, un frein dans notre groupe. **3.** Force, influence. → **importance.** *Votre soutien DONNE DU POIDS à ma demande.* – *C'est un argument DE POIDS,* important.
II. *UN POIDS* **1.** Objet de métal servant à peser. *L'épicier ajoute un poids de cent grammes pour équilibrer les plateaux de la balance.* **2.** Masse de métal qu'un sportif doit lancer le plus loin possible. *Il est champion de lancer du poids.* **3.** Catégorie d'athlètes (haltérophiles, boxeurs) classés d'après leur poids. *Ces athlètes sont classés en POIDS LÉGER, POIDS MOYEN, POIDS LOURD.* – *Pour ce travail, il NE FAIT PAS LE POIDS,* il n'a pas les capacités nécessaires. **4.** *Un POIDS LOURD :* très gros camion. *Les poids lourds pèsent plus de trois tonnes et demie.* **5.** Sensation de lourdeur, de pesanteur. *J'ai trop mangé, j'ai un poids sur l'estomac.* **6.** Charge pénible. *Il faut alléger le poids des impôts.* – *Elle A UN POIDS SUR LA CONSCIENCE :* elle a des remords. *Dites la vérité, cela vous ôtera un poids,* cela vous soulagera.

REM. **1.** *Pois* «graine que l'on mange comme légume» et *poix* «matière visqueuse» se prononcent de la même façon. **2.** Ne pas confondre le *poids* (que l'on lance) et les *haltères* (que l'on soulève).

POIDS LOURD → **poids**

poignait [pwaɲɛ] *Une douleur le poignait :* forme à l'imparfait du verbe **poindre.**

POIGNANT [pwaɲɑ̃], **POIGNANTE** [pwaɲɑ̃t] adj. (après le nom) ▪ Qui cause une impression vive et souvent pénible. *Elle garde un souvenir poignant de l'enterrement de son ami.* → **déchirant, émouvant, pathétique.** *Il y a dans ce film une scène poignante,* bouleversante et dramatique. – *Il a ressenti une douleur poignante dans le dos,* une douleur très vive.

POIGNARD [pwaɲaʀ] n. m. ▪ *UN POIGNARD :* arme à lame courte et large, pointue au bout. *Il a reçu un coup de poignard dans le dos.*

POIGNARDER [pwaɲaʀde] verbe [conjugaison 1a] ▪ Frapper de coups de poignard, de coups de couteau. *Il a poignardé sa victime en plein cœur.* – (figuré) *On m'a poignardé dans le dos :* on m'a trahi.

POIGNE [pwaɲ] n. f. ▪ *LA POIGNE* **1.** Force que l'on a dans le poignet, dans la main. *Il faut de la poigne pour dévisser ce couvercle ! Il faut une sacrée poigne !* **2.** Énergie, fermeté dans le commandement. *Cette directrice a de la poigne. C'est un gouvernement À POIGNE,* énergique.

POIGNÉE [pwaɲe] n. f. ▪ *UNE POIGNÉE* **1.** Quantité (d'une chose) que peut contenir une main fermée. *Jetez trois poignées de riz dans de l'eau bouillante. Elle a ramassé une poignée de châtaignes. Il perd ses cheveux PAR POIGNÉES.* **2.** Petit nombre (de personnes). ⟨contraire : foule⟩ *Une poignée de mécontents a sifflé le ministre. Nous n'étions qu'une poignée à son enterrement.* **3.** Partie d'un objet qui sert à le tenir avec la main. *Mon fils a cassé la poignée de son cartable. Sa main est sur la poignée de la porte. En cas de danger, tirez la poignée du signal d'alarme.* **4.** *Une POIGNÉE DE MAIN :* geste par lequel deux personnes se serrent la main. *Ils se sont dit bonjour en se DONNANT UNE POIGNÉE DE MAIN,* en se serrant la main. *Il a donné une poignée de main à tous les invités. Elles ont ÉCHANGÉ UNE POIGNÉE DE MAIN :* elles se sont serré la main.

REM. En France la politesse exige la poignée de main. Si qqn ne la donne pas, on dit « il a refusé de me tendre (de me serrer) la main ».

POIGNET [pwaɲɛ] n. m. ▪ *LE POIGNET* **1.** Articulation qui réunit l'avant-bras à la main. *Il s'est cassé le poignet. Il a escaladé le mur À LA FORCE DU POIGNET,* à la force des bras, sans s'aider des pieds. – *Il a gagné sa fortune à la force du poignet,* seul et en faisant de gros efforts. **2.** Bout d'une manche qui couvre le poignet. *Ses poignets de chemise sont usés.*

POIL [pwal] n. m.
I. 1. *UN POIL :* chacun des filaments qui recouvrent la peau des mammifères. *Ce chien perd ses poils.* **2.** Ces filaments, utilisés dans la fabrication d'objets. *Ce pinceau a des poils très fins.* – *Les poils de ma brosse à dents sont en nylon.*
II. *LE POIL* **1.** L'ensemble des poils (animaux). → **pelage, fourrure.** *Le poil des chats est très doux. Ce chien a un beau poil. Il a le poil brillant.* – (figuré) *Il est TOMBÉ SUR LE POIL DE son ennemi,* il s'est jeté brutalement sur lui pour l'attaquer. *Elle va mieux, elle a REPRIS DU POIL DE LA BÊTE,* elle a retrouvé son calme, son état normal. (personnes) *Ce garçon a du poil partout. Elle a du poil aux jambes.* → **poilu, velu. 2.** Chacun de ces filaments, sur certaines parties du corps des humains. *Les humains ont des poils sur le visage* (→ **barbe, moustache ; cil, sourcil).** *Elle ôte quelques poils de ses sourcils.* → **épiler.** *Il a des poils sur la poitrine.* – STYLE FAMILIER *Il n'a plus un poil sur le caillou :* il n'a plus du tout de cheveux. – STYLE FAMILIER *Je N'AI PLUS UN POIL DE SEC !* je suis trempé. STYLE FAMILIER *AVOIR UN POIL DANS LA MAIN :* être très paresseux. *Ma parole, tu as un poil dans la main !* **3.** STYLE FAMILIER Marquant la justesse. → **presque.** *Je suis parti à huit heures et il est arrivé à huit heures deux : nous nous sommes ratés À UN POIL PRÈS,* nous nous sommes ratés de peu. – *Nous n'avons pas eu d'accident mais IL S'EN EST FALLU D'UN POIL :* nous avons failli avoir un accident, l'accident a presque eu lieu. → **cheveu. 4.** STYLE FAMILIER Marquant la convenance. *AU POIL :* comme il le faut, bien. → **bien.** *Ça marche au poil ! ÊTRE AU POIL :* être parfait, être très bien. *Nous sommes d'accord, c'est au poil ! Cette nana, elle est au poil !* → **super.** *« Tu seras là ? AU POIL ! »* parfait ! – *C'EST PILE POIL :* c'est parfait. *Nous avons réussi pile poil,* parfaitement, juste comme il faut. **5.** STYLE FAMILIER *À POIL,* tout nu. → **nu.** ⟨contraire : vêtu⟩ *Elle est à poil sur son lit. Mets-toi à poil :* déshabille-toi. *On peut se baigner à poil sur cette plage,* sans maillot. **6.** STYLE FAMILIER Marquant l'humeur. *ÊTRE DE BON POIL, DE MAUVAIS POIL :* être de bonne, de mauvaise humeur. *Tu n'as pas l'air de bon poil, ce matin ! Ne le dérange pas, il est de mauvais poil.*

REM. **1.** On ne dit pas *le poil* pour la barbe, sauf dans *Il n'a pas encore de poil au menton* (jeune garçon). **2.** Un jeu populaire utilise *poil au* pour faire des rimes cocasses : *« C'est trop long ! – Poil au menton », « Il est perdu ! – Poil au cul ».*

SE **POILER** [pwale] verbe pronominal [conjugaison 1a] ▪ STYLE FAMILIER Rire aux éclats. *Il nous a raconté une bonne blague, qu'est-ce qu'on s'est poilés !* → STYLE FAMILIER se **bidonner,** se **gondoler,** se **marrer, rigoler.**

POILU [pwaly], **POILUE** [pwaly] adj. (après le nom) ▪ Qui a beaucoup de poils. *Il a les jambes poilues. Il est poilu comme un singe !*

REM. On appelait les soldats français *les poilus* pendant la guerre de 1914-1918.

POINÇON [pwɛ̃sɔ̃] n. m. ▪ *UN POINÇON* **1.** Instrument pointu qui sert à percer et à graver. *Le cordonnier fait des trous dans une ceinture avec un poinçon.* **2.** Marque gravée. *Les bijoux contrôlés sont marqués d'un poinçon.*

POINÇONNER [pwɛ̃sɔne] verbe [conjugaison 1a] **1.** Graver d'une marque. *Les bijoux en or et en argent sont poinçonnés.* **2.** Faire un petit trou avec une pince (dans un titre de transport). *Les contrôleurs du T. G. V. poinçonnent parfois les tickets des voyageurs.*

POINDRE [pwɛ̃dʀ] verbe [conjugaison 49] ▪ STYLE RECHERCHÉ **1.** Apparaître. *Au printemps, vous verrez poindre les primevères.* → **sortir. 2.** Commencer à paraître. *Le jour commence à poindre. L'aube point.* → **apparaître.** – *Une idée commence à poindre dans ma tête.* → **naître. 3.** Faire souffrir. *Une violente douleur le poignait.*

REM. Ce verbe est rarement utilisé et s'emploie surtout à l'infinitif.

POING [pwɛ̃] n. m. ▪ *LE POING :* la main fermée avec les doigts serrés. *Ils se sont battus à COUPS DE POINGS.* → **cogner, frapper ; boxe.** *Elle a tapé du poing sur la table.* STYLE FAMILIER *Tu veux mon poing sur la gueule ?* – *Il SERRE LES POINGS,* d'impatience, de souffrance. *Elle DORT À POINGS FERMÉS :* elle dort très profondément.

point [pwɛ̃] *Le jour point :* forme au présent du verbe **poindre.**

① **POINT** [pwɛ̃] n. m.
I. *UN POINT* **1.** La plus petite partie d'espace possible. *Dans cette figure géométrique, les droites se coupent en un point A.* – *Les quatre POINTS CARDINAUX sont le nord, le sud, l'est et l'ouest. Les pôles de la terre sont des points imaginaires.* – *Le bateau qui s'éloigne n'est plus qu'un point à l'horizon. J'aperçois un point lumineux dans le ciel.* **2.** Endroit, lieu précis et très petit. *Les fourmis se déplacent d'un point à un autre. Il a été blessé EN PLUSIEURS POINTS du corps. Les coureurs sont revenus à leur POINT DE DÉPART,* au lieu d'où ils étaient partis. *Nous*

avons rendez-vous au *POINT DE RENCONTRE de l'aéroport.* – *Cette usine a de nombreux POINTS DE VENTE,* de nombreux magasins, de nombreux lieux d'achat. – *Les randonneurs cherchent un POINT D'EAU,* une source, un puits. – *Cette montagne est le POINT CULMINANT de la région,* le sommet le plus haut. – *Je m'arrête de courir un moment, j'ai un POINT DE CÔTÉ,* j'ai une douleur vive au côté. – (figuré) *La gourmandise est mon POINT FAIBLE !* c'est mon petit défaut, ma petite faiblesse. **3.** Petit signe de ponctuation, de forme ronde (.). *Lorsqu'une phrase est terminée, on met un point. N'oubliez pas les points et les virgules* (→ **ponctuation**). *Point à la ligne,* mettez un point et passez à la ligne suivante. – *Il y a des POINTS DE SUSPENSION (...), des POINTS D'EXCLAMATION (!), des POINTS D'INTERROGATION (?)* (→ **point-virgule**). – *Tu ne sortiras pas, UN POINT, C'EST TOUT,* n'en parlons plus. – Petit signe semblable qui accompagne une lettre. *Le tréma est un double point. Il y a un point sur les lettres* i *et* j. **4.** Chacune des unités d'une notation. *Il manque deux points à mon fils pour avoir la moyenne. Nous avons gagné : trois points à zéro ! L'équipe adverse a marqué un point. La partie de ping-pong se joue en vingt et un points. Le Premier ministre a gagné trois points dans le dernier sondage.* – *Son expérience est UN BON POINT pour lui,* c'est une qualité, un avantage, pour lui. *Cet échec est un mauvais point.* **5.** Question, problème. *Nous arrivons au point principal de la discussion. Nous sommes d'accord sur tous les points. C'est un POINT DE DÉTAIL :* c'est une chose sans importance. *C'est un POINT CHAUD en politique,* un problème aigu. – *Ils n'ont pas le même caractère, mais ils ont un POINT COMMUN, la musique,* ils aiment tous les deux la musique.

II. *LE POINT* **1.** *FAIRE LE POINT :* calculer la position d'un navire en mer. *Le capitaine fait le point.* – *Les jours de départs en vacances, le journaliste fait le point sur l'état des routes,* il renseigne avec précision les automobilistes sur la circulation routière. *Nous ferons le point sur ce problème,* nous étudierons tous les éléments de la situation. **2.** *Le POINT MORT :* dans une voiture, position zéro du levier de vitesse. *Le moteur tourne, mais la voiture EST AU POINT MORT,* aucune vitesse n'est enclenchée. – *Les négociations sont au point mort,* elles sont arrêtées, elles n'évoluent plus. **3.** *ÊTRE SUR LE POINT DE faire qqch. :* être juste au moment de faire qqch. *J'étais sur le point de partir quand le téléphone a sonné,* j'allais juste partir, j'allais partir à l'instant. → **aller.** *Nous étions sur le point de donner notre démission,* nous l'avions presque donnée. → **presque.**

III. *POINT DE VUE* **1.** Endroit qui permet de voir loin. *Du haut de la colline, on a un beau point de vue.* → **vue.** *La fenêtre du salon a un POINT DE VUE SUR la tour Eiffel.* → **dégagement.** *La voiture s'est arrêtée au point de vue indiqué par la carte.* → **panorama.** **2.** (abstrait) Façon de penser, direction de la perception. *Nous n'avons pas le même point de vue sur le féminisme.* → **conception, idée.** *J'aborderai le sujet par un autre point de vue.* → **approche, aspect.** *Donnez-moi votre point de vue.* → **opinion.** *Je partage votre point de vue,* j'ai la même opinion. *La presse exprime des points de vue très variés.* → **position.**

IV. *À POINT, AU POINT* **1.** *METTRE AU POINT :* régler (une image) jusqu'à ce qu'elle soit nette. *Avec des jumelles, on met au point en tournant la molette.* – *Avant la réunion, il reste quelques détails à mettre au point,* à régler, à préciser. *Nous avons fait une MISE AU POINT :* nous avons précisé nettement la situation. – *ÊTRE AU POINT :* être prêt, être en état de fonctionner. *Ce nouveau modèle de moteur n'est pas encore au point.* **2.** *ARRIVER À POINT,* au bon moment. *Vous arrivez juste à point pour l'apéritif !* **3.** *AU POINT :* dans une certaine situation. *Dînez avec nous, nous avons déjà dix invités, alors, AU POINT OÙ nous en sommes, nous pouvons en avoir douze ! L'enquête de la police en est toujours AU MÊME POINT,* elle n'a pas avancé, pas progressé. – *À POINT :* dans l'état le meilleur, dans l'état que l'on souhaitait. *Ces pâtes sont cuites à point.* – *Je voudrais que mon steak soit CUIT À POINT,* cuit moyennement (entre *saignant* et *bien cuit*). **4.** *À CE POINT :* aussi, tellement. *Je n'ai jamais été malade à ce point* (→ **si**). – *Ce n'est pas grave AU POINT DE paniquer !* – *Je sais À QUEL POINT il est malheureux,* je sais comme il est malheureux, je sais qu'il est très malheureux (→ **combien**). *Elle est méchante À UN POINT inimaginable,* elle est tellement méchante qu'on a du mal à l'imaginer, à y croire. *Il est bête, mais bête à un point !*

REM. Le mot *poing* « main fermée » se prononce de la même façon.

les points

Le ***point (·)*** marque la fin d'une phrase ; il est suivi d'une majuscule.

Un vent violent souffle.

Le point sert à marquer la fin d'une abréviation (*Monsieur* → M. ; *nom masculin* → n. m., dans les dictionnaires).

Le ***point d'interrogation (?)*** marque la fin d'une phrase interrogative.

Est-ce que tu as faim ? Veux-tu déjeuner ?
Tu viens, oui ou non ?

Le ***point d'exclamation (!)*** marque la fin d'une phrase exclamative ou suit une interjection.

Comme il fait beau ! Zut ! Je me suis trompé.

Le ***point-virgule (;)*** s'utilise au lieu du point entre deux phrases dont le sens est lié. On ne met pas de majuscule après le point-virgule.

Le soleil brille ; il fait chaud.

Les ***deux points (:)*** annoncent une citation.

Il dit : « Je pars, viens avec moi ».

Ils annoncent aussi une cause ou une conséquence.

C'est l'inondation : le fleuve a débordé (cause) ;
il n'y a plus d'argent : c'est la faillite (conséquence).

Les ***points de suspension (...)*** indiquent qu'une phrase n'est pas terminée ou que l'on hésite.

Le vent déracine les arbres, arrache les toits, soulève des vagues énormes...
Il y avait des gens... plutôt bizarres.

Il ne faut pas mettre de points de suspension après *etc.*, un seul suffit.

② **POINT** [pwɛ̃] n. m. ▪ *UN POINT* **1.** Longueur de fil entre deux piqûres de l'aiguille. *La couturière a fait un ourlet à grands points.* **2.** Manière de faire une suite de points. *En couture, il y a le POINT DE DEVANT, le POINT ARRIÈRE. Le jersey et le POINT MOUSSE sont des points de tricot.*

③ **POINT** [pwɛ̃] adverbe ▪ STYLE RECHERCHÉ *NE... POINT :* sert à exprimer la négation. *Malgré les apparences, elle n'est point sotte.* → **pas.** – (ironique) *On l'a attendu deux heures, mais point de Jacques.*

POINTAGE [pwɛ̃taʒ] n. m. ▪ *LE POINTAGE :* contrôle de la présence (d'employés, d'élèves). *Chaque matin, les ouvriers se présentent au pointage* (→ **pointer**).

POINT DE VUE → **point**

POINTE [pwɛ̃t] n. f. ▪ *UNE POINTE* **1.** Extrémité pointue d'un objet servant à percer, à piquer. *Elle s'est piquée avec une épingle. Il pique un bout de pain avec la pointe de son couteau. Il aiguise la pointe d'un outil.* **2.** Extrémité plus mince d'une chose. → **bout.** *Le taureau baisse la tête et montre la pointe de ses cornes. Les pointes du col de cette chemise sont trop longues ! Les pointes de mes cheveux sont abîmées.* – *Ses moustaches sont taillées EN POINTE.* – *Nous avons mangé des POINTES D'ASPERGES,* les extrémités tendres des asperges. **3.** Partie de terre qui s'avance dans la mer. → **cap.** *Il y a un phare À LA POINTE DE l'île.* – *À LA POINTE DE :* en avant de. *Cette entreprise est à la pointe du progrès.* → **avant-garde.** –

L'électronique est une technique DE POINTE, très nouvelle, très moderne. **4.** *La POINTE DES PIEDS :* l'extrémité des pieds. *Elle marche sur la pointe des pieds pour ne pas faire de bruit. Mon petit frère se dresse sur la pointe des pieds pour attraper son jouet sur la table. - Cette négociation est difficile, allons-y sur la pointe des pieds,* prenons des précautions. - *La danseuse FAIT DES POINTES,* elle se tient debout sur la pointe des pieds. **5.** Objet pointu. *On ne peut pas escalader cette grille car elle a des pointes.* **6.** Parole méchante. *Elle m'a lancé des pointes toute la soirée !* → **flèche, pique.** **7.** Très petite quantité d'une chose piquante ou forte. *Elle a ajouté une pointe d'ail dans la sauce.* - (figuré) *J'ai senti une pointe de jalousie dans les compliments qu'elle m'a faits,* un peu de jalousie. *Il parle français avec une pointe d'accent espagnol,* avec un léger accent espagnol. **8.** *POUSSER UNE POINTE DE VITESSE :* accélérer et aller à la vitesse maximum. *Le coureur pousse une pointe de vitesse avant l'arrivée* (→ **sprint**). - *Quelle est la VITESSE DE POINTE de cette automobile ?* sa plus grande vitesse. **9.** *Les HEURES DE POINTE :* période, moment d'activité maximum (opposé à heures creuses). *J'essaie toujours de ne pas prendre le métro aux heures de pointe,* au moment où il y a le plus grand nombre de personnes dans le métro.

POINTE DU RAZ → **Raz**

① **POINTER** [pwɛ̃te] verbe [conjugaison 1a] **1.** Dresser en pointe. *Le cheval pointe les oreilles.* **2.** S'élever en formant une pointe. *Les sapins pointent vers les ciel. - Ses seins pointent sous son pull.*

② **POINTER** [pwɛ̃te] verbe [conjugaison 1a] **1.** Diriger. *Le bandit pointe son arme vers la porte.* → **braquer.** *En parlant, il a pointé son index vers moi.* **2.** Lancer la boule le plus près possible du cochonnet, au jeu de boules, à la pétanque. *Alors, tu pointes ou tu tires ?* **3.** Marquer d'un point (chaque élément d'une liste) pour contrôler. *L'institutrice pointe les noms de ses élèves* (→ **pointage**). **4.** Enregistrer son heure d'arrivée et son heure de départ. *À l'usine, les ouvriers pointent.* **5.** STYLE FAMILIER verbe pronominal SE POINTER : arriver. *Nous avions rendez-vous à deux heures mais elle s'est pointée tranquillement à trois heures !* → STYLE FAMILIER s'**amener.**

POINTILLÉ [pwɛ̃tije] n. m. ▪ *UN POINTILLÉ* **1.** Ligne formée de petits points. *Sur cette carte géographique, les frontières sont EN POINTILLÉ.* **2.** Trait formé de très petits trous, qui permet de détacher facilement une feuille de papier. *Détachez suivant le pointillé.*

POINTILLEUX [pwɛ̃tijø],**POINTILLEUSE** [pwɛ̃tijøz] adj. (après le nom) ▪ Très minutieux, très exigeant. → **tatillon.** *La directrice de l'école est très pointilleuse sur la discipline.*

POINTU [pwɛ̃ty], **POINTUE** [pwɛ̃ty] adj. (après le nom) **1.** Terminé en pointe. ⟨contraire : arrondi⟩ *La mine d'un crayon neuf est bien pointue. - Elle est mignonne avec son petit nez pointu !* **2.** Difficile et d'une grande précision. *Elle a réalisé une étude très pointue.*

POINTURE [pwɛ̃tyʀ] n. f. ▪ *LA POINTURE* **1.** Nombre qui indique la dimension des chaussures, des gants et des chapeaux. *« Quelle pointure faites-vous ? - Je chausse du 38. » Quelle est votre pointure de gants ?* **2.** *UNE GROSSE POINTURE :* un personnage important et très compétent. *Cet homme est une grosse pointure de la finance.*

REM. Pour les autres vêtements, on dit *taille.*

POINT-VIRGULE [pwɛ̃viʀgyl] n. m. ▪ *UN POINT-VIRGULE :* signe de ponctuation (;) qui s'utilise au lieu du point entre deux phrases dont le sens est lié. *Mettez un point-virgule.* PLURIEL : *des POINTS-VIRGULES.*

POIRE [pwaʀ] n. f. ▪ *UNE POIRE* **1.** Fruit charnu du poirier. *Cette poire est juteuse et sucrée. Elle a fait une tarte aux poires. - J'ai envie de manger une POIRE BELLE-HÉLÈNE,* un dessert composé d'une poire au sirop et de glace à la vanille recouvertes de chocolat chaud. - *Il faut COUPER LA POIRE EN DEUX :* il faut que chacun fasse des concessions, renonce à certaines choses pour arriver à se mettre d'accord. **2.** STYLE FAMILIER Visage. *Il a reçu un coup de poing EN PLEINE POIRE.* → STYLE FAMILIER **gueule ; figure.** **3.** STYLE FAMILIER Personne qui se laisse tromper facilement. → **naïf.** *C'est une vraie poire, ce type.* → **idiot, imbécile, sot.** *Je suis trop bonne poire.* → STYLE FAMILIER **pomme.**

POIREAU [pwaʀo] n. m. ▪ *UN POIREAU* **1.** Légume de forme allongée qui a des feuilles vertes et un pied blanc. *Nous avons mangé du BLANC DE POIREAU en vinaigrette,* la partie blanche de ce légume. PLURIEL : *j'ai mis des POIREAUX dans la soupe.* **2.** STYLE FAMILIER *FAIRE LE POIREAU :* attendre. *J'en ai assez de faire le poireau !* (→ **poireauter**).

POIREAUTER [pwaʀɔte] verbe [conjugaison 1a] ▪ STYLE FAMILIER Attendre. *Te voilà enfin : j'ai poireauté pendant une heure !*

POIRIER [pwaʀje] n. m. ▪ *UN POIRIER* Arbre cultivé pour ses fruits, les poires. *Les fleurs du poirier sont blanches.*

POIS [pwa] n. m.
I. *UN POIS* **1.** *(PETIT) POIS :* plante à graines rondes, contenues dans une gousse, que l'on mange comme légume. *Nous avons mangé des petits pois.* → **petit-pois.** *Elle écosse des pois.* **2.** *Le cuisinier prépare une soupe de POIS CASSÉS,* de pois verts secs, divisés en deux. **3.** *POIS CHICHE :* grosse graine jaunâtre comestible. *Dans le couscous, il y a des pois chiches. Elle prépare une salade de pois chiches.*
II. *UN POIS DE SENTEUR :* plante grimpante à fleurs roses, bleues ou blanches très parfumées. *On lui a offert un bouquet de pois de senteur.*
III. *À POIS :* à petits ronds décoratifs d'une autre couleur. *Elle a une robe noire à pois blancs. C'est un tissu à carreaux ou à pois ?*

REM. *Poids* « ce que pèse une personne, une chose » se prononce de la même façon.

POISON [pwazɔ̃] n. m., n. f. **1.** *UN POISON :* substance dangereuse pour la santé, qui peut provoquer la mort. *L'arsenic est un poison violent. On a mis du poison dans son verre* (→ **empoisonner**). **2.** STYLE FAMILIER *UN POISON, UNE POISON :* personne insupportable. *Quelle poison cette fille !*

POISSE [pwas] n. f. ▪ *LA POISSE :* malchance. *J'ai perdu mes clés, c'est la poisse. Quelle poisse ! Je ne veux plus voir cette nana, elle me PORTE LA POISSE,* elle me porte malheur, j'ai toujours des ennuis quand je suis avec elle.

POISSEUX [pwasø], **POISSEUSE** [pwasøz] adj. (après le nom) ▪ Collant. *Jette ce papier de bonbon poisseux ! Tu as les mains poisseuses.*

POISSON [pwasɔ̃] n. m. ▪ *UN POISSON* **1.** Animal qui vit dans l'eau et qui a des nageoires. *Les poissons respirent avec leurs branchies. Le brochet est un POISSON D'EAU DOUCE, le turbot est un POISSON DE MER. Mon fils a des POISSONS ROUGES dans un aquarium. Le pêcheur a pris trois poissons. Il y a beaucoup de poissons dans cette rivière* (→ **poissonneux**). *Il élève des poissons* (→ **pisciculture**). - *Ce soir, nous mangerons DU POISSON. J'aime le poisson frit.* → **friture.** *J'ai acheté du poisson à la poissonnerie. Faites-moi des filets de poisson, j'ai horreur des arêtes.* **2.** *COMME UN POISSON. Sa fille nage comme un poisson,* elle nage très bien. *Il EST HEUREUX COMME UN POISSON DANS L'EAU :* il est parfaitement heureux, parfaitement à son aise.

3. *FINIR EN QUEUE DE POISSON* : se dit d'une affaire, d'un projet qui se termine de façon décevante. *Tout allait bien, mais le projet a fini en queue de poisson.* - *Un automobiliste nous a FAIT UNE QUEUE DE POISSON,* il a doublé notre voiture et s'est rabattu brusquement devant nous. 4. *Un POISSON D'AVRIL* : farce que l'on fait le premier avril. *Les enfants adorent faire des poissons d'avril.* 5. (au pluriel) LES POISSONS : signe du zodiaque qui va du 19 février au 20 mars. *Il est né sous le signe des Poissons.* - *Elle est Poissons :* elle est née sous le signe des Poissons.

POISSONNERIE [pwasɔnʀi] n. f. ▪ *UNE POISSONNERIE* : boutique où l'on vend des poissons, des coquillages et des crustacés. *J'ai acheté des soles, des crabes et des moules à la poissonnerie.*

POISSONNEUX [pwasɔnø], **POISSONNEUSE** [pwasɔnøz] adj. (après le nom) ▪ Où il y a de nombreux poissons. *Nous pêchons dans une rivière poissonneuse.*

POISSONNIER [pwasɔnje] n. m., **POISSONNIÈRE** [pwasɔnjɛʀ] n. f. ▪ *UN POISSONNIER, UNE POISSONNIÈRE* : une personne qui vend du poisson. *Je suis allé chez le poissonnier acheter de la lotte.*

POITRAIL [pwatʀaj] n. m. ▪ *LE POITRAIL* : le devant du corps du cheval et de quelques autres animaux. *Ce cheval a un poitrail puissant. Les ânes et les vaches ont poussé la barrière de leurs poitrails.*

POITRINE [pwatʀin] n. f. ▪ *LA POITRINE* 1. Partie du corps humain située entre les épaules et le ventre et qui contient le cœur et les poumons. → **buste, thorax, torse.** *Cet athlète a une poitrine puissante* (→ **pectoral).** *Respirez en gonflant la poitrine.* 2. Partie avant du thorax. *Il a la poitrine velue. Elle dort, la tête posée sur la poitrine de son père.* 3. Seins d'une femme. → **gorge, seins.** *Elle se promène la poitrine à l'air,* sans soutien-gorge. *Quel est votre tour de poitrine ? Elle a une grosse poitrine. Sa poitrine est petite, menue. Elle a beaucoup de poitrine.* 4. Partie inférieure du thorax du bœuf, du veau, du mouton, du porc. *La poitrine de bœuf sert à faire le pot-au-feu. J'ai acheté de la poitrine fumée* → **lard.**

POIVRE [pwavʀ] n. m. ▪ *LE POIVRE* 1. Épice au goût fort et piquant, fait avec les fruits d'un arbuste des régions tropicales. *Elle a mis du sel et du poivre dans la sauce* (→ **poivrer).** *Il éternue parce qu'il a respiré du poivre. Je voudrais du poivre en grains, du poivre en poudre et du poivre concassé. J'ai mangé un STEAK AU POIVRE,* couvert de petits morceaux de poivre concassé. 2. *POIVRE ET SEL* : se dit de cheveux bruns mêlés de cheveux blancs. *Il a des cheveux poivre et sel.*

POIVRER [pwavʀe] verbe [conjugaison 1a] ▪ Assaisonner de poivre. *Il a salé et poivré le rôti.*

POIVRON [pwavʀɔ̃] n. m. ▪ *UN POIVRON* : piment doux, vert, rouge ou jaune. *Elle a mangé une salade de poivrons grillés. Il prépare des poivrons farcis.*

POIX [pwa] n. f. ▪ *LA POIX* : matière visqueuse qui contient de la résine. *La poix est utilisée comme colle.*

REM. *Poids* «lourdeur» et *pois* «graine» se prononcent de la même façon.

POKER [pɔkɛʀ] n. m. ▪ *LE POKER* 1. Jeu de cartes où l'on mise de l'argent. *Ils jouent au poker.* - *Qui veut faire un poker ?* 2. *UN COUP DE POKER* : essai audacieux, basé sur le bluff, pour intimider l'adversaire. *Il faut qu'ils croient que nous pouvons acheter, c'est un coup de poker.*

POLAIRE [pɔlɛʀ] adj. (après le nom) 1. Relatif aux régions qui se trouvent autour du pôle Nord et du pôle Sud. *Le climat polaire est très rigoureux. Les OURS POLAIRES sont blancs. Ils organisent une expédition polaire,* au pôle. - *Il fait un froid polaire dans cet appartement !* il fait très froid. 2. *Le CERCLE POLAIRE* : cercle imaginaire parallèle à l'équateur. *Le cercle polaire limite les régions des pôles.* - *L'ÉTOILE POLAIRE indique le nord.*

POLAQUE [pɔlak] adj., n. m. et n. f. ▪ (péjoratif) STYLE FAMILIER 1. adjectif (après le nom) Polonais. *Il a l'accent polaque.* 2. *UN POLAQUE, UNE POLAQUE* : un Polonais, une Polonaise. *Les Polaques.*

REM. On écrit aussi *un Polack, une Polack* et *un Polak, une Polak.*

POLAR [pɔlaʀ] n. m. ▪ STYLE FAMILIER *UN POLAR* : un roman policier ou un film policier. *Il ne lit que des polars. J'ai vu un bon polar à la télévision.*

POLARISER [pɔlaʀize] verbe [conjugaison 1a] 1. Attirer (l'attention). *Cet enfant infernal polarise tous les regards.* 2. STYLE FAMILIER verbe pronominal SE POLARISER : fixer son attention, se concentrer sur un objet unique. *Elle s'est toujours polarisée sur son travail.*

POLAROÏD [pɔlaʀɔid] n. m. (marque déposée) ▪ *UN POLAROÏD* 1. Appareil photo qui développe instantanément la photo que l'on vient de prendre. *Elle prend ses enfants en photo au polaroïd.* 2. Photo prise au polaroïd. *J'ai quelques polaroïds de la fête.*

POLDER [pɔldɛʀ] n. m. ▪ *UN POLDER* : terrain plus bas que le niveau de la mer, que l'on a entouré de digues pour l'assécher et le cultiver. *Il y a de nombreux polders aux Pays-Bas.*

REM. Ce mot vient du néerlandais.

PÔLE [pol] n. m. 1. *LE PÔLE* : chacun des deux points de la surface terrestre qui se trouvent aux extrémités de l'axe imaginaire autour duquel la Terre tourne sur elle-même. *L'avion passe au-dessus du pôle. Le pôle Nord est aussi appelé pôle arctique. Le pôle Sud est aussi appelé pôle antarctique.* 2. Région située près d'un pôle. *Les Inuits habitent au pôle Nord.* 3. *UN PÔLE* : chacune des deux extrémités d'un circuit électrique. *Une pile a un pôle positif et un pôle négatif.* 4. Centre d'intérêt. *La grande roue est le PÔLE D'ATTRACTION de la fête foraine.*

POLÉMIQUE [pɔlemik] n. f. ▪ *UNE POLÉMIQUE* : discussion vive et agressive sur un sujet important. → **controverse, débat.** *Des scientifiques ont engagé une polémique au sujet de l'euthanasie.*

FAUX AMI
grec **πολεμικός**
«relatif à la guerre»

POLÉMIQUER [pɔlemike] verbe [conjugaison 1a] ▪ Discuter avec agressivité et passion (→ **polémique).** *Vous n'allez pas polémiquer.*

① **POLI** [pɔli], **POLIE** [pɔli] adj. (après le nom) ▪ Qui a une attitude conforme aux règles de la politesse. ⟨contraires : grossier, impertinent, impoli, insolent⟩ *Leurs enfants sont très polis,* ils sont bien élevés. - *Il lui a fait un sourire poli.* → **courtois.**

② **POLI** [pɔli], **POLIE** [pɔli] adj. (après le nom) ▪ Lisse et brillant. *J'ai ramassé des cailloux polis au bord du torrent.* ⟨contraire : rugueux⟩

① **POLICE** [pɔlis] n. f. ▪ *LA POLICE* 1. L'ensemble des services et des personnes qui sont chargés d'assurer l'ordre public et la sécurité, de faire respecter les lois de la vie en société et de réprimer les infractions. *Mon voisin travaille dans la police* (→ **policier).** *La POLICE JUDICIAIRE est chargée de réprimer les infractions* (→ **P. J.).** *Un AGENT DE POLICE règle la circulation. Un INSPECTEUR DE POLICE interroge le suspect. Il est allé porter plainte au COMMISSARIAT DE POLICE. Le voleur a été arrêté par la police. Quand il a entendu un coup de feu, il a immédiate-*

ment *APPELÉ LA POLICE. Il faut appeler POLICE SECOURS,* l'organisation de police qui porte secours en cas d'urgence. *Il y a eu un CONTRÔLE DE POLICE dans le métro,* un contrôle d'identité fait par des policiers. **2.** Organisation de l'ordre. → **discipline.** *Le professeur est obligé de FAIRE LA POLICE dans sa classe.*

FAUX AMI
suédois **polis** « agent de police »

② **POLICE** [pɔlis] n. f. ▪ *UNE POLICE* **1.** *UNE POLICE D'ASSURANCE :* un contrat d'assurance. *J'ai souscrit à une police d'assurance pour ma voiture.* **2.** *Une POLICE DE CARACTÈRES :* ensemble de caractères typographiques de la même famille. *On peut choisir entre de nombreuses polices de caractères sur cet ordinateur.*

POLICHINELLE [pɔliʃinɛl] n. m. ▪ *UN POLICHINELLE :* pantin qui a une bosse dans le dos, qui représente Polichinelle, personnage de la comédie italienne. *Le petit garçon joue avec un polichinelle. - C'est un SECRET DE POLICHINELLE :* c'est un faux secret que tout le monde connaît.

POLICIER [pɔlisje] n. m. et adj., **POLICIÈRE** [pɔlisjɛʀ] adj.
I. *UN POLICIER :* une personne qui travaille dans la police. → STYLE FAMILIER **flic, keuf, poulet.** *Les gardiens de la paix, les agents de police sont des policiers en uniforme. Un policier en civil surveille les allées et venues du malfaiteur. Elle est policier.*
II. adjectif (après le nom) **1.** Relatif à la police. *Une ENQUÊTE POLICIÈRE est en cours. Ils recherchent les fuyards avec des CHIENS POLICIERS,* avec des chiens, généralement des bergers allemands, dressés pour aider la police dans ses recherches. **2.** *Un ROMAN POLICIER, un FILM POLICIER,* où il est question de crimes mystérieux et d'enquêtes de police (→ **polar).** *Je lis souvent des romans policiers.* → **noir.**

POLIMENT [pɔlimɑ̃] adverbe ▪ D'une manière polie, avec politesse. *Réponds poliment.*

POLIO [pɔljo] n. m., n. f. ▪ STYLE FAMILIER **1.** *LA POLIO :* la poliomyélite. *Il a eu la polio quand il était bébé.* **2.** *UN POLIO, UNE POLIO :* une personne qui a la poliomyélite. *Il est dans un centre pour polios.*
REM. *Un, une polio :* abréviation du mot savant *poliomyélitique.*

POLIOMYÉLITE [pɔljɔmjelit] n. f. ▪ *LA POLIOMYÉLITE :* maladie infectieuse très grave de la moelle épinière qui entraîne généralement la paralysie. → STYLE FAMILIER **polio.** *On vaccine les enfants contre la poliomyélite.*

POLIR [pɔliʀ] verbe [conjugaison 2] ▪ Rendre lisse et brillant en frottant. *Polissez la planche avec du papier de verre.* → **limer, poncer.**

POLISSON [pɔlisɔ̃] n. m. et adj., **POLISSONNE** [pɔlisɔn] n. f. et adj. **1.** *UN POLISSON, UNE POLISSONNE :* enfant espiègle et désobéissant. → **farceur, fripon.** *Vous êtes de petits polissons !* **2.** adjectif (après le nom) Vif et malicieux, sans méchanceté. *Il a des yeux polissons. - Il raconte souvent des histoires polissonnes,* un peu osées. → **grivois, leste.**

POLITESSE [pɔlitɛs] n. f. ▪ *LA POLITESSE :* l'ensemble des règles et des usages que l'on doit observer dans sa façon de se comporter et de parler quand on est bien élevé. → **courtoisie.** *Il aurait pu avoir la politesse de me remercier.* ⟨contraires : grossièreté, impolitesse⟩ *La politesse veut que tu dises merci. « S'il vous plaît » est une FORMULE DE POLITESSE.*

POLITICIEN [pɔlitisjɛ̃] n. m., **POLITICIENNE** [pɔlitisjɛn] n. f. ▪ *UN POLITICIEN, UNE POLITICIENNE :* une personne qui a une action politique dans le gouvernement ou dans l'opposition. *J'ai regardé un débat entre des politiciens à la télévision.*

POLITIQUE [pɔlitik] n. f. et adj.
I. *LA POLITIQUE* **1.** Manière de gouverner un État et de mener ses relations avec les autres pays. *Ce gouvernement mène une politique de gauche. Pendant la campagne électorale, les candidats exposent leur politique. - Il FAIT DE LA POLITIQUE :* il s'intéresse aux affaires publiques. - (sans *de*) *Ils ont parlé politique toute la soirée.* **2.** Manière de mener une affaire. *Cette entreprise a une mauvaise politique commerciale.* → **stratégie.** - *C'est LA POLITIQUE DE L'AUTRUCHE :* on laisse faire en refusant de voir le danger (comme l'autruche qui se met la tête dans le sable lorsqu'elle a peur).
II. adjectif (après le nom) **1.** Qui concerne l'organisation de l'État, le gouvernement et l'exercice du pouvoir. *Nous n'avons pas les mêmes opinions politiques. Connaissez-vous les institutions politiques de ce pays ? Un nouveau parti politique vient d'être fondé.* **2.** *UN HOMME POLITIQUE, UNE FEMME POLITIQUE :* une personne qui participe au gouvernement ou qui pourrait y participer. → **politicien.** *Cet homme politique est très populaire dans les milieux de droite.*

POLITIQUEMENT [pɔlitikmɑ̃] adverbe ▪ D'un point de vue politique. *Politiquement, il est plutôt conservateur. Le président a toujours eu une attitude POLITIQUEMENT CORRECTE.*

POLLEN [pɔlɛn] n. m. ▪ *LE POLLEN :* poussière formée de petits grains produits par les fleurs et qui, une fois sur le pistil, donne naissance à un fruit. *Les insectes et le vent transportent le pollen d'une fleur à l'autre.*

POLLUANT [pɔlɥɑ̃], **POLLUANTE** [pɔlɥɑ̃t] adj. (après le nom) ▪ Qui pollue, rend l'environnement malsain. *Une usine polluante vient d'être fermée.* ⟨contraire : ① propre⟩

POLLUER [pɔlɥe] verbe [conjugaison 1a] ▪ Salir en rendant malsain et dangereux. *Les gaz d'échappement polluent l'atmosphère. La rivière est polluée par des déchets industriels. Une nouvelle usine polluerait* [pɔlyʀɛ] *l'environnement.*

POLLUEUR [pɔlɥœʀ] n. m., **POLLUEUSE** [pɔlɥøz] n. f. ▪ *UN POLLUEUR, UNE POLLUEUSE :* une personne, une chose qui pollue. *Cette usine est une grande pollueuse. Certains automobilistes sont des pollueurs.*

POLLUTION [pɔlysjɔ̃] n. f. ▪ *LA POLLUTION :* le fait de salir ou d'être sali par des produits polluants. *On ne peut pas se baigner dans cette rivière à cause de la pollution. Des écologistes organisent une manifestation contre la pollution.*

POLO [pɔlo] n. m.
I. *LE POLO :* sport dans lequel les joueurs de deux équipes, à cheval, poussent une balle de bois avec des maillets à long manche pour la faire entrer dans le but adverse. *Il joue au polo.*
II. *UN POLO :* chemise de sport, en maille, à col ouvert. *Elle a mis un polo bleu.*

POLOGNE [pɔlɔɲ] nom propre féminin - en polonais **POLSKA** ▪ *LA POLOGNE :* pays d'Europe centrale, dont la capitale est Varsovie. *Nous sommes allés en Pologne. Nous revenons de Pologne. Ils habitent en Pologne* (→ **polonais).**

POLONAIS [pɔlɔnɛ] adj. et n. m., **POLONAISE** [pɔlɔnɛz] adj. et n. f.
I. adjectif (après le nom) De Pologne. *La Vistule est un fleuve polonais.*
II. 1. *UN POLONAIS, UNE POLONAISE :* une personne qui habite la Pologne. *Les Polonais.* → STYLE FAMILIER **polaque. 2.** *LE POLONAIS :* langue slave que l'on parle en Pologne. *Elle a appris le polonais.* **3.** *LA POLONAISE :* danse nationale des Polonais et musique sur laquelle s'exécute cette danse. *Chopin a composé des*

polonaises. 4. *UNE POLONAISE :* gâteau fait de meringue et de brioche, qui contient des fruits confits. *J'ai acheté des polonaises pour le dessert.*

POLTRON [pɔltʀɔ̃] adj. et n. m., **POLTRONNE** [pɔltʀɔn] adj. et n. f. ▪ STYLE RECHERCHÉ 1. adjectif (après le nom) Qui manque de courage, a peur de tout. → **lâche, peureux ;** STYLE FAMILIER **froussard, trouillard.** *C'est un homme poltron, on ne peut pas lui faire confiance.* 2. *UN POLTRON, UNE POLTRONNE :* une personne qui a peur et qui n'ose pas agir. → STYLE FAMILIER **dégonflé.** *Quelle poltronne !*

POLYCULTURE [pɔlikyltyʀ] n. f. ▪ *LA POLYCULTURE :* culture de plusieurs produits sur un même domaine ou dans la même région. *Dans cette région, on pratique la polyculture.*

POLYESTER [pɔliɛstɛʀ] n. m. ▪ *LE POLYESTER :* tissu synthétique. *Il a une chemise en coton et polyester.*

POLYGAME [pɔligam] n. m., n. f. et adj. 1. *UN POLYGAME, UNE POLYGAME :* un homme qui a plusieurs femmes à la fois, une femme qui a plusieurs maris à la fois. *Elle est mariée avec un polygame. En France, les polygames sont punis par le code pénal.* 2. adjectif (après le nom) Qui a plusieurs femmes ou plusieurs maris à la fois. *Les musulmans peuvent être polygames* **(→ bigame).** ⟨contraire : monogame⟩

POLYGLOTTE [pɔliglɔt] adj. (après le nom) ▪ Qui parle plusieurs langues. *Nous cherchons une secrétaire polyglotte* **(→ bilingue, trilingue).**

POLYGONE [pɔligɔn] n. m. ▪ *UN POLYGONE :* figure géométrique qui a plusieurs côtés et plusieurs angles. *Un trapèze, un losange, un triangle sont des polygones.*

REM. On prononce aussi [pɔligon].

POLYNÉSIEN [pɔlinezjɛ̃] adj. et n. m., **POLYNÉSIENNE** [pɔlinezjɛn] adj. et n. f. 1. adjectif (après le nom) De Polynésie. *Nous sommes allés dans des atolls polynésiens.* 2. *UN POLYNÉSIEN, UNE POLYNÉSIENNE :* une personne qui habite la Polynésie. *Les Tahitiens sont des Polynésiens.*

POLYSÉMIQUE [pɔlisemik] adj. (après le nom) ▪ *UN MOT POLYSÉMIQUE :* mot qui a plusieurs sens. *« Orchestre » est un mot polysémique, il signifie « groupe de musiciens » et « rez-de-chaussée d'une salle de spectacle ».*

POLYTECHNICIEN [pɔlitɛknisjɛ̃] n. m., **POLYTECHNICIENNE** [pɔlitɛknisjɛn] n. f. ▪ *UN POLYTECHNICIEN, UNE POLYTECHNICIENNE :* une personne qui est élève ou qui a été élève à l'École polytechnique. *Leur fille est polytechnicienne.*

POLYTECHNIQUE [pɔlitɛknik] adj. et n. f. 1. adjectif (après le nom) *L'ÉCOLE POLYTECHNIQUE :* école qui forme des ingénieurs de haut niveau. *Il est à l'École polytechnique* **(→ polytechnicien).** 2. nom féminin *POLYTECHNIQUE :* l'École polytechnique. *Il sort de Polytechnique. Elle a fait Polytechnique.*

POLYTHÉISTE [pɔliteist] adjectif (après le nom) ▪ *Une RELIGION POLYTHÉISTE :* religion qui admet l'existence de plusieurs dieux. *Les anciens Romains avaient une religion polythéiste.*

POLYVALENT [pɔlivalɑ̃], **POLYVALENTE** [pɔlivalɑ̃t] adj. (après le nom) 1. (qqch.) Qui peut avoir plusieurs usages. *La fête de l'école aura lieu dans la salle polyvalente.* 2. (qqn) Capable d'occuper plusieurs fonctions, d'exercer différentes tâches. *Il est professeur polyvalent,* c'est un professeur qui enseigne plusieurs matières.

POMÉLO [pomelo] n. m. ▪ *UN POMÉLO :* pamplemousse rose. *Nous avons mangé des pomélos.*

POMMADE [pɔmad] n. f. 1. *UNE POMMADE :* crème grasse que l'on met sur la peau pour soigner ou pour soulager la douleur. *Mets de la pommade sur tes piqûres de moustique. Il étale de la pommade à l'endroit où il a mal.* 2. *Il PASSE DE LA POMMADE à son chef,* il le flatte pour obtenir qqch. de lui, pour se faire bien voir.

POMME [pɔm] n. f.

I. *UNE POMME* 1. Fruit du pommier, rond et contenant des pépins. *Elle croque une pomme. Le cuisinier fait une tarte aux pommes. Veux-tu du jus de pomme ?* **(→ cidre).** *J'aime beaucoup l'eau-de-vie de pomme* **(→ calvados).** *Jette ton trognon de pomme dans la poubelle.* – *Il a une cravate VERT POMME,* vert vif et assez clair. – *Leur fils est HAUT COMME TROIS POMMES,* il est tout petit. – STYLE FAMILIER *Elle est TOMBÉE DANS LES POMMES :* elle s'est évanouie. 2. *UNE POMME DE PIN :* le fruit du pin. *Nous avons ramassé des pommes de pin pour allumer le feu.* 3. *La POMME D'ADAM :* la petite bosse que les hommes ont à l'avant du cou. *On voit bouger sa pomme d'Adam quand il parle.* 4. *Une POMME D'ARROSOIR :* partie arrondie et percée de trous qui s'adapte au bec d'un arrosoir. *Le jardinier verse l'eau en pluie sur les fleurs grâce à la pomme d'arrosoir.* – *La POMME DE DOUCHE est entartrée,* l'extrémité percée du tuyau qui projette l'eau dans une douche.

II. *UNE POMME DE TERRE :* tubercule que l'on mange et qui pousse sous terre. → STYLE FAMILIER **patate.** *Il faut éplucher les pommes de terre. Le bébé mange une pomme de terre bouillie écrasée avec du beurre. Le bifteck est accompagné de pommes de terre frites* **(→ frite).** *Voulez-vous des pommes de terre sautées ou des haricots verts ? J'ai mangé des saucisses avec de la purée de pommes de terre* **(→ mousseline).**

> FAUX AMI
> roumain **pom** « arbre fruitier »

REM. On emploie parfois le mot *pomme* seul pour désigner une *pomme de terre : des pommes vapeur.* Parfois, on dit *pomme fruit* pour désigner le fruit, afin d'éviter la confusion avec la *pomme de terre,* notamment sur une carte de restaurant : *du boudin aux pommes fruits.*

POMME DE TERRE → pomme

POMMETTE [pɔmɛt] n. f. ▪ *UNE POMMETTE :* partie arrondie de la joue, au-dessous de l'œil. *Elle a les pommettes saillantes. Il te faut un peu de rouge sur les pommettes.*

POMMIER [pɔmje] n. m. ▪ *UN POMMIER :* arbre fruitier à fleurs roses, qui donne des pommes. *Il y a de nombreuses variétés de pommiers.*

① **POMPE** [pɔ̃p] n. f. 1. *EN GRANDE POMPE :* avec une solennité exagérée et un grand luxe. → ① **faste.** *Ils se sont mariés en grande pompe.* 2. *LES POMPES FUNÈBRES :* entreprise qui se charge des enterrements. *Les pompes funèbres sont en face de la mairie.*

② **POMPE** [pɔ̃p] n. f. ▪ *UNE POMPE* 1. Appareil qui aspire et renvoie de l'air ou du liquide. *On installe des POMPES À EAU dans le désert pour puiser l'eau. L'automobiliste arrête sa voiture devant une POMPE À ESSENCE,* devant un distributeur d'essence **(→ pompiste).** *Le cycliste regonfle le pneu de son vélo avec une POMPE À VÉLO.* 2. STYLE FAMILIER (au pluriel) LES POMPES : exercice de gymnastique qui consiste à abaisser et relever le corps étendu, face contre terre, en pliant puis en tendant les bras. *Il fait cinquante pompes tous les matins.* 3. STYLE FAMILIER Chaussure. *Elle a des pompes neuves.* → STYLE FAMILIER **godasse.** – (figuré) *Il est complètement À CÔTÉ DE SES POMPES :* il est dans un état anormal, il ne fait attention à rien. 4. STYLE FAMILIER *AVOIR UN COUP DE POMPE :* être très fatigué tout d'un coup. *J'ai travaillé toute la journée, et j'ai eu un coup de pompe vers dix-neuf heures.* → STYLE

FAMILIER **barre, masse.** **5.** STYLE FAMILIER *À TOUTE POMPE :* à toute vitesse. *Il est parti à toute pompe dès qu'on l'a appelé.* → STYLE FAMILIER à toute **berzingue.**

FAUX AMI
néerlandais
pumps
«chaussures de dame»

POMPER [pɔ̃pe] verbe [conjugaison 1a] **1.** Aspirer (un liquide, un gaz) avec une pompe. *On a pompé l'eau du bassin pour le vider. - Les moustiques pompent le sang.* **2.** STYLE FAMILIER *POMPER L'AIR À qqn,* l'ennuyer, l'importuner, le fatiguer. *Tu nous pompes l'air avec tes histoires !* **3.** STYLE FAMILIER Épuiser. *Cette promenade m'a pompé.* → STYLE FAMILIER **crever.** - *Elle est pompée :* elle est très fatiguée.

POMPEUX [pɔ̃pø], **POMPEUSE** [pɔ̃pøz] adj. (après le nom) ▪ (qqch.) Trop solennel et un peu ridicule. *Le maire a fait son discours sur un ton pompeux.* → **déclamatoire, emphatique, grandiloquent.**

POMPIER [pɔ̃pje] n. m. ▪ *UN POMPIER :* personne dont le métier est de combattre les incendies et d'intervenir pour sauver des gens en danger. → **sapeur-pompier.** *Il y a le feu, il faut appeler les pompiers. Elle est pompier. - IL FUME COMME UN POMPIER :* il fume énormément.

POMPISTE [pɔ̃pist] n. m., n. f. ▪ *UN POMPISTE, UNE POMPISTE :* une personne dont le métier est de distribuer l'essence dans une station-service. *J'ai demandé au pompiste de faire le plein.*

POMPON [pɔ̃pɔ̃] n. m. **1.** *UN POMPON :* petite boule de fils de laine ou de soie. *Les marins français ont un béret à pompon rouge.* **2.** STYLE FAMILIER *C'EST LE POMPON :* il ne manquait plus que ça. → **bouquet,** ① **comble.** *Et en plus il est en retard, là c'est vraiment le pompon !*

SE **POMPONNER** [pɔ̃pɔne] verbe pronominal [conjugaison 1a] ▪ (qqn) Se préparer avec soin. *Elle s'est pomponnée pendant une heure avant de sortir,* elle s'est fait belle.

PONCE [pɔ̃s] adj. f. (après le nom) ▪ *Une PIERRE PONCE :* pierre volcanique très légère et poreuse qui sert à frotter la peau pour la rendre lisse. *Ma fille frotte ses doigts tachés d'encre avec une pierre ponce.*

PONCER [pɔ̃se] verbe [conjugaison 3a] ▪ Frotter pour rendre lisse avec un produit ou un appareil spécial. → **polir.** *Autrefois les peintres ponçaient les murs avant de les peindre avec du papier de verre, maintenant ils les poncent avec une ponceuse électrique.*

PONCEUSE [pɔ̃søz] n. f. ▪ *UNE PONCEUSE :* machine qui sert à poncer. *Le maçon se sert d'une ponceuse électrique.*

PONCHO [pɔ̃tʃo] n. m. ▪ *UN PONCHO :* manteau formé d'un rectangle de tissu ou de laine tissée, qui a une ouverture au centre pour passer la tête. *On met des ponchos en Amérique du Sud.*

REM. On prononce aussi [pɔ̃ʃo].

PONCIF [pɔ̃sif] n. m. ▪ *UN PONCIF :* idée très banale, sans originalité. → **banalité, cliché, stéréotype.** *Ce roman est bourré de poncifs,* de lieux communs.

PONCTUALITÉ [pɔ̃ktɥalite] n. f. ▪ *LA PONCTUALITÉ :* qualité d'une personne qui est toujours à l'heure, qui n'est pas en retard. → **exactitude.** *J'apprécie sa ponctualité.*

PONCTUATION [pɔ̃ktɥasjɔ̃] n. f. **1.** *Les SIGNES DE PONCTUATION :* les signes qui séparent les divisions d'un texte, qui permettent de séparer les éléments qui forment une phrase et les phrases entre elles. *Le point, la virgule sont des signes de ponctuation.* **2.** *LA PONCTUATION :* la manière d'utiliser les signes de ponctuation. *Cette secrétaire a une mauvaise ponctuation. La ponctuation peut changer le sens d'une phrase.*

la ponctuation

Les ***signes de ponctuation*** sont :
le point ·
le point d'interrogation ?
le point d'exclamation !
le point-virgule ;
les deux points :
les points de suspension ... **(→ point)**
la virgule , **(→ virgule)**
les parenthèses ( )
les crochets [ ]
les guillemets « » ou " "
le tiret -

PONCTUEL [pɔ̃ktɥɛl], **PONCTUELLE** [pɔ̃ktɥɛl] adj. (après le nom) **1.** (qqn) Qui est toujours à l'heure. *C'est un homme toujours très ponctuel.* → **exact.** ⟨contraire : en retard⟩ **2.** (qqch.) Qui ne concerne qu'un point précis, qu'un élément d'un ensemble. *Le professeur a fait des critiques ponctuelles sur ma dissertation.* ⟨contraire : général⟩

PONCTUER [pɔ̃ktɥe] verbe [conjugaison 1a] **1.** Mettre des signes de ponctuation (dans un texte). *Tu auras une meilleure note à ta dictée quand tu la ponctueras* [pɔ̃ktyʀa] *bien.* **2.** *PONCTUER ses phrases DE :* marquer ses phrases de gestes, d'exclamations, etc. *Quand il raconte ce qui lui est arrivé, il ne peut s'empêcher de ponctuer ses phrases de soupirs.*

FAUX AMIS
danois et norvégien
punktere «crever»

pond [pɔ̃] *Il pond, elle pond :* forme au présent du verbe **pondre.**

PONDÉRATION [pɔ̃deʀasjɔ̃] n. f. ▪ *LA PONDÉRATION :* calme et équilibre dans les jugements. *Ce médecin fait toujours preuve de pondération quand il fait un diagnostic.* → **mesure, modération.**

PONDÉRÉ [pɔ̃deʀe], **PONDÉRÉE** [pɔ̃deʀe] adj. (après le nom) ▪ (qqn) Qui est modéré dans ses paroles et dans ses actes, qui n'exagère pas l'importance de qqch. ⟨contraires : excessif, impulsif⟩ *C'est un homme pondéré.* → **posé, réfléchi.**

PONDEUSE [pɔ̃døz] n. f. ▪ *UNE PONDEUSE :* femelle d'oiseau qui pond beaucoup. *Cette poule est une bonne pondeuse.*

PONDRE [pɔ̃dʀ] verbe [conjugaison 41a]
I. (femelles de certains animaux) Produire (des œufs). *Les oiseaux, les reptiles, les batraciens, les poissons, les insectes pondent des œufs* **(→ ovipare).** *Cette poule pond un œuf tous les jours. La poule couve les œufs qu'elle a pondus. - La poule caquète en pondant.*
II. STYLE FAMILIER Écrire (un texte). *Il faut que je ponde une lettre de remerciement. Quand il était jeune, cet écrivain pondait cent pages par jour.*

pondu [pɔ̃dy], **pondue** [pɔ̃dy] *Il a pondu sa lettre ; la lettre qu'il a pondue :* formes au participe passé du verbe **pondre.**

PONEY [pɔnɛ] n. m. ▪ *UN PONEY :* cheval d'une race de petite taille. *Mes enfants font du poney. Ils ont des poneys irlandais.*

PONGISTE [pɔ̃ʒist] n. m., n. f. ▪ *UN PONGISTE, UNE PONGISTE :* une personne qui joue au ping-pong. *Les pongistes participent à un tournoi.*

① **PONT** [pɔ̃] n. m. ▪ *UN PONT* **1.** Construction qui permet de franchir un cours d'eau, une voie ferrée, un bras de mer ou une route, en passant par-dessus. *Un pont de pierre enjambe le ruisseau. Il y a une voie ferrée sur le pont.* → **viaduc.** *Les piétons doivent emprunter un pont métallique.* → **passerelle.** - *Il A*

COUPÉ LES PONTS avec tous ses amis, il n'a plus de relations avec eux. *On lui a FAIT UN PONT D'OR pour qu'il accepte ce poste,* on lui a promis une grosse somme d'argent. **2.** *Un PONT AÉRIEN :* liaison continue effectuée par avion entre un lieu et un autre lieu inaccessible autrement. *Un pont aérien a été établi avec la zone sinistrée.* **3.** *FAIRE LE PONT :* ne pas travailler entre deux jours fériés. *Noël tombant un jeudi, nous ferons le pont,* nous ne travaillerons pas du jeudi au dimanche inclus.

② **PONT** [pɔ̃] n. m. ▪ *UN PONT :* plancher recouvrant la coque d'un bateau. *Le capitaine est sur le pont. Les paquebots ont plusieurs ponts.* → **étage.** *Le bar est sur le troisième pont.*

① **PONTE** [pɔ̃t] n. f. ▪ *LA PONTE :* action de pondre un œuf. *Pour la plupart des oiseaux, la saison de la ponte est le printemps.*

② **PONTE** [pɔ̃t] n. m. ▪ STYLE FAMILIER *UN PONTE :* un personnage important, qui a du pouvoir. *Son père est un ponte de la médecine.* → STYLE FAMILIER **huile, légume.**

> FAUX AMI
> portugais **ponte**
> « pont »

PONTIFE [pɔ̃tif] n. m. ▪ *LE SOUVERAIN PONTIFE :* le pape. *Le souverain pontife a accordé une audience à une délégation de journalistes.*

PONTIFICAL [pɔ̃tifikal], **PONTIFICALE** [pɔ̃tifikal] adj. (après le nom) ▪ Relatif au pape. → **papal.** *Nous avons assisté à la messe pontificale,* à la messe célébrée par le pape. MASCULIN PLURIEL : *les gardes PONTIFICAUX* [pɔ̃tifiko].

PONTIFICAT [pɔ̃tifika] n. m. ▪ *UN PONTIFICAT :* règne d'un pape. *Le concile de Vatican II eut lieu SOUS LE PONTIFICAT de Jean XXIII,* pendant que Jean XXIII était pape.

PONT-LEVIS [pɔ̃ləvi] n. m. ▪ *UN PONT-LEVIS :* pont pouvant se lever ou s'abaisser au-dessus du fossé d'un château fort. *Le pont-levis a été relevé pour empêcher les assaillants d'entrer.* PLURIEL : *des PONTS-LEVIS.*

PONTON [pɔ̃tɔ̃] n. m. ▪ *UN PONTON :* plate-forme flottant sur l'eau. *Un ponton de bois sert de débarcadère.*

POP [pɔp] adj. invariable (après le nom) ▪ *LA MUSIQUE POP :* musique populaire très rythmée qui vient de Grande-Bretagne et des États-Unis. *Il écoute de la musique pop.* - *Il est batteur dans un groupe pop,* qui joue de la musique pop. PLURIEL : *des chanteurs pop.*

POP-CORN [pɔpkɔʀn] n. m. invariable ▪ *LE POP-CORN :* grains de maïs soufflés. *Tu veux du pop-corn sucré ou salé ?*

POPE [pɔp] n. m. ▪ *UN POPE :* prêtre de l'Église orthodoxe. *Les popes ont le droit de se marier.*

POPOTE [pɔpɔt] n. f. ▪ STYLE FAMILIER *FAIRE LA POPOTE :* faire la cuisine. *Il aime bien faire la popote.* → STYLE FAMILIER **tambouille.**

POPULACE [pɔpylas] n. f. ▪ *LA POPULACE :* le peuple. *Il est très snob et ne veut pas se mêler à la populace.*

REM. Ce mot est péjoratif et méprisant.

POPULAIRE [pɔpylɛʀ] adj. (après le nom) **1.** Qui appartient au peuple. *Le gouvernement a dû faire face à une insurrection populaire.* **2.** Qui est propre au peuple. *Les traditions populaires sont encore vivaces dans cette région. Il utilise des mots populaires,* qui ne sont pas en usage dans la bourgeoisie et dans les milieux cultivés. **3.** Que fréquente le plus grand nombre. *Ils sont allés dans un bal populaire. Ils habitent un quartier populaire.* (contraire : bourgeois) **4.** Qui s'adresse au plus grand nombre, qui plaît à la plupart des gens. *Le roi de France Henri IV était très populaire,* il était aimé du peuple. *Ce chanteur est très populaire auprès des adolescents. Le gouvernement a pris des mesures populaires.* (contraire : impopulaire)

> FAUX AMI
> anglais **popular**
> « célèbre, sympathique »

POPULARITÉ [pɔpylaʀite] n. f. ▪ *LA POPULARITÉ :* le fait d'être connu et aimé par la plupart des gens. *Le maire du village jouit d'une grande popularité. La COTE DE POPULARITÉ du chef de l'État est en baisse.* (contraire : impopularité)

POPULATION [pɔpylasjɔ̃] n. f. ▪ *LA POPULATION* **1.** Ensemble des habitants d'un lieu. *La population de Paris est de plus de deux millions d'habitants. Un recensement de la population française est effectué régulièrement.* **2.** Ensemble de personnes d'une catégorie particulière. *Les salariés et les chômeurs font partie de la POPULATION ACTIVE d'un pays. La population agricole est en baisse.*

POPULEUX [pɔpylø], **POPULEUSE** [pɔpyløz] adj. (après le nom) ▪ Très peuplé. *Ils habitent dans une rue populeuse.*

PORC [pɔʀ] n. m. ▪ *UN PORC* **1.** Animal au corps épais, au museau terminé par un groin, élevé pour sa chair et pour sa peau. → **cochon ; goret, porcelet, truie.** *Les porcs sont dans la porcherie.* - *Tu manges comme un porc !* très salement. **2.** Viande de porc. *Le cuisinier a fait cuire un rôti de porc. Nous avons mangé des côtelettes de porc. Aimez-vous les pieds de porc panés ? J'ai acheté un saucisson PUR PORC.* **3.** Peau de porc. *Il a une valise en porc.* **4.** Homme grossier et mal élevé. *« Il a osé te dire ça ! Quel porc ! » Espèce de porc !*

REM. **1.** Pour parler de la viande et de la peau de porc, on emploie toujours le mot *porc,* jamais le mot *cochon.* **2.** *Pore* « orifice » et *port* « abri pour les bateaux » se prononcent de la même façon.

PORCELAINE [pɔʀsəlɛn] n. f. ▪ *LA PORCELAINE :* matière translucide, fine et fragile, qu'on utilise en céramique. → **biscuit.** *Ces assiettes sont en porcelaine de Limoges.*

PORCELET [pɔʀsəlɛ] n. m. ▪ *UN PORCELET :* un jeune porc. *La truie a eu douze porcelets.*

REM. Le *porcelet* se mange sous le nom de *cochon de lait.*

PORC-ÉPIC [pɔʀkepik] n. m. ▪ *UN PORC-ÉPIC :* animal sauvage plus gros que le hérisson, au corps recouvert de piquants longs et épais, qui vit dans les pays chauds. *Le porc-épic est un rongeur.* PLURIEL : *des PORCS-ÉPICS* [pɔʀkepik]. - *Tu es un vrai porc-épic ce matin !* tu es irritable et peu sociable.

PORCHE [pɔʀʃ] n. m. ▪ *UN PORCHE :* partie couverte d'un bâtiment, qui abrite la porte d'entrée. *Ils s'abritent de la pluie sous le porche d'un immeuble.*

PORCHERIE [pɔʀʃəʀi] n. f. ▪ *UNE PORCHERIE* **1.** Bâtiment où l'on élève des porcs. *On entend grogner les porcs dans la porcherie.* **2.** Lieu très sale. *Chez eux, c'est une vraie porcherie.*

PORCIN [pɔʀsɛ̃] adj. et n. m. pluriel, **PORCINE** [pɔʀsin] adj.
I. adjectif (après le nom) **1.** Qui concerne les porcs. *Ce fermier fait de l'élevage porcin,* il élève des porcs. *Le sanglier appartient à la race porcine,* des porcs. **2.** Qui ressemble au porc. *Il a de petits yeux porcins.*
II. *LES PORCINS :* les porcs. *Il élève des porcins.*

PORE [pɔʀ] n. m. ▪ *UN PORE :* très petit trou à la surface de la peau qui permet à la sueur de s'écouler. *Elle a la peau grasse, les pores de son visage sont dilatés.*

REM. *Porc* « animal » et *port* « abri pour les bateaux » se prononcent de la même façon.

POREUX [pɔʀø], **POREUSE** [pɔʀøz] adj. (après le nom) ▪ (roche) Qui a de très nombreux petits trous qui laissent passer les liquides. *Le calcaire est une roche poreuse.* ⟨contraire : imperméable⟩

PORNO [pɔʀno] adj. (après le nom) ▪ STYLE FAMILIER Pornographique. *Il lit une revue porno. Elle n'a jamais vu de films pornos.*

REM. *Porno* est la forme abrégée et courante de *pornographique*.

PORNOGRAPHIQUE [pɔʀnɔgʀafik] adj. (après le nom) ▪ Qui représente l'amour physique de façon obscène, indécente dans des livres, des photos ou des films. *Cette actrice a tourné dans un film pornographique.* → STYLE FAMILIER **porno.** *Il a une collection de livres pornographiques.*

PORPHYRE [pɔʀfiʀ] n. m. ▪ *LE PORPHYRE :* roche volcanique, souvent rouge sombre. *Le palais a des colonnes de porphyre.*

① **PORT** [pɔʀ] n. m. **1.** *UN PORT :* lieu aménagé au bord de la mer ou d'un fleuve pour abriter des bateaux. *Brest est un port militaire et Concarneau un port de pêche. Marseille est un port maritime et Rouen un port fluvial. Les voiliers sont amarrés dans le PORT DE PLAISANCE. Les bateaux de pêche rentrent au port.* **2.** *Les voyageurs sont arrivés À BON PORT,* ils sont arrivés à destination sans accident.

REM. *Porc* «animal» et *pore* «petit trou de la peau» se prononcent de la même façon.

② **PORT** [pɔʀ] n. m. ▪ *LE PORT* **1.** Action de porter sur soi (qqch.). *Le port du casque est obligatoire sur un chantier. Les chasseur doivent posséder un permis de PORT D'ARMES,* un permis pour se servir d'un fusil. **2.** Prix du transport d'une lettre ou d'un colis. *L'expéditeur paie le port du colis qu'il envoie.*

PORTABLE [pɔʀtabl] adj. et n. m.

I. adjectif (après le nom) **1.** (vêtement) Que l'on peut porter, mettre sur soi. *Cette robe est encore portable.* → **mettable. 2.** Transportable. *Il a un téléviseur portable.* → **portatif.** *Les ordinateurs portables sont très pratiques. On peut m'appeler sur mon téléphone portable.* → **mobile.**

II. *UN PORTABLE :* ordinateur portable ou téléphone portable. *J'ai un message sur mon portable.*

PORTAIL [pɔʀtaj] n. m. ▪ *UN PORTAIL :* grande porte à l'entrée d'un jardin, d'un parc, d'une propriété ou d'une église. *Le portail du jardin est en fer forgé.* → **grille.**

PORTANT [pɔʀtɑ̃], **PORTANTE** [pɔʀtɑ̃t] adj. (après le nom)

I. *BIEN PORTANT, BIEN PORTANTE :* qui se porte bien, qui est en bonne santé. *Sa femme et lui sont bien portants.*

II. *À BOUT PORTANT :* le bout de l'arme touchant presque la victime. *Le gangster a tiré sur le policier à bout portant.*

PORTATIF [pɔʀtatif], **PORTATIVE** [pɔʀtativ] adj. (après le nom) ▪ Qui peut être transporté facilement. → **portable, transportable.** *Il avait une machine à écrire portative.*

> FAUX AMI
> grec **πορτατίφ**
> «lampe de chevet»

PORTE [pɔʀt] n. f. ▪ *UNE PORTE* **1.** Ouverture aménagée pour permettre le passage ; l'espace de cette ouverture. *On entre dans une maison par la porte. On a sonné à la porte. Elle est apparue dans l'embrasure de la porte. Il est sur le PAS DE LA PORTE.* → **seuil.** STYLE FAMILIER *Nous partirons tôt car chez eux, C'EST PAS LA PORTE À CÔTÉ,* c'est loin. *De mon bureau à la maison, je mets une heure, PORTE À PORTE.* – *Le professeur a MIS l'élève turbulent À LA PORTE,* il l'a mis dehors. → **chasser, éjecter, renvoyer.** *Il a oublié ses clés, il est à la porte,* il ne peut pas entrer. STYLE RECHERCHÉ *Prenez la porte,* sortez. – *Il faut savoir se ménager une PORTE DE SORTIE,* une échappatoire, une issue. **2.** Panneau mobile qui permet de fermer l'ouverture d'une porte. *Une porte vitrée donne sur le jardin. La porte de sa chambre est grande ouverte. Ferme la porte. On frappe à la porte avant d'entrer. Ce n'est pas bien d'ÉCOUTER AUX PORTES,* derrière les portes. *Ils lui ont FERMÉ LEUR PORTE,* ils ne veulent plus l'admettre chez eux. *C'est LA PORTE OUVERTE À tous les abus,* l'accès libre à tous les abus. – *Samedi, l'école organise une JOURNÉE PORTES OUVERTES,* une journée où le public peut venir visiter l'école. **3.** Portière (d'un véhicule). *Ne claque pas la porte de la voiture.* **4.** (en parlant d'un meuble, d'un appareil) *La porte du placard est fermée à clé. Ferme bien la porte du four.* **5.** *Les PORTES D'UNE VILLE,* les endroits par où on peut y entrer. *Il est arrivé dans Paris par la porte Dauphine.* **6.** Espace entre deux piquets, où le skieur doit passer, dans un slalom. *La skieuse a raté une porte.*

> FAUX AMI
> espagnol
> **porte**
> «port, allure»

EN **PORTE-À-FAUX** [ɑ̃pɔʀtafo] adverbe ▪ En déséquilibre. *La pile de livres est en porte-à-faux sur la table.*

PORTE-AVIONS [pɔʀtavjɔ̃] n. m. invariable ▪ *UN PORTE-AVIONS :* grand bateau de guerre qui sert à transporter des avions. *Les avions militaires décollent du pont du porte-avions.* PLURIEL : *des porte-avions.*

PORTE-BAGAGES [pɔʀtbagaʒ] n. m. invariable ▪ *UN PORTE-BAGAGES :* support plat, sur un vélo ou une moto, pour transporter des objets. *Elle met son sac sur le porte-bagages de son vélo. Les skis sont fixés sur le porte-bagages de la voiture.* → **galerie.** PLURIEL : *des porte-bagages.*

REM. On prononce aussi [pɔʀtəbagaʒ].

PORTE-BONHEUR [pɔʀtbɔnœʀ] n. m. invariable ▪ *UN PORTE-BONHEUR :* objet qui est supposé porter bonheur. *Le trèfle à quatre feuilles est un porte-bonheur.* PLURIEL : *des porte-bonheur.*

REM. On prononce aussi [pɔʀtəbɔnœʀ].

PORTE-CARTES [pɔʀtəkaʀt] n. m. invariable ▪ *UN PORTE-CARTES :* portefeuille dans lequel on range ses papiers d'identité, ses cartes de crédit et de transport. *Il a un porte-cartes en cuir.* PLURIEL : *des porte-cartes.*

PORTE-CLÉS [pɔʀtəkle] n. m. invariable ▪ *UN PORTE-CLÉS :* anneau ou étui pour tenir ensemble plusieurs clés. *Son porte-clés est orné d'une breloque.* PLURIEL : *des porte-clés.*

REM. On écrit aussi *un porte-clefs,* mais c'est plus rare.

PORTE-COUTEAU [pɔʀtkuto] n. m. ▪ *UN PORTE-COUTEAU :* petit objet de table sur lequel on pose l'extrémité du couteau. *Il manque un porte-couteau.* PLURIEL : *des PORTE-COUTEAUX en verre.*

REM. On prononce aussi [pɔʀtəkuto].

PORTE-DOCUMENTS [pɔʀtdɔkymɑ̃] n. m. invariable ▪ *UN PORTE-DOCUMENTS :* serviette très plate qui sert à ranger des papiers, des dossiers. *Il a un porte-documents en cuir.* PLURIEL : *On a distribué des porte-documents aux congressistes.*

REM. On prononce aussi [pɔʀtdɔkymɑ̃].

PORTÉE [pɔʀte] n. f.

I. *UNE PORTÉE* **1.** Nombre de petits qu'une femelle de mammifère a en une seule fois. *La chatte a mis bas une portée de cinq chatons.* **2.** Les cinq lignes horizontales et parallèles sur lesquelles sont écrites les notes de musique. *Déchiffrez les notes écrites sur la portée.*

II. *LA PORTÉE :* la possibilité d'atteindre. **1.** *Passe-moi le pain, la corbeille est juste À TA PORTÉE,* tu peux facilement la prendre. *Ce produit dangereux est à tenir HORS DE LA PORTÉE DES enfants,* hors d'atteinte des enfants. – *Ce spectacle est à la portée de toutes les bourses,* il n'est pas cher, il est accessible à tous. –

Ce livre est À LA PORTÉE DES enfants, les enfants peuvent le lire et le comprendre facilement. **2.** Effet, force (d'une parole, d'une pensée). *Il n'a pas mesuré la portée de ce qu'il disait.* → **impact.** – *Cette découverte scientifique a eu une grande portée.* → **importance.**

PORTE-FENÊTRE [pɔʀtfənɛtʀ] n. f. ▪ *UNE PORTE-FENÊTRE :* fenêtre qui descend jusqu'au sol et qui sert de porte. *Ouvre la porte-fenêtre.* PLURIEL : *des PORTES-FENÊTRES.*

REM. On prononce aussi [pɔʀtəfenɛtʀ].

PORTEFEUILLE [pɔʀtəfœj] n. m. ▪ *UN PORTEFEUILLE :* étui possédant des poches où l'on range des billets de banque et des papiers. *Il a perdu son portefeuille* (→ **porte-cartes, porte-monnaie).** – *Il a le portefeuille bien garni :* il a beaucoup d'argent. – *Elle a une JUPE PORTEFEUILLE,* qui se ferme devant en superposant les deux bords du tissu.

FAUX AMIS
allemand **Portefeuille** «fonction de ministre» ; russe **портфель** «serviette»

PORTE-JARRETELLES [pɔʀtʒaʀtɛl] n. m. invariable ▪ *UN PORTE-JARRETELLES :* sous-vêtement de femme formé d'une ceinture et de quatre bandes élastiques auxquelles on attache les bas. *Elle a un porte-jarretelles en dentelle noire.* PLURIEL : *des porte-jarretelles.*

REM. On prononce aussi [pɔʀtəʒaʀtɛl].

PORTEMANTEAU [pɔʀtmɑ̃to] n. m. ▪ *UN PORTEMANTEAU :* crochet fixé au mur ou ensemble de crochets fixé à un pied et servant à suspendre les manteaux. *Elle accroche sa veste au portemanteau.* → **patère.** PLURIEL : *des PORTEMANTEAUX.*

REM. On prononce aussi [pɔʀtəmɑ̃to].

PORTE-MONNAIE [pɔʀtmɔnɛ] n. m. invariable ▪ *UN PORTE-MONNAIE :* petit sac où l'on met des pièces de monnaie. *Il y a deux pièces de dix francs et une de cinq francs dans mon porte-monnaie.* PLURIEL : *des porte-monnaie en cuir.*

REM. On prononce aussi [pɔʀtəmɔnɛ].

PORTE-PAROLE [pɔʀtpaʀɔl] n. m. invariable ▪ *UN PORTE-PAROLE :* personne qui parle au nom d'une autre personne ou d'un groupe. *Le porte-parole du gouvernement a fait une déclaration.* PLURIEL : *des porte-parole.*

REM. On prononce aussi [pɔʀtəpaʀɔl].

PORTER [pɔʀte] verbe [conjugaison 1a]

I. 1. Soutenir, tenir (ce qui pèse un certain poids). *Il porte son fils sur ses épaules. Elle porte une valise à la main.* **2.** Supporter. *Nous portons la responsabilité de nos actes.* **3.** (qqch.) Soutenir. *Ses jambes ne le portent plus.* **4.** (femme, femelle) Produire en soi (un enfant, des petits). *Elle porte un enfant.* → **attendre.** *La chatte porte soixante jours,* elle attend ses petits pendant soixante jours. – *Ce pommier porte beaucoup de pommes.* **5.** *NE PAS PORTER qqn DANS SON CŒUR :* détester qqn. *Ce type, je ne le porte pas dans mon cœur.* **6.** Avoir sur soi. *Il porte des lunettes. Elle porte une robe bleue.* – (qqch.) *La lettre porte la date du 22 juin.* **7.** Prendre pour mettre quelque part. *Les infirmiers portent le blessé sur son lit.* → **mettre, transporter.** *Le facteur porte le colis chez le destinataire.* → **apporter.** *Le voyageur porte sa valise à la consigne de la gare.* → **laisser. 8.** Dénoncer, dire en justice. *Il a PORTÉ PLAINTE contre le voleur,* il a déposé une plainte au commissariat. *Nous portons témoignage de ce que nous avons vu.* → **témoigner. 9.** *PORTER À :* amener à (un état élevé, extrême). *L'armée a porté le général au pouvoir. Elle porte son mari aux nues,* elle l'admire énormément. – *Ce roman a été porté à l'écran,* adapté pour le cinéma. **10.** Donner, apporter (un sentiment, une aide à qqn). *L'amitié que je lui porte est très grande.* – *Portez votre attention sur l'orthographe de ce mot,* faites-y attention. *Un cargo a PORTÉ SECOURS au voilier en détresse. Les trèfles à quatre feuilles PORTENT BONHEUR. Je ne veux pas PORTER UN JUGEMENT là-dessus,* formuler, émettre un jugement.

II. 1. *PORTER À :* inciter, pousser à (qqch.). *Leur attitude ne porte pas à l'indulgence. TOUT PORTE À CROIRE que c'est faux.* – *Son mari EST PORTÉ SUR la boisson,* il aime boire. **2.** *PORTER SUR :* peser sur. *L'accent porte sur la dernière syllabe.* STYLE FAMILIER *Ça me porte sur les nerfs :* ça m'agace. – *La discussion porte sur l'éducation des enfants,* elle a pour sujet l'éducation des enfants. **3.** (sans complément) *Il a une voix qui porte (loin),* que l'on entend de loin. – *Vos observations ont porté,* elles ont eu de l'effet, on en a tenu compte.

III. verbe pronominal SE PORTER **1.** *SE PORTER BIEN, MAL :* être en bonne, en mauvaise santé. *Elle s'est mal portée jusqu'en avril, maintenant elle va mieux. Il se porte bien.* **2.** (vêtement) Être porté. *Le blanc se porte beaucoup, cet été,* il est à la mode.

FAUX AMI
espagnol **portarse** «se comporter»

PORTE-SAVON [pɔʀtsavɔ̃] n. m. ▪ *UN PORTE-SAVON :* support pour le savon. *Le savon est sur le porte-savon.* PLURIEL : *des PORTE-SAVONS.*

PORTE-SERVIETTES [pɔʀtsɛʀvjɛt] n. m. invariable ▪ *UN PORTE-SERVIETTES :* support pour les serviettes de toilette. *Les serviettes sèchent sur le porte-serviettes.* PLURIEL : *des porte-serviettes.*

PORTEUR [pɔʀtœʀ] n. m. et adj., **PORTEUSE** [pɔʀtøz] n. f. et adj.

I. *UN PORTEUR, UNE PORTEUSE* **1.** Personne chargée de remettre des lettres, des colis, des messages à leurs destinataires. *Cette lettre urgente est arrivée par porteur.* → **coursier. 2.** *UN PORTEUR :* homme qui porte les bagages des voyageurs (dans les gares, les aéroports). *Il a appelé un porteur sur le quai de la gare.* – *Les alpinistes sont suivis par les porteurs,* les hommes qui portent les équipements, les bagages, dans une expédition. **3.** *Les PETITS PORTEURS ont tout perdu à la bourse,* les petits actionnaires. **4.** *UN PORTEUR SAIN :* une personne saine mais dont l'organisme contient les germes de la maladie. *Les porteurs sains sont contagieux* (→ **séropositif).**

II. adjectif (après le nom) **1.** *Elle est porteuse d'une maladie contagieuse,* elle risque de la transmettre. **2.** *Une MÈRE PORTEUSE :* femme qui, ayant reçu un embryon, mène la grossesse jusqu'au bout pour un couple dont la femme est stérile. *Elle est mère porteuse.* **3.** (qqch.) Qui entraîne des effets importants. *La communication est un secteur porteur de l'économie. Ce marché est très porteur,* en plein développement.

PORTE-VOIX [pɔʀtəvwa] n. m. invariable ▪ *UN PORTE-VOIX :* tube évasé qui amplifie la voix. *Le capitaine crie un ordre dans son porte-voix.* PLURIEL : *des porte-voix.*

PORTIER [pɔʀtje] n. m., **PORTIÈRE** [pɔʀtjɛʀ] n. f. **1.** *UN PORTIER, UNE PORTIÈRE :* personne qui surveille les entrées et les sorties à la porte principale d'un bâtiment. *J'ai laissé les clés de ma chambre au portier de l'hôtel.* → **concierge. 2.** *Un PORTIER ÉLECTRONIQUE :* système d'ouverture à distance d'une porte d'immeuble ou d'appartement. *Les digicodes et les interphones sont des portiers électroniques.*

PORTIÈRE [pɔʀtjɛʀ] n. f. ▪ *UNE PORTIÈRE :* porte de voiture ou de train. *La fermeture des portières est automatique dans le T. G. V.*

PORTILLON [pɔʀtijɔ̃] n. m. ▪ *UN PORTILLON :* petite porte à battant assez bas. *Il y a un portillon de fer à l'entrée du square.*

PORTION [pɔʀsjɔ̃] n. f. ▪ *UNE PORTION* **1.** Aliment qu'on sert en une seule fois. *Il a mangé deux portions de frites.* → **ration. 2.** Partie. *Cette portion de la route est très mauvaise.*

PORTIQUE [pɔʀtik] n. m. ▪ *UN PORTIQUE :* barre horizontale soutenue par deux poteaux, à laquelle sont suspendus des agrès. *Dans le jardin, il y a un portique avec une balançoire, un trapèze et des anneaux.*

PORTO [pɔʀto] n. m. ▪ *LE PORTO :* vin sucré du Portugal. *Elle boit un verre de porto. Il a acheté du porto.*

PORTRAIT [pɔʀtʀɛ] n. m. ▪ *UN PORTRAIT* **1.** Représentation du visage d'une personne par le dessin, la peinture ou la photo. *L'artiste a fait le portrait de sa femme au crayon. Ce portrait est très ressemblant.* **2.** Image fidèle (de qqn). *Cet enfant est le portrait de son père,* il ressemble beaucoup à son père. **3.** Description (de qqn). *Le portrait qu'elle nous a fait de lui est très drôle.*

REM. Un portrait d'un artiste peint par lui-même est un *autoportrait.*

PORTRAIT-ROBOT [pɔʀtʀɛʀɔbo] n. m. ▪ *UN PORTRAIT-ROBOT :* portrait d'un individu recherché par la police à l'aide du signalement donné par des témoins. *La police a établi le portrait-robot du tueur.* PLURIEL : *des PORTRAITS-ROBOTS.*

PORTUAIRE [pɔʀtɥɛʀ] adj. (après le nom) ▪ Relatif à un port. *La ville a une importante activité portuaire. On voit d'ici les équipements portuaires.*

PORTUGAIS [pɔʀtygɛ] adj. et n. m., **PORTUGAISE** [pɔʀtygɛz] adj. et n. f.
I. adjectif (après le nom) Du Portugal. *Le porto est un vin portugais. La capitale portugaise est Lisbonne.*
II. 1. *UN PORTUGAIS, UNE PORTUGAISE :* un habitant, une habitante du Portugal. *Beaucoup de Portugais vivent à l'étranger.* **2.** *UNE PORTUGAISE :* huître cultivée sur le littoral de l'Atlantique, du Portugal à la Loire. *Il a mangé une douzaine de portugaises.* **3.** *LE PORTUGAIS :* la langue romane parlée au Portugal, au Brésil et en Afrique occidentale. *Il apprend le portugais.*

PORTUGAL [pɔʀtygal] nom propre masculin ▪ *LE PORTUGAL :* le pays d'Europe qui comprend la partie sud-ouest de la péninsule Ibérique, l'île de Madère et l'archipel des Açores. *La capitale du Portugal est Lisbonne. Nous irons au Portugal, cet été. Ils reviennent du Portugal. Ils habitent le Portugal* (→ **portugais).**

POSE [poz] n. f. ▪ *LA POSE* **1.** Le fait de poser, de mettre en place (qqch.). → **installation.** *La pose de ce papier peint est très facile.* **2.** Attitude que prend un modèle qui pose. *Le mannequin GARDE LA POSE pendant qu'on le photographie,* il reste sans bouger (→ **poser). 3.** *Le photographe règle le TEMPS DE POSE,* la durée nécessaire pour impressionner la pellicule photographique.

REM. *Pause* « arrêt de courte durée » se prononce de la même façon.

POSÉ [poze], **POSÉE** [poze] adj. (après le nom) ▪ Calme et sérieux. *C'est un homme posé. Il parle d'une voix posée.*

POSÉMENT [pozemɑ̃] adverbe ▪ Calmement. *Elle parle posément.* ⟨contraire : précipitamment⟩

POSER [poze] verbe [conjugaison 1a]
I. *POSER QQCH.* **1.** Mettre (qqch.) sur un espace plat. *Il pose son verre sur la table. Posez ça là !* **2.** Installer. *Ils ont fait poser de la moquette dans leur chambre. L'ouvrier a posé les fenêtres. Ils ont commencé à poser les tableaux.* → **mettre. 3.** *POSER UNE QUESTION :* interroger, questionner. *Le professeur pose une question à un élève. Il m'a posé une question embarrassante. Tu n'as pas répondu à ma question. – Ça pose un gros problème.* → **soulever. 4.** *POSER SA CANDIDATURE :* être candidat pour un poste. *Il a posé sa candidature pour ce poste à l'étranger,* il est candidat pour ce poste.
II. Ne pas bouger quand on est pris en photo ou quand on sert de modèle à un peintre. *Elle est mannequin et pose pour des magazines,* c'est son métier d'être prise en photo pour des magazines.
III. verbe pronominal SE POSER **1.** S'arrêter doucement sur un espace horizontal. *L'oiseau se pose sur la branche. L'avion s'est posé sur la piste.* → **atterrir.** ⟨contraire : décoller⟩ *La fusée s'est posée en douceur. – Son regard s'est posé sur elle,* il s'est arrêté sur elle. **2.** *SE POSER EN :* prétendre être. *Il se pose toujours en victime :* il prétend toujours être une victime, il joue le rôle de victime. **3.** (qqch.) Être, devoir être posé. *Ce papier peint se pose facilement.* **4.** (qqch.) Être envisagé. *C'est un problème qui va se poser. La question ne s'est pas encore posée.*

POSEUR [pozœʀ] n. m. et adj., **POSEUSE** [pozøz] n. f. et adj.
I. *UN POSEUR, UNE POSEUSE* **1.** Personne qui pose, qui installe (qqch.). *Le poseur de moquette a terminé son travail. La police a retrouvé le POSEUR DE BOMBE.* **2.** Personne qui prend une attitude affectée pour se faire remarquer. *Quelle poseuse, cette fille !*
II. adjectif (après le nom) Affecté. *Ils sont un peu poseurs.*

POSITIF [pozitif], **POSITIVE** [pozitiv] adj. (après le nom) **1.** Affirmatif. ⟨contraire : négatif⟩ *Il m'a donné une réponse positive,* il a répondu oui. **2.** *NOMBRE POSITIF :* plus grand que zéro. *Les nombres positifs sont précédés du signe +.* **3.** (réaction) Qui se produit. *Ma cutiréaction est positive,* une inflammation se produit là où elle a été faite. **4.** (qqn) Qui donne la préférence aux faits, à la réalité concrète. *C'est quelqu'un de positif. – Il a un esprit positif.* → **constructif.**

POSITION [pozisjɔ̃] n. f. ▪ *UNE POSITION* **1.** Manière dont une chose, une personne est placée. *Chaque joueur d'une équipe de football a une position sur le terrain.* → **place.** *La pile de livres est en position instable, elle va tomber.* → **équilibre.** *L'avion donne sa position à la tour de contrôle,* il dit où il est. – *La voiture a allumé ses FEUX DE POSITION,* les feux qui signalent sa présence. – *Le cheval favori est arrivé en seconde position,* il est arrivé deuxième. **2.** Manière de tenir son corps ou une partie de son corps. → **attitude.** *Le malade est en position couchée,* il est allongé. *J'ai pris une mauvaise position en dormant.* → **posture.** – *Les soldats se mettent EN POSITION de combat,* ils se tiennent prêts à combattre. **3.** État, situation où l'on est. *Le gouvernement est dans une position délicate. Je ne suis pas en POSITION DE refuser.* **4.** Point de vue. *Voilà ma position sur la question,* ce que je pense sur cette question. *Il refuse de PRENDRE POSITION,* d'exprimer son avis. – (au pluriel) *Je reste sur mes positions,* je refuse de changer d'avis.

POSITIVEMENT [pozitivmɑ̃] adverbe ▪ D'une manière positive. *Ne vous dérangez pas, réagissez positivement !* ⟨contraire : négativement⟩

POSOLOGIE [pozɔlɔʒi] n. f. ▪ *LA POSOLOGIE :* l'indication de la quantité de médicament à donner à un malade. *La posologie de ce sirop est écrite sur la notice. Respectez la posologie.*

POSSÉDER [posede] verbe [conjugaison 6a] **1.** Avoir à soi, à sa disposition. *Il possède une belle maison. Nous possédons une voiture. Le musée possède de belles collections. – Il croit posséder la vérité.* → **détenir.** *Elle possède une très bonne mémoire.* **2.** Connaître parfaitement. *Le candidat à ce poste doit posséder l'anglais et l'allemand. Le conférencier possède à fond son sujet.* **3.** STYLE FAMILIER Tromper. *Il nous a bien possédés !* → **avoir. 4.** STYLE RECHERCHÉ Dominer moralement. *La colère le possède. – Il se croit possédé du démon.*

POSSESSEUR [pɔsesœʀ] n. m. ▪ *LE POSSESSEUR :* celui qui possède (un bien). *Il est l'heureux possesseur d'une belle propriété.* → **propriétaire.**

REM. Ce mot est toujours masculin, même quand il s'agit d'une femme (ex. : *elle est le possesseur d'une voiture*).

POSSESSIF [pɔsesif] adj. et n. m., **POSSESSIVE** [pɔsesiv] adj.
I. adjectif (après le nom) **1.** *ADJECTIF POSSESSIF, PRONOM POSSESSIF :* en grammaire, mot qui indique à qui appartient une chose. *« Mon » est un adjectif possessif et « le mien » est un pronom possessif.* **2.** (qqn) Qui manifeste un sentiment de possession, d'autorité absolue vis-à-vis de qqn. *Elle a un mari très possessif.* → **jaloux.**
II. *UN POSSESSIF :* un adjectif ou un pronom possessif, qui exprime l'appartenance. *« Son », « sa », « le sien » et « la sienne » sont des possessifs.*

REM. Voyez les encadrés concernant les possessifs pages 786-787.

POSSESSION [pɔsesjɔ̃] n. f. **1.** *LA POSSESSION :* le fait de posséder (un bien). *Il est EN POSSESSION D'une immense fortune* (→ **avoir, posséder).** *Cette somme n'est pas en ma possession :* je n'ai pas cette somme. *L'espion est en possession de documents secrets* (→ **détenir).** - *Ils ont PRIS POSSESSION de leur nouvelle maison :* ils se sont installés dans leur nouvelle maison. *L'accusé est en possession de toutes ses facultés,* il est dans son état normal. **2.** *UNE POSSESSION :* chose possédée par qqn. → **bien.** *Ses enfants ont hérité de toutes ses possessions.*

REM. La *possession* n'est pas toujours la *propriété.*

POSSIBILITÉ [pɔsibilite] n. f. ▪ *LA POSSIBILITÉ* **1.** Caractère de ce qui est possible, qui peut arriver, se réaliser. *Croyez-vous à la possibilité d'une guerre ?* → **éventualité. 2.** *UNE POSSIBILITÉ :* chose possible, qui peut arriver. *Ce n'est pas sûr, mais c'est une possibilité. Il faut envisager toutes les possibilités.* → **cas. 3.** Capacité, pouvoir. *Si j'ai la possibilité de venir vous voir, je le ferai.* → **faculté,** ② **moyen.** ⟨contraire : impossibilité⟩ *Nous avons la possibilité de refuser,* nous pouvons le faire. **4.** (au pluriel) LES POSSIBILITÉS : les moyens dont on peut disposer. *Chacun paiera selon ses possibilités. Cet enfant a beaucoup de possibilités intellectuelles,* il est très intelligent.

POSSIBLE [pɔsibl] adj. et n. m.
I. adjectif (après le nom) **1.** Qui peut être réalisé, que l'on peut faire. *C'est une solution possible. Les médecins font toutes les analyses possibles. C'est très possible de faire ce travail dans la journée.* ⟨contraire : impossible⟩ *Venez demain, si c'est possible. Je regrette, ce n'est pas possible.* → **faisable.** - *Il ne m'est pas possible d'accepter,* je ne peux pas accepter. - *Voyons, ce n'est pas possible !* → **croyable.** STYLE FAMILIER *Tu l'as vu ? Pas possible !* **2.** Qui constitue une limite. *Ces enfants font toutes les bêtises possibles. Laissez mes affaires en ordre autant que possible. Il est parti dès que possible. Elle aide son mari le plus possible.* **3.** (événement) Qui peut arriver, se réaliser. *Des averses sont possibles en fin de journée. Il n'y a aucun doute possible. « Viendras-tu nous voir, cet été ? – C'est possible ! »* → **probable, vraisemblable.** *Possible !* - *POSSIBLE QUE. Il est possible qu'il vienne. Ce n'est pas possible qu'il soit déjà parti ! Possible qu'il soit en retard !* **4.** Qui est peut-être ou qui peut devenir (tel). *C'est un concurrent possible.* → **éventuel, virtuel. 5.** STYLE FAMILIER Acceptable, convenable. *Ce serait un mari possible, pour toi. J'en ai assez, ce n'est plus possible !* → **supportable.** STYLE FAMILIER *Cette pièce a eu un succès pas possible, cet hiver.* → **inattendu, incroyable.** *Son mari est un type pas possible.* → **impossible.** STYLE TRÈS FAMILIER *POSS* [pɔs] forme abrégée familière *C'est un type pas poss.*
II. *LE POSSIBLE* **1.** *Elle FAIT TOUT SON POSSIBLE pour réussir,* tout ce qu'elle peut. *C'est dans le domaine du possible. Soyez à l'heure, DANS LA MESURE DU POSSIBLE,* si c'est possible. - *Ses parents sont gentils AU POSSIBLE.* → **beaucoup, extrêmement.**
2. Ce qui est réalisable. *Il faut reculer les limites du possible.*

REM. L'accord de *possible* précédé de *les plus* ou *les moins* suivis d'un adjectif au pluriel est facultatif. On peut écrire : *achète les fraises les plus grosses* possibles ou *les plus grosses* possible.

POSTAL [pɔstal], **POSTALE** [pɔstal] adj. (après le nom) **1.** De la poste. *Le wagon postal transporte le courrier.* MASCULIN PLURIEL : *les chèques POSTAUX* [pɔsto] *sont émis par la poste. Quel est le CODE POSTAL de cette ville ?* la suite de chiffres qui correspondent à la ville et qui facilitent le tri du courrier. - *Une BOÎTE POSTALE :* boîte à lettres réservée à une entreprise ou à une personne dans un bureau de poste. *Écrivez boîte postale n° 21. B. P.* [bepe] ou [bwatpɔstal] forme abrégée **2.** *J'ai reçu une CARTE POSTALE,* une carte illustrée servant à la correspondance.

① **POSTE** [pɔst] n. f. ▪ *LA POSTE* **1.** Service public chargé de distribuer le courrier. *Il a expédié un colis par la poste. Le bureau de poste est au coin de la rue. Son mari travaille à la poste* (→ ② **facteur, postier, préposé). 2.** Bureau de poste. *La poste ferme à dix-neuf heures. J'ai MIS ma lettre À LA POSTE,* je l'ai mise dans une boîte à lettres. **3.** *Écrivez-moi POSTE RESTANTE, à Lyon,* au bureau de poste, à Lyon, où je viendrai chercher la lettre.

FAUX AMI
allemand **Poste** se dit aussi pour courrier

② **POSTE** [pɔst] n. m.
I. *LE POSTE* **1.** Lieu où un soldat est placé par ses supérieurs pour une opération militaire. *La sentinelle est à son poste. Les soldats ne doivent pas quitter leur poste.* - *Que tout le monde RESTE À SON POSTE,* là où le devoir l'exige, là où il est. *Il est toujours là, FIDÈLE AU POSTE :* il ne bouge pas du lieu où il est. **2.** *POSTE (DE POLICE) :* commissariat de police. *Le voleur a été emmené au poste.* **3.** Emploi auquel on est nommé. *Son mari occupe le poste de directeur commercial dans une entreprise.* → **charge, fonction.** *Il a d'importantes responsabilités, à ce poste. Ce journaliste est EN POSTE à Madrid.* **4.** Emplacement destiné à un usage particulier. *Le pilote et le copilote sont dans le poste de pilotage de l'avion. Le prochain POSTE D'ESSENCE est à dix kilomètres.* → **distributeur, pompe, station-service.**
II. *UN POSTE :* appareil qui reçoit ou émet des émissions de radio ou de télévision. *Elle a un poste de télévision portatif* (→ **téléviseur).** *Ferme le poste.*

FAUX AMIS
espagnol **poste** « poteau » ; italien **posta** « enjeu »

POSTÉ [pɔste], **POSTÉE** [pɔste] adj. ▪ *TRAVAIL POSTÉ,* exécuté par plusieurs équipes de travail qui se relaient au même poste selon un horaire organisé par tranches. *Les ouvriers de l'usine ont un travail posté.*

POSTE-CLÉ [pɔstəkle] n. m. ▪ *UN POSTE-CLÉ :* poste important, dont le reste dépend. *Il vient d'être nommé à un poste-clé.* PLURIEL : *des POSTES-CLÉS.*

POSTE-FRONTIÈRE [pɔstəfʀɔ̃tjɛʀ] n. m. ▪ *UN POSTE-FRONTIÈRE :* lieu de passage gardé, à la frontière entre deux pays. *Les douaniers contrôlent les voyageurs, au poste-frontière.* PLURIEL : *des POSTES-FRONTIÈRES.*

① **POSTER** [pɔste] verbe [conjugaison 1a] **1.** Placer (qqn) dans un lieu précis pour surveiller. *Le général a posté des sentinelles à l'entrée de la forteresse.* **2.** verbe pronominal SE POSTER : se placer (dans un lieu) pour observer, guetter. *Postez-vous là et regardez ce qui se passe. Elle s'est postée à la fenêtre.*

② **POSTER** [pɔste] verbe [conjugaison 1a] ▪ Mettre à la poste. *J'ai posté ma lettre ce matin.*

③ **POSTER** [pɔstɛʀ] n. m. ▪ *UN POSTER :* affiche servant à la décoration. *Il y a des posters sur les murs de sa chambre.*

REM. Ce mot vient de l'anglais.

POSTÉRIEUR [pɔsteʀjœʀ] adj. et n. m., **POSTÉRIEURE** [pɔsteʀjœʀ] adj.
I. adjectif (après le nom) **1.** Qui a lieu après, qui vient après. *Cet événement est postérieur à l'année 1990.* (contraire : antérieur) *La réunion est remise à une date postérieure.* → **futur, ultérieur.** **2.** Qui est derrière, à l'arrière. *Le chien se tient debout sur ses pattes postérieures,* ses pattes de derrière. → **arrière.**
II. STYLE FAMILIER *LE POSTÉRIEUR :* le derrière (d'une personne). *Il est tombé sur le postérieur.* → STYLE TRÈS FAMILIER **cul.**

POSTÉRIEUREMENT [pɔsteʀjœʀmɑ̃] adverbe ▪ À une date ultérieure, après. → **ultérieurement.** *Cet acte notarié a été établi postérieurement à celui-là.* (contraires : antérieurement, avant)

A **POSTERIORI** → **a posteriori**

POSTÉRITÉ [pɔsteʀite] n. f. ▪ *LA POSTÉRITÉ :* les générations à venir. *Il faut travailler pour la postérité. L'œuvre de cet artiste est passée à la postérité.*

POSTHUME [pɔstym] adj. (après le nom) **1.** (enfant) Qui est né après la mort de son père. *Il a eu un fils posthume.* **2.** (œuvre) Qui a existé après la mort de son auteur. *Cet écrivain a laissé un roman posthume.* **3.** *Décorer qqn À TITRE POSTHUME,* après sa mort. *On lui a remis sa décoration à titre posthume.*

POSTICHE [pɔstiʃ] adj. et n. m. **1.** adjectif (après le nom) Qui remplace artificiellement qqch. de naturel (sur le corps). *Il a une barbe postiche.* → **factice, faux.** **2.** *UN POSTICHE :* mèche de cheveux que l'on adapte à sa chevelure. *Il a un postiche.* → STYLE FAMILIER **moumoute.**

REM. *Postiche* ne s'emploie pas en parlant des appareils de prothèse.

POSTIER [pɔstje] n. m., **POSTIÈRE** [pɔstjɛʀ] n. f. ▪ *UN POSTIER, UNE POSTIÈRE :* une personne qui travaille à la poste. *Le postier m'a apporté un télégramme.* → **facteur.** *La postière est assise derrière le guichet.*

① **POSTILLON** [pɔstijɔ̃] n. m. ▪ *UN POSTILLON :* autrefois, conducteur de diligence. *Le postillon fouette ses chevaux.*

② **POSTILLON** [pɔstijɔ̃] n. m. ▪ *UN POSTILLON :* petite goutte de salive que l'on projette en parlant. *Tu m'envoies des postillons.*

POST-SCRIPTUM [pɔstskʀiptɔm] n. m. invariable ▪ *UN POST-SCRIPTUM :* petit texte situé à la fin d'une lettre, après la signature. *Sa lettre comporte un post-scriptum.* PLURIEL : *des post-scriptum.* – *P.-S.* [peɛs] abréviation familière : *UN P.-S., DES P.-S.*

POSTULER [pɔstyle] verbe [conjugaison 1a] ▪ Demander (un emploi). *Il postule un emploi d'ingénieur.* → **solliciter.**

POSTURE [pɔstyʀ] n. f. ▪ *UNE POSTURE* **1.** Position du corps. *Il est assis dans une drôle de posture.* → **position.** *Elle connaît toutes les postures du yoga.* **2.** *ÊTRE EN MAUVAISE POSTURE :* être dans une situation difficile. *Le gouvernement est en mauvaise posture.*

POT [po] n. m. ▪ *UN POT* **1.** Récipient surtout destiné à contenir des liquides et des aliments. *Le POT À EAU* [potao] ou [poao] *est sur la table. Passe-moi le pot à lait* [poalɛ]. *Les pots de confiture sont dans le placard et les pots de yaourts dans le réfrigérateur.* – *Elle plante des géraniums dans un POT DE FLEURS.* – *Il va falloir PAYER LES POTS CASSÉS,* réparer les dommages qui ont été faits. *Il est SOURD COMME UN POT,* complètement sourd. – *Parle franchement au lieu de TOURNER AUTOUR DU POT,* au lieu de ne pas dire directement ce que tu as à dire. **2.** *POT (DE CHAMBRE),* où l'on fait ses besoins. *Le bébé est sur le pot.* **3.** STYLE FAMILIER *BOIRE, PRENDRE UN POT :* boire une consommation, prendre un verre. *Nous avons pris un pot à la terrasse d'un café.* – *FAIRE UN POT :* organiser une réunion où l'on boit. *Les employés ont fait un pot pour le départ de leur collègue.* **4.** *POT D'ÉCHAPPEMENT :* tuyau qui laisse échapper les gaz brûlés d'un véhicule. *De la vapeur sort du pot d'échappement de la voiture.* **5.** – (figuré) *Il ROULE PLEIN POT,* très vite. *On a PAYÉ PLEIN POT,* plein tarif, cher. STYLE FAMILIER Chance, veine. *Tu as du pot d'avoir gagné au loto.* → **bol.** *Il a eu son examen, c'est vraiment un COUP DE POT. MANQUE DE POT, elle est déjà partie.*

FAUX AMI
grec **ποτό** « boisson alcoolisée »

POTABLE [pɔtabl] adj. (après le nom) **1.** (eau) Que l'on peut boire sans danger pour la santé. *L'eau du robinet est potable.* **2.** STYLE FAMILIER Qui convient à la rigueur, assez bon. *Nous avons eu un temps potable, pendant les vacances.* → **acceptable, passable.**

POTACHE [pɔtaʃ] n. m. ▪ STYLE FAMILIER *UN POTACHE :* un collégien, un lycéen. *Ce sont des plaisanteries de potaches.*

POTAGE [pɔtaʒ] n. m. ▪ *UN POTAGE :* bouillon dans lequel on fait cuire des légumes. *J'ai fait un potage aux poireaux et aux pommes de terre.* → **soupe.**

REM. **1.** Le potage est généralement passé, mouliné, et ne présente pas de morceaux. **2.** *Potage* est le mot chic, à la différence de *soupe,* si le plat est le même.

POTAGER [pɔtaʒe] adj. et n. m., **POTAGÈRE** [pɔtaʒɛʀ] adj.
I. adjectif (après le nom) **1.** *Un JARDIN POTAGER :* jardin où l'on cultive des légumes et des fruits pour les manger. *Nos voisins ont un jardin potager.* **2.** *Les PLANTES POTAGÈRES :* les plantes dont on peut manger certaines parties. *Les carottes et les pommes de terre sont des plantes potagères.* → **légume.**
II. *UN POTAGER :* jardin où l'on cultive des légumes et des fruits pour les manger. *Dans le potager, il y a des salades, des tomates et des pommes de terre.*

POTASSE [pɔtas] n. f. ▪ *LA POTASSE :* produit chimique blanc et solide qui se dissout dans l'eau. *On utilise la potasse comme engrais.*

POTASSER [pɔtase] verbe [conjugaison 1a] ▪ STYLE FAMILIER Étudier avec acharnement. *Elle potasse la physique et la chimie pour son examen.* – *Il potasse son examen,* il le prépare en travaillant beaucoup.

POT-AU-FEU [pɔtofø] n. m. invariable ▪ *UN POT-AU-FEU :* plat fait de viande de bœuf bouillie avec des carottes, des poireaux, des navets, des oignons, du céleri et un os à moelle. *Je prépare un pot-au-feu. Nous avons mangé du pot-au-feu.* PLURIEL : *des pot-au-feu.*

POT-DE-VIN [podəvɛ̃] n. m. ▪ *UN POT-DE-VIN :* somme d'argent que l'on donne en plus du prix convenu, ou pour obtenir qqch. de façon illégale. → **bakchich, dessous-de-table.** *Ce fonctionnaire corrompu a reçu un pot-de-vin.* PLURIEL : *des POTS-DE-VIN.*

REM. **1.** On prononce aussi [podvɛ̃]. **2.** Ne pas confondre avec *pourboire.*

POTE [pɔt] n. m. ▪ STYLE FAMILIER *UN POTE :* un camarade, un ami. *Je suis venu avec mes potes.* → STYLE FAMILIER **copain.**

REM. On rencontre le féminin *une pote : Je te présente ma pote.*

POTEAU [pɔto] n. m.
I. *UN POTEAU :* pilier enfoncé dans le sol, qui sert de support ou qui porte une indication. *Regarde le POTEAU INDICATEUR pour savoir quelle direction prendre.* PLURIEL : *les POTEAUX électriques portent les fils électriques. Le ballon de rugby est passé entre les poteaux,* entre les montants qui délimitent le but. *Un poteau marque l'arrivée de la course.* – *Le gagnant de la course a coiffé ses concurrents AU POTEAU,* il les a battus de justesse.

LES ADJECTIFS ET PRONOMS POSSESSIFS

	UN SEUL POSSESSEUR		
	«QUI EST À MOI» → **je**	«QUI EST À TOI» → **tu**	«QUI EST À LUI, À ELLE, À SOI » → **il, elle, on**
SINGULIER	**MON** adjectif qui s'emploie : – devant un nom masculin *mon ami, mon sac, mon harmonica* – devant un nom féminin commençant par une voyelle ou un *h* muet *mon amie, mon habitation est neuve* **LE MIEN** pronom représentant un nom masculin singulier *votre fils et le mien, son appartement et le mien, leur chien et le mien, je préfère le mien* **MA** adjectif qui s'emploie devant un nom féminin ne commençant ni par une voyelle ni par un *h* muet *ma veste, ma harpe* → **mon** **LA MIENNE** pronom représentant un nom féminin singulier *je prends la mienne, votre fille et la mienne, sa maison et la mienne*	**TON** adjectif qui s'emploie : – devant un nom masculin *ton ami, ton sac, ton harmonica* – devant un nom féminin commençant par une voyelle ou un *h* muet *ton amie, ton habitation* **LE TIEN** pronom représentant un nom masculin singulier *notre fils et le tien, son appartement et le tien, leur chien et le tien, je préfère le tien* **TA** adjectif qui s'emploie devant un nom féminin ne commençant ni par une voyelle ni par un *h* muet *ta veste, ta harpe* → **ton** **LA TIENNE** pronom représentant un nom féminin singulier *tu prends la tienne, notre fille et la tienne, sa maison et la tienne*	**SON** adjectif qui s'emploie : – devant un nom masculin *son ami, son sac, son harmonica* – devant un nom féminin commençant par une voyelle ou un *h* muet *son amie, son habitation, une lettre et son timbre* **LE SIEN** pronom représentant un nom masculin singulier *notre fils et le sien, ton appartement et le sien, votre chien et le sien, on garde chacun le sien* **SA** adjectif qui s'emploie devant un nom féminin ne commençant ni par une voyelle ni par un *h* muet *sa veste, sa harpe, un livre et sa couverture* → **son** **LA SIENNE** pronom représentant un nom féminin singulier *notre fille et la sienne, ma maison et la sienne, cette étiquette n'est pas la sienne, on garde chacun la sienne*
	«QUI SONT À MOI»	«QUI SONT À TOI»	«QUI SONT À LUI, À ELLE»
PLURIEL	**MES** adjectif qui s'emploie devant un nom masculin ou féminin au pluriel *mes amis, mes amies, mes frères et sœurs, mes bijoux, mes chaussures* **LES MIENS** pronom représentant un nom masculin pluriel *vos enfants et les miens, ses vêtements et les miens, leurs soucis et les miens* **LES MIENNES** pronom représentant un nom féminin pluriel *vos filles et les miennes, ses chaussures et les miennes, leurs difficultés et les miennes*	**TES** adjectif qui s'emploie devant un nom masculin ou féminin au pluriel *tes amis, tes amies, tes frères et sœurs, tes bijoux, tes chaussures* **LES TIENS** pronom représentant un nom masculin pluriel *nos enfants et les tiens, ses vêtements et les tiens, leurs animaux et les tiens* **LES TIENNES** pronom représentant un nom féminin pluriel *nos filles et les tiennes, ses chaussures et les tiennes, prête-moi les tiennes*	**SES** adjectif qui s'emploie devant un nom masculin ou féminin au pluriel *ses amis, ses amies, ses frères et sœurs, ses bijoux, ses chaussures à lui* **LES SIENS** pronom représentant un nom masculin pluriel *nos enfants et les siens, vos vêtements et les siens, j'emprunte les siens* **LES SIENNES** pronom représentant un nom féminin pluriel *nos filles et les siennes, mes chaussures et les siennes, j'emprunte les siennes*

PLUSIEURS POSSESSEURS

	«QUI EST À NOUS» → nous / → on	«QUI EST À VOUS» → vous 1 et 2	«QUI EST À EUX, À ELLES» → ils, elles
SINGULIER	**NOTRE** adjectif qui s'emploie devant un nom masculin ou féminin *notre ami, notre sac, notre harmonica, notre amie, notre habitation, notre harpe* [nɔtʀəaʀp] *on vient avec notre dîner* **LE NÔTRE** pronom représentant un nom masculin singulier *votre fils et le nôtre, ton appartement et le nôtre, leur intérêt et le nôtre* *on préfère le nôtre au vôtre* **LA NÔTRE** pronom représentant un nom féminin singulier *votre fille et la nôtre, sa maison et la nôtre, leur vie et la nôtre* *on aime cette maison, mais on préfère la nôtre*	**VOTRE** adjectif qui s'emploie devant un nom masculin ou féminin *votre ami, votre sac, votre harmonica, votre amie, votre habitation, votre harpe* [vɔtʀəaʀp], *votre ambition à vous tous est la même* **LE VÔTRE** pronom représentant un nom masculin singulier *mon fils et le vôtre, leur appartement et le vôtre ; mes enfants, ce chien n'est pas le vôtre* **LA VÔTRE** pronom représentant un nom féminin singulier *ma fille et la vôtre, sa maison et la vôtre, leur réunion et la vôtre ont lieu le même jour*	**LEUR** adjectif qui s'emploie devant un nom masculin ou féminin singulier *leur ami, leur sac, leur harmonica, leur amie, leur habitation, leur harpe, leur point de vue n'est pas le nôtre* **LE LEUR** pronom représentant un nom masculin singulier *notre fils et le leur, notre pays et le leur sont en guerre* **LA LEUR** pronom représentant un nom féminin singulier *notre fille et la leur, votre maison et la leur, je préfère la leur*
	«QUI SONT À NOUS»	«QUI SONT À VOUS» → vous 1 et 2	«QUI SONT À EUX»
PLURIEL	**NOS** adjectif qui s'emploie devant un nom masculin ou féminin au pluriel *nous sommes venus avec nos amis, nos amies, nos frères et sœurs, nos bijoux, nos chaussures* *on est venus avec nos enfants, on préfère nos filles à nos garçons* **LES NÔTRES** pronom représentant un nom masculin ou féminin au pluriel *vos enfants et les nôtres, ses vêtements et les nôtres, leurs animaux et les nôtres, ses chaussures et les nôtres, leurs intérêts ne sont pas les nôtres* *on préfère les nôtres (filles, garçons), on a les mêmes, mais les nôtres sont moins chers (moins chères)*	**VOS** adjectif qui s'emploie devant un nom masculin ou féminin au pluriel *vos amis, vos amies, vos frères et sœurs, vos bijoux, vos chaussures, retournez tous à vos places, vos intérêts diffèrent* **LES VÔTRES** pronom représentant un nom masculin ou féminin au pluriel *mes enfants et les vôtres, ses vêtements et les vôtres, ses chaussures et les vôtres, leurs intérêts ne sont pas les vôtres, messieurs*	**LEURS** adjectif qui s'emploie devant un nom masculin ou féminin au pluriel *leurs amis, leurs amies, leurs frères et sœurs, leurs bijoux, leurs chaussures à eux, leurs problèmes ne sont pas les nôtres* **LES LEURS** pronom représentant un nom masculin ou féminin au pluriel *nos enfants et les leurs, ses vêtements et les leurs, nos intérêts et les leurs, des vignes plus belles que les leurs* **Remarque : ne pas confondre avec le pronom personnel *leur*.**

II. *LE POTEAU D'EXÉCUTION :* le poteau auquel on attache ceux que l'on va fusiller. *Le déserteur a été condamné au poteau,* à être fusillé.

POTELÉ [pɔtle], **POTELÉE** [pɔtle] adj. (après le nom) ▪ Grassouillet. *C'est un bébé potelé.* → **dodu.**

POTENCE [pɔtɑ̃s] n. f. ▪ *LA POTENCE :* instrument de supplice fait de deux poutres perpendiculaires soutenant une corde à laquelle on pend les condamnés. → **gibet.** *Le criminel a été condamné à la potence. - C'est un GIBIER DE POTENCE,* une personne qui mériterait d'être pendue.

> FAUX AMIS
> espagnol **potencia,**
> portugais **potência**
> « puissance »

POTENTIEL [pɔtɑ̃sjɛl] n. m. ▪ *UN POTENTIEL :* capacité à produire. *Ce pays a un grand potentiel industriel.*

POTERIE [pɔtʀi] n. f. **1.** *LA POTERIE :* fabrication d'objets en terre cuite. *Nous avons fait de la poterie pendant nos vacances.* **2.** *UNE POTERIE :* objet en terre cuite. *Les plus anciennes poteries datent de sept mille ans avant Jésus-Christ.*

POTICHE [pɔtiʃ] n. f. ▪ *UNE POTICHE* **1.** Grand vase de porcelaine d'Extrême-Orient. *Il y a une potiche chinoise dans le salon, devant la cheminée.* **2.** Personne qui n'a aucun rôle actif. *Il en a assez de jouer les potiches.*

POTIER [pɔtje] n. m., **POTIÈRE** [pɔtjɛʀ] n. f. ▪ *UN POTIER, UNE POTIÈRE :* personne qui fabrique et vend des poteries. *Nous avons visité l'atelier d'un potier.*

POTIN [pɔtɛ̃] n. m. **1.** *UN POTIN :* histoire souvent fausse et méchante, que l'on raconte sur qqn. *Il aime beaucoup écouter les potins.* → ① **cancan, commérage, racontar, ragot.** *Quels sont les derniers potins ?* **2.** STYLE FAMILIER *FAIRE DU POTIN :* faire du bruit. → **tapage, vacarme ;** STYLE FAMILIER **boucan, raffut, ramdam.** *Les voisins ont fait du potin toute la nuit.*

POTION [posjɔ̃] n. f. ▪ *UNE POTION :* médicament liquide, qui se boit. *Cette potion a un goût infect. - Il n'y a pas de POTION MAGIQUE,* de remède miracle.

POTIRON [pɔtiʀɔ̃] n. m. ▪ *UN POTIRON :* grosse citrouille. *Le cuisinier prépare de la soupe au potiron.*

POU [pu] n. m. ▪ *UN POU :* très petit insecte parasite de l'homme, qui vit dans les cheveux. *J'ai vu un œuf de pou dans ses cheveux* (→ **lente).** PLURIEL : *il a des POUX* [pu]. *Il est couvert de poux. Il a attrapé des poux à l'école. Il a des poux du pubis* (→ STYLE FAMILIER **morpion).** - *Il est moche comme un pou,* très laid.

> REM. **1.** *Pou* s'écrit avec un *x* au pluriel, comme *bijou, caillou, chou, genou, hibou* et *joujou.* **2.** *Pouls* « battement du sang » se prononce de la même façon.

POUAH ! [pwa] interjection ▪ Mot qui exprime le dégoût, le mépris. *Pouah ! cette soupe est trop salée !* → **berk.**

POUBELLE [pubɛl] n. f. ▪ *UNE POUBELLE* **1.** Récipient dans lequel on jette les ordures. *Jette ce papier à la poubelle. J'ai descendu la poubelle,* j'ai vidé son contenu dans les poubelles de l'immeuble (→ **vide-ordures).** *Les éboueurs ramassent les poubelles tous les jours.* **2.** Dépotoir. *Ramassez vos papiers gras, la plage n'est pas une poubelle !*

POUCE [pus] n. m. et interjection
I. *LE POUCE* **1.** Le doigt le plus court et le plus gros de la main, qui est formé de deux phalanges. *Le bébé suce son pouce. Il prend la feuille de papier entre le pouce et l'index.* - (figuré) *On lui a donné un COUP DE POUCE pour obtenir son poste,* on l'a aidé (→ **piston).** - STYLE FAMILIER *Il SE TOURNE LES POUCES toute la journée :* il ne fait rien, il reste toute la journée sans rien faire. *Nous avons mangé SUR LE POUCE :* nous avons pris un repas très rapidement. **2.** Le gros orteil. *Il s'est cassé le pouce du pied gauche.* **3.** Ancienne mesure de longueur, valant un peu moins de trois centimètres. *Il N'A PAS BOUGÉ D'UN POUCE :* il est resté immobile. **4.** STYLE FAMILIER *ET LE POUCE :* encore plus. *Je vais en avoir pour mille francs et le pouce !*
II. *POUCE !* interjection que l'on prononce en fermant la main et en mettant le pouce en l'air, pour interrompre un jeu. *Pouce ! Il a triché !*

> REM. **1.** Au Canada, on dit *faire du pouce* pour *faire de l'auto-stop.* **2.** *Pousse* « bourgeon » se prononce de la même façon.

POUDRE [pudʀ] n. f. ▪ *LA POUDRE* **1.** Matière moulue en grains très fins (→ **pulvériser).** *Il met du SUCRE EN POUDRE sur ses fraises* (opposé à en morceaux). *J'ajoute un peu de lait en poudre dans mon thé. Elle préfère la lessive liquide à la lessive en poudre. - Il se drogue à LA POUDRE,* à l'héroïne. **2.** Produit de maquillage que l'on met sur la peau avec une houppette ou avec un gros pinceau. *Elle se remet un peu de poudre* (→ se **poudrer).** **3.** Mélange de produits chimiques qui est destiné à exploser (→ **explosif).** *Les cartouches sont remplies de poudre. - Il a encore raconté un mensonge, c'est l'étincelle qui a MIS LE FEU AUX POUDRES,* c'est le petit incident qui a déclenché une catastrophe, une réaction violente. - *Il N'A PAS INVENTÉ LA POUDRE :* il n'est pas très intelligent.

POUDRER [pudʀe] verbe [conjugaison 1a] **1.** Couvrir de poudre. *La maquilleuse lui poudre le visage pour l'émission de télé.* **2.** verbe pronominal SE POUDRER : se mettre de la poudre sur le visage. *Elle s'est poudrée avant de sortir.*

POUDREUX [pudʀø] adj., **POUDREUSE** [pudʀøz] adj. et n. f. **1.** adjectif (après le nom) Qui a la consistance de la poudre. *Les pistes de ski sont couvertes de neige poudreuse.* **2.** *LA POUDREUSE :* la neige qui vient de tomber, de consistance très fine. *J'aime skier dans la poudreuse.*

POUDRIER [pudʀije] n. m. ▪ *UN POUDRIER :* boîte à poudre plate avec un miroir. *Elle a toujours son poudrier dans son sac.*

POUDRIÈRE [pudʀijɛʀ] n. f. ▪ *UNE POUDRIÈRE :* lieu où l'on garde les explosifs. *La poudrière a sauté. - Ce pays est une véritable poudrière,* il risque de s'y passer des incidents très violents.

POUF [puf] n. m. et interjection **1.** *UN POUF :* gros coussin posé sur le sol, qui sert de siège. *Il s'est assis sur un pouf. Assieds-toi sur le pouf.* **2.** *POUF !* exclamation qui exprime le bruit sourd de qqch. ou de qqn qui tombe par terre. *Et pouf ! le voilà par terre.*

POUFFE n. f. Forme abrégée familière de **pouffiasse.**

POUFFER [pufe] verbe [conjugaison 1a] ▪ *POUFFER DE RIRE :* éclater de rire sans pouvoir s'en empêcher. *Elles ont pouffé de rire quand elles l'ont vu arriver.* → s'**esclaffer.**

POUFFIASSE [pufjas] n. f. ▪ STYLE TRÈS FAMILIER *UNE POUFFIASSE :* une femme, une fille que l'on trouve vulgaire et pas belle. → STYLE TRÈS FAMILIER **pétasse.** *Il est venu avec sa pouffiasse. Espèce de pouffiasse ! - POUFFE* [puf] forme abrégée familière *C'est une grosse pouffe.*

> REM. Ce mot est péjoratif.

POUILLEUX [pujø], **POUILLEUSE** [pujøz] adj. (après le nom) **1.** (qqn) Couvert de poux. *Un mendiant pouilleux fait la quête devant l'église.* **2.** (qqch.) Très pauvre et sale. *Ils habitent une maison pouilleuse.* → **sordide.**

POULAILLER [pulaje] n. m. ▪ *UN POULAILLER :* abri pour les poules. *Le soir, on enferme les poules et les coqs dans le poulailler.*

POULAIN [pulɛ̃] n. m. ▪ *UN POULAIN :* petit du cheval et de la jument, mâle ou femelle, jusqu'à l'âge de deux ans et demi. *Le poulain galope dans le pré.*

POULARDE [pulaʀd] n. f. ▪ *UNE POULARDE :* jeune poule de moins de six mois, qui n'a jamais pondu et que l'on a engraissée. *Nous avons mangé de la poularde.*

① **POULE** [pul] n. f. ▪ *UNE POULE* **1.** Oiseau de basse-cour, à ailes courtes et arrondies, qui a une petite crête dentelée sur la tête. *Les poules sont dans le poulailler avec les coqs et les poussins. La poule rousse vient de pondre un œuf. Les poules caquètent.* - *Nous avons mangé de la poule au riz.* - *Il changera d'avis QUAND LES POULES AURONT DES DENTS :* il ne changera jamais d'avis. *Elle se lève AVEC LES POULES,* très tôt. **2.** *Une MÈRE POULE :* une mère qui protège beaucoup ses enfants (→ **couver**). *Ce sont de vraies mères poules.* - *Il est PAPA POULE :* il protège ses enfants et il est très affectueux avec eux. - *C'est une POULE MOUILLÉE,* une personne qui est lâche, qui a peur de tout (→ **mauviette, poltron**). - *J'ai la CHAIR DE POULE :* j'ai la peau hérissée parce que j'ai froid ou parce que j'ai peur. **3.** *Une POULE D'EAU :* oiseau, mâle ou femelle, de la taille d'un pigeon. *Il y a des poules d'eau dans la mare. Le chasseur a tué une POULE FAISANE,* la femelle d'un faisan. **4.** STYLE FAMILIER Terme d'affection. *Viens ici, ma poule ! Bonjour, ma petite poule.* → STYLE FAMILIER ① **cocotte, poulet, poulette.**

② **POULE** [pul] n. f. ▪ *UNE POULE :* groupe d'équipes de rugby qui doivent se rencontrer au cours d'un championnat (→ **division**). *L'équipe de rugby de notre ville est en poule A.*

POULET [pulɛ] n. m. ▪ *UN POULET*
I. 1. Petit de la poule, âgé de trois à dix mois, mâle ou femelle. *Le poussin devient un poulet.* - *J'ai acheté des cuisses de poulet. Nous avons mangé du poulet rôti.* **2.** STYLE FAMILIER Terme d'affection. *Bonsoir, mon petit poulet.* → STYLE FAMILIER ① **cocotte, poule, poulette.**
II. STYLE FAMILIER Policier. → STYLE FAMILIER **flic, keuf.** *Attention, voilà les poulets !*

POULETTE [pulɛt] n. f. ▪ STYLE FAMILIER *UNE POULETTE :* une jeune fille, une jeune femme. *Leur fille est une jolie poulette.* - Terme d'affection. *Oui, ma poulette.* → STYLE FAMILIER ① **cocotte, poule, poulet.**

POULICHE [puliʃ] n. f. ▪ *UNE POULICHE :* jeune jument de plus de trente mois. *La pouliche n'est plus un poulain, mais elle n'est pas encore adulte. C'est une pouliche qui a gagné la course.*

POULIE [puli] n. f. ▪ *UNE POULIE :* petite roue sur laquelle passe une corde ou une chaîne, et qui sert à soulever une charge, à transmettre un mouvement. *La poulie grince.*

> FAUX AMI
> grec **πουλί**
> «oiseau»

POULPE [pulp] n. m. ▪ *UN POULPE :* animal marin qui a huit tentacules munis de ventouses. → **pieuvre.** *Le poulpe est un mollusque.*

POULS [pu] n. m. ▪ *LE POULS :* battement du sang dans les artères, que l'on sent bien au poignet. *Le médecin PREND LE POULS du malade,* il compte ses pulsations. *Le malade a un pouls trop rapide.*
REM. *Pou* «insecte» se prononce de la même façon.

POUMON [pumɔ̃] n. m. ▪ *UN POUMON* **1.** Chacun des deux organes situés dans la cage thoracique, qui servent à respirer. *On va vous faire une radio des poumons. La pneumonie et la tuberculose sont des maladies des poumons* (→ **pulmonaire**). *Il a un cancer du poumon. Les chats mangent des poumons d'animaux de boucherie* (→ ② **mou**). - *Respire À PLEINS POUMONS,* profondément. *Les enfants crient à pleins poumons* (→ s'**époumoner**). **2.** Ce qui apporte de l'oxygène. *Les espaces verts sont les poumons des villes.*

POUPE [pup] n. f. ▪ *LA POUPE :* l'arrière d'un bateau (opposé à la proue). *Il est resté à la poupe pendant la traversée.* - *Cette chanteuse A LE VENT EN POUPE,* elle est poussée vers le succès.

POUPÉE [pupe] n. f. ▪ *UNE POUPÉE :* jouet qui représente une personne. *Le bébé joue avec une poupée de chiffon. Mon fils JOUE À LA POUPÉE. Elle a une poupée qui représente un bébé.* → **baigneur, poupon.**

POUPON [pupɔ̃] n. m. ▪ *UN POUPON* **1.** Bébé. *Quel beau poupon !* → **nourrisson. 2.** Jouet qui représente un bébé. → **baigneur.** *Elle joue avec son poupon.*

POUPONNER [pupɔne] verbe [conjugaison 1a] ▪ S'occuper d'un bébé, le dorloter. *Il aime beaucoup pouponner.*

POUPONNIÈRE [pupɔnjɛʀ] n. f. ▪ *UNE POUPONNIÈRE :* lieu où sont gardés les très jeunes enfants, jour et nuit. *Les nouveau-nés passent la nuit dans la pouponnière de la maternité.*

POUR [puʀ] préposition et n. m. invariable
I. préposition **1.** Indique le but, la conséquence. *Il a téléphoné pour prendre rendez-vous.* → **afin de.** *Il a dû beaucoup travailler pour réussir. Il fait un régime pour maigrir. C'est pour quoi faire ?* dans quel but ? *Sa décision a eu pour conséquence de tout retarder.* → **comme. 2.** *POUR QUE :* afin que. *Je l'ai appelé pour qu'il vienne m'aider. Ils ont travaillé toute la nuit pour que tout soit prêt à temps. J'ai fermé les volets pour que la chaleur n'entre pas dans la maison.* - STYLE FAMILIER *Je parle tout bas POUR PAS QU'il m'entende.* **3.** STYLE FAMILIER *C'EST FAIT POUR,* c'est destiné à produire ce résultat. *«On peut s'asseoir là-dessus ? – C'est fait pour.»* (ironique) *«L'étiquette reste collée ! – C'est étudié pour !»* **4.** Indique la destination. *Ils sont partis pour le Japon.* - *Voici un cadeau pour vous,* qui vous est destiné. *Il y en aura pour tout le monde. J'ai de l'amitié pour lui.* → **envers.** *Il a tout fait pour eux. Il a emmené son petit-fils voir un film pour enfants. Ce livre n'est pas pour toi,* pas fait pour ton âge. *Achète de la crème pour les mains.* **5.** Indique une durée. *Le médecin lui a donné un traitement pour six mois,* à prendre pendant six mois à partir d'aujourd'hui. *Mes enfants vont venir pour les vacances. J'ai réservé une chambre à l'hôtel pour une nuit.* - STYLE FAMILIER *C'est pour aujourd'hui ou pour demain ?* tu te décides ? - *POUR LE MOMENT, le malade dort,* en ce moment. *Je ne me fâche pas pour cette fois,* cette fois-ci. *Ça va POUR UNE FOIS mais ne recommence pas !* **6.** En faveur de. *Ils ont voté pour le même candidat. Je SUIS POUR cette décision :* je suis d'accord avec cette décision, je suis partisan de cette décision. *Vous êtes pour ou vous êtes contre ?* (contraire : contre) *Je te dis ça pour ton bien. Fumer est mauvais pour la santé. Elle fait une quête pour les sinistrés,* à leur profit. - *Prends un sirop pour la toux,* qui combat la toux. → **contre. 7.** (qqch., qqn) Indique l'échange. *Elle a eu sa robe pour deux cents francs. Il a dit un mot pour un autre,* à la place d'un autre. - *Ne te dérange pas, j'y vais pour toi,* à ta place. *Il a payé pour moi.* **8.** Indique la proportion. *Il a eu dix pour cent (10 %) de réduction* (→ **pourcentage**). *Il y a trois filles pour deux garçons dans la classe.* **9.** Indique la cause. *Le cinéma est fermé pour travaux. Merci pour tout. Il l'a épousée pour son argent,* parce qu'elle a de l'argent. *Elle pleure POUR UN OUI OU POUR UN NON,* à toute occasion. **10.** En ce qui concerne. *Elle est encore bien pour son âge. Il fait froid pour la saison.* STYLE FAMILIER *Pour moi, il a raté son*

train. → **selon.** - *POUR MA PART, je suis d'accord. POUR CE QUI EST DE son chien, il est perdu. Ce n'est un secret POUR PERSONNE :* tout le monde le sait.

II. *LE POUR :* le bon côté des choses. *Il faut peser LE POUR ET LE CONTRE,* les avantages et les inconvénients. *Je n'arrive pas à me décider, il y a DU POUR ET DU CONTRE dans les deux cas.*

FAUX AMI
portugais **por** «par»

POURBOIRE [purbwar] n. m. ▪ *UN POURBOIRE :* petite somme d'argent que le client donne en plus du prix, à la personne qui l'a servi (→ **service**). *N'oublie pas de donner un pourboire au chauffeur de taxi.* → STYLE FAMILIER **pourliche.**

REM. Ne pas confondre avec le *pot-de-vin* qui est une grosse somme versée illégalement.

POURCENTAGE [pursɑ̃taʒ] n. m. ▪ *UN POURCENTAGE :* proportion pour cent. *Il y a un fort pourcentage de réussite au bac dans ce lycée. Il touche un pourcentage sur les bénéfices de son entreprise. Il travaille AU POURCENTAGE :* il n'a pas un salaire fixe, il gagne de l'argent selon les ventes.

POURCHASSER [purʃase] verbe [conjugaison 1a] ▪ Poursuivre (qqn, un animal) avec obstination. *La police pourchasse les prisonniers évadés. Elle pourchasse les moustiques avec son insecticide.*

SE **POURLÉCHER** [purleʃe] verbe pronominal [conjugaison 6a] ▪ Se passer la langue sur les lèvres, en signe de plaisir avant ou après un bon repas. *Je me pourlèche à l'avance ! Elle s'est pourléchée en voyant arriver le gâteau.*

POURLICHE [purliʃ] n. m. ▪ STYLE FAMILIER *UN POURLICHE :* un pourboire. *Donne un pourliche au pompiste.*

POURPARLERS [purparle] n. m. pluriel ▪ *DES POURPARLERS :* discussions, négociations entre plusieurs personnes, entre plusieurs États. *Il y a eu de longs pourparlers avant d'arriver à un accord. Les deux pays sont EN POURPARLERS.*

POURPRE [purpr] n. f., n. m. et adj. **1.** *LA POURPRE :* colorant rouge tiré d'un coquillage. *Les Phéniciens utilisaient la pourpre.* **2.** *LE POURPRE :* couleur rouge foncé. *Ils ont des rideaux en velours d'un beau pourpre.* **3.** adjectif (après le nom) D'une couleur rouge foncé. *Son visage est devenu pourpre. Il lui a offert un bouquet de roses pourpres.*

FAUX AMI
anglais **purple** (adj.) «violet»

POURQUOI [purkwa] adverbe, conjonction et n. m. invariable

I. adverbe et conjonction **1.** (dans une interrogation directe) Pour quelle raison. *Pourquoi part-il ? Pourquoi ne pas le dire ? Pourquoi toutes ces questions ? « Tu veux m'accompagner ? Pourquoi pas ?» Pourquoi lui et pas moi ? Pourquoi ?* - STYLE FAMILIER *Pourquoi est-ce que tu pleures ?* **2.** (dans une interrogation indirecte) Dans quelle intention. *Dis-moi pourquoi tu n'es pas venu,* pour quelle raison tu n'es pas venu. *Je ne comprends pas pourquoi je ne suis pas invité. J'aimerais bien savoir pourquoi il a réagi comme ça. Elle pleure sans savoir pourquoi.* → **raison.** *Explique-moi pourquoi.* **3.** *C'EST POURQUOI :* c'est pour cette raison. *Il s'est levé tard, c'est pourquoi il n'est pas encore là. Voilà pourquoi.*

II. nom masculin invariable *LE POURQUOI :* la cause. *Je veux savoir le pourquoi de son refus. Elle veut toujours connaître le pourquoi et le comment.*

REM. On écrit *pourquoi faire ça ?* «pour quelle raison faire ça ?» mais on écrit *cette machine, c'est pour quoi faire ?* «cette machine sert à faire quoi ?».

pourra [pura] *Il pourra, elle pourra :* forme au futur du verbe **pouvoir.**

POURRI [puri], **POURRIE** [puri] adj. et n. m.

I. adjectif (après le nom) **1.** Qui est en état de décomposition. *J'ai jeté les tomates pourries.* → **avarié, gâté.** *Attention aux planches pourries du pont !* **2.** (climat) Humide. *Il a fait un temps pourri pendant les vacances,* un très mauvais temps. *On a eu UN ÉTÉ POURRI,* pluvieux. **3.** (qqn) Que l'on a corrompu. *Il a eu affaire à un policier pourri.* → **véreux.** **4.** STYLE FAMILIER (enfant) Trop gâté. *C'est un enfant pourri.* **5.** STYLE FAMILIER Très mauvais, insupportable. *J'en ai marre de passer mes vacances dans ce bled pourri !*

II. *LE POURRI* n. m. **1.** La partie pourrie. *Enlevez le pourri, le reste du fruit est bon.* **2.** Odeur de pourriture. *Ça sent le pourri dans le réfrigérateur.* → **croupi, moisi.** **3.** *UN POURRI,* personne qui vit de corruption, de pots-de-vin. *Tous des pourris !* → STYLE FAMILIER **ripou, vendu.**

POURRIR [purir] verbe [conjugaison 2] **1.** Se décomposer. *Cueillez les tomates avant qu'elles ne pourrissent. Les poires ont pourri au pied de l'arbre.* **2.** Faire se décomposer faute d'intervention. *L'eau pourrit le bois.* → **putréfaction.** **3.** Devenir pire. *Il ne faut pas laisser pourrir la situation.* **4.** Trop gâter (un enfant). *Elle a pourri ses petits-enfants.*

POURRITURE [purityr] n. f. **1.** *LA POURRITURE :* état de ce qui est pourri. *Ça sent la pourriture, ici.* **2.** *UNE POURRITURE :* personne ignoble. *Ce type est une vraie pourriture.* → **ordure.**

POURSUITE [pursɥit] n. f. ▪ *LA POURSUITE* **1.** Action de suivre (qqn, un animal) pour le rattraper. *La lionne s'est lancée À LA POURSUITE DE la gazelle. Les policiers se sont mis à la poursuite des voleurs.* **2.** *UNE POURSUITE :* fait de faire un procès à qqn. *Il a ENGAGÉ DES POURSUITES contre ses voisins.* **3.** Action de poursuivre, de continuer. *Les employés ont voté la poursuite de la grève.* → **continuation.** (contraire : arrêt)

poursuivant [pursɥivɑ̃] *En poursuivant :* forme au participe présent du verbe **poursuivre.**

POURSUIVANT [pursɥivɑ̃] n. m., **POURSUIVANTE** [pursɥivɑ̃t] n. f. ▪ *UN POURSUIVANT, UNE POURSUIVANTE :* une personne qui poursuit qqn. *Le voleur a été rattrapé par ses poursuivants.*

poursuivi [pursɥivi], **poursuivie** [pursɥivi] *Il a poursuivi une personne ; la personne qu'il a poursuivie :* formes au participe passé du verbe **poursuivre.**

POURSUIVRE [pursɥivr] verbe [conjugaison 40] **1.** Suivre de près pour atteindre. *Les policiers poursuivent la voiture. Le chien poursuit le lièvre,* il court derrière lui. → **pourchasser.** **2.** Chercher à obtenir (qqch.). *Quel but poursuivez-vous ? Mon grand-père poursuivait un rêve impossible.* **3.** Continuer sans s'arrêter. *Il poursuivit ses études pendant de longues années. Il faut que tu poursuives ta promenade. Elle a poursuivi son récit sans se troubler.* STYLE RECHERCHÉ *Poursuivez !* continuez à parler. **4.** Attaquer (qqn) en justice. *Si vous persistez, je vous poursuivrai devant les tribunaux.* **5.** verbe pronominal SE POURSUIVRE : (qqch.) continuer. *La conversation s'est poursuivie tard dans la nuit.*

POURTANT [purtɑ̃] adverbe ▪ Marque l'opposition entre deux choses, entre deux aspects contradictoires d'une chose. *Tu ne comprends pas, mais c'est pourtant simple. Il est fatigué, ET POURTANT il revient de vacances.* → **cependant, néanmoins, toutefois.** *Pourtant, d'ordinaire il est à l'heure.*

FAUX AMIS
italien **pertanto,** portugais **portanto** «par conséquent»

POURTOUR [purtur] n. m. ▪ *LE POURTOUR :* partie qui fait le tour (d'un lieu). *Le pourtour de la place est planté d'arbres.*

POURVOI [purvwa] n. m. ▪ *UN POURVOI :* action par laquelle on attaque en justice la décision d'un tribunal. *Son avocat lui* *conseille un* POURVOI EN CASSATION, il lui conseille de faire revoir le jugement par la cour de cassation.

POURVOIR [purvwaʀ] verbe [conjugaison 25]
I. STYLE RECHERCHÉ **1.** *POURVOIR DE* : fournir ce qui est nécessaire à. *Son père l'a pourvu d'un mot d'excuse. Elle est pourvue d'une recommandation. - La maison est pourvue des appareils ménagers les plus modernes.* → **équiper, munir. 2.** *POURVOIR À* : fournir le nécessaire pour. *Elle pourvoit seule à l'entretien de la famille.* → **assurer, subvenir.**
II. verbe pronominal SE POURVOIR **1.** *SE POURVOIR DE qqch.*, faire en sorte de l'avoir. *Pourvoyez-vous de provisions pour le voyage.* **2.** Demander la révision d'un jugement à une juridiction supérieure. *Elle s'est* POURVUE EN APPEL : elle a fait appel.

pourvu [puʀvy], **pourvue** [puʀvy] *Il a pourvu la maison de... ; la maison qu'il a pourvue de...* : formes au participe passé du verbe **pourvoir.**

POURVU [puʀvy], **POURVUE** [puʀvy] adj. (après le nom) ▪ *ÊTRE POURVU DE* : avoir. *Elle est pourvue de tout le nécessaire. Le voilà pourvu d'une famille. - Il est* BIEN POURVU : il a tout ce qu'il lui faut, il est riche.

POURVU QUE [puʀvykə] conjonction **1.** Espérons que. *Pourvu qu'il fasse beau dimanche ! Pourvu qu'il vienne ! Tout va bien, pourvu que ça dure !* **2.** À condition que, du moment que. *Il est content pourvu qu'il soit avec ses amis.*

POUSSE [pus] n. f. **1.** *UNE POUSSE* : un bourgeon. *Au printemps, les arbres se couvrent de pousses. Nous avons mangé du canard aux* POUSSES DE BAMBOU. **2.** *LA POUSSE* : développement de ce qui pousse. *Il se met une lotion qui active la pousse des cheveux.*
REM. *Pouce* «doigt» se prononce de la même façon.

POUSSÉE [puse] n. f. **1.** *LA POUSSÉE* : action d'une force qui pousse. *La porte a cédé sous la poussée de la foule.* → **pression. 2.** Progression. *On a assisté à la poussée de la gauche aux dernières élections.* **3.** *UNE POUSSÉE DE FIÈVRE* : un brusque accès de fièvre. *Le malade a eu une poussée de fièvre dans la nuit.*

① **POUSSER** [puse] verbe [conjugaison 1a] **1.** (plante) Se développer, grandir. *Cet arbre a beaucoup poussé.* → **croître.** *Les palmiers poussent dans les régions chaudes. Le jardinier fait pousser des salades,* il cultive des salades. *Ça pousse bien ! - Dans le désert, il ne pousse presque rien.* **2.** (partie du corps) *Je laisse pousser mes ongles. Ses dents poussent.* → **sortir.** *Ses cheveux poussent vite. Mon père se laisse pousser la barbe.* - STYLE FAMILIER *Alors, les enfants, ça pousse ?* vos enfants grandissent ? → **grandir.**

② **POUSSER** [puse] verbe [conjugaison 1a]
I. *POUSSER QQCH.X, QQN* **1.** Faire bouger en appuyant. *Il a poussé tout le monde pour passer.* → **bousculer.** *Elle l'a poussé dehors. - Ne poussez pas ! - Poussez la porte pour entrer.* ⟨contraire : tirer⟩ *Il a fallu pousser la voiture en panne jusqu'à la station-service. La maman pousse le landau,* elle le fait avancer devant elle. - STYLE FAMILIER *Ce travail a été fait* À LA VA COMME JE TE POUSSE [alavakɔmʒtəpus], n'importe comment. **2.** *POUSSER qqn A*, l'inciter à. *Cet élève pousse les autres à faire des bêtises.* ⟨contraire : empêcher⟩ *Je ne sais pas ce qui m'a poussé à réagir comme ça.* ⟨contraire : dissuader⟩ - *C'est elle qui l'a poussé au crime. La publicité pousse à la consommation.* **3.** Faire aller (jusqu'à un certain point). *Il a poussé la plaisanterie un peu trop loin.* → **exagérer.** *Elle a poussé la gentillesse jusqu'à nous raccompagner chez nous en voiture.* **4.** Faire entendre avec force. *Le bébé pousse des cris,* il crie très fort. *Arrête de pousser des soupirs,* de soupirer. *Quand ils sont partis, nous avons tous poussé un ouf de soulagement.*

II. *POUSSER* **1.** Faire un effort pour expulser de son organisme. *La femme pousse pendant son accouchement.* **2.** Aller (plus loin). *Et si nous poussions jusqu'à la ferme ?* et si nous continuions notre chemin jusqu'à la ferme ? **3.** STYLE FAMILIER Aller trop loin, exagérer. *« Tu voudrais que je te fasse tes devoirs ! Tu pousses un peu quand même ! » Faut pas pousser !* → STYLE FAMILIER **charrier.**
III. verbe pronominal SE POUSSER : s'écarter pour laisser de la place. *Poussez-vous, place ! Elle s'est poussée pour me laisser passer.* - STYLE FAMILIER *Pousse-toi de là que je m'y mette !* → **ôter.**

FAUX AMIS
allemand **poussieren** «faire la cour» ; portugais **puxar** «tirer»

POUSSETTE [pusɛt] n. f. ▪ *UNE POUSSETTE* : petite voiture dans laquelle on assied un enfant qui ne sait pas encore bien marcher, que l'on pousse devant soi. *Il promène sa petite sœur dans sa poussette.*

POUSSIÈRE [pusjɛʀ] n. f. **1.** *LA POUSSIÈRE* : débris de terre desséchée ou de saleté qui flottent dans l'air et se déposent sur les objets. *J'essuie la poussière sur les meubles avec un* CHIFFON À POUSSIÈRE (→ **épousseter).** *Il y a de la poussière sous le lit* (→ **mouton).** *La voiture soulève des nuages de poussière. Nous sommes rentrés couverts de poussière.* **2.** *UNE POUSSIÈRE* : un grain de poussière. *J'ai une poussière dans l'œil.* **3.** STYLE FAMILIER *Ça m'a coûté cent francs* ET DES POUSSIÈRES, un petit peu plus de cent francs.

POUSSIÉREUX [pusjeʀø], **POUSSIÉREUSE** [pusjeʀøz] adj. (après le nom) ▪ Couvert de poussière. *La bibliothèque est remplie de livres poussiéreux.*

POUSSIF [pusif], **POUSSIVE** [pusiv] adj. (après le nom) **1.** (qqn, animal) Qui respire difficilement, qui manque de souffle. *Le cavalier monte une jument poussive.* **2.** (qqch.) Qui fonctionne mal. *Il a une voiture poussive,* qui avance par à-coups.

POUSSIN [pusɛ̃] n. m. ▪ *UN POUSSIN* **1.** Petit de la poule et du coq, qui vient de sortir de l'œuf. *Les poussins sont couverts de duvet.* **2.** STYLE FAMILIER Terme d'affection. *Viens sur mes genoux, mon petit poussin.* → STYLE FAMILIER ① **cocotte, poulet.**

POUSSOIR [puswaʀ] n. m. ▪ *UN POUSSOIR* : bouton sur lequel on appuie pour déclencher un mécanisme. → **bouton-poussoir.** *Il faut appuyer sur le poussoir de la montre pour la mettre à l'heure.*

POUTRE [putʀ] n. f. ▪ *UNE POUTRE* : pièce de bois longue et épaisse, qui sert de support dans une construction. *Le plafond du salon a des poutres apparentes. - Le pont est soutenu par des poutres métalliques.*

POUTRELLE [putʀɛl] n. f. ▪ *UNE POUTRELLE* : barre de métal qui ressemble à une petite poutre, que l'on utilise dans les charpentes métalliques. *Le toit du hangar repose sur des poutrelles d'acier.*

POUTSER [putse] verbe [conjugaison 1a] ▪ STYLE FAMILIER Nettoyer. *Il faut que je poutse le buffet.*
REM. Ce mot est utilisé en Suisse.

① **POUVOIR** [puvwaʀ] verbe [conjugaison 33]
I. 1. Avoir la possibilité de. *Le blessé ne peut* [pø] *plus marcher. Le plongeur peut rester longtemps sous l'eau sans respirer. Nous pouvons vous emmener à la gare. Je peux vous aider ? Puis-je faire quelque chose pour vous ? Il viendra dès qu'il pourra* [puʀa]. *Ce serait bien qu'il puisse venir. Comment a-t-il pu faire une chose pareille ?* comment a-t-il osé ? *Ils se débrouillent comme ils peuvent* [pœv]. *Il est* ON NE PEUT PLUS *gentil* : il est extrêmement gentil. *C'est comme ça, on n'y peut rien. - Je fais*

ce que je peux. Il a fait ce qu'il a pu. **2.** Avoir le droit, la permission de. *Est-ce que je peux sortir ? Mes parents m'ont dit que je pouvais rester jusqu'à minuit. Tu peux me raconter ce que tu veux, je ne te crois pas. On peut dire qu'il a eu de la chance. On* NE PEUT QUE *se réjouir de son succès.* **3.** Risquer de. *Je peux être collé à mon examen. C'est une chose qui pourrait bien t'arriver. Attention en traversant la voie, un train peut en cacher un autre.* **4.** *N'EN POUVOIR PLUS :* être dans un état d'extrême fatigue, de souffrance ou de nervosité. *Tais-toi, je n'en peux plus !* j'en ai assez. *Il n'en peut plus de fatigue. On n'en pouvait plus de rire :* on ne s'arrêtait pas de rire. **5.** STYLE RECHERCHÉ *PUISSIEZ-VOUS dire vrai !* si seulement c'était vrai !
II. (impersonnel) **1.** *IL PEUT y avoir une erreur :* il est possible qu'il y ait une erreur. *Prends un parapluie, IL POURRAIT pleuvoir,* il est vraisemblable qu'il se mette à pleuvoir. *Quand il est arrivé, il pouvait être minuit,* il était environ minuit. **2.** verbe pronominal *IL SE PEUT :* il est possible. *IL SE PEUT QUE je vienne quand même. Cela ne se peut pas :* ce n'est pas possible. – STYLE FAMILIER *Ça se peut pas* [saspøpa] : c'est impossible. *Ça se pourrait bien.*

REM. **1.** La première personne du singulier du présent est *je peux* ou *je puis. Peux* est plus courant, mais dans une interrogation directe, on emploie toujours *puis : puis-je venir ?* **2.** Le verbe *pouvoir* n'a pas d'impératif. **3.** Le participe passé, *pu,* n'a ni féminin ni pluriel.

② **POUVOIR** [puvwaʀ] n. m. ▪ *LE POUVOIR* **1.** Le fait d'avoir les moyens (de faire qqch.). → **possibilité.** *Les animaux n'ont pas le pouvoir de parler,* ils ne peuvent pas parler. → **capacité, faculté.** *Les devins ont le pouvoir de connaître l'avenir.* → **don.** *Les fées ont des pouvoirs magiques. IL N'EST PAS EN MON POUVOIR de t'aider :* je ne peux pas t'aider. – *Il a un grand pouvoir de concentration :* il arrive à très bien se concentrer. – *Le POUVOIR D'ACHAT est en baisse,* la quantité de choses que l'on peut acheter avec une certaine somme d'argent. **2.** *UN POUVOIR :* droit (de faire qqch.). *Mon notaire a TOUS POUVOIRS pour agir à ma place* (→ **procuration). 3.** Possibilité d'agir sur qqn, qqch. → **autorité, puissance.** *C'est une arriviste qui aime le pouvoir. Le directeur a beaucoup de pouvoir,* il est puissant. *Les médias ont un grand pouvoir dans la société. – Le pouvoir de l'argent n'est pas sans limites.* **4.** Situation de ceux qui dirigent, puissance politique. *Le roi de France Louis XIV exerçait le pouvoir absolu. Les militaires ont PRIS LE POUVOIR dans ce pays. Le Président est arrivé AU POUVOIR d'une manière démocratique. – Le POUVOIR LÉGISLATIF,* chargé d'élaborer les lois. *Le POUVOIR EXÉCUTIF,* chargé du gouvernement. *Le POUVOIR JUDICIAIRE,* chargé de la justice. **5.** Ensemble des personnes qui détiennent le pouvoir. *C'est une décision des POUVOIRS PUBLICS,* de l'ensemble des autorités qui gouvernent le pays.

pouvons [puvɔ̃] *Nous pouvons :* forme au présent du verbe **pouvoir.**

PRAGOIS [pʀagwa] adj. et n. m., **PRAGOISE** [pʀagwaz] adj. et n. f. **1.** adjectif (après le nom) De Prague. *J'ai visité un musée pragois.* **2.** *UN PRAGOIS, UNE PRAGOISE :* une personne qui habite Prague. *Les Pragois.*

PRAGUE [pʀag] nom propre – en tchèque **PRAHA** ▪ Capitale de la République tchèque. *Nous sommes allés à Prague. Je reviens de Prague. Ils habitent Prague* (→ **pragois).**

PRAIRE [pʀɛʀ] n. f. ▪ *UNE PRAIRE :* coquillage arrondi, dont on mange la chair. *Nous avons mangé des huîtres et des praires.*

PRAIRIE [pʀeʀi] n. f. ▪ *UNE PRAIRIE :* terrain couvert d'herbe. → **pré.** *Devant la maison, il y a une grande prairie. Les vaches sont dans la prairie.*

PRALINE [pʀalin] n. f. ▪ *UNE PRALINE :* bonbon fait d'une amande grillée trempée dans du sucre bouillant. *Les pralines sont roses ou brunes.* – STYLE FAMILIER *Ses amies sont CUCUL LA PRALINE,* un peu bêtes et ridicules.

REM. En Belgique, les pralines sont des bonbons au chocolat.

PRALINÉ [pʀaline], **PRALINÉE** [pʀaline] adj. (après le nom) ▪ Mélangé d'amandes pilées. *Il a acheté des chocolats pralinés. Je prendrai une glace pralinée.*

PRATICABLE [pʀatikabl] adj. (après le nom) ▪ (voie) Où l'on peut passer facilement et sans danger. *Y a-t-il un chemin praticable pour les voitures ?* → **carrossable.** *Ce chemin n'est praticable qu'en été.* ⟨contraire : impraticable⟩

PRATICIEN [pʀatisjɛ̃] n. m., **PRATICIENNE** [pʀatisjɛn] n. f. ▪ *UN PRATICIEN, UNE PRATICIENNE :* médecin qui exerce, qui soigne les malades (opposé à chercheur). *Elle a consulté un praticien.*

PRATIQUANT [pʀatikɑ̃], **PRATIQUANTE** [pʀatikɑ̃t] adj. (après le nom) ▪ Qui pratique sa religion, qui fait exactement ce que sa religion lui demande de faire. *Ils sont catholiques pratiquants. Elle est croyante mais pas pratiquante.*

> FAUX AMI
> allemand
> **Praktikant**
> « stagiaire »

REM. *Pratiquant,* participe présent du verbe *pratiquer,* s'écrit de la même façon.

① **PRATIQUE** [pʀatik] n. f. **1.** *LA PRATIQUE :* manière concrète d'exercer une activité, de mettre en application ce que l'on a appris et d'avoir des résultats que l'on peut voir. *C'est par la pratique que l'on apprend vraiment son métier.* ⟨contraire : théorie⟩ *La pratique d'un sport vous ferait le plus grand bien. Il parle très bien anglais, il a plusieurs années DE PRATIQUE. Il faut METTRE tes décisions EN PRATIQUE,* que tu les appliques, que tu les réalises. **2.** *UNE PRATIQUE :* manière habituelle d'agir. *La vente à crédit est une pratique courante.* → **procédé, usage.**

> FAUX AMI
> italien
> **pratica**
> « dossier »

② **PRATIQUE** [pʀatik] adj. (après le nom) **1.** Facile à utiliser. *Cet ouvre-boîte est très pratique.* → ② **commode, fonctionnel, maniable.** *C'est un outil pratique. Ce parapluie n'est pas PRATIQUE À ouvrir. C'est plus PRATIQUE DE passer par là. Le métro est très PRATIQUE POUR se déplacer.* **2.** Qui concerne la vie matérielle. *Ce livre de cuisine donne des conseils pratiques.* **3.** *TRAVAUX PRATIQUES :* exercices où l'on applique ce que l'on a appris, qui complètent l'enseignement théorique (→ **expérience).** *Les élèves font des travaux pratiques de physique et de chimie.* **4.** *AVOIR LE SENS PRATIQUE :* savoir se débrouiller dans toutes les situations de la vie courante, savoir résoudre les difficultés matérielles. *Il n'a aucun sens pratique.*

> FAUX AMI
> allemand **Praxis**
> désigne aussi un
> cabinet (d'avocat, de
> médecin)

PRATIQUEMENT [pʀatikmɑ̃] adverbe **1.** Dans la réalité, dans les faits. *Ton idée est bonne mais, pratiquement, elle est impossible à réaliser.* ⟨contraire : théoriquement⟩ **2.** En fait. *Je ne me suis pratiquement pas arrêté de travailler de la journée,* pour ainsi dire. → **presque, quasiment.**

PRATIQUER [pratike] verbe [conjugaison 1a] **1.** Exercer régulièrement (une activité). *Il pratique le judo. Il pratique l'anglais :* il a souvent l'occasion de parler anglais. - *Le docteur X ne pratique plus,* il n'exerce plus son métier. **2.** Faire selon les règles. *Le chirurgien a pratiqué une intervention délicate.* → **opérer.** *Il pratique plusieurs sports.* **3.** Employer. *Ce commerçant pratique des prix très élevés.* **4.** Faire exactement ce qui est exigé par sa religion. *Ils sont protestants mais ils ne pratiquent plus* (→ **pratiquant**).

FAUX AMI — anglais **to practice** ne s'emploie pas aux sens 2., 3., 4.

PRÉ [pre] n. m. ▪ *UN PRÉ :* terrain où pousse de l'herbe qui sert à nourrir le bétail. → **prairie.** *Le fermier mène ses vaches au pré. Les bêtes sont dans le pré. Elle aime courir dans les prés. Voici un bouquet de fleurs des prés.*

PRÉALABLE [prealabl] adj. et n. m. **1.** adjectif (après le nom) Qui a lieu avant. *Il a eu plusieurs entretiens préalables avant d'être embauché.* **2.** *AU PRÉALABLE :* avant toute chose, dans un premier temps. → **auparavant, avant, préalablement.** *Pour faire des travaux dans l'appartement, il faut au préalable obtenir l'accord du propriétaire.*

PRÉALABLEMENT [prealabləmɑ̃] adverbe ▪ Avant toute chose, au préalable. *Je ne ferai rien sans vous avoir préalablement averti. PRÉALABLEMENT À toute action, il faut obtenir une autorisation.*

PRÉAMBULE [preɑ̃byl] n. m. ▪ *UN PRÉAMBULE :* début d'un texte ou d'un discours, qui en annonce le sujet (opposé à conclusion). → **avant-propos, introduction, préface.** *La plaidoirie de l'avocat a commencé par un long préambule. - Il m'a annoncé sa décision SANS PRÉAMBULE,* brusquement, à brûle-pourpoint.

PRÉAU [preo] n. m. ▪ *UN PRÉAU :* partie couverte d'une cour d'école. *Dans notre école, il y a un grand préau. Quand il pleut, la récréation a lieu SOUS LE PRÉAU.* PLURIEL : *des PRÉAUX.*

PRÉAVIS [preavi] n. m. ▪ *UN PRÉAVIS :* avertissement officiel, donné à l'avance. *Le locataire qui veut quitter son appartement doit donner son préavis trois mois avant son départ,* il doit prévenir son propriétaire trois mois à l'avance. *Il a été licencié sans préavis. Le syndicat a déposé un PRÉAVIS DE GRÈVE.*

PRÉCAIRE [prekɛr] adj. (après le nom) ▪ (qqch.) Qui n'est pas certain. *Il est d'une santé précaire.* → **fragile.** ⟨contraire : solide⟩ *Elle a trouvé un emploi précaire,* qui n'a pas une durée garantie. ⟨contraire : stable⟩

PRÉCARITÉ [prekarite] n. f. ▪ *LA PRÉCARITÉ :* caractère de ce qui n'est pas stable, qui est précaire. *Il ne fait pas de projets à long terme en raison de la précarité de son emploi.* ⟨contraire : stabilité⟩

PRÉCAUTION [prekosjɔ̃] n. f. ▪ *UNE PRÉCAUTION* **1.** Ce que l'on fait pour éviter un mal ou un ennui. *C'est une sage précaution de prendre une bonne assurance quand on va à l'étranger. Il faut PRENDRE DES PRÉCAUTIONS et réserver ses places à l'avance. Elle s'est entourée de précautions.* - STYLE FAMILIER *Prenez vos précautions :* allez aux toilettes maintenant, car vous ne pourrez plus y aller ensuite. *Pendant les relations sexuelles, il faut prendre des précautions,* utiliser des préservatifs. **2.** Manière d'agir prudente. *Cette caisse contient des verres, il faut la manier AVEC PRÉCAUTION. On lui a annoncé la nouvelle SANS PRÉCAUTION,* brutalement. → **diplomatie, ménagement.**

précédant [presedɑ̃] *En précédant :* forme au participe présent du verbe **précéder.**

PRÉCÉDEMMENT [presedamɑ̃] adverbe ▪ Avant. → **antérieurement, auparavant.** *Comme je l'ai dit précédemment, je ne pourrai pas être là le jour du mariage.* ⟨contraires : après, ultérieurement⟩

PRÉCÉDENT [presedɑ̃] adj. et n. m., **PRÉCÉDENTE** [presedɑ̃t] adj. **1.** adjectif (après le nom, parfois avant le nom) Qui vient avant, qui s'est produit avant. *Je l'avais vu la semaine précédente,* la semaine d'avant celle dont on parle. *Ça s'est passé le jour précédent,* la veille. *L'auteur en parle déjà dans un précédent ouvrage.* → **antérieur. 2.** *UN PRÉCÉDENT :* qqch. qui a déjà eu lieu et qui peut servir d'exemple. *Cette décision crée un précédent. - C'est un cas SANS PRÉCÉDENT,* unique en son genre, qui ne s'est jamais produit. *Elle a obtenu un succès sans précédent,* jamais vu, extraordinaire.

REM. *Précédant,* participe présent du verbe *précéder,* se prononce de la même façon.

PRÉCÉDER [presede] verbe [conjugaison 6a] **1.** (qqch.) Exister avant. ⟨contraire : suivre⟩ *Ça s'est passé l'année précédant ma naissance. Une préface de l'auteur précède le roman. - Ils ont tout arrangé dans les jours qui ont précédé* (→ **précédent**). **2.** (qqn) Être, marcher devant. *Il les précède pour leur montrer le chemin.* ⟨contraire : suivre⟩

PRÉCEPTE [presɛpt] n. m. ▪ *UN PRÉCEPTE :* formule qui exprime une règle de morale. → **maxime.** *«Aimer son prochain» est un précepte de la morale chrétienne.* → **prescription.**

PRÉCEPTEUR [presɛptœr] n. m., **PRÉCEPTRICE** [presɛptris] n. f. ▪ *UN PRÉCEPTEUR, UNE PRÉCEPTRICE :* personne chargée de l'éducation et de l'instruction d'un enfant qui ne va pas en classe. *Autrefois, dans les familles riches, les enfants avaient des précepteurs.*

PRÉCHAUFFER [preʃofe] verbe [conjugaison 1a] ▪ Faire chauffer (un four) jusqu'à la température voulue. *Préchauffez le four dix minutes avant de mettre le rôti.*

PRÊCHER [preʃe] verbe [conjugaison 1a] **1.** Faire un sermon (→ **prédicateur**). *Le prêtre prêche du haut de la chaire.* **2.** Recommander avec insistance. *Les écologistes prêchent le respect de la nature.* → **prôner.**

PRÊCHI-PRÊCHA [preʃipreʃa] n. m. invariable ▪ STYLE FAMILIER *UN PRÊCHI-PRÊCHA :* un discours moralisateur. *Qu'est-ce que c'est que ce prêchi-prêcha !* PLURIEL : *des prêchi-prêcha.*

PRÉCIEUSEMENT [presjøzmɑ̃] adverbe ▪ Avec grand soin. *Il conserve précieusement ses lettres d'amour.* → **soigneusement.**

PRÉCIEUX [presjø], **PRÉCIEUSE** [presjøz] adj. (après le nom, parfois avant le nom) **1.** (après le nom) Qui a une grande valeur, qui vaut très cher. *Elle a des bijoux précieux. L'or et l'argent sont des métaux précieux. Les émeraudes, les saphirs et les rubis sont des PIERRES PRÉCIEUSES.* **2.** (avant ou après le nom) Que l'on apprécie beaucoup, à quoi on donne du prix. *Votre amitié m'est précieuse. Je vous remercie pour vos précieux conseils,* pour vos conseils très utiles. **3.** (après le nom) Qui manque de naturel. *Il a des manières précieuses.* ⟨contraire : simple⟩ *Elle écrit dans un style un peu précieux.*

PRÉCIOSITÉ [presjozite] n. f. ▪ *LA PRÉCIOSITÉ :* manque de naturel. → ① **affectation.** *Il parle avec préciosité.*

PRÉCIPICE [presipis] n. m. ▪ *UN PRÉCIPICE* **1.** Ravin très profond, aux parois presque verticales. → **abîme, gouffre.** *La voiture est tombée au fond du précipice.* **2.** Danger dans lequel on risque de tomber. *L'entreprise est au bord du précipice.* → **désastre.**

PRÉCIPITAMMENT [presipitamɑ̃] adverbe ▪ En grande hâte, très vite. *Elle est partie précipitamment.* → **brusquement ;** STYLE FAMILIER **dare-dare.** ⟨contraires : lentement, posément, tranquillement⟩

PRÉCIPITATION [presipitasjɔ̃] n. f. ▪ *LA PRÉCIPITATION :* très grande hâte. *Il ne faut pas agir avec précipitation.* ⟨contraire : lenteur⟩ *Dans la précipitation du départ, il a oublié sa valise.*

PRÉCIPITATIONS [presipitasjɔ̃] n. f. pluriel ▪ *DES PRÉCIPITATIONS :* chutes de pluie, de grêle ou de neige. *La météo annonce de fortes précipitations pour demain.*

PRÉCIPITÉ [presipite], **PRÉCIPITÉE** [presipite] adj. (après le nom) **1.** Très rapide. *On a entendu des pas précipités dans l'escalier.* ⟨contraire : lent⟩ **2.** Qui se fait trop vite, sans prendre le temps nécessaire. *Son départ a été précipité.* → **hâtif.** *Ne prenez pas de décision précipitée.*

PRÉCIPITER [presipite] verbe [conjugaison 1a]
I. 1. Faire tomber dans un lieu bas ou profond. → **jeter.** *L'assassin a précipité sa victime du pont.* **2.** Pousser avec violence. *Le choc l'a précipité contre le pare-brise.* **3.** Faire se produire avant le moment prévu. *Il a dû précipiter son départ.* → **avancer, brusquer, hâter.** ⟨contraire : retarder⟩ *Il faudrait précipiter le mouvement,* aller plus vite. → **presser.** *Il ne faut rien précipiter !* il faut avoir de la patience et attendre.
II. verbe pronominal SE PRÉCIPITER **1.** Se jeter de haut dans un lieu bas ou profond. *Une femme s'est précipitée du sixième étage.* **2.** S'élancer brusquement, se hâter. *Au moment de l'alerte, les spectateurs se sont précipités vers la sortie.* → se **ruer.** *Les invités se précipitent sur le buffet.* **3.** (qqch.) Devenir plus rapide. *Les battements de son cœur se précipitent.*

PRÉCIS [presi], **PRÉCISE** [presiz] adj. (après le nom) **1.** Qui est clair, détaillé et bien défini. *Ce guide donne des renseignements précis sur chaque ville.* ⟨contraires : flou, imprécis, vague⟩ *Il s'est mis en colère sans raison précise.* **2.** Qui est exécuté ou qui opère d'une façon sûre. *L'architecte a fait un plan précis du bâtiment. C'est un homme précis,* qui agit avec précision. → **rigoureux.** **3.** Exact. *Soyez là à trois heures précises.* → **juste, pile ;** STYLE FAMILIER **pétant.** *Nous avons obtenu des résultats précis. Le peintre prend les mesures précises de la pièce.* ⟨contraire : approximatif⟩ *Le téléphone a sonné AU MOMENT PRÉCIS où je sortais.*

PRÉCISÉMENT [presizemɑ̃] adverbe **1.** D'une manière précise, claire. → **exactement.** *Répondez précisément à ma question. Ils habitent en Espagne, plus précisément à Tolède.* **2.** Indique qu'il y a un rapport entre deux faits. *C'est précisément pour cela que je viens vous voir.* → **justement.**

PRÉCISER [presize] verbe [conjugaison 1a] **1.** Expliquer de manière plus nette, plus précise. *Il nous reste à préciser la date et le lieu de notre prochain rendez-vous.* → **fixer.** *Précisez le sens de votre question. Précise ta pensée. Je tiens à PRÉCISER QUE je n'y suis pour rien.* → **souligner, spécifier.** **2.** verbe pronominal SE PRÉCISER : (qqch.) devenir plus précis, plus net. *Les choses se sont précisées peu à peu.*

PRÉCISION [presizjɔ̃] n. f. **1.** *LA PRÉCISION :* caractère de ce qui est précis, clair et net. → **clarté, rigueur.** *Pouvez-vous m'indiquer avec précision comment aller à la gare ?* ⟨contraires : ambiguïté, confusion, imprécision⟩ – *Le pharmacien pèse les ingrédients sur une balance DE PRÉCISION,* sur une balance qui donne des indications extrêmement précises et sûres. **2.** *UNE PRÉCISION :* détail précis, explication claire qui permet d'avoir une information sûre. *L'inspecteur de police demande au témoin des précisions sur son emploi du temps le jour du crime. Pouvez-vous m'apporter des précisions supplémentaires ?*

PRÉCOCE [prekɔs] adj. (après le nom) **1.** Qui se produit plus tôt que d'habitude. *L'hiver est précoce cette année.* ⟨contraire : tardif⟩ **2.** (végétaux) Qui est mûr avant le temps normal. *J'ai trouvé des fraises précoces.* → **hâtif.** **3.** (qqn) Dont le développement intellectuel est très rapide. *Leur fils sait lire à trois ans, c'est un enfant précoce,* un enfant en avance pour son âge (→ **prodige).** ⟨contraires : attardé, retardé⟩

PRÉCOCITÉ [prekɔsite] n. f. ▪ *LA PRÉCOCITÉ :* caractère de ce qui est précoce. *Leur fils est d'une étonnante précocité.*

PRÉCONÇU [prekɔ̃sy], **PRÉCONÇUE** [prekɔ̃sy] adj. (après le nom) ▪ *Une IDÉE PRÉCONÇUE :* idée toute faite qui n'est pas vérifiée par l'expérience, un préjugé que l'on adopte sans réfléchir. *Elle a beaucoup d'idées préconçues.*

PRÉCONISER [prekɔnize] verbe [conjugaison 1a] ▪ Recommander avec insistance. → ② **conseiller.** *Le médecin lui préconise le repos.* → **prescrire.** *Il préconise à ses patients de faire du sport.*

> FAUX AMI
> grec **προεικονίζω** «préparer pour ce qui va suivre»

PRÉCURSEUR [prekyrsœr] n. m. et adj. m. **1.** *UN PRÉCURSEUR :* personne qui est la première à faire une œuvre ou une découverte qui est reprise ou améliorée plus tard par d'autres. *Ce philosophe est un précurseur. Pasteur est le précurseur de la chimie moderne.* **2.** adjectif (après le nom) Qui annonce (qqch.). *L'arrivée des hirondelles est un SIGNE PRÉCURSEUR du printemps.*

PRÉDATEUR [predatœr] n. m. et adj., **PRÉDATRICE** [predatris] adj. **1.** *UN PRÉDATEUR :* animal qui chasse d'autres animaux pour se nourrir (→ **proie).** *Les félins et les rapaces sont des prédateurs. La belette est un prédateur de petits rongeurs.* **2.** adjectif (après le nom) (animaux) Qui se nourrit de proies. *Les rapaces sont des oiseaux prédateurs.*

PRÉDÉCESSEUR [predesesœr] n. m. ▪ *UN PRÉDÉCESSEUR :* personne qui a précédé qqn dans une fonction. *Le nouveau directeur est plus jeune que son prédécesseur.* ⟨contraire : successeur⟩
REM. Ce mot n'a pas de féminin. On dit *elle a été mon prédécesseur.*

PRÉDICATEUR [predikatœr] n. m. ▪ *UN PRÉDICATEUR :* personne qui fait des sermons, qui prêche. *Est-ce un bon prédicateur ? Le prédicateur monte en chaire pour faire son sermon.*

PRÉDICTION [prediksjɔ̃] n. f. ▪ *UNE PRÉDICTION* **1.** Ce qui est prédit. *Sa prédiction s'est réalisée.* → **prophétie.** **2.** Paroles par lesquelles on prédit. *La cartomancienne lui a fait des prédictions.*

PRÉDILECTION [predilɛksjɔ̃] n. f. ▪ *UNE PRÉDILECTION :* préférence très nette (pour qqn, qqch.). *Il a une prédilection pour les femmes petites.* → **faible, penchant.** *Le chocolat est sa friandise DE PRÉDILECTION,* sa friandise préférée (→ **favori).**

PRÉDIRE [predir] verbe [conjugaison 37b] ▪ Annoncer à l'avance que va se produire (un événement), comme si on connaissait l'avenir. *Que me prédisez-vous ? On lui prédisait un bel avenir. Je te PRÉDIS QUE tu vas réussir. Une voyante a prédit à ma sœur qu'elle aurait quatre enfants* (→ **prédiction).**

prédisez [predize] *Vous prédisez :* forme au présent du verbe **prédire.**

PRÉDISPOSER [predispoze] verbe [conjugaison 1a] **1.** (qqch.) Mettre (qqn) dans une situation favorable (pour qqch.). *Son éducation le prédispose à réagir ainsi.* → **préparer.** **2.** *ÊTRE PRÉDISPOSÉ À qqch.,* risquer de l'avoir. *Elle est prédisposée aux maladies cardiaques,* elle risque plus que d'autres d'en avoir.

prédit [predi] *Il prédit, elle prédit :* forme au présent et au passé simple du verbe **prédire.**

prédit [predi], **prédite** [predit] *Il a prédit une chose ; la chose qu'il a prédite :* formes au participe passé du verbe **prédire.**

PRÉDOMINER [predɔmine] verbe [conjugaison 1a] ▪ (qqch.) Être le plus important. *Parmi toutes ses qualités, c'est le courage qui* *prédomine. C'est son avis qui prédomine toujours,* qui l'emporte. → **primer.**

PRÉEXISTER [pReɛgziste] verbe [conjugaison 1a] ▪ Exister avant (qqch.). *Cette coutume PRÉEXISTAIT À la loi,* elle était antérieure à la loi.

PRÉFABRIQUÉ [pRefabRike], **PRÉFABRIQUÉE** [pRefabRike] adj. (après le nom) ▪ *Une MAISON PRÉFABRIQUÉE :* maison construite avec des éléments fabriqués en série pour être assemblés ensuite sur place. *Les cours de chimie ont lieu dans un bâtiment préfabriqué.*

PRÉFACE [pRefas] n. f. ▪ *UNE PRÉFACE :* texte placé au début d'un livre et qui sert à le présenter aux lecteurs. → **avant-propos, introduction.** *L'auteur explique dans sa préface dans quelles circonstances il a écrit son livre.*

PRÉFACER [pRefase] verbe [conjugaison 3a] ▪ Présenter (un livre) par une préface. *Un écrivain célèbre a préfacé le livre de ce jeune auteur.*

REM. Le *c* s'écrit avec une cédille devant *o* (ex. : *nous préfaçons*) et devant *a* (ex. : *je préfaçais*).

PRÉFECTORAL [pRefɛktɔRal], **PRÉFECTORALE** [pRefɛktɔRal] adj. (après le nom) ▪ Relatif au préfet, à l'administration qui dépend d'un préfet. *La route est fermée par mesure préfectorale.* MASCULIN PLURIEL : *des arrêtés PRÉFECTORAUX* [pRefɛktɔRo].

PRÉFECTURE [pRefɛktyR] n. f. ▪ *LA PRÉFECTURE* **1.** Administration et services qui dépendent d'un préfet ; bâtiment qui abrite le bureau du préfet et tous ses services. *Adressez-vous à la préfecture pour obtenir ce document.* **2.** Ville où sont installés les bureaux du préfet. → **chef-lieu.** *Bordeaux est la préfecture de la Gironde.*

PRÉFÉRABLE [pRefeRabl] adj. (après le nom) ▪ Qui mérite d'être préféré, choisi. *Pour faire ce voyage, le train est PRÉFÉRABLE À l'avion.* – (impersonnel) *Il serait PRÉFÉRABLE DE faire comme ça. Ce serait PRÉFÉRABLE QU'il vienne lui-même.*

PRÉFÉRÉ [pRefeRe] adj. et n. m., **PRÉFÉRÉE** [pRefeRe] adj. et n. f. **1.** adjectif (après le nom) Que l'on aime le plus. *Elle écoute ses chansons préférées. Son fils aîné est son enfant préféré.* **2.** *LE PRÉFÉRÉ, LA PRÉFÉRÉE :* la personne que l'on préfère. *C'est lui le préféré de sa mère.* → **favori ;** STYLE FAMILIER **chouchou.** *Voici mon petit préféré.*

PRÉFÉRENCE [pRefeRɑ̃s] n. f. **1.** *LA PRÉFÉRENCE :* jugement ou sentiment par lequel on place qqn ou qqch. au-dessus des autres. *Donnons-lui la préférence pour ce poste,* choisissons-le parmi d'autres. – *Il a une nette préférence pour le vin blanc.* → **prédilection.** *Fais comme tu veux, je n'ai pas de préférence,* ça m'est égal. *Respectons les préférences de chacun.* **2.** *DE PRÉFÉRENCE :* plutôt. *Il va voir de préférence des films comiques. Téléphone-moi le soir de préférence. Classe tes livres PAR ORDRE DE PRÉFÉRENCE,* selon tes préférences.

PRÉFÉRER [pRefeRe] verbe [conjugaison 6a] ▪ Aimer mieux. *Il PRÉFÈRE le thé AU café :* il aime le thé davantage que le café. *Elle préfère sa sœur à son frère. Je t'ai toujours préféré avec les cheveux courts. Elle est idiote, ou disons qu'elle est très distraite SI TU PRÉFÈRES,* si tu penses que ce mot convient mieux. *Je préférerais* [pRefɛRRɛ] *partir demain. Il PRÉFÈRE QUE tu viennes seul.*

PRÉFET [pRefɛ] n. m., **PRÉFÈTE** [pRefɛt] n. f. ▪ *LE PRÉFET, LA PRÉFÈTE :* en France, personne nommée par le président de la République pour représenter le gouvernement à la tête d'un département ou d'une région. *Le préfet est venu à l'inauguration du nouveau lycée. Le préfet a signé un nouvel arrêté* (→ **préfectoral).**

PRÉFIGURER [pRefigyRe] verbe [conjugaison 1a] ▪ Donner une idée de (ce qui n'existe pas encore). *La science-fiction préfigure ce que sera la vie dans l'avenir.* → **annoncer.**

PRÉFIXE [pRefiks] n. m. ▪ *UN PRÉFIXE* **1.** Élément placé devant le radical ou devant un mot et qui sert à former un autre mot dont le sens est différent (opposé à suffixe). *Le mot «incapable» est formé du préfixe «in-» et de l'adjectif «capable».* **2.** Premiers chiffres placés devant un numéro de téléphone. *Pour téléphoner de France à l'étranger, il faut composer le préfixe 00.*

REM. Les mots qui contiennent un préfixe ou un suffixe sont des *dérivés.*

PRÉHISTOIRE [pReistwaR] n. f. ▪ *LA PRÉHISTOIRE :* époque très ancienne, située avant l'apparition de l'écriture (→ ② **histoire).** *Les hommes de la préhistoire fabriquaient des outils* (→ **préhistorique).**

PRÉHISTORIQUE [pReistɔRik] adj. (après le nom) ▪ Qui date de la préhistoire. *Les mammouths et les dinosaures sont des animaux préhistoriques. On peut voir des peintures préhistoriques dans la grotte de Lascaux.*

PRÉJUDICE [pReʒydis] n. m. ▪ *UN PRÉJUDICE :* événement nuisible aux intérêts de qqn. *Cette affaire lui a PORTÉ PRÉJUDICE,* lui a fait du tort. *Une erreur a été commise À MON PRÉJUDICE,* à mon détriment. ⟨contraires : avantage, bénéfice⟩

FAUX AMI
anglais **prejudice** «préjugé»

PRÉJUDICIABLE [pReʒydisjabl] adj. (après le nom) ▪ Qui cause un tort, un préjudice. *Cette erreur a été PRÉJUDICIABLE À ma famille,* elle a fait du tort à ma famille.

PRÉJUGÉ [pReʒyʒe] n. m. ▪ *UN PRÉJUGÉ :* avis que l'on a sans avoir réfléchi ni vérifié, idée préconçue. *J'ai toujours eu des PRÉJUGÉS CONTRE lui. Il faut combattre les préjugés.*

SE **PRÉLASSER** [pRelase] verbe pronominal [conjugaison 1a] ▪ Se reposer, rester sans rien faire. *Elle s'est prélassée tout l'après-midi sur la plage.*

PRÉLAT [pRela] n. m. ▪ *UN PRÉLAT :* haut personnage du clergé, dans l'Église catholique. *Les cardinaux et les archevêques sont des prélats.*

PRÉLÈVEMENT [pRelɛvmɑ̃] n. m. ▪ *UN PRÉLÈVEMENT :* ce qui est prélevé. *On lui a fait un prélèvement de sang pour l'analyser. Le locataire a donné à son propriétaire une autorisation de prélèvement automatique sur son compte bancaire pour le paiement de son loyer.*

PRÉLEVER [pRelve] verbe [conjugaison 5a] ▪ Prendre (une partie d'un tout). *Il a prélevé dix mille francs sur son compte en banque pour payer ses impôts. Le médecin lui prélève du sang tous les mois pour faire des examens.*

PRÉLIMINAIRE [pReliminɛR] adj. (après le nom) ▪ Qui vient avant une autre chose plus importante. *La négociation pourra commencer après les accords préliminaires.*

PRÉLIMINAIRES [pReliminɛR] n. m. pluriel ▪ *DES PRÉLIMINAIRES :* discussions qui précèdent un accord. *Il y a eu de longs préliminaires avant la signature de la paix. Nous n'en sommes qu'aux préliminaires.*

PRÉLUDE [pRelyd] n. m. ▪ *UN PRÉLUDE* **1.** Morceau de musique qui sert à introduire une autre pièce musicale ou qui est lui-même une pièce musicale. *Chopin a composé de nombreux préludes.* **2.** Ce qui constitue le commencement de (qqch.). *Cette rencontre a été le prélude d'une grande amitié.*

PRÉMATURÉ [prematyʀe] adj. et n. m., **PRÉMATURÉE** [prematyʀe] adj. et n. f.
I. adjectif (après le nom) **1.** Qui se produit trop tôt. *Cette décision est un peu prématurée.* → **hâtif.** ⟨contraire : tardif⟩ *Ce serait prématuré d'en tirer des conclusions. Elle a eu un accouchement prématuré,* avant le terme normal. **2.** *Un* ENFANT PRÉMATURÉ, né avant la date prévue. *Elle a eu un enfant prématuré.*
II. UN PRÉMATURÉ, UNE PRÉMATURÉE : enfant né avant huit mois de grossesse. *Les prématurés sont mis en couveuse.*

PRÉMATURÉMENT [prematyʀemɑ̃] adverbe ▪ Trop tôt. *Son fils est mort prématurément, à l'âge de vingt ans.*

PRÉMÉDITATION [pʀemeditasjɔ̃] n. f. ▪ *LA PRÉMÉDITATION* : intention d'accomplir une mauvaise action. *L'assassin a été condamné pour meurtre* AVEC PRÉMÉDITATION.

PRÉMÉDITÉ [pʀemedite], **PRÉMÉDITÉE** [pʀemedite] adj. (après le nom) ▪ (mauvaise action) Préparé avec soin, à l'avance. *L'accusé est l'auteur d'un crime prémédité.* ⟨contraire : accidentel⟩

PREMIER [pʀəmje] adj. et n. m., **PREMIÈRE** [pʀəmjɛʀ] adj. et n. f.
I. adjectif (avant le nom, parfois après le nom) **1.** (avant le nom) Qui vient d'abord, qui est avant les autres. ⟨contraire : dernier⟩ *Le premier janvier (1er janvier) est le premier jour de l'année. Mon fils a fait ses premiers pas à un an. Elle se souvient avec émotion de son premier amour* [pʀəmjeʀamuʀ]. *Elle a eu son premier enfant à vingt-cinq ans. C'est la première fois que je le vois.* À PREMIÈRE VUE, *il a l'air très bien,* tout d'abord. *Elle est en première année de médecine. Les pompiers donnent les premiers secours.* **2.** (avant le nom) Qui se présente avant les autres. *Prenez la première rue à droite.* → **prochain.** *Je le lui dirai* À LA PREMIÈRE OCCASION, dès que je pourrai. *Il est assis au premier rang.* **3.** (avant le nom) Qui est plus remarquable que les autres. *C'est de la viande* DE PREMIÈRE QUALITÉ. → **meilleur.** *Il a eu le premier prix. Il voyage en* PREMIÈRE CLASSE *dans le train,* dans la classe la plus confortable et la plus chère. *Quel est l'acteur qui a le premier rôle dans le film ? Le président de la République est le premier personnage de l'État. Son mari est premier violon à l'Opéra de Paris.* **4.** (après le nom) UN NOMBRE PREMIER : nombre qui ne peut être divisé que par lui-même ou par un, pour obtenir un nombre entier. *Trois et dix-sept sont des nombres premiers.* **5.** (après le nom) Qui est dans l'état de son origine, de son début. *Le bois est une* MATIÈRE PREMIÈRE *avec laquelle on fabrique des meubles. Ce pays exporte des matières premières et importe des produits fabriqués.*
II. LE PREMIER, LA PREMIÈRE **1.** Personne qui arrive avant les autres, qui fait qqch. avant les autres. *Il est arrivé le premier au rendez-vous.* ⟨contraire : dernier⟩ *Laissez-les passer les premiers. J'ai été la première à le savoir.* **2.** Élève qui est meilleur que les autres. *Son camarade est le premier de la classe.* **3.** UN JEUNE PREMIER, UNE JEUNE PREMIÈRE : comédien, comédienne qui joue les premiers rôles d'amoureux. *Il n'a plus l'âge de jouer les jeunes premiers.*
III. n. m. **1.** LE PREMIER : le premier étage. *Leur appartement est au premier.* **2.** EN PREMIER : avant les autres. *Laissez-la passer en premier.* → **priorité.** D'abord, avant tout. *Ce qui compte en premier pour moi, c'est la gentillesse,* ce qui a le plus d'importance.
IV. n. f. LA PREMIÈRE **1.** En France, année d'étude qui précède la classe de terminale. *Sa fille est en première littéraire au lycée Gay-Lussac.* **2.** Classe la plus confortable et la plus chère, dans les trains, les avions, les bateaux. *Ils voyagent toujours en première.* **3.** Première représentation d'une pièce de théâtre, première projection d'un film. *Ils sont invités à la première de la pièce.* **4.** STYLE FAMILIER DE PREMIÈRE : remarquable, exceptionnel. *Nous avons fait un repas de première ! Il lui a flanqué une gifle de première !*

PREMIÈREMENT [pʀəmjɛʀmɑ̃] adverbe ▪ D'abord. *Je ne viendrai pas avec toi : premièrement, je ne suis pas prête, deuxièmement je n'ai pas envie d'y aller.* → **primo.** ⟨contraire : ensuite⟩

PRÉMONITION [pʀemonisjɔ̃] n. f. ▪ UNE PRÉMONITION : intuition inexplicable que qqch. va se produire. → **pressentiment.** *Je n'ai pas pris cet avion car j'ai eu* LA PRÉMONITION DE *l'accident. Il a eu une prémonition.*

PRÉMONITOIRE [pʀemɔnitwaʀ] adj. (après le nom) ▪ *Un* RÊVE PRÉMONITOIRE, au cours duquel on voit des choses qui vont vraiment se réaliser plus tard. *J'ai fait un rêve prémonitoire. La veille de l'accident, j'en ai rêvé, c'était un rêve prémonitoire.*

SE **PRÉMUNIR** [pʀemyniʀ] verbe pronominal [conjugaison 2] ▪ STYLE RECHERCHÉ SE PRÉMUNIR CONTRE : se protéger de, se garantir contre. *Elles se sont prémunies contre le froid avec leur anorak. Nous nous prémunissons contre le danger.*

PRENANT [pʀənɑ̃], **PRENANTE** [pʀənɑ̃t] adj. (après le nom) **1.** Qui intéresse profondément en émouvant. *Ce film policier est prenant.* → **captivant, palpitant.** **2.** (activité) Qui occupe beaucoup, accapare. *Il a un métier très prenant.* **3.** LES PARTIES PRENANTES : les personnes concernées. *Il faut consulter les parties prenantes avant de prendre une décision.*

PRÉNATAL [pʀenatal], **PRÉNATALE** [pʀenatal] adj. (après le nom) ▪ Qui précède la naissance. *Les futures mères touchent des allocations prénatales. Ce pédiatre fait des examens prénatals.*

PRENDRE [pʀɑ̃dʀ] verbe [conjugaison 58]
I. (mettre avec soi) PRENDRE QQCH., QQN **1.** Mettre dans sa main. *Il prend un livre sur l'étagère.* → **attraper.** *Prenez* [pʀəne] *le ballon à pleine main.* → **empoigner, saisir.** *Elle m'a pris la boîte des mains.* → **arracher, enlever.** *Il prend sa fille dans ses bras. Prends-le par la main.* - *Il a* PRIS *l'affaire* EN MAIN, il a décidé de s'en occuper. **2.** Mettre avec soi. *Prends ton parapluie, il pleut.* → **emporter.** *Je prendrai du pain sur le chemin.* → **acheter.** - *Passez me prendre chez moi.* → **chercher.** **3.** PRENDRE *qqch.* SUR SOI, en accepter la responsabilité. *Je prends ça sur moi. Il a* PRIS SUR LUI DE *se taire :* il s'est imposé de se taire. **4.** Se mettre à considérer (qqch., qqn) de telle façon. *Prenez la vie du bon côté.* - *Prenons un exemple.* → **considérer.** - *Il* PREND *très* MAL *ce qu'il lui arrive,* il l'accepte très mal. *Vous prenez les choses trop au sérieux.* - *Il l'a* PRISE EN *amitié,* il lui a manifesté de l'amitié. **5.** Faire sien (une chose abstraite). *J'ai pris mes renseignements. Elle prend (un) rendez-vous chez le coiffeur. Ne prenez pas cette habitude.* **6.** Évaluer, définir (pour connaître). *Il faut prendre des mesures. Prends ta température.* **7.** Inscrire ou reproduire. *Les étudiants prennent des notes pendant le cours. Il a pris de nombreuses photos.* **8.** Embaucher, engager (qqn). *Elle veut prendre une femme de ménage. Il a* PRIS *sa femme* COMME *assistante. Voulez-vous* PRENDRE *Monsieur X* POUR *époux ?* → **épouser.** **9.** PRENDRE *(une personne)* POUR UNE AUTRE, la confondre avec une autre. → **confondre** (avec). *De loin, je t'ai prise pour ta sœur. Pour qui me prends-tu ?* qui crois-tu que je suis ? - *Il prend ses désirs pour des réalités.* **10.** Absorber, manger ou boire. → **absorber.** *Il prend un café le matin.* → **boire.** *Prendrez-vous de la viande ou du poisson ?* → **manger.** *Elle prend des médicaments pour dormir.* - *Il prend un bain tous les matins. J'ai besoin de* PRENDRE L'AIR, de sortir, de m'aérer. → **respirer.** **11.** Demander, exiger. → **demander.** *Combien prenez-vous pour ce travail ?* quel est votre prix ? *Ce travail prendra plusieurs jours.* **12.** STYLE FAMILIER (qqn) Recevoir, supporter. → **recevoir.** *Tu vas prendre une bonne gifle si tu continues ! Qu'est-ce qu'il a pris !* → STYLE FAMILIER **déguster.**

II. (faire sien) **1.** Conquérir par la force. *Le dictateur a pris le pouvoir.* **2.** *PRENDRE qqch. À qqn,* s'emparer de ce qui lui appartient. *Le voleur lui a pris son portefeuille.* → **voler.** *Ne me prends pas ma place.* **3.** Attraper, capturer (qqn, un animal qui fuit). *Le cambrioleur s'est fait prendre par la police. Le pêcheur a pris un poisson.* **4.** Amener (qqn) à faire ce que l'on veut. *Il faut prendre cet enfant par la douceur,* il faut le traiter doucement. *On ne sait pas comment (par où) la prendre.* **5.** *PRENDRE qqn* (en tel état, de telle manière), le surprendre. *On l'a pris en flagrant délit. Vous me prenez au dépourvu. Je vous y prends !* (à faire qqch.). **6.** (sensation, sentiment) Saisir (qqn). *La fatigue l'a prise tout d'un coup.* – STYLE FAMILIER *QU'EST-CE QUI VOUS PREND ?* qu'est-ce que vous avez ? pourquoi avez-vous cette attitude inattendue et déplacée ? *ÇA LUI PREND SOUVENT ?* – (impersonnel) *Il me prend parfois l'envie de tout quitter.*

III. (utiliser, acquérir) **1.** Commencer à (mettre sur soi, à utiliser). *À la mort de son mari, elle a PRIS LE DEUIL,* elle a mis des vêtements de deuil. *Il a aussitôt PRIS LA PLUME,* il s'est mis à écrire. *PRENEZ LE VOLANT :* conduisez (la voiture). – STYLE RECHERCHÉ *PRENEZ LA PORTE :* sortez. – *Ils PRENDRONT LE TRAIN :* ils voyageront en train. – *Le conducteur a PRIS LE VIRAGE trop vite,* il s'est engagé dedans trop vite. *Il a pris un raccourci.* – *Prenez à droite, sur votre droite :* allez à droite. – *Prenez votre temps :* n'allez pas trop vite. **2.** Se mettre à avoir, se donner. *Il faut que tu prennes une décision. Le voleur a pris la fuite. Quelqu'un veut prendre la parole,* veut parler. – STYLE RECHERCHÉ *PRENEZ GARDE :* faites attention. *Prenez la peine d'entrer :* veuillez entrer. **3.** Commencer à avoir (une façon d'être). *Les choses prennent une bonne tournure,* elles évoluent bien. *Ça PREND FORME.* – (qqn) *Il prend de l'âge :* il vieillit. *J'ai pris du poids :* j'ai grossi. *Mon fils PREND GOÛT à la lecture,* il se met à aimer la lecture. **4.** Subir l'effet de. *Couvre-toi, tu vas prendre froid,* avoir froid. *La maison a pris feu,* elle a commencé à brûler. – *Mes chaussures prennent l'eau,* l'eau entre dedans.

IV. *PRENDRE* (sans complément) **1.** (matière) Durcir, épaissir. *Le ciment commence à prendre. La mayonnaise prend.* – *Les pâtes ont pris au fond de la casserole,* elles ont attaché, collé. **2.** (plantes) Continuer à pousser. *La bouture a pris.* **3.** (feu) Se mettre à consumer une substance. *Le feu a pris,* il s'est mis à brûler. **4.** (qqch.) Produire son effet. *Le vaccin a pris. C'est une mode qui ne prendra pas.* → STYLE FAMILIER **marcher.** **5.** STYLE FAMILIER (qqch.) Être cru, accepté. *Ta comédie, ça ne prend pas, avec moi !*

V. verbe pronominal SE PRENDRE **1.** (passif) Être mis dans la main. *Cela se prend par le milieu.* – Être attrapé. *Ce poisson se prend au filet.* – (qqch.) (boisson, aliment) Être absorbé. *Ce médicament se prend le soir.* **2.** (réfléchi) Se considérer. *Il se prend au sérieux :* il manque de recul, d'humour vis-à-vis de lui-même. *Il SE PREND POUR un génie,* il croit qu'il en est un. *Il ne se prend pas pour rien,* STYLE FAMILIER *pour une merde :* il a une haute idée de lui-même. – *S'EN PRENDRE À :* s'attaquer à, en rendant responsable. *Elle s'en est prise à moi. Il ne peut s'en prendre qu'à lui-même :* lui seul est responsable de ce qu'il lui arrive. **3.** (réciproque) Se tenir l'un l'autre. *Prenez-vous par la main.* – S'ôter l'un à l'autre. *Les deux joueurs cherchent à se prendre le ballon.*

VI. *S'Y PRENDRE :* agir d'une certaine façon pour obtenir un résultat. *Il ne sait pas s'y prendre avec les enfants,* il ne sait pas s'occuper d'eux. *Elle s'y est prise à plusieurs fois :* elle a recommencé plusieurs fois. *Il s'y prenait très mal pour me séduire. Il faudra s'y prendre à l'avance pour avoir des places à ce concert,* il faudra s'en occuper à l'avance.

> FAUX AMIS
> espagnol **prender** « attacher ; arrêter ; allumer » ; portugais **prender** « arrêter »

PRENEUR [pʀənœʀ] n. m., **PRENEUSE** [pʀənøz] n. f. **1.** *UN PRENEUR, UNE PRENEUSE :* personne qui achète un objet. *Si tu ne veux pas de ce vieux livre, je suis preneuse,* je le prends, j'en veux bien. *Tous les objets mis en vente ont trouvé preneur,* ils ont été achetés. **2.** *PRENEUR DE, PRENEUSE DE :* personne qui prend (qqch., qqn). *Les PRENEURS D'OTAGES ont relâché leurs victimes.* – *Son mari est PRENEUR DE SON,* c'est un technicien de la prise de son (→ ② **son).**

prenne [pʀɛn] *Il faut que je prenne, qu'il prenne, qu'elle prenne :* forme au subjonctif du verbe **prendre.**

PRÉNOM [pʀenɔ̃] n. m. ▪ *LE PRÉNOM :* le nom personnel qui vient avant le nom de famille. *Quel est ton prénom ? Ses parents lui ont donné plusieurs prénoms. Tu as un joli prénom.*

PRÉNOMMER [pʀenɔme] verbe [conjugaison 1a] **1.** Appeler d'un prénom. *Ses parents l'ont prénommé Pierre. Elle est prénommée Anne.* **2.** verbe pronominal SE PRÉNOMMER : avoir pour prénom. *Elle se prénomme Jeanne.*

prenons [pʀənɔ̃] *Nous prenons :* forme au présent du verbe **prendre.**

PRÉOCCUPANT [pʀeɔkypɑ̃], **PRÉOCCUPANTE** [pʀeɔkypɑ̃t] adj. (après le nom) ▪ Qui préoccupe, inquiète. *Le pays est dans une situation préoccupante.* → **inquiétant.** ⟨contraire : rassurant⟩

PRÉOCCUPATION [pʀeɔkypasjɔ̃] n. f. ▪ *UNE PRÉOCCUPATION :* souci, inquiétude qui occupe l'esprit. *Son travail lui donne de graves préoccupations.*

PRÉOCCUPÉ [pʀeɔkype], **PRÉOCCUPÉE** [pʀeɔkype] adj. (après le nom) ▪ Inquiet, soucieux. *Il a l'air préoccupé, en ce moment.*

PRÉOCCUPER [pʀeɔkype] verbe [conjugaison 1a] **1.** Inquiéter fortement. *Sa santé me préoccupe. Elle est préoccupée par son avenir.* **2.** verbe pronominal SE PRÉOCCUPER : s'occuper (de qqch.) avec intérêt et inquiétude. *Elle ne s'est jamais beaucoup PRÉOCCUPÉE DES autres.* → se **soucier.** *Ne vous préoccupez pas de cela !*

PRÉPA [pʀepa] n. f. ▪ STYLE FAMILIER *LA PRÉPA :* classe préparatoire au concours d'une grande école. *Il fait une prépa. Elle est en prépa. Il y a plusieurs prépas dans ce lycée.*

REM. *Prépa* est l'abréviation familière de *classe préparatoire.*

PRÉPARATIFS [pʀepaʀatif] n. m. pluriel ▪ *DES PRÉPARATIFS :* ce que l'on fait pour préparer qqch. *Il a commencé ses préparatifs de départ. Cette fête a demandé de longs préparatifs.*

PRÉPARATION [pʀepaʀasjɔ̃] n. f.

I. *LA PRÉPARATION* **1.** Action de préparer (qqch.). *La préparation du canard à l'orange est très longue.* **2.** Arrangement, organisation pour préparer, rendre possible qqch. *Elle est absorbée dans la préparation de sa fête d'anniversaire. Cet écrivain a un nouveau roman EN PRÉPARATION,* un roman qu'il est en train d'écrire. **3.** Le fait de préparer (qqn), de se préparer. *Les lycées assurent la préparation des candidats au baccalauréat.*

II. *UNE PRÉPARATION (PHARMACEUTIQUE) :* mélange préparé en pharmacie. *Le pharmacien fait des préparations pharmaceutiques.*

> FAUX AMI
> russe **препарация** « dissection »

PRÉPARATOIRE [pʀepaʀatwaʀ] adj. (après le nom) **1.** *Le COURS PRÉPARATOIRE :* première classe de l'enseignement primaire, en France. *Les enfants apprennent à lire et à écrire au cours préparatoire.* – *C. P.* [sepe] abréviation familière *Son fils est en C. P.* **2.** *Une CLASSE PRÉPARATOIRE :* classe qui prépare spécialement les candidats aux concours des grandes écoles, en France. *Le lycée a plusieurs classes préparatoires.* → STYLE FAMILIER **prépa.**

PRÉPARER [prepaʀe] verbe [conjugaison 1a]
I. 1. Faire tout ce qu'il faut pour qu'une chose soit prête, en état de servir ou de fonctionner. *Elle prépare le dîner pour ses invités. Prépare tes affaires, c'est bientôt l'heure de partir.* **2.** Organiser. *Il a minutieusement préparé son voyage.* **3.** Travailler à. *Elle prépare son examen. L'année prochaine, il préparera* [pʀe paʀʀa] *une école d'ingénieurs,* il travaillera pour passer le concours d'entrée à cette école **(→ préparatoire). 4.** Rendre possible par son action. *Préparons l'avenir. Je lui ai préparé une surprise, pour son anniversaire.* **→ réserver. 5.** Rendre prêt (qqn). *Ce professeur a bien préparé ses élèves à l'examen.*
II. verbe pronominal SE PRÉPARER **1.** Se mettre en état de faire (qqch.). *Les soldats se préparent à combattre.* → s'**apprêter.** *Elle s'est préparée pour la soirée,* elle s'est habillée et maquillée. **2.** (qqch.) Être préparé. *L'avenir, ça se prépare.* **3.** (qqch.) Être près de se produire. *Un orage se prépare.* – (impersonnel) *Il se prépare quelque chose :* quelque chose est près de se produire.

FAUX AMI
allemand **präparieren**
« conserver »

PRÉPONDÉRANCE [prepɔ̃deʀɑ̃s] n. f. ▪ *LA PRÉPONDÉRANCE :* le fait d'être plus important. **→ supériorité.** *Ce pays a la prépondérance sur ses voisins.*

PRÉPONDÉRANT [prepɔ̃deʀɑ̃], **PRÉPONDÉRANTE** [prepɔ̃deʀɑ̃t] adj. (après le nom) ▪ Qui a le plus de poids, d'importance, d'influence. *Cet homme politique a un rôle prépondérant dans son pays.* **→ dominant.**

PRÉPOSÉ [prepoze] n. m., **PRÉPOSÉE** [prepoze] n. f. ▪ *LE PRÉPOSÉ, LA PRÉPOSÉE* **1.** Personne qui occupe une fonction précise. *J'ai donné mon manteau à la préposée au vestiaire.* **→ employé. 2.** Facteur, factrice. *Le préposé dépose le courrier dans les boîtes aux lettres.*

PRÉPOSITION [prepozisjɔ̃] n. f. ▪ *UNE PRÉPOSITION :* mot invariable qui sert à introduire un complément. *« À », « avec », « dans », « de », « en », « par », « pour » et « sur » sont des prépositions.*

la préposition

Une préposition est un mot invariable qui introduit le complément :
- d'un nom : *la fille* ***de*** *mon frère*
- d'un adjectif : *il est gentil* ***avec*** *sa femme*
- d'un verbe : *je ne l'ai pas vu* ***depuis*** *plusieurs jours*
- d'un adverbe : *ce sera tout* ***pour*** *aujourd'hui.*

De nombreuses prépositions se présentent sous forme de locutions qui commencent par un adverbe (groupe prépositionnel) : *avant de, près de,* etc. Inversement de nombreux adverbes se présentent sous forme de locutions qui commencent par une préposition (groupe adverbial) : *à moitié, à jour, à terre, au bout,* etc.

PRÉPUCE [prepys] n. m. ▪ *LE PRÉPUCE :* le repli de peau qui entoure le gland du pénis. **→ gland.** *On lui a enlevé le prépuce* **(→ circoncision).**

PRÉRETRAITE [prerʀətʀɛt] n. f. ▪ *LA PRÉRETRAITE :* retraite que l'on prend avant l'âge normal de la retraite. *Son mari est parti en préretraite à la fin de l'année dernière.*
REM. On prononce aussi [pʀeʀətʀɛt].

PRÉROGATIVE [preʀɔgativ] n. f. ▪ *UNE PRÉROGATIVE :* avantage qu'une personne a grâce à sa fonction ou à son état. *Autrefois, les nobles jouissaient de nombreuses prérogatives.* **→ privilège.**

PRÈS [prɛ] adverbe **1.** À une courte distance. *J'habite tout près,* juste à côté. (contraire : loin) *Viens plus près* **(→ approcher). 2.** *DE PRÈS. Elle voit mal de près. Il est rasé de près,* au ras des poils. *Il faut examiner cela de près,* attentivement. *Ceci vous concerne de près,* directement. *Il ne faut pas y regarder de trop près :* il ne faut pas être trop exigeant. – (temps) *Les deux événements se suivent de près,* ils ont eu lieu à peu de temps d'intervalle. **3.** *PRÈS DE :* à une petite distance de. *Ils habitent tout près de Paris,* aux abords de Paris. *Assieds-toi près de moi,* à côté de moi. *Les amoureux sont près l'un de l'autre,* l'un à côté de l'autre. – STYLE FAMILIER *Il est PRÈS DE SES SOUS :* il est avare. – *Il est passé bien près de la catastrophe,* il l'a évitée de peu. *Nous n'avons pas bu tout le vin, il en reste PRÈS DE LA MOITIÉ,* un peu moins de la moitié, presque la moitié. – (temps) *Il est près de midi,* presque midi. – *Le malade est près de mourir,* sur le point de mourir. **4.** *À PEU PRÈS :* presque. *L'hiver, l'hôtel est à peu près vide. Il est arrivé il y a à peu près dix minutes.* **→ approximativement, environ.** (contraires : exactement, précisément) **5.** *À PEU DE CHOSE(S) PRÈS :* presque. *La ville a cent mille habitants, à peu de chose près,* elle n'a pas tout à fait cent mille habitants. **6.** *À qqch. PRÈS :* indique le degré dans une évaluation. *Il calcule tout au franc près,* le moindre franc compte pour lui. *Je ne suis pas à dix francs près :* une différence de dix francs ne me gêne pas. *Il n'est pas à ça près :* ça n'a pas d'importance pour lui.
REM. L'adjectif *prêt* « en état de » se prononce de la même façon, mais il faut faire attention à la construction. On dit : *il est PRÈS D'accepter* « il est sur le point d'accepter » et *il est PRÊT À accepter* « il est disposé à accepter ».

PRÉSAGE [prezaʒ] n. m. ▪ *UN PRÉSAGE :* signe qui annonce l'avenir. *Les Anciens croyaient aux présages. UN BON PRÉSAGE, UN MAUVAIS PRÉSAGE :* ce qui porte bonheur ou malheur. *Certains pensent que voir un chat noir est un mauvais présage et que trouver un trèfle à quatre feuilles est un bon présage.*

PRÉSAGER [prezaʒe] verbe [conjugaison 3b] ▪ STYLE RECHERCHÉ Annoncer, laisser prévoir. *L'air contrarié qu'il avait hier ne présageait rien de bon.*

PRESBYTE [prɛsbit] n. m., n. f. et adj. **1.** *UN PRESBYTE, UNE PRESBYTE :* une personne qui ne voit pas bien de près. *Les presbytes ne lisent pas bien sans lunettes.* **2.** adjectif (après le nom) Qui ne voit pas bien de près. *En vieillissant, on devient presbyte.*

FAUX AMI
grec **πρεσβύτης**
« âgé, vieux »

PRESBYTÈRE [prɛsbitɛʀ] n. m. ▪ *UN PRESBYTÈRE :* maison d'un curé. *Le presbytère est près de l'église.* **→ ② cure.**

PRESCRIPTION [prɛskripsjɔ̃] n. f. ▪ *UNE PRESCRIPTION :* un ordre, une recommandation. *Le malade suit les prescriptions du médecin* **(→ ② ordonnance).**

PRESCRIRE [prɛskʀiʀ] verbe [conjugaison 39] ▪ Recommander, ordonner. *Le médecin prescrit des antibiotiques à son patient. C'est ce que nous prescrivons. Je prescris beaucoup de repos. Le malade voudrait que le médecin lui prescrive un arrêt de travail.* – *C'est dangereux de dépasser la dose prescrite.*

prescris [prɛskʀi] *Je prescris, tu prescris :* forme au présent du verbe **prescrire.**

prescrit [prɛskʀi], **prescrite** [prɛskʀit] *Il prescrit une quantité ; la quantité qu'il a prescrite :* formes au participe passé du verbe **prescrire.**

prescrive [prɛskʀiv] *Que je prescrive ; qu'il prescrive, qu'elle prescrive :* forme au subjonctif du verbe **prescrire.**

PRÉSENCE [prezɑ̃s] n. f.
I. *LA PRÉSENCE* 1. (qqn) Le fait d'être quelque part. ‹contraire : absence› *La présence de ses amis le réconforte. Votre présence à la réunion est indispensable. Certains élèves font juste ACTE DE PRÉSENCE au cours,* ils sont là sans vraiment travailler. – *L'accusé ne veut parler qu'EN PRÉSENCE DE son avocat,* seulement quand son avocat est là. 2. Le fait de jouer un rôle, de participer à. *La présence des femmes dans la vie politique française est encore insuffisante.* 3. (acteur) Le fait de manifester fortement sa personnalité. *Ce comédien a beaucoup de présence.* 4. *LA PRÉSENCE D'ESPRIT :* la capacité de réagir vite et comme il faut, dans une situation. *Il a eu la présence d'esprit d'appeler les pompiers, quand il a vu les flammes. Tu as manqué de présence d'esprit.* 5. Le fait qu'une chose existe quelque part. *On a constaté la présence de sucre dans l'urine du patient.* → **existence.**
II. *UNE PRÉSENCE :* personne, animal qui est auprès de qqn. *Son chat est une présence dans sa solitude.* → **compagnie.** *Je sentais une présence dans ma chambre mais je ne voyais rien.*

① **PRÉSENT** [prezɑ̃] adj. et n. m., **PRÉSENTE** [prezɑ̃t] adj.
I. adjectif (après le nom) 1. Qui est là. ‹contraire : absent› *Tous les élèves sont présents dans la classe. Jacques était parmi les personnes présentes. Je n'ai pas pu être présente à la réunion,* y assister. – *L'aluminium est présent dans la bauxite :* il y a de l'aluminium dans la bauxite. – *Je n'ai pas son nom PRÉSENT À l'esprit,* je ne m'en souviens pas pour le moment. *Ce souvenir est toujours présent à sa mémoire,* il s'en souvient toujours. 2. Qui existe, se produit au moment où l'on parle, à l'époque dont on parle (opposé à futur et à passé). *Ce texte est au temps présent. Profitons de l'instant présent. Je ne sais pas quoi faire, dans les circonstances présentes.* → **actuel.** 3. (temps, mode) Qui est au présent. *Le PARTICIPE PRÉSENT des verbes français se termine par « -ant ». Ce verbe est à l'indicatif présent.*
II. *LE PRÉSENT* 1. Partie du temps qui s'oppose au passé et au futur. *Il faut penser au présent et oublier le passé. Il vit dans le présent.* 2. Temps du verbe qui indique une durée dans laquelle est située une action en cours ou un état. *Conjuguez ce verbe au présent de l'indicatif. Dans la phrase « Il faut que tu viennes » le verbe « venir » est au présent du subjonctif.* 3. (adverbe) *À PRÉSENT :* au moment où l'on parle ; au moment dont on parle. *Que va-t-il devenir, à présent ?* maintenant. *Jusqu'à présent, il n'a pas fait très beau.*

> *le présent*
>
> Le présent est le temps du verbe qui exprime la durée dans laquelle une action est située ou un état exprimé par le verbe. Il décrit des faits particuliers *(je souffre)* ou des faits généraux *(l'homme est mortel).*
>
> En outre, le présent peut aussi indiquer :
> - le ***passé proche*** *(je le quitte à l'instant)*
> - le ***futur immédiat*** *(j'arrive dans cinq minutes)*
> - un ***fait futur*** après la conjonction *si,* le verbe de la proposition principale étant au futur *(si tu pars, je te suivrai)*
> - un événement passé dans un récit *(il le tue et s'enfuit) :* c'est le ***présent historique*** ou ***narratif,*** qui peut s'employer à la place du passé simple ou de l'imparfait.

② **PRÉSENT** [prezɑ̃] n. m. ▪ STYLE RECHERCHÉ *UN PRÉSENT :* un cadeau. *Ce diamant est un magnifique présent.*
REM. Ce mot ne s'emploie plus beaucoup.

PRÉSENTABLE [prezɑ̃tabl] adj. (après le nom) ▪ Digne d'être présenté, qui a un bel aspect. *Ce gâteau n'est pas très présentable, mais il est délicieux.*

PRÉSENTATEUR [prezɑ̃tatœr] n. m., **PRÉSENTATRICE** [prezɑ̃tris] n. f. ▪ *UN PRÉSENTATEUR, UNE PRÉSENTATRICE :* personne qui présente une émission de radio, de télévision ou un spectacle. *La présentatrice du journal télévisé annonce les nouvelles de la journée.*

PRÉSENTATION [prezɑ̃tasjɔ̃] n. f. ▪ *LA PRÉSENTATION*
I. 1. Le fait de présenter une personne à une autre. *La maîtresse de maison fait les présentations,* elle présente ses invités les uns aux autres. 2. Le fait de présenter un produit au public. *C'est demain la présentation des collections* (de couture). *On l'a choisi pour la présentation de cette émission.*
II. 1. Apparence, aspect (d'une personne). *Il faut avoir une excellente présentation pour ce poste.* 2. Manière dont une chose est présentée. *Cet élève a soigné la présentation de son devoir.*

PRÉSENTER [prezɑ̃te] verbe [conjugaison 1a]
I. 1. *Présenter une personne à une autre,* l'amener devant une autre, la faire connaître en disant son nom (→ **présentation**). *Il a présenté sa fiancée à ses parents. Je te présente mon frère.* 2. Faire connaître au public. *Le journaliste qui présente le journal du soir sur cette chaîne de télévision est très populaire* (→ **présentateur**). *Le réalisateur présentera son dernier film demain.* 3. Montrer. *Les voyageurs présentent leur billet au contrôleur.* – *Les soldats PRÉSENTENT LES ARMES,* ils restent au garde-à-vous en tenant les armes d'une certaine façon. 4. Disposer pour montrer. *La bague est présentée dans un écrin. Les plats sont bien présentés, dans les restaurants japonais.* 5. Remettre, communiquer pour faire connaître. *Le menuisier a présenté son devis au client. Le maire présente sa candidature aux prochaines élections municipales.* 6. Exprimer. *Je vous présente mes félicitations pour ce succès. Il nous a présenté ses excuses.* → **faire.** 7. Montrer, définir comme. *Il nous a présenté les choses telles qu'elles sont. Le directeur présente sa collaboratrice sous un jour favorable.* 8. Avoir telle apparence, tel caractère. *La ville présente un aspect agréable. Le malade présente d'inquiétants symptômes. Cette solution présente des avantages.* 9. STYLE FAMILIER (qqn) *PRÉSENTER BIEN, MAL :* faire bonne, mauvaise impression par son aspect, sa tenue. *Ce jeune homme présente bien.*
II. verbe pronominal SE PRÉSENTER 1. Arriver dans un lieu ; paraître devant qqn. *Le voyageur se présente au guichet pour acheter un billet de train. Présentez-vous au commissariat demain matin. L'accusé s'est présenté devant les juges.* → **comparaître.** 2. Se faire connaître à qqn en disant son nom. *Je me présente : Pierre X.* 3. *SE PRÉSENTER À :* être candidat à (un poste, une élection, un examen). *Le maire de notre ville se présente aux élections législatives. Elle s'est présentée à un poste d'ingénieur.* → **postuler.** *De nombreux candidats se présentent au bac chaque année.* → **passer.** 4. (qqch.) Apparaître, venir. *Plusieurs noms se présentent à l'esprit. Il faut profiter des occasions qui se présentent.* → s'**offrir.** 5. (qqch.) Apparaître sous un certain aspect, être disposé d'une certaine manière. *Ce médicament se présente en comprimés ou en gouttes. L'affaire se présente bien. Ça se présente tout autrement.*

PRÉSENTOIR [prezɑ̃twar] n. m. ▪ *UN PRÉSENTOIR :* support sur lequel on présente des objets à vendre. *Il choisit des cartes postales sur le présentoir.*

PRÉSERVATIF [prezɛrvatif] n. m. ▪ *UN PRÉSERVATIF :* enveloppe souple en latex qui recouvre le sexe de l'homme pendant les rapports sexuels dans un but de contraception et de protection contre les maladies sexuellement transmissibles. → STYLE FAMILIER **capote.** *Il a acheté une boîte de préservatifs à la pharmacie.*

> FAUX AMI
> anglais **preservative** « produit pour conserver les aliments »

PRE

PRÉSERVATION [prezɛrvasjɔ̃] n. f. ▪ *LA PRÉSERVATION :* l'action ou le moyen de préserver. *Le gouvernement veille à la préservation de l'environnement.* → **sauvegarde.**

PRÉSERVER [prezɛrve] verbe [conjugaison 1a] **1.** Protéger, garantir (contre un mal, un danger). *Cette organisation préserve les animaux en voie de disparition. Ce bonnet te PRÉSERVERA DU froid.* **2.** verbe pronominal SE PRÉSERVER : se protéger. *Préservez-vous de la contagion. Elle s'est préservée du soleil.*

PRÉSIDENCE [prezidɑ̃s] n. f. ▪ *LA PRÉSIDENCE :* la fonction, le titre de président. *La présidence de la République est la plus haute charge de l'État.*

PRÉSIDENT [prezidɑ̃] n. m., **PRÉSIDENTE** [prezidɑ̃t] n. f. ▪ *LE PRÉSIDENT, LA PRÉSIDENTE* **1.** Personne qui dirige des discussions, un travail, dans une assemblée, une réunion. *Le président du tribunal ouvre la séance.* **2.** *LE PRÉSIDENT-DIRECTEUR GÉNÉRAL :* la personne qui dirige une entreprise commerciale. *Son mari est président-directeur général d'une importante société.* → **P.-D. G.** PLURIEL : *des PRÉSIDENTS-DIRECTEURS GÉNÉRAUX.* **3.** *LE PRÉSIDENT DE LA RÉPUBLIQUE :* le chef de l'État, dans une république. *Le président de la République fait une visite officielle en Chine.*

REM. Quand il s'agit d'une femme, on peut dire *présidente*, bien que le masculin soit plus courant : *elle est présidente du tribunal* ou *président du tribunal.* On peut dire : *la présidente-directrice générale* ou *elle est président-directeur général.*

PRÉSIDENTIEL [prezidɑ̃sjɛl], **PRÉSIDENTIELLE** [prezidɑ̃sjɛl] adj. (après le nom) ▪ Relatif au président. *L'élection présidentielle a eu lieu l'année dernière,* l'élection du président de la République.

PRÉSIDER [prezide] verbe [conjugaison 1a] **1.** Être le président de. *Le maire préside la séance du conseil municipal.* **2.** Occuper la place d'honneur dans (une réunion, une manifestation). *C'est le plus âgé qui préside le dîner.*

PRÉSOMPTION [prezɔ̃psjɔ̃] n. f. ▪ *LA PRÉSOMPTION :* opinion fondée seulement sur la vraisemblance. *Il a été acquitté pour PRÉSOMPTION D'INNOCENCE,* parce qu'il semble être innocent. *Le juge n'a contre l'accusé que des présomptions, mais aucune preuve.*

PRÉSOMPTUEUX [prezɔ̃ptɥø], **PRÉSOMPTUEUSE** [prezɔ̃ptɥøz] adj. (après le nom) ▪ Qui a une trop bonne opinion de lui-même. *Tu es bien présomptueuse !* → **prétentieux.** ⟨contraire : modeste⟩

PRESQUE [prɛsk] adverbe ▪ À peu près, pas tout à fait. *C'est presque sûr.* → **quasiment.** ⟨contraire : tout à fait⟩ *Mon vieux chien est presque aveugle. J'arrive presque à la fin. Il y a presque dix kilomètres d'ici au village,* un peu moins de dix kilomètres. *Il ne pleut presque pas :* il pleut à peine. *Elle ne boit presque jamais de vin. Tu n'as presque rien mangé. Presque personne n'a aimé le film. La pauvre femme est sourde ou presque.*

REM. Le *e* final ne s'élide pas devant un mot qui commence par une voyelle, sauf dans *presqu'île.*

PRESQU'ÎLE [prɛskil] n. f. ▪ *UNE PRESQU'ÎLE :* terre entourée d'eau de tous les côtés sauf un. *Cette presqu'île est longue et étroite.*

REM. Une grande presqu'île s'appelle *une péninsule.*

PRESSANT [prɛsɑ̃], **PRESSANTE** [prɛsɑ̃t] adj. (avant le nom ou après le nom) ▪ Urgent. *Il a un pressant besoin d'argent. – Elle a une envie pressante,* un besoin naturel urgent.

① **PRESSE** [prɛs] n. f. ▪ *LA PRESSE :* action de se presser. → **rapidité, précipitation.** *C'est la presse ! Dans les moments de presse, il faut l'aider.*

FAUX AMI
portugais **pressa** « urgence »

② **PRESSE** [prɛs] n. f.
I. 1. *UNE PRESSE :* machine qui sert à écraser un objet ou à y laisser une empreinte. *Les relieurs utilisent une presse.* **2.** Machine à imprimer. *Les anciennes presses à bras ont été remplacées par des presses mécaniques. – Le livre est SOUS PRESSE,* en train d'être imprimé. **3.** (action d'imprimer) *La LIBERTÉ DE LA PRESSE,* celle d'imprimer et de diffuser les informations. *Dans les pays totalitaires, la liberté de parole et la liberté de la presse n'existent pas.*
II. (collectif) *LA PRESSE* **1.** L'ensemble des journaux. → **journal, magazine.** *Toute la presse a commenté la nouvelle. J'ai conservé un article de presse. Le président a convoqué la PRESSE ÉCRITE, la PRESSE PARLÉE et la PRESSE TÉLÉVISÉE,* les journalistes qui écrivent dans les journaux, ceux qui travaillent à la radio et à la télévision. *Elle lit la PRESSE DU CŒUR,* les magazines sentimentaux. *– Sa femme est ATTACHÉE DE PRESSE,* elle s'occupe des relations avec les médias. *– Il travaille dans une AGENCE DE PRESSE,* une agence qui recueille les informations pour les journaux, la radio et la télévision. **2.** *AVOIR BONNE, MAUVAISE PRESSE :* avoir bonne, mauvaise réputation. *Ce politicien véreux a mauvaise presse.*

PRESSÉ [prese] adj. et n. m., **PRESSÉE** [prese] adj.
I. adjectif (après le nom) **1.** Qui n'a pas beaucoup de temps, qui doit se dépêcher. *C'est une femme toujours pressée. – Il est PRESSÉ DE partir :* il a hâte de partir. **2.** (qqch.) Urgent. *Ce travail est pressé, dépêche-toi !*
II. nom masculin *LE PLUS PRESSÉ :* ce qui est le plus urgent, le plus important. *Le plus pressé, c'est de secourir les blessés. – Il faut PARER AU PLUS PRESSÉ,* faire d'abord ce qui est le plus urgent.

PRESSE-BOUTON [prɛsbutɔ̃] adj. invariable (après le nom) ▪ *LA GUERRE PRESSE-BOUTON,* menée à l'aide d'appareils de précision très perfectionnés. *La guerre future sera une guerre presse-bouton.* PLURIEL : *des guerres presse-bouton.*

PRESSE-CITRON [prɛssitrɔ̃] n. m. ▪ *UN PRESSE-CITRON :* appareil servant à presser les citrons et les oranges. *Elle a un presse-citron électrique.* PLURIEL : *des PRESSE-CITRONS.*

pressens [presɑ̃] *Je pressens, tu pressens :* forme au présent du verbe **pressentir.**

pressenti [presɑ̃ti], **pressentie** [presɑ̃ti] *Il a pressenti une catastrophe ; la catastrophe qu'il a pressentie :* formes au participe passé du verbe **pressentir.**

PRESSENTIMENT [presɑ̃timɑ̃] n. m. ▪ *UN PRESSENTIMENT :* impression, intuition que l'on a d'une chose avant qu'elle se produise. → **prémonition.** *J'ai le pressentiment d'un danger. Elle a parfois d'étranges pressentiments. Il a LE PRESSENTIMENT QU'il ne viendra pas.*

PRESSENTIR [presɑ̃tir] verbe [conjugaison 16b] **1.** Sentir à l'avance, deviner. *Je pressens une catastrophe. Il pressent toujours le pire.* → **soupçonner.** *Nous ne pressentons rien de bon.* → **subodorer.** *Elle pressentait un malheur. Pressentant une dispute entre eux, elle est partie.* **2.** Chercher à connaître les intentions de (qqn), d'une manière indirecte. *On l'a pressenti pour le poste de directeur.*

PRESSE-PAPIERS [pʀɛspapje] n. m. invariable ▪ *UN PRESSE-PAPIERS :* objet lourd que l'on pose sur des papiers pour les maintenir. *Il a un presse-papiers en verre sur son bureau.* PLURIEL : *des presse-papiers.*

PRESSER [pʀese] verbe [conjugaison 1a]
I. 1. *PRESSER UN FRUIT*, en faire sortir le jus. *Il presse un citron. - Elle boit une orange pressée,* le jus d'une orange que l'on a pressée. **2.** Appuyer sur (qqch.). *Il presse le bouton de la sonnette. - Pour ouvrir, pressez ici.* **3.** Serrer avec force. *Il la presse dans ses bras. - Dans le métro, aux heures de pointe, les gens sont pressés les uns contre les autres.*
II. 1. STYLE RECHERCHÉ *PRESSER qqn DE :* pousser vivement qqn à faire qqch. *Il presse ses amis d'agir.* **2.** Obliger (qqn) à se dépêcher. *Restez encore, rien ne vous presse.* **3.** Faire aller plus vite, plus activement. *Nous sommes en retard, il faut PRESSER LE MOUVEMENT,* il faut aller plus vite. → **accélérer.** - *Elle sent qu'on la suit et elle PRESSE LE PAS,* elle marche plus vite. **4.** (qqch.) Être urgent. *Vite, le temps presse. Rien ne presse, nous avons le temps.*
III. verbe pronominal SE PRESSER **1.** S'appuyer avec force contre. *La petite fille s'est pressée contre sa mère.* → se **blottir.** **2.** Être ou se mettre en foule compacte. *Les gens se pressent à l'entrée du cinéma.* **3.** Se dépêcher. *Presse-toi un peu, nous allons être en retard.* → se **hâter ;** STYLE FAMILIER se **magner.** *Il est arrivé SANS SE PRESSER,* en prenant son temps.

PRESSING [pʀesiŋ] n. m. ▪ *UN PRESSING :* magasin où l'on donne ses vêtements à nettoyer à la vapeur. → **teinturerie.** *Ce matin, je suis passée au pressing.*
REM. *Pressing* est un mot anglais.

PRESSION [pʀesjɔ̃] n. f. ▪ *LA PRESSION* **1.** Force qui agit sur une surface donnée ; mesure de cette force par unité de surface. *On mesure la pression d'un gaz ou d'un liquide avec un manomètre. - La cocotte-minute est SOUS PRESSION,* elle est pleine de vapeur. - (qqn) *Il est toujours sous pression,* énervé, tendu. - *Le baromètre indique la PRESSION ATMOSPHÉRIQUE,* la mesure de la force exercée par l'atmosphère terrestre en un point. - *Le médecin mesure la PRESSION ARTÉRIELLE de son patient,* sa tension artérielle qui propulse le sang du cœur dans les artères. - *Il boit une BIÈRE (À LA) PRESSION,* venant d'un appareil sous pression et tirée directement dans le verre. **2.** Action de presser ; force de ce qui presse, appuie sur. *Il sent la pression de sa main dans la sienne. Elle referme la boîte d'une légère pression des doigts.* **3.** *UNE PRESSION :* petit bouton de métal en deux parties, qui se ferme en appuyant dessus. *Sa robe est fermée par des pressions.* **4.** Action qui cherche à contraindre. *Sa famille exerce une très forte pression sur lui.* → **influence.** *La police a des MOYENS DE PRESSION pour faire parler les suspects. - Ils essaient de FAIRE PRESSION SUR nous,* de nous influencer, de nous contraindre à faire ce qu'ils veulent. - *Le gouvernement ne veut pas céder aux GROUPES DE PRESSION,* aux groupes qui cherchent à faire pression sur lui pour protéger leurs intérêts. → **lobby.**

PRESSOIR [pʀeswaʀ] n. m. ▪ *UN PRESSOIR :* machine servant à presser des fruits ou des graines pour en extraire le jus. *On presse le raisin dans un pressoir pour faire du vin. On utilise un pressoir à olives pour faire de l'huile d'olive.*

PRESSURER [pʀesyʀe] verbe [conjugaison 1a] ▪ Extorquer tout l'argent de (qqn). *Autrefois, les nobles pressuraient le peuple.* → **exploiter.** - *Les contribuables sont pressurés par les impôts.*

PRESSURISÉ [pʀesyʀize], **PRESSURISÉE** [pʀesyʀize] adj. (après le nom) ▪ (avion, engin spatial) Maintenu à une pression normale. *Les cabines des avions sont pressurisées.*

PRESTANCE [pʀɛstɑ̃s] n. f. ▪ *LA PRESTANCE :* aspect imposant. *Il a beaucoup de prestance :* il a belle allure.

PRESTATION [pʀɛstasjɔ̃] n. f. ▪ *UNE PRESTATION* **1.** Le fait de fournir un bien ou un service contre de l'argent. *Il travaille dans une société de PRESTATION DE SERVICES.* **2.** Bien ou service fourni. *Cet hôtel offre des prestations de qualité.* **3.** *LES PRESTATIONS SOCIALES :* les allocations versées par l'État aux assurés sociaux. *Les assurés touchent des prestations sociales en cas de maladie.* → **indemnité.** **4.** Performance publique (d'un athlète, d'un artiste, d'un orateur). *La prestation télévisée du ministre a été très remarquée.*

PRESTE [pʀɛst] adj. (après le nom) ▪ STYLE RECHERCHÉ Rapide et adroit. *Le footballeur attrape le ballon d'un geste preste.* (contraires : lent, maladroit)

PRESTIDIGITATEUR [pʀɛstidiʒitatœʀ] n. m., **PRESTIDIGITATRICE** [pʀɛstidiʒitatʀis] n. f. ▪ *UN PRESTIDIGITATEUR, UNE PRESTIDIGITATRICE :* une personne qui fait des tours de magie. *Le prestidigitateur fait sortir une colombe de son chapeau.* → **illusionniste.**

PRESTIDIGITATION [pʀɛstidiʒitasjɔ̃] n. f. ▪ *LA PRESTIDIGITATION :* l'art de faire des tours de magie. *Ce numéro de prestidigitation est exceptionnel.*

PRESTIGE [pʀɛstiʒ] n. m. ▪ *LE PRESTIGE :* l'attrait particulier de ce qui provoque l'admiration et le respect. *Ce chef d'État jouit d'un grand prestige à l'étranger. Le métier de pompier a beaucoup de prestige pour les petits garçons. C'est une fonction sans prestige.*

PRESTIGIEUX [pʀɛstiʒjø], **PRESTIGIEUSE** [pʀɛstiʒjøz] adj. (après le nom) ▪ Qui a beaucoup de prestige. *Le champagne est un vin prestigieux. Venise est une ville prestigieuse.*

PRÉSUMÉ [pʀezyme], **PRÉSUMÉE** [pʀezyme] adj. (avant le nom ou après le nom) ▪ (qqn) Que l'on croit tel. *Le présumé coupable n'est pourtant pas l'auteur du crime.* → **supposé.** *C'est sa fille présumée.*

PRÉSUMER [pʀezyme] verbe [conjugaison 1a] **1.** Croire, supposer. *Je PRÉSUME QUE vous connaissez déjà la nouvelle. - Tout homme est présumé innocent tant qu'il n'a pas été jugé* (→ **présomption**). *C'est votre femme, je présume.* **2.** *PRÉSUMER DE :* compter trop sur. *Il a trop présumé de ses forces,* il les a surestimées. *Ne présume pas trop de tes possibilités.*

① **PRÊT** [pʀɛ], **PRÊTE** [pʀɛt] adj. (après le nom) **1.** (qqn) Qui est capable, qui est en état de faire qqch. grâce à une préparation. *Je suis prêt, on peut partir. Je ne suis pas tout à fait prête,* je n'ai pas tout à fait fini de me préparer. *« À vos marques. Prêts ? Partez ! »* formule de départ des courses à pied. - *Elle est PRÊTE À le suivre au bout du monde,* elle y est disposée. *Il est prêt à tout pour garder sa femme,* il est capable de faire n'importe quoi pour cela. - *Tout le monde est PRÊT POUR le départ ?* **2.** (qqch.) Mis en état (pour une utilisation). *Nous pouvons passer à table, le dîner est prêt,* préparé. *Tout est prêt pour les recevoir.*
REM. *Prêt à* et *près de* sont proches par le sens et par la forme (*Il est PRÊT À accepter* « il est disposé à accepter » et *Il est PRÈS D'accepter* « il est sur le point d'accepter »).

② **PRÊT** [prɛ] n. m. ▪ *UN PRÊT* : le fait de prêter (de l'argent). *La banque lui a fait un prêt pour acheter sa voiture,* elle lui a prêté de l'argent. *Elle a fini de rembourser son prêt,* l'argent prêté par la banque (→ **emprunt**).

PRÊT-À-PORTER [prɛtapɔrte] n. m. ▪ *LE PRÊT-À-PORTER* : les vêtements fabriqués en série, le plus souvent conçus par un styliste de mode. *Elle s'habille en prêt-à-porter* (opposé à sur mesure). *La haute couture est beaucoup plus chère que le prêt-à-porter. J'ai acheté cette robe dans un magasin de prêt-à-porter.* PLURIEL : *des PRÊTS-À-PORTER.*

REM. Le *prêt-à-porter* s'appelait autrefois la *confection.*

prétendant [pretɑ̃dɑ̃] *En prétendant* : forme au participe présent du verbe **prétendre.**

PRÉTENDANT [pretɑ̃dɑ̃] n. m., **PRÉTENDANTE** [pretɑ̃dɑ̃t] n. f. **1.** *UN PRÉTENDANT, UNE PRÉTENDANTE* : personne qui revendique la couronne de souverain. *Il y a plusieurs PRÉTENDANTS AU TRÔNE.* → **candidat. 2.** *UN PRÉTENDANT* : homme qui veut épouser une femme, une jeune fille. *Elle ne veut pas choisir entre ses nombreux prétendants.*

prétendit [pretɑ̃di] *Il prétendit, elle prétendit* : forme au passé simple du verbe **prétendre.**

PRÉTENDRE [pretɑ̃dr] verbe [conjugaison 41a] **1.** Avoir l'intention de, vouloir sans être sûr de pouvoir. *Le professeur prétend être obéi par les élèves. Que prétendez-vous faire ? Je ne prétends pas tout savoir,* je n'en ai pas la prétention. *Il ne faudrait pas qu'il prétende nous apprendre notre métier.* **2.** Affirmer, soutenir (qqch.) sans prouver. *Il prétendait nous avoir prévenus. Il PRÉTENDIT QU'il nous avait prévenus.* – *Elle a été lésée, à ce qu'elle prétend,* selon ce qu'elle déclare. *C'est ce qu'elle a prétendu.* **3.** STYLE RECHERCHÉ *PRÉTENDRE À* : revendiquer (ce que l'on considère comme un droit, un dû). *En prétendant à la couronne, le prince s'oppose à son frère aîné.* **4.** verbe pronominal SE PRÉTENDRE : se croire. *Il se prétend journaliste. Elle s'est prétendue contente.*

FAUX AMI
anglais **to pretend**
« faire semblant »

prétendu [pretɑ̃dy], **prétendue** [pretɑ̃dy] *Il s'est prétendu ; elle s'est prétendue* : formes au participe passé du verbe se **prétendre.**

PRÉTENDU [pretɑ̃dy], **PRÉTENDUE** [pretɑ̃dy] adj. (avant le nom) ▪ Que l'on prétend à tort être tel, qui passe à tort pour ce qu'il n'est pas. *Le prétendu directeur est un escroc.* → **soi-disant, supposé.** ⟨contraires : authentique, vrai⟩ *Personne n'a cru à sa prétendue maladie.*

PRÊTE-NOM [prɛtnɔ̃] n. m. ▪ *UN PRÊTE-NOM* : une personne qui assume la responsabilité d'une affaire, d'un contrat à la place du principal intéressé. *Il a servi de prête-nom pour la signature du contrat.* PLURIEL : *des PRÊTE-NOMS.*

PRÉTENTIEUX [pretɑ̃sjø], **PRÉTENTIEUSE** [pretɑ̃sjøz] adj. (après le nom) **1.** Qui estime avoir de nombreuses qualités, qui est content de soi. *Elle est assez prétentieuse.* → **orgueilleux, vaniteux.** ⟨contraire : modeste⟩ **2.** Qui montre de la prétention. *Ne prends pas ce ton prétentieux ! Ils habitent une villa prétentieuse et laide.* ⟨contraire : sans prétention⟩

PRÉTENTION [pretɑ̃sjɔ̃] n. f. ▪ *LA PRÉTENTION* **1.** Haute idée de ce qu'on peut faire. *Je n'ai pas LA PRÉTENTION DE tout savoir* : je ne prétends pas tout savoir. → **ambition.** – *Ce restaurant est agréable et SANS PRÉTENTION,* très simple. **2.** Vanité en société. *Il est d'une prétention insupportable.* ⟨contraire : modestie⟩ **3.** (au pluriel) DES PRÉTENTIONS : le fait de revendiquer qqch. en vertu d'un droit que l'on croit avoir. *Il a des prétentions sur l'héritage de son oncle.* – *Quelles sont vos prétentions ?* que souhaitez-vous avoir comme salaire ?

PRÊTER [prete] verbe [conjugaison 1a] **1.** Mettre (une chose) à la disposition d'une personne à condition qu'elle la rende. *Elle prête volontiers ses affaires. Je te prête ma montre, mais je ne te la donne pas.* ⟨contraire : emprunter⟩ *Prête-moi ton stylo, je ne trouve pas le mien.* → **passer.** *La banque leur a prêté de l'argent.* → **avancer. 2.** (abstrait) → **apporter.** *Il nous ont PRÊTÉ LEUR CONCOURS* : ils nous ont aidés. → **apporter.** – *Les pompiers PRÊTENT SECOURS aux blessés.* → **porter ; secourir.** – *Il n'a pas daigné me PRÊTER ATTENTION,* faire attention à moi. – *Le témoin PRÊTE SERMENT,* il jure de dire la vérité. – *Ne PRÊTE pas L'OREILLE à tous ces ragots,* n'y fais pas attention, ne les écoute pas. **3.** Attribuer (un caractère, un acte) à qqn. *Vous me prêtez des intentions que je n'ai pas.* **4.** *PRÊTER À* : donner matière à. *Son snobisme prête à rire,* fait rire. *Ça prête à confusion.* **5.** verbe pronominal SE PRÊTER À : consentir à, supporter. *Elle ne s'est pas prêtée à cette comédie.* – (qqch.) *Ce texte se prêtera mal à la traduction,* il s'adaptera mal à la traduction.

PRÊTEUR [prɛtœr] n. m. et adj., **PRÊTEUSE** [prɛtøz] adj. **1.** *UN PRÊTEUR SUR gages* : une personne qui prête de l'argent aux personnes qui laissent des objets en garantie. *Il a laissé sa montre au prêteur sur gages.* **2.** adjectif (après le nom) Qui prête ses affaires. *Elle n'est pas très prêteuse.*

PRÉTEXTE [pretɛkst] n. m. ▪ *UN PRÉTEXTE* **1.** Raison que l'on donne pour dissimuler le véritable motif d'une action. *Tous les prétextes lui sont bons pour ne pas travailler.* – *SOUS PRÉTEXTE* : en donnant comme raison. *Il n'est pas venu, SOUS PRÉTEXTE QU'il était fatigué. Elle est venue nous voir sous un prétexte quelconque,* en donnant une raison quelconque. *Ne sortez SOUS AUCUN PRÉTEXTE,* en aucun cas. **2.** Ce qui permet de faire qqch. *Cette fête est un prétexte pour rassembler tous nos amis.*

PRÉTEXTER [pretɛkste] verbe [conjugaison 1a] ▪ Donner comme prétexte. *Elle a prétexté la grippe pour ne pas aller à la réunion. Il A PRÉTEXTÉ QU'il n'était pas libre ce jour-là.* → **prétendre.**

PRÊTRE [prɛtr] n. m. ▪ *UN PRÊTRE* : homme qui appartient au clergé. *Le prêtre célèbre la messe* (→ **ecclésiastique,** STYLE FAMILIER **curé**).

PREUVE [prœv] n. f. ▪ *UNE PREUVE* **1.** Ce qui prouve qu'une chose est vraie. *Donnez-nous une preuve de votre innocence. J'ai la preuve de sa culpabilité. Il a menti, j'en ai la preuve. Vous n'avez aucune PREUVE CONTRE MOI ! Il a démontré l'erreur, PREUVES EN MAIN,* en la prouvant avec des éléments matériels. *Je croirai à son innocence JUSQU'À PREUVE DU CONTRAIRE,* jusqu'à ce qu'on me prouve qu'il n'est pas innocent. **2.** Acte qui montre qu'un sentiment est sincère. *Donne-moi une preuve d'amour* : fais qqch. qui prouve que tu m'aimes. **3.** (en incise) *LA PREUVE* : ce qui prouve qu'une chose est sûre. *C'est toi qui as fait cette bêtise, la preuve, tu as rougi.* **4.** *FAIRE PREUVE DE (une qualité)* : montrer que l'on a une qualité. *Il a fait preuve de courage, après l'accident.* **5.** *FAIRE SES PREUVES* : prouver sa valeur, montrer ce que l'on sait faire. *Avant d'avoir des responsabilités, il faut faire ses preuves.* **6.** Opération qui permet de vérifier le résultat d'une autre opération. *Pour vérifier qu'une multiplication est juste, on fait la preuve par 9.*

PRÉVALOIR [prevalwar] verbe [conjugaison 29a] **1.** L'emporter, gagner. *Dans un vote, c'est l'opinion de la majorité qui prévaut.* **2.** verbe pronominal SE PRÉVALOIR DE : se vanter de. *Je ne me prévaux pas de ma naissance. Ils se sont prévalus de leur supériorité. C'est une femme modeste qui ne se prévaudra pas de ses titres.*

prévalu [pʀevaly], **prévalue** [pʀevaly] *Il s'est prévalu de ; elle s'est prévalue de :* formes au participe passé du verbe se **prévaloir.**

prévaux [pʀevo] *Je me prévaux, tu te prévaux :* forme au présent du verbe se **prévaloir.**

PRÉVENANCE [pʀevnɑ̃s] n. f. ▪ *UNE PRÉVENANCE :* attention délicate et gentille que l'on a envers qqn. *Il entoure sa grand-mère de prévenances. Tu aurais pu avoir LA PRÉVENANCE DE m'avertir.*

PRÉVENANT [pʀevnɑ̃], **PRÉVENANTE** [pʀevnɑ̃t] adj. (après le nom) ▪ Qui a des attentions gentilles (envers qqn). *Elle est prévenante envers ses invités,* elle va au-devant de leurs désirs, elle pense à ce qui va leur faire plaisir.

PRÉVENIR [pʀevniʀ] verbe [conjugaison 22] **1.** *PRÉVENIR qqn DE qqch. :* faire savoir qqch. à qqn. → **avertir, informer.** *Elle nous a prévenus de son arrivée,* elle nous l'a dit à l'avance. *Il faut que je le prévienne* [pʀevjɛn] *de mon départ. – Ne partez pas sans prévenir ! – J'espère que vous nous préviendrez* [pʀevjɛ̃dʀe]. **2.** Mettre au courant, informer (qqn) de qqch. de fâcheux. *Il y a le feu, prévenez les pompiers !* → **alerter.** *Avez-vous prévenu le médecin ?* **3.** Annoncer (qqch.) sur un ton de menace. *Je te PRÉVIENS QUE si tu recommences, tu seras puni. Ne viens pas te plaindre, je t'avais prévenu !* **4.** Faire qqch. pour qqn, sans attendre la demande. *Elle prévient tous mes désirs.* **5.** STYLE RECHERCHÉ Empêcher qu'une chose fâcheuse ne se produise. *Les vaccins préviennent les maladies* (→ **préventif).** ⟨contraire : provoquer⟩

> FAUX AMI
> anglais **to prevent** ne s'emploie pas pour « avertir, informer »

PRÉVENTIF [pʀevɑ̃tif], **PRÉVENTIVE** [pʀevɑ̃tiv] adj. (après le nom) ▪ Qui permet d'éviter ce qui peut arriver de fâcheux. *Les vaccins ont un rôle préventif. La MÉDECINE PRÉVENTIVE limite le développement de certaines maladies. Le gouvernement a pris des mesures préventives contre la crise économique.*

> FAUX AMI
> norvégien **preventiv** « préservatif »

PRÉVENTION [pʀevɑ̃sjɔ̃] n. f. ▪ *LA PRÉVENTION* **1.** Précaution que l'on prend contre certains risques. *La prévention routière permet de limiter les accidents de la route.* **2.** Mauvaise opinion que l'on a de qqn, de qqch., sans avoir réfléchi ou vérifié. → **préjugé.** *Elle a des préventions contre la nouvelle directrice.*

prévenu [pʀevny], **prévenue** [pʀevny] *Il a prévenu la police ; la police qu'il a prévenue :* formes au participe passé du verbe **prévenir.**

PRÉVENU [pʀevny] n. m., **PRÉVENUE** [pʀevny] n. f. ▪ *UN PRÉVENU, UNE PRÉVENUE :* personne soupçonnée d'être coupable d'un délit. *La prévenue restera en prison jusqu'au jugement. Un prévenu n'est pas un accusé* (→ **inculpé).**

prévienne [pʀevjɛn] *Que je prévienne, qu'il prévienne, qu'elle prévienne :* forme au subjonctif du verbe **prévenir.**

préviens [pʀevjɛ̃] *Je préviens, tu préviens :* forme au présent du verbe **prévenir.**

PRÉVISIBLE [pʀevizibl] adj. (après le nom) ▪ Que l'on peut deviner, prévoir. *Ce film n'est pas excellent : le dénouement est prévisible.* ⟨contraire : imprévisible⟩ *Le résultat des élections était prévisible.*

PRÉVISION [pʀevizjɔ̃] n. f. ▪ *UNE PRÉVISION :* ce que l'on peut prévoir. → **pronostic.** *Voici les prévisions météorologiques,* les indications du temps qu'il fera dans les jours à venir. *J'ai pris mon parapluie EN PRÉVISION de la pluie.*

PRÉVISIONNEL [pʀevizjɔnɛl], **PRÉVISIONNELLE** [pʀevizjɔnɛl] adj. (après le nom) ▪ *Un BUDGET PRÉVISIONNEL :* l'exposé de l'ensemble des recettes et des dépenses prévues. *Le comptable de l'entreprise travaille sur le budget prévisionnel de l'année à venir.*

PRÉVOIR [pʀevwaʀ] verbe [conjugaison 24] **1.** Imaginer, deviner à l'avance ce qui peut arriver. *Et voilà, il pleut : je l'avais prévu ! Je n'avais pas prévu ça. Il était facile de prévoir cet échec. Tout LAISSE PRÉVOIR QU'il sera élu :* on peut penser qu'il sera élu. **2.** Organiser à l'avance, décider pour l'avenir. *La mairie PRÉVOIT DE construire de nouveaux logements.* → **programmer.** *Nous prévoyons un dîner pour vingt personnes. À ta place, je prévoirais le voyage dès maintenant.* **3.** Penser à (des possibilités). *Il faut que vous prévoyiez des frais supplémentaires. Nous avons prévu tous les cas. – Tout s'est passé COMME PRÉVU. Il est arrivé plus tôt QUE PRÉVU.*

PRÉVOYANCE [pʀevwajɑ̃s] n. f. ▪ *LA PRÉVOYANCE :* qualité d'une personne qui sait prévoir, qui prend les précautions nécessaires. ⟨contraire : imprévoyance⟩ *Elle a fait preuve de prévoyance en prenant son parapluie. J'ai MANQUÉ DE PRÉVOYANCE.*

prévoyant [pʀevwajɑ̃] *En prévoyant :* forme au participe présent du verbe **prévoir.**

PRÉVOYANT [pʀevwajɑ̃], **PRÉVOYANTE** [pʀevwajɑ̃t] adj. (après le nom) ▪ Qui sait prévoir, qui sait s'organiser. ⟨contraire : imprévoyant⟩ *Elle est prévoyante et économise de l'argent pour ses prochaines vacances.*

prévu [pʀevy], **prévue** [pʀevy] *Il a prévu une sortie ; la sortie qu'il a prévue :* formes au participe passé du verbe **prévoir.**

PRIE-DIEU [pʀidjø] n. m. invariable ▪ *UN PRIE-DIEU :* siège bas sur lequel on s'agenouille pour prier. *Pendant la messe, chaque fidèle est assis devant son prie-Dieu.* PLURIEL : *des prie-Dieu.*

PRIER [pʀije] verbe [conjugaison 7b]

I. Élever son âme à Dieu, s'adresser à Dieu, aux saints. *On prie dans les églises, dans les synagogues, dans les mosquées. Elle prie sur la tombe de ses parents. Il priera* [pʀiʀa] *pour la guérison de sa femme. – Prions Dieu qu'il nous aide.*

II. 1. Demander avec insistance. *Je te PRIE DE m'écouter. Je vous prie de me suivre. Je te prie de croire qu'il n'a rien répondu. Les voyageurs sont priés de présenter leurs billets au contrôleur.* **2.** Demander, inviter. *« Puis-je entrer ? – Je vous en prie. » « Excusez-moi. – Je vous en prie, ce n'est rien ».* – (à la fin d'une lettre) *Je vous prie d'agréer l'expression de mes salutations distinguées.* **3.** *SE FAIRE PRIER :* résister à une demande. *Elle a accepté l'invitation après s'être fait un peu prier. Il ne s'est pas fait prier :* il a accepté immédiatement.

PRIÈRE [pʀijɛʀ] n. f.

I. *UNE PRIÈRE* Suite de formules que l'on adresse à Dieu, pour élever vers lui des sentiments, des méditations. *Il FAIT SA PRIÈRE avant de se coucher,* il la récite, il la dit. *Elle a un livre de prières.* → **bréviaire, missel.** – *Le muezzin chante l'appel à la prière.*

II. *PRIÈRE DE...* action de prier qqn de, demande insistante. *PRIÈRE DE ne pas fumer :* ne fumez pas s'il vous plaît. *Prière de répondre par retour du courrier.*

PRIMAIRE [pʀimɛʀ] adj. (après le nom) **1.** *L'ENSEIGNEMENT PRIMAIRE :* l'enseignement du premier degré, des petites classes jusqu'à l'entrée en sixième (→ **secondaire).** *Mon fils est à l'ÉCOLE PRIMAIRE.* **2.** *L'ÈRE PRIMAIRE :* la plus ancienne période de formation de la Terre (environ trois cents millions d'années). *Les poissons et les reptiles sont apparus à l'ère primaire.* **3.** (qqn) Simple et borné. *C'est un brave garçon un peu primaire.* **4.** *CAISSE PRIMAIRE DE SÉCURITÉ SOCIALE :* administration française locale qui gère les dossiers de remboursements médicaux du public. *Il est allé à la caisse primaire de Sécurité sociale pour son dossier d'accident du travail.* **5.** *SECTEUR PRIMAIRE* : activités économiques productrices de matières non transformées. *La pêche, l'agriculture font partie du secteur primaire.*

PRIMATE [pʀimat] n. m. ▪ *UN PRIMATE* : mammifère qui a le cerveau développé et qui peut saisir des objets avec ses mains. *Le chimpanzé et l'homme sont des primates.*

PRIME [pʀim] n. f. ▪ *UNE PRIME* **1.** Somme d'argent qu'une personne reçoit exceptionnellement en plus de son salaire. *Elle a eu une prime en récompense de son très bon travail. Le personnel de l'usine a reçu une PRIME DE FIN D'ANNÉE.* → **gratification.** – *Les salariés ont droit à une PRIME DE TRANSPORT*, à une somme d'argent supplémentaire qui couvre une partie des frais de transport. → **indemnité.** **2.** *EN PRIME* : en plus, en supplément. *Dans ce paquet de lessive, il y a un petit jouet en prime.* → **cadeau.**

FAUX AMIS
anglais **prime** «apogée» ; espagnol et portugais **prima** «cousine»

① **PRIMER** [pʀime] verbe [conjugaison 1a] ▪ Récompenser par une prime, distinguer par une récompense. *Ce film a été primé au festival de Cannes.*

② **PRIMER** [pʀime] verbe [conjugaison 1a] ▪ (qqch.) Dominer. *Pour elle, c'est l'honnêteté qui prime tout.*

PRIMESAUTIER [pʀimsotje], **PRIMESAUTIÈRE** [pʀimsotjɛʀ] adj. (après le nom) ▪ Qui agit, qui parle spontanément. → **impulsif, spontané.** *Elle est gaie et primesautière.*

PRIMEURS [pʀimœʀ] n. f. pluriel ▪ *LES PRIMEURS* : fruits et légumes qui mûrissent avant la saison normale. *Toutes les primeurs sont au marché. Ces primeurs ont poussé dans des serres. Il est marchand de primeurs.*

FAUX AMIS
espagnol **primor** «délicatesse ; merveille», portugais **primor** «perfection»

PRIMEVÈRE [pʀimvɛʀ] n. f. ▪ *UNE PRIMEVÈRE* : plante aux fleurs jaunes, blanches, rouges, violettes qui fleurit en hiver (sans gel) et au début du printemps. *Elle a planté des primevères.*
REM. À l'état sauvage, cette plante s'appelle coucou. → **coucou.**

PRIMITIF [pʀimitif], adj. et n. m., **PRIMITIVE** [pʀimitiv] adj.
I. adjectif (après le nom) **1.** Qui est le premier, le plus ancien. *Ce tee-shirt a perdu sa couleur primitive : il était rouge, il est devenu rose. Le projet primitif a été modifié.* **2.** *Les HOMMES PRIMITIFS* : les premiers hommes, tels qu'ils étaient à leur apparition. *On pense que les hommes primitifs vivaient de la cueillette et de la chasse.* **3.** *Les SOCIÉTÉS PRIMITIVES* : les groupes humains qui ne connaissent ni l'écriture ni l'économie et les techniques des sociétés dites «évoluées». *Les sociétés primitives ne sont pas simples mais différentes.* – *L'art primitif est aussi appelé l'art premier.*
II. nom masculin (au pluriel) LES PRIMITIFS : artistes peintres antérieurs à la Renaissance, dans l'Europe occidentale. *Nous admirons les primitifs flamands.*

PRIMO [pʀimo] adverbe ▪ D'abord, en premier lieu. → **premièrement.** *Primo, je ne veux pas partir et secundo, je ne suis pas libre.*

PRIMORDIAL [pʀimɔʀdjal], **PRIMORDIALE** [pʀimɔʀdjal] adj. (après le nom) ▪ Très important, qui est de première importance. → **capital, essentiel.** *Nous avons une réunion primordiale.* ⟨contraire : secondaire⟩ MASCULIN PLURIEL : *leurs rôles sont PRIMORDIAUX* [pʀimɔʀdjo]. *Elle a joué un rôle primordial dans la négociation. Il est primordial que tu réussisses.*

PRINCE [pʀɛ̃s] n. m. ▪ *UN PRINCE* **1.** Fils d'un roi, d'une reine, membre d'une famille royale (→ **princesse**). *Il est le prince héritier du royaume.* → ② **dauphin.** *Le PRINCE DE GALLES est le fils aîné du roi ou de la reine d'Angleterre.* **2.** Personnage princier, grand seigneur. *Dans les contes, les PRINCES CHARMANTS épousent les bergères.* **3.** Souverain d'une principauté. *Le prince de Monaco habite dans un palais.* **4.** *ÊTRE BON PRINCE* : être généreux. *Le chef de l'entreprise a été bon prince : il a laissé les employés partir une heure plus tôt.*

PRINCESSE [pʀɛ̃sɛs] n. f. ▪ *UNE PRINCESSE* **1.** Fille d'un roi, d'une reine, fille ou femme d'un prince (→ **prince**). *La princesse a ouvert le bal avec le roi son père.* **2.** *AUX FRAIS DE LA PRINCESSE* : gratuitement. *Il voyage aux frais de la princesse.*

PRINCIER [pʀɛ̃sje], **PRINCIÈRE** [pʀɛ̃sjɛʀ] adj. (après le nom) ▪ Digne d'un prince. *Il nous a reçus d'une manière princière*, de façon luxueuse, somptueuse.

PRINCIPAL [pʀɛ̃sipal] adj. et n. m., **PRINCIPALE** [pʀɛ̃sipal] adj. et n. f.
I. adjectif (avant le nom ou après le nom) **1.** (avant ou après le nom) Le plus important, parmi d'autres. *Voici le motif principal de cette réunion.* → **capital, essentiel, fondamental, primordial.** ⟨contraire : secondaire⟩ *Ce plan de Paris n'indique que les rues principales.* MASCULIN PLURIEL : *quels sont les PRINCIPAUX* [pʀɛ̃sipo] *fleuves d'Allemagne ? Elle a le rôle principal dans ce film. Passez par l'entrée principale de l'immeuble.* – *Sa RÉSIDENCE PRINCIPALE est à Paris* (opposé à résidence secondaire), son lieu d'habitation habituel. – *Le directeur est en réunion avec ses principaux collaborateurs. J'ai rendez-vous avec le professeur principal de ma fille.* **2.** (après le nom) *Une PROPOSITION PRINCIPALE* : dans une phrase, proposition dont dépendent une ou des propositions subordonnées (→ **proposition, subordonnée**). *Dans la phrase «Je crois qu'il dort»*, je crois *est la proposition principale.*
II. *LE PRINCIPAL* : ce qui est le plus important. *Ils sont contents, c'est le principal.* → **essentiel.** *Le principal est d'arriver à l'heure à la gare.*
III. *LE PRINCIPAL, LA PRINCIPALE* : le directeur, la directrice d'un collège (→ **proviseur**). *Adressez-vous au Principal. Bonjour, madame la Principale.*

PRINCIPALEMENT [pʀɛ̃sipalmɑ̃] adverbe ▪ Avant les autres choses. *Elle s'est disputée avec tout le monde, mais principalement avec sa mère.* → **surtout.**

PRINCIPAUTÉ [pʀɛ̃sipote] n. f. ▪ *UNE PRINCIPAUTÉ* : État gouverné par un prince. *La principauté d'Andorre est située entre la France et l'Espagne.*

PRINCIPE [pʀɛ̃sip] n. m. ▪ *UN PRINCIPE* **1.** Règle de conduite, de vie, à laquelle on est fidèle. *J'ai POUR PRINCIPE de réfléchir avant d'agir. Sa faute n'est pas très grave, mais il faut le punir pour le principe.* – *Mon grand-père est très attaché à ses principes*, à ses règles morales. **2.** *PAR PRINCIPE* : par une décision prise a priori. *Il critique tout par principe.* – *DE PRINCIPE* : a priori, sans réfléchir et sans vérifier. *Il a donné un accord de principe.* – *EN PRINCIPE* : théoriquement. *En principe, ils rentrent de vacances demain* : normalement, d'après ce qu'ils ont dit, ils rentrent de vacances demain. **3.** Loi scientifique non démontrée mais vérifiée dans ses conséquences. *Le principe d'Archimède est l'un des grands principes de la physique.*

FAUX AMIS
espagnol et italien **principe**, portugais **príncipe** «prince»

PRINTANIER [pʀɛ̃tanje], **PRINTANIÈRE** [pʀɛ̃tanjɛʀ] adj. (après le nom) ▪ Du printemps, qui fait penser au printemps. *C'est une belle journée printanière*, une belle journée de printemps. *Les* *températures sont printanières,* elles sont douces comme au printemps. – *Tu as une jolie jupe printanière, aujourd'hui !* une jupe légère et claire.

PRINTEMPS [prɛ̃tɑ̃] n. m. ▪ *LE PRINTEMPS* 1. Saison qui vient après l'hiver et avant l'été. *Au printemps, la température s'adoucit. Les fleurs et les feuilles poussent au printemps.* 2. Période pendant laquelle des espoirs de progrès et de liberté semblent pouvoir se réaliser, dans un pays. *Le printemps de Prague eut lieu en 1968.*

A **PRIORI** → **a priori**

PRIORITAIRE [prijɔritɛr] adj. (après le nom) 1. Qui a la priorité. *Les ambulances sont des véhicules prioritaires.* 2. Qui est le plus important. *Faites d'abord les travaux prioritaires.*

PRIORITÉ [prijɔrite] n. f. 1. *LA PRIORITÉ :* droit de passer en premier. *En France, les voitures qui viennent de la droite ONT LA PRIORITÉ. Ralentissez et arrêtez votre véhicule pour LAISSER LA PRIORITÉ. Ce conducteur est responsable de l'accident car il a REFUSÉ LA PRIORITÉ.* 2. *UNE PRIORITÉ :* ce qui est prioritaire, qui est le plus important. *Il y a des priorités à respecter. La lutte contre le chômage est l'une des priorités du gouvernement.*

pris [pri], **prise** [priz] *Il a pris une décision ; la décision qu'il a prise :* formes au participe passé du verbe **prendre.**

PRIS [pri], **PRISE** [priz] adj. (après le nom) 1. Occupé. *Cette place est-elle prise ?* ⟨contraires : libre, vacant⟩ *Porte ce sac toi-même, tu vois bien que j'ai les mains prises !* je porte déjà qqch. *La directrice est très prise en ce moment,* elle a beaucoup d'occupations. *Je ne peux pas venir chez vous ce soir, je suis pris,* j'ai déjà qqch. à faire. *Tout mon samedi est pris.* 2. *AVOIR LE NEZ PRIS :* avoir le nez enflammé. *Je commence un rhume, j'ai le nez pris,* bouché. 3. Épaissi, durci. *La mayonnaise est bien prise* (→ **prendre).** 4. STYLE FAMILIER *C'EST TOUJOURS ÇA DE PRIS,* se dit d'un avantage qui n'est pas très important, qui est moins important que le reste, mais que l'on est assuré d'avoir. *Je n'ai pas eu une augmentation de mille francs mais de trois cents francs : tant pis, c'est toujours ça de pris.*

① **PRISE** [priz] n. f.

I. *LA PRISE :* action de prendre. 1. Action de s'emparer. *Le 14 Juillet 1789 est la date de la prise de la Bastille, à Paris,* c'est le jour où le peuple s'est emparé de la Bastille, pendant la Révolution. – *AVOIR PRISE SUR qqn :* avoir un moyen d'agir sur qqn. *Elle ne m'écoute pas du tout, je n'ai aucune prise sur elle.* 2. Capture. *Il y a eu une PRISE D'OTAGES à l'ambassade.* → **enlèvement.** – *Le pêcheur a fait une belle prise,* il a attrapé un gros poisson. 3. *Une PRISE DE VUES :* tournage d'un plan, au cinéma, à la télévision. *L'opérateur est content de sa prise de vues.* – *La PRISE DE SON du film est excellente,* l'enregistrement du son. 4. *Une PRISE DE SANG :* prélèvement de sang pour l'analyser. *On m'a fait une prise de sang au laboratoire.* 5. Action d'absorber (qqch.) *Il ne faut pas boire d'alcool pendant la prise de ce médicament.* 6. *ÊTRE EN PRISE DIRECTE SUR :* être en contact direct avec. *Les journalistes sont en prise directe sur l'actualité.* 7. Action de se mettre à avoir. *Sa PRISE DE CONSCIENCE du racisme l'a fait souffrir,* lorsqu'il a su, compris que le racisme existait. *Leur PRISE DE POSITION contre cette guerre est très courageuse,* leur déclaration publique de ce qu'ils pensent de cette guerre. 8. *Une PRISE EN CHARGE :* action d'assurer l'entretien, les dépenses (de qqn). *La prise en charge de leurs vieux parents leur coûte cher. La prise en charge des assurés par la Sécurité sociale est la même pour tous,* le remboursement de leurs frais médicaux. 9. Le fait de durcir. *Ce ciment est à prise rapide.*

II. *UNE PRISE* 1. Manière de prendre pour tenir. *Il lui a fait une prise de judo. Elle m'a montré plusieurs prises.* – *Ils ont eu une PRISE DE BEC,* une dispute. – *ÊTRE AUX PRISES AVEC qqn, qqch. :* se battre avec qqn, qqch., lutter contre qqn, qqch. *Il est aux prises avec de graves difficultés. Les catcheurs sont aux prises.* 2. Endroit d'un rocher, d'une paroi, où l'on peut se tenir. *L'alpiniste a trouvé une bonne prise. Elle cherche une prise du bout des doigts. Il a LÂCHÉ PRISE et il est tombé.* – *Il faut que tu sois fort pendant la réunion, ce n'est pas le moment de lâcher prise,* d'abandonner.

FAUX AMIS
espagnol **prisa** « hâte » ;
grec **πρίζα** « prise de courant » → ② **prise ;**
espagnol et portugais **presa** « proie » ;
russe **приз** « prix »

② **PRISE** [priz] n. f. ▪ *UNE PRISE* 1. *Une PRISE (ÉLECTRIQUE), une PRISE (DE COURANT) :* dispositif qui établit un contact électrique, qui permet de brancher un appareil électrique. *Branche la lampe dans la prise. La PRISE MÂLE porte deux fiches, la PRISE FEMELLE a deux douilles. Pour brancher la lampe, la radio et le téléviseur, il faut une PRISE MULTIPLE.* – *Dans cette chambre, il y a une PRISE D'ANTENNE pour la télévision et une prise de téléphone,* des branchements pour la télévision et le téléphone. 2. *Une PRISE D'EAU :* robinet, vanne où l'on peut prendre de l'eau. *Y a-t-il une prise d'eau dans le jardin ?*

PRISÉ [prize], **PRISÉE** [prize] adj. (après le nom) ▪ STYLE RECHERCHÉ Apprécié. *Cette tisane est très prisée par (chez) les personnes âgées.*

PRISME [prism] n. m. ▪ *UN PRISME :* objet transparent à facettes, qui réfléchit et décompose la lumière. *À travers un prisme, on peut voir un à un tous les composants de la lumière.*

PRISON [prizɔ̃] n. f. ▪ *UNE PRISON* 1. Établissement où l'on enferme les condamnés et les prévenus qui vont être jugés. *Les voleurs ont été mis en prison* (→ **emprisonner, incarcérer).** *L'univers de la prison est très dur* (→ **carcéral).** *Elle est en prison depuis deux mois.* → STYLE FAMILIER **taule.** *Des détenus se sont évadés de prison. Il est GARDIEN DE PRISON.* 2. Peine qui prive de liberté, que l'on subit en prison. → **détention, emprisonnement, réclusion.** *Il a fait dix ans de prison. Elle a été condamnée à deux ans de prison avec sursis.*

PRISONNIER [prizɔnje] n. m. et adj., **PRISONNIÈRE** [prizɔnjɛr] n. f. et adj. 1. *UN PRISONNIER, UNE PRISONNIÈRE :* personne privée de liberté, enfermée dans une prison. → **détenu.** *Ce prisonnier sera bientôt libéré. La prisonnière a été relâchée. Les gardiens surveillent les prisonniers. Les prisonniers sont dans leurs cellules. Le prisonnier s'est évadé.* – *Il s'est CONSTITUÉ PRISONNIER :* il est allé de lui-même à la police, il s'est livré. – *C'est un PRISONNIER DE GUERRE,* une personne prise par l'ennemi, tombée aux mains de l'ennemi. *Ils sont dans un camp de prisonniers.* 2. adjectif (après le nom) Enfermé et privé de liberté. *La porte s'est refermée, j'étais prisonnier.* – *La patte du renard est restée prisonnière dans le piège.* – *Le bateau est prisonnier des glaces,* les glaces l'empêchent d'avancer.

PRIVATION [privasjɔ̃] n. f. ▪ *UNE PRIVATION :* manque des choses nécessaires. *Pendant la guerre, nous avons souffert de privations.*

PRIVATISER [privatize] verbe [conjugaison 1a] ▪ Donner, transférer à des propriétaires privés une activité du secteur public. ⟨contraire : nationaliser⟩ *L'État a décidé de privatiser cette grande entreprise.*

PRIVÉ [pRive] adj. et n. m., **PRIVÉE** [pRive] adj.
I. adjectif (après le nom) **1.** Où le public n'a pas le droit d'entrer. *Propriété privée, défense d'entrer. Ils ont une piscine privée.* **2.** Qui se fait à part. *Nous avons eu une conversation privée. – Puis-je vous parler EN PRIVÉ ?* seul à seul. **3.** *La VIE PRIVÉE :* la vie personnelle, intime. *Elle ne parle jamais de sa vie privée. – Le chef d'État est dans ce pays étranger À TITRE PRIVÉ,* pour des raisons personnelles, pour des raisons qui ne sont pas officielles. **4.** Qui n'est pas d'État, qui ne dépend pas de l'État. *Elle travaille dans une entreprise privée. Ses enfants sont dans une ÉCOLE PRIVÉE* (opposé à école publique). *Ils ont choisi l'enseignement privé pour leur fils.* → **libre.** *Elle a été opérée dans une clinique privée.*
II. *LE PRIVÉ* **1.** L'ensemble des entreprises privées d'un pays (opposé à public). *Il travaille dans le privé,* dans une entreprise privée. **2.** L'intimité. *En public, ils se vouvoient, mais dans le privé, ils se tutoient.* **3.** *UN PRIVÉ :* enquêteur qui travaille pour son compte. *Il paie un privé pour faire suivre sa femme !*

PRIVER [pRive] verbe [conjugaison 1a] **1.** Empêcher (qqn) de profiter d'un avantage, de qqch. d'agréable ou de nécessaire. ⟨contraires : donner, fournir⟩ *Quand les enfants n'étaient pas sages, on les privait de dessert. Le prisonnier est privé de sommeil. Elle a été privée de ses droits. – La peur m'a privé de tous mes moyens,* elle m'a enlevé toutes mes possibilités de réagir. **2.** verbe pronominal SE PRIVER : renoncer volontairement à qqch. *Elle se prive pour ne pas grossir,* elle s'impose de manger très peu. *Il SE PRIVE DE tout pour économiser. –* (ironique) *Elle ne s'est pas privée de te critiquer !* elle t'a critiqué.

PRIVILÈGE [pRivilɛʒ] n. m. ▪ *UN PRIVILÈGE :* droit, avantage particulier accordé à une personne ou à un groupe de personnes. *Avant la Révolution de 1789, les nobles avaient de nombreux privilèges. – J'ai eu le TRISTE PRIVILÈGE d'annoncer la mauvaise nouvelle à la famille.*

PRIVILÉGIÉ [pRivileʒje] adj. et n. m., **PRIVILÉGIÉE** [pRivileʒje] adj. et n. f.
I. adjectif (après le nom) **1.** Qui bénéficie de privilèges, d'avantages. ⟨contraire : défavorisé⟩ *Dans toutes les sociétés, il existe des CLASSES PRIVILÉGIÉES,* des catégories de gens favorisés et plus fortunés que d'autres. **2.** Qui a de la chance. *Nous avons été des touristes privilégiés pendant nos vacances, nous avons eu très beau temps.* **3.** Qui convient mieux que tout autre. *Attendez un moment privilégié pour parler à votre fille,* attendez le meilleur moment. → **opportun.** *Elle a un grand bureau très calme, elle travaille dans des conditions privilégiées,* dans les meilleures conditions. *Ils ont des relations privilégiées.*
II. *UN PRIVILÉGIÉ, UNE PRIVILÉGIÉE :* une personne qui a des avantages. *De rares privilégiés ont assisté au spectacle.*

PRIVILÉGIER [pRivileʒje] verbe [conjugaison 7a] ▪ Avantager, favoriser. *Je ne veux privilégier personne. Cette nouvelle loi privilégiera* [pRivileʒiRa] *les petits salaires. – Dans ses cours, le professeur de géographie privilégie la vie économique des pays,* il insiste particulièrement sur l'aspect économique des pays.

PRIX [pRi] n. m.
I. *LE PRIX* **1.** Ce que coûte qqch. → **valeur.** *Le prix de l'essence a augmenté. Quel est le prix de ce manteau ? Quel est son prix ?* combien vaut-il ? *Demande le prix à la vendeuse. À quel prix l'as-tu acheté ? À quel prix l'avez-vous vendu ? Pour acheter moins cher, il faut comparer les prix. J'ai vu sa nouvelle maison, il a dû Y METTRE LE PRIX !* il a dû la payer cher ! – *Votre prix sera le mien :* je donnerai la somme d'argent que vous souhaitez. *Cette robe EST DANS MES PRIX, je l'achète,* elle n'est pas trop chère pour moi. *Quel prix voulez-vous mettre ?* combien pouvez-vous payer ? *C'est trop cher pour moi : acceptez-vous de baisser votre prix ?* de vendre moins cher ? *C'est mon DERNIER PRIX,* c'est celui que je ne change plus. *C'est un prix trop élevé ! C'est un prix raisonnable. Il vend sa marchandise À MOITIÉ PRIX. Le marchand a été gentil, il m'a FAIT UN PRIX,* il m'a fait une réduction. *C'est le prix toutes taxes comprises* (ou *prix T. T. C.* [pRitetese]). *Quel est le prix hors taxes ?* (ou *prix H. T.*). *C'est le PRIX FIXE,* qu'on ne pourra pas discuter. *PRIX NET,* service compris. – *Calculez le PRIX DE REVIENT,* l'addition des coûts d'achat, de production et de distribution. – *Tu n'es pas content ? Eh bien c'est le même prix !* c'est pareil et ça m'est égal. **2.** *DE PRIX :* qui coûte cher (→ **précieux).** *C'est un bijou de prix. – C'est HORS DE PRIX !* c'est beaucoup trop cher ! (→ **inabordable).** – *Ce château n'a pas de prix,* il est d'une très grande valeur (→ **inestimable).** **3.** *METTRE À PRIX :* proposer en vente. *Ce tableau a été mis à prix à trois mille francs. – On recherche un criminel : sa tête a été mise à prix,* on promet une récompense en argent à la personne qui l'arrêtera, qui le tuera. – *À PRIX D'OR :* contre une forte somme d'argent. *Ils ont fait construire une piscine à prix d'or.* **4.** (au pluriel) *LES PRIX :* la valeur de tout ce qui s'achète, se paie, dans un pays. *Les PRIX SONT EN HAUSSE :* il y a une augmentation générale. *Les PRIX SONT EN BAISSE. Les prix montent, les prix baissent. C'est la flambée des prix* (→ **inflation).** **5.** Importance, valeur accordée à qqch. *J'attache beaucoup de prix à vos conseils. – Il faut partir d'ici À TOUT PRIX,* il faut absolument partir, coûte que coûte (→ **impérativement).** – *Ils sont arrivés à un accord, mais AU PRIX DE longues discussions,* mais il a fallu de longues discussions. – *Ils ont réussi, mais À QUEL PRIX !* réussir leur a demandé beaucoup d'efforts, beaucoup de sacrifices.
II. *UN PRIX* **1.** Récompense donnée aux meilleurs, dans une compétition. *Le concours est doté de nombreux prix. – Le prix Nobel de littérature a été décerné à... – Il a eu le premier prix du Conservatoire de musique. – Le prix d'interprétation féminine est attribué à... – Elle a remporté le premier prix !* elle a gagné ! – *À l'école, ma mère avait remporté tous les prix.* **2.** La récompense. *Vous avez gagné un prix de dix mille francs !* **3.** L'œuvre qui a reçu un prix. *Avez-vous lu le dernier prix Goncourt ?* **4.** Épreuve à l'issue de laquelle est décerné un prix. *Nous avons assisté au Grand prix automobile.*

PRO n. m., n. f. Forme abrégée familière de **professionnel, professionnelle.**

PROBABILITÉ [pRɔbabilite] n. f. ▪ *UNE PROBABILITÉ :* chance, possibilité qu'une chose se produise. *Il y a de fortes probabilités qu'il gagne les élections. SELON TOUTE PROBABILITÉ, il gagnera,* vraisemblablement.

PROBABLE [pRɔbabl] adj. (après le nom) ▪ Qui a beaucoup de chances de se produire, qui se produira certainement. ⟨contraires : certain, douteux, improbable⟩ *Sa réussite n'est pas certaine, mais elle est probable.* → **vraisemblable.** *IL EST PROBABLE QU'elle viendra avec nous. C'est probable. Il est PEU PROBABLE qu'il arrive après minuit :* il n'arrivera certainement pas après minuit.
REM. Ne pas confondre *probable* et *possible.*

PROBABLEMENT [pRɔbabləmɑ̃] adverbe ▪ Sans doute. *Je serai probablement en retard.* → **vraisemblablement.** *Il aura probablement raté son train.* → **sûrement.** – *« Viendra-t-il ? – Probablement ».*

PROBANT [pRɔbɑ̃], **PROBANTE** [pRɔbɑ̃t] adj. (après le nom) ▪ Qui prouve sérieusement qqch. *C'est un argument probant. C'est tout à fait probant.* → **convaincant.** *Les raisons qu'il a données ne sont pas très probantes.*

PROBATOIRE [pRɔbatwaR] adj. (après le nom) ▪ *Un* EXAMEN PROBATOIRE, qu'on fait passer à un élève pour connaître son niveau. *Il a passé un examen probatoire.*

PROBITÉ [pRɔbite] n. f. ▪ LA PROBITÉ : grande honnêteté. *C'est une femme d'une grande probité.* → **droiture, intégrité.**

PROBLÉMATIQUE [pRɔblematik] adj. (après le nom) ▪ Qui pose une difficulté, qui n'est pas sûr. *Le sens de cette phrase est problématique. Sa réussite au bac est problématique.* ⟨contraires : certain, sûr⟩

PROBLÈME [pRɔblɛm] n. m. ▪ UN PROBLÈME **1.** Difficulté qu'il faut résoudre. *Ils ont des problèmes d'argent. Le départ du directeur* POSE UN PROBLÈME. ÇA FAIT PROBLÈME. *Il faut régler ce problème.* – STYLE FAMILIER *Il y a un problème.* → **hic, os.** *Il n'y a aucun problème. « Puis-je venir ? – Pas de problème ! »* oui ! *La réparation s'est faite* SANS PROBLÈME, facilement. – *Cette histoire de clé est un* FAUX PROBLÈME : *en réalité tu ne veux pas venir,* cette histoire de clé n'est pas la vraie difficulté. – *C'est mon problème :* c'est mon affaire, je m'en occupe. *Ça, c'est ton problème, je ne m'en mêle pas.* **2.** Exercice de mathématiques qui consiste, en faisant des calculs, à trouver un résultat, à donner la solution aux questions posées. *J'ai un problème d'algèbre et un problème de géométrie à faire pour demain. Lisez bien l'énoncé du problème.*

REM. On entend souvent *poser problème* (sans article) comme *faire problème.*

PROCÉDÉ [pRɔsede] n. m. ▪ UN PROCÉDÉ **1.** Façon d'agir avec qqn. *Volontairement, vous ne m'avez pas prévenu, c'est un procédé malhonnête !* → **comportement, conduite.** *Je n'apprécie pas ce procédé.* (péjoratif) *En voilà des procédés !* → **manière.** *Je m'occupe de ta fille aujourd'hui et toi tu t'occuperas de mon fils demain : c'est un* ÉCHANGE DE BONS PROCÉDÉS, nous nous rendons service l'un à l'autre. **2.** Méthode, manière de produire (qqch.). *La directrice de l'usine a présenté un nouveau procédé de fabrication.*

PROCÉDER [pRɔsede] verbe [conjugaison 6a] **1.** Agir (d'une certaine manière). *Je connais sa façon de procéder : il va dire qu'il n'est au courant de rien.* **2.** PROCÉDER À *qqch.* : faire soigneusement, minutieusement, qqch. de long et difficile. → **effectuer.** *La police procède à une enquête,* elle fait une enquête. – PROCÉDONS PAR ORDRE : faisons les choses logiquement, agissons en étudiant les problèmes les uns après les autres.

PROCÉDURE [pRɔsedyR] n. f. ▪ UNE PROCÉDURE : l'ensemble des actes, des formalités qu'il faut accomplir pour parvenir à un résultat. *Quelle est la procédure à suivre pour obtenir un passeport ?* que faut-il faire ? – *Ils entament une* PROCÉDURE DE DIVORCE : ils commencent à accomplir les formalités juridiques nécessaires pour divorcer. *Il y a un* VICE DE PROCÉDURE, un défaut dans un acte juridique.

PROCÈS [pRɔsɛ] n. m. ▪ UN PROCÈS **1.** Jugement d'un litige. *Le procès de l'assassin a commencé. Il* EST EN PROCÈS *avec ses voisins. Elle a gagné son procès. Il a perdu son procès.* – *Elle* FAIT UN PROCÈS À *son patron,* elle demande le règlement juridique de leur litige. **2.** SANS AUTRE FORME DE PROCÈS : sans formalité. *Il a été licencié sans autre forme de procès.*

> FAUX AMIS
> anglais **process** « procédure » ;
> espagnol **proceso** « processus »

PROCESSION [pRɔsesjɔ̃] n. f. ▪ UNE PROCESSION **1.** Défilé religieux qui se fait en chantant des cantiques et en priant. *La procession se dirige vers l'église.* **2.** Longue suite de personnes qui marchent. *Les jeunes mariés sont en tête de la procession.*

PROCESSUS [pRɔsesys] n. m. ▪ UN PROCESSUS : façon de se développer, de se dérouler dans le même ordre. *Selon le processus habituel, il y aura d'abord une enquête. Cette maladie évolue toujours suivant le même processus,* de la même façon. – *Quel est le processus de fabrication d'une automobile ?*

PROCÈS-VERBAL [pRɔsɛvɛRbal] n. m. ▪ UN PROCÈS-VERBAL **1.** Contravention. *Ce conducteur a eu un procès-verbal pour excès de vitesse.* PLURIEL : *des* PROCÈS-VERBAUX [pRɔsɛvɛRbo]. – *P.-V.* [peve] abréviation familière *Il a eu deux P.-V.* **2.** Compte rendu écrit d'une réunion. *Pendant la réunion, il prend des notes pour le procès-verbal.*

PROCHAIN [pRɔʃɛ̃] adj. et n. m., **PROCHAINE** [pRɔʃɛn] adj.
I. adjectif (avant le nom ou après le nom) **1.** Qui suit immédiatement (une chose semblable). *Je descends au prochain arrêt* [opRɔʃɛnaRɛ]. → **suivant.** *Ma prochaine voiture sera bleue.* ⟨contraire : précédent⟩ – *Il part en vacances la semaine prochaine,* celle qui vient après celle-ci. ⟨contraires : dernier, passé⟩ *La prochaine fois, fais attention,* quand la chose se reproduira. **2.** Qui est près de se produire. *Elle nous a annoncé son prochain mariage.* → **imminent.** *Un jour prochain, nous serons réunis,* bientôt, dans peu de temps (→ **prochainement**). STYLE FAMILIER *À la prochaine occasion !* à bientôt.
II. LE PROCHAIN : les autres. *Il faut aider son prochain. Elle dit sans arrêt du mal de son prochain.* → **autre, autrui.**

REM. Avec une unité de temps, *prochain* se met après le nom.

PROCHAINEMENT [pRɔʃɛnmɑ̃] adverbe ▪ Dans très peu de temps. *Ils vont déménager prochainement.* → **bientôt.**

PROCHE [pRɔʃ] adj., n. m., n. f. et adverbe
I. adjectif (après le nom, parfois avant le nom) **1.** Qui est à peu de distance. *La plage est* PROCHE DE *la maison.* → **près.** ⟨contraire : éloigné⟩ *Ces maisons sont proches les unes des autres.* → **rapproché.** *Ce sont nos voisins les plus proches. Appelez le commissariat le plus proche.* **2.** (événement) Qui va bientôt arriver ; qui est arrivé il y a peu de temps. *L'instant du départ est proche.* → **imminent.** *Ces événements sont encore très proches.* → **récent.** ⟨contraire : lointain⟩ **3.** Peu différent. *Ces deux mots ont un sens assez proche.* → **voisin.** ⟨contraire : différent⟩ *Ces deux couleurs sont proches l'une de l'autre.* **4.** (qqn) Intime. *C'est un ami très proche.* – *Je me sens proche de lui,* j'ai des affinités avec lui. **5.** (avant le nom) Dont les liens de parenté sont étroits. *C'est un proche parent.*
II. LES PROCHES : les parents, la famille. *Il est mort entouré de ses proches.*
III. adverbe DE PROCHE EN PROCHE : peu à peu. *L'incendie gagne de proche en proche.*

PROCLAMATION [pRɔklamasjɔ̃] n. f. ▪ LA PROCLAMATION : le fait de proclamer, d'annoncer officiellement. *La proclamation des résultats du concours aura lieu demain.* → **annonce, publication.**

PROCLAMER [pRɔklame] verbe [conjugaison 1a] **1.** Publier ou reconnaître officiellement. *Beaucoup de pays d'Afrique ont proclamé leur indépendance vers 1960.* **2.** Annoncer, déclarer publiquement et avec force. *L'accusé a proclamé son innocence.* → **clamer, crier.**

PROCRÉATION [pRɔkReasjɔ̃] n. f. ▪ LA PROCRÉATION : le fait d'engendrer, d'avoir un enfant. *Ce couple stérile a pu avoir un enfant grâce à la* PROCRÉATION ARTIFICIELLE, par insémination artificielle de la femme (→ **F. I. V.**).

PROCURATION [pRɔkyRasjɔ̃] n. f. ▪ UNE PROCURATION : écrit par lequel une personne en autorise une autre à agir à sa place. → **pouvoir.** *Elle a une procuration sur le compte en banque de* *son mari.* → **signature.** *Il était à l'étranger au moment des élections et il a voté PAR PROCURATION,* une personne de son choix a voté à sa place.

PROCURER [pʀɔkyʀe] verbe [conjugaison 1a] **1.** *PROCURER qqch. À qqn :* faire obtenir à qqn une chose utile ou agréable. *Mon oncle nous a procuré des places pour le match de football.* → **donner, fournir. 2.** Être la cause, l'occasion. *Le jardinage lui procure beaucoup de plaisir.* → **causer.** *Votre arrivée nous procurera* [pʀɔkyʀʀa] *beaucoup de joie.* **3.** verbe pronominal SE PROCURER : obtenir pour soi. *Elle s'est procuré un équipement complet de ski. Procurez-vous ces livres le plus vite possible.* → **acquérir.**

FAUX AMI
portugais **procurar** « chercher »

PROCUREUR [pʀɔkyʀœʀ] n. m. ▪ *UN PROCUREUR :* magistrat chargé de l'accusation dans un procès. *Le procureur a demandé dix ans de prison pour l'accusé.*

PRODIGALITÉ [pʀɔdigalite] n. f. ▪ STYLE RECHERCHÉ **1.** *LA PRODIGALITÉ :* caractère d'une personne qui dépense tout ce qu'elle a. *Sa prodigalité est légendaire.* ⟨contraire : avarice⟩ **2.** (au pluriel) DES PRODIGALITÉS : dépenses excessives. *Ses prodigalités l'ont ruiné.*

PRODIGE [pʀɔdiʒ] n. m. ▪ *UN PRODIGE* **1.** Événement extraordinaire, de caractère magique ou surnaturel. → **miracle.** *Qu'il soit encore vivant après ce terrible accident TIENT DU PRODIGE,* est extraordinaire, miraculeux. **2.** Action très difficile qui émerveille. *Vous avez fait des prodiges dans cette maison !* → **merveille.** - *Il faut déployer des prodiges d'ingéniosité pour faire tenir tranquille cet enfant,* il faut avoir beaucoup d'idées. **3.** Personne extraordinaire par ses dons, par ses talents. *Leur fils sait déjà lire à quatre ans, c'est un petit prodige.* → **phénomène.** *Mozart était un enfant prodige,* exceptionnel pour son âge. → **surdoué.**

PRODIGIEUSEMENT [pʀɔdiʒjøzmɑ̃] adverbe ▪ D'une manière prodigieuse. *Leur fille est prodigieusement intelligente.* → **extrêmement.** *Ce livre est prodigieusement ennuyeux.* → **très.**

PRODIGIEUX [pʀɔdiʒjø], **PRODIGIEUSE** [pʀɔdiʒjøz] adj. (après le nom) ▪ Extraordinaire, étonnant. *Cet artiste a un talent prodigieux. Elle est arrivée avec une quantité prodigieuse de bagages.* → **considérable.** *C'est prodigieux !*

PRODIGUE [pʀɔdig] adj. (après le nom) ▪ STYLE RECHERCHÉ **1.** Qui fait des dépenses excessives. *Il s'est montré prodigue et s'est ruiné.* → **dépensier.** ⟨contraires : économe, avare⟩ **2.** *PRODIGUE DE :* qui donne, distribue sans compter. *Il a été prodigue de compliments,* il en a fait beaucoup.

PRODIGUER [pʀɔdige] verbe [conjugaison 1b] ▪ STYLE RECHERCHÉ Donner sans compter, en grand nombre. *Mon grand-père prodiguait ses conseils à tous ses amis. Elle nous a rendu l'amitié que nous lui avions prodiguée.*

PRODUCTEUR [pʀɔdyktœʀ] adj. et n. m., **PRODUCTRICE** [pʀɔdyktʀis] adj. et n. f.

I. adjectif (après le nom) Qui produit. *Les États-Unis, l'Irak et l'Algérie sont des pays producteurs de pétrole. Il faut développer les activités productrices dans la région* **(→ production).**

II. *UN PRODUCTEUR, UNE PRODUCTRICE* **1.** Personne ou entreprise qui produits des biens ou assure des services. *Ces légumes sont vendus directement du producteur au consommateur.* **2.** Personne ou société qui trouve de l'argent pour faire un film, un spectacle. *Elle est productrice de cinéma.* **3.** Personne qui conçoit une émission de radio ou de télévision. *Il est producteur d'une émission de variétés à la télévision.*

PRODUCTIF [pʀɔdyktif], **PRODUCTIVE** [pʀɔdyktiv] adj. (après le nom) **1.** (qqch.) Qui produit. *Cette terre est très productive.* ⟨contraire : improductif⟩ *L'usine n'est plus très productive. Pour que votre argent devienne productif, placez-le,* pour qu'il vous rapporte des intérêts. - *Ce travail n'est pas très productif,* il donne peu de résultats. → **rentable. 2.** (qqn) Qui produit beaucoup de travail, beaucoup d'œuvres. *Cet écrivain est très productif.*

PRODUCTION [pʀɔdyksjɔ̃] n. f. ▪ *LA PRODUCTION* **1.** (terre, entreprise) Le fait de produire des biens (opposé à consommation). *Dans une société capitaliste, les MOYENS DE PRODUCTION appartiennent à l'entreprise,* les équipements qui servent à la fabrication. **2.** Ce que produit l'agriculture ou l'industrie. *La production de vin est élevée, en France,* la quantité de vin produite. *La production industrielle a baissé cette année.* → **rendement.** *Cette firme automobile annonce la production de nouveaux modèles.* → **fabrication. 3.** Formation, dégagement (d'une matière naturelle). *Il y a eu production de gaz carbonique, dans cette réaction chimique.* **4.** Ensemble des œuvres d'une époque, d'un artiste. *Ce romancier a une production importante,* il a publié de nombreux romans. **5.** Le fait de produire (un film, un spectacle, une émission). *La production de ce film a été assurée par une société internationale.* **6.** *UNE PRODUCTION :* une œuvre d'art. *Ce célèbre acteur a joué dans une production à grand spectacle.* → **film, superproduction.** *De toutes ses productions, c'est cette peinture que je préfère.*

PRODUCTIVITÉ [pʀɔdyktivite] n. f. ▪ *LA PRODUCTIVITÉ* **1.** Le rendement d'une activité économique. *Cette usine a une productivité élevée.* **2.** Possibilité de produire beaucoup de travail, d'œuvres. *La productivité de Balzac est bien connue.*

PRODUCTRICE n., féminin de **producteur**

PRODUIRE [pʀɔdɥiʀ] verbe [conjugaison 38b]

I. 1. Causer, provoquer (un phénomène). *La nouvelle a produit une vive impression.* → **faire.** - *L'effet produit a été très fort.* **2.** Donner naturellement, fournir. *Il faut tailler cet arbre pour qu'il produise plus de fruits. La Grèce antique produisit de grands hommes.* **3.** (écrivain, artiste) Composer, faire (une œuvre). *Mozart a produit une œuvre très variée.* - *Ce romancier produit beaucoup* **(→ productif). 4.** Faire exister, par une activité économique. *La France produit du vin* **(→ producteur).** *Cette usine produit de l'électricité.* ⟨contraire : consommer⟩ - *En produisant plus, le pays peut exporter plus.* **5.** (qqch.) Procurer un profit. *Cette terre aride produit peu. Chaque année, votre argent produira des intérêts.* → **rapporter. 6.** Financer et organiser la réalisation d'un film, d'un spectacle, d'une émission. *Ce film a été produit par une société française* **(→ producteur, production). 7.** STYLE RECHERCHÉ Présenter (un document). *Il faut produire un certificat de naissance.* → **fournir.**

II. verbe pronominal SE PRODUIRE **1.** (artiste) Jouer, paraître en public au cours d'une représentation. *La célèbre pianiste s'est produite hier soir en concert.* **2.** (événement) Arriver, survenir. *Un accident grave s'est produit sur l'autoroute. Ça peut se produire.* (impersonnel) *Que s'est-il produit ?*

produise [pʀɔdɥiz] *Que je produise ; qu'il produise, qu'elle produise :* forme au subjonctif du verbe **produire.**

produit [pʀɔdɥi], **produite** [pʀɔdɥit] *Il a produit une impression ; l'impression qu'il a produite :* formes au participe passé du verbe **produire.**

PRODUIT [pʀɔdɥi] n. m. ▪ *UN PRODUIT* **1.** Ce qui est produit par la nature ou fabriqué grâce à un travail. *Les légumes et les fruits sont des produits de la terre. Le pétrole est un produit du sous-sol. Voici un excellent produit qui est très demandé. L'industrie* *fabrique des produits manufacturés* (opposé à matières premières). *Cette usine fabrique des PRODUITS PHARMACEUTIQUES,* des médicaments. *Dans les supermarchés, on trouve des PRODUITS ALIMENTAIRES et des PRODUITS D'ENTRETIEN. Elle utilise beaucoup de PRODUITS DE BEAUTÉ,* de cosmétiques. **2.** Nombre qui est le résultat d'une multiplication. *Calculez le produit de ces deux nombres.*

REM. Produit est un terme très général. Tout ce qui s'achète est un *produit* et tout ce qui se paie est un *service*.

PROÉMINENT [pʀɔeminɑ̃], **PROÉMINENTE** [pʀɔeminɑ̃t] adj. (après le nom) ▪ Qui dépasse ce qui l'entoure, qui avance. *Elle a un nez proéminent,* un grand nez. → **saillant.** *Sa poitrine est proéminente.* → **gros.** ⟨contraire : plat⟩

PROF [pʀɔf] n. m., n. f. ▪ STYLE FAMILIER *UN PROF, UNE PROF :* professeur. *La prof de maths explique un problème d'algèbre. Ma fille a de bons profs.*

REM. *Prof* est l'abréviation familière et très courante de *professeur.*

PROFANATION [pʀɔfanasjɔ̃] n. f. ▪ *LA PROFANATION :* l'action de profaner. *La profanation des tombes est un délit.* → **violation.**

PROFANE [pʀɔfan] adj., n. m. et n. f. **1.** adjectif (après le nom) Qui n'est pas initié, qui ne connaît rien dans un domaine. → **ignorant.** *Initiez-moi, je suis PROFANE EN la matière,* je n'y connais rien. **2.** *UN PROFANE, UNE PROFANE :* une personne qui ne connaît rien dans un domaine. *C'est une PROFANE EN musique classique.* ⟨contraire : connaisseur⟩

FAUX AMI — grec **προφανής** «visible, apparent»

PROFANER [pʀɔfane] verbe [conjugaison 1a] ▪ Traiter sans respect (un objet ou un lieu sacré). *Des voyous ont profané des tombes.*

PROFÉRER [pʀɔfeʀe] verbe [conjugaison 6a] ▪ Dire à voix haute. *Cette vieille folle profère des injures à tous les passants. Il est parti sans proférer un mot,* sans dire un seul mot.

PROFESSER [pʀɔfese] verbe [conjugaison 1a] ▪ STYLE RECHERCHÉ Déclarer publiquement avoir (une opinion, une croyance). *Il professe la plus vive admiration envers son vieux maître.* → **proclamer.**

REM. On ne doit pas employer *professer* pour *enseigner.*

PROFESSEUR [pʀɔfesœʀ] n. m., n. f. ▪ *UN PROFESSEUR, UNE PROFESSEUR :* une personne qui enseigne une matière à des élèves ou des étudiants. → **enseignant.** *Elle est professeur de français.* → STYLE FAMILIER **prof.** *La professeur de maths fait son cours. Ils sont professeurs des écoles.* → **instituteur.**

FAUX AMIS — danois et norvégien **professor** «universitaire (n.)»

PROFESSION [pʀɔfesjɔ̃] n. f. **1.** *UNE PROFESSION :* métier. *Quelle est votre profession ? Elle est sans profession. Leur fils se destine à la profession d'avocat.* → **carrière.** *Il exerce une PROFESSION LIBÉRALE :* il ne dépend pas d'un patron. – *Elle est architecte DE PROFESSION* (→ **professionnel**). **2.** STYLE RECHERCHÉ *FAIRE PROFESSION DE* (une opinion, une croyance), la déclarer publiquement. *Il fait profession de ses opinions politiques.*

REM. *Profession* est un terme administratif. *Métier* est le mot courant.

PROFESSIONNEL [pʀɔfesjɔnɛl] adj. et n. m., **PROFESSIONNELLE** [pʀɔfesjɔnɛl] adj. et n. f.
I. adjectif (après le nom) **1.** Relatif à la profession, au métier. *Elle a des soucis professionnels,* dans son métier. *Il a suivi des cours de mécanique dans une ÉCOLE PROFESSIONNELLE,* dans une école qui prépare à un métier. *Leur fils prépare un certificat d'aptitude professionnelle,* un examen qui permet d'exercer un métier manuel (→ **C. A. P.**). *Elle a une grande conscience professionnelle :* elle fait très bien son travail. **2.** (qqn) Qui exerce une activité par profession. *Il est footballeur professionnel.* ⟨contraire : amateur⟩
II. *UN PROFESSIONNEL, UNE PROFESSIONNELLE :* une personne qui fait qqch. parce que c'est son métier. ⟨contraire : amateur⟩ *C'est du travail de professionnel,* très bien fait. – *PRO* [pʀo] forme abrégée familière *C'est une vraie pro. Les pros.*

PROFESSORAT [pʀɔfesɔʀa] n. m. ▪ *LE PROFESSORAT :* le métier de professeur. *Elle se destine au professorat.* → **enseignement.**

PROFIL [pʀɔfil] n. m. ▪ *LE PROFIL* **1.** Aspect du visage vu de côté. *Elle a un joli profil. Sur cette photo, le visage est DE PROFIL,* il est vu par le côté. *Elle est mieux de face que de profil.* – (figuré) *Ce politicien a décidé d'adopter un PROFIL BAS,* de se montrer réservé et discret. **2.** Ensemble des qualités et des aptitudes recherchées pour un poste, un travail. *Le candidat idéal doit avoir un profil de gestionnaire. Il n'a pas le profil pour ce poste.*

SE **PROFILER** [pʀɔfile] verbe pronominal [conjugaison 1a] ▪ (qqch.) Se montrer avec des contours nets. → se **découper,** se **dessiner,** se **détacher.** *La côte se profile à l'horizon. Des ombres se sont profilées sur le mur.*

PROFIT [pʀɔfi] n. m. ▪ *LE PROFIT* **1.** Avantage matériel ou moral que l'on retire de qqch. → **avantage, bénéfice.** *Ma fille a redoublé sa classe sans aucun profit,* cela n'a servi à rien qu'elle redouble sa classe. *Il a su TIRER PROFIT de la situation,* il a su en tirer des choses bonnes pour lui. *Elle peut METTRE À PROFIT sa bonne connaissance de l'espagnol,* elle peut utiliser sa connaissance de l'espagnol. – *Le concert est donné AU PROFIT DE la lutte contre le sida,* l'argent sera versé pour servir à la lutte contre le sida. **2.** Gain, avantage financier que l'on retire d'une chose, d'une activité. *L'entreprise a fait de gros profits cette année,* elle a gagné beaucoup d'argent. → **bénéfice.** ⟨contraire : perte⟩

PROFITABLE [pʀɔfitabl] adj. (après le nom) ▪ Qui apporte un profit, un avantage. *Cette lecture m'a été profitable.* → **bénéfique, utile.** ⟨contraires : néfaste, préjudiciable⟩

PROFITER [pʀɔfite] verbe [conjugaison 1a] **1.** *PROFITER DE :* tirer avantage de. *Il profite de la situation. Profitez de l'occasion.* ⟨contraires : perdre, rater⟩ *Le beau temps ne va pas durer, il faut en profiter. Profitez-en. Nous avons PROFITÉ DE l'éclaircie POUR nous promener.* – *PROFITER DE qqn,* l'exploiter. *Tout le monde profite de lui.* **2.** (qqch.) *PROFITER À :* être utile à. *Tes conseils m'ont bien profité.* → **servir.**

PROFITEUR [pʀɔfitœʀ] n. m., **PROFITEUSE** [pʀɔfitøz] n. f. ▪ *UN PROFITEUR, UNE PROFITEUSE :* personne qui profite de qqch. ou de qqn d'une manière immorale. *Dans les guerres, il y a toujours des profiteurs.*

PROFOND [pʀɔfɔ̃] adj., **PROFONDE** [pʀɔfɔ̃d] adj. et adverbe
I. adjectif (après le nom, parfois avant le nom) **1.** Dont le fond est très bas par rapport à l'orifice, aux bords. *L'enfant creuse un trou profond dans le sable. Le puits est PROFOND DE dix mètres,* il a une profondeur de dix mètres. – *Le lac est profond,* il a beaucoup de fond, de hauteur d'eau. **2.** Qui est loin au-dessous de la surface du sol ou de l'eau. *Cette cave est très profonde.* → ① **bas.** – *Les mineurs travaillent AU PLUS PROFOND de la galerie,* tout au fond. **3.** Dont le fond est loin de l'orifice ou des bords. *Le placard est très profond. La blessure est profonde.* ⟨contraire : superficiel⟩ *Cette forêt est profonde,* le cœur est loin de l'orée. *Sa robe a un décolleté profond,* échancré. **4.** (trace, empreinte) Très marqué. *Son visage est marqué de rides profondes.* **5.** Qui évoque la profondeur. *Il a un regard profond. C'est une nuit profonde,* noire, obscure. *J'aime le bleu profond de la mer.*

→ **foncé.** – (avant ou après le nom) *Il est tombé dans un profond sommeil.* ⟨contraire : léger⟩ **6.** (parfois avant le nom) (mouvement) Qui descend très bas. *Il m'a fait un profond salut,* en s'inclinant très bas. **7.** (avant le nom) Qui semble venir de loin. *Elle pousse un profond soupir.* → **gros. 8.** (parfois avant le nom) Qui va au fond des choses. *C'est un esprit profond.* → **pénétrant.** ⟨contraire : superficiel⟩ *Il est plongé dans de profondes réflexions. C'est un livre profond.* ⟨contraires : léger, superficiel⟩ **9.** Intérieur, difficile à atteindre. *Je ne comprends pas le sens profond de ce poème.* → **véritable. 10.** (avant ou après le nom) Très grand, extrême en son genre. *Il y a un profond silence dans la pièce.* → **absolu.** *J'ai un respect profond pour lui.* → **total.** *Ce livre m'a plongé dans un ennui profond.* – *Leur fils est DÉBILE PROFOND,* son intelligence ne s'est pas développée normalement. ⟨contraire : léger⟩
II. adverbe Profondément. *Il faut creuser profond.*
REM. Le mot *profond* n'a pas de contraire en français au sens 1.

PROFONDÉMENT [pʀɔfɔ̃demɑ̃] adverbe ▪ D'une manière profonde. *Il faut creuser profondément le sol,* loin vers le bas. ⟨contraire : superficiellement⟩ *Le bébé dort profondément,* à poings fermés. – *Je l'aime profondément,* beaucoup. – *C'est profondément différent.* → **complètement, foncièrement.** ⟨contraires : légèrement, peu⟩

PROFONDEUR [pʀɔfɔ̃dœʀ] n. f. ▪ *LA PROFONDEUR* **1.** Caractère de ce qui a le fond très bas par rapport à l'orifice, aux bords. *Le bassin n'a pas une grande profondeur. Le lac a une profondeur de trois mètres,* la distance de la surface au fond est de trois mètres. – *On voit le fond de l'eau à cinq mètres de profondeur,* à une distance de cinq mètres entre le fond et la surface de l'eau. **2.** Dimension verticale mesurée de haut en bas. *Mesurez la longueur, la largeur et la profondeur d'une boîte à chaussures.* → **hauteur. 3.** Ce qui donne l'impression d'être profond. *La profondeur de son regard est troublante.* **4.** Qualité de ce qui va au fond des choses, au-delà des apparences. *C'est un homme qui a une grande profondeur d'esprit. C'est un film sans profondeur, une comédie légère.* **5.** Caractère de ce qui est durable, intense. *Il éprouve pour elle un sentiment d'une grande profondeur.* → **force, intensité.** – *Il faut travailler EN PROFONDEUR,* de façon approfondie. **6.** (au pluriel) LES PROFONDEURS : la partie la plus profonde. → **fond.** *Les poissons des grandes profondeurs ont des formes étranges. Ils se sont perdus dans les profondeurs de la forêt,* dans la partie la plus reculée. – *Elle garde son secret dans les profondeurs de son cœur,* dans la partie intime, secrète de son cœur.

PROFUSION [pʀɔfyzjɔ̃] n. f. ▪ *UNE PROFUSION :* une grande quantité. *Il y a une profusion de fleurs dans le jardin.* – *Les enfants sont calmés, ils ont mangé À PROFUSION,* en abondance. → **beaucoup.** *La beauté du monde nous est donnée à profusion.* → **généreusement.**

PROGÉNITURE [pʀɔʒenityʀ] n. f. ▪ (péjoratif) *LA PROGÉNITURE :* les enfants d'une personne. *Ils sont venus avec leur nombreuse progéniture.*

PROGRAMMATION [pʀɔgʀamasjɔ̃] n. f. ▪ *LA PROGRAMMATION* **1.** Le fait d'établir un programme. *Elle s'occupe de la programmation d'un festival de musique.* **2.** Le fait de programmer (une machine, un ordinateur). *Il fait de la programmation :* il élabore des programmes pour des ordinateurs.

PROGRAMME [pʀɔgʀam] n. m. ▪ *UN PROGRAMME* **1.** Écrit qui annonce et décrit les différentes parties d'une cérémonie, d'un spectacle. *Les ouvreuses du théâtre vendent le programme. Demandez le programme ! Quel est le programme à la télévision, ce soir ?* la liste et la description des différentes émissions. – *Juste avant le concert, on a annoncé un changement de programme,* un changement des morceaux prévus. **2.** Ensemble des matières enseignées dans une classe ou pour un examen. *Quelles sont les matières au programme, pour le bac ? Cet auteur fait partie du programme,* il doit être étudié. **3.** Suite d'actions que l'on décide d'accomplir pour arriver à un résultat. *Les candidats aux élections exposent leur programme politique.* → **projet.** *Le gouvernement veut entamer un vaste programme de réformes.* – *Quel est ton programme pour demain ?* Quels sont tes projets, qu'as-tu l'intention de faire ? *Voici mon programme de travail pour l'année.* → **planning. 4.** Suite ordonnée d'opérations qu'une machine peut effectuer automatiquement. *Elle choisit le programme du lave-linge.* – *PROGRAMME D'ORDINATEUR :* suite d'instructions qu'un ordinateur effectue automatiquement pour réaliser certaines tâches. → **logiciel.** *Le programme est enregistré dans la mémoire de l'ordinateur.*

PROGRAMMER [pʀɔgʀame] verbe [conjugaison 1a] **1.** Inclure dans un programme (de cinéma, de radio, de télévision). *Cette émission est programmée trop tard.* **2.** Donner un programme à (une machine). *L'informaticien programme l'ordinateur. Elle programme le magnétoscope,* elle le règle pour qu'il enregistre automatiquement, à une heure précise. *On peut programmer l'arrosage automatique et la nourriture des bêtes.* **3.** STYLE FAMILIER Prévoir et organiser. *Nous avons déjà programmé nos vacances pour cet été.*

PROGRAMMEUR [pʀɔgʀamœʀ] n. m., **PROGRAMMEUSE** [pʀɔgʀamøz] n. f. ▪ *UN PROGRAMMEUR, UNE PROGRAMMEUSE :* personne qui établit le programme d'un ordinateur. *Il est programmeur.*

PROGRÈS [pʀɔgʀɛ] n. m.
I. *UN PROGRÈS* **1.** Amélioration, développement en bien. *Cet élève FAIT DES PROGRÈS en français* (→ **progresser**). *La science a fait de grands progrès depuis le dix-neuvième siècle.* **2.** Passage à un degré supérieur, en bien ou en mal. → **augmentation.** *On enregistre un progrès de la température du globe. Les progrès de la criminalité sont inquiétants.* → **développement.** ⟨contraires : recul, régression⟩ *Les médecins n'arrivent pas à arrêter les progrès de la maladie.*
II. *LE PROGRÈS* **1.** Le développement de la civilisation qui rend la vie meilleure. *Il ne faut pas nier le progrès. Elle ne croit pas au progrès,* elle pense qu'il y a des choses meilleures et des choses pires dans l'évolution. **2.** Amélioration des qualités, des capacités de qqn. avec le temps. *Cet élève est EN PROGRÈS. Tiens, elle est en progrès, elle m'a dit merci !*

PROGRESSER [pʀɔgʀese] verbe [conjugaison 1a]
I. 1. Augmenter. → **augmenter,** se **développer.** *Le nombre des naissances a progressé.* → **progrès** (I., 2.). *L'épidémie progresse rapidement.* → s'**étendre.** ⟨contraire : reculer⟩ *Cette idée progresse peu à peu.* → se **propager. 2.** Faire des progrès. → **progrès** (I., 1.). *Cet enfant a beaucoup progressé en quelques mois.* ⟨contraire : régresser⟩ – *Les négociations progressent entre les deux pays.*
II. (groupe) Avancer. *L'ennemi progresse vers Paris. La manifestation a progressé vers le centre de la ville.* → **progression.**

PROGRESSIF [pʀɔgʀesif], **PROGRESSIVE** [pʀɔgʀesiv] adj. (après le nom) **1.** Qui s'effectue de manière régulière et continue. *Le médecin constate une amélioration progressive de l'état de son patient.* ⟨contraire : brusque⟩ *La difficulté des exercices est progressive,* elle est de plus en plus grande. **2.** Qui suit une progression, un mouvement par degrés. *Cet impôt est progressif,* il augmente par degrés.

PROGRESSION [pʀɔgʀesjɔ̃] n. f. ▪ *LA PROGRESSION* **1.** Mouvement vers l'avant. *La progression des glaciers est lente.* ⟨contraire : recul⟩ *La progression des troupes est difficile.* → **progrès** (II.), **marche. 2.** Développement par degrés, régulier et continu. *On a enregistré une progression de l'épidémie.* → **progrès** (I., 2.). ⟨contraire : régression⟩

REM. Attention à l'emploi de *progrès* et de *progression.*

PROGRESSISTE [pʀɔgʀesist] adj., n. m. et n. f. **1.** adjectif (après le nom) Qui est partisan du progrès politique, social et économique. → **progrès** (II.). *Il a des idées progressistes.* ⟨contraire : réactionnaire⟩ **2.** *UN PROGRESSISTE, UNE PROGRESSISTE :* une personne qui est pour le progrès. *C'est une progressiste.*

PROGRESSIVEMENT [pʀɔgʀesivmɑ̃] adverbe ▪ Petit à petit. *Les choses changent progressivement,* peu à peu. ⟨contraire : brutalement⟩

PROHIBÉ [pʀɔibe], **PROHIBÉE** [pʀɔibe] adj. (après le nom) ▪ STYLE RECHERCHÉ Interdit par la loi. *La douane a saisi des armes prohibées,* dont le port et l'usage sont interdits.

PROHIBITIF [pʀɔibitif], **PROHIBITIVE** [pʀɔibitiv] adj. (après le nom) ▪ (prix) Trop élevé, excessif. *L'opéra vend les meilleures places à un prix prohibitif.* → **exorbitant.**

PROIE [pʀwa] n. f. ▪ *UNE PROIE* **1.** Animal dont un autre animal (→ **prédateur**) s'empare pour le manger. *La panthère se jette sur sa proie. L'aigle est un oiseau DE PROIE,* qui se nourrit d'animaux vivants (→ **rapace**). – *Il ne faut pas LÂCHER LA PROIE POUR L'OMBRE,* abandonner un avantage certain pour qqch. qui peut être mieux mais que l'on n'est pas sûr d'obtenir. **2.** Personne que l'on dépouille. *La vieille dame sans défense est une proie facile pour les voleurs.* → **victime.** *Il est la proie d'un maître-chanteur.* **3.** *ÊTRE LA PROIE DE :* être absorbé par (un sentiment, une force hostile). *La nuit, il est la proie d'affreux cauchemars.* – (qqch.) *Très vite, la forêt a été la proie des flammes,* elle a été en flammes et détruite. **4.** *EN PROIE À :* tourmenté par (un sentiment, une pensée, un mal). *Elle est en proie au désespoir et au remords.* → **dévoré.**

PROJECTEUR [pʀɔʒɛktœʀ] n. m. ▪ *UN PROJECTEUR* **1.** Appareil qui envoie une lumière très forte. *La nuit, de gros projecteurs éclairent la façade de la cathédrale.* → **spot. 2.** Appareil servant à projeter des images sur un écran. *Il a un projecteur de diapositives.*

PROJECTILE [pʀɔʒɛktil] n. m. ▪ *UN PROJECTILE :* tout objet lancé avec une arme ou à la main. *Les obus et les bombes sont des projectiles. Les bouteilles sont de dangereux projectiles dans les manifs.*

PROJECTION [pʀɔʒɛksjɔ̃] n. f. ▪ *UNE PROJECTION* **1.** Action de jeter, de lancer en avant. *L'éruption a commencé par une projection de cendres.* **2.** (au pluriel) DES PROJECTIONS : les matières projetées. *Fais attention aux projections de graisse quand tu fais des frites !* **3.** Le fait de projeter (une image, un film) sur un écran. *La conférence est suivie de la projection d'un film. Un peu de silence pendant la projection !*

PROJECTIONNISTE [pʀɔʒɛksjɔnist] n. m., n. f. ▪ *UN PROJECTIONNISTE, UNE PROJECTIONNISTE :* personne chargée de la projection d'un film. *Le projectionniste a interverti les bobines du film.*

PROJET [pʀɔʒɛ] n. m. ▪ *UN PROJET* **1.** Ce que l'on a l'intention de faire. → **dessein, intention, plan.** *Il veut réaliser son projet. Ce projet est irréalisable. Nous avons un projet de voyage pour l'an prochain. Elle fait des projets d'avenir.* – *Quels sont vos projets pour cet été ?* → **programme. 2.** Travail qui n'est pas encore terminé. *Son roman est encore à l'état de projet.* → **ébauche.** *Le film est encore EN PROJET. Le gouvernement a fait un PROJET DE LOI,* il a proposé une nouvelle loi. – *L'architecte présente un projet pour le nouveau musée,* un dessin, une maquette avant la réalisation du musée. *Les industriels sont en concurrence pour un projet d'avion. On nous a volé notre projet,* le dossier, la maquette qui le concernait.

① **PROJETER** [pʀɔʒte] verbe [conjugaison 4b] ▪ Avoir le projet de. *Je projette ce voyage depuis longtemps.* – *Il PROJETTE DE l'épouser.* → **envisager.** *Nous projetons depuis longtemps d'aller au Japon.*

② **PROJETER** [pʀɔʒte] verbe [conjugaison 4b] **1.** Jeter en avant et avec force. *Le volcan projette de la lave. L'explosion nous a projetés au sol.* **2.** Envoyer sur une surface (une image, des rayons lumineux). *Il projettera* [pʀɔʒɛtʀa] *ses photos de vacances demain.* → **passer.** – *Sa silhouette est projetée sur le mur,* elle se découpe sur le mur. → se **profiler. 3.** *Projeter un sentiment sur qqn,* attribuer à qqn un sentiment que l'on éprouve soi-même. *Elle projette son angoisse sur ses enfants.*

PROLÉTAIRE [pʀɔletɛʀ] n. m., n. f. ▪ *UN PROLÉTAIRE, UNE PROLÉTAIRE :* une personne qui n'a que son salaire pour vivre, qui gagne peu d'argent et ne possède pas de capitaux (opposé à bourgeois, capitaliste). *Notre parti lutte contre l'exploitation des prolétaires.* – *PROLO* [pʀolo] forme abrégée familière *C'est un prolo. Les prolos.*

PROLÉTARIAT [pʀɔletaʀja] n. m. ▪ *LE PROLÉTARIAT :* la classe sociale des prolétaires (opposé à bourgeoisie). *Le prolétariat s'est développé avec l'industrie, au dix-neuvième siècle.*

PROLIFÉRATION [pʀɔlifeʀasjɔ̃] n. f. ▪ *LA PROLIFÉRATION :* le fait de se multiplier rapidement. → **multiplication.** *Ce traitement arrête la prolifération des pucerons sur les plantes. Il faut désinfecter pour éviter la prolifération des microbes.*

PROLIFÉRER [pʀɔlifeʀe] verbe [conjugaison 6a] ▪ Se multiplier rapidement. *Une algue microscopique a proliféré sur le rivage. S'il n'y a plus de renards, les lapins proliféreront* [pʀɔlifɛʀʀɔ̃] *dans la région.*

PROLIFIQUE [pʀɔlifik] adj. (après le nom) **1.** (êtres vivants) Qui se reproduit très vite. *Les rats sont des animaux prolifiques.* → **fécond.** ⟨contraire : stérile⟩ **2.** (qqn) Qui produit beaucoup. *Ce romancier est prolifique.*

PROLIXE [pʀɔliks] adj. (après le nom) ▪ STYLE RECHERCHÉ (qqn) Qui est trop long quand il parle ou quand il écrit. *Je n'aime pas les écrivains prolixes.* → **bavard, verbeux.** ⟨contraires : concis, laconique⟩

PROLO n. m., n. f. Forme abrégée familière de **prolétaire.**

PROLOGUE [pʀɔlɔg] n. m. ▪ *UN PROLOGUE :* première partie d'un roman, d'une pièce de théâtre ou d'un film, où sont exposés les événements qui se sont passés avant l'action proprement dite (opposé à épilogue). *Dans le prologue, le romancier évoque l'enfance du héros.*

PROLONGATION [pʀɔlɔ̃gasjɔ̃] n. f. ▪ *UNE PROLONGATION* **1.** Augmentation du temps. *Il a obtenu une prolongation de congé.* ⟨contraire : diminution⟩ **2.** Chacune des deux périodes qui prolongent un match de football pour départager deux équipes à égalité. *Il a fallu JOUER LES PROLONGATIONS.* – (figuré) STYLE FAMILIER *Le beau temps joue les prolongations,* il se prolonge.

REM. *Prolongation* ne s'emploie qu'à propos d'une durée, contrairement à *prolongement.*

PROLONGEMENT [pʀɔlɔ̃ʒmɑ̃] n. m. ▪ *UN PROLONGEMENT* **1.** Augmentation de longueur ou de durée. *Les ouvriers travaillent au prolongement de l'autoroute. Il a demandé le prolongement de* ses fonctions → **prolongation.** 2. *DANS LE PROLONGEMENT DE :* dans la direction qui prolonge. *Tendez les bras dans le prolongement du corps.* 3. Ce par quoi un événement, une situation se prolonge. *Cette affaire a eu des prolongements politiques.* → **répercussion, suite.**

REM. *Prolongement* concerne à la fois l'espace et le temps, à la différence de *prolongation.*

PROLONGER [pʀɔlɔ̃ʒe] verbe [conjugaison 3b]
I. 1. Faire durer plus longtemps. *Chaque année, il prolongeait un peu plus son séjour à la campagne.* → **allonger, rallonger.** 2. Faire aller plus loin dans le sens de la longueur. *On a prolongé la route jusqu'à la mer.* 3. Être le prolongement de. *Deux bâtiments prolongent les ailes du château.*
II. verbe pronominal SE PROLONGER 1. (qqch.) Durer plus longtemps. *La séance s'est prolongée jusqu'à minuit.* → **continuer,** se **poursuivre.** 2. (qqch.) Aller plus loin. *Le chemin se prolonge jusqu'à la plage.*

PROMENADE [pʀɔmnad] n. f. ▪ *UNE PROMENADE* 1. Le fait de se promener ; trajet fait en se promenant. *Nous avons fait une belle promenade dans la forêt, en forêt.* → STYLE FAMILIER **balade ; tour.** *Ils sont partis EN PROMENADE tôt ce matin.* → **excursion.** 2. Lieu aménagé dans une ville pour les promeneurs. *Il y a une belle promenade devant la plage.*

PROMENER [pʀɔmne] verbe [conjugaison 5a]
I. 1. Faire aller dans plusieurs endroits, pour le plaisir. *Nous promenons nos amis italiens dans Paris. Il promène son chien matin et soir.* 2. STYLE RECHERCHÉ Faire aller et venir, déplacer (qqch.). *Le pianiste promène ses doigts sur le clavier. Il promène son regard dans la salle :* il regarde autour de lui dans la salle. 3. STYLE FAMILIER *ENVOYER PROMENER :* repousser, rejeter (qqn, qqch.). *J'ai envoyé promener ce raseur. Par moments, il a envie de tout envoyer promener.*
II. verbe pronominal SE PROMENER : aller d'un lieu à un autre pour se détendre, prendre l'air. *Ils se sont promenés le long de la mer.* → **marcher ;** STYLE FAMILIER se **balader.** *Elle se promène seule dans les bois. Je vais me promener un peu.* → **sortir.** – *Promenons-nous en voiture, la région est belle.*

PROMENEUR [pʀɔmnœʀ] n. m., **PROMENEUSE** [pʀɔmnøz] n. f. ▪ *UN PROMENEUR, UNE PROMENEUSE :* personne qui se promène à pied. *Il y a beaucoup de promeneurs le dimanche.* → **flâneur, passant.**

PROMESSE [pʀɔmɛs] n. f. ▪ *UNE PROMESSE* 1. Action de promettre, de s'engager à ; ce que l'on s'engage à faire. *Il m'a fait une promesse. Elle tient toujours ses promesses. Tu as manqué à ta promesse.* → **parole.** *Je te fais LA PROMESSE DE venir :* je te promets de venir. *Ce sont des PROMESSES EN L'AIR,* de fausses promesses. 2. Engagement de remplir une obligation, d'accomplir un acte. *Nous avons signé une PROMESSE DE VENTE avec les propriétaires de la maison,* nous avons signé un contrat par lequel ils nous certifient qu'ils vont nous vendre leur maison. 3. (au pluriel) STYLE RECHERCHÉ *LES PROMESSES :* les espérances que donne une chose. *Ce jeune musicien a devant lui une carrière pleine de promesses* (→ **prometteur).** *On lui a fait des promesses d'avenir,* on lui a donné de l'espoir pour l'avenir.

PROMETTEUR [pʀɔmetœʀ], **PROMETTEUSE** [pʀɔmetøz] adj. (après le nom) ▪ (qqch.) Plein de promesses. *Ce premier succès est prometteur. Ce jeune pianiste fait des débuts prometteurs.*

PROMETTRE [pʀɔmɛtʀ] verbe [conjugaison 56]
I. 1. *PROMETTRE qqch. À qqn :* s'engager envers qqn à faire qqch. *Il m'a promis son aide. Il a PROMIS à son voisin DE l'aider. Nous te PROMETTONS QUE nous te reverrons bientôt.* 2. Assurer, affirmer. *Je te promets que tu le regretteras.* → **garantir, jurer.** 3. S'engager envers qqn à donner qqch. *Le propriétaire du chien perdu promet une belle récompense à la personne qui retrouvera l'animal.* 4. Annoncer, prédire. *La météo promet du soleil pour demain.* 5. (qqch.) Faire espérer (des événements). *Ça ne promet rien de bon.* → **présager.** 6. Donner de grandes espérances. *C'était un enfant qui promettait beaucoup.* – STYLE FAMILIER *ÇA PROMET !* les choses vont devenir pires.
II. verbe pronominal SE PROMETTRE 1. Espérer, compter sur. *Il n'a pas eu les satisfactions qu'il s'était promises.* 2. Faire le projet de. *Ils se promettent de revenir l'année prochaine.* 3. Se faire des promesses l'un à l'autre. *Les deux amies se sont promis de s'écrire souvent.*

promeut [pʀɔmø] *Il promeut, elle promeut :* forme au présent du verbe **promouvoir.**

promis [pʀɔmi], **promise** [pʀɔmiz] *Il a promis une récompense ; la récompense qu'il a promise :* formes au participe passé du verbe **promettre.**

PROMIS [pʀɔmi], **PROMISE** [pʀɔmiz] adj. (après le nom) 1. Qui a été promis. *Voici l'argent promis.* – *Chose promise, chose due :* on doit faire, donner ce que l'on a promis. – *Les Hébreux ont quitté l'Égypte pour la TERRE PROMISE,* la terre de Canaan qui leur avait été promise par Dieu. 2. *PROMIS À :* destiné à, voué à. *Leur fils est promis à un brillant avenir.*

REM. On disait autrefois *sa promise* pour *sa fiancée.*

PROMISCUITÉ [pʀɔmiskɥite] n. f. ▪ *LA PROMISCUITÉ :* situation qui oblige des personnes à vivre côte à côte, à être ensemble malgré elles. *Les prisonniers vivent dans la promiscuité. Il déteste la promiscuité du métro. Elle veut échapper à cette répugnante promiscuité.*

PROMO n. f. Forme abrégée familière de **promotion.**

PROMONTOIRE [pʀɔmɔ̃twaʀ] n. m. ▪ *UN PROMONTOIRE :* pointe de terre au relief élevé qui s'avance dans la mer. → **cap.** *Le phare se dresse sur un promontoire au-dessus de la mer.*

PROMOTEUR [pʀɔmɔtœʀ] n. m., **PROMOTRICE** [pʀɔmɔtʀis] n. f. ▪ *UN PROMOTEUR (immobilier) UNE PROMOTRICE (IMMOBILIÈRE) :* personne ou société qui fait construire des immeubles pour les vendre ensuite. *Il a vendu sa propriété à un promoteur.*

PROMOTION [pʀɔmosjɔ̃] n. f. ▪ *UNE PROMOTION* 1. Le fait de parvenir à un grade plus élevé, à un emploi supérieur. *Il a eu une promotion.* → **avancement.** 2. Ensemble des candidats admis la même année dans certaines écoles supérieures. *Ces deux garçons sont des camarades de promotion.* – PROMO [pʀɔmo] forme abrégée familière *Ils sont de la même promo. Des promos.* 3. (produit) *EN PROMOTION :* vendu moins cher pendant un certain temps pour inciter les clients à l'acheter. *Les meubles de jardin sont en promotion, cette semaine.* 4. *PROMOTION IMMOBILIÈRE :* construction et vente d'immeubles. *Cette société fait de la promotion immobilière.*

PROMOTIONNEL [pʀɔmosjɔnɛl], **PROMOTIONNELLE** [pʀɔmosjɔnɛl] adj. (après le nom) ▪ Qui favorise l'augmentation des ventes. *Le supermarché fait une vente promotionnelle de linge de maison,* il vend le linge de maison moins cher pendant un certain temps (→ **promotion).**

PROMOUVOIR [pʀɔmuvwaʀ] verbe [conjugaison 27] **1.** Élever à un grade supérieur, nommer à un poste plus important. *Elle a été promue directrice des ventes.* **2.** Encourager, favoriser l'essor de. *Le gouvernement promeut* [pʀɔmø] *la recherche scientifique. Il faut promouvoir les exportations.*

FAUX AMI
italien **promuovere** «faire passer un élève dans une classe supérieure»

REM. Ce verbe est surtout courant à l'infinitif et au participe passé *promu, promue.* Les autres temps (présent : *il promeut, nous promouvons*), l'imparfait *(il promouvait)*, le passé simple *(il promut)* et le participe présent *(promouvant)* sont peu employés.

PROMPT [pʀɔ̃], **PROMPTE** [pʀɔ̃t] adj. (après le nom, parfois avant le nom) **1.** STYLE RECHERCHÉ *PROMPT À (faire qqch.)* : rapide à (faire qqch.). *Son mari est prompt à se mettre en colère.* ⟨contraire : lent⟩ – *Il a la main prompte (à frapper).* → **leste. 2.** Qui ne tarde pas à se produire. *Je vous souhaite un prompt rétablissement.* → **rapide.**

REM. **1.** *Prompt* se prononce aussi [pʀɔ̃pt] et *prompte* [pʀɔ̃pt]. **2.** Les emplois de *prompt* sont plus abstraits que ceux de *rapide.*

PROMPTITUDE [pʀɔ̃tityd] n. f. ▪ STYLE RECHERCHÉ *LA PROMPTITUDE* : caractère de ce qui se fait en peu de temps. *Je vous remercie de la promptitude de votre réponse.* → **rapidité.** ⟨contraire : lenteur⟩

REM. On prononce aussi [pʀɔ̃ptityd].

promu [pʀɔmy], **promue** [pʀɔmy] *Il a promu une marque ; la marque qu'il a promue* : formes au participe passé du verbe **promouvoir.**

PROMULGUER [pʀɔmylge] verbe [conjugaison 1b] ▪ Faire connaître officiellement, rendre public (une loi). *Une nouvelle loi vient d'être promulguée.* ⟨contraire : abroger⟩

PRÔNER [pʀone] verbe [conjugaison 1a] ▪ Recommander et louer avec insistance. → **vanter.** *Ils prônent la tolérance. Les écologistes prônent le respect de la nature.* → **préconiser.** ⟨contraire : dénigrer⟩

PRONOM [pʀɔnɔ̃] n. m. ▪ *UN PRONOM* : mot qui a la même fonction qu'un nom. *Je, qui, chacun sont des pronoms.*

le pronom

1. Le pronom est un mot qui désigne des personnes ou des choses et qui a les mêmes fonctions que le nom (sujet, complément, attribut).
2. Souvent, le pronom remplace un autre nom ou un groupe de mots ; mais parfois il ne remplace rien.
3. Il existe plusieurs sortes de pronoms :
 - les ***pronoms personnels*** (ex. : *je, tu, il, elle, nous* et *on, vous, ils, elles ; eux, me, te, le, la, les, moi, toi, lui, leur*) ;
 - les ***pronoms possessifs*** (ex. : *le mien, le tien, le sien, le nôtre, le vôtre, le leur*) ;
 - les ***pronoms démonstratifs*** (ex. : *ce, ceci, cela, ça, celui, celle, ces*) ;
 - les ***pronoms interrogatifs*** (ex. : *qui, que, quoi, où, lequel*) ;
 - les ***pronoms relatifs*** (ex. : *qui, dont, où*) ;
 - les ***pronoms indéfinis*** (ex. : *chacun, on, nul, personne, rien, tout*).

Voyez les encadrés à **personnel, possessif** et **relatif.**

PRONOMINAL [pʀɔnɔminal], **PRONOMINALE** [pʀɔnɔminal] adj. (après le nom) ▪ *UN VERBE PRONOMINAL* : verbe qui est précédé de *se* à l'infinitif et qui se conjugue avec les pronoms personnels réfléchis. *Le verbe «se fâcher» est un verbe pronominal. Dans «elle se lève», le verbe «lever» est à la forme pronominale.* MASCULIN PLURIEL : *les verbes PRONOMINAUX* [pʀɔnɔmino] *se conjuguent avec l'auxiliaire «être».*

les verbes pronominaux

Il existe différentes sortes de verbes pronominaux :
- *les **verbes pronominaux,*** où le pronom personnel n'a pas de rôle de complément d'objet (ex. : *s'apercevoir, se douter*), certains sont des ***verbes essentiellement pronominaux,*** qui ne s'emploient jamais autrement (ex. : *se repentir, se souvenir*) ;
- les ***verbes pronominaux réfléchis,*** où le pronom personnel est le complément d'objet du verbe (ex. : *elle s'est baignée ; elle s'est lavé les mains*) ;
- les ***verbes pronominaux réciproques,*** qui expriment une action que plusieurs sujets exercent les uns sur les autres (ex. : *elles se sont fâchées ; ils se sont plu*) ;
- les ***verbes pronominaux passifs*** (ex. : *ce plat se mange froid ; les fraises se sont bien vendues*).

Pour l'accord du participe passé, voir l'encadré ***participe*** à l'ordre alphabétique.

PRONONCÉ [pʀɔnɔ̃se], **PRONONCÉE** [pʀɔnɔ̃se] adj. (après le nom) ▪ Très visible. *Ce gâteau a un parfum très prononcé de vanille. Il a un goût prononcé pour les blondes.* → **net.**

PRONONCER [pʀɔnɔ̃se] verbe [conjugaison 3a]
I. 1. Dire. *Le maire doit prononcer un discours.* → **faire.** *Elle pleure tellement qu'elle ne peut pas prononcer un mot.* **2.** Articuler d'une certaine façon (un son, un mot). *Mon grand-père prononçait les r en les roulant. Son nom est impossible à prononcer* (→ **imprononçable).** *On ne prononce pas le l de fusil.* **3.** Faire connaître (une décision) publiquement, rendre (un jugement). *Le tribunal a prononcé une lourde peine contre l'accusé.*
II. verbe pronominal SE PRONONCER **1.** Être prononcé. *Ce mot s'écrit comme il se prononce. «Mer» et «mère» se prononcent de la même façon.* → **homonyme.** *Le p de baptême ne se prononce pas.* **2.** Donner son opinion. → se **déterminer,** se **décider.** *Les électeurs se sont prononcés pour le oui, au référendum. Les médecins ont examiné le blessé, mais ils ne peuvent pas encore se prononcer,* donner leur diagnostic.

REM. Le *c* s'écrit avec une cédille devant un *a* (ex. : *je prononçais*) et un *o* (ex. : *nous prononçons*).

PRONONCIATION [pʀɔnɔ̃sjasjɔ̃] n. f. ▪ *UNE PRONONCIATION* : manière dont un son, un mot est prononcé (→ **phonétique).** *«Chair» et «cher» ont la même prononciation* (→ **homonyme).** *Il bégaie, il a un DÉFAUT DE PRONONCIATION* (→ **élocution).**

PRONOSTIC [pʀɔnɔstik] n. m. ▪ *UN PRONOSTIC* : opinion que l'on donne sur ce qui va arriver. → **prévision.** *Il pensait être reçu à son examen et il a échoué : il s'est trompé dans ses pronostics. Quel est le pronostic du médecin ?* quel jugement le médecin porte-t-il sur l'évolution de cette maladie ?

PROPAGANDE [pʀɔpagɑ̃d] n. f. ▪ *LA PROPAGANDE* : action menée pour influencer (l'opinion), pour faire partager des idées. *Les partis politiques font de la propagande avant les élections.* – *C'est de la propagande !* → **intoxication.**

REM. Ce mot est devenu moins fréquent : on parle plutôt de *désinformation,* de *démagogie* et d'*intox.* Pour ce qui est commercial, on dit *pub.*

PROPAGATEUR [pʀɔpagatœʀ] n. m., **PROPAGATRICE** [pʀɔpagatʀis] n. f. ▪ *UN PROPAGATEUR, UNE PROPAGATRICE* : une personne qui propage (une religion, une opinion). *Les missionnaires sont les propagateurs de la foi.*

PROPAGATION [pʀɔpagasjɔ̃] n. f. ▪ *LA PROPAGATION* : le fait de se propager. *La propagation de l'épidémie a été très rapide.* → **progrès.** *Il faut utiliser des préservatifs pour éviter la propagation du sida. Les pompiers ont empêché la propagation de l'incendie.* → **progression.**

PROPAGER [pʀɔpaʒe] verbe [conjugaison 3b] **1.** Faire connaître à de nombreuses personnes, en de nombreux lieux. *Les journaux ont propagé la nouvelle.* → **diffuser, divulguer. 2.** verbe pronominal SE PROPAGER : se répandre. *L'incendie se propage très rapidement,* a gagné du terrain. → s'**étendre, progresser.** *La nouvelle s'est propagée dans toute la région. Le sida s'est propagé en Afrique.* → **répandre.**

PROPANE [pʀɔpan] n. m. ▪ *LE PROPANE :* gaz utilisé comme combustible. *Il faut changer la bouteille de propane de la cuisinière.*

PROPHÈTE [pʀɔfɛt] n. m., **PROPHÉTESSE** [pʀɔfetɛs] n. f. ▪ *UN PROPHÈTE, UNE PROPHÉTESSE :* personne inspirée par un dieu, qui prédit l'avenir et révèle des vérités cachées. *Isaïe est un prophète de la Bible. Mahomet est le prophète des musulmans. - Je ne peux pas te dire ce qui va se passer, JE NE SUIS PAS PROPHÈTE,* je n'en sais rien.

PROPHÉTIE [pʀɔfesi] n. f. ▪ *UNE PROPHÉTIE :* ce qui est annoncé par qqn qui prétend connaître l'avenir. *La voyante lui a fait des prophéties qui ne se sont jamais réalisées.* → **prédiction.**

PROPHÉTIQUE [pʀɔfetik] adj. (après le nom) ▪ (qqch.) Qui annonce qqch. qui va se passer. *Il a prononcé des paroles prophétiques :* il a annoncé des choses qui se sont réellement passées par la suite, alors qu'il ne pouvait pas le savoir.

PROPICE [pʀɔpis] adj. (après le nom) ▪ Qui convient particulièrement bien. *Elle a attendu le moment propice pour agir.* → **opportun.** *Le climat de la région est PROPICE À la santé,* il est bon pour la santé. → **bénéfique.**

PROPORTION [pʀɔpɔʀsjɔ̃] n. f.
I. *LA PROPORTION* **1.** Rapport de grandeur entre les parties d'une chose, entre les parties et le tout. *Il y a un manque de proportion entre ses jambes et son buste.* **2.** Quantité d'une chose par rapport à une autre, ou par rapport à un ensemble. *Il y a une proportion égale de réussite et d'échec à cet examen. Quelle est la proportion des filles et des garçons dans ta classe ?* → **pourcentage, taux. 3.** Rapport de quantité entre des choses. → **rapport.** *EN PROPORTION DE :* selon. *Son travail est payé en proportion des risques. Ce n'est rien en proportion de ce que vous avez fait pour moi,* par rapport à ce que vous avez fait. → **comparaison.** - *Sa punition est HORS DE PROPORTION AVEC la faute qu'il a commise,* elle est disproportionnée.
II. *LES PROPORTIONS* **1.** Les dimensions comparées des parties. *Pour bien dessiner, il faut respecter les proportions. Ce château a de jolies proportions. Admirez les proportions de son corps ! Cet objet a de vilaines proportions,* il est trop haut pour sa largeur. **2.** Dimensions, importance. *La pauvreté a pris des proportions considérables dans ce pays,* elle a augmenté. *Avec lui, tout prend des proportions anormales.* → **exagération.** - *Cette entreprise a de meilleurs résultats que cette autre, TOUTES PROPORTIONS GARDÉES,* en tenant compte des différences.

PROPORTIONNÉ [pʀɔpɔʀsjɔne], **PROPORTIONNÉE** [pʀɔpɔʀsjɔne] adj. (après le nom) **1.** Qui est comme il faut. *La punition est PROPORTIONNÉE À la faute,* elle a un rapport de grandeur normal avec la faute. *Les impôts sont proportionnés aux revenus.* ⟨contraire : disproportionné⟩ **2.** *BIEN PROPORTIONNÉ :* qui a de belles proportions. *C'est un athlète qui a un corps bien proportionné. C'est une femme bien proportionnée.* → **fait ;** STYLE FAMILIER **fichu, foutu, roulé.**

PROPORTIONNEL [pʀɔpɔʀsjɔnɛl], **PROPORTIONNELLE** [pʀɔpɔʀsjɔnɛl] adj. (après le nom) ▪ Qui est en rapport avec (qqch.), qui varie dans le même sens que (qqch.). *La taille des enfants est PROPORTIONNELLE À leur âge. - Cette élection se fait au SCRUTIN PROPORTIONNEL,* les élus de chaque parti sont en nombre proportionnel à celui des voix obtenues par leur parti (opposé à majoritaire).

PROPORTIONNELLEMENT [pʀɔpɔʀsjɔnɛlmɑ̃] adverbe ▪ Suivant une proportion. *Le salaire devrait augmenter PROPORTIONNELLEMENT À la hausse des prix. - Tu travailles à mi-temps, mais proportionnellement tu gagnes plus d'argent que moi.*

PROPOS [pʀɔpo] n. m. ▪ *UN PROPOS* **1.** Parole, discours. *Les automobilistes échangent des propos injurieux. Il m'a TENU DES PROPOS désagréables :* il m'a dit des choses désagréables. **2.** STYLE RECHERCHÉ Ce que l'on se propose de faire. → **intention.** *MON PROPOS EST de vous informer.* → **but. 3.** *À PROPOS DE :* au sujet de. *Je vous écris à propos de votre fille. À quel propos voulez-vous me rencontrer ?* → **sujet.** *À propos de quoi se sont-ils fâchés ?* pour quelle raison. - *Ils se disputent À TOUT PROPOS,* pour un rien, tout le temps. - *À CE PROPOS, je voulais te dire que...,* tant que j'y pense. *À propos, n'oublie pas d'écrire à tes grands-parents.* **4.** adverbe *À PROPOS :* comme il faut, au bon moment. *Tu arrives à propos, nous parlions justement de toi,* tu arrives à point. → **opportunément.** - *Il a fait une réflexion HORS DE PROPOS,* qui ne se justifie pas, déplacée.
REM. Ne pas confondre avec *à-propos* n. m. → **à-propos** (REM.).

PROPOSER [pʀɔpoze] verbe [conjugaison 1a]
I. *PROPOSER À* **1.** Soumettre (qqch.) au choix de (qqn), offrir (qqch.) à (qqn). *Aujourd'hui, le cuisinier vous propose des choux farcis. Quelle solution proposez-vous ? Il PROPOSE À sa mère DE l'aider à faire les courses. On lui a proposé de l'argent contre son silence.* → **offrir.** *Elle PROPOSE QUE nous allions tous ensemble au cinéma.* → **suggérer. 2.** Désigner (qqn) comme candidat pour un emploi, une fonction. *Son parti le propose aux élections.* → **présenter.**
II. verbe pronominal SE PROPOSER **1.** *SE PROPOSER DE :* avoir l'intention de, avoir le projet de. *Ils se sont proposé de visiter l'Espagne, cet été.* **2.** Poser sa candidature à un emploi. *Elle s'est proposée pour garder nos enfants pendant les vacances.*

PROPOSITION [pʀɔpozisjɔ̃] n. f.
I. *UNE PROPOSITION* **1.** Action de proposer qqch. ; ce qui est proposé. *J'ai une proposition à te faire. Ils ont accepté ma proposition. Elle a refusé ma proposition de l'accompagner. Il a été nommé à ce poste SUR LA PROPOSITION DE son chef de service.* **2.** *FAIRE DES PROPOSITIONS À QQN,* lui demander s'il accepte des relations amoureuses. *Plusieurs fois, il m'a fait des propositions.*
II. *UNE PROPOSITION :* groupe de mots contenant un verbe, qui forme une phrase ou une partie de phrase.

la proposition

Une phrase peut ne contenir qu'une proposition ; c'est une ***proposition indépendante.*** *Le vent souffle.*

Une phrase peut contenir plusieurs propositions indépendantes. *Le vent souffle, les feuilles s'envolent.*

Une phrase peut être formée d'une ***proposition principale*** et de ***propositions subordonnées :***
- Lorsque le vent souffle, les feuilles s'envolent : lorsque le vent souffle est une ***proposition subordonnée circonstancielle*** qui est le complément de la ***proposition principale*** *les feuilles s'envolent.*
- Je dis que le vent souffle : je dis est la ***proposition principale ; que le vent souffle*** est une ***proposition subordonnée complétive*** complément du verbe *dire,* introduite par la conjonction *que.*
- Je regarde les feuilles qui s'envolent : je regarde les feuilles est la ***proposition principale ; qui s'envolent*** est une ***proposition subordonnée relative*** complément du nom *feuilles,* introduite par le pronom relatif *qui.*

① **PROPRE** [pʀɔpʀ] adj. et n. m.
I. adjectif (après le nom) **1.** Qui n'a aucune trace de saleté (→ **propreté**). *Prends un torchon propre pour essuyer les verres.* ⟨contraire : sale⟩ *Il a mis une chemise propre.* → **impeccable.** ⟨contraire : douteux⟩ *Fais voir si tu as les mains propres.* ⟨contraire : crasseux⟩ *Le chat se lèche pour être propre.* → **toilette.** – *Ne mange pas avec les doigts, ce n'est pas propre.* ⟨contraire : malpropre⟩ **2.** (qqn) Qui se lave souvent. *Elle est toujours très propre. Il est* PROPRE SUR LUI : ses vêtements sont propres. **3.** Qui ne pollue pas. *Il a une voiture propre.* ⟨contraire : polluant⟩ **4.** Qui est honnête. *Il s'est enrichi avec de l'argent propre,* gagné honnêtement. ⟨contraire : sale⟩ – *Tu peux lui faire confiance, c'est un homme propre,* honnête.
II. 1. STYLE FAMILIER *LE PROPRE* : odeur de ce qui a été lavé. *On a passé la serpillière dans la cuisine, ça sent le propre.* **2.** *C'EST DU PROPRE !* se dit d'un comportement répréhensible. *Tu vides ton cendrier sur le trottoir : c'est du propre !* **3.** *AU PROPRE* : au net. *Maintenant que tu as fait un brouillon, recopie ton texte au propre.*

> FAUX AMI
> anglais **proper**
> « correct »

② **PROPRE** [pʀɔpʀ] adj. et n. m.
I. adjectif (avant le nom ou après le nom) **1.** (avant le nom) Qui appartient à une personne, à un groupe en particulier. *Le témoin a vu l'accident* DE SES PROPRES YEUX, il l'a vu lui-même. *Il est venu* PAR SES PROPRES MOYENS, en se débrouillant tout seul, sans aide. *Il a soigné son ami* COMME SON PROPRE FRÈRE, comme s'il était son frère. – (après le nom) *Je lui ai remis la lettre* EN MAINS PROPRES, je lui ai remis la lettre à lui en personne. **2.** *PROPRE À* : particulier à. *L'insouciance est un défaut propre à la jeunesse.* → **spécifique.** *Il a répondu avec l'insolence qui lui est propre,* avec son insolence habituelle. **3.** (après le nom) Qui convient particulièrement. *Tu me fais horreur, horreur est le* MOT PROPRE, c'est vraiment le mot approprié. → **exact, juste.** *Cette viande est* PROPRE À *la consommation,* elle peut être consommée. ⟨contraire : impropre⟩ **4.** (grammaire) *Un* NOM PROPRE : nom qui désigne une seule personne, un seul lieu ou une seule chose (opposé à commun). *« Napoléon », « Lyon », « les Tuileries » sont des noms propres.* **5.** *Le* SENS PROPRE *d'un mot,* son premier sens (opposé à figuré). → **littéral.** *« Teigne » au sens propre est une maladie, au figuré c'est une personne très méchante.*
II. *LE PROPRE* **1.** *LE PROPRE DE* : qualité qui appartient à une seule personne, à un seul groupe. → **propriété.** *Le rire est le propre de l'homme. C'est le propre du pédagogue de savoir enseigner.* **2.** *EN PROPRE* : que l'on est seul à posséder. *Ce bien lui appartient en propre.*

REM. Les noms propres sont parfois des noms déposés de marques ; on peut alors les employer au pluriel invariable (*des Peugeot,* des voitures de cette marque).

① **PROPREMENT** [pʀɔpʀəmɑ̃] adverbe ▪ D'une manière propre, avec propreté. *Ce bébé mange déjà très proprement.* ⟨contraire : salement⟩

> FAUX AMI
> anglais **properly**
> « correctement, comme il faut »

② **PROPREMENT** [pʀɔpʀəmɑ̃] adverbe **1.** *À PROPREMENT PARLER* : en appelant les choses par leur nom exact. *Ce n'est pas à proprement parler un escroc, mais il est malhonnête.* **2.** *PROPREMENT DIT* : au sens propre, au sens exact. *On arrive d'abord devant la maison du gardien, on aperçoit le château proprement dit au bout de l'allée.*

PROPRETÉ [pʀɔpʀəte] n. f. ▪ *LA PROPRETÉ* : qualité de ce qui est propre, de ce qui n'est pas sale. *Ces trottoirs sont d'une grande propreté,* ils sont très propres. ⟨contraire : saleté⟩ *Sa chemise est d'une propreté douteuse. Il faut apprendre la propreté aux animaux de compagnie,* leur apprendre à faire leurs besoins dans le lieu convenable.

PROPRIÉTAIRE [pʀɔpʀijetɛʀ] n. m., n. f. ▪ *UN PROPRIÉTAIRE, UNE PROPRIÉTAIRE* **1.** Personne qui possède qqch. *Qui est le propriétaire de ce chien ?* → **maître.** *Elle est devenue l'heureuse propriétaire de ce magnifique tableau,* elle l'a acquis. **2.** Personne qui possède un logement et le loue (opposé à locataire). *Le locataire paie son loyer au propriétaire. Tous les occupants de l'immeuble sont propriétaires.* → **copropriété.**

PROPRIÉTÉ [pʀɔpʀijete] n. f.
I. 1. *LA PROPRIÉTÉ* : le fait de posséder qqch. et d'en disposer librement. *Cet agriculteur a l'entière propriété de sa ferme,* il en est le propriétaire. – *Ce domaine est la propriété de ma famille depuis des siècles,* il appartient à ma famille. **2.** *UNE PROPRIÉTÉ* : domaine possédé en propriété. *On ne peut pas pique-niquer dans ce champ, c'est une* PROPRIÉTÉ PRIVÉE. **3.** *UNE PROPRIÉTÉ* : belle maison avec un jardin. *Ils ont une superbe propriété dans le Midi.*
II. *UNE PROPRIÉTÉ* : qualité physique ou chimique propre à qqch., qui caractérise qqch. *L'eau a la propriété de bouillir à cent degrés. Quelles sont les propriétés du fer ? Ces deux corps ont des propriétés différentes.*

PROPULSER [pʀɔpylse] verbe [conjugaison 1a] **1.** Faire avancer en poussant. *L'avion est propulsé par des moteurs à réaction.* **2.** STYLE FAMILIER *Propulser qqn à un poste,* l'y mettre sans qu'il n'ait rien fait pour ça. *Elle a été propulsée chef de service.*

PROPULSION [pʀɔpylsjɔ̃] n. f. ▪ *LA PROPULSION* : production d'une force qui fait avancer un mobile. *Ce sous-marin est* À PROPULSION NUCLÉAIRE, il avance grâce à l'énergie nucléaire.

PROROGATION [pʀɔʀɔgasjɔ̃] n. f. ▪ STYLE RECHERCHÉ *UNE PROROGATION* : délai supplémentaire. → **prolongation.** *Il a demandé une prorogation pour déposer son dossier d'inscription.*

PROSAÏQUE [pʀozaik] adj. (après le nom) ▪ STYLE RECHERCHÉ Qui manque d'idéal, de grandeur. *Il mène une vie prosaïque.* → **banal, ordinaire.** *Pardonnez ce détail prosaïque.* → **matériel.**

PROSCRIRE [pʀɔskʀiʀ] verbe [conjugaison 39] ▪ STYLE RECHERCHÉ Interdire absolument. *La religion musulmane proscrit l'alcool.* → **condamner.** ⟨contraire : autoriser⟩ *Tous les médecins proscrivent le tabac.*

proscrit [pʀɔskʀi] *Il proscrit, elle proscrit* : forme au présent du verbe **proscrire.**

proscrit [pʀɔskʀi], **proscrite** [pʀɔskʀit] *Il a proscrit cette drogue ; la drogue qu'il a proscrite* : formes au participe passé du verbe **proscrire.**

PROSCRIT [pʀɔskʀi] n. m., **PROSCRITE** [pʀɔskʀit] n. f. ▪ *UN PROSCRIT, UNE PROSCRITE* : une personne chassée de son pays, une personne bannie. → **exilé.** *Des proscrits ont trouvé refuge dans ce pays.*

proscrivit [pʀɔskʀivi] *Il proscrivit, elle proscrivit* : forme au passé simple du verbe **proscrire.**

PROSE [pʀoz] n. f. ▪ *LA PROSE* : façon d'écrire ou de parler ordinaire, sans faire de vers. *Les romans sont écrits en prose* (opposé à en vers). – STYLE FAMILIER *J'ai lu sa prose,* sa lettre. *Sa prose me fatigue.* → **discours.**

PROSÉLYTISME [pʀozelitism] n. m. ▪ *LE PROSÉLYTISME* : zèle pour répandre la foi, pour recruter des adeptes. *Cette secte* FAIT DU PROSÉLYTISME.

PROSPECTER [pʀɔspɛkte] verbe [conjugaison 1a] **1.** Étudier (un terrain) pour trouver des richesses naturelles. *Des ingénieurs prospectent le sol pour trouver du pétrole.* **2.** Parcourir (une région).

Nous avons prospecté la région pour trouver une maison à louer pendant les vacances. **3.** Rechercher (des clients éventuels). *Ce publicitaire prospecte de nouveaux clients* (→ **prospection).**

PROSPECTION [pʀɔspɛksjɔ̃] n. f. ▪ *LA PROSPECTION* **1.** Recherche de ressources naturelles. *Les compagnies pétrolières FONT DE LA PROSPECTION dans le désert et sous les mers.* **2.** Le fait de rechercher des clients éventuels. *Cet installateur de cuisines fait de la prospection par téléphone,* il téléphone à des clients éventuels pour leur proposer ses services.

PROSPECTIVE [pʀɔspɛktiv] n. f. ▪ *UNE PROSPECTIVE :* ensemble des recherches qui concernent l'évolution future de l'humanité. *Cette société fait des études de prospective.*

PROSPECTUS [pʀɔspɛktys] n. m. ▪ *UN PROSPECTUS :* papier sur lequel est imprimée une annonce publicitaire. *Il a trouvé de nombreux prospectus dans sa boîte à lettres. Cet étudiant distribue des prospectus dans la rue.*

PROSPÈRE [pʀɔspɛʀ] adj. (après le nom) ▪ Qui est dans un état heureux, en plein épanouissement. *Mon grand-père a une santé prospère. Il a un commerce prospère.* → **florissant.**

PROSPÉRER [pʀɔspeʀe] verbe [conjugaison 6a] **1.** (êtres vivants) Se développer, croître en abondance. *Les plantes prospèrent sous ce climat.* ⟨contraire : dépérir⟩ **2.** Réussir, être prospère. *Cette entreprise prospère et elle prospérera* [pʀɔspɛʀʀa] *encore. Ses affaires ont prospéré rapidement.* ⟨contraire : péricliter⟩

PROSPÉRITÉ [pʀɔspeʀite] n. f. ▪ *LA PROSPÉRITÉ :* état de richesse, d'abondance. *Nous vivons une époque de prospérité.* → **développement, essor, progrès.** *Ce pays est passé de la misère à la prospérité.*

PROSTATE [pʀɔstat] n. f. ▪ *LA PROSTATE :* glande interne de l'appareil génital masculin. *Il a eu un cancer de la prostate.*

SE **PROSTERNER** [pʀɔstɛʀne] verbe pronominal [conjugaison 1a] ▪ S'incliner très bas pour marquer son respect, son adoration. *Le prêtre s'agenouille et se prosterne devant l'autel. Elle s'est prosternée aux pieds du roi.*

PROSTITUÉ [pʀɔstitɥe] n. m., **PROSTITUÉE** [pʀɔstitɥe] n. f. ▪ *UN PROSTITUÉ, UNE PROSTITUÉE :* personne qui a des relations sexuelles avec des clients pour de l'argent (→ **prostitution).** *Il couche avec des prostituées.* → STYLE TRÈS FAMILIER **putain, pute.** *Les prostituées font le trottoir.* → **trottoir.** *Il appelle une prostituée par téléphone.* → **call-girl.** *Il s'est fait aborder par un prostitué dans la rue.*

PROSTITUER [pʀɔstitɥe] verbe [conjugaison 1a] **1.** Obliger (qqn) à avoir des relations sexuelles pour de l'argent (→ **proxénète).** *Il a prostitué sa fille.* **2.** verbe pronominal SE PROSTITUER : avoir des relations sexuelles avec des clients pour de l'argent. *Elle s'est prostituée à l'âge de vingt ans.*

REM. Ne pas confondre *se prostituer* (client) et *se faire entretenir* (amant).

PROSTITUTION [pʀɔstitysjɔ̃] n. f. ▪ *LA PROSTITUTION :* le fait d'avoir des relations sexuelles pour de l'argent et d'en faire son métier. *Elle se livre à la prostitution* (→ **prostitué).** *Il fréquente les maisons de prostitution* (→ STYLE TRÈS FAMILIER **bordel).**

PROSTRÉ [pʀɔstʀe], **PROSTRÉE** [pʀɔstʀe] adj. (après le nom) ▪ Très abattu, accablé. *Il reste prostré dans sa chambre toute la journée.*

PROTAGONISTE [pʀɔtagɔnist] n. m., n. f. ▪ *UN PROTAGONISTE, UNE PROTAGONISTE :* une personne qui joue le premier rôle dans une affaire. → **héros.** *Les protagonistes du drame ont eu leur photo en première page des journaux.*

PROTECTEUR [pʀɔtɛktœʀ] n. m. et adj., **PROTECTRICE** [pʀɔtɛktʀis] n. f. et adj. **1.** *UN PROTECTEUR, UNE PROTECTRICE :* une personne qui protège, qui défend (les autres) (opposé à protégé). *Il se fait le protecteur des faibles.* → **défenseur. 2.** adjectif (après le nom) Qui protège. *Le bois est recouvert d'une couche de vernis protecteur. Elle se met une crème protectrice sur le visage, avant de s'exposer au soleil. Il est membre de la SOCIÉTÉ PROTECTRICE DES ANIMAUX* (*S. P. A.* [ɛspea]), d'un organisme qui protège les animaux contre les mauvais traitements. *Elle le regarde d'un air protecteur.*

PROTECTION [pʀɔtɛksjɔ̃] n. f. **1.** *LA PROTECTION :* action de protéger qqn ou qqch. *Des gardes du corps assurent la protection du chef de l'État. Les écologistes manifestent pour la protection de l'environnement. Un rideau DE PROTECTION empêche la douche d'inonder la salle de bains.* – *Il prend sa petite sœur SOUS SA PROTECTION,* il la protège. **2.** Personne ou chose qui protège. *Les gants sont une bonne protection contre le froid. Faites votre vaccin, c'est une protection.*

PROTÉGÉ [pʀɔteʒe] adj. et n. m., **PROTÉGÉE** [pʀɔteʒe] adj. et n. f. **1.** adjectif Qui est à l'abri des dangers, des inconvénients. *On est bien protégé, derrière ce mur. Elle était protégée par un parapluie.* → **abrité.** *Cet endroit est protégé du vent.* – *LES ZONES PROTÉGÉES :* les parcs régionaux, les lieux touristiques. *LES ESPÈCES PROTÉGÉES :* les animaux qu'on n'a pas le droit de chasser parce qu'ils deviennent trop peu nombreux, parce qu'ils sont en voie de disparition. **2.** *UN PROTÉGÉ, UNE PROTÉGÉE :* une personne que l'on prend sous sa protection, que l'on aide. *Il a fait engager sa petite protégée. C'est le protégé de l'institutrice.* → **chouchou.**

PROTÉGER [pʀɔteʒe] verbe [conjugaison 6b] **1.** (qqn) Aider (qqn, un animal) en le mettant à l'abri de mauvais traitements, d'une attaque, d'un danger. *Mon fils protège les petits dans la cour de récréation.* → ① **défendre.** *Il faut protéger les phoques des chasseurs. Cet escroc est protégé par le maire.* **2.** Couvrir pour mettre à l'abri. *Nous protégeons notre canapé en cuir en le recouvrant d'une housse.* → **préserver.** *Ton imperméable te PROTÉGERA DE la pluie. Les gants de caoutchouc protègent les mains.* **3.** verbe pronominal SE PROTÉGER DE : se mettre à l'abri d'un risque, d'un danger. *Elle s'est protégée du soleil en se mettant de la crème sur le visage.*

PROTÈGE-TIBIA [pʀɔtɛʒtibja] n. m. ▪ *UN PROTÈGE-TIBIA :* protection que les joueurs de football, de rugby, etc., se mettent sur le dessus de la jambe. PLURIEL : *il met ses PROTÈGE-TIBIAS.*

PROTÉINE [pʀɔtein] n. f. ▪ *UNE PROTÉINE :* substance nourrissante qui est contenue dans la viande, le poisson et les œufs. *Il mange des aliments riches en protéines.*

protestant [pʀɔtɛstɑ̃] *En protestant :* forme au participe présent du verbe **protester.**

PROTESTANT [pʀɔtɛstɑ̃] n. m. et adj., **PROTESTANTE** [pʀɔtɛstɑ̃t] n. f. et adj. **1.** *UN PROTESTANT, UNE PROTESTANTE :* un chrétien, une chrétienne d'une religion réformée qui ne reconnaît pas l'autorité du pape (→ **protestantisme).** *Les protestants assistent au culte dans un temple. Elle a épousé un protestant.* **2.** adjectif (après le nom) Du protestantisme. *Il est de religion protestante. Nous avons visité un temple protestant. Il est pasteur protestant.* → **pasteur.**

PROTESTANTISME [pʀɔtɛstɑ̃tism] n. m. ▪ *LE PROTESTANTISME :* religion chrétienne, née de la Réforme au seizième siècle, qui rejette l'autorité du pape. *Le protestantisme est né de l'opposition de Luther et de Calvin au pape.*

PROTESTATION [pʀɔtɛstasjɔ̃] n. f. ▪ *UNE PROTESTATION* **1.** Manifestation de désaccord. *Il a fait un geste de protestation.* (contraire : approbation) *Les mesures gouvernementales ont soulevé une tempête de protestations.* **2.** STYLE RECHERCHÉ Démonstration (de bons sentiments). *Je ne crois pas à ses protestations d'amitié.* → **manifestation.**

PROTESTER [pʀɔtɛste] verbe [conjugaison 1a] **1.** Déclarer avec force son opposition, son refus, son désaccord. *Le condamné a PROTESTÉ CONTRE cette injustice. « Je sais très bien que tu as menti. Ne proteste pas ! » Si on ne me rembourse pas, je vais protester.* → se **plaindre, réclamer.** *Il a accepté sans protester.* → **broncher, murmurer** ; STYLE FAMILIER **moufter. 2.** STYLE RECHERCHÉ *PROTESTER DE :* affirmer avec force et solennité. *L'accusé proteste de son innocence,* il affirme qu'il est innocent.

PROTHÈSE [pʀɔtɛz] n. f. ▪ *UNE PROTHÈSE :* appareil qui remplace un membre, une partie de membre ou un organe. *On l'a amputé d'une jambe et on lui a mis une prothèse. Le dentiste lui a mis une PROTHÈSE DENTAIRE* (→ **dentier).**

> FAUX AMI
> grec **πρόθεση**
> « intention »

PROTHÉSISTE [pʀɔtezist] n. m., n. f. ▪ *UN PROTHÉSISTE, UNE PROTHÉSISTE :* une personne dont le métier est de fabriquer des prothèses. *Le prothésiste a fabriqué les couronnes que mon dentiste va me poser.*

PROTOCOLAIRE [pʀɔtɔkɔlɛʀ] adj. (après le nom) ▪ Conforme au protocole. *Le chef de l'État étranger a fait une visite protocolaire au Premier ministre.*

PROTOCOLE [pʀɔtɔkɔl] n. m. ▪ *LE PROTOCOLE :* ensemble des règles que l'on doit observer dans les cérémonies et les réunions officielles. → ② **étiquette.** *Il faut respecter le protocole quand on est reçu par la reine.*

PROTON [pʀɔtɔ̃] n. m. ▪ *UN PROTON :* particule du noyau atomique, de charge positive. *Le noyau de l'atome d'hydrogène est formé d'un seul proton.*

PROTOTYPE [pʀɔtɔtip] n. m. ▪ *UN PROTOTYPE :* modèle unique d'un objet qui n'est pas encore construit en série. *Le champion automobile a essayé un prototype de voiture de course.*

PROTUBÉRANCE [pʀɔtybeʀɑ̃s] n. f. ▪ *UNE PROTUBÉRANCE :* petite partie en relief. → **saillie.** *La bosse qu'il s'est faite sur le front forme une protubérance.*

PROUE [pʀu] n. f. ▪ *LA PROUE :* l'avant d'un bateau (opposé à poupe). *La proue du voilier fend les vagues. Le capitaine est à la proue du navire.*

PROUESSE [pʀuɛs] n. f. ▪ *UNE PROUESSE :* action remarquable. → **exploit.** *L'aviateur a accompli des prouesses. Ne te vante pas de tes prouesses. Ce n'est pas une prouesse de t'être levé si tôt !*

PROUT [pʀut] interjection et n. m. ▪ STYLE FAMILIER **1.** interjection *PROUT !* bruit de pet. *Prout !* **2.** *UN PROUT :* un pet. *Le bébé a fait un prout.*

▌REM. Ce mot appartient au langage des enfants.

PROUVER [pʀuve] verbe [conjugaison 1a] **1.** Faire apparaître que (qqch.) est vrai. → **démontrer, établir.** *Le suspect a prouvé son innocence,* il en a apporté la preuve. *Je peux te PROUVER QUE c'est vrai. Qu'est-ce qui me prouve que tu dis la vérité ? Qu'est-ce que ça prouve ? Cela ne prouve rien.* **2.** Exprimer (qqch.) par une attitude, par des gestes, par des paroles. *Comment vous prouver ma reconnaissance ?* → **montrer.** *Il a prouvé qu'il avait du courage,* il en a fait la preuve. **3.** verbe pronominal SE PROUVER : s'apporter une preuve à soi-même. *Elle s'est prouvé qu'elle en était capable.*

PROVENANCE [pʀɔvnɑ̃s] n. f. ▪ *LA PROVENANCE :* lieu d'où vient qqn, qqch. (→ **provenir).** *J'ignore la provenance de cette lettre. Ces fruits n'ont pas la même provenance,* ne sont pas récoltés dans la même région, le même pays. *L'avion EN PROVENANCE DE Barcelone va atterrir,* l'avion qui vient de Barcelone.

PROVENÇAL [pʀɔvɑ̃sal] adj. et n. m., **PROVENÇALE** [pʀɔvɑ̃sal] adj. et n. f. **1.** adjectif (après le nom) De Provence, région du sud-est de la France. *La cuisine provençale se fait à l'huile d'olive et à l'ail.* MASCULIN PLURIEL : *des mas PROVENÇAUX* [pʀɔvɑ̃so]. **2.** *UN PROVENÇAL, UNE PROVENÇALE :* une personne qui habite en Provence. *Les Provençaux.* **3.** nom masculin *LE PROVENÇAL :* groupe de dialectes de langue d'oc. *Il parle le provençal.*

PROVENIR [pʀɔvniʀ] verbe [conjugaison 22] **1.** (qqch.) *PROVENIR DE :* venir de. *Ces oranges proviennent* [pʀɔvjɛn] *du Maroc* (→ **provenance).** *D'où provient* [pʀɔvjɛ̃] *cette lettre ?* → **venir. 2.** (qqch.) *PROVENIR DE :* avoir son origine dans. *Cette douleur provient du foie. Il semblerait que l'incendie provienne d'une fuite de gaz. Je ne savais pas d'où provenait sa fortune. D'après lui, cette habitude proviendrait* [pʀɔvjɛ̃dʀɛ] *de Chine.* → **originaire.**

PROVERBE [pʀɔvɛʀb] n. m. ▪ *UN PROVERBE :* phrase qui exprime une vérité générale, un conseil de sagesse populaire. → **dicton, maxime.** *« Rien ne sert de courir, il faut partir à point » est un proverbe.*

PROVERBIAL [pʀɔvɛʀbjal], **PROVERBIALE** [pʀɔvɛʀbjal] adj. (après le nom) ▪ Qui est connu de tous, comme l'est un proverbe. *Il est d'une bonté proverbiale,* bien connue. MASCULIN PLURIEL : *PROVERBIAUX* [pʀɔvɛʀbjo].

PROVIDENCE [pʀɔvidɑ̃s] n. f. ▪ *LA PROVIDENCE :* sagesse de Dieu qui dirige et protège tout ce qu'Il a créé. *Je m'en remets à la providence.* → **destin.** - *Ça a été une providence de trouver cet abri !* une chance extraordinaire (→ **providentiel).**

PROVIDENTIEL [pʀɔvidɑ̃sjɛl], **PROVIDENTIELLE** [pʀɔvidɑ̃sjɛl] adj. (après le nom) ▪ Qui se produit au bon moment, qui arrive quand il faut par un heureux hasard. *Ton arrivée est providentielle, tu vas pouvoir m'aider.* → **opportun.** *Il faudrait un homme providentiel pour sortir le pays du marasme.*

PROVINCE [pʀɔvɛ̃s] n. f. **1.** *UNE PROVINCE :* région d'un pays avec ses coutumes et ses traditions. *La Normandie et la Bretagne sont des provinces françaises.* **2.** *LA PROVINCE :* l'ensemble du pays sans la capitale (→ **provincial).** *Ils habitent en province. Il préfère la province, pour rien au monde il ne voudrait habiter Paris. C'est une petite ville de province.*

> FAUX AMI
> italien **provincia**
> « département »

PROVINCIAL [pʀɔvɛ̃sjal] adj. et n. m., **PROVINCIALE** [pʀɔvɛ̃sjal] adj. et n. f. **1.** adjectif (après le nom) De la province. *La vie provinciale a ses charmes.* MASCULIN PLURIEL : *je vais recevoir des amis PROVINCIAUX* [pʀɔvɛ̃sjo]. **2.** *UN PROVINCIAL, UNE PROVINCIALE :* une personne qui vit en province. *Les provinciaux ont du mal à s'adapter à la vie parisienne.*

PROVISEUR [pʀɔvizœʀ] n. m. ▪ *LE PROVISEUR :* personne qui dirige un lycée. → **directeur.** *Le proviseur est dans son bureau. Le proviseur est une femme.*

▌REM. Quand le proviseur est une femme, on peut dire *Madame le proviseur.*

PROVISION [pʀɔvizjɔ̃] n. f. ▪ *UNE PROVISION* **1.** Réunion de choses utiles ou nécessaires pour un usage particulier. *Il a une grosse provision de bois pour l'hiver.* → **réserve.** *J'ai emporté une provision de livres pour les vacances.* → **stock.** – *Le navigateur FAIT PROVISION D'eau douce,* il emporte beaucoup d'eau douce avec lui. **2.** (au pluriel) LES PROVISIONS : la nourriture et les choses nécessaires à la vie de la maison. *Elle fait ses provisions chaque semaine au supermarché.* → **commission, course.** *Mets les provisions dans le chariot.* → **caddie. 3.** Somme d'argent que l'on a à la banque sur un compte. *Il a fait un CHÈQUE SANS PROVISION,* sur son compte qui n'est pas approvisionné, sur lequel il n'y a pas assez d'argent pour payer.

> FAUX AMI
> suédois **provision**
> «commission»

PROVISOIRE [pʀɔvizwaʀ] adj. (après le nom)▪ Qui existe, se fait en attendant autre chose ou en attendant d'être remplacé. *Le dentiste m'a posé une prothèse provisoire. Cette réparation est provisoire.* ⟨contraires : définitif, durable⟩ *C'est une solution provisoire.* – *Le juge a mis le prévenu EN LIBERTÉ PROVISOIRE,* en liberté en attendant le jugement.

PROVISOIREMENT [pʀɔvizwaʀmɑ̃] adverbe▪ D'une manière provisoire, en attendant. *Il vit provisoirement chez des amis.* → **momentanément.** ⟨contraire : définitivement⟩

PROVOC n. f. Forme abrégée familière de **provocation.**

PROVOCANT [pʀɔvɔkɑ̃], **PROVOCANTE** [pʀɔvɔkɑ̃t] adj. (après le nom) **1.** Qui cherche à provoquer chez une personne des sentiments ou des actes violents. *Il a une attitude provocante.* → **agressif.** *Ce luxe est provocant.* **2.** Qui provoque le désir sexuel. *Elle a toujours des décolletés provocants,* profonds. *C'est une femme troublante et provocante.*

PROVOCATEUR [pʀɔvɔkatœʀ] n. m. et adj., **PROVOCATRICE** [pʀɔvɔkatʀis] n. f. et adj. **1.** *UN PROVOCATEUR, UNE PROVOCATRICE :* personne qui incite les autres à la violence pour des raisons politiques. *Des provocateurs ont fait dégénérer la manifestation en émeute.* **2.** adjectif (après le nom) Qui incite à la violence. *Méfiez-vous des attitudes provocatrices.*

PROVOCATION [pʀɔvɔkasjɔ̃] n. f. **1.** *LA PROVOCATION :* fait d'inciter à la violence, au défi. *Ne réponds pas, c'est de la provocation !* – *PROVOC* [pʀɔvɔk] forme abrégée familière *C'est de la provoc. Des provocs.* **2.** *UNE PROVOCATION :* parole ou action qui incite à la violence. *Il ne faut pas répondre à ces provocations.*

PROVOQUER [pʀɔvɔke] verbe [conjugaison 1a] **1.** *PROVOQUER QQCH. :* être la cause de qqch. *L'automobiliste imprudent a provoqué un accident.* → **causer.** *C'est une fuite de gaz qui a provoqué l'explosion.* → **déclencher, entraîner.** *Ce microbe provoque une maladie très grave.* **2.** *PROVOQUER QQN :* inciter qqn à une action généralement violente. *Il se met facilement en colère, ne le provoque pas !* → **exciter.** *C'est lui qui m'a provoqué.* → **chercher.**

PROXÉNÈTE [pʀɔksenɛt] n. m. ▪ *UN PROXÉNÈTE :* un souteneur. → STYLE TRÈS FAMILIER **mac, maquereau.** *Le proxénète fait travailler des prostituées.*

> FAUX AMI
> grec **προξενητής**
> «personne qui arrange un mariage»

PROXIMITÉ [pʀɔksimite] n. f.▪ *LA PROXIMITÉ* **1.** Caractère de ce qui est près, dans l'espace. *La proximité de la mer donne beaucoup de valeur à cette maison.* – *La plage est À PROXIMITÉ,* elle est tout près. *Ils habitent À PROXIMITÉ DE la ville,* pas très loin de la ville. – *Dans ce quartier, il y a beaucoup de commerces DE PROXIMITÉ,* qui sont situés près de chez les clients. **2.** Caractère de ce qui est proche dans le temps. → **proche.** *La proximité des vacances excite les enfants.*

PRUDEMMENT [pʀydamɑ̃] adverbe ▪ Avec prudence. *Il conduit prudemment.* ⟨contraire : imprudemment⟩ *Elle a répondu prudemment.*

PRUDENCE [pʀydɑ̃s] n. f. ▪ *LA PRUDENCE :* attitude d'une personne qui prévoit les risques et qui évite de faire des choses dangereuses. ⟨contraire : imprudence⟩ *Elle conduit avec une grande prudence* (→ **prudemment).** *Faites-vous vacciner PAR PRUDENCE. Par mesure de prudence, il vérifie que le gaz est fermé. Elle a eu la prudence de bien lire le contrat avant de le signer. Nous lui avons annoncé la nouvelle avec prudence.* → **ménagement, précaution.**

PRUDENT [pʀydɑ̃], **PRUDENTE** [pʀydɑ̃t] adj. (après le nom) **1.** Qui fait attention au danger. *Sois prudent sur la route, ne roule pas trop vite.* ⟨contraire : imprudent⟩ *C'est une femme prudente.* → **circonspect. 2.** (qqch.) Inspiré par la prudence. *Il a eu une attitude prudente. Ferme la porte à clé, c'est plus prudent. Ce n'est pas très prudent de traverser en dehors des passages pour piétons.*

PRUD'HOMME [pʀydɔm] n. m. ▪ *UN PRUD'HOMME :* membre élu d'un tribunal spécial chargé de juger les différends entre les patrons et les employés. *Elle est prud'homme. Il est au conseil de prud'hommes.*

REM. On dit *un prud'homme* même quand il s'agit d'une femme.

PRUNE [pʀyn] n. f. et adj. invariable **1.** *UNE PRUNE :* petit fruit de forme ronde ou allongée, de couleur verte, jaune ou violette, à chair juteuse et sucrée. → **mirabelle,** ① **prunelle, reine-claude.** *Cette tarte aux prunes est délicieuse. Il aime la confiture de prunes.* – STYLE FAMILIER *J'ai travaillé POUR DES PRUNES,* pour rien. **2.** adjectif (après le nom) De la couleur violet foncé de certaines prunes. *Elle a des chaussures prune.*

> FAUX AMI
> anglais **prune**
> «pruneau»

PRUNEAU [pʀyno] n. m. ▪ *UN PRUNEAU :* prune séchée, de couleur noire. PLURIEL : *le cuisinier a fait un lapin aux PRUNEAUX.* – *Elle est NOIRE COMME UN PRUNEAU,* très bronzée.

REM. En Suisse, *un pruneau* désigne *une quetsche.*

① **PRUNELLE** [pʀynɛl] n. f. **1.** *UNE PRUNELLE :* petite prune sauvage, au goût âcre qu'on cueille en hiver. *Il boit de l'eau-de-vie de prunelle.* **2.** Eau de vie de prunelle. *Veux-tu un verre de prunelle ?*

② **PRUNELLE** [pʀynɛl] n. f. ▪ *LA PRUNELLE* **1.** Petit rond noir au centre de l'œil par où passent les rayons lumineux. → **pupille.** *Dans l'obscurité, les prunelles s'agrandissent.* – *Il tient à sa voiture COMME À LA PRUNELLE DE SES YEUX,* il y tient énormément. **2.** L'œil considéré pour son aspect, pour la couleur de l'iris. *Les chats ont des prunelles vertes.* → **œil.**

PRUNIER [pʀynje] n. m. ▪ *UN PRUNIER :* arbre qui produit les prunes. *Le prunier du jardin est en fleurs.* – *Arrête de me SECOUER COMME UN PRUNIER,* de me secouer aussi vigoureusement.

PRUNUS [pʀynys] n. m. ▪ *UN PRUNUS :* prunier ornemental à feuilles pourpres. *Il a planté un prunus dans le jardin.*

PRURIT [pʀyʀit] n. m.▪ *LE PRURIT :* démangeaison de la peau. *Il a un prurit dû à l'eczéma.*

REM. Ce mot fait partie du vocabulaire de la médecine.

PRUSSE [pʀys] nom propre féminin – en allemand **PREUSSEN** ▪ *LA PRUSSE :* ancien État d'Allemagne du Nord, situé le long de la Baltique. *Ils sont allés en Prusse. Nous revenions de Prusse.*

PRUSSIEN [pʀysjɛ̃] adj. et n. m., **PRUSSIENNE** [pʀysjɛn] adj. et n. f. 1. adjectif (après le nom) De Prusse. *L'armée prussienne était très puissante.* 2. *UN PRUSSIEN, UNE PRUSSIENNE :* un habitant, une habitante de l'ancienne Prusse. *Les Prussiens ont battu les Français en 1871.*

P.-S. n. m. Abréviation de **post-scriptum.**

PSAUME [psom] n. m. *UN PSAUME :* poème ou chant religieux tiré d'un des livres de la Bible. *Les moines chantent des psaumes.*

PSEUDONYME [psødɔnim] n. m. *UN PSEUDONYME :* nom choisi par une personne pour dissimuler son identité. *Stendhal est le pseudonyme de Henri Beyle. Les écrivains et les comédiens prennent parfois des pseudonymes.*

PSEUDO-SAVANT [psødosavɑ̃] n. m. Personne qui se fait passer pour un savant mais n'en a pas les connaissances.

PSY [psi] n. m., n. f. STYLE FAMILIER *UN PSY, UNE PSY :* psychanalyste, psychiatre ou psychologue. *Il va chez sa psy deux fois par semaine. Elle a vu plusieurs psys.*

PSYCHANALYSE [psikanaliz] n. f. *LA PSYCHANALYSE :* méthode qui permet de soigner certains troubles de l'esprit en incitant le patient à parler de ce qui le préoccupe, à raconter ses rêves et à retrouver des choses de son passé qu'il avait oubliées. *Freud est le fondateur de la psychanalyse. Elle est EN PSYCHANALYSE depuis trois ans. - Il a fait une psychanalyse,* il a subi ce traitement.

PSYCHANALYSER [psikanalize] verbe [conjugaison 1a] Traiter (un patient) par la psychanalyse. *Elle se fait psychanalyser. - Il est psychanalysé.*

PSYCHANALYSTE [psikanalist] n. m., n. f. *UN PSYCHANALYSTE, UNE PSYCHANALYSTE :* personne dont le métier est de traiter (des patients) par la psychanalyse. *Il est marié avec une psychanalyste.* → STYLE FAMILIER **psy.**

PSYCHIATRE [psikjatʀ] n. m., n. f. *UN PSYCHIATRE, UNE PSYCHIATRE :* médecin qui s'occupe des maladies mentales. → STYLE FAMILIER **psy.** *Le psychiatre soigne ma dépression. Elle est psychiatre à l'hôpital.*

PSYCHIATRIE [psikjatʀi] n. f. *LA PSYCHIATRIE :* partie de la médecine qui étudie et soigne les maladies mentales, les troubles de l'esprit. *Il s'est spécialisé en psychiatrie. Le malade a été admis dans le service de psychiatrie de l'hôpital.*

PSYCHIATRIQUE [psikjatʀik] adj. (après le nom) Qui concerne la psychiatrie, les maladies mentales. *Le patient souffre de troubles psychiatriques. On l'a interné dans un hôpital psychiatrique.*

PSYCHIQUE [psiʃik] adj. (après le nom) Qui concerne l'esprit, la pensée. *Il souffre de troubles psychiques graves.* → **mental.** *Sa maladie a des causes psychiques.* → **psychologique, psychosomatique.**

PSYCHO n. f. Forme abrégée familière de **psychologie.**

PSYCHOLOGIE [psikɔlɔʒi] n. f. *LA PSYCHOLOGIE* 1. Étude scientifique des phénomènes de l'esprit, de la pensée. *Elle est spécialisée dans la psychologie de l'enfant. Il fait des études de psychologie. - PSYCHO* [psiko] forme abrégée familière *Il a une licence de psycho.* 2. Qualité d'une personne qui comprend les sentiments des autres et qui arrive à prévoir leurs réactions et leurs comportements. *Il a beaucoup de psychologie.* → **intuition.** *Tu manques de psychologie.* → **finesse, tact.** 3. État d'esprit, mentalité (d'une personne, d'un groupe). *Elle a une psychologie particulière.* → **caractère.** *Ce genre de réaction n'est pas dans la psychologie européenne.* 4. Manière de présenter les sentiments, les caractères dans une œuvre de fiction. *La psychologie des personnages est très bien décrite dans ce roman.*

PSYCHOLOGIQUE [psikɔlɔʒik] adj. (après le nom) 1. Qui appartient à la psychologie. *Il a passé des tests psychologiques. Elle aime les romans psychologiques,* où l'analyse du caractère des personnages a une place importante. 2. Qui concerne l'esprit, la pensée (opposé à physique). *Sa fille a des problèmes psychologiques.* → **mental, psychique.** 3. Qui agit sur l'esprit, le moral. *Les ennemis entreprennent une GUERRE PSYCHOLOGIQUE,* qui essaie d'agir sur le moral de l'adversaire.

PSYCHOLOGIQUEMENT [psikɔlɔʒikmɑ̃] adverbe D'un point de vue psychologique. *Elle est très forte psychologiquement.* → **moralement.** (contraire : physiquement)

PSYCHOLOGUE [psikɔlɔg] n. m., n. f. et adj. 1. *UN PSYCHOLOGUE, UNE PSYCHOLOGUE :* spécialiste de la psychologie. → STYLE FAMILIER **psy.** *Leur fils a résolu ses difficultés à l'école grâce à une psychologue scolaire.* 2. adjectif (après le nom) Qui a une bonne connaissance des sentiments et des réactions des autres. *Il dit parfois des choses blessantes, il n'est pas très psychologue.*

PSYCHOSE [psikoz] n. f. *UNE PSYCHOSE :* maladie mentale qui provoque chez le malade des troubles très graves du comportement et qui lui fait perdre le contact avec la réalité. *Le délire est une manifestation de la psychose.*

PSYCHOSOMATIQUE [psikosɔmatik] adj. (après le nom) Qui concerne les maladies physiques liées à des troubles psychiques. *Il a des troubles psychosomatiques. L'asthme et l'eczéma sont parfois psychosomatiques.*

PSYCHOTHÉRAPIE [psikoteʀapi] n. f. *UNE PSYCHOTHÉRAPIE :* traitement des personnes qui ont des problèmes psychologiques ou des troubles de l'esprit. *Depuis qu'il suit une psychothérapie, il va beaucoup mieux. Elle fait une psychothérapie.*

REM. Une personne peut faire une psychothérapie avec un *psychologue,* un *psychiatre* ou un *psychanalyste.*

PSYCHOTIQUE [psikɔtik] adj., n. m. et n. f. 1. adjectif (après le nom) Atteint de psychose. *Le psychiatre l'a déclaré psychotique.* 2. *UN PSYCHOTIQUE, UNE PSYCHOTIQUE :* une personne atteinte de psychose. *Les psychotiques mènent difficilement une vie normale.*

PUANT [pɥɑ̃], **PUANTE** [pɥɑ̃t] adj. (après le nom) 1. Qui pue, qui sent très mauvais. *Il faut jeter ces vieux fromages puants.* → **nauséabond.** *On appelle les fouines et les putois des BÊTES PUANTES.* 2. STYLE FAMILIER (qqn) Très prétentieux, vaniteux. *Ce type est vraiment très content de lui, il est puant.*

PUANTEUR [pɥɑ̃tœʀ] n. f. *LA PUANTEUR :* très mauvaise odeur. *Quelle puanteur, dans cette poubelle !* → **infection.**

PUB [pyb] n. f. STYLE FAMILIER 1. *LA PUB :* publicité. *Il travaille dans une agence de pub.* 2. *UNE PUB :* séquence de publicité à la radio, à la télévision ou au cinéma. *Mon fils connaît toutes les pubs de la télévision.*

REM. *Pub* est la forme abrégée de *publicité,* mais est beaucoup plus courant.

PUBERTÉ [pybɛʀte] n. f. *LA PUBERTÉ :* ensemble des transformations du corps et de l'esprit qui ont lieu chez l'enfant qui devient un adolescent. *Les seins des filles poussent et la voix des garçons devient plus grave, à la puberté. Sa fille est en pleine puberté.*

PUBIS [pybis] n. f. ▪ *LE PUBIS :* partie du corps qui forme un triangle au bas du ventre. *Le pubis des adultes est recouvert de poils.*

PUBLIC [pyblik] adj. et n. m., **PUBLIQUE** [pyblik] adj.
I. adjectif (après le nom) **1.** Relatif à la nation tout entière, à l'État. *La police assure le maintien de l'ordre public. Les maires, les députés et les membres du gouvernement s'occupent des affaires publiques.* → **politique.** *L'intérêt public doit passer avant l'intérêt particulier.* → **commun, général.** - *Cette entreprise appartient au SECTEUR PUBLIC,* elle est nationalisée. ⟨contraire : privé⟩ *Ils ont mis leurs enfants à l'école publique.* → **laïque.** **2.** Ouvert, accessible à tous. *Les voitures ne peuvent pas stationner n'importe où sur la VOIE PUBLIQUE,* sur la chaussée. *Empruntez le passage public. Elle aime se promener dans les jardins publics. Cette vente aux enchères est publique.* **3.** Qui a lieu en présence de témoins, qui n'est pas secret. *Le ministre a fait une déclaration publique.* **4.** Qui concerne la fonction que l'on remplit dans la société. *Sa vie publique compte plus que sa vie privée.* → **professionnel.** *Un chef d'État est un homme public,* un homme qui joue un rôle important dans la vie de son pays. **5.** (qqch.) Connu de tous. ⟨contraire : secret⟩ *Le scandale est devenu public.* → **notoire, officiel.**
II. *LE PUBLIC* **1.** Les gens, la masse de la population. *Le musée est ouvert au public tous les jours, sauf le mardi.* - *Le GRAND PUBLIC apprécie beaucoup cette émission de variétés,* les gens en général. **2.** Ensemble des personnes que touche une œuvre, un spectacle. *La poésie s'adresse à un public restreint.* → **élite.** *Ce film peut être vu par tous les publics.* - *Le chanteur n'a pas déçu son public,* les gens qui l'apprécient. **3.** Ensemble des personnes qui assistent à un spectacle, à une réunion. *Les acteurs saluent sous les applaudissements du public.* → **assistance.** - *ÊTRE BON PUBLIC :* être peu difficile, admirer facilement (une œuvre, un spectacle). *Elle pleure à tous les films d'amour, elle est bon public.* **4.** *EN PUBLIC :* en présence d'un certain nombre de personnes réunies. *Elle a peur de parler en public. Ils s'embrassent en public.* ⟨contraire : en privé⟩

PUBLICATION [pyblikasjɔ̃] n. f. ▪ *LA PUBLICATION* **1.** Le fait de publier (un écrit, un ouvrage). *L'auteur a reçu beaucoup de lettres d'admirateurs après la publication de son roman.* → **parution, sortie.** **2.** Action de publier, de faire connaître à tous. *La publication des résultats du bac aura lieu demain.* **3.** *UNE PUBLICATION :* écrit publié. *Il est abonné à plusieurs publications scientifiques.* → **journal, revue.**

PUBLICITAIRE [pyblisitɛʀ] adj. et n. m.
I. adjectif (après le nom) **1.** Qui sert à la publicité, a un caractère de publicité. *Ce film publicitaire passe au cinéma.* → STYLE FAMILIER **pub ; spot.** *La sortie du produit est accompagnée d'une importante CAMPAGNE PUBLICITAIRE,* d'importants moyens pour faire connaître le nouveau produit. *Le journal est financé par les recettes publicitaires,* par l'argent gagné en faisant de la publicité pour des produits. **2.** Qui s'occupe de publicité. *Elle est rédactrice publicitaire dans une agence.*
II. *UN PUBLICITAIRE, UNE PUBLICITAIRE :* une personne qui travaille dans la publicité. *Son père est un publicitaire connu.*

PUBLICITÉ [pyblisite] n. f. ▪ *LA PUBLICITÉ* **1.** Art de faire connaître un produit au public pour mieux le vendre. → STYLE FAMILIER **pub.** *Cette marque fait beaucoup de publicité. Il travaille dans une AGENCE DE PUBLICITÉ.* **2.** *UNE PUBLICITÉ :* image, texte, film qui sert à faire connaître et vendre un produit. *Le film qui passe à la télévision est entrecoupé de publicités.* **3.** Caractère de ce qui est public, connu de tous. *Les journaux ont donné une regrettable publicité à cette triste affaire.*

PUBLIER [pyblije] verbe [conjugaison 7b] **1.** Faire paraître (un texte, un document) dans un livre, un journal. *Le romancier publiera* [pybliʀa] *son dernier livre à l'automne. Le magazine a publié des photos du mariage royal.* **2.** Fabriquer et mettre en vente un livre. *Cet éditeur publie des documents d'actualité.* → **éditer.** *Quelle maison d'édition publie Malraux ?* les œuvres de Malraux. *Il faut que vous publiiez ce jeune auteur.* **3.** Faire connaître à tous, annoncer publiquement. → **divulguer.** *Le journal publie les résultats du concours.*

PUBLIQUEMENT [pyblikmɑ̃] adverbe ▪ En public. *Il s'est excusé publiquement.* ⟨contraire : secrètement⟩

PUCE [pys] n. f. ▪ *UNE PUCE* **1.** Petit insecte de couleur brune, parasite de l'homme et des animaux. *Il a été piqué par une puce. Ce chien a des puces.* - *Sa remarque m'a MIS LA PUCE À L'OREILLE,* a éveillé mes doutes, m'a intrigué. **2.** *MARCHÉ AUX PUCES :* marché où l'on vend des choses anciennes et des objets d'occasion. *Il a trouvé de vieux disques au marché aux puces.* **3.** STYLE FAMILIER Personne très petite. *À côté de lui, sa femme est une puce.* - (terme d'affection) *Ça va, ma puce ?* **4.** *Une PUCE ÉLECTRONIQUE :* petite pastille électronique qui stocke des informations dans les ordinateurs et les cartes bancaires. *Cette usine fabrique des puces électroniques.*

PUCEAU [pyso] n. m. et adj., **PUCELLE** [pysɛl] n. f. et adj. **1.** *UN PUCEAU, UNE PUCELLE :* un garçon, une fille qui n'a jamais eu de relations sexuelles. *Elle a séduit un puceau.* PLURIEL : *des PUCEAUX. On appelait Jeanne d'Arc « la Pucelle d'Orléans ».* **2.** adjectif (après le nom) Qui n'a jamais eu de relations sexuelles. → **vierge.** *Son fils de dix-huit ans est encore puceau.*

PUCERON [pysʀɔ̃] n. m. ▪ *UN PUCERON :* petit insecte parasite des plantes. *Elle traite ses rosiers contre les pucerons.*

PUDDING [pudiŋ] n. m. ▪ *UN PUDDING :* gâteau fait avec de la farine, des œufs, de la graisse de bœuf, des raisins secs et des épices. *À Noël, en Angleterre, on mange le traditionnel pudding.*
▌REM. *Pudding* est un mot anglais. On peut l'écrire aussi *pouding.*

PUDEUR [pydœʀ] n. f. ▪ *LA PUDEUR* **1.** Sentiment de gêne qu'une personne éprouve à se montrer nu. *Par pudeur, elle se tourne pour mettre son soutien-gorge.* ⟨contraire : indécence⟩ **2.** *ATTENTAT À LA PUDEUR :* acte, geste grossier ou indécent qui peut choquer la personne à qui il s'adresse. *Les attentats à la pudeur sont punis par la loi.* **3.** Délicatesse, discrétion. *Elle cache son chagrin par pudeur. Ayez au moins la pudeur de vous taire !*

PUDIQUE [pydik] adj. (après le nom) **1.** Qui a de la pudeur. *Elle a toujours des vêtements amples et longs, c'est une femme très pudique.* - *D'un geste pudique, elle baisse sa jupe sur ses genoux.* ⟨contraire : indécent⟩ **2.** (qqch.) Plein de discrétion. *Il a fait une allusion pudique à son amour de jeunesse.*

PUDIQUEMENT [pydikmɑ̃] adverbe **1.** D'une manière pudique. *Il détourne pudiquement le regard pendant qu'elle change de maillot de bain.* **2.** En termes pudiques, par euphémisme. → **euphémisme.** *On dit pudiquement « une longue maladie » au lieu de « cancer ».*

PUER [pɥe] verbe [conjugaison 1a] ▪ Sentir très mauvais. *Ce chien pue. Pouah ! Ça pue.* → STYLE FAMILIER **schlinguer.** *Si tu ouvrais un peu la fenêtre, ça puerait* [pyʀɛ] *moins, ici !* → **empester.** ⟨contraire : embaumer⟩ - *Il pue l'alcool.*

PUÉRICULTEUR [pɥeʀikyltœʀ] n. m., **PUÉRICULTRICE** [pɥeʀikyltʀis] n. f. ▪ *UN PUÉRICULTEUR, UNE PUÉRICULTRICE :* personne dont le métier est de s'occuper des bébés et des très jeunes enfants. *Les puéricultrices de la maternité changent les nouveau-nés.*

PUÉRIL [pɥeʀil], **PUÉRILE** [pɥeʀil] adj. (après le nom) ▪ Qui ne convient qu'à un enfant, est indigne d'un adulte. ⟨contraires : sérieux, mûr⟩ *Il a parfois des réactions puériles.* → **immature, infantile.** *C'est puéril !*

PUÉRILITÉ [pɥeʀilite] n. f. ▪ *LA PUÉRILITÉ :* caractère puéril, infantile. *La puérilité de son comportement m'inquiète.* ⟨contraire : maturité⟩

PUGILAT [pyʒila] n. m. ▪ *UN PUGILAT :* bagarre à coups de poing. *Il y a eu un pugilat dans le bistrot. La querelle s'est terminée en pugilat.* → **rixe.**

puis [pɥi] *Je puis ; puis-je ? :* forme au présent du verbe **pouvoir.**

PUIS [pɥi] adverbe **1.** Après cela, dans le temps qui suit. *Il a mangé du fromage, puis un fruit.* → **ensuite. 2.** Plus loin. *Du bateau, on aperçoit la côte, puis les plages, puis les maisons.* → **après. 3.** *ET PUIS :* et (dans une énumération). *Il m'a présenté son père, sa mère et puis ses frères et sœurs. – Je n'ai pas le temps, et puis ça m'embête,* et d'ailleurs, et en plus. – STYLE FAMILIER *Il voudrait que je fasse son travail à sa place, ET PUIS QUOI ENCORE ?* il exagère de vouloir cela.

FAUX AMI
portugais **pois** « donc »

PUISER [pɥize] verbe [conjugaison 1a] **1.** Prendre dans une masse liquide à l'aide d'un récipient. *Les femmes du village puisent de l'eau à la rivière.* → **tirer. 2.** Prendre, prélever (dans une réserve). *Il a puisé dans ses économies pour s'acheter un ordinateur. – Ce dictionnaire puise ses citations chez les meilleurs écrivains.* → **emprunter.**

PUISQUE [pɥisk] conjonction ▪ Dès l'instant où, du moment que. *Je viens, puisque tu insistes.* → **si.** *Puisqu'il le faut, je viendrai. Puisque vous êtes là, vous allez nous aider,* étant donné que vous êtes là. → **comme.** – *Mais puisque je te le dis, tu peux me croire !*

REM. **1.** *Puisque* introduit la cause, le rapport de cause à effet. **2.** Il y a élision du *e* final devant *il, elle, en, on, un* ou *une (puisqu'elle le veut, puisqu'on est d'accord...).*

PUISSAMMENT [pɥisamɑ̃] adverbe **1.** Avec des moyens puissants. *Ce pays est puissamment armé. – C'est un homme puissamment riche.* → **extrêmement, très. 2.** Avec force. *C'est puissamment raisonné !* → **fortement, intelligemment.**

PUISSANCE [pɥisɑ̃s] n. f.
I. *LA PUISSANCE* **1.** État d'une personne, d'un groupe ou d'un pays qui a une grosse influence sur les personnes et les choses. *Cet homme politique a une énorme VOLONTÉ DE PUISSANCE,* un important besoin de dominer les gens et les choses. *La puissance politique et économique des États-Unis est incontestable.* → **autorité, force, souveraineté. 2.** Caractère de ce qui a de grands effets. *La puissance de son raisonnement nous a convaincus.* → **efficacité.** *Les romanciers ont une grande puissance d'imagination.* → **force. 3.** Force physique (d'une personne). *Chacun est impressionné par la puissance des haltérophiles.* **4.** Quantité d'énergie fournie par unité de temps. *Le moteur de ma voiture a une puissance de six chevaux. La puissance de cette ampoule est de soixante watts.* **5.** Pouvoir d'action (d'un appareil). *Le son de la radio est trop fort, baisse la puissance.* → **volume. 6.** *Puissance d'un nombre,* produit de plusieurs facteurs égaux à ce nombre. *Les élèves doivent élever un nombre à la puissance deux* (→ **carré**) *puis à la puissance trois* (→ **cube**). *« 10^5 » se lit « dix puissance cinq ».* **7.** *EN PUISSANCE :* qui existe sans produire d'effet, sans se manifester vraiment. *Il faut découvrir les talents en puissance.* → **potentiel, virtuel.** *C'est un criminel en puissance.*
II. 1. *UNE PUISSANCE :* un état souverain. → **nation, pays.** *Le monde est dominé par les GRANDES PUISSANCES,* les pays les plus puissants, les plus forts. **2.** Un être puissant. *Les puissances du mal sont les démons.*

PUISSANT [pɥisɑ̃], **PUISSANTE** [pɥisɑ̃t] adj. (après le nom, parfois avant le nom) **1.** Qui a un grand pouvoir, de la puissance. *Le Premier ministre est un personnage puissant.* → **considérable, influent.** *Il y a des syndicats puissants dans cette entreprise.* ⟨contraire : faible⟩ *Le pays est menacé par son puissant voisin,* qui a d'importants moyens militaires. **2.** (qqch.) Qui produit de grands effets, qui est très actif. *Il a pris un somnifère puissant.* → **énergique, fort.** *Ils sont liés l'un à l'autre par des sentiments puissants.* → **profond.** ⟨contraire : superficiel⟩ – *Elle a une puissante personnalité,* une personnalité qui s'impose par sa force, son action. **3.** (qqn) Qui a de la force physique. *Il est mince mais puissant. Le boxeur a des muscles puissants.* → **développé. 4.** (moteur, machine) Qui a de la puissance, de l'énergie. *Sa voiture a un moteur puissant. Attention, freins puissants !* **5.** Qui a une grande intensité. *Le phare a une lanterne très puissante.* → **fort.** *Il parle d'une voix puissante.* ⟨contraire : faible⟩

puisse [pɥis] *Que je puisse ; qu'il puisse, qu'elle puisse :* forme au subjonctif du verbe **pouvoir.**

PUITS [pɥi] n. m. ▪ *UN PUITS* **1.** Trou circulaire et profond creusé dans le sol et entouré de parois de pierre, destiné à atteindre une nappe d'eau souterraine. *Autrefois, les femmes du village puisaient de l'eau au puits. Un seau est posé sur la margelle du puits.* **2.** Trou creusé dans le sol ou le sous-sol, pour exploiter un gisement. *Le forage d'un PUITS DE PÉTROLE se fait avec un derrick.* **3.** *Un PUITS DE SCIENCE :* une personne qui a de très vastes connaissances. *Il sait toujours tout, c'est un puits de science.*

PULL n. m. Forme abrégée de **pull-over.**

PULL-OVER [pylɔvɛʀ] n. m. ▪ *UN PULL-OVER :* vêtement tricoté qui couvre le haut du corps et que l'on enfile par la tête. → **chandail.** *Elle a un pull-over bleu.* PLURIEL : *des PULL-OVERS.* – *PULL* [pyl] forme abrégée *Il a un pull à col roulé. J'aime les pulls en cachemire.*

REM. *Pull-over* est un mot anglais qui est parfois prononcé [pulɔvœʀ] et s'emploie moins que *pull.*

PULLULER [pylyle] verbe [conjugaison 1a] ▪ Être en très grand nombre. *Les moustiques pullulent près de l'étang.* → **grouiller.** – *Les fautes pullulent dans ce devoir.* → **abonder, foisonner.**

PULMONAIRE [pylmɔnɛʀ] adj. (après le nom) ▪ Du poumon. *La tuberculose est une maladie pulmonaire. Il a les alvéoles pulmonaires bouchées.*

PULPE [pylp] n. f. ▪ *LA PULPE* **1.** Partie charnue d'un fruit. *Ce jus est fait avec de la pulpe d'oranges pressées.* → **chair. 2.** *La pulpe (des dents) :* le tissu qui remplit l'intérieur des dents. *La carie atteint la pulpe.*

PULSATION [pylsasjɔ̃] n. f. ▪ *UNE PULSATION :* battement (du cœur, des artères). *Les pulsations du cœur sont plus rapides pendant un effort.* → **pouls.**

PULSION [pylsjɔ̃] n. f. ▪ *UNE PULSION :* tendance inconsciente qui pousse une personne à agir. *Il contrôle mal ses pulsions agressives. Elle refoule ses pulsions sexuelles.* → **libido.**

REM. Ce mot appartient au vocabulaire de la psychanalyse.

PULVÉRISATEUR [pylveʀizatœʀ] n. m. ▪ *UN PULVÉRISATEUR :* appareil qui sert à projeter un liquide, une poudre pulvérisée en fines gouttelettes. → **atomiseur, vaporisateur.** *J'ai acheté un pulvérisateur d'insecticide.*

PULVÉRISATION [pylveʀizasjɔ̃] n. f. ▪ *UNE PULVÉRISATION :* projection d'un liquide sous pression en fines gouttelettes. *La pul-*

vérisation d'insecticide sur les plantes est efficace contre les parasites. Il se fait des pulvérisations dans le nez pour soigner son rhume.

PULVÉRISER [pylveʀize] verbe [conjugaison 1a] **1.** Projeter (un liquide sous pression) en fines gouttelettes. *Le jardinier pulvérise de l'insecticide sur les rosiers.* → **vaporiser. 2.** Réduire en poudre ou en très petits morceaux. *Le choc a pulvérisé le pare-brise de la voiture.* **3.** Détruire complètement. *Il a pulvérisé tous nos arguments.* → **anéantir. 4.** STYLE FAMILIER *PULVÉRISER UN RECORD,* le battre de beaucoup. *Le champion olympique a pulvérisé le record du monde,* il l'a largement battu.

PUMA [pyma] n. m. ▪ *UN PUMA :* félin d'Amérique à pelage fauve et sans crinière. *Le puma a sauté sur sa proie.*

① **PUNAISE** [pynɛz] n. f. ▪ *UNE PUNAISE :* petit insecte aplati, qui dégage une très mauvaise odeur quand on l'écrase. *J'ai trouvé une punaise sur le plancher de la chambre.*

② **PUNAISE** [pynɛz] n. f. ▪ *UNE PUNAISE :* petit clou à tête plate et à pointe courte. *L'affiche est fixée au mur par des punaises.*

① **PUNCH** [pɔ̃ʃ] n. m. ▪ *UN PUNCH :* boisson à base de rhum et de sucre, parfumée au citron et aux épices. *Voulez-vous du punch ? Il a bu deux verres de punch.*

② **PUNCH** [pœnʃ] n. m. ▪ *LE PUNCH* **1.** Aptitude d'un boxeur à donner des coups secs et efficaces. *Ce boxeur a un punch redoutable pour ses adversaires.* **2.** STYLE FAMILIER Dynamisme. *Il a du punch. Elle manque de punch.*

PUNIR [pyniʀ] verbe [conjugaison 2] **1.** Infliger une peine à (qqn qui a mal agi). *La justice punit les coupables.* → **châtier, condamner.** *Quand son fils était enfant, elle le punissait sévèrement chaque fois qu'il le méritait.* ⟨contraire : récompenser⟩ **2.** Sanctionner (une faute) par une peine, une punition. *La loi punit les infractions.* **3.** *ÊTRE PUNI DE :* supporter les conséquences fâcheuses de. *Il est bien puni de sa curiosité. - Elle est punie de sa bonté,* elle en est mal récompensée.

PUNITIF [pynitif], **PUNITIVE** [pynitiv] adj. (après le nom) ▪ Destiné à punir. *L'armée a organisé une EXPÉDITION PUNITIVE contre l'ennemi,* une attaque violente en guise de représailles.

PUNITION [pynisjɔ̃] n. f. ▪ *UNE PUNITION :* ce que l'on fait subir à une personne qui a commis une faute. → **sanction.** *Le professeur donne une punition aux élèves qui bavardent. Pour ta punition, tu n'iras pas au cinéma.* → ② **peine.** *Mon fils est EN PUNITION dans sa chambre,* il est puni.

FAUX AMI
italien **punizione** «coup franc»

PUNK [pœnk] n. m., n. f. et adj. invariable **1.** *UN PUNK, UNE PUNK :* jeune qui manifeste sa contestation de la société par une manière provocante de s'habiller et de se coiffer, par sa violence et son goût pour une musique en marge du rock traditionnel. *Les punks ont les cheveux taillés en forme de crête.* **2.** adjectif invariable (après le nom) Qui concerne les punks. *La mode punk vient de Grande-Bretagne.* PLURIEL : *des chanteurs punk.*

REM. *Punk* est un mot anglais qui veut dire «voyou».

① **PUPILLE** [pypij] n. m., n. f. ▪ *UN PUPILLE, UNE PUPILLE :* orphelin mineur élevé par un tuteur. *C'est le tuteur qui gère les biens de son pupille. - Elle est PUPILLE DE LA NATION :* elle est sous la tutelle de l'État, car ses parents ont été tués pendant la guerre.

② **PUPILLE** [pypij] n. f. ▪ *LA PUPILLE :* petit trou rond au centre de l'iris, par où passent les rayons lumineux. *Dans l'obscurité, la pupille se dilate.* → ② **prunelle.**

PUPITRE [pypitʀ] n. m. ▪ *UN PUPITRE* **1.** Petite table inclinée sur laquelle on pose un livre, une partition de musique. *Les musiciens de l'orchestre ont posé leur partition sur leur pupitre.* **2.** Tableau où sont les commandes et les appareils de contrôle d'un système électronique. → **console.** *L'informaticien est au pupitre de l'ordinateur.*

PUR [pyʀ], **PURE** [pyʀ] adj. (après le nom, parfois avant le nom) **1.** Qui n'est mélangé à rien d'autre. *Il boit son whisky pur,* sans eau ni glace. *Mon pull est en pure laine* (opposé à laine mélangée). → **vierge.** *Cette confiture est pur fruit, pur sucre,* sans colorant ni rien d'autre que des fruits et du sucre. *J'aime les couleurs pures,* franches. *Ce piano a un son pur.* → **cristallin. 2.** (après le nom) Qui ne contient aucun élément mauvais ou défectueux. *C'est de l'eau pure, vous pouvez la boire.* ⟨contraire : pollué⟩ *Respirons l'air pur des montagnes.* ⟨contraires : insalubre, vicié⟩ *Le ciel est pur, ce matin,* sans nuages. → **limpide. 3.** (après le nom) Qui ne contient aucun élément étranger à sa nature. *C'est de la poésie pure. Ce chercheur fait de la recherche pure,* de la recherche fondamentale, théorique (opposé à appliqué). **4.** (avant le nom) Qui est seulement et complètement tel. *C'est un ouvrage de pure fiction.* → **complet, total.** *C'est un pur hasard.* → **simple.** *Il a dit ça par pure méchanceté.* → **véritable.** *C'est la pure vérité.* → **strict.** *C'est une question DE PURE FORME.* → **formel.** *J'ai essayé EN PURE PERTE de le convaincre,* j'ai essayé sans succès. **5.** (après le nom) *PUR ET DUR :* très rigoureux. *Le gouvernement suit une politique pure et dure. C'est un extrémiste pur et dur.* **6.** (après le nom) Moralement sans tache, irréprochable. ⟨contraire : corrompu⟩ *Il a des intentions très pures,* bonnes et désintéressées. *C'est un cœur pur.* → **innocent. 7.** (après le nom) Chaste. *C'est une jeune fille pure.* → **vierge. 8.** (après le nom) Sans défaut esthétique. *Elle a un profil très pur.* → **parfait. 9.** (après le nom) (langage) D'une correction parfaite. *Il parle un français très pur.* → **châtié.**

PURCELL [pœʀsɛl] nom propre ▪ Compositeur anglais du dix-septième siècle. *«Didon et Énée» est un opéra de Purcell.*

REM. Souvent prononcé [pyʀsɛl], en France.

PURÉE [pyʀe] n. f. ▪ *UNE PURÉE :* légumes bouillis et écrasés. *Le rôti est accompagné d'une purée de carottes. - Il mange de la purée et du jambon,* de la purée de pommes de terre et du jambon. - *EN PURÉE,* écrasé. *Le gâteau est en purée.* → **bouillie.**

PUREMENT [pyʀmɑ̃] adverbe ▪ Uniquement. *Elle a fait des études purement littéraires.* → **exclusivement.** - *C'est PUREMENT ET SIMPLEMENT scandaleux,* sans réserve, sans aucun doute possible.

PURETÉ [pyʀte] n. f. ▪ *LA PURETÉ* **1.** État d'une substance pure. *L'eau de ce ruisseau est d'une grande pureté.* → **limpidité. 2.** État de ce qui est sans défaut. *La pureté de ce diamant est remarquable.* **3.** STYLE RECHERCHÉ État de ce qui est pur moralement. *Il nous garantit la pureté de ses intentions.* → **honnêteté, innocence. 4.** Chasteté. *Les moines vivent dans une pureté absolue.* **5.** État de ce qui se conforme avec élégance à des règles, à un certain type de perfection. *L'Académie française veille à la pureté de la langue.* → **correction, purisme.** *J'aime la pureté des lignes de cette sculpture.*

PURGATIF [pyʀgatif] adj. et n. m., **PURGATIVE** [pyʀgativ] adj. **1.** adjectif (après le nom) (substance) Qui purge, qui stimule l'intestin. *Elle boit une tisane purgative à base de plantes.* **2.** *UN PURGATIF :* produit qui stimule l'intestin, qui lutte contre la constipation. *Il a pris un purgatif.* → **laxatif, purge.**

PURGATOIRE [pyʀgatwaʀ] n. m. ▪ *LE PURGATOIRE :* dans la religion catholique, lieu où les âmes des pécheurs expient leurs péchés avant d'aller au paradis, après la mort. *Le prêtre prie pour les âmes qui sont au purgatoire.*

PURGE [pyʀʒ] n. f. ▪ *UNE PURGE* **1.** Médicament contre la constipation. *Il a pris une purge.* → **laxatif, purgatif.** **2.** Évacuation d'un gaz ou d'un liquide qui empêche un appareil de bien fonctionner. → **vidange.** *Le robinet de purge du radiateur a une fuite* (→ **purgeur**). **3.** Élimination autoritaire de personnes jugées indésirables du point de vue politique. *Staline a pratiqué des purges sévères dans le parti communiste soviétique.*

PURGER [pyʀʒe] verbe [conjugaison 3b] **1.** Vider de son contenu. *Nous purgeons les radiateurs avant d'allumer le chauffage.* → **vidanger.** **2.** Donner un purgatif à (qqn, un animal). *L'infirmière purge le malade avant l'opération.* **3.** STYLE RECHERCHÉ Débarrasser d'une chose mauvaise, de personnes considérées comme dangereuses. *Le dictateur a purgé le pays de tous les opposants.* **4.** *PURGER UNE PEINE*, s'en débarrasser en l'effectuant. *Le prisonnier a purgé sa peine.*

PURGEUR [pyʀʒœʀ] n. m. ▪ *UN PURGEUR* : robinet qui sert à purger (une tuyauterie, une machine). *Le purgeur de la chaudière est bouché.*

PURIFIER [pyʀifje] verbe [conjugaison 7a] **1.** Débarrasser de ses impuretés. *Si tu ouvrais la fenêtre, ça purifierait* [pyʀidiʀɛ] *l'air.* → **assainir.** **2.** Rendre pur moralement. *L'épreuve l'a purifié.* ⟨contraires : corrompre, souiller⟩

PURISME [pyʀism] n. m. ▪ *LE PURISME* : souci excessif de la pureté, de la correction du langage. ⟨contraire : laxisme⟩ *Il a un langage châtié et ses amis l'accusent de purisme.*

PURISTE [pyʀist] n. m., n. f. et adj. **1.** *UN PURISTE, UNE PURISTE* : une personne qui a un souci excessif de la pureté du langage. *Les puristes refusent de voir le langage évoluer.* **2.** adjectif (après le nom) Propre au purisme. *Il a une attitude puriste.* ⟨contraire : laxiste⟩

PURITAIN [pyʀitɛ̃], **PURITAINE** [pyʀitɛn] adj. (après le nom) ▪ Qui est très strict sur la morale, qui a un respect scrupuleux des principes. *On ne peut pas faire de plaisanteries un peu lestes, il est très puritain. Elle a reçu une éducation puritaine.* → **austère, rigide.**

PUR-SANG [pyʀsɑ̃] n. m. invariable ▪ *UN PUR-SANG* : cheval de course de pure race. *Le cavalier monte un pur-sang.* PLURIEL : *ils élèvent des pur-sang.*

PURULENT [pyʀylɑ̃], **PURULENTE** [pyʀylɑ̃t] adj. (après le nom) ▪ Qui contient ou produit du pus. *Il a un abcès purulent. L'infirmière nettoie la plaie purulente.*

PUS [py] n. m. ▪ *LE PUS* : liquide jaunâtre contenant des microbes, qui se forme aux endroits du corps qui sont infectés. *Un écoulement de pus* (→ **purulent**) *sort de l'abcès.*

PUSILLANIME [pyzilanim] adj. (après le nom) ▪ STYLE RECHERCHÉ Qui craint le risque, manque d'audace. *Il est pusillanime et n'ose rien entreprendre.* → **craintif, timoré.** ⟨contraires : audacieux, courageux, téméraire⟩

PUSTULE [pystyl] n. f. ▪ *UNE PUSTULE* : bouton rempli de pus. *Il a des pustules sur le visage.*

put [py] *Il put, elle put* : forme au passé simple du verbe **pouvoir.**

PUTAIN [pytɛ̃] n. f. et interjection

I. STYLE TRÈS FAMILIER *UNE PUTAIN* **1.** Prostituée. *Des putains accostent les hommes dans la rue.* – *PUTE* [pyt] forme abrégée *Des putes.* **2.** *PUTAIN DE* : exprime l'exaspération. *Cette PUTAIN DE voiture ne veut pas démarrer !* → **sacré.** *Quel putain de temps !* → **sale.**

II. STYLE FAMILIER interjection *PUTAIN !* exprime l'étonnement, l'admiration ou la colère. *Putain ! Écoute-moi ! Ce que c'est beau, putain !*

> FAUX AMI
> allemand **Pute** « dinde »

REM. Ce mot est péjoratif et injurieux, mais très courant.

PUTE n. f. Forme abrégée très familière de **putain.**

PUTOIS [pytwa] n. m. ▪ *UN PUTOIS* : petit animal carnivore, à fourrure brune ou jaunâtre et à odeur forte. *Les putois sont des mammifères.* – *Il CRIE COMME UN PUTOIS*, très fort.

PUTRÉFACTION [pytʀefaksjɔ̃] n. f. ▪ *LA PUTRÉFACTION* : décomposition de la chair sous l'action des bactéries. → **pourri, pourriture.** *L'oiseau mort est en état de putréfaction.*

PUTRIDE [pytʀid] adj. (après le nom) ▪ *Une ODEUR PUTRIDE*, de pourriture. *Une odeur putride se dégage de la poubelle pleine.*

PUTSCH [putʃ] n. m. ▪ *UN PUTSCH* : coup d'État. *Le général a fait un putsch pour renverser le gouvernement. Il y a souvent eu des putschs militaires dans ce pays.*

REM. Ce mot vient de l'allemand.

PUZZLE [pœzl] n. m. ▪ *UN PUZZLE* : jeu de patience, composé de morceaux que l'on doit assembler pour former un dessin. *L'enfant assemble une à une toutes les pièces du puzzle. Certains puzzles sont très difficiles à réaliser.*

REM. *Puzzle* vient de l'anglais. On prononce aussi [pœzœl].

P.-V. n. m. Forme abrégée de **procès-verbal.**

PYGMÉE [pigme] n. m., n. f. ▪ *UN PYGMÉE, UNE PYGMÉE* : personne d'une race de très petite taille qui habite dans les forêts d'Afrique équatoriale et d'Asie du Sud-Est. *Les pygmées vivent de la chasse et de la cueillette.*

PYJAMA [piʒama] n. m. ▪ *UN PYJAMA* : vêtement de nuit ou d'intérieur, composé d'une veste et d'un pantalon. *Il est EN PYJAMA. Elle n'aime que les pyjamas de soie.*

PYLÔNE [pilon] n. m. ▪ *UN PYLÔNE* : support en fer ou en béton, qui soutient des échafaudages, des ponts suspendus, des lignes électriques ou des câbles. *La voiture a percuté un des pylônes du pont.* → **pilier, poteau.**

PYORRHÉE [pjɔʀe] n. f. ▪ *LA PYORRHÉE* : écoulement de pus. *Il a de la pyorrhée dentaire.*

PYRAMIDE [piʀamid] n. f. ▪ *UNE PYRAMIDE* **1.** Grand monument dont la base est un carré et les quatre faces des triangles. *Les anciens Égyptiens et les Incas construisaient des pyramides.* **2.** Entassement d'objets qui s'élèvent en s'amincissant vers le haut. *Des pyramides de fruits et de légumes occupent l'étal du marchand.* **3.** Représentation d'un phénomène par un dessin plus large en bas qu'en haut. *Ce graphique représente la pyramide des âges.*

PYRÉNÉEN [piʀeneɛ̃] adj. et n. m., **PYRÉNÉENNE** [piʀeneɛn] adj. et n. f. **1.** adjectif (après le nom) Des Pyrénées, chaîne de montagnes située entre la France et l'Espagne. *Le climat pyrénéen est rude. Les stations de ski pyrénéennes sont ensoleillées.* **2.** *UN PYRÉNÉEN, UNE PYRÉNÉENNE* : un habitant des Pyrénées. *Les Pyrénéens.*

PYREX [pirɛks] n. m. (marque déposée)▪ *LE PYREX :* verre très résistant pouvant aller au feu. *Le rôti est dans un plat en pyrex.*

PYROMANE [piʀɔman] n. m., n. f. ▪ *UN PYROMANE, UNE PYROMANE :* personne qui allume des incendies par plaisir. → **incendiaire.** *Un pyromane vient d'être arrêté.*

PYRRHUS [pirys] nom propre ▪ Roi d'Épire (319-272 avant J.-C.). *Pyrrhus a vaincu les Romains à Héraclée (280 avant J.-C.) au prix de très lourdes pertes humaines. – Il a remporté une* VICTOIRE À LA PYRRHUS, qui a coûté très cher, peu honorable.

PYTHON [pitɔ̃] n. m.▪ *UN PYTHON :* serpent des forêts d'Afrique et d'Asie, de très grande taille, non venimeux, qui broie ses proies entre ses anneaux avant de les avaler. *Les pythons peuvent mesurer jusqu'à dix mètres de long.*

REM. *Piton* «clou, vis» se prononce de la même façon.

Q

Q [ky] n. m. invariable ▪ *LE Q :* dix-septième lettre de l'alphabet du français. *Le q est une consonne. Il y a des q minuscules* (q) *et des q majuscules* (Q). *Au début d'un mot, q est toujours suivi de u (qu).*

REM. Les lettres *qu* se prononcent généralement [k] (ex. : *quatre, loque*) assez souvent [kw] (ex. : *quadruple, adéquat*) et aussi [kɥ] (ex. : *ubiquité*).

Q. I. [kyi] n. m. invariable ▪ *LE Q. I. :* le quotient intellectuel. *Elle a un Q. I. exceptionnel.* PLURIEL : *des Q. I.*

QUADRAGÉNAIRE [kwadʀaʒenɛʀ] adj., n. m. et n. f. **1.** adjectif (après le nom) Dont l'âge est compris entre quarante et quarante-neuf ans. *Il a épousé une femme quadragénaire.* **2.** *UN QUADRAGÉNAIRE, UNE QUADRAGÉNAIRE :* une personne qui a entre quarante et quarante-neuf ans. *Son père est un quadragénaire.*

REM. On prononce aussi [kadʀaʒenɛʀ].

QUADRATURE [kwadʀatyʀ] n. f. ▪ *C'EST LA QUADRATURE DU CERCLE :* c'est un problème insoluble, une chose irréalisable. *Nous n'y arriverons jamais, c'est la quadrature du cercle ce que tu me demandes !*

REM. On prononce aussi [kadʀatyʀ].

QUADRILATÈRE [kwadʀilatɛʀ] n. m. ▪ *UN QUADRILATÈRE :* figure géométrique qui a quatre côtés. *Le carré, le losange, le rectangle, le parallélogramme sont des quadrilatères.*

REM. On prononce aussi [kadʀilatɛʀ].

QUADRILLAGE [kadʀijaʒ] n. m. ▪ *LE QUADRILLAGE* **1.** Ensemble de lignes qui divisent une surface en carrés. *Elle écrit sur du papier à petit quadrillage,* sur du papier à petits carreaux. **2.** Action de la police qui consiste à diviser un territoire en secteurs et à y répartir des policiers pour les contrôler. *La police a procédé au quadrillage du quartier,* elle a quadrillé le quartier.

QUADRILLÉ [kadʀije], **QUADRILLÉE** [kadʀije] adj. (après le nom) ▪ Marqué de lignes qui font des carreaux. *Les enfants écrivent sur du PAPIER QUADRILLÉ.*

QUADRILLER [kadʀije] verbe [conjugaison 1a] **1.** Tracer des lignes droites qui se croisent à angle droit en formant des carreaux. *Il quadrille sa feuille pour faire une grille de mots croisés.* **2.** Diviser (un territoire) en secteurs où l'on répartit des troupes pour le contrôler. *La police a quadrillé le quartier* (**→ quadrillage**).

QUADRUPÈDE [kwadʀypɛd] adj. et n. m. **1.** adjectif (après le nom) (animal) Qui a quatre pattes. *Les moutons sont des animaux quadrupèdes.* **2.** *UN QUADRUPÈDE :* mammifère qui a quatre pattes. *Le chat est un quadrupède.*

REM. On prononce aussi [kadʀypɛd].

QUADRUPLE [kwadʀypl] adj. et n. m. **1.** adjectif (avant le nom) Qui est répété quatre fois, qui vaut quatre fois (la quantité désignée). *Photocopiez cette lettre en quadruple exemplaire,* en quatre exemplaires. **2.** *LE QUADRUPLE :* ce qui est égal à quatre fois (ce qui est désigné). *Quatre-vingts est le quadruple de vingt,* le produit de vingt multiplié par quatre.

REM. On prononce aussi [kadʀypl].

QUADRUPLER [kwadʀyple] verbe [conjugaison 1a] **1.** Multiplier par quatre. *Il a quadruplé son capital en dix ans.* **2.** Devenir quatre fois plus élevé. *La production de maïs a quadruplé en vingt ans dans cette région.*

REM. On prononce aussi [kadʀyple].

QUAI [kɛ] n. m. ▪ *UN QUAI* **1.** Plate-forme aménagée au bord de l'eau, où les bateaux peuvent accoster. *Nous nous sommes promenés sur les quais de la Seine, à Paris. Le paquebot est À QUAI,* rangé le long du quai. *Les passagers sont sur le quai d'embarquement.* **2.** Plate-forme qui longe une voie ferrée, dans une gare. *Les voyageurs se pressent sur le quai du métro. Le train pour Lille partira au quai numéro quinze.* **→ voie.** **3.** Route, voie qui borde un cours d'eau. *Nous nous sommes promenés sur les quais de la Seine, à Paris.*

QUALIFICATIF [kalifikatif] adj. et n. m., **QUALIFICATIVE** [kalifikativ] adj. **1.** adjectif (après le nom) *Un ADJECTIF QUALIFICATIF :* adjectif qui qualifie, qui caractérise un nom. *Un adjectif qualificatif peut être épithète* (ex. : *c'est un garçon courageux*) *ou attribut* (ex. : *il est courageux*). **2.** *UN QUALIFICATIF :* mot ou groupe de mots qui sert à qualifier qqn ou qqch. *Il a employé des qualificatifs élogieux pour parler de sa femme. Il a trouvé des qualificatifs injurieux pour décrire son voisin.* **→ épithète.**

REM. Voir encadré page suivante.

QUALIFICATION [kalifikasjɔ̃] n. f. **1.** *LA QUALIFICATION :* le fait d'être qualifié, de se qualifier pour une compétition. *Notre équipe de football a remporté le match de qualification pour la finale.* **2.** *LA QUALIFICATION PROFESSIONNELLE :* l'ensemble des aptitudes et des connaissances acquises en travaillant. *Il a les qualifications nécessaires pour faire ce travail,* il a l'expérience et les diplômes nécessaires.

l'adjectif qualificatif

1. L'adjectif qualificatif s'accorde en genre et en nombre avec le nom : *un long moment, de longues journées ; un pantalon bleu, des robes bleues.*

2. L'adjectif qualificatif se place le plus souvent après le nom en français, surtout quand il a plusieurs syllabes. Mais la plupart des adjectifs très fréquents se placent avant le nom : *grand, beau, bon,* etc.

L'adjectif qualificatif peut changer de place selon sa signification : *une personne maigre ; un maigre salaire.*

L'adjectif est soit ***épithète*** (directement rattaché au nom) : *un repas maigre* (sans graisses), *un maigre repas* (peu abondant) ; soit ***attribut*** *: cette personne est maigre ; son salaire est maigre.*

Lorsque des mots s'interposent entre l'adjectif qualificatif et le nom, l'adjectif est souvent rejeté après le nom *(le repas un peu maigre fut vite terminé)* ; mais il reste parfois devant le nom : *son trop maigre repas fut vite terminé.*

On peut mettre les adjectifs qualificatifs au comparatif ou au superlatif dont certains sont irréguliers. → **comparatif** et **superlatif.**

QUALIFIER [kalifje] verbe [conjugaison 7a] **1.** Caractériser (par un mot). → **appeler, nommer.** *Je ne sais comment qualifier sa conduite* (→ **inqualifiable).** *Dans son discours, le maire qualifiera* [kalifiʀa] *l'attitude des pompiers d'héroïque.* **2.** *ÊTRE QUALIFIÉ POUR :* avoir les qualités et les capacités nécessaires pour. *Elle est qualifiée pour ce travail.* **3.** verbe pronominal SE QUALIFIER : obtenir sa qualification. *Notre équipe s'est qualifiée pour la finale du championnat.*

QUALITÉ [kalite] n. f. ▪ *LA QUALITÉ* **1.** Ce qui fait qu'une chose est plus ou moins bien, qu'elle est bonne ou mauvaise. *Ces chaussures sont de mauvaise qualité, elles se sont usées très vite. Cette viande est de qualité supérieure. Pour le même prix, je préférerais des légumes en moins grande quantité mais de meilleure qualité.* **2.** *UNE QUALITÉ :* trait de caractère d'une personne, auquel on attache de l'importance. *La gentillesse est sa principale qualité.* ⟨contraire : défaut⟩ *Il a beaucoup de qualités. Sa femme a toutes les qualités,* elle est parfaite. **3.** Bonne qualité (de qqch.). *C'est un vin DE QUALITÉ,* excellent. **4.** *LA QUALITÉ DE LA VIE :* tout ce qui rend la vie plus agréable. *Il se bat pour la qualité de la vie.* **5.** *EN QUALITÉ DE :* comme ayant (telle fonction). *Je m'adresse à vous en ma qualité de directeur de l'école,* en tant que directeur de l'école.

QUAND [kɑ̃] conjonction et adverbe
I. conjonction **1.** Dans le même temps que. *Vous pourrez partir quand vous aurez fini.* → **lorsque.** *J'allais raccrocher, quand il* [kɑ̃til] *a répondu,* au moment où il a répondu. *Je n'aime pas quand tu te mets en colère. Quand je pense que tu vas avoir vingt ans !* je n'arrive pas à y croire. - STYLE FAMILIER *Elle me parle de quand elle* [kɑ̃tɛl] *était jeune,* du temps où elle était jeune. **2.** *QUAND MÊME :* malgré tout. *Il est malade, mais il est venu quand même.* - STYLE FAMILIER *Tu pourrais faire un effort, quand même !* - STYLE RECHERCHÉ *QUAND BIEN MÊME tu me l'aurais dit, cela n'aurait rien changé,* même si tu me l'avais dit.
II. adverbe À quel moment ? Dans quel temps ? *Quand arriverez-vous ? Jusqu'à quand est-il là ? Depuis quand écoutes-tu aux portes ?* depuis combien de temps. *C'est pour quand ?* c'est pour quel jour ? *À quand le mariage ?* est-ce qu'il y aura un mariage ? - *Je ne sais ni où ni quand. Ça peut être n'importe quand.* - STYLE FAMILIER *Quand est-ce que* [kɑ̃tɛskə] *tu partiras ? Tu partiras quand ?*

QUANT À [kɑ̃ta] préposition ▪ STYLE RECHERCHÉ Relativement à, pour ce qui est de. *Ils s'en vont tous, quant à moi, je reste,* pour ma part, en ce qui me concerne, je reste.

REM. On se passe généralement de cette expression et la phrase reste claire : *Ils s'en vont tous, moi, je reste.*

QUANT-À-SOI [kɑ̃taswa] n. m. invariable ▪ STYLE RECHERCHÉ *RESTER SUR SON QUANT-À-SOI :* garder ses distances, être réservé. *Avec les gens que je ne connais pas, je reste sur mon quant-à-soi.*

QUANTITÉ [kɑ̃tite] n. f. **1.** *LA QUANTITÉ :* nombre plus ou moins grand (de personnes, de choses). *Quelle quantité de farine faut-il pour faire ce gâteau ?* combien faut-il de farine ? → **dose, poids.** *Il a des livres en grande quantité,* il en a beaucoup. **2.** *UNE QUANTITÉ DE :* un grand nombre de. *J'ai une quantité de choses à faire aujourd'hui.* → **beaucoup.** - *Elle a des robes EN QUANTITÉ,* elle en a beaucoup. - STYLE FAMILIER *J'ai fait des crêpes EN QUANTITÉ INDUSTRIELLE,* j'en ai fait énormément.

QUARANTAINE [kaʀɑ̃tɛn] n. f. **1.** *UNE QUARANTAINE :* nombre d'environ quarante. *Nous serons une quarantaine. Il y a une quarantaine de personnes qui font la queue devant le cinéma. Ça coûte une quarantaine de francs,* environ quarante francs. **2.** *LA QUARANTAINE :* âge d'environ quarante ans. *Elle a la quarantaine* (→ **quadragénaire).** *L'approche de la quarantaine le déprime.* **3.** *UNE QUARANTAINE :* isolement de durée variable (à l'origine de quarante jours) imposé à des marchandises, à des animaux et à des personnes venant de pays où il y a des maladies, pour éviter la contagion. *Le navire a été mis EN QUARANTAINE.*

QUARANTE [kaʀɑ̃t] adj., pronom, n. m. et n. f. invariables
I. adjectif invariable (avant le nom ou après le nom) **1.** (avant le nom) Quatre fois dix (40 ; XL). *Il a quarante ans* (→ **quadragénaire).** *Ils habitent une tour de quarante étages.* **2.** (avant ou après le nom) Quarantième. *Ouvrez votre livre page quarante. Il est treize heures quarante (minutes) :* il est deux heures moins vingt de l'après-midi. *Son père a fait la GUERRE DE QUARANTE,* la Seconde Guerre mondiale (1939-1945).
II. pronom Quarante personnes, quarante choses. *Ils sont venus à quarante.*
III. 1. *QUARANTE :* le nombre quarante. *Trente et dix font quarante.* **2.** *LE QUARANTE, LA QUARANTE :* ce qui porte le numéro quarante. *Ils habitent au quarante de la rue du Moulin. Le quarante est le numéro gagnant. Il chausse du quarante :* sa pointure est quarante. *Le serveur apporte la note de la quarante,* de la table, de la chambre quarante.

QUARANTIÈME [kaʀɑ̃tjɛm] adj., n. m. et n. f.
I. adjectif (avant le nom) Qui a le numéro quarante. *Il a eu la quarantième place au concours. Il est arrivé quarantième.*
II. 1. *LE QUARANTIÈME :* partie d'un tout divisé en quarante parts égales. *Il n'a fait que les trois quarantièmes de son travail.* **2.** *LE QUARANTIÈME, LA QUARANTIÈME :* ce qui a le numéro quarante. *Elle est la quarantième à se présenter. Son bureau est au quarantième,* au quarantième étage.

REM. *Quarantième* s'emploie en composition (ex. : *cent quarantième*).

QUART [kaʀ] n. m. ▪ *LE QUART* **1.** Partie d'un tout divisé en quatre parts égales. *Veux-tu un quart de ma pomme ? Trois est le quart de douze. Il a bu les trois quarts de la bouteille.* → ① **quartier. 2.** Période de quatre heures, pendant laquelle une partie de l'équipage est de garde. *Ce marin est DE QUART à partir de minuit.* **3.** Cent vingt-cinq grammes. *Achète un quart de beurre.* **4.** Vingt-cinq centilitres. *J'ai commandé un quart de vin rouge pour accompagner mon repas.* **5.** *UN QUART D'HEURE :* quinze minutes. *Je t'attends depuis trois quarts d'heure,* depuis quarante-cinq minutes. - *Il est une HEURE MOINS LE QUART,* midi quarante-cinq. *Il est TROIS HEURES UN QUART* ou *TROIS HEURES ET QUART,* trois heures quinze minutes. - *Il va passer un MAUVAIS QUART D'HEURE,* un mauvais moment. **6.** Partie (d'un tout) représentant environ un quart. *Je n'ai pas fait le quart de ce que j'ai à faire ! La salle est remplie* *aux trois quarts.* - STYLE FAMILIER *Les trois quarts du temps, il ne fait rien,* presque tout le temps. → la **plupart.**

REM. On dit *une heure moins le quart* ou *midi quarante-cinq, deux heures un quart* ou *deux heures quinze..., midi un quart,* mais on dit *treize heures quinze, quatorze heures quarante-cinq.*

QUART D'HEURE → **quart**

QUARTÉ [kaʀte] n. m. ▪ *LE QUARTÉ :* pari mutuel où l'on parie sur quatre chevaux, dans une course. *Il joue au quarté.*

REM. On prononce aussi [kwaʀte].

① **QUARTIER** [kaʀtje] n. m. ▪ *UN QUARTIER* **1.** Partie (d'une chose divisée en quatre parts égales). *Je coupe ma pomme en quartiers.* → **quart. 2.** Partie (d'une chose divisée en parts inégales). *Prends un quartier d'orange,* une tranche d'orange qui se découpe naturellement dans la pulpe. → **morceau. 3.** Chacune des quatre phases de la Lune. *La Lune est dans son premier quartier,* seul le premier quart de la Lune est éclairé par le Soleil. → ① **croissant.**

② **QUARTIER** [kaʀtje] n. m. ▪ *UN QUARTIER* **1.** Partie d'une ville. *Ils habitent dans un quartier résidentiel. Dans quel quartier de Paris est ton bureau ? Je ne peux pas vous renseigner, je ne suis pas du quartier.* **2.** *QUARTIER GÉNÉRAL :* lieu où sont les logements et les bureaux du commandant d'une armée et de son état-major. *Adressez-vous au quartier général.* - *Ce café est le quartier général des étudiants,* c'est le lieu où ils se retrouvent toujours. - *Q. G.* [kyʒe] forme abrégée familière *C'est notre Q. G.* **3.** Partie d'une prison. *Elle est emprisonnée dans le quartier des femmes.* **4.** *AVOIR QUARTIER LIBRE :* avoir un moment de liberté, où l'on peut faire ce que l'on veut. *Ce soir, vous avez quartier libre.* - *NE PAS FAIRE DE QUARTIER :* être implacable. *Tout le monde doit m'obéir : pas de quartier !*

FAUX AMI
portugais **quarteirão** « pâté de maisons, bloc »

QUARTO [kwaʀto] adverbe ▪ STYLE RECHERCHÉ Quatrièmement. *Primo, je n'étais pas au courant, deuzio, je ne suis pas d'accord, tertio, il n'en est pas question et quarto ma réponse est définitivement non !*

QUARTZ [kwaʀts] n. m. ▪ *LE QUARTZ :* roche transparente, très dure, formée de cristaux. *Le cristal de roche est une variété de quartz. Il a une montre À QUARTZ,* qui contient une lame de quartz qui vibre et fait fonctionner le mécanisme.

QUASI [kazi] adverbe ▪ STYLE RECHERCHÉ Presque, pour ainsi dire. *On a retrouvé les naufragés quasi morts de faim.* → STYLE FAMILIER **quasiment.**

QUASI-CERTITUDE [kazisɛʀtityd] n. f. ▪ *UNE QUASI-CERTITUDE :* certitude presque totale. *J'ai la quasi-certitude qu'il ne viendra pas.* PLURIEL : *des QUASI-CERTITUDES.*

QUASIMENT [kazimɑ̃] adverbe ▪ STYLE FAMILIER Presque, à peu près. *Je suis quasiment sûr d'avoir raison.*

QUASI-TOTALITÉ [kazitɔtalite] n. f. ▪ *LA QUASI-TOTALITÉ :* presque la totalité. *La quasi-totalité des invités est arrivée.* PLURIEL : *des QUASI-TOTALITÉS. Les députés étaient présents dans leur quasi-totalité.*

QUATERNAIRE [kwatɛʀnɛʀ] adj. et n. m. **1.** adjectif (après le nom) *L'ÈRE QUATERNAIRE :* l'ère géologique la plus récente qui a commencé il y a plus de deux millions d'années et qui comprend l'époque actuelle. *L'ère quaternaire a vu l'apparition de l'homme.* **2.** *LE QUATERNAIRE :* l'ère quaternaire. *Nous sommes au quaternaire.*

QUATORZE [katɔʀz] adj., pronom, n. m. et n. f. invariables
I. adjectif invariable (avant le nom ou après le nom) **1.** (avant le nom) Treize plus un (14 ; XIV). *Mon fils a quatorze ans.* **2.** (avant ou après le nom) Quatorzième. *Le magasin ouvre à quatorze heures,* à deux heures de l'après-midi. *En France, le quatorze juillet est le jour de la fête nationale. Son arrière-grand-père a fait la GUERRE DE QUATORZE,* la Première Guerre mondiale (1914-1918). *Ouvrez votre livre page quatorze. Le roi de France Louis XIV était appelé le Roi-Soleil. Deux fois sept égalent quatorze. Il habite au quatorze de la rue.*
II. pronom Quatorze personnes, quatorze choses. *Nous serons quatorze à table. Il en reste quatorze.*
III. 1. *QUATORZE :* le nombre quatorze. *J'ai eu quatorze à ma dissertation.* **2.** *LE QUATORZE, LA QUATORZE :* ce qui a le numéro quatorze. *Nous sommes le quatorze :* c'est le quatorzième jour du mois. *Ils habitent au quatorze de la rue Michelet. Dans la course de chevaux, c'est le quatorze qui a gagné,* le cheval portant le numéro quatorze. *Le serveur apporte la note de la quatorze,* de la table, de la chambre quatorze.

REM. **1.** L'adjectif numéral qui correspond à *quatorze* est *quatorzième* [katɔʀzjɛm]. **2.** *Quatorze* s'emploie en composition (ex. : *soixante-quatorze, cent quatorze*).

QUATRE [katʀ] adj., pronom, n. m. et n. f. invariables
I. adjectif invariable (avant le nom ou après le nom) **1.** (avant le nom) Trois plus un (4 ; IV). *Dans les pays tempérés, il y a quatre saisons. Cette voiture a quatre roues motrices* **(→ quatre-quatre).** *Un carré a quatre côtés* **(→ quadrilatère).** *Cet appartement est quatre fois plus grand que l'autre* **(→ quadruple).** - STYLE FAMILIER *Je veux le rencontrer ENTRE QUAT'Z'YEUX* [ɑ̃tʀəkatzjø], en tête à tête, sans témoin. *Aide-moi, je n'ai pas quatre bras,* je ne peux pas tout faire tout seul et très vite. - *Il monte l'escalier QUATRE À QUATRE* [katʀakatʀ], très vite, en montant plusieurs marches à la fois. *Elle s'est MISE EN QUATRE pour nous aider,* elle s'est donné beaucoup de mal, comme si elle s'était coupée en quatre morceaux. **2.** (avant ou après le nom) Quatrième. *Il est quatre heures de l'après-midi :* il est seize heures. *Elle est née le quatre juin,* le quatrième jour du mois de juin. *Ouvrez votre livre page quatre.*
II. pronom Quatre personnes, quatre choses. *Ils sont venus à quatre. Elle mange COMME QUATRE :* elle mange beaucoup, comme quatre personnes. *Il en reste quatre. Range-les quatre par quatre.*
III. 1. *UN QUATRE :* le chiffre quatre. *Il écrit mal ses quatre.* **2.** *QUATRE :* le nombre quatre. *Deux et deux font quatre. Elle a eu un quatre à son contrôle de maths,* sa note est quatre. **3.** *LE QUATRE, LA QUATRE :* ce qui porte le numéro quatre. *Ils habitent au quatre de la rue Victor Hugo. Ils doivent venir le quatre,* le quatrième jour du mois. *Je joue le quatre de pique,* la carte à jouer qui porte quatre piques. *Pour ses chemises, il prend du quatre,* de la taille quatre. *Dans la course de chevaux, c'est le quatre qui a gagné,* le cheval portant le numéro quatre. *Le serveur apporte la note de la quatre,* de la table, de chambre quatre. - *Je regarde le film sur la quatre,* sur la quatrième chaîne de télévision.

REM. *Quatre* s'emploie en composition (ex. : *vingt-quatre, cent quatre*).

QUATRE-QUARTS [katkaʀ] n. m. invariable ▪ *UN QUATRE-QUARTS :* gâteau dans lequel le beurre, la farine, le sucre et les œufs sont à poids égal. *J'ai préparé un quatre-quarts pour le goûter.* PLURIEL : *des quatre-quarts.*

REM. On prononce aussi [katʀəkaʀ].

QUATRE-QUATRE [katkatʀ] n. m. ou n. f. invariable ▪ *UN QUATRE-QUATRE* ou *UNE QUATRE-QUATRE :* voiture dont les quatre roues sont entraînées séparément par le moteur et qui roule sur n'importe quel terrain. *Ils ont traversé le désert en quatre-quatre.* PLURIEL : *les jeeps sont des quatre-quatre.*

QUATRE-VINGT(S) [katʀəvɛ̃] adj., pronom et n. m.

I. adjectif (avant le nom ou après le nom) **1.** (avant le nom) *QUATRE-VINGTS :* quatre fois vingt (80 ; LXXX). *Ma grand-mère a quatre-vingts ans* [katʀəvɛ̃zɑ̃] **(→ octogénaire).** *Ce livre a deux cent quatre-vingts pages.* **2.** (après le nom) *QUATRE-VINGT :* quatre-vingtième. *Ouvrez votre livre page quatre-vingt. Ce chanteur était célèbre dans les années quatre-vingt. C'était en mille neuf cent quatre-vingt.* **3.** (en composition) *QUATRE-VINGT. Elle a une fortune estimée à quatre-vingt-cinq millions de dollars. Il est né en mille neuf cent quatre-vingt-deux. Ouvrez votre livre page quatre-vingt-un* [katʀəvɛ̃ɛ̃] ou *quatre-vingt-une* [ka tʀəvɛ̃yn].

II. pronom *quatre-vingts :* quatre-vingts personnes, quatre-vingts choses. *Il y en a quatre-vingts.*

III. *QUATRE-VINGTS :* le nombre quatre-vingts. *Cent moins vingt égalent quatre-vingts.*

REM. **1.** En Suisse, *quatre-vingts* se dit *huitante.* Autrefois, on y utilisait aussi *octante,* ainsi qu'en Belgique. **2.** L'adjectif numéral qui correspond à quatre-vingts est *quatre-vingtième* [katʀəvɛ̃tjɛm].

QUATRE-VINGT-DIX [katʀəvɛ̃dis] adj., pronom et n. m. invariables

I. adjectif (avant le nom ou après le nom) **1.** (avant le nom) Neuf fois dix (90 ; XC). *Son oncle a quatre-vingt-dix ans* [katʀəvɛ̃dizɑ̃] **(→ nonagénaire).** *Cette revue a cent quatre-vingt-dix pages.* **2.** (après le nom) Quatre-vingt-dixième. *Ouvrez votre livre à la page quatre-vingt-dix.*

II. pronom Quatre-vingt-dix personnes, quatre-vingt-dix choses. *Ils étaient quatre-vingt-dix.*

III. *QUATRE-VINGT-DIX :* le nombre quatre-vingt-dix. *Cinquante plus quarante égalent quatre-vingt-dix.*

REM. **1.** En Belgique et en Suisse, *quatre-vingt-dix* se dit *nonante : il a nonante ans ; elle est née en mille neuf cent nonante trois (1993).* **2.** L'adjectif numéral qui correspond à *quatre-vingt-dix* est *quatre-vingt-dixième* [katʀəvɛ̃dizjɛm].

QUATRIÈME [katʀijɛm] adj., n. m. et n. f.

I. adjectif (avant le nom) Qui a le numéro quatre, qui suit le troisième. *Voici mon quatrième fils. Ils habitent au quatrième étage.* – STYLE FAMILIER *Elle est arrivée EN QUATRIÈME VITESSE,* très rapidement.

II. 1. *LE QUATRIÈME, LA QUATRIÈME :* ce qui porte le numéro quatre. *Il est arrivé le quatrième du concours. Son bureau est au quatrième,* au quatrième étage. *Ils habitent dans le quatrième,* dans le quatrième arrondissement de la ville. **2.** *LA QUATRIÈME :* la troisième classe du collège, en France, qui suit la cinquième et précède la troisième. *Ma fille de quatorze ans entre en quatrième.*

REM. La partie d'un tout divisé en quatre parts égales s'appelle *le quart.* **→ quart.**

QUATRIÈMEMENT [katʀijɛmmɑ̃] adverbe ▪ En quatrième lieu (4°). **→ quarto.** *Premièrement, deuxièmement, troisièmement et quatrièmement.*

QUATUOR [kwatɥɔʀ] n. m. ▪ *UN QUATUOR* **1.** Œuvre musicale écrite pour quatre instruments ou pour quatre voix. *Beethoven a composé des quatuors à cordes.* **2.** Groupe de quatre musiciens ou de quatre chanteurs qui exécutent un quatuor. *Ce violoniste fait partie d'un quatuor.*

① **QUE** [kə] pronom masculin et féminin

I. après un nom, un pronom, un adverbe Pronom relatif complément, utilisé dans les propositions subordonnées et qui désigne une personne ou une chose. *C'est ce garçon que j'aime. C'est cette fille qu'il aime. La voiture que je viens d'acheter est en panne. Je dis CE QUE je pense. Il a fait ce qu'il a pu.* – neutre, en attribut *C'est ici que j'habite. C'est après qu'il est arrivé.*

II. Pronom interrogatif qui désigne une chose. *Que se passe-t-il ?* quelle chose ? *Qu'en dites-vous ? Que faire dans un cas pareil ?* quoi faire ? *QU'EST-CE QUE tu veux ?* quelle chose veux-tu ? *Qu'est-ce qui t'a pris de faire ça ?* pourquoi as-tu fait ça ? *Qu'est-ce que ça peut faire ?* ce n'est pas important.

REM. **1.** *Que* devient *qu'* devant une voyelle. **2.** Dans l'expression *qu'est-ce que, qu'* est pronom interrogatif et *que* est une conjonction **(→ ② que).** **3.** Voir l'encadré des pronoms **relatifs.**

② **QUE** [kə] conjonction **1.** après un verbe *Je crois qu'il viendra. Je sais que tu es là. Il pense que tout ira bien. Je crois qu'elle s'est trompée. C'est dommage qu'il n'ait pas pu venir. Voilà qu'il se met à faire beau. Il faut que tu partes.* **2.** en locution *Tu peux rester À CONDITION QUE tu te taises. Pousse-toi AFIN QUE je puisse m'asseoir.* STYLE FAMILIER *Viens ici, que je te coiffe,* afin que je te coiffe. *EST-CE QUE tu viens avec nous ?* viens-tu avec nous ? → ① **être** (III., 2.). **3.** Exprime un ordre ou un souhait. *Que personne ne sorte ! Qu'il s'en aille ! Que ton désir se réalise !* **4.** *PLUS QUE, MOINS QUE...* introduit le second terme d'une comparaison. **→ moins, plus.** *Tu es plus grande que moi. Il est moins fatigué que nous. Elle est mieux que lui.* **5.** exprimant une restriction *NE... QUE.* **→ ne.** *Sa fille n'a que cinq ans,* elle n'a pas plus de cinq ans. *Ils n'arriveront que demain,* pas avant demain. *Je n'ai dit que la vérité :* j'ai dit uniquement la vérité. – *RIEN QUE.* **→ rien.** *J'y vais avec elle, rien qu'avec elle.* **→ seulement.** – *SANS QUE.* **→ sans.** *Je suis venue sans qu'il le sache.*

REM. **1.** *Que* devient *qu'* devant une voyelle. **2.** *Que* conjonction est suivi d'un verbe à l'indicatif ou au subjonctif selon les verbes ou les emplois.

③ **QUE** [kə] adverbe **1.** À quel point. **→ comme.** *Que cette robe lui va bien ! Qu'il est beau ! Qu'il fait froid, ce matin !* **2.** *QUE DE... !* exprime la quantité, l'exagération. *Que d'histoires pour rien ! Que de choses pourraient changer !* **→ combien.** – *Que de monde dans l'autobus !* **→ quel.**

REM. *Que* devient *qu'* devant une voyelle.

QUÉBÉCISME [kebesism] n. m. ▪ *UN QUÉBÉCISME :* tournure propre au français parlé au Québec. *«Magasinage» pour «shopping» est un québécisme.*

QUÉBÉCOIS [kebekwa] adj. et n. m., **QUÉBÉCOISE** [kebekwaz] adj. et n. f. **1.** De la province de Québec ou de la ville de Québec. *Mes amis québécois viennent prochainement en France.* **2.** *UN QUÉBÉCOIS, UNE QUÉBÉCOISE :* une personne qui habite le Québec ou Québec. *Les Québécois.* **3.** nom masculin *LE QUÉBÉCOIS :* la langue française parlée au Québec **(→ joual ; québécisme).** *Il parle le québécois.*

QUEL [kɛl] adj. et pronom masculin, **QUELLE** [kɛl] adj. et pronom féminin

I. adjectif (avant le nom) **1.** interrogatif (personnes) *Quelle femme accepterait ça ? Quelles personnes n'ont pas répondu ?* – (attribut) *«Quelle est cette jeune fille ? – C'est la sœur d'une amie.»* **→ qui.** *Quelles sont les personnes qui prennent cet avion ?* (choses) *Quelle heure est-il ? Quels livres as-tu achetés ? Quelles robes emportes-tu ? – Dans quel pays allez-vous ? Pour quelle raison a-t-il fait ça ? – Je ne sais pas quelle route prendre. Tu ne sais pas à quel point je l'aime.* **2.** exclamatif *Quel beau paysage ! Quelle jolie maison ! Quelle horreur ! Quels imbéciles !* [kɛlzɛ̃be sil]. *Quel dommage que tu n'aies pas pu venir !* **3.** *QUEL... QUE :* n'importe lequel. *Quelle que soit ta décision, je te soutiendrai. Je n'admets ça d'aucun homme, quel qu'il soit. J'irai, quels que soient les risques. Je le ferai quelles qu'en soient les conséquences.* – *TEL QUE. Donnez-moi votre texte tel qu'il est.* **→ tel.** **4.** *TEL QUEL, TELLE QUELLE :* sans rien changer. *J'ai laissé les choses telles quelles,* comme elles sont.

II. pronom interrogatif *Quelle est la plus grande des deux ?* laquelle est la plus grande ? → **qui.**

REM. **1.** On peut employer *quel est (quelle est, quels sont, quelles sont)* pour les personnes ; le sens est moins fort qu'avec l'emploi de *qui* (interrogation sur l'identité). **2.** Il ne faut pas confondre *quel... que (quel que soit le temps, nous irons)* et *quelque (j'ai mis quelque temps à comprendre).* → **quelque. 3.** L'emploi de *tel que* pour *tel quel* est assez courant mais fautif *(j'ai laissé tout tel que).*

QUELCONQUE [kɛlkɔ̃k] adjectif (après le nom, parfois avant le nom) **1.** (après le nom) Sans qualité ni valeur particulière. *Je suis un lecteur quelconque.* → **moyen, ordinaire.** – (péjoratif) *Nous avons dîné dans un restaurant très quelconque.* → **moche.** *Son épouse est bien quelconque.* → **médiocre.** ⟨contraires : exceptionnel, remarquable⟩ **2.** (après, parfois avant le nom) N'importe lequel, quel qu'il soit. *Si vous ne pouvez pas venir pour une quelconque raison, prévenez-moi. L'action se passe dans une ville quelconque.* → **indifférente.** *C'est un quelconque médecin dont je n'ai jamais entendu parler.*

QUELQUE [kɛlk] adj. et adverbe

I. adjectif (avant le nom) (indéterminé) **1.** STYLE RECHERCHÉ Un certain. *Il a quelque peine* [kɛlkəpɛn] *à travailler. Elle doit prendre quelque repos,* un peu de repos. *Je la trouve bizarre, depuis quelque temps,* depuis un certain temps. – *La situation est* QUELQUE PEU *embarrassante,* assez embarrassante. → **peu. 2.** STYLE RECHERCHÉ *QUELQUE... QUE. Quelque raison qu'il ait donnée, c'était un prétexte,* quelle que soit la raison qu'il ait donnée. *Quelques efforts que tu fasses, tu ne réussiras pas,* même si tu fais des efforts.

II. adjectif (avant le nom) (au pluriel) QUELQUES : un petit nombre de, un certain nombre de. → **plusieurs.** *Dimanche, j'ai vu quelques amis. Faisons quelques pas. Il est resté quelques moments avec nous. Vous êtes venu seulement quelques fois ?* → **quelquefois** (REM.). *J'ai quelques mots à vous dire.*

III. *QUELQUE CHOSE* → **chose.** *QUELQUE PART* → **part.**

IV. adverbe (devant un nombre) → **environ.** *Ça vous coûtera quelque mille francs. On ne va pas discuter pour quelque vingt francs,* pour si peu d'argent. *Ça mesure quelque dix centimètres.*

> FAUX AMI
> portugais **qualquer** « n'importe lequel », **qualquer coisa** « n'importe quoi »

REM. **1.** *Quelques* est d'un emploi extrêmement courant, à la différence de *quelque ; quelque* est d'un emploi difficile lorsqu'il se trouve devant un mot dont le singulier et le pluriel sont identiques (*quelque temps* [I., 1.]), ou devant un nom de nombre suivi d'un pluriel (IV.). **2.** *Quelque* est différent de *quel que* (il a *quelque* chagrin, mais *quel que* soit son chagrin).

QUELQUE CHOSE → **chose**

QUELQUEFOIS [kɛlkəfwa] adverbe ▪ Un certain nombre de fois, dans un certain nombre de cas. *Nous allons quelquefois à la piscine ensemble. Quelquefois, il a des idées bizarres.* → **parfois.**

REM. **1.** C'est incorrect de dire *des fois* au lieu de *quelquefois.* La faute est cependant très courante. → **fois. 2.** *Quelquefois* ne doit pas être confondu avec *quelques fois* « plusieurs fois ».

QUELQUE PART → **part**

QUELQUES-UNS [kɛlkəzɛ̃] pronom masculin pluriel, **QUELQUES-UNES** [kɛlkəzyn] pronom féminin pluriel ▪ Un petit nombre de. *Quelques-uns des spectateurs sont partis avant la fin de la pièce. Quelques-unes de ces photos sont très réussies. – « Tu as mangé tous les biscuits ? – Non, il en reste quelques-uns. » Quelques-uns me suffiront. J'écris pour quelques-uns et non pour tout le monde.*

QUELQU'UN [kɛlkɛ̃] pronom masculin singulier ▪ Une personne. *Quelqu'un a frappé à la porte.* → **on.** *Est-ce que quelqu'un pourrait m'aider ?* ⟨contraires : nul, personne⟩ *Il y a quelqu'un ? J'entends quelqu'un jouer du piano. Elle est avec quelqu'un. – Il faut* QUELQU'UN DE *compétent,* une personne compétente. → **personne.** *C'est quelqu'un de très bien,* une personnalité remarquable. – *Sa mère, c'était quelqu'un,* une personne de valeur, pas n'importe qui.

> FAUX AMI
> portugais **qualquer um** « n'importe qui »

REM. Voyez *quelques-uns.*

QUÉMANDER [kemɑ̃de] verbe [conjugaison 1a] ▪ Demander humblement et en insistant. *Il quémande sans cesse de l'argent. Elle a quémandé une faveur.*

QU'EN-DIRA-T-ON [kɑ̃diʀatɔ̃] n. m. singulier ▪ STYLE RECHERCHÉ *LE QU'EN-DIRA-T-ON :* l'opinion, les commentaires des autres. *Il fait ce qu'il veut et se moque du qu'en-dira-t-on.*

QUENELLE [kənɛl] n. f. ▪ *UNE QUENELLE :* rouleau de pâte légère contenant un hachis de volaille, de poisson ou de veau. *Le cuisinier a préparé des quenelles de brochet.*

QUENOTTE [kənɔt] n. f. ▪ STYLE FAMILIER *UNE QUENOTTE :* dent d'enfant. *Le bébé a trois quenottes. Montre-nous tes quenottes.*

QUÉQUETTE [kekɛt] n. f. ▪ STYLE FAMILIER *LA QUÉQUETTE :* le pénis. → **zizi.** *Le petit garçon est tout nu, on voit sa quéquette.*

REM. Ce mot appartient au langage des enfants.

QUERELLE [kəʀɛl] n. f. ▪ STYLE RECHERCHÉ *UNE QUERELLE :* dispute. *Ce n'est qu'une querelle d'amoureux. L'éducation de leur fils est un éternel sujet de querelle entre eux.* → **dissension.** – *C'est un homme agressif qui* CHERCHE QUERELLE À *tout le monde,* qui cherche à se disputer avec tout le monde.

> FAUX AMIS
> espagnol **querella,** italien **querela** « plainte »

SE **QUERELLER** [kəʀele] verbe pronominal [conjugaison 1a] ▪ STYLE RECHERCHÉ Se disputer. *Elle se querelle souvent avec son frère.* → STYLE FAMILIER se **chamailler.** *Elles se sont querellées pour une bêtise.* → STYLE FAMILIER s'**engueuler.**

QUÉRIR [keʀiʀ] verbe ▪ STYLE RECHERCHÉ Chercher. *Il est allé quérir le médecin.*

REM. Ce verbe très rare ne s'emploie qu'à l'infinitif et le plus souvent après le verbe *aller.* Il a été supplanté dans la langue courante par *chercher.*

QU'EST-CE QUE → ① **que**

QUESTION [kɛstjɔ̃] n. f. ▪ *UNE QUESTION* **1.** Demande que l'on adresse à une personne pour obtenir d'elle une réponse. → **interrogation.** *Le professeur* POSE UNE QUESTION *à un élève. Répondez à ma question. C'est une* QUESTION PIÈGE, une question qui cache une difficulté. *Quelle question !* c'est une question dont la réponse est évidente. *Il se pose des questions :* il s'interroge. *L'épreuve d'examen comporte plusieurs questions. Voici la liste des questions* (→ **questionnaire). 2.** Sujet qui implique des difficultés à résoudre, qui donne lieu à discussion. *C'est une question délicate. Il faut approfondir la question. C'est toute la question :* c'est la principale difficulté. *Nous avons abordé tous les aspects de la question.* → **problème, sujet.** *La question financière est importante. Il s'intéresse aux questions économiques. Ce n'est pas la question :* il ne s'agit pas de cela. *C'est* UNE QUESTION DE *principe.* → **affaire. 3.** (impersonnel) *IL EST QUESTION DE réduire le temps de travail,* ce sujet est évoqué, on parle de cela. *Il en est question.* IL EST QUESTION QUE *l'usine ait un nouveau directeur.* IL N'EST PAS QUESTION *de céder,* on ne peut pas l'envisager. *C'est* HORS DE QUESTION. *Pas question !* sûrement pas. **4.** EN QUESTION. *Voici la personne* EN QUESTION, dont il s'agit. *L'appartement en question est déjà vendu. – Ils*

METTENT son autorité *EN QUESTION*, ils la mettent en cause, ils la contestent. *Je ne veux pas REMETTRE EN QUESTION cette décision*, la remettre en cause. **5.** en tête de phrase STYLE FAMILIER En ce qui concerne. *Question argent il n'a pas à se plaindre.*

FAUX AMIS
espagnol **cuestion** « affaire » ; italien **questione** « problème, différend »

REM. *Poser une question à qqn, questionner, interroger qqn* et *demander à qqn* ont des emplois différents ; c'est *interroger* qui a le sens le plus précis et le plus fort (on exige une réponse).

QUESTIONNAIRE [kɛstjɔnɛʀ] n. m. ▪ *UN QUESTIONNAIRE* : liste de questions. *Remplissez ce questionnaire.* → **formulaire.**

QUESTIONNER [kɛstjɔne] verbe [conjugaison 1a] ▪ Poser des questions à. *L'examinateur questionne les candidats.* → **interroger.** *Le commissaire a questionné le suspect sur son emploi du temps le soir du crime.*

QUÊTE [kɛt] n. f. ▪ *UNE QUÊTE* **1.** Action de recueillir de l'argent pour des œuvres pieuses ou charitables. *La Croix-Rouge a organisé une quête nationale pour les handicapés.* → **collecte.** - *Des bénévoles FONT LA QUÊTE pour aider les sans-abri*, ils demandent de l'argent aux gens qui sont là (→ **quêter**). *Le chanteur de rue fait la quête parmi les badauds.* → STYLE FAMILIER ② **manche.** **2.** *EN QUÊTE DE* : à la recherche de. *Nous sommes en quête d'un appartement plus grand. Ils se sont mis en quête d'un restaurant.*

QUÊTER [kete] verbe [conjugaison 1a] **1.** Faire la quête. *Nous quêtons pour la recherche contre le sida.* **2.** STYLE RECHERCHÉ Demander, rechercher comme un don, comme une faveur. → **mendier.** *Son regard quête une approbation.*

QUETSCHE [kwɛtʃ] n. f. ▪ *UNE QUETSCHE* : grosse prune allongée, de couleur violet sombre. *Elle fait une tarte aux quetsches.*

QUEUE [kø] n. f.
I. *UNE QUEUE* **1.** Appendice qui prolonge la colonne de la plupart des mammifères. *L'écureuil a une queue en panache. La vache chasse les mouches avec sa queue. Le chien remue la queue en signe de joie. Elle attrape la souris par la queue. Elle s'est fait une QUEUE DE CHEVAL* : elle a ramassé et attaché ses cheveux ensemble à l'arrière de la tête. - *Après cet échec, il est rentré chez lui, LA QUEUE BASSE, LA QUEUE ENTRE LES JAMBES*, avec un air piteux. - *Nous marchons À LA QUEUE LEU LEU*, les uns derrière les autres. **2.** Extrémité allongée du corps de certains animaux. *Le paon a une jolie queue. Le serpent est dressé sur sa queue. Nous avons mangé des queues de langoustines*, des abdomens de langoustines. - *Un chauffard nous a fait une QUEUE DE POISSON*, il s'est rabattu brusquement devant nous. **3.** Tige d'une fleur, d'un fruit. *Elle choisit des tulipes à longues queues.* → **tige.** *Le marchand de légumes coupe les queues des artichauts.* **4.** STYLE TRÈS FAMILIER Pénis. → STYLE TRÈS FAMILIER **bite, pine.** *Il a une belle queue.* **5.** Ce qui est au bout, qui termine (un objet). *Elle prend la casserole par la queue.* → ③ **manche.** *La queue de la comète est lumineuse*, son extrémité. - *Le pianiste joue sur un PIANO À QUEUE*, un grand piano dont les cordes sont disposées horizontalement. **6.** Derniers rangs, dernières personnes (d'un groupe). *La queue du cortège est très loin de la tête. Le cycliste est À LA QUEUE DU peloton*, il est le dernier du peloton. **7.** *LA QUEUE* : arrière d'une file de véhicules. *Il a trouvé une place en queue de train*, dans le dernier wagon. *Il est monté en queue.* **8.** *SANS QUEUE NI TÊTE* : qui semble n'avoir ni début ni fin. *C'est une histoire sans queue ni tête.* - *Cette histoire n'a NI QUEUE NI TÊTE*, elle n'a aucun sens.
II. *UNE QUEUE* : file de personnes qui attendent leur tour. *Il y a une queue de plus de vingt personnes devant le cinéma. Les gens FONT LA QUEUE.* → **attendre.** *FAITES LA QUEUE comme tout le monde*, attendez votre tour, ne passez pas avant les autres. - *À la queue !* mettez-vous derrière les autres.

QUI [ki] pronom
I. pronom relatif désignant une personne ou une chose **1.** (sujet) *La femme qui m'accompagne est ma tante. Prenez la rue qui monte. C'est toi qui commences. Le voilà qui arrive.* - *QU'EST-CE QUI t'arrive ?* que t'arrive-t-il ? **2.** (sans antécédent) Quiconque, celui qui. - *Qui va lentement va sûrement. Qui m'aime me suive ! C'est à qui des deux sera le plus aimable.* STYLE FAMILIER *Ils sont COMME QUI DIRAIT en mauvais termes*, en quelque sorte. - *Voilà qui doit être très agréable*, ce qui doit être très agréable. *Elle est idiote et QUI PLUS EST, méchante*, et en plus, méchante. **3.** (personnes) (complément) Celui, celle (ceux, celles) qui. *Emmène qui tu voudras. Cette remarque vient de QUI VOUS SAVEZ*, de la personne que je ne veux pas nommer. *Le garçon à qui il parle est son meilleur ami. Ceux de qui je parle ont raison.* → **dont.** *C'est une femme pour qui ces choses n'ont pas d'importance. C'est quelqu'un sur qui on peut compter.* → **lequel.**
II. pronom interrogatif désignant une personne **1.** (sujet, attribut) *Qui est cette personne ?* → **quel** (REM.). *Qui va là ? Qui est-ce ?* qui est cette personne ? *QUI EST-CE QUI parle ? Qui te l'a dit ?* - (complément) *Qui demandez-vous ? De qui parles-tu ? À qui écris-tu ? Avec qui parler ?* - *QUI EST-CE QUE tu vas voir ?* **2.** (introduisant une interrogation indirecte) *Dis-moi qui c'est. Je ne sais pas à qui m'adresser. Demandez de qui il s'agit.* **3.** *QUI QUE vous soyez, écoutez-moi*, que vous soyez telle personne ou telle autre. *Je ne veux pas être dérangé par QUI QUE CE SOIT*, par aucune personne.

REM. **1.** Lorsque l'antécédent de *qui* est un pronom personnel de la 1re ou de la 2e personne, le verbe s'accorde avec ce pronom *(c'est toi qui le dis, c'est nous qui sommes les meilleurs, c'est vous qui commencez)*. **2.** *Qui est-ce qui* et *qui est-ce que* sont les formes renforcées de l'interrogation et remplacent l'inversion qui est la forme soutenue de l'interrogation. Dans la langue familière, on entend parfois la forme fautive *Qu'est-ce qui m'accompagne ?* au lieu de *Qui est-ce qui m'accompagne ?* **3.** *Qui* est parfois en concurrence avec *qu'il* dans des phrases avec un verbe impersonnel. On peut dire : *prends ce qui te plaît* ou *prends ce qu'il te plaît* et *je ne sais pas ce qui se passe* ou *je ne sais pas ce qu'il se passe.* **4.** Voir l'encadré des pronoms **relatifs.**

QUICHE [kiʃ] n. f. ▪ *UNE QUICHE* : tarte salée faite à base de crème, d'œufs et de lardons. *Elle mange une QUICHE LORRAINE et une salade.*

QUICONQUE [kikɔ̃k] pronom ▪ STYLE RECHERCHÉ **1.** pronom relatif Toute personne qui, qui que ce soit qui. *Quiconque a de la volonté peut réussir à ne plus fumer.* **2.** pronom indéfini N'importe qui. *Je le sais mieux que quiconque* : je le sais mieux que personne.

QUIÉTUDE [kjetyd] n. f. ▪ STYLE RECHERCHÉ *LA QUIÉTUDE* : calme, tranquillité. *Il aime la quiétude des soirées d'hiver au coin du feu.* ⟨contraire : agitation⟩ *Vous pouvez partir EN TOUTE QUIÉTUDE.* → **sérénité.** ⟨contraire : inquiétude⟩

QUIGNON [kiɲɔ̃] n. m. ▪ *UN QUIGNON DE PAIN* : un morceau de pain. *Il mange un quignon de pain et un bout de fromage.*

① **QUILLE** [kij] n. f. ▪ *UNE QUILLE* : morceau de bois ou de plastique long et rond que l'on doit renverser avec une boule lancée à la main. *Au bowling, il a renversé toutes les quilles d'un seul coup.* - *Les enfants JOUENT AUX quilles dans le jardin.* - *Il m'a reçu COMME UN CHIEN DANS UN JEU DE QUILLES*, d'une manière très désagréable, très mal.

② **QUILLE** [kij] n. f. ▪ *LA QUILLE* : partie d'un bateau située sous la coque, dans le sens de la longueur, et qui sert à l'équilibrer sur l'eau. *On a retrouvé le bateau retourné, la quille en l'air.*

QUINCAILLERIE [kɛ̃kajʀi] n. f. ▪ *UNE QUINCAILLERIE :* magasin où l'on vend des outils, du matériel de bricolage, des ustensiles pour la maison. *Elle a acheté une série de casseroles, un marteau et des clous dans une quincaillerie.*

QUINCONCE [kɛ̃kɔ̃s] n. m. ▪ *EN QUINCONCE :* par groupe de cinq, dont quatre aux quatre angles et le cinquième au milieu. *Les arbres du parc sont plantés en quinconce.*

QUININE [kinin] n. f. ▪ *LA QUININE :* médicament contre le paludisme. *Ils ont pris des comprimés de quinine avant de partir pour l'Afrique.*

QUINQUAGÉNAIRE [kɛ̃kaʒenɛʀ] n. m., n. f. et adj. **1.** *UN QUINQUAGÉNAIRE, UNE QUINQUAGÉNAIRE :* personne qui a entre cinquante et cinquante-neuf ans. *Ils sont une joyeuse bande de quinquagénaires.* **2.** adjectif (après le nom) (qqn) Qui a entre cinquante et cinquante-neuf ans. *L'an prochain, il sera quinquagénaire.*

QUINQUENNAT [kɛ̃kena] n. m. ▪ *UN QUINQUENNAT :* fonction qui dure cinq ans. *La présidence des États-Unis est un quinquennat.*

QUINTAL [kɛ̃tal] n. m. ▪ *UN QUINTAL :* poids de cent kilos de denrées agricoles. PLURIEL : *cette terre a un rendement de vingt QUINTAUX* [kɛ̃to] *de blé à l'hectare.*

QUINTE [kɛ̃t] n. f. ▪ *UNE QUINTE (DE TOUX) :* accès de toux. *Cette quinte de toux l'a épuisé. Il a réussi à articuler une phrase entre deux quintes.*

QUINTÉ [kɛ̃te] n. m. ▪ *LE QUINTÉ :* pari mutuel sur l'ordre d'arrivée des cinq premiers chevaux d'une course. *Voici les résultats du quinté de cet après-midi.*

QUINTETTE [kɛ̃tɛt] n. m. ▪ *UN QUINTETTE* **1.** Morceau de musique écrit pour cinq instruments ou pour cinq voix. *Les musiciens jouent un quintette de Brahms.* **2.** Orchestre de jazz composé de cinq musiciens. *Il joue dans un quintette.*

REM. On prononce parfois [kɥɛ̃tɛt].

QUINTUPLER [kɛ̃typle] verbe [conjugaison 1a] **1.** Multiplier (qqch.) par cinq. *Il a quintuplé sa fortune en dix ans.* **2.** Devenir cinq fois plus grand. *La production a quintuplé.*

QUINTUPLÉS [kɛ̃typle] n. m. pluriel, **QUINTUPLÉES** [kɛ̃typle] n. f. pluriel ▪ *DES QUINTUPLÉS, DES QUINTUPLÉES :* les cinq enfants nés d'une seule grossesse. *La mère et les quintuplés vont bien.*

QUINZAINE [kɛ̃zɛn] n. f. ▪ *UNE QUINZAINE* **1.** Nombre de quinze, d'environ quinze. *Elle a invité une quinzaine d'amis pour son anniversaire.* **2.** Espace de quinze jours. *Il a plu pendant la première quinzaine du mois. Rappelez-moi dans une quinzaine.*

QUINZE [kɛ̃z] adj., pronom, n. m. et n. f. invariables

I. adjectif (avant le nom ou après le nom) **1.** (avant le nom) Quatorze plus un (15 ; XV). *La réunion compte quinze personnes. Il faut partir dans quinze minutes,* dans un quart d'heure (→ **quart**). *Le village a quinze cents habitants,* mille cinq cents habitants. *Leur voyage a duré quinze jours,* deux semaines. *Mon fils a quinze mois.* **2.** (avant ou après le nom) Quinzième. *Il est quinze heures,* trois heures de l'après-midi. *Ouvrez votre livre page quinze. Le roi de France Louis XV était appelé « le Bien-aimé ».*

II. pronom Quinze personnes, quinze choses *Nous serons quinze à table.*

III. 1. *QUINZE :* le nombre quinze. *Deux fois quinze font trente. Elle a eu quinze en maths,* sa note est quinze. **2.** *LE QUINZE, LA QUINZE :* ce qui porte le numéro quinze. *Ils habitent au quinze de la rue. Nous sommes le quinze,* c'est le quinzième jour du mois. *Le serveur apporte la note de la quinze,* de la table, de la chambre quinze. **3.** Équipe de quinze joueurs, au rugby. *Le quinze de France a gagné le championnat,* l'équipe de France de rugby.

REM. **1.** L'adjectif ordinal qui correspond à *quinze* est *quinzième.* **2.** *Quinze* s'emploie en composition (ex. : *soixante-quinze, cent quinze*).

QUIPROQUO [kipʀoko] n. m. ▪ *UN QUIPROQUO :* erreur qui fait que l'on prend une personne ou une chose pour une autre. → **méprise.** *Nous ne nous sommes pas compris, il y a eu un quiproquo.* → **malentendu.** *Ce sont des quiproquos regrettables.*

QUITTANCE [kitɑ̃s] n. f. ▪ *UNE QUITTANCE :* papier qui atteste que l'on a payé ce que l'on devait. → **récépissé.** *L'agence immobilière m'a envoyé une quittance de loyer.*

REM. *Quittance* est de la même famille que *quitte* et *acquitter.*

QUITTE [kit] adj. (après le nom) **1.** Libéré d'une obligation, d'une dette matérielle ou morale envers (qqn). *Me voilà quitte envers eux. Nous SOMMES QUITTES,* nous ne nous devons plus rien l'un à l'autre. **2.** Libéré d'une obligation morale après avoir accompli ce que l'on devait faire. *Je m'estime quitte envers lui. Nous nous sommes considérés comme quittes envers elle. Je te tiens quitte de ta dette envers moi.* **3.** *EN ÊTRE QUITTE POUR :* sortir d'une situation difficile avec pour seul inconvénient... *Heureusement l'accident n'a pas été grave, il en a été quitte pour la peur,* il a seulement eu peur. – *Elle sort sans parapluie, QUITTE À se faire tremper,* en courant le risque de se faire tremper. **4.** *Jouer À QUITTE OU DOUBLE,* de manière à annuler ou à doubler le résultat des parties précédentes. *Ils jouent à quitte ou double,* ils prennent le maximum de risques, ils risquent le tout pour le tout.

QUITTER [kite] verbe [conjugaison 1a] **1.** Laisser (qqn) en partant. *Je la quitte à l'instant. Il faut que je te quitte,* que je m'en aille. – *Elle a quitté son mari,* elle l'a abandonné, elle a rompu avec lui. – *IL NE la QUITTE PAS DES YEUX :* il ne cesse pas un instant de la regarder. – *Elle nous manque toujours depuis qu'elle nous a quittés,* depuis qu'elle est morte. **2.** (qqch.) Cesser d'affecter, d'occuper qqn. *Cette pensée ne l'a pas quitté.* **3.** Laisser (un lieu) en s'éloignant. *Ils ont quitté la France pour vivre en Espagne. Il a quitté son bureau vers dix-neuf heures,* il en est parti vers dix-neuf heures. – *La voiture a soudain quitté la route,* elle est sortie de la route. **4.** Abandonner (une activité, un genre de vie). *Elle a quitté son travail.* – *Allo, ne quittez pas !* restez en ligne (au téléphone). **5.** (surtout à la forme négative) Cesser d'avoir sur soi, avec soi. → **ôter, enlever.** *Le bébé ne quitte pas son ours en peluche,* il refuse de s'en séparer. **6.** verbe pronominal SE QUITTER : se séparer. *Ils ne peuvent pas se quitter. Ils se sont quittés bons amis.*

FAUX AMIS
allemand **quittieren,** portugais **quitar** « acquitter » ; anglais **to quit** « cesser de » ; espagnol **quitar** « enlever »

QUI-VIVE [kiviv] n. m. invariable ▪ *ÊTRE SUR LE QUI-VIVE :* être sur ses gardes, se méfier. *La sentinelle est sur le qui-vive.*

QUOI [kwa] pronom

I. pronom relatif désignant une chose *Voilà de quoi il s'agit,* la chose dont il s'agit. *C'est ce pour quoi je vous ai appelé,* la raison pour laquelle je vous ai appelé. – *Fais-le tout de suite, SANS QUOI tu vas oublier,* sinon, autrement tu vas oublier. *Il a travaillé très jeune, MOYENNANT QUOI il a une belle retraite,* en contrepartie, il a une belle retraite. – STYLE FAMILIER *COMME QUOI, il ne faut pas croire tout ce qu'on dit :* ce qui montre qu'il ne faut pas croire tout ce qu'on dit. – *Ils n'ont pas DE QUOI vivre,* ce qu'il faut pour vivre. *Il n'y a pas de quoi rire :* ce n'est pas drôle. *« Je vous remercie. – Il n'y a pas de quoi ! »* il n'y a pas de raison pour cela. → de **rien.**

II. pronom interrogatif désignant une chose **1.** (introduit une interrogation indirecte) *Je ne sais quoi dire. Je ne sais pas quoi penser. Je ne vois pas en quoi ça te regarde.* **2.** (en interrogation directe) *Quoi faire ? À quoi penses-tu ? Pour quoi faire ?* – STYLE FAMILIER *Ça sert à quoi ? Il fait quoi, exactement ?* que fait-il ? *Tu sais quoi ? J'ai rencontré Jacques.* **3.** STYLE FAMILIER *« Quoi ? Qu'est-ce que tu dis ? »* → **comment, hein.** *Alors tu viens, ou quoi ?* oui ou non. **4.** (indique l'étonnement ou l'indignation) *Quoi ! tu oses me dire ça ! – Allons, quoi, remue-toi !* après tout. *Il lui a laissé sa maison, son argent, tout, quoi !* en somme, pour résumer. **5.** *QUOI QUE. Donne-nous de tes nouvelles, quoi qu'il arrive,* quelle que soit la chose qui arrive. *Quoi qu'il en soit, il s'est bien débrouillé,* de toute façon. *Si vous avez besoin de QUOI QUE CE SOIT, dites-le nous,* de n'importe quelle chose.

REM. **1.** Le pronom relatif *quoi* est toujours précédé d'une préposition *(à quoi, de quoi, pour quoi, faute de quoi, après quoi).* **2.** On écrit *cette machine, c'est **pour quoi** faire ?* « cette machine sert à faire quoi ? » mais on écrit ***pourquoi** viens-tu ?* « pour quelle raison viens-tu ? ». **3.** On écrit *je te crois, **quoi que** tu dises,* quelle que soit la chose que tu dis, mais on écrit *il est âgé **quoiqu'il** fasse jeune,* bien qu'il fasse jeune. **4.** Voir l'encadré des pronoms **relatifs.**

QUOIQUE [kwak] conjonction ▪ Bien que, alors que. *Le directeur veut lui confier ce poste, quoiqu'il soit un peu jeune. – Quoique célèbre, il est resté très simple. Il est généreux, quoique sans argent.* → **quoi** (REM.).

QUOLIBET [kɔlibɛ] n. m. ▪ STYLE RECHERCHÉ *UN QUOLIBET :* plaisanterie, moquerie. *L'acteur quitte la scène sous les quolibets du public.*

QUOTA [kɔta] n. m. ▪ *UN QUOTA :* pourcentage déterminé à l'avance. *Dans ce pays, les importations doivent respecter des quotas. On a parlé d'un quota de femmes dans le gouvernement.*

REM. *Quota* est un terme administratif.

QUOTE-PART [kɔtpaʀ] n. f. ▪ *UNE QUOTE-PART :* part d'une somme d'argent que chacun donne ou reçoit. *Chaque convive a payé sa quote-part, au restaurant.* → **contribution, part.** PLURIEL : *les QUOTE-PARTS sont égales.*

QUOTIDIEN [kɔtidjɛ̃] adj. et n. m., **QUOTIDIENNE** [kɔtidjɛn] adj.

I. adjectif (après le nom) De chaque jour ; qui a lieu, revient chaque jour. *C'est mon travail quotidien. La vieille dame fait sa promenade quotidienne dans le jardin public.* → **journalier.** *Même quand il est en vacances, il n'arrive pas à oublier ses soucis quotidiens.* → **habituel.** *Elle trouve la vie trop quotidienne,* régulière, sans surprise.

II. 1. *LE QUOTIDIEN :* ce qui fait partie de la vie de tous les jours. *Elle ne supporte pas le quotidien. AU QUOTIDIEN, c'est une personne très agréable,* dans la vie de tous les jours. *C'est le bonheur au quotidien,* jour après jour. **2.** *UN QUOTIDIEN :* journal qui paraît tous les jours (opposé à hebdomadaire, mensuel). *La nouvelle a paru dans un grand quotidien du matin.*

QUOTIDIENNEMENT [kɔtidjɛnmɑ̃] adverbe ▪ Tous les jours. *Il prend le métro quotidiennement. J'ai quotidiennement des migraines.*

QUOTIENT [kɔsjɑ̃] n. m. ▪ *LE QUOTIENT* **1.** Résultat d'une division. *Cinq est le quotient de vingt par quatre.* **2.** *Le QUOTIENT INTELLECTUEL :* le rapport de l'âge mental à l'âge réel. *On mesure le quotient intellectuel d'une personne à l'aide de tests. – Q. I.* [kyi] abréviation *Il a un Q. I. très élevé. Des Q. I. faibles.*

R

R [ɛR] n. m. invariable ▪ *LE R* ou *L'R* : dix-huitième lettre de l'alphabet du français. *Le r est une consonne. Il y a des r minuscules* (r) *et des r majuscules* (R). *Certaines personnes roulent les r,* elles prononcent les r en faisant des battements avec la pointe de la langue.

RAB [Rab] n. m. ▪ STYLE FAMILIER *LE RAB* : ce qui vient en plus de la dose normale. *Il y a du rab de pommes de terre :* il reste des pommes de terre. → **supplément, surplus.**

REM. *Rab* est l'abréviation du nom masculin familier, un peu vieilli, *rabiot* [Rabjo] qui signifie « supplément ».

RABÂCHAGE [Rabɑʃaʒ] n. m. ▪ *LE RABÂCHAGE* : action de rabâcher ; chose que l'on répète plusieurs fois. *Ce qu'il raconte n'est que du rabâchage.* → **radotage.**

RABÂCHER [Rabɑʃe] verbe [conjugaison 1a] ▪ Répéter continuellement la même chose, d'une manière ennuyeuse. *Le professeur rabâche toujours la règle d'accord du participe passé. – Arrête de rabâcher !*

RABAIS [Rabɛ] n. m. ▪ *UN RABAIS* : diminution faite sur le prix de qqch. *La vendeuse m'a fait un rabais de cinquante francs.* → **réduction, remise, ristourne.** ⟨contraire : augmentation⟩ – STYLE FAMILIER *Il est payé AU RABAIS pour ce travail,* il est mal payé.

RABAISSER [Rabese] verbe [conjugaison 1a] ▪ Mettre au-dessous de la valeur réelle. *Elle cherche toujours à rabaisser sa sœur,* elle la présente moins bien qu'elle n'est pour qu'elle soit mal jugée. → **dénigrer.**

RABAT [Raba] n. m. ▪ *LE RABAT* : partie (d'un vêtement, d'un objet) que l'on peut replier, rabattre. *Son manteau a des poches à rabat.*

> FAUX AMI
> danois **rabat** « plate-bande, bas-côté »

RABAT-JOIE [Rabaʒwa] n. m., n. f. invariables ▪ *UN RABAT-JOIE, UNE RABAT-JOIE* : une personne qui empêche les autres de s'amuser. → **trouble-fête.** *Quel rabat-joie !* ⟨contraire : boute-en-train⟩ PLURIEL : *des rabat-joie.*

rabats [Raba] *Je rabats, tu rabats :* forme au présent du verbe **rabattre.**

RABATTEUR [RabatœR] n. m., **RABATTEUSE** [Rabatøz] n. f. ▪ *UN RABATTEUR, UNE RABATTEUSE* 1. Personne qui rabat le gibier vers les chasseurs. *Les rabatteurs sont nombreux dans cette chasse.* 2. Personne qui fournit des clients à un vendeur, qui trouve des marchandises pour un acheteur. *C'est un rabatteur qui m'a trouvé ce magnifique buffet.*

RABATTRE [RabatR] verbe [conjugaison 41c]
I. 1. Mettre à plat, replier une chose, sur elle-même. *Il rabat le col de son manteau. Il faut qu'il rabatte le capot de la voiture.* 2. Diminuer en enlevant (une partie). *La vendeuse a rabattu vingt francs sur le prix de la robe.* → **déduire.** 3. Forcer à aller dans une direction. *Nous rabattons le gibier vers les chasseurs* (→ **rabatteur).** 4. *RABATTRE LE CAQUET À qqn,* l'obliger à se taire. *Je lui ai rabattu son caquet devant tout le monde.*
II. verbe pronominal SE RABATTRE 1. (qqch.) Se replier. *Ce siège peut se rabattre* (→ **strapontin).** 2. (véhicule) Changer de direction brusquement en se portant sur le côté. *La voiture s'est rabattue trop tôt après avoir doublé.* 3. (qqn) *SE RABATTRE SUR (qqn, qqch.)* : être obligé d'accepter, faute de mieux. *Comme nous avions encore faim, nous nous sommes rabattus sur le fromage.*

rabattu [Rabaty], **rabattue** [Rabaty] *Il a rabattu la pointe du clou ; la pointe du clou qu'il a rabattue :* formes au participe passé du verbe **rabattre.**

RABBIN [Rabɛ̃] n. m. ▪ *UN RABBIN* : chef religieux d'une communauté juive. *Un rabbin célèbre les cérémonies à la synagogue. Le rabbin préside au culte.*

SE **RABIBOCHER** [Rabibɔʃe] verbe pronominal [conjugaison 1a] ▪ STYLE FAMILIER Se réconcilier. *Les deux amis se sont rabibochés trois jours après leur dispute.* → STYLE FAMILIER se **raccommoder.**

RÂBLE [Rɑbl] n. m. 1. *UN RÂBLE DE LAPIN* : bas du dos du lapin. *J'ai acheté des râbles. – Nous avons mangé du râble de lapin à la moutarde.* 2. STYLE FAMILIER *TOMBER SUR LE RÂBLE À qqn,* lui sauter dessus, l'attaquer. *Il nous est tombé sur le râble en nous insultant.*

RÂBLÉ [Rɑble], **RÂBLÉE** [Rɑble] adj. (après le nom) ▪ (qqn) Qui a le dos large et musclé. *C'est un homme râblé.* → **trapu.**

RABOT [Rabo] n. m. ▪ *UN RABOT* : outil de menuisier qui sert à égaliser une surface de bois. *Le menuisier passe le rabot sur le bas de la porte* (→ **raboter).**

> FAUX AMI
> espagnol **rabo** « queue »

RABOTER [Rabɔte] verbe [conjugaison 1a] ▪ Rendre lisse en passant le rabot. *Le menuisier rabote la fenêtre qui ferme mal.*

RABOUGRI [Rabugʀi], **RABOUGRIE** [Rabugʀi] adj. (après le nom) **1.** (plante) Qui s'est mal développé. *Il y a un pommier tout rabougri dans le jardin.* → **ratatiné. 2.** (qqn) Chétif. *C'est un vieillard rabougri.*

RABROUER [Rabʀue] verbe [conjugaison 1a] ▪ Traiter durement (qqn), lui parler rudement. *Il rabroue toujours sa petite sœur.* → **rembarrer.** *Il te rabrouera* [Rabʀuʀa] *sûrement.*

RACAILLE [Rakaj] n. f. ▪ *LA RACAILLE :* ensemble de personnes malhonnêtes, peu recommandables. *Ne fréquente pas cette racaille. Quelle racaille !*

RACCOMMODAGE [Rakɔmɔdaʒ] n. m. ▪ *LE RACCOMMODAGE :* action de raccommoder, de réparer en cousant. *Les pêcheurs font le raccommodage des filets.*

RACCOMMODER [Rakɔmɔde] verbe [conjugaison 1a] **1.** Réparer en cousant, avec une aiguille. *Les pêcheurs raccommodent leurs filets. Peut-on raccommoder ces chaussettes trouées ?* **2.** STYLE FAMILIER verbe pronominal SE RACCOMMODER : se réconcilier. *Les deux amies se sont fâchées et elles se sont raccommodées.* → STYLE FAMILIER se **rabibocher.**

RACCOMPAGNER [Rakɔ̃paɲe] verbe [conjugaison 1a] ▪ Accompagner (qqn qui rentre chez lui). *Je vais te raccompagner en voiture. Voulez-vous que nous vous raccompagnions jusqu'à chez vous ?*

RACCORD [Rakɔʀ] n. m. ▪ *UN RACCORD* **1.** Pièce qui relie deux éléments. *Le plombier place un raccord entre les deux tuyaux.* **2.** Ce que l'on fait pour réparer une chose abîmée à un endroit. *Le peintre fait un raccord de peinture sur le mur, à l'endroit où il y a eu une fuite.* **3.** Manière dont deux plans d'un film s'enchaînent. *La scripte surveille les raccords.*

RACCORDEMENT [Rakɔʀdəmɑ̃] n. m. ▪ *LE RACCORDEMENT :* manière de raccorder. *Les wagons sont sur une voie de raccordement,* sur une voie ferrée qui en relie deux autres.

RACCORDER [Rakɔʀde] verbe [conjugaison 1a] **1.** Relier par un raccord. *Le plombier raccorde deux tuyaux.* **2.** verbe pronominal SE RACCORDER : (voie de communication) rejoindre. *La route se raccorde à l'autoroute dans quelques kilomètres.*

① **RACCOURCI** [Rakuʀsi] n. m. ▪ *UN RACCOURCI :* chemin plus court que le chemin ordinaire. *Nous avons pris un raccourci et nous sommes arrivés les premiers.*

② **RACCOURCI** [Rakuʀsi], **RACCOURCIE** [Rakuʀsi] adj. (après le nom) ▪ *À BRAS RACCOURCIS :* avec violence. *Il s'est jeté sur son rival à bras raccourcis.*

RACCOURCIR [RakuʀsiR] verbe [conjugaison 2] **1.** Rendre plus court. *Il faut que je raccourcisse ma jupe, elle est trop longue.* ⟨contraire : rallonger⟩ - *Passons par là, ça raccourcit,* par là, le trajet est moins long. **2.** Devenir plus court. *C'est déjà l'automne, les jours raccourcissent.* → **diminuer.** ⟨contraire : allonger⟩

RACCROCHER [Rakʀɔʃe] verbe [conjugaison 1a] **1.** Accrocher de nouveau. *Raccroche ce manteau qui est tombé.* **2.** Mettre fin à une conversation téléphonique en reposant le combiné. *Il lui a dit au revoir et il a raccroché.* ⟨contraire : décrocher⟩ - STYLE FAMILIER *Ils se sont disputés et elle lui a RACCROCHÉ AU NEZ.* **3.** verbe pronominal SE RACCROCHER : se retenir (à qqch.). *Dans sa chute, elle s'est raccrochée à la rampe.* → se **rattraper.** - *Il risque le licenciement, mais il SE RACCROCHE AUX BRANCHES,* il a encore un espoir de l'éviter.

RACE [Ras] n. f. ▪ *LA RACE* **1.** Groupe d'êtres humains qui ont des caractères physiques communs comme la couleur de la peau, la nature des cheveux, la forme du squelette, etc. *Il est de race jaune.* **2.** Subdivision d'une espèce animale. *Il existe différentes races de chien. De quelle race est ce chat ? Ils élèvent des chiens DE RACE,* des chiens de race pure, qui ont un pedigree (opposé à bâtard). **3.** Catégorie de personnes qui ont des comportements communs. *Il est de la race des héros.* → **espèce.**

RACÉ [Rase], **RACÉE** [Rase] adj. (après le nom) **1.** (animal) Qui a les caractères de sa race. *Le cavalier monte un cheval racé.* **2.** (qqn) Qui a une distinction naturelle. *C'est une femme racée.*

RACHAT [Raʃa] n. m. ▪ *LE RACHAT :* achat de qqch. que l'on a déjà vendu. *Le promoteur vend l'immeuble avec FACULTÉ DE RACHAT,* en gardant la possibilité de le racheter.

RACHETER [Raʃte] verbe [conjugaison 5b] **1.** Acheter de nouveau. *Rachète du pain, il n'y en a pas assez.* **2.** Acheter à qqn ce qu'il a lui-même acheté. *Je lui ai racheté sa voiture qu'il avait depuis trois ans.* **3.** *Racheter ses erreurs,* les réparer et les faire oublier. *Comment pourrait-il racheter toutes ses erreurs ?* **4.** verbe pronominal SE RACHETER : (qqn) se faire pardonner en ayant une meilleure conduite. *Elle s'est rachetée en venant me voir tous les jours à l'hôpital.* → se **réhabiliter.**

RACHITIQUE [Raʃitik] adj. (après le nom) **1.** Qui a le squelette mal formé, mal développé à cause d'une maladie de la croissance. *Il y a beaucoup d'enfants rachitiques dans ce pays.* **2.** Petit et chétif. → **malingre.** *Ces vaches sont rachitiques.* - *RACHO* [Raʃo] forme abrégée familière *Ces enfants sont rachos.*

RACHO adj. Forme abrégée familière de **rachitique.**

RACIAL [Rasjal], **RACIALE** [Rasjal] adj. (après le nom) ▪ Relatif à la race, aux races. *Des émeutes raciales ont éclaté dans le pays,* entre personnes de races différentes. *Il a été condamné pour incitation à la haine raciale. Ce pays pratique la ségrégation raciale* (→ **apartheid).** MASCULIN PLURIEL : *des groupes RACIAUX* [Rasjo]. → **ethnique.**

RACINE [Rasin] n. f.

I. *UNE RACINE* **1.** Partie d'un arbre, d'une plante qui s'enfonce dans la terre. *Les carottes sont des racines.* - *Cet invité a PRIS RACINE,* il est resté longtemps. **2.** Partie d'un organe qui est implantée dans les tissus. *Les molaires ont trois racines qui s'enfoncent dans la gencive. Elle se teint les cheveux, ses racines ne sont pas de la même couleur que le reste.*

II. *LA RACINE* **1.** *LA RACINE CARRÉE d'un nombre :* le nombre dont le carré est égal à ce nombre. *Quatre est la racine carrée de seize* ($\sqrt{16}=4$). **2.** Origine (d'une personne). *Il a ses racines en Normandie,* ses ancêtres étaient normands. *Beaucoup de gens cherchent leurs racines,* leur lieu d'origine, leurs habitudes d'enfance. **3.** *LA RACINE DE QQCH.,* son origine, sa cause. *On a trouvé la racine du mal. Il faut attaquer le problème à sa racine.* → **radical, radicalement. 4.** (grammaire) Étymon commun à plusieurs mots. *« Interruption » et « rupture » ont la même racine latine.* Voir encadré page ci-contre.

REM. Ne pas confondre la *racine* d'une plante avec le *bulbe,* le *rhizome.*

RACISME [Rasism] n. m. ▪ *LE RACISME* **1.** Croyance en la supériorité d'une race sur les autres, qui conduit à mépriser et à combattre les personnes d'une autre race que la sienne (→ **apartheid, ségrégation).** *Le racisme n'a aucune base scientifique. Il fait preuve de racisme.* **2.** Hostilité contre un groupe social. *Il fait du racisme anti-jeunes :* il accuse les jeunes de tout ce qui arrive de mal. *Son attitude est du racisme envers les femmes* (→ **sexisme).**

RACISTE [Rasist] n. m., n. f. et adj. **1.** *UN RACISTE, UNE RACISTE :* une personne qui soutient le racisme, qui se croit supérieure aux personnes des races différentes de la sienne. *C'est un raciste.* **2.** adjectif (après le nom) Inspiré par le racisme, propre au racisme. *Ce pays mène une politique raciste. Il a des idées racistes.*

RACKET [Rakɛt] n. m. ▪ *LE RACKET :* action d'extorquer de l'argent ou un objet à qqn par la violence. *Des voyous FONT DU RACKET à la sortie de l'école.*

REM. **1.** Ce mot vient de l'anglais. **2.** Le mot *raquette* « instrument de sport » se prononce de la même façon.

RACKETTER [Rakete] verbe [conjugaison 1a] ▪ Extorquer de l'argent ou un objet à (qqn) par racket. *Mon fils s'est fait racketter en rentrant de l'école.*

RACKETTEUR [RaketœR] n. m. ▪ *UN RACKETTEUR :* une personne qui fait du racket. *Ma fille a dû donner son baladeur à un racketteur.*

RACLER [Rakle] verbe [conjugaison 1a] **1.** Frotter (qqch.) vigoureusement avec qqch. de dur. *Les pommes de terre ont attaché en cuisant, il faut racler le fond de la casserole.* → **gratter, récurer.** – STYLE FAMILIER *Il a fallu RACLER LES FONDS DE TIROIRS pour pouvoir s'acheter une nouvelle voiture,* il a fallu prendre tout notre argent disponible, jusqu'au dernier sou. **2.** verbe pronominal *SE RACLER la gorge :* s'éclaircir la voix en faisant une expiration bruyante. *Elle s'est raclé la gorge.*

RACLETTE [Raklɛt] n. f. **1.** *UNE RACLETTE :* instrument fait d'un manche et d'une lame souple qui sert à racler une surface. *L'automobiliste passe une raclette sur le pare-brise pour enlever la neige.* **2.** *LA RACLETTE :* plat suisse fait de fromage que l'on fait chauffer et dont on racle la partie ramollie au fur et à mesure pour la manger. *Ce soir, nous mangerons une raclette. Il faut acheter du fromage à raclette.*

RACOLAGE [Rakɔlaʒ] n. m. ▪ *LE RACOLAGE :* action d'attirer des clients. *La prostituée FAIT DU RACOLAGE dans la rue.* → STYLE FAMILIER **retape.**

RACOLER [Rakɔle] verbe [conjugaison 1a] ▪ Attirer (des clients) par tous les moyens. *Cet installateur de cuisines racole les clients par téléphone. – Le prostitué racole dans la rue.*

RACONTAR [Rakɔ̃taR] n. m. ▪ *UN RACONTAR :* chose méchante et souvent fausse que l'on raconte sur qqn. *Il ne faut pas croire ce qu'elle dit, ce sont des racontars.* → ① **cancan, commérage, potin, ragot.**

étymon, racine, radical et base

On appelle **étymon** le mot étranger (en français surtout le latin et le grec) qui a donné le mot français. ex. : l'étymon du verbe *rompre* est le latin *rumpere.*

On appelle **racine** l'étymon commun à plusieurs mots français. ex. : *route* et *rupture* ont la même racine, le latin *ruptum.*

On appelle **radical** la partie essentielle, de forme constante, d'un mot dérivé, qui n'est pas elle-même un mot. ex. : *rupture* et *interruption* ont le même radical *rupt-* qui signifie « rompre ».

On appelle aussi *radical* les variantes de la partie essentielle d'un verbe, opposée aux désinences. ex. : le verbe *boire* a trois radicaux *boir-, boiv-* et *buv- (qu'il boive, il buvait).*

On appelle **base** la partie simple essentielle d'un mot dérivé qui est déjà un mot. ex. : la base du nom *petitesse* est *petit,* la base du verbe *reprendre* est *prendre,* la base de l'adjectif *introuvable* est *trouver.*

On appelle aussi *base* d'un dérivé le radical d'un verbe. ex. : *imbuvable* a pour base *buv-* de *boire.*

RACONTER [Rakɔ̃te] verbe [conjugaison 1a] ▪ Faire le récit de (un fait). *Quand j'étais petit, ma grand-mère me racontait des histoires. Raconte-moi ce qui s'est passé.* → **dire.** *Il nous raconte comment c'est arrivé. On raconte beaucoup de choses sur lui* (→ **racontar**). *Je ne sais pas si c'est vrai, en tout cas, c'est ce qu'elle raconte.* – STYLE FAMILIER *Je ne pouvais plus me débarrasser de lui, il m'a RACONTÉ SA VIE,* il m'a donné de longues explications inutiles et inintéressantes. – STYLE FAMILIER *Nous avons passé une super soirée, JE TE RACONTE PAS* [ʒtəRakɔ̃tpa], tu ne peux pas imaginer.

RACORNI [RakɔRni], **RACORNIE** [RakɔRni] adj. (après le nom) ▪ Devenu dur comme de la corne. *Il reste un morceau de viande tout racorni,* desséché.

RADAR [RadaR] n. m. ▪ *UN RADAR :* appareil qui permet de savoir où se trouve un objet que l'on ne voit pas. *La position des avions dans le ciel est contrôlée par des radars. Sur les routes, la vitesse des véhicules peut être surveillée PAR RADAR.* – STYLE FAMILIER *Ce matin, je suis mal réveillé, je marche AU RADAR,* en me laissant guider par mes habitudes et mes automatismes.

REM. *Radar* est un mot anglais. C'est l'acronyme de ***Ra**dio **D**etecting **A**nd **R**anging* « détection et télémétrie par radioélectricité ».

RADE [Rad] n. f. ▪ *LA RADE :* grand bassin naturel donnant sur la mer, dans lequel les bateaux peuvent s'abriter. *La rade de Brest peut recevoir de très gros navires.* – STYLE FAMILIER *Ma voiture est EN RADE sur l'autoroute,* en panne. *Ne me laisse pas en rade !* ne m'abandonne pas !

RADEAU [Rado] n. m. ▪ *UN RADEAU :* assemblage plat de morceaux de bois qui constitue une embarcation. *Les naufragés ont réussi à construire un radeau.* PLURIEL : *des RADEAUX.*

RADIATEUR [RadjatœR] n. m. ▪ *UN RADIATEUR* **1.** Appareil de chauffage indépendant ou relié à une chaudière. *Il y a un radiateur électrique dans la salle de bains. Il faut purger les radiateurs.* **2.** Appareil qui refroidit un moteur à explosion. *Le garagiste vérifie le niveau d'eau du radiateur de la voiture et ajoute de l'antigel.*

① **RADIATION** [Radjasjɔ̃] n. f. ▪ *UNE RADIATION :* énergie qui se propage sous formes d'ondes. → **rayonnement.** *Les corps radioactifs émettent des radiations* (→ **irradier**).

② **RADIATION** [Radjasjɔ̃] n. f. ▪ *LA RADIATION :* suppression (du nom d'une personne) sur une liste, un registre (→ **radier**). *Si vous ne venez jamais aux réunions, vous risquez votre radiation du club.*

① **RADICAL** [Radikal] n. m. ▪ *UN RADICAL :* partie essentielle d'un mot, que l'on retrouve dans plusieurs mots. → **racine** (encadré). *« Popul- » qui signifie « peuple » est le radical de « population » et de « populaire ».* PLURIEL : *le verbe boire a trois RADICAUX* [Radiko].

② **RADICAL** [Radikal], **RADICALE** [Radikal] adj. (après le nom) **1.** Qui s'attaque à la cause de ce que l'on veut changer. *Le gouvernement a pris des mesures radicales pour lutter contre la drogue. C'est un moyen radical.* MASCULIN PLURIEL : *des moyens RADICAUX* [Radiko]. **2.** Complet, total. *C'est un changement radical d'attitude de sa part.*

RADICALEMENT [Radikalmɑ̃] adverbe ▪ D'une manière radicale. *Nous sommes radicalement opposés à ce projet.* → **absolument, complètement, totalement.**

RADICALISER [Radikalize] verbe [conjugaison 1a] ▪ Rendre plus intransigeant, plus radical. *Ils ont radicalisé leur position.* → **durcir.**

RADIER [Radje] verbe [conjugaison 7a] ▪ Faire disparaître d'une liste, d'un registre (→ ② **radiation**). *Si vous ne payez pas votre cotisa-*

tion, il faudra que nous radiions votre nom de la liste des membres du club. → **rayer.** *Nous vous radierons* [ʀadiʀɔ̃] *peut-être. Il a été radié de l'Ordre des médecins,* il n'en fait plus partie.

RADIEUX [ʀadjø], **RADIEUSE** [ʀadjøz] adj. (après le nom) **1.** Qui brille d'un grand éclat. *Aujourd'hui il y a un soleil radieux.* → **éclatant. 2.** (qqn) Qui rayonne de bonheur. *La mariée est radieuse.* → **heureux.** - *Il a un visage radieux.* → **épanoui, ravi.** ⟨contraires : sombre, triste⟩

RADIN [ʀadɛ̃] adj. et n. m., **RADINE** [ʀadin] adj. et n. f. ▪ STYLE FAMILIER **1.** adjectif (après le nom) Avare. *Son oncle est très radin.* → **pingre, regardant ;** STYLE FAMILIER **rapiat. 2.** *UN RADIN, UNE RADINE :* une personne avare. *Quel radin !* → **rat.**

REM. **1.** Ce mot est plus courant que *avare.* **2.** On peut dire *elle est radine* ou *elle est radin.*

SE **RADINER** [ʀadine] verbe pronominal [conjugaison 1a] ▪ STYLE FAMILIER Arriver. *La voilà qui se radine.* → STYLE FAMILIER se **ramener, rappliquer.** *Elle s'est radinée avec une demi-heure de retard.*

RADINERIE [ʀadinʀi] n. f. ▪ STYLE FAMILIER *LA RADINERIE :* l'avarice. *Il est d'une radinerie incroyable. Il ne nous a pas invités par radinerie.*

REM. Ce mot est plus courant que *avarice.*

① **RADIO** [ʀadjo] n. f.

I. *LA RADIO* **1.** Émission et transmission de sons par le moyen des ondes. → **radiodiffusion.** *Nous avons plusieurs postes de radio à la maison. J'écoute les informations à la radio. Cette émission de radio est très écoutée* **(→ radiophonique).** *Ce chanteur passe souvent à la radio. Il est animateur de radio.* **2.** Station qui émet à la radio. *Combien d'auditeurs a cette radio ?* → **audimat.**

II. *UNE RADIO* **1.** Appareil qui reçoit les émissions de radio. *Où est ma radio ?* → **poste, transistor, tuner.** *Allume la radio, c'est l'heure des informations. Éteins cette radio !* **2.** Photographie de l'intérieur du corps par le moyen des rayons X. *On lui a fait une radio des poumons.* → **radiographie.**

REM. Au sens II., 2., *radio* est l'abréviation courante de *radiographie* alors que les autres emplois viennent de *radiodiffusion.*

② **RADIO** [ʀadjo] n. m. ▪ *UN RADIO :* spécialiste qui assure les liaisons par radio à bord d'un avion ou d'un bateau. *Le radio est à côté du pilote.*

RADIOACTIF [ʀadjoaktif], **RADIOACTIVE** [ʀadjoaktiv] adj. (après le nom) ▪ Qui émet de la radioactivité. *Le radium et l'uranium sont des matières radioactives. Que faire des déchets radioactifs ?*

RADIOACTIVITÉ [ʀadjoaktivite] n. f. ▪ *LA RADIOACTIVITÉ :* propriété qu'a une substance d'émettre des rayonnements par suite d'une modification du noyau de l'atome **(→ radium).** *C'est Marie Curie qui a donné son nom à la radioactivité.*

RADIODIFFUSÉ [ʀadjodifyze], **RADIODIFFUSÉE** [ʀadjodifyze] adj. (après le nom) ▪ Retransmis par la radio. *J'ai enregistré le concert radiodiffusé hier.*

RADIODIFFUSION [ʀadjodifyzjɔ̃] n. f. ▪ *LA RADIODIFFUSION :* émission et transmission de programmes par le moyen des ondes. → ① **radio** (I., 1.). *Les premières émissions françaises de radiodiffusion eurent lieu à Paris en 1920.*

RADIOGRAPHIE [ʀadjɔgʀafi] n. f. ▪ *UNE RADIOGRAPHIE :* photographie de l'intérieur du corps par le moyen des rayons X. → ① **radio** (II., 2.). *On lui fait une radiographie de la hanche.*

RADIOGRAPHIER [ʀadjɔgʀafje] verbe [conjugaison 7a] ▪ Faire une radiographie. *Demain, le radiologue lui radiographiera* [ʀadjɔgʀafiʀa] *les poumons.*

RADIOLOGUE [ʀadjɔlɔg] n. m., n. f. ▪ *UN RADIOLOGUE, UNE RADIOLOGUE :* médecin qui fait des radiographies. *Je dois aller chez le radiologue pour passer une radio.*

RADIOPHONIQUE [ʀadjɔfɔnik] adj. (après le nom) ▪ Qui concerne la radiodiffusion, qui passe à la radio. *Il a participé à un jeu radiophonique.*

REM. Pas d'adjectif plus simple pour *radio* (I., 1.).

RADIO-RÉVEIL [ʀadjoʀevɛj] n. m. ▪ *UN RADIO-RÉVEIL :* poste de radio que l'on peut programmer pour être réveillé à une certaine heure. *Mon radio-réveil me réveille à sept heures.* PLURIEL : *des RADIOS-RÉVEILS.*

RADIO-TAXI [ʀadjotaksi] n. m. ▪ *UN RADIO-TAXI :* taxi muni d'un poste émetteur-récepteur de radio ou d'un téléphone qui lui permet de rester en liaison avec sa compagnie qui lui indique l'adresse des clients qu'il doit aller chercher. *Je vais vous appeler un radio-taxi.* PLURIEL : *des RADIOS-TAXIS.*

RADIS [ʀadi] n. m. ▪ *UN RADIS* **1.** Racine d'une plante potagère, à chair blanche et à peau rose ou blanche, au goût un peu piquant, que l'on mange crue. *J'ai acheté une BOTTE DE RADIS.* - *UN RADIS NOIR :* gros radis à la peau noire et à la chair piquante. *On découpe le radis noir en rondelles.* **2.** STYLE FAMILIER (au singulier) *UN RADIS,* une petite quantité d'argent. *Je n'ai pas un radis sur moi.* → **sou.** *Ils n'ont plus un radis.*

RADIUM [ʀadjɔm] n. m. ▪ *LE RADIUM :* métal radioactif que l'on trouve dans plusieurs minerais. *Le radium a été découvert par Pierre et Marie Curie en 1898.*

RADOTAGE [ʀadɔtaʒ] n. m. ▪ *UN RADOTAGE :* ce que dit une personne qui dit tout le temps la même chose, qui radote. *Ses radotages agacent tout le monde.* → **rabâchage.**

RADOTER [ʀadɔte] verbe [conjugaison 1a] ▪ Répéter tout le temps la même chose. *Arrête de radoter !* → **rabâcher.** *Il est bien gentil, mais il radote.*

SE **RADOUCIR** [ʀadusiʀ] verbe pronominal [conjugaison 2] **1.** Devenir plus doux, se calmer. *Elle s'est radoucie quand je lui ai présenté mes excuses.* **2.** (temps) Se réchauffer. *C'était au printemps, je me rappelle que le temps se radoucissait.*

RADOUCISSEMENT [ʀadusismɑ̃] n. m. ▪ *LE RADOUCISSEMENT :* fait de se radoucir. *On devrait observer un radoucissement des températures dès demain.* → **réchauffement, redoux.**

RAFALE [ʀafal] n. f. ▪ *UNE RAFALE* **1.** Coup de vent brusque et violent. *Une rafale a emporté le parasol.* → **bourrasque.** *Le vent souffle par (en) rafales.* **2.** Série de coups de feu tirés très rapidement. *Le soldat a tiré une rafale de mitraillette.* → **salve.**

RAFFERMIR [ʀafɛʀmiʀ] verbe [conjugaison 2]

I. 1. Rendre plus ferme. *Ces exercices de gymnastique raffermissent les muscles des bras.* → **affermir.** ⟨contraire : ramollir⟩ **2.** Remettre dans un état plus stable. *Le gouvernement raffermit son autorité en prenant cette décision.* → **fortifier.** ⟨contraires : affaiblir, ébranler⟩

II. verbe pronominal SE RAFFERMIR : devenir plus ferme. *Ses cuisses se sont raffermies grâce à la natation.*

RAFFINAGE [ʀafinaʒ] n. m. ▪ *LE RAFFINAGE :* traitement d'un produit qui consiste à enlever ses impuretés. *Le raffinage du sucre permet d'obtenir du sucre blanc. L'essence provient du raffinage du pétrole.*

RAFFINÉ [ʀafine], **RAFFINÉE** [ʀafine] adj. (après le nom) **1.** (matière) Traité par raffinage. *Il n'aime que le sucre raffiné.* **2.** Qui montre beaucoup de délicatesse, de goût, de subtilité. *C'est* *un homme aux manières raffinées. Il a un goût raffiné. - Il est très raffiné.* ⟨contraire : grossier⟩

RAFFINEMENT [Rafinmɑ̃] n. m. **1.** *LE RAFFINEMENT :* caractère de ce qui est raffiné. *Il a des goûts d'un grand raffinement.* ⟨contraires : grossièreté, vulgarité⟩ *Elle a meublé son appartement avec raffinement.* → **goût, recherche.** *« Des draps brodés à la main ? Quel raffinement ! »* **2.** *UN RAFFINEMENT :* chose raffinée, agrément. *Il aime tous les raffinements du luxe.*

RAFFINER [Rafine] verbe [conjugaison 1a] **1.** Effectuer le raffinage de (une substance). *On raffine le pétrole pour faire de l'essence.* **2.** Rechercher la délicatesse, la subtilité la plus grande. *Ce n'est pas la peine de raffiner. - Il RAFFINE SUR l'élégance de la présentation.* → **soigner.**

RAFFINERIE [RafinRi] n. f. ▪ *UNE RAFFINERIE :* usine où l'on effectue le raffinage (du sucre, du pétrole). *Il y a une raffinerie de pétrole à la sortie de la ville.*

RAFFOLER [Rafɔle] verbe [conjugaison 1a] ▪ *RAFFOLER DE :* avoir beaucoup de goût pour, aimer beaucoup. *Je raffole du saumon fumé. Le caviar ? Elle en raffole !* → **adorer.** ⟨contraire : détester⟩

RAFFUT [Rafy] n. m. ▪ STYLE FAMILIER *LE RAFFUT :* tapage, vacarme. *Quel raffut, là-dedans ! Les voisins ont fait du raffut jusqu'à trois heures du matin. Il y a un de ces raffuts !* → STYLE FAMILIER **boucan, potin.**

RAFIOT [Rafjo] n. m. ▪ *UN RAFIOT :* mauvais bateau. *Il veut traverser l'océan sur ce vieux rafiot.*

RAFISTOLER [Rafistɔle] verbe [conjugaison 1a] ▪ STYLE FAMILIER Réparer plus ou moins bien, de manière grossière et provisoire. → **bricoler, retaper.** *Elle a rafistolé sa robe avec des épingles. J'ai rafistolé le robinet comme j'ai pu.*

RAFLE [Rafl] n. f. ▪ *UNE RAFLE :* arrestation massive effectuée par la police à l'improviste. *Les policiers ont fait une rafle dans un bar louche du quartier. De nombreuses personnes ont été prises dans la rafle.*

RAFLER [Rafle] verbe [conjugaison 1a] **1.** STYLE FAMILIER Prendre et emporter rapidement sans rien laisser. *Les voleurs ont raflé tous les bijoux qui étaient en vitrine.* → ② **voler ;** STYLE FAMILIER **piquer. 2.** Obtenir, sans rien laisser aux autres. *Le skieur a raflé toutes les médailles olympiques.* → **remporter.**

RAFRAÎCHIR [RafReʃiR] verbe [conjugaison 2]
I. 1. Rendre plus frais, refroidir un peu. *La pluie rafraîchit l'atmosphère.* ⟨contraire : réchauffer⟩ **2.** Donner une sensation de fraîcheur à. *Ces plongeons dans la piscine rafraîchissent agréablement.* **3.** Rendre la fraîcheur, l'éclat du neuf à (qqch.). *Le propriétaire rafraîchira l'appartement avant de le louer.* **4.** *Rafraîchir la mémoire, les idées à qqn :* lui rappeler un souvenir oublié. *Je vais te rafraîchir la mémoire.*
II. verbe pronominal SE RAFRAÎCHIR **1.** Boire une boisson fraîche, un rafraîchissement. *Voulez-vous vous rafraîchir ?* **2.** Faire une petite toilette, se passer de l'eau sur le visage. *Elles se sont rafraîchies dans la salle de bains.* **3.** (température) Devenir plus frais, moins chaud. *Le temps se rafraîchit.* STYLE FAMILIER *On dirait que ça se rafraîchit.*

RAFRAÎCHISSANT [RafReʃisɑ̃], **RAFRAÎCHISSANTE** [RafReʃisɑ̃t] adj. (après le nom) ▪ Qui donne une sensation de fraîcheur. *Ce vent est rafraîchissant. Ils ont bu des boissons rafraîchissantes* **(→ rafraîchissement).**

RAFRAÎCHISSEMENT [RafReʃismɑ̃] n. m. ▪ *UN RAFRAÎCHISSEMENT :* boisson rafraîchissante sans alcool. *Ils ont pris des rafraîchissements sur la terrasse de l'hôtel.*

RAFTING [Raftiŋ] n. m. ▪ *LE RAFTING :* sport qui consiste à descendre des rapides en canot gonflable manœuvré à la pagaie. *Ils ont fait du rafting sur une rivière canadienne.*
REM. Ce mot vient de l'anglais.

RAGAILLARDIR [RagajaRdiR] verbe [conjugaison 2] ▪ Rendre de la vitalité, des forces à (une personne fatiguée ou découragée). *Ces boissons chaudes ragaillardissent les marcheurs fatigués.* → **réconforter, revigorer.** - *Je me sens toute ragaillardie.*

RAGE [Raʒ] n. f.
I. *LA RAGE* **1.** Maladie mortelle causée par un virus et transmise par la morsure de certains animaux, en particulier les chiens et les renards **(→ enragé).** *Il a fait vacciner son chien contre la rage.* **2.** État, mouvement de colère qui rend très violent et agressif. *Dans sa rage, il s'en prend à tout le monde. Son échec l'a mis dans une rage terrible. Elle est FOLLE DE RAGE d'avoir perdu la partie,* elle est furieuse et très énervée. **3.** (qqch.) *FAIRE RAGE :* se déchaîner, atteindre une grande violence. *Dehors, la tempête fait rage.*
II. *UNE RAGE DE DENTS :* mal de dents très violent. *Il a une rage de dents.*

RAGEANT [Raʒɑ̃], **RAGEANTE** [Raʒɑ̃t] adj. (après le nom) ▪ Qui fait rager, qui exaspère. → **exaspérant.** *C'est rageant d'échouer si près du but.*

RAGER [Raʒe] verbe [conjugaison 3b] ▪ STYLE FAMILIER Enrager, être furieux. *Nous RAGEONS DE perdre la partie. Il rageait tout seul dans son coin.*

RAGEUR [Raʒœʀ], **RAGEUSE** [Raʒøz] adj. (après le nom) ▪ Qui montre de la colère, de la mauvaise humeur. *Il jette le livre d'un geste rageur. On entend à travers la cloison une voix rageuse.* → **coléreux, hargneux.**

RAGEUSEMENT [Raʒøzmɑ̃] adverbe ▪ Avec rage. *Il claque la porte rageusement.*

RAGOT [Rago] n. m. ▪ STYLE FAMILIER *UN RAGOT :* histoire méchante et souvent fausse que l'on raconte sur qqn, bavardage malveillant. *N'écoute pas ces ragots.* → ① **cancan, potin, racontar.** *Elle fait des ragots sur tout le monde.*

RAGOUGNASSE [Raguɲas] n. f. ▪ STYLE FAMILIER *UNE RAGOUGNASSE :* mauvais ragoût : mauvaise nourriture mal cuisinée. *Je n'ai pas envie de manger cette infâme ragougnasse.*

RAGOÛT [Ragu] n. m. ▪ *UN RAGOÛT :* plat composé de morceaux de viande et de légumes cuits dans une sauce. *Ce ragoût de mouton sent délicieusement bon. Redonne-moi un peu de ragoût.*

FAUX AMI
italien **ragù** « sauce bolognaise »

RAGOÛTANT [Ragutɑ̃], **RAGOÛTANTE** [Ragutɑ̃t] adj. (après le nom) ▪ Appétissant. ⟨contraire : dégoûtant⟩ *Cette sauce brunâtre n'est pas très ragoûtante à voir.*
REM. Cet adjectif s'emploie surtout à la forme négative : *pas ragoûtant, peu ragoûtant.*

RAGUSE [Ragyz] nom propre ▪ Ancien nom de Dubrovnik. → **Dubrovnik.**

RAÏ [Raj] n. m. ▪ *LE RAÏ :* musique populaire moderne originaire d'Algérie. *Ils aiment écouter du raï.*
REM. *Rail* « barre d'acier » se prononce de la même façon.

RAID [Rɛd] n. m. ▪ *UN RAID* **1.** Opération militaire très rapide en territoire ennemi. → **incursion.** *Les ennemis ont effectué un raid aérien au-dessus de la ville.* **2.** Épreuve sportive de longue durée destinée à mettre en valeur la résistance du matériel et l'endurance des participants. *Il a fait un raid à moto à travers le Sahara.* → **rallye.**

REM. *Raide* « qui n'est pas souple » se prononce de la même façon.

RAIDE [ʀɛd] adj. (après le nom) **1.** Qui manque de souplesse. *La danseuse est un peu raide dans ses mouvements.* ⟨contraire : souple⟩ *Il a une jambe raide,* une jambe qu'il ne peut pas plier. *Ma sœur a les cheveux raides.* ⟨contraire : frisé⟩ *Elle est raide comme un piquet,* elle se tient très droite. **2.** STYLE FAMILIER Sans argent. *Je ne peux pas te prêter d'argent, je suis un peu raide en ce moment.* → STYLE FAMILIER **fauché. 3.** (qqch.) Tendu au maximum. *Le funambule marche sur une corde raide.* - *Nous sommes* SUR LA CORDE RAIDE, dans une situation délicate. **4.** Très incliné par rapport au plan horizontal. *La pente est raide.* → **abrupt.** *L'escalier est affreusement raide.* **5.** STYLE FAMILIER (en attribut) Difficile à accepter. *Ça alors, c'est raide ! Elle est un peu raide, celle-là !* **6.** *RAIDE MORT :* mort tout d'un coup. *La vieille dame est tombée raide morte.*

REM. *Raid* « opération militaire » se prononce de la même façon.

RAIDEUR [ʀɛdœʀ] n. f. ▪ *LA RAIDEUR :* état de ce qui est raide. ⟨contraire : souplesse⟩ *Elle a une raideur dans le dos.*

RAIDILLON [ʀedijɔ̃] n. m. ▪ *UN RAIDILLON :* petit chemin en pente raide. *Un raidillon monte jusqu'à la ferme.*

RAIDIR [ʀediʀ] verbe [conjugaison 2] **1.** Faire devenir raide. *Raidis la corde. Les athlètes raidissent leurs muscles avant l'effort.* → **contracter.** ⟨contraire : assouplir⟩ **2.** verbe pronominal SE RAIDIR : devenir raide. *Ne vous raidissez pas, décontractez-vous, au contraire ! Elle s'est raidie en entendant ma voix.*

① **RAIE** [ʀɛ] n. f. ▪ *UNE RAIE* **1.** Ligne ou bande droite et mince tracée sur qqch. *Elle a un pull à raies bleues et blanches.* → **rayure. 2.** Ligne qui sépare les cheveux. *Il a la raie sur le côté.*

② **RAIE** [ʀɛ] n. f. ▪ *UNE RAIE :* poisson de mer au corps aplati en forme de losange et à la queue hérissée de piquants, et qui est bon à manger. *Elle a acheté des raies chez le poissonnier.* - *Donnez-moi une raie au beurre noir.*

RAIL [ʀaj] n. m. **1.** *UN RAIL :* chacune des barres d'acier parallèles qui reposent sur des traverses et forment la voie ferrée sur laquelle circule le train. *L'écartement des rails peut varier d'un pays à l'autre. Le train est sorti des rails,* il a déraillé. - *Son mari n'allait pas bien, mais un psychologue l'a* REMIS SUR LES RAILS, l'a rendu capable d'aller mieux. **2.** *Un RAIL DE SÉCURITÉ :* barrière de métal qui empêche les véhicules de quitter la route. *La voiture a heurté le rail de sécurité.* **3.** *LE RAIL :* transport par voie ferrée. *Il y a une forte concurrence entre le rail et la route.*

RAILLERIE [ʀajʀi] n. f. ▪ STYLE RECHERCHÉ *UNE RAILLERIE :* moquerie, plaisanterie. *Il ne supporte plus les railleries de ses camarades.* → **quolibet.**

RAINETTE [ʀɛnɛt] n. f. ▪ *UNE RAINETTE :* petite grenouille aux doigts munis de ventouses. *Les rainettes se nourrissent d'insectes.*

REM. *Reinette* « pomme » se prononce de la même façon.

RAINURE [ʀenyʀ] n. f. ▪ *UNE RAINURE :* fente longue et étroite. *La porte coulisse le long d'une rainure. Les rainures du parquet sont très écartées.*

RAISIN [ʀɛzɛ̃] n. m. **1.** *LE RAISIN :* fruit de la vigne, formé d'un ensemble de baies réunies en grappes. *Je préfère le raisin blanc au raisin noir. Il boit du jus de raisin. On fait du vin avec le raisin pressé. Elle mange du raisin. J'ai mangé un grain de raisin. Le cuisinier met de l'huile de* PÉPINS DE RAISIN *dans la salade.* **2.** *LES RAISINS :* les grains de raisin. *Ils ont mangé les raisins et ont laissé les pépins. Il y a des* RAISINS SECS *dans la semoule du couscous,* des grains de raisin séchés. *Elle mange un pain aux raisins,* un petit pain rond sucré garni de raisins secs.

> FAUX AMI
> anglais **raisin** « raisin sec », ne s'emploie pas au sens 1.

RAISON [ʀɛzɔ̃] n. f.

I. *LA RAISON* **1.** Faculté qui permet de comprendre, de juger et d'agir selon des principes. → **esprit, intelligence.** *Sa décision est sage et conforme à la raison* **(→ raisonnable, rationnel).** *Un enfant de sept ans a l'*ÂGE DE RAISON, l'âge auquel il sait distinguer le bien du mal. *Écoute la voix de la raison.* → **sagesse.** *Après toutes ses folies, il est* REVENU À LA RAISON, à une attitude raisonnable. - *Elle a fait un* MARIAGE DE RAISON, fondé sur les convenances (opposé à mariage d'amour). **2.** Les facultés intellectuelles, le fonctionnement normal de l'intelligence. *La pauvre femme a* PERDU LA RAISON, elle a perdu l'esprit, elle est devenue folle. *Elle n'a plus toute sa raison.* → **lucidité. 3.** Ce qui est raisonnable. *Il s'est mis en colère* SANS RIME NI RAISON, sans que l'on comprenne pourquoi. *Elle ne veut pas* ENTENDRE RAISON, suivre les conseils raisonnables. *Il a bu* PLUS QUE DE RAISON, d'une manière excessive. **4.** Connaissance naturelle à laquelle l'être humain accède sans l'intervention d'une foi ou d'une révélation. *Les révolutionnaires français se sont mis à pratiquer le culte de la Raison en 1793.* **5.** Jugement en accord avec les faits, comportement que l'on approuve. *IL A RAISON :* il ne se trompe pas, il est dans le vrai. ⟨contraire : tort⟩ *Vous avez raison de vous méfier. Je lui* DONNE RAISON : je l'approuve. - *À TORT OU À RAISON, il passe pour un homme compétent,* que ce soit vrai ou pas. **6.** STYLE RECHERCHÉ *AVOIR RAISON DE :* venir à bout de. *Il a eu raison de toutes les difficultés,* il les a vaincues, il a été plus fort qu'elles. *La maladie a eu raison de lui,* elle l'a tué. **7.** *La* RAISON SOCIALE : nom d'une société commerciale. *Indiquez la raison sociale et l'adresse de la société.* **8.** Proportion, rapport. *Ces deux nombres varient* EN RAISON INVERSE, quand l'un augmente, l'autre diminue. - *Le prix de vente augmente* EN RAISON DU *prix d'achat,* en proportion du prix d'achat **(→ proportionnellement).** - *J'ai acheté douze assiettes* À RAISON DE *cinquante francs l'assiette,* en comptant cinquante francs l'assiette.

II. *UNE RAISON* **1.** Ce qui permet d'expliquer (l'apparition de qqch. de nouveau). *Quelle est la raison de ce phénomène ?* → **cause.** *J'ignore la raison de son départ.* → **motif.** *Il n'a pas donné de raison :* il n'a pas dit pourquoi. *C'est une mauvaise raison,* un prétexte. - POUR QUELLE RAISON *changerait-elle d'avis ?* → **pourquoi.** *Il se met en colère* POUR UNE RAISON OU POUR UNE AUTRE, sans raison connue. *Ce n'est sûrement pas lui le coupable* POUR LA SIMPLE RAISON QU'*il était à l'étranger le jour du crime,* simplement parce qu'il était à l'étranger. - *L'avion n'a pas décollé à l'heure* EN RAISON DU *mauvais temps,* parce qu'il y avait du mauvais temps. - *Au bout d'un certain temps, il* S'EST FAIT UNE RAISON, il s'est résigné, il a pris son parti de la situation. **2.** Cause, motif légitime qui justifie une chose en l'expliquant. *Il a encore une raison d'espérer. Cet enfant est sa raison de vivre. J'ai de bonnes raisons de croire qu'elle ment :* je suis sûr qu'elle ment. *Il est déçu, mais* CE N'EST PAS UNE RAISON POUR *être agressif avec tout le monde,* le fait qu'il soit déçu ne justifie pas qu'il soit agressif. *Ce n'est pas une raison !* IL N'Y A PAS DE RAISON POUR QU'*il refuse.* - *C'est* AVEC (JUSTE) RAISON *qu'il a réagi,* c'est à juste titre, pour un motif valable. - *Elle a besoin de lui,* RAISON DE PLUS POUR *être gentille avec lui,* c'est une raison de plus pour cela. - *Si son mari le lui demande et* À PLUS FORTE RAISON *ses enfants, elle acceptera sûrement,* avec des raisons encore meilleures. → a **fortiori.** - *Il s'est fâché* SANS RAISON, sans motif raisonnable. **3.** (au pluriel) LES RAISONS : les arguments destinés à prouver. *Elle s'est rendue à mes raisons.*

RAISONNABLE [ʀɛzɔnabl] adj. (après le nom) **1.** Qui pense et agit avec bon sens et sagesse. *C'est une femme raisonnable.* → **sensé.** ⟨contraire : déraisonnable⟩ *Sois raisonnable, ne demande pas l'impossible.* **2.** (qqch.) Conforme à la raison. *Il a pris une décision raisonnable.* → **judicieux, sage.** ⟨contraires : absurde, fou, insensé⟩ *Ce n'est pas très raisonnable de donner ta démission.* **3.** Modéré. *Ils ont acheté un grand appartement à un prix raisonnable.* → **acceptable.** ⟨contraires : exagéré, exorbitant⟩

RAISONNABLEMENT [ʀɛzɔnabləmɑ̃] adverbe **1.** Conformément à la raison, au bon sens. *Vous avez agi raisonnablement.* **2.** Sans trop exiger. *C'est ce que l'on peut raisonnablement espérer.* **3.** Avec mesure, modération. *Ils ont mangé et bu raisonnablement.* → **modérément.**

RAISONNEMENT [ʀɛzɔnmɑ̃] n. m. ▪ *UN RAISONNEMENT :* enchaînement d'idées qui aboutit à une conclusion. *Ton raisonnement est juste.* → **démonstration.** *Je n'ai pas bien suivi le raisonnement.*

RAISONNER [ʀɛzɔne] verbe [conjugaison 1a]
I. 1. Faire usage de sa raison pour penser, juger. *Il faut raisonner avant d'agir.* → **réfléchir. 2.** Employer des arguments pour convaincre, prouver ou réfuter. *Raisonnons par déduction. On ne peut pas raisonner avec lui. Il raisonne juste.* **3.** *Raisonner qqn,* chercher à l'amener à être raisonnable. *J'ai essayé de la raisonner, mais elle ne veut rien entendre.*
II. verbe pronominal SE RAISONNER **1.** Se conformer à la raison, calmer ses réactions excessives, irrationnelles. *Allons, raisonne-toi, tu ne risques absolument rien ! Elle s'est raisonnée et elle a accepté ma proposition.* **2.** (qqch.) Pouvoir être contrôlé par la raison. *L'amour ne se raisonne pas.*

RAJEUNIR [ʀaʒœniʀ] verbe [conjugaison 2] **1.** Faire paraître plus jeune. *Sa nouvelle coiffure la rajeunit.* ⟨contraire : vieillir⟩ - STYLE FAMILIER *Ça ne nous rajeunit pas !* cet événement, ce souvenir souligne notre âge déjà avancé. **2.** Donner un âge moins avancé à (qqn). *C'est gentil, vous me rajeunissez de cinq ans,* vous me donnez cinq ans de moins que mon âge réel. **3.** Avoir l'air plus jeune. *Il a rajeuni de dix ans depuis qu'il a maigri.* **4.** verbe pronominal SE RAJEUNIR : avoir l'air plus jeune. *Elle essaie de se rajeunir par tous les moyens.*

RAJEUNISSANT [ʀaʒœnisɑ̃], **RAJEUNISSANTE** [ʀaʒœnisɑ̃t] adj. (après le nom) ▪ Destiné à rajeunir. *Elle a suivi un traitement rajeunissant.*

RAJEUNISSEMENT [ʀaʒœnismɑ̃] n. m. ▪ *LE RAJEUNISSEMENT :* fait de rajeunir. ⟨contraire : vieillissement⟩ *Elle a fait une cure de rajeunissement.*

RAJOUTER [ʀaʒute] verbe [conjugaison 1a] ▪ Ajouter de nouveau, en plus. *Le cuisinier rajoute un peu de crème dans la sauce.* → **remettre.** ⟨contraires : enlever, ôter⟩ - STYLE FAMILIER *Il est assez furieux comme ça,* N'EN RAJOUTE PAS, n'en dis pas plus. *Ce n'est pas la peine d'en rajouter,* d'en dire ou d'en faire plus qu'il ne faut.

RAJUSTER [ʀaʒyste] verbe [conjugaison 1a] **1.** Remettre en place, en ordre. → **réajuster.** *Il rajuste sa cravate.* **2.** verbe pronominal SE RAJUSTER : remettre de l'ordre dans ses vêtements en les fermant, en les boutonnant. *Elle s'est rajustée rapidement.*

RÂLANT [ʀɑlɑ̃], **RÂLANTE** [ʀɑlɑ̃t] adj. (après le nom) ▪ STYLE FAMILIER Qui fait râler. *Ça alors, c'est râlant !* → **rageant.**

RÂLE [ʀɑl] n. m. ▪ *UN RÂLE :* bruit anormal, rauque fait en respirant. *Le moribond fait entendre un râle.*

RALENTI [ʀalɑ̃ti] n. m. ▪ *LE RALENTI* **1.** Vitesse la plus faible à laquelle tourne un moteur. *Le mécano règle le ralenti du moteur de la voiture.* **2.** Procédé cinématographique de projection qui fait paraître les mouvements plus lents que dans la réalité. *Le ralenti permet d'analyser les mouvements rapides. - Il fait passer la bande vidéo* AU RALENTI, très lentement. ⟨contraire : en accéléré⟩ - *Le malade vit au ralenti,* il a une vie, une activité ralentie.

RALENTIR [ʀalɑ̃tiʀ] verbe [conjugaison 2] **1.** Rendre plus lent (un mouvement, une progression). *Le train ralentit l'allure à l'approche de la gare.* → **réduire.** *Les marcheurs ralentissent le pas.* ⟨contraires : hâter, presser⟩ **2.** Rendre plus lent (un processus). *L'usine a ralenti la production.* → **freiner. 3.** Réduire la vitesse d'un véhicule que l'on conduit. *Ralentir, travaux.* ⟨contraire : accélérer⟩ - *Les voitures ralentissent avant le virage,* elles vont moins vite. **4.** verbe pronominal SE RALENTIR : (mouvement, activité) être plus lent. *L'activité économique s'est ralentie ces derniers mois.*

RALENTISSEMENT [ʀalɑ̃tismɑ̃] n. m. ▪ *LE RALENTISSEMENT* **1.** Le fait d'aller moins vite. *Les travaux sur l'autoroute provoquent un sérieux ralentissement de la circulation.* ⟨contraire : accélération⟩ - *On signale des ralentissements sur l'autoroute.* → **bouchon. 2.** Le fait de se ralentir, d'être plus lent. *Une grève est la cause du ralentissement de la production de l'usine.* ⟨contraire : augmentation⟩

RÂLER [ʀɑle] verbe [conjugaison 1a]
I. Faire entendre un bruit anormal et rauque en respirant. *Le moribond râle.*
II. STYLE FAMILIER Manifester sa mauvaise humeur en grognant. *Tu n'es jamais content, tu râles tout le temps !* → STYLE FAMILIER **ronchonner, rouspéter.**

FAUX AMI
portugais **ralar** « râper »

RÂLEUR [ʀɑlœʀ] n. m. et adj., **RÂLEUSE** [ʀɑløz] n. f. et adj. **1.** *UN RÂLEUR, UNE RÂLEUSE :* personne qui manifeste constamment sa mauvaise humeur en grognant, en protestant. *Elle n'est jamais contente, c'est une râleuse. Quel râleur !* **2.** adjectif (après le nom) Qui manifeste sans arrêt sa mauvaise humeur, son mécontentement. *Ce qu'il peut être râleur !*

RALLIEMENT [ʀalimɑ̃] n. m. ▪ *LE RALLIEMENT* **1.** *Un* POINT DE RALLIEMENT *:* lieu où tous les membres d'un groupe doivent se rejoindre. *Le point de ralliement est la gare.* → **rassemblement, regroupement. 2.** Le fait de se rallier (à une cause, un parti). *Nous comptons sur votre* RALLIEMENT *à notre cause.* → **adhésion.**

RALLIER [ʀalje] verbe [conjugaison 7a] **1.** Regrouper (des personnes dispersées). *Le général rallie ses troupes.* → **rassembler.** ⟨contraire : disperser⟩ **2.** Convertir à une cause. *Cet homme politique a rallié tous les mécontents.* → **gagner. 3.** Rejoindre (une troupe, un parti). *Certains des opposants ont rallié la majorité.* **4.** verbe pronominal SE RALLIER : adhérer. *Beaucoup de nos adversaires* SE SONT RALLIÉS *à notre cause. Un jour, je me rallierai* [ʀaliʀɛ] *peut-être à votre avis,* je serai peut-être de votre avis.

RALLONGE [ʀalɔ̃ʒ] n. f. ▪ *UNE RALLONGE* **1.** Planche qui sert à agrandir une table dans le sens de la longueur. *Nous sommes dix à table, il faudra mettre une rallonge.* **2.** Fil électrique qui sert à en prolonger un autre qui est trop court. *Le fil du fer à* *repasser est trop court, il faut une rallonge.* 3. STYLE FAMILIER Ce que l'on paie ou reçoit en plus du prix convenu. *Le budget était trop serré, nous avons obtenu une rallonge.* → **supplément.** 4. STYLE FAMILIER *NOM À RALLONGE.* → **particule ;** STYLE FAMILIER **tiroir.**

RALLONGER [ralɔ̃ʒe] verbe [conjugaison 3b] 1. Rendre plus long (en ajoutant un élément). → **allonger.** *La couturière rallonge ma jupe devenue trop courte.* ⟨contraire : raccourcir⟩ 2. Devenir plus long. *Le mois dernier encore, les jours rallongeaient.* → **allonger.** ⟨contraires : diminuer, raccourcir⟩

RALLUMER [ralyme] verbe [conjugaison 1a] 1. Allumer de nouveau. *Il rallume son cigare qui s'est éteint. Rallume la lampe. - « Qui a éteint ? Rallume ! »,* redonne de la lumière. 2. Redonner de l'ardeur, de la vivacité à. *Les vieilles haines entre ces deux peuples ont rallumé le conflit.* → **ranimer.** 3. verbe pronominal SE RALLUMER : s'allumer de nouveau. *Les lumières se sont rallumées après la fin du film.* ⟨contraire : s'éteindre⟩ - *Les anciennes querelles se sont rallumées,* elles se sont ranimées. → **renaître.**

RALLYE [rali] n. m. ▪ *UN RALLYE :* course automobile dans laquelle les concurrents doivent se retrouver à un lieu déterminé après des étapes. *Le rallye Paris-Dakar est très célèbre. Il participe souvent à des rallyes.*

REM. *Rallye* vient de l'anglais *to rally* « rassembler ».

RAMADAN [ramadɑ̃] n. m. ▪ *LE RAMADAN :* mois pendant lequel les musulmans doivent jeûner entre le lever et le coucher du soleil. *C'est bientôt la fin du ramadan. - Nos voisins marocains FONT LE RAMADAN,* ils observent les prescriptions du ramadan.

RAMASSAGE [ramasaʒ] n. m. ▪ *LE RAMASSAGE* 1. Action de ramasser (qqch.), de prendre en divers endroits. *Un camion effectue le ramassage du lait dans les fermes.* → **collecte.** 2. *Le RAMASSAGE SCOLAIRE :* transport quotidien par un service spécial des élèves habitant loin de leur établissement scolaire. *Le car de ramassage scolaire passe à sept heures.*

RAMASSE-MIETTES [ramasmjɛt] n. m. invariable ▪ *UN RAMASSE-MIETTES :* brosse roulante ou brosse accompagnée d'un petit plateau qui sert à ramasser les miettes éparses sur une table. *Le serveur passe le ramasse-miettes sur la table avant le dessert.* PLURIEL : *des ramasse-miettes.*

RAMASSER [ramase] verbe [conjugaison 1a]
I. 1. Réunir ce qui est dispersé. *Le professeur ramasse les copies.* → **relever.** *Les ordures sont ramassées tous les matins.* 2. Prendre par terre (des choses éparses) pour les rassembler. *Les enfants ramassent des coquillages sur la plage. Nous avons ramassé des champignons dans les bois.* → **cueillir.** 3. Prendre par terre (une chose qui est tombée). *Il ramasse le mouchoir de sa voisine et le lui tend. - La police a ramassé un homme ivre mort étendu sur la chaussée.* → **trouver.** 4. STYLE FAMILIER (qqn) *RAMASSER UNE BÛCHE, UNE GAMELLE :* tomber, faire une chute. *Le skieur a ramassé une bûche.* 5. Resserrer en une masse. *Elle ramasse ses cheveux en chignon.*
II. verbe pronominal SE RAMASSER 1. (être vivant) Se mettre en boule. *Le chat se ramasse pour sauter.* 2. STYLE FAMILIER (qqn) Tomber. *Elle s'est ramassée sur le trottoir verglacé. - Il s'est ramassé à l'examen,* il a échoué.

RAMASSIS [ramasi] n. m. ▪ *UN RAMASSIS :* réunion (de choses, de gens de peu de valeur). *J'en ai assez de ce ramassis d'incapables.* → **tas.**

REM. Ce mot est péjoratif.

RAMBARDE [rɑ̃baʀd] n. f. ▪ *UNE RAMBARDE :* rampe de métal qui empêche de tomber sur un pont, une jetée ou un bateau. *Les passagers qui montent sur la passerelle du paquebot se tiennent à la rambarde.* → **bastingage.**

RAMDAM [ramdam] n. m. ▪ STYLE FAMILIER *LE RAMDAM :* vacarme, tapage. *Les jeunes ont fait du ramdam toute la nuit. Quel ramdam !* → STYLE FAMILIER **boucan, potin, raffut.**

① **RAME** [ram] n. f. ▪ *UNE RAME* 1. Longue barre de bois à bout plat que l'on manœuvre pour faire avancer une barque. → **aviron.** *Le navigateur a traversé l'océan À LA RAME,* en ramant. 2. STYLE FAMILIER *NE PAS EN FICHE UNE RAME :* ne faire aucun effort, se monter paresseux. *Mon fils n'en fiche pas une rame à l'école, il va sûrement redoubler.*

> FAUX AMIS
> espagnol **rama** « branche » ;
> roumain **ramă** « cadre »

② **RAME** [ram] n. f. ▪ *UNE RAME :* file de wagons attachés les uns aux autres. *Une rame de métro s'arrête sur le quai. Ce T. G. V. est composé de deux rames,* deux groupes de voitures qui ne communiquent pas entre eux.

RAMEAU [ramo] n. m. ▪ *UN RAMEAU :* petite branche. *La colombe de la paix tient un rameau d'olivier dans son bec.* PLURIEL : *des RAMEAUX.*

RAMENER [ramne] verbe [conjugaison 5a]
I. 1. Faire revenir (qqn, un animal en l'accompagnant, un véhicule en le conduisant) au lieu de départ. *Elle ramène sa fille de l'école tous les jours.* ⟨contraire : emmener⟩ *Il m'a ramené chez moi.* → **raccompagner, reconduire.** *Je te ramènerai la voiture ce soir.* 2. Faire revenir à un sujet, à un état. *Il ramène la conversation sur la question qui l'intéresse. Elle ramène tout à elle :* elle considère tout par rapport à elle **(→ égocentrique).** *Le médecin a ramené le blessé à la vie.* → **ranimer.** *Ça nous ramène dix ans en arrière.* 3. Faire renaître, réapparaître (qqch.). *Le gouvernement a ramené le calme dans le pays.* → **rétablir.** *L'été a ramené le beau temps.* 4. Amener (qqn), apporter (qqch.) avec soi en revenant du lieu que l'on a quitté. *Il a ramené de son séjour en Amérique une femme charmante. Elle a ramené de nombreux souvenirs de tous ses voyages.* → **rapporter.** 5. Faire prendre une certaine position à (qqch.), remettre en place. *Il ramène la couverture sur ses pieds.* → **remettre.** 6. STYLE FAMILIER *RAMENER SA FRAISE :* arriver. *La voilà qui ramène sa fraise !* 7. STYLE FAMILIER *LA RAMENER :* faire l'important. *Il faut toujours qu'il la ramène, celui-là.* → STYLE FAMILIER **crâner.**
II. verbe pronominal SE RAMENER 1. STYLE FAMILIER (qqn) Venir, arriver. *Allez, ramenez-vous, les gars !* → STYLE FAMILIER se **radiner, rappliquer.** *Elle s'est ramenée à minuit.* 2. (qqch.) *SE RAMENER À :* se réduire à, n'être que. *Toute cette affaire se ramène à une vulgaire question d'argent.*

REM. Au sens I., 1., quand il s'agit d'objets sans mouvement, on emploie le verbe *rapporter* (*je l'ai ramenée chez elle,* mais *je lui ai rapporté son livre*).

RAMER [rame] verbe [conjugaison 1a] 1. Manœuvrer les rames, avancer à la rame. *Il rame contre le courant.* 2. STYLE FAMILIER Faire des efforts. *Il a beaucoup ramé avant de devenir célèbre.* → STYLE FAMILIER **galérer.**

RAMEUR [ramœʀ] n. m., **RAMEUSE** [ramøz] n. f. ▪ *UN RAMEUR, UNE RAMEUSE :* personne qui rame. *Les rameurs unissent leurs efforts pour faire avancer le bateau.*

RAMIER [ramje] n. m. ▪ *UN RAMIER :* gros pigeon sauvage. *Les ramiers nichent dans les arbres.*

RAMIFICATION [ramifikasjɔ̃] n. f. ▪ *UNE RAMIFICATION* 1. Division en branches plus petites. *Cette branche a de nombreuses ramifications. - Les vaisseaux sanguins et les nerfs comportent beaucoup de ramifications.* 2. Subdivision. *Sa société a de nombreuses ramifications à l'étranger.* → **filiale.**

SE **RAMIFIER** [Ramifje] verbe pronominal [conjugaison 7a] ▪ Se diviser en plusieurs branches plus petites, en rameaux. *Regarde l'endroit où les branches de l'arbre se sont ramifiées. Les grosses veines se ramifient en vaisseaux de plus en plus petits.* → se **subdiviser.**

RAMOLLIR [Ramɔlir] verbe [conjugaison 2] **1.** Rendre mou, plus mou. *La chaleur ramollit le beurre.* ⟨contraire : durcir⟩ **2.** Devenir mou. *Le beurre a ramolli.* **3.** verbe pronominal SE RAMOLLIR : devenir mou, plus mou. *La pommade s'est ramollie au soleil. Les biscuits se ramollissent à l'humidité.*

RAMOLLO [Ramɔlo] adj. (après le nom) ▪ STYLE FAMILIER Passif, sans réaction. *Ils se sentent un peu ramollos.* → STYLE FAMILIER **flagada, raplapla.**

RAMONAGE [Ramɔnaʒ] n. m. ▪ *LE RAMONAGE* : fait de ramoner. *Le ramonage des cheminées est obligatoire.*

RAMONER [Ramɔne] verbe [conjugaison 1a] ▪ Nettoyer en raclant pour débarrasser de la suie (les cheminées, les tuyaux). *Il fait ramoner chaque année le conduit de sa chaudière à gaz.*

RAMONEUR [RamɔnœR] n. m. ▪ *UN RAMONEUR* : personne dont le métier est de ramoner les cheminées, les tuyaux. *Le ramoneur a ramoné notre cheminée.*

RAMPE [Rɑ̃p] n. m. ▪ *UNE RAMPE* **1.** Chemin en pente par où passent les voitures pour accéder à un parking ou en sortir. *La voiture emprunte la RAMPE D'ACCÈS au parking.* **2.** Plan incliné pour le lancement d'engins spatiaux, de fusées. *La fusée est sur la RAMPE DE LANCEMENT.* **3.** Balustrade sur laquelle on s'appuie le long d'un escalier. *Tiens bien la rampe, l'escalier est glissant.* **4.** Rangée de lumières disposées au bord d'une scène de théâtre. *Pendant la représentation, la rampe éclaire la scène.*

RAMPER [Rɑ̃pe] verbe [conjugaison 1a] **1.** (animaux) Se déplacer en se traînant sur le ventre (→ **reptile**). *Les serpents et les vers se déplacent en rampant.* **2.** (êtres humains) Progresser lentement sur le ventre, les membres repliés. *Le bébé ne se tient pas encore debout, il rampe sur le sol.* → se **traîner. 3.** (plantes) Pousser près du sol ou s'accrocher à un support. *Le lierre rampe le long du mur.* **4.** (qqn) S'abaisser, s'humilier. *Il rampe devant ses supérieurs.* → s'**aplatir.**

RANCARD [Rɑ̃kaR] n. m. ▪ STYLE FAMILIER *UN RANCARD* : rendez-vous. *Il a un rancard avec une nana. Elle m'a filé rancard* : elle m'a donné rendez-vous.

REM. On écrit aussi *rencard.*

RANCARDER [Rɑ̃kaRde] verbe [conjugaison 1a] ▪ STYLE FAMILIER **1.** Renseigner. *Un indicateur rancarde le policier.* **2.** verbe pronominal SE RANCARDER : se renseigner. *Je ne sais pas, mais je vais me rancarder. Ils se sont rancardés auprès de la secrétaire.*

REM. On écrit aussi *rencarder.*

RANCART [Rɑ̃kaR] n. m. ▪ STYLE FAMILIER *METTRE AU RANCART* : jeter, se débarrasser de. *Ces vieilles chaises sont bonnes à être mises au rancart.* → **rebut.**

REM. *Rancard* « rendez-vous » se prononce de la même façon.

RANCE [Rɑ̃s] adj. et n. m. **1.** adjectif (après le nom) (matière grasse) Qui prend en vieillissant un goût et une odeur désagréables. *Ce restaurant sent l'huile rance.* **2.** *LE RANCE* : odeur et goût d'une matière grasse rance. *Ce beurre a goût de rance.*

RANCH [Rɑ̃tʃ] n. m. ▪ *UN RANCH* : grande ferme où l'on élève du bétail, aux États-Unis. *Cet acteur américain vit dans un ranch du Colorado.* PLURIEL : *des ranchs* ou *des RANCHES.*

REM. Ce mot est américain.

RANCIR [Rɑ̃siR] verbe [conjugaison 2] ▪ Devenir rance. *Il ne faudrait pas que le beurre rancisse.*

RANCŒUR [Rɑ̃kœR] n. f. ▪ STYLE RECHERCHÉ *LA RANCŒUR* : amertume que l'on éprouve à la suite d'une désillusion, d'une injustice. *Son échec lui inspire de la rancœur.* → **rancune.**

RANÇON [Rɑ̃sɔ̃] n. f. **1.** *UNE RANÇON* : prix que l'on exige pour délivrer une personne que l'on a enlevée et que l'on garde prisonnière. *Les ravisseurs exigent une rançon très élevée.* **2.** *LA RANÇON DE* : inconvénient que comporte un avantage, un plaisir. *Les célébrités sont importunées par les photographes, c'est la rançon de la gloire.* → **contrepartie.**

> FAUX AMI
> suédois **ranson** « ration »

RANÇONNER [Rɑ̃sɔne] verbe [conjugaison 1a] ▪ Demander de l'argent à (qqn) en menaçant. *Autrefois, des brigands rançonnaient les voyageurs.*

RANCUNE [Rɑ̃kyn] n. f. ▪ *LA RANCUNE* : souvenir mêlé d'hostilité et de désir de vengeance, que l'on garde envers qqn qui vous a fait du mal, de la peine. *Elle a de la rancune contre son frère.* → **rancœur, ressentiment.** *Je lui GARDE RANCUNE DE ce qu'il m'a fait,* je lui en veux, je ne lui pardonne pas. - *Allez, SANS RANCUNE !* on oublie tout !

RANCUNIER [Rɑ̃kynje], **RANCUNIÈRE** [Rɑ̃kynjɛR] adj. (après le nom) ▪ Qui éprouve de la rancune. → **vindicatif.** *C'est une petite fille très rancunière, elle ne te pardonnera jamais.* ⟨contraire : indulgent⟩

RANDONNÉE [Rɑ̃dɔne] n. f. ▪ *UNE RANDONNÉE* : longue promenade. *Ils ont fait une randonnée à bicyclette. Nous rentrons d'une randonnée en montagne.* → **excursion, marche.** - *Nous avons pris des chemins de GRANDE RANDONNÉE,* des chemins de piétons que l'on peut suivre plusieurs jours sans se perdre grâce aux indications qui le jalonnent.

RANDONNEUR [Rɑ̃dɔnœR] n. m., **RANDONNEUSE** [Rɑ̃dɔnøz] n. f. ▪ *UN RANDONNEUR, UNE RANDONNEUSE* : une personne qui fait des randonnées. *Nous avons rencontré des randonneurs dans le refuge.*

RANG [Rɑ̃] n. m. ▪ *UN RANG* **1.** Ligne (de personnes, de choses) les unes à côté des autres. *Elle a un collier à trois rangs de perles. Le professeur demande à ses élèves de se METTRE EN RANGS. Les enfants marchent dans la rue EN RANGS PAR deux. Au théâtre, il aime être assis au premier rang.* → **rangée.** - *J'ai dormi dix heures DE RANG,* dix heures à la suite, dix heures d'affilée. **2.** Suite des mailles d'un tricot sur une même ligne. *Le point de jersey se tricote un rang à l'endroit, un rang à l'envers.* **3.** Place dans un classement. *La France et l'Italie occupent les premiers rangs mondiaux de la production de vin.* **4.** Place élevée qu'a une personne dans la société. *Le ministre a été reçu avec tous les honneurs dus à son rang.* **5.** (au pluriel) LES RANGS. *Il SE MET SUR LES RANGS pour occuper ce poste,* il se porte candidat. *Les ouvriers de cette usine sont venus grossir les rangs des mécontents.* → **liste, nombre. 6.** *AU RANG DE* : parmi. *La réussite de ses enfants est au rang de ses préoccupations.*

RANGÉ [Rɑ̃ʒe], **RANGÉE** [Rɑ̃ʒe] adj. (après le nom) **1.** (qqn) Qui mène une vie régulière, qui a une bonne conduite. *C'est une jeune fille rangée.* → **convenable, sérieux. 2.** STYLE FAMILIER *Il est RANGÉ DES VOITURES* : il mène une vie plus calme, plus régulière.

RANGÉE [Rɑ̃ʒe] n. f. ▪ *UNE RANGÉE* : suite (de personnes, de choses) sur une même ligne. → **rang.** *Une double rangée d'arbres longe la route.*

RANGEMENT [Rɑ̃ʒmɑ̃] n. m. ▪ *LE RANGEMENT :* action de ranger. *Il FAIT DU RANGEMENT dans ses dossiers,* il les range, il les classe. ‹contraire : désordre› *Elle met la vaisselle dans un MEUBLE DE RANGEMENT.*

RANGER [Rɑ̃ʒe] verbe [conjugaison 3b]
I. 1. Mettre (qqch.) à sa place. *Range tes chaussures dans la placard. Il faut que nous rangions nos affaires.* ‹contraire : déranger› *Dans un dictionnaire, les mots sont rangés par ordre alphabétique.* → **classer.** 2. Mettre de l'ordre dans un lieu. *Il rangeait sa chambre quand le téléphone a sonné. - Ce n'est jamais très bien rangé chez lui.*
II. verbe pronominal SE RANGER 1. Se mettre en rangs. *Rangez-vous par deux.* 2. S'écarter pour laisser le passage. *Les piétons se sont rangés sur le bord de la route pour laisser passer le car. La voiture se range le long du trottoir.* → se **garer.** 3. Se mettre à avoir une vie plus régulière (→ **rangé).** *Elle s'est rangée depuis son mariage.* 4. Devoir être rangé (quelque part). *Les verres se rangent sur l'étagère. Où ça se range ?* → se **mettre.**

FAUX AMI
portugais **ranger** «grincer»

RANGOON [Rɑ̃gun] nom propre ▪ Capitale de la Birmanie. *Nous sommes allés à Rangoon. Ils reviennent de Rangoon.*

RANIMER [Ranime] verbe [conjugaison 1a] 1. Faire reprendre conscience à (une personne évanouie, inconsciente). *Les sauveteurs raniment le noyé* **(→ réanimation).** 2. Redonner de la force à (qqch.). *Revoir ce traître a ranimé sa colère. - Il faut ranimer le feu qui est en train de s'éteindre.* → **attiser.** *Le président a ranimé la flamme sur la tombe du Soldat inconnu.*

RAP [Rap] n. m. ▪ *LE RAP :* style de chanson parlée dont les paroles sont dites très rapidement sur un air très rythmé. *Il est chanteur de rap.*

RAPACE [Rapas] n. m. ▪ *UN RAPACE* 1. Oiseau au bec puissant recourbé et aux fortes griffes, qui mange les petits animaux qu'il chasse. *L'aigle et le hibou sont des rapaces.* 2. Personne qui cherche à s'enrichir sans craindre de nuire aux autres. *Cet homme d'affaires est un vrai rapace.* → **requin, vautour.**

RAPATRIÉ [Rapatrije] n. m., **RAPATRIÉE** [Rapatrije] n. f. ▪ (surtout en parlant de prisonniers de guerre, de coloniaux ou de personnes contraintes de revenir en métropole, etc.) *UN RAPATRIÉ, UNE RAPATRIÉE :* une personne contrainte de rentrer dans son pays. ‹contraire : expatrié› *Après la décolonisation, l'État a fourni des aides aux rapatriés.*

RAPATRIEMENT [Rapatrimɑ̃] n. m. ▪ *LE RAPATRIEMENT :* le fait de faire revenir qqn dans son pays. *Le rapatriement des prisonniers de guerre a été rapide.*

RAPATRIER [Rapatrije] verbe [conjugaison 7b] ▪ Faire rentrer (qqn) dans son pays. *Si elle tombe malade pendant son voyage à l'étranger, les médecins la rapatrieront* [RapatRiRɔ̃] *en France.*

RÂPE [Rɑp] n. f. ▪ *UNE RÂPE* 1. Instrument de cuisine rugueux qui sert à râper. *Où est la RÂPE À FROMAGE ?* 2. Grosse lime. *Le menuisier polit le bois avec une râpe.*

FAUX AMI
portugais **rapa** «gratin»

RÂPÉ [Rɑpe], **RÂPÉE** [Rɑpe] adj. (après le nom) 1. Coupé en petits morceaux allongés. *Le cuisinier met du fromage râpé dans les pâtes. Voulez-vous des carottes râpées ?* 2. Très usé. *Il a un vieux manteau tout râpé.* → **élimé.** 3. STYLE FAMILIER *C'EST RÂPÉ !* c'est trop tard, cela n'aura pas lieu. *Pas de cinéma ce soir, c'est râpé !,* c'est foutu.

RÂPER [Rɑpe] verbe [conjugaison 1a] 1. Couper en morceaux allongés. *Elle râpe du gruyère pour faire un gratin.* 2. Produire une sensation de frottement sur (une partie du corps). *Ce vin râpe la gorge* **(→ râpeux).**

FAUX AMIS
anglais **to rape** «violer» ; espagnol **rapar** «tondre, raser»

RAPETISSER [Raptise] verbe [conjugaison 1a] 1. Faire paraître qqch. plus petit qu'il n'est en réalité. *La distance rapetisse les objets.* ‹contraire : agrandir› 2. Devenir plus petit. *Ma grand-mère a rapetissé en vieillissant.* ‹contraire : grandir› *Mon pantalon a rapetissé au lavage.* → **rétrécir.**

RÂPEUX [Rɑpø], **RÂPEUSE** [Rɑpøz] adj. (après le nom) 1. Rugueux comme une râpe. *Les chats ont une langue râpeuse.* 2. D'un goût âpre, désagréable à boire. *Ce vin est râpeux.*

RAPHAËL [Rafaɛl] nom propre - en italien **RAFFAELLO SANZIO** ▪ Peintre italien (1483-1520). *Nous avons vu des tableaux de Raphaël à Florence.*

RAPHIA [Rafja] n. m. ▪ *LE RAPHIA :* ficelle faite avec les feuilles d'un palmier. *Il y a des sets de table en raphia.*

RAPIAT [Rapja] adj. (après le nom) ▪ STYLE FAMILIER Très avare. → **regardant ;** STYLE FAMILIER **radin.** *C'est un homme rapiat. Ce qu'il peut être rapiat ! Elle est rapiat.*
▪ REM. On peut dire aussi au féminin : *elle est rapiate* [Rapjat].

① **RAPIDE** [Rapid] adj. (après le nom, parfois avant le nom) 1. (après le nom) Qui bouge, qui se déplace vite. ‹contraire : lent› *Il a une voiture rapide. Ce cheval est très rapide. Cet athlète est rapide à la course. - La voiture emprunte la VOIE RAPIDE,* la route conçue pour qu'on y roule vite. 2. (après ou avant le nom) Qui prend peu de temps, qui est vite fait. *Nous lui avons fait une visite rapide.* → ① **éclair.** *J'ai jeté un rapide coup d'œil sur son travail. Sa décision a été trop rapide. Nous vous souhaitons une guérison rapide.* → **prompt.** *Il a fait un rapide résumé de la situation.* → **sommaire.** 3. (après le nom) Qui comprend vite, qui agit vite. *Il a l'esprit rapide.* → **vif.** *Vous êtes un peu RAPIDE EN BESOGNE,* vous allez trop vite dans votre comportement.

② **RAPIDE** [Rapid] n. m. ▪ *UN RAPIDE* 1. Partie d'une rivière où le courant est très fort et où se forment des tourbillons. *Ils ont descendu des rapides en kayak* **(→ rafting).** 2. Train qui va plus vite que l'express et qui ne s'arrête que dans les grandes villes. *J'ai pris le rapide de quatorze heures dix-huit. Ce train est un rapide.*

RAPIDEMENT [Rapidmɑ̃] adverbe ▪ À grande vitesse, en peu de temps. → **vite.** *Elle a rapidement compris ce qui se passait. Il a fait ce travail très rapidement.* → **rondement.** ‹contraire : lentement› - *RAPIDOS* [Rapidos], *RAPIDO* [Rapido] formes abrégées familières *Il est arrivé rapidos.*

RAPIDITÉ [Rapidite] n. f. ▪ *LA RAPIDITÉ :* le fait de faire qqch., de parcourir une distance en peu de temps. → **vitesse.** *Il a fait son travail avec une rapidité exemplaire.* → **célérité, promptitude.** *Le coureur est parti avec la rapidité de l'éclair.* ‹contraire : lenteur›

RAPIDOS adverbe Forme abrégée familière de **rapidement.**

RAPIÉCER [Rapjese] verbe [conjugaison 3a et 6a] ▪ Réparer en mettant une pièce de tissu. *Nous rapiéçons nos jeans. Le marin rapiécera la voile du bateau qui est déchirée. - Il a un jean tout rapiécé.*

RAPINE [Rapin] n. f. ▪ STYLE RECHERCHÉ *UNE RAPINE :* vol, pillage. *Les pillards vivent de rapines.*

RAPLAPLA [raplapla] adj. invariable (après le nom) ▪ STYLE FAMILIER Aplati. *L'oreiller est raplapla.* PLURIEL : *elle a les cheveux tout raplapla.*

RAPPEL [rapɛl] n. m. ▪ *LE RAPPEL* **1.** Action d'appeler (qqn) pour le faire revenir. *Le gouvernement a décidé le rappel d'un ambassadeur. – Il a fallu BATTRE LE RAPPEL pour que tout le monde soit à la réunion :* il a fallu appeler tout le monde pour la réunion. *– Les comédiens ont eu plusieurs rappels,* le public a applaudi pour que les comédiens reviennent sur scène à la fin du spectacle. **2.** *UN RAPPEL À L'ORDRE :* avertissement donné à qqn qui ne fait pas ce qu'il faudrait. *Pendant la réunion, il y a eu un rappel à l'ordre pour que les gens se taisent.* **3.** Action de rappeler (qqch.) à qqn. *Le rappel de cette aventure m'amuse toujours.* → **évocation, souvenir.** ⟨contraire : oubli⟩ *J'ai reçu un rappel pour payer l'assurance.* **4.** *Une piqûre DE RAPPEL :* une nouvelle injection de vaccin. *On doit me faire un rappel de tétanos.* **5.** En alpinisme, le fait de ramener à soi, en la faisant glisser, la corde qui était fixée pour permettre la descente. *Les alpinistes descendent une paroi verticale EN RAPPEL,* ils descendent un passage abrupt en étant retenus par une corde qu'ils peuvent récupérer ensuite.

RAPPELER [raple] verbe [conjugaison 4a]
I. 1. Appeler (qqn, un animal) pour le faire revenir. *Il rappelle son chien en le sifflant. Le gouvernement a rappelé un ambassadeur,* l'a fait revenir. *– Mon travail me rappelle à Paris.* **2.** Appeler de nouveau (qqn) au téléphone. *Rappelez-moi demain.* **3.** Faire revenir à la mémoire. *Rappelle-moi son nom. « Son adresse ? Je ne me la rappelle pas. » Nous vous rappelons votre promesse. RAPPELLE-MOI DE lui écrire. Je te RAPPELLE QUE tu dois venir demain.* **4.** Faire penser à (qqch.). *Ce paysage me rappelle la Corse.* → **évoquer.** *Ça ne te rappelle rien ?*
II. verbe pronominal SE RAPPELER **1.** Rappeler (un souvenir) à sa mémoire. → se **souvenir.** *Je me rappelle très bien ce qu'il m'a dit. Est-ce que tu te rappelles le rêve que tu as fait cette nuit ? Tout d'un coup, elle S'EST RAPPELÉ QU'elle avait un rendez-vous. Rappelle-toi qu'on t'attend. Je ne me rappelle pas où je l'ai déjà vu. Impossible de me rappeler qui a téléphoné. Je me rappelais avoir pleuré toute la nuit après cette soirée.* **2.** *SE RAPPELER À qqn,* faire souvenir de soi. *Elle s'est rappelée à mon bon souvenir.* **3.** Se téléphoner à nouveau. *Nous nous rappellerons à mon retour de vacances.*

> REM. On entend souvent des Français dire *se rappeler de qqch., s'en rappeler* par analogie avec *se souvenir de qqch., s'en souvenir.* Cette construction est fautive bien que très courante, sauf avec un pronom personnel complément représentant un être humain (ex. : *elle s'est rappelé de toi ; est-ce que tu te rappelles de moi ?*).

RAPPLIQUER [raplike] verbe [conjugaison 1a] ▪ STYLE FAMILIER Revenir, arriver. *La voilà qui rapplique.* → STYLE FAMILIER se **radiner,** se **ramener.**

RAPPORT [rapɔr] n. m.
I. *LE RAPPORT* **1.** Argent que rapporte qqch. *Il vit du rapport de ses immeubles.* → **gain, profit.** *Quel est le rapport du tiercé d'aujourd'hui ?* **2.** Lien entre deux choses, entre deux faits. *Ils ont des rapports de parenté. Y a-t-il un rapport entre notre dispute et son départ ?* → **relation.** *Je ne vois pas le rapport :* je ne comprends pas le lien. *Il n'y a aucun rapport entre ta voiture et la mienne :* ta voiture et la mienne ne sont pas comparables. *Ça n'a aucun rapport :* ça n'a rien à voir. *– Cette armoire a un bon RAPPORT QUALITÉ-PRIX,* étant donné la qualité de cette armoire, son prix n'est pas excessif. **3.** *PAR RAPPORT À :* en comparant avec. *Le prix du pétrole a baissé par rapport à l'année dernière. Elle est très grande par rapport à sa sœur.* **4.** *SOUS TOUS (LES) RAPPORTS :* à tous égards. *C'est un homme bien sous tous rapports.*
II. *UN RAPPORT* **1.** Compte rendu plus ou moins officiel qui expose et explique comment qqch. s'est passé ou doit se passer. *Les policiers ont rédigé un rapport sur les circonstances de l'accident. Vous viendrez me faire votre rapport dans mon bureau.* → **compte-rendu.** *Les rapports sont dans ce dossier.* **2.** Relation entre des personnes. *Nous avons un rapport amical. Il entretient de bons rapports avec ses voisins. Les rapports parents-enfants sont souvent difficiles. Mettez-vous EN RAPPORT AVEC mon frère,* contactez-le. **3.** *RAPPORT (SEXUEL) :* relation sexuelle avec qqn. *« De quand date votre dernier rapport ? » dit le médecin. Je n'ai plus de rapports avec mon mari.*

RAPPORTER [rapɔrte] verbe [conjugaison 1a]
I. 1. Apporter (une chose) là où elle était, la remettre à sa place. *N'oublie pas de me rapporter mes disques.* → **rendre.** ⟨contraire : emporter⟩ **2.** Apporter (qqch.) en revenant d'un lieu. *Mes parents m'ont rapporté du chocolat de Suisse.* **3.** Donner comme bénéfice. *L'argent bien placé rapporte des intérêts. Ce placement rapporte 10 % par an. – Si tu fais ça, ça ne te rapportera que des ennuis.* → **valoir.** **4.** Répéter (ce que l'on a entendu), dire (ce que l'on a vu). *Je ne fais que rapporter ce qu'a dit le ministre. – Cet enfant rapporte.* → STYLE FAMILIER **moucharder.**
II. verbe pronominal SE RAPPORTER **1.** *SE RAPPORTER À :* avoir rapport à, être en relation logique avec. *Tout ce qui se rapporte à cet auteur m'intéresse.* → **concerner.** *La réponse ne se rapporte pas à la question.* → **correspondre.** **2.** *S'EN RAPPORTER À qqn,* lui faire confiance pour décider, juger, agir. *Je m'en rapporte à lui pour tout ce qui concerne la gestion de l'entreprise.*

> REM. On appelle *discours rapporté* les paroles de qqn d'autre que l'on répète en les citant.

① **RAPPORTEUR** [rapɔrtœr] n. m. ▪ *UN RAPPORTEUR :* instrument de géométrie en forme de demi-cercle gradué, qui sert à mesurer les angles. *Mesurez les angles du triangle avec votre rapporteur.*

② **RAPPORTEUR** [rapɔrtœr] n. m., **RAPPORTEUSE** [rapɔrtøz] n. f. **1.** *UN RAPPORTEUR, UNE RAPPORTEUSE :* une personne qui répète ce qu'elle a entendu pour nuire, qui dénonce les autres. *Tu n'es qu'un sale rapporteur.* → **délateur ;** STYLE FAMILIER **mouchard.** **2.** *UN RAPPORTEUR :* une personne chargée de rendre compte d'un procès, de faire le rapport d'une réunion. *Avant de commencer la réunion, il faut désigner le rapporteur.*

RAPPROCHÉ [rapRɔʃe], **RAPPROCHÉE** [rapRɔʃe] adj. (après le nom) ▪ *Une PROTECTION RAPPROCHÉE :* ensemble des moyens mis en œuvre pour protéger qqn contre une attaque. *Le ministre bénéficie d'une protection rapprochée lors de ses déplacements,* il est accompagné de gardes du corps.

RAPPROCHEMENT [rapRɔʃmɑ̃] n. m. ▪ *LE RAPPROCHEMENT* **1.** Le fait d'établir des relations plus cordiales. *Une tentative de rapprochement s'opère entre les deux pays. Il y a un rapprochement entre nous.* **2.** Rapport entre deux faits. *Maintenant, je FAIS LE RAPPROCHEMENT entre ces deux événements.* → **comparaison, lien.**

RAPPROCHER [rapRɔʃe] verbe [conjugaison 1a]
I. 1. Mettre plus près de qqn, de qqch. *Rapprochez votre siège.* → **approcher.** ⟨contraire : éloigner⟩ *Je vais RAPPROCHER la table DU mur. Je vais te raccompagner jusqu'à l'église, ça te rapprochera (de là où tu vas).* **2.** Faire approcher d'un temps à venir. *Chaque jour nous rapproche des vacances.* **3.** Rendre (des personnes) plus proches, plus amies. *Leur maladie les a rapprochés.* **4.** Associer par un lien logique. *On peut rapprocher ces deux cas. La conjugaison du verbe « noyer » est à rapprocher de celle du verbe « payer ».*

II. verbe pronominal SE RAPPROCHER **1.** *SE RAPPROCHER DE :* venir plus près. ⟨contraire : s'éloigner⟩ *Elle s'est rapprochée de la cheminée. Rapproche-toi de moi. L'avion se rapproche de Paris.* - *On entend le tonnerre, l'orage se rapproche.* **2.** Avoir de meilleures relations. *Les deux sœurs se sont rapprochées à la mort de leurs parents.* → se **réconcilier. 3.** *SE RAPPROCHER DE qqch.*, en être près par la ressemblance. *Ce n'est pas la même couleur, mais c'est ce qui s'en rapproche le plus.* **4.** Devenir plus fréquent. ⟨contraires : s'espacer, se raréfier⟩ *Ses visites se rapprochent.*

RAPT [ʀapt] n. m. ▪ *UN RAPT :* enlèvement (d'une personne). → **kidnapping.** *Un rapt d'enfant a été commis. Les auteurs du rapt ont été arrêtés* **(→ ravisseur).**

RAQUER [ʀake] verbe [conjugaison 1a] ▪ STYLE FAMILIER Payer. *Il va falloir le faire raquer.* - *J'ai dû raquer cent balles pour entrer.*

RAQUETTE [ʀakɛt] n. f. ▪ *UNE RAQUETTE* **1.** Instrument qui sert à lancer la balle dans certains jeux comme le tennis, le ping-pong, etc. *Les cordes de ma raquette de tennis ne sont pas assez tendues.* **2.** Large semelle que l'on attache à des chaussures pour marcher dans la neige. *Il marche avec des raquettes.*

> FAUX AMIS
> allemand **Rakete,**
> roumain **rachetă,**
> russe **ракета**
> «fusée, missile»

REM. *Racket* «extorsion d'argent» se prononce de la même façon.

RARE [ʀaʀ] adj. (après le nom ou avant le nom) **1.** (après le nom) Dont il existe peu d'exemplaires. *Il collectionne les papillons rares. Je cherche un timbre rare.* ⟨contraires : banal, commun, courant⟩ *C'est un produit rare sur le marché,* difficile à trouver. *Il emploie souvent des mots rares,* que l'on utilise peu. → **inusité.** ⟨contraire : usuel⟩ - (figuré) *L'OISEAU RARE :* la personne qui convient parfaitement. **2.** (avant le nom) (au pluriel) Peu nombreux. *Nous sommes allés à la plage les rares fois où il a fait beau.* ⟨contraire : nombreux⟩ *C'est une des rares amies qui nous est restée fidèle.* ⟨contraire : nombreux⟩ *C'est l'une des rares personnes qui puisse me comprendre.* **3.** (après le nom) Qui arrive peu souvent. *Ce cas est très rare.* → **exceptionnel, rarissime.** *Ça arrive, mais c'est rare.* ⟨contraire : fréquent⟩ *C'est RARE DE voir des cigognes à cette époque. Il est RARE QU'elle vienne sans prévenir.* **4.** (avant le nom) Qui sort de l'ordinaire. *C'est une femme d'une rare énergie.* **5.** (après le nom) Peu abondant. *Son mari a le cheveu rare.* → **clairsemé.** ⟨contraires : dense, dru⟩

> FAUX AMI
> néerlandais **raar**
> «curieux, étrange»

SE **RARÉFIER** [ʀaʀefje] verbe pronominal [conjugaison 7a] ▪ Devenir rare. *L'oxygène se raréfie en altitude. Si on ne la protège pas, cette espèce se raréfiera* [ʀaʀefiʀa]. - *Ses lettres se sont raréfiées.* → s'**espacer.**

RAREMENT [ʀaʀmɑ̃] adverbe ▪ Peu souvent. *Ils vont très rarement au cinéma.* ⟨contraires : fréquemment, souvent⟩ *Ça arrive rarement.* ⟨contraire : couramment⟩ *J'ai rarement vu un crétin pareil.*

RARETÉ [ʀaʀte] n. f. ▪ *LA RARETÉ :* qualité de ce qui est rare, de ce qui est peu commun. *La rareté de ce timbre le rend précieux. Il est d'une grande rareté.*

RARISSIME [ʀaʀisim] adj. (après le nom) ▪ Extrêmement rare. *Ces papillons sont rarissimes. Le cas est rarissime. C'est rarissime de voir ça.*

R. A. S. ! [ɛʀaɛs] interjection ▪ STYLE FAMILIER Rien à signaler, tout va bien. *Nous sommes bien arrivés, R. A. S. !*

REM. *R. A. S.* est le sigle de ***R**ien **À** **S**ignaler.*

RAS [ʀa] adj. et adverbe, **RASE** [ʀaz] adj.
I. adjectif (après le nom ou avant le nom) **1.** (après le nom) Très court. *Les militaires ont les cheveux ras. Ils ont un chien à poils ras.* **2.** (avant le nom) *EN RASE CAMPAGNE :* dans un lieu sans arbres ni maisons. *L'avion a atterri en rase campagne.* **3.** (après le nom) Qui est rempli jusqu'au bord sans déborder. *Ajoutez une cuillère rase de farine.* - (avant le nom) *À RAS BORD :* jusqu'au bord. *Le verre est rempli à ras bord.* **4.** (après le nom, invariable) (vêtement) *RAS DU COU :* dont l'encolure s'arrête à la base du cou. *Elle a une robe ras du cou.* **5.** *AU RAS DE :* au même niveau que. *L'avion vole au ras du sol.* - STYLE FAMILIER *Il fait des plaisanteries AU RAS DES PÂQUERETTES,* peu intelligentes.
II. adverbe **1.** Très court. *Il a les cheveux coupés ras.* **2.** STYLE FAMILIER *En avoir RAS LE BOL* [ʀalbɔl], *RAS LA CASQUETTE,* STYLE TRÈS FAMILIER *RAS LE CUL :* en avoir assez, être excédé. *J'en ai ras le bol de toutes ces histoires* **(→ ras-le-bol).**

REM. **1.** On peut écrire *à ras bord* ou *à ras bords.* **2.** Voyez le nom masculin *ras-le-bol.*

RASADE [ʀazad] n. f. ▪ *UNE RASADE :* quantité de boisson servie à ras bord. *Il a bu une rasade de whisky.*

RASANT [ʀazɑ̃], **RASANTE** [ʀazɑ̃t] adj. (après le nom) ▪ STYLE FAMILIER Qui ennuie beaucoup. *Le maire a fait un discours très rasant.* → STYLE FAMILIER **barbant, rasoir.**

RASCASSE [ʀaskas] n. f. ▪ *UNE RASCASSE :* poisson à la tête hérissée d'épines, qui vit dans les mers chaudes. *Il a pêché une rascasse de deux kilos. Le cuisinier met de la rascasse dans la bouillabaisse,* des morceaux de rascasse.

RASE-MOTTES [ʀazmɔt] n. m. invariable ▪ *UN RASE-MOTTES :* vol tout près du sol. *L'avion a fait un rase-mottes. Il fait du rase-mottes.* PLURIEL : *des rase-mottes.*

RASER [ʀaze] verbe [conjugaison 1a]
I. 1. Couper les cheveux, les poils au ras de. *Il demande au coiffeur de lui raser le crâne. Il se met de la MOUSSE À RASER sur le visage.* **2.** Couper à ras les cheveux, les poils de qqn. *Le coiffeur de l'hôpital est venu le raser.* **3.** Démolir et faire disparaître complètement. *La maison a été rasée par les bombardements. On va raser cet immeuble et en construire un autre à la place.* **4.** Passer tout près de (qqch.). *Les hirondelles rasent le sol* **(→ rase-mottes).** *L'avion a rasé le clocher de l'église.* - *Il n'est pas fier de lui, maintenant il RASE LES MURS,* il essaie de ne pas être vu, il se fait tout petit. **5.** STYLE FAMILIER Ennuyer, fatiguer. *Tu nous rases avec tes histoires interminables.* → **assommer ;** STYLE FAMILIER **barber, embêter.**
II. verbe pronominal SE RASER **1.** Se couper les poils au ras de la peau. *Il se rase tous les matins,* il se coupe les poils du visage. → **barbe, rasoir.** - *Elle s'est rasé les jambes.* **2.** STYLE FAMILIER S'ennuyer. *Qu'est-ce qu'on a pu se raser à cette soirée !* → **rasoir.**

RASEUR [ʀazœʀ] n. m., **RASEUSE** [ʀazøz] n. f. ▪ STYLE FAMILIER *UN RASEUR, UNE RASEUSE :* une personne qui ennuie, qui fatigue par ses propos longs et inintéressants. *C'est un vieux raseur !*

RAS-LE-BOL [ʀalbɔl] interjection et n. m. invariable ▪ STYLE FAMILIER **1.** interjection *RAS-LE-BOL !* on en a assez, il y en a marre ! *Taisez-vous, ras-le-bol !* **2.** *LE RAS-LE-BOL :* le fait d'en avoir assez. *C'est le ras-le-bol général, en ce moment. Après les élections, elle a eu un ras-le-bol des discussions politiques.* PLURIEL : *des ras-le-bol.*

RASOIR [ʀazwaʀ] n. m. et adj. invariable **1.** *UN RASOIR :* instrument à tranchant très fin qui sert à raser les poils. *Il se rase avec un rasoir électrique. J'ai acheté des rasoirs jetables.* **2.** adjectif invariable (après le nom) STYLE FAMILIER Ennuyeux.

→ **assommant ;** STYLE FAMILIER **barbant, rasant.** *Cette conférencière est vraiment rasoir.* PLURIEL : *des films rasoir.* ⟨contraire : intéressant⟩

REM. Autrefois on utilisait un rasoir fait d'une longue lame avec un manche.

RASSASIÉ [rasazje], **RASSASIÉE** [rasazje] adj. (après le nom) ▪ Qui a suffisamment mangé, qui n'a plus faim. → **repu.** *Nos convives sont repartis rassasiés.*

RASSEMBLEMENT [rasɑ̃bləmɑ̃] n. m.
I. *UN RASSEMBLEMENT :* groupe de personnes rassemblées. *Un rassemblement s'est formé autour de l'accident.* → **attroupement.** *La police a dispersé tous les rassemblements.*
II. *LE RASSEMBLEMENT* **1.** Le fait de se rassembler. *Rassemblement des troupes demain à sept heures !* **2.** Union pour une action commune. *Cet homme politique souhaite le rassemblement de tous les partis d'opposition.*

RASSEMBLER [rasɑ̃ble] verbe [conjugaison 1a] **1.** Mettre ensemble (des choses). *Rassemble tes affaires, nous allons partir.* **2.** Faire venir (des personnes) dans un même lieu. *Pour la fête, nous rassemblons tous nos copains à la maison.* → **réunir.** ⟨contraire : disperser⟩ **3.** verbe pronominal SE RASSEMBLER : s'assembler. → se **réunir.** *Les manifestants se sont rassemblés devant le ministère.* ⟨contraires : se disperser, se disséminer, s'éparpiller⟩

RASSÉRÉNER [raseʀene] verbe [conjugaison 6a] ▪ STYLE RECHERCHÉ **1.** Ramener (qqn) au calme, à la sérénité. *Cette nouvelle le rassérénera* [raseʀɛnʀa] *peut-être.* ⟨contraire : inquiéter⟩ – *Il a l'air rasséréné.* **2.** verbe pronominal SE RASSÉRÉNER : se calmer. *Il faut qu'il se rassérène. Elle s'est rassérénée peu à peu.*

RASSIS [rasi], **RASSIE** [rasi] adj. (après le nom) ▪ (pain, pâtisserie) Qui n'est plus frais, sans être encore dur. *Il ne reste que du pain rassis. Cette brioche est rassie.*

REM. Le féminin *rassise* [rasiz] est rarement utilisé, bien que ce soit le participe passé normal du verbe *rasseoir* d'où vient ce mot.

RASSURANT [rasyʀɑ̃], **RASSURANTE** [rasyʀɑ̃t] adj. (après le nom) ▪ Qui redonne confiance, qui tranquillise. *Le médecin a été très rassurant sur l'état du malade,* il nous a dit que ce n'était pas très grave. *Nous avons reçu des nouvelles rassurantes.* ⟨contraires : alarmant, inquiétant⟩ – *Ce n'est pas rassurant !* c'est plutôt inquiétant.

RASSURER [rasyʀe] verbe [conjugaison 1a] **1.** Rendre la confiance, la tranquillité d'esprit à (qqn). *Il faut rassurer la population. Le médecin nous a rassurés, notre fils sera bientôt guéri.* → **tranquilliser.** ⟨contraires : alarmer, inquiéter⟩ *Ça me rassure de savoir que tu seras là.* → **sécuriser.** *Appelle-le, ça te rassurera* [rasyʀʀa]. **2.** verbe pronominal SE RASSURER : cesser de s'inquiéter, d'avoir peur. *Rassurez-vous, tout se passera bien. Il a dit ça pour se rassurer. Elle s'est rassurée un peu vite.*

RASTA [rasta] n. m., n. f. et adj. ▪ STYLE FAMILIER **1.** *UN RASTA, UNE RASTA :* adepte du retour culturel à l'Afrique et de la musique reggae. *Il s'est fait des nattes comme les rastas.* **2.** adjectif (après le nom) Relatif aux rastas. *Il aime la musique rasta. Il fait partie d'un groupe de musiciens rastas.*

REM. *Rasta* est l'abréviation de *rastafari* [rastafaʀi], du nom du ras Tafari Makonnen, l'empereur d'Éthiopie Hailé Sélassié.

RAT [ra] n. m. ▪ *UN RAT* **1.** Petit animal rongeur au museau pointu et à la longue queue, plus gros que la souris. *Il y a des rats dans les égouts. Il a été mordu par un rat. Les rats communiquent la peste.* – *Le voleur a été FAIT COMME UN RAT,* il a été pris au piège. – STYLE FAMILIER *Je me suis ENNUYÉ COMME UN RAT MORT :* je me suis beaucoup ennuyé. **2.** *UN PETIT RAT (DE L'OPÉRA) :* un jeune danseur, une jeune danseuse, élève de la classe de danse de l'Opéra. *Il y a plusieurs petits rats dans ce ballet.* **3.** Personne avare, pingre. → STYLE FAMILIER **radin.** *Quel rat !*

FAUX AMI
allemand **Rat** « conseil »

RATAGE [rataʒ] n. m. ▪ *UN RATAGE :* échec. *Cette soirée a été un ratage complet.* ⟨contraires : réussite, succès⟩

RATATINÉ [ratatine], **RATATINÉE** [ratatine] adj. (après le nom) **1.** Rapetissé et déformé. *Ces pommes sont toutes ratatinées.* → **rabougri.** **2.** STYLE FAMILIER Démoli. *Nous avons eu un accident sans gravité, mais la voiture est ratatinée.* → STYLE FAMILIER **fichu ;** (STYLE TRÈS FAMILIER) **foutu.**

RATATOUILLE [ratatuj] n. f. ▪ *LA RATATOUILLE :* plat composé de tomates, de courgettes, d'aubergines, de poivrons et d'oignons cuits dans de l'huile d'olive. *La viande est accompagnée de ratatouille. Nous avons mangé de la ratatouille.* – *J'ai envie de manger une ratatouille.*

RATE [rat] n. f. ▪ *LA RATE :* organe situé en arrière de l'estomac, sous le diaphragme, à gauche. *On a dû lui enlever la rate à la suite de son accident.*

FAUX AMIS
allemand **Rate** « acompte » et **Ratte** « rat » ; anglais **rate** « vitesse ; taux, tarif » ; espagnol **rata,** portugais **rato** « rat »

REM. **1.** La *rate* est aussi la femelle du rat. **2.** *Ratte* « pomme de terre » se prononce de la même façon.

① **RATÉ** [rate] n. m. ▪ *UN RATÉ :* bruit anormal que fait un moteur. *La moto a des ratés.*

② **RATÉ** [rate] n. m., **RATÉE** [rate] n. f. ▪ *UN RATÉ, UNE RATÉE :* une personne qui a raté sa vie, sa carrière. *Tu n'es qu'un raté ! Il est aigri et jaloux comme tous les ratés.*

RÂTEAU [ʀɑto] n. m. ▪ *UN RÂTEAU :* outil de jardinage formé d'un long manche auquel est fixée une pièce de métal garnie de dents. *Le jardinier ramasse les feuilles de l'allée avec un râteau* (→ **ratisser).** PLURIEL : *des RÂTEAUX.*

FAUX AMI
espagnol **rato** « moment »

RÂTELIER [ʀɑtəlje] n. m. ▪ *UN RÂTELIER* **1.** Assemblage de barreaux, incliné contre un mur, derrière lequel on met le fourrage pour le bétail. *Dans l'étable il y a un râtelier.* **2.** STYLE FAMILIER Dentier. *Mon grand-père a un râtelier.*

RATER [rate] verbe [conjugaison 1a]
I. 1. Échouer. *L'affaire a raté.* → STYLE FAMILIER **foirer, merder.** – STYLE FAMILIER *La voiture n'a pas démarré, ça n'a pas raté !* c'était prévisible, c'était sûr. **2.** Ne pas atteindre (ce qu'on visait). *Le chasseur a raté le lièvre.* → **manquer ;** STYLE FAMILIER **louper.** *Si tu ne te dépêches pas, tu vas rater ton train,* tu vas arriver après son départ. – *Rater qqn,* ne pas réussir à le rencontrer. *Le directeur vient de partir, vous l'avez raté de peu.* – *« Quels articles de presse ! Les journalistes ne l'ont pas raté ! »,* ils l'ont critiqué violemment. **3.** Ne pas profiter de. *Je suis arrivé en retard et j'ai raté le début du film.* – *Il n'en rate pas une :* il ne manque pas une occasion de dire ou de faire des erreurs, des bêtises. **4.** Ne pas réussir. *Si tu ne travailles pas davantage, tu rateras ton examen. Elle a raté son gâteau.* → **louper.** *Le photographe a raté toutes ses photos.* – *Elle a raté sa vie :* elle n'a pas eu la vie qu'elle espérait (→ ② **raté).**
II. verbe pronominal SE RATER **1.** Ne pas réussir à se rencontrer. *Dans la foule, elles se sont ratées.* **2.** STYLE FAMILIER Échouer en essayant de se suicider. *Ça fait deux fois qu'il se rate.*

RATIFICATION [ratifikasjɔ̃] n. f. ▪ *LA RATIFICATION :* action de ratifier. *La ratification du traité a été signée.* ⟨contraire : abrogation⟩ – *Une ratification est nécessaire,* un accord formel.

RATIFIER [ratifje] verbe [conjugaison 7a] ▪ Approuver ou confirmer officiellement. *Le président de la République ratifiera* [ratifiʀa] *l'accord entre les deux pays. Il faut que vous ratifiiez ce traité.* ⟨contraire : abroger⟩

RATION [ʀasjɔ̃] n. f. ▪ *UNE RATION* **1.** Quantité de nourriture distribuée à un homme ou à un animal pendant une journée. *Les chevaux ont eu leur ration d'avoine.* **2.** Quantité de (qqch.). *J'ai eu ma ration d'ennuis aujourd'hui.* → **dose, part.**

RATIONNEL [ʀasjɔnɛl], **RATIONNELLE** [ʀasjɔnɛl] adj. (après le nom) ▪ Conforme à la raison, au bon sens. *Cette pièce a été aménagée de façon rationnelle.* → **fonctionnel.** *Il a eu un comportement rationnel.* → **logique.** ⟨contraire : irrationnel⟩ – *Quand il refuse cette offre, il est rationnel.* → **cohérent.**

REM. Ne pas confondre *rationnel* et *raisonnable.*

RATIONNELLEMENT [ʀasjɔnɛlmɑ̃] adverbe ▪ D'une manière rationnelle, avec bon sens. *Il a organisé son travail rationnellement.* → **méthodiquement.**

RATIONNEMENT [ʀasjɔnmɑ̃] n. m. ▪ *LE RATIONNEMENT :* action de distribuer en quantité limitée, de rationner (→ **restriction**). *La sécheresse rend nécessaire le rationnement de l'eau.* – *On organise des rationnements,* des distributions limitées.

RATIONNER [ʀasjɔne] verbe [conjugaison 1a] **1.** Distribuer en quantité limitée. *Les naufragés rationnent l'eau potable et les vivres.* **2.** Soumettre (qqn) au rationnement. *Le maire a décidé de rationner les habitants en eau.*

RATISSER [ʀatise] verbe [conjugaison 1a] **1.** Nettoyer avec un râteau. *Le jardinier ratisse les allées du parc.* – *Il faut ratisser les feuilles mortes,* enlever les feuilles mortes avec un râteau. **2.** Fouiller avec soin partout. *Les policiers ont ratissé le quartier pour retrouver l'enfant disparu.* – (figuré) *J'ai RATISSÉ LARGE,* j'ai retenu plus de choses que je n'en cherchais. **3.** STYLE FAMILIER *SE FAIRE RATISSER :* se faire prendre tout son argent. *Il s'est fait ratisser au jeu.*

RATTACHEMENT [ʀataʃmɑ̃] n. m. ▪ *LE RATTACHEMENT :* action de rattacher ; fait d'être rattaché. *Le rattachement de la Bretagne à la France date du seizième siècle.* – *Un rattachement entre ces deux pays n'est pas impossible.*

RATTACHER [ʀataʃe] verbe [conjugaison 1a] **1.** Attacher de nouveau. *Rattache le chien, il s'est échappé ! Il faut que je rattache mes lacets.* **2.** Attacher, lier entre elles (deux choses). *Le fil électrique est rattaché au circuit.* → **relier.** – *Elle est le dernier lien qui le rattache à la vie.* **3.** Faire dépendre (de qqch.). *La Guyenne a été rattachée à la France en 1472.* → **annexer.** *Ce service est rattaché à la direction générale. On peut rattacher ce fait à un autre.* **4.** verbe pronominal SE RATTACHER : être en relation (avec qqch.). *Nous allons étudier tout ce qui se rattache à ce problème. Les faits se sont rattachés entre eux.*

RATTE [ʀat] n. f. ▪ *UNE RATTE :* petite pomme de terre allongée à chair jaune, très bonne à manger. *On nous a servi des rattes avec le poisson.*

REM. *Rate* «organe» se prononce de la même façon.

RATTRAPAGE [ʀatʀapaʒ] n. m. ▪ *LE RATTRAPAGE :* action de rattraper. *Ma fille suit des COURS DE RATTRAPAGE en anglais,* des cours qui l'aident à rattraper son retard en anglais. *Il a dû passer le rattrapage pour être reçu à son examen,* passer des épreuves supplémentaires pour acquérir les points qui lui manquaient. – *Il a un rattrapage en mathématiques,* un cours de rattrapage.

RATTRAPER [ʀatʀape] verbe [conjugaison 1a]
I. 1. Attraper de nouveau (ce qu'on a laissé échapper). *Les gendarmes ont rattrapé les prisonniers évadés.* → **reprendre.** **2.** Attraper (qqn, qqch. qui tombe). *Rattrape le vase !* **3.** Rejoindre (qqn ou qqch. qui a de l'avance). *Si vous courez, vous pourrez le rattraper, il vient juste de partir. Partez devant, je vous rattraperai.* → **rejoindre.** – *Si tu grandis encore, tu vas bientôt me rattraper,* être aussi grand que moi. **4.** Récupérer. *On ne rattrape jamais le temps perdu. Après sa maladie, il a dû rattraper les cours qu'il avait manqués.* → **rattrapage.**
II. verbe pronominal SE RATTRAPER **1.** Se retenir (à qqch.). → se **raccrocher.** *Elle a glissé dans l'escalier et elle s'est rattrapée à la rampe.* **2.** Agir pour réparer une maladresse. *Il a failli dire une grossièreté, mais il s'est rattrapé de justesse. Elle s'est rattrapée par son amabilité.* **3.** Regagner le temps perdu. *Je ne suis pas du tout sorti ces derniers temps, mais je vais me rattraper pendant les vacances.*

RATURE [ʀatyʀ] n. f. ▪ *UNE RATURE :* trait qui barre une lettre ou un mot écrit, pour l'annuler. *Son devoir est plein de ratures. Il a fait des ratures et des ajouts dans son texte.* → **suppression.**

RATURÉ [ʀatyʀe], **RATURÉE** [ʀatyʀe] adj. (après le nom) ▪ Qui a des ratures. *Il a rendu une copie toute raturée. Les textes tapés peuvent être raturés comme les textes manuscrits.*

RATURER [ʀatyʀe] verbe [conjugaison 1a] ▪ Annuler ou corriger par des ratures. *Il rature la phrase qu'il vient d'écrire.* → **barrer, biffer, rayer.** *Tu ratureras* [ʀatyʀʀa] *tes fautes d'orthographe.*

RAUQUE [ʀok] adj. (après le nom) ▪ (voix) Rude et âpre, produisant des sons voilés. *Il parle d'une voix rauque.* ⟨contraire : clair⟩

RAVAGÉ [ʀavaʒe], **RAVAGÉE** [ʀavaʒe] adj. (après le nom) **1.** Endommagé, détruit par une action violente. *Il regarde le jardin ravagé.* → **saccagé.** **2.** (corps humain) Marqué, flétri (par l'âge, les épreuves, les excès). *Elle a un visage ravagé de rides.* **3.** STYLE FAMILIER (qqn) Fou. *Elle est complètement ravagée, la pauvre femme !* → STYLE FAMILIER **cinglé, timbré.**

RAVAGER [ʀavaʒe] verbe [conjugaison 3b] **1.** Faire des ravages dans. *Les taupes ont ravagé le jardin.* → **dévaster, saccager.** *Autrefois, les pillards ravageaient les campagnes.* – *La grêle a ravagé les récoltes.* → **détruire.** **2.** Apporter de graves perturbations physiques à (qqn). *Tout l'alcool qu'elle a bu l'a ravagée.*

RAVAGES [ʀavaʒ] n. m. pluriel ▪ *DES RAVAGES* **1.** Dégâts importants causés par l'homme ou par la nature. *L'incendie a fait de gros ravages dans la forêt.* **2.** Effet néfaste sur l'organisme ou sur l'esprit humain. *Elle dissimule sous son maquillage les ravages de la vieillesse. La drogue et l'alcool font des ravages sur l'organisme.* **3.** STYLE FAMILIER (qqn) *FAIRE DES RAVAGES :* se faire aimer et faire souffrir. *À quinze ans à peine, elle fait déjà des ravages auprès des garçons.*

RAVALEMENT [ʀavalmɑ̃] n. m. ▪ *LE RAVALEMENT :* nettoyage et réparation des murs extérieurs d'un bâtiment. *Les travaux de ravalement de l'immeuble ont duré deux mois.*

① **RAVALER** [ʀavale] verbe [conjugaison 1a] ▪ Nettoyer, réparer et refaire (un mur extérieur, une façade). *Les maçons ravalent la façade de la maison.*

② **RAVALER** [ʀavale] verbe [conjugaison 1a] ▪ S'empêcher d'exprimer un sentiment. *Il ravale sa colère et ne dit rien.*

RAVI [ʀavi], **RAVIE** [ʀavi] adj. (après le nom) ▪ Très content, très heureux. *Elle est RAVIE DE rencontrer des gens nouveaux. Ravi de vous connaître !* → **charmé, heureux.** *Je suis RAVI QU'il vienne me voir. J'en suis ravi.* → **enchanté.** *Il la regarde d'un air ravi.* → **radieux, rayonnant.** ⟨contraire : navré⟩

RAVIER [Ravje] n. m. ▪ *UN RAVIER :* petit plat creux et le plus souvent allongé, dans lequel on sert les hors-d'œuvre. *Les radis sont dans un ravier.*

RAVIGOTER [Ravigɔte] verbe [conjugaison 1a] ▪ STYLE FAMILIER Redonner de la force à. *L'air frais te ravigotera.* → **revigorer.** – *Je me sens tout ravigoté.*

RAVIN [Ravɛ̃] n. m. ▪ *UN RAVIN :* petite vallée étroite à versants raides. *La voiture est tombée au fond du ravin.*

RAVINER [Ravine] verbe [conjugaison 1a] **1.** (eau) Creuser le sol de sillons. *Les pluies ravinent les pentes de la colline.* **2.** Marquer de rides profondes (le visage). *Le chagrin l'a raviné. Il a le VISAGE RAVINÉ,* marqué de rides profondes.

RAVIOLE [Ravjɔl] n. f. ▪ *UNE RAVIOLE :* petit carré de pâte contenant une farce, que l'on cuit à l'eau. *Le cuisinier a préparé des ravioles aux escargots.*

RAVIOLI [Ravjɔli] n. m. ▪ *UN RAVIOLI :* petit carré de pâte farcie de viande hachée ou de légumes. *Nous avons mangé des raviolis à la sauce tomate.*

① **RAVIR** [RaviR] verbe [conjugaison 2] ▪ Plaire beaucoup à (qqn). *Cette nouvelle me ravit.* → **enthousiasmer.** ⟨contraires : désoler, navrer⟩ *Le spectacle les a ravis.* → **charmer, enchanter ;** STYLE FAMILIER **emballer.** – *Cette robe lui va A RAVIR,* elle lui va admirablement, très bien (→ **ravissant).**

② **RAVIR** [RaviR] verbe [conjugaison 2] ▪ STYLE RECHERCHÉ Enlever (qqch.) de force. *L'aigle ravit sa proie.* → **emporter.** *Il lui a ravi son héritage.*

SE **RAVISER** [Ravize] verbe pronominal [conjugaison 1a] ▪ Changer d'avis, revenir sur sa décision. *Ils voulaient faire un pique-nique, mais ils se sont ravisés quand il s'est mis à pleuvoir.*

RAVISSANT [Ravisɑ̃], **RAVISSANTE** [Ravisɑ̃t] adj. (après le nom, parfois avant le nom) ▪ Joli, charmant. *Tu as une robe ravissante. Ils ont une ravissante petite fille. C'est ravissant, chez toi !*

RAVISSEMENT [Ravismɑ̃] n. m. ▪ *LE RAVISSEMENT :* émotion éprouvée par une personne qui éprouve une grande joie. → **enchantement.** *Le public écoute la chanteuse avec ravissement.*

RAVISSEUR [RavisœR] n. m., **RAVISSEUSE** [Ravisøz] n. f. ▪ *UN RAVISSEUR, UNE RAVISSEUSE :* personne qui enlève qqn de force (→ **enlever, kidnapper).** *Les ravisseurs demandent une forte rançon. Un ravisseur d'enfant vient d'être arrêté.*

REM. *Ravir* ne se dit pas pour l'enlèvement d'une personne ; *ravisseur* est le seul terme pour toute la série des verbes.

RAVITAILLEMENT [Ravitajmɑ̃] n. m. ▪ *LE RAVITAILLEMENT :* le fait de ravitailler. *L'hiver, le ravitaillement des villages de montagne isolés par la neige est difficile.* – *Ils sont partis en mer avec du ravitaillement pour plusieurs jours,* avec des provisions pour plusieurs jours.

RAVITAILLER [Ravitaje] verbe [conjugaison 1a] **1.** Fournir des vivres, du matériel à. *Les organisations humanitaires ravitaillent les camps de réfugiés.* → **approvisionner.** *On a ravitaillé l'avion en vol,* on lui a fourni du carburant. **2.** verbe pronominal SE RAVITAILLER : se munir de vivres, de provisions. *Elle se ravitaille une fois par semaine au supermarché voisin. Nous nous sommes ravitaillés avant de partir en excursion.*

RAVIVER [Ravive] verbe [conjugaison 1a] **1.** (qqch.) Rendre plus vif. *Cette lessive ravivera* [RavivRa] *les couleurs. Le vent a ravivé le feu.* → **ranimer. 2.** Faire revivre. *Ce souvenir a ravivé sa colère.* → **réveiller.** ⟨contraire : atténuer⟩

RAYÉ [Reje], **RAYÉE** [Reje] adj. (après le nom) **1.** Qui a des raies, des rayures. *Il a un pull de marin rayé bleu et blanc,* avec des rayures bleues et blanches alternées. **2.** Qui a des éraflures. *La carrosserie de la voiture est rayée sur le côté. J'ai jeté mes vieux disques rayés.* **3.** Annulé, supprimé d'un trait. *Il y a plusieurs noms rayés sur cette liste.* → **raturer.**

RAYER [Reje] verbe [conjugaison 8b] **1.** Laisser en creux la trace d'une raie, d'une rayure. *Le diamant raye* (ou *raie*) *le verre.* **2.** Tracer un trait sur (un mot, un groupe de mots) pour l'annuler. *Il a écrit une phrase qu'il a rayée.* → **barrer, biffer, raturer.** *Quelqu'un a rayé mon nom de la liste.* → **radier.** – *Le tremblement de terre a rayé le village de la carte,* il l'a fait disparaître. – *Il rayera* [RɛjRa] *ou raiera* [RɛRa] *ce souvenir de sa mémoire.*

REM. On peut dire au présent : *je raye* [Rɛj] ou *je raie* [Rɛ], au futur : *je rayerai* [RɛjRɛ] ou *je raierai* [RɛRɛ] et au subjonctif : *que je raye* ou *que je raie.*

① **RAYON** [Rɛjɔ̃] n. m.

I. *UN RAYON* **1.** Trace de lumière en ligne ou en bande. *Le rayon lumineux du phare perce l'obscurité. Un RAYON DE SOLEIL entre dans la pièce. Les rayons du soleil sont chauds en été,* la lumière du soleil. – *Cet enfant est son rayon de soleil,* il le remplit de joie. **2.** Tige de métal qui relie le centre de la roue à la jante. *Sa robe s'est prise dans les rayons de la roue arrière de son vélo.* **3.** (au pluriel) LES RAYONS : les radiations. *Les rayons infrarouges sont invisibles à l'œil nu. Les appareils de radiographie utilisent les rayons X* [Rɛjɔ̃iks]. – *On traite certains cancers par les rayons.*

II. *LE RAYON* **1.** Ligne que l'on peut tracer du centre jusqu'à n'importe quel point de la circonférence d'un cercle. *Le rayon est égal à la moitié du diamètre. Tous les rayons d'un cercle sont égaux.* **2.** Distance mesurée à partir d'un point d'origine, dans toutes les directions. *Il n'y a pas un seul magasin DANS UN RAYON DE dix kilomètres,* dans un espace circulaire de dix kilomètres. – *Cette entreprise a étendu son RAYON D'ACTION,* sa zone d'activité.

② **RAYON** [Rɛjɔ̃] n. m. ▪ *UN RAYON* **1.** Gâteau de cire comportant des alvéoles, dans une ruche. *Les abeilles déposent le miel dans les rayons.* **2.** Planche d'un meuble de rangement. *Les rayons de la bibliothèque sont remplis de livres.* → **étagère. 3.** Partie d'un magasin réservée à la vente de certaines marchandises. *J'ai acheté ma valise au rayon des bagages. Le chef de rayon supervise les vendeurs.* **4.** Domaine de compétence. *Je regrette, ce n'est pas mon rayon,* ce n'est pas de mon domaine, de ma compétence. – STYLE FAMILIER *En bricolage, il EN CONNAÎT UN RAYON,* il s'y connaît, il est très compétent.

FAUX AMIS
polonais **rejon,**
russe **район**
« district,
secteur, zone »

RAYONNAGE [Rɛjɔnaʒ] n. m. ▪ *UN RAYONNAGE :* meuble de rangement formé d'un ensemble de rayons. *Dans sa chambre, il y a des rayonnages garnis de livres.* → **étagère.**

RAYONNANT [Rɛjɔnɑ̃], **RAYONNANTE** [Rɛjɔnɑ̃t] adj. (après le nom) **1.** Qui émet des rayons lumineux. *Aujourd'hui, il fait un soleil rayonnant.* → **radieux. 2.** Qui émet comme une lumière, un éclat, qui dégage une impression de bonheur, de bien-être. *Depuis sa nomination, il est rayonnant. Sa femme a une beauté rayonnante.* → **éclatant.** – *Il est RAYONNANT DE bonheur :* il a l'air vraiment heureux. *Leur bébé a l'air rayonnant de santé.*

RAYONNEMENT [Rɛjɔnmɑ̃] n. m. ▪ *LE RAYONNEMENT* **1.** Ensemble des radiations émises par un astre. *Il faut protéger sa peau du rayonnement du soleil,* des rayons du soleil. **2.** Influence heureuse, force bienfaisante que dégage une personne. *Son visage dégage un grand rayonnement.* → **éclat.** – *L'œuvre de cet* *écrivain a eu un grand rayonnement à travers le monde.* → **influence.**

RAYONNER [ʀɛjɔne] verbe [conjugaison 1a] **1.** Se propager par rayonnement. *La chaleur du poêle rayonne dans la pièce.* **2.** Émettre un certain éclat, une impression de bonheur. *Elle* RAYONNE DE *bonheur.* **3.** (qqch.) Se diffuser, avoir de l'influence. *La culture française rayonne dans le monde.* **4.** Être disposé en rayons autour d'un centre. *De nombreuses avenues rayonnent autour de la place de l'Étoile, à Paris.* **5.** Se déplacer dans un certain rayon (à partir d'un lieu). *Pendant les vacances, nous rayonnerons dans la région.*

RAYURE [ʀejyʀ] n. f. ▪ *UNE RAYURE* **1.** Bande, ligne qui se détache sur un fond de couleur différente. *Elle a une robe à rayures* (→ **rayé**). *Le zèbre a des rayures noires et blanches.* → **zébrure.** **2.** Éraflure. *Il y a des rayures sur la carrosserie de la voiture.*

pointe du **RAZ** [pwɛ̃tdyʀa] nom propre féminin ▪ *LA POINTE DU RAZ* : cap de Bretagne, à l'extrémité ouest du Finistère, en face de l'île de Sein. *Nous sommes allés à la pointe du Raz.*

RAZ-DE-MARÉE [ʀadmaʀe] n. m. invariable ▪ *UN RAZ-DE-MARÉE* : vague isolée, très haute et très forte, due à l'éruption d'un volcan ou à un tremblement de terre, qui pénètre profondément dans les terres. *Un raz-de-marée a détruit complètement la ville.* PLURIEL : *des raz-de-marée.*

REM. On écrit aussi *raz de marée* sans traits d'union.

RAZZIA [ʀadzja] n. f. ▪ *UNE RAZZIA* : attaque de pillards. *Les brigands ont fait une razzia sur le village.* – *Les invités ont* FAIT UNE RAZZIA SUR *le buffet,* ils se sont jetés dessus (→ **piller**).

REM. **1.** On prononce aussi [ʀazja]. **2.** *Razzia* est un mot qui vient de l'arabe.

RÉ [ʀe] n. m. invariable ▪ *LE RÉ* : deuxième note de la gamme. *Le pianiste joue un ré. Cette sonate est en ré majeur.* PLURIEL : *des ré bémol.*

RÉAC → **réactionnaire**

RÉACTEUR [ʀeaktœʀ] n. m. ▪ *UN RÉACTEUR* **1.** Moteur d'avion à réaction. *Cet avion a quatre réacteurs.* **2.** *Un* RÉACTEUR NUCLÉAIRE : dispositif à l'intérieur duquel ont lieu les réactions de fission de l'atome, dans une centrale nucléaire. *Les réacteurs nucléaires produisent de l'énergie.*

RÉACTION [ʀeaksjɔ̃] n. f.
I. *UNE RÉACTION* **1.** Façon de répondre à une action, d'y réagir. *Sa première réaction a été la peur.* → **mouvement, réflexe.** *Elle est restée sans réaction :* elle n'a pas réagi. *Il a souvent des réactions violentes. Le discours du ministre a provoqué de nombreuses réactions.* – *Elle a agi* EN RÉACTION CONTRE *sa famille,* en s'opposant complètement à sa famille. **2.** Action de deux ou plusieurs substances qui entraînent des transformations chimiques. *Quand on mélange ces deux substances, il se produit une réaction.* **3.** *AVION À RÉACTION* : avion dont les moteurs chassent les gaz vers l'arrière, ce qui projette l'avion, par réaction, vers l'avant. *Les avions à réaction sont équipés de* MOTEURS À RÉACTION, de réacteurs. **4.** Réponse d'une machine aux commandes. *Cette voiture a de bonnes réactions.*
II. *LA RÉACTION* : action politique qui s'oppose au progrès. *Ces militants politiques luttent contre la réaction.*

RÉACTIONNAIRE [ʀeaksjɔnɛʀ] adj., n. m. et n. f. **1.** adjectif (après le nom) Qui s'oppose au progrès, en politique. ⟨contraire : progressiste⟩ *Il a des opinions réactionnaires. Il est réactionnaire.* – *RÉAC* [ʀeak] forme abrégée familière *Il est complètement réac. Ils sont réacs.* – *Ce journal est un peu réac.* **2.** *UN RÉACTIONNAIRE, UNE RÉACTIONNAIRE* : une personne qui est contre le progrès, en politique. *Les réactionnaires sont en minorité.* – *RÉAC* [ʀeak] forme abrégée familière *Quel réac ! Ce sont de vieux réacs.*

SE **RÉADAPTER** [ʀeadapte] verbe pronominal [conjugaison 1a] ▪ S'adapter à nouveau à (une chose, à un milieu dont on a perdu l'habitude). *Les détenus qui sortent de prison se réadaptent peu à peu à la vie en société. Les enfants se sont réadaptés difficilement à l'école après deux mois de vacances.*

RÉAFFIRMER [ʀeafiʀme] verbe [conjugaison 1a] ▪ Affirmer de nouveau. *Le ministre a réaffirmé sa volonté d'améliorer la situation.*

RÉAGIR [ʀeaʒiʀ] verbe [conjugaison 2] **1.** Avoir une réaction. *Il a très bien réagi, je trouve.* → se **comporter.** *À sa place, je ne sais pas comment je réagirais. Allons, réagissez !* → se **secouer.** – *Elle n'a pas* RÉAGI À *cette attaque.* **2.** *RÉAGIR CONTRE* : avoir une réaction, des réactions pour se défendre de. *L'organisme réagit contre les infections.* – *Cet adolescent réagit violemment contre sa famille,* il s'oppose à elle avec violence. → se **rebiffer.** *Le gouvernement essaie de réagir contre l'opposition.* **3.** *RÉAGIR SUR* : avoir une action, une influence sur. *Ces deux substances réagissent l'une sur l'autre.*

RÉAJUSTER [ʀeaʒyste] verbe [conjugaison 1a] ▪ Modifier pour adapter à de nouvelles conditions. *Le gouvernement a réajusté les salaires des fonctionnaires,* il les a relevés en fonction du coût de la vie.

REM. *Rajuster* a un emploi plus concret que *réajuster.* → **rajuster.**

RÉALISABLE [ʀealizabl] adj. (après le nom) ▪ Que l'on peut réaliser. *Ce projet est facilement réalisable.* ⟨contraire : irréalisable⟩ *On pourrait s'évader, c'est réalisable.* → **faisable, possible.**

RÉALISATEUR [ʀealizatœʀ] n. m., **RÉALISATRICE** [ʀealizatʀis] n. f. ▪ *UN RÉALISATEUR, UNE RÉALISATRICE* : une personne qui prépare, dirige et met en scène un film, une émission de radio ou de télévision. *Elle est réalisatrice d'émissions de variétés à la télévision. Son père est réalisateur de cinéma,* il est metteur en scène. → **cinéaste.**

RÉALISATION [ʀealizasjɔ̃] n. f.
I. *LA RÉALISATION* **1.** Action de rendre réel, effectif (qqch.). *Il a besoin d'argent pour la réalisation de son projet.* → **exécution.** **2.** Mise en scène (d'un film), mise en images (d'une émission). *La réalisation de ce film est signée d'un jeune metteur en scène.*
II. *UNE RÉALISATION* : ce qui est réalisé. *Ce musée est une belle réalisation.* → **création, œuvre.**

> FAUX AMI
> suédois **realisation** « soldes »

RÉALISER [ʀealize] verbe [conjugaison 1a] **1.** Faire exister, rendre réel (ce qui n'existait pas). *Elle veut réaliser son projet.* → **exécuter.** *Il a réalisé son rêve.* → **atteindre.** **2.** Faire. *L'entreprise réalise des bénéfices.* **3.** *Réaliser un film,* le mettre en scène, le diriger. *Ce jeune metteur en scène réalise son premier film.* **4.** Se rendre compte avec précision de, se faire une idée nette de. *Il ne réalise pas la gravité de la situation.* → **saisir.** – *Je n'ai pas réalisé tout de suite.* → **comprendre.**
5. verbe pronominal SE RÉALISER : (qqch.) devenir réel. *Toutes ses ambitions se sont réalisées.*

> FAUX AMI
> anglais et américain **to realize** ne s'emploie pas aux sens 1., 2., 3.

REM. L'emploi de *réaliser* « se rendre compte » est très courant mais critiqué. Il vient de l'anglais *to realize.*

RÉALISME [ʀealism] n. m. ▪ *LE RÉALISME* **1.** Idée selon laquelle l'art doit représenter la réalité telle qu'elle est. *Zola est un représentant du réalisme dans la littérature. Ce tableau est d'un* *réalisme saisissant.* **2.** Attitude d'une personne qui tient compte de la réalité, qui l'apprécie comme il faut. *Il faut faire preuve de réalisme.* ⟨contraire : idéalisme⟩ *Il manque parfois de réalisme.*

RÉALISTE [Realist] adj. (après le nom) **1.** Qui est partisan du réalisme en art, en littérature et qui le représente. *Flaubert et Balzac sont des romanciers réalistes. Ce tableau représente une scène très réaliste.* **2.** Qui fait preuve de réalisme dans la vie, qui voit les choses comme elles sont vraiment. ⟨contraires : idéaliste, irréaliste⟩ *Le chef de l'État est un homme réaliste. - Faisons une analyse réaliste de la situation.*

RÉALITÉ [Realite] n. f. **1.** *LA RÉALITÉ* : ce qui est réel, qui existe vraiment (et qui n'est ni une invention ni une simple apparence). *C'est un fait d'une réalité incontestable. Ce romancier décrit la réalité. Il ne faut pas confondre le rêve et la réalité,* le rêve, l'illusion et la vie réelle. *Les choses ne sont pas comme ça dans la réalité,* dans la vie réelle, en vrai. - *Il a l'air gentil, mais EN RÉALITÉ c'est un homme dangereux,* en fait, réellement. **2.** *UNE RÉALITÉ* : chose réelle, qui existe vraiment. *Je n'invente rien, c'est une réalité.* ⟨contraire : illusion⟩ *Il a le sens des réalités* : il voit les choses telles qu'elles sont réellement (→ **réaliste**). *Tu prends tes désirs pour des réalités* : tu te fais des illusions.

RÉANIMATION [Reanimasjɔ̃] n. f. ▪ *LA RÉANIMATION* : action qui consiste à aider à vivre une personne dont le cœur et la respiration viennent de s'arrêter. *Les pompiers tentent une réanimation du noyé. Le blessé a été transporté dans le service de réanimation de l'hôpital.*

réapparais [ReapaRɛ] *Je réapparais, tu réapparais* : forme au présent du verbe **réapparaître.**

RÉAPPARAÎTRE [ReapaRɛtR] verbe [conjugaison 57] ▪ Apparaître, paraître de nouveau. → **reparaître.** *La lune disparaît, cachée par un nuage, puis elle réapparaît.* ⟨contraire : disparaître⟩ *Je voudrais qu'elle réapparaisse sur l'écran. Il est sorti de la pièce, puis il a réapparu quelques instants plus tard.*

REM. **1.** Au passé composé, on peut dire : *il a réapparu* ou *il est réapparu.* **2.** Quand *i* est devant un *t*, il prend un accent circonflexe (ex. : *réapparaître, il réapparaît*).

RÉAPPARITION [ReapaRisjɔ̃] n. f. ▪ *LA RÉAPPARITION* : le fait de réapparaître. *Le soleil a fait sa réapparition après la pluie,* il a réapparu.

réapparu [Reapary], **réapparue** [Reapary] *Il est réapparu, elle est réapparue* : formes au participe passé du verbe **réapparaître.**

RÉARMER [ReaRme] verbe [conjugaison 1a] **1.** *Réarmer un fusil, un pistolet,* le recharger pour qu'il soit prêt à fonctionner. *Le soldat réarme son fusil. - Le photographe a réarmé son appareil photo,* il a remonté le mécanisme de déclenchement. **2.** (pays) Recommencer à s'équiper pour la guerre. *Le pays a réarmé.*

RÉBARBATIF [RebaRbatif], **RÉBARBATIVE** [RebaRbativ] adj. (après le nom) **1.** Qui rebute par son aspect rude, désagréable. *Il a un air rébarbatif.* **2.** (qqch.) Difficile et ennuyeux. *Elle a fait des études longues et rébarbatives.* ⟨contraire : attrayant⟩

REBATTRE [RəbatR] verbe [conjugaison 41c] ▪ *REBATTRE LES OREILLES À qqn DE qqch.,* lui en parler sans arrêt. *Il nous rebat les oreilles de sa nouvelle voiture. Il nous en a rebattu les oreilles.*

REM. Certaines personnes disent *rabattre,* ce qui est une faute.

REBATTU [Rəbaty], **REBATTUE** [Rəbaty] adj. (après le nom) ▪ Dont on a parlé inlassablement. *C'est un sujet rebattu.* → **éculé.** *Il fait des plaisanteries rebattues.*

REBELLE [Rəbɛl] adj., n. m. et n. f.

I. adjectif (après le nom) **1.** Qui se révolte contre les autorités en place. *Les soldats rebelles occupent le palais présidentiel.* → **insurgé.** ⟨contraires : discipliné, obéissant, soumis⟩ **2.** *REBELLE À* : qui résiste à. *Il est rebelle à tout effort.* → **opposé, réfractaire.** *Son fils est rebelle aux mathématiques.* → **fermé.** *La maladie est rebelle aux traitements. - Elle essaie de coiffer ses boucles rebelles,* qui ne se mettent pas bien en place. ⟨contraire : docile⟩

II. *UN REBELLE, UNE REBELLE* : personne qui se révolte contre les autorités légitimes. *Le gouvernement tente de négocier avec les rebelles.* → **insurgé.**

SE **REBELLER** [Rəbele] verbe pronominal [conjugaison 1a] ▪ Se révolter (contre l'autorité). *La population S'EST REBELLÉE CONTRE le dictateur.* → s'**insurger,** se **soulever.** *Les adolescents se rebellent souvent contre leurs parents.* → STYLE FAMILIER se **rebiffer.**

RÉBELLION [Rebeljɔ̃] n. f. ▪ *LA RÉBELLION* **1.** Le fait de se rebeller. *Le gouvernement a maté durement la rébellion.* → **insurrection, révolte, soulèvement.** **2.** Tendance à se rebeller. *Pas de rébellion, obéis immédiatement !* → **désobéissance.** ⟨contraires : obéissance, soumission⟩

SE **REBIFFER** [Rəbife] verbe pronominal [conjugaison 1a] ▪ STYLE FAMILIER Refuser énergiquement de se laisser faire. *On l'a accusée à tort mais elle s'est rebiffée,* elle a réagi violemment. → **réagir.** *Il se rebiffe contre les punitions.* → **refuser.**

REM. *Se rebiffer* ne s'emploie pas dans un contexte politique.

REBIQUER [Rəbike] verbe [conjugaison 1a] ▪ STYLE FAMILIER Se dresser, se retrousser en faisant un angle. *Le col de sa chemise rebique. Elle a les cheveux qui rebiquent.*

REBLOCHON [Rəblɔʃɔ̃] n. m. ▪ *UN REBLOCHON* : fromage au lait de vache, à pâte grasse et à saveur douce, fabriqué en Savoie. *Il mange un morceau de reblochon sur du pain.*

REBOISEMENT [Rəbwazmɑ̃] n. m. ▪ *LE REBOISEMENT* : le fait de reboiser (un terrain). *Le reboisement de la forêt est en cours.*

REBOISER [Rəbwaze] verbe [conjugaison 1a] ▪ Planter des arbres sur (un terrain qui a été déboisé). *On a reboisé la forêt après l'incendie.* ⟨contraire : déboiser⟩

REBOND [Rəbɔ̃] n. m. ▪ *UN REBOND* : le fait de rebondir ; mouvement de ce qui rebondit. *Le joueur de tennis frappe la balle après le premier rebond.*

REBONDI [Rəbɔ̃di], **REBONDI** [Rəbɔ̃di] adj. (après le nom) ▪ De forme arrondie. *Elle a des joues rebondies.* → **rond.** ⟨contraire : creux⟩

REBONDIR [Rəbɔ̃diR] verbe [conjugaison 2] **1.** Faire un bond après avoir touché un obstacle. *Le ballon rebondit plusieurs fois sur le sol* (→ **rebond**). *Dès que le joueur frappait la balle, elle rebondissait plus fort.* **2.** Prendre un nouveau développement après un arrêt. *Après de nombreux piétinements, l'enquête a rebondi.* → **repartir.** ⟨contraires : piétiner, stagner⟩ **3.** (qqn) Retrouver l'énergie pour agir. *Elle a toujours rebondi après un gros ennui.*

REBONDISSEMENT [Rəbɔ̃dismɑ̃] n. m. ▪ *UN REBONDISSEMENT* : le fait de rebondir, de repartir après un arrêt. *Cette affaire a connu de nombreux rebondissements.* → **rebondir** (2.).

REBORD [RəbɔR] n. m. ▪ *LE REBORD* : bord qui dépasse, qui forme une saillie. *Elle a mis des géraniums sur le rebord de la fenêtre.*

REBOUCHER [Rəbuʃe] verbe [conjugaison 1a] ▪ Boucher de nouveau (ce qui a été ouvert, débouché). *Rebouchez le flacon après usage.*

À **REBOURS** [aʀəbuʀ] adverbe. Dans le sens inverse du sens normal, à l'envers. *La fusée va bientôt partir, le* COMPTE À REBOURS *a commencé,* la vérification successive des opérations de lancement que l'on fait en comptant à l'envers jusqu'à zéro.

REM. On prononce aussi [aʀbuʀ].

REBOUTONNER [ʀəbutɔne] verbe [conjugaison 1a]. Boutonner de nouveau (un vêtement déboutonné). *Il reboutonne son pantalon.* ⟨contraire : déboutonner⟩

À **REBROUSSE-POIL** [aʀəbʀuspwal] adverbe. En rebroussant le poil (d'un animal), dans le sens contraire du poil. *Le chat n'aime pas qu'on le caresse à rebrousse-poil.* – STYLE FAMILIER *Il ne faut pas prendre mon fils à rebrousse-poil,* il ne faut pas être maladroit avec lui, sinon il se vexe.

REM. On prononce aussi [aʀbʀuspwal].

REBROUSSER [ʀəbʀuse] verbe [conjugaison 1a] 1. Relever (les cheveux, le poil) dans le sens contraire du sens normal. *Le chat n'aime pas qu'on lui rebrousse le poil.* 2. *REBROUSSER CHEMIN :* revenir en sens inverse. *Après plusieurs heures de marche, ils ont rebroussé chemin.*

REBUFFADE [ʀəbyfad] n. f. STYLE RECHERCHÉ *UNE REBUFFADE :* refus hargneux, méprisant. *Nous avons essuyé une rebuffade :* nous avons reçu un mauvais accueil, nous nous sommes heurtés à un violent refus.

RÉBUS [ʀebys] n. m. *UN RÉBUS :* devinette faite d'une suite de dessins, de signes ou d'images qui représentent chacun une syllabe. *Ce rébus est difficile à déchiffrer.*

REBUT [ʀəby] n. m. *LE REBUT :* ce que l'on a rejeté. *Ils ont mis cette vieille table bancale* AU REBUT, ils l'ont jetée, ils s'en sont débarrassés.

REBUTANT [ʀəbytɑ̃], **REBUTANTE** [ʀəbytɑ̃t] adj. (après le nom). Qui rebute, ennuie. *Il fait un travail rebutant.* → **rébarbatif.** *Il fait toutes les tâches rebutantes.* ⟨contraires : attrayant, plaisant⟩

REM. On prononce aussi [ʀbytɑ̃], [ʀbytɑ̃t].

REBUTER [ʀəbyte] verbe [conjugaison 1a]. STYLE RECHERCHÉ 1. Dégoûter, décourager par les difficultés, le caractère ingrat. *Rien ne le rebute.* 2. Choquer, inspirer de la répugnance à (qqn). *Ses manières grossières me rebutent.* ⟨contraires : attirer, plaire⟩

REM. On prononce aussi [ʀbyte].

RÉCALCITRANT [ʀekalsitʀɑ̃] adj. et n. m., **RÉCALCITRANTE** [ʀekalsitʀɑ̃t] adj. et n. f. 1. adjectif (après le nom) Qui résiste avec entêtement. *La jument récalcitrante refuse de sauter l'obstacle.* → **rétif.** ⟨contraire : docile⟩ *Ne vous montrez pas récalcitrants, obéissez !* 2. *UN RÉCALCITRANT, UNE RÉCALCITRANTE :* personne qui résiste, refuse avec entêtement. *Il s'est chargé de convaincre les récalcitrants.*

RECALER [ʀəkale] verbe [conjugaison 1a]. STYLE FAMILIER Refuser (qqn) à un examen. *Sa fille s'est fait recaler au bac.* → STYLE FAMILIER **coller.** ⟨contraires : admettre, recevoir⟩ – *Les candidats recalés repasseront l'examen en septembre.*

REM. On prononce aussi [ʀkale].

RÉCAPITULATION [ʀekapitylasjɔ̃] n. f. *UNE RÉCAPITULATION :* le fait de reprendre point par point. *Voici la récapitulation de tous les problèmes abordés à la réunion.* → **résumé.**

RÉCAPITULER [ʀekapityle] verbe [conjugaison 1]. Répéter, reprendre en énumérant les points principaux. *Récapitulons tout ce que nous avons dit à la réunion.* → **résumer.**

RECEL [ʀəsɛl] n. m. *LE RECEL :* le fait de garder avec soi ou chez soi des objets volés. *Le recel est puni par la loi.*

RECELER [ʀəsle] verbe [conjugaison 5a] 1. Contenir en soi (une choses cachée). *Le sous-sol de cette région recèle du fer.* → **renfermer.** *Cette affaire recèle un mystère.* 2. Garder chez soi (des objets volés). *Ce malfaiteur recèle des bijoux volés* (→ **recel**).

> FAUX AMI
> espagnol **recelar** « se méfier, soupçonner »

REM. 1. On prononce aussi [ʀəsəle], [ʀəsele] ou moins bien [ʀsele]. 2. On écrit aussi *recéler* [ʀəsele] ou [ʀsele], qui suit la conjugaison 6a.

RECELEUR [ʀəslœʀ] n. m., **RECELEUSE** [ʀəsløz] n. f. *UN RECELEUR, UNE RECELEUSE :* personne qui garde des objets volés chez elle. *Le receleur de diamants a été arrêté par la police.*

REM. On prononce aussi [ʀəsəlœʀ], [ʀəsəløz], [ʀəselœʀ], [ʀəseløz] et [ʀselœʀ], [ʀseløz].

RÉCEMMENT [ʀesamɑ̃] adverbe. À une époque récente, depuis peu de temps. *Je l'ai vu récemment.* → **dernièrement.** ⟨contraires : autrefois, jadis⟩ *Ça s'est passé très récemment.*

RECENSEMENT [ʀəsɑ̃smɑ̃] n. m. *UN RECENSEMENT :* opération qui consiste à compter les habitants d'un pays. *De quand date le dernier recensement, en France ?*

REM. On prononce aussi [ʀsɑ̃smɑ̃].

RECENSER [ʀəsɑ̃se] verbe [conjugaison 1a] 1. Compter avec précision (le nombre d'habitants d'un lieu). *En France, on recense la population régulièrement.* 2. Dénombrer. *Il faudrait recenser tous les livres de la bibliothèque,* en faire l'inventaire.

RÉCENT [ʀesɑ̃], **RÉCENTE** [ʀesɑ̃t] adj. (après le nom). Qui s'est produit il y a peu de temps. *Leur mariage est très récent. Voici des photos récentes.* ⟨contraires : ancien, vieux⟩ *Le journal donne des nouvelles récentes.* → **dernier,** ① **frais.** *C'est un immeuble récent.* → **moderne.** *Cette idée n'a rien de récent.* → **nouveau.** *C'est arrivé dans un passé récent.* → **proche.** *C'est tout récent,* cela vient de se produire.

RÉCÉPISSÉ [ʀesepise] n. m. *UN RÉCÉPISSÉ :* papier qui prouve que l'on a bien reçu une lettre, un paquet ou de l'argent. → **reçu.** *Veuillez signer ce récépissé.*

RÉCEPTACLE [ʀesɛptakl] n. m. STYLE RECHERCHÉ *UN RÉCEPTACLE :* lieu qui reçoit son contenu de diverses provenances. *La mer est le réceptacle des eaux fluviales.*

RÉCEPTEUR [ʀesɛptœʀ] n. m. *UN RÉCEPTEUR :* appareil qui reçoit et amplifie les sons ou les images envoyés par un émetteur. *Un récepteur téléphonique permet de recevoir les communications.* ⟨contraire : émetteur⟩

RÉCEPTION [ʀesɛpsjɔ̃] n. f.

I. *LA RÉCEPTION* 1. Le fait de recevoir (qqch. qui a été envoyé). *Je te répondrai dès la réception de ta lettre,* dès que j'aurai reçu ta lettre. ⟨contraires : envoi, expédition⟩ *Je lui ai envoyé une lettre recommandée avec* ACCUSÉ DE RÉCEPTION, avec un papier à signer qui prouve que l'on a bien reçu cette lettre. 2. Manière dont le corps arrive au sol après un saut. *Le parachutiste a eu une mauvaise réception.* 3. Action de recevoir (des visiteurs, des clients). *Il faut améliorer la réception, dans ce restaurant.* → **accueil.**

II. *UNE RÉCEPTION* 1. Réunion organisée pour recevoir des invités. *Mes amis ont* DONNÉ UNE RÉCEPTION *à l'occasion de leur anniversaire de mariage.* → **fête, soirée.** *Je déteste les réceptions mondaines.* 2. Lieu où l'on reçoit les clients dans un hôtel. *N'oubliez pas de déposer la clé de votre chambre à la réception. Pour toute réclamation, adressez-vous à la réception,* aux personnes qui travaillent à cet endroit.

RÉCESSION [ʀesesjɔ̃] n. f. *LA RÉCESSION :* diminution des ventes, des investissements, de la production dans un pays.

Nous vivons une époque de récession. → **crise.** ⟨contraire : expansion⟩ *Une récession affaiblit le pays.*

RECETTE [ʀəsɛt] n. f.

I. *LA RECETTE* **1.** Total des sommes d'argent reçues. *Le caissier du magasin compte la recette de la journée.* ⟨contraire : dépense⟩ – *Ce spectacle FAIT RECETTE,* il a beaucoup de succès. **2.** Bureau du receveur des impôts. *Ce papier est à renvoyer signé à la recette des impôts* **(→ ① perception).**

II. *UNE RECETTE* **1.** *UNE RECETTE (DE CUISINE) :* manière de préparer un plat. *J'ai acheté un livre de recettes. Le cuisinier essaie une nouvelle recette de poulet aux champignons.* **2.** Moyen, procédé. *Est-ce que tu pourrais me donner ta RECETTE POUR être toujours à l'heure ?* → **secret.** *Il n'y a pas de recette pour être heureux !*

> FAUX AMIS
> allemand **Rezept,** italien **ricetta,** polonais **recepta,** roumain **rețetă** « ordonnance médicale »

recevait [ʀəsəvɛ] *Il recevait, elle recevait :* forme à l'imparfait du verbe **recevoir.**

RECEVEUR [ʀəsəvœʀ] n. m., **RECEVEUSE** [ʀəsəvøz] n. f. ▪ *UN RECEVEUR, UNE RECEVEUSE :* fonctionnaire chargé de percevoir de l'argent public. *Il est allé voir le RECEVEUR DES IMPÔTS* **(→ percepteur).** *Le RECEVEUR DES POSTES dirige le bureau de poste.*

RECEVOIR [ʀəsəvwaʀ] verbe [conjugaison 28a] **1.** Être mis en possession de (qqch.) par un envoi, par un don, par un paiement. *J'ai bien reçu ta lettre.* ⟨contraire : envoyer⟩ *Je n'ai pas encore lu toutes les lettres que j'ai reçues. Il faut qu'il reçoive ce colis avant la semaine prochaine. Nous recevons de l'argent de poche de nos grands-parents. En recevant ce chèque, j'ai pu m'acheter une nouvelle voiture. Je reçois mon salaire à la fin du mois.* → **encaisser, toucher.** *J'ai reçu un coup de téléphone.* – *Nous recevons très mal la télévision ici,* les images sont brouillées. ⟨contraire : émettre⟩ **2.** Être atteint par (qqch.). *Si tu continues, tu vas recevoir une paire de gifles. Pendant ce combat, le boxeur recevait des coups sans pouvoir les rendre. On a reçu la pluie en venant ! À la mort de sa femme, il a reçu un énorme choc.* → **subir. 3.** Faire venir chez soi (des invités). *Il recevra tous ses amis pour son anniversaire.* – *Elle a l'habitude de recevoir,* de faire des réceptions. **4.** Accueillir. *Nous avons été très bien reçus.* – *Le médecin va vous recevoir. Impossible d'être reçu sans rendez-vous !* **5.** *ÊTRE REÇU À un examen,* être admis, réussir. *Il a été reçu à son concours,* il l'a eu. ⟨contraires : être recalé, être refusé⟩ **6.** (qqch.) Laisser entrer. *Cette salle reçoit mille personnes,* elle peut accueillir mille personnes. → **contenir.** – *Les fleuves reçoivent des affluents.* **7.** verbe pronominal SE RECEVOIR : arriver au sol d'une certaine façon après un saut. *L'écuyère est tombée et elle s'est mal reçue.*

REM. On peut prononcer aussi [ʀsəvwaʀ] ou [ʀəsvwaʀ] plus négligé.

RECHANGE [ʀəʃɑ̃ʒ] n. m. **1.** *DE RECHANGE :* qui sert à remplacer en cas de besoin. *Le garagiste attend une pièce de rechange pour réparer le moteur. J'ai emporté des vêtements de rechange.* **2.** *UN RECHANGE :* les vêtements qu'on emporte pour se changer.

REM. On peut prononcer aussi [ʀʃɑ̃ʒ].

RÉCHAPPER [ʀeʃape] verbe [conjugaison 1a] ▪ *EN RÉCHAPPER :* échapper à un danger. *L'accident a été terrible, aucun passager de la voiture n'en a réchappé. Un seul survivant en est réchappé.* → **rescapé.** *Il n'en réchappera pas !* on se vengera.

RECHARGE [ʀəʃaʀʒ] n. f. ▪ *UNE RECHARGE :* petit tube rempli d'encre, d'essence, de gaz, de parfum, pour mettre dans un stylo, un briquet, un atomiseur. *Il faut que j'achète des recharges pour mon stylo.* → ① **cartouche.**

REM. On peut prononcer aussi [ʀʃaʀʒ].

RECHARGEABLE [ʀəʃaʀʒabl] adj. (après le nom) ▪ Que l'on peut recharger. *J'ai un briquet rechargeable.* ⟨contraire : jetable⟩

REM. On peut prononcer aussi [ʀʃaʀʒabl].

RECHARGER [ʀəʃaʀʒe] verbe [conjugaison 3b] ▪ Approvisionner de nouveau. *Le chasseur recharge son fusil,* il remet des cartouches dans son fusil. *Le photographe rechargeait son appareil photo quand une biche est passée devant lui,* il remettait une pellicule dans son appareil.

REM. On peut prononcer aussi [ʀʃaʀʒe].

RÉCHAUD [ʀeʃo] n. m. ▪ *UN RÉCHAUD :* petit fourneau qui sert à chauffer et cuire les aliments. *Il a mis une casserole d'eau à chauffer sur son réchaud électrique.*

RÉCHAUFFÉ [ʀeʃofe] adj. et n. m., **RÉCHAUFFÉE** [ʀeʃofe] adj.

I. adjectif (après le nom) **1.** Qui a été chauffé après avoir refroidi. *Est-ce que tu veux de la tarte réchauffée ? On dit que certains plats sont meilleurs réchauffés.* **2.** STYLE FAMILIER *Eh bien ! Tu es réchauffé !* tu n'as pas froid (se dit à qqn qui est peu vêtu alors qu'il fait froid).

II. STYLE FAMILIER *C'EST DU RÉCHAUFFÉ :* c'est une nouvelle ou une plaisanterie qu'on connaît déjà. *Dis donc, ta blague, c'est du réchauffé ! Ça sent le réchauffé !*

RÉCHAUFFEMENT [ʀeʃofmɑ̃] n. m. ▪ *LE RÉCHAUFFEMENT :* action de se réchauffer. *Le réchauffement de la maison se fait rapidement. La météo prévoit un réchauffement de la température pour demain.* → **radoucissement.** ⟨contraire : refroidissement⟩

RÉCHAUFFER [ʀeʃofe] verbe [conjugaison 1a]

I. 1. Chauffer de nouveau ce qui a refroidi. *Il faut réchauffer la soupe.* ⟨contraire : refroidir⟩ – *Je fais réchauffer les croissants dans le four à micro-ondes.* **2.** Donner chaud à (qqn). *Bois du thé, ça te réchauffera.* **3.** *RÉCHAUFFER LE CŒUR :* réconforter. *Ça réchauffe le cœur de vous voir tous.*

II. verbe pronominal SE RÉCHAUFFER **1.** Devenir plus chaud. *Le temps s'est réchauffé depuis hier.* ⟨contraire : se rafraîchir⟩ **2.** (qqn) Avoir plus chaud. *Réchauffe-toi devant la cheminée. Elle s'est réchauffée en buvant une tasse de thé.* **3.** (aliment) Pouvoir être réchauffé. *La purée ne se réchauffe pas.*

RÊCHE [ʀɛʃ] adj. (après le nom) ▪ Rude au toucher, mais sans aspérités. *Cette serviette est rêche. Elle gratte la peau.* ⟨contraires : doux, moelleux⟩ *J'ai les mains rêches. Le tissu est un peu trop rêche.* → **sec.**

RECHERCHE [ʀəʃɛʀʃ] n. f.

I. *UNE RECHERCHE :* effort pour retrouver (qqn, qqch.). *Le prisonnier évadé a échappé aux recherches de la police. Les sauveteurs ont abandonné les recherches.* – *Je suis À LA RECHERCHE DE mes lunettes :* je cherche mes lunettes. *Nous sommes à la recherche d'une maison à louer pour les vacances. Tout le monde est parti à ta recherche.*

II. *LA RECHERCHE* **1.** Ensemble des travaux scientifiques qui contribuent à la découverte de connaissances nouvelles. *Il est chercheur au CENTRE NATIONAL DE LA RECHERCHE SCIENTIFIQUE* (C. N. R. S. [seɛnɛʀɛs]). *Il fait de la recherche dans un laboratoire.* **2.** Effort pour se distinguer des autres par son élégance, son raffinement. *Elle s'habille toujours avec recherche.*

REM. **1.** On peut prononcer aussi [ʀʃɛʀʃ]. **2.** On oppose la *recherche* (II., 1.) *fondamentale* à la *recherche appliquée.*

RECHERCHÉ [ʀəʃɛʀʃe], **RECHERCHÉE** [ʀəʃɛʀʃe] adj. (après le nom) **1.** (qqch.) Qui est rare et que l'on veut obtenir, à quoi on attache du prix. *Les tableaux de ce peintre sont très recherchés.* **2.** (qqn) Que l'on recherche, que l'on veut attraper. *Elle a caché un fugitif recherché pour meurtre.* **3.** (qqn) Que l'on invite souvent (réceptions, émissions). → **demandé.** *C'est un acadé-*

micien très recherché. **4.** (qqch.) Qui montre que l'on est raffiné. ⟨contraires : banal, simple⟩ *Elle a toujours des tenues très recherchées,* qui manquent de simplicité. – *«Carnation», «fomenter», «réceptacle» sont des* MOTS RECHERCHÉS, des mots que l'on n'emploie pas fréquemment. ⟨contraires : courant, familier⟩ *Cet écrivain écrit dans un style recherché.* → **soutenu.**

REM. On peut prononcer aussi [ʀʃɛʀʃe].

RECHERCHER [ʀəʃɛʀʃe] verbe [conjugaison 1a] **1.** Chercher activement à retrouver (qqn). *La police recherche les témoins de l'accident.* **2.** Chercher à découvrir (qqch.). *On recherche les causes de l'incendie. Les médecins* RECHERCHENT SI *cette maladie est contagieuse.* **3.** Essayer d'obtenir (qqch.). *Elle recherche la perfection. Tout le monde recherche sa compagnie.* ⟨contraire : éviter⟩ **4.** Reprendre (qqn, qqch. qu'on a laissé). *Je viendrai rechercher ma fille dans une heure. Le garagiste m'a assuré que je pouvais venir rechercher ma voiture en fin de matinée.*

REM. On peut prononcer aussi [ʀʃɛʀʃe].

RECHIGNER [ʀəʃiɲe] verbe [conjugaison 1a] ▪ Manifester de la mauvaise volonté. *Il aide sa mère en rechignant.* → **râler, renâcler.** *Il* RECHIGNE À *faire la vaisselle. Elle a tout fait sans rechigner,* sans se dérober, sans discuter.

RECHUTE [ʀəʃyt] n. f. ▪ *UNE RECHUTE :* reprise d'une maladie qui semblait guérie. *À peine sorti de son angine, il a* FAIT UNE RECHUTE. *La rechute a été dure.*

REM. On peut prononcer aussi [ʀʃyt].

RÉCIDIVE [ʀesidiv] n. f. ▪ *UNE RÉCIDIVE :* le fait de commettre une nouvelle infraction, un nouveau délit après avoir été condamné pour la même chose. *Une récidive de votre part sera punie de prison. Il est jugé pour vol avec récidive.*

RÉCIDIVER [ʀesidive] verbe [conjugaison 1a] ▪ Recommencer à faire la même faute, à commettre le même délit. *Le malfaiteur, à peine sorti de prison, a récidivé.*

RÉCIDIVISTE [ʀesidivist] n. m., n. f. ▪ *UN RÉCIDIVISTE, UNE RÉCIDIVISTE :* une personne qui commet une nouvelle fois le même délit. *La peine sera encore plus lourde pour les récidivistes.*

RÉCIF [ʀesif] n. m. ▪ *UN RÉCIF :* rocher à peine recouvert par la mer. → **écueil.** *Le bateau s'est échoué sur des récifs.*

RECIFE [ʀesif] nom propre ▪ Ville du Brésil. *Nous sommes allés à Recife. Nous revenons de Recife.*

RÉCIPIENT [ʀesipjɑ̃] n. m. ▪ *UN RÉCIPIENT :* objet creux qui sert à contenir des matières solides, liquides ou gazeuses. *Un verre, un bocal, un vase, une bouteille, un cendrier, un saladier, une casserole sont des récipients. Dans quel récipient pourrais-je mettre la mayonnaise ?*

RÉCIPROCITÉ [ʀesipʀɔsite] n. f. ▪ *LA RÉCIPROCITÉ :* caractère de ce qui est réciproque. *Je l'aime mais je ne suis pas sûr de la réciprocité de ce sentiment.*

RÉCIPROQUE [ʀesipʀɔk] adj. et n. f.
I. adjectif (après le nom) **1.** Qui implique un échange équivalent entre deux personnes ou entre deux groupes. *Ils se font une confiance réciproque :* ils se font confiance l'un à l'autre. → **mutuel.** **2.** *Un VERBE PRONOMINAL RÉCIPROQUE :* verbe pronominal qui indique qu'une action est exercée par plusieurs sujets les uns sur les autres. *Dans la phrase «ils se sont battus et ils se sont dit des choses désagréables», les verbes «se battre» et «se dire» sont des verbes pronominaux réciproques.*
II. *LA RÉCIPROQUE :* l'action inverse. → **inverse.** *Il aide toujours sa sœur, mais la réciproque n'est pas vraie,* sa sœur ne l'aide pas toujours. *J'ai confiance en lui, et la réciproque est vraie,* lui aussi a confiance en moi.

RÉCIPROQUEMENT [ʀesipʀɔkmɑ̃] adverbe ▪ De manière réciproque. *Ils s'aident réciproquement :* ils s'aident l'un l'autre. → **mutuellement.** *Il la déteste,* ET RÉCIPROQUEMENT, et elle le déteste aussi. → **vice versa.**

RÉCIT [ʀesi] n. m. ▪ *UN RÉCIT :* histoire que l'on raconte, oralement ou par écrit. *C'est un récit passionnant. Il nous a* FAIT LE RÉCIT DE *toutes ses aventures.*

> FAUX AMI
> suédois **recit** «conclusions»

RÉCITAL [ʀesital] n. m. ▪ *UN RÉCITAL :* spectacle musical au cours duquel se produit un artiste seul. *Le pianiste a* DONNÉ UN RÉCITAL. *Nous avons assisté à un récital d'orgue. Ce chanteur donne de nombreux récitals.*

RÉCITATION [ʀesitasjɔ̃] n. f. ▪ *UNE RÉCITATION :* texte littéraire, poème que des élèves doivent apprendre par cœur et réciter. *Est-ce que tu sais bien ta récitation ?*

RÉCITER [ʀesite] verbe [conjugaison 1a] ▪ Dire à haute voix (ce que l'on a appris). *Le petit garçon a récité un poème à la fin du repas.* → **dire.**

> FAUX AMI
> italien **recitare** «jouer (comédien)»

RÉCLAMATION [ʀeklamasjɔ̃] n. f. ▪ *UNE RÉCLAMATION :* demande insistante pour faire reconnaître ses droits. *Elle a déposé une réclamation auprès de la direction du magasin.* → **plainte.** *J'ai écrit une lettre de réclamation.* → **revendication.** *Adressez-vous au bureau des réclamations.*

RÉCLAME [ʀeklam] n. f. ▪ *EN RÉCLAME :* vendu à prix réduit. *Ces shampoings sont en réclame.* → **promotion.**

REM. Autrefois, on disait *la réclame* pour *la publicité.*

RÉCLAMER [ʀeklame] verbe [conjugaison 1a] **1.** Demander (qqch.) en insistant. *Le malade* RÉCLAME *son médicament. Le chat réclame son repas. – Le professeur réclame le silence. Il* RÉCLAME QUE *vous veniez. Elle réclame une indemnité de licenciement à son patron.* → **exiger.** – *Le bébé réclame sa mère,* il demande la présence de sa mère. **2.** STYLE RECHERCHÉ (qqch.) Avoir besoin de. → **nécessiter.** *Ce travail réclame beaucoup de soin et d'attention.* → **demander, exiger.** **3.** Faire une réclamation. *Si vous ne me remboursez pas, je vais réclamer auprès de la direction.* → se **plaindre, protester.**

> FAUX AMI
> polonais **reklamować** «faire de la publicité»

RECLASSER [ʀəklase] verbe [conjugaison 1a] ▪ Classer de nouveau. *Toutes mes fiches sont tombées, je vais les reclasser.*

REM. On peut prononcer aussi [ʀklase].

RÉCLUSION [ʀeklyzjɔ̃] n. f. ▪ *LA RÉCLUSION :* privation de liberté. → **détention, emprisonnement.** *Il a été condamné à dix ans de réclusion criminelle. C'est une lourde réclusion.*

RECOIFFER [ʀəkwafe] verbe [conjugaison 1a] **1.** Coiffer de nouveau. *Elle était complètement décoiffée et le coiffeur l'a recoiffée.* **2.** verbe pronominal SE RECOIFFER : se coiffer de nouveau. *Elle s'est recoiffée avant de sortir.*

REM. On peut prononcer aussi [ʀkwafe].

RECOIN [ʀəkwɛ̃] n. m. ▪ *UN RECOIN :* coin caché. *Les enfants ont fouillé dans tous les recoins du grenier, en espérant trouver un trésor.*

REM. On peut prononcer aussi [ʀkwɛ̃].

reçois [ʀəswa] *Je reçois, tu reçois :* forme au présent du verbe **recevoir.**

RECOLLER [Rəkɔle] verbe [conjugaison 1a] **1.** Coller de nouveau (ce qui décollé). *Recolle l'étiquette qui s'est décollée.* **2.** Réparer en collant. *Il faut recoller le vase cassé. On doit pouvoir recoller les morceaux.*

REM. On peut prononcer aussi [Rkɔle].

RÉCOLTANT [Rekɔltɑ̃] adj. et n. m., **RÉCOLTANTE** [Rekɔltɑ̃t] adj. et n. f. **1.** adjectif (après le nom) (qqn) Qui fait lui-même la récolte. *Il est viticulteur récoltant.* **2.** *UN RÉCOLTANT, UNE RÉCOLTANTE :* une personne qui fait elle-même la récolte. *Tous les récoltants de la région se sont retrouvés à la coopérative.*

RÉCOLTE [Rekɔlt] n. f. **1.** *LA RÉCOLTE :* action de ramasser ou de cueillir (les produits de la terre). *C'est la saison des récoltes* (→ **fenaison, moisson, vendange**). *On laboure après les récoltes. Le fermier va FAIRE LA RÉCOLTE des pommes de terre.* **2.** *UNE RÉCOLTE :* ensemble des produits recueillis. *La récolte est trop abondante et les prix vont baisser. Nous avons eu une bonne récolte de miel, cette année.*

RÉCOLTER [Rekɔlte] verbe [conjugaison 1a] **1.** Ramasser et cueillir (les légumes, les fruits, les céréales), faire leur récolte. *On récolte les betteraves en automne.* **2.** Recueillir. *Le journaliste a pu récolter des renseignements en interrogeant les gens dans la rue.* → **obtenir.** - *Avec tout ça, je n'ai récolté que des ennuis !*

RECOMMANDABLE [Rəkɔmɑ̃dabl] adj. (après le nom) ▪ (qqn) Que l'on peut fréquenter. *C'est une personne tout à fait recommandable. Son frère est un individu PEU RECOMMANDABLE.*

REM. On peut prononcer aussi [Rkɔmɑ̃dabl].

RECOMMANDATION [Rəkɔmɑ̃dasjɔ̃] n. f. **1.** *LA RECOMMANDATION :* action de recommander (qqn). *Son ancien patron lui a fait une LETTRE DE RECOMMANDATION. Il a été engagé par recommandation.* → STYLE FAMILIER ② **piston.** **2.** *UNE RECOMMANDATION :* conseil que l'on donne avec insistance. → **avis.** *Sa mère lui FAIT DES RECOMMANDATIONS avant son départ.*

REM. On peut prononcer aussi [Rkɔmɑ̃dasjɔ̃].

RECOMMANDÉ [Rəkɔmɑ̃de], **RECOMMANDÉE** [Rəkɔmɑ̃de] adj. (après le nom) ▪ *Une LETTRE RECOMMANDÉE :* lettre pour laquelle on paye une taxe directement afin qu'elle soit remise à son destinataire. *Elle envoie son congé à son propriétaire par lettre recommandée avec accusé de réception.*

RECOMMANDER [Rəkɔmɑ̃de] verbe [conjugaison 1a] **1.** *RECOMMANDER (qqch.) À qqn,* lui demander avec insistance de faire (qqch.). → ② **conseiller.** *Le médecin recommande le repos au malade.* → **préconiser.** *Je te RECOMMANDE DE faire attention.* ⟨contraire : déconseiller⟩ - *Il est recommandé de conserver sa ceinture de sécurité pendant le vol.* - STYLE FAMILIER *Ce n'est pas très recommandé de faire ça,* c'est déconseillé parce que ce n'est pas bien. *Fais-le si tu veux, mais ce n'est vraiment pas recommandé !* **2.** Vanter les mérites, les avantages de (qqch.). *Nous vous recommandons cet hôtel.* → ② **conseiller.** *Les dentistes recommandent ce dentifrice.* **3.** Intervenir en faveur de (qqn) auprès de qqn. *On l'a chaudement recommandé auprès du ministre.* → **appuyer ;** STYLE FAMILIER **pistonner.**

REM. On peut prononcer aussi [Rkɔmɑ̃de].

RECOMMENCEMENT [Rəkɔmɑ̃smɑ̃] n. m. ▪ *LE RECOMMENCEMENT :* action de recommencer. *On craint le recommencement des combats.* → **reprise.** *On dit que l'histoire est un éternel recommencement,* que les événements sont semblables au cours des siècles.

REM. On peut prononcer aussi [Rkɔmɑ̃smɑ̃].

RECOMMENCER [Rəkɔmɑ̃se] verbe [conjugaison 3a] **1.** Faire à nouveau depuis le début (ce qu'on a déjà fait). *Recommence ton dessin, il est trop sale.* → **refaire.** *Tout est à recommencer !* il faut tout refaire, ce qu'on a fait ne sert à rien ! - *Si c'était à recommencer, je m'y prendrais autrement. Si tu recommences, tu vas avoir une gifle !* - STYLE FAMILIER *On prend les mêmes ET ON RECOMMENCE !* rien ne change ! **2.** Commencer de nouveau (ce qu'on avait laissé). *Comme vous ne nous avez pas écoutés, nous recommençons notre histoire depuis le début.* → **reprendre.** *Elle a RECOMMENCÉ À pleurer :* elle s'est remise à pleurer. - *Il recommence à pleuvoir.* **3.** Se produire de nouveau. *Les cours recommencent en septembre.* → **reprendre.** *La pluie recommence de plus belle.* → **redoubler.** *La même panne a recommencé.* → se **renouveler.**

REM. On peut prononcer aussi [Rkɔmɑ̃se].

RÉCOMPENSE [Rekɔ̃pɑ̃s] n. f. ▪ *UNE RÉCOMPENSE :* cadeau donné à qqn parce qu'il a fait qqch. de bien. ⟨contraire : punition⟩ *Tu mérites une récompense.* - *Je donnerai mille francs de récompense à qui retrouvera mon chien.* → **gratification, prime.** *Qu'est-ce que tu as eu EN RÉCOMPENSE ? Il a eu une médaille en récompense des services rendus. Voilà POUR VOTRE RÉCOMPENSE,* comme cadeau pour le service rendu.

RÉCOMPENSER [Rekɔ̃pɑ̃se] verbe [conjugaison 1a] ▪ Donner une récompense à (qqn). *Il a eu une médaille pour le récompenser de son courage.* ⟨contraire : punir⟩ *On l'a récompensé pour tous les services qu'il a rendus.* - *Il EST RÉCOMPENSÉ DE ses efforts :* ses efforts lui ont valu une récompense. *Je suis bien mal récompensé de tout ce que j'ai fait pour eux.*

RECOMPOSER [Rəkɔ̃poze] verbe [conjugaison 1a] ▪ Composer à nouveau (un numéro de téléphone). *Veuillez recomposer votre numéro.* → **refaire.**

REM. On peut prononcer aussi [Rkɔ̃poze].

RÉCONCILIATION [Rekɔ̃siljasjɔ̃] n. f. ▪ *UNE RÉCONCILIATION :* le fait de se réconcilier. *Leurs querelles finissent toujours par une réconciliation.* ⟨contraire : rupture⟩

RÉCONCILIER [Rekɔ̃silje] verbe [conjugaison 7a] **1.** Remettre en accord (des personnes qui étaient fâchées). *Que peut-on faire pour réconcilier ces deux amis ?* **2.** *RÉCONCILIER qqn AVEC qqch.,* le rendre plus favorable à qqch. *J'espère que cette bonne nouvelle le réconciliera* [Rekɔ̃siliRa] *avec la vie.* **3.** verbe pronominal SE RÉCONCILIER : avoir de nouveau de bonnes relations après une brouille. *Elle s'est réconciliée avec son mari. Les deux amis se sont réconciliés.* → STYLE FAMILIER se **rabibocher,** se **raccommoder.** ⟨contraires : se brouiller, se fâcher⟩ *Il faut absolument que vous vous réconciliiez.* - *Je suis réconcilié avec les voyages,* je les aime à nouveau.

RECONDUIRE [Rəkɔ̃dɥiR] verbe [conjugaison 38b] **1.** Accompagner (qqn qui s'en va). → **raccompagner.** *Il faut que je reconduise ces enfants chez leurs parents.* → **ramener.** *On a reconduit les immigrés clandestins à la frontière. Nous reconduisons nos invités jusqu'à la porte. Mon mari vous reconduira chez vous après dîner. Je prendrai de l'essence en vous reconduisant.* **2.** Prolonger. *La grève est reconduite jusqu'à mardi prochain.*

REM. On peut prononcer aussi [Rkɔ̃dɥiR].

reconduit [Rəkɔ̃dɥi], **reconduite** [Rəkɔ̃dɥit] *Il a reconduit son invitée ; l'invitée qu'il a reconduite :* formes du participe passé du verbe **reconduire.**

RÉCONFORT [Rekɔ̃fɔR] n. m. ▪ *UN RÉCONFORT :* ce qui redonne des forces, du courage. *Vous voir est un réconfort pour moi. Vos témoignages de sympathie m'ont apporté un grand réconfort.* → **consolation, soutien.** *J'ai besoin de réconfort.*

RÉCONFORTANT [Rekɔ̃fɔRtɑ̃], **RÉCONFORTANTE** [Rekɔ̃fɔRtɑ̃t] adj. (après le nom) ▪ Qui redonne du courage, de l'énergie, qui réconforte. *Il nous a dit des paroles réconfortantes. C'est réconfortant de savoir que tu vas bien.*

RÉCONFORTER [Rekɔ̃fɔRte] verbe [conjugaison 1a] **1.** Redonner du courage, de l'énergie à (qqn). *Tes paroles m'ont réconforté.* → **soutenir.** **2.** Redonner des forces à (qqn). → **remonter, revigorer.** *Une tasse de café vous réconfortera.*

reconnais [Rəkɔnɛ] *Je reconnais, tu reconnais :* forme au présent du verbe **reconnaître.**

REM. On peut prononcer aussi [Rkɔnɛ].

RECONNAISSABLE [Rəkɔnɛsabl] adj. (après le nom) ▪ Qui peut être facilement reconnu. *Les rossignols sont RECONNAISSABLES À leur chant :* on reconnaît les rossignols grâce à leur chant. *Les roses ont un parfum très reconnaissable. Il est à peine reconnaissable avec sa perruque !* ⟨contraire : méconnaissable⟩

REM. On peut prononcer aussi [Rkɔnɛsabl].

RECONNAISSANCE [Rəkɔnɛsɑ̃s] n. f.

I. *LA RECONNAISSANCE* **1.** *Un SIGNE DE RECONNAISSANCE :* qqch. qui permet à des personnes qui ne se connaissent pas ou qui ne se sont pas vues depuis longtemps de se reconnaître. *Retrouvons-nous au café, j'aurai un foulard bleu comme signe de reconnaissance.* **2.** Examen d'un lieu. *Des soldats sont partis EN RECONNAISSANCE,* ils sont partis avant les autres pour bien examiner les lieux. – *Nous avons fait une reconnaissance.*

II. *LA RECONNAISSANCE :* sentiment que l'on éprouve envers qqn qui a fait qqch. de gentil et de généreux pour soi. → **gratitude.** *Elle éprouve de la reconnaissance envers ses grands-parents qui l'ont élevée.* ⟨contraire : ingratitude⟩ *Je ne sais comment vous témoigner ma reconnaissance.*

REM. On peut prononcer aussi [Rkɔnɛsɑ̃s].

RECONNAISSANT [Rəkɔnɛsɑ̃], **RECONNAISSANTE** [Rəkɔnɛsɑ̃t] adj. (après le nom) ▪ Qui reconnaît ce qu'on fait pour lui, qui éprouve de la reconnaissance, de la gratitude. → **reconnaissance** (II.). ⟨contraire : ingrat⟩ *Je vous suis très reconnaissante de m'avoir aidée. Je vous suis infiniment reconnaissant.* – (formule de politesse) *Je vous serais reconnaissant de bien vouloir me répondre dans les plus brefs délais.* → **obligé.**

REM. On peut prononcer aussi [Rkɔnɛsɑ̃], [Rkɔnɛsɑ̃t].

reconnaisse [Rəkɔnɛs] *Que je reconnaisse ; qu'il reconnaisse, qu'elle reconnaisse :* forme au subjonctif du verbe **reconnaître.**

REM. On peut prononcer aussi [Rkɔnɛs].

RECONNAÎTRE [RəkɔnɛtR] verbe [conjugaison 57]

I. 1. Identifier (qqn, qqch.) parce qu'on l'a déjà vu. *Je l'ai reconnu tout de suite sur le quai de la gare. Je reconnais cette chanson, je l'ai déjà entendue. Je sais que c'est lui, je le RECONNAIS À sa voix.* **2.** Admettre (qqch.). *Il faut que tu reconnaisses tes torts.* → **admettre, avouer.** *Le tribunal a reconnu l'innocence de l'accusé.* – *Il reconnaîtra sûrement s'être trompé. RECONNAIS QUE tu n'as pas fait ce qu'il fallait. Je reconnais que j'aurais dû vous prévenir,* j'en conviens. *On est obligé de lui reconnaître une certaine franchise,* de considérer qu'il est franc. **3.** Chercher à connaître. *Des éclaireurs sont partis RECONNAÎTRE LE TERRAIN,* ils sont partis l'examiner avant que les autres viennent. **4.** Admettre officiellement l'existence de. *La France a reconnu la Chine en 1964. Il a reconnu son enfant :* il a affirmé officiellement qu'il est le père de cet enfant.

II. verbe pronominal SE RECONNAÎTRE **1.** Retrouver son image. *Le bébé se reconnaît dans la glace,* il sait que c'est son image qu'il voit. *Je me reconnais dans ma fille,* je trouve une ressemblance entre elle et moi. **2.** Se considérer comme. *Il se reconnaît coupable :* il avoue qu'il est coupable. **3.** Savoir qui on est (l'un l'autre). *Malgré dix ans de séparation, les deux frères se sont reconnus tout de suite.*

REM. **1.** On peut prononcer aussi [RkɔnɛtR]. **2.** Un accent circonflexe sur le *i* devant un *t* (ex. : *il reconnaît, reconnaître*).

reconnu [Rəkɔny], **reconnue** [Rəkɔny] *Il a reconnu cette voix ; la voix qu'il a reconnue :* formes au participe passé du verbe **reconnaître.**

RECONQUÉRIR [Rəkɔ̃keRiR] verbe [conjugaison 21] ▪ Reprendre par une conquête. *Cette île fut reconquise au dix-huitième siècle. On pensait que le roi reconquerrait* [Rəkɔ̃kɛRRɛ] *cette province. Il faut que le prince déchu reconquière son royaume.* – *Il faut reconquérir les clients perdus. J'ai reconquis sa confiance.* → **regagner.**

REM. On peut prononcer aussi [Rkɔ̃keRiR].

RECONQUÊTE [Rəkɔ̃kɛt] n. f. ▪ *LA RECONQUÊTE :* action de reconquérir. *La reconquête de la région a été longue.* – *La reconquête de son mari n'est pas facile.*

REM. On peut prononcer aussi [Rkɔ̃kɛt].

reconquiers [Rəkɔ̃kjɛR] *Je reconquiers, tu reconquiers :* forme au présent du verbe **reconquérir.**

REM. On peut prononcer aussi [Rkɔ̃kjɛR].

reconquis [Rəkɔ̃ki], **reconquise** [Rəkɔ̃kiz] *Il a reconquis une île, l'île qu'il a reconquise :* formes au participe passé du verbe **reconquérir.**

REM. On peut prononcer aussi [Rkɔ̃ki], [Rkɔ̃kiz].

RECONSIDÉRER [Rəkɔ̃sideRe] verbe [conjugaison 6a] ▪ Étudier de nouveau (qqch.) pour trouver une nouvelle solution. *Le ministre reconsidère le projet. Nous reconsidérerons* [Rəkɔ̃sidɛRRɔ̃] *votre candidature.*

REM. On peut prononcer aussi [Rkɔ̃sideRe].

RECONSTITUER [Rəkɔ̃stitɥe] verbe [conjugaison 1a] **1.** Former à nouveau (qqch.). *Le général reconstituera* [Rəkɔ̃stityRa] *son armée.* **2.** Reproduire (une chose qui n'existe plus) comme elle était. *Pour tourner ce film, on a reconstitué un village gaulois.*

REM. On peut prononcer aussi [Rkɔ̃stitɥe].

RECONSTITUTION [Rəkɔ̃stitysjɔ̃] n. f. ▪ *LA RECONSTITUTION :* action de reconstituer une chose disparue. *L'architecte a procédé à la reconstitution d'un monument antique. Les policiers font la RECONSTITUTION DU CRIME,* ils font répéter sur les lieux du crime les gestes accomplis par l'accusé et par la victime pour comprendre le déroulement des faits. *Une reconstitution est nécessaire.*

REM. On peut prononcer aussi [Rkɔ̃stitysjɔ̃].

RECONSTRUCTION [Rəkɔ̃stRyksjɔ̃] n. f. ▪ *LA RECONSTRUCTION :* action de reconstruire. *Après le guerre, on a assisté à la reconstruction des villes détruites par les bombardements. Il a fallu une longue reconstruction.*

REM. On peut prononcer aussi [Rkɔ̃stRyksjɔ̃].

RECONSTRUIRE [Rəkɔ̃stRɥiR] verbe [conjugaison 38b] ▪ Construire de nouveau (ce qui est démoli). *Vous reconstruirez votre maison après le cyclone. Il faut que l'État reconstruise la région. La ville a été entièrement reconstruite après la guerre.*

REM. On peut prononcer aussi [Rkɔ̃stRɥiR].

reconstruise [Rəkɔ̃stRɥiz] *Que je reconstruise ; qu'il reconstruise, qu'elle reconstruise :* forme au subjonctif du verbe **reconstruire.**

REM. On peut prononcer aussi [Rkɔ̃stRɥiz].

reconstruit [ʀəkɔ̃stʀɥi], **reconstruite** [ʀəkɔ̃stʀɥit] *Il a reconstruit la maison ; la maison qu'il a reconstruite :* formes au participe passé du verbe **reconstruire.**

REM. On peut prononcer aussi [ʀkɔ̃stʀɥi], [ʀkɔ̃stʀɥit].

RECONVERTIR [ʀəkɔ̃vɛʀtiʀ] verbe [conjugaison 2] **1.** Transformer (une entreprise) pour fabriquer autre chose en raison du changement des conditions économiques. *On a reconverti la fabrique de tanks en usine d'automobiles.* **2.** verbe pronominal SE RECONVERTIR : (qqn) changer d'activité. → se **recycler.** *Elle s'est reconvertie dans l'informatique.*

REM. On peut prononcer aussi [ʀkɔ̃vɛʀtiʀ].

RECOPIER [ʀəkɔpje] verbe [conjugaison 7a] **.** Copier à la main (ce qui est déjà écrit). *L'élève recopiera* [ʀəkɔpiʀa] *son devoir au propre quand il l'aura fait au brouillon. Il faut que vous recopiiez toutes ces adresses dans votre agenda.*

REM. On peut prononcer aussi [ʀkɔpje].

RECORD [ʀəkɔʀ] n. m. **.** *UN RECORD* **1.** Exploit sportif qui dépasse tout ce qui a été fait avant. *C'est un record mondial ! Cet athlète a BATTU LE RECORD DU cent mètres.* **2.** Résultat supérieur à tous ceux déjà obtenus. *Cette exposition bat tous les records d'affluence :* on n'a jamais vu autant de monde à une exposition. - (ironique) *Pour les gaffes, tu bats tous les records !* **3.** (épithète) Jamais atteint. *Il a fini son travail EN UN TEMPS RECORD. La production a atteint des chiffres records.*

REM. On peut prononcer aussi [ʀkɔʀ].

RECOUCHER [ʀəkuʃe] verbe [conjugaison 1a] **1.** Coucher de nouveau (qqn qui a quitté son lit). *Il recouche son bébé après lui avoir donné le biberon.* **2.** verbe pronominal SE RECOUCHER : se remettre au lit. ⟨contraire : se relever⟩ *Recouche-toi vite ! Elle s'est levée pour boire un verre d'eau et elle s'est recouchée.*

REM. On peut prononcer aussi [ʀkuʃe].

RECOUDRE [ʀəkudʀ] verbe [conjugaison 48] **1.** Coudre (ce qui est décousu). *Je recouds l'ourlet de mon pantalon qui s'est défait. Il faut que tu recouses les boutons de ta robe. Est-ce que tu as recousu ta fermeture à glissière ?* **2.** Coudre les bords (d'une plaie). *Quand j'ai téléphoné pour savoir comment s'était passée l'opération, le chirurgien recousait l'incision. Le médecin recoud la plaie.*

REM. On peut prononcer aussi [ʀkudʀ].

RECOUPEMENT [ʀəkupmɑ̃] n. m. **.** *UN RECOUPEMENT :* rencontre de renseignements venant de sources différentes, qui permet de vérifier un fait. *En FAISANT UN RECOUPEMENT, la police a pu prouver que l'alibi du suspect était faux. J'ai compris toute l'affaire PAR RECOUPEMENTS.*

REM. On peut prononcer aussi [ʀkupmɑ̃].

RECOUPER [ʀəkupe] verbe [conjugaison 1a] **1.** Couper de nouveau. *Je vais vous recouper une tranche de gigot.* **2.** Correspondre exactement. → **coïncider.** *Votre témoignage recoupe celui du voisin.* **3.** verbe pronominal SE RECOUPER : coïncider exactement. *Les deux témoignages se recoupent. Leurs déclarations se sont recoupées.*

REM. On peut prononcer aussi [ʀkupe].

RECOURBÉ [ʀəkuʀbe], **RECOURBÉE** [ʀəkuʀbe] adj. (après le nom) **.** Courbé à l'extrémité. *L'aigle a un bec recourbé.* → **crochu.** *Les toits des pagodes sont recourbés.*

REM. On prononce aussi [ʀkuʀbe].

RECOURIR [ʀəkuʀiʀ] verbe [conjugaison 2] **.** *RECOURIR À :* avoir recours à, demander l'aide de. *Elle recourt toujours à des spécialistes. Nous recourons à des agences immobilières pour vendre notre maison. Elle recourra* [ʀəkuʀʀa] *à une autre méthode si celle-ci ne marche pas. J'ai recouru à toi immédiatement. Il faudra qu'il recoure à un moyen différent. En recourant à vous, j'ai cru que vous m'aideriez.*

REM. On prononce parfois [ʀkuʀiʀ].

recourra [ʀəkuʀʀa] *Il recourra, elle recourra :* forme au futur du verbe **recourir.**

RECOURS [ʀəkuʀ] n. m. **1.** *LE RECOURS :* le fait de recourir à. *Le recours à la force sera peut-être nécessaire.* → **emploi.** **2.** *AVOIR RECOURS À :* s'adresser à, faire appel à. *J'ai recours à vous, une nouvelle fois. Ils ont eu recours à divers moyens :* ils ont essayé divers moyens. **3.** *UN RECOURS :* dernier moyen efficace. *Ce nouveau médicament est l'ultime recours contre la maladie. Tu es mon dernier recours. Il y a des recours après les jugements.*

REM. On prononce aussi [ʀkuʀ].

recourt [ʀəkuʀ] *Il recourt, elle recourt :* forme au présent du verbe **recourir.**

recousu [ʀəkuzy], **recousue** [ʀəkuzy] *Il a recousu la plaie ; la plaie qu'il a recousue :* formes au participe passé du verbe **recoudre.**

RECOUVREMENT [ʀəkuvʀəmɑ̃] n. m. **.** *LE RECOUVREMENT :* le fait de recouvrer, de recevoir (une somme d'argent). *Le percepteur est chargé du recouvrement de l'impôt. Cette somme a été MISE EN RECOUVREMENT le quinze mai.*

RECOUVRER [ʀəkuvʀe] verbe [conjugaison 1a] **1.** STYLE RECHERCHÉ Rentrer en possession de. *Elle a recouvré la santé.* → **retrouver.** **2.** Recevoir le paiement de (une somme). *Le percepteur recouvre les impôts.* → **encaisser.**

RECOUVRIR [ʀəkuvʀiʀ] verbe [conjugaison 2] **1.** Couvrir de nouveau (ce qui était découvert). *Elle recouvre son bébé endormi dans son lit.* **2.** Mettre un nouveau revêtement à. *Le tapissier a recouvert le fauteuil avec du velours.* → **tapisser.** **3.** (qqch.) Couvrir entièrement. *La neige recouvre le sol.* **4.** Cacher, masquer. *Sa désinvolture recouvre beaucoup de timidité. - Je ne sais pas ce que cette notion recouvre exactement,* je ne sais pas à quoi elle correspond, à quoi elle s'applique.

FAUX AMI
anglais **to recover** « recouvrer la santé, se rétablir »

RECRACHER [ʀəkʀaʃe] verbe [conjugaison 1a] **.** Rejeter (ce que l'on a dans la bouche). *Elle mange des cerises et recrache les noyaux.*

REM. On prononce aussi [ʀkʀaʃe].

RÉCRÉ n. f. Forme abrégée familière de **récréation.**

RÉCRÉATION [ʀekʀeasjɔ̃] n. f. **.** *LA RÉCRÉATION :* moment de liberté pendant lequel les élèves peuvent se délasser entre les cours. *Les élèves jouent dans la COUR DE RÉCRÉATION. La classe est en récréation. Pendant la récréation, les élèves se promènent ou bavardent entre eux. - RÉCRÉ* [ʀekʀe] forme abrégée familière *Ils se sont battus à la récré. - Il y a deux récrés par jour.*

SE **RÉCRIER** [ʀekʀije] verbe pronominal [conjugaison 7b] **.** STYLE RECHERCHÉ S'exclamer sous l'effet d'une vive émotion. *À ces mots, ils se sont récriés.* → **protester.** *Elle se récrierait* [ʀekʀiʀɛ] *si tu disais ça.* → s'**indigner.**

RÉCRIMINATION [ʀekʀiminasjɔ̃] n. f. **.** *UNE RÉCRIMINATION :* le fait de récriminer. *Ses récriminations continuelles agacent ses amis.* → **plainte, protestation.**

REM. Ce mot s'emploie surtout au pluriel.

RÉCRIMINER [ʀekʀimine] verbe [conjugaison 1a] **.** Manifester son mécontentement avec amertume et violence. *Elle récrimine* *sans cesse.* → se **plaindre.** *Arrête de* RÉCRIMINER CONTRE *tout le monde.*

RÉCRIRE [ʀekʀiʀ] verbe [conjugaison 39] **1.** Écrire une seconde fois, à nouveau (un message). *La lettre s'est peut-être perdue, je vais la récrire. Récris-lui. Je te récrirai demain. Elle m'a récrit.* **2.** *RÉCRIRE L'HISTOIRE* : raconter un événement à sa façon, sans tenir compte de la réalité. *On ne peut pas récrire l'histoire !*

REM. *Réécrire* signifie «écrire mieux en corrigeant».

récrit [ʀekʀi], **récrite** [ʀekʀit] *Il a récrit sa lettre ; la lettre qu'il a récrite* : formes au participe passé du verbe **récrire.**

SE **RECROQUEVILLER** [ʀəkʀɔkvije] verbe pronominal [conjugaison 1a] ▪ Se replier sur soi-même. *Je me recroqueville sous les couvertures pour avoir moins froid. La plante s'est recroquevillée à la chaleur.*

RECRUDESCENCE [ʀəkʀydesɑ̃s] n. f. ▪ *LA RECRUDESCENCE* : nouvelle augmentation plus grave, après une amélioration. *On constate une recrudescence de l'épidémie.* → **progression.** ⟨contraire : accalmie⟩ *La police est impuissante face à la recrudescence des vols,* l'augmentation du nombre des vols. ⟨contraire : diminution⟩

RECRUE [ʀəkʀy] n. f. ▪ *UNE RECRUE* : soldat qui vient d'être recruté. *Les nouvelles recrues s'installent à la caserne.* → **conscrit.**

RECRUTEMENT [ʀəkʀytmɑ̃] n. m. ▪ *LE RECRUTEMENT* : le fait de recruter (des soldats), d'engager (du personnel). → **embauche.** *Les candidats doivent se présenter au bureau de recrutement. Il travaille dans un cabinet de recrutement,* chargé d'engager du personnel de haut niveau.

RECRUTER [ʀəkʀyte] verbe [conjugaison 1a] **1.** Engager (des soldats, des collaborateurs). *L'armée recrute des soldats.* → **enrôler.** *Cette entreprise recrute du personnel.* → **embaucher.** ⟨contraire : licencier⟩ **2.** verbe pronominal SE RECRUTER : être engagé. *Les généraux se recrutent parmi les officiers. - Les lecteurs de ce journal* SE RECRUTENT DANS *les classes moyennes,* proviennent des classes moyennes.

RECTA [ʀɛkta] adverbe ▪ STYLE RECHERCHÉ Très exactement. *Il a payé recta ce qu'il devait.*

RECTAL [ʀɛktal], **RECTALE** [ʀɛktal] adj. (après le nom) ▪ Du rectum. *Le malade prend sa température rectale.* MASCULIN PLURIEL : *RECTAUX* [ʀɛkto]. *Les suppositoires se prennent par* VOIE RECTALE.

RECTANGLE [ʀɛktɑ̃gl] n. m. et adj. **1.** *UN RECTANGLE* : figure géométrique qui a quatre angles droits et dont les côtés sont égaux deux à deux. *Le stade a la forme d'un rectangle.* **2.** adjectif (après le nom) Dont un angle est droit. *Dessinez un TRIANGLE RECTANGLE.*

RECTANGULAIRE [ʀɛktɑ̃gylɛʀ] adj. (après le nom) ▪ Qui a la forme d'un rectangle. *Le salon est une pièce rectangulaire.*

RECTEUR [ʀɛktœʀ] n. m. ▪ *LE RECTEUR* : universitaire qui est à la tête d'une académie. *Le recteur administre une université. Il est recteur de l'académie de Lille. Madame le Recteur a envoyé une circulaire à tous les enseignants de l'académie.*

REM. On dit *le recteur* même en parlant d'une femme, mais le féminin *rectrice* conviendrait.

RECTIFICATIF [ʀɛktifikatif] adj. et n. m., **RECTIFICATIVE** [ʀɛktifikativ] adj. **1.** adjectif (après le nom) Qui rectifie (une chose inexacte). *Le journal a fait une note rectificative pour corriger une erreur dans un article.* **2.** *UN RECTIFICATIF* : note rectificative. *Il y a eu un rectificatif dans le journal du lendemain.*

RECTIFICATION [ʀɛktifikasjɔ̃] n. f. ▪ *UNE RECTIFICATION* : correction. *La rectification de l'erreur sera faite dès que possible. Je voudrais apporter de petites rectifications à ce que tu viens de dire.*

RECTIFIER [ʀɛktifje] verbe [conjugaison 7a] **1.** Rendre exact, corriger. *Nous rectifierons* [ʀɛktifiʀɔ̃] *cette erreur dans la prochaine édition de l'ouvrage.* **2.** Rendre conforme. *Le gouvernement a* RECTIFIÉ LE TIR *en matière de hausse des salaires,* il a modifié sa position pour mieux l'adapter à la réalité.

REM. Deux *i* à la 1re et à la 2e personne du pluriel de l'imparfait (ex. : *nous rectifiions*) et du subjonctif (ex. : *vous rectifiiez*).

RECTILIGNE [ʀɛktiliɲ] adj. (après le nom) ▪ En ligne droite. *La lumière se propage suivant un mouvement rectiligne. Une allée rectiligne traverse le parc.* ⟨contraire : sinueux⟩

RECTO [ʀɛkto] n. m. ▪ *LE RECTO* : première page d'une feuille de papier (opposé à verso). *Le début du texte commence au recto. Il numérote les rectos. - La feuille est imprimée* RECTO VERSO, des deux côtés.

RECTUM [ʀɛktɔm] n. m. ▪ *LE RECTUM* : dernière partie de l'intestin, qui aboutit à l'anus. *Il prend sa température dans le rectum.*

reçu [ʀəsy], **reçue** [ʀəsy] *Il a reçu une lettre ; la lettre qu'il a reçue* : formes au participe passé du verbe **recevoir.**

REM. On prononce aussi [ʀsy].

REÇU [ʀəsy] n. m. ▪ *UN REÇU* : écrit par lequel on reconnaît avoir reçu (une somme d'argent, un objet). *Le facteur m'a apporté un colis et m'a fait signer un reçu.* → **récépissé.**

REM. On peut aussi prononcer [ʀsy].

RECUEIL [ʀəkœj] n. m. ▪ *UN RECUEIL* : ouvrage qui réunit un ensemble de textes. *Elle lit un recueil de contes.*

REM. On peut aussi prononcer [ʀkœj].

recueille [ʀəkœj] *Je recueille ; il recueille, elle recueille* : forme au présent du verbe **recueillir.**

RECUEILLEMENT [ʀəkœjmɑ̃] n. m. ▪ *LE RECUEILLEMENT* : état d'une personne qui s'isole du monde extérieur pour méditer ou prier. *Il écoute de la musique avec recueillement.* ⟨contraire : distraction⟩

RECUEILLIR [ʀəkœjiʀ] verbe [conjugaison 12]

I. 1. Prendre en cueillant, en ramassant pour utiliser plus tard. *Les abeilles recueillent le pollen des fleurs.* → **récolter.** **2.** Retirer (un avantage). *L'an prochain, il recueillera le fruit de son travail.* **3.** Faire entrer et séjourner dans un récipient. *La gouttière recueille l'eau de pluie.* **4.** Rassembler, réunir (des choses dispersées). *Cette organisation charitable recueille de nombreux dons. Les scouts ont recueilli beaucoup d'argent en faisant leur collecte.* **5.** Recevoir pour conserver (une information). *Le journaliste a recueilli de nombreux témoignages.* → **enregistrer.** **6.** Recevoir par héritage, obtenir. *Les enfants recueilleront un jour tous les biens de leur parents.* → **hériter.** *Le candidat de l'opposition a recueilli très peu de voix.* **7.** Accueillir chez soi (une personne dans le malheur, un animal abandonné). *Ils ont recueilli leur nièce à la mort de ses parents. Elle recueille tous les chats errants du quartier.*

II. verbe pronominal SE RECUEILLIR : se concentrer, s'isoler en soi-même pour réfléchir, pour prier. *Les enfants se sont recueillis un moment sur la tombe de leur grand-père.*

RECUL [ʀəkyl] n. m. ▪ *LE RECUL* **1.** Action de reculer ; mouvement ou pas en arrière. *Il a eu un mouvement de recul en voyant le serpent,* il a reculé. *Quand une voiture va en marche arrière, ses phares de recul sont allumés,* les phares qui signalent que la voiture recule. **2.** Régression. → **diminution.** *On enregistre un léger recul du chômage ces trois derniers mois.* ⟨contraire : progression⟩ **3.** Position éloignée permettant une meilleure vision, une meilleure appréciation. *Elle PREND DU RECUL pour prendre la photo,* elle s'éloigne. - *Vous devriez prendre du recul par rapport à la situation,* vous devriez vous en détacher pour en avoir une idée plus juste. *Nous manquons de recul pour apprécier la réalité actuelle.* → **distance.**

REM. On peut aussi prononcer [Rkyl].

RECULÉ [Rəkyle], **RECULÉE** [Rəkyle] adj. (après le nom) **1.** Lointain et difficile d'accès. *Le village est dans une région reculée.* → **isolé.** **2.** Éloigné dans le temps. *C'était à une époque très reculée.* → **ancien.** ⟨contraire : récent⟩

RECULER [Rəkyle] verbe [conjugaison 1a]
I. **1.** Aller en arrière. *Il recule d'un pas. La voiture a reculé pour se garer,* elle a fait marche arrière. ⟨contraire : avancer⟩ **2.** (qqch.) Perdre du terrain. *Le chômage a reculé le mois dernier.* → **diminuer, régresser.** ⟨contraire : progresser⟩ **3.** Se dérober devant une difficulté. *Maintenant, il est trop tard pour reculer.* → **renoncer ;** STYLE FAMILIER se **dégonfler, flancher.** *Il ne RECULE DEVANT RIEN,* il n'hésite devant rien, il n'a peur de rien.
II. *RECULER QQCH.* **1.** Mettre plus loin en arrière. *Recule un peu ta chaise.* → **éloigner.** ⟨contraires : approcher, avancer⟩ **2.** Reporter à plus tard. *Elle a reculé la date de son départ.* → **différer, retarder.** ⟨contraire : avancer⟩ **3.** verbe pronominal SE RECULER : aller en arrière. *Ils se sont reculés pour mieux voir. Recule-toi un peu.*

REM. On peut aussi prononcer [Rkyle].

À **RECULONS** [aRəkylɔ̃] adverbe ▪ En reculant, en allant en arrière. *Il marche à reculons.* - *Il est allé à cette réunion à reculons,* à contrecœur, sans en avoir envie.

REM. On prononce aussi [aRkylɔ̃].

SE **RECULOTTER** [Rəkylɔte] verbe pronominal [conjugaison 1a] ▪ Remettre son pantalon, sa culotte. *Elle s'est reculottée en vitesse.*

RÉCUPÉRATION [RekypeRasjɔ̃] n. f. ▪ *LA RÉCUPÉRATION :* le fait de récupérer. *Cette poubelle est destinée à la récupération du verre usagé. Comme vous avez travaillé samedi, vous avez droit à une journée de récupération,* à une journée de congé. - *RÉCUP* [Rekyp] forme abrégée familière *Il a une journée de récup.*

RÉCUPÉRER [RekypeRe] verbe [conjugaison 6a] **1.** Retrouver (une chose que l'on avait perdue ou prêtée). *J'ai récupéré le livre que j'avais prêté à un ami.* - STYLE FAMILIER *Demain, je récupérerai* [RekypɛRRɛ] *ma fille à la sortie de l'école,* j'irai la chercher. **2.** Recouvrer. *Le malade RÉCUPÈRE SES FORCES,* il les retrouve. - *Il n'a pas encore complètement récupéré.* **3.** Recueillir, rassembler (des choses qui seraient perdues ou inutilisées). *Dans cette poubelle, on récupère le papier et le carton. Le garagiste récupère des pièces sur de vieilles voitures.* **4.** Effectuer des heures, des journées de travail pour remplacer celles que l'on n'a pas faites. *Comme elle doit partir plus tôt ce soir, elle récupérera demain à l'heure du déjeuner.* **5.** (action, mouvement politique) *ÊTRE RÉCUPÉRÉ :* être détourné de son orientation initiale pour être utilisé par d'autres. *Le mouvement a été récupéré par ses adversaires.*

RÉCURER [RekyRe] verbe [conjugaison 1a] **1.** Nettoyer en frottant. *Demain, la femme de ménage récurera* [RekyRRa] *le lavabo.* **2.** STYLE FAMILIER verbe pronominal SE RÉCURER : se nettoyer. *Elle s'est récuré les ongles.*

reçut [Rəsy] *Il reçut, elle reçut :* forme au passé simple du verbe **recevoir.**

RECYCLAGE [Rəsiklaʒ] n. m. ▪ *UN RECYCLAGE* **1.** Formation qu'une personne suit pour acquérir de nouvelles connaissances ou s'adapter à un nouveau travail. *Il suit des cours de recyclage en informatique.* **2.** Nouveau traitement fait (à qqch.). *La commune a organisé le recyclage du verre, du carton et du plastique.*

RECYCLÉ [Rəsikle], **RECYCLÉE** [Rəsikle] adj. (après le nom) ▪ (matière) Qui a subi un recyclage. *Elle écrit sur du papier recyclé.*

RECYCLER [Rəsikle] verbe [conjugaison 1a] **1.** Effectuer le recyclage de (qqn). *Ce stage est fait pour recycler les enseignants.* → **former.** **2.** Faire subir à (une matière) un traitement pour pouvoir l'utiliser à nouveau. *On recycle les eaux usées.* **3.** verbe pronominal SE RECYCLER : (qqn) suivre une formation pour acquérir de nouvelles connaissances ou s'adapter à un nouveau travail. *Les salariés de cette entreprise se recyclent* [səRsikl] *régulièrement.* - *Elle s'est recyclée dans la publicité,* elle a changé d'activité. → se **reconvertir.**

RÉDACTEUR [RedaktœR] n. m., **RÉDACTRICE** [RedaktRis] n. f. ▪ *UN RÉDACTEUR, UNE RÉDACTRICE :* une personne dont le métier est de rédiger des textes. *Elle est rédactrice dans la publicité. Il est rédacteur politique dans un quotidien.* → **journaliste.** *Le RÉDACTEUR EN CHEF du journal a convoqué tous les journalistes,* le chef des rédacteurs, des journalistes.

RÉDACTION [Redaksjɔ̃] n. f.
I. *LA RÉDACTION* **1.** Manière de rédiger un texte. *La rédaction de ce contrat a été délicate.* **2.** Ensemble des rédacteurs. *La rédaction du journal n'est pas d'accord avec la direction.* - *Les lecteurs peuvent venir à la rédaction,* au bureau des rédacteurs.
II. *UNE RÉDACTION :* exercice scolaire qui consiste à écrire sur un sujet. → **dissertation.** *Le professeur donne aux élèves le sujet de leur prochaine rédaction.*

RÉDACTRICE n., féminin de **rédacteur**

REDDITION [Redisjɔ̃] n. f. ▪ *LA REDDITION :* le fait de se rendre, de reconnaître que l'on est vaincu. *La reddition des rebelles a mis fin au conflit.* → **capitulation.**

REDEMANDER [Rədmɑ̃de] verbe [conjugaison 1a] **1.** Demander de nouveau ou davantage. *Elle a redemandé une tranche de rôti. Je redemanderai à mon père ce qu'il en pense. Redemande-lui s'il a terminé.* - *Ça ne lui suffit pas, elle en redemande !* **2.** Demander (ce que l'on a prêté ou laissé). *Il a fallu que je lui redemande le livre qu'il m'avait emprunté.* → **réclamer.**

REM. On peut aussi prononcer [Rədəmɑ̃de] ou [Rdəmɑ̃de].

REDÉMARRER [Rədemare] verbe [conjugaison 1a] **1.** (véhicule, conducteur) Repartir après s'être arrêté. *La voiture cale, puis redémarre. La jeune conductrice n'arrive pas à redémarrer.* **2.** (activité) Reprendre de la vigueur, de l'impulsion. *Espérons que l'économie redémarrera* [RədemaRRa] *peu à peu.* ⟨contraire : stagner⟩

REM. On prononce aussi [RdemaRe].

REDESCENDRE [Rədesɑ̃dR] verbe [conjugaison 41a]
I. (avec l'auxiliaire *être*) Descendre de nouveau ; descendre après être monté. *Je redescends tout de suite. J'attends en bas qu'elle redescende. Nous avons fait la montée en voiture et nous sommes redescendus à pied. Le baromètre redescend.* ⟨contraire : remonter⟩
II. (avec l'auxiliaire *avoir*) **1.** Mettre à nouveau en bas (ce qui était en haut). *Il a redescendu les valises qui étaient au grenier.* **2.** Descendre après avoir monté. *Il est tombé en redescendant l'escalier. Il a redescendu l'escalier en courant.*

REM. On peut aussi prononcer [Rdɛsɑ̃dR].

redescendu [Rədesɑ̃dy], **redescendue** [Rədesɑ̃dy] *Il a redescendu la valise ; la valise qu'il a redescendue :* formes au participe passé du verbe **redescendre.**

REDEVABLE [Rədəvabl] adj. (après le nom) ▪ *ÊTRE REDEVABLE DE QQCH. À QQN,* le lui devoir. *Les contribuables sont redevables de l'impôt,* ils doivent payer un impôt. – *Il leur est redevable de sa réussite :* il a réussi grâce à eux. *Elle ne veut être redevable de rien à personne.*

REM. On peut aussi prononcer [Rdəvabl] ou [Rədvabl].

REDEVANCE [Rədəvɑ̃s] n. f.▪ *UNE REDEVANCE :* taxe que l'on doit payer régulièrement en échange d'un service public. *En France, on paie chaque année une redevance pour la télévision.*

REM. On prononce aussi [Rdəvɑ̃s] ou [Rədvɑ̃s].

REDEVENIR [Rədəvəniʀ] verbe [conjugaison 22]▪ Devenir à nouveau, recommencer à être (ce que l'on était). *Depuis son accident, il n'est jamais redevenu comme il était. En été, les jours redeviennent plus longs. Le temps redeviendra beau la semaine prochaine.*

REM. On prononce aussi [Rədvəniʀ], [Rdəvəniʀ], [Rədəvniʀ] ou [Rdəvniʀ].

REDIFFUSER [Rədifyze] verbe [conjugaison 1a]▪ Diffuser à nouveau, passer une nouvelle fois (un film, une émission). *Le film a été rediffusé dans la nuit.*

REM. On prononce aussi [Rdifyze].

RÉDIGER [Rediʒe] verbe [conjugaison 3b]▪ Écrire (un texte). *Le journaliste rédige un article pour son journal* **(→ rédacteur, rédaction).** *Rédigeons ce contrat comme il faut. Le médecin a rédigé son ordonnance.*

REDINGOTE [Rədɛ̃gɔt] n. f.▪ *UNE REDINGOTE :* veste très longue et fendue dans le dos, que portaient les hommes autrefois. *Napoléon portait une redingote.*

REM. Ce mot vient de l'anglais *riding-coat* «vêtement pour monter à cheval».

REDIRE [Rədiʀ] verbe [conjugaison 37a] **1.** Dire plusieurs fois. *Je le dis et je le redis.* → **répéter.** *Elle redit toujours la même chose.* → **rabâcher.** *Redites-moi quand vous partez, j'ai oublié.* **2.** Dire (ce qu'un autre a déjà dit). *Redites-le après moi. Ne le redis à personne, ceci doit rester entre nous.* → **rapporter. 3.** *TROUVER À REDIRE À :* trouver des critiques à faire à. *Elle trouve à redire à tout. Ce n'est pas moi qui y trouverai à redire ! – Je ne vois rien à redire à cela.*

REM. **1.** On prononce aussi [Rdiʀ]. **2.** *Redire* suit complètement la conjugaison de *dire,* contrairement à *contredire* et *médire* (*vous redites,* mais *vous contredisez, vous médisez*).

REDISCUTER [Rədiskyte] verbe [conjugaison 1a] ▪ Discuter à nouveau, remettre en discussion (qqch.). *Rediscutons ce projet pour nous mettre d'accord. Nous en rediscuterons* [Rədiskytʀɔ̃], *si tu veux.*

REM. On peut prononcer aussi [Rdiskyte].

redit [Rədi], **redite** [Rədit] *Il a redit la phrase ; la phrase qu'il a redite :* formes au participe passé du verbe **redire.**

REDITE [Rədit] n. f. ▪ *UNE REDITE :* chose répétée inutilement. *Évitez les redites dans vos devoirs.* → **répétition.**

REDONDANT [Rədɔ̃dɑ̃], **REDONDANTE** [Rədɔ̃dɑ̃t] adj. (après le nom)▪ (discours, style) Qui redit plusieurs fois la même chose, qui répète ou développe la même idée. *Cet auteur a un style redondant.* → **répétitif, verbeux.** ⟨contraire : concis⟩ *Il faut supprimer ces phrases redondantes.* → **superflu.**

REDONNER [Rədɔne] verbe [conjugaison 1a] ▪ *REDONNER qqch. À qqn* **1.** Rendre à qqn ce que l'on lui avait pris. *Redonne-moi mon livre, j'en ai besoin.* → **rendre, restituer. 2.** Rendre à qqn ce qu'il n'avait plus. *Je lui redonnerais du courage si je le pouvais. Son succès lui a redonné confiance en elle. Ce médicament redonne des forces.* **3.** Donner de nouveau une chose semblable. *Redonne-moi un verre de bière.*

REM. On peut aussi prononcer [Rdɔne].

REDOUBLER [Rəduble] verbe [conjugaison 1a] **1.** Rendre double. *Dans «papa», la syllabe «pa» est redoublée. Le «r» est redoublé dans «démarrer».* **2.** *REDOUBLER UNE CLASSE,* la recommencer, la refaire. *Notre fille redouble sa terminale. – Il n'est pas en avance dans ses études car il a redoublé.* **3.** Renouveler en augmentant. *Il redouble ses efforts.* → **multiplier. 4.** *REDOUBLER DE :* montrer encore plus de. *La vendeuse redouble d'amabilité,* elle est encore plus aimable. *La tempête redouble de violence,* elle devient plus violente. **5.** Augmenter de beaucoup à la fois. *La pluie a redoublé. Sa colère redoublait.*

REM. On prononce aussi [Rduble].

REDOUTABLE [Rədutabl] adj. (après le nom, parfois avant le nom) ▪ Que l'on doit redouter. *Les requins ont des mâchoires redoutables.* → **effrayant, puissant.** *Il a affaire à un redoutable adversaire.* → **dangereux.** ⟨contraire : inoffensif⟩

REM. On peut aussi prononcer [Rdutabl].

REDOUTER [Rədute] verbe [conjugaison 1a] ▪ Avoir peur de. *Les élèves redoutent le directeur du collège.* → **craindre.** *Elle redoute l'avenir.* → **appréhender.** *Il REDOUTE DE rester seul. Elle REDOUTE QU'on apprenne la vérité.*

REM. On prononce aussi [Rdute].

REDOUX [Rədu] n. m.▪ *LE REDOUX :* radoucissement de la température au milieu de l'hiver. *Le redoux a provoqué des avalanches.*

REDRESSEMENT [Rədʀɛsmɑ̃] n. m. **1.** *LE REDRESSEMENT :* action de redresser ou de se redresser. *Le redressement de l'économie nationale sera long et difficile. Le parlement a voté un plan de redressement.* **2.** *UN REDRESSEMENT :* rectification de l'impôt, en général majoration. *Ils ont eu un redressement.*

REM. On peut aussi prononcer [Rdʀɛsmɑ̃].

REDRESSER [Rədʀese] verbe [conjugaison 1a]

I. 1. Remettre dans une position droite. *Le fermier a redressé les poteaux de la clôture qui étaient tombés. Elle redresse la tête.* ⟨contraires : baisser, incliner, pencher⟩ *Il se fait redresser les dents,* il se les fait remettre en position correcte. **2.** Remettre les roues d'une voiture en ligne droite. *L'automobiliste braque, puis il redresse.* **3.** Redonner une forme normale à (qqch.). *Le garagiste a redressé l'aile de la voiture.* ⟨contraire : tordre⟩ **4.** *REDRESSER LA SITUATION :* rattraper une situation compromise. *Le gouvernement a redressé la situation du pays.*

II. verbe pronominal SE REDRESSER **1.** (qqn) Se remettre droit, debout. *Elle s'est redressée de toute sa taille.* → se **relever.** ⟨contraires : se baisser, se courber, se pencher⟩ *Redresse-toi ! tiens-toi droit !* **2.** (qqch.) Retrouver son niveau normal. *L'économie du pays s'est redressée.*

REM. On prononce aussi [Rdʀese].

REDRESSEUR [Rədʀesœʀ] n. m., **REDRESSEUSE** [Rədʀesøz] n. f. ▪ *UN REDRESSEUR DE TORTS, UNE REDRESSEUSE DE TORTS :* une personne qui veut venger les innocents et punir les coupables. → **justicier.** *Il faut toujours qu'il fasse le redresseur de torts !*

RÉDUCTION [Redyksjɔ̃] n. f. ▪ *UNE RÉDUCTION* **1.** Le fait de réduire, de diminuer. *La direction de l'entreprise a décidé une réduction du personnel.* → **diminution.** ⟨contraire : augmentation⟩ **2.** Diminution accordée sur un prix. *Le magasin fait une réduction de dix pour cent aux bons clients.* → **rabais, remise ;** STYLE FAMILIER **ristourne.** ⟨contraire : majoration⟩ *Avez-vous une CARTE DE*

RÉDUCTION ? 3. Reproduction à petite échelle. *Cette photo est une réduction de la photo originale.* (contraire : agrandissement) – *Il a fabriqué un paquebot EN RÉDUCTION,* un paquebot en miniature, un modèle réduit de paquebot.

REM. Il est incorrect de dire une *réduction de –10 %* (moins dix pour cent).

RÉDUIRE [ʀedɥiʀ] verbe [conjugaison 38b]
I. 1. Rendre plus petit, moins important. → **diminuer.** (contraire : augmenter) *Le train réduit sa vitesse en approchant de la gare.* → **ralentir.** *En ce moment, nous réduisons nos dépenses. J'ai réduit ce texte de moitié,* j'en ai supprimé la moitié. → **raccourcir.** (contraire : rallonger) *Le photographe a réduit la photo,* il l'a reproduite à un format plus petit. (contraire : agrandir) 2. *RÉDUIRE qqn À, EN,* l'amener à un certain état (d'infériorité, de soumission). *Sa maladie l'a réduit à l'inaction. Il est réduit au désespoir. On l'a réduit au silence.* → **contraindre.** *La population de l'île a été réduite en esclavage. Ce pauvre homme EN EST RÉDUIT À mendier.* 3. *RÉDUIRE À* : résoudre (une chose) en une autre plus simple, ramener à des éléments plus simples. → **simplifier.** *Réduisez ces fractions au même dénominateur. Voici l'idée réduite à sa plus simple expression. Sa fortune est réduite à peu de chose.* → **représenter.** *Ses espoirs ont été réduits à rien.* → **anéantir, détruire.** 4. *RÉDUIRE qqch. EN* : mettre en (petites parties). *Je réduis le pain en miettes. Le mixeur réduit les pommes de terre en purée.* → **broyer, écraser.**
II. *RÉDUIRE* 1. Devenir plus petit à la cuisson. *Le bœuf bourguignon a beaucoup réduit.* 2. Devenir plus épais par évaporation. *Il faut faire réduire la sauce.*
III. verbe pronominal SE RÉDUIRE 1. *SE RÉDUIRE À* : se ramener à, consister en. *Ses économies se réduisent à presque rien.* → se **limiter.** 2. *SE RÉDUIRE EN* : se transformer en (éléments plus petits). *La bûche s'est réduite en cendres.*

réduit [ʀedɥi], **réduite** [ʀedɥit] *Il a réduit une fraction ; la fraction qu'il a réduite* : formes au participe passé du verbe **réduire.**

① **RÉDUIT** [ʀedɥi], **RÉDUITE** [ʀedɥit] adj. (après le nom) 1. Reproduit à petite échelle. *Il fabrique des modèles réduits d'avions.* 2. Qui fait l'objet d'une réduction. *Elle voyage à tarif réduit.* 3. Restreint. *La voiture roule à vitesse réduite.* → **faible.** *Il a une activité réduite,* peu importante.

② **RÉDUIT** [ʀedɥi] n. m. ▪ *UN RÉDUIT* : petite pièce sombre. *Les valises sont rangées dans un réduit.* → **cagibi.**

RÉÉCRIRE [ʀeekʀiʀ] verbe [conjugaison 39] ▪ Écrire mieux en corrigeant. *Je réécris ce texte car il n'est pas très bon* (→ **réécriture).**

REM. *Récrire* veut dire « écrire à nouveau » (sans forcément changer ce qui est écrit).

réécrit [ʀeekʀi], **réécrite** [ʀeekʀit] *Il a réécrit sa dissertation ; la dissertation qu'il a réécrite* : formes au participe passé du verbe **réécrire.**

RÉÉCRITURE [ʀeekʀityʀ] n. f. ▪ *LA RÉÉCRITURE* : le fait de réécrire (un texte) en améliorant. *La réécriture de cet article a été longue.* → **rewriting.**

RÉÉDITION [ʀeedisjɔ̃] n. f. ▪ *UNE RÉÉDITION* : nouvelle édition. *La réédition du livre est prévue pour le mois de mars.*

RÉÉDUCATION [ʀeedykasjɔ̃] n. f. ▪ *LA RÉÉDUCATION* : ensemble de soins qui permettent à un blessé ou à un handicapé de récupérer l'usage de la partie de son corps blessée ou handicapée. *Après son accident de moto, il a dû faire de nombreuses séances de rééducation. Il va tous les jours dans un centre de rééducation. Elle a eu une rééducation douloureuse.*

RÉEL [ʀeɛl] adj. et n. m., **RÉELLE** [ʀeɛl] adj.
I. adjectif (après le nom, parfois avant le nom) 1. (après le nom) Qui existe vraiment. *Les personnages historiques sont des personnages réels,* qui ont vraiment existé. (contraires : fictif, imaginaire) *Le roman est basé sur un fait réel.* → **authentique, vrai.** *C'est une histoire réelle.* 2. (après le nom) Véritable, vrai. *Il a des problèmes réels. Quelle est la signification réelle de ce mot ?* 3. (avant le nom) Sensible, notable. *C'est un réel plaisir de vous rencontrer. Elle éprouve un réel bien-être.*
II. *LE RÉEL* : la vie réelle, ce qui est. *Il confond parfois le réel et l'imaginaire. Elle n'a aucun sens du réel,* de la réalité.

RÉÉLIRE [ʀeeliʀ] verbe [conjugaison 43] ▪ Élire une nouvelle fois. *Le maire s'est fait réélire facilement. Elle a été réélue au siège de conseillère municipale. – Il y a trois candidats réélus.*

REM. Ce verbe s'emploie surtout à l'infinitif et au participe passé.

RÉELLEMENT [ʀeɛlmɑ̃] adverbe ▪ En réalité, en fait. *Le héros de ce roman a réellement existé.* → **vraiment.** *Il faut voir les choses telles qu'elles sont réellement,* dans la réalité.

réélu [ʀeely], **réélue** [ʀeely] *Ils ont réélu cette candidate ; la candidate qu'ils ont réélue* : formes au participe passé du verbe **réélire.**

RÉÉQUILIBRER [ʀeekilibʀe] verbe [conjugaison 1a] ▪ Redonner un équilibre à (ce qui l'avait perdu). *Il faut rééquilibrer le budget.*

RÉEXPÉDIER [ʀeɛkspedje] verbe [conjugaison 7a] 1. Expédier à une autre adresse. *Pendant les vacances, le gardien nous réexpédiera* [ʀeɛkspediʀa] *notre courrier,* il fera suivre notre courrier. 2. Renvoyer (une chose) d'où elle vient. *Je lui ai réexpédié sa lettre.* → **retourner.**

REFAIRE [ʀəfɛʀ] verbe [conjugaison 60]
I. 1. Faire de nouveau (ce qu'on a déjà fait). → **recommencer.** *Je referai* [ʀəfəʀɛ] *un voyage l'année prochaine. Il faut que je refasse ma valise.* (contraire : défaire) *Refaites votre demande ultérieurement. Refaisons* [ʀəfəzɔ̃] *les comptes pour vérifier que nous ne nous sommes pas trompés. Refaites le calcul.* 2. Faire tout autrement. *Il va refaire sa vie avec une autre femme. SI C'ÉTAIT À REFAIRE, je m'y prendrais autrement,* si je pouvais reprendre les choses depuis le début et tout recommencer. 3. Remettre en état. *Ils refont complètement leur appartement. – Elle s'est fait refaire le nez* : elle est passée par la chirurgie esthétique pour avoir un nez d'une autre forme.
II. verbe pronominal SE REFAIRE 1. *SE REFAIRE UNE BEAUTÉ* : arranger son maquillage. *Elle s'est refait une beauté avant de sortir.* 2. (en phrase négative) Changer complètement, se faire autre qu'on est. *C'est comme ça, ON NE SE REFAIT PAS !* [ɔ̃nsəʀfɛpa].

REM. On peut prononcer aussi [ʀfɛʀ].

refaisons [ʀəfəzɔ̃] *Nous refaisons* : forme au présent du verbe **refaire.**

REM. On peut prononcer aussi [ʀfəzɔ̃] ou [ʀəfzɔ̃], plus négligé.

refait [ʀəfɛ], **refaite** [ʀəfɛt] *Il a refait une demande ; la demande qu'il a refaite* : formes au participe passé du verbe **refaire.**

RÉFECTION [ʀefɛksjɔ̃] n. f. ▪ *LA RÉFECTION* : action de remettre à neuf. *La réfection de la mairie a été décidée.* → ① **restauration.** *Le pont est actuellement EN RÉFECTION,* en travaux. – *Il y a eu plusieurs réfections de la salle de cantine.*

FAUX AMI
portugais **refeição**
« repas »

RÉFECTOIRE [refɛktwaʀ] n. m. ■ *UN RÉFECTOIRE :* salle à manger d'une communauté. *Cette école a un beau réfectoire. Les moines prennent leur repas au réfectoire. Où est le réfectoire du lycée ?* → **cantine.**

RÉFÉRENCE [refeʀɑ̃s] n. f.
I. *UNE RÉFÉRENCE* 1. Indication de l'auteur d'une citation et de l'ouvrage dont elle est tirée. *Il y a plusieurs références au bas de la page. Il manque une référence. Quelle est la référence exacte de cette citation ?* 2. Indication précise qui permet d'identifier un objet. *N'oubliez pas d'indiquer les références de l'article que vous commandez.* 3. (au pluriel) DES RÉFÉRENCES : attestation faite par un employeur certifiant la compétence, l'honnêteté, etc., de qqn qui cherche du travail. *Avez-vous des références ?* (→ **certificat, recommandation).** *Le candidat a de bonnes références.*
II. *LA RÉFÉRENCE :* action de se référer à. *Un OUVRAGE DE RÉFÉRENCE,* fait pour être consulté, dans lequel on trouve des renseignements. *Les dictionnaires et les encyclopédies sont des ouvrages de référence. FAIRE RÉFÉRENCE À :* renvoyer le lecteur à un texte. *L'auteur fait référence au théâtre de Molière. - À quoi faites-vous référence ?* de quelle idée, de quel événement parlez-vous ?

RÉFÉRENCÉ [refeʀɑ̃se], **RÉFÉRENCÉE** [refeʀɑ̃se] adj. (après le nom) ■ Qui a une référence. *Son devoir contient des citations référencées,* avec l'indication des sources.

RÉFÉRENDUM [refeʀɛ̃dɔm] n. m. ■ *UN RÉFÉRENDUM :* vote de tous les électeurs servant à approuver ou à rejeter une proposition du gouvernement. *Il y a souvent des référendums en Suisse. Cette mesure a été approuvée par référendum.*
REM. 1. On peut prononcer aussi [refeʀɑ̃dɔm]. 2. On écrit aussi *referendum* (sans accent sur les *e*).

SE **RÉFÉRER** [refeʀe] verbe pronominal [conjugaison 6a] ■ *SE RÉFÉRER À :* s'en rapporter à, recourir à. *Je me réfère à ton avis :* je te demande ton avis. *À ta place, je me référerais* [refɛʀʀɛ] *à son avis. À quel texte vous référez-vous pour affirmer une telle chose ? Elle s'est référée au texte de loi.*

REFERMER [ʀəfɛʀme] verbe [conjugaison 1a] ■ Fermer (ce qui est ouvert). *Referme ton livre et range-le.*

REFILER [ʀəfile] verbe [conjugaison 1a] ■ STYLE FAMILIER *REFILER qqch. À qqn,* lui donner, lui remettre qqch. en le trompant. *On lui a refilé une fausse pièce de dix francs.* → STYLE FAMILIER **fourguer.** *Ne me refile pas ta grippe !* → **passer.**

RÉFLÉCHI [refleʃi], **RÉFLÉCHIE** [refleʃi] adj. (après le nom) 1. Qui réfléchit avant de parler ou d'agir. *C'est un garçon réfléchi.* → **posé, raisonnable, responsable, sérieux.** ⟨contraires : écervelé, étourdi, irréfléchi⟩ 2. Qui a été l'objet de réflexion. *TOUT BIEN RÉFLÉCHI, nous ne partirons que demain,* après avoir bien réfléchi. *C'EST TOUT RÉFLÉCHI :* c'est décidé. 3. *Un PRONOM RÉFLÉCHI :* pronom personnel complément qui représente la même personne que le sujet. *Dans les phrases « je me lave les mains » et « elle se regarde dans la glace », « me » et « se » sont des pronoms réfléchis. - Le verbe « se lever » est un VERBE PRONOMINAL RÉFLÉCHI,* un verbe pronominal où le pronom personnel est le complément d'objet du verbe.

RÉFLÉCHIR [refleʃiʀ] verbe [conjugaison 2]
I. Faire usage de la réflexion. *Laisse-moi réfléchir.* → **penser.** *Il faut que tu réfléchisses avant de répondre. Je vais réfléchir :* je ne vais pas me décider tout de suite. *Ce film fait réfléchir.* → STYLE FAMILIER **gamberger.** *Ça donne à réfléchir. Il RÉFLÉCHIRA À la question. Je vais y réfléchir. Nous RÉFLÉCHISSONS SUR le sujet.* → se **concentrer.**
II. 1. Renvoyer (une image) dans une direction différente ou dans la direction d'origine. *Les miroirs réfléchissent l'image des objets.* → **refléter.** 2. verbe pronominal SE RÉFLÉCHIR : (image) être renvoyé. *La lune s'est réfléchie dans le lac.* → se **refléter.**

REFLET [ʀəflɛ] n. m. ■ *UN REFLET* 1. Image d'une chose qui se réfléchit. *Elle voit son reflet dans la vitrine.* 2. Effet brillant produit par la lumière qui se réfléchit. *Il a des cheveux blonds avec des reflets roux. La moire est un tissu à reflets changeants* (→ **chatoyant).** 3. Ce qui évoque une réalité. *On dit que les yeux sont un reflet de l'âme.*
REM. On peut prononcer aussi [ʀflɛ].

REFLÉTER [ʀəflete] verbe [conjugaison 6a] 1. Renvoyer (une image) d'une façon atténuée. *Le miroir reflète la lumière des bougies.* → **réfléchir.** 2. Manifester, exprimer. *Son visage reflétait une grande tristesse.* 3. verbe pronominal SE REFLÉTER : se réfléchir. *La Lune s'est reflétée sur la mer.* → STYLE RECHERCHÉ se **mirer.**
REM. On peut prononcer aussi [ʀflete].

RÉFLEXE [ʀeflɛks] n. m. ■ *UN RÉFLEXE* 1. Réaction automatique et très rapide d'une partie du corps quand elle est excitée. *Quand il fait froid ou quand on a peur, les poils se hérissent : c'est un réflexe. Le médecin contrôle les réflexes en frappant sur le bas du genou. - Le chien se met devant la porte dès qu'il voit son maître prendre sa laisse, c'est un RÉFLEXE CONDITIONNÉ,* un réflexe acquis par habitude. 2. Geste très rapide que l'on fait sans y penser. *Elle a eu un réflexe : elle s'est protégée le visage. L'automobiliste a eu le réflexe de freiner pour éviter le chat. Elle a de bons réflexes.*

RÉFLEXION [ʀeflɛksjɔ̃] n. f.
I. 1. *LA RÉFLEXION :* le fait d'examiner au fond de soi une idée, un problème. *Je demande une semaine de réflexion avant de prendre ma décision,* je demande une semaine pour réfléchir. *Ce livre donne matière à réflexion,* il fait réfléchir. *RÉFLEXION FAITE, il va changer de voiture :* après avoir réfléchi, il a décidé de changer de voiture. *À LA RÉFLEXION, il a peut-être raison,* en réfléchissant bien. 2. *UNE RÉFLEXION :* remarque adressée à qqn. *Elle lui FAIT tout le temps DES RÉFLEXIONS désagréables.* → **observation.** - *Garde tes réflexions pour toi,* tes remarques désagréables.
II. *LA RÉFLEXION :* phénomène par lequel la lumière est renvoyée (→ **réfléchir,** II.). *La réflexion du soleil sur le mur blanc fait mal aux yeux.* → **réverbération.**

REFLUER [ʀəflye] verbe [conjugaison 1a] 1. Se mettre à couler en sens contraire (→ **reflux).** *L'eau reflue à marée descendante.* 2. Aller en sens contraire. *Les manifestants reflueront* [ʀəflyʀɔ̃] *vers la bouche de métro dès que la police arrivera.*
REM. On peut prononcer aussi [ʀflye].

REFLUX [ʀəfly] n. m. ■ *LE REFLUX :* mouvement de la marée descendante. ⟨contraire : flux⟩ *C'est l'heure où la mer commence son reflux.*
REM. On peut prononcer aussi [ʀfly].

REFORESTATION [ʀəfɔʀɛstasjɔ̃] n. f. ■ *LA REFORESTATION :* le fait de reboiser, de reconstituer une forêt. *La reforestation de la région est prévue.* → **reboisement.** *Une reforestation est nécessaire.*
REM. On peut prononcer aussi [ʀfɔʀɛstasjɔ̃].

RÉFORMATEUR [ʀefɔʀmatœʀ] n. m., **RÉFORMATRICE** [ʀefɔʀmatʀis] n. f. ■ *UN RÉFORMATEUR, UNE RÉFORMATRICE :* une personne qui fait des réformes, qui veut faire des réformes ou qu'il y ait des réformes. *Ce chef d'État est un réformateur. Ce député a créé un parti de réformateurs.*

RÉFORME [ReforM] n. f. 1. *UNE RÉFORME :* changement profond qui sert à améliorer qqch. *Le gouvernement a entrepris des réformes sociales. Êtes-vous favorable à une réforme de l'orthographe ? Ce n'est qu'une petite réforme qui ne va pas changer grand-chose.* → STYLE FAMILIER **réformette.** 2. *LA RÉFORME :* mouvement religieux qui fonda la protestantisme au seizième siècle. *Luther et Calvin sont à l'origine de la Réforme.*

RÉFORMER [ReforMe] verbe [conjugaison 1a] . Changer (une institution) en mieux. → **améliorer.** *Le président de la République veut réformer la Constitution. La loi va être réformée,* va être l'objet d'une réforme.

RÉFORMETTE [ReforMɛt] n. f. . STYLE FAMILIER *UNE RÉFORMETTE :* petite réforme qui ne change pas grand-chose, qui est superficielle. *Cette réformette ne va pas nous changer la vie !*

REFOULÉ [Rəfule] n. m. et adj., **REFOULÉE** [Rəfule] n. f. et adj. . STYLE FAMILIER 1. *UN REFOULÉ, UNE REFOULÉE :* une personne qui refoule ses instincts, ses pulsions sexuelles. *C'est un refoulé.* 2. adjectif (après le nom) (qqn) Qui refoule ses instincts et ses pulsions sexuelles. *C'est un vieux garçon refoulé.* → **inhibé.**

REFOULER [Rəfule] verbe [conjugaison 1a] 1. Faire reculer (des personnes). → **repousser.** *L'armée a refoulé les envahisseurs.* → **chasser.** 2. Retenir en soi (ce qui veut s'exprimer, se manifester). → **réprimer.** *Il a réussi à refouler ses larmes. Elle refoule tous ses désirs* (→ **refoulé**). 3. Faire refluer un liquide. *Cet évier refoule.* - STYLE TRÈS FAMILIER *Il refoule du goulot :* il a mauvaise haleine.

RÉFRACTAIRE [RefRaktɛR] adj. (après le nom) 1. (qqn) *RÉFRACTAIRE À :* qui refuse d'obéir à, qui refuse de se soumettre à. *Elle est réfractaire à la discipline du lycée.* → **rebelle.** ⟨contraire : docile⟩ 2. (qqch.) Qui résiste à de très hautes températures. *Un four à poteries est fait en briques réfractaires.*

REFRAIN [RəfRɛ̃] n. m. . *LE REFRAIN* 1. Partie d'une chanson qui se répète après chaque couplet. *Reprenons le refrain en chœur ! Dans cette chanson, il y a quatre couplets et un refrain.* 2. Paroles que qqn répète sans cesse. *Il se plaint de sa santé, c'est toujours le même refrain.* → **rengaine.** *Change de refrain !* [ʃɑ̃ʒdəRfRɛ̃] parle d'autre chose ! → STYLE FAMILIER **disque.**

> FAUX AMI
> espagnol **refrán** «proverbe»

REFRÉNER [RefRene] verbe [conjugaison 6a] 1. Réprimer, mettre un frein à (qqch.). → **retenir.** *Il refrène mal son impatience. Refrénez vos envies !* → **modérer.** 2. verbe pronominal SE REFRÉNER : se modérer. *Elle ne s'est jamais refrénée. Il ne sait pas se refréner.* → se **contenir.**

REM. On écrit aussi *réfréner,* plus conforme à la prononciation.

RÉFRIGÉRANT [RefRiʒeRɑ̃], **RÉFRIGÉRANTE** [RefRiʒeRɑ̃t] adj. (après le nom) 1. Qui sert à produire du froid. *Un réfrigérateur est un appareil réfrigérant.* 2. Qui provoque une gêne, qui jette un froid. *Ils nous ont réservé un accueil réfrigérant : ils ne nous ont même pas dit bonjour.* → **froid, glacial.** ⟨contraire : chaleureux⟩ *C'est une femme réfrigérante.* ⟨contraire : excitant⟩

RÉFRIGÉRATEUR [RefRiʒeRatœR] n. m. . *UN RÉFRIGÉRATEUR :* appareil électroménager qui produit du froid, dans lequel on conserve les aliments. *Mets le beurre dans le réfrigérateur.* → **frigidaire ;** STYLE FAMILIER **frigo.**

REFROIDIR [RəfRwadiR] verbe [conjugaison 2] 1. Devenir plus froid ou moins chaud. *Mange ta soupe, n'attends pas qu'elle refroidisse.* 2. Rendre plus froid ou moins chaud. *La pluie a refroidi le temps.* → **rafraîchir.** ⟨contraire : réchauffer⟩ 3. *Refroidir qqn,* diminuer son enthousiasme, son ardeur. → **glacer.** *Son accueil nous a refroidis* (→ **réfrigérant**). 4. STYLE FAMILIER Assassiner. *Un mec s'est fait refroidir.* 5. verbe pronominal SE REFROIDIR : devenir plus froid ou moins chaud. *Le temps se refroidit.* → se **rafraîchir.** *La pièce s'est refroidie quand on a ouvert la fenêtre.*

REM. On peut prononcer aussi [RfRwadiR].

REFROIDISSEMENT [RəfRwadismɑ̃] n. m. . *UN REFROIDISSEMENT* 1. Diminution de la température. *La météo prévoit un refroidissement pour demain.* ⟨contraires : radoucissement, réchauffement⟩ - *Il faut nettoyer le CIRCUIT DE REFROIDISSEMENT du moteur* (→ **radiateur**). 2. Rhume que l'on attrape à cause de la baisse de la température. *J'ai pris froid, j'ai attrapé un refroidissement.* → **rhume.**

REM. On peut prononcer aussi [RfRwadismɑ̃].

REFUGE [Rəfyʒ] n. m. . *LE REFUGE* 1. Lieu où l'on est protégé, à l'abri du danger. *Le chat a TROUVÉ REFUGE sous le lit. Pouvons-nous vous DEMANDER REFUGE jusqu'à la fin de l'orage ?* 2. Situation dans laquelle on se sent à l'abri. *Elle CHERCHE REFUGE dans le sommeil.* 3. *UN REFUGE :* petite construction en haute montagne où des alpinistes, des randonneurs peuvent passer la nuit. *Les randonneurs ont passé la nuit dans un refuge. Nous nous arrêterons au prochain refuge.*

REM. On peut prononcer aussi [Rfyʒ].

RÉFUGIÉ [Refyʒje] n. m., **RÉFUGIÉE** [Refyʒje] n. f. . *UN RÉFUGIÉ, UNE RÉFUGIÉE :* une personne qui a fui son pays pour échapper à un danger. *Ces réfugiés politiques ont demandé asile à la France.*

SE **RÉFUGIER** [Refyʒje] verbe pronominal [conjugaison 7a] . Se mettre en sécurité (dans un lieu). *Elle s'est réfugiée sur le toit pendant l'inondation. Le bébé court se réfugier dans les bras de son père.* → se **blottir.** *Ces opposants politiques se réfugieront* [Refyʒiʀɔ̃] *à l'étranger.*

REFUS [Rəfy] n. m. . *UN REFUS :* le fait de refuser (ce qui est demandé). *Il a demandé une augmentation à son patron et il S'EST HEURTÉ À UN REFUS.* ⟨contraires : acceptation, accord, consentement⟩ *Il a ESSUYÉ UN REFUS.* → **rebuffade.** *Le soldat a été mis aux arrêts pour refus d'obéissance.* - STYLE FAMILIER *CE N'EST PAS DE REFUS* [sɛpadRəfy] : je veux bien. *« Est-ce que vous voulez un autre café ? – Ce n'est pas de refus ! »*

> FAUX AMI
> anglais **refuse** «déchets, ordures»

REM. On peut prononcer aussi [Rfy].

REFUSER [Rəfyze] verbe [conjugaison 1a]

I. 1. Ne pas accorder (ce qui est demandé). *Ses parents lui ont refusé la permission de sortir.* ⟨contraire : donner⟩ 2. *REFUSER DE :* ne pas consentir à, ne pas vouloir. *Si tu refuses d'obéir, ça va aller mal ! Mon ex-mari refusait toujours de reconnaître ses torts.* - *Je n'ai pas osé refuser :* je n'ai pas osé dire non. 3. Ne pas accepter. *Ils ont refusé mon invitation.* → **décliner.** 4. Ne pas recevoir (un candidat). *Sa fille a été refusée à son examen.* → **recaler ;** STYLE FAMILIER **coller.** ⟨contraires : admettre, recevoir⟩

II. verbe pronominal SE REFUSER 1. Être refusé. *Une si gentille invitation, ça ne se refuse pas,* on l'accepte. 2. *SE REFUSER À :* ne pas consentir à (faire qqch.). *Elle s'est toujours refusée à entrer dans leurs combines. Tu te refuses à l'évidence :* tu nies l'évidence. ⟨contraire : reconnaître⟩ 3. *NE RIEN SE REFUSER :* dépenser beaucoup pour soi, ne se priver de rien. *Encore une nouvelle robe, tu ne te refuses rien ! Elle ne se refuse rien.*

REM. On peut prononcer aussi [Rfyze].

RÉFUTER [Refyte] verbe [conjugaison 1a] . Repousser (un raisonnement, un argument) en montrant qu'il est faux. *Il a réfuté mes objections.* ⟨contraires : approuver, confirmer⟩

REGAGNER [Rəgaɲe] verbe [conjugaison 1a] **1.** Retrouver (ce qu'on avait perdu). *Le cheval qui était dernier regagne du terrain. Le joueur a regagné tout l'argent qu'il avait perdu au casino.* → **récupérer.** *Il faut que vous regagniez sa confiance.* → **reconquérir.** **2.** Retourner (à un endroit). *Regagnez votre place.* → **rejoindre, revenir.**

REM. On peut prononcer aussi [Rgaɲe].

REGAIN [Rəgɛ̃] n. m. ■ *LE REGAIN* **1.** Herbe qui pousse dans une prairie qui vient d'être fauchée. *Le fermier fauche le regain au mois d'août.* **2.** Retour, renouveau. *Ce restaurant connaît un REGAIN D'activité,* il retrouve l'activité qu'il avait auparavant.

RÉGAL [Regal] n. m. ■ *UN RÉGAL* **1.** Nourriture délicieuse. *Ce gâteau est un vrai régal. Son grand régal, c'est le poisson,* c'est ce qu'il préfère manger. *Ce sont des régals.* → **délice.** **2.** Ce qui cause un grand plaisir. *Cette belle fille est un régal pour les yeux !*

FAUX AMIS — allemand **Regal** « étagère » ; italien **regalo** « cadeau »

SE **RÉGALER** [Regale] verbe pronominal [conjugaison 1a] **1.** Faire un bon repas, manger des choses que l'on aime. *Nous nous sommes régalés avec cette dinde.* **2.** STYLE FAMILIER Prendre un grand plaisir à (qqch.). → se **délecter.** *Elle se régale en lisant ce livre.*

FAUX AMI — italien **regalare** « offrir un cadeau »

REGARD [Rəgar] n. m. ■ *LE REGARD* **1.** Manière de diriger les yeux vers un objet, expression des yeux. *Il parcourt la salle du regard. Il SUIT DU REGARD le bateau qui s'éloigne,* il le regarde. *Elle m'a LANCÉ UN REGARD furieux. Le malfaiteur le menace du regard. Je sens son regard sur moi :* je sens qu'il me regarde. *Son fils a un regard malicieux. Il n'a pas eu un regard pour elle :* il ne l'a pas regardée. *Je m'en suis rendu compte AU PREMIER REGARD,* tout de suite, du premier coup d'œil. **2.** *AU REGARD DE :* en ce qui concerne, par rapport à. *Au regard de la loi, tout est en règle.*

REM. On peut prononcer aussi [Rgar].

REGARDANT [Rəgardɑ̃], **REGARDANTE** [Rəgardɑ̃t] adj. (après le nom) **1.** Avare, qui regarde à la dépense. → **économe, pingre ;** STYLE FAMILIER **radin, rapiat.** *C'est une femme très regardante.* ⟨contraires : dépensier, généreux⟩ **2.** STYLE FAMILIER Qui fait attention. *Ils ne sont pas très REGARDANTS SUR la propreté dans ce restaurant !*

REM. On peut prononcer aussi [Rgardɑ̃], [Rgardɑ̃t].

REGARDER [Rəgarde] verbe [conjugaison 1a]

I. 1. Faire en sorte de voir (qqn, qqch.). *Regarde-moi dans les yeux. Il regarde le paysage.* → **contempler, observer.** *Nous regarderons votre travail avec attention.* → **examiner.** *Les spectateurs regardent le spectacle. Hier soir, j'ai regardé la télévision très tard* (→ **téléspectateur).** *Quand j'ai regardé ma montre, il était déjà neuf heures. Arrête de regarder l'heure ! - Si vous voulez son numéro de téléphone, regardez dans l'annuaire.* → **consulter.** *Regarde où tu mets les pieds. J'ai regardé partout.* → **chercher.** - *Il regarde la pluie tomber.* - STYLE FAMILIER *Regardez-moi ce travail !* constatez comme ce travail est mal fait ! *Non mais, tu m'as bien regardé ?* ne compte pas sur moi ! **2.** Envisager. *Il faut regarder les choses en face,* les voir telles qu'elles sont. **3.** Concerner (qqn). *Mêle-toi de ce qui te regarde,* de ce dont tu as à t'occuper. *Ça ne vous regarde pas, mêlez-vous de vos affaires.* **4.** (qqch.) Être orienté. *La maison regarde vers le sud,* elle est tournée vers le sud. **5.** *REGARDER À :* faire attention à, tenir compte de. *Achetez ce qui vous plaît, ne regardez pas à la dépense* (→ **regardant).** *Je vais Y REGARDER À DEUX FOIS avant de me décider,* je vais tout considérer avec méfiance.

II. verbe pronominal SE REGARDER **1.** Faire en sorte de voir son image. *Elle s'est regardée dans la glace. - Tu ne t'es pas regardé !* tu as justement les défauts que tu reproches aux autres ! **2.** Se voir l'un l'autre. *Les deux amoureux se regardent dans les yeux.* **3.** Être regardé. *Dans quel sens ce tableau abstrait se regarde-t-il ?*

FAUX AMI — anglais **to regard** « considérer »

REM. On peut prononcer aussi [Rgarde].

RÉGATE [Regat] n. f. ■ *UNE RÉGATE :* course de bateaux, à la voile ou à l'aviron. *Mon fils a participé à une régate.*

RÉGENCE [Reʒɑ̃s] n. f. ■ *LA RÉGENCE :* gouvernement exercé par un régent ou par une régente. *Pendant la minorité du roi, son oncle a exercé la régence.*

RÉGENT [Reʒɑ̃] n. m., **RÉGENTE** [Reʒɑ̃t] n. f. ■ *UN RÉGENT, UNE RÉGENTE :* une personne qui gouverne un pays à la place d'un souverain qui est trop jeune ou qui n'est pas là. *Le régent était choisi parmi les membres de la famille royale.*

RÉGENTER [Reʒɑ̃te] verbe [conjugaison 1a] ■ Diriger avec trop d'autorité. *Elle régente tout le monde. Il veut tout régenter.*

REGGAE [Rege] n. m. et adj. invariable **1.** *LE REGGAE :* musique jamaïcaine au rythme syncopé. *J'écoute du reggae à la radio.* **2.** adjectif invariable (après le nom) *LA MUSIQUE REGGAE :* la musique jamaïcaine au rythme syncopé. *Bob Marley était un chanteur reggae* (→ **rasta).** PLURIEL : *il a des disques de groupes reggae.*

RÉGICIDE [Reʒisid] n. m., n. f. **1.** *UN RÉGICIDE, UNE RÉGICIDE :* une personne qui a assassiné un souverain. *Le roi de France Henri IV a été tué par le régicide Ravaillac.* **2.** *UN RÉGICIDE :* meurtre d'un roi. *Ravaillac a commis un régicide.*

RÉGIE [Reʒi] n. f. ■ *LA RÉGIE* **1.** Entreprise gérée par l'État. *La Régie française des tabacs fabrique toutes les cigarettes françaises et les distribue dans les bureaux de tabac.* **2.** Organisation matérielle d'un spectacle ; local d'un studio de télévision, de radio, dans lequel sont les techniciens. *Le réalisateur de l'émission est EN RÉGIE.*

FAUX AMI — italien **regia** « mise en scène »

① **RÉGIME** [Reʒim] n. m. ■ *LE RÉGIME* **1.** Organisation politique, sociale et économique d'un État. *Ce pays a un régime républicain. Le régime monarchique de la France jusqu'en 1789 est appelé l'ANCIEN RÉGIME. Dans certains pays, les opposants au régime doivent s'exiler.* **2.** Manière dont une institution est organisée. *Le régime pénitentiaire doit être réformé.* **3.** *UN RÉGIME :* manière particulière de se nourrir. *Les sportifs ont un régime très strict. Ma tante SUIT UN RÉGIME pour maigrir,* elle mange seulement certains aliments et en quantité limitée. *Le malade est AU RÉGIME sans sel.* **4.** *Le RÉGIME D'UN FLEUVE,* la quantité d'eau qui s'écoule par seconde. *Le régime d'un fleuve est différent selon la saison et le climat.* **5.** *Le RÉGIME D'UN MOTEUR :* le nombre de tours d'un moteur en un temps donné. *Le moteur tourne À PLEIN RÉGIME,* le plus vite possible.

② **RÉGIME** [Reʒim] n. m. ■ *UN RÉGIME :* ensemble de fruits de certaines plantes réunis en grappe volumineuse sur une même tige. *Des régimes de bananes et des régimes de dattes sont sur le quai, prêts à être embarqués.*

RÉGIMENT [Reʒimɑ̃] n. m. ■ *UN RÉGIMENT :* troupe de soldats commandée par un colonel. *Un régiment comprend environ mille soldats.* - STYLE FAMILIER *Son fils est au régiment,* il fait son service militaire. *Il revoit souvent ses COPAINS DE RÉGIMENT,* les hommes avec qui il a fait son service militaire. - STYLE FAMILIER *Le frigo est plein, il y a de quoi nourrir TOUT UN RÉGIMENT,* de très nombreuses personnes.

RÉGION [reʒjɔ̃] n. f.
I. *UNE RÉGION* 1. Partie d'un pays. *Le Sahara est une région désertique.* → **zone.** *Le nord de la France est une région très peuplée. La Normandie est une région touristique.* → **province.** 2. En France, Unité administrative regroupant plusieurs départements. *La France est divisée en vingt-deux régions. Paris est dans la Région d'Île-de-France.*
II. *LA RÉGION* 1. Étendue de pays autour d'une ville. *Nous allons en vacances dans la région de Nice.* 2. Partie (du corps). *J'ai mal dans la région lombaire.*

RÉGIONAL [reʒjɔnal], **RÉGIONALE** [reʒjɔnal] adj. (après le nom) ▪ Relatif à une région, à une province. *En Bretagne les coutumes régionales sont encore très vivantes.* → **local.** MASCULIN PLURIEL : *il lit les journaux RÉGIONAUX* [reʒjɔno].

RÉGIONALISME [reʒjɔnalism] n. m. ▪ *UN RÉGIONALISME* : mot particulier à une région. *« Moustous » est un régionalisme du sud-ouest de la France qui veut dire « poisseux ».*

RÉGISSEUR [reʒisœr] n. m., **RÉGISSEUSE** [reʒisøz] n. f. ▪ *UN RÉGISSEUR, UNE RÉGISSEUSE* 1. Personne qui administre un domaine. *Adressez-vous au régisseur.* 2. Personne qui s'occupe de l'organisation matérielle d'une représentation dans un théâtre, du tournage d'une émission de télévision ou du tournage d'un film. *Elle est régisseuse.*

FAUX AMIS
néerlandais **regisseur,** russe **режиссер** « metteur en scène »

REGISTRE [rəʒistr] n. m.
I. *UN REGISTRE* : cahier sur lequel on note des noms, des chiffres, des faits dont on veut garder le souvenir. *Elle note toutes ses dépenses sur (dans) un registre. Les naissances, les mariages, les décès sont inscrits sur le registre de l'état civil de la mairie* (→ **enregistrer).** *Le comptable tient son registre de comptabilité.*
II. *LE REGISTRE* 1. Étendue de la voix d'un chanteur. *La cantatrice passe du registre grave au registre aigu. Le chanteur a un vaste registre.* 2. Caractères particuliers (d'une œuvre, d'une façon de parler). → **ton.** *« Quand bien même » est une expression du registre recherché. Il a écrit son livre dans un registre familier,* dans un niveau de langue, dans un style familier (→ STYLE FAMILIER **niveau).**

REM. La prononciation correcte est [rəʒistr], mais on entend souvent des Français dire [reʒistr].

RÉGLABLE [reglabl] adj. (après le nom) ▪ Que l'on peut régler, mettre dans une autre position. *Les sièges de la voiture sont réglables. Le fauteuil est à dossier réglable.*

RÉGLAGE [reglaʒ] n. m. ▪ *UN RÉGLAGE* : opération qui consiste à régler un appareil ou un mécanisme. *La télévision a besoin d'un réglage. Le réglage du chauffage se fait à l'aide de cette manette.*

RÈGLE [rɛgl] n. f.
I. *UNE RÈGLE* : instrument allongé qui sert à tirer des traits et à mesurer des longueurs. *Souligne la phrase avec ta règle. Ma règle fait vingt centimètres,* c'est un double décimètre. → **décimètre.**
II. *LA RÈGLE* 1. Formule qui indique ce qu'il faut faire dans un cas précis. → **loi, principe.** *Il y a souvent des exceptions à la règle. Mes parents m'ont appris les règles de la politesse. Les élèves doivent apprendre les règles de grammaire. Le professeur explique les règles d'accord du participe passé. Avant de commencer à jouer, il faut connaître les RÈGLES DU JEU,* la manière de jouer. *Vous devez suivre les règles* (→ **règlement).** *Il refuse de se plier à la règle. Ce que vous avez fait est conforme à la règle* (→ **régulier).** *Tout a été organisé DANS LES RÈGLES (DE L'ART),* comme il faut. - *EN RÈGLE GÉNÉRALE* : dans la majorité des cas (→ **généralement).** *En règle générale, les cours commencent à huit heures. - Vos papiers ne sont pas EN RÈGLE,* ils ne sont pas conformes à la loi (→ **valide).** 2. Ensemble des règles auxquelles sont soumis les membres d'un ordre religieux. *La règle du couvent est très stricte.* 3. (au pluriel) LES RÈGLES : écoulement de sang d'une durée de quelques jours qui se produit chaque mois chez la femme, à partir de l'âge où elle peut avoir des enfants (→ **puberté).** *Elle a eu ses règles hier* (→ **menstruel).**

RÈGLEMENT [rɛgləmɑ̃] n. m. ▪ *LE RÈGLEMENT* 1. Ensemble de règles que l'on doit respecter. *Les élèves doivent lire le règlement du lycée. Il faut obéir, c'est le règlement. D'après le règlement, vous n'avez pas le droit de faire ça. Il y a un règlement, tenez-en compte.* 2. Action de régler (un conflit, un différend). *Le règlement du conflit est imminent.* 3. Action de payer. → **paiement.** *Le règlement se fait à la caisse. Nous acceptons les règlements en espèces, par chèque ou par carte de crédit.* 4. *UN RÈGLEMENT DE COMPTE(S)* : acte de violence par lequel on se venge, par lequel on règle un différend. *Un règlement de comptes entre truands a fait deux morts.*

RÉGLEMENTAIRE [rɛgləmɑ̃tɛr] adj. (après le nom) ▪ Conforme au règlement. *Ce paquet n'a pas la taille réglementaire pour être envoyé par la poste. Le soldat est en tenue réglementaire.*

RÉGLEMENTATION [rɛgləmɑ̃tasjɔ̃] n. f. ▪ *UNE RÉGLEMENTATION* : ensemble de règlements, de règles. *La vente de l'alcool est soumise à une réglementation. Je vais me documenter sur la réglementation du travail.*

RÉGLEMENTER [rɛgləmɑ̃te] verbe [conjugaison 1a] ▪ Organiser par un règlement. *On a réglementé le stationnement sur la place les jours de marché.*

RÉGLER [regle] verbe [conjugaison 6a] 1. Fixer exactement. *Dans un voyage organisé, le programme de la journée est réglé d'avance.* → **établir.** 2. Résoudre définitivement. *Il faut régler ce problème au plus vite.* → **arranger, terminer.** 3. Payer (une note). → **règlement.** *Le client règle sa note d'hôtel et s'en va. Elle a réglé ses achats par chèque. - Laissez, c'est moi qui règle.* 4. *RÉGLER SON COMPTE À qqn,* se venger de lui, le punir. *Le truand s'est fait régler son compte, on l'a retrouvé mort. Il a un compte à régler avec son associé,* il y a une affaire qui les oppose et il veut se venger de son associé. 5. Mettre ou remettre au point (un mécanisme, un appareil) pour qu'il fonctionne normalement. → **réglage.** *Le garagiste réglera les phares de ma voiture.* ⟨contraire : dérégler⟩ *Réglons nos montres,* mettons-les à l'heure exacte. *Il faut régler la télévision, l'image est trop contrastée.*

RÈGLES → **règle** (II., 3.)

RÉGLISSE [reglis] n. f., n. m. 1. *LA RÉGLISSE* : plante qui a une racine sucrée. *La réglisse a des fleurs blanches, violettes ou bleues.* 2. *LE RÉGLISSE* ou parfois *LA RÉGLISSE* : racine de cette plante. *Les enfants aiment sucer des bâtons de réglisse. J'adore les rouleaux de réglisse. Voulez-vous une boisson au réglisse ?* 3. *UN RÉGLISSE* : bonbon fait de réglisse. *Veux-tu un réglisse ? J'ai acheté un paquet de réglisses.*

RÉGLO [reglo] adj. invariable (après le nom) ▪ STYLE FAMILIER 1. (qqch.) Conforme à la règle. → **régulier.** *Ce n'est pas très réglo d'agir comme ça.* → **correct, légal.** 2. (qqn) Qui respecte les règles. *Tu peux lui faire confiance, c'est un mec réglo.* PLURIEL : *elles ont toujours été réglo.*

RÈGNE [rɛɲ] n. m. ▪ *LE RÈGNE* 1. Période pendant laquelle un souverain exerce son pouvoir. *Le règne de Louis XIV a été très* long. *Il a eu un long règne. Les lycées ont été créés* SOUS LE RÈGNE DE *Napoléon Ier*. **2.** Chacune des trois grandes divisions de la nature. *Il y a le règne minéral, le règne végétal et le règne animal.*

RÉGNER [reɲe] verbe [conjugaison 6a]
I. Exercer le pouvoir monarchique. *Le roi Louis XIV a* RÉGNÉ SUR *la France. Quel est le nom du roi qui règne actuellement en Espagne ?*
II. (qqch.) Exister. *Quand le professeur arrivera, le silence régnera dans la classe. La police fait régner l'ordre dans le pays.* - (ironique) *Tu vérifies tous mes comptes ? Eh bien, la confiance règne !*

REM. Le participe passé *régné* est invariable : *les vingt ans que le roi a régné.*

REGONFLER [rəgɔ̃fle] verbe [conjugaison 1a] ▪ Gonfler de nouveau (qqch. qui s'est dégonflé). *Le cycliste regonfle les pneus de son vélo.* - STYLE FAMILIER *Cette bonne nouvelle m'a regonflé,* m'a redonné du courage.

REM. On peut prononcer aussi [rgɔ̃fle].

REGORGER [rəgɔrʒe] verbe [conjugaison 3b] ▪ *REGORGER DE* : avoir en grande quantité. *Le sol regorgeait d'eau après l'orage. La région regorge de fruits.* ⟨contraire : manquer⟩

REM. On peut prononcer aussi [rgɔrʒe].

RÉGRESSER [regrese] verbe [conjugaison 1a] **1.** Perdre peu à peu de son importance, de sa force. → **diminuer.** *La vaccination a fait régresser la variole.* ⟨contraires : se développer, progresser⟩ *L'effet du médicament se fait sentir, la douleur régresse.* **2.** (qqn) Être dans un état moins évolué. *Il a régressé en vieillissant.*

RÉGRESSION [regresjɔ̃] n. f. ▪ *LA RÉGRESSION* : évolution vers le point de départ. → **diminution.** *La variole est une maladie en régression,* qui diminue. ⟨contraires : développement, progrès, progression⟩ *En France, la mortalité infantile est* EN VOIE DE RÉGRESSION. *L'activité économique subit une régression.* - *Le malade est en pleine régression,* il revient vers un stade antérieur de développement affectif et mental.

REGRET [rəgrɛ] n. m. ▪ *LE REGRET* **1.** Sentiment de tristesse causé par la perte de ce que l'on aimerait avoir encore. *Elle a quitté son père avec regret.* → **nostalgie. 2.** Mécontentement ou chagrin d'avoir fait ou de ne pas avoir fait qqch. → **remords.** *Il n'éprouve aucun regret de ne pas y être allé. Je n'ai qu'un regret, c'est de ne pas le lui avoir dit.* - STYLE FAMILIER *C'est votre dernier mot ? Sans regret ?* vous ne regretterez pas après ? **3.** *À REGRET* : contre son désir. *Je suis parti à regret,* à contrecœur. **4.** S'emploie comme excuse dans une formule de politesse. *J'ai le regret de ne pouvoir me rendre à votre charmante invitation. Je ne viendrai pas* À MON GRAND REGRET.

REM. On peut prononcer aussi [rgrɛ].

REGRETTABLE [rəgretabl] adj. (après le nom, parfois avant le nom) ▪ Que l'on ne peut que regretter, qui cause de l'ennui. *C'est une erreur regrettable.* → **déplorable, fâcheux.** *Le ministre a tenu des propos regrettables. Un regrettable incident nous a empêchés d'arriver à l'heure. C'est vraiment regrettable.* ⟨contraire : souhaitable⟩

REM. **1.** On peut prononcer aussi [rgretabl]. **2.** *Regrettable* est le mot le plus courtois pour condamner quelque chose.

REGRETTER [rəgrete] verbe [conjugaison 1a] **1.** Éprouver de la tristesse en pensant à (qqch. que l'on n'a plus). *Elle regrette sa jeunesse.* - *Quand vous partirez, nous vous regretterons,* nous nous attristerons de votre absence. **2.** Être mécontent (d'avoir fait ou de ne pas avoir fait qqch.). *Elle* REGRETTERA *sûrement* DE *vous avoir dit ça.* → se **repentir.** *Je ne regrette rien. Tu n'as rien à regretter, il ne s'est rien passé d'intéressant,* tu n'as rien perdu. **3.** Être mécontent de (qqch. qui contrarie). *Nous regretterons votre absence.* → **déplorer.** ⟨contraires : se féliciter, se réjouir⟩ *Nous* REGRETTONS QUE *vous ne puissiez pas venir.* **4.** Se montrer désolé auprès de qqn (de qqch. dont on est responsable). *Je* REGRETTE DE *vous avoir fait attendre :* excusez-moi de vous avoir fait attendre. *« Pouvez-vous m'indiquer la pharmacie la plus proche ? – Je regrette, je ne suis pas du quartier »,* je suis désolé, je ne sais pas.

REM. On peut prononcer aussi [rgrete].

REGROUPEMENT [rəgrupmɑ̃] n. m. ▪ *LE REGROUPEMENT* : le fait de se regrouper, d'être regrouper. *Une grosse société a été formée à partir du regroupement d'entreprises plus petites.* ⟨contraire : dispersion⟩

REGROUPER [rəgrupe] verbe [conjugaison 1a] **1.** Grouper de nouveau (ce qui est dispersé). *Le chien regroupe le troupeau.* ⟨contraires : disperser, disséminer⟩ **2.** Réunir. *Un parti politique regroupe souvent plusieurs mouvements. Tous les services ont été regroupés au ministère.* → **rassembler. 3.** verbe pronominal SE REGROUPER : se remettre en groupe. *Les touristes se sont regroupés autour du guide.*

REM. On peut prononcer aussi [rgrupe].

RÉGULARISER [regylarize] verbe [conjugaison 1a] **1.** Rendre conforme à la loi. *Les étrangers doivent régulariser leur permis de séjour.* - *Ses parents ont régularisé,* ils se sont mariés après avoir vécu en concubinage. **2.** Rendre régulier. *Le barrage a régularisé le cours du fleuve.*

RÉGULARITÉ [regylarite] n. f. ▪ *LA RÉGULARITÉ* **1.** Caractère de ce qui est régulier, égal. *Il fait preuve de régularité dans son travail.* ⟨contraire : irrégularité⟩ **2.** Caractère de ce qui se produit à intervalles réguliers. *Il nous rend visite avec une grande régularité.* **3.** Caractère ce qui est conforme à la règle, à la loi. *La régularité des élections a été mise en cause.*

RÉGULIER [regylje], **RÉGULIÈRE** [regyljɛr] adj. (après le nom) **1.** Qui ne varie pas, qui se répète toujours de la même façon. *Le train roule à une vitesse régulière.* → **constant, égal.** *Le malade a une respiration régulière. Sa sœur mène une vie régulière,* sans imprévus. **2.** Qui se renouvelle à intervalles égaux. *Il fait des visites régulières à ses parents. Un salarié a des revenus réguliers.* → **fixe.** *Vous devez manger à des heures régulières.* **3.** Qui est habituel. *Il a pris un vol régulier pour aller à Londres* (opposé à charter). **4.** Qui a des proportions harmonieuses. *Ce mannequin a un visage régulier. Essaie d'écrire avec une écriture plus régulière,* avec des lettres bien formées et nettes. **5.** Conforme aux règles, à la loi. *Cette opération financière est tout à fait régulière.* → STYLE FAMILIER **réglo.** ⟨contraire : illégal⟩ *« Aimer » est un verbe régulier,* un verbe qui suit les règles les plus courantes de la conjugaison. ⟨contraire : irrégulier⟩ **6.** (qqn) Qui fournit toujours les mêmes efforts, qui a toujours les mêmes résultats. *Votre fils est un élève régulier.* **7.** (qqn) Qui respecte les usages. *Elle est régulière en affaires.* → STYLE FAMILIER **réglo. 8.** Qui appartient à un ordre religieux. *Les moines font partie du clergé régulier* (opposé à séculier).

RÉGULIÈREMENT [regyljɛrmɑ̃] adverbe **1.** D'une manière régulière, avec régularité. *Il vient nous voir régulièrement,* à intervalles réguliers. ⟨contraire : irrégulièrement⟩ **2.** D'une manière légale. *L'élection s'est déroulée régulièrement.*

RÉHABILITER [reabilite] verbe [conjugaison 1a] **1.** Reconnaître publiquement l'innocence de (un condamné) et lui faire retrouver ses droits et l'estime de tous (→ **innocenter).** *On a réhabilité Galilée qui avait été condamné par l'Église.* **2.** Rétablir (qqn, sa mémoire) dans l'estime des autres. *Une preuve de courage la réhabiliterait à nos yeux. Le Capitaine Dreyfus a été réhabilité en 1906.*

REHAUSSER [Rəose] verbe [conjugaison 1a] 1. Élever à un plus haut niveau. *Le maçon rehausse le mur du jardin.* → **surélever.** 2. Faire ressortir. *Un peu de maquillage rehausserait l'éclat de son teint.* ⟨contraire : atténuer⟩

REIMS [Rɛ̃s] nom propre . Ville du nord-est de la France, où étaient sacrés les rois de France. *Nous sommes allés à Reims. Ils reviennent de Reims. Nos amis habitent à Reims* (→ **rémois).**

REIN [Rɛ̃] n. m. . *LE REIN* 1. Chacun des deux organes qui filtrent le sang pour éliminer les déchets et qui produisent l'urine. *Les reins sont situés de part et d'autre de la colonne vertébrale. Il a un rein malade* (→ **néphrétique, rénal**). - *On mange les reins du porc, du veau et de l'agneau.* → **rognon.** 2. (au pluriel) LES REINS : la partie inférieure du dos. *Ma tante a souvent mal aux reins. Je me suis fait un TOUR DE REINS* (→ **lumbago**). - (figuré) *Il a LES REINS SOLIDES :* il peut supporter une épreuve, notamment financière.

RÉINCARNATION [Reɛ̃kaRnasjɔ̃] n. f. . *LA RÉINCARNATION :* (âme) le fait de prendre vie dans un nouveau corps. *Les bouddhistes croient à la réincarnation.*

REINE [Rɛn] n. f. . *LA REINE* 1. Épouse d'un roi ou femme qui gouverne un royaume. *Il a été reçu à la cour de la reine d'Angleterre.* 2. Femme qui l'emporte sur les autres. *Elle a été élue REINE DE BEAUTÉ de son village.* - STYLE FAMILIER *Tu es vraiment la reine des connes !* 3. Seule femelle qui pond, chez les abeilles, les guêpes, les fourmis. *Il n'y a qu'une reine dans une ruche, les autres abeilles sont des ouvrières.* 4. Seconde pièce du jeu d'échecs. → ① **dame.** *Échec à la reine !* 5. Carte à jouer représentant une reine. *Je joue ma reine de cœur.* → ① **dame.**

REM. *Rêne* «bride» et *renne* «animal» se prononcent de la même façon.

REINE-CLAUDE [Rɛnklod] n. f. . *UNE REINE-CLAUDE :* prune verte sucrée et parfumée. *J'ai mangé une reine-claude.* PLURIEL : *ma grand-mère fait de la confiture de reines-claudes.*

REINETTE [Rɛnɛt] n. f. . *UNE REINETTE :* pomme jaune et rouge, très parfumée. *J'ai acheté un kilo de reinettes au marché.*

REM. *Rainette* «grenouille» se prononce de la même façon.

RÉINSERTION [Reɛ̃sɛRsjɔ̃] n. f. . *LA RÉINSERTION :* le fait de donner à une personne les moyens de se réadapter à la vie sociale. *Il appartient à une association qui s'occupe de la réinsertion des anciens prisonniers.*

RÉINTÉGRER [Reɛ̃tegRe] verbe [conjugaison 6a] 1. Revenir dans (un lieu). *Après les vacances, les élèves réintègrent l'école.* 2. Rétablir (qqn) dans sa fonction. *Le patron a réintégré l'un de ses employés au poste qu'il occupait.*

RÉITÉRER [ReiteRe] verbe [conjugaison 6a] . Faire de nouveau, faire plusieurs fois. *Je réitère ma demande et je la réitérerai* [ReitɛRRɛ] *encore.* → **renouveler.** *Le professeur a réitéré sa question.* → **répéter.**

REJAILLIR [Rəʒajir] verbe [conjugaison 2] 1. (liquide) Jaillir en étant renvoyé par un obstacle ou sous l'effet d'une pression. *L'eau de la fontaine rejaillissait dans le bassin.* 2. *REJAILLIR SUR :* retomber sur, avoir un effet sur. *Le scandale financier a rejailli sur la ville.*

REJET [Rəʒɛ] n. m. . *LE REJET* 1. Le fait de rejeter, de refuser. *Il a eu du mal à accepter le rejet de sa demande.* → **refus.** 2. Réaction de l'organisme qui rejette une greffe. *Les phénomènes de rejet sont toujours possibles, après une greffe.* 3. *UN REJET :* nouvelle pousse. *La plante que l'on croyait morte a fait des rejets.*

REJETER [Rəʒte] verbe [conjugaison 4b] 1. Jeter en sens inverse (ce que l'on a pris, reçu). *Le pêcheur rejette à l'eau les poissons trop petits. La mer rejette les algues sur la plage.* 2. Expulser, évacuer (hors du corps). *Son estomac rejette toute nourriture.* → **vomir.** *Les matières fécales sont rejetées par l'anus.* 3. Refuser d'assumer. *Nous refusons toute responsabilité dans cette affaire.* - Faire retomber (sur une autre personne). *Il a rejeté la faute sur son frère.* 4. Mettre ailleurs, dans une autre position. *En allemand, le verbe est rejeté à la fin de la phrase. D'un geste brusque, elle rejeta ses cheveux en arrière.* 5. Ne pas admettre, écarter (qqch.) en refusant. *Ne rejetez pas notre proposition. Les députés rejetteront sûrement le projet de loi du gouvernement.* → **repousser.** 6. Écarter (qqn) en repoussant. *Tous ses amis le rejettent. Elle se sent rejetée par la société.* → **exclu.**

FAUX AMI
italien **rigettare** «vomir»

REM. On peut aussi prononcer [Rəʒəte] ou [Rʒəte] (un peu négligé).

REJETON [Rəʒtɔ̃] n. m. . STYLE FAMILIER *UN REJETON :* enfant, fils. *C'est son unique rejeton. Ils ont trois rejetons.*

REM. On peut aussi prononcer [Rəʒətɔ̃] ou [Rʒətɔ̃].

rejoignons [Rəʒwaɲɔ̃] *Nous rejoignons :* forme au présent du verbe **rejoindre.**

REJOINDRE [Rəʒwɛ̃dR] verbe [conjugaison 49]
I. 1. Aller retrouver (qqn). *Il rejoindra sa famille en août. Rejoignez-nous à midi. Elle nous a rejoints à l'hôtel.* 2. Regagner (un lieu). *On rejoint la maison par un petit chemin. Elle a rejoint son domicile vers vingt heures,* elle est retournée chez elle. 3. (qqch.) Venir en contact avec. *La rue rejoint le boulevard quelques mètres plus loin.* → **croiser,** ② **déboucher.** 4. Avoir une ressemblance avec, avoir des points communs avec. *Cela rejoint ce que tu disais au début.* → **recouper.** 5. Rattraper (qqn qui a de l'avance). *Allez, cours, il faut que tu les rejoignes !*
II. verbe pronominal SE REJOINDRE 1. Venir en contact. *Les deux rues se rejoignent au carrefour.* 2. Avoir des points communs, des ressemblances. *Les deux points de vue se rejoignent.* → **coïncider.** 3. (qqn) Se rencontrer. *Les deux amies se sont rejointes à la gare.* → se **retrouver.**

REM. On peut aussi prononcer [Rʒwɛ̃dR].

rejoint [Rəʒwɛ̃], **rejointe** [Rəʒwɛ̃t] *Il a rejoint une amie ; l'amie qu'il a rejointe :* formes au participe passé du verbe **rejoindre.**

RÉJOUI [Reʒwi], **RÉJOUIE** [Reʒwi] adj. . Qui manifeste une grande joie. *Pourquoi as-tu cet air réjoui ? Elle a une mine réjouie.* → **gai, joyeux.** ⟨contraire : triste⟩

RÉJOUIR [ReʒwiR] verbe [conjugaison 2]
I. Rendre joyeux. *Cette perspective me réjouit.* → **amuser, plaire, satisfaire.** ⟨contraires : affliger, attrister⟩ *Au début, cette idée ne m'a pas réjouie.*
II. verbe pronominal SE RÉJOUIR : éprouver de la joie, de la satisfaction. *Il n'y a pas de quoi se réjouir ! Ne vous réjouissez pas trop vite ! NOUS NOUS SOMMES RÉJOUIS DE votre succès.* → se **féliciter.** - *Elle se réjouit de partir avec vous. Il SE RÉJOUIT QUE l'entreprise ait réussi.* ⟨contraire : regretter⟩

RÉJOUISSANCE [Reʒwisɑ̃s] n. f. . *UNE RÉJOUISSANCE* 1. Joie partagée par tout le monde. *Les occasions de réjouissance ne manquent pas.* ⟨contraire : tristesse⟩ 2. (au pluriel) LES RÉJOUISSANCES : les festivités. *Quel est le programme des réjouissances ?* → **amusement, divertissement.**

RÉJOUISSANT [reʒwisɑ̃], **RÉJOUISSANTE** [reʒwisɑ̃t] adj. (après le nom). Qui est de nature à réjouir. (contraires : attristant, désolant, navrant) *Voici une nouvelle réjouissante ! La nouvelle n'a rien de réjouissant. Ce n'est pas très réjouissant.*

REM. S'emploie surtout avec la négation.

RELÂCHE [rəlɑʃ] n. f. **1.** *SANS RELÂCHE :* sans répit, sans arrêt. *Il travaille durement et sans relâche.* → **interruption, trêve. 2.** *LA RELÂCHE :* fermeture momentanée d'une salle de spectacle. *Le jour de relâche du théâtre est le lundi. Aujourd'hui, c'est relâche.*

RELÂCHEMENT [rəlɑʃmɑ̃] n. m. *LE RELÂCHEMENT* **1.** État de ce qui est relâché, de ce qui n'est plus tendu. *Le relâchement de tous vos muscles est indispensable pour vous relaxer complètement.* (contraires : contraction, tension) **2.** Diminution (d'activité, d'effort). *Le directeur du collège signale un relâchement des enseignants.*

REM. On peut prononcer aussi [rlɑʃmɑ̃].

RELÂCHER [rəlɑʃe] verbe [conjugaison 1a]
I. 1. Rendre moins tendu ou moins serré. *Il relâche les sangles de son sac à dos.* → **desserrer.** (contraire : resserrer) *Relâchez complètement vos muscles.* → **détendre.** (contraire : contracter) **2.** Laisser faiblir. *Au bout d'une heure, les élèves relâchent leur attention,* ils font moins attention. **3.** Remettre en liberté. *On a relâché deux prisonniers.* → **libérer. 4.** (bateau) Faire escale. *Le cargo relâchera à Barcelone.*
II. verbe pronominal SE RELÂCHER **1.** Devenir moins étroit. *Les liens d'amitié se sont relâchés entre eux.* (contraire : se resserrer) **2.** Devenir moins rigoureux. *La discipline se relâche, dans cette classe.* → **faiblir.** *Le style est un peu relâché,* moins soigné. → **négligé. 3.** (qqn) Montrer moins d'ardeur. *Il se relâche dans son travail.*

REM. On peut aussi prononcer [rlɑʃe].

RELAIS [rəlɛ] n. m. *UN RELAIS* **1.** *Une COURSE DE RELAIS :* épreuve de course disputée entre plusieurs équipes qui se relaient à des distances déterminées. *Elle a participé à une course de relais. - Il y a dix équipes dans le relais quatre fois cent mètres.* **2.** *PRENDRE LE RELAIS de qqn,* le remplacer (→ **relayer**). *Quand tu seras fatigué de conduire, je prendrai le relais.* **3.** *Un relais de télévision :* système qui permet de transmettre les émissions envoyées par un émetteur. *Les émissions de télévision sont transmises dans tout le pays grâce à des relais.*

REM. On peut aussi prononcer [rlɛ].

RELANCE [rəlɑ̃s] n. f. *LA RELANCE* **1.** Nouvelle impulsion. *Le ministre a pour objectif la relance de l'économie.* → **reprise. 2.** Action de relancer (qqn). *Le propriétaire a envoyé à son locataire une lettre de relance pour obtenir le paiement du loyer.* → **rappel.**

REM. On prononce aussi [rlɑ̃s].

RELANCER [rəlɑ̃se] verbe [conjugaison 3a]
I. Lancer à son tour (une chose reçue). *Je lui relance la balle.* → **renvoyer** (2.). Remettre en marche, lancer de nouveau. *Le capitaine relance le moteur du navire. - Le gouvernement essaie de relancer l'économie du pays,* il essaie de lui donner de l'élan, de la rendre plus dynamique. *Relançons notre projet,* donnons-lui une nouvelle impulsion.
II. *Relancer qqn,* le poursuivre avec insistance pour obtenir qqch. de lui. *Ce représentant en tapis m'a relancé trois fois par téléphone.*

REM. On prononce aussi [rlɑ̃se].

RELATER [rəlate] verbe [conjugaison 1a] STYLE RECHERCHÉ Raconter d'une manière détaillée. *Le journal relate chaque jour les événements de l'actualité. Le témoin de l'accident a relaté ce qu'il a vu.* → **rapporter.**

REM. On prononce aussi [rlate].

RELATIF [rəlatif] adj. et n. m., **RELATIVE** [rəlativ] adj. et n. f.
I. adjectif (après le nom) **1.** Qui est défini par rapport à autre chose, qui n'est ni absolu ni indépendant. *Il considère que toute connaissance est relative.* (contraire : absolu) *Tout est relatif :* on ne peut juger de rien sans comparer. **2.** Incomplet, imparfait. *Elle est d'une honnêteté très relative :* elle n'est pas complètement honnête. *Ils vivent dans une maison au confort relatif.* → **médiocre. 3.** *RELATIF À :* qui concerne, qui se rapporte à. *L'historien consulte les documents relatifs à la période qu'il étudie.* **4.** *Un PRONOM RELATIF :* pronom qui sert à établir une relation, un lien entre un nom ou un pronom qu'il représente (→ **antécédent**) et une proposition. *Les principaux pronoms relatifs sont « qui », « que », « quoi », « dont », « où » et « lequel ». - Un pronom relatif introduit une PROPOSITION RELATIVE.*
II. 1. *UN RELATIF :* un pronom relatif. *Dans la phrase « L'ami qui m'accompagne est un camarade d'école », « qui » est un relatif.* **2.** *UNE RELATIVE :* une proposition relative. *Dans la phrase « La maison que nous louons est grande », « que nous louons » est une relative.*

REM. 1. On prononce aussi [rlatif], [rlativ]. 2. Voyez les encadrés concernant les relatifs pages 868 à 871.

RELATION [rəlasjɔ̃] n. f. *UNE RELATION* **1.** Rapport, lien (entre deux ou plusieurs choses). *Il y a une relation entre le climat d'un pays et sa végétation. Le commissaire cherche la relation qui existe entre les deux crimes.* → **corrélation.** *Les deux phénomènes ont entre eux une relation de cause à effet.* **2.** (au pluriel) LES RELATIONS : les liens réciproques entre des personnes. *Il a noué avec ses voisins des relations d'amitié.* → **rapport.** *Ils ont entre eux des relations purement professionnelles. Elle a de très bonnes relations avec sa belle-mère.* → **contact.** *Quelles sont vos relations avec lui ? J'ai cessé toutes relations avec lui,* je ne le fréquente plus. **3.** *EN RELATION :* en contact. *Il s'est mis en relation avec le directeur de la société,* il a pris contact avec lui. *Depuis ce moment, nous sommes toujours restés en relations,* nous nous voyons toujours. **4.** *AVOIR DES RELATIONS :* connaître des gens influents, importants. *Ce sont des gens qui ont beaucoup de relations. - Il a obtenu son poste PAR RELATIONS,* grâce à des gens influents qu'il connaît (→ STYLE FAMILIER ② **piston**). **5.** Personne que l'on connaît un peu mais avec qui l'on n'a pas de liens très étroits. *Ce n'est pas vraiment un ami, c'est juste une vague relation.* → **connaissance. 6.** Lien officiel entre des groupes, des peuples, des pays. *Les relations diplomatiques entre les deux pays sont excellentes. Son mari est un spécialiste des relations commerciales internationales.* **7.** *LES RELATIONS PUBLIQUES :* méthodes et techniques utilisées pour informer le public, promouvoir une marque, des produits. *Elle est directrice des relations publiques dans une maison d'édition,* elle s'occupe de la communication, des contacts avec la presse, le public.

REM. La prononciation [rlasjɔ̃] est courante.

RELATIVEMENT [rəlativmɑ̃] adverbe. D'une manière relative. *Il est relativement honnête,* à peu près honnête. → **assez, plutôt.**

REM. On prononce aussi [rlativmɑ̃].

RELATIVITÉ [rəlativite] n. f. *LA RELATIVITÉ* **1.** Caractère de ce qui est relatif. *Il est convaincu de la relativité de toute connaissance.* **2.** *La THÉORIE DE LA RELATIVITÉ :* théorie qui exprime le rapport des lois naturelles avec le mouvement. *C'est Einstein qui inventa la théorie de la relativité en 1905.*

REM. On prononce aussi [rlativite].

RELAX [ʀəlaks] adj. (après le nom)▪ STYLE FAMILIER **1.** Qui favorise la détente. *Les invités ont tous une tenue relax. C'est une soirée relax.* → **décontracté.** ⟨contraire : guindé⟩ **2.** (qqn) À l'aise, détendu. *C'est un type vraiment relax. Elle est très relax.*

REM. **1.** Il existe aussi un féminin *relaxe : une tenue relaxe.* **2.** Le mot vient de l'anglais *to relax* « se détendre ».

RELAXANT [ʀəlaksɑ̃], **RELAXANTE** [ʀəlaksɑ̃t] adj. (après le nom) ▪ Qui procure une détente. *Il a pris un bain relaxant. Elle fait de la gymnastique relaxante.*

RELAXATION [ʀəlaksasjɔ̃] n. f.▪ *LA RELAXATION* **1.** Méthode de détente par des moyens psychologiques. *Elle fait des exercices de relaxation.* **2.** Détente, repos. *J'ai besoin d'un moment de relaxation après ma journée de travail.*

REM. On peut aussi prononcer [ʀlaksasjɔ̃].

SE **RELAXER** [ʀəlakse] verbe pronominal [conjugaison 1a] ▪ Se détendre. *Elle s'est relaxée en écoutant de la musique. Relaxez-vous.* → se **décontracter.**

REM. On peut aussi prononcer [ʀlakse].

RELAYER [ʀəleje] verbe [conjugaison 8b] **1.** Remplacer (qqn) dans une activité qui ne peut pas être interrompue. *Quand tu seras fatigué de conduire, je te relaierai* [ʀəlɛʀɛ] *au volant. L'équipe d'ouvriers qui travaille la nuit relaie celle qui travaille le jour.* **2.** Retransmettre (une émission) à partir d'un émetteur. *L'émission de télévision est relayée par satellite.* **3.** verbe pronominal SE RELAYER : se remplacer l'un l'autre, les uns les autres, tour à tour. *Il faut que nous nous relayions pour vider l'eau de la barque. Ils se sont relayés toute la nuit à mon chevet.*

REM. **1.** On peut aussi prononcer [ʀleje]. **2.** On peut écrire au présent : *je relaie* [ʀəlɛ] ou *je relaye* [ʀəlɛj], au futur : *je relaierai* [ʀəlɛʀɛ] ou *je relayerai* [ʀəlɛjʀɛ] et au subjonctif : *que je relaie* ou *que je relaye.*

RELECTURE [ʀəlɛktyʀ] n. f.▪ *LA RELECTURE* **1.** Le fait de relire une seconde fois. *À la relecture, j'ai trouvé ce roman vraiment bien.* **2.** Le fait de lire pour corriger. *Ce texte a besoin d'une sérieuse relecture et d'une réécriture.*

REM. On peut dire aussi [ʀlɛktyʀ].

RELÉGUER [ʀəlege] verbe [conjugaison 6a] ▪ Mettre dans un lieu écarté ou médiocre. *Il relègue toutes ses vieilles affaires au grenier.* – *Son patron l'a relégué à un poste subalterne.*

REM. On peut dire aussi [ʀlege].

RELENT [ʀəlɑ̃] n. m.▪ *UN RELENT* : mauvaise odeur qui persiste. *Des relents de friture viennent de la cuisine.*

REM. Ce mot s'emploie souvent au pluriel.

RELEVÉ [ʀəlve] n. m. ▪ *UN RELEVÉ* : ce qui est noté par écrit. *Chaque mois, il reçoit son RELEVÉ DE BANQUE,* le document où sont notées toutes les opérations bancaires qu'il a faites dans le mois. *Veuillez joindre un RELEVÉ D'IDENTITÉ BANCAIRE (R. I. B.)* [ʀib], le papier où sont notées les coordonnées du compte et de son titulaire.

REM. On prononce aussi [ʀələve] et [ʀləve] (plus négligé).

RELÈVE [ʀəlɛv] n. f. ▪ *LA RELÈVE* **1.** Remplacement d'une personne ou d'une équipe par une autre. *Les touristes regardent la relève de la garde devant le palais de Buckingham, à Londres.* – *L'équipe de jour PREND LA RELÈVE de l'équipe de nuit,* elle la remplace. → **relayer. 2.** Remplacement (dans une action collective). *La jeunesse assure la relève.*

REM. On prononce aussi [ʀlɛv].

RELEVER [ʀəlve] verbe [conjugaison 5a]

I. 1. Remettre debout. *Un passant relève l'enfant qui est tombé sur le trottoir. Le maçon a relevé le mur qui s'effondrait.* **2.** Remettre en bon état (ce qui est au plus bas). *Le gouvernement relèvera l'économie du pays.* **3.** Ramasser. *Les postiers relèvent le courrier dans les boîtes. Le professeur relève les copies d'examen.* – *Il veut RELEVER LE DÉFI,* y répondre. **4.** Faire remarquer, mettre en relief. *Les lecteurs ont relevé quelques erreurs dans le texte.* – *Je n'ai pas voulu relever l'allusion,* je n'ai pas voulu y répondre. **5.** Noter par écrit ou par un croquis. *Il a relevé un passage qui lui a plu dans le roman. Les ouvriers relèvent les mesures de la pièce.* – *Les policiers ont relevé des empreintes digitales sur la porte.* – *L'employé du gaz relève les compteurs,* il note le chiffre de consommation pour chaque compteur à gaz. **6.** Diriger, orienter vers le haut (une partie du corps, un vêtement). *En entendant son nom, il relève la tête.* → **lever.** ⟨contraire : baisser⟩ *Elle a relevé le col de son manteau.* → **remonter. 7.** Donner plus de hauteur à. *Relève les vitres de la voiture.* ⟨contraire : abaisser⟩ – *Le gouvernement veut relever le niveau de vie.* → **hausser. 8.** Donner une valeur plus haute à. *Ça relèvera un peu le niveau de la conversation.* **9.** Donner plus de goût à (un mets) en assaisonnant davantage. *La sauce épicée relève le goût de cette viande un peu fade.* **10.** Assurer la relève de. *Il est temps de relever la sentinelle.* → **relayer.**

II. 1. *RELEVER qqn DE* : (qqn) libérer qqn de (une obligation). *Je te relève de ta promesse. Le directeur a relevé son collaborateur de ses fonctions,* il lui a enlevé sa fonction. → **destituer. 2.** (qqch.) *RELEVER DE* : dépendre d'une autorité. *En France, les départements relèvent des préfets. Les crimes relèvent de la cour d'assises,* ils sont du ressort de la cour d'assises. *Cette question relève de l'économie,* elle est du domaine de l'économie. **3.** (qqn) *RELEVER DE* : se remettre de, commencer à guérir de. *Il relève de maladie,* il vient d'être malade. → se **rétablir.**

III. verbe pronominal SE RELEVER **1.** Se remettre debout. *Aide-moi à me relever.* – *Elle s'est relevée difficilement de cet échec.* → se **remettre. 2.** Être dirigé vers le haut. *Les coins de sa bouche se relèvent.* ⟨contraire : s'abaisser⟩ *Les accoudoirs du fauteuil se relèvent,* ils peuvent se mettre en position verticale.

FAUX AMI
anglais **to relieve**
« soulager »

REM. On peut aussi prononcer [ʀələve] ou [ʀləve].

RELIEF [ʀəljɛf] n. m.▪ *LE RELIEF* **1.** Forme de la surface de la Terre, qui présente des creux et des saillies. *Le relief de la France est très varié : il y a des montagnes, des collines et des plaines.* **2.** Ce qui fait saillie sur une surface. *Cette pierre ne présente aucun relief. Le braille a des caractères EN RELIEF.* → **saillant. 3.** Caractère d'une image qui donne une impression de profondeur, de niveaux différents. *Ce film donne une véritable sensation de relief. Ce portrait manque de relief.* **4.** *METTRE EN RELIEF* : faire valoir en mettant en évidence. *Elle ne sait pas mettre sa beauté en relief.* → **valeur.** *Ce morceau de musique difficile à exécuter met en relief la technique du pianiste.*

RELIER [ʀəlje] verbe [conjugaison 7a]

I. 1. Attacher ensemble. *Une grosse corde relie les trois alpinistes. Les maillons de la chaîne sont reliés les uns aux autres. Les deux parties du mot composé sont RELIÉES PAR UN TRAIT D'UNION.* **2.** Mettre en communication avec. *L'autoroute reliera* [ʀəliʀa] *bientôt les deux villes.* → **joindre, raccorder. 3.** Mettre en rapport. *Le commissaire a relié entre eux tous les indices.* → **rapprocher.** *La préposition relie le verbe à son complément.*

II. Attacher ensemble (les feuillets formant un ouvrage) et les couvrir avec une matière rigide (→ **reliure).** *Il a relié ce livre lui-même.* – *Les livres brochés sont moins chers que les livres reliés.*

RELIEUR [ʀəljœʀ], **RELIEUSE** [ʀəljøz] n. f.▪ *UN RELIEUR, UNE RELIEUSE* : personne dont le métier est de relier des livres. *Ce relieur relie des livres anciens.*

LES PRONOMS

1. LES RELATIFS : FORMES,

		QUI	**QUE** ou **QU'**	**QUOI**
		Les femmes qui travaillent. *L'avion qui part.* *Qui que ce soit* **(→ quiconque).**	*L'avion que je prends.* *Il court plus vite que moi.* *Ce que je vois.* *Advienne que pourra.*	*Je ne sais quoi penser* **(→ que).** *Quoi que ce soit.* **Remarque : ne pas confondre avec** ***quoique.***
AVEC PRÉPOSITION	DE	**DE QUI** *L'enfant de qui je m'occupe* **(→ dont, duquel).** *La personne à côté de qui je suis.*		**DE QUOI** *Voilà de quoi il s'agit* **(→ ce dont).** *L'affaire au sujet de quoi nous sommes en désaccord.*
	À	**À QUI** *Le ministre à qui j'ai écrit* **(→ auquel).** *La femme grâce à qui je vous ai rencontré.*		**À QUOI** *C'est à quoi je pensais.* *Ce à quoi je me réfère.*
	AUTRES PRÉPOSITIONS	Après qui. Envers qui. Avant qui. Par qui. Avec qui. Pour qui. Chez qui. Sans qui. Contre qui. Selon qui. Derrière qui. Sous qui. Devant qui. Sur qui. En qui. Vers qui.		Après quoi. En quoi. Avant quoi. Envers quoi. Avec quoi. Par quoi. Comme quoi. Pour quoi. Contre quoi. Sans quoi. Dans quoi. Selon quoi. Depuis quoi. Sous quoi. Derrière quoi. Sur quoi. Devant quoi. Vers quoi. **Remarque : ne pas confondre avec l'interrogatif** ***pourquoi : c'est ce pour quoi elle est faite; pourquoi ne répond-elle plus ?***

PRÉPOSITIONS, ÉQUIVALENCES

	OÙ *La maison où j'habite* (→ **dans laquelle).** *La maison, où qu'elle soit.*	**LEQUEL** (rare) *L'ami de ma sœur, lequel arrive ce soir* (→ **qui).** Pluriel : **LESQUELS**	**LAQUELLE** (rare) *La toiture de cet immeuble, laquelle a coûté cher* (→ **qui).** Pluriel : **LESQUELLES**
DONT *Les gens dont je vous parle.* *C'est ce dont il s'agit* (→ **de quoi).**	**D'OÙ** *Le pays d'où je viens* (→ **dont, duquel).**	**DUQUEL** *L'homme auprès duquel je vis.* Pluriel : **DESQUELS**	**DE LAQUELLE** *La maison de laquelle je suis propriétaire* (→ **dont).** Pluriel : **DESQUELLES**
		AUQUEL *Le vendeur auquel je m'adresse* (→ **à qui).** *Le livre auquel je me réfère* (→ **à quoi).** Pluriel : **AUXQUELS**	**À LAQUELLE** *La personne à laquelle je pense* (→ **à qui).** *L'étude à laquelle je me réfère* (→ **à quoi).** Pluriel : **AUXQUELLES**
	Jusqu'où. Par où. Vers où.	Après lequel. Envers lequel. Avant lequel. Malgré lequel. Avec lequel. Par lequel. Chez lequel. Pendant lequel. Contre lequel. Pour lequel. Dans lequel. Sans lequel. Depuis lequel. Selon lequel. Derrière lequel. Sous lequel. Devant lequel. Suivant lequel. Durant lequel. Sur lequel. En lequel. Vers lequel. Entre lesquels. Parmi lesquels.	Après laquelle. Envers laquelle. Avant laquelle. Malgré laquelle. Avec laquelle. Par laquelle. Chez laquelle. Pendant laquelle. Contre laquelle. Pour laquelle. Dans laquelle. Sans laquelle. Depuis laquelle. Selon laquelle. Derrière laquelle. Sous laquelle. Devant laquelle. Suivant laquelle. Durant laquelle. Sur laquelle. En laquelle. Vers laquelle. Entre lesquelles. Parmi lesquelles.

2. TABLEAU DES

QUI	QUE, QU'	QUOI	DONT
masculin, féminin singulier, pluriel • **sujet** (personnes ou choses) 1. (personnes ou choses) (avec un antécédent) : *une femme qui travaille; moi qui suis ici; nous qui étions si contents; c'est vous qui voyez; n'oubliez pas ceux qui restent; le voilà qui recommence; le chien qui a traversé la rue; ce qui doit arriver.* 2. (personnes) (sans antécédent exprimé) : *qui vivra verra* «celui, celle qui vivra verra»; *comprenne qui pourra;* voilà qui est mieux. • **complément d'objet direct :** *emmène qui tu veux* «emmène celui ou celle que tu veux»; *c'est qui vous savez* «c'est la personne que je ne veux pas nommer mais que vous connaissez» • **complément indirect précédé d'une préposition** : *la fille à qui il parle; un ami sans qui je n'aurais rien pu faire; une amie sur qui je peux compter* «une amie sur laquelle je peux compter» **Remarque : pour les animaux on préfère employer *auquel, duquel.***	masculin, féminin singulier, pluriel (personnes ou choses) • **complément d'objet direct :** *la femme que j'aime; les amis que j'aime; les affaires que je t'ai prêtées; je dis ce que je pense; il faut que tu viennes* • **complément circonstanciel :** *ça fait dix ans que j'habite ici; il y a longtemps qu'ils sont mariés* • **attribut :** *il pleure comme un bébé qu'il est; la femme que tu seras plus tard* • (rare) **sujet :** *advienne que pourra*	masculin, féminin singulier, pluriel (choses) • **complément précédé d'une préposition** (avec un antécédent) : *voilà de quoi il s'agit* «voilà la chose dont il s'agit»; *c'est à quoi j'ai pensé* «c'est la chose à laquelle j'ai pensé»; *voilà à quoi ça sert* *il a dîné, après quoi il s'est couché* «il a dîné et après cela, il s'est couché»; *note-le, sans quoi tu vas oublier* «note-le, sinon tu vas oublier»; *il n'a pas d'amis, moyennant quoi il est toujours tout seul* – (introduisant une proposition **à l'infinitif**) : *il n'y a pas de quoi rire; vous avez de quoi faire; il n'a rien à quoi se raccrocher; je cherche un sujet sur quoi t'interroger; il faut des données sur quoi s'appuyer,* «sur lesquelles s'appuyer» **Remarque : *quoi* s'emploie surtout pour les choses abstraites.**	masculin, féminin singulier, pluriel (personnes ou choses) • **complément qui indique :** – l'origine, le point de départ, la provenance : *la chambre dont je sors* «la chambre d'où je sors»; *les mines dont on extrait du charbon* «les mines desquelles on extrait du charbon» – la possession : *la plante dont les fleurs sont roses* «la plante qui a des fleurs roses» – la cause : *la maladie dont il est mort* «la maladie de laquelle il est mort» – la manière : *la façon dont il est habillé* – le moyen : *les couvertures dont elle s'enveloppe* «les couvertures avec lesquelles elle s'enveloppe» – la partie d'un tout : *toute la famille, dont mon cousin Jean; trois accidents graves, dont un mortel* • **Fonctions de *dont*** – complément du verbe : *la femme dont il est aimé* «la femme par laquelle il est aimé»; *c'est ce dont je voulais te parler* «c'est de quoi je voulais te parler» – du nom : *la maison dont on voit la façade* – du pronom : *lui dont les enfant sont si mignons; quelques-uns dont ton frère* «quelques-uns parmi lesquels ton frère» – de l'adjectif : *voici mon fils dont je suis très fier*

PRONOMS RELATIFS

OÙ	**LEQUEL**	**DUQUEL** (contraction de *de* et *lequel*)	**AUQUEL** (contraction de *à* et *lequel*)
masculin, féminin, singulier, pluriel (choses) • **complément qui indique**: – un lieu: *le pays où il est né* – un état: *l'état où il est; les difficultés où il se débat* – un moment: *l'hiver où il a fait si froid* Il est utilisé: • **non précédé d'une préposition**: *la ville où il est né* «la ville dans laquelle il est né»; *mon sac est resté là où je l'ai laissé; dans le trouble où il est; à l'époque où nous sommes; au moment où je vous parle* • **précédé d'une préposition** : *le pays d'où je viens* «le pays dont je viens, duquel je viens»; *l'endroit jusqu'où il est allé; le chemin par où je suis passé; je ne suis pas allé jusqu'à Paris pour où j'étais parti*	masculin singulier (personnes ou choses) • **complément précédé d'une préposition**: *le milieu dans lequel il vit* «le milieu où il vit»; *l'homme pour lequel elle a tout quitté* «l'homme pour qui elle a tout quitté» Avec *à* → **auquel** Avec *de* → **duquel**	masculin singulier (personnes ou choses) • **complément indirect**: *l'homme duquel je parle* «l'homme dont je parle, de qui je parle»; *le pays duquel je reviens* «le pays d'où je reviens»	masculin singulier (personnes ou choses) • **complément indirect**: *l'homme auquel tu viens de parler* «l'homme à qui tu viens de parler»; *le pays auquel je pense*
	LAQUELLE féminin singulier (personnes ou choses) • **complément précédé d'une préposition**: *la personne de laquelle je parle* «dont je parle»; *la maison dans laquelle il vit* «où il vit»; *la femme pour laquelle il a tout quitté* «pour qui il a tout quitté»		
	LESQUELS masculin pluriel (personnes ou choses) • **complément précédé d'une préposition**: *les pays dans lesquels ils sont allés* «les pays où ils sont allés»; *des amis sur lesquels elle compte* Avec *à* → **auxquels** Avec *de* → **desquels**	**DESQUELS** masculin pluriel (personnes ou choses) *les hommes desquels je me suis séparée*	**AUXQUELS** masculin pluriel (personnes ou choses) *les hommes auxquels tu viens de parler* «les hommes à qui tu viens de parler»; *les pays auxquels je pense*
	LESQUELLES féminin pluriel (personnes ou choses) • **complément précédé d'une préposition**: *les villes dans lesquelles ils sont allés* «les villes où ils sont allés»; des amies pour lesquelles j'ai de l'estime Avec *à* → **auxquelles** Avec *de* → **desquelles**	**DESQUELLES** féminin pluriel (personnes ou choses) *les femmes desquelles je parle* «les femmes dont je parle, de qui je parle»; *les distractions desquelles on m'a privé*	**AUXQUELLES** féminin pluriel (personnes ou choses) *les femmes auxquelles tu viens de parler* «les femmes à qui tu viens de parler»; *les villes auxquelles je pense*
Remarque: avec *c'est là*, on emploie *que* et non *où*: *c'est là que j'ai laissé mon sac*	Remarque: *lequel, laquelle, lesquels* et *lesquelles* peuvent avoir la fonction de **sujet** et remplacer *qui* lorsque la phrase est ambiguë: *L'ami de ma sœur lequel arrive ce soir.*		

RELIGIEUSEMENT [Rəliʒjøzmɑ̃] adverbe 1. Selon les rites d'une religion. *Ils se sont mariés religieusement.* ‹contraire : civilement› 2. Avec une grande attention, un grand recueillement. *Elle écoute le concert religieusement.* ‹contraire : distraitement›

RELIGIEUX [Rəliʒjø] adj. et n. m., **RELIGIEUSE** [Rəliʒjøz] adj. et n. f. I. adjectif (après le nom) 1. Qui concerne la religion, les rapports entre l'être humain et un pouvoir surnaturel. *Il a un certain sentiment religieux. Les églises, les temples, les synagogues et les mosquées sont des édifices religieux.* → **sacré.** ‹contraire : profane› *Noël et Pâques sont des fêtes religieuses. Le fanatisme religieux est dangereux. Ils ont fait un mariage religieux* (opposé à civil). 2. Consacré à la religion, à Dieu, par des vœux. *Elle a consacré son existence à la vie religieuse.* → **monastique.** *Il vit dans une communauté religieuse* (→ **couvent, monastère**). 3. (qqn) Qui pratique une religion avec assiduité. *Il a une femme très religieuse.* → **croyant, pieux.** ‹contraire : impie› 4. Qui a les caractères du sentiment ou du comportement religieux. *Le public écoute le conférencier dans un silence religieux.* 5. *Une MANTE RELIGIEUSE.* → **mante.**
II. 1. *UN RELIGIEUX, UNE RELIGIEUSE :* personne qui a consacré sa vie à Dieu et vit dans une communauté religieuse. ‹contraires : civil, laïc› *Ma tante est religieuse.* → **nonne, sœur.** *Les religieux vivent dans un monastère.* → **moine.** *Elle fait partie d'une communauté de religieuses.* → **ordre.** 2. *UNE RELIGIEUSE :* gâteau fait de deux choux superposés et remplis de crème pâtissière au café ou au chocolat. *Il a mangé deux religieuses au café.*
REM. On prononce aussi [Rliʒjø], [Rliʒjøz].

RELIGION [Rəliʒjɔ̃] n. f. 1. *LA RELIGION :* croyance en un pouvoir supérieur, en un Dieu dont dépend sa destinée et à qui l'on doit respect et obéissance. *De nombreux pays sont neutres en matière de religion,* ils sont laïques. *Ils sont contre la religion* (→ **athée**). *Les GUERRES DE RELIGION ont opposé les protestants et les catholiques de France au milieu du seizième siècle.* 2. *UNE RELIGION :* ensemble de croyances et de pratiques propres à un groupe de personnes. *Nous sommes de religion catholique, mais nos voisins sont de religion musulmane. Ils ne pratiquent aucune religion. Son fils s'est converti à la religion bouddhiste.* 3. *ENTRER EN RELIGION :* devenir membre d'une communauté religieuse. *Leur fille est entrée en religion,* elle est devenue religieuse.
REM. On prononce aussi [Rliʒjɔ̃].

RELIQUAT [Rəlika] n. m. ▪ *UN RELIQUAT :* ce qui reste (d'une somme à payer ou à percevoir). *Il a encore un reliquat d'impôts à payer.* → **reste.**

RELIQUE [Rəlik] n. f. ▪ *UNE RELIQUE* 1. Morceau du corps d'un saint ou objet lui ayant appartenu, qui fait l'objet d'un culte. *La cathédrale de la ville conserve une relique de son saint patron dans la crypte.* 2. Objet que l'on garde comme témoin d'un passé auquel on attache beaucoup de prix. *Ces vieilles lettres jaunies sont les reliques de leur amour.*

RELIRE [RəliR] verbe [conjugaison 43] 1. Lire une nouvelle fois. *Cet été, je relis «la Comédie humaine» de Balzac. Il relit sa lettre pour la troisième fois. J'ai relu ce roman avec plaisir.* 2. Lire pour corriger (→ **relecture**). *Le correcteur relit les épreuves du manuscrit. Quand il relisait, il laissait parfois passer des fautes. J'aimerais que vous relisiez ce texte. En relisant, j'ai trouvé deux erreurs.*
REM. On prononce aussi [RliR].

RELIURE [RəljyR] n. f. 1. *LA RELIURE :* technique, art de relier les livres. *Sa femme prend des cours de reliure. Elle fait de la reliure.* 2. *UNE RELIURE :* couverture rigide d'un livre. *Ils ont de belles reliures anciennes dans leur bibliothèque.*

relu [Rəly], **relue** [Rəly] *Il a relu sa lettre ; la lettre qu'il a relue :* formes au participe passé du verbe **relire.**

RELUIRE [RəlɥiR] verbe [conjugaison 38a] ▪ Luire en réfléchissant la lumière, en produisant des reflets. *La carrosserie de la voiture reluit au soleil.* → **briller.** – *La femme de ménage fait reluire les meubles,* elle les cire et les frotte pour qu'ils brillent. *Il faut que ça reluise. La table reluira* [RəlɥiRa] *quand elle sera cirée.* – *Il passe LA BROSSE À RELUIRE à son patron,* il le flatte d'une manière servile.

RELUISANT [Rəlɥizɑ̃], **RELUISANTE** [Rəlɥizɑ̃t] adj. (après le nom) 1. Qui reluit de propreté. *Les meubles reluisants sentent bon la cire.* 2. Brillant. *Son avenir n'est pas très reluisant. Il a une profession peu reluisante.*
REM. 1. On peut aussi prononcer [Rlɥizɑ̃], [Rlɥizɑ̃t]. 2. Au sens 2., on emploie surtout des tournures négatives *(pas, guère reluisant).*

reluit [Rəlɥi] *Ça reluit :* forme au présent du verbe **reluire.**

RELUQUER [Rəlyke] verbe [conjugaison 1a] ▪ STYLE FAMILIER 1. Regarder du coin de l'œil, avec intérêt et curiosité. *Il reluque les filles derrière ses jumelles.* → **lorgner.** 2. Considérer avec convoitise. *Il reluque l'héritage de ses grands-parents.* → **guigner.**
REM. On prononce aussi [Rlyke].

REMÂCHER [Rəmɑʃe] verbe [conjugaison 1a] 1. (ruminants) Mâcher une seconde fois. *Les vaches remâchent l'herbe.* → **ruminer.** 2. Revenir sans cesse sur. *Il remâche ses soucis.* → **ressasser.**
REM. On prononce aussi [Rmɑʃe].

REMANIEMENT [Rəmanimɑ̃] n. m. ▪ *UN REMANIEMENT :* fait de remanier, de modifier. *Ce texte a besoin d'un sérieux remaniement.* → **modification.** – *Le Premier ministre a annoncé un REMANIEMENT MINISTÉRIEL,* un changement de personnes dans son gouvernement.
REM. On prononce aussi [Rmanimɑ̃].

REMANIER [Rəmanje] verbe [conjugaison 7a] 1. Modifier (un texte, un discours) par un nouveau travail. *Il faudrait que vous remaniiez ce texte.* → **retoucher.** *L'auteur remaniera* [RəmaniRa] *son livre en vue de la prochaine édition.* 2. Modifier la composition de (un groupe). *Le gouvernement va être prochainement remanié.*
REM. On prononce aussi [Rmanje].

SE **REMARIER** [RəmaRje] verbe pronominal [conjugaison 7a] ▪ Se marier une nouvelle fois. *Elle s'est remariée après la mort de son mari. Il faut que vous vous remariiez. Si j'étais plus jeune, je me remarierais* [RəmaRiRɛ].
REM. On prononce aussi [RmaRje].

REMARQUABLE [RəmaRkabl] adj. (après le nom, parfois avant le nom) 1. (après le nom) Digne d'être remarqué, d'attirer l'attention. *Il note tous les événements remarquables dans un petit carnet.* → **marquant, notable.** ‹contraires : banal, insignifiant› *C'est un bibelot remarquable par sa rareté.* 2. (après le nom, parfois avant le nom) Digne d'être remarqué par son mérite, sa qualité. *Ce restaurant fait une cuisine remarquable.* → **excellent.** ‹contraires : mauvais, médiocre› *Ce prestidigitateur est d'une remarquable adresse.* → **extraordinaire.** *Il a accompli un exploit remarquable. Bravo, c'est remarquable !*
REM. On prononce aussi [RmaRkabl].

REMARQUABLEMENT [ʀəmaʀkabləmɑ̃] adverbe ▪ D'une manière remarquable. *Son fils est remarquablement intelligent.* → **très.** ⟨contraire : peu⟩ *Elle a remarquablement réussi,* très bien réussi. → **merveilleusement.** ⟨contraire : mal⟩

REM. On prononce aussi [ʀmaʀkabləmɑ̃].

REMARQUE [ʀəmaʀk] n. f. ▪ *UNE REMARQUE* **1.** Le fait de remarquer, d'avoir l'attention attirée par (qqch.). *Il en a déjà fait la remarque.* **2.** Observation destinée à attirer l'attention sur une chose et comportant souvent une critique. *Le chef de rayon a fait une remarque à la vendeuse.* → **réflexion.** *Elle n'a pas apprécié la remarque. Il ne fait que des remarques désagréables.* **3.** Dans un texte, note pour attirer l'attention du lecteur sur un point particulier. *Ce dictionnaire comporte des remarques sur la grammaire et l'emploi de certains mots.* → **commentaire.**

REM. On prononce aussi [ʀmaʀk].

REMARQUER [ʀəmaʀke] verbe [conjugaison 1a] **1.** Avoir la vue, l'attention frappée par (qqch.). *J'ai remarqué au premier coup d'œil sa nouvelle robe. Tout le monde a remarqué l'absence de son mari. Tu n'as rien remarqué ? Je REMARQUE QUE la pièce est en ordre. Personne n'a remarqué qu'il boitait. Remarquez bien que je ne le critique pas,* j'attire votre attention là-dessus. → **noter.** *Permettez-moi de vous FAIRE REMARQUER que vous êtes en retard. Avez-vous remarqué comme elle avait l'air heureux ? Il a raison, remarque !* **2.** Distinguer en particulier (une personne, une chose parmi d'autres). *Les policiers ont remarqué un individu au comportement bizarre. – Il est sorti sans SE FAIRE REMARQUER,* sans attirer l'attention sur lui. *Il faut toujours qu'il se fasse remarquer, celui-là !* **3.** verbe pronominal SE REMARQUER : être vu, distingué. *Ce sont des imperfections qui se remarquent à peine. – Son absence s'est à peine remarquée.*

FAUX AMIS
anglais **to remark** « mentionner » ; espagnol **remarcar** « marquer à nouveau »

REM. On prononce aussi [ʀmaʀke].

REMBALLER [ʀɑ̃bale] verbe [conjugaison 1a] ▪ Remettre dans son emballage (ce qui a été déballé). *Le représentant remballe sa marchandise.* ⟨contraire : déballer⟩ – STYLE FAMILIER *Tu peux remballer tes compliments !* inutile de faire des compliments.

REMBARQUER [ʀɑ̃baʀke] verbe [conjugaison 1a] ▪ Embarquer à nouveau (après avoir débarqué). *Les passagers du paquebot ont rembarqué pour une nouvelle destination.* ⟨contraire : débarquer⟩

REM. On peut dire aussi *se rembarquer : elle s'est rembarquée.*

REMBARRER [ʀɑ̃baʀe] verbe [conjugaison 1a] ▪ STYLE FAMILIER Repousser brutalement (qqn). *Je lui ai demandé un renseignement et elle m'a rembarré,* elle m'a envoyé promener. → **rabrouer.** *Il ne la rembarrera* [ʀɑ̃baʀʀa] *plus jamais. Il s'est fait rembarrer par son père.*

REMBLAI [ʀɑ̃blɛ] n. m. ▪ *UN REMBLAI :* amas de terre et de pierres servant à combler un trou ou à surélever un terrain. *La voie ferrée est posée sur un remblai.*

REMBOURRER [ʀɑ̃buʀe] verbe [conjugaison 1a] ▪ Garnir de matière molle et confortable. *Le tapissier rembourre le fauteuil avec du crin. Tu rembourreras* [ʀɑ̃buʀʀa] *ce siège. – Les sièges de la voiture sont bien rembourrés,* ils sont confortables.

REMBOURSEMENT [ʀɑ̃buʀsəmɑ̃] n. m. ▪ *LE REMBOURSEMENT :* le fait de rembourser (une dette). *Le remboursement de son emprunt durera quinze ans. J'ai obtenu le remboursement du billet de train que je n'avais pas utilisé,* on me l'a remboursé. – *Elle a expédié un colis CONTRE REMBOURSEMENT,* contre paiement à la livraison du colis.

REMBOURSER [ʀɑ̃buʀse] verbe [conjugaison 1a] **1.** *REMBOURSER QQCH. :* rendre à qqn la somme qu'il a payée. *La Sécurité sociale ne rembourse pas tous les médicaments. Il a remboursé son emprunt en dix ans. Je rembourserai mes dettes dès que je pourrai.* → **payer.** – *Les marchandises ne sont ni échangées ni remboursées. – Les spectateurs mécontents crient : « Remboursez ! Remboursez ! »,* remboursez le prix des places. **2.** *REMBOURSER QQN,* lui rendre ce qu'il a payé. *Il a remboursé tous ses créanciers. Prête-moi cent francs, je te rembourserai demain. Sa société lui rembourse tous ses déplacements. – La publicité du magasin est : « Satisfait ou remboursé ».*

REMBRANDT [ʀɑ̃bʀɑ̃] nom propre – en néerlandais **REMBRANDT VAN RIJN** ▪ Peintre et graveur hollandais (1606-1669). *« La Ronde de nuit » est un célèbre tableau de Rembrandt.*

REM. **1.** On prononce aussi [ʀɑ̃bʀɑ̃t]. **2.** *Rembrandt* est le prénom de *Rembrandt Harmenszoon VAN RIJN.*

SE **REMBRUNIR** [ʀɑ̃bʀyniʀ] verbe pronominal [conjugaison 2] ▪ STYLE RECHERCHÉ Prendre un air sombre et mécontent. *Dès qu'elle m'a vu, elle s'est rembrunie. Dès qu'on lui faisait la moindre remarque, il se rembrunissait.* ⟨contraire : s'épanouir⟩

REMÈDE [ʀəmɛd] n. m. ▪ *UN REMÈDE* **1.** Médicament. *Ce remède a un très mauvais goût. Il a acheté ses remèdes à la pharmacie. – C'est un REMÈDE DE BONNE FEMME, mais tu peux essayer,* un médicament traditionnel et populaire. – *Ce sirop est un vrai REMÈDE DE CHEVAL,* c'est un médicament violent, brutal. **2.** Ce qui est employé pour guérir ou atténuer une souffrance morale, une difficulté. *Le travail est un excellent remède contre l'ennui.* → **dérivatif.** *Il a essayé tous les remèdes pour l'oublier. – Aux grands maux les grands remèdes :* il faut agir énergiquement dans les cas graves. – STYLE FAMILIER *Cette fille est un vrai REMÈDE À L'AMOUR,* elle est tellement laide qu'elle risque de dégoûter de l'amour. – *On ne peut pas PORTER REMÈDE à cela,* on ne peut pas y remédier.

REM. On prononce aussi [ʀmɛd].

REMÉDIER [ʀəmedje] verbe [conjugaison 7a] ▪ *REMÉDIER À :* apporter un remède, trouver une solution à. *Il remédierait* [ʀəmediʀɛ] *à la situation s'il le pouvait.* → **pallier.** *Il pourrait y remédier.*

REM. On prononce aussi [ʀmedje].

SE **REMÉMORER** [ʀəmemɔʀe] verbe pronominal [conjugaison 1a] ▪ Reconstituer avec précision dans sa mémoire. *Ma grand-mère s'est remémoré ses souvenirs de jeunesse.* → se **rappeler.** *Nous nous remémorerons* [ʀəmemɔʀʀɔ̃] *tout ça plus tard.*

REM. On peut aussi prononcer [ʀmemɔʀe].

REMERCIEMENT [ʀəmɛʀsimɑ̃] n. m. ▪ *UN REMERCIEMENT :* le fait de remercier. *Après son séjour chez nous, il nous a envoyé une lettre de remerciement. Avec tous mes remerciements.*

REM. On peut aussi prononcer [ʀmɛʀsimɑ̃].

REMERCIER [ʀəmɛʀsje] verbe [conjugaison 7a] **1.** Dire merci, témoigner de la reconnaissance à (qqn). *Je vous remercie de votre aide. Elle les a remerciés pour leur invitation. Il a remercié ses voisins de l'avoir aidé. Je ne sais comment vous remercier. Tu les remercieras* [ʀəmɛʀsiʀa] *de ma part.* **2.** STYLE RECHERCHÉ Congédier, renvoyer. *Le patron a remercié sa secrétaire.* → **licencier.** *Tous ses collaborateurs ont été remerciés.*

REM. On prononce aussi [ʀmɛʀsje].

remets [ʀəmɛ] *Je remets ; tu remets :* forme au présent du verbe **remettre.**

REMETTRE [ʀəmɛtʀ] verbe [conjugaison 56]

I. 1. Mettre (un objet) à la place où il était. *Il remet son mouchoir dans sa poche. Remets ce livre où tu l'as pris. – Je ne* remettrai plus les pieds chez eux, je n'y retournerai plus. - *Je remets le bébé au lit. Les terroristes ont* REMIS *les otages* EN LIBERTÉ, ils les ont libérés. *Tu as vu comme il l'a* REMISE À SA PLACE ? comme il l'a rabrouée. → STYLE FAMILIER **rembarrer.** 2. *REMETTRE EN MÉMOIRE* : rappeler (une chose oubliée). *Récite-moi le poème pour me le remettre en mémoire.* → **remémorer.** - *Excusez-moi, je ne vous remettais pas,* je ne vous reconnaissais pas. 3. Mettre de nouveau sur soi (un vêtement). *Elle remit ses vêtements et alluma une cigarette.* → se **rhabiller.** 4. Rétablir. *L'électricien a remis le courant. Remettons un peu d'ordre là-dedans !* 5. Mettre plus de. *Remettez un peu de sel, c'est fade.* → **ajouter.** - STYLE FAMILIER *Il* EN REMET *un peu trop, je trouve !* il en fait plus qu'il n'est utile, il en rajoute. 6. Replacer d'aplomb. *Le fermier remet un piquet qui était tombé de la clôture.* - *Le médecin lui a remis son épaule qui s'était déboîtée.* ⟨contraire : démettre⟩ - *Ce fortifiant te* REMETTRA SUR PIED *en peu de temps,* te redonnera des forces, te fera retrouver la santé. 7. *REMETTRE À, EN* : faire passer dans un autre état ou à l'état d'avant. *Le mécanicien remet le moteur en marche. Les peintres ont* REMIS *l'appartement* EN ÉTAT. → **rénover.** *Il faudrait qu'il* REMETTE *les choses* EN ORDRE. - *Si vous* REMETTEZ *cette décision* EN QUESTION, *nous n'avancerons pas beaucoup. Personne ne* REMET *votre autorité* EN CAUSE. *Ces petites vacances m'ont* REMIS EN FORME. → **ragaillardir.** - *Prenez un whisky, ça vous remettra !* ça vous fera du bien. → **réconforter.** 8. Mettre en la possession ou au pouvoir de. *Le facteur a remis le colis à son destinataire. Il a remis sa démission au président de la société.* → **donner.** - STYLE RECHERCHÉ *Je remets mon sort entre vos mains.* 9. Faire grâce de (une obligation). *Je vous remets de votre dette,* je vous en tiens quitte. 10. Renvoyer à plus tard. *Il a remis son départ au lendemain.* → **différer, repousser.** *La réunion est remise,* elle est ajournée. → **reporter.** - *Ce n'est que partie remise :* ce sera pour une autre fois. 11. STYLE FAMILIER *REMETTRE ÇA* : recommencer. *Les voilà qui remettent ça ! Allez, on remet ça !* - *Patron, remettez-nous ça !* resservez-nous à boire.

II. verbe pronominal SE REMETTRE 1. Se replacer. *Après sa chute, elle s'est remise debout tout de suite,* elle s'est relevée. - *Le temps s'est remis au beau.* 2. *SE REMETTRE À* : recommencer. *Il a fallu que je me remette à l'italien,* que je refasse de l'italien, que je reparle l'italien. *En se remettant à fumer, elle met sa santé en danger.* 3. *SE REMETTRE DE* : revenir à un état meilleur (après une maladie, une épreuve). *Il faudra quelques semaines avant qu'il se remette de son opération.* → **récupérer.** *Sa femme est morte et il ne s'en est jamais remis.* - *Allons,* REMETTEZ-VOUS ! reprenez vos esprits. 4. *SE REMETTRE AVEC qqn* : vivre à nouveau avec qqn. *Elle s'est remise avec son mari. Ils étaient séparés, mais ils se sont remis ensemble.* 5. *S'EN REMETTRE À* : se fier à, faire confiance à. *Je m'en remets à vous. Je m'en remets à votre jugement :* je vous laisse juger à ma place.

REM. On prononce aussi [Rmɛtʀ].

RÉMINISCENCE [Reminisɑ̃s] n. f. *UNE RÉMINISCENCE* : souvenir lointain. *J'ai de vagues réminiscences de mon enfance.*

remis [Rəmi], **remise** [Rəmiz] *Il a remis une écharpe ; l'écharpe qu'il a remise :* formes au participe passé du verbe **remettre.**

REMISE [Rəmiz] n. f.

I. *LA REMISE* 1. *La REMISE EN, À* : action de remettre dans son état antérieur. *La remise en marche du moteur a été difficile. Le nouveau patron a procédé à une remise en ordre de la société. Les peintres terminent la remise à neuf de l'appartement.* → **rénovation.** - *C'est une remise en cause de notre autorité.* → **contestation.** 2. Action de mettre (qqch.) en la possession de (qqn). *Le facteur effectue la remise du colis au destinataire,* il lui remet, lui donne le colis. - *La remise des prix aux lauréats aura lieu samedi.* → **distribution.**

II. *UNE REMISE* 1. Diminution de prix. *Le magasin fait une remise à ses meilleurs clients.* → **rabais, réduction ;** STYLE FAMILIER **ristourne.** 2. *UNE REMISE DE PEINE* : réduction de peine. *Le condamné bénéficie d'une remise de peine.* 3. Local où l'on peut abriter des voitures, des objets. *La remorque est dans la remise.*

REM. On prononce aussi [Rmiz].

RÉMISSION [Remisjɔ̃] n. f. *UNE RÉMISSION* 1. Diminution momentanée d'un mal. *Le malade a eu une rémission de plusieurs mois.* → **répit.** ⟨contraire : aggravation⟩ 2. *SANS RÉMISSION* : sans indulgence, sans possibilité de pardon. *Les coupables seront punis sans rémission. Je vous donne encore une heure, sans rémission,* pas plus d'une heure.

RÉMOIS [Remwa], **RÉMOISE** [Remwaz] adj., n. m. et n. f. 1. adjectif (après le nom) De Reims, ville française située à l'est de Paris, en Champagne. *L'économie rémoise est basée sur le commerce du champagne.* 2. *UN RÉMOIS, UNE RÉMOISE* : une personne qui est née à Reims ou qui y vit. *Les Rémois.*

REMONTANT [Rəmɔ̃tɑ̃] n. m. *UN REMONTANT* : remède, boisson qui redonne des forces quand on est fatigué. → **fortifiant.** *J'ai besoin d'un remontant après cette mauvaise nouvelle.*

REM. On dit aussi [Rmɔ̃tɑ̃].

REMONTÉE [Rəmɔ̃te] n. m. *LA REMONTÉE* 1. Action de remonter, d'aller vers le haut. *Le moteur a une remontée d'huile.* 2. Le fait de remonter (une rivière, une pente). *Ils ont fait la remontée de la rivière en canoë.* 3. En sport, action de regagner le terrain perdu. *Le cycliste fait une belle remontée.* 4. *LES REMONTÉES MÉCANIQUES* : ce qui sert à remonter les skieurs en haut des pistes. *Les téléskis et les télésièges sont des remontées mécaniques.*

REMONTE-PENTE [Rəmɔ̃tpɑ̃t] n. m. *UN REMONTE-PENTE* : câble servant à hisser les skieurs en haut d'une pente au moyen de perches. *Il faut prendre le remonte-pente pour aller en haut de la piste.* → **téléski ;** STYLE FAMILIER **tire-fesses.** PLURIEL : *les REMONTE-PENTES sont nombreux dans la station.*

REM. On prononce aussi [Rmɔ̃tpɑ̃t].

REMONTER [Rəmɔ̃te] verbe [conjugaison 1a]

I. (avec l'auxiliaire *être* ou *avoir*) 1. Monter de nouveau ; revenir, retourner en haut. *Je remonte dans ma chambre, j'ai oublié quelque chose.* ⟨contraire : redescendre⟩ - *Le sous-marin remonte à la surface. Le baromètre est remonté, il fera beau demain.* - *Le dollar a remonté,* il a augmenté, pris de la valeur. ⟨contraire : baisser⟩ 2. S'élever de nouveau. *Le sentier descend, puis remonte. La mer commence à remonter* (après la marée basse). 3. Aller vers l'origine. *Il faut remonter de l'effet à la cause. Aussi loin que remontent mes souvenirs, je revois cette maison.* - *Ma famille* REMONTE AU *Moyen Âge,* elle date du Moyen Âge. *Ça remonte au déluge :* c'est très ancien.

II. *REMONTER QQCH.* (avec l'auxiliaire *avoir*) 1. Parcourir de nouveau vers le haut. *Il a remonté l'escalier quatre à quatre.* - *Le cycliste remonte le peloton,* il regagne le terrain qu'il avait perdu sur le peloton. → **rattraper.** 2. Parcourir (un cours d'eau) vers l'amont, vers la source. *Les explorateurs ont remonté le fleuve jusqu'à sa source.* - *Depuis son divorce, il a du mal à* REMONTER LE COURANT, à réagir, à s'en sortir. 3. Aller par la pensée vers l'origine de. *La machine à remonter le temps n'existe que dans les romans d'anticipation.* 4. Porter de nouveau en haut. *Il a remonté la malle au grenier.* - *Elle a remonté le col de sa veste.* → **relever.** 5. Tendre le ressort d'un mécanisme. *J'ai remonté le réveil.* 6. Rendre plus énergique, plus actif. *On lui a* REMONTÉ LE MORAL *car elle était déprimée.* → **réconforter.** - *Ce petit cognac te remontera.* → **ragaillardir,**

revigorer ; remontant. **7.** Monter de nouveau (ce qui était démonté). *Le garagiste a remonté entièrement le moteur.* (contraire : démonter) *Les déménageurs remontent l'armoire.* **8.** Pourvoir à nouveau de tout ce qui est nécessaire à. *Comme j'ai maigri, il faut que je remonte toute ma garde-robe,* que je m'achète de nouveaux vêtements.
III. verbe pronominal SE REMONTER **1.** Être remonté. *Cette montre à piles ne se remonte pas,* ce n'est pas la peine d'actionner le mécanisme qui tend le ressort. **2.** Se redonner du courage, de l'énergie. *Elle s'est remontée en buvant un whisky.* → se **réconforter.** – *Elle s'est remonté le moral en allant au cinéma.*

REM. On prononce aussi [Rmɔ̃te].

REMONTOIR [Rəmɔ̃twaR] n. m. ▪ *LE REMONTOIR :* petite pièce qui sert à remonter un mécanisme. *Le remontoir est sur le côté de la montre.*

REM. On dit aussi [Rmɔ̃twaR].

REMONTRANCE [Rəmɔ̃tRɑ̃s] n. f. ▪ *UNE REMONTRANCE :* critique adressée à une personne pour lui reprocher son attitude. *Elle est très susceptible et ne supporte pas la moindre remontrance.* → **observation, reproche.** *Le professeur fait des remontrances à l'élève qui n'écoute pas le cours.* → **réprimande.** (contraire : compliment)

REM. On dit aussi [Rmɔ̃tRɑ̃s].

REMORDS [RəmɔR] n. m. ▪ *LE REMORDS :* regret mêlé de honte que l'on éprouve quand on a mal agi. *L'assassin est poursuivi par le remords.* – *Elle a des remords d'avoir puni son fils qui ne le méritait pas.*

REM. On dit aussi [RmɔR].

REMORQUE [Rəmɔrk] n. f.
I. *UNE REMORQUE :* véhicule tiré par un autre. *Quand nous partons en vacances, nous attachons une remorque derrière notre voiture. La remorque du camion s'est renversée sur l'autoroute* (→ **semi-remorque).**
II. *LA REMORQUE* **1.** Action de remorquer. *Le câble de remorque a lâché,* le câble qui permet à un véhicule d'en tirer un autre. *Le camion de dépannage a pris la voiture en panne EN REMORQUE,* il l'a remorquée, tirée. **2.** *ÊTRE À LA REMORQUE DE :* traîner, rester en arrière. *Il n'a aucune idée personnelle, il est toujours à la remorque de quelqu'un,* il se laisse guider, mener par lui.

REM. On peut aussi prononcer [Rmɔrk].

REMORQUER [Rəmɔrke] verbe [conjugaison 1a] ▪ Tirer derrière soi (un véhicule sans moteur ou en panne). *La dépanneuse remorque la voiture accidentée. Le paquebot est remorqué jusqu'au port.*

REM. On prononce aussi [Rmɔrke].

REMORQUEUR [Rəmɔrkœr] n. m. ▪ *UN REMORQUEUR :* petit bateau au moteur très puissant, qui peut remorquer de gros navires. *Le remorqueur a dégagé le pétrolier qui s'était échoué sur des rochers.*

REM. On prononce aussi [Rmɔrkœr].

RÉMOULADE [Remulad] n. f. ▪ *UNE RÉMOULADE :* mayonnaise additionnée de moutarde, d'ail et de fines herbes. *Nous avons mangé du CÉLERI RÉMOULADE,* du céleri coupé en fines lamelles et servi avec une rémoulade.

REMOUS [Rəmu] n. m. ▪ *UN REMOUS* **1.** Tourbillon qui se produit dans l'eau. *L'hélice qui tourne fait des remous à l'arrière du bateau. Cette plage est dangereuse, il y a des remous.* **2.** Mouvement confus et important dans une foule. *Il y a des remous de mécontentement dans le public.*

REM. On prononce aussi [Rmu].

REMPAILLER [Rɑ̃paje] verbe [conjugaison 1a] ▪ Garnir (un siège) d'une nouvelle paille pressée. *J'ai donné cette vieille chaise à rempailler.*

REMPART [Rɑ̃paR] n. m. ▪ *UN REMPART* **1.** Grosse muraille qui entoure un château fort ou une ville fortifiée. *La ville est protégée par des remparts. Les remparts de Carcassonne, dans le sud de la France, sont très célèbres.* **2.** *FAIRE UN REMPART DE SON CORPS à qqn,* le protéger en se mettant devant lui. *Elle a fait un rempart de son corps pour empêcher son fils d'être mordu par le chien.*

REMPLAÇANT [Rɑ̃plasɑ̃] n. m., **REMPLAÇANTE** [Rɑ̃plasɑ̃t] n. f. ▪ *UN REMPLAÇANT, UNE REMPLAÇANTE :* une personne qui en remplace une autre à son poste, dans son travail. *Pendant les vacances, le docteur X prend un remplaçant. La secrétaire avait une remplaçante pendant son congé de maternité.* → **intérimaire.** *Quand le professeur est absent, un remplaçant assure les cours.* → **suppléant.** *Si le comédien est malade, un remplaçant peut jouer à sa place.* → **doublure.**

REMPLACEMENT [Rɑ̃plasmɑ̃] n. m. **1.** *LE REMPLACEMENT :* action de remplacer une chose par une autre. *Je vais m'acheter un parapluie EN REMPLACEMENT DE celui que j'ai perdu.* → à la **place.** **2.** *FAIRE UN REMPLACEMENT :* remplacer temporairement une personne dans son travail. *Une secrétaire intérimaire ne fait que des remplacements.*

REMPLACER [Rɑ̃plase] verbe [conjugaison 3a] **1.** Mettre (une chose) à la place d'une autre. *L'année prochaine, je remplacerai les rideaux de la chambre par des stores. Quand il travaillait, il remplaçait sa voiture tous les ans,* il changeait de voiture, il en achetait une autre tous les ans. **2.** Donner un successeur ou un remplaçant à (qqn). *Qui va remplacer le directeur quand il partira à la retraite ? Ça va être difficile de le remplacer* (→ **irremplaçable).** **3.** Remplir les fonctions de (qqn) temporairement. *Je remplace le docteur X. Ma sœur me remplacera à la cérémonie.* → **représenter.** *Tu conduis depuis trop longtemps, tu veux que je te remplace ?* que je conduise à ta place ?

REMPLIR [Rɑ̃pliR] verbe [conjugaison 2] **1.** Rendre plein. *Je remplis la casserole d'eau chaude.* → **emplir.** (contraire : vider) – *La nouvelle de sa guérison me remplit de joie.* → **combler.** **2.** Compléter (un document qui comporte des espaces laissés en blanc). *Veuillez remplir ce formulaire. Il faut que tu remplisses ton chèque.* **3.** Exercer, accomplir effectivement. *Elle remplit la fonction de maire de la commune. Son ex-mari ne remplissait jamais ses promesses.* → **tenir.** *Vous remplissez toutes les conditions nécessaires pour obtenir cet emploi.* → **satisfaire.** **4.** Occuper entièrement. *Le travail remplit sa vie.* **5.** verbe pronominal SE REMPLIR : devenir plein. *La salle de cinéma s'est remplie en cinq minutes.*

REM. *Emplir* est peu courant, on emploie plutôt *remplir.*

REMPLISSAGE [Rɑ̃plisaʒ] n. m. ▪ *LE REMPLISSAGE* **1.** Opération qui consiste à remplir (un récipient). *Le remplissage de la piscine prend vingt-quatre heures.* **2.** Partie d'un texte qui l'allonge sans rien ajouter d'important. *Ta dissertation fait dix pages, mais c'est du remplissage !*

SE **REMPLUMER** [Rɑ̃plyme] verbe pronominal [conjugaison 1a] ▪ STYLE FAMILIER (qqn) Devenir plus gros. *Elle s'est remplumée pendant ses vacances,* elle a repris du poids et des forces.

REMPORTER [Rɑ̃pɔRte] verbe [conjugaison 1a] **1.** Emporter (ce que l'on avait apporté). *Tu peux remporter les disques que tu m'avais prêtés.* → **reprendre.** **2.** Obtenir. *Qui a remporté le* match ? → **gagner.** *Espérons que notre équipe remportera la victoire* (→ **vaincre**). *La pièce de théâtre a remporté un franc succès, elle a eu beaucoup de succès.* → **avoir.**

REMUANT [Rəmɥɑ̃], **REMUANTE** [Rəmɥɑ̃t] adj. (après le nom) ▪ (qqn) Qui a l'habitude de s'agiter. *Elle garde des enfants très remuants.* → **turbulent.** ⟨contraire : calme⟩

REM. On peut prononcer aussi [Rmɥɑ̃], [Rmɥɑ̃t].

REMUE-MÉNAGE [Rəmymenaʒ] n. m. invariable ▪ *LE REMUE-MÉNAGE* : agitation désordonnée et bruyante. *Il y a du remue-ménage dans la maison.* PLURIEL : *les voisins font un de ces remue-ménage !*

REM. On peut prononcer aussi [Rmymenaʒ].

REMUER [Rəmɥe] verbe [conjugaison 1a]
I. *REMUER QQCH.* **1.** Faire changer (qqch.) de position. *Les chiens remuent la queue quand ils sont contents. Je suis complètement ankylosé, je ne peux plus remuer les jambes.* → **bouger, mouvoir.** – *Il n'a pas REMUÉ LE PETIT DOIGT pour nous aider,* il n'a rien fait. → ① **lever. 2.** Déplacer les éléments (d'un tout). *Le jardinier remue la terre.* → **retourner.** *Remue ton café pour qu'il refroidisse. Il faut remuer la salade,* la mélanger avec la sauce. – *J'ai REMUÉ CIEL ET TERRE pour obtenir ce que je voulais,* j'ai fait appel à tous les moyens possibles. **3.** Agiter moralement. *Nous remuons nos vieux souvenirs. Ce film te remuera* [RəmyRa] *certainement.* → **bouleverser, émouvoir, toucher.** *Je suis tout remué.* → **ému.**
II. Changer de position. *Arrête de remuer !* → **bouger.** *La femme enceinte sent son enfant qui remue dans son ventre. La petite fille a une dent qui remue.*
III. STYLE FAMILIER verbe pronominal SE REMUER : (qqn) bouger en se donnant de la peine. *Allez, remue-toi, il faut partir !* → se **dépêcher.** *Il faut se remuer pour réussir ! Elle ne s'est pas beaucoup remuée pour nous aider.*

REM. On peut prononcer aussi [Rmɥe].

RÉMUNÉRATEUR [RemyneRatœR], **RÉMUNÉRATRICE** [RemyneRatRis] adj. (après le nom) ▪ Qui rapporte de l'argent. *Il a une activité rémunératrice,* bien payée. → **lucratif ;** STYLE FAMILIER **juteux.**

RÉMUNÉRATION [RemyneRasjɔ̃] n. f. ▪ *UNE RÉMUNÉRATION* : somme d'argent que reçoit une personne pour un travail. → **rétribution, salaire.** *Il a une forte rémunération.*

RÉMUNÉRER [RemyneRe] verbe [conjugaison 6a] **1.** Payer (un travail). *Ce travail est bien rémunéré.* **2.** Payer (qqn) pour un travail. *Combien le rémunère-t-il pour ce travail ?* → **rétribuer.** *Il m'a dit qu'il me rémunérerait* [RemynɛRRɛ].

REM. **1.** On entend parfois des Français dire de façon fautive *rénumérer* par association d'idées avec *numéral, numéro.* **2.** L'emploi de *payer* est trop brutal pour les fonctions importantes.

RENÂCLER [Rənɑkle] verbe [conjugaison 1a] ▪ Montrer son mécontentement (devant qqch. que l'on est obligé de faire). *Il a accepté en renâclant.* → **rechigner.**

REM. On peut prononcer aussi [Rnɑkle].

RENAISSANCE [Rənɛsɑ̃s] n. f. **1.** *UNE RENAISSANCE* : nouvel essor (d'une chose après une période où elle s'était affaiblie). *On assiste à une renaissance de l'artisanat.* → **renouveau. 2.** (avec une majuscule) *LA RENAISSANCE* : période historique qui va du quatorzième siècle à la fin du seizième siècle en Europe, marquée par le retour aux idées et à l'art antiques gréco-latins. *Les châteaux de la Loire datent de la Renaissance.*

REM. On peut prononcer aussi [Rnɛsɑ̃s].

RENAÎTRE [RənɛtR] verbe [conjugaison 59] **1.** Recommencer à vivre. *La légende dit que le phénix renaissait de ses cendres.* **2.** Recommencer à exister, à se développer. *Le malade va mieux, l'espoir renaît.* **3.** (plantes) Recommencer à croître. *La végétation renaîtra au printemps.* → **repousser. 4.** Reprendre des forces, avoir de nouveau du courage. *Je ME SENS RENAÎTRE. Nous renaissons dès qu'il fait beau.*

REM. **1.** On peut prononcer aussi [RnɛtR]. **2.** Ce verbe se conjugue comme le verbe *naître* mais il n'a pas de participe passé.

RÉNAL [Renal], **RÉNALE** [Renal] adj. (après le nom) ▪ Relatif au rein. *Le malade a une insuffisance rénale.* → **néphrétique.** MASCULIN PLURIEL : *j'ai des problèmes RÉNAUX* [Reno].

RENARD [RənaR] n. m., **RENARDE** [Rənard] n. f. **1.** *UN RENARD, UNE RENARDE* : animal à la tête fine, au museau pointu, aux oreilles triangulaires et à la queue touffue. *Le renard est un mammifère carnivore. Le renard glapit. Dans le désert, on voit des renards des sables.* → **fennec.** – *Il est RUSÉ COMME UN RENARD,* très rusé. **2.** *LE RENARD* : fourrure de cet animal. *Elle a un manteau de renard.*

REM. On peut prononcer aussi [RnaR], [Rnard].

RENCHÉRIR [Rɑ̃ʃeRiR] verbe [conjugaison 2] ▪ *RENCHÉRIR SUR* : aller plus loin en paroles. *Quand il était petit, il renchérissait sur tout ce que disait sa sœur.* – *Arrête de toujours renchérir !*

RENCONTRE [Rɑ̃kɔ̃tR] n. f. ▪ *UNE RENCONTRE* **1.** Le fait pour deux personnes de se trouver en contact, par hasard ou non. *On a arrangé une rencontre entre eux :* on a fait en sorte qu'ils fassent connaissance l'un avec l'autre. → **entrevue.** *Ils se sont plu dès leur première rencontre. J'ai FAIT LA RENCONTRE DE son frère,* je l'ai rencontré. *Il a fait une mauvaise rencontre :* il s'est trouvé en présence d'un individu dangereux. – *Il est allé À LA RENCONTRE DE sa mère,* il est allé au-devant d'elle. *Ils sont tous partis à ta rencontre.* **2.** Compétition sportive. *Une rencontre entre les deux équipes aura lieu le mois prochain. L'arbitre siffle la fin de la rencontre.* → **match.**

RENCONTRER [Rɑ̃kɔ̃tRe] verbe [conjugaison 1a]
I. 1. Se trouver en présence de (qqn) par hasard. *Elle a rencontré sa cousine chez le boucher, en faisant ses courses.* → **tomber** (sur). **2.** Se trouver avec (qqn avec qui on a rendez-vous). *Le directeur rencontrera les parents d'élèves samedi matin.* **3.** Se trouver avec (qqn) pour la première fois. *Elle a rencontré son futur mari à la faculté,* elle a fait sa connaissance à la faculté. **4.** Se trouver en présence de (qqch.). *On rencontre fréquemment des fautes d'accord dans les dictées françaises.* – *Ce projet risque de rencontrer une violente opposition.*
II. verbe pronominal SE RENCONTRER **1.** Se trouver par hasard en même temps dans le même lieu. *Les deux amies se sont rencontrées à la gare.* → se **croiser.** ⟨contraire : se manquer⟩ **2.** Avoir une entrevue, un rendez-vous. *Rencontrons-nous demain tous les quatre.* → se **réunir.** *On pourrait se rencontrer dans un café.* → se **rejoindre. 3.** Faire connaissance. *Ils se sont rencontrés chez des amis communs.* **4.** (qqch.) Entrer en contact. *Des lignes parallèles ne se rencontrent jamais.* → se **toucher.**

RENDEMENT [Rɑ̃dmɑ̃] n. m. ▪ *LE RENDEMENT* **1.** Quantité produite par rapport à la surface cultivée ou par rapport au matériel utilisé. *Le cultivateur calcule le rendement à l'hectare de ses champs de maïs.* → **productivité. 2.** Gain. *Il a réalisé une opération financière qui a eu un bon rendement. Quel est le taux de rendement de ces actions ?*

RENDEZ-VOUS [ʀɑ̃devu] n. m. **1.** *UN RENDEZ-VOUS :* rencontre convenue entre deux ou plusieurs personnes. → STYLE FAMILIER **rancard.** *J'ai un rendez-vous cet après-midi. Je téléphone pour décommander mon rendez-vous. J'ai plusieurs rendez-vous dans la semaine. Elles* ONT RENDEZ-VOUS *à quatre heures. Ils se sont donné rendez-vous devant la poste. Il n'est pas venu au rendez-vous* (→ STYLE FAMILIER **lapin).** *Le médecin reçoit uniquement* SUR RENDEZ-VOUS. – *R.-V.* [ʀɑ̃devu] abréviation. *Téléphonez pour R.-V.* – *Le soleil était au rendez-vous pour le mariage,* il y avait du soleil. **2.** *LE RENDEZ-VOUS :* lieu où l'on a rendez-vous. *Le café de la mairie est le rendez-vous de tous les jeunes du village.*

> FAUX AMIS
> l'allemand **Rendezvous** et le japonais ランデブー ne s'appliquent qu'au rendez-vous amoureux

rendit [ʀɑ̃di] *Il rendit, elle rendit :* forme au passé simple du verbe **rendre.**

SE **RENDORMIR** [ʀɑ̃dɔʀmiʀ] verbe pronominal [conjugaison 16b] ▪ Recommencer à dormir après avoir été réveillé. *Je regarde l'heure et je me rendors aussitôt. Elle s'est réveillée en pleine nuit et elle ne s'est pas rendormie. Il faut que tu te rendormes, tu te lèves tôt demain.*

rendors [ʀɑ̃dɔʀ] *Je me rendors, tu te rendors :* forme au présent du verbe se **rendormir.**

RENDRE [ʀɑ̃dʀ] verbe [conjugaison 41a]
I. *RENDRE QQCH.* **1.** *RENDRE qqch. À qqn :* redonner à qqn ce qui lui est dû, ce qui a été pris ou reçu. → **restituer.** *Je te rendrai ton livre demain.* ⟨contraire : garder⟩ *Je t'ai prêté cent francs, il faut que tu me les rendes. Rends-moi mon stylo.* – *Le commerçant rend la monnaie au client. J'ai rendu au marchand le réveil qu'il m'a vendu et qui ne marche pas.* → **rapporter. 2.** *RENDRE SERVICE :* apporter une aide. *Ma fille est toujours prête à rendre service. Ton parapluie m'a bien rendu service.* – *Le roi de France saint Louis* RENDAIT LA JUSTICE *sous un chêne* **(→ juger).** *Il faut lui* RENDRE JUSTICE, lui reconnaître ses droits, lui donner ce qu'il doit recevoir, le récompenser. – *On a rendu la liberté au prisonnier,* on l'a délivré. **3.** Rejeter (ce qu'on a avalé). *Il a rendu tout son déjeuner.* → **vomir.** *J'ai envie de rendre.* → STYLE FAMILIER **dégueuler.**
II. (avec attribut) Faire devenir. *Ces gosses me rendent folle ! Son succès l'a rendu plus aimable. Le jugement a été rendu public.*
III. 1. (sans complément) Produire, avoir un rendement. *Ces terres rendent peu.* → **rapporter.** – STYLE FAMILIER *Il a fait toutes les démarches, mais ça n'a pas rendu,* ça n'a rien donné, ça n'a pas marché. **2.** Reproduire (qqch.) par le langage, par l'art. → **représenter.** *L'écrivain a bien rendu l'atmosphère du village.* → **exprimer.** *Les nuages sont bien rendus sur le tableau.*
IV. verbe pronominal SE RENDRE **1.** Se soumettre. *Vercingétorix s'est rendu à César,* il a abandonné le combat. → **capituler. 2.** Aller. *Nous nous rendons à notre bureau en voiture. Elle s'est rendue à l'étranger.* **3.** Devenir. *Aide-moi, rends-toi utile ! Elle a mangé trop de chocolats et elle s'est rendue malade.* **4.** *SE RENDRE COMPTE :* s'apercevoir. *Elle* S'EST RENDU COMPTE DE *son erreur. Est-ce que tu te rends compte de ce que tu as fait ? Je* ME RENDS COMPTE QUE *je me suis trompé.*

rends [ʀɑ̃] *Je rends, tu rends :* forme au présent du verbe **rendre.**

rendu [ʀɑ̃dy], **rendue** [ʀɑ̃dy] *Il a rendu la montre ; la montre qu'il a rendue :* formes au participe passé du verbe **rendre.**

RENÉGOCIER [ʀənegɔsje] verbe [conjugaison 7a] ▪ Négocier à nouveau. *Il faut que vous renégociiez votre contrat. Nous ne renégocierons* [ʀənegɔsiʀɔ̃] *pas.*

RÊNES [ʀɛn] n. f. pluriel ▪ *LES RÊNES :* courroies fixées au harnais, avec lesquelles le cavalier dirige sa monture. *Le cavalier tire sur les rênes de son cheval pour qu'il s'arrête.* – *C'est lui qui* TIENT LES RÊNES *de cette affaire,* qui dirige tout.

> REM. *Reine* «souveraine» et *renne* «animal» se prononcent de la même façon.

① **RENFERMÉ** [ʀɑ̃fɛʀme], **RENFERMÉE** [ʀɑ̃fɛʀme] adj. (après le nom) ▪ Qui ne montre pas ses sentiments. *C'est une adolescente renfermée.* → **secret.** ⟨contraires : démonstratif, expansif, ouvert⟩

② **RENFERMÉ** [ʀɑ̃fɛʀme] n. m. ▪ *LE RENFERMÉ :* mauvaise odeur d'un lieu mal aéré. *Ça sent le renfermé dans le placard.*

RENFERMER [ʀɑ̃fɛʀme] verbe [conjugaison 1a] **1.** (qqch.) Contenir. *Le sous-sol de la région renferme d'énormes réserves de pétrole. Le coffre renfermait des pièces d'or.* **2.** verbe pronominal SE RENFERMER : (qqn) ne rien livrer de ses sentiments. *Elle s'est complètement renfermée sur elle-même.*

RENFLÉ [ʀɑ̃fle], **RENFLÉE** [ʀɑ̃fle] adj. (après le nom) ▪ Qui a une partie plus grosse et ronde. → **bombé.** *Ce vase a des formes renflées.*

RENFLOUER [ʀɑ̃flue] verbe [conjugaison 1a] **1.** Remettre (un bateau) en état de naviguer. *Les ouvriers du chantier naval renfloueront* [ʀɑ̃fluʀɔ̃] *le bateau naufragé.* **2.** Sauver de difficultés financières en fournissant de l'argent. *Les banques vont renflouer son entreprise.*

RENFONCEMENT [ʀɑ̃fɔ̃smɑ̃] n. m. ▪ *UN RENFONCEMENT :* partie formant un creux. → **coin, recoin.** *L'armoire est dans un renfoncement du mur.*

RENFORCÉ [ʀɑ̃fɔʀse], **RENFORCÉE** [ʀɑ̃fɔʀse] adj. (après le nom) ▪ (qqch.) Rendu plus résistant. *Elle a des bas avec talon renforcé.*

RENFORCEMENT [ʀɑ̃fɔʀsəmɑ̃] n. m. ▪ *LE RENFORCEMENT :* le fait de renforcer ou d'être renforcé. *Les joueurs souhaitent le renforcement de leur équipe.* – *Il faut un renforcement dans cette partie du toit.*

RENFORCER [ʀɑ̃fɔʀse] verbe [conjugaison 3a] **1.** Rendre (qqch.) plus solide, plus résistant. *Il faut clouer des planches pour renforcer le toit.* – *Les nouveaux témoignages renforçaient les soupçons du commissaire.* – *Ça me renforce dans mes craintes.* **2.** Accroître les effectifs de (un groupe) par des renforts. *Nous renforçons votre équipe.* → **grossir. 3.** Rendre plus intense. *«Même» renforce le pronom dans «elle-même».*

RENFORT [ʀɑ̃fɔʀ] n. m. ▪ *LE RENFORT* **1.** Personnes ou matériel supplémentaire qui renforcent (une armée, une équipe, un groupe). *Le général a demandé du renfort (des renforts). Nous vous envoyons du personnel* EN RENFORT. **2.** *À GRAND RENFORT DE :* à l'aide d'une grande quantité de. *Il s'exprime à grand renfort de gestes.*

RENFROGNÉ [ʀɑ̃fʀɔɲe], **RENFROGNÉE** [ʀɑ̃fʀɔɲe] adj. (après le nom) ▪ Contracté par le mécontentement. *Il a toujours l'air renfrogné.* → **maussade, morose.** ⟨contraires : aimable, enjoué⟩

RENGAINE [ʀɑ̃gɛn] n. f. **1.** *UNE RENGAINE :* chanson que l'on a trop entendue et qui est devenue lassante. *Il écoute une vieille rengaine.* **2.** *C'EST TOUJOURS LA MÊME RENGAINE :* ce sont toujours les mêmes paroles et les mêmes idées que l'on entend. *Avec lui, c'est toujours la même rengaine !* → **refrain.**

SE **RENGORGER** [ʀɑ̃gɔʀʒe] verbe pronominal [conjugaison 3b] ▪ Montrer que l'on est content de soi en prenant un air vaniteux. *Quand il était célèbre, il se rengorgeait dès qu'on le reconnaissait dans la rue. Elle* S'EST RENGORGÉE D'*avoir réussi.*

RENIEMENT [Rənimɑ̃] n. m. ■ *LE RENIEMENT* : le fait de renier. *S'il fait ça, c'est vraiment le reniement de tout ce qu'il a affirmé jusqu'à présent.*

RENIER [Rənje] verbe [conjugaison 7a] **1.** Considérer que (qqn) n'existe plus. *Il ne faut pas que vous reniiez votre famille.* → **rejeter.** *Le fils ressemble beaucoup à son père, il ne peut pas le renier,* le père ne peut pas dire que ce n'est pas son fils. **2.** Renoncer à (ce à quoi on aurait dû rester fidèle). *Il a renié ses opinions de peur d'être emprisonné. Il ne reniera* [RəniRa] *pas sa religion.* → **abjurer.**

RENIFLER [Rənifle] verbe [conjugaison 1a] **1.** Faire entrer de l'air par le nez en faisant beaucoup de bruit. *Arrête de renifler, mouche-toi !* **2.** Aspirer fort par le nez pour sentir. *Le chien renifle la piste du cerf.* → **flairer.**

REM. On peut aussi prononcer [Rnifle].

RENNE [Rɛn] n. m. ■ *UN RENNE* : animal qui ressemble à un gros cerf mais dont les bois sont aplatis, qui vit dans les régions froides de l'hémisphère Nord. *Le renne est un mammifère herbivore. Les Lapons élèvent des troupeaux de rennes. Nous avons vu des rennes au Canada.* → **caribou.**

REM. *Reine* « souveraine » et *rênes* « courroies » se prononcent de la même façon.

RENOM [Rənɔ̃] n. m. ■ *LE RENOM* : bonne réputation. → **célébrité.** *Son restaurant a un certain renom.* → **notoriété.** *C'est un homme de renom.* → **illustre.** *Il a du renom.*

RENOMMÉ [Rənɔme], **RENOMMÉE** [Rənɔme] adj. (après le nom) ■ Réputé. → **célèbre, fameux.** *La cuisine chinoise est renommée dans le monde entier. La région de Bordeaux, en France, est RENOMMÉE POUR ses vins.*

RENOMMÉE [Rənɔme] n. f. ■ *LA RENOMMÉE* : connaissance (d'un nom, d'une personne, d'une chose) par de nombreuses personnes. → **célébrité.** *Pasteur est un savant de renommée mondiale.* → **réputation.**

RENONCEMENT [Rənɔ̃smɑ̃] n. m. ■ *LE RENONCEMENT* : le fait de renoncer (à qqch.) au profit d'une valeur jugée plus haute. *La religion nous enseigne le renoncement. Il a choisi le renoncement au monde. - Il vit dans le renoncement.*

RENONCER [Rənɔ̃se] verbe [conjugaison 3a] ■ *RENONCER À* **1.** Abandonner l'idée de. *Nous renonçons à notre voyage,* nous décidons de ne pas le faire. *Le roi a renoncé au pouvoir.* → **abdiquer.** - *Je renonce à comprendre, c'est trop difficile.* ⟨contraires : persévérer, persister⟩ *J'y renonce !* c'est impossible ! **2.** Cesser d'avoir, d'employer. *Il faudrait que vous renonciez à cette habitude.* → **perdre.** *Si je continue à tousser, je renoncerai au tabac.*

REM. On peut prononcer aussi [Rnɔ̃se].

RENONCULE [Rənɔ̃kyl] n. f. ■ *UNE RENONCULE* : petite fleur rouge, bleue ou jaune. *Le bouton-d'or est une variété de renoncule.*

RENOUER [Rənwe] verbe [conjugaison 1a] **1.** Nouer (ce qui est dénoué). *Elle renoue les lacets de ses chaussures.* **2.** *RENOUER AVEC qqn,* reprendre des relations avec lui. *Il renouera* [RənuRa] *sûrement avec son frère.* → se **réconcilier.**

RENOUVEAU [Rənuvo] n. m. ■ *UN RENOUVEAU* : nouvelle vigueur, nouvelle période de. → **renaissance.** *On assiste à un renouveau de la mode.* ⟨contraire : déclin⟩ PLURIEL : *des RENOUVEAUX. J'ai un renouveau d'énergie !*

REM. On peut prononcer aussi [Rnuvo].

RENOUVELABLE [Rənuvlabl] adj. (après le nom) ■ Qui peut être renouvelé. *Le bail de l'appartement est renouvelable tous les trois ans.*

REM. On peut prononcer aussi [Rnuvlabl], [Rənuvəlabl].

RENOUVELER [Rənuvle] verbe [conjugaison 4a]

I. 1. Remplacer (ce qui a servi) par une chose nouvelle et semblable. → **changer.** *J'ouvre la fenêtre pour renouveler l'air de la pièce. Elle ne renouvelle pas souvent sa garde-robe. Quand il faisait chaud, nous renouvelions l'eau de la piscine toutes les semaines.* ⟨contraire : garder⟩ **2.** Rendre nouveau en transformant. *Les dernières découvertes de la science renouvellent la question.* **3.** Donner une validité nouvelle (à ce qui va être périmé). *Il faut que tu renouvelles ton abonnement au journal. Je renouvellerai mon passeport quand il ne sera plus valable.* **4.** Faire de nouveau. *Il lui a renouvelé son offre.* → **refaire, réitérer.**

II. verbe pronominal SE RENOUVELER **1.** Se former à nouveau. *La peau se renouvelle sans arrêt.* **2.** Recommencer. *J'espère que cet incident ne se renouvellera pas.* → se **reproduire.** - *Et que ça ne se renouvelle pas !* **3.** Se montrer inventif. *Elle écrit des romans intéressants, mais elle ne s'est pas beaucoup renouvelée depuis vingt ans.* → **innover ; novateur.**

REM. On peut prononcer aussi [Rnuvle], [Rənuvəle].

RENOUVELLEMENT [Rənuvɛlmɑ̃] n. m. ■ *LE RENOUVELLEMENT* **1.** Remplacement de choses ou de personnes par d'autres semblables. *Le libraire procède au renouvellement de son stock.* **2.** Le fait d'être renouvelé. *N'oublie pas de demander le renouvellement de ton abonnement.* **3.** Changement complet. → **renouveau.** *La science est en renouvellement constant. La littérature a besoin d'un renouvellement* (→ **nouveauté**).

REM. On peut prononcer aussi [Rnuvɛlmɑ̃].

RÉNOVATION [Renɔvasjɔ̃] n. f. ■ *UNE RÉNOVATION* : remise à neuf. *Cette église a besoin d'une rénovation. Des architectes travaillent à la rénovation du vieux quartier.* → **modernisation,** ① **restauration.**

RÉNOVER [Renɔve] verbe [conjugaison 1a] **1.** Remettre à neuf. *Le vieux quartier va être rénové.* → **réhabiliter.** **2.** Améliorer en donnant une forme nouvelle. *Le ministre veut rénover l'enseignement.* → **moderniser.**

RENSEIGNEMENT [Rɑ̃sɛɲmɑ̃] n. m. **1.** *UN RENSEIGNEMENT* : chose que l'on fait savoir à qqn dans un but pratique. *Je voudrais juste un renseignement sur les heures des trains.* → **indication, information.** *Nous pouvons vous fournir les renseignements nécessaires.* → **éclaircissement, précision.** *L'agence de voyages m'a donné tous les renseignements utiles.* **2.** *Un AGENT DE RENSEIGNEMENTS* : un agent secret, un espion. *C'est un agent de renseignements étranger.*

RENSEIGNER [Rɑ̃seɲe] verbe [conjugaison 1a] **1.** Donner un renseignement à (qqn). *Puis-je vous renseigner ? L'hôtesse renseigne les visiteurs.* → **informer.** **2.** verbe pronominal SE RENSEIGNER : prendre et obtenir des renseignements. *Elle s'est RENSEIGNÉE SUR les horaires des avions. RENSEIGNE-TOI AU SUJET des vacances. Il faut que NOUS NOUS RENSEIGNIONS AUPRÈS de l'hôtesse.*

RENTABILISER [Rɑ̃tabilize] verbe [conjugaison 1a] ■ Rendre rentable. *Il a rentabilisé ses investissements.*

RENTABILITÉ [Rɑ̃tabilite] n. f. ■ *LA RENTABILITÉ* : caractère de ce qui est rentable. *La rentabilité de ce placement est bonne :* ce placement rapporte assez d'argent. *Il est d'une bonne rentabilité.*

RENTABLE [rɑ̃tabl] adj. (après le nom) **1.** Qui rapporte des bénéfices suffisants. *Cet emprunt d'État est très rentable.* → **intéressant.** *Elle est à la tête d'une affaire rentable.* **2.** STYLE FAMILIER Qui vaut la peine. *Ce n'est pas très rentable de ranger maintenant alors que nous déménageons demain.*

RENTE [rɑ̃t] n. f. ▪ *UNE RENTE* **1.** Argent que rapporte régulièrement un bien, un capital. *Il touche une rente tous les mois. Il VIT DE SES RENTES :* il a suffisamment de rentrées d'argent pour vivre sans travailler (→ **rentier**). **2.** Somme d'argent que l'on est tenu de verser à qqn. *Il paye une rente à sa tante.* – STYLE FAMILIER *Leur maison de campagne est une rente,* elle leur coûte régulièrement beaucoup d'argent.

RENTIER [rɑ̃tje] n. m., **RENTIÈRE** [rɑ̃tjɛʀ] n. f. ▪ *UN RENTIER, UNE RENTIÈRE :* une personne qui vit de ses rentes, sans travailler. *Ses grands-parents sont des rentiers.*

RENTRÉE [rɑ̃tʀe] n. f. **1.** *LA RENTRÉE :* reprise des activités après une interruption. *LA RENTRÉE DES CLASSES aura lieu le quatre septembre,* le recommencement des cours après les vacances d'été. – *Nous réglerons cette affaire à la rentrée,* après les vacances. **2.** *UNE RENTRÉE (D'ARGENT) :* somme d'argent que l'on reçoit. *J'attends des rentrées et je pourrai vous rembourser.*

RENTRER [rɑ̃tʀe] verbe [conjugaison 1a]
I. *RENTRER* (avec l'auxiliaire *être*) **1.** Entrer de nouveau (dans un lieu d'où l'on est sorti). *J'ai vu un homme sortir de la maison et y rentrer précipitamment.* ⟨contraire : ressortir⟩ **2.** Revenir chez soi. *Tu es rentré tard, hier soir. Est-ce qu'elle rentre dîner tous les soirs ? Elle est rentrée très fatiguée.* **3.** Reprendre ses activités. *Je pars en vacances le douze et je rentrerai le vingt-cinq,* je recommencerai à travailler le vingt-cinq. **4.** Retrouver (une situation). *Elle est rentrée dans ses frais :* elle a récupéré l'argent qu'elle a dépensé. – *Tout EST RENTRÉ DANS L'ORDRE :* l'ordre est revenu. **5.** Entrer. *Rentrez par la porte de derrière ! Mon fils rentre en cinquième au collège Danton.* **6.** Entrer avec force (quelque part). *La voiture est rentrée dans un arbre.* – STYLE FAMILIER *Il lui est rentré dans le chou :* il l'a attaqué, il s'est jeté sur lui. **7.** S'emboîter. *Les deux tuyaux rentrent l'un dans l'autre. La clé rentre dans la serrure.* → s'**enfoncer.** **8.** Trouver sa place. *Cela ne rentre pas dans mes attributions.*
II. *RENTRER QQCH.* (avec l'auxiliaire *avoir*) Mettre ou remettre à l'intérieur. *Rentrons vite les parasols, il commence à pleuvoir !* ⟨contraire : sortir⟩ *J'ai rentré la voiture au garage. Rentre ton ventre ! – Il rentre sa chemise dans son pantalon. Le chat a rentré ses griffes.*

REM. L'emploi du verbe *rentrer,* par rapport à *entrer,* se justifie quand il y a une idée de retour (ex. : *à quelle heure rentres-tu ?*), de répétition (ex. : *je rentre la voiture dans le garage tous les soirs*), de violence (ex. : *la voiture est rentrée dans un arbre*). On emploie cependant couramment *rentrer* alors qu'on devrait employer *entrer.* (Voyez I., 5.)

renverrai [rɑ̃vɛʀɛ] *Je renverrai :* forme au futur du verbe **renvoyer.**

RENVERSANT [rɑ̃vɛʀsɑ̃], **RENVERSANTE** [rɑ̃vɛʀsɑ̃t] adj. (après le nom) ▪ Qui étonne énormément. *Voilà une nouvelle renversante !* → **stupéfiant.**

À LA **RENVERSE** [alaʀɑ̃vɛʀs] adverbe ▪ Sur le dos. *Le clown est tombé à la renverse,* en arrière.

RENVERSEMENT [rɑ̃vɛʀsəmɑ̃] n. m. **1.** *UN RENVERSEMENT :* changement complet. *Il y a un renversement de la situation à la fin du film.* → **retournement.** **2.** *LE RENVERSEMENT :* chute, écroulement. *Le renversement du gouvernement a bouleversé le pays.*

RENVERSER [rɑ̃vɛʀse] verbe [conjugaison 1a] **1.** Faire tomber. *La voiture a renversé un cycliste.* → ① **faucher.** *Une femme s'est fait renverser par un bus. Fais attention, ne renverse pas ton verre ! – J'ai renversé mon café sur la table.* → **répandre.** **2.** Mettre en bas (ce qui était en haut). *Renversez le seau pour pouvoir monter dessus.* **3.** Incliner vers l'arrière. *Elle renverse la tête pour regarder le ciel.* ⟨contraire : relever⟩ **4.** Obliger à démissionner. *L'opposition a renversé le gouvernement.* ⟨contraire : restaurer⟩ **5.** Étonner violemment. *Cette nouvelle m'a renversé. Ça, ça me renverse !*

RENVOI [rɑ̃vwa] n. m. ▪ *UN RENVOI* **1.** Le fait de renvoyer qqn, de le mettre à la porte. *Il y a eu plusieurs renvois d'élèves, cette année.* → **exclusion, expulsion.** *Le patron a décidé le renvoi de trois ouvriers.* → **licenciement.** **2.** Indication qui invite le lecteur à se reporter à un autre endroit du texte. *Il y a un renvoi à la note qui est en bas de la page. Dans ce dictionnaire, la flèche indique un renvoi vers un synonyme.* **3.** Rot. *Il faut s'excuser quand on a un renvoi.*

renvoie [rɑ̃vwa] *Je renvoie ; il renvoie, elle renvoie :* forme au présent du verbe **renvoyer.** *Que je renvoie ; qu'il renvoie, qu'elle renvoie :* forme au subjonctif du verbe **renvoyer.**

RENVOYER [rɑ̃vwaje] verbe [conjugaison 8] **1.** Faire retourner (qqn) où il était. *À la fin de la guerre, les soldats ont été renvoyés chez eux* (→ **démobiliser**). **2.** Faire partir (qqn) en lui faisant quitter ses fonctions, le mettre à la porte. *Le patron a renvoyé deux employés.* → **congédier, licencier, remercier ;** STYLE FAMILIER **virer.** **3.** Relancer (un objet que l'on a reçu). *Le footballeur renvoie le ballon. – Un miroir renvoie une image.* → **réfléchir.** **4.** Faire reporter (qqch.) à qqn. *S'il m'écrit, je lui renverrai* [rɑ̃vɛʀɛ] *sa lettre.* **5.** Remettre à plus tard. *Quand il était fatigué, il renvoyait les réunions à la semaine suivante.* → **ajourner, reporter.** **6.** Faire se reporter. *Les astérisques renvoient à des notes au bas de la page* (→ **renvoi**).

RÉORGANISER [ʀeɔʀganize] verbe [conjugaison 1a] ▪ Organiser de nouveau, d'une autre manière. *Le service comptabilité a été complètement réorganisé.*

RÉOUVERTURE [ʀeuvɛʀtyʀ] n. f. ▪ *LA RÉOUVERTURE :* le fait d'ouvrir à nouveau (un établissement qui a été fermé pendant un certain temps). *La réouverture du magasin aura lieu au mois de septembre. Il y avait du monde le jour de la réouverture.*

REPAIRE [ʀəpɛʀ] n. m. ▪ *UN REPAIRE* **1.** Lieu qui sert d'abri aux animaux sauvages. → **antre, tanière.** *La panthère attend la nuit dans son repaire.* **2.** Lieu qui sert de refuge à des individus dangereux. *Les policiers ont trouvé les malfaiteurs dans leur repaire. Ce bar est un repaire de voyous.*

REM. **1.** *Repère* « marque » se prononce de la même façon. **2.** On peut prononcer aussi [ʀpɛʀ].

SE **REPAÎTRE** [ʀəpɛtʀ] verbe pronominal [conjugaison 57] ▪ (animaux) Manger. *Les hyènes SE REPAISSENT DE charognes,* elles se nourrissent de charognes. *Le koala se repaît de feuilles d'eucalyptus. La chienne s'est repue des restes du gigot.*

répandit [ʀepɑ̃di] *Il répandit, elle répandit :* forme au passé simple du verbe **répandre.**

RÉPANDRE [ʀepɑ̃dʀ] verbe [conjugaison 41a]
I. 1. Disperser, laisser tomber (une chose qui s'étale). *Le camion a répandu son chargement sur la route. Le jardinier répand du sable dans l'allée.* **2.** Produire autour de soi. *Chez ma grand-mère, le poêle à charbon répandait une douce chaleur.* → **diffuser.** *Les roses répandent une délicieuse odeur.* → **dégager.** **3.** Faire connaître. *En répandant cette nouvelle, les journaux ont semé la panique.*

II. verbe pronominal SE RÉPANDRE **1.** Couler, s'étaler. *Il ne faut pas que le pétrole se répande sur la chaussée. - L'odeur de brûlé s'est répandue dans toute la maison.* **2.** Se propager. *Si on ne fait rien, l'épidémie se répandra dans le monde entier.* → **gagner.** *Le bruit se répandit que le président était mort.* → **circuler, courir.** **3.** STYLE FAMILIER S'étendre sur son cas. *Un peu de dignité, arrête de te répandre !* arrête de raconter ta vie à tout le monde !

répandu [ʀepɑ̃dy], **répandue** [ʀepɑ̃dy] *Il a répandu une mode ; la mode qu'il a répandue :* formes au participe passé du verbe **répandre.**

RÉPANDU [ʀepɑ̃dy], **RÉPANDUE** [ʀepɑ̃dy] adj. (après le nom) **1.** (liquide) Qui a été renversé, qui a débordé. *La serveuse essuie la sauce répandue sur la nappe.* **2.** Qui est étalé en désordre. *Les papiers sont répandus sur la table.* → **épars.** **3.** (pensée, opinion) Commun à un grand nombre de personnes. *C'est une idée très répandue.*

RÉPARABLE [ʀepaʀabl] adj. (après le nom) ▪ Que l'on peut réparer. *Cette montre est réparable.* ⟨contraire : irréparable⟩ *C'est une erreur difficilement réparable.*

REPARAÎTRE [ʀəpaʀɛtʀ] verbe [conjugaison 57] ▪ Se montrer de nouveau après avoir disparu. *Après l'averse, le soleil reparaît.* → **réapparaître.** ⟨contraire : disparaître⟩ *Attendons que la lune reparaisse derrière le nuage. Il n'a pas reparu à son domicile depuis lundi. En reparaissant devant nous, elle n'a rien dit.*

REM. **1.** Devant *t*, *i* prend un accent circonflexe (ex. : *il reparaît, elle reparaîtra*). **2.** Aux temps composés, on peut employer l'auxiliaire *avoir* ou l'auxiliaire *être* (*la lune* a reparu, *la lune* est reparue), toutefois l'emploi de l'auxiliaire *avoir* est plus courant.

RÉPARATEUR [ʀepaʀatœʀ] n. m. et adj., **RÉPARATRICE** [ʀepaʀatʀis] n. f. et adj.

I. *UN RÉPARATEUR, UNE RÉPARATRICE :* personne qui répare les objets cassés, qui les remet en état. *Le réparateur a changé une pièce dans le lave-linge.*

II. adjectif (après le nom) **1.** Qui répare les forces. *Après un sommeil réparateur, tu seras en pleine forme.* **2.** *La CHIRURGIE RÉPARATRICE,* qui répare les blessures très graves. *Grâce à la chirurgie réparatrice, le blessé à nouveau peut se servir de sa main.*

RÉPARATION [ʀepaʀasjɔ̃] n. f. ▪ *UNE RÉPARATION* **1.** Travail qui consiste à réparer un objet, à le remettre en état. *La réparation de ma montre m'a coûté cher. - La voiture est EN RÉPARATION,* on est en train de la réparer. *- La maison a nécessité d'importantes réparations,* d'importants travaux. **2.** Action de réparer (un accident). *La réparation des dégâts prendra plusieurs jours.* **3.** Action de réparer (une faute, une offense). *Le pays envahi a DEMANDÉ RÉPARATION,* il a demandé que l'offense qui a été faite soit réparée. *En gagnant son procès, il a OBTENU RÉPARATION.* → **satisfaction.** **4.** *La SURFACE DE RÉPARATION :* chacune des deux parties d'un terrain de football où une faute donne lieu à une pénalité. *Le ballon est dans la surface de réparation.*

RÉPARER [ʀepaʀe] verbe [conjugaison 1a] **1.** Remettre en état (ce qui a été endommagé, ne marche plus, est détérioré). *Il répare lui-même sa bicyclette. Le cordonnier a réparé mes chaussures.* **2.** *RÉPARER SES FORCES,* les retrouver. *Une bonne nuit de sommeil réparera* [ʀepaʀʀa] *tes forces.* **3.** Supprimer ou compenser (les conséquences d'un mal, d'un accident). *C'est un mal impossible à réparer* (→ **irréparable).** *Il a réparé son erreur dès qu'il s'en est aperçu. Elle a réparé ses torts.* → **racheter.**

REPARLER [ʀəpaʀle] verbe [conjugaison 1a] ▪ Parler à nouveau (de qqch., qqn). *Elle ne reparle jamais de ce qui s'est passé. Cette une bonne idée, on en reparlera. Il ne m'en a plus jamais reparlé.*

REPARTIE [ʀepaʀti] n. f. ▪ *UNE REPARTIE :* réponse rapide et spirituelle. *Il a eu une repartie adroite.* → **réplique, riposte.** *Elle A DE LA REPARTIE :* elle répond ce qu'il faut au bon moment. *Il n'a pas toujours le sens de la repartie. Tu manques de repartie.*

REM. On écrit aussi *répartie,* plus en accord avec la prononciation, peut-être sous l'influence de *réponse.*

REPARTIR [ʀəpaʀtiʀ] verbe [conjugaison 16a] **1.** Partir de nouveau (après un arrêt). *Le train repart.* ⟨contraire : s'arrêter⟩ **2.** Partir pour le lieu d'où l'on vient. *Je viens d'arriver, mais je repars aussitôt pour Paris. Ils sont repartis dès le lendemain. Ils repartirent le soir même. Il attend qu'elle reparte. Les voilà repartis.* **3.** Recommencer. *Après la faillite, la société est repartie de zéro.* - STYLE FAMILIER *C'est reparti !*

> FAUX AMI
> espagnol **repartir** « distribuer, répartir »

REM. **1.** On peut aussi prononcer [ʀpaʀtiʀ]. **2.** *Repartir* se conjugue aux temps composés avec l'auxiliaire *être.*

RÉPARTIR [ʀepaʀtiʀ] verbe [conjugaison 2]

I. 1. Partager (une quantité ou un ensemble). *Le notaire répartit également l'héritage des parents entre les enfants.* → **distribuer.** *Il faut que le chef répartisse le travail entre les ouvriers.* **2.** Étaler dans le temps. → **échelonner.** *Le programme du stage est réparti sur un mois.* **3.** Classer, diviser. *Le professeur a réparti les élèves en plusieurs groupes.*

II. verbe pronominal SE RÉPARTIR **1.** Se diviser. *Les joueurs se sont répartis en deux équipes. Les dépenses se répartissent ainsi.* **2.** Partager entre soi (qqch.). *Les ouvriers se sont réparti le travail,* ils l'on partagé entre eux.

RÉPARTITION [ʀepaʀtisjɔ̃] n. f. ▪ *LA RÉPARTITION* **1.** Opération qui consiste à répartir qqch. *Le chef de service s'occupe de la répartition des tâches entre ses collaborateurs.* → **distribution.** *- La répartition de la richesse est inégale,* la manière dont la richesse est répartie. **2.** Distribution dans un espace. *Regardez bien la répartition des ombres et de la lumière dans ce tableau.* → **disposition.** **3.** Classement. *La répartition des élèves se fait par âge.*

reparu [ʀəpaʀy], **reparue** [ʀəpaʀy] *La lune a reparu ; la lune est reparue :* formes au participe passé du verbe **reparaître.**

reparut [ʀəpaʀy] *Il reparut, elle reparut :* forme au passé simple du verbe **reparaître.**

REPAS [ʀəpa] n. m. ▪ *UN REPAS* **1.** Nourriture que l'on prend en une fois à heures régulières. *Elle prépare le repas. Il a fait un repas léger.* → **collation.** *Au restaurant, ils ont prix deux repas à la carte.* **2.** Le fait de se nourrir chaque jour à heures régulières. *Toute la famille est réunie pour le repas du soir.* → **dîner.** *Je suis chez moi à l'heure des repas,* à l'heure du déjeuner et à celle du dîner. *C'est mauvais pour la santé de SAUTER DES REPAS,* de ne pas manger à tous les repas.

REM. **1.** Le repas du matin est *le petit-déjeuner,* le repas de midi *le déjeuner,* celui de l'après-midi *le goûter* et le repas du soir *le dîner.* **2.** On prononce souvent [ʀpa].

REPASSAGE [ʀəpasaʒ] n. m. ▪ *LE REPASSAGE :* le fait de repasser (le linge, les vêtements). *La femme de ménage fait du repassage* (→ ② **repasser).**

REM. On prononce aussi [ʀpasaʒ].

① **REPASSER** [ʀəpase] verbe [conjugaison 1a] **1.** Passer de nouveau. *Je repasserai demain.* → **revenir.** *Chaque fois que je repasse devant chez eux, je pense à cela. - Son premier film repasse à la télévision,* il est à nouveau au programme de la télévision.

2. *Repasser un examen*, le subir une nouvelle fois. *Elle doit repasser l'oral en septembre. Il a repassé trois fois son permis de conduire.* **3.** Passer à nouveau (qqch.). *Repasse-moi le plat, j'ai encore faim.* → **redonner.**

FAUX AMI
allemand **repassieren** «remmailler»

REM. On prononce aussi [ʀpase].

② **REPASSER** [ʀəpase] verbe [conjugaison 1a] **1.** Rendre lisse et net (du linge, du tissu) au moyen d'un instrument spécial (→ **repassage).** *Elle a repassé une grosse pile de linge. - La femme de ménage repasse bien. Elle a un* FER À REPASSER *à vapeur.* **2.** verbe pronominal SE REPASSER : (tissu, vêtement) Pouvoir être repassé. *Ce pantalon ne se repasse pas.*

REM. On prononce aussi [ʀpase].

③ **REPASSER** [ʀəpase] verbe [conjugaison 1a] ▪ *Repasser une leçon*, la relire, l'étudier en y revenant plusieurs fois. *Elle repasse sa leçon de français avant de partir pour l'école.* → **revoir ;** STYLE FAMILIER **potasser.**

REM. On prononce aussi [ʀpase].

REPÊCHER [ʀəpeʃe] verbe [conjugaison 1a] **1.** Retirer de l'eau (ce qui y est tombé). *Il a repêché son chapeau dans la rivière.* **2.** STYLE FAMILIER *Repêcher un candidat*, l'admettre (à un examen) alors qu'il n'a pas le nombre de points suffisant. *L'examinateur compréhensif a repêché la candidate.*

REM. On prononce aussi [ʀpeʃe].

REPEINDRE [ʀəpɛ̃dʀ] verbe [conjugaison 52b] ▪ Peindre à neuf. *Je repeins ma chambre. Le peintre repeint l'appartement. Nous repeignons les volets extérieurs de la maison. Ils ont repeint les meubles de jardin en blanc. Les pièces ont été entièrement repeintes.*

REM. On prononce aussi [ʀpɛ̃dʀ].

repeint [ʀəpɛ̃], **repeinte** [ʀəpɛ̃t] *Il a repeint la pièce ; la pièce qu'il a repeinte* : formes au participe passé du verbe **repeindre.**

repens [ʀəpɑ̃] *Je me repens, tu te repens* : forme au présent du verbe se **repentir.**

REPENTI [ʀəpɑ̃ti] adj. et n. m., **REPENTIE** [ʀəpɑ̃ti] adj. **1.** adjectif (après le nom) Qui s'est débarrassé d'un vice, d'une mauvaise habitude. *Elle a épousé un alcoolique repenti.* ⟨contraire : impénitent⟩ **2.** UN REPENTI : ancien terroriste, ancien mafieux qui collabore avec la police. *Les repentis ont donné de précieux renseignements aux policiers.*

REM. On prononce aussi [ʀpɑ̃ti].

REPENTIR [ʀəpɑ̃tiʀ] n. m. ▪ *LE REPENTIR* : vif regret que l'on éprouve d'une mauvaise action, accompagné du désir de ne plus la commettre, de la réparer. *Le criminel fait preuve d'un repentir sincère.* → **remords.**

REM. On prononce aussi [ʀpɑ̃tiʀ].

SE **REPENTIR** [ʀəpɑ̃tiʀ] verbe pronominal [conjugaison 16b] **1.** Ressentir le regret (d'une faute) en souhaitant ne plus la commettre et en ayant le désir de la réparer. *Je me repens de ma mauvaise humeur. Elle s'est repentie de sa lâcheté. - Il faudrait que le criminel se repente pour avoir une remise de peine.* **2.** Regretter (une action) et souhaiter de ne pas l'avoir faite. *Nous nous repentons de ne pas t'avoir écouté. Il se repent amèrement de sa curiosité. Plus tard, elle s'en repentira !*

REM. La prononciation [ʀpɑ̃tiʀ] est très courante.

RÉPERCUSSION [ʀepɛʀkysjɔ̃] n. f. ▪ *UNE RÉPERCUSSION* : effet, conséquence. *Son accident a eu de graves répercussions sur sa santé. La hausse du pétrole a des répercussions sur l'ensemble des prix.* → **conséquences, retombées.**

RÉPERCUTER [ʀepɛʀkyte] verbe [conjugaison 1a]
I. 1. Renvoyer dans une autre direction (un son, une onde). *Les montagnes répercutent l'écho.* **2.** STYLE FAMILIER Transmettre. *Le chef de service RÉPERCUTE les ordres du directeur SUR ses collaborateurs. - Les directives ont été mal répercutées.*
II. verbe pronominal SE RÉPERCUTER **1.** (son, onde) Se transmettre, se propager. *Les cris du blessé se sont répercutés dans toute la maison.* **2.** Se transmettre, se propager par une suite de réactions. *Les effets de la douleur se répercutent sur le moral. La hausse du prix des carburants s'est répercutée sur l'économie du pays.*

REPÈRE [ʀəpɛʀ] n. m. ▪ *UN REPÈRE* **1.** Marque, signe utilisé pour retrouver un emplacement avec précision. *Le menuisier trace des repères sur la planche. Le phare sert de repère aux navigateurs.* **2.** Ce qui permet de retrouver une chose dans un ensemble. *Son anniversaire me sert de repère. Cet enfant manque de repères. - Un POINT DE REPÈRE :* objet ou lieu précis que l'on connaît et qui permet de se retrouver. *Ce gros arbre me servira de point de repère. Je manque de points de repère pour en juger.*

REM. **1.** On prononce aussi [ʀpɛʀ]. **2.** *Repaire* «cachette, refuge» se prononce de la même façon.

REPÉRER [ʀəpeʀe] verbe [conjugaison 6a] **1.** Situer avec précision, par rapport à des points de repère. *Il repère la ville de Lyon sur la carte de France. Les pirates ont repéré l'emplacement du trésor.* **2.** STYLE FAMILIER Découvrir, trouver. *Repérons un coin tranquille pour pique-niquer. - Le trafiquant s'est fait repérer par les policiers,* il a attiré l'attention des policiers sur lui, sur ses activités. **3.** verbe pronominal SE REPÉRER : reconnaître où l'on est, grâce à des repères. *On se repère facilement dans cette ville. Je me repérerai* [ʀəpɛʀʀɛ] *mieux avec un plan. Elle s'est repérée grâce à sa boussole.*

REM. On prononce aussi [ʀpeʀe].

RÉPERTOIRE [ʀepɛʀtwaʀ] n. m. ▪ *UN RÉPERTOIRE* **1.** Carnet, cahier où l'on classe les choses dans un ordre qui permet de les retrouver. *Un dictionnaire est un répertoire de mots classés par ordre alphabétique. Il cherche l'adresse de ses amis dans son répertoire.* → **agenda, carnet. 2.** Liste des pièces susceptibles d'être jouées dans un théâtre. *Les pièces de Corneille, Racine et Molière font partie du répertoire de la Comédie Française. - Le chanteur a ajouté de nouvelles chansons à son répertoire,* aux chansons qu'il a l'habitude d'interpréter. - STYLE FAMILIER *Son perroquet connaît tout un répertoire de jurons.* → **liste, suite.**

RÉPÉTER [ʀepete] verbe [conjugaison 6a]
I. 1. Dire de nouveau (ce que l'on a déjà dit). *Répétez la phrase après moi.* → **redire.** *Il répète toujours la même chose.* → STYLE FAMILIER **rabâcher, ressasser.** *Je t'ai RÉPÉTÉ cent fois DE ne pas toucher à ça.* → STYLE FAMILIER **seriner.** *On a beau lui RÉPÉTER QU'il ne risque rien, il a quand même peur. Je te répète que c'est inutile.* - (menace) *Répète un peu, pour voir !* **2.** Dire (ce qu'un autre a déjà dit). *Je ne fais que répéter ses paroles.* → **citer, rapporter.** - *Ne lui confiez pas de secret, il répète tout,* il divulgue tout. **3.** Recommencer (une action). *Je ne répéterai pas l'expérience.* → **renouveler. 4.** Redire, refaire pour s'exercer, pour fixer dans sa mémoire. *L'enfant répète ses leçons à haute voix.* → **repasser.** *Les comédiens répètent la pièce qu'ils vont jouer dans un mois. - La troupe est en train de répéter* (→ **répétition).**
II. verbe pronominal SE RÉPÉTER **1.** Redire les mêmes choses. *Vous vous répétez !* → STYLE FAMILIER **radoter.** *Elle s'est répétée toute la soirée,* elle a dit tout le temps la même chose. **2.** (qqch.) Se reproduire. *Ce thème se répète dans toute la sonate.* → **revenir.** *Passe pour cette fois, mais que ça ne se répète pas !* → se **renouveler. 3.** (qqch.) Être répété. *Un secret pareil, ça ne se répète pas !*

RÉPÉTITIF [repetitif], **RÉPÉTITIVE** [repetitiv] adj. (après le nom). Qui se répète, revient sans cesse. *Le directeur de l'usine a confié les tâches répétitives à des machines. C'est un travail répétitif.*

RÉPÉTITION [repetisjɔ̃] n. f. *LA RÉPÉTITION* **1.** Le fait d'être dit, exprimé plusieurs fois. *La répétition du mot renforce l'idée. La répétition du même thème se poursuit dans toute la symphonie.* → **leitmotiv.** *Évitez les répétitions dans vos rédactions.* → **redite.** **2.** Le fait de recommencer (une action). *La répétition du même geste crée une habitude.* – *Une ARME À RÉPÉTITION*, à chargement automatique. *Le malfaiteur a un pistolet à répétition.* – STYLE FAMILIER *Mon fils a des angines à répétition*, qui se suivent l'une l'autre. **3.** *UNE RÉPÉTITION :* séance de travail au cours de laquelle des comédiens, des musiciens répètent pour s'exercer. *Il a fallu de nombreuses répétitions pour cette pièce. Tout doit être prêt pour la RÉPÉTITION GÉNÉRALE*, pour la dernière répétition. *Les comédiens sont EN RÉPÉTITION*, ils répètent.

REPEUPLER [ʀəpœple] verbe [conjugaison 1a]. Peupler de nouveau (un lieu dépeuplé). *Des jeunes ont repeuplé le village que les paysans avaient quitté.* ⟨contraire : dépeupler⟩ – *Nous avons repeuplé l'étang avec des carpes*, nous l'avons garni de carpes.

REM. On prononce aussi [ʀpœple].

REPIQUER [ʀəpike] verbe [conjugaison 1a] **1.** Mettre en terre (ce qui a été semé ailleurs). *Le jardinier repique des plants de salades.* **2.** Copier par un nouvel enregistrement. *La maison de disques a repiqué ce disque ancien.* **3.** STYLE FAMILIER *REPIQUER AU TRUC :* recommencer (une activité), reprendre (une habitude). *Elle avait arrêté de fumer, mais elle a repiqué au truc.*

REM. On prononce aussi [ʀpike].

RÉPIT [ʀepi] n. m. *LE RÉPIT :* arrêt d'une chose pénible ; temps pendant lequel on cesse d'être menacé ou accablé par elle. *Je n'ai pas eu un moment de répit depuis ce matin. Laisse-nous un peu de répit.* → **repos.** – *Il travaille SANS RÉPIT du matin au soir*, sans arrêt.

REPLACER [ʀəplase] verbe [conjugaison 3a]. Remettre (une chose) à sa place. ⟨contraire : déplacer⟩ *Le bijoutier replace la bague dans son écrin.* → **ranger, remettre.** *Elle a replacé les livres dans la bibliothèque. Replaçons l'histoire dans son époque.* → **resituer.**

REM. On prononce aussi [ʀplase].

REPLET [ʀəplɛ], **REPLÈTE** [ʀəplɛt] adj. (après le nom). Un peu gras. *La bouchère est une petite femme replète.* → **dodu, grassouillet.** ⟨contraires : maigre, maigrichon⟩ *Elle a un visage replet.*

REPLEUVOIR [ʀəplœvwaʀ] verbe [conjugaison 23]. Pleuvoir de nouveau. *Voilà qu'il repleut ! Il a replu ce matin.*

REPLI [ʀəpli] n. m. *UN REPLI* **1.** Pli profond ou pli qui se répète. *La petite fille s'est cachée dans les replis du rideau. L'intestin forme de nombreux replis.* **2.** Partie dissimulée, secrète. *Ce romancier connaît bien les replis de l'âme.* → **recoin.** **3.** *LE REPLI :* action de se replier. → **recul, retraite.** *Le général a ordonné le repli des troupes.* ⟨contraires : avance, progression⟩

REPLIER [ʀəplije] verbe [conjugaison 7b]
I. 1. Plier de nouveau (ce qui a été déplié). *Il replie son journal.* ⟨contraire : déplier⟩ *Il repliera* [ʀəpliʀa] *ses manches.* → **retrousser.** **2.** Ramener en pliant (ce qui a été étendu, déployé). *L'oiseau a replié ses ailes.* – *Il a les jambes repliées sous les fesses.*
II. SE REPLIER **1.** (troupes) Reculer en bon ordre. *Les troupes se sont repliées devant l'ennemi.* **2.** Rentrer en soi-même. *Il ne faut pas que vous VOUS REPLIIEZ SUR VOUS-MÊME*, que vous vous isoliez du monde extérieur. → se **renfermer.**

① **RÉPLIQUE** [ʀeplik] n. f. *UNE RÉPLIQUE :* copie d'une œuvre d'art. *Il possède une réplique d'une statuette qui se trouve au musée du Louvre.* → **copie, reproduction.**

REM. Une *réplique* n'est pas un *faux.*

② **RÉPLIQUE** [ʀeplik] n. f. *UNE RÉPLIQUE* **1.** Réponse vive qui marque un désaccord. *Sa réplique a été cinglante.* → **repartie, riposte.** *La réplique ne s'est pas fait attendre.* **2.** Ce qu'un acteur doit dire en réponse aux paroles qui lui sont adressées par un partenaire lorsqu'il joue une pièce ou tourne un film. *La comédienne a oublié une réplique.* – *Il a demandé à sa sœur de lui DONNER LA RÉPLIQUE*, de lire ou réciter un rôle pour lui permettre de dire le sien.

RÉPLIQUER [ʀeplike] verbe [conjugaison 1a] **1.** Répliquer qqch. à qqn : répondre à qqn par une réplique. *Que pouvais-je lui répliquer ? On ne peut rien répliquer à cela. Il A RÉPLIQUÉ QU'il n'avait pas le temps.* **2.** Répondre avec vivacité, en s'opposant. *Ne réplique pas, obéis ! Mon père n'aime pas qu'on lui réplique.*

REPLONGER [ʀəplɔ̃ʒe] verbe [conjugaison 3b] **1.** Plonger à nouveau. *Le phoque a replongé dans l'eau.* **2.** S'enfoncer à nouveau (dans). *Le pays a replongé dans l'anarchie.* – STYLE FAMILIER (qqn) Récidiver. *Il avait arrêté de boire, mais il a replongé. Beaucoup de délinquants replongent.* **3.** verbe pronominal SE REPLONGER : se remettre à (une activité). *Elle s'est replongée dans sa lecture.*

REM. On prononce aussi [ʀplɔ̃ʒe].

RÉPONDANT [ʀepɔ̃dɑ̃] n. m., **RÉPONDANTE** [ʀepɔ̃dɑ̃t] n. f. **1.** *UN RÉPONDANT, UNE RÉPONDANTE :* personne qui se porte garante pour une autre personne. *Quand il a acheté son appartement, son père lui a servi de répondant.* → **caution, garant.** **2.** *AVOIR DU RÉPONDANT :* avoir de l'argent derrière soi ; avoir le sens de la repartie. *Je ne me fais pas de souci pour lui, il a du répondant.*

RÉPONDEUR [ʀepɔ̃dœʀ] n. m. *UN RÉPONDEUR :* appareil relié à un téléphone, qui donne, en cas d'absence du destinataire de l'appel, un message enregistré et permet d'en laisser un. *J'ai branché le répondeur avant de partir. Il y a trois messages sur mon répondeur. Il a un répondeur que l'on peut interroger à distance.*

répondit [ʀepɔ̃di] *Il répondit, elle répondit :* forme au passé simple du verbe **répondre.**

RÉPONDRE [ʀepɔ̃dʀ] verbe [conjugaison 41a]
I. 1. *RÉPONDRE À qqn :* faire connaître en retour sa pensée, son avis à la personne qui s'adresse à vous. *Je te réponds franchement. Répondez-moi par oui ou par non. Elle répond d'un signe de la tête. J'attends que tu me répondes.* – *Il saura bien lui répondre.* → **répliquer, riposter.** **2.** *RÉPONDRE À qqch. :* faire une réponse à. *Vous n'avez pas répondu à la question. Demain, je répondrai à sa lettre. Ne réponds pas à ces attaques.* **3.** (qqch.) Se faire entendre tout de suite après. *Le piano répond à l'orchestre.* **4.** Réagir à (un appel). *On l'a appelé mais il n'a pas répondu. Ça ne répond pas quand on appelle chez lui (au téléphone). Mon chat répond à son nom.* – *Leur perroquet répond au nom de Coco*, il s'appelle Coco. **5.** *RÉPONDRE À qqn, qqch. :* faire connaître sa pensée en retour. *Il ne sait que répondre à cela. « C'est ta faute », lui répondit-il.* – *Bien répondu !* – *RÉPONDEZ-lui QUE c'est trop tard.* → **répliquer, rétorquer.** – *Il m'a RÉPONDU DE faire ce que je voulais.*
II. *RÉPONDRE À* (une action, un comportement). **1.** Être en accord avec, correspondre à (qqch.). *Ce nouveau produit répond à un vrai besoin des consommateurs.* **2.** Avoir un comportement semblable au comportement d'un autre. *En répondant à la provocation, tu entres dans leur jeu.* – *Il a répondu à mon salut.* → **rendre.** *Je ne veux pas répondre à ses avances.* **3.** (qqch.)

Produire les effets attendus. *L'organisme répond bien aux excitations extérieures.* → **obéir.** - *Les freins ne répondent plus.* → **fonctionner. 4.** (qqn) *RÉPONDRE DE :* se porter garant de. *Je réponds de lui* (→ **répondant**). - *Nous répondons de son innocence.* - *Il répond du succès de l'entreprise.* → **assurer, garantir.** *Je ne réponds plus de rien :* je ne contrôle plus du tout la situation. - *Je vous en réponds :* je vous le garantis.

réponds [Repɔ̃] *Je réponds ; tu réponds :* forme au présent du verbe **répondre.**

RÉPONSE [Repɔ̃s] n. f. ▪ *UNE RÉPONSE* **1.** Le fait de répondre à une question, à une demande. *Il n'a pas encore donné sa réponse. Voici la réponse à ta question. Notre demande est restée sans réponse. Sa réponse a été positive,* il a répondu oui. - *Il a fait une réponse de Normand,* il n'a répondu ni oui ni non. - *En réponse à votre lettre du 10 mai :* pour répondre à votre lettre du 10 mai. - *Ce gamin A RÉPONSE À TOUT,* il a de la repartie. **2.** Solution apportée à une question par le raisonnement. *Le journal donne la réponse au problème de logique du dernier numéro.* **3.** *Un DROIT DE RÉPONSE :* droit pour toute personne citée ou mise en cause dans un journal de répondre par le même moyen. *Le journaliste mis en cause par un lecteur a exercé son droit de réponse dans le numéro suivant du journal.* **4.** Riposte. *La réponse ne s'est pas fait attendre : il y a eu un attentat.* **5.** Réaction à un appel. *J'ai sonné plusieurs fois : pas de réponse.*

FAUX AMIS
danois **respons** «écho, réaction», norvégien **respons** «réaction positive»

REPORT [Rəpɔʀ] n. m. ▪ *UN REPORT* **1.** Le fait de reporter, de renvoyer à plus tard. *Le secrétaire a annoncé le report de la réunion.* **2.** *Un REPORT DE VOIX :* fait de voter pour un candidat mieux placé que celui pour qui on avait voté au premier tour. *Le report des voix s'est fait sur le candidat de la majorité.*

REPORTAGE [Rəpɔʀtaʒ] n. m. ▪ *UN REPORTAGE :* article ou émission où un journaliste témoigne de ce qu'il a vu ou entendu. *Nous avons regardé un reportage télévisé sur la famine au Soudan.*

REM. On peut aussi prononcer [Rpɔʀtaʒ].

① **REPORTER** [Rəpɔʀte] verbe [conjugaison 1a]

I. 1. Ramener (une chose) où elle se trouvait. *Il a reporté la malle au grenier.* → **rapporter. 2.** Faire revenir en esprit à une époque antérieure. *Ce souvenir nous reporte loin en arrière.* → **ramener.**

II. 1. Renvoyer à plus tard. *S'il le faut, elle reportera son voyage.* → **différer, remettre, repousser. 2.** *REPORTER SUR :* appliquer à (une personne, une chose) ce qui revenait à une autre. *L'enfant a reporté toute son affection sur sa grand-mère.* - *Beaucoup d'électeurs ont reporté leurs voix sur le candidat le mieux placé,* ils ont voté pour le candidat le mieux placé (→ **report**).

III. verbe pronominal SE REPORTER À : se référer à. *Reportez-vous au chapitre précédent. Elle s'est reportée au texte de la loi.*

REM. On prononce aussi [Rpɔʀte].

② **REPORTER** [Rəpɔʀtɛʀ] n. m., n. f. ▪ *UN REPORTER, UNE REPORTER :* journaliste qui fait des reportages, mène des enquêtes. *Elle est reporter pour un magazine.*

REM. On peut aussi prononcer [Rpɔʀtœʀ], [Rpɔʀtɛʀ] ou [Rəpɔʀtœʀ].

REPOS [Rəpo] n. m. ▪ *LE REPOS* **1.** Fait de se reposer ; état d'une personne qui se repose ; temps pendant lequel on se repose. *Elle a pris un peu de repos, cet été. Il a pris un repos bien mérité. Le dimanche est un jour de repos.* - *Après son opération, elle est allée en MAISON DE REPOS,* dans une clinique où les convalescents se reposent. **2.** L'une des positions militaires réglementaires, moins rigide que le garde-à-vous. *Garde-à-vous !... Repos !* **3.** Immobilité. *Détendez-vous, laissez tous vos muscles au repos.* - *Il ne peut pas rester cinq minutes EN REPOS,* tranquille. **4.** État d'une personne que rien ne vient troubler, déranger. *Avec tout ce bruit, on ne peut pas trouver le repos.* → **paix, tranquillité.** - *Ce n'est pas un travail DE TOUT REPOS,* reposant.

REM. On peut aussi prononcer [Rpo].

REPOSANT [Rəpozɑ̃], **REPOSANTE** [Rəpozɑ̃t] adj. (après le nom) ▪ Qui repose, enlève la fatigue, détend. *Nous avons passé des vacances très reposantes.* ⟨contraire : fatigant⟩

REM. On prononce aussi [Rpozɑ̃], [Rpozɑ̃t].

REPOSÉ [Rəpoze], **REPOSÉE** [Rəpoze] adj. (après le nom) ▪ Qui s'est reposé, qui n'a plus de trace de fatigue. *Elle a le visage calme et reposé.* ⟨contraires : fatigué, las⟩ - *Il a l'esprit reposé,* calme, tranquille. ⟨contraire : agité⟩ - *Je regarderai ça À TÊTE REPOSÉE,* à loisir, en prenant le temps de réfléchir.

REM. On prononce aussi [Rpoze].

① **REPOSER** [Rəpoze] verbe [conjugaison 1a]

I. 1. STYLE RECHERCHÉ (qqch.) Être immobile, silencieux. *La nuit, tout repose.* → **dormir. 2.** (personne morte) Être enterré (dans un certain lieu). *Ici repose ma femme bien aimée.* → **ci-gît. 3.** (qqch.) *REPOSER SUR :* être établi sur (un support). *Le pont repose sur des piliers.* - *Cette théorie ne repose sur rien,* elle n'est fondée sur rien. **4.** *LAISSER REPOSER qqch.,* ne plus y toucher pendant un certain temps. *Laissez reposer la pâte pendant une heure,* cessez de la travailler. - *Le fermier a laissé reposer la terre, cette année,* il l'a laissée en jachère.

II. *REPOSER QQCH., QQN* **1.** Mettre dans une position qui délasse. *Elle repose sa tête sur l'oreiller.* → **appuyer, poser. 2.** Délasser. *La lumière douce repose la vue.* - *Ce spectacle nous repose. Cette musique repose* (→ **reposant**).

III. SE REPOSER **1.** Cesser de se livrer à une activité fatigante. → se **délasser,** se **détendre.** *Elle s'est reposée après le déjeuner.* → s'**allonger. 2.** *SE REPOSER SUR qqn,* lui faire entièrement confiance. *Il se repose sur sa collaboratrice.*

REM. On peut aussi prononcer [Rpoze].

② **REPOSER** [Rəpoze] verbe [conjugaison 1a] ▪ Poser (une chose que l'on a soulevée). *Il boit sa bière, puis il repose son verre sur la table.* ⟨contraires : lever, soulever⟩

REM. On peut aussi prononcer [Rpoze].

REPOSE-TÊTE [Rəpoztɛt] n. m. ▪ *UN REPOSE-TÊTE :* appuie-tête. *Ce fauteuil est pourvu d'un repose-tête.* PLURIEL : *des REPOSE-TÊTES.*

REM. Le mot peut aussi rester invariable au pluriel : *des repose-tête.*

REPOUSSANT [Rəpusɑ̃], **REPOUSSANTE** [Rəpusɑ̃t] adj. (après le nom) ▪ Qui inspire de la répulsion, du dégoût. *Sa maison est d'une saleté repoussante.* → **dégoûtant, répugnant.** *C'est un personnage repoussant.* ⟨contraires : attirant, attrayant, engageant⟩

REM. On peut aussi prononcer [Rpusɑ̃], [Rpusɑ̃t].

① **REPOUSSER** [Rəpuse] verbe [conjugaison 1a] **1.** Pousser (qqn) en arrière, faire reculer loin de soi. *Il l'a repoussé brutalement contre le mur. Nos troupes ont repoussé l'ennemi.* - *Ne me repousse pas, dit l'amoureux.* → **éconduire, rabrouer. 2.** Pousser (qqch.) en arrière ou en sens contraire. *Elle repousse sa chaise en se levant.* **3.** Refuser d'accepter, de céder à. *Ils ont repoussé notre offre.* → **décliner.** ⟨contraire : accepter⟩ **4.** Remettre à plus tard. *J'ai dû repousser mon rendez-vous.* → ① **reporter.**

REM. On peut aussi prononcer [Rpuse].

② **REPOUSSER** [Rəpuse] verbe [conjugaison 1a]. (qqch.) Pousser de nouveau. *Au printemps, les feuilles repoussent. Le coiffeur m'a coupé les cheveux trop court, mais ils repousseront.*

REM. On peut aussi prononcer [Rpuse].

RÉPRÉHENSIBLE [RepReɑ̃sibl] adj. (après le nom). (acte, conduite) Qui mérite d'être blâmé, condamné. *Il a eu un comportement répréhensible.* → **blâmable, condamnable.** (contraires : louable, irréprochable) *Ta conduite est répréhensible.*

REPRENDRE [RəpRɑ̃dR] verbe [conjugaison 58]

I. *REPRENDRE QQCH.* **1.** Prendre à nouveau (ce qu'on a cessé d'avoir ou d'utiliser). *Elle reprend ses affaires en partant.* → **récupérer.** *Il a repris le volant :* il s'est remis à conduire. *Je reprends ma liberté. Reprenons des forces. Ils reprennent courage.* **2.** Prendre à nouveau (ce qu'on avait donné). *Il a repris son argent. Reprenez votre place.* - *Les marchandises ne sont ni reprises ni échangées :* les marchandises vendues ne peuvent être ni rendues ni échangées. **3.** Prendre un peu plus de. *Reprenez de la choucroute !* → se **resservir.** *Reprenez du sorbet. Reprends-en un peu !* **4.** Prendre (une personne que l'on avait abandonnée ou laissé échapper). *Les policiers ont repris le prisonnier évadé.* → **rattraper.** - *On ne m'y reprendra plus :* je ne me laisserai plus prendre, tromper. - *Que je ne vous y reprenne pas !* ne recommencez pas. **5.** (qqch.) Avoir de nouveau un effet sur (qqn). *Mes douleurs m'ont repris :* j'ai mal à nouveau. - STYLE FAMILIER *Voilà que ça le reprend !* voilà qu'il recommence. **6.** Recommencer après une interruption. *Il était déprimé en reprenant son travail. Sa femme a repris ses études.* (contraire : arrêter) - *La vie reprend son cours,* elle continue. **7.** Prendre à nouveau la parole après un silence. *Il reprit d'une voix claire...* **8.** Remettre la main à (qqch.) pour améliorer. *La couturière a repris ma jupe car elle était trop large.* → **retoucher.** *Il faut reprendre ce texte, il est mal écrit.* → **réécrire, remanier. 9.** Adopter de nouveau en adaptant. *C'est une idée à reprendre.* - *Le théâtre reprendra la pièce à la rentrée,* il la jouera de nouveau. - *La société a été reprise par une société américaine,* elle a été rachetée par une société américaine. **10.** Redire, répéter. *Reprenons le refrain en chœur. Il a repris l'histoire depuis le début.* **11.** *Reprendre qqn,* lui faire une observation sur une erreur, une faute commise. *Elle reprend ses enfants quand ils font des fautes en parlant.* → **corriger.**

II. *REPRENDRE* **1.** Reprendre vie, vigueur. *Ce petit arbre que l'on croyait mort a repris. Les affaires reprennent.* **2.** Recommencer. *La pluie a repris. Les cours reprendront début septembre.*

III. verbe pronominal SE REPRENDRE **1.** (qqn) Se ressaisir. *Allons, reprenez-vous !* - *Elle s'est trompée, mais elle s'est reprise aussitôt,* elle a corrigé son erreur. **2.** STYLE RECHERCHÉ *SE REPRENDRE À :* recommencer à. *On se reprend à espérer :* on se remet à espérer. **3.** *S'Y REPRENDRE À plusieurs fois pour faire qqch. :* faire plusieurs tentatives pour faire qqch. *Elle s'y est reprise à deux fois pour découper le poulet.*

REM. On peut aussi prononcer [RpRɑ̃dR].

reprenne [RəpRɛn] *Que je reprenne ; qu'il reprenne, qu'elle reprenne :* forme au subjonctif du verbe **reprendre.**

REPRÉSAILLES [RəpRezaj] n. f. pluriel. *DES REPRÉSAILLES* **1.** Mesures de violences prises par un pays contre un autre qui l'a attaqué. *Le pays a usé de représailles contre l'envahisseur. Ils ont cessé leurs attaques par crainte des représailles.* **2.** Riposte d'une personne à un acte malveillant. *Il a menacé son frère des pires représailles,* il l'a menacé d'une terrible vengeance.

REM. On prononce aussi [RpRezaj].

REPRÉSENTANT [RəpRezɑ̃tɑ̃] n. m., **REPRÉSENTANTE** [RəpRezɑ̃tɑ̃t] n. f. *UN REPRÉSENTANT, UNE REPRÉSENTANTE* **1.** Personne qui représente qqn, un groupe, un gouvernement et agit en son nom. *Les députés sont les représentants du peuple. Les diplomates sont les représentants d'un pays à l'étranger. Les représentants syndicaux sont élus par les salariés d'une entreprise.* → **délégué. 2.** Personne qui visite la clientèle pour une société commerciale. *Son mari est représentant de commerce.* → **voyageur.** *La représentante en produits de beauté propose sa marchandise aux parfumeries.*

REM. On prononce aussi [RpRezɑ̃tɑ̃], [RpRezɑ̃tɑ̃t].

REPRÉSENTATIF [RəpRezɑ̃tatif], **REPRÉSENTATIVE** [RəpRezɑ̃tativ] adj. (après le nom) **1.** Qui représente, rend concret, sensible (qqch. d'autre). *Un symbole est représentatif d'une idée.* **2.** Qui représente (un groupe). *La France a un système représentatif,* qui représente, tient compte de tous les membres de la nation. → **parlementaire.** *L'Assemblée nationale est une assemblée représentative,* une assemblée où les députés représentent leurs électeurs. **3.** Qui représente (une classe, une catégorie), qui est caractéristique de (cette catégorie). *Ma fille est représentative des jeunes de sa génération.*

REM. On prononce aussi [RpRezɑ̃tatif], [RpRezɑ̃tativ].

REPRÉSENTATION [RəpRezɑ̃tasjɔ̃] n. f. **1.** *LA REPRÉSENTATION :* le fait de rendre sensible, concret (un objet absent, une idée). *L'architecte donne une représentation de l'espace par la perspective. Cette courbe est la représentation de l'augmentation des ventes de la société.* - *Ce peuple dit primitif a une représentation du monde différente de la nôtre,* il a une perception du monde différente de la nôtre. **2.** *UNE REPRÉSENTATION :* fait de représenter (un spectacle, une pièce de théâtre). → **spectacle.** *La représentation aura lieu à vingt heures précises. La troupe n'a donné que deux représentations.*

REM. On prononce aussi [RpRezɑ̃tasjɔ̃].

REPRÉSENTER [RəpRezɑ̃te] verbe [conjugaison 1a]

I. **1.** Présenter à l'esprit (un objet absent ou une chose abstraite) au moyen d'un autre objet qui lui correspond. *La colombe représente la paix,* elle est le signe, le symbole de la paix. → **évoquer, exprimer.** *Dans le langage écrit, les lettres représentent des sons. Le peintre a représenté un paysage marin.* → **peindre.** - *Le décor de la pièce représente un salon.* → **figurer. 2.** Montrer (une action) à un public sur une scène. *La classe a représenté « l'Avare » de Molière, pour le spectacle de fin d'année.* → **interpréter, jouer. 3.** Rendre présent à l'esprit, à la conscience. *Ce mot ne représente rien pour moi.* **4.** Être un bon exemple de. *Son mari représente le type même du macho.* → **incarner, symboliser.** - *L'achat de ma nouvelle voiture représente trois mois de salaire,* il correspond à trois mois de salaire.

II. **1.** Tenir la place de (qqn, un groupe). *Les députés représentent les électeurs.* - *Le ministre s'est fait représenter par son chef de cabinet,* il était remplacé par son chef de cabinet. **2.** Être le représentant de (une entreprise). *Son mari représente en France une grosse société américaine.*

III. Présenter à nouveau. *Le parti représente le même candidat à chaque élection.*

IV. verbe pronominal SE REPRÉSENTER **1.** Former dans son esprit (une image). *Représentez-vous la scène. Elle ne s'est pas représenté les difficultés qu'ils ont dû surmonter.* → se **figurer,** s'**imaginer. 2.** Se présenter une nouvelle fois. *Elle s'est représentée à l'examen,* elle l'a passé une nouvelle fois. → ① **repasser.** *Le député sortant se représente aux élections.* - *Une pareille occasion ne se représentera peut-être jamais,* ne reviendra peut-être jamais.

REM. On peut aussi prononcer [RpRezɑ̃te].

RÉPRESSIF [RepResif], **RÉPRESSIVE** [RepResiv] adj. (après le nom) . Qui réprime, sert à réprimer. *Les opposants dénoncent les lois* *répressives. Il a eu des parents répressifs.* → **sévère.** ⟨contraire : permissif⟩

RÉPRESSION [repʀesjɔ̃] n. f. ▪ *LA RÉPRESSION :* le fait de réprimer, de punir. *L'État veut augmenter la répression des fraudes.* → **châtiment, punition.** *La répression du soulèvement a été sanglante. Le gouvernement a pris toutes les mesures de répression qui s'imposaient.*

RÉPRIMANDE [repʀimɑ̃d] n. f. ▪ STYLE RECHERCHÉ *UNE RÉPRIMANDE :* reproche sévère. *L'employé a eu une réprimande de son chef.* → **observation, remontrance, reproche.** ⟨contraires : compliment, félicitations⟩

RÉPRIMANDER [repʀimɑ̃de] verbe [conjugaison 1a] ▪ STYLE RECHERCHÉ Critiquer vivement, blâmer avec autorité pour corriger. → **gronder ;** STYLE FAMILIER **engueuler.** *Le professeur réprimandera les retardataires. Il s'est fait réprimander.*

REM. Ce mot qui n'est pas très courant est le seul dont l'emploi est neutre.

RÉPRIMER [repʀime] verbe [conjugaison 1a] **1.** Empêcher (un sentiment, une tendance) de se développer. *Il réprime difficilement sa colère.* → **contenir, refréner.** *Son envie de rire a été impossible à réprimer* (→ **irrépressible**). **2.** Empêcher (une chose jugée dangereuse pour la société) de se développer. *Le gouvernement a réprimé l'insurrection. Tous les délits seront durement réprimés.* → **châtier, punir.** ⟨contraires : encourager, tolérer⟩

repris [ʀəpʀi], **reprise** [ʀəpʀiz] *Il a repris l'habitude ; l'habitude qu'il a reprise :* formes au participe passé du verbe **reprendre.**

REPRIS DE JUSTICE → **justice**

① **REPRISE** [ʀəpʀiz] n. f.

I. *LA REPRISE* **1.** Action de faire de nouveau après une interruption. *La reprise des cours est fixée au 3 septembre.* → **rentrée.** *On attend la reprise des négociations entre les syndicats et la direction de l'entreprise.* - *Je l'ai croisé dans la rue À PLUSIEURS REPRISES,* plusieurs fois, à plusieurs occasions. *Nous nous sommes vus à de nombreuses reprises* (→ **souvent**). **2.** Objets, meubles rachetés par un locataire à la personne qui l'a précédé dans un logement. *Ils ont dû payer une reprise pour la moquette neuve.* **3.** Le fait de prendre un nouvel essor après un moment de crise. *Les spéculateurs attendent la reprise.*

II. *UNE REPRISE* **1.** Partie d'un match, d'un combat (de boxe, d'escrime). *Les boxeurs ont une minute de repos entre chaque reprise.* → **round.** *La compétition d'équitation se déroule en plusieurs reprises.* **2.** (moteur) Passage à un régime supérieur. *Ma voiture a de bonnes reprises,* elle accélère facilement.

REM. On peut aussi prononcer [ʀpʀiz].

② **REPRISE** [ʀəpʀiz] n. f. ▪ *UNE REPRISE :* raccommodage sur un tissu déchiré ou troué. *Il a une grosse reprise à sa chemise.*

REM. On peut aussi prononcer [ʀpʀiz].

reprit [ʀəpʀi] *Il reprit, elle reprit :* forme au passé simple du verbe **reprendre.**

RÉPROBATEUR [repʀɔbatœʀ], **RÉPROBATRICE** [repʀɔbatʀis] adj. (après le nom) ▪ Qui exprime la réprobation, qui désapprouve. *Il m'a regardé d'un air réprobateur.* → **désapprobateur.** *Elle fait une moue désapprobatrice.* ⟨contraire : approbateur⟩

RÉPROBATION [repʀɔbasjɔ̃] n. f. ▪ *LA RÉPROBATION :* jugement sévère que l'on porte sur une personne ou sur une chose qui déplaît profondément. *Sa conduite suscite la réprobation générale.* → **désapprobation.** ⟨contraire : approbation⟩

REPROCHE [ʀəpʀɔʃ] n. m. ▪ *UN REPROCHE :* blâme formulé envers une personne pour lui inspirer de la honte ou du regret de ce qu'elle a fait. *Je ne te fais aucun reproche* (→ **reprocher**). *Il m'a accablé de reproches.* → **observation, remarque ;** STYLE RECHERCHÉ **remontrance.** ⟨contraire : compliment⟩ *Il est SANS REPROCHE* (→ **irréprochable**). - *Cet appartement est trop petit, c'est le seul reproche qu'on puisse lui faire,* c'est la seule critique.

REM. On peut aussi prononcer [ʀpʀɔʃ].

REPROCHER [ʀəpʀɔʃe] verbe [conjugaison 1a] **1.** *REPROCHER qqch. À qqn,* le blâmer d'une chose dont on le considère coupable ou responsable. *Ils reprochent à leur fils sa paresse. Je lui ai reproché de ne pas m'avoir prévenu.* - *Ce que je reproche à cette voiture, c'est son prix trop élevé,* ce que je critique dans cette voiture. **2.** verbe pronominal SE REPROCHER : se considérer comme coupable ou responsable (de qqch.). *C'est une chose que je me reprocherai* [ʀəpʀɔʃʀɛ] *toute ma vie. Il n'a rien à se reprocher* (→ **irréprochable**). *Elle s'est reproché d'avoir hésité.*

REM. On peut aussi prononcer [ʀpʀɔʃe].

REPRODUCTEUR [ʀəpʀɔdyktœʀ] adj. et n. m., **REPRODUCTRICE** [ʀəpʀɔdyktʀis] adj. et n. f. **1.** adjectif (après le nom) Qui sert à la reproduction des êtres vivants. *Les organes reproducteurs des hommes sont apparents.* → **génital.** *Les ovules sont des cellules reproductrices.* **2.** *UN REPRODUCTEUR, UNE REPRODUCTRICE :* animal qui sert à la reproduction de l'espèce. *Ce taureau est un bon reproducteur.*

REM. On prononce aussi [ʀpʀɔdyktœʀ], [ʀpʀɔdyktʀis].

REPRODUCTION [ʀəpʀɔdyksjɔ̃] n. f.

I. *LA REPRODUCTION* **1.** Le fait de reproduire fidèlement une chose existante. *La reproduction d'une image se fait par le cinéma ou la photographie. La reproduction de ces documents est interdite.* **2.** Le fait de se reproduire, de donner naissance à d'autres êtres vivants de la même espèce. *Les abeilles permettent la reproduction des fleurs. Au cours de biologie, les élèves étudient la reproduction chez les mammifères.* → **procréation.**

II. *UNE REPRODUCTION :* photo d'une œuvre d'art. *Ces livres contiennent des reproductions de tableaux et de sculptures. Cette reproduction est mauvaise.*

REM. On prononce aussi [ʀpʀɔdyksjɔ̃].

REPRODUIRE [ʀəpʀɔdɥiʀ] verbe [conjugaison 38b]

I. **1.** Donner l'équivalent de (qqch.). *Le journal a reproduit cet interview sans changer un mot. Votre dessin ne reproduit pas exactement le modèle. Le perroquet reproduit la voix humaine.* → **imiter.** **2.** Faire exister à de nombreux exemplaires. *Il faut que le serrurier reproduise ma clé. Les livres sont reproduits à des milliers d'exemplaires.* → **imprimer.**

II. verbe pronominal SE REPRODUIRE **1.** Donner naissance à des êtres vivants de la même espèce que la sienne. *Les lapins se reproduisent abondamment.* → se **multiplier ; reproduction.** **2.** Se produire de nouveau. *La même panne s'est reproduite.* → **recommencer,** se **répéter.** *Je vous promets que cette erreur ne se reproduira pas.* → se **renouveler.** *Veillez à ce que ça ne se reproduise pas,* que ça n'arrive pas encore.

REM. On peut prononcer aussi [ʀpʀɔdɥiʀ].

reproduis [ʀəpʀɔdɥi] *Je reproduis, tu reproduis :* forme au présent du verbe **reproduire.**

REM. On peut aussi prononcer [ʀpʀɔdɥi].

reproduit [ʀəpʀɔdɥi], **reproduite** [ʀəpʀɔdɥit] *Il a reproduit la réalité ; la réalité qu'il a reproduite :* formes au participe passé du verbe **reproduire.**

RÉPROUVER [repʀuve] verbe [conjugaison 1a] ▪ Condamner sévèrement (qqch.). → **blâmer, désapprouver.** *Elle réprouve les fré-*

quentations de son fils (→ **réprobation**). *Nous* RÉPROUVONS QUE *tu partes.* ⟨contraire : approuver⟩

REPTILE [ʀɛptil] n. m. ▪ *UN REPTILE :* animal vertébré qui a des écailles ou une carapace. *Les serpents, les crocodiles, les lézards, les tortues sont des reptiles. Le dinosaure était un reptile.*

repu [ʀəpy], **repue** [ʀəpy] *Il s'est repu ; elle s'est repue :* formes au participe passé du verbe se **repaître.**

REPU [ʀəpy], **REPUE** [ʀəpy] adj. (après le nom) ▪ Qui a mangé à sa faim. → **rassasié.** *Le bébé a bu tout son biberon, il est repu.* ⟨contraire : affamé⟩

RÉPUBLICAIN [ʀepyblikɛ̃] adj. et n. m., **RÉPUBLICAINE** [ʀepyblikɛn] adj. et n. f.

I. adjectif (après le nom) **1.** Qui appartient à la république. *Les institutions françaises sont républicaines. Son mari est* GARDE RÉPUBLICAIN, il est gendarme chargé de la police militaire. **2.** Qui est partisan de la république. *Il écrit dans un journal républicain.* **3.** *Le* PARTI RÉPUBLICAIN : aux États-Unis, parti de tendance libérale et conservatrice. *Le parti républicain s'oppose au parti démocrate.*

II. *UN RÉPUBLICAIN, UNE RÉPUBLICAINE :* personne qui est favorable à la république. *C'est un républicain convaincu.*

RÉPUBLIQUE [ʀepyblik] n. f. **1.** *LA RÉPUBLIQUE :* forme de gouvernement où le pouvoir est exercé par un président et un parlement élus. *Les habitants de ce pays vivent en république.* **2.** (avec une majuscule) *UNE RÉPUBLIQUE :* État ainsi gouverné. *« Liberté, égalité, fraternité » est la devise de la République française. En France, le* PRÉSIDENT DE LA RÉPUBLIQUE *est élu pour sept ans.* – (sans majuscule) *Ce pays est une république. Cette revue informe sur les républiques d'Amérique du Sud.*

RÉPUBLIQUE TCHÈQUE [ʀepybliktʃɛk] nom propre féminin – en tchèque **CESKÁ REPUBLIKA** ▪ *LA RÉPUBLIQUE TCHÈQUE :* pays d'Europe centrale. *Il travaille en République tchèque.*

RÉPUDIER [ʀepydje] verbe [conjugaison 7a] ▪ Renvoyer (une épouse) en rompant le mariage, dans certaines sociétés. *Le prince répudiera* [ʀepydiʀa] *sa femme si elle ne lui donne pas d'héritier.*

RÉPUGNANCE [ʀepyɲɑ̃s] n. f. ▪ *LA RÉPUGNANCE :* dégoût très vif. *Elle débouche l'évier avec répugnance. J'ai de la répugnance pour ce sale type.* → **répulsion.** ⟨contraire : attirance⟩

RÉPUGNANT [ʀepyɲɑ̃], **RÉPUGNANTE** [ʀepyɲɑ̃t] adj. (après le nom) **1.** Qui inspire un grand dégoût. *Tes mains sont d'une saleté répugnante.* → **dégoûtant.** *Qu'est-ce que c'est que cette odeur répugnante ?* → **écœurant ;** STYLE FAMILIER **dégueulasse.** *Elle est d'une laideur répugnante.* → **repoussant. 2.** Qui fait horreur. *Il a commis un crime répugnant.* → **abject, ignoble.** *C'est un personnage répugnant.*

RÉPUGNER [ʀepyɲe] verbe [conjugaison 1a] ▪ *RÉPUGNER À* **1.** Faire horreur à (qqn). *L'idée même de manger lui répugne.* → **dégoûter.** – *Ça me répugne d'avoir à lui demander de m'aider.* → **déplaire. 2.** STYLE RECHERCHÉ Être dégoûté par la perspective de (devoir faire qqch.). *Le professeur répugne à punir les élèves.*

RÉPULSION [ʀepylsjɔ̃] n. f. ▪ *LA RÉPULSION :* profond dégoût. → **répugnance.** *J'ai de la répulsion pour les cafards.* → **aversion.** ⟨contraire : attirance⟩ *Elle a mangé avec une grande répulsion.*

RÉPUTATION [ʀepytasjɔ̃] n. f. ▪ *LA RÉPUTATION* **1.** Le fait d'être connu et d'être bien ou mal considéré. *Nous avons dîné dans un restaurant qui a une excellente réputation. Son amie a* MAUVAISE RÉPUTATION *dans le quartier. Je ne connais pas personnellement le député, je ne le connais que* DE RÉPUTATION, par ce que j'ai entendu dire à son sujet. *La directrice a* LA RÉPUTATION D'*être sévère,* elle passe pour une personne sévère. **2.** Le fait d'être célèbre, d'être connu pour sa valeur. *Sa réputation n'est plus à faire. Sa réputation grandit de jour en jour.* → **renommée.**

RÉPUTÉ [ʀepyte], **RÉPUTÉE** [ʀepyte] adj. (après le nom) ▪ Connu, célèbre, qui a une bonne réputation. → **connu.** *Une pianiste réputée donnera un concert demain. C'est un des restaurants les plus réputés de la région.* → **renommé.**

REQUÉRIR [ʀəkeʀiʀ] verbe [conjugaison 21] **1.** Réclamer au nom de la loi. *Le procureur a requis l'application de la loi. Demain, le procureur requerra* [ʀəkɛʀʀa] *trois ans de prison pour l'accusé* (→ **réquisitoire**). **2.** Exiger. *Ce travail requiert* [ʀəkjɛʀ] *beaucoup d'attention.* → **demander, nécessiter, réclamer.** *Quand il était malade, son état requérait une surveillance constante.* **3.** STYLE RECHERCHÉ Demander. *Nous requérons votre aide.* → **solliciter.**

requerra [ʀəkɛʀʀa] *Il requerra, elle requerra :* forme au futur du verbe **requérir.**

REQUÊTE [ʀəkɛt] n. f. ▪ *UNE REQUÊTE :* demande pressante et respectueuse. → **prière.** *J'ai une requête à vous faire. Il a cédé à la requête de sa famille.*

requiers [ʀəkjɛʀ] *Je requiers, tu requiers :* forme au présent du verbe **requérir.**

REQUIN [ʀəkɛ̃] n. m. ▪ *UN REQUIN* **1.** Très grand poisson, puissant et vorace. *Certains requins sont carnivores. Les requins ont d'énormes mâchoires aux dents acérées.* **2.** Personne cupide et impitoyable en affaires. → **rapace, vautour.** *Il s'est fait avoir par un requin.*

requis [ʀəki], **requise** [ʀəkiz] *Il a requis une peine ; la peine qu'il a requise :* formes au participe passé du verbe **requérir.**

REQUIS [ʀəki], **REQUISE** [ʀəkiz] adj. (après le nom) ▪ Exigé comme nécessaire. *Vous avez toutes les qualités requises pour l'emploi que nous proposons.*

RÉQUISITIONNER [ʀekizisjɔne] verbe [conjugaison 1a] ▪ Exiger que du matériel, des locaux, des personnes soient mis à disposition, lors de circonstances exceptionnelles. *Le maire a réquisitionné plusieurs fermes pour loger les sinistrés.*

RÉQUISITOIRE [ʀekizitwaʀ] n. m. ▪ *UN RÉQUISITOIRE* **1.** Discours prononcé contre l'accusé, dans un tribunal. *Le procureur prononce son réquisitoire* (→ **requérir**). **2.** Texte qui accuse, dénonce. *Son livre est un réquisitoire contre la déforestation.*

R. E. R. [ɛʀøɛʀ] n. m. ▪ *LE R. E. R. :* métro régional qui dessert Paris et sa région. *Il prend le R. E. R. pour aller à son bureau.*

REM. *R. E. R.* est le sigle de ***R**éseau **E**xpress **R**égional.*

RESALER [ʀəsale] verbe [conjugaison 1a] ▪ Saler de nouveau (ce qui n'est pas assez salé). *Ne resale pas la soupe, elle est assez salée comme ça !*

RESCAPÉ [ʀɛskape] n. m., **RESCAPÉE** [ʀɛskape] n. f. ▪ *UN RESCAPÉ, UNE RESCAPÉE :* une personne qui a échappé à un accident ou à une catastrophe. → **survivant.** *Les rescapés du naufrage ont été recueillis par un bateau de pêche.* ⟨contraire : victime⟩

À LA **RESCOUSSE** [alaʀɛskus] adverbe ▪ À l'aide, au secours. *Il appelle son frère à la rescousse. Les sauveteurs sont arrivés* À LA RESCOUSSE DES *alpinistes en difficulté. Nous sommes venus à sa rescousse.*

RÉSEAU [ʀezo] n. m. ▪ *UN RÉSEAU* **1.** Ensemble de lignes, de bandes qui s'entrecroisent. *Une toile d'araignée est un réseau de fils.* PLURIEL : *des* RÉSEAUX. **2.** Ensemble de voies de communication, de canalisations, de lignes électriques ou téléphoniques, qui desservent un lieu. *Les inondations ont affecté le réseau routier de la région. Le discours du Président est diffusé sur l'ensemble du réseau (de télévision). La banlieue de Paris est desservie par le réseau express régional* (→ **R. E. R.**). **3.** Ensemble de personnes. *Il travaille dans le réseau commercial de la société. Elle a tout un réseau d'amis.* **4.** Organisation secrète. *Un réseau d'espionnage a été démantelé par l'ennemi.*

RÉSERVATION [RezɛRvasjɔ̃] n. f. ▪ *UNE RÉSERVATION :* le fait de réserver une place ou une chambre pour une date précise. *J'ai dû annuler ma réservation sur le vol Paris-Londres. Il a fait sa réservation par minitel.*

① **RÉSERVE** [RezɛRv] n. f. ▪ *UNE RÉSERVE* **1.** *ÉMETTRE DES RÉSERVES sur qqch.*, émettre des doutes, ne pas être entièrement d'accord. *Je suis globalement d'accord sur le projet, j'émettrai cependant une réserve.* → **restriction.** *J'accepte SOUS RÉSERVE QUE vous m'aidiez*, à condition que vous m'aidiez. – *Il a une admiration SANS RÉSERVE pour son père*, il l'admire sans réticence. **2.** Ce que l'on met de côté pour en disposer au moment voulu. → **provision.** *Il faut faire des réserves de bois pour l'hiver. Elle a puisé dans ses réserves.* – *Il y a encore des réserves de pétrole dans le monde*, des gisements qui ne sont pas encore exploités. – *Il a de bonnes bouteilles de vin EN RÉSERVE dans sa cave*, des bouteilles qu'il a mises de côté et qu'il garde. **3.** Local où l'on entrepose les choses que l'on garde. *Le stock du magasin est dans une réserve. La vendeuse est partie voir dans la réserve s'il reste un pantalon à votre taille.* **4.** Territoire réservé à certaines populations. *Il y a des réserves d'Indiens au Canada.* – *On protège la flore et la faune dans des réserves naturelles.* → **parc.**

FAUX AMIS
grec **ρεζέρβα** « roue de secours » ; roumain **rezervă** « chambre individuelle d'un hôpital »

② **RÉSERVE** [RezɛRv] n. f. ▪ *LA RÉSERVE :* attitude d'une personne discrète qui se garde de tout excès. → **retenue.** *Il garde toujours une certaine réserve avec les gens qu'il ne connaît pas.* ⟨contraire : familiarité⟩

RÉSERVÉ [RezɛRve], **RÉSERVÉE** [RezɛRve] adj. (après le nom)
I. Qui fait preuve de réserve, de retenue. *C'est une femme réservée.* → **discret.** *Il s'est montré très réservé au sujet du projet.*
II. 1. Dont l'usage ou l'accès est réservé à qqn. *Ces places de parking sont réservées aux handicapés.* **2.** Que l'on a fait mettre de côté. *J'ai deux places réservées dans le train* (→ **réservation**).

RÉSERVER [RezɛRve] verbe [conjugaison 1a]
I. 1. Retenir à l'avance (ce que l'on veut avoir plus tard). *J'ai réservé une chambre à l'hôtel.* → **louer.** **2.** Mettre de côté. → **garder.** *L'agence réservera deux places côte à côte.* **3.** Destiner exclusivement (à qqn). *Les trottoirs sont réservés aux piétons*, ils ne doivent servir qu'aux piétons. – *On ne sait pas le sort qui leur est réservé*, ce qui va leur arriver. *La soirée nous réserve des surprises.* → **apporter, procurer.**
II. verbe pronominal SE RÉSERVER **1.** Garder pour soi. *Elle s'est réservé le droit de lui dire ce qu'elle pense. Il se réserve la pièce du fond pour travailler.* **2.** Ne pas manger ou manger peu pour garder l'appétit (pour un plat, pour un repas). *Elle n'a pas mangé de cacahouètes à l'apéritif, elle s'est réservée pour le dîner. Si j'étais toi, je me réserverais pour le dessert !*

RÉSERVOIR [RezɛRvwaR] n. m. ▪ *UN RÉSERVOIR :* bassin ou récipient pouvant contenir un liquide que l'on garde. *L'eau de pluie est recueillie dans un grand réservoir.* → **citerne.** *L'automobiliste doit faire le plein, le réservoir d'essence est presque vide.*

RÉSIDENCE [Rezidɑ̃s] n. f. ▪ *UNE RÉSIDENCE* **1.** Lieu où l'on habite. *Où avez-vous votre résidence ?* → **domicile.** *Le prisonnier a été libéré et mis en RÉSIDENCE SURVEILLÉE*, il est obligé de rester en un certain lieu. **2.** Construction dans laquelle on habite. *Ils ont une très jolie résidence en banlieue.* → **demeure, maison.** *Ils vont tous les week-ends dans leur RÉSIDENCE SECONDAIRE*, dans leur maison de campagne. *Ma mère est dans une résidence pour personnes âgées.* **3.** Groupe d'immeubles résidentiels. *Mes parents ont acheté un appartement dans une résidence.*

RÉSIDENT [Rezidɑ̃] n. m., **RÉSIDENTE** [Rezidɑ̃t] n. f. ▪ *UN RÉSIDENT, UNE RÉSIDENTE :* une personne qui vit dans un autre pays que le sien. → **étranger.** *Il y a de nombreux résidents espagnols en France.* → **ressortissant.**

RÉSIDENTIEL [Rezidɑ̃sjɛl], **RÉSIDENTIELLE** [Rezidɑ̃sjɛl] adj. (après le nom) ▪ (lieu) Qui concerne des habitations de luxe. *Ils habitent dans un QUARTIER RÉSIDENTIEL*, où il n'y a que des maisons luxueuses. *Elle a acheté un appartement dans un immeuble résidentiel.*

RÉSIDER [Rezide] verbe [conjugaison 1a] **1.** STYLE RECHERCHÉ Avoir son lieu de résidence (dans un lieu). *Où résidez-vous ?* → **demeurer, habiter.** *Ils résident en banlieue.* **2.** (qqch.) Se trouver, se situer. *C'est bien là que réside le problème. La difficulté réside en ceci.*

RÉSIDU [Rezidy] n. m. ▪ *UN RÉSIDU :* ce qui reste. *Le goudron est un des résidus de la distillation du pétrole.* → **reste.**

RÉSIGNATION [Reziɲasjɔ̃] n. f. ▪ *LA RÉSIGNATION :* le fait d'accepter sans protester (qqch. de pénible). *Elle a accepté sa maladie avec résignation.* ⟨contraire : révolte⟩ *Il a poussé un soupir de résignation.* ⟨contraire : protestation⟩

RÉSIGNÉ [Reziɲe], **RÉSIGNÉE** [Reziɲe] adj. (après le nom) ▪ Qui manifeste la résignation. *Il a l'air résigné, je pense qu'il a décidé d'accepter.*

SE **RÉSIGNER** [Reziɲe] verbe pronominal [conjugaison 1a] ▪ *SE RÉSIGNER À :* accepter sans protester (qqch. de pénible). → **consentir.** *Elle s'est résignée à cette vie solitaire. Il faut que nous nous résignions à perdre la partie.* ⟨contraires : refuser, s'insurger, se révolter⟩

RÉSILIER [Rezilje] verbe [conjugaison 7a] ▪ Mettre fin à (un contrat). *Il faut que nous résiliions notre contrat d'assurance. Il résiliera* [ReziliRa] *son bail quand il voudra déménager.*

RÉSINE [Rezin] n. f. ▪ *LA RÉSINE* **1.** Produit collant et visqueux qui s'écoule de certains arbres (→ **résineux**). *Les conifères produisent de la résine.* **2.** Composé naturel ou synthétique utilisé dans la fabrication des matières plastiques. *Le dentiste lui a mis une fausse dent en résine.*

FAUX AMI
russe **резина** « caoutchouc »

RÉSINÉ [Rezine] n. m. ▪ *LE RÉSINÉ :* vin qui contient de la résine de pin. *Nous avons bu du résiné en Grèce.*

RÉSINEUX [Rezinø] n. m. ▪ *UN RÉSINEUX :* arbre qui produit de la résine. *Les sapins et les mélèzes sont des résineux.* → **conifère.**

RÉSISTANCE [Rezistɑ̃s] n. f. ▪ *LA RÉSISTANCE* **1.** Capacité de résister à une force subie. *Certains matériaux ont une résistance faible à l'usure.* **2.** Conducteur électrique qui produit de la chaleur. *Il faut changer la résistance du fer à repasser.* **3.** Qualité de qqn qui supporte la fatigue, les épreuves, les privations. → **endurance.** *Il peut marcher pendant des heures, il a une grande résistance. Son frère n'a aucune résistance.* – *Nous avons mangé des hors-d'œuvre et comme PLAT DE RÉSISTANCE du rôti de porc avec des pommes de terre*, comme plat principal du repas. **4.** Le fait de lutter, de résister. *Le voleur s'est laissé arrêter sans opposer aucune résistance.* **5.** Le fait de s'opposer à l'ennemi, à l'occupant. *Pendant la Deuxième Guerre mondiale, de nombreux Français ont fait de la résistance. - Son grand-père était dans LA RÉSISTANCE,* dans l'organisation des Français qui luttaient contre l'Occupation allemande.

RÉSISTANT [Rezistɑ̃] adj. et n. m., **RÉSISTANTE** [Rezistɑ̃t] adj. et n. f.
I. adjectif (après le nom) **1.** (qqch.) Qui résiste à l'usure. → **solide.** *J'ai choisi une matière très résistante. Il faut des vêtements résistants pour partir en montagne.* **2.** (qqn) Qui supporte facilement l'effort, la fatigue. ⟨contraire : fragile⟩ *Les sportifs sont des gens résistants.* → **fort, robuste.**
II. *UN RÉSISTANT, UNE RÉSISTANTE :* une personne qui était dans la Résistance, pendant la Deuxième Guerre mondiale (→ **maquisard**). *Un groupe de résistants a fait sauter un train allemand.*

RÉSISTER [Reziste] verbe [conjugaison 1a] ▪ *RÉSISTER À* **1.** (qqch.) Ne pas céder, ne pas se casser, ne pas s'user sous l'effet de. *Mon pull n'a pas résisté au lavage,* il s'est abîmé. *La maison ne résisterait pas à un tremblement de terre,* elle serait détruite par un tremblement de terre. *Le cuisinier met dans le four un plat qui résiste au feu,* qui supporte la forte chaleur. - *On dit que l'amour ne résiste pas à l'habitude.* **2.** (êtres vivants) Supporter, ne pas être affaibli par. *J'essaie de résister à la fatigue.* ⟨contraire : faiblir⟩ *Les chameaux résistent bien au manque d'eau. Les bégonias ne résisteront pas au gel.* → **supporter. 3.** Lutter contre. *Notre armée a résisté à l'ennemi.* ⟨contraire : capituler⟩ - *L'assassin s'est rendu aux policiers sans résister,* sans faire de résistance. **4.** S'opposer à (ce qui plaît, un désir). *Elle a résisté à la tentation.* ⟨contraires : céder, craquer⟩ *Je n'ai pas pu résister à l'envie de lui dire ce que je pense d'elle. Je n'y ai pas résisté. - Il s'est acheté trois cravates, il n'a pas pu résister !*

RESITUER [Rəsitɥe] verbe [conjugaison 1a] ▪ Situer plus précisément ou d'un autre point de vue. *Afin que vous compreniez bien, nous resituerons* [RəsityRɔ̃] *l'événement dans le contexte de l'époque.* → **replacer.**

résolu [Rezɔly], **résolue** [Rezɔly] *Il a résolu l'affaire ; l'affaire qu'il a résolue :* formes au participe passé du verbe **résoudre.**

RÉSOLU [Rezɔly], **RÉSOLUE** [Rezɔly] adj. (après le nom) ▪ Qui sait prendre une décision et n'en change pas. *C'est un adversaire résolu de la peine de mort.* ⟨contraire : indécis⟩ *Je suis RÉSOLU À le faire.* → **décidé.** *J'y suis résolu.* → **prêt,** se **résoudre.**

RÉSOLUMENT [Rezɔlymɑ̃] adverbe ▪ Avec force et résolution, sans hésitation. *Il s'est résolument opposé au projet.* → **énergiquement, franchement.**

RÉSOLUTION [Rezɔlysjɔ̃] n. f. **1.** *UNE RÉSOLUTION :* décision que l'on prend après avoir réfléchi et avec l'intention de s'y tenir. *J'ai pris des résolutions. Est-ce que tu es capable de PRENDRE LA RÉSOLUTION DE ne plus fumer ? J'ai bien réfléchi et j'ai pris ma résolution,* je me suis décidé. *Ma résolution est prise. Depuis le début de l'année, mon fils a DE BONNES RÉSOLUTIONS.* **2.** *LA RÉSOLUTION :* action de résoudre (un problème). *La résolution de cette équation est difficile.*

résolvons [Rezɔlvɔ̃] *Nous résolvons :* forme au présent du verbe **résoudre.**

RÉSONANCE [Rezɔnɑ̃s] n. f. **1.** *La CAISSE DE RÉSONANCE d'un instrument de musique à cordes :* l'espace fermé à l'intérieur de l'instrument où les sons frappés sur les cordes résonnent, se répercutent. *Les violons, les violoncelles et les guitares ont une caisse de résonance.* **2.** STYLE RECHERCHÉ Écho, retentissement (d'un événement, d'un phénomène) dans l'esprit de qqn. *Cette expérience nouvelle a eu pour elle une grande résonance.*
REM. On écrit *réso**n**ance*, mais *réso**nn**er*.

RÉSONNER [Rezɔne] verbe [conjugaison 1a] **1.** Retentir en s'accompagnant d'écho. *À midi, les cloches résonneront dans la campagne. Il ne devait pas être loin, ses pas résonnaient sur la chaussée.* **2.** (lieu) Être rempli de bruits. *La cour de l'école RÉSONNE DE cris d'enfants.*

RÉSORBER [RezɔRbe] verbe [conjugaison 1a] **1.** Faire disparaître progressivement. *Le gouvernement prend des mesures pour résorber le chômage.* → **supprimer. 2.** verbe pronominal SE RÉSORBER : disparaître peu à peu. *Il faut attendre que l'hématome se résorbe. La tumeur s'est résorbée.*

RÉSOUDRE [RezudR] verbe [conjugaison 51]
I. 1. Découvrir la solution de (un problème). *Il faut que le commissaire résolve* [Rezɔlv] *l'énigme.* → **deviner, trouver.** *Mon fils résout des équations. Ma mère résolvait mes problèmes d'algèbre. La difficulté a été résolue.* **2.** STYLE RECHERCHÉ Décider après avoir bien réfléchi (→ **résolution**). *Après tous ces événements, il RÉSOLUT DE quitter la France.*
II. verbe pronominal SE RÉSOUDRE À : se décider à. *Elle s'est résolue à partir.* → se **déterminer.** *Il va falloir que je m'y résolve. Se résoudront-ils à tout abandonner ?*

résout [Rezu] *Il résout, elle résout :* forme au présent du verbe **résoudre.**

RESPECT [Rɛspɛ] n. m. ▪ *LE RESPECT* **1.** Sentiment qui porte à avoir de la considération pour qqn, en raison de son âge, de sa valeur et à se conduire envers lui avec réserve et retenue. → **déférence.** *Son vieux professeur inspire le respect. Il traite ses grands-parents avec respect.* → **politesse.** *S'il vous plaît, un peu de respect.* ⟨contraires : impertinence, insolence⟩ *Tu ne dois pas lui MANQUER DE RESPECT :* tu ne dois pas être impoli avec lui. - *SAUF VOTRE RESPECT, quel âge avez-vous ?* excusez-moi de vous demander ça. **2.** (au pluriel) MES RESPECTS, NOS RESPECTS... : formule de politesse quand on s'adresse à un supérieur, à une personne que l'on respecte. *Veuillez présenter mes respects à votre père.* → **hommage. 3.** *Tenir qqn EN RESPECT,* le tenir à distance avec une arme. *Le policier tient l'homme en respect avec son revolver.*

RESPECTABLE [Rɛspɛktabl] adj. (après le nom, parfois avant le nom) **1.** Digne d'être respecté. *C'est un homme respectable.* → **estimable, honorable.** *On le prend pour un respectable vieillard. - Sa mère est une femme d'âge respectable,* une femme assez âgée. **2.** (mesure) Assez important. *Il a pêché un poisson de taille respectable,* un gros poisson.

RESPECTER [Rɛspɛkte] verbe [conjugaison 1a] **1.** Considérer (qqn) avec respect. *On doit respecter les personnes âgées. Son professeur sait SE FAIRE RESPECTER.* ⟨contraire : mépriser⟩ **2.** Conserver en bon état. *Respectez la nature.* ⟨contraire : polluer⟩ *Respectez les pelouses !* ne marchez pas dessus ! **3.** Ne pas porter atteinte à (qqch.). *Nous respectons la loi.* → **obéir.** ⟨contraires : enfreindre, violer⟩ *Les automobilistes doivent respecter les limitations de vitesse,* s'y conformer. *La police fait respecter l'ordre.* **4.** verbe pronominal SE RESPECTER : agir de manière à garder l'estime de soi-même. *Si elle se respectait, elle ne ferait pas ça.* - STYLE FAMILIER *QUI SE RESPECTE :* qui est fidèle à son métier, à ce qu'il est. *Un artiste qui se respecte n'accepterait pas ces conditions de travail,* un artiste digne de ce nom.

RESPECTIF [ʀɛspɛktif], **RESPECTIVE** [ʀɛspɛktiv] adj. (après le nom) ▪Qui concerne chaque personne, chaque chose parmi d'autres. *Retournez tous à vos places respectives :* reprenez chacun votre place.

RESPECTIVEMENT [ʀɛspɛktivmɑ̃] adverbe ▪Chacun en ce qui le concerne. *Pierre et Marie ont respectivement vingt et douze ans :* Pierre a vingt ans et Marie a douze ans.

RESPECTUEUSEMENT [ʀɛspɛktɥøzmɑ̃] adverbe ▪En témoignant du respect. *Il parle respectueusement à ses parents.*

RESPECTUEUX [ʀɛspɛktɥø], **RESPECTUEUSE** [ʀɛspɛktɥøz] adj. (après le nom) ▪Qui éprouve ou témoigne du respect. *Ils ont des enfants respectueux. Il est* RESPECTUEUX DES *autres :* il respecte les autres. *Parle-lui sur un ton respectueux. Veuillez croire à mes sentiments respectueux.* (lettre) – *Elle se tient à une* DISTANCE RESPECTUEUSE *de nous,* à une distance assez éloignée, par respect ou par crainte. – *Ils sont respectueux de l'environnement :* ils font attention à l'environnement.

RESPIRATION [ʀɛspiʀasjɔ̃] n. f. ▪*LA RESPIRATION :* fonction du corps qui consiste à absorber de l'oxygène **(→ inspiration)** et à rejeter du gaz carbonique **(→ expiration).** *Le malade a une respiration régulière. Le nageur retient sa respiration avant de plonger.* **→ souffle.** – *RESPIRATION ARTIFICIELLE :* ensemble de moyens pratiqués pour rétablir la respiration chez une personne qui ne peut plus respirer par elle-même. *Le blessé a été mis sous respiration artificielle.*

RESPIRATOIRE [ʀɛspiʀatwaʀ] adj. (après le nom) ▪Qui sert à la respiration. *Les poumons font partie de l'appareil respiratoire. Il a une inflammation des voies respiratoires.*

RESPIRER [ʀɛspiʀe] verbe [conjugaison 1a] **1.** Faire entrer l'air dans les poumons et le rejeter **(→ expirer, inspirer).** *Respirez profondément ! Tu respires par la bouche ou par le nez ? Le malade a du mal à respirer.* **→ étouffer.** *Il reste sous l'eau sans respirer.* **→ apnée.** *Son mari respire bruyamment en dormant.* **→ ronfler.** – *IL MENT COMME IL RESPIRE,* avec naturel et facilité. – *À la montagne, on respire le bon air.* **2.** Avoir un moment de calme. *Je n'ai pas eu le temps de respirer depuis ce matin.* **3.** Dégager une impression de. *Elle respire l'intelligence :* elle a l'air très intelligent. *Son visage respire la joie,* il exprime la joie.

RESPLENDIR [ʀɛsplɑ̃diʀ] verbe [conjugaison 2] ▪Briller d'un vif éclat. *Il faisait beau, le soleil resplendissait.* – *Son visage* RESPLENDIT DE *bonheur.*

RESPLENDISSANT [ʀɛsplɑ̃disɑ̃], **RESPLENDISSANTE** [ʀɛsplɑ̃disɑ̃t] adj. (après le nom) ▪Qui resplendit, qui est très brillant. *Le soleil est resplendissant.* **→ éclatant.** *Sa fille a une mine resplendissante.* **→ éblouissant.** *Il est* RESPLENDISSANT DE *bonheur.*

RESPONSABILISER [ʀɛspɔ̃sabilize] verbe [conjugaison 1a] ▪Donner des responsabilités à (qqn), rendre (qqn) responsable pour qu'il prenne conscience de son rôle. *Il ne faut pas avoir peur de responsabiliser ses enfants.*

RESPONSABILITÉ [ʀɛspɔ̃sabilite] n. f. ▪*LA RESPONSABILITÉ* **1.** Fait pour qqn, qqch., d'être la cause d'un dommage. *L'enquête a établi le responsabilité du conducteur du car.* **2.** Obligation d'accepter les conséquences de ses actes. *Tu dois* PRENDRE TES RESPONSABILITÉS, agir et accepter les obligations qui en découlent. *Je décline toute responsabilité dans cette affaire,* j'affirme que je n'y suis pour rien. *C'est une lourde responsabilité de diriger une entreprise.* **3.** Capacité de prendre seul une décision. *Elle a un poste à responsabilité. Il a fait preuve de responsabilité.*

RESPONSABLE [ʀɛspɔ̃sabl] adj., n. m. et n. f.
I. adjectif (après le nom) **1.** Qui a commis une faute et doit réparer le tort causé. *Le conducteur responsable de l'accident était ivre.* **2.** Qui doit rendre compte de ce qu'il fait. *Les parents sont responsables des actes commis par leurs enfants mineurs,* ils doivent en répondre. **3.** Qui est chargé de prendre des décisions. *En France, le Premier ministre est responsable de la défense nationale.* **4.** (qqch.) Qui est la cause de. *Le tabac est responsable de nombreux cancers du poumon et de la gorge.* **5.** Qui mesure les conséquences de ses actes. *Tu dois te conduire en homme responsable.* **→ raisonnable, réfléchi, sérieux.** – *Il a une attitude responsable.* ⟨contraire : irresponsable⟩
II. *UN RESPONSABLE, UNE RESPONSABLE* **1.** Personne qui prend les décisions, dans une organisation, qui dirige un service et en a la responsabilité. *Je vais me plaindre auprès du responsable. Les responsables syndicaux se sont réunis.* **2.** Personne qui a commis une faute. *Le responsable de l'accident a été arrêté. Il se dit responsable mais non coupable. Qui est le responsable de cette plaisanterie de mauvais goût ?* **→ auteur.**

RESQUILLE [ʀɛskij] n. f. ▪STYLE FAMILIER *LA RESQUILLE :* action de resquiller. *Il ne paie jamais dans le métro, c'est le roi de la resquille !*

RESQUILLER [ʀɛskije] verbe [conjugaison 1a] ▪STYLE FAMILIER Entrer (quelque part) sans payer. *Elle resquille toujours dans le métro. Si vous resquillez, vous risquez d'avoir une amende.*

RESQUILLEUR [ʀɛskijœʀ] n. m., **RESQUILLEUSE** [ʀɛskijøz] n. f. ▪STYLE FAMILIER *UN RESQUILLEUR, UNE RESQUILLEUSE :* une personne qui resquille. *Un resquilleur est passé devant tout le monde dans la file d'attente du cinéma.*

RESSAC [ʀəsak] n. m. ▪*LE RESSAC :* retour violent des vagues sur elles-mêmes, après avoir heurté un obstacle. *On entend le bruit du ressac contre la falaise.*

SE **RESSAISIR** [ʀəseziʀ] verbe pronominal [conjugaison 2] ▪Retrouver son calme, redevenir maître de soi. *Elle a failli se mettre en colère, mais elle s'est ressaisie. Ressaisissez-vous !*

RESSASSER [ʀəsase] verbe [conjugaison 1a] **1.** Répéter sans cesse. *Arrête de ressasser toujours les mêmes histoires !* **→ rabâcher. 2.** Faire revenir dans son esprit (les mêmes choses). *Elle ressasse ses vieux souvenirs.*

RESSEMBLANCE [ʀəsɑ̃blɑ̃s] n. f. ▪*LA RESSEMBLANCE :* rapport entre deux êtres, entre deux choses qui ont des éléments identiques. *La ressemblance entre sa sœur et lui est frappante,* ils se ressemblent énormément. *Il y a des ressemblances entre la grenouille et le crapaud.* **→ similitude.** ⟨contraire : différence⟩ *Le peintre a fait un portrait d'une grande ressemblance,* il a fait un portrait qui ressemble beaucoup au modèle.

RESSEMBLANT [ʀəsɑ̃blɑ̃], **RESSEMBLANTE** [ʀəsɑ̃blɑ̃t] adj. (après le nom) ▪Qui ressemble à son modèle. ⟨contraire : différent⟩ *Le dessinateur a fait une caricature du président assez ressemblante.* **→ fidèle.** – STYLE FAMILIER *Il est très ressemblant sur la photo,* c'est bien lui, on le reconnaît bien.

RESSEMBLER [ʀəsɑ̃ble] verbe [conjugaison 1a] ▪*RESSEMBLER À* **1.** Avoir des traits communs avec. *Il ressemblait beaucoup à sa mère quand il était petit. Le crocodile ressemble à un gros lézard.* **2.** (qqch.) *ÇA NE RESSEMBLE A RIEN :* ça n'a aucun sens, c'est très mauvais. **→ idiot, moche.** *Son roman ne ressemble à rien.* **3.** (qqch.) Être conforme au caractère de (qqn). *Ça lui ressemble bien de faire ça,* c'est bien son style. *Ça ne lui ressemble pas d'arriver en retard,* ce n'est pas dans ses habitudes, ce n'est pas son genre. **4.** verbe pronominal SE RESSEMBLER : ressembler l'un à l'autre. *Les deux frères se ressemblent comme deux gouttes d'eau. Ils se sont toujours beaucoup ressemblés.*

RESSEMELER [ʀəsəmle] verbe [conjugaison 4a]. Mettre une semelle neuve à (une chaussure). *Les cordonniers ressemellent les chaussures. J'ai porté mes bottes à ressemeler.*

REM. On peut prononcer aussi [ʀsəmle] ou [ʀəsəmle].

ressens [ʀəsɑ̃] *Je ressens, tu ressens* : forme au présent du verbe **ressentir.**

RESSENTIMENT [ʀəsɑ̃timɑ̃] n. m. *LE RESSENTIMENT* : le fait de se souvenir encore de torts que l'on a subis. → **rancœur, rancune.** *Je garde du ressentiment de cette injustice.* → **amertume.** *C'est un ressentiment légitime.*

RESSENTIR [ʀəsɑ̃tiʀ] verbe [conjugaison 16b]

I. Éprouver. → **sentir.** *Je ressens une douleur dans la jambe. Il ressent encore les effets de sa chute. Nous ressentons de la sympathie pour lui.* → **avoir.** *Que ressens-tu pour lui ? Je ne veux pas qu'il ressente de la pitié pour moi. Elle ne montre pas ce qu'elle ressent.*

II. SE RESSENTIR **1.** Continuer à éprouver. *Elle s'est ressentie longtemps de sa chute,* elle en a senti longtemps les effets. – *Il est fatigué et son travail s'en ressent,* son travail subit l'effet de sa fatigue. **2.** STYLE FAMILIER *S'EN RESSENTIR POUR* : se sentir en bonnes dispositions pour. *Tu t'en ressens pour venir avec moi ?* tu te sens capable de venir avec moi, tu en as envie ?

REM. On peut prononcer aussi [ʀsɑ̃tiʀ].

RESSERRER [ʀəseʀe] verbe [conjugaison 1a] **1.** Diminuer le volume ou la surface de (qqch.) en rapprochant les éléments. *La couturière va resserrer ma jupe à la taille.* ⟨contraire : élargir⟩ *Elle met une lotion qui resserre les pores du visage.* ⟨contraire : dilater⟩ **2.** Serrer davantage. ⟨contraire : desserrer⟩ *Il a resserré sa ceinture d'un cran. Il faut resserrer la vis.* – *Le directeur va RESSERRER LES BOULONS,* tout réorganiser d'une manière plus efficace. **3.** Rendre plus étroit. *Les difficultés ont resserré leur amitié.* **4.** verbe pronominal SE RESSERRER : devenir plus étroit. *La route se resserre après le virage.* → se **rétrécir.**

REM. On peut prononcer aussi [ʀseʀe].

RESSERVIR [ʀəsɛʀviʀ] verbe [conjugaison 14] **1.** Servir de nouveau. *La maîtresse de maison ressert du gigot à ses invités.* – *Voulez-vous que je vous resserve ?* **2.** Être à nouveau utilisable. *Ne jette pas ce vieux manteau, il resservira peut-être un jour.* **3.** verbe pronominal SE RESSERVIR : se servir à nouveau. *Elle ne s'est jamais resservie de sa voiture depuis son accident. Elle se ressert du vin.* → **reprendre.** *Ressers-toi !*

REM. On peut prononcer aussi [ʀsɛʀviʀ].

ressort [ʀəsɔʀ] *Il ressort, elle ressort* : forme au présent du verbe ② **ressortir.**

REM. On peut prononcer aussi [ʀsɔʀ].

① **RESSORT** [ʀəsɔʀ] n. m. **1.** *UN RESSORT* : objet d'acier qui peut se tendre et se détendre en produisant un mouvement. *Son lit a un matelas à ressorts. Le ressort de ma montre est cassé.* **2.** *AVOIR DU RESSORT* : avoir de l'énergie. *Tu as l'air tout mou, tu n'as pas de ressort aujourd'hui ! Allez, un peu de ressort. Je manque de ressort.*

REM. On peut prononcer aussi [ʀsɔʀ].

② **RESSORT** [ʀəsɔʀ] n. m. **1.** *ÊTRE DU RESSORT DE* : être de la compétence (d'une juridiction). *Cette affaire est DU RESSORT DE la police,* elle regarde la police, elle est de la compétence de la police **(→ ① ressortir).** *Ce que vous me demandez n'est pas de mon ressort,* cela n'entre pas dans mes attributions. **2.** *EN DERNIER RESSORT* : en définitive, finalement. *En dernier ressort, il a fait appel à ses voisins,* en fin de compte.

REM. On peut prononcer aussi [ʀsɔʀ].

① **RESSORTIR** [ʀəsɔʀtiʀ] verbe [conjugaison 2]. STYLE RECHERCHÉ *RESSORTIR À* : être du ressort de, de la compétence de. *Ce procès ressortit à la cour d'appel.* → **relever.** *Ce problème que nous étudiions ressortissait à la philosophie,* il appartenait au domaine de la philosophie. → **concerner,** ① **dépendre.**

REM. **1.** On peut prononcer aussi [ʀsɔʀtiʀ]. **2.** Attention à la conjugaison différente de celle de ② *ressortir.*

② **RESSORTIR** [ʀəsɔʀtiʀ] verbe [conjugaison 16a] **1.** Sortir (d'un lieu) peu après y être entré. *Il est entré dans la maison et il en est ressorti aussitôt. Il faudra que je ressorte après dîner.* **2.** Être bien visible. *Les fleurs blanches ressortent bien sur un fond rouge. Les comptes font ressortir un bénéfice important.* **3.** Apparaître comme conséquence. *IL RESSORT de tout ça que nous aurions pu éviter ce fâcheux incident. Que ressort-il de l'enquête ?* **4.** Sortir (qqch.) à nouveau, après l'avoir rentré. *Rentre la voiture, je la ressortirai tout à l'heure. Elle ressort ses vêtements d'été au mois de juin.* → **reprendre. 5.** Présenter une nouvelle fois. *On ressort souvent les classiques du cinéma en été.*

REM. On peut prononcer aussi [ʀsɔʀtiʀ].

RESSORTISSANT [ʀəsɔʀtisɑ̃] n. m., **RESSORTISSANTE** [ʀəsɔʀtisɑ̃t] n. f. *UN RESSORTISSANT, UNE RESSORTISSANTE* : une personne qui vit dans un autre pays que le sien. → **résident.** *Les ressortissants français en Angleterre doivent aller voter au consulat de France.*

REM. On peut prononcer aussi [ʀsɔʀtisɑ̃].

ressortit [ʀəsɔʀti] *Il ressortit* : forme au présent du verbe ① **ressortir,** et forme au passé simple du verbe ② **ressortir.**

REM. On peut prononcer aussi [ʀsɔʀti].

RESSOURCE [ʀəsuʀs] n. f.

I. *UNE RESSOURCE* : ce qui peut améliorer une situation, ce qui peut aider. *Je n'ai qu'une ressource, demander de l'aide à la mairie. C'est ma dernière ressource.* → **possibilité, recours.** *Si vous ne trouvez pas le livre que vous cherchez, vous AVEZ LA RESSOURCE DE le commander,* vous pouvez le commander. – *C'est un homme DE RESSOURCES,* il trouve toujours des solutions. *Il va y arriver, il A DE LA RESSOURCE,* il est capable de tout.

II. (au pluriel) DES RESSOURCES **1.** Moyens matériels de vivre. *Il est né dans une famille sans ressources,* dans une famille pauvre. *Quelles sont vos ressources ?* → **revenu. 2.** Moyens dont dispose une collectivité. *Les ressources minières de la région sont abondantes.* → **potentiel.** *Le pays a d'importantes ressources naturelles.* → **richesse.** – *Il est directeur des RESSOURCES HUMAINES de l'entreprise,* de l'ensemble du personnel.

REM. On peut prononcer aussi [ʀsuʀs].

RESSUSCITER [ʀesysite] verbe [conjugaison 1a] **1.** Redevenir vivant, après être mort. *Selon l'Évangile, Jésus-Christ est ressuscité le troisième jour après sa mort* **(→ résurrection). 2.** Ramener à la vie. *L'Évangile rapporte que Jésus ressuscitait les morts.* – *Cet alcool ressusciterait un mort !* cet alcool est très fort.

RESTANT [ʀɛstɑ̃] n. m. et adj., **RESTANTE** [ʀɛstɑ̃t] adj.

I. *LE RESTANT* : ce qui reste. *Voici un acompte de ce que je vous dois, je vous paierai le restant dans un mois.* → **reliquat, reste.** *Il est cloué au lit pour le restant de ses jours.*

II. adjectif (après le nom) **1.** Qui reste d'un ensemble. *La couturière fera un coussin avec le tissu restant.* **2.** *Écrire POSTE RESTANTE* : envoyer du courrier à la poste où le destinataire ira le chercher. *Écrivez-moi poste restante à Autun.*

RESTAURANT [rɛstɔrɑ̃] n. m. ▪ *UN RESTAURANT* : établissement où l'on sert des repas moyennant paiement (→ se **restaurer**). *Hier, nous avons dîné au restaurant.* → STYLE FAMILIER **resto.** *Mes cousins tiennent un restaurant. C'est un restaurant gastronomique.*

① **RESTAURATEUR** [rɛstɔratœr] n. m., **RESTAURATRICE** [rɛstɔratris] n. f. ▪ *UN RESTAURATEUR, UNE RESTAURATRICE* : une personne dont le métier est de restaurer les œuvres d'art. *Elle est restauratrice de tableaux anciens.*

② **RESTAURATEUR** [rɛstɔratœr] n. m., **RESTAURATRICE** [rɛstɔratris] n. f. ▪ *UN RESTAURATEUR, UNE RESTAURATRICE* : une personne qui tient un restaurant. *Il est restaurateur à Lille.*

① **RESTAURATION** [rɛstɔrasjɔ̃] n. f.
I. *UNE RESTAURATION* : remise en état (→ **restaurer**). *Cet immeuble a besoin d'une restauration. La restauration de la cathédrale a été très bien faite.* → **réfection, rénovation.**
II. *LA RESTAURATION* : rétablissement au pouvoir d'une dynastie qui avait été écartée. *Les royalistes français sont favorables à la restauration de la monarchie.* - *LA RESTAURATION* : le retour au pouvoir des Bourbons après la chute de Napoléon Ier. *La Restauration a duré de 1814 à 1830.*

② **RESTAURATION** [rɛstɔrasjɔ̃] n. f. ▪ *LA RESTAURATION* : tout ce qui concerne les activités d'un restaurant. *Il travaille dans la restauration.*

RESTAURER [rɛstɔre] verbe [conjugaison 1a] **1.** Faire exister à nouveau (ce qui a disparu). → **rétablir.** *Les révolutionnaires de ce pays veulent restaurer la démocratie.* ⟨contraire : renverser⟩ **2.** Remettre en état (une œuvre d'art, un monument) en respectant son style (→ ① **restaurateur**, ① **restauration**). *La vieille chapelle va être restaurée.*

SE **RESTAURER** [rɛstɔre] verbe pronominal [conjugaison 1a] ▪ Reprendre des forces en mangeant. *Nous nous sommes restaurés dans une auberge. Restaurez-vous avant de repartir.*

RESTE [rɛst] n. m.
I. *LE RESTE* **1.** Ce qui reste d'un tout. *Sa mère lui a donné cinq cents francs, il va s'acheter des chaussures et, avec le reste, il ira au cinéma.* → **restant.** *Je n'ai pas fini mon travail, je ferai le reste demain. Il se promène, il lit et LE RESTE DU TEMPS il dort,* aux autres moments. - *Il y a un reste de jambon dans le réfrigérateur.* - *Il est parti SANS DEMANDER SON RESTE,* sans insister, discrètement. **2.** Tout ce qui n'est pas ce qui vient d'être mentionné. *Mêle-toi de tes affaires et ne t'occupe pas du reste.* **3.** *DU RESTE* : d'ailleurs. *« N'hésite pas à lui demander de t'aider. Du reste, elle est très serviable. »*
II. (au pluriel) DES RESTES **1.** Nourriture qui reste, qui n'a pas été mangée. *Dimanche soir, nous mangerons les restes.* **2.** STYLE RECHERCHÉ Cadavre, ossements d'une personne. *Ses restes ont été rapatriés par avion.*

> FAUX AMIS
> grec **ρέστα,** italien **resto** « monnaie à rendre »

RESTER [rɛste] verbe [conjugaison 1a] **1.** (qqn) Continuer d'être (dans un lieu). → **demeurer.** *Il doit travailler et il restera le mois d'août à Paris. Ils sont restés un mois au Canada.* → **séjourner.** *Je vais rester avec lui jusqu'à ce qu'il s'endorme. Reste là, je reviens tout de suite. Nous resterons pour vous aider. Elle est restée au lit toute la journée. Je ne vais pas rester ici à l'attendre pendant des heures !* → STYLE FAMILIER s'**éterniser, moisir.** *Tu peux rester dormir ici, si tu veux. Je ne peux pas rester, je suis obligé de partir.* - STYLE FAMILIER *L'accident a été terrible, elle a bien failli Y RESTER,* elle a failli mourir. **2.** (qqch.) Être encore là. *La tache est restée.* ⟨contraire : partir⟩ *Ce qu'il m'a dit me RESTE EN TRAVERS DE LA GORGE,* c'est intolérable et je ne peux pas l'oublier. *Que tout ça RESTE ENTRE NOUS !* n'en parlez à personne. **3.** Continuer d'être (dans un état, dans une situation). *Asseyez-vous, ne restez pas debout. Reste un moment sans bouger. Ils sont restés des heures à bavarder.* (avec l'attribut) *Sa grand-mère est restée jeune. Restons amis ! Je suis resté sans nouvelles de lui. Le magasin restera ouvert tout l'été.* **4.** *RESTER À qqn,* continuer à lui appartenir. *Ce surnom va lui rester.* - *La propriété est restée dans la famille.* **5.** *EN RESTER À* : s'arrêter à, ne pas aller plus loin que. *Il a commencé son livre, mais il en est resté au deuxième chapitre,* il n'a pas dépassé le deuxième chapitre. *Si nous ne voulons pas nous disputer, RESTONS-EN LÀ,* n'en parlons plus. - *RESTER SUR. Je reste sur ma faim* : j'ai encore faim. *Continuons, il ne faut pas RESTER SUR un échec,* il ne faut pas s'en tenir à cet échec comme si on ne pouvait rien changer. **6.** Être encore présent ou disponible. *IL ne RESTE rien de la ville.* → **subsister.** *Il reste un bout de pain. Il nous reste peu de temps. Il ne me restait que trois cents francs pour finir le mois. Il reste encore beaucoup de choses à faire. Ça RESTE À prouver. Il ne me reste plus qu'à vous remercier* : je n'ai plus qu'à vous remercier. *Tout est prêt pour la fête, RESTE À SAVOIR s'il fera beau demain,* il faudrait savoir s'il fera beau demain. *Reste à savoir pourquoi il a fait ça.*

> FAUX AMIS
> anglais **to rest** « se reposer » ; espagnol **restar** « soustraire »

RESTITUER [rɛstitɥe] verbe [conjugaison 1a] **1.** Rendre (ce que l'on avait pris illégalement). *Le voleur a restitué les bijoux. Vous restituerez* [rɛstityre] *ce que vous avez pris. Il RESTITUE À son frère le stylo qu'il lui avait pris.* → **redonner.** ⟨contraire : garder⟩ **2.** Reproduire fidèlement. *Le film restitue bien l'atmosphère de l'époque.* → **rendre.**

RESTO [rɛsto] n. m. ▪ STYLE FAMILIER *UN RESTO* : un restaurant. *Je connais un petit resto pas cher. Ce soir, je t'emmène au resto. Il y a beaucoup de restos dans ce quartier.*
REM. Ce mot est une forme familière de *restaurant.*

RESTREINDRE [rɛstrɛ̃dr] verbe [conjugaison 52b] **1.** Rendre plus petit, moins important (→ **restriction**). *Il faut que je restreigne* [rɛstrɛɲ] *mes dépenses.* → **diminuer, limiter, réduire.** ⟨contraires : accroître, augmenter⟩ *Depuis sa maladie, il a restreint ses activités.* ⟨contraire : développer⟩ **2.** verbe pronominal SE RESTREINDRE : dépenser moins, réduire son train de vie. *Ils se sont restreints depuis qu'il est au chômage. Nous nous restreignons autant que nous pouvons.*

restreins [rɛstrɛ̃] *Je restreins, tu restreins* : forme au présent du verbe **restreindre.**

restreint [rɛstrɛ̃], **restreinte** [rɛstrɛ̃t] *Il a restreint ses dépenses ; ses dépenses qu'il a restreintes* : formes au participe passé du verbe **restreindre.**

RESTREINT [rɛstrɛ̃], **RESTREINTE** [rɛstrɛ̃t] adj. (après le nom) ▪ Limité, étroit. *Ils vivent dans un espace restreint. L'orateur a fait sa conférence devant un public restreint,* peu nombreux. ⟨contraire : large⟩

RESTRICTION [rɛstriksjɔ̃] n. f. ▪ *UNE RESTRICTION* **1.** Ce qui restreint le développement, la portée de qqch. *Je suis d'accord, mais j'émets une restriction. Avez-vous des restrictions ?* - *Il a accepté le projet SANS RESTRICTION,* entièrement. → ① **réserve.** **2.** Action de restreindre. *Le gouvernement a décidé une restriction des importations.* → **baisse, diminution, limitation, réduction.** ⟨contraires : accroissement, augmentation, hausse⟩ **3.** (au pluriel) DES RESTRICTIONS : mesures qui ont pour objet de réduire la consommation en période de pénurie. → **rationnement.** *La population souffre des restrictions pendant une guerre.*

RÉSULTAT [Rezylta] n. m. ■ *LE RÉSULTAT* **1.** Solution (d'un problème, d'une opération). *La somme est le résultat d'une addition, le produit est le résultat d'une multiplication. Est-ce que tu as trouvé le résultat de la division ?* **2.** Ce qui arrive à la suite et comme effet de qqch. *Sa réussite est le résultat de ses efforts.* → **aboutissement, conséquence.** *C'est le résultat de son acharnement. Il est parvenu à un résultat. Il n'y a que le résultat qui compte. Elle a eu un résultat inespéré. On lui a fait une analyse de sang, il attend les résultats.* - STYLE FAMILIER *Elle a pris des risques, résultat, elle a eu un accident.* → STYLE FAMILIER **total.** **3.** Réussite ou échec à un examen. *C'est demain le jour du résultat. Les résultats de l'examen sont affichés. Les parieurs attendent les résultats des courses. Quel est le résultat du match ?* → **score.**

RÉSULTER [Rezylte] verbe [conjugaison 1a]■ *RÉSULTER DE* : être le résultat de. *Son échec résulte de son manque de travail.* → **découler, provenir.** *Voilà ce qui en est résulté* ou *ce qui en a résulté. Que va-t-il résulter de tout ça ? IL EN RÉSULTE QUE tu as échoué.* → **apparaître.**

RÉSUMÉ [Rezyme] n. m. ■ *UN RÉSUMÉ* : texte qui en résume un autre. → **abrégé.** *J'ai un résumé à apprendre par cœur. Faites le résumé du roman en une demi-page.* - *EN RÉSUMÉ* : en peu de mots. *Voici, en résumé, ce qui lui est arrivé.*

> FAUX AMI
> anglais **résumé**
> « curriculum vitæ »

RÉSUMER [Rezyme] verbe [conjugaison 1a] ■ Présenter brièvement en ne gardant que l'essentiel. *Résumez ce texte en dix lignes.* → **abréger, condenser.** *Il faut que vous résumiez la situation en quelques phrases.*

> FAUX AMI
> anglais **to resume**
> « recommencer »

RÉSURRECTION [RezyRɛksjɔ̃] n. f.■ *LA RÉSURRECTION* : retour à la vie, fait de ressusciter. *Les chrétiens et les musulmans croient à la résurrection des corps à la fin des temps. Le jour de Pâques, les chrétiens fêtent la résurrection du Christ.* - *Il est guéri de son cancer, c'est une résurrection.*

RÉTABLIR [Retablir] verbe [conjugaison 2]
I. 1. Faire exister de nouveau. *La police a rétabli l'ordre.* → **ramener, restaurer.** *Il faut rétablir la démocratie. Avec ces orages, le courant électrique ne pourra être rétabli que demain.* - *Les historiens rétablissent la vérité.* **2.** Remettre (qqn) en bonne santé. *Ce traitement te rétablira vite.* → STYLE FAMILIER **retaper.**
II. verbe pronominal SE RÉTABLIR **1.** Retrouver la santé. *Elle s'est vite rétablie après son opération.* → **guérir, récupérer.** **2.** Se faire de nouveau. *Il faut que le calme se rétablisse.*

RÉTABLISSEMENT [Retablismɑ̃] n. m.■ *LE RÉTABLISSEMENT* **1.** Remise en fonction ou en vigueur. *Les ambassadeurs négocient en vue du rétablissement des relations diplomatiques entre leurs deux pays.* **2.** Retour à la santé. → **guérison.** *Nous vous souhaitons UN PROMPT RÉTABLISSEMENT.*

RÉTAMÉ [Retame], **RÉTAMÉE** [Retame] adj. (après le nom)■ STYLE FAMILIER Très fatigué. *Je suis complètement rétamé.* → **épuisé ;** STYLE FAMILIER **crevé.**

RETAPE [Rtap] n. f. ■ STYLE FAMILIER *LA RETAPE* : action d'attirer des clients. → **racolage.** *La prostituée fait la retape dans la rue.* - *Ce parti politique fait de la retape avant les élections,* il cherche à séduire les électeurs.

RETAPER [Rətape] verbe [conjugaison 1a]
I. 1. Remettre en état. *Ils ont retapé une vieille ferme.* → **arranger, réparer.** *Retape ton lit !* refais-le grossièrement. **2.** STYLE FAMILIER Remettre en forme. → **rétablir.** *Prends un grog, ça va te retaper.* → **remonter.** **3.** Taper à nouveau à la machine (un texte). *Il faut que tu retapes cette lettre, elle est bourrée de fautes.*
II. verbe pronominal STYLE FAMILIER SE RETAPER (qqn) **1.** Se rétablir. *Ma sœur s'est vite retapée.* → **guérir,** se **rétablir.** **2.** *SE RETAPER QQCH.* : refaire quelque chose de peu agréable. *Je ne veux pas me retaper tout le chemin à pied.*
REM. On peut prononcer aussi [Rtape].

RETARD [Rətar] n. m.■ *LE RETARD* **1.** Le fait d'arriver trop tard, de se produire après le moment fixé. *Il est encore arrivé EN RETARD à l'école,* après l'heure à laquelle il aurait dû arriver. ⟨contraire : avance⟩ - *Le train est annoncé avec dix minutes de retard,* avec dix minutes de plus que le temps prévu. *Le train a un retard de dix minutes. L'avion aura du retard.* **2.** Le fait de ne pas avoir fait ce que l'on devrait avoir déjà fait. *Le locataire a payé son loyer avec retard. Elle a PRIS DU RETARD dans son travail. J'ai du courrier en retard,* du courrier que je n'ai pas encore fait. **3.** Action de remettre à plus tard. *Réponds-moi SANS RETARD,* sans attendre, le plus vite possible. → **délai.** ⟨contraire : empressement⟩ **4.** *EN RETARD* : moins avancé dans son développement que la normale. *La végétation est en retard en montagne. Leur fils est EN RETARD pour son âge,* il est attardé. *Ce pays est en retard sur les autres,* il est sous-développé.
REM. On peut prononcer aussi [Rtar].

RETARDATAIRE [Rətardatɛr] n. m., n. f.■ *UN RETARDATAIRE, UNE RETARDATAIRE* : une personne qui arrive en retard, qui arrive après les autres. *Les retardataires ne pourront pas entrer dans la salle une fois que le spectacle aura commencé.*
REM. On peut prononcer aussi [Rtardatɛr].

RETARDEMENT [Rətardəmɑ̃] n. m.■ *Une BOMBE À RETARDEMENT* : bombe qui explose un certain temps après avoir été posée, grâce à une minuterie. *La bombe à retardement a heureusement pu être désamorcée.*
REM. On peut prononcer aussi [Rtardəmɑ̃].

RETARDER [Rətarde] verbe [conjugaison 1a] **1.** Mettre en retard. *Cet incident m'a retardé. Nous avons été retardés par les embouteillages.* **2.** Faire se produire plus tard. *Il va retarder son départ de quelques jours.* → **ajourner,** ② **différer, reculer, remettre, repousser.** ⟨contraires : avancer, hâter⟩ *Le départ de l'avion est retardé d'une heure.* **3.** (montre, réveil, horloge) Aller trop lentement, marquer une heure moins avancée que l'heure réelle. *Ma montre retarde de cinq minutes.* ⟨contraire : avancer⟩ **4.** STYLE FAMILIER Apprendre qqch. longtemps après les autres. *« Sa femme ? Tu retardes, ils ont divorcé l'année dernière ! »* **5.** verbe pronominal SE RETARDER : se mettre en retard. *Partez vite, ne vous retardez pas. Elle s'est retardée à cause de moi.*
REM. On peut prononcer aussi [Rtarde].

RETENIR [Rətənir] verbe [conjugaison 22]
I. 1. Garder pour un usage particulier. *On retient une part du salaire pour payer les cotisations sociales.* → **déduire, prélever.** **2.** Réserver. *J'ai retenu une chambre à l'hôtel. Nous retenons toujours notre place dans le train.* → **louer.** **3.** Garder dans sa mémoire. *Retenez bien ce que je viens de dire. Je n'ai pas retenu son nom. Je retiens de cette conférence que l'avenir est sombre.* - STYLE FAMILIER *Lui, je le retiens :* je me souviendrai de lui, en mal, dans un esprit de vengeance. **4.** Prendre en considération. *Nous sommes désolés de ne pouvoir retenir votre candidature.* **5.** Réserver (un chiffre) pour le reporter dans une colonne plus à gauche, dans une opération (→ **retenu).** *28+6, je pose 4 et je retiens 1.* **6.** Faire rester (qqn) quelque part. *Je ne veux pas vous retenir plus longtemps. Il m'a retenu plus d'une heure.* - (menaçant) *Je ne vous retiens pas :* vous pouvez partir. *Le médecin a été retenu à l'hôpital. Ils nous ont RETENUS À dîner.* - *Plus*

rien ne le retenait à la vie. **7.** Être un objet d'intérêt pour. *Votre lettre a retenu toute notre attention.* **8.** Maintenir (qqch.) en place. *Ses cheveux sont retenus par une barrette.* → **attacher.** **9.** S'empêcher de laisser paraître. *Il faut que tu retiennes tes larmes devant lui.* → **réprimer.** *Apprends à retenir ta langue,* à t'empêcher de parler. → **tenir.** **10.** Tirer (qqn) en arrière. *Je l'ai retenu par le bras pour l'empêcher de tomber. – Retiens-moi ou je fais un malheur,* empêche-moi d'agir. **11.** (qqch.) Empêcher. *Je ne sais pas ce qui me retient de lui dire ce que je pense.*
II. verbe pronominal SE RETENIR **1.** Faire un effort pour ne pas tomber. *Elle s'est retenue à la rampe.* → s'**accrocher,** se **rattraper.** **2.** S'empêcher de céder (à un désir, une impulsion). *Elle s'est retenue pour ne pas éclater de rire.* → se **contenir.** **3.** Se conserver dans la mémoire. *C'est un numéro de téléphone qui se retient facilement.*

FAUX AMI
italien **ritenere** «croire»

REM. On peut prononcer aussi [ʀtəniʀ] ou [ʀətniʀ].

RÉTENTION [ʀetɑ̃sjɔ̃] n. f. ▪ *LA RÉTENTION* **1.** Accumulation (d'une substance qui devrait être évacuée) dans l'organisme. *Le malade souffre de rétention d'urine.* **2.** Fait de retenir, de ne pas faire connaître. *Il fait de la rétention d'informations :* il n'informe pas les autres de ce qu'il sait.

RETENTIR [ʀətɑ̃tiʀ] verbe [conjugaison 2] **1.** Se faire entendre avec force. *Les cloches de l'église retentissent.* → **résonner.** **2.** *RETENTIR DE :* être rempli par (un bruit). *La salle retentit des applaudissements du public.* **3.** Avoir des répercussions. *Sa maladie a retenti sur son moral.*
REM. On peut prononcer aussi [ʀtɑ̃tiʀ].

RETENTISSANT [ʀətɑ̃tisɑ̃], **RETENTISSANTE** [ʀətɑ̃tisɑ̃t] adj. (après le nom) **1.** Qui fait beaucoup de bruit, que l'on entend bien. *Il y a eu un choc retentissant.* **2.** Dont on parle beaucoup. *Son film a eu un succès retentissant,* très grand. → **éclatant.** ⟨contraire : infime⟩
REM. On peut prononcer aussi [ʀtɑ̃tisɑ̃], [ʀtɑ̃tisɑ̃t].

RETENTISSEMENT [ʀətɑ̃tismɑ̃] n. m. ▪ *UN RETENTISSEMENT* **1.** Série de conséquences provoquées par (qqch.). → **contrecoup, répercussion.** *Les dernières mesures gouvernementales ont eu un retentissement sur l'économie du pays.* **2.** Le fait d'attirer l'attention. *Son film a eu un grand retentissement.* → **succès.**
REM. On peut prononcer aussi [ʀtɑ̃tismɑ̃].

retenu [ʀətəny], **retenue** [ʀətəny] *Il a retenu la leçon ; la leçon qu'il a retenue :* formes au participe passé du verbe **retenir.**
REM. On peut prononcer aussi [ʀtəny] ou [ʀətny].

RETENUE [ʀətəny] n. f.
I. *UNE RETENUE* **1.** Prélèvement d'une somme sur un salaire. *On lui fait une retenue de dix pour cent sur son salaire pour les cotisations sociales. Il est payé vingt mille francs moins les retenues.* **2.** Chiffre que l'on retient pour le compter dans la colonne de gauche, dans une opération. *Ton addition est fausse, tu as oublié la retenue.* **3.** Punition qui consiste à garder un élève en classe en dehors des heures de cours. *Votre fils sera gardé EN RETENUE samedi. Il a eu deux heures de retenue.* → **consigne ;** STYLE FAMILIER **colle.** **4.** Encombrement de voitures. → **bouchon.** *On signale une retenue de deux kilomètres sur l'autoroute.*
II. *LA RETENUE :* attitude d'une personne réservée et discrète. ⟨contraires : audace, désinvolture, familiarité⟩ *Elle manque de retenue.* → **discrétion,** ② **réserve, tenue.** *Il a ri sans aucune retenue.* → **modération.**
REM. On peut prononcer aussi [ʀtəny] ou [ʀətny].

RÉTICENCE [ʀetisɑ̃s] n. f. ▪ *UNE RÉTICENCE :* hésitation, réserve dans ce que l'on dit ou dans ce que l'on fait. *Il a accepté, mais avec des réticences. Surmontez vos réticences. Il a fini par signer avec réticence.*

RÉTICENT [ʀetisɑ̃], **RÉTICENTE** [ʀetisɑ̃t] adj. (après le nom) ▪ Qui manifeste de la réticence, de la réserve. *Elle s'est montrée réticente avant d'accepter.* → **hésitant.** *Je te sens RÉTICENT À dire ce que tu penses.*

retienne [ʀətjɛn] *Que je retienne ; qu'il retienne, qu'elle retienne :* forme au subjonctif du verbe **retenir.**

retiens [ʀətjɛ̃] *Je retiens, tu retiens :* forme au présent du verbe **retenir.**

RÉTIF [ʀetif], **RÉTIVE** [ʀetiv] adj. (après le nom) ▪ (monture) Qui s'arrête ou refuse d'avancer. *Le cavalier monte une jument rétive.* ⟨contraire : docile⟩

RÉTINE [ʀetin] n. f. ▪ *LA RÉTINE :* membrane du fond de l'œil et qui reçoit les impressions lumineuses transmises par le nerf optique. *Les images se forment sur la rétine.*

RETIRÉ [ʀətiʀe], **RETIRÉE** [ʀətiʀe] adj. (après le nom) **1.** (qqn) Qui s'est retiré loin du monde. *Il vit solitaire et retiré. – Elle mène une vie très retirée.* **2.** (lieu) Isolé, loin de tout. *Ils vivent dans un village retiré et tranquille.*
REM. On peut aussi prononcer [ʀtiʀe].

RETIRER [ʀətiʀe] verbe [conjugaison 1a]
I. **1.** *RETIRER qqch. À qqn :* enlever qqch. à qqn, priver qqn d'une chose. *On lui a retiré son permis de conduire. Je vous retire ma confiance.* → **ôter.** – *Elle a retiré ce qu'elle a dit,* elle a annulé ce qu'elle a dit. → se **rétracter.** ⟨contraire : maintenir⟩ **2.** Enlever (ce qui couvre). *On a retiré les housses des fauteuils. – Il retire son manteau.* → **enlever.** ⟨contraire : mettre⟩ **3.** *RETIRER (qqn, qqch.) DE :* faire sortir (qqn, qqch.) de. *Les sauveteurs ont retiré les corps des décombres.* → **dégager.** *Elle veut retirer son fils du lycée. Retire la casserole du feu. – Je dois retirer de l'argent de la banque,* prendre de l'argent. → **prendre.** – STYLE FAMILIER *On ne me retirera* [ʀətiʀʀa] *pas de l'idée qu'il est coupable,* je continue à le penser, quoiqu'il arrive. → **ôter.** **4.** Éloigner (de qqch.) en ramenant vers soi. *Il a retiré les mains de ses poches.* → **enlever.** *Retire tes doigts de la plaque, c'est brûlant !* **5.** Obtenir pour soi. *Elle retire beaucoup de satisfaction de son métier. Je n'en ai retiré que des désagréments.* → **recueillir.**
II. Tirer de nouveau. *Il a retiré un coup de feu. Je vais faire retirer cette photo.*
III. verbe pronominal SE RETIRER **1.** Aller (dans un lieu) pour s'isoler, se reposer. *Après le départ de leurs enfants, ils se sont retirés à la campagne.* **2.** *SE RETIRER DE (une activité),* la quitter, cesser de l'exercer. *À soixante-cinq ans, il s'est retiré des affaires.* **3.** (liquide, gaz) Refluer. *C'est la marée basse, la mer se retire.*

FAUX AMI
anglais **to retire** «prendre sa retraite»

REM. On prononce aussi [ʀtiʀe].

RETOMBÉES [ʀətɔ̃be] n. f. pluriel ▪ *DES RETOMBÉES* **1.** *DES RETOMBÉES RADIOACTIVES :* matières radioactives qui retombent dans l'atmosphère après une explosion atomique. *La fuite d'un réacteur de la centrale atomique a dégagé des retombées radioactives très dangereuses.* **2.** Conséquences. *Le scandale politique a eu des retombées sur plusieurs membres du gouvernement.* → **répercussion.**
REM. On prononce aussi [ʀtɔ̃be].

RETOMBER [ʀətɔ̃be] verbe [conjugaison 1a]
I. (êtres vivants) **1.** Toucher terre après s'être élevé. *L'athlète saute puis retombe. Le chat est retombé sur ses pattes. – Il retombe toujours sur ses pieds :* il arrive toujours à rétablir une

situation difficile. **2.** Tomber de nouveau. *Le malade se soulève sur ses oreillers, puis retombe.* **3.** Tomber de nouveau (dans une mauvaise situation). – *Il retombe toujours DANS les mêmes erreurs :* il refait toujours les mêmes erreurs. → **récidiver.**
II. (qqch.) **1.** Tomber après s'être élevé. *La fusée est retombée dans la mer.* → **redescendre.** **2.** S'abaisser (après avoir été levé). *Il laisse retomber ses bras.* **3.** Pendre. *Ses cheveux dénoués retombent sur ses épaules.* → **tomber.** *Elle a une mèche qui lui retombe sur les yeux.* **4.** Revenir (à un état précédent). *Le pays est retombé dans le chaos.* **5.** Cesser de se soutenir. *Au bout d'une heure, le suspense du film retombe.* **6.** *RETOMBER SUR :* être rejeté sur. *C'est toujours sur elle que retombent les responsabilités.* → **incomber, rejaillir.**

FAUX AMI
espagnol
retumbar
« résonner »

REM. On prononce aussi [Rtɔ̃be].

RÉTORQUER [Retɔrke] verbe [conjugaison 1a]. Répondre, répliquer. *Je lui AI RÉTORQUÉ QU'il n'avait qu'à le faire lui-même.* → **répliquer.**

RETORS [Rətɔr], **RETORSE** [Rətɔrs] adj. (après le nom). (qqn) Plein de ruse, d'habileté tortueuse. *C'est un homme retors. Elle est retorse en affaires.* → **malin.**

RÉTORSION [Retɔrsjɔ̃] n. f. *LA RÉTORSION :* le fait pour un État de prendre des mesures contraignantes analogues à celles prises contre lui. *Le pays a pris des mesures de rétorsion contre l'envahisseur.* → **représailles.**

RETOUCHE [Rətuʃ] n. f. *UNE RETOUCHE :* modification d'un vêtement pour l'adapter aux mesures de l'acheteur. *La couturière a fait quelques retouches à la robe que j'ai achetée.*
REM. On prononce aussi [Rtuʃ].

RETOUCHER [Rətuʃe] verbe [conjugaison 1a] **1.** Reprendre (un travail, une œuvre) en faisant quelques changements légers. *L'auteur a retouché son texte avant la nouvelle édition.* → **corriger, remanier.** *Cette photo a été retouchée.* **2.** Faire des retouches à (un vêtement). *J'ai fait retoucher ma robe car elle est trop longue.*
REM. On prononce aussi [Rtuʃe].

RETOUR [Rətur] n. m.
I. *LE RETOUR* **1.** Le fait de repartir pour le lieu d'où l'on est venu. *Il est temps de songer au retour.* ⟨contraire : départ⟩ *Je l'ai rencontré sur le chemin du retour,* en revenant. – *Il prend un billet ALLER ET RETOUR,* pour faire le trajet de l'aller et celui du retour. *Le bébé a dormi pendant tout le retour,* pendant tout le chemin du retour. **2.** Le fait de revenir, d'être revenu à son point de départ. *Les retours de vacances ont provoqué de gros bouchons sur les routes.* – *Je t'appellerai À MON RETOUR,* quand je serai rentré. – *Nous voilà DE RETOUR :* nous voilà revenus. – *J'ai reçu sa lettre PAR RETOUR DU COURRIER,* par le courrier qui a suivi immédiatement le mien. *La lettre porte la mention « retour à l'envoyeur ».* **3.** Mouvement inverse. *Voici le retour brutal du froid.* – *Les deux équipes joueront le MATCH RETOUR,* le match qui les opposera à nouveau après une première rencontre. – *La nouvelle a provoqué sur lui un CHOC EN RETOUR,* un contrecoup. **4.** *RETOUR À :* le fait de retourner ou d'être retourné à (son état habituel, un état antérieur). *Après l'effervescence, c'est le retour au calme. Ce voyage est un véritable retour aux sources.* **5.** STYLE FAMILIER *ÊTRE SUR LE RETOUR :* commencer à vieillir. *Elle commence à être sur le retour,* à être un peu âgée. – *Le RETOUR D'ÂGE se situe vers la cinquantaine,* la ménopause. **6.** *Un RETOUR EN ARRIÈRE :* le fait de remonter à un point antérieur dans un récit. *Ce film comporte de nombreux retours en arrière.* → **flash-back.** – *Elle fait un retour sur elle-même,* une réflexion sur sa conduite, son passé. – *C'est un juste RETOUR DES CHOSES,* un retournement de situation. **7.** Le fait de revenir, de réapparaître. *Voici le retour du printemps.*
II. *EN RETOUR :* en échange, en compensation. *Avez-vous obtenu quelque chose en retour ? Tu m'aideras à faire mon devoir d'anglais, en retour, je t'aiderai pour ton devoir de maths.*
REM. On peut aussi prononcer [Rtur].

RETOURNEMENT [Rəturnəmɑ̃] n. m. *UN RETOURNEMENT :* brusque changement. *Nous n'étions pas préparés à ce retournement de situation.* → **renversement.**
REM. On peut aussi prononcer [Rturnəmɑ̃].

RETOURNER [Rəturne] verbe [conjugaison 1a]
I. (avec l'auxiliaire *avoir*) **1.** Tourner en sens contraire, à l'envers. *Le cuisinier retourne la viande sur le gril. Le paysan retourne la terre.* → **labourer.** *L'un des joueurs a retourné une carte* (pour la faire voir). – *Je ne sais pas DE QUOI IL RETOURNE,* de quoi il s'agit. – STYLE FAMILIER *Les policiers ont retourné toute la maison,* ils ont tout mis sens dessus dessous pour trouver ce qu'ils cherchaient. **2.** Mettre la face intérieure à l'extérieur. *Il retourne ses poches pour récupérer un peu de monnaie.* – *Il RETOURNE souvent SA VESTE :* il change souvent d'avis. – STYLE FAMILIER *On l'a retourné comme une crêpe, comme un gant :* on l'a fait très facilement changer d'avis. – *Nos adversaires ont su retourner la situation,* ils ont su l'exploiter à leur avantage. **3.** Bouleverser (qqn). → **émouvoir.** *Cette nouvelle m'a retourné.* – *J'en suis encore toute retournée.* **4.** Renvoyer (qqch.). *La poste a retourné la lettre à l'envoyeur.* → **réexpédier.** – *Je te retourne le compliment :* je t'adresse le même compliment (ou la même critique). **5.** Diriger dans le sens opposé. *Le forcené a retourné l'arme contre lui-même.* **6.** Tourner de nouveau. *Je tourne et retourne cette idée dans ma tête,* je l'examine longuement.
II. (avec l'auxiliaire *être*) **1.** Aller au lieu d'où l'on est venu, que l'on a quitté. *Ils sont retournés chez eux.* → **repartir, revenir.** *Retourne à ta place.* → **regagner.** – *Le lundi, elle est retournée travailler.* **2.** Aller de nouveau (là où l'on est déjà allé). *Je retournerais bien à Venise,* j'aimerais bien y aller encore. **3.** *RETOURNER À :* retrouver son état d'origine. *Le chat abandonné est retourné à la vie sauvage. Elle est retournée à son premier métier.*
III. verbe pronominal SE RETOURNER **1.** STYLE RECHERCHÉ *S'EN RETOURNER :* repartir pour le lieu d'où l'on est venu. *Ils s'en sont retournés comme ils étaient venus.* → **repartir.** **2.** Changer de position en se tournant. *Il se retourne dans son lit sans pouvoir dormir. La barque s'est retournée.* → **chavirer.** **3.** Tourner la tête en arrière (pour regarder). *Retourne-toi. Elle s'est retournée pour lui faire un signe de la main. Les gens SE RETOURNENT SUR son passage. On se retourne sur elle.* **4.** *SE RETOURNER CONTRE :* combattre (qqn, qqch. dont on avait pris le parti). *La population s'est retournée contre le dictateur. Ça pourrait se retourner contre vous !* **5.** STYLE FAMILIER Changer d'attitude afin de s'adapter à la nouvelle situation. *On ne lui a pas laissé le temps de se retourner.*
REM. On prononce aussi [Rturne].

RETRACER [Rətrase] verbe [conjugaison 3a]. Raconter de manière à faire revivre. *Dans notre livre, nous retraçons la vie de ce grand artiste.* → **relater.**
REM. On peut aussi prononcer [Rtrase].

RÉTRACTER [Retrakte] verbe [conjugaison 1a]. Contracter en tirant en arrière. *Le chat rétracte ses griffes,* il les rentre.

SE **RÉTRACTER** [Retrakte] verbe pronominal [conjugaison 1a]. Revenir sur des aveux que l'on a faits. *La suspecte a avoué, puis elle s'est rétractée.* → se **dédire.**

RETRAIT [RətRɛ] n. m. **1.** *LE RETRAIT :* le fait de se retirer. *Le champion a annoncé son retrait de la compétition.* **2.** *UN RETRAIT :* action de retirer (qqch.). *Il a eu un retrait de permis de conduire pour excès de vitesse,* on lui a retiré son permis de conduire. – *Il a fait plusieurs retraits à la banque,* il a retiré plusieurs fois de l'argent. ⟨contraire : dépôt⟩ **3.** *EN RETRAIT :* à l'écart. *La maison est construite en retrait de la route.* – *Elle reste toujours un peu en retrait,* elle ne se met pas en avant.

FAUX AMIS
espagnol et portugais **retrato** «portrait»

REM. On peut aussi prononcer [RtRɛ].

① **RETRAITE** [RətRɛt] n. f. ▪ *LA RETRAITE* **1.** Recul d'une armée. *Le général a décidé la retraite.* → **repli.** – *Les soldats ont BATTU EN RETRAITE* [ɑ̃RtRɛt], ils ont reculé, ils se sont repliés. **2.** *La RETRAITE AUX FLAMBEAUX :* défilé, la nuit, avec des lampions. *Le village a organisé une retraite aux flambeaux, pour le 14 juillet.*

FAUX AMI
espagnol **retrete** «toilettes, W.-C.»

REM. On prononce aussi [RtRɛt].

② **RETRAITE** [RətRɛt] n. f. **1.** *LA RETRAITE :* situation d'une personne qui s'est retirée d'un emploi, d'une fonction et qui a droit à une pension. *Il a PRIS SA RETRAITE l'année dernière. Sa femme est À LA RETRAITE,* elle ne travaille plus (→ **retraité).** **2.** *UNE RETRAITE :* pension que reçoivent les personnes à la retraite. *Il a une bonne retraite.*

REM. **1.** On prononce aussi [RtRɛt]. **2.** On peut dire *être à la retraite* ou *être en retraite.*

RETRAITÉ [RətRete] adj. et n. m., **RETRAITÉE** [RətRete] adj. et n. f. **1.** adjectif (après le nom) Qui est à la retraite. *Il est retraité depuis quelques mois. Elle est retraitée de l'enseignement.* **2.** *UN RETRAITÉ, UNE RETRAITÉE :* une personne qui est à la retraite. *Un couple de retraités habite la maison à côté de la nôtre.*

REM. **1.** On prononce aussi [RtRete]. **2.** Dans le langage administratif, on dit *pensionné.*

RETRAITEMENT [RətRɛtmɑ̃] n. m. ▪ *LE RETRAITEMENT :* nouveau traitement (d'un matériau, d'une substance), après utilisation. *Ce récipient sert à la collecte du verre, en vue de son retraitement. Cette usine est spécialisée dans le retraitement des déchets radioactifs.*

REM. On prononce aussi [RtRɛtmɑ̃].

RETRANCHEMENT [RətRɑ̃ʃmɑ̃] n. m. ▪ *UN RETRANCHEMENT :* obstacle destiné à se défendre dans une guerre. → **défense, fortification.** *Les soldats ont creusé des retranchements.* → **tranchée.** – *Son adversaire l'a POUSSÉ DANS SES DERNIERS RETRANCHEMENTS,* il l'a attaqué de telle sorte qu'il ne puisse plus se défendre.

REM. On prononce aussi [RtRɑ̃ʃmɑ̃].

RETRANCHER [RətRɑ̃ʃe] verbe [conjugaison 1a]
I. Enlever d'un tout (une partie, un élément). *L'auteur a retranché certains passages dans la seconde édition.* → **éliminer, enlever, retirer.** ⟨contraire : ajouter⟩ *Je retranche mille francs de la somme totale.* → **soustraire.** ⟨contraire : additionner⟩
II. verbe pronominal SE RETRANCHER **1.** Se protéger par des moyens de défense. *L'armée s'est retranchée derrière les fortifications.* **2.** Se protéger, s'enfermer (dans une attitude). *Elle S'EST RETRANCHÉE DANS un silence obstiné. Le médecin SE RETRANCHE DERRIÈRE le secret professionnel.*

REM. On prononce aussi [RtRɑ̃ʃe].

RETRANSMETTRE [RətRɑ̃smɛtR] verbe [conjugaison 56] **1.** Transmettre de nouveau, transmettre à d'autres (un message). *Je retransmets la nouvelle. Le chef de service retransmet les ordres du patron.* **2.** Diffuser de nouveau ou plus loin (une émission). *Plusieurs stations de radio et de télévision retransmettront le match en direct. L'émission a été retransmise par satellite.* → **relayer.**

REM. On prononce aussi [RtRɑ̃smɛtR].

retransmis [RətRɑ̃smi], **retransmise** [RətRɑ̃smiz] *Il a retransmis la nouvelle ; la nouvelle qu'il a retransmise :* formes au participe passé du verbe **retransmettre.**

RETRANSMISSION [RətRɑ̃smisjɔ̃] n. f. ▪ *LA RETRANSMISSION :* diffusion nouvelle ou sur un autre réseau (d'une émission). *La retransmission est mauvaise.* – *C'est une retransmission en direct,* une émission retransmise en direct.

REM. On prononce aussi [RtRɑ̃smisjɔ̃].

RÉTRÉCIR [RetResiR] verbe [conjugaison 2]
I. **1.** Rendre plus étroit, diminuer la largeur de. *J'ai rétréci ma jupe.* ⟨contraire : élargir⟩ **2.** Devenir plus étroit. *Ce tissu rétrécit au lavage. Mon pull a rétréci.* → **rapetisser.**
II. verbe pronominal SE RÉTRÉCIR **1.** Devenir de plus en plus étroit. *Le chemin va en se rétrécissant.* → se **resserrer.** **2.** Perdre de son ampleur, de sa portée. *Son avenir se rétrécit de jour en jour. Ses idées se sont rétrécies dans ce milieu,* elles sont devenues étroites, mesquines.

RÉTRÉCISSEMENT [RetResismɑ̃] n. m. ▪ *LE RÉTRÉCISSEMENT :* le fait de se rétrécir, d'être rétréci. *Le panneau indique un rétrécissement de la chaussée.* ⟨contraire : élargissement⟩ *Il souffre d'un rétrécissement de l'aorte.*

RÉTRIBUER [RetRibɥe] verbe [conjugaison 1a] ▪ Donner de l'argent en contrepartie de (un travail, un service). *Je rétribuerai vos services au prix habituel.* → **payer, rémunérer.** – *C'est un travail bien rétribué.*

RÉTRIBUTION [RetRibysjɔ̃] n. f. ▪ *UNE RÉTRIBUTION :* ce qui est payé en échange d'un travail, d'un service. *La rétribution de ce travail est correcte.* → **paiement, rémunération.** *Il a reçu une rétribution pour son travail,* il a été payé.

① **RÉTRO** [RetRo] adj. invariable et n. m. singulier **1.** adjectif (après le nom) (qqch.) Qui imite une mode, un style plus ancien, en particulier de la première partie du vingtième siècle. *Elle aime la mode rétro.* PLURIEL : *des coiffures rétro.* **2.** *LE RÉTRO :* le style, la mode rétro. *Sa femme et lui sont des amateurs de rétro.*

REM. *Rétro* est l'abréviation de *rétrograde.*

② **RÉTRO** n. m. Forme abrégée familière de **rétroviseur.**

RÉTROACTIF [RetRoaktif], **RÉTROACTIVE** [RetRoaktiv] adj. (après le nom) ▪ Qui exerce une action sur ce qui est antérieur, sur le passé. *Cette loi a un effet rétroactif.*

RÉTROFUSÉE [RetRofyze] n. f. ▪ *UNE RÉTROFUSÉE :* fusée qui sert au freinage ou au recul d'un engin spatial. *Les astronautes ont mis en marche la rétrofusée pour l'atterrissage.*

RÉTROGRADE [RetRɔgRad] adj. (après le nom) ▪ Qui s'oppose au progrès. *Le gouvernement mène une politique rétrograde.* → **réactionnaire.** ⟨contraire : progressiste⟩ *Il a un esprit rétrograde.*

RÉTROGRADER [RetRɔgRade] verbe [conjugaison 1a] **1.** Passer la vitesse inférieure, en conduisant un véhicule. *L'automobiliste rétrograde de troisième en seconde. Il rétrograde avant d'aborder le virage.* **2.** Perdre ce que l'on avait acquis par une évolution. *Touchée durement par la crise, l'économie du pays a rétrogradé.* → **régresser.** ⟨contraire : progresser⟩ **3.** Reculer à une place inférieure. *Notre équipe de football a rétrogradé en deuxième division.* – *Le fonctionnaire indélicat a été rétrogradé,* on l'a fait reculer dans la hiérarchie.

RÉTROPROJECTEUR [RetRopRɔʒɛktœR] n. m. ▪ *UN RÉTROPROJECTEUR* : projecteur qui permet de reproduire des images sur un écran placé derrière l'opérateur. *Le conférencier passe des diapositives à l'aide d'un rétroprojecteur.*

RÉTROSPECTIF [RetRɔspɛktif], **RÉTROSPECTIVE** [RetRɔspɛktiv] adj. (après le nom) ▪ (sentiment présent) Qui s'applique à des faits passés. *En pensant au danger que j'avais couru, j'ai eu une peur rétrospective.*

RÉTROSPECTIVE [RetRɔspɛktiv] n. f. ▪ *UNE RÉTROSPECTIVE* : exposition présentant l'ensemble des œuvres d'un artiste. *Le musée organise une rétrospective des œuvres de Picasso.*

RÉTROSPECTIVEMENT [RetRɔspɛktivmɑ̃] adverbe ▪ Après coup. *Elle a eu peur rétrospectivement.*

RETROUSSÉ [RətRuse], **RETROUSSÉE** [RətRuse] adj. (après le nom) **1.** Remonté, relevé. *Sa robe est retroussée jusqu'aux cuisses. Les manches retroussées, il fait la vaisselle.* **2.** *UN NEZ RETROUSSÉ*, court et au bout relevé. *Il a le nez retroussé.*

REM. On peut aussi prononcer [RtRuse].

RETROUSSER [RətRuse] verbe [conjugaison 1a]
I. Replier vers le haut et vers l'extérieur. *Il retrousse le bas de son pantalon pour marcher dans l'eau. - RETROUSSONS NOS MANCHES* : mettons-nous au travail.
II. verbe pronominal SE RETROUSSER **1.** (qqn) Relever ses jupes. *Elle s'est retroussée jusqu'à la taille.* **2.** (qqch.) Se relever vers l'extérieur. *Sa moustache se retrousse aux commissures des lèvres.* → STYLE FAMILIER **rebiquer.** *Les babines du chien se sont retroussées.*

REM. On peut aussi prononcer [RtRuse].

RETROUVAILLES [RətRuvaj] n. f. pluriel ▪ *LES RETROUVAILLES* : fait de se retrouver quand on a été séparés. *Nous avons fêté nos retrouvailles.*

REM. On peut aussi prononcer [RtRuvaj].

RETROUVER [RtRuve] verbe [conjugaison 1a]
I. 1. Trouver (une personne partie, échappée, un objet perdu). *La police a retrouvé les fugitifs. Qu'on les retrouve vivants ! - La voiture volée a été retrouvée tout près d'ici.* → **récupérer.** *- Une chatte n'y retrouverait pas ses petits* : cet endroit est dans un grand désordre. **2.** Trouver de nouveau (qqn) quelque part. *Si je vous retrouve à rôder encore par ici, gare à vous !* → **reprendre.** **3.** Être de nouveau en présence de (une personne dont on était séparé). *Il a retrouvé par hasard un ami de lycée. Ma fille a retrouvé ses copains dans un café.* → **rejoindre.** *- Je l'ai retrouvé grandi.* **4.** Recouvrer (un état perdu, une qualité perdue). *À six heures du matin, il ne retrouvera pas le sommeil. Après une longue maladie, elle a retrouvé la santé.* **5.** Découvrir de nouveau (ce qui a été découvert, puis oublié). *Le cuisinier a retrouvé de vieilles recettes dans un livre ancien.* **6.** Voir se présenter de nouveau. *C'est une occasion que tu ne retrouveras peut-être pas.*
II. verbe pronominal SE RETROUVER **1.** Être de nouveau en présence l'un de l'autre. *Les deux amies se sont retrouvées devant le cinéma. Tu ne perds rien pour attendre, on se retrouvera !* (menace). **2.** Retrouver son chemin après s'être perdu. ⟨contraires : se perdre, s'égarer⟩ *Il ne se retrouve pas dans ce dédale de rues. - On a du mal à S'Y RETROUVER sur ce plan minuscule.* - STYLE FAMILIER *Ce voyage paraît cher, mais comme tout est compris, on s'y retrouve,* on rentre dans ses frais et même on y gagne, on fait une affaire. **3.** Être de nouveau (dans un lieu, une situation). *Nous nous retrouvons à notre point de départ.* **4.** (attribut) Se trouver tout à coup (dans telle situation). *C'est dur de se retrouver tout seul le soir. Elle s'est retrouvée un peu triste après le départ de ses enfants. Son mari s'est retrouvé au chômage.* **5.** (qqch.) Se trouver aussi, exister ailleurs. *C'est une racine qui se retrouve dans toutes les langues latines.*

REM. On prononce aussi [RtRuve].

RÉTROVISEUR [RetRovizœR] n. m. ▪ *UN RÉTROVISEUR* : petit miroir fixé sur un véhicule et qui permet au conducteur de voir derrière lui sans avoir besoin de se retourner. *Ma voiture est équipée d'un rétroviseur intérieur et de deux rétroviseurs extérieurs.* - *RÉTRO* [RetRo] forme abrégée familière *Regarde dans le rétro. Les rétros latéraux sont à l'extérieur.*

RÉUNIFICATION [Reynifikasjɔ̃] n. f. ▪ *LA RÉUNIFICATION* : le fait de réunifier (un pays). *La réunification de l'Allemagne a eu lieu en 1990.*

RÉUNIFIER [Reynifje] verbe [conjugaison 7a] ▪ Rétablir l'unité de (un pays, un groupe divisé). *Le chef de l'opposition réunifiera* [Reynifira] *son parti. - L'Allemagne a été réunifiée après la chute du mur de Berlin.*

REM. Deux *i* à la 1re personne et à la 2e personne du pluriel de l'imparfait (ex. : *nous réunifiions*) et au subjonctif (ex. : *que vous réunifiiez*).

RÉUNION [Reynjɔ̃] n. f. **1.** *LA RÉUNION* : le fait de réunir (des choses séparées), de rassembler (des choses éparses). *Il faut procéder à la réunion de tous les documents nécessaires à ce travail.* **2.** *UNE RÉUNION* : le fait de réunir des personnes, d'être réuni avec d'autres personnes. *Le syndicat a organisé une réunion d'information. Il a une réunion importante, ce matin. Elle aime beaucoup les réunions de famille. La réunion a duré une heure. Le patron et ses collaborateurs sont EN RÉUNION,* ils se sont réunis pour travailler. *Veuillez rappeler plus tard, Monsieur X est en réunion.*

RÉUNIONNAIS [Reynjɔnɛ] adj. et n. m., **RÉUNIONNAISE** [Reynjɔnɛz] adj. et n. f. **1.** adjectif (après le nom) De l'île de la Réunion. *Le patron du bistrot est réunionnais. La cuisine réunionnaise est épicée.* **2.** *UN RÉUNIONNAIS, UNE RÉUNIONNAISE* : une personne de l'île de la Réunion. *Il a épousé une Réunionnaise. Les Réunionnais parlent français et créole.*

RÉUNIR [ReyniR] verbe [conjugaison 2]
I. Mettre ensemble (des choses séparées), joindre pour unir (des choses entre elles). *La duchesse Anne A RÉUNI la Bretagne À la France en 1499.* → **annexer.** *Certains collectionneurs réunissent des objets de grande valeur. - Réunissons le maximum de preuves. Les journalistes réunissent de nombreuses informations.*
II. 1. Présenter en soi, comporter (des éléments d'origines diverses). *Il réunit en lui des qualités opposées. Vous ne réunissez pas les conditions exigées pour le poste. - Ce dossier réunit tous les arguments nécessaires.* → **comprendre, rassembler, récapituler ; synthèse.** **2.** Mettre ensemble (des personnes). *La vieille dame réunit ses enfants et ses petits-enfants pour Noël. Le patron réunit ses proches collaborateurs une fois par semaine,* il les convoque en réunion. *- Toute la famille est réunie autour de la table,* elle est rassemblée. *- Un but commun nous réunit.*
III. verbe pronominal SE RÉUNIR **1.** (qqch.) Se joindre. *Les trois cours d'eau se réunissent pour former une seule rivière.* → se **rejoindre.** *Deux des sociétés du groupe se sont réunies.* → **fusionner.** ⟨contraire : se séparer⟩ **2.** (qqn) Faire en sorte d'être ensemble. *Ils se sont réunis entre amis.* → se **rencontrer,** se **retrouver.** *Réunissons-nous plus souvent.*

RÉUSSI [Reysi], **RÉUSSIE** [Reysi] adj. (après le nom) **1.** Exécuté avec succès. *Voici un triple saut réussi. La mission des astronautes est réussie.* ⟨contraire : raté⟩ *C'est une soirée très réussie. Le repas était très réussi.* → **bien.** **2.** (ironique) Remarquable dans l'échec. *Eh bien, c'est réussi comme beau temps !* la situation est contraire à celle que l'on attendait.

RÉUSSIR [reysir] verbe [conjugaison 2]
I. (qqch.) **1.** *RÉUSSIR BIEN, MAL :* aboutir à tel résultat (bon ou mauvais). *Ce régime réussit bien.* **2.** Avoir un bon résultat, du succès. *L'opération a réussi, le malade est sauvé.* ⟨contraires : échouer, rater ; STYLE FAMILIER louper⟩ – *RÉUSSIR À qqn,* avoir pour lui de bons résultats. *Tout lui réussit. Les vacances te réussissent, tu as une mine superbe,* elles te font du bien. *Le climat ne lui a pas réussi,* il a eu un mauvais effet sur lui.
II. (qqn) **1.** *RÉUSSIR BIEN, MAL :* obtenir tel résultat, plus ou moins bon. *Les hommes entreprenants réussissent mieux que les autres. Elle a essayé, mais elle n'a pas très bien réussi.* **2.** Obtenir un bon résultat (→ **réussite).** *Je ne suis pas sûr de réussir.* – *Il a RÉUSSI À son examen,* il l'a eu. – *Elle a réussi à le joindre. Tu ne réussiras pas à me convaincre.* → **parvenir.** **3.** Avoir du succès (dans sa profession, dans sa vie). *Il a réussi dans les affaires. Leurs enfants ont tous réussi. Voilà ce qu'il faut faire pour réussir dans la vie.* → **arriver.**
III. *RÉUSSIR qqch :* exécuter (qqch.) avec succès. *Elle a réussi son permis de conduire du premier coup. Il réussit tout ce qu'il entreprend. Tu as réussi ton coup !* – (ironique) *Il a réussi son coup, le voilà en prison !*

RÉUSSITE [reysit] n. f.
I. *LA RÉUSSITE* **1.** Succès (de qqch.). *La réussite de l'expérience dépend de plusieurs choses. L'opération est une réussite. C'est une réussite totale.* ⟨contraire : échec⟩ – (ironique) *Pour une réussite, c'est une réussite !* c'est un échec. **2.** Fait de réussir ou d'avoir réussi. *C'est une belle réussite sportive.* → **performance, victoire.** *Il est fier de sa réussite professionnelle. Il doit sa réussite à sa femme. Ils ne pensent qu'à la réussite.* → **arriviste, carriériste.**
II. *UNE RÉUSSITE :* jeu de cartes auquel on joue seul. *Elle passe ses journées à faire des réussites.*

REVALOIR [rəvalwar] verbe [conjugaison 29a] ▪ Rendre la pareille à (qqn), en bien ou en mal. *Prête-moi mille francs, je te revaudrai* [rəvodrɛ] *ça.*

> REM. **1.** Ce verbe est rare, sauf à l'infinitif, au futur et au conditionnel. **2.** On prononce aussi [rvalwar].

REVANCHE [rəvɑ̃ʃ] n. f. ▪ *LA REVANCHE* **1.** Le fait de prendre l'avantage (sur qqn) après avoir eu le dessous. *Notre équipe a perdu la première manche, mais elle veut PRENDRE SA REVANCHE SUR ses adversaires. Je prendrai ma revanche. J'ai eu ma revanche.* – *Je veux bien t'aider, À CHARGE DE REVANCHE,* si tu en fais autant pour moi une autre fois. **2.** Partie jouée pour donner au perdant une chance de gagner. *Après la revanche, les joueurs feront la belle.* **3.** *EN REVANCHE :* en contrepartie ; inversement. *Le climat de la région est froid, en revanche, il est vivifiant. Il est charmant, en revanche, son frère est odieux,* au contraire, par contre, son frère est odieux.

> REM. On peut aussi prononcer [rvɑ̃ʃ].

RÊVASSER [rɛvase] verbe [conjugaison 1a] ▪ Penser à des choses vagues, s'abandonner à la rêverie. *Tu rêvasses au lieu de travailler.*

revaudrai [rəvodrɛ] *Je revaudrai :* forme au futur du verbe **revaloir.**

RÊVE [rɛv] n. m.
I. *UN RÊVE* **1.** Suite d'images formant souvent une histoire, qui se présentent à l'esprit pendant le sommeil. → STYLE RECHERCHÉ **songe.** *Dors bien et fais de beaux rêves ! J'ai fait un mauvais rêve.* → **cauchemar.** *Il a vu une de ses amies EN RÊVE, cette nuit,* au cours d'un rêve, en rêvant (→ **onirique).** **2.** Représentation dans l'esprit de ce que l'on voudrait réaliser, de ce que l'on souhaite le plus. *Il n'a qu'un rêve dans sa vie, c'est faire le tour du monde en voilier.* → **désir.** *Même dans ses rêves les plus fous, elle n'a jamais imaginé cela.* → **fantasme.** *Il a réalisé son rêve.* – *Dessinez la maison DE VOS RÊVES,* celle que vous aimeriez avoir (→ **idéal).** – *Ils ont fait un voyage DE RÊVE aux Seychelles.* → **merveilleux.** **3.** STYLE FAMILIER Objet d'un désir ; chose ravissante. *Leur maison, c'est un rêve !* – *Passer ses vacances avec des inconnus, CE N'EST PAS LE RÊVE,* ce n'est pas l'idéal.
II. *LE RÊVE* **1.** L'activité de l'esprit pendant le sommeil. *Freud a bâti une théorie sur le rêve.* **2.** L'imagination créatrice. *Ne confonds pas le rêve et la réalité.* → **illusion.**

RÊVÉ [reve], **RÊVÉE** [reve] adj. (après le nom) ▪ Qui convient exactement. *Voilà l'endroit rêvé pour passer une semaine de vacances.* → **idéal.** *Ce serait la vie rêvée de ne plus travailler !*

REVÊCHE [rəvɛʃ] adj. (après le nom) ▪ Qui est désagréable, qui manifeste son mauvais caractère. *Leur concierge est une vieille femme revêche.* → **acariâtre, hargneux.** ⟨contraire : avenant⟩ – *Ne prends pas cet air revêche.* → **rébarbatif.**

revécu [rəveky], **revécue** [rəveky] *Il a revécu cette émotion ; l'émotion qu'il a revécue :* formes au participe passé du verbe **revivre.**

① **RÉVEIL** [revɛj] n. m. ▪ *LE RÉVEIL* **1.** Passage du sommeil à l'état de veille. *Il a eu un réveil brutal, ce matin.* – *Il est souvent de mauvaise humeur AU RÉVEIL,* quand il se réveille. **2.** Le fait de reprendre une activité après une interruption. *Le réveil du volcan a été brusque et violent. Au printemps, c'est le réveil de la nature.* **3.** Le fait de revenir à la réalité (après un rêve). *Ne te fais pas trop d'illusions car le réveil serait pénible.*

② **RÉVEIL** [revɛj] n. m. ▪ *UN RÉVEIL :* petite pendule munie d'une sonnerie qui se déclenche à l'heure choisie pour se réveiller. *Le réveil sonne à sept heures chaque matin. Mon réveil fonctionne avec des piles. Elle a une radio qui fait réveil.* → **radio-réveil.**

RÉVEILLER [reveje] verbe [conjugaison 1a]
I. 1. Tirer du sommeil. *Tu me réveilleras* [revɛjra] *à huit heures.* → **éveiller.** *Les enfants ont été réveillés par l'orage.* – *Il y a un bruit à réveiller les morts, en bas de chez moi,* un bruit très fort. **2.** Faire renaître. *Ce qu'il m'a dit a réveillé mon hostilité.* – *Cette rencontre réveille de vieux souvenirs.* → **ranimer, rappeler.** *Elle essaie de réveiller son ancien désir.*
II. verbe pronominal SE RÉVEILLER **1.** Sortir du sommeil. *Nous nous réveillions très tôt quand nous étions étudiants. Ils se sont réveillés en retard, ce matin. Elle s'est réveillée au milieu de la nuit.* → s'**éveiller.** ⟨contraires : s'assoupir, s'endormir⟩ *Le malade s'est réveillé après son anesthésie,* il est revenu à lui. – *Tu as l'air mal réveillé.* **2.** Reprendre une activité, après un temps d'inaction. *Allons réveillez-vous, il y a du travail !* **3.** (qqch.) Reprendre de la vigueur. *Ses rhumatismes se réveillent quand il pleut. De vieux souvenirs se sont réveillés.*

> REM. *Éveiller* est beaucoup moins employé que *réveiller,* qui est le mot courant.

RÉVEILLON [revɛjɔ̃] n. m. ▪ *LE RÉVEILLON* **1.** Repas de fête que l'on fait la nuit de Noël et la nuit du 31 décembre. *J'ai acheté une dinde pour le réveillon de Noël.* **2.** La fête elle-même. *Nous FAISONS LE RÉVEILLON du jour de l'An avec des amis* (→ **réveillonner).** *Ce soir, c'est le réveillon.*

RÉVEILLONNER [revɛjɔne] verbe [conjugaison 1a] ▪ Faire un réveillon. *À Noël, ils réveillonnent avec leurs enfants.*

RÉVÉLATEUR [revelatœr] adj. et n. m., **RÉVÉLATRICE** [revelatris] adj. **1.** adjectif (après le nom) Qui révèle, indique (qqch.). *Le* commissaire cherche tous les indices révélateurs. *Il a eu une attitude très révélatrice.* → **éloquent, significatif.** **2.** *LE RÉVÉLATEUR :* solution employée en photographie pour rendre visible l'image latente. *Le photographe trempe la photo dans le révélateur.*

RÉVÉLATION [revelasjɔ̃] n. f.
I. *LA RÉVÉLATION :* le fait de révéler (qqch.). *La révélation du secret a fait l'effet d'une bombe.* → **divulgation.**
II. *UNE RÉVÉLATION* **1.** Information donnée sur qqch. qui était caché. *Le suspect a fait d'importantes révélations à la police.* **2.** Ce qui apparaît brusquement comme une connaissance nouvelle, une expérience personnelle intense. *Son voyage dans le Sahara a été une révélation.* **3.** Personne dont le public découvre soudain le talent, les performances. *Voici la dernière révélation de la chanson française.*

RÉVÉLER [revele] verbe [conjugaison 6a] **1.** Faire connaître (ce qui était inconnu ou secret). *Veux-tu que je te révèle un secret ?* → **divulguer.** ⟨contraires : cacher, dissimuler⟩ *Nous ne révélerons pas encore nos intentions. Les épreuves nous révèlent à nous-mêmes,* nous apprennent qui nous sommes réellement. – *L'enquête a RÉVÉLÉ QUE le crime remontait à la veille,* elle l'a montré. **2.** Faire connaître, laisser deviner (par un signe). *Les analyses ne révèlent rien de grave chez le patient.* → **déceler, montrer.** *L'odeur de gaz a révélé une fuite.* **3.** verbe pronominal SE RÉVÉLER : se manifester par des signes, des résultats. *Son talent s'est révélé peu à peu.* → **apparaître.** – *L'entreprise s'est révélée plus facile que prévu.* → s'**avérer.** – *Elle s'est révélée n'être qu'une intrigante.*

revenant [rəvənɑ̃] *En revenant :* forme au participe présent du verbe **revenir.**

REVENANT [rəvənɑ̃] n. m., **REVENANTE** [rəvənɑ̃t] n. f. **1.** *UN REVENANT :* âme d'un mort qui revient sur terre sous une forme physique. *Elle croit aux revenants.* → **fantôme, spectre.** **2.** STYLE FAMILIER *UN REVENANT, UNE REVENANTE :* personne qui revient (après une longue absence). *Tiens, voilà une revenante !*
REM. La prononciation [rəvnɑ̃], [rəvnɑ̃t] est très courante.

REVENDEUR [rəvɑ̃dœr] n. m., **REVENDEUSE** [rəvɑ̃døz] n. f. ▪ *UN REVENDEUR, UNE REVENDEUSE :* personne qui vend des marchandises au détail après avoir acheté à un grossiste ou qui vend des objets d'occasion. *Elle achète ses vêtements chez les revendeurs du marché aux puces. Vous trouverez cet article chez votre revendeur habituel.* → **détaillant.** *Les policiers ont arrêté un revendeur de drogue.*
REM. On prononce aussi [rvɑ̃dœr], [rvɑ̃døz].

REVENDICATION [rəvɑ̃dikasjɔ̃] n. f. ▪ *UNE REVENDICATION :* ce que l'on revendique. *Le patron a écouté les revendications des ouvriers.* → **exigence, réclamation.**
REM. On prononce aussi [rvɑ̃dikasjɔ̃].

REVENDIQUER [rəvɑ̃dike] verbe [conjugaison 1a] **1.** Réclamer (une chose à laquelle on a droit). *Son fils a revendiqué sa part d'héritage.* **2.** Réclamer avec force, comme un dû. *Le personnel de l'usine revendique une augmentation de salaire.* → **exiger.** *C'est une manifestation pour revendiquer le droit d'asile.* **3.** Vouloir assumer pleinement. *Je revendique la responsabilité de ma décision.* – *L'attentat a été revendiqué par une organisation terroriste,* l'organisation terroriste a déclaré en être l'auteur.
REM. On prononce aussi [rvɑ̃dike].

REVENDRE [rəvɑ̃dr] verbe [conjugaison 41a] **1.** Vendre (ce que l'on a acheté). *Je revends ma vieille voiture. Nous revendons notre appartement. Il acheta une maison puis la revendit aussitôt. Il faut qu'elle revende son manteau de fourrure. Ils ont revendu leur maison de vacances.* – *Il revend plus cher qu'il n'achète.* **2.** *AVOIR qqch. À REVENDRE,* en avoir beaucoup. *Il a de l'humour à revendre.*
REM. On prononce aussi [rvɑ̃dr].

revendu [rəvɑ̃dy], **revendue** [rəvɑ̃dy] *Il a revendu sa voiture ; la voiture qu'il a revendue :* formes au participe passé du verbe **revendre.**

REVENIR [rəvənir] verbe [conjugaison 22]
I. **1.** Venir de nouveau (là où l'on était déjà venu). *Je reviens toujours là en vacances. Le médecin revient tous les jours voir le malade.* → ① **repasser.** *Il revint le lendemain. Si tu veux que je revienne, je reviendrai.* **2.** Regagner (l'endroit que l'on a quitté). *Il est revenu chez lui.* → **rentrer, retourner.** *Reviens à ta place.* → **regagner.** *Elle a dit qu'elle revenait tout de suite. Ils sont revenus sur leurs pas,* en arrière. → **retourner.** – *On ne peut plus revenir en arrière,* dans la situation où l'on était avant. – *Le blessé EST REVENU À LUI,* il a repris conscience. **3.** *REVENIR SUR* (qqch., un sujet), le reprendre. *Ne revenons pas là-dessus. Je reviendrai là-dessus plus tard,* je m'expliquerai là-dessus. – *La conversation revient toujours sur le même sujet.* – *Elle est revenue sur sa parole.* → se **dédire,** se **rétracter.** **4.** *REVENIR À* (ce que l'on avait laissé, délaissé). *Il est revenu à de meilleurs sentiments. Revenons à notre sujet,* STYLE FAMILIER *à nos moutons :* mettons fin à ces digressions, reparlons de ce qui nous intéresse. → **retourner.** **5.** *REVENIR DE* (un lieu). *Les enfants reviennent de l'école.* → **rentrer.** *Il est revenu fatigué de son voyage.* – *Il REVIENT DE loin :* il a réchappé d'un grand danger, il a failli mourir. **6.** *REVENIR DE ses illusions :* être désabusé. *Le mariage, elle en est bien revenue :* le mariage l'a beaucoup déçue. *Sa fille est revenue de tout,* elle est blasée, désabusée.
II. (qqch.) **1.** Apparaître, se manifester à nouveau. *Noël revient à date fixe. Ce mot revient souvent dans la conversation,* il est souvent prononcé. *L'appétit lui est revenu :* il a faim à nouveau. – *La lettre est revenue à l'envoyeur,* elle lui a été retournée. – *La situation reviendra bientôt à la normale,* elle sera de nouveau bientôt normale. *Le blanc revient à la mode,* il est à nouveau à la mode. **2.** *REVENIR À qqn :* être de nouveau présent à l'esprit, à la mémoire de qqn. *Ah, voilà, ça me revient !* je m'en souviens. – *Ce type a une tête qui ne me revient pas,* qui ne me plaît pas. **3.** *REVENIR À qqn, aux oreilles de qqn,* parvenir à sa connaissance. *Ça m'est revenu aux oreilles.* **4.** *REVENIR À qqn,* devoir lui être donné. *L'héritage lui revient,* est pour lui. *Cet argent te revient,* il est pour toi. → **échoir.** – *C'est un honneur qui vous revient.* → **appartenir.** – (impersonnel) *C'est à eux qu'IL REVIENT DE décider,* c'est à eux de le faire. → **incomber.** **5.** Coûter au total. *La réception leur est revenue à vingt mille francs. Ça revient cher !* ça coûte beaucoup d'argent. **6.** Équivaloir. *Cela revient au même :* c'est la même chose.
III. *FAIRE REVENIR un aliment,* le passer dans un corps gras et chaud pour le faire dorer. *Faites revenir les oignons dans de l'huile d'olive.* → **rissoler.** – *La viande est servie avec des pommes de terre revenues au beurre.*
REM. On peut aussi prononcer [rəvnir], [rvənir].

revenu [rəvəny], **revenue** [rəvəny] *Il est revenu ; elle est revenue :* formes au participe passé du verbe **revenir.**

REVENU [rəvəny] n. m. ▪ *UN REVENU :* argent qui revient à une personne. *Chaque contribuable paie à l'État un IMPÔT SUR LE REVENU. Ils ont de gros revenus :* ils reçoivent beaucoup d'argent.

RÊVER [reve] verbe [conjugaison 1a] **1.** Faire un rêve en dormant. *Je ne rêve jamais. J'ai RÊVÉ DE toi. Il a RÊVÉ QU'il tombait dans le vide. J'en rêve la nuit :* ça m'obsède. – *« Il a dit ça ? Non mais je* *rêve, quel menteur !»* c'est une chose incroyable, qui paraît impossible. *On croit rêver !* **2.** Laisser aller son imagination (→ **rêverie**). *À quoi penses-tu, tu rêves ? Je ne fais rien, je rêve.* → **rêvasser.** – *Il RÊVE À des jours meilleurs,* il y pense. **3.** Vouloir, par l'imagination ; souhaiter avec force. *Elle RÊVE D'avoir un amoureux. Je rêve d'aller au Mexique !* j'ai très envie d'aller au Mexique, j'aimerais tellement aller au Mexique. → **désirer.** *J'en rêve,* c'est mon souhait le plus cher. – *C'est la maison dont je rêve.* – *Il rêve mariage.* – STYLE FAMILIER *(Il ne) FAUT PAS RÊVER :* il ne faut pas trop espérer. *Faut pas rêver, il n'acceptera jamais. Rêve pas trop !* **4.** Délirer. *Si tu crois qu'il va t'acheter une voiture, tu rêves complètement !* → **divaguer.** *Tu rêves ou quoi ?* → **plaisanter.** *Moi, un sportif ? Vous rêvez !*

RÉVERBÉRATION [revɛrberasjɔ̃] n. f. ▪ *LA RÉVERBÉRATION :* renvoi de la lumière par une surface. → **réflexion.** *Nous sommes éblouis par la réverbération du soleil sur la neige.*

RÉVERBÈRE [revɛrbɛr] n. m. ▪ *UN RÉVERBÈRE :* lampadaire qui sert à éclairer les rues. *Les réverbères s'allument dès le coucher du soleil.*

RÉVERBÉRER [revɛrbere] verbe [conjugaison 6a] ▪ Renvoyer (la lumière ou la chaleur). → **réfléchir.** *Le mur blanc réverbère la lumière.*

REVERDIR [rəvɛrdir] verbe [conjugaison 2] ▪ Redevenir vert, retrouver sa verdure. *Au printemps, les arbres reverdissent.*

RÉVÉRENCE [reverɑ̃s] n. f. ▪ *UNE RÉVÉRENCE :* salut de cérémonie, que l'on fait en inclinant le buste et en pliant les genoux. → **courbette.** *On FAIT LA RÉVÉRENCE devant les rois et les reines.* – *Puisque c'est comme ça, je vous TIRE MA RÉVÉRENCE,* je m'en vais, je vous quitte.

RÉVÉRER [revere] verbe [conjugaison 6a] ▪ Traiter (qqn) avec honneur, en montrant beaucoup de respect. *Les chrétiens révèrent Dieu.* → **adorer, honorer, respecter, vénérer.** *Il révérera* [revɛrra] *toujours ses parents.*

RÊVERIE [rɛvri] n. f. ▪ *LA RÊVERIE :* activité mentale que l'on fait éveillé et pendant laquelle on laisse aller son imagination (→ **rêve**). *Elle ne fait rien, elle est plongée dans ses rêveries.*

REVERS [rəvɛr] n. m.

I. *LE REVERS* **1.** Côté opposé au côté principal d'une chose. → **envers.** ⟨contraire : endroit⟩ *Inscrivez votre adresse au revers de l'enveloppe.* → **dos, verso.** ⟨contraire : verso⟩ – *Habiter en ville est pratique, mais il y a beaucoup de bruit, C'EST LE REVERS DE LA MÉDAILLE,* c'est l'aspect désagréable de ce qui est agréable. **2.** Partie d'un vêtement qui est repliée et montre l'autre face du tissu. *Il a un pantalon à revers. Elle a accroché une broche au revers de sa veste,* à l'une des parties du col qui est pliée vers l'extérieur. **3.** *À REVERS :* par derrière. *Les soldats ont pris l'ennemi à revers.*

II. *UN REVERS* **1.** Au tennis, au ping-pong, coup de raquette donné du côté opposé à la main qui la tient (opposé à coup droit). *Ce joueur a un excellent revers.* **2.** Événement malheureux. *Il a eu beaucoup de revers, dans sa vie.* → **échec, malheur.** ⟨contraires : réussite, succès, victoire⟩

REVERSER [rəvɛrse] verbe [conjugaison 1a] ▪ Verser de nouveau (un liquide). *Allez, reverse-nous du vin !*

RÉVERSIBLE [revɛrsibl] adj. (après le nom) **1.** Qui peut être mis à l'envers comme à l'endroit. *Il a un anorak réversible de deux couleurs.* **2.** Qui peut se produire en sens inverse. ⟨contraire : irréversible⟩ *Le cours des saisons n'est pas réversible.*

REVÊTEMENT [rəvɛtmɑ̃] n. m. ▪ *UN REVÊTEMENT :* matière qui recouvre une surface pour la protéger, la consolider ou la décorer. *Des ouvriers réparent le revêtement de la rue. La moquette est un revêtement de sol. Que souhaitez-vous comme revêtement des murs de la salle de bains ?*

REVÊTIR [rəvetir] verbe [conjugaison 20] **1.** STYLE RECHERCHÉ Mettre sur soi (un vêtement spécial). ⟨contraire : dévêtir⟩ *Le général revêt son uniforme. Elle a revêtu sa plus belle robe.* **2.** Décorer ou protéger par un revêtement. *Les routes sont revêtues de bitume. Les ROUTES REVÊTUES sont indiquées en lignes pleines sur le plan, et les chemins de terre sont indiqués en pointillés.*

revêts [rəvɛ] *Je revêts, tu revêts :* forme au présent du verbe **revêtir.**

revêtu [rəvety], **revêtue** [rəvety] *Il a revêtu une cape ; la cape qu'il a revêtue :* formes au participe passé du verbe **revêtir.**

RÊVEUR [rɛvœr] adj. et n. m., **RÊVEUSE** [rɛvøz] adj. et n. f. **1.** adjectif (après le nom) (qqn) Qui se laisse souvent aller à la rêverie. *C'est une enfant rêveuse. Il ne dit rien, il est rêveur.* → **songeur.** – *Il lui a répondu d'un air rêveur.* – *Sa proposition me LAISSE RÊVEUR,* elle me surprend et me fait réfléchir. **2.** *UN RÊVEUR, UNE RÊVEUSE :* personne qui vit plus en imagination que dans la réalité. *Il ne saura jamais gérer un budget, c'est un rêveur.* → **idéaliste.**

reviens [rəvjɛ̃] *Je reviens, tu reviens :* forme au présent du verbe **revenir.**

REVIENT [rəvjɛ̃] n. m. ▪ *Le PRIX DE REVIENT :* ce qu'un objet coûte au fabricant, tous frais compris. → **coût.** *Le prix de vente est égal au prix de revient augmenté du bénéfice.*

REVIGORER [rəvigɔre] verbe [conjugaison 1a] ▪ Redonner de la force, de la vigueur à. → **ragaillardir, remonter.** *Ce petit vent frais revigore ! Un bon café vous revigorera !* [rəvigɔrra]. ⟨contraires : affaiblir, épuiser⟩

REM. On prononce aussi [rvigɔre].

REVIREMENT [rəvirmɑ̃] n. m. ▪ *UN REVIREMENT :* changement brusque d'opinion, de décision. *Finalement, ils ne sont pas venus : personne n'a compris ce revirement.*

FAUX AMI
allemand **Revirement** «mouvement diplomatique»

REM. On prononce aussi [rvirmɑ̃].

RÉVISER [revize] verbe [conjugaison 1a] **1.** Revoir (ce qu'on a appris). *As-tu bien révisé ta leçon ? – Elle révise avant son examen.* **2.** Vérifier le bon état, le bon fonctionnement de (qqch.). *Je fais réviser ma voiture avant de partir en voyage.* **3.** Examiner de nouveau pour changer, corriger. *Le procès sera révisé. Les prix annoncés doivent être RÉVISÉS À LA HAUSSE, RÉVISÉS À LA BAISSE,* ils doivent être augmentés, baissés. → **revoir.** – *L'écrivain révise son texte.*

RÉVISION [revizjɔ̃] n. f. ▪ *UNE RÉVISION* **1.** Action de revoir ce qui a été appris. *Il fait des révisions avant son examen.* **2.** Examen par lequel on vérifie le bon état, le bon fonctionnement de qqch. *Elle a laissé sa voiture au garage pour une révision.* **3.** Action d'examiner de nouveau pour corriger ou modifier (qqch.). *Nous avons obtenu la révision de notre procès :* nous avons obtenu que le procès soit annulé et recommencé.

RÉVISIONNISTE [revizjɔnist] n. m., n. f. ▪ *UN RÉVISIONNISTE, UNE RÉVISIONNISTE :* partisan, partisane de l'idéologie qui cherche à minimiser le génocide des Juifs par les nazis. *Cet historien est un révisionniste. Les révisionnistes nient l'existence des chambres à gaz.*

revit [rəvi] *Il revit, elle revit :* forme au présent du verbe **revivre** et forme au passé simple du verbe **revoir.**

REVIVRE [ʀəvivʀ] verbe [conjugaison 46]
I. *REVIVRE QQCH.* **1.** Vivre à nouveau (qqch.). *Je n'aimerais pas revivre ces mauvais moments. J'espère que nous ne revivrons jamais tout cela !* **2.** Vivre par l'esprit (ce qu'on a déjà vécu). *Pendant sa convalescence, il revécut l'accident. J'ai revécu notre rencontre. C'est une grande émotion que j'ai revécue.*
II. 1. Retrouver ses forces, son énergie. *Au printemps, on se sent revivre ! Je vais mieux, je revis !* **2.** *FAIRE REVIVRE :* évoquer d'une manière vivante. *Ce film fait revivre les événements de la guerre.*

RÉVOCATION [ʀevɔkasjɔ̃] n. f. ▪ *UNE RÉVOCATION :* annulation d'une décision, d'une loi. → **abrogation, annulation.** *Il a décidé la révocation de son testament* (→ **révoquer).**

REVOILÀ [ʀəvwala] préposition ▪ STYLE FAMILIER Voilà de nouveau. *Le lendemain, j'avais encore mal, me revoilà chez le dentiste. Tiens, revoilà le chat des voisins ! Vous revoilà déjà ?* vous êtes déjà revenu ?
REM. On prononce souvent [ʀvwala] : *Tiens, les revoilà !* [leʀvwala].

REVOIR [ʀəvwaʀ] verbe [conjugaison 30]
I. 1. Voir de nouveau. *Nous avons revu notre maison d'enfance. J'aimerais beaucoup te revoir.* **2.** *AU REVOIR* [ɔʀvwaʀ] : formule de politesse que l'on dit en quittant qqn que l'on doit revoir. *Au revoir, à demain !* → STYLE FAMILIER **salut, tchao.** *Au revoir Monsieur. Au revoir, les amis ! Il est parti sans dire au revoir.* **3.** Regarder de nouveau, assister de nouveau à (une chose qu'on a déjà vue). *J'ai revu ce film trois fois, je l'adore ! Il faut que tu revoies ces photos. Et si nous revoyions cette exposition ?* **4.** Voir de nouveau par le souvenir. *Je revois ma mère danser et rire. Dans son délire, elle revoyait tous les détails de l'accident.* **5.** Examiner de nouveau. *La semaine prochaine, nous reverrons* [ʀəveʀɔ̃] *ensemble votre texte. – L'édition de ce roman a été REVUE ET CORRIGÉE. – Les prix sont REVUS À LA HAUSSE. – Les enfants revoient leurs leçons,* ils révisent leurs leçons. → ③ **repasser.**
II. verbe pronominal SE REVOIR **1.** Se voir de nouveau l'un l'autre. *Nous nous reverrons bientôt. Elles ne se sont jamais revues.* **2.** Se voir dans le passé. *Je me revois sous les bombardements, essayant d'échapper au danger. Il se revoit à l'âge de huit ans.*
REM. On prononce souvent [ʀvwaʀ] : *Au revoir !* [ɔʀvwaʀ].

RÉVOLTANT [ʀevɔltɑ̃], **RÉVOLTANTE** [ʀevɔltɑ̃t] adj. (après le nom) ▪ Qui provoque l'indignation, la colère. *C'est une injustice révoltante !*

RÉVOLTE [ʀevɔlt] n. f. ▪ *UNE RÉVOLTE* **1.** Mouvement de colère, souvent violent, d'un groupe de personnes qui refusent l'autorité de ceux qui les gouvernent (→ **rébellion).** ⟨contraires : résignation, soumission⟩ *La révolte gronde chez les prisonniers. Une révolte a éclaté. La révolte a été écrasée.* **2.** Résistance, opposition violente et indignée. *Il est EN RÉVOLTE CONTRE ses parents.*
REM. La *révolte* peut être le refus d'une seule personne, mais la *révolution* est toujours un mouvement collectif.

RÉVOLTÉ [ʀevɔlte] adj. et n. m., **RÉVOLTÉE** [ʀevɔlte] adj. et n. f.
I. adjectif (après le nom) **1.** Qui est en révolte contre l'autorité, le pouvoir. → **dissident, rebelle.** *Les soldats révoltés refusent d'obéir aux ordres.* ⟨contraires : soumis, résigné⟩ **2.** Rempli d'indignation. *C'est une femme révoltée, une féministe.*
II. *UN RÉVOLTÉ, UNE RÉVOLTÉE :* une personne en révolte. *Les révoltés sont sur les toits de la prison.*

RÉVOLTER [ʀevɔlte] verbe [conjugaison 1a]
I. Soulever d'indignation. *Cette injustice me révolte.*
II. verbe pronominal SE RÉVOLTER **1.** Refuser d'obéir, entrer en lutte contre l'autorité, le pouvoir. → se **mutiner,** se **rebeller,** se **soulever.** *Les esclaves se sont révoltés. Le peuple se révoltera contre le tyran. – Elle s'est révoltée contre ses parents.* **2.** Être rempli d'indignation et de colère. *Les enfants se révoltent souvent contre l'injustice. Elle a été révoltée par ce discours.*

RÉVOLU [ʀevɔly], **RÉVOLUE** [ʀevɔly] adj. (après le nom) ▪ Passé, terminé. *C'est une époque révolue. Elle a quinze ans révolus,* elle a entre quinze et seize ans. *En France, on peut voter à dix-huit ans révolus,* dès que l'on a dix-huit ans.

RÉVOLUTION [ʀevɔlysjɔ̃] n. f. ▪ *UNE RÉVOLUTION* **1.** Tour complet que fait un astre autour d'un autre. *La révolution de la Terre autour du Soleil se fait en une année.* **2.** Ensemble des événements historiques qui ont lieu dans une communauté importante, lorsqu'un groupe réussit à prendre le pouvoir et entraîne des changements profonds dans la société. *Les étudiants veulent FAIRE LA RÉVOLUTION. Une révolution éclate. La révolte est devenue une révolution. La révolution russe de 1917 est souvent appelée « révolution d'Octobre ». – La Révolution (française) de 1789 a provoqué la chute de la royauté et l'avènement de la république. – La RÉVOLUTION CULTURELLE :* mouvement politique de la Chine de Mao Zedong. *La révolution culturelle luttait contre les influences du passé dans la vie sociale.* **3.** Changement brusque et profond dans la vie sociale. → **bouleversement.** *La fin du dix-neuvième siècle fut marquée par la révolution industrielle.* – STYLE FAMILIER *Ils veulent couper les arbres de l'avenue : tout le quartier est EN RÉVOLUTION !* → **ébullition, effervescence.**

RÉVOLUTIONNAIRE [ʀevɔlysjɔnɛʀ] adj., n. m. et n. f.
I. adjectif (après le nom) **1.** Qui a le caractère d'une révolution. *Le mouvement révolutionnaire s'amplifie. Le peuple chante des chants révolutionnaires,* de la révolution. **2.** Qui apporte des changements considérables. *L'invention de l'automobile a été révolutionnaire. – C'est un artiste révolutionnaire.*
II. *UN RÉVOLUTIONNAIRE, UNE RÉVOLUTIONNAIRE :* personne qui participe à une révolution. *Robespierre et Danton étaient des révolutionnaires français.*

RÉVOLUTIONNER [ʀevɔlysjɔne] verbe [conjugaison 1a] **1.** Transformer profondément. *L'électronique a révolutionné l'industrie.* → **bouleverser.** **2.** Troubler fortement. *L'arrivée du président a révolutionné le quartier.*

REVOLVER [ʀevɔlvɛʀ] n. m. ▪ *UN REVOLVER :* arme à feu automatique, à canon court, munie d'un barillet, que l'on tient dans la main (→ **pistolet).** *Il a tiré un coup de revolver sur le caissier. L'otage est sous la menace d'un revolver. Le policier a sorti son revolver.*
REM. Le *pistolet* n'a pas de barillet.

RÉVOQUER [ʀevɔke] verbe [conjugaison 1a] **1.** Chasser de son poste, relever de ses fonctions. *Un fonctionnaire malhonnête a été révoqué.* **2.** Annuler (une loi, un acte juridique). *Le roi de France Louis XIV révoqua l'édit de Nantes en 1685* (→ **révocation).** *Il veut déshériter son neveu en révoquant son testament.*

revu [ʀəvy], **revue** [ʀəvy] *Il a revu une amie ; l'amie qu'il a revue :* formes au participe passé du verbe **revoir.**

① **REVUE** [ʀəvy] n. f. ▪ *UNE REVUE :* journal spécialisé, épais et souvent illustré, qui paraît généralement une fois par mois ou tous les trois mois. → **magazine, périodique.** *Elle lit un article dans une revue féminine. J'achète régulièrement une revue littéraire. Cette revue scientifique est très intéressante.*

② **REVUE** [ʀəvy] n. f. ▪ *UNE REVUE* **1.** Défilé militaire. *À Paris, nous avons assisté à la revue du 14 juillet sur les Champs-Élysées.*

2. *PASSER EN REVUE :* examiner un à un (les éléments d'un ensemble). *Nous avons passé en revue les différents problèmes.* **3.** *Une REVUE DE PRESSE :* ensemble d'extraits d'articles de journaux qui donne un aperçu des différentes opinions sur l'actualité. *Sur cette radio, un journaliste fait la revue de presse tous les matins.*

③ **REVUE** [ʀəvy] n. f. ▪ *UNE REVUE :* spectacle de variétés, de music-hall. *À Paris, la revue des Folies-Bergère est célèbre.*

SE **RÉVULSER** [ʀevylse] verbe pronominal [conjugaison 1a] ▪ (yeux) Se retourner. *Elle s'est évanouie et ses yeux se sont révulsés,* ils se sont retournés de telle sorte qu'on n'en voyait plus que le blanc.

REWRITING [ʀiʀajtiŋ] n. m. ▪ *LE REWRITING :* action de réécrire (un texte). → **réécriture.** *Il travaille au rewriting d'une pièce de théâtre.*

REZ-DE-CHAUSSÉE [ʀedʃose] n. m. invariable ▪ *LE REZ-DE-CHAUSSÉE :* la partie d'un immeuble, d'une maison qui est au niveau de la rue, du sol. *Notre appartement est AU REZ-DE-CHAUSSÉE. Dans cette maison, il y a un rez-de-chaussée surélevé et un étage.* PLURIEL : *des rez-de-chaussée.*

REZ-DE-JARDIN [ʀedʒaʀdɛ̃] n. m. invariable ▪ *LE REZ-DE-JARDIN :* la partie d'un édifice de plain-pied avec un jardin. *Toute la maison est EN REZ-DE-JARDIN, il n'y a pas d'étage. La chambre donne sur un rez-de-jardin.* PLURIEL : *des rez-de-jardin.*

RHABILLER [ʀabije] verbe [conjugaison 1a] **1.** Habiller de nouveau. *Elle habille, déshabille et rhabille sa poupée.* **2.** Racheter des habits à (qqn). *Mon fils a beaucoup grandi, il va falloir le rhabiller complètement.* **3.** verbe pronominal SE RHABILLER : remettre ses habits. *Après la piscine, elle s'est rhabillée dans la cabine. Rhabille-toi en vitesse !* – STYLE FAMILIER *IL PEUT (ALLER) SE RHABILLER :* il peut s'en aller, il n'aura pas ce qu'il veut. *« Elle veut m'emprunter ma voiture ? Eh bien elle peut se rhabiller ! »*

RHÉNAN [ʀenɑ̃], **RHÉNANE** [ʀenan] adj. (après le nom) ▪ De la région du Rhin, en Europe. *Le Rhin traverse le Massif rhénan, en Allemagne.*

RHÉTORIQUE [ʀetɔʀik] n. f. ▪ *LA RHÉTORIQUE :* l'art de bien parler, de faire des discours. *Autrefois, on étudiait la rhétorique dans les lycées français.*

RHIN [ʀɛ̃] nom propre masculin – en allemand **RHEIN,** en néerlandais **RIJN** ▪ *LE RHIN :* important fleuve d'Europe occidentale. *Le Rhin passe en Suisse, en France, en Allemagne et aux Pays-Bas. En Allemagne, le Rhin traverse le Massif rhénan. J'ai fait une croisière sur le Rhin. Nous aimons beaucoup les vins blancs du Rhin,* des régions qui bordent le Rhin.

RHINOCÉROS [ʀinɔseʀɔs] n. m. ▪ *UN RHINOCÉROS :* gros animal d'Afrique et d'Asie, à peau très épaisse, portant une ou deux cornes sur le museau. *Les rhinocéros sont des herbivores. Le rhinocéros barrit.*

RHIZOME [ʀizom] n. m. ▪ *UN RHIZOME :* tige renflée de certaines plantes, qui pousse sous terre et alimente le végétal. *Les iris ont des rhizomes. Les rhizomes ne sont pas des racines.*

RHODES [ʀɔd] nom propre féminin ▪ *RHODES :* île grecque de la mer Égée et ville de cette île. *Le Colosse de Rhodes était une des Sept Merveilles du monde antique. Nous sommes partis pour Rhodes. Je reviens de Rhodes.*

RHODODENDRON [ʀɔdɔdɛ̃dʀɔ̃] n. m. ▪ *UN RHODODENDRON :* arbuste ornemental à fleurs blanches, roses ou rouges. *Dans le jardin, il y a un massif de rhododendrons.*

RHUBARBE [ʀybaʀb] n. f. ▪ *LA RHUBARBE :* plante à larges feuilles, dont la tige se mange cuite. *Il y a de la rhubarbe dans le potager. Nous avons fait de la confiture de rhubarbe.*

RHUM [ʀɔm] n. m. ▪ *LE RHUM :* alcool fabriqué avec du jus de canne à sucre. *Il a bu un verre de rhum. J'ai préparé des boissons au rhum* (→ **grog, punch**). – *Un BABA AU RHUM :* gâteau à pâte légère, arrosé de rhum. *Nous avons mangé des babas au rhum.* – *La ROUTE DU RHUM,* course de voiliers qui va aux Antilles.

RHUMATISMAL [ʀymatismal], **RHUMATISMALE** [ʀymatismal] adj. (après le nom) ▪ Causé par le rhumatisme. *J'ai des douleurs rhumatismales.* MASCULIN PLURIEL : *RHUMATISMAUX* [ʀymatismo].

RHUMATISME [ʀymatism] n. m. ▪ *UN RHUMATISME :* maladie douloureuse des articulations, des muscles. *Son père a un rhumatisme articulaire. Ma grand-mère a des rhumatismes. Il est perclus de rhumatismes.*

RHUME [ʀym] n. m. ▪ *UN RHUME :* maladie sans gravité des voies respiratoires, inflammation du nez, de la gorge et des bronches. *Ton nez coule, tu as attrapé un rhume* (→ s'**enrhumer**). *Quand on a un rhume, on éternue et on se mouche souvent. Je ne suis pas très malade mais j'ai un gros rhume.*

R.I.B. [ʀib] n. m. invariable ▪ *UN R.I.B. :* feuillet détachable d'un carnet de chèques, où sont notés le numéro du compte bancaire, les coordonnées de la banque et celles de la personne qui a ce compte. *Pour le prélèvement automatique, joignez un R.I.B. à votre facture.*

REM. *R.I.B.* est le sigle de *relevé d'identité bancaire.*

RIBAMBELLE [ʀibɑ̃bɛl] n. f. ▪ STYLE FAMILIER *UNE RIBAMBELLE :* grand nombre, longue suite. *Elle a eu une RIBAMBELLE DE gosses.*

RICANEMENT [ʀikanmɑ̃] n. m. ▪ *UN RICANEMENT :* rire d'une personne qui ricane. *Vos ricanements sont insupportables !*

RICANER [ʀikane] verbe [conjugaison 1a] ▪ Rire bêtement ou méchamment, pour se moquer. *Il n'a pas su quoi répondre, alors il a ricané. Elle a ricané bêtement. Les élèves ont ricané quand leur professeur a trébuché. Arrêtez de ricaner !*

RICHE [ʀiʃ] adj. et n. m.
I. adjectif (avant le nom ou après le nom) **1.** (avant ou après le nom) Qui a beaucoup d'argent, de biens. → **fortuné ;** STYLE FAMILIER **friqué.** (contraire : pauvre) *Ils sont très riches.* → **richissime.** *Ces gens ne sont pas riches. C'est une famille assez riche,* aisée. *Il a épousé une riche héritière.* – *Elle a fait un riche mariage :* elle s'est mariée avec une personne riche. – *LES PAYS RICHES :* les pays industrialisés, développés. → **prospère.** *Les pays riches doivent aider les pays pauvres.* **2.** (après le nom) Qui contient beaucoup d'éléments. *Il mange des fruits RICHES EN vitamines. Dans cette région, la terre est riche,* elle est très fertile. – *Ce sous-sol est riche en minerais.* – *L'avenir est RICHE DE promesses.* **3.** STYLE FAMILIER (avant le nom) Excellent. *Voilà une riche idée !* → ① **bon.** *Son mari est une riche nature,* un homme énergique.
II. *UN RICHE :* personne qui a beaucoup d'argent, de biens. → **milliardaire, millionnaire.** *Les riches doivent aider les pauvres. Ce garçon est un GOSSE DE RICHES,* c'est un enfant trop gâté, qui profite de l'argent de ses parents. *C'est un NOUVEAU RICHE,* une personne qui vient de s'enrichir et qui étale sa fortune sans discrétion.

RICHEMENT [ʀiʃmɑ̃] adverbe ▪ D'une manière luxueuse. *Leur appartement est richement aménagé.*

RICHESSE [riʃɛs] n. f.
I. *LA RICHESSE* **1.** Fortune, possession de grandes quantités de biens, d'argent. *C'est une personne d'une fabuleuse richesse,* extrêmement riche. (contraire : pauvreté) *Une voiture luxueuse, des bijoux sont des SIGNES EXTÉRIEURS DE RICHESSE,* ce sont des éléments qui montrent que l'on est riche. **2.** Qualité de ce qui est coûteux. *Admirez la richesse de la décoration !* **3.** Caractère de ce qui a une grande valeur, de ce qui présente un grand intérêt. *Ce musée est d'une grande richesse. – Cette femme a une grande RICHESSE INTÉRIEURE,* elle a beaucoup de qualités morales. **4.** Qualité de ce qui contient beaucoup d'éléments utiles. *La richesse de cette terre est inépuisable,* cette terre est extrêmement fertile. – *Ce pays est d'une grande RICHESSE EN pétrole. – Cet enfant a une grande RICHESSE DE vocabulaire,* il connaît beaucoup de mots.
II. (au pluriel) LES RICHESSES **1.** L'argent, les possessions matérielles. *Il accumule les richesses.* **2.** Les ressources d'un pays. *Il faut partager les richesses.*

RICHISSIME [riʃisim] adj. (avant le nom ou après le nom) ▪ Extrêmement riche. *C'est un richissime propriétaire. Elle est richissime.*

RICOCHER [rikɔʃe] verbe [conjugaison 1a] ▪ Rebondir, faire des ricochets. *Le caillou A RICOCHÉ plusieurs fois SUR l'eau du lac. – La balle de revolver n'a pas atteint sa cible car elle a ricoché sur le mur.*

RICOCHET [rikɔʃɛ] n. m. ▪ *UN RICOCHET :* rebond d'un objet plat lancé sur la surface de l'eau. *Les enfants choisissent des cailloux pour FAIRE DES RICOCHETS.* – (figuré) *PAR RICOCHET :* indirectement, par contrecoup **(→ conséquence, rebondissement).** *Le scandale risque de toucher le président par ricochet.*

RIC-RAC [rikrak] adverbe ▪ STYLE FAMILIER **1.** Très exactement. *Il nous a remboursés ric-rac.* **2.** D'une manière juste suffisante. *Pour le fric, c'est ric-rac, ce mois-ci.*

RICTUS [riktys] n. m. ▪ *UN RICTUS :* sourire qui ressemble à une grimace. *Le blessé a un rictus de douleur. Ce n'est pas un sourire, c'est un rictus !*

RIDE [rid] n. f. ▪ *UNE RIDE* **1.** Petit sillon, petit pli de la peau sur le visage et sur le cou qui apparaissent quand on vieillit. *Les personnes âgées ont beaucoup de rides. Elle a des rides au coin des yeux.* **→ patte-d'oie.** *J'ai de petites rides.* **→ ridule.** *On dit que les bains de soleil DONNENT DES RIDES. – Ce film ancien N'A PAS PRIS UNE RIDE,* il n'a pas vieilli, il est toujours aussi bien. **2.** Petite ondulation à la surface de l'eau. *Pas de vent, la mer est calme, il n'y a pas une ride.*

RIDÉ [ride], **RIDÉE** [ride] adj. (après le nom) ▪ Marqué de rides. *Mon grand-père a la peau toute ridée.* (contraire : lisse) *Elle se trouve trop ridée et va se faire faire un lifting.*

RIDEAU [rido] n. m. ▪ *UN RIDEAU* **1.** Pièce d'étoffe suspendue à une fenêtre pour arrêter la lumière venant de l'extérieur, ou suspendue à une porte pour isoler. *Ferme le volet et tire le rideau.* PLURIEL : *ouvrez les RIDEAUX. J'ai fermé les DOUBLES RIDEAUX,* les rideaux en tissu épais **(→ tenture).** **2.** Grande draperie qui sépare la scène de la salle, dans un théâtre. *On attend le lever du rideau. Le rideau se lève, la pièce va commencer.* **3.** Séparation rigide qui s'abaisse et se relève. *Nos fenêtres sont équipées de rideaux métalliques. Le magasin est fermé : le rideau de fer est baissé.* **4.** *Un RIDEAU DE :* un écran de. *Un rideau de fumée empêche de voir la route.* **5.** STYLE FAMILIER *Rideau !* c'est fini, on n'en parle plus. *J'ai reçu un coup sur la tête et alors là, rideau,* je n'ai plus rien vu, plus rien entendu, je ne me souviens de rien.

RIDER [ride] verbe [conjugaison 1a] **1.** Marquer de rides. *Le temps qui passe ride les visages.* **→ flétrir.** **2.** verbe pronominal SE RIDER : se marquer de rides. *En vieillissant, la peau se ride. Sa peau s'est ridée.*

RIDICULE [ridikyl] adj. et n. m.
I. adjectif (après le nom) **1.** Qui donne envie de rire, de se moquer. **→ risible.** *Quel chapeau ridicule !* **→ grotesque.** *C'est une personne ridicule. Arrête de pleurnicher, tu te RENDS RIDICULE. Je me SENS RIDICULE avec ce parapluie.* **2.** Absurde, idiot. *Il serait ridicule de rester chez soi avec ce beau temps. Ne fais pas cela, c'est ridicule ! Il a des idées ridicules.* **3.** Qui n'est pas important. **→ insignifiant.** *Ils se sont disputés pour une somme ridicule.* **→ dérisoire, minime.**
II. *LE RIDICULE* **1.** Ce qu'il y a de ridicule, de risible, ce qui donne envie de se moquer. *Le ridicule de cette mésaventure, c'est que... C'est le comble du ridicule !* c'est absurde. *Il n'a pas PEUR DU RIDICULE ! «Elle a mis cet abominable chapeau ? Elle n'a vraiment pas le SENS DU RIDICULE !»* de ce qui est ridicule. **2.** *TOURNER qqn EN RIDICULE,* le rendre ridicule, se moquer de lui. *Il a tourné son adversaire en ridicule.*

RIDICULISER [ridikylize] verbe [conjugaison 1a] **1.** Rendre ridicule. *Il a ridiculisé son rival en public.* **2.** verbe pronominal SE RIDICULISER : se rendre ridicule. *Tais-toi, tu te ridiculises ! Elle s'est ridiculisée devant tout le monde.*

RIDULE [ridyl] n. f. ▪ *UNE RIDULE :* petite ride. *Elle a de fines ridules au coin des yeux.*

RIEN [rjɛ̃] pronom et n. m.
I. pronom indéfini **1.** Quelque chose. *A-t-on jamais rien vu de pareil ? Il est resté SANS RIEN DIRE.* **2.** Aucune chose. (contraire : quelque chose) *Je ne sais rien et je n'ai rien vu. Allume, on n'y voit rien ! Elle n'a peur de rien. Tu n'auras RIEN DU TOUT. Tu n'auras ABSOLUMENT RIEN. Il n'y a rien d'intéressant à la télévision, ce soir. Je n'ai jamais rien vu d'aussi beau. – ÇA NE FAIT RIEN :* cela n'a pas d'importance. *ÇA NE SERT À RIEN DE pleurer,* cela n'a aucune utilité. *On n'y peut rien. Tu peux toujours essayer, ÇA N'ENGAGE À RIEN. – Tu n'as rien de mieux à faire ? – Nous sommes fâchés, mais il nous a téléphoné COMME SI DE RIEN N'ÉTAIT,* comme si rien ne s'était passé, comme si nous n'étions pas fâchés. – *Cela N'A RIEN D'EXTRAORDINAIRE :* ce n'est pas du tout extraordinaire. – *RIEN N'EST TROP BEAU POUR leur fille,* ils lui donnent tout ce qu'il y a de mieux. – *Tout est calme, plus rien ne bouge. – Je te le jure, cette fille N'EST RIEN pour moi !* elle n'a aucune importance pour moi. – *Je vous en prie, ne vous excusez pas, CE N'EST RIEN,* c'est sans importance. – STYLE FAMILIER *Mille francs d'augmentation, CE N'EST PAS RIEN !* c'est important. – *Ce n'est pas moi qui ai fait ça, je N'Y SUIS POUR RIEN !* je n'ai aucune responsabilité. **3.** *EN RIEN :* en quoi que ce soit. *Ne vous inquiétez pas, vous ne nous gênez en rien,* vous ne nous gênez absolument pas. **4.** Nulle chose. *«Que fais-tu ? – Rien.» «À quoi penses-tu ? – À RIEN.» – Il n'y a rien à dire, tout est parfait. RIEN À FAIRE,* la voiture ne démarre pas. – *Tout va bien, RIEN À SIGNALER* **(→** STYLE FAMILIER **R. A. S.).** – *DE RIEN :* réponse de politesse pour dire à qqn qu'il n'a pas à s'excuser, à remercier. *«Je vous remercie. – De rien !» – Trois cents francs d'augmentation ce n'est pas beaucoup, mais C'EST MIEUX QUE RIEN,* c'est mieux que pas d'augmentation du tout. – *Il a fini le travail EN MOINS DE RIEN,* en très peu de temps **(→ rapidement).** – *RIEN QUE :* seulement. *Jurez-vous de dire toute la vérité, rien que la vérité ? –* (ironique) *«Il veut m'emprunter trois mille francs. – Rien que ça ! Eh bien il exagère !» Cette voiture est à moi et rien qu'à moi, je ne la prête pas,* elle est uniquement à moi. *Elle est tombée amoureuse rien qu'en le regardant,* juste en le regardant. **5.** Chose ou quantité nulle, presque nulle. *Tous nos efforts se réduisent à rien.* **→ zéro.** *On a PARLÉ DE TOUT ET DE RIEN,* de choses peu importantes. – *J'ai attendu*

POUR RIEN, elle n'est pas venue, j'ai attendu en vain, inutilement. *Je suis désolé, vous vous êtes dérangés pour rien. Si je me suis fâché, ce n'est pas pour rien*, c'est pour quelque chose d'important. *Cette belle table, je l'ai eue pour presque rien*, pour un très petit prix. *« Et moi alors, je compte pour rien ? »* je suis insignifiant ? (→ **beurre**). – *C'est un petit bobo DE RIEN DU TOUT*, absolument pas grave. *Ne t'inquiète pas, C'EST TROIS FOIS RIEN*. – *Elle n'aura RIEN DE RIEN*, rien du tout.
II. nom masculin **1.** Chose sans importance, chose insignifiante. *Un rien les fait rire. Tu perds ton temps à des riens.* → **bêtise, futilité, niaiserie.** *Des petits riens rendent la vie agréable*, des petites choses. – *Elle pleure POUR UN RIEN. Tu fais des histoires pour des riens.* **2.** *EN UN RIEN DE TEMPS* : très vite. *Elle a fini le travail en un rien de temps* (→ **rapidement**). – *Son costume est un rien trop grand*, un petit peu trop grand. **3.** *UN RIEN DU TOUT* : personne sans valeur, méprisable. *Ces types, c'est des riens du tout.*
REM. Au sens II., 3., on rencontre parfois le féminin *une rien du tout*.

RIESLING [Rislinŋ] n. m. ▪ *LE RIESLING* : vin blanc sec d'Alsace. *Nous avons bu un verre de riesling.*

RIEUR [Rijœʀ], **RIEUSE** [Rijøz] adj. (après le nom) ▪ Qui aime rire, s'amuser. *C'est une enfant rieuse.* – *Il a un visage rieur.* → **gai, souriant.** ⟨contraires : morne, triste⟩

RIGIDE [Riʒid] adj. (après le nom) **1.** Dur, qui ne se déforme pas. ⟨contraire : mou⟩ *Ce livre a une couverture rigide.* ⟨contraire : souple⟩ **2.** Rigoureux, strict. *C'est un militaire rigide.* → **inflexible.** – *Elle a reçu une éducation rigide.* → **sévère.**

RIGIDITÉ [Riʒidite] n. f. ▪ *LA RIGIDITÉ* **1.** Caractère d'une personne rigide, stricte. → **austérité, sévérité.** *Ce policier est d'une telle rigidité qu'on ne peut pas s'expliquer avec lui.* **2.** Caractère de ce qui est dur, de ce qu'on ne peut pas plier, déformer. *J'apprécie la rigidité de mon sommier.* – *La RIGIDITÉ CADAVÉRIQUE permet d'évaluer le moment de la mort d'une personne*, la raideur de son corps.

RIGOLADE [Rigɔlad] n. f. ▪ STYLE FAMILIER *UNE RIGOLADE* : un amusement, un moment de rire. *On s'est payé une bonne rigolade hier soir ! Quelle rigolade ! Il n'a pas cru la mauvaise nouvelle, il l'a PRISE À LA RIGOLADE*, comme une plaisanterie.

RIGOLE [Rigɔl] n. f. ▪ *UNE RIGOLE* **1.** Petit fossé qui sert à l'écoulement de l'eau (→ **caniveau, ruisseau**). *Des rigoles d'irrigation ont été creusées dans les champs.* **2.** Petit filet d'eau qui ruisselle sur le sol. *La pluie fait des rigoles.*

RIGOLER [Rigɔle] verbe [conjugaison 1a] ▪ STYLE FAMILIER Rire, s'amuser. → STYLE FAMILIER se **marrer.** *On a bien rigolé pendant le dîner. Il nous fait toujours rigoler avec ses histoires. Il ne faut pas rigoler avec votre santé*, il ne faut pas plaisanter, c'est sérieux.

RIGOLO [Rigɔlo] adj. et n. m., **RIGOLOTE** [Rigɔlɔt] adj. et n. f.
I. adjectif (après le nom) STYLE FAMILIER Drôle, amusant. → STYLE FAMILIER **marrant.** *Elle nous a raconté des histoires rigolotes. Arrête de rire, c'est pas rigolo ! – Ce que son frère peut être rigolo ! – C'est rigolo, je ne comprends pas ce qu'il dit*, c'est curieux, c'est étrange. → **bizarre.**
II. STYLE FAMILIER *UN RIGOLO, UNE RIGOLOTE* **1.** Personne amusante. *C'est un rigolo.* **2.** Personne à qui on ne peut pas faire confiance. *C'est un petit rigolo. Vous n'êtes qu'une bande de rigolos !*

RIGOUREUSEMENT [RiguRøzmɑ̃] adverbe ▪ D'une manière rigoureuse, stricte. *Il est rigoureusement interdit de fumer dans cette salle.* → **absolument, formellement.**

RIGOUREUX [Riguʀø], **RIGOUREUSE** [Riguʀøz] adj. (après le nom) **1.** Dur à supporter. *Nous avons eu un hiver rigoureux*, très froid. → **rude.** ⟨contraire : doux⟩ **2.** Très sévère. → **dur, implacable.** *La punition est rigoureuse mais juste.* **3.** Très précis, plein de rigueur. *Le raisonnement mathématique est rigoureux.* → **exact.** ⟨contraire : approximatif⟩ *Il est d'une logique rigoureuse.*

RIGUEUR [Rigœʀ] n. f. ▪ *LA RIGUEUR* **1.** Grande sévérité. *Les coupables seront châtiés AVEC RIGUEUR.* → **dureté.** ⟨contraire : indulgence⟩ – *Vous avez fait une erreur, mais je ne vous EN TIENS PAS RIGUEUR*, je vous pardonne, je ne vous en veux pas. **2.** Dureté, caractère pénible d'une chose. *Elle ne supporte plus les rigueurs de l'hiver canadien.* ⟨contraire : douceur⟩ **3.** Précision, logique stricte. *Votre travail manque de rigueur. Son raisonnement est d'une grande rigueur.* ⟨contraires : approximation, incertitude⟩ **4.** *DE RIGUEUR* : obligatoire, imposé par les habitudes, le règlement. *À cette réception, la tenue de soirée est de rigueur.* **5.** *À LA RIGUEUR* : en cas de nécessité absolue. *À la rigueur, on peut se passer de lui pendant cette réunion.* → **éventuellement.** *À L'EXTRÊME RIGUEUR, vous pourriez appeler la police.*

RILLETTES [Rijɛt] n. f. pluriel ▪ *DES RILLETTES* : charcuterie faite de viande de porc ou d'oie hachée et cuite dans la graisse. *Ces rillettes sont délicieuses. J'ai acheté un pot de rillettes.*

RIME [Rim] n. f. ▪ *UNE RIME* : dans une poésie, une chanson, son final du dernier mot d'un vers, identique au son final du dernier mot d'un autre vers. *Les vers de Verlaine « Les sanglots longs / Des violons / De l'automne / Blessent mon cœur / D'une langueur / Monotone » ont des rimes en* [ɔ̃], *en* [ɔn] *et en* [œʀ].

RIMER [Rime] verbe [conjugaison 1a] **1.** Constituer une rime, avoir des finales identiques. *« Épice » rime avec « réglisse »*, ces deux mots se terminent par le même son. **2.** *CELA NE RIME À RIEN* : cela n'a aucun sens. *« Qu'est-ce que tu racontes ? Ça ne rime à rien ! ». À QUOI ÇA RIME ?* à quoi ça sert ? *À quoi ça rime de refuser ce cadeau ?*

RIMMEL [Rimɛl] n. m. ▪ *LE RIMMEL* : fard, produit de maquillage pour les cils. *Elle se maquille peu les yeux : juste un peu de rimmel.* → **mascara.**

RINÇAGE [Rɛ̃saʒ] n. m. ▪ *LE RINÇAGE* : action de rincer, de passer à l'eau pour enlever les produits de lavage. *Le rinçage se fait mal. – Après le lavage, la machine à laver fait plusieurs rinçages.*

RINCE-DOIGTS [Rɛ̃sdwa] n. m. invariable ▪ *UN RINCE-DOIGTS* : petit récipient contenant de l'eau parfumée, servant à se rincer les doigts pendant un repas. *Elle trempe le bout de ses doigts dans le rince-doigts.* PLURIEL : *lorsque l'on mange des crustacés, il y a des rince-doigts sur la table.*

RINCER [Rɛ̃se] verbe [conjugaison 3a] **1.** Nettoyer à l'eau pure. *Elle lave les assiettes puis elle les rince. Autrefois, les femmes lavaient et rinçaient le linge dans la rivière.* **2.** verbe pronominal SE RINCER : se passer à l'eau pure, après s'être savonné. *Rince-toi bien ! Elle s'est rincée et elle s'est essuyée. – Elle s'est rincé les cheveux.* – STYLE TRÈS FAMILIER *SE RINCER L'ŒIL* : regarder (une fille) d'une façon un peu incorrecte. *Des types se sont rincé l'œil sur la plage.*

RING [Rinŋ] n. m. ▪ *UN RING* : estrade carrée entourée de cordes, où se déroule un match de boxe ou de catch. *Les boxeurs sont montés sur le ring.*
REM. Ce mot vient de l'anglais.

RINGARD [Rɛ̃gaʀ] adj. et n. m., **RINGARDE** [Rɛ̃gaʀd] adj. et n. f. ▪ STYLE FAMILIER **1.** adjectif (après le nom) Qui est démodé ou de mauvaise qualité. *Ce que ce film peut être ringard ! Ne mets pas ce* *chapeau, ça fait ringard.* → **tarte.** *Nous sommes allés dans une fête vraiment ringarde. - Elle trouve que ses parents sont ringards.* **2.** *UN RINGARD, UNE RINGARDE :* personne dont les idées sont vieillottes, démodées. *N'écoute pas ce type, c'est un ringard.*

Rio de Janeiro [ʀijɔdədʒaneʀo] nom propre féminin ▪ Ville et port du Brésil, sur l'océan Atlantique. *Nos amis sont en vacances à Rio de Janeiro.*

REM. En France, on dit souvent simplement *Rio : nous admirons la baie de Rio.*

RIPOSTE [ʀipɔst] n. f. ▪ *UNE RIPOSTE :* réaction de défense très rapide. ⟨contraire : attaque⟩ *La riposte de l'ennemi a été foudroyante.* → **représailles.** *La riposte ne s'est pas fait attendre.* → **réaction.**

RIPOSTER [ʀipɔste] verbe [conjugaison 1a] **1.** Répondre vivement pour se défendre. → **répliquer.** *Quand on s'est moqué de lui, il a riposté par des injures.* **2.** Réagir à une attaque en attaquant à son tour. → **contre-attaquer,** se **défendre.** *Nous avons tiré quelques coups de feu et l'ennemi a immédiatement riposté.*

RIPOU [ʀipu] n. m. ▪ STYLE FAMILIER *UN RIPOU :* personne malhonnête ; policier corrompu. *Méfie-toi de ce mec, c'est un ripou. Tous les policiers ne sont pas des ripous !*

REM. **1.** Ce mot vient de *pourri*, en verlan. **2.** Le pluriel est parfois en *x : des ripoux.*

RIQUIQUI [ʀikiki] adj. invariable (après le nom) ▪ STYLE FAMILIER Très petit. *Leur maison a un jardin riquiqui. Ça fait riquiqui.* PLURIEL : *dans cet hôtel, les chambres sont riquiqui.*

① **RIRE** [ʀiʀ] verbe [conjugaison 36] **1.** Montrer de la gaieté par certains mouvements des muscles du visage, accompagnés de sons saccadés qui sortent de la bouche → STYLE FAMILIER se **marrer, rigoler.** ⟨contraire : pleurer⟩ *Comme c'est bon de rire ! Elles SE SONT MISES À RIRE.* → s'**esclaffer.** *Rions, ça fait du bien ! Hier au téléphone, nous riions tellement que nous ne pouvions plus parler. Et je riais, je riais, je ne pouvais plus m'arrêter de rire ! Nous avons beaucoup ri ! Les spectateurs RIENT AUX ÉCLATS,* ils rient bruyamment. - STYLE FAMILIER *Il a RI COMME UN BOSSU, COMME UNE BALEINE :* il a beaucoup ri et très fort. → STYLE FAMILIER se **bidonner,** se **gondoler,** se **tordre.** - *Elle a ÉCLATÉ DE RIRE :* elle a ri brusquement et bruyamment. *Les enfants ont POUFFÉ DE RIRE. C'est à mourir de rire ! J'en pleure de rire. On était tous MORTS DE RIRE,* écroulés de rire, incapables de faire quoi que ce soit d'autre. - *Elle A TOUJOURS LE MOT POUR RIRE :* elle plaisante tout le temps. - *Il n'y a pas de quoi rire !* ce n'est pas drôle ! **2.** S'amuser. *Son fils aime mieux rire que travailler. Les clowns nous ont FAIT RIRE,* ils nous ont divertis. **3.** Plaisanter. *« Tu as cru ce que je t'ai dit ? Mais c'était POUR RIRE ! »* ce n'était pas sérieux. *J'ai dit cela pour rire !* → STYLE FAMILIER **blaguer.** *Vous voulez que j'arrête mon travail, non mais vous voulez rire ?* vous plaisantez, ce n'est pas sérieux. - *Allez, SANS RIRE, dis-moi la vérité,* sérieusement. **4.** *RIRE DE :* se moquer de. *Le directeur n'apprécie pas qu'on rie de lui. - « Elle a dit cela ? Laissez-moi rire ! »* je me moque de ce qu'elle a dit. *S'il insiste, je lui RIRAI AU NEZ,* je me moquerai de lui sans me cacher. **5.** STYLE RECHERCHÉ verbe pronominal SE RIRE DE : se moquer de, ne pas avoir peur de. *Il se rit des difficultés.* → se **jouer.**

② **RIRE** [ʀiʀ] n. m. ▪ *LE RIRE :* action de rire. ⟨contraires : larme, pleur⟩ *Il a un rire bruyant. On entend des ÉCLATS DE RIRE chez les voisins. - Nous avons eu le FOU RIRE,* un rire impossible à arrêter. *Quelle crise de fou rire ! Elle a toujours des fous rires. À la fin du sketch, il y a eu une explosion de rires dans la salle. - Gêné, il a eu un rire nerveux. Quel rire bête ! C'est un rire forcé.* → **rictus.** *Elle a eu un rire moqueur.* → **ricanement.**

RIS [ʀi] n. m. ▪ *LE RIS :* glande située dans le cou du veau, de l'agneau ou du chevreau, que l'on cuisine. *J'ai préparé un RIS DE VEAU. Nous avons mangé des ris de veau.*

REM. Le mot *riz* « céréale » se prononce de la même façon.

RISÉE [ʀize] n. f. ▪ *LA RISÉE :* moquerie dont une personne est victime. *Vous vous exposez À LA RISÉE DU public. - Elle est LA RISÉE DE tout le quartier :* tout le monde se moque d'elle.

RISIBLE [ʀizibl] adj. (après le nom) ▪ Qui donne envie de rire, de se moquer. → **grotesque, ridicule.** ⟨contraire : sérieux⟩ *Il ment tellement mal que c'en est risible ! C'est une mode risible. C'est vraiment risible !*

RISQUE [ʀisk] n. m. ▪ *UN RISQUE* **1.** Danger possible. *Attention, cette escalade présente un risque. Tu peux faire du vélo sur le chemin, il n'y a aucun risque,* il n'y a pas de danger. *Ce sont les risques du métier,* les inconvénients. *C'est un RISQUE À COURIR :* c'est risqué, il y a du danger, mais il faut quand même essayer. *Vous COUREZ LE RISQUE D'un échec :* vous pouvez avoir un échec (→ **risquer).** *Il n'y a aucun risque d'erreur :* aucune erreur n'est possible. *Il y a un risque d'épidémie :* il peut y avoir une épidémie. - *Il n'y a pas de risque qu'il refuse :* il acceptera, il ne refusera pas, c'est sûr. - STYLE FAMILIER *« Moi, refuser un verre de champagne ? Y a pas de risque ! »* c'est impossible. - *AU RISQUE DE se tuer, il a plongé pour sauver sa fille,* malgré la possibilité de se tuer, quitte à se tuer. - *J'ai une assurance contre le risque d'incendie. Sa voiture est assurée TOUS RISQUES,* pour tout ce qui peut arriver. **2.** *Un GROUPE À RISQUE :* des personnes particulièrement exposées à certaines maladies. *Les toxicomanes et les homosexuels sont des groupes à risque, dans la maladie du sida.* **3.** Fait de s'exposer à un danger. *Elle PREND DES RISQUES :* elle se met en danger. *Il aime le risque. Il a le GOÛT DU RISQUE.*

RISQUÉ [ʀiske], **RISQUÉE** [ʀiske] adj. (après le nom) ▪ Plein de risques. *Ne passe pas sur ce rocher, c'est risqué !* → **dangereux, périlleux.** *À ta place, je ne ferais pas ça, c'est trop risqué. Prépare bien ton rendez-vous, c'est une affaire risquée,* elle est hasardeuse.

RISQUER [ʀiske] verbe [conjugaison 1a]

I. 1. *RISQUER* (un bien) Mettre en danger, exposer à un risque. *Les alpinistes RISQUENT parfois LEUR VIE,* ils mettent leur vie en danger, ils s'exposent à la mort. - *Elle a risqué de l'argent aux courses de chevaux,* elle a misé et pris le risque de perdre de l'argent. *Risquons le tout pour le tout :* prenons tous les risques, faisons tout ce que nous pouvons pour réussir. - STYLE FAMILIER *RISQUER UN ŒIL :* regarder discrètement, en prenant le risque d'être vu. *Elle a risqué un œil dans la chambre de ses parents. - Vous RISQUEZ GROS :* vous prenez beaucoup de risques. **2.** Tenter (qqch. qui comporte des risques). → **entreprendre, oser.** *On peut RISQUER LE COUP, on verra bien si ça réussit.*

II. *RISQUER* (un ennui) **1.** Être exposé à (un danger, un inconvénient). *Tu risques les pires ennuis. - Essayons : après tout, qu'est-ce qu'on risque ?* il n'y a pas vraiment de danger. - *Les verres sont bien emballés, ça ne risque rien,* les verres ne peuvent pas se casser. **2.** *RISQUER DE* (et infinitif) : courir le risque de. *Si tu sautes de si haut, tu risques de te casser une jambe. - Le toit risque de s'effondrer,* il menace de s'effondrer. STYLE FAMILIER *Aujourd'hui dimanche, le magasin risque d'être fermé,* il est certainement fermé. - (impersonnel) *IL RISQUE DE pleuvoir :* il se peut qu'il pleuve. **3.** *RISQUER DE :* avoir une chance de. *Il risque de réussir !* il peut réussir, il a des chances de réussir. *Crois-tu que ça risque de l'intéresser ?* → **pouvoir.**

III. verbe pronominal SE RISQUER : s'avancer prudemment. *Elle s'est risquée sur la pente raide du glacier.* → s'**aventurer.** - *À ta place, je ne m'y risquerais pas !* je ne m'exposerais pas à ce risque.

RISQUE-TOUT [Riskətu] n. m., n. f. invariables. *UN RISQUE-TOUT, UNE RISQUE-TOUT* : personne audacieuse, qui oublie la prudence. *Tu es une risque-tout !* → **casse-cou.** PLURIEL : *ce sont des risque-tout.*

RISSOLER [Risɔle] verbe [conjugaison 1a]. *FAIRE RISSOLER* : faire cuire, faire dorer dans la graisse chaude. *Elle fait rissoler des oignons. - Le steak est accompagné de pommes de terre rissolées.*

RISTOURNE [RistuRn] n. f. *UNE RISTOURNE* : réduction faite sur un prix. → **rabais, remise.** *La vendeuse m'a fait une ristourne de dix pour cent.*

RITE [Rit] n. m. **1.** *LE RITE* : ensemble des cérémonies en usage dans une religion. *Leur bébé a été baptisé selon le rite catholique.* → **rituel. 2.** *UN RITE* : habitude. *Chez eux, on mange du poulet tous les dimanches, c'est un rite.* → **coutume.** *C'est un rite immuable.*

RITOURNELLE [RituRnɛl] n. f. *UNE RITOURNELLE* **1.** Air, chanson avec des couplets et un refrain répétés. *Nous avons chanté des ritournelles.* **2.** Ce que l'on répète sans cesse. *Avec elle, c'est toujours la même ritournelle.* → **refrain, rengaine,** STYLE FAMILIER **disque.**

RITUEL [Ritɥɛl] adj. et n. m., **RITUELLE** [Ritɥɛl] adj.
I. adjectif (après le nom) **1.** Qui fait partie d'un rite religieux. *La cérémonie est accompagnée de chants rituels.* **2.** Habituel. *Tous les jours à la même heure, il fait sa promenade rituelle sur le port.*
II. *UN RITUEL* : ensemble de rites, d'habitudes. *À la maison, on observe le rituel du repas familial du dimanche,* on respecte cette habitude. *C'est un rituel.*

RIVAGE [Rivaʒ] n. m. *LE RIVAGE* : partie de la terre qui borde la mer. → **côte, littoral.** *Le bateau s'approche du rivage. Ne t'éloigne pas trop du rivage !*
REM. La partie de la terre qui borde un fleuve est *une rive.*

RIVAL [Rival] n. m., **RIVALE** [Rival] n. f. *UN RIVAL, UNE RIVALE* **1.** Personne qui lutte contre d'autres personnes pour réussir, pour gagner, pour être le meilleur, la meilleure. → **adversaire, concurrent.** *Les deux rivales s'observent.* MASCULIN PLURIEL : *il a battu tous ses RIVAUX* [Rivo], *c'est lui le champion !* **2.** Personne qui dispute à une autre l'amour de qqn. *Il a appris qu'il avait un rival. Elle a giflé sa rivale.*

RIVALISER [Rivalize] verbe [conjugaison 1a]. Être le rival de (qqn), lutter contre (qqn) pour être le meilleur. *Notre équipe est trop faible pour RIVALISER AVEC la vôtre. Ils RIVALISENT D'intelligence.*

RIVALITÉ [Rivalite] n. f. *LA RIVALITÉ* : lutte qui oppose des rivaux. → **compétition, concurrence.** *Il y a une grande rivalité entre ces deux équipes. Les deux frères sont EN RIVALITÉ.*

RIVE [Riv] n. f. *LA RIVE* : partie de la terre qui borde un fleuve, une rivière, un lac ou un étang. → **berge, bord.** *Nous nous promenons sur le chemin qui longe la rive. Ils habitent sur la rive du lac* (→ **riverain).** *Il y a des maisons sur la RIVE DROITE du fleuve,* sur le côté droit du fleuve, quand on regarde dans le sens du courant. *Il se promène sur les quais de la RIVE GAUCHE. - Ils habitent rive droite ou rive gauche ?* dans le quartier de la ville situé à droite ou à gauche du cours d'eau qui traverse la ville.
REM. La partie de la terre qui borde la mer est *le rivage.*

RIVER [Rive] verbe [conjugaison 1a] **1.** Fixer, assembler par des rivets, par des clous dont on rabat l'extrémité pointue. *Il a rivé deux plaques de tôle.* **2.** Attacher fortement, immobiliser. *Un amour puissant les rive l'un à l'autre. - Il est RIVÉ À son travail,* il n'arrête pas de travailler. *Elle a les yeux RIVÉS SUR son mari,* elle ne le quitte pas des yeux, elle le regarde sans arrêt. **3.** *RIVER SON CLOU À qqn,* le réduire au silence par une critique, une riposte. *Il m'a fait une réflexion désagréable mais je lui ai rivé son clou !*

RIVERAIN [RivRɛ̃] n. m., **RIVERAINE** [RivRɛn] n. f. *UN RIVERAIN, UNE RIVERAINE* **1.** Personne qui habite sur la rive d'un cours d'eau, d'un lac. *Le fleuve a débordé, inondant les maisons des riverains.* **2.** Habitant dont la maison borde une rue. *Je peux me garer ici car je suis un riverain. Stationnement interdit, sauf aux riverains. Accès réservé aux riverains.*

RIVET [Rivɛ] n. m. *UN RIVET* : clou dont l'extrémité est aplatie au moment de l'assemblage. *Ces plaques de tôle sont fixées très solidement par des rivets.*

RIVIÈRE [Rivjɛʀ] n. f. *UNE RIVIÈRE* **1.** Cours d'eau qui se jette dans un autre cours d'eau. *Une rivière traverse le parc. Tous les jours, je me promène au bord de la rivière. Nous nous sommes baignés dans une rivière de montagne.* → **torrent. 2.** *Une RIVIÈRE DE DIAMANTS* : collier de diamants. *La star a été photographiée avec sa rivière de diamants.*

> FAUX AMI
> italien **riviera** « côte, bord de mer »

REM. Un *fleuve* est un cours d'eau qui se jette dans la mer. → **fleuve.**

RIXE [Riks] n. f. *UNE RIXE* : violente bagarre dans un lieu public. *Il y a eu une rixe dans un bar.*

RIZ [Ri] n. m. *LE RIZ* **1.** Céréale des pays chauds et humides, dont le grain est riche en amidon. *Beaucoup de pays d'Asie produisent du riz.* **2.** Grain de cette plante, que l'on mange. *Elle a préparé une POULE AU RIZ. Mes enfants aiment le riz au lait. Voulez-vous encore un peu de riz ?*
REM. *Ris* « glande » se prononce de la même façon.

RIZIÈRE [Rizjɛʀ] n. f. *UNE RIZIÈRE* : terrain où l'on cultive le riz. *Les rizières sont souvent couvertes de dix à vingt centimètres d'eau.*

RMISTE → **érémiste**

ROBE [Rɔb] n. f. *UNE ROBE* **1.** Vêtement de femme couvrant le buste et les jambes à une hauteur variable, avec ou sans manches. *Tu mets une robe ou une jupe aujourd'hui ? Elle a une robe courte. J'aime bien ta robe longue. J'ai acheté une robe d'été. Elle est vêtue d'une robe simple et légère.* **2.** Vêtement long et ample que l'on met dans certaines professions. *Les avocats et les magistrats portent la robe.* **3.** *Une ROBE DE CHAMBRE* : vêtement d'intérieur long et ample, à manches (→ **peignoir).** *Il est en robe de chambre et en pantoufles. Elle a mis sa robe de chambre par-dessus son pyjama. - Nous avons mangé des POMMES DE TERRE EN ROBE DE CHAMBRE* (ou *EN ROBE DES CHAMPS*), cuites avec leur peau. **4.** Pelage. *Ce cheval a une très belle robe. La panthère a une robe tachetée.* **5.** Couleur (du vin). *Admirez la robe de ce vin !*

> FAUX AMIS
> anglais **robe**, grec **ρόμπα** « robe de chambre » ; italien **roba** « affaires, trucs »

ROBIN DES BOIS [Rɔbɛ̃debwa] nom propre - en anglais **ROBIN HOOD.** Héros légendaire saxon. *Robin des Bois est un bandit au grand cœur.*

ROBINET [Rɔbinɛ] n. m. *UN ROBINET* : dispositif qui permet d'ouvrir ou de fermer le passage à un liquide ou à un gaz. *Un filet d'eau coule du robinet. Ouvre le robinet d'eau chaude et ferme le robinet d'eau froide. Le lavabo est équipé d'un robinet mélangeur* (→ **mélangeur).** *Le robinet du gaz est-il bien fermé ?*

ROBINSON CRUSOÉ [ʀɔbɛ̃sɔ̃kʀyzɔe] nom propre ▪ Roman de Daniel de Foe, du nom du personnage principal. *Robinson Crusoé est naufragé sur une île déserte.*

ROBOT [ʀɔbo] n. m. ▪ *UN ROBOT* **1.** Mécanisme qui peut remplacer dans certains cas le travail de l'homme. *Les usines automobiles utilisent des robots.* **2.** Machine à l'aspect humain. *Mon fils aime beaucoup les films dans lesquels il y a des robots.* **3.** Appareil électroménager servant à moudre, hacher, mixer. *Je fais la mayonnaise avec un robot.*

REM. Voir aussi **portrait-robot.**

ROBOTIQUE [ʀɔbɔtik] n. f. ▪ *LA ROBOTIQUE :* ensemble des études et des techniques permettant la mise au point de robots. *Il travaille dans la robotique.*

ROBOTISÉ [ʀɔbɔtize], **ROBOTISÉE** [ʀɔbɔtize] adj. (après le nom) ▪ Équipé de robots. *Il travaille dans une usine entièrement robotisée.*

ROBUSTE [ʀɔbyst] adj. (après le nom, parfois avant le nom) ▪ Fort et résistant. *Son copain est un garçon robuste.* → **costaud, vigoureux.** ⟨contraires : chétif, délicat, faible, fragile⟩ *Elle n'est pas très robuste. - Elle a une robuste santé, une santé robuste. - Cette voiture a un moteur robuste.* → **solide.**

ROBUSTESSE [ʀɔbystɛs] n. f. ▪ *LA ROBUSTESSE :* solidité. → **force, résistance.** *J'apprécie la robustesse de ma voiture. - Ce garçon est d'une grande robustesse.* ⟨contraire : fragilité⟩

ROC [ʀɔk] n. m. ▪ *LE ROC :* matière rocheuse dure. *Des marches sont taillées dans le roc. - Cette fille est solide COMME UN ROC,* elle est très robuste. → **pierre, rocher.**

ROCADE [ʀɔkad] n. f. ▪ *UNE ROCADE :* route qui contourne le centre d'une agglomération. *Passe par la rocade, nous irons plus vite.*

ROCAILLE [ʀɔkaj] n. f. ▪ *UNE ROCAILLE* **1.** Terrain plein de pierres. *Rien ne pousse dans cette rocaille !* **2.** Décor de pierres où l'on fait pousser des plantes, des fleurs, dans un jardin. *Ils ont aménagé une très belle rocaille.*

ROCAILLEUX [ʀɔkajø], **ROCAILLEUSE** [ʀɔkajøz] adj. (après le nom) **1.** Plein de pierres. → **caillouteux, pierreux.** *Un chemin rocailleux mène au refuge.* **2.** *Une VOIX ROCAILLEUSE :* une voix rauque. *Il fume trop, il a une voix rocailleuse.*

ROCAMBOLESQUE [ʀɔkɑ̃bɔlɛsk] adj. (après le nom) ▪ Extravagant, plein de péripéties incroyables. *Il nous est arrivé une aventure rocambolesque. C'est une histoire rocambolesque !*

ROCHE [ʀɔʃ] n. f. **1.** *LA ROCHE :* matière minérale dure de la surface de la Terre. → **pierre.** *Ils ont une grande cheminée taillée dans la roche. - J'ai tout compris, c'est CLAIR COMME DE L'EAU DE ROCHE !* c'est évident. **2.** *UNE ROCHE :* matériau de l'écorce terrestre formé de minéraux. *Le basalte est une roche volcanique. Sa passion, c'est l'étude des roches* (→ **géologie, minéralogie).**

ROCHER [ʀɔʃe] n. m. ▪ *UN ROCHER :* grand bloc de pierre (→ **pierre, roche).** *Ce rocher est abrupt. Les enfants escaladent les rochers. Ces rochers sont couverts de moules et d'algues. - L'été, nous FAISONS DU ROCHER,* nous escaladons les rochers, nous faisons de l'escalade (→ **varappe).**

rocheuse adj. → **rocheux**

les **ROCHEUSES** [ʀɔʃøz] nom propre féminin pluriel – en anglais **ROCKIES** ▪ *LES ROCHEUSES :* massif montagneux de l'ouest de l'Amérique du Nord. *Les Rocheuses ont des sommets de plus de quatre mille mètres. Nous faisons de l'alpinisme dans les Rocheuses.*

REM. On dit aussi *les montagnes Rocheuses,* en anglais *Rocky Mountains.*

ROCHEUX [ʀɔʃø], **ROCHEUSE** [ʀɔʃøz] adj. (après le nom) ▪ Formé de rochers. *Cette côte rocheuse est magnifique.*

ROCK [ʀɔk] n. m. et adj. invariable **1.** *LE ROCK :* musique très rythmée d'origine américaine introduite en France après la guerre. *Nous sommes allés à un concert de rock. - J'adore danser le rock !* la danse au rythme très marqué, aux nombreuses figures et où le danseur tient sa partenaire par une main. *Nous avons dansé deux rocks.* **2.** adjectif invariable (après le nom) Relatif à cette musique. *Il joue de la guitare dans un groupe rock.* PLURIEL : *des chanteurs rock.*

REM. Ce mot, qui vient de l'anglais, est l'abréviation de *rock and roll* ou *rock'n'roll* « balancez et roulez ».

ROCKEUR [ʀɔkœʀ] n. m., **ROCKEUSE** [ʀɔkøz] n. f. ▪ *UN ROCKEUR, UNE ROCKEUSE :* chanteur, chanteuse de rock. *C'est un très bon rockeur.*

REM. Ce mot, qui vient de l'anglais, s'écrit aussi *rocker,* sans féminin.

ROCKING-CHAIR [ʀɔkiŋʃɛʀ] n. m. ▪ *UN ROCKING-CHAIR :* fauteuil à bascule. *Les yeux fermés, elle se balance doucement dans son rocking-chair.* PLURIEL : *des ROCKING-CHAIRS.*

REM. **1.** On prononce aussi [ʀɔkiŋtʃɛʀ]. **2.** Les Québécois disent *chaise berçante.*

RODAGE [ʀɔdaʒ] n. m. ▪ *LE RODAGE* **1.** Période pendant laquelle on rode un moteur, un véhicule. *Ne roulez pas trop vite pendant le rodage. Sa voiture neuve est EN RODAGE.* **2.** Période de mise au point. *Le spectacle sera parfait après une période de rodage.*

RODÉO [ʀɔdeo] n. m. ▪ *UN RODÉO :* en Amérique du Nord, fête au cours de laquelle des cavaliers tentent de maîtriser un cheval sauvage ou un taureau. *Les cow-boys participent à des rodéos.*

RODER [ʀɔde] verbe [conjugaison 1a] **1.** Faire fonctionner (un moteur neuf, un véhicule neuf) avec douceur, pour que les pièces, en s'usant régulièrement, s'adaptent parfaitement les unes aux autres. *Il rode sa nouvelle moto.* **2.** Mettre au point par des essais. *Il faut roder cette nouvelle méthode de travail. - On peut faire confiance à ce jeune collaborateur, il est bien rodé.*

> FAUX AMI
> portugais **rodar** « tourner, rouler »

RÔDER [ʀode] verbe [conjugaison 1a] ▪ Errer (dans un lieu) avec de mauvaises intentions. *Un individu rôde dans le quartier depuis quelques jours. Qu'est-ce que vous faites, à rôder autour de la maison ?*

RÔDEUR [ʀodœʀ] n. m., **RÔDEUSE** [ʀodøz] n. f. ▪ *UN RÔDEUR, UNE RÔDEUSE :* personne suspecte qui rôde. *La police a chassé des rôdeurs.*

ROGNE [ʀɔɲ] n. f. ▪ STYLE FAMILIER *EN ROGNE :* en colère, de mauvaise humeur. *Elle est en rogne contre son fils. C'est la rogne et la grogne !* les gens sont mécontents.

ROGNER [ʀɔɲe] verbe [conjugaison 1a] **1.** Couper (qqch.) sur les bords. *Le relieur rogne les feuillets du livre.* **2.** *ROGNER SUR qqch. :* faire de petits profits en réduisant ce que l'on a. *Il rogne sur tout, sur l'argent des courses, des vacances.* → **lésiner.**

ROGNON [ʀɔɲɔ̃] n. m. ▪ *UN ROGNON :* rein d'un animal destiné à être cuisiné. *J'ai acheté des rognons de veau et des rognons de porc.*

ROGNURE [ʀɔɲyʀ] n. f. ▪ *UNE ROGNURE :* ce qu'on enlève quand on rogne qqch. *Des rognures de papier traînent par terre. Jette tes ROGNURES D'ONGLES,* tes morceaux d'ongles coupés.

ROI [ʀwa] n. m. ▪ *UN ROI* **1.** Souverain qui gouverne un pays. → **monarque, prince, souverain.** *Les rois se succèdent de père en fils* (→ **dynastie).** *Le roi, la reine et le dauphin assistent à la cérémonie. Il est roi d'Espagne.* – *Le ROI-SOLEIL :* le roi de France Louis XIV. *Le Roi-Soleil avait tous les pouvoirs.* – *Il est heureux comme un roi :* il est très heureux. – (invariable) *Ils ont de beaux uniformes BLEU ROI,* bleu très vif. **2.** *LA FÊTE DES ROIS :* fête chrétienne qui rappelle la visite des Rois mages à Jésus. *Lors de la fête des Rois, on mange de la galette des rois. Le six janvier, on TIRE LES ROIS,* on se réunit pour manger la galette des rois (→ **fève). 3.** Homme qui a la maîtrise d'un domaine économique. *C'est le roi du pétrole.* **4.** Représentant supérieur (d'un groupe, d'une espèce). *Le lion est le roi des animaux.* – STYLE FAMILIER *C'est vraiment le roi des imbéciles,* STYLE TRÈS FAMILIER *le roi des cons. Alors toi, tu es vraiment le roi !* **5.** Pièce la plus importante, aux échecs. *Le roi a été mis échec et mat.* **6.** Carte à jouer portant la figure d'un roi. *J'ai le roi de cœur dans mon jeu.*

ROITELET [ʀwatlɛ] n. m. ▪ *UN ROITELET :* petit oiseau à huppe jaune. *Le roitelet est un passereau.*

RÔLE [ʀol] n. m. ▪ *UN RÔLE* **1.** Texte que dit un acteur. *Les comédiens apprennent leur rôle par cœur.* **2.** Personnage joué par un acteur, une actrice. *Elle joue le rôle d'une espionne :* elle joue le personnage d'une espionne. *Il a le premier rôle, le rôle principal. Elle a souvent les seconds rôles. Il a un petit rôle dans un film,* un rôle peu important. **3.** Influence que l'on a. *Il a eu un rôle très important dans la négociation. Ce n'est pas mon rôle de l'avertir,* ce n'est pas à moi de l'avertir. *Le médecin a POUR RÔLE DE soigner les gens,* c'est sa fonction. – *Il est passionné par les JEUX DE RÔLE,* par les jeux où les joueurs incarnent des personnages. **4.** Fonction (jouée par qqch.). *Quel est le rôle du cœur dans la circulation du sang ?* **5.** *À TOUR DE RÔLE :* chacun à son tour. *Ils conduisent leurs enfants à l'école à tour de rôle.*

FAUX AMI
portugais **rolo**
« rouleau »

ROLLER [ʀɔlœʀ] n. m. ▪ *UN ROLLER :* patin à une ligne de roulettes, fixé à une chaussure de sport. *Elle a des rollers.* – *Les jeunes FONT DU ROLLER :* ils patinent avec des rollers.

ROMAIN [ʀɔmɛ̃] adj. et n. m., **ROMAINE** [ʀɔmɛn] adj. et n. f.
I. adjectif (après le nom) **1.** De la Rome ancienne, de son empire. → **latin,** ② **roman.** *Elle étudie l'antiquité grecque et romaine. Les légions romaines étaient puissantes.* – *Les CHIFFRES ROMAINS* (opposé à chiffres arabes) : I, V, X, L, C, D, M. *Douze s'écrit XII en chiffres romains.* **2.** De la Rome moderne (depuis la chute de l'Empire romain), capitale de l'Italie. *Nous avons traversé la campagne romaine.* – *Les CARACTÈRES ROMAINS :* caractères d'imprimerie à traits verticaux. *Dans ce dictionnaire, les définitions sont en caractères romains et les exemples en italique.*
II. *UN ROMAIN, UNE ROMAINE* **1.** Habitant, habitante de Rome, capitale de l'Italie. *Les Romains.* **2.** Habitant, habitante de la Rome ancienne, de l'Empire romain. *Les Romains ont conquis la Gaule.*

① **ROMAN** [ʀɔmɑ̃] n. m. ▪ *UN ROMAN* **1.** Œuvre écrite assez longue où est racontée une histoire imaginée. *Un roman est plus long qu'une nouvelle. Il est auteur de romans* (→ **romancier).** *J'ai lu un excellent roman. C'est un roman passionnant. Quel mauvais roman ! Que lisez-vous : des romans d'aventures, des romans d'amour, des romans policiers ?* **2.** Histoire digne d'un roman. *C'est un vrai roman ! Je vais te raconter nos vacances, c'est tout un roman,* c'est une histoire longue, compliquée et invraisemblable. *Tu ne vas pas en faire tout un roman !* → **drame.**

② **ROMAN** [ʀɔmɑ̃], **ROMANE** [ʀɔman] adj. (après le nom) **1.** *LES LANGUES ROMANES,* qui viennent du latin populaire. *Le catalan, l'espagnol, le français, l'italien, le portugais, le romanche, le roumain sont des langues romanes.* **2.** *L'ART ROMAN :* art du Moyen Âge, en Europe, avant l'art gothique. *L'art roman s'est développé du huitième au douzième siècle. La ville de Vézelay, en France, est célèbre pour sa basilique romane. Nous avons visité une église romane.*

ROMANCE [ʀɔmɑ̃s] n. f. ▪ *UNE ROMANCE :* chanson sentimentale. *Ma grand-mère aime les romances.*

FAUX AMI
espagnol **romance**
« roman »

ROMANCHE [ʀɔmɑ̃ʃ] n. m. ▪ *LE ROMANCHE :* langue parlée en Suisse, dans les Grisons. *Le romanche est la quatrième langue nationale de la Suisse.*

ROMANCIER [ʀɔmɑ̃sje] n. m., **ROMANCIÈRE** [ʀɔmɑ̃sjɛʀ] n. f. ▪ *UN ROMANCIER, UNE ROMANCIÈRE :* écrivain qui fait des romans. *C'est un excellent romancier.*

ROMAND [ʀɔmɑ̃] adj. et n. m., **ROMANDE** [ʀɔmɑ̃d] adj. et n. f. **1.** adjectif (après le nom) Qui appartient à la partie de la Suisse où l'on parle le français. *Il est originaire de SUISSE ROMANDE.* → **francophone. 2.** *UN ROMAND, UNE ROMANDE :* Suisse de langue française. *Les Romands.*

ROMANESQUE [ʀɔmanɛsk] adj. (après le nom) ▪ Qui offre des sentiments, des aventures dignes d'un roman. ⟨contraires : banal, réaliste⟩ *Ils vivent un amour romanesque. Il a eu une vie romanesque.* – *C'est une jeune fille romanesque,* rêveuse et sentimentale (→ **romantique).**

ROMAN-FEUILLETON [ʀɔmɑ̃fœjtɔ̃] n. m. ▪ *UN ROMAN-FEUILLETON :* roman qui paraît par fragments, dans un journal. *Il achète tous les jours son journal, pour lire la suite du roman-feuilleton.* PLURIEL : *des ROMANS-FEUILLETONS.*

ROMANICHEL [ʀɔmaniʃɛl] n. m., **ROMANICHELLE** [ʀɔmaniʃɛl] n. f. ▪ (péjoratif) *UN ROMANICHEL, UNE ROMANICHELLE :* tzigane nomade. → **bohémien, gitan.** *Des romanichels nous ont vendu des paniers en osier.*

ROMAN-PHOTO [ʀɔmɑ̃fɔto] n. m. ▪ *UN ROMAN-PHOTO :* récit sentimental présenté sous forme d'une série de photos accompagnées de courts textes. *Elle lit un roman-photo.* PLURIEL : *des ROMANS-PHOTOS.*

ROMANTIQUE [ʀɔmɑ̃tik] adj. (après le nom) **1.** Qui appartient au romantisme. ⟨contraires : classique, réaliste⟩ *Il aime la poésie romantique. Delacroix est un peintre romantique. Beethoven et Schubert sont des musiciens romantiques.* **2.** Qui fait rêver et remplit d'émotion. *Ce vieux château en ruines est très romantique.* – *Ils vivent un amour romantique.* **3.** Sentimental et rêveur. *C'est un jeune homme romantique. C'est l'heure où il devient romantique !*

ROMANTISME [ʀɔmɑ̃tism] n. m. ▪ *LE ROMANTISME* **1.** Mouvement de libération littéraire et artistique du début du dix-neuvième siècle en Europe, qui imposa la sensibilité individuelle et l'imaginaire. ⟨contraires : classicisme, réalisme⟩ *Il étudie le romantisme allemand. Il aime le romantisme en peinture.* **2.** Caractère, esprit romantique. *Il faut respecter le romantisme de l'adolescence.*

ROMARIN [ʀɔmaʀɛ̃] n. m. ▪ *LE ROMARIN* : petit arbuste à l'odeur agréable, dont on utilise les feuilles pour parfumer certains plats cuisinés. *Elle met du thym et du romarin dans le ragoût.*

ROMBIÈRE [ʀɔ̃bjɛʀ] n. f. ▪ (péjoratif) *UNE ROMBIÈRE* : femme d'âge mûr, convenable, prétentieuse et un peu ridicule. *Il n'y a que des rombières à cette réception. Il est venu avec sa rombière,* son épouse. *Elle est habillée comme une rombière.*

ROME [ʀɔm] nom propre féminin – en italien **ROMA** ▪ Capitale de l'Italie. *Ils habitent Rome* **(→ romain).** *Nous sommes en vacances à Rome. Ils reviennent de Rome.*

ROMPRE [ʀɔ̃pʀ] verbe [conjugaison 41b]
I. (casser) Séparer en deux ou en plusieurs parties (une chose) en tirant, en tordant. **→ briser, casser.** *Il rompt le pain,* il partage le pain à la main. – *Le bateau a rompu ses amarres.* – *Le public APPLAUDIT À TOUT ROMPRE,* très fort.
II. (faire cesser) **1.** Défaire (un ordre, un arrangement). *Soldats, rompez les rangs !* quittez les rangs, sortez des rangs. – *Rompez !* se dit pour congédier un soldat. *Cela rompra la monotonie de cette journée.* **2.** *ROMPRE LE CHARME* : faire qqch., dire qqch. qui détruit l'illusion. *Quand il m'a avoué être marié, ça a rompu le charme.* **3.** Faire cesser (qqch.). *Un coup de feu a rompu le silence.* **→ interrompre.** *Les deux pays ont rompu leurs relations diplomatiques.* **4.** Renoncer soudain à des relations d'amitié, d'affection. *Elle a rompu avec toute sa famille* : elle s'est fâchée avec toute sa famille. – *Ils ne sont plus ensemble : ils ont rompu,* ils se sont séparés (en parlant d'amoureux, d'amants) **(→ rupture).** **5.** verbe pronominal SE ROMPRE : casser. *La corde s'est rompue,* elle a cassé.

rompt [ʀɔ̃] *Il rompt, elle rompt* : forme au présent du verbe **rompre.**

rompu [ʀɔ̃py], **rompue** [ʀɔ̃py] *Il a rompu ses chaînes ; les chaînes qu'il a rompues* : formes au participe passé du verbe **rompre.**

ROMPU [ʀɔ̃py], **ROMPUE** [ʀɔ̃py] adj. (après le nom) **1.** Extrêmement fatigué. *Quelle journée, je suis rompu !* **2.** *PARLER À BÂTONS ROMPUS avec qqn,* parler beaucoup, en changeant sans arrêt de sujet. *Les deux amis ont parlé à bâtons rompus. Nous avons eu une conversation à bâtons rompus.* **3.** *ROMPU À* : très habitué à, qui a une grande expérience de. *Les sportifs sont rompus aux efforts physiques.*

RONCE [ʀɔ̃s] n. f. ▪ *LA RONCE* : arbuste épineux qui donne des mûres. *La ronce envahit le chemin. Elle s'est égratigné les bras dans les ronces.*

RONCHONNER [ʀɔ̃ʃɔne] verbe [conjugaison 1a] ▪ STYLE FAMILIER Protester en montrant sa mauvaise humeur. **→ bougonner, grommeler ;** STYLE FAMILIER **râler, rouspéter.** *Ma fille a obéi en ronchonnant.*

ROND [ʀɔ̃] adj., adverbe et n. m., **RONDE** [ʀɔ̃d] adj.
I. adjectif (après le nom) **1.** Qui a la forme d'un cercle ou d'une boule. *La Terre est ronde.* **→ sphérique.** *Il y a beaucoup d'amateurs du BALLON ROND,* du football (par opposition au *ballon ovale* du rugby). *Nous sommes assis autour d'une table ronde.* **→ circulaire.** – *Très étonnée, elle a ouvert des yeux ronds,* elle a écarquillé les yeux. **2.** Arrondi. *Redresse-toi, tu as le dos rond,* voûté. – *Elle a un visage rond.* ⟨contraire : anguleux⟩ *Ce gamin a de bonnes joues rondes,* de grosses joues. *Le chat a bien mangé, il a le ventre rond.* **3.** Gros. **→ grassouillet, replet, rondelet.** *Sa copine est un peu ronde.* ⟨contraire : maigre⟩ **4.** *Un CHIFFRE ROND* : nombre entier, sans décimales, se terminant par un ou plusieurs zéros. *Je vous dois six cent soixante-dix francs, en chiffres ronds sept cents francs* **(→ arrondir).** **5.** STYLE FAMILIER Ivre. **→ soûl.** *Il est rentré complètement rond. Il est rond comme une queue de pelle,* complètement ivre.
II. adverbe *TOURNER ROND* : fonctionner d'une manière régulière. *Le moteur tourne rond.* – *Ça ne tourne pas rond* : il y a qqch. qui ne va pas, il y a qqch. d'anormal. – *Il ne tourne pas rond, ce type,* il a des problèmes qui le perturbent. – *N'avale pas tout rond !* mâche avant d'avaler. – *Cela fait deux cents francs tout rond,* exactement deux cents francs.
III. *UN ROND* **1.** Cercle, circonférence. *Les petits enfants tracent des barres et des ronds.* – *Asseyez-vous EN ROND par terre,* en formant un cercle. – *Il TOURNE EN ROND,* il est préoccupé et hésitant à cause de ses soucis. **2.** Objet rond. *Ma grand-mère se sert d'un ROND DE SERVIETTE,* d'un anneau qui tient serrée et enroulée une serviette de table. – STYLE FAMILIER *On en a BAVÉ DES RONDS DE CHAPEAU,* on a souffert. **3.** STYLE FAMILIER Argent. *Ils ont des ronds. Je n'ai plus un rond. Son copain n'a pas le rond.* **4.** *FAIRE DES RONDS DE JAMBE,* des politesses exagérées. *Tu l'as vu faire des ronds de jambe au directeur ?*

RONDE [ʀɔ̃d] n. f. ▪ *UNE RONDE* **1.** Danse où plusieurs personnes se tiennent la main en formant un cercle. *Les enfants font une ronde.* **2.** Note de musique blanche et sans queue. *Une ronde vaut deux blanches ou quatre noires.* **3.** *À LA RONDE* : autour. *La maison est très isolée : il n'y a personne à la ronde.* **4.** Visite, inspection (d'un lieu) pour s'assurer que tout va bien. *La nuit, les soldats font des rondes. As-tu fait ta ronde ?*

RONDELET [ʀɔ̃dlɛ], **RONDELETTE** [ʀɔ̃dlɛt] adj. (après le nom) **1.** Un peu rond, un peu gros. **→ dodu, potelé.** ⟨contraire : maigrichon⟩ *Sa copine est rondelette,* elle a des formes arrondies. **2.** *Une SOMME RONDELETTE,* assez importante. *Il a gagné une somme rondelette au loto.* **→ coquet.**

RONDELLE [ʀɔ̃dɛl] n. f. ▪ *UNE RONDELLE* : petite tranche ronde. *Il coupe des rondelles de saucisson. Je voudrais une rondelle de citron dans mon thé, s'il vous plaît.*

> FAUX AMI
> polonais
> **rondel**
> « casserole »

RONDEMENT [ʀɔ̃dmɑ̃] adverbe ▪ Vite et bien. *L'affaire a été rondement menée.*

RONDEUR [ʀɔ̃dœʀ] n. f. **1.** *LA RONDEUR* : état de ce qui est rond. *J'admire la rondeur de tes joues !* **2.** (au pluriel) DES RONDEURS : formes rondes du corps. *Cette fille a de belles rondeurs,* des fesses et de la poitrine.

RONDIN [ʀɔ̃dɛ̃] n. m. ▪ *UN RONDIN* : tronc d'arbre utilisé en construction. *Ils habitent une maison EN RONDINS.*

ROND-POINT [ʀɔ̃pwɛ̃] n. m. ▪ *UN ROND-POINT* : place ronde d'où partent plusieurs avenues ou rues. **→ carrefour.** *Le rond-point des Champs-Élysées, à Paris, est célèbre.* PLURIEL : *DES RONDS-POINTS.*

RONFLEMENT [ʀɔ̃fləmɑ̃] n. m. ▪ *UN RONFLEMENT* **1.** Bruit que fait une personne, un animal qui ronfle. *On entend des ronflements à travers la cloison.* **2.** Bruit régulier qui ressemble un peu à celui d'une personne qui ronfle. *Le ronflement du moteur m'a endormi.* **→ ronronnement, vrombissement.**

RONFLER [ʀɔ̃fle] verbe [conjugaison 1a] **1.** Faire un bruit de respiration particulière, pendant le sommeil. *Tu m'empêches de dormir : tu ronfles !* **2.** Produire un bruit continu, qui ressemble un peu à celui d'une personne qui ronfle. *Le feu a pris et le poêle commence à ronfler.* **→ ronronner.** *Le moteur ronfle.* **→ vrombir.**

RONGER [ʀɔ̃ʒe] verbe [conjugaison 3b]
I. 1. User en coupant avec les dents par petits morceaux. *La souris ronge du pain.* **→ grignoter.** *Tout à l'heure, le chien rongeait son os dans le jardin.* – *Ce meuble est rongé par les vers,* il

est vermoulu. **2.** Détruire peu à peu (qqch.). *La rouille ronge le métal.* → **attaquer.** - *Je suis RONGÉ DE REMORDS :* je suis envahi par le remords, je pense sans arrêt à ce que j'ai fait de mal. *Cette pensée me ronge,* elle me tourmente.
II. verbe pronominal SE RONGER **1.** *SE RONGER D'INQUIÉTUDE :* se tourmenter, se faire beaucoup de souci. *Sans nouvelles de toi, elle s'est rongée d'inquiétude.* **2.** *SE RONGER LES ONGLES,* les mordiller, les couper avec ses dents. *Elle s'est rongé les ongles jusqu'à l'âge de vingt ans.*

RONGEUR [rɔ̃ʒœʀ] n. m. ▪ *UN RONGEUR :* petit animal aux incisives tranchantes, qui ronge ses aliments. *Le castor, le hamster et l'écureuil sont des rongeurs.*

RONRON [ʀɔ̃ʀɔ̃] n. m. ▪ *LE RONRON* **1.** Petit grondement régulier que fait le chat avec sa gorge quand il est content. *Tu entends le ronron du chat ?* → **ronronnement. 2.** STYLE FAMILIER Bruit sourd et continu. *Le ronron du moteur m'a endormi.* → **ronronnement. 3.** STYLE FAMILIER Monotonie, routine. *Je ne supporte plus le ronron de la vie quotidienne !*

RONRONNEMENT [ʀɔ̃ʀɔnmɑ̃] n. m. ▪ *LE RONRONNEMENT* **1.** Bruit du chat qui ronronne. → **ronron.** *J'aime entendre le ronronnement de mon chat.* **2.** Bruit sourd et continu. *Elle s'est endormie, bercée par le ronronnement du moteur.*

RONRONNER [ʀɔ̃ʀɔne] verbe [conjugaison 1a] **1.** Faire entendre des ronrons. *Le chat ronronne de plaisir près de la cheminée.* **2.** Faire un bruit sourd et continu. *Le poêle ronronne.* **3.** Fonctionner régulièrement. *Le moteur ronronne.* - *Secouez-vous, ça ronronne, ici !* les habitudes sont trop régulières.

ROQUEFORT [ʀɔkfɔʀ] n. m. ▪ *LE ROQUEFORT :* fromage de lait de brebis au goût très fort et dont la pâte contient des moisissures bleu-vert. *Voulez-vous du roquefort ? Le roquefort est affiné dans les caves de la ville de Roquefort, en France.*

ROSACE [ʀozas] n. f. ▪ *UNE ROSACE* **1.** Grand vitrail rond, dans une église. *Nous avons admiré l'immense rosace de Notre-Dame de Paris.* **2.** Figure symétrique faite de courbes inscrites dans un cercle. *Tracez une rosace avec un compas.*

ROSBIF [ʀɔsbif] n. m. ▪ *UN ROSBIF :* rôti de bœuf. *Nous avons mangé du rosbif. Voulez-vous encore une tranche de rosbif ?*
REM. On reconnaît l'anglais *beef* dans *-bif* (→ **bifteck).**

① **ROSE** [ʀoz] n. f. ▪ *UNE ROSE* **1.** Fleur du rosier, dont la tige est garnie d'épines et dont certaines sentent très bon. *Il a acheté un bouquet de roses rouges. Quelle magnifique gerbe de roses !* - *Pendant les vacances, j'ai lu un roman À L'EAU DE ROSE,* un roman sentimental mièvre. - *Après une bonne nuit, elle s'est réveillée FRAÎCHE COMME UNE ROSE,* le visage reposé. - *Découvrir le POT AUX ROSES* [potoʀoz] : découvrir le secret d'une affaire. *S'ils découvrent le pot aux roses, je serai accusé de vol.* **2.** *Une ROSE DES VENTS :* étoile donnant les points cardinaux, représentée sur le cadran d'une boussole, sur les cartes marines. *Trente-deux directions différentes sont indiquées par la rose des vents.*
REM. L'églantine est une rose sauvage.

② **ROSE** [ʀoz] adj. et n. m.
I. adjectif (après le nom) **1.** D'un rouge très pâle. *Voici un bouquet de roses roses. Tu avais mauvaise mine, maintenant tu as de bonnes joues roses. Nous avons mangé des crevettes roses.* - *J'ai écouté les informations, ce n'est pas rose,* ce n'est pas gai, les nouvelles sont plutôt mauvaises. **2.** Qui concerne le commerce sexuel. *Il s'est connecté sur les MESSAGERIES ROSES du minitel,* où s'échangent des messages érotiques.
II. *LE ROSE :* couleur rose. *Le rose est formé de rouge et de blanc. Il a une cravate rose foncé. Ma fille n'aime que le rose.* - *Elle est amoureuse, elle VOIT LA VIE EN ROSE,* elle est gaie et optimiste. *Il voit tout en rose.*

ROSÉ [ʀoze] adj. et n. m., **ROSÉE** [ʀoze] adj. **1.** adjectif (après le nom) Teinté de couleur rose. *Elle a une jupe beige rosé.* - *J'ai bu un verre de VIN ROSÉ,* rouge clair. **2.** *LE ROSÉ :* vin rouge clair. *J'ai mis du rosé au frais. Voici une bonne bouteille de rosé de Provence. Il a bu deux verres de rosé.*

ROSEAU [ʀozo] n. m. ▪ *UN ROSEAU :* plante de haute taille, à tige droite, qui pousse dans l'eau. *La tige du roseau est lisse.* PLURIEL : *il y a des ROSEAUX dans l'étang.*

ROSÉE [ʀoze] n. f. ▪ *LA ROSÉE :* fines gouttelettes d'eau qui se déposent la nuit sur le sol et la végétation. *L'herbe est humide de rosée.*

ROSERAIE [ʀozʀɛ] n. f. ▪ *UNE ROSERAIE :* terrain planté de rosiers. *La roseraie du parc est superbe.*

ROSETTE [ʀozɛt] n. f. ▪ *UNE ROSETTE :* insigne en forme de petite rose. *Il a une rosette au revers de sa veste. Elle a la rosette de la Légion d'honneur.* → **décoration.**

ROSIER [ʀozje] n. m. ▪ *UN ROSIER :* petit arbre épineux qui donne des roses. *Il y a de magnifiques rosiers dans son jardin. L'églantine est la fleur d'un rosier sauvage.*

ROSSE [ʀɔs] n. f. ▪ STYLE FAMILIER *UNE ROSSE :* personne dure et méchante. *Ce mec est une rosse. Quelle vieille rosse !*

ROSSER [ʀɔse] verbe [conjugaison 1a] ▪ STYLE RECHERCHÉ Battre violemment. *Il s'est fait rosser par des voyous.*

> FAUX AMI
> allemand **rossen**
> « réclamer l'étalon (jument) »

ROSSIGNOL [ʀɔsiɲɔl] n. m. ▪ *UN ROSSIGNOL :* oiseau au chant très harmonieux. *Le rossignol est un petit passereau.*

ROT [ʀo] n. m. ▪ STYLE FAMILIER *UN ROT :* rejet par la bouche de gaz qui viennent de l'estomac. → **renvoi.** *Le bébé a fait un rot* (→ **roter).** *Il a fait un rot bruyant.*

> FAUX AMI
> anglais **rot**
> « pourriture »

ROTATION [ʀɔtasjɔ̃] n. f. ▪ *UNE ROTATION* **1.** Mouvement tournant autour d'un axe. → **tour.** *L'alternance du jour et de la nuit est due à la rotation de la Terre sur elle-même. Faites une rotation vers la droite.* **2.** Alternance périodique d'activités. *À dix-huit heures, il y a une rotation des équipes dans l'usine,* une équipe remplace une autre équipe. → **relais.**

ROTATIVE [ʀɔtativ] n. f. ▪ *UNE ROTATIVE :* machine d'imprimerie agissant au moyen de cylindres. → **presse.** *Les journaux sortent des rotatives.*

ROTER [ʀɔte] verbe [conjugaison 1a] ▪ STYLE FAMILIER Faire un rot, des rots. *Il a roté bruyamment à la fin du repas.*

> FAUX AMI
> anglais **to rot**
> « pourrir »

① **RÔTI** [ʀɔti] n. m. ▪ *UN RÔTI :* morceau de viande ficelé et cuit à feu vif. *Nous mangeons du rôti de bœuf* (→ **rosbif).** *Elle a acheté un rôti de porc.*

② **RÔTI** [ʀɔti], **RÔTIE** [ʀɔti] adj. (après le nom) ▪ Cuit à la broche ou au four. *Nous avons mangé du POULET RÔTI.* - STYLE FAMILIER *Il faudra faire des efforts, ça ne vous tombera pas TOUT RÔTI dans la bouche,* tout prêt.

ROTIN [ʀɔtɛ̃] n. m. ▪ *LE ROTIN :* tige souple d'un palmier grimpant que l'on utilise pour faire des meubles. *Ils ont acheté un canapé EN ROTIN.*

RÔTIR [RotiR] verbe [conjugaison 2] **1.** Cuire à feu vif, sans sauce. *Le gigot rôtit dans le four.* **2.** verbe pronominal SE RÔTIR : s'exposer au soleil. *Sur la plage, les vacanciers se rôtissent au soleil.* → se **dorer.** *Elle s'est rôtie sur la plage tout l'été.*

RÔTISSERIE [RotisRi] n. f. ▪ *UNE RÔTISSERIE* **1.** Boutique où l'on vend des viandes rôties. *Pour ce soir, j'achèterai un poulet rôti à la rôtisserie.* **2.** Restaurant où l'on mange des grillades. *Nous avons dîné dans une rôtisserie.*

RÔTISSOIRE [RotiswaR] n. f. ▪ *UNE RÔTISSOIRE :* four dans lequel on fait rôtir la viande. *Un mécanisme fait tourner la broche de la rôtissoire.*

ROTONDE [Rotɔ̃d] n. f. ▪ *UNE ROTONDE :* partie arrondie d'un bâtiment. *La rotonde est surmontée d'une coupole.*

FAUX AMI
italien **rotonda** «rond-point»

ROTULE [Rotyl] n. f. ▪ *LA ROTULE :* petit os plat, triangulaire, sur le devant du genou. *Elle s'est fracturé la rotule.* - STYLE FAMILIER *Je SUIS SUR LES ROTULES !* je suis très fatigué.

ROTURIER [RotyRje] n. m., **ROTURIÈRE** [RotyRjɛR] n. f. ▪ *UN ROTURIER, UNE ROTURIÈRE :* personne qui n'est pas d'origine noble. *La princesse a épousé un roturier.*

ROUAGE [Rwaʒ] n. m. ▪ *UN ROUAGE :* chacune des pièces d'un mécanisme de précision. *Elle a ouvert le boîtier pour observer les rouages de sa montre.* - (figuré) *Il connaît tous les rouages de l'administration.*

ROUBLARD [RublaR] adj. et n. m., **ROUBLARDE** [Rublard] adj. et n. f. ▪ STYLE FAMILIER **1.** adjectif (après le nom) Rusé et pas toujours honnête pour défendre ses intérêts. *Cette commerçante est un peu roublarde.* **2.** *UN ROUBLARD, UNE ROUBLARDE :* une personne rusée dans la défense de ses intérêts. *Quel vieux roublard !*

ROUBLARDISE [Rublardiz] n. f. ▪ STYLE FAMILIER *LA ROUBLARDISE :* conduite d'une personne roublarde. *La roublardise de ce vieux ministre est bien connue. Méfie-toi d'elle, elle est d'une grande roublardise !*

ROUBLE [Rubl] n. m. ▪ *LE ROUBLE :* unité monétaire utilisée en Russie, en Ukraine, au Tadjikistan et en Biélorussie. *J'ai changé de l'argent français en roubles.*

ROUCOULEMENT [Rukulmɑ̃] n. m. **1.** *LE ROUCOULEMENT :* cri du pigeon et de la tourterelle. *On entend le roucoulement d'un pigeon.* **2.** (au pluriel) DES ROUCOULEMENTS (d'amoureux) : paroles tendres que se chuchotent les amoureux. *Depuis qu'ils se connaissent, ce ne sont que des roucoulements, des baisers, des promenades main dans la main...*

ROUCOULER [Rukule] verbe [conjugaison 1a] **1.** (pigeon, tourterelle) Faire entendre son cri. *Le pigeon roucoule et fait la roue.* **2.** Tenir des propos tendres. *Et ils s'embrassent, et ils roucoulent ! «Comment vont-ils ? – Ils roucoulent !»* ils sont très amoureux, ils filent le parfait amour.

ROUE [Ru] n. f. ▪ *UNE ROUE* **1.** Cercle qui tourne sur un axe et qui est utilisé comme organe de déplacement. *Les motos sont des véhicules à deux roues* (→ **deux-roues**). *Il faut changer la roue avant droite de ma voiture. Les roues de l'avion ont touché le sol. La brouette a une roue. Ce véhicule tout terrain a quatre ROUES MOTRICES. Les cyclistes descendent la côte en ROUE LIBRE,* sans pédaler ni freiner. - STYLE FAMILIER *Ils sont partis SUR LES CHAPEAUX DE ROUES,* à toute allure. - *POUSSER À LA ROUE :* faire évoluer qqn, une situation. *Elle a très bien réussi car on a poussé à la roue,* elle a été aidée, soutenue. - *Je refuse d'être LA CINQUIÈME ROUE DU CARROSSE,* d'être inutile. **2.** Cercle qui tourne sur lui-même et qui transmet le mouvement à un autre objet, à une autre pièce. → **poulie, rouage.** *La chaîne du vélo passe sur une roue dentée.* **3.** *Le SUPPLICE DE LA ROUE :* supplice qui consistait à attacher le condamné sur une roue et à lui briser les membres. *Il a été condamné à la roue.* **4.** *La GRANDE ROUE :* manège en forme de roue dressée. *Nous sommes montés dans la grande roue, sur la grande roue.* - *Attention, la roue (de la loterie) va tourner,* le disque vertical portant des numéros, pour les tirages au sort. **5.** *FAIRE LA ROUE :* avancer sur le côté en tournant sur soi-même, le corps reposant sur les mains puis sur les pieds. *La fillette prend son élan et fait la roue.* - *Le paon fait la roue,* il déploie en rond les plumes de sa queue.

REM. L'adjectif *roux,* «d'une couleur orangée», se prononce de la même façon.

ROUÉ [Rwe], **ROUÉE** [Rwe] adj. (après le nom) ▪ Habile et rusé. *C'est un homme d'affaires très roué.* → **malin.** (contraire : naïf)

ROUEN [Rwɑ̃] nom propre féminin ▪ Ville de Normandie, en France. *Jeanne d'Arc fut brûlée à Rouen en 1431. Ils vivent à Rouen* (→ **rouennais**).

ROUENNAIS [Rwanɛ] adj. et n. m., **ROUENNAISE** [Rwanɛz] adj. et n. f. **1.** adjectif (après le nom) De Rouen. *Nous avons visité de belles églises rouennaises.* **2.** *UN ROUENNAIS, UNE ROUENNAISE :* un habitant, une habitante de Rouen. *Les Rouennais sont des Normands.*

ROUER [Rwe] verbe [conjugaison 1a] ▪ Battre (qqn) violemment. → STYLE FAMILIER **tabasser.** *Ils ont ROUÉ DE COUPS un pauvre homme. J'espère que tu ne le roueras* [RuRa] *pas de coups !*

ROUET [Rwɛ] n. m. ▪ *UN ROUET :* instrument constitué d'une roue et d'une pédale, qui servait autrefois à transformer une matière textile en fil. *Avec un rouet, on filait la laine, le chanvre et le lin.*

ROUGE [Ruʒ] adj., n. m. et adverbe
I. adjectif (après le nom) **1.** De la couleur du sang, du rubis, du coquelicot. *Elle corrige le texte au crayon rouge. J'ai fait une salade de fruits rouges,* en mélangeant des fraises, des framboises, des groseilles, des cerises. *Elle boit un verre de vin rouge. Les poissons rouges tournent dans leur bocal. Les voitures s'arrêtent au feu rouge.* - *Dans la cheminée, les cendres sont encore rouges,* incandescentes. - *Le ministre de l'Intérieur a déclenché l'ALERTE ROUGE,* l'état d'alerte maximal. **2.** Qui est d'extrême gauche. *Les banlieues rouges votent communiste.* **3.** (personne de race blanche) Dont le visage devient rouge par l'afflux du sang (opposé à blanc, pâle). *Ce gros homme est toujours un peu rouge* (→ **rougeaud**). *Elle a les oreilles rouges de froid. Je suis devenu ROUGE DE colère.* → **écarlate.** *Elle est ROUGE COMME UNE TOMATE,* très rouge.
II. *LE ROUGE* **1.** La couleur rouge. → **carmin, vermillon.** *Le rouge de ta robe est très beau. J'aime bien le rouge vif. Il a des chaussettes rouge clair. Mon fils colorie les toits des maisons EN ROUGE.* - *Un automobiliste est PASSÉ AU ROUGE,* il ne s'est pas arrêté alors que le feu de signalisation était rouge. **2.** Colorant rouge. *Ma fille met souvent DU ROUGE dans ses dessins.* - *Elle se met du ROUGE À LÈVRES,* du fard rouge. **3.** Couleur du métal incandescent. *La barre de fer est portée AU ROUGE.* **4.** Teinte rouge que prend la peau sous l'effet d'une émotion. *J'étais très en colère, le rouge m'est monté au front.* **5.** STYLE FAMILIER Vin rouge. *Voulez-vous DU ROUGE ou du blanc ? On a bu un coup de rouge. J'ai acheté une bouteille de rouge.* **6.** *ÊTRE DANS LE ROUGE :* être dans une situation difficile. *Votre compte bancaire est dans le rouge.*

III. adverbe *Se FÂCHER TOUT ROUGE :* devenir rouge de colère. *Elle s'est fâchée tout rouge. - Il m'a injurié alors j'ai VU ROUGE et je lui ai cassé la figure,* j'ai eu un brusque et violent accès de colère.

FAUX AMIS
grec **pouζ** «rouge à joues» ; polonais **różowy** «rose»

ROUGEÂTRE [ruʒɑtʀ] adj. (après le nom)**.** Légèrement rouge. *On aperçoit une lumière rougeâtre derrière les rideaux.*

ROUGEAUD [ruʒo], **ROUGEAUDE** [ruʒod] adj. (après le nom)**.** Qui a le teint rouge. *C'est une femme un peu grosse et rougeaude.*

ROUGE-GORGE [ruʒgɔʀʒ] n. m. **.** *UN ROUGE-GORGE :* petit oiseau au plumage roux sur la gorge et la poitrine. *Le rouge-gorge est un passereau.* PLURIEL : *des ROUGES-GORGES.*

ROUGEOLE [ruʒɔl] n. f. **.** *LA ROUGEOLE :* maladie contagieuse pendant laquelle la peau se couvre de taches rouges (**→ rubéole**). *Le malade a la rougeole. Ma fille est vaccinée contre la rougeole.*

ROUGEOYANT [ruʒwajɑ̃], **ROUGEOYANTE** [ruʒwajɑ̃t] adj. (après le nom)**.** Qui a des teintes rougeâtres et changeantes. *Au soleil couchant, l'eau du lac a des reflets rougeoyants.*

ROUGEOYER [ruʒwaje] verbe [conjugaison 8a]**.** Prendre une teinte rouge et changeante. *Dans une heure, le ciel rougeoiera* [ruʒwaʀa] *au coucher du soleil.*

ROUGET [ruʒɛ] n. m.**.** *UN ROUGET :* poisson de mer de couleur rose, à longs filaments au bord de la bouche. *Sur le port, nous avons mangé des rougets grillés.*

ROUGEUR [ruʒœʀ] n. f. **.** *UNE ROUGEUR :* tache rouge sur la peau. *Le malade a des rougeurs sur tout le corps.*

ROUGI [ruʒi], **ROUGIE** [ruʒi] adj. (après le nom)**.** Devenu rouge. *Elle est arrivée, les yeux rougis de pleurs. Il a les joues rougies par le froid.*

ROUGIR [ruʒiʀ] verbe [conjugaison 2] **1.** Devenir rouge, plus rouge. *Les homards rougissent à la cuisson. Mon nez rougit lorsqu'il fait froid !* **2.** Avoir le visage qui devient rouge sous l'effet de la chaleur ou d'une émotion. *Elle est timide, elle rougit souvent.* ⟨contraire : pâlir⟩ *Il a rougi de plaisir. Furieuse, elle a ROUGI JUSQU'AUX OREILLES,* elle est devenue très rouge. **3.** STYLE RECHERCHÉ (qqn) *ROUGIR DE :* avoir honte de. *Je n'ai pas à rougir de mes parents. Avouez cette petite erreur, il n'y a pas de quoi en rougir !*

ROUILLE [ruj] n. f. **1.** *LA ROUILLE :* matière rouge orangé qui se forme sur le fer lorsqu'il est au contact de l'oxygène et de l'humidité. *La vieille grille est rongée de rouille. La rouille attaque le fer. Le minium protège le fer contre la rouille.* **2.** *UNE ROUILLE :* ailloli auquel on a ajouté du piment rouge et qui est servi ordinairement avec la bouillabaisse. *La soupe de poisson est servie avec une rouille et des croûtons frits.*

ROUILLÉE [ruje], **ROUILLÉE** [ruje] adj. (après le nom) **1.** Couvert de rouille. *La vieille grille rouillée grince quand on l'ouvre.* **2.** (qqn) Moins agile qu'autrefois. *Je suis complètement rouillé, je manque d'exercice.*

ROUILLER [ruje] verbe [conjugaison 1a]
I. Se couvrir de rouille. *Le portail en fer commence à rouiller. Les couteaux inoxydables ne rouillent pas.*
II. verbe pronominal SE ROUILLER **1.** Se couvrir de rouille. *Tu as oublié la scie dehors et la lame s'est rouillée.* **2.** Faire moins bien qu'avant, à cause de l'âge ou du manque d'entraînement. *Il faut que je fasse du sport, je me rouille !*

ROULANT [rulɑ̃], **ROULANTE** [rulɑ̃t] adj. (après le nom) **1.** Que l'on peut déplacer grâce à ses roues, ses roulettes. *Elle apporte les apéritifs sur la TABLE ROULANTE. Il s'est cassé la jambe et se déplace en FAUTEUIL ROULANT.* **2.** Qui roule, se déplace en roulant. *Le PERSONNEL ROULANT est en grève,* les agents de conduite (train, métro...). - *Un ESCALIER ROULANT :* escalier mobile qui permet de monter et descendre sans gravir les marches (**→ escalator**). *Dans ce grand magasin il y a des escaliers roulants et des ascenseurs. - Un TAPIS ROULANT :* longue bande souple qui se déplace sur des rouleaux pour transporter des objets ou des personnes. *Les passagers de l'avion récupèrent leurs bagages sur le tapis roulant.* **3.** *Un FEU ROULANT :* tir continu d'armes à feu. **→ continu.** *Les soldats subissent un feu roulant. - Le président a été soumis à un feu roulant de questions,* il a dû répondre à beaucoup de questions.

ROULÉ [rule], **ROULÉE** [rule] adj. (après le nom) **1.** Enroulé, mis en rouleau. *Elle a un pull à COL ROULÉ.* **2.** STYLE FAMILIER *BIEN ROULÉ :* dont le corps a de belles formes. **→ ① fait.** *Elle est drôlement bien roulée, cette nana ! C'est un beau gars bien roulé.* **→ bâti.**

ROULEAU [rulo] n. m. **.** *UN ROULEAU* **1.** Bande enroulée de forme cylindrique. *Y a-t-il un ROULEAU DE PELLICULE dans l'appareil photo ?* **→ bobine.** *N'oublie pas de donner le rouleau à développer.* PLURIEL : *des ROULEAUX. J'ai acheté des ROULEAUX DE PAPIER PEINT. - Je SUIS AU BOUT DU ROULEAU :* je suis épuisé et très déprimé, je n'en peux plus. **2.** Cylindre formé par une chose enroulée. *Elle achète souvent des ROULEAUX DE RÉGLISSE. - Au restaurant vietnamien, j'ai mangé un ROULEAU DE PRINTEMPS,* une crêpe de farine de riz enroulée, fourrée de crudités, de crevettes, de morceaux de bœuf, etc. **3.** Grosse vague qui s'enroule sur elle-même. *La mer fait des rouleaux. Ils font du surf sur les rouleaux.* **4.** Objet en forme de cylindre. *Le pâtissier étale la pâte avec un ROULEAU À PÂTISSERIE. - Le peintre passe la peinture sur le mur à l'aide d'un rouleau. - Le ROULEAU COMPRESSEUR aplanit le revêtement de la route.* **5.** Objet cylindrique destiné à recevoir ce qui s'enroule. *Glissez une feuille de papier derrière le rouleau de la machine à écrire. Pour faire une mise en plis, le coiffeur enroule les mèches de cheveux autour de rouleaux.* **→ bigoudi.**

ROULEMENT [rulmɑ̃] n. m. **.** *UN ROULEMENT* **1.** Bruit continu. *L'orage approche, j'ai entendu un roulement de tonnerre.* **→ grondement.** *Un roulement de tambour annonce le début du spectacle.* **→ battement.** **2.** (argent) Action de circuler, de servir. *L'entreprise gère son FONDS DE ROULEMENT,* elle garde, elle maintient une somme d'argent constamment disponible. **3.** *Travailler PAR ROULEMENT,* en se relayant, en se remplaçant. *Les ouvriers de l'usine travaillent par roulement.* **4.** *Un ROULEMENT À BILLES :* mécanisme destiné à diminuer les frottements entre des pièces roulant l'une sur l'autre. *Ces patins sont silencieux car ils sont montés sur roulement à billes.*

ROULER [rule] verbe [conjugaison 1a]
I. 1. Se déplacer en tournant sur soi-même. *La balle a roulé sous l'armoire. - Je suis tombé et j'ai roulé dans l'escalier.* **→ dégringoler.** *Il est soûl à rouler sous la table !* **2.** Avancer grâce à des roues, à des roulettes. *La voiture roule trop vite. Le camion roule à cent à l'heure. - Ça roule mal, ce soir :* les voitures avancent lentement, la circulation est difficile. *- Roulez à droite ! Nous roulons vers Madrid,* nous voyageons dans un véhicule à roues. - STYLE FAMILIER *Ça roule !* ça va ! **3.** Tourner sur soi-même (une partie du corps). *Cette jolie fille roule les hanches en marchant.* **4.** *ROULER SUR :* avoir pour sujet. **→ porter.** *La conversation a roulé sur la politique.* **5.** (bateau) S'incliner d'un côté puis de l'autre. *Le navire tangue et roule* (**→ roulis**).
II. *ROULER qqch.* **1.** Mettre (qqch.) en rouleau. ⟨contraires : dé-

rouler, étaler) *On a roulé le tapis du salon pour pouvoir danser.* – *Il roule une cigarette :* il dispose le tabac dans le papier qu'il colle ensuite. **2.** *ROULER qqch. DANS :* tourner et retourner pour enduire toute la surface de qqch. *Elle roule des boulettes de viande dans la farine.* → **enrober.** – STYLE FAMILIER *Tu as payé ta voiture trop cher, tu t'es fait rouler dans la farine !* tu t'es fait duper, tromper. → ① **avoir.** – STYLE FAMILIER *C'est bien trop cher ! Vous vous êtes fait rouler.* → **voler. 3.** STYLE FAMILIER *AVOIR ROULÉ SA BOSSE :* avoir beaucoup voyagé. *Mon père a roulé sa bosse,* il a de l'expérience par ses voyages. **4.** Faire vibrer longuement. *Il parle français en roulant les r.*
III. verbe pronominal SE ROULER **1.** Se tourner d'un côté et de l'autre dans la position allongée. *Les enfants se roulent dans l'herbe. La chienne s'est roulée dans la boue !* – *Dans ce film, il y a une scène drôle À SE ROULER PAR TERRE,* qui fait beaucoup rire. → se **tordre. 2.** S'envelopper (dans). → s'**enrouler.** *Il s'est roulé dans une couverture pour dormir sur le canapé.* **3.** S'enrouler sur soi-même. *Le chat se roule en boule dans le fauteuil.* **4.** *SE ROULER LES POUCES :* ne rien faire. *Elle s'est roulé les pouces toute la journée !*

ROULETTE [Rulɛt] n. f. ▪ *UNE ROULETTE* **1.** Petite roue. *Elle apporte le café sur une table à roulettes.* – STYLE FAMILIER *Mon travail MARCHE SUR DES ROULETTES,* très bien, il avance parfaitement. *« Ça va ? – Comme sur des roulettes ! »,* parfaitement bien. **2.** Instrument formé d'un manche et d'une pointe qui tourne très vite, dont le dentiste se sert pour soigner les dents cariées. → ② **fraise.** *Ma fille n'aime pas la roulette !* **3.** *LA ROULETTE :* jeu de hasard où une petite boule, lancée dans une cuvette tournante divisée en cases numérotées, détermine le gain ou la perte du joueur. *On joue à la roulette au casino. Il a perdu beaucoup d'argent à la roulette.*

ROULIS [Ruli] n. m. ▪ *LE ROULIS :* mouvement d'un côté à l'autre que la mer impose à un bateau **(→ tangage).** *La mer grossit, il va y avoir du roulis.*

ROULOTTE [Rulɔt] n. f. ▪ *UNE ROULOTTE :* voiture aménagée pour l'habitation, traînée par des chevaux ou par une automobile. *Les forains vivent dans des roulottes* **(→ caravane).**

FAUX AMI
italien **roulotte** ne se dit pas pour les forains

ROUMAIN [Rumɛ̃] adj. et n. m., **ROUMAINE** [Rumɛn] adj. et n. f.
I. adjectif (après le nom) De la Roumanie. *La capitale roumaine est Bucarest.*
II. 1. *UN ROUMAIN, UNE ROUMAINE :* un habitant, une habitante de Roumanie. *Les Roumains.* **2.** *LE ROUMAIN :* la langue roumaine qui vient du latin. *Le roumain est parlé en Roumanie et en Albanie. Elle parle le roumain.*

ROUMANIE [Rumani] nom propre féminin – en roumain **ROMÂNIA** ▪ *LA ROUMANIE :* pays d'Europe centrale. *Ils passent leurs vacances en Roumanie. Nous revenons de Roumanie. Ils habitent en Roumanie* **(→ roumain).**

ROUND [Rund] n. m. ▪ *UN ROUND :* partie d'un match de boxe. → **reprise.** *Le boxeur a été mis K.-O. au deuxième round.*
REM. Ce mot vient de l'anglais.

ROUPIE [Rupi] n. f. ▪ *LA ROUPIE :* unité monétaire de l'Inde et du Pakistan. *J'ai changé mon argent français contre des roupies.*

ROUPILLER [Rupije] verbe [conjugaison 1a] ▪ STYLE FAMILIER Dormir. *Je suis crevé, je vais roupiller un peu.*

ROUQUIN [Rukɛ̃] adj. et n. m., **ROUQUINE** [Rukin] adj. et n. f. **1.** adjectif (après le nom) Qui a les cheveux roux. *Son fils est un petit garçon rouquin.* **2.** *UN ROUQUIN, UNE ROUQUINE :* une personne rousse. *Sa copine est une jolie rouquine.*

ROUSPÉTER [Ruspete] verbe [conjugaison 6a] ▪ STYLE FAMILIER Manifester sa mauvaise humeur, son mécontentement par des paroles. → STYLE FAMILIER **râler.** *Sa mère rouspète tout le temps. Il a rouspété quand il a vu tout le bazar.*

ROUSSEUR [Rusœʀ] n. f. ▪ *Une TACHE DE ROUSSEUR :* tache rousse sur la peau. *Sa figure est criblée de taches de rousseur.*

ROUSSI [Rusi] n. m. ▪ *LE ROUSSI :* odeur d'une chose qui a un peu brûlé. *Ça SENT LE ROUSSI dans la cuisine.* – *Le directeur m'a convoqué, ça sent le roussi,* l'affaire tourne mal, ça se gâte.

ROUTE [Rut] n. f.
I. *UNE ROUTE :* voie de communication terrestre aménagée. *Il y a des chemins, des routes, des autoroutes. La route est goudronnée. C'est une bonne route,* on circule bien sur cette route. *Attention, la route est glissante. Nous avons roulé sur une route nationale puis sur une petite route départementale. Je suis perdu, je cherche la route de Paris,* la route qui mène à Paris. *Prenez la première route à droite.*
II. *LA ROUTE* **1.** Le moyen de communication que sont les routes. *Ils viennent par la route ou par le train ?* en voiture ou en train ? *J'apprends le CODE DE LA ROUTE. Nous avons fait beaucoup de route, aujourd'hui,* nous avons beaucoup roulé sur les routes. *Cette voiture a une bonne TENUE DE ROUTE,* elle reste bien dans la direction commandée par le conducteur. – *Votre projet ne tient pas la route,* il n'est pas réalisable. *C'est bien, ça tient la route.* **2.** Chemin, direction à suivre. *Nous nous sommes trompés de route.* → **itinéraire.** *Vous êtes sur la bonne route,* dans la bonne direction. *J'ai FAIT FAUSSE ROUTE :* je me suis écarté de la bonne direction. **3.** Voyage. *Bonne route ! Allez, en route !* partons, commençons, continuons le voyage. *Nous FAISONS ROUTE vers Lyon. EN COURS DE ROUTE, nous nous sommes fait des amis,* pendant le voyage. – *METTRE EN ROUTE :* mettre en marche, démarrer (un moteur, une machine). *Mets le moteur en route.* – *La MISE EN ROUTE du projet est difficile,* son démarrage. – *J'ai plusieurs projets en route :* je réalise plusieurs projets. – STYLE FAMILIER *Elle a un troisième enfant en route,* elle est enceinte d'un troisième enfant. **4.** Parcours de vie. *Nos routes se sont croisées plusieurs fois,* nos destins. – *La route est toute tracée :* on sait ce qu'il faut faire.

FAUX AMI
allemand **Route** « itinéraire » seulement

REM. On appelle *routes* les voies de communication situées hors des villes : à l'intérieur des villes, ce sont *des rues, des avenues, des boulevards...*

ROUTIER [Rutje] adj. et n. m., **ROUTIÈRE** [Rutjɛʀ] adj. et n. f. **1.** adjectif (après le nom) Relatif aux routes. *L'automobiliste consulte une CARTE ROUTIÈRE,* une carte sur laquelle les routes sont indiquées. *La CIRCULATION ROUTIÈRE est dense :* beaucoup de voitures circulent sur les routes. *Le RÉSEAU ROUTIER est régulièrement entretenu,* l'ensemble des routes. *Nous avons rendez-vous à la GARE ROUTIÈRE,* à la gare réservée aux autocars. **2.** *UN ROUTIER :* personne dont le métier est de conduire un camion de marchandises sur de longs trajets. *Les routiers doivent se reposer régulièrement.* **3.** *UNE ROUTIÈRE :* voiture bien adaptée à la conduite sur route. *Cette voiture est une bonne routière.*

ROUTINE [Rutin] n. f. **1.** *LA ROUTINE :* habitude d'agir toujours de la même façon. *Le matin je prends le métro pour aller au travail, le soir je prends le métro pour rentrer chez moi : c'est la routine. Je ne supporte plus cette routine !* → STYLE FAMILIER **train-train, ronron. 2.** *DE ROUTINE :* courant, habituel. *Ne vous inquiétez pas, c'est une enquête de routine.*

ROUX [Ru] adj. et n. m., **ROUSSE** [Rus] adj. et n. f.
I. adjectif (après le nom) **1.** D'une couleur orangée. *En automne, les arbres sont roux. Sa fille est rousse,* ses cheveux sont de cette couleur. → **rouquin. 2.** *Un BEURRE ROUX,* que l'on a fait devenir roux en le chauffant. *Préparez un beurre roux.*
II. 1. *UN ROUX, UNE ROUSSE :* une personne dont les cheveux sont roux. *Sa femme est une jolie rousse.* **2.** *UN ROUX :* préparation faite de farine mélangée à une matière grasse et diluée avec un liquide chaud. *Épaississez votre sauce avec un roux.*

REM. Le mot *roue* «cercle qui tourne utilisé comme organe de déplacement» se prononce de la même façon.

ROYAL [Rwajal], **ROYALE** [Rwajal] adj. (après le nom) **1.** Du roi, de la reine. *La FAMILLE ROYALE sera présente à la cérémonie. Son Altesse Royale est prévenue :* le roi (ou la reine) est prévenu. *Mes respects, votre Altesse Royale.* MASCULIN PLURIEL : *ROYAUX* [Rwajo]. **2.** Digne d'un roi. *Il a donné un POURBOIRE ROYAL au serveur,* un très gros pourboire. *Il fait des cadeaux royaux à sa femme.* → **grandiose, magnifique.** – *J'ai une PAIX ROYALE dans cette maison,* une paix parfaite. → **divin.**

ROYALEMENT [Rwajalmɑ̃] adverbe **1.** D'une manière royale, magnifiquement. *Il nous a reçus royalement.* → **superbement. 2.** STYLE FAMILIER Complètement, tout à fait. *Il peut dire tout ce qu'il veut, je m'en moque royalement !* ça m'est complètement égal.

ROYALISTE [Rwajalist] n. m., n. f. et adj. **1.** *UN ROYALISTE, UNE ROYALISTE :* un partisan, une partisane du roi, de la royauté. *C'est une royaliste convaincue.* **2.** adjectif (après le nom) Relatif aux partisans de la royauté. *Il écrit dans un journal royaliste.* – *Il ne faut pas être plus royaliste que le roi :* il ne faut pas défendre les intérêts de qqn avec plus de force qu'il ne le fait lui-même.

ROYAUME [Rwajom] n. m. ▪ *UN ROYAUME :* pays, état gouverné par un roi, par une reine. → **monarchie.** *La Belgique est un royaume.*

ROYAUME-UNI [Rwajomyni] nom propre masculin – en anglais **UNITED KINGDOM (U. K.)** ▪ *LE ROYAUME-UNI :* pays d'Europe occidentale formé de la Grande-Bretagne et de l'Irlande du Nord. *Le Royaume-Uni de Grande-Bretagne et d'Irlande du Nord est le nom officiel de la Grande-Bretagne depuis 1923.* → **Grande-Bretagne.**

ROYAUTÉ [Rwajote] n. f. ▪ *LA ROYAUTÉ :* le pouvoir royal. → **monarchie.** *La Révolution française a provoqué la chute de la royauté.*

RUADE [Rɥad] n. f. ▪ *UNE RUADE :* mouvement que font les chevaux ou les ânes, en lançant en arrière leurs membres postérieurs. *La jument a lancé une ruade* **(→ ruer).**

RUBAN [Rybɑ̃] n. m. ▪ *UN RUBAN* **1.** Étroite bande de tissu. *Elle attache ses cheveux avec un ruban. Un ruban entoure mon cadeau.* **2.** Bande mince et étroite d'une matière souple. *J'ai besoin de RUBAN ADHÉSIF pour fermer ce paquet.*

RUBENS [Rubɛ̃s] nom propre ▪ Peintre flamand (1577-1640). *Rubens fut un grand maître de la peinture décorative.*

RUBÉOLE [Rybeɔl] n. f. ▪ *LA RUBÉOLE :* maladie très contagieuse pendant laquelle la peau se couvre de taches rouges. *Les enfants doivent être vaccinés contre la rubéole* **(→ rougeole).**

RUBIS [Rybi] n. m. **1.** *UN RUBIS :* pierre précieuse de couleur rouge. *C'est en Birmanie que l'on trouve les plus beaux rubis.* **2.** *PAYER RUBIS SUR L'ONGLE :* payer immédiatement et très exactement ce que l'on doit. *Il nous a payés rubis sur l'ongle* **(→ comptant).**

RUBRIQUE [RybRik] n. f. ▪ *UNE RUBRIQUE :* article de journal sur un sujet précis et paraissant régulièrement. *Il lit tous les jours la rubrique de politique étrangère, dans son journal.*

RUCHE [Ryʃ] n. f. ▪ *UNE RUCHE* **1.** Abri construit par l'homme pour y recevoir des abeilles **(→ alvéole, rayon).** *On enfume les ruches pour récolter le miel.* **2.** La colonie d'abeilles qui habite cet abri. *On entend le bourdonnement de la ruche.*

RUDE [Ryd] adj. (après le nom, parfois avant le nom) **1.** Simple et un peu brutal. ⟨contraire : délicat⟩ *Il a des manières rudes, mais c'est un homme gentil.* ⟨contraire : raffiné⟩ *Tu as été trop rude avec elle,* trop sévère, trop brutal. – (avant le nom) *C'est un rude gaillard !* il est courageux et fort. **2.** Dur à supporter. → **pénible.** *L'hiver sera rude.* → **rigoureux.** ⟨contraire : doux⟩ – (avant le nom) *Vous mettez ma patience À RUDE ÉPREUVE :* vous abusez de ma patience. **3.** Dur au toucher. → **rugueux.** *Ta barbe est rude !* **4.** (avant le nom) STYLE FAMILIER Remarquable en son genre. *Mon fils a un rude appétit !* → **fameux, sacré, solide.**

FAUX AMI
anglais **rude** «impoli, grossier»

RUDEMENT [Rydmɑ̃] adverbe **1.** Avec dureté, sévérité. → **brutalement, sévèrement.** *Elle traite son fils rudement* **(→ rudoyer). 2.** STYLE FAMILIER Très, beaucoup. *Ce dessert est rudement bon !* → **drôlement ;** STYLE FAMILIER **vachement.** *Il a rudement changé !*

RUDESSE [Rydɛs] n. f. ▪ *LA RUDESSE :* dureté, sévérité. *Il traite ses enfants avec rudesse.* → **brutalité.** ⟨contraires : douceur, gentillesse⟩

RUDIMENTAIRE [Rydimɑ̃tɛR] adj. (après le nom) ▪ Peu développé. *Je n'ai que des connaissances rudimentaires en anglais.* → **élémentaire.** ⟨contraires : complet, développé⟩ *Dans notre chalet, le confort est rudimentaire,* insuffisant. → **sommaire.**

RUDIMENTS [Rydimɑ̃] n. m. pluriel ▪ *DES RUDIMENTS :* connaissances élémentaires d'une science, d'un art. → **base, élément.** *Ma fille a appris des rudiments de solfège, à l'école.*

RUDOYER [Rydwaje] verbe [conjugaison 8a] ▪ Traiter rudement, avec des paroles dures. *Ce patron rudoie ses employés. Tu rudoies beaucoup trop ta fille !* ⟨contraires : cajoler, dorloter⟩ *J'espère que tu ne me rudoieras* [RydwaRa] *pas.*

RUE [Ry] n. f. **1.** *UNE RUE :* voie aménagée et bordée de maisons, dans une ville ou un village **(→ artère, avenue, boulevard).** *Ils habitent dans une petite rue.* → **passage, ruelle.** *Il y a une épicerie au coin de la rue. Son bureau est situé rue Gambetta. Quel est le nom de cette rue ? J'habite au numéro 27 de la rue Albert.* – *Notre rue est commerçante. Les voitures ne passent pas dans cette rue car c'est une RUE PIÉTONNE,* une rue réservée aux piétons. *Nous nous sommes promenés dans les rues. Prenez la deuxième rue à gauche. Fais attention en traversant la rue !* **(→ chaussée, trottoir).** *Cette rue est à sens unique. Je vends un appartement SUR RUE,* dont les fenêtres donnent sur la rue. – *Dans ce quartier de la ville, il y a des bistrots À TOUS LES COINS DE RUE,* partout. **2.** *LA RUE :* symbole de la vie en ville, des milieux populaires. *Ce peintre a peint des scènes de rue. Que pense L'HOMME DE LA RUE de ce scandale ?* l'homme moyen, quelconque. – *Ce pauvre homme EST À LA RUE,* il n'a pas de domicile. → **S. D. F.**

RUÉE [Rɥe] n. f. ▪ *UNE RUÉE :* mouvement d'un grand nombre de personnes qui s'élancent dans la même direction. *Le premier jour des vacances, c'est la ruée vers les gares. «La Ruée vers l'or» est un film de Charlie Chaplin. À Noël, c'est la ruée vers les magasins.*

RUELLE [Rɥɛl] n. f. ▪ *UNE RUELLE :* petite rue. *Le vieux quartier de Lyon est un labyrinthe de ruelles.*

RUER [Rɥe] verbe [conjugaison 1a] ▪ (cheval, âne) Lancer ses pattes postérieures vers l'arrière. *Ne passez pas derrière ce cheval, il rue souvent.* - *Quand le directeur a refusé de l'augmenter, elle a* RUÉ DANS LES BRANCARDS, elle a protesté et opposé une vive résistance. → se **rebeller,** se **rebiffer.**

SE **RUER** [Rɥe] verbe pronominal [conjugaison 1a] ▪ S'élancer, se précipiter. → **foncer.** *Si l'alarme se déclenche, la foule paniquée se ruera* [RYRA] *vers la sortie. Les invités se sont rués sur les gâteaux. Quand le téléphone a sonné, je me suis rué dans l'escalier.*

RUGBY [Rygbi] n. m. ▪ *LE RUGBY :* sport d'équipe dans lequel il faut poser un ballon ovale derrière la ligne de but adverse ou le faire passer entre les poteaux de but. *Le rugby oppose deux équipes de quinze joueurs. Le* RUGBY À TREIZE *oppose deux équipes de treize joueurs. Nous avons vu un match de rugby.*

REM. Ce mot vient de l'anglais.

RUGBYMAN [Rygbiman] n. m. ▪ *UN RUGBYMAN :* joueur de rugby. *Un rugbyman a plaqué un joueur adverse. Les rugbymans font une mêlée.*

REM. **1.** *Rugbyman* n'est pas un mot anglais, c'est un faux anglicisme. **2.** On utilise le pluriel français *des rugbymans* ou le pluriel anglais de *man (men), des rugbymen* [Rygbimɛn].

RUGIR [RyʒiR] verbe [conjugaison 2] ▪ (fauve) Pousser des rugissements. *Les lions rugissent.*

RUGISSEMENT [Ryʒismɑ̃] n. m. ▪ *UN RUGISSEMENT :* cri rauque, grave et sonore du lion et de certains fauves. *Le lion a poussé un terrible rugissement.* - *On entend le rugissement de la tempête,* le grondement sourd et violent de la tempête. → **mugissement.**

RUGUEUX [Rygø], **RUGUEUSE** [Rygøz] adj. (après le nom) ▪ Rude, râpeux au toucher. → **râpeux.** *La vache frotte sa tête contre l'écorce rugueuse de l'arbre.*

RUINE [Rɥin] n. f. **1.** *UNE RUINE :* reste d'un bâtiment détruit. → **décombres, vestige.** *Il y a de nombreuses ruines antiques, en Grèce.* **2.** (édifice) *TOMBER EN RUINE :* s'écrouler, être extrêmement abîmé, délabré. *La vieille maison tombe en ruine.* - *Sur la côte sauvage, il y a un château en ruine.* **3.** Personne en très mauvais état. *Depuis sa maladie, c'est une ruine,* c'est une personne détruite, dégradée. → **loque.** **4.** *LA RUINE :* perte, destruction. *C'est* LA RUINE DE *mes espérances.* → **anéantissement, fin.** - *Cet homme d'affaires est au bord de la ruine,* il a pratiquement perdu toute sa fortune.

RUINER [Rɥine] verbe [conjugaison 1a]

I. 1. Faire perdre tout son argent à. ⟨contraire : enrichir⟩ *Les mauvaises affaires qu'il a faites l'ont ruiné.* - *«Acheter une troisième voiture ! Tu veux me ruiner ?»* tu veux me faire faire trop de dépenses. **2.** User, altérer. *Il boit et il fume trop : il ruine sa santé.*

II. verbe pronominal SE RUINER : perdre ses biens, son argent. *Elle s'est ruinée au jeu.* - *Il se ruine en vêtements :* il dépense beaucoup d'argent pour s'acheter des vêtements. *Il s'est ruiné pour cette fille.*

RUINEUX [Rɥinø], **RUINEUSE** [Rɥinøz] adj. (après le nom) ▪ Qui provoque trop de dépenses. *Il a un train de vie ruineux.* ⟨contraire : économique⟩ *Je peux faire ça, ce n'est pas trop ruineux.*

RUISSEAU [Rɥiso] n. m. ▪ *UN RUISSEAU :* petit cours d'eau. *Un ruisseau traverse le jardin.* PLURIEL : *des RUISSEAUX.*

RUISSELANT [Rɥislɑ̃], **RUISSELANTE** [Rɥislɑ̃t] adj. (après le nom) ▪ Couvert d'un liquide qui ruisselle. *Je suis rentré ruisselant de pluie. Tu es ruisselante de sueur !* trempée de sueur. *Son visage est ruisselant de larmes,* inondé de larmes.

RUISSELER [Rɥisle] verbe [conjugaison 4a] ▪ Couler sans arrêt en formant de petits ruisseaux, des filets d'eau. *Il y a eu un gros orage, la pluie ruisselait sur les vitres.* - *Le grand salon ruisselle de lumières,* il est inondé de lumières.

RUISSELLEMENT [Rɥisɛlmɑ̃] n. m. ▪ *LE RUISSELLEMENT :* mouvement de l'eau qui ruisselle. *Le choc de la vague est suivi du ruissellement de l'eau sur les rochers.*

RUMEUR [RymœR] n. f. ▪ *UNE RUMEUR* **1.** Nouvelle peu sûre que l'on se répète. *J'ai entendu dire que le président veut démissionner, mais ce n'est qu'une rumeur.* → **ouï-dire.** *Il aime faire courir des rumeurs. J'écoute la rumeur publique,* ce qui se dit parmi les gens. **2.** Bruit de voix, de sons confus. → **brouhaha.** *On entend la rumeur lointaine de la fête.*

> FAUX AMI
> italien **rumore** «bruit»

RUMINANT [Ryminɑ̃] n. m. ▪ *UN RUMINANT :* mammifère herbivore qui rumine. *Les vaches, les moutons, les cerfs, les chameaux sont des ruminants.*

RUMINER [Rymine] verbe [conjugaison 1a] **1.** (ruminant) Mâcher de nouveau l'herbe qui revient de l'estomac, avant de l'avaler définitivement. *Les vaches ruminent.* **2.** Penser sans arrêt à (la même chose désagréable). *Ça fait trois jours qu'elle rumine son échec.* → **remâcher.** - *Arrête de ruminer !*

RUMSTECK [Rɔmstɛk] n. m. ▪ *LE RUMSTECK :* morceau de viande de bœuf qui se mange rôti ou braisé. *Je voudrais deux tranches de rumsteck, s'il vous plaît.*

REM. On écrit aussi *romsteck.*

RUPESTRE [RypɛstR] adj. (après le nom) ▪ Exécuté, fait sur une paroi rocheuse. *La grotte de Lascaux est célèbre pour ses peintures rupestres préhistoriques.*

RUPTURE [RyptyR] n. f. ▪ *LA RUPTURE* **1.** Le fait de se casser, de se rompre. *La rupture des fils télégraphiques est due aux fortes chutes de neige.* **2.** Arrêt brusque, interruption (de ce qui durait). *La guerre a provoqué la rupture des relations diplomatiques.* - *Certains jeunes sont* EN RUPTURE AVEC *la société,* en désaccord total avec la société. - *L'entreprise est* EN RUPTURE DE *stock,* son stock est épuisé. **3.** Séparation entre des personnes qui s'aimaient. *Elle lui a envoyé une lettre de rupture. C'est une scène de rupture ? Leur rupture a été douloureuse* **(→ brouille).**

RURAL [RyRal], **RURALE** [RyRal] adj. (après le nom) ▪ Qui concerne la vie dans les campagnes. → **campagnard, champêtre, paysan.** *La vie rurale a beaucoup changé avec les machines agricoles. Nous dirigeons une exploitation rurale.* → **agricole.** MASCULIN PLURIEL : *des domaines RURAUX* [RyRo].

REM. *Rural* est le seul adjectif général pour *campagne.*

RUSE [Ryz] n. f. **1.** *UNE RUSE :* moyen, procédé habile pour tromper. → **astuce, feinte, stratagème, subterfuge,** STYLE FAMILIER **truc.** *Méfie-toi, c'est une ruse ! C'est une ruse grossière,* un stratagème visible. *Il connaît toutes les ruses du métier.* → **ficelle.** **2.** *LA RUSE :* art de tromper, de dissimuler. ⟨contraire : candeur⟩ *Il a obtenu son adresse* PAR RUSE. *On emploie souvent la ruse en politique.*

RUSÉ [Ryze],**RUSÉE** [Ryze] adj. (après le nom) ▪ Qui fait preuve d'habileté pour tromper. → **finaud, futé, malin, roué ;** STYLE FAMILIER **roublard.** *Il est rusé comme un renard.*

RUSER [Ryze] verbe [conjugaison 1a] ▪ Agir avec ruse. *Il va falloir ruser pour réussir.*

RUSSE [Rys] adj., n. m. et n. f. **1.** adjectif (après le nom) De Russie (→ **slave, soviétique**). *La capitale russe est Moscou. La monnaie russe est le rouble. Il aime la littérature russe. La révolution russe eut lieu en 1917.* **2.** *UN RUSSE, UNE RUSSE :* un habitant, une habitante de Russie. *Les Russes.* **3.** *LE RUSSE :* langue slave parlée en Russie. *Il apprend le russe.*

RUSSIE [Rysi] nom propre féminin ▪ *LA RUSSIE :* État fédéral d'Europe et d'Asie, qui s'est substitué en 1991 à l'U.R.S.S. *La Russie est le plus vaste pays du monde. Ils vivent en Russie* (→ **russe**).

RUSTINE [Rystin] n. f. (marque déposée) ▪ *UNE RUSTINE :* petite rondelle de caoutchouc qui sert à réparer une chambre à air de bicyclette. *J'ai collé une rustine sur la déchirure de la chambre à air.*

RUSTIQUE [Rystik] adj. et n. m.
I. adjectif (après le nom) **1.** (meuble) Solide et de formes simples, fabriqué dans le style traditionnel de la campagne. *Dans ma chambre, il y a une armoire rustique.* **2.** (plante, animal) Qui supporte bien les conditions difficiles. → **résistant, robuste.** *C'est une plante rustique, que vous pouvez laisser dehors en hiver.*
II. *LE RUSTIQUE :* le style rustique, en ameublement. *J'aime le rustique. Elle est meublée EN RUSTIQUE.*

RUSTRE [RystR] n. m. et adj. **1.** *UN RUSTRE :* homme grossier et brutal. → **brute, goujat, malotru, mufle.** *Ce rustre m'a bousculé sans s'excuser.* **2.** adjectif (après le nom) Grossier, brutal. *Il est un peu rustre. C'est un homme rustre.*

RUT [Ryt] n. m. ▪ *LE RUT :* période d'activité sexuelle des animaux. *Pendant le rut, les animaux cherchent à s'accoupler. - La biche est EN RUT,* elle est excitée sexuellement.

RUTILANT [Rytilɑ̃], **RUTILANTE** [Rytilɑ̃t] adj. (avant le nom ou après le nom) ▪ Qui brille d'un vif éclat. *Il conduit une rutilante voiture de sport. Il admire les chromes rutilants de sa moto.*

RYTHME [Ritm] n. m. ▪ *LE RYTHME* **1.** Répartition des temps forts et des temps faibles des sons musicaux, qui donne au morceau sa vitesse, son allure. *Le groupe de rock a commencé à jouer sur un rythme endiablé,* sur un rythme très rapide. *J'aime le rythme du tango. - Cette fille a le sens du rythme, elle a le rythme dans la peau,* elle entend, elle suit très bien le rythme de la musique. **2.** Mouvement régulier. *Le médecin écoute le rythme cardiaque du malade,* il écoute à quelle vitesse bat le cœur du malade. → **allure.** *Le rythme des vagues m'a endormi.* **3.** Allure, vitesse à laquelle se fait qqch. *Nous travaillons à un rythme trop rapide. Nous avons des rythmes différents,* l'un est plus rapide que l'autre. *Elle supporte mal le rythme de la vie parisienne. Ne t'énerve pas, va à ton rythme. - Cette revue paraît au rythme de trois numéros par an. - Ce film manque de rythme, c'est mou.*

RYTHMÉ [Ritme], **RYTHMÉE** [Ritme] adj. (après le nom) ▪ Qui a un rythme. *Elle aime la musique bien rythmée.*

RYTHMER [Ritme] verbe [conjugaison 1a] **1.** Marquer le rythme de (une phrase, un poème, un morceau de musique). → **scander.** *La grosse caisse rythme la chanson.* **2.** Soumettre à un rythme régulier. *Les vagues rythment le mouvement du bateau.*

RYTHMIQUE [Ritmik] adj. (après le nom) ▪ *La DANSE RYTHMIQUE :* forme de danse qui est entre la danse classique et la gymnastique. *Les élèves font de la danse rythmique à l'école.*

S

S [ɛs] n. m. **1.** *LE S* ou *L'S :* dix-neuvième lettre de l'alphabet du français. *Le s est une consonne. Il y a des s minuscules* (s) *et des s majuscules* (S). *Le s sert à marquer le pluriel.* **2.** *EN S :* avec la forme sinueuse du s. *Il y a une ligne droite, puis un virage en s.*

REM. *S* a le son [s] au début d'un mot *(sac)*, à la fin d'un mot *(bus)* et devant consonne *(vaste)*. Il a le son [z] entre deux voyelles, *rose* [ROZ] et à la liaison, *les amis* [lezami]. *S* peut être muet *(un tas ; quatre enfants)*.

① **S'** → **se**

② **S'** → ① **si** (il)

SA → ① **son**

SABBAT [saba] n. m. ▪ *LE SABBAT* **1.** Repos que les juifs observent le samedi. *Le jour du sabbat est consacré au culte.* **2.** (interprétation malveillante des chrétiens) Réunion nocturne de sorciers et de sorcières, dans les légendes du Moyen Âge. *Un sorcier va au sabbat sur un manche à balai.*

SABBATIQUE [sabatik] adj. (après le nom) **1.** Qui a rapport au sabbat des juifs. *Nous respectons le repos sabbatique.* **2.** *Une ANNÉE SABBATIQUE :* année de congé accordée à certains employés ou cadres d'entreprises, à certains enseignants. *En France, les professeurs d'université peuvent PRENDRE UNE ANNÉE SABBATIQUE pour faire leurs recherches.*

SABLE [sabl] n. m. et adj. invariable **1.** *LE SABLE :* ensemble de petits grains de roche. *J'ai vu de magnifiques plages de sable fin. Nous escaladons une dune de sable. Les enfants font des CHÂTEAUX DE SABLE. Il marche sur le sable brûlant du désert.* – *Attention aux SABLES MOUVANTS !* – *Les enfants jouent dans les BACS À SABLE* [bakasabl] *des jardins publics.* – STYLE FAMILIER *À chaque fin du mois, je SUIS SUR LE SABLE,* je n'ai plus d'argent. – *Le MARCHAND DE SABLE est passé :* les enfants ont sommeil (les yeux leur piquent). **2.** adjectif invariable (après le nom) D'une couleur beige très clair. *J'ai acheté un manteau sable.* PLURIEL : *elle a des gants sable.*

SABLÉ [sable] n. m. et adj., **SABLÉE** [sable] adj. **1.** *UN SABLÉ :* petit gâteau sec à pâte friable. *J'ai acheté un paquet de sablés.* **2.** adjectif (après le nom) *Une PÂTE SABLÉE,* qui s'effrite comme le sable. *Pour faire une tarte, elle a préparé une pâte sablée.*

① **SABLER** [sable] verbe [conjugaison 1a] ▪ Couvrir de sable. *La piste a été sablée avant la course. On a sablé la route verglacée.*

② **SABLER** [sable] verbe [conjugaison 1a] ▪ *SABLER LE CHAMPAGNE :* boire du champagne pour fêter un événement heureux. *Quand j'ai réussi mon examen, nous avons sablé le champagne.*

SABLEUX [sablø], **SABLEUSE** [sabløz] adj. (après le nom) ▪ Qui contient du sable. *L'eau du torrent est sableuse.*

SABLONNEUX, [sablɔnø], **SABLONNEUSE** [sablɔnøz] adj. (après le nom) ▪ Constitué de sable. *Je rêve de plages sablonneuses et de mer bleue...*

SABORD [sabɔʀ] n. m. ▪ *UN SABORD :* ouverture dans le côté des navires de guerre, permettant le passage du tube des canons. *Ouvrez les sabords !* – STYLE FAMILIER *MILLE SABORDS !* juron des marins.

SABORDER [sabɔʀde] verbe [conjugaison 1a] **1.** Faire des trous dans (la coque d'un navire) pour le faire couler. *Le capitaine a sabordé le navire pour que les ennemis ne s'en emparent pas.* **2.** verbe pronominal SE SABORDER : arrêter volontairement ses activités, les activités de son entreprise. *Plusieurs journaux se sont sabordés plutôt que d'accepter la censure.*

SABOT [sabo] n. m. ▪ *UN SABOT* **1.** Chaussure paysanne faite d'un morceau de bois creusé. *Il met des sabots pour jardiner.* – *Je l'ai VU VENIR AVEC SES GROS SABOTS :* j'ai compris ses intentions parce qu'il les a mal dissimulées. – *Tu N'AS PAS LES DEUX PIEDS DANS LE MÊME SABOT, dis donc !* tu es rapide et débrouillard. **2.** Chaussure faite d'une semelle de bois et d'un dessus de cuir. *Tu n'as pas mal aux pieds dans tes sabots ?* **3.** Ongle très développé, corne qui entoure le pied de certains animaux. *Les chevaux, les moutons, les vaches ont des sabots.* **4.** Grosse pince que la police applique sur la roue d'un véhicule en stationnement interdit. *Ma voiture est immobilisée, la police a mis un sabot !* **5.** *Une BAIGNOIRE SABOT :* baignoire courte, où l'on se baigne assis. *Dans cette petite salle de bains, il y a juste la place pour une baignoire sabot. Il installe des baignoires sabots.*

SABOTAGE [sabɔtaʒ] n. m. ▪ *LE SABOTAGE :* acte volontaire visant à empêcher le fonctionnement normal d'un service, d'une entreprise, d'une machine. *Pendant l'occupation allemande, les résistants faisaient du sabotage.*

SABOTER [sabɔte] verbe [conjugaison 1a] **1.** Détériorer ou détruire par un acte de sabotage. *La voiture a été sabotée.* – *Elle veut saboter mon projet !* elle cherche à empêcher la réalisation de mon projet, par malveillance. **2.** Faire vite et mal. *Vous avez saboté le travail !* → **bâcler.**

SABOTEUR [sabɔtœʀ] n. f., **SABOTEUSE** [sabɔtøz] n. f. ▪ *UN SABOTEUR, UNE SABOTEUSE :* personne qui fait du sabotage. *Les saboteurs ont fait sauter les rails à l'explosif.*

SABRE [sabʀ] n. m. ▪ *UN SABRE :* grande épée pointue, à lame recourbée et tranchante d'un seul côté. *Le cosaque brandit son sabre.*

SABRER [sabʀe] verbe [conjugaison 1a]▪ Ôter des extraits de. *Ils ont sabré de nombreux passages du livre.* – STYLE FAMILIER *Ils sabrent beaucoup de candidats, à cet examen :* ils refusent beaucoup de candidats. → **recaler ;** STYLE FAMILIER **sacquer.**

① **SAC** [sak] n. m. ▪ *UN SAC* **1.** Objet fabriqué dans une matière souple, servant à transporter diverses choses. *La vendeuse range les achats dans un sac en plastique* (→ **poche).** *Elle a mis son portefeuille et ses clés dans son SAC (À MAIN). Elle a deux sacs à main* [sakamɛ̃]. *J'ai oublié mon sac ! Ton short et tes baskets sont dans ton sac de sport. Je préfère utiliser un SAC DE VOYAGE, plus léger qu'une valise. L'ouvrier a un gros sac en cuir.* → **sacoche.** *Les campeurs rangent leurs affaires dans leurs SACS À DOS* [sakado]. – *Nous réussirons, L'AFFAIRE EST DANS LE SAC,* le succès est certain. – STYLE FAMILIER *Allez, VIDE TON SAC,* dis ce que tu penses, avoue. – *Tout le monde n'est pas aussi injuste que lui, ne METS PAS TOUT DANS LE MÊME SAC,* n'attribue pas le même défaut à tout le monde. – STYLE FAMILIER *Méfie-toi, c'est un SAC D'EMBROUILLES, UN SAC DE NŒUDS,* une affaire confuse et compliquée. – *Il saura se débrouiller car il A PLUS D'UN TOUR DANS SON SAC,* il est très malin. **2.** *Un SAC DE COUCHAGE :* sac chaud dans lequel on dort. *Les campeurs déroulent leurs sacs de couchage pour la nuit.*

> FAUX AMI
> néerlandais **zak**
> «poche»

② **SAC** [sak] n. m. ▪ *LE SAC :* le pillage. → **saccage.** *Le sac de la ville a duré trois jours. Rome fut MISE À SAC par les Wisigoths en 410,* complètement pillée, saccagée.

SACCADE [sakad] n. f. ▪ *UNE SACCADE :* mouvement brusque et irrégulier. → **à-coup, secousse, soubresaut.** *La voiture a avancé par saccades puis elle s'est immobilisée.*

SACCADÉ [sakade], **SACCADÉE** [sakade] adj. (après le nom) ▪ Brusque et irrégulier. *Il est nerveux, je le vois à ses gestes saccadés. On entend le bruit sec et saccadé des mitrailleuses.*

SACCAGE [sakaʒ] n. m. ▪ *UN SACCAGE* **1.** Pillage accompagné de destruction. *Le saccage de la ville dura trois jours.* **2.** Fait de mettre en désordre et en mauvais état. *Quel saccage dans ta chambre !*

SACCAGER [sakaʒe] verbe [conjugaison 3b] **1.** Piller, ravager. *Les envahisseurs ont saccagé la ville.* **2.** Abîmer, détériorer (un lieu). *Des gosses ont saccagé l'école. Ils ont dit : «Allez, saccageons tout !». Les casseurs profitent des manifs pour saccager et voler.* → **vandalisme.**

SACERDOCE [sasɛʀdɔs] n. m. ▪ *UN SACERDOCE :* fonction, travail du prêtre. *Notre abbé exerce son sacerdoce depuis dix ans.* – *Le travail d'enseignant est un véritable sacerdoce !* il exige beaucoup de dévouement.

sachant [saʃɑ̃] *En sachant :* forme au participe présent du verbe **savoir.**

sache [saʃ] *Il faut que je sache, qu'il sache, qu'elle sache :* forme au subjonctif du verbe **savoir.**

SACHET [saʃɛ] n. m. ▪ *UN SACHET* **1.** Sac en papier, en plastique. *J'ai acheté un sachet de bonbons.* → **paquet. 2.** Petit emballage plat et fermé qu'on ouvre ou qui laisse passer les parfums. *Elle verse l'eau chaude sur le sachet de thé. Je n'ai plus de levure EN SACHETS. Le médicament est présenté en sachets.*

SACOCHE [sakɔʃ] n. f. ▪ *UNE SACOCHE :* sac solide, qu'une courroie permet de porter ou d'accrocher. *Le facteur porte sa sacoche en bandoulière. Il a accroché des sacoches au porte-bagages de son vélo.*

> FAUX AMI
> roumain **sacoşă**
> «sac à provisions»

REM. En Belgique, on dit *sacoche* pour *sac à main.*

SAC-POUBELLE [sakpubɛl] n. m. ▪ *UN SAC-POUBELLE :* poche de plastique souple que l'on place dans une poubelle et que l'on jette une fois remplie. *Le sac-poubelle se ferme avec un lien.* PLURIEL : *n'oublie pas d'acheter des SACS-POUBELLES !*

SACQUER [sake] verbe [conjugaison 1a] ▪ STYLE FAMILIER **1.** Renvoyer, congédier. *Je me suis fait sacquer de l'usine.* – *Le prof l'a sacqué,* il l'a noté très sévèrement. → **sabrer. 2.** *NE PAS POUVOIR SACQUER qqn,* le détester. → STYLE FAMILIER **encadrer, encaisser, sentir.** *Celle-là, je ne peux pas la sacquer !*

REM. On écrit aussi *saquer.*

SACRE [sakʀ] n. m. ▪ *LE SACRE* **1.** Cérémonie religieuse par laquelle l'Église déclare et reconnaît la souveraineté royale de qqn. *Le sacre des rois de France avait lieu à Reims.* **2.** Célébration solennelle. *«Le Sacre du printemps» est une œuvre de Stravinski.*

SACRÉ [sakʀe], **SACRÉE** [sakʀe] adj. (avant le nom ou après le nom)
I. (après le nom) **1.** Qui appartient à un domaine religieux et que l'on doit respecter totalement. → **saint.** *L'Ancien et le Nouveau Testament sont les livres sacrés des chrétiens. Le Coran est le livre sacré des musulmans.* – *Il a écrit de la musique sacrée,* religieuse. **2.** Qui est digne d'un respect absolu. *L'amitié est sacrée.* – STYLE FAMILIER *La femme d'un copain, c'est sacré !* → **tabou.** *Pour mon père, la sieste c'est sacré !* c'est très important.
II. (avant le nom) **1.** STYLE FAMILIER Renforce un terme injurieux. *Tu es un sacré menteur ! Sacré farceur, va !* → **maudit.** – *Sacré nom d'un chien !* juron. **2.** STYLE FAMILIER Renforce un nom, avec le sens de «grand». *Il a un sacré culot ! Tu as une sacrée chance !* – *Sa copine est une sacrée belle fille !* → **rude.** – (amical) *Sacré Jacques, ça fait plaisir de te revoir !*

SACREMENT [sakʀəmɑ̃] n. m. ▪ *LE SACREMENT :* cérémonie chrétienne très importante, instituée par Jésus-Christ. *Le baptême, le mariage, l'extrême-onction sont des sacrements. Les derniers sacrements sont administrés aux mourants.*

SACRÉMENT [sakʀemɑ̃] adverbe ▪ STYLE FAMILIER Très, extrêmement. → STYLE FAMILIER **drôlement, rudement, vachement.** *Il est sacrément bon, ce vin ! Tu es sacrément résistant. Elle a sacrément changé.*

SACRER [sakʀe] verbe [conjugaison 1a] ▪ Consacrer (qqn) par la cérémonie du sacre. *Charlemagne fut sacré empereur en l'an 800.*

SACRIFICE [sakʀifis] n. m. ▪ *UN SACRIFICE* **1.** Offrande que l'on fait à un dieu. *Les Anciens tuaient des animaux qu'ils offraient EN SACRIFICE.* **2.** *FAIRE UN SACRIFICE :* se priver volontairement de qqch. *Ils ont fait des sacrifices pour payer les études de leur fils,* ils ont renoncé à certaines dépenses pour eux-mêmes. *Ne pas partir en vacances, c'est pour moi un gros sacrifice.* – *Je veux bien faire un sacrifice, vous vendre cet objet moins cher.*

SACRIFIÉ [sakʀifje], **SACRIFIÉE** [sakʀifje] adj. (après le nom) ▪ Dont on fait volontairement le sacrifice. *Vente de notre stock À DES PRIX SACRIFIÉS !* nous baissons beaucoup nos prix.

SACRIFIER [sakʀifje] verbe [conjugaison 7a] **1.** Offrir en sacrifice. *Ils ont sacrifié un bœuf à leurs dieux.* **2.** Abandonner (qqch., qqn) au profit de (qqn, qqch.). *Il a sacrifié sa vie de famille à sa carrière :* il a négligé sa vie de famille en faisant passer sa carrière avant. *Elle sacrifiera* [sakʀifiʀa] *tout pour ses enfants.* **3.** verbe pronominal SE SACRIFIER : renoncer à prendre soin de soi, renoncer à ses intérêts pour les autres. *Elle s'est sacrifiée pour son père malade. – « Personne ne veut faire la vaisselle ? Bon, d'accord, je me sacrifie. »* → se **dévouer.**

SACRILÈGE [sakʀilɛʒ] n. m. ▪ *UN SACRILÈGE :* crime commis contre une chose sacrée. *Cambrioler une église est un sacrilège. Vous avez COMMIS UN SACRILÈGE. – C'est un sacrilège d'avoir abattu ces arbres centenaires !* c'est un crime.

SACRISTAIN [sakʀistɛ̃] n. m. ▪ *UN SACRISTAIN :* homme qui s'occupe de l'entretien de l'église. *Le sacristain range les vases sacrés.*

SACRISTIE [sakʀisti] n. f. ▪ *UNE SACRISTIE :* pièce située dans une église, où l'on range les objets qui servent à la messe. *Avant la messe, le prêtre s'habille dans la sacristie.*

SACRO-SAINT [sakʀosɛ̃], **SACRO-SAINTE** [sakʀosɛ̃t] adj. (avant le nom ou après le nom) ▪ Que l'on respecte de façon exagérée et même absurde. *Ils ont fait cela au nom de la sacro-sainte morale. Il a la sacro-sainte habitude d'acheter tous les matins un journal qu'il lit rarement.* MASCULIN PLURIEL : *elle m'énerve avec ses principes SACRO-SAINTS !* FÉMININ PLURIEL : *des habitudes SACRO-SAINTES.*

SADIQUE [sadik] adj., n. m. et n. f. **1.** adjectif (après le nom) Qui prend du plaisir à faire souffrir les autres, à voir souffrir les autres. *Ce tortionnaire sadique sera jugé. – Elle prend un plaisir sadique à arracher les ailes des papillons. – Ce professeur est sadique,* il est méchant, cruel. *Elle est à la fois sadique et masochiste* (→ **sadomasochiste**). – *SADO* [sado] forme abrégée familière *Il est sado, ce mec ! Ils sont tous sados.* **2.** *UN SADIQUE, UNE SADIQUE :* une personne qui trouve une satisfaction dans la souffrance des autres. *Elle est folle, c'est une sadique !*

SADISME [sadism] n. m. ▪ *LE SADISME :* comportement d'une personne qui trouve son plaisir dans la souffrance physique ou morale des autres. *Le sadisme et le masochisme sont des perversions. – « Tu arraches les pattes des fourmis ? Mais c'est du sadisme ! » Elle a souffert du sadisme de son mari.*

REM. Ce mot est à la mode et remplace souvent *méchanceté, cruauté.*

SADO adj. Forme abrégée familière de **sadique.**

SADOMASOCHISTE [sadomazoʃist] adj. (après le nom) ▪ Qui est à la fois sadique et masochiste. *Ils se font beaucoup de mal, leur relation amoureuse est sadomasochiste.* – *SADOMASO* [sadomazo] forme abrégée familière *Ils sont sadomasos.*

SAFARI [safaʀi] n. m. ▪ *UN SAFARI :* expédition de chasse aux gros animaux sauvages, en Afrique noire. *Les safaris ont contribué au massacre des éléphants.*

SAFARI-PHOTO [safaʀifoto] n. m. ▪ *UN SAFARI-PHOTO :* expédition organisée pour photographier et filmer les gros animaux sauvages. *Nous avons participé à un safari-photo en Afrique noire.* PLURIEL : *des SAFARIS-PHOTOS.*

SAFRAN [safʀɑ̃] n. m. ▪ *LE SAFRAN :* épice vendue sous forme d'une poudre jaune d'or, utilisée en cuisine. *Le poulet est accompagné d'un riz AU SAFRAN.*

SAGACE [sagas] adj. (après le nom) ▪ Qui comprend vite et a de l'intuition. → **clairvoyant, perspicace, subtil.** (contraire : naïf) *Elle a un esprit sagace.*

SAGACITÉ [sagasite] n. f. ▪ *LA SAGACITÉ :* qualité d'une personne qui comprend vite, qui a de l'intuition, de la finesse d'esprit. → **clairvoyance, perspicacité.** *Il raisonne avec sagacité.*

SAGAIE [sagɛ] n. f. ▪ *UNE SAGAIE :* lance, javelot de certaines sociétés africaines. *La sagaie est une arme de chasse et de guerre.*

SAGE [saʒ] adj. et n. m.
I. adjectif (avant le nom ou après le nom) **1.** (avant ou après le nom) Réfléchi et raisonnable. → **prudent, sensé, sérieux.** (contraires : fou, insensé) *Vous m'avez donné de sages conseils. C'est un sage conseiller. Il a agi en homme sage.* → **avisé.** STYLE RECHERCHÉ *C'était une jeune fille sage.* → **vierge.** (contraire : dévergondé) – (impersonnel) *Ne précipitons pas les choses, il est plus sage d'attendre.* **2.** (après le nom) Calme et docile. *Mon fils est un enfant sage.* → **gentil, obéissant.** (contraires : insupportable, turbulent) *Au revoir et soyez bien sages, les enfants ! Le chien a été très sage.* **3.** (après le nom) (qqch.) Modeste, mesuré. *Elle a des goûts sages. – Elle est vêtue d'une petite robe sage,* classique et non provocante. (contraire : excentrique)
II. *UN SAGE* **1.** Celui qui, par un art de vivre supérieur, se met à l'abri de ce qui tourmente les autres hommes. *Cet homme est un sage.* → **philosophe.** **2.** Personne désignée pour ses connaissances et son objectivité comme conseiller exceptionnel du gouvernement. *Le comité des sages est réuni.*

SAGE-FEMME [saʒfam] n. f. ▪ *UNE SAGE-FEMME :* personne exerçant une profession médicale de surveillance de la grossesse et qui assiste les femmes pendant l'accouchement. *Elle est sage-femme à l'hôpital.* PLURIEL : *il y a plusieurs SAGES-FEMMES dans cette clinique.*

REM. L'homme qui exerce cette profession est appelé *homme sage-femme.* La situation inverse se présente pour une *femme prud'homme.*

SAGEMENT [saʒmɑ̃] adverbe **1.** D'une manière raisonnable et prudente. *Vous avez agi sagement.* **2.** Calmement. *Attendez-moi sagement, les enfants. Il était sagement assis au même endroit.*

SAGESSE [saʒɛs] n. f. ▪ *LA SAGESSE* **1.** Modération et prudence dans le comportement. (contraire : imprudence) *Il a agi avec sagesse,* avec bon sens. → **raison.** *J'ai suivi vos conseils de sagesse. Mon grand-père est la VOIX DE LA SAGESSE,* il donne de bons conseils, des conseils raisonnables. **2.** Obéissance et tranquillité. → **calme, docilité.** *Les enfants ont été d'une sagesse exemplaire,* ils ont été très sages. **3.** Art de vivre et bonheur suprême du sage. *Il aspire à la sagesse.*

SAGITTAIRE [saʒitɛʀ] n. m. ▪ *LE SAGITTAIRE :* signe du zodiaque, qui va du 22 novembre au 20 décembre. *Elle est née sous le signe du Sagittaire. – Son fils est Sagittaire,* né sous le signe du sagittaire. *Mes deux enfants sont Sagittaire.*

SAGOUIN [sagwɛ̃] n. m. ▪ STYLE FAMILIER *UN SAGOUIN :* homme grossier. *Ce sagouin m'a bousculé sans s'excuser. Quel sagouin !*

SAIGNANT [sɛɲɑ̃], **SAIGNANTE** [sɛɲɑ̃t] adj. (après le nom) **1.** Se dit de la viande rôtie ou grillée, lorsqu'elle est peu cuite et qu'il y reste du sang. → **bleu.** *Vous désirez votre steak saignant, à point ou bien cuit ?* **2.** STYLE FAMILIER Dur. *Il est très en colère, ça va être saignant !*

SAIGNEMENT [sɛɲmɑ̃] n. m. ▪ *UN SAIGNEMENT* : écoulement de sang. → **hémorragie.** *J'ai souvent des saignements de nez.*

SAIGNER [seɲe] verbe [conjugaison 1a] **1.** Perdre du sang, avoir un écoulement de sang. *Je me suis coupé et je saigne. Mon doigt saigne. Je saigne du nez.* STYLE FAMILIER *Il SAIGNE COMME UN BŒUF*, il perd beaucoup de sang. – *La blessure saigne encore.* – *Ça saigne !* le sang coule. **2.** STYLE FAMILIER *ÇA VA SAIGNER* : la dispute, le conflit va être très dur. **3.** Tuer (un animal) en l'égorgeant. *Le fermier a saigné un porc.* **4.** *SAIGNER (qqn, qqch.) À BLANC*, le priver totalement de ses ressources. *Sa femme l'a saigné à blanc et puis, quand il a été ruiné, elle l'a quitté. Ce pays est saigné à blanc par la crise économique.* **5.** verbe pronominal SE SAIGNER : dépenser ou donner tout ce qu'on a, se priver pour qqn ou pour avoir qqch. *Ses parents se sont saignés pour qu'il continue ses études.* → se **sacrifier.** *Elle s'est SAIGNÉE AUX QUATRE VEINES pour acheter sa maison.*

SAILLANT [sajɑ̃], **SAILLANTE** [sajɑ̃t] adj. (après le nom) **1.** (qqch.) Qui est en avant, qui dépasse. *Comment s'appelle cette actrice de cinéma qui a de grands yeux et les POMMETTES SAILLANTES ?* **2.** Qui est en évidence, qui attire l'attention. *Le journaliste a fait un résumé des événements saillants de l'année*, des événements les plus importants, marquants.

saille [saj] *Qu'il saille, qu'elle saille* : forme au subjonctif du verbe ① **saillir.**

① **SAILLIR** [sajiʀ] verbe [conjugaison 13] ▪ Dépasser, former une bosse, être en relief. *Les veines saillent sur le dos de sa main.*

② **SAILLIR** [sajiʀ] verbe [conjugaison 2] ▪ S'accoupler avec, couvrir (la jument). *L'étalon saillit la jument.*

SAIN [sɛ̃], **SAINE** [sɛn] adj. (après le nom, parfois avant le nom) **1.** En bonne santé, dont l'organisme fonctionne bien. ⟨contraire : malade⟩ *Vous avez des dents saines.* **2.** Bon pour la santé. → **salubre.** *L'air de la montagne est très sain.* ⟨contraires : insalubre, malsain⟩ *Nous respirons un air sain. « Tu ne te laves pas tous les jours ? Ce n'est pas très sain ! »* → **hygiénique. 3.** *SAIN ET SAUF* : en bon état physique, après un danger. *Elle est arrivée saine et sauve. Nous étions très inquiets, mais ils sont sains et saufs* [sɛ̃esof]. **4.** Dont les activités mentales sont normales. *Votre fils est parfaitement sain et équilibré.* ⟨contraire : fou⟩ **5.** *SAIN DE CORPS ET D'ESPRIT* : en bonne santé physique et mentale. *Était-il sain de corps et d'esprit, quand il a refait son testament ?* **6.** Qui n'est pas abîmé, pas pourri. *La maison n'est pas en bon état mais la charpente est saine.* Considéré comme bon et normal. **7.** Bon et normal. ⟨contraires : dangereux, nuisible⟩ *Je crois avoir des idées saines sur la question. Elle a un jugement sain. Ma grand-mère pense qu'un enfant doit avoir de saines lectures.* **8.** (qqch.) Qui a une bonne santé financière. *Notre entreprise est parfaitement saine.*

REM. Les mots *saint* « personne qui a mené une vie exemplaire » et *sein* « mamelle de la femme » se prononcent de la même façon que le masculin *sain.*

SAINDOUX [sɛ̃du] n. m. ▪ *LE SAINDOUX* : graisse de porc fondue. *J'ai fait frire le poisson dans du saindoux.*

SAINT [sɛ̃] n. m. et adj., **SAINTE** [sɛ̃t] n. f. et adj.
I. *UN SAINT, UNE SAINTE* **1.** Personne à qui l'église catholique voue un culte après sa mort, parce qu'elle a atteint un haut degré de perfection chrétienne durant sa vie. *Les saints sont souvent représentés avec des auréoles. Saint Pierre fut le premier pape.* – *Je suis au bord de la faillite, je NE SAIS PLUS À QUEL SAINT ME VOUER*, je ne sais comment arranger ma situation, je cherche en vain qui pourrait m'aider. – *Attention, il est sympathique, mais ce n'est pas un saint !* il n'est pas parfait. *Je ne suis pas une sainte.* **2.** Personne d'une bonté et d'une patience exemplaires. *Avec ses dix enfants, cette femme est une sainte !*
II. adjectif (avant le nom, parfois après le nom) **1.** Devant le nom d'un saint, d'une sainte de la religion chrétienne. *Elle prie saint Antoine* [sɛ̃tɑ̃twan]. *Il lit l'Évangile selon saint Jean.* – (avec une majuscule) *La Sainte Vierge* : Marie, mère de Jésus. *Il a allumé un cierge pour la Sainte Vierge. Nous avons visité le Mont-Saint-Michel.* **2.** STYLE RECHERCHÉ *Une SAINTE FEMME, un SAINT HOMME* : une personne bonne, patiente et généreuse, qui mène une vie parfaite. *Pour lui, sa mère est une sainte femme ! C'est un saint homme.* **3.** (après le nom) Qui a un caractère sacré, religieux. *Au catéchisme, on apprend l'histoire sainte*, l'histoire religieuse. *Ils ont fait un pèlerinage dans les lieux saints*, dans les lieux où Jésus a vécu. – *Médine, La Mecque et Jérusalem sont les villes saintes de l'Islam.* **4.** STYLE FAMILIER *TOUTE LA SAINTE JOURNÉE* : pendant toute la journée, sans arrêt. *J'en ai assez des réunions et des coups de téléphone toute la sainte journée !* **5.** *AVOIR UNE SAINTE HORREUR DE* : détester. *J'ai une sainte horreur des gens hypocrites.*

REM. Les mots *sain* « bon pour la santé » et *sein* « mamelle de la femme » se prononcent de la même façon.

SAINT-BERNARD [sɛ̃bɛʀnaʀ] n. m. invariable ▪ *UN SAINT-BERNARD* : grand chien de montagne à poil long. *Ils ont un saint-bernard très gentil.* PLURIEL : *les saint-bernard sont parfois dressés pour le sauvetage en montagne.* – *Mon frère t'aidera, c'est un vrai saint-bernard*, il est toujours prêt à aider les autres.

REM. On écrit aussi au pluriel *des saint-bernards.*

SAINT-BRIEUC [sɛ̃bʀijø] nom propre ▪ Ville de Bretagne, en France. *Nous sommes en vacances à Saint-Brieuc. Je reviens de Saint-Brieuc.*

SAINTE-NITOUCHE [sɛ̃tnituʃ] n. f. ▪ *UNE SAINTE-NITOUCHE* : femme hypocrite, qui fait semblant d'être sage et innocente. *C'est une sainte-nitouche.* PLURIEL : *des SAINTES-NITOUCHES.*

REM. On écrit aussi *une sainte nitouche, des saintes nitouches*, sans trait d'union.

SAINTETÉ [sɛ̃tte] n. f. **1.** *LA SAINTETÉ* : qualité d'une personne dont la vie est exemplaire. *Elle recherche la sainteté par la perfection morale.* **2.** *SA SAINTETÉ, VOTRE SAINTETÉ* : titre de respect qu'on emploie en parlant du pape ou en s'adressant à lui. *Sa Sainteté le pape Jean XXIII* **(→ saint-père).**

SAINT-HONORÉ [sɛ̃tɔnɔʀe] n. m. invariable ▪ *UN SAINT-HONORÉ* : gâteau garni de crème chantilly et de petits choux glacés aux sucre. *J'ai mangé un saint-honoré dans une pâtisserie.* PLURIEL : *des saint-honoré.*

SAINT-JACQUES-DE-COMPOSTELLE [sɛ̃ʒakdəkɔ̃pɔstɛl] nom propre – en espagnol **SANTIAGO DE COMPOSTELA** ▪ Ville d'Espagne, capitale de la Galice. *Saint-Jacques-de-Compostelle est un lieu de pèlerinage. Ils vont à Saint-Jacques-de-Compostelle.*

SAINT-PÈRE [sɛ̃pɛʀ] n. m. ▪ *LE SAINT-PÈRE* : le pape. *Notre Saint-Père le pape a béni la foule* **(→ sainteté).**

SAINT-PÉTERSBOURG [sɛ̃petɛʀsbuʀ] – anciennement **LÉNINGRAD** ▪ Ville de Russie. *Nous sommes allés à Saint-Pétersbourg. Ils reviennent de Saint-Pétersbourg.*

SAINT-PIERRE [sɛ̃pjɛʀ] n. m. ▪ *UN SAINT-PIERRE* : poisson de mer à la chair très estimée. *Le cuisinier a préparé du saint-pierre à l'oseille.* PLURIEL : *des saint-pierre* ou *des saint-pierres.*

SAINT-SIÈGE [sɛ̃sjɛʒ] n. m. ▪ *LE SAINT-SIÈGE* : le pouvoir, le gouvernement du pape (→ **papauté**). *C'est le Saint-Siège qui doit régler cette affaire.*

sais [sɛ] *Je sais, tu sais* : forme au présent du verbe **savoir.**

SAISIE [sezi] n. f. ▪ *UNE SAISIE* **1.** Acte par lequel on prend les biens d'une personne qui a des dettes pour rembourser son créancier. *L'huissier a procédé à une saisie des meubles du locataire qui ne payait pas son loyer depuis plusieurs mois. Il y a eu plusieurs saisies dans l'immeuble. L'huissier a fait le procès-verbal de la saisie.* **2.** Action de saisir un texte sur un ordinateur. *Le claviste est en train de faire la saisie de mon texte. Il a fait deux saisies.*

SAISIR [seziʀ] verbe [conjugaison 2]
I. 1. Attraper avec la main, rapidement ou avec force. *Le gardien de but saisit le ballon.* → **s'emparer, intercepter, prendre.** *Le policier l'a saisi par le bras.* → **empoigner. 2.** Se mettre en mesure d'utiliser, de profiter de (qqch.). *Cette voiture est une occasion à saisir.* ⟨contraires : manquer, rater⟩ *Quand il était petit, il saisissait le moindre prétexte pour ne pas travailler.* **3.** (qqch.) Surprendre d'une manière désagréable. *Le froid nous a saisis. Elle a été saisie de peur en voyant le rat.* **4.** Faire cuire en soumettant directement à une forte chaleur. *Il faut saisir le rôti en le mettant dans le four bien chaud.* **5.** Procéder à la saisie de (un bien). *On a dû saisir tous ses meubles. On a saisi des armes dans l'appartement.* **6.** Porter devant (une juridiction). *Le tribunal a été saisi de cette affaire.* **7.** Effectuer la saisie de (un texte) sur le clavier d'un ordinateur. *Le claviste saisira votre texte demain.*
II. Comprendre. *Je n'ai pas bien saisi son explication.* – STYLE FAMILIER *Vous saisissez ?* → STYLE FAMILIER **piger.**
III. verbe pronominal SE SAISIR : mettre en sa possession. *La criminelle s'est saisie d'un couteau,* elle a pris un couteau.

SAISISSANT [sezisɑ̃], **SAISISSANTE** [sezisɑ̃t] adj. (après le nom) ▪ Très étonnant. → **frappant, surprenant, troublant.** *Il y a une ressemblance saisissante entre les deux sœurs.*

SAISISSEMENT [sezismɑ̃] n. m. ▪ *LE SAISISSEMENT* : effet causé par une impression brutale. *Les enfants sont restés muets de saisissement à l'apparition du père Noël.*

SAISON [sɛzɔ̃] n. f.
I. *UNE SAISON* : chacune des quatre grandes divisions de l'année déterminées par les deux équinoxes et les deux solstices. *Le printemps, l'été, l'automne et l'hiver sont les quatre saisons.*
II. *LA SAISON* **1.** Époque de l'année caractérisée par le climat et l'état de la nature. *Le temps est chaud pour la saison. Ce n'est pas un temps de saison,* il fait trop chaud ou trop froid. *Nous sommes allés en Afrique une fois pendant la saison des pluies et une fois pendant la saison sèche. On mange des tomates en toute saison,* toute l'année. *C'est bientôt la saison des fraises.* **2.** Période de l'année propice à une activité. *J'attends la saison des soldes pour m'acheter un manteau. Dans les stations balnéaires, la saison dure généralement de mai à septembre. Les prix sont moins élevés hors saison.*

> FAUX AMI
> allemand **Saison** « saison théâtrale ou hôtelière »

SAISONNIER [sɛzɔnje], **SAISONNIÈRE** [sɛzɔnjɛʀ] adj. (après le nom) ▪ Qui n'a lieu qu'à certaines saisons. *Le ski est une activité saisonnière. – Les vendanges sont faites par des ouvriers saisonniers.*

SALACE [salas] adj. (après le nom) ▪ STYLE RECHERCHÉ (homme) Qui pense constamment à l'acte sexuel. *Il est plutôt salace, méfie-toi. Il lui jette des regards salaces.*
REM. On dit plus couramment *il est porté sur la chose.*

SALADE [salad] n. f. ▪ *LA SALADE* **1.** Plante cultivée pour ses feuilles que l'on mange généralement crues avec de la vinaigrette. *La laitue et la scarole sont des salades. Voulez-vous de la salade ou des frites avec votre steak ?* **2.** Plat froid fait d'un mélange de légumes auquel on peut ajouter de la viande, des œufs ou du poisson, servi avec une vinaigrette. *En été, elle mange souvent des salades. Il aime beaucoup la salade de pommes de terre. J'ai préparé des tomates EN SALADE.* **3.** *UNE SALADE DE FRUITS* : dessert composé de fruits coupés en morceaux servis avec du sirop. → **macédoine.** *Nous terminerons le repas par une salade de fruits.* **4.** STYLE FAMILIER *VENDRE SA SALADE* : chercher à convaincre, à faire adopter un point de vue. *Arrête de vendre ta salade, je t'ai déjà dit non !* **5.** STYLE FAMILIER (au pluriel) DES SALADES : des mensonges. *Je n'y crois plus à toutes ses salades. Pas de salades avec moi !*
REM. On parle souvent de *salade verte* au sens 1. pour éviter la confusion avec le sens 2. : *le steak est accompagné de salade verte.*

SALADIER [saladje] n. m. ▪ *UN SALADIER* : plat creux dans lequel on sert la salade ou d'autres mets. *Les fruits sont dans un saladier en grès.*

SALAIRE [salɛʀ] n. m. ▪ *LE SALAIRE* : argent payé par l'employeur à la personne (→ **salarié**) qui travaille pour lui. *Elle a un bon salaire.* → **appointements, paye, rémunération.** *Il a demandé une augmentation de salaire.*

SALAMANDRE [salamɑ̃dʀ] n. f. ▪ *UNE SALAMANDRE* : petit animal noir taché de jaune, qui peut vivre à l'air ou dans l'eau, dont la peau lisse sécrète un liquide venimeux. *La salamandre est un batracien qui a la forme d'un lézard.*

SALAMI [salami] n. m. ▪ *LE SALAMI* : gros saucisson sec haché fin. *Le charcutier coupe des tranches de salami. Voulez-vous du salami ?*

SALANT [salɑ̃] adj. m. (après le nom) ▪ *Un MARAIS SALANT* : bassin creusé à proximité des côtes pour recueillir le sel de l'eau de mer grâce à l'évaporation. *Il y a de nombreux marais salants dans la région.*

SALARIAL [salaʀjal], **SALARIALE** [salaʀjal] adj. (après le nom) ▪ Qui concerne le salaire. *Les employés de l'entreprise ont des revendications salariales. La compagnie ne veut pas augmenter la MASSE SALARIALE.* MASCULIN PLURIEL : *les patrons et les syndicats ont signé des accords SALARIAUX* [salaʀjo].

SALARIÉ [salaʀje] n. m., **SALARIÉE** [salaʀje] n. f. ▪ *UN SALARIÉ, UNE SALARIÉE* : une personne qui reçoit un salaire en échange de son travail. *L'usine emploie deux cents salariés.*

SALAUD [salo] n. m. et adj. m. ▪ STYLE FAMILIER
I. *UN SALAUD* : homme méprisable, moralement répugnant. *Il s'est conduit comme un salaud.* → STYLE FAMILIER **fumier, ordure.** *Quel salaud ! Lui c'est un salaud, et elle, c'est une salope ! Tu n'es qu'un salaud ! Te voilà, mon salaud ! Espèce de salaud !* → STYLE FAMILIER **saligaud, salopard.**
II. adjectif (après le nom) **1.** Qui se conduit d'une manière ignoble. *Il a été salaud avec elle.* → **dégueulasse.** *C'est salaud d'avoir fait ça.* → **moche. 2.** (affaibli) *PAS SALAUD,* un peu gentil. *Allez, sois pas salaud, prête-moi cent balles. Soyez pas salauds, attendez-moi !* → **vache.**
REM. Ce mot est une des injures les plus courantes et s'emploie pour tous les degrés du mécontentement *(ce salaud de flic m'a mis un P. V.)* et même par ironie *(eh bien, mon salaud, tu ne t'en fais pas ! Ce salaud, il a une chance incroyable !).*

SALE [sal] adj. (avant le nom ou après le nom)
I. (après le nom) **1.** (qqn) Couvert de crasse, de taches. ⟨contraire : propre⟩ *Ne touche pas mon livre avec tes mains sales !* → **cras-**

seux, dégoûtant, malpropre ; STYLE FAMILIER **dégueulasse.** *Elle a les ongles sales.* → **noir.** *Il portait une chemise sale.* → **douteux.** ⟨contraires : impeccable, net⟩ *Où met-on le linge sale ?* – (figuré) *L'ARGENT SALE,* gagné dans des affaires malhonnêtes. *Les banques blanchissent l'argent sale.* **2.** (qqch.) Qui a servi, n'a pas été nettoyé. *Mets les assiettes sales dans la machine. La maison est sale,* mal entretenue, personne ne fait le ménage. → **poussiéreux.** *La plage est sale,* pleine de détritus. → **pollué.**
II. (avant le nom) **1.** (qqch.) Très désagréable. *Il fait un sale temps aujourd'hui.* → **mauvais.** *Quel sale métier !* → **difficile, décevant.** *C'est une sale histoire.* → **compliqué, dangereux.** *Il est compromis dans une sale affaire.* → **judiciaire.** *Il est atteint d'une sale maladie,* d'une grave maladie. – STYLE FAMILIER *Il fait une sale gueule :* il a l'air embêté. **2.** (qqn) Que l'on peut craindre ou mépriser. *Son mari est un sale type.* → STYLE FAMILIER **salaud.** – STYLE FAMILIER *Quel sale con ! Espèce de sale gosse !* – (animaux) *Va-t'en, sale bête. Une sale bête m'a piqué.*

REM. *Salle* «local» se prononce de la même façon.

SALÉ [sale] adj. et n. m., **SALÉE** [sale] adj.
I. adjectif (après le nom) **1.** Qui contient du sel. *L'eau de mer est salée. Faites cuire dans l'eau salée.* **2.** Assaisonné avec du sel. *Elle se fait des tartines avec du beurre salé. La purée est trop salée,* il y a trop de sel dedans. ⟨contraire : fade⟩**3.** Grivois. → **osé.** *Il raconte souvent des histoires salées* **4.** STYLE FAMILIER Trop cher. *La note du restaurant est un peu salée.*
II. 1. *LE SALÉ :* le goût salé. *Je préfère le sucré au salé.* **2.** *LE PETIT SALÉ :* morceau de porc assaisonné avec du sel. *J'ai acheté du petit salé. Le cuisinier prépare un petit salé aux lentilles.*

SALEMENT [salmɑ̃] adverbe **1.** D'une manière sale, en salissant. *Les cochons mangent salement.* ⟨contraire : proprement⟩ **2.** STYLE FAMILIER D'une manière très désagréable. *Je suis salement embêté par cette affaire.* – (emphatique) *Il est salement content !* → **très.**

SALER [sale] verbe [conjugaison 1a] ▪ Assaisonner avec du sel. *Le cuisinier a oublié de saler la soupe,* de mettre du sel dans la soupe. *Le charcutier sale les jambons,* il les met dans le sel pour les conserver.

SALETÉ [salte] n. f.
I. *LA SALETÉ :* état d'une chose, d'une personne sale. *Sa maison est d'une saleté repoussante.* ⟨contraire : propreté⟩ *Ils vivent dans la saleté.* → **crasse.** *Cette lessive enlève bien la saleté.*
II. *UNE SALETÉ* **1.** Chose qui salit, qui souille. *Ramasse tes saletés, il y a des miettes partout ! Le chat a fait des saletés dans la cuisine.* **2.** STYLE FAMILIER Chose sans valeur. *Arrête d'acheter des saletés.* → STYLE FAMILIER **cochonnerie, saloperie.**

SALIÈRE [saljɛʀ] n. f. ▪ *UNE SALIÈRE :* petit pot dans lequel on met du sel et que l'on pose sur la table du repas. *Pourrais-tu me passer la salière, s'il te plaît ?*

SALIGAUD [saligo] n. m. ▪ STYLE FAMILIER *UN SALIGAUD* → STYLE FAMILIER **salaud, salopard.** *Tu n'es qu'un petit saligaud !*

REM. *Saligaud* est une sorte de diminutif de *salaud.*

SALIR [saliʀ] verbe [conjugaison 2] **1.** Rendre sale, plus sale. *Tu as sali ton pantalon.* → **souiller, tacher.** *Attention à ne pas salir le parquet !* **2.** Dire du mal de (qqn). *On a cherché à le salir.* → **déshonorer. 3.** verbe pronominal SE SALIR : devenir sale. *Mets un tablier, sinon tu vas te salir ! Elle s'est salie en tombant dans la boue.* – *Elle s'est sali les mains en bricolant.* – *Cette jupe claire se salit facilement.*

FAUX AMIS
espagnol **salir,** portugais **sair** «sortir» ; italien **salire** «monter»

salissant [salisɑ̃] *En salissant :* forme au participe présent du verbe **salir.**

SALISSANT [salisɑ̃], **SALISSANTE** [salisɑ̃t] adj. (après le nom) **1.** Qui devient vite sale. *Le blanc est une couleur salissante.* **2.** Qui salit. *La mécanique est un travail salissant.*

SALIVE [saliv] n. f. ▪ *LA SALIVE :* liquide que l'on a naturellement dans la bouche. *La salive contient des substances qui aident à digérer. Le bébé a de la salive qui coule de la bouche.* → **bave.** – (figuré) *Il a AVALÉ SA SALIVE :* il s'est retenu de dire ce qu'il allait dire. *Ce n'est pas la peine de PERDRE TA SALIVE :* tais-toi, ce que tu dis ne sert à rien.

SALIVER [salive] verbe [conjugaison 1a] ▪ (qqn, animal) Produire de la salive. *L'odeur du gratin en train de cuire nous fait saliver. Le chien salive en sentant sa pâtée.* → **baver.**

SALLE [sal] n. f. ▪ *UNE SALLE* **1.** Pièce d'un appartement, d'une maison, d'un bureau. *Dans cet appartement, il y a une grande salle pour les réceptions. Nous prenons nos repas dans la SALLE À MANGER. Va te laver les mains dans la SALLE DE BAINS. La télévision est dans la SALLE DE SÉJOUR* (→ **living).** *Les administrateurs sont dans la SALLE DE RÉUNION.* **2.** Local dans un édifice ouvert au public. *Les élèves rentrent dans la salle de classe. Dans quelle salle a lieu le cours d'anglais ? Le chirurgien est dans la SALLE D'OPÉRATION. Les femmes accouchent dans la SALLE DE TRAVAIL. Les médecins de l'hôpital prennent leurs repas en SALLE DE GARDE. Veuillez vous asseoir dans la SALLE D'ATTENTE, le médecin va vous recevoir dans un moment. Le restaurant a une salle pour les non-fumeurs. Le bal aura lieu dans la SALLE DES FÊTES du village.* **3.** Local qui reçoit des spectateurs. *La salle de cinéma est pleine.*

REM. *Sale* «pas propre» se prononce de la même façon.

SALON [salɔ̃] n. m. ▪ *UN SALON* **1.** Pièce dans laquelle on reçoit les invités. *Passons au salon pour prendre le café.* **2.** Salle d'un établissement ouvert au public. *Le SALON DE COIFFURE est fermé le lundi,* la boutique du coiffeur. *Nous avons goûté dans un SALON DE THÉ,* une pâtisserie où l'on peut s'asseoir pour consommer. **3.** Exposition annuelle où l'on présente des nouveautés. *Il est allé voir les nouveaux tracteurs au SALON DE L'AGRICULTURE.* → **foire.**

SALOPARD [salɔpaʀ] n. m. ▪ STYLE FAMILIER *UN SALOPARD :* un homme méprisable pour sa conduite. → STYLE FAMILIER **salaud.** *Ce salopard a doublé en haut de la côte. Bande de petits salopards ! Ce n'est qu'un salopard.* → STYLE FAMILIER **fumier, ordure.**

SALOPE [salɔp] n. f. ▪ STYLE FAMILIER *UNE SALOPE :* une femme que l'on méprise pour sa conduite (→ **salaud).** *Tu n'es vraiment qu'une salope ! Espèce de salope !*

FAUX AMI
allemand **salopp** (adj.) «négligé, nonchalant»

SALOPER [salɔpe] verbe [conjugaison 1a] ▪ STYLE FAMILIER **1.** Salir énormément. *Il a renversé son café et salopé tous mes papiers.* → STYLE FAMILIER **cochonner. 2.** Faire très mal. (qqch.) *Elle a salopé le travail,* elle l'a fait n'importe comment.

SALOPERIE [salɔpʀi] n. f. ▪ *UNE SALOPERIE* **1.** Chose sale, sans valeur. → STYLE FAMILIER **saleté.** *Qu'est-ce que c'est que toutes ces saloperies par terre ?* → STYLE FAMILIER **cochonnerie.** *Il a dû manger une saloperie qui l'a rendu malade.* **2.** Mauvaise action qui nuit à qqn. *Il lui a fait une saloperie. Elle est capable des pires saloperies.*

SALOPETTE [salɔpɛt] n. f. ▪ *UNE SALOPETTE :* vêtement formé d'un pantalon et d'une partie à bretelles qui recouvre la poitrine. *Le petit garçon a une salopette en jean.*

SALSIFIS [salsifi] n. m. ▪ *LE SALSIFIS :* plante cultivée pour ses longues racines charnues que l'on mange ; la racine elle-même. *Le rôti de veau est accompagné de salsifis.*

SALTIMBANQUE [saltɛ̃bɑ̃k] n. m., n. f. ▪ *UN SALTIMBANQUE, UNE SALTIMBANQUE* : une personne qui fait des tours d'adresse, des acrobaties en public. *Des saltimbanques se sont produits à la fête du village.*

SALUBRE [salybʀ] adj. (après le nom) ▪ STYLE RECHERCHÉ Qui est bon pour la santé. *Le climat de la région est salubre.* → **sain.** ⟨contraires : insalubre, malsain⟩

SALUER [salɥe] verbe [conjugaison 1a] **1.** Dire bonjour ou au revoir à qqn, lui adresser une marque de respect, en faisant un salut. *Il le salue d'un signe de tête. Tu le salueras* [salyʀa] *de ma part.* **2.** S'incliner devant le public à la fin d'un spectacle. *Le chanteur salue sous les acclamations du public.* **3.** Accueillir par des manifestations extérieures. *L'entrée de l'équipe sur le stade est saluée par des applaudissements.*

① **SALUT** [saly] n. m. ▪ *LE SALUT* **1.** Fait d'échapper à la mort, au danger. *Pris dans la tempête, il a dû son salut à la solidité de son bateau.* **2.** Dans certaines religions, le fait d'échapper au péché, à l'enfer. *Il est bénévole à l'ARMÉE DU SALUT,* dans une organisation protestante qui vient en aide aux indigents.

② **SALUT** [saly] n. m. **1.** *UN SALUT* : geste que l'on fait ou parole que l'on dit quand on rencontre qqn. *Elle lui a fait un salut de la main. Il n'a pas répondu à mon salut.* **2.** *Salut !* formule d'accueil (→ **bonjour**) ou d'adieu (→ **bonsoir,** au **revoir**). *Salut ! comment ça va ? Salut les copains ! Salut tout le monde ! Salut à tous ! Je m'en vais, salut !*

FAUX AMI
russe **салют** « salve »

SALUTAIRE [salytɛʀ] adj. (après le nom) ▪ Qui a un effet favorable. *Un changement d'air vous serait salutaire,* vous ferait du bien. → **bénéfique, bienfaisant.** *Le maire a pris des mesures salutaires.* → **bon, utile.** ⟨contraires : mauvais, néfaste⟩

SALUTATIONS [salytasjɔ̃] n. f. pluriel ▪ *MES SALUTATIONS, NOS SALUTATIONS* : formule de politesse à la fin d'une lettre. *Veuillez agréer mes respectueuses salutations. Sincères salutations.*

SALVE [salv] n. f. ▪ *UNE SALVE* **1.** Ensemble de coups de feu ou de coups de canon tirés en même temps. *L'arrivée de l'armée victorieuse a été saluée par une salve de coups de canon.* **2.** *UNE SALVE D'APPLAUDISSEMENTS* : nombreux applaudissements qui éclatent en même temps. *La fin du spectacle a été accueillie par des salves d'applaudissements.*

SAMBA [sɑ̃mba] n. f. ▪ *LA SAMBA* : danse à deux temps d'origine brésilienne. *Ils ont dansé la samba toute la nuit.*

SAMEDI [samdi] n. m. ▪ *LE SAMEDI* : jour de la semaine entre le vendredi et le dimanche. *Il ne travaille pas le samedi. Elle passe voir ses parents tous les samedis matin. Il viendra samedi prochain.*

SAMOURAÏ [samuʀaj] n. m. ▪ *UN SAMOURAÏ* : guerrier japonais d'autrefois. *Les samouraïs étaient au service d'un seigneur.*

SAMU [samy] n. m. invariable ▪ *LE SAMU* : en France, service médical d'urgence qui assure les premiers soins et le transport des malades, des blessés à l'hôpital. *Quand son père a eu un malaise, elle a immédiatement appelé le SAMU.*

> REM. **1.** *SAMU* est le sigle de ***Service d'Aide Médicale d'Urgence.*** **2.** Pour les urgences qui ne sont pas médicales on appelle *les pompiers.*

SANATORIUM [sanatɔʀjɔm] n. m. ▪ *UN SANATORIUM* : autrefois, maison de santé où l'on soignait les tuberculeux, au grand air. *Il est resté un an dans un sanatorium.* – *SANA* [sana] forme abrégée familière *Il est dans un sana en montagne. Des sanas.*

SANCTION [sɑ̃ksjɔ̃] n. f. ▪ *UNE SANCTION* **1.** Peine infligée à qqn qui n'a pas respecté un règlement. *Le directeur a PRIS DES SANCTIONS contre les élèves trop violents.* → **pénaliser.** *Quand il n'y a aucune sanction les gens sont irresponsables. Quelle est la sanction pour un excès de vitesse ?* **2.** Approbation. *Ce mot nouveau a reçu la sanction de l'usage.*

SANCTIONNER [sɑ̃ksjɔne] verbe [conjugaison 1a] **1.** Pénaliser. *Les retardataires seront sanctionnés.* ⟨contraire : récompenser⟩ **2.** Confirmer officiellement. → **entériner.** *En France, le baccalauréat sanctionne la fin des études secondaires.*

SANCTUAIRE [sɑ̃ktɥɛʀ] n. m. ▪ *UN SANCTUAIRE* : lieu consacré aux cérémonies religieuses. *Les églises et les temples sont des sanctuaires.*

SANDALE [sɑ̃dal] n. f. ▪ *UNE SANDALE* : chaussure légère, plate ou avec un talon, faite d'une semelle retenue par des lanières qui s'attachent sur le dessus du pied. *Elle s'est acheté une paire de sandales en cuir.*

SANDALETTE [sɑ̃dalɛt] n. f. ▪ *UNE SANDALETTE* : sandale plate très légère. *Ma fille met ses sandalettes pour aller à la plage.*

SANDWICH [sɑ̃dwitʃ] n. m. **1.** *UN SANDWICH* : mets composé de deux tranches de pain entre lesquelles il y a des aliments froids. *Je n'ai pas eu le temps de déjeuner, j'ai juste mangé un SANDWICH AU jambon. J'ai préparé des sandwichs pour le pique-nique.* **2.** STYLE FAMILIER *EN SANDWICH* : serré, coincé entre deux personnes ou entre deux choses. *Le jardin est pris en sandwich entre les deux maisons.*

> REM. **1.** On prononce aussi [sɑ̃dwiʃ]. **2.** Le pluriel anglais *sandwiches* est également utilisé en France.

SAN FRANCISCO [sɑ̃fʀɑ̃sisko] nom propre masculin ▪ Ville des États-Unis, en Californie. *Nous sommes allés à San Francisco. Ils reviennent de San Francisco.*

SANG [sɑ̃] n. m. ▪ *LE SANG* **1.** Liquide visqueux de couleur rouge qui circule à travers le corps, dans les veines et les artères. *Un adulte a environ cinq litres de sang dans le corps. Le malade a des troubles de la CIRCULATION DU SANG* (→ **sanguin**). *Son sang ne coagule pas* (→ **hémophile**). *On lui a fait une PRISE DE SANG pour une analyse. Le blessé perd beaucoup de sang* (→ **hémorragie, saigner**). *Il est EN SANG* : il est ensanglanté. **2.** (en parlant du sang versé à la guerre, par violence) *La révolution a fait couler beaucoup de sang.* → **sanglant.** *Assez de sang versé pour rien, à bas la guerre ! Leur dispute a failli finir dans le sang. Il a du sang sur les mains* : il a commis des crimes. *La région a été mise À FEU ET À SANG,* elle a été ravagée et a été le lieu de massacres. *Donnez votre sang pour sauver des blessés.* **3.** (moral) *Elle se FAIT DU MAUVAIS SANG* : elle s'inquiète. → STYLE FAMILIER **bile.** *Nous nous FAISONS UN SANG D'ENCRE à son sujet,* nous nous inquiétons beaucoup. – *Il a la musique DANS LE SANG* : le goût de la musique est profondément ancré en lui. *Il a ça dans le sang,* il est né pour ça, il est très doué. **4.** (en parlant du sang considéré comme porteur des caractères héréditaires) *Il a du sang espagnol dans les veines, par sa grand-mère. Ils sont du même sang* : ils appartiennent à la même famille. **5.** *BON SANG !* exclamation qui marque la colère, l'énervement. *Où peuvent bien être mes lunettes, bon sang ! Bon sang, tu aurais pu me prévenir !*

> REM. *Cent* « dix fois dix » et *sans* « dépourvu de » se prononcent de la même façon.

SANG-FROID [sɑ̃fʀwa] n. m. invariable ▪ *LE SANG-FROID* : maîtrise de soi face au danger. *Il faut organiser notre évasion, ce n'est pas le moment de perdre son sang-froid. Les pompiers gardent toujours leur sang-froid. Le condamné a montré beaucoup de sang-froid.* → **courage.** ⟨contraires : affolement, panique⟩

SANGLANT [sɑ̃glɑ̃], **SANGLANTE** [sɑ̃glɑ̃t] adj. (après le nom) **1.** Couvert de sang. *Il a lavé ses mains sanglantes.* → **ensanglanté. 2.** Qui fait couler beaucoup de sang. *Les combats ont été sanglants.* → **meurtrier.** *Il a eu une mort sanglante,* très violente. **3.** Très dur. *Il lui a fait des reproches sanglants,* très blessants.

SANGLE [sɑ̃gl] n. f. ▪ *UNE SANGLE :* bande large et plate, très solide, qui sert à attacher ou à tenir serré. → **courroie.** *Il vérifie les sangles de son parachute.*

SANGLIER [sɑ̃glije] n. m. **1.** *UN SANGLIER :* porc sauvage très puissant, à la peau épaisse garnie de poils durs, qui vit dans les forêts. *Le sanglier est avec ses petits* (→ **marcassin**). *Le sanglier a des défenses. Ils ont organisé une chasse au sanglier.* **2.** Son poil qui sert à faire des brosses. *Les meilleures brosses à ongles sont en sanglier.*

SANGLOT [sɑ̃glo] n. m. ▪ *UN SANGLOT :* respiration brusque et bruyante qui se produit dans une crise de larmes. *On a entendu des sanglots dans la nuit. Il a ÉCLATÉ EN SANGLOTS en apprenant la mauvaise nouvelle.*

SANGLOTER [sɑ̃glɔte] verbe [conjugaison 1a] ▪ Pleurer avec des sanglots. *Elle s'est mise à sangloter. Va consoler ta sœur qui sanglote dans sa chambre.*

SANGRIA [sɑ̃gʀija] n. f. ▪ *LA SANGRIA :* boisson faite de vin rouge dans lequel on fait macérer des morceaux de fruits et que l'on boit glacée. *Nous avons bu de la sangria.*

SANGSUE [sɑ̃sy] n. f. ▪ *UNE SANGSUE :* gros ver qui colle à la peau et suce le sang. *La sangsue se fixe à la peau par ses deux ventouses.*

SANGUIN [sɑ̃gɛ̃], **SANGUINE** [sɑ̃gin] adj. (après le nom) ▪ Qui concerne le sang. *Les veines et les artères sont des VAISSEAUX SANGUINS. De quel groupe sanguin êtes-vous ?* → **groupe.** *On a fait une transfusion sanguine au blessé,* une transfusion de sang.

SANGUINAIRE [sɑ̃ginɛʀ] adj. (après le nom) ▪ STYLE RECHERCHÉ (qqn) Qui aime faire couler le sang. *Néron était un tyran sanguinaire.* → **cruel.**

SANGUINOLENT [sɑ̃ginɔlɑ̃] adj. (après le nom) ▪ Mêlé de sang, teinté de sang. *L'infirmière enlève le pansement sanguinolent.*

SANISETTE [sanizɛt] n. f. ▪ (nom déposé) *UNE SANISETTE :* cabine de toilettes publiques qui s'ouvre quand on introduit une pièce de monnaie. *Il s'est arrêté dans une sanisette.*

SANITAIRE [sanitɛʀ] adj. et n. m.
I. adjectif (après le nom) **1.** Qui concerne la santé de tous, l'hygiène. *Des équipes sanitaires sont envoyées sur le lieu de l'accident.* **2.** *Un APPAREIL SANITAIRE,* qui distribue et évacue l'eau dans les habitations. *Les lavabos, les baignoires, les toilettes, les éviers sont des appareils sanitaires. L'installation sanitaire de la maison est à refaire.*
II. nom masculin (au pluriel) LES SANITAIRES : l'ensemble des installations sanitaires. *Les sanitaires du camping sont bien entretenus. Où sont les sanitaires ?*

SANS [sɑ̃] préposition **1.** Exprime le manque, la privation, l'absence. *Il est venu sans sa femme.* ⟨contraire : avec⟩ *Je bois mon café sans sucre. La chambre d'hôtel est à deux cents francs sans le petit-déjeuner,* le petit-déjeuner non compris. *Il a plu toute la journée SANS ARRÊT. La situation est sans espoir :* il n'y a aucun espoir. *C'est un homme SANS AUCUN scrupule. Il viendra demain SANS FAUTE :* c'est sûr qu'il viendra demain. *Elle a SANS DOUTE raison,* certainement. *Il n'est pas sans mérite :* il a du mérite. *Il s'est fâché NON SANS raisons,* avec raison. *Il y est arrivé non sans mal,* avec du mal. **2.** (avec l'infinitif) *Il est venu sans tarder. Entrez sans frapper,* ne frappez pas avant d'entrer. *Ne reste pas sans rien faire !* fais qqch. ! *Tu n'es PAS SANS SAVOIR que c'est impossible :* tu sais que c'est impossible. *Ils sont partis SANS PLUS ATTENDRE,* tout de suite. **3.** *SANS QUE. Elle a pris sa décision sans que personne le sache. Elle est sortie sans qu'on le lui ait permis,* sans qu'on lui ait permis de le faire.

REM. *Cent* « dix fois dix » et *sang* « liquide rouge » se prononcent de la même façon.

SANS-ABRI [sɑ̃zabʀi] n. m. et n. f. invariables ▪ *UN SANS-ABRI, UNE SANS-ABRI :* une personne qui n'a plus de logement. → **sans-logis, S. D. F.** *Une sans-abri a dormi dans le hall de l'immeuble.* PLURIEL : *le tremblement de terre a fait de nombreux sans-abri.* → **sinistré.**

SANS CESSE → **cesse**

SANS DÉSEMPARER → **désemparer**

SANS DISCONTINUER → **discontinuer**

SANS-EMPLOI [sɑ̃zɑ̃plwa] n. m. et n. f. invariables ▪ *UN SANS-EMPLOI, UNE SANS-EMPLOI :* une personne qui n'a pas de travail. → **chômeur, emploi.** PLURIEL : *les sans-emploi touchent des allocations.*

REM. Ce mot sert d'euphémisme pour *chômeur.*

SANS ENCOMBRE → **encombre**

SANS-FIL [sɑ̃fil] n. m. invariable ▪ *UN SANS-FIL :* un téléphone sans fil. *Je t'appelle de la cuisine avec mon sans-fil.* PLURIEL : *des sans-fil.*

SANS-GÊNE [sɑ̃ʒɛn] adj. et n. m. invariables **1.** adjectif invariable (après le nom) Qui agit avec une trop grande familiarité, sans craindre de gêner les autres. *C'est une fille sans-gêne.* PLURIEL : *des personnes sans-gêne.* **2.** *LE SANS-GÊNE :* impolitesse d'une personne qui prend ses aises, sans se gêner pour les autres. *Elle est d'un sans-gêne incroyable.* → **désinvolture.**

SANS-LOGIS [sɑ̃lɔʒi] n. m., n. f. ▪ *UN SANS-LOGIS, UNE SANS-LOGIS :* une personne qui n'a pas de logement où habiter. → **sans-abri, S. D. F.** *Des sans-logis se sont réfugiés dans l'église.*

SANSONNET [sɑ̃sɔnɛ] n. m. ▪ *UN SANSONNET :* petit oiseau au plumage sombre tacheté de blanc. → **étourneau.** *Un sansonnet s'est posé sur la branche.* – STYLE FAMILIER *C'est de LA ROUPIE DE SANSONNET :* c'est une chose insignifiante, sans importance.

SANS-PAPIERS [sɑ̃papje] n. m., n. f. ▪ *UN SANS-PAPIERS, UNE SANS-PAPIERS :* une personne qui n'a pas de papiers d'identité, immigré en situation irrégulière. *Des sans-papiers ont été arrêtés par la police.*

SANTÉ [sɑ̃te] n. f. ▪ *LA SANTÉ* **1.** Bon état et bon fonctionnement du corps. ⟨contraire : maladie⟩ *Sa fille est une enfant pleine de santé. L'air de la montagne est bon pour la santé* (→ **sain**). *Fumer est mauvais pour la santé* (→ **malsain**). – STYLE FAMILIER *Il A LA SANTÉ :* il a de l'énergie et ne se laisse pas abattre. – *Buvons à la santé des lauréats,* en leur honneur. – *À VOTRE SANTÉ ! SANTÉ !* formule qui se dit lorsqu'on trinque. → **trinquer. 2.** Fonctionnement bon ou mauvais de l'organisme. *Quel est son état de santé ?* comment va-t-il ? *Il est en bonne santé, en excellente santé, en parfaite santé :* il est bien portant. *Elle est en mauvaise santé :* elle ne se porte pas bien, elle est malade. *Son mari est d'une santé délicate. Nous vous souhaitons une meilleure santé :* nous vous souhaitons d'aller mieux. *Bonne* *année et bonne santé !* vœux que l'on formule au jour de l'an. - STYLE FAMILIER *Elle a une petite santé :* elle est fragile. **3.** *UNE MAISON DE SANTÉ :* maison de repos où l'on soigne les maladies nerveuses ou mentales. *Il est en maison de santé depuis un mois,* dans une clinique psychiatrique.

SANTIAG [sɑ̃tjag] n. f. ▪ STYLE FAMILIER *UNE SANTIAG :* botte de cuir, de style américain, au bout pointu et au talon oblique. *Il a mis des santiags. Elle est en jean et en santiags.*

SANTIAGO [sɑ̃tjago] nom propre ▪ Capitale du Chili. *Nous sommes allés à Santiago. Ils reviennent de Santiago.*

SAÔNE [son] nom propre féminin ▪ *LA SAÔNE :* rivière de l'est de la France, principal affluent du Rhône. *La Saône traverse la ville de Lyon.*

SÃO PAULO [saopolo] nom propre ▪ Ville du Brésil et capitale de l'État de São Paulo. *São Paulo est la plus grande ville du Brésil. Ils sont en voyage à São Paulo. Nous revenons de São Paulo.*

SAOUDIEN [saudjɛ̃] adj. et n. m., **SAOUDIENNE** [saudjɛn] adj. et n. f. **1.** adjectif (après le nom) De l'Arabie Saoudite. *Ce pays achète du pétrole saoudien.* **2.** *UN SAOUDIEN, UNE SAOUDIENNE :* un habitant, une habitante de l'Arabie Saoudite. *Les Saoudiens.*

SAPER [sape] verbe [conjugaison 1a] **1.** Creuser pour faire s'écrouler. *La mer sape la falaise.* **2.** *SAPER LE MORAL DE qqn,* lui enlever la confiance, le courage, le moral. *Tais-toi, tu me sapes le moral !* → **casser.** **3.** STYLE FAMILIER verbe pronominal SE SAPER : s'habiller de manière élégante. → se **fringuer.** *Elle s'est sapée pour sortir avec son mec. Il est toujours bien sapé.*

SAPEUR-POMPIER [sapœʀpɔ̃pje] n. m. ▪ *UN SAPEUR-POMPIER :* pompier. *Mon fils veut être sapeur-pompier.* PLURIEL : *les SAPEURS-POMPIERS ont éteint l'incendie.*

REM. Le mot *sapeur-pompier* est peu employé. On dit plutôt *pompier.*

SAPHIR [safiʀ] n. m. ▪ *UN SAPHIR :* pierre précieuse transparente et bleue. *Elle a une broche ornée de saphirs.*

SAPIN [sapɛ̃] n. m. ▪ *UN SAPIN* **1.** Arbre résineux d'altitude qui reste toujours vert **(→ conifère).** *Il y a des sapins dans la montagne.* → **épicéa.** *Les feuilles des sapins s'appellent des aiguilles. Les enfants ont décoré le SAPIN DE NOEL.* **2.** Bois de cet arbre, utilisé en menuiserie. *Cette armoire est EN SAPIN.*

SAQUER → **sacquer**

SARABANDE [saʀabɑ̃d] n. f. ▪ *UNE SARABANDE :* course désordonnée et bruyante. *C'est pas bientôt fini cette sarabande ? Les chats FONT LA SARABANDE sur le toit.*

SARAJEVO [saʀajevo] nom propre féminin ▪ Capitale de la Bosnie-Herzégovine. *Sarajevo a été gravement touchée par la guerre civile en ex-Yougoslavie (1992-1995).*

SARCASME [saʀkasm] n. m. ▪ *UN SARCASME :* moquerie méchante. *Pour se défendre, elle a répondu par des sarcasmes.*

SARCASTIQUE [saʀkastik] adj. (après le nom) ▪ Moqueur et méchant. *Il a eu un sourire sarcastique. - C'est un beau garçon mais très sarcastique.*

SARCLER [saʀkle] verbe [conjugaison 1a] ▪ Débarrasser des mauvaises herbes avec un outil. → **désherber.** *Le jardinier sarcle le potager.*

SARCOPHAGE [saʀkɔfaʒ] n. m. ▪ *UN SARCOPHAGE :* cercueil de pierre. *Les momies des pharaons étaient déposées dans des sarcophages.*

SARDINE [saʀdin] n. f. ▪ *UNE SARDINE* **1.** Petit poisson de mer que l'on mange frais ou conservé dans l'huile. *Nos voisins font souvent griller des sardines dans leur jardin. J'ai acheté une boîte de SARDINES (À L'HUILE).* - STYLE FAMILIER *Hier soir, dans le métro, nous étions SERRÉS COMME DES SARDINES,* très serrés les uns contre les autres dans les wagons absolument remplis. **2.** Petit piquet de tente que l'on enfonce dans le sol. *Les campeurs tapent sur les sardines avec des maillets.*

SARI [saʀi] n. m. ▪ *UN SARI :* longue étoffe de soie ou de coton dans laquelle se drapent les femmes indiennes. *Le sari est un vêtement très gracieux.*

S.A.R.L. [ɛsaɛʀɛl] n. f. invariable ▪ *UNE S. A. R. L. :* société commerciale où la responsabilité pécuniaire des associés est limitée au montant de leurs apports. *Ils ont créé une S. A. R. L.* PLURIEL : *des S. A. R. L.*

REM. *S. A. R. L.* est le sigle de ***S**ociété **à R**esponsabilité **L**imitée.*

SARMENT [saʀmɑ̃] n. m. ▪ *UN SARMENT :* branche de vigne qui porte les grappes de raisins. *Le vigneron taille les sarments. Nous avons fait griller des saucisses sur des sarments.*

SARRASIN [saʀazɛ̃] n. m. ▪ *LE SARRASIN :* céréale à petits grains. *Le sarrasin est aussi appelé* blé noir. *J'ai fait de la pâte à crêpes avec de la farine de sarrasin.* → **galette.**

SARRE [saʀ] nom propre féminin - en allemand **SAARLAND** ▪ *LA SARRE :* État d'Allemagne. *La capitale de la Sarre est Sarrebruck. Ils habitent dans la Sarre.*

SARREBRUCK [saʀbʀyk] nom propre féminin - en allemand **SAARBRÜCKEN** ▪ Capitale de l'État de la Sarre, en Allemagne. *Ils vivent à Sarrebruck.*

SAS [sas] n. m. ▪ *UN SAS :* petite pièce fermée par des portes étanches, permettant le passage entre deux pièces ou entre une pièce et l'extérieur. *Les cosmonautes sortent de la fusée par un sas.*

SATAN [satɑ̃] nom propre ▪ Prince des démons, dans les traditions juive et chrétienne. *Arrière, Satan !* **(→ diable).**

SATANÉ [satane], **SATANÉE** [satane] adj. (avant le nom) ▪ Maudit. *Je suis arrivé en retard à cause de ces satanés embouteillages.* → STYLE FAMILIER ① **fichu.** *Satané menteur !* → **sacré.**

SATANIQUE [satanik] adj. (après le nom) ▪ Qui fait penser au diable, qui paraît inspiré par le diable, par Satan. → **démoniaque, diabolique.** *Je n'aime pas ce bonhomme, il a un rire satanique.* ⟨contraire : angélique⟩

SATELLITE [satelit] n. m. ▪ *UN SATELLITE* **1.** Astre qui tourne autour d'une planète. *La Lune est le satellite de la Terre.* **2.** Engin spatial qui tourne autour de la Terre, de la Lune ou d'un autre astre. *Le premier satellite a été lancé dans l'espace par l'U. R. S. S. le 4 octobre 1957. Les satellites permettent de retransmettre des émissions télévisées, de faire des observations météorologiques ou militaires.* **3.** Bâtiment annexe d'une aérogare, relié au bâtiment principal par un couloir. *Vol pour Berlin, embarquement immédiat, satellite n° 5.* **4.** Nation qui est sous la dépendance économique et politique d'une autre nation. *Ce pays n'est qu'un satellite de la Russie.*

À SATIÉTÉ [asasjete] adverbe ▪ *MANGER À SATIÉTÉ :* manger jusqu'à n'avoir plus faim. → **rassasié, repu.** *Nous avons mangé à satiété.*

SATIN [satɛ̃] n. m. ▪ *LE SATIN :* étoffe de soie ou de coton, lisse et brillante. *Le dessus-de-lit est en satin.*

SATINÉ [satine], **SATINÉE** [satine] adj. (après le nom). Qui a la douceur et l'aspect du satin. *Pour vos murs, vous avez le choix entre de la peinture brillante, de la peinture mate ou de la peinture satinée,* de la peinture dont le brillant est un peu atténué. – *Les bébés ont une peau satinée,* très douce.

SATIRE [satiʀ] n. f. *UNE SATIRE :* critique moqueuse (→ **pamphlet**). *Ce film est une violente satire de la vie politique.* → **critique.**

REM. Le mot *satyre* «divinité mythologique» et «homme lubrique» se prononce de la même façon.

SATIRIQUE [satiʀik] adj. (après le nom). Qui est une satire. *Il fait des dessins satiriques pour des journaux. C'est un journal humoristique et satirique.*

SATISFACTION [satisfaksjɔ̃] n. f.
I. *LA SATISFACTION* **1.** Plaisir que l'on ressent quand se réalise ce que l'on souhaite, ce que l'on désire. → **contentement, joie.** ⟨contraires : insatisfaction, peine⟩ *J'apprends AVEC SATISFACTION que vous serez chez nous le week-end prochain. Le calme est revenu dans le village, À LA SATISFACTION GÉNÉRALE,* tout le monde est content du retour au calme. – *Ce nouveau collaborateur DONNE SATISFACTION,* il plaît par sa compétence, ses qualités. *Son travail donne entière satisfaction.* **2.** Acte par lequel on accorde à qqn ce qu'il demande. *Les salariés ont OBTENU SATISFACTION.*
II. *UNE SATISFACTION :* ce qui fait plaisir, qui donne de la joie. ⟨contraires : déception, frustration⟩ *Vous revoir est une grande satisfaction.* ⟨contraire : contrariété⟩ *Son travail lui apporte peu de satisfactions.*

SATISFAIRE [satisfɛʀ] verbe [conjugaison 60] **1.** Contenter (qqn). ⟨contraire : mécontenter⟩ *On ne peut pas satisfaire tout le monde ! Les serveurs du restaurant satisfont les clients. Vous me satisfaites* [satisfɛt]. *Mon métier me satisfait. Cette nouvelle loi satisfera les patrons.* **2.** Contenter (un besoin, un désir). *Nous ne pouvons satisfaire toutes les demandes. Il ne faut pas que tu satisfasses tous les désirs de ton fils !* → **exaucer, réaliser.** *Ce n'est pas en satisfaisant* [satisfəzɑ̃] *ses caprices qu'on éduque un enfant. Ma réponse a-t-elle satisfait votre curiosité ? – Satisfaire une femme,* lui donner du plaisir sexuel. **3.** *SATISFAIRE À :* réaliser, répondre à ce qui est demandé. *Nous ne pourrons satisfaire à plus de demandes. Le candidat a été refusé car il ne satisfaisait* [satisfəzɛ] *pas à toutes les conditions.* → **remplir.**

satisfaisant [satisfəzɑ̃] *En satisfaisant :* forme au participe présent du verbe **satisfaire.**

SATISFAISANT [satisfəzɑ̃], **SATISFAISANTE** [satisfəzɑ̃t] adj. (après le nom). Qui satisfait, qui correspond à ce que l'on souhaite, à ce que l'on attend. → **acceptable, bon.** ⟨contraires : insuffisant, mauvais⟩ *Son fils a des résultats scolaires satisfaisants. Cette explication n'est pas très satisfaisante.*

satisfait [satisfɛ], **satisfaite** [satisfɛt] *Il a satisfait la clientèle ; la clientèle qu'il a satisfaite :* formes au participe passé du verbe **satisfaire.**

SATISFAIT [satisfɛ], **SATISFAITE** [satisfɛt] adj. (après le nom). Qui a ce qu'il veut, ce qu'elle veut. → **content.** ⟨contraire : insatisfait⟩ *Elle a réussi, elle est satisfaite. Je suis très satisfait.* ⟨contraires : fâché, mécontent⟩ *Elle n'est jamais satisfaite. Il n'a pas eu tout ce qu'il voulait mais il S'ESTIME SATISFAIT,* il est quand même content de ce qu'il a obtenu. – *Nous sommes SATISFAITS DE votre travail. Il n'est jamais satisfait de rien. Il est très satisfait de lui-même ! – Dans ce magasin, les clients sont SATISFAITS OU REMBOURSÉS,* s'ils ne sont pas contents de leur achat, le magasin les rembourse.

satisfaites [satisfɛt] *Vous satisfaites :* forme au présent du verbe **satisfaire.**

SATURATION [satyʀasjɔ̃] n. f. *LA SATURATION :* état de ce qui est rempli, de ce à quoi on ne peut plus rien ajouter. *Vers dix-huit heures trente, le périphérique ARRIVE À SATURATION,* il ne peut pas contenir plus de voitures. – *J'ai trop de travail, c'est la saturation.*

SATURÉ [satyʀe], **SATURÉE** [satyʀe] adj. (après le nom) **1.** Qui ne peut contenir plus (de), qui est complètement rempli. *L'autoroute est saturée. – La campagne a été inondée car, après l'orage, la terre était saturée d'eau.* **2.** *ÊTRE SATURÉ DE :* avoir trop de (qqch.). *Les gens sont saturés de publicité.*

SATYRE [satiʀ] n. m. *UN SATYRE* **1.** Divinité mythologique, être à corps humain, à cornes et pieds de bouc. *Les satyres sont souvent représentés jouant de la flûte et poursuivant de belles jeunes filles.* **2.** Homme lubrique, qui cherche brutalement à avoir des rapports avec les femmes. *Ce vieux satyre m'a pincé les fesses !*

REM. Le nom féminin *satire* «critique moqueuse» se prononce de la même façon.

SAUCE [sos] n. f. *LA SAUCE* **1.** Liquide plus ou moins épais, plutôt gras, aromatique, qui accompagne certains plats. *Elle prépare une sauce vinaigrette. Les enfants ont mangé des pâtes à la SAUCE TOMATE. Les endives sont nappées de sauce béchamel. Voulez-vous encore un peu de sauce ? Il finit la sauce en essuyant son assiette avec un morceau de pain* (→ **saucer**). – STYLE FAMILIER *Après la nouvelle organisation des services, les salariés se demandent À QUELLE SAUCE ILS VONT ÊTRE MANGÉS,* ils se demandent ce qui risque de leur arriver de pénible. *Il est tellement fier de son succès qu'il le SERT À TOUTES LES SAUCES,* il en parle sans arrêt, à tout propos. **2.** Jus de viande. *Elle arrose les pommes de terre avec la sauce du rôti.* **3.** STYLE FAMILIER Forte pluie, averse. *On a reçu toute la sauce !*

FAUX AMI
espagnol **sauce**
«saule»

SAUCER [sose] verbe [conjugaison 3a] **1.** Essuyer en enlevant la sauce, pour la manger. *Nous saućons notre assiette avec un morceau de pain.* **2.** STYLE FAMILIER *SE FAIRE SAUCER :* recevoir la pluie. *Je n'avais pas de parapluie, qu'est-ce que je me suis fait saucer !*

SAUCIÈRE [sosjɛʀ] n. f. *UNE SAUCIÈRE :* récipient dans lequel on sert les sauces. *Pour servir la sauce, elle incline la saucière en la tenant par son anse.*

SAUCISSE [sosis] n. f. *UNE SAUCISSE :* préparation de viande hachée et de gras de porc, entourée d'un boyau, qui se mange cuite. *Nous avons mangé des saucisses grillées. Pour faire des tomates farcies, on remplit les tomates de CHAIR À SAUCISSE.*

REM. En France, il y a beaucoup de sortes de saucisses : la saucisse de Toulouse, la saucisse de Morteau, la saucisse de Strasbourg, par exemple.

SAUCISSON [sosisɔ̃] n. m. *UN SAUCISSON :* préparation de viande hachée (porc, bœuf), cuite ou séchée, entourée d'un boyau, qui se mange généralement froide. *Le saucisson se coupe en rondelles. J'ai mangé des RONDELLES DE SAUCISSON SEC avec du pain. En hors-d'œuvre, il y a du saucisson. Un sandwich saucisson beurre !*

① **SAUF** [sof] préposition. À l'exception de. *Tout le monde est là, sauf mon frère qui n'est pas encore arrivé.* → ① **excepté, hormis.** *J'aime tous les fromages sauf le roquefort. Je me sens bien, sauf quelques maux de tête,* à part quelques maux de tête. *Nous* *déjeunons ensemble demain,* SAUF IMPRÉVU, à moins que qqch. nous empêche de déjeuner ensemble. – *Tout va bien,* SAUF QUE *le temps n'est pas très beau.*

② **SAUF** [sof], **SAUVE** [sov] adj. (après le nom) ▪ Qui a échappé à un grave danger, qui est vivant après avoir failli mourir. → **indemne, rescapé, sauvé.** *Il est* SAIN ET SAUF [sɛ̃esof]. *Les alpinistes ont eu très peur mais ils sont sains et saufs* [sɛ̃esof]. *Ne vous inquiétez pas, elle est* SAINE ET SAUVE [sɛnesov]. – *Laissez la* VIE SAUVE *aux otages ! – L'équipe a perdu mais, grâce à ce but,* L'HONNEUR EST SAUF, l'honneur est intact.

SAUGRENU [sogʀəny], **SAUGRENUE** [sogʀəny] adj. (après le nom) ▪ Inattendu, bizarre et un peu ridicule. → **absurde, burlesque.** *Quelle idée saugrenue ! Elle pose souvent des questions saugrenues.*

SAULE [sol] n. m. ▪ *UN SAULE :* arbre qui pousse dans les lieux humides. *La rivière est bordée de saules. Les branches tombantes du* SAULE PLEUREUR *effleurent l'eau du lac.*

SAUMÂTRE [somɑtʀ] adj. (après le nom) **1.** Constitué d'un mélange d'eau douce et d'eau de mer. *Il pêche dans les eaux saumâtres d'un étang qui communique avec la mer.* **2.** STYLE FAMILIER *LA TROUVER SAUMÂTRE :* trouver désagréable la situation dans laquelle on se trouve, se sentir victime de qqch. *On a fait tout le boulot et c'est lui qui est félicité, je la trouve saumâtre.*

SAUMON [somɔ̃] n. m. ▪ *UN SAUMON :* poisson de mer à chair rose qui remonte les fleuves pour pondre. *Les saumons reviennent pondre dans les cours d'eau où ils sont nés. Les ours pêchent les saumons. Le saumon se mange frais ou fumé. Ce soir, nous mangerons du* SAUMON FUMÉ.

SAUMURE [somyʀ] n. f. ▪ *LA SAUMURE :* eau très salée dans laquelle on conserve certains aliments. *Les olives et les harengs se conservent très bien dans la saumure.*

SAUNA [sona] n. m. ▪ *UN SAUNA* **1.** Bain de vapeur sèche, d'origine finlandaise. *Elle prend un sauna une fois par semaine. Il est agréable de se baigner dans l'eau froide, après un sauna.* **2.** Établissement, local où l'on prend ce bain. *Elle va régulièrement au sauna. Ils ont un sauna chez eux.*

SAUPOUDRER [sopudʀe] verbe [conjugaison 1a] ▪ Couvrir d'une légère couche d'une substance réduite en poudre. *Saupoudrez les fraises de sucre et servez aussitôt.*

SAUR [sɔʀ] adj. m. ▪ *Un* HARENG SAUR ['aʀɑ̃sɔʀ] : hareng salé et fumé. *Nous avons mangé des harengs saurs avec des pommes de terre à l'huile.*

saura [sɔʀa] *Il saura, elle saura :* forme au futur du verbe **savoir.**

saurait [sɔʀɛ] *Il saurait, elle saurait :* forme au conditionnel du verbe **savoir.**

SAUT [so] n. m.
I. *UN SAUT* Mouvement du corps par lequel une personne, un animal cesse de prendre appui sur le sol ou sur un appui pour s'élever, se projeter. → **bond.** *Le chat prépare son saut mais l'oiseau a pris son vol. Le moineau avance par petits sauts* (→ **sautiller**). *J'ai fait un saut au-dessus du ruisseau.*
II. *LE SAUT* Sport où l'on saute. *Les élèves de gymnastique* FONT DU SAUT, pratiquent l'exercice où l'on tente de franchir la hauteur ou la distance la plus grande. *Ils ont fait du* SAUT EN LONGUEUR *et du* SAUT EN HAUTEUR. *Tu as fait un saut de deux mètres. Elle est bonne au saut d'obstacles. Le skieur a réussi son saut. La patineuse a tenté un* TRIPLE SAUT. *Il est champion du monde de* SAUT À LA PERCHE. *Tous les dimanches, il fait du saut en parachute* (→ **parachutisme**).
III. Action de sauter rapidement. **1.** *AU SAUT DU LIT :* au moment où l'on sort du lit, le matin. *Non, ton coup de téléphone ne me dérange pas, mais tu me prends au saut du lit,* tu téléphones au moment où je viens juste de me lever, de me réveiller. **2.** Action d'aller (quelque part) rapidement et sans rester. *Je suis pressé mais je vais quand même* FAIRE UN SAUT *chez toi.* **3.** Passage d'un moment à un autre moment, très éloigné. *Dans ce passage, l'auteur fait un saut de deux siècles en arrière.*

REM. *Sceau* « empreinte », *seau* « récipient » et *sot* « stupide » se prononcent de la même façon.

SAUTE [sot] n. f. ▪ *UNE SAUTE :* brusque changement. *Il y a eu une saute de vent et les volets ont claqué. Ces sautes de températures sont fatigantes. – Mon frère a souvent des* SAUTES D'HUMEUR, il change brusquement d'humeur.

SAUTÉ [sote] adj. et n. m., **SAUTÉE** [sote] adj. **1.** adjectif (après le nom) Cuit à la poêle ou à la cocotte à feu vif et en remuant. *J'ai mangé un steak avec des* POMMES DE TERRE SAUTÉES. **2.** *UN SAUTÉ :* aliment cuit avec une matière grasse et à feu vif. *Le cuisinier prépare un sauté de veau.*

SAUTE-MOUTON [sotmutɔ̃] n. m. invariable ▪ *LE SAUTE-MOUTON :* jeu où l'on saute par-dessus qqn qui se tient courbé, en s'appuyant sur son dos. *Les enfants* JOUENT À SAUTE-MOUTON.

REM. L'emploi de ce mot au pluriel est très rare.

SAUTER [sote] verbe [conjugaison 1a]
I. 1. (personnes, certains animaux) Quitter le sol, l'appui sur lequel on se trouvait, par un ensemble de mouvements du corps, notamment pour franchir un espace ou un obstacle. → **bondir,** s'**élancer.** *Le cheval a sauté par-dessus la barrière. Le chat a sauté sur la table. Tu sautes haut ! Allez, saute ! Elle s'est enfuie en sautant par la fenêtre. Je n'aime pas plonger dans l'eau, je préfère sauter en me bouchant le nez. Le désespéré a sauté dans le vide. Il a très envie de* SAUTER EN PARACHUTE. – *En apprenant la bonne nouvelle, elle a* SAUTÉ DE JOIE. – STYLE FAMILIER *Quand il m'a dit ça, j'ai* SAUTÉ AU PLAFOND, j'ai exprimé vivement ma surprise, mon indignation. **2.** Se précipiter. *Elle a* SAUTÉ AU COU *de son père. Je saute dans un taxi et j'arrive. Je venais juste d'arriver quand il m'a* SAUTÉ DESSUS *pour me parler de ses ennuis,* il s'est précipité pour me parler. *Affamé, il a* SAUTÉ SUR *un morceau de pain et l'a dévoré.* → se **jeter.** – *Les policiers ont sauté sur le bandit,* ils l'ont attaqué. *Ils lui ont sauté dessus.* STYLE FAMILIER *Ce mec* SAUTE SUR TOUT CE QUI BOUGE, il cherche à avoir des rapports avec toutes les femmes qu'il rencontre. – *Il ment,* ÇA SAUTE AUX YEUX, c'est évident. **3.** (qqch.) Subir des secousses répétées. *Ma télévision est en panne : l'image saute.* **4.** Passer vivement (d'une chose à une autre). *Je voulais tellement savoir comment se termine l'histoire que j'ai sauté à la fin,* je suis allé directement à la fin du livre, sans lire la totalité du livre. *Dans ce film, on saute du vingtième siècle au dix-huitième siècle.* **5.** Être déplacé ou projeté brutalement. *Le bouchon de champagne a sauté. Comme j'ai perdu ma clé, j'ai dû faire sauter la serrure de mon appartement.* – STYLE FAMILIER *Tu fais ce que je dis* ET QUE ÇA SAUTE ! et tu le fais tout de suite, et que ça aille vite. – STYLE FAMILIER *La directrice de l'entreprise a sauté,* elle a été licenciée. **6.** Exploser. *Le char a sauté sur une mine. Attention, tout va sauter !* → **éclater.** *Il s'est* FAIT SAUTER LA CERVELLE, il s'est suicidé en se tirant une balle dans la tête. – *Les plombs ont encore sauté !* ils ont fondu à cause d'un court-circuit. **7.** Être supprimé, annulé. *Le policier a fait sauter le permis de conduire de l'automobiliste ivre. Elle se vante de pouvoir faire sauter ses contraventions.* **8.** *FAIRE SAUTER un aliment,* le faire cuire à feu très vif dans de la matière grasse. *Elle fait sauter des pommes de terre dans la poêle.* → **revenir, rissoler.** *Elle fait sauter la crêpe,* elle la retourne vivement dans la poêle.

II. *SAUTER QQCH.* **1.** Franchir (qqch.) en quittant le sol. *Le cheval a sauté l'obstacle,* il est passé par-dessus. **2.** Ne lire, ne pas écrire, dans un texte. → **passer.** *J'ai sauté un mot dans la phrase. Ce livre ne m'intéresse pas beaucoup, alors je saute des passages,* je ne lis pas certains passages. *Le comédien a sauté une réplique,* il a oublié de dire une réplique. → **omettre.** **3.** *SAUTER UN REPAS :* ne pas manger à l'heure habituelle. *J'ai tellement de travail que j'ai sauté le repas de midi.* **4.** STYLE TRÈS FAMILIER Avoir des relations sexuelles avec (une femme). *Alors, tu l'as sautée, cette nana ? Elle s'est fait sauter par tous ses copains.*

SAUTERELLE [sotʀɛl] n. f. ▪ *UNE SAUTERELLE :* insecte vert ou gris qui se déplace en sautant à l'aide de ses longues pattes arrière (→ **criquet).** *Une sauterelle a sauté sur mon épaule. - Qui c'est cette grande sauterelle ?* cette fille grande et maigre.

SAUTEUR [sotœʀ] n. m. **SAUTEUSE** [sotøz] n. f. **1.** Athlète, sportif qui fait du saut. *Il est sauteur à la perche. C'est une bonne sauteuse à ski.* **2.** Cheval dressé pour le saut. *Ce cheval est un sauteur d'obstacles.* **3.** Personne qui ne tient pas parole. *Il n'est pas fiable, c'est un sauteur. Quelle sauteuse, elle n'est pas venue au rendez-vous !*

SAUTEUSE [sotøz] n. f. ▪ *UNE SAUTEUSE :* casserole à bords bas dans laquelle on fait cuire les viandes, les légumes à feu vif. *J'ai fait des pommes de terre sautées dans la sauteuse.*

SAUTILLER [sotije] verbe [conjugaison 1a] ▪ Avancer par petits sauts. *Des moineaux sautillent sur la pelouse.*

SAUTOIR [sotwaʀ] n. m. ▪ *UN SAUTOIR :* très long collier. *Elle a mis son sautoir de perles.*

SAUVAGE [sovaʒ] adj., n. m. et n. f.
I. adjectif (après le nom) **1.** Qui vit en liberté dans la nature. ⟨contraires : apprivoisé, domestique⟩ *Il est difficile d'apprivoiser les animaux sauvages. Nous avons vu un documentaire sur les bêtes sauvages. Il y a des canards sauvages et des canards domestiques. Un cheval s'est enfui et est redevenu sauvage.* **2.** (plante) Qui pousse et se développe naturellement, sans être cultivé. *L'églantine est la fleur du rosier sauvage.* **3.** Qui n'est pas habité par l'homme, qui n'a pas été touché par l'action humaine. → ① **désert, inhabité.** *L'endroit est très sauvage : à perte de vue, on ne voit que des rochers et la mer.* **4.** Qui se fait, qui survient spontanément. *Les ouvriers ont déclenché une grève sauvage,* une grève non organisée. *Ils aiment le CAMPING SAUVAGE :* ils aiment camper dans la nature, hors des terrains aménagés pour le camping. **5.** (qqn) Qui aime vivre seul, qui fuit les relations avec les autres. *C'est un enfant très sauvage.* ⟨contraire : sociable⟩ *Ce vieil homme vit à l'écart, EN SAUVAGE.* **6.** Qui a qqch. d'inhumain. *C'est un crime atroce, sauvage.*
II. *UN SAUVAGE, UNE SAUVAGE* **1.** (péjoratif) Personne qui appartient à une civilisation considérée comme peu évoluée. *Autrefois, on se demandait si les sauvages étaient des êtres humains.* **2.** Personne brutale, grossière. *Faites attention, bande de sauvages !* → **brute.**

SAUVAGEMENT [sovaʒmɑ̃] adverbe ▪ Avec brutalité, férocité. *Il a été tué sauvagement de plusieurs coups de couteau.*

SAUVAGERIE [sovaʒʀi] n. f. ▪ *LA SAUVAGERIE :* grande cruauté. → **barbarie.** *C'est un crime d'une abominable sauvagerie. Elle a été frappée AVEC SAUVAGERIE.*

SAUVEGARDE [sovgaʀd] n. f. ▪ *LA SAUVEGARDE* **1.** Protection de ce qui est menacé de disparaître. *Les écologistes veillent à la sauvegarde de la nature.* → **défense, protection. 2.** Copie de sécurité de l'ensemble des données, dans un ordinateur. *N'oubliez pas de faire régulièrement une sauvegarde.*

SAUVEGARDER [sovgaʀde] verbe [conjugaison 1a] ▪ Protéger, assurer la sauvegarde de. → **défendre, préserver.** *Il faut sauvegarder les libertés. Une association s'est constituée pour sauvegarder les arbres centenaires de la ville.*

SAUVE-QUI-PEUT [sovkipø] n. m. invariable ▪ *UN SAUVE-QUI-PEUT :* fuite désordonnée ou chacun ne pense qu'à soi. → **débandade, déroute.** *Lorsque le bateau a commencé à couler, ce fut un sauve-qui-peut général.* PLURIEL : *des sauve-qui-peut.*

SAUVER [sove] verbe [conjugaison 1a]
I. 1. Faire échapper à un danger, à la mort. *Elle a plongé pour sauver l'enfant tombé à l'eau. Plusieurs ont été sauvés.* → **rescapé, survivant.** *Le malade est sauvé,* il est hors de danger. *En faisant un massage cardiaque, le secouriste a su faire le GESTE QUI SAUVE. - Dans ce film, le héros sauve son pays. - SAUVER DE Il faut sauver les sinistrés de la faim et des épidémies. Ses enfants l'ONT SAUVÉ du désespoir.* → **tirer. 2.** Empêcher la perte, la destruction de (qqch.). *Il m'a SAUVÉ LA VIE. Il a sauvé la vie de sa sœur, à sa sœur.* - STYLE FAMILIER *Ce qu'il veut, c'est SAUVER SA PEAU,* protéger sa vie. *Sauvons nos libertés !* - STYLE FAMILIER *Notre projet a échoué mais essayons de SAUVER LES MEUBLES,* essayons de ne pas tout perdre. - *Ce qui sauve le film, c'est l'actrice principale,* grâce à elle, le film n'est pas complètement mauvais. - *Il faut SAUVER l'entreprise DE la faillite.*
II. verbe pronominal SE SAUVER **1.** S'enfuir pour échapper au danger. *Sauvez-vous vite ! Les cambrioleurs se sont sauvés par les toits.* **2.** Partir rapidement de chez qqn. *Allez, je suis en retard, au revoir, je me sauve !*

SAUVETAGE [sovtaʒ] n. m. ▪ *LE SAUVETAGE* **1.** Action de sauver (un navire en détresse, les personnes qui sont dans un navire, un avion). *Les passagers entrent dans les CANOTS DE SAUVETAGE. Il a lancé une BOUÉE DE SAUVETAGE à la personne tombée à l'eau. Mettez vos GILETS DE SAUVETAGE !* **2.** Action de sauver (qqn) d'un danger quelconque. *Les guides préparent le sauvetage des alpinistes pris dans l'avalanche. - Le gouvernement organise le sauvetage de l'entreprise en difficulté.*

SAUVETEUR [sovtœʀ] n. m., **SAUVETEUSE** [sovtøz] n. f. ▪ Personne qui participe à un sauvetage. *Les sauveteurs recherchent les survivants du drame.*

À LA **SAUVETTE** [alasovɛt] adverbe **1.** *MARCHAND, VENDEUR À LA SAUVETTE :* marchand qui vend en fraude sur la voie publique. *N'achetez pas vos tickets de métro à un vendeur à la sauvette.* **2.** Très vite, sans attirer l'attention (→ **précipitamment).** *J'espère que vous n'avez pas pris cette décision à la sauvette,* j'espère que vous avez bien réfléchi.

SAUVEUR [sovœʀ] n. m. ▪ *UN SAUVEUR :* personne qui sauve ou qui a sauvé qqn. *Vous êtes mon sauveur, sans vous j'étais mort !*

REM. Le féminin est rare, mais rien n'empêche de dire à une femme *vous êtes ma sauveuse !*

savait [savɛ] *Il savait, elle savait :* forme à l'imparfait du verbe **savoir.**

SAVAMMENT [savamɑ̃] adverbe **1.** D'une manière savante. *Le professeur parle savamment.* **2.** Habilement. *Le gouvernement a savamment manœuvré.*

SAVANE [savan] n. f. ▪ *LA SAVANE :* vaste prairie des régions tropicales, pauvre en arbres et en fleurs et riche en animaux. *D'immenses troupeaux de buffles traversent la savane africaine.*

SAVANT [savɑ̃] adj. et n. m., **SAVANTE** [savɑ̃t] adj.
I. adjectif (après le nom, parfois avant le nom) **1.** (avant le nom) Qui sait beaucoup de choses, qui a une grande érudition. → **cultivé, érudit instruit, lettré.** ⟨contraires : ignorant, inculte⟩ *Son père est un savant homme. Sa mère est très savante en histoire.* → STYLE FAMILIER **calé. 2.** (attribut) Qui, par sa difficulté, ne peut pas être compris par tous. *Ce livre est trop savant pour moi !* ⟨contraire : simple⟩ **3.** qqch. (avant le nom) Fait habilement, avec art. *Le puzzle présente un savant assemblage de pièces. Admirez cette savante mise en scène !* **4.** (après le nom) *Un* ANIMAL SAVANT, que l'on a dressé à faire des exercices. *Au cirque, nous avons vu des chiens savants.*
II. UN SAVANT : personne très notoire qui, par ses connaissances et ses recherches, contribue au progrès d'une science. *Pasteur était un savant. Marie Curie fut un remarquable savant.*
REM. Ne pas confondre *un savant* et *un scientifique.*

SAVATE [savat] n. f. ▪ *UNE SAVATE :* vieille chaussure, vieille pantoufle. *Il aime bien mettre des savates quand il est chez lui.*

SAVEUR [savœʀ] n. f. ▪ *LA SAVEUR* **1.** STYLE RECHERCHÉ Goût. *Ajoutez du sel, cette viande est sans saveur,* elle est fade, insipide. **2.** Qualité de ce qui est agréable, plaisant. *Ce qu'il m'a dit ne manque pas de saveur.* → **sel.**
REM. Les quatre saveurs fondamentales sont l'acide, l'amer, le salé et le sucré.

① **SAVOIR** [savwaʀ] verbe [conjugaison 32]
I. 1. Connaître de façon certaine (qqch.). ⟨contraire : ignorer⟩ *Je sais tout ce qui s'est passé. On ne lui a pas raconté, elle ne sait rien. J'ai enfin su toute l'affaire. Demain, toute la ville saura la nouvelle. Faites-moi savoir à quelle heure vous arrivez :* communiquez-moi l'heure de votre arrivée. – *Le monde du travail est dur, j'en sais quelque chose,* j'en ai fait l'expérience. *« Est-il marié ? – Je n'en sais rien. »* STYLE FAMILIER *J'en sais rien, j'en sais rien du tout. « Il va accepter. – Qu'en sais-tu ? »* quelles raisons as-tu pour affirmer cela ? – *Nous* SAVONS QU'*il doit venir. Je sais qu'il est en voyage. Nous savons bien que vous êtes très occupé. Je ne sais pas pourquoi il est fâché. Savez-vous s'il doit venir ?* – *Tais-toi, tu parles sans savoir,* tu parles de choses que tu ne connais pas. **2.** Être conscient de. *J'espère que tu sais ce que tu fais. Enfin, décidez-vous, vous ne savez pas ce que vous voulez !* – *Sans le savoir, je vous ai mis dans l'embarras,* sans en être conscient. – *Il ne changera pas d'avis,* IL NE VEUT RIEN SAVOIR, il refuse d'écouter les conseils, les idées des autres. – C'EST BON À SAVOIR : c'est une information utile, rassurante. **3.** Connaître par l'étude. *Il faut que tu saches parfaitement tes leçons. Le comédien sait son rôle par cœur. Cette leçon n'est pas bien sue !* elle n'a pas été bien apprise. **4.** Être capable, par l'apprentissage, par l'habitude de (faire qqch.). → **pouvoir.** *Sais-tu faire la cuisine ? Elle sait tout faire !* – *Vous pouvez lui parler, c'est un homme qui sait écouter. Je ne sais pas nager. À quatre ans, elle savait déjà lire et écrire. Savez-vous parler anglais ?* – *Il* SAIT S'Y PRENDRE *avec les enfants :* il est habile avec les enfants, il n'a pas de difficultés avec eux. → **prendre** II. *Elle* SAIT Y FAIRE *avec les hommes !* elle est habile, elle connaît les hommes. – *C'est un enfant intelligent, qui* SAIT CE QU'IL VEUT, qui n'hésite pas, qui décide facilement et rapidement.
II. 1. N'ÊTRE PAS SANS SAVOIR QUE... : ne pas ignorer que... *Vous n'êtes pas sans savoir que le président a démissionné :* vous savez que le président a démissionné. – SACHEZ QUE... : apprenez que... *Sachez que nous ne céderons pas.* – *Tu es belle, tu sais.* – *Il manque le plus important,* À SAVOIR *l'argent,* c'est-à-dire l'argent. **2.** (pour interroger) PEUT-ON SAVOIR *vos dates de vacances ?* je vous prie de me faire connaître vos dates de vacances. – STYLE FAMILIER VA SAVOIR ! ALLEZ SAVOIR ! c'est difficile à savoir. *« Quand ils rentreront ? Allez savoir ! »* – *Nous nous reverrons peut-être,* QUI SAIT ? ce n'est pas impossible. **3.** (négatif, avec *ne*, devant un adverbe ou un relatif) *Il ne nous a pas écrit depuis* JE NE SAIS COMBIEN DE TEMPS, depuis très longtemps. *Notre départ est remis à* JE NE SAIS QUAND, nous ignorons la date de notre départ. *Brusquement, le chat est arrivé de* JE NE SAIS OÙ [ʒənsɛzu]. *Nous* NE SAVONS QUE *faire. Je suis désolé, je* NE SAIS QUE DIRE. *Ces gosses* NE SAVENT *quoi inventer pour qu'on s'occupe d'eux.* – *Désolé, je ne saurais vous répondre,* j'ignore la réponse, je ne peux pas répondre. *Il* NE SAURAIT ÊTRE *question de changer la date de la réunion :* il n'est pas question de changer la date de la réunion, on ne peut pas la changer. **4.** QUE JE SACHE : autant que je puisse en juger. *Il n'est pas parti, que je sache. « Est-il à Paris en ce moment ? –* PAS QUE JE SACHE *»,* d'après ce que je sais, il n'est pas à Paris. **5.** STYLE FAMILIER ... TOUT CE QU'IL SAIT : énormément. *Elle a pleuré tout ce qu'elle savait :* elle a beaucoup pleuré, sans se retenir.
III. verbe pronominal SE SAVOIR **1.** (qqch.) Être connu de façon certaine. *Tout finit par se savoir. Si c'était vrai,* ÇA SE SAURAIT ! on en aurait entendu parler. **2.** (qqn) Avoir conscience d'être. *Il se sait condamné :* il va mourir et il en est conscient. *Quand elle s'est sue condamnée, elle a réuni toute sa famille.*
REM. Au sens II., 3., la négation est exprimée par *ne* sans *pas*. À l'oral, dans la langue négligée, *ne* est remplacé par *pas* : *je sais pas quand* pour *je ne sais quand.*

② **SAVOIR** [savwaʀ] n. m. ▪ *LE SAVOIR :* l'ensemble des connaissances, de ce que l'on a appris. → **culture, instruction.** *C'est une femme d'un grand savoir.* → **érudition.** ⟨contraire : ignorance⟩

SAVOIR-FAIRE [savwaʀfɛʀ] n. m. invariable ▪ *LE SAVOIR-FAIRE :* compétence et expérience dans un métier ou une activité. *Cet artisan a un grand savoir-faire.* PLURIEL : *des savoir-faire.*

SAVOIR-VIVRE [savwaʀvivʀ] n. m. invariable ▪ *LE SAVOIR-VIVRE :* connaissance et pratique des règles de la politesse, bonne éducation. *C'est un homme mal élevé, qui n'a aucun savoir-vivre.* → **éducation.** PLURIEL : *des savoir-vivre.*

SAVON [savɔ̃] n. m. **1.** *LE SAVON :* produit gras et moussant utilisé pour laver. *Il se lave les mains à l'eau et au savon. Elle a acheté une bouteille de savon liquide.* **2.** UN SAVON : morceau solide de ce produit. *J'utilise un savon à la lavande pour ma toilette.* → **savonnette. 3.** STYLE FAMILIER *PASSER UN SAVON à qqn,* le réprimander, le gronder. *Il a fait une grosse bêtise et son père lui a passé un savon.* → STYLE FAMILIER **engueuler.**

SAVONNER [savɔne] verbe [conjugaison 1a] **1.** Laver avec du savon. *La maman savonne son bébé dans son bain.* **2.** verbe pronominal SE SAVONNER : se laver au savon. *Savonne-toi bien sous la douche. Elle s'est savonnée.*

SAVONNETTE [savɔnɛt] n. f. ▪ *UNE SAVONNETTE :* petit savon de toilette. *Elle utilise des savonnettes parfumées à l'eau de Cologne.*

SAVONNEUX [savɔnø], **SAVONNEUSE** [savɔnøz] adj. (après le nom) ▪ Qui contient du savon. *La femme de ménage laisse tremper le linge dans l'eau savonneuse.* – STYLE FAMILIER *Mon fils ne travaille pas en classe, il* EST SUR LA PENTE SAVONNEUSE, il se conduit mal, il est sur une mauvaise pente.

SAVOURER [savuʀe] verbe [conjugaison 1a] ▪ Manger ou boire lentement, pour apprécier le goût. *Les invités savourent le dîner. Vous savourerez* [savuʀʀe] *le calme de la campagne.* → **déguster.**

SAVOUREUX [savuʀø], **SAVOUREUSE** [savuʀøz] adj. (après le nom) **1.** Qui a un très bon goût. → **excellent, succulent.** *Je mange une poire savoureuse.* ⟨contraires : insipide, mauvais⟩ **2.** STYLE RECHERCHÉ Drôle, spirituel. *Il connaît des anecdotes savoureuses sur les gens qu'il a rencontrés.*

SAVOYARD [savwajaʀ] adj. et n. m., **SAVOYARDE** [savwajaʀd] adj. et n. f. **1.** adjectif (après le nom) De la Savoie, région des Alpes françaises. *Ils louent un chalet savoyard, pour leurs vacances d'hiver. Nous avons mangé de la* FONDUE SAVOYARDE, du fromage fondu dans du vin blanc, dans lequel chaque convive trempe un morceau de pain. **2.** *UN SAVOYARD, UNE SAVOYARDE :* une personne qui est née en Savoie ou qui y vit. *Les Savoyards sont des montagnards.*

FAUX AMI
italien **savoiardo** signifie aussi «biscuit à la cuillère»

SAXO n. m. Forme abrégée familière de **saxophone** et de **saxophoniste.**

SAXON [saksɔ̃] n. m. et adj., **SAXONNE** [saksɔn] n. f. et adj.
I. *UN SAXON, UNE SAXONNE* **1.** Membre d'un ancien peuple germanique. *Certains Saxons se sont établis en Angleterre vers 450.* **2.** Habitant, habitante de la Saxe, région de l'est de l'Allemagne. *Les Saxons.*
II. adjectif (après le nom) **1.** Relatif à un ancien peuple germanique. *Les invasions saxonnes eurent lieu dans le nord de l'Europe du deuxième au huitième siècle.* **2.** De la Saxe, région de l'Est de l'Allemagne. *Dresde est la capitale saxonne.*

SAXOPHONE [saksɔfɔn] n. m. ▪ *UN SAXOPHONE :* instrument à vent en cuivre. *Mon fils joue du saxophone.* – *SAXO* [sakso] forme abrégée familière *J'aime le son du saxo. Il a deux saxos.*

SAXOPHONISTE [saksɔfɔnist] n. m., n. f. ▪ *UN SAXOPHONISTE, UNE SAXOPHONISTE :* joueur, joueuse de saxophone. *Il est saxophoniste dans un orchestre de jazz.* – *SAXO* [sakso] forme abrégée familière *Elle est saxo. Des saxos.*

SBIRE [sbiʀ] n. m. ▪ *UN SBIRE :* individu qui exécute les ordres qu'on lui donne, quels qu'ils soient. *Les opposants ont été exécutés par les sbires du dictateur.*

SCABREUX [skabʀø], **SCABREUSE** [skabʀøz] adj. (après le nom) ▪ (qqch.) Qui peut choquer, qui n'est pas très convenable. *Il a raconté une histoire scabreuse.* → **indécent.**

SCALP [skalp] n. m. ▪ *UN SCALP :* peau du crâne avec la chevelure, qui représente un trophée pour certains peuples. *Les Indiens dansaient autour des scalps de leurs victimes.*
REM. Ce mot vient de l'anglais.

SCALPEL [skalpɛl] n. m. ▪ *UN SCALPEL :* petit couteau à manche plat utilisé par les chirurgiens pour opérer ou disséquer. *Le chirurgien ouvre le ventre du patient avec un scalpel.* → **bistouri.**

SCALPER [skalpe] verbe [conjugaison 1a] ▪ Arracher la peau du crâne, avec les cheveux, à (qqn). *Les Indiens scalpaient leurs ennemis.*

SCANDALE [skɑ̃dal] n. m. ▪ *UN SCANDALE* **1.** Effet fâcheux provoqué par une chose qui choque, qui révolte. *Les coupables n'ont même pas été punis, c'est un scandale !* → **honte.** *Le divorce du président de la République a provoqué un véritable scandale,* il a indigné les gens. *La tenue provocante de l'actrice a* FAIT SCANDALE, a choqué, indigné les gens. **2.** Grave affaire publique dans laquelle des personnalités importantes sont compromises. *Le ministre est impliqué dans un scandale financier.* **3.** Protestation bruyante faite en public. *Le client mécontent a* FAIT UN SCANDALE *dans le restaurant.* → **esclandre.** *Ne faites pas de scandale !*

FAUX AMI
anglais **scandal** «ragot, médisance»

SCANDALEUX [skɑ̃dalø], **SCANDALEUSE** [skɑ̃daløz] adj. (après le nom) **1.** Qui cause du scandale. *Le poète anglais Byron a mené une vie scandaleuse.* (contraires : édifiant, moral) **2.** Qui constitue un scandale. *Nous protestons contre cette décision scandaleuse.* → **honteux, révoltant.** *C'est scandaleux ! Ce magasin vend des vêtements à des prix scandaleux,* beaucoup trop élevés. → **exorbitant, prohibitif.**

SCANDALISER [skɑ̃dalize] verbe [conjugaison 1a] ▪ Choquer, indigner. *L'attitude arrogante de l'accusé a scandalisé le jury.* → **révolter.** – *Ne prenez pas cet air scandalisé !*

SCANDER [skɑ̃de] verbe [conjugaison 1a] ▪ Prononcer en détachant les syllabes, les groupes de mots, selon un certain rythme. *Les manifestants scandent des slogans.*

SCANDINAVE [skɑ̃dinav] adj., n. m. et n. f. **1.** adjectif (après le nom) Qui appartient à la Scandinavie ou à ses habitants. *La Suède, la Norvège, le Danemark et l'Islande sont des pays scandinaves.* → **nordique.** *Le suédois est une langue scandinave.* **2.** *UN SCANDINAVE, UNE SCANDINAVE :* personne qui est née ou qui habite en Scandinavie. *Il a épousé une Scandinave. Les Scandinaves.*

① **SCANNER** [skanɛʀ] n. m. ▪ *UN SCANNER* **1.** Appareil de radiographie qui, grâce à un ordinateur, permet de reconstituer sur un écran les images de l'intérieur du corps. *Le scanner explore l'organisme grâce aux rayons X.* – *Il a passé un scanner à l'hôpital,* une radio par scanner. **2.** Appareil électronique qui permet d'obtenir une image de documents (texte et images). *L'imprimeur a acheté un nouveau scanner.*
REM. Ce mot vient de l'anglais.

② **SCANNER** [skane] verbe [conjugaison 1a] ▪ Obtenir une image de (un document) au moyen d'un scanner. *L'imprimeur scanne le texte et les images.* – *Le texte a été scanné.*
REM. Ce verbe vient de l'anglais *to scann* «scruter, explorer».

SCAPHANDRE [skafɑ̃dʀ] n. m. ▪ *UN SCAPHANDRE :* équipement composé d'une combinaison et d'un casque étanches qui permet à un plongeur de respirer sous l'eau ou à un cosmonaute de respirer dans l'espace. *Le plongeur met son scaphandre pour aller explorer l'épave. Les cosmonautes ont revêtu leur scaphandre.*

SCAPHANDRIER [skafɑ̃dʀije] n. m. ▪ *UN SCAPHANDRIER :* plongeur qui porte un scaphandre. *Le scaphandrier a repéré l'épave du navire échouée au fond de l'eau* (→ **homme-grenouille).**

SCARABÉE [skaʀabe] n. m. ▪ *UN SCARABÉE :* insecte noir à reflets dorés qui se nourrit d'excréments et de débris de plantes. *Les scarabées sont des coléoptères.*

SCARLATINE [skaʀlatin] n. f. ▪ *LA SCARLATINE :* maladie contagieuse qui se manifeste par une forte fièvre et des plaques rouges sur la peau et dans la bouche. *Mon fils a la scarlatine.*

SCAROLE [skaʀɔl] n. f. ▪ *UNE SCAROLE :* salade à larges feuilles, de la famille de la chicorée. *Je préfère la scarole à la laitue.*

SCEAU [so] n. m. **1.** *UN SCEAU :* cachet officiel avec lequel on fait une marque sur les documents importants. *La lettre porte le sceau du roi.* PLURIEL : *des SCEAUX.* – *Autrefois, les parchemins étaient fermés par des sceaux,* des morceaux de cire portant la marque d'un cachet. **2.** STYLE RECHERCHÉ *SOUS LE SCEAU DU SECRET :* à la condition que le secret sera bien gardé. *Je vous fais cette confidence sous le sceau du secret,* à condition que vous gardiez le secret.
REM. *Saut* «bond», *seau* «récipient» et *sot* «stupide» se prononcent de la même façon.

SCÉLÉRAT [seleʀa] n. m. et adj., **SCÉLÉRATE** [seleʀat] n. f. et adj. ▪ STYLE RECHERCHÉ **1.** *UN SCÉLÉRAT, UNE SCÉLÉRATE :* bandit, criminel. *Je me méfie de lui, c'est un scélérat. Le scélérat, il ne s'en tirera* *pas comme ça ! Petit scélérat !* → **fripon. 2.** adjectif (après le nom) Mauvais, infâme. *Le nouveau gouvernement a aboli les lois scélérates.*

SCELLER [sele] verbe [conjugaison 1a] **1.** Marquer avec un sceau. *Le roi scelle* [sɛl] *sa lettre.* **2.** Fermer parfaitement, de manière hermétique. *On scelle les boîtes de conserve.* **3.** Fixer avec du ciment, du plâtre. *Les grilles des fenêtres de la prison sont scellées.* ⟨contraire : desceller⟩

SCÉNARIO [senaʀjo] n. m. ▪ *UN SCÉNARIO :* document décrivant l'action d'un film, indiquant la manière dont les scènes doivent êtres filmées et comprenant les dialogues. *L'acteur lit attentivement le scénario du film. Il a écrit plusieurs scénarios.*

> FAUX AMI
> espagnol **escenario**
> « scène »

SCÉNARISTE [senaʀist] n. m., n. f. ▪ *UN SCÉNARISTE, UNE SCÉNARISTE :* auteur de scénarios de films. *Le scénariste et le dialoguiste se sont réunis avec le metteur en scène.*

SCÈNE [sɛn] n. f.
I. *LA SCÈNE* **1.** Partie d'un théâtre où les acteurs jouent devant le public. *Les comédiens sont sur scène. Le public applaudit L'ENTRÉE EN SCÈNE de l'acteur principal. Le roman a été adapté pour la scène,* pour le théâtre. - *METTRE EN SCÈNE une pièce, un scénario :* réaliser une pièce de théâtre, un film. *Le réalisateur de cinéma veut mettre en scène « le Père Goriot » de Balzac. Le METTEUR EN SCÈNE assure la MISE EN SCÈNE de la pièce :* la personne qui monte la pièce présente au public son interprétation personnelle de cette pièce. - *Il aime occuper le DEVANT DE LA SCÈNE :* il aime occuper une position importante, être en vue. - *Le président de la République est un personnage important de la SCÈNE POLITIQUE,* du monde politique. **2.** Décor de théâtre. *La scène représente la place du village.* **3.** Action (d'une pièce de théâtre). *La scène se passe dans un salon, au milieu du dix-neuvième siècle.*
II. *UNE SCÈNE* **1.** Partie d'une pièce de théâtre. *Ouvrez votre livre à l'acte II, scène 4.* **2.** Action qui a une unité (dans un livre, un film). *Il y a une belle scène d'amour à la fin du roman. Les acteurs tournent la dernière scène du film.* → **séquence. 3.** Événement auquel on assiste et qui fait penser à une scène de théâtre. *J'ai été témoin de la scène.* **4.** Dispute bruyante. *Ses parents ont souvent des SCÈNES DE MÉNAGE,* ils se disputent souvent. - *Il m'a FAIT UNE SCÈNE devant tout le monde,* il s'est mis en colère contre moi.

SCÉNIQUE [senik] adj. (après le nom) ▪ STYLE RECHERCHÉ Relatif à la mise en scène d'une pièce de théâtre. → **dramatique.** *L'auteur de la pièce a donné de nombreuses indications scéniques.*

SCEPTICISME [sɛptisism] n. m. ▪ *LE SCEPTICISME :* attitude d'une personne sceptique, qui doute facilement. *Il a écouté mes arguments avec scepticisme.* → **incrédulité.** ⟨contraire : conviction⟩

SCEPTIQUE [sɛptik] adj. (après le nom) ▪ Qui a une attitude incrédule, qui doute. *Il m'a dit qu'il était sûr de réussir, mais je suis sceptique,* je ne le crois pas. ⟨contraires : certain, sûr⟩ - *Il a eu un sourire sceptique.*

> FAUX AMI
> grec **σκεφτικός**
> « pensif »

REM. Attention de ne pas écrire *septique.* → **septique.**

SCEPTRE [sɛptʀ] n. m. ▪ *UN SCEPTRE :* bâton qui est le signe de l'autorité d'un souverain. *Le tableau représente le roi avec son sceptre dans la main et sa couronne sur la tête.*

SCHÉMA [ʃema] n. m. ▪ *UN SCHÉMA :* dessin qui représente de manière simplifiée et généralisée (un objet, un mouvement, un lieu). *Le professeur dessine au tableau un schéma de la circulation sanguine.*

SCHÉMATIQUE [ʃematik] adj. (après le nom) ▪ Très simplifié. *Voici un croquis schématique du fonctionnement du moteur à explosion.*

SCHÉMATIQUEMENT [ʃematikmɑ̃] adverbe ▪ D'une manière schématique, en gros. *Schématiquement, voilà de quoi il s'agit.*

SCHISME [ʃism] n. m. ▪ *UN SCHISME :* séparation des fidèles d'une religion, qui reconnaissent des autorités différentes. *Le schisme d'Orient a séparé l'Église catholique romaine de l'Église catholique orthodoxe en 1054.*

SCHISTE [ʃist] n. m. ▪ *LE SCHISTE :* roche formée de feuilles superposées qui se détachent facilement. *Une haute falaise de schiste domine l'océan.*

SCHIZOPHRÈNE [skizɔfʀɛn] adj., n. m. et n. f. **1.** adjectif (après le nom) Atteint d'une maladie de l'esprit dans laquelle la personne perd le contact avec la réalité et se replie sur elle-même. *Les malades schizophrènes sont soignés à l'hôpital psychiatrique.* **2.** *UN SCHIZOPHRÈNE, UNE SCHIZOPHRÈNE :* personne atteinte d'une grave maladie de l'esprit qui lui fait perdre le contact avec la réalité. *Le psychiatre soigne les schizophrènes.*
REM. Ce mot fait partie du vocabulaire de la psychiatrie.

SCHLINGUER [ʃlɛ̃ge] verbe [conjugaison 1b] ▪ STYLE FAMILIER Sentir très mauvais. *Ça schlingue, ici, ouvre la fenêtre !* → **empester, puer.**
REM. On écrit parfois *chlinguer.*

SCHNAPS [ʃnaps] n. m. ▪ *LE SCHNAPS :* eau-de-vie de pomme de terre ou de grain fabriquée en Allemagne. *Il a bu un verre de schnaps à la fin du repas.*
REM. *Schnaps* est un mot allemand.

SCHUBERT [ʃubɛʀ] nom propre ▪ Musicien autrichien (1797-1828). *L'orchestre joue la « Symphonie inachevée » de Schubert.*

SCHUMANN [ʃuman] nom propre ▪ Musicien allemand (1810-1856). *Schumann est un musicien romantique.*

SCHUSS [ʃus] n. m. et adverbe **1.** *UN SCHUSS :* descente à ski en suivant la plus grande pente. *Le skieur descend la pente en schuss.* **2.** adverbe En suivant la plus grande pente, à ski. *Il descend tout schuss,* sans freiner.

SCIATIQUE [sjatik] n. f. ▪ *UNE SCIATIQUE :* douleur violente que l'on ressent sur le trajet d'un nerf allant de la hanche jusqu'au pied. *Elle a une sciatique et doit rester allongée.*

SCIE [si] n. f. ▪ *UNE SCIE :* outil ou machine qui sert à découper des matières dures, grâce à une lame dentée. *Le menuisier scie la planche de bois avec une scie.* - *La courbe de température du malade est EN DENTS DE SCIE,* elle forme une succession de pointes et de creux.

SCIEMMENT [sjamɑ̃] adverbe ▪ En sachant ce que l'on fait, en connaissance de cause. *Il nous a ignorés sciemment.* → ① **exprès, volontairement.**

SCIENCE [sjɑ̃s] n. f. **1.** *UNE SCIENCE, LES SCIENCES :* l'ensemble des connaissances et des travaux qui ont pour objet l'étude de faits que l'on peut vérifier à l'aide de méthodes comme l'observation, l'expérience, la déduction ou l'hypothèse. *La physique et la chimie sont des SCIENCES EXPÉRIMENTALES, les mathématiques et l'astronomie des SCIENCES EXACTES, l'histoire et la psychologie des SCIENCES HUMAINES. Il est meilleur en sciences qu'en littérature. La pharmacie est la science des médicaments. Leur fils est étudiant à la faculté des sciences* (opposé à lettres). *Les HOMMES DE SCIENCE sont d'accord sur ce point,* les savants (→ **scientifique**). **2.** *LA SCIENCE :* l'ensemble des travaux des différentes sciences ; la connaissance exacte, vérifiable et reconnue par tout le monde et exprimée par des lois. *L'état actuel de la science ne nous permet pas de guérir toutes les maladies.* → **recherche.** *La science est en constante évolution.* **3.** *LA SCIENCE DE qqch.* : la connaissance approfondie de qqch. *Ce peintre a une vraie science de la couleur.*

SCIENCE-FICTION [sjɑ̃sfiksjɔ̃] n. f. ▪ *UN ROMAN, UN FILM DE SCIENCE-FICTION* : roman, film qui raconte une histoire qui se déroule dans le monde futur tel que l'on peut l'imaginer. *Mon fils lit beaucoup de romans de science-fiction.* → **anticipation.** - *Il aime la science-fiction.*

SCIENTIFIQUE [sjɑ̃tifik] adj., n. m. et n. f.
I. adjectif (après le nom) **1.** Qui concerne les sciences. *La recherche scientifique évolue constamment. Mon père est abonné à des revues scientifiques. Leur fils fait des études scientifiques. Je connais le nom courant de cette plante, mais pas son nom scientifique,* celui qui est donné par les spécialistes (opposé à vulgaire). **2.** Conforme aux méthodes de précision, de rigueur et d'objectivité de la science. *Le professeur a donné aux élèves une explication scientifique du phénomène. Ce garçon a l'esprit scientifique,* un esprit rigoureux et précis.
II. *UN SCIENTIFIQUE, UNE SCIENTIFIQUE* : personne qui étudie les sciences, qui est spécialiste d'une science. *Les scientifiques ne sont pas d'accord sur ce point.* → **chercheur, savant.**

SCIER [sje] verbe [conjugaison 7a] **1.** Couper avec une scie, une tronçonneuse. *Le menuisier sciera* [siʀa] *la planche de bois demain.* **2.** STYLE FAMILIER Étonner beaucoup, stupéfier. *Quand j'ai appris la nouvelle, ça m'a scié !*

SCIERIE [siʀi] n. f. ▪ *UNE SCIERIE* : atelier, usine où des scies mécaniques débitent du bois pour faire des planches. *La scierie est installée à la lisière de la forêt.*

SCINDER [sɛ̃de] verbe [conjugaison 1a] **1.** STYLE RECHERCHÉ Couper, diviser (un groupe). *Cette affaire a scindé le parti en deux clans opposés.* (contraire : unir) **2.** verbe pronominal SE SCINDER : se diviser. *L'équipe s'est scindée en deux groupes.*

SCINTILLANT [sɛ̃tijɑ̃], **SCINTILLANTE** [sɛ̃tijɑ̃t] adj. (après le nom) ▪ Qui scintille, jette des éclats brillants. *La star est vêtue d'une robe au tissu scintillant.* → **brillant.** *Admire les étoiles scintillantes dans le ciel.*

SCINTILLEMENT [sɛ̃tijmɑ̃] n. m. ▪ *LE SCINTILLEMENT* : éclat de ce qui scintille. *Le scintillement du soleil sur la mer est aveuglant.*

SCINTILLER [sɛ̃tije] verbe [conjugaison 1a] ▪ (astres) Briller en jetant des éclats intermittents. *Les étoiles scintillent dans le ciel.* - *Sa bague de diamant scintille à son doigt.* → **étinceler.**

SCISSION [sisjɔ̃] n. f. ▪ *UNE SCISSION* : fait de se scinder, de se diviser (en plusieurs parties). *Le désaccord entre le dirigeants a provoqué la scission du parti.* → **division.** (contraire : union)

SCIURE [sjyʀ] n. f. ▪ *LA SCIURE* : poussière produite par le bois que l'on scie. *Le menuisier balaie la sciure qui recouvre le sol de son atelier.*

SCLÉROSE [skleʀoz] n. f. ▪ *LA SCLÉROSE* **1.** Durcissement anormal d'un organe ou d'un tissu de l'organisme. *L'abus de sel provoque la sclérose des artères.* **2.** État de ce qui n'arrive plus à évoluer ou à s'adapter. *La sclérose des institutions empêche le pays de progresser.* → **paralysie, vieillissement.**

SE **SCLÉROSER** [skleʀoze] verbe pronominal **1.** (organe, tissu) Se durcir, être atteint de sclérose. *Ses artères se sont sclérosées.* **2.** Ne plus évoluer, se figer. *Le parti se sclérose dans les vieilles habitudes.*

SCOLAIRE [skɔlɛʀ] adj. (après le nom) **1.** Relatif à l'école, à l'enseignement que l'on y reçoit. *Les écoles, les collèges, les lycées sont des établissements scolaires. En France, l'année scolaire commence début septembre et se termine fin juin. Ils partent pour toutes les vacances scolaires. À la rentrée, les parents achètent les livres et les fournitures scolaires pour leurs enfants. Le programme scolaire est chargé, cette année. Ma fille a de bons résultats scolaires.* **2.** Trop appliqué, peu original. *Ce dessin est un peu trop scolaire.*

SCOLARISATION [skɔlaʀizasjɔ̃] n. f. ▪ *LA SCOLARISATION* : le fait d'aller à l'école, de suivre un enseignement scolaire. *La scolarisation est obligatoire en France. Dans ce pays, le taux de scolarisation est peu élevé,* peu d'enfants vont à l'école.

SCOLARITÉ [skɔlaʀite] n. f. ▪ *LA SCOLARITÉ* : le fait de suivre régulièrement les cours d'un établissement scolaire. *En France, la scolarité est obligatoire jusqu'à seize ans. Les élèvent doivent fournir un certificat de scolarité,* un certificat qui prouve qu'ils sont inscrits dans un établissement scolaire.

SCOLOPENDRE [skɔlɔpɑ̃dʀ] n. f. ▪ *UNE SCOLOPENDRE* : petit animal dont le corps est formé de vingt et un anneaux portant chacun une paire de pattes. → **mille-pattes.** *Il y a une scolopendre sur le mur.*

SCOOP [skup] n. m. ▪ *UN SCOOP* : nouvelle importante donnée en exclusivité. *Le président va démissionner, c'est un scoop !* - STYLE FAMILIER *Leurs relations sont très mauvaises, ce n'est pas un scoop,* tout le monde le sait.
REM. Ce mot vient de l'anglais.

SCOOTER [skutœʀ] n. m. ▪ *UN SCOOTER* : moto légère à petites roues, dont la carrosserie forme un plancher montant jusqu'au guidon. *Mon père s'est acheté un scooter pour se déplacer dans Paris.* - *Aux sports d'hiver, j'ai fait du SCOOTER DES NEIGES.* → **motoneige.** - *Il a loué un SCOOTER DES MERS sur la plage,* un engin à moteur, très rapide, pour se déplacer sur l'eau.
REM. **1.** Ce mot vient de l'anglais *motor-scooter* «patinette à moteur». **2.** On prononce aussi [skutɛʀ].

SCORBUT [skɔʀbyt] n. m. ▪ *LE SCORBUT* : maladie provoquée par le manque de vitamine C dans l'organisme, caractérisée par la chute des dents et des hémorragies. *Il faut manger des fruits frais pour éviter le scorbut.*

SCORE [skɔʀ] n. m. ▪ *UN SCORE* : compte des points au cours d'un match. *Le score final est de 2 à 1.* - *Le candidat de la majorité a obtenu un beau score aux élections,* il a obtenu un bon résultat.
REM. *Score* est un mot anglais.

SCORIES [skɔʀi] n. f. pluriel ▪ *LES SCORIES* : matières solides qui proviennent de la fusion de minerais métalliques, de métaux ou de la combustion du charbon. *Les terrils du Nord de la France sont formés de scories. Certaines scories sont utilisées comme engrais.* - *Pendant l'éruption du volcan, des scories sortent du cratère,* des morceaux de lave refroidie.

SCORPION [skɔʀpjɔ̃] n. m.
I. *UN SCORPION* : petit animal de la famille des araignées, qui vit dans les régions chaudes, et dont la queue est armée d'un aiguillon crochu et venimeux. *La piqûre de certains scorpions est mortelle.*
II. *LE SCORPION* : signe du zodiaque qui va du 23 octobre au 21 novembre. *Il est né sous le signe du Scorpion.* - *Elle est née le 30 octobre, elle est Scorpion,* elle est née sous le signe du Scorpion. *Ma fille et moi, nous sommes Scorpion.*

① **SCOTCH** [skɔtʃ] n. m. (marque déposée). *LE SCOTCH :* ruban de plastique adhésif transparent. *J'ai acheté un rouleau de scotch. Il a recollé ses lunettes avec un bout de scotch.*

② **SCOTCH** [skɔtʃ] n. m. . *LE SCOTCH :* whisky écossais. *Il débouche la bouteille de scotch. - Je prendrai un scotch sans glace,* un verre de scotch. PLURIEL : *des scotchs* ou *des scotches.*

REM. *Scotch* est mot anglais qui signifie « écossais ».

SCOTCHER [skɔtʃe] verbe [conjugaison 1a]. Coller avec du scotch, avec du ruban adhésif. *Je scotche la page de mon livre que j'ai déchirée. Il a scotché un mot sur la porte pour dire qu'il était sorti.*

SCOUT [skut] n. m. et adj., **SCOUTE** [skut] n. f. et adj.
I. *UN SCOUT, UNE SCOUTE :* enfant, adolescent, adolescente faisant partie d'une organisation qui lui offre des activités de plein air et des jeux tout en perfectionnant son éducation morale. *Les scouts ont allumé un feu de camp.*
II. adjectif (après le nom) **1.** Propre aux scouts et au scoutisme. *Mon fils est allé en camp scout, cet été. Ces jeunes font partie d'une organisation scoute.* **2.** Idéaliste et naïf. *Il a un côté scout.*

REM. On dit aussi : *il a un côté boy-scout.*

SCOUTISME [skutism] n. m. . *LE SCOUTISME :* mouvement qui regroupe des jeunes et qui complète leur éducation morale et physique. *Le scoutisme est un mouvement international, fondé en 1907 par le général anglais Baden-Powell.*

SCRABBLE [skʀabl] n. m. (marque déposée). *LE SCRABBLE :* jeu de société qui consiste à placer sur une grille des jetons avec une lettre et à les assembler de manière à former des mots. *Mes grands-parents font une partie de scrabble tous les soirs. Veux-tu jouer au scrabble avec nous ?*

REM. *Scrabble* est un mot anglais qui signifie « gribouillage ».

SCRIBE [skʀib] n. m. . *UN SCRIBE :* homme dont le métier était d'écrire des textes, dans l'Antiquité. *Les scribes égyptiens écrivaient sur des feuilles de papyrus.*

SCRIPT [skʀipt] n. m. **1.** *LE SCRIPT :* genre d'écriture à la main qui ressemble aux caractères d'imprimerie. *Le texte est écrit en script.* **2.** *UN SCRIPT :* scénario d'un film, d'une émission comprenant les dialogues et les indications de mise en scène. *L'actrice est en train de lire un script.*

REM. Ce mot vient de l'anglais.

SCRIPTE [skʀipt] n. m., n. f. . *UN SCRIPTE, UNE SCRIPTE :* personne dont le métier est de noter tous les détails techniques et artistiques de chaque prise de vues d'un film au fur et à mesure du tournage. *La scripte assiste le réalisateur dans son travail.*

REM. *Script* « scénario » se prononce de la même façon.

SCRUPULE [skʀypyl] n. m. . *UN SCRUPULE* **1.** Hésitation, inquiétude qu'une personne éprouve quand elle se demande si ce qu'elle fait ou ce qu'elle a fait est bien ou non. *Un dernier scrupule le retient. Ce ne sont pas les scrupules qui l'étouffent. C'est un homme sans aucun scrupule, dénué de scrupules,* qui ne se pose pas de questions morales sur ce qu'il fait. - *J'aurais SCRUPULE À vous déranger,* j'hésiterais à le faire, ça m'ennuierait de le faire. **2.** Exigence morale très forte. *Son honnêteté est poussée jusqu'au scrupule* (→ **scrupuleux**).

SCRUPULEUSEMENT [skʀypyløzmɑ̃] adverbe . D'une manière scrupuleuse, rigoureuse. *Il fait scrupuleusement son travail.* → **minutieusement.** *Elle a remboursé scrupuleusement ses dettes.*

SCRUPULEUX [skʀypylø], **SCRUPULEUSE** [skʀypyløz] adj. (après le nom) **1.** Exigeant sur le plan moral. *C'est un homme très scrupuleux dans la gestion de sa société.* → **consciencieux, honnête.** ⟨contraires : négligent, indélicat, malhonnête⟩ - *Le comptable est d'une honnêteté scrupuleuse.* **2.** Qui respecte strictement les règles, les prescriptions. *C'est un travailleur scrupuleux.* → **méticuleux.** *Elle remplit sa tâche avec un soin scrupuleux.*

SCRUTER [skʀyte] verbe [conjugaison 1a]. Examiner, observer avec une grande attention. *Le capitaine du navire scrute l'horizon avec ses jumelles.*

SCRUTIN [skʀytɛ̃] n. m. . *UN SCRUTIN :* vote au moyen de bulletins déposés dans une boîte fermée. (→ **urne**). *L'ouverture du scrutin aura lieu à huit heures :* on commencera à voter à huit heures. *Le candidat de la majorité a été élu au premier tour de scrutin.*

SCULPTER [skylte] verbe [conjugaison 1a]. Tailler une matière dure pour en faire une œuvre d'art. *L'artiste a sculpté la statue dans le marbre. - Le sculpteur sculpte le bois. C'est une statue en bois sculpté.*

REM. On ne prononce pas le *p*.

SCULPTEUR [skyltœʀ] n. m. . *UN SCULPTEUR :* une personne qui fait des sculptures. *Michel-Ange et Rodin furent de grands sculpteurs.*

REM. **1.** Le féminin *sculptrice* [skyltʀis] est rare. On dit généralement *elle est sculpteur.* **2.** On ne prononce pas le *p*.

SCULPTURE [skyltyʀ] n. f. **1.** *LA SCULPTURE :* art qui consiste à sculpter des matériaux. *Il fait de la sculpture sur bois :* il sculpte du bois. **2.** *UNE SCULPTURE :* œuvre d'art obtenue en sculptant (→ **bas-relief, statue**). *On peut admirer de nombreuses sculptures égyptiennes au musée du Louvre, à Paris.*

REM. On ne prononce pas le *p*.

S.D.F. [ɛsdeɛf] n. m., n. f. . *UN S.D.F., UNE S.D.F. :* une personne sans travail qui n'a pas d'argent pour se loger. *Des S.D.F. dorment dans le métro.*

REM. *S.D.F.* est le sigle de ***Sans Domicile Fixe.***

SE [sə] pronom . Pronom personnel réfléchi de la troisième personne du singulier et du pluriel **1.** Complément d'objet direct d'un verbe pronominal. *Elle se regarde dans la glace :* elle regarde elle-même dans la glace. *Elles se sont vues hier :* elles se sont vues l'une l'autre. *On s'est déjà vus.* → **on. 2.** Complément d'objet indirect d'un verbe pronominal. *Elle s'est attribué tout le mérite de la réussite de l'entreprise,* elle a attribué la réussite à elle-même. *Ils se sont dit des horreurs :* ils ont dit des horreurs l'un à l'autre. **3.** Servant à former des verbes qui n'existent qu'à la forme pronominale. *Elle s'est repentie. Il s'est emparé de l'objet. Il a failli s'évanouir. On s'en moque.* **4.** Servant à former des verbes pronominaux passifs. *Tout se sait :* tout est su. *Ce plat peut se manger froid,* on peut le manger froid. *Ça ne se fait pas. - Il se peut que je vienne :* il est possible que je vienne. **5.** Avec une valeur de possessif. *Elle s'est lavé les mains :* elle a lavé ses mains. *Elle s'exerce la mémoire :* elle exerce sa mémoire.

REM. **1.** *Se* s'élide en *s'* devant une voyelle *(il s'ennuie)* ou un *h* muet *(il s'habille).* Dans le langage familier, le *e* n'est parfois pas prononcé à l'oral devant une consonne *il se plaint* [isplɛ̃] *elle se plaint* [ɛsplɛ̃] ; suivi d'un autre *e* muet, il vaut mieux dire pour *il se demande* [il sədmɑ̃d]. **2.** Voyez l'encadré des pronoms **personnels**.

SÉANCE [seɑ̃s] n. f. . *UNE SÉANCE* **1.** Réunion de travail. *Les députés assistent aux séances de l'Assemblée nationale.* → **débat, session.** *Les administrateurs sont EN SÉANCE,* ils sont réunis. - *Ils sont partis SÉANCE TENANTE,* tout de suite, sans attendre. → **sur-le-champ. 2.** Moment consacré à une activité. *Le médecin lui a prescrit plusieurs séances de massage.* **3.** Spectacle. *Nous sommes allés au cinéma à la séance de seize heures,* à la projection qui a commencé à seize heures. *La prochaine séance est à vingt heures.*

SÉANT [seɑ̃] n. m. ▪ STYLE RECHERCHÉ *SUR SON SÉANT :* en position assise. *Il est sur son séant :* il est assis.

SEAU [so] n. m. ▪ *UN SEAU :* récipient plus haut que large, muni d'une anse. *La serpillière est dans un seau en plastique.* PLURIEL : *des SEAUX. Le seau d'eau s'est renversé dans la cuisine. - Il pleut À SEAUX :* il pleut énormément.

REM. *Saut* «bond», *sceau* «empreinte» et *sot* «stupide» se prononcent de la même façon.

SEC [sɛk] adj., n. m. et adverbe, **SÈCHE** [sɛʃ] adj.
I. adjectif (après le nom) **1.** Qui n'est pas imprégné de liquide. *Le linge sera bientôt sec.* ⟨contraires : humide, mouillé⟩ *La terre est trop sèche.* → **aride, stérile.** *Le climat de la région est sec :* il ne pleut pas beaucoup dans la région. - *L'été a été sec.* ⟨contraire : pluvieux⟩ **2.** (aliment) Débarrassé de son humidité en vue de la conservation. ⟨contraire : frais⟩ *Le pâtissier met des raisins secs dans le cake. J'ai acheté des fruits secs.* → **fruit** 3. *Voulez-vous des gâteaux secs ?* 3 Sans rien d'autre. *Les survivants n'avaient plus que du pain sec à manger. S'il fait une faute professionnelle, il risque un licenciement sec,* un licenciement sans indemnités. **4.** (qqn, animal) Qui a peu de graisse. *C'est une femme grande et sèche.* **5.** Qui n'est pas gras. *Il a les cheveux secs.* **6.** Qui manque de douceur. *On a entendu un bruit sec,* fort et très court. *J'ai bu du vin blanc sec,* pas sucré. ⟨contraires : doux, liquoreux, moelleux⟩ **7.** Qui manque de sensibilité, de tendresse. *Elle a le cœur sec.* → **dur.** *Il m'a envoyé une lettre très sèche.* → **désagréable.** ⟨contraire : aimable⟩ *Elle parle sur un ton très sec.* → **autoritaire, cassant, désobligeant, glacial. 8.** en attribut (familier) (qqn) Incapable de répondre. *Il resté sec devant sa feuille blanche* **(→ sécher).** *Je suis complètement sec sur ce sujet.*
II. nom masculin **1.** *AU SEC :* dans un lieu qui est à l'abri de l'humidité. *Il faut conserver les biscuits au sec. Venez vite vous mettre au sec.* **2.** *À SEC :* sans eau. *Le torrent est à sec. On a mis l'étang à sec,* on l'a asséché. *Ce manteau doit être nettoyé à sec,* il ne doit pas être nettoyé avec de l'eau.
III. adverbe **1.** En faisant un bruit sec. *Ça a pété sec.* **2.** *BOIRE SEC :* boire beaucoup d'alcool. *Il boit sec !* **3.** Brutalement. *Le chauffeur du car conduit sec.* **4.** STYLE FAMILIER *AUSSI SEC :* immédiatement, sans hésiter et sans tarder. *Il s'est mis à pleurer aussi sec,* tout de suite.

SÉCATEUR [sekatœʀ] n. m. ▪ *UN SÉCATEUR :* gros ciseaux qui servent au jardinage. *Le jardinier taille les rosiers avec un sécateur.* → **cisailles.**

SÉCESSION [sesesjɔ̃] n. f. ▪ *LA SÉCESSION :* action par laquelle une partie de la population d'un État se sépare de l'ensemble de la collectivité, pour former un État distinct ou pour se rattacher à un autre État. *LA GUERRE DE SÉCESSION opposa le Nord et le Sud des États-Unis de 1861 à 1865. Cet État a FAIT SÉCESSION,* il s'est séparé du reste du pays.

SÉCHAGE [seʃaʒ] n. m. ▪ *LE SÉCHAGE :* action de faire sécher, d'enlever l'humidité. *Il utilise une peinture à séchage rapide.*

SÈCHE-CHEVEUX [sɛʃʃəvø] n. m. invariable ▪ *UN SÈCHE-CHEVEUX :* appareil électrique qui sèche les cheveux mouillés en envoyant de l'air chaud. → **séchoir.** *Elle emporte son sèche-cheveux à la piscine.* PLURIEL : *des sèche-cheveux.*

SÈCHE-LINGE [sɛʃlɛ̃ʒ] n. m. invariable ▪ *UN SÈCHE-LINGE :* appareil ménager qui sèche le linge. *Ils ont un lave-linge et un sèche-linge.* PLURIEL : *des sèche-linge.*

SÈCHE-MAINS [sɛʃmɛ̃] n. m. invariable ▪ *UN SÈCHE-MAINS :* appareil qui envoie de l'air chaud pour se sécher les mains après les avoir lavées. *Il y a un sèche-mains dans les toilettes.* PLURIEL : *des sèche-mains.*

SÈCHEMENT [sɛʃmɑ̃] adverbe ▪ Avec froideur, sans douceur. *Il m'a répondu très sèchement.* → **durement.**

SÉCHER [seʃe] verbe [conjugaison 6a] **1.** Devenir sec. *Le linge sèche au soleil. Cette peinture séchera en une heure. Faites sécher vos serviettes. Laissez sécher les noix.* **2.** Rendre sec. *Le froid sèche la peau.* → **dessécher.** ⟨contraires : humecter, mouiller, tremper⟩ - *Sèche tes larmes :* essuie tes larmes et arrête de pleurer. **3.** STYLE FAMILIER Ne pas assister volontairement à. *Quand il était au collège, il séchait les cours de géographie,* il n'y allait pas. **4.** STYLE FAMILIER Ne pas savoir quoi répondre. *Il a été collé à son examen parce qu'il a séché en histoire.* **5.** verbe pronominal SE SÉCHER : s'essuyer pour devenir sec. *Ils se sont séchés devant la cheminée. Ne reste pas mouillé, sèche-toi vite ! - Elle s'est séché les cheveux avec mon sèche-cheveux.*

SÉCHERESSE [seʃʀɛs] n. f. ▪ *LA SÉCHERESSE* **1.** État de ce qui manque d'humidité. *Ici, la terre est d'une grande sécheresse.* → **aridité.** *Cette crème hydratante combat la sécheresse de la peau.* **2.** Manque de pluie. *Si la sécheresse continue, la récolte sera mauvaise.* **3.** Insensibilité, manque de chaleur. *Il lui a répondu avec sécheresse,* sèchement.

REM. On prononce souvent [sɛʃʀɛs].

SÉCHOIR [seʃwaʀ] n. m. ▪ *UN SÉCHOIR* **1.** Assemblage de fils ou de tubes plastifiés sur lesquels on met le linge à sécher. *J'ai mis le séchoir dehors, au soleil.* **2.** Appareil électrique qui sèche des matières humides en envoyant de l'air chaud dessus. *Le coiffeur a plusieurs séchoirs.* → **sèche-cheveux.** *Venez sous le séchoir.*

SECOND [səgɔ̃] adj. et n. m., **SECONDE** [səgɔ̃d] adj. et n. f.
I. 1. adjectif (avant le nom) Qui vient après le premier. → **deuxième.** *Ils habitent au second étage. C'est la seconde fois que je le vois. Cet événement s'est passé dans la seconde moitié du dix-huitième siècle.* **2.** (avant le nom) Qui vient après le plus important, après le meilleur. ⟨contraire : premier⟩ *Dans le train, je voyage en seconde classe,* dans la classe qui est moins luxueuse et moins chère que la première classe. - *Cet aspect des choses passe EN SECOND,* passe après. **3.** *DANS UN ÉTAT SECOND :* dans un état anormal, où l'on n'est pas conscient de ses actes. *J'ai fait ça dans un état second, sans m'en rendre compte.*
II. *LE SECOND* **1.** Personne qui aide qqn. *Elle est le second du directeur.* → **adjoint, assistant.** *Adressez-vous à mon second. Sur un bateau, le second commande immédiatement après le commandant.* **2.** Second étage. *J'habite au second.*
III. *LA SECONDE* **1.** Classe de l'enseignement secondaire, qui précède la première. *Son fils entre en seconde scientifique au lycée Carnot.* **2.** Seconde classe, dans les transports publics. *Il voyage toujours en seconde. J'ai un billet de seconde.* **3.** Seconde vitesse d'une automobile. *L'automobiliste roule quelques mètres et passe en seconde.*

REM. **1.** Les puristes emploient *second* quand il n'y a que deux choses et *deuxième* quand il y en a davantage. **2.** On prononce aussi [sgɔ̃], [sgɔ̃d].

SECONDAIRE [səgɔ̃dɛʀ] adj. et n. m.
I. adjectif (après le nom) **1.** Qui ne vient qu'au second rang, qui est peu important. *Il ne joue qu'un rôle secondaire dans le film.* → **accessoire, mineur.** *C'est tout à fait secondaire.* ⟨contraires : capital, essentiel, primordial⟩ **2.** *L'ENSEIGNEMENT SECONDAIRE,* qui suit l'enseignement primaire. *En France, l'enseignement secondaire comprend les classes de la sixième à la terminale. Il n'a*

pas fait d'études supérieures, il s'est arrêté à la fin de ses études secondaires. **3.** *L'ÈRE SECONDAIRE :* l'ère géologique pendant laquelle sont apparus les oiseaux et les premiers mammifères sur la Terre. *L'ère secondaire est comprise entre l'ère primaire et l'ère tertiaire.* **4.** Qui se produit en un deuxième temps. *Ce médicament peut avoir des effets secondaires,* il peut provoquer des réactions indésirables. **5.** *Le SECTEUR SECONDAIRE* (opposé à secteur primaire, secteur tertiaire) : secteur économique des activités productrices des matières transformées. *La mise en conserve des aliments, la menuiserie font partie du secteur secondaire.*

II. *LE SECONDAIRE* **1.** L'enseignement secondaire. *Il est professeur de français dans le secondaire.* **2.** L'ère secondaire. *Le secondaire date d'environ cent trente millions d'années.*

REM. On prononce aussi [sgɔ̃dɛʀ].

SECONDE [səgɔ̃d] n. f. *UNE SECONDE* **1.** Soixantième partie de la minute. *Il y a soixante secondes dans une minute, trois mille six cents secondes dans une heure. L'aiguille des secondes de ma montre ne marche plus* (→ **trotteuse**). **2.** Temps très court. *Attends-moi, j'en ai pour deux secondes ! Ça s'est passé en une FRACTION DE SECONDE,* très vite. *Une seconde !* attendez un instant ! **3.** Moment précis. *Elle s'est évanouie À LA SECONDE OÙ elle a été menacée du revolver.* **4.** Unité de mesure des angles, égale au soixantième de la minute. *Un cercle est gradué en degrés, en minutes et en secondes.*

REM. On prononce aussi [sgɔ̃d].

SECONDER [səgɔ̃de] verbe [conjugaison 1a] Aider (qqn) en tant que second. → **assister.** *Voici le collaborateur qui me seconde. Il m'a très bien secondé dans mes travaux.*

SECOUER [səkwe] verbe [conjugaison 1a] **1.** Remuer dans un sens puis dans l'autre. *Secouez le flacon avant de l'ouvrir.* → **agiter.** *Vous secouerez* [səkuʀe] *les tapis par la fenêtre avant de les replacer par terre. Il a fallu que je le secoue pour le réveiller.* - STYLE FAMILIER *J'EN AI RIEN À SECOUER :* ça m'est égal, je n'en ai rien à faire. → STYLE FAMILIER **cirer,** ① **fiche, foutre. 2.** Faire impression sur (qqn). → **choquer, ébranler.** *Son opération l'a beaucoup secoué. Elle a été secouée par cette agression.* → **traumatisé. 3.** Pousser (qqn) à agir. *Il faudrait le secouer pour qu'il prenne une décision.* **4.** verbe pronominal SE SECOUER : se décider à l'action. *Allez, secoue-toi ! Elle s'est secouée et elle s'est mise au travail.*

REM. On prononce aussi [skwe].

secoure [səkuʀ] *Que je secoure ; qu'il secoure, qu'elle secoure :* forme au subjonctif du verbe **secourir.**

SECOURIR [səkuʀiʀ] verbe [conjugaison 11] Venir au secours de (qqn), aider (qqn) à sortir d'un danger. *Les pompiers ont secouru un enfant en train de se noyer. Les sauveteurs secourent les skieurs perdus dans le brouillard.* → **sauver.** *Cette association secourt les sans-abri. Vous pouvez compter sur nous, nous vous secourrons* [səkuʀʀɔ̃] *s'il le faut.*

SECOURISME [səkuʀism] n. m. *LE SECOURISME :* méthode de sauvetage pour venir en aide aux blessés. *Il a suivi des cours de secourisme.*

SECOURISTE [səkuʀist] n. m., n. f. *UN SECOURISTE, UNE SECOURISTE :* une personne qui a appris à venir en aide aux blessés. *Elle a son brevet de secouriste. Les secouristes sont arrivés très vite sur les lieux de l'accident.* → **sauveteur.**

secours [səkuʀ] *Je secours, tu secours :* forme au présent du verbe **secourir.**

SECOURS [səkuʀ] n. m. *LE SECOURS* **1.** Tout ce qui aide une personne en danger à s'en sortir. → ① **aide,** ② **assistance.** *Les victimes ont appelé au secours. AU SECOURS ! Va vite chercher du secours ! Les pompiers sont venus À SON SECOURS. On ne peut pas les laisser sans secours.* **2.** *UN SECOURS :* aide financière ou matérielle. *L'État accorde des secours aux sans-abri.* **3.** Moyens utilisés pour secourir des personnes en danger (→ **sauvetage**). *Les alpinistes blessés attendent les secours. Les secours vont arriver sur les lieux de l'accident* (→ **SAMU**). **4.** Soins donnés à un malade, à un blessé qui est dans un état critique. *Les sauveteurs lui ont donné les secours d'urgence* (→ **secouriste**). **5.** Ce qui est utile dans une situation délicate. *Ses relations ne lui ont été D'AUCUN SECOURS pour obtenir le poste qu'il voulait.* → **utilité.** *Vous m'avez été d'un grand secours :* vous m'avez été très utile. **6.** *DE SECOURS :* qui peut servir en cas de nécessité. *La roue de secours* [ʀudsəkuʀ] *est dans le coffre de la voiture,* la roue de rechange au cas où un pneu crèverait. *Sortez par les issues de secours,* par lesquelles on passe en cas d'évacuation. *L'escalier de secours est à l'extérieur de la maison.*

REM. On prononce aussi [skuʀ].

secouru [səkuʀy], **secourue** [səkuʀy] *Il a secouru une femme ; la femme qu'il a secourue :* formes au participe passé du verbe **secourir.**

secourut [səkuʀy] *Il secourut, elle secourut :* forme au passé simple du verbe **secourir.**

SECOUSSE [səkus] n. f. *UNE SECOUSSE :* mouvement brusque qui secoue. *Le train a démarré après plusieurs secousses.* → **à-coup, cahot.** *Nous avons ressenti une violente secousse. On craint une nouvelle secousse du tremblement de terre.*

① **SECRET** [səkʀɛ], **SECRÈTE** [səkʀɛt] adj. (après le nom, rarement avant le nom) **1.** Qui n'est connu que d'un nombre limité de personnes, qui doit rester caché. *Ses documents secrets sont rangés dans un coffre. Ces renseignements sont secrets.* → **confidentiel.** ⟨contraires : officiel, public⟩ *J'ai le secret espoir de les rencontrer. Les espions travaillent dans les SERVICES SECRETS.* **2.** Difficile à trouver. *Ils sont sortis du château par un passage secret. - Ne dis à personne le code secret de ta carte bancaire.* **3.** (qqn) Qui ne se confie pas facilement. *C'est une enfant très secrète.* → **renfermé, réservé.**

② **SECRET** [səkʀɛ] n. m. *UN SECRET* **1.** Chose que l'on ne doit dire à personne. *Je vais te confier un secret, ne le répète à personne ! Mon ami n'a pas de secret pour moi,* il ne me cache rien. *C'est un secret :* je ne peux pas vous le dire. - *Il m'a mis DANS LE SECRET :* il m'a mis au courant. → **confidence. 2.** Moyen connu seulement de quelques personnes. *On ne sait pas ce que contient cette boisson, il y a un SECRET DE FABRICATION. Connaissez-vous le secret de la réussite ?* → **recette.** *Quel est ton secret pour avoir une si belle peau ?* **3.** *EN SECRET :* dans une situation où l'on n'est pas observé. *Les deux hommes politiques se sont rencontrés en secret,* en cachette. **4.** Silence sur une chose que l'on a apprise ou qui a été confiée. → **discrétion.** *Les négociations sont menées dans le plus grand secret. Les médecins et les avocats sont tenus au SECRET PROFESSIONNEL,* ils ne doivent pas divulguer ce qu'ils savent sur leurs clients.

SECRÉTAIRE [səkʀetɛʀ] n. m., n. f.

I. *UN SECRÉTAIRE, UNE SECRÉTAIRE* **1.** Personne dont le métier est de s'occuper du courrier, de répondre au téléphone, de prendre des rendez-vous, de classer des dossiers, pour le compte d'un patron. *Adressez-vous à ma secrétaire. Il a un secrétaire trilingue.* **2.** Personne qui est chargée de fonctions administratives. *Elle est secrétaire de mairie. Le secrétaire général de la rédaction d'un journal assiste le rédacteur en chef.*

3. *SECRÉTAIRE D'ÉTAT :* chef politique d'un département ministériel. *Elle est secrétaire d'État aux Affaires étrangères.*
II. *UN SECRÉTAIRE :* meuble à tiroirs destiné à ranger des papiers, avec un panneau que l'on peut rabattre et sur lequel on peut écrire. *Elle range son courrier et ses factures dans son secrétaire.*

SECRÉTARIAT [səkʀetaʀja] n. m. ▪ *LE SECRÉTARIAT* **1.** Métier, fonction de secrétaire. *Il fait du secrétariat.* **2.** Bureaux et service où travaillent des secrétaires. *Passez au secrétariat pour remplir les formulaires. Le secrétariat est fermé à l'heure du déjeuner.*

SECRÈTEMENT [səkʀɛtmɑ̃] adverbe ▪ D'une manière secrète, en secret. *Il a été averti secrètement.* ⟨contraire : ouvertement⟩

SÉCRÉTER [sekʀete] verbe [conjugaison 6 a] ▪ Produire (une substance). *Le pancréas sécrète l'insuline. Nous sécrétons tous de la sueur.*

FAUX AMI
espagnol **segredar** «confier»

SÉCRÉTION [sekʀesjɔ̃] n. f. ▪ *UNE SÉCRÉTION :* substance produite par le corps. *La sueur et la salive sont des sécrétions.*

SECTAIRE [sɛktɛʀ] adj. (après le nom) ▪ Qui n'admet que l'on ait d'autres opinions que les siennes. → **intolérant.** *Ce sont des partisans sectaires.* → **fanatique.** ⟨contraires : libéral, tolérant⟩

SECTE [sɛkt] n. f. ▪ *UNE SECTE* **1.** Groupe de personnes qui ont des croyances particulières à l'intérieur d'une religion. *Il est membre d'une secte de l'islam.* **2.** Groupe fermé dont les adeptes suivent un chef spirituel qui leur dicte sa doctrine en exerçant sur eux un pouvoir absolu. *Il a donné tout son argent à une secte.*

SECTEUR [sɛktœʀ] n. m. ▪ *UN SECTEUR* **1.** Partie d'un territoire. → **zone.** *Les enfants qui habitent dans le secteur de la mairie vont à l'école Jules-Ferry.* → **quartier.** - STYLE FAMILIER *Il n'est pas dans le secteur :* il n'est pas dans les environs. → **coin. 2.** Division d'un réseau de distribution d'électricité. *Le quartier n'a plus d'électricité à cause d'une panne de secteur.* **3.** Ensemble d'entreprises qui ont des caractéristiques communes. *En France, les chemins de fer appartiennent au secteur public,* à l'ensemble des entreprises qui dépendent de l'État. *Elle travaille dans le secteur privé,* dans une entreprise qui ne dépend pas de l'État. *Le secteur de l'automobile est en pleine expansion.*

SECTION [sɛksjɔ̃] n. f. ▪ *UNE SECTION* **1.** Action de couper, fait d'être coupé. *Le blessé a une section de la moelle épinière* (→ **sectionner**). **2.** Partie (d'un groupe, d'un ensemble). *Elle fait partie de la section syndicale de l'usine,* du groupe des personnes inscrites à un syndicat dans cette usine. *Mon fils est à l'école maternelle, dans la section des petits,* dans la classe des petits. *Ma fille est en classe de première, en section littéraire.* **3.** Partie d'un trajet. *Les lignes d'autobus sont divisées en sections,* en parties qui comportent plusieurs stations. **4.** Subdivision d'une unité militaire, qui comprend de trente à quarante hommes. *Le chef de section commande la section.*

SECTIONNER [sɛksjɔne] verbe [conjugaison 1a] ▪ Couper net. *La machine lui a sectionné un doigt. Le braconnier sectionne les fils de fer barbelés avec une pince.*

SÉCU n. f. Forme abrégée familière de **Sécurité sociale.**

SÉCULAIRE [sekylɛʀ] adj. (après le nom) ▪ Qui existe depuis au moins cent ans. *Il y a des arbres séculaires dans le parc. Ces traditions sont séculaires,* très anciennes.

SÉCULIER [sekylje], **SÉCULIÈRE** [sekyljɛʀ] adj. (après le nom) ▪ Qui vit dans le monde et non dans un monastère ou un couvent (opposé à régulier). *Il appartient au clergé séculier.*

SECUNDO [səgɔ̃do] adverbe ▪ En second lieu. → **deuxièmement.** *Primo, j'étais là avant toi et secundo c'est ma place habituelle.* → **ensuite.**

REM. Attention à l'orthographe avec un *u.* → **second.**

SÉCURISANT [sekyʀizɑ̃], **SÉCURISANTE** [sekyʀizɑ̃t] adj. (après le nom) ▪ Qui apporte un sentiment de sécurité. *C'est sécurisant de savoir que tu n'es pas loin.* → **rassurant.** *Il a une présence très sécurisante.* → **apaisant.** ⟨contraire : angoissant⟩

SÉCURISER [sekyʀize] verbe [conjugaison 1a] ▪ Donner un sentiment de sécurité à (qqn). *La nuit, je laisse une lampe allumée pour sécuriser ma fille qui a peur dans le noir. Ça me sécurise de savoir que tu peux m'aider.* → **rassurer.**

SÉCURITÉ [sekyʀite] n. f. ▪ *LA SÉCURITÉ* **1.** Situation, état tranquille qui ne présente aucun danger. *Les gardes du corps veillent sur la sécurité du président. Ici, vous êtes EN SÉCURITÉ,* vous ne risquez rien. ⟨contraire : insécurité⟩ *La police a pris des mesures de sécurité. L'armée assure la sécurité sur le territoire* (→ **C. R. S.**). *Il faut renforcer la SÉCURITÉ ROUTIÈRE,* prendre des mesures qui diminuent les risques d'accidents sur les routes. **2.** *DE SÉCURITÉ :* qui assure la sécurité. *Les automobilistes doivent boucler leur CEINTURE DE SÉCURITÉ,* la ceinture qui les maintient sur leur siège. *L'autoroute est longée par un rail de sécurité.* **3.** *LA SÉCURITÉ SOCIALE :* organisation de l'État qui rembourse une partie des dépenses de santé. *N'oubliez pas d'apporter votre carte de Sécurité sociale.* - *SÉCU* [seky] forme abrégée familière *La sécu te remboursera intégralement ton opération.* **4.** *UNE SÉCURITÉ :* situation sûre, où l'on est à l'abri. *Économiser de l'argent, c'est une sécurité.*

SÉDATIF [sedatif] n. m. ▪ *UN SÉDATIF :* médicament qui calme la douleur et l'anxiété. *Il prend un sédatif pour dormir.*

SÉDENTAIRE [sedɑ̃tɛʀ] adj. (après le nom) **1.** (qqch.) Qui n'oblige pas à se déplacer. *Elle a un travail sédentaire.* **2.** (qqn) Qui vit toujours au même endroit. *De nos jours, la plupart des peuples sont sédentaires.* ⟨contraire : nomade⟩

SÉDIMENT [sedimɑ̃] n. m. ▪ *UN SÉDIMENT :* dépôt fait de débris de roches usées par l'eau, la glace ou le vent. *Le fond de la mer est couvert de sédiments.*

SÉDITIEUX [sedisjø], **SÉDITIEUSE** [sedisjøz] adj. (après le nom) ▪ STYLE RECHERCHÉ Qui prend part à une révolte (→ **sédition**). *Les officiers séditieux ont été arrêtés.*

SÉDITION [sedisjɔ̃] n. f. ▪ *UNE SÉDITION :* révolte contre l'autorité publique. *L'armée a réprimé une sédition.* → **insurrection.**

SÉDUCTEUR [sedyktœʀ] n. m., **SÉDUCTRICE** [sedyktʀis] n. f. ▪ *UN SÉDUCTEUR, UNE SÉDUCTRICE :* une personne qui emploie tous les moyens pour plaire, pour séduire. *Son mari est un séducteur.* → **don Juan.**

SÉDUCTION [sedyksjɔ̃] n. f. ▪ *LA SÉDUCTION :* action de séduire. *Son frère exerce une grande séduction sur les femmes.* → **fascination.** ⟨contraire : répugnance⟩

SÉDUCTRICE n., féminin de **séducteur**

SÉDUIRE [sedɥiʀ] verbe [conjugaison 38 b] **1.** STYLE RECHERCHÉ Amener (une femme) à avoir des rapports sexuels en dehors du mariage. *Il l'a séduite et abandonnée.* **2.** (qqn) Faire la conquête amoureuse de (qqn). *Elle l'a tout de suite séduit en le faisant rire. Il séduit toutes les femmes. Comment le séduira-t-elle ?* **3.** (qqch.) Plaire énormément à (qqn). *À cette époque, l'idée de voyager me séduisait.* → **tenter.** *Il faut que son projet séduise tout le monde pour être accepté.* ⟨contraire : déplaire⟩

séduisant [sedɥizɑ̃] *En séduisant :* forme au participe présent du verbe **séduire.**

SÉDUISANT [sedɥizɑ̃], **SÉDUISANTE** [sedɥizɑ̃t] adj. (après le nom) **1.** (qqn) Qui plaît énormément, qui séduit. *Il a épousé une femme très séduisante.* **2.** (qqch.) Qui plaît. *Il nous a présenté un projet séduisant.* → **tentant.**

séduit [sedɥi], **séduite** [sedɥit] *Il a séduit une femme ; la femme qu'il a séduite :* formes au participe passé du verbe **séduire.**

SEGMENT [sɛgmɑ̃] n. m. ▪ *UN SEGMENT :* partie détachée d'un ensemble. *Calculez la longueur de ce SEGMENT DE DROITE,* de la portion de droite délimitée par deux points. *On a dû lui enlever un segment d'intestin,* un morceau d'intestin.

SEGMENTER [sɛgmɑ̃te] verbe [conjugaison 1a] ▪ STYLE RECHERCHÉ Couper en segments, en portions. *L'auteur a segmenté son exposé en plusieurs parties.*

SÉGRÉGATION [segʀegasjɔ̃] n. f. ▪ *LA SÉGRÉGATION RACIALE :* la séparation complète de la population de couleur et des Blancs dans un même pays. → **discrimination.** *L'Afrique du Sud pratiquait la ségrégation raciale* (→ **apartheid).**

SEICHE [sɛʃ] n. f. ▪ *UNE SEICHE :* petit animal marin qui projette un liquide noir quand il est attaqué. → **calamar.** *Les seiches sont des mollusques qui ont une coquille intérieure appelée OS DE SEICHE.*

SEIGLE [sɛgl] n. m. ▪ *LE SEIGLE :* plante dont les épis garnis de poils contiennent des grains gris qui produisent une farine brune. *Le seigle est une céréale. J'aime beaucoup le PAIN DE SEIGLE,* fait avec de la farine de seigle.

SEIGNEUR [sɛɲœʀ] n. m. ▪ *UN SEIGNEUR* **1.** Au Moyen Âge, noble dont dépendaient une terre et ses occupants. *Les seigneurs habitaient des châteaux.* **2.** Autrefois, Personnage de haut rang. *Le roi était entouré de seigneurs.* – *Il vit en GRAND SEIGNEUR,* dans le luxe. *Il fait le grand seigneur :* il est très généreux et dépense beaucoup d'argent. **3.** *LE SEIGNEUR :* Dieu, pour les juifs et les chrétiens. *Prions le Seigneur !*

SEIN [sɛ̃] n. m. ▪ *LE SEIN* **1.** Mamelle de la femme. *Elle a de jolis seins* (→ **poitrine).** *La mère donne le sein à son enfant,* elle l'allaite. *Ma fille prend des bains de soleil seins nus.* **2.** STYLE RECHERCHÉ Le devant du corps. *Il serre ses enfants contre son sein.* → **poitrine. 3.** *AU SEIN DE :* au milieu de. *Il y a des désaccords au sein de l'équipe,* dans l'équipe.

REM. *Sain* « en bonne santé », *saint* « vertueux » et *seing* « signature » se prononcent de la même façon.

SEING [sɛ̃] n. m. ▪ *LE SEING PRIVÉ :* signature d'un acte qui n'est pas faite devant notaire. *L'acte a été fait sous seing privé.*

SÉISME [seism] n. m. ▪ *UN SÉISME :* tremblement de terre. *Un séisme a détruit la ville* (→ **sismique).**

SEIZE [sɛz] adj., pronom, n. m. et n. f. invariables
I. adjectif invariable (avant le nom ou après le nom) **1.** (avant le nom) Quinze plus un (16 ; XVI). *Mon fils a seize ans.* **2.** (avant ou après le nom) Seizième. *Ouvrez votre livre page seize. Nous sommes le seize juin :* c'est le seizième jour du mois de juin. *Il est seize heures,* quatre heures de l'après-midi.
II. pronom Seize personnes, seize choses. *Ils sont seize.*
III. 1. *SEIZE :* le nombre seize. *Vingt moins quatre font seize. Ma fille a eu plusieurs seize en maths cette année.* **2.** *LE SEIZE, LA SEIZE :* ce qui porte le numéro seize. *Ils habitent au seize de la rue. Nous sommes seize :* c'est le seizième jour du mois. *Le serveur apporte la note de la seize,* de la table, de la chambre seize.

REM. *Seize* s'emploie en composition (ex. *quatre-vingt-seize, cent seize*).

SEIZIÈME [sɛzjɛm] adj., n. m. et n. f.
I. adjectif (avant le nom) Qui a le numéro seize, vient après le quinzième. *Ils habitent au seizième étage d'une tour.*
II. 1. *LE SEIZIÈME :* partie d'un tout divisé en seize parts égales. *Il reste les quinze seizièmes du gâteau.* **2.** *LE SEIZIÈME, LA SEIZIÈME :* ce qui a le numéro seize. *Elle est la seizième de la course. Ils habitent dans le seizième,* dans le seizième arrondissement de la ville. *Le roi de France François Ier a régné au seizième siècle.*

REM. *Seizième* s'emploie en composition (ex. *soixante-seizième, cent seizième*).

SÉJOUR [seʒuʀ] n. m. **1.** *LE SÉJOUR :* le fait de rester un certain temps dans un lieu. *Les étrangers qui résident en France plus de trois mois doivent avoir une CARTE DE SÉJOUR,* une carte prouvant qu'ils ont l'autorisation de séjourner en France. **2.** *UN SÉJOUR :* temps assez long que l'on passe dans un lieu. *Nous avons fait plusieurs séjours à Londres. Son séjour à la montagne lui a fait du bien. Nous aimerions prolonger notre séjour chez vous,* rester plus longtemps. *Ils se sont vus plusieurs fois pendant leur séjour.* **3.** *LA SALLE DE SÉJOUR* ou *LE SÉJOUR :* la pièce où l'on est habituellement. → **living.** *Leur appartement a un séjour de trente mètres carrés.*

REM. Dans les grandes villes, la *salle de séjour* sert souvent de salle à manger et de salon.

SÉJOURNER [seʒuʀne] verbe [conjugaison 1a] ▪ (qqn) Rester assez longtemps dans un lieu sans y fixer sa résidence habituelle. *Elle a séjourné un mois en Bretagne.* → **passer.** *Nous séjournerons chez des amis.*

SEL [sɛl] n. m. ▪ *LE SEL* **1.** Matière blanche que l'on utilise pour assaisonner, saler les aliments. *On récolte le sel marin dans les marais salants. Le cuisinier met du sel et du poivre dans la sauce. Il y a trop de sel dans la purée :* la purée est trop salée. *Rajoute une pincée de sel dans la soupe. Mets du GROS SEL dans l'eau des pâtes,* du sel en cristaux assez gros. *J'ai rempli la salière avec du SEL FIN.* – *Il a les cheveux POIVRE ET SEL,* les cheveux gris. – STYLE FAMILIER *Elle vient toujours METTRE SON GRAIN DE SEL dans la conversation :* elle vient toujours dire ce qu'elle pense alors qu'on ne lui demande rien. **2.** Ce qui donne de l'intérêt à qqch. *Son récit ne manque pas de sel.* → **esprit, humour, piquant. 3.** (au pluriel) DES SELS : substance qui ressemble au sel. *Il met des SELS DE BAIN dans la baignoire.*

REM. *Selle* « morceau de cuir » se prononce de la même façon.

SÉLECTIF [selɛktif], **SÉLECTIVE** [selɛktiv] adj. (après le nom) ▪ Qui choisit ce qui convient le mieux. *Il a une MÉMOIRE SÉLECTIVE :* il ne retient que ce qui lui semble important. *Dans cette entreprise, le recrutement est sélectif.*

SÉLECTION [selɛksjɔ̃] n. f. ▪ *UNE SÉLECTION* **1.** Action de choisir ce qui convient le mieux. *Pour recruter un employé, le patron FAIT UNE SÉLECTION parmi les candidats.* → **choix.** *Quels sont les critères de sélection ?* **2.** Ensemble de choses ou de personnes choisies. *Il y a une sélection des meilleurs films de la semaine dans le journal de télévision.* **3.** *LA SÉLECTION NATURELLE :* théorie de Darwin sur l'évolution, selon laquelle l'élimination des êtres les moins forts permet à l'espèce de se perfectionner de génération en génération. *La lutte pour la vie participe à la sélection naturelle.*

SÉLECTIONNER [selɛksjɔne] verbe [conjugaison 1a] ▪ Choisir en faisant une sélection. *Le jury des lecteurs a sélectionné trois romans. Elle a été sélectionnée pour représenter son pays aux Jeux olympiques.*

SELF-SERVICE [sɛlfsɛʀvis] n. m. ▪ *UN SELF-SERVICE* : magasin, restaurant où l'on se sert soi-même. → **libre-service.** *Nous avons déjeuné dans un self-service.* PLURIEL : *des SELF-SERVICES.* – *SELF* [sɛlf] forme abrégée familière *Arrêtons-nous dans ce self. Des selfs.*

REM. Ce mot vient de l'anglais.

SELLE [sɛl] n. f. ▪ *UNE SELLE* **1.** Pièce de cuir que l'on met sur le dos d'un cheval pour servir de siège au cavalier. *Le cavalier vérifie les sangles de sa selle avant de monter à cheval.* – *METTRE qqn EN SELLE,* l'aider dans un projet, dans sa profession. *Ses parents l'ont mis en selle.* **2.** Petit siège d'un deux-roues. *Elle remonte la selle de sa bicyclette.* **3.** STYLE RECHERCHÉ *ALLER À LA SELLE* : évacuer ses excréments (→ **selles**). *Le médecin m'a dit de vérifier si mon fils va régulièrement à la selle.*

REM. *Sel* «matière blanche» se prononce de la même façon.

SELLER [sele] verbe [conjugaison 1a] ▪ Mettre une selle à (un cheval). *Le cavalier selle son cheval et part en promenade.*

FAUX AMI
espagnol **sellar**
«sceller»

REM. *Sceller* «fermer» se prononce de la même façon.

SELLES [sɛl] n. f. pluriel ▪ *LES SELLES* : les excréments humains. *«Comment sont vos selles ?», dit le médecin. On doit lui faire une analyse des selles.*

SELLETTE [sɛlɛt] n. f. ▪ *ÊTRE SUR LA SELLETTE* : être la personne dont on parle, que l'on juge. *C'est à son tour d'être sur la sellette.*

REM. Autrefois, la sellette était le petit siège sur lequel on faisait asseoir les accusés pour les interroger.

SELLIER [selje] n. m. ▪ *UN SELLIER* : fabricant et marchand de selles, de harnais. *Le sellier travaille le cuir.*

REM. *Cellier* «cave» se prononce de la même façon.

SELON [səlɔ̃] préposition **1.** En se conformant à, en prenant pour modèle. *Il a agi selon vos désirs,* conformément à vos désirs. → **suivant.** ⟨contraire : contre⟩ *Tout a été fait selon les règles.* **2.** Si l'on se rapporte à. *Selon la météo, il devrait faire beau,* d'après la météo. *Selon toute vraisemblance, il devrait être d'accord. Selon moi, il a eu tort,* de mon point de vue. **3.** En fonction de. *Il dînera avec nous ou non, selon l'heure à laquelle il arrivera. C'est différent selon les cas. Nous serons douze ou quatorze SELON QUE les voisins viendront ou non.* **4.** STYLE FAMILIER *C'EST SELON* : cela dépend des circonstances. *«Est-ce que je te reverrai avant ton départ ? – C'est selon !»,* ça dépend, peut-être.

REM. On prononce aussi [slɔ̃].

SEMAILLES [səmaj] n. f. pluriel ▪ *LES SEMAILLES* : période pendant laquelle on sème. *Après les semailles il y aura la moisson.*

REM. On prononce aussi [smaj].

SEMAINE [səmɛn] n. f. ▪ *UNE SEMAINE* **1.** Période de sept jours qui commence le lundi et finit le dimanche. *Il nous rend visite toutes les deux semaines. Le cours de dessin a lieu une semaine sur deux. Cette revue paraît une fois par semaine* (→ **hebdomadaire).** *Elle viendra en milieu de semaine prochaine. Nous nous verrons en fin de semaine* (→ **week-end).** *À la semaine prochaine !* **2.** Jours de la semaine où l'on travaille. *J'ai eu une semaine chargée. Je n'aime pas sortir en semaine.* **3.** Durée quelconque de sept jours. *Ils se verront au cours de la première semaine de novembre. Cette année, elle n'a pris que deux semaines de vacances. Revoyons-nous dans une semaine.* → **huitaine.** *Ils ont loué une maison de vacances À LA SEMAINE.* – *Il organise sa vie À LA PETITE SEMAINE,* au jour le jour, sans penser à l'avenir.

SÉMANTIQUE [semɑ̃tik] n. f. et adj. **1.** *LA SÉMANTIQUE* : étude du sens des mots et des phrases. *La sémantique est une partie de la linguistique.* **2.** adjectif (après le nom) Relatif au sens, à la signification. *La définition correspond à l'analyse sémantique d'un mot.*

REM. Ce mot appartient au vocabulaire des spécialistes du langage.

SÉMAPHORE [semafɔʀ] n. m. ▪ *UN SÉMAPHORE* : poste établi sur le littoral et qui permet de communiquer par signaux avec les navires qui sont en vue. *Le sémaphore signale aux navires une prochaine tempête.*

SEMBLABLE [sɑ̃blabl] adj., n. m. et n. f.

I. adjectif (après le nom, parfois avant le nom) **1.** *SEMBLABLE À (qqch., qqn)* : qui ressemble à (qqch., qqn). *C'est une maison semblable à toutes les autres.* → **analogue, identique, similaire.** ⟨contraire : différent⟩ *Je n'ai jamais rien vu de semblable,* qui ressemble à cela. → **comparable, pareil.** **2.** *Des choses SEMBLABLES,* qui se ressemblent (l'une l'autre, entre elles). *Mon mari et moi, nous avons des goûts semblables* (→ **ressemblance, similitude).** *Démontrez que ces deux triangles sont semblables,* que leurs angles sont égaux deux à deux. **3.** STYLE RECHERCHÉ (souvent avant le nom) De cette nature. *De semblables calomnies sont intolérables.* → **tel.** *Que faire dans une semblable occasion ?*

II. *UN SEMBLABLE, UNE SEMBLABLE* : une personne semblable (à soi). *Il faut aider son semblable.* → **autre, prochain.** *Vous vous moquez de tout, vous et vos semblables !* vous et les gens qui vous ressemblent. *Elle passe son temps à s'occuper de ses semblables,* des autres.

SEMBLANT [sɑ̃blɑ̃] n. m. **1.** *UN SEMBLANT DE* : qqch. qui ressemble à (autre chose) mais qui ne l'est pas vraiment. *Il manifeste un semblant d'intérêt pour l'histoire que je lui raconte,* il semble manifester un peu d'intérêt. **2.** *FAIRE SEMBLANT DE* : faire comme si, se donner l'apparence de. *Ne fais pas semblant de dormir, je sais que tu es réveillé* (→ STYLE RECHERCHÉ **feindre).**

SEMBLER [sɑ̃ble] verbe [conjugaison 1a]

I. 1. *SEMBLER* (et attribut) : avoir l'air, avoir telle apparence pour qqn. *Tu sembles fatigué. Ils semblent disposés à accepter. La maison semble abandonnée.* → **paraître.** *Cela semble suffisant* (et infinitif). – *Elle semble accepter cette situation. Vous semblez bien la connaître. Elle semble aller mieux.* **2.** *SEMBLER...À QQN. Elle me semble mécontente. Ça nous semble impossible. Le temps nous a semblé long. Ça semble difficile d'accepter. Elle peut partir SI BON LUI SEMBLE,* si elle le veut.

II. (impersonnel) **1.** *IL SEMBLE. Il semble inutile de revenir là-dessus.* – *Il m'a semblé entendre du bruit* : j'ai eu l'impression d'entendre du bruit. *Il me semblait la connaître. Il m'avait semblé l'avoir déjà vu quelque part, mais j'ai dû me tromper.* **2.** *IL SEMBLE QUE* : on a l'impression que, les apparences laissent penser que. *Il semble qu'il n'y a, qu'il n'y ait plus rien à faire. D'après eux, il semblerait qu'elle soit condamnée.* – *Elle est déjà partie, il me semble.* – *IL ME SEMBLE QUE* : je crois que. *Il me semble que c'est assez grave. Il nous a semblé qu'elle n'avait pas entendu.* (négatif) *Il ne nous a pas semblé qu'elle ait entendu. Que te semble-t-il de la situation ?* **3.** (en fonction d'adverbe) *SEMBLE-T-IL Elle est contente, semble-t-il.* → **Apparemment.** *Nous étions, semblait-il, perdus dans la forêt.*

REM. **1.** Emplois comparés de *sembler* et *paraître.* → **paraître** (REM.).
2. Emplois comparés de *semble-t-il* et *paraît-il.* → **paraître** (REM., 4.)

SEMELLE [səmɛl] n. f. ▪ *UNE SEMELLE* **1.** Pièce qui forme la partie inférieure de la chaussure, en contact avec le sol. *Mes bottes ont des semelles de caoutchouc.* **2.** Morceau de feutre, de liège, de cuir que l'on met à l'intérieur d'une chaussure. *Il met une semelle dans ses chaussures qui sont un peu trop grandes. Sa fille doit porter des semelles orthopédiques,* des semelles qui corrigent les déformations de ses pieds. **3.** *NE PAS QUITTER QQN D'UNE SEMELLE,* le suivre partout. *La petite fille ne quitte pas sa mère d'une semelle,* elle est tout le temps avec sa mère. **4.** STYLE FAMILIER Viande trop dure ou trop cuite. *Cette escalope, c'est de la semelle !*

REM. On prononce aussi [smɛl].

SEMENCE [səmɑ̃s] n. f. ▪ *UNE SEMENCE :* graine que l'on sème. *Le jardinier enfouit les semences de laitue dans le sol.*

SEMER [səme] verbe [conjugaison 5a] **1.** Mettre (des graines, des semences) dans la terre pour obtenir une plante. *Le fermier sème du blé dans son champ. Demain, nous sèmerons des carottes et des tomates dans le potager. – Vous récolterez ce que vous avez semé :* vous aurez les résultats que vous méritez. **2.** Répandre en dispersant. *Vous semez votre argent !* vous laissez tomber des pièces par terre. *Une bande de voyous sème la terreur dans le quartier.* **3.** *ÊTRE SEMÉ DE :* être parsemé de, présenter beaucoup de. *Cette course automobile est semée de difficultés.* **4.** Se débarrasser de (qqn qui veut vous suivre). *Le voleur a réussi à semer ses poursuivants.* → **distancer.** *Nous les avons semés.*

REM. On prononce souvent [sme].

SEMESTRE [səmɛstʀ] n. m. ▪ *UN SEMESTRE* **1.** Période de six mois quelconques. *Leur fille a passé un semestre aux États-Unis pour apprendre l'américain.* **2.** Période des six premiers ou six derniers mois de l'année. *Ses résultats scolaires se sont améliorés au cours du second semestre.*

REM. On prononce aussi [smɛstʀ].

SEMESTRIEL [səmɛstʀijɛl], **SEMESTRIELLE** [səmɛstʀijɛl] adj. (après le nom) ▪ Qui a lieu, qui paraît chaque semestre. *Cette revue a une parution semestrielle. Ma fille a réussi ses examens semestriels.*

REM. On prononce aussi [smɛstʀijɛl].

SEMI-CONSERVE [səmikɔ̃sɛʀv] n. f. ▪ *UNE SEMI-CONSERVE :* conserve partiellement stérilisée à la chaleur. PLURIEL : *les SEMI-CONSERVES doivent être gardées au frais.*

SEMI-CONSONNE [səmikɔ̃sɔn] n. f. ▪ *UNE SEMI-CONSONNE :* voyelle ou groupe de voyelles qui a une fonction de consonne. [ɥ] *et* [w], *dans «lui» et «jouet» sont des SEMI-CONSONNES.*

SÉMILLANT [semijɑ̃], **SÉMILLANTE** [semijɑ̃t] adj. (avant le nom ou après le nom) ▪ STYLE RECHERCHÉ Vif et gai. *Sa fiancée est une sémillante jeune fille.* → **fringant.** *C'est un homme sémillant.*

SÉMINAIRE [seminɛʀ] n. m. ▪ *UN SÉMINAIRE* **1.** École où étudient les futurs prêtres catholiques. *Son fils fait ses études au séminaire.* **2.** Réunion de personnes qui étudient certaines questions. *Sa fille a participé à un séminaire sur la botanique.* → **colloque.** *Les ingénieurs de l'entreprise sont en séminaire, cette semaine.*

SÉMINARISTE [seminaʀist] n. m. ▪ *UN SÉMINARISTE :* élève d'un séminaire, qui se prépare à devenir prêtre. *Son fils est séminariste.*

SÉMIOTIQUE [semjɔtik] n. f. ▪ *LA SÉMIOTIQUE :* science des signes en général, sous toutes leurs formes et dans toutes leurs manifestations. *La sémiotique étudie les signes chez tous les êtres vivants.*

REM. Ce mot appartient au vocabulaire des spécialistes du langage.

SEMI-REMORQUE [səmiʀəmɔʀk] n. m. ▪ *UN SEMI-REMORQUE :* poids lourd formé d'une cabine où se trouve le moteur, et d'une grande remorque. *Un semi-remorque s'est renversé sur l'autoroute.* PLURIEL : *des SEMI-REMORQUES.*

REM. On prononce aussi [smiʀəmɔʀk] ou [smiʀmɔʀk].

SEMIS [səmi] n. m. ▪ *UN SEMIS :* terrain où l'on a semé des graines pour qu'elles donnent des plants. *Le jardinier arrose les semis de salades.*

REM. On prononce aussi [smi].

SÉMITE [semit] n. m., n. f. ▪ *UN SÉMITE, UNE SÉMITE :* personne appartenant à un groupe de peuples originaires d'Asie occidentale et parlant des langues de la même famille. *Les Arabes, les Juifs et les Éthiopiens sont des sémites.*

REM. *Sémite* est parfois employé comme adjectif et signifie alors «juif» (ex. : *il a le type sémite*), mais cet emploi est souvent considéré comme abusif, raciste et péjoratif. Le mot *antisémite* «hostile aux Juifs, par racisme» vient de ce sens.

SEMONCE [səmɔ̃s] n. f. **1.** STYLE RECHERCHÉ *UNE SEMONCE :* reproche, réprimande. *Son professeur lui a adressé une sérieuse semonce.* **2.** *Un COUP DE SEMONCE :* coup de canon donnant l'ordre à un navire de s'arrêter. → **sommation.** *Le navire ennemi continue sa route, malgré des coups de semonce répétés.*

SEMOULE [səmul] n. f. ▪ *LA SEMOULE :* farine faite à partir de morceaux de grains de blé dur. *La semoule sert à préparer le couscous. J'ai fait un gâteau de semoule pour le dîner. – Le SUCRE SEMOULE a des grains plus gros que le sucre en poudre.*

REM. On prononce souvent [smul].

SEMPITERNEL [sɑ̃pitɛʀnɛl], **SEMPITERNELLE** [sɑ̃pitɛʀnɛl] adj. (avant le nom ou après le nom) ▪ Continuel et lassant. *Tu nous ennuies avec tes plaintes sempiternelles.* → **éternel, perpétuel.** *Il me fait de sempiternels reproches.*

SÉNAT [sena] n. m. ▪ *LE SÉNAT :* dans certains pays démocratiques, assemblée élue au suffrage indirect ou dont les membres représentent une commune ou une région. *En France, l'Assemblée nationale et le Sénat forment le Parlement. Il a été élu au Sénat* (→ **sénateur).**

SÉNATEUR [senatœʀ] n. m. ▪ *UN SÉNATEUR :* membre du Sénat. *En France, les sénateurs sont élus pour neuf ans.*

REM. Le féminin *sénatrice* [senatʀis] est parfois employé, depuis 1998.

SÉNÉGALAIS [senegalɛ] adj. et n. m., **SÉNÉGALAISE** [senegalɛz] adj. et n. f. **1.** adjectif (après le nom) Du Sénégal, pays d'Afrique de l'Ouest. *La capitale sénégalaise est Dakar.* **2.** *UN SÉNÉGALAIS, UNE SÉNÉGALAISE :* une personne qui vit au Sénégal ou qui y est née. *Les Sénégalais.*

SÉNESCENCE [senesɑ̃s] n. f. ▪ STYLE RECHERCHÉ *LA SÉNESCENCE :* le fait de vieillir. *La baisse de la vitalité est l'un des signes de la sénescence.* → **vieillissement.**

SÉNILE [senil] adj. (après le nom) **1.** Du vieillard, propre à la vieillesse. (contraire : juvénile) *Le vieux monsieur a un tremblement sénile des mains.* **2.** (qqn) Atteint de sénilité. *Malgré ses quatre-vingt-quinze ans, ma grand-mère n'est pas du tout sénile.*

SÉNILITÉ [senilite] n. f. ▪ *LA SÉNILITÉ :* détérioration de l'organisme due à la vieillesse. *Son grand-père est atteint de sénilité.*

SENIOR [senjɔʀ] n. m., n. f. ▪ *UN SENIOR, UNE SENIOR* : personne de plus de cinquante ans. *Ce nouveau magazine s'adresse aux seniors.*

① **SENS** [sɑ̃s] n. m. ▪ *LE SENS* **1.** Orientation d'un objet. → **direction.** *Elle coupe le rôti dans le sens de la largeur. Dans quel sens faut-il regarder cette toile abstraite ? J'ai retourné mon sac dans tous les sens pour chercher mes lunettes. Il caresse le chat dans le sens du poil.* – *La pièce est SENS DESSUS DESSOUS* [sɑ̃dsydsu], dans un grand désordre. – *Il a mis son pull SENS DEVANT DERRIÈRE* [sɑ̃sdəvɑ̃dɛʀjɛʀ], le derrière à la place du devant et inversement. **2.** Lieu vers lequel un objet se déplace. *Vous êtes dans le bon sens. Nous refaisons le chemin en sens inverse.* → **retourner.** *La rue est en sens unique* : on ne peut la parcourir que dans une seule direction. *Tournez le bouton dans le sens des aiguilles d'une montre.* **3.** Direction que prend une activité. *Dans cette équipe, tout le monde travaille dans le même sens,* pour le même but. – *Cet événement va dans le sens de l'histoire,* dans la direction générale et irréversible des choses.

② **SENS** [sɑ̃s] n. m.
I. *LE SENS* **1.** Faculté d'éprouver les impressions que font les objets. → **sensation.** *Les cinq sens sont la vue, l'ouïe, l'odorat, le goût et le toucher. L'odorat est le sens grâce auquel on perçoit les odeurs. Nous ressentons des impressions grâce aux ORGANES DES SENS.* → **sensoriel.** – *Il a un sixième sens,* de l'intuition. – *Ça tombe sous le sens* : c'est évident. **2.** STYLE RECHERCHÉ (au pluriel) LES SENS : la sensualité. *Il donne une grande importance aux plaisirs des sens.* **3.** *LE SENS DE* : l'instinct, l'intuition de. *À deux ans, ma sœur a déjà le sens du rythme. Tu manques de sens pratique. Il n'a aucun sens de l'humour.* – *Vous n'avez aucun sens moral,* aucune conscience du bien et du mal.
II. (jugement) **1.** *LE BON SENS* : la capacité de bien juger. *Elle a beaucoup de bon sens.* → **jugement, sagesse.** *Mon mari est un homme de bon sens,* sage, raisonnable. → **sensé.** *C'est une remarque de bon sens.* – *Ça n'a pas le SENS COMMUN* : c'est déraisonnable. **2.** Manière de juger. *À MON SENS, ce n'est pas la bonne solution,* à mon avis, d'après moi. – *EN UN SENS, il n'a pas tout à fait tort,* d'une certaine façon, d'un certain point de vue.

③ **SENS** [sɑ̃s] n. m. ▪ *UN SENS* **1.** *Le sens d'un mot,* l'idée à laquelle il correspond. → **signification.** *Cherchez dans le dictionnaire le sens du mot « sémillant ». Certains mots ont plusieurs sens* (→ **polysémique).** *Dans quel sens ce mot est-il employé ? Deux mots peuvent avoir le même sens* (→ **synonyme).** *Certains linguistes étudient le sens des mots* (→ **sémantique).** *Ce texte n'a aucun sens,* il ne veut rien dire, ne signifie rien. **2.** Idée qui sert à expliquer, à justifier (qqch.). *Quel est le sens de ce geste ? Tout le monde cherche un sens à sa vie.* → **raison.** *Son comportement n'a aucun sens.* → **incohérent, incompréhensible.**

SENSATION [sɑ̃sasjɔ̃] n. f. ▪ *UNE SENSATION* **1.** Impression qu'un être vivant perçoit à partir des organes des sens. *Il éprouve une sensation de faim. Elle a une sensation de vertige en regardant du haut du pont.* **2.** État psychologique provoqué par des impressions reçues. *La vue du sang lui donne une sensation de malaise. Elle a la sensation d'être suivie.* → **impression.** *Il aime les sensations fortes.* → **émotion.** **3.** *FAIRE SENSATION* : produire une forte impression. *Son entrée a fait sensation.* – *Les journaux À SENSATION diffusent des scandales.* → **sensationnel.**

> FAUX AMI
> polonais **sensacja** ne s'emploie pas aux sens 1. et 2.

SENSATIONNEL [sɑ̃sasjɔnɛl], **SENSATIONNELLE** [sɑ̃sasjɔnɛl] adj. (après le nom) **1.** Qui produit une vive impression. *Tous les journaux ont commenté cet événement sensationnel.* **2.** STYLE FAMILIER Remarquable, exceptionnel. *C'est une idée sensationnelle !* → **formidable ;** STYLE FAMILIER ① **super.** *L'acteur principal est sensationnel, dans ce rôle !* ⟨contraires : mauvais, médiocre⟩

SENSÉ [sɑ̃se], **SENSÉE** [sɑ̃se] adj. (après le nom) ▪ Raisonnable, plein de bon sens. *Toutes les personnes sensées sont du même avis.* → **sage.** *Il est incapable de dire une phrase sensée.* ⟨contraires : absurde, insensé⟩
▮ REM. *Censé* « supposé » se prononce de la même façon.

SENSIBILISER [sɑ̃sibilize] verbe [conjugaison 1a] ▪ Rendre sensible (à un phénomène, un problème). *Le gouvernement cherche à sensibiliser les gens à la pollution urbaine. Le public n'est pas sensibilisé à ce problème.*

SENSIBILITÉ [sɑ̃sibilite] n. f. ▪ *LA SENSIBILITÉ* **1.** Faculté (d'un être vivant, d'un organe) à réagir à une excitation. *La sensibilité de la rétine permet à l'œil de recevoir les images.* **2.** Capacité de l'être humain à réagir à ce qu'il sent, à éprouver des émotions. *Il a beaucoup de sensibilité.* → **cœur.** ⟨contraire : insensibilité⟩ *Elle manque de sensibilité. Cette œuvre est pleine de sensibilité,* d'émotion, de sentiment. **3.** Aptitude d'un appareil à réagir aux moindres variations. *Cette balance est très précise, elle est d'une grande sensibilité.*

SENSIBLE [sɑ̃sibl] adj. (après le nom) **1.** Capable de percevoir des sensations. *Les hommes et les animaux sont des êtres sensibles. L'oreille des chiens est SENSIBLE AUX ultrasons.* **2.** Douloureux au moindre contact. *Elle a les pieds sensibles.* – *Il est sensible de l'intestin,* fragile de l'intestin. **3.** (qqn) Capable de sentiment, qui ressent profondément les impressions. *Il faut le ménager, c'est un enfant très sensible. Ce film violent est déconseillé aux personnes sensibles.* → **émotif, impressionnable.** ⟨contraire : insensible⟩ – *Je suis très SENSIBLE À cette marque d'attention,* cela me touche beaucoup. *Beaucoup d'hommes sont sensibles à son charme,* ils y réagissent. **4.** (appareil) Qui réagit à de faibles variations. *Cette balance est très sensible* (→ **sensibilité).** *Les pellicules photographiques sont SENSIBLES À la lumière.* **5.** (qqch.) Qui peut être perçu par les sens. *Les êtres vivants vivent dans le monde sensible.* → **tangible.** **6.** (qqch.) Assez important pour être perçu. *Les prix ont augmenté de façon sensible.* → **notable.** ⟨contraire : insensible⟩ **7.** (qqch.) Qui doit être traité avec des précautions particulières. *Le gouvernement traite un dossier sensible.* → **délicat.** *Un nouveau lycée a été implanté dans une banlieue sensible,* dans une banlieue où il y a des problèmes sociaux importants.

> FAUX AMI
> anglais **sensible** « qui a du bon sens, sensé »

SENSIBLEMENT [sɑ̃sibləmɑ̃] adverbe **1.** À peu près. *Les deux amis ont sensiblement le même âge.* **2.** D'une manière appréciable, notable. *Les prix ont sensiblement augmenté.* ⟨contraire : insensiblement⟩

SENSIBLERIE [sɑ̃sibləʀi] n. f. ▪ *LA SENSIBLERIE* : sensibilité exagérée ; compassion un peu ridicule. *Il accuse sa femme de sensiblerie envers les animaux. Allons, pas de sensiblerie !*

SENSORIEL [sɑ̃sɔʀjɛl], **SENSORIELLE** [sɑ̃sɔʀjɛl] adj. (après le nom) ▪ Qui concerne les organes des sens, les sensations. *L'œil, le nez et la langue sont des organes sensoriels.*

SENSUALITÉ [sɑ̃sɥalite] n. f. ▪ *LA SENSUALITÉ* **1.** Tempérament d'une personne sensuelle, qui aime les plaisirs des sens, l'amour physique. ⟨contraire : froideur⟩ *Sa sensualité commence à s'éveiller.* → **érotisme, sexualité.** **2.** Caractère sensuel (de qqch.). *Le tango est une danse d'une grande sensualité.*
▮ REM. Ce mot est moins usité qu'autrefois, et sert d'euphémisme.

SENSUEL [sɑ̃sɥɛl], **SENSUELLE** [sɑ̃sɥɛl] adj. (après le nom) ▪ Qui annonce ou évoque la sensualité, qui stimule le désir sexuel. *Elle a une bouche sensuelle. Le top-modèle prend des poses sensuelles pour ses photos.* → **érotique, lascif, lubrique.**

SENTENCE [sɑ̃tɑ̃s] n. f. ▪ *UNE SENTENCE :* décision d'un juge. *Le juge prononce sa sentence.* → **jugement, verdict.**

SENTENCIEUX [sɑ̃tɑ̃sjø], **SENTENCIEUSE** [sɑ̃tɑ̃sjøz] adj. (après le nom) ▪ Qui s'exprime de manière solennelle et affectée. *Il parle d'un ton sentencieux.* → **pompeux.**

SENTEUR [sɑ̃tœʀ] n. f. **1.** STYLE RECHERCHÉ *UNE SENTEUR :* odeur agréable. *J'aime la senteur des roses.* → **parfum. 2.** *DES POIS DE SENTEUR :* fleurs roses, bleues ou blanches très parfumées. *Sur la cheminée, il y a un gros bouquet de pois de senteur roses.*

SENTIER [sɑ̃tje] n. m. ▪ *UN SENTIER :* chemin étroit dans la campagne ou en montagne pour les piétons et les bêtes. *Un sentier escarpé grimpe jusqu'au sommet de la colline.* – *Ce roman SORT DES SENTIERS BATTUS,* il est original, il est différent des autres.

SENTIMENT [sɑ̃timɑ̃] n. m. **1.** *UN SENTIMENT :* ce que l'on ressent, ce que l'on éprouve. *L'amour et la haine sont des sentiments forts.* → **émotion, passion.** *Il éprouve un sentiment de soulagement.* → **impression.** *J'ai eu un sentiment de liberté, quand il est parti. Elle est très secrète et communique peu ses sentiments,* elle est peu expansive. – *Il est plein de BONS SENTIMENTS,* de penchants nobles et généreux. – (formules de politesse à la fin d'une lettre) *Veuillez agréer, Madame, l'expression de mes sentiments distingués. Avec mes meilleurs sentiments.* **2.** *LE SENTIMENT :* les démonstrations sentimentales. *Ce n'est pas le moment de FAIRE DU SENTIMENT,* de se laisser aller à la sensiblerie. – STYLE FAMILIER *Il m'a eu AU SENTIMENT :* il a réussi à m'attendrir. **3.** STYLE RECHERCHÉ *LE SENTIMENT DE QQN,* son avis, son opinion. *« Pensez-vous qu'il est coupable, quel est votre sentiment là-dessus ? » C'est aussi mon sentiment.* → **impression.** – *J'AI LE SENTIMENT D'avoir bien agi :* je pense avoir bien agi. *Il a parfois le sentiment qu'elle se trompe.* → **intuition.**

SENTIMENTAL [sɑ̃timɑ̃tal], **SENTIMENTALE** [sɑ̃timɑ̃tal] adj. (après le nom) **1.** Qui concerne l'amour. *Il a une vie sentimentale assez agitée.* → **amoureux.** MASCULIN PLURIEL : *des problèmes SENTIMENTAUX* [sɑ̃timɑ̃to]. **2.** Qui est du domaine des sentiments, qui n'est ni raisonné ni intéressé. *Elle attache à cette médaille une valeur sentimentale.* → **affectif. 3.** (qqch.) Qui est sensible, qui manifeste volontiers des sentiments tendres et leur donne de l'importance. *Tu es trop sentimental.* → **romanesque, romantique, tendre. 4.** (qqch.) Plein d'une sensibilité mièvre. *Elle aime les chansons sentimentales.*

REM. Ce mot tend à vieillir.

SENTINELLE [sɑ̃tinɛl] n. f. ▪ *UNE SENTINELLE :* soldat dont le rôle est de surveiller ce qui se passe, de faire le guet. *Deux sentinelles montent la garde devant le palais royal.*

SENTIR [sɑ̃tiʀ] verbe [conjugaison 16 b]

I. 1. Connaître, pouvoir réagir à (un fait, une qualité) par une sensation. → **percevoir.** *Je sens un courant d'air à travers la porte. La piqûre ne lui a pas fait mal, il n'a rien senti. Il sent la fatigue.* → **ressentir. 2.** Avoir la sensation de (qqch.) grâce à l'odorat. *Sens ces roses qui ont un si bon parfum.* → **humer.** *Le chien a senti quelque chose.* → **flairer.** – STYLE FAMILIER *Je NE PEUX PAS le SENTIR, ce type,* je ne le supporte pas, je le déteste. → STYLE FAMILIER **encadrer, encaisser, voir. 3.** Avoir, prendre conscience de (qqch.). *Il sent le danger.* → **pressentir.** *À ce moment-là, il A SENTI QUE c'était grave.* → **comprendre.** – STYLE FAMILIER *Fais comme tu (le) sens,* comme tu veux. **4.** Être affecté par (qqch.). *Il sent de l'amour pour elle.* → **éprouver, ressentir. 5.** *FAIRE SENTIR :* faire éprouver, faire comprendre. *Ils m'ont fait sentir que j'étais de trop parmi eux.* – *Les effets du médicament commencent à se faire sentir,* à devenir sensibles.

II. 1. Dégager, répandre une odeur de. *Cette rose ne sent rien,* elle n'a pas d'odeur. *Ces fleurs sentent bon.* → **embaumer.** *Ça sent le renfermé, ici ! Il ne doit pas se laver beaucoup, il SENT MAUVAIS.* → **empester, puer ;** STYLE FAMILIER **schlinguer.** – *Elle sent des pieds :* ses pieds sentent mauvais. **2.** Donner une impression de, évoquer l'idée de. *Ses manières sentent le parvenu.*

III. verbe pronominal SE SENTIR **1.** Être senti. *Il est heureux, ça se sent,* c'est évident. **2.** Avoir l'impression de. *Elle s'est sentie revivre après sa convalescence.* – STYLE FAMILIER *Depuis sa promotion, il ne se sent plus,* il est fier et excité. **3.** Penser avoir. *Je ne me sens pas la force d'y aller. Elle ne s'est pas senti le courage de continuer.*

FAUX AMI
italien **sentire**
« entendre »

SEOIR [swaʀ] verbe [conjugaison 26] ▪ STYLE RECHERCHÉ Convenir, aller bien (à qqn). *Cette robe te sied à merveille.* (→ **seyant**). – *Il sied aux enfants d'obéir à leurs parents* (→ ② **séant**). *Vous siérait-il de m'accompagner ?* → **plaire.**

REM. **1.** Ce verbe ne s'emploie qu'à la troisième personne et se conjugue au présent *(il sied),* à l'imparfait *(il seyait),* au futur *(il siéra),* au conditionnel *(il siérait)* et au participe présent *(seyant).* **2.** *Soir* « fin du jour » se prononce de la même façon.

SÉPARATION [sepaʀasjɔ̃] n. f. ▪ *UNE SÉPARATION* **1.** Le fait d'être séparé. *En France, la séparation de l'Église et de l'État date de 1905. Il a beaucoup souffert de la séparation de ses parents,* du fait que ses parents soient séparés. ⟨contraire : union⟩ – *Ils sont mariés sous le régime de la SÉPARATION DE BIENS,* dans lequel chaque époux conserve la propriété de ses biens personnels. **2.** Ce qui sépare. *Une haie de troènes sert de séparation entre les deux jardins.*

SÉPARATISTE [sepaʀatist] n. m., n. f. et adj. **1.** *UN SÉPARATISTE, UNE SÉPARATISTE :* personne qui réclame une séparation politique, l'autonomie par rapport à un État. *Les séparatistes réclament l'autonomie de la province.* **2.** adjectif (après le nom) Qui réclame la séparation politique, l'autonomie. *Le terroriste que la police a arrêté fait partie d'un mouvement séparatiste.*

SÉPARÉ [sepaʀe], **SÉPARÉE** [sepaʀe] adj. (après le nom) **1.** (qqch.) Qui est à part, distinct. *Le travail et la vie privée sont deux choses séparées, pour lui.* ⟨contraire : lié⟩ **2.** (qqn) Qui ne vit plus avec qqn, qui s'est séparé. *Ils ne sont pas divorcés, mais séparés :* ils ne vivent plus sous le même toit.

SÉPARÉMENT [sepaʀemɑ̃] adverbe ▪ De façon séparée, à part l'un de l'autre. *Faites cuire les légumes séparément.* → **à part.** *Le commissaire interroge les deux témoins séparément.* ⟨contraire : ensemble⟩

SÉPARER [sepaʀe] verbe [conjugaison 1a]

I. 1. *SÉPARER QQCH. (DE)* Faire cesser (une chose) d'être avec une autre ; faire cesser (plusieurs choses) d'être ensemble. *Une raie bien droite sépare ses cheveux.* → **partager.** *Séparons les deux choses, elles n'ont rien à voir l'une avec l'autre.* → **dissocier.** ⟨contraire : confondre⟩ **2.** *SÉPARER QQN (DE)* Faire que des personnes ne soient plus ensemble, plus en contact. *On a séparé la mère de ses enfants.* ⟨contraires : réunir, unir⟩ *Vous ne nous séparerez* [sepaʀʀe] *pas !* – *Il faut séparer les combattants,* les empêcher de continuer à se battre. **3.** (qqch.) Faire que des personnes ne soient plus en harmonie. *Ils n'ont rien en commun, tout les sépare.* → **différencier, distinguer.** ⟨contraires : lier, rapprocher⟩ **4.** Former une séparation entre (deux choses, deux personnes). *Une cloison sépare le salon de la chambre. Mille kilomètres les séparent.*

II. verbe pronominal SE SÉPARER **1.** (qqn) Cesser d'être avec (qqn). *Elle s'est séparée de son mari.* → **quitter.** *Il s'est séparé de sa secrétaire,* il l'a renvoyée. – *Ils se sont séparés bons amis.* **2.** Ne plus garder avec soi. *Il ne se sépare jamais de son canif,* il l'a toujours sur lui. **3.** Cesser d'être réuni. *L'assemblée s'est séparée à minuit.* **4.** (qqch.) Se diviser. *C'est ici que nos chemins se séparent. Le fleuve se sépare en deux bras.* → se **scinder.** ⟨contraire : se réunir⟩

SEPT [sɛt] adj., pronom, n. m. et n. f. invariables
I. adjectif invariable (avant le nom ou après le nom) **1.** Six plus un (7 ; VII). *Mon fils a sept ans* [sɛtɑ̃]. *Il y a sept jours dans la semaine. Blanche-Neige a été recueillie par les sept nains. Le rôti pèse sept cents grammes.* **2.** (avant ou après le nom) Septième. *Je suis au chapitre sept de mon livre. Il est sept heures.*
II. pronom Sept personnes, sept choses. *Ils sont sept.*
III. **1.** *UN SEPT :* le chiffre sept. *Il forme mal ses sept.* **2.** *SEPT :* le nombre sept. Quatre et trois font sept. *Il a eu un sept en maths, sa note est sept.* **3.** *LE SEPT, LA SEPT :* ce qui porte le numéro sept. *Ils habitent au sept de l'avenue de la République. Elle a le sept de cœur,* la carte à jouer portant sept cœurs. *Dans la course de chevaux, c'est le sept qui a gagné,* le cheval portant le numéro sept. *Le serveur apporte la note de la sept,* de la table, de la chambre sept.
REM. **1.** *Cet,* adjectif démonstratif masculin, *cette,* adjectif démonstratif féminin et *set* « partie d'un match » se prononcent de la même façon. **2.** *Sept* s'emploie en composition (ex. : *vingt-sept* [vɛ̃tsɛt], *cent sept*).

SEPTANTE [sɛptɑ̃t] adj. et n. m. invariables **1.** adjectif invariable (avant le nom) Soixante-dix (70). *Mon grand-père a septante ans* [sɛptɑ̃tɑ̃]. *Ça coûte septante-cinq francs,* soixante-quinze francs. **2.** *SEPTANTE. Soixante plus dix font septante.*
REM. *Septante* s'emploie en Suisse, en Belgique, dans l'est de la France et en Acadie (Canada).

SEPTEMBRE [sɛptɑ̃bʀ] n. m. ▪ Neuvième mois de l'année. *Le mois de septembre a trente jours. La rentrée des classes est en septembre. Il y a parfois des septembres ensoleillés.*

SEPTENNAT [sɛptena] n. m. ▪ *UN SEPTENNAT :* période de sept ans. *En France, le président de la République est élu pour un septennat.*

SEPTENTRIONAL [sɛptɑ̃tʀijɔnal], **SEPTENTRIONALE** [sɛptɑ̃tʀijɔnal] adj. (après le nom) ▪ Du nord, situé au nord. *La Suède est en Europe septentrionale.* ⟨contraire : méridional⟩ MASCULIN PLURIEL : *les pays SEPTENTRIONAUX* [sɛptɑ̃tʀijɔno]. → **nordique.**

SEPTICÉMIE [sɛptisemi] n. f. ▪ *LA SEPTICÉMIE :* maladie provoquée par le développement de microbes dans le sang. *Elle est morte d'une septicémie.*

SEPTIÈME [sɛtjɛm] adj., n. m. et n. f.
I. adjectif (avant le nom) Qui a le numéro sept, qui vient après le sixième. *Juillet est le septième mois de l'année. C'est la septième fois que ça arrive. Elle aime LE SEPTIÈME ART,* le cinéma. *À la fête foraine, les enfants sont au SEPTIÈME CIEL,* ils sont ravis.
II. **1.** *LE SEPTIÈME :* partie d'un tout divisé en sept parts égales. *Il a mangé les cinq septièmes de la tarte,* cinq parts sur sept. **2.** *LE SEPTIÈME, LA SEPTIÈME :* ce qui a le numéro sept. *C'est le septième à répondre. Elle est la septième de la classe. Ils habitent au septième,* au septième étage.
REM. *Septième* s'emploie en composition (ex. : *trente-septième, cent septième*).

SEPTIQUE [sɛptik] adj. (après le nom) ▪ *UNE FOSSE SEPTIQUE :* réservoir dans lequel les excréments contenus dans la fosse d'aisances sont décomposés par les bactéries. *Les excréments sont éliminés dans la fosse septique.*
REM. Sceptique « qui doute » se prononce de la même façon.

SEPTUAGÉNAIRE [sɛptɥaʒenɛʀ] adj., n. m. et n. f. **1.** adjectif (après le nom) Dont l'âge est compris entre soixante-dix et soixante-dix-neuf ans. *Il a épousé une femme septuagénaire.* **2.** *UN SEPTUAGÉNAIRE, UNE SEPTUAGÉNAIRE :* une personne dont l'âge varie entre soixante-dix et soixante-dix-neuf ans. *Ce septuagénaire fait jeune malgré ses soixante-dix-sept ans.*

SÉPULCRE [sepylkʀ] n. m. ▪ STYLE RECHERCHÉ *UN SÉPULCRE :* tombeau, tombe. *Le SAINT SÉPULCRE est à Jérusalem,* le tombeau du Christ.

SÉPULTURE [sepyltyʀ] n. f. ▪ *UNE SÉPULTURE :* lieu où est enterré un mort. → **tombe.** *Des voyous ont violé plusieurs sépultures dans le cimetière voisin.*

SÉQUELLES [sekɛl] n. f. pluriel ▪ *DES SÉQUELLES* **1.** Troubles qui persistent après une maladie ou un accident. *Il a gardé des séquelles importantes de son accident de voiture. Les séquelles de sa pneumonie sont légères.* → **suite.** **2.** Effet, contrecoup fâcheux (d'un événement). → **conséquence, répercussion.** *La guerre a laissé des séquelles dans le pays.*

SÉQUENCE [sekɑ̃s] n. f. ▪ *UNE SÉQUENCE :* suite de plans formant une scène, dans un film. *Le réalisateur tourne la dernière séquence du film.*

SÉQUESTRATION [sekɛstʀasjɔ̃] n. f. ▪ *LA SÉQUESTRATION :* le fait de séquestrer une personne, de la maintenir enfermée. *Les otages ont été bien traités pendant leur séquestration.* → **détention.**

SÉQUESTRER [sekɛstʀe] verbe [conjugaison 1a] ▪ Maintenir (qqn) enfermé sans en avoir le droit. *Les terroristes séquestrent les otages.*

SÉQUOIA [sekɔja] n. m. ▪ *UN SÉQUOIA :* très grand arbre d'Amérique du Nord, de la famille du sapin, qui peut vivre très longtemps. *Certains séquoias atteignent plus de cent mètres de haut.*

serai [səʀɛ] *Je serai :* forme au futur du verbe **être.**

SERBE [sɛʀb] adj., n. m. et n. f. **1.** adjectif (après le nom) De la Serbie, pays des Balkans, et de ses habitants. *La capitale serbe est Belgrade.* **2.** *UN SERBE, UNE SERBE :* un habitant, une habitante de la Serbie. *Il a épousé une Serbe. Les Serbes.*

SERBIE [sɛʀbi] nom propre féminin – en serbo-croate **SRBIJA** ▪ *LA SERBIE :* pays des Balkans, qui forme l'une des deux républiques de Yougoslavie, et dont la capitale est Belgrade. *Nous irons en Serbie, cet été. Ils viennent de Serbie.*

SERBO-CROATE [sɛʀbokʀɔat] adj. et n. m. **1.** Qui concerne à la fois les Serbes et les Croates. *Le conflit serbo-croate a été sanglant.* PLURIEL : *SERBO-CROATES* **2.** *LE SERBO-CROATE :* langue slave parlée en Serbie, en Bosnie-Herzégovine, en Croatie et au Monténégro. *Il parle couramment le serbo-croate.*

SEREIN [səʀɛ̃], **SEREINE** [səʀɛn] adj. (après le nom) **1.** STYLE RECHERCHÉ (ciel , temps). Beau et calme. *Le ciel est serein, il n'y a pas un nuage.* → **clair.** **2.** (qqn) Calme moralement. → **paisible, tranquille.** *Je suis serein quant à l'avenir* (→ **sérénité**). ⟨contraires : inquiet, troublé⟩ *Elle est sereine devant la mort.* – *Il a un visage serein.*
REM. *Serin* « oiseau » se prononce de la même façon.

SEREINEMENT [səʀɛnmɑ̃] adverbe ▪ D'une manière sereine, tranquille. *Envisageons sereinement l'avenir.* → **tranquillement.**

SÉRÉNADE [serenad] n. f. ▪ *UNE SÉRÉNADE :* concert qui se donnait autrefois la nuit sous la fenêtre d'une femme aimée. *Par les belles nuits d'été, les amoureux donnaient la sérénade à leur belle.* – (figuré) Longues plaintes, longs reproches. *J'ai eu droit à la sérénade habituelle.*

SÉRÉNITÉ [serenite] n. f. ▪ *LA SÉRÉNITÉ* **1.** État, caractère d'une personne sereine. *Elle supporte cette épreuve avec sérénité. Il a la sérénité du sage.* → **calme. 2.** Caractère d'un jugement serein, objectif. *Il faut voir la situation avec sérénité.* → **impartialité, objectivité.** ⟨contraires : affolement, inquiétude⟩

SERF [sɛʀ] n. m. ▪ *UN SERF :* au Moyen Âge, paysan qui n'avait aucune liberté individuelle, qui dépendait entièrement du seigneur dont il cultivait la terre. *Les serfs étaient soumis à de nombreuses corvées.*

REM. **1.** *Cerf* « animal herbivore » et *serre* « construction vitrée où l'on abrite les plantes » se prononcent de la même façon. **2.** On prononce aussi [sɛʀf].

SERGENT [sɛʀʒɑ̃] n. m. ▪ *UN SERGENT :* sous-officier qui a le grade le plus bas. *Le sergent a un galon sur sa manche.*

SÉRIE [seʀi] n. f. ▪ *UNE SÉRIE* **1.** Suite, succession de choses semblables. *J'ai acheté une nouvelle série de casseroles* (→ **batterie**). *Il y a eu une série d'attentats terroristes dans le pays. Les journalistes ont posé au témoin une série de questions.* – *EN SÉRIE,* en groupe. *On abat les arbres en série. C'est un tueur en série,* un criminel anonyme qui tue plusieurs personnes de la même façon. – *Cet article figure dans un numéro spécial HORS SÉRIE,* dans un numéro à part du magazine. – STYLE FAMILIER *C'est la LOI DES SÉRIES :* plusieurs événements inhabituels de ce genre se sont produits à la suite. – *À la fin de chaque saison, les commerçants soldent les FINS DE SÉRIES,* ce qui reste dans leur stock. **2.** Suite d'émissions télévisées traitant du même sujet, mettant en scène le même personnage, chaque émission formant un tout. *Il regarde une série policière américaine.* **3.** Petit groupe constituant une subdivision dans un classement. *Mes livres sont classés par séries.* → **catégorie.** – *Elle aime les FILMS DE SÉRIE B,* les films à petit budget. **4.** Ensemble d'objets identiques fabriqués à la chaîne. *La fabrication EN SÉRIE diminue les coûts. Il a une voiture de série* (opposé à prototype). – *C'est un personnage HORS SÉRIE,* hors du commun, exceptionnel.

SÉRIEUSEMENT [seʀjøzmɑ̃] adverbe **1.** Avec sérieux, application. *Vous devriez travailler plus sérieusement.* → **consciencieusement. 2.** Sans rire, sans plaisanter. *Tu parles sérieusement ? Sérieusement tu y crois ?* **3.** Réellement. *Ils songent sérieusement à aller vivre en Amérique.* **4.** Fortement. *Elle est sérieusement malade.* → **gravement.** ⟨contraire : légèrement⟩ *Plusieurs passagers du car ont été sérieusement blessés dans l'accident.* → **grièvement.**

SÉRIEUX [seʀjø] adj. et n. m., **SÉRIEUSE** [seʀjøz]

I. adjectif (après le nom, parfois avant le nom) **1.** (parfois avant le nom) (qqch.) Qui mérite considération, qui ne fait pas rire. *Il n'y a pas de raison sérieuse de s'inquiéter.* → **grave.** *Revenons aux choses sérieuses.* → **important.** *Il a de sérieux ennuis.* → **gros.** *La situation est sérieuse.* → **critique, préoccupant. 2.** Qui n'est pas fait ou dit pour l'amusement. *Tu as des lectures sérieuses.* ⟨contraires : amusant, comique, distrayant⟩ **3.** (qqn) Qui prend en considération ce qui mérite de l'être. *Jeune femme sérieuse cherche à garder des enfants* (annonce). *C'est un homme sérieux et réfléchi.* → **posé, raisonnable.** ⟨contraires : frivole, futile⟩ *Votre fille est une élève sérieuse.* → **appliqué.** *Soyez sérieux ! Pas sérieux s'abstenir !* → **fiable.** – *Il a fait un travail sérieux.* → **consciencieux. 4.** (qqn) Qui ne rit pas, ne manifeste aucune gaieté. *C'est un homme terriblement sérieux.* ⟨contraires : enjoué, gai⟩ – STYLE FAMILIER *Il est sérieux comme un pape,* extrêmement sérieux. – *Elle a un visage sérieux. Il a l'air sérieux.* **5.** Sur quoi l'on peut compter. *Je vous fais une proposition sérieuse. Alors, c'est sérieux, vous partez ? Ce n'est pas sérieux !* c'est une plaisanterie. **6.** Qui prend des libertés avec la morale. *Ce n'est pas une fille sérieuse.* → **rangé, sage.**

II. *LE SÉRIEUX* **1.** État, air d'une personne qui ne rit pas, ne plaisante pas. *J'ai eu du mal à GARDER MON SÉRIEUX,* à réprimer mon envie de rire. **2.** Qualité d'une personne appliquée, consciencieuse. *Il manque de sérieux dans son travail.* → **application. 3.** *PRENDRE AU SÉRIEUX :* attacher beaucoup d'importance à. *Elle prend les choses très au sérieux. Il ne fallait pas prendre cette plaisanterie au sérieux,* il ne fallait pas y croire. – *Il SE PREND trop AU SÉRIEUX :* il donne une importance exagérée à sa propre personne, à ce qu'il fait.

SERIN [s(ə)ʀɛ̃] n. m. ▪ *UN SERIN :* petit oiseau au plumage jaune. *Ils ont un couple de serins en cage.* → **canari.**

REM. **1.** L'adjectif *serein* « calme » se prononce de la même façon. **2.** La prononciation [sʀɛ̃] est très courante.

SERINER [s(ə)ʀine] verbe [conjugaison 1a] ▪ STYLE FAMILIER Répéter sans arrêt. *Tu nous serines toujours la même chose !*

REM. On prononce souvent [sʀine].

SERINGUE [s(ə)ʀɛ̃g] n. f. ▪ *UNE SERINGUE :* petite pompe terminée par une aiguille, qui sert à injecter des liquides dans le corps. *L'infirmière fait une piqûre au malade avec une seringue. On a trouvé des seringues de drogués.*

REM. On prononce aussi [sʀɛ̃g].

SERMENT [sɛʀmɑ̃] n. m. ▪ *UN SERMENT* **1.** Affirmation ou promesse solennelle faite en invoquant quelque chose de sacré ou une valeur morale. *Les témoins font le serment de dire la vérité devant les juges. Ils PRÊTENT SERMENT* (→ **jurer**). *Nous jurons SOUS SERMENT de dire toute la vérité.* **2.** Promesse ferme. *Nous gagnerons, je vous en fais le serment,* je vous le promets. – *Les amoureux échangent des serments,* des promesses d'amour et de fidélité.

SERMON [sɛʀmɔ̃] n. m. ▪ *UN SERMON* **1.** Discours que fait un prêtre, dans une église, au cours d'une cérémonie religieuse. *Le curé monte en chaire pour faire son sermon.* **2.** Discours souvent long et ennuyeux pour réprimander une personne. *Elle est rentrée à deux heures du matin et ses parents lui ont FAIT UN SERMON* (→ **réprimande**).

SERMONNER [sɛʀmɔne] verbe [conjugaison 1a] ▪ STYLE RECHERCHÉ Faire des reproches, des remontrances à (qqn). *Le professeur sermonne les mauvais élèves,* il leur fait la morale.

SÉRONÉGATIF [seʀonegatif], **SÉRONÉGATIVE** [seʀonegativ] adj. (après le nom) ▪ (qqn) Dont l'analyse de sang ne révèle pas la présence du virus du sida. *Il est séronégatif.* ⟨contraire : séropositif⟩ *C'est un malade séronégatif.*

SÉROPOSITIF [seʀopozitif], **SÉROPOSITIVE** [seʀopozitiv] adj. (après le nom) ▪ (qqn) Dont l'analyse de sang révèle la présence du virus du sida. *Son mari est séropositif. Les personnes séropositives risquent de développer un jour le virus du sida.* ⟨contraire : séronégatif⟩

SERPE [sɛʀp] n. f. ▪ *UNE SERPE :* outil tranchant fait d'une large lame recourbée au bout d'un manche, qui sert à tailler les branches des arbres. *Le jardinier élague à la serpe les petites branches du marronnier* (→ **serpette**). – *Il a un visage TAILLÉ À LA SERPE :* les traits de son visage sont rudes, grossiers.

SERPENT [sɛʀpɑ̃] n. m. ▪ *UN SERPENT* **1.** Animal au corps cylindrique très allongé, dépourvu de membres et qui se déplace par des ondulations du corps **(→ ramper).** *Les serpents sont des reptiles. La morsure des serpents venimeux peut être très dangereuse. Les serpent muent. – Au zoo, nous avons vu un SERPENT À LUNETTES* **(→ cobra)** *et un SERPENT À SONNETTE* **(→ crotale). 2.** Personne perfide et méchante. *Méfie-toi de lui, c'est un vrai serpent.*

SERPENTER [sɛʀpɑ̃te] verbe [conjugaison 1a] ▪ (cours d'eau, route) Suivre une ligne sinueuse, qui fait des courbes, des tours et des détours. *La rivière serpente au milieu des arbres. Un petit chemin serpente dans la montagne.*

SERPENTIN [sɛʀpɑ̃tɛ̃] n. m. ▪ *UN SERPENTIN :* petit rouleau de papier coloré qui se déroule quand on le lance. *Pendant la fête, les enfants ont lancé des confettis et des serpentins.*

SERPETTE [sɛʀpɛt] n. f. ▪ *UNE SERPETTE :* petite serpe. *Le vigneron taille la vigne avec une serpette.*

SERPILLIÈRE [sɛʀpijɛʀ] n. f. ▪ *UNE SERPILLIÈRE :* chiffon de grosse toile servant à laver le sol. *Elle PASSE LA SERPILLIÈRE dans la cuisine.*

SERPOLET [sɛʀpɔlɛ] n. m. ▪ *LE SERPOLET :* variété de thym. *Le serpolet est une herbe sauvage qui sent très bon.*

SERRAGE [seʀaʒ] n. m. ▪ *LE SERRAGE :* action de rendre fixe en serrant. *Il a changé la roue et termine le serrage des boulons. – On ne peut pas utiliser la photocopieuse, il y a du serrage de papier,* le papier est bloqué à l'intérieur.

SERRE [sɛʀ] n. f. **1.** *UNE SERRE :* construction vitrée ou en plastique, qui peut être chauffée, où l'on met les plantes à l'abri pendant l'hiver, où l'on cultive les plantes qui craignent le froid. *En France, les tomates sont cultivées EN SERRE.* **2.** *L'EFFET DE SERRE :* réchauffement anormal de l'atmosphère terrestre provoqué par les gaz rendus opaques. *Le gaz carbonique est le principal responsable de l'effet de serre.*

> FAUX AMI
> portugais **serra** «scie»

SERRÉ [seʀe] adj. et adverbe, **SERRÉE** [seʀe] adj.
I. adjectif (après le nom) **1.** Comprimé, contracté. *Je ne pleure pas mais j'ai la gorge serrée par l'émotion.* **2.** Qui s'applique étroitement sur le corps. *Elle a un pantalon serré.* **→ collant, moulant.** ⟨contraire : large⟩ **3.** Dont les éléments sont très rapprochés. *Il tombe une pluie serrée depuis trois jours. – Un CAFÉ SERRÉ, s'il vous plaît !* un café fort. **4.** Qui laisse peu de possibilité de se sortir d'affaire. *Nous avons eu une discussion très serrée. La partie d'échecs est serrée,* acharnée. **5.** Qui a peu d'argent disponible. **→ juste.** *Je ne peux pas te prêter d'argent, nous sommes serrés en ce moment,* nous sommes gênés. **6.** (au pluriel) Placé tout près l'un de l'autre. *Ils marchent EN RANGS SERRÉS. Nous étions très serrés, ce soir, dans le métro. Nous sommes SERRÉS COMME DES HARENGS (DES SARDINES).*
II. adverbe *JOUER SERRÉ :* ne pas laisser d'échappatoire. *Il va falloir jouer serré, pendant cette réunion.*

SERRER [seʀe] verbe [conjugaison 1a]
I. 1. Tenir en pressant, maintenir de manière à ne pas laisser échapper. *Pendant la bagarre, il a serré le cou de son adversaire* **(→ étrangler).** *Il serre la main de sa mère. Elle a dit bonjour en SERRANT LA MAIN à tout le monde,* en donnant une poignée de main. **2.** Prendre (qqn) entre ses bras et tenir pressé (contre soi). *Elle a serré son fils dans ses bras. Il a serré sa femme passionnément contre lui.* **3.** *SERRER LE CŒUR, SERRER LA GORGE :* faire ressentir de la peine, de la pitié. *Toute cette misère, cela me serre le cœur,* cela me rend triste. *Cela serrerait* [sɛʀʀɛ] *le cœur à n'importe qui. J'en ai le cœur serré :* cela me fait pitié. **4.** Rapprocher (des choses, des personnes). *Vous serrerez* [sɛʀʀe] *les mots en écrivant, car tout doit tenir sur une seule page.* ⟨contraires : écarter, espacer⟩ *– Les enfants, SERREZ LES RANGS en traversant la rue,* restez bien groupés, rapprochez-vous les uns des autres **(→ serré). 5.** Maintenir énergiquement fermé. ⟨contraire : ouvrir⟩ *J'ai vu qu'il était très en colère car il serrait les poings. Elle serre les mâchoires.* ⟨contraire : desserrer⟩ **6.** Comprimer en s'appliquant étroitement. *Cette jupe me serre trop* **(→ boudiné).** *Ce pantalon me serre les fesses !* **→ mouler.** *J'ai mal aux pieds, ces nouvelles chaussures me serrent. – Serre bien le nœud de tes lacets. J'ai un peu maigri, il faut que je serre ma ceinture d'un cran.* **7.** Réduire le plus possible. *Il faut serrer les prix. – Ces délais sont trop serrés, on n'aura pas le temps de tout faire !* **8.** Mettre (un dispositif) en position fermée, fixer (une pièce) en rapprochant des éléments. *Le garagiste serre les boulons de la roue,* il les visse. *N'oublie pas de serrer le frein à main. – L'écrou n'est pas assez serré.* **9.** Pousser (qqn) contre un obstacle. *La voiture a serré le cycliste contre le trottoir.* **→ coincer. 10.** *SERRER qqn DE PRÈS :* être tout près de qqn qu'on suit. **→ suivre, talonner.** *Ses concurrents le serrent de près.* **11.** (automobiliste) *SERREZ À DROITE, SERREZ À GAUCHE :* allez vers la droite, vers la gauche. *Pour aller à la Bastille, tu serres à droite au prochain feu et tu tournes dans la première rue.*
II. verbe pronominal SE SERRER **1.** Se mettre tout près, tout contre (qqn). *Il se serre contre sa mère.* → se **blottir.** *Les amoureux étaient serrés l'un contre l'autre.* **2.** Se rapprocher jusqu'à se toucher. *Serrez-vous sur le banc, faites une place ! Nous nous sommes serrés à six dans cette petite voiture.*

> FAUX AMIS
> espagnol **cerrar** «fermer» ;
> espagnol et portugais **serrar** «scier»

SERRES [sɛʀ] n. f. pluriel ▪ *LES SERRES :* griffes des oiseaux de proie. *L'aigle a emporté un lièvre dans ses puissantes serres.*

SERRE-TÊTE [sɛʀtɛt] n. m. invariable ▪ *UN SERRE-TÊTE :* bandeau, demi-cercle souple qui sert à maintenir les cheveux en arrière. *La joueuse de tennis met un serre-tête pour retenir ses cheveux.* PLURIEL : *des serre-tête.*
▮ REM. Au pluriel, on écrit aussi *des serre-têtes.*

SERRURE [seʀyʀ] n. f. ▪ *UNE SERRURE :* dispositif qui permet d'ouvrir une porte ou un tiroir à l'aide d'une clé. *La clé est dans la serrure. Regarde par le trou de la serrure et dis-moi si tu vois quelque chose. La serrure a été forcée par un cambrioleur.*

> FAUX AMI
> portugais **serradura** «sciure»

SERRURERIE [seʀyʀʀi] n. f. ▪ *LA SERRURERIE :* métier du serrurier. *Il dirige une entreprise de serrurerie.*

SERRURIER [seʀyʀje] n. m. ▪ *UN SERRURIER :* personne qui fait ou qui répare les serrures et fabrique les clés. *Le serrurier est venu pour poser un verrou. Appelle le serrurier, la clé est coincée dans la serrure. Je suis passé chez le serrurier pour prendre ma nouvelle clé.*

SERTIR [sɛʀtiʀ] verbe [conjugaison 2] ▪ Fixer (une pierre précieuse) dans une monture. *Le joaillier sertit un diamant. Il faut que le joaillier sertisse ce rubis dans ma bague.*

SÉRUM [seʀɔm] n. m. ▪ *LE SÉRUM* **1.** *Le SÉRUM SANGUIN :* partie liquide du sang, transparente et jaunâtre. *Le sang est composé de globules et de sérum.* **2.** Préparation à base de sérum sanguin, destinée à lutter contre certains microbes. **→ vaccin.** *Le médecin lui a fait une injection de sérum antitétanique.*

servant [sɛʀvɑ̃] *En servant :* forme au participe présent du verbe **servir.**

SERVANTE [sɛʀvɑ̃t] n. f. ▪ *UNE SERVANTE :* autrefois, femme employée comme domestique. → **bonne.** *Les servantes et les valets travaillaient dans le château.*

FAUX AMI
russe **сервант** « buffet »

REM. La femme qui sert les clients dans un café ou dans un restaurant est *une serveuse.*

serve [sɛʀv] *Il faut que je serve, qu'il serve, qu'elle serve :* forme au subjonctif du verbe **servir.**

SERVEUR [sɛʀvœʀ] n. m., **SERVEUSE** [sɛʀvøz] n. f. **1.** *UN SERVEUR, UNE SERVEUSE :* personne qui sert les clients dans un café ou dans un restaurant. *Il a laissé un pourboire à la serveuse. Appelle le serveur !* → **garçon. 2.** *LE SERVEUR, LA SERVEUSE :* joueur, joueuse qui met la balle en jeu, au tennis, au ping-pong, au volley-ball. *Le serveur attend que les joueurs soient prêts.* **3.** *UN SERVEUR :* logiciel qui permet de partager des banques de données, des fichiers, des logiciels, entre plusieurs ordinateurs. *Il consulte son serveur minitel. Elle s'est connectée sur le serveur Internet.*

FAUX AMI
russe **сервер** ne s'emploie pas pour les sens 1. et 2.

servi [sɛʀvi], **servie** [sɛʀvi] *Il a servi la cliente ; la cliente qu'il a servie :* formes au participe passé du verbe **servir.**

SERVIABLE [sɛʀvjabl] adj. (après le nom) ▪ Toujours prêt à rendre service aux autres, à aider les autres. → **complaisant, obligeant.** *C'est une personne sympathique parce qu'elle est serviable et gaie. Elle a un mari très serviable.*

① **SERVICE** [sɛʀvis] n. m.

I. *LE SERVICE* **1.** Travail particulier que l'on doit accomplir. → **fonction.** *Le facteur PREND SON SERVICE à sept heures. Elle a vingt-cinq ans de service. Aujourd'hui, je ne suis pas DE SERVICE,* je ne suis pas occupé à ma fonction. *Qui est chargé du service de surveillance ?* **2.** *LE SERVICE (MILITAIRE) :* temps qu'un citoyen devait passer dans l'armée. *Il FAIT SON SERVICE dans la marine.* **3.** Cérémonie religieuse. *Le service funèbre a lieu à quinze heures,* la cérémonie et les prières pour un mort. **4.** Fonction, travail de domestique. *Elle est au service d'un médecin. Les livreurs sont priés de passer par la PORTE DE SERVICE,* par la porte secondaire, qui était autrefois réservée aux domestiques. **5.** Travail de la personne qui sert les clients. *Dans ce restaurant, le service est rapide. - Pendant la fête, ce sont les jeunes qui FONT LE SERVICE,* qui servent les invités. *Allez, c'est moi qui fais le service !* **6.** Ensemble de repas servis en même temps (cantine, voiture-restaurant). *Le premier service est réservé aux élèves les plus jeunes et le deuxième service aux élèves plus âgés.* **7.** Somme d'argent destinée au serveur ou à la serveuse d'un restaurant, d'un hôtel, d'un café, qui correspond à un certain pourcentage du prix payé par le client **(→ pourboire).** *Le menu est à cent francs, SERVICE COMPRIS.*

II. *UN SERVICE* **1.** Fait d'aider qqn, de se mettre à sa disposition. *Je suis à votre service.* STYLE FAMILIER *Bonjour madame, qu'y a-t-il pour votre service ?* que puis-je faire pour vous ? **2.** Ce que l'on fait pour qqn. → **aide, faveur.** *Puis-je vous demander un petit service ? Pouvez-vous me RENDRE CE SERVICE ? Il nous a rendu un grand service en nous prêtant son appartement. Ce n'est pas de votre faute, mais vous lui avez RENDU UN MAUVAIS SERVICE,* vous avez mal agi, mal fait, en croyant bien faire. - (qqn, qqch.) *RENDRE SERVICE à qqn :* aider qqn, être utile à qqn. *Pouvez-vous me rendre service ? Tu m'as bien rendu service en gardant mes enfants. Cette vieille voiture peut encore vous rendre service.* STYLE FAMILIER *Ne jette pas ces cartons, ça peut toujours rendre service.* **3.** Ce que l'on fait pour qqn, en étant payé. *Je vous remercie pour vos bons et loyaux services. Désolé, mais je suis obligé de me passer de vos services,* je ne peux plus vous faire travailler. *En droit, on oppose les services aux biens.*

III. *LE SERVICE* **1.** Usage, fonctionnement. *Le nouvel ascenseur sera MIS EN SERVICE demain,* il fonctionnera demain. *Le distributeur de billets est HORS SERVICE,* il ne fonctionne pas, il est en panne. - *H. S.* [aʃɛs] forme abrégée familière de *hors service. Ma bagnole est H. S. J'ai eu une journée dingue, je suis complètement H. S. !* **(→ exténué ;** STYLE FAMILIER **crevé). 2.** Coup par lequel on joue la première balle (au tennis, au ping-pong, au volley-ball). *Cette joueuse a un excellent service. Il se prépare à faire son service. L'arbitre a annoncé une FAUTE DE SERVICE.* **3.** Expédition, distribution. *Ce journaliste a le service gratuit pour tous les journaux.* **4.** Fonction d'utilité commune, publique. *Il travaille au service des postes. - Le SERVICE D'ORDRE empêche les manifestants d'avancer,* la police ou les personnes chargées de l'ordre. **5.** *Une NOTE DE SERVICE :* petit texte d'information concernant le travail. *Une note de service informe les employés du nouveau règlement intérieur.* **6.** Secteur d'une entreprise, chargé d'une fonction précise. *Il travaille au service du personnel. Elle est CHEF DE SERVICE. J'ai rendez-vous au service cardiologie de l'hôpital. - Où est le SERVICE APRÈS-VENTE du magasin ?* le service commercial chargé de l'installation et de la réparation des articles vendus. **7.** *UN SERVICE PUBLIC :* activité organisée d'intérêt général. *Les postes, la distribution des eaux sont des services publics. - Adressez-vous aux SERVICES SOCIAUX,* aux organismes chargés des questions sociales (famille, enfance, santé...). *Il travaille au service social de la mairie.*

FAUX AMI
suédois **servis** ne s'emploie que pour « ② service ».

REM. En France, le *service militaire* a été remplacé par *l'appel de préparation à la défense.*

② **SERVICE** [sɛʀvis] n. m. ▪ *UN SERVICE :* assortiment d'objets utilisés pour servir à table. *On nous a offert un très joli service à café.*

REM. En Suisse, *les services,* ce sont les couverts (fourchettes, couteaux, cuillères).

SERVIETTE [sɛʀvjɛt] n. f. ▪ *UNE SERVIETTE* **1.** Pièce de tissu dont on se sert à table ou pour la toilette. *Essuie-toi la bouche avec ta SERVIETTE (DE TABLE). Après la douche, on s'essuie avec une SERVIETTE (DE TOILETTE). Elle emporte une SERVIETTE DE BAIN à la piscine.* **2.** *J'ai acheté un paquet de SERVIETTES (HYGIÉNIQUES),* portées pour protéger les femmes pendant les règles. **3.** Porte-documents. *Il transporte ses dossiers dans une serviette en cuir.* → **attaché-case.**

FAUX AMI
grec **σερβιέτα** ne s'emploie que pour « serviette hygiénique »

REM. Les *serviettes hygiéniques* se nomment aussi *serviettes périodiques.*

SERVILE [sɛʀvil] adj. (après le nom) ▪ Trop soumis. *Il répond à son chef sur un ton servile.* → **obséquieux.**

SERVIR [sɛʀviʀ] verbe [conjugaison 14]

I. 1. *SERVIR QQN.* Donner, apporter à (qqn qui est à table) ce qui est nécessaire, donner à manger, à boire à (qqn). *Le serveur sert sa cliente,* il lui donne ce qu'elle demande. *Voulez-vous que je vous serve ? Je trouve que le boucher nous a mal servis,* je trouve qu'il ne nous a pas vendu de la bonne viande. - STYLE FAMILIER *En fait de soucis, j'ai été servi, cette année !* j'ai eu beaucoup de soucis. **2.** *SERVIR QQCH.* Donner (qqch. à manger, à boire) à qqn. *Le gigot est prêt on peut le servir. Le garçon de café sert à boire à ses clients. Sers-moi un peu de vin, s'il te plaît. À table, C'EST SERVI !* les plats sont prêts et disposés sur la table. - *Sortez le plat du four et servez chaud.* **3.** Distribuer (les

cartes à jouer). *C'est à toi de servir.* **4.** *SERVIR LA MESSE* : participer au déroulement de la messe. *Les enfants de chœur servent la messe.*
II. 1. Être utile. *Ne jette pas ce vieux sac, il peut encore servir.* **2.** *SERVIR À* : être utile à, être utilisé pour. *Cet instrument sert à ouvrir les boîtes de conserve.* STYLE FAMILIER *À quoi ça sert ? Ne pleure pas, cela ne sert à rien. Ça ne servirait à rien d'insister.* **3.** *SERVIR À (qqn) DE* : être utilisé (par qqn) comme. *Cette chambre me sert de bureau. Tu es bien puni et que cela te serve de leçon ! Gardons cette lettre, elle nous servira de preuve.*
III. verbe pronominal SE SERVIR **1.** Prendre ce dont on a besoin (sur la table, dans un magasin). *Je vous en prie, servez-vous. Si tu veux encore de la purée, sers-toi. Elle aime les pâtes, elle s'est bien servie ! - Elle s'est servi des pâtes,* elle a pris des pâtes. *Servez-vous de rôti* : prenez du rôti. - *Dans ce magasin, on se sert soi-même* (→ **self-service**). **2.** Se fournir habituellement. *Elle se sert toujours chez le même boucher.* **3.** *SE SERVIR DE* : utiliser. *Je me sers de ma voiture tous les jours. Elle ne s'est pas servie de son vélo depuis des mois. Elle ne s'en sert plus. Servez-vous en !* **4.** Être mangé, bu. *Ce vin doit se servir très frais.*

SERVITEUR [sɛʀvitœʀ] n. m. ▪ *UN SERVITEUR* : domestique dans une grande maison, un palais. *Le châtelain a de nombreux serviteurs.*

FAUX AMI
norvégien **servitør**
«serveur, garçon»

REM. La personne qui sert les clients dans un café ou dans un restaurant est *un serveur.*

SERVITUDE [sɛʀvityd] n. f. **1.** STYLE RECHERCHÉ *LA SERVITUDE* : état de dépendance totale d'une personne ou d'une nation soumise à une autre. → **esclavage.** ⟨contraire : liberté⟩ *C'est scandaleux, ce peuple est maintenu dans la servitude !* **2.** *UNE SERVITUDE* : contrainte, obligation. *Il y a beaucoup de servitudes, dans le métier d'infirmier. Elle dit toujours que les enfants, c'est une servitude.*

SES → ① **son**

SESSION [sesjɔ̃] n. f. ▪ *UNE SESSION* : période de l'année pendant laquelle siège un jury d'examen et pendant laquelle ont lieu les examens. *Il y a une session en juin et une autre session en septembre.*

SET [sɛt] n. m. ▪ *UN SET* **1.** Partie d'un match de tennis, de ping-pong ou de volley-ball. → ① **manche.** *Il a gagné le match en trois sets.* **2.** *Un SET DE TABLE* : ensemble des napperons que l'on place sous l'assiette de chacun. *Je n'utilise pas de nappe, je préfère le set de table. - Il pose une assiette sur chaque set,* sur chaque napperon.

REM. Sept «six plus un» se prononce de la même façon.

SETTER [setɛʀ] n. m. ▪ *UN SETTER* : chien de chasse à poils longs et ondulés. *Leur chien est un beau setter irlandais.*

SEUIL [sœj] n. m. ▪ *LE SEUIL* **1.** Bas de l'ouverture d'une porte, à l'entrée d'une maison. *Debout sur le seuil de sa maison, elle guette le facteur.* **2.** *AU SEUIL DE* : au commencement de. *Nous voici au seuil d'un nouveau millénaire.* **3.** Limite au-delà de laquelle les conditions sont changées. *Cet homme politique a franchi le seuil du supportable,* s'il va plus loin, ce sera insupportable.

SEUL [sœl] adj. et n. m., **SEULE** [sœl] adj. et n. f.
I. adjectif (avant le nom ou après le nom) **1.** (surtout attribut ou après le nom) Qui est sans compagnie, sans personne avec soi. - *À une table du restaurant, il y a deux femmes seules. Il a toujours vécu seul. Depuis la mort de son mari, elle vit seule. Je me sens un peu seul.* → **solitaire.** *Je suis seul, je suis TOUT SEUL ! Les enfants partis, ils se sont retrouvés tout seuls. Pouvons-nous parler SEUL À SEUL ?* en particulier, sans personne d'autre que nous. **2.** (avant le nom) Unique. *Pour l'éducation de leurs enfants, les parents sont SEULS JUGES,* eux seulement décident. *Tu es vraiment seul dans ton genre ! Son fils est UN DES SEULS candidats à avoir réussi.* **3.** (avant le nom) Un (et pas plus). *Je voudrais de la choucroute pour une seule personne. Je ne l'ai rencontré qu'une seule fois. J'ai un seul pantalon mais plusieurs jupes. Le cinéma est plein, il n'y a plus une seule place. Ils se sont tous levés COMME UN SEUL HOMME,* tous ensemble. **4.** (en tête de phrase) *Seul son courage lui a permis de résister.* Seulement. → **uniquement.** *Seuls les enfants peuvent monter sur les balançoires.* - (avant ou après le nom) *Son courage seul lui a permis de résister. J'ai fait ça dans la seule intention de t'aider. - Toi seul peux me comprendre. Elle a tout fait À ELLE SEULE. «Quand arrivera-t-il ? – Dieu seul le sait !»* il n'y a que Dieu qui peut le savoir. **5.** *TOUT SEUL* : sans aide. *Je peux très bien faire ce travail tout seul. Ma fille sait manger toute seule. Ça ira tout seul,* facilement.
II. 1. *UN SEUL, UNE SEULE* : une seule personne, une seule chose. *Un seul d'entre vous a donné la bonne réponse. Un seul de ses films est vraiment réussi.* **2.** *LE SEUL, LA SEULE* : la seule personne, la seule chose. *Tu es la seule à pouvoir m'aider. «Vous êtes contents ? Vous êtes bien les seuls.» «Tu as des ennuis ? Eh bien, tu n'es pas le seul !»*

SEULEMENT [sœlmɑ̃] adverbe **1.** Uniquement. *Il reste des places de cinéma, mais seulement au premier rang.* → **exclusivement.** **2.** Juste. *Il vient seulement d'arriver,* il est arrivé à l'instant même. **3.** *NON SEULEMENT elle est en retard, MAIS en plus elle rouspète !* d'abord elle est en retard et en plus elle rouspète ! **4.** *SI SEULEMENT* : si encore, si au moins. *Si seulement il pouvait arriver à l'heure !* **5.** Mais. *C'est une bonne voiture, seulement elle coûte cher.* → **toutefois.**

SEULET [sœlɛ], **SEULETTE** [sœlɛt] adj. (après le nom) ▪ Tout seul. *Alors, tu es bien seulette, va voir les autres !*

SÈVE [sɛv] n. f. ▪ *LA SÈVE* : liquide nourrissant qui circule dans les plantes. *La sève est tirée du sol par les racines. La montée de la sève a lieu au printemps. Cet arbre est plein de sève.*

SÉVÈRE [sevɛʀ] adj. (avant le nom ou après le nom) **1.** Exigeant et dur. → **strict ;** STYLE FAMILIER **vache.** ⟨contraires : faible, indulgent⟩ *Il a des parents sévères. La directrice de l'école est sévère. Il est sévère avec les autres et avec lui-même.* **2.** (avant ou après le nom) Qui exprime l'intention de punir, de blâmer. *Le directeur a adressé de sévères critiques sur l'organisation du service. Il a un visage sévère,* grave, sérieux. *Le gouvernement prend des mesures sévères.* → **draconien.** *Pour maigrir, elle fait un régime sévère.* → **strict.** **3.** Sans fantaisie. *Elle a une tenue trop sévère pour son âge.* → **austère.** **4.** Très grave, très difficile. *Pendant la guerre, le pays a subi des pertes sévères,* il y a eu beaucoup de morts. → **lourd.** *La lutte sera sévère.*

SÉVÈREMENT [sevɛʀmɑ̃] adverbe ▪ Avec sévérité. *Des élèves ont été sévèrement punis. Elle a critiqué sévèrement le projet.*

SÉVÉRITÉ [seveʀite] n. f. ▪ *LA SÉVÉRITÉ* **1.** Comportement d'une personne sévère. *Il élève son fils avec sévérité.* → **dureté.** ⟨contraires : douceur, indulgence⟩ **2.** Caractère sévère, dur (d'une peine, d'une mesure). *L'avocat a protesté contre la sévérité de la peine de son client.*

SÉVICES [sevis] n. f. pluriel ▪ *DES SÉVICES* : violences, mauvais traitements corporels exercés sur qqn qu'on a sous son autorité, sous sa garde. *Il a été reconnu coupable de sévices sur son enfant.* → **maltraitance.**

SÉVILLAN [sevijɑ̃] adj. et n. m., **SÉVILLANE** [sevijan] adj. et n. f.
1. adjectif (après le nom) De Séville. *Nous admirons les monu-*

ments sévillans. 2. *UN SÉVILLAN, UNE SÉVILLANE* : habitant, habitante de Séville. *Les Sévillans.*

SÉVILLE [sevij] nom propre féminin – en espagnol **SEVILLA** ▪ Ville d'Espagne, en Andalousie. *En 1992, Séville a accueilli l'exposition universelle. Ils habitent à Séville. Les habitants de Séville sont les Sévillans.*

SÉVIR [seviʀ] verbe [conjugaison 2] 1. Punir sévèrement. *Cet élève est insupportable, il faut que je sévisse.* 2. Faire des ravages. *L'épidémie sévit depuis plusieurs mois. – Des voyous sévissent dans le quartier.*

SEVRAGE [səvʀaʒ] n. m. ▪ *LE SEVRAGE* 1. Action de cesser progressivement d'alimenter (un bébé, un petit animal) uniquement en lait. *Le sevrage se fait en supprimant peu à peu les tétées et en donnant une nourriture plus solide.* 2. Action de priver un toxicomane de drogue, un alcoolique d'alcool, au cours d'une cure de désintoxication. *Le sevrage est effectué sous contrôle médical.*

SEVRER [səvʀe] verbe [conjugaison 5a] ▪ Cesser progressivement d'allaiter, d'alimenter en lait (un bébé, un petit animal) pour donner une nourriture plus solide. *Elle sèvre son fils. – Ce chaton est sevré.*

SEXAGÉNAIRE [sɛksaʒenɛʀ] adj., n. m. et n. f. 1. adjectif (après le nom) (qqn) Qui a entre soixante et soixante-neuf ans. *Ma grand-mère est sexagénaire. Elle a épousé un homme sexagénaire.* 2. *UN SEXAGÉNAIRE, UNE SEXAGÉNAIRE* : une personne qui a cet âge. *Ma mère est une sexagénaire en pleine forme !*

SEXE [sɛks] n. m.
I. *LE SEXE* 1. Ensemble des caractères qui distinguent l'homme de la femme, le mâle de la femelle. *C'est un enfant du sexe masculin* (→ **garçon, homme**). *C'est une enfant du sexe féminin* (→ **femme, fille**). 2. Ensemble des hommes ou des femmes. *Les personnes doivent être choisies sans distinction de race ni de sexe. On dit que les hommes représentent le SEXE FORT et que les femmes représentent le SEXE FAIBLE.* 3. Sexualité. *Ce qui l'intéresse dans la vie, c'est le sexe et l'argent.*
II. *UN SEXE.* Parties sexuelles visibles d'une personne. → STYLE FAMILIER **zizi.** *Le sexe de l'homme.* → **pénis.** *Le sexe de la femme.* → **vulve.** *Elle cache son sexe avec ses mains. Elle s'est épilé les poils du sexe.* → **pubis.** *Il exhibe son sexe sur la plage.*

SEXISME [sɛksism] n. m. ▪ *LE SEXISME* : attitude discriminatoire fondée sur le sexe (notamment sur le sexe féminin). *Payer une femme moins qu'un homme pour le même travail, c'est du sexisme.*

SEXISTE [sɛksist] n. m., n. f. et adj. 1. *UN SEXISTE, UNE SEXISTE* : personne qui a une attitude, des pensées discriminatoires fondées sur le sexe. *Ce directeur est un sexiste.* 2. adjectif (après le nom) Propre au sexisme. *Il nous a lancé des injures sexistes.*

SEXOLOGUE [sɛksɔlɔg] n. m., n. f. ▪ *UN SEXOLOGUE, UNE SEXOLOGUE* : spécialiste du traitement des troubles sexuels. *Ils ont consulté une sexologue.*

SEX-SHOP [sɛksʃɔp] n. m. ▪ *UN SEX-SHOP* : boutique spécialisée dans la vente de photos, de films, d'objets pornographiques. *Il est entré dans un sex-shop.* PLURIEL : *des SEX-SHOPS.*
REM. **1.** Ce mot vient de l'anglais. **2.** On dit aussi *une sex-shop.*

SEX-SYMBOL [sɛkssɛ̃bɔl] n. m. ▪ *UN SEX-SYMBOL* : vedette dont le physique représente l'idéal sexuel masculin ou féminin. *Cette actrice est un sex-symbol.* PLURIEL : *des SEX-SYMBOLS.*
REM. Ce mot est anglais.

SEXTANT [sɛkstɑ̃] n. m. ▪ *UN SEXTANT* : instrument de marine qui permet de mesurer l'angle formé entre un astre et l'horizon. *Le marin calcule la position de son bateau avec un sextant.*

SEXUALITÉ [sɛksɥalite] n. f. ▪ *LA SEXUALITÉ* : ensemble des comportements relatifs à l'instinct sexuel. → **libido.** *Dans ce journal, il y a une enquête sur la sexualité des Français,* sur leur vie sexuelle, amoureuse.

SEXUEL [sɛksɥɛl], **SEXUELLE** [sɛksɥɛl] adj. (après le nom) 1. *Les ORGANES SEXUELS* : ceux des organes génitaux qui servent au coït (→ **sexe**). *Les organes sexuels de l'homme et de la femme sont différents.* → **pénis, phallus, testicules ; clitoris, vagin, vulve.** 2. Qui concerne l'amour physique, la sexualité. *Ils ont des RELATIONS SEXUELLES. Elle a de fréquents RAPPORTS SEXUELS avec son compagnon,* elle fait souvent l'amour avec lui. – *Ce type est un OBSÉDÉ SEXUEL,* il a l'obsession du sexe. *Il a commis un crime sexuel.*
REM. Ne pas confondre *sexuel* et *érotique.*

SEXUELLEMENT [sɛksɥɛlmɑ̃] adverbe ▪ En ce qui concerne le sexe, la sexualité. *Ils s'entendent bien sexuellement. Il faut se protéger contre les MALADIES SEXUELLEMENT TRANSMISSIBLES,* contre les maladies qui se transmettent lors des rapports sexuels (→ **M. S. T.**).
REM. Autrefois on appelait ces maladies des *maladies vénériennes.*

SEXY [sɛksi] adj. invariable (après le nom) ▪ Qui est sexuellement attirant, qui excite le désir. → **excitant.** *C'est une femme très sexy. Il est sexy ton copain ! – Elle a mis une robe sexy.* → **provoquant.** PLURIEL : *des vêtements sexy.*
REM. Ce mot vient de l'anglais.

SEYANT [sɛjɑ̃], **SEYANTE** [sɛjɑ̃t] adj. (après le nom) ▪ (vêtement) Qui va bien. *Elle a une robe très seyante.*

SHAKESPEARE [ʃɛkspiʀ] nom propre ▪ Poète dramatique anglais (1564-1616). *L'œuvre de Shakespeare est immense. J'ai lu tout Shakespeare.*

SHAMPOING [ʃɑ̃pwɛ̃] n. m. ▪ *UN SHAMPOING* 1. Produit qui sert à laver les cheveux. *Il utilise un shampoing contre les pellicules. Vous avez besoin d'un shampoing traitant.* 2. Lavage des cheveux. *Elle se fait deux shampoings par semaine. Il est allé chez le coiffeur pour se faire faire un shampoing.* 3. Produit moussant pour nettoyer les tapis, les moquettes. *J'ai acheté un shampoing à moquette.*
REM. On écrit aussi ce mot anglais *shampooing.*

SHAMPOUINER [ʃɑ̃pwine] verbe [conjugaison 1a] ▪ Faire un shampoing à. *L'assistante du coiffeur shampouine les clients. – J'ai shampouiné la moquette.*
REM. On écrit aussi *shampooiner.*

SHANGHAI [ʃɑ̃gaj] nom propre ▪ Ville de Chine. *Shanghai est la plus grande ville et le premier port du pays.*

SHÉRIF [ʃeʀif] n. m. ▪ *LE SHÉRIF* 1. Chef de la police d'une ville, aux États-Unis. *Le shérif recherche un assassin. Le personnage du shérif est important, dans les westerns. L'étoile de shérif s'accroche sur la veste.* 2. Magistrat responsable de l'application de la loi dans un comté, en Angleterre. *Le shérif est notamment chargé de la nomination des jurés.*
REM. Ce mot s'écrit aussi *sheriff* ; il vient de l'anglais.

SHOOT [ʃut] n. m. ▪ *UN SHOOT* : au football, tir de ballon puissant. *Le joueur fait un shoot et marque un but.*
REM. Ce mot vient de l'anglais.

SHOOTER [ʃute] verbe [conjugaison 1a] **1.** Donner un coup de pied puissant dans le ballon, au football. *Le joueur a shooté dans les buts.* **2.** STYLE FAMILIER verbe pronominal SE SHOOTER : se faire une piqûre de stupéfiant, se droguer. *Une fille s'est shootée, elle a été transportée à l'hôpital. Il se shoote à l'héroïne.*

SHOPPING [ʃɔpiŋ] n. m. ▪ *LE SHOPPING :* le fait d'aller de magasin en magasin pour regarder et acheter. *J'ai FAIT DU SHOPPING avec une amie.*

REM. **1.** Ce mot vient de l'anglais. **2.** On écrit aussi *shoping.*

SHORT [ʃɔʀt] n. m. ▪ *UN SHORT :* culotte courte (pour le sport, les vacances). *Elle a mis un short et un tee-shirt blancs pour jouer au tennis. Elle est en short. Il a mis un short pour jardiner. Le short est plus court que le bermuda.*

SHOW [ʃo] n. m. ▪ *UN SHOW :* spectacle de variétés qui met à l'honneur une vedette. *Il est la vedette d'un show télévisé. Elle a fait plusieurs shows.*

REM. Ce mot vient de l'anglais.

SHOW-BUSINESS [ʃobiznɛs] n. m. invariable ▪ *LE SHOW-BUSINESS :* métier du spectacle. *Il travaille dans le show-business.* - *SHOW-BIZ* [ʃobiz] forme abrégée familière *Elle est dans le show-biz.*

REM. **1.** Ce mot vient de l'anglais. **2.** *Show-business* et *show-biz* sont invariables et s'emploie rarement au pluriel.

① **SI** [si] conjonction et n. m. invariable

I. conjonction (*si* devient *s'* devant *il, ils*) **1.** (condition) *Si* sert à introduire une condition, une hypothèse. *Si tu viens, nous venons aussi. Si tu étais venu, nous serions venus aussi. Si tu venais, nous viendrions aussi. Si je ne suis pas là, laisse un message,* au cas où je ne serais pas là. → **cas.** *Si tu lui expliquais, il comprendrait peut être. « A-t-il écrit ? SI OUI, il faut répondre »* **(→ sinon).** - *MÊME SI elle s'excusait, je ne lui pardonnerais pas.* - *Il se conduit comme s'il était fou. Et que ferons-nous si ça tourne mal ?* dans le cas où la situation deviendrait dangereuse. *Et si l'on allait tout raconter ?* **2.** (exclamatif) *Si* exprime le souhait, le regret. *Et si on allait au cinéma ? Si j'avais su ! S'il avait été plus prudent ! Si seulement vous m'aviez prévenu ! S'il pouvait faire beau !* **3.** *S'IL TE PLAÎT, S'IL VOUS PLAÎT :* formules de politesse dans une demande. *Apporte-moi une chaise, s'il te plaît* **(→ plaire).** - *« C'est un homme honnête. - Oui, SI ON VEUT »* je doute de son honnêteté mais je ne veux pas me montrer en désaccord avec vous **(→ vouloir).** - *Ce n'est pas le mari idéal, SI JE NE M'ABUSE,* à moins que je me trompe. - *Vous vous êtes trompé, si je peux me permettre.* - *Ce joueur est un des meilleurs, SI CE N'EST le meilleur,* il est même peut-être le meilleur. **4.** Une fois admis pour vrai que... *Si* a > b *alors* b < a. **5.** *Si* marque un lien logique. *S'il revient te voir, c'est qu'il n'a pas beaucoup d'orgueil. Si quelqu'un doit réussir, c'est bien lui. C'est ta faute si on a perdu.* - *Ne t'étonne pas si elle ne t'adresse plus la parole.* - *Dites-moi si c'est oui ou si c'est non. Il faut vivre même si demain chacun de nous mourra.* **6.** *Si* sert à introduire une proposition de style indirect. *Dis-moi si tu viendras. Il ne m'a pas dit s'il viendra nous voir. Il ne m'a pas dit s'il viendrait vous voir* (hypothétique). - (impersonnel) *Je me demande s'il va pleuvoir.*

II. *UN SI :* une hypothèse, une supposition. *Il hésite toujours, il m'énerve avec ses si et ses mais !*

REM. Lorsqu'il exprime une condition (1.) *si* s'emploie avec un **imparfait** même lorsque la condition est envisagée dans l'avenir : *si demain tu venais je serais contente.* → **conditionnel.** Lorsque *si* annonce une relation logique de certitude, on peut garder les temps ordinaires : *je pars, même si vous restez ; je ne sais s'il restera demain ; il est mécontent, même s'il sera récompensé plus tard.*

② **SI** [si] adverbe

I. *(OUI) Si* sert à s'opposer à ce que quelqu'un vient d'exprimer à la forme négative. *« Tu ne sortiras pas. - Si ! » « Tu ne viens pas avec nous ? - Si, j'arrive tout de suite ! » « Elle n'a encore pas rangé sa chambre ! - Mais si ! » « Non ! - Si ! » Tu dis que non et moi je te dis que si. Il ne viendra pas, mais moi si,* moi je viendrai.

II. *(AUSSI)* **1.** Tellement, autant. *Je ne pensais pas qu'ils étaient si nombreux. Je ne me suis jamais senti si heureux !* → **aussi.** *Pas si vite !* - *Ils ont SI mal joué QU'ils ont été hués.* → **tellement.** - *Il est arrivé en retard, SI BIEN QUE nous avons raté le train.* **2.** *Si* est utilisé dans des comparaisons. → **aussi.** *Il n'est pas si intelligent que ça.* - *Ce n'est pas si facile :* ce n'est pas aussi facile qu'on le pense.

③ **SI** [si] n. m. invariable ▪ *UN SI :* note de musique. *Jouez un si. Cette sonate est en si mineur.* PLURIEL : *des si bémol.*

SIAMOIS [sjamwa] adj. et n. m., **SIAMOISE** [sjamwaz] adj.

I. adjectif (après le nom) **1.** *Un CHAT SIAMOIS :* chat à poil ras et aux yeux bleus. *Ils ont une chatte siamoise.* **2.** *DES FRÈRES SIAMOIS, DES SŒURS SIAMOISES :* jumeaux, jumelles qui naissent rattachés l'un à l'autre par une partie de leur corps. *Une opération chirurgicale a permis de détacher les frères siamois.*

II. *UN SIAMOIS :* un chat siamois. *Elle a un adorable siamois.*

SIBÉRIEN [sibeʀjɛ̃], **SIBÉRIENNE** [sibeʀjɛn] adj. (après le nom) ▪ De Sibérie. *Le climat sibérien est rude.* - *Il fait un froid sibérien !* il fait extrêmement froid.

SIBYLLIN [sibilɛ̃], **SIBYLLINE** [sibilin] adj. (après le nom) ▪ STYLE RECHERCHÉ Obscur, difficile à comprendre. → **énigmatique.** *Il a prononcé quelques paroles sibyllines, je ne sais toujours pas ce qu'il pense.*

SICILIEN [sisiljɛ̃], adj. et n. m., **SICILIENNE** [sisiljɛn] adj. et n. f. **1.** adjectif (après le nom) De Sicile. *Les paysages siciliens sont magnifiques. La capitale sicilienne est Palerme.* **2.** *UN SICILIEN, UNE SICILIENNE :* un habitant, une habitante de Sicile. *Les Siciliens.* **3.** *LE SICILIEN :* dialecte du groupe italien. *Il parle le sicilien.*

SIDA [sida] n. m. ▪ *LE SIDA :* grave maladie virale transmise par voie sexuelle et sanguine. *Ce malade est atteint du sida* **(→ séropositif).**

SIDÉRER [sideʀe] verbe [conjugaison 6a] ▪ Étonner beaucoup. → **ébahir.** *Cette nouvelle me sidère. Je suis sidéré ! Je suis certain que ce que je vais vous dire vous sidérera* [sidɛʀʀa].

SIDÉRURGIE [sideʀyʀʒi] n. f. ▪ *LA SIDÉRURGIE :* industrie qui produit la fonte, le fer et l'acier **(→ métallurgie).** *Je travaille dans la sidérurgie.*

SIDÉRURGIQUE [sideʀyʀʒik] adj. (après le nom) ▪ Qui appartient à la sidérurgie. *L'usine que vous voyez là-bas est une usine sidérurgique.*

SIÈCLE [sjɛkl] n. m. ▪ *UN SIÈCLE* **1.** Période de cent ans dont le début et la fin sont déterminés. *Le vingtième siècle s'achève en l'an 2000. La révolution industrielle a commencé au siècle dernier. Le vingt et unième siècle (XXIe siècle) commence le 1er janvier 2001 et se termine le 31 décembre 2100. C'était au troisième siècle avant Jésus-Christ. La ville de Pompéi a été détruite au premier siècle après Jésus-Christ.* **2.** Durée de cent années.

Ce bâtiment a plus d'un siècle, il a été bâti il y a plus de cent ans (→ **séculaire**). – *Ça fait des siècles qu'on ne s'est pas vus !* depuis très longtemps.

sied [sje] *Il sied, elle sied :* forme au présent du verbe **seoir.**

SIÈGE [sjɛʒ] n. m.
I. *UN SIÈGE :* meuble qui sert à s'asseoir. *Les chaises, les fauteuils, les tabourets et les bancs sont des sièges. Prenez un siège,* asseyez-vous. *Les SIÈGES AVANT et les SIÈGES ARRIÈRE de la voiture sont recouverts d'une housse.*
II. *LE SIÈGE* 1. Lieu où se trouvent la direction et les principaux bureaux (d'une entreprise, d'une société...). *Le SIÈGE SOCIAL de cette entreprise de province se trouve à Paris.* 2. Point où naît, où se développe qqch. *Le cerveau est le siège de l'intelligence. Cette université est le siège de la révolte étudiante.* 3. Ensemble des opérations militaires menées pour prendre une ville. *L'armée FAIT LE SIÈGE de la ville,* elle s'est installée près de la ville. *Le siège a duré trois mois. L'armée lève le siège,* elle se retire, elle cesse d'assiéger la ville. – *L'ÉTAT DE SIÈGE a été proclamé,* régime d'exception confiant notamment à l'armée le maintien de l'ordre public. *La ville est EN ÉTAT DE SIÈGE.* 4. (dans certaines expressions) Partie du corps humain sur laquelle on s'assied. → **derrière, postérieur.** *L'accouchement a été un peu difficile car le bébé ne s'est pas présenté par la tête, mais par le siège. Faites un bain de siège.*

SIÉGER [sjeʒe] verbe [conjugaison 6b] 1. Tenir séance, être en séance de travail. *Les députés ont siégé toute la nuit et siégeront encore la nuit prochaine. Ils siègent depuis trois heures. Nous siégeons au tribunal.* 2. Avoir le siège de sa juridiction à tel endroit. *L'ONU siège à New York.*

SIEN [sjɛ̃] pronom, adj. et n. m., **SIENNE** [sjɛn] pronom, adj. et n. f.
I. pronom possessif représentant la troisième personne du singulier *LE SIEN, LA SIENNE :* l'être, la chose qui est à lui, à elle. *J'ai perdu mon stylo, une amie m'a prêté le sien,* le stylo qui est à elle. *On a chacun le sien.* → **nôtre.** *Ce n'est pas ta place, c'est la sienne. Mon fils et le sien vont à l'école ensemble. Voici mes livres, voici les tiens, alors, où sont les siens ?* ceux qui sont à lui (ou à elle). *Ce ne sont pas tes chaussures à toi, ce sont les siennes. À chacun le sien !* gardons ce qui nous appartient. *Je préfère la couleur du sien.*
II. nom 1. *Y METTRE DU SIEN :* faire preuve de bonne volonté. *Il faut parfois y mettre du sien, dans la vie.* – *FAIRE DES SIENNES :* faire ses bêtises, ses folies habituelles. *Réunion de famille : mon cousin a encore fait des siennes.* 2. nom masculin pluriel LES SIENS : sa famille, ses amis, ses partisans. *Elle a eu peur pour les siens. Il a été trahi par les siens.*
REM. Voyez l'encadré des adjectifs et pronoms **possessifs.**

SIERRA LEONE [sjeʀaleɔn] nom propre féminin ▪ *LA SIERRA LEONE :* pays d'Afrique occidentale. *Ils vivent en Sierra Leone. Ils reviendront bientôt de Sierra Leone.*

SIESTE [sjɛst] n. f. ▪ *LA SIESTE :* repos pris après le repas de midi. *Je suis fatigué, je vais FAIRE LA SIESTE. Une petite sieste, c'est bien agréable.*

SIFFLEMENT [sifləmɑ̃] n. m. ▪ *UN SIFFLEMENT* 1. Son, bruit produit en sifflant. *Lorsque cette jolie fille est entrée, il y a eu quelques sifflements admiratifs.* 2. *Un SIFFLEMENT D'OREILLE :* sensation de sifflements perçue par l'oreille. *Toute la journée, je suis très gêné par des sifflements d'oreille.*

SIFFLER [sifle] verbe [conjugaison 1a]
I. 1. (qqn, animal) Produire un son aigu en faisant sortir de l'air par la bouche ou en soufflant dans un sifflet. *Je ne sais pas siffler. Un merle sifflait dans l'arbre. – Elle siffle une chanson à la mode,* elle fait entendre l'air de la chanson en sifflant. 2. (qqch.) Produire un son aigu et prolongé. *Le train siffle en entrant en gare. – J'ai LES OREILLES QUI SIFFLENT :* j'entends un sifflement sans cause extérieure.
II. *SIFFLER QQCH., QQN* 1. Appeler (qqn, un animal) en sifflant. *Le chasseur siffle son chien. L'agent de police a sifflé un automobiliste qui était passé au feu rouge.* 2. Produire (un air) en sifflant. *Elle siffle une chanson à la mode.* 3. Signaler (qqch.) en sifflant. *L'arbitre sifflera la fin du match dans une dizaine de minutes.* 4. Désapprouver bruyamment, par des sifflements et des cris. *Le chanteur s'est fait siffler à la fin du spectacle.* → **huer.** ⟨contraires : acclamer, applaudir⟩ 5. STYLE FAMILIER Boire d'un trait. *Elle a sifflé sa coupe de champagne et elle est partie.*

SIFFLET [siflɛ] n. m. 1. *UN SIFFLET :* petit instrument formé d'un tuyau court qui produit des sons aigus quand on souffle dedans. *L'agent de police prend son sifflet. L'arbitre donne un COUP DE SIFFLET.* 2. (au pluriel) DES SIFFLETS : sifflements de mécontentement. *Le président a été accueilli par des sifflets. Le chanteur a quitté la scène sous les sifflets du public.* → **huées.** 3. *COUPER LE SIFFLET À qqn,* le rendre muet d'étonnement. *Je lui ai dit que j'avais la preuve de son mensonge, ça lui a coupé le sifflet.*

SIFFLOTER [siflɔte] verbe [conjugaison 1a] ▪ Siffler négligemment, sans faire attention. *Elle sifflote en repassant le linge.*

SIGLE [sigl] n. m. ▪ *UN SIGLE :* abréviation d'un groupe de mots formée en prenant la première lettre de chacun de ces mots. *« H. L. M. » est le sigle de « habitation à loyer modéré ». « OVNI » est un sigle qui se prononce comme un mot ordinaire.* → **acronyme.**

SIGNAL [siɲal] n. m. ▪ *UN SIGNAL* 1. Geste, bruit fait par qqn pour indiquer le moment d'agir. *Attendez mon signal pour partir. L'arbitre DONNE LE SIGNAL du départ de la course. Vous entrerez À MON SIGNAL.* PLURIEL : *des SIGNAUX* [siɲo]. 2. Signe qui donne une information. *Un passager du train a tiré le SIGNAL D'ALARME. Les panneaux de signalisation, les poteaux indicateurs, les feux sont des signaux de route.*

SIGNALEMENT [siɲalmɑ̃] n. m. ▪ *UN SIGNALEMENT :* description physique qui permet de reconnaître qqn. qu'on ne connaît pas. *Les témoins du crime ont donné des signalements différents de l'assassin.*

SIGNALER [siɲale] verbe [conjugaison 1a] 1. Annoncer par un signal. *Ce panneau signale un virage dangereux. L'automobiliste met son clignotant pour signaler qu'il va tourner.* 2. Faire remarquer en attirant l'attention. *On a signalé la présence d'ours dans la région. Il n'y a rien à signaler de spécial.* → STYLE FAMILIER **R. A. S.** *Je te SIGNALE QUE tu as mis ton pull à l'envers.* → **avertir, informer.** 3. verbe pronominal SE SIGNALER : se faire remarquer. *Sa fille S'EST toujours SIGNALÉE PAR sa vivacité. Il ne se signale pas spécialement par son courage.*

SIGNALISATION [siɲalizasjɔ̃] n. f. ▪ *LA SIGNALISATION :* ensemble des signaux d'une route, d'une voie ferrée. *Il faut respecter la signalisation. L'accident est dû à une erreur de signalisation. Le panneau de signalisation est tombé,* le panneau indicateur.

SIGNATAIRE [siɲatɛʀ] n. m., n. f. ▪ *UN SIGNATAIRE, UNE SIGNATAIRE :* une personne qui a signé (qqch.). *Les signataires de la pétition ont été très nombreux.*

SIGNATURE [siɲatyʀ] n. f. ▪ *UNE SIGNATURE* 1. Inscription de son nom par une personne, pour approuver ou valider ce qui est écrit. *La signature de l'auteur de la lettre est illisible. Veuillez* *apposer votre signature au bas de la page. Quelqu'un a imité ma signature.* **2.** Action de signer. *J'ai rendez-vous chez le notaire pour une signature.*

SIGNE [siɲ] n. m. ▪ *UN SIGNE* **1.** Ce qui montre, ce qui prouve l'existence de qqch. *Cette brume est signe de beau temps.* → **annonce, indice, marque, présage, promesse.** *La fièvre est un signe d'infection.* → **manifestation, preuve, symptôme.** *Ma voiture donne des signes de fatigue. Son père ne lui donne plus SIGNE DE VIE,* il ne lui donne pas de nouvelles. *Voici un cadeau EN SIGNE D'amitié.* → **gage, témoignage.** *Elle s'habille en noir, en signe de deuil,* pour montrer qu'elle est en deuil. - *S'il vient, C'EST SIGNE QUE tout est arrangé,* cela veut dire que tout est arrangé. *C'EST BON SIGNE :* c'est l'annonce que tout va bien. *Ce serait mauvais signe s'il refusait.* **2.** Caractère qui permet de distinguer, de reconnaître. *Il a un signe caractéristique : une cicatrice sur la joue. Signes particuliers : néant.* **3.** Geste ou action destiné à communiquer. *On lui a FAIT SIGNE D'entrer. Les sourds-muets communiquent grâce au langage des signes* (gestes et mimiques). *Je te FERAI SIGNE dès mon retour,* j'entrerai en contact avec toi. → **appeler, écrire.** - *Les chrétiens font le SIGNE DE (LA) CROIX,* ils portent leur main au front, à la poitrine et à chaque épaule, en souvenir de la mort de Jésus-Christ sur la croix. **4.** (linguistique) Ce qui est dit ou écrit et possède un sens. *Le mot et la phrase sont des signes.* **5.** Représentation de qqch. → **symbole.** *Le point, la virgule, la parenthèse sont des SIGNES DE PONCTUATION. Le signe «-» signifie «moins». Les lettres sont des signes alphabétiques.* **6.** Chacune des douze parties du zodiaque. *Il est né sous le signe du Scorpion. De quel signe es-tu ? - La réunion s'est passée sous le signe de la bonne humeur,* dans une atmosphère de bonne humeur.

REM. *Cygne* «oiseau» se prononce de la même façon.

SIGNER [siɲe] verbe [conjugaison 1a] **1.** Mettre sa signature. *N'oubliez pas de signer votre chèque. - Il faut que vous signiez au bas de la feuille.* **2.** Dédicacer (un ouvrage). *L'auteur signera son livre à seize heures.* **3.** Être l'auteur de (une œuvre). *Ce tableau n'est pas signé.* **4.** STYLE FAMILIER Utiliser le langage des signes pour s'exprimer. *Les sourds-muets signent pour communiquer.*

SE **SIGNER** [siɲe] verbe pronominal [conjugaison 1a] ▪ Faire le signe de croix sur soi. *Les fidèles se sont signés en entrant dans l'église.*

SIGNIFICATIF [siɲifikatif], **SIGNIFICATIVE** [siɲifikativ] adj. (après le nom) ▪ Qui exprime clairement qqch., qui renseigne vraiment. *Sa remarque est significative de son état d'esprit.* → **révélateur.** *Les résultats du sondage ne sont pas significatifs,* on ne peut pas en donner une interprétation.

SIGNIFICATION [siɲifikasjɔ̃] n. f. ▪ *LA SIGNIFICATION :* ce que signifie qqch. *Quelle est la signification de ce mot ?* que veut-il dire ? → **sens.**

SIGNIFIER [siɲifje] verbe [conjugaison 7a] **1.** (mot) Avoir pour sens. → vouloir **dire** (III., 4.). *Que signifie ce mot ?* que veut-il dire, quel est son sens ? *Le mot anglais luck signifie «chance».* **2.** (qqch.) Faire savoir. *Ce geste signifie qu'il en a assez. Un refus signifierait* [siɲifiʀɛ] *une rupture des négociations. Je ne sais pas ce que signifie son attitude.* - (pour exprimer son mécontentement) *«Vous êtes encore là ? Qu'est-ce que ça signifie ?» - Que signifie ce roman, ce tableau ?* quel en est le sens profond ? → **message.** **3.** (qqn) STYLE RECHERCHÉ Faire connaître. *Il lui a signifié son renvoi. Il faut que vous signifiiez vos intentions à votre ami,* que vous lui disiez ce que vous voulez faire.

SILENCE [silɑ̃s] n. m. ▪ *LE SILENCE* **1.** Le fait de ne pas parler, de se taire. *Travaillez en silence. Je vous demande de GARDER LE SILENCE,* de vous taire. → se **taire.** *Silence !* taisez-vous ! → **chut.** *Les députés ont observé une MINUTE DE SILENCE en hommage à leur ami décédé,* ils sont restés une minute debout sans parler. **2.** Le fait de ne pas exprimer son opinion, de ne pas dire ce qui est secret. *Nous avons volontairement PASSÉ ce fait SOUS SILENCE,* nous n'en avons pas parlé exprès. *Je m'inquiète de son silence,* de ne pas avoir de ses nouvelles. *C'est la loi du silence,* on est obligé de ne rien révéler. **3.** Absence de bruit. ⟨contraire : bruit⟩ *Le silence règne dans la montagne. Arrêtez cette musique, j'ai besoin de silence. Un peu de silence, cessez ce vacarme !*

SILENCIEUSEMENT [silɑ̃sjøzmɑ̃] adverbe **1.** Sans faire de bruit. *Il est entré silencieusement.* ⟨contraire : bruyamment⟩ **2.** Sans parler. *Il écoute silencieusement les reproches qu'on lui fait,* sans rien dire, sans rien répondre.

SILENCIEUX [silɑ̃sjø] adj. et n. m., **SILENCIEUSE** [silɑ̃sjøz] adj.
I. adjectif (après le nom) **1.** (lieu) Où il n'y a pas de bruit. *Ils habitent une rue silencieuse.* → **calme, paisible, tranquille.** ⟨contraire : bruyant⟩ **2.** Qui ne fait pas de bruit. *Le chat est un animal silencieux. Ce lave-vaisselle est très silencieux.* **3.** (qqn) Qui reste sans parler, qui garde le silence. *Il ne peut pas rester silencieux plus de quelques minutes.* → **muet.** ⟨contraires : bavard, loquace⟩
II. *UN SILENCIEUX :* dispositif qui diminue un bruit violent. *Le pot d'échappement de la voiture est équipé d'un silencieux. L'assassin s'est servi d'un revolver à silencieux.*

SILEX [silɛks] n. m. ▪ *UN SILEX :* roche très dure. *Les hommes préhistoriques faisaient du feu en frottant deux silex l'un contre l'autre.*

SILHOUETTE [silwɛt] n. f. ▪ *UNE SILHOUETTE* **1.** Forme sombre dont on ne voit que les contours. *J'ai vu une silhouette devant la fenêtre. La silhouette de la maison se découpe dans la brume.* **2.** Allure générale d'une personne. *Il a une silhouette très jeune. Quelle silhouette !* quelle belle allure, quelle élégance !

SILLAGE [sijaʒ] n. m. ▪ *UN SILLAGE :* trace que laisse un bateau derrière lui à la surface de l'eau, quand il avance. *Le bateau laisse derrière lui un sillage blanc. - Elle est DANS LE SILLAGE DE son père,* elle suit sa trace, son exemple.

SILLON [sijɔ̃] n. m. ▪ *UN SILLON* **1.** Longue tranchée faite dans la terre labourée. *L'agriculteur sème le grain dans les sillons.* **2.** Fente profonde. *Il a un sillon au milieu du menton.*

SILLONNER [sijɔne] verbe [conjugaison 1a] ▪ Parcourir en tous sens. *Ils voyagent énormément, ils ont sillonné le monde entier.* → **parcourir, visiter.**

SILO [silo] n. m. ▪ *UN SILO :* grand réservoir dans lequel on conserve des céréales, du fourrage. *Il y a des silos à maïs juste derrière la ferme.*

SIMAGRÉES [simagʀe] n. f. pluriel ▪ *DES SIMAGRÉES :* manières affectées, un peu ridicules, faites pour tromper. *Il FAIT toujours des SIMAGRÉES. Arrête ces simagrées et réponds à ma question ! Ses simagrées sont exaspérantes.*

SIMIESQUE [simjɛsk] adj. (après le nom) ▪ STYLE RECHERCHÉ Qui fait penser à un singe. *Elle a un visage simiesque.*

SIMILAIRE [similɛʀ] adj. (après le nom) ▪ Qui est à peu près de même nature, qui est à peu près semblable. → **équivalent.** *Ces deux produits sont similaires. Une erreur similaire s'est déjà produite.* ⟨contraire : différent⟩

SIMILITUDE [similityd] n. f. ▪ *UNE SIMILITUDE :* relation entre deux choses semblables. *Il y a des similitudes dans les caractères de mes enfants. La similitude de leurs réponses laisse pen-*

ser qu'ils ont copié l'un sur l'autre. → **ressemblance.** ⟨contraire : différence⟩

SIMOUN [simun] n. m. ▪ *LE SIMOUN :* vent violent, chaud et sec, qui souffle dans le désert. *Le simoun provoque des tourbillons de sable.* → **sirocco.**

SIMPLE [sɛ̃pl] adj. et n. m.
I. adjectif (après le nom, parfois avant le nom) **1.** (qqn) Qui se contente de l'essentiel, ne fait pas de manières, n'est pas prétentieux. *Il est resté très simple malgré son succès.* → **modeste.** *C'est un homme simple et bon.* - (qqch.) *J'aime la vie simple à la campagne.* ⟨contraire : mondain⟩ *Il a des goûts très simples.* **2.** *SIMPLE D'ESPRIT :* qui n'a pas une intelligence normalement développée. *Leur fille est simple d'esprit.* → **arriéré, simplet.** **3.** Qui n'est constitué que d'une partie. *Il a pris un aller simple pour Bordeaux,* il a pris juste un aller, il n'a pas pris le retour. *Prenez une feuille simple.* ⟨contraire : double⟩ *Le présent est un temps simple du verbe,* un temps sans auxiliaire. ⟨contraire : composé⟩ **4.** Facile à comprendre. *C'est un jeu très simple.* ⟨contraires : compliqué, difficile⟩ *Connais-tu un moyen simple d'y arriver ? C'est pourtant simple ! Il faut rendre ça plus simple.* → **simplifier.** **5.** Qui ne comporte pas d'ornements, n'est pas luxueux. *Elle est habillée d'une robe noire toute simple.* ⟨contraire : sophistiqué⟩ *Le mobilier du salon est très simple.* **6.** (avant le nom) Qui n'est rien de plus (que ce que désigne le nom qui suit). *Le passage de la frontière est une simple formalité. Il est simple soldat :* il n'est pas officier. *Que d'histoires pour un simple baiser !*
II. nom masculin *DU SIMPLE AU DOUBLE :* en étant multiplié par deux. *Les prix de cet objet varient du simple au double selon les magasins.*

SIMPLEMENT [sɛ̃pləmɑ̃] adverbe **1.** Sans complication, d'une manière simple. *Il nous a reçus très simplement,* sans cérémonie. - *Elle refuse tout simplement,* sans discussion possible. **2.** Seulement. *Je suis venu simplement te dire bonjour.* → **juste, uniquement.** *Il a simplement besoin d'un peu d'affection.*

SIMPLET [sɛ̃plɛ], **SIMPLETTE** [sɛ̃plɛt] adj. (après le nom) **1.** (qqn) Qui a une intelligence un peu inférieure à la normale. *Leur fils est simplet,* il est simple d'esprit. **2.** (qqch.) Trop simple. *C'est assez mignon, mais un peu simplet.* → **rudimentaire.**

SIMPLICITÉ [sɛ̃plisite] n. f. ▪ *LA SIMPLICITÉ* **1.** Qualité d'une personne qui a des goûts simples, qui a un comportement spontané et naturel. *Elle les a reçus à dîner EN TOUTE SIMPLICITÉ,* sans façon, sans cérémonie. **2.** Qualité d'une chose facile à comprendre ou à utiliser. *Les règles du jeu de dames sont d'une grande simplicité.* ⟨contraire : complication⟩ *C'est d'une simplicité enfantine.* → **facilité.**

SIMPLIFICATEUR [sɛ̃plifikatœʀ], **SIMPLIFICATRICE** [sɛ̃plifikatʀis] adj. (après le nom) ▪ (qqch.) Qui simplifie. *Ton explication est trop simplificatrice.*

SIMPLIFICATION [sɛ̃plifikasjɔ̃] n. f. ▪ *LA SIMPLIFICATION :* action de simplifier, de rendre plus simple. *Arrondissez au nombre supérieur pour la simplification des calculs.* ⟨contraire : complication⟩

SIMPLIFIER [sɛ̃plifje] verbe [conjugaison 7a] ▪ Rendre plus facile, plus simple. *Les appareils ménagers simplifient la vie.* → **faciliter.** ⟨contraire : compliquer⟩ *Il faut que vous simplifiiez votre méthode de travail. Ça simplifierait* [sɛ̃plifiʀɛ] *tout s'il nous aidait. Il faut simplifier ce texte.* → **résumer, vulgariser.**

SIMPLISTE [sɛ̃plist] adj. (après le nom) ▪ Qui simplifie trop en ne considérant qu'un aspect des choses. *Son raisonnement est un peu simpliste.*

SIMULACRE [simylakʀ] n. m. ▪ *UN SIMULACRE :* ce qui n'a que l'apparence de ce qu'il semble être. *Il a été jugé après un simulacre de procès.* → **caricature, parodie.**

SIMULATEUR [simylatœʀ] n. m., **SIMULATRICE** [simylatʀis] n. f. ▪ *UN SIMULATEUR, UNE SIMULATRICE :* une personne qui fait semblant de ressentir qqch., de faire ou d'avoir qqch. *Il n'est pas vraiment malade, c'est un simulateur.*

SIMULATION [simylasjɔ̃] n. f. **1.** *LA SIMULATION :* action de simuler (un sentiment, une maladie). *Elle n'est pas vraiment malade, c'est de la simulation.* **2.** *UNE SIMULATION :* représentation simulée d'un processus, d'un fonctionnement. *Des simulations d'accident permettent d'améliorer la sécurité des véhicules.*

SIMULÉ [simyle], **SIMULÉE** [simyle] adj. (après le nom) ▪ Qui n'est pas vrai. → **feint.** *Il nous a accueillis avec une joie non simulée.*

SIMULER [simyle] verbe [conjugaison 1a] ▪ Faire paraître vrai (qqch. qui ne l'est pas). *Elle a simulé un mal de tête pour ne pas aller à l'école,* elle a fait semblant d'avoir mal à la tête. → **feindre,** faire **semblant.**

SIMULTANÉ [simyltane], **SIMULTANÉE** [simyltane] adj. (après le nom) ▪ Qui se produit en même temps. *Le coup de tonnerre et la coupure d'électricité ont été simultanés.* ⟨contraire : successif⟩ *L'interprète fait de la TRADUCTION SIMULTANÉE,* il traduit ce que dit une personne pendant qu'elle parle.

SIMULTANÉITÉ [simyltaneite] n. f. ▪ *LA SIMULTANÉITÉ :* existence simultanée (de plusieurs choses). *La simultanéité de ces deux événements est très étrange.* ⟨contraire : succession⟩

SIMULTANÉMENT [simyltanemɑ̃] adverbe ▪ En même temps. → ① **ensemble.** *Le feu a pris simultanément dans la cave et dans le grenier.* ⟨contraire : successivement⟩

SINCÈRE [sɛ̃sɛʀ] adj. (après le nom) **1.** (après le nom) (qqn) Qui dit ce qu'il pense vraiment, avec bonne foi, sans chercher à tromper. *C'est un ami sincère.* → ② **franc, loyal.** *Elle est sincère, mais elle se trompe. J'ai été sincère avec toi.* ⟨contraires : hypocrite, menteur⟩ **2.** (après le nom) (qqch.) Que l'on ressent ou que l'on pense réellement. *L'accusé a fait des aveux sincères. Son repentir est sincère.* → **authentique, vrai.** ⟨contraire : feint⟩ **3.** (avant le nom) Dans les formules de lettres. *Recevez mes sincères salutations. Sincère souvenir. Je vous présente mes sincères condoléances.*

SINCÈREMENT [sɛ̃sɛʀmɑ̃] adverbe ▪ D'une manière sincère, de bonne foi. *Sincèrement, je n'en sais rien. Je suis sincèrement désolé de ce qui vous arrive.* → **franchement, vraiment.**

SINCÉRITÉ [sɛ̃seʀite] n. f. ▪ *LA SINCÉRITÉ* **1.** Qualité d'une personne sincère, qui pense ce qu'elle dit. *Je vous ai parlé EN TOUTE SINCÉRITÉ. Expliquez-vous avec sincérité.* → **franchise, loyauté.** ⟨contraire : hypocrisie⟩ **2.** Caractère de ce qui est réellement pensé ou ressenti. *Je ne crois pas à la sincérité de ses sentiments.*

SINÉCURE [sinekyʀ] n. f. ▪ *UNE SINÉCURE :* emploi bien payé où il n'y a presque rien à faire. *Ce travail n'est pas une sinécure,* il est fatigant.

SINE QUA NON [sinekwanɔn] adj. invariable (après le nom) ▪ *Une CONDITION SINE QUA NON,* sans laquelle une chose est impossible. *C'est la condition sine qua non pour réussir.* PLURIEL : *des conditions sine qua non.*
REM. *Sine qua non* est une expression latine.

SINGAPOUR [sɛ̃gapuʀ] nom propre **1.** Pays de l'Asie du sud-est. *Nous sommes allés à Singapour.* **2.** Ville située dans la république de Singapour. *Nous revenons de Singapour.*

SINGE [sɛ̃ʒ] n. m. ▪ *UN SINGE* **1.** Animal très évolué qui a la face souvent nue, les membres inférieurs plus petits que les membres supérieurs, des mains et des pieds. *Le chimpanzé, le gorille, l'orang-outan, le ouistiti sont des singes. Le singe est un mammifère. Le singe est avec sa femelle* (→ **guenon**). – *Elle est très laide, elle ressemble à un singe* (→ **simiesque**). *Il est malin comme un singe* : il est très malin. *Son fils FAIT LE SINGE*, il fait le pitre (→ **singerie**). **2.** Personne qui imite. *Il fait tout ce que fait son père, quel singe !*

SINGER [sɛ̃ʒe] verbe [conjugaison 3b] ▪ Imiter en se moquant. *Quand il allait en classe, il singeait toujours ses professeurs.*

SINGERIE [sɛ̃ʒʀi] n. f. ▪ *UNE SINGERIE* : grimace, geste grotesque. *Arrête de faire des singeries !* – (abstrait) *Assez de singeries.* → **bêtise, pitrerie.**

SE **SINGULARISER** [sɛ̃gylaʀize] verbe pronominal [conjugaison 1a] ▪ Se faire remarquer par qqch. de bizarre. *Elle s'est singularisée en s'habillant tout en rouge. Il cherche toujours à se singulariser.*

SINGULARITÉ [sɛ̃gylaʀite] n. f. ▪ *UNE SINGULARITÉ* : ce qui est particulier à qqn ou à qqch. *Ce logiciel a plusieurs singularités. Mon appareil photo a la singularité de fonctionner sous l'eau.* → **particularité.**

SINGULIER [sɛ̃gylje] adj. et n. m., **SINGULIÈRE** [sɛ̃gyljɛʀ] adj.
I. adjectif (avant ou après le nom) Digne d'être remarqué à cause de son aspect étrange. *Il a eu la singulière idée de donner un bain à son chat.* → **bizarre, original.** *C'est un singulier personnage.* → **spécial.** *Il a une façon singulière d'envisager les choses.* → **curieux.** ⟨contraires : banal, ordinaire⟩
II. *LE SINGULIER* : catégorie grammaticale qui indique le plus souvent que le mot désigne une seule chose ou une seule personne. ⟨contraire : pluriel⟩ *Dans la phrase «il y a trois filles et un garçon», le mot «garçon» est au singulier et le mot «filles» est au pluriel. Conjuguez le verbe «prendre» à la première personne du singulier de l'indicatif.*

REM. Les noms collectifs comme *groupe, ensemble, série*, etc. sont au singulier alors qu'ils désignent plusieurs unités.

SINGULIÈREMENT [sɛ̃gyljɛʀmɑ̃] adverbe ▪ STYLE RECHERCHÉ **1.** D'une manière étonnante. *Il s'est conduit singulièrement.* → **bizarrement.** **2.** Très. *Il fait singulièrement froid pour la saison.*

① **SINISTRE** [sinistʀ] adj. (après le nom ou avant le nom) **1.** Qui fait peur. *J'ai entendu des craquements sinistres dans l'escalier.* → **effrayant, inquiétant.** *J'ai un sinistre pressentiment.* **2.** Horriblement triste. *Tu as l'air sinistre.* → **lugubre.** ⟨contraire : gai⟩ *Elle travaille dans un bureau sinistre. C'était une sinistre soirée.*

FAUX AMI — italien **sinistra** «gauche»

② **SINISTRE** [sinistʀ] n. m. ▪ *UN SINISTRE* : événement catastrophique (tremblement de terre, inondation, incendie, etc.). *Les sauveteurs sont arrivés sur les lieux du sinistre. Un sinistre a fait plusieurs victimes.*

SINISTRÉ [sinistʀe] adj. et n. m., **SINISTRÉE** [sinistʀe] adj. et n. f. **1.** adjectif (après le nom) Qui a subi un sinistre. *La région sinistrée attend les secours.* **2.** *UN SINISTRÉ, UNE SINISTRÉE* : une personne victime d'un sinistre. *Les villages voisins ont recueilli les sinistrés. L'aide internationale ravitaille les sinistrés.*

SINON [sinɔ̃] conjonction **1.** Si ce n'est. *Que pouvais-je faire, sinon appeler les pompiers ?* **2.** Sans quoi. *Dépêche-toi, sinon tu seras en retard*, ou alors tu seras en retard. → **autrement.**

REM. Il ne faut pas confondre *sinon* et *si non* (en deux mots) : *«Viens, sinon je m'en vais». «Est-ce que tu viens ? Si oui, je t'attends, si non je pars».*

SINUEUX [sinɥø], **SINUEUSE** [sinɥøz] adj. (après le nom) ▪ Qui forme des courbes. *Une rivière sinueuse traverse la plaine. La route est sinueuse.* ⟨contraires : droit, rectiligne⟩

SINUOSITÉ [sinɥozite] n. f. ▪ *UNE SINUOSITÉ* : ligne courbe. → **coude.** *La rivière a des sinuosités.* → **méandre.**

SINUS [sinys] n. m. ▪ *UN SINUS* : cavité des os du visage qui sont au-dessus et au-dessous des yeux. *J'ai une inflammation des sinus* (→ **sinusite**). *Le malade a mal aux sinus.*

SINUSITE [sinyzit] n. f. ▪ *UNE SINUSITE* : inflammation des sinus. *J'ai de la sinusite. Il a souvent des sinusites.*

SIPHON [sifɔ̃] n. m. ▪ *UN SIPHON* **1.** Tube recourbé qui sert à l'écoulement de l'eau sous un évier ou sous un lavabo. *Un siphon empêche les mauvaises odeurs de remonter.* **2.** Tuyau recourbé qui sert à transvaser un liquide. *Le garagiste vide le réservoir d'essence avec un siphon.* **3.** Bouteille en verre épais remplie d'eau gazeuse sous pression. *Appuyez sur le bouchon à levier du siphon pour faire sortir l'eau.*

FAUX AMI — roumain **sifon** ne s'emploie pas aux sens 1. et 2.

SIPHONNÉ [sifɔne], **SIPHONNÉE** [sifɔne] adj. (après le nom) ▪ STYLE FAMILIER Fou. *Tu es complètement siphonné !* → STYLE FAMILIER **cinglé.** *C'est un mec siphonné.*

SIRE [siʀ] n. m. **1.** *SIRE* : titre que l'on donne à un souverain quand on s'adresse à lui. *Oui, Sire.* → **majesté.** **2.** STYLE RECHERCHÉ *UN TRISTE SIRE* : un individu peu recommandable. *Ce type est un triste sire.*

REM. *Cire* «produit d'entretien» se prononce de la même façon.

① **SIRÈNE** [siʀɛn] n. f. **1.** *UNE SIRÈNE* : être imaginaire à tête et buste de femme, avec un corps d'oiseau. *On dit que les sirènes attiraient les marins sur les écueils par la douceur de leur chant. N'écoutez pas le chant des sirènes.* **2.** Être imaginaire, femme à queue de poisson. *Sur le port de Copenhague on peut voir une statue de la Petite Sirène.*

FAUX AMI — anglais **siren** ne se dit pas pour le sens 2.

② **SIRÈNE** [siʀɛn] n. f. ▪ *UNE SIRÈNE* : appareil qui fait un bruit fort et prolongé pour donner un signal. *Le bateau lance un coup de sirène. La sirène avertit les civils des bombardements. La voiture des pompiers est équipée d'une sirène.*

SIROCCO [siʀɔko] n. m. ▪ *LE SIROCCO* : vent très chaud et très sec qui souffle du Sahara. *Le sirocco a desséché toutes les récoltes.* → **simoun.**

SIROP [siʀo] n. m. ▪ *UN SIROP* **1.** Liquide très sucré que l'on boit mélangé avec de l'eau (→ **sirupeux**). *Achète un sirop de citron.* **2.** Boisson faite de sirop mélangé avec de l'eau. *Je voudrais boire un sirop de menthe.* **3.** Médicament liquide très sucré. *Prends un sirop contre la toux.*

SIROTER [siʀɔte] verbe [conjugaison 1a] ▪ STYLE FAMILIER Boire à petites gorgées, en savourant. *Il sirote son pastis au bord de la piscine.* → **déguster.**

SIRUPEUX [siʀypø], **SIRUPEUSE** [siʀypøz] adj. (après le nom) ▪ Qui a la consistance du sirop. *Ce jus de fruit est trop sirupeux.*

SISMIQUE [sismik] adj. (après le nom) ▪ Relatif aux tremblements de terre, aux séismes. *Une SECOUSSE SISMIQUE a été ressentie dans la région.*

SISMOGRAPHE [sismɔgʀaf] n. m. ▪ *UN SISMOGRAPHE :* instrument qui indique l'importance d'un tremblement de terre. *Un sismographe enregistre les secousses sismiques sur une bande de papier.*

SITE [sit] n. m. ▪ *UN SITE* **1.** Paysage beau et pittoresque. *Il y a de nombreux sites touristiques dans la région.* **2.** Lieu où se trouve une ville, un édifice. → **emplacement, situation.** *Le village est construit sur le site d'une ancienne ville romaine.* **3.** Serveur informatique de données, auquel on accède par un réseau. *Cette entreprise a un site Internet.*

SITÔT [sito] adverbe **1.** Aussitôt. *Sitôt couchée, elle s'est endormie :* elle s'est endormie immédiatement après s'être couchée. **2.** *PAS DE SITÔT :* pas avant longtemps. *Il ne recommencera pas de sitôt.* **3.** STYLE RECHERCHÉ *SITÔT QUE :* juste au moment où, immédiatement après que. *Il est reparti sitôt qu'il l'a vu.*

REM. Il ne faut pas confondre *sitôt* avec *si tôt* (*il est parti si tôt qu'il ne l'a pas vu :* il est parti tellement tôt qu'il n'a pas eu le temps de le voir).

SITUATION [sitɥasjɔ̃] n. f. ▪ *UNE SITUATION* **1.** Emplacement (d'un édifice, d'une ville). *Cette ville a une situation privilégiée.* **2.** Ensemble de circonstances. *Je maîtrise la situation. Il est dans une situation délicate. Quelle est votre situation de famille ?* êtes-vous célibataire, marié, divorcé ou veuf ? *La situation financière de l'entreprise est mauvaise. La situation internationale est grave. – Dans quelle situation cette phrase a-t-elle été dite ?* → **contexte.** **3.** *ÊTRE EN SITUATION DE :* être capable de, être en mesure de. *Il est en situation de refuser :* il peut se permettre de refuser. **4.** Emploi pour lequel on est payé. *Sa femme a une belle situation,* elle a un travail bien rémunéré. → **fonction, place.** *Il a perdu sa situation et maintenant il est au chômage.*

SITUER [sitɥe] verbe [conjugaison 1a] **1.** Placer par la pensée (en un lieu, à une époque). *Je situe mal la ville de Vancouver. Le romancier situe l'action de son livre à Marseille. À quelle époque situez-vous la Révolution française ?* **2.** (lieu) *ÊTRE SITUÉ :* se trouver. *La ville est située en haut d'une colline.* → **localiser.** *L'appartement était situé au second étage.* **3.** verbe pronominal SE SITUER : être situé. *L'action de sa prochaine pièce de théâtre se situera* [sityʀa] *à Venise.*

SIX [sis] adj., pronom, n. m. et n. f. invariables
I. adjectif (avant le nom ou après le nom) **1.** (avant le nom) Cinq plus un (6 ; VI). *Mon fils a six ans* [sizɑ̃]. *Un dé a six faces* [sifas]. *Un semestre dure six mois* [simwa]. *Achetez six œufs.* → **demi-douzaine.** **2.** (avant ou après le nom) Sixième. *Ouvrez votre livre page six* [paʒsis]. *Il est six heures. C'est le six janvier,* le sixième jour du mois de janvier.
II. pronom Six personnes, six choses. *Ils sont venus à six. J'en veux six.*
III. 1. *UN SIX :* le chiffre six. *Il forme mal ses six.* **2.** *SIX :* le nombre six. *Trois fois six égalent dix-huit. Elle a eu un six en géographie,* sa note est six. **3.** *LE SIX, LA SIX :* ce qui porte le numéro six. *Nous sommes le six,* c'est le sixième jour du mois. *J'habite au six de la rue Michelet. J'ai pioché le six de carreau,* la carte à jouer qui porte six carreaux. *Le serveur apporte la note de la six,* de la table, de la chambre six. – *Je regarde un film sur la Six,* sur la sixième chaîne de télévision française.

REM. **1.** Quand il est adjectif, *six* se prononce [si] devant un mot commençant par une consonne (ex. : *six jours* [siʒuʀ]), [siz] devant un mot commençant par une voyelle (ex. : *six enfants* [sizɑ̃fɑ̃]) ou par un *h* muet (ex. : *six hirondelles* [siziʀɔ̃dɛl]) et [sis] dans les autres cas. **2.** *Six* s'emploie en composition (ex. *quarante-six, cent six*).

SIXIÈME [sizjɛm] adj., n. m. et n. f.
I. adjectif (avant le nom) Qui a le numéro six, qui vient après le cinquième. *Ils habitent au sixième étage sans ascenseur.*
II. 1. *LE SIXIÈME :* partie d'un tout divisé en six parts égales. *Il a fait les cinq sixièmes du travail.* **2.** *LE SIXIÈME, LA SIXIÈME :* ce qui a le numéro six. *Il est le sixième de la course. Mon bureau est au sixième,* au sixième étage. *Ils habitent dans le sixième,* dans le sixième arrondissement de la ville. **3.** *LA SIXIÈME :* la première classe du collège en France. *Ma fille est en sixième au collège Danton.*

SKAÏ [skaj] n. m. ▪ *LE SKAÏ :* matière synthétique qui imite le cuir. *Elle a un sac en skaï noir.*

SKATEBOARD [skɛtbɔʀd] n. m. ▪ *UN SKATEBOARD :* planche à roulettes. *Mon fils a eu un skateboard pour son anniversaire.* – *SKATE* [skɛt] forme abrégée familière *Il a un skate. Il y a beaucoup de skates dans la cour.* – *Elle fait du skateboard :* elle se déplace sur un skateboard.

REM. **1.** Ce mot vient de l'anglais. **2.** On écrit aussi *un skate-board, des skate-boards.*

SKETCH [skɛtʃ] n. m. ▪ *UN SKETCH :* pièce comique très courte, jouée par un petit nombre d'acteurs. *Ils ont écrit un sketch très drôle.* PLURIEL : *un film à sketchs* ou *un film à sketches* [skɛtʃ].

REM. Ce mot vient de l'anglais.

SKI [ski] n. m. **1.** *UN SKI :* longue lame de bois, de métal ou de plastique, relevée à l'avant dont on se chausse pour glisser sur la neige. *Ils ont loué des skis. Elle descend la piste À SKIS.* **2.** *LE SKI :* sport qui consiste à glisser sur la neige à l'aide de skis. *Elle a une nouvelle paire de CHAUSSURES DE SKI,* des chaussures montantes et rigides qui s'adaptent sur les skis. *Ils FONT DU SKI tous les ans, au mois de février. Il fait du SKI DE FOND :* il skie sur un terrain presque plat. – STYLE FAMILIER *Ils sont au ski,* aux sports d'hiver. **3.** *LE SKI NAUTIQUE :* le sport qui consiste à glisser sur l'eau avec des skis, en étant tiré par un bateau à moteur. *Elle aime faire du ski nautique.*

SKIABLE [skjabl] adj. (après le nom) ▪ Où l'on peut skier. *Cette station de sports d'hiver a un domaine skiable très étendu.*

SKIER [skje] verbe [conjugaison 7a] ▪ Faire du ski. *Il skie très bien. Nous skiions hors piste lorsque ma sœur est tombée. Demain nous skierons* [skiʀɔ̃] *toute la journée.*

SKIEUR [skjœʀ] n. m., **SKIEUSE** [skjøz] n. f. ▪ *UN SKIEUR, UNE SKIEUSE :* une personne qui fait du ski. *Son frère est un excellent skieur.*

SKIPPER [skipœʀ] n. m. ▪ *UN SKIPPER :* capitaine d'un voilier de course ou de croisière. *Le skipper donne l'ordre aux équipiers d'envoyer les voiles.*

REM. Ce mot est un mot anglais.

SLALOM [slalɔm] n. m. ▪ *LE SLALOM :* épreuve de ski dans laquelle le skieur descend le plus vite possible en zigzaguant entre des piquets plantés dans la neige. *C'est une Autrichienne qui a gagné la descente en slalom.* – *Le scooter FAIT DU SLALOM entre les voitures,* il se faufile entre les voitures.

REM. *Slalom* est un mot norvégien.

SLAVE [slav] adj., n. m. et n. f. **1.** adjectif (après le nom) Des peuples d'Europe centrale ou orientale dont les langues sont apparentées. *Les Russes, les Polonais, les Tchèques et les Bulgares sont des peuples slaves. Le serbo-croate est une langue slave.* **2.** *UN SLAVE, UNE SLAVE :* une personne qui appartient à un peuple slave. *Les Russes sont des Slaves.*

SLIP [slip] n. m. ▪ *UN SLIP :* culotte échancrée sur les cuisses qui sert de sous-vêtement ou de culotte de bain. *Elle est en slip et en soutien-gorge. Il met son SLIP DE BAIN et va se baigner à la plage. Elle aime les slips en dentelle.*

> FAUX AMI
> anglais **slip** « combinaison », « glissade »

SLOGAN [slɔgɑ̃] n. m. ▪ *UN SLOGAN :* phrase courte et frappante, utilisée dans la publicité ou la politique, pour attirer l'attention. *Les manifestants scandent des slogans.*

REM. *Slogan* est un mot anglais d'origine écossaise.

SLOVAQUE [slɔvak] adj., n. m. et n. f. **1.** adjectif (après le nom) De Slovaquie, pays d'Europe orientale. *La capitale slovaque est Bratislava.* **2.** *UN SLOVAQUE, UNE SLOVAQUE :* personne originaire de Slovaquie ou qui y vit. *Il a épousé une Slovaque. Les Slovaques sont des Slaves.* **3.** nom masculin *LE SLOVAQUE :* langue slave parlée en Slovaquie. *Il parle slovaque et tchèque couramment.*

SLOVAQUIE [slɔvaki] nom propre féminin – en slovaque **SLOVENSKO** ▪ *LA SLOVAQUIE :* pays d'Europe centrale. *Ils sont en voyage en Slovaquie. Il nous a téléphoné de Slovaquie.*

SLOVÉNIE [slɔveni] nom propre féminin – en slovène **SLOVENIJA** ▪ *LA SLOVÉNIE :* pays d'Europe centrale. *Pendant notre voyage en Europe, nous irons en Slovénie. Nous avons de belles photos de Slovénie.*

SLOW [slo] n. m. ▪ *UN SLOW :* danse lente à pas glissés, où les deux partenaires sont enlacés ; la musique utilisée dans cette danse. *Les amoureux dansent des slows langoureux.*

REM. *Slow* est un mot anglais qui veut dire « lent ».

SMASH [smaʃ] n. m. ▪ *UN SMASH :* au tennis, au ping-pong et au volley-ball, coup qui rabat violemment une balle haute. *L'un des joueurs fait un smash et gagne le match de tennis.* PLURIEL : *des SMASHS.*

REM. **1.** *Smash* est un mot anglais qui veut dire « coup violent ». **2.** On utilise aussi le pluriel anglais *smashes* avec la prononciation française [smaʃ].

S. M. I. C. [smik] n. m. ▪ *LE S. M. I. C. :* salaire minimum autorisé par la loi, en France. *Il touche le S. M. I. C. Certaines personnes sont payés au S. M. I. C.* **(→ smicard).**

REM. *S. M. I. C.* est le sigle de ***S**alaire **M**inimum **I**nterprofessionnel de **C**roissance.*

SMICARD [smikaʀ] n. m., **SMICARDE** [smikaʀd] n. f. ▪ *UN SMICARD, UNE SMICARDE :* personne qui touche le S. M. I. C., qui est payée au salaire minimum. *Sa femme et lui sont smicards.*

SMOKING [smɔkiŋ] n. m. ▪ *UN SMOKING :* tenue de soirée habillée, composée d'un veston à revers de soie et d'un pantalon orné d'un galon de soie le long de la jambe. *À cette soirée, tous les hommes sont en smoking et les femmes en robe longue. Pour le concert, les musiciens ont des smokings noirs.*

> FAUX AMI
> anglais **smoking** « action de fumer »

SNACK-BAR [snakbaʀ] n. m. ▪ *UN SNACK-BAR :* café-restaurant où l'on sert rapidement des repas simples et légers, à toute heure. *Nous avons déjeuné dans un snack-bar.* PLURIEL : *des SNACKS-BARS.* – *SNACK* [snak] forme abrégée familière *Il est entré dans un snack. Des snacks.*

REM. **1.** *Snack-bar* est un mot américain. **2.** En France, la forme *snack* est plus courante que *snack-bar.*

SNOB [snɔb] adj., n. m. et n. f. **1.** adjectif (après le nom) (qqn) Qui admire les manières, les goûts et les modes des gens soi-disant distingués et cherche à leur ressembler. *Comme elle est un peu snob, elle n'achète que des vêtements de marque. Il n'a que des amis aussi snobs que lui.* – *Il a des goûts très snobs.* **2.** *UN SNOB, UNE SNOB :* une personne snob. *Je déteste les snobs.*

REM. **1.** *Snob* est un mot d'origine anglaise. **2.** Au féminin, on écrit *snob,* comme au masculin.

SNOBER [snɔbe] verbe [conjugaison 1a] ▪ Traiter qqn avec mépris, l'éviter par snobisme. *Il nous a très bien vus, mais il nous snobe.*

SNOBISME [snɔbism] n. m. ▪ *LE SNOBISME :* manière de se comporter des snobs. *Ils jouent au bridge et au golf par snobisme. C'est du snobisme !*

SOBRE [sɔbʀ] adj. (après le nom) **1.** Qui mange et boit de l'alcool avec modération. *Il faut être sobre quand on conduit,* il ne faut pas boire d'alcool. **2.** Simple et discret. *Elle aime les vêtements sobres et élégants.* ⟨contraires : excentrique, voyant⟩ *Il s'exprime dans un style sobre.*

SOBREMENT [sɔbʀəmɑ̃] adverbe ▪ De manière sobre, simple et discrète. *Elle s'habille sobrement.* **→ simplement.**

SOBRIÉTÉ [sɔbʀijete] n. f. ▪ *LA SOBRIÉTÉ* **1.** Comportement d'une personne sobre. *C'est un homme d'une grande sobriété.* **2.** Simplicité et discrétion. *Cet immeuble est remarquable par la sobriété de ses lignes.*

SOBRIQUET [sɔbʀikɛ] n. m. ▪ *UN SOBRIQUET :* surnom moqueur donné à une personne. *Ses amis lui ont donné le sobriquet de « lapin » à cause de ses grandes dents de devant.*

SOC [sɔk] n. m. ▪ *UN SOC :* grosse lame pointue d'une charrue qui ouvre les sillons dans la terre et permet de labourer. *Le soc de métal s'enfonce dans la terre.*

SOCIABLE [sɔsjabl] adj. (après le nom) ▪ (qqn) Qui aime la compagnie des autres. *Leur petite fille est très sociable.* ⟨contraires : sauvage, solitaire⟩ – *Il a un caractère sociable.*

SOCIAL [sɔsjal], **SOCIALE** [sɔsjal] adj. (après le nom) **1.** Relatif à un groupe d'individus formant une société et aux rapports entre ces individus. ⟨contraire : individuel⟩ *L'homme est fait pour la vie sociale,* la vie en société. *Les sciences sociales étudient la société. Les relations sociales sont importantes.* MASCULIN PLURIEL : *les rapports SOCIAUX* [sɔsjo] *sont les rapports entre les individus d'une société.* – *Les abeilles et les fourmis sont des insectes sociaux,* qui vivent en société. **2.** Propre à la société telle qu'elle existe. *Le nouveau gouvernement veut lutter contre les injustices sociales. Des mesures ont été prises en faveur des CLASSES SOCIALES les plus défavorisées,* les catégories de gens les plus défavorisés. **3.** Relatif aux rapports entre les différentes classes de la société, spécialement à la condition des travailleurs et des gens les moins favorisés. *Des conflits sociaux ont éclaté dans le pays. Le climat social est tendu, en ce moment. Le ministre veut améliorer la politique sociale.* – *Tous les travailleurs ont droit à la SÉCURITÉ SOCIALE,* au remboursement des frais occasionnés par une maladie ou un accident. **4.** Relatif à une société commerciale. *Le SIÈGE SOCIAL de notre société est à Paris.*

SOCIALEMENT [sɔsjalmɑ̃] adverbe ▪ Du point de vue du rapport entre les différentes classes sociales. *Le mari et la femme sont socialement très différents,* ils n'appartiennent pas à la même classe sociale.

SOCIALISME [sɔsjalism] n. m. ▪ *LE SOCIALISME :* politique qui favorise l'intérêt collectif et non les intérêts particuliers. ⟨contraire : libéralisme⟩ *Le socialisme s'est développé au dix-neuvième siècle.*

SOCIALISTE [sɔsjalist] adj., n. m. et n. f. **1.** adjectif (après le nom) Relatif au socialisme ; qui est partisan du socialisme. *J'ai des idées socialistes. Les membres du parti socialiste ont voté la loi.* **2.** *UN SOCIALISTE, UNE SOCIALISTE :* un partisan, une partisane du socialisme. *C'est une socialiste convaincue. Les socialistes sont arrivés en tête aux élections,* les membres du parti socialiste. – *SOCIALO* [sɔsjalo] forme abrégée familière : *UN SOCIALO, UNE SOCIALO. Les socialos.*

SOCIÉTAIRE [sɔsjetɛʀ] n. m., n. f. ▪ *UN SOCIÉTAIRE, UNE SOCIÉTAIRE :* personne qui fait partie d'une société d'auteurs, d'une association. *Cet acteur est sociétaire de la Comédie-Française,* il est membre de la Comédie-Française.

SOCIÉTÉ [sɔsjete] n. f. ▪ *LA SOCIÉTÉ* **1.** État des êtres vivants qui vivent en groupes organisés. *Les abeilles et les fourmis vivent en société.* → **colonie, groupe.** **2.** Ensemble d'êtres humains entre lesquels existent des liens durables et organisés. *Les marginaux vivent en dehors de la société.* → **collectivité, communauté.** **3.** *UNE SOCIÉTÉ :* groupe de personnes considéré à une époque donnée et dans un lieu donné. *Les ethnologues étudient les sociétés traditionnelles. La science et la technique sont développées dans les sociétés modernes. J'ai lu un article qui condamne la société de consommation,* le genre de société dans laquelle on consomme de plus en plus. **4.** Ensemble de personnes réunies en un lieu à un certain moment. *Le héros du roman vit dans une société brillante.* – *Sa famille appartient à LA HAUTE SOCIÉTÉ,* à la partie de la société qui mène une vie aisée, qui a une vie mondaine et oisive. → STYLE FAMILIER **gratin.** **5.** Compagnie habituelle. *Il apprécie la société des femmes.* **6.** *JEUX DE SOCIÉTÉ :* jeux distrayants où l'on joue à plusieurs et qui font appel à l'invention, à la mémoire, à l'érudition ou au hasard. *Quand il pleut, les enfants jouent à des jeux de société. Les échecs et le jeu de l'oie sont des jeux de société.* **7.** Entreprise commerciale. *Son père travaille dans une société internationale.* → **compagnie, entreprise, établissement, firme.** *La SOCIÉTÉ ANONYME a augmenté son capital,* l'entreprise par actions qui n'est pas désignée par le nom des associés. **8.** Association, organisation fondée pour accomplir un travail commun, une action commune. *La société sportive organise chaque année un tournoi de tennis.* → **club.** *Il est membre d'une société savante,* d'un groupe de savants, d'érudits. **9.** Association d'États. *L'Organisation des Nations Unies a remplacé en 1945 l'ancienne Société des Nations.*

> FAUX AMI
> anglais **society** ne s'emploie pas aux sens 6., 7., 8.

SOCIOCULTUREL [sɔsjokyltyʀɛl], **SOCIOCULTURELLE** [sɔsjokyltyʀɛl] adj. (après le nom) ▪ Relatif à un groupe social et à la culture qui y correspond. *Les associations socioculturelles ont organisé un festival de musique dans la ville.*

SOCIOLOGIE [sɔsjɔlɔʒi] n. f. ▪ *LA SOCIOLOGIE :* science qui étudie les sociétés humaines. *Sa fille étudie la sociologie à l'Université.* – *SOCIO* [sɔsjo] forme abrégée familière *Il est prof de socio.*

SOCIOPROFESSIONNEL [sɔsjopʀɔfesjɔnɛl], **SOCIOPROFESSIONNELLE** [sɔsjopʀɔfesjɔnɛl] adj. (après le nom) ▪ *CATÉGORIES SOCIOPROFESSIONNELLES :* catégories servant à classer la population dans les statistiques. *Les agriculteurs, les ouvriers, les employés, les cadres sont de catégories socioprofessionnelles différentes.*

SOCLE [sɔkl] n. m. ▪ *UN SOCLE :* base sur laquelle repose une construction, un objet. *La statue repose sur un socle de bronze.*

SOCQUETTE [sɔkɛt] n. f. ▪ *UNE SOCQUETTE :* chaussette courte, arrivant à la cheville. *La petite fille a des socquettes blanches.*

SOCRATE [sɔkʀat] nom propre masculin ▪ Philosophe grec (470-399 avant J.-C.). *Socrate est considéré comme le père de la philosophie.*

SODA [sɔda] n. m. ▪ *UN SODA :* boisson à base d'eau gazeuse et de sirop de fruits. *Il boit un soda à l'orange.* – *Elle aime le whisky soda,* le whisky avec de l'eau gazeuse.

SODOMIE [sɔdɔmi] n. f. ▪ *LA SODOMIE :* acte sexuel pratiqué par l'anus.

SODOMISER [sɔdɔmize] verbe [conjugaison 1a] ▪ Pratiquer la sodomie sur (qqn). → STYLE TRÈS FAMILIER **enculer.** *Le malade sexuel a sodomisé sa victime avant de l'étrangler.*

SŒUR [sœʀ] n. f. ▪ *LA SŒUR DE* **1.** Personne de sexe féminin considérée par rapport aux autres enfants des mêmes parents. *Il a un frère et une sœur. Je m'entends bien avec ma sœur aînée, mais pas avec ma sœur cadette. Ce sont deux sœurs jumelles. C'est la sœur de mon mari* (→ **belle-sœur**). – STYLE FAMILIER *Et ta sœur ?* mêle-toi de ce qui te regarde. **2.** *Il cherche l'ÂME SŒUR,* une fiancée, une compagne. **3.** Titre donné aux religieuses. *Bonjour, ma sœur ! Voici la sœur Thérèse.* – STYLE FAMILIER *Elle a été en classe chez les BONNES SŒURS,* chez les religieuses.

> REM. La sœur par le père ou par la mère seulement s'appelle la *demi-sœur.* La sœur du mari ou de l'épouse, l'épouse du frère ou du beau-frère s'appelle la *belle-sœur.*

SOFA [sɔfa] n. m. ▪ *UN SOFA :* lit de repos avec un dossier et des accoudoirs servant aussi de siège. *Nous avons deux sofas dans le salon. Asseyez-vous sur le sofa.* → **canapé, divan.**

SOI [swa] pronom personnel ▪ Pronom personnel masculin et féminin de la troisième personne du singulier. → **lui ; elle, eux.** *Il faut avoir confiance EN SOI. Si l'on parle de soi, il faut être modeste.* → **on.** *On va chacun chez soi et on s'appellera en arrivant.* → **nous.** *C'est bon de rentrer CHEZ SOI,* à son domicile, dans sa maison. *Dans cette entreprise, c'est chacun POUR SOI,* chacun lutte pour son propre intérêt, sans penser aux autres. *Il vaut toujours mieux ne compter que SUR SOI.* → **soi-même.** – (qqch.) *Cela va DE SOI :* c'est normal, naturel. *Ce n'est pas une faute EN SOI,* de par sa nature.

> REM. **1.** *Soie* «tissu» et la conjonction *soit* se prononcent de la même façon. **2.** Voyez l'encadré des pronoms **personnels.**

SOI-DISANT [swadizɑ̃] adj. invariable et adverbe

I. adjectif invariable (avant le nom) **1.** Qui se dit, qui prétend (être tel). *Un soi-disant Monsieur X t'a demandé au téléphone.* **2.** (qqn) Prétendu. *Ce soi-disant baron est un imposteur. Les soi-disant coupables ont été interrogés par le commissaire.* → **présumé.**

II. adverbe *Il a voulu me rencontrer soi-disant pour parler,* il a prétendu qu'il voulait me parler.

> REM. *Soi-disant* est critiqué lorsqu'il est employé pour une chose car les objets ne parlent pas ; mais cet emploi est très courant (ex. : *Son soi-disant cadeau était un objet dont il ne voulait plus*).

SOIE [swa] n. m. ▪ *LA SOIE* **1.** Textile très fin, très doux et brillant, fait à partir d'un fil produit par la chenille d'un papillon, appelée *ver à soie. La ville de Lyon est célèbre pour la fabrication de tissu de soie.* → **soierie.** **2.** Tissu de soie. *Pour sa lingerie, elle préfère la soie. Il a mis une veste de soie noire.* **3.** *PAPIER DE SOIE :* papier fin et translucide. *Le cadeau est enveloppé dans* *du papier de soie.* **4.** Poil long et rugueux du porc ou du sanglier. *J'ai une brosse en soie de sanglier.*

REM. *Soi,* «pronom» et *soit* «conjonction» se prononcent de la même façon.

SOIERIE [swaʀi] n. f. ■ *UNE SOIERIE :* tissu de soie. → **soie** (2.). *J'ai trouvé une belle soierie pour faire des rideaux. La ville de Lyon est réputée pour ses soieries.*

REM. On emploie *soierie* surtout pour les soies épaisses de l'ameublement.

SOIF [swaf] n. f. ■ *LA SOIF* **1.** Besoin de boire. *Donne-moi un verre d'eau, j'AI SOIF* (→ **assoiffé**). *Les plats épicés donnent soif,* donnent envie de boire. – STYLE FAMILIER *Il a bu JUSQU'À PLUS SOIF,* jusqu'à satiété. **2.** Très fort désir. *Sa soif d'apprendre est intense. Les adolescents ONT SOIF D'indépendance.*

SOIGNÉ [swaɲe], **SOIGNÉE** [swaɲe] adj. (après le nom) **1.** (qqn) Qui prend de soin de soi-même, fait attention à son aspect, est toujours propre et impeccable. *C'est un homme très soigné.* – *Elle a toujours des mains soignées,* aux ongles propres et nets. **2.** (qqch.) Fait avec soin et application. *Ce menuisier fait un travail soigné.* → **impeccable.** ⟨contraires : négligé ; STYLE FAMILIER : bâclé⟩ *La cuisine est soignée, dans ce restaurant.* → **raffiné.**

SOIGNER [swaɲe] verbe [conjugaison 1a]

I. 1. S'occuper du bien-être de (qqn), du bon état de (qqch.). *La maîtresse de maison a soigné ses invités. Le jardinier soigne les pelouses du parc.* → **entretenir.** ⟨contraire : négliger⟩ **2.** Apporter du soin à ce que l'on fait. *Soignez votre travail. Il faut soigner les détails.* → STYLE FAMILIER **fignoler.** ⟨contraires : expédier, bâcler⟩ **3.** S'occuper de rétablir la santé de (qqn). *Le médecin qui me soigne m'a donné un nouveau traitement.* → **traiter.** *Dans cet hôpital, mon père a été bien soigné. Il faudrait que nous le soignions pour qu'il guérisse vite.* – *Elle soigne son rhume,* elle s'occupe de le guérir.

II. verbe pronominal SE SOIGNER **1.** S'occuper de son bien-être, de son apparence. *C'est une femme qui se soigne.* **2.** Faire ce qu'il faut pour guérir. *Soignez-vous bien, prenez vos médicaments. Elle s'est soignée elle-même.* **3.** (maladie) Pouvoir être soigné, guéri. *Il a une maladie qui se soigne mal.* – STYLE FAMILIER *Ça se soigne !* tu es fou, ce que tu fais n'est pas normal !

SOIGNEUR [swaɲœʀ] n. m. ■ *UN SOIGNEUR :* celui qui est chargé de la condition physique d'un sportif. *Le soigneur masse le boxeur.*

SOIGNEUSEMENT [swaɲøzmɑ̃] adverbe ■ Avec soin. *J'ai rangé soigneusement mes affaires dans les tiroirs de la commode.* ⟨contraire : négligemment⟩

SOIGNEUX [swaɲø], **SOIGNEUSE** [swaɲøz] adj. (après le nom) **1.** (qqn) Qui apporte du soin, de l'application à ce qu'il fait. *Ma fille est une enfant soigneuse,* propre et ordonnée. ⟨contraires : désordonné, négligé, sale⟩ **2.** (qqch.) Qui est fait avec soin, avec méthode. *Il a fait un travail soigneux.* ⟨contraire : bâclé⟩

SOI-MÊME [swamɛm] pronom personnel ■ Lui, elle en personne. *Ici, on fait tout soi-même. Il vaut mieux compter sur soi-même que sur les autres.* → **soi.** *Il faut aimer son prochain comme soi-même.*

REM. Voyez l'encadré des pronoms **personnels.**

SOIN [swɛ̃] n. m.

I. *LE SOIN* **1.** Attention que l'on apporte à ce que l'on fait. *Il apporte beaucoup de soin à son travail.* → **application.** *Elle a mis un soin particulier à préparer le dîner.* ⟨contraire : négligence⟩ **2.** Ordre et propreté. *Elle se maquille AVEC SOIN* (→ **soigneusement**). **3.** STYLE RECHERCHÉ Préoccupation. *Son premier soin a été de nous avertir.* → **souci.** – *PRENEZ SOIN de fermer la porte à clé :* n'oubliez pas de fermer la porte à clé. **4.** Travail dont on est chargé. *Elle laisse à sa fille le soin de mettre le couvert.* → **responsabilité. 5.** *PRENDRE SOIN DE* (qqn, qqch.) : veiller à, s'occuper de. *Mes grands-parents ont pris soin de moi pendant ma petite enfance. Tu devrais prendre soin de tes affaires.*

II. (au pluriel) LES SOINS **1.** Les actes par lesquels on s'occupe de (qqn, qqch.). *Un bébé a besoin des soins de sa mère,* donnés par sa mère. → **attention ;** STYLE RECHERCHÉ **sollicitude.** *Elle a confié les soins du ménage à une femme de confiance.* – *Il remet sa lettre AUX BONS SOINS DE la secrétaire :* il la remet à la secrétaire. **2.** Actes par lesquels on conserve ou rétablit la santé. *Les pompiers ont donné les PREMIERS SOINS aux blessés.* → **secours.** *Il lui faut absolument des soins médicaux.* → **traitement, thérapie.** *Voici une crème pour les soins du visage.* – *Il est AUX PETITS SOINS POUR sa femme,* il est très attentionné pour elle.

SOIR [swaʀ] n. m. ■ *LE SOIR* **1.** Fin du jour, juste avant et après le coucher du soleil. *En hiver, le soir tombe vite.* → **crépuscule.** ⟨contraire : matin⟩ *Il fait frais, le soir.* – *Elle est du soir :* elle aime se coucher tard. **2.** Les dernières heures du jour et les premières de la nuit (opposé à après-midi). → **soirée.** *Ma fille voudrait sortir le soir. Tous les lundis soirs, elle prend des cours d'espagnol. Je l'ai vu, hier (au) soir. À ce soir ! Le quinze au soir, elle m'a appelée au téléphone. J'ai le temps d'aller chez le coiffeur, d'ici à ce soir. Il aime les longs soirs d'hiver.* – *Elle s'est achetée une ROBE DU SOIR,* une robe habillée pour les grandes soirées, pour les réceptions. → **soirée.** *Ce quotidien est un journal DU SOIR,* qui paraît l'après-midi, le soir. – *Les révolutionnaires attendent LE GRAND SOIR,* la révolution. **3.** Temps qui va de midi à minuit. *Il est dix heures du soir* (opposé à du matin), il est 22 heures.

SOIRÉE [swaʀe] n. m. ■ *LA SOIRÉE* **1.** Temps qui s'écoule entre la fin du jour et le moment où l'on s'endort. *J'ai regardé la télévision toute la soirée. Il aime les longues soirées d'hiver.* → **veillée. 2.** Réunion, réception qui a lieu le soir, généralement après le dîner. *Nous sommes invités à une soirée mondaine. Merci pour cette charmante soirée. La TENUE DE SOIRÉE est de rigueur,* des vêtements très habillés. **3.** Séance de spectacle qui a lieu le soir (opposé à matinée). *La pièce est jouée en soirée tous les jours de la semaine et en matinée, le dimanche.*

soit [swa] *Qu'il soit, qu'elle soit :* forme au subjonctif du verbe **être.**

SOIT [swa] conjonction et adverbe

I. conjonction **1.** *SOIT... SOIT :* ou... ou. *Il doit partir soit le 15, soit le 16.* ⟨contraire : ni... ni⟩ *C'est soit l'un, soit l'autre, pas les deux.* – *SOIT QUE j'aille chez lui, SOIT QU'il vienne chez moi, c'est pareil.* **2.** Étant donné. *Soit un triangle quelconque. Soit deux droites parallèles.* **3.** À savoir, c'est-à-dire. *La revue paraît quatre fois par an, soit une fois par trimestre.*

II. adverbe Bon, admettons. *Que tu aies raison, soit !* [swat]. *Eh bien, soit !* d'accord.

REM. Quand il a une fonction d'adverbe, *soit* se prononce [swat].

SOIXANTAINE [swasɑ̃tɛn] n. f. **1.** *UNE SOIXANTAINE :* nombre d'environ soixante. *C'est une réunion d'une soixantaine de personnes. Ça coûte une soixantaine de francs. Elle a une soixantaine d'années.* **2.** *LA SOIXANTAINE :* âge d'environ soixante ans. *Il approche de la soixantaine* (→ **sexagénaire**).

SOIXANTE [swasɑ̃t] adj. et n. m. invariables

I. adjectif invariable (avant le nom ou après le nom) **1.** (avant le nom) Six fois dix (60 ; LX). *Elle a environ soixante ans* (→ **sexagénaire**). **2.** (après le nom) Soixantième. *Le texte est à la page soixante,* à la soixantième page. *Ça s'est passé dans les années soixante,* entre 1960 et 1970.

II. 1. *SOIXANTE :* le nombre soixante. *C'est le soixante qui a gagné. Cinquante et dix font soixante.* **2.** *LE SOIXANTE :* ce qui porte le numéro soixante. *Il habite au soixante de la rue,* au numéro soixante de la rue.

REM. *Soixante* s'emploie en composition (ex. : *soixante-huit, cent soixante*).

SOIXANTE-DIX [swasɑ̃tdis] adj. et n. m. invariables
I. adjectif (avant le nom ou après le nom) **1.** (avant le nom) Soixante plus dix (70 ; LXX). → **septante.** *Son grand-père est âgé de soixante-dix ans* (→ **septuagénaire).** **2.** (après le nom) Soixante-dixième. - *Ouvrez votre livre à la page soixante-dix.* - *Cela date des années soixante-dix,* des années entre 1970 et 1980.
II. 1. *SOIXANTE-DIX :* le nombre soixante-dix. *Cent moins trente égalent soixante-dix.* **2.** *LE SOIXANTE-DIX :* ce qui porte le numéro soixante-dix. *Le taxi s'arrête au soixante-dix de l'avenue. C'est le soixante-dix qui arrive en tête,* le cheval, le concurrent qui a le numéro soixante-dix.

REM. **1.** En Belgique, en Suisse, dans l'est de la France et en Acadie (Canada), on dit *septante* au lieu de *soixante-dix.* **2.** L'adjectif qui correspond à *soixante-dix* est *soixante-dixième.* **3.** *Soixante-dix* s'emploie en composition (ex. : *soixante-dix-huit, cent soixante-dix*).

SOIXANTE-HUITARD [swasɑ̃tɥitaʀ] adj. et n. m., **SOIXANTE-HUITARDE** [swasɑ̃tɥitaʀd] adj. et n. f. ▪ STYLE FAMILIER **1.** adjectif (après le nom) Qui concerne les événements de Mai 1968, en France. *Il a gardé l'esprit soixante-huitard de sa jeunesse.* **2.** *UN SOIXANTE-HUITARD, UNE SOIXANTE-HUITARDE :* personne qui a conservé cet esprit. *C'est une vieille soixante-huitarde. Ses amis sont tous des soixante-huitards.*

SOJA [sɔʒa] n. m. ▪ *LE SOJA* **1.** Plante qui vient de l'Extrême-Orient, dont les graines qui ressemblent au haricot sont bonnes à manger et dont les fanes servent de fourrage. *J'ai acheté de l'huile de soja. Le bétail est nourri à la farine de soja.* **2.** Plante originaire de l'Inde, voisine de la précédente, utilisée dans la nourriture d'Extrême-Orient. *Au restaurant chinois, nous avons mangé du poulet aux germes de soja.*

① **SOL** [sɔl] n. m. ▪ *LE SOL* **1.** Partie de la Terre qui se trouve à la surface, à l'état naturel ou aménagé par l'homme. *L'avion s'est posé au sol* (→ **atterrir).** *Asseyez-vous sur le sol,* par terre. *Des livres sont posés À MÊME LE SOL,* directement sur le sol. - *Le sol lunaire est plein de cratères.* **2.** Surface de terre, territoire. *Leur enfant est né sur le sol français. Il est heureux de retrouver son sol natal.* → **patrie, terre.** **3.** Terrain considéré du point de vue de la géologie ou de l'agriculture. *Le sol est pauvre, dans cette région. Le géologue étudie la nature des sols. C'est un sol calcaire.* **4.** Surface plane qui forme la base d'une construction. *Le sol de la cuisine est revêtu de carrelage. Les fermes d'autrefois avaient des sols en terre battue.*

FAUX AMIS
espagnol et portugais
sol «soleil»

REM. *Sole* «poisson plat» se prononce de la même façon.

② **SOL** [sɔl] n. m. invariable ▪ Note de musique, la cinquième de la gamme, entre le fa et le la. *La sonate commence par un sol.* PLURIEL : *des sol.* - *Le morceau se joue en CLÉ DE SOL,* il porte un signe particulier au début de la portée qui indique la hauteur des notes inscrites. - *Le pianiste joue le «concerto en sol majeur» de Ravel,* dans cette tonalité.

SOLAIRE [sɔlɛʀ] adj. (après le nom) **1.** Relatif au Soleil. *La lumière solaire éclaire la Terre. Le Système solaire comprend le Soleil et les planètes qui tournent autour de lui.* **2.** Qui fonctionne grâce au soleil. *La maison est équipée d'un chauffage solaire. Il y a un cadran solaire sur le mur extérieur du bâtiment.* **3.** Qui protège du soleil. *Sur la plage, elle met de la crème solaire sur les épaules de ses enfants.*

SOLDAT [sɔlda] n. m. ▪ *UN SOLDAT* **1.** Homme qui est dans une armée. *Des soldats montent la garde. Mon oncle est soldat de métier,* il est militaire de carrière. *Il est SIMPLE SOLDAT,* militaire non gradé, homme de troupe. *Le président a déposé une gerbe sur la tombe su SOLDAT INCONNU,* le soldat anonyme de la guerre de 1914 dont la tombe est sous l'Arc de triomphe, à Paris. **2.** *SOLDAT DE PLOMB :* figurine autrefois en plomb, représentant des soldats en uniforme. *Le petit garçon joue avec ses soldats de plomb.*

REM. En parlant d'une femme, on dit *une femme soldat.* Le féminin *soldate,* familier, est peu employé.

① **SOLDE** [sɔld] n. f. ▪ *LA SOLDE* **1.** Salaire versé à un militaire. *Le soldat a touché sa solde.* - *Son patron lui a accordé un CONGÉ SANS SOLDE de trois mois,* une période de trois mois pendant laquelle elle peut arrêter de travailler sans avoir de salaire. **2.** *À LA SOLDE DE :* payé par (qqn). *L'espion est à la solde d'un pays ennemi,* il est payé par lui, travaille pour lui.

② **SOLDE** [sɔld] n. m.
I. *UN SOLDE* **1.** Différence entre le crédit et le débit, dans un compte. *Mon compte en banque a un solde créditeur de mille francs,* il y a un crédit de mille francs sur mon compte en banque. **2.** *LE SOLDE :* somme qui reste à payer. *J'ai payé cinq cents francs à la commande et je paierai le solde à la livraison.* → **reste.**
II. 1. *EN SOLDE :* vendu avec une réduction, au rabais. *Elle achète souvent ses vêtements en solde.* **2.** (au pluriel) LES SOLDES : les objets vendus en solde. *Les soldes sont intéressants, cette saison.*

REM. *Les soldes* sont au masculin *(des soldes avantageux),* mais beaucoup de Français croient à tort qu'il s'agit d'un féminin.

SOLDÉ [sɔlde], **SOLDÉE** [sɔlde] adj. (après le nom) ▪ (marchandise) Vendu à prix réduit, au rabais. *Je me suis offert des chaussures soldées.*

SOLDER [sɔlde] verbe [conjugaison 1a] **1.** Fermer (un compte en banque) en établissant le solde. *J'ai soldé le compte que j'avais dans cette banque.* **2.** Mettre, vendre en solde (des marchandises). → **brader.** *Le magasin solde les articles qu'il n'a pas vendus.* → **sacrifier.** **3.** verbe pronominal SE SOLDER : aboutir à. *Malheureusement ses efforts se sont soldés par un échec.*

FAUX AMI
espagnol **soldar**
«souder»

SOLDERIE [sɔldəʀi] n. f. ▪ (nom déposé) *UNE SOLDERIE :* magasin spécialisé dans la vente de marchandises soldées. *J'ai trouvé ces chaussures dans une solderie.*

SOLE [sɔl] n. f. ▪ *UNE SOLE :* poisson de mer plat et ovale, à chair délicate, qui ressemble à la limande. *Au restaurant, nous avons commandé des filets de sole à la crème.*

FAUX AMIS
grec **σόλα,** portugais
sola «semelle»

SOLEIL [sɔlɛj] n. m. ▪ *LE SOLEIL* **1.** Astre qui donne lumière et chaleur à la Terre, et qui rythme la vie des hommes. *Nous avons assisté au lever du soleil. Le soleil se couche tôt, en hiver. La terre reçoit les rayons du soleil.* → **rayonnement.** *Il n'y a rien de nouveau SOUS LE SOLEIL,* sur terre, dans le lieu où nous sommes. *Au pôle Nord, on peut voir le SOLEIL DE MINUIT,* le soleil qui ne se couche pas. - *Le soleil se cache,* des nuages passent devant lui. **2.** *LE SOLEIL :* cet astre, considéré comme un personnage divin. *Les anciens Aztèques considéraient le Soleil comme un dieu.* **3.** Rayons du Soleil qui arrivent à la surface de la Terre (lumière, chaleur, ultraviolets). *Il y a du soleil aujourd'hui,* le temps est ensoleillé. *Le soleil chauffe,* STYLE FAMILIER *tape,* ses rayons sont très chauds. *Ici on est à l'abri du soleil.*

Mettez-vous AU SOLEIL *que je prenne une photo.* ⟨contraire : ombre⟩ *Elle s'expose* EN PLEIN SOLEIL *pour bronzer.* → **bronzage.** – *J'ai pris un* BAIN DE SOLEIL *sur la plage,* j'ai exposé ma peau à la chaleur du soleil. *Ne reste pas trop longtemps au soleil.* – *Il a un* COUP DE SOLEIL *sur le nez,* une brûlure causée par le soleil. – *Elle met ses* LUNETTES DE SOLEIL *pour ne pas être éblouie,* des lunettes qui protègent de la lumière du soleil. – (figuré) *Il s'est fait une* PLACE AU SOLEIL *par ses propres moyens,* il s'est fait une situation avantageuse. *Ils ont des biens au soleil,* des biens immobiliers, de l'argent. **4.** *LE SOLEIL :* étoile en forme de sphère, autour de laquelle tournent plusieurs planètes, dont la Terre. *La masse du Soleil vaut trois cent trente mille fois celle de la Terre.* → **solaire.** *Il y eu une éclipse de Soleil, l'autre jour.* → **éclipse. 5.** Image de cet astre, formée d'un cercle entouré de rayons. *Le soleil était l'emblème du roi de France Louis XIV.* **6.** *ÊTRE UN RAYON DE SOLEIL pour qqn :* être la personne ou la chose qui réjouit, console. *Cette petite fille est leur rayon de soleil.* → **bonheur. 7.** Fleur de tournesol. *Elle fait un bouquet avec des soleils.*

REM. *Soleil* s'écrit avec une majuscule quand on parle de l'astre *(La Terre tourne autour du Soleil),* avec une minuscule dans tous les autres cas *(il fait du soleil, un rayon de soleil).*

SOLENNEL [sɔlanɛl], **SOLENNELLE** [sɔlanɛl] adjectif (après le nom) **1.** Célébré en public, au cours d'une cérémonie. *Une fête solennelle a eu lieu en l'honneur du vainqueur.* **2.** Qui a une importance, une gravité particulière en raison des circonstances. *Le témoin fait le serment solennel de dire toute la vérité.* → **officiel, public.** *Ils ont prononcé des paroles solennelles.* **3.** Trop cérémonieux. *Ne prends pas ce ton solennel.* → **pompeux, sentencieux.** – *Le président est un homme solennel,* grave et guindé. ⟨contraires : naturel, simple⟩

REM. Attention à la prononciation.

SOLENNELLEMENT [sɔlanɛlmɑ̃] adverbe **1.** D'une manière solennelle. *Le ministre a solennellement inauguré le nouveau musée.* **2.** Publiquement et en procédant comme il faut. *Je vous l'affirme solennellement.*

SOLENNITÉ [sɔlanite] n. f. ▪ *LA SOLENNITÉ* **1.** Caractère solennel, pompeux. *La solennité de la cérémonie était impressionnante. Il parle avec un ton d'une solennité un peu ridicule.* **2.** *UNE SOLENNITÉ :* fête solennelle. *Il ne met son smoking que pour les solennités.*

SOLEX [sɔlɛks] n. m. ▪ *UN SOLEX :* vélomoteur de la marque Vélosolex. *Son fils va au lycée en solex.*

SOLFÈGE [sɔlfɛʒ] n. m. ▪ *LE SOLFÈGE :* étude des principes de la musique, de la manière dont on l'écrit et dont on la lit. *Il suit des cours de solfège, au conservatoire.*

SOLFIER [sɔlfje] verbe [conjugaison 7a] ▪ Lire (un morceau de musique) en chantant et en nommant les notes. *Au cours de musique, nous solfions chacun à notre tour.*

SOLIDAIRE [sɔlidɛʀ] adj. (après le nom) **1.** Se dit de personnes qui sont liées entre elles par une responsabilité commune ou par un intérêt commun. *Tous les ouvriers de l'usine sont solidaires de ceux que la direction a licenciés. Ils sont solidaires entre eux.* – *Je me sens solidaire de lui.* **2.** Se dit de choses qui dépendent l'une de l'autre, les unes des autres, qui fonctionnent ensemble. *Les deux problèmes sont solidaires.* → **lié.** ⟨contraire : indépendant⟩ – *Les deux roues avant de la voiture sont solidaires.*

SE **SOLIDARISER** [sɔlidaʀize] verbe pronominal [conjugaison 1a] ▪ Se déclarer solidaire (de qqn). *Toute la classe s'est solidarisée avec l'élève qui a été exclu du cours de maths.*

SOLIDARITÉ [sɔlidaʀite] n. f. ▪ *LA SOLIDARITÉ :* relation entre des personnes solidaires, qui ont les mêmes intérêts et qui s'aident mutuellement. *Il y a une profonde solidarité entre tous les membres de la famille.* → **cohésion.** *Le chef de l'État lance un appel à la solidarité nationale,* pour aider les personnes les plus défavorisées du pays. *Ils paient l'impôt de solidarité sur la fortune* (I.S.F.).

SOLIDE [sɔlid] adj. et n. m., **SOLIDE** [sɔlid] adj. et n. f.
I. adjectif (après le nom, parfois avant le nom) **1.** (après le nom) (qqch.) Qui a une consistance assez ferme, qui résiste au toucher, à la pression. ⟨contraires : liquide, mou, visqueux⟩ *L'eau devient solide quand il gèle* (→ se **solidifier).** *L'état solide est l'un des trois états de la matière* (opposé à liquide, gazeux). *Le malade peut maintenant manger des aliments solides.* **2.** (après le nom) (qqch.) Qui résiste aux efforts, à l'usure. ⟨contraire : fragile⟩ *La maison a des murs très solides.* → **résistant, robuste.** *Attention, cette chaise n'est pas solide. Il faudrait rendre les étagères plus solides* (→ **consolider). 3.** (après le nom) Qui garde sa position, est stable. *Le bébé est solide sur ses jambes.* → ① **ferme.** ⟨contraire : instable⟩ **4.** Sur quoi ou sur qui on peut compter, s'appuyer. *C'est un type solide.* → **fiable, sérieux, sûr.** – (avant ou après le nom) *Il existe entre eux une amitié solide. Il a un solide bon sens. Elle a de solides connaissances en histoire.* → **approfondi. 5.** (avant ou après le nom) (qqn) Massif, puissant, fort. *C'est un garçon solide, qui n'est jamais malade.* → **robuste, vigoureux.** STYLE FAMILIER *Il est solide comme un roc,* très résistant. *C'est un solide gaillard.* – (partie du corps) *Quand on a des soucis, il faut avoir la tête solide :* il faut avoir le moral pour supporter les soucis en gardant les idées claires. **6.** (avant le nom) STYLE FAMILIER Important, puissant. *Mon fils a un solide appétit.* → **bon, gros.**
II. *UN SOLIDE* **1.** Corps qui n'est ni liquide ni gazeux. *Il étudie la physique des solides.* ⟨contraire : fluide⟩ **2.** Figure de la géométrie dans l'espace, limitée par une surface fermée, et dont on peut mesurer le volume. *Le cube, la sphère et la pyramide sont des solides.* **3.** *LE SOLIDE :* ce qui est solide. *Cette vieille maison, c'est du solide !*

SOLIDEMENT [sɔlidmɑ̃] adverbe **1.** D'une manière solide, de manière à résister aux efforts, à l'usure. *Les bandits attachent solidement leur victime avec une corde.* **2.** Fermement, de manière inébranlable. *C'est une idée solidement ancrée dans l'esprit des gens.* **3.** De manière puissante, massive. *Mon mari est solidement bâti,* il est fort et vigoureux. **4.** De manière stable, sûre. *Le bébé tient solidement sur ses jambes.*

SE **SOLIDIFIER** [sɔlidifje] verbe pronominal [conjugaison 7a] ▪ Devenir solide, consistant. *La lave s'est solidifiée en refroidissant. Le ciment se solidifiera* [sɔlidifiʀa] *en quelques minutes.*

SOLIDITÉ [sɔlidite] n. f. ▪ *LA SOLIDITÉ* **1.** Qualité de ce qui est robuste, résistant. *Cette vieille maison a des murs d'une solidité à toute épreuve.* → **robustesse.** ⟨contraire : fragilité⟩ **2.** Qualité de ce qui est durable. *Tout le monde admire la solidité de leur union.* **3.** Qualité de ce qui est sérieux, bien pensé. *La solidité de ses arguments est remarquable.* ⟨contraire : faiblesse⟩

SOLISTE [sɔlist] n. m., n. f. ▪ *UN SOLISTE, UNE SOLISTE :* musicien, musicienne, chanteur ou chanteuse qui interprète un solo ou une œuvre écrite pour un seul instrument ou une seule voix. *À la fin du morceau, le public applaudit la soliste. Ce violoniste est soliste dans l'orchestre national.*

SOLITAIRE [sɔlitɛʀ] adj. et n. m., **SOLITAIRE** [sɔlitɛʀ] adj. et n. f.
I. 1. adjectif (après le nom) Qui vit seul, dans la solitude, évite la compagnie des autres. *C'est un homme solitaire. Le* NAVIGATEUR SOLITAIRE *s'est embarqué pour un tour du monde sans escale. L'ours est un animal solitaire.* **2.** Qui a lieu dans la soli-

tude. *Elle a passé une enfance solitaire à la campagne.* **3.** (lieu) Où l'on est seul, qui est inhabité. *C'est un endroit solitaire, à l'écart de toute civilisation.* → ① **désert, isolé. 4.** *LES PLAISIRS SOLITAIRES :* la masturbation.
II. 1. *UN SOLITAIRE, UNE SOLITAIRE :* une personne qui vit seule, à l'écart des autres. *C'est une solitaire qui se suffit à elle-même.* - *EN SOLITAIRE :* seul, seule. *Il a toujours vécu en solitaire. Un navigateur a traversé l'Atlantique en solitaire.* **2.** *UN SOLITAIRE :* diamant monté seul, sur une bague. *Sa bague de fiançailles est un solitaire.*

SOLITUDE [sɔlityd] n. f. ▪ *LA SOLITUDE* **1.** Situation d'une personne qui est seule ou qui vit seule. *J'ai besoin de solitude pour réfléchir. L'ermite vit dans la solitude.* → **isolement.** - *Elle ressent parfois une grande solitude morale,* elle se sent abandonnée. **2.** Aspect solitaire (d'un lieu). *Le chasseur aime la solitude des forêts. Quelle solitude, quel calme !*

SOLLICITER [sɔlisite] verbe [conjugaison 1a] **1.** *SOLLICITER QQCH. (de qqn) :* demander avec déférence. *J'ai sollicité une audience auprès du président de la République. Elle sollicite un emploi de secrétaire.* → **postuler.** *Monsieur le Ministre, j'ai l'honneur de solliciter de votre haute bienveillance...,* formule de politesse pour demander une faveur à une personne haut placée. **2.** *SOLLICITER QQN,* faire appel à lui de façon pressante pour obtenir (une faveur). *Il sollicite toujours ses amis pour leur demander de l'argent. Je vous sollicite au sujet de cette affaire.* **3.** STYLE RECHERCHÉ Chercher à éveiller (l'attention, la curiosité). *Mesdames et Messieurs, je sollicite votre attention.* → **attirer, requérir.** - *Nous sommes constamment sollicités par la publicité.*

SOLLICITEUR [sɔlisitœʀ] n. m., **SOLLICITEUSE** [sɔlisitøz] n. f. ▪ *UN SOLLICITEUR, UNE SOLLICITEUSE :* personne qui sollicite, recherche (une faveur, un emploi) auprès de qqn d'influent, d'une autorité. *Il s'est rapidement débarrassé du solliciteur.* → **importun.**

SOLLICITUDE [sɔlisityd] n. f. ▪ *LA SOLLICITUDE :* attention à la fois soucieuse et affectueuse. *Le médecin écoute ses patients avec sollicitude.* ⟨contraire : indifférence⟩

SOLO [sɔlo] n. m. ▪ *UN SOLO* **1.** Morceau joué ou chanté par un seul interprète. *Le musicien de jazz exécute un solo de batterie. Il a joué plusieurs solos.* - *Il joue de la guitare solo.* **2.** *EN SOLO :* sans accompagnement, seul. *Elle chante en solo dans une chorale* (→ **soliste ; choriste).**

SOLSTICE [sɔlstis] n. m. ▪ *LE SOLSTICE :* jour de l'année où le Soleil se trouve le plus loin de l'équateur. *Le solstice d'été* (21 ou 22 juin) *est le jour le plus long de l'année et le solstice d'hiver* (21 ou 22 décembre) *est le jour le plus court.*

SOLUBLE [sɔlybl] adj. (après le nom) ▪ Qui peut se dissoudre, fondre (dans un liquide). *Le sucre est soluble dans l'eau. Elle boit du café soluble, le matin.*

① **SOLUTION** [sɔlysjɔ̃] n. f. ▪ *UNE SOLUTION :* liquide contenant une matière dissoute. *Le sérum physiologique est une solution d'eau et de sel. Ce médicament existe en solution ou en comprimés.*

② **SOLUTION** [sɔlysjɔ̃] n. f. **1.** *LA SOLUTION :* opération par laquelle on résout un problème. *Un seul élève a trouvé la solution du problème de math* (→ **résoudre). 2.** *UNE SOLUTION :* moyen par lequel on surmonte une difficulté. *Nous trouverons bien une solution pour éviter de vous déranger.* → ② **moyen.** *Nous avons envisagé toutes les solutions. Il n'y a que deux solutions.* → **alternative.** *C'est une solution de facilité !* le moyen trouvé exige peu d'effort. *Ce n'est pas une solution !*

SOLVABLE [sɔlvabl] adj. (après le nom) ▪ Qui a les moyens de payer, de faire face à ses engagements financiers. *Ce contribuable est solvable.* ⟨contraire : insolvable⟩ *Ce pays n'est pas solvable.*

SOLVANT [sɔlvɑ̃] n. m. ▪ *UN SOLVANT :* produit liquide qui a le pouvoir de dissoudre d'autres substances. *Cette usine fabrique des solvants.*

SOMATIQUE [sɔmatik] adj. (après le nom) ▪ Qui concerne le corps (opposé à psychique). *Ses crises d'angoisse ont des aspects somatiques,* se répercutent sur son corps (→ **psychosomatique).**

SOMATISER [sɔmatize] verbe [conjugaison 1a] ▪ Répercuter sur son corps (un trouble psychique, une grave contrariété). *Il somatise son angoisse.* - *Il a tendance à somatiser.*
REM. Ce terme de psychanalyse est couramment utilisé.

SOMBRE [sɔ̃bʀ] adj. (après le nom, parfois avant le nom) **1.** Qui est peu éclairé. *Ils habitent un appartement très sombre.* → **obscur.** ⟨contraires : clair, lumineux⟩ **2.** (couleur) Qui se rapproche du noir. *Elle a toujours des vêtements de couleur sombre.* → **foncé.** ⟨contraire : clair⟩ *Il est en costume sombre.* **3.** (qqn) Triste et inquiet. *Pourquoi es-tu si sombre ce soir ?* → **sinistre.** ⟨contraires : gai, joyeux⟩ - *Tu as l'air bien sombre.* ⟨contraire : enjoué⟩ **4.** (qqch.) D'une tristesse menaçante. *L'avenir est sombre.* → **inquiétant.** *J'ai un sombre pressentiment.* **5.** STYLE FAMILIER (avant le nom) Lamentable. *Ce n'est qu'un sombre idiot. Il s'est fait arrêter pour une sombre histoire de trafic de drogue.*

FAUX AMIS
espagnol et portugais **sombra** « ombre »

SOMBRER [sɔ̃bʀe] verbe [conjugaison 1a] **1.** (bateau) Cesser de flotter, s'enfoncer dans l'eau. → **couler.** *Le navire a sombré.* **2.** (qqn) S'enfoncer (dans un état) sans pouvoir résister. *Elle sombre dans le sommeil sans s'en rendre compte.* → **tomber.** *J'espère qu'il ne sombrera jamais dans l'alcoolisme. Il a sombré dans la folie.*

SOMMAIRE [sɔmɛʀ] adj. et n. m.
I. adjectif (après le nom) **1.** Exprimé en peu de mots. *Voici un exposé sommaire de la situation.* → **court. 2.** Très simple, le plus simple possible. *Je n'ai que des connaissances sommaires sur le sujet.* → **rudimentaire, succinct. 3.** (péjoratif) Très rapide et sans formalités. *Le hors-la-loi a été exécuté après un jugement sommaire.* → **expéditif.**
II. *UN SOMMAIRE :* table des matières précédant un texte et énumérant des chapitres d'un livre, d'une revue. *Regardez le sommaire au début du livre.*

FAUX AMI
anglais **summary** « résumé »

SOMMAIREMENT [sɔmɛʀmɑ̃] adverbe ▪ D'une façon simple, courte et rapide. → **brièvement.** *Il a exposé sommairement ses idées.*

SOMMATION [sɔmasjɔ̃] n. f. ▪ *UNE SOMMATION :* ordre impératif. *Les policiers ont tiré sur le fugitif après la troisième sommation,* après lui avoir demandé trois fois de se rendre. *Ils ont tiré sans sommation.*

① **SOMME** [sɔm] n. f. ▪ *UNE SOMME* **1.** Résultat d'une addition. *Faites la somme de ces deux nombres. Douze est la somme de sept et de cinq.* **2.** Ensemble de choses qui s'ajoutent. → **total.** *La somme des heures qu'il a passées ici est considérable.* - *EN SOMME, c'était assez facile à faire,* tout bien considéré, tout compte fait. *SOMME TOUTE, il aurait pu rester :* en fait, il aurait pu rester (→ **finalement). 3.** Quantité d'argent. *Vous me devez la somme de trois cents francs. Il a gagné une grosse somme au loto. Elle dépense des sommes folles pour s'habiller.* - *Tout cet argent, ça fait une somme,* ça fait beaucoup d'argent.

FAUX AMI
portugais **soma** ne s'emploie pas au sens 3.

② **SOMME** [sɔm] n. f. ▪ *Une* BÊTE DE SOMME *:* bête qui porte des charges sur son dos. *Les chameaux et les ânes sont des bêtes de somme.*

③ **SOMME** [sɔm] n. m. ▪ UN SOMME *:* le fait de dormir pendant un temps assez court. *J'ai* FAIT UN PETIT SOMME *après déjeuner.* → **sieste.**

SOMMEIL [sɔmɛj] n. m. ▪ LE SOMMEIL **1.** État d'une personne, d'un animal qui dort. ⟨contraire : veille⟩ *Observez le calme sommeil du chat. J'ai besoin de huit heures de sommeil pour me sentir bien. Mon mari a le sommeil lourd,* il ne se réveille pas facilement. *Elle a passé une nuit sans sommeil,* elle n'a pas réussi à dormir (→ **insomnie).** *Elle doit prendre des somnifères pour trouver le sommeil,* pour réussir à s'endormir. **2.** Besoin, envie de dormir. *On voit bien qu'elle* A SOMMEIL. → **somnolent.** *Je vais me coucher, je* TOMBE DE SOMMEIL. **3.** État de ce qui est provisoirement inactif. *Laissons cette affaire* EN SOMMEIL, laissons-la en suspens.

REM. On appelle *demi-sommeil,* l'état où l'on dort à moitié. → **somnolence.**

SOMMEILLER [sɔmeje] verbe [conjugaison 1a] ▪ Dormir légèrement ou peu de temps. → **somnolence.** *J'ai sommeillé dans le train. Il ne dormait pas, il sommeillait. Il ne faudrait pas que nous sommeillions trop longtemps.* ⟨contraires : veiller, être réveillé⟩

REM. *Sommeil* fonctionne avec *dormir* et *sommeiller* avec *somnolence.*

SOMMELIER [sɔməlje] n. m., **SOMMELIÈRE** [sɔməljɛʀ] n. f. ▪ UN SOMMELIER, UNE SOMMELIÈRE *:* une personne dont le métier est de s'occuper de la cave, des vins et des alcools dans un restaurant. *Le sommelier nous a conseillé de prendre un bordeaux rouge.*

SOMMER [sɔme] verbe [conjugaison 1a] ▪ STYLE RECHERCHÉ Demander avec force. → **ordonner.** *Le professeur* SOMME *les élèves* DE *se taire.*

FAUX AMI
portugais **somar** « additionner »

sommes [sɔm] *Nous sommes :* forme au présent du verbe **être.**

SOMMET [sɔmɛ] n. m. ▪ UN SOMMET **1.** Point le plus élevé d'une chose verticale. *Nous avons gravi deux sommets dans la journée. Les alpinistes ont atteint le sommet de la montagne.* → **cime.** *Nous sommes montés* AU SOMMET DE *la tour Eiffel. Le chat a grimpé au sommet de l'arbre.* → **faîte. 2.** LE SOMMET *:* degré le plus élevé. *Le président est au sommet de la hiérarchie de l'entreprise. Les trois pays ont organisé une réunion* AU SOMMET, une réunion entre les dirigeants des trois pays. *L'inflation est à son sommet.* → **maximum. 3.** Endroit où se coupent deux côtés d'une figure géométrique. *Un triangle a trois sommets.*

SOMMIER [sɔmje] n. m. ▪ UN SOMMIER *:* partie d'un lit sur laquelle est posé le matelas. *Préférez-vous dormir sur un sommier à ressorts ou sur un sommier à lattes ?*

SOMMITÉ [sɔmite] n. f. ▪ UNE SOMMITÉ *:* un personnage important. → **personnalité.** *Les sommités de la médecine se sont réunies en congrès,* les médecins les plus éminents.

SOMNAMBULE [sɔmnɑ̃byl] n. m., n. f. et adj. **1.** UN SOMNAMBULE, UNE SOMNAMBULE *:* une personne qui se lève et qui marche pendant son sommeil. *Quand ils se réveillent, les somnambules ne se souviennent pas de ce qu'ils ont fait.* **2.** adjectif (après le nom) Qui se lève et marche pendant son sommeil. *Elle est somnambule.*

SOMNIFÈRE [sɔmnifɛʀ] n. m. ▪ UN SOMNIFÈRE *:* médicament qui fait dormir. *Elle prend des somnifères tous les soirs pour combattre l'insomnie.* → **narcotique, soporifique.**

SOMNOLENCE [sɔmnɔlɑ̃s] n. f. ▪ LA SOMNOLENCE *:* état d'une personne qui dort à moitié. *Certains médicaments peuvent amener un état de somnolence. Elle a été prise d'une douce somnolence après le repas. Les conducteurs de voiture doivent lutter contre la somnolence.*

SOMNOLENT [sɔmnɔlɑ̃], **SOMNOLENTE** [sɔmnɔlɑ̃t] adj. (après le nom) ▪ (qqn) À moitié endormi (→ **sommeil** [REM.]). *Les sirops contre la toux peuvent rendre somnolent.*

SOMNOLER [sɔmnɔle] verbe [conjugaison 1a] ▪ Dormir à moitié. *Elle somnole dans un fauteuil après le déjeuner.* → s'**assoupir, sommeiller.**

SOMPTUEUSEMENT [sɔ̃ptɥøzmɑ̃] adverbe ▪ D'une manière somptueuse. *Nous avons été reçus somptueusement.*

SOMPTUEUX [sɔ̃ptɥø], **SOMPTUEUSE** [sɔ̃ptɥøz] adj. (après le nom ou avant le nom) ▪ Luxueux, beau et cher. *Ils ont acheté une somptueuse villa au bord de la mer.* → **fastueux, superbe.** *Ils nous ont fait un cadeau somptueux.*

① **SON** [sɔ̃], **SA** [sa] adj. possessif correspondant à la troisième personne du singulier ▪ Qui est à lui ou à elle, qui lui appartient. *Elle nous prête son bateau. Il nous a présenté son frère et sa sœur.* PLURIEL : *je ne connais pas* SES [se] *parents. Il a passé ses vacances dans sa famille.*

REM. **1.** *Son* s'utilise devant un nom masculin (ex. : *son cahier, son harmonica*) et devant un nom féminin commençant par une voyelle (ex. : *son amie, son orange*) ou par un *h* aspiré (ex. : *son haleine, son histoire*). **2.** Voyez l'encadré des adjectifs **possessifs.**

② **SON** [sɔ̃] n. m. **1.** UN SON *:* ce que l'on entend. *Les sons se caractérisent par leur hauteur, leur timbre et leur intensité. On perçoit les sons par l'oreille. J'ai entendu un son* (→ **bruit).** *J'ai reconnu le son de sa voix. Nous avons dansé* AU SON DE *l'accordéon,* en suivant la musique de l'accordéon. *La phonétique est l'étude des sons du langage. – L'avion a franchi le* MUR DU SON, il a dépassé la vitesse du son. *Je n'ai entendu qu'un* SON DE CLOCHE, qu'une seule version des faits. **2.** LE SON *:* signal sonore, plus ou moins fort. *Baisse le son de la télévision ! Monte le son ! – Je m'occupe de la* PRISE DE SON *sur le tournage d'un film,* de l'opération qui consiste à traduire le son en signaux électriques. *Il est* INGÉNIEUR DU SON, il s'occupe de la prise de son. – *Nous avons assisté à un spectacle* SON ET LUMIÈRE, un spectacle donné la nuit, comportant l'illumination d'un monument accompagnée de musique et de commentaires (→ **sonore).**

FAUX AMI
anglais **son** « fils »

REM. *Son* s'emploie dans des cas plus particuliers que *bruit* : musique, voix, choses heurtées qui vibrent.

③ **SON** [sɔ̃] n. m. ▪ LE SON *:* ce qu'il reste de l'enveloppe des grains de céréales, une fois qu'elles sont moulues. *La farine de son est de la farine mélangée avec du son. Achète un* PAIN AU SON, fait avec de la farine de son.

SONATE [sɔnat] n. f. ▪ UNE SONATE *:* morceau de musique à trois ou quatre mouvements, composé pour un ou deux instruments. *Il joue une sonate pour piano de Mozart.*

SONDAGE [sɔ̃daʒ] n. m. ▪ UN SONDAGE **1.** Enquête faite auprès de certaines personnes. *On peut prévoir le résultat des élections grâce à des* SONDAGES D'OPINION, grâce à des enquêtes faites auprès d'un petit nombre de personnes considéré comme représentatif de la population. *On vient de procéder à un son-*

dage auprès des enseignants. **2.** Exploration du sol à l'aide d'une sonde. *Les sondages en mer du Nord ont permis de trouver du pétrole.*

SONDE [sɔ̃d] n. f. ▪ *UNE SONDE* **1.** Instrument qui sert à mesurer la profondeur de l'eau et à connaître la nature du fond. *Dans le brouillard, le marin navigue À LA SONDE.* **2.** Instrument utilisé en médecine, pour explorer une cavité ou un canal. *Le médecin a posé une sonde gastrique au malade.* **3.** Appareil qui sert à forer le sol. *On utilise des sondes pour chercher du pétrole.* **4.** *UNE SONDE SPATIALE* : engin non habité que l'on envoie dans l'espace pour recueillir des informations. *Une sonde spatiale vient d'être lancée vers Mars.*

SONDER [sɔ̃de] verbe [conjugaison 1a] **1.** Reconnaître à l'aide d'une sonde. *C'est en sondant les fonds marins qu'il a trouvé du pétrole.* **2.** *Sonder un malade,* prélever l'urine de sa vessie avec une sonde. *Il a fallu le sonder avant de l'opérer.* **3.** *Sonder qqn,* chercher à savoir ce qu'il pense, ses intentions. *Je vais sonder ma mère pour savoir ce qui lui ferait plaisir comme cadeau.* → **interroger.**

SONGE [sɔ̃ʒ] n. m. ▪ STYLE RECHERCHÉ *UN SONGE* : un rêve. *J'ai fait un songe merveilleux. Je l'ai vu EN SONGE* : j'en ai rêvé.

SONGER [sɔ̃ʒe] verbe [conjugaison 3b] ▪ STYLE RECHERCHÉ **1.** *SONGER À* : penser à, réfléchir à. *À quoi songes-tu ?* **2.** *SONGER À* : envisager. *Il songe au mariage. J'ai fait ça SANS SONGER À MAL,* en toute innocence. *Songez à votre avenir. Il faudrait que nous songions à rentrer.* **3.** *SONGER QUE* : réfléchir au fait que. *Quand je songe que tu vas avoir vingt ans !*

SONGERIE [sɔ̃ʒʀi] n. f. ▪ STYLE RECHERCHÉ *UNE SONGERIE* : rêverie. *Elle est perdue dans ses songeries.*

SONGEUR [sɔ̃ʒœʀ], **SONGEUSE** [sɔ̃ʒøz] adj. (après le nom) ▪ Qui est perdu dans ses pensées, dans ses rêveries. → **pensif.** *Tu as l'air bien songeur, ce matin. Cette nouvelle m'a laissée songeuse.*

SONNÉ [sɔne], **SONNÉE** [sɔne] adj. (après le nom) **1.** Annoncé par une sonnerie de cloches. *Il est trois heures bien sonnées,* trois heures passées. - STYLE FAMILIER *Elle a soixante ans bien sonnés,* plus de soixante ans. **2.** STYLE FAMILIER Assommé. *Le boxeur est étendu par terre, complètement sonné.* **3.** STYLE FAMILIER Fou. *Elle est gentille, mais un peu sonnée.* → STYLE FAMILIER **cinglé.**

SONNER [sɔne] verbe [conjugaison 1a] **1.** Produire le son d'une sonnerie, d'un timbre. *Les cloches sonnent à toute volée.* → **carillonner, résonner, tinter.** *Le réveil sonnera à sept heures. Le téléphone a sonné, va répondre ! - Midi a sonné à l'église.* **2.** Faire fonctionner une sonnerie. *Sonnez avant d'entrer. On a sonné, va ouvrir !* **3.** Faire entendre (une sonnerie) pour annoncer (qqch.). *Autrefois, on sonnait le tocsin pour avertir d'un danger. C'est sûrement mon frère, il sonne toujours trois coups.* **4.** *Sonner qqn,* l'appeler avec une sonnerie, une sonnette. *Le malade a sonné l'infirmière.* - STYLE FAMILIER *On ne t'a pas sonné* : on ne t'a rien demandé, occupe-toi de tes affaires. **5.** STYLE FAMILIER *SONNER LES CLOCHES à qqn,* le réprimander. *Tu es en retard, tu vas encore te faire sonner les cloches !* **6.** *SONNER BIEN* : avoir des sons harmonieux. *Son prénom sonne bien avec son nom. Son aveu SONNE FAUX,* il ne donne pas une impression de sincérité.

SONNERIE [sɔnʀi] n. f. ▪ *UNE SONNERIE* **1.** Bruit d'une chose qui sonne. *Je ne me suis pas réveillé ce matin, je n'ai pas entendu la sonnerie du réveil. Ce téléphone a une sonnerie très désagréable.* **2.** Mécanisme qui sert à produire une sonnerie. *Il faut remplacer le bouton de la sonnerie.* → **sonnette.**

> FAUX AMI
> roumain **sonerie** ne s'emploie pas pour le bruit

SONNET [sɔnɛ] n. m. ▪ *UN SONNET* : petit poème composé de deux strophes de quatre vers et deux strophes de trois vers. *Ronsard a écrit de nombreux sonnets.*

SONNETTE [sɔnɛt] n. f. ▪ *UNE SONNETTE* **1.** Mécanisme qui déclenche une sonnerie. *Appuyez sur la sonnette qui est à côté de la porte. J'ai entendu un coup de sonnette.* **2.** Sonnerie d'une sonnette. *Je n'ai pas entendu la sonnette.*

SONORE [sɔnɔʀ] adj. (après le nom) **1.** Qui résonne fort. *Il a un rire sonore.* → **éclatant, retentissant. 2.** (lieu) Qui renvoie bien le son. *Le salon est très sonore. Il a fallu rendre sa chambre moins sonore* (→ **insonoriser**). **3.** Qui produit un son. *On a entendu un bruit sonore. Ceci est un répondeur, parlez après le signal sonore,* après le bruit spécial qui indique que l'on peut parler.

SONORISATION [sɔnɔʀizasjɔ̃] n. f. ▪ *LA SONORISATION* : installation qui diffuse le son dans un lieu. *La sonorisation de la salle des fêtes est parfaite.* - *SONO* [sɔno] forme abrégée familière *La sono est bonne. Des sonos.*

SONORISER [sɔnɔʀize] verbe [conjugaison 1a] **1.** Équiper (un lieu) d'un matériel qui diffuse le son. *Nous avons sonorisé la salle de spectacle.* **2.** Mettre du son sur (ce qui était muet, silencieux). *Je sonoriserai plus tard mes films de vacances.*

SONORITÉ [sɔnɔʀite] n. f. ▪ *LA SONORITÉ* **1.** Qualité d'un son. *Mon piano a une belle sonorité.* → ① **timbre. 2.** Caractère d'un lieu où les sons se transmettent. *La salle de concert a une excellente sonorité.* → **acoustique.**

SONOTHÈQUE [sɔnɔtɛk] n. f. ▪ *UNE SONOTHÈQUE* : lieu où est conservé un ensemble d'enregistrements de bruits, d'effets sonores. *J'ai cherché un enregistrement de cris d'animaux à la sonothèque.*

sont [sɔ̃] *Ils sont, elles sont* : forme au présent du verbe **être.**

SOPHISTIQUÉ [sɔfistike], **SOPHISTIQUÉE** [sɔfistike] adj. (après le nom) **1.** (qqn) Qui a une allure très recherchée, très artificielle. *C'est une femme sophistiquée.* ⟨contraires : naturel, simple⟩ **2.** (qqch.) Très perfectionné, réalisé avec des techniques de pointe. *Il a acheté un appareil photo très sophistiqué.* ⟨contraire : simple⟩

SOPORIFIQUE [sɔpɔʀifik] n. m. et adj. **1.** *UN SOPORIFIQUE* : médicament qui fait dormir. → **somnifère.** *Les cambrioleurs ont mis un soporifique dans la pâtée du chien.* **2.** adjectif (après le nom) STYLE FAMILIER Qui endort, qui ennuie. *Elle a fait un discours soporifique.* → **ennuyeux.**

SOPRANO [sɔpʀano] n. m., n. f. **1.** *LE SOPRANO* : la voix la plus élevée. *Le soprano est la plus aiguë des voix de femme, c'est aussi la voix des jeunes garçons avant la mue.* PLURIEL : *des SOPRANI* ou *des sopranos.* **2.** *UNE SOPRANO* : une personne qui a la plus élevée des voix. *Elle est soprano à l'Opéra de Paris.* PLURIEL : *des sopranos.*

REM. Pour une femme, on dit parfois *une soprane* [sɔpʀan], *des sopranes.*

SORBET [sɔʀbɛ] n. m. ■ *UN SORBET :* glace à l'eau, sans lait ni crème, souvent à base de jus de fruit. *Vous voulez un sorbet au cassis ou à la framboise ?*

SORBETIÈRE [sɔʀbətjɛʀ] n. f. ■ *UNE SORBETIÈRE :* appareil qui sert à faire des sorbets et des glaces. *Ma sorbetière électrique fait d'excellentes glaces.*

SORBIER [sɔʀbje] n. m. ■ *UN SORBIER :* arbre à petits fruits orangés. *Les oiseaux sont friands des fruits du sorbier.*

SORCELLERIE [sɔʀsɛlʀi] n. f. ■ *LA SORCELLERIE :* magie pratiquée par les sorciers. *Jeanne d'Arc fut accusée de sorcellerie. – C'est de la sorcellerie !* c'est une chose extraordinaire et inexplicable !

SORCIER [sɔʀsje] n. m. et adj., **SORCIÈRE** [sɔʀsjɛʀ] n. f. **1.** *UN SORCIER, UNE SORCIÈRE :* une personne qui pratique la magie, qui jette des sorts. → **mage, magicien** (→ **sorcellerie).** *En Afrique, les sorciers sont très respectés. Au Moyen Âge, l'Église pourchassait les sorciers* (→ **sorcellerie).** *Les sorcières des contes de fées sont souvent laides et méchantes.* **2.** adjectif masculin (attribut) STYLE FAMILIER *CE N'EST PAS SORCIER :* c'est facile. *Ce n'est pourtant pas sorcier ce que je te demande, tu devrais y arriver !*

SORDIDE [sɔʀdid] adj. (après le nom, parfois avant le nom) **1.** (qqch.) D'une saleté repoussante. *Ils habitent dans un taudis sordide.* → **pouilleux.** ⟨contraire : propre⟩ **2.** Qui est d'une mesquinerie ignoble. → **répugnant.** *Il est d'une avarice sordide. Ils se sont fâchés pour une sordide affaire de gros sous.* ⟨contraire : noble⟩

SORNETTES [sɔʀnɛt] n. f. pluriel ■ *DES SORNETTES :* paroles qui ne sont pas sérieuses, qui ne reposent sur rien. → **balivernes.** *N'écoute pas ces sornettes ! J'en ai marre de ces sornettes.* → **fadaise.** *Il débite sans cesse des sornettes insignifiantes.*

sors [sɔʀ] *Je sors, tu sors :* forme au présent du verbe **sortir.**

sort [sɔʀ] *Il sort, elle sort :* forme au présent du verbe **sortir.**

SORT [sɔʀ] n. m. ■ *LE SORT* **1.** Ce qui arrive à qqn, du fait du hasard, des circonstances ou du destin. *Je ne sais pas quel sort m'attend. Elle n'est pas contente de son sort. Il l'a abandonné à son triste sort.* – STYLE FAMILIER *Il a FAIT UN SORT À la bouteille,* il l'a bue en entier. **2.** Puissance imaginaire qui est supposée fixer le cours des événements, de la vie. *Le sort en a décidé autrement. Par UNE IRONIE DU SORT, ils se sont retrouvés trois ans plus tard. Il voudrait conjurer le MAUVAIS SORT.* **3.** Effet magique qui résulte d'une opération de sorcellerie. *La sorcière lui a JETÉ UN SORT,* elle l'a ensorcelé. → **envoûtement, maléfice, sortilège. 4.** Désignation par le hasard. *Les gagnants de la tombola seront TIRÉS AU SORT,* désignés par le hasard. *Le tirage au sort a voulu que ce soit moi qui commence. LE SORT EN EST JETÉ :* la décision est irrévocable, ce sera comme ça et pas autrement.

SORTANT [sɔʀtɑ̃], **SORTANTE** [sɔʀtɑ̃t] adj. (après le nom) **1.** (qqn) Qui cesse de faire partie d'une assemblée. *Le député sortant n'a pas été réélu.* **2.** (qqch.) Qui se produit par le fait du hasard. *Les personnes qui ont les numéros sortants peuvent venir retirer leur lot.*

sorte [sɔʀt] *Que je sorte ; qu'il sorte, qu'elle sorte :* forme au subjonctif du verbe **sortir.**

SORTE [sɔʀt] n. f. ■ *UNE SORTE* **1.** Ensemble d'êtres ou de choses qui ont qqch. en commun. → **catégorie, espèce, genre, variété.** *Il fait partie de cette sorte de gens qui ne tiennent pas leurs promesses. Je ne parle pas à des individus de votre sorte.* → **acabit.** *On trouve TOUTES SORTES DE choses dans ce magasin. Des gens, il y en a de toutes les sortes.* **2.** *UNE SORTE DE :* une personne ou une chose que l'on ne peut pas définir précisément et que l'on rapproche d'une autre par approximation. *Elle a une sorte de turban sur la tête,* qqch. qui ressemble à un turban mais qui n'en est pas vraiment un. → **espèce.** *C'est une sorte d'assistant.* **3.** Façon d'accomplir une action. *Tu ne devrais pas sortir habillé DE LA SORTE,* habillé ainsi, de cette façon. *C'est EN QUELQUE SORTE son souffre-douleur :* c'est pour ainsi dire son souffre-douleur. *Il s'est comporté DE TELLE SORTE QU'il a exaspéré tout le monde,* si bien qu'il a exaspéré tout le monde. → **manière. 4.** *FAIRE EN SORTE,* faire ce qu'il faut pour (infinitif). *FAIS EN SORTE D'être à l'heure :* arrange-toi pour être à l'heure. – *FAIS EN SORTE QUE leurs chambres soient prêtes quand ils arriveront.*

sorti [sɔʀti], **sortie** [sɔʀti] *Il est sorti, elle est sortie :* formes au participe passé du verbe **sortir.**

SORTIE [sɔʀti] n. f.
I. *LA SORTIE* **1.** Action de quitter un lieu, moment où des personnes sortent. *La sortie des élèves est à quatre heures. Il mendie à la sortie de la messe.* **2.** Le fait d'être livré au public. *On attend la sortie de son prochain roman.* → **publication.** *En France, la sortie des nouveaux films se fait le mercredi.*
II. *UNE SORTIE* **1.** Action de sortir pour faire qqch. de spécial, pour se distraire. *Je n'ai pas de sortie prévue cette semaine. Nous avons organisé une sortie entre amis.* **2.** Endroit, passage par où l'on sort. *La station de métro a plusieurs sorties. La sortie est au fond à gauche.* ⟨contraire : entrée⟩ *Où est la SORTIE DE SECOURS ?* → **issue.** *Prenez la première route à droite À LA SORTIE DU village,* en sortant du village. **3.** Attaque en paroles. *Elle a FAIT UNE SORTIE contre son patron,* elle a dit des choses très méchantes sur lui.

SORTILÈGE [sɔʀtilɛʒ] n. m. ■ *UN SORTILÈGE :* influence magique que peut exercer un sorcier. *La princesse était victime des sortilèges de la sorcière.* → **envoûtement, sort.**

SORTIR [sɔʀtiʀ] verbe [conjugaison 16a]
I. (avec l'auxiliaire *être*) *SORTIR DE* **1.** Aller hors de (un lieu). *Elle sort de sa chambre et ferme la porte.* ⟨contraires : entrer, rentrer⟩ *Elle est sortie de chez elle à quatre heures. Sortez d'ici !* **2.** (qqch.) Aller hors de (un contenant, un lieu). *De la fumée sort de la cheminée.* → s'**échapper.** *La voiture est sortie de la route. – Ça m'est sorti de l'idée :* je n'y ai plus pensé. **3.** Quitter (un lieu, un état). *Je sortirai de chez le coiffeur vers midi. Ma fille sort (de classe) à quatre heures,* elle quitte l'école à quatre heures. *Nous sommes sortis de table à cinq heures :* nous avons fini de manger à cinq heures. *Il sort juste de maladie :* il vient juste de guérir. *Le conducteur est sorti indemne de l'accident.* **4.** (qqch.) Ne pas faire partie de. *Ce modèle sort de l'ordinaire.* **5.** Avoir été formé (quelque part). *Sa femme sort d'une école d'ingénieurs.* – STYLE FAMILIER *Ça sort du cœur !* ce qu'il dit est direct et sincère !
II. (avec l'auxiliaire *être*) *SORTIR* **1.** Aller dehors. *Je n'ai pas envie de sortir avec ce temps. Le malade doit rester quelques jours sans sortir. Il n'est pas sorti depuis trois semaines.* **2.** Aller hors de chez soi pour se distraire. *Ils sortent tous les soirs. Quand elle était jeune, elle sortait souvent avec des copains.* – STYLE FAMILIER *Elle sort avec un garçon de sa classe,* elle a des relations sentimentales avec lui. *Ils sortent ensemble depuis un an.* **3.** Commencer à paraître, à pousser. *Les premières dents du bébé sont sorties.* → **percer.** *Les bourgeons sont sortis.* **4.** Être mis dans le commerce. *Son livre sortira la semaine prochaine.* → **paraître.**
III. (avec l'auxiliaire *avoir*) *SORTIR QQCH., QQN* **1.** Mener, mettre dehors. *Il faut qu'elle sorte son chien plusieurs fois par jour. Sortez la plante sur le balcon.* **2.** Mettre, tirer (d'un lieu). *J'ai eu*

un accident en sortant la voiture du garage. L'assassin sortit un revolver de sa poche et tira sur la foule. On a sorti des blessés des décombres. Est-ce que tu as sorti les poubelles ? - Sors les mains de tes poches. Le chat sort ses griffes. **3.** STYLE FAMILIER Mettre (qqn) à la porte. *Sortez ce type ! Ils se sont fait sortir avec brutalité.* → **vider.** *Ça suffit, sortez-les !* → **dehors ! 4.** *SORTIR qqn D'AFFAIRE,* le tirer d'affaire. *On va vous sortir de là.* **5.** STYLE FAMILIER Dire. *Je ne sais plus ce qu'elle nous a sorti ! Il m'en a sorti une bien bonne. Qu'est-ce que tu peux sortir comme idioties !*
IV. verbe pronominal SE SORTIR DE : venir à bout d'une situation pénible. *Elle s'est sortie d'affaire toute seule. Il n'arrivera pas à S'EN SORTIR,* à venir à bout de la situation dans laquelle il est empêtré. *Comment veux-tu que je m'en sorte si tu ne m'aides pas ? Elle s'en est toujours sortie.*

> FAUX AMIS
> allemand **sortieren** « trier » ; espagnol **surtir** « assortir »

S. O. S. [ɛsoɛs] n. m. ▪ *UN S. O. S. :* signal de détresse. *Le navire en perdition a lancé un S. O. S.*

SOSIE [sɔzi] n. m. ▪ *UN SOSIE :* personne qui ressemble exactement à une autre. *Elle est le sosie d'une célèbre actrice. C'est vraiment son sosie.* → **double.**

SOT [so] adj. et n. m., **SOTTE** [sɔt] adj. et n. f.
I. adjectif (après le nom) **1.** (qqn) Bête, stupide. ⟨contraires : intelligent, malin⟩ *Elle est gentille mais un peu sotte.* → **idiot ;** STYLE FAMILIER **con. 2.** (qqch.) Qui montre l'absence d'intelligence. *Il fait des remarques très sottes.*
II. *UN SOT, UNE SOTTE :* une personne qui n'est pas intelligente. *Quel sot !*

REM. Ce mot ne s'emploie presque plus. On dit plutôt *idiot.* Le mot le plus fréquent dans ce sens est le nom et l'adjectif familiers *con, conne.*

SOTTISE [sɔtiz] n. f. **1.** *LA SOTTISE :* manque d'intelligence. → **bêtise, stupidité ;** STYLE FAMILIER **connerie.** *Il a eu LA SOTTISE DE tout lui raconter.* **2.** *UNE SOTTISE :* une parole, une action stupide. *Tu dis des sottises.* → **bêtise, idiotie ;** STYLE FAMILIER **connerie.**

REM. De même que *sot, sottise* ne s'emploie presque plus au bénéfice de *bêtise* et du familier *connerie.*

SOU [su] n. m. **1.** *UN SOU :* autrefois, pièce de monnaie valant le vingtième du franc français, soit cinq centimes. *Sa voiture est PROPRE COMME UN SOU NEUF,* très propre. **2.** S'applique aujourd'hui à l'argent. → **argent.** *Je n'ai PAS UN SOU sur moi,* je n'ai pas du tout d'argent. → STYLE FAMILIER **thune.** *Il a beaucoup de sous :* il est riche. *Il a dépensé toute sa fortune, jusqu'au dernier sou :* il a dépensé entièrement sa fortune. *Elle n'a pas LE SOU :* elle n'a pas du tout d'argent. *UN SOU EST UN SOU :* il ne faut pas gaspiller son argent. *Ça coûte TROIS FRANCS SIX SOUS,* très peu cher. *Ce n'est pas compliqué POUR UN SOU :* ce n'est pas du tout compliqué. *Il n'a pas UN SOU DE BON SENS :* il n'a pas du tout de bon sens. → **grain.** *Nous nous sommes embêtés À CENT SOUS DE L'HEURE :* nous nous sommes énormément ennuyés. **3.** STYLE FAMILIER (au pluriel) DES SOUS : de l'argent. *On n'a plus de sous ! Il y en a pour des sous !* il y en a pour cher. *Il est PRÈS DE SES SOUS :* il est avare. *Ils se sont fâchés pour des histoires de GROS SOUS,* pour des histoires d'argent. **4.** *DE QUATRE SOUS :* insignifiant, sans valeur. *Sa bague est un bijou de quatre sous.*

REM. *Sous* et *soûl* se prononcent de la même manière.

SOUBASSEMENT [subasmɑ̃] n. m. ▪ *UN SOUBASSEMENT :* partie inférieure d'un bâtiment. → **base.** *Le soubassement repose sur les fondations.*

SOUBRESAUT [subʀəso] n. m. ▪ *UN SOUBRESAUT :* mouvement brusque et involontaire (du corps, d'une partie du corps). *Elle a eu un soubresaut en entendant la sonnerie du téléphone.* → **haut-le-corps, sursaut.**

SOUCHE [suʃ] n. f.
I. *UNE SOUCHE* partie qui reste du tronc et des racines quand un arbre a été coupé. *Il faudra arracher les souches quand on aura coupé les arbres. Ils se sont assis sur une souche pour se reposer. - J'ai DORMI COMME UNE SOUCHE,* profondément.
II. *LA SOUCHE* **1.** Origine d'une famille. *Son mari est de souche bretonne,* d'origine bretonne. *C'est un Français DE SOUCHE :* il est né français, il n'a pas été naturalisé. **2.** Partie qui reste fixée à un registre, un carnet, quand on en détache une partie que l'on remet à qqn. *Il note le montant du chèque et la date sur la souche.*

① **SOUCI** [susi] n. m.
I. 1. *LE SOUCI :* état d'une personne inquiète. *Quel souci ! Ses enfants lui donnent du souci.* → **inquiétude, tracas.** *Je ME FAIS DU SOUCI POUR toi :* je m'inquiète pour toi. **2.** *UN SOUCI :* être, chose qui inquiète, qui cause de l'inquiétude. *Il a beaucoup de soucis. C'est un gros souci. Ils ont des soucis d'argent.* → **ennui.** *Venez nous voir, ça vous fera oublier tous vos soucis. Ça t'épargnerait bien des soucis. C'est le cadet de mes soucis :* ça m'est bien égal.
II. *LE SOUCI :* l'attitude d'une personne qui fait attention à ce qu'elle fait. → **préoccupation.** *Elle a LE SOUCI DE bien faire son travail. Je vous dis ça PAR SOUCI D'honnêteté,* parce que je veux être honnête.

② **SOUCI** [susi] n. m. ▪ *UN SOUCI :* petite plante à fleurs jaunes ou orangées. *Il y a des plates-bandes de soucis dans le parc.*

SE **SOUCIER** [susje] verbe pronominal [conjugaison 7a] ▪ *SE SOUCIER DE :* prendre intérêt à, se préoccuper de. → s'**inquiéter.** *Il ne se soucie pas de ce que l'on pense de lui. Elle ne s'en est jamais souciée. C'est un égoïste, il ne se souciera* [susiʀa] *jamais des autres.*

SOUCIEUX [susjø], **SOUCIEUSE** [susjøz] adj. (après le nom) **1.** Qui a des soucis. *La nouvelle l'a rendu soucieux.* → **inquiet.** ⟨contraire : décontracté⟩ - *Tu as l'air soucieux.* → **sombre. 2.** STYLE RECHERCHÉ *SOUCIEUX DE :* qui se préoccupe de. *Elle est toujours soucieuse de plaire.* → **souci** II.

SOUCOUPE [sukup] n. f. **1.** *UNE SOUCOUPE :* petite assiette qui se place sous une tasse. *Pose ta petite cuillère sur la soucoupe.* **2.** *UNE SOUCOUPE VOLANTE :* objet volant mystérieux, supposé extraterrestre. *Certaines personnes croient à l'existence des soucoupes volantes.* → **ovni.**

SOUDAIN [sudɛ̃] adj. et adverbe, **SOUDAINE** [sudɛn] adj. **1.** adjectif (après le nom) Qui arrive, qui se produit en très peu de temps, sans avoir été prévu. → **brusque, subit.** *Un bruit soudain le réveilla. Il a eu l'envie soudaine de partir en voyage. Sa mort a été soudaine.* → **imprévu. 2.** adverbe Tout d'un coup, dans l'instant même. *Il s'est mis soudain à pleuvoir.* → **soudainement.** *Soudain, on a entendu un bruit.*

SOUDAINEMENT [sudɛnmɑ̃] adverbe ▪ D'une manière rapide et imprévue. *Cette idée m'est venue soudainement.* → **soudain.** ⟨contraires : lentement, progressivement⟩

REM. Alors que *soudain* évoque la brusquerie et la rapidité d'un fait, *soudainement* caractérise la manière dont l'action se déroule.

SOUDAINETÉ [sudɛnte] n. f. ▪ *LA SOUDAINETÉ :* caractère de ce qui est rapide et imprévu. *On craint la soudaineté des éruptions volcaniques. La soudaineté de sa colère nous a surpris.*

REM. Ce mot n'a pas de synonyme.

SOUDAN [sudɑ̃] nom propre masculin ▪ *LE SOUDAN :* pays d'Afrique orientale. *La capitale du Soudan est Khartoum. Elle travaille au Soudan.*

SOUDANAIS [sudanɛ] adj. et n. m., **SOUDANAISE** [sudanɛz] adj. et n. f. **1.** adjectif (après le nom) Du Soudan. *Khartoum est la capitale soudanaise.* **2.** *UN SOUDANAIS, UNE SOUDANAISE :* un habitant, une habitante du Soudan. *Les Soudanais.*

SOUDER [sude] verbe [conjugaison 1a] **1.** Faire tenir ensemble (des morceaux de métal) en faisant fondre leurs extrémités ou en coulant dessus du métal fondu. *Le plombier soude les deux tuyaux au chalumeau. Il utilise son FER À SOUDER,* un appareil qui fait fondre le métal en chauffant. **2.** Faire adhérer. *Le chirurgien soudera les deux parties de la fracture. - Les difficultés ont soudé les deux amis,* les ont liés.

soudoie [sudwa] *Je soudoie, il soudoie, elle soudoie :* forme au présent du verbe **soudoyer ;** *que je soudoie, qu'il soudoie, qu'elle soudoie :* forme au subjonctif du verbe **soudoyer.**

SOUDOYER [sudwaje] verbe [conjugaison 8a] ▪ Payer (qqn) afin de s'assurer son aide, son concours pour faire qqch. d'interdit, d'illégal. *Il faudrait que le prisonnier soudoie le gardien pour pouvoir s'évader.* → **acheter, corrompre.** *S'il le faut, je soudoierai* [sudwaʀɛ] *les gardiens de l'usine.*

SOUDURE [sudyʀ] n. f. **1.** *UNE SOUDURE :* opération par laquelle on fait tenir ensemble deux métaux pour qu'ils forment une seule masse. *Le plombier a fait une soudure.* **2.** *LA SOUDURE :* endroit où deux métaux ont été soudés. *La soudure est presque invisible.*

souffert [sufɛʀ], **soufferte** [sufɛʀt] *Il a souffert ; la peine qu'il a soufferte :* formes au participe passé du verbe **souffrir.**

SOUFFLANT [suflɑ̃], **SOUFFLANTE** [suflɑ̃t] adj. (après le nom) ▪ (qqch.) Qui envoie un souffle. *Il y a un radiateur soufflant dans la salle de bains,* un radiateur qui projette de l'air chaud.

SOUFFLE [sufl] n. m.
I. *UN SOUFFLE* **1.** Air que l'on rejette par la bouche, en respirant. *Il a dit des méchancetés jusqu'à son dernier souffle,* jusqu'à sa mort. **2.** *SOUFFLE D'AIR :* air qui souffle faiblement. → **brise, bouffée.** *Il fait très chaud et il n'y a pas un souffle d'air. Le voilier est immobile, pas un souffle de vent aujourd'hui !* **3.** Fort déplacement d'air provoqué par une explosion. *Le souffle a cassé toutes les vitres de l'immeuble.*
II. *LE SOUFFLE* **1.** Respiration. *Le malade a un bon souffle. Les spectateurs retiennent leur souffle en regardant le numéro des trapézistes.* → **respiration.** - *C'est une nouvelle à vous COUPER LE SOUFFLE,* une nouvelle très étonnante. *Je suis À BOUT DE SOUFFLE,* très essoufflé, très fatigué. **2.** Force pour souffler. *Il a éteint toutes les bougies, quel souffle ! Un trompettiste doit avoir du souffle.* **3.** (figuré) *Cet artiste a du souffle,* une inspiration constante. *Il cherche UN SECOND SOUFFLE,* un regain d'énergie.

SOUFFLÉ [sufle] n. m. ▪ *UN SOUFFLÉ :* mets de pâte légère qui gonfle en cuisant au four. *Le cuisinier a préparé un soufflé au fromage.*

SOUFFLER [sufle] verbe [conjugaison 1a] **1.** Expulser de l'air par la bouche ou par le nez. *Elle souffle sur ses doigts pour les réchauffer. Soufflez fort !* → **expirer.** *Le gendarme demande à l'automobiliste de souffler dans l'alcootest. Le musicien souffle dans sa trompette. Souffle sur les braises pour ranimer le feu.* **2.** Respirer avec peine. → **haleter.** *Laisse-moi souffler cinq minutes,* prendre un peu de repos. → se **reposer.** **3.** (vent) Produire un courant d'air. *Le vent soufflait fort hier soir.* **4.** Envoyer de l'air sur (qqch.). *Il a soufflé toutes les bougies du gâteau d'anniversaire,* il les a éteintes en envoyant dessus l'air qu'il a rejeté par la bouche. **5.** Faire sortir en expirant. *Il essaie de souffler la fumée par le nez.* **6.** Dire à voix basse. *Il m'a soufflé la réponse à l'oreille.* → **chuchoter.** *Elle N'A PAS SOUFFLÉ MOT à ce sujet,* elle n'a rien dit. - *Ne soufflez pas !* ne donnez pas la réponse à la personne interrogée. **7.** *Souffler le verre :* donner sa forme à un objet en verre en envoyant de l'air au moyen d'une tige creuse dans la pâte de verre ramollie par la chaleur (→ **souffleur).** *Ils regardent les ouvriers souffler le verre dans leur atelier.* **8.** STYLE FAMILIER Étonner énormément. *Son culot nous a soufflés. - Je suis soufflé par son audace.*

SOUFFLERIE [sufləʀi] n. f. ▪ *UNE SOUFFLERIE :* machine qui souffle de l'air dans un bâtiment. *Le parking est aéré par une soufflerie.*

SOUFFLET [suflɛ] n. m. ▪ *UN SOUFFLET* **1.** Instrument servant à envoyer de l'air, composé de deux tablettes reliées par un assemblage souple qui se déplie en aspirant l'air et se replie en chassant l'air. *On attise le feu avec un soufflet.* **2.** Partie pliante ou souple entre deux parties rigides. *Les wagons de ce vieux train sont reliés par des soufflets.* **3.** STYLE RECHERCHÉ Gifle. *Le chevalier a reçu un soufflet, il veut se battre en duel.*

SOUFFLEUR [suflœʀ] n. m., **SOUFFLEUSE** [sufløz] n. f. **1.** *UN SOUFFLEUR DE VERRE :* ouvrier qui façonne le verre en y soufflant de l'air. *Mon grand-père était souffleur de verre.* **2.** *UN SOUFFLEUR, UNE SOUFFLEUSE :* personne chargée d'aider les comédiens qui ont un trou de mémoire, en leur disant le texte à voix basse. *Autrefois, le souffleur se tenait dans un trou situé sur le devant de la scène.* **3.** *UNE SOUFFLEUSE :* machine qui souffle de l'air pour balayer le sol. *Les jardiniers de Paris utilisent des souffleuses.*

SOUFFRANCE [sufʀɑ̃s] n. f.
I. 1. *LA SOUFFRANCE :* état de douleur physique ou morale. *On utilise des médicaments contre la souffrance.* **2.** *UNE SOUFFRANCE* → **douleur, peine.** *Le malade endure de grandes souffrances. Il refuse les souffrances de la passion.*
II. *EN SOUFFRANCE :* se dit de marchandises qui n'ont pas été retirées à l'arrivée. *Le colis est resté plusieurs jours en souffrance à la poste,* il était à la poste et le destinataire n'est pas venu le prendre.

SOUFFRANT [sufʀɑ̃], **SOUFFRANTE** [sufʀɑ̃t] adj. (après le nom) ▪ (qqn) Légèrement malade. *Je ne peux pas aller au cinéma car je suis souffrant.* → mal **fichu.**

souffre [sufʀ] *Je souffre, il souffre, elle souffre :* forme au présent du verbe **souffrir.**

SOUFFRE-DOULEUR [sufʀədulœʀ] n. m. invariable ▪ *UN SOUFFRE-DOULEUR :* personne que l'on maltraite, qui est régulièrement l'objet de moqueries. → **victime.** *Elle est le souffre-douleur des élèves de sa classe.* PLURIEL : *des souffre-douleur.*

SOUFFRETEUX [sufʀətø], **SOUFFRETEUSE** [sufʀətøz] adj. (après le nom) ▪ (qqn) Qui est de santé fragile, qui est souvent malade. → **maladif.** *Leur fils est un enfant pâle et souffreteux.*

SOUFFRIR [sufʀiʀ] verbe [conjugaison 18]
I. *SOUFFRIR* **1.** Avoir mal, éprouver de la douleur (physique ou morale). *Elle a beaucoup souffert pendant sa maladie. Où souffrez-vous ? Cet animal a l'air de souffrir. - Le dentiste m'a fait souffrir. Ses rhumatismes le font souffrir. - D'où souffrez-vous ? Je SOUFFRE DE la tête. Nous avons souffert du froid. Les enfants n'ont pas trop souffert du divorce de leurs parents,* ils n'ont pas été trop malheureux. → **pâtir.** *Il souffre de la solitude :* il est malheureux d'être seul. - STYLE FAMILIER *Elle a souffert pour*

comprendre son exercice de maths ! elle a eu beaucoup de mal, de difficultés. **2.** (qqch.) Éprouver un dommage. *Ce pays a beaucoup souffert de la guerre. Les plantes souffrent de la sécheresse.*

II. *SOUFFRIR QQCH., QQN* → **supporter. 1.** STYLE RECHERCHÉ Éprouver avec douleur (→ **souffrance).** *Le blessé souffre le martyre. On souffre tout des gens qu'on aime.* **2.** *NE PAS POUVOIR SOUFFRIR (qqch., qqn) :* ne pas aimer, détester (qqch., qqn). *Mon fils ne peut pas souffrir les épinards. Je ne peux pas souffrir cette fille. Personne ne peut la souffrir.* → STYLE FAMILIER **sentir, voir.**

SOUFRE [sufʀ] n. m. ▪ *LE SOUFRE :* matière jaune clair qui se rencontre dans la nature. *En brûlant, le soufre produit des vapeurs suffocantes.* – *Cette pièce de théâtre SENT LE SOUFRE !* elle semble inspirée par le diable.

SOUHAIT [swɛ] n. m. **1.** *UN SOUHAIT :* désir d'obtenir qqch., de voir qqch. se produire. → **vœu.** *Avez-vous un souhait pour votre cadeau ? Pourvu que mon souhait se réalise ! Nous adressons tous nos souhaits de bonheur aux jeunes mariés.* – STYLE FAMILIER *A VOS SOUHAITS ! A TES SOUHAITS !* se dit à qqn qui éternue. **2.** STYLE RECHERCHÉ *À SOUHAIT :* autant, aussi bien qu'on peut le souhaiter. → **merveilleusement.** *Tout marche à souhait. Notre maison est située dans un lieu calme à souhait.*

SOUHAITABLE [swɛtabl] adj. (après le nom) ▪ Qui peut ou qui doit être souhaité, recherché. → **désirable.** *Vous avez toutes les qualités souhaitables pour ce travail. Il serait souhaitable que vous perfectionniez votre anglais. Ce n'est pas souhaitable.*

SOUHAITER [swete] verbe [conjugaison 1a] **1.** Désirer, espérer. *« Que souhaitez-vous ? – Un métier plus agréable. » Nous souhaitons vous revoir bientôt. Il souhaiterait nous aider davantage mais il est très occupé. Je SOUHAITE QUE tout aille bien.* **2.** *SOUHAITER qqch. À qqn :* dire à qqn qu'on espère qu'il aura qqch. *J'ai souhaité de bonnes vacances à sa femme. Je vous souhaite un bon anniversaire ! J'ai oublié de lui souhaiter sa fête. Souhaite-moi bonne chance !* – (ironique) *« Tu dois garder leur fille ? Je te souhaite bien du plaisir ! »* je prévois pour toi beaucoup d'ennuis. – STYLE FAMILIER *Nous souhaitons la bonne année à toute votre famille,* nous offrons nos vœux.

SOUILLER [suje] verbe [conjugaison 1a] ▪ STYLE RECHERCHÉ Salir, tacher. *Le malade a souillé ses draps.*

SOUILLON [sujɔ̃] n. f. ▪ *UNE SOUILLON :* fille, femme négligée, sale. *C'est une vraie souillon.*

SOUK [suk] n. m. ▪ *UN SOUK* **1.** Marché couvert, dans les pays arabes. → **bazar.** *J'ai acheté ce plat dans un souk marocain.* **2.** STYLE FAMILIER Lieu où règne le désordre. *Quel souk dans cette maison !*

SOÛL [su] adj. et n. m., **SOÛLE** [sul] adj. **1.** adjectif (après le nom) Ivre. *Il est rentré complètement soûl.* → STYLE FAMILIER **bourré, paf, pinté, rond.** *J'ai rencontré une femme soûle.* **2.** *TOUT MON (TON, SON, NOTRE, VOTRE, LEUR) SOÛL :* autant que je veux, autant qu'on veut. *Dans cette maison si calme, j'ai pu dormir tout mon soûl. Mangez tout votre soûl.*

> REM. **1.** Le mot le plus convenable de cette série est *ivre.* **2.** On peut écrire aussi *saoul* [su], *saoule* [sul]. **3.** Dans *tout mon soûl, tout ton soûl...,* certaines personnes prononcent [sul] : [tumɔ̃sul], [tutɔ̃sul].

SOULAGEMENT [sulaʒmɑ̃] n. m. ▪ *LE SOULAGEMENT :* état d'une personne qui est soulagée, apaisée. *En rentrant chez lui, il a poussé un SOUPIR DE SOULAGEMENT. Ouf ! quel soulagement !*

SOULAGER [sulaʒe] verbe [conjugaison 3b] **1.** Calmer, apaiser (un mal). *L'aspirine soulage la douleur. Comment puis-je soulager votre peine ? Soulageons la misère des malheureux.* **2.** Débarrasser (qqn) de ce qui pèse sur lui (douleur, remords, souci...). *Ce médicament a soulagé le malade. Pleurez, cela vous soulagera. Je suis soulagé de savoir que tu es bien arrivé.* **3.** STYLE FAMILIER verbe pronominal SE SOULAGER : satisfaire un besoin naturel. *Elle s'est soulagée derrière un arbre.*

SOÛLER [sule] verbe [conjugaison 1a]
I. 1. Rendre ivre. *Cette bière m'a soûlé. Il en faut beaucoup pour le soûler !* **2.** Fatiguer, ennuyer. *Tu nous soûles avec tes histoires interminables !* – *Son bavardage me soûle.*
II. STYLE FAMILIER verbe pronominal SE SOÛLER : s'enivrer. *Elle s'est encore soûlée !* – STYLE TRÈS FAMILIER *Elle s'est soûlé la gueule.*

SOULÈVEMENT [sulɛvmɑ̃] n. m. ▪ *UN SOULÈVEMENT* **1.** Élévation de terrain. (contraire : affaissement) *Un soulèvement de terrain a détruit une partie de la route.* **2.** Révolte. *Le soulèvement du peuple a été réprimé par l'armée.*

SOULEVER [sulve] verbe [conjugaison 5a]
I. 1. Lever à une faible hauteur. *Sa valise était très lourde, elle la soulevait avec peine. Elle soulève le couvercle de la casserole pour surveiller la cuisson des pommes de terre.* – *Il soulève le rideau et regarde par la fenêtre,* il relève le rideau. **2.** Faire s'élever. *La voiture soulève un nuage de poussière en roulant sur le chemin.* **3.** Déclencher, provoquer. *Son discours a soulevé une tempête de protestations. Il soulèvera sans doute l'enthousiasme du public.* **4.** Poser (une question, un problème). *Ce problème sera soulevé à la prochaine réunion.*
II. verbe pronominal SE SOULEVER **1.** Se lever à une faible hauteur. *Elle s'est soulevée de son fauteuil puis elle s'est rassise.* **2.** Se révolter. *Le peuple s'est soulevé contre le dictateur.* → se **rebeller.**

SOULIER [sulje] n. m. ▪ *UN SOULIER :* chaussure qui couvre le pied, à semelle résistante. → STYLE FAMILIER **godasse, pompe, tatane.** *Pour la randonnée, j'ai mis de gros souliers de marche.*

SOULIGNER [suliɲe] verbe [conjugaison 1a] **1.** Tirer un trait sous un mot, sous des mots. *Soulignez les verbes en rouge.* **2.** Faire remarquer. *Les journaux ont souligné l'importance de la déclaration du président.*

SOUMETTRE [sumɛtʀ] verbe [conjugaison 56]
I. 1. *SOUMETTRE qqn :* obliger qqn à obéir. *L'armée a soumis les rebelles :* l'armée a ramené les rebelles à l'obéissance. **2.** *SOUMETTRE (qqn, qqch.) À :* mettre dans l'obligation d'obéir à une loi, de faire qqch. *Le gouvernement soumet la population à l'impôt. Tous les voyageurs sont soumis à des formalités.* – *L'entraîneur a soumis les athlètes à un entraînement sévère. Elle a été soumise à un interrogatoire.* **3.** Proposer (qqch.) au choix, au jugement. *Puis-je vous soumettre mon idée ? Le projet de loi a été soumis à l'Assemblée.*
II. verbe pronominal SE SOUMETTRE **1.** Se rendre, revenir à l'obéissance. → s'**incliner.** *Malgré sa résistance, la ville s'est soumise. Ne te soumets pas trop rapidement !* **2.** Obéir, se conformer. *Il faut se soumettre aux lois.*

soumis [sumi], **soumise** [sumiz] *Il a soumis une idée ; l'idée qu'il a soumise :* formes du participe passé du verbe **soumettre.**

SOUMIS [sumi], **SOUMISE** [sumiz] adj. (après le nom) ▪ Docile, obéissant. *C'est une femme soumise.* – *Il a un air soumis.*

SOUMISSION [sumisjɔ̃] n. f. ▪ *LA SOUMISSION :* fait de se soumettre (à une autorité, à une loi). → **obéissance.** (contraire : résistance) *Après la lutte, la soumission leur parut très dure. Les rebelles ont fait ACTE DE SOUMISSION,* ils ont déclaré qu'ils se soumettaient. *Elle est d'une soumission aveugle à l'égard de ses chefs,* d'une complète docilité.

SOUPAPE [supap] n. f. ▪ *UNE SOUPAPE :* pièce mobile qu'une pression peut ouvrir momentanément. *Dans un moteur de voiture, les soupapes règlent l'entrée et la sortie des gaz.* – *Quand je suis nerveux, le sport me sert de soupape,* il me permet de me calmer, de me débarrasser de ma nervosité.

FAUX AMI
portugais **sopapo**
«gifle»

SOUPÇON [supsɔ̃] n. m. ▪ *UN SOUPÇON* **1.** (surtout au pluriel) Opinion, idée qui fait attribuer à qqn des actes blâmables, mais sans preuve réelle. *On ne connaît pas encore le criminel, mais la police a des soupçons,* elle croit savoir qui est le criminel. *Son attitude a éveillé mes soupçons. Des soupçons pèsent sur lui. Il est AU-DESSUS DE TOUT SOUPÇON :* on ne peut absolument pas douter de son honnêteté. **2.** *UN SOUPÇON DE :* une très petite quantité. *Elle a mis un soupçon de rouge sur ses lèvres. J'ai remis un soupçon de sel dans la soupe.* → **pointe.** *Sers-moi un soupçon de vin,* un tout petit peu de vin.

SOUPÇONNER [supsɔne] verbe [conjugaison 1a] **1.** Faire peser des soupçons sur (qqn). *On le soupçonne de vol. Je ne peux supporter d'être soupçonné.* → **suspicion. 2.** Avoir des soupçons, penser qu'une chose est possible, d'après certains indices. → **suspecter.** *Elle soupçonne un piège. Je SOUPÇONNE QUE c'est lui qui a fait le coup.* – *Mon oncle a laissé une fortune dont je ne soupçonnais pas l'existence,* dont je n'avais pas la moindre idée, dont je ne me doutais pas. → **imaginer.**

SOUPÇONNEUX [supsɔnø], **SOUPÇONNEUSE** [supsɔnøz] adj. (après le nom) ▪ Plein de soupçons. *Vous êtes trop soupçonneux !* → **méfiant.** *Le professeur regarde ses élèves d'un air soupçonneux.* ⟨contraires : confiant, crédule⟩

SOUPE [sup] n. f. ▪ *LA SOUPE* **1.** Aliment liquide plus ou moins épais, souvent à base de légumes. → **bouillon, potage.** *Elle a préparé une SOUPE DE LÉGUMES. Cette bonne soupe chaude va vous réchauffer. Donne les assiettes à soupe,* creuses. *La SOUPE À L'OIGNON est délicieuse. J'ai envie de manger une SOUPE DE POISSON* (→ **bouillabaisse).** *On sert la soupe avec une louche. Qui veut de la soupe ? Voulez-vous encore un peu de soupe ? Il a bu un bol de soupe. Veux-tu une assiette de soupe ?* – (figuré) *Il EST SOUPE AU LAIT :* il se met en colère vite et facilement (→ **coléreux).** – STYLE FAMILIER *Espèce de GROS PLEIN DE SOUPE !* injure que l'on adresse à un homme, à un enfant très gros. *Un gros plein de soupe m'a écrasé le pied.* **2.** Nourriture, repas. (familier) *À LA SOUPE !* à table ! – *Autrefois, pendant l'hiver, les gens très pauvres survivaient grâce à la SOUPE POPULAIRE,* grâce aux repas servis gratuitement. – STYLE FAMILIER *Il ne faut pas CRACHER DANS LA SOUPE,* mépriser ce qui est un avantage. *PAR ICI LA BONNE SOUPE !* à moi, à nous l'argent, le bénéfice. **3.** Neige alourdie d'eau. *La neige n'est pas bonne cet après-midi, c'est de la soupe.*

REM. Les «Restaurants du cœur» jouent maintenant le rôle de l'ancienne institution de la *soupe populaire.*

SOUPENTE [supɑ̃t] n. f. ▪ *UNE SOUPENTE :* petite pièce aménagée sous un escalier ou dans la hauteur d'une pièce. *Chez nous, une soupente sert de placard à balais.*

① **SOUPER** [supe] n. m. ▪ *UN SOUPER :* dîner que l'on prend très tard, la nuit. *Après le spectacle, nous avons été invités à un souper.*

REM. En Belgique, en Suisse, au Canada, et dans certaines régions françaises *le souper* est le repas du soir (→ ② **dîner).**

② **SOUPER** [supe] verbe [conjugaison 1a] ▪ Dîner très tard. *Ils sont allés au théâtre, puis ils ont soupé.*

REM. En Belgique, en Suisse, au Canada, et dans certaines régions françaises *souper* c'est prendre le repas du soir (→ ① **dîner).**

SOUPESER [supəze] verbe [conjugaison 5a] ▪ Soulever et tenir un moment dans sa main pour évaluer le poids. *Elle soupèse la grosse valise et comprend qu'elle ne pourra pas la porter longtemps. J'ai soupesé le sac.*

SOUPIÈRE [supjɛʀ] n. f. ▪ *UNE SOUPIÈRE :* plat large et profond dans lequel on sert la soupe pour plusieurs personnes. *Pose la soupière sur la table, s'il te plaît.*

SOUPIR [supiʀ] n. m. ▪ *UN SOUPIR* **1.** Respiration longue et profonde qui exprime une émotion. *Les élèves s'ennuient et POUSSENT DES SOUPIRS. Elle pousse de profonds soupirs. Il a eu un soupir de soulagement. Après le dîner, elle a eu un soupir de satisfaction.* – *IL A RENDU LE DERNIER SOUPIR :* il est mort (→ **expirer ; souffle). 2.** Signe indiquant un silence de la durée d'une noire, en musique. *Sur la portée, il y a des noires, des blanches, des croches, des soupirs...*

SOUPIRAIL [supiʀaj] n. m. ▪ *UN SOUPIRAIL :* très petite fenêtre pratiquée au bas d'un mur extérieur pour donner un peu d'air et de lumière au sous-sol. *Le soupirail de la cave a des barreaux.* PLURIEL : *des SOUPIRAUX* [supiʀo].

SOUPIRANT [supiʀɑ̃] n. m. ▪ STYLE RECHERCHÉ *UN SOUPIRANT :* un amoureux. *Elle a de nombreux soupirants.*

SOUPIRER [supiʀe] verbe [conjugaison 1a] ▪ Pousser un soupir, des soupirs. *Mon fils soupire en faisant ses devoirs. Arrête de soupirer ! Il n'agira pas, il soupirera* [supiʀʀa], *c'est tout !*

FAUX AMI
allemand **soupieren**
«souper»

SOUPLE [supl] adj. (après le nom) **1.** Qu'on peut plier et replier facilement, sans casser ni abîmer. → **flexible.** ⟨contraires : raide, rigide⟩ *Ce sac est en cuir souple. Le caoutchouc est souple.* **2.** (corps, personne, animal) Qui se plie et bouge sans effort dans toutes les positions. *Les danseurs et les acrobates sont souples. La panthère est un animal très souple.* **3.** (qqn) Capable de s'adapter facilement aux gens, aux situations. ⟨contraire : têtu⟩ *Elle est docile et souple.* – *Le directeur est souple sur les horaires de travail,* il est accommodant, arrangeant. ⟨contraire : intransigeant⟩

SOUPLESSE [suplɛs] n. f. ▪ *LA SOUPLESSE* **1.** Qualité de ce qui est souple, flexible. ⟨contraire : raideur⟩ *Les chats sont d'une grande souplesse. Elle a sauté EN SOUPLESSE. Il a escaladé le mur AVEC SOUPLESSE. Admire la souplesse de ce cuir.* **2.** Caractère d'une personne qui s'adapte facilement aux gens, aux situations. ⟨contraire : intransigeance⟩ *Tu manques parfois de souplesse dans tes rapports avec les autres.*

SOURCE [suʀs] n. f.

I. *UNE SOURCE :* eau qui sort de terre. *Cette source est fraîche et délicieuse. En montagne, nous buvons de l'EAU DE SOURCE.*

II. *LA SOURCE DE* **1.** *La source d'un fleuve,* l'endroit où il prend naissance. *La Loire PREND SA SOURCE au mont Gerbier-de-Jonc. Nous avons remonté le fleuve jusqu'à sa source.* **2.** Origine, cause. *Ce retard est la source de tous nos ennuis. Le travail est son unique source de revenus. Il faut remonter jusqu'à la source du crime.* **3.** Origine (d'une information). *Il démissionne, je le SAIS DE SOURCE SÛRE,* des personnes bien informées me l'ont dit. *Les étudiants écrivent un texte en donnant des exemples, des citations et doivent citer leurs sources,* ils doivent donner les noms des auteurs et les titres des documents originaux dont ils se sont servis. **4.** *Une SOURCE D'ÉNERGIE :* ce qui fournit de la chaleur, de l'énergie. *Le pétrole remplace le charbon comme source d'énergie. J'aperçois une source lumineuse,* un point lumineux, éclairé.

SOURCIL [suʀsi] n. m. ▪ *UN SOURCIL :* ligne de poils au-dessus des yeux. *Il a de gros sourcils. Elle prolonge la ligne de ses sourcils d'un trait de crayon. Elle s'épile les sourcils. Très mécontent, il a FRONCÉ LES SOURCILS.*

SOURCILIER [suʀsilje], **SOURCILIÈRE** [suʀsiljɛʀ] adj. (après le nom) ▪ *L'ARCADE SOURCILIÈRE :* l'os qui est au-dessus de l'œil et qui est recouvert par le sourcil. *Elle a de beaux yeux, avec une arcade sourcilière bien dessinée. - Le muscle sourcilier permet de froncer les sourcils.*

SOURCILLER [suʀsije] verbe [conjugaison 1a] ▪ Manifester son trouble, son mécontentement. *Il n'est pas d'accord mais il a accepté SANS SOURCILLER. Elle n'a pas sourcillé.*

REM. Ce verbe ne s'utilise qu'en emplois négatifs.

SOURD [suʀ] adj. et n. m., **SOURDE** [suʀd] adj. et n. f.
I. adjectif (après le nom, parfois avant le nom) **1.** Qui n'entend pas ou qui entend mal (→ **surdité**). *Elle est sourde d'une oreille. Il a épousé une femme sourde. Parlez plus fort, mon grand-père est un peu sourd,* un peu dur d'oreille. *Elle est complètement sourde.* STYLE FAMILIER *Il est SOURD COMME UN POT :* il est complètement sourd. → STYLE FAMILIER **sourdingue.** *Mon vieux chien est devenu sourd.* - (avant le nom) *Ne FAIS pas LA SOURDE OREILLE quand je te parle !* ne fais pas semblant de ne pas entendre ! **2.** *RESTER SOURD À :* refuser d'entendre, être insensible. *Je lui ai répété plusieurs fois mais il reste sourd à mes demandes.* **3.** Peu sonore, qui ne retentit pas. *J'ai entendu un bruit sourd.* → **étouffé, mat.** ⟨contraires : éclatant, sonore⟩ **4.** Peu marqué, vague et continu. *J'ai une douleur sourde dans le dos.* ⟨contraires : vif, aigu⟩ **5.** Qui s'accomplit en secret, qui n'est pas déclaré. → **caché.** *Une lutte sourde oppose ces deux chefs de service.*
II. *UN SOURD, UNE SOURDE :* une personne qui n'entend pas. *- Le film est sous-titré pour les sourds et les malentendants. Il a CRIÉ COMME UN SOURD :* il a crié très fort, de toutes ses forces. *- Il a parlé de m'inviter sur son bateau, CE N'EST PAS TOMBÉ DANS L'OREILLE D'UN SOURD !* j'ai très bien entendu et je ferai en sorte qu'il n'oublie pas cette invitation ! *- Nous n'étions pas d'accord et la discussion est devenue un DIALOGUE DE SOURDS,* une discussion où aucun ne comprend l'autre et ne tient compte de ses raisons, de ses arguments. *J'arrête de discuter avec toi, c'est un dialogue de sourds !*

SOURDEMENT [suʀdəmɑ̃] adverbe ▪ STYLE RECHERCHÉ **1.** Avec un bruit sourd. *On entend le tonnerre gronder sourdement.* **2.** D'une manière cachée, secrète. *Ce type n'est pas franc, il agit sourdement.* ⟨contraire : franchement⟩

SOURDINE [suʀdin] n. f. **1.** *UNE SOURDINE :* dispositif adapté à un instrument de musique à vent ou à cordes, pour amortir le son. *Pour ne pas déranger les voisins, le pianiste travaille avec la sourdine. - Ne dis pas tout ce que tu penses, METS UNE SOURDINE,* exprime moins tes idées, tes opinions. → **bémol.** **2.** *EN SOURDINE :* secrètement, discrètement. *Je me méfie de ce collègue, que fait-il en sourdine ?*

SOURDINGUE [suʀdɛ̃g] adj. (après le nom) ▪ STYLE FAMILIER Sourd, qui n'entend pas. *Dis, je te parle, tu es sourdingue ? Le grand-père sourdingue n'entendra rien.*

SOURD-MUET [suʀmɥɛ] adj. et n. m., **SOURDE-MUETTE** [suʀdmɥɛt] adj. et n. f. **1.** adjectif (après le nom) Qui n'entend pas et qui n'a pas pu apprendre à parler. *C'est un enfant sourd-muet.* MASCULIN PLURIEL : *ces enfants sont SOURDS-MUETS.* FÉMININ PLURIEL : *elles sont SOURDES-MUETTES.* **2.** *UN SOURD-MUET, UNE SOURDE-MUETTE :* personne qui n'entend pas et dont la parole n'a pas été éduquée. *Elle a appris le langage par signes des sourds-muets.*

REM. Aujourd'hui on éduque la parole des sourds pour ne pas qu'ils soient sourds-muets.

souriant [suʀjɑ̃] *En souriant :* forme au participe présent du verbe **sourire.**

SOURIANT [suʀjɑ̃], **SOURIANTE** [suʀjɑ̃t] adj. (après le nom) ▪ Qui sourit, est aimable et gai. ⟨contraire : grave⟩ *Les commerçants se doivent d'être souriants. Il a un visage souriant.*

SOURICIÈRE [suʀisjɛʀ] n. f. ▪ *UNE SOURICIÈRE* **1.** Piège à souris. *J'ai été obligé de mettre une souricière dans le grenier. Les enfants ont trouvé une souris dans la souricière.* **2.** Piège tendu par la police. *Ils ont organisé une souricière. Le cambrioleur est TOMBÉ DANS LA SOURICIÈRE,* il a été pris au piège.

sourie [suʀi] *Il faut que je sourie, qu'il sourie, qu'elle sourie :* forme au subjonctif du verbe **sourire.**

① **SOURIRE** [suʀiʀ] verbe [conjugaison 36] **1.** Donner à son visage une expression rieuse ou ironique par un mouvement de la bouche et des yeux. *Dans la rue, une jolie fille m'a souri. Il sourit souvent. Je ne souris pas : je ris ! Allez, souris, la vie est belle ! Je prends la photo, souriez ! Il faut que nous souriions pour la photo. La vendeuse SOURIT À la cliente qui vient d'entrer,* elle lui adresse un sourire. *Sa maladresse me FAIT SOURIRE,* elle m'amuse. **2.** (qqch.) *SOURIRE À qqn :* être agréable à qqn. *Ce projet ne me sourit guère. - Enfin, la chance nous sourit !* la chance est là, elle nous est favorable.

② **SOURIRE** [suʀiʀ] n. m. ▪ *UN SOURIRE :* mouvement de la bouche et des yeux qui exprime l'amusement, la gaieté ou l'ironie. *Le bébé a fait son premier sourire. Tu as un joli sourire, un sourire plein de charme. Quel beau sourire ! Il nous a dit bonjour avec un grand sourire. Elle est TOUT SOURIRE :* elle sourit largement. *- J'ai vu la directrice après la réunion, elle AVAIT LE SOURIRE,* elle montrait sa satisfaction de ce qui s'était passé pendant la réunion. *Malgré son échec, il a GARDÉ LE SOURIRE,* il est resté souriant.

souris [suʀi] *Je souris, tu souris :* forme au présent du verbe **sourire.**

SOURIS [suʀi] n. f. ▪ *UNE SOURIS :* petit animal rongeur à longue queue, plus petit que le rat. *Cette souris est une souris mâle, celle-ci est une souris femelle. Dans la classe de ma fille, il y a des souris blanches dans une cage. Des souris vivent dans le grenier. Le chat chasse les souris. - J'étais très gêné, j'aurais voulu rentrer dans un trou de souris !* j'aurais voulu me faire tout petit pour me cacher. *Ne jouez pas au chat et à la souris avec moi :* ne fuyez pas, ne cherchez pas à m'éviter, à éviter ce que j'ai à vous dire.

SOURNOIS [suʀnwa] adj. et n. m., **SOURNOISE** [suʀnwaz] adj. et n. f. **1.** Qui cache ce qu'il pense, ce qu'il sait ou ce qu'il veut faire, dans une mauvaise intention. → **fourbe, hypocrite.** *Méfie-toi, ce type est rusé et sournois. - Je n'aime pas cette fille, elle a l'air sournois.* **2.** *UN SOURNOIS, UNE SOURNOISE :* une personne sournoise. *Ce type est un sournois.*

SOURNOISEMENT [suʀnwazmɑ̃] adverbe ▪ D'une manière sournoise. *Il nous observe sournoisement.*

SOUS [su] préposition
I. Marque la position de ce qui est en bas, par rapport à ce qui est en haut. ⟨contraire : sur⟩ **1.** (choses en contact) *Elle a mis un oreiller sous sa tête. L'air passe sous la porte. J'ai une blessure sous le pied. Il aime nager sous l'eau,* en-dessous de la surface

de l'eau. **2.** (chose qui recouvre) *La lettre qu'il a écrite est SOUS ENVELOPPE,* elle est dans l'enveloppe, à l'intérieur de l'enveloppe. *Glisse-toi sous les couvertures pour te réchauffer. La balle a roulé sous le lit.* - *Il est sympathique, sous son air sévère :* derrière son air sévère, au fond, il est sympathique. *Jean-Baptiste Poquelin est plus connu SOUS LE NOM DE Molière.* **3.** (choses sans contact) *Mettez le tapis sous la table. Il a dormi sous un arbre. Abrite-toi sous mon parapluie.* - *Un accident s'est passé sous mes fenêtres,* au bas de chez moi. *L'accident s'est passé sous mes yeux,* devant moi.
II. 1. Indique un rapport de dépendance. *Ce projet est sous la responsabilité du directeur,* le directeur en est le responsable. *Il est sous les ordres du capitaine.* - *Défense de fumer, SOUS PEINE D'AMENDE,* si qqn fume, il risque d'avoir une amende. - *Le malade est sous antibiotiques,* il prend des antibiotiques. **2.** Pendant le règne de, pendant la présidence de, à l'époque de. *La Révolution française s'est passée sous Louis XVI.* **3.** *SOUS PEU :* bientôt. *Je vous écrirai sous peu.* **4.** En subissant, du fait de l'influence de. *Le prisonnier a avoué sous la torture,* parce qu'on l'a torturé. *Attends que les choses se calment, n'agis pas sous la pression des événements. Il est encore sous l'action des somnifères.* - *Vu SOUS CET ANGLE, le projet semble réalisable,* si on le voit de cette façon.

REM. *Sou* «pièce de monnaie» et *soûl* «ivre» se prononcent de la même façon.

SOUS-ALIMENTÉ [suzalimɑ̃te], **SOUS-ALIMENTÉE** [suzalimɑ̃te] adj. (après le nom) ▪ Victime d'une grave insuffisance alimentaire. *Le médecin soigne un enfant sous-alimenté.* MASCULIN PLURIEL : *beaucoup d'enfants SOUS-ALIMENTÉS meurent, en Afrique.* FÉMININ PLURIEL : *ces fillettes sont sous-alimentées.*

SOUS-BOIS [subwa] n. m. ▪ *LE SOUS-BOIS :* partie de la forêt où la végétation pousse sous les arbres. *Le sous-bois est magnifique, en automne.* PLURIEL : *beaucoup de champignons poussent dans les sous-bois.*

SOUSCRIPTION [suskʀipsjɔ̃] n. f. ▪ *UNE SOUSCRIPTION :* engagement d'acheter, en versant une partie de la somme, un ouvrage en cours de publication. *Cette encyclopédie est vendue PAR SOUSCRIPTION.*

SOUSCRIRE [suskʀiʀ] verbe [conjugaison 39] **1.** *SOUSCRIRE À UNE PUBLICATION :* s'engager à acheter, en versant une partie de la somme, un ouvrage en cours de publication. *Nous avons souscrit à un dictionnaire en plusieurs volumes* (→ **souscription**). **2.** *SOUSCRIRE À :* donner son adhésion à, accepter. *La police refuse de souscrire aux exigences des preneurs d'otages.*

SOUS-CUTANÉ [sukytane], **SOUS-CUTANÉE** [sukytane] adj. (après le nom) ▪ *Une PIQÛRE SOUS-CUTANÉE :* piqûre qui se fait sous la peau. *L'infirmière m'a fait une piqûre sous-cutanée.* PLURIEL : *des injections SOUS-CUTANÉES.*

SOUS-DÉVELOPPÉ [sudevlɔpe], **SOUS-DÉVELOPPÉE** [sudevlɔpe] adj. (après le nom) ▪ *Un PAYS SOUS-DÉVELOPPÉ :* pays dont l'agriculture et l'industrie ne sont pas assez développées et qui, à cause de cela, souffre de pauvreté. MASCULIN PLURIEL : *les pays riches ont accordé une aide économique aux pays SOUS-DÉVELOPPÉS.* FÉMININ PLURIEL : *ces régions sont sous-développées.*

REM. De nos jours, on préfère dire *pays en voie de développement.*

SOUS-ENTENDRE [suzɑ̃tɑ̃dʀ] verbe [conjugaison 41a] ▪ Laisser deviner vaguement (qqch. que l'on pense) mais sans le dire vraiment. → **suggérer.** *Il sous-entend quelque chose, mais quoi ?Que sous-entendez vous ? Elle A SOUS-ENTENDU QUE vous étiez déjà au courant.*

sous-entendu [suzɑ̃tɑ̃dy], **sous-entendue** [suzɑ̃tɑ̃dy] *Il a sous-entendu une idée ; l'idée qu'il a sous-entendue :* formes au participe passé du verbe **sous-entendre.**

SOUS-ENTENDU [suzɑ̃tɑ̃dy] n. m. ▪ *UN SOUS-ENTENDU :* chose que l'on fait deviner, sans la dire vraiment. → **allusion, insinuation.** *Que veut dire ce sous-entendu ?* PLURIEL : *assez de SOUS-ENTENDUS, parle franchement ! Ses propos sont pleins de sous-entendus.*

SOUS-ESTIMER [suzɛstime] verbe [conjugaison 1a] ▪ Estimer au-dessous de sa valeur, de son importance. (contraire : surestimer) *Il ne faut pas sous-estimer son adversaire. J'ai sous-estimé la difficulté de ce travail.*

SOUS-FIFRE [sufifʀ] n. m. ▪ (péjoratif) STYLE FAMILIER Subalterne, employé au bas de la hiérarchie. *J'en ai assez d'être un sous-fifre !* PLURIEL : *ce chef traite les employés comme des SOUS-FIFRES.*

SOUS-LOUER [sulwe] verbe [conjugaison 1a] ▪ Donner en location (ce dont on est soi-même locataire). *Il sous-loue son appartement pendant les vacances. L'année prochaine, je sous-louerai* [suluʀɛ] *ma maison.*

SOUS-MARIN [sumaʀɛ̃] adj. et n. m., **SOUS-MARINE** [sumaʀin] adj. **1.** adjectif (après le nom) Situé sous la surface de la mer. *Son mari fait de la plongée sous-marine.* MASCULIN PLURIEL : *les reliefs SOUS-MARINS.* FÉMININ PLURIEL : *il aime la pêche et la chasse SOUS-MARINES.* **2.** *UN SOUS-MARIN :* navire capable de naviguer sous l'eau. → **submersible.** *Il travaille dans un sous-marin nucléaire.* PLURIEL : *les sous-marins sont en plongée.*

SOUS-OFFICIER [suzɔfisje] n. m. ▪ *UN SOUS-OFFICIER :* militaire au grade moins élevé que l'officier. *Ce sous-officier n'est pas très aimé de ses soldats.* PLURIEL : *le sergent et l'adjudant sont des SOUS-OFFICIERS.*

SOUS-PAYER [supeje] verbe [conjugaison 8b] ▪ Payer (qqn) insuffisamment, au-dessous de la normale. → **exploiter.** *Ce patron sous-paye* (ou *sous-paie*) *ses ouvriers.*

SOUS-PRÉFECTURE [supʀefɛktyʀ] n. f. ▪ *UNE SOUS-PRÉFECTURE :* ville où habite le sous-préfet et où sont installés ses bureaux. *Cette ville est la sous-préfecture du département.* → **chef-lieu.** PLURIEL : *des SOUS-PRÉFECTURES.*

SOUS-PRÉFET [supʀefɛ] n. m. ▪ *UN SOUS-PRÉFET :* fonctionnaire qui représente le gouvernement dans une partie du département, l'arrondissement. *Il est sous-préfet. Elle est sous-préfet.* PLURIEL : *des SOUS-PRÉFETS.*

SOUS-PRODUIT [supʀɔdɥi] n. m. ▪ *UN SOUS-PRODUIT :* produit obtenu au cours de la fabrication d'un premier produit. *Le textile synthétique est un sous-produit du pétrole.* PLURIEL : *des SOUS-PRODUITS.*

SOUSSIGNÉ [susiɲe], **SOUSSIGNÉE** [susiɲe] adj. (après le nom ou le pronom) ▪ Qui a signé plus bas. *Je soussigné Monsieur X déclare... Je soussignée Madame X déclare... Nous soussignés... Les personnes soussignées s'engagent à...*

REM. Cet adjectif ne s'emploie que dans les formules écrites.

SOUS-SOL [susɔl] n. m. ▪ *LE SOUS-SOL* **1.** Partie de l'écorce terrestre qui se trouve loin sous la surface. *Le sous-sol de ce pays est riche en pétrole.* PLURIEL : *les SOUS-SOLS.* **2.** Étage souterrain d'une construction. *Le sous-sol est situé sous le rez-de-chaussée. Le parking de l'immeuble occupe trois sous-sols. Dans ce grand magasin, l'alimentation est au premier sous-sol et le bricolage est au deuxième sous-sol.*

SOUS-TITRE [sutitʀ] n. m. ▪ *UN SOUS-TITRE* **1.** Titre placé après le titre principal. *Le sous-titre d'un livre est imprimé en caractères plus petits.* PLURIEL : *des SOUS-TITRES.* **2.** Texte qui traduit les dialogues d'un film en langue étrangère, au bas de l'image. *Le film passe en version originale, avec des sous-titres.*

SOUS-TITRÉ [sutitʀe], **SOUS-TITRÉE** [sutitʀe] adj. (après le nom) ▪ (film) Avec des sous-titres. *J'ai vu un film en version originale sous-titrée.* PLURIEL : *des films SOUS-TITRÉS.*

SOUSTRACTION [sustʀaksjɔ̃] n. f. ▪ *UNE SOUSTRACTION* : opération par laquelle on retranche un nombre d'un autre nombre. ⟨contraire : addition⟩ *Mon fils a des soustractions à faire pour demain. 314–12=302 est une soustraction.*

SOUSTRAIRE [sustʀɛʀ] verbe [conjugaison 50] **1.** Retrancher (un nombre d'un autre), en faisant une soustraction. *Quand on soustrait 15 de 20, il reste 5.* → **enlever, ôter.** ⟨contraires : additionner, ajouter⟩ **2.** STYLE RECHERCHÉ Enlever (qqch.) à qqn. → **voler.** *On lui a soustrait son portefeuille.* **3.** verbe pronominal SE SOUSTRAIRE À : ne pas se soumettre à. *Elle ne s'est jamais soustraite à ses obligations.*

soustrait [sustʀɛ], **soustraite** [sustʀɛt] *Il a soustrait une copie ; la copie qu'il a soustraite* : formes au participe passé du verbe **soustraire.**

SOUS-TRAITANT [sutʀɛtɑ̃] n. m. ▪ *UN SOUS-TRAITANT* : une personne qui fait un travail pour le compte d'une autre qui en a la responsabilité. *Il a fait appel à un sous-traitant pour terminer son travail dans les délais.* PLURIEL : *des SOUS-TRAITANTS.*

SOUS-VERRE [suvɛʀ] n. m. ▪ *UN SOUS-VERRE* : photo, image, gravure placée entre une plaque de verre et un carton rigide. *Il a mis des photos de ses enfants dans un sous-verre.* PLURIEL : *des SOUS-VERRES.*

REM. Ce mot peut être aussi invariable : des *sous-verre.*

SOUS-VÊTEMENT [suvɛtmɑ̃] n. m. ▪ *UN SOUS-VÊTEMENT* : vêtement que l'on met sous les autres vêtements (→ **linge).** *Elle a un sous-vêtement en soie.* PLURIEL : *les soutiens-gorge sont des SOUS-VÊTEMENTS féminins.* → **dessous, lingerie.**

SOUTANE [sutan] n. f. ▪ *UNE SOUTANE* : costume religieux, longue robe boutonnée devant, portée par les prêtres catholiques. *Le pape porte une soutane blanche. Les popes sont en soutane.*

REM. **1.** Ce mot vient de l'italien *sottana* «jupe». **2.** Les prêtres catholiques romains s'habillent presque tous maintenant en civil avec le pantalon.

SOUTE [sut] n. f. ▪ *LA SOUTE* : partie d'un bateau ou d'un avion dans laquelle on met les marchandises ou les bagages. *Ma valise est dans la soute à bagages. On a trouvé un passager clandestin dans la soute.*

SOUTENANCE [sutnɑ̃s] n. f. ▪ *UNE SOUTENANCE DE THÈSE* : action de soutenir une thèse. *J'aimerais que vous assistiez à ma soutenance de thèse.*

SOUTENEUR [sutnœʀ] n. m. ▪ *UN SOUTENEUR* : un proxénète. → STYLE TRÈS FAMILIER **mac, maquereau.** *Elle donne tout l'argent qu'elle gagne à son souteneur.*

SOUTENIR [sutniʀ] verbe [conjugaison 22] **1.** Tenir (qqch.) par-dessous, en servant de support ou d'appui. *De grosses poutres soutiennent* [sutjɛn] *le toit.* → **maintenir, porter, supporter.** **2.** Aider (qqn) à se tenir debout, à ne pas tomber. *L'infirmière soutient* [sutjɛ̃] *le malade pour le faire marcher.* **3.** Réconforter, aider. *Ses amis l'ont beaucoup soutenu quand il a été licencié. Des supporters viennent soutenir l'équipe de rugby.* → **encourager.** **4.** Prendre parti en faveur de (qqn, qqch.). *Quand il était petit, il soutenait sa mère contre son père.* → **défendre.** *Nous soutiendrons* [sutjɛ̃dʀɔ̃] *le candidat qui nous semblera le meilleur.* **5.** Affirmer. → **prétendre.** *Le témoin soutenait avoir vu le suspect au moment du crime. Il SOUTIENT QU'il n'est pas coupable.* **6.** *SOUTENIR UNE THÈSE* : présenter et défendre une thèse de doctorat devant un jury (→ **soutenance).** *Il a soutenu sa thèse il y a deux ans.* **7.** Faire que (qqch.) ne faiblisse pas. *Il faut que tu soutiennes ton attention plus longtemps,* que tu la maintiennes en éveil. **8.** Subir (qqch.) sans faiblir. *Il a menti tout en soutenant mon regard,* sans baisser les yeux devant moi. *Sa voiture ne SOUTIENT pas LA COMPARAISON avec la mienne,* on ne peut pas la comparer, la mienne est une meilleure voiture (→ **rivaliser).**

soutenu [sutny], **soutenue** [sutny] *Il a soutenu la malade ; la malade qu'il a soutenue* : formes au participe passé du verbe **soutenir.**

SOUTERRAIN [suteʀɛ̃] adj. et n. m., **SOUTERRAINE** [suteʀɛn] adj. **1.** adjectif (après le nom) Qui est sous terre. *Empruntez le passage souterrain pour traverser l'avenue. Les taupes creusent des galeries souterraines. Le métro est souterrain sur la plus grande partie de son trajet.* ⟨contraire : aérien⟩ **2.** *UN SOUTERRAIN* : passage qui est sous terre. → **tunnel.** *Les prisonniers ont creusé un souterrain pour s'évader.*

SOUTIEN [sutjɛ̃] n. m. **1.** *UN SOUTIEN* : aide. *Mes amis m'ont apporté leur soutien pendant ma campagne électorale.* → **appui.** *J'ai besoin de votre soutien.* **2.** *UN SOUTIEN DE FAMILLE* : une personne qui est la seule à faire vivre sa famille. *Elle s'est retrouvée soutien de famille à la mort de son père.*

FAUX AMI
grec **σουτιέν**
«soutien-gorge»

SOUTIEN-GORGE [sutjɛ̃gɔʀʒ] n. m. **1.** *UN SOUTIEN-GORGE* : sous-vêtement de femme, qui couvre et maintient les seins. → STYLE FAMILIER **soutif.** *Elle a un soutien-gorge en dentelle. J'étais en slip et en soutien-gorge quand on a sonné à la porte.* PLURIEL : *des SOUTIENS-GORGE.* **2.** Ce même vêtement, du maillot de bain. *Elle a ôté le soutien-gorge de son deux-pièces pour bronzer.* → **deux-pièces.**

REM. Au pluriel, on écrit aussi *des soutiens-gorges.*

soutiens [sutjɛ̃] *Je soutiens, tu soutiens* : forme au présent du verbe **soutenir.**

SOUTIF [sutif] n. m. ▪ STYLE FAMILIER *UN SOUTIF* : un soutien-gorge. *Elle a des soutifs en soie. Elle ne porte pas de soutif.*

SOUTIRER [sutiʀe] verbe [conjugaison 1a] **1.** Obtenir (qqch.) grâce à la ruse ou à l'insistance. → **arracher.** *L'escroc a réussi à soutirer de l'argent à des personnes âgées.* → **extorquer.** *Elle a soutiré des renseignements sur les locataires au gardien de l'immeuble.* **2.** Transvaser (du vin, du cidre) d'un tonneau dans un autre récipient pour éliminer les dépôts. *Le vigneron soutirera* [sutiʀʀa] *le vin.*

SOUVENIR [suvniʀ] n. m. ▪ *UN SOUVENIR* **1.** *LE SOUVENIR* : mémoire. *Rappelez-moi à son bon souvenir* : rappelez-lui mon amitié. - *Je garderai toujours le souvenir de cette journée.* ⟨contraire : oubli⟩ **2.** *UN SOUVENIR* : moment dont on se souvient, image que garde la mémoire. *Ma grand-mère aime me raconter ses souvenirs d'enfance. J'ai gardé un excellent souvenir de cette époque. Ce n'est plus qu'un mauvais souvenir* : c'est passé, n'en parlons plus. **3.** *EN SOUVENIR DE* : pour garder le souvenir de. *J'ai conservé la montre de mon père, en souvenir de lui.* **4.** *UN SOUVENIR* : objet qui fait se souvenir d'une personne, d'un lieu, etc. *Il a rapporté de nombreux souvenirs de* *ses voyages. Voici un petit souvenir de Venise. Ma bague est un souvenir de ma tante.*

REM. On prononce aussi [suvəniʀ].

SE **SOUVENIR** [suvniʀ] verbe pronominal [conjugaison 22] **1.** *SE SOUVENIR DE :* avoir présent à la mémoire. → se **rappeler,** se **remémorer.** *Je ME SOUVIENDRAI* [suvjɛ̃dʀɛ] *toujours DE ce jour-là.* ⟨contraire : oublier⟩ *Il ne se souvient pas d'avoir dit ça. Nous nous souvenons parfaitement de lui. Il faudrait qu'il ne se souvienne de rien. Je ne m'en souviens plus.* **2.** *SE SOUVENIR QUE, SI etc. Souvenez-vous-en :* n'oubliez pas, pensez-y. *Est-ce que tu TE SOUVIENS QUE tu me dois de l'argent ? Elle s'est souvenue tout à coup qu'elle avait un rendez-vous. - Je ne me souviens pas quand il est arrivé. Te souviens-tu comment il faut faire ?*

REM. **1.** On prononce aussi [suvəniʀ]. **2.** Avec *que, si, comment,* etc. on emploie plutôt le verbe *rappeler.*

SOUVENT [suvɑ̃] adverbe **1.** À de nombreux intervalles rapprochés. *Il pleut souvent en cette saison.* → **fréquemment.** ⟨contraires : parfois, rarement⟩ *Nous nous voyons très souvent. Il ne vient pas souvent ici.* **2.** En de nombreux cas. *Le plus souvent, je rentre tard,* généralement, habituellement. *Ça se passe souvent comme ça.* ⟨contraire : rarement⟩

REM. *Souvent* représente un plus grand nombre de fois que *quelquefois* et *parfois.*

souvenu [suvny], **souvenue** [suvny] *Il s'est souvenu de cela ; elle s'est souvenue de cela :* formes au participe passé du verbe se **souvenir.**

SOUVERAIN [suvʀɛ̃] n. m. et adj., **SOUVERAINE** [suvʀɛn] n. f. et adj. **I.** *UN SOUVERAIN, UNE SOUVERAINE :* chef d'un royaume ou d'un empire. → **empereur, impératrice, monarque, prince, reine, roi.** *Le souverain a pris cette décision. Le roi de France Louis XIV était un souverain absolu.*
II. adjectif (après ou avant le nom) **1.** Qui n'est sous les ordres de personne. (avant le nom) *On appelle le pape le SOUVERAIN PONTIFE.* (après le nom) *Une république est un État souverain.* → **indépendant. 2.** (avant le nom) Qui manifeste un sentiment de supériorité extrême. *Il a un souverain mépris pour les autres.* **3.** (après le nom) Très efficace. *C'est un sirop souverain contre la toux.*

SOUVERAINEMENT [suvʀɛnmɑ̃] adverbe. Extrêmement. *Il nous a souverainement déplu,* énormément.

SOUVERAINETÉ [suvʀɛnte] n. f. *LA SOUVERAINETÉ :* autorité suprême. → ② **pouvoir.** *Un prince exerce la souveraineté sur son territoire. Dans une démocratie, le peuple exerce sa souveraineté en votant.*

souviendra [suvjɛ̃dʀa] *Il se souviendra, elle se souviendra :* forme au futur du verbe se **souvenir.**

souvienne [suvjɛn] *Que je me souvienne ; qu'il se souvienne, qu'elle se souvienne :* forme au subjonctif du verbe se **souvenir.**

SOVIÉTIQUE [sɔvjetik] adj., n. m. et n. f. **1.** adjectif (après le nom) Qui concerne l'État fédéral socialiste né de la Révolution russe de 1917 et dissous en 1991. *Moscou était la capitale de l'Union soviétique,* de l'U. R. S. S. **2.** *UN SOVIÉTIQUE, UNE SOVIÉTIQUE :* une personne qui habitait l'U. R. S. S. *Les Soviétiques.*

SOYEUX [swajø], **SOYEUSE** [swajøz] adj. (après le nom). Qui a l'apparence de la soie, est doux comme de la soie. *Le chat a un pelage soyeux. Il a des cheveux fins et soyeux.*

SPACIEUX [spasjø], **SPACIEUSE** [spasjøz] adj. (après le nom). Où l'on a de l'espace. *Elle a acheté une voiture spacieuse. Ma chambre est très spacieuse.* → **grand, vaste.** ⟨contraire : petit⟩

SPAGHETTI [spageti] n. m. *UN SPAGHETTI :* une pâte alimentaire longue et fine. *Nous avons mangé des spaghettis à la sauce tomate.*

SPARADRAP [spaʀadʀa] n. m. *UN SPARADRAP :* tissu collant utilisé pour faire des pansements. *L'infirmière fait tenir le morceau de gaze sur l'écorchure avec du sparadrap.*

SPASME [spasm] n. m. *UN SPASME :* contraction brusque et involontaire d'un muscle. → **crampe.** *La peur peut provoquer des spasmes de l'estomac.*

SPASMODIQUE [spasmɔdik] adj. (après le nom). Dû à des spasmes, relatif aux spasmes. *Elle est prise de frissons spasmodiques.*

SPATIAL [spasjal], **SPATIALE** [spasjal] adj. (après le nom). Qui concerne l'espace interplanétaire. → **cosmique.** *Une navette spatiale vient d'être lancée.* PLURIEL : *les astronautes font des voyages SPATIAUX* [spasjo].

SPATIONAUTE [spasjonot] n. m., n. f. *UN SPATIONAUTE, UNE SPATIONAUTE :* une personne qui fait partie de l'équipage d'un engin spatial. *Les spationautes montent dans la fusée.*

SPATIOTEMPOREL [spasjotɑ̃pɔʀɛl], **SPATIOTEMPORELLE** [spasjotɑ̃pɔʀɛl] adj. (après le nom). Qui appartient à l'espace et au temps. *Notre univers est spatiotemporel.*

SPATULE [spatyl] n. f. *UNE SPATULE* **1.** Instrument formé d'un manche et d'une longue lame large. *Le vitrier applique du mastic avec une spatule.* **2.** Avant recourbé d'un ski. *J'ai croisé mes spatules et je suis tombé !*

SPÉCIAL [spesjal], **SPÉCIALE** [spesjal] adj. (après le nom) **1.** Qui est destiné à l'usage d'une personne ou d'une chose. *Il faut des chaussures spéciales pour patiner.* → **particulier.** MASCULIN PLURIEL : *des crayons SPÉCIAUX* [spesjo]. **2.** Qui constitue une exception. *Il vous faut une autorisation spéciale pour entrer. Le journal a sorti une édition spéciale.* **3.** Inhabituel, étrange. *Il a une mentalité un peu spéciale.* ⟨contraire : ordinaire⟩

SPÉCIALEMENT [spesjalmɑ̃] adverbe **1.** Exprès. *Elle est venue spécialement pour vous voir.* **2.** En particulier. *J'aime les animaux, spécialement les chiens.* → **particulièrement, surtout.** - STYLE FAMILIER *« Tu es pressé ? – Pas spécialement ! »,* pas vraiment. *Cet acteur n'est pas spécialement beau.*

SPÉCIALISATION [spesjalizasjɔ̃] n. f. *UNE SPÉCIALISATION :* formation spéciale qui permet d'acquérir des connaissances particulières. *Il a fait ses études de médecine puis une spécialisation en dermatologie.*

SE **SPÉCIALISER** [spesjalize] verbe pronominal [conjugaison 1a]. Acquérir des connaissances approfondies dans un domaine particulier. *Elle s'est spécialisée dans la recherche pharmaceutique.*

SPÉCIALISTE [spesjalist] n. m., n. f. *UN SPÉCIALISTE, UNE SPÉCIALISTE* **1.** Personne qui a des connaissances approfondies dans un domaine particulier. → **expert.** *C'est une spécialiste de l'histoire de l'Angleterre. Il faut demander l'avis d'un spécialiste.* → **professionnel. 2.** Médecin qui s'est spécialisé dans une partie de la médecine. ⟨contraire : généraliste⟩ *J'ai consulté un spécialiste en neurologie.* **3.** STYLE FAMILIER Personne qui s'y connaît (en qqch.), qui a l'habitude de faire (qqch.). *Pour faire des gaffes, c'est un spécialiste !* il fait tout le temps des gaffes.

SPÉCIALITÉ [spesjalite] n. f. *UNE SPÉCIALITÉ* **1.** Ensemble de connaissances approfondies sur un sujet particulier. *La cardiologie est une spécialité de la médecine.* **2.** Plat particulier à une région, à un pays ou que l'on réussit parfaitement. *Je vous ferai un cassoulet, c'est ma spécialité. La paella est une spécialité espagnole.*

SPÉCIFIER [spesifje] verbe [conjugaison 7a] ▪ Indiquer de façon précise. → **mentionner.** *Il faut que vous spécifiiez l'heure de votre arrivée.* → **préciser.** *Je spécifierai* [spesifiʀɛ] *l'heure de mon départ. Il A bien SPÉCIFIÉ QU'il ne resterait ici que deux jours,* il l'a bien dit.

SPÉCIFIQUE [spesifik] adj. (après le nom) ▪ Qui est particulier à une seule espèce, à une seule chose. *L'éther a une odeur spécifique.* → **caractéristique.**

SPÉCIMEN [spesimɛn] n. m. ▪ *UN SPÉCIMEN* **1.** Être ou objet qui représente bien l'espèce dont il fait partie. → **échantillon, exemple.** *Voici quelques spécimens de champignons vénéneux.* **2.** Exemplaire (d'une revue, d'un livre) donné à titre publicitaire. *Il est interdit de revendre les spécimens.*

SPECTACLE [spɛktakl] n. m. **1.** *LE SPECTACLE :* l'ensemble des choses que l'on voit. *La maison offrait un triste spectacle après l'inondation.* → **tableau.** *Il s'est évanoui À CE SPECTACLE,* en voyant ça. *Arrête de te DONNER EN SPECTACLE,* de te faire remarquer. **2.** *UN SPECTACLE :* pièce de théâtre, film, ballet, opéra, numéro que l'on montre au public pour le distraire. *Allez-vous souvent au spectacle ?* sortez-vous beaucoup ? *J'ai emmené mes enfants voir un spectacle de marionnettes. - Nous avons vu une pièce À GRAND SPECTACLE,* avec une mise en scène somptueuse.

> FAUX AMIS
> allemand **Spektakel** « tapage, vacarme » ; anglais **spectacles** « lunettes »

SPECTACULAIRE [spɛktakylɛʀ] adj. (avant le nom ou après le nom) ▪ Qui impressionne, qui étonne celui qui regarde. *Il y a eu un accident spectaculaire sur l'autoroute. Nous avons vu un spectaculaire numéro d'acrobates. La baisse du pétrole est spectaculaire.* → **impressionnant.**

SPECTATEUR [spɛktatœʀ] n. m., **SPECTATRICE** [spɛktatʀis] n. f. ▪ *UN SPECTATEUR, UNE SPECTATRICE* **1.** Personne qui assiste à un événement sans y participer. *Les spectateurs de l'accident ont été interrogés par la police.* → **témoin. 2.** Personne qui assiste à un spectacle, à une cérémonie, à une compétition sportive. *Le stade contient plusieurs milliers de spectateurs. Les spectateurs ont beaucoup applaudi le spectacle.*

① **SPECTRE** [spɛktʀ] n. m. **1.** *UN SPECTRE :* apparition effrayante d'un mort. → **fantôme, revenant.** *Il est pâle comme un spectre.* **2.** *LE SPECTRE :* ce qui menace. *Le spectre du chômage effraie tout le monde.* → **épouvantail.**

② **SPECTRE** [spɛktʀ] n. m. ▪ *LE SPECTRE :* suite de couleurs provenant de la décomposition de la lumière du soleil. *L'arc-en-ciel montre les sept couleurs du spectre.*

SPÉCULATEUR [spekylatœʀ] n. m., **SPÉCULATRICE** [spekylatʀis] n. f. ▪ *UN SPÉCULATEUR, UNE SPÉCULATRICE :* une personne qui spécule, qui fait des spéculations financières, commerciales. *Les spéculateurs ont fait monter le prix du café.*

SPÉCULATIF [spekylatif], **SPÉCULATIVE** [spekylativ] adj. (après le nom) ▪ Relatif à la spéculation financière. *Il a acheté ces actions à des fins spéculatives,* pour spéculer.

SPÉCULATION [spekylasjɔ̃] n. f. ▪ *LA SPÉCULATION :* opération financière ou commerciale fondée sur l'évolution que vont avoir les prix. *Le promoteur immobilier a fait de la spéculation sur les terrains à bâtir.*

SPÉCULATRICE n., féminin de **spéculateur**

SPÉCULER [spekyle] verbe [conjugaison 1a] ▪ Faire des opérations financières, commerciales, en jouant sur le fait que les prix montent et baissent. *Il a fait fortune en spéculant en Bourse.*

SPEEDÉ [spide], **SPEEDÉE** [spide] adj. (après le nom) ▪ STYLE FAMILIER (qqn) Très agité, nerveux. *Il est toujours complètement speedé.*

REM. Ce mot vient de l'anglais.

SPÉLÉOLOGIE [speleɔlɔʒi] n. f. ▪ *LA SPÉLÉOLOGIE :* exploration et étude des grottes, des gouffres et des rivières souterraines. *Elle fait de la spéléologie.*

SPÉLÉOLOGUE [speleɔlɔg] n. m., n. f. ▪ *UN SPÉLÉOLOGUE, UNE SPÉLÉOLOGUE :* une personne qui explore et étudie les grottes, les gouffres et les rivières souterraines, qui fait de la spéléologie. *Une équipe de spéléologues vient de passer un mois sous terre.*

SPERMATOZOÏDE [spɛʀmatɔzɔid] n. m. ▪ *UN SPERMATOZOÏDE :* cellule reproductrice contenue dans le sperme. *Un spermatozoïde féconde un ovule.*

SPERME [spɛʀm] n. m. ▪ *LE SPERME :* liquide visqueux et blanchâtre produit par les organes sexuels mâles, qui sert à la reproduction. *Le sperme contient les spermatozoïdes. Son mari a donné son sperme pour que l'on procède à une insémination artificielle. La BANQUE DU SPERME stocke le sperme.*

SPHÈRE [sfɛʀ] n. f. **1.** *UNE SPHÈRE :* surface fermée qui a la forme d'une boule, dont tous les points sont à égale distance du centre. *La Terre a la forme d'une sphère aplatie aux deux pôles.* **2.** *LA SPHÈRE de :* domaine à l'intérieur duquel s'exerce une activité. → **milieu.** *C'est quelqu'un de très connu dans la sphère du cinéma. Il côtoie les HAUTES SPHÈRES de la politique,* les gens importants des milieux politiques.

SPHÉRIQUE [sfeʀik] adj. (après le nom) ▪ En forme de sphère. → **rond.** *Un ballon de football est sphérique.*

SPHINX [sfɛ̃ks] n. m. **1.** *LE Sphinx :* monstre antique imaginaire, représenté en Grèce avec un corps de lion, des ailes et une tête de femme, et en Égypte avec un corps de lion et une tête d'homme. *Le Sphinx tuait les voyageurs qui ne savaient pas résoudre l'énigme qu'il leur proposait.* **2.** *UN SPHINX :* papillon de nuit. *J'ai vu voler deux sphinx.*

SPINNAKER [spinakɛʀ] n. m. ▪ *UN SPINNAKER :* voile d'avant, très légère, utilisée par les voiliers modernes. *Il y a beaucoup de vent, mettons le spinnaker. - SPI* [spi] forme abrégée familière *Des spis.*

REM. On prononce aussi [spinɛkœʀ].

SPIRALE [spiʀal] n. f. ▪ *UNE SPIRALE :* ligne courbe qui tourne sur elle-même autour d'un axe. *L'avion fait des acrobaties, décrit des spirales. Un ressort est un fil de métal enroulé en spirale. Nous avons un escalier en spirale.* → **colimaçon.** *Il a acheté un cahier À SPIRALE,* un cahier dont les pages sont reliées par une spirale de métal.

SPIRITISME [spiʀitism] n. m. ▪ *LE SPIRITISME :* science occulte fondée sur l'existence et les manifestations des esprits. *Il fait DU SPIRITISME :* il essaie de communiquer avec les esprits des morts.

SPIRITUEL [spiʀitɥɛl], **SPIRITUELLE** [spiʀitɥɛl] adj. (après le nom) **1.** Qui concerne l'âme, l'esprit. *J'accorde beaucoup d'importance à ma vie spirituelle.* (contraire : ① matériel) **2.** Qui a de l'esprit. → **amusant, drôle.** *C'est un homme spirituel. Il fait des plaisanteries très spirituelles. Elle lui a fait une réponse spirituelle.* → **fin.**

SPIRITUEUX [spiʀitɥø] n. m. ▪ *UN SPIRITUEUX :* boisson fortement alcoolisée. → **alcool, liqueur.** *Il tient un commerce de vins et spiritueux.*

SPLENDEUR [splɑ̃dœʀ] n. f. **1.** *LA SPLENDEUR :* beauté donnant une impression de luxe. *Elle est émerveillée par la splendeur de leur maison.* – *C'est le macho DANS TOUTE SA SPLENDEUR !* on ne peut pas être plus macho que lui ! **2.** *UNE SPLENDEUR :* une chose splendide. *Sa bague est une splendeur.* → **merveille.**

SPLENDIDE [splɑ̃did] adj. (après le nom, parfois avant le nom) ▪ Très beau. → **magnifique, superbe.** *Il fait un temps splendide. Ils habitent un splendide appartement.* → **somptueux.** *C'est une fille splendide.*

SPOLIER [spɔlje] verbe [conjugaison 7a] ▪ Priver (qqn) de ce qui lui appartient d'une manière malhonnête. *Il a été spolié de son héritage par ses frères et sœurs.* → **déposséder, dépouiller.** *Il ne spoliera* [spɔliʀa] *jamais sa famille.*

SPONGIEUX [spɔ̃ʒjø], **SPONGIEUSE** [spɔ̃ʒjøz] adj. (après le nom) ▪ Qui est mou et retient l'eau, comme une éponge. *La terre est spongieuse après la pluie.*

SPONSOR [spɔ̃sɔʀ] n. m. ▪ *UN SPONSOR :* personne ou entreprise qui donne de l'argent pour financer un projet, dans le domaine du sport ou de la culture, à des fins publicitaires (→ **mécène).** *Il cherche des sponsors pour pouvoir participer à une course de voiliers.*

REM. **1.** Ce mot vient de l'anglais. **2.** On prononce aussi [spɔnsɔʀ].

SPONSORISER [spɔ̃sɔʀize] verbe [conjugaison 1a] ▪ Financer (un projet) à des fins publicitaires. *Le match est sponsorisé par une compagnie d'assurances.*

SPONTANÉ [spɔ̃tane], **SPONTANÉE** [spɔ̃tane] adj. (après le nom) **1.** (qqch.) Que l'on fait de soi-même, sans y être obligé. *Le coupable a fait des aveux spontanés. Sa réaction a été spontanée.* **2.** (qqn) Qui agit avec naturel, sans calcul. ⟨contraires : affecté, calculateur⟩ *C'est un enfant spontané.*

SPONTANÉITÉ [spɔ̃taneite] n. f. ▪ *LA SPONTANÉITÉ :* qualité d'une personne ou d'une chose spontanée. *La spontanéité de sa réponse prouve sa sincérité. Je trouve que cette fille manque de spontanéité.*

SPONTANÉMENT [spɔ̃tanemɑ̃] adverbe ▪ Avec spontanéité, d'une manière spontanée. *Spontanément, il lui a proposé de l'aider. L'assassin s'est présenté spontanément à la police.*

SPORADIQUE [spɔʀadik] adj. (après le nom) ▪ Qui se produit çà et là, à intervalles irréguliers. *Des mouvements de grève sporadiques risquent de perturber le trafic aérien.* ⟨contraires : constant, fréquent⟩

SPORT [spɔʀ] n. m. et adj. invariable
I. 1. *LE SPORT :* activité physique que l'on pratique régulièrement et qui demande de l'entraînement. *Est-ce que vous FAITES DU SPORT ? Je fais un peu de sport. Nous nous retrouverons au terrain DE SPORT. Elle passe une heure par jour à la salle de sport. Mets tes chaussures de sport. Je me suis acheté des baskets et un jogging dans un magasin de sport,* dans un magasin où l'on vend des articles pour le sport. *Elle conduit une voiture de sport,* une voiture rapide et légère. – STYLE FAMILIER *J'ai fait ça POUR LE SPORT,* sans tirer d'avantage personnel. **2.** *UN SPORT :* chacune des formes particulières et réglementées de cette activité. *Il pratique plusieurs sports. Le golf, le judo, le football sont des sports. Le rugby est un SPORT D'ÉQUIPE. La natation est un SPORT INDIVIDUEL,* un sport que l'on peut pratiquer seul. *Le karaté est un SPORT DE COMBAT.* – *Tous les ans, nous allons aux SPORTS D'HIVER,* nous allons à la montagne pour pratiquer les sports de neige et de glace, comme le ski, la luge, le patin à glace, etc.
II. adjectif invariable (après le nom) STYLE FAMILIER (vêtement) Qui est bien pour la campagne, pour la promenade. *Elle a mis une robe sport* (opposé à habillé). PLURIEL : *des chaussures sport.*

SPORTIF [spɔʀtif] adj. et n. m., **SPORTIVE** [spɔʀtiv] adj. et n. f.
I. adjectif (après le nom) **1.** Qui concerne le sport. *Elle a participé à une compétition sportive. Nous attendons les résultats sportifs du week-end. Il est journaliste sportif à la télévision.* **2.** (qqn) Qui aime le sport et le pratique. *Mon fils est un garçon très sportif.*
II. *UN SPORTIF, UNE SPORTIVE :* une personne qui fait régulièrement du sport. *C'est une vraie sportive.*

SPOT [spɔt] n. m. ▪ *UN SPOT* **1.** Petit projecteur. *La scène est éclairée par des spots. Il faut changer l'ampoule du spot de la cuisine.* **2.** *UN SPOT PUBLICITAIRE :* bref passage publicitaire, à la radio ou à la télévision. *Le film est entrecoupé de spots publicitaires.*

SPRINT [spʀint] n. m. ▪ *LE SPRINT :* moment où les coureurs vont le plus vite possible, à la fin d'une course. *Il a battu ses adversaires AU SPRINT.* – STYLE FAMILIER *J'ai PIQUÉ UN SPRINT pour attraper mon bus,* j'ai couru très vite sur une petite distance.

SPRINTER [spʀinte] verbe [conjugaison 1a] ▪ Accélérer et courir très vite, à la fin d'une course. *Il va falloir qu'il sprinte s'il veut remporter la course.*

SQUARE [skwaʀ] n. m. ▪ *UN SQUARE :* petit jardin public, généralement entouré de grilles, dans une ville. *Dans mon quartier, il y a plusieurs squares. Les enfants sont au square. Ils jouent dans le square.*

① **SQUATTER** [skwatœʀ] n. m. ▪ *UN SQUATTER :* une personne qui s'installe dans un logement vide et l'occupe, sans en avoir le droit. *Des squatters occupent l'immeuble qui doit être bientôt démoli.*

② **SQUATTER** [skwate] verbe [conjugaison 1a] ▪ Occuper (un logement vide) sans en avoir le droit. *De jeunes chômeurs squattent l'usine en démolition.*

SQUELETTE [skəlɛt] n. m. **1.** *LE SQUELETTE :* ensemble des os du corps. *Tous les animaux vertébrés ont un squelette.* → **vertébré.** *Le squelette de l'homme compte deux cent huit os.* → **ossature.** – *Sur cette radio, on voit bien le squelette de sa main,* l'ensemble des os de sa main. **2.** *UN SQUELETTE :* tous les os du corps, dépouillés des tissus, conservés dans la position qu'ils ont dans le corps vivant. *On a trouvé un squelette de vache dans la montagne.* – *Ce n'est plus qu'un squelette ambulant,* il est devenu très maigre (→ **squelettique).**

SQUELETTIQUE [skəletik] adj. (après le nom) ▪ Qui fait penser à un squelette. *Ce chien est d'une maigreur squelettique,* il est très maigre. *Elle est squelettique.* → **décharné.**

SRI LANKA [sʀilɑ̃ka] nom propre masculin ▪ *LE SRI LANKA :* île située au sud-est de l'Inde, qui constitue une république. *Autrefois, le Sri Lanka s'appelait Ceylan. Nous sommes allés au Sri Lanka. Ils reviennent du Sri Lanka.*

REM. Le Sri Lanka est un important producteur du *thé de Ceylan.*

ST [sɛ̃] adjectif (avant le nom) ▪ Abréviation de **saint.** *Ils habitent boulevard St-Germain, à Paris.*

STABILISER [stabilize] verbe [conjugaison 1a] **1.** Rendre stable. *Le gouvernement a stabilisé les prix.* **2.** verbe pronominal SE STABILISER : devenir stable. *La situation s'est stabilisée. Son poids se stabilise,* il ne varie plus.

STABILITÉ [stabilite] n. f. ▪ *LA STABILITÉ* **1.** État de ce qui est stable, reste en équilibre. (contraire : instabilité) *Vérifie la stabilité de l'échelle avant de monter dessus.* → **équilibre. 2.** État de ce qui ne change pas. *Le gouvernement garantit la stabilité des prix.* → **permanence.**

STABLE [stabl] adj. (après le nom) **1.** Qui ne change pas, reste toujours dans le même état. (contraire : instable) *Le pays a un gouvernement stable.* → **durable.** *Le temps est stable depuis une semaine.* (contraire : changeant) *Le dollar est stable.* **2.** (qqch.) Qui a un bon équilibre. *La table n'est pas très stable, il faut mettre une cale sous un pied.*

① **STADE** [stad] n. m. ▪ *UN STADE :* terrain de sport. *Les élèves vont au stade pour leur cours de gymnastique. Les deux équipes de football s'affrontent sur le stade olympique.*

② **STADE** [stad] n. m. ▪ *UN STADE :* moment, étape dans ce qui change, évolue. *L'adolescence est un stade délicat de la croissance.* → **période, phase.** *L'entreprise en est encore au stade artisanal. L'embryon passe par plusieurs stades avant de devenir un fœtus.*

STAGE [staʒ] n. m. ▪ *UN STAGE :* période pendant laquelle on se forme, on se perfectionne dans une activité ou dans un métier. *Il suit un stage d'informatique. Les étudiants de dernière année doivent faire des stages en entreprise. Ma fille fait un stage de voile pendant les vacances.* – *Elle est EN STAGE dans la société* (→ **stagiaire).**

> FAUX AMIS
> anglais **stage** « scène de théâtre » ; polonais **staż**, russe **стаж** « ancienneté, expérience »

STAGIAIRE [staʒjɛʀ] n. m., n. f. ▪ *UN STAGIAIRE, UNE STAGIAIRE :* personne qui suit un stage. *Son fils est stagiaire dans une compagnie d'assurances. La jeune stagiaire est initiée à son nouveau métier par le chef du service.*

STAGNANT [stagnɑ̃], **STAGNANTE** [stagnɑ̃t] adj. (après le nom) **1.** (liquide) Qui ne s'écoule pas, ne coule pas. *Les eaux stagnantes des marais dégagent une mauvaise odeur.* → **dormant.** (contraire : vif) **2.** (activité) Qui ne fait aucun progrès, reste peu actif. *L'économie du pays est stagnante.* (contraire : actif)

REM. Le *g* et le *n* se prononcent séparément [stagnɑ̃], [stagnɑ̃t].

STAGNATION [stagnasjɔ̃] n. f. ▪ *LA STAGNATION :* état d'immobilité, d'inertie (d'une activité). *La stagnation de l'économie inquiète le gouvernement.* → **inertie, marasme.**

REM. Le *g* et le *n* se prononcent séparément [stagnasjɔ̃].

STAGNER [stagne] verbe [conjugaison 1a] **1.** (liquide) Rester immobile sans couler. *Un peu d'eau sale stagne au fond du lavabo.* → **croupir. 2.** Ne pas changer, ne pas évoluer. *Il ne fait aucun progrès : il stagne dans la médiocrité.* → **piétiner.** *Les affaires stagnent.*

REM. Le *g* et le *n* se prononcent séparément [stagne].

STALINIEN [stalinjɛ̃] adj. et n. m., **STALINIENNE** [stalinjɛn] adj. et n. f. **1.** adjectif (après le nom) Relatif à Staline, à sa politique et à celle de ses partisans. *Le régime stalinien était autoritaire jusqu'à la tyrannie. La dictature stalinienne a pris fin en 1953.* **2.** *UN STALINIEN, UNE STALINIENNE :* partisan de Staline et de ses méthodes. *C'était une stalinienne convaincue.*

STALLE [stal] n. f. ▪ *UNE STALLE* **1.** Siège de bois à haut dossier, dans une église. *Il y a deux rangées de stalles de chaque côté du chœur de la cathédrale.* **2.** Compartiment cloisonné réservé à un cheval, dans une écurie. *Les chevaux s'agitent dans leurs stalles.*

> FAUX AMI
> grec **στάλα** « goutte »

STAND [stɑ̃d] n. m. ▪ *UN STAND* **1.** Emplacement aménagé pour tirer sur des cibles. *Au stand de tir de la fête foraine, on tire à la carabine.* **2.** Emplacement réservé à un exposant, dans une foire, une exposition, une fête foraine. *Les hôtesses accueillent les visiteurs sur les stands de l'exposition.* **3.** Sur un circuit automobile, lieu où les voitures peuvent s'arrêter pendant la course. *La voiture numéro 3 s'est arrêtée à son stand pour faire le plein d'essence.*

① **STANDARD** [stɑ̃daʀ] adj. invariable **1.** Conforme à un type de fabrication en série. *Préférez-vous le modèle standard ou le modèle de luxe ?* PLURIEL : *ce jeu vidéo fonctionne avec des piles standard.* – *Le magasin nous a fait un ÉCHANGE STANDARD de l'appareil défectueux,* il nous a échangé l'appareil défectueux contre un appareil neuf. **2.** Conforme au modèle habituel, sans originalité. *La lettre se termine par une formule de politesse standard.* → **banal.**

② **STANDARD** [stɑ̃daʀ] n. m. ▪ *UN STANDARD :* appareil qui permet de faire communiquer les postes téléphoniques d'une administration, d'une entreprise, avec l'extérieur ou d'un poste intérieur à l'autre. *Pour appeler l'extérieur, il faut passer par le standard.*

STANDARDISATION [stɑ̃daʀdizasjɔ̃] n. f. ▪ *LA STANDARDISATION :* réduction des procédés de fabrication et des types de modèles fabriqués. *La standardisation permet de trouver plus facilement des pièces détachées.*

STANDARDISER [stɑ̃daʀdize] verbe [conjugaison 1a] ▪ Rendre standard. → **uniformiser.** *L'usine a standardisé la fabrication de tous ses modèles.* – *Les produits standardisés coûtent moins cher.*

STANDARDISTE [stɑ̃daʀdist] n. m., n. f. ▪ *UN STANDARDISTE, UNE STANDARDISTE :* personne chargée d'un standard téléphonique. *La standardiste me passe une communication.*

STANDING [stɑ̃diŋ] n. m. ▪ *LE STANDING :* niveau de vie. *Il cherche à améliorer son standing.* – *Nos amis habitent un immeuble DE GRAND STANDING,* de luxe.

REM. *Standing* est un mot anglais.

STAPHYLOCOQUE [stafilɔkɔk] n. m. ▪ *UN STAPHYLOCOQUE :* bactérie qui se présente en grappes et qui est responsable de diverses infections. *Les furoncles sont dus à un staphylocoque.*

STAR [staʀ] n. f. ▪ *UNE STAR* **1.** Célèbre vedette de cinéma. → **étoile.** *Les stars d'Hollywood ont de somptueuses villas.* **2.** Personne célèbre, en vue. *Ce présentateur de télévision est une star des médias.*

REM. **1.** *Star* est un mot anglais qui veut dire « étoile ». Il est féminin en français, même quand il s'applique à un homme. **2.** L'emploi de *vedette* est devenu plus courant.

STARTER [staʀtɛʀ] n. m. ▪ *LE STARTER :* dispositif qui aide le moteur d'une voiture à démarrer. *Sur ma voiture, il faut mettre le starter pour démarrer.* → **démarreur.**

REM. Ce mot vient de l'anglais.

STATION [stasjɔ̃] n. f. ▪ *UNE STATION* **1.** Arrêt, halte. *Les deux amies font de longues stations devant les boutiques.* **2.** Le fait de se tenir d'une certaine façon. *La station debout le fatigue beaucoup.* → **position. 3.** Emplacement réservé à l'arrêt de certains véhicules. *Il y a du monde devant la station de taxis. Les voyageurs du métro montent et descendent à chaque station. Je descends à la prochaine station d'autobus.* → **arrêt. 4.** Lieu où l'on séjourne dans un but précis. *Nous faisons du ski dans une*

STATION DE SPORTS D'HIVER des Pyrénées. Deauville est une célèbre STATION BALNÉAIRE de la côte normande, une ville touristique au bord de la mer. **5.** Lieu où l'on effectue des observations, des recherches scientifiques. *Il travaille dans une STATION MÉTÉOROLOGIQUE.* **6.** *Une STATION DE RADIO, une STATION DE TÉLÉVISION :* ensemble des installations d'un émetteur de radio, de télévision. *Il est journaliste dans une station de radio. Quelle station écoutes-tu ?* **7.** Lieu où se fait un certain travail. *L'automobiliste s'arrête pour faire le plein à la STATION D'ESSENCE.* → **station-service.**

FAUX AMIS
anglais **station**,
roumain **stație** «gare»

STATIONNAIRE [stasjɔnɛʀ] adj. (après le nom)**.** (état) Qui n'évolue pas. *Le malade est dans un état stationnaire.*

STATIONNEMENT [stasjɔnmɑ̃] n. m. **.** *LE STATIONNEMENT :* le fait de stationner, de garer son véhicule. *Le stationnement est interdit de ce côté de la rue. Il met des pièces dans le compteur de stationnement* (→ **parcmètre**).

STATIONNER [stasjɔne] verbe [conjugaison 1a]**.** (véhicule, conducteur) Être garé le long de la voie publique. *Plusieurs voitures stationnent sur le boulevard. C'est interdit de stationner devant les porches.*

STATION-SERVICE [stasjɔ̃sɛʀvis] n. f. **.** *UNE STATION-SERVICE :* emplacement où l'on distribue de l'essence aux véhicules et où l'on effectue l'entretien courant et les petites réparations. *Il s'arrête à la station-service pour prendre de l'essence.* PLURIEL : *des STATIONS-SERVICE.*

STATISTIQUES [statistik] n. f. pluriel **.** *LES STATISTIQUES :* chiffres qui permettent de comparer ou d'expliquer certaines choses dans un domaine particulier et qui aident à faire des prévisions, à calculer des probabilités. *On fait des statistiques sur les naissances, les décès, les prix, le chômage.*

STATUE [staty] n. f. **.** *UNE STATUE :* sculpture qui représente un être vivant en entier. *Il y a des statues dans le parc du château de Versailles. Une statue équestre du roi se dresse sur la place.*

REM. *Statut* «situation d'une personne dans la société» se prononce de la même façon.

STATUER [statɥe] verbe [conjugaison 1a] **.** *STATUER SUR :* prendre une décision sur (un cas). *Le gouvernement statuera* [statyʀa] *sur le cas de ces réfugiés.*

STATUETTE [statɥɛt] n. f. **.** *UNE STATUETTE :* petite statue. *Une statuette d'ivoire est posée sur la cheminée.*

STATUFIER [statyfje] verbe [conjugaison 7a]**.** Représenter (qqn) par une statue, élever une statue à (qqn). *Un sculpteur statufiera* [statyfiʀa] *le célèbre écrivain.*

STATU QUO [statykwo] n. m. invariable**.** *LE STATU QUO :* état actuel des choses. *Comme personne n'était d'accord, on a maintenu le statu quo.* PLURIEL : *des statu quo.*

REM. *Statu quo* vient du latin *in statu quo ante* «dans l'état où (les choses étaient) auparavant».

STATURE [statyʀ] n. f. **.** *LA STATURE* **1.** Taille et allure générale du corps. *Il a une stature d'athlète.* **2.** Importance, valeur d'une personne. *Le Président est un homme d'État de stature internationale.*

STATUT [staty] n. m. **.** *UN STATUT* **1.** Situation d'une personne, d'un groupe, dans la société. *Les professeurs de lycée ont le statut de fonctionnaire. Le statut des femmes a beaucoup changé au cours de l'histoire.* → **condition. 2.** (au pluriel) LES STATUTS : ensemble de règles qui définissent le fonctionnement d'une société, d'une association. *Notre association a déposé ses statuts.*

REM. *Statue* «sculpture» se prononce de la même façon.

STEAK [stɛk] n. m. **.** *UN STEAK :* tranche de bœuf grillée. *Il mange un steak avec des frites.* → **bifteck.** *J'ai acheté trois steaks.*

REM. *Steak* est un mot anglais.

STÈLE [stɛl] n. f. **.** *UNE STÈLE :* monument fait d'une pierre qui porte une inscription, des ornements sculptés. *La tombe est surmontée d'une stèle de marbre.*

STELLAIRE [stelɛʀ] adj. (après le nom)**.** Relatif aux étoiles. *L'astronome observe au télescope un amas stellaire,* un groupe d'étoiles.

STÉNO n. f. Forme abrégée familière de **sténographie.**

STÉNODACTYLO [stenodaktilo] n. m., n. f. **.** *UN STÉNODACTYLO, UNE STÉNODACTYLO :* personne qui connaît la sténo et qui sait taper à la machine. *Le patron dicte son courrier à la sténodactylo. L'entreprise emploie plusieurs sténodactylos.*

STÉNOGRAPHIE [stenɔgʀafi] n. f. **.** *LA STÉNOGRAPHIE :* écriture abrégée et simplifiée qui permet de noter les paroles aussi vite qu'elles sont prononcées. *Elle connaît la sténographie.* - *STÉNO* [steno] forme abrégée familière *La secrétaire prend une lettre en sténo.*

REM. *Sténo* est beaucoup plus courant que *sténographie.*

STEPPE [stɛp] n. f. **.** *LA STEPPE :* grande plaine au climat sec et à la végétation constituée d'herbe rase. *Nous avons vu un documentaire sur les peuples des steppes d'Asie centrale.*

STÉRÉO [steʀeo] adj. invariable et n. f. **1.** adjectif invariable (après le nom) Stéréophonique. *Cet enregistrement stéréo est de très bonne qualité.* PLURIEL : *il a deux chaînes stéréo.* **2.** *LA STÉRÉO :* stéréophonie. *J'écoute une émission de radio en stéréo.*

STÉRÉOPHONIE [steʀeɔfɔni] n. f. **.** *LA STÉRÉOPHONIE :* façon d'enregistrer et de reproduire les sons qui donne l'impression qu'ils viennent de plusieurs directions. *L'enregistrement de ce disque a été réalisé en stéréophonie.* → **stéréo.**

REM. L'abréviation *stéréo* est beaucoup plus employée que *stéréophonie.*

STÉRÉOPHONIQUE [steʀeɔfɔnik] adj. (après le nom) **.** (son, enregistrement) Qui utilise le principe de la stéréophonie. *Le son stéréophonique est excellent.* → **stéréo.**

REM. On dit plutôt *stéréo.*

STÉRÉOTYPE [steʀeɔtip] n. m. **.** *UN STÉRÉOTYPE :* idée, opinion toute faite, sans originalité. *Il nous a fait un discours rempli de stéréotypes.* → **cliché.**

STÉRÉOTYPÉ [steʀeɔtipe], **STÉRÉOTYPÉE** [steʀeɔtipe] adj. (après le nom)**.** Tout fait, figé. *Quand il parle, il emploie des formules stéréotypées.* ⟨contraire : original⟩ *La star de cinéma a un sourire stéréotypé.*

STÉRILE [steʀil] adj. (après le nom) **1.** (être vivant) Qui ne peut pas se reproduire. *Le mulet est un animal stérile. Les couples stériles ne peuvent pas avoir d'enfant.* ⟨contraire : fécond⟩ **2.** (terre, sol) Que l'on ne peut pas cultiver. → **aride, pauvre.** *Rien ne pousse sur ce sol stérile.* ⟨contraire : fertile⟩ **3.** Où il n'y a pas de microbe. *L'infirmière pose une compresse stérile sur la plaie. Les grands brûlés doivent rester en milieu stérile pour guérir.* **4.** Qui ne donne aucun résultat positif. *Tous ses efforts sont demeurés stériles.* → **inefficace.**

STÉRILET [steʀilɛ] n. m. ▪ *UN STÉRILET :* petit objet de cuivre placé dans l'utérus d'une femme pour l'empêcher d'avoir des enfants. *Sa femme a un stérilet. Les stérilets sont des contraceptifs.*

STÉRILISATION [steʀilizasjɔ̃] n. f. ▪ *LA STÉRILISATION :* opération qui consiste à détruire les microbes. *On pratique la stérilisation du lait en le faisant bouillir.*

STÉRILISER [steʀilize] verbe [conjugaison 1a] ▪ Enlever les microbes de (qqch.). *L'infirmière stérilise la blessure à l'alcool.* → **désinfecter.** - *Le lait stérilisé se conserve longtemps,* le lait pasteurisé.

STÉRILITÉ [steʀilite] n. f. ▪ *LA STÉRILITÉ* **1.** (être vivant) Impossibilité de se reproduire, d'avoir des enfants, des petits. ⟨contraire : fécondité⟩ *Sa femme a suivi un traitement contre la stérilité.* **2.** (sol, terre) État de ce qui ne produit pas de fruits, de végétaux. *Les paysans de la région se plaignent de la stérilité du sol.* ⟨contraire : fertilité⟩ **3.** Caractère de ce qui est stérile, de ce qui ne donne aucun résultat positif. *La stérilité du débat est consternante.* **4.** Absence de microbes, de germes. *Les chirurgiens veillent à la stérilité de leurs instruments.*

STERNUM [stɛʀnɔm] n. m. ▪ *LE STERNUM :* os plat et allongé, situé sur le devant du thorax et auquel s'attachent les sept premières paires de côtes. *L'accident lui a enfoncé le sternum.*

STÉTHOSCOPE [stetɔskɔp] n. m. ▪ *UN STÉTHOSCOPE :* instrument qui sert à écouter les bruits de l'intérieur du corps. *Le médecin ausculte le malade avec son stéthoscope.*

STEWARD [stiwaʀt] n. m. ▪ *UN STEWARD :* homme qui s'occupe des passagers d'un avion ou d'un bateau et qui leur sert des boissons et des repas pendant le voyage. *Le steward propose une boisson fraîche aux passagers pendant le vol. Il y a deux stewards et deux hôtesses dans l'avion.* - *STEW* [stju] forme abrégée familière *Un stew. Des stews.*

REM. *Steward* est un mot anglais.

STICK [stik] n. m. ▪ *UN STICK :* produit présenté sous forme de bâtonnet. *J'ai acheté un stick de colle.*

REM. Ce mot vient de l'anglais.

STIMULANT [stimylɑ̃] adj. et n. m., **STIMULANTE** [stimylɑ̃t] adj. **1.** adjectif (après le nom) Qui stimule, encourage. → **motivant.** *Le succès est stimulant. Il existe une concurrence très stimulante entre les deux adversaires.* **2.** *UN STIMULANT :* ce qui stimule, augmente l'énergie, l'ardeur d'une personne. *La difficulté est un puissant stimulant.*

STIMULATEUR [stimylatœʀ] n. m. ▪ *UN STIMULATEUR CARDIAQUE :* appareil implanté dans le thorax pour stimuler les contractions du cœur. *Mon grand-père a un stimulateur cardiaque depuis son infarctus.*

REM. L'emploi de ce mot est recommandé à la place de l'anglicisme *pacemaker.*

STIMULER [stimyle] verbe [conjugaison 1a] **1.** Augmenter l'énergie, l'activité de (qqn) ; inciter, pousser à agir. *Les compliments le stimulent.* → **encourager.** - *Le grand air stimule l'appétit.* - *Elle se sent stimulée.* **2.** Augmenter l'activité de (qqch.). *Les nouvelles mesures du gouvernement stimuleront les exportations.* → **relancer.**

STIPULER [stipyle] verbe [conjugaison 1a] ▪ Faire savoir, dire avec précision. *Le règlement de la société STIPULE QUE les horaires de travail sont de neuf heures à dix-huit heures.* → **préciser, spécifier.**

STOCK [stɔk] n. m. ▪ *UN STOCK* **1.** Quantité de marchandises en réserve. *Les stocks sont rangés dans un entrepôt. Nous n'avons plus cet article EN STOCK. La société qui fabrique le produit est EN RUPTURE DE STOCK,* elle n'a plus ce produit disponible dans ses réserves. **2.** STYLE FAMILIER Choses gardées en réserve. *Il fait un stock de cigarettes dans un tiroir de son bureau.* → **provision.** *Tu peux garder ce stylo, j'en ai tout un stock !* j'en possède une grande quantité.

STOCKER [stɔke] verbe [conjugaison 1a] ▪ Garder en stock, en réserve. *Elle stocke des conserves dans le placard de la cuisine.* - *Les marchandises sont stockées dans un hangar,* elles y sont entreposées.

STOÏQUE [stɔik] adj. (après le nom) ▪ Courageux et impassible. *Il reste stoïque face au danger.* → **héroïque.** *Elle est stoïque sous les insultes.* - *Il fait preuve d'un courage stoïque dans la maladie.*

STOMACAL [stɔmakal], **STOMACALE** [stɔmakal] adj. (après le nom) ▪ De l'estomac. → **gastrique.** *Il a des douleurs stomacales.* PLURIEL : *des troubles STOMACAUX* [stɔmako].

REM. Ce mot appartient au vocabulaire de la médecine.

STOMATOLOGIE [stɔmatɔlɔʒi] n. f. ▪ *LA STOMATOLOGIE :* spécialité de la médecine qui traite des maladies de la bouche et des dents. *Ce dentiste est diplômé en stomatologie.*

STOP [stɔp] interjection et n. m.

I. interjection **1.** *STOP ! :* cri qui ordonne de s'arrêter. *Stop ! N'allez pas plus loin !* → **halte.** **2.** Mot employé en dictant un télégramme pour séparer nettement les phrases. *Arrive lundi soir – stop – amitiés – stop*

II. *UN STOP* **1.** Panneau du code de la route qui oblige à s'arrêter. *Les voitures doivent respecter les stops. Le conducteur imprudent a brûlé un stop,* il ne s'est pas arrêté devant le panneau. **2.** STYLE FAMILIER Auto-stop. *Deux jeunes gens FONT DU STOP à l'entrée de l'autoroute. Son fils est allé de Paris à Nice EN STOP.*

STOPPER [stɔpe] verbe [conjugaison 1a] **1.** Faire s'arrêter (une machine, un véhicule). *« Stoppez les machines ! » ordonne le capitaine du navire.* **2.** Arrêter, empêcher de continuer. *Les ouvriers ont stoppé la grève qu'ils menaient depuis un mois.* **3.** S'arrêter. *Les manifestants ont fait stopper le train en rase campagne. La voiture a stoppé brutalement.* → **piler.**

STORE [stɔʀ] n. m. ▪ *UN STORE :* rideau rigide fait de tissu épais ou de lattes de métal, de bois ou de plastique, que l'on déroule devant une fenêtre, à l'intérieur ou à l'extérieur. *Baisse le store, il y a trop de soleil. Dans le salon, il y a un store vénitien,* un store à lames horizontales que l'on peut orienter.

STRABISME [stʀabism] n. m. ▪ *LE STRABISME :* défaut de la vision, qui fait qu'une personne louche. *Mon fils a un léger strabisme,* il louche légèrement.

STRANGULATION [stʀɑ̃gylasjɔ̃] n. f. ▪ *LA STRANGULATION :* le fait d'étrangler une personne. *La victime est morte par strangulation.* → **étranglement.**

STRAPONTIN [stʀapɔ̃tɛ̃] n. m. ▪ *UN STRAPONTIN :* petit siège d'appoint qui se replie quand il n'est pas utilisé. *Tous les fauteuils sont occupés dans la salle de cinéma, il n'y a plus que les strapontins de libres.*

STRASBOURGEOIS [stʀasbuʀʒwa] adj. et n. m., **STRASBOURGEOISE** [stʀasbuʀʒwaz] adj. et n. f. **1.** adjectif (après le nom) De Strasbourg, ville de l'est de la France. *De nombreux quartiers strasbourgeois sont pittoresques.* **2.** *UN STRASBOURGEOIS, UNE*

STRASBOURGEOISE : un habitant, une habitante de Strasbourg ou une personne qui y est née. *Il a épousé une Strasbourgeoise. Les Strasbourgeois sont des Alsaciens.*

STRATAGÈME [stʀataʒɛm] n. m. ▪ *UN STRATAGÈME* : ruse habile. *Le prisonnier cherche un stratagème pour communiquer avec son voisin de cellule.* → **subterfuge.**

STRATE [stʀat] n. f. ▪ *UNE STRATE* : chacune des couches d'un terrain. *La falaise de craie forme des strates.*

STRATÉGIE [stʀateʒi] n. f. ▪ *UNE STRATÉGIE* **1.** Manière d'organiser une guerre, une bataille. *Le général explique sa stratégie aux officiers pour la bataille qui s'annonce.* **2.** Plan d'action. *Le parti a élaboré une nouvelle stratégie pour les prochaines élections.*

STRATÉGIQUE [stʀateʒik] adj. (après le nom) **1.** Relatif à l'art de la guerre ; qui présente un intérêt militaire. *Les ports ont une importance stratégique dans la guerre navale. Les troupes occupent une position stratégique.* **2.** Qui a une importance déterminante. *Le directeur financier occupe un poste stratégique dans la société.*

STRATIFIÉ [stʀatifje] adj. et n. m., **STRATIFIÉE** [stʀatifje] adj. **1.** adjectif (après le nom) (matière) Disposé en strates, en couches superposées. *La falaise est formée de roches stratifiées. Ces étagères sont en bois stratifié,* elles sont formées de lamelles de bois collées les unes aux autres. **2.** *LE STRATIFIÉ* : matériau rigide et léger formé de couches (de fibres de verre, de lamelles de bois, de feuilles de papier) liées entre elles par de la résine. *La bibliothèque de ma chambre est en stratifié.*

STRATOSPHÈRE [stʀatɔsfɛʀ] n. f. ▪ *LA STRATOSPHÈRE* : couche supérieure de l'atmosphère, située entre dix-huit et cinquante kilomètres de la surface de la Terre. *Il y a très peu de nuages dans la stratosphère.*

STRESS [stʀɛs] n. m. ▪ *LE STRESS* : tension nerveuse provoquée par un choc, un traumatisme. *Le surmenage provoque souvent le stress.* → **angoisse, anxiété.**

REM. Ce mot vient de l'anglais.

STRESSANT [stʀesɑ̃], **STRESSANTE** [stʀesɑ̃t] adj. (après le nom) ▪ Qui provoque le stress, l'angoisse. *Les habitants des villes mènent une vie stressante.*

STRESSÉ [stʀese], **STRESSÉE** [stʀese] adj. (après le nom) ▪ Qui souffre de stress, d'angoisse, d'anxiété. *Son mari est perpétuellement stressé dans son nouveau travail. C'est une femme stressée.* → **angoissé, anxieux.**

STRESSER [stʀese] verbe [conjugaison 1a] ▪ Causer un stress, une tension à (qqn). *Toute cette masse de travail à faire me stresse.* - *Les habitants des grandes villes sont stressés par le bruit.*

STRETCH [stʀɛtʃ] n. m. ▪ *LE STRETCH* : tissu traité de manière à être élastique, à pouvoir s'étirer dans le sens de la largeur. *Elle a un pantalon en stretch.* - *Cette robe est en velours stretch.*

STRICT [stʀikt], **STRICTE** [stʀikt] adj. (après le nom, parfois avant le nom) **1.** (après le nom) Qui laisse peu de liberté. *Dans cette école, le règlement est strict.* → **astreignant.** (contraire : souple) *Il a été élevé avec des principes très stricts.* → **rigide, rigoureux.** *Les ordres sont stricts,* ils doivent être absolument respectés. - (avant le nom) *C'est la stricte vérité.* → **exact, pur. 2.** (après le nom) (qqn) Qui ne tolère aucun relâchement, aucune négligence. *Ses parents sont très stricts avec lui.* → **sévère. 3.** (avant ou après le nom) (qqch.) Qui constitue un minimum. *Vous n'êtes pas obligé de répondre, c'est votre droit le plus strict. N'emporte que le strict nécessaire. Ils se sont mariés dans la stricte intimité. Il emploie le mot AU SENS STRICT,* avec son premier sens. → **littéral,** ② **propre. 4.** (après le nom) Très correct et sans ornement. → **sobre.** *Elle s'habille d'une manière stricte.* (contraire : débraillé)

STRICTEMENT [stʀiktəmɑ̃] adverbe **1.** D'une manière simple et sans fantaisie. *Elle est toujours habillée très strictement.* **2.** D'une manière stricte. *C'est une affaire strictement privée.* → **rigoureusement.**

STRIDENT [stʀidɑ̃], **STRIDENTE** [stʀidɑ̃t] adj. (après le nom) ▪ (bruit) Très aigu et très fort. *On a entendu un cri strident. Elle parle d'une voix stridente. Je n'aime pas les sons stridents.*

STRIE [stʀi] n. f. ▪ *UNE STRIE* : petite rayure en relief. *Le coquillage est marqué de fines stries parallèles.*

STRING [stʀiŋ] n. m. ▪ *UN STRING* : slip très petit, laissant les fesses nues. *Elle n'a sur elle qu'un string de dentelle noire.*

REM. *String* est un mot anglais.

STRIP-TEASE [stʀiptiz] n. m. ▪ *UN STRIP-TEASE* : spectacle au cours duquel une personne se déshabille peu à peu en musique. *Nous sommes allés voir un numéro de strip-tease dans un cabaret. La danseuse fait un strip-tease devant les clients. Il fait du strip-tease.* PLURIEL : *des STRIP-TEASES.*

REM. Ce mot vient de l'anglais.

STROPHE [stʀɔf] n. f. ▪ *UNE STROPHE* : ensemble de plusieurs vers séparés des autres, et dont les rimes sont disposées d'une manière particulière. *Dans un sonnet, il y a deux strophes de quatre vers, puis deux strophes de trois vers.*

STRUCTURE [stʀyktyʀ] n. f. ▪ *UNE STRUCTURE* : manière dont les parties d'une chose sont assemblées, organisées. *Les élèves étudient la structure d'un poème de Victor Hugo.* → **composition.** *Les physiciens ont peu à peu découvert la structure de la matière.* - *Le gouvernement a entrepris des réformes DE STRUCTURE,* des réformes essentielles, profondes, qui touchent l'ensemble d'un domaine (→ **structurel).**

STRUCTUREL [stʀyktyʀɛl], **STRUCTURELLE** [stʀyktyʀɛl] adj. (après le nom) ▪ Des structures. *Des réformes structurelles sont en cours dans le pays,* des réformes profondes, qui touchent l'ensemble du domaine.

STRUCTURER [stʀyktyʀe] verbe [conjugaison 1a] ▪ Donner une structure à. *Il faut qu'il structure son récit,* qu'il en organise les différentes parties. *Vous structurerez* [stʀyktyʀʀe] *votre dissertation.*

STUC [styk] n. m. ▪ *LE STUC* : matière faite de plâtre (ou de poussière de marbre) et de colle, qui imite le marbre. *Le plafond du salon a de belles moulures en stuc.*

STUDIEUX [stydjø], **STUDIEUSE** [stydjøz] adj. (après le nom) **1.** (qqn) Qui travaille avec application, aime étudier. *Leur fille est une élève studieuse.* → **appliqué.** (contraire : paresseux) **2.** (qqch.) Favorable ou consacré à l'étude, au travail. *Il a passé des vacances studieuses à préparer son examen.*

STUDIO [stydjo] n. m. ▪ *UN STUDIO* **1.** Appartement formé d'une seule pièce principale. *Ma fille et son copain habitent dans un studio.* **2.** Lieu aménagé pour tourner des films, des émissions télévisées ou pour faire des enregistrements. *Cette scène du film a été tournée EN STUDIO. Nous avons visité des studios de télévision.* **3.** Petite salle de cinéma où l'on passe des films pour cinéphiles. *J'ai vu ce vieux film classique dans un studio d'art et d'essai.*

FAUX AMI
italien **studio**
« cabinet, atelier »

STUP n. m. Forme abrégée familière de **stupéfiant.**

STUPÉFACTION [stypefaksjɔ̃] n. f. ▪ *LA STUPÉFACTION :* étonnement qui rend incapable d'agir. → **stupeur.** *L'incident a plongé tout le monde dans la plus profonde stupéfaction. Elle est entrée, À LA STUPÉFACTION GÉNÉRALE.*

STUPÉFAIT [stypefɛ], **STUPÉFAITE** [stypefɛt] adj. (après le nom) ▪ Étonné au point de ne plus pouvoir agir ou réagir. → **abasourdi, ébahi, éberlué, interdit, interloqué, sidéré, surpris ;** STYLE FAMILIER **estomaqué.** *Elle est restée STUPÉFAITE D'apprendre cette nouvelle. - Il a l'air stupéfait.*

REM. Ne pas confondre avec *stupéfié* le participe passé du verbe *stupéfier : il m'a stupéfié, je suis stupéfait.*

STUPÉFIANT [stypefjɑ̃] adj. et n. m., **STUPÉFIANTE** [stypefjɑ̃t] adj. 1. adjectif (après le nom) Très étonnant. → **incroyable, renversant.** *J'ai appris une nouvelle stupéfiante !* 2. *UN STUPÉFIANT :* drogue dont l'usage provoque une dépendance (→ **toxicomanie).** *La police lutte contre le trafic et la consommation de stupéfiants. La brigade des stupéfiants a saisi de l'héroïne.* - *STUP* [styp] forme abrégée familière *La brigade des stups est intervenue.*

STUPÉFIER [stypefje] verbe [conjugaison 7a] ▪ Étonner de manière à rendre incapable de réagir. → **sidérer.** *Ce qu'il a réussi à faire me stupéfie. Ça nous a stupéfiés. Cette nouvelle, lorsqu'elle sera sue, stupéfiera* [stypefiʀa] *le monde.*

STUPEUR [stypœʀ] n. f. ▪ *LA STUPEUR :* étonnement profond qui laisse sans réaction. *La stupeur a été totale.* → **stupéfaction.** *Il est resté muet de stupeur. À notre grande stupeur, il est venu avec sa maîtresse.*

STUPIDE [stypid] adj. (après le nom) ▪ Idiot, sans intelligence. ⟨contraire : intelligent⟩ *Vous êtes stupide ! Ce film est parfaitement stupide.* → **bête, idiot.** *Elle a fait une remarque stupide. - C'est un accident stupide,* qui aurait dû et pu être évité.

STUPIDITÉ [stypidite] n. f. 1. *LA STUPIDITÉ :* bêtise. *Elle est d'une stupidité incroyable.* ⟨contraire : intelligence⟩ 2. *UNE STUPIDITÉ :* chose stupide. *J'en ai assez de ces gosses qui regardent des stupidités à la télévision !* → **ânerie, idiotie ;** STYLE FAMILIER **connerie.**

STYLE [stil] n. m. ▪ *LE STYLE* 1. Manière de s'exprimer par le langage écrit. *Le style de ce romancier est original. C'est écrit dans un style remarquable. Elle écrit dans un STYLE FAMILIER,* en utilisant des mots et des expressions que l'on emploie dans la conversation courante. *« C'est une nana assez sympa » est une phrase de style familier pour dire « c'est une fille assez sympathique ». Un STYLE RECHERCHÉ :* manière de s'exprimer raffinée, soignée, avec un vocabulaire étudié, et en évitant toute familiarité. *L'expression « avoir la bonne fortune de » pour dire « avoir la chance de », est d'un style recherché.* 2. Ensemble des caractères d'une œuvre d'art qui la fait ressembler à d'autres du même genre ou de la même époque. *L'architecture de style roman est plus simple que l'architecture de style gothique.* 3. Manière de se comporter. *« Il a été insolent ? C'est bien dans son style »,* c'est bien son genre, c'est habituel chez lui. - *Elle a un STYLE DE VIE très simple :* sa manière de vivre, ses habitudes sont simples. 4. Élégance dans les mouvements. *Ce skieur a un très beau style.*

REM. Dans ce dictionnaire, les mots familiers sont précédés de « style familier », les mots très familiers de « style très familier » et les mots recherchés de « style recherché » (→ **familier, recherché).**

STYLÉ [stile], **STYLÉE** [stile] adj. (après le nom) ▪ *Un PERSONNEL (d'hôtel, de restaurant) STYLÉ,* qui sert la clientèle de manière impeccable. *Le personnel de cet hôtel est très stylé. Nous avons eu affaire à un maître d'hôtel stylé.*

STYLET [stilɛ] n. m. ▪ *UN STYLET* 1. Petite tige métallique fine utilisée en chirurgie. *Le chirurgien explore la plaie avec un stylet.* 2. Pointe qui arme la bouche de certains insectes qui piquent. *Les moustiques piquent avec leur stylet.*

REM. Les guêpes et les scorpions ont un *dard.*

STYLISÉ [stilize], **STYLISÉE** [stilize] adj. (après le nom) ▪ Représenté avec des formes simplifiées. *Sur les murs, il y a du papier peint orné de fleurs stylisées.*

STYLISTE [stilist] n. m., n. f. ▪ *UN STYLISTE, UNE STYLISTE :* personne qui crée des modèles pour l'habillement ou l'ameublement. *Elle est styliste dans une maison de couture.*

STYLO [stilo] n. m. ▪ *UN STYLO :* objet servant à écrire, à tracer et qui contient un réservoir d'encre. *Veux-tu un stylo ou un crayon ? Le STYLO À ENCRE est équipé d'une plume, le STYLO À BILLE est équipé d'une petite bille de métal. J'ai plusieurs stylos à bille, qui écrivent de couleurs différentes.* → **stylo-bille.** *J'écris avec un stylo dont la pointe est en feutre.* → **feutre, stylo-feutre.** *Mon stylo fuit. Auriez-vous un stylo à me prêter ?*

FAUX AMI — portugais **estilo** « style »

REM. *Stylo* est l'abréviation de *stylographe,* mot qui ne s'emploie plus.

STYLO-BILLE [stilobij] n. m. ▪ *UN STYLO-BILLE :* stylo équipé d'une petite bille qui dépose en roulant sur le papier l'encre contenue dans le réservoir. *Remets le capuchon de ton stylo-bille.* PLURIEL : *des STYLOS-BILLE.*

STYLO-FEUTRE [stiloføtʀ] n. m. ▪ *UN STYLO-FEUTRE :* stylo dont la pointe imbibée d'encre est en feutre ou en nylon. → **feutre.** *Les enfants font des dessins au stylo-feutre.* PLURIEL : *des STYLOS-FEUTRES.*

su [sy], **sue** [sy] *Il a su la nouvelle ; la nouvelle qu'il a sue :* formes au participe passé du verbe **savoir.**

SUAIRE [sɥɛʀ] n. m. ▪ *UN SUAIRE :* morceau de tissu dans lequel on enveloppe un mort. → **linceul.** *On a enseveli le Christ dans le saint suaire.*

SUAVE [sɥav] adj. (après le nom) ▪ Doux et agréable. *Ces fleurs ont un parfum suave.* ⟨contraire : désagréable⟩

SUBALTERNE [sybaltɛʀn] adj. et n. m. 1. adjectif (après le nom) Inférieur, peu important. *Il occupe un emploi subalterne dans une usine. C'est un employé subalterne.* → **sous-fifre.** 2. *UN SUBALTERNE, UNE SUBALTERNE :* personne subalterne. → **subordonné.** *Ce patron est dur avec ses subalternes,* avec les personnes qui travaillent sous ses ordres.

FAUX AMI — allemand **subaltern** « mesquin »

SUBDIVISER [sybdivize] verbe [conjugaison 1a] ▪ Diviser (une chose, une partie d'une chose qui a déjà été divisée). *Le livre est divisé en chapitres et les chapitres sont subdivisés en paragraphes.*

SUBDIVISION [sybdivizjɔ̃] n. f. ▪ *UNE SUBDIVISION :* partie d'une chose divisée. *Les paragraphes sont des subdivisions à l'intérieur des chapitres d'un livre.*

SUBIR [sybiʀ] verbe [conjugaison 2] 1. Être obligé de supporter (qqch.). *Le suspect subira un interrogatoire de police. Il n'est pas normal que des enfants subissent des violences. Notre armée a subi une grave défaite à Waterloo. - Nous avons subi ce discours ennuyeux pendant deux heures ! - Ne subissez pas, agissez !* 2. Se soumettre volontairement à (un traitement, un examen). *Il a subi une opération chirurgicale :* il a été opéré. 3. Être l'objet d'une modification. *Notre entreprise subit de profonds changements.*

FAUX AMIS — espagnol et portugais **subir** « monter »

SUBIT [sybi], **SUBITE** [sybit] adj. (après le nom) ▪ Qui se produit brusquement. → **brusque, soudain.** ⟨contraire : progressif⟩ *J'ai ressenti une douleur subite. Une vague de froid subite s'est abattue sur le pays.*

> FAUX AMI
> italien **subito** « tout de suite »

SUBITEMENT [sybitmɑ̃] adverbe ▪ Sans qu'on s'y attende. → **brusquement.** *Le pauvre homme est mort subitement. Subitement, il s'est mis à pleuvoir.*

SUBJECTIF [sybʒɛktif], **SUBJECTIVE** [sybʒɛktiv] adj. (après le nom) ▪ Qui change selon la personnalité de chacun. → **personnel.** *Les goûts sont subjectifs. Je ne suis pas d'accord avec toi, tu as un jugement subjectif.* ⟨contraire : ② objectif⟩

SUBJECTIVITÉ [sybʒɛktivite] n. f. ▪ *LA SUBJECTIVITÉ :* l'ensemble des idées personnelles qui se manifestent quand une personne émet une opinion, porte un jugement. ⟨contraire : objectivité⟩ *Les goûts personnels reflètent la subjectivité de chacun.*

SUBJONCTIF [sybʒɔ̃ktif] n. m. ▪ *LE SUBJONCTIF :* mode du verbe qui exprime la volonté, le sentiment, le doute. *Conjuguez le verbe aller au subjonctif présent. Le subjonctif se trouve surtout dans les propositions subordonnées. Dans la phrase « il faut que je fasse des courses », le verbe faire est au subjonctif. Dans « pourvu qu'il vienne ! » le verbe venir est au subjonctif.*

> *le subjonctif*
>
> Il existe quatre temps du subjonctif :
>
> – Le présent du subjonctif est le plus employé : *il faut que je **parte** ; je veux que tu **fasses** cela ; je voudrais qu'il **vienne** ; qu'il **sorte** immédiatement !*
>
> – Le subjonctif passé est également très employé : *il faut que j'**aie fini** dans une heure ; qu'il **soit parti** quand je rentrerai ; je doute qu'il **ait écrit** hier.*
>
> – L'imparfait du subjonctif est surtout utilisé dans la langue écrite : *il fallait que je **partisse** avant leur arrivée ; j'ai ordonné qu'il **partît** immédiatement ; je voulais qu'il **vînt**.*
>
> – Le plus-que-parfait du subjonctif est également utilisé dans la langue écrite : *il aurait fallu que je **fusse parti** avant leur arrivée ; je regrettais qu'il **fût parti**.*
>
> REM. Il n'est pas fautif, de nos jours, de remplacer l'imparfait du subjonctif *(je voulais qu'il **vînt**)* par le subjonctif présent *(je voulais qu'il **vienne**)*.

SUBJUGUER [sybʒyge] verbe [conjugaison 1b] ▪ Séduire beaucoup, par son talent, par son charme. → **conquérir, envoûter.** *L'artiste a subjugué le public. Cet ancien homme politique subjuguait les foules. – J'étais complètement subjugué.*

SUBLIME [syblim] adj. (après le nom, parfois avant le nom) ▪ Très beau, admirable. → **divin.** *Cette musique est sublime. Le paysage est d'une beauté sublime. – La comédienne a été sublime dans cette scène. C'est un sublime comédien.*

SUBMERGER [sybmɛʀʒe] verbe [conjugaison 3b] **1.** (liquide, flot) Recouvrir complètement. *Le fleuve en crue a submergé la plaine.* → **inonder.** *Les prés ont été submergés. Avant la construction des digues, l'eau submergeait les terres.* **2.** *ÊTRE SUBMERGÉ DE :* avoir beaucoup de. *Je suis submergé de travail* **(→ débordé).**

SUBMERSIBLE [sybmɛʀsibl] n. m. ▪ *UN SUBMERSIBLE :* sous-marin conçu pour naviguer aussi en surface. *Les submersibles naviguent mieux en surface que les sous-marins classiques.*

REM. Voir aussi l'adjectif **insubmersible.**

SUBODORER [sybɔdɔʀe] verbe [conjugaison 1a] ▪ STYLE FAMILIER Deviner (qqch. qui n'est pas clair), pressentir. → **flairer.** *Je subodore un mauvais coup. L'attitude de cette collègue n'est pas franche, nous SUBODORONS QU'elle prépare une manœuvre de dernière minute.*

SUBORDINATION [sybɔʀdinasjɔ̃] n. f. ▪ *UNE CONJONCTION DE SUBORDINATION :* mot grammatical qui sert à joindre des mots, deux propositions **(→ conjonction).** *« Quand » et « si » sont des conjonctions de subordination.*

SUBORDONNÉ [sybɔʀdɔne], adj. et n. m., **SUBORDONNÉE** [sybɔʀdɔne] adj. et n. f. **1.** adjectif (après le nom) *UNE PROPOSITION SUBORDONNÉE :* proposition qui dépend de la proposition principale. *Dans la phrase « Je pense qu'il est guéri », « qu'il est guéri » est la proposition subordonnée.* **2.** *UN SUBORDONNÉ, UNE SUBORDONNÉE :* personne qui travaille sous les ordres de qqn. → **inférieur, subalterne.** ⟨contraire : supérieur⟩ *Ce patron est dur avec ses subordonnés.*

SUBORDONNER [sybɔʀdɔne] verbe [conjugaison 1a] **1.** (qqn) *ÊTRE SUBORDONNÉ À :* être placé sous l'autorité de qqn. *Il est subordonné au chef de service. Les chefs de service sont subordonnés au directeur.* **2.** (qqch.) *ÊTRE SUBORDONNÉ À :* dépendre de. *La victoire finale est subordonnée à la confiance de l'équipe.*

SUBSIDE [sybzid] n. m. ▪ *UN SUBSIDE :* argent versé pour aider. → **aide, allocation, subvention.** *L'association reçoit des subsides de la commune.*

SUBSIDIAIRE [sybzidjɛʀ] adj. (après le nom) ▪ *Une QUESTION SUBSIDIAIRE :* question supplémentaire, destinée à départager les gagnants d'un concours. ⟨contraire : principal⟩ *Finalement il a perdu car il n'a pas su répondre à la question subsidiaire.*

SUBSISTANCE [sybzistɑ̃s] n. f. ▪ *LA SUBSISTANCE :* ce qui permet de vivre, de se nourrir. *Il est seul à assurer la subsistance de sa famille. Leurs MOYENS DE SUBSISTANCE ne sont pas suffisants.*

SUBSISTER [sybziste] verbe [conjugaison 1a] **1.** (qqch.) Continuer d'exister malgré tout. *Il a été déclaré innocent, mais quelques doutes subsistent. – IL SUBSISTE peu de choses du château.* → **rester. 2.** (qqn) Survivre. *La famille arrive tout juste à subsister.*

SUBSTANCE [sybstɑ̃s] n. f. **1.** *UNE SUBSTANCE :* matière. → **corps.** *L'or est une substance précieuse.* **2.** *LA SUBSTANCE :* ce qu'il y a d'essentiel (dans une pensée). *Quelle est la substance de ce poème ? – EN SUBSTANCE :* en résumé, en ne gardant que l'essentiel. *Voici, en substance, ce qu'a déclaré le ministre.* → **résumé.**

SUBSTANTIEL [sybstɑ̃sjɛl], **SUBSTANTIEL** [sybstɑ̃sjɛl] adj. (après le nom) **1.** Nourrissant. → **nutritif.** *Nous avons pris un petit-déjeuner substantiel avant de partir en excursion.* **2.** Important. *Elle a eu une augmentation de salaire substantielle.* → **appréciable.** ⟨contraire : négligeable⟩

SUBSTANTIF [sybstɑ̃tif] n. m. ▪ (grammaire) *UN SUBSTANTIF :* mot qui peut être le sujet d'un verbe, qui peut être précédé d'un article et accompagné d'un adjectif. → **nom.** *L'adjectif « malin » s'emploie aussi comme substantif (un malin).*

SUBSTITUER [sybstitɥe] verbe [conjugaison 1a] **1.** Mettre (qqn, qqch.) à la place (de qqn, qqch. d'autre). → **remplacer.** *Les gamins ont fait une farce : ils ONT SUBSTITUÉ le sel AU sucre en poudre.* **2.** verbe pronominal SE SUBSTITUER À : (qqn) prendre la place de (qqn). *La première adjointe s'est substituée au maire absent. Vous vous substituerez* [sybstityʀe] *à moi pendant mon absence.*

SUBSTITUTION [sybstitysjɔ̃] n. f. ▪ *UNE SUBSTITUTION :* remplacement (de qqch. par qqch. d'autre). *Il a été licencié pour substitution de document,* pour avoir mis un document à la place d'un autre. - *Une* PEINE DE SUBSTITUTION, peine qu'un tribunal peut prononcer à la place d'une peine d'emprisonnement. *La peine de substitution est souvent préférable, pour les jeunes.* - *Un* PRODUIT DE SUBSTITUTION : produit ayant des qualités similaires à un autre produit qu'il remplace. *L'aspartame est un produit de substitution au sucre.*

SUBTERFUGE [sybtɛʀfyʒ] n. m. ▪ *UN SUBTERFUGE* : moyen habile pour échapper à qqch., pour se tirer d'embarras. → **ruse, stratagème.** *J'ai trouvé un subterfuge pour ne pas faire cette corvée.*

SUBTIL [sybtil], **SUBTILE** [sybtil] adj. (après le nom, parfois avant le nom) **1.** (avant ou après le nom) Qui est fin et intelligent. *C'est une femme subtile.* → **perspicace.** *Vous êtes un subtil observateur.* **2.** (après le nom) Qui est dit ou fait avec finesse, habileté. *C'est une remarque subtile. Votre argumentation est subtile.* **3.** (après le nom) Difficile à remarquer, à préciser. *Dans ses explications, il établit des nuances subtiles. C'est trop subtil pour moi !* **4.** (après le nom) Qui est très délicat. *Ces roses ont un parfum subtil.*

SUBTILEMENT [sybtilmɑ̃] adverbe ▪ D'une manière subtile, habile. *Il a répondu subtilement.*

SUBTILISER [sybtilize] verbe [conjugaison 1a] ▪ Voler, dérober adroitement (qqch.) sans que cela se remarque. *On lui a subtilisé son portefeuille dans le métro.*

SUBTILITÉ [sybtilite] n. f. **1.** *LA SUBTILITÉ* : caractère d'une personne subtile. *Ce psychologue est d'une grande subtilité.* → **finesse.** ⟨contraire : lourdeur⟩ **2.** *UNE SUBTILITÉ* : pensée, parole subtile. *J'admire vos subtilités de langage. Je ne comprends rien à toutes ces subtilités !*

SUBVENIR [sybvəniʀ] verbe [conjugaison 22] ▪ *SUBVENIR AUX BESOINS DE* : fournir le nécessaire, fournir de quoi vivre à. *Elle subvient* [sybvjɛ̃] *seule aux besoins de la famille. Je subviendrai aux dépenses.*

SUBVENTION [sybvɑ̃sjɔ̃] n. f. ▪ *UNE SUBVENTION* : aide financière accordée par l'État ou par une association. → **subside.** *Ce théâtre reçoit des subventions de l'État. Nous avons obtenu une subvention.*

SUBVENTIONNÉ [sybvɑ̃sjɔne], **SUBVENTIONNÉE** [sybvɑ̃sjɔne] adj. (après le nom) ▪ Qui reçoit des subventions, des aides financières. *Les théâtres subventionnés reçoivent de l'argent du ministère de la Culture. Si tu veux être remboursé par la Sécurité sociale, choisis plutôt une clinique subventionnée.*

SUBVENTIONNER [sybvɑ̃sjɔne] verbe [conjugaison 1a] ▪ Aider financièrement, accorder une subvention à. *L'État subventionne certains théâtres.*

SUBVERSIF [sybvɛʀsif], **SUBVERSIVE** [sybvɛʀsiv] adj. (après le nom) ▪ Qui risque de renverser l'ordre établi ou menace les idées admises par la majorité. *Ce livre répand des idées subversives.* → **révolutionnaire.**

SUC [syk] n. m. ▪ *UN SUC* **1.** Liquide qui peut être extrait des végétaux. → **jus, sève.** *Les abeilles aspirent le suc des fleurs. Ce sirop est à base de sucs de fruits.* **2.** *Les* SUCS DIGESTIFS : liquides sécrétés qui aident à la digestion. *Le* SUC GASTRIQUE *est sécrété par l'estomac.*

> FAUX AMI
> roumain **suc** « jus de fruit »

SUCCÉDANÉ [syksedane] n. m. ▪ *UN SUCCÉDANÉ* : produit qui remplace plus ou moins bien un autre produit. → **ersatz, imitation.** *Ce pâté est un succédané de foie gras* (→ **substitution**).

SUCCÉDER [syksede] verbe [conjugaison 6a]
I. *SUCCÉDER À* **1.** Venir après (qqn) pour prendre sa place. → **remplacer.** *Bientôt, il succédera à son père dans l'entreprise familiale.* **2.** (qqch.) Se produire, venir après. ⟨contraires : devancer, précéder⟩ *Notre projet a échoué : la déception succède à l'enthousiasme.*
II. verbe pronominal SE SUCCÉDER : venir l'un après l'autre. *Ils se succèdent de père en fils à la tête de l'entreprise. Les visiteurs se sont succédé toute la journée. Les gouvernements qui se sont succédé n'ont pas réglé le problème du chômage.* - *Dans ce spectacle, les attractions se succèdent sans interruption.*

> FAUX AMI
> italien **succedere** « arriver, se passer »

SUCCÈS [syksɛ] n. m. **1.** *LE SUCCÈS* : bon résultat. → **réussite.** *Il faut assurer le succès de notre projet.* ⟨contraires : échec, fiasco⟩ *Sa tentative a* ÉTÉ COURONNÉE DE SUCCÈS : sa tentative a complètement réussi. *Il a passé le permis de conduire* AVEC SUCCÈS, il a eu son permis de conduire. *J'ai essayé plusieurs fois de le joindre au téléphone, mais* SANS SUCCÈS, en vain. **2.** *UN SUCCÈS* : événement qui est un résultat très heureux pour qqn. ⟨contraire : déboires⟩ *Ma soirée a été un succès ! En ce moment, il ne remporte que des succès.* → **victoire.** *C'est un beau succès pour l'équipe.* → **performance, réussite. 3.** *AVOIR DU SUCCÈS* : plaire. *Cette comédienne a du succès.* - *C'est un auteur* À SUCCÈS, qui a du succès. - *Ce livre est un succès de librairie*, il plaît, il se vend beaucoup. - *Cette fille a du succès auprès des garçons. Il a du succès auprès des filles.*

> FAUX AMI
> espagnol **suceso** « événement »

SUCCESSEUR [syksesœʀ] n. m. ▪ *UN SUCCESSEUR* : personne qui succède (à qqn). ⟨contraire : prédécesseur⟩ *Elle est le successeur de son père à la tête de l'usine. Je vous présente mon successeur.*
REM. *Successeur* et *vainqueur* ne peuvent être mis au féminin.

SUCCESSIF [syksesif], **SUCCESSIVE** [syksesiv] adj. (après le nom) ▪ *Des choses successives*, qui se succèdent, qui se suivent. ⟨contraire : simultané⟩ *Il est découragé par ses échecs successifs. On a entendu des détonations successives.*

SUCCESSION [syksesjɔ̃] n. f. **1.** *UNE SUCCESSION* : une suite, une série. *Je ne peux pas travailler, c'est une succession ininterrompue de coups de téléphone ! J'ai été retardé par une succession de contretemps.* - *Une succession de masses nuageuses perturbera la journée de demain.* **2.** *UNE SUCCESSION* : transmission aux héritiers des biens appartenant à une personne qui vient de mourir. *Ces biens vous reviennent par une succession. Les héritiers doivent payer à l'État des* DROITS DE SUCCESSION. **3.** *LA SUCCESSION* : le fait de succéder à qqn, d'obtenir le pouvoir (d'un prédécesseur). *Elle a* PRIS LA SUCCESSION *de son père*, elle est son successeur. *La lutte pour la succession au pouvoir est terrible.*

SUCCESSIVEMENT [syksesivmɑ̃] adverbe ▪ L'un après l'autre. ⟨contraire : simultanément⟩ *J'ai entendu successivement un choc et un cri.*

SUCCINCT [syksɛ̃], **SUCCINCTE** [syksɛ̃t] adj. (après le nom) **1.** Qui est dit ou écrit en peu de mots. → **bref, court, sommaire.** ⟨contraire : long⟩ *Il nous a fait un exposé succinct de la situation.* **2.** Qui s'exprime brièvement. ⟨contraires : prolixe, verbeux⟩ *Soyez succinct.* → **bref, concis.**

SUCCION [sysjɔ̃] n. f. ▪ *LA SUCCION* : le fait de sucer, d'aspirer. *Le bébé tète son pouce avec un bruit de succion.*
REM. On prononce aussi [syksjɔ̃].

SUCCOMBER [sykɔ̃be] verbe [conjugaison 1a] **1.** Mourir. *Le blessé a succombé. Le soldat SUCCOMBERA À ses blessures.* **2.** *SUCCOMBER À :* se laisser aller à, ne pas résister à. → **céder.** *Ne succombe pas au sommeil. Il a SUCCOMBÉ À LA TENTATION :* il s'est laissé séduire, tenter, il a été faible devant la tentation. → **craquer.** *J'ai succombé à la tentation en acceptant cette cigarette.*

SUCCULENT [sykylɑ̃], **SUCCULENTE** [sykylɑ̃t] adj. (après le nom, parfois avant le nom) ▪ D'un goût délicieux. → **excellent, exquis, savoureux.** (contraire : mauvais) *Nous avons mangé une tarte succulente. Quel succulent repas !*

SUCCURSALE [sykyʀsal] n. f. ▪ *UNE SUCCURSALE :* établissement, magasin autonome mais qui dépend d'un autre. → **annexe, filiale.** *Ce grand magasin parisien a des succursales dans de nombreuses villes.*

SUCER [syse] verbe [conjugaison 3a] **1.** Exercer une pression et une aspiration avec la langue pour faire fondre dans la bouche. *Elle suce un bonbon.* – STYLE FAMILIER *Il nous a sucés jusqu'à la moelle :* il nous a pris progressivement toute notre énergie, tout notre argent. **2.** Aspirer (un liquide) au moyen des lèvres. *Pour se rafraîchir, le marcheur suce le jus d'un citron.* **3.** Téter (qqch. qu'on porte à la bouche). *Lorsque tu étais petit, tu suçais ton pouce.* **4.** (animal) Aspirer (un liquide) au moyen d'un organe qui pompe. *Les sangsues sucent le sang.* **5.** STYLE TRÈS FAMILIER *Sucer quelqu'un,* faire une pipe. → **fellation.**

SUCETTE [sysɛt] n. f. ▪ *UNE SUCETTE* **1.** Bonbon à sucer, fixé au bout d'un petit bâton. *Elle aime les sucettes à l'anis.* **2.** Petite tétine que l'on donne à un bébé pour l'empêcher de sucer son pouce ou pour satisfaire son besoin de sucer. *Le bébé pleure, il a sûrement perdu sa sucette !*

SUCRE [sykʀ] n. m. **1.** *LE SUCRE :* produit alimentaire, matière de saveur très douce, qui fond dans l'eau, employée en pâtisserie, confiserie, etc. *Le sucre provient de la BETTERAVE À SUCRE ou de la CANNE À SUCRE. Prenez-vous du sucre dans votre thé ? J'ai acheté du sucre en morceaux. Elle croque un morceau de sucre. Il a mis du SUCRE EN POUDRE dans son yaourt. Cette confiture est PUR SUCRE.* – *Je voudrais une crêpe AU SUCRE, s'il vous plaît,* une crêpe saupoudrée de sucre en poudre. *Elle ne met pas de sucre dans son café mais de l'aspartame. Je n'achète que des chewing-gums sans sucre.* – *Les enfants adorent le SUCRE D'ORGE,* le sucre cuit et parfumé, présenté en petits bâtons. – STYLE FAMILIER *Mon fils peut bien vous aider, il N'EST PAS EN SUCRE !* il n'est pas si fragile. **2.** *UN SUCRE :* un morceau de sucre. *« Combien voulez-vous de sucres dans votre café ? Un sucre ? Deux sucres ? » Il trempe un sucre dans son cognac.* → **canard.** **3.** *LE SUCRE :* substance organique naturelle. *Il y a du sucre dans les fruits. Le soleil enrichit le raisin en sucre.* – *On peut avoir trop de sucre dans les urines ou dans le sang* (→ **diabète).**

SUCRÉ [sykʀe] adj. et n. m., **SUCRÉE** [sykʀe] adj. **1.** Qui a le goût du sucre. *Ces oranges sont très sucrées. Elle aime les vins sucrés.* → **doux.** – *Ce café est trop sucré,* on y a mis trop de sucre. **2.** *LE SUCRÉ :* la saveur sucrée. *Les enfants préfèrent le sucré au salé.*

SUCRER [sykʀe] verbe [conjugaison 1a]
I. 1. Mettre du sucre dans. *Elle ne sucre jamais son thé.* **2.** STYLE FAMILIER Supprimer. *Il s'est fait sucrer sa prime.*
II. STYLE FAMILIER verbe pronominal SE SUCRER **1.** Se servir en sucre (pour le café, le thé). *Sucrez-vous, je vous en prie.* **2.** Faire de gros bénéfices (au détriment des autres). *Elle s'est sucrée au passage, dans l'affaire.*

SUCRERIE [sykʀəʀi] n. f. ▪ *UNE SUCRERIE* **1.** Usine où l'on fabrique le sucre. *Il y a de grandes sucreries dans le Nord de la France.* **2.** Friandise à base de sucre. → **bonbon, confiserie, friandise.** *J'adore les sucreries !*

SUCRIER [sykʀije] adj. et n. m., **SUCRIÈRE** [sykʀijɛʀ] adj. **1.** adjectif (après le nom) Qui a rapport au sucre, à sa production. *La France est producteur de BETTERAVE SUCRIÈRE,* de betterave à sucre. **2.** *UN SUCRIER :* récipient où l'on met le sucre. *Sur un plateau, elle a posé la cafetière, les tasses et le sucrier.*

SUD [syd] n. m. et adj. invariables
I. 1. *LE SUD :* l'un des quatre points cardinaux, opposé au nord. *Nous nous dirigeons du nord vers le sud. Le vent du sud souffle. La maison est exposée au sud.* → **midi.** *Les régions AU SUD DE la Loire bénéficient d'un beau soleil.* **2.** *LE SUD :* l'ensemble des régions situées au sud d'un lieu, d'un pays. *Ils habitent en Afrique du Sud.* – *Nous partons en vacances dans LE SUD DE la France,* dans le Midi, dans la région sud de la France. *Ils ont voyagé dans le Sud de l'Europe. Connaissez-vous le Sud marocain ?*
II. adjectif invariable (après le nom) Qui est situé au sud. (sans majuscule) *Nous habitons dans la banlieue sud.* – (avec majuscule) *Une expédition est partie pour le PÔLE SUD* (→ **antarctique).** *Ils naviguent dans l'Atlantique Sud.*

> REM. Voir aussi les articles des points cardinaux **est, nord, ouest** et l'article ② **cardinal.**

SUD-AFRICAIN [sydafʀikɛ̃] adj. et n. m., **SUD-AFRICAINE** [sydafʀikɛn] adj. et n. f. **1.** adjectif (après le nom) De l'Afrique du Sud. *Le peuple sud-africain a lutté contre l'apartheid.* **2.** *UN SUD-AFRICAIN, UNE SUD-AFRICAINE :* un habitant, une habitante de l'Afrique du Sud. *Il a épousé une Sud-Africaine.* PLURIEL : *les SUD-AFRICAINS.*

SUD-AMÉRICAIN [sydameʀikɛ̃] adj. et n. m., **SUD-AMÉRICAINE** [sydameʀikɛn] adj. et n. f. **1.** adjectif (après le nom) De l'Amérique du Sud. *Nous aimons la musique sud-américaine.* **2.** *UN SUD-AMÉRICAIN, UNE SUD-AMÉRICAINE :* un habitant, une habitante d'Amérique du Sud. *Elle a épousé une Sud-Américain.* PLURIEL : *les SUD-AMÉRICAINS.*

SUÈDE [sɥɛd] nom propre féminin – en suédois **SVERIGE,** en anglais **SWEDEN** ▪ *LA SUÈDE :* État d'Europe du Nord. *La capitale de la Suède est Stockholm. Nous vivons en Suède* (→ **suédois).** *Ils reviennent de Suède.*

SUÉDOIS [sɥedwa] adj. et n. m., **SUÉDOISE** [sɥedwaz] adj. et n. f. **1.** adjectif (après le nom) De Suède. *Il aime beaucoup le cinéma suédois.* **2.** *UN SUÉDOIS, UNE SUÉDOISE :* un habitant, une habitante de Suède. *Les Suédois.* **3.** nom masculin *LE SUÉDOIS :* langue du groupe germanique nordique, parlée en Suède et dans le Sud de la Finlande. → **scandinave.** *Elle parle couramment le suédois.*

SUÉE [sɥe] n. f. ▪ STYLE FAMILIER *UNE SUÉE :* transpiration abondante à l'occasion d'un effort. *Avec une heure de gymnastique, on prend une suée !*

SUER [sɥe] verbe [conjugaison 1a] **1.** Transpirer, être en sueur. *Sous le soleil, les footballeurs suent à grosses gouttes. Avec ce médicament il suera* [syʀa] *et la fièvre diminuera.* **2.** STYLE FAMILIER *FAIRE SUER (qqn) :* fatiguer, embêter (qqn). → **ennuyer ;** STYLE FAMILIER **emmerder.** *Arrête, tu commences à me faire suer !* → STYLE TRÈS FAMILIER **chier.** *Je me suis fait suer toute la journée :* je me suis ennuyé toute la journée. **3.** *SUER SANG ET EAU* [sɥesɑ̃eo] : faire de très grands efforts. *On a sué sang et eau pendant le déménagement.*

SUEUR [sɥœʀ] n. f. **1.** *LA SUEUR :* liquide sécrété par la peau lorsque l'on a très chaud, que l'on a fait un effort physique ou que l'on a peur. *J'ai tellement couru que je SUIS EN SUEUR.* → **nage.** *Elle est tout en sueur. Ta chemise est trempée de sueur.* → **transpiration.** – *Il gagne son pain À LA SUEUR DE SON FRONT :* il gagne sa vie par un travail dur. **2.** (au pluriel) *DES SUEURS :* le fait de suer, de transpirer. *Le malade a des sueurs abondantes.* → STYLE FAMILIER **suée.** *Quand je pense à cet accident, ça me donne des SUEURS FROIDES,* cela me fait très peur.

suffi [syfi] *Il a suffi, elle a suffi :* forme au participe passé du verbe **suffire.**

SUFFIRE [syfiʀ] verbe [conjugaison 37c]
I. (qqch.) **1.** *SUFFIRE À, SUFFIRE POUR :* représenter la quantité, la qualité, la force nécessaire à... pour (qqch.). *Son salaire suffit à faire vivre la famille,* son salaire est assez important pour cela. *Nous n'avons pas beaucoup de temps : il faut qu'une seule journée suffise pour tout préparer. Une seule journée, ça me suffit.* **2.** *SUFFIRE À (qqn) :* contenter (qqn) sans qu'il ait besoin d'autre chose. *Cette petite maison me suffit. Votre promesse nous suffira.* **3.** Être suffisant. *Arrêtons la réunion, ça suffira pour aujourd'hui. Les diplômes ne suffisent pas, il faut aussi avoir de l'expérience.* **4.** (impersonnel) *IL SUFFIT À (qqn) DE... :* être suffisant. *Il me suffit d'être tranquille. Il ne leur a pas suffi de casser un carreau, il a fallu en plus qu'ils forcent la fenêtre.* – *IL leur SUFFIT QUE tu aies ton diplôme.* – *Il suffit que vous nous teniez au courant.* – *Il suffirait de quelques efforts pour y arriver. Il suffisait d'y penser. Pour faire démarrer la voiture, il suffit de tourner la clé de contact.* **5.** *ÇA SUFFIT !* en voilà assez ! → **assez.** *Arrêtez de vous battre, ça suffit ! J'en ai marre, ÇA SUFFIT COMME ÇA !*
II. (qqn) Être suffisant pour qqn, pour qqch. *Il n'a pas d'amis, sa femme et ses enfants lui suffisent. Elle suffit pour faire ce travail.* – *Viens m'aider, je n'y suffis plus,* je suis débordé.
III. verbe pronominal SE SUFFIRE : trouver par soi-même de quoi satisfaire à ses besoins. *Il faut maintenant que tu te suffises à toi-même. Elle s'est toujours suffi à elle-même.*

suffis [syfi] *Je suffis, tu suffis :* forme au présent du verbe **suffire.**

SUFFISAMMENT [syfizamɑ̃] adverbe ▪ En quantité suffisante, d'une manière suffisante. ⟨contraire : insuffisamment⟩ *Tu ne manges pas suffisamment.* → **assez.** *Je ne gagne pas SUFFISAMMENT D'argent pour acheter cette maison. Il y a suffisamment de travail pour tout le monde. Il y en a suffisamment.*

SUFFISANT [syfizɑ̃], **SUFFISANTE** [syfizɑ̃t] adj. (après le nom) **1.** (qqch.) Qui suffit. ⟨contraire : insuffisant⟩ *Nous n'avons pas la somme SUFFISANTE POUR faire ce voyage,* l'argent que nous avons ne suffit pas. *Auras-tu le temps suffisant pour finir ce travail ? Il me reste deux heures, c'est amplement suffisant.* → **assez.** *C'est plus que suffisant. Nous avons cinq minutes de retard, c'est suffisant pour qu'il se fâche.* **2.** (qqn) Qui a une trop haute idée de lui-même, d'elle-même. → **arrogant, prétentieux, vaniteux.** ⟨contraire : modeste⟩ *Je n'aime pas cette fille, elle est suffisante.* – *Il nous a répondu sur un ton suffisant.*

suffise [syfiz] *Il faut qu'il suffise, qu'elle suffise :* forme au subjonctif du verbe **suffire.**

SUFFIXE [syfiks] n. m. ▪ *UN SUFFIXE :* élément qui se place après un radical ou une base, à la fin d'un mot, pour former un dérivé (opposé à préfixe). *« -able » est le suffixe du mot « aimable »* **(→ terminaison).**

SUFFOCANT [syfɔkɑ̃], **SUFFOCANTE** [syfɔkɑ̃t] adj. (après le nom) ▪ Étouffant, qui gêne la respiration. *Il fait une chaleur suffocante.*

SUFFOQUER [syfɔke] verbe [conjugaison 1a] **1.** Respirer avec difficulté. *Il fait trop chaud dans cette pièce, je suffoque.* → **étouffer.** **2.** Surprendre très fortement. *Cette nouvelle nous a suffoqués. Le professeur est suffoqué par tant d'insolence.*

SUFFRAGE [syfʀaʒ] n. m. **1.** *LE SUFFRAGE UNIVERSEL :* système de vote dans lequel tous les citoyens majeurs ont le droit de voter. *En France, le président de la République est élu au suffrage universel.* **2.** *UN SUFFRAGE :* une voix, dans une élection. *Le candidat le mieux placé a obtenu quarante pour cent des suffrages.* **3.** (au pluriel) LES SUFFRAGES : les opinions favorables. *Son idée a RALLIÉ TOUS LES SUFFRAGES,* elle a plu à tout le monde.

SUGGÉRER [sygʒeʀe] verbe [conjugaison 6a] **1.** (qqn) Donner l'idée de (qqch.). *Ma mère nous a SUGGÉRÉ D'aller au cinéma,* elle nous a proposé cette idée, elle nous en a fait la suggestion. → ② **conseiller.** *Il me suggérera* [sygʒɛʀʀa] *sûrement de venir. Je SUGGÈRE QUE nous allions nous promener.* → **proposer.** **2.** (qqch.) Faire penser à (qqch.). *Cette musique que nous entendions suggérait des chants d'oiseaux.* → **évoquer.**

SUGGESTIF [sygʒɛstif], **SUGGESTIVE** [sygʒɛstiv] adj. (après le nom) ▪ (qqch.) Qui donne des idées érotiques. *Elle a une robe très suggestive.* → **aguichant, provocant.**

SUGGESTION [sygʒɛstjɔ̃] n. f. ▪ *UNE SUGGESTION :* idée que l'on propose. → **proposition.** *Je vous propose de venir avec moi, mais c'est UNE SIMPLE SUGGESTION. Quelles sont vos suggestions ?*
REM. Attention, les cinq premières consonnes se prononcent.

SUICIDAIRE [sɥisidɛʀ] adj. (après le nom) **1.** (qqch.) Qui mène au suicide. *Il a des tendances suicidaires.* – *Elle a un comportement tout à fait suicidaire,* qui ne peut mener qu'à l'échec. **2.** (qqn) Qui semble prédisposé au suicide. *Il ne faut jamais le laisser seul, car il est suicidaire.*

SUICIDE [sɥisid] n. m. ▪ *UN SUICIDE :* fait de se tuer volontairement. *Elle a déjà fait plusieurs tentatives de suicide :* elle a déjà essayé de se tuer. *Les policiers s'interrogent : suicide ou meurtre ?*

SE **SUICIDER** [sɥiside] verbe pronominal [conjugaison 1a] ▪ Se tuer volontairement. → se **supprimer.** *Elle s'est suicidée d'un coup de revolver.* → STYLE FAMILIER se **flinguer.**

SUIE [sɥi] n. f. ▪ *LA SUIE :* matière noire déposée par la fumée. *Les ramoneurs ont enlevé la suie qui tapissait l'intérieur de la cheminée.*

SUINTER [sɥɛ̃te] verbe [conjugaison 1a] **1.** S'écouler lentement, goutte à goutte. *Un peu de sang suinte de la plaie.* **2.** Produire un liquide qui s'écoule goutte à goutte. *Les murs de la cave suintent.*

suis [sɥi] *Je suis :* forme au présent du verbe **être** et du verbe **suivre.**

SUISSE [sɥis] nom propre féminin – en allemand **DIE SCHWEIZ,** en italien **SVIZZERA** ▪ *LA SUISSE :* pays d'Europe occidentale. *Nous sommes allés en Suisse. Ils reviennent de Suisse.*

SUISSE [sɥis] adj., n. m. et n. f. **1.** adjectif (après le nom) De la Suisse. *La Confédération suisse est formée de cantons.* → **helvétique.** *Ils vont aux sports d'hiver dans les Alpes suisses.* **2.** *UN SUISSE, UNE SUISSE :* une personne qui habite en Suisse. *Les Suisses.* **3.** *UN SUISSE :* employé chargé de la garde d'une église, de la marche d'une cérémonie. *Le suisse entre dans* *l'église.* **4.** *EN SUISSE :* tout seul, en cachette. *Il est allé dans la cuisine boire en suisse.*

REM. Pour une femme suisse, on dit parfois *une Suissesse.*

suit [sɥi] *Il suit, elle suit :* forme au présent du verbe **suivre.**

SUITE [sɥit] n. f.
I. *UNE SUITE DE, À* **1.** Ensemble de choses qui se succèdent. → **succession.** *Nous avons été retardés par une suite d'incidents.* → **série.** **2.** Ce qui suit, ce qui vient après. *Je vous raconterai la suite de l'histoire demain. Suite et fin au prochain épisode :* la suite qui termine l'histoire. **3.** Ce qui résulte (de qqch.). → **conséquence, effet.** *Je ne sais quelle suite donner à cette affaire. Nous avons DONNÉ SUITE à sa demande,* nous avons fait en sorte que sa demande aboutisse. *La séance est interrompue PAR SUITE D'une panne de courant,* à cause d'une panne de courant. *Il est mort des suites d'une longue maladie.*
II. *LA SUITE* **1.** Ordre de ce qui suit en ayant un sens. *La malade dit des mots sans suite,* des mots incohérents. *Il a DE LA SUITE DANS LES IDÉES :* il tient à ses idées, il est entêté. **2.** Situation de ce qui vient après. *Son fils a pris sa suite,* il lui a succédé. *Le vote FERA SUITE À la proposition,* suivra la proposition. *Le cortège marche À LA SUITE DES mariés,* en suivant les mariés, derrière les mariés. *Il est resté infirme à la suite d'un accident,* à cause d'un accident. *Trois coups de canon ont été tirés À LA SUITE,* successivement. **3.** *DE SUITE :* sans interruption. *Elle a travaillé sept heures de suite,* sans s'arrêter. → d'**affilée.** *Vous écrivez d'abord les noms qui commencent par a, puis ceux qui commencent par b ET AINSI DE SUITE jusqu'au z,* en continuant de la même façon. **4.** Temps qui vient après ce dont il est question. *Il ne nous reste plus qu'à ATTENDRE LA SUITE. Les œuvres qu'il a composées PAR LA SUITE sont très différentes,* les œuvres qu'il a composées plus tard, dans la période qui a suivi (→ **ensuite).**
III. adverbe *TOUT DE SUITE :* sans attendre. → **immédiatement.** *Viens ici tout de suite ! Je reviens tout de suite.* - *Prenez la première rue à droite, tout de suite après le feu rouge.* → **juste.**
IV. *UNE SUITE* **1.** Ensemble de personnes qui se déplacent avec une autre qui est leur supérieure. *Le roi est apparu avec sa suite. Les motards de la suite présidentielle escortent les voitures.* **2.** Appartement de plusieurs pièces, dans un hôtel de luxe. *Il a réservé une suite à l'hôtel.*

REM. Il n'est pas correct d'employer *de suite* pour *tout de suite.*

① **SUIVANT** [sɥivɑ̃] adj. et n. m., **SUIVANTE** [sɥivɑ̃t] adj. et n. f. **1.** adjectif (après le nom) Qui vient immédiatement après, qui suit. *La fin de l'article est à la page suivante.* ⟨contraires : d'avant, précédent⟩ *La personne suivante peut entrer.* **2.** *LE SUIVANT, LA SUIVANTE :* la personne, la chose qui vient après. *Au suivant ! Ce n'est pas cette rue qu'il faut prendre, c'est la suivante.*

② **SUIVANT** [sɥivɑ̃] préposition **1.** Conformément à. *Il est arrivé en retard suivant son habitude,* comme à son habitude. → **selon.** **2.** *SUIVANT QUE :* dans la mesure où, selon que. *Suivant que vous travaillez bien ou non, vous n'aurez pas la même note.*

suivi [sɥivi], **suivie** [sɥivi] *Il a suivi une voiture ; la voiture qu'il a suivie :* formes au participe passé du verbe **suivre.**

SUIVI [sɥivi] adj. et n. m., **SUIVIE** [sɥivi] adj. **1.** adjectif (après le nom) Qui se fait d'une manière continue. → **régulier.** *Il faut un travail suivi pour réussir à bien jouer d'un instrument.* **2.** *LE SUIVI :* action de suivre et de contrôler. *Qui s'occupe du suivi de cette affaire ?*

SUIVRE [sɥivʀ] verbe [conjugaison 40]
I. (concret) **1.** Aller derrière. *Le cortège suit les mariés.* ⟨contraire : précéder⟩ *Suivez cette voiture ! Quand il était jeune, il suivait les femmes dans la rue. Il est suivi par un policier en civil.* → **filer, poursuivre.** **2.** Aller avec (qqn). *Si vous voulez bien me suivre, je vais vous faire visiter l'appartement.* → **accompagner.** *Ne me suis pas partout comme ça !* - *Il a SUIVI sa femme DU REGARD jusqu'au coin de la rue,* il l'a accompagnée par le regard. **3.** Se produire après. *Le tonnerre a suivi l'éclair.* → **succéder.** - *Il est revenu le lendemain et les jours qui ont suivi.* **4.** Aller dans (une direction). *Il faut que vous suiviez cette route jusqu'au prochain carrefour. Suivez la rivière jusqu'au pont,* allez le long de la rivière. - (figuré) *La maladie SUIT SON COURS,* elle évolue d'une manière normale.
II. (abstrait) **1.** Garder (une idée). *Si je suivais mon idée, je refuserais sa proposition.* **2.** S'occuper régulièrement dans le temps à (qqch.). *J'ai fait beaucoup de progrès en suivant ces cours de dessin,* en y assistant. *Nous suivons un régime alimentaire,* nous nous y soumettons avec régularité. - *Est-ce que vous suivez ce feuilleton à la télévision ?* est-ce que vous regardez chaque épisode ? *À SUIVRE :* la suite au prochain épisode. **3.** Observer attentivement et régulièrement. → **observer.** *Il suit un match de tennis à la télévision,* il le regarde. *Est-ce que vous suivez l'actualité ?* est-ce que vous vous y intéressez ? *C'est une affaire à suivre,* qui peut avoir des suites intéressantes. - *Je suis suivi par un médecin :* un médecin s'occupe de moi. **4.** Comprendre. *Je ne suis pas votre raisonnement. Vous me suivez ?* vous comprenez ce que je dis. - *Plusieurs élèves de la classe ont du mal à suivre,* ils apprennent difficilement, ils ont du mal à rester au niveau de la classe. **5.** Se conformer à, obéir à. *Je suivrai tes conseils.* → **écouter.** *Tu devrais suivre l'exemple de ton frère,* tu devrais faire comme lui. *C'est UN EXEMPLE À SUIVRE. Les jeunes suivent la mode. Le mot d'ordre de grève a été suivi par les syndiqués. Quelle est la MARCHE À SUIVRE ?* la série de démarches à effectuer.
III. verbe pronominal SE SUIVRE **1.** Aller l'un derrière l'autre, les uns derrière les autres. *Les voitures se suivent sur l'autoroute.* **2.** Se présenter dans un ordre, sans qu'il manque un élément. *Le joueur a dans son jeu trois cartes qui se suivent.* **3.** Venir après. *Les jours se suivent et ne se ressemblent pas.* → se **succéder.** *Ces deux événements se sont suivis à quelques jours d'intervalle.*

① **SUJET** [syʒɛ], **SUJETTE** [syʒɛt] adj. ▪ *ÊTRE SUJET À :* être exposé à, avoir souvent. *Ma mère est sujette aux migraines,* elle a souvent des migraines.

② **SUJET** [syʒɛ] n. m. ▪ *UN SUJET :* personne soumise à une autorité souveraine. *Le roi était très aimé de ses sujets. Elle est sujet britannique :* elle est britannique.

③ **SUJET** [syʒɛ] n. m. ▪ *UN SUJET* **1.** Ce dont il s'agit, dans la conversation, dans un écrit. *Ils ont abordé de nombreux sujets au cours de leur conversation.* → **question.** *Il passe sans cesse d'un sujet à un autre. Changeons de sujet. Entrons dans le VIF DU SUJET. Elle se fait du souci AU SUJET DE ses enfants,* à propos de ses enfants. *C'est à quel sujet ? Quel est le sujet de votre roman ?* → **thème.** **2.** Ce sur quoi doit porter la réflexion. *Voici le sujet de votre dissertation. Le candidat a fait un devoir complètement HORS SUJET,* qui ne traite pas de la question demandée. **3.** Ce qui fait naître (un sentiment). *L'argent est un éternel sujet de dispute entre eux.* → **motif, occasion.** - STYLE RECHERCHÉ *Je n'AI pas SUJET DE me plaindre :* je n'ai pas de raison de me plaindre. **4.** Personne, animal que l'on observe. *Les cobayes sont utilisés comme sujets d'expériences.* **5.** *UN MAUVAIS SUJET :* une personne qui se conduit mal. *Votre fils n'est pas vraiment un mauvais sujet, mais ses résultats sont insuffisants.* **6.** *LE SUJET :* nom, groupe du nom ou pronom avec lequel le verbe s'accorde. *Dans la phrase « le vent souffle », « le vent » est le sujet du verbe « souffler ». Faites une phrase très simple, avec un sujet, un verbe et un complément.*

le sujet

Le sujet est le nom, le groupe du nom ou le pronom avec lequel le verbe s'accorde :
Marie *a trois ans.*
Les vagues *s'écrasent sur la plage.*
Nous *partons en vacances.*
Le sujet est le plus souvent placé avant le verbe. Mais il peut aussi être placé après :
Où est **le chat ?**
À l'avant du bateau est attachée **une ancre.**
*Quand irons-***nous** *en vacances ?*
Il peut y avoir plusieurs sujets pour un seul verbe ; dans ce cas, le verbe se met au pluriel :
Mon père *et* **ma mère** *ont un chien.*
Toi *et* **moi** *sommes du même avis.*
Dans les verbes impersonnels, on dit que *il* est le sujet apparent :
Il *tombe de la neige.*
Le verbe à l'infinitif est parfois sujet ; dans ce cas l'accord se fait comme avec *il*, même s'il s'agit de plusieurs personnes :
Se dépêcher *ne sert à rien.*

SULTAN [syltɑ̃] n. m. ▪ *UN SULTAN :* souverain de certains pays musulmans. *Autrefois, le Maroc était gouverné par un sultan.*

SUMMUM [sɔmɔm] n. m. ▪ *LE SUMMUM :* le plus haut point, le plus haut degré. *Cet écrivain est au summum de sa gloire.* → **apogée, sommet.**

① **SUPER** [sypɛʀ] adj. invariable (après le nom ou avant le nom) ▪ STYLE FAMILIER Très bien, magnifique. → **supérieur.** *C'est super que tu aies pu venir.* → STYLE FAMILIER **génial.** *« On part en vacances ? Super ! » Il s'est acheté une super bagnole. C'est un mec super.* → **épatant.** *Je viendrai avec mon super copain.* → **grand.** PLURIEL : *il a des copains super.*

② **SUPER** [sypɛʀ] n. m. ▪ *LE SUPER :* supercarburant. *L'automobiliste fait le plein de super. Je voudrais du super sans plomb.*

SUPERBE [sypɛʀb] adj. (après le nom, parfois avant le nom) ▪ Très beau, magnifique. *Il fait un temps superbe.* → **merveilleux, splendide.** ⟨contraires : affreux, horrible⟩ *Elle est revenue de vacances avec une mine superbe. On a une vue superbe du haut de la colline. Ils ont une superbe maison.* ⟨contraire : laid⟩

FAUX AMI
italien **superbo**
« orgueilleux »

SUPERBEMENT [sypɛʀbəmɑ̃] adverbe ▪ D'une manière superbe. *Il est superbement habillé.* → **magnifiquement.**

SUPERCARBURANT [sypɛʀkaʀbyʀɑ̃] n. m. ▪ *LE SUPERCARBURANT :* carburant de qualité supérieure. *Vous voulez de l'essence ordinaire ou du supercarburant ?* → ② **super.**

REM. On n'emploie presque jamais le mot *supercarburant*, on dit plus couramment *super.*

SUPERCHERIE [sypɛʀʃəʀi] n. f. ▪ STYLE RECHERCHÉ *UNE SUPERCHERIE :* tromperie habile. → **imposture.** *Nous avons rapidement découvert la supercherie. Les faussaires ont réussi à faire passer ce tableau pour un vrai, grâce à une habile supercherie.*

SUPÉRETTE [sypeʀɛt] n. f. ▪ *UNE SUPÉRETTE :* magasin d'alimentation en libre-service, plus petit qu'un supermarché. *Je suis allé faire les courses à la supérette du coin de la rue.*

SUPERFICIE [sypɛʀfisi] n. f. ▪ *UNE SUPERFICIE :* étendue mesurée d'une surface. *Ils ont un terrain d'une superficie de mille mètres carrés.* → **aire, surface.**

SUPERFICIEL [sypɛʀfisjɛl], **SUPERFICIELLE** [sypɛʀfisjɛl] adj. (après le nom) **1.** Qui ne touche que la surface. *La coupure qu'il s'est faite au doigt est superficielle.* ⟨contraire : profond⟩ **2.** Qui ne va pas au fond des choses. *Il a des connaissances superficielles en histoire.* ⟨contraire : approfondi⟩ *Elle est gentille, mais un peu superficielle.* → **frivole, futile, léger.**

SUPERFICIELLEMENT [sypɛʀfisjɛlmɑ̃] adverbe ▪ D'une manière superficielle, peu profonde. ⟨contraire : profondément⟩ *Les victimes de l'accident n'ont été blessées que superficiellement.* ⟨contraire : grièvement⟩ *Il connaît la question superficiellement.* ⟨contraire : parfaitement⟩

SUPERFLU [sypɛʀfly], **SUPERFLUE** [sypɛʀfly] adj. (après le nom) ▪ Qui n'est pas absolument nécessaire. *Évitons les dépenses superflues !* ⟨contraires : essentiel, indispensable, nécessaire⟩ *Il est superflu que vous vous déplaciez.* ⟨contraires : obligatoire, utile⟩

SUPÉRIEUR [sypeʀjœʀ] adj. et n. m., **SUPÉRIEURE** [sypeʀjœʀ] adj. et n. f.
I. adjectif (après le nom) **1.** Situé plus haut. *Les chambres sont à l'étage supérieur.* ⟨contraire : inférieur⟩ **2.** *SUPÉRIEUR À :* qui est plus grand que, qui a une valeur plus grande que. *Huit est supérieur à six*, est plus grand que six. *Demain, les températures seront supérieures à cinq degrés*, elles dépasseront cinq degrés. *L'élève a eu une note supérieure à la moyenne*, au-dessus de la moyenne. *Elle se croit supérieure à tout le monde. Notre équipe est supérieure à la leur*, elle est plus forte que la leur. → **meilleur.** – *Nous avons bu un vin de qualité supérieure.* → **excellent. 3.** Plus avancé dans l'évolution. *Les vertébrés sont des animaux supérieurs.* **4.** Plus élevé dans une hiérarchie. *Il est professeur dans l'enseignement supérieur. Son mari est officier supérieur.* **5.** Qui témoigne d'un sentiment de supériorité. *Ne me parle pas sur ce ton supérieur !* → **arrogant.** ⟨contraire : humble⟩
II. 1. *LE SUPÉRIEUR de qqn :* la personne placée au-dessus d'autres qui sont sous ses ordres. → **chef.** *Son supérieur direct est très gentil.* ⟨contraires : subalterne, subordonné⟩ *Vous devez demander l'autorisation à votre supérieur hiérarchique.* **2.** *LE SUPÉRIEUR, LA SUPÉRIEURE :* religieux, religieuse qui dirige une communauté, un couvent. *La supérieure va vous recevoir.* **3.** nom masculin *LE SUPÉRIEUR :* l'enseignement supérieur. *Elle est professeur dans le supérieur.*

REM. *Supérieur* étant un comparatif, on ne peut pas dire *plus supérieur* ou *moins supérieur*, mais on peut dire *très supérieur, si supérieur* (ex. : *son intelligence est très supérieure à la moyenne*). Contrairement aux autres comparatifs, *supérieur* est, de même que *inférieur*, suivi de *à* et non de *que (notre équipe est supérieure à l'autre, notre équipe est meilleure que l'autre).*

SUPÉRIORITÉ [sypeʀjɔʀite] n. f. ▪ *LA SUPÉRIORITÉ :* état de ce qui est supérieur (en nombre, en force, en valeur). *Notre victoire écrasante a prouvé la supériorité de notre équipe.* ⟨contraire : infériorité⟩ *« Meilleur » est le COMPARATIF DE SUPÉRIORITÉ de « bon »* (→ **comparatif**). – *Il éprouve un sentiment de supériorité vis-à-vis de sa sœur*, il se croit supérieur à elle.

SUPERLATIF [sypɛʀlatif] n. m. ▪ *LE SUPERLATIF :* procédé grammatical qui exprime le degré le plus élevé d'un adjectif ou d'un adverbe. *Quel est le superlatif de l'adjectif « bon » ?*

le superlatif

Le superlatif d'un adjectif ou d'un adverbe, c'est cet adjectif ou cet adverbe précédé de *très, le plus, le moins.*
Très loin est le superlatif de *loin.*
Le plus jeune est le SUPERLATIF DE SUPÉRIORITÉ de *jeune.*
La moins belle est le SUPERLATIF D'INFÉRIORITÉ de *belle.*
Certains adjectifs et certains adverbes ont des superlatifs irréguliers :
bien → ***mieux***
bon, bonne → ***le meilleur, la meilleure***
mauvais, mauvaise → ***le pire, la pire***
mais on peut dire ***le plus mauvais, la plus mauvaise.***

SUPERMARCHÉ [sypɛʀmaʀʃe] n. m. ▪ *UN SUPERMARCHÉ* : grand magasin d'alimentation et de produits courants, où l'on se sert soi-même. *Il fait ses courses dans un supermarché. Va au supermarché acheter des pâtes et de l'huile.*

REM. Une supérette est plus petite qu'un supermarché, un hypermarché est plus grand. → **hypermarché, supérette.**

SUPERPOSER [sypɛʀpoze] verbe [conjugaison 1a] **1.** Mettre l'un au-dessus de l'autre. *Le marchand de légumes superpose les cageots.* → **empiler, entasser.** *Les élèves font un exercice de géométrie où ils doivent SUPERPOSER un triangle A un autre. - Les deux frères couchent dans des LITS SUPERPOSÉS,* des lits disposés l'un au-dessus de l'autre. **2.** verbe pronominal SE SUPERPOSER : s'ajouter. *Ces deux images se sont superposées dans mon souvenir.*

SUPERPOSITION [sypɛʀpozisjɔ̃] n. f. ▪ *LA SUPERPOSITION* : état de ce qui est superposé, ensemble de choses superposées. *Les géologues étudient la superposition des couches qui composent l'écorce terrestre.*

SUPERPRODUCTION [sypɛʀpʀɔdyksjɔ̃] n. f. ▪ *UNE SUPERPRODUCTION* : film, spectacle qui a coûté très cher à réaliser. *Ce film est une superproduction américaine.*

SUPERSONIQUE [sypɛʀsɔnik] adj. (après le nom) ▪ *UN AVION SUPERSONIQUE* : avion qui peut dépasser la vitesse du son. *Le premier avion supersonique date de 1947. Le Concorde est un avion supersonique.*

SUPERSTITIEUX [sypɛʀstisjø], **SUPERSTITIEUSE** [sypɛʀstisjøz] adj. (après le nom) ▪ Qui croit aux présages et pense que certaines choses portent bonheur ou malheur. *Elle ne passe jamais sous une échelle car elle est très superstitieuse. C'est un homme superstitieux.*

SUPERSTITION [sypɛʀstisjɔ̃] n. f. ▪ *LA SUPERSTITION* : croyance aux présages et au fait que certaines choses portent bonheur ou malheur. *Il a toujours un fer à cheval à côté de son lit, c'est de la superstition.*

SUPERVISER [sypɛʀvize] verbe [conjugaison 1a] ▪ Contrôler rapidement (un travail fait par d'autres) sans vérifier les détails. *Le contremaître supervise le travail des ouvriers.*

SUPPLANTER [syplɑ̃te] verbe [conjugaison 1a] **1.** (qqn) Prendre la place de (qqn) en l'écartant. *S'il continue comme ça, il supplantera son chef de service et deviendra directeur.* → **évincer.** **2.** (qqch.) Remplacer (qqch.) en l'éliminant. *Le cinéma parlant a supplanté le cinéma muet.*

SUPPLÉANT [sypleɑ̃] adj. et n. m., **SUPPLÉANTE** [sypleɑ̃t] adj. et n. f. **1.** adjectif (après le nom) Qui remplace une personne dans son travail. *Il est juge suppléant.* **2.** *UN SUPPLÉANT, UNE SUPPLÉANTE* : une personne qui en remplace une autre dans son travail. → **intérimaire, remplaçant.** *Une suppléante a remplacé le professeur de mathématiques pendant son congé de maladie.*

SUPPLÉER [syplee] verbe [conjugaison 1a] **1.** Remplacer (qqn) en cas de besoin. *Elle supplée le professeur quand il est malade. Vous me suppléerez* [sypleʀe] *pendant mon absence.* **2.** *SUPPLÉER À* : remédier à. → **pallier.** *Sa rapidité supplée à son manque de force.*

SUPPLÉMENT [syplemɑ̃] n. m. ▪ *UN SUPPLÉMENT* **1.** Ce qui est ajouté à une chose déjà complète. *Les employés ont reçu un supplément de salaire à la fin de l'année. T'aider me donne un supplément de travail.* → **surcroît.** - *Dans le menu à quarante francs, le vin est EN SUPPLÉMENT,* le vin est à payer en plus du prix de quarante francs. → **sus.** **2.** Somme d'argent à payer en plus du prix normal. *Il y a un supplément à payer pour ce train.* ⟨contraires : réduction, remise⟩

SUPPLÉMENTAIRE [syplemɑ̃tɛʀ] adj. (après le nom) ▪ Qui est en supplément, qui est en plus de ce qui est habituel. *Il fait froid, je vais mettre une couverture supplémentaire sur le lit,* une couverture de plus. → **plus.** *Les jours de départ en vacances, on met en service des trains supplémentaires. Il nous a demandé un délai supplémentaire,* une prolongation. *Elle fait des HEURES SUPPLÉMENTAIRES pour se payer une voiture,* elle travaille en plus de l'horaire normal.

SUPPLICATION [syplikasjɔ̃] n. f. ▪ *UNE SUPPLICATION* : prière faite avec insistance et soumission. *J'ai dit non, tes supplications ne me feront pas changer d'avis.*

SUPPLICE [syplis] n. m. ▪ *UN SUPPLICE* **1.** Punition qui cause de grandes douleurs physiques. *Autrefois, les condamnés à mort subissaient de terribles supplices.* → **torture.** **2.** Souffrance physique ou morale très vive. *Ces chaussures trop petites sont un véritable supplice. L'attente des résultats de l'examen est un supplice. C'est un supplice pour lui d'être dans l'incertitude.* → **calvaire, martyre.** *Dites-nous s'il peut être sauvé, nous SOMMES AU SUPPLICE,* nous sommes dans une situation très angoissante.

SUPPLIER [syplije] verbe [conjugaison 7b] ▪ Prier (qqn) humblement et avec insistance. *Elle a supplié son père, mais il est resté inflexible. Est-ce qu'il faut que nous vous suppliions à genoux ? Écoute-moi, je t'en supplie ! Si les voisins font encore du bruit dans une heure, on les SUPPLIERA DE* [sypliʀa] *se taire.*

SUPPORT [sypɔʀ] n. m. ▪ *UN SUPPORT* : ce sur quoi une chose repose. *La moquette est fixée sur un support en bois. La statue est sur son support.* → **socle.**

SUPPORTABLE [sypɔʀtabl] adj. (après le nom) ▪ (qqch.) Que l'on peut supporter. *Je ressens une douleur très supportable,* une douleur qui n'est pas trop forte. → **tolérable.** ⟨contraire : insupportable⟩ *Son comportement n'est pas supportable.* → **acceptable, admissible.** ⟨contraires : inacceptable, inadmissible, intolérable⟩

① **SUPPORTER** [sypɔʀte] verbe [conjugaison 1a] **1.** (qqch.) Soutenir, porter un poids. *Des poutres supportent le plafond.* **2.** Subir les effets pénibles de (qqch.). *Mes parents ne supportent pas le bruit. Il ne supporte pas l'alcool. Il a supporté toutes ses épreuves avec courage. Elle ne SUPPORTE pas DE rester sans rien faire. Je ne SUPPORTERAIS pas QUE tu ne m'aimes plus ! Cette plante supporte les grands froids,* elle résiste aux grands froids. **3.** Tolérer la présence de (qqn, un animal), son comportement. *Elle ne peut plus supporter son mari. Va-t'en, je ne te supporte plus ! Ma voisine ne supporte pas les chats.* **4.** verbe pronominal SE SUPPORTER : tolérer la présence l'un de l'autre. *Ils ne se supportent plus. Ils ne se sont pas supportés longtemps.*

FAUX AMI
anglais **to support**
«soutenir»

REM. L'emploi de *supporter* au sens anglais de *soutenir* est à éviter, le sens en français étant *subir.*

② **SUPPORTER** [sypɔʀtɛʀ] n. m. ▪ *UN SUPPORTER* : une personne qui encourage un sportif, une équipe, qui donne son appui à qqn. *Les supporters de l'équipe se sont regroupés sur les gradins.*

REM. **1.** Ce mot vient de l'anglais. **2.** On peut aussi prononcer [sypɔʀtœʀ].

SUPPOSÉ [sypoze], **SUPPOSÉE** [sypoze] adj. (après le nom) ▪ Considéré comme probable. *L'auteur supposé de la lettre anonyme a été interrogé par la police.*

SUPPOSER [sypoze] verbe [conjugaison 1a] **1.** Croire, considérer comme probable, sans pouvoir l'affirmer. *Je* SUPPOSE QUE *tu es déjà au courant.* → **imaginer, penser, présumer.** *On peut supposer qu'il ne se laissera pas faire.* **2.** Prendre comme hypothèse qui sert de point de départ. → **admettre.** *Supposons un triangle ABC. Il supposait le problème résolu :* il partait du principe que le problème était résolu. SUPPOSEZ QU'*il ait eu un ennui sur la route.* **3.** (qqch.) Comporter comme condition nécessaire. *Avouer sa faute suppose du courage.* → **exiger, impliquer, réclamer.** *L'heure à laquelle il est arrivé* SUPPOSE QU'*il est parti en retard.*

SUPPOSITION [sypozisjɔ̃] n. f. ▪ UNE SUPPOSITION : chose que l'on imagine sans pouvoir affirmer qu'elle est vraie. → **hypothèse.** *Je pense qu'il a voulu me nuire, mais ce n'est qu'une supposition,* je le suppose, je n'en suis pas sûr.

SUPPOSITOIRE [sypozitwaʀ] n. m. ▪ UN SUPPOSITOIRE : médicament de forme conique, que l'on introduit dans l'anus. *Elle s'est mis un suppositoire.*

SUPPRESSION [sypʀesjɔ̃] n. f. ▪ UNE SUPPRESSION : le fait de supprimer, de faire disparaître. *Le plan social de la direction entraîne des suppressions d'emplois,* des licenciements. *Le gouvernement de ce pays est favorable à la suppression de la liberté de la presse.*

SUPPRIMER [sypʀime] verbe [conjugaison 1a] **1.** Faire disparaître. *On va supprimer la cloison entre les deux pièces. Ce médicament supprime la douleur.* ⟨contraire : maintenir⟩ *On lui a supprimé sa prime de fin d'année.* → STYLE FAMILIER **sucrer.** **2.** Enlever (qqch.) d'un ensemble. *Il faut que vous supprimiez des mots de votre texte.* → **ôter, retirer, retrancher.** **3.** SUPPRIMER QQN, le tuer. *L'assassin a supprimé un témoin gênant.* → STYLE FAMILIER **liquider.** **4.** verbe pronominal SE SUPPRIMER : se tuer volontairement. → **se suicider.** *Elle s'est supprimée à la suite d'un chagrin d'amour.*

SUPPURER [sypyʀe] verbe [conjugaison 1a] ▪ Produire du pus. *La plaie suppure,* il en sort du pus. *La blessure ne suppurera* [sy pyʀʀa] *pas.*

SUPPUTER [sypyte] verbe [conjugaison 1a] ▪ STYLE RECHERCHÉ Calculer en faisant des suppositions. *Elle suppute ses chances de succès.* → **évaluer, examiner.**

SUPRÉMATIE [sypʀemasi] n. f. ▪ LA SUPRÉMATIE : supériorité qui permet de dominer. → **domination.** *La suprématie économique de ce pays est incontestable.* → **prépondérance.**

SUPRÊME [sypʀɛm] adj. (après le nom ou avant le nom) **1.** (après le nom) Qui est au-dessus des autres. *Le souverain représente l'autorité suprême.* → **supérieur.** **2.** (avant ou après le nom) Le plus élevé en valeur, très grand. *Pour lui, le bonheur suprême c'est de prendre son petit-déjeuner au lit. Elle est toujours d'une suprême élégance.* **3.** (avant le nom) Le dernier. → **ultime.** *Il a gagné la course dans un suprême effort.* → **désespéré.**

① **SUR** [syʀ] préposition **1.** Indique qu'une chose en porte une autre. *Les clés sont posées sur la table,* la table sert de support aux clés. ⟨contraire : sous⟩ *Tu peux mettre les livres* L'UN SUR L'AUTRE. *Je suis assis sur une chaise. Leur maison est construite sur mon terrain. Nous avons déjeuné sur l'herbe. Il est venu avec son chapeau sur la tête. Elle a un pull sur son chemisier,* par-dessus son chemisier. *Il a un grain de beauté sur la joue.* - *Appuyez sur la sonnette. Il a reçu un coup sur la tête. Regarde sur la carte de France où se trouve Toulouse.* **2.** SUR SOI : avec soi (sur le corps, dans sa poche). *Je n'ai pas d'argent sur moi.* **3.** S'ÉTENDRE SUR : couvrir (telle distance). *La plage s'étend sur plusieurs kilomètres.* **4.** En enlevant (à ce qui subit l'action). *Les cotisations sociales sont retenues sur le salaire,* on les ôte du salaire. *Les contribuables paient l'impôt sur le revenu.* - (marquant une proportion, un rapport) *Un élève sur vingt va redoubler sa classe,* un élève parmi vingt. *Elle a une chance sur mille de réussir. Ils se voient un jour sur deux,* tous les deux jours. *Il a eu une note de quinze sur vingt à sa dissertation. Ma chambre fait trois mètres sur quatre.* **5.** Au-dessus de. *Il y a plus de trente ponts sur la Seine à Paris,* des ponts qui enjambent la Seine. **6.** Indique une direction. *Prenez sur la droite après le pont.* → **à.** *Notre chambre a vue sur la mer. Le chasseur a tiré sur le lièvre,* dans la direction du lièvre. - *Elle va sur ses vingt ans :* elle va bientôt avoir vingt ans. **7.** Relativement à, d'après. *J'ai appris quelque chose sur mes voisins,* à leur sujet. *Il ne faut pas juger les gens sur l'apparence. Il a accepté sur mes conseils. Tu peux compter sur moi. Il a juré sur la Bible. Nous l'avons cru* SUR PAROLE. *Il est d'accord sur ce point,* là-dessus. **8.** Immédiatement après, à la suite de. *Sur le moment, je n'y ai pas pensé,* juste à ce moment-là. *Elle a fumé trois cigarettes coup sur coup,* sans s'arrêter. *Sa fille fait bêtise sur bêtise. Sur le coup, j'ai eu très peur. Le voleur a été pris sur le fait. «Nous sommes bien d'accord.* SUR CE, *nous allons vous quitter»,* après quoi, là-dessus. - *Nous sommes sur le départ,* près de partir.

② **SUR** [syʀ], **SURE** [syʀ] adj. (après le nom) ▪ Qui a un goût acide, un peu aigre. → **acide.** *Le marchand m'a vendu des pommes sures.*

REM. *Sûr* «certain» se prononce de la même façon.

SÛR [syʀ] adj. et adverbe, **SÛRE** [syʀ] adj.
I. adjectif (après le nom) qqn **1.** SÛR DE : qui envisage (les événements) avec une confiance tranquille. → **assuré, certain.** *Il est sûr du résultat. Elle est sûre d'y arriver. Il est arrivé en retard, j'en étais sûr !* - *Elle est sûre de son ami,* elle a confiance en lui. *Il est trop sûr de lui :* il a trop d'assurance, trop confiance en lui-même. **2.** SÛR DE : qui sait avec certitude, qui est assuré de ne pas se tromper. *Est-ce que tu es sûr de tes sentiments ? Nous ne sommes sûrs de rien. Je suis sûr d'avoir raison.* → **convaincu.** *Elle est sûre de d'aimer ce garçon.* - *Est-ce que tu es* SÛRE QUE *c'est lui ? Je suis sûr qu'il viendra.* **3.** En qui l'on peut avoir confiance. *Il n'a mis dans la confidence que des amis sûrs,* des amis sur qui il peut compter. → **fidèle.**
II. qqch. **1.** Où l'on ne risque rien. *La nuit, ce quartier n'est pas très sûr. J'ai mis mes bijoux* EN LIEU SÛR. **2.** Sur quoi l'on peut compter, qui produit les résultats espérés. *Le banquier a fait des placements sûrs.* ⟨contraire : incertain⟩ *Il réussira* À COUP SÛR. - *Il a une mémoire très sûre,* une très bonne mémoire. → **infaillible.** **3.** Dont on ne peut douter, que l'on considère comme vrai. → **certain, évident, indubitable.** *Une chose est sûre, c'est qu'il ne reviendra pas sur sa décision. Ils vont venir, c'est sûr.* ⟨contraire : douteux⟩ *Rien n'est moins sûr :* c'est peu probable. **4.** (impersonnel) *Il est sûr que personne ne le savait.* (négatif) *Il n'est pas sûr qu'elle viendra* (ou *qu'elle vienne*).
III. adverbe **1.** BIEN SÛR : c'est évident, cela va de soi **(→ évidemment).** *Bien sûr, il est arrivé en retard,* bien entendu. *«Est-ce que vous venez ? – Bien sûr !»* BIEN SÛR QUE *j'ai raison ! Bien sûr que oui. Oui, bien sûr.* **2.** STYLE FAMILIER SÛR : sûrement. *Tu viendras, sûr ? «Tu crois qu'il va venir ? – Pas sûr !»,* peut-être pas.

REM. *Sur* «acide» et *sur* préposition se prononcent de la même façon.

SURABONDANCE [syʀabɔ̃dɑ̃s] n. f. ▪ UNE SURABONDANCE : trop grande abondance. *Il y a surabondance de choux-fleurs sur le marché.* → **surproduction.** ⟨contraire : pénurie⟩ - *Il a raconté l'histoire avec une surabondance de détails.* → STYLE RECHERCHÉ **pléthore.** ⟨contraire : insuffisance⟩

SURABONDANT [syʀabɔ̃dɑ̃], **SURABONDANTE** [syʀabɔ̃dɑ̃t] adj. (après le nom) ▪ Qui existe en quantité plus grande qu'il n'est nécessaire, trop abondant. *Il y a eu une récolte surabondante de pommes, cette année.* ⟨contraire : insuffisant⟩

SURAIGU [syʀegy], **SURAIGUË** [syʀegy] adj. (après le nom) ▪ Très aigu. *Cette gamine a une voix suraiguë.*

SURANNÉ [syʀane], **SURANNÉE** [syʀane] adj. (après le nom) ▪ STYLE RECHERCHÉ Ancien et démodé. *Il a des idées surannées.* → **désuet, vieillot.** *Elle a des goûts surannés.*

SURCHARGE [syʀʃaʀʒ] n. f. ▪ *UNE SURCHARGE* **1.** Charge qui s'ajoute à la charge ordinaire. *Nous avons une surcharge de travail en fin d'année.* → **surcroît. 2.** Charge qui est plus importante que la charge permise. *J'ai dû payer un supplément pour une surcharge de bagages.* → **excédent.** – *Le conducteur du car a pris des passagers EN SURCHARGE.* **3.** Mot écrit au-dessus d'un autre qui est barré. *Remplissez ce formulaire, sans rature ni surcharge.*

SURCHARGÉ [syʀʃaʀʒe], **SURCHARGÉE** [syʀʃaʀʒe] adj. (après le nom) **1.** (qqch.) Qui est trop chargé. *Je n'ai pas pu monter dans l'autobus surchargé.* **2.** (qqn) Qui a trop de travail, d'occupations. *Elle n'a pas pu m'aider, car elle est surchargée en ce moment.*

SURCHARGER [syʀʃaʀʒe] verbe [conjugaison 3b] **1.** Charger d'un poids trop lourd, de trop de choses. *L'automobiliste a surchargé sa voiture.* – *Ne surchargeons pas notre mémoire.* → s'**encombrer. 2.** Imposer un travail excessif à (qqn). *L'année dernière, le professeur de mathématiques SURCHARGEAIT ses élèves DE travail.* → **accabler, écraser.** *Elle est surchargée de soucis.*

SURCHAUFFÉ [syʀʃofe], **SURCHAUFFÉE** [syʀʃofe] adj. (après le nom) **1.** (lieu) Trop chauffé, où il fait trop chaud. *On étouffe dans cette voiture surchauffée.* **2.** Surexcité. *Après la réunion, les esprits étaient surchauffés.*

SURCHAUFFER [syʀʃofe] verbe [conjugaison 1a] ▪ Chauffer à l'excès, trop chauffer. *Ne surchauffe pas ta chambre !*

SURCLASSER [syʀklase] verbe [conjugaison 1a] ▪ Être nettement supérieur à. *Sa voiture surclasse toutes les autres par sa puissance.*

SURCROÎT [syʀkʀwa] n. m. ▪ *UN SURCROÎT :* ce qui vient s'ajouter à ce que l'on a déjà. → **supplément, surplus.** *Les fêtes de fin d'année donnent un surcroît de travail aux commerçants.* → **surcharge.** *Elle est très laide et DE SURCROÎT très bête,* de plus, en outre.

SURDITÉ [syʀdite] n. f. ▪ *LA SURDITÉ :* infirmité d'une personne, d'un animal qui n'entend pas **(→ sourd).** *Son mari est atteint d'une légère surdité.*

SURDOSE [syʀdoz] n. f. ▪ *UNE SURDOSE :* dose de drogue excessive et dangereuse. *Attention, tu risques une surdose. Il est mort de surdose.* → **overdose.**

SURDOUÉ [syʀdwe] adj. et n. m., **SURDOUÉE** [syʀdwe] adj. et n. f. **1.** adjectif (après le nom) Qui est d'un niveau mental très supérieur à la moyenne. *Ils ont un enfant surdoué.* **2.** *UN SURDOUÉ, UNE SURDOUÉE :* une personne qui a un niveau mental très supérieur à la moyenne. *C'est une surdouée.*

SUREAU [syʀo] n. m. ▪ *UN SUREAU :* petit arbre à baies rouges ou noires. *On peut évider les tiges de sureau pour faire des flûtes.* PLURIEL : *des SUREAUX.*

SURÉLEVÉ [syʀelve], **SURÉLEVÉE** [syʀelve] adj. (après le nom) ▪ Mis à un niveau plus haut. *Leur maison a un rez-de-chaussée surélevé,* auquel on accède par quelques marches.

SURÉLEVER [syʀelve] verbe [conjugaison 5a] ▪ Donner plus de hauteur à. *Ils ont surélevé leur maison d'un étage.* → **rehausser.** ⟨contraire : abaisser⟩

SÛREMENT [syʀmɑ̃] adverbe **1.** D'une manière certaine, sûre. *Ils viendront sûrement demain,* sans aucun doute. → **certainement.** ⟨contraire : peut-être⟩ *« Vous pensez venir ? – Sûrement ».* → **assurément. 2.** D'une manière probable. *Tu les connais sûrement,* sans doute. → **probablement, vraisemblablement.**

SURENCHÈRE [syʀɑ̃ʃɛʀ] n. f. ▪ *UNE SURENCHÈRE :* enchère plus élevée que la précédente. *Il y a eu trop de surenchères, l'immobilier est devenu inabordable.*

SURESTIMER [syʀɛstime] verbe [conjugaison 1a] ▪ Estimer au-dessus de sa valeur, de son importance. ⟨contraire : sous-estimer⟩ *L'expert a surestimé le tableau. Il ne faudrait pas que le candidat surestime ses capacités et qu'il échoue.*

SÛRETÉ [syʀte] n. f. ▪ *LA SÛRETÉ* **1.** Absence de danger, de risque. *Ferme la porte à clé, pour plus de sûreté.* → **sécurité.** – *Ses bijoux sont EN SÛRETÉ dans un coffre,* à l'abri. *La porte comporte une chaîne DE SÛRETÉ,* destinée à assurer une sécurité supplémentaire. **2.** Garantie, assurance de sécurité et d'ordre pour un groupe, une collectivité. *La police est responsable de la sûreté publique.* → **ordre.** *Il y a eu un attentat contre la sûreté de l'État.* → **sécurité. 3.** Caractère de ce qui est sûr, sans danger. ⟨contraires : danger, risque⟩ *Les routes sont d'une grande sûreté, dans ce pays.* **4.** Caractère de ce qui est sans risque d'erreur. *Elle a une grande sûreté de jugement.*

SUREXCITATION [syʀɛksitasjɔ̃] n. f. ▪ *LA SUREXCITATION :* état d'excitation extrême. *Les enfants sont dans un état de surexcitation à l'approche des vacances.* ⟨contraire : calme⟩

SUREXCITÉ [syʀɛksite], **SUREXCITÉE** [syʀɛksite] adj. (après le nom) ▪ Qui est dans un état de surexcitation, d'agitation. → **agité, survolté.** ⟨contraire : calme⟩ *Que faire, face à ces enfants surexcités ?*

SURF [sœʀf] n. m. ▪ *LE SURF :* sport qui consiste à se laisser porter par de grosses vagues qui déferlent, debout sur une planche. → **planche.** *Des jeunes gens FONT DU SURF* **(→ surfer).** *Il est champion de surf.*

> REM. **1.** Ce mot vient de l'anglais. **2.** La *planche à voile* ne s'appelle pas *surf.*

SURFACE [syʀfas] n. f. ▪ *LA SURFACE* **1.** Partie extérieure d'un corps. *Les racines des pins sont À LA SURFACE DU sol.* **2.** Face apparente de l'eau, d'un liquide, d'un objet. *La surface de l'eau est immobile.* ⟨contraire : fond⟩ *La table est rayée sur toute sa surface. Les poissons nagent EN SURFACE,* près de la surface. *Le pétrole flotte À LA SURFACE DE l'eau.* → **surnager.** *Le plongeur FAIT SURFACE,* on le voit sortir de l'eau **(→ émerger).** – *Il a REFAIT SURFACE après sa longue maladie,* il s'est mis à aller mieux, il s'en est sorti. **3.** (abstrait) Aspect apparent, visible d'une chose. *Il faut approfondir, tu ne considères que la surface des choses.* → **superficiel.** – *Sa gentillesse est DE SURFACE.* → **apparent. 4.** Cet espace mesuré. → **superficie,** STYLE RECHERCHÉ **aire.** *Leur appartement a une surface de cent mètres carrés. Calculez la surface d'un rectangle de douze centimètres sur cinq. Le mur est peint sur toute sa surface.* **5.** *UNE GRANDE SURFACE :* magasin qui vend de nombreux produits en libre service sur une vaste superficie. *Chaque semaine, elle fait ses courses dans une grande surface.* → **hypermarché, supermarché.**

SURFAIT [syʀfɛ], **SURFAITE** [syʀfɛt] adj. (après le nom) ▪ Qui est apprécié au-dessus de sa valeur. → **surestimé.** *Tout le monde trouve ce film génial, moi je le trouve très surfait. Il a une réputation surfaite.* → **exagéré.**

SURFER [sœʀfe] verbe [conjugaison 1a] ▪ Faire du surf. *Des jeunes gens surfent sur la crête des vagues.*

SURFEUR [sœʀfœʀ] n. m., **SURFEUSE** [sœʀføz] n. f. ▪ *UN SURFEUR, UNE SURFEUSE :* personne qui fait du surf, pratique le surf. *Les surfeurs sont nombreux sur la plage.*

REM. Ne pas confondre *surfeur* et *véliplanchiste* (ou *planchiste*).

SURGELÉ [syʀʒəle] adj. et n. m., **SURGELÉE** [syʀʒəle] adj. **1.** adjectif (après le nom) (aliment) Congelé rapidement à très basse température. *Elle réchauffe une pizza surgelée. Les aliments surgelés se conservent pendant plusieurs mois au congélateur* (–18°). **2.** *UN SURGELÉ :* un aliment surgelé. *Il ne mange que des surgelés.*

SURGELER [syʀʒəle] verbe [conjugaison 5a] ▪ Congeler très rapidement et à très basse température (des aliments). *Elle surgèle le reste de soupe à l'oignon.*

SURGIR [syʀʒiʀ] verbe [conjugaison 2] **1.** Apparaître brusquement. *Le crocodile surgit hors de l'eau. Une forme indécise a surgi au coin de la rue.* **2.** (abstrait) *À tout moment, des difficultés surgissaient de toutes parts.* → se **produire, survenir.**

SURHUMAIN [syʀymɛ̃], **SURHUMAINE** [syʀymɛn] adj. (après le nom) ▪ Qui semble au-dessus des forces normales d'un être humain. *Il fait des efforts surhumains pour rester éveillé. Il faut une énergie surhumaine pour réaliser cette tâche.*

SURIMI [syʀimi] n. m. ▪ *LE SURIMI :* pâte de poisson aromatisée au crabe, à la langouste et vendue sous forme de bâtonnets. *Elle a acheté des bâtonnets de surimi au crabe.*

REM. Ce mot est japonais.

SUR-LE-CHAMP [syʀləʃɑ̃] adverbe ▪ STYLE RECHERCHÉ Aussitôt, immédiatement. *Il élève la voix et son fils obéit sur-le-champ. Nous sommes partis sur-le-champ.*

SURLENDEMAIN [syʀlɑ̃dmɛ̃] n. m. ▪ *LE SURLENDEMAIN :* jour qui suit le lendemain. *Je l'ai appelée lundi, et elle est venue le lendemain et le surlendemain. Je l'ai vu LE SURLENDEMAIN DE son arrivée.*

REM. Le surlendemain d'aujourd'hui, c'est *après-demain ;* on peut dire aussi *deux jours après.* → **jour.**

SURMENAGE [syʀmənaʒ] n. m. ▪ *LE SURMENAGE :* fatigue due à un excès de travail. *Son surmenage a provoqué une dépression nerveuse. Son mari souffre de surmenage intellectuel.*

SURMENÉ [syʀməne], **SURMENÉE** [syʀməne] adj. (après le nom) ▪ Fatigué à cause d'un excès de travail, d'activité. *Les étudiants surmenés sont contents d'être bientôt en vacances.*

SURMENER [syʀməne] verbe [conjugaison 5a] **1.** Imposer un effort excessif à (qqn). *Ce professeur surmène ses élèves pour qu'ils réussissent leur examen. - L'excès de travail l'a surmené.* **2.** verbe pronominal SE SURMENER : se fatiguer à l'excès. *Il va tomber malade s'il se surmène trop. Elle s'est trop surmenée. Ne vous surmenez pas !*

SURMONTER [syʀmɔ̃te] verbe [conjugaison 1a]

I. (qqch.) Être placé au-dessus de. *Un baldaquin surmonte le lit. - L'église est surmontée d'une coupole dorée.*

II. (qqn) Vaincre (une difficulté) par un effort. *Il a surmonté les pires difficultés dans sa vie,* il en a triomphé. *Elle surmonte sa timidité et s'adresse à son voisin de table. Il n'arrive pas à surmonter sa peur.* → **dominer, dompter, maîtriser.**

SURNAGER [syʀnaʒe] verbe [conjugaison 3b] ▪ Flotter à la surface d'un liquide. → **flotter.** *Les naufragés ont tenté de surnager. Plusieurs mois après le naufrage du pétrolier, une nappe de pétrole surnageait encore au large.*

SURNATUREL [syʀnatyʀɛl], **SURNATURELLE** [syʀnatyʀɛl] adj. (après le nom) ▪ Que l'on ne peut pas expliquer par les lois de la nature. ⟨contraire : naturel⟩ *Les sorcières et les fées ont des pouvoirs surnaturels, dans les contes.* → **magique.** *Certaines personnes croient aux phénomènes surnaturels.* → **miraculeux.**

SURNOM [syʀnɔ̃] n. m. ▪ *UN SURNOM :* nom que l'on donne à une personne à la place de son nom véritable. *Son surnom est « Œil de lynx » parce qu'il a une très bonne vue* **(→ surnommer).** *Les élèves donnent à leur professeur un surnom ridicule.* → **sobriquet.**

EN **SURNOMBRE** [ɑ̃syʀnɔ̃bʀ] adverbe ▪ En trop, en excédent par rapport au nombre prévu, fixé. *Le chauffeur de taxi refuse de prendre des passagers en surnombre.*

SURNOMMER [syʀnɔme] verbe [conjugaison 1a] ▪ Désigner par un surnom. *Ses camarades le surnomment « Dents de lapin ». - Le roi de France Louis XIV était surnommé le Roi-Soleil.*

SUROÎT [syʀwa] n. m. ▪ *UN SUROÎT :* chapeau imperméable de marin qui protège la nuque. *Les marins mettent leur ciré et leur suroît pour se protéger des embruns.*

SURPASSER [syʀpase] verbe [conjugaison 1a] **1.** Faire mieux que (les autres). *Mon fils surpasse tous ses camarades en maths,* il leur est supérieur. → **dépasser, dominer, surclasser. 2.** verbe pronominal SE SURPASSER : faire encore mieux que d'habitude. *Elle a fait un merveilleux dîner pour ses invités, elle s'est surpassée.*

SURPEUPLÉ [syʀpœple], **SURPEUPLÉE** [syʀpœple] adj. (après le nom) ▪ (lieu) Où il y a trop d'habitants. *Ils habitent une banlieue surpeuplée.* ⟨contraire : ① désert⟩

SURPEUPLEMENT [syʀpœpləmɑ̃] n. m. ▪ *LE SURPEUPLEMENT :* état d'un lieu où il y a trop d'habitants. *Beaucoup de grandes villes souffrent de surpeuplement.* → **surpopulation.**

SURPLACE [syʀplas] n. m. ▪ *FAIRE DU SURPLACE :* rester à la même place, ne pas avancer. *Dans les embouteillages, les voitures font du surplace.*

REM. On trouve aussi la forme *sur-place.*

SURPLOMB [syʀplɔ̃] n. m. ▪ *UN SURPLOMB :* partie d'un mur, d'une paroi qui dépasse par rapport à la base. *Le balcon est en surplomb.* → **saillie.** *Les alpinistes ont franchi plusieurs surplombs.*

SURPLOMBER [syʀplɔ̃be] verbe [conjugaison 1a] ▪ (qqch.) Dépasser, dominer en se trouvant au-dessus, être en surplomb. *La falaise surplombe la mer. Dans certaines maisons du Moyen Âge les étages surplombent le rez-de-chaussée.*

SURPLUS [syʀply] n. m. ▪ *LE SURPLUS :* ce qui est en plus de la quantité voulue. *Le surplus de la récolte a été envoyé dans les pays où sévit la famine.* → **excédent.**

SURPOPULATION [syʀpɔpylasjɔ̃] n. f. ▪ *LA SURPOPULATION :* population trop nombreuse par rapport aux ressources et à la surface d'un pays. *La natalité trop forte dans le pays a provoqué une surpopulation.* → **surpeuplement.**

surprenait [syʀpʀənɛ] *Il surprenait, elle surprenait :* forme à l'imparfait du verbe **surprendre.**

SURPRENANT [syʀpʀənɑ̃], **SURPRENANTE** [syʀpʀənɑ̃t] adj. (après le nom) **1.** Qui surprend, étonne. *J'ai appris une nouvelle surprenante.* → **étonnant, inattendu.** *C'est surprenant !* **2.** Remarquable. *Sa fille apprend les langues avec une facilité surprenante.* → **incroyable, prodigieux.** *Ses progrès sont surprenants.*

SURPRENDRE [syʀpʀɑ̃dʀ] verbe [conjugaison 58]
I. (concret) **1.** Prendre sur le fait. *Je te surprends en train de fouiller dans mes affaires. Nos voisins ont surpris des voleurs essayant de s'introduire chez nous.* → **découvrir ;** STYLE FAMILIER **pincer.** *Il ne faut pas que l'on nous surprenne. Si on les surprenait, ils seraient bien embarrassés.* - *Je l'ai surpris à mentir.* → **prendre** (à). **2.** Découvrir involontairement (ce qu'une personne cache). *Nous surprenons son secret.* - *Elle croit surprendre de l'irritation dans sa voix.* → **constater, déceler. 3.** Se présenter chez (qqn) sans être attendu. *Il l'a surprise à son réveil.* **4.** Prendre (qqn) par surprise. *Il s'est fait surprendre par la pluie. L'orage nous a surpris pendant notre promenade,* il s'est produit sans que l'on s'y attende.
II. (abstrait) Frapper l'esprit (qui ne s'y attend pas). → **étonner, stupéfier.** *Ses réactions me surprennent toujours.* → **déconcerter.** *Vous me surprenez.* → **surprise.** *Cela me surprendrait :* j'en serais très étonné. *Rien ne la surprend, elle s'attend à tout. Je* SUIS SURPRIS DE *te trouver ici* (→ **surpris).**
III. verbe pronominal SE SURPRENDRE À : se rendre compte que l'on est en train de faire, de penser une chose sans l'avoir voulu. *Il se surprend parfois à regretter son choix. Elle s'est surprise à le défendre.*

surpris [syʀpʀi], **surprise** [syʀpʀiz] *Il a surpris sa fille ; sa fille qu'il a surprise :* formes au participe passé du verbe **surprendre.**

SURPRIS [syʀpʀi], **SURPRISE** [syʀpʀiz] adj. (après le nom) ▪ Étonné, stupéfait. *Je suis agréablement surpris de te rencontrer ici,* cela me surprend. *Elle en a été vraiment surprise, car elle ne s'y attendait pas du tout.* - *Il a un air surpris.*

SURPRISE [syʀpʀiz] n. f. ▪ *UNE SURPRISE* **1.** Action, attaque inattendue. *L'ennemi a attaqué* PAR SURPRISE, alors que l'on ne s'y attendait pas. **2.** État d'une personne surprise, étonnée. *En le voyant, elle a poussé un cri de surprise.* → **étonnement, stupéfaction.** *L'effet de surprise a été total. À notre grande surprise, il a été charmant avec nous.* **3.** Ce qui surprend ; chose inattendue. *Nous avons eu une bonne surprise en arrivant. Quelle surprise de vous rencontrer ici ! En voilà, une surprise ! Le voyage a été sans surprise,* tel qu'on l'attendait. - *Les ouvriers ont fait une grève surprise,* une grève inattendue, soudaine. **4.** Plaisir ou cadeau fait à une personne de manière à la surprendre agréablement. *Les enfants préparent une surprise pour l'anniversaire de leur mère. Ne regarde pas, c'est une surprise ! Elle aime les surprises.*
REM. Voir aussi **pochette-surprise.**

SURPRODUCTION [syʀpʀɔdyksjɔ̃] n. f. ▪ *LA SURPRODUCTION :* production trop importante. *Il y a une surproduction de viande de porc en Europe.*

SURRÉALISTE [syʀʀealist] adj. (après le nom) **1.** Qui concerne un mouvement de l'art européen du début du vingtième siècle qui utilise le rêve, l'imaginaire dans ses réalisations. *Le chef du mouvement surréaliste était André Breton. Salvador Dali était un peintre surréaliste.* **2.** STYLE FAMILIER Étrange, bizarre, extravagant. *La situation est complètement surréaliste.*

SURSAUT [syʀso] n. m. ▪ *UN SURSAUT* **1.** Mouvement involontaire qui fait que l'on se dresse brusquement. *Il a eu un léger sursaut en entendant frapper à la porte.* → **soubresaut.** - *Elle s'est réveillée* EN SURSAUT, brusquement. **2.** Réaction rapide et violente. *Il a eu un sursaut d'énergie.*

SURSAUTER [syʀsote] verbe [conjugaison 1a] ▪ Avoir un sursaut. *Il sursaute au moindre bruit.* → **tressaillir.** *La détonation les a fait sursauter.*

SURSIS [syʀsi] n. m. ▪ *UN SURSIS* **1.** Remise à une date postérieure. *Il a obtenu un sursis pour payer ses impôts.* → **délai.** *L'accusé a été condamné à une peine de six mois de prison* AVEC SURSIS, à une peine qu'il devra effectuer s'il est condamné à nouveau. **2.** Période de répit, délai. *Nous verrons ça à la rentrée, les vacances nous laissent un sursis.* - *Ce malade est un mort* EN SURSIS, il est condamné, il va mourir.

SURTAXE [syʀtaks] n. f. ▪ *UNE SURTAXE :* majoration d'une taxe. *J'ai dû payer une surtaxe car ma lettre n'était pas suffisamment affranchie.*

SURTAXER [syʀtakse] verbe [conjugaison 1a] **1.** Frapper d'une surtaxe. *Les exportations sont surtaxées.* **2.** Taxer excessivement. *Le gouvernement surtaxe les cigarettes.*

SURTOUT [syʀtu] adverbe **1.** Avant tout. *Elle est méchante, mais elle est surtout très bête. Surtout, ne dis rien ! « Vous voulez le voir ? - Surtout pas ! »* absolument pas, pas du tout. **2.** Plus particulièrement. *Il aime les desserts, surtout la mousse au chocolat.* → **particulièrement, principalement.** *Il a neigé, surtout dans l'est de la France. J'ai de l'angoisse, surtout la nuit. Elle est partie sans valise et surtout sans argent,* ce qui est plus bizarre, plus grave. **3.** STYLE FAMILIER *SURTOUT QUE :* d'autant plus que. *Elle ne devrait pas sortir si elle est malade, surtout qu'il fait froid,* d'autant plus qu'il fait froid.
REM. L'emploi de *surtout que* est critiqué par les puristes.

survécu [syʀveky] *Il a survécu, elle a survécu :* forme au participe passé du verbe **survivre.**

survécut [syʀveky] *Il survécut, elle survécut :* forme au passé simple du verbe **survivre.**

SURVEILLANCE [syʀvɛjɑ̃s] n. f. ▪ *LA SURVEILLANCE :* le fait de surveiller (qqch., qqn), d'observer avec attention pour contrôler. *Les gardiens de la prison exercent une surveillance constante sur les prisonniers. Il ne faut pas laisser les enfants* SANS SURVEILLANCE, sans les surveiller.

SURVEILLANT [syʀvɛjɑ̃] n. m., **SURVEILLANTE** [syʀvɛjɑ̃t] n. f. ▪ *UN SURVEILLANT, UNE SURVEILLANTE* **1.** Personne qui surveille ce dont elle a la responsabilité. *Le prisonnier a échappé à la vigilance des surveillants et s'est évadé.* → **gardien. 2.** Personne qui exerce la discipline dans un collège, un lycée ou une communauté. *Les élèves travaillent sous le regard attentif de la surveillante.* → STYLE FAMILIER ② **pion.** - *La surveillante dirige les infirmières, dans un hôpital.*

SURVEILLER [syʀveje] verbe [conjugaison 1a] **1.** *SURVEILLER QQN,* l'observer avec attention pour contrôler ce qu'il fait, maintenir l'ordre ou éviter un danger. *La police surveille les manifestants.* → **contrôler.** *La baby-sitter surveille les enfants.* → **garder.** *Il faudrait, pour bien faire, que nous surveillions tout le monde.* **2.** Suivre avec attention (un travail) pour que tout se déroule normalement. *L'architecte surveille les travaux de construction de la maison.* → **inspecter.** *Le cuisinier surveille la cuisson du rôti.* **3.** Être attentif à (ce que l'on fait). *Surveille ton langage ! Elle surveille attentivement sa ligne,* elle fait très attention à garder le même poids. → **contrôler. 4.** verbe pronominal SE SURVEILLER : faire attention à ce que l'on fait, à ce que l'on dit. *Il fait des fautes de français quand il ne se surveille pas.* → **s'observer.** *Surveillez-vous ! Elle ne s'est pas assez surveillée et elle a pris trois kilos.*

FAUX AMI
anglais **to survey** « examiner »

SURVENIR [syʀvəniʀ] verbe [conjugaison 22] ▪ Arriver brusquement, à l'improviste. *Elle survient* [syʀvjɛ̃] *toujours quand on parle d'elle.* → **arriver.** *Des imprévus surviennent souvent, dans la vie. Si un problème survenait, parlez-m'en.* → se **produire, surgir.** *Un orage survint. Sa mort est survenue brutalement. En survenant aussi vite, l'accident l'a désemparé. Il ne faudrait pas qu'une catastrophe survienne. - Les changements survenus sont considérables. - IL SURVIENDRA peut-être d'autres difficultés.*

SURVÊTEMENT [syʀvɛtmɑ̃] n. m. ▪ *UN SURVÊTEMENT :* vêtement composé d'un blouson et d'un pantalon molletonné que les sportifs mettent sur leur tenue de sport. → **jogging.** *Le champion de tennis met son survêtement après le match.*

SURVIE [syʀvi] n. f. ▪ *LA SURVIE* **1.** Le fait de survivre, de rester en vie. *Les rescapés doivent leur survie à la rapidité des secours. Le blessé a peu de chance de survie. Le voilier possède un équipement de survie.* **2.** La vie éternelle ou la réincarnation des croyants. *La plupart des religions promettent la survie.*

SURVIVANCE [syʀvivɑ̃s] n. f. ▪ *LA SURVIVANCE :* ce qui reste d'une chose disparue. → **vestige.** *Cette coutume est une survivance du passé.*

SURVIVANT [syʀvivɑ̃] n. m. et adj., **SURVIVANTE** [syʀvivɑ̃t] n. f. et adj. **1.** *UN SURVIVANT, UNE SURVIVANTE :* personne qui survit à d'autres, qui vit encore alors que d'autres personnes sont mortes. *L'accident a été terrible, il n'y a aucun survivant.* → **rescapé.** *Les survivants du naufrage ont été recueillis par un cargo.* **2.** adjectif (après le nom) Qui survit à (qqn). *L'épouse survivante a hérité de tous les biens de son mari décédé.*

SURVIVRE [syʀvivʀ] verbe [conjugaison 46]
I. *SURVIVRE À* **1.** Rester en vie après la mort de (qqn). *Il a survécu à sa femme de quelques mois. Elle survécut à son mari.* **2.** Échapper à (la mort). *Peu de gens survivront à la famine qui sévit dans le pays* (→ **survivant**). - *« L'enfant survivra » a dit le médecin.* **3.** (qqch.) Exister encore après, durer plus longtemps que. *L'œuvre d'art survit à l'artiste.* **4.** Continuer à vivre après (une chose insupportable). *Nous survivons à la honte. Je n'y survivrai pas. - Je survis quand même malgré ce drame affreux.* **II.** verbe pronominal SE SURVIVRE : vivre encore (dans une personne, une chose), après sa mort. *L'auteur se survit dans son œuvre.*

SURVOL [syʀvɔl] n. m. ▪ *LE SURVOL :* le fait de survoler. *Le survol des Alpes a permis aux passagers d'apercevoir le mont Blanc. - Ce n'est qu'un rapide survol de la question,* un examen rapide et superficiel.

SURVOLER [syʀvɔle] verbe [conjugaison 1a] **1.** (oiseau, avion) Voler au-dessus de. *L'avion survole la ville de Naples. - Nous avons survolé les Alpes.* **2.** Examiner rapidement et de manière superficielle. *Il survole les gros titres du journal. Le conférencier a survolé la question.* → **aborder, évoquer.** ⟨contraire : approfondir⟩

SURVOLTÉ [syʀvɔlte], **SURVOLTÉE** [syʀvɔlte] adj. (après le nom) ▪ Très excité. *Après cette journée sans sortir, les enfants sont survoltés.* → **surexcité.** - *Les journalistes travaillent dans une ambiance survoltée,* où il règne une activité intense et fébrile.

SUS [sys] adverbe **1.** STYLE RECHERCHÉ *Courir SUS À l'ennemi,* l'attaquer. *Nos troupes ont couru sus à l'ennemi.* **2.** *EN SUS DE :* en plus de. *Le service est en sus du prix indiqué. - Les taxes sont en sus.*
REM. On prononce aussi [sy].

SUSCEPTIBILITÉ [sysɛptibilite] n. f. ▪ *LA SUSCEPTIBILITÉ :* caractère d'une personne susceptible, qui se vexe facilement. *On ne peut rien lui dire, il est d'une susceptibilité incroyable. Vous devriez ménager sa susceptibilité,* son amour-propre.

SUSCEPTIBLE [sysɛptibl] adj. (après le nom) **1.** (qqn) Qui se vexe facilement, qui a l'amour-propre très sensible. *C'est une fille très susceptible, qui ne supporte pas la moindre plaisanterie à son sujet.* **2.** *SUSCEPTIBLE DE :* (qqch.) qui peut éventuellement. *Mes projets sont susceptibles de changer. J'ai une offre susceptible de vous intéresser.*

SUSCITER [sysite] verbe [conjugaison 1a] ▪ Faire naître, provoquer (un sentiment, une réaction). *Le nouveau projet suscite un grand intérêt.* → **éveiller, soulever.** *La nouvelle a suscité la stupéfaction.* → ① **causer, provoquer.**

SUSPECT [syspɛ] adj. et n. m., **SUSPECTE** [syspɛkt] adj. et n. f. **1.** adjectif (après le nom) Qui fait naître des soupçons. *Un individu suspect rôde dans le quartier.* → ① **louche.** *Une valise suspecte a été repérée sur le quai du métro,* une valise qui éveille le soupçon, le doute. → **douteux.** - *Il n'est pas SUSPECT DE sympathie envers les rebelles,* on ne peut pas le soupçonner de cela. **2.** *UN SUSPECT, UNE SUSPECTE :* une personne que l'on soupçonne. *La police a arrêté deux suspects.*

SUSPECTER [syspɛkte] verbe [conjugaison 1a] ▪ Tenir pour suspect. → **soupçonner.** *Le commissaire suspecte le témoin de mentir. Je ne suspecte pas votre bonne foi :* je crois à votre bonne foi.

suspende [syspɑ̃d] *Que je suspende ; qu'il suspende, qu'elle suspende :* forme au subjonctif du verbe **suspendre.**

SUSPENDRE [syspɑ̃dʀ] verbe [conjugaison 41a] **1.** Faire tenir (une chose) de manière à ce qu'elle pende. *Je suspends mon manteau au portemanteau.* → **accrocher.** *Il suspend le hamac entre deux arbres. La nacelle est suspendue au ballon.* **2.** Interrompre, arrêter. *Le juge suspendit la séance. Le directeur a peur que le gouvernement suspende la publication du journal.* **3.** *SUSPENDRE QQN,* lui retirer ses fonctions pendant un certain temps. *En suspendant l'athlète qui consommait des produits interdits, la fédération de gymnastique a voulu faire un exemple.* **4.** *ÊTRE SUSPENDU AUX LÈVRES, AUX PAROLES DE QQN,* l'écouter avec un grand intérêt. *L'enfant est suspendu aux lèvres de sa grand-mère qui lui raconte une histoire.* **5.** verbe pronominal SE SUSPENDRE : se pendre, se tenir pendu. *Certains singes se suspendent aux branches.* → s'**accrocher.** *Elle s'est suspendue par les mains.*

suspendu [syspɑ̃dy], **suspendue** [syspɑ̃dy] *Il a suspendu une veste ; la veste qu'il a suspendue :* formes au participe passé du verbe **suspendre.**

SUSPENDU [syspɑ̃dy], **SUSPENDUE** [syspɑ̃dy] adj. (après le nom) **1.** *Un PONT SUSPENDU :* pont soutenu par des câbles. *Un pont suspendu enjambe la rivière.* **2.** (véhicule) *BIEN, MAL SUSPENDU,* qui une suspension, un appui sur ses roues plus ou moins souple. *Ma nouvelle voiture est bien suspendue.* **3.** Qui se tient à une certaine hauteur. *Le château est entouré de magnifiques JARDINS SUSPENDUS.*

EN **SUSPENS** [ɑ̃syspɑ̃] adverbe ▪ Dans l'incertitude, l'indécision. *La question reste en suspens,* sans solution pour le moment. *Les travaux sont restés en suspens,* arrêtés pour l'instant.

SUSPENSE [syspɛns] n. m. ▪ *LE SUSPENSE :* moment ou passage d'un récit, d'un film qui fait naître chez le lecteur, le spectateur un sentiment d'attente angoissée. *J'aime les films à suspense. Il y a du suspense dans les romans policiers.*
REM. *Suspense* est un mot anglais.

SUSPENSION [syspɑ̃sjɔ̃] n. f.
I. *LA SUSPENSION* **1.** Le fait d'être suspendu. *L'alpiniste est EN SUSPENSION au-dessus du gouffre. – On peut voir des particules de matière en suspension dans ce liquide,* des particules de matière qui flottent dans le liquide. **2.** Système qui permet d'amortir les secousses, sur un véhicule, et qui constitue un appui élastique sur les roues. *Sa voiture a une bonne suspension,* elle est bien suspendue. **3.** *UNE SUSPENSION :* appareil d'éclairage destiné à être suspendu. → **lustre.** *Une suspension de verre et d'acier éclaire la pièce.*
II. 1. Interruption, remise à plus tard. *Le président du tribunal a décidé une suspension de l'audience.* → **arrêt. 2.** Fait de retirer ses fonctions à qqn. *Le cycliste a eu une suspension pour faute professionnelle,* il n'a plus eu le droit de faire de courses pendant un moment. – *Le conducteur a eu une suspension de permis de conduire pour excès de vitesse,* on lui a retiré son permis de conduire. **3.** *Des POINTS DE SUSPENSION :* signe de ponctuation (...) qui remplace une partie de l'énoncé ou qui marque une coupure dedans. *Des points de suspension signalent qu'il manque une partie du texte.*

SUSPICIEUX [syspisjø], **SUSPICIEUSE** [syspisjøz] adj. (après le nom) ▪ STYLE RECHERCHÉ Plein de suspicion. → **soupçonneux.** *Il jette des regards suspicieux. Je n'aime pas ces remarques suspicieuses.*

REM. *Suspicieux* a les mêmes emplois que *soupçonneux.*

SUSPICION [syspisjɔ̃] n. f. ▪ STYLE RECHERCHÉ *LA SUSPICION :* le fait de considérer comme suspect, de ne pas avoir confiance. → **défiance, méfiance.** ⟨contraire : confiance⟩ *Il lui a lancé un regard plein de suspicion.*

REM. *La suspicion* est une méfiance générale, alors que *le soupçon* s'applique à une chose particulière.

SUSURRER [sysyʀe] verbe [conjugaison 1a] ▪ Dire tout doucement. *Il lui susurre des mots doux à l'oreille.* → **chuchoter, murmurer.** – *Je n'entends pas ce que tu dis, tu susurres.*

sut [sy] *Il sut, elle sut :* forme au passé simple du verbe **savoir.**

SUTURE [sytyʀ] n. f. ▪ *UNE SUTURE :* réunion, à l'aide de fils, de parties de chairs coupées à la suite d'un accident ou d'une opération chirurgicale. *Le chirurgien fait une suture. Le blessé a plusieurs POINTS DE SUTURE.*

SVELTE [svɛlt] adj. (après le nom) ▪ Mince et élancé. *Sa mère est une femme grande et svelte. Elle a la taille svelte.* ⟨contraires : épais, lourd, massif⟩

FAUX AMIS
grec **σβέλτος,** italien **svelto** «rapide, agile»

S. V. P. Abréviation de **s'il vous plaît.** → **plaire.**

SWEAT-SHIRT [switʃœʀt] n. m. ▪ *UN SWEAT-SHIRT :* pull-over en coton épais molletonné, serré à la taille et aux poignets. *Elle a un sweat-shirt blanc et un jean noir.* PLURIEL : *des SWEAT-SHIRTS.* – *SWEAT* [swit] forme abrégée familière *Il a mis un sweat jaune. Il a plusieurs sweats.*

REM. **1.** On prononce aussi [swɛtʃœʀt], [swɛt]. **2.** Ce mot vient de l'anglais.

SYLLABE [silab] n. f. ▪ *UNE SYLLABE :* groupe de consonnes et de voyelles ou groupe de voyelles que l'on prononce d'un seul coup. *Les mots «mur» et «eau» ont une seule syllabe. Le mot «maison» a deux syllabes. Un alexandrin est un vers qui a douze syllabes.*

SYLVESTRE [silvɛstʀ] adj. (après le nom) ▪ STYLE RECHERCHÉ De la forêt, des bois. → **forestier.** – *Il a planté un PIN SYLVESTRE dans son jardin,* une espèce de pin à l'écorce orangée à la cime.

SYLVICULTURE [silvikyltyʀ] n. f. ▪ *LA SYLVICULTURE :* culture, mise en valeur et entretien des forêts. *Le Jura et les Vosges sont des régions de sylviculture.*

SYMBOLE [sɛ̃bɔl] n. m. ▪ *UN SYMBOLE* **1.** Être, objet qui représente et évoque une chose abstraite. → **image.** *La colombe est le symbole de la paix.* → **emblème.** – *Il tient compte des symboles plus que de la réalité.* **2.** Signe qui, par convention, correspond à ce qu'il désigne. *Le signe «x» est le symbole mathématique de l'inconnue. H est le symbole chimique de l'hydrogène.* **3.** Personne qui incarne, représente (qqch.) de façon exemplaire, parfaite. *Elle est le symbole de la générosité.*

SYMBOLIQUE [sɛ̃bɔlik] adj. et n. f.
I. adjectif (après le nom) **1.** Qui constitue un symbole, repose sur des symboles. *La colombe a une signification symbolique.* **2.** Qui vaut pour ce qu'il représente et non pour ce qu'il est réellement. *Son entreprise a été vendue pour un franc symbolique. Elle lui a fait un cadeau symbolique.* – (péjoratif) *C'est très symbolique !* → **abstrait, formel.**
II. *LA SYMBOLIQUE :* système de symboles. *Connaissez-vous la symbolique des fleurs ?* → **langage.**

SYMBOLISER [sɛ̃bɔlize] verbe [conjugaison 1a] ▪ Représenter par un symbole. *La balance symbolise la justice.*

SYMÉTRIE [simetʀi] n. f. ▪ *LA SYMÉTRIE :* correspondance exacte de deux parties semblables de chaque côté d'une ligne, ou par rapport à un centre. *Il y a une symétrie parfaite entre les deux ailes du papillon.*

SYMÉTRIQUE [simetʀik] adj. (après le nom) ▪ Qui présente une symétrie. *Les deux parties du corps humain sont symétriques.* ⟨contraires : asymétrique, dissymétrique⟩ – *La main droite est SYMÉTRIQUE DE la main gauche.*

SYMPA [sɛ̃pa] adj. (après le nom) ▪ STYLE FAMILIER **1.** (qqn) Sympathique. *Sa sœur est une fille très sympa. Ce sont des types sympas. Allez, soyez sympas, acceptez de nous aider.* **2.** (qqch.) Agréable. *Il y a une ambiance sympa, dans ce restaurant. C'est sympa, chez toi ! Ce serait sympa si vous veniez,* ce serait bien. → STYLE FAMILIER ② **chouette,** ② **super.** ⟨contraire : moche⟩ – *Ce n'est pas très sympa, ce qu'il a fait,* pas très gentil.

SYMPATHIE [sɛ̃pati] n. f. ▪ *LA SYMPATHIE* **1.** Attirance immédiate que l'on éprouve pour une autre personne. *J'ai beaucoup de sympathie pour lui.* → **amitié.** *Il est chaleureux et il inspire la sympathie.* → **bienveillance.** ⟨contraire : antipathie⟩ **2.** Bonne disposition envers (une idée, une action). *Le directeur a accueilli le projet de son collaborateur avec sympathie. Je n'ai aucune sympathie pour les idées extrémistes.* **3.** STYLE RECHERCHÉ Participation à ce que ressent qqn, le fait de ressentir ce qui le touche. *Quand elle a perdu son père, elle a eu de nombreux témoignages de sympathie.* → **condoléances.** – *Croyez à toute ma sympathie,* formule de politesse à la fin d'une lettre.

SYMPATHIQUE [sɛ̃patik] adj. (après le nom) **1.** Pour qui on a de la sympathie. *Au premier abord, je le trouve sympathique.* → STYLE FAMILIER **sympa.** ⟨contraire : antipathique⟩ *Il nous a tout de suite été sympathique. Elle ne m'est pas sympathique. Ce sont des gens sympathiques.* **2.** STYLE FAMILIER (qqch.) Agréable, plaisant. *Nous avons passé une soirée très sympathique.* → **charmant.** ⟨contraire : déplaisant⟩ *C'est sympathique, ici !* → STYLE FAMILIER **sympa.**

FAUX AMI
anglais **sympathetic** «compatissant»

REM. *Sympathique* exprime un jugement global et relatif, mais implique en principe certaines qualités. Il faut être aimable, sincère, serviable, généreux (au moins) pour être trouvé *sympathique ;* néanmoins la personnalité de l'observateur est très importante et les avis sont variables.

SYMPATHISANT [sɛ̃patizɑ̃] n. m., **SYMPATHISANTE** [sɛ̃patizɑ̃t] n. f. ▪ *UN SYMPATHISANT, UNE SYMPATHISANTE* : personne qui, sans appartenir à un parti, approuve ses principales idées. *Il n'est pas socialiste, mais il est sympathisant. Les militants et les sympathisants du parti pensent la même chose sur la question.*

SYMPATHISER [sɛ̃patize] verbe [conjugaison 1a] ▪ S'entendre bien (avec qqn) dès la première rencontre. *Lui et moi, nous avons tout de suite sympathisé. J'ai sympathisé avec sa femme.*

SYMPHONIE [sɛ̃fɔni] n. f. ▪ *UNE SYMPHONIE* : morceau de musique assez long, formé de plusieurs mouvements, composé pour tout un orchestre. *Le chef d'orchestre dirige une symphonie. Beethoven a composé neuf symphonies.*

SYMPHONIQUE [sɛ̃fɔnik] adj. (après le nom) ▪ De la symphonie, de la musique classique pour grand orchestre. *Gustav Mahler a composé des œuvres symphoniques. C'est un chef d'orchestre japonais qui dirige l'orchestre symphonique de notre ville.*

SYMPTÔME [sɛ̃ptom] n. m. ▪ *UN SYMPTÔME* : signe qui permet de reconnaître une maladie. *Le malade a des courbatures et de la fièvre, il présente tous les symptômes de la grippe.*

SYNAGOGUE [sinagɔg] n. f. ▪ *UNE SYNAGOGUE* : bâtiment où ont lieu les cérémonies religieuses juives. *Il va régulièrement à la synagogue.*

REM. Les catholiques vont à l'*église*, les protestants au *temple* et les musulmans à la *mosquée*.

SYNCHRONISATION [sɛ̃kʀɔnizasjɔ̃] n. f. ▪ *LA SYNCHRONISATION* : opération qui consiste à synchroniser. *Il y a une mauvaise synchronisation entre l'image et le son du film.*

SYNCHRONISER [sɛ̃kʀɔnize] verbe [conjugaison 1a] **1.** *Synchroniser un film* : faire correspondre le son avec les images pour qu'il n'y ait pas de décalage entre les deux. *Le monteur du film synchronise la bande du son et celle de l'image. - Ce film est mal synchronisé.* **2.** Faire s'accomplir en même temps (plusieurs mouvements, plusieurs actions). *Il synchronise mal ses mouvements.* → **coordonner.** - *Toutes les phases de l'opération ont été parfaitement synchronisées.*

SYNCOPE [sɛ̃kɔp] n. f. ▪ *UNE SYNCOPE* : arrêt ou ralentissement des battements du cœur et de la respiration, accompagné d'une perte de connaissance. *Il est tombé EN SYNCOPE,* il s'est évanoui. *Le malade a eu plusieurs syncopes.* → **évanouissement.**

SYNCOPÉ [sɛ̃kɔpe], **SYNCOPÉE** [sɛ̃kɔpe] adj. (après le nom) ▪ (musique) Dont le rythme est vif et rompu. *Le jazz est une musique syncopée.*

SYNDICAL [sɛ̃dikal], **SYNDICALE** [sɛ̃dikal] adj. (après le nom) ▪ Relatif à un syndicat. *Beaucoup de membres du personnel ont assisté à la réunion syndicale.* PLURIEL : *le patron a reçu les délégués SYNDICAUX* [sɛ̃diko].

SYNDICALISTE [sɛ̃dikalist] n. m., n. f. ▪ *UN SYNDICALISTE, UNE SYNDICALISTE* : personne qui appartient à un syndicat, qui fait de l'action syndicale. *Les syndicalistes distribuent des tracts dans la cour de l'usine.*

SYNDICAT [sɛ̃dika] n. m. ▪ *UN SYNDICAT* **1.** Groupement de personnes qui veulent défendre ensemble leurs intérêts communs. *Les propriétaires de l'immeuble ont formé un syndicat.* **2.** Association qui défend les intérêts professionnels des gens. *Il fait partie d'un syndicat de travailleurs* (→ se **syndiquer**). - *Les syndicats ont voté la grève,* les syndicats de salariés. **3.** *Le SYNDICAT D'INITIATIVE* : organisme destiné à développer le tourisme dans une localité, à accueillir et à renseigner les touristes. *Nous avons demandé des brochures sur la région au syndicat d'initiative.*

SE **SYNDIQUER** [sɛ̃dike] verbe pronominal [conjugaison 1a] ▪ Adhérer à un syndicat. *Beaucoup d'ouvriers de l'usine se sont syndiqués cette année.*

SYNONYME [sinɔnim] n. m. et adj. **1.** *UN SYNONYME* : mot qui a le même sens qu'un autre. *«Malin» et «rusé» sont des synonymes.* ⟨contraires : antonyme, contraire⟩ *Il a un dictionnaire de synonymes.* **2.** adjectif (après le nom) (mot) Qui a le même sens que. *«Crainte» et «peur» sont des mots synonymes. - Pour lui, l'art moderne EST SYNONYME DE décadence,* il signifie pour lui la décadence.

REM. Deux mots *synonymes* ne peuvent être substitués dans la phrase en toute circonstance, car il existe des **différences d'emploi** (pour la grammaire et pour la situation).

SYNTAGME [sɛ̃tagm] n. m. ▪ *UN SYNTAGME* : groupe de mots formant une unité à l'intérieur de la phrase. *Dans la phrase «le gros chien m'a mordu», «le gros chien» est un SYNTAGME NOMINAL et «m'a mordu» est un SYNTAGME VERBAL.* → **groupe.**

REM. On appelle aussi le syntagme nominal *groupe du nom* et le syntagme verbal *groupe du verbe.* → **groupe** (encadré à la fin de l'article).

SYNTAXE [sɛ̃taks] n. f. ▪ *LA SYNTAXE* : partie de la grammaire qui étudie la construction de la phrase, les relations entre les mots et les règles auxquelles obéissent les mots dans la phrase. *Quand on écrit, il faut respecter la syntaxe de la langue. Tu as fait une faute de syntaxe.* → **grammaire.**

SYNTHÈSE [sɛ̃tɛz] n. f. ▪ *LA SYNTHÈSE* **1.** Opération de l'esprit par laquelle on rassemble des idées de manière ordonnée pour leur donner une forme organisée et cohérente. ⟨contraire : analyse⟩ *Il a l'esprit de synthèse, il voit tout de suite ce qui est important. - Le journaliste FAIT UNE SYNTHÈSE des idées exprimées par les participants au débat,* il les regroupe de façon organisée et cohérente. **2.** *Un PRODUIT DE SYNTHÈSE* : produit chimique ou alimentaire complexe fait à partir d'éléments plus simples (→ **synthétique**). *Les produits de synthèse remplacent certains produits naturels.* **3.** *Une IMAGE DE SYNTHÈSE* : image vidéo produite par des moyens électroniques et informatiques. *Le réalisateur utilise beaucoup d'images de synthèse dans son film.*

SYNTHÉTIQUE [sɛ̃tetik] adj. (après le nom) **1.** (produit) Fabriqué par synthèse. *Son pantalon est en fibres synthétiques.* → **artificiel.** ⟨contraire : naturel⟩ **2.** Qui envisage la totalité en la structurant. *Il fait un tableau synthétique de la situation.* **3.** Qui sait bien faire des synthèses. *Il a un esprit synthétique* (opposé à analytique).

SYNTHÉTISER [sɛ̃tetize] verbe [conjugaison 1a] **1.** Combiner par une synthèse. *Il synthétise bien ses idées.* ⟨contraire : analyser⟩ **2.** Produire à partir d'éléments pour imiter (une chose naturelle). *Les chercheurs ont synthétisé le virus responsable de la maladie.* → **reconstituer, reproduire.**

SYNTHÉTISEUR [sɛ̃tetizœʀ] n. m. ▪ *UN SYNTHÉTISEUR* : appareil électronique qui crée des sons. *Le chanteur compose ses chansons à l'aide d'un synthétiseur.* - *SYNTHÉ* [sɛ̃te] forme abrégée familière *Il joue du synthé. Des synthés.*

SYPHILIS [sifilis] n. f. ▪ *LA SYPHILIS* : maladie vénérienne contagieuse causée par un germe infectieux. → STYLE FAMILIER **vérole.** *De nos jours, on soigne la syphilis par la pénicilline.*

SYRIE [siʀi] nom propre féminin ▪ *LA SYRIE* : pays du Proche-Orient. *Elle voyage en Syrie. Elle nous a écrit de Syrie.*

SYSTÉMATIQUE [sistematik] adj. (après le nom) **1.** Organisé avec méthode et dans le détail. *Les douaniers font une fouille systématique des passagers suspects.* → **méthodique.** **2.** STYLE FAMILIER *Elle oublie toujours quelque chose, C'EST SYSTÉMATIQUE,* elle le fait à chaque fois, systématiquement. → **habituel.**

SYSTÉMATIQUEMENT [sistematikmɑ̃] adverbe **1.** D'une manière systématique, selon un système. *Il dénigre systématiquement tout ce que je dis.* **2.** D'une manière constante. *J'oublie systématiquement son nom. Quand j'arrive quelque part, j'achète systématiquement le plan de la ville.* → **constamment, toujours.**

SYSTÈME [sistɛm] n. m. ▪ *UN SYSTÈME* **1.** Ensemble d'éléments qui fonctionnent ensemble et qui forment un tout organisé. *La Terre fait partie du système solaire. Le langage est un système de signes. Le cerveau, la moelle épinière et les nerfs forment le système nerveux.* - STYLE FAMILIER *Il commence à me TAPER SUR LE SYSTÈME,* à m'agacer, à m'énerver. **2.** Théorie élaborée par l'esprit sur un vaste sujet. *Le sujet de l'examen porte sur le système philosophique de Descartes.* → **doctrine, philosophie.** *Il a l'esprit de système.* **3.** Méthode pour obtenir un résultat pratique. *Le professeur a essayé un nouveau système pour noter les devoirs.* **4.** STYLE FAMILIER Moyen habile. *Je connais un bon système pour y arriver.* → STYLE FAMILIER **combine.** **5.** Ensemble de pratiques et d'institutions. *Le système scolaire allemand est différent du système français. La démocratie est un système politique très répandu.* → **régime.** - *Il a été récupéré par le système,* par la société et ses contraintes. **6.** Dispositif ou appareil plus ou moins complexe. *Le système de fermeture de cette porte est efficace. Le système d'alarme de la voiture s'est déclenché.* **7.** Ensemble organisé (de choses abstraites). *Le système des relations familiales en Afrique n'est pas le même qu'en Europe. De nombreux pays utilisent le système décimal, pour compter. Le système métrique a le mètre pour base.*

T

T [te] n. m. invariable ▪ *LE T* **1.** Vingtième lettre de l'alphabet du français. *Le t est une consonne. N'oubliez pas la barre du t. Écris un t minuscule* (t) *et un t majuscule* (T). PLURIEL : *tu écris mal tes t.* **2.** *Le T EUPHONIQUE,* placé entre certaines formes verbales et les pronoms *il, elle, on. Il y a des t euphoniques dans les phrases suivantes : «M'aime-t-il ?», «A-t-elle bien dormi ?», «Où va-t-on ?».* **3.** *EN T :* en forme de T majuscule. *L'architecte a une règle en T.*

REM. **1.** *T* a parfois le son [s] (ex. : *action* [aksjɔ̃], *patience* [pasjɑ̃s]). **2.** Ne pas confondre le *t* euphonique et le pronom personnel.

① **T'** → **te, toi**

② **T'** → **T** (2.)

TA → ① **ton**

① **TABAC** [taba] n. m. ▪ *LE TABAC* **1.** Plante haute à larges feuilles, qui contient de la nicotine. *En Amérique, il y a d'immenses champs de tabac.* **2.** Produit fait avec les feuilles séchées de cette plante et préparées pour être fumées. *Il a acheté du tabac pour sa pipe. Où est mon paquet de tabac ? Fumer du tabac est dangereux pour la santé* **(→ tabagisme).** *Fume-t-elle du tabac blond ou du tabac brun ? Ça pue le tabac, ici !* **(→ tabagie).** – *Je vais m'acheter des cigarettes au BUREAU DE TABAC* **(→ buraliste).** **3.** *UN TABAC :* bureau de tabac, boutique où l'on achète du tabac, des cigarettes, etc. *Il y a un tabac au coin de la rue.* **4.** STYLE FAMILIER *C'EST TOUJOURS LE MÊME TABAC :* c'est toujours pareil. *Elle est encore en retard : avec elle, c'est toujours le même tabac.*

② **TABAC** [taba] n. m. ▪ STYLE FAMILIER **1.** *FAIRE UN TABAC :* avoir beaucoup de succès. *La pièce a fait un tabac pendant plusieurs mois. Quel tabac !* **2.** *Un COUP DE TABAC :* tempête, mauvais temps en mer. *La course de voiliers a été ralentie par un coup de tabac.* **3.** *PASSER qqn À TABAC :* exercer des violences sur une personne qui ne peut pas se défendre **(→ tabasser).** *Ce pauvre homme a été passé à tabac par plusieurs types. Le prisonnier a subi un PASSAGE À TABAC.*

TABAGIE [tabaʒi] n. f. ▪ *UNE TABAGIE :* lieu mal aéré où l'on a beaucoup fumé. *C'est une tabagie ici, ouvrez la fenêtre !*

REM. Au Canada, *une tabagie* est un bureau de tabac.

TABAGISME [tabaʒism] n. m. ▪ *LE TABAGISME :* l'abus de tabac. *Le tabagisme est une des causes du cancer du poumon.*

TABASSER [tabase] verbe [conjugaison 1a] ▪ STYLE FAMILIER Battre, rouer de coups, passer à tabac. *Elle s'est fait tabasser par trois types.* **→ cogner, molester.**

① **TABLE** [tabl] n. f.

I. (objets) *UNE TABLE* **1.** Meuble fait d'un plateau posé sur des pieds, destiné à recevoir ce qui est nécessaire aux repas. *Dans la cuisine, il y a une grande table en bois. La table de la salle à manger est ronde. Pose les assiettes sur la table.* – *METTRE LA TABLE :* poser sur la table tout ce qu'il faut pour le repas. *Le dîner est prêt, tu peux mettre la table.* → ② **couvert.** *Il faut DÉBARRASSER LA TABLE,* enlever tout ce qui a servi pour le repas. – *DE TABLE :* qui sert au repas, qui se met sur la table. *Elle range les SERVIETTES DE TABLE.* – *Nous avons réservé une table au restaurant.* – *ALLER À TABLE, S'ASSEOIR À TABLE, SE METTRE À TABLE :* s'attabler, s'installer pour manger. *C'est l'heure de se mettre à table. Les invités PASSENT À TABLE.* – *À TABLE !* mettez-vous, mettons-nous à table. *Nous SOMMES À TABLE :* nous sommes en train de manger. – *Le repas a été long, nous nous sommes LEVÉS DE TABLE à quatre heures ! Après le dessert, les enfants pourront SORTIR DE TABLE.* **2.** Meuble fait d'un plateau posé sur des pieds et servant à d'autres usages que les repas. *Les verres à apéritif sont sur une table basse. J'ai acheté une table roulante. Il faut rentrer la table de jardin. Le courrier est sur la table de travail* **(→ bureau).** *Le blessé est sur la table d'opération* **(→** STYLE FAMILIER **billard).** *Nous avons sorti la table de ping-pong dans le jardin. UNE TABLE DE NUIT, UNE TABLE DE CHEVET :* petit meuble placé au chevet du lit. *Il y a une petite lampe sur la table de nuit. Mon livre est rangé dans la table de nuit.* – *Elle change son bébé sur la TABLE À LANGER.* – *Il repasse le linge sur la TABLE À REPASSER,* sur la planche montée sur pieds pliants. – *Il pratique le TENNIS DE TABLE,* le ping-pong. – *Maintenant, il faut JOUER CARTES SUR TABLE,* il faut agir franchement, sans rien dissimuler. **3.** *Une TABLE D'ORIENTATION :* table ronde de pierre, en plein air, sur laquelle figurent les directions des points cardinaux et des indications sur le lieu où elle se trouve. *Les touristes sont autour de la table d'orientation. Grâce à la table d'orientation, j'ai trouvé le nom de la montagne qui est devant nous.* **4.** *Une TABLE D'ÉCOUTE :* poste d'écoute qui permet d'entendre les communications téléphoniques des gens, sans qu'ils le sachent. *Les malfaiteurs sont sur table d'écoute.* – *Une TABLE DE LANCEMENT :* dispositif qui supporte un engin spatial et permet son décollage vertical. *La fusée est prête au décollage, sur sa table de lancement.*

II. (personnes) **1.** L'ensemble des personnes qui mangent assises à la même table. *Toute la table a éclaté de rire.* → **tablée.** **2.** *Une* TABLE RONDE *:* réunion pendant laquelle on discute librement d'un sujet précis. *Le directeur du collège a organisé une table ronde avec les professeurs.* **3.** *Un* TOUR DE TABLE *:* prise de parole successive des personnes qui participent à une discussion. *Avant la fin de la réunion, nous avons fait un tour de table.*
III. *LA TABLE :* nourriture servie à table. *Mon père a grossi, il aime trop les plaisirs de la table. C'est la meilleure table de la région.*

FAUX AMI
roumain **tablă**
« tôle, fer-blanc ; tableau noir »

② **TABLE** [tabl] n. f. ▪ *LA TABLE* **1.** Liste d'un ensemble d'informations. → **index.** *Elle consulte la* TABLE DES MATIÈRES *de son livre,* la liste des chapitres. → **inventaire, répertoire, sommaire.** **2.** *Une* TABLE DE MULTIPLICATION *:* tableau des multiplications des nombres avec le résultat. *Mon fils apprend ses tables de multiplication. Il récite la table de multiplication par trois.*

TABLEAU [tablo] n. m. ▪ *UN TABLEAU* **1.** Peinture faite sur un support rigide et autonome, ou sur une toile encadrée. → **toile.** *« La Joconde » est un tableau de Léonard de Vinci.* PLURIEL : *une exposition de* TABLEAUX. *Ce musée possède une belle collection de tableaux abstraits.* → **peinture.** *Ce tableau est peint à l'huile. J'ai accroché un tableau au mur.* **2.** STYLE FAMILIER Scène. *Je suis tombé sur le quai du métro avec tous mes paquets, tu vois le tableau !* **3.** Récit, description. *Il a* BROSSÉ UN TABLEAU *de la situation :* il a fait une rapide description de la situation. **4.** Subdivision d'un acte qui correspond à un changement de décor, au théâtre. *Cette pièce est un drame en vingt tableaux.* **5.** Panneau sur lequel on met des informations. *La liste des candidats est inscrite sur le tableau d'affichage.* **6.** JOUER, MISER SUR TOUS LES TABLEAUX *:* se réserver plusieurs chances. *En s'inscrivant dans plusieurs universités, elle mise sur tous les tableaux. Il a* GAGNÉ SUR TOUS LES TABLEAUX *:* il a réussi tout ce qu'il a entrepris. **7.** *Un* TABLEAU NOIR, *un* TABLEAU *:* panneau sur lequel on écrit à la craie ou au feutre, dans une salle de classe. *Le professeur écrit la solution du problème au tableau.* **8.** Support plat réunissant plusieurs objets ou appareils. *Dans cet hôtel, toutes les clés des chambres sont accrochées sur un tableau. – Surveillez régulièrement le* TABLEAU DE BORD *de votre véhicule,* l'endroit du véhicule où sont réunis les compteurs, les voyants, les indicateurs de jauges et les commandes. **9.** Série de renseignements ordonnés très clairement en lignes et en colonnes. *Dans ce dictionnaire, un numéro renvoie chaque verbe à son tableau de conjugaison.*

TABLÉE [table] n. f. ▪ *UNE TABLÉE :* ensemble des personnes assises à une table et qui prennent ensemble leur repas. *Au fond du restaurant, il y a une joyeuse tablée.* → **table.**

TABLER [table] verbe [conjugaison 1a] ▪ *TABLER SUR (qqn, qqch.) :* compter sur. *Elle table sur ses relations pour réussir sa carrière,* elle pense que ses relations seront utiles.

TABLETTE [tablɛt] n. f. ▪ *UNE TABLETTE* **1.** Petite étagère. *Ta brosse à dents est sur la tablette au-dessus du lavabo.* **2.** Aliment présenté sous la forme d'une plaque rectangulaire. *Qui a mangé toute la tablette de chocolat ?* → **plaque, plaquette.** *J'ai acheté des chewing-gums en tablettes.*
3. NOTER *qqch.* SUR SES TABLETTES, faire en sorte de s'en souvenir. *Il a refusé de nous aider, je le note sur mes tablettes,* je m'en souviendrai.

FAUX AMIS
allemand **Tablette,** anglais **tablet,** russe **таблетка** « comprimé (médicament) »

① **TABLIER** [tablije] n. m. ▪ *UN TABLIER* **1.** Vêtement qui couvre le devant du corps et protège les vêtements que l'on a sur soi. *Mets un tablier pour faire la vaisselle ! Le boucher a mis un tablier propre. – Si ça continue, je* RENDS MON TABLIER, je démissionne, j'abandonne. **2.** Blouse qui protège les vêtements. *La femme de ménage a mis son tablier.*

② **TABLIER** [tablije] n. m. ▪ *UN TABLIER :* rideau de tôle que l'on peut abaisser et relever devant le foyer d'une cheminée d'appartement. *Abaisse le tablier, je sens de l'air froid.*

TABOU [tabu] n. m. et adj., **TABOUE** [tabu] adj. **1.** *UN TABOU :* ce sur quoi on fait silence à cause d'un interdit de nature sociale. *Dans nos sociétés, les* TABOUS SEXUELS *sont importants,* on est très gêné ou même bloqué pour parler de la sexualité. **2.** adjectif (après le nom) *Un* SUJET TABOU, interdit, dont on ne doit pas parler. *Chez eux, la politique est un sujet tabou. Ils ont de nombreux sujets tabous.*
REM. L'adjectif peut aussi être invariable : *des sujets tabou.*

TABOULÉ [tabule] n. m. ▪ *LE TABOULÉ :* plat préparé avec du blé concassé ou du couscous, du persil, de la menthe, des oignons et des tomates hachés, assaisonné d'huile d'olive et de jus de citron. *J'ai préparé un taboulé pour le pique-nique.*

TABOURET [tabuʀɛ] n. m. ▪ *UN TABOURET :* siège à pieds, sans bras ni dossier. *Dans la cuisine nous n'avons pas de chaises mais des tabourets. Le long du comptoir de ce bar, il y a des tabourets. Un tabouret de piano est monté sur une vis pour en régler la hauteur.*

TACHE [taʃ] n. f. ▪ *UNE TACHE* **1.** Marque sale. → **trace.** *Tu as une tache sur ta robe. Elle s'est fait une tache sur son tee-shirt. Il y a une tache de vin sur la nappe. Je n'arrive pas à enlever cette tache. –* FAIRE TACHE *:* n'être pas en harmonie avec autre chose. *Ce gros lampadaire fait tache dans le salon.* **2.** Petite marque d'une couleur différente du reste. *Elle a des* TACHES DE ROUSSEUR *sur le nez. – Un rayon de soleil fait une tache de lumière sur le parquet.*

TÂCHE [tɑʃ] n. f. ▪ *UNE TÂCHE* **1.** Travail à faire. → **besogne, ouvrage.** *Elle n'aime pas les tâches ménagères :* elle n'aime pas faire le ménage. *J'ai rempli ma tâche :* j'ai fait ce que je devais faire. **2.** Ce qu'il est nécessaire de faire. *Former les jeunes au travail est une tâche indispensable.*

TACHÉ [taʃe], **TACHÉE** [taʃe] adj. (après le nom) ▪ Sali par une tache, par des taches. ⟨contraires : immaculé, propre⟩ *Donne-moi ton tee-shirt taché, je vais le laver. Mon fils a les doigts tachés d'encre.*

TACHER [taʃe] verbe [conjugaison 1a]
I. Salir (qqch.) en faisant une tache, des taches. *Elle a taché son pantalon. Sa chemise est tachée de sang. – Le vin rouge tache.*
II. verbe pronominal SE TACHER **1.** Faire des taches sur ses vêtements. *Essaie de ne pas te tacher,* de ne pas te salir. *Elle s'est encore tachée !* **2.** Recevoir des taches. *Une jupe blanche se tache facilement,* elle se salit facilement. → **salissant.** **3.** Se couvrir naturellement de taches. *La peau des bananes mûres se tache de points noirs.*

FAUX AMI
espagnol **tachar**
« rayer »

TÂCHER [tɑʃe] verbe [conjugaison 1a] **1.** *TÂCHER DE :* faire des efforts pour, essayer de. → s'**efforcer.** ⟨contraire : éviter⟩ *Je vais tâcher d'y penser. Il va tâcher de les convaincre. – Tâche d'être à l'heure !*

Et tâche de ne pas recommencer ! ne recommence jamais ! **2.** *TÂCHER QUE :* faire en sorte que. *Tâchez que cela ne se reproduise plus !*

REM. À l'impératif, *tâcher* est d'un emploi agressif, menaçant.

TACHETÉ [taʃte], **TACHETÉE** [taʃte] adj. (après le nom) ▪ Couvert de petites taches naturelles. *Le léopard a un pelage tacheté.* → **moucheté.**

TACITE [tasit] adj. (après le nom) ▪ Qui n'est pas clairement exprimé. *Il a donné son accord tacite,* sous-entendu mais non écrit. → **implicite.**

TACITURNE [tasityʀn] adj. (après le nom) ▪ Qui parle peu, qui est habituellement silencieux. *Son père est un homme taciturne.* (contraires : bavard, loquace) – *Il est bien taciturne aujourd'hui !* il ne parle pas, il n'a pas envie de faire la conversation. → **morose, sombre.**

TACOT [tako] n. m. ▪ STYLE FAMILIER *UN TACOT :* vieille voiture qui n'avance que très lentement. → STYLE FAMILIER **bagnole, guimbarde.** *Leur voiture est un vrai tacot. Alors, tu le bouges ton tacot ?*

TACT [takt] n. m. ▪ *LE TACT :* délicatesse dans les rapports humains, qui permet d'éviter de vexer ou de faire de la peine. → **doigté.** *C'est un homme aimable et qui A DU TACT. On lui a annoncé la mauvaise nouvelle avec tact.*

TACTICIEN [taktisjɛ̃] n. m., **TACTICIENNE** [taktisjɛn] n. f. ▪ *UN TACTICIEN, UNE TACTICIENNE :* une personne qui a l'art de la tactique, qui sait s'adapter aux circonstances et organiser un plan pour parvenir à un résultat. *Cet homme politique est un excellent tacticien. C'est une tacticienne redoutable !*

TACTILE [taktil] adj. (après le nom) ▪ Relatif au sens du toucher. *Les aveugles ont des sensations tactiles très développées.*

TACTIQUE [taktik] n. f. ▪ *UNE TACTIQUE :* manière de mettre un plan à exécution. → **stratégie.** *L'équipe de football a réussi sa tactique et elle a marqué un but. Il va falloir CHANGER DE TACTIQUE. Ce n'est pas la bonne tactique.* → **moyen, procédure.**

TAFFETAS [tafta] n. m. ▪ *LE TAFFETAS :* tissu de soie qui se tient bien, n'est pas très souple. *Elle a une robe du soir à volants en taffetas.*

TAG [tag] n. m. ▪ *UN TAG :* grande signature stylisée formant un dessin sur un mur, une voiture de métro, etc. (→ **graffiti).** *Le mur de l'immeuble est couvert de tags. Les tags sont faits avec des pulvérisateurs de peinture.* → **bombe.**

REM. Ce mot vient de l'anglais.

TAGE [taʒ] nom propre masculin – en espagnol **TAJO**, en portugais **TEJO** ▪ *LE TAGE :* principal fleuve de la péninsule Ibérique. *Le Tage prend sa source en Espagne et se jette dans l'Atlantique dans la baie de Lisbonne.*

TAGUER [tage] verbe [conjugaison 1b] ▪ Dessiner des tags. *Il est interdit de taguer sur les voitures du métro.*

TAGUEUR [tagœʀ] n. m., **TAGUEUSE** [tagøz] n. f. ▪ *UN TAGUEUR, UNE TAGUEUSE :* une personne qui fait des tags. *Pendant la nuit, des tagueurs ont recouvert le mur de tags.*

TAHITIEN [taisjɛ̃] adj. et n. m., **TAHITIENNE** [taisjɛn] adj. et n. m. **1.** adj. (après le nom) De Tahiti, île d'Océanie. *Les touristes aiment les magnifiques plages tahitiennes.* **2.** *UN TAHITIEN, UNE TAHITIENNE :* un habitant, une habitante de Tahiti. *Les Tahitiens.*

TAIE [tɛ] n. f. ▪ *UNE TAIE :* enveloppe de tissu dans laquelle on met un oreiller, un traversin. *J'ai acheté des draps et des TAIES D'OREILLER assortis.*

TAILLADER [tajade] verbe [conjugaison 1a] **1.** Faire des coupures dans la peau de (qqn). *Le meurtrier a tailladé le visage de sa victime.* **2.** verbe pronominal **SE TAILLADER** : se faire des coupures dans la peau. *Elle s'est tailladé la peau des jambes en se rasant.*

① **TAILLE** [taj] n. f.
I. *LA TAILLE* **1.** Hauteur du corps humain, debout et droit. → **stature.** *Quels sont votre poids et votre taille ? Ma taille est de un mètre soixante-dix. Le directeur est un homme de petite taille. Elle s'est redressée de toute sa taille.* – (figuré) *Tu ES DE TAILLE À te défendre tout seul,* tu es assez grand, assez fort pour te défendre. *Vous êtes de taille à vous débrouiller :* vous êtes capable de vous débrouiller. – *Ne lui donnez pas ce travail, il n'est pas de taille,* il ne sera pas capable de le faire. **2.** Grandeur et grosseur du corps par rapport aux vêtements. *Cette veste n'est pas À MA TAILLE, elle est trop grande.* **3.** Chacune des mesures standard des vêtements. *Ma taille est le 38,* la bonne mesure pour mes vêtements est 38. *La taille 40 est trop grande, il me faudrait du 38. Ce pantalon est trop petit, il faut que j'essaie la taille au-dessus.* **4.** Grosseur ou grandeur (d'une chose, d'un animal). *Nous avons un chien de petite taille. Il sculpte une statue de grande taille. Nous avons des arbres de haute taille. Cette photo est de la taille d'une carte postale.* → **dimension.** – STYLE FAMILIER *DE TAILLE :* très grand, très important. *C'est une erreur de taille !* (→ **énorme).**
II. *LA TAILLE* **1.** Partie du corps entre les côtes et les hanches. *Je suis entré dans l'eau jusqu'à la taille.* → **ceinture.** *Elle a la taille fine. Elle a une TAILLE DE GUÊPE,* une taille très fine. *Quel est votre TOUR DE TAILLE ?* votre taille mesurée à la ceinture. *Sa veste est serrée à la taille par une ceinture. Les amoureux marchent en se TENANT PAR LA TAILLE,* en passant chacun un bras autour de la taille de l'autre. **2.** Partie plus ou moins resserrée d'un vêtement à cet endroit du corps. *Elle a un pantalon TAILLE BASSE,* qui s'arrête aux hanches, sous la taille.

② **TAILLE** [taj] n. f. ▪ *LA TAILLE :* action de tailler. *Le jardinier s'occupe de la taille des rosiers.* – *La PIERRE DE TAILLE :* pierre taillée spécialement pour la construction. *Ce mur est en pierre de taille.*

TAILLÉ [taje], **TAILLÉE** [taje] adj. (après le nom) **1.** (corps humain) Fait. *Ce garçon a le corps TAILLÉ EN ATHLÈTE !* il a le corps d'un athlète. → **bâti.** – *Vous êtes taillé pour ce travail,* vous êtes celui qu'il faut pour ce travail, vous êtes très capable de faire ce travail. **2.** Coupé, rendu moins long. *Le pianiste a les ongles bien taillés.* – *TAILLÉ EN :* coupé en donnant la forme de. *Il a les cheveux TAILLÉS EN BROSSE.*

TAILLE-CRAYON [tajkʀɛjɔ̃] n. m. ▪ *UN TAILLE-CRAYON :* instrument qui sert à tailler la pointe des crayons. *Ce taille-crayon peut tailler les gros crayons et les petits crayons.* PLURIEL : *des TAILLE-CRAYONS.*

① **TAILLER** [taje] verbe [conjugaison 1a]
I. 1. *TAILLER UN ARBRE :* couper des branches, des bourgeons, pour donner une certaine forme ou pour améliorer la production des fruits, des fleurs. *Le jardinier taille les arbustes décoratifs du parc. Il taille ses rosiers. L'hiver arrive, il faut que vous tailliez vos rosiers. Le vigneron taille la vigne au sécateur.* **2.** Couper, travailler (une matière) avec un instrument tranchant. *L'alpiniste taille des marches dans la glace avec son piolet. Elle taille son crayon pour dégager la mine.* **3.** *Tailler un vêtement :* découper du tissu en morceaux pour faire un vêtement en les assemblant. → **couper.** *La couturière a taillé une robe.* – STYLE

FAMILIER *TAILLER UN COSTARD, UNE VESTE À qqn :* dire du mal de qqn pendant son absence. *Alors, il paraît qu'on m'a taillé un costard ?* **4.** Faire des incisions, des entailles. *Le boucher taille dans la viande. Le chirurgien a dû tailler dans le vif,* ouvrir les chairs.
II. verbe pronominal SE TAILLER **1.** STYLE FAMILIER Partir, s'enfuir → STYLE FAMILIER se **barrer,** se **casser,** se **débiner,** se **tirer.** *Ils se sont taillés en vitesse. Taillons-nous !* **2.** *SE TAILLER LA BARBE,* la couper en lui donnant une certaine forme. *Il s'est taillé la barbe en pointe.* **3.** *SE TAILLER UN BEAU SUCCÈS :* obtenir un important succès. *Elle s'est taillé un beau succès en racontant son expédition en Amazonie.*

② **TAILLER** [taje] verbe [conjugaison 1a] ▪ (vêtement) *TAILLER PETIT, TAILLER GRAND :* être plus petit, plus grand que la taille annoncée. *Ce modèle de chaussure* TAILLE PETIT. *Cette marque de pantalon* TAILLE GRAND.

TAILLEUR [tajœʀ] n. m.
I. *UN TAILLEUR* **1.** Artisan qui fait des vêtements sur mesure pour hommes. *Le tailleur prend les mesures de son client. Mon tailleur m'a fait un beau costume.* **2.** *S'ASSEOIR EN TAILLEUR :* s'asseoir par terre, les jambes repliées à plat sur le sol, les genoux écartés et les pieds croisés. *Asseyez-vous en tailleur, le dos bien droit et respirez profondément.* **3.** *Un TAILLEUR DE :* ouvrier qui taille, qui façonne (qqch.) en taillant. *Il est TAILLEUR DE PIERRES :* il taille les pierres qui servent à la construction.
II. *UN TAILLEUR :* vêtement de femme composé d'une veste et d'une jupe assorties. *Elle a mis son nouveau tailleur gris.*

TAILLEUR-PANTALON [tajœʀpɑ̃talɔ̃] n. m. ▪ *UN TAILLEUR-PANTALON :* vêtement de femme composé d'une veste et d'un pantalon assortis. → **ensemble.** *Elle a un tailleur-pantalon bleu marine.* PLURIEL : *des TAILLEURS-PANTALONS.*

TAILLIS [taji] n. m. ▪ *UN TAILLIS :* partie d'un bois où il n'y a que de petits arbres. *Le lièvre s'est caché dans le taillis.*

TAIN [tɛ̃] n. m. ▪ *LE TAIN :* couche de métal que l'on applique sur une plaque de verre pour en faire un miroir. *Le tain est à base d'étain ou de mercure. L'inspecteur observe les suspects derrière une GLACE SANS TAIN,* qui permet de voir sans être vu.
REM. *Teint* « couleur du visage » et *thym* « plante » se prononcent de la même façon.

TAIRE [tɛʀ] verbe [conjugaison 54]
I. Ne pas dire. *La coupable est une femme dont je tairai le nom.* → **cacher.** ⟨contraires : révéler, dire⟩
II. verbe pronominal SE TAIRE **1.** Rester sans parler. *Il se tait. Il faut savoir se taire,* être discret, ne pas dire ce que l'on sait. *Je préfère me taire. Il a perdu une belle occasion de se taire :* il a parlé mal à propos, il aurait dû ne rien dire. **2.** Cesser de parler (ou de crier, de pleurer, de chanter, de rire). *Quand la directrice est arrivée, elles se sont tues. Les élèves se sont tus. Taistoi ! Taisez-vous !* **(→ chut, silence).** *Il faut que tu te taises un peu ! – Allez-vous vous taire ? –* (se sous-entendu) *FAIRE TAIRE qqn :* forcer (qqn) à ne plus parler. *Faites-le taire ! Fais taire les enfants !* **3.** (qqch.) Ne plus se faire entendre. *Les bruits se sont tus.*
REM. Le mot *Terre* « planète » se prononce de la même façon.

taise [tɛz] *Il faut que je me taise, qu'il se taise, qu'elle se taise :* forme au subjonctif du verbe **taire.**

TAIWAN [tajwan] nom propre féminin ▪ *TAIWAN :* île et province de la Chine autrefois appelée FORMOSE. *Taiwan est une île montagneuse. Ils reviennent de Taiwan. J'aimerais aller à Taiwan.*

TALC [talk] n. m. ▪ *LE TALC :* poudre blanche utilisée en pharmacie, qui absorbe l'humidité. *Elle met du talc sur les fesses de son bébé.*

TALENT [talɑ̃] n. m. ▪ *LE TALENT* **1.** Grande compétence qui a des aspects esthétiques. → **capacité.** *Il a du talent pour le jardinage. Ce peintre a beaucoup de talent.* **2.** *UN TALENT :* aptitude remarquable dans un domaine. → **don.** *Elle a tous les talents ! Montrez-nous vos talents,* ce que vous savez faire. – (ironique) *Il a le talent de m'agacer.* **3.** Personne qui a du talent. *Il faut encourager les jeunes talents.*

TALENTUEUX [talɑ̃tɥø], **TALENTUEUSE** [talɑ̃tɥøz] adj. (après le nom) ▪ Qui a du talent. *Son amie est une musicienne talentueuse.*

TALIBAN [talibɑ̃] n. m. ▪ *UN TALIBAN :* membre d'un mouvement militaire et religieux islamiste en Afghanistan. *Les talibans font régner un ordre très rigoureux en Afghanistan depuis 1996.*

TALISMAN [talismɑ̃] n. m. ▪ *UN TALISMAN :* objet porte-bonheur. → **amulette, fétiche.** *Cette patte de lapin est son talisman.*

TALOCHE [talɔʃ] n. f. ▪ STYLE FAMILIER *UNE TALOCHE :* une gifle. *Si tu continues, tu vas recevoir une taloche.* → **claque, tape ;** STYLE FAMILIER **baffe.**

① **TALON** [talɔ̃] n. m. ▪ *LE TALON* **1.** Partie arrière du pied. *Quand on marche, on pose d'abord le talon sur le sol puis la pointe du pied. Elle a PIVOTÉ SUR SES TALONS et elle est partie. – ÊTRE SUR LES TALONS DE qqn,* le suivre de très près. *La police est sur les talons des malfaiteurs* **(→ talonner).** – *Il a TOURNÉ LES TALONS :* il a fait demi-tour et est il est parti. – *Après cette promenade, j'AI L'ESTOMAC DANS LES TALONS,* j'ai très faim. **2.** Partie d'un bas, d'une chaussette qui enveloppe les talons. *Les collants à TALONS RENFORCÉS sont plus solides.* **3.** Partie rigide d'une chaussure, sous le talon du pied. *Elle met toujours des chaussures à talons plats. Elle a des chaussures à talons hauts.*

② **TALON** [talɔ̃] n. m. ▪ *LE TALON* **1.** Extrémité qui reste (d'un jambon). *Donnez-moi trois tranches de jambon dans le talon.* **2.** Ce qui reste d'un jeu de cartes après la distribution. *C'est à toi de piocher dans le talon.* **3.** Ce qui reste d'une feuille de carnet quand on en a retiré la partie détachable. *Elle inscrit le montant de ses achats sur le talon de son carnet de chèques.*

FAUX AMI
espagnol **talón**
« chèque »

TALONNER [talɔne] verbe [conjugaison 1a] ▪ Suivre de très près. *Les policiers talonnent le voleur.*

TALUS [taly] n. m. ▪ *UN TALUS :* terrain en pente inclinée, le long d'un chemin ou d'un champ. *Un talus borde la voie ferrée.*

TAMBOUILLE [tɑ̃buj] n. f. ▪ STYLE FAMILIER *FAIRE LA TAMBOUILLE :* faire la cuisine. → STYLE FAMILIER **bouffe.** *En camping, on fait la tambouille chacun son tour.*

TAMBOUR [tɑ̃buʀ] n. m. ▪ *UN TAMBOUR* **1.** Instrument de percussion fait d'un cylindre fermé de chaque côté par une peau tendue sur laquelle on tape avec des baguettes **(→ caisse, tam-tam, timbale).** *Un roulement de tambour annonce le début du spectacle. – Il est parti SANS TAMBOUR NI TROMPETTE,* sans attirer l'attention. – *Elle a mené toute l'affaire TAMBOUR BATTANT,* rapidement. **2.** Celui qui bat le tambour. *Les tambours marchent en tête du défilé.* **3.** Tourniquet formé de quatre portes vitrées, en croix. *On entre dans cet hôtel par un tambour.* **4.** Cylindre (d'une machine). *Le linge se place dans le tambour de la machine à laver.*

TAMBOURIN [tɑ̃burɛ̃] n. m. ▪ *UN TAMBOURIN :* petit cerceau de bois muni d'une peau tendue et entouré de grelots. *La danseuse agite son tambourin et le frappe de la main.*

TAMBOURINER [tɑ̃burine] verbe [conjugaison 1a] ▪ Faire un bruit de roulement en tapant régulièrement sur un objet dur. *Quelqu'un tambourine à la porte.*

TAMIS [tami] n. m. ▪ *UN TAMIS* **1.** Instrument formé d'un grillage fin tendu sur un cadre, qui sert à passer et séparer les éléments d'un mélange. → **crible, passoire.** *Il PASSE le sable AU TAMIS pour retenir et enlever les cailloux.* **2.** *Le tamis d'une raquette de tennis :* l'ensemble des cordes tendues et croisées avec lesquelles on frappe la balle. *Le tamis de cette raquette n'est pas assez tendu.*

TAMISE [tamiz] nom propre féminin – en anglais **THAMES** ▪ *LA TAMISE :* fleuve de Grande-Bretagne, en Angleterre. *La Tamise traverse Londres.*

TAMISÉ [tamize], **TAMISÉE** [tamize] adj. (après le nom) **1.** Passé au tamis. *Pour obtenir une pâte sans grumeaux, utilisez une farine tamisée.* **2.** *Une LUMIÈRE TAMISÉE :* lumière rendue moins forte, adoucie. *Ce restaurant est agréable et reposant, avec ses lumières tamisées.*

TAMISER [tamize] verbe [conjugaison 1a] ▪ Passer au tamis. *Le maçon tamise le sable.*

TAMPON [tɑ̃pɔ̃] n. m. ▪ *UN TAMPON* **1.** Petit morceau de tissu ou de coton roulé en boule ou pressé. *L'infirmier imbibe d'alcool un tampon de ouate.* – *Un TAMPON (HYGIÉNIQUE, PÉRIODIQUE) :* coton pressé en forme de cylindre que les femmes introduisent dans le vagin pour retenir le sang des règles. *Elle a acheté une boîte de tampons.* **2.** *Un TAMPON MÉTALLIQUE :* masse de fils métalliques. *Elle récure une casserole avec un tampon métallique.* **3.** Timbre de caoutchouc qui porte une inscription. *Le douanier donne un coup de tampon sur le passeport.* – *Les lettres oblitérées portent le tampon de la poste,* l'empreinte laissée par le tampon. **4.** Plateau métallique vertical destiné à amortir les chocs. *Les voitures de chemin de fer sont munies de tampons à l'avant et à l'arrière.* – *J'ai servi de tampon entre ces personnes qui se disputaient.*

TAMPONNER [tɑ̃pɔne] verbe [conjugaison 1a]
I. 1. Essuyer, nettoyer avec un tampon. *Tamponnez doucement la blessure.* **2.** Apposer un tampon. *Votre autorisation de sortie doit être tamponnée par le directeur.*
II. verbe pronominal SE TAMPONNER **1.** Se heurter violemment. *Les deux voitures se sont tamponnées.* **2.** STYLE FAMILIER *S'EN TAMPONNER :* s'en moquer. *Il refuse de venir ? Eh bien je m'en tamponne,* ça m'est égal.

TAMPONNEUSE [tɑ̃pɔnøz] adj. féminin (après le nom) ▪ *Les AUTOS TAMPONNEUSES :* dans une fête foraine, petites voitures électriques que l'on conduit et que l'on fait se heurter entre elles sur une piste. *On est drôlement secoué dans les autos tamponneuses !*

TAM-TAM [tamtam] n. m. ▪ *UN TAM-TAM :* tambour d'Afrique noire sur lequel on tape avec les mains. *Nous avons dansé au rythme du tam-tam.* PLURIEL : *des TAM-TAMS.*

TANDEM [tɑ̃dɛm] n. m. ▪ *UN TANDEM* **1.** Bicyclette qui a deux sièges et deux pédaliers placés l'un derrière l'autre. *Dimanche dernier, mon mari et moi, nous avons FAIT DU TANDEM.* **2.** *TRAVAILLER EN TANDEM,* en collaboration, à deux. *Mon collègue et moi, nous aimons bien travailler en tandem.* – *Nous formons un bon tandem,* une bonne équipe.

TANDIS QUE [tɑ̃dikə] conjonction ▪ STYLE RECHERCHÉ **1.** Pendant que. *Mon fils fait ses devoirs tandis que je prépare le dîner.* **2.** (marque une opposition) Alors que. *Tu ne penses qu'à t'amuser tandis que ta sœur, elle, travaille.*

TANGAGE [tɑ̃gaʒ] n. m. ▪ *LE TANGAGE :* mouvement d'un navire dont l'avant plonge d'abord et l'arrière ensuite (→ **roulis).** *Il y a du tangage, j'ai envie de vomir !*

TANGENT [tɑ̃ʒɑ̃] adj., **TANGENTE** [tɑ̃ʒɑ̃t] adj. et n. f.
I. adjectif (après le nom) **1.** Qui touche une ligne ou une surface sans la couper, en un seul point. *Tracez une droite TANGENTE À ce cercle.* **2.** De justesse. *Il a été reçu au bac, mais c'était tangent,* il a bien failli échouer.
II. 1. *UNE TANGENTE :* une droite tangente. *Tracez une tangente à ce cercle.* **2.** STYLE FAMILIER *PRENDRE LA TANGENTE :* se sauver, partir sans être vu. *Quand elle a vu le directeur, elle a pris la tangente.*

TANGER [tɑ̃ʒe] nom propre ▪ Ville du Maroc. *Tanger est un port sur le détroit de Gibraltar. Ils vivent à Tanger. Nous revenons de Tanger.*

TANGIBLE [tɑ̃ʒibl] adj. (après le nom) ▪ Dont la réalité est évidente. → **concret, réel.** *Il n'y a pas de preuve tangible de l'existence des extraterrestres.*

TANGO [tɑ̃go] n. m. ▪ *LE TANGO :* danse originaire d'Argentine, sur un rythme assez lent à deux temps. *C'est un bon danseur de tango.* – *L'orchestre a joué un tango,* la musique de cette danse.

TANGUER [tɑ̃ge] verbe [conjugaison 1b] ▪ Se balancer d'avant en arrière, par un mouvement de tangage. *Hier, le bateau roulait et tanguait.*

TANIÈRE [tanjɛʀ] n. f. ▪ *UNE TANIÈRE :* trou, caverne qui sert d'abri à une bête sauvage. → **antre, gîte, repaire, terrier.** *Le renard est rentré dans sa tanière.*

TANK [tɑ̃k] n. m. ▪ *UN TANK :* char d'assaut. → **char.** *Les tanks pointent leurs canons sur la ville.* – *Sa voiture est un vrai tank !* c'est une grosse automobile.

> FAUX AMI
> allemand **Tank**
> « réservoir »

TANNAGE [tanaʒ] n. m. ▪ *LE TANNAGE :* action de tanner. *Le tannage sert à transformer les peaux en cuir.*

TANNER [tane] verbe [conjugaison 1a]
I. Préparer (une peau d'animal) pour en faire du cuir. *On tanne la peau de porc pour faire des articles de maroquinerie.*
II. STYLE FAMILIER Insister beaucoup auprès de (qqn). *Il tanne son père pour avoir de l'argent.* → **harceler.** *Arrête de me tanner !* → STYLE FAMILIER **gonfler.**

TANT [tɑ̃] adverbe
I. 1. À tel point, à un tel degré. *Je t'aime tant !* → **tellement.** *Il souffre TANT QU'il a dû rester couché.* **2.** *TANT DE :* une si grande quantité de. *Je te l'ai déjà dit tant de fois ! C'est un enfant comme il y en a tant.* → **beaucoup.** *Ne faites pas tant d'histoires pour dix francs ! Il m'a rendu TANT DE services QUE je ne sais pas comment le remercier. Il a tout rangé TANT ET SI BIEN QUE* [tɑ̃tesibjɛ̃kə] *je ne retrouve plus rien,* tellement bien que je ne retrouve plus rien. – *Elle n'est pas idiote, TANT S'EN FAUT,* au contraire. – *Il m'en a parlé TANT ET PLUS* [tɑ̃teplys], encore plus que ça, énormément. **3.** Une quantité que l'on ne précise pas. *Elle est payée tant par mois. Vous prenez un billet pour tant de personnes,* un certain nombre. **4.** *TANT... QUE :* indique l'égalité dans une comparaison. *Vous ne me plaisez pas tant qu'elle.* → **autant.** – *SI TANT EST QUE* [sitɑ̃tɛkə] : en admettant que, en

supposant que. *Il va nous aider, si tant est qu'il puisse se libérer,* dans la mesure où il pourra se libérer. *Je vous déteste TOUS TANT QUE vous êtes !* tous sans exception. **5.** *EN TANT QUE :* considéré comme. *Je viens te parler, en tant qu'ami. Il a donné son avis en tant que médecin :* il a donné son avis de médecin. **6.** *TANT BIEN QUE MAL* [tɑ̃bjɛ̃kmal] : ni bien ni mal, médiocrement. *Elle a recollé les morceaux du vase tant bien que mal.* **7.** *TANT QU'À :* puisqu'il faut. *Tant qu'à changer de voiture, il en a acheté une neuve. Essaie de faire bien ton travail, tant qu'à faire.*

II. *TANT MIEUX* [tɑ̃mjø] : c'est bien. *Il est reçu à son examen, tant mieux !* on s'en réjouit. *Tant mieux pour lui si tout va bien.* - *TANT PIS* [tɑ̃pi] : c'est dommage, mais ce n'est pas grave. *J'aurais bien aimé le voir, mais s'il n'est pas là, tant pis. Tant pis pour toi !* c'est bien fait pour toi !

III. *TANT QUE :* aussi longtemps que. *Tant qu'il y a de la vie, il y a de l'espoir. - Nous resterons là tant que tu seras absent.* → **pendant.** *Je ne partirai pas tant que tu ne m'auras pas donné ta réponse. - Allons sur la plage tant qu'il fait beau,* pendant qu'il fait beau. - *TANT QU'ON Y EST on pourrait continuer,* puisqu'on en est déjà là.

REM. *Taon* «insecte» et *temps* «durée» se prononcent de la même façon.

TANTE [tɑ̃t] n. f. ▪ *LA TANTE DE :* sœur du père ou de la mère, ou femme de l'oncle. *J'ai dîné chez mon oncle et ma tante* **(→ neveu, nièce).** → **tatie.**

UN **TANTINET** [ɛ̃tɑ̃tinɛ] adverbe ▪ STYLE FAMILIER Un petit peu, légèrement. *Tu exagères un tantinet ! Il est un tantinet casse-pieds.*

TANT MIEUX → **tant** (II.)

TANTÔT [tɑ̃to] adverbe **1.** *TANTÔT... TANTÔT :* à un moment..., à un autre moment. *Elle est d'humeur changeante : tantôt elle rit, tantôt elle pleure.* → **parfois.** *Il vient tantôt en voiture, tantôt à vélo.* **2.** (régional) *TANTÔT :* cet après-midi. *Revenez tantôt.*

TANT PIS → **tant** (II.)

TAON [tɑ̃] n. m. ▪ *UN TAON :* grosse mouche dont la femelle suce le sang des animaux et des hommes. *J'ai été piqué par un taon.*

REM. *Tant* «tellement» et *temps* «durée» se prononcent de la même façon.

TAPAGE [tapaʒ] n. m. ▪ *LE TAPAGE* **1.** Bruit violent et désordonné fait par un groupe de personnes. → **chahut, tintamarre.** *Qu'est-ce que c'est que ce tapage ?* → **vacarme.** *Leurs voisins ont appelé la police pour TAPAGE NOCTURNE,* parce qu'ils faisaient du bruit la nuit. **2.** *FAIRE DU TAPAGE autour de qqch.,* en parler beaucoup. *Quel tapage autour du mariage de la princesse !*

TAPAGEUR [tapaʒœʀ], **TAPAGEUSE** [tapaʒøz] adj. (après le nom) ▪ Qui se fait remarquer. *Ils vivent dans un luxe tapageur,* qui attire l'attention.

TAPE [tap] n. f. ▪ *UNE TAPE :* coup donné avec le plat de la main. *Il lui a donné une tape sur la joue.* → **claque, gifle.**

① **TAPER** [tape] verbe [conjugaison 1a]

I. 1. Donner des coups. *Le menuisier TAPE SUR le clou avec un marteau. Tous les spectateurs tapent dans leurs mains.* - STYLE FAMILIER *Ce bruit me TAPE SUR LES NERFS :* ce bruit m'énerve beaucoup. *Cette robe dans la vitrine m'a TAPÉ DANS L'ŒIL,* m'a tout de suite plu. **2.** *Le soleil tape,* il chauffe très fort. - STYLE FAMILIER *Ça tape aujourd'hui,* le soleil tape.

II. *TAPER qqch., qqn* **1.** Frapper (qqn). *Maman, il m'a tapé !* **2.** Écrire avec une machine à écrire ou un ordinateur. *La secrétaire tapera ces trois lettres.* → **saisir.** *Sa lettre a été TAPÉE À LA MACHINE* **(→ dactylographié).** - *Savez-vous taper ?* **3.** STYLE FAMILIER Prendre (qqch.) dans. *Vous pouvez taper dans les provisions,* vous pouvez vous servir.

III. verbe pronominal SE TAPER **1.** Se frapper l'un l'autre. *Ils se sont tapés en sortant de l'école.* **2.** STYLE FAMILIER Boire, manger. *Elle s'est tapé tout le champagne qui restait.* → STYLE FAMILIER se **tasser.** **3.** STYLE TRÈS FAMILIER Avoir des relations sexuelles avec (qqn). *Il s'est tapé sa secrétaire,* il a couché avec elle. **4.** STYLE FAMILIER Faire une corvée. *C'est encore moi qui vais me taper la vaisselle !* → STYLE FAMILIER s'**envoyer,** se **farcir.** **5.** STYLE FAMILIER *S'EN TAPER :* s'en moquer. *Je m'en tape de toutes tes histoires.* → STYLE FAMILIER s'en **foutre.** **6.** STYLE FAMILIER *C'est à SE TAPER LA TÊTE CONTRE LES MURS :* c'est une situation révoltante, dont on ne se sort pas. *Ce qui lui arrive, c'est à SE TAPER LE DERRIÈRE PAR TERRE,* c'est très drôle.

FAUX AMIS
espagnol et portugais **tapar** «couvrir»

② **TAPER** [tape] verbe [conjugaison 1a] ▪ STYLE FAMILIER Demander de l'argent à (qqn). *Il m'a encore tapé de cent balles.*

TAPIN [tapɛ̃] n. m. ▪ STYLE FAMILIER *FAIRE LE TAPIN :* se prostituer. *Elle gagne sa vie en faisant le tapin.* → **trottoir.**

EN **TAPINOIS** [ɑ̃tapinwa] adverbe ▪ STYLE RECHERCHÉ En se cachant. *Ils se sont approchés d'elle en tapinois.* → en **catimini,** à la **dérobée.**

TAPIOCA [tapjɔka] n. m. ▪ *LE TAPIOCA :* farine de manioc cuite et séchée. *Il a préparé du potage au tapioca.*

TAPIR [tapiʀ] n. m. ▪ *UN TAPIR :* animal de la taille d'un petit cochon, dont le nez se prolonge en une courte trompe. *Les tapirs sont des mammifères d'Asie du Sud-Est et d'Amérique tropicale.*

SE **TAPIR** [tapiʀ] verbe pronominal [conjugaison 2] ▪ Se cacher en se blottissant. *La chatte s'est tapie sous le canapé.* → se **terrer.**

TAPIS [tapi] n. m. ▪ *UN TAPIS* **1.** Morceau de tissu épais dont on recouvre le sol d'une pièce **(→ moquette).** *Ils ont des tapis d'Orient dans leur salon. Il a renversé son verre sur le tapis. - Un TAPIS DE BAIN est placé au pied de la baignoire.* **2.** *Un TAPIS ROULANT :* longue bande souple qui se déplace sur des rouleaux et qui sert à transporter des personnes ou des objets. *Les passagers de l'avion récupèrent leurs bagages sur un tapis roulant.* **3.** *Un tapis (de table) :* tissu que l'on met sur certaines tables. *La table de bridge est recouverte d'un tapis vert. - Cette histoire est encore revenue SUR LE TAPIS,* elle a encore été l'objet de la discussion. **4.** Couche épaisse qui fait penser à un tapis. *Un tapis de feuilles mortes recouvre l'allée.*

TAPIS-BROSSE [tapibʀɔs] n. m. ▪ *UN TAPIS-BROSSE :* petit tapis en fibres végétales sur lequel on s'essuie les pieds. → **paillasson.** *Il y a un tapis-brosse au pied de l'escalier.* PLURIEL : *des TAPIS-BROSSES.*

TAPISSER [tapise] verbe [conjugaison 1a] **1.** (qqn) Couvrir (qqch.) de tissu, de tapisserie, de papier peint. *Elle tapisse le mur avec de la toile de lin. - Il a tapissé tout l'appartement de papier peint.* **2.** (qqch.) Recouvrir. *Des affiches tapissent le mur. - Le lierre tapisse les murs de la ferme.*

TAPISSERIE [tapisʀi] n. f. **1.** *UNE TAPISSERIE :* panneau décoratif fait de motifs tissés. *Les tapisseries des Gobelins et les tapisseries d'Aubusson sont réputées. Le mur du salon est orné d'une magnifique tapisserie du dix-huitième siècle. - FAIRE TAPISSERIE :* ne pas être invité à danser, dans un lieu où l'on danse. *La pauvre, elle a fait tapisserie toute la soirée.* **2.** *LA TAPISSERIE :* l'art de fabriquer des ouvrages d'art tissés. *Elle fait de la tapisserie.*

TAPISSIER [tapisje] n. m. ▪ *UN TAPISSIER* : une personne dont le métier est de recouvrir de tissu certains meubles et de confectionner des rideaux, des coussins, des dessus-de-lit, etc. *Le tapissier va recouvrir nos vieux fauteuils.*

TAPOTER [tapɔte] verbe [conjugaison 1a] ▪ Frapper légèrement en donnant de petits coups. *Elle m'a tapoté la joue. - Il tapote distraitement sur son clavier d'ordinateur.*

TAQUET [takɛ] n. m. ▪ *UN TAQUET* : morceau de bois qui sert à maintenir une porte fermée, à bloquer, à caler un objet. *La porte de la grange reste fermée grâce à un taquet.*

TAQUIN [takɛ̃], **TAQUINE** [takin] adj. (après le nom) ▪ Qui aime taquiner (qqn). *C'est un enfant très taquin. - Elle a un air taquin.*

TAQUINER [takine] verbe [conjugaison 1a] ▪ S'amuser à agacer gentiment. → STYLE FAMILIER **asticoter, embêter.** *Il taquine tout le temps sa petite sœur.*

TAQUINERIE [takinʀi] n. f. ▪ *UNE TAQUINERIE* : ce que l'on fait ou ce que l'on dit pour taquiner. *Ne te fâche pas, c'est juste une taquinerie !*

TARABISCOTÉ [taʀabiskɔte], **TARABISCOTÉE** [taʀabiskɔte] adj. (après le nom) ▪ Trop compliqué, avec trop d'ornements. *Je n'aime pas les phrases tarabiscotées de cet écrivain.* ⟨contraires : simple, sobre⟩

TARABUSTER [taʀabyste] verbe [conjugaison 1a] ▪ Tourmenter (qqn). *Cesse de tarabuster ta sœur !* → **harceler, importuner.** *Cette idée me tarabuste depuis un moment.* → **préoccuper, tracasser.**

TARATATA ! [taʀatata] interjection ▪ Onomatopée qui exprime le doute, la méfiance. *Taratata, je ne te crois pas !*

TARD [taʀ] adverbe et n. m.
I. 1. Après le moment habituel, après un temps qui semble long. *Il s'est levé tard ce matin.* ⟨contraire : tôt⟩ *Elle est arrivée TROP TARD, j'étais déjà parti. Il est UN PEU TARD POUR t'excuser :* tu t'excuses après un temps trop long. *Je t'appellerai LE PLUS TARD POSSIBLE. Nous verrons ça plus tard,* à un autre moment (opposé à tout de suite). *Nous serons là dans un mois AU PLUS TARD,* nous serons là sûrement avant, et de toutes façons pas après ce délai d'un mois. *Je saurai la vérité TÔT OU TARD* [toutaʀ] ou [totutaʀ], *inévitablement.* **2.** À la fin d'une période, à une heure avancée. *Il est venu tard dans la soirée,* à une heure tardive. *Ils sont rentrés très tard. Elle aime se coucher tard.*
II. nom masculin *SUR LE TARD :* à un âge avancé. *Il s'est marié sur le tard,* alors qu'il était déjà vieux.
REM. *Tare* «défaut» se prononce de la même façon.

TARDER [taʀde] verbe [conjugaison 1a] **1.** (qqch.) Se faire attendre, être lent à arriver. *Sa réponse a tardé,* elle n'est pas arrivée rapidement. *Les résultats ne tarderont plus maintenant. Ça ne devrait plus tarder.* → **traîner. 2.** (qqn) Mettre du temps avant de commencer à faire qqch. *Venez SANS TARDER,* sans plus attendre, tout de suite. ⟨contraires : se dépêcher, se hâter, se presser⟩ *Il a TARDÉ À répondre :* il a mis du temps à répondre. *Ils ne vont pas tarder à arriver :* ils vont arriver bientôt. **3.** (impersonnel) *IL ME TARDE DE :* je suis impatient de, j'ai hâte de. *Il leur tardait de partir :* ils étaient pressés de partir. *IL ME TARDE QUE tu viennes.*

TARDIF [taʀdif], **TARDIVE** [taʀdiv] adj. (après le nom) **1.** Qui a lieu tard. *Il est rentré à une heure tardive.* → **avancé. 2.** (culture) Qui se développe plus lentement ou plus tard que la moyenne. *Cette année, les fraises sont tardives.* ⟨contraires : hâtif, précoce⟩

TARDIVEMENT [taʀdivmɑ̃] adverbe ▪ Trop tard, quand il n'est plus temps. *Il nous a présenté des excuses un peu tardivement.*

TARE [taʀ] n. f. ▪ *UNE TARE :* grave défaut, d'ordre physique ou psychique, qui existe à la naissance (→ **taré**). *Son chien a une tare : il est sourd.*
REM. *Tard* «pas tôt» se prononce de la même façon.

TARÉ [taʀe] adj. et n. m., **TARÉE** [taʀe] adj. et n. f. **1.** adjectif (après le nom) Qui a une tare physique ou psychique. *Ils ont un enfant taré.* **2.** STYLE FAMILIER *UN TARÉ, UNE TARÉE :* une personne idiote. *Quel taré, ce mec ! Espèce de taré ! Bande de tarés !*

TARENTULE [taʀɑ̃tyl] n. f. ▪ *UNE TARENTULE :* grosse araignée des pays méditerranéens. *La piqûre de la tarentule est très douloureuse.*

TARGETTE [taʀʒɛt] n. f. ▪ *UNE TARGETTE :* petit verrou plat. *Tire la targette pour ouvrir la porte du grenier.*

SE **TARGUER** [taʀge] verbe pronominal [conjugaison 1b] ▪ STYLE RECHERCHÉ *SE TARGUER DE qqch. :* parler de soi et de ses mérites avec exagération. → se **flatter,** se **vanter.** *Son grand-père se targuait tout le temps de ses succès. Elle s'est targuée d'y être arrivée toute seule.*

TARIF [taʀif] n. m. **1.** *UN TARIF :* prix fixé. *Le coiffeur a augmenté ses tarifs. Dans ce cinéma, il y a un TARIF RÉDUIT pour les étudiants* (→ **demi-tarif**). *Mon fils a dû payer PLEIN TARIF dans le train.* **2.** STYLE FAMILIER *LE TARIF :* condition habituelle. *Il risque deux mois de prison pour ce qu'il a fait, c'est le tarif. Que tu sois content ou non, c'est le même tarif,* c'est comme ça. *À ce tarif-là, je préfère m'en aller,* dans ces conditions.

TARIFICATION [taʀifikasjɔ̃] n. f. ▪ *LA TARIFICATION :* ensemble de tarifs. *Avez-vous la nouvelle tarification des chemins de fer ?*

TARIR [taʀiʀ] verbe [conjugaison 2] **1.** Cesser de couler. *Il n'arrête pas de pleurer, ses larmes ne tarissent pas.* **2.** (qqn) *NE PAS TARIR :* ne pas cesser de parler, de dire. *Il n'a pas tari d'éloges sur sa femme :* il n'a pas arrêté de parler de sa femme en termes élogieux. **3.** verbe pronominal SE TARIR : s'assécher. *La source s'est tarie pendant les grosses chaleurs.*

TAROT [taʀo] n. m. **1.** *UN TAROT :* chacune des soixante-dix-huit cartes à jouer, plus longues que des cartes ordinaires, qui portent des figures symboliques toutes différentes. *On utilise les tarots pour prédire l'avenir ou pour jouer.* **2.** *LE TAROT* ou *LES TAROTS :* jeu qui se joue avec ces cartes. *Nous avons joué aux tarots toute la soirée. - On fait un tarot ?* on joue à ce jeu ?

TARTE [taʀt] n. f. et adj.
I. *UNE TARTE* **1.** Gâteau fait d'un fond de pâte garni de fruits, de légumes ou de crème. *Le pâtissier a fait des tartes aux fraises. J'ai préparé une tarte aux poireaux. Il faut beurrer le MOULE À TARTE. -* STYLE FAMILIER *C'EST PAS DE LA TARTE :* ce n'est pas facile. *Cette dissertation, c'est pas de la tarte !* **2.** STYLE FAMILIER Gifle. *Tu veux une tarte ?*
II. STYLE FAMILIER adjectif (après le nom) **1.** (qqn) Pas très dégourdi et un peu ridicule. *Sa nouvelle petite amie est vraiment tarte.* **2.** (qqch.) Ridicule et un peu démodé. *Il est un peu tarte, son blouson !* → STYLE FAMILIER **moche, tocard.** *Ça fait tarte.*

FAUX AMI
russe **ТОРТ** «gâteau»

REM. L'adjectif peut s'accorder (ex. : *des robes tartes*) ou rester invariable (ex. : *des filles tarte*).

TARTELETTE [taʀtəlɛt] n. f. ▪ *UNE TARTELETTE :* petite tarte. *J'ai acheté des tartelettes aux pommes.*

Tartempion [taʀtɑ̃pjɔ̃] nom propre ▪ Nom utilisé pour parler d'une personne quelconque. → **Untel.** *Il veut absolument me faire rencontrer monsieur Tartempion.*

TARTINE [taʀtin] n. f. ▪ *UNE TARTINE* **1.** Tranche de pain que l'on recouvre de beurre, de confiture ou d'une pâte facile à étaler. *Le matin, il mange deux tartines beurrées. Tu préfères une tartine ou un croissant ?* **2.** STYLE FAMILIER Développement trop long. *Résumez le chapitre du livre sans faire des tartines.*

TARTINER [taʀtine] verbe [conjugaison 1a] ▪ Étaler sur une tranche de pain. *Il étale de la PÂTE À TARTINER sur du pain grillé. Il tartine son pain de confiture.*

TARTRE [taʀtʀ] n. m. ▪ *LE TARTRE* **1.** Dépôt jaunâtre qui se forme sur les dents. *Il faut se brosser les dents pour éviter la formation du tartre.* **2.** Croûte calcaire formée par l'eau qui bout. *La bouilloire est pleine de tartre* (→ **entartrer).**

TAS [ta] n. m. ▪ *UN TAS* **1.** Amas d'objets mis les uns sur les autres. → **monceau.** *Les enfants ont fait un tas de cailloux dans le jardin. Ma fille joue sur le tas de sable.* **2.** Grand nombre. *Son livre est encombré d'un tas de détails inutiles. Elle s'intéresse à des tas de choses.* → **masse. 3.** STYLE FAMILIER Grand nombre (de personnes). *Il y a un tas de gens qui attendent devant la porte. Est-ce qu'il y a quelqu'un DANS LE TAS qui pourrait me dire l'heure ?* parmi tous les gens qui sont là. *Le forcené a tiré dans le tas,* dans le groupe, sans viser qqn spécialement. - *Tas de salauds !* → **bande. 4.** STYLE FAMILIER Personne lourde et pas très belle. *Il a épousé un gros tas.*

TASSE [tas] n. f. **1.** *UNE TASSE :* petit récipient muni d'une anse, qui sert à boire. *Elle a posé les TASSES À café et les soucoupes sur la table.* - *J'ai bu une TASSE DE thé,* le contenu d'une tasse. - STYLE FAMILIER *Les films d'horreur, CE N'EST PAS MA TASSE DE THÉ,* ce n'est pas ce que j'aime, ça ne me convient pas. **2.** *BOIRE LA TASSE :* avaler de l'eau involontairement quand on se baigne. *Le nageur a bu la tasse.*

> FAUX AMI
> portugais **taça**
> « coupe »

TASSER [tase] verbe [conjugaison 1a]
I. Comprimer le plus possible, en appuyant. *Le fumeur tasse le tabac dans sa pipe.* → **bourrer.** - *Aux heures de pointe, les voyageurs sont tassés dans le métro,* ils sont très serrés les uns contre les autres. → **entasser.**
II. verbe pronominal SE TASSER **1.** S'affaisser. *Le sol de la grange se tasse.* - *Ma grand-mère s'est tassée en vieillissant,* elle est devenue plus petite, elle est voûtée. **2.** STYLE FAMILIER Revenir à la normale. → s'**arranger.** *Ne t'inquiète pas, ça va finir par se tasser. Les choses se sont tassées.* **3.** STYLE FAMILIER *SE TASSER QQCH. :* absorber qqch. *Elle s'est tassé trois whiskys à la suite !* → STYLE FAMILIER s'**envoyer,** se **taper.**

TATAMI [tatami] n. m. ▪ *UN TATAMI :* tapis spécial qui couvre le sol des salles où l'on pratique les sports de combat japonais. *Ils font du judo sur un tatami.*

TATANE [tatan] n. f. ▪ STYLE FAMILIER *UNE TATANE :* une chaussure. *Il a des tatanes toutes neuves.* → STYLE FAMILIER **godasse,** ② **pompe.**

TÂTER [tɑte] verbe [conjugaison 1a] **1.** Toucher (une chose) avec la main, afin de savoir comment elle est. → **palper.** *Il tâte les pêches avant de les acheter pour voir si elles sont mûres. Le médecin tâtera le pouls du malade.* → **prendre. 2.** *TÂTER LE TERRAIN :* prendre tous les renseignements pour voir si l'on peut agir sans trop de risques. *Il faut tâter le terrain avant de s'engager dans cette affaire.* **3.** *TÂTER DE :* faire l'expérience de. *Il a déjà tâté de la prison :* il a déjà fait de la prison. **4.** verbe pronominal SE TÂTER : STYLE FAMILIER s'interroger longuement (avant de faire qqch.). → **hésiter.** *Je ne sais pas si je vais accepter cette proposition, je me tâte. Elle s'est tâtée, mais finalement elle est venue.*

TATIE [tati] n. f. ▪ STYLE FAMILIER Nom donné à sa tante. *Oui Tatie :* oui ma tante.

> FAUX AMI
> polonais **tata**
> « papa »

REM. On dit aussi *tata* [tata].

TATILLON [tatijɔ̃], **TATILLONNE** [tatijɔn] adj. (après le nom) ▪ Très attaché aux détails, très minutieux. → **pointilleux.** *Il a un esprit tatillon. Sa mère est vraiment tatillonne.*

REM. Bien qu'étant un dérivé du verbe *tâter, tatillon* s'écrit sans accent circonflexe sur le *a.*

TÂTONNEMENT [tɑtɔnmɑ̃] n. m. ▪ *UN TÂTONNEMENT :* tentative pour essayer de trouver qqch. *L'enquête a abouti après bien des tâtonnements.*

TÂTONNER [tɑtɔne] verbe [conjugaison 1a] **1.** Tâter les objets autour de soi pour se diriger. *Elle tâtonnait dans le noir pour trouver l'interrupteur.* **2.** Faire plusieurs essais. *Mon fils ne sait pas encore bien lire, il tâtonne.* → **hésiter.** *Les chercheurs tâtonnent parfois longtemps avant de faire une découverte.*

À **TÂTONS** [atɑtɔ̃] adverbe ▪ En tâtonnant. → à l'**aveuglette.** *Je suis parti du cinéma avant la fin du film, j'ai trouvé la sortie à tâtons.*

TATOU [tatu] n. m. ▪ *UN TATOU :* animal d'Amérique du Sud, sans dents, dont le corps est recouvert d'une carapace, et qui peut se rouler en boule. *Le tatou est un petit mammifère qui se nourrit d'insectes et de petits animaux. Nous avons vu des tatous au zoo.*

TATOUAGE [tatwaʒ] n. m. ▪ *UN TATOUAGE :* dessin tatoué sur la peau. *Le boxeur a des tatouages sur l'avant-bras.*

TATOUÉ [tatwe], **TATOUÉE** [tatwe] adj. (après le nom) ▪ Qui a un tatouage ou des tatouages. *Les marins sont souvent tatoués. Le chat est tatoué dans l'oreille,* on y a tatoué un numéro d'identification.

TATOUER [tatwe] verbe [conjugaison 1a] ▪ Faire un dessin ou écrire sur la peau en introduisant une encre indélébile au moyen de piqûres très rapprochées. *Il s'est fait tatouer la poitrine. On lui tatouera* [tatuʀa] *une sirène sur le bras.*

TAUDIS [todi] n. m. ▪ *UN TAUDIS :* maison misérable, sans confort et sans hygiène. *Ils vivent dans un taudis.*

TAULARD [tolaʀ] n. m., **TAULARDE** [tolaʀd] n. f. ▪ STYLE FAMILIER *UN TAULARD, UNE TAULARDE :* une personne qui est en prison. → **prisonnier.** *C'est un ancien taulard.*

REM. On écrit aussi *tôlard, tôlarde.*

TAULE [tol] n. f. ▪ STYLE FAMILIER **1.** *UNE TAULE :* chambre d'hôtel. *Il a loué une taule pour la nuit.* **2.** *LA TAULE :* prison. *Elle a fait trois ans de taule* (→ **taulard).**

REM. On écrit aussi *tôle.*

TAUPE [top] n. f. ▪ *UNE TAUPE :* petit animal mammifère qui vit sous la terre en creusant de longues galeries. *La taupe se nourrit d'insectes et de vers. Des taupes ont ravagé le jardin.* - *Il est MYOPE COMME UNE TAUPE :* il est très myope.

TAUREAU [tɔʀo] n. m. **1.** *UN TAUREAU :* mâle de la vache. *Le taureau mugit.* PLURIEL : *des TAUREAUX. Nous avons assisté à une COURSE DE TAUREAUX,* à une corrida. → **corrida. 2.** *LE TAUREAU :* signe du zodiaque (21 avril-20 mai). *Il est né sous le* *signe du Taureau.* - *Elle est Taureau,* née sous le signe du Taureau. *Mes deux filles sont Taureau.*

REM. Un taureau châtré est un *bœuf.*

TAUROMACHIE [tɔʀɔmaʃi] n. f. ▪ *LA TAUROMACHIE :* l'art de combattre les taureaux dans l'arène (→ **corrida**). *La tauromachie a des règles et des lois. C'est un passionné de tauromachie.*

TAUX [to] n. m. ▪ *UN TAUX* **1.** Montant d'un prix fixé par une autorité. *Connaissez-vous le taux des cotisations sociales ?* **2.** *Un TAUX D'INTÉRÊT :* rapport entre la somme prêtée et les intérêts annuels. *La banque prête à un taux de 15 %,* elle fait payer quinze francs d'intérêts pour cent francs prêtés. **3.** Proportion. *Le taux de mortalité infantile a beaucoup baissé dans les pays riches.* → **pourcentage.**

REM. *Tôt* «de bonne heure» se prononce de la même façon.

TAVERNE [tavɛʀn] n. f. ▪ *UNE TAVERNE :* autrefois, lieu public où l'on servait à boire et à manger. → **auberge.** *Le voyageur s'était arrêté dans une taverne.*

TAXATION [taksasjɔ̃] n. f. ▪ *LA TAXATION :* le fait de fixer le prix maximum ou minimum d'un produit. *La taxation est un moyen de lutter contre l'inflation.*

TAXE [taks] n. f. ▪ *UNE TAXE :* somme versée à l'État ou à une collectivité, à l'occasion de l'achat d'un produit ou d'un service. → **contribution, impôt, redevance.** *En France, les taxes sur l'alcool et l'essence sont très élevées. Les propriétaires doivent payer la taxe d'habitation et des taxes foncières. Les entreprises payent la taxe sur la valeur ajoutée* (→ **T. V. A.**). *Le prix indiqué est TOUTES TAXES COMPRISES* (*T. T. C.* [tetese]). *Ce prix est HORS TAXES* (*H. T.* [ɔʀtaks]).

FAUX AMI
anglais **taxes** se dit de tout impôt

① **TAXER** [takse] verbe [conjugaison 1a] **1.** Faire payer une taxe sur (qqch.). *L'État a taxé les boissons alcoolisées et les cigarettes.* **2.** STYLE FAMILIER Voler. *Mon fils m'a taxé ma montre.* → STYLE FAMILIER **piquer.**

② **TAXER** [takse] verbe [conjugaison 1a] ▪ *TAXER DE :* accuser de. *Elle taxe son voisin de méchanceté,* elle l'accuse d'être méchant. - *On peut taxer ce qu'il dit de mensonge.* → **qualifier.**

TAXI [taksi] n. m. **1.** *UN TAXI :* voiture conduite par un chauffeur, munie d'un compteur qui indique le prix de la course, et dans laquelle on monte pour faire un trajet. *Vous n'avez qu'à prendre un taxi. J'ai appelé un taxi par téléphone. Elle est venue en taxi. Il a trouvé un taxi à la STATION DE TAXIS. Il est CHAUFFEUR DE TAXI.* **2.** STYLE FAMILIER *ÊTRE TAXI :* être chauffeur, chauffeuse de taxi. *Elle est taxi.* - *J'ai fait le taxi pendant le déménagement :* j'ai fait plusieurs voyages en voiture, pour aider.

TCHADOR [tʃadɔʀ] n. m. ▪ *UN TCHADOR :* voile noir recouvrant la tête, porté par certaines musulmanes. *Les Iraniennes portent le tchador.*

TCHAO ! [tʃao] interjection ▪ STYLE FAMILIER Au revoir. *Tchao, à demain !* → ② **salut.**

REM. Ce mot vient de l'italien *ciao.*

TCHATCHER [tʃatʃe] verbe [conjugaison 1a] ▪ STYLE FAMILIER Parler beaucoup. → **bavarder.** *Nous avons tchatché une heure devant la machine à café.*

TCHÈQUE [tʃɛk] adj., n. m. et n. f. **1.** adjectif (après le nom) De la République tchèque, pays d'Europe centrale dont la capitale est Prague. *Nous avons vu un dessin animé tchèque.* **2.** *UN TCHÈQUE, UNE TCHÈQUE :* un habitant, une habitante de la République tchèque. *Les Tchèques.* **3.** nom masculin *LE TCHÈQUE :* langue du groupe slave. *Il parle le tchèque.*

REM. Voir aussi l'article **République tchèque.**

TE [tə] pronom ▪ Pronom personnel réfléchi de la deuxième personne du singulier **1.** Complément d'objet direct. *Je te vois. On t'entend.* - (verbe pronominal) *Tu t'habilleras après.* **2.** Complément d'objet indirect. *Nous te parlons :* nous parlons à toi. *On te l'a dit. T'en souviens-tu ? Je vais te donner de l'argent.* - *Va te laver les mains :* va laver tes mains. - STYLE FAMILIER *Entre ces deux copains, c'est toujours pareil : ET JE TE* [ʒtə] *raconte des histoires ET JE TE* [ʒtə] *fais croire n'importe quoi,* ils exagèrent tant qu'ils peuvent.

REM. **1.** *Te* s'élide en *t'* devant une voyelle *(il t'aime, il t'accompagne)* ou un *h* muet *(tu t'habilles, elle t'honore).* Dans le langage familier, le *e* tombe parfois à l'oral devant une consonne (*tu te presses* [tytpʀɛs], *tu te tais* [tyttɛ]). **2.** Voyez l'encadré des pronoms **personnels.**

TECHNICIEN [tɛknisjɛ̃] n. m., **TECHNICIENNE** [tɛknisjɛn] n. f. ▪ *UN TECHNICIEN, UNE TECHNICIENNE :* une personne spécialisée dans une technique particulière. *Un technicien est venu réparer le photocopieur.* - *Elle est TECHNICIENNE DE SURFACE :* elle est chargée de l'entretien et du ménage dans des bureaux ou dans des lieux publics.

TECHNIQUE [tɛknik] adj. et n. f.
I. adjectif (après le nom) **1.** Qui concerne un métier particulier. *Il y a trop de termes techniques dans ce livre, je n'y comprends rien.* ⟨contraire : courant⟩ *Chaque métier a son vocabulaire technique.* → **spécial ; terminologie.** **2.** Qui concerne les applications de la technique. *Il suit un enseignement technique,* qui le prépare à un métier de technicien. *Mon fils est dans un lycée technique.* **3.** Qui concerne un objet, un mécanisme. *Le train s'est arrêté à cause d'un INCIDENT TECHNIQUE,* à cause d'un mauvais fonctionnement du matériel. *L'avion s'est posé pour une ESCALE TECHNIQUE :* l'avion a fait une escale pour se ravitailler ou pour faire une réparation.
II. *UNE TECHNIQUE :* ensemble de procédés utilisés pour obtenir un résultat déterminé. *L'imprimeur utilise des techniques nouvelles.* → **méthode, savoir-faire.**
III. *LA TECHNIQUE* **1.** STYLE FAMILIER Manière de faire. *Tu n'as pas la technique :* tu ne sais pas t'y prendre. *Il n'a pas la bonne technique pour la faire changer d'avis.* **2.** Ensemble de procédés scientifiques utilisés pour améliorer la production. *La technique a fait d'énormes progrès au vingtième siècle.*

TECHNO [tɛkno] adj. (après le nom) ▪ *La MUSIQUE TECHNO :* musique électronique à rythme dominant et constant. *Il aime beaucoup la musique techno. Elle n'écoute que des musiques technos.*

TECHNOCRATE [tɛknɔkʀat] n. m., n. f. ▪ *UN TECHNOCRATE, UNE TECHNOCRATE :* une personne qui a une fonction importante dans l'État et qui privilégie les aspects techniques d'un problème au détriment des conséquences sociales et humaines. *C'est une décision prise par un technocrate.*

REM. Ce mot est souvent employé d'une façon péjorative.

TECHNOLOGIE [tɛknɔlɔʒi] n. f. **1.** *LA TECHNOLOGIE :* étude des techniques. *Il est professeur de technologie dans un collège.* **2.** *UNE TECHNOLOGIE :* technique moderne et complexe. *On peut obtenir ce résultat grâce aux nouvelles technologies.*

TECK [tɛk] n. m. ▪ *LE TECK :* bois brun d'un arbre d'Asie tropicale, très dur et très lourd, qui ne pourrit pas. *Le pont du bateau est en teck.*

REM. On écrit aussi *tek* [tɛk].

TECKEL [tekɛl] n. m. ▪ *UN TECKEL :* petit chien d'origine allemande à pattes très courtes. *Ils ont deux teckels. Le teckel est un basset.*

TEE-SHIRT [tiʃœʀt] n. m. ▪ *UN TEE-SHIRT :* maillot de coton à manches courtes ou longues, en forme de T. *Elle a un tee-shirt blanc et un jean.* PLURIEL : *il a toute une collection de TEE-SHIRTS.*

REM. **1.** Ce mot vient de l'anglais. **2.** On trouve parfois la variante *T-shirt* [tiʃœʀt].

TÉFLON [teflɔ̃] n. m. ▪ (nom déposé) *LE TÉFLON :* matière plastique très résistante, à base de fluor, qui résiste aux très hautes températures. *Cette poêle a un revêtement de téflon.*

TÉGÉVISTE [teʒevist] n. m., n. f. ▪ *UN TÉGÉVISTE, UNE TÉGÉVISTE :* personne qui conduit un T. G. V. *Il est tégéviste sur la ligne Paris-Rennes.*

TÉHÉRAN [teeʀɑ̃] nom propre ▪ Capitale de l'Iran. *Nous allons à Téhéran. L'avion arrive de Téhéran.*

teigne [tɛɲ] *Que je teigne ; qu'il teigne, qu'elle teigne :* forme au subjonctif du verbe **teindre.**

TEIGNE [tɛɲ] n. f. **1.** *LA TEIGNE :* maladie du cuir chevelu qui fait tomber les cheveux. *La teigne est due à un champignon microscopique.* – STYLE FAMILIER *Il est mauvais, méchant comme une teigne,* très méchant. **2.** *UNE TEIGNE :* une personne méchante. *Quelle teigne !* → **peste.**

TEINDRE [tɛ̃dʀ] verbe [conjugaison 52b]
I. Imprégner d'une matière colorante par teinture. → **colorer.** *Elle a teint sa jupe elle-même. Les teinturiers teignent les vêtements. Elle s'est sali les mains en teignant son pull. Si je n'aime plus cette robe blanche, je la teindrai en rouge.* – *Elle a les cheveux teints en roux,* colorés en roux.
II. verbe pronominal SE TEINDRE **1.** Se colorer les cheveux. *Elle s'est teinte en blonde. Sa mère ne voulait pas qu'il se teigne.* – *Elle se teint les cheveux elle-même.* **2.** STYLE RECHERCHÉ (qqch.) Se colorer. *À l'horizon, le ciel se teignit de rose.*

teint [tɛ̃], **teinte** [tɛ̃t] *Il a teint une robe ; la robe qu'il a teinte :* formes au participe passé du verbe **teindre.**

TEINT [tɛ̃], **TEINTE** [tɛ̃t] adj. (après le nom) ▪ Que l'on a teint, coloré. *Elle a les cheveux teints. J'ai acheté de la laine teinte.*

TEINT [tɛ̃] n. m. ▪ *LE TEINT* **1.** Couleur ou aspect de la peau du visage. *Ma fille a le teint clair. Les gens du Midi ont le teint mat.* **2.** *GRAND TEINT :* dont la couleur résiste au lavage et à la lumière. *Ce tissu est garanti grand teint.* (invariable) *Voici des rideaux grand teint.* **3.** *FOND DE TEINT :* crème colorée qui donne au teint une couleur uniforme. *Elle met du fond de teint pour cacher sa mauvaise mine. J'ai essayé plusieurs fonds de teint.*

REM. *Tain* « couche de métal sur un miroir », *thym* « plante aromatique » et l'adjectif *teint* « coloré » se prononcent de la même façon.

TEINTE [tɛ̃t] n. f. ▪ *UNE TEINTE :* couleur. *Ces roses ont une teinte délicate.* → **coloris, nuance,** ② **ton.** *Elle aime les teintes pastel.*

TEINTÉ [tɛ̃te], **TEINTÉE** [tɛ̃te] adj. (après le nom) **1.** Légèrement coloré. *Il met des verres teintés quand il y a trop de soleil. J'ai acheté une crème teintée, à la parfumerie.* **2.** STYLE RECHERCHÉ *TEINTÉ DE :* où il entre un peu de. → **empreint.** *Ses souvenirs sont teintés de nostalgie.*

TEINTER [tɛ̃te] verbe [conjugaison 1a] **1.** Couvrir d'une teinte légère, colorer légèrement. *Les murs sont d'un blanc teinté de jaune.* **2.** verbe pronominal SE TEINTER : prendre une teinte, se colorer. *Les nuages sont teintés de rose.*

REM. *Tinter* « sonner » se prononce de la même façon.

TEINTURE [tɛ̃tyʀ] n. f. ▪ *LA TEINTURE* **1.** Action de teindre (qqch.) en fixant une matière colorante. *La laine supporte bien la teinture. Le coiffeur utilise des produits pour la teinture des cheveux.* → **coloration.** – *Vos cheveux ont une couleur triste, il faut leur faire une teinture.* **2.** Matière colorante pour teindre. *Elle plonge son pull dans la teinture. La coiffeuse laisse la teinture sur les cheveux de sa cliente pendant trente minutes.* → **couleur.** **3.** *TEINTURE D'IODE :* produit à base d'iode et d'alcool à quatre-vingt-dix degrés. *L'infirmière met de la teinture d'iode sur la plaie.*

TEINTURERIE [tɛ̃tyʀʀi] n. f. ▪ *UNE TEINTURERIE :* magasin où l'on teint et nettoie les vêtements à sec. *Il y a une teinturerie près de chez moi. J'ai donné mon manteau à la teinturerie.* → **pressing.**

TEINTURIER [tɛ̃tyʀje] n. m., **TEINTURIÈRE** [tɛ̃tyʀjɛʀ] n. f. ▪ *UN TEINTURIER, UNE TEINTURIÈRE :* personne dont le métier est de teindre et de nettoyer les vêtements et les tissus d'ameublement. *Elle a donné son tailleur à nettoyer chez le teinturier.*

TEL [tɛl], **TELLE** [tɛl] adj. et pronom
I. adjectif (avant le nom, parfois après le nom) **1.** Semblable, du même genre. *Je ne m'attendais pas à une telle réaction,* à une réaction de cette sorte. → **pareil.** *C'est étonnant qu'il tienne de tels propos,* ces propos-là. – *Tu ne sortiras pas, telle est ma décision.* (redoublé) *Tel père, tel fils,* le père a ce caractère, le fils aussi. – *Ce sont tes parents, respecte-les COMME TELS, EN TANT QUE TELS,* en cette qualité, à ce titre. **2.** *TEL QUE, TELLE QUE :* comme. *Il faut prendre la vie telle qu'elle est. Acceptez les autres tels qu'ils sont.* **3.** STYLE RECHERCHÉ Comme. *Il a filé telle une flèche.* **4.** *TEL QUEL, TELLE QUELLE :* sans changement, sans rien modifier. *Il est parti en laissant les choses telles quelles,* dans l'état où elles étaient. **5.** (avant ou après le nom) Si grand, si fort. *Jamais, je n'ai eu une telle peur. Il a eu un fou rire tel qu'il a dû s'arrêter de parler. RIEN DE TEL QUE la lecture d'un roman policier pour se distraire,* rien n'est aussi efficace que cela. **6.** Un... particulier. *Il faut telle quantité de sucre pour faire cette recette.* → **tant.** *J'ai besoin de tel livre et non de tel autre,* de celui-là et non d'un autre. *Cela m'est égal que tel ou tel candidat soit élu,* l'un ou l'autre.
II. **1.** pronom STYLE RECHERCHÉ Certain, quelqu'un. *Tel rit, tel autre pleure.* **2.** *UN TEL, UNE TELLE :* remplace un nom propre de façon indéterminée. *J'ai vu un tel et une telle à une soirée* (→ **Untel).** *Si tu as emprunté tant à un tel, tu dois le rembourser.*

REM. Voyez **quel.**

TÉLÉ [tele] n. f. ▪ STYLE FAMILIER *LA TÉLÉ* **1.** Télévision. *Il regarde la télé. J'ai vu un bon film à la télé, hier soir.* **2.** Téléviseur. *Ma télé est en panne. Nous avons deux télés.*

REM. *Télé* est l'abréviation courante de *télévision.*

TÉLÉCABINE [telekabin] n. f. ▪ *UNE TÉLÉCABINE :* téléphérique à un seul câble et à plusieurs cabines. *Il faut prendre la télécabine pour monter au sommet.* – *Les télécabines sont peintes de couleurs vives,* les cabines de la télécabine.

REM. On dit aussi *un télécabine.*

TÉLÉCOMMANDE [telekɔmɑ̃d] n. f. ▪ *UNE TÉLÉCOMMANDE :* dispositif qui sert à commander un appareil à distance. *On presse un bouton de la télécommande du téléviseur pour changer de chaîne. Ce modèle réduit d'avion fonctionne avec une télécommande.*

TÉLÉCOMMANDÉ [telekɔmɑ̃de], **TÉLÉCOMMANDÉE** [telekɔmɑ̃de] adj. (après le nom) ▪ Commandé de loin, à distance. *J'ai un bateau miniature télécommandé.* → **téléguidé.**

TÉLÉCOMMANDER [telekɔmɑ̃de] verbe [conjugaison 1a] ▪ Commander à distance (un appareil, une opération). *Un ordinateur télé-*

commande la mise à feu de la fusée. → **téléguider.** – *L'attentat a été télécommandé par les rebelles.*

TÉLÉCOMMUNICATION [telekɔmynikasjɔ̃] n. f. ▪ *LA TÉLÉCOMMUNICATION* : ensemble des procédés qui permettent la transmission des informations à distance. *Un satellite de télécommunication sert de relais de télévision.* – (souvent au pluriel) *Le téléphone, la télécopie et la télévision font partie des télécommunications. Il est ingénieur dans les télécommunications.* – *LES TÉLÉCOMS* [telekɔm] forme abrégée familière *Il travaille dans les télécoms.*

TÉLÉCOPIE [telekɔpi] n. f. **1.** *LA TÉLÉCOPIE* : système qui permet de reproduire un document à distance au moyen d'une ligne téléphonique. *Le client a envoyé le devis par télécopie.* → **fax.** **2.** *UNE TÉLÉCOPIE* : copie transmise par cet appareil. *Cette télécopie est illisible, elle est toute noire.*

TÉLÉCOPIEUR [telekɔpjœʀ] n. m. ▪ *UN TÉLÉCOPIEUR* : appareil permettant d'envoyer des télécopies. *Elle a un télécopieur dans son bureau.* → **fax.**

TÉLÉFILM [telefilm] n. m. ▪ *UN TÉLÉFILM* : film réalisé pour la télévision. *Cette actrice joue souvent dans les téléfilms.*

TÉLÉGÉNIQUE [teleʒenik] adj. (après le nom) ▪ (qqn) Dont l'image fait bon effet à la télévision. *Cet homme politique est télégénique.*

REM. *Télégénique* est formé d'après *photogénique*.

TÉLÉGRAMME [telegʀam] n. m. ▪ *UN TÉLÉGRAMME* : message écrit, le plus souvent court, transmis très rapidement par la poste. → **dépêche.** *Elle a envoyé un télégramme à sa mère pour son anniversaire.*

TÉLÉGRAPHE [telegʀaf] n. m. ▪ *LE TÉLÉGRAPHE* : système qui permet de transmettre des messages sur une ligne électrique. *Autrefois, les messages en morse étaient envoyés par télégraphe.*

TÉLÉGRAPHIER [telegʀafje] verbe [conjugaison 7a] ▪ Transmettre (un message) par télégraphe. *Je vous télégraphierai* [telegʀafiʀɛ] *le jour et l'heure de mon arrivée.*

TÉLÉGRAPHIQUE [telegʀafik] adj. (après le nom) **1.** Du télégraphe. *Les fils télégraphiques ont été rompus par le poids de la neige.* **2.** Expédié par télégraphe ou par télégramme. *Ses parents lui ont envoyé un mandat télégraphique.* **3.** *STYLE TÉLÉGRAPHIQUE* : style abrégé comme dans les télégrammes. *Pendant les cours, elle prend des notes en style télégraphique.*

TÉLÉGRAPHISTE [telegʀafist] n. m., n. f. ▪ *UN TÉLÉGRAPHISTE, UNE TÉLÉGRAPHISTE* **1.** Personne qui reçoit et transmet les messages télégraphiques. *La télégraphiste envoie le message au destinataire.* **2.** Employé de la poste qui porte les télégrammes et les messages urgents. *Le télégraphiste m'a apporté un télégramme.*

TÉLÉGUIDÉ [telegide], **TÉLÉGUIDÉE** [telegide] adj. (après le nom) **1.** (véhicule, engin) Qui est guidé de loin, à distance. → **télécommandé.** *J'ai eu un robot téléguidé pour mon anniversaire. La fusée téléguidée s'approche de la Terre.* **2.** STYLE FAMILIER (qqn) Inspiré, dirigé par une influence lointaine et secrète. *Les attentats, téléguidés de l'étranger, ont fait de nombreuses victimes.* → **télécommandé.**

TÉLÉGUIDER [telegide] verbe [conjugaison 1a] **1.** Guider, diriger à distance (un véhicule, un engin). *Les ingénieurs téléguident la fusée jusqu'au terrain d'atterrissage.* **2.** STYLE FAMILIER (qqn) Guider, inspirer par une influence lointaine et secrète. *Les rebelles étrangers ont téléguidé les terroristes.* → **télécommander.**

TÉLÉMATIQUE [telematik] n. f. ▪ *LA TÉLÉMATIQUE* : ensemble des techniques qui associent l'informatique et les télécommunications. *Le minitel utilise les ressources de la télématique.*

TÉLÉOBJECTIF [teleɔbʒɛktif] n. m. ▪ *UN TÉLÉOBJECTIF* : objectif photographique capable d'agrandir l'image et qui permet de photographier ce qui est éloigné. *Le photographe a photographié la star de cinéma au téléobjectif.*

TÉLÉPATHIE [telepati] n. f. ▪ *LA TÉLÉPATHIE* : communication à distance par la pensée. *Elle dit qu'elle communique par télépathie avec son mari mort.*

TÉLÉPHÉRIQUE [telefeʀik] n. m. ▪ *UN TÉLÉPHÉRIQUE* : système de transport, en montagne, formé d'une cabine suspendue à un câble. *Les skieurs accèdent au sommet des pistes par un téléphérique* (→ **télécabine, télésiège).** *Nous avons pris le téléphérique.*

REM. On écrit parfois *téléférique*.

TÉLÉPHONE [telefɔn] n. m. ▪ *LE TÉLÉPHONE* : appareil qui permet de transmettre et de recevoir des sons à distance, par l'intermédiaire d'un circuit électrique. *Il m'a appelé au téléphone hier* (→ **téléphoner).** *Donne-moi ton numéro de téléphone. Notre ligne de téléphone est en dérangement. Je passe un COUP DE TÉLÉPHONE et j'arrive.* → **appel, communication.** *Le téléphone sonne sans arrêt depuis ce matin. Elle a un téléphone portable* (→ **mobile, portable).**

TÉLÉPHONER [telefɔne] verbe [conjugaison 1a] **1.** Communiquer (avec qqn) par téléphone. *Téléphone-moi demain soir.* → **appeler.** – *Elle m'a téléphoné la nouvelle. Téléphone-lui de venir.* – *Il téléphone d'une cabine* : il utilise le téléphone d'une cabine. **2.** verbe pronominal SE TÉLÉPHONER : s'appeler, se parler au téléphone. *Elles se sont téléphoné ce matin.* STYLE FAMILIER *On se téléphone et on déjeune ensemble.* → s'**appeler.**

TÉLÉPHONIQUE [telefɔnik] adj. (après le nom) ▪ Relatif au téléphone. *Je ne comprends pas ce que tu dis, la liaison téléphonique est mauvaise. J'ai reçu un appel téléphonique d'un ami d'enfance. Elle appelle d'une cabine téléphonique*, d'une cabine publique aménagée pour téléphoner.

TÉLESCOPAGE [telɛskɔpaʒ] n. m. ▪ *UN TÉLESCOPAGE* **1.** Fait de télescoper (un autre véhicule), de se télescoper. *Il y a eu un télescopage de voitures sur l'autoroute.* → **carambolage, choc.** **2.** Confusion. *Je n'ai pas été averti de la réunion, il y a eu un télescopage d'informations.*

TÉLESCOPE [telɛskɔp] n. m. ▪ *UN TÉLESCOPE* : instrument d'optique qui permet d'observer les objets très éloignés, les astres. *L'astronome observe la Lune avec un télescope très puissant.*

TÉLESCOPER [telɛskɔpe] verbe [conjugaison 1a]

I. (véhicule) Rentrer dans, enfoncer par un choc violent (un autre véhicule). *Le camion a télescopé plusieurs voitures.* → **emboutir, heurter.**

II. verbe pronominal SE TÉLESCOPER **1.** Se heurter violemment. *Les deux trains venant en sens inverse se sont télescopés.* **2.** Se mêler, s'imbriquer. *Les souvenirs se télescopent dans sa tête.*

TÉLESCOPIQUE [telɛskɔpik] adj. (après le nom) ▪ Dont les éléments s'emboîtent les uns dans les autres. *Ce poste de radio a une antenne télescopique.*

TÉLÉSIÈGE [telesjɛʒ] n. m. ▪ *UN TÉLÉSIÈGE* : téléphérique constitué d'une série de sièges suspendus à un câble unique. *Les skieurs prennent le télésiège pour aller en haut des pistes.*

TÉLÉSKI [teleski] n. m. ▪ *UN TÉLÉSKI :* câble muni de perches, qui sert à tirer les skieurs en haut des pistes. *De nombreux skieurs empruntent les téléskis.* → **remonte-pente ;** STYLE FAMILIER **tire-fesses.**

TÉLÉSPECTATEUR [telespɛktatœʀ] n. m., **TÉLÉSPECTATRICE** [telespɛktatʀis] n. f. ▪ *UN TÉLÉSPECTATEUR, UNE TÉLÉSPECTATRICE :* personne qui regarde la télévision. *Ma grand-mère est une téléspectatrice assidue. Plusieurs millions de téléspectateurs regardent le match de football.*

TÉLÉVISÉ [televize], **TÉLÉVISÉE** [televize] adj. (après le nom) ▪ Retransmis par la télévision. *Il regarde le journal télévisé. Mon fils connaît toutes les publicités télévisées par cœur.*

TÉLÉVISEUR [televizœʀ] n. m. ▪ *UN TÉLÉVISEUR :* poste de télévision. *Nous avons acheté un nouveau téléviseur.* → **télévision ;** STYLE FAMILIER **télé.**

TÉLÉVISION [televizjɔ̃] n. f. ▪ *LA TÉLÉVISION* **1.** Système qui permet de transmettre des images instantanées, fixes ou en mouvement, après analyse et transformation en ondes. *Une caméra de télévision filme la cérémonie. Il y a une antenne de télévision sur le toit de la maison. La télévision par câble permet de recevoir des émissions du monde entier.* **2.** Ensemble des activités et des services qui élaborent et diffusent à un large public des informations et des spectacles par le moyen de la télévision. *Quels sont les programmes de télévision, ce soir ? Elle a un ami qui est journaliste pour une chaîne publique de télévision. - Mon fils regarde trop la télévision,* les programmes télévisés. → STYLE FAMILIER **télé. 3.** Poste récepteur de télévision. *La télévision est dans le salon.* → **téléviseur.** *Le magnétoscope est branché sur la télévision.* → STYLE FAMILIER **télé.**

TÉLEX [telɛks] n. m. ▪ *UN TÉLEX :* appareil qui permet de transmettre à distance des textes tapés à la machine. *La secrétaire envoie un message par télex. - Les journalistes reçoivent de nombreux télex,* de nombreuses dépêches qui arrivent par télex.

TELLEMENT [tɛlmɑ̃] adverbe **1.** À un tel degré. *J'irai voir cela, le spectacle est tellement drôle !* → ② **si.** *Vous n'êtes pas tellement pressés ! - Elle aime tellement ses enfants !* → **tant.** *Il a tellement travaillé, cette récompense n'est que justice. Elle ne l'a pas reconnu, tellement il a changé. - Ce serait tellement mieux si chacun faisait un effort. Elle est tellement plus jolie que sa sœur ! - « Ça t'a plu, ce film ? - Pas tellement ! »* pas beaucoup, assez peu. *- Il fait TELLEMENT froid QUE je n'ai pas envie de sortir.* → ② **si. 2.** *TELLEMENT... DE :* tant de. → **beaucoup.** *Il a tellement de soucis, le pauvre ! Elle n'a pas tellement d'argent. Il n'y a pas tellement de monde sur les routes,* pas autant qu'on le croit. *- J'ai TELLEMENT DE travail QUE je ne pourrai pas venir.*

TÉMÉRAIRE [temeʀɛʀ] adj. (après le nom) ▪ Audacieux au point d'être imprudent (→ **témérité**). *Il est courageux, mais pas téméraire. Tu es bien téméraire de t'attaquer à lui.* → **hardi.** ⟨contraires : circonspect, prudent, timoré⟩ *- Vous vous lancez là dans une entreprise téméraire.* → **hasardeux.** *C'est un jugement téméraire,* porté à la légère, sans savoir de quoi il s'agit.

TÉMÉRITÉ [temeʀite] n. f. ▪ STYLE RECHERCHÉ *LA TÉMÉRITÉ :* audace excessive. *Il a agi avec témérité, sans réfléchir aux conséquences.* → **hardiesse.** ⟨contraire : prudence⟩

TÉMOIGNAGE [temwaɲaʒ] n. m. ▪ *UN TÉMOIGNAGE* **1.** Déclaration de ce qu'on a vu et entendu, servant à établir la vérité. *Le commissaire recueille le témoignage des passants. Selon divers témoignages, tout est arrivé très vite. Ce témoignage paraît sûr. - Cet écrivain porte un témoignage sur son temps.* **2.** Déclaration d'un témoin en justice. → **déposition.** *Tous les témoignages sont accablants pour le suspect,* ils accusent le suspect. *Le FAUX TÉMOIGNAGE est un délit,* la déclaration mensongère, de mauvaise foi faite en justice. **3.** Marque extérieure, preuve. *Elle a reçu de nombreux témoignages d'affection à la mort de son père. Acceptez ceci EN TÉMOIGNAGE DE ma reconnaissance,* comme marque de ma reconnaissance. → **gage, signe. 4.** Cadeau qui est la marque, la preuve d'un sentiment. *Recevez ce modeste témoignage de ma gratitude.*

TÉMOIGNER [temwaɲe] verbe [conjugaison 1a] **1.** Certifier qu'on a vu ou entendu (qqch.). *Il a témoigné avoir vu la silhouette d'un homme grand et costaud.* → **attester.** *Je témoignerai que j'ai entendu du bruit.* **2.** Déposer en tant que témoin. *Plusieurs passants ont témoigné en justice. Je témoignerai en votre faveur. Tous ses voisins ont témoigné contre lui.* **3.** Exprimer, montrer. *Ses amis lui ont témoigné beaucoup d'affection quand il a perdu sa femme. Il lui témoigne son attachement par de petites attentions.* → **manifester, prouver. 4.** STYLE RECHERCHÉ (qqch.) Être la preuve, le signe de. *Son attitude témoigne combien il vous aime.* → **attester, montrer, révéler. 5.** *TÉMOIGNER DE :* confirmer la vérité d'une chose (par des paroles, des actes). *Vous pouvez témoigner de ma bonne foi. Tout le monde était d'accord, je peux en témoigner. - Il est courageux, sa conduite en témoigne,* elle en est le signe, la marque.

TÉMOIN [temwɛ̃] n. m. ▪ *UN TÉMOIN* **1.** *TÉMOIN (DE)* Personne qui certifie une chose, qui peut en témoigner. *Un témoin impartial a exposé ce qui s'est vraiment passé. Elle est le seul témoin de l'accident. La police recherche les TÉMOINS OCULAIRES du hold-up,* ceux qui ont vu le hold-up. *- Je vous PRENDS À TÉMOIN de mon innocence,* j'invoque votre témoignage. **2.** *TÉMOIN (À)* Personne qui a assisté à un fait et qui est appelée à l'attester en justice. *Le témoin comparaît et fait sa déposition. Le juge a confronté tous les témoins. Elle a été témoin au procès de X. Les FAUX TÉMOINS ont été démasqués,* les personnes qui faisaient des faux témoignages, qui mentaient. **3.** Personne qui assiste à l'accomplissement d'un acte officiel pour en attester l'exactitude. *J'ai été témoin au mariage de ma meilleure amie.* **4.** Personne qui assiste involontairement à un événement. *Elle a été témoin de la scène.* → **spectateur.** *Je suis témoin que l'on t'a insulté. Parlons sans témoin,* seuls, entre nous. *Il a menacé sa femme DEVANT TÉMOINS,* en présence d'autres personnes. **5.** (qqch.) Ce qui par sa présence, son existence, permet de constater, de vérifier. *Ces fragments de poterie sont les derniers témoins d'une civilisation disparue.* **6.** Ce qui sert d'élément de comparaison. *On peut visiter l'APPARTEMENT TÉMOIN,* qui sert de modèle aux autres. **7.** Ce qui sert de contrôle. *Le témoin lumineux du lave-linge est allumé,* la lumière qui montre que le lave-linge est en marche. → **voyant. 8.** Bâtonnet que doivent se passer les coureurs de relais. *Les coureurs se passent le témoin.*

TEMPE [tɑ̃p] n. f. ▪ *LA TEMPE :* côté de la tête, entre le coin de l'œil et le haut de l'oreille. *Il est blessé à la tempe. Elle aime les hommes aux tempes argentées,* aux cheveux grisonnants sur les tempes.

TEMPÉRAMENT [tɑ̃peʀamɑ̃] n. m. ▪ *LE TEMPÉRAMENT* **1.** Caractère d'une personne. *Il a un tempérament nerveux. Elle est combative de tempérament.* → **nature, naturel.** - (qqn) *C'est un tempérament :* c'est une forte personnalité. **2.** *À TEMPÉRAMENT :* en payant en plusieurs fois, à crédit. *Ils ont acheté leur voiture à tempérament.*

TEMPÉRANCE [tɑ̃peʀɑ̃s] n. f. ▪ STYLE RECHERCHÉ *LA TEMPÉRANCE :* qualité d'une personne qui mange et boit avec modération. *Toute sa vie, il a fait preuve de tempérance.* → **sobriété.** ‹contraire : excès›

TEMPÉRATURE [tɑ̃peʀatyʀ] n. f. ▪ *LA TEMPÉRATURE* **1.** Degré de chaleur ou de froid (d'un lieu). *La température extérieure est de vingt degrés, il fait bon. La température de l'eau est fraîche. On annonce une brusque baisse des températures pour les jours prochains. La température est en hausse.* **2.** Chaleur du corps. *La température du corps humain est d'environ trente-sept degrés. Elle prend sa température avec un thermomètre. « Quelle est ta température ? – J'ai trente-neuf. » Certains animaux ont une température fixe, d'autres une température variable.* **3.** *Mon fils A DE LA TEMPÉRATURE,* sa température est supérieure à la normale. → **fièvre.** STYLE FAMILIER *Il fait un peu de température, le soir.*

TEMPÉRÉ [tɑ̃peʀe], **TEMPÉRÉE** [tɑ̃peʀe] adj. (après le nom) ▪ Ni très chaud, ni très froid. *La France a un climat tempéré.* → **doux.** ‹contraires : extrême, rude› *Cette plante pousse dans les pays tempérés,* où le climat est doux.

TEMPÉRER [tɑ̃peʀe] verbe [conjugaison 6a] **1.** Adoucir l'intensité (du froid, de la chaleur). *Un vent chaud tempère la rigueur du climat.* → **atténuer. 2.** STYLE RECHERCHÉ Modérer. *Tempérons un peu notre ardeur ! En vieillissant, il tempérera* [tɑ̃pɛʀʀa] *son impatience.* → **calmer.**

TEMPÊTE [tɑ̃pɛt] n. f. ▪ *UNE TEMPÊTE* **1.** Vent très violent, souvent accompagné d'orage et de fortes pluies. *La météo annonce une tempête.* → **bourrasque, cyclone, ouragan.** *Le bateau est pris dans la tempête.* → **tourmente.** – *Cette nuit, il y a eu une TEMPÊTE DE NEIGE,* de grosses chutes de neige accompagnées d'un vent violent. – *Ne fais pas un drame de ce rendez-vous manqué, c'est une tempête dans un verre d'eau,* c'est beaucoup d'agitation pour rien. **2.** Bruit violent qui rappelle celui de la tempête. *La chanteuse salue le public sous une tempête d'applaudissements.* → **tonnerre.**

TEMPLE [tɑ̃pl] n. m. ▪ *UN TEMPLE* **1.** Édifice religieux destiné au culte. *Ce temple grec est bien conservé. Nous avons visité plusieurs temples en Inde.* **2.** Édifice où les protestants célèbrent leur culte. *Le pasteur célèbre le culte dans le temple. Ils vont au temple tous les dimanches.*

> FAUX AMIS
> espagnol **temple** « trempe » ; grec **τέμπλο** « cloison ornée couverte d'icônes devant l'autel d'une église orthodoxe »

TEMPO [tɛmpo] n. m. ▪ *LE TEMPO :* vitesse à laquelle on doit exécuter un morceau de musique. *Ce morceau a un tempo un peu lent. Respecte les tempos quand tu joues cet air. Les danseurs sur la piste gardent le tempo.* → **rythme.**

REM. **1.** *Tempo* est un mot italien. **2.** Le pluriel italien *des tempi* est peu employé.

TEMPORAIRE [tɑ̃pɔʀɛʀ] adj. (après le nom) ▪ Qui ne dure qu'un temps limité. → **momentané, passager, provisoire.** ‹contraires : définitif, durable, permanent› *Le gouvernement a pris cette mesure à titre temporaire. Elle a trouvé un emploi temporaire.* ‹contraire : fixe› *La société emploie du personnel temporaire.* → **intérimaire.**

TEMPORAIREMENT [tɑ̃pɔʀɛʀmɑ̃] adverbe ▪ Pour un temps limité, à titre temporaire. *Il habite temporairement chez des amis.* → **provisoirement.** ‹contraire : définitivement›

TEMPORISER [tɑ̃pɔʀize] verbe [conjugaison 1a] ▪ Attendre, par calcul, un moment plus favorable pour agir. *Le gouvernement temporise, dans l'attente d'un meilleur moment pour imposer la réforme.*

① **TEMPS** [tɑ̃] n. m.

I. *LE TEMPS* **1.** Durée. *Il faut un certain temps pour faire ce travail. Elle a du temps libre, en ce moment* **(→ loisir).** *Ne perdons pas de temps. Ça prend trop de temps,* c'est trop long. *J'ai gagné du temps. Ils ont rattrapé le TEMPS PERDU. Nous partons dans peu de temps,* bientôt. → **prochainement.** STYLE FAMILIER *J'ai fini EN UN RIEN DE TEMPS,* très rapidement. STYLE FAMILIER *Il y a UN BOUT DE TEMPS que je ne l'ai pas vu,* il y a longtemps. *Beaucoup de temps a passé depuis. Avec le temps, les choses s'arrangeront,* en laissant passer un long moment. – *Le temps se divise en années, mois, semaines, jours et heures. La minute et la seconde sont des UNITÉS DE TEMPS* **(→ chronologique). 2.** Partie de cette durée. → **moment, période.** *Parfois, il trouve le temps long,* il s'ennuie, il s'impatiente. *Le temps a passé très vite.* – STYLE FAMILIER *Ils jouent aux cartes pour TUER LE TEMPS,* pour s'occuper, pour ne pas s'ennuyer. *Elle travaille À TEMPS PLEIN, À TEMPS COMPLET :* elle fait une journée complète de travail. *Il a marqué un TEMPS D'ARRÊT avant de répondre.* → **pause.** *Débarrasse la table, PENDANT CE TEMPS-LÀ, je ferai la vaisselle,* pendant que tu débarrasseras la table, je ferai la vaisselle. *Elle est fatiguée, DEPUIS QUELQUE TEMPS,* depuis un moment. *QUELQUE TEMPS après, il est parti,* peu de temps après. *La beauté N'A QU'UN TEMPS,* ne dure qu'un moment, est éphémère **(→ temporaire).** – *LA PLUPART DU TEMPS, il n'est pas chez lui,* le plus souvent. *Elle rit TOUT LE TEMPS.* → **continuellement.** ‹contraire : jamais› – *Je n'ai pas eu LE TEMPS DE t'écrire. Il ne prend pas le temps de se reposer,* le temps qu'il faut pour cela. – *Nous avons tout notre temps :* nous ne sommes pas pressés. *Elle PASSE SON TEMPS À s'amuser. Il passe LE PLUS CLAIR DE SON TEMPS à ne rien faire,* la plus grande partie de son temps. *PRENDS TON TEMPS :* ne te presse pas. *Vous PERDEZ VOTRE TEMPS :* ce que vous faites ne sert à rien. – *Mon vieux pantalon a FAIT SON TEMPS,* il est usé. **3.** Chacune des divisions égales de la mesure, en musique. *La valse a trois temps.* – *J'ai terminé EN DEUX TEMPS, TROIS MOUVEMENTS,* très rapidement. **4.** Chacune des phases d'une action, d'une opération, d'un processus. *Le professeur explique le fonctionnement du moteur à quatre temps. Dans un premier temps, lisez le texte, puis, dans un second temps, soulignez les verbes.* → **phase. 5.** Durée d'une course mesurée au chronomètre. *C'est un Belge qui a réalisé le meilleur temps aux essais,* qui a réalisé la meilleure performance. – *Je suis dans les temps, MON RYTHME EST NORMAL.* – *Il n'y a pas de TEMPS MORT dans les films d'action,* il n'y a pas de moments où il ne se passe rien.

II. *LE TEMPS* **1.** Point que l'on peut repérer dans une succession, une chronologie par rapport aux notions d' « avant » et d' « après ». *EN CE TEMPS-LÀ, la télévision n'existait pas,* à ce moment-là. *Depuis ce temps-là, je ne la vois plus,* depuis lors. – *Je vous préviendrai EN TEMPS UTILE* [ɑ̃tɑ̃zytil], quand il le faudra. *Chaque chose EN SON TEMPS :* procédons par ordre. *Il y a un temps pour tout.* – *La conjonction « quand » introduit une proposition subordonnée de temps.* **2.** Époque. *Ce journaliste est un témoin privilégié de NOTRE TEMPS. Il faut être DE SON TEMPS,* avoir des idées, des habitudes modernes. → **siècle.** – *DE MON TEMPS, les choses étaient différentes,* quand j'étais jeune. – *Sa grand-mère lui raconte des histoires du TEMPS PASSÉ,* d'autrefois. – STYLE FAMILIER *On n'est sûr de rien, PAR LES TEMPS QUI COURENT,* de nos jours. – *EN TEMPS normal, il se lève à sept heures,* en période normale, ordinaire. *EN TEMPS DE guerre, les femmes font le travail des hommes,* en période de guerre. *Octobre est le temps des vendanges,* la période des vendanges.

3. (au pluriel) LES TEMPS : une époque. *C'est difficile d'imaginer les temps futurs. Les temps sont durs :* c'est une époque difficile. *L'histoire remonte à* LA NUIT DES TEMPS, à une époque très ancienne. – *Je l'ai beaucoup vue,* CES DERNIERS TEMPS. → **récemment.** *Il est fatigué,* CES TEMPS-CI, en ce moment. 4. PRENDRE, SE DONNER DU BON TEMPS : s'amuser. *Pendant les vacances, nous avons pris du bon temps.* 5. LE TEMPS DE : le moment où il convient de. *Le temps est venu de prendre des décisions.* – (impersonnel) IL EST TEMPS DE *se décider. Il sera toujours temps de voir ça plus tard,* il ne sera pas trop tard pour cela. IL EST TEMPS QUE *tu t'en ailles.* – *Voilà les secours, il était temps !* il fallait vraiment que les secours arrivent maintenant et pas plus tard. 6. *Les pompiers sont arrivés* À TEMPS, juste assez tôt. – *Ne parlez pas tous les deux* EN MÊME TEMPS, à la fois. *Elle prépare deux diplômes en même temps.* → **parallèlement, simultanément.** – *Nous nous voyons* DE TEMPS EN TEMPS [dətɑ̃zɑ̃tɑ̃], DE TEMPS À AUTRE [dətɑ̃zaotʀ]. → **parfois, quelquefois.** – STYLE FAMILIER *Je l'ai connu* DANS LE TEMPS. → **autrefois.** – AU TEMPS OÙ, DU TEMPS OÙ *elle était jeune, elle avait beaucoup d'amoureux.* → **lorsque, quand.**

III. LE TEMPS *d'un verbe :* forme particulière du verbe qui indique si l'action a lieu dans le passé, se passe dans le présent ou se produira dans l'avenir. *Le présent, l'imparfait, le passé simple et le futur sont les temps simples de l'indicatif. Le passé composé est un temps composé. Conjuguez le verbe «prendre» à tous les temps du subjonctif.*

FAUX AMI
russe **темп** «allure, rythme, cadence»

REM. 1. Le *s* final ne se prononce pas, sauf parfois, dans certaines expressions comme *de temps en temps* [dətɑ̃zɑ̃tɑ̃], *de temps à autre* [dətɑ̃zaotʀ] ou *en temps utile* [ɑ̃tɑ̃zytil]. 2. L'adverbe *tant* et *taon* «insecte» se prononcent de la même façon. 3. On dit *il est temps de,* mais *c'est le moment de.*

② **TEMPS** [tɑ̃] n. m. ▪ LE TEMPS : état de l'atmosphère (aspect du ciel, température, vent) à un moment donné, considéré surtout dans son influence sur la vie et l'activité humaines. *«Quel temps fait-il, ce matin ? – Il fait froid et il neige.» Le temps est frais et sec. La météo prévoit un temps lourd et orageux pour demain. Ils ont eu* BEAU TEMPS *pendant leurs vacances. Le temps est au beau,* il va faire beau. *Il pleut et il fait du vent, quel sale temps !*

TENABLE [tənabl] adj. (après le nom) ▪ (lieu) Où l'on peut se tenir, rester. *Il fait trop chaud sur la terrasse, ce n'est pas tenable.* → **supportable, tolérable.** ⟨contraire : intenable⟩

REM. *Tenable* s'emploie en général à la forme négative ou avec une valeur négative *(pas tenable, à peine tenable).*

TENACE [tənas] adj. (après le nom) 1. Qui persiste, dont on ne se débarrasse pas facilement. *Les lis ont un parfum tenace.* → **persistant.** *Ces gens-là ont des préjugés tenaces.* → **durable.** 2. (qqn) Qui persévère malgré les difficultés. *C'est un travailleur tenace.* → **acharné, persévérant.** ⟨contraire : inconstant⟩ – *Il voue à son adversaire une haine tenace.* → **opiniâtre.** ⟨contraire : passager⟩

TÉNACITÉ [tenasite] n. f. ▪ LA TÉNACITÉ : caractère d'une personne tenace, persévérante. *Il poursuit son but avec ténacité.* → **acharnement, obstination, persévérance.**

TENAILLER [tənaje] verbe [conjugaison 1a] ▪ Faire souffrir en tourmentant. *La faim me tenaille.* → **tourmenter.** *Le remords le tenaillait.*

TENAILLES [tənaj] n. f. pluriel ▪ DES TENAILLES : pince de métal, formée de deux branches croisées et articulées munies de mâchoires. *Il arrache un clou avec des tenailles.*

REM. On prononce aussi [tnaj].

TENANCIER [tənɑ̃sje] n. m., **TENANCIÈRE** [tənɑ̃sjɛʀ] n. f. ▪ UN TENANCIER, UNE TENANCIÈRE : une personne qui dirige un établissement soumis à une réglementation ou à une surveillance particulière. *Il est tenancier d'une maison de jeux. Les policiers interrogent la tenancière de l'hôtel,* la patronne de l'hôtel.

tenant [tənɑ̃] *En tenant :* forme au participe présent du verbe **tenir.**

TENANT [tənɑ̃] n. m., **TENANTE** [tənɑ̃t] n. f. 1. LE TENANT, LA TENANTE *d'un titre :* la personne qui détient un titre. *La tenante du titre de championne du monde a abandonné l'épreuve.* → **détenteur.** 2. UN TENANT : une personne qui soutient. *Les tenants du socialisme ont gagné les élections.* → **adepte, partisan.** ⟨contraire : adversaire⟩ 3. D'UN SEUL TENANT : d'une seule pièce, d'un seul morceau. *La propriété a un jardin d'un seul tenant.* 4. LES TENANTS ET ABOUTISSANTS *d'une affaire :* les choses dont il s'agit dans cette affaire, ce à quoi elle se rapporte. *Nous ne connaissons pas tous les tenants et aboutissants.*

TENDANCE [tɑ̃dɑ̃s] n. f. et adj.

I. UNE TENDANCE 1. Ce qui pousse à agir, à se comporter d'une certaine façon. *Elle a une fâcheuse tendance à la paresse.* → **disposition, inclination, penchant.** – *Tu* AS TENDANCE À *grossir :* tu es enclin à grossir, tu grossis facilement. – *Elle a tendance à oublier ses promesses,* en général elle les oublie. 2. Orientation partagée par un certain nombre de personnes. *Quelle est sa tendance politique ? Mon fils a des tendances homosexuelles.* 3. Évolution (de qqch.) dans un même sens. *Ce film reflète les dernières tendances du cinéma européen.* – (qqch.) AVOIR TENDANCE À : s'orienter vers. *Les prix* ONT TENDANCE À *monter.*

II. adjectif (après le nom) STYLE FAMILIER À la mode. *Le gris est très tendance, cette année. C'est un modèle tendance.*

TENDANCIEUX [tɑ̃dɑ̃sjø], **TENDANCIEUSE** [tɑ̃dɑ̃sjøz] adj. (après le nom) ▪ Qui manifeste des préjugés, déforme la vérité. *Ce journal présente les informations de manière tendancieuse.* → **partial.** ⟨contraires : objectif, impartial⟩ *C'est un récit tendancieux,* peu objectif.

tende [tɑ̃d] *Que je tende ; qu'il tende, qu'elle tende :* forme au subjonctif du verbe **tendre.**

TENDEUR [tɑ̃dœʀ] n. m. ▪ UN TENDEUR : petit câble élastique muni d'un crochet à chaque extrémité et servant à fixer des objets. *Un tendeur maintient le panier à provisions sur le porte-bagages du vélo.*

TENDINITE [tɑ̃dinit] n. f. ▪ UNE TENDINITE : inflammation d'un tendon. *L'athlète souffre d'une tendinite au talon.*

TENDON [tɑ̃dɔ̃] n. m. ▪ UN TENDON : extrémité d'un muscle qui le rattache à un os. *Le sportif s'est déchiré le tendon du coude.*

① **TENDRE** [tɑ̃dʀ] verbe [conjugaison 41a]

I. 1. Tirer sur (une chose souple ou élastique) pour la rendre droite. *Je tends mes muscles.* → ① **contracter raidir.** ⟨contraires : décontracter, relâcher⟩ *L'archer tend la corde de son arc.* → ② **bander.** 2. Déployer en allongeant en tous sens. *Les pêcheurs tendent leurs filets. L'araignée a tendu sa toile dans un coin du grenier.* – *Nos adversaires nous* TENDRONT UN PIÈGE *si nous ne faisons pas attention,* ils nous mettront dans une situation dangereuse. 3. Recouvrir. *Elle a tendu les murs du salon de papier peint.* → **tapisser.** – *La pièce est tendue de soie bleue.* 4. Avancer ou allonger une partie du corps. *Elle tendit les bras vers lui. Il m'a tendu la main pour me dire bonjour. Pardonne-lui et tends-lui la main.* – TENDONS L'OREILLE : écoutons attentivement. 5. Présenter une chose à qqn pour la lui donner. *Il a tendu son verre pour qu'on lui serve à boire.*

II. verbe pronominal SE TENDRE 1. Menacer de rompre, devenir tendu. *Nos relations se sont tendues,* elles sont devenues diffi-

ciles. **2.** (partie du corps) S'avancer, s'allonger. *Toutes les mains se tendent vers lui.*
III. 1. *TENDRE À, VERS* : avoir un but et s'en rapprocher. *Ils travaillent en tendant à la perfection.* → **viser.** *Tous nos efforts tendent vers le même but.* → **concourir, converger. 2.** (qqch.) *TENDRE À* : avoir tendance à, évoluer de façon à. *Cette ancienne coutume tend à disparaître.* **3.** (qqch.) *TENDRE À* : conduire, mener à un résultat sans y parvenir vraiment. *Cela tendrait à prouver qu'il a raison.* → **sembler. 4.** S'approcher d'une valeur limite, sans l'atteindre. *Les bénéfices TENDENT VERS zéro,* ils sont pratiquement nuls.

② **TENDRE** [tɑ̃dʀ] adj. (avant ou après le nom) **1.** (après le nom) Qui se laisse facilement entamer, qui offre peu de résistance (→ **tendreté).** *Je n'aime que la viande tendre.* ⟨contraire : dur⟩ *La craie est une roche tendre.* **2.** (avant ou après le nom) *Mon fils est encore à L'ÂGE TENDRE,* l'âge auquel on est fragile. - *Je la connais depuis ma TENDRE ENFANCE,* depuis mon plus jeune âge. **3.** (après le nom) (qqn) Sensible et affectueux. *C'est une mère tendre avec ses enfants.* → **doux.** - *Il n'est pas tendre pour les autres,* il est sévère pour eux. - *C'est un cœur tendre.* → **sensible. 4.** (avant ou après le nom) (sentiments) Plein de douceur et de délicatesse (→ **tendresse).** *Une tendre amitié les unit depuis l'enfance.* - *Il lui dit des mots tendres.* → **doux, gentil.** *Elle a pour lui des gestes tendres.* → **caressant. 5.** (après le nom) (couleur) Doux, pâle. *Il a une chemise rose tendre.* → **pastel.**

TENDREMENT [tɑ̃dʀəmɑ̃] adverbe ▪ Avec tendresse. *Les amoureux s'embrassent tendrement. Ils étaient tendrement enlacés.*

TENDRESSE [tɑ̃dʀɛs] n. f. **1.** *LA TENDRESSE* : sentiment tendre pour qqn. → **affection, amour, attachement.** ⟨contraires : dureté, froideur⟩ *J'AI DE LA TENDRESSE POUR mon compagnon. Elle a eu un geste de tendresse. Il regarde sa femme avec tendresse.* - (ironique) *Je n'ai aucune tendresse pour ce genre de personne.* → **indulgence. 2.** (au pluriel) DES TENDRESSES : expressions, témoignages d'affection. *Mille tendresses pour toute la famille* (à la fin d'une lettre).

TENDRETÉ [tɑ̃dʀəte] n. f. ▪ *LA TENDRETÉ* : caractère de ce qui est tendre à manger. *Cette viande est d'une grande tendreté.*
REM. On emploie ce mot surtout au sujet des viandes, parfois des fruits.

tendu [tɑ̃dy], **tendue** [tɑ̃dy] *Il a tendu la corde ; la corde qu'il a tendue* : formes au participe passé du verbe **tendre.**

TENDU [tɑ̃dy], **TENDUE** [tɑ̃dy] adj. (après le nom) **1.** Contracté, préoccupé, soucieux. → **nerveux, stressé.** ⟨contraire : détendu⟩ *Elle est tendue en attendant le résultat de son examen.* **2.** Difficile, qui menace de se rompre. *Ces deux pays ont des relations tendues. J'ai des rapports tendus avec ma sœur.* **3.** Que l'on tend, que l'on avance. *Le doigt tendu, il m'a montré un aigle dans le ciel.* - (figuré) *Il pratique la politique de la MAIN TENDUE* : il demande de l'argent, des faveurs.

TÉNÈBRES [tenɛbʀ] n. f. pluriel ▪ *LES TÉNÈBRES* : obscurité profonde. → **noir, obscurité.** *Au fond de la grotte, d'épaisses ténèbres nous empêchent de voir.*

TÉNÉBREUX [tenebʀø] adj. et n. m., **TÉNÉBREUSE** [tenebʀøz] adj. **1.** adjectif (avant ou après le nom) Mystérieux et dangereux. *Il a raconté aux enfants une ténébreuse histoire de fantômes. C'est un crime ténébreux.* **2.** *UN BEAU TÉNÉBREUX* : bel homme à l'air sombre et profond. *Son mari est un beau ténébreux.*

TENEUR [tənœʀ] n. f. ▪ *LA TENEUR* **1.** Le contenu exact (d'un texte). → **contenu.** *Je ne connais pas la teneur de son discours.* **2.** Quantité (d'une matière) contenue dans (un corps). → **proportion.** *Ce minerai a une forte TENEUR EN plomb,* il contient beaucoup de plomb. *Le laboratoire calcule la teneur du sang en globules rouges.*

TÉNIA [tenja] n. m. ▪ *UN TÉNIA* : ver parasite de l'intestin des mammifères, formé d'anneaux plats, appelé aussi *ver solitaire. Le ténia de l'homme est long de quatre à douze mètres.*
REM. On écrit aussi *tænia.*

TENIR [təniʀ] verbe [conjugaison 22]
I. *TENIR QQCH., QQN* **1.** Avoir (qqch., qqn) à la main, dans la main ou dans ses bras afin qu'il ne tombe pas, qu'il ne s'échappe pas. ⟨contraire : lâcher⟩ *Il tient* [tjɛ̃] *son chapeau à la main. Tenez l'objet par le milieu. Regarde, tu tiens ton livre à l'envers !* - *Je l'ai vu tout à l'heure, il tenait une fille dans ses bras. Pour traverser la rue, vous tiendrez* [tjɛ̃dʀe] *mon fils par la main.* - *Tenez la rampe pour ne pas tomber. Pouvez-vous me tenir la porte ?* la retenir en position ouverte pour que je puisse passer. *Elle lui a tenu la main pendant toute la cérémonie.* **2.** Faire rester (qqch.) en place. → **maintenir, retenir.** *Une courroie tient les livres.* **3.** Faire rester (dans une situation, dans un état) pendant un certain temps. *L'ennemi nous a TENUS EN ÉCHEC. Il n'a pas voulu me regarder, il tenait les yeux baissés.* → **garder.** *Il faut que je tienne* [tjɛn] *ce plat au chaud. Ce roman policier m'a TENU EN HALEINE jusqu'à la fin,* il m'a passionné jusqu'à la fin. *Tenez-moi au courant de ce que vous faites,* dites-le-moi. - *Ce manteau tient bien chaud.* **4.** Saisir (qqn, un animal qui s'échappe). *Nous tenons les voleurs.* - *Si je tenais ce salaud, il passerait un mauvais quart d'heure !* s'il était près de moi, je le punirais, je me vengerais. - *Elle le tient par le chantage,* elle est maître de lui grâce au chantage. **5.** Résister à. *Il tient bien l'alcool,* il peut boire beaucoup d'alcool sans être ivre. *Elle TIENT bien LE COUP,* elle résiste à la maladie, aux attaques, aux ennuis. **6.** Avoir en sa possession. → **détenir.** *L'inspecteur est certain de tenir la vérité.* - STYLE FAMILIER *Je tiens un de ces rhumes !* j'ai un très gros rhume. *Qu'est-ce que je tiens !* se dit quand on a un gros rhume ou quand on a trop bu d'alcool. *Dis donc, qu'est-ce que tu tiens !* - STYLE FAMILIER *Ce mec EN TIENT UNE COUCHE,* il est complètement idiot. **7.** *TIENS, TENEZ* : prends, prenez. *Tiens, c'est ton goûter. Tenez, voilà votre argent. Il a giflé son fils et lui a dit : « Tiens, ça t'apprendra ! ».* - *Tiens !* (marque l'étonnement). → **tiens** (interjection). **8.** *TENIR qqn EN ESTIME,* avoir de l'estime pour lui. *Vous le savez, je vous tiens en grande estime.* **9.** *TENIR qqch. PAR qqn* : avoir appris qqch. par qqn. *De qui tenez-vous ce renseignement ?* qui vous a dit cela. - *Quel sale caractère, il TIENT ÇA DE son père,* son père lui a transmis son mauvais caractère. → ci-dessous III., 4. **10.** Occuper (un espace). → **prendre.** *Ce buffet tient trop de place dans le salon,* il est trop grand, trop gros. - *La voiture ne tiendra jamais tout le monde !* elle est trop petite pour nous recevoir tous. → **contenir. 11.** Occuper (un lieu) sans s'en écarter. *L'armée tient ses positions. Le conducteur tient sa droite,* il reste bien à droite. *Cette voiture TIENT LA ROUTE,* elle ne dévie pas de la direction commandée par le conducteur (→ **tenue). 12.** Avoir (une activité), s'occuper de (qqch.). → **gérer.** *Ils tiennent un restaurant* : ils dirigent un restaurant (→ **tenancier).** *Mon mari et moi, nous tenons ensemble les comptes de la maison. Il faut TENIR COMPTE de ce qu'elle pense,* le prendre en considération. - *Elle m'a TENU COMPAGNIE pendant un moment,* elle est venue bavarder avec moi, me distraire. - *Quelle est la conduite à tenir ?* comment faut-il agir ? **13.** *TENIR CONSEIL* : se réunir pour parler d'une chose précise. *La famille a tenu conseil à propos d'un cousin qui a des difficultés.* **14.** *TENIR DES PROPOS* : parler, dire des choses. *Vous tenez des propos scandaleux ! Il nous a tenu des propos étranges.* **15.** STYLE RECHERCHÉ *TENIR... POUR* : considérer comme, croire. → **considérer.** *Il*

est distrait mais je le tiens pour un honnête homme. Je vous tiens pour responsable ! **16.** Respecter (ce qu'on a promis). ⟨contraire : manquer à⟩ *Nous sommes sûrs qu'elle* TIENDRA PAROLE. *Il tient toujours ses promesses. - Vous avez fait une erreur mais je ne vous en* TIENS PAS RIGUEUR, je vous pardonne.

II. *TENIR* **1.** Rester en place, se maintenir dans la même position. *Mes lunettes ne tiennent pas sur mon nez, elles glissent. La pile de livres* TIENT EN ÉQUILIBRE. *- Elle est rentrée épuisée, elle* NE TENAIT PLUS DEBOUT, elle ne pouvait plus rester debout. - *Ton histoire ne tient pas debout,* elle est invraisemblable, on ne peut pas la croire. **2.** Être solide, ne pas se défaire. *Est-ce que l'étagère tient bien ? Est-ce que ça tient ? Fais un double nœud à tes lacets, cela tiendra mieux. - Leur mariage tient toujours :* leur mariage résiste, ils sont toujours mariés malgré les difficultés. *Votre raisonnement ne tient pas,* il ne résiste pas à l'analyse. - STYLE FAMILIER *Ça tient toujours pour jeudi ?* nous sommes toujours d'accord pour notre rendez-vous de jeudi ? **3.** (qqn) Résister. *L'armée a tenu pendant trois jours. Il y a trop de travail, nous ne tiendrons jamais jusqu'au bout. Il faut* TENIR BON, ne pas céder. ⟨contraires : céder, fléchir⟩ *Tiens bon ! - N'y tenant plus, elle a ouvert le colis,* étant trop impatiente. - STYLE FAMILIER *Il faut que j'aille aux toilettes, je ne peux plus tenir !* **4.** Être contenu dans un certain espace. *Mes vêtements tiennent parfaitement dans la valise. Dans cette voiture, on peut tenir à six.*

III. *TENIR À, DE* **1.** *TENIR À qqn, qqch. :* être attaché à qqn, à qqch. par un sentiment durable. *Je tiens beaucoup à toi. Roule plus doucement, je tiens à la vie ! Tu peux garder cette photo, je n'y tiens pas.* **2.** *TENIR À :* vouloir absolument. *Elle tient à nous inviter. - Il* TIENT À CE QUE *nous venions. Je ne tiens pas à ce que tu racontes cette histoire,* je n'en ai pas envie, je ne le veux pas. *On peut encore essayer,* SI TU Y TIENS *vraiment,* si c'est vraiment important pour toi. **3.** *TENIR À qqch. :* (qqch.) avoir un rapport de dépendance. → **provenir, résulter.** *Leur dynamisme tient à leur jeunesse,* ils ont du dynamisme parce qu'ils sont jeunes. - *« Il ne veut pas venir ? Eh bien* QU'À CELA NE TIENNE, *on fera la fête sans lui »,* peu importe. - (impersonnel) *IL NE TIENT QU'À VOUS D'en décider :* c'est à vous de prendre la décision. *S'il ne tenait qu'à moi, cela ne se ferait pas,* si ça ne dépendait que de moi. **4.** *TENIR DE :* être comme. *Nous avons échappé à la mort, cela* TIENT DU MIRACLE. *- Elle tient de son père,* elle lui ressemble. *Il est coléreux, mais il* A DE QUI TENIR, ses parent aussi sont coléreux.

IV. verbe pronominal SE TENIR **1.** *SE TENIR À qqch., qqn :* tenir qqch., qqn afin de ne pas tomber, afin de ne pas changer de position. *Tenez-vous à la rampe.* → se **cramponner.** *Épuisé, il se tenait au mur.* → s'**appuyer.** *Elle s'est tenue à moi.* → se **retenir.** - *Tenez-vous bien ! - « Tu connais la nouvelle ? Non ? Alors tiens-toi bien et écoute »* reste ferme parce que tu vas entendre qqch. d'incroyable, de renversant. **2.** *SE TENIR (une partie du corps),* mettre ses mains sur. *Elle s'est tenu le ventre de douleur. Le blessé se tient l'épaule. Les coudes sur la table, elle se tient la tête à deux mains.* **3.** Être, demeurer (dans une position). *Le bébé se tient debout. Tiens-toi droit ! - Cette histoire se tient,* tous les éléments qui la composent font qu'on peut y croire. **4.** Être (quelque part). *La dernière fois que je l'ai vu, il se tenait devant la porte. Tiens-toi près de moi. Elle se tient à l'écart. - Où le congrès se tient-il ?* où a-t-il lieu ? *La réunion s'est tenue à Milan.* **5.** (avec l'attribut) Être et rester (dans un certain état). *Tiens-toi tranquille, je n'arrive pas à t'habiller,* arrête de bouger. **6.** *SE TENIR BIEN, SE TENIR MAL :* se conduire en personne bien élevée, mal élevée. *Les enfants, il faudra se tenir bien chez grand-mère ! Tiens-toi bien, s'il te plaît. - Je n'ai pas protesté parce que je sais me tenir en société,* je sais me comporter comme il faut. → se **conduire.** **7.** *S'EN TENIR À qqch. :* ne pas aller au-delà de qqch. → se **borner.** *Nous nous en sommes tenus à des banalités :* nous n'avons dit que des banalités. *Il déclare avoir dit la vérité : je m'en tiens là,* je ne veux rien savoir de plus. *Faites votre travail et tenez-vous en là. - SAVOIR À QUOI S'EN TENIR :* être fixé, informé. *Dis-moi si tu m'aimes ou si tu ne m'aimes pas : je veux savoir à quoi m'en tenir !* **8.** *SE TENIR PAR LA MAIN :* avoir chacun la main de l'autre dans sa main. *Les amoureux marchent en se tenant par la main. Nous nous sommes tenus par la main. Ils* SE TIENNENT PAR LA TAILLE, ils ont chacun un bras autour de la taille de l'autre. *Je les ai vus partir, ils se tenaient par le bras.*

FAUX AMI
espagnol **tener** « avoir, posséder »

TENNIS [tenis] n. m., n. f. **1.** *LE TENNIS :* sport dans lequel deux ou quatre joueurs se renvoient une balle avec des raquettes par-dessus un filet, sur un terrain. *On* JOUE AU TENNIS *sur un court. Nous avons fait une partie de tennis. - Le* TENNIS DE TABLE *:* jeu qui ressemble au tennis mais où l'on fait rebondir une petite balle légère sur une table. *Nous avons assisté à une compétition de tennis de table.* → **ping-pong.** **2.** *UNE TENNIS :* chaussure de sport basse et légère, à semelle de caoutchouc. *Elle a des tennis blanches* (→ ① **basket).**

REM. Pour parler de la chaussure de sport, on peut aussi dire *un tennis* (au masculin).

TÉNOR [tenɔʀ] n. m. ■ *UN TÉNOR* **1.** Chanteur qui a la voix d'homme la plus aiguë. ⟨contraire : basse⟩ *Les ténors sont mes chanteurs préférés. J'aime beaucoup ce ténor. Il est ténor à l'Opéra.* **2.** Personnage important et écouté dans son activité. *Cet avocat est un ténor du barreau.*

TENSION [tɑ̃sjɔ̃] n. f. ■ *LA TENSION* **1.** Manière dont une chose est tendue. ⟨contraire : détente⟩ *Si la tension d'un élastique est trop forte, il se casse. Le violoniste règle la tension des cordes de son violon.* **2.** Pression du sang. *Le médecin* PREND LA TENSION *du malade. - Ma mère* A DE LA TENSION, la pression du sang dans ses artères, dans ses veines, est trop forte. **3.** Différence de potentiel électrique entre deux points d'un circuit. *Attention, c'est de la* HAUTE TENSION, la tension est élevée de plusieurs milliers de volts. *Ce courant est de* BASSE TENSION. **4.** Attention soutenue. → **concentration.** ⟨contraire : relâchement⟩ *Pendant l'examen, maintenez la tension de votre esprit,* ne soyez pas distrait. **5.** État de ce qui menace de rompre. *La tension augmente entre ces deux pays,* leurs relations sont de plus en plus tendues. **6.** *La* TENSION NERVEUSE *:* énervement. *Il y a trop de tension nerveuse, dans ce service.*

TENTACULE [tɑ̃takyl] n. m. ■ *UN TENTACULE :* chacun des longs bras souples de certains mollusques. *La pieuvre se déplace grâce à ses tentacules munis de ventouses.*

TENTANT [tɑ̃tɑ̃], **TENTANTE** [tɑ̃tɑ̃t] adj. (après le nom) ■ Qui tente, qui attire. → **séduisant.** *La direction m'a fait une proposition tentante. C'est très tentant.*

TENTATION [tɑ̃tasjɔ̃] n. f. ■ *LA TENTATION :* envie à laquelle il est difficile de résister. *Il n'a pas pu* RÉSISTER À LA TENTATION *d'ouvrir la lettre adressée à sa femme. Le chocolat, quelle tentation !*

TENTATIVE [tɑ̃tativ] n. f. ■ *UNE TENTATIVE :* essai en vue d'obtenir un résultat. *Elle a fait une tentative auprès du directeur,* elle a essayé d'obtenir qqch. de lui. → **démarche.** *Je fais encore une* TENTATIVE POUR *obtenir ce que je veux, et si j'échoue, j'abandonne. Il a fait une* TENTATIVE DE SUICIDE *:* il a essayé de se tuer.

TENTE [tɑ̃t] n. f. ■ *UNE TENTE :* abri de toile tendue sur des mâts et maintenue au sol par des piquets. *Les campeurs ont planté leur tente près de la rivière. Nous avons dormi sous la tente*

(→ **camper**). - *Sur la place du village, on monte la tente d'un cirque.* → **chapiteau.**

REM. Le mot *tante* « sœur du père ou de la mère » se prononce de la même façon.

TENTER [tɑ̃te] verbe [conjugaison 1a]
I. *TENTER QQN* Éveiller l'envie de (qqn). *Ne me tentez pas, je ne fume plus depuis trois mois.* - *Ces chocolats me tentent trop, cache-les.* → **tentant.** ⟨contraire : dégoûter⟩ *Nous sommes tentés par un voyage* : nous avons envie de faire un voyage. *C'est une expérience qui me tente.* → **séduire.** *Elle s'est laissé tenter par une robe un peu chère. Allons, laissez-vous tenter !* - *Il ne faut pas TENTER LE DIABLE* : il faut bien réfléchir avant de faire une proposition qui sera sûrement acceptée. *« Tu m'invites à passer la nuit chez toi ? Attention, il ne faut pas tenter le diable ! ».*
II. *TENTER QQCH.* **1.** Essayer. *Il a tout tenté pour obtenir un rendez-vous. Je tente une dernière démarche et si j'échoue, j'abandonne* (→ **tentative**). - *Allez, TENTONS LE TOUT POUR LE TOUT,* faisons tout ce que nous pouvons pour réussir, même au risque de tout perdre. **2.** *TENTER DE* : essayer de. *Un prisonnier a TENTÉ DE s'évader. Elle a tenté de se suicider.* - *Il faut tenter sa chance,* essayer de gagner, de réussir.

TENTURE [tɑ̃tyʀ] n. f. ▪ *UNE TENTURE* : tissu tendu le long d'un mur ou devant une porte (→ **rideau**). *Une tenture devant la porte empêche l'air froid de passer.*

tenu [təny], **tenue** [təny] *Il a tenu la rampe ; la rampe qu'il a tenue* : formes au participe passé du verbe **tenir.**

TENU [təny], **TENUE** [təny] adj. (après le nom) **1.** *ÊTRE TENU À* : être obligé à. *Les médecins sont tenus au secret professionnel.* - *ÊTRE TENU DE* : être obligé de. *Les soldats sont tenus d'obéir.* **2.** *BIEN TENU, MAL TENU* : bien ou mal entretenu, arrangé. *Il nous a reçus dans une maison très bien tenue.* → **propre.** *Certains enfants de l'école sont mal tenus.* → **sale.**

TÉNU [teny], **TÉNUE** [teny] adj. (après le nom) ▪ Très mince, très fin. ⟨contraires : gros, épais⟩ *L'araignée tisse des fils ténus.* - *La différence entre ces deux couleurs est ténue.*

TENUE [təny] n. f.
I. *LA TENUE* **1.** Manière dont un établissement est géré, organisé. → **ordre.** *La tenue d'un restaurant doit être impeccable. Cet hôtel est réputé pour sa bonne tenue.* - *Le comptable s'occupe de la tenue des comptes.* **2.** Façon de se tenir, de se comporter. *Monsieur, vous MANQUEZ DE TENUE !* vous n'êtes pas correct. → **correction.** *Allons, un peu de tenue ! Alors, il paraît que tu as une mauvaise tenue en classe ?* il paraît que tu bavardes, que tu n'écoutes pas. **3.** *LA TENUE DE ROUTE* : aptitude d'un véhicule à ne pas dévier de la direction commandée par le conducteur, à ne pas déraper. *Cette voiture a une bonne tenue de route dans les virages.*
II. *UNE TENUE* **1.** Vêtements qui habillent une personne et qui lui donnent un bon aspect ou un mauvais aspect. *Elle a une tenue élégante. J'espère que tu ne vas pas sortir dans cette tenue ? Quelle tenue !* → **accoutrement.** - STYLE FAMILIER *N'entre pas, elle est EN PETITE TENUE !* elle est en sous-vêtements, elle n'est pas habillée. **2.** Habillement particulier (à une profession, à une activité). *Il faut que j'achète une TENUE DE SPORT à ma fille. Les ouvriers sont en TENUE DE TRAVAIL. Il a mis sa tenue militaire* (→ **uniforme**). *Les danseurs se METTENT EN TENUE.* - *À cette réception, la TENUE DE SOIRÉE est obligatoire,* la robe du soir, le smoking.

TER [tɛʀ] adj. invariable (après le nom) ▪ Troisième. *Il habite au 10 ter de la rue des Rosiers,* au numéro qui vient après le 10 et le 10 bis.

TERGAL [tɛʀgal] n. m. (marque déposée) ▪ *LE TERGAL* : tissu synthétique. *Le tergal ne se froisse pas. Il a un pantalon de tergal. « Quel est ce tissu ? – C'est du tergal ». Dans le magasin, il y a des tergals de toutes les couleurs.*

TERGIVERSATIONS [tɛʀʒivɛʀsasjɔ̃] n. f. pluriel ▪ *DES TERGIVERSATIONS* : moyens que l'on utilise pour éviter de donner une réponse nette, pour éviter de prendre une décision. → **faux-fuyant, hésitation.** *Ces tergiversations sont fatigantes. Assez de tergiversations, agissons !*

TERGIVERSER [tɛʀʒivɛʀse] verbe [conjugaison 1a] ▪ Hésiter, user de moyens pour éviter de donner une réponse nette, pour retarder le moment de la décision. → **hésiter, temporiser.** *Il faut aller vite, nous ne pouvons plus tergiverser. Il a accepté sans tergiverser.*

FAUX AMI
espagnol **tergiversar**
« fausser »

① **TERME** [tɛʀm] n. m. ▪ *LE TERME* **1.** Limite dans le temps. → **délai.** *Passé ce terme, les billets ne seront plus valables. Le bébé est né AVANT TERME,* avant la fin des neuf mois de grossesse. *Il faut METTRE UN TERME À ce conflit* : il faut faire cesser ce conflit. *Nous voilà AU TERME DE notre voyage,* à la fin de notre voyage. - *Nous avons fait un emprunt À COURT TERME,* un emprunt que nous finirons de rembourser dans un délai court, dans peu de temps. → **échéance.** *Nous préférons un emprunt À LONG TERME,* un emprunt que nous rembourserons sur une longue période. *Il a des projets à court terme,* des projets qui doivent se réaliser bientôt. **2.** Loyer. *Nous devons payer le terme à la fin de chaque mois.* **3.** *MENER qqch. À SON TERME* : terminer qqch., mener à bonne fin. *Je souhaite mener ce projet à son terme,* l'accomplir jusqu'au bout.

② **TERME** [tɛʀm] n. m. **1.** *UN TERME* : mot, expression. *Je ne connais pas le terme exact pour désigner cet instrument.* → **nom.** *Un néologisme est un terme nouveau. Il connaît beaucoup de termes de marine. Cette notice utilise trop de termes techniques, je n'y comprends rien.* → **terminologie.** **2.** (au pluriel) LES TERMES : l'ensemble des mots et des expressions choisis pour faire savoir qqch. *Il est important de bien comprendre les termes d'un contrat.* → **formule.** *Il m'a répondu en termes grossiers.* - *EN D'AUTRES TERMES* : en utilisant d'autres mots qui veulent dire la même chose. *« Vous ne pouvez pas me garder, en d'autres termes, vous me renvoyez »* (→ **c'est-à-dire**). - *ÊTRE EN BONS TERMES, EN MAUVAIS TERMES avec qqn* : avoir de bonnes, de mauvaises relations avec qqn. *Nous sommes en bons termes avec nos voisins.* **3.** *UN MOYEN TERME* : solution intermédiaire, moyenne. *Il faut trouver un moyen terme pour calmer les adversaires,* une solution qui conviendra à tous les adversaires.

REM. Un *terme* n'est jamais un mot grammatical ; il a un sens très riche.

TERMINAISON [tɛʀminɛzɔ̃] n. f. ▪ *LA TERMINAISON* **1.** Fin d'un mot. → **finale.** *En français, le* e *muet est la terminaison la plus courante.* **2.** Dernier élément d'un mot qui s'ajoute au radical, à la racine. → **désinence, marque** (4.), **suffixe.**

REM. Il vaut mieux réserver *terminaison* pour ce qui n'a pas de sens : la terminaison *ng* de *long* ou de *poing* ; la terminaison en [i] (*-i, -ie, -il, -y*, etc.) → **rime.**

① **TERMINAL** [tɛʀminal] adj. et n. f.
I. adjectif (après le nom) **1.** Qui termine qqch. *Le bourgeon terminal est à l'extrémité de la tige.* MASCULIN PLURIEL : *les bourgeons TERMINAUX* [tɛʀmino]. **2.** Qui forme la fin de qqch. → **final.** ⟨contraires : initial, premier⟩ *C'est la phase terminale de la maladie,* celle qui précède la mort. *Le malade EST EN PHASE TERMINALE,* il va bientôt mourir. - *Mon fils est en CLASSE TERMINALE,* dans

la classe des lycées, en France, où l'on prépare le baccalauréat. **II.** *LA TERMINALE :* la classe terminale. *Sa fille est EN TERMINALE.*

② **TERMINAL** [tɛʀminal] n. m. ■ *UN TERMINAL* **1.** Gare, aérogare servant de point de départ et d'arrivée pour les voyageurs. *Les passagers du vol Paris-Londres sont attendus au terminal B.* – PLURIEL : *il y a plusieurs TERMINAUX* [tɛʀmino]. **2.** Appareil qui permet d'entrer en contact avec un ordinateur central. *Les terminaux sont équipés d'écrans et de claviers.*

TERMINER [tɛʀmine] verbe [conjugaison 1a]
I. 1. Finir (ce qui est fait en grande partie). → **achever.** ⟨contraires : commencer, entreprendre ; continuer⟩ *As-tu terminé tes devoirs ? J'ai hâte d'EN AVOIR TERMINÉ avec ce travail,* j'ai hâte d'avoir fini. – *D'abord nous irons au cinéma, puis nous terminerons la soirée au restaurant,* nous passerons la dernière partie de la soirée au restaurant. *Elle a TERMINÉ son discours PAR des remerciements.* – *Avez-vous terminé ?* question posée par la personne qui sert à table. **2.** Faire cesser (qqch.) par une décision. *Terminons le débat.* → **clore, lever.** ⟨contraires : engager, ouvrir⟩ **3.** (qqch.) Former le dernier élément de (qqch.). *Un point termine la phrase. Un feu d'artifice terminera la fête.*
II. verbe pronominal SE TERMINER **1.** Prendre fin. *L'averse s'est terminée brutalement. Cette rue se termine boulevard Saint-Germain.* → **finir.** – *La soirée s'est plutôt mal terminée.* **2.** *SE TERMINER PAR :* avoir pour dernier élément. *Le mot coup se termine par un p.* – *La soirée s'est terminée par un bal.* **3.** *SE TERMINER EN :* avoir (telle forme) à son extrémité. *En français, beaucoup de verbes se terminent en -er* (→ **terminaison).** – *La plaisanterie s'est terminée en drame,* la plaisanterie a fini par un drame.

TERMINOLOGIE [tɛʀminɔlɔʒi] n. f. ■ *LA TERMINOLOGIE :* vocabulaire particulier utilisé dans un domaine, dans une profession. *Nous connaissons un peu la terminologie de la médecine.*

TERMINUS [tɛʀminys] n. m. ■ *LE TERMINUS :* dernière station d'une ligne de chemin de fer, de cars ou de bus. ⟨contraire : tête de ligne⟩ *Je vais jusqu'au terminus. « Terminus ! Tout le monde descend ! »*

TERMITE [tɛʀmit] n. m. ■ *UN TERMITE :* insecte qui vit en société et qui ronge le bois. *La reine d'une colonie de termites peut pondre dix mille œufs par jour.*

TERNE [tɛʀn] adj. (après le nom) **1.** Sans éclat, sans reflet. *Les femelles des oiseaux ont souvent un plumage plus terne que celui des mâles.* ⟨contraires : coloré, éclatant, vif⟩ – *Elle m'a regardé d'un œil terne,* sans éclat ni expression. → **éteint.** ⟨contraire : expressif⟩ **2.** Ennuyeux, sans intérêt. ⟨contraire : intéressant⟩ *C'est un homme terne.* → **insignifiant.** ⟨contraire : brillant⟩ *Ce qu'il dit est assez terne.* → **morne.**

> FAUX AMI
> portugais **terno** « tendre »

TERNIR [tɛʀniʀ] verbe [conjugaison 2]
I. 1. Rendre terne. *Cette mauvaise lessive ternit les couleurs.* **2.** STYLE RECHERCHÉ Porter atteinte à la valeur morale de (qqn). *Vos propos ternissent la réputation de ce grand homme.*
II. verbe pronominal SE TERNIR : devenir terne. *L'argenterie s'est ternie, il faut l'astiquer.*

TERRAIN [teʀɛ̃] n. m.
I. *LE TERRAIN* **1.** Étendue de terre. → ① **sol.** *En montagne, le terrain est accidenté. Il y a eu un glissement de terrain. Attention, le terrain est glissant. Nous avons beaucoup de terrain autour de la maison.* → **terre** (IV). – *Soyons prudents pendant la réunion : nous SOMMES SUR UN TERRAIN GLISSANT,* dans une situation dangereuse, hasardeuse. – *Ils ont une voiture TOUT TERRAIN,* capable de rouler hors des routes, sur tous les sols (→ **quatre-quatre).** *Mon fils a un vélo tout terrain* (→ **V. T. T.).** **2.** *LE TERRAIN :* la zone où se déroulent des opérations militaires. *Le général est sur le terrain,* sur les lieux du combat. – *Il n'aime pas travailler au bureau, c'est un HOMME DE TERRAIN,* un homme qui aime observer et agir sur les lieux mêmes de l'action. *Je ne vous suivrai pas sur ce terrain,* dans ce type de discussion. *Nous avons trouvé un TERRAIN D'ENTENTE :* nous avons trouvé un sujet sur lequel nous sommes d'accord. *Il faut PRÉPARER LE TERRAIN, TÂTER LE TERRAIN :* il faut s'assurer, en prenant toutes les précautions utiles, qu'on peut agir sans risque.
II. *UN TERRAIN* **1.** Espace de terre de forme et de dimensions déterminées. → **parcelle.** *Nous avons acheté un terrain. Des TERRAINS CONSTRUCTIBLES sont à vendre.* – *Près de la ville, il y a un TERRAIN VAGUE,* une zone sans cultures ni constructions. **2.** Emplacement aménagé pour une activité particulière. *Nous passons nos vacances dans un terrain de camping au bord de la mer. Sur l'autoroute, il y a des terrains de jeux. Nous habitons près d'un terrain de sport. Il y a un terrain d'aviation à trois kilomètres* (→ **aérodrome).**

TERRASSE [teʀas] n. f. ■ *UNE TERRASSE* **1.** Balcon de grandes dimensions, qui ne dépasse pas de la façade et qui n'est pas abrité. *Nous avons un appartement au cinquième étage, avec terrasse. Il faut arroser les plantes de la terrasse.* – *Devant la maison, il y a une terrasse,* une plate-forme cimentée ou dallée. *Il fait beau, nous pouvons déjeuner sur la terrasse.* – *Le toit de l'immeuble est une terrasse :* le toit de l'immeuble est une toiture plate sur laquelle on peut aller. *Une piscine a été aménagée sur la terrasse de l'immeuble.* **2.** Emplacement sur le trottoir où l'on dispose des tables et des chaises pour les consommateurs, devant un café, un restaurant. *En été, il y a beaucoup de monde À LA TERRASSE DES cafés.* **3.** La culture *EN TERRASSES :* dans les terrains en pente, culture sur des parcelles rendues horizontales et soutenues par des murs. *Dans les pays méditerranéens, on pratique la culture en terrasses.*

> FAUX AMIS
> grec **τέρας** « monstre », grec **ταράτσα** ne se dit pas aux sens 1. et 3.

TERRASSEMENT [teʀasmɑ̃] n. m. ■ *LE TERRASSEMENT :* opération par laquelle on creuse et on déplace la terre. *Des travaux de terrassement gênent la circulation dans le centre de la ville.*

TERRASSER [teʀase] verbe [conjugaison 1a] **1.** (qqn) Abattre (qqn), jeter (qqn) à terre dans une lutte. *Le boxeur a terrassé son adversaire.* **2.** (qqch.) Rendre incapable de réagir, de résister. *Il est terrassé par l'émotion. Elle a été terrassée par une crise cardiaque :* elle est morte brusquement d'une crise cardiaque.

TERRE [tɛʀ] n. f.
I. *LA TERRE :* planète où vit l'humanité. *La Terre tourne autour du Soleil. La Lune est le satellite de la Terre. La fusée a quitté la Terre à quinze heures trente.*
II. *LA TERRE* **1.** Ensemble de tous les lieux de la Terre où l'homme peut aller. *Ce journaliste a parcouru la terre entière,* le monde entier. *Elle a fait le tour de la terre.* → **globe, monde.** **2.** *ÊTRE SUR TERRE :* vivre. → **exister.** *Pourquoi sommes-nous sur terre ?* – *Ils ont REMUÉ CIEL ET TERRE pour obtenir justice :* ils se sont adressés à tous les gens qui pouvaient les aider, ils ont tout fait pour obtenir justice.
III. *LA TERRE* **1.** Surface sur laquelle vivent les hommes, les animaux et les plantes. → ① **sol.** *Il y a eu un tremblement de terre au Japon. Couchés sur la terre, nous avons regardé les étoiles. Je suis tombé PAR TERRE,* sur le sol (→ **par terre).** *Le métro passe SOUS TERRE* (→ **souterrain).** *Mettez PIED À TERRE* [pjetatɛʀ] : descendez de moto (de cheval...). – *Voilà tous nos projets par terre,* anéantis. *S'ils ne viennent pas, ça fiche tout par terre. Il a COURU VENTRE À TERRE pour nous prévenir,* extrême-

ment vite. *J'ai eu tellement honte que je voulais RENTRER SOUS TERRE. Elle ne prendra pas n'importe quelle décision, elle A LES PIEDS SUR TERRE,* elle est réaliste, lucide. **2.** Matière qui est à la surface de la planète Terre. *La charrue retourne la terre. Mets tes bottes, la terre est détrempée* (→ **boue**). *Un chemin DE TERRE mène à la ferme. Dans ce pré, il y a des MOTTES DE TERRE,* de petits tas de terre compacte. *En creusant un trou, j'ai trouvé un VER DE TERRE.* - *Le mort a été MIS EN TERRE,* il a été enterré. - *Cette terre n'est pas cultivable. Ici, il y a de la bonne terre,* de la terre que l'on peut cultiver. *L'agriculteur laboure la terre. Il a acheté un lopin de terre. Le fermier vend les PRODUITS DE LA TERRE* (→ **agricole**). - *EN PLEINE TERRE :* se dit des plantes, des arbres qui ne poussent pas en pot. *Mettez ce laurier en pleine terre, il poussera mieux.* **3.** *La TERRE GLAISE :* argile servant au modelage. *Il sculpte de petits animaux avec de la terre glaise.* - *Cette statuette est EN TERRE CUITE,* en argile durcie par la chaleur. **4.** La vie paysanne, la vie à la campagne. *Il ne supporte plus de vivre en ville, il organise son retour à la terre.*
IV. *UNE TERRE* **1.** Terrain cultivable (→ **domaine, propriété, terrain**). *Il est propriétaire de terres en Bourgogne* (→ **foncier, terrien**). *Elle s'est retirée sur ses terres.* **2.** Territoire, zone. *Existe-t-il encore des terres inconnues ? Il est revenu sur sa terre natale. Un expédition est partie dans les terres arctiques.*
V. *LA TERRE* **1.** (opposé à la mer, l'air). → **continent, île.** *Après un mois de navigation, nous sommes contents de retrouver la TERRE FERME ! Il travaille dans L'ARMÉE DE TERRE* (opposé à la marine, l'aviation). *Certains passagers du bateau vont à terre* (→ **débarquer**). *L'avion s'est POSÉ À TERRE* (→ **atterrir**). *L'avion a TOUCHÉ TERRE.* - *Leur maison de Bretagne est dans les terres (à l'intérieur des terres),* elle est éloignée du rivage. - *Depuis qu'il est amoureux, il NE TOUCHE PLUS TERRE,* il est follement heureux. **2.** Le sol, qui a un potentiel électrique égal à zéro. *Les gros appareils électroménagers doivent avoir une prise de terre,* une prise électrique reliée à la terre.

TERRE-À-TERRE [tɛʀatɛʀ] adj. invariable (après le nom) ▪ Qui ne pense qu'aux choses matérielles de la vie, qui manque de poésie et de fantaisie. *C'est un homme très terre-à-terre.* PLURIEL : *je m'ennuie avec ces gens, ils sont trop terre-à-terre.* - *Tes préoccupations sont vraiment terre-à-terre !* → **matériel, prosaïque.**

TERREAU [tɛʀo] n. m. ▪ *LE TERREAU :* engrais naturel fait de terre et de plantes en décomposition. → **humus.** *Le jardinier met du terreau sur les parterres de fleurs.* - PLURIEL : *il utilise différents TERREAUX.*

TERRE-PLEIN [tɛʀplɛ̃] n. m. ▪ *UN TERRE-PLEIN :* portion de terrain rapporté, généralement surélevée. *Le terre-plein de la terrasse est couvert de gazon.* PLURIEL : *des TERRE-PLEINS.* - *Un TERRE-PLEIN CENTRAL sépare les deux chaussées de la voie à double sens.*

SE **TERRER** [teʀe] verbe pronominal [conjugaison 1a] **1.** (animal) Se cacher dans un terrier, se blottir contre terre. *Le lièvre apeuré se terrera* [tɛʀʀa] *dans son trou.* → se **tapir. 2.** (qqn) Se mettre à l'abri. *Les soldats se sont terrés dans la tranchée. Pendant sa dépression, elle s'est terrée chez elle,* elle ne sortait plus, elle ne voyait personne.

TERRESTRE [tɛʀɛstʀ] adj. (après le nom) **1.** De la planète Terre. *Les montagnes sont les reliefs de l'écorce terrestre. De leur engin spatial, les astronautes admirent le GLOBE TERRESTRE,* la Terre. **2.** Qui vit sur le sol (opposé à aquatique, marin). *Les chevaux sont des ANIMAUX TERRESTRES, les poissons sont des animaux aquatiques. Il étudie la flore terrestre.* **3.** Qui est, qui se déplace sur le sol (opposé à aérien, maritime). *Le chemin de fer est un transport terrestre.*

TERREUR [tɛʀœʀ] n. f. ▪ *LA TERREUR* **1.** Grande peur qui paralyse. → **effroi, épouvante, frayeur.** *Il est muet de terreur.* → **horreur.** *Les araignées inspirent de la terreur à certaines personnes* (→ **terrifier, terroriser**). *On a entendu un cri de terreur. Elle vit dans la terreur d'être agressée. Un énorme chien a SEMÉ LA TERREUR dans le quartier.* **2.** Peur qu'on fait régner dans une population, dans un groupe pour briser sa résistance. *Ce tyran gouverne par la terreur.* **3.** *UNE TERREUR :* être qui inspire une grande peur. *Leur gosse est une terreur. Ce chien est la terreur des voisins. Il aime bien jouer les terreurs,* se faire prendre pour qqn de dangereux.

TERREUX [tɛʀø], **TERREUSE** [tɛʀøz] adj. (après le nom) **1.** Qui est de la nature de la terre. *Ces champignons ont un goût terreux,* ils ont un goût de terre. **2.** Sali de terre. *Ne rentre pas dans la maison avec tes bottes terreuses !* → **boueux. 3.** Terne, blafard. *Quand elle a mal dormi, elle a le teint terreux.*

TERRIBLE [teʀibl] adj. et adverbe
I. adjectif (après le nom, parfois avant le nom) **1.** (avant ou après le nom) Qui inspire de la terreur, qui fait très peur, qui amène ou peut amener de grands malheurs. → **effroyable, épouvantable, horrible.** *L'incendie de Londres, en 1666, fut une terrible catastrophe.* → **tragique.** *Une terrible sécheresse s'est abattue sur le pays. Il y a eu un terrible accident. J'ai fait un cauchemar terrible.* → **affreux, effrayant.** *La nouvelle de sa mort a été un coup terrible pour nous.* **2.** (après le nom) Très pénible, très fort. *Il fait un froid terrible. Lorsque l'avion a explosé, on a entendu un bruit terrible.* **3.** (après le nom) (qqn) Désagréable, pénible. *Les enfants ont été terribles aujourd'hui,* ils ont été turbulents. → **insupportable, intenable.** ⟨contraire : sage⟩ *Tu ne ranges jamais tes affaires, tu es terrible !,* tu es très agaçant. - *Cet homme politique est l'ENFANT TERRIBLE du parti,* il se signale par son comportement, par de l'indépendance, dans le groupe. **4.** (après le nom) Grave, pénible. *C'est terrible, mais je n'ai pas confiance en lui. Il lui est arrivé une chose terrible. C'est terrible de ne pas pouvoir compter sur son père. Ne t'inquiète pas, ce n'est pas si terrible, tout va s'arranger.* **5.** (après le nom) STYLE FAMILIER Extraordinaire, formidable. ⟨contraire : ordinaire⟩ *Ce gosse a un appétit terrible ! J'en ai une terrible envie.* → **grand.** *Le film que nous avons vu n'a rien de terrible.* → **remarquable, sensationnel.** *Ce n'est pas mal, mais ce n'est pas terrible.* → **génial.** *« Alors, comment était la soirée ? – PAS TERRIBLE »,* médiocre.
II. adverbe STYLE FAMILIER De façon formidable, sensationnelle. *« Alors, comment va le boulot ? – Ça marche terrible, en ce moment ! »*

TERRIBLEMENT [teʀibləmɑ̃] adverbe ▪ Extrêmement, énormément. → **très.** *Nous avons eu terriblement peur. J'ai terriblement faim ! Nous sommes terriblement pressés.*

TERRIEN [teʀjɛ̃] adj. et n. m., **TERRIENNE** [teʀjɛn] adj. et n. f. **1.** adjectif (après le nom) Qui possède des terres. *Son père est un propriétaire terrien.* **2.** *UN TERRIEN, UNE TERRIENNE :* un habitant, une habitante de la planète Terre (opposé aux habitants supposés d'une autre planète). *Dans ce roman de science-fiction, les terriens se battent contre les martiens.*

① **TERRIER** [teʀje] n. m. ▪ *UN TERRIER :* abri creusé dans la terre par certains animaux. → **tanière.** *Le renard sort de son terrier.*

② **TERRIER** [teʀje] n. m. ▪ *UN TERRIER :* chien que l'on utilisait autrefois pour la chasse des animaux dans leur terrier. *Leur chien est un terrier. Les terriers sont de bons chiens de garde.*

TERRIFIANT [teʀifjɑ̃], **TERRIFIANTE** [teʀifjɑ̃t] adj. (après le nom) ▪ Qui terrifie, qui fait très peur. → **effrayant, effroyable, terrible.** ⟨contraire : rassurant⟩ *Il a raconté une histoire terrifiante. Nous avons entendu des hurlements terrifiants.*

TERRIFIER [teʀifje] verbe [conjugaison 7a] ▪ Faire extrêmement peur à (qqn), frapper de terreur. → **effrayer, terroriser.** ⟨contraire : rassurer⟩ *Les cris ont terrifié les enfants. Rassurez-vous, cette histoire ne terrifiera* [teʀifiʀa] *personne.*

TERRIL [teʀil] n. m. ▪ *UN TERRIL :* colline formée par les déblais d'une mine. *Dans le nord de la France, on voit des terrils.*

REM. On prononce aussi [teʀi].

TERRINE [teʀin] n. f. ▪ *UNE TERRINE* **1.** Récipient profond en terre cuite et fermé par un couvercle, où l'on fait cuire certaines viandes. *Elle fait cuire un pâté dans une terrine.* **2.** Pâté cuit dans ce récipient. *Cette terrine de lièvre est délicieuse.*

FAUX AMI — allemand **Terrine** « soupe »

TERRITOIRE [teʀitwaʀ] n. m.

I. *LE TERRITOIRE :* étendue de la surface terrestre sur laquelle vit un groupe humain **(→ ② État, nation, pays).** *Nous sommes sur le territoire national français.* → ① **sol.** *L'ennemi a envahi notre territoire. Un avion ennemi a survolé notre TERRITOIRE AÉRIEN.* – *L'AMÉNAGEMENT DU TERRITOIRE :* répartition des activités économiques selon un plan régional. *Ce ministre s'occupe de l'aménagement du territoire.*

II. *UN TERRITOIRE* **1.** Étendue de pays qui a une autonomie mais ne constitue pas un État. *Un territoire a été assigné aux Indiens.* → **réserve. 2.** Terrain, zone de chasse d'un animal sauvage. *Le lion délimite son territoire.*

TERRITORIAL [teʀitɔʀjal], **TERRITORIALE** [teʀitɔʀjal] adj. (après le nom) ▪ Qui dépend du territoire. *Les EAUX TERRITORIALES sont surveillées,* la zone de la mer qui borde un pays et sur laquelle s'exerce sa souveraineté. MASCULIN PLURIEL : *les pouvoirs TERRITORIAUX* [teʀitɔʀjo].

TERROIR [teʀwaʀ] n. m. ▪ *LE TERROIR :* région de province, campagne où l'on a des habitudes, des caractères particuliers. *Ce vieil homme a l'accent du terroir.*

FAUX AMI — portugais **terreiro** « cour »

TERRORISER [teʀɔʀize] verbe [conjugaison 1a] ▪ Paralyser de terreur, faire vivre dans la terreur. → **effrayer, épouvanter, terrifier.** *Son patron le terrorise. Ce chien terrorise tout le quartier. Les enfants sont terrorisés devant leur professeur.*

TERRORISME [teʀɔʀism] n. m. ▪ *LE TERRORISME :* emploi systématique de la violence pour atteindre un but politique. *Les attentats, les détournements d'avions sont des ACTES DE TERRORISME. C'est du terrorisme. Le TERRORISME AVEUGLE a encore frappé,* il y a eu des actes de violence contre des innocents, des civils.

TERRORISTE [teʀɔʀist] adj., n. m. et n. f. **1.** adjectif (après le nom) Du terrorisme. *Il y a eu un grave attentat terroriste dans le métro.* **2.** *UN TERRORISTE, UNE TERRORISTE :* personne qui fait partie d'un groupe dont le moyen d'action est le terrorisme. *Les terroristes ont exécuté les otages.*

TERTIAIRE [tɛʀsjɛʀ] adj. (après le nom) **1.** *L'ÈRE TERTIAIRE :* période géologique qui a succédé à l'ère secondaire, il y a soixante-dix millions d'années. *Les plissements alpins datent de l'ère tertiaire.* **2.** *Le SECTEUR TERTIAIRE* (opposé à secteur primaire, secteur secondaire) : secteur comprenant toutes les activités non directement productrices de biens de consommation. *Les commerces, l'administration, les professions libérales font partie du secteur tertiaire.*

TERTIO [tɛʀsjo] adverbe ▪ Troisièmement. *Primo vous contactez le client par téléphone, secundo vous obtenez un rendez-vous, tertio vous voyez le client et vous concluez l'affaire.*

TESSON [tesɔ̃] n. m. ▪ *UN TESSON :* débris (d'un objet de verre, d'une poterie). *Elle s'est blessé le pied en marchant sur un tesson de bouteille.*

TEST [tɛst] n. m. ▪ *UN TEST* **1.** Examen qui permet de juger l'intelligence, l'aptitude ou le caractère de qqn. *La psychologue a fait passer un test à tous les enfants de la classe.* → **Q. I. 2.** Essai. *La voiture a été soumise a des tests de contrôle.* **3.** Examen de laboratoire, épreuve biologique ou chimique. *Elle pense être enceinte : elle va faire un TEST DE GROSSESSE.*

REM. Voir aussi l'article **alcootest.**

TESTAMENT [tɛstamɑ̃] n. m. **1.** *UN TESTAMENT :* texte par lequel une personne prévoit de donner ses biens après sa mort **(→ héritage).** *As-tu fait un testament ? Il a fait son testament devant notaire. Toute la famille est réunie pour l'ouverture du testament.* **2.** *L'ANCIEN TESTAMENT, LE NOUVEAU TESTAMENT :* nom des deux parties de la Bible, pour les chrétiens. *Les quatre Évangiles et l'Apocalypse sont dans le Nouveau Testament. J'ai relu un passage de l'Ancien Testament.*

TESTER [tɛste] verbe [conjugaison 1a] **1.** Soumettre à un test. *Le psychologue a testé les enfants.* **2.** Essayer, expérimenter. *Les voitures sont testées avant d'être mises en vente.*

TESTICULE [tɛstikyl] n. m. ▪ *UN TESTICULE :* chacune des deux glandes mâles de la reproduction qui produisent les spermatozoïdes et contiennent le sperme. → STYLE TRÈS FAMILIER **couille.** *Les testicules sont situés en arrière du pénis.*

REM. Les glandes femelles correspondantes sont les *ovaires.*

TÉTANOS [tetanos] n. m. ▪ *LE TÉTANOS :* grave maladie infectieuse dans laquelle les muscles se contractent de manière très douloureuse et qui provoque des convulsions. *Il faut se faire vacciner contre le tétanos.*

TÊTARD [tɛtaʀ] n. m. ▪ *UN TÊTARD :* larve de batracien, qui a une grosse tête et un corps effilé. *Les enfants ont pêché des têtards dans la mare.*

TÊTE [tɛt] n. f.

I. (partie du corps) *LA TÊTE* **1.** Extrémité supérieure du corps de l'homme qui porte la bouche et les principaux organes des sens et qui contient le cerveau. *La tête est de forme arrondie et tient au tronc par le cou. Il a une grosse tête. Elle a une tête ronde. Tournez la tête vers la droite.* – *On a tranché la tête du condamné* **(→ décapiter, guillotiner).** *Elle a menti, j'en DONNERAIS MA TÊTE À COUPER,* je l'affirme, j'en suis absolument sûr. – *J'ai mal à la tête.* → STYLE FAMILIER **crâne.** *Il se plaint de douleurs à la tête. J'ai souvent des maux de tête* **(→ migraine).** *Le malade se plaint d'avoir la tête qui tourne,* d'avoir des étourdissements **(→ vertige).** *Ce vin m'a tourné la tête,* il m'a grisé. – *Cet homme est innocent : il peut vivre LA TÊTE HAUTE,* sans honte, sans rien avoir à se reprocher. *L'élève puni est sorti la tête basse,* en étant honteux, malheureux. *Il baisse la tête.* – *Il est TOMBÉ LA TÊTE LA PREMIÈRE :* il est tombé en avant. – *On ne se comprend pas, c'est à SE TAPER LA TÊTE CONTRE LES MURS,* il y a de quoi désespérer. *J'ai trop de travail, je ne SAIS PLUS OÙ DONNER DE LA TÊTE,* je ne sais plus quoi faire, je ne sais plus comment faire. *Arrêtez ce bruit, j'EN AI PAR-DESSUS LA TÊTE :* j'en ai assez, je suis exaspéré. *Elle s'est JETÉE À LA TÊTE D'un beau garçon,* elle a cherché à le séduire, elle lui a fait des avances amoureuses. – *EN TÊTE À TÊTE :* seul avec qqn. → **tête-à-tête. 2.** Partie de la tête où poussent les cheveux. *Il met son chapeau sur sa tête.* → **crâne.** *Elle s'est gratté la tête d'un air embarrassé. Il est sorti tête nue sous la pluie* **(→ nu-tête). 3.** Vie. *J'ai dit la vérité, je te le jure sur la tête de mes enfants. L'accusé a sauvé sa tête* (de la peine capitale). **4.** Le visage, la figure, son expression. → **face ;**

STYLE FAMILIER **gueule.** *Son copain a une tête sympathique. Elle a une bonne tête. Il a une sale tête. Il a une tête qui ne me revient pas :* je ne le trouve pas sympathique. *Dans ce magasin, ils servent À LA TÊTE DU CLIENT,* selon les apparences de la personne. *Le directeur A SES TÊTES,* il montre de la sympathie ou de l'antipathie à ses collaborateurs, sans objectivité. *Qu'est-ce que tu as, tu EN FAIS UNE TÊTE !* tu as une expression bizarre. STYLE FAMILIER *Elle fait une TÊTE DE SIX PIEDS DE LONG,* elle a une expression triste, maussade. *Ne fais pas cette tête d'enterrement ! J'ai une sale tête, ce matin !* j'ai mauvaise mine. - *FAIRE LA TÊTE :* bouder. *Elle a fait la tête toute la journée.* → STYLE FAMILIER **gueule.** **5.** *ÊTRE LA TÊTE DE TURC DE qqn :* être la personne dont qqn se moque sans arrêt, qui subit des injustices constantes. *Il est la tête de Turc du directeur.* → **souffre-douleur.**

II. (animaux) *LA TÊTE* **1.** Partie antérieure du corps des animaux (ou partie supérieure, chez les animaux qui se tiennent debout), qui porte la bouche et les principaux organes des sens. *La tête des éléphants est énorme. La tête de la pieuvre est entourée de tentacules. Le chien a trouvé une tête de poisson sur la plage. Certains oiseaux ont une touffe de plumes sur la tête.* **2.** Cette partie d'un animal, préparée pour être mangée. *Nous avons mangé de la tête de veau.*

III. (forme) *UNE TÊTE* **1.** *UNE TÊTE DE MORT :* représentation, dessin d'un crâne humain, emblème de la mort. *Il y a une tête de mort sur le drapeau des pirates.* **2.** Hauteur d'une tête d'homme. *Il a une tête de plus que sa sœur. - Le cheval a gagné la course d'une tête,* il a dépassé le suivant de la longueur de sa tête. **3.** Coup de tête dans la balle, au football. *Le joueur a fait une tête.* **4.** *PIQUER UNE TÊTE :* plonger. *Allez, on pique une tête ?* **5.** Animal d'un troupeau. *Cet éleveur a trois cents têtes de bétail.* **6.** *UNE TÊTE D'AIL :* le bulbe de l'ail. *Épluchez une tête d'ail et prenez les gousses.*

IV. (esprit) *LA TÊTE* **1.** Le siège de la pensée, chez l'homme. → **cerveau, cervelle, esprit.** *Tu n'as rien dans la tête ! J'ai la tête vide :* je ne peux plus réfléchir. *Il est très TÊTE EN L'AIR :* il est très distrait. *Son père est une grosse tête,* il est très intelligent. - STYLE FAMILIER *Elle a PRIS LA GROSSE TÊTE :* elle est devenue prétentieuse à cause de son succès. - *Je suis sûr qu'il A UNE IDÉE DERRIÈRE LA TÊTE,* qu'il a une intention cachée, qu'il pense à qqch. de précis. - *Je ne viendrai pas : mets-toi bien ça dans la tête :* sois bien certain que je ne viendrai pas. *Elle s'est MIS EN TÊTE D'acheter une maison :* elle a fermement décidé d'acheter une maison. - *Je connais cet homme mais je n'ai plus son nom EN TÊTE,* j'ai oublié son nom. - *Il n'a pas de tête :* il oublie tout, il est très distrait. *C'est une femme DE TÊTE,* une femme intelligente, énergique et efficace. - *Calculer DE TÊTE,* mentalement, sans écrire. *J'ai fait l'addition de tête.* **2.** Le siège des états psychologiques. *Après l'accident, il a gardé la TÊTE FROIDE,* il est resté calme et réfléchi (→ **sang-froid**). *Sa femme a PERDU LA TÊTE,* elle s'est affolée. → STYLE FAMILIER **boule, boussole.** - *Tu N'AS PAS LA TÊTE À CE QUE TU FAIS :* tu n'es pas attentif, tu manques de concentration. *Je n'ai pas écouté ce que tu as dis, j'AVAIS LA TÊTE AILLEURS,* je pensais à autre chose. *Ce gosse N'EN FAIT QU'À SA TÊTE,* il fait ce qui lui plaît. - *TENIR TÊTE à qqn,* s'opposer à son opinion, sa décision. *Il tient tête à ses parents par de bons arguments.* - *Il a agi SUR UN COUP DE TÊTE :* il a agi rapidement et sans réfléchir. - *Elle est âgée mais elle A TOUTE SA TÊTE,* elle a toute sa raison. *Ce vieux monsieur n'a plus toute sa tête,* il est un peu fou, un peu gâteux. - *Quelle tête de mule !* se dit d'une personne têtue.

V. (personne) *UNE TÊTE* **1.** (désignant une personne) *Le colonel ne supporte pas les FORTES TÊTES,* ceux qui résistent, qui font ce qu'ils veulent. - *Salut petite tête !* [ptittɛt]. - *C'est une tête !* une personne intelligente. **2.** *PAR TÊTE :* par personne. → **personne.** *Cela fait cent francs par tête.* STYLE FAMILIER *Cela fait cent francs PAR TÊTE DE PIPE.* **3.** Personne qui dirige. *Il est la tête de l'entreprise.*

VI. (l'essentiel) *LA TÊTE* **1.** Partie supérieure et arrondie (d'une chose). *On tape avec le marteau sur la tête du clou. Il s'est cassé la tête du fémur.* **2.** Partie supérieure (d'une chose). *Il faut couper la tête de cet arbre.* → **cime.** **3.** *Une TÊTE DE LECTURE :* dispositif qui permet de voir, d'entendre un enregistrement sur bande. *Les têtes de lecture de mon magnétoscope sont sales.* **4.** Partie avant (d'une chose qui se déplace). *Notre wagon est EN TÊTE DE train.* ⟨contraire : queue⟩ *Cette fusée est équipée d'une TÊTE CHERCHEUSE,* d'un dispositif qui lui permet de modifier sa trajectoire vers l'objectif. **5.** Première partie (de ce qui se présente dans un ordre). *Ma station de métro est EN TÊTE DE LIGNE,* elle est le point de départ de la ligne. ⟨contraire : terminus⟩ *Mon nom commençant par un A, je suis toujours EN TÊTE DE LISTE,* dans les premiers d'une liste alphabétique. ⟨contraire : fin⟩ *Cet acteur est EN TÊTE D'AFFICHE,* il apparaît visiblement et en premier sur l'affiche. **6.** Place de ce qui est à l'avant. *Le coureur italien est PASSÉ EN TÊTE !* il a dépassé les autres coureurs. *Les jeunes mariés ont PRIS LA TÊTE DU cortège.* **7.** Première place dans un classement, dans une compétition. *L'équipe allemande EST EN TÊTE. Son fils est À LA TÊTE DE sa classe,* il est le meilleur élève. **8.** Place de la personne qui dirige. *Elle est À LA TÊTE DE l'entreprise. Il a PRIS LA TÊTE DE la révolte* (→ **leader, meneur**). *Il a pris la tête. - Depuis la mort de son oncle, il se trouve à la tête d'une fortune colossale,* il possède une fortune colossale.

FAUX AMI
portugais **testa** «front»

TÊTE-À-QUEUE [tɛtakø] n. m. invariable ▪ *UN TÊTE-À-QUEUE :* brusque changement de direction d'un véhicule qui se retrouve en sens inverse. *La voiture a fait un tête-à-queue sur le verglas.* PLURIEL : *des tête-à-queue.*

TÊTE-À-TÊTE [tɛtatɛt] n. m. invariable ▪ *UN TÊTE-À-TÊTE :* situation de deux personnes qui se trouvent seules ensemble. *Elle a eu un tête-à-tête avec le directeur* (→ **aparté**). PLURIEL : *ils ont eu plusieurs tête-à-tête. - Ils se sont vus EN TÊTE-À-TÊTE,* seul à seul.
REM. *En tête à tête* s'écrit aussi sans trait d'union.

TÊTE-BÊCHE [tɛtbɛʃ] adverbe ▪ Dans la position de deux personnes allongées dont l'une a la tête du côté des pieds de l'autre. *Les enfants ont dormi tête-bêche dans le même lit.*

TÉTÉE [tete] n. f. ▪ *UNE TÉTÉE :* repas d'un nourrisson qui tète. *Le bébé prend six tétées par jour. - C'est l'heure de la tétée !*

TÉTER [tete] verbe [conjugaison 6a] **1.** Sucer (le sein, la mamelle, une tétine) pour boire le lait. *Le veau tète le pis de la vache. - Le bébé tète sa mère. - Il a fini de téter.* **2.** STYLE FAMILIER Sucer. *J'espère qu'à six ans mon fils ne tétera plus son pouce !*

TÉTINE [tetin] n. f. ▪ *UNE TÉTINE* **1.** Embouchure de caoutchouc percée de trous et ajustée à un biberon, que tète le nourrisson. *On stérilise les tétines avant de les utiliser.* **2.** Petit objet destiné à être sucé, que l'on donne au bébé pour le calmer. *Il pleure, il a encore perdu sa tétine !* → **sucette.**

TÉTON [tetɔ̃] n. m. ▪ STYLE FAMILIER *UN TÉTON :* sein (de la femme). → STYLE FAMILIER **nichon ; poitrine.** *Elle a de jolis tétons.*

TÊTU [tety], **TÊTUE** [tety] adj. (après le nom) ▪ Qui refuse de changer d'avis, de changer d'idée. → **buté, entêté, obstiné.** *Elle est très têtue. Il est têtu comme une mule.*

TEXTE [tɛkst] n. m. ▪ *UN TEXTE* **1.** Suite de mots, de phrases qui constitue un écrit. *J'ai écrit un texte de chanson. Il lit un texte. Il a deux textes à traduire. Est-ce un texte imprimé ou un texte manuscrit ? Le comédien apprend son texte,* son rôle. - *Elle LIT Platon DANS LE TEXTE,* dans l'original grec. **2.** *Un CAHIER DE*

TEXTES : cahier dans lequel l'élève note les devoirs à faire. *Notez dans votre cahier de textes les devoirs pour vendredi prochain.* **3.** Fragment d'une œuvre. → **morceau.** *Ce livre est un recueil de textes choisis* (→ **anthologie).**

TEXTILE [tɛkstil] adj. et n. m.
I. adjectif (après le nom) **1.** *Les MATIÈRES TEXTILES* : matières qui servent à faire les tissus. *Le coton et la laine sont des matières textiles. Le nylon est une matière textile synthétique.* **2.** Qui concerne la fabrication des tissus. *Il travaille dans l'industrie textile.*
II. 1. *UN TEXTILE* : matière textile. *Il existe des textiles naturels et des textiles synthétiques.* **2.** *LE TEXTILE* : l'industrie textile. *Il travaille dans le textile. Il y a une crise économique dans le textile.*

TEXTO [tɛksto] adverbe ▪ STYLE FAMILIER Textuellement, mot pour mot. *Je te répète texto ce qu'il m'a dit.*

TEXTUEL [tɛkstɥɛl], **TEXTUELLE** [tɛkstɥɛl] adj. (après le nom) ▪ Conforme au texte. *C'est une traduction textuelle.* - STYLE FAMILIER *Il m'a dit ça, c'est textuel,* ce sont ses paroles mot pour mot.

TEXTUELLEMENT [tɛkstɥɛlmɑ̃] adverbe ▪ En respectant très exactement les termes d'un texte, les paroles de qqn. *Il m'a dit textuellement « Ce type est un escroc ».*

T. G. V. [teʒeve] n. m. invariable ▪ *LE T. G. V.* : train à grande vitesse. *Nous sommes venus par le T. G. V. Il est conducteur de T. G. V.* (→ **tégéviste).** PLURIEL : *des T. G. V.*
REM. *T. G. V.* est le sigle de *Train à Grande Vitesse.*

THAÏ [taj] n. m. et adj., **THAÏE** [taj] n. f. et adj. **1.** *LE THAÏ* : ensemble de langues d'Asie du Sud-Est, parlées par les Laotiens, les Thaïlandais et les populations de la Birmanie et du sud de la Chine. *Elle parle le thaï.* **2.** *UN THAÏ, UNE THAÏE* : une personne qui parle le thaï. *Les Thaïs.* **3.** adjectif (après le nom) Qui concerne le thaï. *Il y a de nombreuses langues thaïes.*

THAÏLANDE [tajlɑ̃d] nom propre féminin ▪ *LA THAÏLANDE* : pays de l'Asie du Sud-Est. *En ce moment, ils voyagent en Thaïlande. Ils nous ont écrit de Thaïlande.*

THALASSOTHÉRAPIE [talasoteʀapi] n. f. ▪ *LA THALASSOTHÉRAPIE* : soins utilisant l'eau de mer, le climat marin. *Il a passé une semaine dans un centre de thalassothérapie, en Bretagne.*

THÉ [te] n. m. ▪ *LE THÉ* **1.** Feuilles séchées d'un petit arbre d'Asie, qui servent à faire une boisson. *L'Inde, le Sri Lanka et la Chine sont de grands producteurs de thé. J'ai acheté du thé de Chine et du thé de Ceylan.* **2.** Boisson obtenue en faisant infuser du thé dans de l'eau bouillante. *Le matin, je bois du thé ou du café. Je vais faire du thé à la menthe. Voulez-vous une tasse de thé ? - J'ai cassé une tasse à thé. Nous avons PRIS LE THÉ ensemble. Ils ont rendez-vous dans un SALON DE THÉ,* une pâtisserie où l'on peut s'asseoir pour consommer.

FAUX AMI
allemand **Tee** « tisane »

THÉÂTRAL [teɑtʀal], **THÉÂTRALE** [teɑtʀal] adj. (après le nom) **1.** Qui appartient au théâtre, qui concerne le théâtre. *Nous avons assisté à une représentation théâtrale,* à la représentation d'une pièce de théâtre. *Il est l'auteur d'une importante œuvre théâtrale.* → **dramatique.** MASCULIN PLURIEL : *THÉÂTRAUX* [teɑtʀo]. **2.** Qui a le côté artificiel et excessif du théâtre. *Elle a eu un geste théâtral.*

THÉÂTRE [teɑtʀ] n. m. ▪ *LE THÉÂTRE* **1.** Art qui consiste à jouer une histoire devant des spectateurs. *Les comédies et les tragédies sont des PIÈCES DE THÉÂTRE,* des textes littéraires se présentant sous forme de dialogues entre des personnages. *Il FAIT DU THÉÂTRE* : il est comédien. **2.** *Son arrivée inattendue a été un vrai COUP DE THÉÂTRE,* un changement brusque et inattendu qui a tout bouleversé, comme dans une pièce de théâtre. **3.** *UN THÉÂTRE* : bâtiment dans lequel ont lieu des spectacles de théâtre. *Il y a deux théâtres dans notre ville. Ce soir, nous allons au théâtre,* nous allons voir jouer une pièce de théâtre dans une salle de spectacle. **4.** Ensemble d'œuvres écrites pour le théâtre. *J'aime beaucoup le théâtre de Shakespeare,* les œuvres dramatiques écrites par Shakespeare. *Est-ce que vous aimez le THÉÂTRE DE BOULEVARD ?* les pièces comiques assez populaires. **5.** *LE THÉÂTRE DE* (un événement) : lieu où se passe un événement. *La ville a été le théâtre d'une célèbre bataille.*

THÉIÈRE [tejɛʀ] n. f. ▪ *UNE THÉIÈRE* : récipient dans lequel on fait infuser le thé. *Il apporte le thé dans une théière en argent.*

THÈME [tɛm] n. m. ▪ *LE THÈME* **1.** Idée sur laquelle on réfléchit, que l'on développe. → ③ **sujet.** *Nous avons participé à un débat sur le thème de la paix. Quel est le thème du film ?* **2.** *UN THÈME* : exercice qui consiste à faire la traduction d'un texte de sa langue maternelle dans une langue étrangère (opposé à version). *J'ai un thème à faire pour demain. Il est bon en thème latin* : il sait bien traduire en latin un texte écrit dans sa langue. **3.** Suite de notes de musique qui fait l'objet de variations dans une mélodie. *Le thème est répété plusieurs fois.* **4.** *Le THÈME ASTRAL* : l'état du ciel au moment de la naissance de qqn, qui permet d'établir son horoscope. *Il a fait faire son thème astral par un astrologue.*

FAUX AMI
italien **tema** ne se dit pas pour le sens 2.

THÉOLOGIE [teɔlɔʒi] n. f. ▪ *LA THÉOLOGIE* : étude de la religion. *Les prêtres font des études de théologie.*

THÉOLOGIEN [teɔlɔʒjɛ̃] n. m., **THÉOLOGIENNE** [teɔlɔʒjɛn] n. f. ▪ *UN THÉOLOGIEN, UNE THÉOLOGIENNE* : spécialiste de théologie. *Elle a lu un livre écrit par un théologien.*

THÉORÈME [teɔʀɛm] n. m. ▪ *UN THÉORÈME* : règle, proposition que l'on peut démontrer. *Le professeur de mathématiques explique aux élèves le théorème de Pythagore. Essayez de faire la démonstration de ce théorème.*

THÉORICIEN [teɔʀisjɛ̃] n. m., **THÉORICIENNE** [teɔʀisjɛn] n. f. ▪ *UN THÉORICIEN, UNE THÉORICIENNE* : personne qui élabore une théorie et se préoccupe plus de la connaissance que de la pratique. *C'est un excellent théoricien.*

THÉORIE [teɔʀi] n. f. **1.** *UNE THÉORIE* : ensemble d'idées qui expliquent qqch. *Un savant a bâti une nouvelle théorie de l'origine du monde.* → **conception, doctrine, système, thèse.** *Einstein a élaboré la théorie de la relativité.* → **hypothèse. 2.** *LA THÉORIE* : manière abstraite de voir les choses. ⟨contraire : ① pratique⟩ *EN THÉORIE, cette idée est bonne mais elle est difficile à appliquer.* → **principe.** *C'est de la théorie, ça marche sur le papier !* → **abstraction.**

THÉORIQUE [teɔʀik] adj. (après le nom) ▪ Qui consiste en connaissance abstraite, en théories. *L'enseignement de la chimie comprend des cours théoriques et des travaux pratiques.* ⟨contraire : expérimental⟩

THÉORIQUEMENT [teɔʀikmɑ̃] adverbe ▪ En théorie, d'une manière abstraite, sans tenir compte de la réalité. *Théoriquement, l'avion aurait dû arriver à neuf heures, mais en fait il a eu deux heures de retard,* en principe. → **normalement,** en **principe.** ⟨contraire : pratiquement⟩

THÉRAPEUTIQUE [teʀapøtik] adj. (après le nom) ▪ Qui soigne, qui permet de guérir. *Les médicaments ont une action thérapeutique.*

THÉRAPIE [teʀapi] n. f. ▪ *UNE THÉRAPIE :* façon de traiter une maladie. *Les médecins essaient une nouvelle thérapie dans le traitement du cancer du sein.*

THERMAL [tɛʀmal], **THERMALE** [tɛʀmal] adj. (après le nom) **1.** *Une EAU THERMALE :* eau qui a une température élevée à la source et qui sert à soigner certaines maladies. *Elle fait une cure d'eau thermale.* **2.** (lieu) Où l'on utilise les eaux thermales. *Évian et La Bourboule sont des STATIONS THERMALES,* des villes où l'on fait des cures d'eau thermale. MASCULIN PLURIEL : *des établissements THERMAUX* [tɛʀmo].

THERMIQUE [tɛʀmik] adj. (après le nom) ▪ Qui concerne la chaleur. *Une machine à vapeur utilise l'énergie thermique,* la production de chaleur. *Il faut faire l'isolation thermique de la maison,* protéger la maison contre la chaleur et le froid. – *Il y a une CENTRALE THERMIQUE à la sortie de la ville,* une centrale qui produit de l'électricité à partir de la chaleur.

THERMOMÈTRE [tɛʀmɔmɛtʀ] n. m. ▪ *UN THERMOMÈTRE :* instrument qui sert à mesurer la température. *Il gèle, le thermomètre indique moins deux degrés. Je cherche le thermomètre pour prendre ma température.*

THERMONUCLÉAIRE [tɛʀmonykleɛʀ] adj. (après le nom) ▪ *Une BOMBE THERMONUCLÉAIRE :* bombe atomique à hydrogène, très puissante. *Une bombe thermonucléaire a explosé.*

REM. *Bombe H* est l'autre nom de la bombe thermonucléaire.

THERMOS [tɛʀmos] n. m. ou n. f. (marque déposée) ▪ *UN THERMOS* ou *UNE THERMOS :* récipient qui permet de garder un liquide à la même température pendant quelques heures. *Elle a mis du thé chaud dans une thermos. J'ai apporté des thermos de café.*

REM. On dit aussi *une bouteille thermos.*

THERMOSTAT [tɛʀmɔsta] n. m. ▪ *UN THERMOSTAT :* appareil qui permet de maintenir constamment la même température. *Le thermostat de la chaudière est réglé sur vingt degrés. Mon fer à repasser a un thermostat.*

THÉSARD [tezaʀ] n. m., **THÉSARDE** [tezaʀd] n. f. ▪ STYLE FAMILIER *UN THÉSARD, UNE THÉSARDE :* personne qui prépare une thèse de doctorat. *Les thésards sont dirigés par leur directeur de thèse.*

THÉSAURISER [tezɔʀize] verbe [conjugaison 1a] ▪ STYLE RECHERCHÉ Amasser de l'argent pour le conserver comme un trésor. → **économiser, épargner.** *Il n'achète jamais rien de cher, il thésaurise.* ⟨contraire : dépenser⟩

THÈSE [tɛz] n. f. ▪ *UNE THÈSE* **1.** Opinion, théorie que l'on pense vraie et que l'on défend. *Je ne suis pas d'accord avec votre thèse. Le commissaire retient la thèse de l'accident.* **2.** Travail de recherche présenté pour obtenir un doctorat. *Il doit soutenir sa thèse dans un mois. Voulez-vous assister à ma SOUTENANCE DE THÈSE ?*

THON [tɔ̃] n. m. ▪ *UN THON :* grand poisson de mer, à chair ferme. *On pêche le thon en haute mer. Le cuisinier ajoute du thon à l'huile dans la salade.*

REM. *Ton* «à toi» et *ton* «intonation» se prononcent de la même façon.

THONIER [tɔnje] n. m. ▪ *UN THONIER :* bateau pour la pêche au thon. *Les pêcheurs sont partis sur un thonier.*

THORACIQUE [tɔʀasik] adj. (après le nom) ▪ Qui appartient au thorax, qui concerne le thorax. *Quand on inspire, on gonfle la CAGE THORACIQUE,* le thorax.

THORAX [tɔʀaks] n. m. ▪ *LE THORAX* **1.** Partie du corps humain située entre le cou et l'abdomen, qui contient le cœur et les poumons. → **poitrine, torse.** *Il a le thorax très poilu. La malade se plaint de douleurs au thorax.* **2.** Partie du corps des insectes qui porte les pattes. *Le thorax se compose de trois parties.*

THUNE [tyn] n. f. ▪ STYLE FAMILIER *LA THUNE :* l'argent. *Est-ce que tu as de la thune sur toi ? Je n'ai plus une thune :* je n'ai plus d'argent. → **sou.** – *Il est plein de thunes :* il est riche.

THUYA [tyja] n. m. ▪ *UN THUYA :* arbre de la famille des conifères, qui ressemble au cyprès. *Une haie de thuyas sépare les deux jardins.*

THYM [tɛ̃] n. m. ▪ *LE THYM :* plante à odeur forte et agréable, que l'on utilise en cuisine comme aromate. *Le cuisinier met du thym et du laurier dans la ratatouille.*

THYROÏDE [tiʀɔid] n. f. ▪ *LA THYROÏDE :* glande située dans le cou, qui joue un rôle important dans la croissance. *On l'a opéré d'une tumeur de la thyroïde.*

REM. On dit aussi *la glande thyroïde* [glɑ̃dtiʀɔid].

TIARE [tjaʀ] n. f. ▪ *LA TIARE :* coiffure composée de trois couronnes que portait le pape en certaines occasions. *Le pape avait mis sa tiare.*

TIBÉTAIN [tibetɛ̃] adj. et n. m., **TIBÉTAINE** [tibetɛn] adj. et n. f. **1.** adjectif (après le nom) Du Tibet. *Il a passé quelques mois dans un monastère tibétain.* **2.** *UN TIBÉTAIN, UNE TIBÉTAINE :* une personne qui habite le Tibet. *Les Tibétains.*

TIBIA [tibja] n. m. ▪ *LE TIBIA :* os du devant de la jambe. *Le tibia est le plus gros des deux os de la jambe. Elle a une fracture du tibia.*

TIBRE [tibʀ] nom propre masculin – en italien **TEVERE** ▪ *LE TIBRE :* fleuve d'Italie. *Le Tibre arrose Rome.*

TIC [tik] n. m. ▪ *UN TIC* **1.** Geste automatique, mouvement que l'on répète sans le faire exprès. *Elle cligne sans arrêt des yeux, c'est un tic nerveux. Son frère est bourré de tics.* **2.** Geste, attitude que l'on fait souvent et que la répétition rend ridicule. *Il a LE TIC DE toucher sa cravate.* → **manie.**

REM. *Tique* «parasite» se prononce de la même façon.

TICKET [tikɛ] n. m. ▪ *UN TICKET* **1.** Petit morceau de papier ou de carton, généralement rectangulaire, qui prouve que l'on a payé et qui donne le droit d'entrer dans un lieu. → **billet.** *Elle a acheté un carnet de tickets de métro.* **2.** STYLE FAMILIER *AVOIR UN TICKET avec qqn,* lui plaire. *J'ai l'impression que j'ai un ticket avec le voisin du dessous.*

TIC-TAC [tiktak] n. m. invariable ▪ *UN TIC-TAC :* bruit sec et répété que fait le mécanisme d'une horloge, d'un réveil ou d'une montre. *Le tic-tac du réveil m'empêche de dormir.* PLURIEL : *des tic-tac.*

TIE-BREAK [tajbʀɛk] n. m. ▪ *UN TIE-BREAK :* au tennis, jeu écourté qui se joue quand les deux joueurs sont à égalité, à six jeux partout. *Ils ont dû faire un tie-break.* PLURIEL : *des TIE-BREAKS.*

REM. Ce mot est anglais. On recommande, en France, d'employer l'expression *jeu décisif.*

TIÉDASSE [tjedas] adj. (après le nom) ▪ D'une tiédeur désagréable. *Je ne veux pas de ce café tiédasse.*

TIÈDE [tjɛd] adj. (après le nom) **1.** Qui n'est ni chaud ni froid. *Elle se brosse les dents à l'eau tiède.* ⟨contraires : brûlant, ① frais, glacé⟩ *Il faut faire réchauffer la soupe, elle est tiède,* elle n'est pas assez chaude. → **tiédasse.** *Il fait une température tiède très agréable.* → **doux.** **2.** Qui manque d'enthousiasme. *Ces militants sont trop tièdes.* ⟨contraire : fervent⟩

TIÉDEUR [tjedœʀ] n. f. ■ *LA TIÉDEUR* **1.** Température de ce qui est tiède. *La tiédeur des soirées de printemps est agréable.* → **douceur.** ⟨contraire : fraîcheur⟩ **2.** Manque d'enthousiasme, de passion. *Ils nous ont accueillis avec tiédeur.*

TIÉDIR [tjediʀ] verbe [conjugaison 2] ■ Devenir tiède. *Il laisse tiédir son café avant de le boire. J'attends que l'eau tiédisse pour entrer dans la baignoire,* qu'elle refroidisse.

TIEN [tjɛ̃] adj., pronom et n. m., **TIENNE** [tjɛn] adj., pronom et n. f.
I. adjectif possessif (avant le nom ou après le nom) STYLE RECHERCHÉ À toi. *Ces bagues sont tiennes :* ce sont tes bagues. *C'est un tien cousin :* c'est un cousin à toi.
II. pronom possessif de la deuxième personne du singulier *LE TIEN, LA TIENNE :* la chose, la personne qui est liée à toi. *Ce sont mes affaires, occupe-toi des tiennes,* de ce qui te concerne. - STYLE FAMILIER *À la tienne !* à ta santé, à votre santé ! → **santé.**
III. nom **1.** *DU TIEN :* de ta personne. *Il faut que tu y mettes du tiens si nous voulons réussir,* il faut que tu fasses des efforts. **2.** *DES TIENNES :* des bêtises. *Tu as encore fait des tiennes !* **3.** *LES TIENS :* tes parents, tes amis. *Tu ne penses qu'à toi et aux tiens.*
REM. Voyez l'encadré des adjectifs et pronoms **possessifs.**

tiendra [tjɛ̃dʀa] *Il tiendra, elle tiendra :* forme au futur du verbe **tenir.**

tiens [tjɛ̃] *Je tiens, tu tiens :* forme au présent du verbe **tenir.**

TIENS ! [tjɛ̃] interjection ■ Marque l'étonnement, pour un fait peu important. → **tenir.** *Tiens ! vous êtes encore là ? Tiens ! voilà ton copain. Tiens ! je croyais qu'il restait du vin ! TIENS, TIENS !* pas possible ! *Tiens, tiens ! je ne pensais pas qu'il reviendrait.*

tierce adj. → **tiers**

TIERCÉ [tjɛʀse] n. m. ■ *LE TIERCÉ :* pari où l'on doit dire quels sont les trois chevaux qui vont gagner une course. *Il joue au tiercé toutes les semaines.* → **course.**

TIERS [tjɛʀ] adj. et n. m., **TIERCE** [tjɛʀs] adj.
I. adjectif (avant le nom) **1.** *Une TIERCE PERSONNE :* une troisième personne. *Une tierce personne a confirmé le témoignage des deux voisins. - Je vais demander à une tierce personne de donner son avis,* à une personne extérieure au groupe, à une personne qui n'est pas concernée par cette affaire. **2.** *LE TIERS ÉTAT* [lətjɛʀzeta] : classe sociale, en France, sous l'Ancien Régime, qui comprenait les personnes qui n'étaient pas nobles et qui n'étaient pas membres du clergé. *Les paysans faisaient partie du tiers état.*
II. *UN TIERS* **1.** Troisième personne. *Le mari et la femme se sont disputés devant un tiers. - J'ai appris la nouvelle par un tiers,* par une personne étrangère à notre groupe, une personne extérieure à cette affaire. **2.** Partie d'un tout divisé en trois parts égales. *Trois est le tiers de neuf. Il reste les deux tiers du gâteau.*

TIERS-MONDE [tjɛʀmɔ̃d] n. m. ■ *LE TIERS-MONDE :* ensemble des pays les plus pauvres du monde, situés en Afrique, en Asie et en Amérique du Sud. *Les pays du tiers-monde sont en voie de développement.*

TIF [tif] n. m. ■ STYLE FAMILIER *UN TIF :* un cheveu. *Elle s'est fait couper les tifs.*

TIGE [tiʒ] n. f. **1.** *LA TIGE :* partie allongée d'une plante, qui commence au-dessus de la racine et qui porte les feuilles. *Les tulipes ont une longue tige.* → **queue. 2.** *UNE TIGE :* objet long et mince. *Les baleines de parapluie sont des tiges de métal.*

TIGNASSE [tiɲas] n. f. ■ STYLE FAMILIER *LA TIGNASSE :* chevelure touffue et mal coiffée. *Elle a une abondante tignasse rousse. Il a attrapé son adversaire par la tignasse.* → **cheveu.**

TIGRE [tigʀ] n. m., **TIGRESSE** [tigʀɛs] n. f. ■ *UN TIGRE, UNE TIGRESSE :* animal d'Asie au pelage jaune-roux rayé de noir. *Le tigre est le plus grand des félins. - Il est jaloux comme un tigre :* il est très jaloux. *Sa femme est une tigresse,* une femme très jalouse.

TIGRÉ [tigʀe],**TIGRÉE** [tigʀe] adj. (après le nom) ■ (animal) Dont la fourrure est marquée de bandes foncées. → **rayé, zébré.** *Nos voisins ont une belle chatte tigrée.*

TILLEUL [tijœl] n. m. ■ *UN TILLEUL* **1.** Grand arbre à tête ronde dont les fleurs blanches ou jaune pâle sentent très fort. *Une allée de tilleuls mène au château.* **2.** Infusion faite avec les fleurs séchées de cet arbre. *J'ai bu un tilleul avant de me coucher.*

TILT [tilt] n. m. ■ *FAIRE TILT :* faire comprendre tout d'un coup, subitement. *Je me suis rappelé ce qu'il m'avait dit et ça a fait tilt,* j'ai compris à ce moment-là.

① **TIMBALE** [tɛ̃bal] n. f. ■ *UNE TIMBALE :* instrument de musique à percussion, qui ressemble à un tambour dont la caisse est arrondie. *Les timbales font partie de la batterie.*

② **TIMBALE** [tɛ̃bal] n. f. ■ *UNE TIMBALE :* gobelet de métal. *Son parrain lui a offert une timbale en argent pour son baptême.*

① **TIMBRE** [tɛ̃bʀ] n. m. ■ *LE TIMBRE* **1.** Son particulier d'une voix, d'un instrument de musique. *La contrebasse a un timbre grave.* → **sonorité.** *Il a un beau timbre de voix.* **2.** Sonnette. *Le cycliste actionne le timbre de sa bicyclette.*

FAUX AMIS
italien **timbro** « tampon » ; espagnol **timbre** ne s'emploie pas au sens 1.

② **TIMBRE** [tɛ̃bʀ] n. m. ■ *UN TIMBRE* **1.** Petite vignette autocollante ou au dos enduit de colle, qui sert à payer l'envoi du courrier par la poste. → **timbre-poste.** *N'oublie pas de mettre un timbre sur l'enveloppe. Il faut un timbre à six francs pour cette lettre* **(→ ② affranchir).** *Mon fils fait collection de timbres* **(→ philatélie). 2.** Petite vignette que l'on colle sur un acte, un document pour attester le paiement d'une taxe, d'un droit. *Un timbre fiscal est collé dans mon passeport.* **3.** Marque imprimée par un tampon. → **cachet.** *Une carte d'identité porte le timbre de la préfecture de police.*

① **TIMBRÉ** [tɛ̃bʀe], **TIMBRÉE** [tɛ̃bʀe] adj. (après le nom) **1.** *Une VOIX bien TIMBRÉE,* qui a un beau timbre, qui est agréable à entendre. *Il a une voix bien timbrée.* **2.** STYLE FAMILIER Fou. → STYLE FAMILIER **cinglé.** *Elle est un peu timbrée. T'es complètement timbré d'avoir fait ça !* → STYLE FAMILIER **malade.**

② **TIMBRÉ** [tɛ̃bʀe], **TIMBRÉE** [tɛ̃bʀe] adj. (après le nom) ■ Qui porte un timbre. *Joignez une enveloppe timbrée pour la réponse,* une enveloppe sur laquelle il y a un timbre-poste **(→ ② affranchir).** *Cette demande est à faire sur PAPIER TIMBRÉ,* sur un papier officiel qui porte un timbre fiscal.

TIMBRE-POSTE [tɛ̃bʀəpɔst] n. m. ■ *UN TIMBRE-POSTE :* timbre qui sert à payer un envoi fait par la poste. → **② timbre** (1.). *Colle un timbre-poste sur l'enveloppe.* PLURIEL : *des TIMBRES-POSTE.*

TIMBRER [tɛ̃bʀe] verbe [conjugaison 1a] ■ Coller un timbre sur (une enveloppe, un colis). → **② affranchir.** *Timbre ta lettre avant de la poster.*

TIMIDE [timid] adj. (après le nom) ■ Qui manque de confiance en soi, qui n'ose pas s'exprimer. *C'est un enfant timide.* ⟨contraires : audacieux, hardi⟩ *Ne sois pas timide, dis ce que tu penses !* → **inhibé, timoré.** - *Il a répondu d'une voix timide.* ⟨contraire : ① assuré⟩

TIMIDEMENT [timidmɑ̃] adverbe ▪ D'une manière timide. *Il a demandé timidement s'il pouvait sortir.*

TIMIDITÉ [timidite] n. f. ▪ *LA TIMIDITÉ :* caractère d'une personne timide, manque de confiance en soi et d'aisance avec les autres. *Il n'a pas osé intervenir dans la conversation, par timidité. Essaie de surmonter ta timidité.* ⟨contraires : aplomb, audace, hardiesse⟩

TIMONIER [timɔnje] n. m. ▪ *UN TIMONIER :* homme qui tient le gouvernail d'un bateau. *Le timonier garde le cap.*

TIMORÉ [timɔʀe], **TIMORÉE** [timɔʀe] adj. (après le nom) ▪ Qui est attaché à ses habitudes et qui a peur du changement et de l'imprévu, qui ne veut pas prendre de risques. → **craintif, pusillanime, timide.** ⟨contraires : audacieux, courageux, entreprenant, hardi, téméraire⟩ *C'est un garçon timoré. Ne sois pas si timoré !*

TINTAMARRE [tɛ̃tamaʀ] n. m. ▪ *LE TINTAMARRE :* ensemble de bruits désagréables. → **vacarme.** *On entend le tintamarre des klaxons dans la rue. Qu'est-ce que c'est que ce tintamarre ?* ⟨contraire : calme⟩ *Arrêtez de faire du tintamarre !* → **tapage, tumulte.**

TINTEMENT [tɛ̃tmɑ̃] n. m. ▪ *UN TINTEMENT :* bruit (de quelque chose qui tinte). *On entend un tintement de cloche.*

TINTER [tɛ̃te] verbe [conjugaison 1a] ▪ Produire des sons clairs et aigus. *Les clés tintent dans sa poche.*

TINTIN [tɛ̃tɛ̃] n. m. ▪ STYLE FAMILIER *FAIRE TINTIN :* être privé de qqch. *Pour ce qui est de l'héritage, ils peuvent faire tintin !* ils n'auront pas l'héritage. *Tu peux te faire tintin !* tu n'auras rien !

TIQUE [tik] n. f. ▪ *UNE TIQUE :* insecte parasite de certains animaux (chien, bœuf, mouton). *Mon chien a des tiques. Les tiques sucent le sang.*

FAUX AMI — portugais **tique** « tic »

REM. *Tic* « manie » se prononce de la même façon.

TIQUER [tike] verbe [conjugaison 1a] ▪ Manifester son mécontentement, sa désapprobation, sa déception, par un mouvement involontaire ou par une attitude. *Ce que je lui ai dit l'a fait tiquer. Il a TIQUÉ SUR le prix de la location.*

TIR [tiʀ] n. m. ▪ *LE TIR* **1.** Le fait de tirer avec une arme. *Il est champion de TIR À L'ARC. Les policiers font des exercices de tir.* **2.** Lancement (d'une fusée, d'un engin). *Le tir de la fusée est réussi.* **3.** Direction que suit un projectile lancé par une arme à feu. *Le chasseur règle son tir.* → **viser.** - *Il a dû RECTIFIER LE TIR,* changer sa façon d'agir. **4.** *UN TIR :* au football, coup pour envoyer le ballon dans le but. → **shoot.** *Le champion a réussi trois tirs ! Le joueur réussit son TIR AU BUT.* **5.** Lieu où l'on s'exerce à tirer sur une cible. *Il y a plusieurs stands de tir à la fête foraine.*

TIRADE [tiʀad] n. f. ▪ *UNE TIRADE :* longue suite de phrases dites par un personnage dans une pièce de théâtre. *La tirade du nez dans « Cyrano de Bergerac » d'Edmond Rostand, est célèbre.* - *Réponds-moi simplement, ce n'est pas la peine de faire des tirades !* ce n'est pas la peine de faire un discours.

TIRAGE [tiʀaʒ] n. m. ▪ *LE TIRAGE* **1.** Mouvement de l'air qui est attiré par le feu. *Le tirage de la cheminée est excellent :* la cheminée tire bien. **2.** Ensemble de livres, de journaux imprimés en une fois. *Le tirage de ce quotidien est de cinq cent mille exemplaires par jour. On a prévu un premier tirage de deux mille exemplaires de son roman.* **3.** *TIRAGE AU SORT :* fait de désigner par le hasard un ou plusieurs numéros. *Les gagnants seront départagés par tirage au sort.* **4.** STYLE FAMILIER *IL Y A DU TIRAGE :* il y a des difficultés, des désaccords entre des personnes. *Il y a du tirage entre eux.*

TIRAILLEMENT [tiʀajmɑ̃] n. m. ▪ *UN TIRAILLEMENT* **1.** Douleur, crampe. *J'ai des tiraillements dans la jambe.* **2.** Désaccord. *Il y a des tiraillements dans notre groupe.*

TIRAILLER [tiʀaje] verbe [conjugaison 1a] **1.** Tirer à petits coups, dans plusieurs directions. *Il tiraille sa moustache.* **2.** *ÊTRE TIRAILLÉ entre deux choses,* hésiter sans arriver à choisir. *Elle est tiraillée entre l'envie de rester et l'envie de partir.*

TIRAILLEUR [tiʀajœʀ] n. m. ▪ *UN TIRAILLEUR :* soldat isolé qui tire sur l'ennemi. *Les tirailleurs sont envoyés en avant pour harceler l'ennemi.*

TIRANT D'EAU [tiʀɑ̃do] n. m. ▪ *LE TIRANT D'EAU :* hauteur de la coque d'un bateau, entre la surface de l'eau et la quille. *Son bateau a deux mètres de tirant d'eau.*

TIRE [tiʀ] n. f. ▪ STYLE FAMILIER *UNE TIRE :* automobile. *Il cherche une place pour garer sa tire.* → **voiture.**

À LA **TIRE** [alatiʀ] adverbe ▪ En tirant qqch. du sac, de la poche de qqn. *Le pickpocket a été arrêté pour VOL À LA TIRE.*

TIRÉ [tiʀe], **TIRÉE** [tiʀe] adj. (après le nom) ▪ *AVOIR LES TRAITS TIRÉS :* avoir le visage marqué par la fatigue. *Je n'ai pas dormi cette nuit, j'ai les traits tirés.* → **fatigué.**

TIRE-AU-FLANC [tiʀoflɑ̃] n. m., n. f. invariables ▪ STYLE FAMILIER *UN TIRE-AU-FLANC, UNE TIRE-AU-FLANC :* personne paresseuse. → STYLE FAMILIER **cossard, feignant, flemmard.** *Elle s'arrange toujours pour ne rien faire, c'est une tire-au-flanc.* PLURIEL : *des tire-au-flanc.*

TIRE-BOUCHON [tiʀbuʃɔ̃] n. m. ▪ *UN TIRE-BOUCHON :* instrument fait d'une spirale métallique et d'un manche, qui sert à ouvrir les bouteilles fermées par un bouchon de liège. *Elle ouvre la bouteille de vin avec un tire-bouchon.* PLURIEL : *des TIRE-BOUCHONS.* - *Les cochons ont la queue EN TIRE-BOUCHON,* une queue en spirale comme la tige d'un tire-bouchon.

À **TIRE-D'AILE** [atiʀdɛl] adverbe ▪ En donnant des coups d'ailes rapides, sans s'arrêter. *L'oiseau s'est envolé à tire-d'aile.*

TIRE-FESSES [tiʀfɛs] n. m. invariable ▪ STYLE FAMILIER Dispositif servant à faire monter les skieurs en haut d'une pente, au moyen de perches tirées par un câble. → **remonte-pente, téléski.** *J'ai pris le tire-fesses pour aller en haut des pistes.* PLURIEL : *des tire-fesses.*

TIRELIRE [tiʀliʀ] n. f. ▪ *UNE TIRELIRE :* boîte percée d'une fente dans laquelle on met des pièces de monnaie que l'on veut économiser. *Ma fille a cent francs dans sa tirelire.* - STYLE FAMILIER *Elle a dû CASSER SA TIRELIRE pour s'acheter une voiture,* elle a dépensé toutes ses économies.

TIRER [tiʀe] verbe [conjugaison 1a]
I. 1. Déplacer en amenant vers soi. *Tire la porte derrière toi, en partant.* → **fermer.** *Dans le train, un voyageur a tiré le signal d'alarme.* **2.** Faire bouger sur le côté pour ouvrir ou fermer. *Il va faire nuit, tirons les rideaux.* **3.** Faire avancer en déplaçant derrière soi. ⟨contraire : pousser⟩ *La voiture tirait une caravane.* → **traîner.** *Les chevaux tirent la charrette.* - *Le blessé tire la jambe.* **4.** *TIRER SUR qqch. :* faire un effort sur qqch. pour le tendre ou l'amener vers soi. *Ne tire pas trop fort sur la ficelle.* - *Je veux bien te prêter de l'argent, mais ne tire pas sur la corde,* n'exagère pas. **5.** Avoir une bonne circulation d'air. *Le poêle tire bien* (→ **tirage**). **6.** (qqch.) Aller vers. *TIRER À SA FIN :* se rapprocher de la fin. *Le spectacle tire à sa fin,* il va bientôt être terminé. - *TIRER SUR :* se rapprocher de. *Le bleu de sa robe tire*

sur le vert. **7.** (qqn) Envoyer au loin (un projectile) au moyen d'une arme. *L'Indien a tiré une flèche empoisonnée. Attention, sinon le gangster tirera* [tiʀʀa] *un coup de revolver sur nous !* - *L'inspecteur de police tire bien. Il lui a tiré dans le dos.* - *Le jour de la fête du village, on a tiré un feu d'artifice.* **8.** À la pétanque, Lancer (la boule) de manière à heurter le cochonnet ou une autre boule. *Tu tires ou tu pointes ?* - *Le footballeur tire un corner.* → **shooter. 9.** Choisir au hasard, parmi d'autres. *Qui va tirer le numéro gagnant ? Tire une carte. Une cartomancienne m'a* *TIRÉ LES CARTES,* elle m'a prédit l'avenir en consultant des cartes. - *Les sujets de l'examen sont* *TIRÉS AU SORT.* **10.** Former (un trait). → **tracer.** *Les élèves tirent un trait à la fin de leur devoir.* **11.** Imprimer. *Son livre a été tiré à dix mille exemplaires.* **12.** STYLE FAMILIER Passer péniblement (une durée). *La journée a été longue à tirer. Il a encore un an de prison à tirer.* → **faire.**

II. *TIRER DE* **1.** Faire sortir (une chose) de l'endroit où elle est. → **enlever, retirer, sortir.** *Il tire un mouchoir de sa poche.* **2.** *TIRER qqn DE (quelque part),* lui faire quitter un lieu, une situation. *On a tiré des blessés des décombres.* → **dégager.** *S'il est innocent, il faut absolument le tirer de prison.* → **délivrer.** *Tirez-moi de là ! On l'a tiré d'un mauvais pas. Le malade est* *TIRÉ D'AFFAIRE.* → **sortir.** - *J'ai tiré mon fils du lit,* je l'ai forcé à se lever. **3.** Obtenir (un produit) en utilisant une matière première, une origine. *On tire de l'huile des olives.* → **extraire.** *L'opium est tiré du pavot,* il en provient. **4.** Obtenir (un avantage). *Il a su* *TIRER PARTI DE* *la situation,* il a su en profiter, il a su exploiter la situation. *Elle tire des revenus des appartements qu'elle loue.* → ① **percevoir.** - STYLE TRÈS FAMILIER *Il s'est fait tirer sa voiture :* il s'est fait voler sa voiture. **5.** Faire venir (une chose) de. *Est-ce qu'il a tiré les conclusions de ce qu'il a fait ?*

III. verbe pronominal **SE TIRER** **1.** *SE TIRER DE :* sortir de (un lieu où l'on est retenu, une situation désagréable). *Elle s'est tirée d'affaire toute seule.* **2.** *S'EN TIRER :* réussir une chose difficile. *C'était difficile, mais il s'en est bien tiré. Elle est très malade, mais elle devrait s'en tirer,* elle devrait guérir. **3.** STYLE FAMILIER Partir, s'en aller. *Elle s'est tirée avant la fin du film. Allez, viens on se tire d'ici !* → STYLE FAMILIER se **casser, filer.**

TIRET [tiʀɛ] n. m. ▪ *UN TIRET* **1.** Petit trait horizontal que l'on place après un mot interrompu en fin de ligne pour renvoyer à la fin du mot, au début de la ligne suivante. *Le tiret indique que le mot n'est pas écrit en entier.* **2.** Trait horizontal. *L'expression a été mise entre deux tirets.*

REM. Le trait d'union sert de liaison dans des mots composés ou entre un verbe et un pronom. → **trait d'union.**

> *le tiret*
>
> Le tiret est un signe de ponctuation.
> On met un tiret dans un dialogue pour indiquer que c'est une nouvelle personne qui parle :
> *« Quand pars-tu ? – Demain. »*
> On peut mettre un morceau de phrase entre tirets pour le détacher, au lieu de le mettre entre parenthèses :
> *Pour son anniversaire, ma fille — elle vient d'avoir huit ans — a eu une bicyclette.*

TIREUR [tiʀœʀ] n. m., **TIREUSE** [tiʀøz] n. f. **1.** *UN TIREUR, UNE TIREUSE :* une personne qui tire avec une arme à feu. *C'est un excellent tireur. Des* *TIREURS D'ÉLITE* *ont pris place sur les toits pour protéger le président.* - *Elle est tireuse à l'arc.* **2.** *UNE TIREUSE DE CARTES :* femme qui prédit l'avenir en tirant les cartes, une cartomancienne. *La tireuse de cartes m'a prédit que j'allais être reçu à mon examen !*

TIROIR [tiʀwaʀ] n. m. **1.** *UN TIROIR :* casier sans couvercle emboîté à l'horizontale dans un meuble et que l'on fait coulisser pour ouvrir ou fermer. *Ses pulls sont rangés dans les tiroirs de la commode. Ouvre le tiroir du bureau, les papiers sont dedans.* - *Un* *FOND DE TIROIR :* ce que l'on trouve au fond d'un tiroir, chose de rebut. *L'éditeur a publié les fonds de tiroir du romancier,* les œuvres oubliées ou non finies du romancier. - *J'ai* *RACLÉ LES FONDS DE TIROIR* *pour trouver de la monnaie.* **2.** *Un* *NOM À TIROIRS :* un nom à particule. → STYLE FAMILIER **rallonge.** *Il a un nom à tiroirs très compliqué.*

TIROIR-CAISSE [tiʀwaʀkɛs] n. m. ▪ *UN TIROIR-CAISSE :* tiroir d'une caisse de magasin où l'argent est enfermé et qui s'ouvre automatiquement quand on appuie sur un bouton. *La caissière range les billets et les chèques dans le tiroir-caisse.* PLURIEL : *des TIROIRS-CAISSES.*

TISANE [tizan] n. f. ▪ *UNE TISANE :* boisson chaude faite à base de plantes aromatiques. → **infusion.** *Elle boit une tisane de verveine avant de se coucher. Est-ce que vous voulez de la tisane ?*

TISONNIER [tizɔnje] n. m. ▪ *UN TISONNIER :* longue barre de fer à extrémité un peu relevée, qui sert à attiser le feu. *Il remue les braises avec le tisonnier.*

TISSAGE [tisaʒ] n. m. ▪ *LE TISSAGE :* action de tisser, d'entrelacer des fils pour faire un tissu. *Ces ouvriers font du tissage.*

TISSER [tise] verbe [conjugaison 1a] ▪ Fabriquer (un tissu) en entrelaçant des fils. *Les ouvrières tissent de la laine. Les tissus sont fabriqués avec des* *MÉTIERS À TISSER.* - *L'araignée tisse sa toile,* elle la fabrique.

TISSERAND [tisʀɑ̃] n. m., **TISSERANDE** [tisʀɑ̃d] n. f. ▪ *UN TISSERAND, UNE TISSERANDE :* personne qui fabrique des tissus sur un métier à tisser. *Les tisserands marocains fabriquent de beaux tapis.*

TISSU [tisy] n. m. ▪ *LE TISSU* **1.** Matière souple et résistante formée par un assemblage de fils entrelacés. → **étoffe.** *C'est un beau tissu de laine. J'ai acheté trois mètres de tissu. La soie est un tissu doux et brillant. Elle n'aime pas les tissus synthétiques. Nous avons choisi un beau tissu d'ameublement pour faire les rideaux. Les serviettes de toilette sont en* *TISSU ÉPONGE.* **2.** Suite de choses désagréables ou regrettables. *Son récit est un tissu de mensonges. Quel tissu d'inepties, ce livre !* **3.** Ensemble de cellules du même type et qui ont la même fonction. *Le tissu osseux est différent du tissu musculaire.*

REM. **1.** On oppose le *tissu* (ou l'*étoffe*) à la *maille.* → **maille, tricot.** **2.** *Étoffe* est moins courant que *tissu.*

TITI [titi] n. m. ▪ *UN TITI PARISIEN :* gamin de Paris déluré et malicieux. *C'est un vrai titi parisien.*

REM. Ce mot est devenu rare.

TITIEN [tisjɛ̃] nom propre – en italien **TIZIANO VECELLIO** ▪ Peintre italien (vers 1490-1576). *Les peintures de Titien sont des chefs-d'œuvre de l'art vénitien.*

TITRE [titʀ] n. m.

I. *LE TITRE* **1.** Nom donné à une œuvre littéraire, à une chanson, une œuvre musicale ou à un film. *Ce roman a un joli titre. Quel est le titre du film que nous allons voir ? Je connais l'auteur, mais j'ai oublié le titre de la chanson.* **2.** Phrase ou expression, généralement en gros caractères, qui présente un article de journal. *Le titre s'étale sur cinq colonnes en première page. Le scandale financier* *FAIT LES GROS TITRES* *des journaux.* → ② **manchette.**

II. *LE TITRE* **1.** Manière de désigner une personne qui a un certain rang, une certaine dignité. *« Baron », « duc » et « marquis » sont des* *TITRES DE NOBLESSE,* des noms qui désignent certains membres de la noblesse. **2.** Nom que porte une personne qui a une certaine fonction, un certain grade. *Son pa-*

tron a le titre de directeur des ventes. «Docteur» est un titre universitaire. - Il est professeur EN TITRE, il a le titre de la fonction qu'il exerce (→ **titulaire**). (contraires : auxiliaire, suppléant) **3.** Qualité de gagnant, de champion (dans une compétition). *Il a remporté le titre de champion du monde de ski.* **4.** *À TITRE DE :* en tant que, comme. *Elle travaille dans une société à titre de comptable. La compagnie d'assurances a versé de l'argent à la victime à titre d'indemnité. Je vous raconte cela à titre d'exemple,* en guise d'exemple. - *Ton père, à ce titre, peut te conseiller,* il peut te conseiller parce qu'il est ton père. - *À QUEL TITRE faites-vous cette réclamation ?* de quel droit, pour quelle raison ? *Il a droit à des égards AU MÊME TITRE QUE toi,* autant que toi. - *Je te dis ça À TITRE amical,* en tant qu'ami. *Vous pouvez partir plus tôt, à titre exceptionnel,* exceptionnellement. **III.** *UN TITRE* **1.** Écrit qui constate un acte juridique. *Le notaire donne au nouveau propriétaire de la maison son TITRE DE PROPRIÉTÉ,* le papier qui atteste qu'il est propriétaire. - *Les voyageurs doivent conserver leur TITRE DE TRANSPORT,* leur billet, leur ticket. **2.** *À JUSTE TITRE :* avec raison. *Il se plaint à juste titre.* **3.** Certificat qui représente une valeur en Bourse. *Il a acheté des titres.* → **valeur.**

TITUBANT [titybɑ̃], **TITUBANTE** [titybɑ̃t] adj. (après le nom) ▪ Qui titube, vacille. *Un ivrogne titubant zigzague dans la rue.* → **chancelant, vacillant.**

TITUBER [titybe] verbe [conjugaison 1a] ▪ Marcher en allant de travers. *Je titube de fatigue.* → **chanceler, vaciller.**

TITULAIRE [titylɛʀ] adj., n. m. et n. f.
I. adjectif (après le nom) **1.** Qui a une fonction pour laquelle il a été officiellement nommé. *Son père est professeur titulaire à l'Université,* il a le titre de professeur. (contraires : auxiliaire, intérimaire, suppléant) **2.** Qui possède, du point de vue du droit. *Elle est titulaire du permis de conduire,* elle a son permis de conduire.
II. *UN TITULAIRE, UNE TITULAIRE* **1.** Personne qui a une fonction, un poste. *Les titulaires ont un meilleur salaire que les suppléants.* **2.** Personne qui possède (un droit, un diplôme). *Les titulaires du baccalauréat peuvent s'inscrire en faculté.*

> FAUX AMI
> italien **titolare** «propriétaire, patron»

TITULARISER [titylaʀize] verbe [conjugaison 1a] ▪ Rendre titulaire (d'une fonction). *Le gouvernement a titularisé les nouveaux fonctionnaires. - Les professeurs titularisés recevront bientôt leur affectation.*

① **TOAST** [tost] n. m. ▪ *UN TOAST :* le fait de lever son verre et de boire en l'honneur de qqn ou de qqch. *Nous PORTONS UN TOAST à l'heureux gagnant.*

REM. **1.** Ce mot vient de l'anglais. **2.** Voyez **trinquer** (REM.).

② **TOAST** [tost] n. m. ▪ *UN TOAST :* tranche de pain de mie grillée. *Le petit déjeuner comportait des croissants et des toasts. On sert le foie gras avec des toasts.*

REM. **1.** Ce mot vient de l'anglais. **2.** Au Canada, on dit *une rôtie.*

TOBOGGAN [tɔbɔgɑ̃] n. m. ▪ *UN TOBOGGAN :* longue rampe inclinée sur laquelle on s'amuse à se laisser glisser. *Les enfants descendent à toute allure sur le toboggan.*

REM. *Toboggan* est un mot anglais pris à une langue indienne du Canada.

① **TOC !** [tɔk] interjection ▪ Mot qui sert à exprimer un bruit, un heurt. *J'ai entendu «toc !» à la porte.* (répété) *«Toc, toc ! - Qui est là ?» - Et toc !* bien envoyé ! → **vlan !**

REM. *Toque* «chapeau» se prononce de la même façon.

② **TOC** [tɔk] n. m. ▪ *LE TOC :* imitation d'une matière précieuse. *Ce n'est pas de l'or, cette bague, c'est DU TOC ! Elle aime les bijoux en toc.*

REM. *Toque* «chapeau» se prononce de la même façon.

TOCADE [tɔkad] n. f. ▪ STYLE FAMILIER *UNE TOCADE :* goût très vif, passager et parfois bizarre, pour une personne ou pour une chose. *Il a une tocade pour chaque fille qu'il rencontre. C'est sa nouvelle tocade !* → **lubie, manie.** *Elle a de ces tocades !*

REM. On écrit parfois *toquade.*

TOCARD [tɔkaʀ] adj. et n. m., **TOCARDE** [tɔkaʀd] adj. et n. f. ▪ STYLE FAMILIER **1.** adjectif (après le nom) Ridicule et laid. *Il est tocard, son chapeau !* → STYLE FAMILIER **moche, ringard, tarte.** **2.** *UN TOCARD, UNE TOCARDE :* personne incapable, sans valeur. *Ses amis sont tous des tocards.*

REM. On écrit parfois *toquard.*

TOCSIN [tɔksɛ̃] n. m. ▪ *LE TOCSIN :* sonnerie de cloche répétée et prolongée, pour donner l'alarme. *Autrefois, on SONNAIT LE TOCSIN en cas d'incendie et de guerre.*

TOGE [tɔʒ] n. f. ▪ *UNE TOGE* **1.** Grand morceau de tissu sans coutures dans lequel les anciens Romains se drapaient. *La toge était le vêtement des hommes libres.* **2.** Robe de cérémonie portée dans certaines professions (avocats, magistrats, professeurs). *Quand ils plaident, les avocats ont une toge noire.*

TOI [twa] pronom personnel ▪ Pronom personnel masculin et féminin de la deuxième personne du singulier, représentant la personne à qui l'on s'adresse. → **te, tu.** *Dépêche-toi ! Mets-toi là. - Toi, tu mens ! Toi, tais-toi ! - Viens ici, toi. - Toi, tu te reposes, pas moi. Toi, nous faire ça ! Toi parti, la maison sera bien vide,* quand tu seras parti, si tu pars. - *Moi d'abord, toi après. - Toi ou moi, nous passerons la voir. Il vous aime bien, tes parents et toi. - Il est plus gentil que toi. Si c'était un AUTRE QUE TOI, je refuserais. - Et toi, qu'est-ce que tu fais là ? Toi, tu restes ici. - TOI QUI aimes tant la mousse au chocolat ! TOI QUE j'aime bien ! - C'est toi ? C'est toi qui l'a voulu ! SI J'ÉTAIS TOI, je ferais comme ça,* si j'étais à ta place. - *Fais attention À TOI. Je serai CHEZ TOI dans une heure. Regarde DEVANT TOI. Je suis fier DE TOI. Si tu ne veux pas venir, j'irai SANS TOI. - Ce sont tes affaires À TOI,* tes propres affaires, tes affaires personnelles. - *TOI SEUL peux faire ça. TOI AUSSI, tu aimes lire. TOI NON PLUS, tu ne sais pas.*

REM. **1.** Devant *en* et *y, toi* s'élide et devient *t' (garde-t'en, mets-t'y).* **2.** *Toit* «haut d'un bâtiment» se prononce de la même façon. **3.** Voyez l'encadré des pronoms **personnels.**

TOILE [twal] n. f. ▪ *LA TOILE* **1.** Tissu simple et solide, fait de fils de coton, de lin ou de chanvre. *Elle a un pantalon de toile blanche. Les murs sont tapissés de toile de jute. La TOILE À MATELAS est très solide,* la toile dont on recouvre les matelas. - *La table de la cuisine est recouverte d'une TOILE CIRÉE,* d'une pièce de toile vernie ou plastifiée imperméable. **2.** Pièce de toile montée sur un châssis, servant de support pour une œuvre peinte. *Le peintre tend la toile sur le châssis. - Les dernières toiles de l'artiste sont exposées dans une galerie,* les derniers tableaux du peintre. → **peinture, tableau.** **3.** STYLE FAMILIER *SE FAIRE UNE TOILE :* aller au cinéma. *Ils se sont fait une toile.* **4.** *LA TOILE DE FOND :* décor. *Le roman a pour toile de fond la Deuxième Guerre mondiale.* → **décor.** **5.** *Une TOILE D'ARAIGNÉE :* réseau de fils d'araignées. *L'araignée tisse sa toile. Il y a des toiles d'araignée dans le grenier.*

TOILETTAGE [twaletaʒ] n. m. ▪ *LE TOILETTAGE :* soins de propreté donnés à un animal de compagnie. *Elle fait faire régulièrement le toilettage de son chien.*

TOILETTE [twalɛt] n. f.
I. *LA TOILETTE* **1.** Ensemble des soins de propreté du corps. *Elle FAIT SA TOILETTE avant de s'habiller,* elle se lave. *La jeune maman fait la toilette de son bébé,* elle le lave. - *Le chat fait sa toilette,* il se lèche pour nettoyer sa fourrure. - *Il a fait UN BRIN DE TOILETTE,* il s'est lavé d'une manière sommaire, rapide. - *DE TOILETTE :* qui sert à la toilette. *Le linge de toilette est rangé dans la salle de bains. Où est ma trousse de toilette ? Mes affaires de toilette sont sur l'étagère. Elle met de l'EAU DE TOILETTE,* un parfum assez léger. **2.** Manière élégante dont une femme est habillée. *Sa femme aime la toilette,* elle est coquette. *Elle porte très bien la toilette :* elle a toujours l'air élégant, bien habillé.
II. *UNE TOILETTE :* vêtements que porte une femme. *Les invitées ont des toilettes élégantes. Elle change de toilette plusieurs fois par jour.* → **tenue.**

TOILETTES [twalɛt] n. f. pluriel. *LES TOILETTES :* le lieu où l'on fait ses besoins naturels. *Les toilettes du café sont au sous-sol,* les lavabos, les cabinets. → **waters, W.-C. ;** STYLE TRÈS FAMILIER **chiottes.** *Elle est aux toilettes.*

TOI-MÊME [twamɛm] pronom personnel. Toi en personne. *C'est toi-même qui m'as dit ça. Tu n'as qu'à y aller toi-même. Tu t'es puni toi-même.* → **vous-même.**
REM. Voyez l'encadré des pronoms **personnels.**

TOISER [twaze] verbe [conjugaison 1a]. Regarder (qqn) avec dédain, mépris. *Elle me toise des pieds à la tête,* de haut en bas. → **examiner.**

TOISON [twazɔ̃] n. f. *UNE TOISON :* pelage laineux des moutons. *La brebis a une abondante toison. On a tondu sa toison.* → **laine.**

TOIT [twa] n. m. *LE TOIT* **1.** Partie supérieure d'un bâtiment, qui sert de protection. *La maison a un toit de tuiles.* → **toiture.** *Il a une petite chambre SOUS LES TOITS,* au dernier étage, dans une mansarde. - *Ce n'est pas la peine de CRIER ce que je t'ai dit SUR LES TOITS,* de divulguer ce que je t'ai dit. **2.** Maison, abri. *À la suite du tremblement de terre, de nombreuses personnes SONT SANS TOIT,* n'ont plus de logement. → **domicile, habitation.** *Tous les membres de la famille vivent sous le même toit,* dans la même maison. *Je l'ai hébergé SOUS MON TOIT, car il ne savait pas où aller,* je l'ai hébergé chez moi. **3.** Paroi supérieure d'un véhicule. *Ma voiture a un toit ouvrant.*
REM. Le pronom personnel *toi* se prononce de la même façon.

TOITURE [twatyʀ] n. f. *LA TOITURE :* ce qui recouvre le haut d'un bâtiment et qui le protège. *Les ouvriers refont la toiture de la maison.* → **couverture, toit.**

① **TÔLE** [tol] n. f. *LA TÔLE :* feuille de fer ou d'acier. *La carrosserie de la voiture est en tôle. L'accident n'a pas été grave, il n'y a eu que de la tôle froissée. - Le toit du garage est en TÔLE ONDULÉE.*

FAUX AMI
russe **толь** «carton goudronné»

REM. *Taule* «prison» se prononce de la même façon.

② **TÔLE** → **taule**

TOLÉRABLE [toleʀabl] adj. (après le nom). Que l'on peut tolérer, supporter. *C'est une douleur tolérable.* → **supportable.** ⟨contraire : intolérable⟩ *La situation n'est plus tolérable.*

TOLÉRANCE [toleʀɑ̃s] n. f. *LA TOLÉRANCE :* attitude qui consiste à admettre chez quelqu'un d'autre une manière de penser ou de se comporter différente de la sienne. *Elle fait preuve de beaucoup de tolérance envers ses amis.* → **compréhension, indulgence.** ⟨contraire : intolérance⟩

TOLÉRANT [tɔleʀɑ̃], **TOLÉRANTE** [tɔleʀɑ̃t] adj. (après le nom). Qui manifeste de la tolérance, de la compréhension envers les autres. *Sa femme est une femme très tolérante.* → **compréhensif, indulgent.** *Jusqu'où faut-il être tolérant ?* toutes les différences sont-elles moralement acceptables ? ⟨contraire : intolérant⟩

TOLÉRER [tɔleʀe] verbe [conjugaison 6a] **1.** Permettre (une chose qui pourrait ou devrait être interdite). *On tolère le stationnement sur le trottoir, dans cette rue.* → **autoriser.** ⟨contraires : défendre, interdire⟩ **2.** Supporter avec patience (ce que l'on trouve désagréable, injuste). *Je ne tolérerai* [tɔlɛʀʀɛ] *pas ton insolence plus longtemps.* → **admettre.** *Ils ont tout toléré de la part de leurs enfants.* → **endurer.** - *Elle ne TOLÈRE pas QUE sa fille sorte le soir,* elle ne le veut pas, elle s'y oppose. **3.** *Tolérer qqn,* admettre sa présence, le supporter malgré ses défauts. *Il n'aime pas beaucoup le mari de sa fille, mais il le tolère.*

TOLLÉ [tɔle] n. m. *UN TOLLÉ :* clameur de protestation, d'indignation. *Sa déclaration a déclenché un TOLLÉ GÉNÉRAL.* ⟨contraires : acclamation, ovation⟩
REM. On peut aussi prononcer [tɔlle].

TOMATE [tɔmat] n. f. *UNE TOMATE :* fruit arrondi et rouge d'une plante potagère, que l'on mange. *Elle a fait une salade de tomates. J'aime les tomates farcies. Il a bu du jus de tomate. - Il a pris des spaghettis à la SAUCE TOMATE,* à la sauce à la tomate.

TOMBAL [tɔ̃bal], **TOMBALE** [tɔ̃bal] adj. (après le nom). *Une PIERRE TOMBALE :* dalle de pierre qui recouvre une tombe. *Une inscription est gravée sur la pierre tombale.* - MASCULIN PLURIEL : *TOMBAUX* [tɔ̃bo].

TOMBANT [tɔ̃bɑ̃], **TOMBANTE** [tɔ̃bɑ̃t] adj. (après le nom) **1.** Qui s'incline vers le bas. *Il a les épaules tombantes,* qui s'affaissent. **2.** *À LA NUIT TOMBANTE :* au crépuscule. *Nous sommes rentrés à la nuit tombante.*

TOMBE [tɔ̃b] n. f. *UNE TOMBE* **1.** Lieu où l'on ensevelit un mort, fosse recouverte d'une dalle ou marquée d'une croix. → **sépulture, tombeau.** *J'ai cherché sa tombe dans le cimetière. Il se recueille SUR LA TOMBE de sa mère. Je ne vais jamais sur sa tombe. On fleurit les tombes, à la Toussaint. - Il a déjà UN PIED DANS LA TOMBE :* il est près de mourir. - *Je serai MUET COMME UNE TOMBE :* je ne dirai rien, je garderai le secret. **2.** Pierre tombale. *Le nom du défunt est gravé sur sa tombe. Il faut commander la tombe.* → **pierre.**

TOMBEAU [tɔ̃bo] n. m. *UN TOMBEAU* **1.** Monument élevé sur une tombe. → **mausolée ;** STYLE RECHERCHÉ **sépulcre.** *Les touristes visitent le tombeau de Napoléon, aux Invalides, à Paris.* PLURIEL : *des TOMBEAUX de marbre.* **2.** *À TOMBEAU OUVERT :* très vite. *L'automobiliste roule à tombeau ouvert,* si vite qu'il pourrait avoir un accident.

TOMBÉE [tɔ̃be] n. f. *LA TOMBÉE DE LA NUIT, DU JOUR :* moment où la nuit tombe, où le jour décline. *J'allume les lampes à la tombée de la nuit.* → **crépuscule.**

TOMBER [tɔ̃be] verbe [conjugaison 1a]
I. 1. Être entraîné à terre en perdant son équilibre. → STYLE RECHERCHÉ **choir.** *Il a trébuché avant de tomber* **(→ chute).** *Elle est tombée par terre.* - STYLE FAMILIER *Il est TOMBÉ DANS LES POMMES :* il s'est évanoui. - *Je TOMBE DE fatigue :* je suis épuisé. - *Pendant la Première Guerre mondiale, de nombreux soldats sont tombés pour leur patrie,* ils sont morts pour leur patrie. **2.** Se laisser aller, se laisser choir (sans aller jusqu'à terre). *Il se laisse*

tomber dans un fauteuil. Elle est tombée dans mes bras. **3.** (qqch.) S'écrouler. *Ce mur menace de tomber.* → s'**effondrer.** - *Ces vieux livres* TOMBENT EN *poussière,* ils sont réduits en poussière. **4.** Être déchu, renversé. *Le gouvernement est tombé.* **5.** (qqch.) Disparaître, être détruit. *La difficulté tombe d'elle-même.* **6.** Perdre de sa force. *En hiver, le jour tombe vite.* → **décliner.** *Sa colère tomba d'un seul coup.* → **diminuer.**
II. 1. Être entraîné vers le sol, d'un lieu élevé à un lieu bas et profond. *Le cavalier est tombé de cheval. La voiture est tombée dans le ravin.* → **basculer.** *Le marin est tombé à l'eau.* → **eau.** *Vous avez laissé tomber votre stylo.* - *La pluie tombe.* - (impersonnel) *IL TOMBE DE la neige.* - *Les feuilles tombent des arbres en automne,* elles se détachent des arbres. - *Ce livre me tombe des mains* (d'ennui). **2.** *LAISSER TOMBER :* ne plus s'occuper de. *Elle a laissé tomber le piano :* elle ne travaille plus le piano. → **abandonner.** *Il laisse tomber tous ses amis,* il les néglige, ne les voit plus. *Elle a laissé tomber son petit ami* (→ STYLE FAMILIER **larguer, plaquer).** - STYLE FAMILIER *Laisse tomber !* ne t'occupe plus de cela. **3.** (lumière, obscurité, son, paroles) Arriver, parvenir du haut. *La nuit tombe vite en hiver,* elle arrive tôt. - STYLE FAMILIER *Ce n'est pas tombé dans l'oreille d'un sourd :* le renseignement, le conseil n'a pas été perdu par celui qui l'a entendu. **4.** Baisser. *La température est tombée au-dessous de zéro degré.* → **descendre. 5.** Être en décadence (→ **déchéance).** *Elle est tombée bien bas, la pauvre !* **6.** (qqch.) S'abaisser tout en restant suspendu ou soutenu. *Ses cheveux tombent sur ses épaules.* - *Sa veste TOMBE BIEN,* elle s'adapte bien aux lignes de son corps. **7.** Donner l'impression de s'affaisser. *Il a les épaules qui tombent* (→ **tombant).** - *Les bras m'en tombent :* je suis stupéfait.
III. (sans notion de chute) **1.** *TOMBER SUR :* s'élancer avec force et par surprise sur. *L'ennemi nous est tombé dessus.* → **attaquer.** *Tout le monde lui est tombé dessus,* s'est mis à l'attaquer, à le critiquer violemment. **2.** *TOMBER EN, DANS :* être entraîné dans une situation fâcheuse, un état critique. *Il est tombé dans le piège. Elle est tombée dans un profond désespoir.* → **sombrer.** - *La voiture est tombée en panne.* **3.** Devenir (après une évolution rapide). *Il est tombé malade. Elle est tombée amoureuse. Ils sont tombés d'accord.*
IV. 1. Arriver, se présenter de manière inattendue. → **survenir.** *Nous SOMMES TOMBÉS EN pleine discussion. Je SUIS TOMBÉ SUR elle dans la rue,* je l'ai rencontrée par hasard. - *TOMBER SOUS :* se présenter à portée de. *J'ai pris tout ce qui me tombait sous la main,* tout ce qui était à ma portée. - *Ça tombe sous le sens :* c'est évident. **2.** (événement) Arriver, par une coïncidence. *Noël tombe un dimanche, cette année.* **3.** *TOMBER BIEN :* arriver à propos. *Tu tombes bien, tu vas pouvoir m'aider.* STYLE FAMILIER *ÇA TOMBE À PIC :* ça arrive juste au bon moment. - *TOMBER MAL :* arriver mal à propos. *Ça tombe vraiment mal, cette panne !* - (calcul) *La division tombe juste,* il n'y a pas de reste.

REM. **1.** *Tomber* s'emploie avec l'auxiliaire *être (elle est tombée).* **2.** *Le jour tombe* (I., 6.) et *la nuit tombe* (II., 3.) s'appliquent au même moment de la journée : le crépuscule. C'est le sens de *tomber* qui varie. Dans le premier cas, il veut dire «décliner» et dans le second, il signifie «venir d'en haut».

TOMBOLA [tɔ̃bɔla] n. f. ▪ *UNE TOMBOLA :* loterie où chaque gagnant reçoit un objet. *Les enfants vendent des BILLETS DE TOMBOLA pour la kermesse de l'école.*

TOME [tɔm] n. m. ▪ *UN TOME :* volume (d'un ouvrage en plusieurs volumes). *Mon encyclopédie est en dix tomes.*

REM. *Tomme* «fromage» se prononce de la même façon.

TOMME [tɔm] n. f. ▪ *LA TOMME :* fromage de Savoie, en forme de disque. *Elle a acheté de la tomme de brebis.*

REM. *Tome* «volume» se prononce de la même façon.

① **TON** [tɔ̃], **TA** [ta] adj. possessif de la deuxième personne du singulier (avant le nom) ▪ Qui est à toi, qui t'appartient (→ **tien).** *Voici ta veste. J'ai salué ton père et ta mère. C'est ton idée* [tɔ̃nide]. PLURIEL : *prends TES affaires* [tezafɛʀ]. *À ta santé, Jacques !* - *Ne fais donc pas ton malin,* le malin.

REM. **1.** On emploie *ton* devant un nom féminin qui commence par une voyelle *(ton écharpe, ton idée)* ou par un *h* aspiré *(ton habitude, ton haleine).* **2.** *Ton* «façon de parler» et *thon* «poisson» se prononcent de la même façon. **3.** Voyez l'encadré des adjectifs **possessifs.**

② **TON** [tɔ̃] n. m. ▪ *LE TON* **1.** Hauteur de la voix. *Je n'aime pas le ton aigu de sa voix.* **2.** Qualité de la voix humaine, d'après la hauteur, le timbre et l'intensité, qui dépend de ce que l'on dit et de ce que l'on veut exprimer. → **accent, expression, intonation.** *Il parle d'un ton moqueur. Elle prend un ton suppliant. Il a dit ça SUR LE TON de la plaisanterie,* comme s'il plaisantait. *Il HAUSSE LE TON :* il parle d'un air arrogant. *BAISSEZ LE TON :* parlez d'un air moins arrogant. - *Je vous prie de CHANGER DE TON.* - *Ne le prenez pas SUR CE TON,* de si haut, de cette manière arrogante. - *Je le lui ai répété SUR TOUS LES TONS,* de toutes les façons possibles. **3.** Manière de s'exprimer par la parole ou par l'écrit. *Sa lettre a un ton très amical.* **4.** STYLE RECHERCHÉ *DE BON TON :* de bon goût. *Elle s'habille avec une discrétion de bon ton.* **5.** Hauteur des sons émis par la voix, dans le chant. *Tous les chanteurs de la chorale chantent dans le même ton.* - *Le chef du chœur DONNE LE TON,* la note de référence pour l'accord des voix. - *Ce sont les journaux féminins qui DONNENT LE TON en matière de mode,* qui servent de référence. **6.** Couleur. *Je préfère les tons clairs aux tons vifs.* → **coloris, nuance, teinte.** - *Elle est habillée de plusieurs gris TON SUR TON,* de différents gris allant du plus clair au plus foncé.

REM. L'adjectif possessif *ton* et le nom *thon* «poisson» se prononcent de la même façon.

TONALITÉ [tɔnalite] n. f. ▪ *LA TONALITÉ* **1.** Ensemble des caractères d'un son, d'une voix. *Cette chaîne hi-fi a une bonne tonalité.* **2.** Son que l'on entend quand on décroche le téléphone. *L'appareil est en dérangement, il n'y a plus de tonalité.* **3.** Ensemble des nuances d'une couleur. *Ce tableau est dans une tonalité bleue.*

TONDEUSE [tɔ̃døz] n. f.
I. *UNE TONDEUSE :* instrument qui sert à tondre le poil ou les cheveux. *Le berger tond les moutons avec une tondeuse. Le coiffeur lui rase les cheveux à la tondeuse.*
II. *UNE TONDEUSE À GAZON :* machine qui coupe le gazon. *Le jardinier passe la tondeuse sur les pelouses du parc.*

TONDRE [tɔ̃dʀ] verbe [conjugaison 41a] **1.** Couper très court les poils, la laine de (un animal), les cheveux de (qqn). *Le coiffeur tond la nuque de son client. Le berger s'est coupé en tondant ses moutons* (→ **tonte).** - *Les moines ont le haut du crâne tondu* (→ **tonsure). 2.** Couper à ras, égaliser en coupant. *Tonds le gazon.* - *Il faut que le jardinier tonde la pelouse.*

tondu [tɔ̃dy], **tondue** [tɔ̃dy] *Il a tondu la pelouse ; la pelouse qu'il a tondue :* formes au participe passé du verbe **tondre.**

TONDU [tɔ̃dy] adj. et n. m., **TONDUE** [tɔ̃dy] adj. **1.** adjectif (après le nom) Dont le poil a été coupé à ras. *Les soldats ont le crâne tondu. Le garçon a la tête tondue,* rasée. **2.** nom masculin STYLE FAMILIER *À la conférence, il y avait QUATRE PELÉS ET UN TONDU,* il n'y avait presque personne.

TONIFIER [tɔnifje] verbe [conjugaison 7a] ▪ Avoir un effet tonique sur, rendre plus fort. *Cette lotion tonifie les cheveux. Une douche froide te tonifiera* [tɔnifiʀa]. → ② **fortifier.**

TONIQUE [tɔnik] adj. et n. m., **TONIQUE** [tɔnik] adj.
I. adjectif (après le nom) **1.** Qui donne de l'énergie, rend plus dynamique, plus fort. *L'air marin est tonique.* → **stimulant, vivifiant.** - *Sa présence a un effet tonique sur moi.* **2.** Qui raffermit la peau. *Elle se met une LOTION TONIQUE sur le visage.* **3.** *L'ACCENT TONIQUE :* le fait de prononcer plus fort une syllabe. *En français, l'accent tonique est sur la dernière syllabe non muette.*
II. *UN TONIQUE :* médicament, produit qui redonne des forces. *Le médecin lui a prescrit un tonique.* → **fortifiant, remontant.**

TONITRUANT [tɔnitʀyɑ̃], **TONITRUANTE** [tɔnitʀyɑ̃t] adj. (après le nom) ▪ STYLE FAMILIER (son) Qui fait un bruit très fort, comme le tonnerre. *On a entendu un bruit tonitruant. Il a une voix tonitruante.* ⟨contraire : faible⟩

TONNAGE [tɔnaʒ] n. m. ▪ *LE TONNAGE :* le volume de marchandises que peut transporter un navire. *Ce cargo a un fort tonnage.* → **jauge.** *Le tonnage s'exprime en tonneaux.*

TONNE [tɔn] n. f. ▪ *UNE TONNE* **1.** Unité de poids valant mille kilos. *L'entrepôt contient des milliers de tonnes de matériel. Les camions de plus de sept tonnes ne peuvent pas emprunter le pont. Ça pèse une tonne, ta valise !* c'est très lourd. - *T* [tɔn] abréviation *Un camion de 35 t.* **2.** STYLE FAMILIER Grande quantité. *J'ai épluché des tonnes de légumes.* - *Ce comédien EN FAIT DES TONNES,* il en fait beaucoup trop.
REM. On peut dire : *un camion de sept tonnes* ou *un sept tonnes.*

① **TONNEAU** [tɔno] n. m. ▪ *UN TONNEAU :* unité de volume qui mesure le tonnage des bateaux. *Un tonneau vaut 2,83 mètres cubes.* PLURIEL : *le navire fait cinq cents TONNEAUX.*

② **TONNEAU** [tɔno] n. m. ▪ *UN TONNEAU* **1.** Grand récipient cylindrique en bois, plus large au milieu qu'aux extrémités. *Le viticulteur met le vin en tonneau.* → **barrique, fût.** PLURIEL : *le cognac vieillit dans des TONNEAUX.* **2.** Tour complet que fait une voiture quand elle se renverse. *La voiture a fait plusieurs tonneaux.*

TONNELLE [tɔnɛl] n. f. ▪ *UNE TONNELLE :* petit abri au sommet arrondi, fait d'un treillage sur lequel grimpent des plantes. *Nous nous sommes mis à l'ombre sous la tonnelle du jardin.*

TONNER [tɔne] verbe [conjugaison 1a] ▪ (impersonnel) *IL TONNE :* il y a du tonnerre. *Il a tonné toute la nuit.*

TONNERRE [tɔnɛʀ] n. m. ▪ *LE TONNERRE* **1.** Bruit de la foudre, qui accompagne l'éclair. *On entend le tonnerre au loin, c'est un roulement de tonnerre. Un violent coup de tonnerre m'a réveillé.* **2.** Bruit très fort. *Le chanteur entre en scène sous un tonnerre d'applaudissements.* **3.** STYLE FAMILIER *DU TONNERRE :* formidable. *Ma nouvelle voiture est du tonnerre.* → **terrible.** *C'était un prof du tonnerre.*

TONSURE [tɔ̃syʀ] n. f. ▪ *LA TONSURE :* petit cercle rasé, au sommet du crâne des ecclésiastiques. *Les moines ont la tonsure.*

TONTE [tɔ̃t] n. f. ▪ *LA TONTE :* action de tondre (un animal, du gazon). *La tonte des moutons a lieu une fois par an.*

TONTON [tɔ̃tɔ̃] n. m. ▪ Nom affectueux que les enfants donnent à leur oncle. *Mes enfants appellent leur oncle tonton.* - *Oui, tonton !* - STYLE FAMILIER *C'est mon tonton* (→ **tatie).**

TONUS [tonys] n. m. ▪ *LE TONUS :* énergie, dynamisme. → **vitalité.** *Ces vitamines redonnent du tonus aux personnes fatiguées* (→ **tonique).** *Il manque de tonus.*

TOP-MODÈLE [tɔpmɔdɛl] n. m. ▪ *UN TOP-MODÈLE :* mannequin ou jolie personne connue pour être en photo dans les magazines. → **mannequin.** *Elle se prend pour un top-modèle.*

TOPONYME [tɔpɔnim] n. m. ▪ STYLE RECHERCHÉ Nom propre désignant un lieu. *Le gaulois est une langue essentiellement connue par les toponymes.*

TOQUADE → **tocade**

TOQUARD → **tocard**

TOQUE [tɔk] n. f. ▪ *UNE TOQUE :* coiffure assez haute, sans bords ou à bords très étroits. *Elle a une toque de fourrure assortie à son manteau. Les cuisiniers ont une toque blanche.*
REM. L'onomatopée *toc* se prononce de la même façon.

TOQUÉ [tɔke] adj. et n. m., **TOQUÉE** [tɔke] adj. et n. f. ▪ STYLE FAMILIER
1. adjectif (après le nom) Fou. *Je la trouve un peu toquée. Il est complètement toqué, ce type !* → STYLE FAMILIER **cinglé,** ① **timbré.** **2.** *UN TOQUÉ, UNE TOQUÉE :* personne un peu folle, bizarre. *Ma voisine est une vieille toquée. Bande de toqués !*

TORCHE [tɔʀʃ] n. f. ▪ *UNE TORCHE* **1.** Bâton enduit de cire ou de résine que l'on enflamme pour éclairer. → **flambeau.** *Des porteurs de torches ouvrent la procession.* - *Le pilote de l'avion a été transformé en TORCHE VIVANTE,* il a brûlé vif. **2.** *UNE TORCHE ÉLECTRIQUE :* lampe électrique de poche, de forme cylindrique. *Il éclaire le fond de la grotte avec sa torche électrique.*

TORCHÉ [tɔʀʃe], **TORCHÉE** [tɔʀʃe] adj. (après le nom) ▪ STYLE FAMILIER
1. *BIEN TORCHÉ :* bien fait, bien réussi. *Elle est bien torchée, ta lettre !* **2.** Fait trop vite et mal. *C'est du travail torché.* → **bâclé.**

TORCHER [tɔʀʃe] verbe [conjugaison 1a]
I. STYLE TRÈS FAMILIER Essuyer les excréments de. *Il torche le derrière de son bébé. Elle torche son fils.*
II. STYLE TRÈS FAMILIER verbe pronominal SE TORCHER **1.** Essuyer ses excréments. *Elle s'est torchée derrière un buisson.* **2.** *S'EN TORCHER :* s'en moquer. *Tu peux faire ce que tu veux, je m'en torche,* ça m'est égal. → STYLE FAMILIER ① **fiche, foutre ;** STYLE TRÈS FAMILIER **branler.**
REM. Ce verbe appartient aujourd'hui au vocabulaire grossier.

TORCHIS [tɔʀʃi] n. m. ▪ *LE TORCHIS :* mélange de terre et de paille utilisé dans la construction. *Les maisons du village ont des murs de torchis.*

TORCHON [tɔʀʃɔ̃] n. m. ▪ *UN TORCHON* **1.** Morceau de toile rectangulaire qui sert à essuyer la vaisselle, les meubles. *Elle essuie les verres avec un torchon propre. Il s'essuie les mains avec un torchon.* → **essuie-mains.** *La serveuse donne un coup de torchon sur les tables du café.* - STYLE FAMILIER *Il NE faut PAS MÉLANGER LES TORCHONS ET LES SERVIETTES :* il faut traiter les gens de manière différente selon leur condition sociale et les choses différemment selon leur valeur. - STYLE FAMILIER *LE TORCHON BRÛLE entre les époux :* ils se disputent. - (figuré) *Ce n'est pas un devoir, c'est un torchon,* un devoir sale et mal présenté. **2.** STYLE FAMILIER Écrit sans valeur. *Ce journal est un vrai torchon.*

tordant [tɔʀdɑ̃] *En tordant :* forme au participe présent du verbe **tordre.**

TORDANT [tɔʀdɑ̃], **TORDANTE** [tɔʀdɑ̃t] adj. (après le nom) ▪ STYLE FAMILIER Très drôle, très amusant. *Il nous a raconté des histoires tordantes. C'est tordant, ce film !* → **marrant, rigolo.**

TORD-BOYAUX [tɔʀbwajo] n. m. invariable ▪ STYLE FAMILIER *UN TORD-BOYAUX :* eau-de-vie très forte et de mauvaise qualité. *Il nous a servi un infâme tord-boyaux.* PLURIEL : *des tord-boyaux.*

TORDRE [tɔʀdʀ] verbe [conjugaison 41a]
I. 1. Déformer en tordant, en enroulant en torsade. *Je tords mes cheveux pour faire un chignon. Elle tord les draps mouillés*

pour les essorer. Tu lui as fait mal en lui tordant le bras, en lui faisant une torsion du bras. *L'assassin a* TORDU LE COU *à sa victime,* il l'a étranglée. - *L'angoisse lui tordait l'estomac.* → **serrer. 2.** Déformer (un objet rigide) en pliant. *Il a tordu sa clé. Enfoncez les clous sans les tordre !* → **couder.**
II. verbe pronominal SE TORDRE **1.** (qqn) Se plier en deux (sous l'effet de la douleur ou d'une vive émotion). *Il se tord de douleur. Nous nous sommes tordus de rire.* - STYLE FAMILIER *Il y a de quoi se tordre :* c'est très drôle (→ **tordant). 2.** Plier brutalement une articulation. *Elle s'est tordu la cheville en marchant* (→ **entorse).**

tordu [tɔʀdy], **tordue** [tɔʀdy] *Il a tordu la barre ; la barre qu'il a tordue :* formes au participe passé du verbe **tordre.**

TORDU [tɔʀdy] adj. et n. m., **TORDUE** [tɔʀdy] adj. et n. f.
I. adjectif (après le nom) **1.** Tourné de travers. *Ma règle est toute tordue. Il a les jambes tordues.* → **tors.** - STYLE FAMILIER *Il m'a fait un* COUP TORDU, une chose malveillante (→ STYLE FAMILIER **crasse, saloperie). 2.** STYLE FAMILIER Bizarre, mal tourné. *Tu as vraiment l'esprit tordu !* → **compliqué. 3.** STYLE FAMILIER (qqn) Fou. *Sa sœur est complètement tordue !* → STYLE FAMILIER **cinglé.**
II. STYLE FAMILIER *UN TORDU, UNE TORDUE :* une personne un peu folle. *Quelle bande de tordus !*

TORERO [tɔʀeʀo] n. m. ▪ *UN TORERO :* homme qui affronte le taureau avec l'épée et la muleta, dans une corrida. *Le torero porte un «habit de lumière». Deux toreros ont fait de jolies passes.*
REM. Ce mot est espagnol.

TORNADE [tɔʀnad] n. f. ▪ *UNE TORNADE :* vent extrêmement violent qui dévaste tout sur son passage. → **bourrasque, cyclone, ouragan.** *La tornade a détruit toutes les maisons de l'île.* - *Il est entré* COMME UNE TORNADE, brusquement.

TORPEUR [tɔʀpœʀ] n. f. ▪ *LA TORPEUR :* état d'une personne dont l'activité et la sensibilité sont très réduites. *Elle est allongée sur la plage, dans une douce torpeur.* → **somnolence.**

TORPILLE [tɔʀpij] n. f. ▪ *UNE TORPILLE* **1.** Poisson qui ressemble à la raie et qui produit des décharges électriques qui paralyse ses proies. *Le nageur a été électrocuté par une torpille.* **2.** Engin explosif à moteur qu'on lance dans l'eau. *Les torpilles ont coulé le navire.*

TORPILLER [tɔʀpije] verbe [conjugaison 1a] ▪ Faire sauter à l'aide de torpilles. *Le navire a torpillé le sous-marin.*

TORRÉFIER [tɔʀefje] verbe [conjugaison 7a] ▪ Faire griller (certaines matières) dans une machine. *Le fermier torréfiera* [tɔʀefiʀa] *bientôt le tabac.* - *Le café torréfié sent très bon.*

TORRENT [tɔʀɑ̃] n. m. ▪ *UN TORRENT* **1.** Cours d'eau rapide et irrégulier, à pente très forte. *Le torrent dévale la montagne.* **2.** Écoulement rapide et brutal. *Des torrents de lave s'échappent du volcan.* - *Il pleut* À TORRENTS, très fort, à verse. **3.** Grande abondance (de ce qui afflue avec force). *Elle verse des torrents de larmes.*

TORRENTIEL [tɔʀɑ̃sjɛl], **TORRENTIELLE** [tɔʀɑ̃sjɛl] adj. (après le nom) ▪ (pluie) Qui coule avec la force d'un torrent. *Les* PLUIES TORRENTIELLES *ont provoqué des inondations.*

TORRIDE [tɔʀid] adj. (après le nom) ▪ Extrêmement chaud. *Il fait une chaleur torride.* → **brûlant.** *L'Afrique a un climat torride.* ⟨contraire : glacial⟩

TORS [tɔʀ], **TORSE** [tɔʀs] adj. (après le nom) ▪ Tordu. *Il a les jambes torses.*
REM. *Tort* «erreur» se prononce de la même façon.

TORSADE [tɔʀsad] n. f. ▪ *UNE TORSADE* **1.** Rouleau de fils tordus ensemble en hélice pour servir de décoration. *Des torsades de soie retiennent les rideaux.* - *Elle a enroulé ses cheveux* EN TORSADE, elle les a enroulés sur eux-mêmes. **2.** Motif en forme d'hélice qui sert à orner, à décorer. *Je tricote un pull* À TORSADES, orné de torsades.

TORSE [tɔʀs] n. m. ▪ *LE TORSE :* haut du corps humain, entre le cou et la taille. → **buste, poitrine.** *L'athlète a un torse musclé. Mettez-vous* TORSE NU, sans vêtement sur le haut du corps.

TORSION [tɔʀsjɔ̃] n. f. ▪ *UNE TORSION :* action de tordre. *Le boxeur immobilise son adversaire d'une torsion du bras,* en lui tordant le bras.

TORT [tɔʀ] n. m.
I. (faute) *UN TORT* **1.** Mauvaise action ou mauvaise conduite envers qqn. *Il n'a aucun tort à se reprocher. Reconnaissez vos torts et tout sera oublié.* → **faute.** *Le juge a prononcé le divorce aux* TORTS PARTAGÉS, chaque époux ayant sa part de responsabilité. - *Il a le* TORT DE *trop parler.* → **défaut.** *C'est un tort de vouloir te passer des autres.* → **erreur.** *Mon seul tort a été de lui faire confiance.* **2.** DANS SON TORT *:* dans la situation d'une personne qui a commis une faute. *L'automobiliste qui a provoqué l'accident est dans son tort.* ⟨contraire : dans son droit⟩ - *Vous êtes* EN TORT *:* vous êtes coupable. **3.** Dommage causé à qqn. *La victime demande réparation du tort qu'elle a subi.* → **préjudice.** - *Il nous a* FAIT DU TORT *:* il nous a nui. *Ça ne fait de tort à personne* (→ **nuire).**
II. (opposé à raison) *LE TORT* **1.** AVOIR TORT *:* ne pas avoir le droit, la raison de son côté. *Je te dis qu'il a tort,* qu'il se trompe. *Tu as tort de ne pas m'écouter,* tu commets une erreur en faisant cela (opposé à avoir raison). *Tout le monde lui* DONNE TORT, le désapprouve. ⟨contraire : approuver⟩ **2.** À TORT *:* pour de mauvaises raisons, injustement. *Il a été accusé à tort,* sans être coupable (opposé à avec raison). - À TORT OU À RAISON *:* quelle que soit la réalité. *Il est considéré, à tort ou à raison, comme un écrivain important.* **3.** À TORT ET À TRAVERS *:* sans raison ni justesse. *Elle parle à tort et à travers :* elle dit n'importe quoi, sans réfléchir.

TORTICOLIS [tɔʀtikɔli] n. m. ▪ *UN TORTICOLIS :* douleur sur le côté du cou qui empêche de tourner la tête. *Il a un torticolis.*

TORTILLARD [tɔʀtijaʀ] n. m. ▪ *UN TORTILLARD :* petit train de campagne qui va lentement en faisant de nombreux détours. *Nous avons pris un tortillard pour aller jusqu'au village.*

TORTILLER [tɔʀtije] verbe [conjugaison 1a]
I. 1. Tordre en plusieurs sens (une chose souple). *Il tortille machinalement sa moustache.* **2.** Se remuer en ondulant. *Elle tortille des hanches en marchant.* → **balancer. 3.** STYLE FAMILIER *IL N'Y A PAS À TORTILLER :* il n'y a pas à hésiter. → **tergiverser.** *Il n'y a pas à tortiller, il faut y aller !*
II. verbe pronominal SE TORTILLER : (qqn) se tourner d'un côté et de l'autre sur soi. *Il se tortille sur sa chaise. Elle s'est tortillée comme un ver.*

TORTIONNAIRE [tɔʀsjɔnɛʀ] n. m., n. f. ▪ *UN TORTIONNAIRE, UNE TORTIONNAIRE :* personne qui torture. *Le prisonnier n'a rien avoué à ses tortionnaires.*

TORTUE [tɔʀty] n. f. ▪ *UNE TORTUE :* animal dont le corps est enfermé dans une carapace d'où sortent la tête, munie d'un bec en corne, et quatre pattes courtes. *La tortue se déplace très lentement. Les tortues sont des reptiles qui vivent sur terre ou dans la mer.*

TORTUEUX [tɔʀtɥø], **TORTUEUSE** [tɔʀtɥøz] adj. (après le nom) **1.** Qui fait de nombreux détours, des courbes irrégulières. *Le* *vieux village a des rues tortueuses.* → **sinueux.** ⟨contraires : ① droit, rectiligne⟩ **2.** Qui manque de franchise. *Il a des raisonnements tortueux. Quel esprit tortueux !* → **retors.**

TORTURE [tɔRtyR] n. f. **1.** *LA TORTURE* : souffrance physique que l'on inflige à une personne pour lui faire avouer ce qu'elle refuse de dire. → **supplice.** *Le prisonnier a trahi ses amis sous la torture.* **2.** *UNE TORTURE* : souffrance physique ou morale insupportable. *Quelle torture de devoir attendre les résultats de l'examen ! Elle ne connaît pas les tortures de la jalousie.* → **tourment.**

TORTURER [tɔRtyRe] verbe [conjugaison 1a]
I. 1. Faire subir la torture à. *Les terroristes ont torturé les otages* (→ **tortionnaire**). **2.** Faire beaucoup souffrir. → **martyriser.** *La jalousie le torture.* → **tourmenter.** *Il la torturera* [tɔRtyRRa] *avec ses questions.*
II. verbe pronominal SE TORTURER **1.** Se faire souffrir l'un l'autre. *Ils se sont torturés toute la nuit en se posant des questions sur leur vie passée.* **2.** *SE TORTURER L'ESPRIT, LE CERVEAU* : faire des efforts pénibles pour faire qqch., se rappeler qqch. *Elle s'est torturé le cerveau pour trouver la solution la meilleure.*

TOSCAN [tɔskɑ̃] adj. et n. m., **TOSCANE** [tɔskan] adj. et n. f.
I. adjectif (après le nom) De la Toscane, région du nord-ouest de l'Italie. *Ils ont loué une maison dans la campagne toscane.*
II. 1. *UN TOSCAN, UNE TOSCANE* : personne née en Toscane ou qui vit en Toscane. *Les Toscans.* **2.** nom masculin *LE TOSCAN* : dialecte parlé dans la région de Florence. *Le toscan est devenu la base de l'italien.*

TÔT [to] adverbe **1.** Au bout de peu de temps et avant le moment normal ou habituel. *Les roses ont fleuri tôt cette année.* ⟨contraire : tard⟩ *Tu es arrivé trop tôt. Je ne t'attendais pas AUSSI TÔT,* déjà. – STYLE FAMILIER *Il arrive enfin, ce n'est pas trop tôt !* on l'a attendu longtemps. – *TÔT OU TARD* [toutaR], *elle regrettera son choix,* un jour ou l'autre. – *PLUS TÔT* : avant le moment où l'on est ou dont on parle. *Tu aurais pu m'en parler plus tôt* (→ **avant**). *Mes amis sont partis plus tôt que prévu.* – *Il est parti SI TÔT QUE je ne l'ai pas vu,* au bout de tellement peu de temps. – *Il ne recommencera pas DE SI TÔT l'expérience,* pas dans un proche avenir et peut-être jamais (→ **sitôt**). – *Viens LE PLUS TÔT QUE tu pourras,* dès que tu pourras. – *Il faut régler le problème LE PLUS TÔT POSSIBLE,* dès que possible. *Le plus tôt sera le mieux.* – *Les travaux commenceront dans un mois AU PLUS TÔT,* ils ne commenceront pas avant un mois. **2.** Au commencement d'une partie déterminée de temps. *Il aime se lever tôt,* de bonne heure. ⟨contraire : tard⟩ *Couche-toi tôt, ce soir. À dix heures ? C'est bien tôt !* **3.** STYLE RECHERCHÉ *AVOIR TÔT FAIT DE* : avoir vite fait de. *Les oiseaux ont eu tôt fait de manger toutes les cerises de l'arbre.*

REM. **1.** *Tôt ou tard* se prononce aussi [tototaR], mais cette prononciation est plus recherchée que [toutaR]. **2.** *Plus tôt* « auparavant » est différent de *plutôt* « de préférence, assez ». *Aussi tôt* est différent de *aussitôt* « à l'instant ». *Bien tôt* est différent de *bientôt* « dans peu de temps ». **3.** On peut écrire *pas de si tôt* ou *pas de sitôt.* → **sitôt.** **4.** *Taux* « pourcentage » se prononce de la même façon.

TOTAL [tɔtal] adj. et n. m., **TOTALE** [tɔtal] adj. et n. f.
I. adjectif (après le nom, parfois avant le nom) **1.** (avant ou après le nom) Qui concerne toutes les parties, tous les éléments (de la chose en question). ⟨contraire : partiel⟩ *On déplore la destruction totale de la forêt par le feu.* → **complet.** MASCULIN PLURIEL : *des changements TOTAUX* [tɔto]. *Il y a eu une éclipse totale de la lune. J'ai une totale confiance dans son jugement.* → **absolu, entier.** **2.** (après le nom) (somme, mesure) Pris dans son entier, dans la somme de toutes ses parties. *Le prix total est de cent mille francs.* → **global.** *La longueur totale du paquebot est de deux cent cinquante mètres.*
II. 1. *LE TOTAL* : la quantité totale, le prix total. → **totalité.** *Le total de la population du pays est de soixante six millions d'habitants. Calculez le total du prix de revient.* → **montant.** *Faites le total !* PLURIEL : *des TOTAUX* [tɔto]. – *Ça fait trois mille francs AU TOTAL,* en comptant tout, en tout. – STYLE FAMILIER *Tu as voulu trop en faire, total tu as tout perdu.* → **finalement.** **2.** STYLE FAMILIER *LA TOTALE* : le comble, le summum. *Aujourd'hui, rien ne va comme je veux, c'est la totale !* tous les ennuis arrivent en même temps.

TOTALEMENT [tɔtalmɑ̃] adverbe ▪ Complètement, tout à fait. *Il est totalement satisfait de son nouveau travail.* → **entièrement.** ⟨contraire : partiellement⟩ *Il n'est pas totalement guéri.* → **parfaitement.**

TOTALISER [tɔtalize] verbe [conjugaison 1a] ▪ Avoir au total. *L'équipe qui totalise le plus grand nombre de points est la gagnante.*

TOTALITAIRE [tɔtalitɛR] adj. (après le nom) ▪ *UN RÉGIME TOTALITAIRE* : régime politique dans lequel un parti unique gouverne sans admettre d'opposition. ⟨contraire : libéral⟩ *Les régimes totalitaires sont des dictatures. Il n'y a aucune liberté dans les pays totalitaires.*

TOTALITÉ [tɔtalite] n. f. ▪ *LA TOTALITÉ* : réunion de toutes les parties d'un tout. *Elle a dépensé la totalité de son salaire en une semaine.* → **intégralité.** ⟨contraires : fraction, partie⟩ *J'ai lu le livre dans sa totalité,* je l'ai lu entièrement. – *EN TOTALITÉ* : intégralement, totalement. *La ville a été détruite en totalité par les bombardements.* ⟨contraire : partiellement⟩

TOTEM [tɔtɛm] n. m. ▪ *UN TOTEM* : animal protecteur d'un clan. *Cette tribu indienne a un cheval pour totem.*

REM. Ce mot vient d'une langue indienne.

TOUCAN [tukɑ̃] n. m. ▪ *UN TOUCAN* : oiseau d'Amérique du Sud, aux couleurs vives et au bec gros et long. *Les toucans vivent dans les régions montagneuses.*

① **TOUCHANT** [tuʃɑ̃], **TOUCHANTE** [tuʃɑ̃t] adj. (après le nom) ▪ Qui émeut, attendrit. *Il nous a raconté une histoire touchante.* → **émouvant.** *Les amoureux se sont fait des adieux touchants. Quelle scène touchante ! Comme c'est touchant ! Il est touchant de maladresse avec les bébés.* → **attendrissant.**

② **TOUCHANT** [tuʃɑ̃] préposition ▪ STYLE RECHERCHÉ Au sujet de, à propos de. *Je ne sais rien touchant cette affaire.* → **concernant.**

TOUCHE [tuʃ] n. f.
I. *UNE TOUCHE* **1.** Secousse que donne un poisson qui mord à l'hameçon. *Le pêcheur sent une touche au bout de sa ligne.* – STYLE FAMILIER (qqn) *FAIRE UNE TOUCHE* : être remarqué par qqn à qui l'on plaît physiquement. *Elle a fait plusieurs touches au bal du 14 Juillet.* **2.** Couleur posée d'un coup de pinceau sur la toile. *Le peintre ajoute une touche de bleu sur la toile.* – *Le bouquet de fleurs met une touche de gaieté dans la maison,* un élément de gaieté. → ② **note.** **3.** *La (LIGNE DE) TOUCHE* : au rugby, au football, chacune des limites latérales du champ du jeu, perpendiculaires aux lignes de but. *Le remplaçant reste sur la touche.* – *ÊTRE MIS SUR LA TOUCHE* : être mis à l'écart (d'une activité). *Son chef de service l'a mis sur la touche.* **4.** STYLE FAMILIER Aspect, allure. *Elle a une drôle de touche avec ce vieux chapeau.* → **dégaine.**
II. Petit levier que l'on frappe avec les doigts sur un clavier. *Sur un piano, il y a des touches blanches et des touches noires. Le clavier de l'ordinateur a des touches carrées. Il a un téléphone à touches.*

TOUCHE-À-TOUT [tuʃatu] n. m. invariable ▪ STYLE FAMILIER *UN TOUCHE-À-TOUT* **1.** Personne, enfant qui touche à tout ce qu'il voit. *Ce* *petit garçon est un vrai touche-à-tout.* PLURIEL : *j'ai mis le vase en cristal à l'abri des touche-à-tout.* **2.** Personne qui se disperse en nombreuses activités. *Il a fait du piano, de la peinture, du théâtre : c'est un touche-à-tout de talent.*

① **TOUCHER** [tuʃe] verbe [conjugaison 1a]

I. 1. Entrer en contact physique avec (qqn, qqch.). *Il touche le radiateur pour vérifier qu'il est chaud. Ne me touchez pas ! Il m'a touché l'épaule pour attirer mon attention. Les choses que l'on peut toucher sont bien réelles* (→ **tangible).** *Je ne l'ai pas touchée et elle crie déjà.* → **effleurer.** *Le parachutiste touche le sol. Le nageur touche le fond,* il a pied. – STYLE FAMILIER *Il est désespéré, il* TOUCHE LE FOND, il est très mal moralement. **2.** Atteindre. *Le chasseur a touché le lièvre.* → **blesser.** *Le boxeur a touché son adversaire au menton.* **3.** Joindre (qqn), entrer en contact avec qqn (par lettre, par téléphone). *Où peut-on vous toucher ?* → **atteindre, contacter. 4.** (qqch.) Entrer en contact avec (qqch.) par un mouvement. *La fusée a touché le sol de la Lune.* **5.** Entrer en possession de, percevoir. *Il touche un gros salaire.* → **gagner.** *Je n'ai pas encore touché le chèque promis.* → **encaisser. 6.** Émouvoir. *Ce poème me touche beaucoup. Sa gentillesse nous a vivement touchés. Ce reproche l'a profondément touché.* → **blesser. 7.** TOUCHER UN MOT DE *qqch.* À *qqn,* lui en dire un mot. *Si je le vois, je lui en toucherai un mot,* je lui en parlerai.

II. 1. (qqch.) Être très proche de. *Sa maison touche la nôtre.* **2.** (qqch.) Avoir un rapport avec. *C'est un problème qui la touche de près.* → **concerner.** *Il connaît tout ce qui touche la mécanique* (→ ② **touchant).**

III. *TOUCHER À* **1.** Porter la main sur (pour prendre, utiliser). *Ne touche pas à ça ! N'y touche pas !* STYLE FAMILIER *Pas touche ! Cet enfant est insupportable, il touche à tout* (→ **touche-à-tout).** *Le malade a à peine touché à son repas,* il n'a presque rien mangé. **2.** Se mêler de, s'occuper de. *Dès qu'on touche à sa famille, il devient méchant. Il vaut mieux ne pas toucher à ce sujet.* → **aborder. 3.** S'en prendre à, pour modifier, corriger. *Ils n'ont pas osé toucher à nos avantages. – Quelle hypocrite, avec son* AIR DE NE PAS Y TOUCHER ! son air faussement innocent (→ **sainte-nitouche). 4.** Atteindre, arriver à (ce dont on approche). *Nous touchons au but. – L'été touche à sa fin,* il se termine. **5.** Avoir presque le caractère de. *Sa minutie touche à l'obsession.*

IV. verbe pronominal SE TOUCHER : (qqch.) être très proche. *Les deux maisons se touchent,* elles sont contiguës.

FAUX AMI
anglais **touchy** (adj.) « susceptible »

② **TOUCHER** [tuʃe] n. m. ▪ *LE TOUCHER* **1.** L'un des cinq sens qui permet de sentir et de reconnaître les objets en les palpant avec la main ou la peau. *Les aveugles ont les sensations du toucher très développées* (→ **tactile). 2.** Action ou manière de toucher. *La soie est douce* AU TOUCHER, quand on la touche. **3.** Manière dont un pianiste obtient une sonorité en frappant les touches de son instrument. *Ce pianiste a un merveilleux toucher.*

TOUFFE [tuf] n. f. ▪ *UNE TOUFFE* : groupe de poils, de brins réunis à la base. *Le chien perd des touffes de poils. Le jardinier arrache les touffes d'herbe qui poussent dans l'allée.*

TOUFFU [tufy], **TOUFFUE** [tufy] adj. (après le nom) ▪ Épais, dense. *Il a une barbe touffue. Le jardinier élague les arbres trop touffus.* – (figuré) *Ce récit est trop touffu,* les détails le rendent obscur.

TOUJOURS [tuʒuʀ] adverbe

I. 1. Tout le temps, à chaque instant, sans cesse. *Elle réussit toujours. Il est toujours en retard.* → **constamment, continuellement.** ⟨contraire : jamais⟩ *C'est toujours pareil, avec elle. Le chien grogne toujours quand on s'approche de la maison. Lui, toujours si aimable, ne m'a pas dit bonjour, ce matin. Les journées sont toujours trop courtes.* **2.** *PAS TOUJOURS* : pas constamment, pas toutes les fois. *Elle ne réussit pas toujours. Il ne vient pas toujours le matin, il vient parfois l'après-midi. Vous n'avez pas toujours été si indulgent. Ses films ne sont pas toujours aussi bons. Ça ne durera pas toujours.* → **éternellement.** *Je ne serai pas toujours là.* **3.** *COMME TOUJOURS* : de même que dans tous les autres cas. *Je me suis levé à huit heures, comme toujours,* comme d'habitude. – *PRESQUE TOUJOURS* : très souvent, la plupart du temps. *Elle va presque toujours en Grèce, au mois d'août* (→ **généralement, habituellement).** *C'est un ami DE TOUJOURS* : ils sont amis depuis très longtemps. – *DEPUIS TOUJOURS* : de tout temps. *Nous nous connaissons depuis toujours.* – *POUR TOUJOURS* : définitivement. *Il est parti pour toujours.*

II. 1. Encore maintenant. *Est-ce qu'il vit toujours ?* → **encore.** *Il aime toujours sa femme. Ça fait une heure qu'elle est sortie et elle n'est toujours pas là. Je suis couché depuis une heure et je ne dors toujours pas.* **2.** De toute façon, quelles que soient les circonstances. *Les compliments font toujours plaisir. C'est toujours ça de gagné !* STYLE FAMILIER *Tu peux toujours courir !* quoiqu'il arrive, tu n'auras rien. – *TOUJOURS EST-IL* [tuʒuʀɛtil] *QUE* : cependant, toutefois. *Personne ne croyait ça possible, toujours est-il que c'est arrivé.*

REM. **1.** *Il n'est toujours pas là* « il n'est pas encore là » est différent de *Il n'est pas toujours là* « il n'est pas là tout le temps ». **2.** *Toujours est-il* se prononce aussi [tuʒuʀzɛtil]. **3.** Attention aux sens différents I. et II. ; ne pas confondre *elle n'est pas toujours d'accord* « pas constamment d'accord » et *elle n'est toujours pas d'accord* « elle n'est pas encore d'accord ».

TOULOUSAIN [tuluzɛ̃] adj. et n. m., **TOULOUSAINE** [tuluzɛn] adj. et n. f. **1.** adjectif (après le nom) De Toulouse, ville du sud-ouest de la France. *Nous avons mangé du cassoulet toulousain. Ils habitent dans la région toulousaine.* **2.** *UN TOULOUSAIN, UNE TOULOUSAINE* : personne qui habite Toulouse. *Les Toulousains sont des méridionaux.*

TOUPET [tupɛ] n. m. ▪ STYLE FAMILIER *LE TOUPET* : audace. → **culot, front.** *Il a le toupet de me demander de l'argent. Elle ne manque pas de toupet.* → **air.** *Il a tous les toupets :* il se croit tout permis. *Quel toupet !*

TOUPIE [tupi] n. f. ▪ *UNE TOUPIE* **1.** Jouet formé d'un cône qui reste en équilibre sur la pointe en tournant. *L'enfant fait tourner sa toupie. – La patineuse* TOURNE COMME UNE TOUPIE, elle tourne sur elle-même extrêmement vite. **2.** *UNE VIEILLE TOUPIE* : vieille femme désagréable. *Quelle vieille toupie !*

REM. *Vieille toupie* est une injure.

① **TOUR** [tuʀ] n. f. ▪ *UNE TOUR* **1.** Construction en hauteur qui domine un bâtiment. *Le château est flanqué de plusieurs tours.* → **donjon, tourelle.** *De chez lui, il voit les tours de Notre-Dame de Paris.* **2.** Immeuble très élevé. *Son appartement est au vingtième étage d'une tour.* → **gratte-ciel. 3.** Construction élevée, beaucoup plus haute que large. *De nombreux touristes visitent la tour Eiffel, à Paris. Les aiguilleurs du ciel guident les avions du haut de la* TOUR DE CONTRÔLE. *La fusée est sur la* TOUR DE LANCEMENT, *prête à partir.* **4.** Pièce du jeu d'échecs. *L'un des joueurs s'est fait prendre sa tour.* **5.** *Une* TOUR D'IVOIRE : position en retrait et solitaire d'une personne qui refuse de s'engager, de se compromettre. *L'artiste ne doit pas s'enfermer dans sa tour d'ivoire.*

REM. *Tour* a remplacé *gratte-ciel,* qui s'emploie surtout à propos de l'Amérique du Nord.

② **TOUR** [tuʀ] n. m.

I. *LE TOUR* **1.** Circonférence, pourtour. *Le forestier mesure le tour de l'arbre. Elle fait soixante centimètres de tour de taille.* **2.** *FAIRE LE TOUR d'un lieu,* aller autour, se promener autour. *Elle fait le tour du pâté de maisons. Il a fait LE TOUR DU MONDE en bateau.* – *Nous avons fait le tour de la question,* nous avons examiné la question sous tous ses aspects. **3.** *FAIRE UN TOUR :* faire une courte promenade. *Je sors, je vais faire un tour. Il fait beau, allons faire un tour à la campagne.* → STYLE FAMILIER **virée.** **4.** *LE TOUR DE :* parcours, voyage où l'on revient au point de départ. *Ils ont fait le tour de l'Espagne en circuit organisé.* – *LE TOUR DE FRANCE prend le départ demain,* la course cycliste disputée chaque année et qui parcourt les routes de France. **5.** *UN TOUR :* circuit que fait un athlète, un coureur, sur une longueur de piste. *Le coureur a parcouru un tour en deux minutes. Le champion fait un TOUR DE PISTE triomphal.* – STYLE FAMILIER *C'est reparti pour un tour :* ça recommence. **6.** Ligne sinueuse. *La route fait des tours et des détours.*

II. *UN TOUR* **1.** Mouvement tournant. *La danseuse fait des tours sur elle-même,* elle tourne sur elle-même. → **pirouette, rotation.** *Elle a donné deux TOURS DE CLÉ à la serrure en partant. Ferme la porte À DOUBLE TOUR,* en donnant deux tours de clé. – *La voiture a démarré AU QUART DE TOUR,* immédiatement et sans difficulté. – *Les deux chefs d'État ont fait un vaste TOUR D'HORIZON de la situation internationale,* ils ont examiné la situation internationale. **2.** *À TOUR DE BRAS :* de toute la force du bras. *Il a lancé la balle à tour de bras.* **3.** *UN TOUR DE MAIN :* mouvement adroit qu'accomplit la main. *J'admire le tour de main du potier.* → ② **adresse, habileté, savoir-faire.** **4.** *UN TOUR DE REINS :* torsion douloureuse dans le bas du dos. *Elle s'est fait un tour de reins en portant un sac de ciment.* → **lumbago.**

III. *UN TOUR* **1.** Exercice difficile à exécuter, qui demande de l'habileté. *Le prestidigitateur fait des TOURS DE MAGIE. Il connaît de nombreux TOURS DE CARTES,* des tours d'adresse exécutés à l'aide de cartes à jouer. – *Faire ce travail en aussi peu de temps, c'est un véritable TOUR DE FORCE* (→ **exploit, performance).** **2.** Action ou moyen d'action qui demande de l'adresse, de la malice ou de la ruse. *IL A PLUS D'UN TOUR DANS SON SAC :* il est très malin. – *JOUER UN TOUR À qqn,* agir contre lui. *Elle lui a joué un sale tour. Il m'a joué un sale tour. Méfiez-vous, votre étourderie VOUS JOUERA DES TOURS,* elle vous nuira. – *Et voilà, LE TOUR EST JOUÉ,* c'est fait, c'est terminé.

IV. 1. *LE TOUR :* aspect que présente une chose selon la façon dont elle est faite, la manière dont elle évolue. *Les choses prennent un mauvais tour.* → **tournure.** **2.** *Un TOUR (DE PHRASE) :* manière particulière d'exprimer une chose dans une langue. → **construction, tournure.** *« Avoir beau » et « il y a » sont des tours particuliers au français* (→ **gallicisme).** *L'expression « prendre acte de » est un tour de la langue juridique.*

V. 1. Moment où c'est à qqn de faire qqch. *Attendez votre tour dans la file.* → **queue.** *J'ai passé mon tour :* j'ai laissé qqn passer avant moi. *C'EST À MON TOUR de jouer :* c'est à moi de jouer. *Chacun parlera à son tour,* quand ce sera à lui de le faire. *CHACUN SON TOUR,* à son tour. *Ne vous bousculez pas, passez chacun votre tour !* – *TOUR À TOUR :* l'un après l'autre. *Le professeur interroge chaque élève tour à tour.* – *À TOUR DE RÔLE :* chacun son tour. *Ils conduisent à tour de rôle leurs enfants à l'école.* **2.** *UN TOUR DE CHANT :* récital donné par un chanteur, une chanteuse. *La chanteuse a été très applaudie à la fin de son tour de chant.* **3.** *UN TOUR DE SCRUTIN :* vote, dans une élection où l'on vote plusieurs fois. *Le candidat de la majorité a été élu au premier tour.*

> FAUX AMI
> anglais
> **tour**
> « voyage, circuit »

③ **TOUR** [tuʀ] n. m. ▪ *UN TOUR :* machine qui permet de façonner des objets en leur donnant un mouvement de rotation (→ **tourneur).** *Le potier fabrique des vases sur son tour.*

TOURANGEAU [tuʀɑ̃ʒo] adj. et n. m., **TOURANGELLE** [tuʀɑ̃ʒɛl] adj. et n. f. **1.** adjectif (après le nom) De la ville de Tours, en France ou de la région de Touraine. *La campagne tourangelle est très agréable.* **2.** *UN TOURANGEAU, UNE TOURANGELLE :* personne originaire de Tours ou de Touraine. *Il a épousé une Tourangelle. Ils sont Tourangeaux tous les deux.*

TOURBE [tuʀb] n. f. ▪ *LA TOURBE :* matière spongieuse et légère formée par la décomposition de plantes qui pourrissent à l'abri de l'air. *La tourbe séchée peut être utilisée comme combustible.*

TOURBIÈRE [tuʀbjɛʀ] n. f. ▪ *UNE TOURBIÈRE :* marécage d'où l'on extrait la tourbe. *Il y a de nombreuses tourbières en Irlande.*

TOURBILLON [tuʀbijɔ̃] n. m. ▪ *UN TOURBILLON* **1.** Vent très fort qui souffle en tournoyant. *Des tourbillons de vent soulèvent la poussière.* **2.** Mouvement tournant et rapide d'un liquide ou de particules entraînées par l'air. *Le nageur a été pris dans un tourbillon.* **3.** Tournoiement rapide. *Les tourbillons de la valse l'étourdissent un peu.* **4.** STYLE RECHERCHÉ Ce qui emporte, entraîne dans un mouvement rapide. *Elle est emportée dans le tourbillon de la vie parisienne.*

TOURBILLONNER [tuʀbijɔne] verbe [conjugaison 1a] ▪ Former des tourbillons. *La neige tourbillonne en gros flocons.* → **tournoyer.** – *Les idées tourbillonnent dans sa tête,* elles tournent dans sa tête dans un mouvement rapide.

TOURELLE [tuʀɛl] n. f. ▪ *UNE TOURELLE* **1.** Petite tour. *Le château est flanqué de deux tourelles.* **2.** Abri blindé contenant des pièces d'artillerie. *La tourelle d'un char d'assaut est mobile.*

TOURISME [tuʀism] n. m. ▪ *LE TOURISME* **1.** Le fait de voyager pour son plaisir. *Cet été, nous avons FAIT DU TOURISME en Italie,* nous avons visité l'Italie. **2.** Ensemble des activités liées aux déplacements des touristes, aux séjours des étrangers. *J'ai pris un dépliant sur la Grèce dans une AGENCE DE TOURISME. L'OFFICE DU TOURISME est au centre de la ville,* le bureau où les touristes peuvent demander des renseignements sur les lieux à visiter, sur les hôtels. – *DE TOURISME :* destiné aux déplacements privés. *L'aéroport est interdit aux avions de tourisme* (opposé à de ligne). *Le stationnement sur le trottoir est autorisé pour les véhicules de tourisme* (opposé à véhicule utilitaire).

TOURISTE [tuʀist] n. m., n. f. ▪ *UN TOURISTE, UNE TOURISTE :* personne qui voyage pour son plaisir. *Une touriste japonaise prend une photo de la tour Eiffel. Le groupe de touristes suit le guide.*

TOURISTIQUE [tuʀistik] adj. (après le nom) **1.** Qui sert à faire du tourisme, fait pour les touristes. *J'ai acheté un guide touristique de l'Espagne.* **2.** Relatif au tourisme. *Ils ont fait un voyage touristique en Norvège.* **3.** Qui attire les touristes. *Rome et Paris sont des villes très touristiques.*

TOURMENT [tuʀmɑ̃] n. m. ▪ STYLE RECHERCHÉ *UN TOURMENT* **1.** Vive souffrance physique ou morale. *Depuis qu'il est amoureux, il connaît les tourments de la jalousie.* – *Cette démarche lui a donné bien du tourment.* → **souci, tracas.** **2.** Cause de souci, de tracas. *L'avenir de son fils est pour elle un véritable tourment.*

TOURMENTE [tuʀmɑ̃t] n. f. ▪ STYLE RECHERCHÉ *UNE TOURMENTE :* violente tempête. *Le bateau est pris dans la tourmente.*

TOURMENTÉ [tuʀmɑ̃te], **TOURMENTÉE** [tuʀmɑ̃te] adj. (après le nom) **1.** En proie aux tourments, aux soucis. *C'est une fille au caractère tourmenté.* → **angoissé, anxieux, inquiet.** *Il a un beau visage tourmenté.* ⟨contraires : calme, serein⟩ **2.** STYLE RECHERCHÉ Qui se déroule dans l'agitation, le trouble. *La Révolution française est une période tourmentée de l'histoire.* → **troublé.** *Il a mené une vie tourmentée.* → **agité. 3.** De forme irrégulière, tordue. *Les branches des arbres ont des formes tourmentées. La région a un relief tourmenté.* → **accidenté.** *J'aime ce paysage tourmenté.*

TOURMENTER [tuʀmɑ̃te] verbe [conjugaison 1a]
I. 1. Faire souffrir volontairement. *La petite fille tourmente son chat.* → **maltraiter, martyriser. 2.** (qqch.) Préoccuper en angoissant, causer du souci. *De nombreuses préoccupations le tourmentent.* → **obséder.** *Qu'est-ce qui te tourmente ?* → **préoccuper, tracasser.** – *Elle est tourmentée par le remords.* → **torturer.**
II. verbe pronominal SE TOURMENTER : (qqn) se faire du souci, se tracasser. *Ne vous tourmentez pas pour si peu ! Elle s'est tourmentée toute la nuit.*

TOURNAGE [tuʀnaʒ] n. m. ▪ *LE TOURNAGE* : action de tourner un film. → **réalisation.** *Le tournage a duré trois mois.*

TOURNAI [tuʀnɛ] nom propre – en néerlandais **DOORNIK** ▪ Ville de Belgique, sur l'Escaut. *Nous sommes allés à Tournai. Ils viennent de Tournai.*

① **TOURNANT** [tuʀnɑ̃], **TOURNANTE** [tuʀnɑ̃t] adj. (après le nom) **1.** Qui tourne, pivote sur soi-même. *La secrétaire a une chaise tournante. L'ambulance a un feu tournant bleu sur le toit* (→ **gyrophare**). **2.** Qui contourne, prend à revers. *L'armée ennemie décrit un vaste mouvement tournant pour nous encercler.* **3.** *Une GRÈVE TOURNANTE,* qui touche les uns après les autres tous les secteurs. *Des grèves tournantes paralysent le pays.*

② **TOURNANT** [tuʀnɑ̃] n. m. ▪ *UN TOURNANT* **1.** Endroit où une route, une rue tourne. *Attention, ce tournant est dangereux.* → **virage.** – STYLE FAMILIER *Je l'attends AU TOURNANT* : je me vengerai de lui dès que l'occasion se présentera. **2.** Moment où ce qui évolue change de direction, devient différent. *Il est à un tournant de sa carrière. Cet événement MARQUE UN TOURNANT dans l'histoire du pays,* constitue un changement important. – *PRENDRE LE TOURNANT* : se reconvertir, changer complètement d'orientation. *Il a bien su prendre le tournant quand il le fallait.*

TOURNEBOULER [tuʀnəbule] verbe [conjugaison 1a] ▪ STYLE FAMILIER Bouleverser. *La nouvelle l'a tourneboulé.* – *Elle est toute tourneboulée,* troublée, retournée.

TOURNE-DISQUE [tuʀnədisk] n. m. ▪ *UN TOURNE-DISQUE* : appareil électrique formé d'un plateau tournant et d'une tête de lecture et qui sert à écouter des disques. → **électrophone,** ① **platine.** *Il a changé son vieux tourne-disque pour une chaîne hi-fi perfectionnée.* PLURIEL : *des TOURNE-DISQUES.*
REM. Ce mot, comme *électrophone,* ne s'emploie plus beaucoup.

TOURNEDOS [tuʀnədo] n. m. ▪ *UN TOURNEDOS* : tranche de filet de bœuf. *Elle a acheté deux tournedos chez le boucher.*

TOURNÉ [tuʀne], **TOURNÉE** [tuʀne] adj. (après le nom) **1.** *AVOIR L'ESPRIT MAL TOURNÉ* : interpréter les choses de manière scabreuse. *Il a vraiment l'esprit mal tourné.* **2.** *BIEN TOURNÉ* : bien fait, bien exprimé. *Sa lettre est très bien tournée,* bien écrite. **3.** *Du LAIT TOURNÉ,* devenu aigre. *J'ai jeté le lait tourné.*

TOURNÉE [tuʀne] n. f. ▪ *UNE TOURNÉE* **1.** Voyage de travail qui a un itinéraire fixe et des arrêts déterminés. *Le facteur FAIT SA TOURNÉE dans le quartier,* il distribue le courrier. *Le député est EN TOURNÉE électorale.* – *La compagnie de théâtre part en tournée à l'étranger,* elle va jouer la pièce dans différents endroits à l'étranger. **2.** Tour au cours duquel on visite tous les lieux du même genre. *L'ivrogne a fait la tournée de tous les bars de la ville.* **3.** STYLE FAMILIER Série de consommations offertes par une personne, au café. *Ce soir, c'est la tournée du patron !*

EN UN **TOURNEMAIN** [ɑ̃nɛ̃tuʀnəmɛ̃] adverbe ▪ STYLE RECHERCHÉ En un instant, très vite. *Il a fait ses bagages en un tournemain.*

TOURNER [tuʀne] verbe [conjugaison 1a]
I. 1. Faire bouger (une chose) autour d'un axe, lui donner un mouvement de rotation. *Il tourne la clé dans la serrure. Tourne la manivelle du store.* – *Le vin m'a TOURNÉ LA TÊTE,* il m'a étourdi, enivré. (figuré) *Cette fille lui a tourné la tête,* elle lui a fait perdre la tête. **2.** Agiter, remuer pour mélanger, délayer. *Elle tourne la salade. Le cuisinier tourne la sauce.* **3.** *Tourner les pages d'un livre,* les feuilleter. *Elle tourne une à une les pages de la revue.* – *Il tourne et retourne le problème dans sa tête,* il l'examine sous tous ses aspects. **4.** Mettre, présenter en sens inverse, sur la face opposée. *Dès qu'il m'a vu, il m'a tourné le dos.* **5.** Diriger d'un autre côté (une partie du corps). *Il tourne les yeux vers elle* : il se met à la regarder. *Elle a tourné la tête de l'autre côté.* **6.** Prendre à revers. *Il faut tourner la difficulté.* → **contourner. 7.** *TOURNER UN FILM* : faire, réaliser un film. *Le réalisateur a tourné cette scène en studio. Silence, on tourne !* → **filmer. 8.** *TOURNER À, EN* : transformer en donnant un aspect, un caractère différent. *Elle a tourné l'affaire à son avantage. Tu tournes tout en ridicule.*
II. 1. Se mouvoir en cercle ou décrire une ligne courbe autour de (qqch.). *Les planètes tournent autour du Soleil.* → **graviter.** – *Il voit tout tourner* : il a le vertige. *ELLE TOURNE EN ROND dans sa chambre,* elle est désœuvrée. **2.** *TOURNER AUTOUR* : évoluer sans s'éloigner. *Les guêpes tournent autour du pot de confiture.* – STYLE FAMILIER *Tous les garçons lui TOURNENT AUTOUR,* lui font la cour. – *La conversation a tourné autour de l'éducation des enfants,* elle a eu pour sujet l'éducation des enfants. – *Il TOURNE AUTOUR DU POT sans oser dire ce qu'il voudrait* : il n'arrive pas à se décider à dire ce qu'il voudrait. **3.** Avoir un mouvement circulaire (sans que l'ensemble de l'objet se déplace). *La porte tourne sur ses gonds.* – STYLE FAMILIER *L'heure tourne* : le temps passe. **4.** (mécanisme) Fonctionner (avec un mouvement de rotation). *Le moteur tourne.* – *Elle fait tourner le lave-linge.* → **marcher. 5.** *La tête lui tourne* : il est étourdi. *J'ai trop bu, j'ai la tête qui tourne.* – *Elle a tourné de l'œil* : elle s'est évanouie. **6.** Changer de direction. *Tournez à gauche !* – *La chance a tourné,* elle a changé. **7.** *TOURNER À, EN* : changer d'aspect, d'état (pour arriver à un résultat). *Le temps tourne à l'orage,* il devient orageux. *La discussion a tourné à la bagarre,* elle s'est transformée en bagarre. **8.** *TOURNER BIEN* : évoluer bien. *Finalement, les choses ont bien tourné.* → **marcher.** – *TOURNER MAL* : évoluer, se passer mal. *Ça pourrait mal tourner.* → se **gâter.** – (qqn) *Leur fille a mal tourné,* elle est devenue une personne peu recommandable. **9.** Devenir aigre. *Le lait a tourné.* → **cailler.** – *La mayonnaise a tourné,* elle s'est décomposée.
III. verbe pronominal SE TOURNER **1.** Aller, se mettre en sens inverse ou dans une certaine direction. *Tourne-toi un peu. L'orateur se tourne vers le public. Elle s'est tournée de l'autre côté pour ne pas nous voir.* → se **détourner.** *Il se tourne et se retourne dans son lit sans pouvoir dormir.* **2.** Se diriger. *Elle s'est tournée vers l'enseignement.* → s'**orienter.** *Je ne sais plus de quel côté me tourner* : je ne sais plus quoi faire.

FAUX AMIS
italien **tornare** « retourner, revenir » ; roumain **a turna** « verser »

TOURNESOL [tuʀnəsɔl] n. m. ▪ *UN TOURNESOL* : plante dont la grosse fleur jaune se tourne vers le soleil. *Il y a un bouquet de tournesols sur la table*, de fleurs de tournesol. - *L'huile de tournesol est bonne pour la santé*, l'huile fournie par les graines de tournesol.

TOURNEUR [tuʀnœʀ] n. m. ▪ *UN TOURNEUR* : ouvrier, artisan qui travaille sur un tour (→ ③ **tour**). *Le tourneur sur métaux fabrique des pièces métalliques.*

TOURNEVIS [tuʀnəvis] n. m. ▪ *UN TOURNEVIS* : outil formé d'une tige d'acier fixée sur un manche, qui sert à tourner des vis. *Il a dévissé toutes les vis avec son tournevis.*

TOURNICOTER [tuʀnikɔte] verbe [conjugaison 1a] ▪ STYLE FAMILIER Tourner sur place, sans but. *Il tournicote dans toute la maison, sans savoir quoi faire.*

TOURNIQUET [tuʀnikɛ] n. m. ▪ *UN TOURNIQUET* : appareil formé d'une croix horizontale tournant autour d'un pivot vertical, qui ne laisse passer qu'une seule personne à la fois. *Les clients du supermarché passent par des tourniquets pour entrer dans le magasin.*

TOURNOI [tuʀnwa] n. m. ▪ *UN TOURNOI* **1.** Au Moyen Âge, combat entre plusieurs chevaliers armés de lances. → **joute.** *Le tournoi était pour le chevalier un entraînement à la guerre.* **2.** Compétition à plusieurs séries d'épreuves ou de manches. → **championnat.** *Le club sportif a organisé un tournoi de tennis. Elle a participé à un tournoi de bridge.*

TOURNOIEMENT [tuʀnwamɑ̃] n. m. ▪ *LE TOURNOIEMENT* : mouvement de ce qui tournoie. *De sa fenêtre, il observe le tournoiement des feuilles mortes.*

TOURNOYER [tuʀnwaje] verbe [conjugaison 8a] ▪ Se déplacer en faisant des cercles. *L'aigle tournoie au-dessus de sa proie. Les feuilles mortes tombent en tournoyant. Les danseurs tournoieront* [tuʀnwaʀɔ̃] *sur la piste.*

TOURNURE [tuʀnyʀ] n. f. **1.** *LA TOURNURE* : aspect que prend une chose qui évolue. *Tout dépend de la tournure que prendront les événements.* → **cours.** *L'affaire prend une bonne tournure*, elle évolue bien. *Ça prend mauvaise tournure* : ça évolue mal. *Le projet PREND TOURNURE*, il commence à se dessiner. **2.** *UNE TOURNURE D'ESPRIT* : manière d'envisager les choses. *Il a une tournure d'esprit qui me déplaît.* **3.** *UNE TOURNURE (DE PHRASE)* : manière d'exprimer une chose dans une langue. → **construction,** ② **tour.** *Le professeur recommande aux élèves d'éviter les tournures trop compliquées dans leurs devoirs. « Il y a » est une tournure particulière au français* (→ **gallicisme).**

TOURTEAU [tuʀto] n. m. ▪ *UN TOURTEAU* : gros crabe de l'Atlantique et de la Manche, qui a une carapace brun-rouge et lisse et une chair très délicate. → **dormeur.** *Nous avons mangé un tourteau à la mayonnaise.* PLURIEL : *le pêcheur a pris des TOURTEAUX.*

TOURTEREAUX [tuʀtəʀo] n. m. pluriel ▪ *DES TOURTEREAUX* : jeunes amoureux. *Les tourtereaux s'embrassent en se disant des mots d'amour.*

TOURTERELLE [tuʀtəʀɛl] n. f. ▪ *UNE TOURTERELLE* : oiseau qui ressemble au pigeon, en plus petit. *Les tourterelles roucoulent dans les arbres.*

TOUS → **tout**

TOUSSAINT [tusɛ̃] n. f. ▪ *LA TOUSSAINT* : fête catholique de tous les saints, fêtée le 1er novembre. *Nous irons au cimetière à la Toussaint. Il fait un temps de Toussaint*, un temps gris et froid.

TOUSSER [tuse] verbe [conjugaison 1a] **1.** Chasser de l'air par la bouche en faisant un bruit spécial qui part de la gorge (→ **toux).** *Ma fille a la gorge irritée, elle tousse. Il a toussé toute la nuit.* **2.** Se racler la gorge pour s'éclaircir la voix ou attirer l'attention. *Il tousse discrètement pour signaler sa présence.*

TOUSSOTER [tusɔte] verbe [conjugaison 1a] ▪ Tousser en faisant peu de bruit. *Il toussote pour avertir de sa présence.*

① **TOUT** [tu] adj., pronom et adverbe, **TOUTE** [tut] adj., pronom et adverbe

I. adjectif qualificatif **1.** → **entier.** (devant un nom précédé d'un déterminant) En totalité. *TOUT LE, TOUTE LA* (suivi d'un nom). *Il travaille tout le jour*, le jour entier. ⟨contraire : une partie de⟩ *Le bébé a pleuré toute la nuit*, la nuit entière. *Il pleut TOUT LE TEMPS en cette saison* (→ **toujours).** - *TOUT LE MONDE* : toutes les personnes. *Tout le monde est content* (→ **on).** *TOUT LE RESTE* : la totalité des choses qu'il reste à mentionner. *Il a rangé la cuisine et la salle de bains et sa femme a rangé tout le reste.* - *TOUT UN, TOUTE UNE. Il a passé tout un hiver* [tutɛ̃nivɛʀ] *à voyager. Elle en fait toute une* [tutyn] *affaire* : elle donne trop d'importance à cette affaire. - *J'ai tout mon temps. Il est venu avec toute sa famille. Ils ont fait tout leur travail.* - *TOUT CE bruit est insupportable. Il est parti tout cet été. TOUT CECI est déplorable.* - STYLE FAMILIER *C'est TOUT CE QU'IL Y A DE sérieux* : c'est absolument sérieux. *Ce sont des gens tout ce qu'il y a de cultivé* (ou *cultivés*). **2.** → **grand, plein.** (devant un nom sans déterminant) *Ma voiture me donne toute satisfaction*, elle me donne entière, pleine satisfaction. *Tu as tout intérêt à accepter*, un intérêt évident et grand. *La moto va À TOUTE VITESSE*, elle va très vite. *Je vous remercie DE TOUT CŒUR*, du fond du cœur. *Ce chat est DE TOUTE BEAUTÉ*, il est extrêmement beau. *Elle nous a reçus EN TOUTE SIMPLICITÉ*, très simplement. → **total.** *SELON TOUTE APPARENCE, ils ne nous attendaient pas*, d'une manière très probable. - *Il n'a mangé qu'un morceau de pain POUR TOUT repas*, en fait de repas, comme repas. - (devant un nom propre) *Elle a lu tout Molière*, toute l'œuvre de Molière. *De ma fenêtre, je vois tout Paris.* **3.** (après le nom) Tout entier. *Elle a une robe toute en soie.* - (attribut) *Il est habillé tout en noir. Elle est toute à son travail.*

II. adjectif indéfini (avant le nom) **1.** (au pluriel) *TOUS* [tu], toutes [tut] : l'ensemble de. *Tous les hommes sont mortels. Tous les moyens sont bons. Je vous aime TOUS LES DEUX*, vous deux. *Tous nos amis seront là. Il remue les papiers dans tous les sens.* - *Il y a toutes sortes de choses à faire. Le roi a tous pouvoirs sur ses sujets. Tous trois ont tort.* - *La voiture roule tous feux éteints. Toutes proportions gardées, les deux choses sont comparables.* - *Le voleur s'enfuit À TOUTES JAMBES*, en courant très vite. *Les gens arrivent DE TOUTES PARTS*, de partout. *Ça se passe comme ça dans tous les cas.* **2.** (périodicité) *TOUS* [tu], toutes [tut] : marque l'intervalle. → **chaque.** *On fête son anniversaire tous les ans*, chaque année. *Il s'arrête de travailler toutes les deux minutes*, à chaque instant. **3.** (indéterminé) *TOUT, TOUTE* : un quelconque, n'importe lequel. *La police mettra une amende à toute personne qui commettra une infraction* (→ **quiconque).** *Toute peine mérite salaire. Ça roule sur tout terrain.* → **tout-terrain.** *Ici, on peut déjeuner À TOUTE HEURE*, à n'importe quelle heure. - *Prends ton parapluie, À TOUT HASARD*, au cas où il pleuvrait. - *DE TOUTE FAÇON, il est trop tard*, quoi qu'il en soit. *Fais ce que tu veux, EN TOUT CAS, moi je reste.* - *AVANT TOUTE CHOSE, je tiens à vous remercier*, en premier lieu. - *Il veut être heureux comme TOUT UN CHACUN*, comme tout le monde. - *TOUTE AUTRE qu'elle aurait refusé*, n'importe qui d'autre.

III. pronom **1.** (au pluriel) *TOUS* [tus], toutes [tut] représentant un ou plusieurs noms, pronoms exprimés avant. *Ce sont tous des idiots. C'est la première de toutes. Essayons TOUS ENSEMBLE* [tusɑ̃sɑ̃bl]. *Regardez tous ! Nous sommes pareils, TOUS AUTANT QUE NOUS SOMMES,* nous tous sans exception. **2.** *TOUS* [tus], toutes [tut] : tous les hommes, tout le monde, la collectivité entière. *Nous avons tous nos petits défauts. Tous ont été tués.* ⟨contraire : aucun⟩ *Il se bat seul contre tous. Il les méprise toutes.* **3.** *TOUT :* l'ensemble des choses dont il est question. ⟨contraire : rien⟩ *Tout va bien. Le temps efface tout.* – *TOUT EST LÀ* [tutɛla] : là est le problème. – STYLE FAMILIER *Elle est gentille, serviable et tout,* et le reste. **4.** (avec une préposition) *On s'habitue à tout. Nous veillons sur tout. Nous avons besoin DE TOUT. Donnez-moi un peu de tout. L'homme mange de tout* **(→ omnivore).** – (résumant une série de termes) *Son travail, son mari, ses enfants... tout l'exaspère.* – *Il est TOUT POUR elle :* il compte énormément pour elle. – *C'EST TOUT :* c'est la fin d'une énumération ou d'une déclaration. *Ce sera tout pour aujourd'hui. C'est comme ça, UN POINT C'EST TOUT.* – *Ce n'est pas tout :* il y a encore autre chose à dire, à signaler. *Ce n'est pas tout de s'amuser :* il ne suffit pas de s'amuser. STYLE FAMILIER *C'est pas tout ça :* il y encore autre chose à faire. – *VOILÀ TOUT :* ce qui est fini n'était pas très important. *Il a trop bu, voilà tout !* – *Il faut de tout pour faire un monde.* – *Elle est capable de tout,* de n'importe quoi, du pire. – *AVANT TOUT :* d'abord, en premier lieu. *Il faut avant tout éviter la panique. APRÈS TOUT :* finalement, en définitive. *Après tout, ce n'est pas sa faute.* – *Ce chat est gentil COMME TOUT,* extrêmement gentil. – *EN TOUT :* complètement. *Son récit est conforme en tout à la réalité. Cela fait mille francs en tout,* au total. *Il y a EN TOUT ET POUR TOUT dix personnes dans la salle,* en totalité dix personnes dans la salle, pas plus. **5.** *TOUT DE :* tous les éléments, les caractères de. *Sa femme ignore tout de cette affaire,* elle ignore ce qui concerne cette affaire. – *Elle A TOUT DE la vieille fille acariâtre,* elle en a toutes les caractéristiques.

IV. adverbe **1.** *TOUT* avec un adjectif (parfois *TOUTE, TOUTES*) : entièrement, complètement, d'une manière absolue, intégrale. **→ tout à fait.** *Ce chien est tout jeune. Elle se sent tout émue* [tutemy]. *Ils sont tout étonnés* [tutetɔne]. **→ très.** *La classe tout entière* [tutɑ̃tjɛʀ] *est punie. Elle a appris la danse tout enfant* [tutɑ̃fɑ̃]. *Il joue au football depuis qu'il est tout petit. Sa voiture est toute belle. C'est encore une toute jeune fille. Elles sont toutes contentes. Elle est déjà tout habillée* [tutabije]. *Elle est toute honteuse* [tutəɔ̃tøz]. – *TOUT AUTRE* [tutotʀ], invariable : complètement différent. *La réalité est tout autre que ce qu'il raconte. C'est tout autre chose. C'est une tout autre affaire.* – *LE TOUT PREMIER, LA TOUTE PREMIÈRE :* celui, celle qui est exactement le premier, la première. *C'est le tout premier film de ce jeune réalisateur. C'est la toute première fois qu'elle sort le soir. Je n'ai lu que les toutes premières pages du roman.* – *TOUT... QUE* exprime la concession. *Tout riches qu'ils sont, ils sont avares :* bien que riches, ils sont avares. *Tout intelligente que tu sois, tu peux te tromper,* bien que tu sois intelligente. **2.** *TOUT* devant une préposition, un adverbe *Elle est tout en larmes.* – *J'habite tout près. Parlez tout doucement. Il est parti À TOUT JAMAIS,* pour toujours. *Plus personne ne parle, TOUT À COUP.* **→ soudain.** *À TOUT À L'HEURE,* à plus tard. – *Cela coûte cent francs, TOUT AU PLUS,* au plus, au maximum. – *TOUT DE MÊME, il a raison,* pourtant. – *Je reviens TOUT DE SUITE,* immédiatement. – *C'est tout le contraire.* **→ exactement, juste.** **3.** *TOUT EN* marque la simultanéité ou l'opposition *Le maçon chante tout en travaillant,* pendant qu'il travaille. *Elle me fait des sourires tout en disant du mal derrière mon dos.* **4.** STYLE RECHERCHÉ *TOUT* renforce un nom épithète ou attribut *Je suis tout ouïe :* je t'écoute attentivement. *Il est tout yeux tout oreilles :* il regarde et écoute avec attention. *Ce tissu est tout soie.* **→ pur.**

REM. **1.** *Tout* se prononce [tu] devant une consonne (*tout ceci* [tu səsi]), [tut] devant une voyelle (*tout autour* [tutotuʀ]) ou un *h* muet (*tout homme* [tutɔm]). – *Tous* adjectif se prononce [tu] (*tous les jours* [tuleʒuʀ]), sauf devant une voyelle où il se prononce [tuz] (*à tous égards* [atuzegaʀ]). – *Tous* pronom se prononce [tus] (*tous ensemble* [tusɑ̃sɑ̃bl], *vous tous* [vutus]). **2.** *Tout,* adverbe, est invariable au masculin *(il est tout jeune ; ils sont tout étonnés)* et devant les adjectifs féminins commençant par une voyelle *(tout entière)* ou un *h* muet *(une fille tout humble). Tout* est variable en genre et en nombre devant les adjectifs féminins commençant par une consonne *(toute belle, toutes contentes)* ou un *h* aspiré *(toute honteuse).* **3.** *Tout* s'accorde avec *autre* quand *autre* est pronom *(toute autre qu'elle aurait accepté),* mais reste invariable quand *autre* est adjectif (*c'est tout autre chose* «c'est entièrement autre chose»). **4.** *Elles sont toutes en bleu* signifie «toutes sont en bleu», alors que *elles sont tout en bleu* signifie «elles sont entièrement en bleu».

② **TOUT** [tu] n. m. **1.** *LE TOUT :* l'ensemble dont les éléments viennent d'être désignés. *Si vous ne pouvez pas vendre chaque meuble séparément, vendez le tout.* **→ totalité.** *Le tout pour cent francs !* – *Il faut RISQUER LE TOUT POUR LE TOUT,* risquer de tout perdre pour pouvoir tout gagner. **2.** (abstrait) *LE TOUT :* ce qui est le plus important. *Le tout est d'être soigneux.* **→ principal.** – STYLE FAMILIER *CE N'EST PAS LE TOUT DE s'amuser,* cela ne suffit pas. **3.** *UN TOUT :* la somme des choses dont on parle. *Les différents membres de la famille forment un tout.* **→ unité.** – *MON TOUT est un oiseau exotique,* le mot à trouver dans la charade. **4.** *DU TOUT AU TOUT* [dytututu] : complètement. *Depuis la mort de sa femme, il a changé du tout au tout.* – *PAS DU TOUT :* absolument pas. *Il ne fait pas froid du tout. «Vous êtes fatigué ? – Pas du tout !»* **→ aucunement, non.** – *Il n'y a PLUS DU TOUT de pain,* plus un seul morceau de pain. *Elle n'est plus du tout contente. Il ne s'agit plus du tout de cela, on a changé d'avis.* – *Tu n'auras RIEN DU TOUT,* absolument rien.

REM. *Toux* «action de tousser» se prononce de la même façon.

TOUT À FAIT [tutafɛ] adverbe ▪ Complètement, entièrement. *Il semble tout à fait heureux.* **→ parfaitement.** *Ce n'est pas tout à fait pareil.* **→ exactement.** ⟨contraire : pas du tout⟩ – *«Vous maintenez ce que vous venez de dire ? – Tout à fait.»* **→ absolument, totalement.**

REM. *Tout à fait* est employé d'une manière abusive pour *oui : «Vous êtes marié ? – Tout à fait.»*

TOUT-À-L'ÉGOUT [tutalegu] n. m. invariable ▪ *LE TOUT-À-L'ÉGOUT :* ensemble de canalisations qui servent à recueillir les eaux sales et à les envoyer directement dans les égouts. *La commune a fait installer le tout-à-l'égout dans toutes les maisons.* PLURIEL : *des tout-à-l'égout.*

TOUTEFOIS [tutfwa] adverbe ▪ STYLE RECHERCHÉ En considérant toutes les raisons, toutes les circonstances. *Ce devoir est bon, toutefois l'orthographe est souvent fautive.* **→ cependant, néanmoins, pourtant.** *Si toutefois vous changiez d'avis, prévenez-moi.*

TOUTES → tout

TOUT LE TEMPS → temps

TOUTOU [tutu] n. m. ▪ STYLE FAMILIER *UN TOUTOU :* chien. *Ils ont deux petits toutous.* – *Il suit sa femme comme un toutou,* pas à pas. **→ chien.**

TOUT-PETIT [tupəti] n. m. ▪ *UN TOUT-PETIT :* un très jeune enfant, un bébé. *C'est encore un tout-petit.* PLURIEL : *la crèche accueille les TOUT-PETITS.*

TOUT-PUISSANT [tupɥisɑ̃], **TOUTE-PUISSANTE** [tutpɥisɑ̃t] adj. (après le nom) ▪ Qui peut tout, dont la puissance est absolue, illimitée. *Un dictateur tout-puissant fait la loi dans le pays.* MASCULIN PLURIEL : *des rois TOUT-PUISSANTS.* FÉMININ PLURIEL : *des assemblées toutes-puissantes.*

REM. L'accord de *tout* ne se fait pas au masculin pluriel, mais il se fait au féminin pluriel.

TOUT-TERRAIN [tuterɛ̃] adj. et n. m. **1.** adjectif (après le nom) (véhicule) Capable de rouler hors des routes, sur toutes sortes de terrains. *Il a une voiture tout-terrain* (→ **jeep, quatre-quatre**). *Ils ont fait une balade en vélo tout-terrain* (→ **V. T. T.**). PLURIEL : *des véhicules TOUT-TERRAINS.* **2.** *UN TOUT-TERRAIN :* véhicule tout-terrain. *Il vient d'acheter un tout-terrain.* PLURIEL : *il n'aime que les TOUT-TERRAINS.*

REM. L'adjectif s'écrit aussi sans trait d'union : *tout terrain.* → **terrain.**

TOUX [tu] n. f. ▪ *LA TOUX :* expulsion forcée et bruyante de l'air à travers la gorge, due le plus souvent à une irritation des muqueuses et des voies respiratoires. *Il a eu un accès de toux.* → **tousser.** *Les quintes de toux sont fréquentes quand on a une bronchite. Elle prend du sirop contre la toux car elle a la gorge irritée.*

REM. *Tout* «totalité» se prononce de la même façon.

TOXICOMANE [tɔksikɔman] n. m., n. f. ▪ *UN TOXICOMANE, UNE TOXICOMANE :* personne qui se drogue. → **drogué ;** STYLE FAMILIER **camé.** *Cette ancienne toxicomane s'est fait désintoxiquer plusieurs fois.* - *TOXICO* [tɔksiko] forme abrégée familière : *UN TOXICO, UNE TOXICO. Les toxicos.*

TOXICOMANIE (tɔksikɔmani] n. f. ▪ *LA TOXICOMANIE :* accoutumance à la drogue. *Le gouvernement veut lutter contre la toxicomanie.*

TOXIQUE [tɔksik] adj. (après le nom) ▪ Dangereux pour la santé, en agissant comme un poison. *Les voitures rejettent des gaz toxiques. Certains champignons sont toxiques.* → **vénéneux.** ⟨contraire : inoffensif⟩

TRAC [tʀak] n. m. ▪ *LE TRAC :* peur que l'on éprouve avant d'affronter le public, de passer un examen ou une épreuve. → **angoisse.** *Le chanteur a le trac avant de monter sur scène. J'ai un trac fou.*

TRACAS [tʀaka] n. m. ▪ *LE TRACAS :* souci, tourment. *Notre déménagement nous a donné bien du tracas.*

TRACASSER [tʀakase] verbe [conjugaison 1a] **1.** Tourmenter, donner du souci à (qqn). *Ses ennuis de santé le tracassent.* → **inquiéter, obséder ;** STYLE FAMILIER **turlupiner. 2.** verbe pronominal SE TRACASSER : se donner du tracas, s'inquiéter. *Ne te tracasse pas pour ça, ce n'est pas grave !* ne t'en fais pas. *Elle s'est tracassée toute la soirée à propos de cette affaire.*

TRACASSERIE [tʀakasʀi] n. f. ▪ *UNE TRACASSERIE :* petit ennui, petite difficulté sans grande importance. *Que de temps perdu avec toutes ces tracasseries administratives !*

TRACE [tʀas] n. f. ▪ *UNE TRACE* **1.** Empreinte laissée par le passage d'un être ou d'un objet. *On voit des traces de pas dans la neige. Il y a des traces de pneus sur le chemin. La police a perdu la trace des prisonniers évadés.* → **piste.** *Les chasseurs suivent le sanglier À LA TRACE,* en se guidant sur ses traces. - *Son mari a disparu sans laisser de traces.* - *Il MARCHE SUR LES TRACES de son père,* il suit son exemple. **2.** Marque. *Tu as une trace de sang sur ta chemise.* → **tache.** *Il reste des traces de rouge à lèvres sur le bord du verre. On voit des traces de coups sur le corps de la victime.* **3.** Reste de qqch. qui a existé. *Les archéologues retrouvent les traces des civilisations disparues.* → **vestige.** **4.** Très petite quantité. *Le médecin qui a fait l'autopsie a trouvé des traces de poison dans l'estomac de la victime.*

FAUX AMIS
polonais **trasa** «trajet, parcours» ; portugais **traça** «mite»

TRACÉ [tʀase] n. m. ▪ *UN TRACÉ :* dessin fait de traits simples. *On voit sur la carte le tracé de la future autoroute.*

TRACER [tʀase] verbe [conjugaison 3a] **1.** Dessiner en faisant des traits. *Traçons un cercle avec notre compas.* **2.** Indiquer (un chemin) en faisant une trace. *Le bateau trace un sillage dans la mer.* - *Voici ton CHEMIN TOUT TRACÉ :* voici ce que tu as à faire, suis cet exemple. **3.** STYLE FAMILIER Aller vite. → **courir.** *Il va falloir tracer pour arriver à l'heure !* → STYLE FAMILIER **cavaler.**

TRACHÉE [tʀaʃe] n. f. ▪ *LA TRACHÉE :* conduit qui va de la gorge aux bronches et par où passe l'air que l'on respire. *On l'a opéré de la trachée.*

REM. Autrefois, on disait la *trachée-artère* [tʀaʃeaʀtɛʀ].

TRACT [tʀakt] n. m. ▪ *UN TRACT :* feuille de papier sur laquelle sont imprimées les idées que l'on veut faire connaître. *Les grévistes distribuent des tracts à l'entrée de l'usine, pour expliquer les raisons de leur grève.*

FAUX AMIS
allemand **Trakt** «aile d'un bâtiment» ; espagnol et portugais **trato** «traitement»

TRACTATIONS [tʀaktasjɔ̃] n. f. pluriel ▪ *DES TRACTATIONS :* discussions longues au cours desquelles on négocie. → **négociation.** *Un marché a été conclu entre les deux partenaires après d'interminables tractations. Les tractations ont été longues et pénibles.*

TRACTÉ [tʀakte], **TRACTÉE** [tʀakte] adj. (après le nom) ▪ Tiré par un tracteur. *L'agriculteur a une charrue tractée.*

TRACTEUR [tʀaktœʀ] n. m. ▪ *UN TRACTEUR :* véhicule à moteur qui sert à tirer des remorques ou des machines agricoles. *L'agriculteur laboure le champ avec son tracteur.*

TRACTION [tʀaksjɔ̃] n. f. **1.** *LA TRACTION :* force qui permet de tirer. *La plupart des trains utilisent la traction électrique. Cette voiture est à TRACTION AVANT,* le moteur fait tourner les roues avant. **2.** *UNE TRACTION :* mouvement de gymnastique qui consiste à tirer son corps suspendu en amenant les épaules à hauteur des mains ou à relever le corps étendu en tendant et en raidissant les bras. *Il fait cinquante tractions tous les matins !* → STYLE FAMILIER ② **pompe.**

TRADITION [tʀadisjɔ̃] n. f. ▪ *LA TRADITION :* manière de penser, d'agir, de faire qui vient du passé. → **coutume, habitude.** *C'est une tradition de présenter ses vœux le jour du premier janvier.* → **usage.** *Elle est très attachée aux traditions familiales.*

TRADITIONALISTE [tʀadisjɔnalist] adj., n. m. et n. f. **1.** adjectif (après le nom) Qui est très attaché aux traditions. *Il est traditionaliste.* → **conformiste. 2.** *UN TRADITIONALISTE, UNE TRADITIONALISTE :* une personne très attachée au passé, aux traditions. → **conservateur.** *Il n'aime pas le changement, c'est un traditionaliste.*

TRADITIONNEL [tʀadisjɔnɛl], **TRADITIONNELLE** [tʀadisjɔnɛl] adj. (après le nom ou avant le nom) ▪ (qqch.) Qui respecte les traditions. *Nous avons assisté au défilé traditionnel du premier mai. Ils sont venus au traditionnel repas de Noël.* → **habituel.**

TRADITIONNELLEMENT [tʀadisjɔnɛlmɑ̃] adverbe ▪ Selon la tradition. *Traditionnellement, on offre des cadeaux à sa famille à Noël.*

TRADUCTEUR [tʀadyktœʀ] n. m., **TRADUCTRICE** [tʀadyktʀis] n. f. ▪ *UN TRADUCTEUR, UNE TRADUCTRICE* : une personne dont le métier est de traduire des textes. *Elle est traductrice de romans policiers.*

REM. L'interprète traduit oralement ce qui est dit.

TRADUCTION [tʀadyksjɔ̃] n. f. ▪ *UNE TRADUCTION* **1.** Action, manière de traduire. *L'interprète fait la traduction simultanée du discours du président américain.* **2.** Texte donnant dans une autre langue l'équivalent du texte original traduit (→ **version**). *J'ai acheté une traduction des œuvres de Shakespeare.*

TRADUIRE [tʀadɥiʀ] verbe [conjugaison 38b]
I. 1. Exprimer dans une langue (ce qui est énoncé dans une autre). *L'interprète TRADUIT EN français le discours du ministre suédois. Traduisez cette phrase anglaise en espagnol,* faites-en la traduction. *Il faut que je traduise ce texte en danois. Ce poème est TRADUIT DE l'allemand. Son livre a été traduit en dix-huit langues.* **2.** Montrer, manifester. *Pendant son discours, sa voix traduisait son émotion.* **3.** *TRADUIRE EN JUSTICE* : faire comparaître devant un tribunal. *Le criminel a été traduit en justice.*
II. verbe pronominal SE TRADUIRE **1.** Être traduit. *Les noms propres de personne ne se traduisent pas.* **2.** Prendre la forme (de qqch.). *La crise économique SE TRADUIRA PAR une augmentation du chômage. Sa politique s'est traduite par un échec.* → se **solder.**

TRADUISIBLE [tʀadɥizibl] adj. (après le nom) ▪ Qui peut être traduit. ⟨contraire : intraduisible⟩ *Cette expression anglaise est difficilement traduisible en français.*

traduit [tʀadɥi], **traduite** [tʀadɥit] *Il a traduit une phrase; la phrase qu'il a traduite* : formes au participe passé du verbe **traduire.**

TRAFIC [tʀafik] n. m. **1.** *LE TRAFIC* : circulation des véhicules. *À cette heure, le trafic est dense sur le boulevard périphérique,* il y a beaucoup de voitures. *Le trafic aérien a beaucoup augmenté ces dernières années,* la circulation des avions. **2.** *UN TRAFIC* : commerce interdit par la loi. *Il y a un important trafic d'armes entre les deux pays. Il FAIT DU TRAFIC de drogue. – Qu'est-ce que c'est que tout ce trafic ?* → STYLE FAMILIER **magouille.**

TRAFICOTER [tʀafikɔte] verbe [conjugaison 1a] ▪ STYLE FAMILIER Faire de petits trafics. *C'est un petit escroc qui traficote.* → STYLE FAMILIER **trafiquer.**

TRAFIQUANT [tʀafikɑ̃] n. m., **TRAFIQUANTE** [tʀafikɑ̃t] n. f. ▪ *UN TRAFIQUANT, UNE TRAFIQUANTE* : une personne qui fait du trafic. *Les trafiquants de drogue sont sévèrement punis.*

> FAUX AMI
> suédois
> **trafikant**
> « usager de la circulation »

TRAFIQUER [tʀafike] verbe [conjugaison 1a] **1.** Acheter et vendre d'une manière illégale. *Ils trafiquent des cigarettes entre les deux pays,* ils font le trafic des cigarettes. **2.** STYLE FAMILIER Modifier de manière anormale ou illégale. *Cet escroc a trafiqué le compteur de sa voiture pour la revendre plus cher.* **3.** STYLE FAMILIER Faire (qqch. de mystérieux). *Qu'est-ce que tu trafiques dans ton coin ?* → STYLE FAMILIER **fabriquer.**

TRAGÉDIE [tʀaʒedi] n. f. ▪ *UNE TRAGÉDIE* **1.** Pièce de théâtre dont les héros ont un destin malheureux (opposé à comédie). *« Andromaque » de Racine et « Hamlet » de Shakespeare sont des tragédies.* **2.** Événement dramatique. *Cet accident de chemin de fer est une horrible tragédie.* → **drame.**

TRAGIQUE [tʀaʒik] adj. et n. m.
I. adjectif (après le nom ou avant le nom) **1.** (après le nom) Relatif à la tragédie. *Racine et Corneille sont deux auteurs tragiques français.* ⟨contraire : comique⟩ **2.** (après ou avant le nom) Qui inspire une émotion intense à cause de son caractère effrayant. *Ils sont dans une situation tragique.* → **dramatique, terrible.** *Ils sont morts dans un tragique accident.*
II. nom masculin *PRENDRE les choses AU TRAGIQUE,* s'en inquiéter trop, les considérer comme plus graves qu'elles ne sont (→ **dramatiser**). *Ne prends pas tout au tragique !*

TRAGIQUEMENT [tʀaʒikmɑ̃] adverbe ▪ D'une manière tragique. *Il est mort tragiquement.*

TRAHIR [tʀaiʀ] verbe [conjugaison 2] **1.** Abandonner ou dénoncer (qqn). *L'assassin a trahi ses complices.* → **livrer.** – *L'espion trahit son pays* (→ **traître**). **2.** Cesser d'être fidèle à. *Il ne faut pas que vous trahissiez vos amis. Il a trahi sa femme plus d'une fois,* il lui a été infidèle. → **tromper.** *Ne trahis pas ma confiance !* **3.** (qqch.) Lâcher, faire défaut à (qqn). *Mes forces m'ont trahi.* → **abandonner.** **4.** Faire connaître (ce qui aurait dû rester caché). *Je ne trahis pas un secret en vous annonçant leur prochain mariage.* → **divulguer, révéler.** – *Ses larmes trahissent son émotion.* → **manifester, montrer.** **5.** verbe pronominal SE TRAHIR : laisser apparaître malgré soi ce que l'on voulait cacher. *Elle s'est trahie en posant cette question.* → se **couper,** se **démasquer.**

TRAHISON [tʀaizɔ̃] n. f. ▪ *LA TRAHISON* : ce que fait une personne qui trahit. *L'espion a été exécuté pour trahison. – Il ne supporte pas les trahisons de sa femme.* → **infidélité.** ⟨contraire : fidélité⟩

① **TRAIN** [tʀɛ̃] n. m. ▪ *UN TRAIN* **1.** Ensemble formé par une locomotive et les wagons qu'elle traîne. *J'ai acheté des billets de train. Est-ce qu'il y a un TRAIN POUR Strasbourg vers quinze heures ? Il PRENDRA LE TRAIN de midi,* le train qui partira à midi. *Le TRAIN DE Toulouse entre en gare,* le train qui va à Toulouse ou qui vient de Toulouse. *Je préfère les trains à grande vitesse aux autorails.* → **T.G.V.** *Elle a raté son train. Un train a déraillé dans le tunnel. Est-ce qu'il y a un train direct pour Berlin ? Il y a des trains de voyageurs et des trains de marchandises.* **2.** *LE TRAIN* : moyen de transport ferroviaire. *Ils voyagent toujours par le train.* → **chemin de fer.** *Nous viendrons EN TRAIN plutôt qu'en avion.* **3.** File de choses traînées ou entraînées. *Un TRAIN DE PÉNICHES remonte le canal,* une file de péniches remorquées. **4.** *UN TRAIN D'ATTERRISSAGE* : les roues d'un avion destinées à être en contact avec le sol. *Le pilote rentre le train d'atterrissage après le décollage.* **5.** STYLE TRÈS FAMILIER *LE TRAIN* : le derrière (de qqn). *Magne-toi le train, on va être en retard !* → STYLE FAMILIER **cul.**

② **TRAIN** [tʀɛ̃] n. m.
I. *LE TRAIN* **1.** Allure (d'un cheval, d'un coureur, d'un marcheur, d'un véhicule). → **vitesse.** *Nous avons roulé À UN TRAIN D'ENFER,* à toute vitesse. *Il faut y aller À FOND DE TRAIN,* aussi vite que possible. – *À CE TRAIN-LÀ, nous n'aurons jamais fini à temps. DU TRAIN OÙ VONT LES CHOSES, nous ne serons pas prêts,* si les choses continuent comme cela. **2.** *LE TRAIN DE VIE* : la façon dont on dépense son argent pour la vie courante. *Ils ont un train de vie élevé,* un niveau de vie élevé. → **standing.** **3.** *EN TRAIN* : en forme, en humeur d'agir. *Je ne suis pas en train aujourd'hui,* je ne suis pas bien disposé. – *Il faudrait mettre le travail en train,* commencer à le faire.
II. *EN TRAIN DE* avec un verbe, indique que l'action est en cours, commencée et pas terminée. *Être en train de faire qqch.,* le faire précisément à ce moment-là. *Elle est en train de travailler. Ah, te voilà, j'étais justement en train de penser à toi. Le gâteau est en train de cuire.* – STYLE FAMILIER *« Vous avez commencé à ranger ? – Oui, je suis en train »,* je suis en train de ranger.

TRAÎNARD [tʀɛnaʀ] n. m., **TRAÎNARDE** [tʀɛnaʀd] n. f. ▪ *UN TRAÎNARD, UNE TRAÎNARDE* **1.** Personne qui reste en arrière d'un groupe qui marche. *Dépêchez-vous les traînards !* **2.** Personne qui est lente. → STYLE FAMILIER **lambin.** *Quelle traînarde !*

TRAÎNE [tʀɛn] n. f. **1.** *UNE TRAÎNE :* bas d'un vêtement qui traîne à terre derrière. *La mariée a une robe à traîne.* **2.** *À LA TRAÎNE :* en arrière d'un groupe qui marche. *Nous n'attendrons pas ceux qui seront à la traîne* (→ **traînard).**

TRAÎNEAU [tʀɛno] n. m. ▪ *UN TRAÎNEAU :* véhicule à patins que l'on traîne ou que l'on pousse et qui glisse sur la neige (→ **luge).** *Ils sont venus en traîneau. Leur traîneau est tiré par des chevaux. Les CHIENS DE TRAÎNEAU sont très résistants,* les chiens qui tirent des traîneaux.

TRAÎNÉE [tʀene] n. f. ▪ *UNE TRAÎNÉE* **1.** Longue trace. *Il y a des traînées de sang sur le sol. Les comètes laissent des traînées lumineuses dans le ciel. – La nouvelle s'est répandue COMME UNE TRAÎNÉE DE POUDRE,* très rapidement. **2.** STYLE TRÈS FAMILIER Femme de mauvaise vie. *Ne sors pas avec elle, c'est une traînée.* → STYLE FAMILIER **putain.**

TRAÎNER [tʀene] verbe [conjugaison 1a]
I. *TRAÎNER QQCH., QQN* **1.** Tirer (qqch.) derrière soi. *La voiture accidentée traînait une caravane.* ⟨contraire : pousser⟩ *Je vais traîner le fauteuil jusqu'à la cheminée.* ⟨contraire : soulever⟩ *– Il traîne la jambe :* il a du mal à marcher. → **tirer.** *Elle est venue en TRAÎNANT LES PIEDS,* sans empressement, sans enthousiasme. **2.** Amener avec soi (qqn qui suit à contrecœur). *Elle a traîné son mari au théâtre,* elle l'a forcé à venir avec elle. *Il traîne ses enfants partout,* il les a toujours avec lui. → STYLE FAMILIER **trimbaler.** – STYLE FAMILIER *Qu'est-ce qu'il traîne !* qu'il est bête !
II. *TRAÎNER* **1.** Pendre à terre en balayant le sol. *Sa jupe traîne par terre.* **2.** Durer trop longtemps. *La réunion a traîné pendant des heures.* → s'**éterniser.** *Ça n'a pas traîné :* c'est allé vite. → **tarder.** *Ne fais pas traîner les choses en longueur !* **3.** Être posé n'importe où, sans être rangé. *Ses chaussures traînent au milieu du salon. Ne LAISSE pas TRAÎNER tes affaires !* **4.** Se mettre en retard, aller trop lentement. → s'**attarder.** *Ne traînez pas en rentrant de l'école !* ⟨contraire : se dépêcher⟩ *– Il aime traîner dans les bars.*
III. verbe pronominal SE TRAÎNER **1.** Marcher, avancer avec peine. *Elle s'est tordu la cheville et s'est traînée jusqu'à son fauteuil,* elle y est arrivée péniblement. – STYLE FAMILIER *La voiture se traîne sur l'autoroute,* elle ne roule pas vite. **2.** Aller (quelque part) alors que l'on n'en a pas envie. *Il faut que je me traîne à cette réunion, à l'autre bout de Paris.* **3.** S'étirer en longueur, dans le temps. *La journée se traîne, elle n'en finit pas !*

TRAIN-TRAIN [tʀɛ̃tʀɛ̃] n. m. invariable ▪ *LE TRAIN-TRAIN :* ensemble des occupations qui se répètent tous les jours. → **routine.** *Il ne s'est rien passé d'extraordinaire, c'est le train-train habituel.*

TRAIRE [tʀɛʀ] verbe [conjugaison 50] ▪ Tirer le lait de (la femelle de certains animaux domestiques) en pressant le pis. *La fermière trait ses vaches tous les jours. Quand il était à la ferme, mon père trayait les brebis. Il faut que tu traies les chèvres. Qui traira les vaches demain ? Les vaches sont traites à la trayeuse.*

FAUX AMI
portugais **trair** «trahir»

trait [tʀɛ], **traite** [tʀɛt] *Il a trait la vache ; la vache qu'il a traite :* formes au participe passé du verbe **traire.**

TRAIT [tʀɛ] n. m. ▪ *UN TRAIT* **1.** Petite ligne. *Soulignez les verbes de la phrase d'un trait rouge. Il trace un trait en travers de la page. Tirez un trait à la fin de votre devoir.* – (figuré) *Je TIRE UN TRAIT sur ce voyage,* j'y renonce. *Il nous a décrit la situation À GRANDS TRAITS,* sans entrer dans le détail. **2.** Caractéristique qui permet de reconnaître (qqn). *La méchanceté est un de ses TRAITS DE CARACTÈRE. C'est son père TRAIT POUR TRAIT,* il lui ressemble énormément. **3.** *Un TRAIT DE GÉNIE :* une idée remarquable, géniale. → **illumination.** *Il a eu un trait de génie.* **4.** *AVOIR TRAIT À :* se rapporter à. *Elle s'intéresse à tout ce qui a trait au cinéma,* à tout ce qui concerne le cinéma. **5.** *D'UN TRAIT :* en une seule fois. *Il a bu sa bière d'un trait.* → **coup.** **6.** (au pluriel) LES TRAITS : les lignes du visage. → **physionomie.** *Elle a les traits très fins. Tu as les traits tirés :* tu as l'air fatigué.
REM. *Très* «extrêmement» se prononce de la même façon.

TRAITANT [tʀɛtɑ̃], **TRAITANTE** [tʀɛtɑ̃t] adj. (après le nom) **1.** *Le MÉDECIN TRAITANT :* médecin qui soigne habituellement (qqn), qui le traite. *Mon médecin traitant m'a envoyé consulter un spécialiste.* **2.** (qqch.) Qui traite, qui soigne. *Il utilise un shampoing traitant contre les pellicules.*

TRAIT D'UNION [tʀɛdynjɔ̃] n. m. ▪ *UN TRAIT D'UNION :* petit trait horizontal qui se place entre les différentes parties d'un mot composé ou entre un verbe et un pronom. *Le mot «station-service» s'écrit avec un trait d'union. Dans «prends-le», il y a un trait d'union entre «prends» et «le». Il y a deux traits d'union dans «arc-en-ciel».*
REM. *Trait d'union* s'écrit sans trait d'union.

① **TRAITE** [tʀɛt] n. f. ▪ *LA TRAITE :* action de traire. *La traite des vaches s'effectue à la main ou à la machine. C'est l'heure de la traite.*

② **TRAITE** [tʀɛt] n. f. **1.** *LA TRAITE :* trafic d'êtres humains. *Autrefois, on pratiquait la TRAITE DES NÈGRES,* le commerce des esclaves. *Il est soupçonné de faire la TRAITE DES BLANCHES,* de prostituer des femmes à l'étranger. **2.** *UNE TRAITE :* somme d'argent que l'on doit payer régulièrement pour rembourser un prêt. *Il doit payer les traites de sa voiture.*

③ **TRAITE** [tʀɛt] n. f. ▪ *D'UNE TRAITE :* en une seule fois, sans s'arrêter. *Nous avons fait la route d'une seule traite.*

TRAITÉ [tʀete] n. m. ▪ *UN TRAITÉ* **1.** Livre qui traite d'un sujet précis, en détail. *Il est l'auteur d'un traité de mathématiques.* **2.** Accord entre des pays. → **pacte.** *Les deux pays ont signé un TRAITÉ DE PAIX.* → **paix.** *Le traité de Maastricht a instauré l'Union européenne en 1992.*

TRAITEMENT [tʀɛtmɑ̃] n. m. ▪ *UN TRAITEMENT* **1.** Façon de se comporter envers qqn, un animal. *Ce chien a subi de mauvais traitements. Ne t'imagine pas que tu vas avoir un TRAITEMENT DE FAVEUR,* que tu vas être mieux traité que les autres. **2.** Manière de soigner (un malade, une maladie). *Le médecin m'a prescrit un nouveau traitement. Suivez ce traitement pendant une semaine.* **3.** Rémunération d'un fonctionnaire. → **salaire.** *Il reçoit son traitement à la fin du mois.* **4.** Manière de traiter, de modifier (une matière). *Cette usine est spécialisée dans le traitement de la houille. Les déchets radioactifs subissent un traitement* (→ **retraitement).** **5.** *Le TRAITEMENT DE L'INFORMATION :* suite d'opérations logiques effectuées par des moyens automatiques (→ **ordinateur).** *Ce service s'occupe du traitement automatique des données. – Il tape son courrier sur une machine à TRAITEMENT DE TEXTE,* un ordinateur qui a un système informatisé qui permet de saisir un texte, de le corriger et de l'imprimer.

TRAITER [tʀete] verbe [conjugaison 1a] **1.** Agir d'une certaine façon avec (qqn). *Il traite ses enfants sévèrement,* il est sévère avec eux. *Elle m'a traité comme un chien,* très mal. **2.** Soigner (qqn). *Le médecin qui me traite est une femme* (→ **traitant).** *– On traite* *les angines avec des antibiotiques. On arrive à traiter certains cancers.* **3.** *TRAITER qqn DE (un certain nom),* l'appeler (d'un certain nom). *Elle a traité son patron d'imbécile,* elle l'a insulté en lui disant qu'il était un imbécile. - STYLE FAMILIER *Il m'a traité !* il m'a injurié, il m'a dit des injures ! **4.** Soumettre (qqch.) à une action pour modifier, protéger. *On traite le minerai pour obtenir le métal qu'il contient. Il faudrait que nous traitions la charpente contre les termites. Le champ de betteraves est traité à l'insecticide.* **5.** *TRAITER UNE AFFAIRE,* la régler en discutant, en négociant. *Nous essayons de traiter cette affaire au mieux. - Le ministre TRAITE AVEC son homologue portugais,* il est en pourparlers avec lui. *Le gouvernement refuse de traiter avec les rebelles,* de discuter avec eux. → **parlementer.** **6.** Examiner (un problème, une question) et l'exposer. *L'élève n'a pas traité le sujet.* **7.** *TRAITER DE :* avoir pour sujet. → **parler.** *Son livre traite de l'éducation.* **8.** verbe pronominal SE TRAITER DE : se lancer des injures. *Elles se sont traitées d'idiotes :* elles se sont dit l'une à l'autre qu'elles étaient idiotes.

TRAITEUR [tʀɛtœʀ] n. m. ▪ *UN TRAITEUR :* personne dont le métier est de cuisiner des plats à emporter et à manger chez soi. *Tout le dîner vient de chez un traiteur.*

TRAÎTRE [tʀɛtʀ] n. m. et adj.
I. *UN TRAÎTRE :* personne qui trahit, qui est coupable de trahison. *Les traîtres seront fusillés. - Il m'a PRIS EN TRAÎTRE :* il a agi avec moi de façon sournoise, sans me prévenir de ce qu'il allait faire.
II. adjectif (après le nom, parfois avant le nom) **1.** (qqn) Qui trahit. *Cet homme est accusé d'avoir été TRAÎTRE À sa patrie.* ⟨contraires : fidèle, loyal⟩ **2.** (qqch.) Qui est dangereux sans le paraître, sans qu'on s'en doute. *Attention à la route, il y a des virages qui sont traîtres !* **3.** (avant le nom) *PAS UN TRAÎTRE MOT :* pas un seul mot. *Il ne sait pas un traître mot de sa leçon.*

REM. Le féminin *traîtresse* [tʀɛtʀɛs] ne s'emploie plus que pour plaisanter.

TRAÎTRISE [tʀetʀiz] n. f. ▪ *LA TRAÎTRISE :* comportement d'un traître. *Nous avons des preuves de sa traîtrise.*

TRAJECTOIRE [tʀaʒɛktwaʀ] n. f. ▪ *LA TRAJECTOIRE :* chemin suivi par un objet qui se déplace. *Les enquêteurs examinent la trajectoire de la balle tirée par le revolver. Les ingénieurs calculent la trajectoire de la fusée* (→ **trajet).** *L'avion suit une trajectoire régulière.*

TRAJET [tʀaʒɛ] n. m. **1.** *LE TRAJET :* le fait de parcourir une certaine distance, pour aller d'un lieu dans un autre. *Il a une heure de trajet en voiture pour aller à son bureau. Le blessé est mort pendant le trajet à l'hôpital.* → **parcours, voyage.** **2.** *UN TRAJET :* chemin à parcourir pour aller d'un lieu dans un autre. *Je ne sais pas quel trajet prendre pour y aller.* → **itinéraire.** - *Je peux vous déposer, c'est sur mon trajet,* c'est sur mon chemin.

TRALALA [tʀalala] n. m. ▪ STYLE FAMILIER *ET TOUT LE TRALALA :* et tout ce qui s'ensuit. *Ils nous ont reçus dans le grand salon, avec les extras qui servaient et tout le tralala. - Ils se sont mariés EN GRAND TRALALA,* avec un luxe recherché et voyant.

TRAME [tʀam] n. f. ▪ *LA TRAME* **1.** Ensemble des fils d'un tissu qui sont passés dans le sens de la largeur (opposé à chaîne). *Son manteau est USÉ JUSQU'À LA TRAME,* il est très usé. → **corde.** **2.** *La trame d'une histoire :* le déroulement des événements. *L'auteur nous a exposé la trame de son roman.* → **canevas.**

TRAMER [tʀame] verbe [conjugaison 1a] **1.** Préparer en secret. *Les conspirateurs ont tramé un complot.* **2.** verbe pronominal SE TRAMER : être préparé en secret. *Une machination s'est tramée contre le président. - IL SE TRAME quelque chose de bizarre.*

TRAMONTANE [tʀamɔ̃tan] n. f. ▪ *LA TRAMONTANE :* vent froid qui souffle du nord-ouest dans les régions du sud-est de la France. *La tramontane souffle depuis plusieurs jours.*

TRAMPOLINE [tʀɑ̃pɔlin] n. m. **1.** *UN TRAMPOLINE :* grande toile tendue par des ressorts, sur laquelle on fait des sauts. *Il y a un trampoline dans le gymnase. Fais attention de ne pas tomber du trampoline !* **2.** *LE TRAMPOLINE :* sport qui consiste à sauter sur un trampoline. *Elle fait du trampoline. Il est champion de trampoline.*

TRAMWAY [tʀamwɛ] n. m. ▪ *UN TRAMWAY :* grand véhicule de transport en commun, à l'intérieur d'une ville, qui circule sur des rails et avance grâce au courant électrique. *J'ai pris le tramway pour venir.* - *TRAM* [tʀam] forme abrégée familière *Je suis venu en tram. Des trams.*

REM. *Tramway* est un mot anglais.

TRANCHANT [tʀɑ̃ʃɑ̃] adj. et n. m., **TRANCHANTE** [tʀɑ̃ʃɑ̃t] adj.
I. adjectif (après le nom) **1.** Qui coupe bien. → **coupant.** *Le poignard est un instrument tranchant* (opposé à contondant). *Il faut aiguiser le couteau pour qu'il soit plus tranchant.* **2.** *Un TON TRANCHANT :* un ton dur qui n'admet aucune réplique. *Il m'a répondu d'un ton tranchant.* → **cassant.** ⟨contraire : conciliant⟩
II. *LE TRANCHANT :* côté mince et coupant d'un instrument tranchant. *Il aiguise le tranchant du couteau. - C'est un argument À DOUBLE TRANCHANT,* qui peut avoir des effets opposés à celui recherché, qui peut se retourner contre la personne qui l'emploie.

TRANCHE [tʀɑ̃ʃ] n. f.
I. *UNE TRANCHE* **1.** Morceau mince coupé dans la largeur (d'un aliment). *J'ai acheté trois tranches de jambon. Voulez-vous une autre tranche de rôti ? Je reprendrais bien une tranche de gâteau.* → **part.** *Coupe le saucisson en tranches fines.* → **rondelle.** **2.** (abstrait) Partie séparée d'un tout. *Les élèves sont répartis dans les classes par TRANCHES D'ÂGE,* selon leur âge, compris entre deux limites. *Ce film raconte une TRANCHE DE VIE,* une période de la vie de qqn. - STYLE FAMILIER *On s'en est payé une tranche :* on s'est bien amusé.
II. *LA TRANCHE :* chacun des trois côtés d'un livre où l'on voit les feuilles (opposé à dos). *Le livre est DORÉ SUR TRANCHES.*

TRANCHÉ [tʀɑ̃ʃe], **TRANCHÉE** [tʀɑ̃ʃe] adj. (après le nom) **1.** Coupé en tranches. *J'ai acheté un pain de mie tranché.* **2.** Qui est bien net, qui est affirmé avec force. *Elle a des opinions bien tranchées sur tout,* elle est catégorique.

TRANCHÉE [tʀɑ̃ʃe] n. f. ▪ *UNE TRANCHÉE* **1.** Trou long et étroit creusé dans le sol. → **fossé.** *Des tranchées ont été ouvertes dans la rue pour y enfouir les canalisations et les câbles.* **2.** Fossé long et étroit creusé près des lignes ennemies, dans lequel sont les soldats. *La Première Guerre mondiale a été une GUERRE DE TRANCHÉES.*

TRANCHER [tʀɑ̃ʃe] verbe [conjugaison 1a] **1.** Couper (qqch.) avec un instrument dur et fin. *Le boucher tranche la tête du poulet. Le marin tranchera la corde.* → **sectionner.** *Le malheureux s'est fait trancher la gorge,* il a été égorgé. **2.** Prendre une décision de manière énergique. *Si vous ne vous décidez pas, c'est moi qui vais trancher. - Il va falloir TRANCHER DANS LE VIF,* prendre une décision même si c'est pénible et dur à accepter. **3.** *TRANCHER SUR, TRANCHER AVEC :* faire un contraste, se distinguer. *Le rouge de sa jupe tranche avec le noir de sa veste. Le jaune pâle tranche sur le fond rouge.* → ② **ressortir.**

TRANQUILLE [tʀɑ̃kil] adj. (après le nom) **1.** (qqch.) Que rien ne vient troubler. *Ils habitent un quartier tranquille.* → **calme.** ⟨contraire : bruyant⟩ *Elle dort d'un sommeil tranquille.* → **paisible.**

2. (êtres vivants) Qui ne fait pas de bruit, ne remue pas. *Les enfants ont été tranquilles aujourd'hui.* → **gentil, sage.** ⟨contraire : agité⟩ *Tiens-toi tranquille ou je me fâche ! Les chiens, restez tranquilles !* **3.** (qqn) Qui est sans inquiétude. *Tu peux dormir tranquille,* en paix. → **serein.** *Tout se passera bien, soyez tranquille,* ne vous inquiétez pas. ⟨contraires : anxieux, inquiet⟩ *Laisse ta petite sœur tranquille !* ne l'embête pas ! *Je te laisse travailler tranquille.* - *J'ai la conscience tranquille :* je n'ai rien à me reprocher.

TRANQUILLEMENT [tʀɑ̃kilmɑ̃] adverbe ■ D'une manière tranquille, sans agitation. *Les enfants jouent tranquillement dans leur chambre.* → **calmement ;** STYLE FAMILIER **tranquillos.**

TRANQUILLISANT [tʀɑ̃kilizɑ̃] n. m. ■ *UN TRANQUILLISANT :* médicament qui calme, qui fait disparaître l'angoisse. *Il est tellement nerveux qu'il doit prendre des tranquillisants.* → **calmant.**

TRANQUILLISER [tʀɑ̃kilize] verbe [conjugaison 1a] **1.** Rendre tranquille, délivrer de l'angoisse. → **rassurer.** *Téléphone-nous en arrivant, ça nous tranquillisera.* ⟨contraires : affoler, alarmer, angoisser, inquiéter⟩ **2.** verbe pronominal SE TRANQUILLISER : ne plus se faire de souci. *Tranquillisez-vous, tout va bien se passer.* ⟨contraires : s'inquiéter, se tracasser⟩ *Elle s'est tranquillisée et elle a réussi à dormir.*

TRANQUILLITÉ [tʀɑ̃kilite] n. f. ■ *LA TRANQUILLITÉ* **1.** Absence de bruit, d'agitation. → **calme.** *J'ai besoin d'un peu de tranquillité pour lire.* ⟨contraire : agitation⟩ **2.** Absence d'inquiétude. → **sérénité.** *Je tiens à ma TRANQUILLITÉ D'ESPRIT. Vous pouvez partir EN TOUTE TRANQUILLITÉ,* sans vous faire de souci.

TRANQUILLOS [tʀɑ̃kilos] adverbe ■ STYLE FAMILIER Tranquillement. *Il est arrivé tranquillos avec deux heures de retard.*

TRANSACTION [tʀɑ̃zaksjɔ̃] n. f. ■ *UNE TRANSACTION :* accord conclu entre un acheteur et un vendeur. → **marché.** *Les agents de change font des transactions.*

TRANSAT [tʀɑ̃zat] n. m. ■ *UN TRANSAT :* chaise longue pliante, en toile. *Elle a fait la sieste sur un transat.*

TRANSATLANTIQUE [tʀɑ̃zatlɑ̃tik] n. m. ■ *UN TRANSATLANTIQUE :* paquebot qui traverse l'océan Atlantique, entre l'Europe et l'Amérique. *Ils ont fait une croisière sur un transatlantique.*

TRANSBAHUTER [tʀɑ̃sbayte] verbe [conjugaison 1a] ■ STYLE FAMILIER Transporter d'un lieu dans un autre. *Quand nous avons fait repeindre notre chambre, il a fallu transbahuter l'armoire dans le salon.*

TRANSBORDER [tʀɑ̃sbɔʀde] verbe [conjugaison 1a] ■ Faire passer d'un bateau à l'autre, d'un train à l'autre. *Il faut transborder les passagers sur un autre bateau.*

TRANSCENDANT [tʀɑ̃sɑ̃dɑ̃], **TRANSCENDANTE** [tʀɑ̃sɑ̃dɑ̃t] adj. (après le nom) ■ Qui s'élève au-dessus du niveau moyen. *Il a une intelligence transcendante.* → **supérieur.** - STYLE FAMILIER *Ça n'a rien de transcendant :* ce n'est pas extraordinaire, c'est banal.

TRANSCRIRE [tʀɑ̃skʀiʀ] verbe [conjugaison 39] ■ Reproduire (un texte) dans une langue qui a un alphabet différent (→ **translittération)** ou reproduire dans un code. *Il a transcrit son nom en caractères arabes.*

transcrit [tʀɑ̃skʀi] *Il transcrit, elle transcrit :* forme au présent du verbe **transcrire.**

transcrit [tʀɑ̃skʀi], **transcrite** [tʀɑ̃skʀit] *Il a transcrit une lettre ; la lettre qu'il a transcrite :* formes au participe passé du verbe **transcrire.**

TRANSE [tʀɑ̃s] n. f. ■ *ÊTRE EN TRANSE :* être dans un état de très grande inquiétude, d'énervement intense ou de grande peur. *Les candidats sont en transe en attendant les résultats du concours. Ils sont DANS LES TRANSES.*

TRANSEPT [tʀɑ̃sɛpt] n. m. ■ *LE TRANSEPT :* partie d'une église qui coupe la nef et qui lui donne la forme d'une croix. *Nous sommes assis dans le transept.*

TRANSFÉRER [tʀɑ̃sfeʀe] verbe [conjugaison 6a] ■ Faire changer de lieu. *Le siège social de la banque a été transféré à Strasbourg.* → **délocaliser.** *L'entraîneur de l'équipe de football transférera* [tʀɑ̃sfɛʀʀa] *le gardien de but dans un autre club.*

TRANSFERT [tʀɑ̃sfɛʀ] n. m. **1.** *UN TRANSFERT :* déplacement d'un lieu dans un autre. *Le prisonnier s'est évadé pendant son transfert à l'hôpital.* → **transport.** *Le transfert des cendres de Napoléon aux Invalides eut lieu en 1840.* **2.** *LE TRANSFERT :* acte par lequel une personne qui suit une analyse reporte sur le psychanalyste les sentiments qu'elle éprouvait pour une autre personne. *Le transfert est apparu après plusieurs séances d'analyse.*

TRANSFIGURÉ [tʀɑ̃sfigyʀe], **TRANSFIGURÉE** [tʀɑ̃sfigyʀe] adj. (après le nom) ■ (qqn) Complètement transformé, changé. *Il est transfiguré depuis la naissance de sa fille,* il s'est métamorphosé.

TRANSFORMABLE [tʀɑ̃sfɔʀmabl] adj. (après le nom) ■ (qqch.) Qui peut prendre une autre forme, une autre position. *Le canapé est transformable en lit.*

TRANSFORMATEUR [tʀɑ̃sfɔʀmatœʀ] n. m. ■ *UN TRANSFORMATEUR :* appareil qui permet de modifier la tension d'un courant électrique. *Il faut un transformateur pour brancher le répondeur.* - *TRANSFO* [tʀɑ̃sfo] forme abrégée familière *Branche le transfo. Des transfos.*

TRANSFORMATION [tʀɑ̃sfɔʀmasjɔ̃] n. f. **1.** *LA TRANSFORMATION :* l'opération par laquelle on transforme, le fait de se transformer. *Les centrales permettent la transformation de l'énergie hydraulique en électricité. Les élèves étudient la transformation du têtard en grenouille.* → **métamorphose. 2.** *UNE TRANSFORMATION :* changement apporté. *Nous faisons des transformations dans notre appartement.* → **aménagement.**

TRANSFORMER [tʀɑ̃sfɔʀme] verbe [conjugaison 1a] **1.** Donner une autre forme à. *On va transformer cette vieille maison. Si mon manteau se démode, la couturière le transformera. La fée A TRANSFORMÉ la citrouille EN carrosse,* elle a fait prendre la forme d'un carrosse à la citrouille. → **métamorphoser. 2.** (qqch.) Changer complètement (qqn). *Cette lecture l'a transformé. Elle a été complètement transformée par cette expérience.* **3.** *TRANSFORMER UN ESSAI :* au rugby, envoyer le ballon, que l'on a posé au sol, entre les poteaux du but adverse. *Le joueur transforme l'essai et son équipe marque six points.* **4.** verbe pronominal SE TRANSFORMER : prendre une autre forme. → se **changer.** *La chenille S'EST TRANSFORMÉE EN papillon.*

TRANSFUSION [tʀɑ̃sfyzjɔ̃] n. f. ■ *UNE TRANSFUSION (DE SANG) :* injection de sang dans les veines d'une personne. *Le blessé a perdu beaucoup de sang, on a dû lui faire une transfusion.*

TRANSGRESSER [tʀɑ̃sgʀese] verbe [conjugaison 1a] ■ Ne pas respecter (un ordre, une règle, une obligation). → **désobéir, enfreindre, violer.** *Les criminels transgressent les lois.* ⟨contraires : observer, respecter⟩

TRANSI [tʀɑ̃zi], **TRANSIE** [tʀɑ̃zi] adj. (après le nom) ■ Engourdi par le froid, paralysé par un sentiment. *Il fait froid, je suis transi.*

Elle est TRANSIE DE *peur.* - *C'est un* AMOUREUX TRANSI, que son amour rend trop timide.

TRANSIGER [tʀɑ̃ziʒe] verbe [conjugaison 3b] ▪ Faire des concessions. → s'**arranger.** *Si nous acceptons leur proposition, ils seront obligés de transiger également* (→ **céder).** - *Ma grand-mère ne transigeait pas avec l'hygiène,* elle restait ferme et sans faiblesse.

TRANSISTOR [tʀɑ̃zistɔʀ] n. m. ▪ UN TRANSISTOR : poste de radio portatif. *Elle a emporté son transistor en promenade.*

TRANSIT [tʀɑ̃zit] n. m. ▪ LE TRANSIT **1.** Situation de voyageurs qui font escale dans un pays, lorsqu'ils ne franchissent pas les contrôles de police et de douane. *Les passagers* EN TRANSIT *attendent leur avion dans la salle d'embarquement.* **2.** Passage des aliments dans les voies digestives. *Il a des problèmes de* TRANSIT INTESTINAL.

TRANSITIF [tʀɑ̃zitif], **TRANSITIVE** [tʀɑ̃zitiv] adj. (après le nom) ▪ UN VERBE TRANSITIF : verbe qui peut avoir un complément d'objet. ⟨contraire : intransitif⟩ *« Manger », « apprendre » et « donner » sont des verbes transitifs.*

REM. Dans cet ouvrage on repère les verbes transitifs directs par la mention (qqn, qqch.). Beaucoup de verbes transitifs courants perdent leur complément d'objet direct : *Nous* ***mangeons*** *du gigot ; nous sommes en train de* ***manger.***

TRANSITION [tʀɑ̃zisjɔ̃] n. f. ▪ LA TRANSITION : passage progressif entre un état et un autre. *L'automne est la transition entre l'été et l'hiver. Ma fille est passée* SANS TRANSITION *des pleurs au rire.*

TRANSITOIRE [tʀɑ̃zitwaʀ] adj. (après le nom) ▪ Qui passe, qui ne dure pas. → **passager.** ⟨contraires : durable, permanent⟩ *L'adolescence est une période transitoire entre l'enfance et l'âge adulte.*

TRANSLITTÉRATION [tʀɑ̃sliteʀasjɔ̃] n. f. ▪ LA TRANSLITTÉRATION : action par laquelle on fait correspondre les signes d'un système d'écriture à ceux d'un autre système (→ **transcrire).** *Il fait la translittération du grec dans l'alphabet latin* (celui du français).

TRANSLUCIDE [tʀɑ̃slysid] adj. (après le nom) ▪ Qui laisse passer la lumière mais ne permet pas de voir nettement à travers. *La salle de bains a une vitre translucide.*

REM. Ce qui est *transparent* laisse passer la lumière et permet de voir parfaitement à travers.

TRANSMETTRE [tʀɑ̃smɛtʀ] verbe [conjugaison 56] **1.** Faire passer (qqch.) d'une personne à une autre. *« Pouvez-vous transmettre ce message au directeur ? – D'accord, je transmettrai ». L'information a été transmise.* → **communiquer.** *Avez-vous transmis les lettres ?* - *Transmettez mes amitiés à votre mari.* - *Le secret de cette fabrication est transmis de père en fils.* - *Elle a transmis la rougeole à son frère.* **2.** Faire passer (qqch.) d'un lieu à un autre. *Le métal transmet la chaleur.* **3.** verbe pronominal SE TRANSMETTRE : se propager d'une personne à une autre. *Cette maladie se transmet facilement,* elle est contagieuse. *La grippe s'est transmise très rapidement.*

transmis [tʀɑ̃smi], **transmise** [tʀɑ̃smiz] *Il a transmis une lettre ; la lettre qu'il a transmise :* formes au participe passé du verbe **transmettre.**

TRANSMISSIBLE [tʀɑ̃smisibl] adj. (après le nom) ▪ Qui se transmet d'une personne à une autre. *Le sida est une maladie sexuellement transmissible* (→ **M. S. T.).**

REM. Autrefois, on appelait ces maladies des maladies vénériennes.

TRANSMISSION [tʀɑ̃smisjɔ̃] n. f. ▪ LA TRANSMISSION **1.** Le fait de transmettre. *Je me charge de la transmission du message.* **2.** LA TRANSMISSION DE PENSÉE : coïncidence entre les pensées de deux personnes (→ **télépathie).** *Nous avons eu la même idée en même temps, c'est de la transmission de pensée !* **3.** Déplacement d'un phénomène physique par un intermédiaire. *Sur une bicyclette, la transmission du mouvement du pédalier se fait par la chaîne. La transmission du spectacle télévisé est mauvaise.* → **diffusion, émission ; retransmission.**

TRANSPARENCE [tʀɑ̃spaʀɑ̃s] n. f. ▪ LA TRANSPARENCE **1.** Qualité de ce qui est transparent. *La transparence de l'eau du lac permet de voir les poissons.* **2.** Qualité de ce qui est visible par tous, de ce qui n'est pas caché. *Notre entreprise pratique la transparence des salaires.*

TRANSPARENT [tʀɑ̃spaʀɑ̃], **TRANSPARENTE** [tʀɑ̃spaʀɑ̃t] adj. (après le nom) **1.** Qui laisse passer la lumière et laisse voir avec netteté ce qui se trouve derrière. *Le verre est transparent. L'eau transparente du lac laisse voir le fond.* → **limpide. 2.** Clair, évident. *Il a fait une allusion transparente au sujet de son divorce.*

TRANSPERCER [tʀɑ̃spɛʀse] verbe [conjugaison 3a] **1.** Percer de part en part, traverser. *La balle lui a transpercé le cœur.* **2.** Passer au travers. *Hier j'avais oublié mon parapluie et la pluie fine transperçait mes vêtements.*

TRANSPIRATION [tʀɑ̃spiʀasjɔ̃] n. f. ▪ LA TRANSPIRATION : sécrétion de la sueur par les pores de la peau. *Elle se met du déodorant pour supprimer les odeurs de transpiration. Je vais prendre une douche, je suis* EN TRANSPIRATION, en sueur. - *Mon teeshirt est humide de transpiration,* de sueur.

TRANSPIRER [tʀɑ̃spiʀe] verbe [conjugaison 1a] **1.** Sécréter la sueur par les pores de la peau. *Par cette chaleur, on transpire à grosses gouttes.* → **suer.** - STYLE FAMILIER *J'ai transpiré pour finir mes maths !* j'ai travaillé dur. **2.** (information cachée) Finir par être connu. *La nouvelle de la démission du président a transpiré. Cela ne transpirera* [tʀɑ̃spiʀʀa] *pas.*

REM. *Transpirer* est plus neutre que *suer.*

TRANSPLANTATION [tʀɑ̃splɑ̃tasjɔ̃] n. f. ▪ UNE TRANSPLANTATION : greffe d'un organe venant d'un donneur. *On lui a fait une transplantation cardiaque,* on lui a transplanté un cœur.

TRANSPLANTER [tʀɑ̃splɑ̃te] verbe [conjugaison 1a] **1.** Sortir (une plante) de terre pour la planter ailleurs. *Nous avons transplanté un sapin. Le jardinier transplante les salades.* → **repiquer.** - (figuré) *J'ai été transplanté dans votre région.* **2.** TRANSPLANTER UN ORGANE : enlever un organe à une personne pour le greffer sur un malade. *On peut sauver les cardiaques en leur transplantant un cœur.*

TRANSPORT [tʀɑ̃spɔʀ] n. m. **1.** LE TRANSPORT : action de déplacer des personnes ou des choses sur une distance assez longue. *Ce train assure le transport des voyageurs et des marchandises entre Paris et Lyon. Le transport des blessés s'est fait par hélicoptère et par ambulance. À combien se montent les* FRAIS DE TRANSPORT *? Le métro est un* MOYEN DE TRANSPORT : le métro transporte les personnes. **2.** (au pluriel) LES TRANSPORTS : ensemble des moyens qui permettent l'acheminement des voyageurs, des marchandises. *Il existe des transports aériens, des transports maritimes, des transports routiers. Le ministre des Transports négocie avec les grévistes.* - *Les* TRANSPORTS EN COMMUN : transport des voyageurs dans des véhicules publics. *Le métro, les bus, les tramways sont des transports en commun. Il faut développer les transports en commun dans les grandes villes.*

TRANSPORTABLE [tʀɑ̃spɔʀtabl] adj. (après le nom) ▪ Qui peut être transporté. *Ces marchandises sont transportables par avion. Les* *pompiers ont emmené les blessés transportables,* les blessés pouvant être transportés sans danger. ⟨contraire : intransportable⟩ *Le malade n'est pas transportable.*

TRANSPORTER [tʀɑ̃spɔʀte] verbe [conjugaison 1a] **1.** Déplacer d'un endroit à un autre en portant. *Le blessé a été immédiatement transporté à l'hôpital. Ce train transporte des marchandises.* **2.** STYLE RECHERCHÉ Enchanter, enthousiasmer. *La nouvelle de ton arrivée nous a transportés de joie.* ⟨contraires : désoler, navrer⟩

TRANSPORTEUR [tʀɑ̃spɔʀtœʀ] n. m. ▪ *UN TRANSPORTEUR :* personne dont le métier est de transporter des marchandises. *Son père est toujours sur les routes, il est transporteur routier.* → **routier.**

TRANSPOSER [tʀɑ̃spoze] verbe [conjugaison 1a] ▪ Transformer (une histoire) en la faisant passer dans un autre domaine, à une autre époque. *Le réalisateur du film a transposé librement un roman policier.* → **adapter.**

TRANSPOSITION [tʀɑ̃spozisjɔ̃] n. f. ▪ *UNE TRANSPOSITION :* le fait de transformer, d'adapter (une histoire) pour la faire passer dans un autre domaine. *Le scénario du film est une transposition d'un roman de Balzac.* → **adaptation.**

TRANSVASER [tʀɑ̃svaze] verbe [conjugaison 1a] ▪ Faire couler d'un récipient dans un autre. *J'ai transvasé le vin de la bouteille dans une carafe.*

TRANSVERSAL [tʀɑ̃svɛʀsal], **TRANSVERSALE** [tʀɑ̃svɛʀsal] adj. (après le nom) ▪ Qui traverse, qui est en travers. *Vous tournerez à droite dans la rue transversale,* dans la rue perpendiculaire à celle-ci. MASCULIN PLURIEL : *TRANSVERSAUX* [tʀɑ̃svɛʀso].

TRAPÈZE [tʀapɛz] n. m. ▪ *UN TRAPÈZE* **1.** Figure géométrique qui a quatre côtés dont deux sont parallèles. *Dessinez un trapèze rectangle.* **2.** Appareil de gymnastique ou d'acrobatie composé d'une barre horizontale suspendue par les extrémités à deux cordes. *Il est suspendu au trapèze du portique.* – *Les acrobates font du TRAPÈZE VOLANT,* ils sautent d'un trapèze à un autre en se balançant.

> FAUX AMIS
> grec **τραπέζι** « table » et **τράπεζα** « banque »

TRAPÉZISTE [tʀapezist] n. m., n. f. ▪ *UN TRAPÉZISTE, UNE TRAPÉZISTE :* acrobate spécialisé dans les exercices au trapèze. *Au cirque, nous avons beaucoup aimé le numéro des trapézistes.*

> FAUX AMI
> grec **τραπεζίτης** « banquier »

TRAPPE [tʀap] n. f. ▪ *UNE TRAPPE* **1.** Ouverture faite dans un plancher ou dans un plafond et fermée par un panneau. *On descend à la cave par une trappe. Ouvre la trappe.* **2.** Piège pour les animaux, formé d'un trou recouvert de branchages. *Le tigre a été pris dans une trappe* (→ **chausse-trape).**

> FAUX AMI
> russe **трап** « échelle de coupée »

TRAPPEUR [tʀapœʀ] n. m. ▪ *UN TRAPPEUR :* homme dont le métier est de chasser les animaux pour vendre leur fourrure, en Amérique du Nord. *Le trappeur surveille son chargement de fourrures.*

TRAPU [tʀapy], **TRAPUE** [tʀapy] adj. (après le nom) **1.** (qqn) Qui est petit et large, et donne une impression de force. → **râblé.** *Son père est un homme trapu.* ⟨contraires : élancé, mince⟩ **2.** STYLE FAMILIER Difficile. *Ce problème de maths est trapu !*

TRAQUE [tʀak] n. f. ▪ STYLE FAMILIER *LA TRAQUE :* action de poursuivre (qqn). *La traque a duré trois jours, mais le fugitif a été retrouvé dans une forêt.*

TRAQUENARD [tʀaknaʀ] n. m. ▪ *UN TRAQUENARD :* piège. → **guet-apens.** *La police a tendu un traquenard. Les malfaiteurs ont été pris dans le traquenard.* → **souricière.** – *Attention, il y a un traquenard dans cette question.*

TRAQUER [tʀake] verbe [conjugaison 1a] **1.** Poursuivre (un animal) en se rapprochant toujours plus. *Les chiens traquent un renard.* **2.** Poursuivre (qqn) jusque dans sa cachette. *Il ne sait plus où se réfugier, la police le traque.*

TRAUMATISANT [tʀomatizɑ̃], **TRAUMATISANTE** [tʀomatizɑ̃t] adj. (après le nom) ▪ Qui provoque des troubles psychologiques. *Les violentes disputes entre parents sont traumatisantes pour les enfants. La guerre est une expérience traumatisante.*

TRAUMATISER [tʀomatize] verbe [conjugaison 1a] **1.** Provoquer un traumatisme physique chez (qqn). *Cet accident l'a traumatisé.* → **choquer.** **2.** Provoquer un traumatisme psychique chez (qqn). *La mort de son père l'a complètement traumatisé.*

> FAUX AMI
> grec **τραυματίζω** « blesser physiquement »

TRAUMATISME [tʀomatism] n. m. ▪ *UN TRAUMATISME* **1.** Ensemble des troubles physiques provoqués par un coup, une blessure grave. *Sa chute sur la tête a entraîné un traumatisme crânien.* **2.** Choc émotionnel très violent. *La séparation des parents peut être un traumatisme pour les enfants.*

TRAVAIL [tʀavaj] n. m.
I. *LE TRAVAIL* **1.** Ensemble des activités humaines faites pour produire qqch. *Le travail est suivi de repos et de loisirs. Elle aime le travail. Il y a le travail manuel et le travail intellectuel. Il s'est MIS AU TRAVAIL :* il a commencé à travailler. *Elle s'est tuée au travail :* elle s'est beaucoup fatiguée en travaillant. *La directrice est un BOURREAU DE TRAVAIL :* elle travaille beaucoup. – *Elle est assise à sa table de travail* (→ **bureau).** *Nous avons un déjeuner de travail,* un déjeuner pendant lequel on travaille. *Sa voiture est son OUTIL DE TRAVAIL,* elle lui sert à travailler. **2.** Activité nécessaire pour accomplir une tâche. *Je suis débordé de travail. Nous avons encore un mois de travail pour finir. La réparation de la voiture a demandé deux jours de travail.* **3.** *UN TRAVAIL :* ensemble des activités exercées pour parvenir à un résultat utile. → **ouvrage ;** STYLE FAMILIER **boulot.** *J'ai un travail à finir. J'ai emporté du travail chez moi. Nous avons un travail fou :* nous avons beaucoup de travail. *C'est un travail fatigant* (→ **laborieux).** *Voilà le travail !* le travail est terminé. **4.** Manière dont un ouvrage est fait. *Admirez la délicatesse du travail. C'est du travail d'amateur !* du travail mal fait, peu soigné. *Montrez-moi votre travail.*
II. (au pluriel) LES TRAVAUX [tʀavo] **1.** Choses à faire qui demandent du temps et des efforts physiques. *Il aime les travaux des champs* (→ **agriculture).** *Elle n'aime pas les TRAVAUX MÉNAGERS. Pendant les travaux, le magasin reste ouvert. Les gros travaux sont terminés,* les travaux les plus durs. *Ils font des travaux dans leur appartement. Nous SOMMES EN TRAVAUX,* il y a des travaux dans notre appartement, dans notre maison. *Nous sommes en pleins travaux.* – *En France, les petits délinquants peuvent être condamnés à faire des TRAVAUX D'INTÉRÊT GÉNÉRAL,* des travaux utiles pour la communauté et qui remplacent les peines de prison. **2.** *Les TRAVAUX PUBLICS :* travaux de construction, de réparations ou d'entretien d'utilité générale. *Il est ingénieur des Travaux publics.* **3.** *Les TRAVAUX FORCÉS :* autrefois, peine qui s'effectuait dans les bagnes. *Un de ses ancêtres avait été condamné aux travaux forcés.* **4.** Suite de recherches dans un domaine intellectuel, scientifique. *La dé-*

couverte du vaccin contre la rage a été le résultat des travaux de Pasteur. Cet après-midi les élèves ont des TRAVAUX PRATIQUES (abréviation : *T. P.* [tepe]), un cours où les élèves font des exercices en application d'un cours théorique.

III. *UN TRAVAIL :* activité professionnelle payée. → **emploi, fonction, métier, profession** ; STYLE FAMILIER **boulot, gagne-pain, job.** *Elle a trouvé un travail. Il cherche un travail à plein temps. Son travail est à temps partiel. C'est un travail bien payé* (→ **salaire**). *Le TRAVAIL À LA CHAÎNE est très pénible. Il a changé de travail le mois dernier.* – *Il est sans travail :* il est au chômage (→ **chômeur**). *Un ARRÊT DE TRAVAIL :* interruption de travail (pour cause de maladie, de grève). *Il EST EN ARRÊT DE TRAVAIL depuis une semaine* (→ **congé**). *Il est sur son LIEU DE TRAVAIL* (→ **atelier, bureau, chantier, usine**). – *Les ouvriers mettent leurs vêtements de travail.* – *Elle a eu un ACCIDENT DU TRAVAIL,* survenu sur le lieu où elle travaille. – *Le MARCHÉ DU TRAVAIL :* l'ensemble des offres et des demandes d'emploi. *En période de chômage, le marché du travail se porte mal.* – *Il a signé son CONTRAT DE TRAVAIL,* l'engagement de travailler pour l'employeur, en échange d'un salaire.

IV. *LE TRAVAIL DE* **1.** Action de travailler (qqch.). *J'aime le travail du bois,* la menuiserie, la sculpture. **2.** Action continue, progressive. *Cette grotte est le résultat du lent travail d'érosion des eaux.* **3.** *La SALLE DE TRAVAIL d'un hôpital, d'une clinique :* la salle où accouchent les femmes. *Le bébé n'est pas encore né, ma femme est en salle de travail.*

TRAVAILLER [tʀavaje] verbe [conjugaison 1a]

I. 1. Exercer une activité professionnelle, un métier. *Il travaille en usine. Elle a travaillé toute sa vie.* – *Il fait travailler des employés* (→ **employer**). *Elle travaille à son compte :* elle n'a pas d'employeur. **2.** Agir d'une manière suivie et avec un certain effort, pour obtenir un résultat utile. → STYLE FAMILIER **bosser, boulonner,** ② **bûcher, trimer, turbiner.** ⟨contraires : s'amuser, chômer, se reposer ; STYLE FAMILIER glander⟩ *Il a été recalé à son bac parce qu'il n'a pas assez travaillé. Elle travaille dur.* STYLE FAMILIER *On travaille comme des bêtes :* on travaille beaucoup, en se fatiguant. → STYLE FAMILIER se **crever, galérer, ramer.** – STYLE FAMILIER *Il faut faire travailler ta matière grise.* – *Cet élève ne travaille pas,* il n'apprend pas, il n'étudie pas. *Arrête de jouer et va travailler !* **3.** Effectuer un exercice. *Les acrobates travaillent sans filet.* → s'**exercer. 4.** (qqch.) Agir. *Soyons patients, le temps travaille pour nous,* le temps qui passe nous est utile. **5.** (qqch.) Subir une force, une action. *On ne peut plus ouvrir la porte, le bois a travaillé,* il s'est déformé. **6.** Être agité. *Son imagination travaille, alors elle s'angoisse.*

II. *TRAVAILLER À* **1.** Exercer son activité sur (un objet). → s'**occuper** de. *Il travaille à la construction des routes. Je travaille à mon livre.* **2.** Faire tous ses efforts pour obtenir (un résultat). *Les secouristes travaillent à dégager les blessés. Nous travaillons à ce qu'elle change d'idée. Méfiez-vous de cet homme, il travaille à votre perte,* il prépare votre perte.

III. *TRAVAILLER QQCH.* **1.** Modifier (une chose) par une action suivie. *Les agriculteurs travaillent la terre.* → **cultiver.** *Le boulanger travaille la pâte.* → **pétrir.** – (figuré) *Le torero travaille le taureau,* fait des passes avec la bête. **2.** Soumettre à un travail intellectuel, pour améliorer. *Vous avez de bonnes idées, mais il faut travailler votre style.* → **perfectionner. 3.** Perfectionner par l'exercice, par l'étude. *Travaillez votre espagnol. Il faut que vous travailliez votre anglais. Mon fils travaille un morceau de musique au piano. Il travaille son piano. Le comédien travaille son rôle.* → **répéter.** *Il travaille son bac.* → **préparer, réviser** ; STYLE FAMILIER **potasser.**

IV. *TRAVAILLER QQN* **1.** (qqn) STYLE FAMILIER Battre pour faire parler. **tabasser.** *Les flics l'ont travaillé un peu brutalement.* **2.** (qqn) Donner des coups à (un boxeur). *Il TRAVAILLE son adversaire AU CORPS.* **3.** (qqch.) Préoccuper. *Cette histoire de sac à main perdu me travaille,* elle m'inquiète. → **tourmenter, tracasser** ; STYLE FAMILIER **turlupiner.**

TRAVAILLEUR [tʀavajœʀ] n. m. et adj., **TRAVAILLEUSE** [tʀavajøz] n. f. et adj.

I. 1. *UN TRAVAILLEUR, UNE TRAVAILLEUSE :* personne qui travaille. *C'est un grand travailleur :* il travaille beaucoup. → STYLE FAMILIER **bosseur. 2.** (au pluriel) LES TRAVAILLEURS : les salariés. *Les travailleurs vivent uniquement de leur travail. Ce pays accueille les TRAVAILLEURS IMMIGRÉS.*

II. adjectif (après le nom) Qui travaille, qui aime travailler. *Elle est très travailleuse.*

TRAVAILLISTE [tʀavajist] adj., n. m. et n. f. **1.** adjectif (après le nom) *Le PARTI TRAVAILLISTE :* parti politique britannique de tendance socialiste. *Il est membre du parti travailliste.* – *C'est une députée travailliste.* **2.** *UN TRAVAILLISTE, UNE TRAVAILLISTE :* membre du parti travailliste (Labour Party). *C'est un travailliste.*

TRAVÉE [tʀave] n. f. ■ *UNE TRAVÉE* **1.** Rangée de tables ou de sièges rangés les uns derrière les autres. *Vos places sont dans la travée centrale.* **2.** Partie d'une voûte ou d'un pont comprise entre deux piliers. *Dans cette église, la nef a cinq travées.*

TRAVELO [tʀavlo] n. m. ■ STYLE TRÈS FAMILIER *UN TRAVELO :* travesti, homosexuel qui s'habille en femme. → **travesti.** *Ce n'est pas une femme, c'est un travelo.*

① **TRAVERS** [tʀavɛʀ]

I. (préposition) **1.** *EN TRAVERS DE :* dans une position transversale (par rapport à un axe). *Elle s'est endormie en travers du lit,* dans le sens de la largeur du lit. *Attention, un camion est en travers de la route.* **2.** *À TRAVERS :* en traversant qqch. dans son étendue ou dans son épaisseur. *Elle se fraie un chemin à travers la foule,* au milieu de la foule. *Le soleil passe à travers la vitre. Je vois le jardin à travers la vitre.* → **par.** *Pour rentrer plus vite, nous sommes passés à travers champs et à travers bois.* **3.** *AU TRAVERS DE :* dans la profondeur de. *Il lui passe une épée au travers du corps.* → **dans.**

II. (adverbe) **1.** *DE TRAVERS :* dans une position oblique par rapport à la normale. → STYLE FAMILIER de **traviole.** *Ce comédien a le nez de travers. Les ivrognes marchent de travers,* ils ne marchent pas droit (→ **tituber, zigzaguer**). *Elle a mis sa casquette de travers,* sur le côté. – *Je crois qu'elle sait que j'ai menti : elle m'a regardé de travers,* elle a eu un regard soupçonneux. – (figuré) *Il a compris de travers, il a compris TOUT DE TRAVERS :* il a mal compris. → **mal.** *Il PREND TOUT DE TRAVERS :* il est très susceptible. – *En ce moment, TOUT VA DE TRAVERS,* tout va mal. **2.** *À TORT ET À TRAVERS* [atɔʀeatʀavɛʀ] : sans réfléchir, n'importe comment. *Tais-toi, tu parles à tort et à travers. Il dépense son argent à tort et à travers.*

REM. *À travers* (I., 2.) s'emploie suivi d'un article lorsque le nom est singulier : *à travers la vitre ;* si le nom est au pluriel on supprime l'article (ex. : *à travers champs,* plutôt que *au travers des champs*).

② **TRAVERS** [tʀavɛʀ] n. m.

I. *LE TRAVERS* **1.** Le sens oblique d'une surface. *On coupe dans le travers du tissu.* → **biais. 2.** *LE TRAVERS DE PORC :* l'extrémité des côtes, coupées en travers. *J'ai acheté du travers de porc.*

II. *UN TRAVERS :* défaut. *Tout le monde a ses petits travers.*

TRAVERSE [tʀavɛʀs] n. f. **1.** *UNE TRAVERSE :* barre de bois ou de métal, posée en travers d'un assemblage. *Les traverses de chemin de fer maintiennent l'écartement des rails.* **2.** Un *CHEMIN DE TRAVERSE :* un chemin qui coupe (→ **raccourci**). *Pour aller plus vite, nous sommes passés par des chemins de traverse.*

TRAVERSÉE [tʀavɛʀse] n. f. ▪ *LA TRAVERSÉE* **1.** Action de traverser une grande étendue d'eau. *La traversée s'est bien passée, la mer était très calme.* **2.** Action de traverser (un espace). *Il ont fait la traversée du désert en quatre-quatre.*

TRAVERSER [tʀavɛʀse] verbe [conjugaison 1a] **1.** Passer à travers. → **percer, transpercer.** *La mèche de la perceuse a traversé la cloison.* **2.** Parcourir (un espace) d'une extrémité à l'autre, d'un bord à l'autre. *Nous avons mis une heure pour traverser la ville. Les piétons traversent la chaussée. Fais attention en traversant ! - Un rivière traverse la plaine.* → **arroser. 3.** (qqch. sans mouvement) S'étendre au travers de. *Une piste traverse le désert.* **4.** Aller d'un bout à l'autre d'une période. *En ce moment, je traverse une mauvaise passe,* je suis dans une mauvaise période de ma vie. **5.** Passer par (l'esprit, l'imagination, la tête). *Une idée m'a traversé l'esprit.*

TRAVERSIN [tʀavɛʀsɛ̃] n. m. ▪ *UN TRAVERSIN :* long coussin cylindrique qui occupe la largeur du lit. *Il dort toujours avec un traversin sous son oreiller.*

TRAVESTI [tʀavɛsti] adj. et n. m., **TRAVESTIE** [tʀavɛsti] adj. **1.** adjectif (après le nom) Revêtu d'un déguisement. *Ma sœur est travestie pour le carnaval. J'ai rencontré des enfants travestis dans la rue.* **2.** *UN TRAVESTI :* homosexuel qui s'habille en femme. → STYLE FAMILIER **travelo.** *Ce n'est pas une femme, c'est un travesti. Il est allé voir un spectacle de travestis.*

TRAVESTIR [tʀavɛstiʀ] verbe [conjugaison 2] **1.** Transformer en donnant un aspect mensonger. → **déguiser.** *Je n'ai jamais dit cela, vous travestissez mes propos !* **2.** verbe pronominal SE TRAVESTIR : se déguiser. *Les enfants se sont travestis pour le carnaval.*

> FAUX AMI
> italien **travestirsi** ne s'emploie pas pour le sens 1.

DE **TRAVIOLE** [dətʀavjɔl] adverbe ▪ STYLE FAMILIER De travers. *Ta casquette est complètement de traviole.*

TRAYEUSE [tʀɛjøz] n. f. ▪ *UNE TRAYEUSE :* petite machine à traire les vaches, les brebis, les chèvres. *Notre étable est équipée de trayeuses électriques.*

TRÉBUCHER [tʀebyʃe] verbe [conjugaison 1a] **1.** Perdre l'équilibre en cognant son pied contre qqch. *Il a trébuché et il est tombé. J'AI TRÉBUCHÉ CONTRE une pierre.* → **buter. 2.** Être arrêté par une difficulté. *Lorsqu'il lit à voix haute, mon fils TRÉBUCHE SUR les mots difficiles.*

TRÈFLE [tʀɛfl] n. m. ▪ *LE TRÈFLE* **1.** Plante dont les feuilles sont composées de trois éléments, qui pousse dans les prairies. *Les vaches broutent le trèfle. - Les enfants cherchent des TRÈFLES À QUATRE FEUILLES,* des feuilles de trèfle qui comportent anormalement quatre éléments et que l'on considère comme porte-bonheur. **2.** Aux cartes, l'une des quatre couleurs dont la marque est un trèfle noir. *J'ai le roi de pique et le dix de trèfle. - J'ai trois trèfles,* trois cartes de cette couleur.

TREILLAGE [tʀɛjaʒ] n. m. ▪ *UN TREILLAGE :* assemblage de lattes croisées. *Les poiriers du verger sont appuyés à un treillage.*

TREILLE [tʀɛj] n. f. ▪ *UNE TREILLE :* tonnelle sur laquelle pousse une vigne. *Il se repose sous une treille. Des grappes de raisin pendent de la treille.*

① **TREILLIS** [tʀeji] n. m. ▪ *UN TREILLIS :* assemblage de lattes de bois ou de fil de fer croisés. *Le poulailler est fermé par un treillis métallique.*

② **TREILLIS** [tʀeji] n. m. ▪ *UN TREILLIS :* tenue militaire de combat en grosse toile solide. *Le soldat a mis son treillis. - Les soldats sont en treillis.*

TREIZE [tʀɛz] adj., pronom, n. m. et n. f. invariables
I. adjectif (avant le nom ou après le nom) **1.** (avant le nom) Dix plus trois (13 ; XIII). *Sa fille a treize ans. - Nous avons vu un match de RUGBY À TREIZE,* joué avec des équipes de treize joueurs. **2.** (avant ou après le nom) Qui suit le douzième. → **treizième.** *Il est treize heures,* une heure de l'après-midi. *Rendez-vous le treize juin,* le treizième jour du mois de juin. *Le numéro treize est le numéro gagnant. Ouvrez votre livre page treize.*
II. pronom Treize personnes, treize choses. *Nous serons treize. Il en reste treize.*
III. 1. *TREIZE :* le nombre treize. *Sept et six font treize. Il a eu un treize en maths,* sa note est treize. **2.** *LE TREIZE, LA TREIZE :* ce qui porte le numéro treize. *Aujourd'hui, nous sommes le treize,* le treizième jour du mois. *Le treize est un mardi. - VENDREDI TREIZE :* jour qui passe pour porter malheur ou bonheur. *Dans la course de chevaux, le treize a gagné,* le cheval portant le numéro treize. *Il habite au treize de la rue René.*

> REM. **1.** *Treize* s'emploie en composition : *treize cents* [tʀɛzsɑ̃] « mille trois cents », *quatre-vingt-treize, cent treize.* **2.** Par superstition, en France, les hôtels et les hôpitaux n'ont pas de chambre portant le numéro treize.

TREIZIÈME [tʀɛzjɛm] adj., n. m. et n. f.
I. adjectif (avant le nom) Qui a le numéro treize, qui vient après le douzième. *Elle habite dans le treizième arrondissement, à Paris. Mon fils entre dans sa treizième année. Elle est treizième en anglais.*
II. 1. *LE TREIZIÈME :* partie d'un tout divisé en treize parts égales. *Nous sommes treize, nous aurons donc chacun un treizième de la somme.* **2.** *LE TREIZIÈME, LA TREIZIÈME :* ce qui a le numéro treize. *En anglais, elle est la treizième. Son bureau est au treizième,* au treizième étage. *Ils habitent dans le treizième,* dans le treizième arrondissement de la ville.

> REM. *Treizième* s'emploie en composition (ex. : *quatre-vingt-treizième, cent treizième*).

TRÉMA [tʀema] n. m. ▪ *LE TRÉMA :* signe formé de deux points que l'on met en français sur les voyelles *e* et *i* pour indiquer que la voyelle qui précède se prononce séparément. *« Maïs »* [mais] *s'écrit avec un tréma sur le* i. *L'adjectif féminin « aiguë »* [egy] *s'écrit avec un e tréma* (ë).

> REM. On utilise également le tréma sur la lettre *u,* dans des mots étrangers : *München* (Munich).

TREMBLANT [tʀɑ̃blɑ̃], **TREMBLANTE** [tʀɑ̃blɑ̃t] adj. (après le nom) ▪ Qui tremble. *Il est tout tremblant de froid.* → **frissonnant, grelottant.** *Je suis tremblant d'émotion.* → **palpitant.** *Elle est tremblante de peur. Elle lit à la lueur tremblante d'une bougie.* → **vacillant.** *Il parle d'une voix tremblante.*

TREMBLE [tʀɑ̃bl] n. m. ▪ *UN TREMBLE :* peuplier à écorce lisse et au tronc droit, dont les feuilles tremblent au moindre souffle de vent. *La rivière est bordée de trembles.*

TREMBLEMENT [tʀɑ̃bləmɑ̃] n. m.
I. *UN TREMBLEMENT DE TERRE :* suite de secousses et déformation de l'écorce terrestre en un lieu (→ **séisme).** *Il y a eu un grave tremblement de terre au Japon.*
II. *LE TREMBLEMENT* **1.** Mouvement de ce qui tremble. *Le tremblement des feuilles d'arbres indique qu'il y a un peu de vent. Très émue, elle a parlé avec un tremblement dans la voix.* **2.** Agitation du corps ou d'une partie du corps. *Elle n'arrive pas à maîtriser le tremblement de ses doigts. Tout son corps est agité de tremblements* (→ **convulsion). 3.** STYLE FAMILIER *ET TOUT LE TREM-*

BLEMENT : et tout le reste. *Nous sommes partis en vacances avec la tente, les casseroles, les valises et tout le tremblement.*

TREMBLER [tʀɑ̃ble] verbe [conjugaison 1a] **1.** (qqch.) Être agité de petits mouvements répétés. *Lorsque le camion est passé, les vitres de la maison ont tremblé.* → **vibrer.** *Le feuillage tremble sous le vent.* → **frémir.** - *La terre a tremblé,* elle a été agitée par des secousses, il y a eu un tremblement de terre (→ **séisme**). **2.** (qqn) Être agité par des contractions involontaires des muscles. *J'ai les jambes qui tremblent.* → **flageoler.** *Je TREMBLE COMME UNE FEUILLE* : je tremble beaucoup. *Elle TREMBLE DE peur. Je tremble de froid !* → **frissonner.** *J'ai bien vu qu'il tremblait de colère. J'ai eu si peur que j'en tremble encore.* **3.** Avoir peur. *Les élèves tremblent devant la directrice. Je TREMBLE POUR toi,* je crains un malheur, un danger pour toi.

TREMBLOTE [tʀɑ̃blɔt] n. f. ▪ STYLE FAMILIER *AVOIR LA TREMBLOTE* : trembler de froid, de fièvre, de peur, de sénilité. *En attendant les résultats d'examen, j'avais la tremblote.*

TREMBLOTER [tʀɑ̃blɔte] verbe [conjugaison 1a] ▪ Trembler légèrement. *Il avait peur, sa voix tremblotait. La flamme des bougies tremblote.* → **vaciller.**

SE **TRÉMOUSSER** [tʀemuse] verbe pronominal [conjugaison 1a] ▪ S'agiter avec de petits mouvements vifs, rapides. → **gigoter, remuer.** *Les élèves qui s'ennuient se trémoussent sur leurs chaises.* → se **tortiller.** *Elle s'est trémoussée en dansant.*

TREMPE [tʀɑ̃p] n. f. **1.** STYLE FAMILIER *UNE TREMPE* : gifle. → STYLE FAMILIER **baffe.** *Si tu n'arrêtes pas, je te file une trempe ! Je lui ai flanqué une bonne trempe.* **2.** *DE SA (TA, VOTRE...) TREMPE* : de cette qualité. *Un gars de sa trempe ne se laisse pas faire.*

TREMPÉ [tʀɑ̃pe], **TREMPÉE** [tʀɑ̃pe] adj. (après le nom) **1.** Très mouillé. *Je n'avais pas de parapluie, je suis rentré trempé. Il a enlevé sa chemise trempée de sueur.* - *Le sol est trempé.* → **détrempé.** ⟨contraires : desséché, sec⟩ **2.** *L'ACIER TREMPÉ* : acier que l'on a durci en le trempant dans un bain froid après l'avoir chauffé à haute température. *Cette épée est en acier trempé.* **3.** *Un CARACTÈRE BIEN TREMPÉ,* fort, énergique. *Elle ne se laissera pas faire car elle a un caractère bien trempé.*

TREMPER [tʀɑ̃pe] verbe [conjugaison 1a]
I. 1. Mouiller complètement. ⟨contraires : assécher, sécher⟩ *L'averse a trempé le linge qui séchait dans le jardin. La sueur trempe ton tee-shirt. Elle a trempé son mouchoir de larmes.* **2.** Mettre dans un liquide pour imbiber, enduire. *Il aime bien tremper sa tartine dans son café. Elle trempe son gant de toilette dans l'eau. Pour écrire à la plume, on trempe la plume dans l'encre.* - *Je ne veux pas boire de vin, je vais juste TREMPER LES LÈVRES,* je vais juste goûter le vin, prendre un tout petit peu de vin.
II. 1. (qqch.) Rester plongé dans un liquide. *Elle a mis du linge à tremper,* elle le laisse longtemps dans l'eau ou dans la lessive avant de le laver. *Faites tremper les lentilles dans de l'eau froide.* **2.** *TREMPER DANS* (une affaire malhonnête) : être mêlé à une affaire malhonnête, en être complice. *Plusieurs personnes connues ont trempé dans cette escroquerie. Est-ce qu'il a trempé dans cette affaire de drogue ?*
III. verbe pronominal SE TREMPER **1.** Prendre un bain rapide. *Elle était très pressée, elle s'est juste trempée.* **2.** Plonger. *Elle s'est trempé les pieds dans la cuvette.*

TREMPETTE [tʀɑ̃pɛt] n. f. ▪ STYLE FAMILIER *FAIRE TREMPETTE* : prendre un bain rapide et sans entrer complètement dans l'eau. *Sur la plage, les bébés font trempette.*

TREMPLIN [tʀɑ̃plɛ̃] n. m. ▪ *UN TREMPLIN* **1.** Planche élastique sur laquelle on prend son élan pour sauter, pour plonger. *Dans cette piscine, il y a deux tremplins.* → **plongeoir.** *Les gymnastes rebondissent sur le tremplin.* **2.** Moyen qui aide à réussir, à atteindre son but. *Il espère que ses relations politiques seront un tremplin dans sa carrière.*

TRENTAINE [tʀɑ̃tɛn] n. f. **1.** *UNE TRENTAINE* : groupe d'environ trente (personnes, animaux, choses). *Nous sommes une trentaine. Elle a une trentaine d'années.* **2.** *LA TRENTAINE* : âge d'environ trente ans. *Elle a dépassé la trentaine.*

REM. *La trentaine* est le premier d'une série qui va jusqu'à *soixantaine.*

TRENTE [tʀɑ̃t] adj., pronom et n. m. invariables
I. adjectif (avant le nom ou après le nom) **1.** (avant le nom) Trois fois dix (30 ; XXX). *Le mois de juin a trente jours, le mois de juillet a trente et un jours. Elle a trente ans. Il a gagné trente mille francs* (30 000). *Il est onze heures trente (minutes),* onze heures et demie. **2.** (avant ou après le nom) Qui suit le vingt-neuvième. → **trentième.** *Ouvre ton livre page trente. Le gagnant est celui qui a le numéro trente ! Nous sommes le trente mars* : c'est le trentième jour du mois de mars. *J'ai rendez-vous le samedi trente juin.*
II. pronom Trente personnes, trente choses. *Ils ne sont plus que trente.*
III. 1. *TRENTE* : le nombre trente. *Vingt-huit et deux font trente.* **2.** *LE TRENTE* : ce qui porte le numéro trente. *Il habite au trente de cette rue. Nous sommes le trente* : c'est le trentième jour du mois. **3.** *ÊTRE SUR SON TRENTE ET UN, SE METTRE SUR SON TRENTE ET UN* : avoir ses plus beaux habits, mettre ses plus beaux habits. *Dis donc, tu es sur ton trente et un aujourd'hui !*

REM. *Trente* s'emploie en composition (ex. : *trente-trois* [tʀɑ̃ttʀwa], *cent trente*).

TRENTE-SIX [tʀɑ̃tsis] adj. et n. m. invariables **1.** adjectif (avant le nom) Désigne un grand nombre indéterminé. *« Quel pull rouge ? – Cherche, il n'y en a pas trente-six ! » Écoutez bien car je ne le répéterai pas trente-six fois* [tʀɑ̃tsifwa]. *Il n'y a pas trente-six façons de réussir, il n'y en a qu'une : il faut travailler.* **2.** *TOUS LES TRENTE-SIX DU MOIS* : jamais ou très peu souvent. *Il me téléphone tous les trente-six du mois.*

TRENTIÈME [tʀɑ̃tjɛm] adj., n. m. et n. f.
I. adjectif (avant le nom) Qui a le numéro trente, qui vient après le vingt-neuvième. *J'en suis à la trentième page de mon livre. Il est dans sa trentième année,* il va avoir trente ans. *Elle est arrivée trentième à la course.*
II. 1. *LE TRENTIÈME* : partie d'un tout divisé en trente parties égales. *Dix est le trentième de trois cents.* **2.** *LE TRENTIÈME, LA TRENTIÈME* : ce qui a le numéro trente. *Je suis le trentième sur la liste. Son bureau est au trentième,* au trentième étage.

REM. *Trentième* s'emploie en composition (ex. : *cent trentième*).

TRÉPAS [tʀepa] n. m. ▪ STYLE RECHERCHÉ *LE TRÉPAS* : la mort. → **décès.** *Il est PASSÉ DE VIE À TRÉPAS* : il est mort.

TRÉPASSER [tʀepase] verbe [conjugaison 1a] ▪ STYLE RECHERCHÉ Mourir. → **décéder.** *La malade a trépassé dans la nuit.*

REM. On peut dire : *elle a trépassé* ou *elle est trépassée.*

TRÉPIDANT [tʀepidɑ̃], **TRÉPIDANTE** [tʀepidɑ̃t] adj. (après le nom) ▪ Très agité, très rapide. *Les Parisiens ont une vie trépidante.* ⟨contraires : calme, tranquille⟩ *Nous vivons sur un rythme trépidant* : nous avons sans arrêt beaucoup de choses à faire. ⟨contraire : lent⟩

TRÉPIDATION [tʀepidasjɔ̃] n. f. ▪ *LA TRÉPIDATION* : mouvement de ce qui subit des secousses très rapides. *Les trépidations du marteau-piqueur sont difficiles à supporter.*

TRÉPIED [tʀepje] n. m. ▪ *UN TRÉPIED* : support à trois pieds. *Elle a fixé sa caméra sur un trépied.*

TRÉPIGNER [tʀepiɲe] verbe [conjugaison 1a] ▪ Frapper des pieds par terre plusieurs fois de suite, pour exprimer une émotion. *Mon fils pleure et trépigne. En l'attendant, nous TRÉPIGNONS D'impatience. Hier soir, nous trépignions d'enthousiasme en attendant que le spectacle commence.*

TRÈS [tʀɛ] adverbe
I. À un haut degré. → **bien, fort.** ⟨contraires : guère, pas, peu⟩ **1.** (devant un adjectif) *L'institutrice est très gentille. Il nous a écrit une lettre très amicale* [tʀɛzamikal]. *Nous sommes très heureux* [tʀɛzøʀø]. *L'hiver a été très froid.* → **extrêmement.** *Votre explication est très claire.* → **parfaitement.** *C'est très clair. C'est très vraisemblable.* → **hautement.** *Je suis très content.* → STYLE FAMILIER **drôlement, rudement, vachement.** STYLE FAMILIER *Je suis très très content ! J'étais très gêné.* → **terriblement.** *Son fils est très doué.* → **follement.** - *«As-tu passé de bonnes vacances ? - Non, pas très.»* mes vacances n'étaient pas vraiment bonnes, pas vraiment agréables. *«Êtes-vous satisfait ? - Très.»* oui, je suis tout à fait satisfait. **2.** (devant un adverbe) *Ma mère se porte très bien,* sa santé est bonne. *Cette voiture ne roule pas très vite. Nous nous voyons très peu. Ils se voient très souvent. Elle lit très bien. Il parle très mal. Merci, je suis très profondément touché. «Pouvez-vous m'aider ? - Très volontiers».* - STYLE FAMILIER *Au revoir et À TRÈS BIENTÔT* : formule que l'on emploie pour dire que l'on se verra dans peu de temps.
II. STYLE FAMILIER *ÊTRE TRÈS (qqch.)* **1.** Être typique de. *Elle est très seizième arrondissement,* elle représente bien les habitudes, les goûts des gens de cet arrondissement de Paris. *Ce roman est très fin de siècle.* **2.** Préférer avant tout (qqch.). *Vous savez, je n'aime pas beaucoup la viande, je suis très salade,* ce que je mange le plus souvent, c'est de la salade. *Il est très musique classique.* **3.** (devant un nom) *J'ai très faim et très soif ! Faites très attention en traversant.* - *«Avez-vous faim ? - Non, pas très»* pas beaucoup. *J'en ai très envie. Ça m'a fait très peur.* **4.** (devant une préposition et un attribut) *Il est très en colère. Je ne suis pas très en forme* : je suis un peu fatigué, déprimé. *Elle paraît très à l'aise. C'est très à la mode. Il est très sans gêne. Nous sommes très pour* (ce parti, cette solution).

REM. **1.** *Très* se prononce [tʀɛ] devant une consonne ou en fin de phrase mais [tʀɛz] devant une voyelle ou un *h* muet. **2.** Le comparatif avec *très* est *BIEN PLUS, BIEN MOINS. Votre explication est très claire, mais la mienne est bien plus claire.*

TRÉSOR [tʀezɔʀ] n. m.
I. 1. *UN TRÉSOR* : ensemble de choses précieuses cachées. *On a découvert un trésor enterré dans le jardin.* - *«L'Île au trésor» est un roman de Stevenson.* **2.** *LE TRÉSOR (PUBLIC)* : l'ensemble des moyens financiers dont dispose un État. *Faites votre chèque à l'ordre du Trésor public,* au service qui s'occupe des finances. **3.** *MON TRÉSOR* : terme d'affection. *Dors bien, mon trésor.*
II. (au pluriel) DES TRÉSORS **1.** Objets d'une grande valeur. *Ce musée renferme des trésors artistiques.* **2.** Grandes richesses. *Il a accumulé des trésors* (→ **thésauriser).** **3.** Ressources précieuses. *Il faut vraiment des trésors de patience pour supporter cet imbécile !*

FAUX AMI — allemand **Tresor** «coffre-fort»

TRÉSORERIE [tʀezɔʀʀi] n. f. ▪ *LA TRÉSORERIE* **1.** Argent dont dispose une entreprise. → **finance.** *Ce magasin a des difficultés de trésorerie,* il manque d'argent pour faire face aux dépenses. **2.** Service financier. *Il est responsable de la trésorerie du club.*

TRÉSORIER [tʀezɔʀje] n. m., **TRÉSORIÈRE** [tʀezɔʀjɛʀ] n. f. ▪ *UN TRÉSORIER, UNE TRÉSORIÈRE* : personne chargée de gérer l'argent (d'une organisation publique ou privée). *Elle est trésorière du club de tennis.*

tressaille [tʀesaj] *Je tressaille, il tressaille, elle tressaille* : forme au présent du verbe **tressaillir;** *que je tressaille, qu'il tressaille, qu'elle tressaille* : forme au subjonctif du verbe **tressaillir.**

TRESSAILLEMENT [tʀesajmɑ̃] n. m. ▪ *UN TRESSAILLEMENT* : ensemble de secousses musculaires involontaires qui agitent brusquement le corps, sous l'effet d'une émotion. → **frémissement, frisson, tremblement.** *Lorsqu'elle a entendu ce bruit inquiétant, un tressaillement a parcouru son corps.*

TRESSAILLIR [tʀesajiʀ] verbe [conjugaison 13] ▪ Éprouver un tressaillement. *Elle est très nerveuse, elle tressaille au moindre bruit.* → **frémir, frissonner, trembler.**

TRESSE [tʀɛs] n. f. ▪ *UNE TRESSE* : assemblage de trois longues mèches de cheveux entrelacées et retenues par une attache. → **natte.** *Elle s'est fait des tresses.*

FAUX AMI — allemand **Tresse** «galon militaire»

TRESSER [tʀese] verbe [conjugaison 1a] **1.** Mettre en tresse. → **natter.** *Elle tresse ses cheveux.* **2.** Faire (un objet) en entrecroisant des fils ou des brins. *Les gitans tressent des paniers d'osier. Les enfants tressent des guirlandes de fleurs.*

TRÉTEAU [tʀeto] n. m. ▪ *UN TRÉTEAU* : support constitué d'une barre de bois disposée sur quatre pieds formant deux V renversés. PLURIEL : *son bureau est fait d'une planche posée sur des TRÉTEAUX.*

TREUIL [tʀœj] n. m. ▪ *UN TREUIL* : appareil formé d'un cylindre autour duquel s'enroule un câble, et qui permet de tirer des poids très lourds. *On remonte l'ancre du bateau à l'aide d'un treuil.* → **cabestan.**

TRÊVE [tʀɛv] n. f. ▪ *UNE TRÊVE* **1.** Arrêt provisoire des combats pendant une guerre, une lutte. *Les combattants ont observé une trêve pendant une semaine.* → **cessez-le-feu.** **2.** Arrêt de qqch. de pénible. *J'ai envie de m'arrêter de travailler, je vais m'accorder une trêve.* → **pause.** *Il a travaillé SANS TRÊVE pendant tout le week-end,* sans arrêt. - *TRÊVE DE PLAISANTERIE, parlons sérieusement* : cessons de plaisanter et parlons sérieusement.

FAUX AMI — portugais **treva** «ténèbres»

TRÈVES [tʀɛv] nom propre - en allemand **TRIER** ▪ Ville d'Allemagne. *Nous sommes allés à Trèves. Ils reviennent de Trèves.*

TRI [tʀi] n. m. ▪ *LE TRI* : action de trier. → **triage.** *J'ai FAIT LE TRI de mes vieux vêtements. Il y a trop de candidats, il faut faire un tri parmi eux.* → **sélection.** *Le courrier est centralisé dans un centre de TRI POSTAL.*

TRIAGE [tʀijaʒ] n. m. ▪ *LE TRIAGE* : le fait de trier, de choisir dans un ensemble. → **tri.** *Il fait le triage du linge avant de le ranger. Le train est dans une GARE DE TRIAGE,* une gare où l'on sépare et on regroupe les wagons de marchandises pour former des convois.

TRIANGLE [tʀijɑ̃gl] n. m. ▪ *UN TRIANGLE* **1.** Figure géométrique qui a trois angles et trois côtés (→ **triangulaire).** *Dessinez un TRIANGLE RECTANGLE,* un triangle qui a un angle droit. *Les panneaux de signalisation routière qui sont en forme de triangle annoncent un danger.* **2.** Instrument de musique fait d'une tige d'acier repliée en triangle, sur laquelle on frappe avec une baguette. *Il joue du triangle dans un orchestre.*

TRIANGULAIRE [tʀijɑ̃gylɛʀ] adj. (après le nom) ▪ Qui a la forme d'un triangle. *Le bateau a une voile triangulaire.*

TRIBAL [tʀibal], **TRIBALE** [tʀibal] adj. (après le nom) ▪ Qui concerne la tribu. *Le pays est sujet à des guerres tribales,* des guerres entre tribus. MASCULIN PLURIEL : *des problèmes* TRIBAUX [tʀibo].

TRIBORD [tʀibɔʀ] n. m. ▪ Côté droit d'un bateau, quand on regarde vers l'avant. ⟨contraire : bâbord⟩ *Le bateau penche À TRIBORD. Terre à tribord ! Nous recevons le vent par tribord.*

TRIBU [tʀiby] n. f. ▪ *UNE TRIBU* 1. Groupe de familles descendant du même ancêtre, vivant sous l'autorité d'un même chef et partageant les mêmes croyances, chez les peuples à organisation dite primitive. *Les tribus des Indiens d'Amérique s'opposèrent à l'installation des Blancs sur leurs terres. On assiste encore à des guerres entre tribus en Afrique* (→ **tribal**). 2. STYLE FAMILIER Famille nombreuse. *Ils sont venus avec toute leur tribu.*

REM. *Tribut* «contribution» se prononce de la même façon.

TRIBULATIONS [tʀibylasjɔ̃] n. f. pluriel ▪ *DES TRIBULATIONS :* aventures plus ou moins désagréables. → **mésaventure.** *Il n'est pas au bout de ses tribulations. Nous avons finalement trouvé une chambre d'hôtel après bien des tribulations.*

TRIBUNAL [tʀibynal] n. m. ▪ *LE TRIBUNAL* 1. Lieu où l'on rend la justice. *Le témoin a été convoqué au tribunal,* au palais de justice. 2. Ensemble des personnes qui rendent la justice (→ **magistrat).** *L'accusé comparaît devant le tribunal.* PLURIEL : *l'affaire a été portée devant les* TRIBUNAUX [tʀibyno]. *Les mineurs sont jugés par des tribunaux pour enfants.*

TRIBUNE [tʀibyn] n. f. ▪ *UNE TRIBUNE* 1. Estrade d'où l'on peut parler au public, à une assemblée. *On a installé une tribune sur la place du village. Le député* MONTE À LA TRIBUNE *pour faire son discours.* 2. Rubrique d'un journal dans laquelle on peut exprimer son opinion. *Les lecteurs de notre journal peuvent donner leur avis sur ce problème dans notre tribune libre.* 3. (au pluriel) LES TRIBUNES : partie d'un stade, d'un champ de courses où sont installés des gradins. *Le public s'entasse dans les tribunes.*

TRIBUT [tʀiby] n. m. ▪ *UN TRIBUT :* contribution imposée par un pays vainqueur au pays vaincu, par un État à ses sujets. *Les vaincus ont dû payer un lourd tribut à l'envahisseur.*

REM. *Tribu* «peuplade» se prononce de la même façon.

TRIBUTAIRE [tʀibytɛʀ] adj. (après le nom) ▪ *TRIBUTAIRE DE :* qui dépend de. → **dépendant.** *L'Europe est tributaire des pays tropicaux pour le café. Je veux m'en sortir seul et n'être tributaire de personne.*

TRICHE [tʀiʃ] n. f. ▪ STYLE FAMILIER *LA TRICHE :* action de tricher au jeu. *Tu as vu mes cartes, c'est de la triche !* → **tricherie.**

TRICHER [tʀiʃe] verbe [conjugaison 1a] 1. Ne pas respecter les règles d'un jeu pour gagner. *Je ne veux plus jouer avec lui, il triche.* 2. Enfreindre une règle. *Il a* TRICHÉ À *son examen et il a été reçu* (→ **copier).** - *Elle* TRICHE SUR *son âge.* → **mentir.**

TRICHERIE [tʀiʃʀi] n. f. ▪ *LA TRICHERIE :* le fait de tricher. → **tromperie ;** STYLE FAMILIER **triche.** *Il a gagné par tricherie.*

TRICHEUR [tʀiʃœʀ] n. m., **TRICHEUSE** [tʀiʃøz] n. f. ▪ *UN TRICHEUR, UNE TRICHEUSE :* personne qui triche au jeu ou à un examen. *Les tricheurs seront punis. Je ne joue plus avec toi, tricheuse !*

TRICOLORE [tʀikɔlɔʀ] adj. et n. 1. adjectif (après le nom) Qui a trois couleurs. *Au carrefour, un feu tricolore règle la circulation.* 2. Qui a les trois couleurs du drapeau français : bleu, blanc, rouge. *Le maire met son écharpe tricolore quand il célèbre un mariage.* - *L'équipe tricolore a remporté le match,* l'équipe française. 3. nom *Les tricolores :* les sportifs français. *Aux Jeux olympiques, les tricolores ont remporté cinq médailles.*

TRICOT [tʀiko] n. m. ▪ *LE TRICOT* 1. Action de tricoter. *Ma grand-mère* FAIT DU TRICOT, elle tricote. *Le point de jersey est un point de tricot.* 2. Textile tricoté. *Elle a une robe en tricot.* → **maille.** 3. *UN TRICOT :* vêtement tricoté. → **chandail, gilet, pull-over.** *Il fait froid, mets un tricot.*

FAUX AMIS
allemand **(gelbes) Trikot** «maillot jaune» ; roumain **tricou** «maillot de corps»

TRICOTER [tʀikɔte] verbe [conjugaison 1a] ▪ Faire des rangs de mailles de laine ou de coton au moyen de longues aiguilles ou avec une machine, de manière à obtenir un tissu très souple. *Elle a des* AIGUILLES À TRICOTER *de toutes les grosseurs. Ce pull a été fait à la* MACHINE À TRICOTER. *Ma fille apprend à tricoter.* - *Ma grand-mère a tricoté des pulls pour ses petits-enfants.*

TRICYCLE [tʀisikl] n. m. ▪ *UN TRICYCLE :* vélo d'enfant à trois roues, dont deux à l'arrière. *Mon petit frère a eu un tricycle pour Noël.*

TRIDENT [tʀidɑ̃] n. m. ▪ *UN TRIDENT :* fourche à trois dents. *Neptune, le dieu de la mer, est toujours représenté un trident à la main.*

TRIER [tʀije] verbe [conjugaison 7b] 1. Choisir dans un ensemble, en éliminant ce qui ne convient pas, ce qui est mauvais. *Elle triera* [tʀiʀa] *les fraises avant de faire la tarte. Il faut que vous triiez les lentilles,* que vous enleviez les cailloux qui sont mélangés aux lentilles. - *Les invités ont été* TRIÉS SUR LE VOLET, ils ont été choisis avec le plus grand soin. 2. Faire plusieurs groupes dans un ensemble, en gardant tout. → **classer.** *Il faut trier les wagons pour former un convoi* (→ **triage).** *À la poste, le courrier est trié par destination* (→ **tri).**

TRILINGUE [tʀilɛ̃g] adj. (après le nom) ▪ Qui parle trois langues. *Nous recherchons une secrétaire trilingue.*

TRILLE [tʀij] n. m. ▪ *UN TRILLE :* battement rapide sur deux notes voisines, exécuté par la voix ou par un instrument de musique. *On entend les trilles d'un rossignol.*

TRIMARAN [tʀimaʀɑ̃] n. m. ▪ *UN TRIMARAN :* voilier formé d'une coque centrale et de deux petites coques parallèles réunies par une armature rigide. *Nous avons fait la course avec un trimaran.*

TRIMBALER [tʀɛ̃bale] verbe [conjugaison 1a] ▪ STYLE FAMILIER Transporter avec soi. → **traîner.** *Il va falloir que je trimbale ce gros paquet toute la journée.* - *Qu'est-ce qu'il trimbale !* qu'il est bête !

REM. On écrit aussi *trimballer.*

TRIMER [tʀime] verbe [conjugaison 1a] ▪ STYLE FAMILIER Travailler avec effort, à qqch. de pénible. *Elle a trimé toute sa vie.*

TRIMESTRE [tʀimɛstʀ] n. m. ▪ *UN TRIMESTRE :* période de trois mois. *Le premier trimestre de l'année scolaire va de la rentrée jusqu'aux vacances de Noël. Cette revue paraît tous les trimestres.*

TRIMESTRIEL [tʀimɛstʀijɛl], **TRIMESTRIELLE** [tʀimɛstʀijɛl] adj. (après le nom) ▪ Qui a lieu tous les trois mois. *Il est abonné à une revue trimestrielle,* qui paraît tous les trois mois.

TRINGLE [tʀɛ̃gl] n. f. ▪ *UNE TRINGLE :* tige horizontale qui sert de support. *Elle a installé des* TRINGLES À RIDEAUX *au-dessus des fenêtres du salon,* des tiges sur lesquelles on enfile les anneaux supportant des rideaux.

TRINQUER [tʀɛ̃ke] verbe [conjugaison 1a] 1. Heurter légèrement son verre contre celui d'une autre personne avant de boire en même temps. *Nous avons trinqué avec nos amis. Je* TRINQUE À *ta santé ! Trinquons au succès de votre film !* **2.** STYLE FAMILIER Subir des désagréments. *Ce sont toujours les mêmes qui trinquent.* → STYLE FAMILIER **écoper.** *Qu'est-ce que j'ai trinqué après mon opération !* qu'est-ce que j'ai eu mal !

REM. **1.** Quand on *trinque* on dit *à ta santé ! santé ! tchin tchin ! à la vôtre !* **2.** Ne pas confondre avec *porter un toast,* où les verres ne sont pas heurtés.

TRIO [tʀijo] n. m. ▪ *UN TRIO* **1.** Morceau de musique pour trois instruments ou trois chanteurs. *Il écoute un trio pour piano, violon et violoncelle.* **2.** Groupe de trois musiciens qui jouent ensemble. *Il joue dans un trio de jazz. Il y a plusieurs trios qui se produisent au festival.* **3.** Groupe de trois personnes. *Elle forme un joyeux trio avec ses deux frères.*

TRIOMPHAL [tʀijɔ̃fal], **TRIOMPHALE** [tʀijɔ̃fal] adj. (après le nom) **1.** Accompagné d'honneurs, d'acclamations. *Le chanteur a reçu un accueil triomphal pendant sa tournée à l'étranger.* → **enthousiaste.** MASCULIN PLURIEL : *des succès TRIOMPHAUX* [tʀijɔ̃fo]. **2.** Qui constitue une grande victoire. *Le député a eu une élection triomphale.* → **éclatant.**

TRIOMPHALISME [tʀijɔ̃falism] n. m. ▪ *LE TRIOMPHALISME :* attitude d'une personne ou d'un groupe de personnes qui montre son succès avec ostentation. *Ne faites pas de triomphalisme, le résultat de l'élection n'est pas encore certain.*

TRIOMPHANT [tʀijɔ̃fɑ̃], **TRIOMPHANTE** [tʀijɔ̃fɑ̃t] adj. (après le nom) ▪ Qui exprime la joie d'avoir gagné, d'avoir triomphé. *Elle nous a annoncé d'une voix triomphante qu'elle était reçue à son concours.*

TRIOMPHE [tʀijɔ̃f] n. m. ▪ *UN TRIOMPHE* **1.** Victoire éclatante. ⟨contraire : défaite⟩ *Notre député a remporté un triomphe aux dernières élections.* **2.** Grand succès. *Son dernier film fait un triomphe dans le monde entier.* **3.** *PORTER qqn EN TRIOMPHE,* le hisser au-dessus de la foule pour le faire acclamer. *Le capitaine de l'équipe victorieuse a été porté en triomphe par ses supporters.*

TRIOMPHER [tʀijɔ̃fe] verbe [conjugaison 1a]
I. *TRIOMPHER DE qqn,* le vaincre avec éclat. *Le boxeur a triomphé de tous ses adversaires,* il les a battus. – *Je suis sûr que tu triompheras de toutes les difficultés,* que tu en viendras à bout.
II. 1. Remporter une victoire éclatante. *Son parti a triomphé aux dernières élections,* l'a emporté. *La justice a triomphé.* **2.** Manifester sa joie d'avoir réussi, crier victoire (→ **triomphalisme).** *Ne triomphe pas trop vite !* → **pavoiser,** se **réjouir. 3.** Être l'objet des acclamations du public. *Il triomphe sur scène tous les soirs.*

TRIPATOUILLAGE [tʀipatujaʒ] n. m. ▪ STYLE FAMILIER *UN TRIPATOUILLAGE :* modification malhonnête. → **magouille.** *Méfiez-vous des tripatouillages électoraux !*

TRIPES [tʀip] n. f. pluriel **1.** *DES TRIPES :* morceaux de boyaux de ruminants préparés pour être mangés. *Nous avons mangé des tripes à la mode de Caen. Ce sont de délicieuses tripes.* **2.** STYLE FAMILIER *LES TRIPES :* intestin, ventre de l'homme. *J'ai mangé trop de chocolat, j'ai mal aux tripes !* → **ventre.** – *Ce spectacle prend aux tripes,* il est très émouvant.

FAUX AMI
grec **τρύπα**
« trou »

TRIPLE [tʀipl] adj. et n. m.
I. adjectif (avant le nom) **1.** Qui se présente comme trois. *Elle a un triple rang de perles autour du cou,* un collier fait de trois rangs de perles. *Son père a un triple menton,* qui fait trois plis. **2.** Qui est répété trois fois. *Photocopiez la lettre en triple exemplaire,* en trois exemplaires. **3.** Trois fois plus grand. *Si vous avez encore mal, prenez une triple dose de calmant.* **4.** STYLE FAMILIER Très grand. *Tu es une triple dinde !* – *Il est arrivé AU TRIPLE GALOP,* très vite.
II. *LE TRIPLE :* quantité trois fois plus grande. *Neuf est le triple de trois. Il a revendu sa voiture le triple de ce qu'il l'avait payée. C'est trop peu, donne-moi le triple,* trois fois plus.

TRIPLER [tʀiple] verbe [conjugaison 1a] **1.** Multiplier par trois. *Il a triplé ses revenus en cinq ans.* **2.** Devenir trois fois plus grand. *Le prix de sa maison a triplé en deux ans. Je me suis tordu la cheville et elle a triplé de volume.*

TRIPORTEUR [tʀipɔʀtœʀ] n. m. ▪ *UN TRIPORTEUR :* vélo à trois roues dont deux à l'arrière, muni d'une caisse servant au transport des marchandises. *Le marchand de glaces gare son triporteur le long de la plage.*

TRIPOTÉE [tʀipɔte] n. f. ▪ STYLE FAMILIER *UNE TRIPOTÉE :* un grand nombre. *Ils ont une tripotée d'enfants !* → STYLE FAMILIER **kyrielle, ribambelle.**

TRIPOTER [tʀipɔte] verbe [conjugaison 1a] **1.** STYLE FAMILIER Toucher machinalement, sans délicatesse. *Ne tripote pas ces fruits !* → **triturer.** *Il tripote sa barbe sans arrêt.* **2.** (péjoratif) Caresser (qqn). → **peloter.** *Elle se laisse tripoter par les clients du bistrot.*

TRIQUE [tʀik] n. f. ▪ *UNE TRIQUE :* gros bâton utilisé pour frapper. → **gourdin, matraque.** *Le caporal mène ses hommes à coups de trique.* – *Tu es SEC COMME UN COUP DE TRIQUE !* tu es très maigre.

TRISOMIQUE [tʀizɔmik] adj., n. m. et n. f. **1.** adjectif (après le nom) Mongolien. *Ils ont un enfant trisomique.* **2.** *UN TRISOMIQUE, UNE TRISOMIQUE :* un mongolien, une mongolienne. *Leur fils est dans un centre pour trisomiques.*

TRISTE [tʀist] adj. (après le nom ou avant le nom)
I. (qqn) **1.** (après le nom) Qui a du chagrin, qui a de la peine. *Je suis TRISTE D'avoir perdu mon chat.* → **malheureux.** ⟨contraires : content, heureux⟩ *Toutes ces nouvelles m'ont rendu triste* (→ **attrister). 2.** (après le nom) Qui ne rit pas, ne plaisante pas. *Ce sont des gens tristes.* → **morose, sombre.** *Il est plutôt triste en société,* il n'est pas gai. → **ennuyeux, sinistre.** ⟨contraires : drôle, gai⟩ **3.** (après ou avant le nom) Qui manifeste de la peine. *Tu as l'air triste. Elle fait une triste mine aujourd'hui.*
II. (qqch.) **1.** (avant ou après le nom) (qqch.) Qui fait de la peine. *J'ai une bien triste nouvelle à vous annoncer.* → **attristant, désolant, pénible.** ⟨contraires : amusant, comique, drôle, réconfortant, réjouissant⟩ *Ce film est trop triste, j'ai pleuré. J'aime les histoires tristes.* **2.** (après le nom) Qui rend triste, qui répand la tristesse. *Ce temps gris est triste.* → **lugubre, maussade, sinistre.** *Elle s'habille toujours avec des couleurs tristes.* – *J'ai le vin triste :* je suis habituellement triste dans l'ivresse. – STYLE FAMILIER *PAS TRISTE :* amusant. *Une soirée chez lui, c'est pas triste !*
III. (mauvais) **1.** *TRISTE ÉTAT :* mauvais état. *Le malade est dans un triste état.* → **affligeant, déplorable, pitoyable.** *Il m'a rendu le livre que je lui avais prêté dans un triste état,* très abîmé. ⟨contraire : bon⟩ **2.** (avant le nom) Qui inspire le dégoût. *C'est un triste individu.* → **méprisable, odieux.** *C'est une bien triste affaire.* → **lamentable.** *Nous vivons une triste époque !* → **sale.**

TRISTEMENT [tʀistəmɑ̃] adverbe **1.** D'un air triste. *Il baisse tristement la tête.* ⟨contraires : gaiement, joyeusement⟩ **2.** D'une manière qui dégoûte. *Hitler reste tristement célèbre dans les mémoires.*

TRISTESSE [tʀistɛs] n. f. ▪ *LA TRISTESSE* **1.** État d'une personne qui a de la peine et que rien ne peut réjouir. *La tristesse se lit dans ses yeux.* → **abattement, chagrin.** *J'ai appris avec une* *grande tristesse la mort de votre père.* ⟨contraires : joie, plaisir⟩ *Elle a fait un sourire empreint de tristesse. Ils se sont fait des adieux d'une grande tristesse.* **2.** Manque de gaieté, d'agrément. *Je ne supporte pas la tristesse de ces gens-là.* → **morosité.** ⟨contraires : entrain, gaieté⟩ *La tristesse de sa vie est indescriptible. Le mauvais temps ajoutait à la tristesse du paysage.* → **mélancolie.**

TRITHÉRAPIE [tʀiteʀapi] n. f. ■ *UNE TRITHÉRAPIE* : traitement associant trois substances et visant à arrêter l'action du virus du sida. *Il fonde tous ses espoirs dans une trithérapie.*

TRITURER [tʀityʀe] verbe [conjugaison 1a] **1.** Réduire en petits morceaux en écrasant. *Les molaires triturent les aliments.* → **broyer, mâcher, mastiquer. 2.** Toucher machinalement, tirer dans tous les sens. *Il triture nerveusement ses clés dans sa poche.* → STYLE FAMILIER **tripoter.**

TRIVIAL [tʀivjal], **TRIVIALE** [tʀivjal] adj. (après le nom) ■ Qui est contraire aux bons usages. → **grossier, vulgaire.** *Il aime faire des plaisanteries triviales.* → **choquant, sale.** *Elle emploie souvent un langage trivial.* → **obscène.** MASCULIN PLURIEL : *il fait des jeux de mots TRIVIAUX* [tʀivjo].

FAUX AMIS : anglais **trivial**, espagnol **trivial** « banal »

TRIVIALITÉ [tʀivjalite] n. f. ■ *LA TRIVIALITÉ* : caractère de ce qui est choquant, trivial. *Il fait des plaisanteries d'une grande trivialité.*

TROC [tʀɔk] n. m. ■ *LE TROC* : échange d'une chose contre une autre, sans utiliser d'argent. *Ma fille FAIT souvent DU TROC AVEC ses amis* (→ **troquer).**

FAUX AMI : portugais **troco** « monnaie »

TROÈNE [tʀɔɛn] n. m. ■ *UN TROÈNE* : petit arbre à fleurs blanches qui sentent bon. *Le jardinier taille la haie de troènes.*

TROGLODYTE [tʀɔglɔdit] n. m. ■ *UN TROGLODYTE* **1.** Personne qui habite une grotte ou une maison faite dans une paroi de rocher. *On trouve encore des maisons de troglodytes en Chine.* **2.** Petit oiseau brun, à la queue courte et relevée. *Les troglodytes construisent des nids couverts.*

TROGNE [tʀɔɲ] n. f. ■ STYLE FAMILIER *UNE TROGNE* : visage rougi d'une personne qui a l'habitude de trop manger et de trop boire. *Il a vraiment une trogne d'ivrogne.*

TROGNON [tʀɔɲɔ̃] n. m. ■ *LE TROGNON* : ce qui reste d'un fruit ou d'un légume quand on a enlevé tout ce qui se mange. *Elle a mangé toute la pomme, il ne reste que le trognon. J'ai jeté le trognon du chou.* – STYLE FAMILIER *Je me suis fait avoir JUSQU'AU TROGNON,* complètement.

TROÏKA [tʀɔika] n. f. ■ *UNE TROÏKA* : grand traîneau russe tiré par trois chevaux qui sont les uns à côté des autres. *Des troïkas avancent dans la neige.*

TROIS [tʀwa] adj., pronom, n. m. et n. f.
I. adjectif (avant le nom ou après le nom) **1.** (avant le nom) Deux plus un (3 ; III). *Leur bébé a trois mois. Je serai là dans trois jours. L'orchestre se compose de trois musiciens* (→ **trio).** *Dessinez une figure géométrique à trois côtés* (→ **triangle).** *Il paye son loyer tous les trois mois* (→ **trimestre).** *C'est trois fois plus cher qu'avant* (→ **triple). 2.** (avant le nom) Troisième. *Nous sommes le trois janvier* : c'est le troisième jour du mois de janvier. *Il est trois heures de l'après-midi* : il est quinze heures. *Ouvrez votre livre page trois.*
II. pronom Trois personnes, trois choses. *Ils sont venus à trois. Il ne m'en reste que trois.*
III. 1. *UN TROIS* : le chiffre trois. *Il forme mal ses trois.* **2.** *TROIS* : le nombre trois. *Huit moins cinq égalent trois. Elle a eu un trois à sa dictée,* sa note est trois. *Un, deux, trois, partez !* **3.** *LE TROIS, LA TROIS* : ce qui porte le numéro trois. *Ils habitent au trois de la rue. Nous sommes le trois* : c'est le troisième jour du mois. *Il a pioché le trois de trèfle,* la carte à jouer qui porte trois trèfles. *Pour ses chemises, il prend du trois,* de la taille trois. *Dans la course de chevaux, c'est le trois qui a gagné,* le cheval portant le numéro trois. *Le serveur apporte la note de la trois,* de la table, de la chambre trois. – *J'ai regardé un film sur la trois,* sur la troisième chaîne de télévision.
REM. *Trois* s'emploie en composition (ex. : *trente-trois, cent trois*).

TROISIÈME [tʀwazjɛm] adj., n. m. et n. f.
I. adjectif (avant le nom) Qui a le numéro trois, qui suit le deuxième. *L'ascenseur s'est arrêté au troisième étage. Ces excursions sont organisées pour les personnes du TROISIÈME ÂGE,* pour les personnes qui sont à la retraite. *Elle est arrivée troisième.*
II. 1. *LE TROISIÈME, LA TROISIÈME* : ce qui a le numéro trois. *Elle est arrivée la troisième de la course. Ils habitent au troisième,* au troisième étage. *Son bureau est dans le troisième,* dans le troisième arrondissement de la ville. **2.** *LA TROISIÈME* : la dernière classe du collège, en France, qui suit la quatrième. *Son fils de quinze ans est en troisième ; l'année prochaine, il sera en seconde, au lycée.*
REM. **1.** Pour la partie d'un tout divisé en trois parts égales, on dit *tiers.* → **tiers. 2.** *Troisième* s'emploie en composition (ex. : *cinquante-troisième* [sɛ̃kɑ̃ttʀwazjɛm], *cent troisième*).

TROIS-MÂTS [tʀwamɑ] n. m. ■ *UN TROIS-MÂTS* : grand voilier qui a trois mâts. *Ils ont fait une croisière sur un trois-mâts. Il y a plusieurs trois-mâts dans le port.*

TROLLEYBUS [tʀɔlɛbys] n. m. ■ *UN TROLLEYBUS* : autobus qui fonctionne à l'électricité grâce à une perche reliée à des fils électriques aériens. *Il y a un trolleybus qui va à la gare. Je suis venu en trolleybus.*

TROMBE [tʀɔ̃b] n. f. **1.** *UNE TROMBE (D'EAU)* : pluie torrentielle. *Des trombes d'eau se sont abattues sur le village.* **2.** *EN TROMBE* : très vite. *L'automobiliste a démarré en trombe.*

TROMBONE [tʀɔ̃bɔn] n. m. ■ *UN TROMBONE* **1.** Instrument de musique à vent, au son plus grave que la trompette. *Le trombone fait partie des cuivres. J'ai un TROMBONE À COULISSE,* un trombone dont le tube peut être allongé ou raccourci pour produire des sons différents. *Il joue du trombone dans un orchestre de jazz.* **2.** Petit morceau de fil de fer replié en deux boucles. *Les deux pages de sa lettre sont attachées avec un trombone.*

TROMPE [tʀɔ̃p] n. f. **1.** *UNE TROMPE* : cor de chasse. → ① **cor.** *Les chasseurs sonnent de la trompe.* **2.** *LA TROMPE* : partie allongée du nez de certains animaux. *L'éléphant aspire l'eau avec sa trompe pour boire ou s'asperger. Les tapirs ont une trompe.* **3.** *LA TROMPE* : prolongement de la bouche de certains insectes. *Les moustiques aspirent le sang avec leur trompe.*

FAUX AMI : grec **τρόμπα** « pompe »

TROMPE-L'ŒIL [tʀɔ̃plœj] n. m. invariable ■ *UN TROMPE-L'ŒIL* : peinture décorative qui donne l'illusion du relief et qui peut faire croire à l'existence réelle de l'objet représenté. *Un trompe-l'œil peint sur la façade représente un enfant à la fenêtre.* PLURIEL : *des trompe-l'œil.* – *Un escalier EN TROMPE-L'ŒIL est peint sur le mur de l'entrée.*

TROMPER [tʀɔ̃pe] verbe [conjugaison 1a]
I. 1. Induire (qqn) en erreur, en mentant ou en cachant la vérité. → **abuser, duper, mystifier.** *Le marchand a essayé de nous tromper. Il nous A TROMPÉS SUR la marchandise.* **2.** Être

infidèle à (son partenaire amoureux). *Il trompe sa femme :* il a une maîtresse. – *C'est un mari trompé* (→ STYLE FAMILIER **cocu**). **3.** Calmer momentanément (un besoin, une envie). *J'ai mangé un biscuit pour tromper ma faim. Elle trompera son ennui en regardant la télévision.*
II. verbe pronominal SE TROMPER **1.** Commettre une erreur. *Elle s'est trompée en faisant sa division.* → STYLE FAMILIER se **gourer.** *Nous nous SOMMES TROMPÉS DE route :* nous avons pris la mauvaise route. → STYLE FAMILIER se **planter.** *Il doit venir demain, SI JE NE ME TROMPE,* sauf erreur de ma part. → s'**abuser.** *Ne t'y trompe pas :* ne te laisse pas prendre. **2.** Se faire des illusions. *J'espère ne pas me tromper sur lui.* → se **leurrer.**

TROMPERIE [tʀɔ̃pʀi] n. f. ▪ *LA TROMPERIE :* fait de tromper volontairement, d'induire en erreur. → **duperie, mystification.** *Ce ne sont pas des croissants au beurre que le boulanger t'a vendus, il y a TROMPERIE SUR LA MARCHANDISE.* → **escroquerie.**

TROMPETTE [tʀɔ̃pɛt] n. f. ▪ *UNE TROMPETTE :* instrument de musique à vent, au son éclatant, qui fait partie des cuivres. *Il joue de la trompette.* – *Elle est partie SANS TAMBOUR NI TROMPETTE,* secrètement, sans se faire remarquer. – *J'ai le NEZ EN TROMPETTE,* le nez retroussé.

TROMPETTISTE [tʀɔ̃petist] n. m., n. f. ▪ *UN TROMPETTISTE, UNE TROMPETTISTE :* musicien, musicienne qui joue de la trompette. *Elle est trompettiste dans un orchestre de jazz.*

TROMPEUR [tʀɔ̃pœʀ], **TROMPEUSE** [tʀɔ̃pøz] adj. (après le nom) ▪ (qqch.) Qui trompe, qui induit en erreur. *Les apparences sont souvent trompeuses.* → **fallacieux, illusoire.** *Il a fait un discours trompeur.* (contraire : sincère) *Les statistiques, c'est trompeur !* peu fiable.

TRONC [tʀɔ̃] n. m. ▪ *LE TRONC* **1.** Partie de l'arbre comprise entre le sol et les branches les plus basses. *Le tronc est recouvert d'écorce. Dans la forêt, nous nous sommes assis sur un vieux TRONC D'ARBRE.* **2.** Partie du corps humain où sont fixés la tête, les bras et les jambes. *Il a le tronc trop long par rapport à ses jambes.* **3.** Boîte percée d'une fente où l'on met l'argent que l'on donne, dans une église. *J'ai mis une pièce dans le tronc, pour les pauvres.*

TRONCATION [tʀɔ̃kasjɔ̃] n. f. **1.** *LA TRONCATION :* procédé qui consiste à abréger un mot en enlevant une ou plusieurs syllabes. *« Imper » est la troncation de « imperméable », « maso » celle de « masochiste ».* **2.** *UNE TRONCATION :* mot tronqué. *« Ricain » pour « Américain » est une troncation.*

REM. Ne pas confondre la troncation, l'abréviation et le sigle.

TRONCHE [tʀɔ̃ʃ] n. f. ▪ (péjoratif) STYLE FAMILIER *LA TRONCHE :* la tête. *Il a reçu le ballon en pleine tronche. Il fait UNE DRÔLE DE TRONCHE.* → STYLE FAMILIER **gueule, mine.**

TRONÇON [tʀɔ̃sɔ̃] n. m. ▪ *UN TRONÇON* **1.** Partie coupée (d'un objet), plus longue que large. *Le bûcheron coupe les branches en plusieurs tronçons* (→ **tronçonner**). *Le poissonnier coupe l'anguille en tronçons.* **2.** Partie d'une route. *Un nouveau tronçon d'autoroute sera ouvert demain à la circulation. Ce tronçon est à péage.*

TRONÇONNER [tʀɔ̃sɔne] verbe [conjugaison 1a] ▪ Couper en tronçons. *Le bûcheron tronçonne l'arbre qu'il vient d'abattre.*

TRONÇONNEUSE [tʀɔ̃sɔnøz] n. f. ▪ *UNE TRONÇONNEUSE :* scie à moteur. *Le bûcheron abat un arbre à la tronçonneuse.*

TRÔNE [tʀon] n. m. **1.** *UN TRÔNE :* siège élevé sur lequel s'assied un souverain pendant les cérémonies. *Le roi est assis sur son trône.* **2.** *LE TRÔNE :* symbole du pouvoir d'un souverain. *Le roi a été chassé du trône* (→ **détrôner**). *Les prétendants au trône se livrent une lutte acharnée.*

TRÔNER [tʀone] verbe [conjugaison 1a] **1.** (souverain) Être assis sur un trône. *Le roi trône au milieu de ses sujets.* **2.** (qqn) Être assis à la place d'honneur. *Mon père trône au bout de la table.* **3.** (qqch.) Être bien visible, être en évidence. *Les photos de ses enfants trônent sur la cheminée.*

FAUX AMI
espagnol **tronar**
« retentir »

TRONQUER [tʀɔ̃ke] verbe [conjugaison 1a] ▪ Couper une partie de (un texte). *Il a fallu tronquer la citation, car elle est trop longue.* – *Ce mot a été tronqué.* → **troncation.**

TROP [tʀo] adverbe
I. 1. Plus qu'il ne faudrait. *Ce film est trop long.* → **excessivement.** *Tu es trop gros. Il fait trop chaud. La plage est trop loin de la maison. Tu as trop peu confiance en toi :* tu n'as pas assez confiance en toi. *J'ai trop mangé. C'est TROP beau POUR être vrai :* on n'ose pas y croire. *Elle est BIEN TROP naïve. Tu es BEAUCOUP TROP gentil avec elle.* **2.** Très. *Vous êtes trop aimable* [tʀopɛmabl]. → **bien, très.** *Ça ne va PAS TROP bien :* ça va mal. *Il ne sait pas trop ce qu'il veut faire :* il ne sait pas très bien ce qu'il veut faire. **3.** STYLE FAMILIER *ÊTRE TROP :* être incroyable. *Elle est trop, cette nana !*
II. Une quantité excessive. *Tu manges trop. Trop, c'est trop !* il ne faut pas exagérer. *Il EN FAIT TROP :* il exagère. *Il y a un chèque EN TROP,* qui n'était pas prévu dans le nombre. → **excédent.** *La caissière m'a rendu dix francs DE TROP,* dix francs de plus que ce qu'il fallait. *Elle a bu un verre de trop. Deux jours de délai supplémentaire pour finir les travaux, ce ne sera pas de trop,* ce ne sera pas superflu. *Je vais m'en aller, j'ai l'impression d'être de trop,* j'ai l'impression que ma présence n'est pas souhaitée. *Elle se sent de trop.*
III. (adjectif indéfini) *TROP DE :* une quantité excessive de. *Il a trop de concurrents. Trop de personnes ignorent cela. Tu fais trop de bruit. Elle a réussi sans trop de peine. Aide-moi à finir mes frites, j'en ai trop.* (contraires : peu de, pas assez) – *Tais-toi, C'EN EST TROP,* c'est insupportable.

REM. *Trot* « allure du cheval » se prononce de la même façon.

TROPHÉE [tʀɔfe] n. m. ▪ *UN TROPHÉE :* objet que l'on rapporte d'un combat ou d'une compétition et qui montre que l'on a gagné. *Le vainqueur de la course a remporté un trophée en argent.*

TROPICAL [tʀɔpikal], **TROPICALE** [tʀɔpikal] adj. (après le nom) ▪ Relatif aux tropiques, aux régions situées autour de chaque tropique. *La végétation tropicale est luxuriante. Le climat tropical est chaud.* MASCULIN PLURIEL : *des fruits TROPICAUX* [tʀɔpiko]. – *Il fait une chaleur tropicale :* il fait très chaud. → **torride.**

TROPIQUE [tʀɔpik] n. m. **1.** *LE TROPIQUE :* chacun des deux cercles imaginaires qui font le tour de la Terre au-dessus et au-dessous de l'équateur. *Le tropique du Cancer est au nord de l'équateur, le tropique du Capricorne est au sud.* **2.** (au pluriel) LES TROPIQUES : ensemble des régions situées entre les tropiques. *Il fait chaud et humide SOUS LES TROPIQUES. J'aime le soleil des tropiques.*

TROP-PLEIN [tʀoplɛ̃] n. m. ▪ *LE TROP-PLEIN* **1.** Quantité de liquide en trop, qui déborde. *Le trop-plein du lac se déverse dans un canal.* **2.** Dispositif qui permet au liquide qui est en trop de s'écouler. *La baignoire ne peut pas déborder grâce au trop-plein.* PLURIEL : *des TROP-PLEINS.* **3.** Ce qu'il y a en trop. *Va dépenser ton trop-plein d'énergie à la piscine !*

TROQUER [tRɔke] verbe [conjugaison 1a] **1.** Échanger en faisant un troc. *Mon fils* TROQUE *ses billes* CONTRE *un autocollant.* **2.** Changer. *Elle a troqué son jean contre une robe du soir :* elle a enlevé son jean et elle a mis une robe du soir.

TROT [tRo] n. m. ▪ *LE TROT* **1.** Allure du cheval entre le pas et le galop. *Le cheval est parti* AU TROT, en trottant. **2.** STYLE FAMILIER *AU TROT !* sans traîner. *Allez, vas-y, au trot !* dépêche-toi !

REM. *Trop* «excessivement» se prononce de la même façon.

TROTTE [tRɔt] n. f. ▪ STYLE FAMILIER *UNE TROTTE :* chemin assez long à parcourir à pied. *«Sept kilomètres ? Ça fait une trotte !» Ça fait une bonne trotte. Il y a une trotte d'ici à chez toi.*

TROTTER [tRɔte] verbe [conjugaison 1a] **1.** (cheval) Aller au trot. *Le poulain trotte dans le pré.* **2.** Marcher rapidement à petits pas. *Le petit garçon trotte à côté de sa mère.* **3.** (qqch.) *TROTTER DANS LA TÊTE :* obséder. *Cette chanson m'a trotté dans la tête toute la journée,* je l'ai eue dans la tête.

TROTTEUSE [tRɔtøz] n. f. ▪ *LA TROTTEUSE :* aiguille d'une montre qui marque les secondes. *La trotteuse de ma montre ne marche plus.*

TROTTINER [tRɔtine] verbe [conjugaison 1a] **1.** Trotter à petits pas. *Le poulain trottine derrière la jument.* **2.** (qqn) Marcher à petits pas. *Le bébé trottine à côté de sa mère.*

TROTTINETTE [tRɔtinɛt] n. f. ▪ *UNE TROTTINETTE :* jouet d'enfant formé d'une petite planche horizontale montée sur deux roues et d'un guidon monté sur une tige verticale. *Le petit garçon a eu une trottinette pour Noël.* → **patinette.** - *Elle* FAIT DE LA TROTTINETTE *dans le jardin,* elle se déplace sur une trottinette.

TROTTOIR [tRɔtwaR] n. m. **1.** *LE TROTTOIR :* partie surélevée d'une rue, située sur le côté et réservée aux piétons. *Les piétons se croisent sur le trottoir. Le trottoir est interdit aux voitures.* - *FAIRE LE TROTTOIR :* se prostituer. *Elle gagne sa vie en faisant le trottoir.* → STYLE FAMILIER **tapin.** **2.** *UN TROTTOIR ROULANT :* plateforme roulante qui sert à faire avancer des personnes ou des marchandises. *Dans l'aéroport, les voyageurs marchent sur le trottoir roulant.*

TROU [tRu] n. m.
I. *UN TROU* **1.** Abaissement ou dépression de la surface de qqch. → **cavité, creux, excavation.** *Il y a un trou dans le mur. Le chien a creusé un trou dans le jardin. L'automobiliste évite les trous en conduisant.* → **ornière.** *Le gruyère est un fromage qui présente des trous.* - *Ce golf a dix-huit trous,* dix-huit cavités où les joueurs doivent introduire la balle. **2.** Abri naturel ou creusé. → **tanière, terrier.** *Le lapin se réfugie dans son trou. Il y a des trous de souris dans le grenier.* - (figuré) *Il a* FAIT SON TROU *dans la société où il travaille,* il a réussi, il s'est fait une bonne situation. - *Où est le* TROU DU SOUFFLEUR *?* la loge dissimulée sous le devant de la scène du théâtre où se tient le souffleur. **3.** *TROU D'AIR :* différence de pression à cause de laquelle un avion s'enfonce brusquement. *Attachez vos ceintures à cause des trous d'air.* **4.** *C'est* LE TROU NOIR, le fond du désespoir, la dépression. - *Les invités font* LE TROU NORMAND, ils boivent un verre d'alcool entre deux plats pour activer la digestion. **5.** STYLE FAMILIER Petit village perdu. *Les jeunes s'ennuient dans ce trou.* → STYLE FAMILIER **bled, patelin.** *Il n'est jamais sorti de son trou :* il n'a jamais voyagé et ne connaît rien du monde. **6.** STYLE FAMILIER La fosse de la tombe. *Quand je serai* DANS LE TROU, *vous serez bien avancé !*
II. 1. Ouverture pratiquée dans une surface ou un objet solide. → **orifice.** *La couturière fait passer le fil par le trou de l'aiguille. La salle de bains a des trous d'aération.* - *LE TROU DE LA SERRURE :* l'orifice par où on introduit la clé. *Ce n'est pas bien de regarder par le trou de la serrure.* - STYLE FAMILIER *IL BOIT COMME UN TROU :* il boit énormément d'alcool. **2.** Accroc, déchirure (dans un vêtement, un tissu). *Il a un trou à sa chaussette* (→ **percé, troué).** *Les rideaux sont pleins de trous* (→ **trouer).** **3.** STYLE FAMILIER Cavité du corps. *Il a de grands* TROUS DE NEZ. → **narine.** - STYLE FAMILIER *Tu n'as pas* LES YEUX EN FACE DES TROUS, *ce matin :* tu ne vois pas clair, tu es mal réveillé. - STYLE TRÈS FAMILIER *TROU DE BALLE, TROU DU CUL :* anus.
III. 1. Absence d'un élément faisant partie d'un ensemble, d'une série ; espace vide. *Les élèves font des* EXERCICES À TROUS, comportant des blancs à remplir. - *Je ne me souviens plus de son nom, j'ai* UN TROU DE MÉMOIRE, une défaillance passagère de la mémoire sur un point précis. - *Il a un trou dans son emploi du temps,* un moment inoccupé dans son emploi du temps (→ **créneau).** - *Il y a un trou dans la comptabilité,* des sommes d'argent qui ont disparu sans trace. *Il y a un trou de plus de trois millions de francs* (→ **déficit).** - *BOUCHER UN TROU :* remplir une place vide, combler un manque (→ **bouche-trou).** *Le metteur en scène a engagé une jeune actrice pour boucher un trou dans la distribution de la pièce.* **2.** *UN TROU NOIR :* région de l'espace très dense d'où aucun rayonnement ne sort. *L'étoile a été absorbée par un trou noir.*

TROUBADOUR [tRubaduR] n. m. ▪ *UN TROUBADOUR :* poète qui chantait ses poèmes, au Moyen Âge, dans le sud de la France. *Les troubadours chantaient en s'accompagnant au luth.*

REM. Les troubadours chantaient en langue d'oc et les trouvères, poètes du nord de la France en langue d'oïl.

TROUBLANT [tRublɑ̃], **TROUBLANTE** [tRublɑ̃t] adj. (après le nom) **1.** Qui rend perplexe, inquiète ou déconcerte. *C'est un mystère troublant.* → **déconcertant, inquiétant.** ⟨contraire : rassurant⟩ *C'est troublant, cette coïncidence ! Il y a une ressemblance troublante entre eux.* → **frappant, saisissant.** **2.** Qui trouble les sens, éveille le désir. *Elle regarde les hommes d'une façon troublante.* → **excitant.**

① **TROUBLE** [tRubl] adj. (après le nom) **1.** (liquide) Qui n'est pas clair, pas limpide. *Un peu d'eau trouble stagne dans la cuvette.* ⟨contraires : clair, limpide, transparent⟩ *Le mélange devient trouble.* **2.** Qui n'est pas net. *L'image de la télévision est trouble.* → **flou.** ⟨contraire : net⟩ *J'ai la vue trouble, c'est la fatigue.* **3.** Qui contient des éléments obscurs, peu clairs. *C'est une affaire un peu trouble.* → ① **louche.** ⟨contraire : clair⟩

② **TROUBLE** [tRubl] n. m.
I. *LE TROUBLE* **1.** STYLE RECHERCHÉ État de ce qui cesse d'être en ordre. *Elle a* JETÉ LE TROUBLE *dans la famille.* → **confusion, désordre.** **2.** STYLE RECHERCHÉ État anormal d'agitation, d'angoisse. *Elle fait de grands efforts pour cacher son trouble.* → **désarroi.** ⟨contraires : calme, sérénité⟩ *Le trouble fait balbutier le candidat devant l'examinateur.* → **affolement, émotion, panique.** ⟨contraire : assurance⟩
II. (au pluriel) DES TROUBLES **1.** Ensemble d'événements caractérisés par le désordre, l'agitation. *Des troubles politiques ont éclaté dans tout le pays.* → **manifestation, révolte, soulèvement.** *La capitale est le siège de troubles sanglants. La police a vigoureusement réprimé les troubles.* **2.** Mauvais fonctionnement d'un organe. *Il a des troubles de la vue,* il ne voit pas correctement. *Ce malade souffre de troubles mentaux,* son esprit ne fonctionne pas normalement (→ **maladie).**

TROUBLE-FÊTE [tRubləfɛt] n. m., n. f. ▪ *UN TROUBLE-FÊTE, UNE TROUBLE-FÊTE :* personne qui empêche les autres de s'amuser. → **rabat-joie.** *C'est une trouble-fête.* PLURIEL : *des TROUBLE-FÊTES. Je ne voudrais pas* JOUER LES TROUBLE-FÊTES, *mais il faut songer à* partir, je ne voudrais pas déranger votre bien-être, votre satisfaction.

TROUBLER [tʀuble] verbe [conjugaison 1a]
I. 1. Rendre moins pur. *Rien ne trouble le silence. Les algues troublent la transparence de l'eau.* 2. Rendre moins net. *Les larmes lui troublent la vue.* → **brouiller.** 3. Bouleverser, déranger. *Une bande d'ivrognes trouble l'ordre public.* → **perturber.** ⟨contraires : maintenir, rétablir⟩ *La représentation a été troublée par les manifestants. Rien ne peut troubler son sommeil quand il dort.* → **interrompre.** – *Nous vivons une époque troublée.* 4. Faire perdre à (qqn) son assurance. *Le candidat à l'examen ne se laisse pas troubler par la question.* → **démonter, impressionner.** *Il lui en faudrait plus pour le troubler. Une remarque du témoin a troublé le commissaire.* → **déconcerter, gêner, intriguer.** 5. Émouvoir sexuellement, inspirer du désir à (qqn). *Le charme de la jeune femme le trouble un peu.* → **exciter.**
II. verbe pronominal SE TROUBLER : (qqn) perdre son assurance, devenir inquiet ou ému. *Ne vous troublez pas pour si peu !* → s'**affoler,** s' **inquiéter.** *Elle s'est troublée en entendant la question du juge.* → STYLE FAMILIER **paniquer.** *L'accusé a répondu au juge sans se troubler,* en gardant tout son calme. → s'**émouvoir.**

TROUÉE [tʀue] n. f. ▪ *UNE TROUÉE :* large ouverture qui permet de passer ou de voir. *Le soleil apparaît dans la trouée de nuages. La piste de ski fait une trouée parmi les arbres.*

TROUER [tʀue] verbe [conjugaison 1a] 1. Faire un trou, des trous dans. → **percer.** *Je trouerai* [tʀuʀɛ] *la planche avec la perceuse. Il a troué son pantalon. Le sac est troué. Le soldat est tombé, troué de balles.* 2. STYLE FAMILIER *SE FAIRE TROUER LA PEAU :* être tué ou blessé par balles. *Je n'ai pas envie de me faire trouer la peau dans cette guerre.*

TROUFION [tʀufjɔ̃] n. m. ▪ STYLE FAMILIER *UN TROUFION :* simple soldat. *Les troufions marchent en rangs par deux.*

TROUILLARD [tʀujaʀ] adj. et n. m. **TROUILLARDE** [tʀujaʀd] adj. et n. f. ▪ STYLE FAMILIER 1. adjectif (après le nom) Peureux, poltron. *Il n'y a pas plus trouillard que lui.* → STYLE FAMILIER **froussard.** *C'est un enfant trouillard.* 2. *UN TROUILLARD, UNE TROUILLARDE :* une personne qui a tout le temps peur. → **dégonflé.** *Quelle trouillarde !*

TROUILLE [tʀuj] n. f. ▪ *LA TROUILLE :* peur. *J'ai la trouille en voiture quand il conduit.* → STYLE FAMILIER **frousse, pétoche.** *Il a eu une de ces trouilles ! Elle a la trouille de sauter.*

TROUPE [tʀup] n. f.
I. *UNE TROUPE* 1. Groupe de soldats. *Une troupe de maquisards a fait sauter le pont.* 2. Réunion de personnes qui se déplacent ensemble. *Ma fille a invité toute une troupe d'amis.* → **bande, groupe.** *Il n'aime pas sortir EN TROUPE,* en groupe. 3. Groupe d'animaux de la même espèce vivant ensemble. → **troupeau.** *Une troupe de singes saute d'arbre en arbre.* 4. Groupe de comédiens qui jouent ensemble. *La troupe est partie en tournée pour jouer la pièce. Il fait partie d'une troupe.*
II. 1. *LA TROUPE :* l'ensemble des simples soldats sans les officiers. *Le moral de la troupe est excellent. Il fallut envoyer la troupe pour aider la police.* 2. (au pluriel) LES TROUPES : la force armée. *Les troupes ont dû intervenir. Nos troupes ont remporté une éclatante victoire sur les troupes ennemies.* → **armée.**

TROUPEAU [tʀupo] n. m. ▪ *UN TROUPEAU* 1. Réunion d'animaux domestiques élevés ensemble. *Un troupeau d'oies traverse la cour de la ferme. Le troupeau de vaches broute l'herbe du pré.* PLURIEL : *les bergers veillent sur leurs TROUPEAUX.* – *Un troupeau d'éléphants vient boire dans la rivière,* un groupe d'éléphants. 2. Troupe nombreuse et passive (de personnes). *Le troupeau de touristes suit le guide.*

REM. L'emploi de ce mot appliqué à des personnes est péjoratif.

TROUSSE [tʀus] n. f.
I. *UNE TROUSSE :* étui dans lequel on range les choses dont on a besoin. *Elle met sa trousse de toilette dans son sac de voyage.* → **nécessaire.** *Les élèves rangent leurs stylos et leur gomme dans leur trousse. Le médecin prend sa trousse quand il va visiter ses patients.*
II. *ÊTRE AUX TROUSSES DE qqn,* le poursuivre. *Les policiers sont aux trousses du voleur. La police est à ses trousses.*

REM. Autrefois *les trousses* désignait les culottes d'homme (XVIe siècle).

TROUSSEAU [tʀuso] n. m. ▪ *UN TROUSSEAU* 1. *UN TROUSSEAU DE CLÉS :* ensemble de clés réunies par un anneau ou un porte-clés. *Il laisse toujours un trousseau de clés à la gardienne de l'immeuble.* 2. Ensemble des vêtements et du linge qu'emporte un enfant qui va en pension ou en colonie de vacances. *La mère prépare le trousseau de son fils qui part en classe de neige.* PLURIEL : *des TROUSSEAUX.*

TROUVAILLE [tʀuvaj] n. f. ▪ *UNE TROUVAILLE* 1. Le fait de trouver avec bonheur (un objet). *On FAIT parfois DES TROUVAILLES au marché aux puces.* 2. Chose trouvée par hasard. *Il montre à tout le monde sa dernière trouvaille.* → **découverte.** 3. Idée originale, invention. *Ce roman est plein de trouvailles.* → **invention.**

TROUVÉ [tʀuve], **TROUVÉE** [tʀuve] adj. (après le nom) 1. *LES OBJETS TROUVÉS :* objets égarés par leurs propriétaires, retrouvés, rangés et mis à la disposition de ceux qui les ont perdus. *J'ai retrouvé le livre que j'avais perdu au bureau des objets trouvés.* 2. Qui constitue une trouvaille. *Il a une excuse toute trouvée pour ne pas aller à cette réception. Ce slogan de publicité est BIEN TROUVÉ,* il est neuf, original.

TROUVER [tʀuve] verbe [conjugaison 1a]
I. *TROUVER QQCH., QQN* 1. Apercevoir, rencontrer (ce que l'on cherchait ou ce que l'on souhaitait avoir). *Je ne trouve plus mes clés* (→ **retrouver).** *Ça y est, j'ai trouvé mes lunettes !* ⟨contraire : perdre⟩ *Le conducteur a trouvé une place pour garer sa voiture. Les élèves trouvent des mots qu'ils ne connaissent pas dans le dictionnaire.* → **découvrir.** 2. Se procurer, réussir à avoir. *Ils ont trouvé un bel appartement. Elle ne TROUVE pas LE SOMMEIL,* elle n'arrive pas à s'endormir. *Le chat a TROUVÉ REFUGE sous le canapé* (→ se **réfugier).** *Les adolescents ont parfois du mal à TROUVER LEUR VOIE,* à savoir ce qu'ils aiment, ce qui les intéresse. *Dans cette affaire, tout le monde y TROUVE SON COMPTE,* tout le monde y a un intérêt. 3. Parvenir à rencontrer (qqn). → **atteindre, joindre.** *Tu la trouveras chez elle à l'heure des repas. La secrétaire est ALLÉE TROUVER le directeur pour demander une augmentation,* elle est allée le voir. 4. Découvrir (qqch., qqn) sans l'avoir cherché. *J'ai trouvé un parapluie dans le taxi.* – *Tous les passagers de la voiture accidentée ont TROUVÉ LA MORT,* ils sont morts. – *Avec lui, elle a TROUVÉ À QUI PARLER,* elle a affaire à un adversaire puissant. – STYLE FAMILIER *Si on me cherche, on me trouve :* si on m'agresse, je riposte.
II. (abstrait) 1. Découvrir par un effort de l'esprit, de l'imagination. → **imaginer, inventer.** *Trouvez une excuse pour refuser de l'accompagner. Il faudrait trouver un moyen pour l'aider. Les médecins ne trouvent pas ce qu'il a.* → **déceler.** *Il a trouvé la solution du problème.* – *J'ai trouvé !* → **deviner.** STYLE FAMILIER *Où as-tu trouvé ça ?* qu'est-ce qui te fait croire ça ? → STYLE FAMILIER

prendre. *Tu as trouvé ça tout seul ? Elle n'a rien trouvé de mieux que de répéter le secret.* **2.** Pouvoir disposer de (temps, occasion). *Si je trouve le temps de passer vous voir, je le ferai. Elle n'en a pas trouvé l'occasion.* → **avoir.** *Je n'ai pas trouvé la force de lui répondre.* **3.** *TROUVER (qqch.) A* : avoir à. *Il n'a rien trouvé à répondre.* – *IL TROUVE À REDIRE à tout* : il critique tout. **4.** *TROUVER* (un sentiment) *A, DANS* : éprouver. *Ma fille trouve un malin plaisir à taquiner le chien.*

III. (constater) **1.** Voir (qqn, qqch.) se présenter d'une certaine manière. *J'ai trouvé la porte fermée. On l'a trouvé évanoui. Si je te trouve encore en train de fouiller dans mes affaires, gare à toi !* → **surprendre.** **2.** *TROUVER* (un caractère, une qualité) *A (qqn, qqch.)*, lui reconnaître un caractère, une qualité. *Il lui trouve beaucoup de défauts.* – STYLE FAMILIER *Qu'est-ce qu'elle peut bien lui trouver ?* que peut-il avoir pour lui plaire ? **3.** *TROUVER qqn, qqch.* (et attribut) : estimer, juger que qqn, qqch. est... *Il trouve cette fille jolie. J'ai trouvé le film très drôle. Elle trouve le temps long* : elle est fatiguée d'attendre. – *Je n'ai rien trouver de bizarre dans son attitude.* → **percevoir.** STYLE RECHERCHÉ *TROUVER BON, MAUVAIS QUE* : approuver que. *Je trouve bon qu'il se débrouille sans nous. Il trouve mauvais que son fils sorte trop souvent le soir.* **4.** *TROUVER QUE* : estimer que. → **estimer.** *Je trouve que ce garçon est sympathique. Elle ne trouve pas que ses parents soient sévères.* – *Il est plutôt intelligent, tu ne trouves pas ?* ce n'est pas ton avis ? *Vous trouvez ?* vous croyez ?

IV. verbe pronominal SE TROUVER **1.** Être (dans un lieu, une circonstance, en présence de). *Le commissaire a interrogé toutes les personnes qui se trouvaient là. Elle s'est trouvée nez à nez avec lui.* – *La maison se trouve en dehors du village,* elle est située en dehors du village. *Son nom ne se trouve pas sur la liste.* → **figurer.** **2.** Être (dans un état, une situation). *Je me trouve moche, aujourd'hui. Nous nous trouvons dans une situation difficile. Je me trouve dans l'impossibilité de vous aider,* je ne peux pas le faire. – *Elle se trouve être la sœur de mon meilleur ami* : elle est par hasard la sœur de mon meilleur ami. **3.** (impersonnel) *IL SE TROUVE* : il y a, il existe. *Il se trouve toujours des gens pour tout critiquer,* on en trouve. – *IL SE TROUVE QUE* : il arrive que. *Il se trouve que c'est lui qui a raison.* – STYLE FAMILIER *SI ÇA SE TROUVE* : c'est possible. *Il nous a oubliés, si ça se trouve,* il nous a peut-être oubliés. **4.** (qqn) Être dans (tel état). *Elle se trouve un peu dépaysée, à New York. Je me suis trouvé bête.* → se **sentir.** STYLE RECHERCHÉ *Comment vous trouvez-vous, ce matin ?* → **aller.** – *SE TROUVER MAL* : avoir un malaise, s'évanouir. *Elle s'est trouvée mal à cause de la chaleur.* **5.** (qqn) Se croire, se juger. *Il se trouve trop gros.*

REM. Après *trouver que,* le verbe se met à l'indicatif si le verbe *trouver* est à la forme affirmative *(je trouve que c'est courageux),* il se met au subjonctif si le verbe *trouver* est à la forme négative *(je ne trouve pas que ce soit courageux).*

TROUVÈRE [tʀuvɛʀ] n. m. ▪ *UN TROUVÈRE* : poète qui chantait ses poèmes, au Moyen Âge, dans le nord de la France. *Les trouvères étaient à la fois des poètes et des musiciens.*

REM. Les trouvères chantaient en langue d'oïl et les troubadours, poètes du sud de la France, en langue d'oc.

TRUAND [tʀyɑ̃] n. m. ▪ *UN TRUAND* : individu malhonnête qui vole, fait du trafic illicite. → **bandit, gangster, malfaiteur.** *Le truand a fini sa vie en prison. La police a arrêté une bande de truands qui faisaient du trafic de drogue.*

TRUC [tʀyk] n. m.

I. STYLE FAMILIER *UN TRUC* **1.** Façon d'agir qui demande de l'adresse, de l'habileté. *Je vais t'apprendre un bon truc pour ouvrir les bocaux.* → **moyen, procédé.** *J'ai trouvé le truc ! Il connaît un bon truc pour aller en boîte de nuit sans payer.* → **astuce ;** STYLE FAMILIER **combine.** *Le prestidigitateur utilise des trucs pour réussir ses tours.* **2.** (avec possessif) Ce qu'on sait faire. *La cuisine, c'est son truc.* → **domaine, spécialité.** *Les maths, ce n'est pas mon truc,* je n'y connais rien, je n'aime pas cela.

II. Chose non identifiée. *Qu'est-ce que c'est que ce truc ?* → STYLE FAMILIER **bidule, machin.** *Elle porte un truc en plumes. Il lui est arrivé un drôle de truc.*

> FAUX AMIS
> anglais **truck** « camion » ; italien **trucco** « maquillage, effets spéciaux »

TRUCAGE [tʀykaʒ] n. m. ▪ *UN TRUCAGE* **1.** Moyen employé au cinéma pour produire une illusion, une effet spécial. *Il y a beaucoup de trucages dans ce film.* **2.** Fait de truquer, de falsifier. *Le député a dénoncé les trucages dans les élections.*

REM. On écrit aussi *truquage.*

TRUCULENT [tʀykylɑ̃], **TRUCULENTE** [tʀykylɑ̃t] adj. (après le nom) ▪ STYLE RECHERCHÉ Qui étonne et amuse par ses excès. *Gargantua, le héros de Rabelais est un personnage truculent.* → **pittoresque.** *Il fait des plaisanteries truculentes.* → **savoureux.**

TRUELLE [tʀyɛl] n. f. ▪ *UNE TRUELLE* : outil de maçon, formé d'une lame triangulaire plate et d'un manche en forme de coude, qui sert à étendre le ciment ou l'enduit. *Le maçon étale le ciment sur les briques avec sa truelle.*

TRUFFE [tʀyf] n. f. **1.** *UNE TRUFFE* : champignon noir au goût très délicat, qui pousse sous la terre. *Le cuisinier a fait une omelette aux truffes.* **2.** *UNE TRUFFE (EN CHOCOLAT)* : confiserie faite de chocolat et de beurre malaxés. *Elle a mangé toutes les truffes.* **3.** *LA TRUFFE* : extrémité du museau du chien, du chat. *Le chien a la truffe humide.*

> FAUX AMI
> italien **truffa** « escroquerie, fraude »

TRUFFÉ [tʀyfe], **TRUFFÉ** [tʀyfe] adj. (après le nom) **1.** (aliment) Garni de truffes. *Elle a mangé une tranche de foie gras truffé.* **2.** *TRUFFÉ DE* : qui comporte beaucoup de. *Sa dictée est truffée de fautes. Il a fait un discours truffé de citations.*

TRUIE [tʀɥi] n. f. ▪ *UNE TRUIE* : femelle du porc. *La truie allaite ses porcelets.*

TRUITE [tʀɥit] n. f. ▪ *UNE TRUITE* : poisson à chair délicate qui vit surtout dans les eaux pures et vives. *Le pêcheur a attrapé une grosse truite dans le torrent. Ils ont mangé une truite aux amandes.*

TRUQUER [tʀyke] verbe [conjugaison 1a] ▪ Changer pour tromper, donner une fausse apparence à (qqch.). *Le tricheur truque les cartes.* → **falsifier, maquiller.** *Le combat de boxe a été truqué.* – *Le gouvernement a annulé les élections truquées* **(→ bidon).**

TSAR [dzaʀ] n. m. ▪ *LE TSAR* : titre porté par l'empereur de Russie et aussi par les souverains serbes et bulgares. *Le dernier tsar de Russie a été Nicolas II.*

REM. On prononce aussi [tsaʀ].

TSÉ-TSÉ [tsetse] n. f. invariable ▪ *LA MOUCHE TSÉ-TSÉ* : mouche d'Afrique dont la piqûre transmet la maladie du sommeil. *Il a été piqué par une mouche tsé-tsé.* PLURIEL : *le pays est infesté de mouches tsé-tsé.*

TSIGANE [dzigan] n. m., n. f. et adj.

I. 1. *UN TSIGANE, UNE TSIGANE* : personne qui appartient à un peuple nomade venu de l'Inde et qui vit en Europe centrale et méridionale. → **bohémien, gitan, romanichel.** *Il y a beaucoup de Tsiganes en Hongrie et en Roumanie.* **2.** *LE TSIGANE* : langue indo-européenne parlée par les Tsiganes. *Le tsigane a emprunté au grec et à d'autres langues d'Europe.*

II. adjectif (après le nom) Qui appartient aux Tsiganes. *Le musicien joue de la musique tsigane sur son violon,* une musique populaire de Bohême et de Hongrie, adaptée et jouée par les Tsiganes.

REM. On écrit souvent *tzigane* et on prononce parfois [tsigan].

tu [ty], **tue** [ty] *Il a tu une chose ; la chose qu'il a tue :* formes au participe passé du verbe **taire.**

TU [ty] pronom personnel **1.** Pronom personnel masculin et féminin sujet représentant la deuxième personne du singulier (→ **te, toi).** *Tu as raison. Tu es encore jeune. As-tu bien dormi ? Tu viens ? Penses-tu !* **2.** Le mot *tu. Je lui dis «tu» depuis que je le connais* (→ **tutoyer).** - *ÊTRE À TU ET À TOI AVEC qqn,* être très lié, très intime avec lui. *Ils ont l'air d'être à tu et à toi, tous les deux.*

REM. **1.** Dans la langue familière ou parlée, *tu* s'élide en *t'* devant une voyelle ou un *h* muet *(t'as raison, t'en fais pas, t'es folle, t'hésites ?).* **2.** Voyez l'encadré des pronoms **personnels.**

TUBA [tyba] n. m. ▪ *UN TUBA :* tube qui sert à respirer quand on nage la tête sous l'eau. *Le plongeur a mis ses palmes et son tuba.*

TUBE [tyb] n. m. ▪ *UN TUBE* **1.** Conduit creux, long et mince, en forme de cylindre, le plus souvent rigide, ouvert à une extrémité ou aux deux. *L'infirmière met le sang qu'elle prélève au malade dans un tube de verre.* → **éprouvette.** *Un TUBE AU NÉON éclaire violemment la pièce,* un éclairage fluorescent éclaire la pièce. *La chaudière a des tubes de métal.* → **tuyau.** *La chaise a des pieds en forme de tubes* (→ **tubulaire).** - STYLE FAMILIER *La radio marche À PLEINS TUBES,* elle marche à pleine puissance. **2.** *LE TUBE DIGESTIF :* ensemble des conduits par où passent les aliments que l'on digère. *L'œsophage, l'estomac et l'intestin font partie du tube digestif.* **3.** Emballage en forme d'étui cylindrique, souple ou rigide, fermé par un bouchon. *Où est le tube de dentifrice ? Elle a acheté de la moutarde en tube.* **4.** STYLE FAMILIER Chanson à succès. *Ma fille écoute à la radio les derniers tubes de l'été.*

FAUX AMI
anglais **tube** «métro»

TUBERCULE [tybɛʀkyl] n. m. ▪ *UN TUBERCULE :* partie arrondie d'une racine, qui sert à nourrir la plante. *La pomme de terre est un tubercule comestible.*

REM. Un tubercule est différent d'un *oignon* «racine en forme de bulbe» et d'un *rhizome* «tige souterraine».

TUBERCULEUX [tybɛʀkylø] adj. et n. f., **TUBERCULEUSE** [tybɛʀkyløz] adj. et n. f.
I. adjectif (après le nom) **1.** Atteint de tuberculose. *Ils ont une fille tuberculeuse.* - *TUBARD* [tybaʀ], *TUBARDE* [tybaʀd] formes abrégées familières *Il est tubard, elle est tubarde.* **2.** Relatif à la tuberculose. *Elle a eu une méningite tuberculeuse.*
II. *UN TUBERCULEUX, UNE TUBERCULEUSE :* personne atteinte de tuberculose. *Les tuberculeux étaient soignés dans des sanatoriums. On lui a fait une cuti pour voir s'il a la tuberculose* (→ **cutiréaction).**

TUBERCULOSE [tybɛʀkyloz] n. f. ▪ *LA TUBERCULOSE :* maladie infectieuse et contagieuse, causée par le bacille de Koch et qui atteint le plus souvent les poumons. *On soigne la tuberculose par des antibiotiques.*

TUBULAIRE [tybylɛʀ] adj. (après le nom) ▪ Qui est fait de tubes de métal. *Ces chaises ont des pieds tubulaires.*

TUER [tɥe] verbe [conjugaison 1a]
I. 1. Faire mourir (qqn) de mort violente. *Il a tué sa femme à coups de couteau.* → **assassiner ;** STYLE FAMILIER **zigouiller.** *L'assassin a tué sa victime d'un coup de pistolet.* → STYLE FAMILIER **flinguer.** *Des millions d'hommes ont été tués au combat.* → **massacrer. 2.** Donner involontairement la mort à (qqn). *Le chauffard a tué un piéton.* → **écraser.** - *Elle a été tuée dans un accident.* **3.** Faire mourir volontairement (un animal). *Le chasseur a tué un lièvre.* - *Il ne faut pas TUER LA POULE AUX ŒUFS D'OR,* détruire par impatience et avidité une source de profit important. - *TUER (qqch.) DANS L'ŒUF :* étouffer (qqch.) avant son développement. *Le gouvernement a tué la rébellion dans l'œuf.* → **étouffer. 4.** *TUER LE TEMPS :* essayer de s'occuper pour ne pas s'ennuyer. *Ils jouent aux cartes pour tuer le temps.* **5.** (qqch.) Causer la mort de. *La catastrophe a tué des milliers de personnes. Ce produit tue les fourmis en quelques secondes.* **6.** (qqch.) Causer la disparition de, faire cesser. *L'habitude tue le désir.* → **supprimer. 7.** (qqch.) Fatiguer (qqn). *Ces escaliers me tuent !* → **épuiser ;** STYLE FAMILIER **crever. 8.** Plonger (qqn) dans le désarroi ou la détresse. *Sa bêtise me tue.* → **désespérer.**
II. verbe pronominal SE TUER **1.** Se suicider. *Elle s'est tuée en avalant des somnifères,* elle a mis fin à ses jours. *Il se tuerait* [tyʀɛ] *s'il en avait le courage.* **2.** Être victime d'un accident mortel. *Ils se sont tués en voiture.* **3.** Se donner la mort l'un à l'autre. *Il faut les séparer, ils vont se tuer.* → s'**entretuer. 4.** User ses forces, compromettre sa santé. *Il se tue au travail.* **5.** *SE TUER À :* se donner beaucoup de mal. *Je me tue à vous répéter dix fois la même chose.* → s'**évertuer.**

TUERIE [tyʀi] n. f. ▪ *UNE TUERIE :* fait de tuer d'une manière violente un grand nombre de personnes. *Cette guerre a été une affreuse tuerie.* → **boucherie, carnage, hécatombe, massacre.**

À **TUE-TÊTE** [atytɛt] adverbe ▪ D'une voix très forte. *Les enfants chantent à tue-tête.*

TUEUR [tɥœʀ] n. m., **TUEUSE** [tɥøz] n. f. ▪ *UN TUEUR, UNE TUEUSE* **1.** Personne dont le métier est de tuer. *Les animaux de boucherie sont tués par des tueurs de bestiaux.* - *Un TUEUR À GAGES :* professionnel payé pour assassiner les personnes qu'on lui indique. *Il a été assassiné par un tueur à gages.* **2.** Personne qui tue, qui a tué volontairement. *La police recherche le tueur sadique.* → **assassin, meurtrier.**

TUILE [tɥil] n. f. ▪ *UNE TUILE* **1.** Plaque de terre cuite servant à recouvrir les toits. *Toutes les maisons du village ont des toits de tuiles.* **2.** Petit gâteau sec moulé en forme de tuile. *Elle a acheté des tuiles aux amandes à la pâtisserie.* **3.** STYLE FAMILIER Désagrément inattendu. *J'ai eu un accident et ma voiture est hors d'usage, quelle tuile !* → **malchance ;** STYLE FAMILIER **emmerde.**

TULIPE [tylip] n. f. ▪ *UNE TULIPE :* plante à bulbe, à longue tige droite, à feuilles allongées et à fleur renflée à la base et évasée à l'extrémité. *Le jardinier a planté des oignons de tulipe.* - *Ces tulipes rouges sont ravissantes,* les fleurs de cette plante.

TULLE [tyl] n. m. ▪ *LE TULLE :* tissu très léger et transparent, formé de mailles rondes. *La mariée a un voile de tulle blanc.*

TUMÉFIÉ [tymefje], **TUMÉFIÉE** [tymefje] adj. (après le nom) ▪ (partie du corps) Gonflé, enflé d'une manière anormale. *Le boxeur a le visage tuméfié.*

TUMEUR [tymœʀ] n. f. ▪ *UNE TUMEUR :* ensemble de cellules anormales qui se forment et se développent en désordre dans une partie du corps. *Il a une tumeur au cerveau. Les verrues sont des tumeurs bénigne* (→ **bénin).** *Les radios du patient montrent une tumeur maligne au poumon* (→ ② **malin).**

TUMULTE [tymylt] n. m. ▪ *LE TUMULTE :* désordre bruyant et confus. *On ne s'entend plus dans ce tumulte.* → **brouhaha, chahut, vacarme.** ⟨contraires : calme, silence⟩ - *Le tumulte de la rue parvient jusque chez nous,* le bruit et l'agitation de la rue.

TUMULTUEUX [tymyltɥø], **TUMULTUEUSE** [tymyltɥøz] adj. (après le nom) **1.** STYLE RECHERCHÉ Agité et bruyant. *La discussion a été tumultueuse.* → **houleux, orageux.** ⟨contraires : calme, paisible⟩ **2.** Plein d'agitation et de trouble. *Il se souvient de sa jeunesse tumultueuse.* → **agité.**

TUNER [tynɛʀ] n. m. ▪ *UN TUNER :* appareil de radio à modulation de fréquence, que l'on branche sur une chaîne hi-fi. *Il s'est acheté un nouveau tuner.*

REM. Ce mot vient de l'anglais. On le prononce aussi [tynœʀ].

TUNGSTÈNE [tœ̃kstɛn] n. m. ▪ *LE TUNGSTÈNE :* métal gris très dense, qui se déforme très peu. *La lampe a des filaments de tungstène.*

TUNIQUE [tynik] n. f. ▪ *UNE TUNIQUE* **1.** Longue chemise droite que l'on portait dans l'Antiquité. *Les Grecs et les Romains avaient des tuniques.* **2.** Longue chemise ou veste légère qui descend jusqu'à mi-cuisse. *Elle a une tunique de soie sur son pantalon.*

TUNISIE [tunizi] nom propre féminin ▪ *LA TUNISIE :* pays du Maghreb. *Ils sont en vacances en Tunisie. Ils nous ont montré leurs photos de Tunisie.*

TUNISIEN [tynizjɛ̃] adj. et n. m., **TUNISIENNE** [tynizjɛn] adj. et n. f. **1.** adjectif (après le nom) De Tunisie, pays d'Afrique du Nord. *Ils ont passé leurs vacances sur la côte tunisienne.* **2.** *UN TUNISIEN, UNE TUNISIENNE :* une personne née en Tunisie ou qui vit en Tunisie. *Les Tunisiens parlent arabe.*

TUNNEL [tynɛl] n. m. ▪ *UN TUNNEL* **1.** Galerie creusée sous la terre pour le passage d'une voie de communication. *Un tunnel sous la Manche relie la France à l'Angleterre. Le train passe dans le tunnel.* **2.** Période difficile, pénible. *Tout commence à s'arranger, il VOIT LE BOUT DU TUNNEL,* il sort d'une période difficile.

TURBAN [tyʀbɑ̃] n. m. ▪ *UN TURBAN :* longue bande de tissu enroulée autour de la tête. *En Inde, certains hommes ont un grand turban. Elle a un turban assorti à sa robe.*

TURBINE [tyʀbin] n. f. ▪ *UNE TURBINE :* moteur qui tourne grâce à la force de l'eau ou d'un gaz et qui transmet un mouvement. *L'eau du barrage fait fonctionner les turbines de la centrale électrique.*

TURBINER [tyʀbine] verbe [conjugaison 1a] ▪ STYLE FAMILIER Travailler dur. *Ils ont turbiné pour terminer le travail à temps.* → STYLE FAMILIER **trimer.**

TURBORÉACTEUR [tyʀboʀeaktœʀ] n. m. ▪ *UN TURBORÉACTEUR :* moteur à réaction à turbine à gaz. *Cet avion a un turboréacteur.*

TURBOT [tyʀbo] n. m. ▪ *UN TURBOT :* gros poisson de mer vivant dans l'Atlantique nord et la Méditerranée, au corps plat et ovale, sans écailles, et dont la chair est très appréciée. *Le cuisinier a préparé un turbot au four.*

TURBOTRAIN [tyʀbotʀɛ̃] n. m. ▪ *UN TURBOTRAIN :* train muni de turbines à gaz. *Un turbotrain relie les deux villes.*

TURBULENCE [tyʀbylɑ̃s] n. f. ▪ *UNE TURBULENCE :* agitation de l'atmosphère qui se manifeste par des tourbillons d'air. *L'avion traverse une zone de turbulences, les passagers sont priés de maintenir leurs ceintures attachées.*

TURBULENT [tyʀbylɑ̃], **TURBULENTE** [tyʀbylɑ̃t] adj. (après le nom) ▪ (enfant) Qui est souvent agité ou dans un état d'excitation bruyante. *Ils ont des enfants turbulents.* → **agité, remuant.** ⟨contraires : calme, sage⟩

TURC [tyʀk] adj. et n. m., **TURQUE** [tyʀk] adj. et n. f. **1.** De Turquie. *Il boit du CAFÉ TURC,* du café noir très fort, servi avec le marc. *Elles vont souvent au BAIN TURC,* dans un établissement où l'on prend des bains de vapeur. - *Dans ce restaurant, il y a des cabinets À LA TURQUE,* des cabinets sans siège et où l'on doit s'accroupir pour faire ses besoins. **2.** *UN TURC, UNE TURQUE :* une personne née en Turquie ou qui vit en Turquie. *Les Turcs.* - *Il est FORT COMME UN TURC,* très fort. **3.** *LE TURC :* langue parlée en Turquie. *Il a appris le turc.*

TURFISTE [tyʀfist] n. m., n. f. ▪ *UN TURFISTE, UNE TURFISTE :* personne qui va aux courses de chevaux, qui parie sur les chevaux. *Les turfistes se retrouvent à l'hippodrome. C'est un journal pour les turfistes.*

REM. On prononce parfois [tœʀfist].

TURIN [tyʀɛ̃] nom propre - en italien **TORINO** ▪ Ville d'Italie du Nord, capitale du Piémont. *Il est de Turin. Nous irons à Turin le mois prochain.*

TURLUPINER [tyʀlypine] verbe [conjugaison 1a] ▪ STYLE FAMILIER Tourmenter, tracasser. *Il n'arrête pas de penser à son problème, ça le turlupine.* → **obséder, tourmenter, travailler.** *Cette affaire me turlupine.*

TURPITUDE [tyʀpityd] n. f. ▪ STYLE RECHERCHÉ *UNE TURPITUDE :* action ou parole honteuse, ignoble. *Qui a pu commettre une telle turpitude ? Il est prêt à toutes les turpitudes.* → **bassesse.**

TURQUIE [tyʀki] nom propre féminin - en turc **TÜRKIYE** ▪ *LA TURQUIE :* pays du Proche-Orient, partagé entre l'Europe et l'Asie. *La capitale de la Turquie est Ankara. Ils sont déjà allés en Turquie. Ils reviennent de Turquie. Ils habitent en Turquie* **(→ turc).**

TURQUOISE [tyʀkwaz] n. f. et adj. invariable **1.** *UNE TURQUOISE :* pierre précieuse bleu clair presque verte. *Elle a un collier de turquoises.* **2.** adjectif invariable (après le nom) D'un bleu clair presque vert. *Il a une chemise turquoise.* PLURIEL : *des chaussettes turquoise.*

REM. On peut dire *une chemise turquoise* ou *une chemise bleu turquoise.*

tut [ty] *Il se tut, elle se tut :* forme au passé simple du verbe se **taire.**

TUTELLE [tytɛl] n. f. ▪ *LA TUTELLE* **1.** Droit donné à un tuteur de prendre soin, sous le contrôle d'un juge, de la personne et des biens d'un enfant mineur ou d'une personne majeure qui n'est pas capable de s'occuper toute seule de ses affaires. *La tutelle de l'orphelin a été confiée à son oncle.* **2.** État de dépendance. *L'adolescent cherche à se libérer de la tutelle de sa mère.*

TUTEUR [tytœʀ] n. m., **TUTRICE** [tytʀis] n. f.
I. *UN TUTEUR, UNE TUTRICE* **1.** Personne qui est responsable devant un juge d'un enfant mineur ou d'une personne majeure incapable de s'occuper seule de ses affaires (→ **tutelle).** *Si ses parents meurent, un enfant est confié à un tuteur* (→ ① **pupille).** **2.** Enseignant qui assiste et conseille spécialement un élève ou un petit groupe d'élèves. *Le tuteur aide les étudiants dans leur travail.*
II. *UN TUTEUR :* tige de bois, de plastique ou de métal que l'on fixe dans la terre pour soutenir une plante. *Le jardinier a fixé les plants de tomates sur des tuteurs.*

TUTOIEMENT [tytwamɑ̃] n. m. ▪ *LE TUTOIEMENT :* action de tutoyer, de dire «tu» à une personne. *Tous les salariés de la société ont adopté le tutoiement entre eux,* ils se tutoient les uns les autres.
REM. L'action de dire «vous» à une personne, de la *vouvoyer* s'appelle le *vouvoiement.*

TUTORAT [tytɔʀa] n. m. ▪ *LE TUTORAT :* fonction de tuteur, dans l'enseignement. *Le professeur exerce son tutorat auprès de trois élèves.*

TUTOYER [tytwaje] verbe [conjugaison 8a] **1.** S'adresser à (qqn) en employant la deuxième personne du singulier (→ **tu).** *Il tutoie tous ses collègues mais il vouvoie le directeur. Mes enfants me tutoient,* ils me disent «tu» quand ils s'adressent à moi. **2.** verbe pronominal SE TUTOYER : se dire «tu» l'un à l'autre. *Tutoyons-nous, c'est plus simple. On se tutoiera* [tytwaʀa] *quand on se connaîtra mieux. Ils se sont tout de suite tutoyés.*

TUTU [tyty] n. m. ▪ *UN TUTU :* jupe de tulle portée par les danseuses classiques. *Les danseuses en tutu virevoltent sur la scène de l'Opéra.*

TUYAU [tɥijo] n. m. ▪ *UN TUYAU* **1.** Tube creux en matière rigide, flexible ou souple, destiné à faire passer un liquide ou un gaz. → **canalisation, conduit, conduite, tube.** *Le jardinier arrose les plantes avec le TUYAU D'ARROSAGE.* PLURIEL : *des TUYAUX. Les pompiers déroulent leur TUYAU D'INCENDIE. Les gaz brûlés des voitures sont évacués par le TUYAU D'ÉCHAPPEMENT.* → **pot.** *La fumée sort par le TUYAU DE CHEMINÉE,* le conduit qui sert à évacuer la fumée à l'extérieur. - *Le TUYAU DE POÊLE forme un coude,* le tuyau qui relie le poêle à la cheminée. **2.** STYLE FAMILIER *Je lui ai glissé deux mots DANS LE TUYAU DE L'OREILLE,* dans le creux de l'oreille. **3.** STYLE FAMILIER Information confidentielle pour la réussite de qqch. *Il m'a donné de bons tuyaux pour voyager sans dépenser trop d'argent* (→ STYLE FAMILIER **tuyauter).**

TUYAUTER [tɥijɔte] verbe [conjugaison 1a] ▪ STYLE FAMILIER Donner un renseignement confidentiel à (qqn) (→ STYLE FAMILIER **tuyau).** *Il nous a tuyautés sur les chevaux qu'il fallait jouer aux courses.* → **renseigner ;** STYLE FAMILIER **rancarder.**

TUYAUTERIE [tɥijɔtʀi] n. f. ▪ *LA TUYAUTERIE :* ensemble des tuyaux d'une installation, des canalisations. *Le plombier vérifie la tuyauterie du chauffage central.*

T. V. A. [teveɑ] n. f. ▪ *LA T. V. A. :* impôt que l'on paie sur les marchandises que l'on achète ou que l'on vend ainsi que sur les services et qui s'ajoute à la valeur de cette marchandise ou de ce service. *La facture inclut la T. V. A.*
REM. *T. V. A.* est le sigle de ***t****axe à la* ***v****aleur* ***a****joutée.*

TWEED [twid] n. m. ▪ *LE TWEED :* épais tissu de laine, souvent de deux couleurs. *Il a une veste de tweed à chevrons.*
REM. Ce mot est un mot anglais.

TYMPAN [tɛ̃pɑ̃] n. m. ▪ *LE TYMPAN :* membrane située au fond du conduit de l'oreille. *Le tympan transmet les vibrations sonores. - Ce bruit aigu déchire les tympans,* il assourdit en faisant mal aux oreilles.

TYPE [tip] n. m. ▪ *LE TYPE* **1.** Ensemble des caractères qui permettent de distinguer des classes d'objets. → **classe, espèce, famille, genre.** *Il a une voiture de type courant.* → **modèle ;** ① **standard.** *Les Suédois ont le type nordique et les Chinois le type asiatique.* - STYLE FAMILIER *Cette fille n'est pas mon type,* ce n'est pas le genre de fille qui m'attire. - *Cette forêt est DU TYPE tropical.* **2.** Personne ou chose qui peut être donnée en exemple d'un modèle. *C'est le type même de l'arriviste.* → **modèle.** - *Son mari est l'homme d'affaires type* (→ **typique).** *Voici une liste type.* **3.** STYLE FAMILIER *UN TYPE :* homme, individu quelconque. → STYLE FAMILIER **bonhomme, mec.** *C'est un brave type.* → STYLE FAMILIER **gars.** *Un grand type à lunettes m'a serré la main. Il y a un drôle de type devant chez nous. Quel sale type !*

TYPÉ [tipe], **TYPÉE** [tipe] adj. (après le nom) **1.** Qui a les caractères d'un certain type. *Sa femme est une Espagnole très typée.* **2.** Fait, construit d'après un type, un modèle. *Les personnages du roman sont bien typés.*

TYPHON [tifɔ̃] n. m. ▪ *UN TYPHON :* cyclone des mers de Chine et de l'océan Indien. *Le typhon a détruit plusieurs villages.* → **ouragan.**

TYPHUS [tifys] n. m. ▪ *LE TYPHUS :* maladie infectieuse très grave causée par une bactérie transmise par les poux qui donne une très forte fièvre, une éruption de taches rouges et plonge le malade dans un état de stupeur pouvant aller jusqu'au coma. *On peut mourir du typhus.*

TYPIQUE [tipik] adj. (après le nom) ▪ Qui constitue un type, un exemple caractéristique. *Voilà un exemple typique de sa bêtise.* → **caractéristique.** *Nous avons dîné dans un restaurant typique,* représentatif d'une région. *C'est une adolescente typique de sa génération.*

TYPIQUEMENT [tipikmɑ̃] adverbe ▪ D'une manière typique. *Les maisons du village sont typiquement bretonnes.*

TYPO n. f. Forme abrégée de **typographie.**

TYPOGRAPHE [tipɔgʀaf] n. m., n. f. ▪ *UN TYPOGRAPHE, UNE TYPOGRAPHE :* personne qui compose les textes que l'on imprime. *Autrefois, les typographes composaient les textes avec des caractères en plomb.*

TYPOGRAPHIE [tipɔgʀafi] n. f. ▪ *LA TYPOGRAPHIE :* manière dont un texte est imprimé, choix des caractères. *Ce livre a une typographie claire et agréable.* - *TYPO* [tipo] forme abrégée familière *Une belle typo. Des typos élégantes.*

TYPOGRAPHIQUE [tipɔgʀafik] adj. (après le nom) ▪ Relatif à la typographie. *L'imprimerie utilise des caractères typographiques. Le maquettiste fait des essais typographiques,* il essaie différents caractères d'imprimerie.

TYRAN [tiʀɑ̃] n. m. ▪ *UN TYRAN* **1.** Personne qui gouverne un pays de manière très autoritaire, en employant la force. *Les révolutionnaires ont renversé le tyran.* → **despote, dictateur.** **2.** Personne autoritaire, qui impose sa volonté. *Avec sa femme, c'est un tyran. Leurs enfants sont de véritables tyrans.*

TYRANNIE [tiʀani] n. f. ▪ *LA TYRANNIE* **1.** Gouvernement absolu et cruel. *Le peuple s'est soulevé contre la tyrannie.* → **dictature, oppression.** ⟨contraire : liberté⟩ **2.** STYLE RECHERCHÉ Abus de pouvoir. *Les enfants veulent se libérer de la tyrannie de leur père. - Elle ne sait pas résister à la tyrannie de la mode.* → **contrainte, servitude.**

TYRANNIQUE [tiʀanik] adj. (après le nom) **1.** Qui exerce une tyrannie. *Le peuple s'est soulevé contre le régime tyrannique des militaires.* → **absolu, despotique.** ⟨contraire : libéral⟩ **2.** Autoritaire et violent. *Elle a épousé un homme tyrannique.* **3.** STYLE RECHERCHÉ Qui contraint d'une manière impérieuse et pénible, à quoi on ne peut se dérober. *La mode est tyrannique.*

TYRANNISER [tiʀanize] verbe [conjugaison 1a] ▪ Traiter (qqn) avec tyrannie ; abuser de son pouvoir ou de son autorité sur (qqn). *Le dictateur tyrannise la population du pays.* → **opprimer.** *Il tyrannise sa famille.* → **persécuter.** - *La malheureuse secrétaire s'est laissé tyranniser.*

TYROLIEN [tiʀɔljɛ̃] adj. et n. m., **TYROLIENNE** [tiʀɔljɛn] adj. et n. f. **1.** adjectif (après le nom) Du Tyrol, région d'Autriche. *Il a un chapeau tyrolien. La capitale tyrolienne est Innsbruck.* **2.** *UN TYROLIEN, UNE TYROLIENNE :* un habitant, une habitante du Tyrol. *Les Tyroliens sont des montagnards.* **3.** *LA TYROLIENNE :* chant du Tyrol, à trois temps, chanté d'une manière particulière, à la fois aiguë et grave. *Le berger chante une tyrolienne.*

TZIGANE → **tsigane**

U

U [y] n. m. invariable ▪ *LE U* ou *L'U :* vingt et unième lettre de l'alphabet du français. *Le u est une voyelle. Il y a des u minuscules* (u) *et des u majuscules* (U). *Son nom commence par un u. Tu écris mal tes u, on dirait des n.*

REM. **1.** *U* se prononce [y], *ou* se prononce [u] et *au* se prononce [o]. **2.** On entend parfois le *u* dans les groupes *gu* et *qu* : *ambiguïté* [ɑ̃bi gɥite], *ubiquité* [ybikɥite] ; *u* se prononce souvent [u] dans ces groupes de lettres : *jaguar* [ʒagwaʀ], *équateur* [ekwatœʀ].

UBIQUITÉ [ybikɥite] n. f. ▪ STYLE RECHERCHÉ *L'UBIQUITÉ :* possibilité d'être présent dans plusieurs lieux à la fois. *Je n'ai pas LE DON D'UBIQUITÉ :* je ne peux pas être partout à la fois.

U. H. T. [yaʃte] n. f. invariable ▪ *LAIT U. H. T. :* lait qui est stérilisé en étant chauffé à une très haute température pendant un temps très court. *J'ai acheté du lait U. H. T.*

REM. *U. H. T.* est le sigle de ***u****ltra-****h****aute-****t****empérature.*

UKRAINE [ykʀɛn] nom propre féminin – en ukrainien **UKRAÏNA** ▪ *L'UKRAINE :* pays d'Europe orientale. *L'année prochaine, nous voyagerons en Ukraine. Il est revenu d'Ukraine.*

UKRAINIEN [ykʀɛnjɛ̃] adj. et n. m., **UKRAINIENNE** [ykʀɛnjɛn] adj. et n. f. **1.** adjectif (après le nom) D'Ukraine. *Kiev est la capitale ukrainienne.* **2.** *UN UKRAINIEN, UNE UKRAINIENNE :* personne habitant en Ukraine. *Les Ukrainiens.* **3.** nom masculin *L'UKRAINIEN :* langue slave parlée en Ukraine. *Elle parle très bien l'ukrainien et le russe.*

ULCÈRE [ylsɛʀ] n. m. ▪ *UN ULCÈRE :* plaie qui ne cicatrise pas. *Il a un ulcère à l'estomac.*

ULCÉRER [ylseʀe] verbe [conjugaison 6a] ▪ Blesser moralement (qqn) et le mettre en colère. *Ton manque de confiance m'ulcère. Ce mensonge ulcérera* [ylsɛʀʀa] *ton père ! – J'ai été ulcéré par son attitude.*

U. L. M. [yɛlɛm] n. m. invariable ▪ *UN U. L. M. :* petit avion très léger à une ou deux places. *Il a loué un U. L. M.* PLURIEL : *des U. L. M. – Elle aimerait faire de l'U. L. M.*

REM. *U. L. M.* est le sigle de ***u****ltra-****l****éger* ***m****otorisé.*

ULTÉRIEUR [ylteʀjœʀ], **ULTÉRIEURE** [ylteʀjœʀ] adj. (après le nom) ▪ Qui se produira plus tard. → **futur.** *Mon départ est reporté à une date ultérieure.* → **postérieur.** ⟨contraire : antérieur⟩

ULTÉRIEUREMENT [ylteʀjœʀmɑ̃] adverbe ▪ Plus tard. → **après, ensuite.** *La réunion aura lieu ultérieurement.* ⟨contraires : auparavant, ① avant, précédemment⟩

ULTIMATUM [yltimatɔm] n. m. ▪ *UN ULTIMATUM :* dernière condition accompagnée de menaces, pour obtenir qqch. *Les terroristes ont adressés un ultimatum au gouvernement. Ils ne lanceront pas deux ultimatums.*

ULTIME [yltim] adj. (avant le nom ou après le nom) ▪ Qui vient en tout dernier lieu. *Dans un effort ultime, le naufragé a atteint le rivage.* → **dernier, final.** *Je fais une ultime tentative et je renonce. Vous êtes mon ultime recours.*

FAUX AMI
italien **ultimo**
« dernier »

ULTRACHIC [yltʀaʃik] adj. (après le nom) ▪ Très élégant, très chic. *Elle a une robe ultrachic. Ils fréquentent des endroits ultrachics.*

ULTRAMODERNE [yltʀamɔdɛʀn] adj. (après le nom) ▪ Très moderne. *Ils ont un mobilier ultramoderne.*

ULTRASON [yltʀasɔ̃] n. m. ▪ *UN ULTRASON :* son trop aigu pour être entendu par un être humain. *Les chiens et les chats perçoivent les ultrasons. Les ultrasons sont utilisés en échographie.*

REM. Le *s* se prononce [s] bien qu'étant entre deux voyelles.

ULTRAVIOLET [yltʀavjɔlɛ] adj. et n. m. **1.** adjectif (après le nom) *LES RAYONS ULTRAVIOLETS :* radiations comprises entre la lumière visible et les rayons X, que l'on ne peut pas voir. *Les rayons ultraviolets provoquent les coups de soleil.* **2.** *UN ULTRAVIOLET :* rayon ultraviolet. *Il utilise une lampe à ultraviolets pour se faire bronzer.* → **U. V.**

ULYSSE [ylis] nom propre ▪ Héros grec dont les aventures sont racontées dans l'Iliade et l'Odyssée. *Pénélope est la femme d'Ulysse.*

① **UN** [ɛ̃] adj. numéral, pronom et n. m., **UNE** [yn] adj., pronom et n. f. **I.** adjectif (avant le nom ou après le nom) **1.** adjectif cardinal, servant à compter (avant le nom) Premier nombre entier, exprimant l'unité (1 ; I). *La bouteille contient un litre d'eau. Il y avait quatre femmes et un homme* [ɛ̃nɔm]. *Donne-moi une pièce de un* [dəɛ̃] *franc. Le muret a une hauteur de un mètre. Son mari est un homme d'un mètre quatre-vingts. Une seule chose m'intéresse. – Il est deux heures une,* et une minute. *Il était MOINS UNE :* il s'en est fallu d'une minute, de peu. **2.** adjectif ordinal servant à donner un rang (après le nom) Premier. *J'ai acheté le tome un des*

œuvres de Victor Hugo. Ouvrez votre livre page un [paʒɛ̃] ou [paʒœ̃] ou *page une* [paʒyn] ou [paʒəyn]. *La tirade que je dois apprendre est dans l'acte un* [laktəɛ̃], *scène un* [sɛnɛ̃] *de la pièce. En 2001* (deux mille un). – (avant le nom) *Nous sommes arrivés vers une heure du matin.*
II. pronom *UN, UNE :* une seule personne, une seule chose. *J'en veux seulement un.* ⟨contraire : plusieurs⟩ *Donnez-m'en une. En voilà déjà un de parti ! Il n'y en a PAS UN* [paɛ̃] ou [pazɛ̃] *pour racheter l'autre. Il est rusé comme pas un,* comme personne. *Elles sont arrivées UNE PAR UNE. Je les ai comptés UN À UN* [ɛ̃naɛ̃] ou [ɛ̃aɛ̃], à tour de rôle et un seul à la fois.
III. 1. n. m. invariable *LE UN. Un et un* [ɛ̃eɛ̃] *font deux. Il forme mal ses un* [seɛ̃]. *Il a eu un un* [ɛ̃ɛ̃] *en anglais. Lisez le paragraphe I* [gʀɑ̃tɛ̃] (grand un) *et le paragraphe 1* [pətitɛ̃] (petit un). **2.** *LA UNE :* la première page d'un quotidien. *Il y a un grand titre à la une.* → **une.** – *Ce soir, il y a un film sur la une,* sur la première chaîne de télévision. – *Il n'a fait NI UNE NI DEUX, et il est parti,* il s'est décidé rapidement.
REM. *Un* se prononce aussi [œ̃].

② **UN** [ɛ̃] article et pronom masculin singulier **UNE** [yn] article et pronom féminin singulier
I. article indéfini *UN, UNE :* désigne un élément distinct mais indéterminé. **1.** *Il y a un homme à la porte. J'ai reçu un colis et des lettres.* → **des.** *Elle a bu une bière. Il reviendra sûrement un jour. J'en ai pour un moment. Un carré a quatre côtés. Le sanglier est un mammifère.* **2.** (emphatique) *Il y a un monde !* il y a beaucoup de monde. *Le ciel est d'un bleu !* le ciel est très bleu. *Sa femme est d'un bête !* elle est très bête. – STYLE FAMILIER *J'ai UNE DE CES faims !* j'ai très faim.
II. pronom indéfini **1.** *UN, UNE... Rome est une des plus belles villes que je connaisse. Je reviendrai un de ces jours. C'est une des meilleures choses qui lui soient arrivées* ou *qui lui soit arrivée.* **2.** *L'UN, L'UNE. L'un est aimable et l'autre pas. Molière est L'UN DES auteurs français les plus célèbres. Les quatre sœurs sont invitées, l'une d'elles est déjà là. Je n'aime NI L'UN NI L'AUTRE :* je n'en aime aucun. – *L'UN DANS L'AUTRE, il a raison,* en définitive, tout bien considéré. **3.** *UN QUI est content, c'est mon frère,* celui qui. *UNE QUE je plains, c'est sa femme.*

REM. **1.** Le pluriel de l'article indéfini est *des* (→ ② **des**). **2.** Le français n'a qu'un seul mot UN, UNE pour le numéral et l'article indéfini ; de même pour les pronoms (① UN et ② UN) (comparez à l'anglais *one* et *a*). **3.** On ne dit pas *il est un médecin,* mais *il est médecin,* seule forme correcte. Si l'on veut mettre un déterminant, il faut l'employer avec *C'EST : c'est un médecin.*

UNANIME [ynanim] adj. (après le nom) **1.** Qui est fait ou exprimé par tous, en même temps. *Sa plaisanterie a provoqué un éclat de rire unanime.* → **général. 2.** *Des PERSONNES UNANIMES,* qui ont toutes le même avis, la même opinion. *Les témoins sont unanimes : la voiture est passée au feu rouge.*

UNANIMEMENT [ynanimmɑ̃] adverbe ▪ D'une manière unanime, par tous. *Ils ont voté unanimement pour le même candidat.*

UNANIMITÉ [ynanimite] n. f. ▪ *L'UNANIMITÉ :* accord complet entre tous les membres d'un groupe. *Elle est tellement désagréable qu'elle FAIT L'UNANIMITÉ contre elle,* tout le monde est contre elle. *Le maire a été élu À L'UNANIMITÉ,* par tous les votants sans exception.

UNE [yn] n. f. ▪ *LA UNE :* la première page d'un journal. *La photo de l'accident est à la une. Cet événement FAIT LA UNE des journaux,* c'est l'événement dont on parle le plus dans les journaux. *Toutes les unes des quotidiens sont consacrées à cet événement.*

UNI [yni], **UNIE** [yni] adj. (après le nom)
I. 1. D'une seule couleur. *Il a une cravate unie.* ⟨contraires : bariolé, bigarré, imprimé, multicolore⟩ **2.** Dont la surface n'a pas d'aspérités. *La voiture roule sur un sol uni.* → **lisse.** ⟨contraire : inégal⟩
II. Qui vit en bonne entente, dont l'union est solide (→ **union**). *Ses parents forment un couple uni,* qui a de bons rapports, qui s'entend bien. *C'est une famille très unie.*

UNIÈME [ynjɛm] adj. (après un nom ou un adjectif de nombre) ▪ ... *UNIÈME :* qui vient en premier, immédiatement après une dizaine, une centaine, un millier. *Elle est arrivée la vingt et unième de la course. C'est la cent unième* [sɑ̃ynjɛm] *fois que je te le dis ! C'est le soixante et unième jour de l'année.*
REM. *Unième* ne s'emploie pas après *dix* (→ **onzième**) *soixante-dix* et *quatre-vingt-dix :* on dit *soixante et onzième, quatre vingt-onzième.*

UNIFICATEUR [ynifikatœʀ], **UNIFICATRICE** [ynifikatʀis] adj. (après le nom) ▪ Qui unifie. *Un mouvement unificateur a réduit les dissensions au sein du parti.*

UNIFICATION [ynifikasjɔ̃] n. f. ▪ *L'UNIFICATION :* le fait d'unifier, d'unir pour faire un tout. *L'unification de l'Italie a été tardive.* ⟨contraire : division⟩

UNIFIER [ynifje] verbe [conjugaison 7a] **1.** Rendre semblables (divers éléments). → **uniformiser.** *Il faut que vous unifiiez les programmes scolaires.* → **harmoniser. 2.** Unir pour faire un tout (→ **unité**). *L'Italie a été unifiée au dix-neuvième siècle.* – *Quel homme politique unifiera* [ynifiʀa] *ce parti ?* le rendra homogène.

① **UNIFORME** [ynifɔʀm] adj. (après le nom) **1.** Qui ne varie pas, est toujours pareil. *Elle mène une vie uniforme.* → **monotone.** ⟨contraire : varié⟩ *Son style est uniforme. Le ciel est d'un gris uniforme.* **2.** Qui ressemble beaucoup aux autres. *Ils ont des goûts uniformes :* ils ont les mêmes goûts.

② **UNIFORME** [ynifɔʀm] n. m. ▪ *UN UNIFORME :* habillement identique pour tous les membres d'une profession, d'un groupe. *Le soldat a mis son uniforme. Un policier EN UNIFORME a contrôlé mes papiers d'identité.* → **tenue.** ⟨contraire : en civil⟩ *Les hôtesses de l'air portent un uniforme.*

UNIFORMÉMENT [ynifɔʀmemɑ̃] adverbe ▪ De la même façon d'un bout à l'autre. *Le paysage est uniformément plat. Étalez la pâte uniformément.*

UNIFORMISER [ynifɔʀmize] verbe [conjugaison 1a] ▪ Rendre semblables ou presque semblables (plusieurs choses). → **unifier.** *On a uniformisé les programmes scolaires.* ⟨contraire : diversifier⟩

UNIFORMITÉ [ynifɔʀmite] n. f. ▪ *L'UNIFORMITÉ :* absence de changement, de variété. *L'uniformité de la vie quotidienne est parfois lassante.* → **monotonie.** *Le paysage est d'une uniformité étonnante.* ⟨contraires : diversité, variété⟩

UNIJAMBISTE [yniʒɑ̃bist] n. m., n. f. et adj. **1.** *UN UNIJAMBISTE, UNE UNIJAMBISTE :* une personne qui a été amputée d'une jambe. *J'ai rencontré un unijambiste à qui l'on a mis une jambe artificielle.* **2.** adjectif (après le nom) Qui a été amputé d'une jambe. *Des enfants unijambistes sont en rééducation dans cet hôpital.*

UNILATÉRAL [ynilateʀal], **UNILATÉRALE** [ynilateʀal] adj. (après le nom) **1.** Qui se fait d'un seul côté. *La rue où j'habite est à STATIONNEMENT UNILATÉRAL,* le stationnement n'y est autorisé que d'un côté. ⟨contraire : bilatéral⟩ MASCULIN PLURIEL : *UNILATÉRAUX* [ynilateʀo]. **2.** Qui ne provient que d'une seule personne, d'un seul groupe. *Le maire a pris une décision unilatérale,* il a pris sa décision sans consulter les autres personnes concernées.

UNILATÉRALEMENT [ynilateʀalmɑ̃] adverbe ▪ D'une manière unilatérale, sans demander l'avis des autres personnes concernées. *Le directeur a décidé unilatéralement d'abandonner le projet.*

UNILINGUE [ynilɛ̃g] adj. (après le nom) ▪ Qui est en une seule langue. → **monolingue.** *Je consulte un dictionnaire unilingue.* ⟨contraire : bilingue⟩

UNION [ynjɔ̃] n. f.
I. *L'UNION* **1.** Relation entre deux ou plusieurs personnes, entre deux ou plusieurs groupes. *Le mariage est l'union d'un homme et d'une femme. Ses parents vivent en UNION LIBRE,* ils vivent ensemble sans être mariés (→ **concubinage). 2.** Entente, accord entre plusieurs personnes, entre plusieurs groupes. *L'union règne dans notre famille.* → **concorde.** ⟨contraire : désunion⟩ *Resserrons notre union. Il faudrait à ce pays en crise un gouvernement d'union nationale.* **3.** *Un TRAIT D'UNION.* → **trait d'union.**
II. *UNE UNION :* ensemble de personnes unies, de groupes unis. *Une union de commerçants a décidé d'illuminer le quartier pendant les fêtes de Noël.* → **association.** *Les États-Unis sont une union d'États,* un groupement de plusieurs États. → **confédération, fédération.** *L'Union européenne a été créée en 1992.*

UNIQUE [ynik] adj. (avant le nom ou après le nom) **1.** (avant ou après le nom) Qui est seul, qui n'est pas accompagné d'autres du même genre. *Le vase est posé sur l'unique table du salon. Il est FILS UNIQUE :* il n'a ni frère ni sœur. *C'est son unique fils,* son seul enfant. *Cette rue est À SENS UNIQUE,* on ne peut y rouler que dans un sens. ⟨contraire : double⟩ *Ce malade est un cas unique.* → **isolé.** *C'est mon unique souci,* je n'ai que celui-là. *Je n'ai qu'une SEULE ET UNIQUE chose à dire.* **2.** (après le nom) Qui est le même pour tous. *L'euro est la monnaie unique dans l'Union européenne. Ces deux classes ont un programme unique.* **3.** (après le nom) Qui est seul dans son genre et très différent des autres. *Ce bijou est une pièce unique. Cet artiste a un talent unique.* → **exceptionnel, incomparable.** *Vous allez assister à un spectacle unique au monde. C'est unique en son genre,* exceptionnel dans une catégorie.

> FAUX AMI
> anglais **unique** ne s'emploie que pour *incomparable*

UNIQUEMENT [ynikmɑ̃] adverbe ▪ À l'exclusion de toute autre chose. → **exclusivement, seulement.** *Je prends uniquement l'autobus, je n'aime pas le métro. Il est venu uniquement pour moi. Il fait du bruit uniquement pour nous embêter,* rien que pour nous embêter. - *Ce n'est PAS UNIQUEMENT une histoire d'argent.* «*C'est son absence qui vous contrarie ? – Pas uniquement*».

UNIR [yniʀ] verbe [conjugaison 2]
I. 1. Mettre ensemble pour former un tout. *On unit des mots pour former une phrase.* → **associer, joindre, rapprocher, réunir.** *Unissons nos forces !* **2.** Faire vivre ensemble (des personnes). *Un prêtre les a unis.* → **marier.** *Je vous déclare unis par les liens du mariage.* **3.** (qqch.) Constituer un lien (entre des personnes). → **lier.** *Une grande amitié nous unit depuis des années.* ⟨contraires : désunir, opposer, séparer⟩ **4.** Relier par un moyen de communication. *Plusieurs lignes aériennes unissent l'Europe et l'Amérique.* → **desservir. 5.** (abstrait) Avoir à la fois en soi. *Notre professeur UNIT la sévérité À la compréhension,* il est à la fois sévère et compréhensif. → **allier, réunir.**
II. verbe pronominal S'UNIR **1.** Ne former qu'un tout. *Les deux rivières s'unissent en amont de la ville.* - *Les oiseaux s'unissent au printemps.* → s'**accoupler. 2.** Faire cause commune. *Unissons-nous contre la dictature !* → s'**allier.** - *Les deux petits syndicats SE SONT UNIS AVEC le syndicat majoritaire pour faire triompher leurs revendications.* → **fusionner.**

UNISEXE [ynisɛks] adj. (après le nom) ▪ (habillement, coiffure) Qui convient aussi bien aux hommes qu'aux femmes. *Le jean est un vêtement unisexe.*

À L'**UNISSON** [alynisɔ̃] adverbe ▪ En produisant un seul son ensemble et en même temps. *Les choristes chantent à l'unisson.*

REM. *Unisson* est un nom masculin signifiant «son unique».

UNITAIRE [ynitɛʀ] adj. (après le nom) **1.** Qui concerne un seul objet d'un ensemble. *Quel est le prix unitaire de ces yaourts ?* le prix de chaque yaourt. ⟨contraire : global⟩ **2.** Qui forme une unité politique. *Nous avons agi dans un esprit unitaire. Il a participé à une manifestation unitaire.*

UNITÉ [ynite] n. f.
I. *L'UNITÉ* **1.** Caractère de ce qui forme un tout. *Le gouvernement veut maintenir l'unité politique du pays. L'unité allemande ne s'est faite qu'au XIXe siècle.* **2.** *À L'UNITÉ :* un par un. → ① **pièce.** *Les pamplemousses sont vendus vingt francs les trois et dix francs à l'unité,* un pamplemousse seul est vendu dix francs. **3.** *L'UNITÉ CENTRALE :* partie d'un ordinateur qui groupe les organes de calcul et la mémoire centrale. *L'unité centrale de mon ordinateur est en panne.* **4.** Qualité de ce qui forme un tout cohérent. → **homogénéité.** *Ce film manque d'unité.*
II. *UNE UNITÉ* **1.** Élément qui sert à former les nombres. *Le nombre trente est formé de trente unités.* - Le *CHIFFRE DES UNITÉS :* chiffre placé à droite de celui des centaines et des dizaines. *Dans «325», «5» est le chiffre des unités.* **2.** *Une UNITÉ DE MESURE :* grandeur qui sert de base pour mesurer d'autres grandeurs. *Le gramme est une unité de poids. L'unité de longueur est le mètre.* → ② **étalon. 3.** *Une UNITÉ MONÉTAIRE :* monnaie d'un pays. *Le dollar, le franc et le mark sont des unités monétaires.* **4.** Élément d'un ensemble. *Le département est une unité administrative française.* **5.** Groupe de militaires. *Il vient d'être incorporé dans une unité d'infanterie. Il doit rejoindre son unité.*

UNIVERS [ynivɛʀ] n. m. ▪ *L'UNIVERS* **1.** Ensemble de tout ce qui existe. → **monde, nature.** *L'homme rêve de se rendre maître de l'univers. La connaissance de l'univers a fait de grands progrès grâce aux fusées interplanétaires.* **2.** Ensemble des hommes qui sont sur la Terre. *L'univers entier craint la guerre nucléaire.* **3.** Milieu dans lequel on vit, que l'on connaît parfaitement. *Les journalistes sportifs sont dans l'univers du sport.* → **monde.** *Elle est dans son univers ! Il vit dans un univers poétique.*

REM. Avec les progrès de l'astrologie et de l'astronautique *univers* désigne aujourd'hui l'ensemble des planètes, des étoiles, etc. plutôt que la Terre. Au contraire, *universel* ne s'applique qu'à notre monde.

UNIVERSEL [ynivɛʀsɛl], **UNIVERSELLE** [ynivɛʀsɛl] adj. (après le nom) **1.** Qui s'applique à la totalité des personnes ou des choses. *Il n'existe pas de remède universel,* qui agit sur toutes les maladies (→ **panacée).** *Le bricoleur se sert d'une clé universelle,* qui s'adapte à tous les boulons, à tous les écrous. **2.** (qqn) Dont le savoir, les connaissances s'appliquent à tous les sujets. *C'est un esprit universel.* **3.** Qui concerne le monde entier ou la totalité d'un groupe. *Une exposition universelle s'est tenue à Lisbonne en 1998. Il s'intéresse à l'histoire universelle,* à l'histoire de tous les peuples. → **mondial.** *En France, le président de la République est élu au SUFFRAGE UNIVERSEL.*

REM. Voyez **univers** (REM.).

UNIVERSELLEMENT [yniveʀsɛlmɑ̃] adverbe ▪ Par tous les hommes, dans le monde entier. → **mondialement.** *Il est universellement connu.*

UNIVERSITAIRE [yniveʀsitɛʀ] adj., n. m. et n. f.
I. adjectif (après le nom) **1.** Qui appartient à l'université. *Ma fille fait des études universitaires. Les étudiants déjeunent au restaurant universitaire,* au restaurant qui dépend de l'université. **2.** Où il y a une ou plusieurs universités. *Bordeaux est une ville universitaire française.*
II. *UN UNIVERSITAIRE, UNE UNIVERSITAIRE :* un enseignant, une enseignante ou chercheur de l'Université. *Sa femme est une universitaire.*

UNIVERSITÉ [yniveʀsite] n. f. **1.** *L'UNIVERSITÉ :* l'enseignement supérieur, en dehors des grandes écoles. *Il est professeur d'université.* **2.** *UNE UNIVERSITÉ :* établissement d'enseignement supérieur. *Il y a plusieurs universités à Paris. – Il s'est inscrit à l'université de la Sorbonne, en faculté de lettres.*

UNTEL [ɛ̃tɛl] n. m., **UNETELLE** [yntɛl] n. f. ▪ Nom propre général utilisé pour désigner une personne quelconque. *Imagine que monsieur Untel arrive, que lui diras-tu ?* → **Tartempion.** *Il m'a dit avoir téléphoné à madame Unetelle, je ne sais plus qui. La famille Untel.* PLURIEL : *les Untel.*
REM. On écrit aussi *Un tel, Une telle.*

UPPERCUT [ypɛʀkyt] n. m. ▪ *UN UPPERCUT :* coup porté de bas en haut, à la boxe. *Le boxeur a envoyé à son adversaire un uppercut du droit.*
REM. Ce mot est anglais.

URANIUM [yʀanjɔm] n. m. ▪ *L'URANIUM :* métal dur et gris, radioactif. *L'uranium sert de combustible dans les centrales nucléaires.*

URBAIN [yʀbɛ̃], **URBAINE** [yʀbɛn] adj. (après le nom) **1.** Qui est de la ville, qui concerne la ville. ⟨contraires : campagnard, rural⟩ *Le métro et l'autobus sont des moyens de transport urbains.* **2.** STYLE RECHERCHÉ (qqn) Très poli. *C'est un homme très urbain.*

URBANISATION [yʀbanizasjɔ̃] n. f. ▪ *L'URBANISATION :* transformation d'un lieu en ville, concentration de la population dans une agglomération. *L'installation de plusieurs usines dans la région a contribué à son urbanisation. La région a connu une urbanisation rapide.*

URBANISER [yʀbanize] verbe [conjugaison 1a] ▪ Donner un caractère urbain, citadin à (un lieu) ; transformer en ville. *La ville veut urbaniser cette zone rurale. – Ces quartiers ont été récemment urbanisés.*

URBANISME [yʀbanism] n. m. ▪ *L'URBANISME :* étude et ensemble des moyens permettant la construction et l'aménagement des villes, selon les besoins humains. *Pour pouvoir construire un immeuble dans une ville, il faut un certificat d'urbanisme,* un certificat précisant que l'on peut construire sur le terrain.

URBANISTE [yʀbanist] n. m., n. f. ▪ *UN URBANISTE, UNE URBANISTE :* personne dont le métier est d'aménager des villes, des quartiers. *Elle est urbaniste.*

URÉE [yʀe] n. f. ▪ *L'URÉE :* substance que l'on trouve dans le sang et dans l'urine. *Le sang transporte l'urée qui est ensuite éliminée par le rein dans l'urine.*

URGENCE [yʀʒɑ̃s] n. f. **1.** *L'URGENCE :* nécessité d'agir vite. *Il faut appeler les pompiers, IL Y A URGENCE ! Le blessé a été opéré EN URGENCE,* sans attendre. *Voici le numéro de téléphone où vous pouvez joindre le médecin EN CAS D'URGENCE. J'ai besoin de ce médicament DE TOUTE URGENCE,* immédiatement. **2.** *UNE URGENCE :* un cas urgent. *Le chirurgien a été appelé pour une urgence,* pour un malade à opérer en urgence. **3.** (au pluriel) LES URGENCES : service d'un hôpital, d'une clinique où l'on reçoit les malades à soigner sans délai. *Les blessés ont été admis aux urgences.*

URGENT [yʀʒɑ̃], **URGENTE** [yʀʒɑ̃t] adj. (après le nom) ▪ Dont il faut s'occuper tout de suite, sans attendre. *J'ai un travail urgent à finir.* → **pressé.** *Ce malade est un cas urgent, il faut l'opérer tout de suite* (→ **urgence).** *J'ai un besoin urgent d'argent.* → STYLE FAMILIER **pressant.**

URGER [yʀʒe] verbe [conjugaison 3b] ▪ STYLE FAMILIER Être urgent. *Vite, ça urge !* → **presser.**

URINAIRE [yʀinɛʀ] adj. (après le nom) ▪ Qui a rapport à l'urine. *Les reins et la vessie font partie de l'appareil urinaire.*

URINE [yʀin] n. f. **1.** *L'URINE :* liquide jaune qui se forme dans le rein et qui est rejeté à l'extérieur du corps après avoir été dans la vessie. → STYLE FAMILIER **pipi ;** STYLE TRÈS FAMILIER **pisse.** *Par l'urine, l'organisme évacue des déchets. – Cet endroit sent l'urine.* **2.** (au pluriel) LES URINES : l'urine évacuée. *On doit lui faire une analyse d'urines. Le malade a des urines claires. On a trouvé du sang dans ses urines.*

URINER [yʀine] verbe [conjugaison 1a] ▪ Évacuer l'urine à l'extérieur du corps. → STYLE TRÈS FAMILIER **pisser.** *Le malade n'arrive pas à uriner. Avez-vous mal quand vous urinez ?* (→ **miction).**
REM. Ce mot appartient au langage médical. Dans la langue courante familière, on dit *faire pipi.*

URINOIR [yʀinwaʀ] n. m. ▪ *UN URINOIR :* dispositif dans lequel les hommes urinent debout. *Il y a des urinoirs dans les toilettes pour hommes.*

URNE [yʀn] n. f. ▪ *UNE URNE* **1.** Boîte dont le couvercle est muni d'une fente, dans laquelle on dépose son bulletin de vote. *L'électeur met son bulletin dans l'urne. – demain, il faut ALLER AUX URNES,* il faut aller voter (→ **élection).** **2.** *Une URNE (FUNÉRAIRE) :* boîte dans laquelle on met les cendres d'un mort qui a été incinéré. *Les cendres de son mari sont dans une urne.*

UROLOGIE [yʀɔlɔʒi] n. f. ▪ *L'UROLOGIE :* partie de la médecine qui étudie les maladies des voies urinaires. *Le malade doit aller consulter au service d'urologie de l'hôpital.*

URSS [yʀs] nom propre féminin ▪ *L'URSS :* État communiste issu de la révolution russe de 1917 et dissous en 1991. *La capitale de l'URSS était Moscou. Les habitants de l'URSS étaient les Soviétiques. Il travaillait en URSS.*
REM. **1.** *URSS* est le sigle de *Union des républiques socialistes soviétiques.* **2.** On écrit aussi *U. R. S. S.* et on prononce [yɛʀɛsɛs].

URTICAIRE [yʀtikɛʀ] n. f. ▪ *L'URTICAIRE :* éruption sur la peau de petits boutons rouges qui démangent. *J'ai eu une crise d'urticaire parce que je suis allergique aux fraises. Il a eu une urticaire géante.*

URUGUAY [yʀygwɛ] nom propre masculin ▪ *L'URUGUAY :* pays d'Amérique du Sud, dont la capitale est Montevideo. *L'Uruguay est bordé à l'ouest par l'océan Atlantique. Nous sommes allés en Uruguay. Ils reviennent d'Uruguay.*

US [ys] n. m. pluriel ▪ STYLE RECHERCHÉ *LES US :* coutumes, habitudes. → ① **usage.** *Ce sont les anciens us. Il faut respecter les US ET COUTUMES* [lezyzekutym] *de la région,* les habitudes et les usages traditionnels.

① **USAGE** [yzaʒ] n. m. **1.** *L'USAGE :* ensemble des pratiques sociales. → **coutume, habitude, mœurs, us.** *En montagne, l'usage veut que celui qui descend laisse passer celui qui monte. On fait comme ça parce que C'EST L'USAGE,* c'est ce qu'il convient de faire, c'est ce qu'on a l'habitude de faire. *Il s'est excusé avec les formules D'USAGE,* que l'on a l'habitude d'employer dans un cas pareil. *Il a enlevé son chapeau en entrant dans l'église, comme il est d'usage.* **2.** (au pluriel) LES USAGES : les comportements que l'on doit avoir en société. *Il s'est comporté d'une manière contraire aux usages,* d'une manière inconvenante, incorrecte.

② **USAGE** [yzaʒ] n. m. ▪ *L'USAGE* **1.** Action d'utiliser qqch. pour satisfaire un besoin. *Un couteau est un objet d'usage courant,* un objet dont on se sert couramment. → **emploi.** - *C'est À L'USAGE que l'on se rend compte de la qualité des choses,* c'est en s'en servant. *Cela s'est révélé commode à l'usage.* - *Cette ligne de chemin de fer n'est plus EN USAGE,* elle n'est plus utilisée. *Je n'en ai pas l'usage,* je n'en ai pas besoin ou je ne m'en sers pas. *Il m'a donné sa machine à écrire, car il n'en a plus l'usage,* il ne s'en sert plus. - *Cette expression est hors d'usage,* on ne l'emploie plus. *C'est un mot qui est sorti de l'usage,* un mot ancien. **2.** *AVOIR L'USAGE d'une faculté,* avoir cette faculté. *Les animaux n'ont pas l'usage de la parole.* **3.** *FAIRE USAGE DE :* se servir de (→ **utiliser**). *Il a fait un mauvais usage de son argent,* il l'a mal utilisé. - *L'espion a fait usage de faux papiers,* il a utilisé des faux papiers. *Les policiers ont dû faire usage de la force,* ils ont dû utiliser la force (→ **recourir** à). **4.** *FAIRE DE L'USAGE,* durer longtemps sans s'user. *Mes chaussures de sport m'ont fait de l'usage.* **5.** Le fait de servir à qqch. *Cet outil a plusieurs usages.* → **fonction.** *Quel est l'usage de cette machine bizarre ?* à quoi sert-elle ? *Mon réveil est HORS D'USAGE,* il ne peut plus fonctionner, il ne marche plus. *Cette pommade est À USAGE externe,* elle doit être utilisée exclusivement sur la peau. **6.** *À L'USAGE DE :* destiné à être utilisé par. *Ce livre de grammaire est à l'usage des élèves de sixième,* il est fait pour des élèves de sixième. *Les fournitures qui sont dans le placard sont réservées à mon usage personnel,* elles sont exclusivement pour moi.

USAGÉ [yzaʒe], **USAGÉE** [yzaʒe] adj. (après le nom) **1.** Qui a beaucoup servi, sans être forcément abîmé. *Elle donne ses vêtements usagés à des œuvres charitables.* → **défraîchi, usé, vieux.** ⟨contraire : ① neuf⟩ **2.** Qui a servi et ne peut plus être utilisé. *Jetez vos tickets usagés.*

USAGER [yzaʒe] n. m. ▪ *UN USAGER :* personne qui utilise (un service public). → **utilisateur.** *Certains usagers du métro sont mécontents quand il y a des grèves,* les personnes qui prennent le métro.

USANT [yzɑ̃], **USANTE** [yzɑ̃t] adj. (après le nom) ▪ Qui fatigue énormément. *Il fait un travail usant.* → **épuisant.**

USÉ [yze], **USÉE** [yze] adj. (après le nom) **1.** (qqch.) Abîmé à force d'avoir servi. ⟨contraire : ① neuf⟩ *Ma veste est très usée.* → **élimé, râpé.** *Jette ces chaussures usées.* → **éculé.** *Il a un manteau USÉ JUSQU'À LA CORDE,* très usé. **2.** (qqn) Dont la santé est diminuée par la fatigue. *C'est une femme usée avant l'âge.*

FAUX AMIS
anglais **used,**
italien **usato**
« d'occasion »

① **USER** [yze] verbe [conjugaison 1a] ▪ STYLE RECHERCHÉ *USER DE :* utiliser, employer. *Il a usé de son influence pour obtenir ce qu'il voulait.* → se **servir.**

FAUX AMIS
anglais **to use,**
espagnol **usar,**
italien **usare**
« utiliser qqch. »

② **USER** [yze] verbe [conjugaison 1a]
I. 1. Utiliser (qqch.) jusqu'à l'épuiser. *Ma voiture use beaucoup d'essence.* → **consommer. 2.** Mettre (qqch.) en mauvais état en l'utilisant. → **abîmer.** *Elle marche beaucoup et elle use très vite ses chaussures. Il a usé son manteau jusqu'à la corde* (→ **usure**). **3.** Rendre plus faible. *Il usera sa santé à travailler autant. La lecture use les yeux.*
II. verbe pronominal S'USER **1.** Se détériorer à force d'être utilisé. *Mes chaussures se sont usées très vite.* → s'**abîmer. 2.** Perdre sa force, sa santé. → s'**épuiser,** se **fatiguer.** *Elle s'est usée à élever ses six enfants.* - *Elle s'est usé les yeux à force de broder.*

US ET COUTUMES → **us**

USINE [yzin] n. f. ▪ *UNE USINE* **1.** Établissement industriel où l'on fabrique des objets avec des machines. → **fabrique, industrie, manufacture.** *Il part à l'usine très tôt le matin. Elle est ouvrière dans une usine de produits chimiques. Il travaille EN USINE.* **2.** STYLE FAMILIER Lieu où l'on travaille beaucoup. *Leur restaurant est une véritable usine.*

USITÉ [yzite], **USITÉE** [yzite] adj. (après le nom) ▪ (mot) Qui est employé. *Le verbe « prendre » est un mot très usité en français.* → ① **courant, fréquent, usuel.** *Le passé simple est un temps qui est surtout usité à l'écrit.*

USTENSILE [ystɑ̃sil] n. m. ▪ *UN USTENSILE :* objet ou accessoire dont on se sert à la maison. *Les casseroles, les louches, les ouvre-boîtes sont des ustensiles de cuisine.*

USUEL [yzɥɛl], **USUELLE** [yzɥɛl] adj. (après le nom) ▪ Qui est d'un usage courant. *Une cafetière est un objet usuel,* que l'on utilise souvent. *Ce dictionnaire comprend les mots usuels,* dont on se sert habituellement. → ① **courant, fréquent, usité.**

USUELLEMENT [yzɥɛlmɑ̃] adverbe ▪ STYLE RECHERCHÉ Habituellement. → **communément, couramment.** *Les chats tigrés sont usuellement appelés « chats de gouttière ».*

USUFRUIT [yzyfʀɥi] n. m. ▪ *L'USUFRUIT :* droit d'utiliser qqch. et d'en tirer des revenus sans en être propriétaire. → **jouissance.** *Elle a l'usufruit de sa maison.*

① **USURE** [yzyʀ] n. f. ▪ *L'USURE* **1.** Détérioration due à l'usage, au temps. *Le frottement provoque l'usure des semelles. On voit des traces d'usure sur les pneus de la voiture. L'usure de ce métal est ancienne :* ce métal est usé depuis longtemps. *La craie ne résiste pas à l'usure* (→ **érosion**). **2.** STYLE FAMILIER *AVOIR qqn À L'USURE,* obtenir de lui ce que l'on voulait en l'importunant ou en résistant plus longtemps que lui. → **harceler.** *Elle obtient tout ce qu'elle veut de son père, elle l'a toujours à l'usure.*

② **USURE** [yzyʀ] n. f. ▪ *L'USURE :* intérêt qui a un taux excessif. *Il prête À USURE,* en prenant des intérêts excessifs (→ **usurier**).

USURIER [yzyʀje] n. m., **USURIÈRE** [yzyʀjɛʀ] n. f. ▪ *UN USURIER, UNE USURIÈRE :* personne qui prête de l'argent en exigeant des intérêts excessifs et illégaux. *Évite de lui emprunter de l'argent, c'est un usurier.*

USURPATEUR [yzyʀpatœʀ] n. m., **USURPATRICE** [yzyʀpatʀis] n. f. ▪ *UN USURPATEUR, UNE USURPATRICE :* personne qui s'approprie qqch. sans en avoir le droit (→ **usurper**). *Les royalistes appelaient Napoléon Ier « l'Usurpateur ».*

USURPATION [yzyʀpasjɔ̃] n. f. ▪ *L'USURPATION :* action d'usurper. *Sa tentative d'usurpation du pouvoir a échoué.*

USURPATRICE n., féminin de **usurpateur**

USURPER [yzyʀpe] verbe [conjugaison 1a] ▪ S'approprier (qqch.) sans en avoir le droit. → s'**arroger,** s' **emparer.** *Le roi d'Angleterre Richard III a usurpé le pouvoir. Il a usurpé une bonne partie de l'héritage.*

UT [yt] n. m. invariable ▪ *L'UT :* note de musique, la première de la gamme. → **do.** *Le morceau commence par un ut. La Cinquième Symphonie de Beethoven est en ut mineur,* dans le ton correspondant à cette note. PLURIEL : *des ut.*

UTÉRUS [yteʀys] n. m. ▪ *L'UTÉRUS :* organe situé dans le ventre de la femme et de la femelle des mammifères, où se développe le fœtus avant la naissance. *Le gynécologue examine l'utérus de sa patiente. Elle a eu un cancer du col de l'utérus.*

UTILE [ytil] adj. (après le nom, parfois avant le nom) **1.** (après le nom, parfois avant le nom) (qqch.) Qui rend service, dont l'emploi satisfait un besoin. ⟨contraire : inutile⟩ *Un parapluie est un objet utile. C'est plus qu'utile, c'est nécessaire. Il m'a donné d'utiles conseils. Ce livre a été très UTILE À ma fille,* il lui a servi. *Ce sac m'est utile. – IL EST UTILE DE se renseigner. IL SERAIT UTILE QUE nous nous rencontrions. Ce dictionnaire est UTILE À consulter.* **2.** (attribut) (qqn, animal) Qui rend service. *Elle cherche toujours à SE RENDRE UTILE. Rends-toi utile, viens m'aider ! – Les abeilles sont des animaux utiles.* ⟨contraire : nuisible⟩ **3.** (après le nom) *EN TEMPS UTILE* [ɑ̃tɑ̃zytil] : au moment opportun. *Je t'appellerai en temps utile,* quand ce sera nécessaire.

UTILEMENT [ytilmɑ̃] adverbe ▪ D'une manière utile. ⟨contraire : inutilement⟩ *Elle a employé son argent utilement.*

UTILISABLE [ytilizabl] adj. (après le nom) ▪ Qui peut être utilisé. *Cette vieille chaise est encore utilisable,* on peut encore s'en servir. ⟨contraire : inutilisable⟩

UTILISATEUR [ytilizatœʀ] n. m., **UTILISATRICE** [ytilizatʀis] n. f. ▪ *UN UTILISATEUR, UNE UTILISATRICE :* personne qui utilise (qqch.). → **usager.** *La machine est livrée avec un mode d'emploi à l'intention de l'utilisateur. Les utilisateurs de cet appareil doivent être prudents.*

UTILISATION [ytilizasjɔ̃] n. f. ▪ *L'UTILISATION :* action, manière d'utiliser. *Cette machine est d'une utilisation très simple.* → **emploi.** *Lisez les conseils d'utilisation,* le mode d'emploi.

UTILISATRICE n., féminin de **utilisateur**

UTILISER [ytilize] verbe [conjugaison 1a] **1.** Se servir de (qqch.). *Utilisez un tire-bouchon !* → **employer.** *Il utilise sa voiture pour aller à son bureau.* → **prendre. 2.** Faire servir à qqch. de précis. *Le directeur utilise au mieux les capacités de chacun,* il en tire profit. *Ce collaborateur est mal utilisé, il serait mieux au service commercial.*

UTILITAIRE [ytilitɛʀ] adj. (après le nom) ▪ *Un VÉHICULE UTILITAIRE,* destiné au transport des marchandises ou au transport collectif des personnes (opposé à véhicule de tourisme). *Ce parking est réservé aux véhicules utilitaires.*

UTILITÉ [ytilite] n. f. ▪ *L'UTILITÉ :* caractère de ce qui est utile. ⟨contraires : inefficacité, inutilité⟩ *Ton aide m'a été d'une grande utilité.* → **secours.** *Cet instrument n'a aucune utilité.* → **fonction.** *Ça ne m'est d'aucune utilité.* → **usage.** *Leur association est reconnue d'UTILITÉ PUBLIQUE,* elle a un intérêt pour tous, elle procure des avantages à tous.

UTOPIE [ytɔpi] n. f. ▪ *UNE UTOPIE :* chose impossible à réaliser. *Un monde où personne ne serait malade est une utopie.* → **chimère, illusion, rêve.**

UTOPIQUE [ytɔpik] adj. (après le nom) ▪ Qui n'est pas réalisable. → **infaisable, irréalisable.** *Il est l'auteur d'un projet totalement utopique.* → **irréaliste.**

U. V. [yve] n. m. pluriel ▪ *DES U. V. :* rayons ultraviolets. *Elle se fait bronzer sous une lampe à U. V. Les U. V. peuvent être dangereux.*
REM. *U. V.* est le sigle de ***u****ltra****v****iolets.*

V

① **V** [ve] n. m. invariable ▪ *LE V* **1.** Vingt-deuxième lettre de l'alphabet du français. *Le v est une consonne. Écrivez un v majuscule* (V) *et un v minuscule* (v). *Tes v sont mal écrits. Le mot wagon commence par un* DOUBLE V (w). - *Comme il était en retard, il est* PARTI À LA VITESSE GRAND *V,* très vite. **2.** *EN V :* en forme de V majuscule. *Son pull a un décolleté en V,* en pointe. **3.** Ce qui est en forme de V. *Les gagnants ont fait avec leurs doigts le V de la victoire.*

② **V** abréviation et symbole **1.** *V.* ou *v.* [vwaʀ] : abréviation de *voir*. *Pour le chapitre 3, v. page 137.* **2.** *V* [vɔlt] : abréviation de *volt*. *Cette machine fonctionne en 220 V.*

V [sɛ̃k] adj. invariable ▪ Cinq, en chiffres romains. *Le roi Charles V.*

va [va] *Il va, elle va ; va ! :* forme au présent et à l'impératif du verbe **aller.**

VA [va] forme du verbe aller et interjection
I. (neutre) *VA POUR :* ça va en ce qui concerne. → d'**accord.** *Va pour Jacques ! « Je vous achète cette chaise quatre-vingt-dix francs. – Non, cent francs. – Va pour cent francs ! »*
II. interjection *VA !* **1.** (en rapport avec *tu*) S'emploie pour encourager ou pour menacer. *Ne pleure pas, va !* **(→ aller).** *Je te connais, va, tu n'arrêtes pas de mentir !* - STYLE FAMILIER *VA DONC !* s'emploie devant une injure. *Va donc, abruti ! Va donc, eh, crétin !* **2.** STYLE FAMILIER (travail) *À LA VA COMME JE TE POUSSE* [alavakɔmʒtəpus] : n'importe comment. *Tu as fait tes devoirs à la va comme je te pousse !*
REM. Voir aussi : à la **va-vite.**

VACANCE [vakɑ̃s] n. f. ▪ *LA VACANCE DU POUVOIR :* période où le pouvoir politique ne peut fonctionner. *Lorsque les conflits politiques sont trop graves, il risque d'y avoir vacance du pouvoir.*

VACANCES [vakɑ̃s] n. f. pluriel ▪ *LES VACANCES* **1.** Période d'au moins dix jours, pendant laquelle les écoles, les facultés interrompent leurs activités régulières, pour un repos accordé aux élèves, aux étudiants, aux enseignants. *Bientôt, il y aura les vacances scolaires !* ⟨contraire : rentrée⟩ *Les enfants attendent avec impatience les* GRANDES VACANCES, les congés scolaires d'été, qui durent environ deux mois, en France. *Que fais-tu pendant les vacances de Noël ? Mon fils est parti en* COLONIE DE VACANCES *pendant les vacances de Pâques.* **2.** Période d'arrêt de travail et de repos accordée légalement aux employés, aux salariés. ⟨contraire : travail⟩ *Nous avons cinq semaines de vacances par an. Quand partez-vous en vacances ? Elle prend ses vacances en juillet. Nous passons nos vacances à la montagne. C'est les vacances, il faut en profiter ! Au revoir et bonnes vacances !* **3.** Arrêt du travail, des occupations habituelles. *Vous êtes fatigué, vous avez besoin de vacances.* → **repos.**

VACANCIER [vakɑ̃sje] n. m., **VACANCIÈRE** [vakɑ̃sjɛʀ] n. f. ▪ *UN VACANCIER, UNE VACANCIÈRE :* une personne qui est en vacances hors de la région où elle vit habituellement. *L'été, il y a beaucoup de vacanciers parisiens au bord de la mer* **(→ aoûtien, estivant).**

VACANT [vakɑ̃], **VACANTE** [vakɑ̃t] adj. (après le nom) **1.** Qui n'est pas attribué à qqn. *Une collègue est partie à la retraite, cela fait un poste vacant.* **2.** Qui est libre, qui n'est occupé par personne. → **disponible, inoccupé.** *Après le départ des anciens locataires, l'appartement est resté vacant.* ⟨contraires : occupé, pris⟩
REM. Pour les places concrètes (sièges) on dit *libre.*

VACARME [vakaʀm] n. m. ▪ *LE VACARME :* bruit assourdissant. *Qu'est-ce que c'est que ce vacarme ?* → **tapage, tintamarre, tumulte.** *Quel vacarme, dans la rue !*

VACCIN [vaksɛ̃] n. m. ▪ *UN VACCIN :* produit fabriqué à partir de microbes, de virus et qui, inoculé à une personne, l'empêche d'attraper les maladies causées par ces microbes, ces virus. *Le médecin m'a fait un vaccin contre le tétanos.*

VACCINATION [vaksinasjɔ̃] n. f. ▪ *LA VACCINATION :* le fait d'administrer un vaccin. *En France, la vaccination contre la variole n'est plus obligatoire.*

VACCINER [vaksine] verbe [conjugaison 1a] **1.** Empêcher d'attraper une maladie par un vaccin. *Le médecin a vacciné mon fils contre la poliomyélite. Elle s'est fait vacciner contre la grippe.* **2.** STYLE FAMILIER *ÊTRE VACCINÉ contre qqch. :* être préservé d'une chose désagréable, pénible, parce qu'on l'a déjà subie. *Je n'aurai plus jamais de chagrin d'amour, je suis vacciné ! - Je ne suis pas d'accord avec toi, mais fais ce que tu veux, tu es* MAJEUR ET VACCINÉ, tu es assez grand pour prendre tes décisions et tes responsabilités tout seul.

VACHE [vaʃ] n. f. et adj.
I. *UNE VACHE* **1.** Femelle du taureau. *La vache est un mammifère ruminant. La vache est avec son veau. Un troupeau de vaches a traversé la route. J'ai marché dans une bouse de*

vache ! Le soir, on rentre les vaches pour les traire. En Inde, la vache est un animal sacré. **2.** *Nous sommes dans une période de* VACHES MAIGRES : en ce moment, nous n'avons presque pas d'argent pour vivre. *Non, je ne te prêterai pas d'argent, je ne suis pas une* VACHE À LAIT ! je ne suis pas une personne qu'on exploite, à qui on peut tout prendre. – STYLE FAMILIER *IL PLEUT COMME VACHE QUI PISSE :* il pleut très fort. – *Cette collègue* DONNE DES COUPS DE PIED EN VACHE, elle agit en traître contre nous. – *En ce moment, nous* MANGEONS DE LA VACHE ENRAGÉE, nous nous privons de tout.

II. STYLE FAMILIER **1.** Se dit de qqn dont on a à se plaindre. *Cette vache de directeur m'a licencié,* ce directeur ignoble, très méchant. → STYLE FAMILIER **salaud.** *L'examinateur est une vache. Ne fais pas la vache !* ne soit pas méchant. *« Ils m'ont laissé tout le boulot ! Ah ! les vaches ! » « Ah ! la vache, elle m'a oublié ! » Ce mec est une vraie* PEAU DE VACHE, il est extrêmement méchant. **2.** *LA VACHE !* exclamation exprimant l'admiration ou la consternation. *« La vache ! tu as vu la super bagnole ! »* → **putain !** *« Il paraît qu'il a été hospitalisé d'urgence. – La vache ! »*

III. adjectif (après le nom) STYLE FAMILIER Méchant, très sévère. ⟨contraires : gentil, indulgent⟩ *Le prof a été vache avec moi.* → STYLE FAMILIER **salaud.** ⟨contraire : sympa⟩ *Ne dis pas ça, tu es vache. Son film a eu des critiques très vaches. C'est vache d'avoir fait ça. Sois pas vache !*

VACHEMENT [vaʃmɑ̃] adverbe ▪ STYLE FAMILIER Très. *Je suis vachement content.* → **drôlement, rudement, sacrément.** *Sa copine est vachement belle. Ce vin est vachement bon ! « Aimes-tu le rock ? – Vachement ! »* beaucoup.

VACHERIE [vaʃʀi] n. f. ▪ STYLE FAMILIER *UNE VACHERIE :* parole, action méchante. → **méchanceté.** ⟨contraire : gentillesse⟩ *Elle a dit des vacheries sur toi. Il m'a fait une vacherie, je ne lui parle plus.* → STYLE FAMILIER **saloperie.**

VACHERIN [vaʃʀɛ̃] n. m. **1.** *LE VACHERIN :* fromage à pâte molle et onctueuse. *Le vacherin est un fromage français. J'ai acheté un vacherin.* **2.** *UN VACHERIN :* dessert composé d'une meringue garnie d'une glace et de crème Chantilly. *J'ai envie de manger un vacherin. Est-ce que tu veux du vacherin ?*

VACILLANT [vasijɑ̃], **VACILLANTE** [vasijɑ̃t] adj. (après le nom) **1.** Chancelant. ⟨contraire : ferme⟩ *Cette vieille dame a une démarche vacillante,* elle semble en déséquilibre et risque de tomber. **2.** Tremblant. *La lueur vacillante des bougies éclaire la pièce de reflets changeants.*

VACILLER [vasije] verbe [conjugaison 1a] **1.** Être en équilibre instable et risquer de tomber. → **chanceler.** *J'étais épuisé, je vacillais sur mes jambes.* → **tituber. 2.** Trembler, scintiller faiblement. *La flamme de la bougie vacille puis s'éteint.*

VADROUILLE [vadʀuj] n. f. ▪ STYLE FAMILIER *UNE VADROUILLE :* une promenade. → STYLE FAMILIER **balade.** *Nous avons fait une bonne vadrouille ! Je ne sais pas où il est, il* EST *tout le temps* EN VADROUILLE, il se promène quelque part.

VA-ET-VIENT [vaevjɛ̃] n. m. invariable ▪ *UN VA-ET-VIENT* **1.** Mouvement de gens qui vont et qui viennent, qui entrent et qui sortent. *Dans ce café, il y a un va-et-vient continuel de clients.* → **passage.** PLURIEL : *je ne peux pas travailler avec tous ces va-et-vient !* – *Pendant le déménagement, j'ai* FAIT LE VA-ET-VIENT *entre la maison et l'ancien appartement,* je suis allé à la maison puis je suis revenu à l'appartement, plusieurs fois. **2.** Dispositif électrique qui permet d'allumer et d'éteindre une lumière à partir de plusieurs endroits. *Un va-et-vient permet d'allumer en bas de l'escalier et d'éteindre en haut.*

VAGABOND [vagabɔ̃] n. m. et adj., **VAGABONDE** [vagabɔ̃d] n. f. et adj. **1.** *UN VAGABOND, UNE VAGABONDE :* une personne inconnue qui se déplace à pied, sans argent et sans domicile. *Un vagabond a dormi dans la grange. La police pense que c'est le crime d'un vagabond.* **2.** adjectif (après le nom) *Il mène une existence vagabonde :* il se déplace sans cesse, il voyage constamment.

VAGABONDER [vagabɔ̃de] verbe [conjugaison 1a] **1.** Circuler, marcher sans but, se déplacer sans cesse. → **errer.** *Il a vagabondé toute sa vie. J'aime vagabonder dans la montagne,* me promener au hasard. **2.** Errer, aller librement. *Il laisse souvent son imagination vagabonder.*

VAGIN [vaʒɛ̃] n. m. ▪ *LE VAGIN :* conduit musculaire qui s'étend de l'utérus à la vulve, chez la femme et la femelle des mammifères. *Le vagin est un organe sexuel féminin.*

VAGISSEMENT [vaʒismɑ̃] n. m. ▪ *UN VAGISSEMENT :* cri d'un nouveau-né. *À travers la cloison, on entend les vagissements du bébé des voisins.*

① **VAGUE** [vag] n. f. **1.** *UNE VAGUE :* masse d'eau qui se soulève et s'abaisse. → **flot, houle.** *Une vague s'est brisée contre le rocher. Des vagues déferlent sur la plage. La mer est agitée, les vagues sont énormes.* → **lame.** *Le passage du bateau a provoqué de petites vagues* (→ **vaguelette).** *De ma chambre, j'entends le bruit des vagues.* **2.** *LA VAGUE :* mouvement qui se développe, comparable à la vague (par la puissance). *Ce film a déclenché une vague d'enthousiasme.* → ② **courant.** *Une vague de violence se répand dans les banlieues.* – STYLE FAMILIER *Ce scandale politique* FAIT DES VAGUES, l'agitation qu'il a provoquée se répand. – *Une* VAGUE DE CHALEUR *écrase la ville,* un afflux d'air très chaud. *Une* VAGUE DE FROID *est attendue sur le nord de la France,* un afflux d'air très froid. – *La* PREMIÈRE VAGUE DES DÉPARTS *en vacances a provoqué des embouteillages dans Paris,* la première série importante de très nombreuses personnes qui partent en même temps en vacances.

② **VAGUE** [vag] adj. et n. m.

I. adjectif (avant le nom ou après le nom) **1.** (après le nom) Imprécis, mal défini. → **confus, flou, incertain.** ⟨contraire : précis⟩ *Je ne sais pas vraiment où il habite car il m'a donné des indications très vagues. On m'a posé une question mais je suis resté vague,* ma réponse n'a pas été précise. *Ma fille a une idée assez vague de son avenir professionnel.* **2.** (avant le nom) Insuffisant, faible. → **approximatif.** *Nous ne sommes pas très sûrs, mais nous avons une vague idée de ce qui se prépare. Ma grand-mère a de vagues souvenirs de la guerre. Il y a une vague ressemblance entre ces deux filles,* elles se ressemblent un tout petit peu. → **lointain.** *Il a de vagues notions d'anglais. J'ai une vague angoisse.* → **indéfinissable.** – *J'ai aperçu une vague silhouette dans l'obscurité,* une silhouette peu nette. ⟨contraire : distinct⟩ **3.** (après le nom) Qui n'est pas serré. ⟨contraires : moulant, serré⟩ *Elle a mis une robe vague.* **4.** (après le nom) *Un* TERRAIN VAGUE, un terrain sans constructions ni cultures, dans une ville. *Les enfants jouent dans le terrain vague, derrière la maison.*

II. *LE VAGUE* **1.** Espace indéterminé, sans limites précises. *Elle rêve, elle* REGARDE DANS LE VAGUE, ses yeux ne fixent rien de précis. → **vide.** *Elle a les yeux dans le vague.* **2.** Ce qui n'est pas défini, fixé. *Il n'a pas vraiment répondu à ma question, il est resté dans le vague,* il n'a pas précisé sa pensée. *Tout ce programme est d'un vague ! En ce moment je suis dans le vague le plus complet !* je ne sais plus ni quoi faire ni quoi penser. **3.** *AVOIR DU VAGUE À L'ÂME :* être un peu triste, être mélancolique. *Quand je pense à mon amour de jeunesse, j'ai du vague à l'âme* (→ **mélancolie).**

VAGUELETTE [vaglɛt] n. f. ▪ *UNE VAGUELETTE* : petite vague. *Les enfants jouent à sauter par-dessus les vaguelettes.*

VAGUEMENT [vagmɑ̃] adverbe ▪ De façon vague, imprécise. *Elle nous a vaguement expliqué où elle habite.* ⟨contraire : clairement⟩ *J'ai vaguement compris* : j'ai à peu près compris. – *Le témoin a vaguement vu une silhouette dans l'obscurité.* ⟨contraires : distinctement, nettement⟩

VAHINÉ [vaine] n. f. ▪ *UNE VAHINÉ* : jeune fille, femme de Tahiti. *Ces vahinés sont belles avec leurs paréos.*

VAILLAMMENT [vajamɑ̃] adverbe ▪ Avec courage, avec vaillance. *Les soldats se sont vaillamment défendus.* → **bravement, courageusement.**

VAILLANCE [vajɑ̃s] n. f. ▪ STYLE RECHERCHÉ *LA VAILLANCE* : courage d'une personne qui supporte la souffrance, les difficultés. → **bravoure.** ⟨contraires : faiblesse, lâcheté⟩ *Depuis la mort de son mari, elle s'occupe de sa famille AVEC VAILLANCE.*

VAILLANT [vajɑ̃], **VAILLANTE** [vajɑ̃t] adj. (avant le nom ou après le nom)
I. (avant le nom) Très courageux devant le danger. → **brave.** ⟨contraire : lâche⟩ *Les vaillants soldats ont été décorés.*
II. (après le nom) Vigoureux. ⟨contraire : faible⟩ *Elle n'est pas très vaillante mais elle est guérie. C'est un vieillard encore vaillant.* → **vert.**

vaille [vaj] *Que je vaille ; qu'il vaille, qu'elle vaille* : forme au subjonctif du verbe **valoir.**

① **VAIN** [vɛ̃], **VAINE** [vɛn] adj. (avant le nom, parfois après le nom) **1.** Inutile, sans efficacité. → **inefficace.** *Le malheureux a fait de vains efforts pour sortir de l'eau,* ses efforts n'ont servi à rien. *J'en ai assez de ces discussions vaines !* – *IL EST VAIN DE penser à tout cela,* ça ne sert à rien. **2.** Qui n'est basé sur rien. → **déraisonnable, fou.** *Finalement, nos espérances étaient vaines. J'ai encore le vain espoir* [vɛnɛspwaʀ] *qu'il viendra.*

② EN **VAIN** [ɑ̃vɛ̃] adverbe ▪ Sans résultat. → **inutilement, vainement.** *J'ai téléphoné plusieurs fois chez lui, mais en vain.* → pour **rien.** *Elle a protesté en vain.*

VAINCRE [vɛ̃kʀ] verbe [conjugaison 42] **1.** Remporter une victoire sur (un ennemi). *L'armée a vaincu l'ennemi.* → **défaire.** *Nous les avons vaincus ! – Nous vaincrons ou nous mourrons.* → **gagner, triompher.** *Nous vainquons, tenez bon !* nous sommes en train de gagner. ⟨contraire : perdre⟩ *Il faut que nous vainquions !* **2.** STYLE RECHERCHÉ Remporter une victoire sur (un adversaire, un concurrent). → **battre.** *Si je vaincs* [vɛ̃] *mon père aux échecs, je serai heureux ! Il vainc* [vɛ̃] *toujours ses adversaires. – Il a vaincu le champion.* **3.** Faire reculer ou disparaître. *Il faut vaincre sa timidité pour parler en public.* → **dominer, surmonter.** *Elle lutte pour vaincre la maladie.*

REM. *Je vaincs, tu vaincs, il vainc* : le *c* de *vaincre* est maintenu à l'écrit mais il ne se prononce pas.

vaincu [vɛ̃ky], **vaincue** [vɛ̃ky] *Il a vaincu la maladie ; la maladie qu'il a vaincue* : formes au participe passé du verbe **vaincre.**

VAINCU [vɛ̃ky] adj. et n. m., **VAINCUE** [vɛ̃ky] adj. et n. f. **1.** adjectif (après le nom) Qui a subi une défaite. → **perdant.** ⟨contraires : gagnant, victorieux⟩ *L'équipe vaincue félicite l'équipe gagnante. Je m'avoue vaincu* : je reconnais ma défaite (→ **abandonner, capituler**). *Elle est vaincue d'avance* : avant même de jouer, de lutter, sa défaite est certaine. **2.** *LE VAINCU, LA VAINCUE* : la personne qui a perdu, qui a subi une défaite. ⟨contraire : vainqueur⟩ *Les vaincus regardent les vainqueurs avec envie. Malheur aux vaincus ! C'est lui le GRAND VAINCU dans ces rivalités.*

VAINEMENT [vɛnmɑ̃] adverbe ▪ Inutilement, en vain. *J'ai vainement cherché mes lunettes,* je les ai cherchées et je ne les ai pas trouvées.

VAINQUEUR [vɛ̃kœʀ] n. m. ▪ *LE VAINQUEUR* : celui, celle qui a gagné, qui a remporté la victoire. *La coupe a été remise au vainqueur du tournoi de tennis.* → **gagnant.** ⟨contraire : perdant⟩ *Elle est le vainqueur du championnat.*

REM. **1.** Ce mot n'a pas de féminin. **2.** *Gagnant* est beaucoup plus général et s'applique aussi aux jeux de hasard.

vais [vɛ] *Je vais* : forme au présent du verbe **aller.**

① **VAISSEAU** [vɛso] n. m. ▪ *UN VAISSEAU* **1.** STYLE RECHERCHÉ Grand navire. *Un vaisseau entre dans le port.* → **bateau, bâtiment.** PLURIEL : *des VAISSEAUX.* – (courant) *Son père est CAPITAINE DE VAISSEAU.* **2.** *UN VAISSEAU SPATIAL* : véhicule destiné à voyager dans l'espace. *Un vaisseau spatial s'est posé sur la Lune.* → **navette.**

② **VAISSEAU** [vɛso] n. m. ▪ *UN VAISSEAU (SANGUIN)* : conduit dans lequel circule le sang à l'intérieur du corps. *Le malade a une hémorragie interne : un vaisseau s'est rompu.* PLURIEL : *les veines et les artères sont des VAISSEAUX sanguins.*

REM. L'ensemble des vaisseaux de l'organisme est le *système vasculaire.*

VAISSELLE [vɛsɛl] n. f. ▪ *LA VAISSELLE* **1.** Ensemble des récipients, des plats qui servent à manger, à présenter la nourriture. *Elle range la vaisselle de porcelaine dans un buffet.* → ② **service.** *Quelle jolie vaisselle !* **2.** Ustensiles sales après qu'on a fait la cuisine et débarrassé la table (vaisselle, couverts, casseroles etc.). *Quelle vaisselle !*, quelle quantité de vaisselle sale ! *Il n'y a pas beaucoup de vaisselle, ce soir. Il y avait une vaisselle de huit jours dans la cuisine. FAIRE LA VAISSELLE* : laver tous les ustensiles sales. *Nous FAISONS LA VAISSELLE après chaque repas. Il n'aime pas faire la vaisselle. Nous avons une machine à laver la vaisselle.* → **lave-vaisselle.**

VAL [val] n. m. ▪ STYLE RECHERCHÉ *LE VAL* : la vallée. *Nous descendons dans le val. Il habitent dans le Val de Loire,* dans la région qui entoure une partie de la vallée de la Loire, en France. PLURIEL : *les VAUX* [vo]. – *Il est toujours PAR MONTS ET PAR VAUX* [paʀmɔ̃ zepaʀvo], en voyage, en déplacement.

REM. *Val* est surtout présent dans les noms propres : Val-d'Isère, Val-d'Oise, Val-d'Aoste, Vaux-le-Vicomte.

VALABLE [valabl] adj. (après le nom) **1.** Qui a les conditions nécessaires et exigées. *En France, un passeport est valable cinq ans.* → **valide.** ⟨contraires : caduc, périmé⟩ *Ma carte d'identité n'est plus valable.* **2.** Qui est acceptable, sérieux. → **fondé, solide.** *Votre explication est valable.* ⟨contraire : contestable⟩ *Il n'a donné aucun motif valable pour son absence. Avez-vous une excuse valable ?* **3.** (qqn) Qui a des qualités. *C'est un interlocuteur valable* : c'est une personne qualifiée, qui connaît le sujet. – (qqch.) STYLE FAMILIER *C'EST VALABLE,* c'est intéressant, ça vaut le coup. *Dans ce cas il faut se séparer, c'est valable. Économiser ? Ce n'est pas valable.*

VALENCE [valɑ̃s] nom propre – en espagnol **VALENCIA** ▪ Ville d'Espagne. *Nous avons visité Valence. Mes parents vivent à Valence. Nous revenons de Valence.*

REM. Une ville française s'appelle *Valence* : elle est située sur le Rhône.

VALET [valɛ] n. m. **1.** *UN VALET* : domestique (autrefois). → **laquais, serviteur.** *Ce seigneur avait cinq valets. – Un VALET DE CHAMBRE* : domestique servant dans une maison ou un grand hôtel. *Le valet de chambre nous a apporté notre petit déjeuner.* **2.** *LE VALET* : figure d'une carte à jouer représentant un écuyer. *Qui a le valet de pique ? J'ai les quatre valets dans mon jeu.*

VALEUR [valœʀ] n. f. ▪ *LA VALEUR* **1.** Prix auquel un objet peut être vendu, échangé. *Elle a des bijoux de grande valeur. Cette bague n'a aucune valeur,* elle ne vaut rien. *Notre maison a doublé de valeur,* son prix a doublé. *Ce terrain PREND DE LA VALEUR,* son prix augmente. *Un expert est venu ESTIMER LA VALEUR d'un tableau ancien* **(→ évaluer).** *Il l'a apprécié à sa juste valeur.* **2.** *METTRE qqch. EN VALEUR,* le présenter de telle sorte qu'il soit davantage apprécié **(→ valoriser).** *Pour bien vendre votre maison, il faut la mettre en valeur,* il faut améliorer son aspect, faire ressortir ses qualités. *Ce maquillage met en valeur tes beaux yeux :* ce maquillage rend tes yeux encore plus beaux, le maquillage fait ressortir la beauté de tes yeux. *Elle est vraiment mise en valeur dans cette robe.* - *ÊTRE EN VALEUR :* être à son avantage. *Ce tableau sera plus en valeur sur un mur blanc.* **3.** Caractère de ce qui a de la qualité, de ce qui est digne d'estime. *La valeur de ce livre tient à l'imagination de l'auteur :* l'imagination de l'auteur est la grande qualité du livre. *Elle ATTACHE DE LA VALEUR À sa famille,* sa famille est très importante pour elle. **4.** Qualité (d'une personne). *C'est un homme de grande valeur,* ses qualités font qu'on l'estime. **5.** Caractère de ce qui est légalement valable. *Ce règlement n'a plus aucune valeur. Si vous ne signez pas, le contrat est sans valeur.* **6.** *UNE VALEUR :* ce qui est vrai, beau, bien, selon un jugement personnel. *Pour lui, la liberté est une valeur importante. Notre société a perdu la plupart de ses valeurs.* **7.** Mesure. *Calculez la valeur de* x. *Trouvez la valeur de la surface totale.* - *Ajoutez la valeur d'une cuillerée à soupe de sucre en poudre,* cette quantité approximative. **→ équivalent. 8.** Mesure conventionnelle. **→ représenter.** *Quelle est la valeur du roi, à la belote ?* combien de points vaut-il ? - *La valeur d'une blanche est deux noires,* la durée d'une note blanche, en musique, est égale à deux notes noires **(→ valoir).**

VALEUREUX [valœʀø], **VALEUREUSE** [valœʀøz] adj. (avant le nom ou après le nom) ▪ Brave, courageux. *Un monument honore les valeureux soldats. C'est une femme valeureuse.*

VALIDATION [validasjɔ̃] n. f. ▪ *LA VALIDATION :* fait de rendre conforme au règlement **(→ valider).** *La validation des titres de transport est obligatoire.*

① **VALIDE** [valid] adj. (après le nom) ▪ En bonne santé, capable de faire des efforts physiques. **→ robuste, vaillant, vigoureux.** ⟨contraires : impotent, invalide, malade⟩ *Ce vieil homme est encore très valide. Les personnes valides pourront rester debout pendant la traversée.*

FAUX AMI
anglais **valid** « valable »

② **VALIDE** [valid] adj. (après le nom) ▪ En règle, conforme au règlement. **→ valable.** ⟨contraires : nul, périmé⟩ *Ce billet d'avion est valide deux mois. Votre passeport n'est plus valide. Vous devez présenter des papiers d'identité valides.*

VALIDER [valide] verbe [conjugaison 1a] ▪ Rendre valide, réglementaire. ⟨contraire : annuler⟩ *Il faut composter son billet de train pour le valider.*

VALIDITÉ [validite] n. f. ▪ *LA VALIDITÉ :* caractère de ce qui est valide, réglementaire. *La validité d'un passeport est de cinq ans.*

VALISE [valiz] n. f. **1.** *UNE VALISE :* bagage de forme rectangulaire que l'on peut porter à la main par une poignée. → STYLE FAMILIER **valoche.** *Elle a une grande valise et un sac de voyage. J'ai fait enregistrer mes valises.* - *Il FAIT SA VALISE :* il range ses affaires à emporter dans sa valise. *As-tu fait tes valises ?* **2.** (abstrait) *LA VALISE DIPLOMATIQUE :* transport de correspondance ou d'objets protégés par l'immunité diplomatique. *La valise diplomatique permet de garder le secret sur ce qui est transporté et de ne pas payer les droits de douane.*

VALLÉE [vale] n. f. **1.** *UNE VALLÉE :* espace allongé formé par un cours d'eau entre deux montagnes ou deux collines. *En montagne, il y a des pics et des vallées. Ils habitent dans une vallée magnifique. La ville est en bas, dans la vallée. De cette montagne, on voit une petite vallée.* **→ vallon. 2.** *LA VALLÉE :* région arrosée par un cours d'eau. **→ bassin.** *Nous avons visité les châteaux de la vallée de la Loire* **(→ val).**

VALLON [valɔ̃] n. m. ▪ *UN VALLON :* petite vallée. *Leur maison est sur le versant d'un vallon. Le village est dans le creux du vallon.*

VALLONNÉ [valɔne], **VALLONNÉE** [valɔne] adj. (après le nom) ▪ Où il y a des collines et des vallons. *Ils habitent une région très vallonnée. C'est fatigant de faire du vélo en terrain vallonné.* **→ accidenté.**

VALOCHE [valɔʃ] n. f. ▪ STYLE FAMILIER *UNE VALOCHE :* valise. *Je fais ma valoche et je m'en vais.*

VALOIR [valwaʀ] verbe [conjugaison 29 a]
I. (argent) **1.** Avoir une certaine valeur, pouvoir être vendu un certain prix. **→ coûter.** *Leur maison vaut* [vo] *un million de francs. Ils l'ont vendue plus chère que la somme qu'elle a valu. Cette table ne vaut pas grand-chose. Ça vaut cher. Je vous le paye dix francs, c'est tout ce que ça vaut. Dans un an, ma voiture ne vaudra* [vodʀa] *plus rien.* STYLE FAMILIER *Cette voiture NE VAUT PAS UN CLOU,* elle ne vaut rien. *C'est un homme qui vaut de l'or,* qui fait gagner de l'argent. *FAIRE VALOIR,* faire rapporter de l'argent. *Il faut faire valoir votre domaine.* **→ exploiter, rentabiliser, valoriser. 2.** (somme d'argent) *À VALOIR :* à déduire d'une somme générale. *J'ai versé un acompte de mille francs, à valoir sur les cinq mille francs que je dois.*
II. (mérite) **1.** Avoir des qualités, des mérites. *Tu ne sais pas ce que tu vaux :* tu ne te rends pas compte des qualités que tu as. *Son copain ne vaut pas cher,* il est malhonnête **(→ vaurien).** - *Ces pommes ne valent rien,* elles ne sont pas bonnes. *Le tabac ne vaut rien pour la santé,* il est mauvais pour la santé. *L'inaction ne me vaut rien :* l'inaction ne me réussit pas, n'est pas bonne pour moi. **2.** (qqch.) Avoir de l'intérêt, de l'utilité **(→ valable).** *Ce règlement vaudra* [vodʀa] *pour tout le monde,* il sera appliqué à tout le monde, il sera valable pour tous **(→ valable).** - *Cette proposition ne me DIT RIEN QUI VAILLE* [vaj], elle m'inquiète, je m'en méfie. **3.** *FAIRE VALOIR :* faire reconnaître, rendre plus actif, plus efficace. *Les ouvriers licenciés veulent faire valoir leurs droits,* ils veulent défendre leurs droits. *Cette fille cherche à se faire valoir,* elle montre bien ses qualités. *Elle a FAIT VALOIR QUE sa charge de travail avait augmenté.* **→ arguer. 4.** Être égal en valeur à (autre chose, qqn d'autre). *En musique, une blanche vaut deux noires. Dans ce jeu, le roi vaut trois points.* - *Ton frère te vaut bien,* il a autant de qualités que toi. - *Rien ne vaut un bon verre de bordeaux !* **5.** Mériter (un effort). *Visitez le château, il en VAUT LA PEINE,* il est beau et mérite d'être vu. *Ça ne vaut pas la peine d'en parler :* on n'a pas besoin d'en parler, c'est insignifiant. *Ce restaurant VAUT LE DÉTOUR,* il mérite que l'on fasse quelques kilomètres supplémentaires. - STYLE FAMILIER *ÇA VAUT LE COUP* [savolku] : c'est valable, c'est très bien. *Va voir ce spectacle, ça vaut le coup ! Allez-y, ça vaut le coup ! Inutile de se déranger, ça ne vaut pas le coup.* **6.** (qqch.) *VALOIR QQCH. à qqn :* avoir comme conséquence pour qqn. *J'ai rendu service et ça m'a valu un magnifique cadeau.* **→ procurer.** *Qu'est-ce qui me vaut l'honneur de ta visite ?* pourquoi viens-tu me voir ? - (mauvaise conséquence) *Tu n'imagines pas les ennuis que m'a valus cette aventure !* **→ attirer.** *Ça m'a valu beaucoup d'ennuis.*

III. *VALOIR MIEUX* **1.** *VALOIR MIEUX QUE :* avoir plus de mérite, être mieux, être plus utile que. *Sa sœur vaut mieux que lui,* elle a plus de qualités que lui. *Tu le critiques mais tu ne vaux guère mieux que lui !* tu es aussi critiquable que lui. *Tu ne vaux pas mieux ! Tu vaux mieux que ça.* **2.** (impersonnel) Être préférable. *IL VAUT MIEUX QUE j'attende. MIEUX VAUT attendre. Il aurait mieux valu qu'elle se taise. Il valait mieux qu'il parte. Il vaut mieux fermer la porte.* - STYLE FAMILIER *ÇA VAUT MIEUX :* c'est mieux, c'est préférable. *Je t'attends, ça vaut mieux ainsi. Écris-lui, ça vaudrait mieux. Ça vaut mieux que de se casser une jambe.*
IV. verbe pronominal SE VALOIR : avoir les mêmes qualités, les mêmes mérites. *Tous les hommes se valent. Ce sont plusieurs produits qui se valent.* → **semblable.** - STYLE FAMILIER *ÇA SE VAUT* [savo] : ce n'est ni meilleur, ni pire (→ **équivalent**). *Mon mari ne sait pas s'il vaut mieux partir en car ou en train... Pour moi, ça se vaut.*

REM. **1.** *Valu* s'accorde seulement s'il ne s'agit pas de prix (valoir combien ?). **2.** Ne pas confondre *il vaudrait* et *il faudrait* (impersonnel).

VALORISANT [valɔʀizɑ̃], **VALORISANTE** [valɔʀizɑ̃t] adj. (après le nom) ▪ Qui valorise, qui augmente la valeur de. *Il est appréciable d'avoir un métier valorisant.* ⟨contraire : dévalorisant, modeste⟩ *C'est un compliment que je ne trouve pas valorisant.*

VALORISER [valɔʀize] verbe [conjugaison 1a] **1.** Faire prendre de la valeur à, donner plus de prix à. ⟨contraire : dévaloriser⟩ *La construction d'une terrasse a valorisé leur appartement.* **2.** Donner de la valeur à (qqn). *Sa réussite le valorisera. Il a besoin d'être valorisé.* → **apprécié.**

VALSE [vals] n. f. ▪ *UNE VALSE* **1.** Danse à trois temps où chaque couple tourne sur lui-même tout en se déplaçant. *Nous avons dansé une valse.* **2.** Musique composée sur le rythme de cette danse. *La pianiste joue des valses de Chopin.* **3.** STYLE FAMILIER *LA VALSE DE :* changement, remplacement fréquent de. *À chaque élection nationale, c'est la valse des ministres. C'est la valse des prix.*

VALSER [valse] verbe [conjugaison 1a] **1.** Danser la valse. *Savez-vous valser ? Il valse bien* (→ **valseur**). **2.** STYLE FAMILIER Être projeté. *J'ai trébuché et j'ai valsé sur le trottoir,* je suis tombé sur le trottoir. - *Elle a ENVOYÉ VALSER son petit ami,* elle l'a renvoyé, elle l'a quitté sans égard. → STYLE FAMILIER **promener.**

VALSEUR [valsœʀ] n. m., **VALSEUSE** [valsøz] n. f. ▪ *UN VALSEUR, UNE VALSEUSE :* personne qui danse la valse. *Les valseurs tournent sur la piste de danse. Il est très bon valseur,* il sait très bien valser.

valu [valy], **value** [valy] *Ce travail lui a valu des félicitations ; les félicitations que lui a values ce travail :* formes au participe passé du verbe **valoir.** → **valoir** (REM.).

VALVE [valv] n. f. ▪ *UNE VALVE* **1.** Chacune des deux parties de la coquille de certains mollusques. *L'intérieur des valves de l'huître est nacré. Les mouettes brisent les valves des moules sur les rochers.* **2.** Dispositif qui permet à l'air ou à un liquide de passer (dans un seul sens). *Dévisse la valve pour regonfler le pneu de ton vélo.*

VAMPIRE [vɑ̃piʀ] n. m. ▪ *UN VAMPIRE* **1.** Fantôme sortant la nuit de son tombeau pour aller sucer le sang des vivants. *Le comte Dracula est un vampire. Nos enfants adorent les histoires de vampires.* **2.** Grande chauve-souris d'Amérique du Sud. *Les vampires sucent le sang des animaux.*

VAMPIRISER [vɑ̃piʀize] verbe [conjugaison 1a] ▪ Vivre de la substance de (qqn) qu'on a mis dans une totale dépendance. *Elle dit que son mari la vampirise.*

VANDALE [vɑ̃dal] n. m., n. f. ▪ *UN VANDALE, UNE VANDALE :* personne qui détruit, qui abîme pour le plaisir. *Le musée a été saccagé par des vandales.*

VANDALISER [vɑ̃dalize] verbe [conjugaison 1a] ▪ Saccager. *Des voyous ont vandalisé des cabines téléphoniques.*

VANDALISME [vɑ̃dalism] n. m. ▪ *LE VANDALISME :* destruction ou détérioration d'œuvres d'art, d'équipements publics. *Des actes de vandalisme ont été commis dans le parking. C'est du vandalisme ! Il a été arrêté pour effraction et vandalisme.*

Vincent **VAN GOGH** [vɑ̃gɔg] nom propre ▪ Peintre néerlandais (1853-1890). *Van Gogh fut le précurseur des expressionnistes. Ils ont un tableau de Van Gogh dans leur salon.*

VANILLE [vanij] n. f. ▪ *LA VANILLE* **1.** Fruit d'une plante tropicale qui, séché, devient noir et aromatique. *Le cuisinier a parfumé la crème avec une GOUSSE DE VANILLE.* **2.** Substance aromatique (contenue dans cette gousse ou artificielle) utilisée en confiserie et en pâtisserie. *Nous avons mangé une crème à la vanille. Veux-tu une glace à la vanille ou au chocolat ?*

VANILLÉ [vanije], **VANILLÉE** [vanije] adj. (après le nom) ▪ Parfumé à la vanille. *J'ai mis du sucre vanillé dans la crème.*

VANITÉ [vanite] n. f. ▪ *LA VANITÉ :* défaut d'une personne contente d'elle-même et qui montre son contentement. → **orgueil, prétention.** ⟨contraires : modestie, simplicité⟩ *Les compliments flattent sa vanité. Il TIRE VANITÉ de son succès :* son succès le rend vaniteux, orgueilleux.

VANITEUX [vanitø] adj. et n. m., **VANITEUSE** [vanitøz] adj. et n. f. **1.** adjectif (après le nom) Trop fier de soi, plein de vanité. → **prétentieux, suffisant.** *Cette fille est très vaniteuse.* ⟨contraires : modeste, simple⟩ *C'est un homme vaniteux.* **2.** *UN VANITEUX, UNE VANITEUSE :* personne pleine de vanité. *Tu n'es qu'un petit arriviste vaniteux !*

① **VANNE** [van] n. f. ▪ *UNE VANNE :* panneau vertical qui laisse passer l'eau quand on le soulève et qui l'empêche de passer quand on le baisse. *Ouvrez les vannes ! Fermez les vannes !*

② **VANNE** [van] n. f. ▪ STYLE FAMILIER *UNE VANNE :* remarque désagréable à l'adresse de qqn. *Il est furieux après moi, il m'a LANCÉ DES VANNES toute la soirée, c'était vraiment pénible !* → ① **pique.**

VANNÉ [vane], **VANNÉE** [vane] adj. (après le nom) ▪ STYLE FAMILIER Très fatigué. → **épuisé, fourbu ;** STYLE FAMILIER **crevé.** *Les enfants sont rentrés vannés de leur promenade.*

VANNERIE [vanʀi] n. f. ▪ *LA VANNERIE :* fabrication d'objets en osier ou en rotin tressé. *Les femmes du village font de la vannerie.* - *Elle met le pain dans une corbeille de vannerie,* une corbeille d'osier tressé.

VANTARD [vɑ̃taʀ] adj. et n. m., **VANTARDE** [vɑ̃taʀd] adj. et n. f. **1.** adjectif (après le nom) Qui a l'habitude de se vanter. *Son mari est un homme vaniteux et vantard.* **2.** *UN VANTARD, UNE VANTARDE :* une personne qui se vante. → **fanfaron, hâbleur.** *Quelle vantarde, cette fille !*

VANTARDISE [vɑ̃taʀdiz] n. f. **1.** *LA VANTARDISE :* défaut d'une personne qui se vante de ce qu'elle fait. *La vantardise est un vilain défaut.* **2.** *UNE VANTARDISE :* paroles d'un vantard. → **fanfaronnade.** *J'en ai assez de ses vantardises.*

VANTER [vɑ̃te] verbe [conjugaison 1a]
I. Parler de (qqn, qqch.) en en disant beaucoup de bien. *Il vante partout les mérites de sa femme.* → STYLE RECHERCHÉ **louer.** ⟨contraire : dénigrer⟩ *Le marchand vante sa marchandise.*

II. verbe pronominal SE VANTER **1.** Parler de soi en exagérant ses propres mérites ou en déformant la vérité par vanité. *Tu n'as pas pu faire ce travail en si peu de temps, tu te vantes !* → **bluffer.** *Cesse de te vanter.* → **crâner,** STYLE FAMILIER la **ramener.** – *SANS ME VANTER :* je le dis sans vanité. *Sans me vanter, j'ai réussi un joli coup.* **2.** *SE VANTER DE :* tirer vanité de, prétendre avoir fait. *Il se vante de son succès. Elle s'est vantée d'avoir fait une bonne affaire.* → se **flatter,** se **targuer.** *Elle a été s'en vanter auprès de son patron.* – STYLE FAMILIER *Elle a échoué à son examen et elle ne s'en est pas vantée,* elle n'en a pas parlé, elle l'a caché. *Il n'y a pas de quoi se vanter,* de quoi être fier. – *Il se vante de réussir tout ce qu'il entreprend,* il prétend qu'il en est capable.

VA-NU-PIEDS [vanypje] n. m. et n. f. invariables ▪ *UN VA-NU-PIEDS, UNE VA-NU-PIEDS :* personne misérable et mal habillée. *Habille-toi proprement, tu as l'air d'une va-nu-pieds.* PLURIEL : *des va-nu-pieds.*

VAPES [vap] n. f. pluriel ▪ STYLE FAMILIER *ÊTRE DANS LES VAPES :* être abruti ou endormi par la fatigue, l'abus d'alcool ou de drogues. *Il a trop bu, il est complètement dans les vapes.*

VAPEUR [vapœʀ] n. f. **1.** *LA VAPEUR (D'EAU) :* amas de fines gouttelettes d'eau condensées dans l'air. *L'eau qui bout se transforme en vapeur.* – *Une MACHINE À VAPEUR,* qui fonctionne grâce à la vapeur d'eau. *Les locomotives à vapeur ont été remplacées par les locomotives électriques. Les bateaux à vapeur naviguaient grâce à l'énergie produite par la vapeur.* – *Elle repasse avec un FER À VAPEUR,* avec un fer à repasser électrique qui projette de la vapeur sur le linge. – *Le bain turc et le sauna sont des BAINS DE VAPEUR.* – *La cuisson À LA VAPEUR :* manière de cuire les aliments à l'étouffée au-dessus d'eau en ébullition. *Au restaurant chinois, ils ont mangé des raviolis à la vapeur. Le poisson est accompagné de POMMES VAPEUR,* de pommes de terre cuites à la vapeur. **2.** *UNE VAPEUR :* produit à l'état de gaz. *Des vapeurs d'essence s'échappent du réservoir du camion.*

FAUX AMI
roumain **vapor** « bateau »

VAPOREUX [vapɔʀø], **VAPOREUSE** [vapɔʀøz] adj. (après le nom) ▪ Léger, fin et transparent. *Sa chemise de nuit est en mousseline vaporeuse.*

VAPORISATEUR [vapɔʀizatœʀ] n. m. ▪ *UN VAPORISATEUR :* petit appareil qui projette un liquide en fines gouttelettes. → **atomiseur, pulvérisateur.** *Elle sort de son sac son vaporisateur à parfum.*

VAPORISER [vapɔʀize] verbe [conjugaison 1a] ▪ Projeter (un liquide) en fines gouttelettes. *Le jardinier vaporise sur les rosiers du produit contre les pucerons.* → **pulvériser.**

VAQUER [vake] verbe [conjugaison 1a] ▪ *VAQUER À :* s'occuper de. *Il vaque à ses occupations :* il fait ce qu'il a à faire.

VARAN [vaʀɑ̃] n. m. ▪ *UN VARAN :* grand lézard carnivore d'Afrique et d'Asie. *Certains varans peuvent atteindre deux ou trois mètres de long.*

VARAPPE [vaʀap] n. f. ▪ *FAIRE DE LA VARAPPE :* faire l'ascension d'une paroi rocheuse, en montagne. *Chaque été, ils font de la varappe dans les Alpes.*

VARECH [vaʀɛk] n. m. ▪ *LE VARECH :* ensemble des algues et du goémon rejeté par la mer et que l'on récolte sur le rivage. *Le varech sert d'engrais.*

REM. *Varech* vient de l'ancien scandinave *vagrek* « épave ».

VAREUSE [vaʀøz] n. f. ▪ *UNE VAREUSE :* blouse courte en grosse toile, que mettent les marins, les pêcheurs. *Les pêcheurs du thonier ont des vareuses de toile bleue.*

VARIABLE [vaʀjabl] adj. (après le nom) ▪ Qui peut varier, changer. *La météo annonce un temps variable pour demain.* → **changeant, incertain, instable.** ⟨contraire : stable⟩ – *Un MOT VARIABLE,* dont la forme peut se modifier selon la phrase où il apparaît. ⟨contraire : invariable⟩ *En français, l'adjectif qualificatif est variable en genre et en nombre,* il s'accorde en genre et en nombre avec le nom.

VARIANTE [vaʀjɑ̃t] n. f. ▪ *UNE VARIANTE* **1.** Différence dans un texte selon les versions. *L'édition du roman est accompagnée de toutes les variantes.* **2.** Forme ou solution légèrement différente. *La morale de cette fable a une variante.* **3.** Forme de la langue (mot, prononciation, tour) qui s'écarte du type courant. *« Évènement » est une variante de « événement ». Les variantes sont admises et ne sont pas considérées comme des fautes.*

VARIATEUR [vaʀjatœʀ] n. m. ▪ *UN VARIATEUR :* dispositif qui permet de faire varier l'intensité d'une lumière électrique. *Il règle le variateur du lampadaire halogène sur le minimum pour avoir une lumière très douce.*

VARIATION [vaʀjasjɔ̃] n. f. ▪ *UNE VARIATION* **1.** Différence entre deux états qui se succèdent. → **changement, modification.** *Dans le désert, les variations de température sont très fortes.* → **écart. 2.** Modification d'un thème musical. *Ma fille joue au piano des variations de Bach.*

VARICE [vaʀis] n. f. ▪ *UNE VARICE :* gonflement permanent d'une veine. *Il a les jambes pleines de varices.*

VARICELLE [vaʀisɛl] n. f. ▪ *LA VARICELLE :* maladie contagieuse, qui donne une éruption de boutons sur le corps. *Mon fils a la varicelle.*

VARIÉ [vaʀje], **VARIÉE** [vaʀje] adj. (après le nom) **1.** (au singulier) Qui a des aspects ou des éléments distincts. *Le programme du concert est varié.* → **divers.** ⟨contraires : monotone, uniforme⟩ *J'écoute à la radio un programme de musique variée* (→ **variété).** *Du riz ou des pommes de terre à tous les repas, ce n'est pas très varié !* **2.** (choses) Qui sont nettement distincts, qui donnent une impression de diversité. *En vacances, ils ont des distractions très variées.* → **différent.** *Le menu comporte des hors-d'œuvre variés,* différentes sortes de hors-d'œuvre, de crudités.

VARIER [vaʀje] verbe [conjugaison 7a] **1.** Rendre un peu différent en modifiant, rendre divers. *Le cuisinier varie les menus du restaurant.* → **diversifier.** *Il faudrait que vous variiez un peu vos lectures.* → **changer. 2.** (qqch.) Présenter des modifications, changer souvent. *« Combien avez-vous de clients ? – Ça varie »,* c'est variable. *Le temps variera* [vaʀiʀa] *peu durant les prochains jours.* → se **modifier.** – *En français, les adjectifs varient en genre et en nombre,* ils prennent une forme différente selon le genre ou le nombre (→ **variable). 3.** (qqn) Ne pas avoir toujours la même opinion, la même attitude. *Il n'a jamais varié sur ce point.* → **changer. 4.** (qqch.) Être différent. *Le prix de cet article varie du simple au double. Les opinions varient sur cette question.* → **différer.**

VARIÉTÉ [vaʀjete] n. f. **1.** *LA VARIÉTÉ :* caractère d'un ensemble formé d'éléments divers, qui donne une impression de diversité. *Quelle variété de paysages, en France ! Il faut de la variété dans la nourriture.* → **changement, diversité.** ⟨contraires : monotonie, uniformité⟩ *Le paysage manque de variété,* il est monotone. *J'admire la variété de l'inspiration de ce romancier.* **2.** *UNE VARIÉTÉ :* sorte, type. *Je ne connais pas cette variété de pomme.* → **espèce, genre.** *Il y a de nombreuses variétés de roses dans ce* parc. **3.** (au pluriel) DES VARIÉTÉS : attractions, numéros d'artistes variés. *J'ai regardé une émission de variétés à la télévision.*

VARIOLE [vaRjɔl] n. f. *LA VARIOLE :* maladie contagieuse très grave qui donne des boutons qui cicatrisent difficilement. *Il a été vacciné contre la variole.*

REM. Autrefois, on appelait la variole la *petite vérole.*

VAROIS [vaRwa] adj. et n. m., **VAROISE** [vaRwaz] adj. et n. f. **1.** adjectif (après le nom) Du Var, département du sud de la France. *Ils vont en vacances sur la côte varoise.* **2.** *UN VAROIS, UNE VAROISE :* personne qui est du Var ou qui habite le Var. *Il a épousé une Varoise. Les Varois.*

VARSOVIE [vaRsɔvi] nom propre – en polonais **WARSZAWA** ▪ Capitale de la Pologne, sur la Vistule. *Ils iront à Varsovie, cet été. Nous revenons de Varsovie.*

VASCULAIRE [vaskylɛR] adj. (après le nom) ▪ Qui concerne les vaisseaux sanguins. *Les artères et les veines font partie du système vasculaire. Mon père a une maladie vasculaire.*

① **VASE** [vaz] n. m. **1.** *UN VASE :* récipient dans lequel on met des fleurs coupées. *Elle met les roses dans un vase de cristal.* **2.** *EN VASE CLOS :* sans communication avec l'extérieur. *Les prisonniers vivent en vase clos dans la prison.*

FAUX AMI
espagnol **vaso** « verre »

② **VASE** [vaz] n. f. ▪ *LA VASE :* boue qui se dépose au fond de l'eau stagnante. *La barque s'est enlisée dans la vase.*

VASELINE [vazlin] n. f. ▪ *LA VASELINE :* pommade incolore très grasse. *Il a acheté un tube de vaseline à la pharmacie.*

VASEUX [vazø], **VASEUSE** [vazøz] adj. (après le nom) **1.** Qui contient de la vase. *La rivière a un fond vaseux.* **2.** (qqn) Qui est dans un état de malaise et de faiblesse. *Elle se sent un peu vaseuse, ce matin.* → **abruti, fatigué.** **3.** Embarrassé, obscur. *Ce discours vaseux ne m'apprend rien. Ton raisonnement est vaseux. Il fait toujours des plaisanteries vaseuses,* des plaisanteries maladroites, de mauvais goût.

VASISTAS [vazistas] n. m. ▪ *UN VASISTAS :* petit panneau vitré mobile qui peut s'ouvrir séparément en haut d'une porte ou d'une fenêtre. *J'ai ouvert le vasistas pour aérer la pièce.*

REM. *Vasistas* vient de l'allemand *Was ist das ?* « qu'est-ce que c'est ? »

VASOUILLER [vazuje] verbe [conjugaison 1a] ▪ STYLE FAMILIER Être hésitant, peu sûr de soi, maladroit. *Avec son nouvel ordinateur, il a vasouillé au début, mais maintenant il sait bien s'en servir.* → STYLE FAMILIER **cafouiller, patauger.** *Le candidat à l'examen vasouille en répondant à la question de l'examinateur.* → s'**embrouiller.**

VASQUE [vask] n. f. ▪ *UNE VASQUE :* bassin peu profond qui recueille l'eau d'une fontaine. *L'eau de la fontaine s'écoule dans une vasque de granit.*

VASSAL [vasal] n. m. ▪ *UN VASSAL :* au Moyen Âge, homme qui était lié personnellement à un seigneur de qui il recevait une terre (→ **fief**). *Le vassal jurait fidélité à son seigneur.* PLURIEL : *les VASSAUX* [vaso] *devaient se battre pour leur seigneur.*

VASTE [vast] adj. (avant le nom) **1.** (surface, construction) Très grand. *Une vaste forêt borde la propriété.* → **étendu.** *Ils ont un vaste appartement.* → **spacieux.** ⟨contraire : exigu⟩ **2.** Étendu dans sa portée ou dans son action. *Il possède de vastes connaissances.* ⟨contraire : limité⟩ *C'est un vaste problème.*

VA-T-EN-GUERRE [vatɑ̃gɛR] n. m., n. f. invariables ▪ STYLE FAMILIER *UN VA-T-EN-GUERRE, UNE VA-T-EN-GUERRE :* personne qui préfère la force, l'affrontement pour résoudre un conflit. *Le ministre n'est pas un va-t-en-guerre.* PLURIEL : *des va-t-en-guerre.*

VATICAN [vatikɑ̃] nom propre masculin – en italien **VATICANO** ▪ *LE VATICAN :* État qui s'étend autour de la résidence du pape, à Rome. *La basilique Saint-Pierre est au Vatican. L'État du Vatican est le plus petit du monde. Il revient du Vatican.*

VAUDEVILLE [vodvil] n. m. ▪ *UN VAUDEVILLE :* comédie légère et divertissante, avec de nombreux rebondissements. *Ce vaudeville a eu beaucoup de succès. – La situation tourne au vaudeville,* elle devient comique et compliquée.

VAUDOU [vodu] n. m. et adj. invariable **1.** *LE VAUDOU :* religion de l'île d'Haïti dans laquelle les pratiques de sorcellerie se mêlent aux éléments du rituel chrétien. *Les sacrifices d'animaux font partie des pratiques du vaudou. – Les adeptes du vaudou sont appelés des vaudous.* **2.** adjectif invariable (après le nom) Qui appartient au vaudou. *Les cérémonies vaudou mélangent des rites africains et des rites catholiques.*

vaudra [vodRa] *Il vaudra, elle vaudra :* forme au futur du verbe **valoir.**

VAURIEN [voRjɛ̃] n. m., **VAURIENNE** [voRjɛn] n. f. ▪ *UN VAURIEN, UNE VAURIENNE :* adolescent effronté, jeune voyou. *Leur fils traîne dans la rue avec une bande de vauriens.* → **chenapan, garnement.**

vaut [vo] *Il vaut, elle vaut :* forme au présent du verbe **valoir.**

VAUTOUR [votuR] n. m. ▪ *UN VAUTOUR :* grand oiseau rapace au bec crochu, à la tête et au cou sans plumes, qui se nourrit de charognes et de détritus. *Les vautours planent au-dessus du cadavre du cheval.*

SE **VAUTRER** [votRe] verbe pronominal [conjugaison 1a] ▪ Se coucher, s'étendre dans une position nonchalante. *Ne te vautre pas sur ce canapé, redresse-toi ! Les enfants se sont vautrés devant la télévision. Qu'est-ce que tu fais vautré dans ce fauteuil ?* (→ **avachi**).

À LA **VA-VITE** [alavavit] adverbe ▪ Vite et sans soin. *Elle a fait ses devoirs à la va-vite pour pouvoir aller jouer avec ses camarades.*

VEAU [vo] n. m. ▪ *UN VEAU* **1.** Petit de la vache, mâle ou femelle, âgé de moins d'un an. *Le veau tète sa mère.* PLURIEL : *il y a des vaches et des veaux dans le pré. – PLEURER COMME UN VEAU :* pleurer bruyamment, en sanglotant. *Arrête de pleurer comme un veau, ça ne sert à rien !* **2.** Viande de cet animal. *Nous avons mangé du rôti de veau. Le cuisinier a préparé une blanquette de veau.* **3.** Peau souple de cet animal, tannée et préparée. *Elle a un pantalon en veau noir.* **4.** STYLE FAMILIER Voiture au moteur peu nerveux. *Cette voiture est un vrai veau.*

REM. **1.** Un veau femelle de plus d'un an s'appelle *une génisse.* **2.** On appelle *veau sous la mère* un veau qui tète et ne broute pas. **3.** *Veau marin* est un autre nom pour le *phoque.*

VECTEUR [vɛktœR] n. m. ▪ *UN VECTEUR* **1.** Segment de droite orienté. *Donnez la direction du vecteur AB.* **2.** Être vivant capable de transmettre un germe infectieux, une maladie. *Le moustique est le vecteur du paludisme.*

vécu [veky], **vécue** [veky] *Il a vécu une période difficile ; la période difficile qu'il a vécue :* formes au passé du verbe **vivre.**

vécut [veky] *Il vécut, elle vécut :* forme au passé simple du verbe **vivre.**

① **VEDETTE** [vədɛt] n. f. ▪ *UNE VEDETTE :* petit bateau rapide à moteur. *La vedette de la douane surveille la côte.*

② **VEDETTE** [vədɛt] n. f. **1.** *UNE VEDETTE :* artiste célèbre. *Les photographes poursuivent la vedette de cinéma.* → **star.** *Mon fils connaît toutes les vedettes du football.* **2.** *AVOIR LA VEDETTE :* au théâtre, avoir son nom imprimé en gros caractères. *C'est une jeune comédienne qui a la vedette, dans la pièce. L'actrice n'aime pas PARTAGER LA VEDETTE,* elle n'aime pas que le nom d'un autre acteur apparaisse aussi gros que le sien sur les affiches. **3.** *SE METTRE EN VEDETTE :* chercher à attirer l'attention, à se faire remarquer. *Elle veut toujours se mettre en vedette.*

VÉGÉTAL [veʒetal] n. m. et adj., **VÉGÉTALE** [veʒetal] adj. **1.** *UN VÉGÉTAL :* être vivant formé d'éléments chimiques particuliers et qui se nourrit de matières simples puisées dans le sol (opposé à animal, minéral). → **plante.** *Le champignon est un végétal.* PLURIEL : *les arbres, les plantes, les algues et les mousses sont des VÉGÉTAUX* [veʒeto]. *L'étude des végétaux est la botanique.* **2.** adjectif (après le nom) Relatif aux plantes. *L'huile d'olive est une huile végétale,* qui provient d'une plante. *Les algues font un bon engrais végétal. Il y a de nombreuses espèces végétales sur la planète,* de nombreuses sortes de plantes.

FAUX AMI — anglais **vegetable** « légume »

REM. *Végétal* n. m. s'emploie surtout pour désigner ce qui n'est ni une *plante* ni un *arbre,* ou l'ensemble de ces êtres vivants.

VÉGÉTARIEN [veʒetaʀjɛ̃] adj. et n. m., **VÉGÉTARIENNE** [veʒetaʀjɛn] adj. et n. f. **1.** adjectif (après le nom) Qui ne mange ni viande ni poisson. *Dans sa famille, ils sont tous végétariens.* – *Il suit un régime végétarien,* dans lequel il n'y a ni viande ni poisson. **2.** *UN VÉGÉTARIEN, UNE VÉGÉTARIENNE :* personne qui suit un régime sans viande ni poisson. *Les végétariens ne mangent pas la chair des animaux.*

VÉGÉTATIF [veʒetatif], **VÉGÉTATIVE** [veʒetativ] adj. (après le nom) ▪ *UNE VIE VÉGÉTATIVE :* vie inactive qui fait penser à celle des plantes. *Depuis son accident, le malade mène une vie végétative.*

VÉGÉTATION [veʒetasjɔ̃] n. f. ▪ *LA VÉGÉTATION :* l'ensemble des végétaux, des plantes qui poussent en un lieu. → **flore.** *Dans les pays tropicaux, la végétation est luxuriante.*

VÉGÉTATIONS [veʒetasjɔ̃] n. f. pluriel ▪ *LES VÉGÉTATIONS :* petites peaux qui se développent au fond du nez et de la gorge et qui gênent la respiration. *Mon fils a été opéré des végétations.*

VÉGÉTER [veʒete] verbe [conjugaison 6 a] ▪ Mener une existence morne et médiocre, vivre dans le manque d'argent. *Depuis qu'il est au chômage, il végète tant bien que mal.* → **vivoter.**

VÉHÉMENCE [veemɑ̃s] n. f. ▪ STYLE RECHERCHÉ *LA VÉHÉMENCE :* force et violence. *L'accusé proteste avec véhémence de son innocence.* → **vigueur, virulence.** ⟨contraires : calme, froideur⟩

VÉHÉMENT [veemɑ̃], **VÉHÉMENTE** [veemɑ̃t] adj. (après le nom) ▪ STYLE RECHERCHÉ Violent et passionné. *Il parle sur un ton véhément. L'adolescent révolté adresse des reproches véhéments à ses parents.*

VÉHICULE [veikyl] n. m. ▪ *UN VÉHICULE :* engin de transport qui a des roues. *Les voitures, les camions, les bus et les motos sont des véhicules à moteur. Les ambulances sont des véhicules prioritaires. Le stationnement sur le trottoir est autorisé pour les véhicules de tourisme, mais pas pour les véhicules utilitaires.*

VÉHICULER [veikyle] verbe [conjugaison 1a] **1.** Transporter dans un véhicule. *Le chauffeur de taxi véhicule les voyageurs et leurs bagages jusqu'à l'aéroport.* **2.** Transmettre (une idée, un message). *Ce livre véhicule des idées suspectes.*

① **VEILLE** [vɛj] n. f. ▪ *LA VEILLE :* jour qui précède le jour dont il est question. *Quand elle reçoit des invités, elle prépare tout la veille et l'avant-veille. La veille des vacances, les enfants sont excités.* ⟨contraire : lendemain⟩ *Je l'ai vu la veille de sa mort.* – *LA VEILLE AU SOIR :* le soir d'avant le jour dont il est question. *Nous devions dîner ensemble mercredi, mais il m'a téléphoné la veille au soir pour annuler notre rendez-vous.* – STYLE FAMILIER *Ce n'est pas demain la veille :* cela n'arrivera pas avant longtemps. *Ce n'est pas demain la veille qu'il me fera un cadeau :* il ne me fera sûrement jamais de cadeau. – *Nous sommes À LA VEILLE DE grands changements :* nous allons connaître bientôt de grands changements.

FAUX AMI — portugais **velha** « vieille »

REM. La veille d'aujourd'hui, c'est *hier.*

② **VEILLE** [vɛj] n. f. **1.** *UNE VEILLE :* moment sans sommeil consacré à faire qqch. pendant le temps normalement passé à dormir. *Elle a passé de longues veilles au chevet de son fils malade.* **2.** *LA VEILLE :* état d'une personne qui ne dort pas (opposé à sommeil). *Il ne dort pas complètement, il est entre la veille et le sommeil.*

VEILLÉE [veje] n. f. **1.** *UNE VEILLÉE :* moment de la soirée entre le repas du soir et le moment où l'on va se coucher. *Autrefois, à la campagne, on passait la veillée au coin du feu.* → **soirée.** **2.** *LA VEILLÉE :* action de rester auprès d'un malade, d'un mort. *La VEILLÉE FUNÈBRE a lieu dans la chambre du défunt.*

VEILLER [veje] verbe [conjugaison 1a]
I. 1. Rester éveillé pendant le temps où l'on devrait dormir. *Il veille tard pour préparer son examen* ⟨contraire : dormir⟩ **2.** Monter la garde. *À chaque extrémité du pont, les deux sentinelles veillent.* **3.** Être vigilant **(→ surveillance).** *Que les malfaiteurs se méfient, la police veille* **(→ vigilance).**
II. 1. *VEILLER À :* faire attention à. *Il surveille tout, il veille à tout. Veillez à fermer la porte à clé,* pensez-y. *Il serait utile que vous veilliez à ne rien oublier d'important. La maîtresse de maison VEILLE À CE QUE ses invités ne manquent de rien.* **2.** *VEILLER SUR qqn,* faire attention à ce qui lui arrive et intervenir s'il le faut. *La baby-sitter veille sur le bébé.* → **surveiller.**
III. *VEILLER QQN :* rester sans dormir auprès de qqn pendant la nuit. *Elle a veillé toute la nuit sa fille malade. Nous allons veiller le défunt.*

VEILLEUR [vɛjœʀ] n. m. ▪ *UN VEILLEUR DE NUIT :* gardien (d'un magasin, d'une entreprise, d'un hôtel) qui est de service la nuit. *Le veilleur de nuit surveille le parking.* → **vigile.**

VEILLEUSE [vɛjøz] n. f. ▪ *UNE VEILLEUSE* **1.** Petite lampe qui reste allumée dans l'obscurité. *Elle laisse une veilleuse dans la chambre du bébé.* – STYLE FAMILIER *Mets-la EN VEILLEUSE :* calme-toi, tais-toi. **2.** Lampe de phare de voiture qui donne la lumière la plus faible. *L'automobiliste allume ses veilleuses.* → **lanterne.** **3.** Petite flamme d'un chauffe-eau à gaz, d'un réchaud. *La veilleuse du chauffe-eau s'est éteinte.*

VEINARD [vɛnaʀ] adj. et n. m., **VEINARDE** [vɛnaʀd] adj. et n. f. ▪ STYLE FAMILIER **1.** adjectif (après le nom) Qui a de la chance **(→ ② veine).** *Tu es veinard d'aller au Japon.* → **chanceux,** STYLE FAMILIER **verni.** **2.** *UN VEINARD, UNE VEINARDE :* personne qui a de la chance. *Elle a gagné le gros lot à la loterie, quelle veinarde ! Petit veinard !*

① **VEINE** [vɛn] n. f. ▪ *UNE VEINE* **1.** Vaisseau sanguin dans lequel circule le sang qui revient au cœur **(→ artère).** *L'infirmière pique la veine du bras du patient pour lui prélever du sang. Quand il fait chaud ou qu'il fait un effort, on voit ses veines sur les tempes.* – *Ils SE SONT SAIGNÉS AUX QUATRE VEINES pour que* *leurs enfants fassent des études,* ils se sont privés de tout pour cela. - *Il n'a pas de sang dans les veines :* il est lâche. **2.** Dessin coloré, mince et sinueux dans le bois ou la pierre. *Le marbre blanc de la colonne est parcouru de veines roses.*

② **VEINE** [vɛn] n. f. ▪ *LA VEINE* **1.** STYLE FAMILIER Chance. *Il a eu beaucoup de veine dans sa vie* (→ **veinard**). *L'automobiliste mal garé a eu de la veine de ne pas avoir de contravention.* → **chance ;** STYLE FAMILIER **bol, pot.** *C'est vraiment un coup de veine ! Pas de veine pour ce joueur, il n'a que de mauvaises cartes.* **2.** STYLE RECHERCHÉ *ÊTRE EN VEINE DE :* être disposé à, d'humeur à. *Elle est en veine de confidences, aujourd'hui.*

VEINÉ [vene], **VEINÉE** [vene] adj. (après le nom) ▪ (bois, pierre) Qui a des veines. *Cette table de noyer veiné est magnifique. C'est un joli marbre veiné de rose.*

VELCRO [vɛlkʀo] n. m. (marque déposée) ▪ *LE VELCRO :* matière utilisée pour la fermeture de vêtements ou de sacs, formée de deux rubans tissés différemment et qui s'agrippent quand ils sont en contact. *Mes baskets se ferment par une bande de velcro.* - *Les fermetures velcro sont très pratiques.*

VÉLIPLANCHISTE [veliplɑ̃ʃist] n. m., n. f. ▪ *UN VÉLIPLANCHISTE, UNE VÉLIPLANCHISTE :* personne qui fait de la planche à voile. *Les véliplanchistes prennent le départ de la course.* → **planchiste.**

VELLÉITAIRE [veleitɛʀ] adj., n. m. et n. f. **1.** adjectif (après le nom) Qui hésite sur ce qu'il va faire, qui n'arrive pas à se décider à agir. → **hésitant.** ⟨contraires : décidé, résolu⟩ *Elle est trop velléitaire pour prendre une décision. Il a une femme velléitaire.* **2.** *UN VELLÉITAIRE, UNE VELLÉITAIRE :* une personne faible qui n'arrive pas à se décider à agir. *Les velléitaires ont des intentions mais ne font jamais rien.*

REM. On prononce parfois [vɛlleitɛʀ].

VELLÉITÉ [veleite] n. f. ▪ *UNE VELLÉITÉ :* désir, intention assez faible, qui n'aboutit pas à une action. *Il a parfois une vague velléité de changement.* ⟨contraires : décision, résolution⟩ *Ses velléités de chercher du travail n'ont abouti à rien.* → **tentative.**

VÉLO [velo] n. m. ▪ *UN VÉLO :* bicyclette. *Il a un vélo de course. Elle a acheté un vélo tout-terrain.* → **V. T. T.** *Les vélos sont rangés dans le garage. Le Tour de France est une course de vélos* (→ **cyclisme**). *Je l'ai vu passer À VÉLO.* - *L'été, à la campagne, nous FAISONS DU VÉLO,* nous nous déplaçons à vélo.

> FAUX AMI
> espagnol **velo** «voile (n. m.)»

REM. **1.** *Vélo* est l'abréviation de *vélocipède,* qui était l'ancêtre de la bicyclette et qui avait une grande roue à l'avant et une petite à l'arrière. **2.** *Aller en vélo,* dit au lieu de *aller à vélo,* est devenu très courant malgré les critiques des puristes.

VÉLOCITÉ [velɔsite] n. f. ▪ STYLE RECHERCHÉ *LA VÉLOCITÉ* **1.** Rapidité, vitesse. *La biche s'est enfuie dans les buissons avec une incroyable vélocité.* → STYLE RECHERCHÉ **célérité, promptitude.** ⟨contraire : lenteur⟩ **2.** Vitesse et agilité. *Le pianiste fait des exercices de vélocité.* → **virtuosité.**

VÉLODROME [velodʀom] n. m. ▪ *UN VÉLODROME :* piste entourée de gradins, aménagée pour les courses cyclistes. *Le stade est aménagé en vélodrome.*

VÉLOMOTEUR [velɔmɔtœʀ] n. m. ▪ *UN VÉLOMOTEUR :* vélo équipé d'un moteur de faible cylindrée. → **cyclomoteur, mobylette.** *Elle va travailler à vélomoteur. Les vélomoteurs ont une cylindrée de moins de cinquante centimètres cubes.*

VELOURS [vəluʀ] n. m. ▪ *LE VELOURS* **1.** Tissu très doux dont un côté est formé de poils courts et serrés. *Les rideaux sont en velours. Il a mis un vieux pantalon de VELOURS CÔTELÉ.* - *Il JOUE SUR DU VELOURS :* il ne prend aucun risque en agissant. - *Le chat FAIT PATTE DE VELOURS,* il présente sa patte sans sortir ses griffes. **2.** Ce qui donne une impression de douceur au toucher, au goût ou à la vue. *Elle a une peau de velours* (→ **velouté**). *Ce vin est DU VELOURS. Il a des YEUX DE VELOURS,* un regard très doux.

REM. On prononce souvent [vluʀ].

VELOUTÉ [vəlute] adj. et n. m., **VELOUTÉE** [vəlute] adj.
I. adjectif (après le nom) **1.** Doux au toucher comme le velours. *Les pêches ont une peau veloutée. Elle a un teint velouté,* qui a l'aspect d'une chose douce au toucher. **2.** Qui a un goût doux et une consistance onctueuse. *Cette crème au chocolat est veloutée. Ce vin velouté est très bon.* ⟨contraires : âcre, âpre⟩
II. 1. *LE VELOUTÉ :* aspect ou douceur de ce qui ressemble au velours. *Ce fond de teint donne un beau velouté à la peau.* **2.** *UN VELOUTÉ :* potage onctueux et lisse. *Ce velouté de tomates est délicieux.*

VELU [vəly], **VELUE** [vəly] adjectif (après le nom) ▪ Qui a des poils très abondants. → **poilu.** *Elle n'aime pas les hommes velus. Il a les mains velues. Certaines araignées sont velues. Les feuilles de cette plante sont velues.*

VÉNAL [venal], **VÉNALE** [venal] adj. (après le nom) ▪ Qui est prêt à faire des choses malhonnêtes pour de l'argent. *C'est un homme vénal, prêt à tout.* → **cupide, corrompu.** MASCULIN PLURIEL : *il y a des hommes politiques VÉNAUX* [veno].

À TOUT **VENANT** [atuvənɑ̃] adverbe ▪ À chacun, à tout le monde. *La maison est ouverte à tout venant.*

REM. On prononce souvent [atuvnɑ̃].

VENDABLE [vɑ̃dabl] adj. (après le nom) ▪ Qui peut être vendu. *Il a de vieux livres encore vendables.* ⟨contraire : invendable⟩ *Cette vieille voiture n'est plus vendable.*

VENDANGE [vɑ̃dɑ̃ʒ] n. f.
I. *LA VENDANGE :* cueillette du raisin qui sert à faire le vin. *Le vigneron a fait une bonne vendange, cette année.*
II. (au pluriel) LES VENDANGES **1.** *FAIRE LES VENDANGES :* recueillir le raisin mûr pour faire du vin. *On fait les vendanges en automne* (→ **vendanger**). **2.** Époque où l'on fait les vendanges. - *Nous voici déjà aux vendanges.*

VENDANGER [vɑ̃dɑ̃ʒe] verbe [conjugaison 3b] ▪ Récolter le raisin de (la vigne) pour faire du vin. *Le vigneron vendange sa vigne au début de l'automne.* - *Nous vendangeons en octobre,* nous faisons les vendanges.

VENDANGEUR [vɑ̃dɑ̃ʒœʀ] n. m., **VENDANGEUSE** [vɑ̃dɑ̃ʒøz] n. f. ▪ *UN VENDANGEUR, UNE VENDANGEUSE :* personne qui fait les vendanges. *Les vendangeurs coupent les grappes de raisin sur les ceps de vigne.*

VENDÉEN [vɑ̃deɛ̃] adj. et n. m., **VENDÉENNE** [vɑ̃deɛn] adj. et n. f. **1.** adjectif (après le nom) De Vendée, région de l'ouest de la France. *Ils vont en vacances sur la côte vendéenne.* **2.** *UN VENDÉEN, UNE VENDÉENNE :* personne qui vit en Vendée. *Sa femme et lui sont des Vendéens.*

VENDETTA [vɑ̃deta] n. f. ▪ *LA VENDETTA :* coutume corse par laquelle deux familles ennemies poursuivent une vengeance réciproque jusqu'au crime. *Il a été assassiné, victime de la vendetta.*

REM. **1.** *Vendetta* est un mot italien qui veut dire «vengeance». **2.** On prononce aussi [vɑ̃dɛtta].

VENDEUR [vɑ̃dœʀ] n. m., **VENDEUSE** [vɑ̃døz] n. f. ▪ *UN VENDEUR, UNE VENDEUSE* **1.** Personne qui vend une chose. *Le vendeur de l'appartement cherche un acquéreur.* **2.** Personne dont le métier est de vendre dans un magasin. *J'ai demandé un renseignement à un vendeur du grand magasin. La vendeuse sert les clients.* **3.** Personne qui connaît bien les procédés de vente. *Ce représentant est un excellent vendeur.*

VENDRE [vɑ̃dʀ] verbe [conjugaison 41a]
I. 1. Céder (qqch.) à qqn en échange d'une somme d'argent. ⟨contraires : acheter, acquérir⟩ *Nous vendons notre maison. – Combien as-tu vendu ta voiture ? Sa voiture, il l'a vendue dix mille francs. Je vends* [vɑ̃] *tous mes disques. – Cette maison est* À VENDRE, elle est proposée à la vente. – *Le boucher vend* [vɑ̃] *de la viande. La semaine prochaine, le marchand de meubles vendra en solde* (→ **brader, liquider, solder**). – *Ce pays vend du pétrole. Notre entreprise vend à l'étranger.* → **exporter. 2.** Trahir, dénoncer. *Le cambrioleur a vendu ses complices.* → **livrer** ; STYLE FAMILIER **balancer.**
II. verbe pronominal SE VENDRE **1.** Être vendu. *Les téléphones mobiles se vendent bien. Ces téléviseurs se sont très bien vendus.* **2.** (qqn) Se mettre en valeur, faire valoir ses mérites. *Pour trouver du travail, il faut* SAVOIR SE VENDRE, il faut bien montrer ses qualités, ses connaissances.

VENDREDI [vɑ̃dʀədi] n. m. ▪ *LE VENDREDI* : jour de la semaine entre le jeudi et le samedi. *Il vient nous voir tous les vendredis. Seras-tu là vendredi soir ? Elle est arrivée vendredi matin. La réunion est reportée à vendredi prochain. – Ils arrivent vendredi.*

vendu [vɑ̃dy], **vendue** [vɑ̃dy] *Il a vendu la maison ; la maison qu'il a vendue* : formes au participe passé du verbe **vendre.**

VENDU [vɑ̃dy] n. m., **VENDUE** [vɑ̃dy] n. f. ▪ STYLE FAMILIER Personne qui touche de l'argent pour rendre des services immoraux. → **pourri, ripou.** *C'est un vendu !* (→ **corruption**). *Espèce de vendu !*

REM. On dit aussi que cette personne *a été achetée.*

VÉNÉNEUX [venenø], **VÉNÉNEUSE** [venenøz] adj. (après le nom) ▪ (végétal) Qui contient un poison, qui peut empoisonner. *L'amanite panthère est un champignon vénéneux.* → **toxique.** ⟨contraire : comestible⟩

REM. Les animaux qui ont du venin sont *venimeux.*

VÉNÉRABLE [veneʀabl] adj. (avant le nom ou après le nom) ▪ STYLE RECHERCHÉ Très respectable. *Sa grand-mère est une vénérable dame. – Son grand-père est d'un âge vénérable* : son grand-père est très vieux.

VÉNÉRATION [veneʀasjɔ̃] n. f. ▪ *LA VÉNÉRATION* : grand respect fait d'admiration et d'affection. → **adoration, dévotion.** ⟨contraire : mépris⟩ *Il a de la vénération pour son père.*

VÉNÉRER [veneʀe] verbe [conjugaison 6 a] ▪ Aimer et respecter. *Elle vénère son père. Les Bretons vénèrent sainte Anne. Quel saint vénérez-vous ?*

VENEZUELA [venezɥela] nom propre masculin ▪ *LE VENEZUELA* : pays d'Amérique du Sud. *La capitale du Venezuela est Caracas. Ils vivent au Venezuela. Nous revenons du Venezuela.*

VENGEANCE [vɑ̃ʒɑ̃s] n. f. ▪ *LA VENGEANCE* : action de se venger, de punir celui ou celle qui a fait du mal à qqn, qui a porté du tort à qqn (→ **revanche**). *Il a un grand désir de vengeance* : il a très envie de se venger (→ **vindicatif**). *Ma vengeance sera terrible !* (→ **vendetta**). *Il a fait ça par vengeance.*

VENGER [vɑ̃ʒe] verbe [conjugaison 3 b] **1.** *Venger qqn*, punir celui ou celle qui lui a fait du mal, qui lui a porté du tort. *Ne t'inquiète pas, un jour, je te vengerai. – Vengeons la mémoire de notre ami.* **2.** verbe pronominal SE VENGER : punir (qqn) qui nous a fait du mal, qui nous a fait du tort. *Ah elle a dit ça, eh bien, je me vengerai. Vengeons-nous ! Elle s'est bien vengée de lui.*

VENGEUR [vɑ̃ʒœʀ] n. m. et adj., **VENGERESSE** [vɑ̃ʒʀɛs] n. f. et adj. **1.** *UN VENGEUR, UNE VENGERESSE* : personne qui venge, qui punit. *Le héros du film est le vengeur des faibles et des opprimés. À l'école, ma fille se fait la vengeresse des petits* (→ **vindicatif**). **2.** adjectif (après le nom) (qqch.) Qui venge, qui montre le désir de venger. *Il a eu des paroles vengeresses.*

VENIMEUX [vənimø], **VENIMEUSE** [vənimøz] **1.** (animal) Qui a du venin. *Le cobra et la vipère sont des serpents venimeux. Le scorpion est venimeux.* **2.** Haineux. *Il a fait une remarque venimeuse.*

REM. Un végétal qui contient un poison est *vénéneux.*

VENIN [vənɛ̃] n. m. ▪ *LE VENIN* **1.** Poison produit par certains animaux qu'ils injectent en piquant ou en mordant. *Les vipères et les scorpions ont du venin.* **2.** Haine, méchanceté. *Elle a écrit une lettre pleine de venin.*

VENIR [vəniʀ] verbe [conjugaison 22]
I. 1. Se déplacer (pour aller dans un lieu, pour faire qqch.). → **aller** ; STYLE FAMILIER s'**amener.** *Viens* [vjɛ̃] *avec moi. Il faut que tu viennes* [vjɛn]. *Viendrez-vous ?* [vjɛ̃dʀevu]. *Elle est très énervée, elle n'arrête pas d'*ALLER ET VENIR, elle marche sans arrêt de long en large, elle fait les cent pas. *Les serveurs vont et viennent* [vɔ̃tevjɛn] (ou [vɔ̃evjɛn]) *dans la salle du restaurant.* STYLE FAMILIER *Attends-moi, je ne fais qu'aller et venir*, je pars mais je reviens tout de suite. – *Le directeur m'a* FAIT VENIR, il m'a convoqué. – *FAIRE VENIR qqch.*, le commander, le faire livrer. *Nous ferons venir ce livre spécialement pour vous. – Je la* VOIS VENIR : je devine ses intentions. *Je te* VOIS VENIR (AVEC TES GROS SABOTS) ! tes intentions, tes désirs sont clairs, évidents. *Ne décidons rien,* IL FAUT VOIR VENIR, il faut attendre prudemment et observer l'évolution des événements. – *Demain, tu* VIENDRAS CHEZ *moi. Venez à la maison. Viens ici.* VIENS DANS *mes bras. Elle est* VENUE À *notre rencontre. – Le plombier doit venir pour réparer la fuite d'eau. Dans la soirée, je viendrai vous chercher. Viens m'aider ! Venez voir par ici ! – Les larmes me sont venues aux yeux. – Cette bonne odeur de cuisine* FAIT VENIR L'EAU À LA BOUCHE ! elle donne très envie de manger ce qui sent si bon. – *Une idée m'*EST VENUE À L'ESPRIT, j'ai eu une idée. *« Déménager ? Ça ne m'est jamais venu à l'idée ! »* je n'ai jamais eu l'idée de déménager. IL NE M'EST JAMAIS VENU *à l'idée de démissionner.* **2.** EN VENIR, Y VENIR : parvenir à (un but). *Ton problème, est-ce que tu vas en* VENIR À BOUT ? est-ce que tu vas réussir à le résoudre ? *Il refuse encore mais* IL FAUDRA BIEN QU'IL Y VIENNE [kilivjɛn], il faudra bien qu'il accepte. – *Maintenant, venons-en* [vənɔ̃zɑ̃] *au sujet qui nous intéresse,* parlons de ce qui nous intéresse. – *Ils se sont disputés puis ils* EN SONT VENUS AUX MAINS, ils se sont battus. – *Où veut-il* EN VENIR ? que veut-il exactement, que veut-il faire ? *J'EN VIENS À penser qu'on se moque de nous* : je commence à penser qu'on se moque de nous. **3.** (qqn) *VENIR DE (un lieu)*, arriver d'un lieu. *D'où venez-vous ?* où étiez-vous ? *Cet avion vient de Berlin,* il est parti de Berlin. *Ce train vient de Genève. Je viens de Marseille. Quand ils sont arrivés à Paris ils étaient très fatigués car ils venaient de loin. « Tu vas au bureau ? – Non, j'en viens »,* non, j'étais au bureau, j'arrive du bureau. *Les nuages viennent de l'ouest. – Bonjour, je* VIENS DE LA PART DU *directeur,* le directeur m'a dit, m'a demandé de vous voir. (qqch.) → **provenir.** *Ce tapis vient d'Afrique,* il a été fait en Afrique. *Ces bijoux me viennent de ma grand-mère,* ils appartenaient à ma grand-mère et maintenant ils sont à moi, par héritage. *De nombreux mots français viennent du latin.* → **dériver. 4.** Avoir pour cause. *Ses problèmes*

viennent de ses mensonges. → **découler.** – *D'où vient qu'il est toujours en retard ?* pourquoi est-il toujours en retard ?
II. *VENIR DE* et infinitif (indique le passé récent) Avoir fait il y a peu de temps, avoir juste fini de. *Il vient de lire ce roman. Sa mère vient d'être malade. Non, elle n'est pas là, elle vient de partir.* ⟨contraire : ① aller (3.)⟩ *Elle venait de partir quand il est arrivé.* (au conditionnel) *Selon toi, elle viendrait de partir ?* (au subjonctif) *Il semblerait qu'elle vienne de partir. Je ne t'embrasse pas, je viens d'avoir la grippe !* j'ai eu la grippe tout récemment. – *Ce livre vient de paraître. Ça vient de sortir,* c'est tout récent.
III. 1. Arriver (dans la vie). *Il est VENU AU MONDE en février* (→ **naître**). *Il faut penser à ceux qui viendront après nous* (→ **succéder**). **2.** Se produire. → **survenir.** *Ne t'énerve pas, PRENDS LES CHOSES COMME ELLES VIENNENT,* adapte-toi avec calme, avec philosophie. – *L'heure est venue de réfléchir :* maintenant, il faut réfléchir. *Les jours qui viennent sont importants* (→ **prochain, suivant**). *Il doit me téléphoner dans les jours À VENIR. Les années à venir nous donneront tort ou raison.* (→ **futur**). **3.** (végétaux) Naître et se développer. *Le blé vient bien, dans cette terre.* → **pousser. 4.** (idée, création) Se manifester. *Les idées ne viennent pas. Alors, ça vient ?* allez-vous répondre ?

REM. **1.** *Venir* se prononce souvent [vniʀ] : *il faut venir* [ilfovniʀ] ; *Venez, venons* se prononcent souvent [vne], [vnɔ̃]. **2.** Avec l'infinitif, *venir de* exprime le passé récent (ci-dessus II.) alors que *aller* exprime le futur proche : ex. *elle vient de partir.* → ① **aller** (REM.).

VENISE [vəniz] nom propre féminin – en italien **VENEZIA** ▪ Ville d'Italie, sur l'Adriatique. *Venise est bâtie sur des îlots séparés par des canaux. Nous avons passé quelques jours à Venise. Ils reviennent de Venise. Ils habitent Venise* (→ **vénitien**).

VÉNITIEN [venisjɛ̃] adj. et n. m., **VÉNITIENNE** [venisjɛn] adj. et n. f. **1.** adjectif (après le nom) De la ville de Venise. *Nous avons vu de magnifiques peintures vénitiennes.* **2.** *UN VÉNITIEN, UNE VÉNITIENNE :* un habitant, une habitante de Venise. *Les Vénitiens se déguisent pendant le carnaval de Venise.*

VENT [vɑ̃] n. m. ▪ *LE VENT* **1.** Mouvement naturel de l'air. *Le vent souffle, aujourd'hui. Un vent glacial s'est levé* (→ **bise**). *C'est le vent du nord,* le vent qui vient du nord. *Il y a un petit vent agréable* (→ **brise**). *Le VENT SE LÈVE :* le vent commence à souffler. *Le VENT EST TOMBÉ dans la soirée :* le vent s'est arrêté dans la soirée. *On dirait que le vent se calme. Le VENT TOURNE :* le vent change de direction. *On entend les hurlements du vent. Il y a du vent :* le vent souffle. *Des arbres nous protègent du vent. Il n'y a pas un souffle de vent. Un COUP DE VENT, une RAFALE DE VENT :* augmentation brusque du mouvement de l'air. *Un coup de vent a emporté mon chapeau ! Le vent agite les arbres. Le voilier n'avance pas car il n'y a pas un brin de vent,* il n'y a pas du tout de vent. *Le vent chasse les nuages.* – *J'ai à peine vu mon fils, il est PASSÉ EN COUP DE VENT,* il est venu et est reparti immédiatement, il n'est pas resté. – *Cette machine utilise l'énergie du vent* (→ **éolien**). *Les MOULINS À VENT utilisent le vent comme énergie motrice.* – *Le chien est parti le NEZ AU VENT,* en flairant le gibier. *Je me suis promené toute la journée le nez au vent,* librement et au hasard. – *La crinière du cheval flotte au vent.* – *QUEL BON VENT VOUS AMÈNE ?* formule d'accueil pour demander à la personne la raison de sa venue. – *« Cette casse-pieds est enfin partie. – Eh bien, BON VENT ! »* tant mieux, bon débarras, qu'elle parte au loin ! – *AVOIR LE VENT EN POUPE :* commencer à avoir du succès. *Ce chanteur a le vent en poupe.* – *Le vent est à l'optimisme :* l'atmosphère, l'ambiance est à l'optimisme. **2.** *AVOIR VENT DE qqch. :* apprendre qqch., être mis au courant. *Je n'ai jamais eu vent de cette affaire. Avez-vous eu vent de son départ ?* **3.** *DU VENT :* des choses inutiles, vides de sens, vides d'intérêt. *Ne t'inquiète pas, il dit n'importe quoi, c'est du vent.* **4.** *FAIRE DU VENT :* déplacer l'air. *Le ventilateur fait du vent.* – *Cette collègue ne travaille pas beaucoup mais elle fait du vent,* elle fait l'importante. **5.** *Un INSTRUMENT À VENT :* instrument de musique dans lequel on souffle. *La clarinette, la flûte et la trompette sont des instruments à vent.*

VENTE [vɑ̃t] n. f. **1.** *LA VENTE :* le fait d'échanger qqch. contre de l'argent. *La maison EST EN VENTE à cent mille francs,* elle est à vendre pour le prix de cent mille francs. *Ce nouveau produit sera bientôt en vente :* il sera bientôt disponible dans le commerce. *METTRE EN VENTE :* proposer aux acheteurs, aux consommateurs. *Il a mis sa voiture en vente. Quel est le PRIX DE VENTE de ce terrain ?* à quel prix ce terrain est-il vendu ? – *Ce magasin fait de la VENTE EN GROS :* dans ce magasin, les produits sont vendus par grandes quantités. *Cette boutique fait de la VENTE AU DÉTAIL,* elle vend par petites quantités. *Cette entreprise fait de la VENTE PAR CORRESPONDANCE,* elle présente ses produits à vendre sur un catalogue et le client commande par écrit ou par téléphone. – *Notre entreprise a une grande FORCE DE VENTE,* elle a beaucoup de vendeurs. *Son mari est directeur des ventes.* **2.** *UNE VENTE :* contrat par lequel le vendeur s'engage à céder un bien à l'acheteur qui s'engage à en payer le prix. *Nous avons signé la PROMESSE DE VENTE. J'ai rendez-vous chez le notaire pour signer l'ACTE DE VENTE.* **3.** Réunion de vendeurs et d'acheteurs, au cours de laquelle on procède à des ventes. *Demain il y aura une VENTE PUBLIQUE,* une vente où tout le monde peut acheter. – *La SALLE DES VENTES :* le lieu où se réalisent les ventes publiques. *Tout le mobilier de la maison sera exposé à la salle des ventes. J'ai acheté ce tableau dans une VENTE AUX ENCHÈRES.* – *Nous organisons une VENTE DE CHARITÉ,* une vente au cours de laquelle on vend des objets généralement donnés et où l'argent est remis à une œuvre de charité (→ **kermesse**).

VENTER [vɑ̃te] verbe [conjugaison 1a] ▪ STYLE RECHERCHÉ *IL VENTE :* il fait du vent. *Il pleut et il vente, le temps n'est pas agréable !* – *Nous faisons des promenades, QU'IL PLEUVE OU QU'IL VENTE,* par tous les temps.

REM. Le verbe *vanter* « parler en bien » se prononce de la même façon.

VENTILATEUR [vɑ̃tilatœʀ] n. m. ▪ *UN VENTILATEUR* **1.** Appareil électrique servant à brasser l'air pour rafraîchir l'atmosphère, dans un lieu fermé. *Des ventilateurs aèrent le tunnel. Il fait trop chaud dans la chambre, branche le ventilateur.* – *VENTILO* [vɑ̃tilo] forme abrégée familière *Éteins le ventilo. Des ventilos.* **2.** Mécanisme utilisé dans le refroidissement du moteur d'un véhicule. *La voiture est en panne car la courroie du ventilateur est cassée.*

VENTILATION [vɑ̃tilasjɔ̃] n. f. ▪ *LA VENTILATION :* opération par laquelle l'air d'un lieu fermé est brassé. → **aération.** *La ventilation de la salle de cinéma est insuffisante.*

VENTILER [vɑ̃tile] verbe [conjugaison 1a] **1.** Aérer, faire circuler de l'air. *J'ai ouvert la porte et la fenêtre pour ventiler la pièce.* **2.** Répartir. *Le comptable ventile les dépenses. Il faut ventiler les responsabilités.*

VENTILO n. m. Forme abrégée familière de **ventilateur.**

VENTOUSE [vɑ̃tuz] n. f. ▪ *UNE VENTOUSE* **1.** Organe de succion, d'aspiration de certains animaux. *Les tentacules de la pieuvre ont des ventouses.* **2.** Rondelle de caoutchouc qui se fixe par pression sur une surface plane. *Les enfants envoient des fléchettes à ventouse sur une cible. Les gants de toilette sont pendus à des crochets à ventouse.*

VENTRAL [vɑ̃tʀal], **VENTRALE** [vɑ̃tʀal] adj. (après le nom) ▪ Du ventre. *La femelle du kangourou porte son petit dans sa poche ventrale.* MASCULIN PLURIEL : *VENTRAUX* [vɑ̃tʀo].

VENTRE [vɑ̃tʀ] n. m. ▪ *LE VENTRE* **1.** Partie avant du bas du tronc de l'homme, qui contient l'intestin **(→ abdomen).** *Il faut faire de la gymnastique pour muscler le ventre. Son ventre est plat. J'ai le ventre ballonné, gonflé. Tiens-toi droit et rentre ton ventre ! Il a reçu une balle dans le ventre. Attention, tu PRENDS DU VENTRE !* tu commences à avoir un gros ventre **(→ bedonnant, ventripotent, ventru).** – *Il dort À PLAT VENTRE,* allongé sur le ventre (opposé à sur le dos). – *Il SE MET À PLAT VENTRE devant le directeur,* il se montre très humble et servile. – *Il a COURU VENTRE À TERRE pour nous rejoindre,* il a couru très vite. **2.** Partie analogue au ventre humain chez les mammifères et paroi inférieure du corps d'autres animaux (opposé à dos). *La sangle de la selle passe sous le ventre du cheval. Cet oiseau a le dos brun et le ventre rouge. Un poisson mort flotte le ventre en l'air.* **3.** L'abdomen en tant que siège de la digestion. *Après cette promenade, nous AVONS LE VENTRE CREUX,* nous avons l'estomac vide et nous avons faim. *Je ne peux plus manger, j'ai le ventre plein,* je n'ai plus faim, je suis rassasié. *Mon fils a MAL AU VENTRE,* aux intestins. – *« Moi, me réconcilier avec lui ? Ça me FERAIT MAL AU VENTRE »* cela me répugnerait. **4.** L'abdomen de la femme, de la femelle des mammifères, siège de la gestation et des organes génitaux internes. *Quand elle a ses règles, elle a mal au ventre. Le bébé est dans le ventre de sa mère.* **→ utérus.** **5.** *DONNER DU CŒUR AU VENTRE À qqn,* lui donner du courage, de l'énergie. *Fais des compliments à ton fils, ça lui donnera du cœur au ventre. Mangeons, ça nous METTRA DU CŒUR AU VENTRE,* ça nous rendra plus forts, plus courageux. – *Ce garçon n'A RIEN DANS LE VENTRE,* il n'est pas courageux, il est lâche. – *Il faudrait savoir ce qu'elle a dans le ventre :* il faudrait connaître ses projets, ses intentions secrètes.

REM. Voir aussi l'article **bas-ventre.**

VENTRICULE [vɑ̃tʀikyl] n. m. ▪ *LE VENTRICULE :* chacune des deux cavités inférieures du cœur. *Le sang artériel sort du ventricule gauche et passe dans l'aorte. Le ventricule droit chasse le sang dans l'artère pulmonaire* **(→ oreillette).**

VENTRILOQUE [vɑ̃tʀilɔk] n. m., n. f. ▪ *UN VENTRILOQUE, UNE VENTRILOQUE :* personne qui peut parler sans bouger les lèvres, avec une voix qui semble sortir du ventre. *Le ventriloque fait parler une marionnette.*

VENTRIPOTENT [vɑ̃tʀipɔtɑ̃], **VENTRIPOTENTE** [vɑ̃tʀipɔtɑ̃t] adj. (après le nom) ▪ (qqn) Qui a un gros ventre. *Son père est un homme ventripotent.* **→ bedonnant, ventru.**

VENTRU [vɑ̃tʀy], **VENTRUE** [vɑ̃tʀy] adj. (après le nom) ▪ Qui a un gros ventre. *Les femmes ventrues du peintre Rubens nous étonnent.*

venu [vəny], **venue** [vəny] *Il est venu ; elle est venue :* formes au participe passé du verbe **venir.**

REM. On prononce souvent [vny] : *elle est venue* [ɛlɛvny].

VENU [vəny] n. m., **VENUE** [vəny] n. f. **1.** *LE PREMIER VENU, LA PREMIÈRE VENUE :* la première personne qui se présente et que l'on ne connaît pas, n'importe qui. *Ce n'est pas parce que tu n'as pas d'amoureux que tu dois sortir avec le premier venu ! Elle n'est pas la première venue !* ce n'est pas n'importe qui ! **2.** *UN NOUVEAU VENU, UNE NOUVELLE VENUE :* une personne que l'on ne connaît pas et qui vient d'arriver. *Faisons un bon accueil aux nouveaux venus. Je voudrais vous présenter une nouvelle venue.*

REM. On prononce souvent [vny] : *les nouveaux venus* [lenuvovny].

VENUE [vəny] n. f. ▪ *LA VENUE :* action, fait de venir. *Nous attendons la venue de la directrice,* nous attendons qu'elle vienne nous voir. – STYLE RECHERCHÉ *Toute la famille attend avec impatience la VENUE AU MONDE du bébé,* sa naissance.

FAUX AMI
anglais **venue** « lieu de rencontre (colloque) »

REM. **1.** On prononce souvent [vny]. **2.** Voir aussi l'article **allées et venues.**

VÊPRES [vɛpʀ] n. f. pluriel ▪ *LES VÊPRES :* heures de l'office catholique célébré l'après-midi. *On sonne les vêpres. Les vêpres sont terminées.*

VER [vɛʀ] n. m. ▪ *UN VER* **1.** Petit animal au corps allongé et mou, sans pattes. *En creusant un trou, les enfants ont trouvé un VER DE TERRE.* – STYLE FAMILIER *Impossible d'habiller ce gosse, il se tortille comme un ver ! – Quand il nous a ouvert la porte, il était NU COMME UN VER !* il était tout nu. **2.** Cet animal, parasite de l'homme et des animaux. *Ce chien a des vers. Il a le VER SOLITAIRE,* le ténia. – *Elle a essayé de me TIRER LES VERS DU NEZ,* de me faire dire ce que je sais et que je tais. **3.** Larve d'insecte, de papillon. **→ chenille.** *J'ai jeté la viande, elle était pleine de vers !* **→ asticot.** *Ces pommes sont pleines de vers* **(→ véreux).** *Le buffet est mangé par les vers* **(→ vermoulu).** *Les fils de soie sont fabriqués par une chenille appelée VER À SOIE. La nuit, on voit des VERS LUISANTS au bord du chemin.*

REM. Les mots *vers* « ligne d'un poème », *verre* « récipient dans lequel on boit », *vert* « couleur » et la préposition *vers* « en direction de » « aux environs de » se prononcent de la même façon.

VÉRACITÉ [veʀasite] n. f. ▪ STYLE RECHERCHÉ *LA VÉRACITÉ :* le fait d'être vrai. ⟨contraire : fausseté⟩ *Le juge croit à la véracité de votre témoignage.* **→ authenticité, exactitude, sincérité.**

VÉRANDA [veʀɑ̃da] n. f. ▪ *UNE VÉRANDA :* pièce vitrée adossée à une maison et communiquant avec cette maison. *Chez nous, une véranda sert de petit salon. Elle a mis des plantes vertes dans sa véranda.*

FAUX AMI
grec **βεράντα** « grand balcon, terrasse »

① **VERBAL** [vɛʀbal], **VERBALE** [vɛʀbal] adj. (après le nom) **1.** Qui se fait de vive voix (opposé à écrit). **→ oral.** *Il m'a fait la promesse verbale de m'embaucher et doit le confirmer par une lettre.* MASCULIN PLURIEL : *nous avons conclu des accords VERBAUX* [vɛʀbo]. **2.** Qui se fait, qui s'exprime par le langage parlé ou écrit. *Sa violence verbale m'a fait très peur* (opposé à physique). *Il a fait un délire verbal. le mime n'utilise jamais l'expression verbale.*

REM. Voir aussi l'article **procès-verbal.**

② **VERBAL** [vɛʀbal], **VERBALE** [vɛʀbal] adj. (après le nom) ▪ Qui concerne le verbe. *« Mangeons » et « faites » sont des formes verbales des verbes « manger » et « faire »,* des formes conjuguées de ces verbes. – *« Avoir l'air » est une locution verbale. « Apaisant » est un adjectif verbal,* un participe présent employé comme adjectif. MASCULIN PLURIEL : *des adjectifs VERBAUX* [vɛʀbo].

VERBALEMENT [vɛʀbalmɑ̃] adverbe ▪ Par la parole. **→ oralement.** ⟨contraire : par écrit⟩ *Ils ont conclu l'accord verbalement et le signeront plus tard.*

VERBALISER [vɛʀbalize] verbe [conjugaison 1a] ▪ Dresser un procès-verbal. *L'agent de police a verbalisé pour stationnement interdit.*

① **VERBE** [vɛʀb] n. m. ▪ STYLE RECHERCHÉ Langage, langue. *Il séduit par la magie de son verbe.* → ① **verbal, verbalement.** *AVOIR LE VERBE HAUT :* parler fort. *Cet homme politique a le verbe haut.*

REM. La plupart des dérivés de *verbe* concernent le langage et non le ② verbe.

② **VERBE** [vɛʀb] n. m. ▪ *LE VERBE* (grammaire française) Mot qui exprime une action ou un état et dont la forme varie selon le sujet, le temps et le mode (→ **conjugaison).** *Le verbe s'accorde en personne et en nombre avec le sujet.* → ② **verbal.** *Conjuguez le verbe « partir » à l'imparfait de l'indicatif. « Faire » est un verbe irrégulier.*

REM. **1.** En français le verbe est donné à l'infinitif, à la nomenclature des dictionnaires ; en latin il est donné à la première personne du présent. **2.** Les verbes irréguliers sont toujours des verbes anciens ; les nouveaux verbes sont réguliers et en *-er.*

VERBEUX [vɛʀbø], **VERBEUSE** [vɛʀbøz] adj. (après le nom) ▪ Qui dit les choses en trop de paroles, trop de mots. *Je n'aime pas ce professeur, il est verbeux.* → **bavard.** ‹contraires : bref, concis, succinct› - *Ce discours verbeux donne peu d'information.*

VERBIAGE [vɛʀbjaʒ] n. m. ▪ *LE VERBIAGE :* abondance de paroles maladroites, de mots vides de sens ou qui expriment peu de choses. → **bavardage.** *Arrête ce verbiage et sois précis ! Ce n'est pas sérieux, c'est du verbiage !*

VERDÂTRE [vɛʀdɑtʀ] adj. (après le nom) ▪ Qui est d'un vert un peu sale et trouble. *L'eau de la mare est verdâtre.* → **glauque.**

VERDEUR [vɛʀdœʀ] n. f. ▪ *LA VERDEUR* **1.** Force et vigueur (de qqn qui n'est plus jeune). *Son arrière-grand-père n'a rien perdu de sa verdeur !* (→ **vert**). **2.** Liberté savoureuse dans le langage. *Nous admirons Rabelais, la verdeur de son langage.*

VERDICT [vɛʀdikt] n. m. ▪ *LE VERDICT :* décision de justice. → **sentence.** *La presse attend impatiemment le verdict,* le résultat du jugement. *Le tribunal a RENDU SON VERDICT : l'accusé est acquitté.* - *Le verdict de mes parents est tombé : interdiction de sortir.*

VERDIR [vɛʀdiʀ] verbe [conjugaison 2] **1.** (végétaux) Pousser, se couvrir de feuilles. *Au printemps, les arbres verdissent.* **2.** (qqn) Devenir vert (de peur). → **blêmir.** *Je me suis senti verdir de peur.*

VERDOYANT [vɛʀdwajɑ̃], **VERDOYANTE** [vɛʀdwajɑ̃t] adj. (après le nom) ▪ Très vert, où la végétation est abondante. *C'est une belle région, avec des collines verdoyantes.*

VERDURE [vɛʀdyʀ] n. f. ▪ *LA VERDURE* **1.** Ensemble des arbres, des plantes, de l'herbe, des feuilles. *J'en ai assez de la ville, j'ai envie de voir de la verdure !* **2.** Plante potagère que l'on mange crue, en salade. *À midi, un plat de verdure nous rafraîchira* (→ **crudités).**

FAUX AMIS
espagnol et italien **verdura** « légumes »

VÉREUX [veʀø], **VÉREUSE** [veʀøz] adj. (après le nom) **1.** Qui contient un ver, des vers. *Cette pomme est véreuse, jette-la.* **2.** Très malhonnête. *On ne peut pas avoir confiance en lui, c'est un homme d'affaires véreux.* ‹contraires : honnête, intègre› - *Méfie-toi, c'est une affaire véreuse.* → ① **louche.**

① **VERGE** [vɛʀʒ] n. f. ▪ STYLE RECHERCHÉ *UNE VERGE :* baguette servant à frapper. *Ce méchant homme a pris des verges pour battre son chien.*

② **VERGE** [vɛʀʒ] n. f. ▪ *LA VERGE :* membre viril, pénis de l'homme et des mammifères mâles. → **phallus ;** STYLE TRÈS FAMILIER **bite, pine, queue.**

REM. *Pénis* est le mot moderne le plus courant.

VERGER [vɛʀʒe] n. m. ▪ *UN VERGER :* terrain planté d'arbres fruitiers. *Nous avons un verger planté de pommiers et de cerisiers.*

VERGLACÉ [vɛʀglase], **VERGLACÉE** [vɛʀglase] adj. (après le nom) ▪ Couvert de verglas. *Les routes verglacées sont dangereuses.*

VERGLAS [vɛʀgla] n. m. ▪ *LE VERGLAS :* couche de glace très mince qui se forme sur le sol. *La voiture a dérapé sur une plaque de verglas. Ralentis, il y a du verglas.*

SANS **VERGOGNE** [sɑ̃vɛʀgɔɲ] adverbe ▪ Sans honte, sans scrupule. *Il nous a menti sans vergogne.*

VERGUE [vɛʀg] n. f. ▪ *LA VERGUE :* longue pièce de bois disposée sur l'avant du mât d'un bateau et qui soutient la voile. *Les vergues permettent d'orienter les voiles selon la direction du vent.*

VÉRIDIQUE [veʀidik] adj. (avant le nom ou après le nom) ▪ (qqch.) (langage) Dont le contenu est conforme à la vérité. → **vrai, exact.** ‹contraires : faux, mensonger› *Je vais vous raconter la véridique histoire de Cyrano de Bergerac.* → **authentique, véritable.** *Ce que je vous ai dit est véridique. C'est le récit véridique de l'affaire.*

VÉRIFIABLE [veʀifjabl] adj. (après le nom) ▪ Que l'on peut vérifier. *Le suspect a un alibi vérifiable.* ‹contraire : invérifiable›

VÉRIFICATION [veʀifikasjɔ̃] n. f. ▪ *LA VÉRIFICATION :* le fait de vérifier. → **contrôle.** *Le policier m'a demandé mes papiers POUR VÉRIFICATION,* pour vérifier. *Il m'a rendu mes papiers APRÈS VÉRIFICATION,* après avoir vérifié. *Une vérification est indispensable.*

VÉRIFIER [veʀifje] verbe [conjugaison 7a] **1.** Examiner la valeur de (qqch.) par un contrôle. → **contrôler.** *Le comptable vérifie ses comptes. Il faut que nous vérifiions si le train part à l'heure habituelle. Je vérifierai* [veʀifiʀɛ] *si ce que vous dites est vrai,* je m'en assurerai. **2.** Examiner (une chose) pour être sûr qu'elle est conforme, qu'elle fonctionne bien. *Il faut que je fasse vérifier les freins de ma voiture.* **3.** verbe pronominal SE VÉRIFIER : se révéler exact, juste. *Nos soupçons se sont vérifiés.*

VÉRITABLE [veʀitabl] adj. (avant le nom ou après le nom) **1.** (avant le nom) Conforme à la réalité (opposé à faux, inventé, supposé). *C'est lui le véritable coupable, et non son ami. Quel est le véritable nom de cet acteur ? Toute cette histoire est véritable.* → **réel. 2.** (après le nom) Qui n'est pas imité. *Elle a une chaîne en or véritable. Ce sont des cheveux véritables et pas une perruque.* **3.** (avant le nom, parfois après le nom) Qui est exactement ce que l'on pense. *Tu es un véritable ami,* un ami digne de ce nom. *C'est un ami véritable. Il espère rencontrer le véritable amour.* **4.** (avant le nom) *UN VÉRITABLE...* qui mérite son nom. → **vrai.** *C'est une véritable épidémie de grippe. Il y a eu une véritable catastrophe. Cette fille est une véritable imbécile. Ce sont de véritables hypocrites.*

VÉRITABLEMENT [veʀitabləmɑ̃] adverbe ▪ D'une manière réelle, en vérité. → **effectivement, réellement.** *Cette histoire est véritablement scandaleuse.* → **vraiment.**

VÉRITÉ [veʀite] n. f. ▪ *LA VÉRITÉ* **1.** Connaissance à laquelle on attribue la plus grande valeur (opposé à erreur, illusion). *Il est à la recherche de la vérité.* - *À chacun sa vérité.* **2.** Phrase qui est vraie et réalité qui lui correspond (opposé à erreur, invention, mensonge). *C'est l'ENTIÈRE VÉRITÉ, la PURE VÉRITÉ. Dis-moi la vérité :* ne me mens pas. *Avez-vous dit toute la vérité ? Je suis sûr qu'il cache la vérité. « Jurez de dire la vérité, toute la vérité, rien que la vérité. »* **3.** Ressemblance, dans l'expression artistique. *Ce portrait est d'une grande vérité.* → **justesse. 4.** *UNE VÉRITÉ :* phrase qui exprime une certitude pour tout le monde.

Cet écrivain dit souvent des vérités. Ce que tu dis est une vérité de La Palice ! **(→ lapalissade).** - *Je vais lui* DIRE SES QUATRE VÉRITÉS : je vais lui dire très franchement ce que je pense de désagréable de lui. **5.** La situation réelle. → **réalité.** *La vérité, c'est que j'ai très peur.* - *Lorsqu'il parle de «petite crise économique», il est au-dessous de la vérité,* la crise économique est réellement plus grave que cela. - *C'est la* MINUTE DE VÉRITÉ : c'est le moment décisif où l'on doit affronter une situation dans sa réalité, sans se dérober. **6.** Franchise, sincérité. *Dans un* SOUCI DE VÉRITÉ, *il a ajouté des détails à son explication.* → **sincérité.** *Il a donné sa version des faits avec un accent de vérité qui ne trompe pas.* → **authenticité. 7.** EN VÉRITÉ : en fait **(→ assurément, certainement, vraiment).** *En vérité, je n'ai rien vu.*

VERLAN [vɛʀlɑ̃] n. m. ▪ *LE VERLAN* : langue familière artificielle. qui consiste à inverser les syllabes de certains mots. *En verlan, «pourri» se dit «ripou», «femme» se dit «meuf». C'est du verlan.*

VERMEIL [vɛʀmɛj] adj. et n. m., **VERMEILLE** [vɛʀmɛj] adj.
I. adjectif (après le nom) D'un rouge vif et léger. ⟨contraire : pâle⟩ *Cette fille a des lèvres vermeilles.*
II. *LE VERMEIL* **1.** Argent doré recouvert d'une dorure un peu rouge. *Nous avons hérité de couverts en vermeil.* **2.** *La* CARTE VERMEIL : carte réservée aux personnes âgées et donnant droit à des réductions, en France. *Grâce à leur carte vermeil, mes parents ont cinquante pour cent de réduction sur leurs voyages en chemin de fer.*

VERMICELLE [vɛʀmisɛl] n. m. ▪ *LE VERMICELLE* : pâtes à potage en forme de fils très minces. *J'ai préparé un potage au vermicelle. Le vermicelle chinois est à base de farine de riz.*

VERMILLON [vɛʀmijɔ̃] n. m. et adj. invariable ▪ (en peinture) *LE VERMILLON* : couleur rouge vif un peu orangé. *Il y a de beaux vermillons dans ce tableau.*

VERMINE [vɛʀmin] n. f. **1.** *LA VERMINE* : insectes (puces, punaises, poux...) parasites de l'homme et des animaux. *Ce vieux matelas est grouillant de vermine.* **2.** STYLE FAMILIER *UNE VERMINE* : personne ignoble, méprisable. *Ce type est une vermine.*

VERMOULU [vɛʀmuly], **VERMOULUE** [vɛʀmuly] adj. (après le nom) ▪ (bois) Rongé, mangé de l'intérieur par les vers. *Un escalier vermoulu mène au grenier. Les jolis meubles anciens sont souvent vermoulus.*

VERMOUTH [vɛʀmut] n. m. ▪ *LE VERMOUTH* : apéritif à base de vin aromatisé de plantes amères et toniques. *J'ai acheté du vermouth. Un vermouth, s'il vous plaît !* un verre de vermouth. *Elle a bu deux vermouths.*

> REM. **1.** On écrit aussi *vermout.* **2.** On appelle couramment les vermouths par leur nom de marque, ex. *un Martini.*

VERNI [vɛʀni], **VERNIE** [vɛʀni] adj. (après le nom) **1.** Enduit de vernis. *J'ai acheté une grande table en bois verni. Elle a mis ses chaussures vernies.* **2.** STYLE FAMILIER Qui a de la chance. *«Tu as encore gagné ! Alors toi, tu es verni !»* → **chanceux ;** STYLE FAMILIER **veinard.** *Elle est vraiment vernie, cette fille. Il est encore malade, il n'est pas verni, en ce moment.*

VERNIR [vɛʀniʀ] verbe [conjugaison 2] ▪ Enduire, couvrir de vernis. *Quand je suis arrivé, le peintre vernissait son tableau.*

VERNIS [vɛʀni] n. m. ▪ *LE VERNIS* **1.** Produit brillant, transparent ou coloré, que l'on applique sur une surface pour la protéger ou pour l'embellir. *La coque du bateau est recouverte d'une couche de vernis. Le vernis et la peinture s'écaillent. Elle s'est mis du* VERNIS À ONGLES *rouge.* **2.** Apparence superficielle. *Elle a un vernis de culture. Il suffit de gratter le vernis pour voir sa bêtise. Son honnêteté n'est qu'un vernis.*

VERNISSAGE [vɛʀnisaʒ] n. m. **1.** *LE VERNISSAGE* : action de vernir, de couvrir de vernis. *Il faut refaire le vernissage du buffet.* **2.** *UN VERNISSAGE* : inauguration d'une exposition de peinture. *Nous sommes invités à un vernissage.*

VERNISSÉ [vɛʀnise], **VERNISSÉE** [vɛʀnise] adj. (après le nom) ▪ (poterie) Enduit de vernis. *J'aime ce petit village, avec ses toits aux tuiles vernissées.*

VÉROLE [veʀɔl] n. f. ▪ *LA PETITE VÉROLE* : la variole. → **variole.** *Son père a le visage marqué par la petite vérole.*

> REM. On appelait autrefois *vérole* une grave maladie sexuellement transmissible *(syphilis).*

verra [veʀa] *Il verra, elle verra* : forme au futur du verbe **voir.**

VERRE [vɛʀ] n. m.
I. *LE VERRE* : matière fabriquée, dure, cassante et transparente. *Les vitres des fenêtres sont en verre.* → ② **glace.** *Cette bouteille est en verre. Est-ce du verre ou du plastique ? Je me suis blessé le pied en marchant sur un morceau de verre.* - *Nous avons isolé le toit de la maison avec de la* LAINE DE VERRE, une matière composée de fils de verre. - *Le menuisier polit la planche de bois avec du* PAPIER DE VERRE, avec un papier sur lequel sont fixés de petits morceaux de verre.
II. *UN VERRE* **1.** Récipient transparent (en verre, en cristal, en plastique) dans lequel on boit. *Nous avons six* VERRES À PIED [vɛʀapje]. *Il a cassé un verre en cristal. N'oublie pas de remplir mon verre ! Il a vidé son verre d'un seul coup. Levons nos verres !* → **toast.** - *Le* VERRE À DENTS *est sur le lavabo,* le verre qui sert à se rincer la bouche quand on se lave les dents. **2.** Le contenu d'un verre. *Bois un verre d'eau. Il a bu deux verres de vin.* - *Tu te* NOIES DANS UN VERRE D'EAU : tu ne sais pas surmonter les obstacles, même les petits obstacles. - *Allons* BOIRE UN VERRE, une boisson que l'on prend hors des repas, dans un bar, un café. *Viens* PRENDRE UN VERRE *avec moi.* → STYLE FAMILIER **pot.** *Il m'a offert un verre,* il m'a payé à boire. **3.** Plaque, lame de verre. *Mon* VERRE DE MONTRE *est rayé,* le morceau de verre (ou de plastique) qui recouvre et protège le cadran. - *Je vais mettre ta photo* SOUS VERRE, sous une lame de verre **(→ sous-verre). 4.** (au pluriel) DES VERRES : des verres optiques ou des lentilles en plastique que l'on porte pour mieux voir. *Elle a des lunettes avec des verres teintés. L'oculiste me conseille de porter des* VERRES DE CONTACT **(→ lentille).**

> REM. **1.** Les mots *ver* «petit animal au corps mou et allongé, sans pattes», *vers* «ligne d'un poème», *vert* «couleur» et la préposition *vers* «en direction de» «aux environs de» se prononcent de la même façon. **2.** Pour *verre* (II., 1.) le même récipient non transparent (carton, plastique, métal) est un *gobelet.* → **gobelet.**

VERRERIE [vɛʀʀi] n. f. ▪ *UNE VERRERIE* : usine où l'on fabrique du verre ou des objets en verre. *Il travaille dans une verrerie* **(→ verrier).**

VERRIER [vɛʀje] n. m. ▪ *UN VERRIER* : ouvrier qui travaille dans une verrerie. *Les verriers ont créé des vitraux magnifiques.*

VERRIÈRE [vɛʀjɛʀ] n. f. ▪ *UNE VERRIÈRE* : toit en verre qui laisse passer les rayons du soleil. *Le toit de la véranda est une verrière.*

verront [veʀɔ̃] *Ils verront, elles verront* : forme au futur du verbe **voir.**

VERROTERIE [vɛʀɔtʀi] n. f. ▪ *LA VERROTERIE* : ensemble de petits ouvrages de verre coloré, de bijoux de faible valeur. *Ce ne sont pas des pierres précieuses mais de la verroterie ! J'ai acheté des bijoux en verroterie.*

VERROU [vɛʀu] n. m. **1.** *UN VERROU :* système de fermeture formé d'une pièce de métal qui coulisse pour bloquer une porte (→ **targette**). *On POUSSE LE VERROU pour fermer, on TIRE LE VERROU pour ouvrir. Mets le verrou :* ferme-le. **2.** *SOUS LES VERROUS,* dans un endroit fermé à clé. *Les documents sont sous les verrous,* enfermés, dans un coffre. *Le voleur est sous les verrous,* il est en prison.

VERROUILLAGE [vɛʀujaʒ] n. m. ▪ *LE VERROUILLAGE :* le fait de fermer à l'aide d'un verrou. *As-tu vérifié le verrouillage des portes ?*

VERROUILLER [vɛʀuje] verbe [conjugaison 1a] **1.** Fermer à l'aide d'un verrou. *Verrouille ta porte avant d'aller te coucher.* **2.** Rendre (un lieu) inaccessible. *La police a verrouillé le quartier,* elle empêche les gens d'entrer et de sortir.

VERRUE [vɛʀy] n. f. ▪ *UNE VERRUE* **1.** Petite boule qui pousse sous la peau. *Il a une verrue sur le nez. Mon fils a une VERRUE PLANTAIRE,* une verrue sous le pied. **2.** Chose qui enlaidit. *Cet immeuble est une verrue dans le quartier.*

① **VERS** [vɛʀ] n. m. **1.** *UN VERS :* ligne d'un poème. *Les élèves doivent apprendre par cœur les dix premiers vers du poème. Combien de syllabes a ce vers ? Ce poème est écrit en vers de douze syllabes* (→ **alexandrin**). *Ces deux vers riment entre eux* (→ **rime, rimer**). *Certains poètes écrivent des VERS LIBRES,* des vers de longueur inégale ou qui ne riment pas entre eux. *Un sonnet est un poème composé de deux strophes de quatre vers et de deux strophes de trois vers.* **2.** (au pluriel) LES VERS : l'écriture en vers. → **poème, poésie.** *J'ai fait des vers pour son anniversaire. Il a écrit une œuvre en vers.* ⟨contraire : en prose⟩ *Le comédien déclame des vers.*

REM. *Ver* «animal», *verre* «matière» et *vert* «couleur» se prononcent de la même façon.

FAUX AMI — anglais **verse** «strophe»

② **VERS** [vɛʀ] préposition **1.** En direction de. *Il se dirige vers la sortie. Elle est venue vers moi. Elle a tourné la tête vers son mari. Il tourne son regard vers le village. L'enfant courait vers chez moi. La maison regarde vers le sud,* elle est orientée en direction du sud. **2.** Aux environs de. *Nous nous sommes arrêtés vers Milan,* près de Milan. **3.** Aux alentours de. *Il viendra vers midi,* quand il sera à peu près midi. → **environ.**

VERSANT [vɛʀsɑ̃] n. m. ▪ *LE VERSANT :* chacune des deux pentes (d'une montagne, d'une vallée). *Les alpinistes ont escaladé le versant nord de la montagne.*

VERSATILE [vɛʀsatil] adj. (après le nom) ▪ STYLE RECHERCHÉ Qui change facilement d'avis, d'opinion. → **changeant, inconstant.** *C'est un homme versatile.* ⟨contraires : entêté, obstiné, opiniâtre⟩

FAUX AMI — italien **versatile** «doué»

À **VERSE** [avɛʀs] adverbe ▪ *IL PLEUT À VERSE :* il pleut très fort (→ **averse**).

VERSÉ [vɛʀse], **VERSÉE** [vɛʀse] adj. (après le nom) ▪ STYLE RECHERCHÉ Savant et expérimenté. *Elle est très VERSÉE EN histoire. Il est VERSÉ DANS l'architecture romane.*

VERSEAU [vɛʀso] n. m. ▪ *LE VERSEAU :* signe du zodiaque (20 janvier-18 février). *Il est né sous le signe du Verseau. – Elle est Verseau :* elle est née sous le signe du Verseau. *Nous sommes tous les deux Verseau.*

REM. *Verso* «envers» se prononce de la même façon.

VERSEMENT [vɛʀsəmɑ̃] n. m. **1.** *LE VERSEMENT :* le fait de verser de l'argent. → **paiement.** *Un licenciement donne droit à un versement d'indemnités.* **2.** *UN VERSEMENT :* somme d'argent versée. *Le premier versement s'élève à trois mille francs.*

VERSER [vɛʀse] verbe [conjugaison 1a]

I. *VERSER QQCH.* **1.** Faire couler (un liquide) d'un récipient qu'on incline. *Le maître d'hôtel verse du vin dans les verres. Verse-moi à boire, s'il te plaît.* **2.** Répandre. *Il a versé beaucoup de larmes à la mort de sa femme,* il a beaucoup pleuré. *Il a versé son sang pour la patrie,* il a été blessé ou il est mort pour la patrie. **3.** Donner (de l'argent) pour payer. *Vous verserez mille francs à la commande. Il verse une pension alimentaire à son ex-femme tous les mois. Son salaire est versé directement sur son compte en banque par virement.* **4.** Joindre (un document). *Son témoignage est VERSÉ AU dossier.* → **annexer.**

II. (tomber) **1.** (qqch.) Basculer et tomber sur le côté. *La voiture a versé dans le fossé.* → se **renverser.** *Les blés ont versé,* la pluie les a couchés au sol. **2.** *VERSER DANS* (abstrait) Tomber dans (un état). *Cet écrivain verse dans la facilité.*

VERSET [vɛʀsɛ] n. m. ▪ *UN VERSET :* petit paragraphe (d'un texte sacré). *Le prêtre commente un verset de la Bible.*

VERSEUR [vɛʀsœʀ] adj. m. (après le nom) ▪ *Un BEC VERSEUR :* partie en pointe d'un récipient, qui sert à verser. *La cafetière a un bec verseur.*

VERSIFICATION [vɛʀsifikasjɔ̃] n. f. ▪ *LA VERSIFICATION :* art de faire des vers. *Il apprend les règles de la versification.*

VERSION [vɛʀsjɔ̃] n. f.

I. *UNE VERSION* **1.** Exercice qui consiste à faire la traduction d'un texte d'une langue étrangère dans sa propre langue (opposé à thème). *Je dois faire une version latine,* traduire un texte latin dans ma langue. **2.** Manière de raconter ce qui s'est passé. *La police écoute les différentes versions des faits. Chaque témoin donne sa version de l'accident.*

II. (même langue) **1.** Variante d'un texte, dans une même langue. *Voici une version longue et une version courte de mon article à publier. Il m'a fait lire les trois versions de son roman.* → **mouture.** *C'est une version expurgée du roman.* → **édition.** **2.** Sorte de film, du point de vue de la langue (originale ou traduite). *J'ai vu un film allemand en VERSION ORIGINALE sous-titrée en français,* un film allemand en allemand avec des sous-titres français (→ **V. O.**). *Je n'aime pas voir les films américains en VERSION FRANÇAISE,* doublés (→ **V. F.**).

VERSO [vɛʀso] n. m. ▪ *LE VERSO :* envers d'une feuille de papier. → **dos.** ⟨contraire : recto⟩ *La suite du questionnaire est AU VERSO. Voyez l'adresse au verso. La page est écrite RECTO VERSO,* des deux côtés. *N'oublie pas de lire les versos des pages.*

VERT [vɛʀ] adj. et n. m., **VERTE** [vɛʀt] adj.

I. adjectif (après le nom) **1.** De la couleur de l'herbe qui pousse. *La chlorophylle donne aux plantes leur couleur verte. Donnez-moi un steak avec une salade verte !,* de la laitue. *Les HARICOTS VERTS sont des haricots dans leur gousse. Il y a des PLANTES VERTES dans la salle d'attente,* des plantes décoratives qui sont toujours vertes. – *Il y a beaucoup d'ESPACES VERTS dans notre ville,* des jardins. – *L'émeraude est une pierre verte. Les voitures passent au feu vert.* → **feu.** **2.** (chair) Sans couleur rose, comme les cadavres. → **décomposé, livide.** *Le malade a le teint vert.* → **verdâtre.** *Il est devenu vert de rage. Ma sœur est verte de peur* (→ **verdir**). *Il soutient qu'il a vu DES PETITS HOMMES VERTS,* des extraterrestres. **3.** (fruit, céréale) Qui n'est pas mûr. *Le blé est encore vert. Ne mange pas ces tomates vertes.* – STYLE FAMILIER *Il lui en a dit DES VERTES ET DES PAS MÛRES,* il lui a dit des choses choquantes, étonnantes. **4.** (bois) Qui a encore de la sève. *Le bois vert fume en brûlant.* **5.** *Les LÉGUMES VERTS,* non séchés. ⟨contraire : sec⟩ *On peut conserver les légumes verts en les surgelant ou en les mettant en boîte.* **6.** (personne âgée) Encore fort et plein d'énergie malgré son âge. *Son grand-père est un vieillard encore vert.* → **valide.** **7.** Qui est dans la belle campagne. *Les élèves vont aller en CLASSE VERTE. Prenez les routes vertes !*

II. 1. *LE VERT :* couleur verte. *Elle a une robe vert foncé. Sa cravate est VERT POMME,* vert vif. *Le feu est passé au vert.* **2.** *SE METTRE AU VERT :* prendre du repos à la campagne. *J'ai besoin de me mettre au vert.*

III. (au pluriel) LES VERTS : personnes qui défendent la nature. → **écologiste.** *Les verts ont obtenu plusieurs sièges de députés aux élections législatives.*

REM. **1.** *Ver* «animal», *verre* «matière», *vers* «ligne d'un poème» et *vers* «en direction de» se prononcent de la même façon. **2.** Les *légumes verts* sont souvent d'une autre couleur (carottes, chou blanc, etc.)

VERTÉBRAL [vɛʀtebʀal], **VERTÉBRALE** [vɛʀtebʀal] adj. (après le nom) ▪ Qui appartient aux vertèbres, qui concerne les vertèbres. *La COLONNE VERTÉBRALE est la tige qui soutient l'ensemble du squelette.* MASCULIN PLURIEL : *les cartilages VERTÉBRAUX* [vɛʀtebʀo].

VERTÈBRE [vɛʀtɛbʀ] n. f. ▪ *UNE VERTÈBRE :* chacun des os séparés par un cartilage, qui forment la colonne vertébrale. *L'homme a trente-trois vertèbres. Il s'est déplacé une vertèbre en sautant.*

VERTÉBRÉ [vɛʀtebʀe] adj. et n. m., **VERTÉBRÉE** [vɛʀtebʀe] adj. **1.** adjectif (après le nom) Qui a des vertèbres, qui a un squelette. *Le cheval est un animal vertébré.* ⟨contraire : invertébré⟩ **2.** *UN VERTÉBRÉ :* animal qui possède une colonne vertébrale constituée de vertèbres osseuses ou cartilagineuses. *Les poissons, les batraciens, les mammifères, les reptiles et les oiseaux sont des vertébrés.*

VERTEMENT [vɛʀtəmɑ̃] adverbe ▪ STYLE RECHERCHÉ Avec rudesse. *Elle lui a répondu vertement,* sans ménagement. → **crûment.**

VERTICAL [vɛʀtikal] adj., **VERTICALE** [vɛʀtikal] adj. et n. f. **1.** adjectif (après le nom) Qui forme un angle droit avec une surface horizontale. *Un fil à plomb permet de vérifier qu'un mur est bien vertical. Tracez une ligne verticale* (opposé à horizontal, oblique). MASCULIN PLURIEL : *des plans VERTICAUX* [vɛʀtiko]. **2.** *À LA VERTICALE :* dans la position verticale. *L'hélicoptère s'élève à la verticale,* verticalement.

VERTICALEMENT [vɛʀtikalmɑ̃] adverbe ▪ En suivant une ligne verticale. ⟨contraire : horizontalement⟩ *La pluie tombe verticalement.*

VERTIGE [vɛʀtiʒ] n. m. **1.** *UN VERTIGE :* impression que tout tourne autour de soi, qui fait perdre l'équilibre. *J'ai un vertige :* j'ai la tête qui tourne. *Elle a souvent des vertiges.* → **éblouissement, étourdissement.** **2.** *LE VERTIGE :* peur de tomber dans le vide. *Je ne peux pas me pencher à la fenêtre parce que j'ai le vertige.*

VERTIGINEUX [vɛʀtiʒinø], **VERTIGINEUSE** [vɛʀtiʒinøz] adj. (après le nom) **1.** Qui pourrait donner le vertige. *Les chamois grimpent à des hauteurs vertigineuses.* **2.** Très grand. *Les fraises ont atteint des prix vertigineux,* très élevés.

VERTU [vɛʀty] n. f.

I. STYLE RECHERCHÉ **1.** *LA VERTU :* force morale qui pousse qqn à suivre la règle définie par la religion ou par la société. ⟨contraire : vice⟩ *Sa vertu l'honore.* **2.** STYLE FAMILIER *Il l'écoute sans s'énerver, il A DE LA VERTU,* il a du mérite, de l'indulgence.

II. *UNE VERTU* **1.** Qualité morale. *L'honnêteté et le courage sont des vertus.* ⟨contraires : défaut, vice⟩ → **qualité.** **2.** Pouvoir de produire un effet. *Certaines plantes ont des vertus calmantes.* → **propriété.**

III. *EN VERTU DE :* au nom de. *Des élèves ont été renvoyés en vertu du règlement,* en raison du règlement. *En vertu des pouvoirs qui sont les miens, j'ouvre la séance.*

REM. *Vertu* ne se dit presque plus au sens moral (I., 1. et II.), tout comme *vice.*

VERTUEUX [vɛʀtɥø], **VERTUEUSE** [vɛʀtɥøz] adj. (après le nom) ▪ STYLE RECHERCHÉ Qui a des qualités morales. *C'est une femme vertueuse.* ⟨contraire : vicieux⟩ – *Il a eu une conduite vertueuse.*

REM. Se disait autrefois pour le bonne conduite sexuelle.

VERVE [vɛʀv] n. f. ▪ *LA VERVE :* le fait de parler avec aisance, de manière brillante et pleine de fantaisie. *Il raconte ce qui lui est arrivé avec sa verve habituelle.* → **brio.** *Il est EN VERVE aujourd'hui,* il est plus brillant que d'habitude.

VERVEINE [vɛʀvɛn] n. f. **1.** *LA VERVEINE :* plante dont les feuilles servent à faire de la tisane. *Il y a de la verveine dans le jardin.* **2.** *UNE VERVEINE :* infusion faite avec des feuilles de verveine. *Voulez-vous une verveine ou un tilleul ?*

VÉSICULE [vezikyl] n. f. ▪ *LA VÉSICULE* ou *LA VÉSICULE BILIAIRE* [vezikylbiljɛʀ] : petite poche près du foie qui contient la bile. *On l'a opéré de la vésicule.*

VESSIE [vesi] n. f. ▪ *LA VESSIE :* poche située dans le bas du ventre, dans laquelle s'accumule l'urine qui arrive des reins. *Quand la vessie est pleine on a envie d'uriner.*

VESTE [vɛst] n. f. ▪ *UNE VESTE :* vêtement ouvert devant, qui couvre le haut du corps, qui a des manches et qui se porte par-dessus d'autres vêtements. *Son père a fait une tache à la veste de son costume.* → **veston.** *Elle a une jupe et une veste assorties.* → **tailleur.** *Mets une veste en laine, il ne fait pas chaud.* → **cardigan, gilet.** – STYLE FAMILIER *Il a PRIS UNE VESTE :* il a subi un échec. *Elle a RETOURNÉ SA VESTE :* elle a changé d'opinion, de parti, de camp. *On lui a TAILLÉ UNE VESTE :* on a dit du mal de lui pendant qu'il n'était pas là.

FAUX AMIS
allemand **Weste,**
anglais **vest,**
danois **vest,**
néerlandais **vest,**
roumain **vestă**
«gilet sans manches»

VESTIAIRE [vɛstjɛʀ] n. m. ▪ *UN VESTIAIRE* **1.** Lieu où l'on laisse les vêtements que l'on porte seulement à l'extérieur, dans un établissement public. *Dans ce musée, il y a un vestiaire. Laissez votre manteau et votre parapluie au vestiaire.* **2.** Local où l'on se change, dans un gymnase, une piscine. *Les ouvriers de l'usine se changent dans le vestiaire. Après le match, les joueurs sont retournés dans les vestiaires.*

FAUX AMI
italien **vestiaro**
«vêtements, garde-robe»

VESTIBULE [vɛstibyl] n. m. ▪ *LE VESTIBULE :* pièce d'entrée d'un édifice, d'un service public. → **hall.** *Une personne vous attend dans le vestibule.*

REM. Dans les maisons particulières on dit *entrée* ou *couloir.*

VESTIGE [vɛstiʒ] n. m. ▪ *UN VESTIGE :* ce qui reste d'une chose ancienne, détruite ou disparue. → **reste, trace.** *On a découvert les vestiges d'une ancienne chapelle dans la cour du château.* → **ruine.**

REM. Ce mot s'emploie surtout au pluriel.

VESTIMENTAIRE [vɛstimɑ̃tɛʀ] adj. (après le nom) ▪ Qui concerne les vêtements. *Il soigne toujours sa tenue vestimentaire,* la façon dont il est habillé. *Tes dépenses vestimentaires sont trop importantes.*

VESTON [vɛstɔ̃] n. m. *UN VESTON* : veste d'un costume d'homme. *Il fait chaud, vous pouvez retirer votre veston.*

FAUX AMI
roumain **veston** « veste militaire »

REM. Ce mot tend à disparaître ; on dit *veste* aussi pour le costume.

VÉSUVE [vezyv] nom propre masculin – en italien **VESUVIO** *LE VÉSUVE* : volcan du sud de l'Italie, près de Naples. *Une éruption du Vésuve a détruit Pompéi en 79.*

VÊTEMENT [vɛtmɑ̃] n. m. 1. *UN VÊTEMENT* : ce que l'on met sur son corps pour s'habiller. *Une jupe est un vêtement de femme.* 2. (au pluriel) LES VÊTEMENTS : ensemble des objets qui couvrent le corps et le protègent. → **habit.** *Elle a toujours de beaux vêtements. Il fait froid, mettez des vêtements chauds. Je vais m'acheter des vêtements d'été.* → STYLE FAMILIER **fringues.** *Elle range ses vêtements dans le placard avant de se coucher. Mets tes vêtements* : habille-toi (→ se **vêtir**).

VÉTÉRAN [veteʀɑ̃] n. m. *UN VÉTÉRAN* 1. Ancien combattant. *Il fait partie d'une association des vétérans de la guerre du Viêtnam.* 2. Personne qui a beaucoup d'expérience (dans un domaine). *La directrice de l'école est un vétéran de l'enseignement.*

VÉTÉRINAIRE [veteʀinɛʀ] n. m., n. f. *UN VÉTÉRINAIRE, UNE VÉTÉRINAIRE* : médecin qui soigne les animaux. *Le fermier a fait venir le vétérinaire pour la vache qui va avoir son veau. Je suis allé chez le vétérinaire faire vacciner mon chien.*

VÉTILLE [vetij] n. f. STYLE RECHERCHÉ *UNE VÉTILLE* : chose insignifiante, sans importance. → **détail.** *Ils se sont fâchés pour une vétille.* → **bagatelle, broutille, rien.**

VÊTIR [vetiʀ] verbe [conjugaison 20] STYLE RECHERCHÉ 1. Mettre des vêtements à. *La petite fille vêt sa poupée.* → **habiller.** 2. verbe pronominal SE VÊTIR : mettre des vêtements sur soi. *Elle s'est vêtue chaudement* : elle a mis des vêtements chauds. *Il faut que tu te vêtes, c'est l'heure de partir.* → s'**habiller.** ⟨contraires : se dévêtir, se déshabiller⟩ *Je ne sais pas comment me vêtir ni me chausser aujourd'hui.* → STYLE FAMILIER se **fringuer.**

REM. **1.** *S'habiller* est plus courant. **2.** Voyez **vêtu** (REM.).

VETO [veto] n. m. invariable 1. *LE VETO* : pouvoir de s'opposer à une décision. *Le conseil de l'O. N. U. a le droit de veto.* 2. *UN VETO* : refus. ⟨contraires : accord, assentiment⟩ *Mon père a MIS SON VETO à mon mariage*, il refuse que je me marie. PLURIEL : *des veto.*

vêtu [vety], **vêtue** [vety] *Il a vêtu sa fille, sa fille qu'il a vêtue* : formes au participe passé du verbe **vêtir.**

VÊTU [vety], **VÊTUE** [vety] adj. (après le nom) Qui porte un vêtement, qui est habillé. *Te voilà bien vêtue et bien chaussée ! Tu n'es pas assez chaudement vêtu.* ⟨contraire : nu⟩ *Elle était à peine vêtue*, presque nue. *Les hommes sont vêtus d'un pagne.* → **porter.** *Ils sont vêtus de haillons. On a retrouvé un enfant vêtu de bleu.*

REM. À la différence du verbe *vêtir*, l'adjectif *vêtu* est plus courant que *habillé.*

VÉTUSTE [vetyst] adj. (après le nom) STYLE RECHERCHÉ (qqch.) Vieux et en mauvais état. → **délabré.** *Ils ont acheté une maison vétuste qu'ils vont rénover.* ⟨contraire : ① neuf⟩

VÉTUSTÉ [vetyste] n. f. STYLE RECHERCHÉ *LA VÉTUSTÉ* : état d'une chose qui est abîmée parce qu'elle est vétuste. *L'escalier est d'une vétusté qui le rend dangereux.* → **délabrement.**

VEUF [vœf] n. m. et adj., **VEUVE** [vœv] n. f. et adj. 1. Personne dont le mari ou la femme est mort. *Sa veuve est inconsolable. Il s'est remarié avec une veuve. Elle est VEUVE DE GUERRE* : son mari est mort à la guerre. – nom féminin *La veuve Dupont a hérité de son conjoint* (en droit). 2. adjectif (après le nom) Dont le conjoint est mort. *Ma grand-mère a été veuve très jeune.*

veuille [vœj] *Que je veuille ; qu'il veuille, qu'elle veuille* : forme au subjonctif du verbe **vouloir.**

VEULE [vøl] adj. (après le nom) STYLE RECHERCHÉ Qui n'a pas de courage ni de volonté. → **lâche, peureux, poltron.** ⟨contraires : énergique, ① ferme⟩ *C'est un garçon veule et hypocrite.* → **faible.**

veulent [vœl] *Ils veulent, elles veulent* : forme au présent du verbe **vouloir.**

VEULERIE [vølʀi] n. f. STYLE RECHERCHÉ *LA VEULERIE* : caractère d'une personne veule. → **lâcheté.** *Il est d'une veulerie déconcertante.* ⟨contraires : courage, énergie, fermeté, volonté⟩

VEUVAGE [vœvaʒ] n. m. *LE VEUVAGE* : situation d'une personne qui a perdu son conjoint (→ **veuf**). *Elle s'est remariée après un an de veuvage*, un an après la mort de son mari. *Ça lui est arrivé pendant son veuvage.*

veux [vø] *Je veux, tu veux* : forme au présent du verbe **vouloir.**

VEXANT [vɛksɑ̃], **VEXANTE** [vɛksɑ̃t] adj. (après le nom) 1. Qui blesse l'amour-propre. *Il m'a fait des remarques très vexantes.* → **blessant, humiliant.** 2. Qui contrarie. *J'ai raté mon train, c'est vraiment vexant.* → **rageant.** *Il n'y a rien de plus vexant.* → STYLE FAMILIER **con.**

REM. Surtout courant au sens 2.

VEXATION [vɛksasjɔ̃] n. f. *UNE VEXATION* : action ou parole destinée à humilier. *Il a subi de nombreuses vexations de la part de son chef de service.* → **humiliation.**

VEXER [vɛkse] verbe [conjugaison 1a] 1. Fâcher (qqn) en l'attaquant dans son amour-propre. → **blesser, froisser, humilier.** *Tu as vexé ton ami en ne l'écoutant pas.* ⟨contraire : flatter⟩ *Excusez-moi, je ne voulais pas vous vexer.* – *Elle a été très VEXÉE QUE vous ne veniez pas à son dîner.* → **mortifier, offenser.** 2. verbe pronominal SE VEXER : se sentir humilié. *Il se vexe facilement* : il est susceptible. → **susceptible.** *Elle s'est vexée. Ne vous vexez pas pour si peu.* → se **froisser.**

V. F. [veɛf] n. f. invariable *La V. F.* : version française d'un film étranger. *J'ai vu un FILM américain EN V. F.*, un film américain doublé en français. ⟨contraire : V. O.⟩ *J'ai préféré la V. F. à la V. O.* PLURIEL : *il ne voit que des V. F.*

REM. *V. F.* est le sigle de *version française.* → **version.**

VIA [vja] préposition En passant par. *L'avion va de Londres à Madrid via Paris*, en passant par Paris.

VIABILISÉ [vjabilize], **VIABILISÉE** [vjabilize] adj. (après le nom) (terrain) Sur lequel on peut construire parce que l'on a effectué les travaux d'aménagement nécessaires. *Ils ont acheté un terrain viabilisé, les arrivées d'eau et d'électricité sont installées.*

① **VIABILITÉ** [vjabilite] n. f. *LA VIABILITÉ* 1. État d'une route, d'un chemin où l'on peut circuler. *Des travaux doivent améliorer la viabilité du chemin.* 2. Ensemble des travaux effectués avant de construire une maison sur un terrain. *Il faut s'assurer de la viabilité du terrain avant de construire.*

② **VIABILITÉ** [vjabilite] n. f. *LA VIABILITÉ* : caractère de ce qui peut vivre, de ce qui peut durer. *On a fait une enquête sur la viabilité des fumeurs. La viabilité de cette entreprise est douteuse.*

VIABLE [vjabl] adj. (après le nom) 1. Qui peut vivre. *Ce chaton est né trop tôt, il n'est pas viable.* 2. Qui peut durer un certain temps, qui peut se développer. *Il a présenté un projet tout à fait viable.*

VIADUC [vjadyk] n. m. ■ *UN VIADUC* : pont très long sur lequel passe une route, une voie ferrée. *Le train vient de franchir un viaduc.*

VIAGER [vjaʒe] adj. et n. m., **VIAGÈRE** [vjaʒɛʀ] adj. 1. adjectif (après le nom) *Une RENTE VIAGÈRE* : somme d'argent que l'on reçoit régulièrement jusqu'à ce que l'on meure. *Je touche une rente viagère.* 2. *LE VIAGER* : rente viagère. *Il a vendu sa maison EN VIAGER* : il a vendu sa maison à une personne qui lui paiera une rente jusqu'à ce qu'il meure.

VIANDE [vjɑ̃d] n. f. ■ *LA VIANDE* : chair des mammifères et des oiseaux, que l'on mange. *Il est allé chez le boucher acheter de la viande. Voici un gros morceau de viande.* → STYLE FAMILIER **bidoche.** *Cette viande est dure.* → STYLE FAMILIER **barbaque, bidoche.** *Vous voulez manger de la viande ou du poisson ? Le veau, le porc et la volaille sont des VIANDES BLANCHES, le bœuf est une VIANDE ROUGE. Elle aime beaucoup les viandes en sauce. – Les lions se nourrissent uniquement de viande* (→ **carnivore).**

VIBRANT [vibʀɑ̃], **VIBRANTE** [vibʀɑ̃t] adj. (après le nom) ■ Plein d'émotion. *Le président a fait un discours vibrant.* → **pathétique.**

VIBRATION [vibʀasjɔ̃] n. f. ■ *UNE VIBRATION* : mouvement et bruit d'une chose qui vibre. *Je sens les vibrations de la moto.* → **trépidation.**

VIBRATOIRE [vibʀatwaʀ] adj. (après le nom) ■ Qui fait des vibrations. *Le kinésithérapeute lui fait des massages vibratoires à l'aide d'un vibromasseur.*

VIBRER [vibʀe] verbe [conjugaison 1a] 1. Trembler très rapidement. *Les vitres vibrent quand des camions passent dans la rue.* 2. Être très ému, exalté. *La plaidoirie de l'avocat fait vibrer les jurés.*

VIBROMASSEUR [vibʀomasœʀ] n. m. ■ *UN VIBROMASSEUR* : appareil électrique qui produit des massages par vibration. *Le kinésithérapeute s'est servi d'un vibromasseur pour masser son patient.*

VICAIRE [vikɛʀ] n. m. ■ *UN VICAIRE* : prêtre qui aide le curé d'une paroisse. *Elle s'est confessée au vicaire.*

VICE [vis] n. m.
I. STYLE RECHERCHÉ *LE VICE* : tendance à faire le mal. ⟨contraire : vertu⟩ *On opposait autrefois le vice à la vertu.*
II. *UN VICE* 1. Grave défaut. *Il faut corriger vos vices pour mériter le ciel.* 2. Mauvais penchant qui donne du plaisir. *Mon père fume, c'est son seul vice. Elle a tous les vices ! C'est mon vice, mon péché mignon.* 3. Imperfection. *Sa voiture a toujours la même panne, ça vient d'un vice de fabrication* (→ **malfaçon).**

REM. Ce mot ne s'emploie presque plus au sens moral, tout comme *vertu* (REM.).

VICELARD [vislaʀ], **VICELARDE** [vislaʀd] adj. (après le nom) ■ STYLE FAMILIER Un peu vicieux (I., 1.). *Un vieux bonhomme la regarde d'un air vicelard.*

VICE-PRÉSIDENT [vispʀezidɑ̃] n. m., **VICE-PRÉSIDENTE** [vispʀezidɑ̃t] n. f. ■ *UN VICE-PRÉSIDENT, UNE VICE-PRÉSIDENTE* : personne qui assiste et peut remplacer le président ou la présidente. *Il est vice-président des États-Unis.* PLURIEL : *des VICE-PRÉSIDENTS, des VICE-PRÉSIDENTES.*

VICE VERSA [viseversa] adverbe ■ *ET VICE VERSA* : et aussi dans l'autre sens. → **inversement, réciproquement.** *Il fera le travail de sa collègue quand elle sera en vacances et vice versa,* sa collègue fera son travail quand il sera lui-même en vacances.

REM. 1. Ce mot latin est aussi prononcé [visvɛʀsa], ce qui est plus négligé. 2. On écrit aussi *vice-versa,* avec un trait d'union.

VICHYSTE [viʃist] adj. (après le nom) ■ Qui concerne le gouvernement que Pétain avait installé, entre 1940 et 1944, à Vichy, ville du centre de la France. *La politique vichyste était une politique de collaboration avec l'Allemagne.* → **collaborateur.**

VICIÉ [visje], **VICIÉE** [visje] adj. (après le nom) ■ Impur. *L'air vicié des grandes villes est malsain.* → **pollué.** ⟨contraires : pur, sain⟩

FAUX AMI — italien **viziato** « gâté »

VICIEUX [visjø] adj. et n. m., **VICIEUSE** [visjøz] adj. et n. f.
I. adjectif (après le nom) 1. Qui a un comportement sexuel que la morale et la religion réprouvent. *C'est un enfant vicieux. – Il a l'air vicieux.* → STYLE FAMILIER **vicelard.** 2. STYLE FAMILIER Qui a des goûts bizarres. → **tordu.** ⟨contraires : naturel, normal⟩ *Il faut être vicieux pour penser à des choses pareilles ! – C'est vraiment vicieux d'agir comme ça.* 3. (qqch.) Rempli d'erreurs. *Son raisonnement est vicieux.* → **fautif, incorrect, mauvais.** 4. (cheval) Qui n'est pas docile. *Le cavalier monte un cheval vicieux.* → **rétif.**
II. *UN VICIEUX, UNE VICIEUSE* 1. Personne qui a des habitudes sexuelles sans simplicité ni franchise. *C'est un vieux vicieux.* → STYLE FAMILIER **cochon, pervers.** 2. Personne fourbe et méchante. *C'est un vicieux qui fait ses coups en douce.*

VICISSITUDES [visisityd] n. f. pluriel ■ STYLE RECHERCHÉ *LES VICISSITUDES* : choses bonnes et surtout mauvaises qui se succèdent dans la vie. *Leur couple a tenu bon face à toutes les vicissitudes de l'existence.*

VICOMTE [vikɔ̃t] n. m., **VICOMTESSE** [vikɔ̃tɛs] n. f. ■ *LE VICOMTE, LA VICOMTESSE* : personne dont le titre de noblesse est en-dessous de celui de comte, de comtesse. *Le vicomte est le fils aîné du comte. Elle est vicomtesse.*

VICTIME [viktim] n. f.
I. *UNE VICTIME* (surtout au pluriel) 1. Personne blessée ou morte dans un accident, dans une catastrophe, au cours d'une guerre. *Le déraillement du train a fait quatorze victimes : trois morts et onze blessés. Les sauveteurs ont dégagé les corps des victimes. On n'a pas encore dénombré les victimes de l'attentat.* 2. Personne atteinte d'une maladie. *Les victimes du sida mettent beaucoup d'espoir dans la recherche médicale.*
II. *LA VICTIME* 1. Personne maltraitée par qqn. ⟨contraire : bourreau⟩ *Sa femme est sa victime favorite.* → **souffre-douleur.** *Elle se pose EN VICTIME.* → **persécuté.** *Les enfants maltraités sont des victimes innocentes.* 2. Personne torturée, attaquée ou tuée par un agresseur. *L'assassin s'est acharné avec férocité sur sa victime. Les policiers ont trouvé des traces de coups sur le corps de la victime.* 3. *(LA) VICTIME DE qqch.* : personne qui souffre à cause de qqch. *Il a été la victime de calomnies :* on l'a calomnié. *Elle a été victime d'un viol :* elle a été violée. *Est-ce que je suis victime d'une hallucination ?* → **proie.** *La victime du vol a porté plainte. – Elle a été victime de sa bonté,* elle a été punie d'avoir été trop gentille.

VICTOIRE [viktwaʀ] n. f. ■ *LA VICTOIRE* 1. Succès obtenu dans une bataille, une guerre. *On fête la victoire de la Première Guerre mondiale le 11 novembre. Leur armée a remporté une victoire éclatante* (→ **vaincre).** ⟨contraire : défaite⟩ 2. Succès obtenu à l'issue d'une compétition, d'une lutte (→ **vainqueur).** *L'équipe de football remporte la victoire par deux buts à zéro.* ⟨contraire : échec⟩ *C'est une victoire magnifique !* → **triomphe.** *Il ne faut pas CRIER VICTOIRE trop vite :* il ne faut pas proclamer la réussite avant d'en être sûr. – *Il a réussi à arrêter de fumer, il a remporté une victoire sur lui-même,* sa volonté a triomphé.

VICTORIEUX [viktɔʀjø], **VICTORIEUSE** [viktɔʀjøz] adj. (après le nom) ▪ Qui a remporté une victoire. *Le général victorieux est acclamé par la foule.* ⟨contraire : vaincu⟩ *L'équipe victorieuse gagnera une coupe.* → **gagnant.** ⟨contraire : perdant⟩ – *Il est arrivé avec un air victorieux,* qui montrait qu'il était très satisfait. → **triomphant.**

VICTUAILLES [viktɥaj] n. f. pluriel ▪ *DES VICTUAILLES :* provisions de nourriture. → **aliment,** ② **vivres.** *Ils ont emporté un panier de victuailles pour leur pique-nique. Je range toutes les victuailles dans le réfrigérateur.*

VIDANGE [vidɑ̃ʒ] n. f. ▪ *LA VIDANGE :* action de vider (qqch.). *La vidange du lavabo se fait mal, il doit être bouché.* – *L'automobiliste a pris rendez-vous au garage pour une vidange,* pour faire faire la vidange du réservoir d'huile de sa voiture.

VIDANGER [vidɑ̃ʒe] verbe [conjugaison 3b] ▪ Enlever le liquide qui est dans un réservoir. *Le plombier vidange les canalisations avant de commencer les travaux.* → **purger.** *Mon grand-père vidangeait très souvent le radiateur de sa voiture.*

VIDE [vid] adj. et n. m.

I. adjectif (après le nom) **1.** Qui ne contient rien. *Sers-moi à boire, mon verre est vide.* ⟨contraire : plein⟩ *Il ne reste que des bouteilles vides. Ma chambre est vide, j'ai enlevé les meubles. Ne pars pas LE VENTRE VIDE,* sans avoir rien mangé. *Nous sommes désolés mais nous venons LES MAINS VIDES,* sans rien apporter. – *Il dit des mots VIDES DE sens,* qui n'ont aucun sens. → **creux. 2.** Où il n'y a personne. *L'appartement est vide.* → **inoccupé, vacant.** *Des gens ont squatté un immeuble vide. La maison est vide quand les enfants sont partis.* → **triste.** *Ces rues vides sont tristes.* → ① **désert. 3.** (qqch.) Sans occupation. *Mes journées sont vides. Il mène une existence vide,* sans intérêt. – *Je suis fatigué, j'ai la tête vide,* je ne pense à rien.

II. *LE VIDE* **1.** Espace qui n'est pas occupé par la matière. *On ne peut pas se représenter le vide.* – *Il fait le NETTOYAGE PAR LE VIDE,* en jetant tout ce qui est inutile ou encombrant. – *Elle a acheté des cacahouètes sous vide,* dans un emballage d'où on a enlevé l'air. **2.** Lieu où il n'y a rien ni personne. *Elle a FAIT LE VIDE autour d'elle :* tout le monde s'est éloigné d'elle. **3.** Espace où il n'y a rien qui puisse servir d'appui. *Je ne peux pas regarder du haut de la falaise, j'ai peur du vide. Il est tombé dans le vide. Le parachutiste saute dans le vide.* – *Il regarde dans le vide :* il ne regarde rien de précis. → **vague.** – *Tu parles dans le vide :* personne ne t'écoute. **4.** *À VIDE :* sans rien contenir. *Le bus est parti à vide,* sans passagers. – *Le moteur tourne à vide,* sans produire l'effet attendu. *J'ai eu un PASSAGE À VIDE,* un moment où je ne pouvais plus rien faire.

III. *UN VIDE* **1.** Espace où il n'y a rien. *Le maçon comble les vides entre les pierres du petit mur.* → **creux.** *Il y a des vides dans les lignes du texte.* → **blanc. 2.** Ce que l'on ressent comme un manque. *Quand les enfants ne sont pas là, ça FAIT UN VIDE dans la maison.*

> FAUX AMIS
> espagnol et portugais **vida** « vie »

VIDÉO [video] n. f. et adj. invariable **1.** *LA VIDÉO :* technique qui permet d'enregistrer des images et des sons sur une bande magnétique au moyen d'un magnétoscope et de les retransmettre sur un téléviseur. *Il filme sa famille en vidéo. Ce film a été tourné en vidéo.* **2.** adjectif (après le nom) Qui utilise les moyens de la vidéo. *La BANDE VIDÉO défile dans le magnétoscope,* la bande magnétique sur laquelle sont enregistrés des images et des sons. *Les cassettes vidéo sont rangées dans la bibliothèque.* → **vidéocassette.** – *UN JEU VIDÉO :* jeu qui utilise un écran pour visualiser des images que l'on peu commander de manière électronique. *Mon fils adore les jeux vidéo.*

VIDÉOCASSETTE [videokasɛt] n. f. ▪ *UNE VIDÉOCASSETTE :* cassette contenant une bande vidéo qui permet d'enregistrer des images et des sons grâce à un magnétoscope ou un caméscope et de les retransmettre sur un écran de téléviseur. *Ce film existe en vidéocassette. Il a une belle collection de vidéocassettes.*

REM. On dit aussi *une cassette vidéo.*

VIDÉODISQUE [videodisk] n. m. ▪ *UN VIDÉODISQUE :* disque qui permet de retransmettre sur un écran de télévision des images et des sons enregistrés. *Il a une belle collection de vidéodisques.*

REM. On dit aussi *un disque vidéo.*

VIDE-ORDURES [vidɔʀdyʀ] n. m. invariable ▪ *UN VIDE-ORDURES :* conduit vertical dans lequel on jette les ordures par une trappe disposée à chaque étage, dans un immeuble. *Il est interdit de jeter des bouteilles dans le vide-ordures.* PLURIEL : *des vide-ordures.*

VIDÉOSURVEILLANCE [videosyʀvɛjɑ̃s] n. f. ▪ *LA VIDÉOSURVEILLANCE :* surveillance des lieux publics au moyen de caméras vidéo. *Les quais du métro sont équipés de matériel de vidéosurveillance.*

VIDE-POCHES [vidpɔʃ] n. m. invariable ▪ *UN VIDE-POCHES* **1.** Petit récipient où l'on peut déposer de petits objets qui étaient dans les poches. *Il y a de la monnaie et un vieux briquet dans le vide-poches sur la petite table de l'entrée.* PLURIEL : *des vide-poches.* **2.** Compartiment aménagé au bas d'une portière de voiture ou à l'arrière des sièges avant pour mettre de petits objets. *Les cartes routières sont dans le vide-poches.*

VIDER [vide] verbe [conjugaison 1a]

I. Rendre vide (un contenant) **1.** Rendre vide (qqch.) en enlevant ce qu'il y a dedans. ⟨contraire : remplir⟩ *Elle vide son sac pour retrouver ses clés. Il a entièrement vidé le placard.* ⟨contraire : garnir⟩ *Vidons cette bouteille. Les cambrioleurs ont vidé le coffre-fort,* ils ont volé ce qu'il contenait. – *Je VIDE le cendrier DANS la poubelle. Elle a VIDÉ le contenu du tiroir SUR la table.* – *Il a VIDÉ SON CŒUR :* il a dit tout ce qu'il pensait (→ **s'épancher**). **2.** Ôter les entrailles de (un poisson, une volaille). *Le poissonnier vide le saumon.* – *Elle acheté un poulet vidé.* **3.** *VIDER… DE :* débarrasser de. *Les déménageurs ont complètement vidé la maison de ses meubles.* **4.** *VIDER LES LIEUX :* partir. *Nous avons rapidement vidé les lieux.* **5.** STYLE FAMILIER Épuiser les forces de (qqn). *Cet énorme travail l'a vidé.* → **éreinter ;** STYLE FAMILIER **crever.**

II. Enlever (un contenu). **1.** Ôter d'un contenant. *Elle vide l'eau de la baignoire.* → **évacuer, retirer.** *Il a vidé le reste du vin dans la carafe.* → **transvaser.** *Je vais vider les ordures.* → **jeter. 2.** STYLE FAMILIER Faire sortir (qqn) brutalement (d'un lieu). *Le patron du bistrot a vidé un ivrogne.* → **chasser, virer ; videur. 3.** STYLE FAMILIER Priver (qqn) de son emploi, de son travail. *Son patron l'a vidé.* → **licencier, renvoyer.** *On ne peut pas le vider sans préavis ! Il s'est fait vider.*

III. verbe pronominal SE VIDER **1.** Être débarrassé de, vide de. *La ville s'est vidée de ses touristes.* ⟨contraire : se remplir⟩ *La baignoire se vide mal,* l'eau s'écoule trop lentement. **2.** (liquide) S'écouler à l'extérieur. *Les eaux sales se vident dans l'égout.*

VIDEUR [vidœʀ] n. m., **VIDEUSE** [vidøz] n. f. ▪ *UN VIDEUR, UNE VIDEUSE :* personne chargée de faire sortir (d'un lieu) les indésirables. *Les videurs de la boîte de nuit ont expulsé les bagarreurs.*

VIE [vi] n. f.
I. *LA VIE* **1.** Le fait de vivre, d'évoluer de la naissance à la mort. → **existence.** *Il regarde une émission de télévision sur la vie des bêtes.* ⟨contraire : mort⟩ *Cet écologiste a le respect de la vie. Le blessé est toujours EN VIE,* il est toujours vivant. *On a retrouvé dans la maison trois corps SANS VIE,* évanouis ou morts. *Les pompiers SAUVENT LA VIE des personnes en danger. Il n'a pas hésité à RISQUER SA VIE,* à se mettre en danger physiquement. *Le malade est ENTRE LA VIE ET LA MORT,* il est près de mourir. *Il REVIENT À LA VIE :* il a l'air vivant à nouveau. → **revivre.** *La mère DONNE LA VIE à son enfant* (→ **accoucher ; enfanter).** *Trois personnes ont PERDU LA VIE dans l'accident,* trois personnes sont mortes. *Le droit à la vie est un des droits de l'homme. Ôter la vie de quelqu'un est un crime* (→ **tuer).** *Il a ATTENTÉ À SA VIE* (→ **suicide ; euthanasie).** *Je vous DOIS LA VIE,* vous m'avez sauvé. *Les otages ont eu la VIE SAUVE,* ils ont été épargnés. *Il cherche à SAUVER SA VIE.* → **peau.** *Les sauveteurs ont récupéré les alpinistes imprudents AU PÉRIL DE LEUR VIE,* en prenant tous les risques. *Il faut faire vite, c'est UNE QUESTION DE VIE OU DE MORT,* c'est très important (→ **vital).** *Il a pris pour sa famille une ASSURANCE SUR LA VIE,* qui garantit que sa famille touchera de l'argent s'il meurt. **2.** Vigueur, vivacité. *Ce petit garçon est plein de vie.* → **énergie. 3.** L'ensemble des phénomènes (croissance, nutrition, reproduction) que présentent tous les êtres vivants, de la naissance à la mort. *Les savants étudient le problème de l'origine de la vie. La biologie est la science de la vie,* de la matière vivante. **4.** Temps qui se passe entre la naissance et la mort. *La durée de vie augmente sans cesse.* → **espérance.** *« Tu changeras peut-être d'idée un jour. – JAMAIS DE LA VIE ! »* certainement pas. *DE MA VIE, je n'ai vu une chose pareille !* pendant toute mon existence, je n'ai jamais vu une chose pareille. **5.** Temps qui reste à vivre à un individu. *Nous sommes liés POUR LA VIE,* pour toujours. *Ils sont amis À LA VIE À LA MORT,* éternellement. *L'accusé a été condamné à la prison À VIE,* jusqu'à sa mort. → **perpétuité.** – *J'ai rencontré la femme de ma vie,* celle que j'aimerai toujours. **6.** Ensemble des occupations et des événements qui remplissent pour chacun cet espace de temps. *Elle m'a raconté sa vie.* – *Je lis une vie du général de Gaulle.* → **biographie. 7.** Manière de vivre (d'une personne, d'un groupe de personnes). → **mœurs.** *Nous avons un MODE DE VIE très simple. Elle voudrait CHANGER DE VIE,* avoir une autre façon de vivre, d'autres habitudes. *Il a eu une vie mouvementée dans sa jeunesse. Elle mène une VIE DE CHIEN,* une vie pénible. *Ce n'est pas une vie !* c'est insupportable. *Mon fils me MÈNE LA VIE DURE,* il me donne du souci. *Il a décidé de VIVRE SA VIE,* de vivre comme il veut, de faire ce qu'il lui plaît. *Elle voudrait REFAIRE SA VIE,* se remarier (après son veuvage ou son divorce). **8.** Partie des activités, de ce que l'on fait. *Il ne mélange pas sa VIE PRIVÉE et sa VIE PROFESSIONNELLE. La vie conjugale ne lui convient pas. La vie politique de son pays l'intéresse beaucoup,* tout ce qui se passe en politique dans son pays. **9.** Moyens matériels (nourriture, argent) qui permettent d'assurer la subsistance d'un être vivant. *Il gagne bien sa vie. Le NIVEAU DE VIE augmente.* → **niveau, standing.** *Le gouvernement lutte contre la vie chère,* contre les prix élevés. **10.** Le cours des choses humaines, le monde réel. *Il faut prendre la vie du bon côté,* voir les choses de manière positive. *Que veux-tu, c'est la vie !* c'est ainsi.
II. *LA VIE* **1.** Existence de choses soumises à une évolution dans le temps. *L'astronome s'intéresse à la vie des étoiles. Il participe activement à la vie de son pays.* **2.** STYLE FAMILIER *AVOIR LA VIE DURE :* durer longtemps, résister. *Certains préjugés ont la vie dure.*
III. *UNE VIE (HUMAINE) :* personne vivante. *L'association a sauvé des milliers de vies humaines. Il refuse l'avortement pour préserver des vies.*

VIEIL → **vieux**

VIEILLARD [vjɛjaʀ] n. m. ▪ *UN VIEILLARD* **1.** Homme très vieux. *Mon grand-père est un beau vieillard à cheveux blancs.* **2.** Personne très âgée (homme ou femme). *Il a fini sa vie dans un asile de vieillards.*

REM. Le féminin de *vieillard* est *vieille.*

vieille adj. → **vieux**

VIEILLERIE [vjɛjʀi] n. f. ▪ *UNE VIEILLERIE :* objet vieux ou démodé ou usé. *Il faut jeter ce tas de vieilleries.*

VIEILLESSE [vjɛjɛs] n. f. ▪ *LA VIEILLESSE* **1.** Dernière période de la vie, pendant laquelle on est âgé. *Elle a eu une vieillesse heureuse.* **2.** Le fait d'être vieux, pour un être vivant. ⟨contraire : jeunesse⟩ *Mon chien est mort DE VIEILLESSE,* parce qu'il était vieux. *Les rides sont des marques de vieillesse. Les personnes âgées perçoivent une allocation de vieillesse.* **3.** Les personnes âgées. *Le gouvernement verse une contribution financière à la vieillesse.*

VIEILLI [vjeji], **VIEILLIE** [vjeji] adj. (après le nom) ▪ Marqué par l'âge. *Je n'avais pas vu cette femme depuis longtemps, je l'ai trouvée vieillie. Elle a un visage vieilli avant l'âge.* → **flétri.**

VIEILLIR [vjejiʀ] verbe [conjugaison 2]
I. 1. Devenir vieux, s'approcher de la vieillesse. *On dort moins bien quand on vieillit. Nous vieillissons chaque jour un peu plus. Ses parents ont beaucoup vieilli ces derniers temps.* → **décliner. 2.** (qqch.) Perdre de sa force, de son intérêt, avec le temps. *Les beaux textes ne vieillissent pas.* – *Cette expression a vieilli,* on ne l'utilise presque plus. **3.** (aliment) Acquérir certaines qualités par le temps. *Il faut laisser vieillir le vin. Ce bordeaux a bien vieilli.*
II. 1. (qqch.) Faire paraître plus vieux. *Cette coiffure la vieillit.* ⟨contraire : rajeunir⟩ **2.** Donner à une personne un âge supérieur à son âge réel. *Vous me vieillissez de deux ans.*
III. verbe pronominal SE VIEILLIR : (qqn) paraître plus vieux. *Ma fille cherche à se vieillir. Elle se vieillit à mettre tous ces bijoux.*

VIEILLISSANT [vjejisɑ̃], **VIEILLISSANTE** [vjejisɑ̃t] adj. (après le nom) ▪ Qui vieillit. *L'acteur vieillissant fait ses adieux au public. Elle a un visage vieillissant.*

VIEILLISSEMENT [vjejismɑ̃] n. m. ▪ *LE VIEILLISSEMENT* **1.** Le fait de vieillir. *Cette crème est bonne contre le vieillissement de la peau.* ⟨contraire : rajeunissement⟩ **2.** *LE VIEILLISSEMENT D'UNE POPULATION :* l'augmentation de la proportion de personnes âgées. *Dans les pays industriels, on constate un vieillissement de la population.*

VIEILLOT [vjɛjo], **VIEILLOTTE** [vjɛjɔt] adj. (après le nom) ▪ Qui a l'air vieux et un peu ridicule. *Ils ont des idées vieillottes sur l'éducation des enfants.*

VIELLE [vjɛl] n. f. ▪ *UNE VIELLE :* instrument de musique à cordes et à roue. *La roue de la vielle frotte les cordes comme un archet.*

VIENNE [vjɛn] nom propre – en allemand **WIEN** ▪ Capitale de l'Autriche. *L'année prochaine, nous irons à Vienne. Nos amis arrivent de Vienne.*

VIENNOIS [vjenwa] adj. et n. m., **VIENNOISE** [vjenwaz] adj. et n. f.
1. adjectif (après le nom) De la ville de Vienne, en Autriche. *L'orchestre joue une opérette viennoise. Il boit un CHOCOLAT VIENNOIS,* un chocolat avec de la crème chantilly. *J'ai acheté un PAIN VIENNOIS,* un pain au lait. *Elle a mangé une ESCALOPE VIENNOISE,* une escalope panée. **2.** *UN VIENNOIS, UNE VIENNOISE :* une personne originaire de Vienne ou qui vit à Vienne. *Il a épousé une Viennoise.*

VIENNOISERIE [vjenwazʀi] n. f. ▪ *LA VIENNOISERIE :* ensemble de produits de boulangerie fine qui ne sont pas des pains. *Les* *croissants, les pains aux raisins, les brioches sont des articles de viennoiserie. Cette boutique vend de la viennoiserie.*

VIERGE [vjɛʀʒ] adj. et n. f.
I. adjectif (après le nom) **1.** (qqn) Qui n'a jamais eu de relations sexuelles (→ **virginité**). *Jeanne d'Arc est morte vierge. Ce garçon est encore vierge à vingt-cinq ans.* → **puceau.** **2.** (qqch.) Qui n'a jamais été touché, sali ou utilisé. → **net, pur.** ⟨contraires : impur, souillé⟩ *Prenez une* FEUILLE VIERGE, sur laquelle rien n'est écrit. → **blanc.** *Les pellicules neuves sont vierges,* elles ne sont pas impressionnées. *Il reste encore une cassette vierge,* sur laquelle rien n'a été enregistré. *Le prévenu a un casier judiciaire vierge,* il n'a encore jamais été condamné par la justice. – *J'ai acheté de l'huile d'olive vierge,* extraite d'olives pressées à froid. **3.** (matière) Qui n'est mélangé à rien d'autre. *Ce pull est en* PURE LAINE VIERGE. **4.** (sol) Qui n'est pas exploité, inculte. *Les pionniers ont défriché des terres vierges.* – LA FORÊT VIERGE : forêt tropicale dans laquelle il est difficile de pénétrer. *Les explorateurs progressent avec peine dans la forêt vierge d'Amazonie.*
II. UNE VIERGE **1.** Fille qui n'a jamais eu de relations sexuelles. *Il veut épouser une vierge.* **2.** LA VIERGE : Marie, la mère du Christ. *Cette église est consacrée à la Vierge.* **3.** Tableau, statue qui représente la Vierge. *Il y a une vierge baroque dans l'église.* **4.** LA VIERGE : sixième signe du zodiaque. *Le signe de la Vierge commence le 23 août et finit le 23 septembre.* – *Il est Vierge,* il est de ce signe. *Nous sommes Vierge.*

VIÊTNAM [vjɛtnam] nom propre masculin ▪ LE VIÊTNAM : pays du Sud-Est asiatique, dans la péninsule d'Indochine. *La capitale du Viêtnam est Hanoi. Ils sont allés au Viêtnam, cette année. Nous revenons du Viêtnam.*

REM. On écrit aussi *Viêt Nam.*

VIETNAMIEN [vjɛtnamjɛ̃] adj. et n. m., **VIETNAMIENNE** [vjɛtnamjɛn] adj. et n. f. **1.** adjectif (après le nom) Du Viêtnam. *Ils ont dîné dans un restaurant vietnamien. Nous aimons la cuisine vietnamienne.* **2.** UN VIETNAMIEN, UNE VIETNAMIENNE : une personne née au Viêtnam ou qui vit dans ce pays. *Nos voisins sont des Vietnamiens.* **3.** LE VIETNAMIEN : langue parlée au Viêtnam. *Il parle bien le vietnamien.*

VIEUX [vjø] adj. et n. m., ou **VIEIL** [vjɛj] adj., **VIEILLE** [vjɛj] adj. et n. f.
I. adjectif (avant le nom) (êtres vivants) **1.** Qui a vécu longtemps, qui est dans la vieillesse. ⟨contraire : jeune⟩ *Sa grand-mère est une vieille dame. Mon père est un vieil homme. Les* VIEILLES GENS *n'ont pas beaucoup de patience,* les personnes âgées. *Je suis fatiguée, je me* FAIS VIEILLE, je vieillis. *Mon chien a vécu très vieux.* – (comme injure). *Elle m'embête, cette vieille bique ! Quel vieux crétin !* **2.** Qui a les caractères d'une personne âgée. → **sénile.** *Il n'a que vingt ans, mais il est vieux de caractère. Elle se sent vieille, par moments.* **3.** Relatif aux personnes d'un âge avancé. *Elle a des vieilles mains toutes ridées. S'il continue à fumer et à boire, il ne fera pas de vieux os,* il ne vivra pas longtemps. – SUR SES VIEUX JOURS : dans sa vieillesse. *Sur ses vieux jours, il s'est installé près de chez ses enfants.* **4.** Qui est depuis longtemps dans l'état indiqué. *J'ai revu ce vieux copain avec plaisir,* c'est mon copain depuis longtemps. *C'est un* VIEUX GARÇON, un homme d'un certain âge qui est resté célibataire. **5.** Dont l'âge est plus ou moins avancé. → **âgé.** *Sa mère est plus vieille que la mienne. Cet homme est trop vieux pour toi !*
II. adjectif (avant le nom, parfois après le nom) (qqch.) ⟨contraires : neuf, nouveau, récent⟩ **1.** Qui existe depuis longtemps, remonte à une date éloignée. *Un vieux mur sépare les deux propriétés. Elle a mis de vieux vêtements pour jardiner.* → **usagé, usé.** *L'installation électrique est vieille, dans cette maison.* → **vétuste.** – *Chez eux, ils ont de vieux meubles.* → **ancien.** ⟨contraires : contemporain, moderne⟩ *Nous avons visité la vieille ville.* → **historique.** **2.** (après le nom) (boisson) Rendu meilleur par le temps. *Il a ouvert une bouteille de vin vieux. Je préfère le conté vieux.* **3.** Dont l'origine, le début est ancien. *Le Vieux Continent, le Vieux Monde :* l'Europe. *Il a gardé de vieilles habitudes de célibataire. Tous deux sont liés par une vieille amitié.* → **ancien.** *C'est toujours la vieille question,* la question qui revient toujours. → **éternel.** – VIEUX DE : qui date de. *Voici un arbre vieux d'un siècle. C'est une histoire vieille de vingt ans.* **4.** Qui a perdu son intérêt, ses qualités avec la nouveauté. → **démodé, dépassé.** *Toujours ces vieilles querelles !* – VIEUX JEU : démodé. *Son père est un peu vieux jeu. Elle a des idées vieux jeu.* → **suranné.** – *Ce mot est vieux,* il est sorti de l'usage, il ne s'emploie plus. ⟨contraire : moderne⟩ **5.** Qui a existé autrefois, il y a longtemps. → **éloigné, lointain, révolu.** *Je regrette le bon vieux temps. Sa fille étudie le vieux français,* le français du Moyen Âge. → **ancien.**
III. **1.** UN VIEUX, UNE VIEILLE : un vieil homme, une vieille femme. ⟨contraire : jeune⟩ *Mon voisin est un petit vieux très gentil.* → **vieillard ;** STYLE FAMILIER **vioque.** *Les vieux répètent toujours la même chose.* **2.** STYLE FAMILIER Père, mère. *Il faut que je demande la permission à mon vieux. Est-ce que tes vieux sont au courant ?* → **vioque.** **3.** Se dit des gens plus âgés ou trop âgés (opposé à jeune). *Elle a dix-huit ans et elle est amoureuse d'un vieux de quarante ans.* **4.** STYLE FAMILIER *Mon (petit) vieux :* terme d'amitié (même entre personnes jeunes). *Allez, ma vieille, ça va s'arranger ! Alors, vieux, ça va ?* **5.** STYLE FAMILIER UN COUP DE VIEUX : vieillissement subit. *Elle a pris un sacré coup de vieux depuis un an !*
IV. adverbe D'une manière vieille. *Elle fait vieux, pour son âge. Elle s'habille trop vieux.*

REM. **1.** Au masculin singulier, *vieux* prend la forme *vieil* devant un nom commençant par une voyelle *(un vieil ami)* ou un *h* muet *(un vieil homme).* **2.** Attention, toujours au féminin devant *gens : ce sont des vieilles gens très gentils.*

VIF [vif] adj. et n. m., **VIVE** [viv] adj.
I. adjectif (après le nom, parfois avant le nom) **1.** (après le nom) Qui est rapide dans ses mouvements et dans ses réactions. *Leur fille est vive et intelligente.* → **éveillé.** ⟨contraires : apathique, indolent, ① mou⟩ *Il a le regard vif. L'écureuil a des gestes vifs.* → **rapide.** ⟨contraire : lent⟩ *Nous avons marché d'un pas vif.* **2.** (après le nom) (qqn) Qui s'emporte facilement. *Excuse-moi, j'ai été un peu vif dans la discussion.* → **brusque, violent.** – *Les deux interlocuteurs ont échangé des propos très vifs.* **3.** (après le nom) Rapide dans l'action. *Ce garçon a l'esprit vif,* il comprend vite. ⟨contraire : lent⟩ *Ce romancier a une imagination très vive,* une grande imagination. → **fertile.** ⟨contraire : pauvre⟩ **4.** (après le nom, parfois avant le nom) Très intense. *Au soleil, la lumière est vive.* → **cru, violent.** *Il fait un froid très vif.* → **rigoureux.** *J'aime les couleurs vives.* → **éclatant.** ⟨contraire : terne⟩ *Elle a une écharpe rouge vif. J'ai ressenti une vive douleur dans le genou.* → **aigu, violent.** *À mon vif regret, je ne pourrai être là.* → **grand.** *La pièce a obtenu un vif succès. Elle lui a fait de vifs reproches.* **5.** (qqn) Vivant. *Jeanne d'Arc a été* BRÛLÉE VIVE. *Il est* PLUS MORT QUE VIF : il est paralysé par la peur.
II. n. m. **1.** SUR LE VIF : d'après nature. *La photo a été prise sur le vif,* sans que la personne prise en photo prenne la pose. **2.** LE VIF DU SUJET : la partie la plus importante de la discussion. → **cœur.** *Nous entrons dans le vif du sujet.* **3.** ÊTRE PIQUÉ AU VIF : être atteint au point le plus sensible. *Sa remarque m'a piqué au vif.* – AVOIR LES NERFS À VIF : être irritable. *Elle a les nerfs à vif, en ce moment.*

VIGIE [viʒi] n. f. ▪ UNE VIGIE : marin qui surveille la mer du haut du mât ou de l'avant du bateau. *La vigie a aperçu un iceberg à tribord.*

VIGILANCE [viʒilɑ̃s] n. f. ▪ *LA VIGILANCE* : surveillance attentive, sans défaillance. *Le prisonnier a trompé la vigilance des gardiens. Il faut redoubler de vigilance.*

VIGILANT [viʒilɑ̃], **VIGILANTE** [viʒilɑ̃t] adj. (après le nom) ▪ Qui fait preuve de vigilance, qui surveille avec attention. *Soyez très vigilant.* → **attentif.** ⟨contraire : distrait⟩ *Le malade a guéri grâce aux soins vigilants des médecins.*

VIGILE [viʒil] n. m. ▪ *UN VIGILE* : personne dont le métier est de surveiller un local commercial, un parking. *Les vigiles du parking font des rondes régulières.* → **gardien, veilleur.**

VIGNE [viɲ] n. f. **1.** *LA VIGNE* : petit arbre grimpant, avec des vrilles, cultivé pour ses fruits en grappes (→ **raisin**) et pour la production de vin. *La Bourgogne est une région où l'on cultive la vigne* (→ **viticulture**). *Les pieds de vigne sont tordus.* → **cep. 2.** *FEUILLE DE VIGNE* : ornement servant à cacher le pénis des statues. **3.** *UNE VIGNE* : plantation de vigne. *Cette vigne donne un vin excellent. Les vignes bordelaises sont réputées.* → **vignoble. 4.** *LA VIGNE VIERGE* : plante décorative grimpante qui ressemble à la vigne. *La façade de la maison est couverte de vigne vierge.*

VIGNERON [viɲəʀɔ̃] n. m., **VIGNERONNE** [viɲəʀɔn] n. f. ▪ *UN VIGNERON, UNE VIGNERONNE* : personne qui cultive la vigne, produit du vin. → **viticulteur.** *Les vignerons font les vendanges.*

VIGNETTE [viɲɛt] n. f. ▪ *UNE VIGNETTE* : étiquette imprimée qui prouve que l'on a payé une chose. *On colle les vignettes portant le prix des médicaments sur sa feuille de Sécurité sociale. La vignette auto doit être collée sur le pare-brise.*

VIGNOBLE [viɲɔbl] n. m. **1.** *UN VIGNOBLE* : plantation de vignes. *La Bourgogne est une région de vignobles.* **2.** *LE VIGNOBLE* : ensemble des vignes d'un pays, d'une région. *Le vignoble bordelais est réputé.*

VIGOGNE [vigɔɲ] n. f. ▪ *UNE VIGOGNE* : petit lama au pelage fin d'un jaune-roux, qui vit en Amérique du Sud, sur les hauts plateaux des Andes. *Les vigognes sont impossibles à domestiquer. – Le lit est recouvert d'une couverture de vigogne,* en laine de cet animal.

VIGOUREUSEMENT [viguʀøzmɑ̃] adverbe ▪ Avec force, vigueur. *Il se sèche vigoureusement le corps avec une serviette.* → **énergiquement.** *L'accusé proteste vigoureusement de son innocence.*

VIGOUREUX [viguʀø], **VIGOUREUSE** [viguʀøz] adj. (après le nom, parfois avant le nom) **1.** Qui a de la force, de la vigueur. → ① **fort, solide ;** STYLE FAMILIER **costaud.** *Mon grand-père est encore vigoureux pour ses quatre-vingts ans. Il m'a donné une vigoureuse poignée de main.* → **énergique,** ① **ferme.** – *Ces rosiers sont vigoureux,* ils poussent bien. **2.** Qui s'exprime sans contrainte, avec efficacité. *Nous élevons une vigoureuse protestation contre cette mesure abusive.* → **violent.** *Cet écrivain a un style vigoureux.* ⟨contraire : mièvre⟩ *L'artiste dessine à grands traits vigoureux.*

VIGUEUR [vigœʀ] n. f. ▪ *LA VIGUEUR* **1.** Force, énergie. *Il me serre la main avec vigueur. Nous protestons avec vigueur.* ⟨contraire : mollesse⟩ *Cet écrivain a un style d'une grande vigueur.* → **puissance. 2.** *EN VIGUEUR* : en application, en usage actuellement. *Quel est le règlement en vigueur ? La loi ENTRERA EN VIGUEUR dans trois mois,* elle sera appliquée dans trois mois.

VIL [vil], **VILE** [vil] adj. ▪ STYLE RECHERCHÉ **1.** (avant ou après le nom) Qui inspire le mépris. → **abject, ignoble, infâme, méprisable, misérable.** *C'est un vil flatteur. Il est l'auteur d'actions viles.* → STYLE RECHERCHÉ **vilenie. 2.** (avant le nom) *A VIL PRIX* : à très bas prix. *Il m'a cédé sa voiture à vil prix.*

① **VILAIN** [vilɛ̃] adj. et n. m., **VILAINE** [vilɛn] adj. et n. f.
I. adjectif (avant le nom, parfois après le nom) (langage enfantin) **1.** Qui n'est pas gentil. *Tu es une vilaine enfant ! C'est vilain de mentir.* → **mal.** *C'est très vilain d'avoir fait ça. Si tu l'as fait exprès, c'est encore plus vilain.* → **pire.** *Hou, qu'elle est vilaine !* → **méchant. 2.** Méprisable, déshonorant. *Le mensonge est un vilain défaut. Ne dis pas de vilains mots.* → **grossier.**
II. adjectif (avant ou après le nom) **1.** Désagréable à voir. *C'est un homme vraiment vilain.* → **laid ;** STYLE FAMILIER ② **moche.** *Cette maison n'est pas vilaine,* elle est assez belle. *Il a de vilaines dents.* ⟨contraires : beau, joli⟩ *Quelle vilaine couleur ! Celle-là est un peu moins vilaine,* un peu mieux. **2.** (temps) Mauvais. *Je ne sortirai pas par ce vilain temps.* → **sale. 3.** Dont l'apparence est inquiétante. *Il a une vilaine coupure au doigt. – C'est une vilaine affaire.* → **pourri.** *Il nous un joué un vilain tour.* → **sale.**
III. 1. *UN VILAIN, UNE VILAINE* : un enfant méchant, une enfant méchante. *Oh, la petite vilaine !* **2.** *DU VILAIN* : du grabuge, de la bagarre. *Attention, il va y avoir du vilain !*

② **VILAIN** [vilɛ̃] n. m. ▪ *UN VILAIN* : paysan libre, au Moyen Âge. *Les serfs et les vilains étaient souvent très pauvres. – Jeu de mains, jeu de vilain :* les jeux de mains finissent toujours dans la brutalité.

VILAINEMENT [vilɛnmɑ̃] adverbe ▪ D'une manière vilaine. *Elle est vilainement habillée.* → **mal.** – *Il s'est conduit vilainement,* d'une manière vile, méprisable.

VILEBREQUIN [vilbʀəkɛ̃] n. m. ▪ *UN VILEBREQUIN* **1.** Outil formé d'une mèche et d'une manivelle, qui sert à percer des trous. *Il perce un trou dans la planche avec le vilebrequin.* **2.** Barre de métal qui relie les bielles d'un moteur de voiture. *Le vilebrequin permet d'obtenir un mouvement rotatif.*

VILENIE [vilni] n. f. ▪ STYLE RECHERCHÉ **1.** *UNE VILENIE* : action méprisable. *Le traître a été puni de ses vilenies.* → **infamie. 2.** *LA VILENIE* : caractère vil. *Quelle vilenie !* → **bassesse.** ⟨contraire : noblesse⟩

REM. On écrit aussi *vilénie* [vileni].

VILIPENDER [vilipɑ̃de] verbe [conjugaison 1a] ▪ STYLE RECHERCHÉ Dénoncer comme vil, méprisable. *L'opposition vilipende le gouvernement.*

VILLA [villa] n. f. ▪ *UNE VILLA* : belle maison moderne entourée d'un jardin. *Sa famille a une villa à Deauville.*

REM. Pour les maisons anciennes, on dit *propriété.*

VILLAGE [vilaʒ] n. m. **1.** *UN VILLAGE* : groupe d'habitations à la campagne, plus grand qu'un hameau mais plus petit qu'une ville, et qui possède une mairie, des commerçants, des artisans, etc. → **bourg, localité.** *Ils habitent un village de montagne. Tous ces hameaux dispersés dépendent du même village* (→ **maire**). *Je connais tous les GENS DU VILLAGE. L'église du village est sur la place.* **2.** *LE VILLAGE* : les habitants du village. *Tout le village est à la fête.*

VILLE [vil] n. f. **1.** *UNE VILLE* : réunion importante de constructions avec de nombreuses rues et de nombreux habitants (→ **citadin**) qui vivent et travaillent pour la plupart à l'intérieur de l'agglomération (→ **urbain**). *Paris est une grande ville.* → **capitale.** *La VIEILLE VILLE est au centre,* la ville ancienne, historique. *On a construit de nouveaux quartiers à la périphérie de la ville.* → **cité.** *Les banlieues s'étendent à l'extérieur de la ville. – Ils font une cure dans une VILLE D'EAUX,* dans une station thermale. *Montpellier est une VILLE UNIVERSITAIRE,* où il y a une université. *Les VILLES INDUSTRIELLES sont souvent polluées. – Cet après-midi, je suis allé EN VILLE,* dans le centre de la ville. *Ils dînent en ville très souvent,* dans la ville. **2.** *LA VILLE* : l'administration de la ville. → **municipalité.** *Les travaux importants sont financés par la ville.* 3. *LA VILLE* : la vie, les habitudes dans une grande ville (opposé à la campagne). *La ville me fatigue. Elle n'aime pas la ville, elle préfère la campagne.*

VILLE-DORTOIR [vildɔʀtwaʀ] n. f. *UNE VILLE-DORTOIR* : ville surtout destinée au logement et où les habitants travaillent à l'extérieur de l'agglomération. *Ils habitent une sinistre ville-dortoir.* PLURIEL : *des VILLES-DORTOIRS.*

VILLÉGIATURE [vileʒjatyʀ] n. f. STYLE RECHERCHÉ *LA VILLÉGIATURE* : séjour de repos (à la campagne, au bord de la mer, dans un lieu agréable). *La famille part EN VILLÉGIATURE en Bourgogne.*

VIN [vɛ̃] n. m. *LE VIN* : boisson alcoolisée obtenue à partir de la fermentation du raisin. *Le vigneron met le vin en bouteilles. Je préfère le vin rouge au vin blanc.* → **blanc, rouge.** *Nous étudions la fabrication du vin* (→ **œnologie).** *Le porto est un vin cuit. Il ne boit que des grands vins,* des vins de crus célèbres. → **cru.** *Le cuisinier a fait un coq au vin.* – *Ce vin MONTE facilement À LA TÊTE,* il enivre facilement. *L'ivrogne CUVE SON VIN,* il dort pour dissiper son ivresse. *Il est toujours ENTRE DEUX VINS,* à moitié soûl. *Elle A LE VIN GAI* : elle est gaie quand elle est ivre. *Il a LE VIN TRISTE* : il est triste quand il a trop bu.

REM. *Vingt,* le nombre, se prononce de la même façon.

VINAIGRE [vinɛgʀ] n. m. *LE VINAIGRE* : liquide provenant de la fermentation du vin ou d'alcool, au goût acide et piquant, qui sert à assaisonner. *Elle fait la sauce pour la salade avec du vinaigre de cidre et de l'huile d'arachide. On conserve les cornichons dans le vinaigre.* – *Les choses TOURNENT AU VINAIGRE,* elles tournent mal, elles se gâtent. – STYLE FAMILIER *FAIRE VINAIGRE* : se dépêcher. *On a fait vinaigre pour attraper le train.*

VINAIGRETTE [vinɛgʀɛt] n. f. *LA VINAIGRETTE* : sauce faite avec de l'huile, du vinaigre, du sel et du poivre, parfois aromatisée et qui sert à assaisonner la salade ou les crudités. *Elle fait la vinaigrette pour la salade. Il y a trop de moutarde dans cette vinaigrette.*

VINASSE [vinas] n. f. *LA VINASSE* : mauvais vin. *L'ivrogne sent la vinasse. Quel infâme vinasse !*

Léonard DE **VINCI** [leɔnaʀdəvɛ̃si] nom propre masculin – en italien **LEONARDO DA VINCI** Peintre, architecte et savant italien (1452-1519). *Léonard de Vinci est un grand artiste de la Renaissance. «La Joconde» est le tableau le plus célèbre de Léonard de Vinci.*

VINDICATIF [vɛ̃dikatif], **VINDICATIVE** [vɛ̃dikativ] adj. (après le nom) Qui cherche à se venger (→ se **venger).** *Il a affaire à un rival vindicatif. Elle est vindicative, attendez-vous à quelque vengeance.* – *Il a un caractère vindicatif.* → **rancunier.**

VINGT [vɛ̃] adj., pronom n. m. et n. f. invariables

I. adjectif invariable (avant le nom ou après le nom) 1. (avant le nom) Deux fois dix (20 ; XX). *Elle a vingt ans* [vɛ̃tɑ̃]. *J'ai payé vingt francs* [vɛ̃fʀɑ̃]. *Il est cinq heures moins vingt* [mwɛ̃vɛ̃] (minutes). – *Ce bébé pleure VINGT-QUATRE HEURES SUR VINGT-QUATRE* [vɛ̃tkatʀœʀsyʀvɛ̃tkatʀ], il pleure tout le temps. – *Je n'ai plus vingt ans* : je ne suis plus très jeune. *Je ne vais pas le répéter VINGT FOIS,* de nombreuses fois. 2. (avant ou après le nom) Vingtième. *Nous sommes le vingt novembre* : c'est le vingtième jour du mois de novembre. *Les années vingt sont appelées «les années folles»,* les années entre 1920 et 1930, en France. *Ouvrez votre livre page vingt.*

II. pronom Vingt personnes, vingt choses. *Ils sont vingt. Donne-m'en vingt.*

III. 1. *VINGT* : le nombre vingt. *Dix et dix font vingt. Quatre fois vingt égalent quatre-vingts.* → **quatre-vingt(s).** *Les impôts prélèvent vingt pour cent (20 %) de mon salaire. Le devoir est noté sur vingt.* 2. *LE VINGT, LA VINGT* : ce qui porte le numéro vingt. *Nous sommes le vingt* : c'est le vingtième jour du mois. *Ils habitent au vingt de la rue,* au numéro vingt. *Le serveur apporte la note de la vingt,* de la table, de la chambre vingt.

REM. **1.** *Vingt* se prononce [vɛ̃] isolé (*ils sont vingt* [ilsɔ̃vɛ̃]) ou devant une consonne (*vingt jours* [vɛ̃ʒuʀ]). On prononce [vɛ̃t] en liaison *vingt ans* [vɛ̃tɑ̃], *vingt et un* [vɛ̃teɛ̃], *vingt heures* [vɛ̃tœʀ]. **2.** *Vingt* s'emploie en composition (ex. : *vingt-trois* [vɛ̃ttʀwa], *quatre-vingt* [→ **quatre-vingt(s)**], *cent vingt*). **3.** *Vain* «inutile» et *vin* «boisson» se prononcent de la même façon.

VINGTAINE [vɛ̃tɛn] n. f. *UNE VINGTAINE* : groupe d'environ vingt personnes ou vingt choses semblables. *Nous étions une vingtaine à la réunion. Il me reste une vingtaine de pages à lire. Le rôti sera cuit dans une vingtaine de minutes,* dans à peu près vingt minutes.

VINGTIÈME [vɛ̃tjɛm] adj., n. m. et n. f.

I. adjectif (avant le nom) Qui a le numéro vingt, qui suit le dix-neuvième. *Ils habitent dans le vingtième arrondissement de Paris. Il y a eu de nombreuses inventions au vingtième siècle. Il est arrivé vingtième.*

II. 1. *LE VINGTIÈME* : partie d'un tout divisé en vingt parts égales. *Il a payé deux vingtièmes de la somme totale* (2/20). 2. *LE VINGTIÈME, LA VINGTIÈME* : ce qui a le numéro vingt. *Elle est la vingtième sur vingt-cinq. Son bureau est au vingtième,* au vingtième étage. *Ils habitent dans le vingtième,* dans le vingtième arrondissement de la ville.

REM. *Vingtième* s'emploie en composition pour former des adjectifs (ex. : *quatre-vingtième* [katʀəvɛ̃tjɛm], *trois cent vingtième* [tʀwasɑ̃vɛ̃tjɛm]).

VINICOLE [vinikɔl] adj. (après le nom) Relatif à la production de vin. *La production vinicole de la France est importante. La Bourgogne et l'Alsace sont des régions vinicoles.* → **viticole.**

VINIFICATION [vinifikasjɔ̃] n. f. *LA VINIFICATION* : transformation du jus de raisin en vin. *Ce vigneron a inventé un nouveau procédé de vinification.*

VINTIMILLE [vɛ̃timij] nom propre – en italien **VENTIMIGLIA** Ville d'Italie, sur le golfe de Gênes. *Le train va à Vintimille. Ils viennent de Vintimille.*

VIOC → **vioque**

VIOL [vjɔl] n. m. *UN VIOL* 1. Acte de violence par lequel un homme force une autre personne à avoir des relations sexuelles avec lui. *Il a été condamné deux fois pour viol sur des enfants* (→ **pédophile).** *En matière juridique, il n'y a viol que lorsqu'il y a pénétration du pénis. Peut-on parler de viol entre époux ?* (→ **violer).** 2. Fait de violer, de profaner (un lieu). *On a constaté le viol de plusieurs tombes dans le cimetière.* → **profanation, violation.**

REM. *Viole* «instrument de musique» se prononce de la même façon.

VIOLACÉ [vjɔlase], **VIOLACÉE** [vjɔlase] adj. (après le nom) D'une couleur presque violette. *Il a les mains violacées à cause du froid. Le ciel est violacé à l'ouest.*

VIOLATION [vjɔlasjɔ̃] n. f. *LA VIOLATION* : le fait de ne pas respecter une chose sacrée, digne de respect, d'entrer dans un lieu interdit. *Il y a eu violation de la loi.* → **infraction.** *La violation de sépulture est un délit.*

VIOLE [vjɔl] n. f. *UNE VIOLE* : ancien instrument de musique à cordes et à archet. *La viole est apparue en France au quinzième siècle.* – *VIOLE DE GAMBE* : viole à six cordes, ancêtre du violoncelle. *La musique baroque utilise souvent la viole de gambe.*

VIOLEMMENT [vjɔlamɑ̃] adverbe ▪ Avec violence. *Le Titanic a heurté violemment un iceberg.* → **brutalement.** (contraire : doucement) *L'adolescente réagit violemment contre ses parents.* → **énergiquement.**

VIOLENCE [vjɔlɑ̃s] n. f. ▪ *LA VIOLENCE* **1.** Force brutale pour soumettre qqn. (contraire : non-violence) *L'armée a usé de violence pour s'emparer du pouvoir.* → **brutalité.** *Pendant la révolution, de nombreux actes de violence ont été commis. La violence augmente de jour en jour dans le monde.* **2.** *FAIRE VIOLENCE À qqn :* agir sur qqn en employant la force ou en essayant de l'intimider. *Les soldats ont fait violence à la population civile* (→ **violenter**). – *Elle s'est fait violence pour sortir,* elle s'est forcée. – *SE FAIRE UNE DOUCE VIOLENCE :* accepter (une chose agréable) après avoir fait semblant de résister. *Je me suis fait une douce violence, j'ai repris de la glace au chocolat.* **3.** *UNE VIOLENCE :* acte violent. *Le prisonnier a subi des violences de la part de ses gardiens.* → **sévices.** **4.** Disposition naturelle à l'expression brutale des sentiments. *Il est d'une rare violence quand il se met en colère.* → **véhémence.** (contraires : calme, douceur) **5.** Force brutale (d'une chose, d'un phénomène). *La violence de la tempête est terrible.* → **fureur.** – *Il ne résiste pas à la violence de son amour.* → **ardeur, impétuosité.**

VIOLENT [vjɔlɑ̃], **VIOLENTE** [vjɔlɑ̃t] adj. (avant le nom ou après le nom) **1.** Qui agit ou s'exprime sans aucune retenue. *Son mari est un homme violent.* → **coléreux, impétueux, irascible.** (contraires : doux, non-violent) – *J'ai été pris d'une violente colère.* → **brusque.** *Il a proféré des paroles violentes.* → **virulent.** **2.** Qui a un grand pouvoir d'action ou d'expression. *La révolution a été violente* (opposé à pacifique). → **brutal.** *Il y a eu de violents affrontements entre les manifestants et les forces de l'ordre. Il est mort de MORT VIOLENTE,* par accident ou par meurtre. – *Le bateau a été pris dans un violent orage* [vjɔlɑ̃tɔʀaʒ]. *Cette plante contient un poison violent.* → **dangereux, mortel.** *Le choc a été très violent.* **3.** Qui a un effet intense sur les sens. *Ce garçon a fait sur elle une violente impression.* → **fort, intense.** *On a entendu un bruit violent.* → **terrible.** **4.** Qui exige de la force, de l'énergie. *Elle aime les sports violents. Il fait de violents efforts pour résister.*

VIOLENTER [vjɔlɑ̃te] verbe [conjugaison 1a] **1.** Exercer des violences sur quelqu'un. → **battre, molester.** *Des manifestants ont été violentés.* **2.** STYLE RECHERCHÉ Violer. *Les voyous ont violenté une jeune fille.*

VIOLER [vjɔle] verbe [conjugaison 1a] **1.** Ne pas respecter. *Les criminels violent les lois.* → **enfreindre, transgresser.** (contraires : observer, respecter) *Il a violé un secret.* → **révéler, trahir.** **2.** Ouvrir, pénétrer dans (un lieu secret ou protégé par la loi). *Les voyous ont violé une tombe dans le cimetière.* → **profaner ; violation.** **3.** *VIOLER qqn,* le pénétrer sexuellement contre sa volonté. → **viol.** *L'homme a violé trois femmes. La jeune fille s'est fait violer dans le parking.* → **violenter** 2. *Le jeune garçon a été violé et assassiné.* → **sodomiser.**

VIOLET [vjɔlɛ] adj. et n. m., **VIOLETTE** [vjɔlɛt] adj. **1.** adjectif (après le nom) D'une couleur qui est un mélange de bleu et de rouge. *Ces iris sont violets. Il a les mains violettes de froid.* → **bleu.** **2.** *LE VIOLET :* couleur violette. *J'aime beaucoup ce violet. Le violet pâle lui va bien au teint.* → **mauve, parme.**

VIOLETTE [vjɔlɛt] n. f. ▪ *UNE VIOLETTE :* petite fleur le plus souvent de couleur violette, souvent très odorante. *Elle a acheté un bouquet de violettes.*

VIOLEUR [vjɔlœʀ] n. m. ▪ *UN VIOLEUR :* homme qui a commis un ou plusieurs viols. *Le violeur a été identifié après analyse de son sperme.*

VIOLON [vjɔlɔ̃] n. m. ▪ *UN VIOLON* **1.** Instrument de musique à quatre cordes que l'on frotte avec un archet et que l'on tient entre l'épaule et le menton, quand on joue. *Ce violon a une belle sonorité. Au programme du concert, il y a un concerto pour deux violons et orchestre.* – (figuré) *Vous restez ou vous partez ? accordez vos violons !* mettez-vous d'accord. **2.** *UN VIOLON D'INGRES :* activité artistique que l'on exerce en amateur. *La photo d'art, c'est son violon d'Ingres.* **3.** Violoniste. *Elle est premier violon dans l'orchestre de l'Opéra de Paris.*

> FAUX AMI
> portugais **violão** « guitare »

VIOLONCELLE [vjɔlɔ̃sɛl] n. m. ▪ *UN VIOLONCELLE :* instrument de musique à quatre cordes et archet, qui ressemble à un gros violon et que l'on tient entre les jambes quand on joue. *Le violoncelle a un son plus grave que celui du violon. Il écoute une sonate pour violoncelle et piano.*

VIOLONCELLISTE [vjɔlɔ̃selist] n. m., n. f. ▪ *UN VIOLONCELLISTE, UNE VIOLONCELLISTE :* musicien, musicienne qui joue du violoncelle. *Le violoncelliste accorde son instrument. Sa femme est violoncelliste dans un orchestre.*

VIOLONISTE [vjɔlɔnist] n. m., n. f. ▪ *UN VIOLONISTE, UNE VIOLONISTE :* musicien, musicienne qui joue du violon. *Le célèbre violoniste donnera bientôt un concert à Paris. Elle est violoniste dans l'orchestre national.*

VIOQUE [vjɔk] adj., n. m. et n. f. ▪ STYLE FAMILIER **1.** adjectif (après le nom) Vieux. *Elle trouve ses parents un peu vioques.* **2.** (péjoratif) *UN VIOQUE, UNE VIOQUE :* une personne âgée. *Tiens, voilà la vioque !* – (au pluriel) *LES VIOQUES :* les parents. → **vieux.** *Demande à tes vioques.*

VIPÈRE [vipɛʀ] n. f. ▪ *UNE VIPÈRE* **1.** Serpent venimeux à la tête triangulaire, qui vit dans les terrains ensoleillés et couverts de broussailles. *Elle s'est fait mordre par une vipère.* – *Une LANGUE DE VIPÈRE :* personne qui dit du mal des autres. *Méfie-toi de cette fille, c'est une vraie langue de vipère.* **2.** Personne malfaisante. *Quelle vipère !*

VIRAGE [viʀaʒ] n. m. ▪ *UN VIRAGE* **1.** Mouvement d'un véhicule qui tourne. *L'avion amorce un virage au-dessus de la ville. La voiture a fait un virage sur les chapeaux de roue,* elle a tourné très vite. **2.** Partie d'une route qui tourne. → **tournant.** *Attention, virage dangereux. La route monte le long de la montagne en une suite de virages.* → **lacet.** *La voiture accélère à la sortie du virage.* **3.** Changement complet d'orientation, d'attitude. *Le politicien a fait un virage à cent quatre-vingts degrés,* il a complètement changé d'opinion. → **volte-face.** – *PRENDRE LE VIRAGE :* s'adapter aux circonstances nouvelles. *L'industrie doit prendre le virage de l'an 2000.*

VIRAGO [viʀago] n. f. ▪ *UNE VIRAGO :* femme d'allure masculine, aux manières rudes et autoritaires. *Il est marié à une virago qui le terrorise.* → **mégère.**

VIRAL [viʀal], **VIRALE** [viʀal] adj. (après le nom) ▪ Qui se rapporte à un virus. *La grippe est une maladie virale,* provoquée par un virus. MASCULIN PLURIEL : *viraux* [viʀo].

VIRÉE [viʀe] n. f. ▪ STYLE FAMILIER *UNE VIRÉE :* petite excursion, petit voyage d'agrément. *Nous avons fait une virée en Bretagne, cet été.* → **balade.**

VIREMENT [viʀmɑ̃] n. m. ▪ *UN VIREMENT :* transfert d'argent d'un compte en banque à un autre. *Il est payé chaque mois par virement bancaire. Il a fait un virement sur le compte de sa femme.*

VIRER [viʀe] verbe [conjugaison 1a]
I. 1. Transférer (une somme) d'un compte à un autre, effectuer un virement. *L'entreprise vire chaque mois le salaire des employés sur leur compte en banque. La somme a été virée sur mon compte. Vous virerez* [viʀʀe] *cet argent sur mon compte.* **2.** STYLE FAMILIER *Virer qqn,* le renvoyer. *Elle a été virée de son poste au bout de trois mois.* → **licencier ;** STYLE FAMILIER **vider.**
II. Changer de direction en tournant. *La voiture a viré brusquement à droite. Le voilier* VIRE DE BORD, il change le côté d'où il reçoit le vent.
III. 1. Changer d'aspect, de couleur. *Les bleus de la photo ont complètement viré.* **2.** *Sa cutiréaction a viré,* elle est devenue positive. **3.** *VIRER À :* devenir, changer d'aspect, de caractère. – *La conversation* VIRE À L'AIGRE : les gens qui étaient en conversation commencent à se disputer. → **tourner.**

VIREVOLTER [viʀvɔlte] verbe [conjugaison 1a] ▪ Tourner rapidement sur soi-même. *Les danseuses virevoltent sur la scène de l'Opéra.*

VIRGINITÉ [viʀʒinite] n. f. ▪ *LA VIRGINITÉ :* état d'une personne vierge, qui n'a jamais eu de relations sexuelles. *Elle veut garder sa virginité jusqu'à son mariage. Il a perdu sa virginité quand il avait quinze ans.*

VIRGULE [viʀgyl] n. f. ▪ *UNE VIRGULE* **1.** Signe de ponctuation (,) qui marque un petit arrêt dans la phrase et qui sert à séparer des groupes de mots à l'intérieur de la phrase. *Il manque une virgule dans ce paragraphe. Ce morceau de phrase est entre deux virgules.* **2.** Signe (,) qui précède la décimale dans un nombre décimal. *Il y a une virgule dans le nombre 2,145* (deux virgule cent quarante-cinq).

la virgule

La virgule se met entre deux groupes qui ont la même fonction, c'est-à-dire qui sont tous les deux sujets ou compléments, etc., et qui ne sont pas reliés par une conjonction de coordination. *J'ai vu un lion, un serpent et une gazelle. L'enfant a vu le serpent, s'est arrêté net et l'a observé.*

On la met aussi entre deux propositions.

La virgule sert aussi à séparer un complément de phrase des autres groupes. *Demain, je partirai.*

La virgule ne sépare pas les phrases, à la différence du point-virgule. → **point** et **point-virgule.**

VIRIL [viʀil], **VIRILE** [viʀil] adj. (après le nom) **1.** Qui a les caractéristiques d'un homme. → **masculin.** ⟨contraire : féminin⟩ *On dit que l'énergie et le courage sont des qualités viriles,* celles que l'on attend d'un homme. *Ce garçon n'a pas l'air très viril,* il est un peu efféminé. **2.** (homme) Qui a des appétits sexuels et fait l'amour. ⟨contraire : impuissant⟩ *Elle aime les hommes virils.*

VIRILITÉ [viʀilite] n. f. ▪ *LA VIRILITÉ :* ensemble des caractères physiques et des qualités qui correspondent à l'image traditionnelle de l'homme (opposé à féminité). *Certains hommes se sentent menacés dans leur virilité. Ce garçon manque de virilité,* il n'a pas l'air d'un homme. – *Certains médicaments améliorent la virilité* (→ **viril,** 2.).

VIRTUEL [viʀtɥɛl], **VIRTUELLE** [viʀtɥɛl] adj. (après le nom) **1.** Qui est possible, qui a toutes les conditions pour pouvoir être réalisé. *La réussite du projet est encore virtuelle.* ⟨contraires : ② effectif, réel⟩ **2.** *IMAGE VIRTUELLE :* image de synthèse en trois dimensions. *Ce jeu est fait d'images virtuelles,* d'images de synthèse qui simulent le monde réel ou le monde imaginaire.

VIRTUOSE [viʀtɥoz] n. m., n. f. ▪ *UN VIRTUOSE, UNE VIRTUOSE :* musicien, musicienne qui joue d'un instrument de musique avec une remarquable technique. *C'est une virtuose du piano. Nous avons entendu un jeune virtuose.*

VIRTUOSITÉ [viʀtɥozite] n. f. ▪ *LA VIRTUOSITÉ :* talent, technique du virtuose. → **brio, maestria.** *La violoniste a joué avec virtuosité.*

VIRULENCE [viʀylɑ̃s] n. f. ▪ *LA VIRULENCE :* violence dans ce qui est dit, écrit. *Nous avons protesté avec virulence. Un intellectuel a écrit un article d'une grande virulence.*

VIRULENT [viʀylɑ̃], **VIRULENTE** [viʀylɑ̃t] adj. (après le nom) **1.** Plein de violence dans ce qui est dit, écrit. *Le journaliste a écrit un article virulent envers le gouvernement.* **2.** (microbe, poison) Dangereux, actif. *Le virus de la grippe est très virulent cet hiver.*

VIRUS [viʀys] n. m. **1.** *UN VIRUS :* germe très petit d'une maladie. *La poliomyélite est provoquée par un virus. Il faut se faire vacciner contre le virus de la grippe. Il a le virus du sida. C'est une maladie à virus* (→ **viral**). **2.** *Un* VIRUS (INFORMATIQUE) : programme ou instruction cachés pouvant entraîner des troubles de fonctionnement ou des pannes graves, et contaminer d'autres systèmes informatiques. *Un virus a endommagé de nombreux fichiers.* **3.** *LE VIRUS DE qqch. :* passion qui se développe. *Il a le virus du cinéma.*

vis [vi] *Je vis, tu vis :* forme au présent du verbe **vivre** ; forme au passé simple du verbe **voir.**

VIS [vis] n. f. **1.** *UNE VIS :* tige de métal pointue, creusée sur sa longueur d'une rainure en hélice et que l'on enfonce en la faisant tourner sur elle-même. *L'étagère est fixée par quatre vis. On serre la vis avec un tournevis* (→ **visser**). *Ce n'est pas assez serré, donne encore un* TOUR DE VIS. – *Il faut* SERRER LA VIS *à cette fille,* il faut la traiter plus sévèrement. **2.** *Un* ESCALIER À VIS : escalier tournant autour d'un axe (→ **colimaçon**). *Un escalier à vis part du salon et mène aux chambres.*
REM. *Vice* « mauvais penchant » se prononce de la même façon.

VISA [viza] n. m. ▪ *UN VISA :* formule, cachet spécial mis sur un passeport et qui est indispensable pour entrer dans certains pays. *J'ai demandé un visa pour la Russie. Il a obtenu son visa. On lui a refusé son visa.* – *Ce film a obtenu son* VISA DE CENSURE, il a obtenu l'autorisation d'être vu.

VISAGE [vizaʒ] n. m. **1.** *LE VISAGE :* partie avant de la tête de l'homme, de la femme, de l'enfant. → **face, figure, tête ;** STYLE FAMILIER **bouille, gueule, tronche.** *Elle a un visage rond et expressif. Il a un beau visage. Elle se fait faire des soins du visage,* des soins de beauté (→ **esthétique**). *Il m'a frappé au visage* (→ **gifler**). – *La colère se lit sur son visage.* – *Il a agi* À VISAGE DÉCOUVERT, sans se cacher. **2.** *FAIRE BON VISAGE :* prendre un air content alors qu'on ne l'est pas. *Bien que furieuse, elle a fait bon visage devant les invités.* **3.** *UN VISAGE :* personne (considérée dans son visage). *Dans la foule, j'ai cherché un visage connu,* j'ai cherché pour voir si je connaissais qqn. *Ce visage ne m'est pas inconnu :* je crois avoir déjà vu cette personne. *Ah, enfin, j'aperçois un visage de connaissance !* voilà qqn que je connais ! *Ça fait plaisir de voir un visage ami. Elle a la mémoire des visages :* elle n'oublie pas les visages qu'elle a vus, même une seule fois. – *Les* VISAGES PÂLES *ne sont pas nos amis,* les Blancs (pour les Indiens). **4.** Aspect particulier d'une chose. *Pendant son voyage, il a vu le visage terrible du racisme.* – *Nous souhaitons une société* À VISAGE HUMAIN, qui respecte l'individu.

FAUX AMI
brésilien **visagem**
« grimace ; fantôme »

VIS-À-VIS [vizavi] préposition et n. m. invariable
I. préposition *VIS-À-VIS DE* **1.** En face de. *Sur la cheminée, deux statuettes sont vis-à-vis l'une de l'autre.* – *Nous sommes assis vis-à-vis,* l'un en face de l'autre. **2.** *VIS-À-VIS DE qqn, qqch. :* en face de. *Elle a honte vis-à-vis de lui. De quoi ai-je l'air, moi,*

vis-à-vis de lui ? Je ne sais pas que faire vis-à-vis de ce problème. – Ma fortune est modeste vis-à-vis de la sienne, en comparaison avec la sienne. **3.** STYLE FAMILIER Envers (qqn). *Il s'est engagé vis-à-vis d'elle.*
II. 1. *LE VIS-À-VIS :* position de personnes, de choses qui se font face. *Nous avons eu un pénible vis-à-vis.* → **tête-à-tête.** PLURIEL : *des vis-à-vis. Nos fenêtres sont EN VIS-À-VIS.* **2.** *UN VIS-À-VIS :* personne placée en face d'une autre. *J'ai passé une bonne soirée : le dîner était bon et mon vis-à-vis était très sympathique.*

VISCÉRAL [viseʀal], **VISCÉRALE** [viseʀal] adj. (après le nom) **1.** Profond et impossible à raisonner (opposé à raisonné, réfléchi). *Elle a une peur viscérale des araignées. Il déteste cette fille, c'est viscéral.* MASCULIN PLURIEL : *VISCÉRAUX* [viseʀo]. **2.** Des viscères, qui concerne les viscères. *Le malade a des douleurs viscérales.*

VISCÈRE [visɛʀ] n. m. **1.** *UN VISCÈRE :* organe contenu dans une cavité du corps. *Le cœur est un viscère.* **2.** (au pluriel) LES VISCÈRES : les organes contenus dans l'abdomen. → **boyaux, entrailles.** *Les viscères de certains animaux sont comestibles* (→ **tripes**).

VISÉE [vize] n. f. ▪ *UNE VISÉE :* objectif, but. *Elle a des visées ambitieuses.*

① **VISER** [vize] verbe [conjugaison 1a]
I. Diriger soigneusement son regard, un objet, une arme vers le but, vers une cible. *Visez bien avant de tirer. Il a visé juste ! – Le meurtrier a VISÉ AU CŒUR,* il a dirigé son arme sur le cœur. – *Ne sois pas trop modeste, il faut viser plus haut,* il faut avoir des ambitions plus grandes.
II. *VISER QQCH., QQN* **1.** Regarder attentivement (un but, une cible) pour l'atteindre. *Le chasseur a visé le lapin et il a tiré. Le tueur vise sa victime dans le collimateur. Pour cadrer sa photo, on vise l'objectif en fermant un œil.* **2.** Chercher à obtenir. *Elle vise le poste de directeur général.* **3.** Concerner. *Cette remarque sur la discipline vise tous les élèves.* → **concerner.** – *SE SENTIR VISÉ :* comprendre qu'une remarque, qu'une allusion est pour soi. *Lorsqu'il a fait une remarque sur certaine personne toujours en retard, je me suis senti visé. Elle s'est sentie visée.* **4.** STYLE FAMILIER Regarder. *Vise un peu la bagnole !* → STYLE FAMILIER **mater.**

② **VISER** [vize] verbe [conjugaison 1a] ▪ Voir, examiner (un papier officiel) et le revêtir d'un visa ou d'une mention qui le rend valable. *Il faut faire viser ton passeport.*

VISEUR [vizœʀ] n. m. ▪ *LE VISEUR :* partie d'un appareil par où l'on regarde pour viser une cible, cadrer une photo. *Ferme un œil et regarde dans le viseur de ton appareil photo.*

VISIBILITÉ [vizibilite] n. f. ▪ *LA VISIBILITÉ* **1.** Qualité de l'atmosphère permettant de voir plus ou moins bien. *Avec ce brouillard, la visibilité est très mauvaise. Nous avons roulé par beau temps, avec une bonne visibilité.* **2.** Possibilité de voir autour de soi, dans un lieu précis. *Ne double pas ici, le virage est sans visibilité.*

VISIBLE [vizibl] adj. (après le nom) **1.** Qui peut être vu. → **apparent.** ⟨contraire : invisible⟩ *Les microbes ne sont pas visibles à l'œil nu. De la Terre, nous admirons la face visible de la Lune.* **2.** (parfois avant le nom) Évident. → **flagrant, manifeste.** *Elle a reçu ta lettre avec un plaisir visible. Il a fait de visibles progrès.* → **sensible.** *Sa déception est visible :* on voit bien qu'il est déçu. **3.** (qqn) En état de recevoir une visite. *La directrice est en rendez-vous, elle n'est pas visible. Le directeur est-il visible ?*

VISIBLEMENT [viziblǝmɑ̃] adverbe ▪ D'une façon évidente. → **manifestement.** *Elle est visiblement préoccupée. Visiblement, il a envie d'être seul.*

VISIÈRE [vizjɛʀ] n. f. ▪ *LA VISIÈRE :* partie d'une casquette, d'un képi qui protège les yeux. *La visière de sa casquette protège ses yeux du soleil. – Elle met sa main EN VISIÈRE pour mieux voir le bateau arriver,* elle place sa main au-dessus de ses yeux pour voir mieux sans être éblouie.

VISION [vizjɔ̃] n. f.
I. *LA VISION* **1.** Vue, perception du monde extérieur par les organes de la vue. *Je porte des lunettes car j'ai des troubles de la vision. Ma vision n'est pas nette.* **2.** Action de se représenter en esprit. *Sa vision de l'avenir n'est pas optimiste.*
II. *UNE VISION* **1.** Chose vue. → **spectacle.** *Ce fut une vision inoubliable. Quelle vision, après la catastrophe !* **2.** Représentation imaginaire. → **hallucination.** *Les alcooliques souffrent parfois de visions terrifiantes. – AVOIR DES VISIONS :* voir ce qui n'existe pas. *« Mais non personne n'est entré, tu as des visions ! »*

VISIONNAIRE [vizjɔnɛʀ] n. m., n. f. ▪ *UN VISIONNAIRE, UNE VISIONNAIRE* **1.** Personne qui a des visions ou qui croit avoir des visions, des révélations surnaturelles. *Des visionnaires ont prédit la fin du monde pour l'an 2000.* **2.** Personne qui a une intuition juste de l'avenir. *Jules Verne était un visionnaire.*

VISIONNER [vizjɔne] verbe [conjugaison 1a] ▪ Regarder, examiner (un film, des diapositives...) d'un point de vue technique. *Le metteur en scène visionne les dernières prises de vues.*

VISIONNEUSE [vizjɔnøz] n. f. ▪ *UNE VISIONNEUSE :* appareil équipé d'un dispositif optique grossissant, pour regarder, pour examiner un film, des diapositives. *Nous avons regardé nos diapositives de vacances avec une visionneuse.*

VISITE [vizit] n. f.
I. *LA VISITE* **1.** Le fait d'aller voir (qqn) et de rester avec lui un certain temps. *J'ai reçu la visite d'une amie. Hier, nous avons RENDU VISITE À un ami hospitalisé.* – STYLE FAMILIER *Nous avons eu DE LA VISITE aujourd'hui,* des gens sont venus nous voir. **2.** Le fait de se rendre (dans un lieu) pour le voir, le parcourir, le visiter. *La visite du château est gratuite. – Le chef de l'État EST EN VISITE dans un pays étranger.* **3.** Examen de malades par un médecin dans un hôpital, une clinique. *C'est l'heure de la visite. Je dois passer la VISITE MÉDICALE :* je dois être examiné par un médecin.
II. *UNE VISITE* **1.** La personne qui va voir une autre personne. → **visiteur.** *Elle a reçu une visite. Il a beaucoup de visites.* **2.** Pour un médecin, le fait de se rendre auprès d'un malade. *Quand le médecin fait-il ses visites ? Le matin, le médecin fait ses consultations et l'après-midi il fait ses visites.*

VISITER [vizite] verbe [conjugaison 1a] **1.** Se rendre auprès de (qqn) dans un but professionnel. *Le médecin visite ses malades. Les représentants visitent leurs clients.* **2.** Aller voir, parcourir (un lieu) en observant. *Nous avons visité le musée du Prado. L'été dernier, j'ai visité la Belgique.* **3.** Examiner (un lieu) pour chercher qqn, qqch. *La police visite l'immeuble. La voiture a été visitée à la douane.*
▌ REM. *Visiter* ne s'emploie pas au sens de *rendre visite à* (qqn).

VISITEUR [vizitœʀ] n. m., **VISITEUSE** [vizitøz] n. f.
I. *UN VISITEUR, UNE VISITEUSE* **1.** Personne qui va voir qqn chez lui, qui lui fait une visite. *Elle a accueilli ses visiteurs dans son salon.* **2.** Personne qui visite (un pensionnaire, un malade, un prisonnier). *Les visiteurs entrent dans le parloir.*
II. *LE VISITEUR, LA VISITEUSE* **1.** Personne qui visite un lieu. *Le musée est ouvert aux visiteurs à partir de dix heures.* **2.** Personne qui visite, inspecte, examine. *Son père est visiteur des douanes,* il est chargé d'inspecter les bagages.

VISON [vizɔ̃] n. m. **1.** *UN VISON* : animal qui ressemble au putois et dont la fourrure est très appréciée. *En Amérique du Nord, le vison est chassé et élevé pour sa fourrure.* **2.** *LE VISON* : la fourrure de cet animal. *Elle a un manteau DE VISON.* – *Pour aller au théâtre, elle a mis son vison,* son manteau de vison.

VISQUEUX [viskø], **VISQUEUSE** [viskøz] adj. (après le nom) **1.** Qui est épais et s'écoule difficilement. → **collant, gluant, poisseux.** ⟨contraire : fluide⟩ *Le goudron est une matière visqueuse.* **2.** Dont la surface est couverte d'un liquide gluant. *La peau du crapaud est visqueuse.*

VISSER [vise] verbe [conjugaison 1a] **1.** Faire tenir avec des vis. *L'électricien a vissé l'interrupteur dans le mur.* – *Une femme enceinte est montée dans le métro mais les personnes assises sont restées vissées sur leurs sièges,* elles ne se sont pas levées, personne n'a cédé sa place. **2.** Serrer en tournant. ⟨contraire : dévisser⟩ *Visse bien le couvercle du pot de confiture.* – *J'ai vissé à fond.* **3.** STYLE FAMILIER Traiter sévèrement (qqn). *Ce gosse est insupportable, il va falloir le visser.*

DE **VISU** [devizy] adverbe ▪ Après avoir vu, pour l'avoir vu. *Le ministre s'est rendu compte de visu de l'ampleur de la catastrophe.*

REM. Certaines personnes prononcent ce mot latin [dəvizy], ce qui est négligé.

VISUALISER [vizɥalize] verbe [conjugaison 1a] **1.** Faire apparaître sur un écran d'ordinateur les résultats d'un traitement. → **afficher.** *Ce CD-ROM permet de visualiser des monuments sous tous leurs angles.* **2.** Se représenter mentalement (qqch.). *Je visualise mal votre projet.*

VISUEL [vizɥɛl], **VISUELLE** [vizɥɛl] adj. (après le nom) **1.** Qui concerne la vue. *L'œil est un organe visuel. J'ai une bonne mémoire visuelle,* je me souviens bien de ce que j'ai vu. **2.** Qui fait appel au sens de la vue. *Ce professeur enseigne souvent à l'aide de méthodes visuelles* **(→ audiovisuel).**

vit [vi] *Il vit, elle vit* : forme au présent du verbe **vivre** ; forme au passé simple du verbe **voir.**

VITAL [vital], **VITALE** [vital] adj. (après le nom) **1.** Qui concerne la vie. *L'eau est indispensable à toute manifestation vitale.* PLURIEL : *le cœur, les poumons sont des organes VITAUX* [vito]. **2.** Essentiel, indispensable à la vie d'un individu, d'un groupe. *La respiration est une fonction vitale.* **3.** Très important. → **essentiel, fondamental.** *La faim dans le monde et la pollution sont des problèmes vitaux.* – (impersonnel) *Il est vital de prendre cette décision. C'est vital.*

VITALITÉ [vitalite] n. f. ▪ *LA VITALITÉ* : énergie, dynamisme. ⟨contraire : léthargie⟩ *Ils courent, ils sautent, ils dansent et chantent, ces enfants sont pleins de vitalité !* → **vigueur.**

VITAMINE [vitamin] n. f. ▪ *UNE VITAMINE* : substance indispensable au bon fonctionnement de l'organisme, apportée en petites quantités par l'alimentation. *Les oranges sont riches en vitamine C. Cet enfant souffre d'une carence en vitamines.*

VITE [vit] adverbe **1.** En parcourant un grand espace en peu de temps. ⟨contraires : doucement, lentement⟩ *Marchons plus vite ! Cours vite ! Nous avons été doublés par une voiture qui roulait très vite* **(→ filer, foncer).** – *J'ai senti mon cœur battre plus vite,* à un rythme plus rapide. **2.** En peu de temps. → **rapidement ;** STYLE FAMILIER **dare-dare.** ⟨contraires : doucement, lentement, tranquillement⟩ *Je t'attends, fais vite !* dépêche-toi **(→ se hâter, se presser).** *Ton travail n'est pas bon car tu l'as fait trop vite* **(→ à la va-vite).** *Cette élève comprend très vite ce qu'on lui explique. J'ai l'impression que le temps passe vite, en ce moment.* – *Tu vas un peu vite* : tu agis sans réfléchir. – *Sauve-toi vite,* immédiatement. – *Obéis, et PLUS VITE QUE ÇA ! Pas si vite !* **3.** Au bout d'une courte durée. *Prenons un raccourci, nous serons plus vite arrivés. Les travaux seront vite terminés.* → **bientôt.** – *AU PLUS VITE* : dans le plus court délai. *Postez cette lettre au plus vite.* – *Il a EU VITE FAIT de répondre à notre invitation,* il n'a pas tardé à répondre. – STYLE FAMILIER *VITE FAIT* : rapidement. *Elle est partie vite fait.* – STYLE FAMILIER *J'ai lavé la vaisselle, VITE FAIT BIEN FAIT !* rapidement et bien.

VITESSE [vitɛs] n. f. ▪ *LA VITESSE* **1.** Le fait de parcourir un grand espace en peu de temps. → **rapidité.** *Les athlètes font une COURSE DE VITESSE. L'avion PREND DE LA VITESSE et décolle. Son mari aime FAIRE DE LA VITESSE en voiture,* il aime rouler vite. *Il a été arrêté pour EXCÈS DE VITESSE.* **2.** Le fait de faire qqch. en peu de temps. *La vitesse de sa réaction m'a surpris. J'admire la vitesse à laquelle tu as fait tes valises !* – *En prenant cette décision, il nous a tous PRIS DE VITESSE,* il a agi plus vite que nous **(→ devancer).** – STYLE FAMILIER *EN VITESSE* : rapidement. *Sors d'ici et en vitesse ! J'ai fait des courses en vitesse.* **3.** Le fait d'aller plus ou moins vite, de parcourir une distance plus ou moins grande par unité de temps. → **allure.** *La voiture roule à la vitesse de cent kilomètres à l'heure. À quelle vitesse cet avion vole-t-il ? Dans les embouteillages, les voitures roulent à vitesse réduite. Ce camion roule à grande vitesse. Regarde le compteur de vitesse.* – *À TOUTE VITESSE* : très vite. *Il a couru à toute vitesse pour nous rejoindre. Nous devons finir ce travail à toute vitesse.* – *Nous avons terminé notre travail À LA VITESSE GRAND V* [alavitɛsgʀɑ̃ve], extrêmement vite (*V* étant l'initiale du mot *vitesse*). – *PERTE DE VITESSE* : se dit d'un avion dont la vitesse devient inférieure à la vitesse minimale nécessaire au vol. *L'avion est en perte de vitesse, il risque de s'écraser !* – *Ce parti politique est en perte de vitesse,* il perd son dynamisme, son succès. **4.** Rapport entre l'effort fourni par le moteur et la rotation des roues. *L'automobiliste a la main sur le levier de CHANGEMENT DE VITESSE,* le levier du dispositif qui permet de régler ce rapport. *Changez la vitesse : passez la première vitesse pour démarrer, puis enclenchez la seconde (vitesse). Le conducteur manœuvre les vitesses,* les combinaisons d'engrenage du changement de vitesse. – *Ce vélo a douze vitesses* **(→ dérailleur).** – STYLE FAMILIER *Il a rangé ses affaires EN QUATRIÈME VITESSE,* très vite.

VITICOLE [vitikɔl] adj. (après le nom) ▪ Qui produit de la vigne. *La Bourgogne est une région française viticole,* une région où l'on cultive la vigne pour faire du vin. → **vinicole.**

VITICULTEUR [vitikyltœʀ] n. m., **VITICULTRICE** [vitikyltʀis] n. f. ▪ *UN VITICULTEUR, UNE VITICULTRICE* : personne qui cultive la vigne, pour la production du vin. → **vigneron.** *Les viticulteurs embauchent du personnel à l'époque des vendanges.*

VITICULTURE [vitikyltyʀ] n. f. ▪ *LA VITICULTURE* : culture de la vigne. *Le Beaujolais est une région française de viticulture.*

VITRAIL [vitʀaj] n. m. ▪ *UN VITRAIL* : panneau constitué de morceaux de verre colorés, assemblés pour former un dessin, une décoration. *Cette église a un vitrail en forme de rosace.* PLURIEL : *le soleil illumine les VITRAUX* [vitʀo].

VITRE [vitʀ] n. f. ▪ *UNE VITRE* **1.** Panneau de verre qui garnit une fenêtre, une porte. → **carreau.** *Les enfants ont cassé une vitre. Le vitrier pose une vitre,* il l'installe. – *Je FAIS LES VITRES* : je nettoie les carreaux. **2.** Panneau de verre permettant de voir à l'extérieur, lorsqu'on est dans un véhicule. → ② **glace.** *Cette voiture a des vitres teintées. La VITRE AVANT de la voiture est brisée* **(→ pare-brise).** *Il faut nettoyer la VITRE ARRIÈRE* **(→ lu-**

nette). *L'automobiliste remonte sa vitre. Est-ce que cela vous dérange si je baisse la vitre ? Les vitres du train sont sales.*

VITRÉ [vitʀe], **VITRÉE** [vitʀe] adj. (après le nom) ▪Garni de vitres. *On passe sur la terrasse par une* PORTE VITRÉE. *La maison a un toit vitré.* → **verrière.**

VITREUX [vitʀø], **VITREUSE** [vitʀøz] adj. (après le nom) ▪Terne, sans éclat. *Les poissons morts ont l'œil vitreux. La blessée a les prunelles vitreuses.*

VITRIER [vitʀije] n. m. ▪*UN VITRIER :* personne qui vend, qui coupe et qui pose les vitres. *Les enfants ont cassé une vitre, il faut que j'appelle le vitrier.*

VITRIFIER [vitʀifje] verbe [conjugaison 7a] ▪Recouvrir (un parquet) d'une matière plastique transparente qui le protège. *Nous avons fait vitrifier le parquet du salon. Demain, les ouvriers vitrifieront* [vitʀifiʀɔ̃] *ce vieux parquet.*

VITRINE [vitʀin] n. f. ▪*LA VITRINE* **1.** Devanture vitrée d'un magasin, d'une boutique. *La vitrine de la bijouterie a été cassée.* **2.** Espace disposé derrière cette vitre, où l'on expose des objets à vendre. *Elle regarde les bijoux exposés* EN VITRINE. *Nous avons* LÉCHÉ LES VITRINES *tout l'après-midi,* nous nous sommes promenés en regardant les objets exposés en vitrine (→ **lèche-vitrine).** *Une étalagiste refait la vitrine,* elle refait la décoration et l'étalage des objets. **3.** *UNE VITRINE :* petite armoire vitrée dans laquelle on expose des objets de collection. *Les bibelots sont à l'abri dans des vitrines.*

IN **VITRO** → **in vitro**

VITUPÉRER [vitypeʀe] verbe [conjugaison 6a] ▪*VITUPÉRER CONTRE :* protester violemment contre (qqn, qqch.). → **vociférer.** *Un bonhomme* VITUPÈRE CONTRE *des enfants qui l'ont bousculé. – Arrête de vitupérer !*

VIVABLE [vivabl] adj. (après le nom) ▪surtout au négatif **1.** Avec qui l'on peut vivre. → **supportable.** ⟨contraires : insupportable, invivable⟩ *Elle dit que son mari n'est pas vivable. C'est un homme à peine vivable.* **2.** Où l'on peut vivre. ⟨contraire : invivable⟩ *Leur maison est trop près du périphérique, elle n'est pas vivable.*

REM. Ce mot s'emploie surtout dans des phrases négatives.

VIVACE [vivas] adj. (après le nom) **1.** *Une* PLANTE VIVACE, qui vit plus de deux années (opposé à plante annuelle). *Le houx est une plante vivace.* **2.** Qui se maintient à l'esprit, qu'il est difficile de détruire. → **durable, tenace.** *Après plusieurs années, le souvenir de l'accident est toujours aussi vivace.*

FAUX AMI
italien **vivace** « vif »

VIVACITÉ [vivasite] n. f. ▪*LA VIVACITÉ* **1.** Qualité de ce qui est vif, rapide. → **entrain, rapidité.** *Les élèves répondent avec vivacité aux questions du professeur.* ⟨contraires : lenteur, mollesse⟩ *Cette fille a une grande vivacité d'esprit,* elle comprend vite. **2.** Intensité, éclat. *Une restauration a permis à ce tableau ancien de retrouver la vivacité de ses couleurs d'origine.* **3.** (euphémisme) Attitude, paroles brutales. *Excusez ma vivacité, j'étais en colère. Il a répondu avec vivacité,* de façon peu aimable.

vivant [vivɑ̃] *En vivant :* forme au participe présent du verbe **vivre.**

① **VIVANT** [vivɑ̃] adj. et n. m., **VIVANTE** [vivɑ̃t] adj. et n. f.
I. adjectif (après le nom) **1.** Qui vit, qui est en vie. ⟨contraire : mort⟩ *Son père est revenu vivant de la guerre. Ses parents sont encore vivants. Les naufragés ont été retrouvés vivants* (→ **survivant).** *Certains laboratoires font des expériences sur des animaux vivants* (→ **vivisection).** **2.** Doué de vie. *Les plantes et les animaux sont des* ÊTRES VIVANTS, des êtres qui naissent, se reproduisent et meurent. → **animé.** ⟨contraire : inanimé⟩ **3.** Plein de vie. → **vif.** *C'est un enfant très vivant. – Les personnages de Molière sont vivants,* il ont les qualités de ce qui vit. – *Nous avons eu une conversation vivante,* animée, vive ; ⟨contraires : morne, terne⟩ **4.** Ressemblant. *C'est le portrait vivant de sa mère !* il lui ressemble beaucoup. **5.** (lieu) Plein d'animation, plein de vie. *Les rues de mon quartier sont vivantes, les jours de marché,* elles sont animées, gaies. ⟨contraires : désert, mort, triste⟩ **6.** (qqch.) Utilisé de nos jours, actuel. *L'anglais est une langue vivante, le latin est une langue morte. – Son souvenir est toujours vivant.* → **durable.**
II. *UN VIVANT, UNE VIVANTE :* personne en vie. *Cette cérémonie est un hommage des vivants aux morts. Il est rayé du monde des vivants :* il est mort.

② **VIVANT** [vivɑ̃] n. m. **1.** *DU VIVANT DE..., DE SON VIVANT :* pendant la vie de (qqn). *Du vivant de mon père, la famille se réunissait plus souvent. Nous n'avons pas pu rendre hommage au héros de son vivant, nous le faisons à titre posthume.* **2.** *UN BON VIVANT :* homme qui aime la vie, les plaisirs de la vie. *Mon père aime bien rire, boire et manger, c'est un bon vivant.*

VIVAT [viva] n. m. ▪*UN VIVAT :* cri d'acclamation. *Le coureur a été accueilli par des vivats.*

vive [viv] *Que je vive ; qu'il vive, qu'elle vive :* forme au subjonctif du verbe **vivre.**

VIVE [viv] interjection ▪Mot qui sert à montrer qu'on a de l'admiration pour qqn, de l'enthousiasme pour qqch. *Vive les écolos ! Vive la liberté ! Vive les vacances !* ⟨contraire : à bas⟩

VIVEMENT [vivmɑ̃] adverbe **1.** D'une manière vive, avec vivacité. → **rapidement.** *Dès qu'on a ouvert la porte, le chat s'est enfui vivement. Les élèves se sont vivement assis quand ils ont entendu le professeur arriver.* **2.** D'un ton vif, avec un peu de colère. → **vif** (I., 2.). *Elle a répliqué vivement qu'elle n'était pas d'accord.* **3.** Beaucoup, fortement. → **profondément.** *Nous regrettons vivement votre absence. Je désire vivement vous voir.* **4.** Pour formuler un souhait. *Vivement les vacances ! Vivement demain ! –* VIVEMENT QUE *nous soyons seuls ! – Je n'aime pas cette fille, vivement qu'elle parte !*

VIVIER [vivje] n. m. ▪*UN VIVIER :* bassin aménagé pour élever des poissons ou des crustacés, ou pour les garder vivants après les avoir pêchés. *Il y a un vivier dans cette poissonnerie. Nous avons choisi un gros homard dans le vivier du restaurant.*

VIVIFIANT [vivifjɑ̃], **VIVIFIANTE** [vivifjɑ̃t] adj. (après le nom) ▪Qui stimule, qui donne de la vitalité. → **tonique.** *L'air de la mer est vivifiant. Nous avons fait une promenade vivifiante.*

VIVIPARE [vivipaʀ] adj. et n. m. **1.** *Un* ANIMAL VIVIPARE *:* animal dont l'œuf se développe entièrement à l'intérieur de l'utérus maternel et naît complètement formé. *Les mammifères sont des animaux vivipares.* **2.** *LES VIVIPARES :* les animaux vivipares. *La souris, le requin sont des vivipares.*

REM. Les animaux *ovipares* se reproduisent par des œufs dans lesquels les petits continuent leur développement, jusqu'à éclosion.

VIVISECTION [vivisɛksjɔ̃] n. f. ▪*LA VIVISECTION :* opération pratiquée à titre d'expérience sur des animaux vivants. → **dissection.** *La Société protectrice des animaux lutte contre la pratique de la vivisection.*

VIVOTER [vivɔte] verbe [conjugaison 1a] **1.** Vivre avec peu d'argent et en ayant peu d'activités. → **végéter.** *Nous ne vivons pas vraiment, nous vivotons* (→ **subsister, survivre).** **2.** (qqch.) Avoir une activité faible, médiocre. *Son entreprise vivote tant bien que mal.*

① **VIVRE** [vivʀ] verbe [conjugaison 46]
I. 1. Être en vie, être vivant → **exister.** *Nous naissons, nous vivons, nous mourons. Il a cessé de vivre :* il est mort (→ **mourir).** *J'aime vivre ! Je n'ai pas rencontré* ÂME QUI VIVE *dans la rue,* je n'ai rencontré personne. *Elle a beaucoup de joie de vivre. Il est dégoûté de vivre. – Elle n'a vécu que pour son travail :* elle a consacré sa vie au travail. *Il se* LAISSE VIVRE *!* il vit sans faire d'efforts. **2.** Avoir une vie d'une certaine durée. *Certains arbres peuvent vivre des centaines d'années. Ma grand-mère a vécu longtemps,* elle est morte à un âge avancé. *Les quatre-vingt-dix années qu'elle a vécu ont été belles. – Ne pensons pas au passé, vivons dans le présent,* ne pensons qu'au moment actuel. **3.** Passer sa vie, une partie de sa vie (dans un lieu). → **habiter, demeurer.** *Ils vivent à la campagne. Nous vivons à Rome depuis dix ans. Elle a toujours vécu à Londres. – Il vit encore chez sa mère.* **4.** Passer sa vie d'une certaine façon. *Elle aime vivre libre. Il vit seul. Elle vit avec un copain. Nous vivons en paix. Il vit dangereusement. – Mon fils est* FACILE À VIVRE, il a bon caractère. *Sa femme est* DIFFICILE À VIVRE, elle a mauvais caractère, elle n'est pas accommodante. **5.** Avoir ce qu'il faut pour subsister, pour se nourrir, se loger. *Elle travaille pour vivre. – Il fait vivre toute sa famille,* il l'entretient. *– Nous vivons pauvrement* (→ **vivoter).** *Ils vivent largement :* ils sont riches.
II. *VIVRE DE,* vivre grâce à. **1.** *Le bébé vit de lait,* il se nourrit de lait. *Pendant les vacances, nous vivons surtout de salades,* nous mangeons surtout des salades. *– Ils* ONT DE QUOI VIVRE *:* ils ont assez d'argent pour subsister. **2.** Trouver dans (qqch.) de quoi alimenter la vie morale, intellectuelle. *Elle est sans nouvelles de son mari, mais elle vit d'espoir. On ne peut* VIVRE D'AMOUR ET D'EAU FRAÎCHE. *Il vit de ses lectures.*
III. *VIVRE QQCH,* passer en vivant. → **connaître, passer.** *Ils ont vécu une enfance heureuse. Oui, la vie vaut la peine d'être vécue ! – Mes parents vivent des jours heureux à la campagne.* → **couler.** *Ses dernières années, il les vécues dans la joie. J'espère qu'il oubliera les jours difficiles qu'il a vécus.* → **traverser.** *Elle m'a raconté tout ce qu'elle avait vécu avec son premier mari.* → **subir, supporter.** *Elle veut* VIVRE SA VIE, être indépendante et faire ce qu'elle veut.

REM. *Vécu* reste invariable s'il n'indique que la mesure du temps : *Elle l'a soigné pendant les trois mois qu'il a vécu après l'accident,* pendant lesquels il a vécu.

② **VIVRE** [vivʀ] n. m. **1.** *LE VIVRE ET LE COUVERT :* la nourriture et le logement. *L'hôtelier assure le vivre et le couvert à ses clients.* **2.** (au pluriel) LES VIVRES : tout ce qui sert à l'alimentation de l'homme. → **aliment, nourriture, provision, victuailles.** *Le navigateur est parti avec quinze jours de vivres. – Il a* COUPÉ LES VIVRES *à son fils,* il ne lui donne plus d'argent.

REM. Dans l'expression *le vivre et le couvert, couvert* désigne le toit, la couverture de la maison, et non pas la cuiller et la fourchette.

VIZIR [viziʀ] n. m. ▪ *UN VIZIR :* ministre, du temps de l'Empire ottoman. *C'est la décision du grand vizir,* du Premier ministre de l'Empire ottoman.

VLÀ préposition Forme abrégée familière de **voilà.**

VLAN ! [vlɑ̃] interjection ▪ Onomatopée qui imite un bruit fort et sec. *Et vlan ! il a claqué la porte !*

V. O. [veo] n. f. invariable ▪ *LA V. O. :* version originale d'un film. *J'ai vu un* FILM *chinois* EN *V. O. avec des sous-titres français,* un film chinois non doublé. ⟨contraire : V. F.⟩ *J'ai préféré la V. O. à la V. F.* PLURIEL : *elle ne voit que des V. O.*

REM. *V. O.* est le sigle de ***v**ersion **o**riginale.*

VOCABULAIRE [vɔkabylɛʀ] n. m. ▪ *LE VOCABULAIRE* **1.** Ensemble des mots d'une langue ou d'un domaine particulier. → **lexique.** *Personne ne peut connaître tout le vocabulaire d'une langue. « Thérapie » est un mot du vocabulaire médical.* → **terminologie. 2.** Ensemble des mots employés par une personne. *Tu as un vocabulaire trop pauvre, il faut que tu l'enrichisses. Elle n'a pas beaucoup de vocabulaire :* elle ne connaît pas beaucoup de mots. *Qu'est-ce que c'est que ce vocabulaire ?* quelle manière étrange et grossière de parler ! *« Dodo » appartient au vocabulaire des enfants.* → **langage. 3.** *UN VOCABULAIRE :* dictionnaire qui donne les mots essentiels d'une langue. *Il a acheté un vocabulaire anglais-espagnol.*

VOCAL [vɔkal], **VOCALE** [vɔkal] adj. (après le nom) **1.** Qui produit la voix. *Il a été opéré des* CORDES VOCALES, des membranes situées dans la gorge qui vibrent quand on parle. MASCULIN PLURIEL : *des organes* VOCAUX [vɔko]. **2.** Qui concerne la voix. *Elle écoute de la musique vocale,* écrite pour le chant (opposé à instrumental). *– Laisse un message sur ma* BOÎTE VOCALE, mon répondeur téléphonique.

VOCALIQUE [vɔkalik] adj. (après le nom) ▪ Qui concerne les voyelles. *Le système vocalique d'une langue est l'ensemble de ses voyelles.*

VOCALISE [vɔkaliz] n. f. ▪ *UNE VOCALISE :* exercice qui consiste à chanter une suite de notes sur une seule voyelle. *La cantatrice* FAIT DES VOCALISES.

VOCATION [vɔkasjɔ̃] n. f. ▪ *LA VOCATION :* attirance, penchant pour un métier, une activité. *Il ne faut pas contrarier sa vocation. Elle a une vocation d'enseignante.*

VOCIFÉRER [vɔsifeʀe] verbe [conjugaison 6a] ▪ STYLE RECHERCHÉ Parler en criant, avec colère. *Il est arrivé en vociférant.* → **hurler, vitupérer.** *Elle vocifère tout le temps.*

VODKA [vɔdka] n. f. ▪ *LA VODKA :* eau-de-vie faite avec de l'orge ou du seigle. *Vous voulez de la vodka russe ou de la vodka polonaise ?*

VŒU [vø] n. m. **1.** *UN VŒU :* souhait que qqch. s'accomplisse. *Il a vu une étoile filante et il a* FAIT UN VŒU. *Son vœu a été exaucé.* PLURIEL : *je fais des* VŒUX *pour que vous réussissiez. Est-ce que tout s'est passé selon vos vœux ?* → **désir.** *– Je vous présente mes meilleurs vœux pour la nouvelle année. Tous mes vœux de bonheur ! J'ai reçu une* CARTE DE VŒUX. **2.** *FAIRE VŒU DE :* faire une promesse à Dieu, à une divinité. *Les moines font vœu de chasteté. Elle a fait vœu de pauvreté. – Je me suis* FAIT LE VŒU DE *ne plus le revoir,* je me le suis promis à moi-même. → **résolution.**

VOGUE [vɔg] n. f. ▪ *LA VOGUE :* état de ce qui est à la mode. *Cet été, c'est la vogue des jupes courtes.* → **mode.** *Le football connaît une vogue extraordinaire.* → **succès.** *Ce restaurant est très* EN VOGUE, il est très à la mode en ce moment. ⟨contraire : démodé⟩ *Il a acheté les disques d'un chanteur en vogue.*

VOGUER [vɔge] verbe [conjugaison 1b] ▪ STYLE RECHERCHÉ Avancer sur l'eau. → **naviguer.** *Le navire vogue sur les flots. Nous voguons vers la Corse. – Ne nous en occupons plus* ET VOGUE LA GALÈRE *!* laissons les choses se faire, advienne que pourra.

VOICI [vwasi] préposition **1.** Sert à présenter une personne ou une chose assez proche. *Voici mon fils. Les voici qui arrivent. Voici ma chambre et voilà la tienne.* **2.** Désigne ce qui commence à se produire. *Voici la pluie :* la pluie arrive. *– Te voici tranquille maintenant :* tu es tranquille maintenant. **3.** Présente ce dont on va parler (opposé à voilà). *Voici nos informations. Voici ce que nous avons décidé.*

REM. Traditionnellement, *voici* désigne qqch. de proche, par opposition à *voilà* qui désigne qqch. d'éloigné. Cette distinction n'est plus vraiment faite, et *voici* est beaucoup moins employé que *voilà.* → **voilà.**

voie [vwa] *Que je voie ; qu'il voie, qu'elle voie :* forme au subjonctif du verbe **voir.**

VOIE [vwa] n. f. ■ *UNE VOIE* **1.** Lieu par où l'on passe pour aller quelque part. → **chemin, passage.** *L'explorateur se fraie une voie à travers les broussailles. Les alpinistes ont choisi la voie nord pour atteindre le sommet. Les pompiers arrivent, dégagez la voie !* **2.** Espace tracé et aménagé pour les transports. *Une autoroute est une grande VOIE DE COMMUNICATION. L'automobiliste a été arrêté en état d'ébriété sur la VOIE PUBLIQUE,* sur l'espace réservé à la circulation. *Cette voie est à sens unique.* → **route, rue. 3.** Partie d'une route de la largeur d'un véhicule, délimitée par une bande blanche. *L'autocar roule sur une route à trois voies.* **4.** *Une VOIE (FERRÉE) :* ensemble de rails mis bout à bout, qui forme un chemin pour les trains. *Il est interdit de traverser la voie, il faut passer par un souterrain.* **5.** *Une VOIE NAVIGABLE :* cours d'eau sur lequel on peut naviguer. *Les canaux sont des voies navigables.* **6.** *Une VOIE D'EAU :* ouverture accidentelle par laquelle l'eau pénètre dans un bateau. *Il faut immédiatement boucher cette voie d'eau, sinon le bateau va couler !* **7.** Conduit à l'intérieur du corps. → **canal.** *Ce médicament est à prendre PAR VOIE buccale, PAR VOIE ORALE,* par la bouche. *Le malade a les voies respiratoires encombrées.* **8.** Conduite considérée comme un chemin que l'on peut suivre dans la vie. *Tu es SUR LA BONNE VOIE :* tu vas réussir. *Mon fils a été long à trouver sa voie,* à trouver ce qu'il aimerait faire. → **direction. 9.** Intermédiaire qui permet d'obtenir ou de faire qqch. *Il a dû faire intervenir la voie diplomatique.* **10.** *METTRE SUR LA VOIE :* donner des indications, aider à trouver. *Je ne trouve plus son nom, dis-moi la première lettre, ça me mettra sur la voie.* **11.** *EN VOIE DE :* en train de. *On protège les espèces animales en voie de disparition. Les pays sous-développés sont en voie de développement. Les négociations sont EN BONNE VOIE,* elles vont sûrement aboutir.

REM. *Voix* «sons produits par la gorge et la bouche» se prononce de la même façon.

VOILÀ [vwala] préposition

I. 1. Sert à présenter une personne ou une chose. *Voilà mon père, à droite sur la photo. Voilà de l'argent pour toi.* – *« Vous voulez des fraises ? EN VOILÀ* pour quinze francs *! » Il y en a EN VEUX-TU EN VOILÀ :* il y en a beaucoup, il y en a autant qu'on veut. **2.** (avec mouvement) *Voilà mon père, il vient vers nous. La voilà, cachons-nous. Les voilà, ce sont eux. Ah, te voilà, toi, c'est à cette heure-ci que tu arrives !* – *VLÀ* [vla] forme abrégée familière *Tiens, vlà ma sœur qui s'ramène.* **3.** (abstrait) (emphatique) *Nous voilà bien tristes. Son mari, en voilà un imbécile !* c'est vraiment un imbécile, c'est l'exemple même de l'imbécile. → **quel.** *Nous voilà en état de conclure.* – *La voilà partie :* elle est partie. *Le voilà qui s'énerve,* il se met à s'énerver. *Nous voilà arrivés :* nous sommes arrivés. *NOUS Y VOILÀ :* nous sommes au cœur du problème. **4.** *VOILÀ QU'il pleut :* il se met à pleuvoir. *Voilà comment les choses se sont passées. Voilà pourquoi elles se sont fâchées. Voilà où il voulait en venir :* c'est à ça qu'il voulait arriver. *Voilà à quoi ça mène. Voilà de quoi lire.* **5.** Présente ce dont on vient de parler (opposé à voici). *Voilà ce qu'elle a dit. Voilà tout ce qu'on peut dire pour le moment. Voilà les nouvelles. VOILÀ CE QUE C'EST DE désobéir,* ce sont les conséquences de la désobéissance. *EN VOILÀ ASSEZ :* ça suffit, j'en ai assez entendu. *VOILÀ QUI est bizarre :* c'est bizarre. *Ah ! voilà !* c'était donc ça ! *Bon, voilà !* c'est tout.

II. Il y a (telle durée). → **depuis.** *Ils sont partis voilà un mois. Voilà trois nuits que je ne dors pas :* ça fait trois nuits que je ne dors pas. → **faire.**

REM. L'opposition classique entre *voici* qui présente qqch. de proche et *voilà* qui présente qqch. d'éloigné n'est plus vraiment respectée. On emploie *voilà* dans tous les cas. → **voici.**

VOILAGE [vwalaʒ] n. m. ■ *UN VOILAGE :* grand rideau de voile que l'on met devant une fenêtre, une baie vitrée. *Il a fait nettoyer les voilages du salon.*

① **VOILE** [vwal] n. m. ■ *UN VOILE* **1.** Morceau de tissu qui cache (qqch.). *La statue est recouverte d'un voile.* **2.** Morceau de tissu qui cache le visage ou le front et les cheveux d'une femme, pour un motif religieux. *Certaines femmes musulmanes portent un voile* (→ **tchador**). – *Elle a PRIS LE VOILE :* elle est devenue religieuse. **3.** Tissu fin très léger. *Elle a une robe en voile de coton.* **4.** Morceau de tissu fin porté sur la tête. *La mariée a un voile en tulle.* **5.** Ce qui rend la vision moins nette. *Un voile de brume couvre la campagne.*

② **VOILE** [vwal] n. f. **1.** *UNE VOILE :* morceau de toile destiné à recevoir le souffle du vent pour faire avancer un bateau. *Il a un BATEAU À VOILES* (→ **voilier**). *Le marin hisse les voiles. Le bateau fait route vers le port TOUTES VOILES DEHORS,* toutes ses voiles mises. *Le bateau FAIT VOILE vers Marseille,* il se dirige vers Marseille (→ ② **cingler**). – *Son copain fait de la PLANCHE À VOILE* (→ **planche**). **2.** *LA VOILE :* sport qui consiste à naviguer sur un bateau à voiles. *Il apprend à FAIRE DE LA VOILE.* **3.** *Le VOL À VOILE :* pilotage d'un planeur. *Je fais du vol à voile tous les dimanches.*

VOILÉ [vwale], **VOILÉE** [vwale] adj. (après le nom) **1.** (femme) Qui porte un voile. *Certaines femmes musulmanes ne sortent que voilées.* **2.** Couvert d'une fine couche de nuages. *Le ciel est voilé.* **3.** *Une ROUE VOILÉE,* déformée. *Mon vélo a une roue voilée, je dois la remplacer.*

VOILER [vwale] verbe [conjugaison 1a]

I. 1. Couvrir avec un voile. *On a voilé la statue.* **2.** Dissimuler. *On a essayé de nous voiler la vérité.* → **cacher. 3.** Rendre moins visible. *Des nuages voilent le soleil.*

II. SE VOILER **1.** Porter un voile. *Certaines femmes musulmanes se voilent. Elle ne s'est pas voilée aujourd'hui.* – *Il ne faut pas SE VOILER LA FACE,* s'empêcher de voir ce qui déplaît. *Elle s'est voilé la face et n'a pas voulu reconnaître les torts de son fils,* elle a refusé de voir la réalité. **2.** Perdre de son éclat. *Le ciel s'est voilé en fin d'après-midi.* **3.** (roue) Se déformer. *Une roue de ma bicyclette s'est voilée,* elle est légèrement tordue.

VOILIER [vwalje] n. m. ■ *UN VOILIER :* bateau à voiles. *Il a participé à une course de voiliers* (→ **régate**). *Il a un voilier à deux coques* (→ **catamaran**). *Elle rêve d'acheter un voilier à trois coques* (→ **trimaran**). – *Mon fils FAIT DU VOILIER sur un dériveur.* → ② **voile.**

VOILURE [vwalyʀ] n. f. ■ *LA VOILURE :* ensemble des voiles d'un voilier. *La voilure du bateau a plus de mille mètres carrés de surface.* – *Quand le vent souffle très fort, il faut réduire la voilure,* il faut diminuer la surface des voiles exposées au vent.

① **VOIR** [vwaʀ] verbe [conjugaison 30]

I. 1. Percevoir par le sens de la vue (→ **vision**). *Il ne voit plus depuis son accident,* il est aveugle. *Les chats voient* [vwa] *bien dans l'obscurité. Je voyais* [vwajɛ] *très bien quand j'étais jeune. Elle voit trouble. Mets tes lunettes pour mieux voir. Quel brouillard, on ne voit pas à dix pas !* – *C'est une femme qui VOIT LOIN,* qui sait prévoir. **2.** Percevoir (qqch.) avec les yeux. *J'ai vu sa voiture dans la rue.* → **apercevoir.** *Je te le promets, un jour tu verras* [veʀa] *la mer. Pousse-toi, laisse-moi voir. Elle a fait semblant de ne pas me voir.* → **distinguer.** – *Il a VU LE JOUR il y a vingt ans :* il est né il y a vingt ans. – (avec un auxiliaire) *FAIS VOIR tes mains :* montre tes mains. *Fais-moi voir comment marche cette machine. Allons voir s'il arrive. Venez voir ce qui se passe.* → ② **voir. 3.** Se représenter par la pensée. *Je te verrais* [veʀɛ] *bien déguisé en cosmonaute.* → **imaginer.** *Il faut voir les choses* *telles qu'elles sont. C'est une façon de voir :* c'est une façon de penser, d'envisager les choses. *Je ne vois pas de qui tu parles. Ah ! je vois !* je comprends ! *Il est parti sans rien dire, tu vois. J'aimerais bien partir tôt, si vous n'y voyez pas d'inconvénient,* si vous permettez. *J'AI VU LE MOMENT OÙ il allait se mettre en colère :* il était sur le point de se mettre en colère. 4. Être spectateur de (qqch.). *Il faut absolument que tu voies ce film. Deux témoins ont vu l'accident,* ont assisté à l'accident. *J'en ai vu d'autres !* j'ai connu des choses pires. 5. Se trouver en présence de (qqn). *J'ai vu ton copain la semaine dernière. Elle ne veut voir personne. Je n'ai jamais vu cette personne.* → **rencontrer.** *Le médecin viendra vous voir demain,* il viendra vous rendre visite. – STYLE FAMILIER *Va-t'en, je t'ai assez vu,* je ne tiens plus à te voir. *Cette fille je NE PEUX PAS LA VOIR,* je la déteste. → STYLE FAMILIER **encadrer, encaisser, sentir.** 6. Regarder attentivement, avec intérêt. *Je n'ai pas encore vu mon courrier.* → **examiner.** *Va voir ce qui se passe dehors. Voyez* [vwaje] *ce que dit le dictionnaire.* → **consulter.** *J'AI bien VU QU'il allait tomber.* – STYLE FAMILIER *Va VOIR LÀ-BAS SI j'y suis :* va-t'en. 7. Se faire une opinion sur (qqch.). *Voyons de quoi il s'agit.* → **considérer, étudier.** *Voyons ce qu'on peut faire.* → **voyons !** *Je ne sais pas quoi te dire, on verra,* on décidera plus tard. *On verra bien !* attendons la suite des événements. *Essayez-le, pour voir.* (menace) *Répète-le, pour voir !* → ② **voir** (II.). – *Vous voyez que j'avais raison.* → **constater.** *Quand il A VU QUE j'avais tout entendu, il est devenu tout rouge,* quand il s'en est rendu compte. → **comprendre.** *Il faudrait VOIR SI elle accepte,* il faudrait s'en informer. *« Elle acceptera ? – Il faut voir »,* il faut s'en assurer. 8. *AVOIR QQCH. À VOIR AVEC, DANS :* avoir un rapport avec. → **rapport.** *Est-ce que ta décision a quelque chose à voir avec son refus ?* est-ce qu'il y a un lien entre ta décision et son refus ? *Je n'ai rien à voir dans cette affaire :* cela ne me concerne pas. *Ça n'a rien à voir !* ce n'est pas comparable. 9. *VOIR À :* songer à. *Il faudrait voir à rentrer. Il faudrait voir à ne pas tout confondre !,* faire attention à. → **attention.** – STYLE FAMILIER *Il faudrait VOIR À VOIR !* il faut faire attention à la situation, se méfier.

II. verbe pronominal SE VOIR 1. Voir son image. *Elle s'est vue dans la glace.* – *Elle ne s'est pas vue mourir,* elle ne s'en est pas rendu compte. → **sentir.** 2. S'imaginer. *Je ne me vois pas habiter là-bas. Je me vois mal lui demander ça.* 3. Se rencontrer. *Ils se sont déjà vus. Nous nous voyons tous les jours. Ils se verront demain.* – *Ces deux garçons NE PEUVENT PAS SE VOIR,* ils se détestent. → se **sentir.** 4. Être vu. *Des enfants abandonnés, ça se voit encore.* → **exister,** se **rencontrer.** *Il est content, ça se voit.* → se **remarquer.** *Ça se voit, quand il est en colère ! Il faut que ça se voie,* que ce soit visible. → **visible ; ostensiblement.** *La tache ne se voit plus. Ils s'aiment, ÇA SE VOIT COMME LE NEZ AU MILIEU DE LA FIGURE,* c'est visible. *Des histoires comme ça, ça se voit tous les jours,* c'est courant.

REM. *Voire* « et même » se prononce de la même façon.

② **VOIR** [vwaʀ] interjection et adverbe

I. Interjection qui sert à mettre une situation en valeur, à demander l'assentiment. 1. *Tu VOIS ! Vous VOYEZ ! Tu vois, la musique, c'est encore ce que je préfère. Les chômeurs, tu vois, finiront par perdre patience. La paix, vous voyez, tout le monde s'en fout !* 2. (interrogatif) → **n'est-ce pas.** *L'ennui, vois-tu, c'est d'avoir à attendre. L'objectif, voyez-vous, c'est de calmer les esprits.* 3. → **voyons !**

II. adverbe *VOIR* (après un verbe quelconque à l'impératif) STYLE FAMILIER Un peu. → **donc, un peu.** *Regarde voir si mes clés sont là. Écoutez voir, il n'y a pas plusieurs solutions. Attends voir !* j'y pense. *Voyons voir !* réfléchissons. *Dites voir, est-ce que vous me prenez pour un con ! Mais, dis-moi voir un peu, tu perds tes cheveux !*

VOIRE [vwaʀ] adverbe ▪ STYLE RECHERCHÉ Et même. *Dans certains cas, ce médicament est inutile, voire dangereux,* et en plus il peut être dangereux.

REM. On entend souvent des Français dire *voire même,* ce qui est un pléonasme.

VOIRIE [vwaʀi] n. f. ▪ *LA VOIRIE :* administration publique qui s'occupe de l'entretien de l'ensemble des voies de communication. *Les employés de la voirie enlèvent les ordures.*

VOISIN [vwazɛ̃] adj. et n. m., **VOISINE** [vwazin] adj. et n. f.

I. adjectif (après le nom) 1. Qui est à une distance assez proche. *Ils habitent des maisons voisines.* ⟨contraire : éloigné⟩ *Ma mère se repose dans la pièce voisine.* → **adjacent, contigu.** *Il fait chaud dans les régions VOISINES DE l'équateur.* ⟨contraire : lointain⟩ 2. Qui a beaucoup d'éléments semblables. *Ils sont mille deux cents ou un nombre voisin. Ils ont des idées assez voisines.* → **approchant, proche.** ⟨contraires : différent, opposé⟩ *Le loup et le chien appartiennent à deux espèces animales voisines.* – (exagéré) *Je suis dans un état VOISIN DU coma :* je me sens très fatigué, presque dans le coma.

II. *UN VOISIN, UNE VOISINE* 1. Personne qui habite tout près. *Ils sont très amis avec leurs VOISINS DE PALIER,* avec les personnes dont l'appartement donne sur le même palier. *Les voisins sont très bruyants. Demande à la voisine si elle peut venir m'aider. Nous sommes voisins.* 2. Personne qui est juste à côté. *J'ai parlé toute la soirée avec mon voisin de table,* avec la personne qui était à côté de moi à table. *Ne copie pas sur ton voisin !*

VOISINAGE [vwazinaʒ] n. m. ▪ *LE VOISINAGE* 1. Ensemble des voisins. *Ses cris ont réveillé tout le voisinage.* 2. Relations que l'on entretient avec ses voisins. *Nous vivons EN BON VOISINAGE avec tous les gens de l'immeuble.* 3. Espace qui se trouve à peu de distance. *Ils habitent dans le voisinage,* dans les alentours. → **environs.** *Ma fille connaît tous les enfants du voisinage.* 4. Le fait d'être très proche. *Le voisinage de ces deux tableaux ne les met pas en valeur.* → **proximité.**

VOITURE [vwatyʀ] n. f. ▪ *UNE VOITURE* 1. Véhicule à quatre roues et à moteur qui permet de transporter plusieurs personnes. → **auto, automobile ;** STYLE FAMILIER **bagnole.** *Il s'est acheté une voiture décapotable. Sa voiture est garée devant la porte. Nous sommes venus EN VOITURE. Elle est morte dans un accident de voiture. J'entends la sirène d'une voiture de pompiers. J'ai conduit ma voiture au garage pour la faire réparer.* 2. Véhicule monté sur roues, tiré ou poussé par un homme ou par un animal. *Le brocanteur transporte des meubles dans une VOITURE À BRAS,* un véhicule qu'il tire en marchant à la force des bras. *Une calèche est une VOITURE À CHEVAL,* un véhicule tiré par un ou plusieurs chevaux. *Il promène son bébé dans une VOITURE D'ENFANT* **(→ landau, poussette).** *Le handicapé est dans une voiture d'infirme,* un fauteuil roulant. – STYLE FAMILIER *Depuis son accident, il est dans une PETITE VOITURE,* un fauteuil roulant. 3. Véhicule de chemin de fer réservé aux voyageurs (opposé à wagon). *Elle a réservé une place dans une voiture de première classe.* – *EN VOITURE !* montez dans le train, le train va partir !

REM. **1.** Au sens de « automobile », *voiture* est le mot le plus courant. **2.** Au sens 3., on emploie aussi très souvent le mot *wagon,* qui est pourtant réservé en principe aux voitures de chemin de fer transportant des marchandises.

VOITURE-BAR [vwatyʀbaʀ] n. f. ▪ *UNE VOITURE-BAR :* voiture d'un train aménagée en bar. *Je suis allé prendre un café à la voiture-bar.* PLURIEL : *des VOITURES-BARS.*

REM. La voiture de chemin de fer aménagée pour prendre un repas est un *wagon-restaurant.*

VOITURE-LIT [vwatyʀli] n. f. ▪ *UNE VOITURE-LIT :* voiture de chemin de fer formée de compartiments fermés, avec des couchettes et l'eau courante, où les voyageurs peuvent passer la nuit. → **wagon-lit.** *J'ai voyagé en voiture-lit.* PLURIEL : *des VOITURES-LITS.*

REM. *Voiture-lit* est le terme administratif ; le mot courant est *wagon-lit.*

VOIX [vwa] n. f.
I. *LA VOIX* **1.** Ensemble des sons produits par les vibrations des cordes vocales. *Je n'ai plus de voix :* je suis aphone. *Mon père a la voix grave. Elle a une voix douce. Quand il est en colère, il élève la voix,* il parle plus fort. *Ils se parlent À VOIX BASSE,* tout doucement. *Lis le passage du livre À VOIX HAUTE,* de manière à être entendu. *Je lui dirai DE VIVE VOIX,* en leur parlant, et non par écrit (→ **oralement).** – *J'en reste sans voix :* je ne peux rien dire tellement je suis ému ou étonné. **2.** Ce que l'on ressent en soi-même, qui semble parler, avertir. *Il faut écouter la voix de la raison,* ce que la raison nous dit de faire. **3.** Aspect du verbe, en français. *Dans la phrase « Mon fils chante une chanson », le verbe « chanter » est à la VOIX ACTIVE,* le verbe « chanter » exprime une action accomplie par le sujet (→ **actif).** *Dans la phrase « La chanson est chantée par mon fils », le verbe « chanter » est à la VOIX PASSIVE,* le sujet subit l'action exprimée par le verbe (→ **passif).**
II. *UNE VOIX* **1.** Manière de chanter. *Il a une voix de basse.* **2.** Personne qui parle. *On a entendu une voix au fond de la salle.* **3.** Vote exprimé dans une élection. *Le maire a obtenu la majorité des voix,* la majorité des électeurs a voté pour lui. → **suffrage.** *À quel candidat as-tu donné ta voix ?*

REM. *Voie* « chemin » se prononce de la même façon.

① **VOL** [vɔl] n. m.
I. *LE VOL* **1.** Ensemble des mouvements faits pour voler par un animal capable de se maintenir en l'air (→ ① **voler).** *L'ornithologue observe le vol des oiseaux. L'hirondelle PREND SON VOL,* elle s'envole. *L'aigle est un oiseau DE HAUT VOL,* qui peut voler très haut. – *Ce type est un escroc de haut vol,* un escroc de grande envergure. – *Le joueur attrape la balle AU VOL,* rapidement au passage. → **volée.** – *Le village est à trois kilomètres À VOL D'OISEAU,* en ligne droite. **2.** Déplacement d'un engin dans l'air. *La vitesse de vol d'un avion peut dépasser la vitesse du son. Combien y a-t-il d'heures de vol entre Londres et Caracas ? L'avion a explosé EN PLEIN VOL,* pendant qu'il volait. – *Il y a plusieurs vols quotidiens pour New York. L'arrivée du vol en provenance de Bombay est annoncée.*
II. *UN VOL :* groupe d'oiseaux qui volent ensemble. *Un vol d'oies sauvages a traversé le ciel.*

② **VOL** [vɔl] n. m. ▪ *LE VOL* **1.** Le fait de prendre à qqn ce qui lui appartient (→ ② **voler).** *Le vol est un délit puni par la loi. La bijouterie est assurée contre le vol.* – *Il a été arrêté parce qu'il a COMMIS UN VOL.* **2.** Action de faire payer plus qu'il ne faut, de ne pas donner ce que l'on doit. *Le client est parti sans payer, C'EST DU VOL ! Cinq cents francs pour ce repas, c'est du vol !* → **escroquerie.**

FAUX AMI
italien **volo** « action de dérober ». → ① **vol.**

VOLAGE [vɔlaʒ] adj. (après le nom) ▪ Qui change facilement de sentiment. → **frivole, inconstant.** *Elle a un mari volage.* → **infidèle.** (contraire : fidèle)

VOLAILLE [vɔlaj] n. f. **1.** *LA VOLAILLE :* ensemble des oiseaux que l'on élève pour leurs œufs ou pour leur chair. *Les poules, les canards, les dindes sont de la volaille. La fermière nourrit la volaille dans la basse-cour.* – *Nous avons mangé de la volaille,* de la viande de volaille. **2.** *UNE VOLAILLE :* oiseau de basse-cour. → **volatile.** *Il est en train de plumer une volaille.*

VOLAILLER [vɔlaje] n. m. ▪ *UN VOLAILLER :* marchand de volailles. *J'ai acheté un poulet chez le volailler.*

① **VOLANT** [vɔlɑ̃], **VOLANTE** [vɔlɑ̃t] adj. (après le nom) **1.** (être ou objet qui, en règle générale, ne vole pas) Qui est capable de voler, de se déplacer dans les airs. *On voit des poissons volants dans les mers chaudes.* – *Le fakir est parti sur son tapis volant. Est-ce que tu crois à ces histoires de SOUCOUPES VOLANTES ?* d'engins extraterrestres. *Il dit qu'il a vu un OBJET VOLANT NON IDENTIFIÉ* (→ **ovni). 2.** *Une FEUILLE VOLANTE :* feuille de papier isolée, qui n'est pas attachée. *J'ai écrit son numéro de téléphone sur une feuille volante.*

② **VOLANT** [vɔlɑ̃] n. m. ▪ *UN VOLANT* **1.** Petit objet léger, fait d'un morceau de liège, de bois ou de plastique, muni de plumes, fait pour être lancé en l'air et renvoyé avec une raquette. *Prends ta raquette et des volants.* – *Ils jouent au volant :* ils jouent à se lancer un volant avec des raquettes. **2.** Bande de tissu cousue au bord d'un vêtement, d'une nappe, d'un rideau, d'un dessus-de-lit, etc. *La danseuse espagnole a une robe à volants.*

③ **VOLANT** [vɔlɑ̃] n. m. ▪ *LE VOLANT :* objet circulaire avec lequel le conducteur oriente les roues avant de son véhicule. *L'automobiliste tourne le volant pour se garer. C'est elle qui est AU VOLANT,* qui conduit.

VOLATIL [vɔlatil], **VOLATILE** [vɔlatil] adj. (après le nom) ▪ Qui s'évapore facilement. *L'essence est un liquide volatil.*

REM. *Volatile* « oiseau » se prononce de la même façon.

VOLATILE [vɔlatil] n. m. ▪ *UN VOLATILE :* oiseau de basse-cour. → **volaille.** *On entend caqueter les volatiles.*

REM. *Volatil* « qui s'évapore facilement » se prononce de la même façon.

SE **VOLATILISER** [vɔlatilize] verbe pronominal [conjugaison 1a] **1.** Passer à l'état de vapeur. → s'**évaporer.** *L'éther se volatilise très vite.* **2.** Disparaître, comme par magie. *« Où sont mes lunettes ? Elles ne se sont pourtant pas volatilisées ! »* → s'**envoler.**

VOL-AU-VENT [vɔlovɑ̃] n. m. invariable ▪ *UN VOL-AU-VENT :* croûte de pâte feuilletée garnie de viande ou de poisson en sauce, avec des champignons, des quenelles, etc. *Comme entrée, nous vous proposons un vol-au-vent.* PLURIEL : *des vol-au-vent.*

VOLCAN [vɔlkɑ̃] n. m. ▪ *UN VOLCAN :* montagne d'où sortent ou d'où peuvent sortir des matières brûlantes fondues. *Le volcan est en éruption. L'Etna est un volcan de Sicile. Ce volcan est éteint, mais il peut se réveiller. Le volcanologue est descendu dans le cratère du volcan. De la lave s'échappe du volcan.*

VOLCANIQUE [vɔlkanik] adj. (après le nom) **1.** Relatif aux volcans. *Une ÉRUPTION VOLCANIQUE a détruit la ville de Pompéi en 79,* l'éruption d'un volcan. *Le basalte et la lave sont des roches volcaniques,* qui proviennent des volcans. *Ils habitent dans une région volcanique,* où il y a des volcans. **2.** Qui montre de la fougue. → **fougueux, impétueux.** *Cet acteur a un tempérament volcanique.*

VOLCANOLOGUE [vɔlkanɔlɔg] n. m., n. f. ▪ *UN VOLCANOLOGUE, UNE VOLCANOLOGUE :* spécialiste qui étudie les volcans. *Des volcanologues se sont rendus sur les lieux de l'éruption volcanique.*

REM. On dit aussi *vulcanologue* [vylkanɔlɔg].

VOLÉE [vɔle] n. f.
I. *UNE VOLÉE* **1.** Groupe d'oiseaux qui volent ensemble. *Une volée de moineaux s'est abattue sur le champ.* → ① **vol. 2.** Suite

de coups forts et rapprochés. *Le voleur a reçu une volée de coups de bâton.* – STYLE FAMILIER *Il s'est pris une volée* : il s'est fait frapper. → STYLE FAMILIER **dérouillée.**
II. *LA VOLÉE* **1.** Le fait de voler. → ① **vol.** *L'oiseau a PRIS SA VOLÉE*, il s'est envolé. **2.** *À LA VOLÉE* : au vol. *J'ai rattrapé la balle à la volée*, avant qu'elle ne touche le sol. **3.** *À TOUTE VOLÉE* : en faisant un mouvement rapide, avec force. *Il a claqué la porte à toute volée. Elle a jeté le vase à toute volée.*

① **VOLER** [vɔle] verbe [conjugaison 1a] **1.** Se déplacer dans l'air grâce à des ailes. *Les oiseaux et les chauves-souris sont des animaux qui volent. Les hirondelles volent bas ce soir.* – (figuré) *On entendrait VOLER UNE MOUCHE* : il n'y a pas du tout de bruit. *Bientôt, ma fille VOLERA DE SES PROPRES AILES*, elle sera indépendante, elle ne dépendra plus de moi. – *L'avion volait à très haute altitude quand on a entendu un drôle de bruit. L'avion vole au-dessus de la mer.* → **survoler. 2.** Effectuer un vol en avion. *Ce pilote n'a pas volé depuis un an.* **3.** Se déplacer dans l'air. *Les flocons de neige volent.* → ① **flotter, voltiger.** *Le vent fait voler la poussière.* **4.** *VOLER EN ÉCLATS* : se casser en petits morceaux. *Il y a eu une explosion et les vitres ont volé en éclats.* **5.** *VOLER AU SECOURS DE QQN*, aller très vite à son secours. *Il a volé à mon secours dès qu'il m'a entendu crier.* → **courir.**

② **VOLER** [vɔle] verbe [conjugaison 1a] **1.** *Voler qqch.* : prendre (ce qui appartient à qqn) contre sa volonté ou sans qu'il s'en aperçoive. → **dérober,** s'**emparer, prendre, ravir, soustraire, subtiliser ;** STYLE FAMILIER **chaparder, chiper,** ② **faucher, piquer, rafler.** *Les cambrioleurs ont volé plusieurs tableaux dans le musée. Mon mari S'EST FAIT VOLER son portefeuille.* → STYLE FAMILIER **tirer. 2.** (négatif) STYLE FAMILIER *Il ne l'a pas volé* : il mérite bien ce qui lui arrive. *Après tout ce qu'il a fait, il s'est retrouvé en prison pour six mois, il ne l'a pas volé.* **3.** *VOLER QQN* : enlever à (qqn) ce qui lui appartient. *Il a volé sa propre mère.* → **déposséder, dépouiller.** *Il a toujours peur qu'on le vole.* → **escroquer, plumer. 4.** Faire payer trop cher ce que l'on vend. *Je me suis fait voler en achetant cette voiture, elle est toujours en panne.* → STYLE FAMILIER **avoir, posséder, rouler.**

> FAUX AMI
> italien **volere** « vouloir »

VOLET [vɔlɛ] n. m. ▪ *UN VOLET* **1.** Panneau de bois ou de métal qui protège une fenêtre. → **persienne.** *On ferme les volets quand la nuit tombe. Il fait jour, ouvre les volets ! Un volet est mal attaché, il claque à cause du vent.* **2.** Partie d'une chose qui se replie. *Le permis de conduire français a trois volets.*
REM. *Volley* « sport » se prononce de la même façon.

VOLETER [vɔlte] verbe [conjugaison 4b] ▪ Voler à petits coups d'ailes, en changeant fréquemment de direction et en se posant souvent. *Des papillons volettent autour de la lampe.* → **voltiger.**

VOLEUR [vɔlœʀ] n. m., **VOLEUSE** [vɔløz] n. f. ▪ *UN VOLEUR, UNE VOLEUSE* **1.** Personne qui vole des choses qui appartiennent aux autres. *Des voleurs ont cambriolé la bijouterie.* → **cambrioleur.** *Un voleur lui a pris son portefeuille.* → **pickpocket.** *AU VOLEUR ! Arrêtez-le ! Elle s'est enfuie comme une voleuse*, très vite. – *Les enfants ont JOUÉ AU GENDARME ET AU VOLEUR*, ils ont joué à se poursuivre. **2.** Personne qui fait payer plus cher qu'il ne faut. *Ce commerçant est un voleur.* → **escroc.**

VOLIÈRE [vɔljɛʀ] n. f. ▪ *UNE VOLIÈRE* : grande cage dans laquelle des oiseaux peuvent voler. *J'aime regarder les oiseaux exotiques dans la volière du zoo.*

VOLLEY-BALL [vɔlɛbol] n. m. ▪ *LE VOLLEY-BALL* : sport opposant deux équipes de six joueurs qui doivent se renvoyer un ballon au-dessus d'un filet. *J'ai participé à un match de volley-ball.* – *VOLLEY* [vɔlɛ] forme abrégée familière *Il joue au volley.*

VOLONTAIRE [vɔlɔ̃tɛʀ] adj., n. m. et n. f.
I. adjectif (après le nom) **1.** (qqch.) Qui est voulu, qui est dû à la volonté. *Je n'ai pas pris mon parapluie, mais c'est un oubli volontaire*, j'ai fait exprès de ne pas prendre mon parapluie. → **délibéré, intentionnel, voulu.** ⟨contraire : involontaire⟩ **2.** (qqn) Qui a beaucoup de volonté. *C'est un enfant têtu et volontaire.* → **décidé.** ⟨contraires : faible, velléitaire⟩ **3.** (qqn) Qui fait qqch. parce qu'il le veut bien, sans y être obligé. *Qui est volontaire pour descendre la poubelle ?*
II. *UN VOLONTAIRE, UNE VOLONTAIRE* : personne qui se dévoue pour faire qqch. *Le bureau de vote cherche des volontaires pour dépouiller les bulletins. Y a-t-il des volontaires ? On demande une volontaire pour essayer ce maquillage.*

> FAUX AMIS
> allemand **Volontär** « stagiaire » ; anglais **volunteer** signifie aussi « bénévole »

VOLONTAIREMENT [vɔlɔ̃tɛʀmɑ̃] adverbe ▪ Exprès, en sachant ce que l'on fait. → **délibérément.** ⟨contraire : involontairement⟩ *Elle m'a volontairement marché sur le pied. C'est volontairement qu'elle a pris sa décision*, sans qu'on l'y oblige. → **spontanément.**

VOLONTARISME [vɔlɔ̃taʀism] n. m. ▪ *LE VOLONTARISME* : attitude d'une personne qui veut absolument faire ce qu'elle a décidé, même si cela semble impossible. *Ce n'est plus de la volonté, c'est du volontarisme !*

VOLONTÉ [vɔlɔ̃te] n. f. ▪ *LA VOLONTÉ* **1.** Qualité d'une personne qui veut les choses avec énergie et fermeté. *Elle réussira sûrement, car elle a de la volonté. Il a une volonté de fer. Il faut que tu fasses un effort de volonté pour y arriver.* **2.** Ce que qqn veut. → **dessein, intention, résolution.** *Elle impose toujours sa volonté à tout le monde. Ce retard est indépendant de notre volonté*, nous n'en sommes pas responsables. *On a respecté LES DERNIÈRES VOLONTÉS du mourant*, les désirs qu'il a manifestés avant sa mort. *Il a la VOLONTÉ DE tout changer* : il veut tout changer. – STYLE FAMILIER *Ce gosse a l'habitude qu'on FASSE SES QUATRE VOLONTÉS*, qu'on fasse toujours tout ce qu'il veut, qu'on obéisse à tous ses caprices. – *Il y a du vin À VOLONTÉ*, autant que l'on veut. → **discrétion. 3.** *La BONNE VOLONTÉ* : désir de bien faire, de faire volontiers. *Fais preuve de bonne volonté ! Avec la meilleure volonté du monde, je suis incapable d'y arriver si on ne m'aide pas.* – *Il a mis de la MAUVAISE VOLONTÉ à faire la vaisselle*, il a fait la vaisselle avec mauvaise humeur, de mauvaise grâce.

VOLONTIERS [vɔlɔ̃tje] adverbe ▪ Avec plaisir. *Ma fille prête volontiers son vélo à ses amis*, elle le prête de bon gré. *« Voulez-vous rester dîner ? – Volontiers. »* → **oui.**

VOLT [vɔlt] n. m. ▪ *UN VOLT* : unité qui sert à mesurer la force d'un courant électrique (symbole : *V* [vɔlt]). *La machine à laver fonctionne en deux cent vingt volts* (220 V).

VOLTAGE [vɔltaʒ] n. m. ▪ *LE VOLTAGE* : tension sous laquelle un appareil électrique fonctionne normalement. *Cet appareil est prévu pour quel voltage ?* (→ **volt**).

VOLTE-FACE [vɔltəfas] n. f. invariable ▪ *UNE VOLTE-FACE* **1.** Action de se retourner pour faire face. *Brusquement, elle fait une volte-face.* PLURIEL : *des volte-face. Exaspéré, il a FAIT VOLTE-FACE et lui a envoyé son poing dans la figure.* **2.** Changement brusque et total d'opinion, d'attitude. → **revirement.** *Cet homme politique fait souvent des volte-face !*

VOLTIGE [vɔltiʒ] n. f. ▪ *LA VOLTIGE* : exercice d'acrobatie sur la corde, au trapèze ou à cheval. *Les trapézistes ont exécuté un formidable numéro de voltige.* – *Ce pilote est spécialisé dans la VOLTIGE AÉRIENNE*, dans les acrobaties aériennes. *Le looping est* une figure de la voltige aérienne. – STYLE FAMILIER *Quel raisonnement intelligent, c'est de la HAUTE VOLTIGE !* c'est intellectuellement impressionnant.

VOLTIGER [vɔltiʒe] verbe [conjugaison 3b] 1. (insectes, petits oiseaux) Voleter. *Des libellules voltigeaient gracieusement au-dessus de la mare.* 2. (choses légères) Flotter çà et là. → **voler.** *Les feuilles mortes voltigent dans le vent.*

VOLUBILE [vɔlybil] adj. (après le nom) ▪ STYLE RECHERCHÉ Qui parle beaucoup et rapidement. → **bavard, loquace.** *Tu es bien volubile, ce matin ! C'est une femme volubile.*

> FAUX AMI
> italien **volubile** «changeant, versatile»

VOLUBILITÉ [vɔlybilite] n. f. ▪ *LA VOLUBILITÉ :* abondance et rapidité de parole. *Il nous a raconté ses vacances avec volubilité.*

① **VOLUME** [vɔlym] n. m. ▪ *LE VOLUME* 1. Partie de l'espace qu'occupe une chose. *Le volume s'exprime en mètres cubes* (→ **cube).** *Le volume est plus ou moins grand.* → **grosseur, petitesse.** *Le bûcheron mesure le volume du bois qu'il a coupé. Le gel entraîne une augmentation du volume de l'eau. À l'expiration, la cage thoracique diminue de volume. – Le fœtus commence à prendre du volume. Ma cheville a tellement enflé qu'elle a DOUBLÉ DE VOLUME ! – Quel est le volume de ce récipient ?* quelle est la mesure de ce qu'il peut contenir ? → **capacité, contenance.** – *Le volume d'eau d'un fleuve varie selon les saisons.* → **débit.** 2. Mesure, proportion. *Versez quatre volumes d'eau pour un volume de sirop.* 3. Caractère de ce qui a ou représente trois dimensions. *En dessinant, respectez bien les volumes.* 4. Encombrement, place occupée par une chose. → **place.** *Cette armoire occupe un grand volume dans la chambre.* 5. Quantité totale. → **ensemble, totalité.** *Le volume des dépenses a augmenté.* 6. Force, puissance d'un son. → **ampleur.** *La voix de ce comédien manque de volume. – Le volume sonore du spectacle de ce chanteur de rock est vraiment très puissant ! Baisse le volume de la télévision !* baisse l'intensité du son.

② **VOLUME** [vɔlym] n. m. ▪ *UN VOLUME* 1. Livre. *Il y a beaucoup de volumes reliés dans cette bibliothèque.* 2. Chacune des parties reliées à part d'un ouvrage. → **tome.** *J'ai un dictionnaire en neuf volumes.*

VOLUMINEUX [vɔlyminø], **VOLUMINEUSE** [vɔlyminøz] adj. (avant le nom ou après le nom) ▪ Qui a un grand volume, qui occupe une grande place. → **gros.** ⟨contraires : menu, petit⟩ *Une caisse volumineuse encombre le salon. L'avocat a sorti le volumineux dossier de son client.*

VOLUPTÉ [vɔlypte] n. f. ▪ STYLE RECHERCHÉ *LA VOLUPTÉ* 1. Vif plaisir pleinement ressenti. *Elle s'est plongée avec volupté dans un bain chaud.* 2. Plaisir sexuel. *L'amour physique est fait de désir et de volupté.*

VOLUPTUEUSEMENT [vɔlyptɥøzmɑ̃] adverbe ▪ STYLE RECHERCHÉ Avec volupté, en prenant du plaisir. *Le chat s'étire voluptueusement devant le feu de cheminée.*

VOLUPTUEUX [vɔlyptɥø], **VOLUPTUEUSE** [vɔlyptɥøz] adj. (après le nom) ▪ STYLE RECHERCHÉ 1. Qui concerne ou procure le plaisir sexuel. *Il fait souvent des rêves voluptueux.* → **érotique.** 2. Qui inspire la volupté, les plaisirs amoureux. → **excitant.** *Elle est allongée dans une position voluptueuse.*

VOLUTE [vɔlyt] n. f. ▪ *UNE VOLUTE :* forme enroulée en spirale. *Des volutes de fumée sortent des cheminées.*

VOMI [vɔmi] n. m. singulier ▪ STYLE FAMILIER *LE VOMI :* matière vomie. → STYLE TRÈS FAMILIER **dégueulis.** *Le gosse a été malade, ça sent le vomi dans sa chambre.*

VOMIR [vɔmiʀ] verbe [conjugaison 2] 1. Rejeter par la bouche (ce qui est dans l'estomac). *Il a vomi tout son repas. – Quand il était petit, il vomissait à chaque voyage en voiture.* → STYLE FAMILIER **gerber, rendre ;** STYLE TRÈS FAMILIER **dégueuler.** – *Je suis malade, j'ai envie de vomir ! La vue de tous ces cadavres m'a FAIT VOMIR.* 2. (attribut) (figuré) *À VOMIR :* à faire vomir. *Elle a dénoncé son mari, cette attitude est à vomir,* cette attitude soulève le cœur, elle est ignoble. *J'ai vu son tableau, il est à vomir,* il est très mauvais. 3. Rejeter avec violence et répugnance. → **exécrer.** *Il vomit le racisme,* il hait le racisme, il a horreur du racisme. 4. Projeter au-dehors. *Le volcan vomit de la lave en fusion.*

VOMISSEMENT [vɔmismɑ̃] n. m. ▪ *UN VOMISSEMENT :* rejet par la bouche de ce qui est dans l'estomac. *Il a eu plusieurs vomissements dans la nuit. Elle a été PRISE DE VOMISSEMENTS.*

VOMITIF [vɔmitif] n. m. ▪ *UN VOMITIF :* produit qui permet de vomir. *On peut donner des vomitifs aux personnes qui ont avalé certains produits toxiques.*

VORACE [vɔʀas] adj. (après le nom) ▪ Qui mange énormément, avec avidité, qui dévore. *Ma chienne est très vorace ! – Lorsque je suis au grand air, j'ai un appétit vorace !*

VORACEMENT [vɔʀasmɑ̃] adverbe ▪ Avec voracité. *Le chien a englouti voracement son repas.*

VORACITÉ [vɔʀasite] n. f. ▪ *LA VORACITÉ :* avidité à manger. → **gloutonnerie, goinfrerie.** *J'ai dévoré un sandwich avec voracité* (→ **voracement).**

VOSGES [voʒ] nom propre féminin pluriel ▪ *LES VOSGES :* département et région montagneuse de l'est de la France. *Ils habitent dans le département des Vosges* (→ **vosgien).** *Les Vosges sont belles. Nous avons passé nos vacances DANS LES VOSGES.*

VOSGIEN [voʒjɛ̃] adj. et n. m., **VOSGIENNE** [voʒjɛn] adj. et n. f. 1. adjectif (après le nom) Des Vosges. *Les forêts vosgiennes sont superbes.* 2. *UN VOSGIEN, UNE VOSGIENNE :* un habitant, une habitante des Vosges. *Les Vosgiens.*

VOTANT [vɔtɑ̃] n. m., **VOTANTE** [vɔtɑ̃t] n. f. ▪ *UN VOTANT, UNE VOTANTE :* personne qui a le droit de voter, qui participe à un vote. → **électeur.** *Les votants mettent leur bulletin de vote dans l'urne. L'assemblée a obtenu la majorité avec sept votants.*

REM. *Votant* s'emploie plutôt pour un petit groupe privé.

VOTATION [vɔtasjɔ̃] n. f. ▪ *LA VOTATION :* en Suisse, action de voter. → **vote.** *La votation populaire décidera.*

VOTE [vɔt] n. m.

I. *UN VOTE :* opinion exprimée en votant. → **suffrage, voix.** *Les électeurs donnent leur choix par un vote. À la fin de l'élection, chaque parti politique compte ses votes favorables.*

II. *LE VOTE* 1. Manière de voter. *Les votes ont le plus souvent lieu à bulletin secret. À la fin de la réunion, il y a eu un VOTE À MAIN LEVÉE,* un vote non secret, en levant la main. – *En France, on a le DROIT DE VOTE à dix-huit ans,* le droit de voter. *Tous les citoyens participent à ce vote.* → **référendum.** 2. Action de voter. → **élection.** *Nous allons maintenant procéder au vote. Les électeurs se rendent au BUREAU DE VOTE. On glisse son BULLETIN DE VOTE dans une urne. Le vote s'est déroulé dans le calme. – Le conseil municipal procède au vote du budget.*

VOTER [vɔte] verbe [conjugaison 1a] 1. Exprimer son opinion par un vote. *En France on a le droit de voter à dix-huit ans. Elle A VOTÉ POUR la candidate de son parti.* – STYLE FAMILIER *Il vote socialiste.*

«... *A VOTÉ !*» se dit lorsque le bulletin de vote vient d'être déposé dans l'urne. **2.** Contribuer à faire adopter par son vote. *Les députés votent les lois.*

VOTRE [vɔtʀ] adjectif possessif de la deuxième personne du pluriel (avant le nom) **1.** (représentant deux personnes ou plus) Qui est à vous, qui vous appartient. → **vous** (1.). *Madame, monsieur, voici votre chambre.* PLURIEL : *vos* [vo] *chambres sont au premier étage. Où sont vos enfants ?* [vozɑ̃fɑ̃]. *Les filles, vos notes scolaire sont mauvaises* (à l'une et à l'autre). *Les filles, vos disputes ne m'intéressent pas* (elles se disputent entre elles). *Asseyez-vous à vos places.* **2.** (représentant une seule personne à laquelle on s'adresse en employant le pluriel de politesse) (→ **ta**). *Bonjour monsieur, quel est l'objet de votre visite ? Chère madame, rappelez-moi votre nom. Monsieur, pouvez-vous me donner vos coordonnées ? Donnez-lui votre numéro de téléphone et votre adresse. Nous avons votre curriculum. Je suis votre amie. À votre place, je ne ferais pas cela.* **3.** De vous, de votre personne. *Si je dis cela, c'est dans votre intérêt. À votre santé !* (se dit en trinquant).

REM. **1.** En parlant rapidement et familièrement, on prononce souvent [vɔt] : *à votre santé !* [avɔtsɑ̃te] ; *donnez-moi votre manteau* [vɔtmɑ̃to]. **2.** Voir l'encadré des adjectifs **possessifs.**

VÔTRE [votʀ] pronom possessif et n. m.
I. pronom possessif de la deuxième personne du pluriel *LE VÔTRE, LA VÔTRE* **1.** Ce qui appartient à plusieurs personnes à qui l'on parle. *Madame, monsieur, je surveille mon chat, surveillez le vôtre. Nous avons nos soucis, vous avez les vôtres.* **2.** Ce qui appartient à une personne à qui l'on parle en employant le «vous» de politesse. → **vous** (2.). *Ma voiture est là, où est la vôtre ? Voici mon adresse, donnez-moi la vôtre. Vous vous trompez de gants, ceux-ci sont les vôtres et ceux-ci sont les miens !* – STYLE FAMILIER *À LA BONNE VÔTRE !* à votre santé ! (se dit en trinquant).
II. 1. nom masculin *DU VÔTRE* : de votre personne. *Nous y mettons du nôtre, mettez-y du vôtre également* : nous faisons des efforts, faites vous aussi des efforts. **2.** (au pluriel) LES VÔTRES : vos parents, vos amis. *Comment vont les vôtres ? Vous ne pensez qu'à vous et aux vôtres. Merci de votre invitation, nous serons des vôtres avec plaisir. Je ne pourrai malheureusement pas être des vôtres.* **3.** *Vous avez encore FAIT DES VÔTRES,* des erreurs, des bêtises.

REM. Voyez l'encadré des pronoms **possessifs.**

voudra [vudʀa] *Il voudra, elle voudra* : forme au futur du verbe **vouloir.**

VOUER [vwe] verbe [conjugaison 1a] **1.** Consacrer. *Elle voue* [vu] *tout son temps à aider les handicapés.* **2.** *VOUER (un sentiment) À qqn,* lui porter un sentiment définitif. *Il voue une grande admiration à son père. Si tu fais cela, il te vouera* [vuʀa] *une haine implacable.* **3.** Destiner à un sort désagréable, mauvais. → **condamner.** *Ce vieux quartier est voué à la démolition.* **4.** verbe pronominal SE VOUER : se destiner (à une activité) d'une façon durable. *Ils se sont voués à la lutte contre le racisme.*

VOULOIR [vulwaʀ] verbe [conjugaison 31]
I. *VOULOIR (FAIRE)* **1.** Avoir la volonté, le désir de. → **désirer, souhaiter.** *Je veux* [vø] *te voir. Je voudrais* [vudʀɛ] *voir le directeur* (pour éviter *je veux,* par politesse). *Elle voulait dire la vérité. Je voudrais bien connaître ton amie,* j'aimerais la connaître. *Il a voulu faire une fête.* – *Il n'a pas voulu te faire de la peine* : sa volonté n'était pas de te faire de la peine. *J'en ai assez : les enfants ne veulent* [vœl] *pas faire la vaisselle !* ils refusent de faire la vaisselle. – *«Alors, tu viens ou tu restes ? IL FAUDRAIT SAVOIR CE QUE TU VEUX !»* décide-toi, il faudrait savoir ce que tu désires faire ! **2.** (sans complément) Avoir de la volonté. *Quand on veut, on peut. Il réussit très bien quand il veut.* **3.** (qqch.) STYLE FAMILIER Arriver à. *La voiture ne veut pas démarrer. Ces taches sur mon pull ne veulent pas partir.*
II. *VOULOIR QUE* **1.** Désirer, souhaiter que. *Le malade veut qu'on fasse moins de bruit.* → **demander.** *Veux-tu que je te laisse ? Je ne veux pas que tu sortes* (→ **défendre, interdire**). – STYLE FAMILIER *Oui, il pleut, qu'est-ce que tu veux que j'y fasse ?* [kɛskətyvøkʒifas], je ne peux rien faire contre la pluie. *Il faut admettre qu'il a menti, qu'est-ce que tu veux que je te dise ?* je ne peux rien dire d'autre, c'est comme ça. **2.** (interrogatif) *Il faut accepter, QUE VEUX-TU ? QUE VOULEZ-VOUS ?* exprime l'embarras, la résignation. *Qu'est-ce que tu veux, nous ne sommes pas d'accord, mais c'est le chef qui décide.*
III. *LE VOULOIR* **1.** *Sortez, je le veux !* je l'ordonne. → **commander.** – *Je pars maintenant, QUE TU LE VEUILLES OU NON,* que tu sois d'accord ou que tu ne sois pas d'accord, c'est pareil. *Que vous le vouliez ou non, nous sommes obligés d'accepter.* – *Il vous a fait de la peine SANS LE VOULOIR,* involontairement, ce n'était pas sa volonté. – STYLE FAMILIER *Tu l'as voulu, tu l'as eu* : tu regrettes ce que tu as fait (ou dit), mais maintenant c'est fait, il faut l'assumer. *C'est le hasard qui l'a voulu,* ce n'est pas volontaire de notre part. **2.** (sans *le*) *Vous pouvez rester chez nous TANT QUE VOUS VOUDREZ,* aussi longtemps que vous le désirez. *Elle n'est pas contente parce que RIEN NE VA COMME ELLE VEUT,* rien ne se passe comme elle le désire. *Décidément, rien ne va comme je veux, ce matin !* – *SI TU VEUX, SI VOUS VOULEZ, SI ON VEUT* : s'emploient pour dire qu'on est un peu d'accord avec son interlocuteur, mais pas complètement. *C'est un bon film si on veut, mais...*
IV. *VOULOIR QQCH.* **1.** Demander, désirer. *Bonjour, nous voudrions une chambre (d'hôtel). Nous voulons la libération des otages. Elle veut la paix. Taisez-vous, je voudrais un peu de tranquillité. «Voulez-vous du vin ? – J'en veux bien un peu.» Prends-en si tu veux.* (en s'adressant à un commerçant) *Je voudrais un kilo de cerises, s'il vous plaît.* **2.** *VOULOIR qqch. DE qqn* : vouloir obtenir qqch. de qqn. → **attendre.** *«Que voulez-vous de moi ? – J'ai besoin de votre aide.» Il obtient tout ce qu'il veut de son père. «Non, mon mari n'est pas là, qu'est-ce que vous lui voulez ?»* **3.** *VOULOIR DU BIEN, VOULOIR DU MAL À qqn* : souhaiter que qqch. de bien ou de mal arrive à qqn. *Méfie-toi de ce type, il te veut du mal.* **4.** *EN VOULOIR À qqn* : garder de la rancune contre qqn. *Il m'en veut parce que j'ai dit ce que je pensais. Ne m'en veuille pas !* STYLE FAMILIER *Ne m'en veux pas ! Ne m'en veuillez pas, mais je ne serai pas à la réunion.* **5.** STYLE FAMILIER verbe pronominal S'EN VOULOIR : se reprocher qqch. *Elle s'en est voulu toute sa vie. Je m'en veux d'avoir accepté. Nous nous en voulons pour ce contretemps.*
V. *VOULOIR DE* : accepter qqch., qqn. *Il ne veut pas de tes excuses. Elle ne veut pas de moi. Mais si, elle veut bien de toi ! Personne ne veut de nous,* ne veut nous accueillir. *Je ne veux pas de ça !*
VI. (et infinitif) Être d'accord pour, accepter (une demande) → **accepter, consentir.** ⟨contraire : refuser⟩ *Demande-lui si elle veut aller au cinéma. «Si vous VOULEZ BIEN me suivre, c'est par ici.» Je veux bien vous croire. Voulez-vous avoir l'obligeance de me répondre rapidement.* – *Veux-tu te taire !* tais-toi ! – (impératif de politesse) *Veuillez* [vœje] *vous asseoir. Veuillez agréer, monsieur, mes salutations distinguées.*
VII. *VOULOIR DIRE* **1.** (qqn) Essayer d'exprimer qqch. *Je voulais dire ma joie.* → **exprimer.** *Je voudrais dire que ce n'est pas si simple,* le faire savoir. **2.** (qqch.) Avoir tel sens, signifier. *Que veut dire ce mot ? Cette phrase ne veut rien dire.* – *Je n'ai pas compris ce que voulait dire le professeur.* – (pour exprimer l'indignation) *Il refuse ? Qu'est-ce que ça veut dire ?*

voulu [vuly], **voulue** [vuly] *Il a voulu une pomme ; la pomme qu'il a voulue* : formes au participe passé du verbe **vouloir.**

VOULU [vuly], **VOULUE** [vuly] adj. (après le nom) **1.** Exigé, nécessaire. → **nécessaire.** *Je n'ai pas la quantité de farine voulue. – Nous finirons notre travail* EN TEMPS VOULU, à la date prévue, demandée. **2.** STYLE FAMILIER *C'EST VOULU :* c'est exprès, c'est volontaire. → **volontaire.** *«Ah, te voilà enfin ! c'est voulu, ce retard ?» Il a tout fait pour qu'on se dispute, c'était voulu.*

VOUS [vu] pronom personnel pluriel
I. (pluriel) **1.** Pronom personnel masculin et féminin de la deuxième personne du pluriel. *Pourquoi êtes-vous tous encore là ? Pierre et toi, vous partirez en premier. Les enfants, vous êtes insupportables ! Les garçons, je vous ai prévenus. Les filles, je vous ai prévenues.* – (verbe pronominal) *Amusez-vous ensemble sans moi ! «Comment ? Vous vous êtes encore battus ?»* **2.** *D'ENTRE VOUS :* parmi vous. *Beaucoup d'entre vous ne sont jamais partis en vacances. La plupart d'entre vous est au courant.*
II. (singulier) **1.** Pronom personnel masculin et féminin de politesse employé à la place de *tu, ta, toi.* → **tu.** *Je ne vous connais pas. Madame, je suis heureux de vous voir. Je vous remercie, monsieur. «Comment allez-vous ? – Je vais bien, merci, et vous ?» S'il vous plaît, donnez-moi un kilo d'oranges. Madame, vous êtes-vous présentée ? Comment, c'est vous ?* vous voilà. *VOUS ET MOI nous sommes d'accord. Si j'étais vous, je n'accepterais pas.* **2.** Le mot «vous». *DIRE VOUS À qqn,* le vouvoyer. *Cesse de me dire vous, puisque je te tutoie ! Parfois il me dit vous, parfois, il me dit tu, ça dépend.*

REM. **1.** Voyez l'encadré des pronoms **personnels. 2.** Attention au singulier de vouvoiement (II.) ; le verbe est le même que pour *vous* (I.), sauf le participe passé : *vous vous êtes présentés* (eux), *vous vous êtes présentée* (elle). Le phénomène est inverse pour *on : on est allé* (qqn), *on est allés* (nous).

VOUS-MÊMES, VOUS-MÊME [vumɛm] pronom personnel **1.** (pluriel) *VOUS-MÊMES :* vous (plusieurs personnes) et personne d'autre. *Et vous-mêmes, madame, monsieur, que décidez-vous ? Vous êtes venus vous-mêmes pour protester. Les enfants, je vous préviens : pendant les vacances, vous ferez vos lits vous-mêmes.* **2.** (singulier) *VOUS-MÊME :* vous en personne. *Madame, vous direz vous-même ce que vous pensez. Et vous-même, monsieur, que désirez-vous ? C'est vous-même qui décidez. Elle s'est décidée elle-même.*

REM. Voyez l'encadré des pronoms **personnels.**

VOÛTE [vut] n. f. *UNE VOÛTE :* ouvrage de maçonnerie arrondi en creux, servant à couvrir un espace. *Dans cette église, une voûte s'appuie sur des colonnes.*

VOÛTÉ [vute], **VOÛTÉE** [vute] adj. (après le nom) **1.** Couvert d'une voûte, en forme de voûte. *Dans leur maison, il y a une très belle cave voûtée.* **2.** Dont le dos est courbé, qui ne peut plus se redresser. *Son père est un vieux monsieur voûté. Elle est toute voûtée.*

VOUVOIEMENT [vuvwamɑ̃] n. m. *LE VOUVOIEMENT :* le fait de vouvoyer qqn. *Nous avons sympathisé et nous sommes passés du vouvoiement au tutoiement très rapidement.*

VOUVOYER [vuvwaje] verbe [conjugaison 8 a] **1.** S'adresser à une seule personne en lui disant «vous» plutôt que «tu». *Le professeur tutoie ses élèves, mais les élèves le vouvoient. On vouvoie rarement les petits enfants. Vouvoyez-moi. Je préfère que vous me vouvoyiez. Nous vouvoierons* [vuvwaʀɔ̃] *nos supérieurs.* **2.** verbe pronominal SE VOUVOYER : se parler en se disant «vous». *Nous nous vouvoyons. Ils se sont vouvoyés pendant longtemps, mais maintenant ils se tutoient.*

VOYAGE [vwajaʒ] n. m. *UN VOYAGE* **1.** Déplacement d'une personne qui va dans un lieu assez éloigné. *Nous avons fait un voyage en Italie. C'était un beau voyage. Ils ont fait plusieurs voyages dans l'année. Elle fait un voyage d'affaires :* elle s'est déplacée pour son travail. → **déplacement.** *Leur VOYAGE DE NOCES a duré quinze jours,* le voyage qu'ils ont fait pour fêter leur mariage. *Je vous souhaite un bon voyage ! – Bon voyage, écrivez-nous ! – J'aimerais PARTIR EN VOYAGE,* faire un voyage. *Nous avons eu beaucoup de problèmes pendant le voyage.* → **trajet.** – *J'ai fait enregistrer les valises et les SACS DE VOYAGE. – Les forains, les gens du cirque sont des GENS DU VOYAGE,* des gens qui se déplacent sans cesse. **2.** Petit déplacement que l'on fait pour transporter des objets. *Il a fallu faire trois voyages pour monter toutes les valises dans l'appartement !* → **allée et venue.**

VOYAGER [vwajaʒe] verbe [conjugaison 3 b] **1.** Faire un voyage. *Nous voyageons toujours en voiture. L'été dernier, nous avons voyagé à pied. Il a beaucoup voyagé dans sa vie,* il a fait de nombreux voyages. **2.** (qqch.) Supporter d'être déplacé. *Les fruits voyagent mal. Ces marchandises voyagent bien.*

VOYAGEUR [vwajaʒœʀ] n. m., **VOYAGEUSE** [vwajaʒøz] n. f. *UN VOYAGEUR, UNE VOYAGEUSE* **1.** Personne qui est en voyage. *Les voyageurs pour Lausanne sont attendus en tête de train. Ce pays attire beaucoup de voyageurs.* → **touriste. 2.** *UN VOYAGEUR, UNE VOYAGEUSE DE COMMERCE :* représentant, représentante qui voyage pour visiter ses clients. *Son père est voyageur de commerce.*

VOYAGISTE [vwajaʒist] n. m., n. f. *UN VOYAGISTE, UNE VOYAGISTE :* personne qui commercialise des voyages. *C'est un voyagiste qui m'a organisé mon voyage en Inde.*

voyant [vwajɑ̃] *En voyant :* forme au participe présent du verbe **voir.**

① **VOYANT** [vwajɑ̃] n. m., **VOYANTE** [vwajɑ̃t] n. f. *UN VOYANT, UNE VOYANTE :* personne qui prédit l'avenir. *Je suis allé consulter une VOYANTE EXTRALUCIDE qui m'a tiré les cartes.* → **cartomancien.**

② **VOYANT** [vwajɑ̃] n. m. *UN VOYANT :* petite lumière qui s'allume pour signaler qu'un appareil marche ou ne marche pas. *Quand le voyant rouge est allumé, ça veut dire qu'il ne reste plus beaucoup d'essence dans la voiture.*

③ **VOYANT** [vwajɑ̃], **VOYANTE** [vwajɑ̃t] adj. (après le nom) Qui attire le regard, qui se voit de loin. *Il aime les couleurs voyantes.* → **criard, éclatant.** ⟨contraire : discret⟩ *Elle a une robe très voyante.* ⟨contraire : sobre⟩

VOYELLE [vwajɛl] n. f. *UNE VOYELLE :* lettre qui représente un son du langage qui résonne dans la bouche, sans bruit d'air **(→ vocalique).** *A, e, i, o, u et y sont les six voyelles de l'alphabet français. Dans le mot «eau», il n'y a que des voyelles qui produisent le son* [o]. *Dans le mot «voyelle», il y a trois voyelles et trois consonnes.*

VOYEUR [vwajœʀ] n. m. *UN VOYEUR :* personne qui cherche à assister à des scènes intimes et érotiques sans être vue. *Fais attention, il y a un voyeur qui nous observe derrière la fenêtre.*

VOYEURISME [vwajœʀism] n. m. *LE VOYEURISME :* comportement d'une personne qui observe sans être vue et y prend du plaisir **(→ voyeur).** *Le voyeurisme est une perversion sexuelle. C'est du voyeurisme !*

VOYONS ! [vɔjɔ̃] interjection. Sert à dissuader ou à blâmer. *Tais-toi, voyons ! Voyons, un peu de courage ! Voyons, soyez raisonnable, attendez votre tour ! Il ne faut pas vous vexer, voyons !*

VOYOU [vwaju] n. m. ▪ *UN VOYOU :* jeune homme plus ou moins malhonnête qui traîne dans les rues. → STYLE FAMILIER **loubard.** *Il s'est fait attaquer par un voyou. Son fils fait partie d'une bande de voyous.* → **vaurien.**

EN **VRAC** [ɑ̃vʀak] adverbe **1.** Au poids. *J'ai acheté du thé en vrac* (opposé à en paquet). **2.** En désordre. *Elle a posé ses affaires en vrac sur la chaise.*

VRAI [vʀɛ] adj., n. m. et adverbe, **VRAIE** [vʀɛ] adj.
I. adjectif (après le nom ou avant le nom) **1.** (après le nom) Qui correspond à la vérité. → **certain, exact, sûr, véritable.** ⟨contraire : ① faux⟩ *Ce que je te raconte est une histoire vraie.* → **réel, véridique ; véracité.** ⟨contraire : mensonger⟩ *C'EST VRAI QUE ça peut arriver. Ça semble incroyable et pourtant c'est vrai. C'est INCROYABLE MAIS VRAI ! Alors, c'est vrai ce qu'on raconte ?* → **sérieux.** – STYLE FAMILIER *C'est pas vrai !* ce n'est pas possible, je n'y crois pas. *Elle n'a quand même pas osé faire ça, c'est pas vrai !* c'est intolérable ! (impersonnel) *Est-il vrai qu'elle ne travaille plus ? IL EST VRAI QUE ce n'est pas drôle ce qui lui arrive. Il est vrai que j'aurais pu faire attention.* **2.** (avant le nom) Qui est réellement ce qu'il a l'air d'être, qui n'est pas une imitation. *Il a une chemise en vraie soie.* → **naturel.** *Ce sont de vraies fleurs.* ⟨contraire : artificiel⟩ *Elle a une poupée avec de vrais cheveux.* → **véritable.** *Ce n'est pas son vrai père, c'est son père adoptif. Il a acheté un vrai Van Gogh,* un tableau qui a vraiment été peint par Van Gogh. → **authentique.** ⟨contraire : ① faux⟩ *Un vrai professionnel n'aurait pas agi ainsi,* un professionnel digne de ce nom. *C'est un vrai problème :* c'est un problème important. – (emphatique) *Il mange comme un vrai cochon,* aussi salement qu'un cochon. STYLE FAMILIER *C'est une vraie nouille, ce type. On le considère comme un vrai con.* **3.** (après le nom) Qui a l'air d'exister. *Les personnages du roman sont vrais.* **4.** (avant le nom) *VRAI FAUX (qqch.) C'est un vrai faux jeton,* un véritable hypocrite. *L'espion a un vrai faux passeport qui lui a été remis par le ministre,* un faux passeport officiellement donné pour vrai.
II. nom masculin **1.** *LE VRAI :* la vérité, la réalité. *Il est souvent difficile de distinguer le vrai du faux dans ce qu'elle dit. Tu es DANS LE VRAI :* tu as raison. **2.** *À VRAI DIRE, À DIRE VRAI :* pour parler franchement. *À vrai dire, je n'avais pas pensé à cette possibilité,* en fait. – STYLE FAMILIER *Tu es amoureuse POUR DE VRAI ?* tu es amoureuse ?
III. adverbe *FAIRE VRAI :* avoir l'air naturel. *Ces fleurs artificielles font vrai,* elles ressemblent à de vraies fleurs.

VRAIMENT [vʀɛmɑ̃] adverbe **1.** D'une façon indiscutable, en vérité, en réalité. → **effectivement, réellement, véritablement.** *Tu es vraiment allé en Chine ? C'est vraiment ce qu'il a dit.* **2.** S'emploie pour renforcer une affirmation. → **franchement.** *Vraiment, tu exagères !* → **sincèrement.** *Cette femme est vraiment trop méchante. Je ne sais vraiment plus quoi faire. – « Tu as aimé ce livre ? – PAS VRAIMENT »,* non, je ne l'ai pas tellement aimé. **3.** (intervention pour montrer qu'on est intéressé) VRAIMENT ? *« Je vais bientôt déménager. – Vraiment ? »* ah, oui ?

VRAISEMBLABLE [vʀɛsɑ̃blabl] adj. (après le nom) ▪ Qui semble vrai. → **plausible.** *Il nous a raconté une histoire tout à fait vraisemblable.* → **crédible, croyable.** ⟨contraire : invraisemblable⟩ *Je n'ai pas vérifié, mais c'est vraisemblable.* → **possible.**

VRAISEMBLABLEMENT [vʀɛsɑ̃blabləmɑ̃] adverbe ▪ Sans doute. → **probablement.** *Elle arrivera vraisemblablement demain en fin de matinée.*

VRAISEMBLANCE [vʀɛsɑ̃blɑ̃s] n. f. ▪ *LA VRAISEMBLANCE :* apparence de vérité. *Cette histoire est d'une parfaite vraisemblance,* elle a l'air d'être vraie. ⟨contraire : invraisemblance⟩ *SELON TOUTE VRAISEMBLANCE, il n'est pas encore au courant.* → **apparemment.**

VRILLE [vʀij] n. f. ▪ *UNE VRILLE* **1.** Petite pousse de certaines plantes grimpantes, qui s'enroule en hélice autour d'un support. *La vigne vierge a des vrilles.* **2.** Outil formé d'une tige de métal terminée par une vis. → ① **mèche.** *Prends une vrille pour faire un trou dans la planche.* **3.** Mouvement d'un avion qui descend en tournant sur lui-même. *Nous avons vu un petit avion faire des piqués, des vrilles. L'avion est tombé EN VRILLE.*

VROMBIR [vʀɔ̃biʀ] verbe [conjugaison 2] ▪ Faire entendre un bourdonnement. *J'ai entendu le moteur qui vrombissait.* → **ronfler.**

VROMBISSEMENT [vʀɔ̃bismɑ̃] n. m. ▪ *LE VROMBISSEMENT :* bruit de ce qui vrombit. → **ronflement.** *J'entends le vrombissement du moteur.*

VS [vɛʀsys] préposition ▪ Opposé à. *Je parle du mot « vieux » vs « neuf »,* du mot « vieux » par opposition à « neuf ».
REM. *Vs* est l'abréviation du mot latin *versus* qui signifie « contre ».

V. T. T. [vetete] n. m. invariable ▪ Vélo tout-terrain. *Il a un V. T. T.* PLURIEL : *des V. T. T. – Elle fait du V. T. T. dans la forêt.*
REM. *V. T. T.* est le sigle de ***vélo tout-terrain***.

vu [vy], **vue** [vy] *Il a vu une femme ; la femme qu'il a vue :* formes au participe passé du verbe **voir.**

VU [vy] adj., n. m. et préposition, **VUE** [vy] adj.
I. adjectif (après le nom) **1.** Perçu par le regard. *Il est reparti NI VU NI CONNU,* sans se faire remarquer, sans qu'on le voie. **2.** Compris. *Est-ce que c'est bien vu, vous avez compris ? « Vu ! Nous pouvons passer à autre chose »,* j'ai compris. – STYLE FAMILIER *Alors là, c'est tout vu, elle arrivera encore en retard !* c'est sûr. **3.** *BIEN VU, MAL VU :* bien, mal considéré. *Ce sont tous des employés bien vus de leur patron. Ce n'est pas très bien vu d'agir comme ça.*
II. nom masculin *AU VU ET AU SU DE TOUT LE MONDE :* ouvertement, sans se cacher. *Elle a agi au vu et au su de tout le monde.*
III. préposition En considérant. *Vu son humeur, je ne lui demande rien,* étant donné son humeur, eu égard à son humeur. – *Je ne lui en parle pas, VU QUE je ne suis pas sensé être au courant,* étant donné que je ne suis pas sensé être au courant.

VUE [vy] n. f.
I. *LA VUE* **1.** Sens qui permet de voir. *L'œil et le nerf optique sont les organes de la vue. Il a PERDU LA VUE :* il est devenu aveugle. **2.** Manière de voir. → **vision.** *Elle a consulté un ophtalmologue pour faire vérifier sa vue. Elle a des troubles de la vue depuis son accident. J'ai une bonne vue. Elle a la vue qui baisse :* elle voit de moins en moins bien. – *On voit des montagnes À PERTE DE VUE,* aussi loin que l'on peut voir. – *Il y a un très beau POINT DE VUE d'ici.* → ① **point.** **3.** Le fait de regarder. → **regard.** *À PREMIÈRE VUE, le problème semble facile à résoudre,* au premier coup d'œil, en le regardant pour la première fois, avant de commencer vraiment. **4.** Manière de regarder. *Je ne sais pas qui c'est, mais je le connais DE VUE,* je le connais juste parce que je l'ai déjà vu. – *Le ciel s'obscurcit À VUE D'ŒIL,* d'une manière perceptible par la vue. *La ville s'agrandit à vue d'œil,* très rapidement. – STYLE FAMILIER *À VUE DE NEZ, il est midi :* il doit être approximativement midi. → au **pif.** **5.** Les yeux. *Elle s'abîme la vue en lisant dans l'obscurité.* – STYLE FAMILIER *Il veut nous en METTRE PLEIN LA VUE, avec sa moto,* il veut nous éblouir, nous épater. **6.** Ce que l'on peut voir. *La vue est magnifique du haut de la colline.* → **panorama.** *On a une très belle vue de notre chambre. Du salon, on A VUE SUR la mer. Ma chambre a vue sur la mer,* elle donne sur la mer. *Quelle vue !* → **panorama.** – *Je voudrais une chambre AVEC VUE,* une chambre d'où l'on a une

belle vue. 7. *EN VUE* : bien visible. *Ses lunettes sont bien en vue sur la table, mais elle ne les voit pas.* → **évidence.** – *C'est un personnage en vue,* auquel on s'intéresse. 8. Aspect visible. *Il a rougi À LA VUE DE sa mère,* en voyant sa mère. *La côte est EN VUE,* on la voit d'où on est. – *Le règlement du conflit est en vue,* il va bientôt se produire. – *Il faudrait avoir une VUE D'ENSEMBLE du problème* : il faudrait voir le problème dans son entier. 9. Façon de se représenter (qqch.). → **idée.** *Nous n'avons pas les mêmes vues. Vous n'avez qu'une vue superficielle des choses.* – *Les deux présidents ont eu un ÉCHANGE DE VUES,* ils ont eu un entretien où ils se sont dit ce qu'ils pensaient. – *Ce n'est qu'une VUE DE L'ESPRIT,* une vue théorique. 10. *Avoir qqch. EN VUE,* y songer, l'envisager. *Elle a une nouvelle situation en vue. Qu'avez-vous en vue ?* quels sont vos projets. – *Elle économise EN VUE D'un voyage,* pour faire un voyage.

II. *UNE VUE* 1. Image, photo ou tableau qui représente un paysage, un lieu. *Il a accroché une vue de San Francisco au mur de sa chambre.* 2. (au pluriel) DES VUES : projets. → **dessein.** *Cela n'entre pas dans mes vues.* – *Le directeur A DES VUES SUR son collaborateur pour lui succéder,* il pense que son collaborateur pourrait lui succéder, il pense à lui pour sa succession. – *Elle a des vues sur l'héritage de son patron,* elle le convoite.

VULGAIRE [vylgɛʀ] adj. (après le nom ou avant le nom) 1. (après le nom) Qui manque de distinction. *Notre voisine est une femme très vulgaire.* ⟨contraires : distingué, raffiné⟩ *Il a des manières vulgaires.* → **ordinaire.** *Il emploie souvent des mots vulgaires,* des gros mots. → **grossier.** 2. (avant le nom) Qui n'a rien de particulier, qui est quelconque. → **banal.** *Ce tableau n'est pas de Monet, c'est une vulgaire copie,* ce n'est qu'une copie. ⟨contraire : remarquable⟩ *C'est un vulgaire menteur, comme tant d'autres.* ⟨contraire : original⟩ 3. (après le nom) (nom) Connu de tous. *« Mille-pattes » est le nom vulgaire de scolopendre,* son nom courant (opposé à scientifique). → **usuel.**

VULGAIREMENT [vylgɛʀmɑ̃] adverbe 1. Avec vulgarité. *Il parle très vulgairement.* → **grossièrement.** *Elle se maquille vulgairement,* d'une manière vulgaire. 2. Dans le langage courant. *Le ténia est appelé vulgairement « ver solitaire ».*

VULGARISATION [vylgaʀizasjɔ̃] n. f. ▪ *LA VULGARISATION* : le fait d'adapter un ensemble de connaissances afin de les mettre à la portée de tous. *J'ai acheté un ouvrage de vulgarisation scientifique sur l'astronomie.*

> FAUX AMIS
> polonais **wulgaryzacja** « le fait de s'avilir » ; russe **вульгаризация** « interprétation grossière »

VULGARISER [vylgaʀize] verbe [conjugaison 1a] ▪ Mettre à la portée de tous, expliquer de telle façon que tout le monde puisse comprendre. *Cette émission de télévision a pour but de vulgariser la recherche scientifique.*

VULGARITÉ [vylgaʀite] n. f. 1. *LA VULGARITÉ* : manque de distinction et de délicatesse. *La vulgarité de ses manières est agaçante. Elle est d'une incroyable vulgarité.* → **grossièreté.** ⟨contraires : distinction, raffinement⟩ 2. *UNE VULGARITÉ* : expression, mot vulgaire. *Elle dit souvent des vulgarités.*

VULNÉRABLE [vylneʀabl] adj. (après le nom) 1. Qui est facile à blesser. *Les crabes sont vulnérables lorsqu'ils muent. Le talon était le seul point vulnérable d'Achille,* le seul point qui pouvait être atteint par un mal. ⟨contraire : invulnérable⟩ 2. Qui se défend mal, qu'on rend aisément malheureux. *C'est une femme vulnérable.* → **fragile, sensible.** *Je ne le savais pas si vulnérable.*

VULVE [vylv] n. f. ▪ *LA VULVE* : organes génitaux externes de la femme et de la femelle des mammifères. → **sexe.**

W

W [dubləve] n. m. invariable. *LE W :* vingt-troisième lettre de l'alphabet du français, servant à noter le son [v] *(wagon)* ou le son [w] *(watt). Le w est une consonne. Il y a des w minuscules* (w) *et des w majuscules* (W).

REM. Le *w* est présent dans les mots empruntés à l'anglais, à l'allemand et aux langues slaves. Cette lettre n'existait pas en latin.

Richard **WAGNER** [vagnɛʀ] nom propre. Musicien allemand (1813-1883). *La Tétralogie est un cycle d'opéras de Wagner.*

WAGNÉRIEN [vagneʀjɛ̃] adj. et n. m., **WAGNÉRIENNE** [vagneʀjɛn] adj. et n. f. 1. adjectif (après le nom) Qui concerne Wagner et sa musique. *C'est un chanteur wagnérien très connu. Les opéras wagnériens sont fameux.* 2. *UN WAGNÉRIEN, UNE WAGNÉRIENNE :* un admirateur, une admiratrice de Wagner. *C'est une wagnérienne enragée.*

WAGON [vagɔ̃] n. m. *UN WAGON :* véhicule sur rails, tiré par une locomotive, servant au transport des marchandises. *Ce train ne comporte que des wagons de marchandises.* → **fourgon.**

FAUX AMI
anglais **wagon**
«chariot»

REM. Généralement, on emploie *wagon* pour les marchandises et *voiture* pour les voyageurs. → **voiture.**

WAGON-LIT [vagɔ̃li] n. m. *UN WAGON-LIT :* dans un train, voiture formée de compartiments fermés, avec des couchettes et de l'eau courante. → **voiture-lit.** *Ils ont retenu des places dans un wagon-lit. Ils voyagent en wagon-lit.* PLURIEL : *des WAGONS-LITS.*

WAGON-RESTAURANT [vagɔ̃ʀɛstɔʀɑ̃] n. m. *UN WAGON-RESTAURANT :* voiture d'un train aménagée en restaurant (→ **voiture-bar**). *Nous avons déjeuné au wagon-restaurant.* PLURIEL : *des WAGONS-RESTAURANTS.*

WALKMAN [wɔkman] n. m. (nom déposé) *UN WALKMAN :* baladeur. *Elle écoute ses disques préférés sur son walkman. Il a plusieurs walkmans.*

REM. **1.** Ce mot vient de l'anglais. **2.** Il vaut mieux dire *baladeur* plutôt que *walkman.*

WALKYRIE [valkiʀi] n. f. *UNE WALKYRIE :* déesse guerrière de la mythologie scandinave. *«La Walkyrie» est le titre d'un opéra de Wagner. Les trois walkyries décidaient du sort des combats et de la mort des guerriers.*

WALLON [walɔ̃] adj. et n. m., **WALLONNE** [walɔn] adj. et n. f. 1. adjectif (après le nom) De Wallonie. *Il est professeur de littérature wallonne.* 2. *UN WALLON, UNE WALLONNE :* personne originaire de Wallonie. *Les Flamands et les Wallons peuplent la Belgique.* 3. nom masculin *LE WALLON :* dialecte roman français parlé en Belgique du Sud (Wallonie). *Le mot français «houille» vient du wallon.*

WALLONIE [walɔni] nom propre féminin. *LA WALLONIE :* région du sud de la Belgique où l'on parle le français et les dialectes romans dont le wallon. *La capitale de la Wallonie est Liège. Ils reviennent de Wallonie. J'ai passé mes vacances en Wallonie.*

WARNING [waʀniŋ] n. m. *LE WARNING :* feux de détresse d'une automobile signalant que le véhicule est en arrêt forcé. *Le véhicule est en warning. La voiture en panne sur le bas-côté de la route a ses warnings qui clignotent.*

REM. Ce mot vient de l'anglais.

WASHINGTON [waʃiŋtɔn] nom propre. Capitale fédérale des États-Unis, sur la côte est. *Le président des États-Unis réside à la Maison Blanche, à Washington. Nous partons demain pour Washington. Ils reviennent de Washington.*

WASSINGUE [wasɛ̃g] n. f. *UNE WASSINGUE :* serpillière. *La femme de ménage passe la wassingue sur le carrelage.*

REM. Ce mot s'emploie dans le nord de la France et en Belgique.

WATER-POLO [watɛʀpɔlo] n. m. *LE WATER-POLO :* jeu de ballon qui se joue dans l'eau, entre deux équipes de sept nageurs. *Il est champion de water-polo.* PLURIEL : *des WATER-POLOS.*

WATERS [watɛʀ] n. m. pluriel. *LES WATERS :* les cabinets, les toilettes. → **W.-C. ;** STYLE TRÈS FAMILIER **chiottes.** *Jetez cette eau sale dans les waters. Où sont les waters ? – Les waters sont bouchés,* la cuvette des waters.

REM. Ce mot est d'un emploi assez populaire. On dit plutôt *toilettes.*

WATT [wat] n. m. *UN WATT :* unité de mesure de puissance électrique ou mécanique (symbole : *W*). *Cette ampoule électrique a une puissance de cent watts.*

REM. *Ouate* «coton» se prononce de la même façon.

W.-C. [dubləvese] n. m. pluriel ▪ *LES W.-C.* : lieu où l'on fait ses besoins naturels, les cabinets. → **toilettes, waters ;** STYLE TRÈS FAMILIER **chiottes.** *Les W.-C. sont au bout du couloir. Il est aux W.-C. Ne jetez rien dans la cuvette des W.-C.*

REM. On prononce aussi [vese].

WEEK-END [wikɛnd] n. m. ▪ *LE WEEK-END* : congé de fin de semaine comprenant la journée ou l'après-midi du samedi et le dimanche. *Nous allons passer le week-end à la campagne. Ils sont partis en week-end. Ils sont allés en Normandie pour le week-end. Bon week-end !* PLURIEL : *il passe tous ses WEEK-ENDS à travailler.*

REM. **1.** *Week-end* est un mot anglais. **2.** Au Québec, on dit *la fin de semaine.*

WESTERN [wɛstɛʀn] n. m. ▪ *UN WESTERN* : film d'aventures ayant pour thème la conquête de l'Ouest américain sur les Indiens, au XIXe siècle. *Ils passent un western, ce soir, à la télévision. Dans les westerns, il y a des cow-boys et des Indiens.*

REM. *Western* est un mot anglais qui veut dire «de l'Ouest».

WHISKY [wiski] n. m. ▪ *LE WHISKY* : eau-de-vie de grains (seigle, orge, maïs) fabriqué dans les îles Britanniques et en Amérique du Nord. *Il aime le whisky écossais.* → ② **scotch.** *Le whisky américain est fait à base de maïs.* → **bourbon.** *Elle boit un verre de whisky pur malt.* – *Je voudrais un whisky sec,* un verre de whisky sans eau. *Après deux whiskys, il est un peu ivre.*

REM. **1.** *Whisky* est un mot anglais. **2.** On emploie aussi le pluriel anglais : *des WHISKIES.* **3.** En France, le bourbon n'est pas considéré comme un whisky. Le whisky standard est le scotch.

WHITE-SPIRIT [wajtspiʀit] n. m. ▪ *LE WHITE-SPIRIT* : produit pétrolier ressemblant à l'essence, utilisé comme solvant ou comme diluant. *Le peintre nettoie ses pinceaux au white-spirit.* PLURIEL : *des WHITE-SPIRITS.*

REM. *White-spirit* est un mot anglais qui signifie «essence blanche». En France, la prononciation abrégée [wit] est très courante : *Achète de la peinture et du white* [wit].

WINCH [winʃ] n. m. ▪ *UN WINCH* : petit treuil à main, utilisé sur les bateaux de plaisance. → **cabestan.** *Le marin tourne la manivelle du winch. Le voilier est équipé de WINCHS.*

REM. **1.** *Winch* est un mot anglais que l'on prononce aussi [wintʃ]. **2.** On emploie parfois le pluriel anglais : *des WINCHES.*

WISIGOTH [vizigo] adj. et n. m., **WISIGOTHE** [vizigɔt] adj. et n. f. **1.** adjectif (après le nom) De la partie occidentale des territoires occupés par un peuple germanique originaire de Scandinavie. *Nous avons visité une exposition d'art wisigoth espagnol.* **2.** *UN WISIGOTH, UNE WISIGOTHE* : personne appartenant à un peuple germanique d'origine scandinave établi en Gaule et en Espagne du cinquième au huitième siècle. *Les Wisigoths furent chassés d'Espagne par les Arabes en 711.*

X

① **X** [iks] n. m. invariable ▪ *LE X* **1.** Vingt-quatrième lettre de l'alphabet du français. *Le x est une consonne. Il y a des x minuscules* (x) *et des x majuscules* (X). – *Les deux routes FONT UN X,* elles se croisent comme les branches de la lettre x. **2.** *EN X :* en forme de cette lettre. *Elle déplie la table en X,* dont les pieds se croisent. **3.** (marque déposée) *Un CROCHET X :* crochet que l'on peut fixer solidement par des clous. *Les tableaux sont fixés au mur par des crochets X.*

REM. **1.** La lettre *x* note le son [ks] *(extrême, lynx, taxe)* devant consonne et à la finale — même devant *e* muet — ou [gz] dans les mots commençant par *ex* devant une voyelle ou *h* muet *(exagérer, exhibition).* Il a aussi le son [z] *(deuxième, dixième ; deux amis* [døzami]) ; il note enfin le son [s] *(soixante)* surtout dans les noms propres *(Bruxelles, Auxerre).* **2.** Le X sert à former le pluriel des mots en *-eau (des bateaux, des châteaux),* des mots en *-eu (les cheveux, les jeux),* sauf *bleu, lieu* (poisson) et *pneu,* ainsi que de quelques mots en *-ou : bijou, caillou, chou, genou, hibou, joujou* et *pou.*

② **X** [iks] n. m. et adj. invariable
I. 1. *UN X* [ɛ̃niks] : en algèbre, symbole désignant une inconnue. *Cherchez la valeur de x et de y.* – *Le professeur trace l'axe des x,* la première des coordonnées, en géométrie. **2.** Personne ou chose inconnue. *La victime a déposé PLAINTE CONTRE X. Le journal donne le témoignage de Madame X,* une femme qui désire ne pas donner son nom. **3.** STYLE FAMILIER *L'X* [liks] : l'école Polytechnique. *Son mari sort de l'X.*
II. adjectif (avant le nom ou après le nom) **1.** (avant le nom) Déterminé mais inconnu. *Supposez que l'opération soit terminée en un temps x.* → **donné.** **2.** Plusieurs, beaucoup de. *Elle travaille depuis x années dans la même entreprise,* depuis un grand nombre d'années. *Ça fait x temps que je ne l'ai pas revu,* ça fait très longtemps. *Je te l'ai répété x fois,* un grand nombre de fois.
III. adjectif (après le nom) **1.** (après le nom) *Les RAYONS X :* les radiations ainsi nommées parce que l'on ne savait pas leur nom. *La radiographie utilise les rayons X.* **2.** *Chromosome X,* chromosome sexuel qui produit des embryons féminins (combinaisons *XX*). → ② **y,** II. **3.** (après le nom) *Un FILM X :* un film pornographique. *Cette actrice a tourné des films X.*

③ **X** [dis] adj. invariable ▪ Dix en chiffres romains. *Charles X* [ʃaʀlədis].

XÉNOPHOBE [gzenɔfɔb] adj., n. m. et n. f. **1.** adjectif (après le nom) Qui n'aime pas les étrangers, tout ce qui vient de l'étranger. → **chauvin.** *Il a une attitude xénophobe.* **2.** *UN XÉNOPHOBE, UNE XÉNOPHOBE :* personne qui n'aime pas les étrangers ou les choses qui viennent de l'étranger. *Les xénophobes sont parfois racistes.*

XÉNOPHOBIE [gzenɔfɔbi] n. f. ▪ *LA XÉNOPHOBIE :* attitude d'une personne xénophobe, qui n'aime pas les étrangers et les choses qui viennent de l'étranger. *Le patron fait preuve de xénophobie en refusant d'engager des étrangers.*

XYLOPHONE [gzilɔfɔn] n. m. ▪ *UN XYLOPHONE :* instrument de musique à percussion formé de lames de bois de longueurs inégales, sur lesquelles on frappe avec deux petits marteaux de bois. *Il joue du xylophone dans un orchestre de jazz.*

REM. On prononce parfois [ksilɔfɔn].

Y

① **Y** [igʀɛk] n. m. invariable ▪ *LE Y* ou *L'Y* **1.** Vingt-cinquième lettre de l'alphabet du français, servant à noter les sons [i] et [j]. *Le y est une voyelle. Il y a des y minuscules* (y) *et des y majuscules* (Y). **2.** Forme de Y majuscule. *Le delta du fleuve est un vaste Y.*

REM. **1.** *VOYELLE.* Entre consonnes, *y* correspond à la voyelle [i] (*cycle* [sikl], *misogyne* [mizɔʒin]). – La lettre *y* est parfois la première syllabe, surtout dans les noms propres : *Yvon* [ivɔ̃], *Ypres* [ipʀ], *Yvelines* [ivlin]. – À la finale du mot, *ay* et *ey se prononcent* [ɛ] : (*tramway* [tʀamwɛ], *poney* [pɔnɛ]). *Ay* se prononce [ei] dans *pays* [pei] et ses dérivés et dans *abbaye* [abei]. Après une consonne, à la finale, il se prononce [i] (*rugby* [ʀygbi]). **2.** *CONSONNE.* *Y* devient semi-consonne [j] quand il est suivi d'une voyelle (*yoga* [jɔga], *myope* [mjɔp]). Devant *y* consonne, on ne fait ni la liaison, ni l'élision (sauf pour *yeux* [lezjø]) et ce phénomène est indiqué dans le dictionnaire par le signe * placé devant chaque entrée concernée, ainsi que par le signe ['] devant la phonétique (ex. : **YAOURT* ['jauʀt]). **3.** *VOYELLE + CONSONNE.* Le groupe *ay* suivi d'une voyelle note [ɛj] (*rayon* [ʀɛjɔ̃]), *oy* note [waj] (*noyer* [nwaje]), *uy* note [ɥij] (*essuyer* [esɥije]), sauf dans quelques mots comme *gruyère* [gʀyjɛʀ] et *mayonnaise* [majɔnɛz].

② **Y** [igʀɛk] n. m. et adj. invariables

I. 1. *UN Y :* en mathématiques, la seconde des coordonnées. *Tracez l'axe des x et l'axe des y,* l'axe des ordonnées. **2.** (avec X) Personne ou chose inconnue. *Qu'il sorte avec X ou avec Y, ça m'est complètement égal.*

II. adjectif (après le nom) *Le CHROMOSOME Y :* chromosome qui détermine le sexe masculin de l'embryon (combinaison *XY*). → ② **x,** II.

③ **Y** [i] pronom adverbial

I. 1. adverbe Dans ce lieu. → **là.** *Il part en Bretagne et il y reste une semaine. J'y suis, j'y reste. Allons-y* [alɔ̃zi]. STYLE FAMILIER *Le domaine fait dix hectares, Y COMPRIS la forêt,* avec la forêt, en incluant la forêt. **2.** *Y ÊTRE :* comprendre. *Ah ! j'y suis,* je comprends. – *Y ÊTRE POUR QQCH. :* avoir participé à, être responsable de qqch. *Je n'y suis pour rien :* je ne suis pas responsable de cela. **3.** pronom À cela, sur cela. → **cela.** *J'y renonce. Il n'en parle pas mais il y pense beaucoup. Que veux-tu que j'y fasse ?* – *N'y comptez pas :* ne comptez pas là-dessus.

II. (locution) *Il sait y faire.* → **faire.** *Je vais m'Y METTRE,* commencer. – *IL S'Y CONNAÎT :* il est compétent en la matière. *Tu sais T'Y PRENDRE avec les enfants,* tu sais comment agir avec eux. – *ÇA Y EST* [sajɛ] : la chose que l'on attendait est arrivée, l'opération dont il est question est terminée (→ ① **être**). *Ça y est, j'ai fini mes devoirs.*

III. (impersonnel) *IL Y A* [ilija] ou [ilja], STYLE FAMILIER [ja]. → **avoir.** **1.** Exister, être là. *Il y a de l'eau dans la rivière. Y a-t-il de l'eau ? Il y a des salades chez le marchand. Du pain, il y en a. Il y a quelqu'un dans le jardin. Dis-moi s'il y a quelqu'un. Il y avait ton frère. Il faut qu'il y ait beaucoup de monde. Il n'y a pas de bruit. Il n'y a plus rien à faire. Il n'y a que deux voitures pour tout le monde. Il y a moins de jeunes et plus de vieux qu'il y a un siècle. Il pourrait y en avoir plus. Il y en a un qui ment. Il y avait des femmes qui parlaient.* – STYLE TRÈS FAMILIER *Il y a mon père qui arrive.* → **voilà.** **2.** (sans nom) *IL Y EN A QUI mentent effrontément,* il existe des gens qui. *Il y en a* [jɑ̃na] *que je connais.* **3.** (avec un interrogatif) *Combien y a-t-il de jours ? Pourquoi y a-t-il la grève ?* STYLE RECHERCHÉ *Qu'y a-t-il dans la boîte ?* – *« Qu'est-ce qu'il y a dans la boîte ? – Du thé ».* – (figuré) *QU'EST-CE QU'IL Y A ?* qu'avez-vous, que se passe-t-il ? *IL Y A QUE le chat a disparu. Qu'est-ce qu'il y a* [kija] *qui vous ennuie ?* **4.** *IL N'Y A QU'À* [ilnjaka], [injaka], STYLE FAMILIER [jaka] (et infinitif) : il faut seulement, il suffit de. *« Vous avez froid ? Il n'y a qu'à fermer la fenêtre. » Pour plaire aux Français, il n'y a qu'à supprimer les impôts,* c'est très simple il faut (une chose grossièrement impossible). *Il n'y avait qu'à se baisser pour les ramasser. Je voudrais qu'il n'y ait qu'à attendre. Elle a dit qu'il n'y aurait qu'à écouter sans répondre.*

REM. **1.** À l'impératif, on ajoute un *s* aux verbes qui n'en ont pas, pour l'harmonie des sons dans la phrase (*Vas-y* [vazi], *penses-y* [pɑ̃səzi], *restes-y* [ʀɛstəzi]), sur le modèle de *allons-y.* **2.** *Y* est omis devant les formes au futur et au conditionnel du verbe *aller* (*Si vous y allez, j'irai aussi*). **3.** *Il y a* est souvent prononcé [ja] et on l'écrit familièrement *y a* ou *ya* dans les dialogues ou les paroles rapportées.

YA [ja] ▪ Notation de la prononciation familière de *il y a. Ya qu'à.* → ③ **y** (III.).

***YACHT** ['jɔt] n. m. ▪ *UN YACHT :* bateau de plaisance à voile ou à moteur. *Son père a un superbe yacht de croisière. Ils ont plusieurs yachts.*

REM. Ce mot est emprunté au néerlandais. On prononce parfois [jak].

***YACHTING** ['jɔtiŋ] n. m. ▪ *LE YACHTING :* navigation de plaisance. *Il fait partie d'un club de yachting.*

***YACK** ['jak] n. m. ▪ *UN YACK :* gros bœuf des hauts plateaux d'Asie centrale, à la longue toison soyeuse et aux cornes recourbées. *Au Tibet, le yack est un animal domestique. Les yacks vivent en troupeaux.*

REM. **1.** On écrit aussi *yak.* **2.** *Yack* est un mot anglais emprunté au tibétain *gyak.*

***YANKEE** ['jɑ̃ki] n. m. ▪ *UN YANKEE* 1. Habitant du nord-est des États-Unis, pendant la guerre de Sécession. *Les yankees ont gagné la guerre de Sécession.* 2. Habitant des États-Unis (par rapport aux autres Américains). *Elle a épousé un yankee.*

***YAOURT** ['jauʀt] n. m. ▪ *UN YAOURT :* lait caillé au moyen d'un ferment spécial. *Elle range les pots de yaourt dans le réfrigérateur. Il préfère les yaourts nature aux yaourts aux fruits.*

REM. On dit aussi *yogourt* [jɔguʀt], mais cette variante est moins employée.

***YÉMÉNITE** ['jemenit] adj., n. m. et n. f. 1. adjectif (après le nom) Du Yémen, État d'Asie du sud-ouest. *La capitale yéménite est Sanaa.* 2. *UN YÉMÉNITE, UNE YÉMÉNITE :* un habitant, une habitante du Yémen. *Les Yéménites du Nord et les Yéménites du Sud.*

***YEN** ['jɛn] n. m. ▪ *LE YEN :* unité monétaire du Japon. *Le yen a baissé, à la Bourse de Tokyo. Le voyageur échange ses francs contre des yens.*

REM. *Hyène* «animal» se prononce de la même façon.

YEUX → **œil**

***YIDDISH** ['jidiʃ] n. m. et adj. invariables 1. *LE YIDDISH :* ensemble des langues germaniques parlées par les communautés juives d'Europe orientale. *Le yiddish s'écrit en caractères hébreux. Entre eux, ils parlent yiddish.* 2. adjectif invariable (après le nom) Qui concerne le yiddish. *Il connaît bien la littérature yiddish.* PLURIEL : *des mots yiddish.*

***YOGA** ['jɔga] n. m. ▪ *LE YOGA :* discipline du corps et de l'esprit d'origine indienne, basée sur des exercices de posture et de respiration. *Le yoga aide à mieux maîtriser son corps et son esprit. Elle FAIT DU YOGA depuis plusieurs années.*

YOUGOSLAVIE [jugɔslavi] nom propre féminin – en serbo-croate **JUGOSLAVIJA** ▪ *LA YOUGOSLAVIE :* pays des Balkans. *La capitale de la Yougoslavie est Belgrade. Nous sommes en voyage en Yougoslavie. Nous rentrerons bientôt de Yougoslavie.*

REM. **1.** Le nom officiel est *République fédérale de Yougoslavie.* **2.** En France, on dit *ex-Yougoslavie* pour l'ancien état d'Europe formé en 1918, démantelé en 1992.

***YOUP !** ['jup] interjection ▪ Mot qui s'emploie pour accompagner un mouvement vif vers le haut. *Allez, youp ! debout ! Youp là !*

***YOUPI !** ['jupi] interjection ▪ Cri d'enthousiasme, souvent accompagné d'un geste exubérant. *On a gagné, youpi !* → **hourra.**

***YOUYOU** ['juju] n. m. ▪ *UN YOUYOU :* petit canot court et large utilisé pour faire la navette entre un bateau au mouillage et la terre ferme. *Le marin emmène les passagers du bateau à terre dans le youyou. Deux youyous approchent.*

***YO-YO** ['jojo] n. m. invariable ▪ *UN YO-YO :* jouet formé de deux disques de bois ou de plastique emboîtés l'un dans l'autre que l'on fait monter et descendre le long d'une ficelle. *Elle a un yo-yo en bois. La petite fille joue au yo-yo.* PLURIEL : *des yo-yo.*

REM. On écrit aussi *un yoyo, des yoyos.*

Z

Z [zɛd] n. m. invariable ■ *LE Z :* vingt-sixième lettre de l'alphabet du français. *Le Z est une consonne. Il existe des z minuscules* (z) *et des z majuscules* (Z). – *DE A A Z, DEPUIS A JUSQU'A Z :* du début à la fin. *Il a lu le livre de A à Z.*

REM. **1.** Le *z* note le son [z] (*bazar* [bazaʀ], *gaz* [gaz], *zinc* [zɛ̃g]), parfois le son [dz] (*pizza* [pidza]). **2.** Le *z* est généralement muet à la finale (*nez* [ne], *riz* [ʀi], *raz-de-marée* [ʀadmaʀe]). **3.** En français, le son [z] est souvent noté par *s* entre deux voyelles (*rose* [ʀoz]).

ZAGREB [zagʀɛb] nom propre ■ Capitale de la Croatie. *Nous sommes déjà allés à Zagreb. Ils reviennent de Zagreb.*

ZAMBIE [zɑ̃bi] nom propre féminin – en anglais **ZAMBIA** ■ *LA ZAMBIE :* pays d'Afrique australe. *Il voyage en Zambie. Il nous a écrit de Zambie.*

ZAPPER [zape] verbe [conjugaison 1a] ■ Passer constamment d'une chaîne de télévision à l'autre à l'aide d'une télécommande. *Il zappe pour échapper aux publicités.*

REM. Ce mot vient de l'anglais.

ZAPPING [zapiŋ] n. m. ■ *LE ZAPPING :* pratique du téléspectateur qui passe constamment d'une chaîne à l'autre à l'aide de la télécommande. *Il ne peut pas regarder une émission plus d'une minute, c'est le roi du zapping.*

ZÈBRE [zɛbʀ] n. m. ■ *UN ZÈBRE* **1.** Animal d'Afrique qui ressemble à un âne au pelage rayé de noir et de blanc, et qui a un galop très rapide. *Les zèbres broutent l'herbe de la savane.* – *Il a filé COMME UN ZÈBRE,* très vite. **2.** STYLE FAMILIER *UN DRÔLE DE ZÈBRE :* un individu bizarre. *J'ai vu un drôle de zèbre bizarrement accoutré, dans la rue.* → STYLE FAMILIER **type, zigoto.**

ZÉBRÉ [zebʀe], **ZÉBRÉE** [zebʀe] adj. (après le nom) ■ Marqué de raies qui rappellent celles du zèbre. *Elle a une robe zébrée. La petite fille a les jambes ZÉBRÉES D'égratignures.*

ZÉBRURE [zebʀyʀ] n. f. ■ *UNE ZÉBRURE* **1.** Marque sur le pelage d'un animal. *Le tigre a des zébrures noires sur son pelage fauve.* **2.** Marque de coup de forme allongée. *Les coups de fouet laissent des zébrures sur la peau.*

ZÉBU [zeby] n. m. ■ *UN ZÉBU :* grand bœuf d'Afrique et d'Asie qui a une bosse sur le dos, près de l'encolure. *Le zébu est un animal docile que l'on domestique facilement. J'ai vu un troupeau de zébus.*

ZÈLE [zɛl] n. m. ■ *LE ZÈLE :* énergie que l'on met à faire un travail ou à servir une personne à laquelle on est dévoué. *Cet élève travaille avec zèle.* → **application, ardeur.** ⟨contraire : négligence⟩ – *FAIRE DU ZÈLE :* montrer de l'empressement à faire un travail, du dévouement à servir qqn. *Ne faites pas trop de zèle !* – *La GRÈVE DU ZÈLE :* application très stricte des moindres consignes de manière à perturber le travail. *Les douaniers font la grève du zèle.*

ZÉLÉ [zele], **ZÉLÉE** [zele] adj. (après le nom) ■ (qqn) Plein de zèle. *Le patron a une secrétaire zélée.* → **dévoué.** ⟨contraire : négligent⟩

ZÉNITH [zenit] n. m. ■ *LE ZÉNITH* **1.** Point du ciel situé exactement au-dessus de la personne qui regarde. *Il regarde l'étoile qui est au zénith.* – *Le soleil est À SON ZÉNITH,* à son plus haut point dans le ciel. **2.** Point culminant. *L'actrice est AU ZÉNITH de sa gloire.* → **apogée, sommet.**

ZÉRO [zeʀo] n. m. et adj.

I. *LE ZÉRO* **1.** Chiffre noté (0) destiné à remplacer les ordres d'unités (unités, dizaines, centaines, milliers) dans la numération écrite. *Je pose zéro et je retiens un. Il mesure zéro mètre cinquante (0,50 m). Tu as oublié un zéro. Le chiffre mille écrit en chiffres (1 000) a trois zéros.* **2.** Nombre (0) qui représente un ensemble vide. *Deux moins deux égalent zéro (2–2=0). La courbe TEND VERS ZÉRO,* elle s'approche de ce nombre. **3.** STYLE FAMILIER Rien. *La crise a réduit nos bénéfices À ZÉRO.* → **néant.** – *Il a LE MORAL À ZÉRO :* il est très déprimé. – *Il faut REPARTIR DE ZÉRO, À ZÉRO :* il faut tout recommencer après avoir échoué. *REPRENONS À ZÉRO :* recommençons depuis le début. **4.** *UN ZÉRO :* personne insignifiante, nulle. *Ce type est un vrai zéro,* il est nul, il ne sait rien faire. → **nullité.** **5.** Point de départ d'une mesure ou d'une évaluation. *La température est tombée à zéro (0°). Il fait dix degrés au-dessus de zéro (10°). Il fait trois degrés au-dessous de zéro (–3°) :* il fait moins trois. *Il est zéro heure :* il est minuit. *L'émission commence à zéro heure vingt (minutes),* à minuit vingt. **6.** Note la plus basse. *Il a eu zéro à son devoir de français. Le professeur lui a mis un zéro. Il n'a que des zéros.*

II. adjectif (avant le nom ou après le nom) **1.** (avant le nom) Aucun. *Il a fait zéro faute à sa dictée.* – STYLE FAMILIER *Ça m'a coûté zéro franc (zéro centime) :* ça ne m'a rien coûté du tout. **2.** (après le nom) Nul. *Le pays a atteint cette année la croissance zéro.*

ZESTE [zɛst] n. m. ▪ *UN ZESTE :* petit morceau d'écorce fraîche de citron, d'orange. *Le pâtissier a mis un zeste d'orange dans le gâteau au chocolat.*

FAUX AMI
grec **ζέστε** « chaleur »

REM. Ne pas confondre le *zeste* et la *rondelle* de citron.

ZEUS [dzøs] nom propre ▪ Dieu le plus important de la mythologie grecque, dieu de la Lumière, qui fait régner sur la Terre l'ordre et la justice. *Zeus a pour équivalent le dieu Jupiter de la mythologie romaine.*

ZÉZAIEMENT [zezɛmɑ̃] n. m. ▪ *LE ZÉZAIEMENT :* défaut de prononciation d'une personne qui zézaie. *Il a un léger zézaiement quand il parle.*

ZÉZAYER [zezeje] verbe [conjugaison 8b] ▪ Prononcer *z* [z] à la place de *j* [ʒ] ou prononcer *s* [s] à la place de *ch* [ʃ]. *La petite fille zézaie un peu.* → **zozoter.** *Parfois, nous zézayons quand nous sommes émus.*

REM. **1.** On peut dire *il zézaie* [zezɛ] ou *il zézaye* [zezɛj]. **2.** *Zézayer,* c'est *avoir un cheveu sur la langue.*

ZIBELINE [ziblin] n. f. ▪ *UNE ZIBELINE :* petit animal carnivore qui ressemble à la martre et qui est chassée pour sa fourrure, très réputée. *La zibeline vit en Sibérie et au Japon.* – *La vedette porte une longue cape DE ZIBELINE,* en fourrure de zibeline.

ZIEUTER [zjøte] verbe [conjugaison 1a] ▪ STYLE FAMILIER Jeter un coup d'œil pour regarder, observer. *Il zieute chez sa voisine avec une paire de jumelles.* → **lorgner.** – *Zieute un peu ça !* → STYLE FAMILIER **reluquer, viser.**

REM. On écrit aussi *zyeuter.*

ZIGOTO [zigɔto] n. m. ▪ STYLE FAMILIER *UN ZIGOTO :* individu, type. *Son frère est un drôle de zigoto.* → STYLE FAMILIER **zèbre.** *C'est une bande de zigotos.* – *Arrête de FAIRE LE ZIGOTO,* de faire le malin, l'intéressant.

ZIGOUILLER [ziguje] verbe [conjugaison 1a] ▪ STYLE FAMILIER Tuer. *Il a zigouillé un mec. Il s'est fait zigouiller par des voyous. Ils ont tous été zigouillés.*

ZIGZAG [zigzag] n. m. ▪ *UN ZIGZAG :* ligne formée de segments qui se succèdent en une suite d'angles aigus. *Les éclairs font de grands zigzags lumineux dans le ciel. La route fait des zigzags,* elle a de nombreux virages **(→ zigzaguer).** *Un chemin EN ZIGZAG monte au chalet.* → **lacet.**

ZIGZAGUER [zigzage] verbe [conjugaison 1b] ▪ Faire des zigzags, aller de travers. *Le chemin zigzague à travers la montagne. En sortant du café, l'ivrogne zigzaguait.*

ZINC [zɛ̃g] n. m. ▪ *LE ZINC* **1.** Métal dur d'un blanc bleuâtre, que l'on trouve dans la nature sous différentes formes. *Le toit de l'immeuble est recouvert de zinc. Le comptoir du café est en zinc.* **2.** STYLE FAMILIER Comptoir d'un café. *Il boit un café SUR LE ZINC,* au comptoir.

ZINZIN [zɛ̃zɛ̃] adj. invariable, n. m. et n. f. **1.** adjectif invariable (après le nom) Un peu fou, bizarre. *Sa copine est un peu zinzin.* → STYLE FAMILIER **cinglé, toqué.** *Il a une femme zinzin.* PLURIEL : *ils sont complètement zinzin de faire du bruit à cette heure-ci !* **2.** *UN ZINZIN, UNE ZINZIN :* personne un peu folle, bizarre. *On l'a enfermé chez les zinzins. Bande de zinzins !*

ZIP [zip] n. m. ▪ (nom déposé) *UN ZIP :* fermeture à glissière. *Son blouson est fermé par un grand zip.*

ZIPPÉ [zipe], **ZIPPÉE** [zipe] adj. (après le nom) ▪ (vêtement) Muni d'une fermeture à glissière, d'un zip. *Elle a une robe zippée de haut en bas. J'ai acheté des bottillons zippés.*

ZIZANIE [zizani] n. f. ▪ STYLE RECHERCHÉ *SEMER LA ZIZANIE :* faire naître la discorde, les disputes. *Il cherche à semer la zizanie entre les membres de l'équipe.* → **mésentente.**

ZIZI [zizi] n. m. ▪ STYLE FAMILIER *LE ZIZI :* pénis, en particulier de petit garçon. *Mon petit garçon apprend à tenir son zizi pour faire pipi. Cache ton zizi !*

ZOB [zɔb] n. m. ▪ STYLE FAMILIER *LE ZOB :* pénis.

ZODIAQUE [zɔdjak] n. m. ▪ *LE ZODIAQUE :* zone du ciel dans laquelle on voit le Soleil se déplacer au cours de l'année et qui est divisée en douze parties égales. *Il y a douze SIGNES DU ZODIAQUE,* douze figures qui correspondent aux étoiles qui occupent ces douze parties du ciel. *En astrologie, les signes du zodiaque président à la destinée de chacun et servent à établir les horoscopes.*

REM. Les signes du zodiaque sont : le Bélier, le Taureau, les Gémeaux, le Cancer, le Lion, la Vierge, la Balance, le Scorpion, le Sagittaire, le Capricorne, le Verseau et les Poissons.

ZONA [zona] n. m. ▪ *UN ZONA :* maladie due à un virus et caractérisée par une éruption de petites vésicules disposées sur le trajet des nerfs. *Il a un zona.*

ZONARD [zɔnaʀ] n. m., **ZONARDE** [zɔnaʀd] n. f. ▪ STYLE FAMILIER *UN ZONARD, UNE ZONARDE :* jeune qui vit dans une banlieue défavorisée, en marge de la société. *Une bande de zonards traîne dans les rues de la cité.*

ZONE [zon] n. f. ▪ *UNE ZONE* **1.** Chacune des cinq parties de la sphère terrestre, divisée selon les cercles polaires et les tropiques, et caractérisée par un climat particulier. *Il existe des zones polaires, des zones tempérées et des zones tropicales.* **2.** Partie d'une surface. → **région, secteur.** *La zone côtière du pays est très peuplée. Les chirurgiens ont opéré le malade dans la zone médiane du cerveau.* **3.** Portion de territoire. *En zone urbaine, la vitesse des véhicules est réglementée,* en ville, la vitesse est réglementée. *La zone industrielle est à l'extérieur de la ville. Nous avons acheté des parfums détaxés dans la ZONE FRANCHE de l'aéroport,* dans la partie de l'aéroport où l'on ne paie pas de droits de douane. **4.** *LA ZONE :* les banlieues pauvres, défavorisées. *C'est la zone, ici !* **(→ zonard).** **5.** *DE DEUXIÈME ZONE, DE TROISIÈME ZONE :* de second, de troisième ordre. *Vous n'êtes qu'un écrivain de deuxième zone !*

ZOO [zo] n. m. ▪ *UN ZOO :* jardin zoologique. *Les animaux du zoo vivent enfermés. Nous avons visité plusieurs zoos.*

REM. On prononce aussi [zoo].

ZOOLOGIE [zɔɔlɔʒi] n. f. ▪ *LA ZOOLOGIE :* branche de la biologie qui étudie les animaux. *L'ornithologie est une partie de la zoologie.*

ZOOLOGIQUE [zɔɔlɔʒik] adj. (après le nom) ▪ *JARDIN, PARC ZOOLOGIQUE :* parc où des animaux sont présentés dans des conditions qui rappellent leur vie en liberté. → **zoo.** *Ce jardin zoologique présente des animaux du monde entier.*

ZOOM [zum] n. m. ▪ *UN ZOOM :* objectif d'appareil photo ou de caméra qui permet des effets de rapprochement ou d'éloignement de ce que l'on veut photographier ou filmer. *Ce gros plan de fleur a été pris au zoom.*

ZOOPHILIE [zɔɔfili] n. f. ▪ *LA ZOOPHILIE :* trouble de la sexualité qui consiste à ressentir une attirance envers les animaux. *La zoophilie est une perversion.* → **bestialité.**

FAUX AMI
grec **ζωοφιλία** « amour des animaux »

ZOREILLE [zɔʀɛj] n. m., n. f. ▪ STYLE FAMILIER *UN ZOREILLE, UNE ZOREILLE :* aux Antilles, en Nouvelle-Calédonie et à la Réunion, personne de race blanche originaire de la métropole et installée depuis peu dans les départements et territoires d'outre-mer. *C'est une zoreille.*

REM. *Zoreille* vient du créole *bons oreilles* [bɔ̃zɔʀɛj], le *z* représentant la liaison.

ZOUAVE [zwav] n. m. ▪ *UN ZOUAVE* **1.** Autrefois, soldat algérien de l'armée française d'Algérie. *Les zouaves portaient des culottes bouffantes rouges.* **2.** STYLE FAMILIER *FAIRE LE ZOUAVE :* faire le malin, le pitre. *Arrête un peu de faire le zouave !*

ZOZOTER [zɔzɔte] verbe [conjugaison 1a] ▪ STYLE FAMILIER Zézayer. *Mon petit garçon zozote un peu.*

ZURICH [zyʀik] nom propre – en allemand **ZÜRICH** ▪ Ville de Suisse alémanique. *Cet avion va à Zurich. Ils reviennent de Zurich.*

ZURICHOIS [zyʀikwa] adj. et n. m., **ZURICHOISE** [zyʀikwaz] adj. et n. f. **1.** adjectif (après le nom) De la ville suisse de Zurich. *L'industrie zurichoise est prospère.* **2.** *UN ZURICHOIS, UNE ZURICHOISE :* une personne née à Zurich ou qui vit dans cette ville. *Les Zurichois sont des Suisses alémaniques.*

ZUT ! [zyt] interjection ▪ Mot qui exprime le dépit, l'agacement ou la colère. → **flûte, mince.** *Ah !, zut alors, j'ai oublié mon porte-monnaie chez moi ! Et puis, zut à la fin, tu m'ennuies !*

ANNEXES

LES FAUX AMIS

ALLEMAND

ALLEMAND		FAUX AMI FRANÇAIS
Ampel «feu tricolore»	≠	**ampoule** «Glühbirne»
Antiquar «bouquiniste»	≠	**antiquaire** «Antiquitätenhändler»
Apartment «studio»	≠	**appartement** «Wohnung»
Aspekt «position d'un astre»	≠	**aspect** «Aussehen»
Baiser «meringue»	≠	**baiser** «Kuss»
Ballon «montgolfière»	≠	**ballon** «Ball»
blamieren «ridiculiser»	≠	**blâmer** «tadeln»
Bluse «chemisier»	≠	**blouse** «Kittel»
Bungalow «luxueuse villa de plain-pied»	≠	**bungalow** «einfaches Ferienhaus»
Büro seulement «bureau (pièce)»	≠	**bureau** «Büro» et «Schreibtisch»
Camera «appareil photo»	≠	**caméra** «Filmcamera»
Chaise «diligence»	≠	**chaise** «Stuhl»
Chaiselongue «divan»	≠	**chaise longue** «Liegestuhl»
Chamois «couleur beige foncé»	≠	**chamois** «Gemse»

ALLEMAND		FAUX AMI FRANÇAIS
Champignon «champignon de Paris»	≠	**champignon** «Pilz»
Chance «chance, possibilité»	≠	**chance** «Glück»
Chaussee «grand-route»	≠	**chaussée** «Fahrstraße»
Chicorée «endive»	≠	**chicorée** «Endivie»
Clou «summum»	≠	**clou** «Nagel»
Daten «données informatiques»	≠	**date** «Datum»
Decor «solennité»	≠	**décor** «Bühnenbild»
Demonstration «manifestation de rue»	≠	**démonstration** «Beweisführung»
Dirigent «chef d'orchestre»	≠	**dirigeant** «Leiter»
Dom «cathédrale»	≠	**dôme** «Kuppel»
Etat «budget»	≠	**État** «Staat»
Exterieur «aspect d'un cheval»	≠	**extérieur** «Äussere»
Fagott «basson»	≠	**fagot** «Reisigbündel»

ALLEMAND		FAUX AMI FRANÇAIS
fastuos « extravagant »	≠	**fastueux** « prunkvoll »
fatal « désagréable »	≠	**fatal** « verhängnisvoll »
Figur « figure géométrique, silhouette »	≠	**figure** (visage) « Gesicht »
Flair « ambiance »	≠	**flair** « Spürsinn »
Folie « feuille, film »	≠	**folie** « Wahnsinn »
frisiert (fam.) « trafiqué »	≠	**frisé** « kraus, lockig »
Garage « garage (parking) »	≠	**garage** (atelier mécanique) « Autowerkstatt »
Glas « verre pour boire »	≠	**glace** « Eis »
groß « grand »	≠	**gros** « dick »
Gymnasium « lycée »	≠	**gymnase** « Turnhalle »
indiskutabel « hors de propos »	≠	**indiscutable** « unbestreitbar »
Jalousie « store »	≠	**jalousie** « Eifersucht »
Kajüte « cabine de bateau »	≠	**cahute** « Hütte, Bude »
Kampagne « campagne électorale »	≠	**campagne** « Land »
Karawane « caravane (désert) »	≠	**caravane** « Wohnwagen »
Kavalier « homme galant »	≠	**cavalier** « Reiter »
Klause « cellule d'un monastère »	≠	**clause** « Klausel »
Klavier « piano »	≠	**clavier** « Tastatur »
Koffer « valise »	≠	**coffre** (d'auto) « Kofferraum »
komisch « bizarre »	≠	**comique** « lustig »
Kompass « boussole »	≠	**compas** « Zirkel »
Konkurs « faillite »	≠	**concours** « Wettbewerb »
Koteletten « favoris »	≠	**côtelette** « Kotelett »
kujonieren « embêter »	≠	**couillonner** « reinlegen »
Kuvert « enveloppe »	≠	**couvert** (n.) « Gedeck »
leger « insouciant »	≠	**léger** « leicht »
Leutnant « sous-lieutenant »	≠	**lieutenant** « Oberleutnant »
Markise « store »	≠	**marquise** « Marquise »
Mätresse « maîtresse (amante) »	≠	**maîtresse** (d'école) « Lehrerin »
Messe « foire »	≠	**messe** « Gottesdienst »
Militär « armée »	≠	**militaire** « Soldat »
modisch « à la mode »	≠	**modique** « niedrig »
originell « original »	≠	**originel** *(péché originel)* « Erbsünde »
Panier « bannière, drapeau »	≠	**panier** « Korb »
paradox « paradoxal »	≠	**paradoxe** « Paradoxon »
Parole « mot de passe ; mot d'ordre »	≠	**parole** « Wort »
Parterre « rez-de-chaussée »	≠	**parterre** « Blumenbeet »
partout « à tout prix »	≠	**partout** « überall »
passabel « correct »	≠	**passable** « mittelmäßig »
Pate « parrain »	≠	**pâte** « Teig »

ALLEMAND		FAUX AMI FRANÇAIS
Patron «saint patron»	≠	**patron** «Chef, Arbeitgeber»
Pein «torture, supplice»	≠	**peine** «Mühe»
Pelle «pelure»	≠	**pelle** «Schaufel»
Perron «quai (de gare), plateforme (de tramway)»	≠	**perron** «Freitreppe»
Plage «plaie, fléau»	≠	**plage** «Strand»
Plumeau «édredon»	≠	**plumeau** «Staubwedel»
Portefeuille «portefeuille ministériel»	≠	**portefeuille** «Brieftasche»
poussieren «faire la cour»	≠	**pousser** «rücken, vorantreiben»
Praktikant «stagiaire»	≠	**pratiquant** «Kirchgänger»
präparieren «naturaliser, conserver»	≠	**préparer** «vorbereiten»
Pute «dinde»	≠	**putain** «Hure»
quittieren «acquitter une facture»	≠	**quitter** «verlassen»
Rakete «fusée, missile»	≠	**raquette** «Schläger»
Rat «conseil»	≠	**rat** «Ratte»
Regal «étagère»	≠	**régal** «Festessen»
Rendezvous «rendez-vous amoureux»	≠	**rendez-vous** «Termin»
repassieren «remmailler»	≠	**repasser** «bügeln»
Revirement «mouvement diplomatique»	≠	**revirement** «Umschwung»

ALLEMAND		FAUX AMI FRANÇAIS
Rezept aussi «ordonnance médicale»	≠	**recette** «Rezept ; Einnahmen»
rossen «réclamer l'étalon (jument)»	≠	**rosser** «prügeln»
Route seulement «itinéraire»	≠	**route** «Straße»
Saison «saison théâtrale ou hôtelière»	≠	**saison** «Jahreszeit»
salopp «négligé, nonchalant»	≠	**salope** «Schlampe»
sortieren «trier»	≠	**sortir** «ausgehen»
soupieren «souper»	≠	**soupirer** «seufzen»
Spektakel «tapage, vacarme»	≠	**spectacle** «Schauspiel»
subaltern «mesquin»	≠	**subalterne** «untergeordnet»
Tablette «cachet, comprimé»	≠	**tablette** «Brett»
Tank «réservoir»	≠	**tank** «Panzer»
Tee «tisane»	≠	**thé** «schwarzer Tee»
Terrine «soupe»	≠	**terrine** «Fleischpastete»
Trakt «aile (d'un bâtiment)»	≠	**tract** «Flugblatt»
Tresor «coffre-fort»	≠	**trésor** «Schatz»
Tresse «galon militaire»	≠	**tresse** «Zopf»
Trikot *(gelbes Trikot)* «maillot (jaune)»	≠	**tricot** «Strickzeug»
Volontär «stagiaire»	≠	**volontaire** (n.) «Freiwilliger»
Weste «gilet sans manches»	≠	**veste** «Jacke»

ANGLAIS

ANGLAIS		FAUX AMI FRANÇAIS
ability «capacité»	≠	**habileté** «skill»
to abuse «maltraiter, insulter»	≠	**abuser** «to take advantage of someone»
abusive «grossier»	≠	**abusif** «excessive»
academic surtout «universitaire, scolaire»	≠	**académique** «academic»
to accommodate «loger»	≠	**accomoder** «to prepare»
to achieve «réaliser»	≠	**achever** «to finish»
actual «réel»	≠	**actuel** «current, present»
actually «en fait, à vrai dire»	≠	**actuellement** «currently, at present, now»
advertisement «annonce publicitaire»	≠	**avertissement** «warning»
affluence «richesse»	≠	**affluence** «rush, crowds»
agenda «ordre du jour»	≠	**agenda** «diary»
to agree «être d'accord»	≠	**agréer** «to approve by an official body»
allure «attrait»	≠	**allure** «pace, speed»
ancient «très âgé, antique»	≠	**ancien** «former ; old»
anniversary «anniversaire de mariage»	≠	**anniversaire** «birthday»
antique «meuble ancien»	≠	**antique** (adj.) «ancient»
attempt «essai»	≠	**attente** «expectation ; wait»
to attend «assister à»	≠	**attendre** «to wait»
to attire «habiller»	≠	**attirer** «to attract»
baby «enfant (garçon ou fille)»	≠	**bébé** «infant»
back «dos»	≠	**bac** «A-levels ; tub, vat»
balance «équilibre»	≠	**balance** «scale»
ball «ballon, balle»	≠	**balle** «bullet ; small ball»
ballad «ballade, poème»	≠	**balade** «walk»
band «orchestre»	≠	**bande** «gang»
bank aussi «rive»	≠	**banque** «bank»
benefits «avantages»	≠	**bénéfices** «profits»
beverage «boisson non alcoolisée»	≠	**breuvage** «potion»
blind «aveugle»	≠	**blindé** «armoured (GB), armored (US)»
box «boîte»	≠	**boxe** «boxing»
bra «soutien-gorge»	≠	**bras** «arm»
brassière «soutien-gorge»	≠	**brassière** «vest, undershirt»
broom «balai»	≠	**brume** «fog, mist»
camera aussi «appareil photo»	≠	**caméra** «camera»
car «voiture»	≠	**car** «coach (GB), bus (US)»
cart «charrette»	≠	**carte** «card»

ANGLAIS		FAUX AMI FRANÇAIS
caution «prudence»	≠	**caution** «deposit ; guarantee»
cave «grotte»	≠	**cave** «cellar»
chair «chaise»	≠	**chair** «flesh ; meat»
chance «hasard»	≠	**chance** «luck»
character «personnage»	≠	**caractère** «personality, character»
to charge «faire payer»	≠	**charger** «to load»
college «université»	≠	**collège** «secondary school, junior high school»
comedian «un, une comique»	≠	**comédien** «actor»
comic «bande dessinée»	≠	**comique** (n.) «comedian»
command «ordre»	≠	**commande** «order»
to command «avoir le commandement d'un régiment»	≠	**commander** «to order (a product)»
comprehensive «complet, détaillé»	≠	**compréhensif** «understanding»
conductor «contrôleur»	≠	**conducteur** «driver»
conference «congrès»	≠	**conférence** «lecture»
confidence aussi «confiance»	≠	**confidence** «confidence ; little secret»
confident «sûr de soi»	≠	**confident** «close friend»
confused «(personne) qui ne comprend pas»	≠	**confus** «embarrassed»
to control «avoir la direction, la maîtrise de»	≠	**contrôler** «to check, to verify»

ANGLAIS		FAUX AMI FRANÇAIS
copy «exemplaire»	≠	**copie** «reproduction»
to cry «pleurer»	≠	**crier** «to shout, to scream»
currently «actuellement»	≠	**couramment** «fluently»
date aussi «rendez-vous amoureux»	≠	**date** «date»
deception «tromperie»	≠	**déception** «disappointment»
to deliver «livrer»	≠	**délivrer** «to liberate»
to demand «exiger»	≠	**demander** «to request, to ask for»
demonstration aussi «manifestation de rue»	≠	**démonstration** «demonstration, proof»
demure «discret, modeste»	≠	**demeure** «residence»
dent «bosse (sur du métal)»	≠	**dent** «tooth»
to diffuse «diffuser»	≠	**diffuser** «to disseminate»
dramatic «théâtral, spectaculaire»	≠	**dramatique** «tragic, disastrous»
drugstore «pharmacie»	≠	**droguerie** «hardware shop»
to edit «relire ; diriger (une publication)»	≠	**éditer** «to publish»
education «les études»	≠	**éducation** «upbringing»
elevator aussi «ascenseur»	≠	**élévateur** «elevator»
engaged «fiancé(e) ; occupée (ligne téléphonique)»	≠	**engagé, ée** (adj.) «politically committed»
engaged «fiancé(e)»	≠	**engagé, ée** (n.) «enlisted man/woman»

ANGLAIS		FAUX AMI FRANÇAIS
enterprise « esprit d'entreprise »	≠	**entreprise** « company, firm »
to entertain « amuser, distraire »	≠	**entretenir** « to maintain, to converse »
entertainment « amusement, distraction »	≠	**entraînement** « training »
entertainment « amusement, distraction »	≠	**entretien** « upkeep, maintenance ; interview »
to evade « esquiver, éluder »	≠	**s'évader** « to escape »
eventually « finalement »	≠	**éventuellement** « possibly, perhaps »
evidence « preuve »	≠	**évidence** « something obvious »
evidently « apparemment »	≠	**évidemment** « obviously »
excuse « prétexte »	≠	**excuse** « apology »
to excuse « pardonner, dispenser de, excuser qqn »	≠	**excuser** (s') « to apologise (GB), to apologize (US) »
exhibition « exposition »	≠	**exhibition** « showing off ; show »
experience « expérience »	≠	**expérience** « experiment, experience »
experimented « qui a été essayé »	≠	**expérimenté** « experienced »
extra « supplémentaire »	≠	**extra** « great, fab »
face « visage, figure »	≠	**face** « side »
faculty « personnel enseignant »	≠	**faculté** « college, university »
fast « rapide »	≠	**faste** « lucky, prosperous »

ANGLAIS		FAUX AMI FRANÇAIS
fastidious « méticuleux »	≠	**fastidieux** « tiresome »
fault « défaut »	≠	**faute** « mistake, error »
figure « silhouette, chiffre »	≠	**figure** « face »
flair « talent »	≠	**flair** « sense of smell ; intuition, nose »
fool « fou (n.) »	≠	**foule** « crowd »
footing « équilibre sur un pied »	≠	**footing** « a run »
formation « formation »	≠	**formation** « training »
front « le devant »	≠	**front** « forehead »
furniture « meubles »	≠	**fournitures** « supplies »
gas (US) « essence »	≠	**gaz** « natural gas »
gentle « doux »	≠	**gentil** « nice, kind »
grapes « raisin »	≠	**grappe** « cluster, bunch »
grief « chagrin »	≠	**grief** « grievance »
grip « prise »	≠	**grippe** « flu »
hate « haine »	≠	**hâte** « haste »
hazard « danger »	≠	**hasard** « chance »
to hurl « lancer »	≠	**hurler** « to scream, to yell »
incoherent « incompréhensible »	≠	**incohérent** « inconsistent, confusing »
inconvenient « incommode »	≠	**inconvénient** « disadvantage »

ANGLAIS		FAUX AMI FRANÇAIS	
infancy «petite enfance, période où l'on est un bébé»	≠	**enfance** «childhood»	
infant «bébé»	≠	**enfant** «child»	
to injure «blesser»	≠	**injurier** «to insult»	
injury «blessure»	≠	**injure** «insult»	
journal «revue»	≠	**journal** «newspaper»	
journey «voyage»	≠	**journée** «day»	
labour «travail»	≠	**labour** «ploughing (GB), plowing (US)»	
large «grand»	≠	**large** «wide»	
to leave «quitter»	≠	**lever** «to lift, to raise»	
lecture «conférence»	≠	**lecture** «reading»	
lemon «citron»	≠	**limon** «alluvium»	
librarian «bibliothécaire»	≠	**libraire** «book seller»	
library «bibliothèque»	≠	**librairie** «book shop (GB), book store (US)»	
lifting «action de soulever»	≠	**lifting** «face-lift»	
lit «allumé»	≠	**lit** «bed»	
location «situation, emplacement»	≠	**location** «renting, lease»	
look «regard, coup d'œil»	≠	**look** «image, allure»	
loop «boucle»	≠	**loupe** «magnifying glass»	

ANGLAIS		FAUX AMI FRANÇAIS
manger «mangeoire»	≠	**manger** «to eat»
to march «marcher au pas (soldats)»	≠	**marcher** «to walk»
mare «jument»	≠	**mare** «pond»
mat «paillasson»	≠	**mat** «checkmate»
mechanic «mécanicien»	≠	**mécanique** (n. f.) «mechanics»
medicine aussi «médicament»	≠	**médecine** «medicine»
mess «désordre»	≠	**messe** «mass»
minus «moins (soustraction) ; sans ; négatif»	≠	**minus** «dead loss, washout»
miserable «malheureux, triste»	≠	**misérable** «very poor»
misery «souffrance»	≠	**misère** «extreme poverty»
money «argent»	≠	**monnaie** «change»
monitor «écran de télévision, d'ordinateur»	≠	**moniteur** «instructor, camp counselor»
nervous *(to be nervous)* «avoir le trac»	≠	**nerveux** «irritable, jumpy»
novel «roman»	≠	**nouvelle** «short story»
occasion «l'occasion»	≠	**d'occasion** «second-hand, used»
once «une fois»	≠	**once** «ounce»
outrage «indignation»	≠	**outrage** «insult»
pain «douleur»	≠	**pain** «bread»

ANGLAIS		FAUX AMI FRANÇAIS
pain «douleur»	≠	**peine** «sorrow, sadness»
pan «casserole»	≠	**pan** «piece, tail, side»
parking «stationnement»	≠	**parking** «car park, parking lot»
partition «séparation»	≠	**partition** «musical score»
to pass *(to pass an exam)* «être reçu à un examen»	≠	**passer** *(passer un examen)* «to sit an exam (GB), to take an exam (US)»
petrol (GB) «essence»	≠	**pétrole** «oil, petroleum»
pharmacy «activité du pharmacien»	≠	**pharmacie** «chemist's»
phrase «expression, locution»	≠	**phrase** «sentence»
physician «médecin»	≠	**physicien** «physicist»
to pick «choisir»	≠	**piquer** «to sting, to bite»
popular aussi «célèbre ; sympathique»	≠	**populaire** «common»
to practice «répéter»	≠	**pratiquer** *(pratiquer un sport)* «to do/ to play a sport»
prejudice «préjugé»	≠	**préjudice** «harm, damage, loss»
preservative «produit pour conserver les aliments»	≠	**préservatif** «condom»
to pretend «faire semblant»	≠	**prétendre** «to claim»
to prevent «empêcher, éviter»	≠	**prévenir** «to warn, to tell»

ANGLAIS		FAUX AMI FRANÇAIS
prime «apogée (à son apogée)»	≠	**prime** «bonus»
process «procédure»	≠	**procès** «trial (in court)»
proper «correct»	≠	**propre** «clean»
properly «correctement, comme il faut»	≠	**proprement** «cleanly»
prune «pruneau»	≠	**prune** «plum»
purple «violet»	≠	**pourpre** «crimson»
to quit «cesser de, démissionner»	≠	**quitter** «to leave»
raisin «raisin sec»	≠	**raisin** «grape»
to rape «violer»	≠	**râper** «to grate (cheese)»
rate «vitesse ; taux, tarif»	≠	**rate** «spleen»
to realize «se rendre compte de»	≠	**réaliser** «to make, to achieve»
to recover «retrouver la santé, se rétablir»	≠	**recouvrir** «to cover»
refuse «déchets, ordures»	≠	**refus** «refusal»
to regard «considérer»	≠	**regarder** «to look at»
to relieve «soulager»	≠	**relever** «to raise»
to remark «mentionner»	≠	**remarquer** «to notice»
to rest «se reposer»	≠	**rester** «to stay»
résumé «curriculum vitæ»	≠	**résumé** «summary»
to resume «recommencer»	≠	**résumer** «to summarize»

ANGLAIS		FAUX AMI FRANÇAIS
to retire «prendre sa retraite»	≠	**retirer** «to remove ; to withdraw»
robe «robe de chambre»	≠	**robe** «dress»
rot «pourriture»	≠	**rot** «burp»
to rot «pourrir»	≠	**roter** «to burp»
rude «impoli, grossier»	≠	**rude** «rough, hard»
scallop «coquille Saint-Jacques»	≠	**escalope** «escalope»
scandal aussi «ragot, médisance»	≠	**scandale** «scandal ; scene, fuss»
sensible «qui a du bon sens, sensé»	≠	**sensible** «sensitive»
slip «combinaison, jupon ; glissade»	≠	**slip** «underpants»
smoking «action de fumer»	≠	**smoking** «dinner jacket, tuxedo»
society «société»	≠	**société** «company, firm»
son «fils»	≠	**son** «sound»
spectacles «lunettes»	≠	**spectacle** «show»
stage «scène de théâtre»	≠	**stage** «internship, training course, work placement»
station «gare»	≠	**station** «resort»
summary «résumé»	≠	**sommaire** «table of contents»
to support «soutenir»	≠	**supporter** «to bear, to stand, to put up with»
to survey «examiner»	≠	**surveiller** «to supervise»

ANGLAIS		FAUX AMI FRANÇAIS
sympathetic «compatissant»	≠	**sympathique** «nice, friendly»
tape «ruban, bande»	≠	**tape** «slap»
taxes (US) «impôt»	≠	**taxe** «tax, duty»
touchy «susceptible»	≠	**touché** «moved»
tour «voyage, circuit»	≠	**tour** «stroll ; turn»
trivial «banal»	≠	**trivial** «coarse, crude»
truck «camion»	≠	**truc** «way ; trick»
tube «métro»	≠	**tube** «pipe»
umbrella «parapluie»	≠	**ombrelle** «parasol, sunshade»
unique «incomparable»	≠	**unique** «only, single»
to use «utiliser qqch.»	≠	**user** «to wear out»
used «d'occasion»	≠	**usé** «worn out»
valid «valable»	≠	**valide** «fit, well»
vegetable aussi «légume»	≠	**végétal** (n.) «vegetable, plant»
venue «lieu de rencontre»	≠	**venue** «visit»
verse «strophe»	≠	**vers** «line»
vest «maillot de corps (GB), gilet sans manche (US)»	≠	**veste** «jacket»
volunteer aussi «bénévole»	≠	**volontaire** «willing»
wagon «chariot»	≠	**wagon** «carriage, car»

DANOIS

DANOIS		FAUX AMI FRANÇAIS
akademiker «personne qui possède un diplôme universitaire»	≠	**académicien** «medlem af et akademi»
akkord «rémunération au rendement»	≠	**accord** «aftale, enighed»
avis «journal»	≠	**avis** «anskuelse, mening, skøn»
causere «présenter une affaire»	≠	**causer** «snakke, tale»
effektiv «efficace»	≠	**effectif** «virkelig, reel»
faktisk «réel»	≠	**factice** «kunstig»
fromage «mousse (dessert)»	≠	**fromage** «ost»
genert «timide»	≠	**gêné** «besværet, ubehageligt berørt»
gymnasium «lycée»	≠	**gymnase** «gymnastiksal»
journal «dossier d'un malade»	≠	**journal** «avis, dagbog»
kolonial «épicerie»	≠	**colonial** «koloniboer (adjektiv : kolonial, fra kolonierne)»
kujon «personne sans courage»	≠	**couillon** (n.) «idiot, fjols»
personage «individu douteux»	≠	**personnage** «person, rolle, figur»
professor «universitaire»	≠	**professeur** «professor, lektor, underviser i videregående skole»
punktere «crever (une roue)»	≠	**ponctuer** «understrege, markere»
rabat «bas-côté, platebande»	≠	**rabat** «klapjagt, krave, ombukket del»
respons «écho, réaction»	≠	**réponse** «svar»
vest «gilet sans manches»	≠	**veste** «jakke»

ESPAGNOL

ESPAGNOL		FAUX AMI FRANÇAIS
aclarar « éclaircir »	≠	**éclairer** « alumbrar »
acordarse « se rappeler »	≠	**accorder** (s') « concordarse, ponerse de acuerdo »
acostar « coucher, allonger »	≠	**accoster** « abordar »
afamado « renommé, célèbre »	≠	**affamé** « hambriento »
aferrado « obstiné »	≠	**affairé** « atareado »
agregado « attaché d'ambassade »	≠	**agrégé** « catedrático »
alguno « quelque »	≠	**aucun** « ningún »
aliñar « assaisonner »	≠	**aligner** « alinear »
ampararse « se protéger »	≠	**s'emparer** « adueñarse »
aparentar « paraître »	≠	**apparenté** (à) « emparentado (con) »
apelar « faire appel, recourir à »	≠	**appeler** « llamar »
aportar « fournir »	≠	**apporter** « llevar, traer »
arete « petit anneau »	≠	**arête** « arista, espina »
asomar « apparaître, laisser voir »	≠	**assommer** « atontar, aturdir, dejar inconsciente de un golpe »
atender « s'occuper de »	≠	**attendre** « esperar »
avalar « valider »	≠	**avaler** « tragar »
avisar « avertir »	≠	**aviser** « pensar, reflexionar »

ESPAGNOL		FAUX AMI FRANÇAIS
bache « trou d'une chaussée, d'une route »	≠	**bâche** « lona »
bailar « danser »	≠	**bâiller** « bostezar »
betún « cirage, bitume »	≠	**béton** « hormigón »
bombón « chocolat »	≠	**bonbon** « caramelo »
bufete « étude, cabinet »	≠	**buffet** « aparador »
burro « âne »	≠	**bourreau** « verdugo »
cachear « fouiller »	≠	**cacher** « esconder »
campo « campagne »	≠	**camp** « campamento »
cancelar « annuler »	≠	**chanceler** « tambalearse »
carné « carte »	≠	**carnet** « talonario »
carro « chariot, voiture »	≠	**carreau** « cristal, baldosa »
carta « lettre »	≠	**carte** « postal, mapa, tarjeta »
casa « maison »	≠	**case** « casilla »
casar « marier »	≠	**caser** « colocar »
casar « marier »	≠	**casser** « romper »
cerrar « fermer »	≠	**serrer** « apretar »
chance « occasion »	≠	**chance** « suerte »
chato « verre de vin »	≠	**chat** « gato »
cigala « langoustine »	≠	**cigale** « cigarra »

ESPAGNOL		FAUX AMI FRANÇAIS
cimiento «origine, fondement»	≠	**ciment** «cemento»
cintura «taille d'une personne»	≠	**ceinture** «cinturón»
col «chou»	≠	**col** «cuello»
concurrencia «affluence»	≠	**concurrence** «competencia»
constipado «enrhumé»	≠	**constipé** «extreñido»
consumar «consommer»	≠	**se consumer** «consumirse»
contestar «répondre»	≠	**contester** «cuestionar»
costumbre «coutume»	≠	**costume** «traje»
cuestión «affaire»	≠	**question** «pregunta»
criar «élever (un enfant)»	≠	**crier** «gritar»
dato «donnée»	≠	**date** «fecha»
demorar «retarder»	≠	**demeurer** «permanecer»
deparar «fournir, procurer»	≠	**déparer** «afear»
departamento «compartiment ; rayon ; service»	≠	**département** «provincia»
despensa «garde-manger, cellier»	≠	**dépense** «gasto»
desposar «épouser»	≠	**déposer** «depositar»
despreciar «mépriser»	≠	**déprécier** «desvalorizar»
después «après»	≠	**depuis** «desde, desde hace»
desvelar «empêcher de dormir»	≠	**dévoiler** «revelar»

ESPAGNOL		FAUX AMI FRANÇAIS
discurrir «couler, passer»	≠	**discourir** «disertar, extenderse hablando»
disgustar «contrarier, déplaire»	≠	**déguster** «saborear»
divisar «apercevoir»	≠	**diviser** «dividir»
dolencia «maladie»	≠	**doléances** «quejas»
donar «faire don de»	≠	**donner** «dar»
embarazo «grossesse»	≠	**embarras** «aprieto, confusión»
empresa «entreprise»	≠	**emprise** «dominio, influencia»
enervamiento «abattement, faiblesse»	≠	**énervement** «exasperación»
enfermar «tomber malade»	≠	**enfermer** «encerrar»
engrasar «graisser»	≠	**engraisser** «cebar»
entender «comprendre»	≠	**entendre** «oír, querer decir»
enterado «informé, au courant»	≠	**enterré** «enterrado»
entretener «amuser, distraire»	≠	**entretenir** «mantener ; conversar»
entretenimiento «amusement, distraction»	≠	**entretien** «mantenimiento ; conversación, entrevista»
ensayar «répéter»	≠	**essayer** «probar»
enviar «envoyer»	≠	**envier** «envidiar»
equipaje «bagages»	≠	**équipage** «tripulación»
escenario «scène»	≠	**scénario** «guión»

ESPAGNOL		FAUX AMI FRANÇAIS
exprimir «presser (un citron)»	≠	**exprimer** «expresar»
farsante «imposteur»	≠	**farceur** «bromista»
favor «service»	≠	**faveur** «trato preferente»
fiel «fidèle»	≠	**fiel** (n.) «hiel»
fiera «sauvage»	≠	**fière** (f.) «orgullosa»
figura «silhouette»	≠	**figure** «cara»
firma «signature»	≠	**firme** «entidad»
flema «flegme»	≠	**flemme** «pereza»
forastero «étranger»	≠	**forestier** «forestal»
formalizar «légaliser, régulariser»	≠	**se formaliser** «ofenderse»
fracaso «échec»	≠	**fracas** «estruendo»
gafas «lunettes»	≠	**gaffe** (fam.) «metedura de pata (fam.)»
gato «chat»	≠	**gâteau** «pastel»
gorda «grosse (f.)»	≠	**gourde** «cantimplora»
granja «ferme»	≠	**grange** «granero»
grapa «agrafe»	≠	**grappe** «racimo»
grifo «robinet»	≠	**griffe** «garra, zarpa»
grillo «grillon»	≠	**grille** «reja, verja»
gustar «plaire»	≠	**goûter** «probar, merendar»

ESPAGNOL		FAUX AMI FRANÇAIS
habitación «chambre»	≠	**habitation** «vivienda»
hablador «bavard»	≠	**hâbleur** «fanfarrón»
hachar «couper à la hache»	≠	**hacher** «picar»
hombro «épaule»	≠	**ombre** «sombra»
hornear «cuire au four»	≠	**orner** «adornar»
incesantemente «sans cesse»	≠	**incessamment** «inmediatamente»
índice «index»	≠	**indice** «indicio»
infante «infant»	≠	**enfant** «niño»
inquieto «agité»	≠	**inquiet** «preocupado»
inversión «investissement»	≠	**inversion** «inversión»
jornal «journée»	≠	**journal** «periódico, diario»
jubilacíon «retraite»	≠	**jubilation** «júbilo»
jubilar «mettre à la retraite»	≠	**jubiler** «regocijarse»
labor «travail»	≠	**labour** «labranza»
largo «long»	≠	**large** «ancho»
lata «boîte de conserve»	≠	**latte** «tablón»
legumbre seulement «légume sec»	≠	**légume** «verdura»
lente «lentille»	≠	**lente** «lenta»
letra «écriture, calligraphie»	≠	**lettre** «carta»

ESPAGNOL		FAUX AMI FRANÇAIS
libra «livre (n. f.)»	≠	**libre** «libre»
librar «libérer»	≠	**livrer** «entregar»
libro «livre (n. m.)»	≠	**libre** «libre»
lio «embrouille»	≠	**lien** «atadura, vínculo»
lobo «loup»	≠	**lobe** «lóbulo»
lucido «brillant»	≠	**lucide** «lúcido»
luto «deuil»	≠	**lutte** «lucha»
llama «flamme»	≠	**lame** «hoja, lámina»
llevar «emmener, transporter»	≠	**lever** «levantar ; subir»
maestra seulement «institutrice»	≠	**maîtresse** «maestra ; amante, ama (de casa)»
malla «filet, maille»	≠	**malle** «baúl»
mancha «tache»	≠	**manche** «manga»
mantener «entretenir»	≠	**maintenir** «sostener»
marear «donner la nausée ; harceler»	≠	**marier** «casar»
mascar «mâcher»	≠	**masquer** «enmascarar, tapar»
masón «franc-maçon»	≠	**maçon** «albañil»
matar «tuer»	≠	**mater** «someter, dominar»
millar «millier»	≠	**milliard** «mil millones»
misa «messe»	≠	**mise** «apuesta»

ESPAGNOL		FAUX AMI FRANÇAIS
mito «mythe»	≠	**mite** «polilla»
moroso «retardataire»	≠	**morose** «taciturno»
mula «mule»	≠	**moule** «mejillón»
muleta «béquille»	≠	**mulet** «mulo»
nabo «navet»	≠	**nabot** «enano»
nata «crème»	≠	**natte** «trenza»
nombre «nom»	≠	**nombre** «número, cantidad»
notar «sentir»	≠	**noter** «anotar»
noticia «nouvelle»	≠	**notice** «folleto explicativo»
obsequio «cadeau»	≠	**obsèques** «exequias»
oficio «métier»	≠	**office** «delegación»
ofuscar «aveugler»	≠	**offusquer** «disgustar»
ofuscarse «se troubler»	≠	**offusquer** (s') «ofenderse, disgustarse»
once «onze»	≠	**once** «onza»
ordenanza «employé de bureau»	≠	**ordonnance** «prescripción, receta»
paisano «civil, compatriote»	≠	**paysan** «campesino»
palabra «mot»	≠	**palabres** «palabrerías»
para «pour»	≠	**par** «por»
parada «arrêt»	≠	**parade** «desfile»
parar «arrêter, stopper»	≠	**parer** «decorar, precaverse»

ESPAGNOL		FAUX AMI FRANÇAIS
parir «accoucher»	≠	**parier** «apostar»
partir «partager»	≠	**partir** «irse»
pata (f.) «cane»	≠	**pâte** «masa, pasta»
pelicula «film (spectacle)»	≠	**pellicule** «carrete»
pelota «balle, ballon»	≠	**pelote** «madeja»
pensamiento «pensée»	≠	**pansement** «venda»
pepino «concombre»	≠	**pépin** «pepita»
pisar «marcher sur, écraser»	≠	**pisser** (fam.) «mear (fam.)»
pisto «ratatouille»	≠	**piste** «pista»
plancha «fer à repasser»	≠	**planche** «tabla»
plátano aussi «banane ; bananier»	≠	**platane** «plátano»
portarse «se comporter»	≠	**porter** (se) «encontrarse (bien o mal), presentarse»
porte «port, allure»	≠	**porte** «puerta»
poste «poteau»	≠	**poste** «aparato, puesto, correos»
potencia «puissance»	≠	**potence** «horca»
prender «attacher ; arrêter ; allumer»	≠	**prendre** «coger, tomar»
presa «proie»	≠	**prise** «toma ; conexión»
prima «cousine»	≠	**prime** «bonificación»
primor «délicatesse ; merveille»	≠	**primeurs** «frutos tempranos»

ESPAGNOL		FAUX AMI FRANÇAIS
príncipe «prince»	≠	**principe** «principio»
prisa «hâte»	≠	**prise** «enchufe, toma»
proceso «processus»	≠	**procès** «juicio, proceso»
querella «plainte»	≠	**querelle** «disputa, pelea»
quitar «enlever»	≠	**quitter** «dejar, abandonar»
rabo «queue»	≠	**rabot** «cepillo»
rama «branche»	≠	**rame** «remo»
rapar «raser, tondre»	≠	**râper** «rallar»
rata «rat»	≠	**rate** «bazo»
rato «moment»	≠	**râteau** «rastrillo»
recelar «se méfier, soupçonner»	≠	**receler** «encerrar, encubrir, ocultar»
refrán «proverbe»	≠	**refrain** «estribillo»
registrar «fouiller»	≠	**enregistrer** «grabar, facturar»
remarcar «marquer à nouveau»	≠	**remarquer** «notar»
repartir «distribuer, répartir»	≠	**repartir** «regresar»
restar «soustraire»	≠	**rester** «quedar»
retrato «portrait»	≠	**retrait** «retiro»
retrete «toilettes, W.C.»	≠	**retraite** «jubilación, retirada»
retumbar «résonner»	≠	**retomber** «volver a caer»
romance «roman»	≠	**romance** «romanza»

ESPAGNOL		FAUX AMI FRANÇAIS
salir «sortir»	≠	**salir** «ensuciar»
sauce «saule»	≠	**sauce** «salsa»
sellar «sceller»	≠	**seller** «ensillar»
serrar «scier»	≠	**serrer** «apretar»
sol «soleil»	≠	**sol** «suelo»
soldar «souder»	≠	**solder** «saldar»
sombra «ombre»	≠	**sombre** (adj.) «oscuro»
subir «monter»	≠	**subir** «experimentar, soportar»
suceso «événement»	≠	**succès** «éxito»
surtir «assortir»	≠	**sortir** «salir»
tachar «rayer»	≠	**tacher** «manchar»
talón «chèque»	≠	**talon** «tacón»

ESPAGNOL		FAUX AMI FRANÇAIS
tapar «couvrir»	≠	**taper** «golpear, pegar»
temple «trempe»	≠	**temple** «templo»
tener «avoir, posséder»	≠	**tenir** «sujetar, cumplir»
tergiversar «fausser»	≠	**tergiverser** «vacilar»
timbre «sonnette»	≠	**timbre** «sello»
trato «traitement»	≠	**tract** «panfleto»
trivial «banal»	≠	**trivial** «grosero, vulgar»
tronar «retentir»	≠	**trôner** «reinar»
usar «utiliser qqch.»	≠	**user** «gastar, desgastar»
vaso «verre»	≠	**vase** «florero» et «fango»
velo «voile (n. m.)»	≠	**vélo** «bici»
verdura «légumes»	≠	**verdure** «verde, verdor»
vida «vie»	≠	**vide** «vacío»

GREC

GREC		FAUX AMI FRANÇAIS
αγωνία «anxiété, angoisse»	≠	**agonie** «επιθανάτια αγωνία, ψυχομάχημα»
αισχρός «ignoble, odieux»	≠	**escroc** «απατεώνας»
άκρο «extrémité»	≠	**accroc** «σχίσιμο»
ανέκδοτο «blague»	≠	**anecdote** «ιστορία»
αποκαλυπτικός «révélateur»	≠	**apocalyptique** «σχετικός με την Αποκάλυψη»
αρώματα «parfums»	≠	**aromate** «μυρωδικό»
άσκηση «exercice »	≠	**esquisse** «σχέδιο ; σκίτσο»
βενζίνα «essence»	≠	**benzine** «καθαρή βενζίνα»
βεράντα «grand balcon, terrasse»	≠	**véranda** «λιακωτό»
γούστο seulement «fait de savoir reconnaître ce qui est beau»	≠	**goût** «γεύση»
γράμμα «lettre»	≠	**gramme** «γραμμάριο»
γυμνάσιο «collège»	≠	**gymnase** «γυμναστήριο»
δεσπότης «maître des lieux ; évêque»	≠	**despote** «τύραννος»
εβαπορέ «concentré (lait)»	≠	**évaporé** «ενατμισμένος»
Ελλάς «la Grèce»	≠	**hélas** «αλίμονο»
έξοδος «sortie»	≠	**exode** «φυγή»

GREC		FAUX AMI FRANÇAIS
επεισοδιακός «mouvementé, plein d'incidents»	≠	**épisodique** «δευτερεύων»
επιτάφιος «tombeau du Christ»	≠	**épitaphe** «επιτάφια στήλη»
ερωτικός «amoureux»	≠	**érotique** «σεξουαλικός»
εσωτερικός «intérieur»	≠	**ésotérique** «ακατάληπτος»
ζέστη «chaleur»	≠	**geste** «χειρονομία»
ζέστη «chaleur»	≠	**zeste** «φλούδα»
ζωοφιλία «amour des animaux»	≠	**zoophilie** «κτηνοβασία»
ίδιο «même, identique»	≠	**idiot** «ηλίθιος»
καδένα «chaîne»	≠	**cadenas** «λουκέτο»
καλσόν «collant»	≠	**caleçon** «μακρύ σώβρακο, μποξεράκι »
καμπάνα «cloche»	≠	**cabane** «καλύβα»
κάμπος «plaine»	≠	**campus** «εστία»
κόσμος «les gens, le monde»	≠	**cosmos** «σύμπαν»
κουβέρτα «couverture»	≠	**couverte** (f.) «σκεπασμένη, καλυμμένη»
κουβερτούρα «chocolat noir des pâtisseries»	≠	**couverture** «κουβέρτα»
κουζίνα «cuisine ; cuisinière»	≠	**cousine** (f.) «(ε)ξαδέρφη»
κούπα «tasse»	≠	**coupe** «κύπελλο»

GREC		FAUX AMI FRANÇAIS
κουρδίζω «remonter une montre; accorder une guitare»	≠	**courtiser** «κολακεύω, φλερτάρω»
κραγιόν «rouge à lèvres»	≠	**crayon** «μολύβι»
λαϊκός «populaire»	≠	**laïque** «μη θρησκευτικός; μη εκκλησιαστικός»
λατέρνα «orgue de Barbarie»	≠	**lanterne** «φανάρι»
μαγιό seulement «maillot de bain»	≠	**maillot** «φανελλα, μπλουζάκι»
μαμζ «sage-femme»	≠	**mamie** «γιαγιά»
μαντάτο «message»	≠	**mandat** «ένταλμα, θητεία»
μάσα «la bouffe»	≠	**mâche** «κάρδαμο»
μάτσο «botte (de légumes); liasse»	≠	**macho** «φαλλοκράτης»
ματσό «riche, fortuné»	≠	**macho** «φαλλοκράτης»
μεζούρα «mètre ruban»	≠	**mesure** «διάσταση»
μπαλάντα seulement «ballade»	≠	**balade** «περίπατος; βολτα»
μπανιέρα «baignoire»	≠	**bannière** «έμβλημα»
μπισκότο «biscuit»	≠	**biscotte** «φρυγανιά»
μπιφτέκι «steak haché aux aromates»	≠	**bifteck** «μπριζόλα»
μπουκάλι «bouteille»	≠	**bocal** «γυάλινο δοχείο»

GREC		FAUX AMI FRANÇAIS
ναρκωτικά ναρκωτικό «la drogue»	≠	**narcotique** «υπνωτικό»
νο(υ)νά «marraine»	≠	**nounou** «παραμάνα, τροφός»
νταντά «nourrice»	≠	**dada** «μανία, βίτσιο»
ντοσιέ seulement «classeur»	≠	**dossier** «φάκελλος, σύνολο εγγράφων»
παιδεραστὴς «pédophile»	≠	**pédéraste** «ομοφυλόφιλος»
παπ(ι)γιόν seulement «nœud papillon»	≠	**papillon** «πεταλούδα»
πασατέμπος «pépins de citrouille»	≠	**passe-temps** «διασκέδαση, απασχόληση»
πολεμικός «relatif à la guerre»	≠	**polémique** «εχθρικός»
πλάση «univers»	≠	**place** «θέση»
πνευματικός «spirituel»	≠	**pneumatique** «λάστιχο, ρόδα»
πορτατίφ «lampe de chevet»	≠	**portatif** «φορητό»
ποτό «boisson alcoolisée»	≠	**poteau** «δοκός, δοκάρι; κολώνα, στύλος»
πουλί «oiseau»	≠	**poulie** «τροχαλία»
πρεσβύτης «âgé, vieux»	≠	**presbyte** «πρεσβύωπας»
πρίζα seulement «prise de courant»	≠	**prise** «άλωση, λαβή»
προεικονίζω «présenter d'avance qqch. ou qqn en images, symboles, etc.»	≠	**préconiser** «συνιστώ»

GREC		FAUX AMI FRANÇAIS
προξενητής «personne qui arrange un mariage»	≠	**proxénète** «νταβατζής»
προφανής «apparent, visible»	≠	**profane** «βέβηλος»
ρεζέρβα «roue de secours»	≠	**réserve** «απόθεμα»
ρέστα «monnaie à rendre»	≠	**reste** «υπόλοιπο»
ρόμπα seulement «robe de chambre»	≠	**robe** «φόρεμα, φουστάνι»
ρουζ seulement «rouge à joues»	≠	**rouge** «κόκκινο»
σβέλτος «rapide, agile»	≠	**svelte** «ελαφρύς, λεπτός»
σερβιέτα seulement «serviette hygiénique»	≠	**serviette** «πετσέτα»
σκεφτικός «pensif»	≠	**sceptique** «σκεπτικιστής»
σόλα «semelle»	≠	**sole** «γλώσσα (ψάρι)»
σουτιέν «soutien-gorge»	≠	**soutien** «υποστήριξη»
στάλα «goutte»	≠	**stalle** «στασίδι»
τέμπλο «cloison ornée couverte d'icônes devant l'autel d'une église orthodoxe»	≠	**temple** «ναός, ιερό»

GREC		FAUX AMI FRANÇAIS
τέρας «monstre»	≠	**terrasse** «βεράντα»
ταράτσα «toit plat (en ciment)»	≠	**terrasse** «βεράντα»
τραπέζι «table»	≠	**trapèze** «τραπέζξο»
τράπεζα «banque»	≠	**trapèze** «τραπέζιο»
τραπεζίτης «banquier»	≠	**trapéziste** «ακροβάτης»
τραυματίζω «blesser (physiquement)»	≠	**traumatiser** «δημιουργώ ψυχικό κλονισμό, συγκλονίζω»
τρόμπα «pompe»	≠	**trompe** «σάλπιγγα, προβοσκίδα»
τρύπα «trou»	≠	**tripes** «άντερα, πατσάς»
τσιγάρο «cigarette»	≠	**cigare** «πούρο»
υπόθεση «supposition; affaire»	≠	**hypothèse** «συλλογισμός»
φάντασμα «fantôme»	≠	**fantasme** «φαντασίωση»
φερμουάρ «fermeture éclair»	≠	**fermoir** «αγκράφα»
φρουτιέρα «coupe pour mettre les fruits»	≠	**fruitière (f.)** «οπωροφόρος, οπωροπώλης»

ITALIEN

ITALIEN		FAUX AMI FRANÇAIS
accelerato (n.) «omnibus»	≠	**accéléré** «accelerato»
accomodarsi «entrer, prendre place»	≠	**accommoder** (s') «accontentarsi»
aderenza au pluriel «relations»	≠	**adhérences** «aderenza (med.)»
affare aussi «truc, machin»	≠	**affaire** «affare»
affollarsi «envahir de monde»	≠	**affoler** (s') «spaventarsi»
affollato «plein de monde»	≠	**affolé** «spaventato»
affrettare «se presser»	≠	**affréter** «noleggiare»
aggiustare «réparer»	≠	**ajuster** «regolare, adattare»
alitare «respirer»	≠	**s'aliter** «mettersi a letto»
alterato «irrité ; fébrile»	≠	**altéré** «alterato " et «assetato»
anticipare «avancer de l'argent»	≠	**anticiper** «anticipare»
anziano «âgé»	≠	**ancien** «vecchio, antico»
argento seulement «argent (métal)»	≠	**argent** «argento» et «soldi»
argomento plus souvent «sujet, thème»	≠	**argument** «argomento»
arrangiarsi «y arriver, se débrouiller»	≠	**arranger** (s') «prepararsi, aggiustarsi»
asilo «crèche»	≠	**asile** «manicomio, ricovero»
assai «très, beaucoup»	≠	**assez** «abbastanza»
assorto/i «plongé(s) dans ses pensées»	≠	**assorti** «assortito»
autocarro «camion»	≠	**autocar** «corriera»
baffi «moustaches»	≠	**baffe** «sberla»
balla «bobard»	≠	**balle** «palla»
banco «comptoir»	≠	**banque** «banca»
baraccato «qui vit dans une baraque»	≠	**baraqué** «robusto»
bastone aussi «canne»	≠	**bâton** «bastone»
biscotto «biscuit»	≠	**biscotte** «fetta biscottata»
borsa / Borsa «sac» / «Bourse»	≠	**bourse / Bourse** «borsa» / «Borsa»
bravo «fort, calé»	≠	**brave** «coraggioso»
brutto «laid»	≠	**brut** «lordo, grezzo, secco»
budino «crème renversée»	≠	**boudin** «sanguinaccio»
bugia «mensonge»	≠	**bougie** «candela»
buono aussi «sage, tranquille»	≠	**bon** «buono»
burro «beurre»	≠	**bourreau** «boia»
calare «baisser, diminuer»	≠	**caler** «rendere stabile, essere sazio»
calzoni «pantalon»	≠	**caleçon** «mutande, boxer»

ITALIEN		FAUX AMI FRANÇAIS
camera «chambre»	≠	**caméra** «cinepresa»
camerata «membre du parti fasciste»	≠	**camarade** «compagno»
campare «vivre de»	≠	**camper** «campeggiare»
canale aussi «chaîne de télévision, de radio»	≠	**canal** «canale»
cane «chien»	≠	**cane** «anatra (femmina)»
cantina «cave»	≠	**cantine** «mensa»
carrozza aussi «wagon»	≠	**carrosse** «carrozza»
casa «maison»	≠	**case** «casella»
caso plus souvent «hasard, sort»	≠	**cas** «caso»
cava «carrière, mine»	≠	**cave** «cantina»
cerchiare «cercler, entourer»	≠	**chercher** «cercare»
città «ville»	≠	**cité** «complesso di case popolari»
coincidenza aussi «correspondance»	≠	**coïncidence** «coincidenza»
colare «filtrer»	≠	**coller** «incollare, attaccare»
colazione «petit déjeuner»	≠	**collation** «spuntino»
colloquio aussi «entretien, entrevue»	≠	**colloque** «colloquio»
combinazione aussi «coïncidence, hasard»	≠	**combinaison** «combinazione» et «tuta»

ITALIEN		FAUX AMI FRANÇAIS
commesso «vendeur»	≠	**commis** «fattorino, aiutante»
commozione «émotion»	≠	**commotion** «emozione molto violenta»
compagno aussi «camarade (pol.)»	≠	**compagnon** «compagno»
compiacersi «se réjouir»	≠	**se complaire** «provar gusto»
compressa aussi «cachet, comprimé»	≠	**compresse** «impacco (di garza), compressa»
comune aussi «mairie»	≠	**commune** «comune»
confetti «dragées»	≠	**confetti** «coriandoli»
confidente aussi «indicateur de police»	≠	**confident** «confidente»
confidenza surtout «familiarité; confiance»	≠	**confidence** «confidenza»
confortare «réconforter»	≠	**conforter** «rafforzare»
consegnare «remettre, livrer»	≠	**consigner** «punire, vietare l'accesso, mettere per iscritto»
contare «compter»	≠	**conter** «raccontare»
conte «comte»	≠	**conte** «racconto»
contemplare aussi «prévoir»	≠	**contempler** «contemplare»
contorno aussi «garniture de légumes»	≠	**contour** «contorno»
cornice «cadre»	≠	**corniche** «strada panoramica; cimasa»
cornicione «corniche»	≠	**cornichon** «cetriolino (sott'aceto)»

ITALIEN		FAUX AMI FRANÇAIS
costume «déguisement, maillot de bain»	≠	**costume** «abito da uomo»
cottura «cuisson»	≠	**couture** «cucito»
cuore *(male al cuore)* «maladie cardiaque»	≠	**cœur** *(mal au cœur)* «nausea»
curare «soigner»	≠	**curer** «pulire»
decoro «dignité»	≠	**décor** «scenario»
deficiente aussi «imbécile, débile (n.)»	≠	**déficient** «deficiente»
discretamente «assez bien, pas mal»	≠	**discrètement** «con riservatezza»
disgrazia surtout «malheur, accident»	≠	**disgrâce** «disgrazia»
distributore «pompe à essence»	≠	**distributeur** «bancomat»
documento au pluriel, aussi «papiers d'identité»	≠	**document** «documento»
è *(c'è)* «il y a»	≠	**est** *(c'est)* «è»
eredità «héritage»	≠	**hérédité** «ereditarietà»
fantasia «imagination»	≠	**fantaisie** «estro»
fattore «fermier»	≠	**facteur** «postino»
feriale «jour de travail»	≠	**férié** «festivo»
fermare «arrêter»	≠	**fermer** «chiudere»
finalmente «enfin»	≠	**finalement** «alla fine»
firma «signature»	≠	**firme** «ditta, impresa»
fissare aussi «réserver, louer»	≠	**fixer** «fissare»

ITALIEN		FAUX AMI FRANÇAIS
fonte «source»	≠	**fonte** «ghisa»
fortuna surtout «chance»	≠	**fortune** «fortuna»
gara «compétition»	≠	**gare** «stazione»
gita «excursion»	≠	**gîte** «casa di campagna»
gonfio «enflé»	≠	**gonflé** (fam.) «esagerato»
grappa «eau-de-vie» et «crampon»	≠	**grappe** «grappolo»
grondare «couler»	≠	**gronder** «sgridare»
guardare «regarder»	≠	**garder** «conservare, tenere»
guidare «conduire (un véhicule)»	≠	**guider** «fare da guida»
incidente «accident»	≠	**incident** «fatto, avvenimento»
incidere aussi «enregistrer, graver»	≠	**inciser** «incidere»
indice aussi «index»	≠	**indice** «indice»
intervallo aussi «entracte, récréation»	≠	**intervalle** «intervallo»
istitutore «précepteur»	≠	**instituteur** «maestro»
lamentarsi «se plaindre»	≠	**se lamenter** «gemere»
lampadario «lustre»	≠	**lampadaire** «lampione, lampada a stelo»
languore aussi «faim, creux à l'estomac»	≠	**langueur** «languore, languidezza»

ITALIEN		FAUX AMI FRANÇAIS
latte «lait»	≠	**latte** «listello di legno»
laureato «titulaire d'une maîtrise»	≠	**lauréat** «vincitore di un concorso»
lepre «lièvre»	≠	**lèpre** «lebbra»
lontano «loin»	≠	**longtemps** «a lungo»
macchina aussi «voiture»	≠	**machine** «macchina»
magazzino «entrepôt»	≠	**magasin** «negozio»
maligno «méchant»	≠	**malin** «furbo»
mantenere aussi «entretenir qqn»	≠	**maintenir** «mantenere»
marciapiede «trottoir»	≠	**marchepied** «predellino»
mare «mer»	≠	**mare** «pozza, fosso»
marmitta aussi «pot d'échappement»	≠	**marmite** «pentola»
medicina aussi «médicament, remède»	≠	**médecine** «medicina»
mobile «meuble»	≠	**mobile** «movente»
moine «cajoleries»	≠	**moine** «frate»
morbido «doux, tendre»	≠	**morbide** «morboso»
morosità «retard de paiement»	≠	**morosité** «cupezza, tetraggine»
moscio «mou»	≠	**moche** «brutto»
mutare «changer»	≠	**muter** «trasferire»
nome «prénom»	≠	**nom** «cognome»
nonna «grand-mère»	≠	**nonne** «monaca»
notizia «nouvelle»	≠	**notice** «istruzioni per l'uso»
numero surtout «nombre»	≠	**numéro** «numero»
odore au pluriel «fines herbes, aromates»	≠	**odeur** «odore»
ombrello «parapluie»	≠	**ombrelle** «parasole»
ordinare «commander (un produit)»	≠	**ordonner** «comandare»
orologio aussi «montre»	≠	**horloge** «orologio»
ossequi «hommages»	≠	**obsèques** «esequie»
padrone «propriétaire»	≠	**patron** «capo»
palazzo «palais, immeuble»	≠	**palace** «albergo di lusso»
palazzo aussi «immeuble»	≠	**palais** «palazzo»
parenti «membres de la famille»	≠	**parents** «genitori»
partecipazione aussi «faire-part»	≠	**participation** «partecipazione»
pelle «peau, cuir»	≠	**pelle** «pala, badile»
pensione *(in pensione)* «à la retraite»	≠	**pension** *(en pension)* «(vivere) in una pensione»
pertanto «par conséquent»	≠	**pourtant** «eppure»
posta aussi «enjeu»	≠	**poste** (n. f.) «posta»
pratica aussi «dossier, affaire»	≠	**pratique** (n. f.) «pratica»
principe «prince»	≠	**principe** «principio»

ITALIEN		FAUX AMI FRANÇAIS
promuovere aussi « passer dans la classe supérieure »	≠	**promouvoir** « promuovere »
provincia « département »	≠	**province** « al di fuori di Parigi »
punizione aussi « coup franc »	≠	**punition** « punizione »
quadro « tableau »	≠	**cadre** « cornice »
querela « plainte »	≠	**querelle** « lite »
questione « problème, différend »	≠	**question** « domanda »
ragù « sauce bolognaise »	≠	**ragoût** « stufato »
recitare « jouer (pour un comédien) »	≠	**réciter** « recitare a memoria »
regalare « offrir un cadeau »	≠	**régaler** « offrire, pagare »
regalo « cadeau »	≠	**régal** « delizia »
regia « mise en scène »	≠	**régie** « coordinamento, direzione »
resto aussi « monnaie à rendre »	≠	**reste** « resto »
ricetta « ordonnance médicale »	≠	**recette** « incasso » et « ricetta »
rigettare « vomir »	≠	**rejeter** « rifiutare »
ritenere « croire »	≠	**retenir** « trattenere, prenotare »
riviera « côte, bord de mer »	≠	**rivière** « fiume »
roba « affaires, trucs »	≠	**robe** « vestito da donna »

ITALIEN		FAUX AMI FRANÇAIS
rotonda « rond-point »	≠	**rotonde** « edificio circolare »
roulotte « caravane »	≠	**roulotte** « roulotte per gli zingari »
rumore « bruit »	≠	**rumeur** « diceria, brusio »
salire « monter »	≠	**salir** « sporcare »
savoiardo « boudoir, biscuit à la cuiller »	≠	**savoyard** « abitante della Savoia »
scorta aussi « provision, réserve »	≠	**escorte** « scorta, convoglio »
sentire aussi « entendre »	≠	**sentir** « sentire »
sinistra « gauche »	≠	**sinistre** « sinistro, losco »
studio « cabinet, atelier »	≠	**studio** « monolocale »
subito « tout de suite »	≠	**subit** « improvviso, istantaneo »
succedere « se passer, arriver »	≠	**succéder** « venire dopo, subentrare »
superbo surtout « orgueilleux »	≠	**superbe** « superbo, splendido »
svelto « rapide, agile »	≠	**svelte** « slanciato »
tema « sujet, rédaction »	≠	**thème** « traduzione in lingua straniera »
timbro « tampon »	≠	**timbre** « francobollo »
titolare aussi « propriétaire »	≠	**titulaire** « titolare »
titubare « hésiter »	≠	**tituber** « barcollare, vacillare »
tornare « retourner, revenir »	≠	**tourner** « girare »
travestirsi « se déguiser »	≠	**travestir (se)** « vestirsi da donna »

ITALIEN		FAUX AMI FRANÇAIS
trucco «maquillage, effets spéciaux»	≠	**truc** «affare, aggeggio»
truffa «escroquerie, fraude»	≠	**truffe** «tartufo»
ultimo «dernier»	≠	**ultime** «ultimo (estremo)»
usare «utiliser qqch.»	≠	**user** «consumare, logorare»
usato «d'occasion»	≠	**usé** «consumato»
verdura «légumes»	≠	**verdure** «verde, vegetazione»
versatile «doué»	≠	**versatile** «volubile»
vestiario «habillement, vêtements»	≠	**vestiaire** «guardaroba, spogliatoio»
viziato surtout «gâté, mal élevé»	≠	**vicié** «viziato»
volere «vouloir»	≠	**voler** «volare, rubare»
volo seulement «vol (avion, oiseau...)»	≠	**vol** «volo» et «furto»
volubile «changeant, versatile»	≠	**volubile** «loquace»

JAPONAIS

JAPONAIS		FAUX AMI FRANÇAIS
アンコール «bis (au spectacle)»	≠	**encore** «また»
アンチック «objets anciens»	≠	**antique** «古代の»
シュミーズ «combinaison (de femme)»	≠	**chemise** «シャツ»
ナイーブ «sensible»	≠	**naïf** «単純»
ランデブー «rendez-vous amoureux»	≠	**rendez-vous** «約束»

NÉERLANDAIS

NÉERLANDAIS		FAUX AMI FRANÇAIS
abuis «erreur»	≠	**abus** «misbruik»
academicus «universitaire»	≠	**académique** «conventioneel»
agenda «ordre du jour»	≠	**agenda** «aantekenboekje»
banaal «terne, ennuyeux»	≠	**banal** «alledaags»
brutaal «impertinent»	≠	**brutal** «ruw»
chanteren «faire du chantage à (qqn)»	≠	**chanter** «zingen»
coupé «compartiment de train»	≠	**coupé** «gesloten rijtuig»
dupe «victime»	≠	**dupe** «bedrogen»
evenement «manifestation»	≠	**événement** «gebeurtenis»
horloge «montre»	≠	**horloge** «klok»

NÉERLANDAIS		FAUX AMI FRANÇAIS
komfoor «chauffe-plats»	≠	**confort** «gemak ; comfort»
milieu «environnement»	≠	**milieu** «midden ; onder-wereld»
mimi «table gigogne»	≠	**mimi** «schaatje»
negeren «ignorer (qqn)»	≠	**nier** «ontkennen»
pak «costume (d'homme)»	≠	**paquet** «pakket»
pumps «chaussures de dames»	≠	**pompe** «pomp»
raar «curieux, étrange»	≠	**rare** «zeldzaam»
regisseur «metteur en scène»	≠	**régisseur** «intendant»
vest «gilet sans manches»	≠	**veste** «jas»
zak «poche»	≠	**sac** «tas»

NORVÉGIEN

NORVÉGIEN		FAUX AMI FRANÇAIS
akademisk « universitaire »	≠	**académique** « konvensjonell, korrekt »
akkord « rémunération au rendement »	≠	**accord** « avtale, enighet »
animert « ivre »	≠	**animé** « besjelet, beåndet »
asjett « soucoupe »	≠	**assiette** « tallerken »
avis « journal »	≠	**avis** « kunngjøring, meddelelse »
delikat « succulent »	≠	**délicat** « fintfølende »
departement « ministère »	≠	**département** « fylke »
effektiv « efficace »	≠	**effectif** « reell »
faktisk « réel »	≠	**factice** « kunstig »
gymnas « lycée »	≠	**gymnase** « gymnastikksal »
impotent « impuissant (homme) »	≠	**impotent** « ufør »
karakter « note (scolaire) »	≠	**caractère** « særpreg, trekk »
kolonial « épicerie »	≠	**colonial** « koloniboer (adjektiv : kolonial, fra koloniene) »
kontant « en liquide »	≠	**comptant** « øyeblikkelig (betaling) »
kujon « personne sans courage »	≠	**couillon** « idiot (svært grovt) »
kåsere « faire une causerie »	≠	**causer** « skvaldre, prate »
personasje « individu douteux »	≠	**personnage** « person, skikkelese, figur »
preventiv « préservatif »	≠	**préventif** « forebyggende »
professor « universitaire »	≠	**professeur** « professor, men også lektor, lærer i ungdomsskole og videregående skole »
punktere « crever (pour une roue, etc.) »	≠	**ponctuer** « understreke, markere »
reel « effectif »	≠	**réel** « faktisk »
respons « réaction positive »	≠	**réponse** « svar »
servitør « serveur, garçon »	≠	**serviteur** « tjener »
sjenert « timide »	≠	**gêné** « plaget, brydd »

POLONAIS

POLONAIS		FAUX AMI FRANÇAIS
brązowy «marron (adj.)»	≠	**bronzé** «opalony (na słońcu)»
bursa «pension»	≠	**bourse** «giełda ; stypendium»
demoralizować «dépraver»	≠	**démoraliser** «psuć humor, zasmucać»
dom «maison»	≠	**dôme** «kopuła»
ekspresja «expressivité»	≠	**expression** «wyrażenie»
esencja «extrait de plantes aromatiques»	≠	**essence** «benzyna»
ewidencja «le suivi»	≠	**évidence** «oczywistość»
faktyczny «réel»	≠	**factice** «sztuczny»
folia «feuille, film»	≠	**folie** «szaleństwo»
frekwencja «fréquentation»	≠	**fréquence** «częstotliwość»
garnitur «costume d'homme»	≠	**garniture** «okładzina, przybranie»
gimnazjum «collège»	≠	**gymnase** «sala gimnastyczna»
kadencja «durée d'un mandat»	≠	**cadence** «takt, rytm, tempo»
kolacja «dîner, souper»	≠	**collation** «przekąska»
konsumować «consommer»	≠	**se consumer** «zniszczyć, pochłonąć»
kurant «carillon»	≠	**courant** «prąd, nurt»
kurs «cours»	≠	**course** «wyścig»
lustro «miroir»	≠	**lustre** «żyrandol, świecznik»
makaron «pâtes alimentaires»	≠	**macaron** «makaronik (ciastko)»
mankament «inconvénient»	≠	**manquement** «uchybienie»
omlet «galette aux œufs brouillés»	≠	**omelette** «jajecznica»
ordynarny «vulgaire»	≠	**ordinaire** «zwyczajny»
parasol «parapluie»	≠	**parasol** «parasol przeciwsłoneczny»
recepta «ordonnance médicale»	≠	**recette** «wpływ (pieniężny) ; przepis (kulinarny)»
rejon «secteur, zone»	≠	**rayon** «promień ; szprycha ; półka»
reklamować «faire de la publicité»	≠	**réclamer** «domagać się, wymagać, żądać»
rondel «casserole»	≠	**rondelle** «podkładka pod nakrętkę»
różowy «rose (adj.)»	≠	**rouge** «czerwony»
sensacja «sensationnel (n.m.)»	≠	**sensation** «odczucie»
staż «ancienneté, expérience»	≠	**stage** «praktyka, kurs szkoleniowy»
szalet «toilettes, W.-C.»	≠	**chalet** «schronisko ; szałas»
szarlotka «gâteau aux pommes»	≠	**charlotte** «(deser z owoców i biszkoptów)»
szosa «route»	≠	**chaussée** «jezdnia»
tata «papa»	≠	**tata** «ciocia, cioteczka»
trasa «trajet, parcours»	≠	**trace** «ślad»
wulgaryzacja «fait de s'avilir»	≠	**vulgarisation** «popularyzacja»
zobligować «engager (qqn à faire qqch.), inciter»	≠	**obliger** «zmuszać»

PORTUGAIS

(B : portugais du Brésil ; P : portugais du Portugal et d'Afrique)

PORTUGAIS		FAUX AMI FRANÇAIS
abismar « étonner »	≠	**abîmer** « estragar »
abonado « garanti »	≠	**abonné** « assinante »
achatar « aplatir »	≠	**acheter** « comprar »
afamado « renommé, célèbre »	≠	**affamé** « esfomeado »
afazer « occupation »	≠	**affaire** « negócio »
algo « quelque chose »	≠	**algue** « alga »
algum « quelque »	≠	**aucun** « nenhum »
amassar « écraser »	≠	**amasser** « juntar, reunir »
amêndoa « amande »	≠	**amende** « multa »
apelar « faire appel, recourir à »	≠	**appeler** « chamar »
apontamentos « notes »	≠	**appointements** « vencimentos »
armada « flotte »	≠	**armée** « exército »
assomar « surgir »	≠	**assommer** « surrar »
atacado « attaqué »	≠	**attaché** « adido »
atender « servir (un client), voir (un patient) »	≠	**attendre** « aguardar »
atenta « attentive »	≠	**attente** « espera »
atirar « jeter »	≠	**attirer** « atrair »
baga « baie »	≠	**bague** « anel »

PORTUGAIS		FAUX AMI FRANÇAIS
bailar « danser »	≠	**bâiller** « bocejar »
balada « ballade, poème »	≠	**balade** « passeio »
balaio « panier »	≠	**balai** « vassoura »
banho « bain »	≠	**bagne** « prisão (trabalhos forçados) »
bicha « file d'attente »	≠	**biche** « corça »
bilha « cruche »	≠	**bille** « esfera »
blusa « chemisier »	≠	**blouse** « guarda-pó, avental »
bobo « idiot »	≠	**bobo** « dodói (ling. infantil) »
bom homem « brave homme »	≠	**bonhomme** « sujeito, indivíduo »
bonde (B) « tramway »	≠	**bond** « salto »
botica « pharmacie »	≠	**boutique** « lojinha »
bradar « crier, s'exclamer »	≠	**brader** « liquidar, saldar »
brigar « se bagarrer »	≠	**briguer** « disputar »
brim « toile »	≠	**brin** « haste, pedacinho »
burro « âne »	≠	**bourreau** « carrasco »
caça « chasse »	≠	**casse** « quebra »
caçar « chasser »	≠	**casser** « quebrar, cassar »
caixeiro « vendeur »	≠	**caissier** « caixa, tesoureiro »

PORTUGAIS		FAUX AMI FRANÇAIS
calar «taire»	≠	**caler** «escorar, apagar (motor)»
calçada (B) «trottoir»	≠	**chaussée** «leito da rua»
cana «canne»	≠	**cane** «pata (fem. *pato*)»
cancelar «annuler»	≠	**chanceler** «titubear»
carro «voiture»	≠	**car** «pois»
carroça «charrette»	≠	**carrosse** «carruagem (B), coche»
cartão (B) «carte»	≠	**carton** «papelão (B)»
casar «marier»	≠	**caser** «colocar, inserir»
casca «écorce»	≠	**casque** «capacete»
celeiro «grange»	≠	**cellier** «despensa»
chapeleta «clapet»	≠	**chapelet** «terço (pequeno rosário)»
chatear «ennuyer»	≠	**châtier** «castigar»
chato «ennuyeux»	≠	**chat** «gato»
chifre «corne»	≠	**chiffre** «cifra»
chute «coup de pied»	≠	**chute** «queda»
cidra «sorte de gros citron»	≠	**cidre** «sidra»
cigarro «cigarette»	≠	**cigare** «charuto»
coisa *(qualquer coisa)* aussi «n'importe quoi»	≠	**chose** *(quelque chose)* «qualquer coisa»
colete «gilet»	≠	**collet** «gola»
copo «verre»	≠	**coupe** «taça»
cor «couleur»	≠	**cor** «calo»
corante «colorant»	≠	**courant** «corrente»
cordoeiro «fabricant de cordes»	≠	**cordonnier** «sapateiro»
criar «élever (un enfant)»	≠	**crier** «gritar»

PORTUGAIS		FAUX AMI FRANÇAIS
data «date»	≠	**datte** «tâmara»
decoro «décorum»	≠	**décor** «cenário, decoração»
dedal «dé à coudre»	≠	**dédale** «labirinto»
defeito «défaut»	≠	**défaite** «derrota»
depois «après»	≠	**depuis** «desde»
desastrado «maladroit»	≠	**désastreux** «catastrófico»
desfiar «effiler, effilocher»	≠	**défier** «desafiar»
desgaste «usure»	≠	**dégât** «estrago, prejuízo»
desgostar «mécontenter»	≠	**dégoûter** «enojar, repugnar»
deslocar «déplacer»	≠	**disloquer** «desmantelar»
despensa «garde-manger, cellier»	≠	**dépense** «despesa»
dispensar «dispenser»	≠	**dépenser** «gastar, despender»
embalar-se «se bercer»	≠	**emballer** (s') «entusiasmar-se»
encaixar «emboîter»	≠	**encaisser** «cobrar»
enforcar «pendre»	≠	**enfourcher** «sentar-se (bicicleta)»
enjoado «ennuyé»	≠	**enjoué** «jovial, alegre»
enrolar «enrouler»	≠	**enrôler** «recrutar»
envio «envoi»	≠	**envie** «vontade»
escrivão «greffier»	≠	**écrivain** «escritor»
estágio «stage»	≠	**étage** «andar»
estalagem «auberge»	≠	**étalage** «vitrine (B), montra (P)»
estalar «éclater»	≠	**étaler** «espalhar»
estilo «style»	≠	**stylo** «caneta»
estivador «docker»	≠	**estivant** «veranista»
estrada «route»	≠	**estrade** «estrado»
fada «fée»	≠	**fada** «insosso»

PORTUGAIS		FAUX AMI FRANÇAIS
fagote «basson»	≠	**fagot** «feixe de lenha»
fardar «mettre un uniforme»	≠	**se farder** «maquiar (B), maquilhar (P)»
fardo «fardeau»	≠	**fard** «maquiagem (B), maquilhagem (P)»
faz-tudo «intendant»	≠	**faitout** «caldeirão»
fêmea «femelle»	≠	**femme** «mulher»
fiel «fidèle»	≠	**fiel** «fel»
fonte «source»	≠	**fonte** «fundição»
fracasso «échec»	≠	**fracas** «estrondo»
fuga «fuite»	≠	**fougue** «arrebatamento»
fumeiro «cheminée ; conduit de cheminée»	≠	**fumier** «estrume»
gala «gala»	≠	**gale** «sarna»
garça «héron»	≠	**garce** «desavergonhada»
gastar «dépenser»	≠	**gâter** «estragar, mimar»
gato «chat»	≠	**gâteau** «bolo»
gênero (B), **género** (P) «genre»	≠	**gendre** «genro»
gilete «lame de rasoir»	≠	**gilet** «colete»
gorda «grosse (f.)»	≠	**gourde** «cantil»
grade «grille»	≠	**grade** «grau»
granja «ferme»	≠	**grange** «celeiro»

PORTUGAIS		FAUX AMI FRANÇAIS
hospício «asile (d'aliénés)»	≠	**hospice** «asilo»
jazer «gésir»	≠	**jaser** «tagarelar»
jumento «âne»	≠	**jument** «égua»
jus «le droit»	≠	**jus** «suco (B), sumo (P)»
labor «travail, labeur»	≠	**labour** «lavoura»
lama «boue»	≠	**lame** «lâmina»
lata «boîte de conserve»	≠	**latte** «prancha, lâmina de madeira»
leitão «cochon de lait»	≠	**laiton** «latão»
lente «lentille»	≠	**lente** «lêndea»
leste «l'est»	≠	**leste** «ágil»
levar «emporter»	≠	**lever** «erguer»
libra «livre (monnaie)»	≠	**libre** «livre»
limão «citron»	≠	**limon** «limo»
livrar «débarrasser»	≠	**livrer** «entregar»
livre «libre»	≠	**livre** (n. m.) «livro»
luva «gant»	≠	**louve** «loba»
macarrão «macaroni»	≠	**macaron** «bolo, insígnia»
mala «valise»	≠	**malle** «baú»
mancar «boiter»	≠	**manquer** «faltar»
mancha «tache»	≠	**manche** «manga (de roupa)»

PORTUGAIS		FAUX AMI FRANÇAIS
maneta «manchot»	≠	**manette** «alavanca»
mansão «hôtel particulier»	≠	**maison** «casa»
matar «tuer»	≠	**mater** «dominar, reprimir»
melar «barbouiller»	≠	**mêler** «misturar»
mentor «guide, conseiller»	≠	**menteur** «mentiroso»
mercearia «épicerie»	≠	**mercerie** «armarinho»
mito «mythe»	≠	**mite** «traça»
moela «gésier»	≠	**moelle** «medula»
morno «tiède»	≠	**morne** «melancólico, sombrio»
moroso «lent»	≠	**morose** «sorumbático»
nata «crème»	≠	**natte** «esteira, trança»
obséquios «faveurs»	≠	**obsèques** «exéquias»
ofuscar «éblouir»	≠	**offusquer** «chocar, melindrar»
ombro «épaule»	≠	**ombre** «sombra»
outra vez «une autre fois, de nouveau»	≠	**autrefois** «outrora»
outro, outra «autre»	≠	**outre** «além de»
paisano *(a paisano)* «en civil»	≠	**paysan** «camponês»
palavra «mot»	≠	**palabre** «palavrório»
pano «étoffe»	≠	**pan** «aba»

PORTUGAIS		FAUX AMI FRANÇAIS
pão «pain»	≠	**paon** «pavão»
paquete «paquebot»	≠	**paquet** «pacote»
para «pour»	≠	**par** «por»
parar «arrêter, stopper»	≠	**parer** «enfeitar»
parelha «couple, paire»	≠	**pareille** «semelhante»
pata (fem. de *pato*) «cane»	≠	**pâte** «massa, pasta»
pele «peau»	≠	**pelle** «pá»
pensamento «pensée»	≠	**pansement** «curativo, penso»
pepino «concombre»	≠	**pépin** «semente, pevide»
pipa «tonneau»	≠	**pipe** «cachimbo»
pois «donc»	≠	**puis** «depois, então»
ponte «pont»	≠	**ponte** (n. f.) «postura (de ovos)»
por «par»	≠	**pour** «para»
portanto «par conséquent»	≠	**pourtant** «no entanto»
potência «puissance»	≠	**potence** «forca»
prender «arrêter»	≠	**prendre** «tomar, apanhar»
presa «proie»	≠	**prise** «tomada»
pressa «urgence»	≠	**presse** «imprensa, prensa»
prima «cousine»	≠	**prime** «prêmio (B), prémio (P)»
primor «perfection»	≠	**primeurs** «fruta, legume temporão»

PORTUGAIS		FAUX AMI FRANÇAIS
príncipe «prince»	≠	**principe** «princípio»
procurar «chercher»	≠	**procurer** «proporcionar, obter»
puxar «tirer»	≠	**pousser** «empurrar»
qualquer «n'importe quel»	≠	**quelque** «algum»
qualquer coisa «n'importe quoi»	≠	**quelque chose** «algo»
qualquer um «n'importe qui»	≠	**quelqu'un** «alguém»
quarteirão «pâté de maisons, bloc»	≠	**quartier** «bairro»
quitar «acquitter»	≠	**quitter** «deixar, abandonar»
ralar «râper»	≠	**râler** «estertorar, resmungar»
ranger «grincer»	≠	**ranger** «arrumar»
rapa «gratin»	≠	**râpe** «ralador»
rato «rat»	≠	**rate** «baço»
refeição «repas»	≠	**réfection** «conserto, reparação»
retrato «portrait»	≠	**retrait** «retirada»
rodar «tourner, rouler»	≠	**roder** «amaciar (motor)»
rodar «tourner, rouler»	≠	**rôder** «rondar»
rolo «rouleau»	≠	**rôle** «papel (a desempenhar)»
sair «sortir»	≠	**salir** «sujar»
segredar «confier»	≠	**sécréter** «segregar»

PORTUGAIS		FAUX AMI FRANÇAIS
serra «scie»	≠	**serre** «estufa»
serradura «sciure»	≠	**serrure** «fechadura»
serrar «scier»	≠	**serrer** «apertar»
sol «soleil»	≠	**sol** «solo»
sola «semelle»	≠	**sole** «solha (peixe)»
soma «addition»	≠	**somme** «soneca»
somar «additionner»	≠	**sommer** «intimar»
sombra «ombre»	≠	**sombre** «sombrio»
sopapo «gifle»	≠	**soupape** «válvula»
subir «monter»	≠	**subir** «suportar, sofrer»
taça «coupe»	≠	**tasse** «xícara (B), chávena (P)»
tapar «couvrir, colmater»	≠	**taper** «bater»
terno «tendre»	≠	**terne** «sem brilho, opaco»
terreiro «cour»	≠	**terroir** «torrão natal»
testa «front»	≠	**tête** «cabeça»
tique «tic»	≠	**tique** «carrapato»
traça «mite»	≠	**trace** «vestígio, rastro»
trair «trahir»	≠	**traire** «ordenhar (uma vaca)»
trato «traitement»	≠	**tract** «panfleto»
treva «ténèbres»	≠	**trêve** «trégua»

PORTUGAIS		FAUX AMI FRANÇAIS
troco «monnaie»	≠	**troc** «troca»
velha «vieille»	≠	**veille** «véspera, vigília»
vida «vie»	≠	**vide** «vazio»

PORTUGAIS		FAUX AMI FRANÇAIS
violão «guitare»	≠	**violon** «violino»
visagem (B) «grimace; fantôme»	≠	**visage** «rosto»
xixi «pipi»	≠	**chichis** «fricotes»

ROUMAIN

ROUMAIN		FAUX AMI FRANÇAIS
a ajuta «aider qqn»	≠	**ajouter** «a adăuga»
anticar «bouquiniste»	≠	**antiquaire** «negustor de obiecte de artă»
aperitiv «hors-d'œuvre»	≠	**apéritif** «băutură alcoolică, tărie»
a articula «joindre un article à un nom»	≠	**articuler** «a rosti»
artizanat «boutique d'objets d'art faits par des artisans»	≠	**artisanat** «condiţia, starea de meseriaş»
azil «hospice et asile»	≠	**asile** «adăpost, refugiu»
balon aussi «imperméable»	≠	**ballon** «balon»
benzină «essence»	≠	**benzine** «amestec de hidrocarburi provenind din distilarea benzolului»
bloc aussi «immeuble; bâtiment»	≠	**bloc** «bloc»
bluză «chemisier, corsage»	≠	**blouse** «halat (de lucru, de protecţie)»
bulion «coulis de tomates»	≠	**bouillon** «supă (de carne, de zarzavaturi)»
cabană «chalet»	≠	**cabane** «colibă»
candelabru «lustre»	≠	**candélabre** «sfeşnic»
cantină «restaurant»	≠	**cantine** «cufăr, geamantan»
capot «robe de chambre»	≠	**capote** «manta militară»
carnet aussi «carte (d'étudiant, d'adhérent..)»	≠	**carnet** «carnet»
carte «livre»	≠	**carte** «hartă»
cauciuc (de maşină) «pneu»	≠	**caoutchouc** «impermeabil»
chilot «caleçon»	≠	**culotte** «şort bărbătesc ; pantaloni»
a consuma aussi «consommer»	≠	**se consumer** «a consuma»
cordon «ceinture»	≠	**cordon** «şnur, sfoară, cordon»
costum (de baie) «maillot (de bain)»	≠	**costume** «costum»
cremă (de ghete) «cirage»	≠	**crème** «smântână ; cremă»
cretă «craie»	≠	**crête** «creastă»
culoar aussi «voie d'une autoroute»	≠	**couloir** «culoar»
drogherie «parfumerie»	≠	**droguerie** «magazin cu articole de menaj»
formal «superficiel»	≠	**formel** «categoric»
furou «combinaison»	≠	**fourreau** «teacă, toc»
galoş «chaussure de caoutchouc»	≠	**galoche** «încălţăminte cu talpă de lemn»
garderobă aussi «vestiaire»	≠	**garde-robe** «garderobă»
garnitură aussi «parure de lit ; joint»	≠	**garniture** «garnitură»
a interna aussi «hospitaliser»	≠	**interner** «a interna»

ROUMAIN		FAUX AMI FRANÇAIS
jachetă « veste, gilet de laine »	≠	**jaquette** « frac »
jerseu « gilet, pull »	≠	**jersey** « tricou »
lanternă « lampe de poche »	≠	**lanterne** « felinar »
larmă « vacarme »	≠	**larme** « lacrimă »
linie aussi « règle ; voie de chemin de fer »	≠	**ligne** « linie »
local (n.) « boîte de nuit »	≠	**local** « local ; încăpere »
marmeladă « compote »	≠	**marmelade** « dulceaţă de citrice »
ordinar « abject, ignoble »	≠	**ordinaire** « obişnuit, firesc, normal »
ospiciu « asile »	≠	**hospice** (de vieillards) « azil (de bătrâni) »
palton « pardessus »	≠	**paletot** « jachetă »
pardesiu « manteau léger de demi-saison »	≠	**pardessus** « palton »
parter « rez-de-chaussée »	≠	**parterre** « strat, rond de flori »
pensionar « retraité »	≠	**pensionnaire** « elev, elevă într-un pension, clientul unei pensiuni »
pom « arbre fruitier »	≠	**pomme** « măr »
poşetă « sac à main »	≠	**pochette** « plic, batistă de purtat în buzunarul vestonului »
rachetă aussi « fusée, missile »	≠	**raquette** « rachetă »
ramă « cadre »	≠	**rame** « vâslă »

ROUMAIN		FAUX AMI FRANÇAIS
reţetă aussi « ordonnance médicale »	≠	**recette** « reţetă »
rezervă aussi « chambre individuelle dans un hôpital »	≠	**réserve** « rezervă »
sacoşă « sac à provisions »	≠	**sacoche** « geantă »
sifon aussi « eau gazeuse »	≠	**siphon** « sifon »
sonerie aussi « sonnette »	≠	**sonnerie** « sonerie »
şosetă « socquette »	≠	**chaussette** « ciorap »
şoşon « chaussure en caoutchouc »	≠	**chausson** « papuc »
staţie aussi « gare »	≠	**station** « staţie »
suc (de fructe) aussi « jus de fruit »	≠	**suc** « suc »
tablă « tôle, fer-blanc ; tableau noir »	≠	**table** « masă »
tricou « maillot de corps »	≠	**tricot** « pulover, jerseu »
a turna « verser »	≠	**tourner** « a întoarce »
ţigară « cigarette »	≠	**cigare** « ţigară de foi »
umbrelă « parapluie »	≠	**ombrelle** « umbrelă de soare »
vapor « bateau »	≠	**vapeur** « abur »
vestă « gilet sans manches »	≠	**veste** « haina costumului bărbătesc ; taiorul costumului de damă »
veston « veste militaire »	≠	**veston** « haina costumului bărbătesc »

RUSSE

RUSSE		FAUX AMI FRANÇAIS
анекдот «blague»	≠	**anecdote** «любопытный случай»
авария «accident, panne»	≠	**avarie** «ущерб, порча, поломка, повреждение»
агитация «propagande»	≠	**agitation** «волнение, брожение»
алименты «pension alimentaire»	≠	**aliments** «продукты питания»
анкета «questionnaire, formulaire»	≠	**enquête** «расследование, следствие; опрос, обследование»
апартаменты «palace»	≠	**appartement** «квартира»
аромат «arôme, saveur»	≠	**aromate** «благовоние, специи»
астра «aster (fleur)»	≠	**astre** «звезда»
афёра «spéculation»	≠	**affaire** «дело»
бандероль «colis postal»	≠	**banderole** «вымпел, флажок»
батон «baguette (pain)»	≠	**bâton** «палка»
бензин «essence»	≠	**benzine** «бензол»
бокал «coupe, flûte»	≠	**bocal** «стеклянная банка»
бра «applique»	≠	**bras** «рука»

RUSSE		FAUX AMI FRANÇAIS
вульгаризация «interprétation grossière»	≠	**vulgarisation** «популяризация»
журнал «magazine»	≠	**journal** «газета»
галантерея «mercerie»	≠	**galanterie** «галантность, комплимент женщине»
гардероб «vestiaire»	≠	**garde-robe** «шифоньер; одежда кого–либо»
декорация «décor de théâtre»	≠	**décoration** «украшение, награда»
деталь «pièce, élément»	≠	**détail** «подробность»
диспут «débat, discussion»	≠	**dispute** «ссора»
кадр «séquence»	≠	**cadre** «рамка»
каникулы «les vacances»	≠	**canicule** «период летней жары»
кастет «matraque»	≠	**casse-tête** «головоломка; палица; оглушительный шум»
команда «équipe»	≠	**commande** «заказ; передаточный механизм; управление»
кондуктор «contrôleur (bus)»	≠	**conducteur** «водитель; проводник»
купе «compartiment de train»	≠	**coupé** «тип автомобиля»

RUSSE		FAUX AMI FRANÇAIS
кураж «fanfaronnade»	≠	**courage** «храбрость»
курьер «coursier»	≠	**courrier** «корреспон–денция, письма»
куш «somme d'argent»	≠	**couche** «ложе; слой; пеленка»
кювет «fossé»	≠	**cuvette** «таз, лоханка»
лектор «conférencier»	≠	**lecteur** «читатель»
лимон «citron»	≠	**limon** «тина, ил, суглинок»
ложе «lit»	≠	**loge** «ложа»
манеж «manège, piste pour chevaux»	≠	**manège** «карусель с лошадками; уловка, хитрость; манеж (конный)»
марка «timbre-poste»	≠	**marque** «знак, метка»
материал «matériau»	≠	**matériel** «оборудование»
минус «moins (math)»	≠	**minus** «глупец»
монета «pièce de monnaie»	≠	**monnaie** «деньги»
мулине «fil à broder»	≠	**moulinet** «турникет; вертушка; катушка спиннинга»
мультипликация «dessin animé»	≠	**multiplication** «умножение»

RUSSE		FAUX AMI FRANÇAIS
негр «le Noir, l'Africain»	≠	**nègre** «черномазый»
ордер «mandat d'arrêt»	≠	**ordre** «приказ»
пароль «mot de passe»	≠	**parole** «слово, речь»
патрон «douille, cartouche»	≠	**patron** «хозяин предприятия, заведения»
пенсионер «retraité»	≠	**pensionnaire** «пансионер»
перрон «quai de gare»	≠	**perron** «крыльцо»
пижон «snob»	≠	**pigeon** «голубь; простофитя»
пистон «amorce»	≠	**piston** «поршень; блат»
портфель «serviette»	≠	**portefeuille** «папка; бумажник; должность министра»
препарация «dissection»	≠	**préparation** «подготовка»
приз «prix»	≠	**prise** «захват, взятие»
район «région, district, arrondissement	≠	**rayon** «луч; радиус»
ракета «fusée, missile»	≠	**raquette** «ракетка»
режиссёр «metteur en scène»	≠	**régisseur** «управляющий, администратор»
резина «caoutchouc»	≠	**résine** «смола»

RUSSE		FAUX AMI FRANÇAIS
салют «salve»	≠	**salut** «привет»
сервант «buffet»	≠	**servante** «посудный столик; служанка»
сервер seulement «serveur informatique»	≠	**serveur** «официант в кафе»
стаж «ancienneté»	≠	**stage** «стажировка, практика; испытательный срок»
таблетка «comprimé»	≠	**tablette** «плитка»
темп «allure, rythme, cadence»	≠	**temps** «время; такт»

RUSSE		FAUX AMI FRANÇAIS
толь «carton goudronné»	≠	**tôle** «листовое железо»
торт «gâteau»	≠	**tarte** «пирог»
трап «échelle d'accès (sur un bateau)»	≠	**trappe** «люк»
фамилия «nom de famille»	≠	**famille** «семья»
фигура «taille, stature»	≠	**figure** «рисунок; схема; лицо»
элеватор «silo»	≠	**élévateur** «подъемник»

SUÉDOIS

SUÉDOIS		FAUX AMI FRANÇAIS
ackord «à forfait, à la tâche»	≠	**accord** «överensstämmelse»
adjö «au revoir»	≠	**adieu** «farväl»
affär «boutique»	≠	**affaire** «ärende»
ateljé «atelier de peintre»	≠	**atelier** «verkstad»
avance «bénéfice»	≠	**avance** «förskottsbetalning»
balans «équilibre»	≠	**balance** «våg»
ballong «aérostat»	≠	**ballon** «boll (football)»
bio «cinéma»	≠	**bio** «biologisk»
byrå seulement «bureau (pièce)»	≠	**bureau** «byrå» et «skrivbord»
garderob «placard»	≠	**garde-robe** «klädförråd»
kollision «conflit de lois»	≠	**collision** «sammanstötning»
kompanjon «associé»	≠	**compagnon** «kamrat»
kompostera «faire du compost, du fumier»	≠	**composter** «stämpla (chemin de fer)»
koncept «brouillon, projet»	≠	**concept** «begrepp»
konkurs «faillite»	≠	**concours** «tävla, konkurrens»

SUÉDOIS		FAUX AMI FRANÇAIS
lavett «affût de canon»	≠	**lavette** «disktrasa»
lavoar «lavabo»	≠	**lavoir** «tvättstuga»
manege «manège de cirque»	≠	**manège** «knep (comportement)»
markis «store à l'italienne»	≠	**marquise** «markisinna»
motion «culture physique»	≠	**motion** «motion (parlement.)»
perrong «quai de gare»	≠	**perron** «yttertrappa»
plym «ornement en plume»	≠	**plume** «fjäder»
polis «agent de police»	≠	**police** «Polisväsen»
provision «commission»	≠	**provision** «förråd, proviant»
ranson «ration»	≠	**rançon** «lösepenning»
realisation «soldes»	≠	**réalisation** «utförande»
recit «conclusions»	≠	**récit** «berättelse»
servis «service de table»	≠	**service** «tjänst»
trafikant «usager de la circulation»	≠	**trafiquant** «handlare»

PRINCIPAUX SIGLES

Cette liste répertorie les sigles et les abréviations fréquemment employés dans la communication quotidienne, qu'ils soient formés en français ou d'origine étrangère, qu'ils fassent partie des noms propres ou des mots de la langue (parmi ces derniers, ceux qui sont traités dans le dictionnaire sont suivis du signe * dans la liste qui suit). Il s'agit d'une liste encyclopédique et nous avons pris le parti de présenter tous les sigles en majuscules et sans points alors que dans la réalité de nombreuses formes graphiques coexistent (écrire à l'*U.R.S.S.A.F.*, à l'*URSSAF*, à l'*Urssaf*, regarder *Arte*, passer le *capes*...). La prononciation est indiquée lorsque le sigle comprend un élément vocalique. Chaque sigle est suivi de sa forme développée au long, les lettres composant le sigle étant mises en évidence par des caractères gras. Pour les sigles d'origine étrangère, nous avons le plus souvent proposé une traduction française de cette forme développée. Certains sigles développés sont assez faciles à comprendre (comme CNRS « Centre national de la recherche scientifique »); pour ceux qui le sont moins, nous avons fait figurer une courte explication précisant le type (organisation syndicale, société de radiodiffusion, parti politique...) ou la fonction.

ABS [ɑbeɛs] Anti Blocking System (système de freinage)
ADAC [adak] avion à décollage et atterrissage courts
ADAV [adav] avion à décollage et atterrissage verticaux
ADEME [adɛm] Agence de l'environnement et de la maîtrise de l'énergie
ADN* [ɑdeɛn] acide désoxyribonucléique
AFNOR [afnɔʀ] Association française de normalisation
AFP [ɑɛfpe] Agence France-Presse (agence de presse)
AG [ɑʒe] assemblée générale
AIDS → SIDA
AITA Association internationale des transports aériens
AM [ɑɛm] ante meridiem « avant midi »
AMM [ɑɛmɛm] autorisation de mise sur le marché (pour les nouveaux médicaments)
ANC [ɑɛnse] African National Congress « Congrès national africain » (organisation politique sud-africaine)
ANPE [ɑɛnpeø] Agence nationale pour l'emploi
ANVAR [ɑ̃vaʀ] Agence nationale pour la valorisation de la recherche
AOC [ɑose] appellation d'origine contrôlée
APEC [apɛk] Association pour l'emploi des cadres
API [ɑpei] Association (ou alphabet) phonétique international(e)
AR [ɑɛʀ] accusé de réception
ARC [aʀk] Association pour le développement de la recherche sur le cancer
ARN* [ɑɛʀɛn] acide ribonucléique (en anglais **RNA** Ribonucleic Acid)
ARTE [aʀte] Association relative à la télévision européenne (chaîne de télévision culturelle)
ARTT [ɑɛʀtete] aménagement et réduction du temps de travail (passage aux 35 heures hebdomadaires)
ASSEDIC [asedik] Association pour l'emploi dans l'industrie et le commerce (assurant aux chômeurs une indemnité complémentaire)
ATD Quart monde [ɑtede] Aide à toute détresse (association humanitaire)
ATOS [atos] (personnels) administratifs, techniques, ouvriers et de service
AUPELF [opɛlf] Association des universités partiellement ou entièrement de langue française
AZT* [ɑzɛdte] azidothymidine
BA [beɑ] bonne action
BAFA [bafa] brevet d'aptitude aux fonctions d'animateur
BASIC [bazik] (m) Beginner's All Purpose Symbolic Instruction Code (langage de programmation informatique)
BAT [beɑte] bon à tirer (dans l'édition)
BCBG bon chic bon genre
BCG bacille de Calmette et Guérin (vaccin antituberculeux)
BD* bande dessinée
BEP [beøpe] brevet d'études professionnelles
BEPC [beøpese] brevet d'études du premier cycle
BERD [bɛʀd] Banque européenne pour la reconstruction et le développement
BIT [beite] Bureau international du travail
BK bacille de Koch
BN Bibliothèque nationale

BNF Bibliothèque nationale de France

BP* boîte postale

BPI [bepei] bibliothèque publique d'information

BPM beats per minute

BTP bâtiment et travaux publics

BTS* brevet de technicien supérieur

BVP Bureau de vérification de la publicité

BZD benzodiazépine

CA [seɑ] chiffre d'affaires

CAC 40 [kak] (m) Compagnie des agents de change (indice boursier)

CAF [kaf] caisse d'allocations familiales
coût, assurance, fret

CAO [seɑo] conception assistée par ordinareur

CAP* [seɑpe] certificat d'aptitude professionnelle

CAPES*[kapɛs] certificat d'aptitude au professorat de l'enseignement du second degré

CAPET [kapɛt] certificat d'aptitude au professorat de l'enseignement technique

CB [sibi] (f) Citizen's band (bande de fréquences radio)

CCIP [seseipe] Chambre de commerce et d'industrie de Paris

CCP compte chèques postal
compte courant postal

CD corps diplomatique

CD* Compact Disc

CDD contrat à durée déterminée

CDI [sedei] Compact Disc Interactive
contrat à durée indéterminée
centre de documentation et d'information
centre des impôts

CD-ROM* [sedeʀɔm] Compact Disc Read Only Memory

CDS Centre des démocrates sociaux (parti politique)

CDV Compact Disc Video

CE [seø] comité d'entreprise
cours élémentaire
Communauté européenne

CEA [seøɑ] Commissariat à l'énergie atomique

CECA [seka] Communauté européenne du charbon et de l'acier

CECOS [sekos] centre d'étude et de conservation du sperme

CEDEX* [sedɛks] courrier d'entreprise à distribution exceptionnelle

CEE [seøø] Communauté économique européenne

CEI [seøi] Communauté des États indépendants (regroupant des républiques d'URSS)

CERN [sɛʀn] Conseil européen pour la recherche nucléaire (laboratoire de physique des particules)

CES [sɛs] contrat emploi solidarité

CES [seøɛs] collège d'enseignement secondaire

CET [seøte] collège d'enseignement technique

CFA [seɛfɑ] Communauté financière africaine

CFAO [seɛfɑo] conception et fabrication assistées par ordinateur

CFC chlorofluorocarbone

CFDT Confédération française démocratique du travail (organisation syndicale)

CFTC Confédération française des travailleurs chrétiens (organisation syndicale)

CGC Confédération générale des cadres (organisation syndicale)

CGT Confédération générale du travail (organisation syndicale)

CHR centre hospitalier régional

CHU [seaʃy] centre hospitalier universitaire

CIA [seiɑ] (f) Central Intelligence Agency « Agence centrale de renseignements » (service d'espionnage et de contre-espionnage américain)

CICR [seiseɛʀ] Comité international de la Croix-Rouge

CIDJ [seideʒi; sidʒ] Centre d'information et de documentation jeunesse

CIO [seio] Comité international olympique (organisant les jeux Olympiques)
centre d'information et d'orientation

CM cours moyen

CNAM [knam] Conservatoire national des arts et métiers (établissement d'enseignement supérieur, centre de recherche et d'information scientifique)
caisse nationale d'assurance maladie

CNC Centre national du cinéma

CNDP Centre national de la documentation pédagogique

CNES [knɛs] Centre national d'études spatiales

CNIL [knil] Commission nationale de l'informatique et des libertés

CNIT [knit] Centre des nouvelles industries et technologies (hall d'exposition)

CNJA [seɛnʒiɑ] Centre national des jeunes agriculteurs (organisation professionnelle)

CNPF Conseil national du patronat français (organisation professionnelle)

CNRS Centre national de la recherche scientifique

CNSM Conservatoire national supérieur de musique

COB [kɔb] Commission des opérations de Bourse (organisme de surveillance et de contrôle)

COBOL [kɔbɔl] (m) Common Business Oriented Language (langage de programmation informatique)

CODEVI [kɔdevi] compte pour le développement industriel

COGEMA [kɔʒema] Compagnie générale des matières nucléaires

COMEX [komɛks] Compagnie maritime d'expertise

CP cours préparatoire

CPAM [sepeɑɛm] Caisse primaire d'assurance maladie

CQFD ce qu'il fallait démontrer

CREDOC [kʀedɔk] Centre de recherches, d'études et de documentation sur la consommation

CROUS [kʀus] Centre régional des œuvres universitaires et scolaires

CRS* compagnie républicaine de sécurité

CSA [seɛsɑ] Conseil supérieur de l'audiovisuel (autorité administrative de contrôle)

CSG contribution sociale généralisée

CV* curriculum vitæ
cheval fiscal

DAB [dab] distributeur automatique de billets

DASS [das] Direction de l'action sanitaire et sociale

DATAR [dataʀ] Délégation à l'aménagement du territoire et à l'action régionale

DB division blindée

DCA [desea] défense contre avions

DDT dichloro-diphényl-trichloréthane (insecticide)

DEA [deøa] diplôme d'études approfondies

DESS [deøɛsɛs] diplôme d'études supérieures spécialisées

DEUG [dœg] diplôme d'études universitaires générales

DG direction générale

DGSE [deʒeɛsø] Direction générale de la sécurité extérieure (services d'espionnage et de contre-espionnage)

DJ [didʒe] disc-jockey

DOC [dɔk] disque optique compact

DOM [dɔm] département d'outre-mer

DOM-TOM [dɔmtɔm] Départements et territoires d'outre-mer

DOS [dɔs] Disk Operating System (système d'exploitation informatique)

DPLG diplômé par le gouvernement

DRH direction des ressources humaines

DST Direction de la surveillance du territoire

DUT [deyte] diplôme universitaire de technologie

EAO [øao] enseignement assisté par ordinateur

ECBU [øsebey] examen cytobactériologique des urines

ECG [øseʒe] électrocardiogramme

ECU [eky] European Currency Unit (monnaie unique)

EDF [ødeɛf] Électricité de France (établissement gérant l'énergie électrique)

EDJ [ødeʒi] École des journalistes

EEG [øøʒe] électroencéphalogramme

ENA [ena] École nationale d'administration (formant les hauts fonctionnaires de l'aministration française)

ENM [øɛnɛm] École nationale de la magistrature

ENS [øɛnɛs] École normale supérieure (établissement d'enseignement supérieur)

EPHE [øpeaʃø] École pratique des hautes études

EPO [øpeo] érythropoïétine (utlisée comme substance dopante)

EPROM [epʀɔm] (f) Erasable Programmable Read Only Memory «mémoire morte programmable et effaçable»

EPS [øpeɛs] éducation physique et sportive

ESCAE École supérieure de commerce et d'administration des entreprises

ESCP [øɛssepe] École supérieure de commerce de Paris

ESSEC [esɛk] École supérieure des sciences économiques et commerciales

ETA [øtea] Euzkadi ta Azkatasuna «le Pays basque et sa liberté» (organisation révolutionnaire basque)

EUA [øya] États-Unis d'Amérique

EV [ɑ̃vil] en ville

FAB [ɛfabe] franco à bord

FAO [ɛfao] fabrication assistée par ordinateur
(f) Food and Agriculture Organization «Organisation pour l'alimentation et l'agriculture» (institution de l'ONU)

FB franc belge

FBI [ɛfbiaj] (m) Federal Bureau of Investigation «bureau fédéral d'enquêtes» (organisme américain enquêtant sur les violations des lois fédérales)

FCFA franc CFA

FCP fonds commun de placement

FEMIS [femis] Fondation européenne des métiers de l'image et du son (école du cinéma et de l'audiovisuel)

FEN [fɛn] Fédération de l'Éducation nationale (organisation syndicale)

FF franc français

FFI [ɛfɛfi] Forces françaises de l'intérieur (forces militaires de la Résistance engagées dans les combats de la Libération)

FIAC [fjak] Foire internationale d'art contemporain

FIFA [fifa] Fédération internationale de football association

FINUL [finyl] Force intérimaire des Nations unies au Liban

FIP [fip] France-Inter Paris (radio)

FIS [fis] Front islamique du salut (parti politique algérien)

FIV* [fiv] fécondation in vitro

FIVETE [fivɛt] (f) fécondation in vitro et transfert d'embryon

FLE [flœ] français langue étrangère

FLN Front de libération nationale (parti nationaliste algérien créé en 1954)

FLNC Front de libération nationale de la Corse

FM Frequency Modulation «modulation de fréquence»

FMI [ɛfɛmi] Fonds monétaire international

FN Front national (parti politique)

FNAC [fnak] Fédération nationale d'achat des cadres

FNSEA [ɛfɛnɛsøa] Fédération nationale des syndicats d'exploitants agricoles (organisation syndicale)

FO [ɛfo] Force ouvrière (organisation syndicale)

FOB [ɛfobe] Free On Board «franco à bord»

FS franc suisse

FTP Francs-tireurs et partisans (organisation militaire engagée dans la Résistance)

FTP-MOI [ɛftepemɔj] Francs-tireurs et partisans main d'œuvre immigrée

GAB [gab] guichet automatique bancaire

GATT [gat] (m) General Agreement on Tariffs and Trade «Accord général sur les tarifs douaniers et le commerce»

GDF Gaz de France (établissement gérant le gaz domestique)

GIC [ʒeise] grand invalide civil

GIE [ʒeiø] groupement d'intérêt économique

GIG [ʒeiʒe] grand invalide de guerre

GIGN [ʒeiʒeɛn] Groupe d'intervention de la gendarmerie nationale

GMT [ʒeɛmte] Greenwich Mean Time «heure moyenne de Greenwich»

GO [ʒeo] grandes ondes

GPL gaz de pétrole liquéfié (carburant)

GR (sentier de) grande randonnée

GREF [gʀɛf] Génie rural, des Eaux et des Forêts

GTI [ʒetei] (automobile) grand tourisme à injection

HAD [aʃade] hospitalisation à domicile

HCR Haut-commissariat des Nations unies pour les réfugiés (organisation humanitaire)

HEC [aʃøse] École des hautes études commerciales

HI-FI [ifi] High Fidelity « haute fidélité »

HIV* [aʃive] Human Immunodeficiency Virus « virus de l'immunodéficience humaine »

HLM* habitation à loyer modéré

HS hors service

HT (prix) hors taxes

IAC [iɑse] insémination artificielle entre conjoints

IAD [iɑde] insémination artificielle avec donneur

IDS [ideɛs] Initiative de défense stratégique

IFOP [ifɔp] Institut français d'opinion publique (institut de sondages)

IFREMER [ifʀemɛʀ] Institut français de recherche pour l'exploitation de la mer

IGF [iʒeɛf] impôt sur les grandes fortunes

IGN [iʒeɛn] Institut géographique national

IGS [iʒeɛs] Inspection générale des services (contrôlant les services de la police)

IMA [ima] Institut du monde arabe

IMC [iɛmse] infirme moteur cérébral

INA [ina] Institut national de l'audiovisuel

INALCO [inalko] Institut national des langues et civilisations orientales

INC [iɛnse] Institut national de la consommation (pour l'information et la protection des consommateurs)

INED [inɛd] Institut national d'études démographiques

INPI [inpi] Institut national de la propriété industrielle

INRA [inʀa] Institut national de la recherche agronomique

INRI [inʀi] Iesus Nazarenus Rex Iudaeorum « Jésus de Nazareth, roi des juifs »

INRP [iɛnɛʀpe] Institut national de la recherche pédagogique

INSEE [inse] Institut national de la statistique et des études économiques

INSERM [insɛʀm] Institut national de la santé et de la recherche médicale

IRA [iʀa] Irish Republican Army « Armée républicaine irlandaise » (organisation de lutte armée)

IRCAM [iʀkam] Institut de recherche et de coordination acoustique musique

IRM [iɛʀɛm] imagerie par résonance magnétique

ISBN [iɛsbeɛn] (m) International Standard Book Number (numéro d'identification des publications)

ISF [iɛsɛf] impôt de solidarité sur la fortune

ISO [izo] International Standardization Organization « organisation internationale de normalisation »

IUFM [iyɛfɛm] institut universitaire de formation des maîtres

IUT [iyte] institut universitaire de technologie

IVG* [iveʒe] interruption volontaire de grossesse

JF jeune fille

JH jeune homme

JO [ʒio] Journal officiel
jeux Olympiques

JT journal télévisé

KGB (m) Komitet Gossoudarstvennoï Bezopasnosti « Comité pour la sécurité d'État » (police politique soviétique)

KO* [kao] knock-out

LA [ɛle] Los Angeles

LAV [lav] Lymphoadenopathy Associated Virus

LCR Ligue communiste révolutionnaire

LICRA [likʀa] Ligue internationale contre le racisme et l'antisémitisme

LSD* Lysergsaürediäthylamid « acide lysergique diéthylamide » (substance hallucinogène)

MATIF [matif] Marché à terme international de France

MCJ maladie de Creutzfeldt-Jakob

MEDEF [medɛf] Mouvement des entreprises de France (organisation professionnelle)

MIDEM [midɛm] Marché international du disque et de l'édition musicale

MIN [min] marché d'intérêt national

MIPS [mips] million d'instructions par seconde (unité de mesure de la puissance d'un ordinateur)

MIT [ɛmajti] Massachusetts Institute of Technology (établissement d'enseignement supérieur et de recherche)

MJC maison des jeunes et de la culture

MLF Mouvement de libération des femmes (mouvement féministe)

MRAP [mʀap] Mouvement contre le racisme et pour l'amitié entre les peuples

MRG Mouvement des radicaux de gauche (parti politique)

MRP Mouvement républicain populaire (parti politique)

MSF Médecins sans frontières (organisation humanitaire)

MST* maladie sexuellement transmissible

NASA [naza] (f) National Aeronautics and Space Administration (organisation américaine dirigeant les recherches aéronautiques et spatiales civiles)

NATO → OTAN

NB nota bene

NDLR note de la rédaction (dans une publication)

NF normes françaises

NMPP Nouvelles messageries de la presse parisienne

NPI [ɛnpei] nouveaux pays industrialisés

NRF Nouvelle Revue française

OAS [oɑɛs] Organisation armée secrète (organisation clandestine française opposée à l'indépendance de l'Algérie)

OCDE [osedeø] Organisation de coopération et de développement économiques

OFPRA [ɔfpʀa] Office français de protection des réfugiés et apatrides

OGM [oʒeɛm] organisme génétiquement modifié

OIT [oite] Organisation internationale du travail (institution de l'ONU qui élabore le droit du travail, lutte contre le chômage)

OK* [ɔke] oll korrect

OLP [oɛlpe] Organisation de libération de la Palestine

OM [oɛm] Olympic de Marseille (club de football)

OMS [oɛmɛs] Organisation mondiale de la santé (institution de l'ONU)

ONG [oɛnʒe] organisation non gouvernementale

ONISEP [ɔnisɛp] Office national d'information sur les enseignements et les professions

ONU* [oɛny; ɔny] Organisation des Nations unies (en anglais **UNO** United Nations Organization)

OPA [opeɑ] offre publique d'achat

OPE [opeø] offre publique d'échange

OPEP [ɔpɛp] Organisation des pays exportateurs de pétrole (fixant le prix du pétrole)

OPV [opeve] offre publique de vente

ORL* [oɛʀɛl] oto-rhino-laryngologie
oto-rhino-laryngologiste

ORSEC [ɔʀsɛk] Organisation des secours (plan d'urgence déclenché par le préfet)

ORSTOM [ɔʀstɔm] Office de la recherche scientifique et technique d'outre-mer

ORTF [oɛʀteɛf] Office de radiodiffusion et télévision française

OS [oɛs] ouvrier spécialisé

OTAN* [ɔtɑ̃; ɔtan] Organisation du traité de l'Atlantique Nord (en anglais **NATO** North Atlantic Treaty Organization)

OUA [oyɑ] Organisation de l'unité africaine

OuLiPo [ulipo] Ouvroir de Littérature Potentielle (atelier de littérature expérimentale)

OVNI* [ɔvni] objet volant non identifié

P et T Postes et Télécommunications

PAC [pak] Politique agricole commune

PACA [paka] (région) Provence-Alpes-Côte d'Azur

PACS [paks] pacte civil de solidarité

PAF [paf] paysage audiovisuel français

PAL [pal] Phase Alternating Line (système de télévision en couleur)

PAO [peɑo] production (ou publication) assitée par ordinateur

PAP [pap] prêt pour l'accession à la propriété

PC Parti communiste
poste de commandement
Personal Computer « ordinateur individuel »

PCEM [peseøɛm] premier cycle des études médicales

PCF Parti communiste français

PCV à percevoir (communication téléphonique payable par le destinataire)

PDG* président-directeur général

PEGC [peøʒese] professeur d'enseignement général des collèges

PEL [pɛl] plan d'épargne logement

PEP [pɛp] plan d'épargne populaire

PGCD plus grand commun diviseur

pH potentiel hydrogène

PIB [peibe] produit intérieur brut

PJ* Police judiciaire

PLV publicité sur le lieu de vente (matériel de promotion)

PM post meridiem « après midi »

PMA [peɛmɑ] pays les moins avancés
procréation médicalement assistée

PME* [peɛmø] petites et moyennes entreprises (comptant moins de 500 salariés)

PMI [peɛmi] petites et moyennes industries
protection maternelle et infantile

PMU* [peɛmy] Pari mutuel urbain

PNB produit national brut

POS [pɔs] plan d'occupation des sols

PP préfecture de police

PPCM plus petit commun multiple

PPM partie par million (pour exprimer les faibles concentrations)

PR poste restante

PROLOG [pʀɔlɔg] (m) Programming in Logic « programmation en logique » (langage de programmation informatique)

PS Parti socialiste

PS* post-scriptum

PSG Paris Saint-Germain (club de football)

PSU [peɛsy; psy] Parti socialiste unifié

PTAC [peteɑse] poids total autorisé en charge

PTT Postes, Télégraphes, Téléphones

PUF [pyf] Presses universitaires de France (éditeur)

PV* procès-verbal

PVC polyvinylchloride « polychlorure de vinyle » (matière plastique)

QCM questionnaire à choix multiple

QG* quartier général

QHS quartier de haute sécurité (dans une prison)

QI* [kyi] quotient intellectuel

QSP quantité suffisante pour (préparer un médicament)

RAF [ɛʀɑɛf] (f) Royal Air Force « Force aérienne royale » (armée de l'air britannique)

RAM [ʀam] (f) Random Access Memory (mémoire vive d'ordinateur)

RAS* [ɛʀɑɛs] rien à signaler

RATP [ɛʀɑtepe] Régie autonome des transports parisiens (exploitant le métro, le RER et les autobus)

RDA [ɛʀdeɑ] République démocratique allemande

RDC rez-de-chaussée

RDS remboursement de la dette sociale

RER* [ɛʀøɛʀ] Réseau express régional

RF République française

RFA [ɛʀɛfɑ] République fédérale d'Allemagne

RFI [ɛʀɛfi] Radio-France international (société de radiodiffusion)

RFO [ɛʀɛfo] Radio-France outre-mer (société de radiotélévision)

RG Renseignements généraux

RIB* [ʀib] relevé d'identité bancaire

RIP [ʀip] relevé d'identité postal

RMI [ɛʀɛmi] revenu minimum d'insertion

RMN résonance magnétique nucléaire

RN route nationale

RNA → ARN

ROM [ʀɔm] (f) Read Only Memory (mémoire morte d'ordinateur)

RPF Rassemblement du peuple français (parti politique)

RPR Rassemblement pour la république (parti politique)

RSVP répondez s'il vous plaît (à une invitation)

RTL Radio-Télévision luxembourgeoise

RV rendez-vous

SA [ɛsɑ] société anonyme

SACEM [sasɛm] Société des auteurs, compositeurs et éditeurs de musique

SAMU* [samy] Service d'aide médicale d'urgence
SARL* [ɛsaɛʀɛl] société à responsabilité limitée
SAV [ɛsave] service après-vente
SCI [ɛssei] société civile immobilière
SDECE [sdɛk] Service de documentation extérieure et de contre-espionnage
SDF* sans domicile fixe
SDF Scouts de France
SDN Société des Nations
SECAM [sekam] séquentiel à mémoire (système de télévision en couleur)
SEITA [seita] Société nationale d'exploitation industrielle des tabacs et allumettes (chargée de la fabrication et de la commercialisation)
SERNAM [sɛʀnam] Service national de messageries (transporteur)
SF science-fiction
SFP Société française de production et de création audiovisuelle
SGBD système de gestion de base de données
SGDG sans garantie du gouvernement
SGEN [sgɛn] Syndicat général de l'Éducation nationale
SGML (m) Standard Generalized Mark-up Language (langage informatique pour données structurées)
SICAV* [sikav] société d'investissement à capital variable
SIDA* [sida] syndrome d'immunodéficience acquise (en anglais **AIDS** Acquired Immune Deficiency Syndrome)
SME [ɛsɛmø] système monétaire européen
SMIC* [smik] salaire minimum interprofessionnel de croissance
SMIG [smig] salaire minimum interprofessionnel garanti
SNCF Société nationale des chemins de fer français (organisant le transport par train)
SNE-sup [snesyp] Syndicat national des enseignants du supérieur
SNES [snɛs] Syndicat national des enseignants du secondaire
SNI [ɛsɛni; sni] Syndicat national des instituteurs
SOFRES [sɔfʀɛs] Société française d'enquêtes par sondages (effectuant des sondages d'opinion et des études de marché)
SPA [ɛspea] Société protectrice des animaux
SPADEM [spadɛm] Société de la propriété artistique des dessins et modèles
SS (m) Schutz-Staffel « échelon de protection » (organisation nazie)
(f) Sécurité sociale
STO [ɛsteo] Service du travail obligatoire (créé en 1943 pour fournir de la main-d'œuvre à l'Allemagne)
SVP* s'il vous plaît
TCF Touring Club de France
TD travaux dirigés
TEC [tɛk] tonne équivalent charbon
TEE Trans-Europ-Express (train)
TEP [tɛp] tonne équivalent pétrole
TF1 Télévision française 1re chaîne
TGB Très grande bibliothèque
TGV* train à grande vitesse
TIG [teiʒe] travaux d'intérêt général
TIP [tip] titre interbancaire de paiement
TIR [tiʀ] transports internationaux routiers
TNP Théâtre national populaire (fondé par Jean Vilar)
TNT trinitrotoluène (explosif)
TOM* [tɔm] territoire d'outre-mer
TP travaux pratiques
travaux publics
TSF télégraphie sans fil
TSVP tournez s'il vous plaît (au bas d'une page)
TT transit temporaire (immatriculation)
TTC (prix) toutes taxes comprises
TTU [tetey] très, très urgent
TU [tey] temps universel
TUC [tyk] travail d'utilité collective
TUP [typ] titre universel de paiement
TVA* [tevea] taxe à la valeur ajoutée (impôt indirect)
TVHD télévision à haute définition
UDF [ydeɛf] Union pour la démocratie française (parti politique)
UDR [ydeɛʀ] Union des démocrates pour la République (parti politique)
UEFA [yøɛfa] Union européenne de football association
UEO [yøo] Union de l'Europe occidentale (organisation politique et militaire)
UER [yøɛʀ] unité d'enseignement et de recherche (d'une université)
UFR [yɛfɛʀ] unité de formation et de recherche (d'une université)
UHT* [yaʃte] ultra-haute température (méthode de stérilisation)
ULM* [yɛlɛm] ultra-léger motorisé
UNEDIC [ynedik] Union nationale pour l'emploi dans l'industrie et le commerce
UNEF [ynɛf] Union nationale des étudiants de France
UNESCO [ynɛsko] United Nations Educational, Scientific and Cultural Organization « Organisation des Nations unies pour l'éducation, la science et la culture » (institution de l'ONU)
UNICEF [ynisɛf] United Nations International Children's Emergency Fund « Fonds d'urgence des Nations unies pour l'enfance » (organisme humanitaire de l'ONU)
UNO → ONU
URSS* [yɛʀɛsɛs; yʀs] Union des républiques socialistes soviétiques
URSSAF [yʀsaf] Union de recouvrement des cotisations de sécurité sociale et d'allocations familiales
USA [yɛsa] United States of America « États-Unis d'Amérique »
UTA [ytea] Union de transports aériens
UV* [yve] ultra-violets
UV [yve] unité de valeur (dans l'enseignement supérieur)
VAL [val] véhicule automatique léger
VDQS vin délimité de qualité supérieure
VF* version française (d'un film)
VHS Video Home System (norme de matériel vidéo)
VIH [veiaʃ] virus de l'immunodéficience humaine
VIP [viajpi] (m) Very Important Person « personne très importante »
VO* [veo] version originale (d'un film)
VPC vente par correspondance
VRP voyageurs de commerce, représentants et placiers
VSOP [veɛsope] Very Superior Old Pale « très vieil alcool supérieur »
VTT* vélo tout-terrain
WASP [wasp] White Anglo-Saxon Protestant « Anglo-Saxon blanc et protestant »
WC water-closet
WYSIWYG What you see is what you get
ZAC [zak] zone d'aménagement concerté
ZEP [zɛp] zone d'éducation prioritaire
ZUP [zyp] zone à urbaniser en priorité

TABLEAU DE CORRESPONDANCE DES NOMS PROPRES

Cette liste fournit (pour les principaux pays, régions, capitales, grandes villes, fleuves...) la correspondance entre le nom dans la langue d'origine et le nom français de ces mêmes lieux, ces noms français pouvant être très éloignés de la forme originelle. Dans un certain nombre de cas, nous avons également donné la correspondance entre le nom anglais (forme internationalement répandue) et le nom français. Ainsi, on peut accéder à *Allemagne* par les noms allemand *Deutschland* et anglais *Germany*. Nous n'avons généralement pas retenu les formes venant de langues n'utilisant pas l'alphabet latin (grec, russe, arabe...). La plupart des noms français figurant sur cette liste sont traités dans le dictionnaire.

LANGUE D'ORIGINE	FRANÇAIS
Aachen (allemand)	**Aix-la-Chapelle**
Aargau (allemand)	**Argovie**
America (anglais)	**Amérique**
Andalucía (espagnol)	**Andalousie**
Antwerpen (néerlandais)	**Anvers**
Argentina (espagnol)	**Argentine**
Asturias (espagnol)	**Asturies**
Australia (anglais)	**Australie**
Austria (anglais)	**Autriche**
Baile Átha Cliath (gaélique)	**Dublin**
Bălgarija (bulgare)	**Bulgarie**
Basel (allemand)	**Bâle**
Bayern (allemand)	**Bavière**
Beijing (chinois)	**Pékin**
Belarus (biélorusse)	**Biélorussie**
België (néerlandais)	**Belgique**
Belgium (anglais)	**Belgique**
Belgien (allemand)	**Belgique**
Beograd (serbo-croate)	**Belgrade**
Bergen (néerlandais)	**Mons**
Bern (allemand)	**Berne**
Bhārat (hindi)	**Inde**
Biel (allemand)	**Bienne**
Bolivia (espagnol)	**Bolivie**
Bologna (italien)	**Bologne**
Bosna i Hercegovina (serbo-croate)	**Bosnie-Herzégovine**
Brasil (portugais)	**Brésil**
Brazil (anglais)	**Brésil**
Bremen (allemand)	**Brême**
Brugge (néerlandais)	**Bruges**
Brussel (néerlandais)	**Bruxelles**
București (roumain)	**Bucarest**
Cabo Verde (portugais)	**Cap-Vert**
Cádiz (espagnol)	**Cadix**
Cataluña (espagnol)	**Catalogne**
Catalunya (catalan)	**Catalogne**
Česká Republika (tchèque)	**République tchèque**
Channel (anglais)	**Manche**
Chile (espagnol)	**Chili**
Chur (allemand)	**Coire**

LANGUE D'ORIGINE	FRANÇAIS
Colombia (espagnol)	**Colombie**
Córdoba (espagnol)	**Cordoue**
Cymru (gallois)	**pays de Galles**
Danmark (danois)	**Danemark**
Denmark (anglais)	**Danemark**
Deutschland (allemand)	**Allemagne**
Donau (allemand)	**Danube**
Doornik (néerlandais)	**Tournai**
Dover (anglais)	**Douvres**
Dresden (allemand)	**Dresde**
Duna (hongrois)	**Danube**
Dunaj (slovaque)	**Danube**
Dunărea (roumain)	**Danube**
Dunav (bulgare et serbe)	**Danube**
Ecuador (espagnol)	**Équateur**
Edinburgh (anglais)	**Édimbourg**
Eesti (estonien)	**Estonie**
Éireann (gaélique)	**Irlande**
England (anglais)	**Angleterre**
España (espagnol)	**Espagne**
Finland (suédois)	**Finlande**
Firenze (italien)	**Florence**
Frankfurt (allemand)	**Francfort**
Freiburg (allemand)	**Fribourg**
Galicia (espagnol)	**Galice**
Gambia (anglais)	**Gambie**
Genova (italien)	**Gênes**
Gent (néerlandais)	**Gand**

LANGUE D'ORIGINE	FRANÇAIS
Georgia (anglais)	**Géorgie**
Germany (anglais)	**Allemagne**
Granada (espagnol)	**Grenade**
Graubünden (allemand)	**Grisons**
Great Britain (anglais)	**Grande-Bretagne**
Greece (anglais)	**Grèce**
Greenland (anglais)	**Groenland**
Groningen (néerlandais)	**Groningue**
Grønland (danois)	**Groenland**
Den Haag (néerlandais)	**La Haye**
Hamburg (allemand)	**Hambourg**
Hannover (allemand)	**Hanovre**
Helsingfors (suédois)	**Helsinki**
Helsingør (danois)	**Elseneur**
Holland (néerlandais)	**Hollande**
Hrvatska (croate)	**Croatie**
Hsiang-kiang (chinois)	**Hong-Kong**
Iceland (anglais)	**Íslande**
Ieper (néerlandais)	**Ypres**
India (anglais)	**Inde**
Ireland (anglais)	**Irlande**
Ísland (islandais)	**Islande**
Italia (italien)	**Italie**
Italy (anglais)	**Italie**
Jamaica (anglais)	**Jamaïque**
Japan (anglais)	**Japon**
Jugoslavija (serbo-croate)	**Yougoslavie**
København (danois)	**Copenhague**

LANGUE D'ORIGINE	FRANÇAIS
Koblenz (allemand)	**Coblence**
Köln (allemand)	**Cologne**
Kortrijk (néerlandais)	**Courtrai**
Kraków (polonais)	**Cracovie**
La Coruña (espagnol)	**La Corogne**
La Habana (espagnol)	**La Havane**
Latvija (letton)	**Lettonie**
Latvijas (letton)	**Lettonie**
Lebanon (anglais)	**Liban**
Leiden (néerlandais)	**Leyde**
Leuven (néerlandais)	**Louvain**
Lietuva (lituanien)	**Lituanie**
Lietuvos (lituanien)	**Lituanie**
Lisboa (portugais)	**Lisbonne**
Lithuania (anglais)	**Lituanie**
London (anglais)	**Londres**
Luik (néerlandais)	**Liège**
Luzern (allemand)	**Lucerne**
Maas (néerlandais)	**Meuse**
Madagasikara (malgache)	**Madagascar**
Madeira (portugais)	**Madère**
Magyararszág (hongrois)	**Hongrie**
Mainz (allemand)	**Mayence**
Mallorca (espagnol)	**Majorque**
Mauritius (anglais)	**Maurice**
Mechelen (néerlandais)	**Malines**
Menorca (espagnol)	**Minorque**
México (espagnol)	**Mexique** (et **Mexico**)

LANGUE D'ORIGINE	FRANÇAIS
Milano (italien)	**Milan**
Moçambique (portugais)	**Mozambique**
München (allemand)	**Munich**
Namen (néerlandais)	**Namur**
Napoli (italien)	**Naples**
Nederland (néerlandais)	**Pays-Bas**
Netherlands (anglais)	**Pays-Bas**
Newfoundland (anglais)	**Terre-Neuve**
New Guinea (anglais)	**Nouvelle-Guinée**
New Mexico (anglais)	**Nouveau-Mexique**
New Orleans (anglais)	**La Nouvelle-Orléans**
New Zealand (anglais)	**Nouvelle-Zélande**
Nihon (japonais)	**Japon**
Noreg (norvégien)	**Norvège**
Norge (norvégien)	**Norvège**
Northern Ireland (anglais)	**Irlande du Nord**
Norway (anglais)	**Norvège**
Nürnberg (allemand)	**Nuremberg**
Österreich (allemand)	**Autriche**
Padova (italien)	**Padoue**
Pamplona (espagnol)	**Pampelune**
Perú (espagnol)	**Pérou**
Perugia (italien)	**Pérouse**
Pilipinas (philippin)	**Philippines**
Poland (anglais)	**Pologne**
Polska (polonais)	**Pologne**
Poszony (hongrois)	**Bratislava**
Praha (tchèque)	**Prague**

LANGUE D'ORIGINE	FRANÇAIS
Preussen (allemand)	**Prusse**
Puerto Rico (espagnol)	**Porto Rico**
Rhein (allemand)	**Rhin**
Rijn (néerlandais)	**Rhin**
Rockies (anglais)	**les Rocheuses**
Roma (italien)	**Rome**
România (roumain)	**Roumanie**
Saarbrücken (allemand)	**Sarrebruck**
Saarland (allemand)	**Sarre**
Sakartvelo (géorgien)	**Géorgie**
Santiago de Compostela (espagnol)	**Saint-Jacques-de-Compostelle**
Schelde (néerlandais)	**Escaut**
Schwarzwald (allemand)	**Forêt-Noire**
Schweiz (allemand)	**Suisse**
Scotland (anglais)	**Écosse**
Sevilla (espagnol)	**Séville**
's-Gravenhage (néerlandais)	**La Haye**
Shqipëria (albanais)	**Albanie**
Slovenija (slovène)	**Slovénie**
Slovensko (slovaque)	**Slovaquie**
South Africa (anglais)	**Afrique du Sud**
Spain (anglais)	**Espagne**
Srbija (serbo-croate)	**Serbie**
Suid-Afrika (afrikaans)	**Afrique du Sud**
Suomi (finnois)	**Finlande**
Sverige (suédois)	**Suède**
Svizzera (italien)	**Suisse**
Sweden (anglais)	**Suède**

LANGUE D'ORIGINE	FRANÇAIS
Switzerland (anglais)	**Suisse**
Tajo (espagnol)	**Tage**
Tejo (portugais)	**Tage**
Tevere (italien)	**Tibre**
Thames (anglais)	**Tamise**
Ticino (italien)	**Tessin**
Torino (italien)	**Turin**
Trier (allemand)	**Trèves**
Turkey (anglais)	**Turquie**
Türkiye (turc)	**Turquie**
Uganda (anglais)	**Ouganda**
Ukraïna (ukrainien)	**Ukraine**
United Kingdom (anglais)	**Royaume-Uni**
United States (anglais)	**États-Unis**
Valencia (espagnol)	**Valence**
Valle d'Aosta (italien)	**Val-d'Aoste**
Vaticano (italien)	**Vatican**
Venezia (italien)	**Venise**
Ventimiglia (italien)	**Vintimille**
Vesuvio (italien)	**Vésuve**
Vlaanderen (néerlandais)	**Flandre**
Wales (anglais)	**pays de Galles**
Warszawa (polonais)	**Varsovie**
Wien (allemand)	**Vienne**
Xianggang (chinois)	**Hong-Kong**
Yangon (birman)	**Rangoon**
Zambia (anglais)	**Zambie**
Zhongguo (chinois)	**Chine**
Zürich (allemand)	**Zurich**

PAYS, TERRITOIRES ET NATIONALITÉS

Cette liste présente les noms de pays accompagnés de l'article défini utilisé et du genre grammatical, suivis des adjectifs masculin et féminin correspondants. Certains noms de pays sont suivis du signe * qui indique que ce nom propre est traité dans le dictionnaire. Ce traitement a été réservé aux noms qui présentaient en français une différence de prononciation avec la forme d'origine (exemple : *Honduras*) ou un nom différent (exemple : *Slovaquie* - en slovaque *Slovensko*).
Le son initial, le genre et le nombre sont importants pour connaître la manière d'employer ces noms.

nom de pays commençant par une consonne :

nom féminin	nom masculin	nom d'île (quel que soit le genre)
Je visite la Jordanie *Je vais en Jordanie*	*Je visite le Canada* *Je vais au Canada*	*Je visite Malte, les Maldives* *Je vais à Malte, aux Maldives*

nom de pays commençant par une voyelle :

Je visite l'Angola, l'Argentine
Je vais en Angola, en Argentine

l'Afghanistan (m), afghan, afghane
l'Afrique* (f), africain, africaine
l'Afrique* du Sud (f), sud-africain, sud-africaine
l'Albanie* (f), albanais, albanaise
l'Algérie* (f), algérien, algérienne
l'Allemagne* (f), allemand, allemande
l'Amérique* (f), américain, américaine
l'Angola (m), angolais, angolaise
l'Arabie Saoudite (f), saoudien, saoudienne
l'Argentine* (f), argentin, argentine
l'Arménie* (f), arménien, arménienne
l'Asie* (f), asiatique
l'Australie* (f), australien, australienne
l'Autriche* (f), autrichien, autrichienne
l'Azerbaïdjan (m), azéri, azérie ou azerbaïdjanais, azerbaïdjanaise

les Bahamas (f), bahamien, bahamienne
Bahreïn (m), bahreïni
le Bangladesh (m), bangladais, bangladaise
la Belgique* (f), belge
le Bénin (m), béninois, béninoise
la Biélorussie* (f), biélorusse
la Bolivie* (f), bolivien, bolivienne
la Bosnie-Herzégovine* (f), bosniaque ou bosnien, bosnienne
le Botswana (m), botswanais, botswanaise
le Brésil* (m), brésilien, brésilienne
la Bulgarie* (f), bulgare
le Burkina Faso (m), burkinabé
le Burundi (m), burundais, burundaise

le Cambodge (m), cambodgien, cambodgienne
le Cameroun (m), camerounais, camerounaise
le Canada (m), canadien, canadienne
le Cap-Vert (m), cap-verdien, cap-verdienne
la République centrafricaine (f), centrafricain, centrafricaine
le Chili* (m), chilien, chilienne
la Chine* (f), chinois, chinoise

Chypre* (f), chypriote
la Colombie* (f), colombien, colombienne
les Comores (f), comorien, comorienne
le Congo* (m), congolais, congolaise
la Corée* du Nord (f), nord-coréen, nord-coréenne
la Corée* du Sud (f), sud-coréen, sud-coréenne
le Costa Rica (m), costaricain, aine ou costaricien, costaricienne
la Côte-d'Ivoire (f), ivoirien, ivoirienne
la Croatie* (f), croate
Cuba* (f), cubain, cubaine

le Danemark* (m), danois, danoise
Djibouti (m), djiboutien, djiboutienne
la République dominicaine (f), dominicain, dominicaine

l' Égypte* (f), égyptien, égyptienne
les Émirats arabes unis (m), émirien, émirienne
l'Équateur* (m), équatorien, équatorienne
l'Érythrée (f), érythréen, érythréenne
l'Espagne* (f), espagnol, espagnole
l'Estonie* (f), estonien, estonienne
les États-Unis* (m), étasunien, étasunienne
l'Éthiopie* (f), éthiopien, éthiopienne
l'Europe* (f), européen, européenne

la Finlande* (f), finlandais, finlandaise ou finnois, finnoise
la France* (f), français, française

le Gabon (m), gabonais, gabonaise
la Gambie* (f), gambien, gambienne
la Géorgie* (f), géorgien, géorgienne
le Ghana (m), ghanéen, ghanéenne
la Grèce* (f), grec, grecque
Grenade (f), grenadin, grenadine
la Guadeloupe (f), guadeloupéen, guadeloupéenne
le Guatemala (m), guatémaltèque
la Guinée (f), guinéen, guinéenne
la Guinée-Bissau (f), bissau-guinéen, bissau-guinéenne
la Guinée-Équatoriale (f), équato-guinéen, équato-guinéenne
la Guyana (f), guyanais,guyanaise
la Guyane française (f), guyanais, guyanaise

Haïti (m), haïtien, haïtienne
le Honduras* (m), hondurien, hondurienne
la Hongrie* (f), hongrois, hongroise

l'Inde* (f), indien, indienne
l'Indonésie (f), indonésien, indonésienne
l'Irak* ou l'Iraq (m), irakien, irakienne ou iraquien, iraquienne
l'Iran (m), iranien, iranienne
l'Irlande* (f), irlandais, irlandaise
l'Islande* (f), islandais, islandaise
Israël (m), israélien, israélienne
l'Italie* (f), italien, italienne

la Jamaïque* (f), jamaïcain, jamaïcaine
le Japon* (m), japonais, japonaise
la Jordanie (f), jordanien, jordanienne

le Kazakhstan (m), kazakh
le Kenya (m), kényan, kényane
le Kirghizstan (m), kirghiz, kirghize
le Koweït* (m), koweïtien, koweïtienne

le Laos (m), laotien, laotienne
la Lettonie* (f), letton, lettone
le Liban* (m), libanais, libanaise
le Liberia (m), libérien, libérienne
la Libye* (f), libyen, libyenne
le Liechtenstein (m), liechtensteinois, liechtensteinoise
la Lituanie* (f), lituanien, lituanienne
le Luxembourg (m), luxembourgeois, luxembourgeoise

la Macédoine* (f), macédonien, macédonienne
Madagascar* (f), malgache
la Malaysia (f), malais, malaise
les Maldives (f), maldivien, maldivienne
le Mali (m), malien, malienne
Malte (f), maltais, maltaise
le Maroc* (m), marocain, marocaine
la Martinique (f), martiniquais, martiniquaise
Maurice* (f), mauricien, mauricienne
la Mauritanie (f), mauritanien, mauritanienne
le Mexique* (m), mexicain, mexicaine
la Moldavie (f), moldave
Monaco (m), monégasque
la Mongolie (f), mongol, mongole
le Mozambique* (m), mozambicain, mozambicaine

la Namibie (f), namibien, nabimienne
le Népal (m), népalais, népalaise
le Nicaragua (m), nicaraguayen, nicaraguayenne
le Niger* (m), nigérien, nigérienne
le Nigéria (m), nigérian, nigériane
la Norvège* (f), norvégien, norvégienne
la Nouvelle-Calédonie (f), néo-calédonien, néo-calédonienne
la Nouvelle-Zélande* (f), néo-zélandais, néo-zélandaise

l'Ouganda* (m), ougandais, ougandaise
l'Ouzbékistan (m), ouzbek

le Pakistan (m), pakistanais, pakistanaise
le Panamá (m), panaméen, panaméenne
le Paraguay* (m), paraguayen, paraguayenne
les Pays-Bas* (m), néerlandais, néerlandaise
le Pérou* (m), péruvien, péruvienne
les Philippines* (f), philippin, philippine
la Pologne* (f), polonais, polonaise
Porto Rico (m), portoricain, portoricaine
le Portugal* (m), portugais, portugaise

le Qatar (m), qatari, qatarie

la Réunion (f), réunionnais, réunionnaise
la Roumanie* (f), roumain, roumaine
le Royaume-Uni* (m), britannique
la Russie* (f), russe
le Rwanda (m), rwandais, rwandaise

le Salvador (m), salvadorien, salvadorienne
le Sénégal (m), sénégalais, sénégalaise
les Seychelles (f), seychellois, seychelloise
la Sierra* Leone (f), sierra-léonais, sierra-léonaise
Singapour* (m), singapourien, singapourienne
la Slovaquie* (f), slovaque
la Slovénie* (f), slovène
la Somalie (f), somalien, somalienne
le Soudan* (m), soudanais, soudanaise
le Sri* Lanka (m), sri lankais, sri lankaise
la Suède* (f), suédois, suédoise
la Suisse* (f), suisse
la Syrie* (f), syrien, syrienne

le Tadjikistan (m), tadjik
Taiwan* (f), taïwanais, taïwanaise
la Tanzanie (f), tanzanien, tanzanienne
le Tchad (m), tchadien, tchadienne
la République* tchèque (f), tchèque
la Thaïlande* (f), thaïlandais, thaïlandaise
le Togo (m), togolais, togolaise
la Tunisie* (f), tunisien, tunisienne
la Turquie* (f), turc, turque

l'Ukraine* (f), ukrainien, ukrainienne
l'Uruguay* (m), uruguayen, uruguayenne

le Venezuela* (m), vénézuélien, vénézuélienne
le Viêtnam* (m), vietnamien, vietnamienne

le Yémen (m), yéménite
la Yougoslavie* (f), yougoslave

la Zambie* (f), zambien, zambienne
le Zimbabwe (m), zimbabwéen, zimbabwéenne

TABLEAU DES NOMS DE NOMBRES

REM. Les composés des adjectifs numéraux cardinaux s'écrivent avec des traits d'union (ex. : *dix-sept, quatre-vingt-un*), sauf si entrent dans leur composition les mots *et, cent* ou *mille,* lesquels ne sont jamais précédés ou suivis de traits d'union (ex. : *cent sept, vingt et un, trois mille vingt-deux*).

CARDINAUX	chiffres arabes	chiffres romains	ORDINAUX
un (m.), une (f.)	1	I	premier (1er), première (1re)
deux	2	II	second(e), deuxième (2e)
trois	3	III	troisième (3e)
quatre	4	IV	quatrième (4e)
cinq	5	V	cinquième (5e)
six	6	VI	sixième
sept	7	VII	septième
huit	8	VIII	huitième
neuf	9	IX	neuvième
dix	10	X	dixième
onze	11	XI	onzième
douze	12	XII	douzième
treize	13	XIII	treizième
quatorze	14	XIV	quatorzième
quinze	15	XV	quinzième
seize	16	XVI	seizième
dix-sept	17	XVII	dix-septième
dix-huit	18	XVIII	dix-huitième
dix-neuf	19	XIX	dix-neuxième
vingt	20	XX	vingtième (20e)
vingt et un (m.), vingt et une (f.)	21	XXI	vingt et unième (21e)
vint-deux	22	XXII	vingt-deuxième (22e)
vingt-trois	23	XXIII	vingt-troisième (23e)
trente	30	XXX	trentième (30e)
trente et un (m.), trente et une (f.)	31	XXXI	trente et unième
trente-deux	32	XXXII	trente-deuxième
quarante	40	XL	quarantième
quarante et un(e)	41	XLI	quarante et unième
quarante-deux	42	XLII	quarante-deuxième
cinquante	50	L	cinquantième
cinquante et un(e)	51	LI	cinquante et unième
cinquante-deux	52	LII	cinquante-deuxième
soixante	60	LX	soixantième
soixante et un(e)	61	LXI	soixante et unième
soixante-deux	62	LXII	soixante-deuxième
soixante-dix (ou, région., septante)	70	LXX	soixante-dixième (ou, région., septantième)
soixante et onze (ou, région., septante et un[e]	71	LXXI	soixante et onzième (ou, région., septante et unième)
soixante-douze (ou, région., septante-deux)	72	LXXII	soixante-douzième (ou, région., septante-deuxième)
quatre-vingts (ou, région., octante)	80	LXXX	quatre-vingtième (ou, région., octantième)

CARDINAUX	chiffres arabes	chiffres romains	ORDINAUX
quatre-vingt-un(e) (ou, région., octante et un[e])	81	LXXXI	quatre-vingt-unième (ou, région., octante et unième)
quatre-vingt-deux (ou, région., octante-deux)	82	LXXXII	quatre-vingt-deuxième (ou, région., octante-deuxième)
quatre-vingt-dix (ou, région., nonante)	90	XC	quatre-vingt-dixième (ou, région., nonantième)
quatre-vingt-onze (ou, région., nonante et un[e])	91	XCI	quatre-vingt-onzième (ou, région., nonante et unième)
quatre-vingt-douze (ou, région., nonante-deux)	92	XCII	quatre-vingt-douzième (ou, région., nonante-deuxième)
cent	100	C	centième
cent un(e)	101	CI	cent unième
cent deux	102	CII	cent deuxième
deux cents	200	CC	deux centième
deux cent un(e)	201	CCI	deux cent unième
trois cents	300	CCC	trois centième
trois cent un(e)	301	CCCI	trois cent unième
quatre cents	400	CD	quatre centième
cinq cents	500	D	cinq centième
neuf cent quatre-vingt-dix-neuf	999	IM	neuf cent quatre-vingt dix-neuvième
mille	1 000	M	millième
mille un(e)	1 001	MI	mille unième
mille deux	1 002	MII	mille deuxième
mille cent (ou onze cents)	1 100	MC	mille centième
mille deux cents (ou douze cents)	1 200	MCC	mille deux centième
deux mille	2 000	MM	deux millième

Au-delà de *deux mille,* on n'emploie guère les chiffres romains.

neuf mille neuf cent quatre-vingt-dix-neuf	9 999		neuf mille neuf cent quatre-vingt-dix-neuvième
dix mille	10 000		dix millième
quatre-vingt-dix-neuf mille neuf cent quatre-vingt dix-neuf	99 999		quatre-vingt-dix-neuf mille neuf cent quatre-vingt dix-neuf millième
cent mille	100 000		cent millième
cent mille un(e)	100 001		cent mille unième
cent mille deux	100 002		cent mille deuxième
cent un mille	101 000		cent un millième
un million	1 000 000		millionième
un milliard	1 000 000 000		milliardième

L'EXPRESSION DE L'HEURE

LANGAGE COURANT	LANGAGE OFFICIEL (administratif, commercial)
10 00	**10 00** **22 00**
dix heures (du matin) dix heures (du soir)	dix heures vingt-deux heures
10 05	**10 05** **22 05**
dix heures cinq (du matin) dix heures cinq (du soir)	dix heures cinq vingt-deux heures cinq
10 10	**10 10** **22 10**
dix heures dix (du matin) dix heures dix (du soir)	dix heures dix vingt-deux heures dix
10 15	**10 15** **22 15**
dix heures et quart (du matin) dix heures et quart (du soir)	dix heures quinze vingt-deux heures quinze
10 20	**10 20** **22 20**
dix heures vingt (du matin) dix heures vingt (du soir)	dix heures vingt vingt-deux heures vingt
10 25	**10 25** **22 25**
dix heures vingt-cinq (du matin) dix heures vingt-cinq (du soir)	dix heures vingt-cinq vingt-deux heures vingt-cinq
10 30	**10 30** **22 30**
dix heures et demie (du matin) dix heures et demie (du soir)	dix heures trente vingt-deux heures trente
10 35	**10 35** **22 35**
onze heures moins vingt-cinq (du matin) onze heures moins vingt-cinq (du soir)	dix heures trente-cinq vingt-deux heures trente-cinq

LANGAGE COURANT	LANGAGE OFFICIEL (administratif, commercial)
10 40 onze heures moins vingt (du matin) onze heures moins vingt (du soir)	10 40 22 40 dix heures quarante vingt-deux heures quarante
10 45 onze heures moins le quart (du matin) onze heures moins le quart (du soir)	10 45 22 45 dix heures quarante-cinq vingt-deux heures quarante-cinq
10 50 onze heures moins dix (du matin) onze heures moins dix (du soir)	10 50 22 50 dix heures cinquante vingt-deux heures cinquante
10 55 onze heures moins cinq (du matin) onze heures moins cinq (du soir)	10 55 22 55 dix heures cinquante-cinq vingt-deux heures cinquante-cinq
11 00 onze heures (du matin) onze heures (du soir)	11 00 23 00 onze heures vingt-trois heures
12 00 midi	12 00 douze heures
12 10 midi dix	12 10 douze heures dix
00 00 minuit	00 00 zéro heure
00 10 minuit dix	00 10 zéro heure dix

LES INSTITUTIONS FRANÇAISES

La devise de la république française : Liberté, Égalité, Fraternité.
L'hymne national : la Marseillaise.
L'emblème national est le drapeau tricolore : bleu, blanc, rouge.
La constitution de 1958 précise que la France est une république indivisible, laïque, démocratique et sociale. Elle assure l'égalité devant la loi de tous les citoyens sans distinction d'origine, de race ou de religion. Elle respecte toutes les croyances.
La langue officielle est le français.

INSTITUTIONS DE LA Ve RÉPUBLIQUE

La France vit depuis 1958 sous le régime de la Ve République, un régime parlementaire de type présidentiel, puisque le président de la République dispose de pouvoirs importants.

Le POUVOIR EXÉCUTIF est assumé par le président de la République et le gouvernement.

Le président de la République est le chef de l'État ; il réside au palais de l'Élysée. Élu pour sept ans (et rééligible sans restriction) au suffrage universel direct, il est le gardien de la Constitution, le garant de l'indépendance nationale et de l'intégrité du territoire. Aucune autorité ne peut mettre un terme au mandat en cours. Il nomme le Premier ministre, choisi dans le parti qui a remporté les élections législatives, même si le Président est d'une autre tendance politique. Il préside le Conseil des ministres et partage avec lui le pouvoir exécutif; il promulgue les lois, signe les décrets et les ordonnances. Il peut dissoudre l'Assemblée nationale et provoquer de nouvelles élections législatives. Il peut consulter directement les électeurs par référendum.

Les présidents de la Cinquième République

Charles de Gaulle : 1958-1969
Georges Pompidou : 1969-1974 (décès)
Valéry Giscard d'Estaing : 1974-1981
François Mitterrand : 1981-1995
Jacques Chirac, depuis le 7 mai 1995

Le Premier ministre est le chef du gouvernement ; il est nommé par le chef de l'État ; ses bureaux sont à l'hôtel Matignon (on dit souvent *à Matignon* pour parler du gouvernement et du Premier ministre). Une fois nommé, le Premier ministre forme son gouvernement : il choisit les ministres et les secrétaires d'État (il décide de leur nombre et de leurs attributions) et propose leur nomination au chef de l'État. Le gouvernement détermine et conduit la politique de la nation. Le Premier ministre est responsable de la politique du gouvernement devant l'Assemblée nationale qui peut le « censurer » ; il ne peut donc pas gouverner s'il n'appartient pas à la tendance majoritaire. Il ne peut pas être révoqué par le président de la République, mais celui-ci peut l'inciter à démissionner. La démission du Premier ministre entraîne celle du gouvernement dans son ensemble.

Le POUVOIR LÉGISLATIF est exercé par le Parlement, composé de deux assemblées, l'Assemblée nationale et le Sénat.

L'Assemblée nationale siège au Palais-Bourbon (on dit souvent *le Palais-Bourbon* pour parler de l'Assemblée et des députés). Les députés (au nombre de 577 en 1998) sont élus pour cinq ans au suffrage universel direct. Ils élisent l'un d'eux président de l'Assemblée nationale.

Le Sénat siège au palais du Luxembourg. Les sénateurs (au nombre de 321 en 1995) sont élus pour neuf ans (renouvelables par tiers tous les trois ans) au suffrage indirect par les députés et les représentants des collectivités territoriales et locales. Le président du Sénat est le second personnage de l'État. En cas de vacance de la présidence de la République, il assure l'intérim.
Le Parlement se réunit en session ordinaire d'octobre à juin, mais il peut être convoqué en session extraordinaire à la demande du Premier ministre. Il vote les lois et le budget de la nation. Les projets de lois (proposés par le Conseil des ministres) sont examinés successivement par l'Assemblée nationale et le Sénat. Après la « navette parlementaire » entre les deux assemblées, s'il y a désaccord sur les amendements proposés, ce sont les députés qui ont le dernier mot. Le gouvernement peut aussi s'opposer à l'examen de tout amendement et demander « un vote bloqué ». La loi votée est alors promulguée par le président de la République, puis paraît au Journal officiel ; pour qu'elle soit applicable, il faut encore que le gouvernement signe les décrets d'application.
Le Parlement contrôle aussi l'action du gouvernement, essentiellement par la voie de questions écrites ou orales sur sa politique. L'Assemblée nationale peut, à la demande d'un dixième au moins de ses membres, mettre en cause la responsabilité du gouvernement en proposant le vote d'une motion de censure. Si la motion de censure est votée par une majorité absolue, le gouvernement est renversé, il doit remettre sa démission au président de la République. Le gouvernement peut de lui-même engager sa responsabilité devant l'Assemblée nationale en lui posant « la question de confiance », sur un débat de politique générale ou pour accélérer le vote d'un projet de loi : les députés doivent alors se prononcer ; le texte passe ou le gouvernement est renversé.
Les parlementaires votent à titre individuel, mais excepté quelques « non-inscrits », ils appartiennent à un groupe parlementaire constitué autour d'un parti politique. Ils reçoivent de l'État une rétribution ou indemnité parlementaire pour exercer leur mandat à temps plein (un parlementaire qui devient ministre doit laisser son mandat à son suppléant). Afin que soit garantie leur indépendance, ils sont protégés par « l'immunité parlementaire » : ils ne peuvent pas être poursuivis en justice sans l'autorisation de leur assemblée.

Le Conseil constitutionnel, mis en place par la constitution de 1958, est chargé de veiller au respect de la Constitution. Il siège au Palais-Royal. Il est composé de neuf membres nommés pour neuf ans, renouvelables par tiers tous les trois ans et désignés à part égale par le président de la République, le président de l'Assemblée nationale et le président du Sénat (auxquels peuvent s'ajouter les anciens présidents de la République, membres de droit s'ils le souhaitent). Le président du Conseil constitutionnel est choisi par le président de la République. Le Conseil constitutionnel vérifie si les lois votées sont bien conformes à la constitution. Il statue sur la régularité des élections et des référendums (il peut annuler une élection). Son pouvoir est délibératif : ses décisions s'imposent.

INSTITUTIONS LOCALES ET DÉCENTRALISATION

La France a une longue tradition politique et administrative de centralisation (le « jacobinisme »). Depuis 1982, des lois de « décentralisation » ont donné aux collectivités territoriales (les communes, les départements, les régions) des compétences qui étaient jusque-là exercées par l'État.
- les communes sont les plus petites divisions administratives (le territoire français en compte plus de 30 000). Les conseillers municipaux, élus au suffrage universel par les habitants d'une commune, élisent parmi eux le maire. Le maire organise les services municipaux : écoles, crèches, centres de loisirs, sécurité, etc. Il célèbre les mariages.

- les départements (96 départements en France métropolitaine et 4 départements d'outre-mer) sont administrés par une assemblée élue au suffrage universel, le conseil général, qui élit en son sein le président du conseil général. Le conseil général intervient dans le domaine des équipements collectifs, de la santé, de l'éducation. Le préfet, nommé par décret du président de la République, représente l'État, a en charge les intérêts nationaux.
- les régions (22), constituées par des regroupements de départements, sont administrées sur le même modèle : un conseil régional, un président du conseil régional, un préfet de région. Leur rôle est de favoriser le développement économique de la région. Elles ont des compétences en matière d'éducation, de formation, de transports, etc.

LA JUSTICE

Le système français distingue plusieurs juridictions. En cas d'incertitude ou de litige, le tribunal des conflits décide quelle est la juridiction compétente.
- *les juridictions civiles :* le tribunal d'instance et le tribunal de grande instance règlent les rapports entre les particuliers (dettes, contrats, divorces).
- les juridictions spécialisées traitent de l'activité professionnelle : le conseil des prud'hommes (composé d'élus représentant les employeurs et les élus, il statue sur les conflits entre employeurs et salariés) ; les tribunaux de commerce.
- *les juridictions pénales* jugent les infractions à la loi. Selon la gravité de l'infraction, il s'agit du tribunal de police (contraventions), du tribunal correctionnel (délits) ou de la cour d'assises (délits qualifiés de crimes : hold-up, meurtres, viols). En cours d'assises, les juges sont assistés de citoyens tirés au sort (les jurés) ;
Les juridictions de recours pour ce type d'affaires : la cour d'appel juge à nouveau lorsqu'une des deux parties n'est pas satisfaite et « fait appel ». La cour de cassation juge la forme du jugement et sa conformité avec les lois.
- *la juridiction administrative :* le tribunal administratif traite les litiges qui opposent les particuliers à l'administration. La juridiction d'appel est le Conseil d'État.
Placés sous la responsabilité de l'État, les tribunaux rendent la justice « au nom du peuple français ». Parmi les magistrats (payés par l'État), il faut distinguer :
- les magistrats du siège qui sont les juges qui rendent la justice ;
- les magistrats du Parquet ou ministère public (les procureurs et les substituts), qui réclament l'application de la loi au nom de la société.

Les avocats assistent les personnes devant les différentes juridictions. Ils sont payés par leurs clients.

LA POLICE

L'ordre et la sécurité sont assurés par l'État. Les fonctionnaires de police, comme tous les fonctionnaires, sont recrutés sur concours. La police nationale relève du ministère de l'Intérieur : elle intervient dans les villes de plus de 10 000 habitants, qui possèdent un commissariat de police.
La gendarmerie fait partie de l'armée : elle maintient l'ordre public dans les petites villes et à la campagne.
La police comporte différents services : la police urbaine, la police judiciaire (lutte contre les activités criminelles), les compagnies républicaines de sécurité (CRS), la Direction de la surveillance du territoire (DST), etc.

LA DÉFENSE

Le président de la République est le chef des armées et il est le seul à pouvoir engager la force nucléaire. Le Premier ministre, responsable de la Défense nationale, coordonne l'activité de défense des différents ministères. Le ministre de la Défense, responsable de l'exécution de la politique militaire, dirige les forces armées.
Les forces armées françaises se répartissent entre : l'armée de terre, l'armée de l'air, la Marine nationale et la gendarmerie. L'armée était composée d'une armée de métier et d'« appelés du contingent ». Depuis 1872, tous les garçons devaient faire le service national. Ce ne sera plus une obligation à partir de 2003.

LES SERVICES PUBLICS

La définition des services publics est un peu floue. On regroupe sous le terme de « services publics » toutes les activités dont l'État et les collectivités territoriales ont la responsabilité. Dans la conception française du rôle de l'État, les services publics ont à remplir des missions d'intérêt général qui comportent des obligations mais qui sont assortis de privilèges. À la différence des entreprises privées, ils sont tenus de fonctionner de manière régulière et continue, d'assurer une égalité de traitement à tous les citoyens. En contrepartie, les personnels bénéficient d'un ensemble de garanties et de protections (garantie de l'emploi et régime particulier de retraites). Parmi les services publics, il faut distinguer :

- la fonction publique, c'est-à-dire l'Administration : les services des différents ministères, la police, la justice, mais aussi l'éducation, la recherche, les hôpitaux, etc. Les salariés de la fonction publique sont les fonctionnaires, leur employeur est l'État, ils bénéficient d'un « statut » qui leur donne une garantie d'emploi (les fonctionnaires représentent environ 10 % de la population active). Les fonctionnaires sont recrutés par concours. Ces services sont financés par les impôts ;
- les entreprises publiques, contrôlées par l'État (actionnaire unique ou majoritaire). Elles ont souvent un monopole dans leur secteur (transports en commun, production et distribution de l'énergie). C'est le cas de la SNCF, de la RATP, d'EDF et de GDF ;
- certains établissements privés, qui assurent en situation de monopole un service public: c'est le cas par exemple des organismes de Sécurité sociale, des caisses qui gèrent les allocations de chômage (les ASSEDIC).

Les services publics sont soumis depuis quelques années à des mutations intenses. D'une part, l'État a engagé de nombreuses réformes pour « moderniser » le service public, pour mieux satisfaire les usagers, pour améliorer le fonctionnement et la productivité, D'autre part, un certain nombre d'entreprises publiques ont été privatisées dans les années 90 : la BNP (Banque nationale populaire), la régie Renault (construction automobile), etc. Enfin, sous la pression des instances européennes qui imposent la libéralisation et l'ouverture à la concurrence, un certain nombre d'entreprises publiques doivent perdre leur monopole, du moins en partie : c'est le cas d'EDF et de GDF.

CHRONOLOGIE DE L'HISTOIRE DE FRANCE

52 avant J.-C.	Vercingétorix, général gaulois, est vaincu par Jules César à Alésia.
58 avant J.-C. à 406	La Gaule est occupée par les Romains ; c'est la civilisation gallo-romaine. La capitale de la Gaule Lyonnaise est Augustodunum (Autun).
ve siècle	Invasions barbares par les Vandales, les Burgondes et les Wisigoths.
476	Chute de l'Empire romain d'Occident ; il ne reste que l'Empire romain d'Orient, ou Empire byzantin, dont la capitale est Constantinople.
481-511	Règne de Clovis, Franc salien et premier roi de France.
622	An 1 de l'ère musulmane.
711	Conquête de l'Espagne par les Arabes ; ils pénètrent en France jusqu'à Poitiers où ils sont repoussés (732).
768-814	Règne de Charlemagne (Carolus Magnus) ; il est sacré empereur d'Occident par le pape en l'an 800. Charlemagne fonda les premières écoles (où l'on enseignait le latin).
842	*Les Serments de Strasbourg*, premier texte considéré comme écrit en français.
vers 900	Apparition de l'art roman en architecture.
987	Hugues Capet, roi de France, fondateur de la dynastie des Capétiens.
1066	Bataille d'Hastings. Guillaume de Normandie conquiert l'Angleterre ; on parle français en Angleterre (anglo-normand).
1096-1099	Première croisade.
1126-1270	Règne de Saint Louis, qui rendait lui-même la justice.
1163-1345	Construction de Notre-Dame de Paris.
1306	Bannissement des Juifs qui sont dépouillés de leurs biens.
1309-1376	Séjour des papes à Avignon, dans le palais des Papes.
1337-1453	Guerre de Cent Ans entre Français et Anglais.

1420-1453	Henri V d'Angleterre reconnu héritier du trône de France après sa victoire à Azincourt contre Charles VII; la France est occupée par les Anglais; Jeanne d'Arc meurt sur le bûcher en 1431 à Rouen.
1453	L'Empire byzantin passe aux Ottomans (Turcs).
1476	Louis XI rétablit l'indépendance du royaume.
vers 1480	Essor de l'imprimerie (qui débute vers 1455).
1483-1514	Guerres d'Italie de Charles VIII et Louis XII; c'est la mode de l'Italie en France.
1495	L'architecture italienne s'installe en France (châteaux de la Loire).
1515	Marignan : François Ier (roi de 1515 à 1547) bat les Suisses.
1525	Désastre de Pavie : François Ier prisonnier de Charles Quint.
1530	Fondation du Collège de France par François Ier; on y enseigne le latin, le grec et l'hébreu.
1534	Début de la répression contre les protestants; Jacques Cartier découvre le Canada.
1558	Élisabeth reine d'Angleterre.
1562-1598	Guerres de Religion en France (entre catholiques et protestants).
1589-1610	Règne d'Henri IV. En 1598, il promulgue l'édit de Nantes en faveur des protestants (révoqué en 1685).
1590	Début de l'œuvre de Shakespeare.
1606	Premier dictionnaire de la langue française par Jean Nicot (avec traductions latines).
1610-1643	Règne de Louis XIII; le cardinal de Richelieu est Premier ministre en 1624.
1635	Fondation de l'Académie française pour la confection d'un dictionnaire, d'une grammaire, d'une rhétorique et d'une poétique.
1643	Début de l'œuvre de Molière.
1643-1715	Règne de Louis XIV (le Roi-Soleil); la connaissance du français se répand dans les grandes capitales d'Europe.
1648-1653	Fronde (révolte) parlementaire contre Mazarin.
1680	Premier dictionnaire uniquement en français, par Richelet.
1685	Révocation de l'édit de Nantes et départ des protestants vers la Suisse et l'Allemagne.
1715-1774	Règne de Louis XV. En 1751, début de la publication de l'*Encyclopédie* de Diderot et d'Alembert où apparaissent des positions scientifiques et antireligieuses.
1716	Création du papier monnaie.

1762	Catherine II impératrice de Russie, amie de Diderot et de Voltaire.
1777	La Fayette arrive en Amérique pour aider les colons contre les Anglais.
1783	L'indépendance américaine est ratifiée.
14 juillet 1789	Prise de la Bastille, symbole du pouvoir arbitraire de la royauté.
4 août 1789	Abolition des privilèges du clergé et de la noblesse que n'avait pas le tiers état (représentants du peuple).
26 août 1789	*Déclaration des droits de l'homme et du citoyen* (droit à la vie, à la liberté, égalité de toutes les personnes devant la loi).
Septembre 1792	Abolition de la royauté; la république est proclamée une et indivisible.
1793	Louis XVI est condamné et guillotiné; la France vit sous la Terreur (condamnation à mort des ennemis du peuple).
1794	Abolition de l'esclavage (les Noirs étaient vendus comme des objets).
27 juillet 1794	Chute de Robespierre.
1794-1799	Le Directoire : période de transition caractérisée par la crise économique, le luxe et le libertinage.
1800-1804	Le Consulat : général victorieux en Italie, Napoléon Bonaparte est nommé Premier consul.
1801	Bonaparte reçoit le projet de Code civil.
1804-1814	Premier Empire : Napoléon Ier empereur des Français étend son pouvoir sur toute l'Europe jusqu'en Suède. Vaincu à Waterloo en 1815, il s'exile à Sainte-Hélène.
1814-1830	Louis XVIII, puis Charles X (frères de Louis XVI) rois de France. C'est le retour à la monarchie, ou Restauration.
1830	Révolution de 1830 suivie de l'avènement de Louis-Philippe (1830-1848).
1832	Ouverture de la première ligne de chemin de fer en France.
1837	Victoria, reine d'Angleterre.
1848	Révolution de 1848 et proclamation de la Deuxième République : il n'y aura plus de roi en France.
1852	Coup d'État de Louis-Napoléon Bonaparte, neveu de Napoléon. Il se fait nommer empereur sous le nom de Napoléon III (le fils de Napoléon 1er étant mort).
1852-1870	Second Empire ; développement industriel de la France et naissance du mouvement ouvrier.
1859	*De l'origine des espèces,* de Darwin, instaure l'évolutionnisme.

1870-1871	Guerre franco-prussienne appelée guerre de 70 ; l'Alsace et la Lorraine deviennent allemandes et Napoléon III abdique.
1870-1940	Troisième République.
1876	Débuts de l'automobile.
1881	Loi autorisant les réunions publiques et la liberté de la presse.
1882	Loi sur l'enseignement primaire laïque obligatoire et gratuit (l'école de Jules Ferry).
1884	Loi autorisant les syndicats professionnels.
1894	Début de l'affaire Dreyfus ; l'antisémitisme se manifeste avec violence.
1905	En Russie, mutinerie du cuirassé *Potemkine.*
1914-1918	Première Guerre mondiale, appelée guerre de 14 ou la Grande Guerre, parce qu'elle tua 10 millions de personnes.
1916	Théorie de la relativité généralisée d'Einstein.
1917	Révolution russe et début du communisme.
1922	Mussolini prend le pouvoir.
1929-1930	Crise économique internationale accompagnée de chômage (30 millions de chômeurs).
1933	Hitler prend le pouvoir avec les nazis.
1934	Découverte de la radioactivité artificielle par les Joliot-Curie. Fermi et la désintégration de l'atome.
1936	Le Front populaire donne des avantages aux travailleurs (semaine de 40 heures, congés payés...) ; Léon Blum (socialiste) est Premier ministre.
1939-1945	Seconde Guerre mondiale, appelée guerre de 40. Une partie de la France collabore (gouvernement de Vichy) ; l'autre, menée par le général de Gaulle depuis Londres, résiste.
1940	La France est envahie par les Allemands ; la population s'enfuit sur les routes, c'est l'exode.
1941	Essor des antibiotiques (pénicilline découverte en 1929).
1944	Droit de vote accordé aux Françaises (gouvernement provisoire de De Gaulle).
1945	Bombes atomiques sur le Japon.
1946	Début de la guerre d'Indochine.
1947-1958	Quatrième République ; période d'instabilité politique, les gouvernements se succèdent à un rythme accéléré.

1947	Plan Marshall : les Américains financent le redressement économique de l'Europe.
1948	L'État d'Israël est créé.
1954	Fin de la guerre d'Indochine, début de la guerre d'Algérie, où chacun de ces pays revendiquait la décolonisation.
1956	Mise au point de la pilule contraceptive.
1956-1962	Indépendance des pays d'Afrique du Nord et d'Afrique noire.
1958	Cinquième République : nouvelle constitution renforçant l'exécutif. De Gaulle élu président. Dévaluation du franc (le nouveau franc est mis en circulation en 1959).
1961	Premier homme dans l'espace (Gagarine).
1962	Indépendance de l'Algérie négociée par le général de Gaulle. Les pieds-noirs (Français d'Algérie) sont contraints de rentrer en France.
1963	Assassinat du président Kennedy (États-Unis).
Mai 1968	Révolte étudiante et ouvrière pour la libération des rapports sociaux (famille, travail, sexualité). Un de ses slogans était : il est interdit d'interdire.
1969	Départ du général de Gaulle.
1969-1974	Georges Pompidou président de la République; il décide la construction du complexe culturel du plateau Beaubourg à Paris, à la suite de la démolition des Halles en 1971.
1972	Création du Front national, parti d'extrême droite, fondé et présidé par J.-M. Le Pen.
1973	Crise pétrolière. La France plonge dans la récession. Fin des «Trente Glorieuses» (période de croissance économique continue depuis la fin de la guerre).
1974-1981	Valéry Giscard d'Estaing président de la République.
1975	Montée du chômage en France (1 million de chômeurs).
1977	Massacres par les Khmers rouges, au Cambodge.
1981	Élection de François Mitterrand, premier président socialiste de la Cinquième République. Abolition de la peine de mort (dernière exécution en 1976).
1983	Le virus du sida est identifié à l'Institut Pasteur de Paris.
1986	Élections législatives remportées par la droite : Jacques Chirac Premier ministre (première cohabitation d'un président de gauche et d'un gouvernement de droite).
1988	Réélection de F. Mitterrand.
1989	Grandes fêtes du bicentenaire de la Révolution française (1789). Chute du mur de Berlin.

1991-1993	Adoption, signature et ratification du traité de Maastricht sur l'Union européenne.
1992	Les chômeurs représentent 10 % de la population active.
1993	Nouvelle victoire de la droite aux législatives. Édouard Balladur Premier ministre (deuxième cohabitation).
1994	Ouverture du tunnel sous la Manche.
1995	Jacques Chirac président de la République.
1997	Dissolution de l'Assemblée nationale par Jacques Chirac. Victoire de la gauche plurielle (socialistes, communistes, verts) aux législatives. Lionel Jospin Premier ministre (troisième cohabitation).
1998	La Coupe du Monde de football a lieu à Paris, l'équipe française est vainqueur.
1999	L'euro, monnaie de la Communauté européenne, fait son entrée le 1er janvier.

LES CONJUGAISONS

Exemples de conjugaison

– avec l'auxiliaire *être*	***arriver***
– avec l'auxiliaire *avoir*	***réussir***
– à la forme pronominale	***se reposer***
– à la voix passive	***aimer***

Verbes réguliers

– conjugaison 1	***donner*** ***conjuguer***
– conjugaison 2	***finir***

Verbes irréguliers

– conjugaisons 3 à 9	verbes en ***-er*** *aller* conjugaison 9
– conjugaisons 10 à 22	verbes en ***-ir*** *venir* conjugaison 22
– conjugaisons 23 à 34	verbes en ***-oir*** *devoir* conjugaison 28b *falloir* conjugaison 29b *vouloir* conjugaison 31 *savoir* conjugaison 32 *pouvoir* conjugaison 33 *avoir* conjugaison 34
– conjugaisons 35 à 61	verbes en ***-re*** *dire* conjugaison 37a *croire* conjugaison 44 *faire* conjugaison 60 *être* conjugaison 61

conjugaison avec l'auxiliaire *être* ARRIVER

INDICATIF

PRÉSENT	PASSÉ COMPOSÉ	IMPARFAIT	PLUS-QUE-PARFAIT
j'arrive	je suis arrivé, ée	j'arrivais	j'étais arrivé, ée
tu arrives	tu es arrivé, ée	tu arrivais	tu étais arrivé, ée
il/elle arrive	il/elle est arrivé, ée	il/elle arrivait	il/elle était arrivé, ée
nous arrivons	nous sommes arrivés, ées	nous arrivions	nous étions arrivés, ées
vous arrivez	vous êtes arrivés, ées	vous arriviez	vous étiez arrivés, ées
ils/elles arrivent	ils/elles sont arrivés, ées	ils/elles arrivaient	ils/elles étaient arrivés, ées

FUTUR SIMPLE	FUTUR ANTÉRIEUR	PASSÉ SIMPLE
j'arriverai	je serai arrivé, ée	j'arrivai
tu arriveras	tu seras arrivé, ée	tu arrivas
il/elle arrivera	il/elle sera arrivé, ée	il/elle arriva
nous arriverons	nous serons arrivés, ées	nous arrivâmes
vous arriverez	vous serez arrivés, ées	vous arrivâtes
ils/elles arriveront	ils/elles seront arrivés, ées	ils/elles arrivèrent

CONDITIONNEL

PRÉSENT	PASSÉ 1re forme
j'arriverais	je serais arrivé, ée
tu arriverais	tu serais arrivé, ée
il/elle arriverait	il/elle serait arrivé, ée
nous arriverions	nous serions arrivés, ées
vous arriveriez	vous seriez arrivés, ées
ils/elles arriveraient	ils/elles seraient arrivés, ées

SUBJONCTIF

PRÉSENT	PASSÉ
que j'arrive	que je sois arrivé, ée
que tu arrives	que tu sois arrivé, ée
qu'il/qu'elle arrive	qu'il/qu'elle soit arrivé, ée
que nous arrivions	que nous soyons arrivés, ées
que vous arriviez	que vous soyez arrivés, ées
qu'ils/qu'elles arrivent	qu'ils/qu'elles soient arrivés, ées

IMPÉRATIF

PRÉSENT

arrive
arrivons
arrivez

INFINITIF

PRÉSENT

arriver

PASSÉ

être arrivé, ée

PARTICIPE

PRÉSENT

arrivant

PASSÉ

arrivé, arrivée
arrivés, arrivées

GÉRONDIF

en arrivant

conjugaison avec l'auxiliaire *avoir* RÉUSSIR

INDICATIF

PRÉSENT	PASSÉ COMPOSÉ	IMPARFAIT	PLUS-QUE-PARFAIT
je réussis	j'ai réussi	je réussissais	j'avais réussi
tu réussis	tu as réussi	tu réussissais	tu avais réussi
il/elle réussit	il/elle a réussi	il/elle réussissait	il/elle avait réussi
nous réussissons	nous avons réussi	nous réussissions	nous avions réussi
vous réussissez	vous avez réussi	vous réussissiez	vous aviez réussi
ils/elles réussissent	ils/elles ont réussi	ils/elles réussissaient	ils/elles avaient réussi

FUTUR SIMPLE	FUTUR ANTÉRIEUR	PASSÉ SIMPLE
je réussirai	j'aurai réussi	je réussis
tu réussiras	tu auras réussi	tu réussis
il/elle réussira	il/elle aura réussi	il/elle réussit
nous réussirons	nous aurons réussi	nous réussîmes
vous réussirez	vous aurez réussi	vous réussîtes
ils/elles réussiront	ils/elles auront réussi	ils/elles réussirent

CONDITIONNEL

PRÉSENT	PASSÉ 1re forme
je réussirais	j'aurais réussi
tu réussirais	tu aurais réussi
il/elle réussirait	il/elle aurait réussi
nous réussirions	nous aurions réussi
vous réussiriez	vous auriez réussi
ils/elles réussiraient	ils/elles auraient réussi

SUBJONCTIF

PRÉSENT	PASSÉ
que je réussisse	que j'aie réussi
que tu réussisses	que tu aies réussi
qu'il/qu'elle réussisse	qu'il/qu'elle ait réussi
que nous réussissions	que nous ayons réussi
que vous réussissiez	que vous ayez réussi
qu'ils/qu'elles réussissent	qu'ils/qu'elles aient réussi

IMPÉRATIF

PRÉSENT

réussis
réussissons
réussissez

INFINITIF

PRÉSENT

réussir

PASSÉ

avoir réussi

PARTICIPE

PRÉSENT

réussissant

PASSÉ

réussi, réussie
réussis, réussies

GÉRONDIF

en réussissant

conjugaison à la forme pronominale SE REPOSER

INDICATIF

PRÉSENT
je me repose
tu te reposes
il/elle se repose
nous nous reposons
vous vous reposez
ils/elles se reposent

PASSÉ COMPOSÉ
je me suis reposé, ée
tu t'es reposé, ée
il/elle s'est reposé, ée
nous nous sommes reposés, ées
vous vous êtes reposés, ées
ils/elles se sont reposés, ées

IMPARFAIT
je me reposais
tu te reposais
il/elle se reposait
nous nous reposions
vous vous reposiez
ils/elles se reposaient

PLUS-QUE-PARFAIT
je m'étais reposé, ée
tu t'étais reposé, ée
il/elle s'était reposé, ée
nous nous étions reposés, ées
vous vous étiez reposés, ées
ils/elles s'étaient reposés, ées

FUTUR SIMPLE
je me reposerai
tu te reposeras
il/elle se reposera
nous nous reposerons
vous vous reposerez
ils/elles se reposeront

FUTUR ANTÉRIEUR
je me serai reposé, ée
tu te seras reposé, ée
il/elle se sera reposé, ée
nous nous serons reposés, ées
vous vous serez reposés, ées
ils/elles se seront reposés, ées

PASSÉ SIMPLE
je me reposai
tu te reposas
il/elle se reposa
nous nous reposâmes
vous vous reposâtes
ils/elles se reposèrent

CONDITIONNEL

PRÉSENT
je me reposerais
tu te reposerais
il/elle se reposerait
nous nous reposerions
vous vous reposeriez
ils/elles se reposeraient

PASSÉ 1re forme
je me serais reposé, ée
tu te serais reposé, ée
il/elle se serait reposé, ée
nous nous serions reposés, ées
vous vous seriez reposés, ées
ils/elles se seraient reposés, ées

SUBJONCTIF

PRÉSENT
que je me repose
que tu te reposes
qu'il/qu'elle se repose
que nous nous reposions
que vous vous reposiez
qu'ils/qu'elles se reposent

PASSÉ
que je me sois reposé, ée
que tu te sois reposé, ée
qu'il/qu'elle se soit reposé, ée
que nous nous soyons reposés, ées
que vous vous soyez reposés, ées
qu'ils/qu'elles se soient reposés, ées

IMPÉRATIF

PRÉSENT
repose-toi
reposons-nous
reposez-vous

INFINITIF

PRÉSENT
se reposer

PASSÉ
s'être reposé, ée

PARTICIPE

PRÉSENT
se reposant

PASSÉ
reposé, reposée
reposés, reposées

GÉRONDIF

en se reposant

conjugaison à la voix passive AIMER

INDICATIF

PRÉSENT	PASSÉ COMPOSÉ	IMPARFAIT	PLUS-QUE-PARFAIT
je suis aimé, ée	j'ai été aimé, ée	j'étais aimé, ée	j'avais été aimé, ée
tu es aimé, ée	tu as été aimé, ée	tu étais aimé, ée	tu avais été aimé, ée
il/elle est aimé, ée	il/elle a été aimé, ée	il/elle était aimé, ée	il/elle avait été aimé, ée
nous sommes aimés, ées	nous avons été aimés, ées	nous étions aimés, ées	nous avions été aimés, ées
vous êtes aimés, ées	vous avez été aimés, ées	vous étiez aimés, ées	vous aviez été aimés, ées
ils/elles sont aimés, ées	ils/elles ont été aimés, ées	ils/elles étaient aimés, ées	ils/elles avaient été aimés, ées

FUTUR SIMPLE	FUTUR ANTÉRIEUR	PASSÉ SIMPLE
je serai aimé, ée	j'aurai été aimé, ée	je fus aimé, ée
tu seras aimé, ée	tu auras été aimé, ée	tu fus aimé, ée
il/elle sera aimé, ée	il/elle aura été aimé, ée	il/elle fut aimé, ée
nous serons aimés, ées	nous aurons été aimés, ées	nous fûmes aimés, ées
vous serez aimés, ées	vous aurez été aimés, ées	vous fûtes aimés, ées
ils/elles seront aimés, ées	ils/elles auront été aimés, ées	ils/elles furent aimés, ées

CONDITIONNEL

PRÉSENT	PASSÉ 1re forme
je serais aimé, ée	j'aurais été aimé, ée
tu serais aimé, ée	tu aurais été aimé, ée
il/elle serait aimé, ée	il/elle aurait été aimé, ée
nous serions aimés, ées	nous aurions été aimés, ées
vous seriez aimés, ées	vous auriez été aimés, ées
ils/elles seraient aimés, ées	ils/elles auraient été aimés, ées

SUBJONCTIF

PRÉSENT	PASSÉ
que je sois aimé, ée	que j'aie été aimé, ée
que tu sois aimé, ée	que tu aies été aimé, ée
qu'il/qu'elle soit aimé, ée	qu'il/qu'elle ait été aimé, ée
que nous soyons aimés, ées	que nous ayons été aimés, ées
que vous soyez aimés, ées	que vous ayez été aimés, ées
qu'ils/qu'elles soient aimés, ées	qu'ils/qu'elles aient été aimés, ées

IMPÉRATIF

PRÉSENT

sois aimé, ée
soyons aimés, ées
soyez aimés, ées

INFINITIF

PRÉSENT

être aimé, ée

PASSÉ

avoir été aimé, ée

PARTICIPE

PRÉSENT

étant aimé, ée

PASSÉ

été aimé, ée

GÉRONDIF

en étant aimé, ée

conjugaison 1a DONNER

De très nombreux verbes en *-er* se conjuguent sur ce modèle.

INDICATIF

PRÉSENT	PASSÉ COMPOSÉ	IMPARFAIT	PLUS-QUE-PARFAIT
je donne	j'ai donné	je donnais	j'avais donné
tu donnes	tu as donné	tu donnais	tu avais donné
il/elle donne	il/elle a donné	il/elle donnait	il/elle avait donné
nous donnons	nous avons donné	nous donnions	nous avions donné
vous donnez	vous avez donné	vous donniez	vous aviez donné
ils/elles donnent	ils/elles ont donné	ils/elles donnaient	ils/elles avaient donné

FUTUR SIMPLE	FUTUR ANTÉRIEUR	PASSÉ SIMPLE
je donnerai	j'aurai donné	je donnai
tu donneras	tu auras donné	tu donnas
il/elle donnera	il/elle aura donné	il/elle donna
nous donnerons [dɔnʀɔ̃]	nous aurons donné	nous donnâmes
vous donnerez	vous aurez donné	vous donnâtes
ils/elles donneront	ils/elles auront donné	ils/elles donnèrent

CONDITIONNEL

PRÉSENT	PASSÉ 1re forme
je donnerais	j'aurais donné
tu donnerais	tu aurais donné
il/elle donnerait	il/elle aurait donné
nous donnerions [dɔnəʀjɔ̃]	nous aurions donné
vous donneriez	vous auriez donné
ils/elles donneraient	ils/elles auraient donné

SUBJONCTIF

PRÉSENT	PASSÉ
que je donne	que j'aie donné
que tu donnes	que tu aies donné
qu'il/qu'elle donne	qu'il/qu'elle ait donné
que nous donnions	que nous ayons donné
que vous donniez	que vous ayez donné
qu'ils/qu'elles donnent	qu'ils/qu'elles aient donné

IMPÉRATIF

PRÉSENT
donne
donnons
donnez

INFINITIF

PRÉSENT
donner

PASSÉ
avoir donné

PARTICIPE

PRÉSENT
donnant

PASSÉ
donné, donnée
donnés, données

GÉRONDIF

en donnant

Remarques

1. Pour les verbes en *-iller* (ex. *briller*) et les verbes en *-gner* (ex. *signer*), il ne faut pas oublier le *i* des 1re et 2e personnes de l'imparfait de l'indicatif et du présent du subjonctif *(nous gagnions, vous conseilliez)*.
2. Les verbes *fiche* et *se contrefiche* se conjuguent selon ce modèle sauf au participe passé *(fichu)*.

conjugaison 1b CONJUGUER

verbes en -guer → -gu-

INDICATIF

PRÉSENT	PASSÉ COMPOSÉ	IMPARFAIT	PLUS-QUE-PARFAIT
je conjugue	j'ai conjugué	je conju**gu**ais	j'avais conjugué
tu conjugues	tu as conjugué	tu conju**gu**ais	tu avais conjugué
il/elle conjugue	il/elle a conjugué	il/elle conju**gu**ait	il/elle avait conjugué
nous conju**gu**ons	nous avons conjugué	nous conjuguions	nous avions conjugué
vous conjuguez	vous avez conjugué	vous conjuguiez	vous aviez conjugué
ils/elles conjuguent	ils/elles ont conjugué	ils/elles conju**gu**aient	ils/elles avaient conjugué

FUTUR SIMPLE	FUTUR ANTÉRIEUR	PASSÉ SIMPLE
je conjuguerai	j'aurai conjugué	je conju**gu**ai
tu conjugueras	tu auras conjugué	tu conju**gu**as
il/elle conjuguera	il/elle aura conjugué	il/elle conju**gu**a
nous conjuguerons [kɔ̃ʒyg(ə)ʀɔ̃]	nous aurons conjugué	nous conju**gu**âmes
vous conjuguerez	vous aurez conjugué	vous conju**gu**âtes
ils/elles conjugueront	ils/elles auront conjugué	ils/elles conjuguèrent

CONDITIONNEL

PRÉSENT	PASSÉ 1re forme
je conjuguerais	j'aurais conjugué
tu conjuguerais	tu aurais conjugué
il/elle conjuguerait	il/elle aurait conjugué
nous conjuguerions [kɔ̃ʒygəʀjɔ̃]	nous aurions conjugué
vous conjugueriez	vous auriez conjugué
ils/elles conjugueraient	ils/elles auraient conjugué

SUBJONCTIF

PRÉSENT	PASSÉ
que je conjugue	que j'aie conjugué
que tu conjugues	que tu aies conjugué
qu'il/qu'elle conjugue	qu'il/qu'elle ait conjugué
que nous conjuguions	que nous ayons conjugué
que vous conjuguiez	que vous ayez conjugué
qu'ils/qu'elles conjuguent	qu'ils/qu'elles aient conjugué

IMPÉRATIF

PRÉSENT

conjugue
conju**gu**ons
conjuguez

INFINITIF

PRÉSENT

conjuguer

PASSÉ

avoir conjugué

PARTICIPE

PRÉSENT

conju**gu**ant

PASSÉ

conjugué, conjuguée
conjugués, conjuguées

GÉRONDIF

en conju**gu**ant

Remarque

Les verbes en *-guer* [ge] se conjuguent sur ce modèle, sauf *arguer* qui se prononce [aʀgɥe] et se conjugue comme *tuer* (conjugaison 1a).

conjugaison 2 **FINIR**

De très nombreux verbes en *-ir* se conjuguent sur ce modèle (participe passé en *-issant*).

INDICATIF

PRÉSENT	PASSÉ COMPOSÉ	IMPARFAIT	PLUS-QUE-PARFAIT
je finis	j'ai fini	je finissais	j'avais fini
tu finis	tu as fini	tu finissais	tu avais fini
il/elle finit	il/elle a fini	il/elle finissait	il/elle avait fini
nous finissons	nous avons fini	nous finissions	nous avions fini
vous finissez	vous avez fini	vous finissiez	vous aviez fini
ils/elles finissent	ils/elles ont fini	ils/elles finissaient	ils/elles avaient fini

FUTUR SIMPLE	FUTUR ANTÉRIEUR	PASSÉ SIMPLE
je finirai	j'aurai fini	je finis
tu finiras	tu auras fini	tu finis
il/elle finira	il/elle aura fini	il/elle finit
nous finirons	nous aurons fini	nous finîmes
vous finirez	vous aurez fini	vous finîtes
ils/elles finiront	ils/elles auront fini	ils/elles finirent

CONDITIONNEL

PRÉSENT	PASSÉ 1re forme
je finirais	j'aurais fini
tu finirais	tu aurais fini
il/elle finirait	il/elle aurait fini
nous finirions	nous aurions fini
vous finiriez	vous auriez fini
ils/elles finiraient	ils/elles auraient fini

SUBJONCTIF

PRÉSENT	PASSÉ
que je finisse	que j'aie fini
que tu finisses	que tu aies fini
qu'il/qu'elle finisse	qu'il/qu'elle ait fini
que nous finissions	que nous ayons fini
que vous finissiez	que vous ayez fini
qu'ils/qu'elles finissent	qu'ils/qu'elles aient fini

IMPÉRATIF

PRÉSENT
finis
finissons
finissez

INFINITIF

PRÉSENT
finir

PASSÉ
avoir fini

PARTICIPE

PRÉSENT
finissant

PASSÉ
fini, finie
finis, finies

GÉRONDIF

en finissant

Remarque
Maudire se conjugue comme *finir* sauf à l'infinitif et au participe passé *(maudit, maudite).*

conjugaison 3a **COMMENCER**

verbes en -cer → -c- et -ç-

INDICATIF

PRÉSENT

je commence [kɔmɑ̃s]
tu commences
il/elle commence
nous commen**ç**ons [kɔmɑ̃sɔ̃]
vous commencez
ils/elles commencent

IMPARFAIT

je commen**ç**ais [kɔmɑ̃sɛ]
tu commen**ç**ais
il/elle commen**ç**ait
nous commencions [kɔmɑ̃sjɔ̃]
vous commenciez
ils/elles commen**ç**aient

PASSÉ COMPOSÉ

j'ai commencé
tu as commencé
il/elle a commencé
nous avons commencé
vous avez commencé
ils/elles ont commencé

PLUS-QUE-PARFAIT

j'avais commencé
tu avais commencé
il/elle avait commencé
nous avions commencé
vous aviez commencé
ils/elles avaient commencé

PASSÉ SIMPLE

je commen**ç**ai
tu commen**ç**as
il/elle commen**ç**a
nous commen**ç**âmes
vous commen**ç**âtes
ils/elles commencèrent

FUTUR SIMPLE

je commencerai
tu commenceras
il/elle commencera
nous commencerons [kɔmɑ̃s(ə)ʀɔ̃]
vous commencerez
ils/elles commenceront

FUTUR ANTÉRIEUR

j'aurai commencé
tu auras commencé
il/elle aura commencé
nous aurons commencé
vous aurez commencé
ils/elles auront commencé

CONDITIONNEL

PRÉSENT

je commencerais
tu commencerais
il/elle commencerait
nous commencerions [kɔmɑ̃səʀjɔ̃]
vous commenceriez
ils/elles commenceraient

PASSÉ 1re forme

j'aurais commencé
tu aurais commencé
il/elle aurait commencé
nous aurions commencé
vous auriez commencé
ils/elles auraient commencé

SUBJONCTIF

PRÉSENT

que je commence
que tu commences
qu'il/qu'elle commence
que nous commencions
que vous commenciez
qu'ils/qu'elles commencent

PASSÉ

que j'aie commencé
que tu aies commencé
qu'il/qu'elle ait commencé
que nous ayons commencé
que vous ayez commencé
qu'ils/qu'elles aient commencé

IMPÉRATIF

PRÉSENT

commence
commen**ç**ons
commencez

INFINITIF

PRÉSENT

commencer

PASSÉ

avoir commencé

PARTICIPE

PRÉSENT

commen**ç**ant

PASSÉ

commencé, commencée
commencés, commencées

GÉRONDIF

en commen**ç**ant

Remarque Le verbe *dépecer* se conjugue selon ce modèle pour le *c* final et selon la conjuguaison 5 pour l'alternance *e/è*.

conjugaison 3b **MANGER**

verbes en -ger → -g- et -ge-

INDICATIF

PRÉSENT

je mange
tu manges
il/elle mange
nous man**ge**ons [mɑ̃ʒɔ̃]
vous mangez
ils/elles mangent

IMPARFAIT

je man**ge**ais [mɑ̃ʒɛ]
tu man**ge**ais
il/elle man**ge**ait
nous mangions
vous mangiez
ils/elles man**ge**aient

PASSÉ COMPOSÉ

j'ai mangé
tu as mangé
il/elle a mangé
nous avons mangé
vous avez mangé
ils/elles ont mangé

PASSÉ SIMPLE

je man**ge**ai
tu man**ge**as
il/elle man**ge**a
nous man**ge**âmes
vous man**ge**âtes
ils/elles mangèrent

PLUS-QUE-PARFAIT

j'avais mangé
tu avais mangé
il/elle avait mangé
nous avions mangé
vous aviez mangé
ils/elles avaient mangé

FUTUR SIMPLE

je mangerai
tu mangeras
il/elle mangera
nous mangerons
vous mangerez
ils/elles mangeront

FUTUR ANTÉRIEUR

j'aurai mangé
tu auras mangé
il/elle aura mangé
nous aurons mangé
vous aurez mangé
ils/elles auront mangé

CONDITIONNEL

PRÉSENT

je mangerais
tu mangerais
il/elle mangerait
nous mangerions
vous mangeriez
ils/elles mangeraient

PASSÉ 1re forme

j'aurais mangé
tu aurais mangé
il/elle aurait mangé
nous aurions mangé
vous auriez mangé
ils/elles auraient mangé

SUBJONCTIF

PRÉSENT

que je mange
que tu manges
qu'il/qu'elle mange
que nous mangions
que vous mangiez
qu'ils/qu'elles mangent

PASSÉ

que j'aie mangé
que tu aies mangé
qu'il/qu'elle ait mangé
que nous ayons mangé
que vous ayez mangé
qu'ils/qu'elles aient mangé

IMPÉRATIF

PRÉSENT

mange
man**ge**ons
mangez

INFINITIF

PRÉSENT

manger

PASSÉ

avoir mangé

PARTICIPE

PRÉSENT

man**ge**ant [mɑ̃ʒɑ̃]

PASSÉ

mangé, mangée
mangés, mangées

GÉRONDIF

en man**ge**ant

conjugaison 4a APPELER

verbes en -eler → -l- et -ll-

Verbes ayant la même conjugaison : amonceler, appeler, atteler, chanceler, dételer, ensorceler, épeler, étinceler, ficeler, grommeler, jumeler, morceler, museler, niveler, rappeler, renouveler, ressemeler, ruisseler.

INDICATIF — **CONDITIONNEL**

PRÉSENT	PASSÉ COMPOSÉ	PASSÉ SIMPLE	FUTUR SIMPLE	CONDITIONNEL PRÉSENT
j'appe**ll**e [apɛl]	j'ai appelé	j'appelai	j'appe**ll**erai [apɛlʀɛ]	j'appe**ll**erais
tu appe**ll**es	tu as appelé	tu appelas	tu appe**ll**eras	tu appe**ll**erais
il/elle appe**ll**e	il/elle a appelé	il/elle appela	il/elle appe**ll**era	il/elle appe**ll**erait
nous appelons [ap(ə)lɔ̃]	nous avons appelé	nous appelâmes	nous appe**ll**erons [apɛlʀɔ̃]	nous appe**ll**erions [apɛləʀjɔ̃]
vous appelez	vous avez appelé	vous appelâtes	vous appe**ll**erez	vous appe**ll**eriez
ils/elles appe**ll**ent	ils/elles ont appelé	ils/elles appelèrent	ils/elles appe**ll**eront	ils/elles appe**ll**eraient

IMPARFAIT	PLUS-QUE-PARFAIT	FUTUR ANTÉRIEUR	PASSÉ 1re forme
j'appelais [ap(ə)lɛ]	j'avais appelé	j'aurai appelé	j'aurais appelé
tu appelais	tu avais appelé	tu auras appelé	tu aurais appelé
il/elle appelait	il/elle avait appelé	il/elle aura appelé	il/elle aurait appelé
nous appelions [apəljɔ̃]	nous avions appelé	nous aurons appelé	nous aurions appelé
vous appeliez	vous aviez appelé	vous aurez appelé	vous auriez appelé
ils/elles appelaient	ils/elles avaient appelé	ils/elles auront appelé	ils/elles auraient appelé

SUBJONCTIF — **IMPÉRATIF** — **INFINITIF** — **PARTICIPE** — **GÉRONDIF**

SUBJONCTIF PRÉSENT	SUBJONCTIF PASSÉ	IMPÉRATIF PRÉSENT	INFINITIF	PARTICIPE	GÉRONDIF
que j'appe**ll**e	que j'aie appelé	appe**ll**e	PRÉSENT: appeler	PRÉSENT: appelant	en appelant
que tu appe**ll**es	que tu aies appelé	appelons	PASSÉ: avoir appelé	PASSÉ: appelé, appelée	
qu'il/qu'elle appe**ll**e	qu'il/qu'elle ait appelé	appelez		appelés, appelées	
que nous appelions	que nous ayons appelé				
que vous appeliez	que vous ayez appelé				
qu'ils/qu'elles appe**ll**ent	qu'ils/qu'elles aient appelé				

Remarque *Interpeller* se conjugue comme *donner* (conjugaison 1a).

conjugaison 4b JETER

verbes en -eter → -t- et -tt-

Verbes ayant la même conjugaison : breveter, cacheter, cliqueter, décacheter, déchiqueter, dépaqueter, empaqueter, épousseter, étiqueter, feuilleter, jeter, 1. projeter, 2. projeter, rejeter, voleter.

INDICATIF — **CONDITIONNEL**

PRÉSENT	PASSÉ COMPOSÉ	PASSÉ SIMPLE	FUTUR SIMPLE	CONDITIONNEL PRÉSENT
je je**tt**e [ʒɛt]	j'ai jeté	je jetai	je je**tt**erai [ʒɛtʀɛ]	je je**tt**erais
tu je**tt**es	tu as jeté	tu jetas	tu je**tt**eras	tu je**tt**erais
il/elle je**tt**e	il/elle a jeté	il/elle jeta	il/elle je**tt**era	il/elle je**tt**erait
nous jetons [ʒ(ə)tɔ̃]	nous avons jeté	nous jetâmes	nous je**tt**erons [ʒɛtʀɔ̃]	nous je**tt**erions [ʒɛtəʀjɔ̃]
vous jetez	vous avez jeté	vous jetâtes	vous je**tt**erez	vous je**tt**eriez
ils/elles je**tt**ent	ils/elles ont jeté	ils/elles jetèrent	ils/elles je**tt**eront	ils/elles je**tt**eraient

IMPARFAIT	PLUS-QUE-PARFAIT	FUTUR ANTÉRIEUR	PASSÉ 1re forme
je jetais [ʒ(ə)tɛ]	j'avais jeté	j'aurai jeté	j'aurais jeté
tu jetais	tu avais jeté	tu auras jeté	tu aurais jeté
il/elle jetait	il/elle avait jeté	il/elle aura jeté	il/elle aurait jeté
nous jetions [ʒ(ə)tjɔ̃]	nous avions jeté	nous aurons jeté	nous aurions jeté
vous jetiez	vous aviez jeté	vous aurez jeté	vous auriez jeté
ils/elles jetaient	ils/elles avaient jeté	ils/elles auront jeté	ils/elles auraient jeté

SUBJONCTIF — **IMPÉRATIF** — **INFINITIF** — **PARTICIPE** — **GÉRONDIF**

SUBJONCTIF PRÉSENT	SUBJONCTIF PASSÉ	IMPÉRATIF PRÉSENT	INFINITIF	PARTICIPE	GÉRONDIF
que je je**tt**e	que j'aie jeté	je**tt**e	PRÉSENT: jeter	PRÉSENT: jetant	en jetant
que tu je**tt**es	que tu aies jeté	jetons	PASSÉ: avoir jeté	PASSÉ: jeté, jetée	
qu'il/qu'elle je**tt**e	qu'il/qu'elle ait jeté	jetez		jetés, jetées	
que nous jetions	que nous ayons jeté				
que vous jetiez	que vous ayez jeté				
qu'ils/qu'elles je**tt**ent	qu'ils/qu'elles aient jeté				

conjugaison 5a LEVER

verbes en -e (l, m, n, s, v, vr) er → -e- et -è-

Verbes ayant la même conjugaison : achever, amener, assener, ciseler, congeler, crever, déceler, décongeler, dégeler, démanteler, se démener, écarteler, égrener, élever, emmener, enlever, geler, grever, harceler, lever, malmener, marteler, mener, modeler, parachever, peler, peser, prélever, promener, ramener, receler, relever, semer, sevrer, soulever, soupeser, surélever, surgeler, surmener.

INDICATIF

PRÉSENT	PASSÉ COMPOSÉ	PASSÉ SIMPLE	FUTUR SIMPLE
je l**è**ve [lɛv]	j'ai levé	je levai	je l**è**verai [lɛvʀɛ]
tu l**è**ves	tu as levé	tu levas	tu l**è**veras
il/elle l**è**ve	il/elle a levé	il/elle leva	il/elle l**è**vera
nous levons [l(ə)vɔ̃]	nous avons levé	nous levâmes	nous l**è**verons [lɛvʀɔ̃]
vous levez	vous avez levé	vous levâtes	vous l**è**verez
ils/elles l**è**vent	ils/elles ont levé	ils/elles levèrent	ils/elles l**è**veront

IMPARFAIT	PLUS-QUE-PARFAIT	FUTUR ANTÉRIEUR
je levais [l(ə)vɛ]	j'avais levé	j'aurai levé
tu levais	tu avais levé	tu auras levé
il/elle levait	il/elle avait levé	il/elle aura levé
nous levions [ləvjɔ̃]	nous avions levé	nous aurons levé
vous leviez	vous aviez levé	vous aurez levé
ils/elles levaient	ils/elles avaient levé	ils/elles auront levé

CONDITIONNEL

PRÉSENT	PASSÉ 1re forme
je l**è**verais	j'aurais levé
tu l**è**verais	tu aurais levé
il/elle l**è**verait	il/elle aurait levé
nous l**è**verions [lɛvəʀjɔ̃]	nous aurions levé
vous l**è**veriez	vous auriez levé
ils/elles l**è**veraient	ils/elles auraient levé

SUBJONCTIF

PRÉSENT	PASSÉ
que je l**è**ve	que j'aie levé
que tu l**è**ves	que tu aies levé
qu'il/qu'elle l**è**ve	qu'il/qu'elle ait levé
que nous levions	que nous ayons levé
que vous leviez	que vous ayez levé
qu'ils/qu'elles l**è**vent	qu'ils/qu'elles aient levé

IMPÉRATIF PRÉSENT	INFINITIF PRÉSENT	PARTICIPE PRÉSENT	GÉRONDIF
l**è**ve	lever	levant	en levant
levons			
levez			
	INFINITIF PASSÉ	**PARTICIPE PASSÉ**	
	avoir levé	levé, levée	
		levés, levées	

conjugaison 5b ACHETER

verbes en -eter → -et- et -èt-

Verbes ayant la même conjugaison : acheter, caqueter, crocheter, fureter, haleter, racheter.

INDICATIF

PRÉSENT	PASSÉ COMPOSÉ	PASSÉ SIMPLE	FUTUR SIMPLE
j'ach**è**te [aʃɛt]	j'ai acheté	j'achetai	j'ach**è**terai [aʃɛtʀɛ]
tu ach**è**tes	tu as acheté	tu achetas	tu ach**è**teras
il/elle ach**è**te	il/elle a acheté	il/elle acheta	il/elle ach**è**tera
nous achetons [aʃ(ə)tɔ̃]	nous avons acheté	nous achetâmes	nous ach**è**terons
vous achetez	vous avez acheté	vous achetâtes	vous ach**è**terez
ils/elles ach**è**tent	ils/elles ont acheté	ils/elles achetèrent	ils/elles ach**è**teront

IMPARFAIT	PLUS-QUE-PARFAIT	FUTUR ANTÉRIEUR
j'achetais [aʃ(ə)tɛ]	j'avais acheté	j'aurai acheté
tu achetais	tu avais acheté	tu auras acheté
il/elle achetait	il/elle avait acheté	il/elle aura acheté
nous achetions	nous avions acheté	nous aurons acheté
vous achetiez	vous aviez acheté	vous aurez acheté
ils/elles achetaient	ils/elles avaient acheté	ils/elles auront acheté

CONDITIONNEL

PRÉSENT	PASSÉ 1re forme
j'ach**è**terais	j'aurais acheté
tu ach**è**terais	tu aurais acheté
il/elle ach**è**terait	il/elle aurait acheté
nous ach**è**terions	nous aurions acheté
vous ach**è**teriez	vous auriez acheté
ils/elles ach**è**teraient	ils/elles auraient acheté

SUBJONCTIF

PRÉSENT	PASSÉ
que j'ach**è**te	que j'aie acheté
que tu ach**è**tes	que tu aies acheté
qu'il/qu'elle ach**è**te	qu'il/qu'elle ait acheté
que nous achetions	que nous ayons acheté
que vous achetiez	que vous ayez acheté
qu'ils/qu'elles ach**è**tent	qu'ils/qu'elles aient acheté

IMPÉRATIF PRÉSENT	INFINITIF PRÉSENT	PARTICIPE PRÉSENT	GÉRONDIF
ach**è**te	acheter	achetant	en achetant
achetons			
achetez			
	INFINITIF PASSÉ	**PARTICIPE PASSÉ**	
	avoir acheté	acheté, achetée	
		achetés, achetées	

conjugaison 6a ESPÉRER

verbes en -è (consonne) er → -é- et -è-

INDICATIF

PRÉSENT	PASSÉ COMPOSÉ	PASSÉ SIMPLE	FUTUR SIMPLE
j'esp**è**re [ɛspɛʀ]	j'ai espéré	j'espérai [ɛspeʀɛ]	j'espérerai [ɛspɛʀʀɛ]
tu esp**è**res	tu as espéré	tu espéras	tu espéreras
il/elle esp**è**re	il/elle a espéré	il/elle espéra	il/elle espérera
nous espérons [ɛspeʀɔ̃]	nous avons espéré	nous espérâmes	nous espérerons
vous espérez	vous avez espéré	vous espérâtes	vous espérerez
ils/elles esp**è**rent	ils/elles ont espéré	ils/elles espérèrent	ils/elles espéreront

IMPARFAIT	PLUS-QUE-PARFAIT	FUTUR ANTÉRIEUR
j'espérais	j'avais espéré	j'aurai espéré
tu espérais	tu avais espéré	tu auras espéré
il/elle espérait	il/elle avait espéré	il/elle aura espéré
nous espérions	nous avions espéré	nous aurons espéré
vous espériez	vous aviez espéré	vous aurez espéré
ils/elles espéraient	ils/elles avaient espéré	ils/elles auront espéré

CONDITIONNEL

PRÉSENT	PASSÉ 1re forme
j'espérerais	j'aurais espéré
tu espérerais	tu aurais espéré
il/elle espérerait	il/elle aurait espéré
nous espérerions	nous aurions espéré
vous espéreriez	vous auriez espéré
ils/elles espéreraient	ils/elles auraient espéré

SUBJONCTIF

PRÉSENT	PASSÉ
que j'esp**è**re	que j'aie espéré
que tu esp**è**res	que tu aies espéré
qu'il/qu'elle esp**è**re	qu'il/qu'elle ait espéré
que nous espérions	que nous ayons espéré
que vous espériez	que vous ayez espéré
qu'ils/qu'elles esp**è**rent	qu'ils/qu'elles aient espéré

IMPÉRATIF

PRÉSENT
esp**è**re
espérons
espérez

INFINITIF

PRÉSENT
espérer

PASSÉ
avoir espéré

PARTICIPE

PRÉSENT
espérant

PASSÉ
espéré, espérée
espérés, espérées

GÉRONDIF

en espérant

Remarque Le verbe *rapiécer* se conjugue selon ce modèle et selon la conjugaison 3a pour le *c* final.

conjugaison 6b PROTÉGER

verbes en -éger → -èg- et -ége-

Verbes ayant la même conjugaison : abréger, alléger, assiéger, désagréger, piéger, protéger, siéger.

INDICATIF

PRÉSENT	PASSÉ COMPOSÉ	PASSÉ SIMPLE	FUTUR SIMPLE
je prot**è**ge [pʀɔtɛʒ]	j'ai protégé	je proté**ge**ai	je protégerai
tu prot**è**ges	tu as protégé	tu proté**ge**as	tu protégeras
il/elle prot**è**ge	il/elle a protégé	il/elle proté**ge**a	il/elle protégera
nous proté**ge**ons [pʀɔteʒɔ̃]	nous avons protégé	nous proté**ge**âmes	nous protégerons
vous protégez	vous avez protégé	vous proté**ge**âtes	vous protégerez
ils/elles prot**è**gent	ils/elles ont protégé	ils/elles protégèrent	ils/elles protégeront

IMPARFAIT	PLUS-QUE-PARFAIT	FUTUR ANTÉRIEUR
je proté**ge**ais [pʀɔteʒɛ]	j'avais protégé	j'aurai protégé
tu proté**ge**ais	tu avais protégé	tu auras protégé
il/elle proté**ge**ait	il/elle avait protégé	il/elle aura protégé
nous protégions	nous avions protégé	nous aurons protégé
vous protégiez	vous aviez protégé	vous aurez protégé
ils/elles proté**ge**aient	ils/elles avaient protégé	ils/elles auront protégé

CONDITIONNEL

PRÉSENT	PASSÉ 1re forme
je protégerais	j'aurais protégé
tu protégerais	tu aurais protégé
il/elle protégerait	il/elle aurait protégé
nous protégerions	nous aurions protégé
vous protégeriez	vous auriez protégé
ils/elles protégeraient	ils/elles auraient protégé

SUBJONCTIF

PRÉSENT	PASSÉ
que je prot**è**ge	que j'aie protégé
que tu prot**è**ges	que tu aies protégé
qu'il/qu'elle prot**è**ge	qu'il/qu'elle ait protégé
que nous protégions	que nous ayons protégé
que vous protégiez	que vous ayez protégé
qu'ils/qu'elles prot**è**gent	qu'ils/qu'elles aient protégé

IMPÉRATIF

PRÉSENT
prot**è**ge
proté**ge**ons
protégez

INFINITIF

PRÉSENT
protéger

PASSÉ
avoir protégé

PARTICIPE

PRÉSENT
proté**ge**ant

PASSÉ
protégé, protégée
protégés, protégées

GÉRONDIF

en proté**ge**ant

conjugaison 7a ÉTUDIER

INDICATIF

PRÉSENT
j'étudie [etydi]
tu étudies
il/elle étudie
nous étudions [etydjɔ̃]
vous étudiez
ils/elles étudient [etydi]

PASSÉ COMPOSÉ
j'ai étudié
tu as étudié
il/elle a étudié
nous avons étudié
vous avez étudié
ils/elles ont étudié

PASSÉ SIMPLE
j'étudiai
tu étudias
il/elle étudia
nous étudiâmes
vous étudiâtes
ils/elles étudièrent

FUTUR SIMPLE
j'étudierai [etydiʀɛ]
tu étudieras
il/elle étudiera
nous étudierons
vous étudierez
ils/elles étudieront

IMPARFAIT
j'étudiais [etydjɛ]
tu étudiais
il/elle étudiait
nous étudiions [etydijɔ̃]
vous étudiiez
ils/elles étudiaient

PLUS-QUE-PARFAIT
j'avais étudié
tu avais étudié
il/elle avait étudié
nous avions étudié
vous aviez étudié
ils/elles avaient étudié

FUTUR ANTÉRIEUR
j'aurai étudié
tu auras étudié
il/elle aura étudié
nous aurons étudié
vous aurez étudié
ils/elles auront étudié

CONDITIONNEL

PRÉSENT
j'étudierais [etydiʀɛ]
tu étudierais
il/elle étudierait
nous étudierions
vous étudieriez
ils/elles étudieraient

PASSÉ 1re forme
j'aurais étudié
tu aurais étudié
il/elle aurait étudié
nous aurions étudié
vous auriez étudié
ils/elles auraient étudié

SUBJONCTIF

PRÉSENT
que j'étudie
que tu étudies
qu'il/qu'elle étudie
que nous étudiions [etydijɔ̃]
que vous étudiiez
qu'ils/qu'elles étudient

PASSÉ
que j'aie étudié
que tu aies étudié
qu'il/qu'elle ait étudié
que nous ayons étudié
que vous ayez étudié
qu'ils/qu'elles aient étudié

IMPÉRATIF

PRÉSENT
étudie
étudions
étudiez

INFINITIF

PRÉSENT
étudier

PASSÉ
avoir étudié

PARTICIPE

PRÉSENT
étudiant

PASSÉ
étudié, étudiée
étudiés, étudiées

GÉRONDIF

en étudiant

conjugaison 7b CRIER

Verbes ayant la même conjugaison : s'approprier, déplier, s'écrier, s'expatrier, exproprier, multiplier, oublier, plier, prier, publier, rapatrier, se récrier, replier, supplier, trier.

INDICATIF

PRÉSENT
je crie [kʀi]
tu cries
il/elle crie
nous crions [kʀijɔ̃]
vous criez
ils/elles crient [kʀi]

PASSÉ COMPOSÉ
j'ai crié
tu as crié
il/elle a crié
nous avons crié
vous avez crié
ils/elles ont crié

PASSÉ SIMPLE
j'ai crié
tu as crié
il/elle a crié
nous avons crié
vous avez crié
ils/elles ont crié

FUTUR SIMPLE
je crierai [kʀiʀɛ]
tu crieras
il/elle criera
nous crierons
vous crierez
ils/elles crieront

IMPARFAIT
je criais [kʀijɛ]
tu criais
il/elle criait
nous criions [kʀijjɔ̃]
vous criiez
ils/elles criaient

PLUS-QUE-PARFAIT
j'avais crié
tu avais crié
il/elle avait crié
nous avions crié
vous aviez crié
ils/elles avaient crié

FUTUR ANTÉRIEUR
j'aurai crié
tu auras crié
il/elle aura crié
nous aurons crié
vous aurez crié
ils/elles auront crié

CONDITIONNEL

PRÉSENT
je crierais [kʀiʀɛ]
tu crierais
il/elle crierait
nous crierions
vous crieriez
ils/elles crieraient

PASSÉ 1re forme
j'aurais crié
tu aurais crié
il/elle aurait crié
nous aurions crié
vous auriez crié
ils/elles auraient crié

SUBJONCTIF

PRÉSENT
que je crie
que tu cries
qu'il/qu'elle crie
que nous criions
que vous criiez
qu'ils/qu'elles crient

PASSÉ
que j'aie crié
que tu aies crié
qu'il/qu'elle ait crié
que nous ayons crié
que vous ayez crié
qu'ils/qu'elles aient crié

IMPÉRATIF

PRÉSENT
crie
crions
criez

INFINITIF

PRÉSENT
crier

PASSÉ
avoir crié

PARTICIPE

PRÉSENT
criant

PASSÉ
crié, criée
criés, criées

GÉRONDIF

en criant

conjugaison 8a NETTOYER

verbes en -oyer, -uyer

Verbes ayant la même conjugaison : aboyer, apitoyer, appuyer, broyer, chatoyer, choyer, côtoyer, coudoyer, déployer, employer, ennuyer, 1. essuyer, 2. essuyer, festoyer, flamboyer, foudroyer, se fourvoyer, guerroyer, larmoyer, louvoyer, nettoyer, noyer, octroyer, ployer, rougeoyer, rudoyer, soudoyer, tournoyer, tutoyer, vouvoyer.

INDICATIF / **CONDITIONNEL**

INDICATIF PRÉSENT	PASSÉ COMPOSÉ	PASSÉ SIMPLE	FUTUR SIMPLE	CONDITIONNEL PRÉSENT
je nettoie [netwa]	j'ai nettoyé	je nettoyai	je nettoierai [netwaʀɛ]	je nettoierais
tu nettoies	tu as nettoyé	tu nettoyas	tu nettoieras	tu nettoierais
il/elle nettoie	il/elle a nettoyé	il/elle nettoya	il/elle nettoiera	il/elle nettoierait
nous nettoyons [netwajɔ̃]	nous avons nettoyé	nous nettoyâmes	nous nettoierons	nous nettoierions
vous nettoyez	vous avez nettoyé	vous nettoyâtes	vous nettoierez	vous nettoieriez
ils/elles nettoient [netwa]	ils/elles ont nettoyé	ils/elles nettoyèrent	ils/elle nettoieront	ils/elles nettoieraient

IMPARFAIT	PLUS-QUE-PARFAIT	FUTUR ANTÉRIEUR	PASSÉ 1re forme
je nettoyais [netwajɛ]	j'avais nettoyé	j'aurai nettoyé	j'aurais nettoyé
tu nettoyais	tu avais nettoyé	tu auras nettoyé	tu aurais nettoyé
il/elle nettoyait	il/elle avait nettoyé	il/elle aura nettoyé	il/elle aurait nettoyé
nous nettoyions [netwajjɔ̃]	nous avions nettoyé	nous aurons nettoyé	nous aurions nettoyé
vous nettoyiez	vous aviez nettoyé	vous aurez nettoyé	vous auriez nettoyé
ils/elles nettoyaient	ils/elles avaient nettoyé	ils/elles auront nettoyé	ils/elles auraient nettoyé

SUBJONCTIF / **IMPÉRATIF** / **INFINITIF** / **PARTICIPE** / **GÉRONDIF**

SUBJONCTIF PRÉSENT	SUBJONCTIF PASSÉ	IMPÉRATIF PRÉSENT	INFINITIF	PARTICIPE	GÉRONDIF
que je nettoie	que j'aie nettoyé	nettoie	PRÉSENT: nettoyer	PRÉSENT: nettoyant	en nettoyant
que tu nettoies	que tu aies nettoyé	nettoyons	PASSÉ: avoir nettoyé	PASSÉ: nettoyé, nettoyée	
qu'il/qu'elle nettoie	qu'il/qu'elle ait nettoyé	nettoyez		nettoyés, nettoyées	
que nous nettoyions [netwaijjɔ̃]	que nous ayons nettoyé				
que vous nettoyiez	que vous ayez nettoyé				
qu'ils/qu'elles nettoient	qu'ils/qu'elles aient nettoyé				

Remarque *Envoyer* et *renvoyer* se conjuguent comme *nettoyer* sauf au futur (*j'enverrai* [ɑ̃vɛʀɛ] et au conditionnel (*j'enverrais* [ɑ̃vɛʀɛ]).

conjugaison 8b PAYER

verbes en -ayer

Verbes ayant la même conjugaison : balayer, bégayer, déblayer, débrayer, défrayer, délayer, effrayer, égayer, embrayer, enrayer, essayer, étayer, frayer, monnayer, pagayer, payer, rayer, relayer, sous-payer, zézayer.

INDICATIF / **CONDITIONNEL**

INDICATIF PRÉSENT	PASSÉ COMPOSÉ	PASSÉ SIMPLE	FUTUR SIMPLE	CONDITIONNEL PRÉSENT
je paie [pɛ] ou paye [pɛj]	j'ai payé	je payai	je paierai [pɛʀɛ] ou payerai [pɛjʀɛ]	je paierais ou payerais
tu paies ou payes	tu as payé	tu payas	tu paieras ou payeras	tu paierais ou payerais
il/elle paie ou paye	il/elle a payé	il/elle paya	il/elle paiera ou payera	il/elle paierait ou payerait
nous payons [pɛjɔ̃]	nous avons payé	nous payâmes	nous paierons ou payerons	nous paierions ou payerions
vous payez	vous avez payé	vous payâtes	vous paierez ou payerez	vous paieriez ou payeriez
ils/elles paient ou payent	ils/elles ont payé	ils/elles payèrent	ils/elles paieront ou payeront	ils/elles paieraient ou payeraient

IMPARFAIT	PLUS-QUE-PARFAIT	FUTUR ANTÉRIEUR	PASSÉ 1re forme
je payais [pɛjɛ]	j'avais payé	j'aurai payé	j'aurais payé
tu payais	tu avais payé	tu auras payé	tu aurais payé
il/elle payait	il/elle avait payé	il/elle aura payé	il/elle aurait payé
nous payions [pɛjjɔ̃]	nous avions payé	nous aurons payé	nous aurions payé
vous payiez	vous aviez payé	vous aurez payé	vous auriez payé
ils/elles payaient	ils/elles avaient payé	ils/elles auront payé	ils/elles auraient payé

SUBJONCTIF / **IMPÉRATIF** / **INFINITIF** / **PARTICIPE** / **GÉRONDIF**

SUBJONCTIF PRÉSENT	SUBJONCTIF PASSÉ	IMPÉRATIF PRÉSENT	INFINITIF	PARTICIPE	GÉRONDIF
que je paie ou paye	que j'aie payé	paie ou paye	PRÉSENT: payer	PRÉSENT: payant	en payant
que tu paies ou payes	que tu aies payé	payons	PASSÉ: avoir payé	PASSÉ: payé, payée	
qu'il/qu'elle paie ou paye	qu'il/qu'elle ait payé	payez		payés, payées	
que nous payions [pɛjjɔ̃]	que nous ayons payé				
que vous payiez	que vous ayez payé				
qu'ils/qu'elles paient ou payent	qu'ils/qu'elles aient payé				

conjugaison 9 ALLER

INDICATIF

PRÉSENT	PASSÉ COMPOSÉ	IMPARFAIT	PLUS-QUE-PARFAIT
je vais [vɛ]	je suis allé, ée	j'allais [alɛ]	j'étais allé, ée
tu vas	tu es allé, ée	tu allais	tu étais allé, ée
il/elle va	il/elle est allé, ée	il/elle allait	il/elle était allé, ée
nous allons [alɔ̃]	nous sommes allés, ées	nous allions [aljɔ̃]	nous étions allés, ées
vous allez	vous êtes allés, ées	vous alliez	vous étiez allés, ées
ils/elles vont [vɔ̃]	ils/elles sont allés, ées	ils/elles allaient	ils/elles étaient allés, ées

FUTUR SIMPLE	FUTUR ANTÉRIEUR	PASSÉ SIMPLE
j'irai [iʀɛ]	je serai allé, ée	j'allai
tu iras	tu seras allé, ée	tu allas
il/elle ira	il/elle sera allé, ée	il/elle alla
nous irons	nous serons allés, ées	nous allâmes
vous irez	vous serez allés, ées	vous allâtes
ils/elles iront	ils/elles seront allés, ées	ils/elles allèrent

CONDITIONNEL

PRÉSENT	PASSÉ 1re forme
j'irais	je serais allé, ée
tu irais	tu serais allé, ée
il/elle irait	il/elle serait allé, ée
nous irions	nous serions allés, ées
vous iriez	vous seriez allés, ées
ils/elles iraient	ils/elles seraient allés, ées

SUBJONCTIF

PRÉSENT	PASSÉ
que j'aille	que je sois allé, ée
que tu ailles	que tu sois allé, ée
qu'il/qu'elle aille	qu'il/qu'elle soit allé, ée
que nous allions [aljɔ̃]	que nous soyons allés, ées
que vous alliez	que vous soyez allés, ées
qu'ils/qu'elles aillent	qu'ils/qu'elles soient allés, ées

IMPÉRATIF

PRÉSENT
va
allons
allez

INFINITIF

PRÉSENT
aller

PASSÉ
être allé, ée

PARTICIPE

PRÉSENT
allant

PASSÉ
allé, allée
allés, allées

GÉRONDIF

en allant

Remarque

S'en aller se conjugue comme *aller*. Aux temps composés, l'auxiliaire se place entre *en* et *allé* : *je m'en suis allé.*

conjugaison 10 HAÏR

INDICATIF

PRÉSENT
je hais ['ɛ]
tu hais
il/elle hait
nous haïssons ['aisɔ̃]
vous haïssez
ils/elles haïssent ['ais]

IMPARFAIT
je haïssais
tu haïssais
il/elle haïssait
nous haïssions
vous haïssiez
ils/elles haïssaient

PASSÉ COMPOSÉ
j'ai haï
tu as haï
il/elle a haï
nous avons haï
vous avez haï
ils/elles ont haï

PLUS-QUE-PARFAIT
j'avais haï
tu avais haï
il/elle avait haï
nous avions haï
vous aviez haï
ils/elles avaient haï

PASSÉ SIMPLE
je haïs ['ai]
tu haïs
il/elle haït
nous haïmes
vous haïtes
ils/elles haïrent

FUTUR SIMPLE
je haïrai
tu haïras
il/elle haïra
nous haïrons
vous haïrez
ils/elles haïront

FUTUR ANTÉRIEUR
j'aurai haï
tu auras haï
il/elle aura haï
nous aurons haï
vous aurez haï
ils/elles auront haï

CONDITIONNEL

PRÉSENT
je haïrais
tu haïrais
il/elle haïrait
nous haïrions
vous haïriez
ils/elles haïraient

PASSÉ 1re forme
j'aurais haï
tu aurais haï
il/elle aurait haï
nous aurions haï
vous auriez haï
ils/elles auraient haï

SUBJONCTIF

PRÉSENT
que je haïsse
que tu haïsses
qu'il/qu'elle haïsse
que nous haïssions
que vous haïssiez
qu'ils/qu'elles haïssent

PASSÉ
que j'aie haï
que tu aies haï
qu'il/qu'elle ait haï
que nous ayons haï
que vous ayez haï
qu'ils/qu'elles aient haï

IMPÉRATIF

PRÉSENT
hais ['ɛ]
haïssons ['aisɔ̃]
haïssez ['aise]

INFINITIF

PRÉSENT
haïr

PASSÉ
avoir haï

PARTICIPE

PRÉSENT
haïssant

PASSÉ
haï, haïe
haïs, haïes

GÉRONDIF

en haïssant

Remarque À cause du tréma, il n'y a pas d'accent circonflexe au passé simple *(nous haïmes, vous haïtes).*

conjugaison 11 COURIR

Verbes ayant la même conjugaison : accourir, concourir, courir, discourir, encourir, parcourir, recourir, secourir.

INDICATIF

PRÉSENT
je cours
tu cours
il/elle court
nous courons
vous courez
ils/elles courent

IMPARFAIT
je courais [kuʀɛ]
tu courais
il/elle courait
nous courions [kuʀjɔ̃]
vous couriez
ils/elles couraient

PASSÉ COMPOSÉ
j'ai couru
tu as couru
il/elle a couru
nous avons couru
vous avez couru
ils/elles ont couru

PLUS-QUE-PARFAIT
j'avais couru
tu avais couru
il/elle avait couru
nous avions couru
vous aviez couru
ils/elles avaient couru

PASSÉ SIMPLE
je courus
tu courus
il/elle courut
nous courûmes
vous courûtes
ils/elles coururent

FUTUR SIMPLE
je courrai [kuʀʀɛ]
tu courras
il/elle courra
nous courrons
vous courrez
ils/elles courront

FUTUR ANTÉRIEUR
j'aurai couru
tu auras couru
il/elle aura couru
nous aurons couru
vous aurez couru
ils/elles auront couru

CONDITIONNEL

PRÉSENT
je courrais [kuʀʀɛ]
tu courrais
il/elle courrait
nous courrions [kuʀʀjɔ̃]
vous courriez
ils/elles courraient

PASSÉ 1re forme
j'aurais couru
tu aurais couru
il/elle aurait couru
nous aurions couru
vous auriez couru
ils/elles auraient couru

SUBJONCTIF

PRÉSENT
que je coure
que tu coures
qu'il/qu'elle coure
que nous courions
que vous couriez
qu'ils/qu'elles courent

PASSÉ
que j'aie couru
que tu aies couru
qu'il/qu'elle ait couru
que nous ayons couru
que vous ayez couru
qu'ils/qu'elles aient couru

IMPÉRATIF

PRÉSENT
cours
courons
courez

INFINITIF

PRÉSENT
courir

PASSÉ
avoir couru

PARTICIPE

PRÉSENT
courant

PASSÉ
couru, courue
courus, courues

GÉRONDIF

en courant

Remarque On prononce les deux *r* au futur et au conditionnel.

conjugaison 12 CUEILLIR

Verbes ayant la même conjugaison : accueillir, cueillir, recueillir.

INDICATIF

PRÉSENT
je cueille [kœj]
tu cueilles
il/elle cueille
nous cueillons [kœjɔ̃]
vous cueillez
ils/elles cueillent

IMPARFAIT
je cueillais
tu cueillais
il/elle cueillait
nous cuei**lli**ons [kœjjɔ̃]
vous cuei**lli**ez
ils/elles cueillaient

PASSÉ COMPOSÉ
j'ai cueilli
tu as cueilli
il/elle a cueilli
nous avons cueilli
vous avez cueilli
ils/elles ont cueilli

PLUS-QUE-PARFAIT
j'avais cueilli
tu avais cueilli
il/elle avait cueilli
nous avions cueilli
vous aviez cueilli
ils/elles avaient cueilli

PASSÉ SIMPLE
je cueillis
tu cueillis
il/elle cueillit
nous cueillîmes
vous cueillîtes
ils/elles cueillirent

FUTUR SIMPLE
je cueillerai
tu cueilleras
il/elle cueillera
nous cueillerons
vous cueillerez
ils/elles cueilleront

FUTUR ANTÉRIEUR
j'aurai cueilli
tu auras cueilli
il/elle aura cueilli
nous aurons cueilli
vous aurez cueilli
ils/elles auront cueilli

CONDITIONNEL

PRÉSENT
je cueillerais
tu cueillerais
il/elle cueillerait
nous cueillerions
vous cueilleriez
ils/elles cueilleraient

PASSÉ 1re forme
j'aurais cueilli
tu aurais cueilli
il/elle aurait cueilli
nous aurions cueilli
vous auriez cueilli
ils/elles auraient cueilli

SUBJONCTIF

PRÉSENT
que je cueille
que tu cueilles
qu'il/qu'elle cueille
que nous cuei**lli**ons
que vous cuei**lli**ez
qu'ils/qu'elles cueillent

PASSÉ
que j'aie cueilli
que tu aies cueilli
qu'il/qu'elle ait cueilli
que nous ayons cueilli
que vous ayez cueilli
qu'ils/qu'elles aient cueilli

IMPÉRATIF

PRÉSENT
cueille
cueillons
cueillez

INFINITIF

PRÉSENT
cueillir

PASSÉ
avoir cueilli

PARTICIPE

PRÉSENT
cueillant

PASSÉ
cueilli, cueillie
cueillis, cueillies

GÉRONDIF

en cueillant

conjugaison 13 ASSAILLIR

Verbes ayant la même conjugaison : assaillir, défaillir, 1. saillir, tressaillir.

INDICATIF

PRÉSENT
j'assaille
tu assailles
il/elle assaille
nous assaillons [asajɔ̃]
vous assaillez
ils/elles assaillent

IMPARFAIT
j'assaillais
tu assaillais
il/elle assaillait
nous assai**lli**ons
[asajjɔ̃]
vous assai**lli**ez
ils/elles assaillaient

PASSÉ COMPOSÉ
j'ai assailli
tu as assailli
il/elle a assailli
nous avons assailli
vous avez assailli
ils/elles ont assailli

PLUS-QUE-PARFAIT
j'avais assailli
tu avais assailli
il/elle avait assailli
nous avions assailli
vous aviez assailli
ils/elles avaient assailli

PASSÉ SIMPLE
j'assaillis
tu assaillis
il/elle assaillit
nous assaillîmes
vous assaillîtes
ils/elles assaillirent

FUTUR SIMPLE
j'assaillirai
tu assailliras
il/elle assaillira
nous assaillirons
vous assaillirez
ils/elles assailliront

FUTUR ANTÉRIEUR
j'aurai assailli
tu auras assailli
il/elle aura assailli
nous aurons assailli
vous aurez assailli
ils/elles auront assailli

CONDITIONNEL

PRÉSENT
j'assaillirais
tu assaillirais
il/elle assaillirait
nous assaillirions
vous assailliriez
ils/elles assailliraient

PASSÉ 1re forme
j'aurais assailli
tu aurais assailli
il/elle aurait assailli
nous aurions assailli
vous auriez assailli
ils/elles auraient assailli

SUBJONCTIF

PRÉSENT
que j'assaille
que tu assailles
qu'il/qu'elle assaille
que nous assai**lli**ons [asajjɔ̃]
que vous assai**lli**ez
qu'ils/qu'elles assaillent

PASSÉ
que j'aie assailli
que tu aies assailli
qu'il/qu'elle ait assailli
que nous ayons assailli
que vous ayez assailli
qu'ils/qu'elles aient assailli

IMPÉRATIF

PRÉSENT
assaille
assaillons
assaillez

INFINITIF

PRÉSENT
assaillir

PASSÉ
avoir assailli

PARTICIPE

PRÉSENT
assaillant

PASSÉ
assailli, assaillie
assaillis, assaillies

GÉRONDIF

en assaillant

conjugaison 14 SERVIR

Verbes ayant la même conjugaison : **desservir, resservir, servir.**

INDICATIF

PRÉSENT
je sers
tu sers
il/elle sert
nous servons
vous servez
ils/elles servent

IMPARFAIT
je servais
tu servais
il/elle servait
nous servions
vous serviez
ils/elles servaient

PASSÉ COMPOSÉ
j'ai servi
tu as servi
il/elle a servi
nous avons servi
vous avez servi
ils/elles ont servi

PLUS-QUE-PARFAIT
j'avais servi
tu avais servi
il/elle avait servi
nous avions servi
vous aviez servi
ils/elles avaient servi

PASSÉ SIMPLE
je servis
tu servis
il/elle servit
nous servîmes
vous servîtes
ils/elles servirent

FUTUR SIMPLE
je servirai
tu serviras
il/elle servira
nous servirons
vous servirez
ils/elles serviront

FUTUR ANTÉRIEUR
j'aurai servi
tu auras servi
il/elle aura servi
nous aurons servi
vous aurez servi
ils/elles auront servi

CONDITIONNEL

PRÉSENT
je servirais
tu servirais
il/elle servirait
nous servirions
vous serviriez
ils/elles serviraient

PASSÉ 1re forme
j'aurais servi
tu aurais servi
il/elle aurait servi
nous aurions servi
vous auriez servi
ils/elles auraient servi

SUBJONCTIF

PRÉSENT
que je serve
que tu serves
qu'il/qu'elle serve
que nous servions
que vous serviez
qu'ils/qu'elles servent

PASSÉ
que j'aie servi
que tu aies servi
qu'il/qu'elle ait servi
que nous ayons servi
que vous ayez servi
qu'ils/qu'elles aient servi

IMPÉRATIF

PRÉSENT
sers
servons
servez

INFINITIF

PRÉSENT
servir

PASSÉ
avoir servi

PARTICIPE

PRÉSENT
servant

PASSÉ
servi, servie
servis, servies

GÉRONDIF

en servant

Remarque Le verbe *asservir* se conjugue comme *finir* (conjugaison 2).

conjugaison 15 BOUILLIR

INDICATIF

PRÉSENT
je bous [bu]
tu bous
il/elle bout
nous bouillons [bujɔ̃]
vous bouillez
ils/elles bouillent [buj]

IMPARFAIT
je bouillais [bujɛ]
tu bouillais
il/elle bouillait
nous bouillions [bujjɔ̃]
vous bouilliez
ils/elles bouillaient

PASSÉ COMPOSÉ
j'ai bouilli
tu as bouilli
il/elle a bouilli
nous avons bouilli
vous avez bouilli
ils/elles ont bouilli

PASSÉ SIMPLE
je bouillis
tu bouillis
il/elle bouillit
nous bouillîmes
vous bouillîtes
ils/elles bouillirent

PLUS-QUE-PARFAIT
j'avais bouilli
tu avais bouilli
il/elle avait bouilli
nous avions bouilli
vous aviez bouilli
ils/elles avaient bouilli

FUTUR SIMPLE
je bouillirai
tu bouilliras
il/elle bouillira
nous bouillirons
vous bouillirez
ils/elles bouilliront

FUTUR ANTÉRIEUR
j'aurai bouilli
tu auras bouilli
il/elle aura bouilli
nous aurons bouilli
vous aurez bouilli
ils/elles auront bouilli

CONDITIONNEL

PRÉSENT
je bouillirais
tu bouillirais
il/elle bouillirait
nous bouillirions
vous bouilliriez
ils/elles bouilliraient

PASSÉ 1re forme
j'aurais bouilli
tu aurais bouilli
il/elle aurait bouilli
nous aurions bouilli
vous auriez bouilli
ils/elles auraient bouilli

SUBJONCTIF

PRÉSENT
que je bouille [buj]
que tu bouilles
qu'il/qu'elle bouille
que nous bouillions [bujjɔ̃]
que vous bouilliez
qu'ils/qu'elles bouillent

PASSÉ
que j'aie bouilli
que tu aies bouilli
qu'il/qu'elle ait bouilli
que nous ayons bouilli
que vous ayez bouilli
qu'ils/qu'elles aient bouilli

IMPÉRATIF

PRÉSENT
bous
bouillons
bouillez

INFINITIF

PRÉSENT
bouillir

PASSÉ
avoir bouilli

PARTICIPE

PRÉSENT
bouillant

PASSÉ
bouilli, bouillie
bouillis, bouillies

GÉRONDIF

en bouillant

conjugaison 16a PARTIR

Verbes ayant la même conjugaison : se départir, partir, repartir, 2. ressortir, sortir.

INDICATIF / **CONDITIONNEL**

PRÉSENT	PASSÉ COMPOSÉ	PASSÉ SIMPLE	FUTUR SIMPLE	CONDITIONNEL PRÉSENT
je pars	je suis parti, ie	je partis	je partirai	je partirais
tu pars	tu es parti, ie	tu partis	tu partiras	tu partirais
il/elle part	il/elle est parti, ie	il/elle partit	il/elle partira	il/elle partirait
nous partons	nous sommes partis, ies	nous partîmes	nous partirons	nous partirions
vous partez	vous êtes partis, ies	vous partîtes	vous partirez	vous partiriez
ils/elles partent	ils/elles sont partis, ies	ils/elles partirent	ils/elles partiront	ils/elles partiraient

IMPARFAIT	PLUS-QUE-PARFAIT	FUTUR ANTÉRIEUR	CONDITIONNEL PASSÉ 1re forme
je partais	j'étais parti, ie	je serai parti, ie	je serais parti, ie
tu partais	tu étais parti, ie	tu seras parti, ie	tu serais parti, ie
il/elle partait	il/elle était parti, ie	il/elle sera parti, ie	il/elle serait parti, ie
nous partions	nous étions partis, ies	nous serons partis, ies	nous serions partis, ies
vous partiez	vous étiez partis, ies	vous serez partis, ies	vous seriez partis, ies
ils/elles partaient	ils/elles étaient partis, ies	ils/elles seront partis, ies	ils/elles seraient partis, ies

SUBJONCTIF / **IMPÉRATIF** / **INFINITIF** / **PARTICIPE** / **GÉRONDIF**

SUBJONCTIF PRÉSENT	SUBJONCTIF PASSÉ	IMPÉRATIF PRÉSENT	INFINITIF	PARTICIPE	GÉRONDIF
que je parte	que je sois parti, ie	pars	PRÉSENT	PRÉSENT	en partant
que tu partes	que tu sois parti, ie	partons	partir	partant	
qu'il/qu'elle parte	qu'il/qu'elle soit parti, ie	partez	PASSÉ	PASSÉ	
que nous partions	que nous soyons partis, ies		être parti, ie	parti, partie	
que vous partiez	que vous soyez partis, ies			partis, parties	
qu'ils/qu'elles partent	qu'ils/qu'elles soient partis, ies				

Remarque Les verbes *répartir, assortir,* 1. *ressortir* se conjuguent comme *finir* (conjugaison 2).

conjugaison 16b DORMIR

Verbes ayant la même conjugaison : consentir, démentir, dormir, endormir, mentir, pressentir, se rendormir, se repentir, ressentir, sentir.

INDICATIF / **CONDITIONNEL**

PRÉSENT	PASSÉ COMPOSÉ	PASSÉ SIMPLE	FUTUR SIMPLE	CONDITIONNEL PRÉSENT
je dors	j'ai dormi	je dormis	je dormirai	je dormirais
tu dors	tu as dormi	tu dormis	tu dormiras	tu dormirais
il/elle dort	il/elle a dormi	il/elle dormit	il/elle dormira	il/elle dormirait
nous dormons	nous avons dormi	nous dormîmes	nous dormirons	nous dormirions
vous dormez	vous avez dormi	vous dormîtes	vous dormirez	vous dormiriez
ils/elles dorment	ils/elles ont dormi	ils/elles dormirent	ils/elles dormiront	ils/elles dormiraient

IMPARFAIT	PLUS-QUE-PARFAIT	FUTUR ANTÉRIEUR	CONDITIONNEL PASSÉ 1re forme
je dormais	j'avais dormi	j'aurai dormi	j'aurais dormi
tu dormais	tu avais dormi	tu auras dormi	tu aurais dormi
il/elle dormait	il/elle avait dormi	il/elle aura dormi	il/elle aurait dormi
nous dormions	nous avions dormi	nous aurons dormi	nous aurions dormi
vous dormiez	vous aviez dormi	vous aurez dormi	vous auriez dormi
ils/elles dormaient	ils/elles avaient dormi	ils/elles auront dormi	ils/elles auraient dormi

SUBJONCTIF / **IMPÉRATIF** / **INFINITIF** / **PARTICIPE** / **GÉRONDIF**

SUBJONCTIF PRÉSENT	SUBJONCTIF PASSÉ	IMPÉRATIF PRÉSENT	INFINITIF	PARTICIPE	GÉRONDIF
que je dorme	que j'aie dormi	dors	PRÉSENT	PRÉSENT	en dormant
que tu dormes	que tu aies dormi	dormons	dormir	dormant	
qu'il/qu'elle dorme	qu'il/qu'elle ait dormi	dormez	PASSÉ	PASSÉ	
que nous dormions	que nous ayons dormi		avoir dormi	dormi	
que vous dormiez	que vous ayez dormi				
qu'ils/qu'elles dorment	qu'ils/qu'elles aient dormi				

conjugaison 17 FUIR

Verbes ayant la même conjugaison : s'enfuir, fuir.

INDICATIF

PRÉSENT
je fuis [fɥi]
tu fuis
il/elle fuit
nous fuyons [fɥijɔ̃]
vous fuyez
ils/elles fuientlent

IMPARFAIT
je fuyais
tu fuyais
il/elle fuyait
nous fu**yi**ons [fɥijjɔ̃]
vous fu**yi**ez
ils/elles fuyaient

PASSÉ COMPOSÉ
j'ai fui
tu as fui
il/elle a fui
nous avons fui
vous avez fui
ils/elles ont fui

PLUS-QUE-PARFAIT
j'avais fui
tu avais fui
il/elle avait fui
nous avions fui
vous aviez fui
ils/elles avaient fui

PASSÉ SIMPLE
je fuis
tu fuis
il/elle fuit
nous fuîmes
vous fuîtes
ils/elles fuirent

FUTUR SIMPLE
je fuirai
tu fuiras
il/elle fuira
nous fuirons
vous fuirez
ils/elles fuiront

FUTUR ANTÉRIEUR
j'aurai fui
tu auras fui
il/elle aura fui
nous aurons fui
vous aurez fui
ils/elles auront fui

CONDITIONNEL

PRÉSENT
je fuirais
tu fuirais
il/elle fuirait
nous fuirions
vous fuiriez
ils/elles fuiraient

PASSÉ 1re forme
j'aurais fui
tu aurais fui
il/elle aurait fui
nous aurions fui
vous auriez fui
ils/elles auraient fui

SUBJONCTIF

PRÉSENT
que je fuie [fɥi]
que tu fuies
qu'il/qu'elle fuie
que nous fu**yo**ns [fɥijjɔ̃]
que vous fu**yi**ez
qu'ils/qu'elles fuient

PASSÉ
que j'aie fui
que tu aies fui
qu'il/qu'elle ait fui
que nous ayons fui
que vous ayez fui
qu'ils/qu'elles aient fui

IMPÉRATIF

PRÉSENT
fuis
fuyons
fuyez

INFINITIF

PRÉSENT
fuir

PASSÉ
avoir fui

PARTICIPE

PRÉSENT
fuyant

PASSÉ
fui, fuie
fuis, fuies

GÉRONDIF

en fuyant

conjugaison 18 OUVRIR

Verbes ayant la même conjugaison : couvrir, découvrir, entrouvrir, offrir, ouvrir, recouvrir, souffrir.

INDICATIF

PRÉSENT
j'ouvre
tu ouvres
il/elle ouvre
nous ouvrons
vous ouvrez
ils/elles ouvrent

IMPARFAIT
j'ouvrais
tu ouvrais
il/elle ouvrait
nous ouvrions
vous ouvriez
ils/elles ouvraient

PASSÉ COMPOSÉ
j'ai ouvert
tu as ouvert
il/elle a ouvert
nous avons ouvert
vous avez ouvert
ils/elles ont ouvert

PLUS-QUE-PARFAIT
j'avais ouvert
tu avais ouvert
il/elle avait ouvert
nous avions ouvert
vous aviez ouvert
ils/elles avaient ouvert

PASSÉ SIMPLE
j'ouvris
tu ouvris
il/elle ouvrit
nous ouvrîmes
vous ouvrîtes
ils/elles ouvrirent

FUTUR SIMPLE
j'ouvrirai
tu ouvriras
il/elle ouvrira
nous ouvrirons
vous ouvrirez
ils/elles ouvriront

FUTUR ANTÉRIEUR
j'aurai ouvert
tu auras ouvert
il/elle aura ouvert
nous aurons ouvert
vous aurez ouvert
ils/elles auront ouvert

CONDITIONNEL

PRÉSENT
j'ouvrirais
tu ouvrirais
il/elle ouvrirait
nous ouvririons
vous ouvririez
ils/elles ouvriraient

PASSÉ 1re forme
j'aurais ouvert
tu aurais ouvert
il/elle aurait ouvert
nous aurions ouvert
vous auriez ouvert
ils/elles auraient ouvert

SUBJONCTIF

PRÉSENT
que j'ouvre
que tu ouvres
qu'il/qu'elle ouvre
que nous ouvrions
que vous ouvriez
qu'ils/qu'elles ouvrent

PASSÉ
que j'aie ouvert
que tu aies ouvert
qu'il/qu'elle ait ouvert
que nous ayons ouvert
que vous ayez ouvert
qu'ils/qu'elles aient ouvert

IMPÉRATIF

PRÉSENT
ouvre
ouvrons
ouvrez

INFINITIF

PRÉSENT
ouvrir

PASSÉ
avoir ouvert

PARTICIPE

PRÉSENT
ouvrant

PASSÉ
ouvert, ouverte
ouverts, ouvertes

GÉRONDIF

en ouvrant

conjugaison 19 MOURIR

INDICATIF

PRÉSENT
je meurs [mœʀ]
tu meurs
il/elle meurt
nous mourons [muʀɔ̃]
vous mourez
ils/elles meurent

IMPARFAIT
je mourais [muʀɛ]
tu mourais
il/elle mourait
nous mourions [muʀjɔ̃]
vous mouriez
ils/elles mouraient

PASSÉ COMPOSÉ
je suis mort, morte
tu es mort, morte
il/elle est mort, morte
nous sommes morts, mortes
vous êtes morts, mortes
ils/elles sont morts, mortes

PLUS-QUE-PARFAIT
j'étais mort, morte
tu étais mort, morte
il/elle était mort, morte
nous étions morts, mortes
vous étiez morts, mortes
ils/elles étaient morts, mortes

PASSÉ SIMPLE
je mourus
tu mourus
il/elle mourut
nous mourûmes
vous mourûtes
ils/elles moururent

FUTUR SIMPLE
je mou**rr**ai [muʀʀɛ]
tu mou**rr**as
il/elle mou**rr**a
nous mou**rr**ons [muʀʀɔ̃]
vous mou**rr**ez
ils/elles mou**rr**ont

FUTUR ANTÉRIEUR
je serai mort, morte
tu seras mort, morte
il/elle sera mort, morte
nous serons morts, mortes
vous serez morts, mortes
ils/elles seront morts, mortes

CONDITIONNEL

PRÉSENT
je mou**rr**ais [muʀʀɛ]
tu mou**rr**ais
il/elle mou**rr**ait
nous mou**rr**ions [muʀʀjɔ̃]
vous mou**rr**iez
ils/elles mou**rr**aient

PASSÉ 1re forme
je serais mort, morte
tu serais mort, morte
il/elle serait mort, morte
nous serions morts, mortes
vous seriez morts, mortes
ils/elles seraient morts, mortes

SUBJONCTIF

PRÉSENT
que je meure
que tu meures
qu'il/qu'elle meure
que nous mourions
que vous mouriez
qu'ils/qu'elles meurent

PASSÉ
que je sois mort, morte
que tu sois mort, morte
qu'il/qu'elle soit mort, morte
que nous soyons morts, mortes
que vous soyez morts, mortes
qu'ils/qu'elles soient morts, mortes

IMPÉRATIF

PRÉSENT
meurs
mourons
mourez

INFINITIF

PRÉSENT
mourir

PASSÉ
être mort, morte

PARTICIPE

PRÉSENT
mourant

PASSÉ
mort, morte
morts, mortes

GÉRONDIF

en mourant

Remarque On prononce les deux *r* au futur et au conditionnel.

conjugaison 20 VÊTIR

Verbes ayant la même conjugaison : se dévêtir, revêtir, vêtir.

INDICATIF

PRÉSENT
je vêts
tu vêts
il/elle vêt
nous vêtons
vous vêtez
ils/elles vêtent

IMPARFAIT
je vêtais
tu vêtais
il/elle vêtait
nous vêtions
vous vêtiez
ils/elles vêtaient

PASSÉ COMPOSÉ
j'ai vêtu
tu as vêtu
il/elle a vêtu
nous avons vêtu
vous avez vêtu
ils/elles ont vêtu

PLUS-QUE-PARFAIT
j'avais vêtu
tu avais vêtu
il/elle avait vêtu
nous avions vêtu
vous aviez vêtu
ils/elles avaient vêtu

PASSÉ SIMPLE
je vêtis
tu vêtis
il/elle vêtit
nous vêtîmes
vous vêtîtes
ils/elles vêtirent

FUTUR SIMPLE
je vêtirai
tu vêtiras
il/elle vêtira
nous vêtirons
vous vêtirez
ils/elles vêtiront

FUTUR ANTÉRIEUR
j'aurai vêtu
tu auras vêtu
il/elle aura vêtu
nous aurons vêtu
vous aurez vêtu
ils/elles auront vêtu

CONDITIONNEL

PRÉSENT
je vêtirais
tu vêtirais
il/elle vêtirait
nous vêtirions
vous vêtiriez
ils/elles vêtiraient

PASSÉ 1re forme
j'aurais vêtu
tu aurais vêtu
il/elle aurait vêtu
nous aurions vêtu
vous auriez vêtu
ils/elles auraient vêtu

SUBJONCTIF

PRÉSENT
que je vête
que tu vêtes
qu'il/qu'elle vête
que nous vêtions
que vous vêtiez
qu'ils/qu'elles vêtent

PASSÉ
que j'aie vêtu
que tu aies vêtu
qu'il/qu'elle ait vêtu
que nous ayons vêtu
que vous ayez vêtu
qu'ils/qu'elles aient vêtu

IMPÉRATIF

PRÉSENT
vêts
vêtons
vêtez

INFINITIF

PRÉSENT
vêtir

PASSÉ
avoir vêtu

PARTICIPE

PRÉSENT
vêtant

PASSÉ
vêtu, vêtue
vêtus, vêtues

GÉRONDIF

en vêtant

conjugaison 21 ACQUÉRIR

Verbes ayant la même conjugaison : acquérir, conquérir, s'enquérir, reconquérir, requérir.

INDICATIF

PRÉSENT
j'acquiers [akjɛʀ]
tu acquiers
il/elle acquiert
nous acquérons [akeʀɔ̃]
vous acquérez
ils/elles acquièrent

IMPARFAIT
j'acquérais [akeʀɛ]
tu acquérais
il/elle acquérait
nous acquérions [akeʀjɔ̃]
vous acquériez
ils/elles acquéraient

PASSÉ COMPOSÉ
j'ai acquis
tu as acquis
il/elle a acquis
nous avons acquis
vous avez acquis
ils/elles ont acquis

PLUS-QUE-PARFAIT
j'avais acquis
tu avais acquis
il/elle avait acquis
nous avions acquis
vous aviez acquis
ils/elles avaient acquis

PASSÉ SIMPLE
j'acquis
tu acquis
il/elle acquit
nous acquîmes
vous acquîtes
ils/elles acquirent

FUTUR SIMPLE
j'acque**rr**ai [akɛʀʀɛ]
tu acque**rr**as
il/elle acque**rr**a
nous acque**rr**ons [akɛʀʀɔ̃]
vous acque**rr**ez
ils/elles acque**rr**ont

FUTUR ANTÉRIEUR
j'aurai acquis
tu auras acquis
il/elle aura acquis
nous aurons acquis
vous aurez acquis
ils/elles auront acquis

CONDITIONNEL

PRÉSENT
j'acque**rr**ais [akɛʀʀɛ]
tu acque**rr**ais
il/elle acque**rr**ait
nous acque**rr**ions [akɛʀʀjɔ̃]
vous acque**rr**iez
ils/elles acque**rr**aient

PASSÉ 1re forme
j'aurais acquis
tu aurais acquis
il/elle aurait acquis
nous aurions acquis
vous auriez acquis
ils/elles auraient acquis

SUBJONCTIF

PRÉSENT
que j'acquière
que tu acquières
qu'il/qu'elle acquière
que nous acquérions
que vous acquériez
qu'ils/qu'elles acquièrent

PASSÉ
que j'aie acquis
que tu aies acquis
qu'il/qu'elle ait acquis
que nous ayons acquis
que vous ayez acquis
qu'ils/qu'elles aient acquis

IMPÉRATIF

PRÉSENT
acquiers
acquérons
acquérez

INFINITIF

PRÉSENT
acquérir

PASSÉ
avoir acquis

PARTICIPE

PRÉSENT
acquérant

PASSÉ
acquis, acquise
acquis, acquises

GÉRONDIF

en acquérant

Remarque On prononce les deux *r* au futur et au conditionnel.

conjugaison 22 VENIR

Verbes ayant la même conjugaison : **s'abstenir, advenir, appartenir, circonvenir, contenir, contrevenir, convenir, détenir, devenir, entretenir, intervenir, maintenir, obtenir, parvenir, prévenir, provenir, redevenir, retenir, revenir, soutenir, se souvenir, subvenir, survenir, tenir, venir.**

INDICATIF

PRÉSENT	PASSÉ COMPOSÉ	IMPARFAIT	PLUS-QUE-PARFAIT
je viens [vjɛ̃]	je suis venu, ue	je venais	j'étais venu, ue
tu viens	tu es venu, ue	tu venais	tu étais venu, ue
il/elle vient	il/elle est venu, ue	il/elle venait	il/elle était venu, ue
nous venons [v(ə)nɔ̃]	nous sommes venus, ues	nous venions [vənjɔ̃]	nous étions venus, ues
vous venez	vous êtes venus, ues	vous veniez	vous étiez venus, ues
ils/elles viennent [vjɛn]	ils/elles sont venus, ues	ils/elles venaient	ils/elles étaient venus, ues

FUTUR SIMPLE	FUTUR ANTÉRIEUR	PASSÉ SIMPLE
je viendrai	je serai venu, ue	je vins [vɛ̃]
tu viendras	tu seras venu, ue	tu vins
il/elle viendra	il/elle sera venu, ue	il/elle vint
nous viendrons	nous serons venus, ues	nous vînmes [vɛ̃m]
vous viendrez	vous serez venus, ues	vous vîntes [vɛ̃t]
ils/elles viendront	ils/elles seront venus, ues	ils/elles vinrent

CONDITIONNEL

PRÉSENT	PASSÉ 1re forme
je viendrais	je serais venu, ue
tu viendrais	tu serais venu, ue
il/elle viendrait	il/elle serait venu, ue
nous viendrions	nous serions venus, ues
vous viendriez	vous seriez venus, ues
ils/elles viendraient	ils/elles seraient venus, ues

SUBJONCTIF

PRÉSENT	PASSÉ
que je vienne	que je sois venu, ue
que tu viennes	que tu sois venu, ue
qu'il/qu'elle vienne	qu'il/qu'elle soit venu, ue
que nous venions	que nous soyons venus, ues
que vous veniez	que vous soyez venus, ues
qu'ils/qu'elles viennent	qu'ils/qu'elles soient venus, ues

IMPÉRATIF

PRÉSENT
viens
venons
venez

INFINITIF

PRÉSENT
venir

PASSÉ
être venu, ue

PARTICIPE

PRÉSENT
venant

PASSÉ
venu, venue
venus, venues

GÉRONDIF

en venant

Remarque
Au passé simple, la première syllabe reste nasale : *nous vînmes* [vɛ̃m], *vous tîntes* [tɛ̃t].

conjugaison 23 PLEUVOIR

Verbes ayant la même conjugaison : pleuvoir, repleuvoir.

INDICATIF

PRÉSENT
il pleut

PASSÉ COMPOSÉ
il a plu

PASSÉ SIMPLE
il plut

FUTUR SIMPLE
il pleuvra

IMPARFAIT
il pleuvait

PLUS-QUE-PARFAIT
il avait plu

FUTUR ANTÉRIEUR
il aura plu

CONDITIONNEL

PRÉSENT
il pleuvrait

PASSÉ 1re forme
il aurait plu

SUBJONCTIF

PRÉSENT
qu'il pleuve

PASSÉ
qu'il ait plu

IMPÉRATIF

n'existe pas

INFINITIF

PRÉSENT
pleuvoir

PASSÉ
avoir plu

PARTICIPE

PRÉSENT
pleuvant

PASSÉ
ayant plu

GÉRONDIF

en pleuvant

Remarque Le verbe *pleuvoir* comporte des emplois figurés au pluriel *(les félicitations pleuvent, pleuvaient, plurent, ont plu…).*

conjugaison 24 PRÉVOIR

INDICATIF

PRÉSENT
je prévois [pʀevwa]
tu prévois
il/elle prévoit
nous prévoyons [pʀevwajɔ̃]
vous prévoyez
ils/elles prévoient

PASSÉ COMPOSÉ
j'ai prévu
tu as prévu
il/elle a prévu
nous avons prévu
vous avez prévu
ils/elles ont prévu

PASSÉ SIMPLE
je prévis
tu prévis
il/elle prévit
nous prévîmes
vous prévîtes
ils/elles prévirent

FUTUR SIMPLE
je prév**oi**rai
tu prév**oi**ras
il/elle prév**oi**ra
nous prév**oi**rons
vous prév**oi**rez
ils/elles prév**oi**ront

IMPARFAIT
je prévoyais
tu prévoyais
il/elle prévoyait
nous prévo**yi**ons [pʀevwajjɔ̃]
vous prévo**yi**ez
ils/elles prévoyaient

PLUS-QUE-PARFAIT
j'avais prévu
tu avais prévu
il/elle avait prévu
nous avions prévu
vous aviez prévu
ils/elles avaient prévu

FUTUR ANTÉRIEUR
j'aurai prévu
tu auras prévu
il/elle aura prévu
nous aurons prévu
vous aurez prévu
ils/elles auront prévu

CONDITIONNEL

PRÉSENT
je prév**oi**rais
tu prév**oi**rais
il/elle prév**oi**rait
nous prév**oi**rions
vous prév**oi**riez
ils/elles prév**oi**raient

PASSÉ 1re forme
j'aurais prévu
tu aurais prévu
il/elle aurait prévu
nous aurions prévu
vous auriez prévu
ils/elles auraient prévu

SUBJONCTIF

PRÉSENT
que je prévoie
que tu prévoies
qu'il/qu'elle prévoie
que nous prévo**yi**ons [pʀevwajjɔ̃]
que vous prévo**yi**ez
qu'ils/qu'elles prévoient

PASSÉ
que j'aie prévu
que tu aies prévu
qu'il/qu'elle ait prévu
que nous ayons prévu
que vous ayez prévu
qu'ils/qu'elles aient prévu

IMPÉRATIF

PRÉSENT
prévois
prévoyons
prévoyez

INFINITIF

PRÉSENT
prévoir

PASSÉ
avoir prévu

PARTICIPE

PRÉSENT
prévoyant

PASSÉ
prévu, prévue
prévus, prévues

GÉRONDIF

en prévoyant

conjugaison 25 POURVOIR

Verbes ayant la même conjugaison : déchoir, pourvoir.

INDICATIF				CONDITIONNEL
PRÉSENT je pourvois [puʀvwa] tu pourvois il/elle pourvoit nous pourvoyons [puʀvwajɔ̃] vous pourvoyez ils/elles pourvoient	PASSÉ COMPOSÉ j'ai pourvu tu as pourvu il/elle a pourvu nous avons pourvu vous avez pourvu ils/elles ont pourvu	PASSÉ SIMPLE je pourvus tu pourvus il/elle pourvut nous pourvûmes vous pourvûtes ils/elles pourvurent	FUTUR SIMPLE je pourvoirai tu pourvoiras il/elle pourvoira nous pourvoirons vous pourvoirez ils/elles pourvoiront	PRÉSENT je pourvoirais tu pourvoirais il/elle pourvoirait nous pourvoirions vous pourvoiriez ils/elles pourvoiraient
IMPARFAIT je pourvoyais tu pourvoyais il/elle pourvoyait nous pourvo**yi**ons [puʀvwajjɔ̃] vous pourvo**yi**ez ils/elles pourvoyaient	PLUS-QUE-PARFAIT j'avais pourvu tu avais pourvu il/elle avait pourvu nous avions pourvu vous aviez pourvu ils/elles avaient pourvu		FUTUR ANTÉRIEUR j'aurai pourvu tu auras pourvu il/elle aura pourvu nous aurons pourvu vous aurez pourvu ils/elles auront pourvu	PASSÉ 1re forme j'aurais pourvu tu aurais pourvu il/elle aurait pourvu nous aurions pourvu vous auriez pourvu ils/elles auraient pourvu

SUBJONCTIF		IMPÉRATIF	INFINITIF	PARTICIPE	GÉRONDIF
PRÉSENT que je pourvoie que tu pourvoies qu'il/qu'elle pourvoie que nous pourvo**yi**ons [puʀvwajjɔ̃] que vous pourvo**yi**ez qu'ils/qu'elles pourvoient	PASSÉ que j'aie pourvu que tu aies pourvu qu'il/qu'elle ait pourvu que nous ayons pourvu que vous ayez pourvu qu'ils/qu'elles aient pourvu	PRÉSENT pourvois pourvoyons pourvoyez	PRÉSENT pourvoir PASSÉ avoir pourvu	PRÉSENT pourvoyant PASSÉ pourvu, pourvue pourvus, pourvues	en pourvoyant

Remarque Le verbe *déchoir* n'a pas d'impératif ni de participe présent.

conjugaison 26 ASSEOIR

Verbes ayant la même conjugaison : asseoir, seoir.

INDICATIF				CONDITIONNEL
PRÉSENT j'assieds ou assois tu assieds ou assois il/elle assied ou assoit nous asseyons ou assoyons vous asseyez ou assoyez ils/elles asseyent ou assoient	PASSÉ COMPOSÉ j'ai assis tu as assis il/elle a assis nous avons assis vous avez assis ils/elles ont assis	PASSÉ SIMPLE j'assis tu assis il/elle assit nous assîmes vous assîtes ils/elles assirent	FUTUR SIMPLE j'assiérai ou assoirai tu assiéras ou assoiras il/elle assiéra ou assoira nous assiérons ou assoirons vous assiérez ou assoirez ils/elles assiéront ou assoiront	PRÉSENT j'assiérais ou assoirais tu assiérais ou assoirais il/elle assiérait ou assoirait nous assiérions ou assoirions vous assiériez ou assoiriez ils/elles assiéraient ou assoiraient
IMPARFAIT j'asseyais ou assoyais tu asseyais ou assoyais il/elle asseyait ou assoyait nous asse**yi**ons ou asso**yi**ons vous asse**yi**ez ou asso**yi**ez ils/elles asseyaient ou assoyaient	PLUS-QUE-PARFAIT j'avais assis tu avais assis il/elle avait assis nous avions assis vous aviez assis ils/elles avaient assis		FUTUR ANTÉRIEUR j'aurai assis tu auras assis il/elle aura assis nous aurons assis vous aurez assis ils/elles auront assis	PASSÉ 1re forme j'aurais assis tu aurais assis il/elle aurait assis nous aurions assis vous auriez assis ils/elles auraient assis

SUBJONCTIF		IMPÉRATIF	INFINITIF	PARTICIPE	GÉRONDIF
PRÉSENT que j'asseye ou assoie que tu asseyes ou assoies qu'il/qu'elle asseye ou assoie que nous asse**yi**ons ou asso**yi**ons que vous asse**yi**ez ou asso**yi**ez qu'ils/qu'elles asseyent ou assoient	PASSÉ que j'aie assis que tu aies assis qu'il/qu'elle ait assis que nous ayons assis que vous ayez assis qu'ils/qu'elles aient assis	PRÉSENT assieds ou assois asseyons ou assoyons asseyez ou assoyez	PRÉSENT asseoir PASSÉ avoir assis	PRÉSENT asseyant ou assoyant PASSÉ assis, assise assis, assises	en asseyant ou en assoyant

Remarques
1. Le choix entre les deux formes du verbe *asseoir* est lié au niveau de langue.
2. Le verbe *seoir* ne se conjugue qu'à la 3e personne.

conjugaison 27 MOUVOIR

Verbes ayant la même conjugaison : émouvoir, mouvoir, promouvoir.

INDICATIF / **CONDITIONNEL**

PRÉSENT	PASSÉ COMPOSÉ	PASSÉ SIMPLE	FUTUR SIMPLE	CONDITIONNEL PRÉSENT
je meus [mø]	j'ai **mû**	je mus	je mouvrai	je mouvrais
tu meus	tu as **mû**	tu mus	tu mouvras	tu mouvrais
il/elle meut	il/elle a **mû**	il/elle mut	il/elle mouvra	il/elle mouvrait
nous mouvons [muvɔ̃]	nous avons **mû**	nous mûmes	nous mouvrons	nous mouvrions
vous mouvez	vous avez **mû**	vous mûtes	vous mouvrez	vous mouvriez
ils/elles meuvent [mœv]	ils/elles ont **mû**	ils/elles murent	ils/elles mouvront	ils/elles mouvraient

IMPARFAIT	PLUS-QUE-PARFAIT	FUTUR ANTÉRIEUR	CONDITIONNEL PASSÉ 1re forme
je mouvais	j'avais **mû**	j'aurai **mû**	j'aurais **mû**
tu mouvais	tu avais **mû**	tu auras **mû**	tu aurais **mû**
il/elle mouvait	il/elle avait **mû**	il/elle aura **mû**	il/elle aurait **mû**
nous mouvions	nous avions **mû**	nous aurons **mû**	nous aurions **mû**
vous mouviez	vous aviez **mû**	vous aurez **mû**	vous auriez **mû**
ils/elles mouvaient	ils/elles avaient **mû**	ils/elles auront **mû**	ils/elles auraient **mû**

SUBJONCTIF / **IMPÉRATIF** / **INFINITIF** / **PARTICIPE** / **GÉRONDIF**

SUBJONCTIF PRÉSENT	SUBJONCTIF PASSÉ	IMPÉRATIF PRÉSENT	INFINITIF	PARTICIPE	GÉRONDIF
que je meuve	que j'aie **mû**	meus	PRÉSENT : mouvoir	PRÉSENT : mouvant	en mouvant
que tu meuves	que tu aies **mû**	mouvons	PASSÉ : avoir **mû**	PASSÉ : **mû**, mue	
qu'il/qu'elle meuve	qu'il/qu'elle ait **mû**	mouvez		mus, mues	
que nous mouvions	que nous ayons **mû**				
que vous mouviez	que vous ayez **mû**				
qu'ils/qu'elles meuvent	qu'ils/qu'elles aient **mû**				

Remarque *Émouvoir* et *promouvoir* se conjuguent comme *mouvoir* sauf au participe passé *(ému, promu).*

conjugaison 28a RECEVOIR

Verbes ayant la même conjugaison : apercevoir, concevoir, décevoir, 1. percevoir, 2. percevoir, recevoir.

INDICATIF / **CONDITIONNEL**

PRÉSENT	PASSÉ COMPOSÉ	PASSÉ SIMPLE	FUTUR SIMPLE	CONDITIONNEL PRÉSENT
je re**ç**ois	j'ai re**ç**u	je re**ç**us	je recevrai	je recevrais
tu re**ç**ois	tu as re**ç**u	tu re**ç**us	tu recevras	tu recevrais
il/elle re**ç**oit	il/elle a re**ç**u	il/elle re**ç**ut	il/elle recevra	il/elle recevrait
nous recevons	nous avons re**ç**u	nous re**ç**ûmes	nous recevrons	nous recevrions
vous recevez	vous avez re**ç**u	vous re**ç**ûtes	vous recevrez	vous recevriez
ils/elles re**ç**oivent	ils/elles ont re**ç**u	ils/elles re**ç**urent	ils/elles recevront	ils/elles recevraient

IMPARFAIT	PLUS-QUE-PARFAIT	FUTUR ANTÉRIEUR	CONDITIONNEL PASSÉ 1re forme
je recevais	j'avais re**ç**u	j'aurai re**ç**u	j'aurais re**ç**u
tu recevais	tu avais re**ç**u	tu auras re**ç**u	tu aurais re**ç**u
il/elle recevait	il/elle avait re**ç**u	il/elle aura re**ç**u	il/elle aurait re**ç**u
nous recevions	nous avions re**ç**u	nous aurons re**ç**u	nous aurions re**ç**u
vous receviez	vous aviez re**ç**u	vous aurez re**ç**u	vous auriez re**ç**u
ils/elles recevaient	ils/elles avaient re**ç**u	ils/elles auront re**ç**u	ils/elles auraient re**ç**u

SUBJONCTIF / **IMPÉRATIF** / **INFINITIF** / **PARTICIPE** / **GÉRONDIF**

SUBJONCTIF PRÉSENT	SUBJONCTIF PASSÉ	IMPÉRATIF PRÉSENT	INFINITIF	PARTICIPE	GÉRONDIF
que je re**ç**oive	que j'aie re**ç**u	re**ç**ois	PRÉSENT : recevoir	PRÉSENT : recevant	en recevant
que tu re**ç**oives	que tu aies re**ç**u	recevons	PASSÉ : avoir re**ç**u	PASSÉ : re**ç**u, re**ç**ue	
qu'il/qu'elle re**ç**oive	qu'il/qu'elle ait re**ç**u	recevez		re**ç**us, re**ç**ues	
que nous recevions	que nous ayons re**ç**u				
que vous receviez	que vous ayez re**ç**u				
qu'ils/qu'elles re**ç**oivent	qu'ils/qu'elles aient re**ç**u				

conjugaison 28b DEVOIR

INDICATIF

PRÉSENT	PASSÉ COMPOSÉ	IMPARFAIT	PLUS-QUE-PARFAIT
je dois	j'ai **dû**	je devais	j'avais **dû**
tu dois	tu as **dû**	tu devais	tu avais **dû**
il/elle doit	il/elle a **dû**	il/elle devait	il/elle avait **dû**
nous devons	nous avons **dû**	nous devions	nous avions **dû**
vous devez	vous avez **dû**	vous deviez	vous aviez **dû**
ils/elles doivent	ils/elles ont **dû**	ils/elles devaient	ils/elles avaient **dû**

FUTUR SIMPLE	FUTUR ANTÉRIEUR	PASSÉ SIMPLE
je devrai	j'aurai **dû**	je dus
tu devras	tu auras **dû**	tu dus
il/elle devra	il/elle aura **dû**	il/elle dut
nous devrons	nous aurons **dû**	nous dûmes
vous devrez	vous aurez **dû**	vous dûtes
ils/elles devront	ils/elles auront **dû**	ils/elles durent

CONDITIONNEL

PRÉSENT	PASSÉ 1re forme
je devrais	j'aurais **dû**
tu devrais	tu aurais **dû**
il/elle devrait	il/elle aurait **dû**
nous devrions	nous aurions **dû**
vous devriez	vous auriez **dû**
ils/elles devraient	ils/elles auraient **dû**

SUBJONCTIF

PRÉSENT	PASSÉ
que je doive	que j'aie **dû**
que tu doives	que tu aies **dû**
qu'il/qu'elle doive	qu'il/qu'elle ait **dû**
que nous devions	que nous ayons **dû**
que vous deviez	que vous ayez **dû**
qu'ils/qu'elles doivent	qu'ils/qu'elles aient **dû**

IMPÉRATIF

PRÉSENT

dois
devons
devez

INFINITIF

PRÉSENT

devoir

PASSÉ

avoir **dû**

PARTICIPE

PRÉSENT

devant

PASSÉ

dû, due
dus, dues

GÉRONDIF

en devant

conjugaison 29a VALOIR

Verbes ayant la même conjugaison : **équivaloir, prévaloir, revaloir, valoir.**

INDICATIF

PRÉSENT	PASSÉ COMPOSÉ	PASSÉ SIMPLE	FUTUR SIMPLE
je vaux	j'ai valu	je valus	je vaudrai
tu vaux	tu as valu	tu valus	tu vaudras
il/elle vaut	il/elle a valu	il/elle valut	il/elle vaudra
nous valons	nous avons valu	nous valûmes	nous vaudrons
vous valez	vous avez valu	vous valûtes	vous vaudrez
ils/elles valent	ils/elles ont valu	ils/elles valurent	ils/elles vaudront

IMPARFAIT	PLUS-QUE-PARFAIT	FUTUR ANTÉRIEUR
je valais	j'avais valu	j'aurai valu
tu valais	tu avais valu	tu auras valu
il/elle valait	il/elle avait valu	il/elle aura valu
nous valions	nous avions valu	nous aurons valu
vous valiez	vous aviez valu	vous aurez valu
ils/elles valaient	ils/elles avaient valu	ils/elles auront valu

CONDITIONNEL

PRÉSENT	PASSÉ 1re forme
je vaudrais	j'aurais valu
tu vaudrais	tu aurais valu
il/elle vaudrait	il/elle aurait valu
nous vaudrions	nous aurions valu
vous vaudriez	vous auriez valu
ils/elles vaudraient	ils/elles auraient valu

SUBJONCTIF

PRÉSENT	PASSÉ
que je vaille	que j'aie valu
que tu vailles	que tu aies valu
qu'il/qu'elle vaille	qu'il/qu'elle ait valu
que nous valions	que nous ayons valu
que vous valiez	que vous ayez valu
qu'ils/qu'elles vaillent	qu'ils/qu'elles aient valu

IMPÉRATIF

PRÉSENT
vaux
valons
valez

INFINITIF

PRÉSENT : valoir
PASSÉ : avoir valu

PARTICIPE

PRÉSENT : valant
PASSÉ : valu, value
valus, values

GÉRONDIF

en valant

Remarques
1. *Équivaloir* fait au participe passé *équivalu* (invariable).
2. *Prévaloir* fait au subjonctif présent *que je prévale.*

conjugaison 29b **FALLOIR**

INDICATIF

PRÉSENT	PASSÉ COMPOSÉ	IMPARFAIT	PLUS-QUE-PARFAIT
il faut	il a fallu	il fallait	il avait fallu

FUTUR SIMPLE	FUTUR ANTÉRIEUR	PASSÉ SIMPLE
il faudra	il aura fallu	il fallut

CONDITIONNEL

PRÉSENT	PASSÉ 1re forme
il faudrait	il aurait fallu

SUBJONCTIF

PRÉSENT	PASSÉ
qu'il faille	qu'il ait fallu

IMPÉRATIF

n'existe pas

INFINITIF

PRÉSENT
falloir

PASSÉ
avoir fallu

PARTICIPE

PRÉSENT
n'existe pas

PASSÉ
fallu

GÉRONDIF

n'existe pas

conjugaison 30 VOIR

Verbes ayant la même conjugaison : entrevoir, revoir, voir.

INDICATIF				CONDITIONNEL
PRÉSENT	PASSÉ COMPOSÉ		FUTUR SIMPLE	PRÉSENT
je vois [vwa]	j'ai vu		je verrai [vɛʀɛ]	je verrais [vɛʀɛ]
tu vois	tu as vu		tu verras	tu verrais
il/elle voit	il/elle a vu	PASSÉ SIMPLE	il/elle verra	il/elle verrait
nous voyons [vwajɔ̃]	nous avons vu	je vis	nous verrons [vɛʀɔ̃]	nous verrions [vɛʀjɔ̃]
vous voyez	vous avez vu	tu vis	vous verrez	vous verriez
ils/elles voient [vwa]	ils/elles ont vu	il/elle vit	ils/elles verront	ils/elles verraient
IMPARFAIT	PLUS-QUE-PARFAIT	nous vîmes	FUTUR ANTÉRIEUR	PASSÉ 1re forme
je voyais [vwajɛ]	j'avais vu	vous vîtes	j'aurai vu	j'aurais vu
tu voyais	tu avais vu	ils/elles virent	tu auras vu	tu aurais vu
il/elle voyait	il/elle avait vu		il/elle aura vu	il/elle aurait vu
nous vo**yi**ons [vwajjɔ̃]	nous avions vu		nous aurons vu	nous aurions vu
vous vo**yi**ez	vous aviez vu		vous aurez vu	vous auriez vu
ils/elles voyaient	ils/elles avaient vu		ils/elles auront vu	ils/elles auraient vu

SUBJONCTIF		IMPÉRATIF	INFINITIF	PARTICIPE	GÉRONDIF
PRÉSENT	PASSÉ	PRÉSENT	PRÉSENT	PRÉSENT	
que je voie [vwa]	que j'aie vu	vois	voir	voyant	en voyant
que tu voies	que tu aies vu	voyons			
qu'il/qu'elle voie	qu'il/qu'elle ait vu	voyez	PASSÉ	PASSÉ	
que nous vo**yi**ons [vwajjɔ̃]	que nous ayons vu		avoir vu	vu, vue	
que vous vo**yi**ez	que vous ayez vu			vus, vues	
qu'ils/qu'elles voient	qu'ils/qu'elles aient vu				

Remarque
Le verbe *prévoir* suit la conjugaison 24 et le verbe *pourvoir* la conjugaison 25.

conjugaison 31 VOULOIR

INDICATIF

PRÉSENT	PASSÉ COMPOSÉ	IMPARFAIT	PLUS-QUE-PARFAIT
je veux	j'ai voulu	je voulais	j'avais voulu
tu veux	tu as voulu	tu voulais	tu avais voulu
il/elle veut	il/elle a voulu	il/elle voulait	il/elle avait voulu
nous voulons	nous avons voulu	nous voulions	nous avions voulu
vous voulez	vous avez voulu	vous vouliez	vous aviez voulu
ils/elles veulent	ils/elles ont voulu	ils/elles voulaient	ils/elles avaient voulu

FUTUR SIMPLE	FUTUR ANTÉRIEUR	PASSÉ SIMPLE
je voudrai	j'aurai voulu	je voulus
tu voudras	tu auras voulu	tu voulus
il/elle voudra	il/elle aura voulu	il/elle voulut
nous voudrons	nous aurons voulu	nous voulûmes
vous voudrez	vous aurez voulu	vous voulûtes
ils/elles voudront	ils/elles auront voulu	ils/elles voulurent

CONDITIONNEL

PRÉSENT	PASSÉ 1re forme
je voudrais	j'aurais voulu
tu voudrais	tu aurais voulu
il/elle voudrait	il/elle aurait voulu
nous voudrions	nous aurions voulu
vous voudriez	vous auriez voulu
ils/elles voudraient	ils/elles auraient voulu

SUBJONCTIF

PRÉSENT	PASSÉ
que je veuille [vœj]	que j'aie voulu
que tu veuilles	que tu aies voulu
qu'il/qu'elle veuille	qu'il/qu'elle ait voulu
que nous voulions [vuljɔ̃]	que nous ayons voulu
que vous vouliez	que vous ayez voulu
qu'ils/qu'elles veuillent	qu'ils/qu'elles aient voulu

IMPÉRATIF

PRÉSENT

veux ou veuille
voulons
voulez ou veuillez

INFINITIF

PRÉSENT

vouloir

PASSÉ

avoir voulu

PARTICIPE

PRÉSENT

voulant

PASSÉ

voulu, voulue
voulus, voulues

GÉRONDIF

en voulant

Remarque

L'impératif est rare sauf dans les expressions *ne m'en veux pas, ne m'en voulez pas.* L'impératif *veuillez* est utilisé par politesse *(veuillez accepter…).*

conjugaison 32 SAVOIR

INDICATIF

PRÉSENT	PASSÉ COMPOSÉ	IMPARFAIT	PLUS-QUE-PARFAIT
je sais	j'ai su	je savais	j'avais su
tu sais	tu as su	tu savais	tu avais su
il/elle sait	il/elle a su	il/elle savait	il/elle avait su
nous savons	nous avons su	nous savions [savjɔ̃]	nous avions su
vous savez	vous avez su	vous saviez	vous aviez su
ils/elles savent	ils/elles ont su	ils/elles savaient	ils/elles avaient su

FUTUR SIMPLE	FUTUR ANTÉRIEUR	PASSÉ SIMPLE
je saurai	j'aurai su	je sus
tu sauras	tu auras su	tu sus
il/elle saura	il/elle aura su	il/elle sut
nous saurons	nous aurons su	nous sûmes
vous saurez	vous aurez su	vous sûtes
ils/elles sauront	ils/elles auront su	ils/elles surent

CONDITIONNEL

PRÉSENT	PASSÉ 1re forme
je saurais	j'aurais su
tu saurais	tu aurais su
il/elle saurait	il/elle aurait su
nous saurions	nous aurions su
vous sauriez	vous auriez su
ils/elles sauraient	ils/elles auraient su

SUBJONCTIF

PRÉSENT	PASSÉ
que je sache [saʃ]	que j'aie su
que tu saches	que tu aies su
qu'il/qu'elle sache	qu'il/qu'elle ait su
que nous sachions [saʃjɔ̃]	que nous ayons su
que vous sachiez	que vous ayez su
qu'ils/qu'elles sachent	qu'ils/qu'elles aient su

IMPÉRATIF

PRÉSENT

sache [saʃ]
sachons [saʃɔ̃]
sachez [saʃe]

INFINITIF

PRÉSENT

savoir

PASSÉ

avoir su

PARTICIPE

PRÉSENT

sachant

PASSÉ

su, sue
sus, sues

GÉRONDIF

en sachant

conjugaison 33 POUVOIR

INDICATIF

PRÉSENT

je peux [pø] ou **puis** [pɥi]
tu peux
il/elle peut
nous pouvons [puvɔ̃]
vous pouvez
ils/elles peuvent [pœv]

PASSÉ COMPOSÉ

j'ai pu
tu as pu
il/elle a pu
nous avons pu
vous avez pu
ils/elles ont pu

IMPARFAIT

je pouvais
tu pouvais
il/elle pouvait
nous pouvions
vous pouviez
ils/elles pouvaient

PLUS-QUE-PARFAIT

j'avais pu
tu avais pu
il/elle avait pu
nous avions pu
vous aviez pu
ils/elles avaient pu

FUTUR SIMPLE

je pourrai [puʀɛ]
tu pourras
il/elle pourra
nous pourrons [puʀɔ̃]
vous pourrez
ils/elles pourront

FUTUR ANTÉRIEUR

j'aurai pu
tu auras pu
il/elle aura pu
nous aurons pu
vous aurez pu
ils/elles auront pu

PASSÉ SIMPLE

je pus
tu pus
il/elle put
nous pûmes
vous pûtes
ils/elles purent

CONDITIONNEL

PRÉSENT

je pourrais [puʀɛ]
tu pourrais
il/elle pourrait
nous pourrions [puʀjɔ̃]
vous pourriez
ils/elles pourraient

PASSÉ 1re forme

j'aurais pu
tu aurais pu
il/elle aurait pu
nous aurions pu
vous auriez pu
ils/elles auraient pu

SUBJONCTIF

PRÉSENT

que je puisse [pɥis]
que tu puisses
qu'il/qu'elle puisse
que nous puissions
que vous puissiez
qu'ils/qu'elles puissent

PASSÉ

que j'aie pu
que tu aies pu
qu'il/qu'elle ait pu
que nous ayons pu
que vous ayez pu
qu'ils/qu'elles aient pu

IMPÉRATIF

n'existe pas

INFINITIF

PRÉSENT

pouvoir

PASSÉ

avoir pu

PARTICIPE

PRÉSENT

pouvant

PASSÉ

pu

GÉRONDIF

en pouvant

Remarque

À la forme interrogative, seule la forme présente *puis* est utilisée *(puis-je entrer ?)*. *Puis* est plus recherché que *peux* à la forme négative (et encore plus à l'affirmative).

conjugaison 34 AVOIR

INDICATIF

PRÉSENT	PASSÉ COMPOSÉ	IMPARFAIT	PLUS-QUE-PARFAIT
j'ai [e ; ɛ]	j'ai eu	j'avais	j'avais eu
tu as [a]	tu as eu	tu avais	tu avais eu
il/elle a [a]	il/elle a eu	il/elle avait	il/elle avait eu
nous avons [avɔ̃]	nous avons eu	nous avions	nous avions eu
vous avez [ave]	vous avez eu	vous aviez	vous aviez eu
ils/elles ont [ɔ̃]	ils/elles ont eu	ils/elles avaient	ils/elles avaient eu

FUTUR SIMPLE	FUTUR ANTÉRIEUR	PASSÉ SIMPLE
j'aurai [ɔʀɛ]	j'aurai eu	j'eus [y]
tu auras	tu auras eu	tu eus
il/elle aura	il/elle aura eu	il/elle eut [y]
nous aurons	nous aurons eu	nous eûmes [ym]
vous aurez	vous aurez eu	vous eûtes [yt]
ils/elles auront	ils/elles auront eu	ils/elles eurent [yʀ]

CONDITIONNEL

PRÉSENT	PASSÉ 1re forme
j'aurais [ɔʀɛ]	j'aurais eu
tu aurais	tu aurais eu
il/elle aurait	il/elle aurait eu
nous aurions	nous aurions eu
vous auriez	vous auriez eu
ils/elles auraient	ils/elles auraient eu

SUBJONCTIF

PRÉSENT	PASSÉ
que j'aie [ɛ]	que j'aie eu
que tu aies	que tu aies eu
qu'il/qu'elle ait	qu'il/qu'elle ait eu
que nous ayons [ɛjɔ̃]	que nous ayons eu
que vous ayez [eje]	que vous ayez eu
qu'ils/qu'elles aient [ɛ]	qu'ils/qu'elles aient eu

IMPÉRATIF

PRÉSENT

aie [ɛ]
ayons [ɛjɔ̃]
ayez [eje]

INFINITIF

PRÉSENT

avoir

PASSÉ

avoir eu

PARTICIPE

PRÉSENT

ayant [ɛjɑ̃]

PASSÉ

eu, eue
eus, eues [y]

GÉRONDIF

en ayant

Remarque

Aux temps composés, ce verbe se conjugue avec l'auxiliaire *avoir: j'ai eu, il avait eu.*

conjugaison 35 CONCLURE

Verbes ayant la même conjugaison : conclure, exclure, inclure.

INDICATIF

PRÉSENT
je conclus
tu conclus
il/elle conclut
nous concluons
vous concluez
ils/elles concluent

IMPARFAIT
je concluais
tu concluais
il/elle concluait
nous concluions
vous concluiez
ils/elles concluaient

PASSÉ COMPOSÉ
j'ai conclu
tu as conclu
il/elle a conclu
nous avons conclu
vous avez conclu
ils/elles ont conclu

PLUS-QUE-PARFAIT
j'avais conclu
tu avais conclu
il/elle avait conclu
nous avions conclu
vous aviez conclu
ils/elles avaient conclu

PASSÉ SIMPLE
je conclus
tu conclus
il/elle conclut
nous conclûmes
vous conclûtes
ils/elles conclurent

FUTUR SIMPLE
je conclurai
tu concluras
il/elle conclura
nous conclurons
vous conclurez
ils/elles concluront

FUTUR ANTÉRIEUR
j'aurai conclu
tu auras conclu
il/elle aura conclu
nous aurons conclu
vous aurez conclu
ils/elles auront conclu

CONDITIONNEL

PRÉSENT
je conclurais
tu conclurais
il/elle conclurait
nous conclurions
vous concluriez
ils/elles concluraient

PASSÉ 1re forme
j'aurais conclu
tu aurais conclu
il/elle aurait conclu
nous aurions conclu
vous auriez conclu
ils/elles auraient conclu

SUBJONCTIF

PRÉSENT
que je conclue
que tu conclues
qu'il/qu'elle conclue
que nous concluions
que vous concluiez
qu'ils/qu'elles concluent

PASSÉ
que j'aie conclu
que tu aies conclu
qu'il/qu'elle ait conclu
que nous ayons conclu
que vous ayez conclu
qu'ils/qu'elles aient conclu

IMPÉRATIF

PRÉSENT
conclus
concluons
concluez

INFINITIF

PRÉSENT
conclure

PASSÉ
avoir conclu

PARTICIPE

PRÉSENT
concluant

PASSÉ
conclu, conclue
conclus, conclues

GÉRONDIF

en concluant

Remarque *Inclure* se conjugue comme *conclure* sauf au participe passé : *inclus, incluse.*

conjugaison 36 RIRE

Verbes ayant la même conjugaison : rire, sourire.

INDICATIF

PRÉSENT
je ris
tu ris
il/elle rit
nous rions [ʀjɔ̃ ; ʀijɔ̃]
vous riez
ils/elles rient

IMPARFAIT
je riais
tu riais
il/elle riait
nous r**ii**ons [ʀijɔ̃ ; ʀijjɔ̃]
vous r**ii**ez
ils/elles riaient

PASSÉ COMPOSÉ
j'ai ri
tu as ri
il/elle a ri
nous avons ri
vous avez ri
ils/elles ont ri

PLUS-QUE-PARFAIT
j'avais ri
tu avais ri
il/elle avait ri
nous avions ri
vous aviez ri
ils/elles avaient ri

PASSÉ SIMPLE
je ris
tu ris
il/elle rit
nous rîmes
vous rîtes
ils/elles rirent

FUTUR SIMPLE
je rirai
tu riras
il/elle rira
nous rirons
vous rirez
ils/elles riront

FUTUR ANTÉRIEUR
j'aurai ri
tu auras ri
il/elle aura ri
nous aurons ri
vous aurez ri
ils/elles auront ri

CONDITIONNEL

PRÉSENT
je rirais
tu rirais
il/elle rirait
nous ririons
vous ririez
ils/elles riraient

PASSÉ 1re forme
j'aurais ri
tu aurais ri
il/elle aurait ri
nous aurions ri
vous auriez ri
ils/elles auraient ri

SUBJONCTIF

PRÉSENT
que je rie
que tu ries
qu'il/qu'elle rie
que nous r**ii**ons [ʀijɔ̃ ; ʀijjjɔ̃]
que vous r**ii**ez
qu'ils/qu'elles rient

PASSÉ
que j'aie ri
que tu aies ri
qu'il/qu'elle ait ri
que nous ayons ri
que vous ayez ri
qu'ils/qu'elles aient ri

IMPÉRATIF

PRÉSENT
ris
rions
riez

INFINITIF

PRÉSENT
rire

PASSÉ
avoir ri

PARTICIPE

PRÉSENT
riant

PASSÉ
ri

GÉRONDIF

en riant

conjugaison 37a **DIRE**

Verbes ayant la même conjugaison : dire, redire.

INDICATIF

PRÉSENT	PASSÉ COMPOSÉ	IMPARFAIT	PLUS-QUE-PARFAIT
je dis	j'ai dit	je disais	j'avais dit
tu dis	tu as dit	tu disais	tu avais dit
il/elle dit	il/elle a dit	il/elle disait	il/elle avait dit
nous disons [dizɔ̃]	nous avons dit	nous disions	nous avions dit
vous dites [dit]	vous avez dit	vous disiez	vous aviez dit
ils/elles disent	ils/elles ont dit	ils/elles disaient	ils/elles avaient dit

FUTUR SIMPLE	FUTUR ANTÉRIEUR	PASSÉ SIMPLE
je dirai	j'aurai dit	je dis
tu diras	tu auras dit	tu dis
il/elle dira	il/elle aura dit	il/elle dit
nous dirons	nous aurons dit	nous dîmes
vous direz	vous aurez dit	vous dîtes
ils/elles diront	ils/elles auront dit	ils/elles dirent

CONDITIONNEL

PRÉSENT	PASSÉ 1re forme
je dirais	j'aurais dit
tu dirais	tu aurais dit
il/elle dirait	il/elle aurait dit
nous dirions	nous aurions dit
vous diriez	vous auriez dit
ils/elles diraient	ils/elles auraient dit

SUBJONCTIF

PRÉSENT	PASSÉ
que je dise [diz]	que j'aie dit
que tu dises	que tu aies dit
qu'il/qu'elle dise	qu'il/qu'elle ait dit
que nous disions	que nous ayons dit
que vous disiez	que vous ayez dit
qu'ils/qu'elles disent	qu'ils/qu'elles aient dit

IMPÉRATIF

PRÉSENT

dis
disons
dites

INFINITIF

PRÉSENT

dire

PASSÉ

avoir dit

PARTICIPE

PRÉSENT

disant

PASSÉ

dit, dite
dits, dites

GÉRONDIF

en disant

Remarque

Les autres verbes formés sur *dire* suivent la conjugaison 37b (sauf *maudire*).

conjugaison 37b INTERDIRE

Verbes ayant la même conjugaison : **contredire, se dédire, interdire, médire, prédire.**

INDICATIF

PRÉSENT	PASSÉ COMPOSÉ	PASSÉ SIMPLE	FUTUR SIMPLE
j'interdis	j'ai interdit	j'interdis	j'interdirai
tu interdis	tu as interdit	tu interdis	tu interdiras
il/elle interdit	il/elle a interdit	il/elle interdit	il/elle interdira
nous interdisons [ɛ̃tɛʀdizɔ̃]	nous avons interdit	nous interdîmes	nous interdirons
vous interdisez [ɛ̃tɛʀdize]	vous avez interdit	vous interdîtes	vous interdirez
ils/elles interdisent	ils/elles ont interdit	ils/elles interdirent	ils/elles interdiront

IMPARFAIT	PLUS-QUE-PARFAIT	FUTUR ANTÉRIEUR
j'interdisais	j'avais interdit	j'aurai interdit
tu interdisais	tu avais interdit	tu auras interdit
il/elle interdisait	il/elle avait interdit	il/elle aura interdit
nous interdisions	nous avions interdit	nous aurons interdit
vous interdisiez	vous aviez interdit	vous aurez interdit
ils/elles interdisaient	ils/elles avaient interdit	ils/elles auront interdit

CONDITIONNEL

PRÉSENT	PASSÉ 1re forme
j'interdirais	j'aurais interdit
tu interdirais	tu aurais interdit
il/elle interdirait	il/elle aurait interdit
nous interdirions	nous aurions interdit
vous interdiriez	vous auriez interdit
ils/elles interdiraient	ils/elles auraient interdit

SUBJONCTIF

PRÉSENT	PASSÉ
que j'interdise [ɛ̃tɛʀdiz]	que j'aie interdit
que tu interdises	que tu aies interdit
qu'il/qu'elle interdise	qu'il/qu'elle ait interdit
que nous interdisions	que nous ayons interdit
que vous interdisiez	que vous ayez interdit
qu'ils/qu'elles interdisent	qu'ils/qu'elles aient interdit

IMPÉRATIF — PRÉSENT : interdis, interdisons, interdisez

INFINITIF — PRÉSENT : interdire ; PASSÉ : avoir interdit

PARTICIPE — PRÉSENT : interdisant ; PASSÉ : interdit, interdite, interdits, interdites

GÉRONDIF — en interdisant

Remarque *Maudire* suit la conjugaison 2.

conjugaison 37c SUFFIRE

INDICATIF

PRÉSENT	PASSÉ COMPOSÉ	PASSÉ SIMPLE	FUTUR SIMPLE
je suffis	j'ai suffi	je suffis	je suffirai
tu suffis	tu as suffi	tu suffis	tu suffiras
il/elle suffit	il/elle a suffi	il/elle suffit	il/elle suffira
nous suffisons	nous avons suffi	nous suffîmes	nous suffirons
vous suffisez	vous avez suffi	vous suffîtes	vous suffirez
ils/elles suffisent	ils/elles ont suffi	ils/elles suffirent	ils/elles suffiront

IMPARFAIT	PLUS-QUE-PARFAIT	FUTUR ANTÉRIEUR
je suffisais	j'avais suffi	j'aurai suffi
tu suffisais	tu avais suffi	tu auras suffi
il/elle suffisait	il/elle avait suffi	il/elle aura suffi
nous suffisions	nous avions suffi	nous aurons suffi
vous suffisiez	vous aviez suffi	vous aurez suffi
ils/elles suffisaient	ils/elles avaient suffi	ils/elles auront suffi

CONDITIONNEL

PRÉSENT	PASSÉ 1re forme
je suffirais	j'aurais suffi
tu suffirais	tu aurais suffi
il/elle suffirait	il/elle aurait suffi
nous suffirions	nous aurions suffi
vous suffiriez	vous auriez suffi
ils/elles suffiraient	ils/elles auraient suffi

SUBJONCTIF

PRÉSENT	PASSÉ
que je suffise	que j'aie suffi
que tu suffises	que tu aies suffi
qu'il/qu'elle suffise	qu'il/qu'elle ait suffi
que nous suffisions	que nous ayons suffi
que vous suffisiez	que vous ayez suffi
qu'ils/qu'elles suffisent	qu'ils/qu'elles aient suffi

IMPÉRATIF — PRÉSENT : suffis, suffisons, suffisez

INFINITIF — PRÉSENT : suffire ; PASSÉ : avoir suffi

PARTICIPE — PRÉSENT : suffisant ; PASSÉ : suffi

GÉRONDIF — en suffisant

conjugaison 38a NUIRE

Verbes ayant la même conjugaison : luire, nuire, reluire.

INDICATIF

PRÉSENT	PASSÉ COMPOSÉ	PASSÉ SIMPLE	FUTUR SIMPLE
je nuis tu nuis il/elle nuit nous nuisons vous nuisez ils/elles nuisent	j'ai nui tu as nui il/elle a nui nous avons nui vous avez nui ils/elles ont nui	je nuisis tu nuisis il/elle nuisit nous nuisîmes vous nuisîtes ils/elles nuisirent	je nuirai tu nuiras il/elle nuira nous nuirons vous nuirez ils/elles nuiront
IMPARFAIT	**PLUS-QUE-PARFAIT**		**FUTUR ANTÉRIEUR**
je nuisais tu nuisais il/elle nuisait nous nuisions vous nuisiez ils/elles nuisaient	j'avais nui tu avais nui il/elle avait nui nous avions nui vous aviez nui ils/elles avaient nui		j'aurai nui tu auras nui il/elle aura nui nous aurons nui vous aurez nui ils/elles auront nui

CONDITIONNEL

PRÉSENT	PASSÉ 1re forme
je nuirais tu nuirais il/elle nuirait nous nuirions vous nuiriez ils/elles nuiraient	j'aurais nui tu aurais nui il/elle aurait nui nous aurions nui vous auriez nui ils/elles auraient nui

SUBJONCTIF

PRÉSENT	PASSÉ
que je nuise que tu nuises qu'il/qu'elle nuise que nous nuisions que vous nuisiez qu'ils/qu'elles nuisent	que j'aie nui que tu aies nui qu'il/qu'elle ait nui que nous ayons nui que vous ayez nui qu'ils/qu'elles aient nui

IMPÉRATIF	INFINITIF	PARTICIPE	GÉRONDIF
PRÉSENT nuis nuisons nuisez	PRÉSENT nuire PASSÉ avoir nui	PRÉSENT nuisant PASSÉ nui	en nuisant

Remarque Le participe passé est invariable.

conjugaison 38b CONDUIRE

Verbes ayant la même conjugaison : conduire, construire, cuire, déduire, détruire, éconduire, enduire, induire, instruire, introduire, produire, reconduire, reconstruire, réduire, reproduire, séduire, traduire.

INDICATIF

PRÉSENT	PASSÉ COMPOSÉ	PASSÉ SIMPLE	FUTUR SIMPLE
je conduis tu conduis il/elle conduit nous conduisons vous conduisez ils/elles conduisent	j'ai conduit tu as conduit il/elle a conduit nous avons conduit vous avez conduit ils/elles ont conduit	je conduisis tu conduisis il/elle conduisit nous conduisîmes vous conduisîtes ils/elles conduisirent	je conduirai tu conduiras il/elle conduira nous conduirons vous conduirez ils/elles conduiront
IMPARFAIT	**PLUS-QUE-PARFAIT**		**FUTUR ANTÉRIEUR**
je conduisais tu conduisais il/elle conduisait nous conduisions vous conduisiez ils/elles conduisaient	j'avais conduit tu avais conduit il/elle avait conduit nous avions conduit vous aviez conduit ils/elles avaient conduit		j'aurai conduit tu auras conduit il/elle aura conduit nous aurons conduit vous aurez conduit ils/elles auront conduit

CONDITIONNEL

PRÉSENT	PASSÉ 1re forme
je conduirais tu conduirais il/elle conduirait nous conduirions vous conduiriez ils/elles conduiraient	j'aurais conduit tu aurais conduit il/elle aurait conduit nous aurions conduit vous auriez conduit ils/elles auraient conduit

SUBJONCTIF

PRÉSENT	PASSÉ
que je conduise que tu conduises qu'il/qu'elle conduise que nous conduisions que vous conduisiez qu'ils/qu'elles conduisent	que j'aie conduit que tu aies conduit qu'il/qu'elle ait conduit que nous ayons conduit que vous ayez conduit qu'ils/qu'elles aient conduit

IMPÉRATIF	INFINITIF	PARTICIPE	GÉRONDIF
PRÉSENT conduis conduisons conduisez	PRÉSENT conduire PASSÉ avoir conduit	PRÉSENT conduisant PASSÉ conduit, conduite conduits, conduites	en conduisant

conjugaison 39 ÉCRIRE

Verbes ayant la même conjugaison : **décrire, écrire, inscrire, prescrire, proscrire, récrire, réécrire, souscrire, transcrire.**

INDICATIF

PRÉSENT
- j'écris
- tu écris
- il/elle écrit
- nous écrivons
- vous écrivez
- ils/elles écrivent

IMPARFAIT
- j'écrivais
- tu écrivais
- il/elle écrivait
- nous écrivions
- vous écriviez
- ils/elles écrivaient

PASSÉ COMPOSÉ
- j'ai écrit
- tu as écrit
- il/elle a écrit
- nous avons écrit
- vous avez écrit
- ils/elles ont écrit

PLUS-QUE-PARFAIT
- j'avais écrit
- tu avais écrit
- il/elle avait écrit
- nous avions écrit
- vous aviez écrit
- ils/elles avaient écrit

PASSÉ SIMPLE
- j'écrivis
- tu écrivis
- il/elle écrivit
- nous écrivîmes
- vous écrivîtes
- ils/elles écrivirent

FUTUR SIMPLE
- j'écrirai
- tu écriras
- il/elle écrira
- nous écrirons
- vous écrirez
- ils/elles écriront

FUTUR ANTÉRIEUR
- j'aurai écrit
- tu auras écrit
- il/elle aura écrit
- nous aurons écrit
- vous aurez écrit
- ils/elles auront écrit

CONDITIONNEL

PRÉSENT
- j'écrirais
- tu écrirais
- il/elle écrirait
- nous écririons
- vous écririez
- ils/elles écriraient

PASSÉ 1re forme
- j'aurais écrit
- tu aurais écrit
- il/elle aurait écrit
- nous aurions écrit
- vous auriez écrit
- ils/elles auraient écrit

SUBJONCTIF

PRÉSENT
- que j'écrive
- que tu écrives
- qu'il/qu'elle écrive
- que nous écrivions
- que vous écriviez
- qu'ils/qu'elles écrivent

PASSÉ
- que j'aie écrit
- que tu aies écrit
- qu'il/qu'elle ait écrit
- que nous ayons écrit
- que vous ayez écrit
- qu'ils/qu'elles aient écrit

IMPÉRATIF

PRÉSENT
- écris
- écrivons
- écrivez

INFINITIF

PRÉSENT
- écrire

PASSÉ
- avoir écrit

PARTICIPE

PRÉSENT
- écrivant

PASSÉ
- écrit, écrite
- écrits, écrites

GÉRONDIF

- en écrivant

conjugaison 40 SUIVRE

Verbes ayant la même conjugaison : **s'ensuivre, poursuivre, suivre.**

INDICATIF

PRÉSENT
- je suis
- tu suis
- il/elle suit
- nous suivons
- vous suivez
- ils/elles suivent

IMPARFAIT
- je suivais
- tu suivais
- il/elle suivait
- nous suivions
- vous suiviez
- ils/elles suivaient

PASSÉ COMPOSÉ
- j'ai suivi
- tu as suivi
- il/elle a suivi
- nous avons suivi
- vous avez suivi
- ils/elles ont suivi

PASSÉ SIMPLE
- je suivis
- tu suivis
- il/elle suivit
- nous suivîmes
- vous suivîtes
- ils/elles suivirent

PLUS-QUE-PARFAIT
- j'avais suivi
- tu avais suivi
- il/elle avait suivi
- nous avions suivi
- vous aviez suivi
- ils/elles avaient suivi

FUTUR SIMPLE
- je suivrai
- tu suivras
- il/elle suivra
- nous suivrons
- vous suivrez
- ils/elles suivront

FUTUR ANTÉRIEUR
- j'aurai suivi
- tu auras suivi
- il/elle aura suivi
- nous aurons suivi
- vous aurez suivi
- ils/elles auront suivi

CONDITIONNEL

PRÉSENT
- je suivrais
- tu suivrais
- il/elle suivrait
- nous suivrions
- vous suivriez
- ils/elles suivraient

PASSÉ 1re forme
- j'aurais suivi
- tu aurais suivi
- il/elle aurait suivi
- nous aurions suivi
- vous auriez suivi
- ils/elles auraient suivi

SUBJONCTIF

PRÉSENT
- que je suive
- que tu suives
- qu'il/qu'elle suive
- que nous suivions
- que vous suiviez
- qu'ils/qu'elles suivent

PASSÉ
- que j'aie suivi
- que tu aies suivi
- qu'il/qu'elle ait suivi
- que nous ayons suivi
- que vous ayez suivi
- qu'ils/qu'elles aient suivi

IMPÉRATIF

PRÉSENT
- suis
- suivons
- suivez

INFINITIF

PRÉSENT
- suivre

PASSÉ
- avoir suivi

PARTICIPE

PRÉSENT
- suivant

PASSÉ
- suivi, suivie
- suivis, suivies

GÉRONDIF

- en suivant

conjugaison 41a ATTENDRE

Verbes ayant la même conjugaison : attendre, confondre, correspondre, 1. défendre, 2. défendre, démordre, 1. dépendre, 2. dépendre, descendre, détendre, distendre, entendre, étendre, fendre, fondre, se morfondre, pendre, perdre, pondre, prétendre, redescendre, rendre, répandre, répondre, revendre, sous-entendre, suspendre, 1. tendre, tondre, tordre, vendre.

INDICATIF

PRÉSENT
j'attends
tu attends
il/elle attend
nous attendons
vous attendez
ils/elles attendent

IMPARFAIT
j'attendais
tu attendais
il/elle attendait
nous attendions
vous attendiez
ils/elles attendaient

PASSÉ COMPOSÉ
j'ai attendu
tu as attendu
il/elle a attendu
nous avons attendu
vous avez attendu
ils/elles ont attendu

PLUS-QUE-PARFAIT
j'avais attendu
tu avais attendu
il/elle avait attendu
nous avions attendu
vous aviez attendu
ils/elles avaient attendu

PASSÉ SIMPLE
j'attendis
tu attendis
il/elle attendit
nous attendîmes
vous attendîtes
ils/elles attendirent

FUTUR SIMPLE
j'attendrai
tu attendras
il/elle attendra
nous attendrons
vous attendrez
ils/elles attendront

FUTUR ANTÉRIEUR
j'aurai attendu
tu auras attendu
il/elle aura attendu
nous aurons attendu
vous aurez attendu
ils/elles auront attendu

CONDITIONNEL

PRÉSENT
j'attendrais
tu attendrais
il/elle attendrait
nous attendrions
vous attendriez
ils/elles attendraient

PASSÉ 1re forme
j'aurais attendu
tu aurais attendu
il/elle aurait attendu
nous aurions attendu
vous auriez attendu
ils/elles auraient attendu

SUBJONCTIF

PRÉSENT
que j'attende
que tu attendes
qu'il/qu'elle attende
que nous attendions
que vous attendiez
qu'ils/qu'elles attendent

PASSÉ
que j'aie attendu
que tu aies attendu
qu'il/qu'elle ait attendu
que nous ayons attendu
que vous ayez attendu
qu'ils/qu'elles aient attendu

IMPÉRATIF

PRÉSENT
attends
attendons
attendez

INFINITIF

PRÉSENT
attendre

PASSÉ
avoir attendu

PARTICIPE

PRÉSENT
attendant

PASSÉ
attendu, attendue
attendus, attendues

GÉRONDIF

en attendant

conjugaison 41b ROMPRE

Verbes ayant la même conjugaison : corrompre, interrompre, rompre.

INDICATIF

PRÉSENT
je romps
tu romps
il/elle rompt [Rɔ̃]
nous rompons
vous rompez
ils/elles rompent

IMPARFAIT
je rompais
tu rompais
il/elle rompait
nous rompions
vous rompiez
ils/elles rompaient

PASSÉ COMPOSÉ
j'ai rompu
tu as rompu
il/elle a rompu
nous avons rompu
vous avez rompu
ils/elles ont rompu

PASSÉ SIMPLE
je rompis
tu rompis
il/elle rompit
nous rompîmes
vous rompîtes
ils/elles rompirent

PLUS-QUE-PARFAIT
j'avais rompu
tu avais rompu
il/elle avait rompu
nous avions rompu
vous aviez rompu
ils/elles avaient rompu

FUTUR SIMPLE
je romprai
tu rompras
il/elle rompra
nous romprons
vous romprez
ils/elles rompront

FUTUR ANTÉRIEUR
j'aurai rompu
tu auras rompu
il/elle aura rompu
nous aurons rompu
vous aurez rompu
ils/elles auront rompu

CONDITIONNEL

PRÉSENT
je romprais
tu romprais
il/elle romprait
nous romprions
vous rompriez
ils/elles rompraient

PASSÉ 1re forme
j'aurais rompu
tu aurais rompu
il/elle aurait rompu
nous aurions rompu
vous auriez rompu
ils/elles auraient rompu

SUBJONCTIF

PRÉSENT
que je rompe
que tu rompes
qu'il/qu'elle rompe
que nous rompions
que vous rompiez
qu'ils/qu'elles rompent

PASSÉ
que j'aie rompu
que tu aies rompu
qu'il/qu'elle ait rompu
que nous ayons rompu
que vous ayez rompu
qu'ils/qu'elles aient rompu

IMPÉRATIF

PRÉSENT
romps
rompons
rompez

INFINITIF

PRÉSENT
rompre

PASSÉ
avoir rompu

PARTICIPE

PRÉSENT
rompant

PASSÉ
rompu, rompue
rompus, rompues

GÉRONDIF

en rompant

conjugaison 41c **BATTRE**

Verbes ayant la même conjugaison : abattre, battre, combattre, 1. débattre, 2. se débattre, s'ébattre, rabattre, rebattre.

INDICATIF

PRÉSENT	PASSÉ COMPOSÉ	PASSÉ SIMPLE	FUTUR SIMPLE
je bats	j'ai battu	je battis	je battrai
tu bats	tu as battu	tu battis	tu battras
il/elle bat	il/elle a battu	il/elle battit	il/elle battra
nous battons	nous avons battu	nous battîmes	nous battrons
vous battez	vous avez battu	vous battîtes	vous battrez
ils/elles battent	ils/elles ont battu	ils/elles battirent	ils/elles battront

IMPARFAIT	PLUS-QUE-PARFAIT	FUTUR ANTÉRIEUR
je battais	j'avais battu	j'aurai battu
tu battais	tu avais battu	tu auras battu
il/elle battait	il/elle avait battu	il/elle aura battu
nous battions	nous avions battu	nous aurons battu
vous battiez	vous aviez battu	vous aurez battu
ils/elles battaient	ils/elles avaient battu	ils/elles auront battu

CONDITIONNEL

PRÉSENT	PASSÉ 1re forme
je battrais	j'aurais battu
tu battrais	tu aurais battu
il/elle battrait	il/elle aurait battu
nous battrions	nous aurions battu
vous battriez	vous auriez battu
ils/elles battraient	ils/elles auraient battu

SUBJONCTIF

PRÉSENT	PASSÉ
que je batte	que j'aie battu
que tu battes	que tu aies battu
qu'il/qu'elle batte	qu'il/qu'elle ait battu
que nous battions	que nous ayons battu
que vous battiez	que vous ayez battu
qu'ils/qu'elles battent	qu'ils/qu'elles aient battu

IMPÉRATIF

PRÉSENT
bats
battons
battez

INFINITIF — PRÉSENT : battre ; PASSÉ : avoir battu

PARTICIPE — PRÉSENT : battant ; PASSÉ : battu, battue, battus, battues

GÉRONDIF — en battant

conjugaison 42 **VAINCRE**

Verbes ayant la même conjugaison : convaincre, vaincre.

INDICATIF

PRÉSENT	PASSÉ COMPOSÉ	PASSÉ SIMPLE	FUTUR SIMPLE
je vaincs [vɛ̃]	j'ai vaincu	je vainquis	je vaincrai
tu vaincs	tu as vaincu	tu vainquis	tu vaincras
il/elle vainc [vɛ̃]	il/elle a vaincu	il/elle vainquit	il/elle vaincra
nous vainquons [vɛ̃kɔ̃]	nous avons vaincu	nous vainquîmes	nous vaincrons
vous vainquez	vous avez vaincu	vous vainquîtes	vous vaincrez
ils/elles vainquent [vɛ̃k]	ils/elles ont vaincu	ils/elles vainquirent	ils/elles vaincront

IMPARFAIT	PLUS-QUE-PARFAIT	FUTUR ANTÉRIEUR
je vainquais	j'avais vaincu	j'aurais vaincu
tu vainquais	tu avais vaincu	tu aurais vaincu
il/elle vainquait	il/elle avait vaincu	il/elle aurait vaincu
nous vainquions	nous avions vaincu	nous aurions vaincu
vous vainquiez	vous aviez vaincu	vous auriez vaincu
ils/elles vainquaient	ils/elles avaient vaincu	ils/elles auraient vaincu

CONDITIONNEL

PRÉSENT	PASSÉ 1re forme
je vaincrais	j'aurais vaincu
tu vaincrais	tu aurais vaincu
il/elle vaincrait	il/elle aurait vaincu
nous vaincrions	nous aurions vaincu
vous vaincriez	vous auriez vaincu
ils/elles vaincraient	ils/elles auraient vaincu

SUBJONCTIF

PRÉSENT	PASSÉ
que je vainque	que j'aie vaincu
que tu vainques	que tu aies vaincu
qu'il/qu'elle vainque	qu'il/qu'elle ait vaincu
que nous vainquions	que nous ayons vaincu
que vous vainquiez	que vous ayez vaincu
qu'ils/qu'elles vainquent	qu'ils/qu'elles aient vaincu

IMPÉRATIF

PRÉSENT
vaincs
vainquons
vainquez

INFINITIF — PRÉSENT : vaincre ; PASSÉ : avoir vaincu

PARTICIPE — PRÉSENT : vainquant ; PASSÉ : vaincu, vaincue, vaincus, vaincues

GÉRONDIF — en vainquant

Remarque

La troisième personne du singulier du présent de l'indicatif ne prend pas de *t : il vainc, il convainc.*

conjugaison 43 **LIRE**

Verbes ayant la même conjugaison : élire, lire, réélire, relire.

INDICATIF

PRÉSENT	PASSÉ COMPOSÉ	PASSÉ SIMPLE	FUTUR SIMPLE
je lis	j'ai lu	je lus	je lirai
tu lis	tu as lu	tu lus	tu liras
il/elle lit	il/elle a lu	il/elle lut	il/elle lira
nous lisons	nous avons lu	nous lûmes	nous lirons
vous lisez	vous avez lu	vous lûtes	vous lirez
ils/elles lisent	ils/elles ont lu	ils/elles lurent	ils/elles liront

IMPARFAIT	PLUS-QUE-PARFAIT	FUTUR ANTÉRIEUR
je lisais	j'avais lu	j'aurai lu
tu lisais	tu avais lu	tu auras lu
il/elle lisait	il/elle avait lu	il/elle aura lu
nous lisions	nous avions lu	nous aurons lu
vous lisiez	vous aviez lu	vous aurez lu
ils/elles lisaient	ils/elles avaient lu	ils/elles auront lu

CONDITIONNEL

PRÉSENT	PASSÉ 1re forme
je lirais	j'aurais lu
tu lirais	tu aurais lu
il/elle lirait	il/elle aurait lu
nous lirions	nous aurions lu
vous liriez	vous auriez lu
ils/elles liraient	ils/elles auraient lu

SUBJONCTIF

PRÉSENT	PASSÉ
que je lise	que j'aie lu
que tu lises	que tu aies lu
qu'il/qu'elle lise	qu'il/qu'elle ait lu
que nous lisions	que nous ayons lu
que vous lisiez	que vous ayez lu
qu'ils/qu'elles lisent	qu'ils/qu'elles aient lu

IMPÉRATIF — **INFINITIF** — **PARTICIPE** — **GÉRONDIF**

IMPÉRATIF PRÉSENT	INFINITIF	PARTICIPE	GÉRONDIF
lis	PRÉSENT: lire	PRÉSENT: lisant	en lisant
lisons	PASSÉ: avoir lu	PASSÉ: lu, lue	
lisez		lus, lues	

conjugaison 44 **CROIRE**

INDICATIF

PRÉSENT	PASSÉ COMPOSÉ	IMPARFAIT	PLUS-QUE-PARFAIT
je crois [kʀwa]	j'ai cru	je croyais [kʀwajɛ]	j'avais cru
tu crois	tu as cru	tu croyais	tu avais cru
il/elle croit	il/elle a cru	il/elle croyait	il/elle avait cru
nous croyons [kʀwajɔ̃]	nous avons cru	nous cro**yi**ons [kʀwajjɔ̃]	nous avions cru
vous croyez	vous avez cru	vous cro**yi**ez	vous aviez cru
ils/elles croient [kʀwa]	ils/elles ont cru	ils/elles croyaient	ils/elles avaient cru

FUTUR SIMPLE	FUTUR ANTÉRIEUR	PASSÉ SIMPLE
je croirai	j'aurai cru	je crus
tu croiras	tu auras cru	tu crus
il/elle croira	il/elle aura cru	il/elle crut
nous croirons	nous aurons cru	nous crûmes
vous croirez	vous aurez cru	vous crûtes
ils/elles croiront	ils/elles auront cru	ils/elles crurent

CONDITIONNEL

PRÉSENT	PASSÉ 1re forme
je croirais	j'aurais cru
tu croirais	tu aurais cru
il/elle croirait	il/elle aurait cru
nous croirions	nous aurions cru
vous croiriez	vous auriez cru
ils/elles croiraient	ils/elles auraient cru

SUBJONCTIF

PRÉSENT	PASSÉ
que je croie [kʀwa]	que j'aie cru
que tu croies	que tu aies cru
qu'il/qu'elle croie	qu'il/qu'elle ait cru
que nous cro**yi**ons [kʀwajjɔ̃]	que nous ayons cru
que vous cro**yi**ez	que vous ayez cru
qu'ils/qu'elles croient	qu'ils/qu'elles aient cru

IMPÉRATIF

PRÉSENT

crois
croyons
croyez

INFINITIF

PRÉSENT

croire

PASSÉ

avoir cru

PARTICIPE

PRÉSENT

croyant

PASSÉ

cru, crue
crus, crues

GÉRONDIF

en croyant

conjugaison 45 CLORE

Verbes ayant la même conjugaison : clore, éclore, enclore.

INDICATIF

PRÉSENT	PASSÉ COMPOSÉ	PASSÉ SIMPLE	FUTUR SIMPLE
je clos	j'ai clos	n'existe pas	je clorai
tu clos	tu as clos		tu cloras
il/elle clôt	il/elle a clos		il/elle clora
ils/elles closent	nous avons clos		nous clorons
	vous avez clos		vous clorez
			ils/elles cloront

IMPARFAIT	PLUS-QUE-PARFAIT	FUTUR ANTÉRIEUR
n'existe pas	j'avais clos	j'aurai clos
	tu avais clos	tu auras clos
	il/elle avait clos	il/elle aura clos
	nous avions clos	nous aurons clos
	vous aviez clos	vous aurez clos
	ils/elles avaient clos	ils/elles auront clos

CONDITIONNEL

PRÉSENT	PASSÉ 1re forme
je clorais	j'aurais clos
tu clorais	tu aurais clos
il/elle clorait	il/elle aurait clos
nous clorions	nous aurions clos
vous cloriez	vous auriez clos
ils/elles cloraient	ils/elles auraient clos

SUBJONCTIF

PRÉSENT	PASSÉ
que je close	que j'aie clos
que tu closes	que tu aies clos
qu'il/qu'elle close	qu'il/qu'elle ait clos
que nous closions	que nous ayons clos
que vous closiez	que vous ayez clos
qu'ils/qu'elles closent	qu'ils/qu'elles aient clos

IMPÉRATIF

PRÉSENT

clos

INFINITIF

PRÉSENT

clore

PASSÉ

avoir clos

PARTICIPE

PRÉSENT

closant

PASSÉ

clos, close

clos, closes

GÉRONDIF

en closant

Remarque

Au présent de l'indicatif, on écrit *il éclot, il enclot* (sans accent circonflexe).

conjugaison 46 **VIVRE**

Verbes ayant la même conjugaison : **revivre, survivre, vivre.**

INDICATIF

PRÉSENT
je vis
tu vis
il/elle vit
nous vivons
vous vivez
ils/elles vivent

IMPARFAIT
je vivais
tu vivais
il/elle vivait
nous vivions
vous viviez
ils/elles vivaient

PASSÉ COMPOSÉ
j'ai vécu
tu as vécu
il/elle a vécu
nous avons vécu
vous avez vécu
ils/elles ont vécu

PLUS-QUE-PARFAIT
j'avais vécu
tu avais vécu
il/elle avait vécu
nous avions vécu
vous aviez vécu
ils/elles avaient vécu

PASSÉ SIMPLE
je vécus
tu vécus
il/elle vécut
nous vécûmes
vous vécûtes
ils/elles vécurent

FUTUR SIMPLE
je vivrai
tu vivras
il/elle vivra
nous vivrons
vous vivrez
ils/elles vivront

FUTUR ANTÉRIEUR
j'aurai vécu
tu auras vécu
il/elle aura vécu
nous aurons vécu
vous aurez vécu
ils/elles auront vécu

CONDITIONNEL

PRÉSENT
je vivrais
tu vivrais
il/elle vivrait
nous vivrions
vous vivriez
ils/elles vivraient

PASSÉ 1re forme
j'aurais vécu
tu aurais vécu
il/elle aurait vécu
nous aurions vécu
vous auriez vécu
ils/elles auraient vécu

SUBJONCTIF

PRÉSENT
que je vive
que tu vives
qu'il/qu'elle vive
que nous vivions
que vous viviez
qu'ils/qu'elles vivent

PASSÉ
que j'aie vécu
que tu aies vécu
qu'il/qu'elle ait vécu
que nous ayons vécu
que vous ayez vécu
qu'ils/qu'elles aient vécu

IMPÉRATIF

PRÉSENT
vis
vivons
vivez

INFINITIF

PRÉSENT
vivre

PASSÉ
avoir vécu

PARTICIPE

PRÉSENT
vivant

PASSÉ
vécu, vécue
vécus, vécues

GÉRONDIF

en vivant

conjugaison 47 **MOUDRE**

INDICATIF

PRÉSENT
je mouds
tu mouds
il/elle moud
nous moulons
vous moulez
ils/elles moulent

IMPARFAIT
je moulais
tu moulais
il/elle moulait
nous moulions
vous mouliez
ils/elles moulaient

PASSÉ COMPOSÉ
j'ai moulu
tu as moulu
il/elle a moulu
nous avons moulu
vous avez moulu
ils/elles ont moulu

PASSÉ SIMPLE
je moulus
tu moulus
il/elle moulut
nous moulûmes
vous moulûtes
ils/elles moulurent

PLUS-QUE-PARFAIT
j'avais moulu
tu avais moulu
il/elle avait moulu
nous avions moulu
vous aviez moulu
ils/elles avaient moulu

FUTUR SIMPLE
je moudrai
tu moudras
il/elle moudra
nous moudrons
vous moudrez
ils/elles moudront

FUTUR ANTÉRIEUR
j'aurai moulu
tu auras moulu
il/elle aura moulu
nous aurons moulu
vous aurez moulu
ils/elles auront moulu

CONDITIONNEL

PRÉSENT
je moudrais
tu moudrais
il/elle moudrait
nous moudrions
vous moudriez
ils/elles moudraient

PASSÉ 1re forme
j'aurais moulu
tu aurais moulu
il/elle aurait moulu
nous aurions moulu
vous auriez moulu
ils/elles auraient moulu

SUBJONCTIF

PRÉSENT
que je moule
que tu moules
qu'il/qu'elle moule
que nous moulions
que vous mouliez
qu'ils/qu'elles moulent

PASSÉ
que j'aie moulu
que tu aies moulu
qu'il/qu'elle ait moulu
que nous ayons moulu
que vous ayez moulu
qu'ils/qu'elles aient moulu

IMPÉRATIF

PRÉSENT
mouds
moulons
moulez

INFINITIF

PRÉSENT
moudre

PASSÉ
avoir moulu

PARTICIPE

PRÉSENT
moulant

PASSÉ
moulu, moulue
moulus, moulues

GÉRONDIF

en moulant

conjugaison 48 **COUDRE**

Verbes ayant la même conjugaison : **coudre, découdre, recoudre.**

INDICATIF

PRÉSENT
je couds
tu couds
il/elle coud
nous cousons
vous cousez
ils/elles cousent

PASSÉ COMPOSÉ
j'ai cousu
tu as cousu
il/elle a cousu
nous avons cousu
vous avez cousu
ils/elles ont cousu

IMPARFAIT
je cousais
tu cousais
il/elle cousait
nous cousions
vous cousiez
ils/elles cousaient

PLUS-QUE-PARFAIT
j'avais cousu
tu avais cousu
il/elle avait cousu
nous avions cousu
vous aviez cousu
ils/elles avaient cousu

PASSÉ SIMPLE
je cousis
tu cousis
il/elle cousit
nous cousîmes
vous cousîtes
ils/elles cousirent

FUTUR SIMPLE
je coudrai
tu coudras
il/elle coudra
nous coudrons
vous coudrez
ils/elles coudront

FUTUR ANTÉRIEUR
j'aurai cousu
tu auras cousu
il/elle aura cousu
nous aurons cousu
vous aurez cousu
ils/elles auront cousu

CONDITIONNEL

PRÉSENT
je coudrais
tu coudrais
il/elle coudrait
nous coudrions
vous coudriez
ils/elles coudraient

PASSÉ 1re forme
j'aurais cousu
tu aurais cousu
il/elle aurait cousu
nous aurions cousu
vous auriez cousu
ils/elles auraient cousu

SUBJONCTIF

PRÉSENT
que je couse
que tu couses
qu'il/qu'elle couse
que nous cousions
que vous cousiez
qu'ils/qu'elles cousent

PASSÉ
que j'aie cousu
que tu aies cousu
qu'il/qu'elle ait cousu
que nous ayons cousu
que vous ayez cousu
qu'ils/qu'elles aient cousu

IMPÉRATIF

PRÉSENT
couds
cousons
cousez

INFINITIF

PRÉSENT
coudre

PASSÉ
avoir cousu

PARTICIPE

PRÉSENT
cousant

PASSÉ
cousu, cousue
cousus, cousues

GÉRONDIF

en cousant

conjugaison 49 **JOINDRE**

Verbes ayant la même conjugaison : **adjoindre, disjoindre, joindre, poindre, rejoindre.**

INDICATIF

PRÉSENT
je joins [ʒwɛ̃]
tu joins
il/elle joint
nous joignons [ʒwaɲɔ̃]
vous joignez
ils/elles joignent [ʒwaɲ]

PASSÉ COMPOSÉ
j'ai joint
tu as joint
il/elle a joint
nous avons joint
vous avez joint
ils/elles ont joint

PASSÉ SIMPLE
je joignis
tu joignis
il/elle joignit
nous joignîmes
vous joignîtes
ils/elles joignirent

FUTUR SIMPLE
je joindrai
tu joindras
il/elle joindra
nous joindrons
vous joindrez
ils/elles joindront

IMPARFAIT
je joignais
tu joignais
il/elle joignait
nous joi**gni**ons [ʒwaɲjɔ̃]
vous joi**gni**ez
ils/elles joignaient

PLUS-QUE-PARFAIT
j'avais joint
tu avais joint
il/elle avait joint
nous avions joint
vous aviez joint
ils/elles avaient joint

FUTUR ANTÉRIEUR
j'aurai joint
tu auras joint
il/elle aura joint
nous aurons joint
vous aurez joint
ils/elles auront joint

CONDITIONNEL

PRÉSENT
je joindrais
tu joindrais
il/elle joindrait
nous joindrions
vous joindriez
ils/elles joindraient

PASSÉ 1re forme
j'aurais joint
tu aurais joint
il/elle aurait joint
nous aurions joint
vous auriez joint
ils/elles auraient joint

SUBJONCTIF

PRÉSENT
que je joigne
que tu joignes
qu'il/qu'elle joigne
que nous joi**gni**ons [ʒwaɲjɔ̃]
que vous joi**gni**ez
qu'ils/qu'elles joignent

PASSÉ
que j'aie joint
que tu aies joint
qu'il/qu'elle ait joint
que nous ayons joint
que vous ayez joint
qu'ils/qu'elles aient joint

IMPÉRATIF

PRÉSENT
joins
joignons
joignez

INFINITIF

PRÉSENT
joindre

PASSÉ
avoir joint

PARTICIPE

PRÉSENT
joignant

PASSÉ
joint, jointe
joints, jointes

GÉRONDIF

en joignant

conjugaison 50 DISTRAIRE

Verbes ayant la même conjugaison : braire, distraire, extraire, soustraire, traire.

INDICATIF / **CONDITIONNEL**

PRÉSENT	PASSÉ COMPOSÉ	PASSÉ SIMPLE	FUTUR SIMPLE	CONDITIONNEL PRÉSENT
je distrais [distʀɛ]	j'ai distrait	n'existe pas	je distrairai	je distrairais
tu distrais	tu as distrait		tu distrairas	tu distrairais
il/elle distrait	il/elle a distrait		il/elle distraira	il/elle distrairait
nous distrayons [distʀɛjɔ̃]	nous avons distrait		nous distrairons	nous distrairions
vous distrayez	vous avez distrait		vous distrairez	vous distrairiez
ils/elles distraient [distʀɛ]	ils/elles ont distrait		ils/elles distrairont	ils/elles distrairaient

IMPARFAIT	PLUS-QUE-PARFAIT	FUTUR ANTÉRIEUR	CONDITIONNEL PASSÉ 1re forme
je distrayais	j'avais distrait	j'aurai distrait	j'aurais distrait
tu distrayais	tu avais distrait	tu auras distrait	tu aurais distrait
il/elle distrayait	il/elle avait distrait	il/elle aura distrait	il/elle aurait distrait
nous distra**yi**ons [distʀɛjjɔ̃]	nous avions distrait	nous aurons distrait	nous aurions distrait
vous distra**yi**ez	vous aviez distrait	vous aurez distrait	vous auriez distrait
ils/elles distrayaient	ils/elles avaient distrait	ils/elles auront distrait	ils/elles auraient distrait

SUBJONCTIF

PRÉSENT	PASSÉ
que je distraie [distʀɛ]	que j'aie distrait
que tu distraies	que tu aies distrait
qu'il/qu'elle distraie	qu'il/qu'elle ait distrait
que nous distra**yi**ons [distʀɛjjɔ̃]	que nous ayons distrait
que vous distra**yi**ez	que vous ayez distrait
qu'ils/qu'elles distraient	qu'ils/qu'elles aient distrait

IMPÉRATIF PRÉSENT	INFINITIF	PARTICIPE	GÉRONDIF
distrais distrayons distrayez	PRÉSENT : distraire PASSÉ : avoir distrait	PRÉSENT : distrayant PASSÉ : distrait, distraite distraits, distraites	en distrayant

conjugaison 51 RÉSOUDRE

Verbes ayant la même conjugaison : dissoudre, résoudre.

INDICATIF / **CONDITIONNEL**

PRÉSENT	PASSÉ COMPOSÉ	PASSÉ SIMPLE	FUTUR SIMPLE	CONDITIONNEL PRÉSENT
je résous [ʀezu]	j'ai résolu	je résolus	je résoudrai [ʀezudʀɛ]	je résoudrais
tu résous	tu as résolu	tu résolus	tu résoudras	tu résoudrais
il/elle résout	il/elle a résolu	il/elle résolut	il/elle résoudra	il/elle résoudrait
nous résolvons [ʀezɔlvɔ̃]	nous avons résolu	nous résolûmes	nous résoudrons	nous résoudrions
vous résolvez	vous avez résolu	vous résolûtes	vous résoudrez	vous résoudriez
ils/elles résolvent [ʀezɔlv]	ils/elles ont résolu	ils/elles résolurent	ils/elles résoudront	ils/elles résoudraient

IMPARFAIT	PLUS-QUE-PARFAIT	FUTUR ANTÉRIEUR	CONDITIONNEL PASSÉ 1re forme
je résolvais	j'avais résolu	j'aurai résolu	j'aurais résolu
tu résolvais	tu avais résolu	tu auras résolu	tu aurais résolu
il/elle résolvait	il/elle avait résolu	il/elle aura résolu	il/elle aurait résolu
nous résolvions	nous avions résolu	nous aurons résolu	nous aurions résolu
vous résolviez	vous aviez résolu	vous aurez résolu	vous auriez résolu
ils/elles résolvaient	ils/elles avaient résolu	ils/elles auront résolu	ils/elles auraient résolu

SUBJONCTIF

PRÉSENT	PASSÉ
que je résolve	que j'aie résolu
que tu résolves	que tu aies résolu
qu'il/qu'elle résolve	qu'il/qu'elle ait résolu
que nous résolvions	que nous ayons résolu
que vous résolviez	que vous ayez résolu
qu'ils/qu'elles résolvent	qu'ils/qu'elles aient résolu

IMPÉRATIF PRÉSENT	INFINITIF	PARTICIPE	GÉRONDIF
résous résolvons résolvez	PRÉSENT : résoudre PASSÉ : avoir résolu	PRÉSENT : résolvant PASSÉ : résolu ou résous résolue ou résoute résolus ou résous résolues ou résoutes	en résolvant

Remarque

Dissoudre ne se conjugue pas au passé simple. Ce verbe a pour participe passé *dissous, dissoute.*

conjugaison 52a CRAINDRE

Verbes ayant la même conjugaison : **contraindre, craindre, plaindre.**

INDICATIF

PRÉSENT
je crains [kʀɛ̃]
tu crains
il/elle craint
nous craignons [kʀɛɲɔ̃]
vous craignez
ils/elles craignent [kʀɛɲ]

IMPARFAIT
je craignais
tu craignais
il/elle craignait
nous crai**gni**ons [kʀɛɲjɔ̃]
vous crai**gni**ez
ils/elles craignaient

PASSÉ COMPOSÉ
j'ai craint
tu as craint
il/elle a craint
nous avons craint
vous avez craint
ils/elles ont craint

PLUS-QUE-PARFAIT
j'avais craint
tu avais craint
il/elle avait craint
nous avions craint
vous aviez craint
ils/elles avaient craint

PASSÉ SIMPLE
je craignis
tu craignis
il/elle craignit
nous craignîmes
vous craignîtes
ils/elles craignirent

FUTUR SIMPLE
je craindrai
tu craindras
il/elle craindra
nous craindrons
vous craindrez
ils/elles craindront

FUTUR ANTÉRIEUR
j'aurai craint
tu auras craint
il/elle aura craint
nous aurons craint
vous aurez craint
ils/elles auront craint

CONDITIONNEL

PRÉSENT
je craindrais
tu craindrais
il/elle craindrait
nous craindrions
vous craindriez
ils/elles craindraient

PASSÉ 1re forme
j'aurais craint
tu aurais craint
il/elle aurait craint
nous aurions craint
vous auriez craint
ils/elles auraient craint

SUBJONCTIF

PRÉSENT
que je craigne [kʀɛɲ]
que tu craignes
qu'il/qu'elle craigne
que nous crai**gni**ons [kʀɛɲjɔ̃]
que vous crai**gni**ez
qu'ils/qu'elles craignent

PASSÉ
que j'aie craint
que tu aies craint
qu'il/qu'elle ait craint
que nous ayons craint
que vous ayez craint
qu'ils/qu'elles aient craint

IMPÉRATIF

PRÉSENT
crains
craignons
craignez

INFINITIF

PRÉSENT
craindre

PASSÉ
avoir craint

PARTICIPE

PRÉSENT
craignant

PASSÉ
craint, crainte
craints, craintes

GÉRONDIF

en craignant

conjugaison 52b PEINDRE

Verbes ayant la même conjugaison : **astreindre, atteindre, dépeindre, déteindre, enfreindre, éteindre, étreindre, feindre, geindre, peindre, repeindre, restreindre, teindre.**

INDICATIF

PRÉSENT
je peins [pɛ̃]
tu peins
il/elle peint
nous peignons [pɛɲɔ̃]
vous peignez
ils/elles peignent [pɛɲ]

IMPARFAIT
je peignais
tu peignais
il/elle peignait
nous pei**gni**ons [pɛɲjɔ̃]
vous pei**gni**ez
ils/elles peignaient

PASSÉ COMPOSÉ
j'ai peint
tu as peint
il/elle a peint
nous avons peint
vous avez peint
ils/elles ont peint

PASSÉ SIMPLE
je peignis
tu peignis
il/elle peignit
nous peignîmes
vous peignîtes
ils/elles peignirent

PLUS-QUE-PARFAIT
j'avais peint
tu avais peint
il/elle avait peint
nous avions peint
vous aviez peint
ils/elles avaient peint

FUTUR SIMPLE
je peindrai [pɛ̃dʀɛ]
tu peindras
il/elle peindra
nous peindrons
vous peindrez
ils/elles peindront

FUTUR ANTÉRIEUR
j'aurai peint
tu auras peint
il/elle aura peint
nous aurons peint
vous aurez peint
ils/elles auront peint

CONDITIONNEL

PRÉSENT
je peindrais
tu peindrais
il/elle peindrait
nous peindrions
vous peindriez
ils/elles peindraient

PASSÉ 1re forme
j'aurais peint
tu aurais peint
il/elle aurait peint
nous aurions peint
vous auriez peint
ils/elles auraient peint

SUBJONCTIF

PRÉSENT
que je peigne [pɛɲ]
que tu peignes
qu'il/qu'elle peigne
que nous pei**gni**ons [pɛɲjɔ̃]
que vous pei**gni**ez
qu'ils/qu'elles peignent

PASSÉ
que j'aie peint
que tu aies peint
qu'il/qu'elle ait peint
que nous ayons peint
que vous ayez peint
qu'ils/qu'elles aient peint

IMPÉRATIF

PRÉSENT
peins
peignons
peignez

INFINITIF

PRÉSENT
peindre

PASSÉ
avoir peint

PARTICIPE

PRÉSENT
peignant

PASSÉ
peint, peinte
peints, peintes

GÉRONDIF

en peignant

conjugaison 53 BOIRE

INDICATIF

PRÉSENT	PASSÉ COMPOSÉ	PASSÉ SIMPLE	FUTUR SIMPLE
je bois	j'ai bu	je bus	je boirai
tu bois	tu as bu	tu bus	tu boiras
il/elle boit	il/elle a bu	il/elle but	il/elle boira
nous buvons	nous avons bu	nous bûmes	nous boirons
vous buvez	vous avez bu	vous bûtes	vous boirez
ils/elles boivent	ils/elles ont bu	ils/elles burent	ils/elles boiront

IMPARFAIT	PLUS-QUE-PARFAIT	FUTUR ANTÉRIEUR
je buvais	j'avais bu	j'aurai bu
tu buvais	tu avais bu	tu auras bu
il/elle buvait	il/elle avait bu	il/elle aura bu
nous buvions	nous avions bu	nous aurons bu
vous buviez	vous aviez bu	vous aurez bu
ils/elles buvaient	ils/elles avaient bu	ils/elles auront bu

CONDITIONNEL

PRÉSENT	PASSÉ 1re forme
je boirais	j'aurais bu
tu boirais	tu aurais bu
il/elle boirait	il/elle aurait bu
nous boirions	nous aurions bu
vous boiriez	vous auriez bu
ils/elles boiraient	ils/elles auraient bu

SUBJONCTIF

PRÉSENT	PASSÉ
que je boive	que j'aie bu
que tu boives	que tu aies bu
qu'il/qu'elle boive	qu'il/qu'elle ait bu
que nous buvions	que nous ayons bu
que vous buviez	que vous ayez bu
qu'ils/qu'elles boivent	qu'ils/qu'elles aient bu

IMPÉRATIF

PRÉSENT
bois
buvons
buvez

INFINITIF

PRÉSENT
boire

PASSÉ
avoir bu

PARTICIPE

PRÉSENT
buvant

PASSÉ
bu, bue
bus, bues

GÉRONDIF

en buvant

conjugaison 54 PLAIRE

Verbes ayant la même conjugaison : se complaire, déplaire, plaire, taire.

INDICATIF

PRÉSENT	PASSÉ COMPOSÉ	PASSÉ SIMPLE	FUTUR SIMPLE
je plais	j'ai plu	je plus	je plairai
tu plais	tu as plu	tu plus	tu plairas
il/elle plaît	il/elle a plu	il/elle plut	il/elle plaira
nous plaisons	nous avons plu	nous plûmes	nous plairons
vous plaisez	vous avez plu	vous plûtes	vous plairez
ils/elles plaisent	ils/elles ont plu	ils/elles plurent	ils/elles plairont

IMPARFAIT	PLUS-QUE-PARFAIT	FUTUR ANTÉRIEUR
je plaisais	j'avais plu	j'aurai plu
tu plaisais	tu avais plu	tu auras plu
il/elle plaisait	il/elle avait plu	il/elle aura plu
nous plaisions	nous avions plu	nous aurons plu
vous plaisiez	vous aviez plu	vous aurez plu
ils/elles plaisaient	ils/elles avaient plu	ils/elles auront plu

CONDITIONNEL

PRÉSENT	PASSÉ 1re forme
je plairais	j'aurais plu
tu plairais	tu aurais plu
il/elle plairait	il/elle aurait plu
nous plairions	nous aurions plu
vous plairiez	vous auriez plu
ils/elles plairaient	ils/elles auraient plu

SUBJONCTIF

PRÉSENT	PASSÉ
que je plaise	que j'aie plu
que tu plaises	que tu aies plu
qu'il/qu'elle plaise	qu'il/qu'elle ait plu
que nous plaisions	que nous ayons plu
que vous plaisiez	que vous ayez plu
qu'ils/qu'elles plaisent	qu'ils/qu'elles aient plu

IMPÉRATIF

PRÉSENT
plais
plaisons
plaisez

INFINITIF

PRÉSENT
plaire

PASSÉ
avoir plu

PARTICIPE

PRÉSENT
plaisant

PASSÉ
plu

GÉRONDIF

en plaisant

Remarque

Taire se conjugue comme *plaire* sauf au présent *(il tait)* et au participe passé *(tu, tue)*.

conjugaison 55a CROÎTRE

INDICATIF

PRÉSENT
je croîs
tu croîs
il/elle croît
nous croissons
vous croissez
ils/elles croissent

IMPARFAIT
je croissais
tu croissais
il/elle croissait
nous croissions
vous croissiez
ils/elles croissaient

PASSÉ COMPOSÉ
j'ai crû
tu as crû
il/elle a crû
nous avons crû
vous avez crû
ils/elles ont crû

PLUS-QUE-PARFAIT
j'avais crû
tu avais crû
il/elle avait crû
nous avions crû
vous aviez crû
ils/elles avaient crû

PASSÉ SIMPLE
je crûs
tu crûs
il/elle crût
nous crûmes
vous crûtes
ils/elles crûrent

FUTUR SIMPLE
je croîtrai
tu croîtras
il/elle croîtra
nous croîtrons
vous croîtrez
ils/elles croîtront

FUTUR ANTÉRIEUR
j'aurai crû
tu auras crû
il/elle aura crû
nous aurons crû
vous aurez crû
ils/elles auront crû

CONDITIONNEL

PRÉSENT
je croîtrais
tu croîtrais
il/elle croîtrait
nous croîtrions
vous croîtriez
ils/elles croîtraient

PASSÉ 1re forme
j'aurais crû
tu aurais crû
il/elle aurait crû
nous aurions crû
vous auriez crû
ils/elles auraient crû

SUBJONCTIF

PRÉSENT
que je croisse
que tu croisses
qu'il/qu'elle croisse
que nous croissions
que vous croissiez
qu'ils/qu'elles croissent

PASSÉ
que j'aie crû
que tu aies crû
qu'il/qu'elle ait crû
que nous ayons crû
que vous ayez crû
qu'ils/qu'elles aient crû

IMPÉRATIF

PRÉSENT
croîs
croissons
croissez

INFINITIF

PRÉSENT
croître

PASSÉ
avoir crû

PARTICIPE

PRÉSENT
croissant

PASSÉ
crû, crue
crus, crues

GÉRONDIF

en croissant

conjugaison 55b ACCROÎTRE

Verbes ayant la même conjugaison : accroître, décroître.

INDICATIF

PRÉSENT
j'accrois
tu accrois
il/elle accroît
nous accroissons
vous accroissez
ils/elles accroissent

PASSÉ COMPOSÉ
j'ai accru
tu as accru
il/elle a accru
nous avons accru
vous avez accru
ils/elles ont accru

PASSÉ SIMPLE
j'accrus
tu accrus
il/elle accrut
nous accrûmes
vous accrûtes
ils/elles accrurent

FUTUR SIMPLE
j'accroîtrai
tu accroîtras
il/elle accroîtra
nous accroîtrons
vous accroîtrez
ils/elles accroîtront

IMPARFAIT
j'accroissais
tu accroissais
il/elle accroissait
nous accroissions
vous accroissiez
ils/elles accroissaient

PLUS-QUE-PARFAIT
j'avais accru
tu avais accru
il/elle avait accru
nous avions accru
vous aviez accru
ils/elles avaient accru

FUTUR ANTÉRIEUR
j'aurai accru
tu auras accru
il/elle aura accru
nous aurons accru
vous aurez accru
ils/elles auront accru

CONDITIONNEL

PRÉSENT
j'accroîtrais
tu accroîtrais
il/elle accroîtrait
nous accroîtrions
vous accroîtriez
ils/elles accroîtraient

PASSÉ 1re forme
j'aurais accru
tu aurais accru
il/elle aurait accru
nous aurions accru
vous auriez accru
ils/elles auraient accru

SUBJONCTIF

PRÉSENT
que j'accroisse
que tu accroisses
qu'il/qu'elle accroisse
que nous accroissions
que vous accroissiez
qu'ils/qu'elles accroissent

PASSÉ
que j'aie accru
que tu aies accru
qu'il/qu'elle ait accru
que nous ayons accru
que vous ayez accru
qu'ils/qu'elles aient accru

IMPÉRATIF

PRÉSENT
accrois
accroissons
accroissez

INFINITIF

PRÉSENT
accroître

PASSÉ
avoir accru

PARTICIPE

PRÉSENT
accroissant

PASSÉ
accru, accrue
accrus, accrues

GÉRONDIF

en accroissant

conjugaison 56 METTRE

Verbes ayant la même conjugaison : admettre, commettre, compromettre, démettre, émettre, mettre, omettre, permettre, promettre, remettre, retransmettre, soumettre, transmettre.

INDICATIF

PRÉSENT
je mets [mɛ]
tu mets
il/elle met
nous mettons
vous mettez
ils/elles mettent

IMPARFAIT
je mettais
tu mettais
il/elle mettait
nous mettions
vous mettiez
ils/elles mettaient

PASSÉ COMPOSÉ
j'ai mis
tu as mis
il/elle a mis
nous avons mis
vous avez mis
ils/elles ont mis

PLUS-QUE-PARFAIT
j'avais mis
tu avais mis
il/elle avait mis
nous avions mis
vous aviez mis
ils/elles avaient mis

PASSÉ SIMPLE
je mis
tu mis
il/elle mit
nous mîmes
vous mîtes
ils/elles mirent

FUTUR SIMPLE
je mettrai
tu mettras
il/elle mettra
nous mettrons
vous mettrez
ils/elles mettront

FUTUR ANTÉRIEUR
j'aurai mis
tu auras mis
il/elle aura mis
nous aurons mis
vous aurez mis
ils/elles auront mis

CONDITIONNEL

PRÉSENT
je mettrais
tu mettrais
il/elle mettrait
nous mettrions
vous mettriez
ils/elles mettraient

PASSÉ 1re forme
j'aurais mis
tu aurais mis
il/elle aurait mis
nous aurions mis
vous auriez mis
ils/elles auraient mis

SUBJONCTIF

PRÉSENT
que je mette
que tu mettes
qu'il/qu'elle mette
que nous mettions
que vous mettiez
qu'ils/qu'elles mettent

PASSÉ
que j'aie mis
que tu aies mis
qu'il/qu'elle ait mis
que nous ayons mis
que vous ayez mis
qu'ils/qu'elles aient mis

IMPÉRATIF

PRÉSENT
mets
mettons
mettez

INFINITIF

PRÉSENT
mettre

PASSÉ
avoir mis

PARTICIPE

PRÉSENT
mettant

PASSÉ
mis, mise
mis, mises

GÉRONDIF

en mettant

conjugaison 57 CONNAÎTRE

Verbes ayant la même conjugaison : apparaître, comparaître, connaître, disparaître, méconnaître, paître, paraître, réapparaître, reconnaître, se repaître, reparaître.

INDICATIF

PRÉSENT
je connais
tu connais
il/elle connaît
nous connaissons
vous connaissez
ils/elles connaissent

IMPARFAIT
je connaissais
tu connaissais
il/elle connaissait
nous connaissions
vous connaissiez
ils/elles connaissaient

PASSÉ COMPOSÉ
j'ai connu
tu as connu
il/elle a connu
nous avons connu
vous avez connu
ils/elles ont connu

PLUS-QUE-PARFAIT
j'avais connu
tu avais connu
il/elle avait connu
nous avions connu
vous aviez connu
ils/elles avaient connu

PASSÉ SIMPLE
je connus
tu connus
il/elle connut
nous connûmes
vous connûtes
ils/elles connurent

FUTUR SIMPLE
je connaîtrai
tu connaîtras
il/elle connaîtra
nous connaîtrons
vous connaîtrez
ils/elles connaîtront

FUTUR ANTÉRIEUR
j'aurai connu
tu auras connu
il/elle aura connu
nous aurons connu
vous aurez connu
ils/elles auront connu

CONDITIONNEL

PRÉSENT
je connaîtrais
tu connaîtrais
il/elle connaîtrait
nous connaîtrions
vous connaîtriez
ils/elles connaîtraient

PASSÉ 1re forme
j'aurais connu
tu aurais connu
il/elle aurait connu
nous aurions connu
vous auriez connu
ils/elles auraient connu

SUBJONCTIF

PRÉSENT
que je connaisse
que tu connaisses
qu'il/qu'elle connaisse
que nous connaissions
que vous connaissiez
qu'ils/qu'elles connaissent

PASSÉ
que j'aie connu
que tu aies connu
qu'il/qu'elle ait connu
que nous ayons connu
que vous ayez connu
qu'ils/qu'elles aient connu

IMPÉRATIF

PRÉSENT
connais
connaissons
connaissez

INFINITIF

PRÉSENT
connaître

PASSÉ
avoir connu

PARTICIPE

PRÉSENT
connaissant

PASSÉ
connu, connue
connus, connues

GÉRONDIF

en connaissant

Remarque *Paître* n'a pas de temps composés ni de participe passé, ni de passé simple.

conjugaison 58 **PRENDRE**

Verbes ayant la même conjugaison : **apprendre, 1. comprendre, 2. comprendre, entreprendre, s'éprendre, se méprendre, prendre, reprendre, surprendre.**

INDICATIF

PRÉSENT
je prends [pʀɑ̃]
tu prends
il/elle prend
nous prenons [pʀənɔ̃]
vous prenez
ils/elles prennent [pʀɛn]

IMPARFAIT
je prenais
tu prenais
il/elle prenait
nous prenions
vous preniez
ils/elles prenaient

PASSÉ COMPOSÉ
j'ai pris
tu as pris
il/elle a pris
nous avons pris
vous avez pris
ils/elles ont pris

PLUS-QUE-PARFAIT
j'avais pris
tu avais pris
il/elle avait pris
nous avions pris
vous aviez pris
ils/elles avaient pris

PASSÉ SIMPLE
je pris
tu pris
il/elle prit
nous prîmes
vous prîtes
ils/elles prirent

FUTUR SIMPLE
je prendrai
tu prendras
il/elle prendra
nous prendrons
vous prendrez
ils/elles prendront

FUTUR ANTÉRIEUR
j'aurai pris
tu auras pris
il/elle aura pris
nous aurons pris
vous aurez pris
ils/elles auront pris

CONDITIONNEL

PRÉSENT
je prendrais
tu prendrais
il/elle prendrait
nous prendrions
vous prendriez
ils/elles prendraient

PASSÉ 1re forme
j'aurais pris
tu aurais pris
il/elle aurait pris
nous aurions pris
vous auriez pris
ils/elles auraient pris

SUBJONCTIF

PRÉSENT
que je prenne
que tu prennes
qu'il/qu'elle prenne
que nous prenions
que vous preniez
qu'ils/qu'elles prennent

PASSÉ
que j'aie pris
que tu aies pris
qu'il/qu'elle ait pris
que nous ayons pris
que vous ayez pris
qu'ils/qu'elles aient pris

IMPÉRATIF

PRÉSENT
prends
prenons
prenez

INFINITIF

PRÉSENT
prendre

PASSÉ
avoir pris

PARTICIPE

PRÉSENT
prenant

PASSÉ
pris, prise
pris, prises

GÉRONDIF

en prenant

conjugaison 59 **NAÎTRE**

Verbes ayant la même conjugaison : **naître, renaître.**

INDICATIF

PRÉSENT
je nais
tu nais
il/elle naît
nous naissons
vous naissez
ils/elles naissent

IMPARFAIT
je naissais
tu naissais
il/elle naissait
nous naissions
vous naissiez
ils/elles naissaient

PASSÉ COMPOSÉ
je suis né, née
tu es né, née
il/elle est né, née
nous sommes nés, nées
vous êtes nés, nées
ils/elles sont nés, nées

PLUS-QUE-PARFAIT
j'étais né, née
tu étais né, née
il/elle était né, née
nous étions nés, nées
vous étiez nés, nées
ils/elles étaient nés, nées

PASSÉ SIMPLE
je naquis
tu naquis
il/elle naquit
nous naquîmes
vous naquîtes
ils/elles naquirent

FUTUR SIMPLE
je naîtrai
tu naîtras
il/elle naîtra
nous naîtrons
vous naîtrez
ils/elles naîtront

FUTUR ANTÉRIEUR
je serai né, née
tu seras né, née
il/elle sera né, née
nous serons nés, nées
vous serez nés, nées
ils/elles seront nés, nées

CONDITIONNEL

PRÉSENT
je naîtrais
tu naîtrais
il/elle naîtrait
nous naîtrions
vous naîtriez
ils/elles naîtraient

PASSÉ 1re forme
je serais né, née
tu serais né, née
il/elle serait né, née
nous serions nés, nées
vous seriez nés, nées
ils/elles seraient nés, nées

SUBJONCTIF

PRÉSENT
que je naisse
que tu naisses
qu'il/qu'elle naisse
que nous naissions
que vous naissiez
qu'ils/qu'elles naissent

PASSÉ
que je sois né, née
que tu sois né, née
qu'il/qu'elle soit né, née
que nous soyons nés, nées
que vous soyez nés, nées
qu'ils/qu'elles soient nés, nées

IMPÉRATIF

PRÉSENT
nais
naissons
naissez

INFINITIF

PRÉSENT
naître

PASSÉ
être né, née

PARTICIPE

PRÉSENT
naissant

PASSÉ
né, née
nés, nées

GÉRONDIF

en naissant

conjugaison 60 **FAIRE**

Verbes ayant la même conjugaison : contrefaire, défaire, faire, refaire, satisfaire.

INDICATIF

PRÉSENT	PASSÉ COMPOSÉ	IMPARFAIT	PLUS-QUE-PARFAIT
je fais [fɛ]	j'ai fait	je faisais [f(ə)zɛ]	j'avais fait
tu fais	tu as fait	tu faisais	tu avais fait
il/elle fait	il/elle a fait	il/elle faisait	il/elle avait fait
nous faisons [f(ə)zɔ̃]	nous avons fait	nous faisions [fəzjɔ̃]	nous avions fait
vous faites [fɛt]	vous avez fait	vous faisiez [fəzje]	vous aviez fait
ils/elles font [fɔ̃]	ils/elles ont fait	ils/elles faisaient	ils/elles avaient fait

FUTUR SIMPLE	FUTUR ANTÉRIEUR	PASSÉ SIMPLE
je ferai [f(ə)ʀɛ]	j'aurai fait	je fis
tu feras	tu auras fait	tu fis
il/elle fera	il/elle aura fait	il/elle fit
nous ferons [f(ə)ʀɔ̃]	nous aurons fait	nous fîmes
vous ferez	vous aurez fait	vous fîtes
ils/elles feront	ils/elles auront fait	ils/elles firent

CONDITIONNEL

PRÉSENT	PASSÉ 1re forme
je ferais [f(ə)ʀɛ]	j'aurais fait
tu ferais	tu aurais fait
il/elle ferait	il/elle aurait fait
nous ferions [fəʀjɔ̃]	nous aurions fait
vous feriez	vous auriez fait
ils/elles feraient	ils/elles auraient fait

SUBJONCTIF

PRÉSENT	PASSÉ
que je fasse [fas]	que j'aie fait
que tu fasses	que tu aies fait
qu'il/qu'elle fasse	qu'il/qu'elle ait fait
que nous fassions	que nous ayons fait
que vous fassiez	que vous ayez fait
qu'ils/qu'elles fassent	qu'ils/qu'elles aient fait

IMPÉRATIF

PRÉSENT

fais [fɛ]
faisons [f(ə)zɔ̃]
faites [fɛt]

INFINITIF

PRÉSENT

faire

PASSÉ

avoir fait

PARTICIPE

PRÉSENT

faisant [f(ə)zɑ̃]

PASSÉ

fait, faite
faits, faites

GÉRONDIF

en faisant

conjugaison 61 ÊTRE

INDICATIF

PRÉSENT

je suis [sɥi]
tu es [ɛ]
il/elle est [ɛ]
nous sommes [sɔm]
vous êtes [ɛt]
ils/elles sont [sɔ̃]

PASSÉ COMPOSÉ

j'ai été
tu as été
il/elle a été
nous avons été
vous avez été
ils/elles ont été

IMPARFAIT

j'étais [etɛ]
tu étais
il/elle était
nous étions [etjɔ̃]
vous étiez [etje]
ils/elles étaient

PLUS-QUE-PARFAIT

j'avais été
tu avais été
il/elle avait été
nous avions été
vous aviez été
ils/elles avaient été

FUTUR SIMPLE

je serai [s(ə)ʀɛ]
tu seras
il/elle sera
nous serons [s(ə)ʀɔ̃]
vous serez
ils/elles seront

FUTUR ANTÉRIEUR

j'aurai été
tu auras été
il/elle aura été
nous aurons été
vous aurez été
ils/elles auront été

PASSÉ SIMPLE

je fus [fy]
tu fus
il/elle fut
nous fûmes
vous fûtes
ils/elles furent

CONDITIONNEL

PRÉSENT

je serais [s(ə)ʀɛ]
tu serais
il/elle serait
nous serions [s(ə)ʀjɔ̃]
vous seriez
ils/elles seraient

PASSÉ 1re forme

j'aurais été
tu aurais été
il/elle aurait été
nous aurions été
vous auriez été
ils/elles auraient été

SUBJONCTIF

PRÉSENT

que je sois [swa]
que tu sois
qu'il/qu'elle soit
que nous soyons [swajɔ̃]
que vous soyez
qu'ils/qu'elles soient [swa]

PASSÉ

que j'aie été
que tu aies été
qu'il/qu'elle ait été
que nous ayons été
que vous ayez été
qu'ils/qu'elles aient été

IMPÉRATIF

PRÉSENT

sois [swa]
soyons [swajɔ̃]
soyez [swaje]

INFINITIF

PRÉSENT

être

PASSÉ

avoir été

PARTICIPE

PRÉSENT

étant

PASSÉ

été [ete]

GÉRONDIF

en étant

Remarque
Aux temps composés, le verbe *être* se conjugue avec l'auxiliaire *avoir* : *j'ai été, tu avais été.*

TABLE DES MATIÈRES

Achevé d'imprimer en Italie par Rotolito
Projet n° 10065896 (1) 39 (Lacop 50), Mai 1999

demain. **2.** STYLE RECHERCHÉ Lutter pour obtenir ce qu'un autre a en sa possession ou veut avoir. *Il dispute ce poste à son rival.* **3.** STYLE TRÈS FAMILIER Réprimander. *Si tu continues, tu vas* TE FAIRE DISPUTER *par ta mère.* → **gronder.**
II. verbe pronominal SE DISPUTER **1.** Avoir une querelle. *Elle s'est disputée avec son frère. Ils n'arrêtent pas de se disputer.* → se **quereller ;** STYLE FAMILIER se **chamailler,** s'**engueuler. 2.** (match) Être disputé. *Le match s'est disputé sous la pluie.*

REM. *Disputer* au sens de « réprimander » est très familier et fautif.

DISQUAIRE [diskɛʀ] n. m., n. f. ▪ *UN DISQUAIRE, UNE DISQUAIRE :* une personne dont le métier est de vendre des disques et des cassettes enregistrées. *Elle est allée chez le disquaire acheter un disque de Mozart.*

DISQUALIFICATION [diskalifikasjɔ̃] n. f. ▪ *LA DISQUALIFICATION :* élimination d'un concurrent qui n'a pas respecté le règlement. *Le skieur a fait une faute de parcours qui a entraîné sa disqualification.* → **exclusion.**

DISQUALIFIER [diskalifje] verbe [conjugaison 7a] ▪ Exclure (un concurrent, un candidat) d'une course, d'une compétition, en raison d'une infraction au règlement. *L'arbitre disqualifiera* [diskalifiʀa] *ce boxeur s'il donne des coups bas.*

DISQUE [disk] n. m. ▪ *UN DISQUE* **1.** Plaque ronde sur laquelle sont enregistrés des sons. *Elle écoute un disque de jazz. Elle met un disque sur sa platine. Il a beaucoup de* DISQUES COMPACTS, de disques lus par faisceau laser. → **compact.** – STYLE FAMILIER *CHANGE DE DISQUE :* arrête de dire tout le temps la même chose, parle d'autre chose. **2.** *DISQUE COMPACT VIDÉO :* disque compact sur lequel sont enregistrés des sons et des images. → **vidéodisque.** *Il a beaucoup de disques compacts vidéo.* – *Disque optique numérique.* → **CD-ROM. 3.** Plaque ronde qu'un athlète doit lancer le plus loin possible. *Il a remporté l'épreuve de lancer du disque.* **4.** Objet rond et plat. *Il a fallu changer le disque d'embrayage de ma voiture. Cette voiture est équipée de* FREINS À DISQUES. **5.** Cartilage élastique situé entre deux vertèbres. *On doit l'opérer, car il a plusieurs disques en mauvais état.*

DISQUETTE [diskɛt] n. f. ▪ *UNE DISQUETTE :* en informatique, disque souple utilisé pour stocker des données. *L'informaticien enregistre son fichier sur disquette. Envoyez-nous la disquette de votre article.*

DISSECTION [disɛksjɔ̃] n. f. ▪ *UNE DISSECTION :* ouverture d'un corps pour l'observer et l'étudier. *Les étudiants ont fait la dissection d'une souris morte* **(→ disséquer).**

REM. Une *autopsie* est la dissection d'un cadavre pour connaître les causes de la mort. La *vivisection* est la dissection d'un animal vivant.

DISSEMBLABLE [disɑ̃blabl] adj. (après le nom) ▪ *DES CHOSES, DES PERSONNES DISSEMBLABLES :* qui ne sont pas semblables mais qui ont des caractères communs. *Les deux sœurs sont trop dissemblables pour s'entendre.* → **différent.** (contraire : semblable)

DISSÉMINER [disemine] verbe [conjugaison 1a] **1.** Répandre en de nombreux lieux. *Le vent dissémine les graines des fleurs des champs.* → **disperser.** *Ses affaires sont disséminées dans tout l'appartement.* → **éparpiller.** (contraire : rassembler) **2.** verbe pronominal SE DISSÉMINER : aller dans plusieurs directions. *Sa famille s'est disséminée dans le monde entier.* → se **disperser.** (contraire : se regrouper)

DISSENSION [disɑ̃sjɔ̃] n. f. ▪ STYLE RECHERCHÉ *UNE DISSENSION :* désaccord important entre des personnes. *Les deux frères ne se voient plus à cause de dissensions familiales.*

REM. Ce mot s'emploie le plus souvent au pluriel.

DISSÉQUER [diseke] verbe [conjugaison 6a] **1.** Séparer les parties d (un corps) pour les observer et étudier leur structure **(→ dis section).** *Le professeur de sciences dissèque une grenouill* **2.** Analyser avec soin, dans tous les détails. *Le critique littérair a disséqué le roman pour en faire le compte rendu.*

DISSERTATION [disɛʀtasjɔ̃] n. f. ▪ *UNE DISSERTATION :* exercic écrit de rédaction sur un sujet littéraire, philosophique, histo rique. *Les étudiants ont une dissertation à rendre demain. Voi un sujet de dissertation intéressant.*

DISSIDENT [disidɑ̃] n. m., **DISSIDENTE** [disidɑ̃t] n. f. ▪ *UN DIS SIDENT, UNE DISSIDENTE :* une personne qui se sépare d'un communauté dont elle fait partie. *Un groupe de dissident vient de fonder un nouveau parti politique.*

DISSIMULATION [disimylasjɔ̃] n. f. ▪ *LA DISSIMULATIO* **1.** Comportement d'une personne qui cache ce qu'elle pens ce qu'elle fait. *Il a agi avec dissimulation.* → **hypocrisi** (contraire : franchise) **2.** Action de dissimuler (de l'argent). *Elle été condamnée pour dissimulation de revenus dans sa déclara tion d'impôts.*

DISSIMULÉ [disimyle], **DISSIMULÉE** [disimyle] adj. (après le nom ▪ Qui cache ses sentiments. *C'est un enfant dissimulé.* → **hypo crite, sournois.**

DISSIMULER [disimyle] verbe [conjugaison 1a] **1.** Ne pas laisser pa raître (ce que l'on pense, ce que l'on sait, ce que l'on ressen ou essayer d'en donner une idée fausse. *Elle a tourné la tê pour dissimuler ses larmes.* → **cacher.** (contraire : montrer) *Il no a dissimulé ses projets.* → **taire.** *Je ne vous* DISSIMULERAI *pas QU je ne suis pas d'accord,* je vous le dis, je vous le fais savoir. – *ne sait pas dissimuler.* → **feindre. 2.** Tenir à l'abri du regard *L'assassin dissimule son couteau derrière son dos.* → **cacher.** *U tableau dissimule le coffre-fort.* **3.** STYLE RECHERCHÉ verbe pronomina SE DISSIMULER : se cacher. *La petite fille s'est dissimulée derriè un arbre.*

DISSIPATION [disipasjɔ̃] n. f. ▪ *LA DISSIPATION :* fait de dispa raître. *Le temps sera beau après dissipation des brumes mat nales.*

DISSIPÉ [disipe], **DISSIPÉE** [disipe] adj. (après le nom) ▪ Qu manque d'application, qui est inattentif et turbulent. *Le élèves dissipés seront punis et n'iront pas en récréatior* (contraires : discipliné, sage)

DISSIPER [disipe] verbe [conjugaison 1a]
I. 1. Faire disparaître (qqch.) en dispersant. *Le soleil a dissipé l brume.* → **chasser.** – (figuré) *Il faut dissiper ce malentendu* **2.** Dépenser sans compter. *Les héritiers ont dissipé leur fortun très rapidement.* → **dilapider, gaspiller. 3.** Distraire, rendre dis sipé. *Cet élève dissipe toute la classe.*
II. verbe pronominal SE DISSIPER **1.** Disparaître. *Les brumes s dissiperont dans la matinée. Ses craintes se sont dissipée* **2.** Devenir turbulent, indiscipliné. *Les enfants se dissipent e fin de journée.*

DISSOCIER [disɔsje] verbe [conjugaison 7a] ▪ Envisager séparémen (deux ou plusieurs choses). *Il faut que nous dissociions ces deu questions pour les examiner.* → **disjoindre.** *Nous dissocieron* [disɔsiʀɔ̃] *tous les aspects du problème.*

DISSOLU [disɔly], **DISSOLUE** [disɔly] adj. (après le nom) ▪ (vie) Cor rompu. *Il mène une vie dissolue,* de débauche.

DISSOLUTION [disɔlysjɔ̃] n. f. ▪ *LA DISSOLUTION* **1.** Action d mettre fin légalement à (qqch.). *Le président de la Républiqu a prononcé la dissolution de l'Assemblée nationale. Le divorc*

›nt signalé la disparition de leur enfant au commissariat. La ›olice possède la liste des disparitions.

isparu [dispaʀy], **disparue** [dispaʀy] *Il a disparu ; elle est dispa-ue :* formes au participe passé du verbe **disparaître.**

›ISPARU [dispaʀy] adj. et n. m., **DISPARUE** [dispaʀy] adj. et n. f. . adjectif (après le nom) Considéré comme mort. *Ce monument ı été édifié à la mémoire des marins disparus en mer.* **2.** *UN ›ISPARU, UNE DISPARUE :* une personne considérée comme norte parce qu'on ne l'a pas retrouvée. *Il y a eu deux morts et rois disparus dans cet incendie. On a retrouvé les corps des trois lisparus.*

›ISPENSAIRE [dispɑ̃sɛʀ] n. m. ▪ *UN DISPENSAIRE :* lieu où l'on ›eut consulter un médecin et recevoir des soins médicaux au arif le plus bas. *Il est allé se faire vacciner contre la grippe au lispensaire.*

›ISPENSE [dispɑ̃s] n. f. ▪ *UNE DISPENSE :* autorisation spéciale ıui permet de faire ce qui est défendu ou de ne pas faire ce ıui est obligatoire. *Il lui a fallu une dispense d'âge pour passer on examen,* une autorisation de le passer avant d'avoir l'âge égal. → **dérogation.**

›ISPENSER [dispɑ̃se] verbe [conjugaison 1a] **1.** *DISPENSER (qqn) DE ıqch., de faire qqch. :* autoriser (qqn) à ne pas remplir une ›bligation. *Le médecin l'a dispensé de gymnastique.* → **exemp-er.** *Le directeur me dispense d'assister à la réunion.* ⟨contraires : orcer, obliger⟩ – *Je te dispense de tes remarques désagréables,* e te demande de ne plus en faire. **2.** STYLE RECHERCHÉ Distribuer ıvec générosité. *Cette commerçante dispense des sourires à ous ses clients.* → **accorder, prodiguer. 3.** verbe pronominal SE ›ISPENSER DE : (qqn) se permettre de (ne pas faire qqch.). *Tu ıe peux pas te dispenser de travailler. Elle s'est dispensée de me emercier.*

›ISPERSER [dispɛʀse] verbe [conjugaison 1a]
. **1.** Faire aller dans plusieurs directions. *Le vent disperse les euilles mortes.* → **disséminer, éparpiller.** *Les policiers ont dis-›ersé les manifestants.* ⟨contraires : rassembler, regrouper, réunir⟩ **.** *DISPERSER SON ATTENTION :* faire porter son attention sur ›lusieurs choses à la fois, ne pas se concentrer sur une seule hose. *Cet élève disperse trop son attention.*
. verbe pronominal SE DISPERSER **1.** Aller dans plusieurs direc-ions. *La foule s'est dispersée au premier coup de tonnerre.* **.** S'occuper à trop d'activités. *Il se disperse au lieu de se spé-ialiser.*

›ISPERSION [dispɛʀsjɔ̃] n. f. ▪ *LA DISPERSION :* action de disper-er ou de se disperser. *La dispersion des manifestants s'est pas-ée sans incident.* ⟨contraires : rassemblement, regroupement⟩

›ISPONIBILITÉ [disponibilite] n. f. ▪ *LA DISPONIBILITÉ* **1.** État l'une chose, d'une personne disponible. *Tu peux compter sur a disponibilité.* **2.** Situation d'un fonctionnaire qui cesse ses ıctivités pendant un certain temps mais garde ses droits. *Elle ›st EN DISPONIBILITÉ pour un an.* **3.** PLURIEL LES DISPONIBILITÉS : omme d'argent que l'on peut utiliser immédiatement. *Quelles sont vos disponibilités ?*

›ISPONIBLE [disponibl] adj. (après le nom) **1.** (qqch.) Que l'on peut ıtiliser. *Il ne reste plus de places disponibles dans le train.* → **libre.** ⟨contraire : occupé⟩ **2.** (qqn) Qui a du temps pour faire ıuelque chose. *C'est moi qui irai, ce soir je suis disponible. Elle ›st toujours disponible pour ses amis.*

›ISPOS [dispo], **DISPOSE** [dispoz] adj. (après le nom) ▪ Qui est en orme pour agir. *Je ne me sens pas très dispos. Après une bonne ıuit de sommeil, je me suis réveillée FRAÎCHE ET DISPOSE.*

DISPOSÉ [dispoze], **DISPOSÉE** [dispoze] adj. (après le nom) **1.** *ÊTRE DISPOSÉ À faire qqch. :* être préparé à faire qqch., avoir l'intention de faire qqch. *Nous sommes disposés à vous aider.* → **prêt. 2.** *ÊTRE BIEN, MAL DISPOSÉ envers qqn :* avoir une attitude bienveillante, malveillante envers qqn. *Elle est très bien disposée à mon égard :* elle me veut du bien. **3.** (qqch.) Qui est à une certaine place. *Les bibelots disposés sur la cheminée ont une grande valeur.*

DISPOSER [dispoze] verbe [conjugaison 1a] **1.** Placer (qqch.) d'une certaine façon. *Il dispose les chaises autour de la table.* → **arranger, placer. 2.** *DISPOSER DE qqch. :* avoir la possibilité de se servir de qqch. *Elle dispose d'une voiture avec chauffeur,* elle l'a à sa disposition. *Je ne dispose que de quelques minutes pour vous recevoir.* → **avoir. 3.** *DISPOSER DE qqn,* s'en servir comme on veut. *Disposez de moi.* – (en parlant à un inférieur hiérarchique) *Vous pouvez disposer de votre samedi* **(→ disponible).** *VOUS POUVEZ DISPOSER :* vous pouvez partir, je ne vous retiens pas. **4.** verbe pronominal SE DISPOSER À : être sur le point de. *Je me disposais à partir quand le téléphone a sonné,* j'étais prêt à partir.

DISPOSITIF [dispozitif] n. m. ▪ *UN DISPOSITIF* **1.** Mécanisme. *Un dispositif de sûreté empêche l'ouverture de la machine à laver quand elle est remplie d'eau.* **2.** Ensemble de moyens mis en œuvre en suivant un plan. *Les forces de police ont mis en place un important dispositif pour assurer la sécurité dans le stade.*

DISPOSITION [dispozisjɔ̃] n. f.
I. *LA DISPOSITION* **1.** Façon dont les choses sont rangées, placées. *Elle a changé la disposition des meubles du salon.* → **arrangement. 2.** *Avoir (qqch., qqn) À SA DISPOSITION :* avoir la possibilité de faire ce que l'on veut (de qqch., de qqn), d'utiliser (qqch. ou qqn). *Elle a un avion privé à sa disposition. Profitez de tous les moyens mis à votre disposition. Je suis à votre disposition pour tous renseignements supplémentaires.*
II. (au pluriel) LES DISPOSITIONS **1.** Moyens avec lesquels on se prépare à qqch. *J'ai pris toutes les dispositions pour finir mon travail dans les délais,* je me suis arrangé, j'ai fait le nécessaire. → **précaution. 2.** *ÊTRE DANS DE BONNES, DANS DE MAUVAISES DISPOSITIONS à l'égard de qqn :* être bienveillant, malveillant envers qqn. *Il est dans les meilleures dispositions envers moi.* **3.** Don que l'on a pour faire qqch. *Ma fille a des dispositions pour le dessin.* → **aptitude.**

DISPROPORTION [dispʀɔpɔʀsjɔ̃] n. f. ▪ *UNE DISPROPORTION :* trop grande différence entre deux ou plusieurs choses. *Il y a une disproportion entre son salaire et celui de sa femme.* → **disparité.**

DISPROPORTIONNÉ [dispʀɔpɔʀsjɔne], **DISPROPORTIONNÉE** [dispʀɔpɔʀsjɔne] adj. (après le nom) ▪ Qui est trop grand ou trop petit, trop important ou pas assez important par rapport à qqch. *Il a des oreilles disproportionnées,* trop grandes par rapport à son visage. ⟨contraire : proportionné⟩ *Elle a un salaire DISPROPORTIONNÉ À son travail. Il a eu une réaction disproportionnée.* → **excessif.**

DISPUTE [dispyt] n. f. ▪ *UNE DISPUTE :* échange violent de paroles désagréables entre deux ou plusieurs personnes. *Ils ont eu une dispute.* → **altercation ;** STYLE FAMILIER **engueulade.** *Elle cherche la dispute.* → **querelle.** *La dispute s'est terminée par des coups.*

> FAUX AMI
> russe **диспут** « débat, discussion »

DISPUTER [dispyte] verbe [conjugaison 1a]
I. 1. *DISPUTER UN MATCH :* participer à un match en vue de remporter la victoire. *Les deux équipes disputeront le match*